S0-BIL-267

E. BÉNÉZIT

DICTIONNAIRE
critique et documentaire
DES PEINTRES SCULPTEURS DESSINATEURS ET GRAVEURS

E. BÉNÉZIT

DICTIONNAIRE
critique et documentaire
DES PEINTRES SCULPTEURS DESSINATEURS ET GRAVEURS

de tous les temps et de tous les pays
par un groupe d'écrivains spécialistes
français et étrangers

•

NOUVELLE ÉDITION
entièrement refondue
sous la direction de Jacques BUSSE

•

TOME 9
MAGANZA - MULLER-ZSCHOPPACH

GRÜND
1999

Éditions précédentes : 1911-1923, 1948-1955, 1976

ISBN : 2-7000-3010-9 (série classique)
ISBN : 2-7000-3019-2 (tome 9)

ISBN : 2-7000-3025-7 (série usage intensif)
ISBN : 2-7000-3034-6 (tome 9)

ISBN : 2-7000-3040-0 (série prestige)
ISBN : 2-7000-3049-4 (tome 9)

Dépôt légal mars 1999

NOTES CONCERNANT LES PRIX

Tous les prix atteints en ventes publiques par les œuvres des artistes répertoriés dans le Bénézit sont indiqués :

- dans la monnaie du pays où a eu lieu la vente (*cf* abréviations ci-dessous);
- dans la monnaie au jour de la vente.

Afin de permettre au lecteur d'évaluer ce que représentent en valeur actualisée les transactions précitées, nous donnons dans le tome 1 :

- un tableau retraçant l'évolution du pouvoir d'achat du franc depuis 1901 (page 8);
- un tableau donnant les cours à Paris du dollar américain et de la livre sterling depuis la même année (page 10).

Ainsi pourra-t-on estimer par un double calcul la valeur d'une transaction effectuée par exemple à Londres en 1937, à New York en 1948, etc., et par une simple lecture à Paris en 1955.

DÉSIGNATION DES MONNAIES SELON LA NORME ISO

ARS	Peso argentin	**HKD**	Dollar de Hong Kong
ATS	Schilling autrichien	**HUF**	Forint (Hongrie)
AUD	Dollar australien	**IEP**	Livre irlandaise
BEF	Franc belge	**ILS**	Shekel (Israël)
BRL	Real (Brésil)	**ITL**	Lire (Italie)
CAD	Dollar canadien	**JPY**	Yen (Japon)
CHF	Franc suisse	**NLG**	Florin ou Gulden (Pays-Bas)
DEM	Deutsche Mark	**PTE**	Escudo (Portugal)
DKK	Couronne danoise	**SEK**	Couronne suédoise
EGP	Livre égyptienne	**SGD**	Dollar de Singapour
ESP	Peseta (Espagne)	**TWD**	Dollar de Taïwan
FRF	Franc français	**USD**	Dollar américain
GBP	Livre sterling	**UYU**	Peso uruguayen
GRD	Drachme (Grèce)	**ZAR**	Rand (Afrique du Sud)

Jusqu'aux années 1970, les prix atteints lors des ventes en Angleterre étaient indiqués indifféremment en livres sterling ou en guinées. Lorsque tel a été le cas, l'abréviation GNS a été conservée.

PRINCIPALES ABRÉVIATIONS UTILISÉES

Rubrique muséographique

Les abréviations correspondent au mot indiqué et à ses accords.

Acad.	Académie
Accad.	Accademia
Assoc.	Association
Bibl.	Bibliothèque
BN	Bibliothèque nationale
Cab.	Cabinet
canton.	cantonal
CNAC	Centre national d'Art contemporain
CNAP	Centre national des Arts plastiques
coll.	collection
comm.	communal
Contemp.	Contemporain, contemporary...
dép.	départemental
d'Hist.	d'Histoire
Fond.	Fondation
FNAC	Fonds national d'Art contemporain
FRAC	Fonds régional d'Art contemporain
Gal.	Galerie, Gallery, Galleria...
hist.	historique
Inst.	Institut, Institute
Internat.	International
Libr.	Library
min.	ministère
Mod.	Moderne, Modern, Moderna, Moderno...
mun.	municipal
Mus.	Musée, Museum
Nac.	Nacional
Nat.	National
Naz.	Nazionale
Pina.	Pinacothèque, Pinacoteca...
prov.	provincial
région.	régional
roy.	royal, royaux

Rubrique des ventes publiques

abréviations des techniques

/	sur
acryl.	acrylique
alu.	aluminium
aquar.	aquarelle
aquat.	aquatinte
attr.	attribution
cart.	carton
coul.	couleur
cr.	crayon
dess.	dessin
esq.	esquisse
fus.	fusain
gche	gouache
gché	gouaché
gchée	gouachée
gchées	gouachées
gches	gouaches
grav.	gravure
h.	huile
h/cart.	huile sur carton
h/pan.	huile sur panneau
h/t	huile sur toile
inox.	inoxydable
isor.	Isorel
lav.	lavis
linograv.	linogravure
litho.	lithographie
mar.	marouflé, marouflée...
miniat.	miniature
pan.	panneau
pap.	papier
past.	pastel
peint.	peinture
photo.	photographie
pb	plomb
pl.	plume
reh.	rehaussé, rehaut, rehauts...
rés.	résine
sculpt.	sculpture
sérig.	sérigraphie
synth.	synthétique
tapiss.	tapisserie
techn.	technique
temp.	tempera
t.	toile
vinyl.	vinylique

MAGANZA Alessandro
Né en 1556 à Vicence. Mort après 1630 à Vicence. XVIe-XVIIe siècles. Italien.
Peintre de compositions religieuses, figures, portraits, dessinateur, aquafortiste.
Élève de son père G. B. Maganza dit le Vieux Magagno et du Fasolo ; il étudia les œuvres de Véronèse et de Farinato, dit Zelotti. Il vit mourir de la peste ses fils et ses petits-fils, il ne survécut pas à ce chagrin.
On cite de lui une *Adoration des mages*, dans l'église San Domenico, à Vicence, un *Martyre de sainte Justine*, à San Pietro, *Ciel et enfer* à Saint-Roch, plusieurs tableaux dans les églises de Brescia, Crémone, Mantoue, Pavie et Milan.

Musées : Florence (Gal. roy.) : *Portrait d'homme* – Vicence (Mus. mun.) : *Portrait d'un jeune homme – Portrait de l'archevêque Chiericati.*
Ventes Publiques : Londres, 15 juil. 1927 : *Victoria et sa fille Diamantis* : **GBP 42** – Paris, 23 mai 1928 : *La glorification d'un saint*, pl. et lav. : **FRF 320** – Paris, 28 nov. 1934 : *L'adoration des Bergers*, pl. et lav. de sépia : **FRF 330** – Londres, 4 juil. 1977 : *Le Martyre d'un saint*, pl./craie noire (29,8x21,2) : **GBP 1 100** – New York, 7 jan. 1981 : *La Cène*, craie noire, pl. et lav. (13,5x28,8) : **USD 4 800** – Paris, 17 nov. 1983 : *Sainte Anne instruisant la Vierge*, pl. et encre brune/préparation cr. (31x21) : **FRF 6 800** – Londres, 10 avr. 1985 : *La Cène*, pl. et lav. (17,7x19,7) : **GBP 800** – Milan, 4 déc. 1986 : *Étude pour une Résurrection*, pl. et encre brune (20,1x19,4) : **ITL 1 700 000** – New York, 12 jan. 1988 : *La déposition avec les trois Marie*, craie noire et encre (25,9x17,7) : **USD 3 300** – Milan, 25 oct. 1988 : *La Cène*, h/t (113x250) : **ITL 22 000 000** – Paris, 1er avr. 1993 : *Adoration des Mages*, pierre noire, pl. et lav. (20,2x28,5) : **FRF 10 000** – Londres, 5 juil. 1993 : *Cavalier (recto) ; Saint Jean Baptiste (verso)*, encre et craie (27x11,3) : **GBP 1 265** – Monaco, 20 juin 1994 : *Anges musiciens*, craie noire et encre (17,4x10,3) : **FRF 44 400** – New York, 10 jan. 1995 : *Saint Jérôme*, encre/sanguine (30,7x21,7) : **USD 13 800** – New York, 10 jan. 1996 : *Une Sybille avec deux putti*, craie noire, encre brune et lav. (21,5x15,2) : **USD 8 625** – Londres, 18 avr. 1996 : *Nu féminin (recto) ; Études de cheval, d'un pied et un croquis d'homme (verso)*, encre et lav./craie noire (31,5x21,7) : **GBP 1 322** – Londres, 16-17 avr. 1997 : *La Lamentation (recto)*, pl. et encre brune et lav./craie noire ; *Étude d'un groupe de personnages dans un intérieur (verso)*, pl. et encre brune/craie noire (17,2x14,2) : **GBP 402**.

MAGANZA Carlo
XVIIe siècle. Actif à Rome vers 1630. Italien.
Peintre.
Élève de F. Cozza.

MAGANZA Giovanni Battista, dit **le Vieux Magagno**
Né vers 1513 ou 1523 à Este ou Callaone. Mort le 25 août 1586 à Vicence. XVIe siècle. Italien.
Peintre d'histoire, compositions religieuses, portraits.
Élève et imitateur du Titien. Il peignit des personnages religieux pour des églises de Vicence, douze tableaux représentant le *Martyre des douze Apôtres, Le Christ en croix et les deux larrons* à l'église Saint-Jérôme. Il fut aussi poète.

Musées : Vicence (Mus. mun.) : *Portrait d'un vieillard – Portrait d'Ippolito Porto – Présentation au temple.*
Ventes Publiques : Monte-Carlo, 20 juin 1987 : *Soldat debout vu de dos*, pl., encre brune et lav. (30,1x18,3) : **FRF 65 000** – Milan, 28 mai 1992 : *La Déposition*, h/t (225x132) : **ITL 8 000 000**.

MAGANZA Giovanni Battista, dit **le Jeune**
Né vers 1577 à Vicence. Mort en 1617. XVIIe siècle. Italien.
Peintre d'histoire, compositions religieuses, figures, portraits.
Fils, élève et collaborateur d'Alessandro Maganza, à qui il fut inférieur. Il mourut de la peste. On cite de lui un *Saint Benoît*, dans l'église Sainte-Justine à Padoue.
Musées : Florence (Gal. roy.) : *Autoportrait.*
Ventes Publiques : Milan, 25 oct. 1988 : *Le martyre de Sainte Eufémie*, h/t (107x95) : **ITL 13 000 000** – New York, 14 jan. 1992 : *Étude d'un soldat portant une épée et tenant une pique vu de dos*, encre et lav. (30,1x18,3) : **USD 8 250**.

MAGANZA Vincenzo
XVIIe siècle. Actif à Vicence. Italien.
Peintre.
Il peignit en 1627 un portrait allégorique de Giovanni Priuli ; on connaît de lui des peintures ornant des maîtres-autels.

MAGARAM Alexandre
Né le 24 mai 1894 à Odessa (Ukraine). XXe siècle. Russe.
Peintre de portraits, paysages.
En France, à Paris, il expose aux Salons, de la Société Nationale, des Indépendants et d'Automne.

MAGARINOS RODRIGUEZ DE BENDANA Maximino
Né le 18 novembre 1869 à Saint-Jacques-de-Compostelle (Galice). Mort en mars 1927 à Saint-Jacques-de-Compostelle. XIXe-XXe siècles. Espagnol.
Sculpteur.
Ses œuvres principales sont à Saint-Jacques-de-Compostelle : divers autels de Sainte-la-Grande à Pontevedra et dans les chapelles de la cathédrale en 1921, deux lions dans la salle du trône de la Capitania général et une statue pour le tombeau du comte d'Iraba dans la cathédrale.

MAGATTA, il. Voir **SIMONETTI Domenico**

MAGATTI Pietro Antonio
Né en 1687 à Vacallo. Mort en 1768 à Varese. XVIIIe siècle. Italien.
Peintre d'histoire, sujets mythologiques, compositions religieuses.
Élève de dal Sole à Bologne, il exécuta des travaux pour les églises de Padoue, de Milan, de Pavie, de Côme et de Varèse.
Ventes Publiques : Milan, 6 juin 1973 : *Le départ d'Ulysse* : **ITL 2 200 000** – Milan, 4 avr. 1989 : *Crucifixion*, h/pan. (50x34,5) : **ITL 3 000 000**.

MAGAUD Adolphe
Né à Lyon. XIXe siècle. Français.
Peintre de fleurs.
Élève de Saint-Jean. Il exposa de 1845 à 1861 au Salon de Paris. Le Musée de Bagnères-de-Bigorre conserve un tableau de lui.

MAGAUD Dominique Antoine Jean Baptiste
Né le 4 août 1817 à Marseille (Bouches-du-Rhône). Mort le 22 décembre 1899 à Marseille. XIXe siècle. Français.
Peintre d'histoire, compositions religieuses, scènes de genre, portraits, compositions murales.
Il fut élève d'Augustin Aubert à l'École des Beaux-Arts de Marseille en 1839, puis de Léon Cogniet à celle de Paris. Il débuta au Salon de Paris en 1841, obtenant une médaille de troisième classe en 1861 et 1863. En 1869, il fut nommé directeur de l'École des Beaux-Arts de Marseille.
Il exécuta plusieurs commandes officielles, notamment à Marseille, pour l'Hôtel de la Préfecture et pour la Chambre de Commerce, où il décora le plafond de la salle d'apparat. Il avait également décoré trois célèbres cafés marseillais, aujourd'hui disparus.

Bibliogr. : Gérald Schurr, in : *Les Petits Maîtres de la peinture 1820-1920, valeur de demain*, Les Éditions de l'Amateur, t. V, Paris, 1981.
Musées : Aix-en-Provence : *Vue perspective du plafond d'une des salles de la Préfecture de Marseille* – Bagnères-de-Bigorre : une aquarelle – Carpentras : *Diogène* – Digne : *Alexandre et son médecin Philippe* – Marseille (Mus. du Palais Longchamp) : *Autoportrait* – Toulon : *La vérité qui se cache dans un puits* – Toulon : *Portrait d'une dame espagnole.*
Ventes Publiques : Saint-Omer, 1893 : *Le printemps de la vie* : **FRF 375** – Marseille, 8 avr. 1949 : *Maquette pour un plafond* : **FRF 2 000** ; *Portrait de jeune fille*, sépia : **FRF 1 000** – New York, 25 oct. 1989 : *Portrait d'une petite fille*, h/t (103,5x85,8) : **USD 12 100** – Paris, 13 déc. 1996 : *Vue des Aygolades, environs de Marseille*, h/t (73x92) : **FRF 23 000**.

MAGDEBURG François ou **Maidburg** ou **Meydeburg**
XVIe siècle. Allemand.
Sculpteur.
Sculpta en 1518 des chapiteaux et des bas-reliefs à Sainte-Anne

de Annaberg. Le Musée de cette ville conserve de lui un bas-relief d'après Dürer.

MAGDEBURG Hiob
Né en 1518 à Annaberg. Mort le 20 février 1595 à Freiberg (Saxe). XVIe siècle. Allemand.
Dessinateur, peintre, aquarelliste.
Il a dessiné des plans et des vues. La Bibliothèque provinciale de Dresde possède de lui des aquarelles. On conserve à l'hôtel de ville de Meissen un vaste panorama de la ville exécuté de sa main. Ce fut avant tout un savant.

MAGDEBURGK Daniel
Actif à Magdebourg. Allemand.
Peintre.
Il exécuta une peinture pour l'autel de l'église d'Egeln.

MAGE E. Mathurin
Né à Vergt (Dordogne). Mort en 1904 à Vergt. XIXe siècle. Français.
Peintre de genre et lithographe.
Élève de Gérôme et de P. Maurou. Figura au Salon des Artistes Français ; mention honorable en 1889, médaille de troisième classe en 1901. Le Musée de Périgueux conserve de lui : *Le bouvier et son chariot, Les vieux parents, Les fiancés* (triptyque).

MAGE François
Né au XIXe siècle à Chalon-sur-Saône (Saône-et-Loire). Mort en 1910. XIXe-XXe siècles. Français.
Sculpteur.
Élève de Rude. Il exposa au Salon, de 1861 à 1875.

MAGE Henri Léon
Né au XIXe siècle à Nesle (Somme). XIXe siècle. Français.
Peintre.
Travailla avec L. Cogniet. Figura au Salon de Paris en 1872 et 1874 par des aquarelles représentant des vues et des scènes prises en Bretagne et dans le Finistère. Le Musée de Brest conserve de lui : *Marchande de volailles au marché de Brest* et *Mendiant.*

MAGENHOEFER G.
XIXe siècle. Actif à Berlin. Allemand.
Graveur au burin.

MAGERSTADT André ou **Magerstaedt** ou **Magerstetten**
XVIIe siècle. Actif à Hambourg. Allemand.
Portraitiste.
Il peignit des portraits de rois et de princes de Danemark, entre autres le *roi Christian IV.*

MAGES Joseph ou **Magges**
Né le 8 avril 1728 à Imst. Mort le 26 août 1769. XVIIIe siècle. Autrichien.
Peintre d'histoire.
Étudia à Imst, Innsbruck, Vienne, Stuttgart, Augsbourg. Il peignit à fresque à Stuttgart, Colmar, Strasbourg, Altomünster, Imst et Einsiedeln. On cite de lui, à Augsbourg, une *Sainte Marie l'Égyptienne,* dans l'église du Sauveur, et une *Histoire de saint Augustin,* dans l'église de la Sainte-Croix. Le Ferdinandeum à Innsbruck conserve un *Saint Fridolin* de sa main.

MAGET Maurice
XVIIIe siècle. Actif à Verdun vers 1700. Français.
Peintre verrier.
Il fut également maire.

MAGG Alfons
Né en 1891. Mort en 1967. XXe siècle.
Sculpteur (?).
Musées : Aarau (Kunsthaus) : *Portrait du Dr. Erwin Haller* 1949.

MAGG Antoine
Né à Landshut. Allemand.
Paysagiste amateur et officier.

MAGG Jean Baptiste
XIXe siècle. Actif à Laupheim. Allemand.
Peintre.
Il exécuta une peinture pour l'autel de la Vierge dans l'église de Laupheim en 1846.

MAGG L.
XIXe siècle. Actif à Laupheim vers 1800. Allemand.
Sculpteur.
Sculpta le monument funéraire de Storr dans l'église de Rot.

MAGG Salesi
XIXe siècle. Actif à Laupheim vers 1815. Allemand.
Sculpteur.
Sculpta un obélisque orné de guirlandes et d'emblèmes à Laupheim.

MAGGESI Dominique
Né en 1807 à Carrare. Mort en 1892 à Bordeaux. XIXe siècle. Français.
Sculpteur.
Il fut naturalisé Français et devint sculpteur de la ville de Bordeaux. De 1838 à 1857, il figura au Salon de Paris. Le Musée de Bordeaux possède de cet artiste : les bustes en marbre suivants : *Casimir Perrier, Le maréchal Bugeaud, Giotto, Henri Fonfrède, Tourny, Doucet, Balguerie-Stuttemberg, Lacour, Laîné, de Martignac, Général de Pelleport, Portal, Ducos,* ainsi que le *Génie de la Sculpture.*

MAGGI Bernardino ou **Magi**
Né vers 1550 à La Fratta (près de Gubbio). Mort en 1612. XVIe-XVIIe siècles. Italien.
Peintre.
Élève et imitateur de F. Barocci. On cite de lui, dans l'église des Minori Osservanti à La Fratta, une *Madone avec des saints.*

MAGGI Carlo
XVIe siècle. Italien.
Dessinateur.
Vénitien, il fit illustrer d'après ses dessins la description d'un voyage en Orient entrepris de 1570 à 1578.

MAGGI Cesare
Né le 13 janvier 1881 à Rome. Mort en 1961 à Turin (Piémont). XXe siècle. Italien.
Peintre de paysages, portraits.
Il fut élève de G. Segantini. Il séjourna plusieurs années à La Thuile au Grand Saint-Bernard et peignit des paysages de haute montagne.
Musées : Sydney : *Le Val d'Aoste.*
Ventes Publiques : Milan, 4 juin 1970 : *Les Laboureurs* : **ITL 200 000** – Milan, 28 mars 1974 : *Le Lac de Previtale, Cadore* : **ITL 3 000 000** – Milan, 28 oct. 1976 : *Paysage,* h/pan. (50x70) : **ITL 1 500 000** – Milan, 10 nov. 1977 : *Paysage montagneux sous la neige* 1916, h/pan. (50x65) : **ITL 3 000 000** – Milan, 6 nov. 1980 : *Paysage de neige,* h/t (70x100) : **ITL 7 500 000** – Milan, 5 nov. 1981 : *Paysage alpestre,* h/cart. (48x69) : **ITL 9 500 000** – Milan, 22 avr. 1982 : *Les Amants,* past. (60,5x46,5) : **ITL 3 500 000** – Milan, 27 mars 1984 : *Chaumière sous la neige* 1900, h/t (69x101) : **ITL 35 000 000** – Milan, 2 avr. 1985 : *L'ultima alpe* 1902, h/t (133x218) : **ITL 17 000 000** – Milan, 28 oct. 1986 : *Paysage de haute montagne à l'aube,* h/pan. (49,5x70) : **ITL 26 000 000** – Milan, 10 déc. 1987 : *Quand descend le soir* 1912, h/pan. (41x54) : **ITL 19 000 000** – Milan, 1er juin 1988 : *Baigneuses,* h/pan. (54x73) : **ITL 7 000 000** ; *Les Alpes un soir d'automne* 1909, h/t (210x260) : **ITL 75 000 000** – Milan, 14 mars 1989 : *Macugnaga,* h/t (70x99) : **ITL 15 500 000** ; *Automne* 1913, h/t (50x65) : **ITL 46 000 000** – Milan, 19 oct. 1989 : *Sur la route de Gressoney,* h/t (119x139) : **ITL 26 000 000** – Milan, 6 déc. 1989 : *Pâturage à la tombée de la nuit,* h/cart. (51,5x71,5) : **ITL 24 500 000** – Milan, 30 mai 1990 : *Vision alpestre* 1910, h/t (65x76) : **ITL 38 000 000** – Milan, 18 oct. 1990 : *Dernière lueur du jour,* h/t (70x100) : **ITL 32 000 000** – Milan, 5 déc. 1990 : *Matin à Sestri Levante près de Gênes,* h/pan. (70x50) : **ITL 16 000 000** – Milan, 12 mars 1991 : *Le soir sur le Pian d'Usseglio,* h/t (70x101) : **ITL 28 000 000** – Rome, 16 avr. 1991 : *Le Cervin,* h/cart. (42x30,5) : **ITL 8 050 000** – Milan, 6 juin 1991 : *L'ermite de Sestri Levante,* h/pan. (49,5x50) : **ITL 4 500 000** – Londres, 19 juin 1991 : *Une plage à midi* 1921, h/cart. (31x43) : **GBP 5 940** – Milan, 7 nov. 1991 : *Soirée d'hiver à San Mauro* 1911, h/t (105x145,5) : **ITL 34 000 000** – Rome, 24 mars 1992 : *Marine* 1921, h/cart. (32x43,5) : **ITL 48 300 000** – Milan, 17 déc. 1992 : *Le mont Grand Paradis,* h/t (100x141) : **ITL 38 000 000** – Milan, 21 déc. 1993 : *Le Cervin vu du Lac bleu,* h/t (100x100) : **ITL 34 500 000** – New York, 15 fév. 1994 : *Paysage de montagnes sous la neige,* h/pan. (29,2x41,9) : **USD 8 050** – Milan, 29 mars 1995 : *Berger,* h/t (145,5x195) : **ITL 69 000 000** – Milan, 25 mars 1997 : *Le Mont-Blanc sous la neige,* h/t (70x100) : **ITL 23 300 000** – Rome, 2 déc. 1997 : *Le Col de Lana (Lac d'Alleghe)* 1819, h/t (70x100) : **ITL 34 500 000** – Milan, 11 mars 1997 : *Val de Gressoney, Mont Rosa,* h/t (100x141) : **ITL 44 270 000.**

MAGGI Giacomo ou **Magio**
Né vers 1658. Mort en 1739. XVIIe-XVIIIe siècles. Actif à Crémone. Italien.

Peintre.
Il était moine. Le couvent de San Sigismondo, près de Crémone conserve trois paysages sylvestres de cet artiste.

MAGGI Giovanni ou **Maggius** ou **Maius**
Né en 1566 à Rome. Mort en 1618. XVIe-XVIIe siècles. Italien.
Peintre, architecte, graveur au burin et sur bois.
Il a gravé des sujets d'histoire. On cite de lui une suite de planches représentant les principales fontaines de Rome, en collaboration avec Domenico Parasachi, et un grand plan de la ville de Rome.

MAGGI Pietro
Né vers 1680 à Milan. Mort avant 1750. XVIIIe siècle. Italien.
Peintre.
Élève et émule de F. Abbiati. De nombreuses églises de Milan conservent des peintures de cet artiste.

MAGGI Vincenzo
XVIIe siècle. Actif à Crémone vers 1600. Italien.
Sculpteur.

MAGGIANI Robert
Né en 1935 à Paris. XXe siècle. Français.
Peintre. Abstrait.
Jeune, il faisait des copies de Van Gogh et Bonnard, puis suivit des cours privés de peinture. De 1955 à 1958, il fit des études de journalisme. De 1958 à 1966, il reçut les conseils de Bertholle, et suivit les cours de Pierre Francastel à l'École Pratique des Hautes Études. Entre 1963 et 1965, il a participé à des expositions collectives dans les Maisons de Jeunes et de la Culture. À partir de 1980, il fit plusieurs expositions personnelles, surtout à Paris, et plusieurs séjours aux États-Unis, où il découvrit l'œuvre de Rothko.
En 1966, il fut influencé par Giacometti et Morandi. Jusqu'en 1970, sa peinture partait d'une étude de la réalité. L'année 1971 marqua le début de sa nouvelle orientation vers l'abstraction. Il fut alors invité à participer à Paris au Salon des Réalités Nouvelles. Dans sa période abstraite, on constate une constante dans l'écriture, accumulation de virgules colorées sur des fonds préparés légèrement, dans une teinte différente : impression d'espace et de profondeur, flocons dans l'air, herbes sur la prairie, poussières dans le rai de soleil. Il a réalisé une importante peinture murale pour la banque centrale à Nancy de la banque Nationale de Paris.
Musées : Caen (FRAC de Basse Normandie) – Paris (BN).

MAGGIERI Cesare ou **Maggeri**
Mort le 10 mars 1629 à Urbino. XVIIe siècle. Actif à Urbino. Italien.
Peintre.
Élève de Fr. Barocci et de A. Vitali. On cite de lui des peintures dans les églises d'Urbine, de Fossombrone et dans le Musée Mancini à Citta di Castello.

MAGGIO Matteo
XVIIe siècle. Actif à Messine, dans la seconde moitié du XVIIe siècle. Italien.
Peintre.
Élève de Quagliata. Il peignit deux grandes peintures dans l'église Santa Maria di Basico.

MAGGIORANI Luigi
Né au XIXe siècle à Rome. XIXe siècle. Italien.
Peintre de genre.
Débuta vers 1883 et exposa à Rome.
Ventes Publiques : Londres, 4 mai 1977 : *Une histoire intéressante* 1875, h/pan. (30,5x40,5) : **GBP 950**.

MAGGIORI Carlo
XVIIe siècle. Italien.
Portraitiste.
Les Archives musicales de Loreto conservent le portrait d'*Andrea Basily* peint par cet artiste.

MAGGIORI BELTRAMI Guglielmo. Voir **BELTRAMI**

MAGGIOTTO Domenico ou **Majotto**
Né en 1713 à Venise. Mort en 1794 à Venise. XVIIIe siècle. Italien.
Peintre d'histoire, genre, figures, portraits.
D'abord élève et imitateur fidèle de Piazzetta, adopta dès 1750 le « genre plus aimable » de l'académie. Il travailla beaucoup en Allemagne. Ses peintures, répandues dans toute l'Europe, sont souvent faussement attribuées à Piazzetta.
Musées : Genève : *Leçon de dessin* – Hambourg : *Bergère endormie* – Lausanne : *Garçon et fille* – Oslo : *La Fruitière* – Trévise : *La Leçon du sculpteur* – Venise (Gal. roy.) : *Venise récompensant les Beaux-Arts – La Sculpture et la Vérité – Venise et les Beaux-Arts* – Vienne : *Leçon de dessin*.
Ventes Publiques : Londres, 2 juil. 1958 : *Un jeune chasseur* : **GBP 400** – Milan, 20 nov. 1963 : *Tête de jeune garçon endormi* : **ITL 1 400 000** – Londres, 27 mars 1968 : *Tête de jeune paysan* : **GBP 700** – Paris, 7 juin 1974 : *Homme et femme en buste* : **FRF 32 000** – Paris, 25 nov. 1976 : *Portrait d'un géographe ; Portrait de femme*, past., deux pendants (55,5x45) : **FRF 13 000** – Londres, 13 déc. 1978 : *Jeune garçon à la flute*, h/t (68,5x53,2) : **GBP 2 500** – New York, 18 jan. 1983 : *L'Alchimiste*, h/t (98x110,5) : **USD 12 000** – Milan, 26 nov. 1985 : *Tête d'homme*, h/t (48,5x36) : **ITL 6 000 000** – Madrid, 8 mai 1986 : *Le Flûtiste vénitien*, h/t (41x33) : **ESP 275 000** – New York, 5 juin 1986 : *Portrait d'un jeune garçon*, h/t (57x44,5) : **USD 12 500** – New York, 15 jan. 1987 : *Le Marchand de fruits dans un paysage*, h/t (42,5x37,5) : **USD 15 000** – Milan, 4 avr. 1989 : *La Vierge après l'Annonciation*, h/t (47x38) : **ITL 11 500 000** – Londres, 1er nov. 1991 : *Allégorie de l'Été*, h/t (58,5x45) : **GBP 11 000** – Londres, 23 avr. 1993 : *Joseph interprétant les rêves des serviteurs de Pharaon*, h/t (110x130) : **GBP 13 800** – Rome, 11 mai 1993 : *Portrait d'un jeune garçon avec un chapeau en buste*, h/t (45x36) : **ITL 17 000 000** – Rome, 29-30 nov. 1993 : *Fillette et adolescent avec un béret à plume en buste*, h/t (71x55) : **ITL 23 750 000** – Milan, 21 nov. 1996 : *Jeune Berger*, h/t, ovale (70x90) : **ITL 46 600 000** – New York, 3 oct. 1996 : *Fillette avec un tambourin ; Garçon avec une flûte*, h/t, une paire (chaque 59,7x45,7) : **USD 47 150** – Milan, 16-21 nov. 1996 : *Jeune Berger*, h/t (70x90) : **ITL 46 600 000** – Londres, 3-4 déc. 1997 : *Jeune homme en Bacchus ; Jeune fille en Cérès*, h/t, une paire de forme ovale (chaque 77,3x58,8) : **GBP 21 850**.

MAGGIOTTO Francesco ou **Majotto** ou **Magiotto**
Né en 1750 à Venise. Mort en 1805 à Venise. XVIIIe siècle. Italien.
Peintre de compositions religieuses, sujets allégoriques, scènes de genre, portraits.
Fils et élève de Domenico Maggiotto. On voit des œuvres de lui dans plusieurs églises de Venise.
Musées : Milan (Mus. Théâtral) : *Théâtre de marionnettes* – Venise (Acad.) : *Allégorie de la Peinture et de la Sculpture – L'artiste et deux de ses élèves peints par lui-même* – Vicence (Pina.) : *Madone*.
Ventes Publiques : Vienne, 14 mars 1978 : *Caritas* 1796, h/t (93x125) : **ATS 130 000** – Milan, 21 mai 1991 : *Fillette au tambourin*, h/t, de forme ovale (96,5x71) : **ITL 9 605 000**.

MAGGS John Christian ou **John Charles**
Né en 1819. Mort en 1895 ou 1896. XIXe siècle. Britannique.
Peintre de genre, animaux, aquarelliste et dessinateur.
On connaît surtout ses compositions sur les diligences et les chevaux.
Ventes Publiques : Londres, 19 déc. 1928 : *Diligence près de Hyde Park Corner* : **GBP 70** – Londres, 16 mai 1929 : *Les Diligences de Bath ; Gloucester et Cheltenham*, deux tableaux : **GBP 162** – Londres, 24 oct. 1929 : *Diligence de Londres et Glasgow, en hiver ; Diligence de Londres et Norwich en été*, les deux : **GBP 110** – Londres, 8 fév. 1946 : *Changement des Chevaux ; Sur une route*, deux dess. : **GBP 35** – New York, 6 avr. 1960 : *Un arrêt imprévu* : **USD 400** – Londres, 12 mars 1969 : *La malle-poste* : **GBP 1 150** – Londres, 23 juin 1972 : *Scènes de relais et malles-postes*, quatre toiles : **GNS 4 800** – Londres, 28 nov. 1973 : *La diligence dans une tempête de neige* : **GBP 1 000** – Écosse, 30 août 1974 : *Diligence dans un paysage d'été ; Diligence dans un paysage d'hiver*, deux pendants : **GBP 1 700** – Londres, 13 fév. 1976 : *Diligence dans un paysage d'hiver* 1873, h/t (44,5x80) : **GBP 650** – Londres, 23 mars 1977 : *Diligences se préparant au départ dans une rue enneigée de Bristol* 1873, h/t (85x130,5) : **GBP 5 600** – Londres, 3 fév. 1978 : *The Bristol to London coach outside ; The Globe Inn* 1870, h/t (35x67,2) : **GBP 1 400** – Londres, 15 mai 1979 : *La diligence Exeter-Londres* 1882, h/t (33x64) : **GBP 2 000** – Londres, 10 nov. 1982 : *The finish before time* 1886, h/t (50x93,5) : **GBP 2 000** – New York, 10 juin 1983 : *The Royal Mail passing the kill ; The Royal Mail passing the meet*, h/t, une paire (34,9x67,9) : **USD 8 500** – New York, 30 oct. 1985 : *Aiverpool Manchester race* 1880, h/t (51,4x94) : **USD 5 000** – New York, 9 juin 1988 : *La diligence Norwich-Londres* 1879, h/t (35,5x68,5) : **USD 6 600** – Paris, 13 juin 1988 : *Diligence Bristol-Cardiff en été* –

Diligence Bristol-Cardiff en hiver, h/t, deux pendants (46,5x76,5) : **FRF 50 000** – Londres, 23 sep. 1988 : *Le carrosse royal passant devant la grande Chambre des Pompes à Bath*, h/t (35,5x66,5) : **GBP 3 520** – New York, 25 oct. 1989 : *Le coche devant une auberge en hiver* 1873, h/t/cart. (35,6x69,9) : **USD 5 500** – Londres, 13 déc. 1989 : *Le coche sur une route en hiver* 1877, h/t (35,5x68,5) : **GBP 3 850** – Londres, 21 mars 1990 : *Le relais Cock and Magpies à Drury Lane ; L'Old Star and Garter à Richlond Hill* 1884, h/t, une paire (chaque 35,5x66) : **GBP 12 100** – New York, 5 juin 1992 : *L'extérieur de l'Hôtel du Lion et de la taverne en hiver* 1873, h/t (86,4x132,1) : **USD 23 100** – St. Asaph (Angleterre), 2 juin 1994 : *Le coche à impériale Bristol-Londres devant une auberge ; Le coche à impériale Bristol-Londres dans la neige* 1878, h/t (chaque 33x66) : **GBP 8 625** – New York, 12 avr. 1996 : *Un attelage à quatre*, h/cart. (31,1x46,4) : **USD 2 990** – New York, 11 avr. 1997 : *La Cour de l'église abbatiale, Bath* 1890, h/t (35,6x66) : **USD 8 625**.

MAGHELLAIN Henri Charles de ou **Magellan**
Né au XIXe siècle à Laon. XIXe siècle. Français.
Graveur sur bois.
Élève de M. Joliet. Sociétaire des Artistes Français depuis 1883, il figura au Salon de cette Société. Mention honorable 1892.

MAGHELLEN Alfred de
Né le 28 juillet 1871 à Paris. XIXe-XXe siècles. Français.
Peintre de genre, animalier.
Élève de Benjamin Constant et J.-P. Laurens. Expose au Salon depuis 1907, mention honorable en 1929.
Ventes Publiques : Reims, 24 avr. 1988 : *Jour de marché à Laon (Aisne)*, h/t (92x74) : **FRF 14 500**.

MAGI Bernardino. Voir **MAGGI**

MAGIAPANE Antonino
XVIIe siècle. Sicilien, actif au XVIIe siècle. Italien.
Sculpteur.

MAGIE Gertrude
Née le 1er octobre 1862 à Trenton (New Jersey). XIXe siècle. Américaine.
Peintre, graveur.
Élève de Chase, Martin, Morriset et Guérin. Membre de la Fédération Américaine des Arts.

MAGIMEL Albert
Né en 1799 à Paris. Mort le 25 septembre 1877 à Paris. XIXe siècle. Français.
Peintre d'histoire et portraitiste.
Élève de Regnault, Hersent et Ingres. Exposa au Salon de 1827 à 1848. Il exécuta des travaux pour l'église Saint-Eustache à Paris, où se trouvent trois peintures de cet artiste.

MAGINET
XVIIe siècle. Actif à Salins entre 1619 et 1626. Français.
Peintre.

MAGINI Carlo
Né en 1720. Mort en 1806. XVIIIe-XIXe siècles. Italien.
Peintre de natures mortes.
Musées : Chambéry (Mus. des Beaux-Arts) : *Nature morte*.
Ventes Publiques : Londres, 12 juil. 1978 : *Nature morte aux figues*, h/t (63x77,5) : **GBP 4 000** – Rome, 30 mars 1982 : *Nature morte*, h/t (61x78) : **ITL 28 000 000** – Milan, 21 avr. 1986 : *Nature morte aux oignons*, h/t (38,5x61) : **ITL 30 000 000** – Milan, 10 juin 1987 : *Nature morte au citron, orange, bouteille et assiettes*, h/t (70x98) : **ITL 52 000 000** – New York, 14 jan. 1988 : *Nature morte d'œufs au plat et ustensiles de vaisselle sur une nappe blanche*, h/t (47,5x64) : **USD 85 250** – Milan, 29 nov. 1990 : *Nature morte d'une marmite de terre cuite, d'un vase de céramique et d'un sachet d'épices*, h/t (27x40,5) : **ITL 24 000 000** – Rome, 19 nov. 1991 : *Nature morte à la soupière et œufs au plat*, h/t (33x41) : **ITL 19 000 000** – Monaco, 5-6 déc. 1991 : *Trompe-l'œil aux vitraux*, h/t (55,5x46) : **FRF 244 200** – Paris, 10 avr. 1996 : *Nature morte aux ustensiles de cuisine*, h/t (78x59) : **FRF 740 000**.

MAGINO Nicolo
XIVe-XVe siècles. Actif à Palerme de 1399 à 1403. Italien.
Peintre.
Le Musée de cette ville conserve un triptyque de cet artiste, datant de 1402.

MAGIO Giacomo. Voir **MAGGI**

MAGIORE Stefano
XVIIe-XVIIIe siècles. Espagnol.
Graveur à l'eau-forte.
Il a gravé un *Saint Jérôme tenté par le diable*.

MAGIOTTO. Voir **MAGGIOTTO**

MAGISTRELLI Emilio
XIXe siècle. Actif à Milan. Italien.
Peintre d'histoire et portraitiste.
Exposa à Turin, Milan, Rome.

MAGISTRIS Fabrizio de' ou **de'Magistris**
XVIe siècle. Actif au début du XVIe siècle. Italien.
Sculpteur.
On cite de lui de nombreuses statues de saints dans l'église de Busto Arsizio.

MAGISTRIS Giovanni Andrea De
Né au XVIe siècle à Caldarola. XVIe siècle. Italien.
Peintre.
Père de Simone. On cite de lui une fresque sur la façade du château de Penzano.

MAGISTRIS Joaquin
Mort le 4 avril 1882 à Madrid. XIXe siècle. Espagnol.
Dessinateur et lithographe.
On cite de lui des cartons représentant des portraits et les illustrations pour une édition de *Don Quichotte*.

MAGISTRIS Sigismondo de
XVIe siècle. Actif à Côme de 1514 à 1533. Italien.
Peintre de fresques.
Il peignit de nombreuses fresques dans les églises de la province de Côme.

MAGISTRIS Simone de, dit **Toscani**
Né vers 1534 à Caldoroli. Mort après 1600. XVIe siècle. Italien.
Peintre d'histoire et sculpteur.
On cite de lui une œuvre datée de 1585, *Saint Philippe et saint Jacques*, dans la principale église d'Orsino ; il était vieux lorsqu'il peignit la *Madone du rosaire*, pour San Domenico d'Ascoli. À Caldaroli, il peignit les fresques de l'Hôtel de Ville. Il travailla en collaboration avec ses frères Giovanni Francesco et Polomino.
Musées : Ascoli (Mus. mun.) : *La Madone du Rosaire* – Camerino : *Assomption* – Fabriano (Pina.) : *Nativité avec saint Nicolas de Tolentino – Portrait du donateur* – Spoleto (Pina.) : *Nativité* – Urbino (Mus. Nat.) : *Vierge et l'Enfant – Saint Jean l'Évangéliste et saint François*.

MAGLIA Michel ou **Maglio**. Voir **MAILLE M.**

MAGLIANI Francesca
Née le 8 juillet 1845 à Palerme. XIXe siècle. Italienne.
Peintre de genre et portraitiste.
Élève de Beducci et Gordigiani à Florence.

MAGLIAR Andrea ou **Maliar**
Né vers 1690 à Naples. XVIIIe siècle. Italien.
Graveur au burin.
Il a gravé des sujets d'histoire, d'après Solimène, et des portraits des membres de la famille de Carafa.

MAGLIAR Giuseppe
XVIIIe siècle. Italien.
Graveur au burin.
Fils et élève d'Andrea Magliar. Il grava des sujets religieux d'après Solimena. Il mourut jeune.

MAGLIETTI Girolamo. Voir **MACCHIETTI**

MAGLIN Firmin
XIXe siècle. Actif à Paris. Français.
Peintre.
Il figura au Salon des Artistes Français ; mention honorable en 1890.
Ventes Publiques : Paris, 12 et 13 avr. 1943 : *La Mare aux enfants* : **FRF 1 300**.

MAGLIOLI Giovanni Andrea ou **Magiolli, Majolusou, Maliolus**
XVIe-XVIIe siècles. Actif à Rome entre 1580 et 1610. Italien.
Graveur.
On cite de lui des marines dans lesquelles il introduisait des dieux et des monstres marins.

MAGLIOLI Jérôme
XVIIIe-XIXe siècles. Italien.

Peintre.
Le Musée d'Ajaccio conserve de lui un *Portrait du cardinal Fesch*.

MAGLIONE André
Né en 1838 à Marseille (Bouches-du-Rhône) ou à San Remo. Mort en 1923 à Marseille. XIXe-XXe siècles. Français.
Peintre de paysages.
Élève d'Émile Loubon, il n'exposa au Salon de Paris qu'en 1866 et 1868.
Plus écrivain d'art qu'artiste, il créa en 1867 le Cercle Artistique de Marseille et publia en 1903 : *Monticelli intime*. L'harmonie colorée de ses toiles fait penser à l'art de Félix Ziem.
Bibliogr. : Gérald Schurr, in : *Les Petits Maîtres de la peinture 1820-1920, valeur de demain*, Les Éditions de l'Amateur, t. VII, Paris, 1989.
Musées : Marseille (Mus. du Palais Longchamp) : *Vue des Martigues – Le Vieux Port à Marseille*.
Ventes Publiques : Paris, 14 nov. 1946 : *Le lavoir* : **FRF 1 200** – Paris, 15 nov. 1948 : *Le petit port* : **FRF 5 300** – Neuilly, 12 déc. 1993 : *Vue de Venise*, h/t (47x64) : **FRF 18 000**.

MAGLIONE Milvia, de son vrai nom : **Maglione di Melasso Milvia**
Née en 1934 à Bari (Pouilles). XXe siècle. Active depuis 1964 en France. Italienne.
Peintre, graveur, sculpteur.
Elle participe à de nombreuses expositions de groupe en Italie, en France, telles qu'en 1969, à *18 artistes italiens*, à Paris, puis à la VIe Biennale de Paris, au Salon de Mai, etc., et à des expositions internationales. Elle montre ses œuvres dans des expositions personnelles à Paris, notamment en 1971.
Dans une prolongation européenne du pop art, elle exprime un univers personnel, fait de poésie tendre, et dont les petits nuages blancs sur ciel bleu sont le leitmotiv, animant la surface initiale de découpages ajoutés, parfois mobiles.
Musées : Paris (BN).
Ventes Publiques : Paris, 12 mars 1972 : *Fenêtre* : **FRF 4 000**.

MAGN Fr.
Peintre.
Nom vraisemblablement altéré trouvé sur une gravure de C.-V. Ouebo.

MAGNA ou **Magni** ou **Magno**
XVe siècle. Italien.
Miniaturiste.
Travailla pour le duc de Modène.

MAGNA Andrea della
XVe siècle. Italien.
Miniaturiste.
Moine de San Martino de Sienne. Il est cité en 1466.

MAGNA Stefano della
D'origine allemande. XVe siècle. Italien.
Miniaturiste.
Travailla à Pérouse où il enlumina un bréviaire à San Francesco et exécuta les vitraux pour le réfectoire de San Domenico.

MAGNAN-BERNARD Pierre
Né le 29 août 1880 à Draguignan (Var). XXe siècle. Français.
Peintre de paysages.
Il fut élève de Gérome, Ferrier et Flameng. Sociétaire et Hors-concours du Salon des Artistes Français à Paris. Il a obtenu le prix R. de Rougé en 1929, la médaille d'or en 1928. Il a également exposé au Salon des Indépendants à Paris.

MAGNANI Cristoforo
Né vers 1545 au château de Pizzighettone, près de Crémone. Mort peu après 1580. XVIe siècle. Italien.
Peintre d'histoire et de portraits.
On le cite comme élève de Bernardino Campi. On voit à Plaisance un *Saint Jacques* et un *Saint Jean* de lui. Il collabora aussi avec Molosso et Mainardi à d'importantes peintures à fresque. La légende lui prête une mémoire si merveilleuse qu'il lui suffisait d'avoir vu une personne une fois pour en faire un portrait ressemblant.

MAGNANI Girolamo
Né le 23 mai 1815 à Fidenza. Mort le 24 septembre 1889 à Parme. XIXe siècle. Italien.
Décorateur de théâtre, décorateur.
Élève de G. Boccaccio. À vingt ans, il fit des peintures dans la pinacothèque de Parme. Professeur à l'Académie. Peint de nombreuses décorations scéniques pour la Scala de Milan, et d'autres théâtres en Italie et à l'étranger.

MAGNANI Giuseppe
Né le 20 novembre 1804 à Villa di Valeria (près de Parme). Mort le 1er février 1879. XIXe siècle. Italien.
Peintre et graveur au burin.
Élève du graveur Toschi. Le Musée de Parme conserve de lui une aquarelle.

MAGNANI Nicostrato
Né le 9 septembre 1532 à Parme. Mort vers 1611. XVIe-XVIIe siècles. Italien.
Architecte, sculpteur et peintre.
Sculpta un monument funéraire à l'église San Sepulcro et deux cheminées de marbre à Parme.

MAGNANINI Giorgio
Né le 2 janvier 1682 à Correggio. Mort le 29 mars 1755 à Modène. XVIIIe siècle. Italien.
Peintre.
Élève de F. Bibbiena. Il exécuta des peintures décoratives dans des églises et palais de Modène.

MAGNANINI Giovanni, don
XVIe siècle. Actif à Ferrare. Italien.
Miniaturiste.
Travailla entre 1536 et 1548, à un bréviaire pour le cardinal Ippolito d'Este.

MAGNANINI Pellegrino
Né à Fanano (près de Modène). Mort après 1634. XVIIe siècle. Italien.
Portraitiste et peintre.
Peintre de la Cour de Parme, on cite de lui un portrait à cheval d'*Oduardo Farnese, duc de Parme* (disparu).

MAGNANINO Jacobo ?
XVe siècle. Actif à Ferrare. Italien.
Miniaturiste.
Travailla comme aide de Giorgio Tedesco à un bréviaire pour Lionello d'Este.

MAGNARD Henry Charles Alexandre
Né le 25 juillet 1822 à Crécy-Cauvé. XIXe siècle. Français.
Paysagiste.
Élève de Dupuis. Exposa au Salon en 1842.

MAGNARD Ondine
Née le 11 avril 1904 à Paris. Morte en 1968. XXe siècle. Française.
Peintre de compositions animées, paysages, paysages urbains. Postcubiste.
Fille du compositeur Albéric Magnard. Elle fut élève d'André Lhote et de Fernand Léger. Elle se maria avec le sculpteur tchèque Jan Vlach. Elle exposait en France, notamment au Salon des Indépendants, et à Prague, parfois avec son mari. En 1955, elle a réalisé une composition destinée à la mairie du XIVe arrondissement de Paris.
Dans une manière postcubiste rappelant celle de Lionel Feininger, elle a composé des vues de Prague.

MAGNASCO Alessandro ou **Lissandrino**, dit aussi **il Lissandro**
Né en 1667 à Gênes. Mort le 12 mars 1749 à Gênes. XVIIe-XVIIIe siècles. Italien.
Peintre d'histoire, sujets religieux, scènes de genre, paysages animés, paysages.
Il étudia d'abord avec son père Stefano, puis après la mort de celui-ci se rendit à Milan, vers 1680-1682, où il travailla dans l'atelier du peintre vénitien Abbiati. Sous la direction d'Abbiati, Magnasco peignit une série de portraits, aujourd'hui perdus. Mais au bout de quelque temps, il s'adonna à la peinture de genre. Magnasco a subi quelque influence dans sa première formation. À ce sujet on a mis en avant les noms de Salvator Rosa, Callot, Cerquozzi, Van Laer, Breughel et Teniers. En réalité les seuls dont l'influence semble évidente sont Rosa et Callot, qui tout d'abord lui donne le goût de ces petites figures pétillantes de vie, qui sont à la base de sa peinture. On sait que Magnasco peignit aussi de grandes compositions religieuses, mais seule subsiste maintenant la *Cène d'Emmaüs* du couvent de Saint-François de Albaro, œuvre importante de la peinture italienne du début du XVIIIe siècle. À Milan, il se lia avec Sebastiano Ricci. À son arrivée dans la capitale lombarde, il fut complètement conquis par la civilisation spéciale à cette cité, patrie de Saint-Charles Borromée et le centre le plus important de la catholicité italienne de ce temps, après Rome. Le duché de Milan à cette

époque était sous la domination espagnole. Magnasco subit l'influence de cet état de choses. Quelques-uns de ses tableaux représentèrent un sujet espagnol, comme le *Don Quichotte*, maintenant à l'Institut of Arts de Detroit et *Femmes et Soldats à table* du Young Memorial Museum de San Francisco (U.S.A.). Magnasco séjourna également à Florence, comme peintre du Grand-Duc. Mais il n'abandonna définitivement Milan qu'en 1735. Il mourut à Gênes à quatre-vingt-deux ans.
Magnasco n'eut pas d'élèves. Donc, parler de « Magnasquiens » est entièrement risqué. Ce qui ne veut pas dire que tout ce qui rappelle Magnasco soit « magnasquien ». Le Lissandrino est vraiment original. Sa peinture romantique est tout imprégnée d'une étrange saveur de révolte et de désir d'expression immédiate. Négligé pendant deux siècles, Magnasco occupe aujourd'hui une place éminente dans l'histoire de la peinture européenne de son temps. Récemment encore Malraux voyait en lui un des prédécesseurs de Goya, du Goya tragique naturellement. Et si l'on peut, sur la foi de la critique d'art, former de grandes familles idéales, on dira qu'il appartient avec Bosch, avec Goya, avec Daumier aux grands satiriques de la peinture.
Tous les tableaux d'Alessandro Magnasco ne sont pas entièrement de sa main. Dans la première période de sa vie, le peintre s'est limité, de fait, à collaborer avec des paysagistes, animant leurs compositions. Ces artistes sont : Clément Spera, Favello, Marc Ricci, Perugini. Cette période s'arrête au temps des tableaux de Florence (1703-1711) : Magnasco cherche alors à adapter son art aux grâces du XVIIIe siècle. Mais le grand Magnasco est surtout celui de la troisième époque (1711-1735) et de la quatrième qui va de 1735 à 1749, cette dernière connue sous le nom de génoise. Magnasco, dans ces deux périodes, est un peintre-poète. Le coup de pinceau est glissant, léger, animé. Les grandes compositions de l'Abbaye de Seitenstetten (1719-1735) et le *Divertissement dans un jardin à Albaro* du Palais Bianco à Gênes, sont parmi ses chefs-d'œuvre.
Les tableaux de Magnasco sont très nombreux, et très nombreux aussi les faux. Il existe un catalogue presque complet de ses œuvres établi par Benno Geiger, qui le fit paraître à Berlin vers 1914. Magnasco ne signait pas ses œuvres et sa manière est extrêmement variée, différente. Ses œuvres plus connues sont des scènes religieuses, des paysages. Mais existent, spécialement en Italie, en quantité notable, de petits tableaux plus que galants, d'un genre s'inspirant évidemment de sujets français.
Parmi ses œuvres (Extrait du Catalogue de l'Exposition consacrée à Magnasco en 1949 au Palais Bianco, à Gênes) : 1. *Le petit concert*, Bergame Collection privée. – 2. *Le Corbeau apprivoisé*, Florence (Offices). – 3. *La Vieille et les Bohémiens*, Florence (Offices). – 4. *Polichinelle jouant de la guitare*, Venise (Collection Gatti-Casazza). – 5. *Polichinelle et son enfant*, Venise (Collection Gatti-Casazza). – 7. *Le Chanteur ambulant*, Venise (Collection Gatti-Casazza). – 8. *Bohémiens et chirurgien dans les ruines*, Calvisano (Brescia, collection Fausto Lechi). – 9. *Soldats et Lazzaroni*, Calvisano (Brescia, collection Fausto Lechi). – 10. *Marche au Calvaire*, Gênes (Collection Duc de Ferrari). – 11. *Scène de Marché*, Milan (Musée Civique du Château Sforza). – 12. *Préparatifs du repas*, Brescia (Collection Fausto Lechi). – 13. *Le vieux moulin*, Bergame (Collection Bassi-Rathger). – 14. *Soldats campés dans les ruines*, Rome (Collection Vittorio Cerrutti). – 15. *Devins, chanteur ambulant et polichinelle dans les ruines*, Rome (Collection Vittorio Cerrutti). – 16. *Scène de l'Inquisition*, Vienne (Kunsthistorisches Museum). – 17. *Assaut à la diligence*, Rome (Collection privée). – 18. *Le Char des Fous*, San Remo (Collection Enrico Bianchi). – 19. *Moines et porteurs dans une baie marine*, Munich (Ancienne Pinacothèque). – 20. *Marine*, Milan (Collection marquis Gropallo Rocca Saporiti). – 21. *Naufrage et moines en prières*, Florence (Collection Dott. Corradino Calamai). – 22. *Saint Antoine ermite dans un paysage*, Florence (Collection Dott. Corradino Calamai). – 23. *Le Grand Bois* (Collection privée). – 24. *Bûcheron dans le bois* (Collection privée). – 25. *Paysage avec moines et pèlerins*, Milan (Pinacothèque de Brera). – 26. *Trappistes priant dans un bois* (collection privée). – 27. *Communion de la Madeleine*, Gênes (Collection Gianni Delmonte). – 28. *Saint Augustin et l'Enfant*, Gênes (Collection Gianni Delmonte). – 29. *Marine avec pêcheurs sur la plage*, Rome (Collection privée). – 30. *Paysage avec moines et petites figures*, Rome (Collection privée). – 31. *Saint Antoine ermite dans le bois*, Gênes (Collection privée). – 32. *Saint Paul ermite dans le bois*, Gênes (Collection privée). – 33. *Résurrection de Lazare*, La Haye (Musée Mauritshuis). – 34. *Massacre des Innocents*, La Haye (Musée Mauritshuis). – 35. *Le Christ servi par les anges*, Crema (Collection Dott. Paolo Stramezzi). – 36. *Adoration des bergers*, Gênes (Collection privée). – 37. *Viatique d'un moine* (Collection privée). – 39. *Moines faisant pénitence* (Collection privée). – 40. *Moines en tentation* (Collection privée). – 41.*Religieuses rempaillant* (Collection privée). – 42. *Moine aiguiseur* (Collection privée). – 43. *Moines devant la cheminée* (Collection privée). – 44. *Trappistes tentés dans la grotte* (Collection privée). – 45. *Moines qui se chauffent au feu* (Collection privée). – 46. *Moines dans la bibliothèque* (Collection privée). – 47. *Religieuses fileuses* (Collection privée). – 48. *Ensevelissement d'un moine*, Bassano del Grappa (Musée Civique). – 49. *Corps de garde*, Bassano del Grappa (Musée civique). – 50. *Repas des bohémiens*, Florence (Offices). – 51. *Jeune fille et musicien devant la cheminée* (Collection privée). – 52. *Sermon aux Quakers* (Collection privée). – 53. *Sermon aux Quakers* (Collection privée). – 54. *Femmes et soldats à table*, San Francisco, U.S.A. (Memorial Museum). – 55. *Don Quichotte*, Detroit, U.S.A. (Institut of Arts). – 56. *Le Catéchisme*, Abbaye Seitenstetten, Autriche. – 57. *La Synagogue*, Abbaye Seitenstetten, Autriche. – 58. *Moines dans la Bibliothèque*, Abbaye de Seitenstetten, Autriche. – 59. *Moines dans le réfectoire*, Abbaye de Seitenstetten, Autriche. – 60. *Soldat mourant assisté par un moine*, Pavie (Musée civique). – 61. *Enterrement d'un soldat*, Pavie (Musée civique). – 62. *Funérailles hébraïques* (Collection privée). – 63. *Bacchanale*, Gênes (Collection Alexandre Basevi). – 64. *Bacchanale*, Milan (Collection Giovanni Rasini). – 65. *Scène galante*, Milan (Collection Dott. Giancarlo Premoselli). – 66. *Le parloir des religieuses* (Collection privée). – 67. *Le Réfectoire des Moines*, Bassano del Grappa (Musée civique). – 68. *Saint Charles Borromée reçoit les Oblats*, Milan (Musée Poldi Pezzoli). – 69. *Martyre de saint Érasme*, Venise (Collection Pospisil). – 70. *Déposition de la Croix*, Rome (Collection maître Enzo Masetti). – 71. *Élévation de la Croix* (Collection privée). – 72. *La Synagogue*, Cleveland, U.S.A. (Musée of Arts). – 73. *Banquet nuptial des bohémiens* (Louvre). – 74. *Divertissement dans un jardin d'Albaro*, Gênes (Palais Bianco). – 75. *Adoration des Rois mages*, Venise (Collection Gatti-Casazza). – 76. *Le repas d'Emmaüs*, Gênes (Couvent de Saint-François d'Albaro).
L'énumération précédente a l'avantage de recenser ses thèmes principaux, mais laisse de côté tout ce qui concerne le style de Magnasco, ce qui caractérise sa manière. L'écriture en est fougueuse, elliptique ; personnages et éléments du décor sont tracés par quelques sabrages furieux du pinceau ; l'éclairage privilégie les genres dramatiques du clair-obscur et du contre-jour, les ombres profondes percées de quelques éclairs de couleurs. Et les thèmes et la manière définissent un maniérisme, avec tout ce que le qualificatif implique de brio. ■ Carlo Steiner, J. B.

Bibliogr. : B. Geiger : *Magnasco*, Bergamo, 1949 – Lionello Venturi : *La peinture italienne, du Caravage à Modigliani*, Skira, Genève, 1952.

Musées : Berlin (Mus. Nat.) : *Cortège de noces dans un pays sylvestre* – Bordeaux : Plusieurs compositions sur des prisonniers et des suppliciés – *Paysage avec figures* – Budapest : *La chambre de torture* – Cologne : *Paysage rocheux* – Dijon : *Dans une forêt* – Dresde : *Nonnes dans le chœur* – *Capucins au réfectoire* – *Saint Antoine dans un paysage* – *Saint Jérôme dans un paysage* – Florence : *Forêt avec ermites* – *Saint Jean prêchant* – Gênes : *Bizzarria* – *Peuplier* – *Scène de brigands* – La Haye : *Le pèlerin* – *La paysanne* – *Moines en prière* – *Capucins en prière* – Lyon : *Paysage avec figures* – Milan (Ambrosiana) : *Bacchanale* – Milan (Brera) : *Ruines avec soldats* – *Ruines* – Nantes : *Marine* – Orléans : *Jacob quittant la terre de Chanaan* – *Joseph vendu par ses frères* – *Joseph racontant ses songes* – *Entrevue d'Eliézer et de Rébecca*.

Ventes Publiques : Paris, 1895 : *Tentation de saint Hilarion* : **FRF 200** – Paris, 11-13 nov. 1912 : *Moines en prières* : **FRF 160** – Paris, 29 avr. 1921 : *Le passage du gué* : **FRF 700** – Paris, 30 mai 1924 : *Leçon de chant* : **FRF 1 000** – Paris, 30 mars 1925 : *Apparition d'un ange*, pl. et sépia : **FRF 1 550** – Paris, 24 fév. 1926 : *Paysan ; Paysanne*, les deux : **FRF 7 000** – Paris, 5 mars 1928 : *Les Chanteurs* : **FRF 4 600** – Londres, 29 juin 1928 : *Scène de rivière* : **GBP 120** ; *Scène dans un bois* : **GBP 73** – Paris, 25 jan. 1929 : *Réunion de paysans dans une chaumière* : **FRF 6 100** – New York, 10 avr. 1929 : *Paysage* : **USD 500** – Londres, 5 juil. 1929 : *Pêcheur réparant son filet* : **GBP 147** – Londres, 2 juil. 1937 : *Port de Gênes* : **GBP 210** – Londres, 8 juil. 1938 : *Soldats et Paysannes*, les deux : **GBP 115** – Paris, 20 mai 1942 : *La Méditation* ; *Le Repas*, deux toiles, attr. : **FRF 120 000** – Paris, 25 juin 1943 : *L'Oratoire au bord du torrent* : **FRF 50 500** – Paris, 15 mars 1944 : *Le Secours angélique* : **FRF 80 000** – Paris, 19 mars 1945 : *Ruines et figures*, attr. : **FRF 39 000** – Londres, 3 mai 1946 : *Allé-*

gorie : **GBP 210** – Paris, 30 mai 1949 : *La Rive boisée* : **FRF 170 000** – New York, 2 mars 1950 : *Paysage avec ruines et romanichels* : **USD 1 500** – Cologne, 3 nov. 1950 : *La tempête* : **DEM 4 000** – Paris, 24 mars 1952 : *Saint Jérôme* : **FRF 200 000** – New York, 12 déc. 1956 : *Rovine col pittora al cavaletto* : **USD 1 300** – Londres, 26 juin 1957 : *Paysage* : **GBP 1 450** – Londres, 1er mai 1960 : *Paysage boisé* : **GBP 10 500** – Milan, 29 nov. 1960 : *Crucifixion* : **ITL 500 000** – Paris, 27 fév. 1961 : *Les Pêcheurs* : **FRF 3 000** – Londres, 14 juil. 1961 : *Un caprice de ruines avec personnages en prière* : **GBP 840** – Milan, 16 mai 1962 : *Paesaggio con due eremiti penitenti ; Paesaggio con le tentazioni di Sant'Antonio*, deux toiles : **ITL 4 200 000** – Londres, 10 juil. 1963 : *Paysage* : **GBP 2 000** – Milan, 29 oct. 1964 : *Le forgeron* : **ITL 9 000 000** – Londres, 29 oct. 1965 : *Paysage montagneux animé de personnages* : **GNS 2 700** – Nervi, 15 oct. 1966 : *Paysage aux lavandières ; Paysage aux pêcheurs*, deux pendants : **ITL 15 000 000** – Londres, 5 juil. 1967 : *Moines dans un paysage* : **GBP 3 000** – Londres, 10 juil. 1968 : *Procession de moines dans un paysage* : **GBP 24 000** – Londres, 26 juin 1970 : *Paysage boisé* : **GNS 18 000** – Londres, 23 nov. 1971 : *Ermites en prière dans un paysage* : **GNS 4 000** – Londres, 8 déc. 1972 : *Bord de mer* : **GNS 7 000** – Milan, 6 juin 1973 : *Nonnes devant une cheminée* : **ITL 16 500 000** – Londres, 28 juin 1974 : *Bord de mer, ciel orageux* : **GNS 12 000** – Londres, 3 oct. 1974 : *Bord de mer, ciel orageux* : **GNS 12 000** – Londres, 21 mai 1976 : *Lavandières dans un paysage*, h/t (114,5x142) : **GBP 6 500** – Londres, 5 juil. 1976 : *Trois figures fuyant*, pl. et lav. reh. de blanc (29x41,5) : **GBP 3 000** – Londres, 6 avr. 1977 : *Personnages dans un paysage boisé aux abords d'une ville*, h/t (219x170) : **GBP 38 000** – Londres, 25 avr. 1978 : *Deux moines en méditation*, pl. et lav./traces de pierre noire (24x18,3) : **GBP 1 900** – Londres, 1er déc. 1978 : *La Tentation du Christ dans le désert*, h/t (117x97) : **GBP 13 000** – New York, 9 jan. 1980 : *Le repos des bergers*, deux dess. à la pl. et lav./trait de sanguine, reh. de blanc (chaque 20x43) : **USD 13 000** – Londres, 16 avr. 1980 : *Paysage boisé animé de personnages*, h/t (82,5x112) : **GBP 32 000** – Londres, 25 mars 1982 : *Homme assis sur un rocher, tenant un bâton*, lav. reh. de blanc/trait de craie noire (29,7x42,7) : **GBP 4 000** – Londres, 30 nov. 1983 : *Paysage boisé avec un homme menant un cheval*, h/t (80x127) : **GBP 34 000** – Londres, 2 juil. 1984 : *Études de personnages*, pinceau et lav./trait de craie noire reh. de blanc (29,5x42,8) : **GBP 13 500** – Londres, 3 juil. 1985 : *L'atelier de l'artiste*, h/t (54x44) : **GBP 28 000** – Milan, 4 déc. 1986 : *Adam et Ève (recto) ; Étude de deux personnages (verso)*, pl. et lav. et sanguine (12x27,5) : **ITL 9 000 000** – Paris, 16 déc. 1986 : *Moines en prière dans un paysage ; Départ des moines quêteurs*, h/t, une paire (45,5x71,5) : **FRF 510 000** – Londres, 8 juil. 1987 : *Scène de bord de mer par temps orageux*, h/t (90x160) : **GBP 40 000** – New York, 14 jan. 1988 : *La doctrine chrétienne sous le dôme de Milan*, h/t (68,5x55) : **USD 88 000** – Paris, 15 mars 1988 : *Moine en prière dans un paysage*, h/t (34,3x29) : **FRF 57 000** – Rome, 10 mai 1988 : *Paysage avec des bûcherons*, h/t (98x132) : **ITL 34 000 000** – Monaco, 3 déc. 1988 : *Le Christ sur la Croix*, h/t (55,5x26,3) : **FRF 49 500** – Londres, 7 déc. 1988 : *Vierge et l'Enfant avec sainte Ursule*, h/pap./t. (42x27,5) : **GBP 9 900** – New York, 31 mai 1989 : *Moines pénitents dans un paysage montagneux*, h/t (97,2x52,1) : **USD 35 200** – Londres, 5 juil. 1989 : *Deux hommes tirant un filet de pêche*, h/t (99x74) : **GBP 26 400** – Londres, 8 déc. 1989 : *Paysage fluvial boisé avec un chasseur tirant le canard et une lavandière à distance*, h/t (70x93) : **GBP 35 200** ; *Paysage boisé avec des bûcherons*, h/t (93x122) : **ITL 36 000 000** – New York, 11 oct. 1990 : *Le dîner des moines dans un intérieur*, h/t (39,5x61,5) : **USD 45 100** – Stockholm, 14 nov. 1990 : *Paysage animé par temps d'orage*, h/t (79x60) : **SEK 14 000** – New York, 11 avr. 1991 : *Paysage montagneux et animé*, h/t (72x56) : **USD 38 500** – Stockholm, 29 mai 1991 : *Paysage animé un jour venteux*, h/t (79x60) : **SEK 16 500** – Cologne, 28 juin 1991 : *Pastorale avec deux pêcheurs au bord d'un ruisseau*, h/t (74x57) : **DEM 4 000** – Rome, 19 nov. 1991 : *Le repas des moines dans une caverne*, h/t (58x72) : **ITL 36 000 000** – Londres, 11 déc. 1991 : *La Tentation du Christ*, h/t (35x27) : **GBP 28 600** – New York, 17 jan. 1992 : *Autoportrait*, h/t (63,5x48,3) : **USD 22 000** – Lugano, 16 mai 1992 : *Paysage avec des moines en prière*, h/t (96x132,5) : **CHF 230 000** – Rome, 24 nov. 1992 : *Occupations journalières des nonnes*, h/t (98x74) : **ITL 143 750 000** – Lugano, 1er déc. 1992 : *Scène de genre*, h/t, une paire (chaque 37x30) : **CHF 11 500** – Paris, 26 avr. 1993 : *Ermite dans une grotte*, h/t (39,5x30,5) : **FRF 80 000** – Milan, 19 oct. 1993 : *Franciscains conjurant la tempête*, h/t (110x165) : **ITL 197 800 000** – New York, 12 jan. 1994 : *Un satyre, une nymphe et Cupidon*, encre et lav./craie noire (24,7x18,8) : **USD 12 650** – New York, 12 jan. 1995 : *Deux hommes regardant les travaux de saint Jérôme*, h/t (38,1x48,9) : **USD 29 900** – Londres, 5 juil. 1995 : *Intérieur d'une prison avec Joseph interprétant les rêves*, h/t (134x177) : **GBP 111 500** – New York, 10 jan. 1996 : *Berger endormi*, craie noire, encre et lav./pap. brun clair (16,4x13,1) : **USD 6 900** – Vienne, 29-30 oct. 1996 : *Alchimiste conjurant les démons*, h/t (74x59) : **ATS 663 000** – Milan, 21 nov. 1996 : *Marie-Madeleine pénitente*, h/t (97x73) : **ITL 44 270 000** – Londres, 11 déc. 1996 : *Religieuse devant sa table avec une fillette ; Religieuse avec une fillette devant une balustrade*, h/t, une paire (49x38,6) : **GBP 19 550** – New York, 30 jan. 1997 : *Vaste paysage avec des voyageurs*, h/t (54,6x69,9) : **USD 79 500** – Londres, 3 juil. 1997 : *Le Sermon de l'Expiation*, h/t (56x42) : **GBP 67 500**.

MAGNASCO Stéfano

Né en 1635 à Gênes. Mort probablement après 1681. xviie siècle. Italien.

Peintre d'histoire, compositions religieuses, scènes de genre.

Il fut élève de Valerio Castello à Gênes, puis alla travailler à Rome où il demeura cinq ans. Il revint à Gênes et y fut surtout employé comme peintre de tableaux d'autel. Il peignit peut-être aussi des sujets de genre, le Musée de Nancy conservant de lui *Le pélerinage* et *Les oiseleurs*, à moins qu'il n'y ait eu erreur d'attribution et que ces deux toiles ne soient de son fils, Alessandro Magnasco. Certains biographes donnent comme date de mort de Stéfano, l'année 1665 ; il y a là une erreur matérielle, son fils Alessandro étant né en 1681.

Musées : Nancy : *Le pèlerinage – Les oiseleurs*.

Ventes Publiques : Milan, 12 déc. 1988 : *Loth et ses filles*, h/t (160x120) : **ITL 16 000 000** – Rome, 8 mai 1990 : *Flagellation*, h/t (118x150) : **ITL 20 000 000** – Londres, 8 juil. 1994 : *Putti musiciens ; Putti artistes*, h/t (chaque 99x86,8) : **GBP 47 700** – Londres, 8 déc. 1995 : *La découverte de Moïse*, h/t (159,7x215,3) : **GBP 23 000**.

MAGNAT Louis Henri

xxe siècle. Français.

Peintre de paysages.

On lui doit, outre ses sujets de montagnes, quelques affiches.

Ventes Publiques : Paris, 14 mars 1945 : *Vaches au pâturage* : **FRF 2 200**.

MAGNAVACCA

Né au xviie siècle à Bologne. xviie siècle. Italien.

Peintre.

Il fut peintre de la cour Polonaise sous le règne de Ladislas IV, en 1639 ; il peignit aussi pour les églises en Pologne.

MAGNE Désiré Alfred

Né le 27 février 1855 à Lusignan (Vienne). Mort le 6 février 1936. xixe-xxe siècles. Français.

Peintre de genre, animalier, natures mortes, fleurs.

Il fut élève de l'École municipale des Beaux-Arts de Poitiers, puis de Cabanel et James Bertrand à Paris, de Monginot et Jules Lefèbvre.

Il exposa, à Paris, au Salon à partir de 1879, surtout des peintures sur faïence. Il devint membre de la Société des Artistes Français à partir de 1894. Il obtint une mention honorable en 1886, une médaille de troisième classe en 1897, une autre médaille de troisième classe en 1907.

Musées : Arras : *Gibier de marais* – Compiègne : *Poule et coq de bruyère* – Épinal : *Trophée de guerre* – Poitiers : *Une bonne chasse*, peint. sur faïence – *Les Brioches*, peint. sur faïence – Rochefort : *Les Prunes*.

Ventes Publiques : Paris, 31 jan. 1929 : *Pivoines* : **FRF 1 250** – Paris, 10 nov. 1944 : *Fleurs* : **FRF 1 600** – Lucerne, 17 nov. 1978 : *Nature morte*, h/t (54,5x73,5) : **CHF 3 200** – Vienne, 11 mars 1980 : *Nature morte aux fleurs*, h/t (59x81) : **ATS 30 000** – Londres, 24 juin 1987 : *Fleurs des champs*, h/t (72x92) : **GBP 3 400** – Londres, 18 mars 1994 : *Une langouste, des crevettes et un crabe près d'un chaudron de cuivre sur un entablement de pierre*, h/t (88,9x116,3) : **GBP 6 670**.

MAGNE Eugène

Né le 22 juillet 1802 à Nemours (Seine-et-Marne). xixe siècle. Français.

Graveur au burin.

Élève de Muller et de Guérin. Il exposa au Salon de 1827 à 1834. Il exécuta des vignettes pour les *Œuvres de Voltaire*, la *Bible* et l'*Histoire des Ducs de Bourgogne*.

MAGNE Henri Marcel
Né le 11 novembre 1877 à Paris. xxe siècle. Français.
Peintre de genre, sculpteur, décorateur, peintre de cartons de mosaïques, architecte.
Il fut élève d'A. Maignan, Luc-Olivier Merson et A. de Richemont.
Il figura, à Paris, au Salon des Artistes Français, dont il devint membre à partir de 1910. Il a obtenu une mention honorable en 1909, une médaille de troisième classe en 1910.
Il exécuta des peintures décoratives pour la salle du Congrès de l'*Exposition des arts décoratifs* à Paris en 1925. Il fit des peintures sur verre et des mosaïques pour l'église du Sacré-Cœur à Paris. Officier de la Légion d'honneur.

MAGNE René Joseph
Né le 5 février 1876 à Paris. xxe siècle. Français.
Peintre.
Il fut élève de Cormon et Humbert.
Il exposa, à Paris, aux Salons des Artistes Français et des Indépendants.

MAGNE de LA CROIX Louis Auguste Paul
Né le 26 février 1875. xxe siècle. Français.
Peintre animalier.
Il séjourna à plusieurs reprises en Argentine. Il a figuré, à Paris, aux Salons des Artistes Français et d'Automne, dont il fut membre du jury.

MAGNÉE F.
xixe siècle. Belge.
Calligraphe.
Il travailla pour le roi des Belges en 1836.

MAGNELLI Alberto
Né le 1er juillet 1888 à Florence (Toscane). Mort le 20 avril 1971 à Meudon (Hauts-de-Seine). xxe siècle. Depuis 1931 actif en France. Italien.
Peintre, peintre de collages, graveur. Abstrait.
Né à Florence, en face du campanile de Giotto, ses parents tiennent un commerce prospère qu'il est destiné à reprendre, aussi fait-il ses études dans des écoles techniques. Son premier tableau *Paysage* date de 1907. Autodidacte, il se forme à la peinture, dans la fréquentation de Masaccio, Paolo Uccello, Andrea del Castagno et surtout Piero della Francesca, auquel il déclare : « Il m'a révélé la composition dans une surface, il m'a fait comprendre le jeu des vides et des pleins. À partir de lui, j'ai senti que mon art, le tableau, devait toujours tendre vers l'architectural ». Il n'est cependant pas, outre les pré-renaissants, sans racines plus contemporaines, personne ne l'est. En 1913, il fréquente les futuristes, Boccioni, Cara, Papina, Soffici, de la revue *Lacerba*. Marinetti lui demande d'adhérer au mouvement, il s'y refuse, ne se reconnaissant pas dans ces préceptes, qui lui semblent une démarque habile du cubisme. En 1914, au cours d'un long séjour à Paris, il se lie avec Apollinaire, Max Jacob, Fernand Léger, Picasso, Matisse, Juan Gris, Archipenko. De 1919 à 1922, il effectue de nombreux voyages en Allemagne, en Suisse, en France et en Autriche. En 1925, il séjourne brièvement à Paris où il rencontre son ami le pianiste Alfred Cortot. Il s'installe définitivement à Paris en 1931. En 1934, il fait la rencontre de Kandinsky à l'occasion de sa première grande exposition à la galerie Pierre (Pierre Loeb) en 1934. Durant l'Occupation, Magnelli s'installe, avec sa femme, à Grasse, dans la maison de « La Ferrage ». Jean Arp, Sophie Taeuber-Arp, Robert et Sonia Delaunay les y retrouvent. Il revient à Paris en 1944. En 1959, il s'installe à Meudon-Bellevue. Magnelli obtint plusieurs récompenses et distinctions : 1951, le Deuxième Grand Prix de peinture étrangère à la 1re Biennale de São Paulo ; 1954, le prix de la Critique, Paris ; 1955, le Premier Grand prix de Peinture étrangère, à la Biennale de São Paulo ; 1958, le Prix Guggenheim pour l'Italie.
Magnelli est bien représenté au premier Groupe des Réalités Nouvelles, organisé à l'instigation de Delaunay, à Paris, galerie Charpentier, en 1939. C'est la seule participation de Magnelli à une association artistique, tant l'homme s'exclut, en matière de création, de toute approche idéologique, mais les Réalités Nouvelles reflètent une variété de tendances abstraites. En 1944, il participe, à Paris, à l'exposition *Art concret* à la galerie René Drouin, en 1946 à *Peinture abstraite* galerie Denise René. Il figure aux deux expositions successives qui ont lieu également à Paris, en 1949, galerie Maeght, sous le titre commun *Les Maîtres de l'art abstrait* avec *Préliminaires de l'art abstrait*, et *Épanouissement de l'art abstrait*. Il participe à la Biennale de Venise en 1950 et 1960 ; à la Biennale de São Paulo en 1953. En complément de l'Exposition universelle de Bruxelles, en 1958, il figure à l'importante exposition au Palais des Beaux-Arts de Liège avec Picasso, Matisse, Léger, Laurens, Miro, Arp, Hartung, Jacobsen ; une salle étant consacrée à chacun.
Nombreuses sont les expositions personnelles qui ont permis à Magnelli de montrer ses œuvres. La première répertoriée, *Trente Pierres*, date de 1934 à la galerie Pierre (Pierre Loeb), à Paris, puis : 1937, galerie Nierendorf, New York ; 1946, galerie d'Art Moderne, Bâle ; 1947, rétrospective, galerie Drouin, Paris ; 1949, exposition de collages, gouaches, dessins, galerie Denise René, Paris ; 1950, Biennale de Venise, une salle lui est consacrée ; 1951, Liège ; 1954, rétrospective de cent tableaux, Palais des Beaux-Arts, Bruxelles ; 1955, présentation d'un ensemble d'œuvres à la Biennale de São Paulo ; 1955, rétrospective, Musée d'Eindhoven (Hollande) ; 1955, rétrospective, Musée Grimaldi, Antibes ; 1957, exposition de collages, galerie Berggruen, Paris ; 1957, *Dix ans de peinture de Magnelli*, galerie de France, Paris ; 1959, Copenhague ; 1960, Biennale de Venise ; 1963, exposition hommage, Kunsthaus de Zurich et au Palazzo Strozzi de Florence ; 1964, Musée Folkwang de Essen ; 1968, rétrospective, Musée d'Art Moderne de Paris, année où eurent lieu de nombreuses expositions pour fêter ses quatre-vingts ans ; 1970, Musée Cantini, Marseille. Nombreuses expositions posthumes, dont : 1978, *Les Années 1909-1918*, Musée d'Art Moderne de la Ville, Paris ; 1973, Cologne et Florence ; 1976, galerie Jean Briance, Paris ; 1977, Bergame ; 1979, 1981, galerie Karl Flinker, Paris ; 1980, *L'Œuvre gravé*, Bibliothèque Nationale, Paris ; 1981, Galerie Sapone, Nice ; 1981, Musée des Beaux-Arts de Rennes ; 1986, *Magnelli. Ardoises et collages*, Musée National d'Art Moderne à Paris et Musée de Grenoble ; 1986, galerie Maeght-Lelong ; 1988, rétrospective pour le centenaire de sa naissance, Palais des Papes, Avignon ; 1989, Centre Georges Pompidou, Paris ; 1992, galerie Lahumière, Paris ; 1995, Musée National d'Art Moderne, Paris, exposition de ses œuvres du fonds du Musée avec la donation de sa collection africaine ; 1998, *Les Moments de Grasse*, Espace 13, Aix-en-Provence.
À l'époque de son séjour à Paris, ses peintures, bien qu'encore hésitantes, présentent déjà les principales caractéristiques qui seront les constantes de l'ensemble de son œuvre : composition spatiale clairement murale, découpage net de la forme, aplats, cernes larges et jouant un rôle dans l'organisation colorée de la surface. Ses thèmes sont encore figuratifs, natures mortes et figures, par exemple *L'Homme à la charrette* de 1914, mais déjà traités dans une écriture elliptique et synthétique, dont on retrouvera l'écho dans les années 1960, dans le traitement de la réalité chez Adami. Ce langage synthétique l'amène, durant l'hiver 1914-1915, à peindre ses premiers tableaux complètement abstraits, aux aplats de couleurs vives, et qui ne ressortent qu'au titre générique de *Peintures*. Le terme d'art abstrait n'étant alors pas connu de lui, il désigne ces œuvres du terme d'« art inventé » : « Par éliminations successives, j'étais arrivé à la conviction que c'était ce qui restait de figuration qui entravait la possibilité de créer les formes dont j'avais besoin ». Il retourne en Italie, à Florence, à la déclaration de guerre, où il peint l'ensemble de cette première série de tableaux abstraits ; retrouvant, autour de 1918, des formes abstraites à partir de la réalité et symbolisées, dans les *Explosions lyriques* avec lesquelles, dans une explosion de couleurs, il célèbre à sa manière la fin de la guerre. Ensuite, de 1920 à 1930, comme la plupart des artistes des pays latins, moralement et intellectuellement éprouvés par les années de guerre, retrouvant l'apparente douceur d'une société aspirant avant tout à la paix et au plaisir, tandis qu'en Allemagne les Russes et « Germaniques » du *Blaue Reiter* se prolongent dans le Bauhaus, Magnelli revient à la représentation du monde réel : des nus, des paysages, des scènes de guerre. Sans renoncer pourtant à l'organiser selon les mêmes raisonnements plastiques qui lui avaient fait définir l'art comme étant une « tempête ordonnée », les objets résolus en taches et signes colorés, séparés et unifiés par les larges cernes blancs. Voyageant dans la région de Carrare, en 1931, Magnelli a été frappé par la forme et la lumière des blocs de marbre entassés dans les carrières, à partir desquels il entreprend, en 1931, la série dite des *Pierres* ou des *Pierres éclatées*, dans laquelle le traitement de la surface le ramène à l'abstraction. Il en peint une soixantaine de toiles entre 1931 et 1934. À partir de 1935, le reste de son œuvre s'épanouit dans une parfaite unité de sa pensée abstraite, le langage étant intégralement confié aux formes, aux couleurs que chacune appelle, et à leur enchaînement rythmique, porteur d'un mes-

sage d'équilibre classique et de joie contenue. Au sujet de la production de Magnelli durant la Seconde Guerre mondiale Jean Arp écrit ultérieurement : « Magnelli connut une abondance de projets qu'il exécute, à présent, avec la plus grande maîtrise. Ce travail insouciant l'unit à l'art populaire des grandes époques. Le noir, le brun et le bleu des tableaux de Magnelli font penser aux couleurs des fresques des premières époques crétoises. Ses travaux pourraient fournir un équivalent de ces décorations augustes et sereines. Elles sont des parures naturelles sans outrecuidance ni tour de force ». C'est durant la guerre qu'il réalise de nombreux collages – dont le début de la pratique remonte à 1936 et s'étend jusqu'en 1969 – et les peintures sur des ardoises d'écolier, encadrées de bois, commencées en 1937 et poursuivies, à deux exceptions près, jusqu'en 1943. Les collages de Magnelli font la part belle aux textures des matériaux et aux seuls faits plastiques qu'ils induisent, employant carton ondulé, toile émeri, papier à musique, papier marbré, fils de fer cousus ou encore des morceaux de plaques métalliques travaillées ou non. Les « ardoises » d'écolier, qui furent redécouvertes lors de l'exposition *Magnelli. Ardoises et collages* au Centre Georges Pompidou en 1986, à Paris, laissent libre cours aux aplats de gouaches cernés souvent de lignes blanches sur fond noir, une fraîcheur qui inspirera ses tableaux d'après-guerre.

À partir de sa rétrospective à la galerie Drouin en 1947, à Paris, Magnelli entre dans sa période de consécration. Son influence fut alors déterminante sur les jeunes peintres de Paris, qui, pour la plupart, ne découvrent qu'alors l'abstraction, et principalement sur Deyrolle, Mortensen, Gilioli. Vasarely y puise largement les éléments de sa première époque abstraite. Dans les dernières années de son travail, Magnelli ne fait que continuer de s'approcher, plus à chaque nouveau tableau, de la pureté de l'émotion traduite dans la simplicité de la forme. Son œuvre discret et évident reste l'un des chants les plus spiritualisés que l'homme ait consacré à l'amour de la vie et du monde. Doux colosse vieillissant, Magnelli a disparu avec la même discrétion où il avait maintenu sa vie et son œuvre. ■ Jacques Busse, C. D.

Magnelli
Magnelli
A Magnelli

Bibliogr. : Jean Aro : *Magnelli*, galerie Drouin, Paris, 1947 – Michel Seuphor : *L'Art abstrait, ses origines, ses premiers maîtres*, Maeght, Paris, 1949 – *xxe s.*, n° 1, Paris, 1951 – *Témoignage pour l'art abstrait*, Paris, 1952 – Léon Degand : *Magnelli*, galerie del Cavallino, Milan, 1952 – Jacques Lassaigne, in : *Dictionnaire de la peinture moderne*, Hazan, Paris, 1954 – André Verdet : *Magnelli*, Musée d'Antibes, 1955 – Michel Seuphor : *Dictionnaire de la peinture abstraite*, Hazan, Paris, 1957 – Léon Degand : *Magnelli, collages*, Berggruen, Paris, 1957 – François Le Lionnais : *Magnelli*, Galerie de France, Paris, 1960 – André Verdet : *Magnelli*, Musée de Poche, Paris, 1961 – Jacques Lassaigne, in : *Peintres contemporains*, Mazenod, Paris, 1964 – M. Mendès : *Alberto Magnelli*, Rome, 1967 – B. Dorival, in : *Alberto Magnelli*, catalogue de l'exposition, Musée National d'Art Moderne, Paris, 1968 – *Hommage à Magnelli*, in : *xxe s.*, n° 37, Paris, 1971 – A. Lochard : *Magnelli*, Rome, 1972 – in : *Les Muses*, t. IX, Grange Batelière, Paris, 1972 – Nello Ponente : *Alberto Magnelli*, Rome, 1973 – Anne Maissonnier : *Alberto Magnelli : L'œuvre peint – catalogue raisonné*, Paris, 1975 – in : *Dictionnaire universel de la peinture*, Le Robert, Paris, 1975 – Anne Maisonnier : *Catalogue raisonné. L'œuvre gravé*, Bibliothèque nationale, Paris, 1980 – Anne Maisonnier : *Catalogue raisonné. Les Ardoises peintes*, Erker Verlag, Saint-Gall, 1981 – *Alberto Magnelli. Ardoises et collages*, catalogue de l'exposition, Centre Georges Pompidou, Paris, 1986 – Achille Bonito Oliva : *Magnelli*, Repères, N° 26, gal. Lelong, Paris, 1986 – D. Abadie, M. Besset : *Magnelli : exposition du centenaire*, catalogue de l'exposition, Avignon, Palais des Papes, 1988 – Divers : *Ommaggio a Magnelli*, catalogue de l'exposition, Palazzo Vecchio, Florence, 1988 – *Magnelli*, catalogue de l'exposition, Centre Georges Pompidou, Paris, 1989 – Anne Maisonnier : *Catalogue raisonné. Collages*, Éditions Adam Biro, Paris, 1990 – in : *L'Art du xxe s.*, Larousse, Paris, 1991 – in : *Dictionnaire de l'art moderne et contemporain*, Hazan, Paris, 1992.

Musées : Essen (Folwang Mus.) : *Face au large n° 2* 1955 – Grenoble (Mus. de Peinture et de Sculpture) : *Le Café* 1914 – Marseille (Mus. Cantini) : *Pierres n° 2* 1932 – *Collage* 1964 – Paris (Mus. Nat. d'Art Mod.) : *Pierre sur un fond marron* 1933 – *Ronde océanique* 1937 – Vallauris.

Ventes Publiques : Stuttgart, 3 et 4 mai 1962 : *Lumière diffuse* : **DEM 14 000** – Milan, 29 nov. 1966 : *Sur fond Sienne* : **ITL 1 400 000** – Paris, 6 juin 1974 : *Composition*, gche : **FRF 31 000** – Milan, 8 juin 1976 : *Secret en couleurs* 1942, h/t (52x63) : **ITL 8 500 000** – Milan, 21 déc. 1976 : *Composition*, aquar. (41x28) : **ITL 1 600 000** – Milan, 25 oct. 1977 : *Complexes, singulier insolite* 1954, h/t (80x65) : **ITL 6 700 000** – Milan, 26 juin 1979 : *Montage* 1941, h/t (65x55) : **ITL 5 600 000** – Milan, 26 nov. 1980 : *Composition* 1941, temp. (27x21) : **ITL 2 600 000** – Cologne, 30 mai 1981 : *Composition abstraite* 1944, cr. noir et reh. de blanc (25x32) : **DEM 1 800** – Milan, 14 avr. 1981 : *Construction joyeuse* 1946, temp. (41x33) : **ITL 6 000 000** – Londres, 24 mars 1983 : *Composition* 1959, stylo feutre/cart. (50x65) : **GBP 2 500** – Milan, 14 juin 1983 : *Deviner l'image* 1947, h/t (81x101) : **ITL 27 000 000** – Milan, 15 nov. 1984 : *Composition*, temp. (21x27) : **ITL 3 800 000** – Rome, 23 avr. 1985 : *Pierres* 1933, temp. (56x60) : **ITL 10 000 000** – Rome, 8 mai 1986 : *Triptyque*, h/t, triptyque (92x73 et 130x95 et 92x73) : **ITL 120 000 000** – Paris, 21 déc. 1987 : *Composition* 1958, collage et techn. mixte (64x22,5) : **FRF 56 000** – Vienne, 9 avr. 1987 : *Composition* 1935, temp./cart. (65x50) : **ITL 18 000 000** – Paris, 19 mars 1988 : *Paysage de Toscane, n° 2* 1925, h/t : **FRF 100 000** – Paris, 22 juin 1988 : *Pierres éclatées* 1933, gche (62x47) : **FRF 80 000** – Rome, 15 nov. 1988 : *Sans titre* 1937, techn. mixte/ardoise (16,5x24,5) : **ITL 132 500 000** – Paris, 20 nov. 1988 : *La Comtesse* 1913-1914, h/t (100x75) : **FRF 1 000 000** – Londres, 1er déc. 1988 : *Variations n° 1* 1959, h/t (130x162) : **GBP 79 200** – Rome, 21 mars 1989 : *Composition* 1959, feutre/pap. (65x50) : **ITL 5 500 000** ; *Pierres* 1932, h/pap./t. (100x81) : **ITL 50 000 000** – Paris, 29 mars 1989 : *Composition*, h/gche et past./pap. (55x42) : **FRF 175 000** – Londres, 6 avr. 1989 : *Formes disparates n° 2* 1942, h/t (81x100) : **GBP 66 000** – Paris, 16 avr. 1989 : *Ardoise* 1937, gche/ardoise à fond lisse (20x28) : **FRF 160 000** – Paris, 4 juin 1989 : *Composition* 1940, gche, encre de Chine et encres de coul. (22,5x30,5) : **FRF 90 000** – Milan, 6 juin 1989 : *Calme et visible* 1946, h/t (100x82) : **ITL 150 000 000** – Rome, 8 juin 1989 : *La Femme au châle blanc* 1928, h/t (50x40) : **ITL 37 000 000** – Paris, 11 oct. 1989 : *Composition*, encre, aquar. et gche/pap. (27x21) : **FRF 100 000** – Douai, 3 déc. 1989 : *Composition* 1949-1950, collage (19,5x24) : **FRF 6 400** – Milan, 27 mars 1990 : *Groupe mesuré*, h/t (116x145) : **ITL 290 000 000** – Paris, 25 mars 1990 : *Explosion lyrique n° XV*, h/t (119x90) : **FRF 4 000 000** – Paris, 28 mars 1990 : *Peinture n° 293* 1936, h/t (60x73) : **FRF 770 000** – Paris, 30 mars 1990 : *Sans titre*, aquar. et gch./pap. (65x50) : **FRF 100 000** – Londres, 3 avr. 1990 : *Révolte* 1947, h/t (55,5x37,5) : **GBP 38 500** – Paris, 20 juin 1990 : *Gauche et Droite* 1949, h/t (130x162) : **FRF 1 620 000** – Londres, 28 juin 1990 : *Point d'hostilité n° 1* 1944, h/t (130x162) : **GBP 143 000** – Londres, 18 oct. 1990 : *Composition* 1963, feutres noir et coul./pap. (48,3x35,6) : **GBP 3 300** – Paris, 29 oct. 1990 : *Peinture n° 329* 1937, h/t (88,5x116) : **FRF 1 200 000** – Paris, 28 nov. 1990 : *Signification retracée* 1952, h/t (162x130) : **FRF 1 260 000** – Rome, 3 déc. 1990 : *Pierres* 1934, encre de Chine/pap. (21x15,5) : **ITL 7 475 000** – Milan, 26 mars 1991 : *Contrastes* 1962, h/t (54,5x45,5) : **ITL 56 000 000** – Rome, 13 mai 1991 : *Composition* 1941, gche/pap. (24,5x31) : **ITL 23 000 000** – Londres, 27 juin 1991 : *Variation n° 1* 1959, h/t (130x162) : **GBP 77 000** – Paris, 13 déc. 1991 : *Composition* 1943, gche/pap. chamois (24,5x31,5) : **FRF 55 000** – Paris, 10 juil. 1991 : *Composition* 1944, gche et cr. noir/pap. (23,5x30,5) : **FRF 41 000** – Lugano, 28 mars 1992 : *La foire* 1914, h/t (100x75) : **CHF 520 000** – Lokeren, 23 mai 1992 : *Composition* 1963, cr. (49x36) : **BEF 190 000** – Paris, 24 mai 1992 : *Attitude tranquille* 1945, h/t (100x82) : **FRF 400 000** – Milan, 23 juin 1992 : *Composition* 1936, gche/cart. (31x23,5) : **ITL 15 000 000** ; *Sur fond Sienne n° 1* 1963, h/t (46,5x55) : **ITL 36 000 000** – Rome, 19 nov. 1992 : *Étude pour Témoignage* 1942, gche et aquar./cart. bleu (25,5x32) : **ITL 15 500 000** – Paris, 25 nov. 1992 : *Pierres éclatées* 1933, gche (61x46) : **FRF 80 000** – Londres, 3 déc. 1992 : *Remuant l'infini* 1948, h/t (146x97) : **GBP 88 000** – Paris, 14 mars 1993 : *Composition* 1962, aquar. (64,5x49) : **FRF 46 000** – Rome, 27 mai 1993 : *Les pierres* 1932, gche/pap. (62,5x47,5) : **ITL 20 000 000** – Londres, 2 déc. 1993 :

Éléments groupés n° 1 1963, h/t (163x130) : **GBP 51 000** – DEAUVILLE, 19 août 1994 : *Composition*, techn. mixte (51x33) : **FRF 55 000** – PARIS, 18 oct. 1994 : *Baigneuses*, h/t (120x90) : **FRF 230 000** – MILAN, 9 mars 1995 : *Composition* 1962, h/t (55x46) : **ITL 46 000 000** – PARIS, 29-30 juin 1995 : *Sans titre* 1948, gche et collage/pap. bistre (76x53) : **FRF 78 000** – ROME, 14 nov. 1995 : *Ombres vallonées ou Vagues mesurées* 1963, h/t (92x73) : **ITL 109 250 000** – MILAN, 20 mai 1996 : *Forte dei Marmi* 1928, h/t (89x75) : **ITL 32 200 000** – LONDRES, 23 mai 1996 : *Autour de moi* 1938, h/t (61x73,7) : **GBP 36 700** – PARIS, 5 oct. 1996 : *Composition*, gche et encre/pap. (26,5x20,5) : **FRF 33 000** – PARIS, 9 déc. 1996 : *Femme et clown* 1914, h/t (100x75) : **FRF 540 000** ; *Composition* 1962, encre et cr. et h/pap. teinté/t. (64x50) : **FRF 68 000** – AMSTERDAM, 4 juin 1997 : *Collage sur métal gris* 1938, techn. mixte/métal (46x56) : **NLG 25 370** – PARIS, 18 juin 1997 : *Ardoise* 1942, gche/ardoise (18x25,8) : **FRF 115 000** – LONDRES, 27 juin 1997 : *Proportions Bellevue* 1963, h/t (73x60) : **GBP 19 550**.

MAGNENEY Claude
XVIIe siècle. Actif à Paris. Français.
Dessinateur, graveur au burin et éditeur.
Il a gravé deux cent douze planches pour un *Recueil des armes de plusieurs maisons de France*.

MAGNERIS Bassanolus de. Voir **COARETIS**

MAGNEVAL Claude Marie de
Né en mars 1789 à Lyon. Mort le 17 juillet 1864. XIXe siècle. Français.
Portraitiste.

MAGNI Antonio
XVIIIe siècle. Actif à Ferrare vers 1757. Italien.
Sculpteur.
Il sculpta dans cette ville les statues de *Saint François* et de *Saint Antoine*.

MAGNI Cesare ou **Magno**
XVIe siècle. Lombard, actif au commencement du XVIe siècle. Italien.
Peintre.
Il imita Léonard de Vinci et P. Fr. Sacchi.
MUSÉES : BERLIN (Kaiser-Friedrich Mus.) : *Madone avec saint Roch et saint Sébastien* – MILAN (Brera) : *Sainte famille et saint Jean* – NAPLES (Mus. Nat.) : Copie libre d'après la Vierge aux rochers de Vinci, de Londres.
VENTES PUBLIQUES : LONDRES, 22 juil. 1938 : *La Sainte Famille, sainte Élisabeth et le petit saint Jean* : **GBP 63**.

MAGNI Giovanni Battista. Voir **MANNI**

MAGNI Giuseppe
Né en avril 1869 à Pistoia. Mort en 1956 à Florence. XIXe-XXe siècles. Italien.
Peintre de genre.
Élève du professeur Ciseri à l'Académie de Florence. Il prit part, en 1900, au concours Alinari avec son tableau : *Ave Maria*.
VENTES PUBLIQUES : LONDRES, 4 fév. 1972 : *Mère et enfant* : **GNS 380** – NEW YORK, 14 mai 1976 : *Mère et enfant*, h/cart. (27x22) : **USD 400** – NEW YORK, 28 avr. 1977 : *Jeune femme habillant un enfant*, h/t (70x55) : **USD 1 300** – NEW YORK, 27 oct. 1982 : *Une famille heureuse* 1904, h/t (71,1x104,2) : **USD 11 500** – NEW YORK, 24 mai 1984 : *Maternité*, h/t (92,1x74,3) : **USD 7 250** – NEW YORK, 24 mai 1985 : *Une poignée de cerises*, h/t (78,1x55,2) : **USD 4 800** – NEW YORK, 27 fév. 1986 : *Le Centre d'attention*, h/t (63,5x90,2) : **USD 27 000** – NEW YORK, 23 mai 1989 : *Scène de famille : bambin trinquant avec l'aïeul* 1902, h/t (70,1x103,5) : **USD 47 300** – NEW YORK, 25 oct. 1989 : *Famille de vignerons faisant goûter le vin nouveau à l'enfant*, h/t (71,7x104,1) : **USD 71 500** – MONACO, 21 avr. 1990 : *Un verre de trop !*, h/t (36x46) : **FRF 35 520** – MILAN, 18 oct. 1990 : *Troupeau un jour de pluie*, h/t (50x80) : **ITL 20 000 000** – LONDRES, 28 nov. 1990 : *La toilette du bébé* 1921, h/t (73x91) : **GBP 11 000** – MILAN, 12 mars 1991 : *Le bonheur d'une mère*, h/t (80x60) : **ITL 26 000 000** – NEW YORK, 17 oct. 1991 : *En admirant le bébé*, h/t (52,1x66) : **USD 13 200** – NEW YORK, 19 fév. 1992 : *Un après-midi musical*, h/t (55,8x80,3) : **USD 24 200** – BOLOGNE, 8-9 juin 1992 : *Fillette en train de coudre*, h/pan. (38,5x30) : **ITL 3 680 000** – MILAN, 17 déc. 1992 : *Frères de lait*, h/t (66x85,5) : **ITL 37 000 000** – LONDRES, 17 juin 1994 : *Jeune mère*, h/t (46x58,5) : **GBP 2 300** – NEW YORK, 12 oct. 1994 : *La nourriture des lapins* 1927, h/t (101x121,3) : **USD 21 850** – LONDRES, 15 nov. 1995 : *Vie de famille*, h/t (63x96) : **GBP 5 750** – ROME, 5 déc. 1995 : *À la campagne*, h/bois (16x24) : **ITL 3 771 000** – ROME, 28 nov. 1996 : *Les Premiers Pas*, h/t (57x79) : **ITL 17 000 000** – LONDRES, 26 mars 1997 : *La Cour*, h/t (68x46) : **GBP 8 625** – NEW YORK, 23 mai 1997 : *Le Premier Toast* 1902, h/t (69,8x102,9) : **USD 57 500**.

MAGNI Nicolas. Voir **MAGNY**

MAGNI Onofrio
Né au XVIe siècle à Popiglio. XVIe siècle. Italien.
Sculpteur sur bois.
Il sculpta comme son père Salimbene des stalles qui se trouvent à la Pinacothèque de Lucques.

MAGNI Pietro
Né en 1817. Mort le 10 janvier 1877 à Milan. XIXe siècle. Italien.
Sculpteur.
Il exécuta le Monument de Léonard de Vinci sur la Piazza della Scala à Milan et la statue de Cavour pour la Galerie Vittorio Emmanuele dans cette ville.
MUSÉES : TRIESTE : *La nymphe Anrisina – Le percement de l'isthme de Suez – Buste du baron Revoltella – Angélique au rocher – Nègres* – TROYES : *La famille du caporal*.
VENTES PUBLIQUES : NEW YORK, 23 mai 1997 : *La Leggitrice* 1867, marbre (H. 121,9) : **USD 34 500**.

MAGNI Salimbene di Girolamo
Né au XVIe siècle à Popiglio. XVIe siècle. Italien.
Sculpteur sur bois.
Il sculpta des stalles conservées à la Pinacothèque de Lucques et un crucifix pour la corporation de Sainte-Catherine de Pistoia.

MAGNIAC
XVIIIe siècle. Actif à Paris en 1767. Français.
Sculpteur.
Élève de l'ancienne École académique de Paris ; il obtint une deuxième médaille en 1767.

MAGNIANT Jacques Henri
Né le 9 janvier 1821 à Paris. Mort en 1866 à Paris. XIXe siècle. Français.
Sculpteur.
Élève de Rude, il débuta au Salon en 1861, exposant des sculptures et des dessins au fusain. On lui doit un bas-relief en pierre : *La ville d'Angoulême offrant ses clefs au roi Charles V en 1372*, pour l'Hôtel de Ville d'Angoulême. Le Musée de Saintes conserve de lui *B. Palissy au travail*, et celui d'Angoulême un groupe en plâtre *Les Amours*.

MAGNIER Berthe Marie
Née au XIXe siècle à Paris. XIXe siècle. Française.
Peintre et dessinateur.
Élève de Karl Robert. Elle débuta au Salon en 1879.

MAGNIER Charles
Né le 7 décembre 1883. Mort le 23 janvier 1950. XXe siècle. Français.
Peintre.

MAGNIER Jules
Né le 12 juillet 1857 à Crépy-en-Valois (Oise). XIXe siècle. Français.
Sculpteur.
Élève de Geoffroy. Sociétaire du Salon des Artistes Français.

MAGNIER Laurent ou **Manière** ou **Magnière** ou **Manier**
Né en 1618 à Paris. Mort le 6 février 1700 à Paris. XVIIe siècle. Français.
Sculpteur.
Il étudia d'abord avec son père, Pierre Magnier, qui lui-même était sculpteur, puis en 1638 il se rendit à Rome pour se perfectionner. De retour à Paris, il fut reçu maître sculpteur le 13 octobre 1643, juré et garde en 1650, receveur en 1655. Quand plus tard il fut reçu académicien, le 29 octobre 1664, et qu'il devint professeur, le 26 avril 1690, Magnier par son influence contribua beaucoup à la jonction de la maîtrise à l'Académie. Il travailla pour plusieurs congrégations religieuses avant d'être employé au palais du Louvre, où, d'après les dessins de Jean Goujon, il exécuta les sculptures d'une porte et les ornements du plafond du cabinet du roi. On lui doit aussi *Le Printemps* de la fontaine du Point du Jour, à Versailles. Grâce ensuite à Lebrun, il put exercer son talent à Versailles, à Saint-Germain-en-Laye et à Fontainebleau. Il n'exposa qu'une fois, au Salon de 1673. Il y figura avec deux statuettes *(Un homme et une femme tenant chacun un vase d'où ils versent de l'eau)*.

MAGNIER Philippe ou **Manière**
Né en 1647 à Paris. Mort le 25 décembre 1715 à Paris. XVIIe-XVIIIe siècles. Français.
Sculpteur.
Fils de Laurent Magnier, il étudia avec son père. Le 30 mars 1680, il fut reçu académicien sur un médaillon en marbre représentant : *Saint Thadée*. Il fut adjoint à professeur le 20 décembre 1692 et devint professeur le 5 janvier 1704. Philippe Magnier travailla particulièrement pour le palais de Versailles. Il y exécuta les travaux suivants : *Saint Jacques le mineur* et *Saint Thomas*, statues en pierre, à l'extérieur de la chapelle du palais ; *Les armes de France soutenues par deux anges* ; *L'Adoration* ; *La Contemplation*, bas-relief à l'intérieur de la chapelle ; *Deux fleuves* ; *Deux Naïades*, statues en pierre pour la façade du palais donnant sur le parc ; *Une nymphe appuyée sur un coquillage, tenant une carte de géographie et ayant auprès d'elle un Amour qui souffle dans un coquillage* ; *Une nymphe tenant des perles et des coraux et ayant près d'elle un Amour et un crocodile*, groupes en marbre pour le bassin du côté du parterre du nord ; *L'Aurore* du bosquet des Dômes ; *Ulysse*, terme en marbre pour l'allée parallèle à l'allée d'Eau ; *Silène et le jeune Bacchus, Circé*, groupe en marbre et terme en marbre pour le pourtour du parterre de Latone ; trois bas-reliefs dans l'église des Invalides à Paris.

MAGNIER Pierre
Né à Beauvais. XVIe-XVIIe siècles. Français.
Sculpteur.
Père de Laurent. Il s'établit à Paris et y devint membre de la corporation de Saint-Luc.

MAGNIN André
Né en 1794 à Lyon. Mort en 1823 à Bologne. XIXe siècle. Français.
Portraitiste et peintre d'histoire.
Élève de P. Guérin. Il exposa, au Salon de 1822, son portrait et *Joas sauvé de la mort par Josabeth*. Ces deux œuvres sont actuellement au Musée de Lyon.

MAGNIN Deodate
Né le 25 décembre 1828 à Genève. Mort le 20 juin 1896. XIXe siècle. Suisse.
Peintre sur émail et graveur.
Le Musée des Arts Décoratifs de Genève conserve de lui *Paysage avec amazones*.

MAGNIN Joffred
Né à Chalon-sur-Saône (Saône-et-Loire). XVe siècle. Français.
Peintre verrier.
Citoyen de Genève en 1473, on suppose qu'il a exécuté les vitraux de la Salle du Conseil à Genève.

MAGNIN Stéphane
XXe siècle. Français.
Créateur d'installations.
Il participe à des expositions collectives : 1994 *Nouvelle Vague* au musée d'Art moderne et contemporain de Nice. Il a montré ses œuvres à la Villa Arson à Nice en 1992, et à la Galerie Air de Paris en 1994, à Paris.
Fasciné par les images, son propos est d'en révéler la teneur idéologique, leur permanence sur notre capacité à représenter « librement ». Pour ce faire, il use d'énoncés linguistiques qu'il associe à des figures reconnaissables, un être de Walt Disney tiré à quatre épingle sur le mur, un pingouin qui tricote, etc.

MAGNIS Franz Anton von, comte
Né en 1773 à Strassnitz. Mort le 26 février 1848 à Vienne. XVIIIe-XIXe siècles. Autrichien.
Dessinateur et graveur à l'eau-forte, amateur.
Il a gravé des sujets de genre et des paysages.

MAGNO. Voir **MAINO**

MAGNO Cesare. Voir **MAGNI Cesare**

MAGNONI Antonio
XVIIIe siècle. Actif à Bologne dans la seconde moitié du XVIIIe siècle. Italien.
Peintre.
Élève de F. Torelli. Il a peint les fresques aujourd'hui détruites de Santa Maria Maggiore de Bologne.

MAGNONI Carlo
Né vers 1620 près de Sinigaglia. Mort le 1er juin 1653 à Rome. XVIIe siècle. Italien.
Peintre.
Élève de Sacchi. Il peignit d'après un carton de Sacchi une des grandes fresques de la *Vie de Constantin* dans le baptistère du Latran, les portraits du *roi de France*, de la *reine*, du *dauphin* et de *Richelieu* en 1643. Les Offices conservent une sanguine de lui : *Couronnement de la Vierge*.

MAGNUS Bernhard ou **Joh. B.**
Allemand.
Peintre sur porcelaine.
Il travailla dans les Manufactures de Sèvres et de Frankenthal. Le Musée de Heidelberg conserve de lui des cannettes décorées de scènes de bataille.

MAGNUS Camille
Né vers 1850 à Paris. XIXe siècle. Français.
Peintre de paysages.
Élève de Narcisso Diaz, il débuta au Salon de Paris en 1875.
Ses vues de la forêt de Fontainebleau, ses sous-bois, montrent une forte influence de son maître.

Bibliogr. : Gérald Schurr, in : *Les Petits Maîtres de la peinture 1820-1920, valeur de demain*, Les Éditions de l'Amateur, t. IV, Paris, 1979.
Ventes Publiques : Paris, 13-14 mars 1919 : *La Forêt* : **FRF 120** – Paris, 16 mai 1925 : *Paysannes en forêt de Fontainebleau* : **FRF 280** – Paris, 14 mai 1945 : *Maisons à la campagne, dans les arbres* : **FRF 3 000** – Paris, oct. 1945-juil. 1946 : *Paysage sous-bois* : **FRF 4 500** – New York, 11 oct 1979 : *La forêt de Fontainebleau*, h/t (91,5x73,5) : **USD 1 500** – Calais, 28 fév. 1988 : *Paysanne dans la clairière*, h/pan. (70x54) : **FRF 3 500** – Calais, 3 juil. 1988 : *Ramasseuse de fagots*, h/t (55x46) : **FRF 22 000** – Paris, 13 déc. 1989 : *Village près de St-Ouen l'Aumône*, h/pan. (34x26) : **FRF 20 000** – Paris, 12 oct. 1990 : *Promenade en forêt*, h/t (97x130) : **FRF 25 000** – New York, 27 mai 1992 : *Ramasseur de fagots dans une clairière*, h/t (89,2x130,8) : **USD 7 700** – Amsterdam, 20 avr. 1993 : *Personnage en forêt*, h/pap./t. (26x18) : **NLG 2 530** – Paris, 22 déc. 1993 : *Paysage animé*, h/t (33x46) : **FRF 10 500** – New York, 20 juil. 1994 : *La ramasseuse de fagots*, h/t (96,5x129,5) : **USD 3 450** – Calais, 11 déc. 1994 : *Ramasseuses de fagots en forêt de Barbizon*, h/t (46x65) : **FRF 17 000** – Paris, 10 mars 1997 : *Paysage*, h/t (46x55,5) : **FRF 4 000** – Paris, 21 oct. 1997 : *Paysage à l'orée du bois*, h/t (38x60) : **FRF 10 500**.

MAGNUS Carl
Né en 1943 en Suède. XXe siècle. Suédois.
Peintre. Abstrait.
Il a participé, en 1986, à l'exposition *Art construit – Tendances actuelles en France et en Suède*, à l'Institut français de Stockholm.
Il peint des figures géométriques qui, sans réellement s'assembler, se frôlent.

MAGNUS Eduard
Né le 7 janvier 1799 à Berlin. Mort le 8 août 1872 à Berlin. XIXe siècle. Allemand.
Peintre d'histoire, scènes de genre, portraits.
Abandonna ses études de philosophie, de médecine et d'achitecture pour se consacrer à la peinture. Élève de Jacob Schlesinger. En 1837, membre de l'Académie de Berlin, professeur en 1844, en 1850 membre honoraire de l'Académie de Dresde. Deux fois médaillé à Berlin. Il a visité la France, l'Italie, l'Espagne, l'Angleterre.
Musées : Berlin : *Portraits de Jenny Lind, de Mme Marie Jungken, de Mme Albertine Magnus, du compositeur Wilhelm Taubert*.
Ventes Publiques : Paris, 1899 : *La forêt de Fontainebleau* : **FRF 2 350** – Londres, 7 mai 1909 : *Tête d'ange* : **GBP 10** – Londres, 20 juin 1980 : *Portrait de Frau Lau, née Meudtner*, h/t (131x107,5) : **GBP 500** – Munich, 27 juin 1995 : *Portrait de la Comtesse Wanda Festetics von Tolna, née Comtesse Raczynsky, à dix-sept ans*, h/t (71,5x58) : **DEM 5 175**.

MAGNUS Emma
XIXe siècle. Actif à Manchester. Britannique.
Peintre de genre.
Peintre comme sa sœur, le peintre de fleurs Rose Magnus. Emma débuta aux expositions de Londres en 1878 et prit part notamment à celles de la Royal Academy et de Suffolk Street. Le

Musée de Blackburn conserve d'elle : *Achetez-moi mes jolies fleurs.*

MAGNUS Rose
Née en 1859. Morte en 1900. XIXe siècle. Britannique.
Peintre de fleurs et de fruits.
Sœur d'Emma Magnus. Elle exposa à Suffolk Street à partir de 1884. Les Musées de Manchester et de Sheffield conservent des œuvres de cette artiste.

MAGNUSSEN Christian Karl
Né le 21 août 1821 à Bredstedt. Mort le 18 juin 1896 à Schleswig. XIXe siècle. Allemand.
Portraitiste et peintre de genre.
Étudia à Paris, avec Couture, et à Rome. Il travailla longtemps à Hambourg, puis alla à Schleswig, où il fut chef d'une école de sculpture sur bois. On cite de lui : *Portrait de l'artiste, Le diseur de bonne aventure,* et dans le nouvel Hôtel de Ville de Hambourg, une peinture *(Séance du Sénat de Hambourg).*

MAGNUSSEN Harro
Né le 14 mai 1861 à Hambourg. Mort le 2 novembre 1908 à Berlin. XIXe siècle. Allemand.
Sculpteur.
Fils du peintre Chr. K. Magnussen, il étudia la gravure sur bois avec son père, puis la peinture à l'Académie de Munich. Enfin il s'adonna à la sculpture, se fixa à Berlin et fut élève de Reinhold Begas. Le Musée de Brême conserve de lui, un *Buste en bronze d'Hermann Allmers.* Il exécuta de nombreuses statues de *Bismarck,* d'empereurs et de généraux pour les différentes villes d'Allemagne.

MAGNUSSEN Ingeburg
Née le 10 février 1855 à Rome. XIXe siècle. Allemande.
Peintre.
Fille de Christian Karl. Elle fit ses études à Florence et à Paris. Elle peignit des intérieurs, des paysages et des portraits.

MAGNUSSEN Rikard
Né le 2 avril 1885 à Copenhague. XXe siècle. Danois.
Sculpteur.
Élève de Sinding. Il exécuta plusieurs monuments à Copenhague et dans d'autres villes de Danemark.

MAGNY Louis Eugène
Mort le 30 mars 1768. XVIIIe siècle. Actif à Paris. Français.
Peintre.
Membre et recteur de l'Académie Saint-Luc. Il peignit principalement des carrosses.

MAGNY Nicolas ou **Magni**
Originaire de l'Artois. XVIIe siècle. Actif à la fin du XVIIe siècle. Français.
Peintre.
Il travailla à Rome et y peignit *Saint Raymond* dans l'église de Santa Maria d. Minerva.

MAGO A.
Peintre de portraits.
Le Musée des Vosges, à Épinal, conserve un portrait d'homme de l'époque du Directoire, portant cette signature.

MAGOJIRÔ
Actif pendant la période Muromachi (1338-1573). Japonais.
Sculpteur de masques.
Les masques de nô sont des masques utilisés pour les spectacles traditionnels de théâtre nô ; ceux de l'époque Muromachi sont particulièrement soignés et Magojirô est sans doute l'un des plus grands artistes de ce genre particulier. L'une de ses plus belles œuvres serait un *onna-men,* masque pour rôle féminin, fait à la mémoire de sa femme défunte. La force de ce masque, et des autres masques en général, tient dans son expression indéterminée qui doit pouvoir exprimer des sentiments différents selon les moments de la pièce, grâce à un simple jeu d'ombre provoqué par l'acteur qui le porte.

MAGOL René Marguerite
Né en 1753 à Lyon. Mort le 15 novembre 1793 à Bordeaux, décapité. XVIIIe siècle. Français.
Peintre de portraits.
Travailla à partir de 1780 à Bordeaux. Il se spécialisa dans le portrait en miniatures.

MAGOLIO-SRECKO Feliks
Né le 6 avril 1860 à Ljubliana. XIXe siècle. Yougoslave.
Peintre amateur.
Peignit des aspects de sa ville natale et des paysages des environs en style impressionniste. Le Musée de Ljubliana conserve plusieurs de ses œuvres.

MAGON Blanche, Mme. Voir **BERTHON Blanche Magon**

MA GONGXIAN ou **Ma Kong-Hien** ou **Ma Kung-Hsien**
XIIe siècle. Actif vers le milieu du XIIe siècle. Chinois.
Peintre.
Peintre de figures, de paysages et de fleurs et d'oiseaux, il est petit-fils de Ma Fen et fils de Ma Xingzu. Il est membre *(Daizhao)* de l'Académie de Peinture de la cour de Kaifeng entre 1131 et 1162. Le Musée National de Kyoto conserve un rouleau en hauteur signé, en couleurs sur soie, *Yaoshan et Liao en conversation,* au registre des Biens Culturels Importants.

MA GONGYU ou **Ma Kong-Yu** ou **Ma Kung-Yü**
Né en 1889 dans la province du Zhejiang. XXe siècle. Chinois.
Peintre. Traditionnel.
Peintre de l'école traditionnelle-lettrée, il est pendant un temps professeur à l'Académie de Shanghai. En 1929, il fonde avec son frère le collège d'art chinois (*Zhongguo Yishu Zhuanke Xuexiao*).

MAGONIGLE Edith M.
Née le 11 mai 1877 à Brooklyn. XXe siècle. Américaine.
Peintre.
Membre de la Fédération Américaine des Arts. Se consacra à la peinture murale.

MAGONIGLE H. Van Buren
Né le 17 octobre 1867 à Bergen Heights (New Jersey). XIXe siècle. Américain.
Peintre, sculpteur.
Membre du Salmagundi Club, de la Fédération Américaine des Arts et de la Ligue Américaine des artistes professeurs. Il sculpta des monuments commémoratifs et des œuvres de genre.

MAGORGA Hernando de
Né vers 1579 à Salamanque. XVIIe siècle. Espagnol.
Peintre.
Il travailla à Valladolid.

MAGR Josef
Né le 17 septembre 1861 à Mutowit (Bohême). Mort le 18 juin 1924 à Leipzig. XIXe-XXe siècles. Allemand.
Sculpteur.
Élève d'Ant. Popp à Prague. Il travailla à Leipzig où se trouvent plusieurs monuments exécutés par lui. Le Musée de cette ville conserve de lui le bas-relief : *Le destin.*

MAGRATH Georges Achille de
Né à Colchester, de parents français. XIXe siècle. Français.
Peintre et aquarelliste.
Élève de H. Vernet. Il exposa au Salon de Paris, à partir de 1847, des vues et quelques sujets d'histoire. On cite de lui : *Présentation de saint François de Sales et de saint Vincent de Paul à Henri IV, dans la cour ovale du château de Fontainebleau.*

MAGRATH William
Né en 1838 en Irlande. Mort en 1918. XIXe-XXe siècles. Irlandais.
Paysagiste et peintre de genre.
Travailla à Washington. Le Musée Métropolitain de New York conserve de lui la peinture : *On the old Sod.*
VENTES PUBLIQUES : BOLTON, 26 nov. 1985 : *Vue de Venise* 1892, aquar. (53,5x76,2) : **USD 3 500** – LONDRES, 11 juin 1986 : *In the green fields of Erin,* h/t (71x102) : **GBP 3 500.**

MAGRI. Voir **GIRALDI Guglielmo**

MAGRINI Adolfo
Né en juillet 1874 à Ferrare (Émilie-Romagne). XXe siècle. Italien.
Peintre.
Il étudia à l'Académie de Naples avec le professeur Morelli. Il voyagea ensuite, développant son penchant fantaisiste et peignant : *Les Chevauchées des Walkyries* et *Le Roi des Aulnes* qui fut exposé à Monte-Carlo. En 1900, il prit part au concours Alirani avec son tableau inspiré par un distique du poète Tuniati, dans *Nazareth* : « ... comme un cèdre du Liban, et sur les eaux surgit des profondeurs un beau platane blanc ».

MAGRITTE René François Ghislain
Né le 21 novembre 1898 à Lessines (Hainaut). Mort le 15 août 1967 à Schaerbeek (Bruxelles). XXe siècle. Belge.
Peintre, peintre de collages, illustrateur, décorateur. Surréaliste.

Après des études classiques à Charleroi, Magritte fréquente, assez mollement, les cours de Van Damme-Sylva, de Combaz et de Montald, à l'Académie des Beaux-Arts de Bruxelles, de 1916 à 1918. En 1920, il se lie avec ELT. Mesens engagé comme professeur de piano de son frère Paul. Marié avec une amie d'enfance en 1922, il gagne alors sa vie dans une usine de papiers peints, comme dessinateur, avec Victor Servrancks qu'il avait rencontré à l'Académie des Beaux-Arts de Bruxelles, consacrant ses loisirs à la peinture. En 1923, il quitte l'usine de papiers peints et réalise des affiches et des dessins publicitaires, dont les premiers remontent à 1919, à la fin de ses études d'art. Parallèlement à son œuvre, il poursuivra une production commerciale qui témoigne de son attachement à cette forme d'art : il illustre en 1927 le catalogue des fourrures de la maison Muller et Samuel pour la saison 1928. En 1924, il rencontre les écrivains Camille Goemans et Marcel Lecomte. Avec ces derniers, Paul Nougé et E. L. T. Mesens, Magritte participe aux activités d'un groupe surréaliste belge, concrétisées dans plusieurs revues souvent éphémères : *Œsephage – Marie – Correspondance* – au dernier numéro de *391* avec Mesens, en 1924. Depuis 1926, soutenu par la galerie Le Centaure à Bruxelles, il peut se consacrer entièrement à la peinture. Il participe en 1926 à la *Société du Mystère*, où se retrouve le groupe des surréalistes belges : Goemans, Nougé, Scutenaire, Lecomte, Souris, Mesens. De 1927 à 1930, il se fixe à Perreux-sur-Marne, près de Paris, participant à l'activité du groupe surréaliste français : Arp, Miro, Éluard. Il collabora en 1929 à *La Révolution surréaliste – Le Surréalisme au service de la révolution*. Cette même année, les Magritte passent leurs vacances chez Salvador Dali à Cadaquès et y retrouvent Paul et Gala Éluard. En 1930, ils reviennent s'installer à Bruxelles. Magritte y retrouve le groupe surréaliste local, augmenté de Paul Colinet et de Marcel Mariën. En 1930, la galerie Le Centaure de Bruxelles, avec qui il est en contrat, fait faillite. Son ami Mesens lui achète tous ses tableaux. En 1932, il adhère au Parti communiste belge. En 1934, il dessine *Le Viol* pour la couverture de *Qu'est-ce que le surréalisme ?* d'André Breton publié à Bruxelles. Il séjourne en Angleterre en 1937. Il collabore à la revue *Minotaure*, notamment avec l'illustration de la couverture du numéro 10, représentant un squelette de taureau drapé de noir, dressé sur un rempart de ruines devant Paris, dans laquelle les surréalistes ont voulu voir l'image prémonitoire (en 1937) du désastre qui allait s'abattre sur la France. En 1940, il séjourne trois mois en France à Carcassonne. En 1943, paraît la monographie *René Magritte ou les Images défendues* signée Paul Nougé. En 1946, Magritte publie les tracts *L'Imbécile ; L'Emmerdeur ; L'Enculeur*, écrits en collaboration avec Marcel Mariën. En 1947, paraît la monographie que lui consacre Louis Scutenaire. De 1952 à 1956, il dirige la revue *La Carte d'après nature* présentée sous forme de cartes postales. En 1956, il réalise de nombreux courts-métrages. En 1961, il collabore régulièrement à la revue *Rhétorique* dirigée par André Bosmans. En 1961, Breton écrit son premier texte sur Magritte à l'occasion d'une exposition à Londres.

Il expose avant la guerre, régulièrement en Europe, notamment en 1923 dans une exposition collective organisée par la revue *Ça ira* aux côtés de Lissitzky, Moholy-Nagy, et de Joostens. Il participe ensuite à toutes les expositions surréalistes, dont l'*Exposition surréaliste*, en 1928, à la galerie Goemans, à Paris, pendant sa période parisienne ; à l'exposition *Minotaure* au Palais des Beaux-Arts de Bruxelles en 1934 ; à l'exposition surréaliste de la Louvrière en 1935 ; à l'*Exposition internationale du surréalisme* à Londres, en 1936, organisée par André Breton et Paul Éluard ; à *Art fantastique, Dada, Surréalisme* au Musée d'Art Moderne de New York, en 1936 ; à l'*Exposition internationale du surréalisme*, galerie des Beaux-Arts à Paris, en 1938. En 1945, Magritte organise à la galerie des Éditions La Boétie à Paris l'exposition *Surréalisme*, première manifestation collective de cette tendance après la guerre. Il figura régulièrement à Paris, au Salon de Mai. En 1920, il montre sa première exposition personnelle à Bruxelles à la galerie Le Centaure en 1927, puis il expose : à la Salle Giso à Bruxelles en 1931 ; au Palais des Beaux-Arts de Bruxelles en 1933, 1936, 1939 ; à la galerie new yorkaise Julien Levy en 1936 ; à la London Gallery, à Londres, en 1938 ; à la galerie Dietrich, à Bruxelles, en 1941, 1944, 1946, 1948. Après la guerre, il montre ses œuvres dans des expositions importantes, notamment ; à la galerie du Faubourg, à Paris, en 1948 ; à la galerie new yorkaise Alexandre Iolas en 1954, 1957, 1958. Des rétrospectives de son œuvres ont eu lieu : au Palais des Beaux-Arts de Bruxelles en 1954 et 1978 ; au Palais des Beaux-Arts de Charleroi en 1956 ; au Musée d'Ixelles en 1959 ; à Dallas et Houston en 1960 ; à Knokke-Le-Zoute et à Minneapolis en 1962 ; au Musée d'Art Moderne de New York en 1965 ; au Boymans Van Beunigen Museum de Rotterdam en 1967 ; au Musée National d'Art Moderne de Paris en 1979 ; au Musée Cantini, à Marseille, en 1992 ; à la Hayward Gallery de Londres, au Metropolitan Museum de New York, puis à l'Art Institute de Chicago en 1992-1993 ; à Montréal en 1996.

Au début des années vingt, sa peinture se situe entre cubisme, futurisme et abstraction, de même que celle de Victor Servranckx, avec lequel il travaille en étroite relation. En 1923, il découvre l'œuvre de Chirico par l'intermédiaire d'une reproduction du *Chant d'amour*. Jusqu'en 1926, sa peinture est directement influencée par les *Intérieurs métaphysiques* de Chirico. De toute façon et pour l'ensemble de son œuvre, c'est de Chirico que Magritte déduit les ressorts de toute sa poétique des objets : les objets les plus ordinaires révélant leur absurdité profonde dès que très légèrement décalés de leur contexte logique, célèbre rencontre d'un fer à repasser et d'une table de dissection. En 1926, Aragon est l'artisan du rapprochement entre les groupes surréalistes de Paris et de Bruxelles. C'est à partir de ce moment, 1925-1926, que Magritte se détache de toute influence stylistique venant de Chirico, encore évidente dans *La Traversée difficile* de 1926. Cette même année, Magritte peint *Le Jockey perdu*, qu'il considère comme la première œuvre surréaliste aboutie. Il trouve son langage propre et quasi définitif, si personnel à force d'impersonnalité, peinture objective, peinture de constat à laquelle vont, plus tard, faire écho, plus ou moins consciemment, le roman et le cinéma de constat, les processus d'appropriation du réel des pop artistes américains et des Nouveaux Réalistes de Pierre Restany. Ainsi, il peint la réalité avec la plus grande fidélité dans l'imitation que l'on puisse imaginer, une méticulosité qui rappelle Raymond Roussel, mais, comme par distraction, il commet des confusions, il se trompe : par exemple il imite à s'y méprendre les murs lézardés, mais c'est en peignant un ciel qu'il utilise ce talent ; ou bien fondant sa distraction sur l'expression, une pierre brûlante, il fait montre de son habileté à peindre les flammes, mais les fait surgir d'une pierre. À cette première démarche, dont les peintures se fondent souvent sur des expressions prises à la lettre (comme la pierre brûlante), peut-être inspirées des « peintures-poèmes » que Miro avait peintes en 1928, correspond la série dont beaucoup d'œuvres sont intitulées *L'Usage de la parole*, en 1928-1930. Parmi ces dernières, Magritte peint, en 1929, la célèbre peinture *Trahison des images* (avec pour légende « Ceci n'est pas une pipe » alors que précisément la représentation en question est celle d'une pipe), explorant par la suite dans de nombreuses autres toiles l'écart entre les choses, leur désignation linguistique et leur représentation. Ensuite, de 1936 à 1940, sa démarche ne consiste plus en ces subtils coups de pouce à la réalité, en ces légers déplacements d'un objet par rapport à son contexte, en ces juxtapositions d'objets n'ayant rien à faire ensemble, il s'aperçoit que du regard apparemment le plus innocent posé sur la réalité la plus simple naît également l'interrogation et, au bout de l'interrogation, l'absurde : des pieds à côté de chaussures, une feuille à côté d'un arbre : un paysage peint devant le vrai paysage (mais qui, en fait, est peint aussi). À la seconde démarche, dont les peintures posent la question de la réalité de la réalité par l'intermédiaire de la réalité peinte, correspond la série d'œuvres souvent consacrées au thème de *La Condition humaine*, à partir de 1934. Pendant la guerre et jusqu'en 1948, il applique à ses thèmes habituels une technique impressionniste qui est très discutée. C'est la période « vache » de Magritte. Interprétée comme une provocation à l'égard de la peinture et du conventionnalisme de la critique parisienne, cette époque du peintre fut longtemps placée en marge de son œuvre – il est vrai que l'exposition qui présenta ces toiles est un échec complet – jusqu'à l'exposition en 1992 *René Magritte : la période « vache ». « Les pieds dans le plat » avec Louis Scutenaire*, au Musée Cantini à Marseille. Les couleurs de ces peintures sont drues, la facture, malhabile, très éloignée de son « style » habituel, et les thèmes burlesques. Parallèlement, en 1945, il illustre de dessins les *Chants de Maldoror* de Lautréamont et, en 1946, *Les Nécessités de la vie* de Paul Éluard. À partir de 1946-1948, il revient à sa technique antérieure, que l'on peut dire une technique d'« anti-peinture ». De 1951 à 1953, il exécute l'importante commande d'une fresque circulaire sur plus de soixante-dix mètres, *Le Domaine enchanté* pour le casino de Knokke-Le-Zoute, dans laquelle il reprend les principaux thèmes traités dans l'ensemble de son œuvre. Parmi les autres décors réalisés par Magritte : *La Fée ignorante*, 1957, Palais des Beaux-Arts, Charleroi ; les *Barricades mystérieuses*, 1961, Salle des Congrès de l'Albertine, Bruxelles. Dans les œuvres de la dernière période de sa vie, peut-être moins d'inventions, néanmoins sont encore remarquées ses interprétations de la *Madame Récamier* de Gérard et du *Balcon* de Manet, dans lesquelles, très logiquement, en bon réaliste, et en considération de l'époque à laquelle vivaient les personnages représentés, ceux-ci, dans sa propre version, sont remplacés par des cercueils. À la fin de sa vie, Magritte consent à ce que huit de ses œuvres maîtresses soient transposées en sculpture, parmi lesquelles *Le Thérapeute* et *Madame Récamier*, transpositions qui frise peut-être le contresens, perdant leur vertu d'imitation sans pour autant atteindre à la plastique.

Tout au long de son œuvre, les mécanismes de son humour noir particulier sont renforcés par le choix des titres sans rapport évident avec les réalités représentées, qui ne font que creuser un peu plus l'abîme de notre perplexité depuis *La Présence d'esprit* qui désigne le petit monsieur au chapeau melon figé entre un oiseau perché et un poisson debout, jusqu'au tableau représentant encore le petit monsieur au chapeau melon, mais dont tout le visage est caché par une pomme verte, et qui s'intitule lumineusement *La Grande Guerre*. Les cercueils se retrouvent souvent au long de l'œuvre de Magritte, ainsi que d'autres objets privilégiés, vocabulaire de sa poétique : le tuba, la chaise cannée, le soulier, le pantalon vide, la boule, le grelot, le rideau de théâtre, les bustes de marbre. Et puis l'oiseau, le poisson, sans oublier le petit monsieur de noir vêtu, coiffé d'un chapeau melon, que l'on retrouve ensuite dans les œuvres de Paul Delvaux, en général hors d'échelle, par exemple minuscule sur un poisson dressé sur sa queue, témoin impuissant d'un monde qui le dépasse et qui vient, bien évidemment, dans les peintures de Magritte figurer l'étonnement devant le peu de vraisemblance de la simple réalité : « La ressemblance – susceptible de devenir visible par la peinture – ne comprend que des figures comme elles apparaissent dans le monde : personnes, rideaux, armes, astres, solides, inscriptions, etc., réunies spontanément dans l'ordre où le familier et l'étrange sont restitués au mystère. » (Magritte).

La mort laisse inachevée sa dernière œuvre : une main coupée posée sur un livre fermé. Principal représentant du surréalisme dans la peinture belge, Magritte occupe une position très à part dans la peinture surréaliste en général. Quand le mouvement surréaliste, en peinture, s'est attaché à la figuration d'une réalité intérieure, de l'univers des profondeurs, Magritte s'est efforcé de traquer l'insolite, l'inquiétant dans l'observation scrupuleuse des objets de la réalité la plus quotidienne, constatant la première manifestation de l'étrange dès le phénomène de l'existence, se constituant ainsi comme une sorte de peintre d'un surréalisme existentiel ou d'un surréalisme de l'absurde. De cette différence ci-dessus mentionnée qui scinde la peinture surréaliste, la critique de l'œuvre de Magritte s'est articulée principalement selon un schéma de type structuro-linguistique : la peinture illustrant des concepts et des idées. Les tenants de cette position en font, avec Duchamp, l'initiateur de l'art conceptuel. Et, dans ce domaine, la peinture de Magritte est aussi image, association d'images, et association de titres-images. Cependant, dans ce domaine, soulignait-il, rien n'est innocent : « l'inspiration est un moment privilégié où nous sommes vraiment au monde, réunis à lui. Elle ne s'obtient pas en juxtaposant n'importe quoi, ni n'importe comment. » ■ Jacques Busse, C. D.

Magritte
Magritte

Bibliogr. : P. Nougé : *Magritte*, Bruxelles, 1943 – André Breton : *Le Surréalisme et la peinture*, New York, 1945 – L. Scutenaire : *Magritte*, Bruxelles, 1947 – Paul Fierens : *L'Art en Belgique*, Bruxelles, 1947 – E. L. T Mesens : *Peintres belges contemporains*, Bruxelles, 1947 – L. Scutenaire : *Magritte*, Bruxelles, Genève, 1953 – Claude Spaak, in : *Dictionnaire de la peinture moderne*, Hazan, Paris, 1954 – P. Demarne : *René Magritte*, Dinant, 1961 – Patrick Waldberg : *Magritte*, A. de Racche, Bruxelles, 1965 – José Pierre : *Le Surréalisme*, in : *Histoire générale de la peinture*, t. XXI, Rencontre, Lausanne, 1966 – Michel Ragon : *Vingt-cinq ans d'art vivant*, Casterman, Paris, 1969 – Suzy Gablik : *Magritte*, Thames & Hudson, Londres, 1970, Bruxelles, 1978 – H. Michaux : *En rêvant à partir de peintures énigmatiques*, Montpellier, 1972 – in : *Les Muses*, t. IX, Grange Batelière, Paris, 1972 – M. Foucault : *Ceci n'est pas une pipe*, Montpellier, 1973 – D. Larkin : *Magritte*, Paris, Chêne, 1975 – in : *Dictionnaire universel de la peinture*, Le Robert, Paris, 1975 – L. Scutenaire : *Avec Magritte*, Bruxelles, 1977 – H. Torczymer : *René Magritte*, Paris, 1977 – *Rétrospective Magritte*, catalogue de l'exposition, Palais des Beaux-Arts, Bruxelles, 1978 – *René Magritte. Écrits complets*, coll. Textes, Flammarion, 1979 – M. Foucault : *This is not a pipe*, Berkley, Los Angeles, Londres, University of California Press, 1982 – *Magritte*, catalogue de l'exposition, galerie Isy Brachot, Paris, 1984 – J. Pierre : *Magritte*, Paris, Somogy, 1984 – Louis Scutenaire, Irine, André Blavier : *Le Surréalisme en Belgique I*, galerie Isy Brachot, Paris, 1986 – P. Colinet : *René Magritte : le domaine enchanté*, galerie Isy Brachot, Paris, 1988 – Pierre Sterckx : *La Peinture, les images selon René Magritte et Walter Swennen*, in : Artstudio, n° 18, Paris, 1990 – David Sylvester : *Magritte*, Flammarion, Paris, 1992 – David Sylvester & Sarah Whitfield : *René Magritte. Catalogue raisonné*, 2 vol., Menil Foundation, Houston, Texas, 1992 – Divers : *René Magritte : la période « vache »*, catalogue de l'exposition, Musée Cantini, Marseille, 1992 – in : *L'Art du xxe siècle*, Larousse, Paris, 1991 – in : *Dictionnaire de l'art moderne et contemporain*, Hazan, Paris, 1992.

Musées : Anvers (Mus. roy. des Beaux-Arts) : *La Vengeance* – Bruxelles (Mus. roy. des Beaux-Arts) : *L'Empire des lumières* 1954 – Charleroi – Düsseldorf (Nordrhein-Westfalen Kunstsammlungen) : *La Rencontre* 1926 – Gand (Mus. des Beaux-Arts) : *Perspective (Le Balcon de Manet)* 1950 – Grenoble : *Les Épaves de l'ombre* 1926 – Houston (University of Saint-Thomas) : *Les Promenades d'Euclide* 1955 – *La Lunette d'approche* 1963 – Liège (Mus. des Beaux-Arts) : *Le Double Secret* 1927 – *La Durée poignardée* 1927 – New York (Mus. of Mod. Art) : *L'Assassin menacé* 1926 – *Le Faux miroir* 1928 – *Le Portrait* 1935 – *L'Empire des lumières* 1950 – Paris (Mus. Nat. d'Art Mod.) : *Le Modèle rouge* – Philadelphie : *Les Six éléments* 1928 – Venise (Fond. Peggy Guggenheim) : *L'Empire des lumières* vers 1953-1954 – Vienne (Mus. du xxe s.).

Ventes Publiques : Bruxelles, 21 oct. 1950 : *Le Feu d'artifice* : **BEF 3 400** – Bruxelles, 14 nov. 1959 : *Nu*, sanguine : **BEF 4 400** – New York, 23 mars 1961 : *L'Ombre céleste* : **USD 1 250** – Londres, 6 juil. 1961 : *Le Secret de Cortège* : **GBP 1 350** – Paris, 14 juin 1963 : *Le Mois des vendanges* : **FRF 30 000** – New York, 14 avr. 1965 : *La Légende des siècles II* : **USD 7 000** – Londres, 24 juin 1966 : *La Belle Captive* : **GNS 3 000** – Genève, 28 juin 1968 : *Nature morte au bougeoir*, gche : **CHF 44 000** – Londres, 10 et 11 déc. 1969 : *Le Palais d'une courtisane* : **GBP 21 500** – New York, 28 oct. 1970 : *La Durée poignardée* : **USD 70 000** – New York, 4 mai 1973 : *Le Thérapeute*, bronze : **USD 80 000** – Londres, 5 Déc. 1973 : *La Mémoire*, gche : **GBP 62 000** – New York, 2 mai 1974 : *L'Échelle de feu* 1933 : **USD 100 000** – Anvers, 6 avr. 1976 : *Le Boulevard* 1922, h/cart. (69x38) : **BEF 170 000** – Londres, 7 avr. 1976 : *L'Acrobate* 1926, mine de pb reh. de cr. rouge (37x24) : **GBP 19 550** – Londres, 30 juin 1976 : *L'Esprit et la forme* vers 1928, cr., gche et collage (46,7x36,5) : **USD 18 500** – Anvers, 9 avr. 1976 : *La Géante*, litho. : **BEF 32 000** – Londres, 7 déc. 1977 : *La fatigue de vivre* 1926, h/t (72,5x100) : **GBP 13 000** – New York, 28 avr 1979 : *L'horloge*, eau-forte (17,8x12,8) : **USD 1 400** – Milan, 10 mai 1979 : *La chaise du tableau. Une simple histoire d'amour* 1959, cr. (26x20) : **ITL 4 000 000** – Londres, 4 déc 1979 : *La Lumière des coïncidences* 1946, gche (36x47,4) : **GBP 17 000** – New York, 5 nov 1979 : *La chambre d'écoute* 1953, h/t (79,5x99) : **USD 270 000** – New York, 5 nov 1979 : *Le Thérapeute*, bronze (H. 160) : **USD 110 000** – New York, 23 oct. 1980 : *Le Colloque sentimental II* 1946, gche (35,6x49,2) : **USD 33 000** – New York, 21 mai 1981 : *Le Domaine d'Arnheim* 1938, h/t (73x100) : **USD 280 000** – New York, 15 nov. 1983 : *Les Bijoux indiscrets* 1963, litho. coul. (23,5x30,4) : **USD 5 000** – New York, 19 mai 1983 : *Le Rendez-vous* 1948, gche (35x45,7) : **USD 52 000** – Londres, 4 déc. 1984 : *La Corde sensible* 1960, h/t (112x145) : **GBP 320 000** – New York, 14 nov. 1985 : *L'Appel des cimes* 1948, gche et cr/pap. (25,4x34,6) : **USD 56 000** – New York, 14 mai 1985 : *L'homme au chapeau melon* 1964, h/t (63,5x48) : **USD 255 000** – Lokeren, 20 avr. 1985 : *Madame Récamier de David* 1967, bronze, patine brun clair (H. 120, L. 200, Prof. 60) : **BEF 11 000 000** – New York, 13 mai 1986 : *La Corde sensible* 1960, h/t (112x145) : **USD 330 000** – Londres, 2 juil. 1987 : *La Belle Captive* vers 1965, gche (29,6x44,8) : **GBP 78 000** – Londres, 30 juin 1987 : *Clairvoyance (Autoportrait)* 1936, h/t (54x65) : **GBP 380 000** – Londres, 24 fév. 1988 : *Femme dans le jardin* 1917, h/t (73,5x48,5) : **GBP 9 350** – Paris, 22 mars 1988 : *Portrait de femme*, dess. au fus. (28x23,5) : **FRF 12 000** – Paris, 20 juin 1988 : *Où va l'Amérique ?*, encre de Chine (18x20) : **FRF 16 500** – Londres, 8 sep. 1988 : *Hommage à Alphonse Allais*, gche/pap. (28,5x36,2) : **GBP 70 400** – New York, 6 oct. 1988 : *Méditation*, gche/pap. (26x38,7) : **USD 83 600** – New York, 6 oct. 1988 : *La malédiction* 1937, h/pan. (11,7x11,7) : **USD 24 200** – New York, 12 nov. 1988 : *La vocation* 1964, cr. de coul./pap. (22,2x29) : **USD 46 750** ; *Le carnaval du sage*, sanguine/pap. (46x36,2) : **USD 88 000** – Londres, 29 nov. 1988 : *La voix du silence* 1928, h/t (54x73) : **GBP 231 000** ; *La main heureuse*, h/t (50,5x65) : **GBP 418 000** – Londres, 22 fév. 1989 : *Étude*, encre (7,5x17,5) : **GBP 5 280** – Calais, 26 fév. 1989 : *Ci-joint un plan de pipe*, dess. à l'encre de Chine (20x14) : **FRF 53 000** – Londres, 3 avr. 1989 : *Le précurseur III ou La chambre de l'orage* 1938, h/t (54x65) : **GBP 352 000** – Paris, 9 avr. 1989 : *La messagère* 1938, gche/pap. (31x40) : **FRF 1 350 000** – New York, 9 mai 1989 : *L'évidence éternelle*, h/t en cinq pan. (25,5x19,5, 19,3x32, 27x20,2, 20,5x26,6, 26x18) : **USD 1 650 000** – Londres, 27 juin 1989 : *Tentative de l'impossible* 1928, h/t (115,5x81,1) : **GBP 880 000** – New York, 15 nov. 1989 : *La condition humaine* 1934, h/t/pan. (25,7x20,6) : **USD 374 000** ; *La belle de nuit*, h/t (81,3x115,5) : **USD 1 100 000** – Londres, 29 nov. 1989 : *La parole donnée* 1950, h/t (50,8x60,3) : **GBP 660 000** – Paris, 26 mars 1990 : *La légende des siècles* 1952, h/t (16,5x14) : **FRF 760 000** – Londres, 2 avr. 1990 : *Le modèle vivant* 1953, h/t (65x50) : **GBP 418 000** – Londres, 4 avr. 1990 : *Les poids et les mesures*, gche (43,7x33,9) : **GBP 107 800** – New York, 16 mai 1990 : *Le goût de l'invisible* 1964, gche/pap. (35,9x27) : **USD 352 000** – New York, 17 mai 1990 : *La traversée difficile* 1960, gche/pap. (50x65) : **USD 242 000** – Bruxelles, 12 juin 1990 : *Poisson cigare*, encre de Chine (15x23) : **BEF 55 000** – New York, 13 nov. 1990 : *La philosophie dans le boudoir* 1947, h/t (79x61,3) : **USD 1 925 000** – New York, 14 nov. 1990 : *La bataille de l'Argonne* 1958, h/t (50,3x61,3) : **USD 506 000** – Rome, 3 déc. 1990 : *Homme-soleil*, cr./pap. (15,5x17,5) : **ITL 10 350 000** – Londres, 4 déc. 1990 : *La tempête* 1932, gche/pap. (40x55) : **GBP 88 000** – Londres, 5 déc. 1990 : *« Les menottes de cuivre »* 1936, plâtre peint à la main (H. 37) : **GBP 82 500** – New York, 8 mai 1991 : *Le masque vide*, encre/pap. (en tout 32,5x46,3) : **USD 27 500** – New York, 5 nov. 1991 : *L'image en soi* 1961, h/t (66x50) : **USD 715 000** – Londres, 3 déc. 1991 : *La partition*, aquar., encre et collage/pap. (30,5x40,6) : **GBP 110 000** – New York, 13 mai 1992 : *Les travaux d'Alexandre* 1950, h/t (58,4x48,6) : **USD 660 000** – Amsterdam, 19 mai 1992 : *La promesse*, cr. et gche/pap. (36,5x45) : **NLG 230 000** – Paris, 3 juin 1992 : *La magie noire* 1948, gche (46,5x37,5) : **FRF 790 000** – Londres, 30 juin 1992 : *Le géant*, gche/pap. (30,4x38,3) : **GBP 102 300** ; *La main heureuse* 1955, gche (25x33,5) : **GBP 126 500** – New York, 11 nov. 1992 : *L'Arc de Triomphe* 1962, h/t (130x162) : **USD 1 100 000** – Londres, 1er déc. 1992 : *L'homme et la nuit*, gche (41x29) : **GBP 319 000** – New York, 12 mai 1993 : *Le domaine enchanté* 1957, h/t suite de 5 peint. (l'une : 40x50 et les quatres autres : chacune 24,5x17) : **USD 1 102 500** – Londres, 22 juin 1993 : *Le bouquet tout fait* 1956, h/t (60x50) : **GBP 496 500** – New York, 2 nov. 1993 : *Les Grâces naturelles* 1964, h/t (55x46) : **USD 618 500** – New York, 3 nov. 1993 : *Les Grâces naturelles*, bronze à patine dorée (102,5x89,5x42,8) : **USD 85 000** – Paris, 21 juin 1994 : *Hommage à Eric von Stroheim*, encre de Chine/pap. (26,5x19) : **FRF 24 000** – Paris, 27 juin 1994 : *La Mémoire* 1945, h/t (46x55) : **FRF 1 900 000** – Milan, 21 juin 1994 : *Nu de dos avec des fleurs*, sanguine/pap. (38x26) : **ITL 18 630 000** – Paris, 3 nov. 1994 : *Étude pour Le Viol*, fus./pap. (41x29,5) : **FRF 10 000** – New York, 9 nov. 1994 : *La Chambre d'écoute* 1958, h/t (37,5x45,7) : **USD 937 500** – New York, 10 nov. 1994 : *Le 16-Septembre* 1956, h/t (60x50,2) : **USD 1 102 500** – Milan, 27 avr. 1995 : *Poids et mesures*, gche/cart. (43x34) : **ITL 155 250 000** – New York, 8 nov. 1995 : *La Folie Almayer*, gche/pap./pan. (35x26,6) : **USD 206 000** – New York, 1er mai 1996 : *La Recherche de l'absolu*, gche/pap. (36x27) : **USD 277 500** – Londres, 25 juin 1996 : *L'Empire des lumières* 1948, h/t (100x80) : **GBP 2 531 000** – Londres, 2-3 déc. 1996 : *La Carrière de granit* 1964, gche et aquar./pap. (41,9x29,6) : **GBP 205 000** ; *L'Esprit du voyageur* 1926, h/t (65x75) : **GBP 122 500** – Paris, 10 juin 1996 : *Le Cicerone* 1947, h/t (54x65) : **FRF 1 800 000** – Londres, 24 juin 1996 : *L'Appel des cimes* 1943, h/t (65x54) : **GBP 837 500** – New York, 12 nov. 1996 : *Le Bouquet tout fait* 1956, gche/pap. (46x34) : **USD 552 500** – Paris, 22 nov. 1996 : *La Tour enracinée*, eau-forte et aquat. (28x22,5) : **FRF 4 800** – Londres, 4 déc. 1996 : *La Liberté des cultes* 1961, gche et collage/pap. (19x25) : **GBP 172 000** – Londres, 25 juin 1996 : *L'Hirondelle du faubourg* 1964, gche (43x30) : **GBP 122 500** – New York, 14 mai 1997 : *Souvenir de voyage* 1962, h/t (46,2x55,2) : **USD 772 500** – Londres, 23 juin 1997 : *La Belle Société* 1965-1966, h/t (81x64,8) : **GBP 936 500** – Londres, 25 juin 1997 : *Les Jeunes Amours* 1963, gche/pap. (27x36) : **GBP 144 500** – New York, 12 nov. 1997 : *Le Prêtre marié* 1958, h./masonite (40x30) : **USD 970 500**.

MAGRO Guglielmo del. Voir **GIRALDI G.**

MAGRO Nunzio
Actif à Girgenti. Italien.
Peintre.
Élève de P. Novelli. La cathédrale de Girgenti conserve de sa main : *Saint Barthélémi, Saint Antoine* et le *Purgatoire*.

MAGRON Dominique. Voir **JOUVET-MAGRON**

MAGROU Jean Marie Joseph
Né le 22 octobre 1869 à Béziers (Hérault). Mort le 24 mai 1945 à Paris. XXe siècle. Français.
Sculpteur.
Il fut élève de Thomas et Injalbert. Il figura, à Paris, au Salon des Artistes Français où il obtint une médaille de troisième classe en 1895, d'or en 1926. Il fut membre du jury de sculpture, chevalier de la Légion d'honneur.
Musées : Béziers : *Faune réveillé par les nymphes – Orphée.*

MAGT Leonhard
Mort fin 1532 à Innsbruck. XVIe siècle. Actif à Innsbruck. Autrichien.
Sculpteur.
Peut-être originaire de Nuremberg. Il sculpta les vingt-trois statuettes en bronze représentant les saints de la maison des Habsbourg, pour l'église de la cour d'Innsbruck.

MA GUANWO ou **Ma Kouan-Wo** ou **Ma Kuan-Wo**
XVIIe siècle. Chinois.
Peintre.

MAGUE N.
Né vers 1800 à Metz. XIXe siècle. Français.
Graveur au burin et lithographe.
Élève de Dupuy. Il exposa en 1823 et 1826 des gravures de portraits et des lithographies.

MAGUES Isidore Jean Baptiste
XIXe siècle. Français.
Peintre portraitiste et pastelliste.
Il débuta au Salon de 1842 et travailla à Paris et à Berlin. On cite de lui : *Portrait de Carlotta Grisi* (1849).

MAGUET Joseph
Né le 21 février 1799 à Aix-en-Provence (Bouches-du-Rhône). Mort à Paris. XIXe siècle. Français.
Peintre de portraits.
Élève de Granet. Peut-être identique à Maguet, peintre de scènes d'intérieur à Versailles, qui exposa au Salon en 1835 et 1839.
Musées : Aix-en-Provence : *Portrait du pape Pie VII.*
Ventes Publiques : Paris, 27 mars 1992 : *La brodeuse* 1838, h/t (55,5x45,5) : **FRF 15 000**.

MAGUET Richard
Né en 1896 à Amiens (Somme). Mort le 16 juin 1940. XXe siècle. Français.
Peintre de paysages, figures, fleurs.
Il exposa, à Paris, aux Salons des Indépendants, depuis 1921, et d'Automne.

R. Maguet

Musées : Amiens : *Fleurs* – Paris (Mus. d'Art Mod.) : *Femme tricotant – Nature morte.*
Ventes Publiques : Paris, 13 déc. 1937 : *La Seine à Paris* : **FRF 70** – Paris, 2 juil. 1945 : *Vase de bleuets et pommes* 1925 : **FRF 2 100** – Paris, 11 fév. 1954 : *Bords de rivière* : **FRF 65 000**.

MAGUIONAIS Antoine ou **Magnonais**
Mort le 8 octobre 1766 à Paris. XVIIIe siècle. Français.
Sculpteur.
Il fut employé, entre 1717 et 1753, au château de Fontainebleau,

comme sculpteur des bâtiments du roi ; il décora également des chaloupes et des gondoles pour le canal de Versailles et de Choisy.

MAGUIONAIS François
XVIIIe siècle. Français.
Sculpteur.
Fils d'Antoine Maguionais. Il fut employé comme son père à la décoration des bâtiments du roi.

MAGUIRE Adélaïde Agnès
Née en 1852. Morte en 1875. XIXe siècle. Britannique.
Peintre de genre.
Membre de la Society of Lady Artists. Elle exposa à ce groupement et à la Royal Academy. Elle mit surtout en scène des enfants.

MAGUIRE James Robert
Né vers 1850 en Irlande. XIXe siècle. Irlandais.
Miniaturiste.
Il débuta en 1809 à Dublin.

MAGUIRE Patrick
Mort vers 1820. XIXe siècle. Irlandais.
Graveur.
Il travailla pour diverses revues anglaises.

MAGUIRE Thomas Herbert
Né en 1821 à Londres. Mort en avril 1895. XIXe siècle. Britannique.
Portraitiste, peintre de genre et d'histoire.
Père d'Adélaïde-Agnès. Il exécuta une peinture avec vingt-six figures de grandeur nature : *The first Parliament.* Il fit des portraits lithographiques de membres de la famille royale d'Angleterre.
Ventes Publiques : Londres, 12 mars 1985 : *My little duck* 1860, h/t (55x49) : **GBP 1 800.**

MAGY Jules Édouard de
Né en 1827 à Metz (Moselle). Mort en 1878 à Marseille (Bouches-du-Rhône). XIXe siècle. Français.
Peintre de paysages. Orientaliste.
Élève d'Émile Loubon, il se fixa à Marseille et figura au Salon de Paris de 1852 à 1876.
À côté de ses vues de Provence, il peignit des paysages du Maghreb.

Bibliogr. : Gérald Schurr, in : *Les Petits Maîtres de la peinture 1820-1920, valeur de demain,* Les Éditions de l'Amateur, t. III, Paris, 1976.
Musées : Chaumont : *La moisson en Kabylie* – Marseille – Strasbourg : *La caravane.*
Ventes Publiques : Paris, 1872 : *Halte d'Arabes* : **FRF 185** – Paris, 27 avr. 1988 : *Le port de Martigues,* h/t (46x61) : **FRF 9 600** – Paris, 16 nov. 1992 : *Le recensement sous les ombrages* 1867 (90x145) : **FRF 68 000** – Paris, 13 fév. 1995 : *Artisans tanneurs près de la rive,* h/pan. (25,5x44) : **FRF 5 000** – Paris, 21 avr. 1996 : *Convoi de moissonneurs dans un défilé de l'Atlas* 1864, h/t (188x135) : **FRF 80 000.**

MAGYAR Gabor
Né en 1953 à Budapest. XXe siècle. Hongrois.
Peintre. Tendance abstrait-géométrique.
Artiste autodidacte.
Il a exposé à Augsbourg en 1988. Il montre également ses œuvres à l'étranger, en Hollande, en Allemagne et au Japon.
Ses peintures possèdent la rigueur de l'abstraction géométrique que vient tempérer une « note » lyrique.
Ventes Publiques : Paris, 14 oct. 1991 : *Sans titre,* h/t (120x90) : **FRF 4 000.**

MAGYAR-MANNHEIMER Gustav. Voir **MANNHEIMER**

MÂH MUHAMMED
XVIe siècle. Indien.
Peintre de miniatures.
Cet artiste, peintre à la cour de l'empereur Mogol Akbar dans la seconde moitié du XVIe siècle, enlumina quelques pages du Akbar-Nâme, conservées au Victoria and Albert Museum à Londres.

MAH MUHAMMED. Voir **MAH**

MAHAFFEY Noël
Né en 1944 à Sainte-Augustine (Floride). XXe siècle. Américain.
Peintre. Hyperréaliste.
Il a été élève à l'École du Musée des Beaux-Arts de Dallas. Il vit à Philadelphie.
Il expose depuis 1966 à Dallas, mais il est surtout connu depuis sa participation à *Sharp Focus Realism* à New York en 1972. Il expose aussi en Europe.
Assimilé au mouvement de l'hyperréalisme américain, il s'est fait une spécialité des vues générales de villes et des bâtiments, vues souvent saisies en plongée.
Ventes Publiques : Versailles, 4 déc. 1977 : *The Huntington federal savings and loan,* acryl./t. (92x107) : **FRF 5 000** – New York, 10 nov. 1982 : *Mickey Finn's* 1974, h/t (183x183) : **USD 4 000** – New York, 9 mai 1984 : *Black Sunday* 1977, h/t (183x183) : **USD 10 000** – New York, 21 fév. 1990 : *Gaston avenue* 1975, h/t (183x183) : **USD 4 675** – New York, 27 fév. 1990 : *Sombre dimanche* 1977, h/t (183x183) : **USD 22 000.**

MAHAMUD IBN ZEIYAN. Voir **MOHAMED IBN ZEYAN**

MAHÂNSAD TALIK
XVIIe siècle. Actif au début du XVIIe siècle. Indien.
Miniaturiste.
Travailla à la cour de l'empereur Djehângir.

MÂHÂRÂDJ KALÂN
XVIe siècle. Indien.
Peintre de miniatures.
Collabora au Timûr-Nâme à l'époque de l'empereur Akbar.

MAHÂRÂI
XVIIIe siècle. Actif au début du XVIIIe siècle. Indien.
Peintre de miniatures.
Travailla à Jaipur. Le Musée Victoria and Albert à Londres conserve un portrait de femme exécuté de sa main.

MAHAUX Eugène
Né en 1874 à Bruxelles. Mort en 1946 à Bruxelles. XXe siècle. Belge.
Peintre de genre, paysages, intérieurs, marines, figures.
Il fut élève de M. Stallaert à l'Académie des Beaux-Arts de Bruxelles. Il débuta en 1902 à Gand. Il a exposé à Bruxelles, à la Triennale et au Salon des Indépendants.

Bibliogr. : In : *Dictionnaire biographique illustré des artistes en Belgique depuis 1830,* Arto, Bruxelles, 1987.

MAHDAOUI Nja
Né en 1937 à Tunis. XXe siècle. Tunisien.
Peintre, dessinateur, calligraphe. Traditionnel, tendance Lettres et Signes.
Diplômé en 1965 de l'Académie St-Andréa de Rome. Participe à de nombreuses expositions collectives depuis 1966, notamment à Rome, 1967 Biennale d'Alexandrie, à Nice, Bruxelles, Paris, 1979 Biennale de Peinture Arabe au Koweit, etc. Nombreuses expositions individuelles en Tunisie, Italie, Maroc, France.
Exploite la calligraphie traditionnelle, dans une optique réductrice, qui va jusqu'à utiliser du vrai parchemin jauni par endroits comme support.
Bibliogr. : In : Catalogue de l'exposition *Art Contemporain Tunisien,* Théâtre du Rond-Point, Paris, 1986.

MAHDAVI Florence
Née en 1949 à Vienne (Autriche). XXe siècle. Américaine.
Peintre, graveur.
Elle a figuré à l'exposition *De Bonnard à Baselitz, dix ans d'enrichissements du Cabinet des estampes,* à la Bibliothèque nationale, à Paris, en 1988.
Musées : Paris (BN).

MAHE de
XVIIIe siècle.
Graveur amateur.
Actif en 1716. Il a gravé des portraits des Philosophes du collège du Plessis à Paris.

MAHÉ Edouard
Né le 1er mai 1905 à Rennes (Ille-et-Vilaine). XXe siècle. Français.
Peintre, graveur.

Il fut élève d'Ernest Laurent.
Il expose, à Paris, aux Salons de la Société Nationale des Beaux-Arts, depuis 1926 ; d'Automne, depuis 1930.
Musées : Rennes.

MAHÉ Gilles
Né en 1943 à Guingamp (Côtes-d'Armor). xxe siècle. Français.
Artiste, multimédia.
Il participe à la fin des années soixante à la fondation de la revue *Créer architecture*, puis collabore à la *Maison de Marie-Claire*. Il effectue un séjour d'une année aux États-Unis au cours duquel il se constitue un « stock » d'images et de sons qui lui servira pour ces futurs œuvres. Après avoir tenu un magasin de produits orientaux à Paris jusqu'en 1975, il se consacre à l'art. Il a été directeur de l'école d'art de Vitré. Il vit et travaille à Saint-Briac.
Il participe à des expositions collectives depuis 1972, dont celle en 1983-1984, *À Pierre et Marie*, une exposition « en travaux », exposition permanente pendant deux années, organisée par Buren, Jean-Hubert Martin, Sarkis..., dans laquelle interviendront une soixantaine d'artistes, dans une église de la rue d'Ulm ; 1990, *Art et Publicité*, Centre Georges Pompidou, Paris. Il montre ses œuvres dans des expositions personnelles dont : 1975, *35 avenue Foch*, Paris ; 1978, *18 rue de Lourmel*, Paris ; 1987, *Extra rapide/Vite vraiment n° 4*, galerie J. F. Dumont, Bordeaux ; 1987, *Huit jours chez Samy Kinge*, galerie Samy Kinge, Paris ; 1988, *Dix peintures de Gilles Mahé*, galerie J. et J. Donguy à Paris ; 1989, *Pas à côté pas n'importe où*, Villa Arson, Nice ; 1995, *Prix Choc*, galerie Brownstone et Cie, Paris.
Gilles Mahé se plaît, comme ses collègues d'Outre-Atlantique rangés sous la bannière de la critique de la représentation, à mettre en évidence les transformations de sens des images à l'époque de leur reproductibilité de masse et de leur banalisation marchande. Tout son travail est basé sur les phénomènes de circulation et d'échanges. Il utilise, à cette fin, dans son travail, les techniques publicitaires d'aujourd'hui : en éditant avec Gérald Caillat et Yves Fleisch, un journal, *Gratuit*, constitué de photographies et financé par des « sponsors » qui achetaient des pages ; de même que le journal *Déjà vu*, dont le principe était la reproduction d'images et d'articles déjà parus dans la presse. Le principe de constitution des œuvres de *Prix Choc* avait été d'envoyer des feuilles de papier à des destinataires qui devaient les lacérer, puis les transmettre à « Jacques Villeglé Secrétariat », où elles furent ensuite reconstituées et marouflées sur toile, et finalement exposées à la galerie Brownstone et Cie à Paris. Il réalise également des « croquis » de sa vie quotidienne à l'aide de coupures de presse, de photographies, dessins... ou met en juxtaposition des reproductions de toiles anciennes, de nus, légendées avec des textes du magazine de photographies érotiques *Playboy*. Depuis 1994, il gère une école de dessin, *N.C.D.G.Q.A.D.*, (Nous cherchons des gens qui aiment dessiner).
Bibliogr. : Jean-Marc Huitorel : *Gilles Mahé, artiste vivant*, in : *Art Press*, n° 222, Paris, mars 1997.
Musées : Châteaugiron (FRAC Bretagne) : *Gratuit* 1994-1995 – Paris (FNAC) : *Extra rapide/Vite vraiment* 1983.

MAHE Guy
Né en 1942 à Alençon (Orne). xxe siècle. Français.
Dessinateur, aquarelliste.
De 1965 à 1969, il a été élève de l'École des Beaux-Arts de Paris. En 1970, il obtint une bourse d'étude du Gouvernement mexicain. En 1973, il a obtenu une maîtrise d'arts plastiques.
Il montre ses œuvres dans des expositions collectives depuis 1968, dont : 1971, Biennale d'art contemporain, Alençon ; 1972, Salon Grands et Jeunes d'Aujourd'hui, Paris ; 1973, Salon de Mai, Paris ; 1977, *Travaux sur papier, Objets*, Centre culturel, Villeparisis ; 1978, galerie Lucette Herzog, Orléans ; 1978, galerie de l'Ancienne Poste, Calais. Il expose personnellement depuis 1970, et notamment : 1971, Institut français d'Amérique latine, Paris ; 1977, Musée des Beaux-Arts, Le Mans ; 1978, Maison de la culture, Orléans ; 1978, Musée des Beaux-Arts, Brest ; 1979 galerie Philippe Frégnac, Paris.
Les œuvres qu'il exposait à la galerie Philippe Frégnac en 1979 développaient un univers de la machine : ses formes plastiques, son tout « organique », ses rapports symboliques avec l'humain.

MAHÉ Joseph
Né à Bégard (Côtes-d'Armor). xxe siècle. Français.
Peintre.
Il expose, à Paris, aux Salons des Indépendants et d'Automne.

MAHELIN Léon Louis
Né au xixe siècle à Paris. xixe siècle. Français.
Lithographe.
Élève de MM. Vergnes et P. Maurou. Sociétaire des Artistes Français depuis 1907, il figura au Salon de ce groupement ; mention honorable en 1898.
Ventes Publiques : Paris, 4 mai 1928 : *Cardinal jouant du violoncelle*, aquar. : **FRF 110**.

MAHELIN Robert Paul
Né le 31 décembre 1889 à Paris. xxe siècle. Français.
Peintre.
Il fut élève de son père. Il exposa, à Paris, au Salon des Artistes Français et des Indépendants.

MAHELOT Laurent
xviie siècle. Français.
Peintre de décors et de théâtres.
Il travailla pour l'Hôtel de Bourgogne et la Comédie Française à Paris.

MAHEO Théophile Jean Marie
Né au xixe siècle à Dinan. xixe siècle. Français.
Peintre de paysages et fusiniste.
Élève de Jaegher et de P. de Saint-Germain. Il débuta au Salon de 1878 avec des paysages bretons.

MAHER Raëf Ahmed
Né vers 1930. xxe siècle. Égyptien.
Peintre.
Il suivit les cours de l'École des Beaux-Arts du Caire, puis obtint une licence de philosophie de l'Université en 1954. Il continua ses études artistiques aux Ateliers de Louqsor, et à l'Institut d'Archéologie, en 1956. Il effectua des voyages en Italie et en France en 1954. Il obtint une bourse de séjour de quatre ans en Allemagne. Il est professeur à l'École des Beaux-Arts du Caire. Il vit au Caire.
Il a exposé en Allemagne, en Suède. Il a figuré également à des expositions de groupe, à Düsseldorf, aux Biennales de São Paulo et de Venise en 1954, à la Biennale d'Alexandrie en 1956.

MAHÊSH NÂRÂYAN
xvie siècle. Actif dans la seconde moitié du xvie siècle. Indien.
Peintre de miniatures.
Enlumina sous l'empereur Akbar une image du Razm-Nâme conservé à Djaipur et collabora au Bâbur-Nâme et au Akbar-Nâme conservés dans des Musées de Londres.

MAHÊSHDÂS
xixe siècle. Indien.
Miniaturiste.
Cet artiste hindou fut actif vers 1800. Il vécut à la cour du radja Kunwar Kalyân Singh de Babethi. Le Musée Victoria et Albert de Londres conserve une râgmâlâ illustrée de sa main.

MAHEU Sophie
Née en 1959 en France. xxe siècle. Française.
Sculpteur-céramiste.
De 1981 à 1984, elle est élève de l'École des Arts Appliqués. En 1990 elle est diplômée de l'École des Beaux-Arts de Paris. Elle est membre de l'Académie internationale de la céramique, à Genève.
Elle participe à des expositions de groupe notamment à la galerie Lélia Mordoch en 1992. Elle montre ses œuvres dans des expositions personnelles, dont celle en 1990 à la galerie « Les Jurandes » à Bonaguil (Lot-et-Garonne).
Sculpteur, elle utilise de la terre noire qu'elle patine, dressant des tours à l'architecture rigoriste et à la fois sensuelle.

MAHEUX Jacob. Voir **MEHEUX Francis**

MA HEZHI ou **Ma Ho-Chih** ou **Ma Ho-Tche**
Originaire de Hangzhou, province du Zhejiang. xiie siècle. Actif au milieu du xiie siècle. Chinois.
Peintre.
Il reçoit le titre de *jinshi* (lettré accompli) aux examens triennaux de la capitale, pendant l'ère Shaoxing (1131-1162) et est nommé vice-président du Bureau des Travaux publics. On sait qu'il vit toujours sous le règne de l'empereur Xiaozong (1163-1165). Peintre de figures et de paysages, il travaille dans un style lettré qui lui est propre, avec liberté et fantaisie, sans trop sacrifier au goût académique.
Musées : Boston (Mus. of Fine Arts) : *Illustrations de six des dix Odes de Pei de la section Xiaoya*, encre et coul. légères sur soie,

texte d'accompagnement vraisemblablement calligraphié par l'empereur Gaozong – Pékin (Mus. du Palais) : *La falaise rouge*, petit rouleau en longueur, illustration du poème en prose de Su Dongpo – *Illustrations des sept Odes au Pin de la section Guofend du Shijing*, peint. à l'encre légèrement colorée sur soie, montée en rouleau, texte d'accompagnement vraisembablement calligraphié par l'empereur Gaozong – *Homme jouant du Jin (luth) pour ses amis*, éventail – *Collectionneur d'herbes dans les bois*, éventail signé – Taipei (Nat. Palace Mus.) : *Partie de bateau au printemps sur la rivière au saule*, rouleau en hauteur, encre et coul. sur soie – *Baie au pied de montagnes dans la brume*, feuille d'album signée – *Faucon sur un vieil arbre près d'un rocher*, feuille d'album signée – *Le flâneur affairé*.

MAHIAS Robert
Né le 12 octobre 1890 à Bruxelles, de parents français. xxe siècle. Français.
Peintre de compositions à personnages, nus, portraits, fleurs, peintre de cartons de mosaïques, décorateur, illustrateur.
Il fut élève de l'École des Arts Décoratifs, où il remporta le prix du Ministre, et de Cormon à l'École des Beaux-Arts.
Il exposa, à Paris, aux Salons de la Société Nationale des Beaux-Arts, d'Automne et des Tuileries. Il fut membre du jury à l'Exposition des Arts Décoratifs en 1925. Il fut professeur à l'École des Beaux-Arts de Montréal. Il retourna en France et devint professeur à l'École des Arts Appliqués.
Il a exécuté des vitraux d'église, des compositions décoratives et des mosaïques au Canada et aux États-Unis. À son retour à Paris, il montra des nus, des portraits (*André Birabeau*), des fleurs, des scènes de cirque et de danse. Il a illustré *La Promenade de Versailles* de Mlle de Scudéry, *Werther* de Goethe, *L'Étape* de P. Bourget.

MAHIEL de
xviie siècle. Actif à Versailles en 1616. Français.
Dessinateur et graveur à l'eau-forte amateur.
Élève de Silvestre ; il a gravé des sujets de genre.

MAHIER H., Mme. Voir **GUDIN H.**

MAHIET
xive siècle. Français.
Miniaturiste.
Collabora au *Bréviaire de Belleville*.

MAHIEU Didier
Né en 1961. xxe siècle. Belge.
Peintre de figures, dessinateur, technique mixte. Tendance symboliste.
Il a été lauréat du Grand Prix de peinture de Monaco.
Il montre ses œuvres dans des expositions personnelles, notamment à Paris, en 1993, à la galerie des Ambassades.
Ses dessins sont particulièrement travaillés, sa technique maîtrisée. Didier Mahieu utilise des papiers collés, tailladés ou froissés et la technique des frottis.

MAHIEU Jean Marie
Né en 1945 à la Bouverie. xxe siècle. Belge.
Graveur. Tendance abstraite.
Il fut élève de l'Académie et de l'École Saint-Luc de Mons. Il obtint le prix Joan Miro en 1970 à Barcelone. Il fut membre du groupe *Tandem*.
Techniquement, il pratique l'eau-forte, l'aquatinte et le burin. Il a publié des recueils de ses estampes dont *La Belle Farde*.
Bibliogr. : In : *Dictionnaire biographique illustré des artistes en Belgique depuis 1830*, Arto, Bruxelles, 1987.

MAHIEU Jules
Né au xixe siècle à Saint-Germain-en-Laye. xixe siècle. Français.
Peintre d'architectures et de sujets d'intérieurs.
Élève de L. Cogniet et de Em. Lafon. Il débuta au Salon en 1861.

MAHIEU Mathilde
xixe-xxe siècles. Française.
Peintre de fleurs.
Elle est essentiellement connue pour une œuvre passée en vente publique.
Ventes Publiques : Paris, 23 nov. 1948 : *Grand vase de fleurs* : **FRF 16 000**.

MÄHL Leopold ou **Mahl**
xviiie siècle. Actif à Linz. Autrichien.
Sculpteur.
Il sculpta en 1711 le maître autel de la chapelle Notre-Dame de Saint-Florian, et en 1722 six vases et deux anges pour la chapelle de la Sainte-Trinité à Paura près de Lambach.

MAHLER Anna
Née le 15 juin 1904. Morte le 2 juin 1988 à Londres. xxe siècle. Active aussi aux États-Unis. Allemande.
Sculpteur de monuments, groupes, figures, portraits.
Elle était la fille de Gustav et d'Alma Mahler. Elle étudia d'abord la peinture avec Giorgio de Chirico, puis la sculpture avec Wotruba à Vienne, où elle vécut jusqu'à l'annexion par l'Allemagne en 1938. Elle vint alors à Paris, puis s'installa à Londres, ensuite en Californie. Elle partagea alors son temps entre Los Angeles et Spolète. L'été de sa mort, elle devait assister à sa première véritable exposition rétrospective à Salzbourg.
Elle sculptait le bronze et la pierre. Elle a réalisé les portraits de Schönberg, Bruno Walter, Otto Klemperer et d'autres. Elle sculptait aussi des groupes monumentaux. Sa *Tour des Masques* est érigée au foyer du théâtre de l'Université de Californie.

MAHLER Elise
Née en 1856. xixe siècle. Allemande.
Portraitiste, paysagiste et peintre de genre.
Élève de Skarbina et de Flickel. Elle fut professeur de dessin à la *Berliner Letthauses*. En 1894, elle s'établit à Munich. Exposa à Berlin en 1893-1894. On cite d'elle : *Chemin de village* et *Général von Bezold*.

MAHLER Emma
Née en 1861 à Zurich. xixe siècle. Suisse.
Peintre de fleurs et de paysages.

MAHLER Joseph Cornel
Actif à Lucerne. Suisse.
Dessinateur et miniaturiste.
La Bibliothèque communale de cette ville conserve de lui une calligraphie *(Christ en Croix)* et une miniature.

MAHLKNECHT Dominique ou **Mallknecht,** en France aussi **Molkne** ou **Molknecht**
Né le 13 novembre 1793 à Gröden (Tyrol). Mort le 17 mai 1876 à Paris. xixe siècle. Allemand.
Sculpteur.
Fut naturalisé Français en 1848. Élève de Canova. Figura au Salon de Paris de 1831 à 1857, deuxième médaille en 1831. Les principales œuvres de cet artiste sont : *Adoration des mages ; Les prophètes Ezéchiel et Daniel, saint Jean*, pour l'église des Invalides ; *La Vierge*, groupe en marbre pour la cathédrale de Versailles ; *Le maréchal Bessières, duc d'Istrie*, statue en marbre, pour la ville de Cahors ; *Duguay-Trouin*, statue en marbre, à Saint-Malo ; *Cathelineau*, buste en marbre, à la mairie d'Angers ; *La statue de Duguesclin*, à Dinan ; Les statues de *Duguesclin, Clisson ; Richemont, Louis XVI*, à Nantes ; *L'Assomption de la Vierge*, figure colossale, à la cathédrale de Metz.
Musées : Angers : *J. Cathelineau* – Metz : *Vénus et l'Amour – La Vierge* – Nantes : *Vénus sortant de l'onde et Adonis – Mars se plaignant de la blessure à Jupiter* – Orléans : *Vénus sortant du bain* – Le Puy-en-Velay : *Un chef vendéen* – Rennes : *Louis XVI*.

MAHLKNECHT Edmund
Né le 12 novembre 1820 à Vienne. Mort le 26 février 1903. xixe siècle. Autrichien.
Peintre d'animaux, paysages, paysages d'eau.
Élève de l'Académie de Vienne et de A. Hansch. Vécut à Vienne, où il exposa entre 1871 et 1886. On cite de lui : *Intérieur d'écurie* et *Paysage d'été*.
Musées : Graz (Mus. provincial) : *Salzbourg – Paysage*.
Ventes Publiques : Paris, 3 fév. 1919 : *Taureaux* : **FRF 50** – Vienne, 14 juin 1966 : *Lac alpestre* : **ATS 32 000** – Vienne, 16 sep. 1969 : *Le Troupeau* : **ATS 50 000** – Vienne, 16 mars 1971 : *Paysans dans un paysage de montagne* : **ATS 70 000** – Vienne, 19 sep. 1972 : *Berger et son troupeau* : **ATS 90 000** – Vienne, 22 mai 1973 : *Le Repos dans les champs* : **ATS 180 000** – Vienne, 17 sep. 1974 : *Lac alpestre* : **ATS 120 000** – Vienne, 14 sep. 1976 : *Pastorale* 1854, h/pan. (47x64) : **ATS 90 000** – Londres, 6 mai 1977 : *Troupeau et berger dans un paysage*, h/t (53,3x75) : **GBP 3 000** – Londres, 15 juin 1979 : *Lac alpestre* 1876, h/t (68,5x94) : **GBP 7 000** – Vienne, 26 mai 1982 : *Troupeau à l'abreuvoir*, h/t (35,5x58) : **AST 140 000** – New York, 26 oct. 1983 : *Chaumière dans les montagnes*, h/t (56x96,5) : **USD 7 500** – Vienne, 11 déc. 1985 : *Troupeau au pâturage*, h/t (55,5x95) : **ATS 220 000** – Londres, 27 nov. 1986 : *Bétail sur un bac sur le lac de Gmunden*, cr. (18x22,5) : **GBP 700** – Munich, 17 sep. 1986 : *Troupeau à*

l'abreuvoir, h/t (37x58) : **DEM 10 000** – VIENNE, 10 déc. 1987 : *La Chasse à l'ours* 1850, h/t (68x55) : **ATS 130 000** – PARIS, 7 mars 1989 : *Impression d'Hallstatt*, h/pap. (47x37) : **FRF 32 000** – MUNICH, 12 déc. 1990 : *Bovins au bord du lac de Wolfgang*, h/pan. (37x58) : **DEM 35 200** – NEW YORK, 28 mai 1992 : *Animaux dans une prairie près de la ferme*, h/t (55,2x95,3) : **USD 14 300** – LONDRES, 2 oct. 1992 : *Cheval de labour* 1845, h/cart. (17,8x21) : **GBP 2 200** – VIENNE, 29-30 oct. 1996 : *Vache dans un paysage de rivière sous une tempête approchante*, h/t (38x47,2) : **ATS 97 750**.

MAHLKNECHT Josef Anton
Né en 1827 à Rifeils (près de Saint-Ulrich, Tyrol). Mort le 6 avril 1869 à Munich. XIXe siècle. Allemand.
Peintre d'histoire.
Neveu de Dominique. Élève de Ph. Foltz et Führich. Il peignit des sujets historiques, mythologiques et religieux ainsi que des portraits. Le Musée du Ferdinandeum à Innsbruck conserve de sa main : *Philippine Welser devant l'empereur Ferdinand*. On cite de lui : *Portrait de l'artiste* et *Portrait de Dominique Mahlknecht*.

MAHLKNECHT Karl
Né le 24 décembre 1810 à Vienne. Mort le 9 septembre 1893. XIXe siècle. Autrichien.
Graveur au burin et portraitiste.
Frère d'Edmund. Élève de l'Académie de Vienne. Il vécut dans cette ville. On cite de lui les portraits de *L'Empereur François-Joseph*, de *Lenau*, de *Stifter*.

MAHLKNECHT Rudolf
Né le 16 juin 1844 à Vienne. Mort le 11 juin 1913. XIXe-XXe siècles. Autrichien.
Peintre.
Fils de Karl et élève de K. Wurzinger et Eisenmenger. Il s'établit à Saint-Pölten dont le couvent conserve quelques-unes de ses peintures.

MAHLMANN H.
XIXe siècle. Actif en Allemagne. Allemand.
Graveur au burin.
Il a gravé des plans.

MAHLMANN Max H.
Né le 5 avril 1912. XXe siècle. Allemand.
Peintre. Abstrait-géométrique.
De 1934 à 1938, il a étudié à l'Académie des Beaux-Arts de Dresde. En 1953, il s'est marié avec Gudrun Piper. Il a fait partie d'un groupe d'art concret. Il vit à Wedel. Il expose collectivement, de 1946 à 1961, principalement à Hambourg. En 1995, la galerie Treffpunkt Kunst de Saarlouis a exposé un ensemble des travaux de Max Mahlmann et de Gudrun Piper.
C'est en 1949 qu'il réalise sa première composition abstraite et géométrique, tout en restant attaché aux principes cézanniens de modulation de l'espace et du volume. Il construit ses compositions en fonction de réseaux numériques.

MÄHLY Johann Friedrich
Né en 1805 à Bâle. Mort en 1848 à Bâle. XIXe siècle. Suisse.
Peintre de paysages et lithographe.
Il peignit à la gouache et lithographia des compositions d'achitectures (motifs de Suisse et surtout de Bâle). On cite parmi ses lithographies en couleur le plan pittoresque de la ville de Bâle, trente-deux tableaux d'architectures et quatre portraits.

MÄHLY Otto
Né le 19 septembre 1869 à Bâle. XIXe siècle. Suisse.
Peintre.
Il peignit des paysages : vues de Bâle et des environs pour la plupart à l'aquarelle et des portraits.
MUSÉES : CHUR : *Hiver* – SCHAFFHOUSE : *Paysage de côte bretonne*.

MAHMOD ou **Mahmoud Mudhahhib**, dit **le Doreur**
XVIe siècle.
Calligraphe et peintre miniaturiste.
On ne sait précisément si ces noms recouvrent un ou plusieurs artistes, mais il est certain qu'ils désignent au moins un artiste précis qui travailla à Herat et surtout à Boukhara. Il serait l'auteur d'un portrait posthume de Mir Alî Shâh et aurait enluminé des textes de Nizâmi, Djâmi, Emir Shâhi, provenant des années 1499 à 1545. La Bibliothèque Nationale de Paris conserve de lui deux manuscrits. Ses œuvres montrent des couleurs vives, simples et des personnages sur fonds archaïsants.

MAHMUT CUDA
Né en 1904 en Turquie. XXe siècle. Turc.
Peintre de natures mortes.
En 1946, il présentait une nature morte : *Cactus*, à l'Exposition Internationale d'Art Moderne ouverte à Paris au Musée d'Art Moderne, par l'Organisation des Nations Unies.

MAHN Berthold. Voir **BERTHOLD-MAHN Charles**

MAHN Inge
Née en 1943 à Teschen (Silésie). XXe siècle. Allemande.
Sculpteur.
Elle a été invitée à la Documenta V à Kassel en 1972.
Elle sculpte, grandeur nature, des objets qui pourraient très bien être accordés à leur fonction ; ainsi de ses bancs d'école, de ses tables, ses chaises, ses confessionnaux. Loin de se rapprocher d'un quelconque réalisme ou hyperréalisme, le travail d'Inge Mahn semble être bien plus une broderie sur les souvenirs, un culte de petites mythologies intérieures.

MAHNER Luise
Née le 5 novembre 1799 à Brunswick. Morte le 9 janvier 1861 à Brunswick. XIXe siècle. Allemande.
Portraitiste.
Le Musée Municipal de sa ville natale conserve d'elle des portraits datant de 1829 et de 1834.

MAHNKE Karl
Né en 1764 à Vienne. Mort le 15 juin 1835 à Vienne. XVIIIe-XIXe siècles. Autrichien.
Peintre et lithographe.
On possède de cet artiste des portraits lithographiques d'aristocrates autrichiens et de paysans en costumes régionaux.

MA HO-CHIH. Voir **MA HEZHI**

MAHOMA ou **Mahomet de Borja**
XVe siècle. Espagnol.
Sculpteur.
Artiste Maure. Il sculpta de 1401 à 1405 avec deux de ses fils les stalles de la cathédrale de Huesca.

MAHON André
Né à la fin du XIXe siècle à Orléans (Loiret). XIXe-XXe siècles. Français.
Sculpteur animalier.
Il exposait, à Paris, au Salon de la Société Nationale des Beaux-Arts.

MAHON Joséphine
Née le 31 octobre 1881 à Caldwell (New Jersey). XXe siècle. Américaine.
Peintre.
Elle fut élève de Charles W. Hawthorne et Richard Hayley Lever. Membre de la Ligue américaine des artistes professeurs.

MAHONEY Charles ou **Cyril**
Né le 18 novembre 1903 à Londres. XXe siècle. Britannique.
Peintre, peintre de décorations murales.
Il étudia au Royal College of Art de 1922 à 1926 et exposa au New English Art Club à partir de 1936 et à la Royal Academy depuis 1960.
MUSÉES : LONDRES (Tate Gal.) : *Dépendances* 1940 – *Adam et Ève au Jardin de l'Éden* 1936.

MAHONEY Gregory
Né en 1955. XXe siècle. Américain.
Peintre.
Il vit et travaille à Los Angeles.
Il expose à New York, Los Angeles, San Francisco et, pour la première fois à Paris, à la galerie Karsten Greve en 1992.
Mahoney a pris le désert et son austérité comme thème de son travail de peintre. Le support de ses œuvres, mais aussi le lieu de son procès artistique, sont des plaques de métal rouillées et corrodées qu'il a récupérées dans le désert. Il les façonne avec du ciment, de la poudre à canon et de la graisse, leur ajoutant du pigment bleu. Outre l'ensemble qui fonctionne par interaction entre les différentes factures présentées et la symbolique liée aux phénomènes naturels, voire cosmique, Mahoney n'hésite pas à y ajouter parfois des éléments linguistiques.

MAHONEY James ou **Mahony**
Né vers 1816 à Cork. Mort le 29 mai 1879 à Londres. XIXe siècle. Britannique.
Aquarelliste et graveur sur bois.
Il fit ses études à Rome et dans quelques villes d'Europe. Membre de la New Water-Colours Society, il exposa à la Royal Academy de 1866 à 1877. On voit des œuvres de cet artiste au Musée de Dublin et au Victoria and Albert Museum à Londres.

Ventes Publiques : Londres, 13 mars 1979 : *L'attente du père*, h/t (27,5x20,5) : **GBP 1 100**.

MAHONY Félix
Né au xxe siècle à New York. xxe siècle. Américain.
Peintre.
Il fut élève de Steinlen à Paris. Il fut directeur de l'École Nationale des Beaux-Arts et des Arts Appliqués de Washington.

MAHONY Francis Prout
Né en 1862 à Melbourne. xixe siècle. Australien.
Peintre de paysages et d'animaux.
Élève d'Aniretti à l'ancienne Académie des Beaux-Arts de Sydney. Il débuta vers 1885 à Sydney, puis vint se fixer en Angleterre.
Musées : Sydney : *Ramenant un traînard – Matinée de printemps – La plainte des mères – Comme dans l'ancien temps* – Aquarelle.

MAHORCIG Josef
Né le 11 février 1843 à Trieste. Mort le 9 septembre 1923 à Graz. xixe-xxe siècles. Autrichien.
Peintre de paysages, genre.
Il fut élève des Académies de Venise et de Vienne. Il travailla à Graz et dans le château de Miramar.
Musées : Graz : *Paysage du lac de Stamberg.*
Ventes Publiques : Vienne, 14 sep. 1976 : *Vue du Hintersee*, h/t (55x68,5) : **ATS 16 000**.

MA HO-TCHE. Voir **MA HEZHI**

MAHOU Pascal
Né en 1939 à Faulquemont (Moselle). xxe siècle. Français.
Peintre, graveur. Abstrait-analytique.
Il a été élève à l'École des Arts Appliqués de Metz et à l'École Nationale des Beaux-Arts de Paris. Il enseigne la pratique des arts plastiques à l'Université de Paris I. Il vit et travaille à Paris et dans le Gard.
Il a figuré, en 1964, au Salon de la Jeune Peinture, puis : 1965, IVe Biennale de Paris ; 1967, à un groupe à Tournon (Ardèche) ; 1967, 1968, 5e et 6e Festival d'art plastique d'Antibes ; 1969, à un groupe à Graz (Autriche) ; 1972, *Impact 2*, Musée d'Art Moderne de Céret ; 1973, *Le Support*, galerie de l'AARP, Paris, aux côtés de Bioulès, Carpi, Dolla, Haldorf, Jaccard, Pincemin ; 1974, 1975, Salon Grands et Jeunes d'Aujourd'hui, Paris ; 1975, *Confrontation*, École des Beaux-Arts de Metz ; 1976, *Contre-confrontation*, Musée d'Art Moderne de Sarrebruck ; 1980, Festival d'art provisoire I, Le Mans ; 1981, *T. P./Travaux pratiques*, École des Beaux-Arts de Lille ; 1981, Festival d'art provisoire II, Le Mans ; 1984, *Fils et textiles*, Basilique, Saint-Quentin ; 1985, Salon de Mai, Paris ; 1985, 1986, 1989, 1990, 1991, 1992, 1994, 1995 Salon des Réalités Nouvelles, Paris ; 1985, 1986, 1991 et suivants, Salon de la Jeune Gravure Contemporaine, Paris ; 1987, *Art construit-Tendances actuelles en France et en Suède*, Institut français de Stockholm ; 1990, *5 dimensions plurielles*, galerie Saint-Charles de Rose, Paris ; 1996, *Un regard sur l'estampe contemporaine*, Bibliothèque Nationale, Paris ; etc.
Il montre ses œuvres dans des expositions personnelles : 1976, 1978, 1979 1980, 1981, 1983, Galerie 30 à Paris ; 1986, galerie Alexandre de la Salle, Saint-Paul-de-Vence ; 1988, galerie Charley Chevalier, Paris ; 1990, Médiathèque M. Yourcenar, Faches-Thumesnil (Nord) ; 1993, Château de Barjac, Barjac (Var) ; 1996, galerie Le Carré, Lille ; 1997 Paris, *Estampes, bois gravés*, galerie d'art de l'Hôtel Astra.
Il pratique d'abord une peinture jeune et vive, dont les recherches colorées sont issues du pop art. Ensuite son travail se situe dans la postérité du groupe *Support/Surface*. Il exploite surtout les possibilités de superposition de couleurs à travers les trames d'un support découpé selon une grille orthogonale à 45° ou, dans le cas des bois gravés, de la superposition de tirages sur différents papiers assemblés par juxtaposition. Cette grille génère un ensemble de problématiques : vide/plein, ordre/désordre et couleur/non couleur, etc.
Bibliogr. : In : *Dix années d'activité – 1975-1985*, Galerie Trente, Paris, 1986.
Musées : Metz (FRAC, Lorraine).

MAHOUD Gamal
Né en 1924 au Caire. xxe siècle. Égyptien.
Peintre. Tendance surréaliste.
Il a été élève à la Section libre de la Faculté des Beaux-Arts du Caire. Il a obtenu une bourse d'études à l'atelier des Beaux-Arts de Louksor.
Il a exposé en Égypte et à l'étranger, notamment en 1947 à l'Exposition des surréalistes, à Paris. Il a montré ses œuvres à Vienne en 1964 et, en 1968, à la Triennale de New Delhi. Il a figuré, en 1971, à *Visages de l'art contemporain égyptien* au Musée Galliera à Paris.
Musées : Le Caire (Mus. d'Art Mod.).

MAHOUX F.
Né à Rodez (Aveyron). Mort en 1901. xixe siècle. Français.
Sculpteur.
Cet artiste paraît avoir travaillé exclusivement pour le Musée de Rodez.
Musées : Rodez : *Gally – Jules Duval – Eugénie, impératrice des Français – Lacordaire – Henri de Serres – Cupidon – La Seine – Piédestal de la statue Monteil – Camille Douls, explorateur – Rozier, docteur en médecine – Le vicomte Victor de Bonald – M. Fabié – M. Edmond Railhac – Peyras, professeur au lycée – M. Haward de la Blotterie – L'abbé Cossagne.*

MAHOUX Paul, le Jeune
xixe siècle. Actif à Rodez. Français.
Sculpteur.

MÄHRING Vincenz. Voir **MÖHRING**

MAHRZOL Baptist. Voir **MARZOHL**

MÄHSELKIRCHER Gabriel
xve siècle. Actif vers 1470. Allemand.
Peintre d'histoire.
On cite de lui un *Christ portant sa croix* et une *Crucifixion*, à la Galerie de Schleissheim.

MA HSING-TSU. Voir **MA XINGZU**

MAHU Cornelis
Né en 1613 à Anvers. Mort le 15 novembre 1689 à Anvers. xviie siècle. Éc. flamande.
Peintre de scènes de genre, marines, natures mortes.
Il épousa le 23 octobre 1633, Brigitta Wolfvoet, fut maître à Anvers en 1638 ; veuf, il se remaria le 11 octobre 1653, avec Catherina Derri, et le 15 mars 1661, avec Margaretha Jaspers. Il eut pour élève Caspar Peter Verbruggen I.

C MAHV · 1648

Musées : Berlin (Mus. Nat.) : *Nature morte avec une coupe à vin du Rhin, cruche, assiette garnie d'une écrevisse, raisins, citrons, huîtres, etc. – Nature morte avec un hareng découpé, des citrons, des cerises, mèche enflammée, etc.* – Bruxelles – Gand.
Ventes Publiques : Londres, 25 avr. 1927 : *Pâté sur un plat* : **GBP 92** – New York, 28 mars 1930 : *Fête à la taverne* : **USD 300** – Lucerne, 21-27 nov. 1961 : *La noce paysanne* : **CHF 10 500** – Cologne, 29 nov. 1968 : *Nature morte* : **DEM 16 000** – Cologne, 22 novembe 1973 : *Marine* : **DEM 32 000** – Lucerne, 16 nov. 1974 : *Nature morte* : **CHF 28 000** – Versailles, 23 mai 1976 : *Les réjouissances villageoises* 1649, h/pan. (59x84) : **FRF 41 000** – Cologne, 11 juin 1979 : *Nature morte*, h/pan. (33,2x24,5) : **DEM 18 000** – Zurich, 11 nov. 1982 : *Nature morte aux citrons*, h/t (40x57) : **CHF 15 000** – Pontoise, 27 oct. 1984 : *Scène d'auberge*, h/t (59x83) : **FRF 69 000** – Saint-Dié, 3 fév. 1985 : *Scène villageoise*, h/t (51x63,5) : **FRF 47 000** – New York, 17 jan. 1986 : *Paysans festoyant dans une taverne*, h/pan. (58,5x83) : **USD 16 000** – Londres, 31 mars 1989 : *Estuaire par tempête avec des embarcations dans le chenal*, h/pap. (27,2x54,3) : **GBP 1 650** – Paris, 12 déc. 1989 : *Nature morte au homard*, pan. de chêne parqueté (52x74) : **FRF 350 000** – Amsterdam, 22 mai 1990 : *Paysans jouant aux cartes dans une taverne* 1649, h/pan. (37x51) : **NLG 34 500** – Paris, 22 juin 1990 : *Nature morte à la grande aiguière*, h/pan. de chêne (96x83,5) : **FRF 220 000** – Amsterdam, 11 nov. 1992 : *Le goût et le toucher ; La vue et l'odorat*, h/pan., une paire (chaque 23x33,5) : **NLG 12 650** – Paris, 8 mars 1995 : *Intérieur d'auberge*, h/pan. (42x71) : **FRF 85 000** – New York, 19 mai 1995 : *Danse de mariage dans une grange* 1645, h/pan. (58,4x83,2) : **USD 41 400** – Paris, 27 mars 1996 : *Intérieur de cuisine*, h/pan. (41x71) : **FRF 90 000** – Londres, 19 avr. 1996 : *Nature morte avec de la vaisselle d'étain dont un pichet renversé, un roemer et des noix sur une table drapée*, h/pan. (59x88,2) : **GBP 14 950** – Londres, 4 juil. 1997 : *Soldats jouant au jacquet dans une salle de gardes ; Paysans dans une grange* 1648, h/pan., une paire (41x70,5) : **GBP 20 700** – Londres, 30 oct. 1997 : *Nature morte avec une aiguière en étain et une assiette sur une table drapée*, h/pan. (78,6x56,9) : **GBP 13 225**.

MAHU Guilliam
Né en 1517. Mort en 1569. xvie siècle. Éc. flamande.

Portraitiste.
Il vécut probablement à Bruxelles. Peut-être identique à MAHUE Guillaume.

MAHU Victor
Mort en 1700. XVIIe siècle. Éc. flamande.
Peintre de genre.
Fils de Cornelis. Maître en 1689. Le Musée de Berne conserve de lui deux peintures à la manière de Teniers.
Musées : Berne.
Ventes Publiques : Paris, 3 avr 1979 : *Intérieur rustique*, h/t (59x84,5) : **FRF 40 000** – Paris, 8 mars 1982 : *Les joueurs de cartes*, h/t (40x57) : **FRF 43 000** – New York, 5 oct. 1995 : *Couple d'amoureux dans une cuisine d'auberge et joueurs de cartes dans la salle au fond*, h/t (45x60,7) : **USD 13 800** – New York, 12 jan. 1996 : *Musiciens jouant pour des villageois dans une grange*, h/t (56,5x81,3) : **USD 13 800**.

MAHUDEZ Jeanne Louise Jacontot, Mme
Née le 29 mars 1876 à Paris. Morte en 1956. XXe siècle. Française.
Peintre de genre et pastelliste.
Élève de Benjamin Constant, J.-P. Laurens et H. Royer. Exposa au Salon de 1911 : *Le bénédicité chez grand-mère* et obtint une troisième médaille ; médaille d'or, 1927. On cite de cette artiste au Musée de Troyes *Portrait de femme âgée*.

Mahudez

Ventes Publiques : Paris, 2 juil. 1936 : *Barques de pêche dans le port de Toulon* : **FRF 22** – New York, 28 oct. 1986 : *Le Bénédicité chez grand-mère* 1911, h/t (160x180,3) : **USD 5 000**.

MAHUE Guillaume
Né en 1517 à Bruxelles. Mort en 1569 à Bruxelles. XVIe siècle. Éc. flamande.
Peintre de portraits.
Artiste très apprécié de son vivant ; ses œuvres sont rares.
Ventes Publiques : Dijon, 1894 : *Intérieur de cabaret* : **FRF 52**.

MAHUYS Anna Cécilie Wilhelmine Jeanne Jacqueline
XIXe siècle. Hollandaise.
Aquafortiste.

MAHY Émile
Né en 1903. XXe siècle. Belge.
Peintre de paysages urbains, scènes typiques. Naïf.
Il a travaillé à l'Académie de Bruxelles, puis à Saint-Josse, qui fut peut-être le berceau du groupe *Apport*, avec lequel il expose.
Mahy, comme Tytgat pour la génération précédente, occupe dans la jeune peinture belge, une place à part. C'est un naïf, volontairement cantonné dans l'époque 1880. Il peint des compositions, où les dames en robes longues et les bourgeois en haut de forme, se promènent devant les bâtiments officiels de Bruxelles. On se croit dans l'univers suranné des petites filles modèles.

MAHY Jacques
XVIIe siècle. Actif à Nancy vers 1666. Français.
Peintre.

MAHY Victor
XVIIIe siècle. Hollandais.
Peintre de genre.
On connaît de cet artiste : *Paysans à l'auberge*, copie d'après Ostade et *Divertissement de paysans*, qui figura à la vente Schönlanck en 1891.

MAI Helen, pseudonyme de **Lartigue Jeanne**
Née le 12 août 1903 à Paris. XXe siècle. Française.
Peintre, céramiste, peintre de cartons de mosaïques, sculpteur.
Elle a exposé, à Paris, au Salon d'Automne.
Elle a surtout réalisé des peintures à l'encaustique, des céramiques murales, des mosaïques et des sculptures dans des lieux publics. Ses thèmes sont souvent religieux.
Ventes Publiques : Douai, 11 nov. 1990 : *Les plantes vertes*, h/t (81x100) : **FRF 4 200**.

MAIA Antonio
Né en 1928 à Carmopolis (État de Sergipe). XXe siècle. Brésilien.
Peintre.
Il vit à Rio de Janeiro. Il a participé à des expositions de groupe en Europe et en Amérique du Sud. Il expose depuis 1960, essentiellement au Brésil, mais également au Chili, à Barcelone et à Washington.
Autodidacte, il débute comme peintre informel, puis, vers 1963, trouve la voie qu'il suit encore, celle d'une peinture inspirée de la culture populaire. Au début, sa peinture était uniquement descriptive, les motifs, ex-voto et autres, étant reproduits sur la toile presque sans transposition. Vers 1967, il passa à une forme narrative, puis, en définitive, accusatrice.
Bibliogr. : Damian Bayon, Roberto Pontual : *La Peinture de l'Amérique latine au XXe siècle*, Mengès, Paris, 1990.

MAIAKOVSKI Vladimir
Né en 1893 à Badgadi (Géorgie). Mort le 14 mars 1930 à Moscou. XXe siècle. Russe.
Peintre, dessinateur, poète.
Il fut élève de l'atelier de Joukovski et celui de Kelin puis, de 1911 à 1914, il étudia à l'école de peinture, sculpture et d'architecture de Moscou. À partir de 1912, il participe aux expositions *Associations des Jeunes*.
Il fut l'un des chefs de file du futurisme dans la peinture et la poésie russe et un des fondateurs du *LEF* (Front Gauche de l'Art). En 1921, il se partage entre les arts plastiques et la poésie. Ses affiches de propagande le rendirent célèbre. Il est l'auteur de nombreux textes consacrés aux arts plastiques.
Bibliogr. : Catalogue de l'exposition : *Paris-Moscou*, Musée national d'Art moderne, Paris, 1979.
Musées : Paris (BN).
Ventes Publiques : Paris, 12 mars 1985 : *Si vous ne voulez pas être sous le joug des Seigneurs, rejoignez tout de suite le front polonais avec votre fusil* 1920, litho. en coul. (53x64) : **FRF 10 500**.

MAIANO, da. Voir au prénom

MAIBACH Karl Ludwig
Né le 20 septembre 1833 à Altenhof (Estonie). Mort en 1886 à Saint-Pétersbourg. XIXe siècle. Russe.
Paysagiste.
Élève de Calame et Diday à Genève et de K. Millner à Munich.

MAICENT Gustave. Voir **MAINCENT**

MAICHAIN Georges
Né au XIXe siècle à Niort. XIXe siècle. Français.
Sculpteur.
Débuta au Salon de 1870.

MA I-CH'ING. Voir **MA YIQING**

MAIDBURG François. Voir **MAGDEBURG**

MAIDMENT Henry
XIXe-XXe siècles. Britannique.
Peintre de genre, scènes animées, animaux, paysages typiques.
Ventes Publiques : Londres, 26 juil. 1977 : *Paysages* 1898, h/t, une paire (chaque 51,5x41) : **GBP 680** – Londres, 24 mars 1981 : *Chemin de campagne* 1896, h/t (76x127) : **GBP 1 900** – New York, 25 fév. 1983 : *Eton from the river* 1889, h/t (40x60,3) : **USD 1 700** – Londres, 12 avr. 1985 : *Paysage champêtre, Hampshire* 1902, h/t (74x90) : **GBP 2 400** – Chester, 20 juil. 1989 : *Canards près d'une mare ; La nourriture des oies* 1894, h/t, une paire (45,7x35,5) : **GBP 1 870** – Londres, 19 déc. 1991 : *Berger et son troupeau et Bétail au bord d'un ruisseau* 1904, h/t, une paire (30,5x61) : **GBP 1 980** – Londres, 12 mai 1993 : *Chutes de Swallow sur la Conway en Galles du Nord*, h/t (40,5x61) : **GBP 517** – Londres, 30 mars 1994 : *Les environs de Rockford dans l'Essex ; Les environs de Crawley dans le Sussex*, h/t, une paire (chaque 41x61) : **GBP 3 680**.

MAIDSTONE
XVIIIe siècle.
Graveur au burin.

MAIELIN
Né au XIVe siècle à Paris. XIVe siècle. Français.
Peintre.
Il travailla à l'hôtel d'Artois à Arras en 1382.

MAIER Emil
Né le 29 septembre 1845 à Königsberg. XIXe siècle. Actif à Königsberg. Allemand.
Peintre.

MAIER Hans Alex. Voir **MAIR Nicolaus Alexander**

MAIER Joh. Friedr. Ludw.
XVIIIe siècle. Actif à Hambourg en 1790. Allemand.
Portraitiste.

MAIER Johann ou **Mayr**
XVIIe-XVIIIe siècles. Actif à Baldern. Allemand.
Sculpteur.
A sculpté en 1718 les figures du maître-autel de la chapelle du monastère de Maihingen.

MAIER Johann Conrad. Voir **MAYR J. C.**

MAIER Joseph
XVIIIe siècle. Actif à Langerringen en 1724. Allemand.
Sculpteur.

MAIER Simon
XVIIIe siècle. Actif à Landsberg vers 1750. Allemand.
Peintre.

MAIER-BUSS Ingeborg
Née en 1940 à Mannheim (Bade-Wurtemberg). XXe siècle. Allemande.
Sculpteur.
Elle fut élève de l'Académie des Beaux-Arts de Karlsruhe, en peinture, puis en sculpture. Elle fit ensuite des études de Chimie, de 1959 à 1968. Elle commença à expérimenter des matières plastiques, à partir de 1961, ce qui l'amena, après 1968, à enseigner simultanément le dessin et la chimie.
Elle a montré ses œuvres dans des expositions personnelles à Francfort-sur-le-Main en 1970.
Ses sculptures en matériaux plastiques polychromes, entre fleurs vénéneuses et rappels de formes humaines, s'attachent à l'expression symbolisée de volumes et de plissements érotiques.
Bibliogr. : Volker Kahmen : *Maier-Buss*, catalogue de l'exposition, galerie Appel et Fertsch, Francfort, 1970.

MAIER-ERDING Hiasl
Né en mai 1894. Mort en 1933. XXe siècle. Allemand.
Peintre de figures, portraits, natures mortes.
Il fut élève de Raupp et de Becker-Gundahl. Il a subi l'influence de Leibl.
Ventes Publiques : Munich, 31 mai 1979 : *Intérieur d'église* 1915, h/t (60x68,5) : **DEM 6 500**.

MAIERHUBER Johann Georg. Voir **MEYERHUBER**

MAIEU Frank
Né en 1952 à Wilrijk. XXe siècle. Belge.
Peintre, dessinateur, sculpteur.
Il fut élève de O. Landuyt.
Bibliogr. : In : *Dictionnaire biographique illustré des artistes en Belgique depuis 1830*, Arto, Bruxelles, 1987.

MAIEVSKY Dimitri
Né en 1917 à Leningrad (aujourd'hui Saint-Pétersbourg). XXe siècle. Russe.
Peintre de paysages, portraits, natures mortes.
Il étudia à l'Académie des Beaux-Arts de Leningrad sous la direction de Brodsky. Membre de l'Union des Artistes d'URSS et de l'Association des Peintres de Saint-Pétersbourg.
Musées : Moscou (min. de la Culture) – Moscou (Mus. de la Révolution) – Saint-Pétersbourg (Mus. d'Hist.).
Ventes Publiques : Paris, 26 avr. 1991 : *Bateaux à quai* 1957, h/t (36x63) : **FRF 7 500** – Paris, 23 mars 1992 : *Jour de soleil*, h/t (40x50) : **FRF 6 000**.

MAIEVSKY Metchislav
Né en 1856. XIXe siècle. Russe.
Peintre.
La Galerie Tretiakov, à Moscou, conserve de lui : *Le soir*.

MAIGAN Jean
Mort en 1604. XVIe siècle. Actif à Lyon. Français.
Peintre et dessinateur.
Il a travaillé depuis 1569.

MAIGNAN Albert Pierre René
Né le 14 octobre 1845 à Beaumont-sur-Sarthe (Sarthe). Mort le 29 septembre 1908 à Saint-Prix (Val d'Oise). XIXe siècle. Français.
Peintre d'histoire, scènes de genre, paysages, intérieurs, peintre de compositions murales, cartons de tapisseries.
Élève d'Évariste Luminais et de Jules Noël, il quitta ses études de Droit pour s'adonner à la peinture. Il débuta en 1867 au Salon de Paris, où il obtint successivement une troisième médaille en 1874, une deuxième médaille en 1876, une première médaille en 1879, une médaille d'honneur en 1892. L'Exposition Universelle de 1889 lui valut une médaille d'or. Il fut décoré, en 1895, de la Légion d'honneur.
S'il envoya une *Vue de Luxeuil* et un *Intérieur de ferme* au Salon de 1867, il s'orienta, dès l'année suivante, vers la peinture d'histoire qui constitue la majeure partie de son œuvre. Son tableau *La Mort de Carpeaux*, fut acquis par l'État et figura au Musée du Luxembourg. À la fin de sa carrière, Maignan s'adonna à la peinture décorative et composa des modèles de tapisseries pour les Gobelins. Ce fut un artiste consciencieux, au dessin correct.

ALBERT MAIGNAN

ALBERT MAIGNAN

Bibliogr. : Gérald Schurr, in : *Les Petits Maîtres de la peinture 1820-1920, valeur de demain*, Les Éditions de l'Amateur, t. II, Paris, 1982.
Musées : Amiens : *Dante rencontre Matelda – Naissance de la perle – Les voix du tocsin* – Angers : *Louis IX console un lépreux* – Langres : *Dernières voix du tocsin* – Lille : *L'amiral Caro Zeno* – Luxembourg : *Départ de la flotte normande pour la conquête de l'Angleterre – Le Dante et Mathilde* – Le Mans : *Tentation – Le vieux Mans – La maison des deux amis* – Melbourne : *Les derniers moments de Clodobert* – Montréal (Mus. Learmont) : *Intérieur en Normandie* – Paris (Mus. du Petit Palais) : *Le Christ consolateur – Saint-Marc, Venise – La mort de Carpeaux – les grandes œuvres littéraires* – Reims : *La Fortune passe* – Reims : *Hommage à Clovis II.*
Ventes Publiques : Paris, 1888 : *Fleurs de pêcher* : **FRF 600** – Paris, 1900 : *Lucrèce Borgia* : **FRF 1 600** – New York, 27 jan. 1911 : *Andromaque* : **USD 60** – Paris, 8 juin 1949 : *Le Couple amoureux* : **FRF 11 000** – Paris, 9 jan. 1950 : *Jeune fille maure portant un faucon sur son poing* 1872 : **FRF 3 100** – Berne, 18 mai 1973 : *Les lavandières* : **CHF 4 500** – Paris, 13 mai 1976 : *Les voleurs*, h/t (65x54) : **FRF 2 600** – Chester, 13 jan. 1984 : *La destinée*, h/t (139,5x122) : **GBP 3 300** – Londres, 9 oct. 1987 : *Portrait d'Alberte Duparc, nièce de l'artiste* 1877, h/t (69x44) : **GBP 7 200** – Paris, 29 juin 1988 : *L'Insulte aux prisonniers, épisode de la croisade contre les Albigeois en 1211* 1875, h/t (117x176) : **FRF 60 000** – Paris, 13 avr. 1992 : *Les Cathares, épisode de la croisade contre les Albigeois : l'insulte aux prisonniers, peut être à Montségur* 1875, h/t (117x176) : **FRF 70 000** – Londres, 18 nov. 1994 : *La Sirène*, h/pan. (135,2x98,7) : **GBP 3 450** – Paris, 28 juin 1995 : *Nymphe faisant une offrande à l'Amour*, h/t (35,5x45) : **FRF 7 200** – Paris, 16 déc. 1996 : *Esquisse pour le salon des lettres de l'Hôtel de Ville*, h/pan. (31,5x25) : **FRF 9 500** – Paris, 2 avr. 1997 : *Le Forgeron*, h/t (65x49) : **FRF 5 000** – Paris, 10-11 avr. 1997 : *Le Canal de Suez, un an avant son inauguration* 1968, aquar., une paire (25,5x40,5 et 23,5x33,5) : **FRF 5 500**.

MAIGNART Didier de Bergues
XVIe siècle. Actif à Nancy vers 1577. Français.
Peintre.
Travaillait pour le duc Charles III.

MAIGNEN DE SAINTE-MARIE Désiré Adélaïde Charles
Né le 16 janvier 1794 à Paris. XIXe siècle. Français.
Peintre d'histoire.
Le 4 janvier 1812, il entra à l'École des Beaux-Arts. Il suivit l'enseignement de Gros. Au Salon il figura à de rares intervalles entre 1814 et 1834. On cite de lui : *Le portrait de Bisson*, au ministère de la marine ; *L'entrée de Louis XVIII dans Paris, le 8 juillet 1815* ; *Le combat de Badajoz.*

MAIGREAU Gabrielle
Née au XIXe siècle à Blois. XIXe siècle. Française.
Peintre de genre.
Élève de Muraton. Elle débuta au Salon de 1873. Le Musée de Dieppe conserve d'elle : *Après le lunch.*

MAIGRET Georges Edmond
Né au XIXe siècle à Paris. XIXe siècle. Français.
Peintre d'histoire et aquarelliste.
Il travailla avec Gérôme. Il exposa au Salon à partir de 1874, notamment des sujets militaires. Le Musée d'Arras conserve de lui : *Engagements d'avant-poste le 1er décembre 1870.*

G. MAIGRET.

MAIGROT Henri. Voir **HENRIOT**

MAIH Blanche de. Voir **LANDERSET**

MAI Jinyao
Né en 1940. xxe siècle. Chinois (?).
Peintre.
Ventes Publiques : Hong Kong, 29 avr. 1993 : *Le roi des singes*, h/t (1277x102) : **HKD 115 000**.

MA I-K'ING. Voir **MA YIQING**

MAIKOFF Nikolai
Né le 28 août 1794. Mort le 23 août 1873. xixe siècle. Russe.
Portraitiste.
On voit de lui, à Moscou, les portraits du comte *Moussin Pouchkine*, de *l'artiste* (Galerie Roumianzeff) et de *V.-A. Solonitzine* (Galerie Tretiakov), et au Musée russe de Saint-Pétersbourg, huit peintures, parmi lesquelles : *Olympe, Bacchante, L'artiste peint par lui-même*.
Ventes Publiques : Paris, 14 juin 1923 : *Bacchante* : **FRF 720**.

MAILAND Nicolas Henri Gustave
Né le 4 mars 1810 à Paris. xixe siècle. Français.
Peintre d'histoire et de genre.
Entra à l'École des Beaux-Arts le 2 avril 1835. Il figura au Salon, de 1836 à 1859, avec des sujets de genre et d'histoire ; troisième médaille en 1837. On cite de lui : *Marie Stuart au château de Lochleven, Mort de Mme de Maintenon à Saint-Cyr*. Le Musée de Karlsruhe conserve de lui : *Madone avec l'Enfant*.

MAILE Georges
Né au début du xixe siècle à Londres. xixe siècle. Britannique.
Graveur au pointillé, à l'aquatinte et en manière noire.
Il a gravé des portraits et des sujets de genre. Il exposa au Salon, de 1824 à 1841.

MAÏLHE Jean
Né en 1912. xxe siècle. Français.
Peintre de sujets divers, peintre à la gouache. Polymorphe.
Ventes Publiques : Paris, 1er juin 1988 : *Récifs coraliens* 1969, h/t (65x46) : **FRF 1 400** ; *Marimbas* 1962, h/t (66x54) : **FRF 2 000** – Paris, 12 déc. 1988 : *Composition abstraite* 1959, gche (50x32) : **FRF 3 800** – Paris, 3 mars 1989 : *Nu couché sur Alphard* 1946, h/pan. (65x54) : **FRF 11 000** – Paris, 26 mai 1989 : *La fête* 1950, h/pan. (69x48) : **FRF 3 500** – Douai, 11 nov. 1990 : *Constellation* 1950, h/t (88x115) : **FRF 19 500** – Douai, 24 mars 1991 : *Catalogne* 1950, h/t (125x102) : **FRF 11 000**.

MAILLARD
xviiie siècle. Français.
Peintre sur porcelaine.
Il travailla pour la Manufacture de Sèvres, de 1763 à 1770.

MAILLARD Auguste
Né le 15 juin 1864 à Paris. xixe siècle. Français.
Sculpteur et graveur en médailles.
Élève de Dalou, de Falguière et de Gaudez. Sociétaire des Artistes Français depuis 1897. Il figura au Salon de ce groupement, mention honorable en 1892, de troisième classe en 1894, deuxième classe en 1898, bronze en 1900 (Exposition Universelle), médaille d'or en 1924. Il sculpta des bustes, des statues, des monuments funéraires, des monuments aux morts dans de nombreuses villes de France. Chevalier de la Légion d'honneur. Le Musée du Luxembourg possède de lui : *Portrait de Paul Hervieu*, buste en marbre.

MAILLARD Charles
Né le 29 juin 1876 à Cholet (Maine-et-Loire). xxe siècle. Français.
Sculpteur.
Élève de Barrias et Coutan. Il figura au Salon des Artistes Français ; mention honorable en 1901. Également connu comme céramiste.

MAILLARD Claude
xviie siècle. Français.
Peintre.
Il travailla en 1624 pour l'église de Duneau.

MAILLARD Claude
Né en 1926 à Rennes (Ille-et-Vilaine). xxe siècle. Français.
Peintre, graveur.
Il a figuré à l'exposition *De Bonnard à Baselitz, dix ans d'enrichissements du Cabinet des estampes*, à la Bibliothèque nationale, à Paris, en 1988.
Musées : Paris (BN).

MAILLARD Émile
Né en 1846 à Amiens (Somme). xixe siècle. Français.
Peintre de marines.
Élève de Butin, Renouf, Duez et Lefebvre. Il travailla à Étaples et au Havre.
Musées : Amiens : *Secours suprême*.
Ventes Publiques : Paris, 4 juin 1941 : *Retour de pêche* : **FRF 400** – Paris, 8 juin 1950 : *La Tempête* 1899 : **FRF 4 100** – Versailles, 25 nov. 1990 : *La pêche à Étaples*, h/pan. (14x22) : **FRF 6 000** – Calais, 12 déc. 1993 : *La sortie du port*, h/t (50x65) : **FRF 13 000** – Paris, 17 nov. 1995 : *Marine*, h/t (50x65) : **FRF 9 500**.

MAILLARD Jean
Né en 1901 à Bruxelles. xxe siècle. Belge.
Peintre de portraits.
Il fut élève de Georges Minne à l'Académie de Gand et de Constant Montald et Jean Delville à l'Académie de Bruxelles. Il est professeur à l'Académie de Louvain.
Bibliogr. : In : *Dictionnaire biographique illustré des artistes en Belgique depuis 1830*, Arto, Bruxelles, 1987.
Ventes Publiques : Saint-Jean-Cap-Ferrat, 16 mars 1993 : *Pierrot à la guitare*, h/t (170x79) : **FRF 9 000** ; *Arlequin*, h/t (81x44) : **FRF 3 500**.

MAILLARD Louis
Né au xixe siècle à Châlons-sur-Marne. xixe siècle. Français.
Sculpteur.
Il exposa au Salon de Paris, en 1869 : *Alouette prise au piège*, cire, et en 1870, *Moineau défendant son nid*, groupe en cire. Rien ne prouve que cette œuvre soit de L. Maillard. On a de lui, au Musée de Compiègne : *Le clairon*.

MAILLARD Ludwig
Mort en 1806. xviiie siècle. Actif à Vienne. Autrichien.
Dessinateur et graveur au burin.
Il a gravé des sujets d'histoire, des paysages alpestres et des scènes religieuses.

MAILLARD Maurice
Né en 1946 à Évreux (Eure). xxe siècle. Français.
Peintre, graveur.
Il a figuré à l'exposition *De Bonnard à Baselitz, dix ans d'enrichissements du Cabinet des estampes*, à la Bibliothèque nationale à Paris, en 1988.
Musées : Paris (BN).

MAILLARD Pierre Étienne
Né vers 1740 à Morcaulieu. Mort vers 1801. xviiie siècle. Français.
Peintre, portraitiste et miniaturiste.
Les œuvres qu'on possède de cet artiste sont : *Portrait de Pierre-Étienne Maillard*, père de l'artiste (pastel) ; *Portrait d'Augustin Maillard*, oncle de l'artiste et curé de la cathédrale de Chartres ; *Tête d'homme*, miniature ; *Portrait de son domestique chassant une mouche*, peinture à l'huile ; *Tête de vestale* ; *Tête de jeune fille*, peinture à l'huile ; *Portrait d'homme, costume du xviie siècle*, miniature ; *Le valet prenant une montre*, miniature.

MAILLARD Rolland
xvie siècle. Français.
Sculpteur sur bois.
Il exécuta sous Pierre Lescot une partie des magnifiques sculptures de la chambre du roi au Louvre.

MAILLARD Willi
Né le 26 février 1879 à Berlin. xxe siècle. Allemand.
Portraitiste, peintre de paysages et de natures mortes.
Fut professeur à l'École des Beaux-Arts de Berlin.

MAILLART André
Né le 7 septembre 1886 à Paris. xxe siècle. Français.
Graveur en taille-douce et illustrateur.
Élève de Waltner et G. Ferrier. Grand Prix de Rome en 1912. Exposant au Salon des Artistes Français depuis 1911 il obtint la même année le Prix Belin-Dollet, une médaille de bronze en 1920, d'or en 1923. Chevalier de la Légion d'honneur.

MAILLART Diogène Ulysse Napoléon
Né le 28 octobre 1840 à la Chaussée-du-Bois (Eure). Mort le 1er août 1926 à Paris. xixe-xxe siècles. Français.
Peintre d'histoire, scènes de genre, portraits, compositions murales, graveur, illustrateur.
Élève de Sébastien Cornu et de Léon Cogniet à l'École des Beaux-Arts de Paris, il obtint le grand prix de Rome en 1864. Il

exposa régulièrement au Salon de Paris à partir de 1870, recevant des médailles en 1870 et 1873. Il exposa à Munich en 1883 et participa à l'Exposition Universelle de 1889 à Paris. Chevalier de la Légion d'honneur en 1885.
Il réalisa plusieurs peintures murales, dont certaines ont été détruites durant la dernière guerre, pour l'Hôtel de Ville de Beauvais, l'escalier d'honneur du château de Chantilly, les plafonds de la mairie du IIIe arrondissement à Paris, l'église Saint-Augustin. Il illustra des ouvrages de Musset et de Walter Scott. Il est aussi l'auteur d'*Athena*, histoire de l'art en deux volumes.

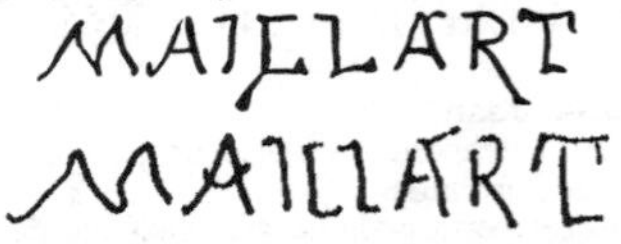

Bibliogr. : Gérald Schurr, in : *Les Petits Maîtres de la peinture 1820-1920, valeur de demain*, Les Éditions de l'Amateur, t. III, Paris, 1976.
Musées : Alençon : *Portrait d'un homme* – Angers : Quatre cartons pour les fenêtres du tympan de N.D. de Senlis – Beauvais : *Néréide* – Carcassonne : *Ilote* – Chantilly : *L'Espérance*, plafond du grand escalier – Lille : *Héros tueur de monstres* – Le Mans : *Portrait de Luc Olivier Merson* – Paris (Mus. du Petit Palais) : *Mort de sainte Monique* – *Esquisse pour l'église Saint-Augustin* – *Esquisse pour la décoration de la mairie du IIIe arrondissement* – Troyes : *Portrait de Charles Pichot*.
Ventes Publiques : Paris, 24 mai 1976 : *L'étoile du berger*, h/t (84x120) : **FRF 5 100** – Paris, 17-18 mai 1979 : *Les quais de Paris et l'ancien Trocadéro*, h/t (65x100) : **FRF 6 000** – Vienne, 11 sep. 1984 : *Le champ de blé*, h/cart. (36,5x52) : **ATS 50 000** – Paris, 10 nov. 1988 : *Porto d'Anzio, bord de mer et falaises* 1868, h/t (33x54) : **FRF 5 000** – Londres, 11 oct. 1995 : *Eros et Psyché*, h/t (102,5x75) : **GBP 3 910**.

MAILLART Émile
xixe siècle. Actif à Amiens. Français.
Peintre de genre.
Élève de Renouf et Jules Lefebvre. Sociétaire des Artistes Français depuis 1884, il figura au Salon de ce groupement. Mention honorable en 1888 et à l'Exposition Universelle de 1889, médaille de troisième classe en 1893.

MAILLART Jean Denis
Né le 19 septembre 1913 à Paris. xxe siècle. Français.
Peintre de figures, portraits, paysages, fleurs, graveur, illustrateur, peintre de décors de théâtre. Symboliste.
Il est le fils de Roger Maillart, peintre, et le petit-fils de Diogène Maillart. Il fut élève de Devandez et d'Othon Friez.
Il exposa régulièrement, à Paris, aux Salons des Indépendants et des Tuileries. Sa première exposition personnelle eut lieu en 1942 à la galerie Jean Pascaud, à Paris, il exposa également en 1946 à la galerie Charpentier à Paris, à la galerie Durand-Ruel en 1948, et à la galerie André Weil en 1960. Il a obtenu la médaille de Vermeil de la Ville de Paris en 1982.
Il a réalisé de nombreux portraits de la société mondaine, a illustré le *Bateau ivre* de Rimbaud, a décoré la chapelle de Blonville dans le Calvados. Dès 1947, jusqu'en milieu des années soixante, il a exécuté de nombreuses décorations pour des mises en scène de théâtre, pour Pierre Fresnay, Jacques Charon, Jean Le Poulain, Edwige Feuillère, etc.
Sa peinture relève d'un symbolisme classique.
Ventes Publiques : Paris, 23 fév. 1949 : *La Femme en vert* : **FRF 4 000** – Paris, 16 mars 1955 : *Neige à la Celle-Saint-Cloud* : **FRF 11 500**.

MAILLART Jeanne Béatrix
Née à Paris. Morte à Paris. xixe-xxe siècles. Française.
Peintre de portraits, scènes de genre.
Elle était la fille de Diogène Maillart et fut son élève. Elle fut membre de la Société des Artistes Français à partir de 1904, où elle obtint une mention honorable en 1903, et une médaille de troisième classe en 1908.
Musées : Beauvais : *Dans l'atelier* – Marseille : *Peinture*.
Ventes Publiques : Londres, 4 mars 1981 : *Femme lisant son livre de prières* 1898, h/t (93,5x73) : **GBP 300**.

MAILLART Jeanne Catherine
Née en 1782 à Bruxelles. xixe siècle. Belge.
Graveur au burin.
Collabora aux gravures de son frère Philippe-Joseph.

MAILLART Louis
Né en 1680. Mort le 16 septembre 1747 à Crécy. xviiie siècle. Français.
Sculpteur.
Il travailla au château de Crécy.

MAILLART Philippe Joseph
Né en 1764 à Bruxelles. Mort le 23 avril 1856 à Ixelles. xviiie-xixe siècles. Belge.
Graveur au burin et paysagiste.
Il exécuta avec sa sœur Jeanne Catherine des cartes, des portraits et des vignettes.

MAILLART Roger Louis Henri
Né au xixe siècle à Paris. xixe siècle. Français.
Portraitiste.
Élève de Delaunay et de Diogène Maillart. Il figura au Salon des Artistes Français. Membre de ce groupement depuis 1902 ; mention honorable en 1905. Le Musée d'Alençon conserve de cet artiste *Le drapeau*.

MAILLART Rolland. Voir **MAILLARD**

MAILLAUD Fernand
Né le 12 décembre 1862 à Mout (Indre). Mort le 30 août 1948 à Paris. xixe-xxe siècles. Français.
Peintre de paysages, décorateur.
Il fut élève de Humbert et Wallet.
Il figura, à Paris, au Salon des Artistes Français dont il devint membre à partir de 1901. Il y obtint cette même année une mention, puis des médailles en 1902 et 1909, et le prix Rosa-Bonheur en 1925. Il figura également au Salon des Indépendants et au Salon d'Automne. Chevalier de la Légion d'honneur.
Il s'est surtout inspiré des paysages du Berry, du Limousin et de la Provence.

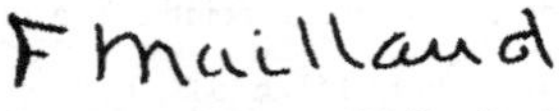

Bibliogr. : R. Christoflour : *Fernand Maillaud, peintre et décorateur*, Paris, La Revue du Centre, 1932.
Musées : Bourges : *Un maître sonneur sur les bords de la Creuse* – Châteauroux : *Une rue à Gargilesse* 1897 – *Vigneron d'Issoudun* – *Jour de marché à la Châtre* – *Le Jour des morts à Fresselines* – *Retour de foire en Berry* – Montpellier : *Foire champêtre* – Paris (Mus. d'Art Mod.) : *Sous le charme*.
Ventes Publiques : Paris, 12 mars 1921 : *Je suis la voie, la vérité, la vie* : **FRF 560** – Paris, 23 fév. 1925 : *Arbres en fleurs au bord de la mer* : **FRF 1 450** – Paris, 24 nov. 1941 : *Nice et Mont Boron* : **FRF 4 400** – Paris, 18 nov. 1946 : *Place de Village* : **FRF 7 100** – Paris, 24 fév. 1949 : *La Gardeuse de dindons* : **FRF 7 500** – Paris, 5 oct. 1949 : *Le Repas des moissonneurs* : **FRF 10 500** – Paris, 21 juin 1954 : *Lavandières* : **FRF 30 100** – Paris, 29 juin 1973 : *Le Déjeuner des moissonneurs* 1925 : **FRF 4 300** – Paris, 19 avr. 1974 : *Les Moissons dans le Var* : **FRF 8 200** – Paris, 25 fév. 1976 : *Moissons en Corrèze*, h/t (54x65) : **FRF 4 800** – Versailles, 10 oct. 1976 : *Travaux des champs*, gche (23x29,5) : **FRF 830** – Paris, 23 mars 1977 : *Foins en Corrèze*, h/t (90x116) : **FRF 9 000** – Paris, 7 juin 1979 : *Les foins*, h/t (100x125) : **FRF 9 500** – Paris, 27 nov. 1981 : *Issoudun, la Place du marché*, h/t (38x46) : **FRF 11 500** – Versailles, 25 mai 1986 : *Labours en Creuse*, h/pan. (65x81) : **FRF 15 000** – Paris, 11 déc. 1987 : *Ferme sous la neige*, h/t (54x65) : **FRF 27 000** – Londres, 26 fév. 1988 : *Nus et bétail dans un bois*, h/cart., de forme ovale (50x60) : **GBP 1 320** – Versailles, 15 mai 1988 : *Paysans et attelage sur la lande*, h/t (38x46) : **FRF 9 000** – Paris, 20 juin 1988 : *Départ pour les champs en Bas Berry*, h/cart. (33x41) : **FRF 10 000** – Paris, 16 oct. 1988 : *Bords d'étang*, h/t (54x65) : **FRF 29 000** – Versailles, 23 oct. 1988 : *Paysage de la Creuse*, h/pan. (43x53,5) : **FRF 23 500** – Versailles, 6 nov. 1988 : *L'étang de Raiffaut en été, Corrèze*, h/t (54x65) : **FRF 20 500** – Paris, 21 déc. 1988 : *Paysage animé* 1913, h/t (27x35) : **FRF 9 100** – Paris, 1er fév. 1989 : *Le déjeuner de midi*, h/cart. (59x75) : **FRF 19 000** – Le Touquet, 12 nov. 1989 : *Paysans dans les champs*, h/pan. (30x40) : **FRF 30 000** – Paris, 1er déc. 1989 : *Femmes sous un arbre et faune*, h/t (22x27) : **FRF 19 000** – Paris, 11 déc. 1989 : *Le repos du laboureur*, h/cart. (33x41) : **FRF 20 000** – New York, 28 fév. 1990 : *Sur la plage*, h/t (46,3x55,2) : **USD 14 300** – Paris, 11 mars 1990 : *Rêverie sur la terrasse*, h/t (45x50) : **FRF 72 000** – Paris, 6 juil. 1990 : *Paysage*, h/pan. (26,5x35) : **FRF 17 000** – Paris, 17 oct. 1990 : *Lavandières auprès du ruisseau*, h/t (46x55) : **FRF 65 000** – Le Touquet, 19 mai 1991 : *Fête à la campagne*, h/pan. (33x41) : **FRF 12 000** – Paris, 17

nov. 1991 : *Le bord de rivière*, h/t (46x55) : **FRF 4 000** – CALAIS, 5 avr. 1992 : *Cavalier arabe dans la montagne*, h/t (41x50) : **FRF 18 000** – LONDRES, 17 juin 1992 : *Dames se promenant sur une plage*, h/pan. (46x70) : **GBP 2 090** – PARIS, 10 juin 1992 : *Moisson dans la Creuse*, h/t (54x65) : **FRF 18 500** – NEW YORK, 12 juin 1992 : *Cottage dans un verger fleuri*, h/t (45,7x54,6) : **USD 6 600** – PARIS, 6 avr. 1994 : *Les foins*, h/pan. (28x40) : **FRF 16 000** – LE TOUQUET, 22 mai 1994 : *Chevaux à l'ombre de l'arbre*, h/pan. (47x56) : **FRF 18 000** – PARIS, 19 nov. 1995 : *Jeunes filles au bain*, h/pan. (32,5x40) : **FRF 11 000** – PARIS, 14 juin 1996 : *Bergère et son troupeau près de la rivière*, h/t/cart. (27x35) : **FRF 8 700** – PARIS, 2 avr. 1997 : *Scène de labour*, h/cart. (34x41) : **FRF 7 000** – PARIS, 26 mai 1997 : *Les Pins parasols*, h/t (38x46) : **FRF 7 600** – PARIS, 6 juin 1997 : *Bergère et son troupeau*, h/t (60x73) : **FRF 18 000**.

MAILLE Michel ou **Maglia**
Originaire de Franche-Comté. XVIIe siècle. Français.
Sculpteur.
Il travailla de 1678 à 1700 à Rome où il orna plusieurs églises de ses statues.

MAILLE Roland ou **Maillot**, dit aussi **Maître Roland**
XVIe siècle. Actif à Cambrai. Français.
Sculpteur.
Il sculpta six statues pour la Conciergerie de l'Hôtel de Ville de Cambrai.

MAILLE-SAINT-PRIX Louis Antoine, dit **Maille**
Né le 17 novembre 1796 à Paris. Mort après 1864. XIXe siècle. Français.
Peintre de paysages et de genre.
Travailla avec Bidault, Hersent et Picot. Figura au Salon de 1827 à 1864 ; médaille de troisième classe en 1844. Prit part, en 1830, à l'Exposition du Luxembourg, avec son tableau : *Vue des ruines de l'abbaye Saint-Jean-de-l'Ile*. A fait des peintures murales pour l'église d'Étiolles. Fut chargé de la décoration du château de Melziar.

MAILLÉE Pierre Victor Nicolas de. Voir **MALLIÉE**

MAILLER Alexander
Né le 14 février 1844 à Vienne. XIXe siècle. Autrichien.
Sculpteur.
Élève de Radnitzky et Blazer. Collabora à la décoration du Musée d'histoire naturelle à Vienne. On connaît de sa main des bustes.

MAILLERI Karel Van. Voir **MALLERY**

MAILLET Alexandre
Né en 1880 en Provence. XXe siècle. Français.
Peintre.

MAILLET Auguste. Voir **RIGON**

MAILLET Bertrand
Mort avant 1481. XVe siècle. Actif à Nancy. Français.
Peintre.
C'est, d'après, M. Jacquot le plus ancien peintre lorrain connu. Il travailla pour le duc René II en 1457.

MAILLET C. F.
XVIIIe siècle. Actif à Paris en 1787 et 1788. Français.
Graveur au burin.
Il a gravé des sujets de genre.

MAILLET Jacques Léonard
Né le 12 juillet 1823 à Paris. Mort le 14 février 1895 à Paris. XIXe siècle. Français.
Sculpteur.
Élève de Pradier à l'École des Beaux-Arts à partir de 1840, deuxième prix de Rome en 1844 ; premier prix en 1847. Débuta au Salon en 1853 et y exposa assidûment. Premières médailles en 1853 et 1857, de deuxième classe en 1855 (Exposition Universelle), de troisième classe à celle de 1867, décoré en 1861. On lui doit : *Saint Martin partageant son manteau*, pour l'église Saint-Séverin ; *Saint Césaire et saint Doctrovée*, pour l'église Sainte-Clotilde ; *Deux anges agenouillés*, pour l'église Saint-Leu ; *L'Abondance*, pour la cour du Louvre.
MUSÉES : ANGERS : *Agrippine portant les cendres de Germanicus* – CHÂTEAUROUX : *Victor Hugo* – PARIS (Mus. du Louvre, Jardins du Carrousel) : *Agrippine portant les cendres de Germanicus* – PÉRIGUEUX : *Jeune chasseur*, groupe en bronze, Salon de 1863.

MAILLET Joseph C. ou **Jean Joseph**
Né en 1751 à Paris. Mort le 31 mai 1811 à Paris. XVIIIe-XIXe siècles. Français.
Graveur au burin.
Élève de Née. Il a gravé des sujets religieux, des sujets d'histoire et des paysages.

MAILLET Léo, pseudonyme de **Mayer Léopold**
Né le 29 mars 1902 à Francfort-sur-le-Main. Mort le 8 mars 1990 à Verscio (Tessin). XXe siècle. Actif depuis 1944 et depuis 1955 naturalisé en Suisse. Allemand.
Peintre, aquarelliste, peintre de collages, graveur, dessinateur. Expressionniste.
D'une famille juive de Francfort, en 1918, il y entreprit des études commerciales, tout en dessinant ses premières caricatures. En 1925, il fut élève de l'École d'Art Städel en graphisme. En 1927-29, il voyagea dans le Tessin. En 1930, il fut admis en études supérieures auprès de Max Beckmann ; obtenant le Prix Goethe de peinture de la ville de Francfort pour *Rue du bord du Main*, et en 1931 le Prix du Club de gravure de Cleveland pour *Peintre et femme peintre*. En 1932, à la mort de son père, il reprit son magasin de mode. En 1933, à l'arrivée des nazis, ses œuvres furent détruites dans l'École d'Art Städel. En 1934, il entreprit de s'exiler en Luxembourg, Angleterre et Belgique, où il visita James Ensor à Ostende. En 1935, il quitta le Luxembourg pour s'installer à Vanves, aux portes de Paris. En 1936 lui fut signifiée l'interdiction de peindre. À Vanves et Paris, il travaillait alors comme photographe et graveur. En 1939, en tant que citoyen allemand, il fut interné dans le centre de la France. En 1940, il se réfugia aux Baux-de-Provence et à Saint-Rémy. En 1942, il fut arrêté par la Gestapo et interné dans le sud de la France ; il réussit à s'évader du train en partance pour Auschwitz, se cacha à Tarascon, puis, à l'invasion des troupes allemandes, dans les Cévennes ; sa mère à Francfort fut déportée et assassinée ; ce fut à ce moment qu'il prit le pseudonyme de Léo Maillet. En 1943, son atelier de Vanves fut réquisitionné par la Gestapo française et les œuvres détruites. En 1944, il s'enfuit en Suisse et fut interné à Montreux. En 1945, il fréquenta les Écoles des Métiers d'Art de Bâle et Lausanne, et obtint le Prix de la Société Suisse de Graphisme. En 1952, à Zurich, il fut l'éditeur de la publication de la revue d'art *Matière*. En 1953, il vécut à Zurich et Venise. En 1955, il s'établit dans le Tessin et obtint la citoyenneté suisse. De 1962 à 1964, il construisit son atelier et son habitation à Verscio, où il se fixa définitivement.
À partir de son immigration en Suisse, il a participé à des expositions collectives, d'entre lesquelles : depuis 1945 nombreuses à Berne, Lausanne, Locarno, puis à Amsterdam, Rotterdam, La Haye, Winterthur, Milan, Florence, Munich, Turin, Zurich, dont : 1969 Munich, Haus der Kunst ; 1972 Lugano *Internazionale Grafica* ; 1979 Stuttgart *Kafka dans l'Art* ; 1980 Francfort *Élèves francfortois de Max Beckmann* ; 1980 Berlin *Résistance au lieu de Tolérance* ; 1981 Washington *Art de l'Holocauste* ; puis à titre posthume : 1995 Francfort *Quatre artistes de Francfort de la Résistance*. En 1989, le Museo d'Arte de Mendrisio organisa une rétrospective *Léo Maillet*.
En dépit des destructions successives de ses œuvres, peintures et gravures, en dépit de son existence de proscrit en fuite permanente, il réussit à accumuler dessins et aquarelles qui constituent un témoignage sur sa vie d'errance et sur les événements traversés. Depuis 1945 en Suisse, il a pu reprendre un deuxième départ en art, reconstituant des œuvres anciennes détruites, notamment des gravures d'après des dessins préservés, dont les douze planches de la suite sur la guerre *Le Crépuscule*, réalisant des peintures, gravures et lithographies sur des textes de Kafka, puis des œuvres inspirées par la musique, des paysages du Tessin. ■ J. B.
BIBLIOGR. : Georgine Oeri : *Léo Maillet Peintre-Graveur*, Bâle, 1948 – Friedrich Hgen : *Léo Maillet, Radierer und Maler*, Nuremberg, 1965 – in : *Diction. des artistes suisses contemp.*, Huber, Stuttgart, 1981 – M. Decker-Janssen : *Nachträgliches*, Ein Künstler im Exil, Benteli, Berne, 1986 – in : *La Gravure moderne en Suisse*, Zurich, 1987 – Catalogue de l'exposition rétrospective *Léo Maillet, Rückschau*, Mus. d'Arte Mendrisio, 1989 – in : *Artistes en Exil*, Munich, 1992 – in : *Réalisme expressionniste*, Munich 1994 – *Léo Maillet – Peintures, Esquisses et Écrits d'un Peintre de Francfort*, Erasmus, Mayence, 1994.
MUSÉES : BERLIN (Cab. des Estampes du Mus. Nat.) – FRANCFORT-SUR-LE-MAIN (Städelsches Kunstinstitut) – FRANCFORT-SUR-LE-MAIN (Mus. hist.) – GENÈVE (Mus. d'Art et d'Hist.) – LA HAYE (Gemeente Mus.) – MAYENCE (Gutenberg Mus.) – MUNICH (BN) – MUNICH (Cab. des Estampes) – NEW YORK (Mus. of Mod. Art) – STUTTGART (Cab. des Estampes) – WINTERTHUR (Cab. d'Arts Graphiques).

MAILLET-VALSER Constant Augustin
Né en 1828 à Sommesous. XIXe siècle. Français.

Peintre de paysages, dessinateur et lithographe amateur.

Le Musée de Reims conserve de lui : *Pont-en-Royans* et *Maison de garde*.

MAILLOL Aristide Joseph Bonaventure

Né le 8 décembre 1861 à Banyuls-sur-Mer (Pyrénées-Orientales). Mort le 24 septembre 1944 à Perpignan (Pyrénées-Orientales). XIXe-XXe siècles. Français.

Sculpteur de monuments, figures, nus, sujets mythologiques, peintre, peintre de cartons de tapisseries, graveur, illustrateur.

Fils de paysans, heureux d'une telle ascendance, Aristide Maillol fit ses études au collège de Perpignan. Son premier prix fut un prix de dessin. Il quitta le collège favorisé d'une bourse du département des Pyrénées-Orientales et ainsi devint-il élève de l'École des Beaux-Arts, à Paris (1882). Longtemps élève libre, il échoua au concours d'entrée jusqu'en 1885, année de son admission entière. On peut sourire de connaître que les premiers maîtres, non choisis, de Maillol furent Gérôme et Cabanel. Déconcertant tout de suite le premier, il trouva meilleur accueil auprès du second, sans toutefois cesser de se sentir mal à l'aise sous ce climat académique. Il se lia d'amitié avec Bourdelle vers 1889, et fit la connaissance de Picasso en 1899. En 1893, Ripple-Ronai le présenta aux artistes *Nabis* et, à partir de 1900, Denis, Bonnard, Roussel, Vuillard, se réunirent parfois chez lui. En 1905, débuta sa grande amitié avec Matisse.

En 1902, il montra ses œuvres dans une exposition personnelle chez Vollard à Paris et, en 1904, exposa pour la première fois au Salon d'Automne. En 1908, il figura à la Toison d'Or à Moscou, en 1912 il exposa à l'Institut français pour l'*Exposition Centennale 1812-1912* à Saint-Pétersbourg, en 1924, ses sculptures occupèrent une vitrine spéciale au Salon d'Automne. Une exposition a célébré le cinquantenaire de la mort du sculpteur à l'Annonciade, au Musée de Saint-Tropez en 1994. La fondation Dina Vierny-Musée Maillol s'est ouverte à Paris en 1995 à l'Hôtel Bouchardon. En 1996, l'Association Campredon Art et Culture a consacré à son œuvre son exposition d'été à l'Hôtel Donadeï de Campredon de l'Isle-sur-la-Sorgue.

En cette période des débuts, Maillol semblait se vouer à la peinture plus qu'à la sculpture encore qu'on l'ai vu, très tôt, s'essayer dans tous les arts plastiques. Il peignait volontiers des paysages fort sages, et que le plus passionné des amateurs aurait aujourd'hui bien la peine de retrouver. La première révélation lui vint des impressionnistes. C'est au Musée, que, par eux, il retrouvera la nature dont il était comme par grâce, le fils et l'interprète désigné. Un retour au pays natal lui permit de se mesurer avec cette nature et avec lui-même, autant qu'il le fallait. 1897 est une date capitale dans la vie de Maillol. Il avait trente-six ans. Délaissant un peu la peinture à chevalet, il venait d'ouvrir à Banuyls un atelier de tapisserie (1893), dessinant d'harmonieuses compositions dont les figures musiciennes préfiguraient plus ou moins l'art du grand sculpteur. Maillol venait d'être bouleversé par quelques toiles d'entre celles que Paul Gauguin envoyait de Tahiti. C'est un fait que peu après cette révélation, Maillol, tirant de l'examen des œuvres de Gauguin des conclusions inattendues, tailla dans le bois sa première sculpture (1895). Revenu à Paris ou dans ses environs il exécutait diverses statuettes et commençait de pratiquer la céramique. Un article de Mirbeau fixait sur lui l'attention. Peu après, la ferveur d'un amateur le faisait profiter d'un voyage en Italie et en Grèce. Maillol qui avait visité passionnément les musées allait interroger de toute son ardeur la statuaire antique, sans qu'en dussent être pour autant entamées les forces précieuses de son instinct. On s'étonne que, pressé d'avant tout louer Maillol pour cet instinct, feu Armand Dayot ait pu écrire : « Art essentiellement instinctif, et parfois même ingénu, où je cherche vainement à découvrir une influence quelconque, vîntelle du lointain des âges grecs, de la Renaissance italienne, de notre Moyen Âge gothique ou même de notre époque actuelle. » Va pour notre époque actuelle si Maillol est un de ceux, rares, qui la font ce qu'elle est. Mais on doit sourire de ce « lointain des âges grecs », absurdité dans tous les cas et singulièrement s'il s'agit du Roussillonnais Aristide Maillol qui, lisant l'Anthologie sous les figuiers de son jardin de Banyuls, négligeait l'Histoire-Batailles pour l'Histoire-Chefs d'œuvre, ce qui est bien propre à la plus saine confusion des temps.

La grande carrière de Maillol va commencer. Le peintre renoncera ; nous perdrons le tapissier qu'une de ses admiratrices du premier jour, la reine Marie de Roumanie, tenait à fournir de laines de choix, mais la France va connaître le grand sculpteur admiré de tout l'univers. De l'atelier de Marly-le-Roi à l'atelier de Banyuls, l'œuvre d'altière pureté se poursuivra. Lentement, longuement, car Maillol « caresse le modelé jusqu'à ce qu'il obtienne la forme bien ronde et pleine qu'il affectionne et qu'il recherche », tant d'œuvres impérissables vont naître : les deux *Penseuses* – *La Nuit* – *Pomone* – *La Pensée latine* – *Le Monument à Auguste Blanqui* – *Femme debout à la draperie* – *Femme allongée* – *Jeune femme nue* – *Femme à la colombe* – *Monument à Cézanne* – *Vénus au collier* – *Baigneuse ou la Parisienne* – *Jeune fille à la couronne de primevères* – *Monument aux morts de Céret* – *Monument aux morts de Banyuls* – *Jeunes filles à la pendule*, des bustes, le *Monument aux morts de Port-Vendres* – Le *Monument à Claude Debussy* – *Léda* – *l'Aviation* – ce *Jeune cycliste*, nu masculin parmi tant de nudités féminines, dont la grâce n'est point trahie par la robustesse de leur base, formes d'élévation mais dans une bouleversante fidélité à la terre. C'est de ces figures que Maurice Denis commentant l'œuvre de son ami, écrivait : « L'antiquité qui n'aimait pas les femmes, nous a laissé peu de figures aussi séduisantes que la *Vénus au collier*. » C'est le peintre esthéticien qui disait encore, voulant entièrement définir le génie d'Aristide Maillol : « Comme ses femmes, son art est nu et ingénu. » Il n'en proclame pas moins la brûlante sensualité. Maillol n'a jamais cessé de peindre : *Le Nu nacré*, 1930 ; *Portrait de Dina*, 1940 ; *Les Deux femmes au foulard rouge*, 1944 ; et a laissé nombre de dessins et de gravures sur bois pour des illustrations. Il a, notamment, illustré *Daphnis et Chloé* de Longus (1937) ; *Chansons pour elle* de Verlaine (1939) ; *Poésies* de Pierre Louys ; les *Eglogues* de Virgile (1926) ; *L'Art d'aimer* (1935) d'Ovide ; *Le Livret des folastries* de Ronsard (1940) ; *Les Géorgiques* de Virgile (1950).

Dans son étude sur la sculpture contemporaine, publiée en 1928, donc du vivant de Maillol, A. H. Martinie indique avec perspicacité ce qui sépare Rodin de Maillol, tous deux unis dans la gloire, comme le premier ravi par la mort l'avait pressenti et désiré : « Les uns voient en Maillol un Grec, d'autres un gothique. Pour que rien ne manque à sa célébrité, des détracteurs affirment qu'il n'est ceci ou cela qu'en apparence et par emprunt. » Ces contradictions passionnées disent déjà l'importance de l'artiste. En fait, par une destinée curieuse, cet élève de Cabanel opéra dans la statuaire contemporaine une révolution aussi considérable que celle de Rodin, mais en sens inverse. On lui doit en effet, outre un don puissant de vision de la forme, une restauration du style qui combine sainement la nature et l'esprit. On aime aussi que sa carrière, au début de laquelle préside l'influence du grand expérimentateur et « trouveur » que fut Gauguin, présente une série de découvertes qui sont autant de nasardes aux idées reçues... « Maillol authentique créateur de formes ! » O. Wilde soutenait que la vie imite la littérature, l'art. Voici un trait de réalisme qui touche au fabuleux : du jour que s'est vu manifester au grand jour la personnalité d'Aristide Maillol on voit se présenter dans les ateliers des modèles d'un type inconnu avant cette date et dont il est impossible de ne pas dire en les voyant : « Un modèle de Maillol. » Dans l'attachante étude qu'il consacre à l'œuvre et à la vie du statuaire, M. Paul Sentenac rapporte le propos d'Auguste Rodin qui, sur sa fin, disait à celui qu'il visitait en son atelier de Marly-le-roi : « Maillol, quand je serai mort, vous me remplacerez. » Maillol ne devait remplacer Rodin que dans la gloire. Il ne lui doit rien et, surtout, bien plus pur, il n'est jamais comme lui démonstratif. Il se peut néanmoins que Rodin ait eu une parfaite conscience du génie de Maillol fort opposé au sien ; en effet, le sculpteur de la *Porte d'enfer* disait à O. Mirbeau, parlant de la *Léda* de Maillol : « Et savez-vous pourquoi c'est si beau et qu'on peut jouir pendant des heures et des heures à regarder ça ? C'est que ça n'accroche pas la curiosité. » Et, cité par P. Sentenac, Mirbeau notait : « Et il y avait dans ses yeux comme un peu de mélancolie. »

Vivant, Maillol a été le maître de la sculpture vivante ; mort, il lègue au monde l'exemple d'une grandeur classique qui pour être atteinte exige toutes les audaces. L'œuvre d'Aristide Maillol ne peut pas vieillir. Elle s'aligne à la suite des œuvres immortelles de l'antiquité et des temps modernes. Peu de maîtres auront aussi heureusement que Maillol, amoureux de la vie fugitive et possédé du sens de l'immortalité, réussi à conférer la vertu d'éternel à des figures exaltant la splendeur de l'instant. Maître de la forme humaine dans sa nudité, il a haussé la création à la grandeur des dieux. ■ André Salmon, C. D.

Bibliogr. : Judith Cladel : *Aristide Maillol. Sa vie, son œuvre, ses idées*, Grasset, Paris, 1937 – J. Rewald : *Aristide Maillol*, Paris, 1939 – Jules Romains : *Maillol*, Les Maîtres du Dessin, Flammarion, Paris, 1948 – John Rewald : *The Works of Aristide Maillol. A Complete Catalogue*, Phantheon Books, New York, 1951 – P. Camo : *Maillol mon ami*, Kaeser, Lausanne, 1950 – Henri Frère : *Conversations de Maillol*, Cailler, Genève, 1956 – W. Georges : *Aristide Maillol et l'âme de la sculpture*, Paris, 1964 – Marcel Guérin : *Catalogue raisonné de l'œuvre gravé et lithographié de Aristide Maillol*, 2 vol., Éditions Pierre Cailler, Lausanne, 1965-1967 – Joseph-Émile Muller, in : *Nouveau dictionnaire de la sculpture moderne*, Hazan, Paris, 1970 – Deny Chevalier : *Maillol*, Flammarion, Paris, 1970 – in : *Les Muses*, t. IX, Grange Batelière, Paris, 1972 – Alan Wofsy : *Aristide Maillol. The Artist and the Book*, Alan Wofsy Fine Arts, San Francisco, 1975 – Waldemar Georges : *Aristide Maillol et l'âme de la sculpture*, Ides et Calendes, Neuchâtel, 1977 – Dina Vierny et autres : *Maillol, la Méditerranée*, Musées Nationaux, Paris, 1986 – Bertrand Lorquin : *Maillol aux Tuileries*, A. Biro, Paris, 1991 – in : *L'Art du xx*[e] *s.*, Larousse, Paris, 1991 – Bertrand Lorquin : *Maillol*, Skira, Genève, 1994.

Musées : Amsterdam (Stedelijk Mus.) : *Baigneuse debout* 1899 – Berlin : *Buste de femme – Femme tressant une natte – Fillette assise – Fillette à genoux – Lutteuse – Fillette debout* – Brême : *Jeune fille assise*, bronze – *Jeune fille debout*, bronze – Copenhague (Mus. des Arts Décoratifs) : *Musique pour une princesse qui s'ennuie* 1895 – Lausanne (Mus. canton.) : *Torse de l'Île-de-France* 1921, bronze cire-perdue – Montréal (Mus. d'Art Contemp.) : *Jeune fille agenouillée* 1900 – Otterlo (Mus. Kröller-Müller) : *Femme drapée* 1898 – Paris (Fond. Dina Vierny-Musée Maillol) – Paris (Mus. d'Art Mod.) : *Le Cycliste – Femme accroupie – L'Action enchaînée – Portrait de Mlle Renée Rivière – Désir – Jeune fille à la draperie – La Montagne – l'Île-de-France – Les Trois nymphes – Jeunesse* – Paris (Mus. du Louvre, Jardins des Tuileries) : *Monument à Cézanne* – Paris (Luxembourg) : *Coureur cycliste* – Paris (BN) : *La Vague – Concert champêtre – Laveuse* – Paris (Mus. d'Orsay) : *Médaillon – Femme à l'ombrelle* vers 1895 – *Ève et la pomme* 1899, bronze, statuette – *Pomone drapée – Jeune fille allongée* – Paris (Mus. du Petit Palais) : *La Vague – La Côte d'Azur* 1895 – Paris (Mus. Nat. d'Art Mod.) : *Figure de femme* 1896 – *Porteuse d'eau* 1898 – Perpignan (Mus. Hyacinthe Rigaud) : *Femme de profil en chapeau.*

Ventes Publiques : Paris, 27 fév. 1919 : *Femme nue assise*, sanguine : **FRF 150** – Paris, 12 déc. 1932 : *Nu à la draperie*, terre cuite : **FRF 14 000** – Paris, 17 juin 1938 : *Étude de femme nue*, terre cuite : **FRF 21 000** – Paris, 10 jan. 1945 : *Deux jeunes filles assises dans un pré* : **FRF 55 000** – Paris, 24 fév. 1947 : *Nu, de dos*, dess. : **FRF 10 800** – Paris, 28 déc. 1949 : *Nu accroupi*, sanguine : **FRF 15 000** – Paris, 13 juin 1958 : *La Sœur de l'artiste*, peint. : **FRF 600 000** – Paris, 19 mars 1959 : *Nu de face*, pierre noire reh. de sanguine : **FRF 450 000** – Genève, 18 nov. 1961 : *Baigneuse debout*, bronze : **CHF 33 500** – New York, 13 oct. 1965 : *Nymphe* vers 1930, bronze patiné : **USD 31 000** – Londres, 4 déc. 1968 : *Baigneuse à l'écharpe*, bronze : **GBP 9 000** – Londres, 27 juin 1972 : *Baigneuse arrangeant ses cheveux* : **GNS 32 000** – Paris, 6 juin 1974 : *Ève à la pomme*, bronze patiné en brun : **FRF 100 000** – New York, 17 mars 1976 : *Baigneuse debout* vers 1900, bronze patine brune : **USD 20 000** – Londres, 1er juil. 1976 : *Les Oliviers*, h/cart. (34,5x48) : **GBP 800** – New York, 21 oct. 1976 : *Nu de dos* vers 1925-1928, past. bleu et blanc (36x26,5) : **USD 2 200** – Londres, 30 mars 1977 : *Portrait d'Elisa* vers 1895, h/t (60x48,5) : **GBP 9 000** – New York, 19 oct. 1977 : *La jeune fille agenouillée, sans bras* 1900, bronze, patine grise (H. 83,8) : **USD 30 000** – New York, 9 juin 1979 : *Nu penché vers la droite*, sanguine (29,5x23,5) : **USD 4 000** – New York, 6 nov 1979 : *Torse de Dina* 1943, bronze patiné (H. 122) : **USD 110 000** – New York, 6 mai 1980 : *La vague* 1895/98, grav./bois/Japon (17,2x19,7) : **USD 4 250** – New York, 14 mai 1980 : *Portrait d'Elisa, la sœur de l'artiste* 1895, h/t (60x48,5) : **USD 40 000** – Paris, 7 oct. 1981 : *La Vague* 1895-1898, grav./bois : **FRF 14 500** – Paris, 16 déc. 1981 : *Nu debout*, cr. (31,5x19,5) : **FRF 21 000** – Londres, 1er avr. 1981 : *Jeune femme nue allongée* vers 1938, past./pap. gris (85x134) : **ITL 52 000** – New York, 3 nov. 1982 : *Étude pour Flore* vers 1912, bronze patine brune et verte (H. 168) : **USD 220 000** – New York, 7 nov. 1984 : *La vague* 1895, grav./bois/Chine (17,5x20) : **USD 6 200** – New York, 16 mai 1984 : *Dina de dos* 1941, sanguine, fus. et craie/pap. bis (27x38,1) : **USD 35 000** – New York, 15 mai 1984 : *La Rivière* 1939-1943, pb (L. 226) : **USD 1 000 000** – Versailles, 24 fév. 1985 : *Dina de dos* 1941, past. sanguine, cr. et craie (25x36) : **FRF 145 000** – New York, 13 nov. 1985 : *Baigneuse aux bras levés* 1898, bronze, patine vert pâle (H. 160) : **USD 325 000** – New York, 18 nov. 1986 : *Île-de-France* 1925, bronze patine brun foncé (H. 84) : **USD 210 000** – New York, 10 nov. 1987 : *Jeune fille nue au drapé* 1936, marbre (H. 106) : **USD 450 000** – Londres, 24 fév. 1988 : *Portrait de Dina* 1941, sanguine et fus. (27,6x39) : **GBP 5 500** – New York, 18 fév. 1988 : *Étude pour la Méditerranée* 1902, bronze (L. 20,5) : **USD 44 000** – Londres, 29 mars 1988 : *Nu allongé*, bronze (H. 16) : **GBP 38 500** – Troyes, 24 avr. 1988 : *Deux jeunes femmes accroupies*, fus. et estompe (25,5x40) : **FRF 15 500** – La Varenne-Saint-Hilaire, 29 mai 1988 : *Nu étendu de dos*, sanguine (21,5x31,5) : **FRF 30 000** – Paris, 12 juin 1988 : *Dina couchée* 1941, past./pap. gris (24x34) : **FRF 50 000** – Paris, 7 nov. 1988 : *Femme accroupie de dos* 1925, litho. : **FRF 5 000** – Paris, 24 nov. 1988 : *Étude de nu*, sanguine reh. de craie blanche (36,5x23) : **FRF 135 000** – Paris, 1er fév. 1989 : *Deux grenades sur un plat* vers 1890, h/pan. (22x27) : **FRF 170 000** – Londres, 3 avr. 1989 : *Ève à la pomme*, bronze (H. 59) : **GBP 110 000** – New York, 3 mai 1989 : *Femme cousant*, h/cart. (28,6x38,1) : **USD 721 500** – New York, 10 mai 1989 : *Jeune fille assise se voilant les yeux* 1900, terre cuite (H. 21) : **USD 104 500** – Paris, 21 juin 1989 : *Portrait de Mademoiselle Farrail* 1893, h/t (46x55,5) : **FRF 3 500 000** – Londres, 28 juin 1989 : *Étude pour le monument à Paul Cézanne* 1914, terre cuite (L. 30) : **GBP 48 400** – New York, 5 oct. 1989 : *Dina debout de dos* 1941, craies rouge et blanche/pap. (35x24,3) : **USD 23 100** – Londres, 25 oct. 1989 : *Paysage des Pyrénées-Orientales*, h/t (46,5x55,5) : **GBP 19 800** – New York, 27 oct. 1989 : *Étude pour le monument à Paul Cézanne* 1914, terre cuite (L. 30) : **USD 46 750** – Paris, 24 nov. 1989 : *Nu allongé*, sanguine (23x32,5) : **FRF 100 000** – Paris, 26 nov. 1989 : *Pudeur, baigneuse assise*, sculpt. en terre cuite blanche (H. 20,5) : **FRF 550 000** – New York, 15 nov. 1989 : *Torse de l'action enchaînée*, bronze cire perdue à patine verte (H. 120) : **USD 715 000** – Londres, 28 nov. 1989 : *Ève à la pomme* 1899, bronze à patine brune (H. 59) : **GBP 121 000** – New York, 26 fév. 1990 : *Petite baigneuse*, bronze cire perdue (H. 30,5) : **USD 71 500** ; *Baigneuse* 1920, bronze à patine brune (H. 33) : **USD 85 250** – Paris, 1er avr. 1990 : *Baigneuse assise* 1907, bronze patiné (H. 24) : **FRF 350 000** – Londres, 4 avr. 1990 : *La femme à l'écharpe*, bronze cire perdue (H. 33) : **GBP 66 000** – New York, 16 mai 1990 : *Étude pour l'Action enchaînée* 1904, sanguine/pap. (30,5x18,4) : **USD 17 600** – New York, 17 mai 1990 : *Action enchaînée sans bras* 1905, bronze à patine verte (H. 220) : **USD 1 100 000** – Paris, 19 juin 1990 : *Phyrné* 1906, bronze (H. 46) : **FRF 650 000** – New York, 2 oct. 1990 : *Baigneuse se coiffant*, bronze à patine brune (H. 35) : **USD 93 500** – New York, 13 nov. 1990 : *Été*, bronze à patine verte (H. 162,5) : **USD 825 000** – Londres, 3 déc. 1990 : *Phrynée* 1903, terre cuite (H. 40) : **GBP 49 500** – Paris, 16 mars 1991 : *Ève à la pomme*, bronze (H. 58) : **FRF 1 150 000** – Paris, 25 mai 1991 : *Debussy* 1930, fonte au sable à patine verte (92x38x93) : **FRF 3 700 000** – New York, 6 nov. 1991 : *Les trois nymphes*, bronze (H. 157,5) : **USD 2 200 000** – Paris, 3 juin 1992 : *Jeune femme nue étendue sur le dos*, fus. avec reh. de blanc (85,5x130,5) : **FRF 2 000 000** – New York, 12 mai 1992 : *Petite flore nue*, bronze à patine brune (H. 65,8) : **USD 264 000** – New York, 11 nov. 1992 : *Baigneuse Cladel*, bronze (H. 33) : **USD 88 000** – Paris, 11 juin 1993 : *Femme étendue sur une draperie*, bois gravé (8x22,2) : **FRF 7 000** – Londres, 21 juin 1993 : *Mère et enfant*, h/cart. (42,8x35,9) : **GBP 84 000** – New York, 3 nov. 1993 : *La baigneuse debout se coiffant*, bronze (H. 158,8) : **USD 772 500** – Londres, 27 juin 1994 : *Baigneuse debout*, bronze (H. 78,1) : **GBP 166 500** – Paris, 28 nov. 1994 : *Nu debout*, cr. (29x17) : **FRF 85 000** – Londres, 14 mars 1995 : *Femme debout se coiffant*, terre cuite (H. 26) : **GBP 21 850** – New York, 9 mai 1995 : *Torse de jeune fille*, bronze (H. 88,9) : **USD 486 500** – Paris, 24 nov. 1995 : *Nu de femme debout de dos*, cr. noir et past. blanc (37x22) : **FRF 210 000** – Tel-Aviv, 11 avr. 1996 : *La Pudique*, bronze (L. 23,3) : **USD 29 900** – Paris, 10 juin 1996 : *Nu debout*, cr. noir et estompe (34x22) : **FRF 150 000** – Paris, 13 juin 1996 : *La Vague* 1898, bois gravé (17x19,7) : **FRF 23 000** – Londres, 24 juin 1996 : *Nymphe*, bronze (H. 154) : **GBP 254 500** – New York,

13 nov. 1996 : *Jeune fille debout de dos*, sanguine et craie/pap. (39,4x25,4) : **USD 20 700** – Paris, 29 nov. 1996 : *Femme étendue à la draperie* 1926, eau-forte (120x155) : **FRF 4 500** – Londres, 4 déc. 1996 : *Nu debout, Marie* vers 1931, past./pap. (120x66) : **GBP 33 350** – Londres, 23 oct. 1996 : *Femme vue de dos*, cr./pap. (32x22,5) : **GBP 2 990** – New York, 9 oct. 1996 : *Dina couchée de dos au foulard*, past./pap./pan. (24,1x38,1) : **USD 29 000** – New York, 19 fév. 1997 : *Se tenant un pied* 1920, bronze (H. 20,3) : **USD 76 750** – Paris, 16 juin 1997 : *Femme de dos*, fus. et estompe (35x25) : **FRF 60 000**.

MAILLOL Gaspard
Né le 10 juillet 1880 à Barcelone (Catalogne). xxe siècle. Français.
Peintre de genre, portraits, paysages, aquarelliste, sculpteur, graveur, illustrateur.
Il était le neveu d'Aristide Maillol. Il travailla à Paris et au Mans. Il a exposé, à Paris, au Salon d'Automne, et fut invité au Salon des Tuileries en 1924.
Il peignit des scènes de boudoir, des danseuses et des paysages, et exécuta des gravures pour diverses revues parisiennes. Certaines de ses œuvres ont une vigueur expressionniste. Il fabriquait lui-même le papier de ses gravures qui est connu sous le nom de « papier de Montval ». Il sculptait le bois et pratiquait la xylographie.
Bibliogr. : Gérald Schurr, in : *Les Petits Maîtres de la peinture 1820-1920, valeur de demain*, Les Éditions de l'Amateur, t. III, Paris, 1976.
Ventes Publiques : Paris, 3 juil. 1992 : *Scène de restaurant*, aquar. et mine de pb (41,5x50,5) : **FRF 4 000**.

MAILLOL Lucien
Né en 1896 à Banyuls (Pyrénées-Orientales). xxe siècle. Français.
Peintre de nus, scènes de sport, portraits.
Il fut le fils d'Aristide Maillol. Il exposa en 1924 à la galerie Druet à Paris, en 1928 à Berlin et en 1929 à Zurich. Il fut sociétaire, à Paris, du Salon d'Automne.
Il peignit également des danseuses.
Ventes Publiques : Paris, 4 et 5 fév. 1925 : *Femme nue accroupie*, cr. bleu : **FRF 400** – Paris, 28 fév. 1949 : *Paysage à Banyuls* : **FRF 7 000**.

MAILLON Louise. Voir **MOILLON Louise**

MAILLOS André Jean Marie
Né le 14 mai 1871 à Paris. xxe siècle. Français.
Peintre, sculpteur.
Il a exposé des portraits et des paysages, à Paris, aux Salons des Artistes Français, des Indépendants et d'Automne.

MAILLOT André
Né le 4 août 1934 à Reims (Marne). xxe siècle. Français.
Peintre. Polymorphe.
Il peint son premier tableau en 1957 : sa première exposition est organisée en 1983.
Sa peinture se plaît à montrer des styles tout à fait différents : impressionnisme, surréalisme, expressionnisme, abstraction, etc.

MAILLOT Charles Désiré Claude
Né le 7 octobre 1819 à Paris. xixe siècle. Français.
Peintre d'histoire et de genre.
Élève de Léon Cogniet. Il débuta au Salon de 1844, avec *Saint Vincent, martyr*.

MAILLOT Jean Antoine
xviiie siècle. Vivant à Paris vers 1780. Français.
Peintre et sculpteur.
Il fut nommé membre de l'Académie de Saint-Luc en 1768.

MAILLOT Jeanne Marie
xixe siècle. Française.
Miniaturiste.
Le Musée de Pontoise conserve d'elle une *Tête de jeune fille* et *Louis-Philippe*.

MAILLOT Nicolas Sébastien
Né en 1781 à Nancy. Mort en 1856. xixe siècle. Français.
Peintre d'histoire et graveur.
Élève de Carlier. Il exposa au Salon entre 1822 et 1855 et fut décoré de la Légion d'honneur en 1855. Restaurateur de tableaux au Louvre. Le Musée de Reims conserve de lui : *Boissy d'Anglas à la Convention*. On cite encore de lui un *Saint Pierre*, un *Saint Paul* et un *Christ*, pour le séminaire de Saint-Nicolas du Chardonnet.

MAILLOT Pauline, Mme
Née à Flessingue, de parents français. Morte le 12 janvier 1897 à Paris. xixe siècle. Française.
Sculpteur.
Figura au Salon des Artistes Français ; mention honorable en 1890.

MAILLOT Philippe
Né en 1940 à Clermont-Ferrand (Puy-de-Dôme). xxe siècle. Français.
Peintre. Abstrait-lyrique.
Il vit et travaille à Paris. Il participe à des expositions collectives à New York et à Paris. Il expose personnellement : 1965, 1974, Clermont-Ferrand ; 1966, 1971, New York ; 1967, San Francisco ; 1968, Montréal ; 1967, 1973, 1975, 1987, Paris ; 1989, Genève.
Ventes Publiques : Paris, 21 mars 1992 : *Sans titre* 1991, gche/pap. (54x40) : **FRF 5 000**.

MAILLOT Pierre
xviiie siècle. Actif à Paris en 1726. Français.
Sculpteur.

MAILLOT Roland. Voir **MAILLE**

MAILLOT Théodore Pierre Nicolas
Né le 30 juillet 1826 à Paris. Mort en juin 1888 à Paris. xixe siècle. Français.
Peintre d'histoire, sujets religieux, portraits, compositions murales.
Il fut élève de Michel Drolling et de François Édouard Picot. Il exposa au Salon de Paris, à partir de 1852. Il obtint le deuxième prix de Rome en 1850, le premier prix en 1854. Il fut également médaillé en 1867, promu chevalier de la Légion d'honneur en 1870.
On cite de lui : *Les trois vertus théologales*, pour l'église Saint-Jacques du Haut-Pas ; *L'apothéose et le transport de la châsse de saint Marcel*, pour la chapelle Saint-Marcel à Notre-Dame de Paris. Au Panthéon, à Paris, il peignit *Miracle de sainte Geneviève*.
Musées : Montauban : *Saint Rémy distribue l'aumône*.
Ventes Publiques : Paris, 1872 : *Louis XVI sur la terrasse de Versailles* : **FRF 600** – Londres, 4 mai 1973 : *Chez le perruquier* : **GNS 900** – Londres, 19 avr. 1978 : *Chez le perruquier* 1861, h/pan. (52,5x61) : **GBP 1 800**.

MAILLY de. Voir aussi **DEMAILLY**

MAILLY Charles Jacques de
xviiie siècle. Français.
Peintre sur émail.
Il exposa au Salon, en 1793, un dessin allégorique. Le Musée de Versailles possède de cet artiste : *Portrait de Catherine II, impératrice de Russie* (miniature).

MAILLY Hippolyte
Né le 13 mars 1829 à Villers-Cotterets. xixe siècle. Français.
Lithographe.
Élève de Collette. Il débuta au Salon de 1848. On cite de lui : *Napoléon III* et *Recueil de trente-six binettes contemporaines*.

MAILLY Simon de ou **Mamy**. Voir **SIMON de Châlons**

MAIMOUNE Ali
Né en 1956 à Essaouira. xxe siècle. Marocain.
Peintre, sculpteur. Art-brut.
Il a montré ses œuvres, à Paris, en 1993, à la galerie l'Œil-de-Bœuf.
Sa peinture est un recueil de l'imaginaire populaire de sa région. Génies et êtres surnaturels animent ses compositions colorées. On y trouve des humains transfigurés, hommes à tête de bouc, et des animaux, telles que des araignées, des grenouilles et des salamandres. Maimoune sculpte également la pierre et les racines de thuya.

MAIN William
Né à New York. Américain.
Graveur de portraits.
Élève de R. Morghens à Florence. Il fut un des donateurs de la National Academy of Design à New York.

MAINA J. ou **Giacinto**
Né en Dalmatie. xixe siècle. Travaillant à Venise et à Vienne de 1800 à 1815. Italien.
Graveur au burin.
Il a gravé des sujets d'histoire et des portraits, entre autres neuf cartons d'après Raphaël pour le Musée du Vatican.

MAINAR PONS
Né en 1899 à Barcelone. XXe siècle. Espagnol.
Peintre, décorateur.
Il travailla avec le décorateur Santiago Marco. En 1951, il figura au Salon de l'art religieux.
Bibliogr. : In : *Cien anos de pintura en Espana y Portugal, 1830-1930*, t. V, Antiqvaria, Madrid, 1991.

MAINARDI. Voir aussi **MEINARDI**

MAINARDI Andrea, dit **il Chiaveghino**
Né à Crémone. XVIe siècle. Italien.
Peintre.
Passait pour être un des meilleurs élèves de Bernardino Campi. Il travailla entre 1590 et 1620. Il orna les églises de Crémone de ses peintures.

MAINARDI Bastiano. Voir **MAINARDI Sebastiano**

MAINARDI Carlo, dit **Fra Massimo**
XVIIe siècle. Actif à Crémone en 1602. Italien.
Peintre.
Élève de Bern. Campi. Il peignit pour le couvent de San Francesco à Crémone.

MAINARDI Cristofano ou **Crestofalo**
XVe siècle. Actif à Crémone. Hollandais.
Enlumineur.
Il collabora à l'enluminure de la Bible exécutée pour le marquis Borso d'Este.

MAINARDI Giovanni Battista
XIXe siècle. Actif à Crémone au début du XIXe siècle. Italien.
Peintre.
Il peignit une *Visitation* à Brescia et une *Cène* à Orsola.

MAINARDI Lattanzio ou **Mangini**, dit **Lattanzio da Bologna**
Né à Bologne selon Baglione. Mort près de Viterbe, à peine âgé de 27 ans ou 37 ans. XVIe siècle. Italien.
Peintre.
Il se forma sous la direction des Carracci à Bologne, et, plus tard, alla à Rome. Le pape Sixte V lui commanda le plafond d'un salon à Saint-Jean de Latran. D'autres œuvres de lui se trouvent à Santa Maria de Monti : on cite entre autres une *Flagellation*. On mentionne également un plafond de lui dans la chapelle de Sixte V à l'église de Santa Maria Maggiore.

MAINARDI Marc Antonio, dit **Chiaveghino**
XVIe-XVIIe siècles. Actif à Crémone de 1576 à 1628. Italien.
Peintre d'histoire.
Neveu et collaborateur d'Andrea Mainardi. On cite de lui un *Mariage de sainte Anne*, dans l'église des Ermites.

MAINARDI Sébastiano ou **Bastiano di Bartolo**
Né vers 1460 ou 1466 à San Gimignano. Mort en septembre 1513. XVe-XVIe siècles. Italien.
Peintre d'histoire, compositions religieuses, portraits.
Beau-frère, élève et collaborateur préféré de Domenico Ghirlandajo.
À côté des nombreux travaux qu'il exécuta pour les églises de sa ville natale, il convient de citer : *Saint Thomas recevant la ceinture de la Vierge*, dans une chapelle de l'église Sainte-Croix de Florence. Son œuvre se ressent des influences de Ghirlandajo et Verrochio, mais il semble surtout dépendre de son maître, si bien qu'à la mort de celui-ci, en 1494, Mainardi produisit des compositions de moins en moins bonnes. Dans l'ensemble, il utilisa des coloris lumineux, donna du moelleux au modelé et sut rendre de vastes paysages sereins.
Bibliogr. : G. Dalli Regoli : *Lorenzo di Credi*, 1966. Everett Fahy - *Quelques suiveurs de Domenico Ghirlandaio*, New york 1976.
Musées : Ajaccio : *La Vierge, l'Enfant Jésus, saint Jean, un ange* - Altenburg : *Buste féminin* - Amsterdam (Mus. Nat.) : *Sainte Famille avec le petit saint Jean* - Berlin : *La Vierge sur le trône, Jésus et des saints* - *La Vierge et l'Enfant Jésus* - *Portraits d'une jeune femme, d'un cardinal, d'un jeune homme* - Bonn (Mus. prov.) : *La Vierge et l'Enfant avec saint Jean et les anges* - Budapest (Mus. Nat.) : *Saint Étienne* - Cambridge (Mus. Fitzwilliam) : *Nativité* - Chantilly (Mus. Condé) : *Portrait d'un jeune homme* - Florence (Mus. des Offices) : *Saint Pierre Martyr* - Florence (Mus. S. Marco) : *Madone avec l'Enfant et quatre saints* - Hildesheim : *Madone et l'Enfant avec deux anges* - Kassel : *La Vierge et l'Enfant* - Leipzig : *Nativité* - Lille : *La Vierge et l'enfant* - Londres (Nat. Gal.) : *Madone à l'Enfant avec saint Jean* - *Portrait de jeune fille* - *Jeune Florentin* - *Madone et l'Enfant* - Munich : *La Vierge sur le trône et l'Enfant Jésus* - *Saint Georges et saint Sébastien* - *Sainte Catherine et saint Laurent* - Naples : *Vierge et Enfant Jésus et deux anges* - New York (Metrop. Mus.) : *La Vierge, l'Enfant et deux anges* - Paris (Mus. du Louvre) : *Portrait de jeune femme* - *Portrait de jeune homme* - *La Vierge et l'Enfant avec deux anges* - Pise (Mus. mun.) : *Madone à la rose* - Rome (Vatican) : *Nativité*.
Ventes Publiques : Paris, 1862 : *Portrait de Mathieu Sass* : **FRF 172** - Londres, 7 mai 1923 : *Sainte Catherine* : **GBP 220** - Londres, 9 mai 1934 : *La Vierge tenant l'Enfant assis sur ses genoux* : **GBP 410** - Londres, 10 déc. 1937 : *La Vierge et l'Enfant* : **GBP 199** - New York, 15 mai 1945 : *La Vierge et l'Enfant* : **USD 650** - Paris, 25 mars 1965 : *La Vierge et l'Enfant* : **FRF 28 000** - Versailles, 14 juin 1967 : *L'Adoration de l'Enfant* : **FRF 23 500** - Londres, 24 juin 1970 : *La Vierge et l'Enfant et saint Jean Baptiste enfant* : **GBP 3 000** - New York, 17 jan. 1992 : *La Vierge et Saint Joseph adorant le Christ avec Florence au fond*, temp./pan., tondo (diam. 80) : **USD 115 500** - Londres, 8 déc. 1993 : *Vierge à l'Enfant avec des anges*, h/pan. (diam. 86,5) : **GBP 29 900** - Paris, 16 mars 1994 : *La Vierge et saint Jean Baptiste adorant l'Enfant*, h/pan. : **FRF 150 000**.

MAINARDI Vincenzo
Né vers 1655 à Nice. XVIIe siècle. Italien.
Peintre.
Il travailla à Rome de 1689 à 1691 et peignit un panneau dans l'église Santa Maria in Cosmedin.

MAINARDO Domenico Oduarde Gaetano
Né à Bologne. XVIIIe siècle. Italien.
Peintre.
Peintre de cour du prince de Liechtenstein, il orna de ses peintures les châteaux d'Aussee et Neuschloss près de Littau en Moravie.

MAINCENT Gustave
Né en 1850 à Paris. Mort en octobre 1887 à Paris. XIXe siècle. Français.
Peintre de genre, paysages.
Élève de Pils et de Cabasson. Il exposa au Salon, à partir de 1867, le plus souvent des vues de Paris, mais fut également l'auteur de scènes de la vie rurale. Mention honorable en 1881 ; chevalier de la Légion d'honneur.
Musées : Périgueux : *Fête foraine aux environs de Paris* - Troyes : *Paysage*.
Ventes Publiques : Paris, 1885 : *Saltimbanques* : **FRF 585** ; *Près du pont Marie* : **FRF 500** - Paris, 1899 : *Le Quai aux fleurs* : **FRF 360** - Paris, 4 fév. 1919 : *Les bords de la Seine, près de Bougival* : **FRF 110** - Paris, 4 fév. 1925 : *Paris, vue des Buttes-Montmartre* : **FRF 320** - Paris, 6 fév. 1929 : *Guinguette au bord de la Seine* : **FRF 550** - Paris, 8 déc. 1944 : *Paysage de neige* : **FRF 2 900** - Paris, 20 juin 1971 : *Sur la terrasse à Montmartre* : **FRF 5 000** - Paris, 24 avr. 1974 : *Paysage* : **FRF 5 700** - Paris, 25 fév. 1976 : *Au bord de la Seine*, h/t (31x44) : **FRF 3 800** - Paris, 8 mars 1978 : *Les Fiacres aux Champs-Élysées*, h/t (60x78) : **FRF 42 000** - Lucerne, 29 mai 1979 : *Paysage fluvial*, h/t (54x73) : **CHF 4 000** - Versailles, 4 oct. 1981 : *Jeune fille aux fleurs près de la rivière*, h/pan. (37,5x46) : **FRF 15 200** - Londres, 27 nov. 1985 : *La promenade du dimanche en hiver*, h/t (33,5x25,5) : **GBP 2 000** - Barcelone, 20 mars 1986 : *Vue de Paris*, h/t (46x64) : **ESP 500 000** - Londres, 6 fév. 1987 : *Dans le jardin*, h/t (61,5x50,5) : **GBP 1 900** - Londres, 26 fév. 1988 : *Côte bretonne*, h/t (65x92) : **GBP 1 100** - Cologne, 15 oct. 1988 : *Femme et garçonnet sur la berge de la Seine*, h/t (55x46) : **DEM 2 800** - Londres, 5 mai 1989 : *Bord de rivière*, h/t (32x46) : **GBP 6 050** - La Varenne-Saint-Hilaire, 20 mai 1990 : *Promenade sur le pont*, h/t (46x61) : **FRF 8 500** - Paris, 4 avr. 1991 : *Les bateliers*, h/t (24,5x32,5) : **FRF 5 500** - Le Touquet, 19 mai 1991 : *Bord de rivière*, h/t (24x33) : **FRF 8 000** - Londres, 15 juin 1994 : *La Grenouillère à Poissy*, h/cart. (22x40) : **GBP 8 050**.

MAINDRON Étienne Hippolyte
Né le 16 décembre 1801 à Champtoceaux. Mort le 21 mars 1884 à Paris. XIXe siècle. Français.
Sculpteur de bustes, statues.
Entra à l'École des Beaux-Arts le 3 octobre 1827. Devint l'élève de David d'Angers.
Exposa régulièrement au Salon à partir de 1834, troisième médaille en 1838, deuxième classe 1843, 1848 et 1859. Chevalier de la Légion d'honneur en 1874.
Les œuvres principales de cet artiste sont : *Velléda*, statue en marbre du jardin du Luxembourg, qui obtint un énorme succès, contribuant puissamment à la réputation de l'artiste, *Aloys*

Senefelder, statue en pierre ; *Sainte Geneviève, par ses prières, désarme Attila et sauve la ville de Paris*, groupe en marbre au péristyle du Panthéon ; *Monge*, au Ministère de l'Intérieur ; *Le Christ en croix*, bronze à l'église de Saint-Sulpice ; *Le même*, à l'église de la Trinité, à Angers ; *Geneviève de Brabant*, groupe en marbre, au palais de Fontainebleau ; *La sœur Rosalie, Rollin*, bustes en marbre pour la mairie du 5e arrondissement ; *L'inspiration musicale*, statue en marbre, au Ministère des Beaux-Arts ; *Les principaux bienfaiteurs de la cathédrale de Sens*, dix statues en pierre ; *Le commerce terrestre*, statue en pierre au tribunal de Commerce de Paris ; *Le général Travot*, statue en bronze, inaugurée à Napoléon-Vendée le 26 août 1838 ; *Saint Grégoire le Grand*, statue en pierre, à l'église de la Madeleine ; *La Force et la Justice*, statues, au Palais de Justice ; *D'Aguesseau*, statue en marbre, au sénat ; *Baptême de Clovis*, groupe en marbre, au Panthéon ; *Cassin*, statue en pierre, et un *Groupe d'enfants*, en pierre, au nouveau Louvre.

Musées : Angers : *L'inspiration musicale – Geneviève de Brabant – Jeune femme – La Résurrection de Lazare – Thésée vainqueur du Minotaure – Velléda – Jeune berger piqué par un serpent*, marbre – *L'Art, l'Industrie et l'Agriculture – Sainte Geneviève désarme Attila – La Fraternité* – Châteauroux : *Buste du docteur Baillergeau* – Rennes : *Velléda* – Toul : *La France recueille* – Valenciennes : *Buste de Louis Auvray* – Versailles : *Jean Bégnard*, buste en marbre – *Jean Prohon*, buste en marbre.

Ventes Publiques : New York, 18-19 juil. 1996 : *Velleda*, bronze (H. 45,7) : **USD 1 725**.

MAINE Harry De

Né le 23 décembre 1880 à Liverpool. xxe siècle. Actif puis naturalisé aux États-Unis. Britannique.

Peintre.

Il fut élève de Castellucho, à Paris, et de F.-V. Burridge, à Londres. Membre du Salmagundi Club, de l'American Water-colour Society de New York, et du New York Water-colour Club.

MAINELLA Raffaele

Né en 1858 à Bénévent. xixe siècle. Italien.

Peintre de genre, paysages, aquarelliste, illustrateur.

Il a surtout exposé à Venise. Il a illustré trois livres sur Venise : 1903 *Terres de Symboles*, 1907 *Visions de Beauté*, 1909 *Les Légendes de Venise*, tous de de Maria Star.

R. Mainella

Bibliogr. : Luc Monod, in : *Manuel de l'amateur de Livres Illustrés Modernes 1875-1975*, Ides et Calendes, Neuchâtel, 1992.

Musées : Rome (Mus. Nat.) : Deux aquarelles.

Ventes Publiques : New York, 7 jan. 1981 : *Bords de la lagune animés de personnages, Venise*, aquar. et cr. (20,3x33,6) : **USD 1 400** – Milan, 22 avr. 1982 : *Vue de Venise*, aquar. (33,5x57,5) : **ITL 2 200 000** – Londres, 22 mars 1984 : *Vue des environs du Caire*, aquar. sur traits de cr. (44,5x60) : **GBP 3 200** – Londres, 8 fév. 1984 : *Les pigeons de la place Saint-Marc, Venise*, h/t (35,5x18,5) : **GBP 1 600** – New York, 30 oct. 1985 : *Jeune paysanne assise au bord de la mer, regardant une flotille de pêche*, aquar./trait de cr. (15,8x31,7) : **USD 1 500** – Londres, 19 juin 1986 : *Jeune fille au bord d'un lac*, aquar. (50x67) : **GBP 1 450** – Londres, 25 juin 1987 : *La Lagune, Venise*, aquar. et cr. (22,8x42,5) : **GBP 1 000** – Londres, 5 oct. 1990 : *Barque sur la lagune à Venise ; Gamin pataugeant dans la lagune*, cr. et aquar., une paire (31,8x16,5) : **GBP 1 650** – Rome, 9 juin 1992 : *Gondoles à Venise*, encre et aquar./pap. (19x34,5) : **ITL 2 200 000** – Paris, 18 juin 1993 : *Repos sous un palmier*, aquar. (32x16) : **FRF 5 000** – New York, 14 oct. 1993 : *Cavaliers arabes chargeant à partir de leur campement*, aquar. (58,5x99,2) : **USD 9 200** – Rome, 13 déc. 1995 : *Lagune vénitienne*, aquar./pap. (32,5x23) : **ITL 1 265 000** – New York, 18-19 juil. 1996 : *Pêcheurs vénitiens*, aquar., une paire (43,2x58,4) : **USD 5 175**.

MAINELLI Karl

Né en 1779 à Vienne. Mort le 11 avril 1838 à Vienne. xixe siècle. Autrichien.

Miniaturiste.

MAINERI Antonio

Mort en 1514. xvie siècle. Actif à Bologne. Italien.

Peintre et miniaturiste.

Fils de Bartolomeo. Il imita Mantegna. La Pinacothèque de Bologne possède de cet artiste un *Saint Sébastien*.

MAINERI Bartolomeo

xve siècle. Actif à Bologne. Italien.

Peintre.

Il travailla en collaboration avec son frère Jacopino.

MAINERI Carlo

xve siècle. Actif à Crémone. Italien.

Miniaturiste.

Il enlumina en 1414 un psautier.

MAINERI Gian ou **Giovanni Francesco de**

Né à Mantoue. Mort vers 1504 ou 1505. xve siècle. Italien.

Peintre de compositions religieuses, miniaturiste, dessinateur.

Il fut choisi par la célèbre princesse Isabelle pour lui enluminer plusieurs livres de dévotion et de liturgie. On possède de lui une lettre adressée à cette princesse dans laquelle il dit ne pouvoir compléter les miniatures restantes faute de couleurs et d'argent.

Musées : Gotha : *Madone* – Modène (Gal. Est.) : *Christ portant la Croix*.

Ventes Publiques : Londres, 9 juin 1932 : *La Vierge adorant l'Enfant* : **GBP 48** – Londres, 31 jan. 1951 : *La Vierge, l'Enfant, deux saints et deux anges dans un paysage* : **GBP 600** – Londres, 5 déc. 1969 : *Nativité* : **GNS 6 500** – Londres, 24 nov. 1976 : *Un sacrifice païen*, dess. en brun reh. de blanc (41,8x30) : **GBP 48 000** – Londres, 13 déc. 1978 : *La Flagellation*, h/pan. (41,5x29) : **GBP 24 000** – Londres, 10 juil. 1981 : *Christ portant la croix*, h/pan. (62,2x45,7) : **GBP 11 000** – Milan, 27 nov. 1984 : *Saint Sébastien et saint Roch*, h/pan. (39x33) : **ITL 26 000 000** – Rome, 12 nov. 1986 : *Christ portant la Croix*, h/pan. (30,7x21,3) : **ITL 32 000 000** – New York, 3 juin 1988 : *Christ portant sa Croix*, h/pan. (67x57) : **USD 154 000** – New York, 14 jan. 1994 : *Vierge à l'Enfant avec des saints et des anges*, h/t (251,5x204,5) : **USD 51 750**.

MAINERI Jacopino

xve siècle. Actif à Bologne entre 1461 et 1477. Italien.

Peintre d'histoire.

Il peignit en collaboration avec son frère Bartolomeo. La Galerie Brera, à Milan, conserve d'eux : *La Crucifixion, L'Annonciation, La Vision de saint Joachim et divers saints*. (Signé : Hanc Tabulam Fecerunt Bartholomeus et Jacopinus de Regio).

MAINERO Giovanni Battista

Né vers 1600 à Gênes. Mort en 1657, de la peste. xviie siècle. Italien.

Peintre d'histoire et de portraits.

Élève de Luciano Borzone. Après avoir fait de petits tableaux d'histoire, il se consacra au portrait.

MAINGAUD Martin

Né au xviie siècle à Paris. xviie siècle. Français.

Peintre d'histoire, sujets religieux, portraits.

Il vint de France à la cour électorale de Munich où il reçut, en 1699, une pension de 600 florins. Il fit le portrait de l'électeur Maximilien-Emmanuel, de sa femme et des princes et princesses.

Musées : Hanovre : *Un général en armes – Portrait présumé du duc de Marlborough – Un général – Lord Southwell* – Munich (Residenz Mus.) : *Portrait de la Grande Électrice Maria-Antonia* – Schleinheim (Gal.) : *Sainte Famille – Madeleine repentante*.

Ventes Publiques : Londres, 17 juil. 1992 : *Groupe de trois jeunes filles vêtues de robes de satin et dentelle, les bras enlacés et tenant des fleurs* 1721, h/t (127x101,6) : **GBP 4 950** – Londres, 6 avr. 1993 : *Les trois filles de George Ier*, h/t (94x120,5) : **GBP 14 950** – Londres, 10 nov. 1993 : *Les Princesses Anne, Amélie et Caroline, filles de George II*, h/t (96,5x121) : **GBP 24 150**.

MAINGOT Louis Eustache

Mort le 21 novembre 1778 à Paris. xviiie siècle. Français.

Maître-sculpteur.

Fut reçu à l'Académie de Saint-Luc le 28 mars 1749.

MAINI Giovanni Battista

Né le 6 février 1690 à Cassano-Magnago. Mort le 23 juillet 1752 à Rome. xviiie siècle. Italien.

Sculpteur.

Élève de Cam. Rusconi et de Fil. Valls et imitateur de Bernini. Il orna de ses statues de nombreuses églises à Rome.

MAINO Domenico. Voir **MARINO D.**

MAINO Giovanni Angelo del ou **Magno** ou **Maini**

xvie siècle. Actif à Pavie vers 1500. Italien.

Sculpteur sur bois.

Il sculpta un grand crucifix pour l'église de Castel San Giovanni et le maître-autel de San Lorenzo à Morbegno.

MAINO Giulio ou **Mayno**
Né à Asti. Mort entre 1643 et 1652. XVIIe siècle. Italien.
Peintre.
Depuis 1608, peintre de la cour à Turin. Travailla aussi à Paris et peignit des portraits de cavaliers et des sujets religieux.

MAINO Juan Baut. Voir **MAYNO Juan Bautista**

MAINO Tiburzio del ou **Magno** ou **Maini**
XVIe siècle. Actif à Pavie vers 1500. Italien.
Sculpteur sur bois.
Il collabora aux stalles de San Ambrogio de Milan et sculpta un autel pour l'hôpital de Pavie.

MAINOLFI Luigi
Né à Rotondi (Avellino). XXe siècle. Italien.
Sculpteur, auteur de performances.
Il vit et travaille à Turin.
Il participe à des expositions collectives depuis 1973, principalement en Italie. Il montre ses œuvres dans des expositions personnelles : 1972-1973, Naples ; 1976, Turin ; 1980, Rome ; 1981, Naples ; en 1992, galerie Gian Ferrari, Milan ; 1995, galerie Di méo et Institut italien de culture (Paris).
Ses performances consistaient à défigurer, à l'aide de ses marteaux, des bustes en plâtres. Son travail de sculpteur consista ensuite à façonner le bois, la terre cuite et le bronze, à la recherche des fondations archaïques, matérielles et symboliques, de la nature. Au début des années quatre-vingt, il présentait à la galerie Appel + Fertsch, à Francfort-sur-le-Main, des bas-reliefs composés de différents matériaux bruts, assemblés, fixés, presque noués, dans un tout organique.
Bibliogr. : L. Vergine : *Mainolfi*, galerie Di Meo, Paris, 1988.

MAINONI Luigi
Né en 1804 à Modène. Mort en 1850 ou 1853. XIXe siècle. Italien.
Sculpteur.
Élève de Tenerani et Sanquiricos. On cite de cet artiste un buste à Pesaro et des monuments funéraires à Rome et à Modène.

MAINS Gaston le. Voir **LE MAINS**

MAINSSIEUX Lucien
Né le 4 août 1885 à Voiron (Isère). Mort le 8 juillet 1958. XXe siècle. Français.
Peintre de figures, nus, paysages, paysages urbains, natures mortes, fleurs, aquarelliste, graveur, illustrateur. Postimpressionniste, orientaliste.
Il subit à deux ans une coxalgie qui le contraint à s'aliter jusqu'à l'âge de douze ans, le rendant finalement infirme. Il mène une existence d'adolescent retiré. Il fait la connaissance de Jules Flandrin qui devient son professeur. En 1905, il s'installe à Paris, et fréquente l'atelier de Jean-Paul Laurens à l'Académie Julian et aussi l'École des Beaux-Arts. En 1910, il effectue un voyage à Rome. En 1921, il obtient une bourse pour l'Afrique du Nord.
Débutant, à Paris, au Salon des Indépendants en 1907, il a exposé au Salon de la Société Nationale et au Salon d'Automne (1928-1931), également à l'étranger, notamment à Bâle en 1939. Il a figuré, en 1980, à l'exposition *150 ans de peinture dauphinoise* au château de la Condamine, Mairie de Torenc. Il fut membre du jury du Salon des Artistes coloniaux.
Artiste à la fois orgueilleux et modeste, ambitieux d'une perfection classique quand rien ne lui peut échapper de tout ce qui, depuis Cézanne, a constitué « la révolution plastique », il s'est généralement contraint, ne se permettant rien de tumultueux, sachant que la mesure, elle aussi, est exemplaire. Également violoniste et critique musical redouté, son œuvre est bien celle d'un peintre musicien. Il a peint à Paris, à Rome, en Afrique du Nord, notamment en Tunisie, d'où il rapporta, à chaque voyage, des figures et des paysages, et principalement dans son Dauphiné natal. On lui doit d'émouvantes natures mortes. Il a illustré *Un été au Sahara*, de Fromentin et les livres consacrés au Maroc par les frères Tharaud.

Lucien Mainssieux M
Mainssieux

Bibliogr. : M. Brucker : *Éloge de Lucien Mainssieux*, Brucker, s. l., 1950 – Maurice Wantellet : *Deux siècles et plus de peinture dauphinoise*, édité par l'auteur, Grenoble, 1987.

Musées : Voiron (Mus. Mainssieux).
Ventes Publiques : Paris, 22 mars 1926 : *Paysage* : **FRF 400** – Paris, 9 juil. 1942 : *Paysage* : **FRF 2 000** – Paris, 30 avr. 1945 : *L'Étang* 1936 : **FRF 8 600** – Paris, 24 mars 1947 : *Buste de fillette blonde* 1917 : **FRF 4 200** – Paris, 28 jan. 1949 : *Le Palmier* : **FRF 16 000** – Paris, 27 juin 1955 : *La Chapelle aux cyprès* : **FRF 18 500** – Paris, 20 avr. 1988 : *La Cruche*, h/t (60x34) : **FRF 5 000** – Paris, 3 juin 1988 : *Paris, Notre-Dame et les quais* 1936, h/t (38x46) : **FRF 5 500** ; *Paysage de la campagne romaine* 1913, h/cart. (48x70) : **FRF 3 000** – Versailles, 5 nov. 1989 : *L'Entrée du village et le marabout*, h/cart. (45,5x55) : **FRF 4 500** – Le Touquet, 12 nov. 1989 : *Nature morte aux poires*, h/t (27x41) : **FRF 8 500** – Strasbourg, 29 nov. 1989 : *Paysage* 1917, h/cart. (26x31,5) : **FRF 6 000** – Paris, 4 mars 1991 : *Route de village* 1910, h/t (46x55) : **FRF 15 000** – Paris, 22 sep. 1992 : *Bouquet de fleurs* 1914, h/t (46x55) : **FRF 6 000** – Paris, 17 nov. 1993 : *Paysage de la Creuse* 1947, h/t (50x65) : **FRF 6 500** – Paris, 16 mars 1997 : *Paysage de Gafsa* 1923, h/t (50x61) : **FRF 11 000**.

MAINZER Engelbert
Né le 29 janvier 1886 à Rheine (Westphalie). XXe siècle. Allemand.
Peintre de paysages, portraits.
Musées : Aix-la-Chapelle (Mus. de Suermonds) : *Village sur l'Ahr* – autre paysage.

MAINZER-SCHWENK Oskar. Voir **OMS**

MAIO Matteo de
XVIIe siècle. Actif à Castroreale. Italien.
Peintre.
On cite de cet artiste une *Transfiguration* à San Salvatore.

MAIO Paolo de
Né au début du XVIIIe siècle à Marcianise. Mort le 20 avril 1784 à Naples. XVIIIe siècle. Italien.
Peintre.
On cite de cet artiste de nombreuses fresques et peintures dans les églises de Naples, au Mont Cassin et à Capoue.
Ventes Publiques : Londres, 15 juil. 1977 : *Benjamin et ses frères devant Joseph*, h/t (142,2x176,5) : **GBP 3 800** – Milan, 8 mai 1984 : *Le baptême de saint Augustin*, h/t (50x30) : **ITL 1 600 000** – Milan, 26 nov. 1985 : *L'Annonciation*, h/t (129x76) : **ITL 9 500 000**.

MAIOLI Luigi
Né en 1819 à Ravenne. Mort en 1897. XIXe siècle. Italien.
Sculpteur.
Élève de Giovanni Duprés. Il sculpta une statue de Canova dans le palais des Beaux-Arts à Rome.

MAIORANA Christofano ou **Magorana**
XVe siècle. Hollandais.
Miniaturiste.
Cité en 1491 comme travaillant à la cour de Naples.

MAIR A.
XIXe siècle. Actif au début du XIXe siècle. Autrichien.
Peintre.
Un portrait d'*A. Hofer* (1811) se trouve à l'Hôtel de l'Aigle d'Or à Innsbruck. Peut-être identique à MAYER (Anton).

MAIR Alexander ou **Mayr**
Né vers 1559 à Augsbourg. Mort probablement après 1620. XVIe-XVIIe siècles. Allemand.
Peintre et graveur sur cuivre et sur bois.
On cite de lui, notamment le frontispice de *Dissertation sur les antiquités d'Augsbourg* de Welser, dont il grava aussi le portrait ; celui de l'*Uravometria* de Johan Bayer, qui parut en 1603. Comme graveur sur bois, on lui attribue un plan d'Augsbourg et une planche contenant les portraits de l'empereur Rodolphe II, de Philippe II d'Espagne et des archiducs Ferdinand et Charles d'Autriche.

MAIR A AM A AM

Ventes Publiques : Paris, 18 mars 1929 : *Enfant assis mangeant des fruits*, dess. : **FRF 850** – Zurich, 2 nov 1979 : *La Tour de Babel*, h/pan. (42,5x54,5) : **CHF 26 000**.

MAIR August, l'Ancien
Mort le 13 janvier 1906 à Innsbruck. XIXe siècle. Éc. tyrolienne.
Peintre d'églises.

MAIR Henrich Matthäus
XVIIIe siècle. Actif à Augsbourg au début du XVIIIe siècle. Allemand.
Peintre d'histoire et de paysages.

MAIR Johann ou **Mayr**
Né en 1815 à Eppan. Mort en 1890 à Botzen, ou le 11 avril 1903. XIXe siècle. Autrichien.
Peintre.
A peint des fresques sur la voûte de l'église Saint-Pierre de Carnol, près de Botzen, et des tableaux d'autels.

MAIR Johann Conrad. Voir **MAYR**

MAIR Johann David. Voir **MEYER**

MAIR Leonhard
XVIe siècle. Actif à Brixen. Autrichien.
Peintre.

MAIR Nicolaus Alexander
Né à Landshut. Mort en 1520 probablement. XVe-XVIe siècles. Travaillant de 1492 à 1514. Allemand.
Peintre et graveur.
On croit, étant donnée la similitude de style, qu'il fut élève de Martin Schongauer, mais certains biographes le croient disciple de Wohlgemuth. Il grava avec une grande supériorité des sujets de l'Ancien et du Nouveau Testament. On lui prête l'invention de la gravure dite en chiaroscuro.
Musées : Berlin (Mus. Nat.) : *Nativité de la Vierge – Le Christ en Croix entre les deux larrons* – Paris : *Porteur de fanion* – Vienne : *Saint Mathieu.*

MAIR Paul ou **Mayr**
Né vers 1540. Mort vers 1615. XVIe-XVIIe siècles. Actif à Augsbourg. Allemand.
Sculpteur.

MAIR Paulus. Voir **ERHART**

MAIR Ulrich
XVe siècle. Actif à Kempten. Allemand.
Peintre.

MAIRE. Voir aussi **LEMAIRE**

MAIRE de, Mme. Voir **MANNE de,** Mme

MAIRE
XVIIIe siècle. Français.
Peintre.
Il était actif à Lunéville vers 1769.

MAIRE
XIXe siècle. Français.
Peintre de portraits, miniaturiste.
Musées : Londres (Wallace coll.) : *Portrait de Louis-Philippe, roi de France,* miniature d'après Winterhalter.

MAIRE André
Né en 1898. Mort en 1984 ou 1985. XXe siècle. Français.
Peintre de figures, animaux, paysages, architectures, intérieurs, peintre à la gouache, aquarelliste, dessinateur, décorateur.
Il fut élève du peintre André Devambez à l'École des Beaux-Arts en 1917. Mobilisé, il effectue son service militaire en Indochine et enseigne parallèlement le dessin au lycée français de Saïgon. Il fait de nombreux croquis du site d'Angkor, qui seront précieux lors de la reconstitution du temple pour l'Exposition Coloniale de 1931. Il séjourne deux ans en Italie, où il peint de nombreuses vues de Venise. Entre 1938 et 1945, il parcourt l'Égypte, l'Inde, Ceylan, l'Afrique. De 1948 à 1955, il enseigne le dessin et le modelage à l'École d'architecture de Saïgon.
Doué d'un sens décoratif très sûr, il a surtout montré de rapides notations, gouaches et sépias, rapportées de ses voyages. Ne doit pas être confondu avec le décorateur André Mare.

Bibliogr. : In : Catalogue de l'exposition *Paris-Hanoï-Saigon, l'aventure de l'art au Viêt Nam,* Pavillon des Arts, Paris, 1998.
Ventes Publiques : Paris, 30 mars 1942 : *Vue de Venise,* sépia : **FRF 205** – Paris, 17 mars 1950 : *Vues de Venise,* deux sépias, formant pendants : **FRF 1 000** – Enghien-les-Bains, 24 mars 1984 : *Eléphant sacré de Madurai,* h/t (160x180) : **FRF 80 000** – Paris, 8 mars 1985 : *Le Caire* 1939, lav. de sépia (58x73) : **FRF 9 000** – Enghien-les-Bains, 15 déc. 1985 : *Palais au sud de l'Inde,* h/pan. (157x157) : **FRF 90 000** – Paris, 7 déc. 1987 : *Les Bouddhas (Indes)* 1939, aquar. (58x74) : **FRF 22 000** – Paris, 22 avr. 1988 : *Personnages sous les baobabs* 1947, aquar. et encre de Chine/pap. cartonné (57,5x73) : **FRF 16 500** – Paris, 22 nov. 1988 : *Bouddha du Laos* 1952, fus. et sanguine (65x50) : **FRF 28 000** – Paris, 19 mars 1989 : *Vietnamiennes au bord du lac Lang Biang Dalat (Indochine),* h/isor. (65x90) : **FRF 71 000** – Paris, 11 avr. 1989 : *Marchandes vietnamiennes au perroquet,* gche (49x64) : **FRF 31 000** – Versailles, 24 sep. 1989 : *Ville d'Extrême-Orient* 1939, lav./sépia (58x73) : **FRF 14 500** – Paris, 21 nov. 1989 : *Femmes vietnamiennes,* h/cart. (77x107) : **FRF 60 000** – Versailles, 26 nov. 1989 : *Le Repos au bord du fleuve,* h/cart. (60x73) : **FRF 68 000** – Paris, 13 déc. 1989 : *Les Montagnes bleues, paysage exotique* 1952 (50x65) : **FRF 18 000** – Paris, 14 fév. 1990 : *Escalier d'un palais vénitien animé de personnages* 1926, dess. au lav. de sépia (74x58) : **FRF 13 000** – Paris, 9 mars 1990 : *Temple hindou au bord du fleuve* 1933, gche (58x74) : **FRF 25 000** – Versailles, 25 mars 1990 : *La Belle Vénitienne,* h/isor. (64,5x91,5) : **FRF 38 000** – Neuilly, 27 mars 1990 : *Le cheval noir,* gche (50x65,5) : **FRF 37 000** – Paris, 29 mars 1990 : *Ronda en Espagne,* h/t (236x212) : **FRF 166 000** – Paris, 22 juin 1990 : *Malgache assise* 1959, fus. et sang. (49x63,5) : **FRF 14 500** – Metz, 14 oct. 1990 : *Jeunes femmes et enfants sous les arbres* 1955, gche (48x63) : **FRF 24 500** – Paris, 9 déc. 1991 : *Le temple hindou* 1939, aquar. (59x73) : **FRF 20 000** – Calais, 5 avr. 1992 : *Les Tahitiennes* 1953, gche (48x64) : **FRF 12 000** – Paris, 29 nov. 1993 : *Le palais oriental sur le lac de l'Immortalité* 1930, gche (76x60) : **FRF 8 300** – Paris, 30 nov. 1994 : *Famille Moï* 1950, gche/pap. (65x50) : **FRF 14 000** – Paris, 5 avr. 1995 : *Pont à Venise,* lav. d'encre brune (58x74) : **FRF 6 500** – Paris, 20 mars 1996 : *Jeune Vietnamienne,* h/t (65x54) : **FRF 19 500** – Paris, 23 avr. 1996 : *La Toilette* 1954, gche (62x47,5 à vue) : **FRF 9 000** – Calais, 7 juil. 1996 : *Vase de fleurs,* h/t (90x59) : **FRF 10 200** – Paris, 23 fév. 1997 : *La Belle Indigène* 1959, saguine et fus./pap. (63x48) : **FRF 7 000**.

MAIRE Anna
Née à Besançon. XIXe siècle. Française.
Sculpteur.
Fille et élève de Jean-Baptiste Maire. Le Musée de Besançon conserve d'elle un médaillon *(La Liberté).*

MAIRE François
XVIIe siècle. Français.
Peintre.
Il travaillait en 1632 à l'église Saint-Étienne de Besançon.

MAIRE Jean Baptiste
Né le 15 août 1789 à Gerné-Fontaine (près de Besançon). Mort le 18 décembre 1859 à Gerné-Fontaine. XIXe siècle. Français.
Sculpteur.
Entra à l'École des Beaux-Arts le 27 février 1816. Fut l'élève de Lemot. Figura au Salon de Paris en 1819 et 1824. Exécuta, en marbre, pour la Bibliothèque de la ville de Besançon, le buste de *Mairet, auteur de Sophonisbe.* Le Musée de cette même ville possède de Jean-Baptiste Maire une *Tête de Christ,* en marbre, et le Musée de Langres *Mgr Guillaume-César de la Luzerne,* buste en plâtre moulé sur l'original en bronze.

MAIRE Julien. Voir **LE MAIRE**

MAIRE Victor Antoine
Né le 17 avril 1827 à Dôle. Mort le 5 janvier 1881 à Arbois. XIXe siècle. Français.
Peintre.
Travailla avec Besson et Julien Guillon. Exposa au Salon de Paris, en 1850 : *Heureuse rencontre* ; en 1857 : *« Pauvre fille, n'allez pas au bois »* ; en 1862 : *La becquée des animaux* et *La source de Lizon.*

MAIRE de Landshut
Né au XVe siècle à Landshut. XVe siècle. Allemand.
Dessinateur et graveur au burin.
Il a gravé des sujets d'histoire, des sujets de genre.

MAIREAU Rose
Née au XIXe siècle à Etroeungt. XIXe siècle. Française.
Graveur au burin.
Figura au Salon des Artistes Français. Mention honorable, en 1893, médaille de bronze en 1900 (Exposition Universelle), médaille de troisième classe en 1902.

MAIRET Charles Joseph
Né le 28 mars 1878 à Brest (Finistère). XXe siècle. Français.

Peintre de scènes typiques.
Il a exposé, à Paris, au Salon des Artistes Français, où il obtint une mention en 1927.
Il a peint des scènes bretonnes.
Ventes Publiques : Paris, 9 mars 1990 : *Départ pour la pêche*, h/t (33x46) : **FRF 14 000**.

MAIRET Pierre
XVIIIe siècle. Actif à Besançon en 1715. Français.
Sculpteur.

MAIRONI Cesar
Mort en 1891 à Bergame. XIXe siècle. Italien.
Peintre de fresques.

MAIROT Yves
Né le 23 mars 1924 aux Ollières (Haute-Savoie). XXe siècle. Français.
Peintre, illustrateur.
Une enfance montagnarde, un engagement dans la Résistance : à vingt ans le maquis. Après, la guerre terminée, Mairot va étudier à Paris, à la Sorbonne : Lettre, philosophie, psychologie. Parallèlement, il peint et participe à de nombreux Salons et expositions collectives, notamment en 1994 à l'exposition *Territoires imaginaires* à la galerie Hermes à Lyon. Sa première exposition personnelle a lieu à Annecy en 1961, puis à Lyon en 1965, l'année suivante à Paris, etc. En 1967, la Maison de la culture de Thonon-les-bains lui consacre une petite rétrospective. Une exposition importante lui a été consacrée à Annecy, en 1975-1976.
Jean-Jacques Lerrant définit sa peinture comme : « l'équilibre subtil, dans son œuvre sur le fil des versants de la montagne, entre le fluide et le formulé, la figuration et le signe, la chose vue et la sensation, la narration et la composition ». Donc, talent très diversifié, il évolue à l'aise entre figuration et abstraction, entre taches nuageuses et pâtes généreuses incisées au couteau. Il a illustré de nombreux poèmes.
Bibliogr. : Divers : *Yves Mairot*, catalogue de l'exposition, Annecy Action Culturelle, 1975-1976.
Musées : Céret (Mus. d'Art Mod.) – Grenoble (Maison de la culture) – Le Havre (Maison de la culture) – Saint-Paul-de-Vence (Fond. Maeght).

MAIROVICH Zvi. Voir **MEYROVITZ Zvi**

MAISACHVILI
Né en Géorgie. XXe siècle. Russe.
Peintre.
Peintre d'inspiration soviétique. Parmi les œuvres de cet artiste : *Le Camarade Beria sur le front du Causase.*

MAI SAN
Née en 1947 à LaoCai (Vietnam). XXe siècle. Vietnamienne.
Peintre de scènes de genre, portraits, peintre à la gouache, aquarelliste. Occidental.
Diplômée de l'École des Beaux-Arts de Hanoi en 1968, elle a poursuivi ses études à l'Institut des Beaux-Arts de la ville, obtenant son diplôme en 1973. Elle a figuré en 1994, 1995 et 1996 dans des expositions à l'étranger : Suisse, Belgique, Italie et France.
Peintre des minorités ethniques, Mai San a peint à l'aquarelle, à l'huile sur soie et à la gouache sur papier de riz. Parmi ses portraits, on mentionne : *Femme à la tunique blanche* 1994.
Musées : Hanoi (Mus. Militaire).

MAISEREULLES Philippe de. Voir **MAROLLES**

MAISEY Thomas
Mort en 1840. XIXe siècle. Actif à Londres. Britannique.
Peintre.
Il exposa au Salon de 1818 à 1840.

MAISFELDER Alexander ou **Maysfelder**
Mort en 1578. XVIe siècle. Actif à Imst (Tyrol). Autrichien.
Peintre.
Frère et collaborateur de Hans.

MAISFELDER Hans ou **Maysfelder**
Né vers 1543. Mort après 1610. XVIe-XVIIe siècles. Actif à Hall (Tyrol). Autrichien.
Peintre.
Il décora de ses peintures de nombreux châteaux du Tyrol, il peignit des tableaux religieux et illustra des ouvrages historiques.

MAISIAT Jean Étienne, dit **Joanny**
Né le 5 mai 1824 à Lyon (Rhône). Mort en 1910. XIXe siècle. Français.
Peintre de paysages, natures mortes, fleurs.
Élève de l'École des Beaux-Arts de Lyon, puis de Henri Lehmann à Paris, il exposa régulièrement au Salon de Paris à partir de 1850. Il fut médaillé en 1864, 1867, 1872. Il exposa à Vienne en 1873 et à Munich en 1883.
Il montre son habileté en accumulant des fleurs, fruits, objets de matières différentes.
Bibliogr. : Gérald Schurr, in : *Les Petits Maîtres de la peinture 1820-1920, valeur de demain*, Les Éditions de l'Amateur, t. III, Paris, 1976.
Musées : Luxembourg : *Bord d'un chemin – Fleurs et fruits* – Lyon : *Roses dans un vase* – Valenciennes : *Un églantier au printemps.*
Ventes Publiques : Paris, 1881 : *Roses dans un vase* : **FRF 410** – Paris, 15 nov. 1913 : *Bouquet de roses* : **FRF 140** – Londres, 20 mars 1985 : *Nature morte aux fruits*, h/t (37,5x46) : **GBP 1 400** – Rome, 20 mars 1986 : *Nature morte au vase de fleurs* 1867, h/t (90x72) : **ITL 13 000 000** – Londres, 17 mai 1991 : *Roses dans un vase doré* 1857, h/pan. (37,2x46) : **GBP 2 200** – Paris, 21 déc. 1992 : *Fleurs dans un paysage*, h/t (70x100) : **FRF 28 000**.

MAISON Charles Amédée
XIXe siècle. Français.
Paysagiste.
Exposa au Salon, entre 1839 et 1850, des vues de Suisse et d'Écosse.

MAISON Gabriel
XIXe siècle. Actif à Saint-Germain-en-Laye. Français.
Peintre d'architectures.
Il exposa au Salon en 1842, 1843, 1845, des intérieurs de couvents.

MAISON Pierre Eugène Jules
Né le 14 juillet 1814 aux Riceys (Aube). Mort le 9 mars 1879 à Paris. XIXe siècle. Français.
Peintre d'histoire et de genre.
Élève de Léon Cogniet. Obtint des médailles de troisième classe en 1849 et 1863. Exposa au Salon de Paris, à partir de 1840, des sujets d'histoire et de genre, des aquarelles, des sanguines, quelques paysages et quelques portraits. Il obtint le premier prix de l'Académie de Saint-Luc à Rome.
Musées : Niort : *Une messe au Vatican* – Troyes : *Le pape Sixte II – Saint Laurent et les chrétiens persécutés à Rome – Hymne du soir – Portrait de M. Truchy de la Hupproye – La charité nourrit, instruit et forme au travail.*

MAISON Rudolf
Né le 29 juillet 1854 à Regensburg. Mort le 12 février 1904 à Munich. XIXe siècle. Allemand.
Sculpteur.
Fit ses études dans sa ville natale, puis alla à Munich où il prit une place honorable dans le monde artistique. Il exposa à Paris, obtenant une mention honorable à l'Exposition Universelle de 1900. Il a orné de ses statues de nombreux bâtiments d'Allemagne.
Musées : Aix-la-Chapelle : *Siegfried – Jeune Germain blessé à cheval* – Berlin (Gal. Nat.) : *Augure romain* – Brême : *Buste de John Hargès* – Magdebourg : *Otto von Guericke.*
Ventes Publiques : Cologne, 26 juin 1981 : *Un Germain*, bronze (H. 48) : **DEM 2 000**.

MAISONCELLES Jean de
Né au début du XVe siècle à Dijon. XVe siècle. Français.
Peintre de fresques.
Travailla, entre 1426 et 1439, aux fresques de diverses églises à Besançon.

MAISONDIEU Eusèbe
XVIIe siècle. Actif à Angers vers 1640. Français.
Peintre verrier.

MAISONET V.
XVIIIe siècle. Allemand.
Peintre.
On cite de lui une *Adoration* dans la chapelle catholique d'Irsch.

MAISONNEUVE
XIXe siècle. Français.
Graveur.
Cité par Basan. On connait de lui le *Portrait de Jacques-Théodore Klein* et le *Parnasse français*, d'après un bronze.

MAISONNEUVE Louis
Né en 1719. XVIIIe siècle. Français.
Graveur de vignettes.

MAISONNEUVE Louis
Mort en 1926 à Tananarive. XIXe-XXe siècles. Français.
Peintre de genre, portraits.
Élève de Bonnat et de Cormon.
Musées : Reims : *Portrait d'Eug. Courmeaux, conservateur du Musée de Reims de 1885 à 1895.*

MAISONSEUL Jean de
Né le 3 août 1912 à Alger. XXe siècle. Français.
Peintre de figures, dessinateur.
Jean de Maisonseul apprend le dessin et la peinture, de 1928 à 1935, à l'Académie d'Alfrédo Figueras, peintre catalan, réfugié politique à Alger, puis avec Harry Bloomfield, peintre anglais. De 1929 à 1934, il est aussi dessinateur chez Pierre-André Emery, collaborateur de Le Corbusier, puis, de 1930 à 1933, il est étudiant en architecture à l'École Nationale des Beaux-Arts d'Alger. De 1931 à 1934, il effectue en compagnie de Le Corbusier de nombreux relevés des maisons de la Casbah. De 1936 à 1939, il obtient une bourse qui lui permet d'étudier l'architecture romane en Provence, et intègre l'Institut d'Urbanisme de l'Université de Paris. De 1939 à 1956, Maisonseul est dessinateur puis directeur du Service d'Urbanisme du département d'Alger et, parallèlement, est cofondateur, à partir de 1945, de l'Institut d'Urbanisme au sein de l'Université d'Alger. Il participe, en 1956, à la « Trève civile en Algérie » lancée par Albert Camus ; il est arrêté et incarcéré à Barberousse. De 1962 à 1970, Maisonseul est conservateur du Musée National des Beaux-Arts d'Alger. En 1976, il s'installe à Cuers, près de Toulon.
Durant ces années algéroises, il poursuit ses recherches en peinture et participe à des expositions collectives à Alger. Il montre ses peintures dans des expositions particulières, notamment en 1958 et 1960, à la galerie Lucie Weill, à Paris, avec une préface d'Albert Camus, en 1964 à la Galerie 54 animée par Jean Sénac, à Alger, en 1983 il montre sa série *Les Pierres du soleil* au Festival de Poésie de Sens, en 1984 *Les Pierres de la nuit* à la galerie Le Haut Quartier à Pézenas, manifestation organisée par Edmond Charlot, en 1990 *Désets/brisures – Objets de l'espace*, à l'Espace Interrogation, à Toulon.
Maisonseul pratique à la fin des années cinquante une peinture qui doit beaucoup au clair-obscur. D'apparence abstraite, ses peintures sont nourries de visions urbaines : Alger, la ville, la population, les mendiants, les prisonniers, les bergers... En 1961 et 1962, Maisonseul exécute une série de dessins aux encres typographiques qui reprennent le thème des personnages peints. Ce sont des silhouettes ombrées, aux formes placides et solitaires se détachant de fonds sombres ou clairs. Œuvres qui sont à la fois un regard sans complaisance sur la vie de l'époque et une manière de traduire la vision complexe de la réalité en jeu de contrastes. L'exposition en 1990 à Toulon permit de voir des peintures et des dessins préparatoires d'après les signes inscrits sur les faces des pierres. Ces derniers se construisent sur des tracés dont les points d'articulation organisent des rythmes qui font écho à la musique et à la danse. Les peintures, presque monochromes, ont toujours pour souci d'interpréter les données du clair-obscur. ■ C. D.
Bibliogr. : *Prisonniers, mendiants, aveugles et bergers*, Editions Obsidiane, Paris, 1988.

MAISSEN Fernand
Né le 8 mai 1873. XXe siècle. Français.
Peintre animalier.
Il fut élève de Jules Lefebvre et de T. Tobert Fleury. Il exposa, à Paris, au Salon des Artistes Français, y obtenant une mention en 1900.
Ventes Publiques : Paris, 3 et 4 mai 1923 : *Le Dernier Débucher* : **FRF 340** – Paris, 11 déc. 1942 : *Scènes de chasse*, deux aquar., formant pendants : **FRF 550**.

MAISSIAT Joseph
XIXe siècle. Actif à Paris. Français.
Peintre de batailles.
Exposa des dessins à la plume au Salon, de 1835 à 1841.

MAISSIOT Jean. Voir **MACIOT**

MAISTHUBER Andreas ou **Masthuber**
XVIIIe siècle. Actif à Munich au début du XVIIIe siècle. Allemand.
Peintre.
Il décora l'autel de Saint-Bernard dans l'église abbatiale de Waldsassen.

MAISTHUBER Aventin ou **Masthuber**
XVIIIe siècle. Allemand.
Peintre.
Il peignit le portrait de l'abbé Maurus II du monastère de Weltenburg.

MAISTHUBER Simeon ou **Masthuber**
XVIIIe siècle. Allemand.
Peintre.
Il décora de ses peintures de nombreux autels en Bavière.

MAISTRE Henri de, comte
Né le 14 avril 1891 à Saumur (Maine-et-Loire). Mort le 16 juillet 1953 à Guiry-en-Vexin (Val d'Oise). XXe siècle. Français.
Peintre de compositions religieuses, dessinateur, fresquiste, pastelliste.
Très jeune, il est attiré par le dessin et la peinture, mais son passage à l'École des Beaux-Arts ne le satisfait pas. Au cours de la Première Guerre mondiale, il est grièvement blessé et fait prisonnier. C'est en captivité qu'il rencontre Marcel Aubert et le décorateur Jules Leleu, fait ensuite la connaissance de Desvallières. Quelque temps après la guerre, il écrit : « (...) la beauté des grands sujets offerts aux artistes par l'Évangile et le besoin d'extérioriser ma foi ont décidé de mon orientation vers la peinture religieuse... Plus qu'un autre mon travail est une prière... » Dès lors, il étudie avec intérêt et passion l'art chrétien antique, la mosaïque, la tapisserie ancienne, les primitifs italiens, les peintres vénitiens et Delacroix. Il entre aux Ateliers d'Art Sacré en 1921, où il est élève de Maurice Denis et Georges Desvallières. En 1926, Maurice Denis lui confie la direction des Ateliers d'Art Sacré, fonction qu'il assume pendant près de vingt ans. En 1929-1930, il effectue un séjour en Italie, notamment à Venise, Florence et Rome. À partir de cette date, il privilégie la peinture religieuse. De 1939 à 1944, il exécute une série de peintures dans le midi de la France qui marquent un renouvellement de sa palette. En 1949, il voyage de nouveau en Italie et peint à Venise. Il fut fait Chevalier de la Légion d'honneur.
Il figure, à Paris, à l'*Exposition des Poilus* aux Tuileries, participe au Salon des Tuileries depuis sa fondation, au Salon d'Automne depuis 1925, et au Salon d'Art Religieux. Il participe, en 1931, avec les Ateliers d'Art Sacré à l'Exposition coloniale dans le pavillon des missions catholiques avec le tableau *Les Jésuites au Canada* actuellement à l'église Notre Dame des Missions à Épinay-sur-Seine (Seine-Saint-Denis). Il décore le cloître du pavillon pontifical pour l'Exposition internationale de 1937 à Paris avec *Le Sacrifice*, peinture pour laquelle il obtient une médaille d'or. En 1938, il participe à une exposition chez Lucy Krogh. En 1939, il figure à l'Exposition d'Art Sacré au Musée des Arts Décoratifs de Paris avec une station de Chemin de Croix. Il montre ses œuvres dans des expositions particulières notamment, 1941, Opéra municipal de Montpellier ; 1942, Pau ; 1947, Dijon et Nantes. Une rétrospective de son œuvre s'est tenue en 1955 à la galerie Marseille 7 ; d'autres expositions ont présenté de ses œuvres : 1991, *Henri de Maistre et les Ateliers d'Art Sacré*, Musées de Bernay et de Dax ; 1994, *Henri de Maistre, itinéraire profane*, Musées de Bernay et de Vernon ; 1998, *Henri de Maistre*, Hôtel des Archives, Chambéry.
Il fut le maître d'œuvre de plusieurs décorations réalisées par les Ateliers d'Art Sacré. Il a exécuté de nombreuses décorations murales pour des églises, notamment : en 1923, un retable, *Le Martyr de saint Sébastien* pour la chapelle du portail sud de la cathédrale de Soissons ; en 1933, deux fresques *Saint Pierre et saint Paul* et *Les Pères de l'Église* pour l'église du Saint-Esprit à Paris ; en 1936, une fresque *Sanite parvulos* pour la chapelle de la Providence à Mende ; en 1938, un chemin de Croix pour l'église d'Anglards de Salers dans le Cantal ; en 1947, deux fresques pour le retable de la chapelle de la Côte à Fécamp : *La Tempête apaisée* et *La pêche miraculeuse*. Il a également exécuté des décorations pour des châteaux : en 1922, un plafond au château de Beaumesnil dans l'Eure ; en 1928, plusieurs interventions au château de Fillerval dans l'Oise, etc. En 1925, aux côtés de Maurice Denis, il participe à la décoration de la coupole du Petit Palais à Paris. Outre ses décorations religieuses et profanes, Henri de Maistre a également peint et dessiné tout au long de sa vie des portraits, des natures mortes, et des paysages : en Sologne, en Italie, en Bretagne, à Carcassonne, à Collioure, à Céret, à Fécamp, dans le Vexin et dans les environs de Paris. ■ C. D.
Musées : Bernay – Boulogne-Billancourt (Mus. des Années Trente).

MAISTRE Leroy Leveson Laurent Joseph, dit **Roy de Maistre**

Né en 1894 à Bowral. Mort en 1968. xxe siècle. Actif aussi en Angleterre. Australien.

Peintre. Postcubiste.

Il étudia la peinture à l'École d'Art de Sydney et exposa à Paris, au Salon de 1924, puis à la Biennale de Venise en 1926. Il ouvrit une école de peinture à Londres en 1934 avec Martin Bloch.
Il a participé à l'Exposition de l'art sacré anglais, à Paris, en 1946.
Il a peint dans une manière postcubiste décorative. Il s'est intéressé au traitement psychiatrique par la couleur, ce dont il rend compte à l'exposition sur la Couleur dans l'Art en 1919 à Sydney.
Il traite ses œuvres en grands aplats de couleurs sur des volumes simples proches du cubisme.

Bibliogr. : Catalogue de l'exposition : *Creating Australia, 200 years of art 1788-1988*, Sydney, 1988.
Musées : Londres (Tate Gal.) : *Intérieur à la lampe* 1953 – *Pietà* 1950 – *Nature morte* 1956.
Ventes Publiques : Londres, 26 avr. 1972 : *L'Orchestre* : **GBP 1 100** – Sydney, 1er oct. 1974 : *Le Guitariste* : **AUD 6 500** – Londres, 17 mars 1976 : *Nature morte aux roses*, h/cart. (77,5x54,5) : **GBP 700** – Londres, 16 mars 1977 : *Noli me Tangere*, h/t (181x120) : **GBP 700** – Sydney, 21 mars 1979 : *Saint-Jean-de-Luz*, h/cart. (32x39) : **AUD 1 200** – Sydney, 29 juin 1981 : *Nature morte aux bouteilles*, h/cart. (52x62) : **AUD 4 800** – Londres, 3 nov. 1982 : *Femme assise avec un livre*, past. (72x53) : **GBP 1 600** – Londres, 13 juin 1986 : *Studio table*, h/cart. (41x31) : **GBP 3 000** – Melbourne, 26 juil. 1987 : *Le Match de football* 1938, h/t (71,5x92) : **AUD 60 000** – Londres, 1er déc. 1988 : *Étude pour une crucifixion*, encres et aquar. (18,4x12,1) : **GBP 1 045** – Sydney, 16 oct. 1989 : *Le silo de la ferme*, past. (30x36) : **AUD 800** – Londres, 30 nov. 1989 : *Maison, lac et forêt*, peint. or et argent et h/tissu, décor mural en trois panneaux (en tout : 202,5x712,5) : **GBP 6 050** – Sydney, 2 juil. 1990 : *Nu assis*, h/cart. (56x45) : **AUD 5 750** – Londres, 28 nov. 1991 : *Déposition*, h/cart. (47x40,6) : **GBP 3 080**.

MAISTRE Louis

Né le 1er mai 1862 à Marseille. xixe siècle. Français.

Peintre de genre.

Élève de Magaud et de Cabanel. Il figura au Salon des Artistes Français ; mention honorable en 1886. Le Musée d'Aix conserve de lui *Bohémienne*, et celui de Digne *Mater Dolorosa*.

MAISTRE Nicolas Étienne

Né à Salins. Mort le 5 mars 1675 à Besançon. xviie siècle. Français.

Peintre d'histoire.

Il travailla à Besançon dès 1624.

MAISTRE Xavier de, comte

Né le 8 novembre 1763 à Chambéry. Mort le 12 juin 1852 à Saint-Pétersbourg. xixe siècle. Français.

Peintre de portraits, paysages. Néo-classique.

Officier de l'armée sarde, il rejoignit son frère, le philosophe Joseph de Maistre, exilé en Russie, puis intégra l'armée russe, avant de s'installer quelques années en Italie et revenir en France.
Ses paysages historiques d'Italie s'inspirent de ceux de Poussin et de Claude Gellée. Il est aussi l'auteur d'écrits : *Voyage autour de ma chambre* 1795, *La jeune Sibérienne*, *Expédition autour de ma chambre* 1825.

Bibliogr. : Gérald Schurr, in : *Les Petits Maîtres de la peinture 1820-1920, valeur de demain*, Les Éditions de l'Amateur, t. VI, Paris, 1985.
Musées : Chambéry (Mus. des Beaux-Arts) : *Paysage italien*.

MAITA Masabumi

Né vers 1945. xxe siècle. Japonais.

Peintre.

Grand Prix de la 6e Exposition internationale des Jeunes Artistes, à Sizuoka en 1971.
Il pratique des démarches apparentées à l'art dit « conceptuel », s'appuyant sur des documents photographiques, matérialisant une intervention de l'artiste sur des phénomènes naturels et destinée à les mettre en valeur.

MAITANI Lorenzo

Né avant 1275 à Sienne. Mort en juin 1330 à Orvieto. xive siècle. Italien.

Architecte, sculpteur et peintre verrier.

Fils du sculpteur Vitale di Lorenzo, dit Matano. Il travailla au Dôme de Sienne, puis fut appelé, vers 1308, à Orvieto où il fut nommé maître d'œuvre du Dôme, ce qui ne l'empêcha pas d'aller à Pérouse, Sienne, Montefalco, Castiglione del Lago. Il décora la façade de la cathédrale d'Orvieto, sculptant les bas-reliefs des piliers du portail, exécutant les anges en bronze au-dessus du portail principal et les symboles des évangélistes au-dessus des piliers. Ces sculptures, en bas-relief, sont légères bien qu'elles soient incrustées de marbres polychromes et de mosaïques.

MAITEC Ovidiu

Né en 1925 à Arad. xxe siècle. Roumain.

Sculpteur.

Il fut élève et diplômé de l'École des Beaux-Arts de Bucarest. Il reçut, en 1959, le prix de l'Académie roumaine.
Au lendemain de ses études, il produisit des œuvres inspirées du corps humain en exaltant l'anatomie à des fins expressives. Ensuite, il s'inspira aux sources nombreuses de l'art populaire de son pays, les repensant en fonction de l'évolution des langages plastiques modernes. Travaillant surtout le bois, il en fit surgir oiseaux et papillons, d'une invention décorative et plastique souvent humoristique et tendre. L'utilisation des vides allie l'ingéniosité à la verve : par exemple, des trous dans les ailes d'un papillon en figurent les taches colorées. Des éléments, par un savant ajustage du bois, sont souvent mobiles : ailes du papillon articulées sur le corps.

Bibliogr. : Radu Ionesco, in : *Nouveau dictionnaire de la sculpture moderne*, Hazan, Paris, 1970.

MAITERICO Raffaele ou **Maitiniti**. Voir **MYTENS R.**

MAI THU ou **Mai Trung Thu**

Né en 1906 à Hanoi (Viêt Nam). Mort en 1980. xxe siècle. Actif en France à partir de 1937. Vietnamien.

Peintre de compositions animées, figures, aquarelliste.

Ami d'enfance et condisciple du peintre Le Pho à l'École des beaux-arts de Hanoi, il obtient son diplôme en 1930 et enseigne le dessin à Hué. En 1937, il participe à l'Exposition internationale de Paris et s'installe en France. En 1940, il réalise un décor pour l'Église Saint-Pierre de Mâcon.
Comme ce fut souvent le cas dans sa génération, il a tenté de concilier sa culture sino-vietnamienne avec la culture occidentale véhiculée à l'École des beaux-arts. Il a peint des scènes animées et des figures, surtout des enfants et des jeunes filles graciles, privilégiant la soie comme support.

Bibliogr. : In : catalogue de l'exposition *Paris-Hanoï-Saigon, l'aventure de l'art moderne au Viêt Nam*, Paris, 1998.
Ventes Publiques : Paris, 27 mars 1980 : *La tunique jaune*, peint./soie (23x35) : **FRF 5 500** – Versailles, 24 avr. 1983 : *Japonaise nue à l'éventail* 1945, peint./soie mar./cart. (43x58,5) : **FF 19 000** – Paris, 8 déc. 1993 : *L'Adolescente*, h./soie/cart. (34x25,5) : **FRF 25 000** – Paris, 2 déc. 1994 : *Réunion de jeunes femmes*, aquar. (60x45) : **FRF 35 000** – Calais, 25 juin 1995 : *Mère et enfant*, h./soie (19x13) : **FRF 21 500** – Paris, 20 juin 1997 : *Jeune femme écrivant* 1941, gche/soie (30,5x26) : **FRF 43 000**.

MAITLAND Paul ou **Paul Fordyce**

Né le 13 novembre 1863 à Londres. Mort le 13 mai 1909 à Londres. xixe-xxe siècles. Britannique.

Peintre de paysages. Postimpressionniste.

Élève de Th. Roussel au Royal College of Art, il fut influencé par Whistler et, en 1889, fut l'un des « Impressionnistes de Londres ».

Musées : Londres (Tate Gal.) : *Les jardins de Kensington* 1907 – *Péniches à Chelsea* 1885.
Ventes Publiques : Londres, 5 mars 1976 : *Chalands sur la Tamise* 1893, h/pan. (27,5x46,5) : **GBP 380** – Londres, 15 nov. 1978 : *Hyde Park*, h/t (34x24,5) : **GBP 950** – Londres, 25 mai 1983 : *Cheyne walk*, h/t (67,5x54,5) : **GBP 4 000** – Londres, 7 juin 1985 : *Kensington Garden animé de personnages* vers 1906, h/t (42,5x53) : **GBP 1 600** – Londres, 12 nov. 1986 : *Kensington gardens, afternoon haze*, h/t (63,5x76) : **GBP 4 200** – Londres, 6 mars 1987 : *La Tamise à Battersea*, h/t (35,5x50,8) : **GBP 4 500** –

Londres, 14 mai 1992 : *Un nuage d'orage à Kensington Garden*, h/t (25,5x35,5) : **GBP 2 420** – New York, 19 jan. 1994 : *Scène de rue*, h/pan. (24,1x14,6) : **USD 2 415**.

MAÎTRE. Voir aussi **LEMAÎTRE**

MAÎTRE Abel
Né à Paris. XIXe siècle. Français.
Sculpteur.
Élève de Barye. Il débuta au Salon de 1861 et obtint cette année-là une mention honorable.

MAÎTRE Ernest
Né à Paris. XIXe siècle. Français.
Graveur sur bois.
Figura à Paris, au Salon des Artistes Français où il obtint une mention honorable en 1898.

MAÎTRES ANONYMES

MAÎTRES ANONYMES

connus par désignation

MAÎTRE de l'ABBAYE D'AFFLIGHEM ou **Maître de la Légende de Joseph**
Né en 1465. Mort après 1538. XVe-XVIe siècles. Hollandais (?).
Peintre de compositions religieuses.
La plus grande incertitude règne sur les œuvres de ce peintre, et sur la date exacte à laquelle il convient de les placer. La ressemblance que certaines d'entre elles, et notamment celles figurant au Musée de Bruxelles, présentent avec les tableaux de Roger Van der Weyden les avait primitivement fait attribuer à ce peintre. Depuis, cette opinion a été controversée. On s'accorde à déclarer que le maître de l'abbaye d'Afflighem, ainsi nommé parce que les panneaux, conservés de lui, paraissent provenir de cette abbaye, vécut vers le milieu et la fin du XVe siècle, peut-être au début du XVIe, et qu'il habita dans le Sud des Flandres. Il naquit sans doute en 1465 et mourut peut-être après 1538. Sans doute alla-t-il en Allemagne, car dans des tableaux portant l'indication qu'ils furent peints à Bruxelles, on trouve reproduits des monuments de la ville de Cologne. On a proposé à son sujet les noms de Pierre van der Weyden, fils de Roger Van der Weyden, et parfois Gossuin Van der Weyden, son petit-fils, qui appartient surtout au XVIe siècle, mais aussi Jacob van Laethem. M. Wauters, dans son *Catalogue historique et descriptif des tableaux anciens du Musée de Bruxelles*, signale certaines particularités qui seraient de nature à infirmer l'opinion communément admise que le maître de l'abbaye d'Afflighem fut un Hollandais. Selon lui, il relèverait peut-être de l'École rhénane. Quatre de ses tableaux traitant la *Légende de Joseph* se trouvent au Kaiser Friedrich Museum de Berlin, tandis qu'un autre se trouve au Metropolitan Museum de New York. Le triptyque, représentant le *Jugement dernier* avec les portraits de Philippe et de Jeanne la Folle est conservé au Musée de Bruxelles.
Musées : Berlin (Kaiser Friedrich Mus.) : *Légende de Joseph*, quatre peint. – Bruxelles (Mus. roy. des Beaux-Arts) : *Triptyque : Jugement dernier*, avec les portraits de Philippe et de Jeanne la Folle – New York (Metropolitan Mus.).

MAÎTRE de l'ABBAYE DE DILIGHEM. Voir **MAÎTRE d'ANVERS de 1518**

MAÎTRE de l'ABBAYE DES ÉCOSSAIS. Voir **MAÎTRE du MONASTÈRE DES ÉCOSSAIS DE VIENNE**

MAÎTRE de l'ABBAYE DE SAINT-LAMBERT
XVe siècle. Travaillait entre 1420 et 1440. Autrichien.
Peintre.
Il a été parfois identifié avec le peintre Hans von Tuenbingen, qui exerça la maîtrise à Wiener Neustadt de 1433 à 1462. Ses compositions mouvementées présentent des personnages aux gestes saccadés. Il a su donner une force narrative à sa scène de bataille, où Louis le Grand de Hongrie chasse les Bulgares, dans le *Panneau votif* conservé à Graz.
Bibliogr. : Ernst H. Buschbeck : *Primitifs Autrichiens*, Connaissance, Bruxelles, 1937.
Musées : Berlin (Kaiser Friedrich Mus.) : *Le Christ pleuré*, École du maître – Graz (Mus. Joanneum) : *Panneau votif* – Linz (Mus. Provinc.) : *La crucifixion*, Atelier du maître – Vienne (Kunsthistorisches Mus.) : *La Trinité* – *Le portement de la Croix* – *La Crucifixion*.

MAÎTRE de l'ABSIDE GHISLIERI
XVIe siècle.
Peintre, peintre de lavis, dessinateur de sujets religieux.
Ventes Publiques : New York, 11 jan. 1990 : *La flagellation*, lav. et encre sur craie noire (28,8x17) : **USD 23 100** – Londres, 2 juil. 1996 : *La flagellation*, craie noire (27,4x16,6) : **GBP 11 500**.

MAÎTRE d'ACHILLE
Ve siècle avant J.-C. Actif au milieu du Ve siècle avant Jésus-Christ. Éc. attique.
Peintre de vases.
Ainsi désigné d'après une amphore représentant *Achille et Briséis* et conservée au Vatican. L'artiste est un des peintres de vases les plus remarquables de l'époque classique. Le Cabinet des Médailles de Paris possède de cet artiste une amphore représentant *Euphorbe et Œdipe*, et une autre sur laquelle sont reproduits *Dyonisos, Ménades et satyres*.

MAÎTRE de l'ADORATION GROOTE
XVIe siècle. Actif à Anvers au début du XVIe siècle. Éc. flamande.
Peintre de compositions religieuses. Maniériste.
Connu, en particulier, à travers une *Adoration des Mages* qui appartient à la collection Groote à Kitzburg.
Il a un style maniériste, accentuant le côté précieux de ses personnages aux riches vêtements et bijoux, placés dans des paysages fantastiques.
Musées : New York : *Cène* – Vienne : *Pietà*.
Ventes Publiques : Londres, 12 déc. 1980 : *Donateur avec un moine et saint Jacques ; La Crucifixion avec Marie Madeleine, la vierge et saint Jean ; Donatrice avec sainte Elizabeth de Hongrie*, h/pan. (89x29,8 et 89x69,8 et 89x29,8) : **GBP 40 000** – New York, 21 jan. 1982 : *Saint Fridolin menant Ursus par la main* vers 1500, h/pan. fond or (69x82,5) : **USD 24 000** – Londres, 6 juil. 1983 : *Balthazar ; L'Adoration des Rois Mages ; Saint Jacques le Grand*, h/pan., triptyque de forme contournée (120x180) : **GBP 26 000** – Paris, 25 mars 1991 : *Christ en croix entre la Vierge, saint Jean et Marie-Madeleine*, h/pan. (52x35) : **FRF 30 000**.

MAÎTRE de l'ADORATION DE KARLSRUHE
XVe siècle. Italien.
Peintre.
Ainsi désigné d'après le panneau de l'*Adoration de l'Enfant par la Sainte Famille* qui se trouve au Musée de Karlsruhe. Cet artiste florentin actif vers le milieu du XVe siècle est également l'auteur d'un panneau représentant la *Vie d'un anachorète* que possèdent les Offices de Florence ; et on lui attribue d'autre part deux *Portraits de femmes* acquis par le Musée Gardner à Boston.

MAÎTRE de l'ADORATION DE KHANENKO
XVIe siècle.
Peintre de sujets religieux.
La dénomination de cet artiste vient d'un diptyque qui figura dans la collection Khanenko à Kiev et qui est maintenant au musée national des Beaux-Arts de Kiev.
Musées : Kiev (Mus. Nat. des Beaux-Arts) : un diptyque.
Ventes Publiques : New York, 14 oct. 1992 : *Vierge à l'Enfant*, h/pan. (haut arrondi 32,4x25,4) : **USD 22 000**.

MAÎTRE de l'ADORATION DE MILAN
XVIe siècle. Actif à Anvers au début du XVIe siècle. Éc. flamande.
Peintre.
Ainsi désigné d'après un autel représentant l'*Adoration des Mages* et la *Naissance du Christ* à la Galerie Brera de Milan. C'est de son atelier que seraient sortis un panneau représentant *Saint Lucas occupé à peindre la Vierge* (Brera de Milan) ; un *Autel à volets* (Kais. Friedr. Mus., No 630 D) ; *Anna Selbdritt* (Mus. d'État à Berlin) ; une *Adoration des Mages* (Mus. Cluny à Paris) et le *Christ pleuré* (Pinacothèque de Turin).
Musées : . – Atelier du maître.

MAÎTRE de l'ADORATION DE STRASBOURG
XVe siècle. Actif à Venise dans la seconde moitié du XVe siècle. Allemand.
Peintre.
Auteur de l'*Adoration de l'Enfant Jésus* au musée de Strasbourg et sans doute de *Sainte Madeleine* et de *Sainte Marguerite* à la National Gallery de Londres.

MAÎTRE dell'ADORAZIONE DI FERRARA
XIVe-XVe-XVIe siècles ?
Peintre de sujets religieux.
Ventes Publiques : Rome, 10 mai 1988 : *Vierge à l'Enfant entourée de saint Bonaventure et de saint Bernard de Sienne*, h/pan. (44x36) : **ITL 15 000 000**.

MAÎTRE d'ALBÂTRE
Originaire d'Erfurt. XVe siècle. Allemand.
Sculpteur. Gothique tardif.
Il travailla à Erfurt de 1455 à 1470. Sa désignation lui a été donnée d'après le matériau dans lequel il a travaillé. Son œuvre la plus remarquable est le relief de *Saint Michel luttant contre le dragon* à l'église d'Erfurt. L'art de ce sculpteur représente le dernier stade du gothique à Erfurt.

MAÎTRE des ALBUMS D'EGMONT
XVIe siècle. Hollandais (?).
Dessinateur.
Cette désignation est due à Philipp Pouncey, d'après des albums de dessins ayant appartenu au 1er Comte d'Egmont et maintenant à Yale. On pense que cet artiste était Hollandais mais très influencé par l'Art italien.
Bibliogr. : H. Mielke, in : *Catalogue des dessins hollandais et flamands du Rijksmuseum*, Simolus, 1980.
Ventes Publiques : Londres, 7 juil. 1992 : *Le bon samaritain à l'auberge*, craie noire et encre brune (27,1x34,8) : **GBP 9 900**.

MAÎTRE d'ALKMAAR, dit **Maître de 1504** ou **Maître des Sept Œuvres de la Miséricorde**
XVe-XVIe siècles. Hollandais.
Peintre de compositions religieuses.
Il travailla à Alkmaar de 1490 à 1510.
Son art est fait de pittoresque et de sobriété, de gravité et d'humour mesuré. On l'identifie à Pieter Gerritsz, peintre mort en 1540.
Musées : Amsterdam (Rijksmuseum) : *Sept œuvres de la Miséricorde* – La Haye (Mauritshuis) : *Adoration des Mages*, triptyque – Liverpool : *La Vierge avec sainte Anne*.
Ventes Publiques : Londres, 27 juin 1962 : *Sainte Ursule et sainte Godelieve ; Sainte Catherine et sainte Agnès*, deux pan. : **GBP 28 500** – New York, 11 jan. 1995 : *Vierge à l'Enfant avec sainte Catherine et sainte Barbe*, h/pan. (21,3x40,1) : **USD 63 000** – New York, 17 oct. 1997 : *La Vierge et l'Enfant avec sainte Catherine et sainte Barbe*, h/pan. (22,9x40) : **USD 28 750**.

MAÎTRE d'ALMUDEVAR. Voir **LA ABADIA Juan de**

MAÎTRE d'AMBIERLE
XVe siècle. Travaillait en Bourgogne, vraisemblablement à Beaune, dans la seconde moitié du XVe siècle.
Peintre.
L'église d'Ambierle (Loire) possède un retable d'autel peint et sculpté qui lui a été légué par Michel de Changy à sa mort en 1479. Ce retable se trouvait primitivement à Beaune où il a dû être exécuté en 1466. En raison du rôle joué par Michel de Changy à la cour de Bourgogne, sous Philippe le Bon et Charles le Téméraire, l'œuvre avait été attribuée à Rogier Van der Weyden dont elle se rapproche en effet. Mais un tout autre sentiment s'y fait jour et l'auteur est probablement un élève de Rogier dont l'art est déjà marqué par l'école de la Loire. S'il est impossible de prouver que cet artiste anonyme que l'on appelle Maître d'Ambierle ait travaillé hors des limites de la Bourgogne, il est certain que la présence de son œuvre au sud de Moulins a pesé sur des destinées de l'art français à la fin du XVe siècle. Deux volets au Musée de Dijon : une *Annonciation* avec, au revers, deux anges ont été attribués au même artiste par J. Dupont. Dans la collection J. Braz (vente à Paris 12 mai 1938) figurait un dessin à la plume : *Saint Michel et une donatrice* où l'on retrouve le type d'ange franco-flamand du maître d'Ambierle. ■ R. L.

MAÎTRE de l'AMIÉNOIS
XVe siècle. Actif à la fin du XVe siècle.
Peintre.
Ventes Publiques : Paris, 16 oct. 1940 : *Les rois Mages demandant leur chemin à Hérode ; Un saint Évêque*, au verso : **FRF 26 000**.

MAÎTRE à l'ANCRE. Voir **MAÎTRE B. R.,** dans le tableau des Monogrammes et Initiales, à la fin de la lettre B

MAÎTRE de l'ÂNE DE BALAAM
XVe siècle. Actif vers 1440-1450. Allemand.
Graveur.
Le Cabinet des Estampes de Dresde conserve une épreuve de la planche *Balaam et son âne*, qui a valu son surnom à cet artiste. On voit aussi de lui plusieurs pièces à Karlsruhe.

MAÎTRE des ANGES. Voir **MAÎTRE DE SAINT JOSEPH**

MAÎTRE d'ANNA SELBDRITT AU LOUVRE
XVe-XVIe siècles. Actif à la fin du XVe siècle et au début du XVIe siècle. Hollandais.
Peintre.
Ainsi désigné d'après le tableau représentant *Sainte Anna Selbdritt, Joseph et le chœur des anges* au Louvre. Ce peintre semble avoir eu des rapports avec le maître de Moulins.

MAÎTRE des ANNÉES QUARANTE. Voir **MAÎTRE des QUARANTE ANS**

MAÎTRE de l'ANNONCIATION D'AIX. Voir **EYCK Barthélémy d'**

MAÎTRE de l'ANNONCIATION D'AUGSBOURG. Voir **MAÎTRE de la VIE DE LA VIERGE DE BONDY**

MAÎTRE de l'ANNONCIATION DES BERGERS
XVIIe siècle. Italien.
Peintre de sujets religieux, allégoriques.
Il était actif à Naples entre 1630 et 1660. John T. Spike affirme que ce peintre serait Bartolomeo Passante, 1618-1648, Napolitain, auteur d'une série de peintures décrivant les cinq sens dans la collection de Filippo Pisacane, marquis de s. Leucio à Naples en 1702. Passante est un suiveur de Ribera dont il adopta le style dans les années 1630.
Bibliogr. : G. de Vito, in : Catalogue de l'exposition *La Peinture napolitaine de Caravage à Giordano*, Gal. Nat. du Grand Palais, Paris, 1988 – J.T. Spike : préface de *Le cas du Maître de l'Annonciation aux Bergers, alias Bartolomeo Passante*, Étude de l'Histoire de l'Art, 1993.
Ventes Publiques : Londres, 13 déc. 1985 : *Le Sens de l'Ouïe*, h/t (104x78) : **GBP 11 000** – Monaco, 17 juin 1988 : *Allégorie des Beaux-Arts*, h/t (143,5x194) : **FRF 3 330 000** – New York, 1er juin 1990 : *Tobie guérissant la cécité de son père*, h/t (123x153,5) : **USD 93 500** – Monaco, 21 juin 1991 : *Saint Roch en prière*, h/t (135x108) : **FRF 310 800** – New York, 14 jan. 1993 : *Le sens de l'ouïe : un homme accordant sa mandoline*, h/t (104,1x78,7) : **USD 165 000** – New York, 14 jan. 1994 : *L'Adoration des Mages*, h/t (124,5x172,7) : **USD 51 750** – Paris, 9 nov. 1994 : *Saint Mathieu*, h/t, de forme ovale (74x61) : **FRF 30 000** – Paris, 12 juin 1995 : *Patriarche*, h/t (45,5x57) : **FRF 27 000**.

MAÎTRE de l'ANNONCIATION DE GARDNER
XVe siècle. Actif à la fin du XVe siècle. Italien.
Peintre.
Désigné selon le nom du Musée Gardner à Boston qui possède cette *Annonciation*.
Musées : Altenburg : *Sainte Madeleine et saint Jean* – Berlin (Mus. Kais. Fried.) : *Madone et son enfant* – Nancy : *Saint Bartholomé et saint Jean* – Toulouse : *Saint Nicolas martyr*.
Ventes Publiques : Londres, 23 juin 1967 : *Saint Ambroise (ou Saint Augustin) punissant les hérétiques* : **GNS 7 000**.

MAÎTRE d'ANTOINE DE BOURGOGNE
XVe siècle. Actif à Bruges entre 1460 et 1490. Éc. flamande.
Enlumineur.
Ainsi nommé d'après « le grand bâtard » de Philippe le Bon, Antoine de Bourgogne pour qui l'artiste composa les manuscrits de *Valérius Maximus* (Bibliothèque de Breslau), la *Chronique d'Aegidius de Roya* (Musée Westreenia de La Haye) et le *Livre des bonnes mœurs*. Le chef-d'œuvre du Maître fut un livre d'heures, écrit en lettres d'or et d'argent pour Marie Sforza de Milan. Il aurait également travaillé au quatrième tome du Froissart de la Bibliothèque Nationale et destiné au bibliophile Louis de Bruges. On lui attribue enfin le *Livre noir de Prières* (1466-67) écrit et enluminé sur papier noir, conservé à la Bibliothèque Nationale de Vienne.

MAÎTRE d'ANVERS DE 1518, dit **Maître de l'Abbaye de Dilighem**
XVIe siècle. Actif dans le premier tiers du XVIe siècle. Éc. flamande.
Peintre de compositions religieuses.
Ainsi désigné d'après l'autel de Marie dressé dans l'église Sainte-Marie, puis dans l'église Sainte-Catherine de Lübeck et portant la marque d'Anvers. Deux des volets de cet autel se trouvent au Musée Sainte-Anne de Lübeck et les autres ont été acquis par des particuliers. On a attribué à ce Maître d'Anvers

d'autres œuvres anonymes, en particulier les *Adieux du Christ à sa mère*, recueillis au Kaiser Friedrich Museum de Berlin, et la *Légende de Marie-Madeleine* au Musée de Bruxelles.
Son dessin est contracté et ses formes anguleuses.
Musées : Berlin (Kaiser Friedrich Mus.) : *Adieux du Christ à sa mère* – Bruxelles : *Légende de Marie-Madeleine* – Lübeck (Mus. Sainte-Anne).
Ventes Publiques : New York, 20 nov. 1931 : *La Vierge, l'Enfant et sainte Anne* : **USD 1 800** – Stockholm, 13 déc. 1933 : *Mise au tombeau du Christ* : **SEK 6 050** – New York, 4 mars 1938 : *L'Adoration* : **USD 625** – Londres, 2 avr. 1976 : *L'adoration des rois mages*, h/pan., triptyque (panneau central 106x70 et panneaux latéraux107x31,5) : **GBP 17 000** – Amsterdam, 10 nov. 1997 : *Le Christ et le Centurion de Capharnaüm (verso) ; La Cène (recto)*, h/pan. (128x75,5) : **NLG 106 094**.

MAÎTRE d'APOLLON ET DE DAPHNÉ. Voir **MAÎTRE de la LÉGENDE D'APOLLON ET DAPHNÉ**

MAÎTRE des APÔTRES DE LA CATHÉDRALE DE HALLE
Né au début du xvie siècle, originaire sans doute de Mayenne. xvie siècle. Allemand.
Sculpteur.
Rhénan, il a sculpté entre 1520 et 1526 dix-sept personnages, Christ, Apôtres et saints pour la cathédrale de Halle. Cette œuvre est considérée comme une des plus intéressantes de l'époque.

MAÎTRE des APÔTRES DE LA CATHÉDRALE DE PADERBORN
xiiie siècle. Westphalien, actif au milieu du xiiie siècle. Allemand.
Sculpteur.
Auteur des sculptures du portail du Paradis de la cathédrale de Paderborn. Les figures d'apôtres comptent parmi les spécimens les plus intéressants de la sculpture du xiiie siècle allemand.

MAÎTRE des APÔTRES DE FREIBERG
xve siècle. Saxon, actif au xve siècle. Allemand.
Sculpteur.
A travaillé à Freiberg de 1490 à 1525 et aurait exécuté les douze figures d'apôtres qui ornaient primitivement les piliers du jubé de la cathédrale de Freiberg ; elles se trouvent actuellement au Musée de cette ville. Les statues sont inégales ; mais celles d'*André*, de *Thomas* ou de *Paul*, permettent de considérer cet artiste comme un des sculpteurs les plus éminents de la fin du xve siècle allemand.

MAÎTRE des APÔTRES D'ULM
xve siècle. Souabe, actif au début du xve siècle. Allemand.
Sculpteur.
Ainsi désigné d'après la série des douze petites figures d'apôtres logées dans les archivoltes du portail ouest de la cathédrale d'Ulm.

MAÎTRE des APÔTRES DE WIENER-NEUSTADT
xve siècle. Actif à la fin du xve siècle. Autrichien.
Sculpteur.
Ainsi désigné d'après les douze magnifiques statues d'apôtres qui ornent les piliers de la nef centrale de l'église de l'Assomption à Wiener-Neustadt.

MAÎTRE ARETINO
xive siècle. Italien.
Peintre de sujets religieux.
Actif vers 1350, il fut de l'entourage de Giotto.
Bibliogr. : Ferdinando Bologna, in : *Novita su Giotto*, Éd. Einaudi, Turin, 1969.
Ventes Publiques : Milan, 2 déc. 1993 : *Résurrection de saint Jean l'Évangéliste*, temp./pan. (39x46) : **ITL 103 500 000**.

MAÎTRE d'ARÉVALO
xvie siècle. Actif dans la première moitié du xvie siècle. Espagnol.
Peintre.
Ainsi désigné d'après son œuvre principale, le grand autel de l'église *Saint-Michel d'Arévalo*. Les panneaux du centre représentent des scènes de la légende de saint Michel, patron de l'église. La rangée supérieure présente cinq scènes de la *Passion*. L'art de ce peintre offre quelque analogie avec celui du Maître d'Avila.

MAÎTRE des ARGONAUTES
xve siècle. Italien.
Peintre de sujets religieux, mythologiques.
Contemporain de Biagio d'Antonio à Florence, son appellation lui vient d'un panneau décrivant des scènes de l'histoire des Argonautes, peint vers 1465, et qui figure actuellement dans les collections de Metropolitan Museum of Art à New York. Son œuvre a été répertorié par Everett Fahy.
Bibliogr. : E. Fahy : *Le Maître des Argonautes*, in : La Gazette des Beaux Arts, Paris, déc. 1989.
Musées : New York (Metropolitan Mus.) : *Scènes de l'histoire des Argonautes*.
Ventes Publiques : Londres, 6 déc. 1995 : *La Vierge adorant le Christ enfant*, temp./pan. à fond or (66x49) : **GBP 45 500**.

MAÎTRE d'ARGUIS
xve siècle. Actif dans la première moitié du xve siècle. Espagnol.
Peintre.
Ainsi désigné d'après le retable de *Saint Michel*, provenant de l'église d'Arguis et qui se trouve aujourd'hui au Musée du Prado à Madrid. Il faut encore signaler de cet artiste à Baltimore (Walters Coll.), un retable représentant le *Mystère de saint Sébastien* et au Musée de Valence la remarquable *Virgen de la Leche*.

MAÎTRE d'ARMISEN
xve siècle. Actif dans la seconde moitié du xve siècle. Espagnol.
Peintre.
Ainsi désigné d'après le nom du donateur figurant sur un autel important qui se trouve actuellement au Musée of the Cloisters de New York, et dont les peintures remontent à 1483. On devrait également à cet artiste les éléments d'un autel qu'a recueillis la Société hispanique de New York, un petit autel à Saragosse et une *Madone entourée d'anges* à Barcelone (Coll. Muntadas).

MAÎTRE aux ARMURES
xve siècle. Castillan, actif à la fin du xve siècle. Espagnol.
Peintre.
Ainsi désigné pour son habileté à peindre les armures. Il appartient à l'entourage de Fernando Gallego, et a travaillé sous sa direction à peindre l'autel provenant de Ciudad Rodrigo et comprenant vingt-trois compartiments. Cet autel qui représente l'histoire du monde depuis le chaos jusqu'au Jugement Dernier se trouve dans la Collection Cook à Richmond.

MAÎTRE de l'ASSOMPTION DE MARIE. Voir **BOUTS Albrecht**

MAÎTRE de l'ASSOMPTION DE BONN
xve siècle. Hollandais.
Peintre.
Ainsi désigné d'après l'*Assomption* du Musée de Bonn. Cet artiste est encore l'auteur de la *Vierge et l'Enfant* du Musée Kaiser Friedrich de Berlin et du triptyque du Musée d'Anvers, traitant un sujet analogue. Le Musée de Cluny possède également de lui deux volets d'autel, dont l'un représente le *Roi David jouant de la harpe*.

MAÎTRE de L'ASSOMPTION DE LA MADELEINE DE JOHNSON
xve-xvie siècles.
Peintre de sujets religieux, mythologiques.
Il était actif vers 1500.
Bibliogr. : G. Dalli Regoli, in : *Lorenzo di Credi*, 1966 – Everett Fahy, in : Catalogue de vente Christie's, 14 déc. 1990.
Ventes Publiques : Londres, 14 déc. 1990 : *Vierge adorant l'Enfant dans un paysage rocheux*, h/pan., circulaire (diam. 77,5) : **GBP 27 500** – New York, 19 mai 1993 : *Le retour d'Ulysse*, h/pan. (78,7x96,5) : **USD 55 200** – New York, 22 mai 1997 : *La Madone et l'Enfant*, temp. et h/pan. (61x43,2) : **USD 25 300**.

MAÎTRE d'ASTORGA
xvie siècle. Espagnol.
Peintre.
Désigné d'après son activité à la cathédrale d'Astorga, qui renferme un retable de sa main. Actif dans la province de Léon dans la première moitié du xvie siècle. Plusieurs Musées de Barcelone possèdent les éléments d'un autre autel destiné également à Astorga.
Ventes Publiques : Londres, 22 avr. 1994 : *Le Christ sur le chemin du calvaire*, h/pan. mar. (134,5x104) : **GBP 28 750**.

MAÎTRE de l'AUTEL DE... Voir aussi **MAÎTRE du GRAND AUTEL DE...** et **MAÎTRE du PETIT AUTEL DE...**

MAÎTRE de l'AUTEL D'AIX-LA-CHAPELLE
xve-xvie siècles. Actif à Cologne entre 1480 et 1520. Allemand.

Peintre.
Est ainsi désigné parce qu'il est l'auteur du grand autel de la cathédrale d'Aix-la-Chapelle. Il est un des représentants les plus éminents de l'École de Cologne, et fut en rapports avec le Maître de Saint-Séverin et celui de la *Légende de sainte Ursule*. On relève chez lui l'influence des Flamands, de Van Eyck et des dessins de Dürer.
Musées : Aix-la-Chapelle (Suermondt Mus.) : *Deux panneaux avec des scènes de la Passion* – Berlin (Karl fr. Mus.) : *Adoration des Mages* – Cologne (Mus. Wallr. Richar.) : *Retour de la Sainte Famille d'Égypte* – Liverpool (Walker Art Gal.) : *Deux panneaux de la Crucifixion* – Londres (Nat. Gal.) : *Mise en croix* – Munich (Ancienne Pina.) : *Portrait du patricien francfortois Hans von Melem* – *Vierge à l'Enfant* – Paris (Mus. du Louvre) : *Adoration des Mages*, dess. – Sigmaringen (Gal. Princ.) : *Vierges*.

MAÎTRE de l'AUTEL D'ALBERT
xve siècle. Autrichien.
Peintre.
Désigné d'après son œuvre principale, l'autel offert par le roi Albert II ou sa femme Élisabeth de Luxembourg à l'église des Carmélites blancs de Vienne. L'artiste, d'un réalisme un peu criard, appartiendrait au cercle de Tubingen.

MAÎTRE de l'AUTEL DES AUGUSTINS ou appelé aussi **Maître du Retable des Augustins**
xve siècle. Allemand.
Peintre de sujets religieux.
Désigné d'après l'autel latéral érigé à l'église Saint-Augustin, à Nuremberg en 1487, et qui devint depuis 1590 l'autel principal de cette église. Cet autel serait l'œuvre la plus remarquable de l'École de peinture de Nuremberg pendant la seconde moitié du siècle qui précéda Dürer. Ce retable, daté de 1487, est en fait l'œuvre de plusieurs peintres. Les initiales *R.F.*, que portent certaines parties n'ont pas aidé à les identifier absolument. L'ensemble montre un beau coloris et une nette influence flamande.
Musées : Munich (Bayerisches Mus.) – Nuremberg (Germanisches Mus.).

MAÎTRE de l'AUTEL DE BAMBERG DE 1429
xve siècle. Actif à Nuremberg dans la première moitié du xve siècle. Allemand.
Peintre.
Ainsi désigné d'après l'autel provenant de Bamberg et recueilli au Musée National de Munich. Cet autel reproduit les épisodes les plus importants de la *Mise en croix*. On lui attribue également un grand autel voué à Marie et destiné à Langenzenn, les peintures latérales d'un autel de l'église Saint-Laurent à Nuremberg, ainsi que les *Fiançailles de sainte Catherine* à l'ancienne Pinacothèque de Munich.

MAÎTRE de l'AUTEL BARTHOLOMÉ, dit aussi **Maître de l'Autel Thomas**
Né vers 1450. xve siècle. Actif à Cologne. Allemand.
Peintre.
Il travailla de 1470 à 1480 dans les Pays-Bas, puis à partir de cette époque et jusque vers 1510 à Cologne. Son œuvre la plus importante, *L'Autel Bartholomé*, provenant de l'église Sainte-Colombe de Cologne, se trouve actuellement à l'ancienne Pinacothèque de Munich. Bien que ses figures soient en général moins élégantes, aux bouches menues, aux nez pointus et aux draperies un peu trop lourdes et engonçantes, ses chefs-d'œuvre, comme l'autel de Saint-Thomas à Cologne ou la grande *Crucifixion* de Bruxelles, sont imprégnés d'une souveraineté remarquable à déployer les moyens d'expressions artistiques. Les Musées de Paris conservent deux de ses tableaux, l'*Adoration des Bergers* du Petit Palais et la *Descente de Croix* du Louvre, inspirés évidemment par Rogier Van der Weyden. On possède également de cet artiste deux autres autels, celui de *Thomas* et celui de la *Croix*, conservés tous deux au Musée Wallraf Richartz de Cologne, et toute une série d'œuvres réparties dans les Musées suivants.
Musées : Berlin (Kaiser Friedrich Mus.) : *Mort de la Vierge* – Bruxelles : *Noces de Cana* – Budapest : *Sainte Famille* – Cologne (Wallraf Richartz Mus.) : *Madone de Dormagen* – *Retable de saint Thomas* – *L'autel de la Croix* – Cologne (coll. Neuerburg) : *Adoration des Mages* – Darmstadt (Mus. prov.) : *La Vierge avec l'Enfant et saint Augustin et saint Adrien* – Mayence : *Saint André et la Colombe* – Munich (Anc. Pina.) : *Sainte Anna Selbdritt* – *L'autel Bartholomé* – Paris (Petit Palais) : *Adoration de l'Enfant Jésus* – Paris (Mus. du Louvre) : *Descente de croix* – Utrecht (Mus. Archiépiscopal) : *La Vierge et l'Enfant, saint Jean l'Évangéliste et sainte Agnès*.

Ventes Publiques : Londres, 6 juil. 1966 : *Saint James* : **GBP 6 000**.

MAÎTRE de l'AUTEL DE CADOLZBURG
xve siècle. Actif à Nuremberg au début du xve siècle. Allemand.
Peintre.
Ainsi désigné d'après l'autel de Cadolzsburg qui fut exécuté vers 1425 dont certains éléments se trouvent actuellement au Musée de cette ville, tandis que d'autres ont été réunis au château de Berlin. On attribue au même auteur un autel de *Sainte Catherine*, qu'a recueilli l'ancienne Pinacothèque de Munich, et une statue de *Sainte Barbara* conservée au Musée germanique de Nuremberg.

MAÎTRE de l'AUTEL DE EICHSTÄTT
xve siècle. Actif à la fin du xve siècle. Allemand.
Sculpteur.
Ainsi désigné d'après le maître-autel de la cathédrale d'Eichstätt. L'autel même a été détruit ; mais les figures monumentales ont été sauvées.

MAÎTRE de l'AUTEL FABRIANO
xive-xve-xvie siècles ? Italien (?).
Peintre de sujets religieux.
Ventes Publiques : Londres, 2 avr. 1976 : *Vierge à l'Enfant*, h/pan. fond or (72x47) : **GBP 17 000**.

MAÎTRE de l'AUTEL DE FRIEDBERG
xive siècle. Actif à la fin du xive siècle. Allemand.
Peintre.
Le Musée de Darmstadt conserve un polyptyque ainsi attribué.

MAÎTRE de l'AUTEL DE HEISTERBACH
xve siècle. Actif à Cologne au milieu du xve siècle. Allemand.
Peintre.
Ainsi désigné d'après l'autel provenant de l'abbaye des Cisterciens de Heisterbach. Ses panneaux ont été dispersés entre l'Ancienne Pinacothèque de Munich, la Galerie d'Augsbourg, le Musée Wallraf-Richartz à Cologne et celui de Hambourg.
Ventes Publiques : Londres, 26 juin 1970 : *La Flagellation* : **GNS 8 500**.

MAÎTRE de l'AUTEL IMHOFF. Voir **MAÎTRE du RETABLE IMHOFF**

MAÎTRE de l'AUTEL D'ISENHEIM
xve siècle. Actif à la fin du xve siècle. Français.
Sculpteur.
Ainsi désigné d'après les restes de l'autel d'Isenheim, recueillis par le Musée d'Unterlinden à Colmar. Il fut peint en partie par Matthias Grünewald. Pendant la Révolution française les sculptures furent détachées de l'autel et remises aux collections de la ville de Colmar, qui les confia au Musée d'Unterlinden.

MAÎTRE de l'AUTEL DE KEFERMARKT
xve siècle. Actif probablement à Passau à la fin du xve siècle. Autrichien.
Sculpteur sur bois.
Est l'auteur du coffre de l'autel de Kefermarkt, dont les sculptures sont comptées parmi les plus remarquables de l'art autrichien de la fin du Moyen Age. Ce maître-autel, qui fut exécuté sans doute entre 1491 et 1498, représente quelque analogie avec le retable de saint Wolfgang de Pacher, mais aussi avec l'œuvre de l'atelier des frères Erhart à Ulm. On tend à identifier ce sculpteur à Martin Kriechbaum.

MAÎTRE de l'AUTEL LAUTENBACH
xve siècle. Actif à la fin du xve siècle. Français.
Sculpteur.
Auteur du grand autel de l'église de Lautenbach dans le pays de Bade. Il est probable que cet artiste a séjourné assez longtemps dans la région de Strasbourg ; car la *Madone* de Lautenbach présente de frappantes analogies avec celle d'Isenheim qui est au Louvre et qui pourrait être attribuée au Maître de l'autel de Brisach.

MAÎTRE de l'AUTEL DE LITOMERICE
xve-xvie siècles. Ec. de Bohême.
Peintre de sujets religieux.
D'après le Dr Ladislav Kesner, conservateur du département de peintures médiévales de Bohême au Musée National de Prague, le Maître de l'Autel de Litomerice était actif vers 1495-1520 et peignait à la cour du roi Vladislav II à Prague au xvie siècle. Il était le plus connu des peintre bohémiens de panneaux vers

1500. Une exposition de ses œuvres à été organisée en 1989 à Litomerice par le Dr Kesner.
On connait de lui le triptyque de Stahov dont le panneau central représentant la *Visitation* et le ventail de droite avec *la Nativité* et *la Fuite en Egypte* et au revers *L'Annonciation*, sont exposés au musée National de Prague.
Musées : Prague (Mus. Nat.) : *Triptyque de Stahov : La Visitation*, panneau central – *la Nativité et la Fuite en Egypte*, ventail de droite – *l'Annonciation*, au revers.
Ventes Publiques : Londres, 13 déc. 1991 : *Le massacre des Innocents*, h/pan., partie inférieure du ventail gauche du triptyque de Stahov (57,2x34,6) : **GBP 18 700**.

MAÎTRE de l'AUTEL LÖFFELHOLZ
XVe siècle. Actif à Nuremberg dans la seconde moitié du XVe siècle. Allemand.
Peintre.
Ainsi désigné d'après l'autel offert par Löffelholz à l'église Saint-Sebald de Nuremberg. Cet autel aurait été exécuté entre 1462 et 1463 et représente des scènes de la *Vie de sainte Catherine*. L'artiste serait également l'auteur d'un tableau, le *Martyre de sainte Catherine*, qui se trouve au Musée d'histoire de l'Art à Bonn.

MAÎTRE de l'AUTEL DE LOMBECK
XVIe siècle. Actif à Bruxelles dans le premier tiers du XVIe siècle. Éc. flamande.
Sculpteur.
Ainsi nommé d'après l'autel très important de la Vierge dans l'église Notre-Dame de Lombeck dans le Brabant. Cet autel est une des œuvres les plus représentatives de la période de transition du gothique à la Renaissance. Elle présente des analogies avec les *Sept joies de Marie* dans la chapelle Sainte-Marguerite de Bonn.

MAÎTRE de l'AUTEL DE MARIE DE LISBONNE
XVIe siècle. Actif dans le premier tiers du XVIe siècle. Éc. flamande.
Peintre.
Ainsi désigné d'après un autel de la Sainte Famille datant d'environ 1505, qui se trouve au Musée de Lisbonne. L'artiste aurait été un des « maniéristes » les plus éminents de l'École d'Anvers. On lui doit également encore un diptyque conservé à la Galerie Doris de Rome.

MAÎTRE de l'AUTEL MASCOLI
XVe siècle. Vénitien, actif dans le premier tiers du XVe siècle. Italien.
Sculpteur.
Ainsi désigné d'après l'autel érigé en 1430 dans la chapelle dei Mascoli de Saint-Marc à Venise. Cet autel est un des monuments les plus importants de la sculpture vénitienne du quattrocento.

MAÎTRE de l'AUTEL DE MÉRODE. Voir **MAÎTRE de FLÉMALLE**

MAÎTRE de l'AUTEL DE NÜRTINGEN. Voir **MAÎTRE C. W. de 1516,** dans le tableau à la fin de la lettre **C**

MAÎTRE de l'AUTEL D'OBERSTEIN
XVIe siècle. Rhénan, actif à la fin du XVIe siècle. Allemand.
Peintre.
Ainsi désigné d'après l'autel érigé vers 1400 dans une chapelle de rocher à Oberstein S. Nahe. Cet autel présente une certaine importance historique. C'est le même artiste qui aurait peint la *Crucifixion* du Musée de Darmstadt et le *Renvoi du Christ après son interrogatoire chez Ponce Pilate* au Musée de Mayence.

MAÎTRE de l'AUTEL PALLANT
XVe siècle. Actif à Cologne vers 1430. Allemand.
Peintre.
Ainsi désigné d'après le comte Werner II, seigneur de Pallant qui a commandé cet autel. Il se distingue par le réalisme de ses paysages.
Musées : Aix-la-Chapelle (Mus. Suermondt) : Fragments de l'autel Pallant – Berlin (Mus. All.) : *Sauvetage des âmes du Purgatoire* – Cologne : *Madone avec six anges* – Nuremberg (Mus. Germ.) : *Six scènes de la vie des saints*.

MAÎTRE de l'AUTEL DE PIRANO
XIVe siècle. Italien.
Peintre.
Vénitien, il est l'auteur d'une *Madone avec l'enfant Jésus, entourée de six saints*, qui se trouve dans la sacristie de la cathédrale de Pirano en Istrie.

MAÎTRE de l'AUTEL DE SAGRARIO DANS LA CATHÉDRALE DE PALENCIA
XVIe siècle. Actif dans la première moitié du XVIe siècle. Espagnol.
Sculpteur.
Cet autel est un des plus remarquables de la région et comprend trois étages qui représentent la *Naissance du Christ*, la *Présentation au temple*, l'*Adoration des Mages*, et la *Cène*.

MAÎTRE de l'AUTEL DE SAINT BARTHÉLÉMY. Voir **MAÎTRE de l'AUTEL BARTHOLOMÉ**

MAÎTRE de l'AUTEL DE SAINT JÉRÔME. Voir **MAÎTRE A. D.,** dans le tableau à la fin de la lettre A

MAÎTRE de l'AUTEL DE SAINTE BARBARA
XVIe siècle.
Peintre de compositions religieuses.
Ventes Publiques : Milan, 25 fév. 1986 : *La Mort de la Vierge (recto) ; Sainte Anne avec la Vierge et l'Enfant (verso)*, h/pan. (110x52) : **ITL 42 000 000**.

MAÎTRE de l'AUTEL DE SCHNEWLIN
XVIe siècle. Rhénan, actif au début du XVIe siècle. Allemand.
Sculpteur.
Joh. Schnewlin est le donateur de l'autel érigé en 1512 qui se trouve dans la seconde chapelle de la cathédrale de Fribourg. On doit également à l'artiste qui sculpta cet autel, un autre groupe qui représente une *Madone assise avec l'enfant Jésus* et qui se trouve au Musée allemand de Berlin.

MAÎTRE de l'AUTEL DE STERZING. Voir **MAÎTRE des PANNEAUX DE L'AUTEL DE STERZING**

MAÎTRE de l'AUTEL DE STRACHE
XVe siècle. Actif à Bamberg à la fin du XVe siècle. Allemand.
Peintre.
Il a exécuté entre 1490 et 1500 un autel consacré à la *Passion*, qui se trouvait primitivement dans la collection Strache à Dornbach près de Vienne. Ses éléments furent par la suite dispersés entre plusieurs musées. Il est probable que l'auteur en est Cranach l'Ancien. De toute façon l'artiste peut être considéré comme un des meilleurs coloristes allemands de la fin du XVe siècle.
Musées : Berlin (Mus. All.) : *Le Christ devant Pilate* – Darmstadt (Mus. prov.) : *Le mont des Oliviers* – Nuremberg (Mus. All.) : *Le Christ porte sa Croix – Mise en Croix* – Paris (Mus. du Louvre) : *Flagellation*.
Ventes Publiques : Cologne, 5 mai 1966 : *La Crucifixion* : **DEM 160 000** – Cologne, 7 juin 1972 : *La Crucifixion* : **DEM 120 000**.

MAÎTRE de l'AUTEL DE TEGERNSEE
XVe siècle. Actif dans la première moitié du XVe siècle. Allemand.
Peintre.
Ainsi désigné d'après le grand autel du monastère du lac de Tegern, dont les panneaux sont répartis entre le Musée germanique de Nuremberg, le Musée allemand de Berlin, l'ancienne Pinacothèque et le Musée National de Munich. Cet artiste disposait de dons remarquables et était un excellent coloriste.

MAÎTRE de l'AUTEL THOMAS. Voir **MAÎTRE DE L'AUTEL BARTHOLOMÉ**

MAÎTRE de l'AUTEL DE TREBON
XIVe siècle. Actif vers 1380. Tchécoslovaque.
Peintre.
Considéré en Tchécoslovaquie comme leur plus grand artiste gothique. La Galerie Nationale de Prague conserve de lui une *Résurrection*, en trois volets. A la gravité d'expression du sens de la mort, il allie la présence dans ses peintures de la nature, figurée encore avec réserve, mais néanmoins avec un réalisme rare en ce temps. Ce retable de Trebon a été peint, vers 1380, pour le monastère des Augustins du village. L'espace et la lumière caractéristiques de ses peintures, sont d'un metteur en scène, qui a le sens du pathétique dramatique, ainsi qu'en témoignent le ciel rouge aux étoiles dorées de la *Résurrection*, ou la lumière intérieure qui illumine les visages du *Jardin des Oliviers*.
Bibliogr. : Marcel Brion : *La peinture allemande*, Tisné, Paris, 1959.

MAÎTRE de l'AUTEL DES TUCHER
XVe siècle. Actif à Nuremberg au milieu du XVe siècle. Allemand.
Peintre.
A peint l'autel fondé par la famille Tucher en 1445 à l'église de la

Chartreuse de Nuremberg et transféré à l'église Notre-Dame en 1816. Cet autel, avec ses figures se détachant sur un fond doré, représente le point culminant de la peinture à Nuremberg au milieu du XVe siècle. On a rapproché son style de celui de Conrad Witz et du Maître de l'Annonciation d'Aix. On le distingue du Maître du Tableau-Épitaphe Ehenheim (vers 1440) de l'église Saint-Laurent à Nuremberg.

MAÎTRE de l'AUTEL DE WIENER-NEUSTADT DE 1447
XVe siècle. Actif dans la première moitié du XVe siècle. Autrichien.
Peintre.
Ainsi désigné d'après l'autel de 1447 provenant de Wiener-Neustadt et qui se trouve aujourd'hui dans le chœur de Saint-Étienne à Vienne. Cet artiste aurait subi l'influence de Jean de Tübingen.
Musées : Berlin (Mus. All.) : *Visitation* – Budapest : *Naissance du Christ* – *Adoration des Mages* – Linz (Mus. prov.) : *Annonciation et saint Jérôme* – Vienne (Mus. d'Hist. de l'Art) : *Adoration des mages* – *Les quatre évangélistes.*

MAÎTRE de l'AUTEL DE WOLFGANG
XVe siècle. Actif à Nuremberg vers le milieu du XVe siècle. Allemand.
Peintre.
A peint l'autel de Wolfgang à l'église Saint-Laurent de Nuremberg. C'est au même artiste que l'on doit un autel de la *Passion* dans la même église et un troisième autel à l'église Saint-Jean à Schwabach.

MAÎTRE d'AVILA. Voir aussi **BARCO Gabriel del**

MAÎTRE d'AVILA
XIIe siècle. Actif à Avila à la fin du XIIe siècle. Espagnol.
Sculpteur.
Un des sculpteurs espagnols les plus remarquables du XIIe siècle. Il fut le principal décorateur du portail occidental de la cathédrale Saint-Vincent à Avila.

MAÎTRE du BAMBINO VISPO
XVe siècle. Italien.
Peintre.
Cet artiste florentin du premier quart du XVe siècle fut ainsi désigné en raison de la vivacité de l'Enfant Jésus sur ses tableaux de Madones.
Musées : Boston (Mus. of Arts) : *Saint Vincent et saint Étienne* – Florence (Mus. des Offices) : *Madone et l'Enfant Jésus* – Munich (Pina.) : *Le Jugement dernier* – Utrecht (Mus. Cent.) : *Madone avec l'Enfant* – Würzburg (Univer.) : *Triptyque de Corsini.*
Ventes Publiques : Londres, 1er nov. 1978 : *La Vierge et l'Enfant avec de saints personnages et anges,* h/pan., fond or, fronton cintré (95x46) : **GBP 42 000** – Londres, 11 juil. 1980 : *La Vierge et l'Enfant entourée d'anges,* h/pan. fond or, fronton cintré (87,6x50,2) : **GBP 95 000** – Londres, 6 juil. 1983 : *Sainte Ursule,* h/pan. (43x12,5) : **GBP 16 500** – New York, 4 nov. 1986 : *Saint Étienne et Saint Bruno,* h/pan. fond or, prédelle (14,5x41,2) : **USD 60 000**.

MAÎTRE des BANDEROLES, dit aussi **Maître de 1464,** ou **Maître des Jours de la Création**
XVe siècle. Actif en Westphalie de 1460 à 1467. Allemand.
Graveur.
Cet artiste, dont on mentionne environ cinquante-huit estampes paraît avoir été surtout un copiste et s'être particulièrement inspiré du maître E. S. On cite notamment de lui : Une *série des Apôtres,* copies d'après le maître E.S. : *Les jours de la création,* d'après le même : *Un alphabet,* d'après un alphabet xylographique de 1464 ; le *Jugement de Pâris* et la *Roue de la Fortune.*

MAÎTRE du BARGELLO. Voir **MAÎTRE du TONDO DE CARRAND**

MAÎTRE de la BATAILLE D'ANGLIARI
XVe siècle. Italien.
Peintre.
Ventes Publiques : Londres, 9 déc. 1931 : *Le triomphe de Scipion l'Africain* : **GBP 310** – Paris, 16 mars 1950 : *Triomphe d'un empereur* : **FRF 340 000** – Londres, 30 nov 1979 : *Scène de bataille,* h/pan. (38,5x153) : **GBP 15 000**.

MAÎTRE de la BATAILLE DE WÜRZBURG
XVIe siècle. Allemand.
Peintre de compositions religieuses, batailles.
Actif dans la première moitié du XVIe siècle, il est l'auteur d'une *Bataille de lansquenets* d'un très beau mouvement qui se trouve à l'université de Würzburg. On doit également à ce même artiste la *Décapitation de sainte Catherine* à la Galerie de Vienne.

MAÎTRE du BEAU DIEU D'AMIENS
XIIIe siècle. Actif à Amiens. Français.
Sculpteur.
Ainsi désigné d'après la statue du *Beau Dieu,* datant de 1220 à 1230 et se trouvant sur le portrait central de la façade ouest de la cathédrale d'Amiens. Cet artiste arait également sculpté les dix statues de martyrs de la Porte Saint-Firmin de la façade ouest d'Amiens. Toutes ces statues reflètent un croisement d'influences de Chartres et de Paris.

MAÎTRE du BEAU DIEU DE REIMS
XIIIe siècle. Actif dans le second tiers du XIIIe siècle. Français.
Sculpteur.
Ainsi désigné d'après la statue du *Beau Dieu* sur le portail gauche du transept nord de la cathédrale de Reims. La statue a malheureusement été décapitée au cours d'un bombardement en 1918. C'est encore cet artiste qui aurait exécuté le bas-relief du tympan du même portail représentant des scènes du *Jugement dernier.*

MAÎTRE aux BÉGUINS ou **Maître des Béguins**
XVIIe siècle. Français.
Peintre de compositions à personnages.
Il était actif à Paris vers 1650-1660. Les peintures qui lui sont attribuées participent des thèmes familiers aux deux aînés Le Nain.
Bibliogr. : G. Martin : *Le Maître des Béguins – une proposition d'identification,* Éd. Apollo, 1991.
Ventes Publiques : Paris, 9 avr. 1990 : *Famille de paysans dans une cour de ferme,* h/t (60x77) : **FRF 85 000** – Paris, 14 déc. 1992 : *Famille de paysans pauvres dans un intérieur,* h/t (51,5x62,5) : **FRF 50 000**.

MAÎTRE de la BELLE ALLEMANDE
XVIe siècle (?). Allemand.
Sculpteur.
L'auteur de cette très belle statue de *Marie l'Égyptienne* serait probablement Gregor Erhart, le maître du grand autel de Blaubeur.

MAÎTRE de la BELLE MADONE DANS L'ÉGLISE SAINT-SEBALD À NUREMBERG
XVe siècle. Allemand.
Sculpteur.
Ainsi nommé d'après la statue de bois doré et peint qui date d'environ 1420 et qui se trouve contre le premier pilier gauche du chœur de l'église Saint-Sebald à Nuremberg. Il s'agit là d'une des œuvres les plus remarquables de la sculpture de Nuremberg au début du XVe siècle. On attribue à ce même sculpteur la grande statue de pierre de 1442 de saint Christophore qui se trouve au Musée germanique de Nuremberg et que l'on considère comme le spécimen le plus typique de l'art baroque de cette époque.

MAÎTRE des BERGERS
XIIIe siècle. Actif à Chartres vers le milieu du XIIIe siècle. Allemand.
Sculpteur.
Ainsi désigné d'après le relief de l'*Annonciation aux bergers,* qui se trouvait à l'ancien jubé de la cathédrale de Chartres et dont les éléments ont été recueillis à la chapelle Saint-Martin de la crypte.

MAÎTRE BERTRAM. Voir **BERTRAM**

MAÎTRE de la BIBLE D'ADMONT
Originaire de Salzbourg. XIIe siècle. Autrichien.
Enlumineur.
Désigné d'après la grande *Bible d'Admont* à la Bibliothèque Nationale de Vienne, qui constitue le monument le plus important de l'enluminure salzbourgeoise du XIIe siècle. Elle comprend en effet deux tomes contenant trente et une miniatures et cent majuscules.

MAÎTRE de BLÜTENBURG
XVe-XVIe siècles. Actif à Munich de 1480 à 1510. Allemand.
Sculpteur sur bois.
Désigné d'après la série des *douze apôtres,* du *Christ* et de *Marie* que nous présente la chapelle du château à Blütenburg près de Munich. Ces figures dateraient des environs de 1490.

MAÎTRE du BOCCACE DE BRUGES
XVe siècle. Actif en Hollande dans la seconde moitié du XVe siècle. Hollandais.

Graveur.
On connaît de ce maître, que l'on croit Hollandais, une *Transfiguration* et dix planches pour l'édition latine de Boccace, imprimée à Bruges par Mansion en 1476. Le British Museum de Londres possède également de lui une *Transfiguration du Christ.*

MAÎTRE de BOHI
XIIe siècle. Actif au début du XIIe siècle. Espagnol.
Peintre.
Il est connu pour la décoration de l'église San Juan de Bohi, dans la province de Lerida. Cet artiste est l'un des seuls à se tenir à l'écart des formules byzantines largement exploitées par les autres peintres. Il donne une large place à la représentation d'animaux plus ou moins fantastiques, de type assez oriental. Ses personnages aux longs corps portent des costumes qui semblent venir d'Asie Mineure. L'ensemble se détache sur un fond à bandes horizontales colorées qui se retrouveront dans de nombreuses peintures romanes en Catalogne. Il représente la tendance autochtone de la peinture romane en face des courants venus de l'étranger.
Bibliogr. : J. Lassaigne : *La peinture espagnole, des fresques romanes au Greco,* Skira, Genève, 1952.

MAÎTRE de BONNAT
XVe siècle. Actif en Aragon au dernier tiers du XVe siècle. Espagnol.
Peintre.
Ainsi désigné d'après trois tableaux d'autels que le peintre Léon Bonnat a légués au Musée de Bayonne et qui représentent le *Partage du manteau de saint Martin,* son *Couronnement comme évêque* et l'*Enlèvement secret de son cadavre.* Cet artiste serait également l'auteur d'une série de *Scènes de la Passion* qui se trouvent au Metropolitan Museum de New York, et d'une *Tentation de saint Antoine* au Musée Taramona à Madrid.

MAÎTRE aux BOQUETEAUX
XIVe siècle. Actif au milieu du XIVe siècle. Français.
Enlumineur.
Désigné selon l'habitude qu'il avait de disséminer des boqueteaux dans ses décorations. Il fut un des miniaturistes les plus éminents de son temps et dirigea probablement un atelier à Paris. Plusieurs Bibles illustrées par lui se trouvent au British Museum de Londres et au Westreenianum Museum de La Haye. Il a d'autre part exécuté les miniatures de la *Bible* de Jean de Sy, des *Poésies de Guillaume de Machaut,* de la *Cité de Dieu,* et de la *Grande Chronique* de France, qui toutes quatre se trouvent à la Bibliothèque Nationale de Paris. Il illustra également le *Tite-Live* de Charles V, la *Bible historiale* de Charles VI et la *Légende dorée* de Jacques de Voragine. On ne sait s'il peut être identifié à Jean le Noir qui travailla, en compagnie de sa fille Burgot, pour le roi Jean et Charles V. Il emploie peu de couleurs et n'indique généralement pas les ombres.

MAÎTRE des BOURBONS. Voir **MAÎTRE de MOULINS**

MAÎTRE du BOURG À LA COLLINE
XVe siècle. Italien (?).
Peintre de compositions religieuses.
Ventes Publiques : Londres, 8 déc. 1989 : *Vierge et l'Enfant avec les saints Jean Baptiste, Nicolas de Bari, Martin de Tours et Laurent,* h/pan. à fond d'or, de forme ogivale (85x58) : **GBP 77 000** – Londres, 10 déc. 1993 : *Vierge à l'Enfant,* h/pan. (79x50,5) : **GBP 29 900.**

MAÎTRE de BRESSANONE
XVe siècle. Italien (?).
Dessinateur.
Il était actif vers 1450.
Bibliogr. : J. Byam Shaw, in : *Les dessins italiens dans la collection Frits Lugt,* Paris, 1983.
Ventes Publiques : Londres, 2 juil. 1991 : *Femme assise,* craie noire et encre (12,8x10,6) : **GBP 2 200.**

MAÎTRE du BRÉVIAIRE DU DUC DE BEDFORD
XVe siècle. Français.
Miniaturiste.
Il était actif entre 1405 et 1430. Il est connu pour avoir exécuté un *Livre d'Heures* pour le duc de Bedford, Jean de Lancastre, vers 1423. Il illustra également le dit *Bréviaire de Salisbury* (1424-35). Il a sûrement participé au *Térence des ducs,* entre 1405 et 1410, et au *Livre de chasse de Gaston de Foix,* tous deux conservés à la Bibliothèque Nationale de Paris. Selon certains, il pourrait être Hancelin de Hagueneau, collaborateur et héritier de Jacques Coene, et serait ainsi le maître de Fouquet. Il créa une sorte d'atelier parisien avec le Maître des Heures de Boucicaut et le Maître des Heures de Rohan. Mais si ce dernier le quitta vers 1414, le premier continua de travailler avec lui. À la fin de sa vie, et à la mort du roi, il quitta Paris pour Rouen. Fin coloriste, il a le goût du pittoresque et laisse une bonne place aux bordures qui prennent part à la composition.
Bibliogr. : M. Herold, in : *Dictionnaire de l'Art et des Artistes,* Hazan, Paris, 1967.

MAÎTRE de BRUGES DE 1480. Voir **MAÎTRE de la LÉGENDE DE SAINTE LUCIE**

MAÎTRE de BUDAPEST
XVe siècle. Hongrois (?) Italien (?).
Peintre de compositions religieuses.
Il était actif au milieu du XVe siècle dans la province de Palencia.
Ventes Publiques : Paris, 14 déc. 1992 : *La montée au calvaire,* h/pan. (70x44,5) : **FRF 35 000.**

MAÎTRE de BURNHAM
XVe siècle. Actif en Aragon dans la première moitié du XVe siècle. Espagnol.
Peintre.
Ainsi désigné d'après un retable très important qui se trouve en possession de Mrs Henry D. Burnham à Boston, et qui représente dans son panneau central la *Madone et son Enfant.* Ce serait le même artiste qui aurait exécuté la *Madone avec son Enfant* qui se trouve à l'Institut Städel de Francfort-sur-le-Main, une *Madone en mantille* qui figure dans la collection Plandiure à Barcelone et une *Madone avec son enfant* de la collection Bromo de Laroussilhe à Paris.

MAÎTRE des BUSTES DE FEMMES ou **Maître des Demi-Figures**
XVIe siècle. Actif aux Pays-Bas pendant le premier tiers du XVIe siècle. Éc. flamande.
Peintre.
Ainsi désigné en raison de ses tableaux reproduisant des bustes de femmes à la mode, qu'il nous présente sous les traits stéréotypés de la Vierge ou de sainte Madeleine.
Son œuvre, qui n'est pas encore exactement délimitée, est considérable, mais monotone. Il peint aussi des musiciennes, dans un style maniériste qui rappelle l'art de Van Orley ou d'Ambroise Benson.
Bibliogr. : M. J. Friedländer – *Peinture primitive hollandaise,* 1975.
Musées : Amsterdam (Mus. Imp.) : *Marie avec l'enfant Jésus* – Berlin (Château) : *Sainte Madeleine* – Berlin (Kaiser Friedrich Mus.) : *Adoration des Mages – Vénus et l'Amour – Neptune et Thétis* – Budapest : *Portrait d'homme* – Cambridge (Fitzwilliam Mus.) : *Marie avec l'Enfant Jésus* – Cologne (Mus. des Arts Ind.) : *Autel avec Marie et l'Enfant Jésus* – Copenhague : *Marie et l'enfant Jésus se reposant au cours de leur fuite* – Cracovie (Mus. Czartor) : *Madeleine écrivant* – Francfort-sur-le-Main : *Sainte Madeleine* – Hanovre : *Madeleine jouant du luth* – La Haye : *La Vierge* – Kassel : *Sainte Famille, sainte Catherine, sainte Barbe,* triptyque – Londres (Nat. Gal.) : *Trois femmes faisant de la musique – Jean à Patmos* – Madrid (Prado) : *Adorations des Mages* – Madrid (Mus. Lazaro Galdiano) : *Vierge à l'Enfant* – Meiningen (Château) : *Trois femmes faisant de la musique* – Mexico : *Marie avec l'Enfant et l'ange* – Milan (Mus. Brera) : *Catherine avec un livre* – Nuremberg (Mus. Germ.) : *Adoration des Mages* – Paris (Mus. du Louvre) : *Madeleine avec un livre* – Posen : *Madeleine jouant du clavecin* – Rome (Gal. Colonna) : *Lucrèce se poignardant* – Rotterdam : *Madeleine jouant du luth* – Saint-Pétersbourg (Mus. de l'Ermitage) : *Marie avec l'enfant* – Strasbourg : *Naissance du Christ,* autel – Turin : *Scènes de la crucifixion,* autel – Vienne : *Sainte Famille au cours de sa fuite* – Wiesbaden : *Marie avec l'Enfant Jésus – Trois femmes faisant de la musique.*
Ventes Publiques : Paris, 11 mai 1913 : *La Vierge et l'Enfant Jésus* : **FRF 46 000** – Paris, 16 fév. 1923 : *Portrait présumé de la princesse Isabeau d'Autriche* : **FRF 30 000** – Paris, 2 juin 1924 : *La Lettre* : **FRF 100 000** – Londres, 27 mai 1927 : *La Vierge et l'Enfant* : **GNS 550** – Paris, 22 nov. 1946 : *La Vierge et l'Enfant Jésus* : **FRF 170 000** – Cologne, 28 mars 1969 : *Sainte Madeleine* : **DEM 65 000** – Londres, 6 déc. 1972 : *Portrait de femme en sainte Madeleine* : **GBP 14 000** – Zurich, 20 mai 1977 : *Marie-Madeleine écrivant,* h/pan. (54,5x42) : **CHF 48 000** – New York, 9 oct. 1980 : *Le repos pendant la fuite en Egypte,* h/t (66,5x96) : **USD 92 500** – Cologne, 25 nov. 1983 : *La Joueuse de luth,* h/pan. (55x43) : **DEM 65 000** – Londres, 9 avr. 1986 : *Lucrèce,* h/pan.

(45x31,5) : **GBP 19 500** – Lucerne, 11 nov. 1987 : *Marie-Madeleine*, h/pan. (54x42) : **CHF 90 000** – New York, 10 jan. 1991 : *Vierge à l'Enfant*, h/pan. (24,5x19,5) : **USD 47 300** – Paris, 20 juin 1991 : *Sainte Marie-Madeleine lisant*, h/pan. (41,5x30) : **FRF 140 000** – Monaco, 4 déc. 1993 : *Vierge et l'Enfant assis au bord d'une table dans un intérieur*, h/pan. (72x57,5) : **FRF 1 776 000** ; *La Madeleine écrivant*, h/pan. (55x42) : **FRF 1 054 500** – New York, 12 jan. 1995 : *Vierge à l'Enfant dans un paysage*, h/t/pan. avec le haut arqué (92,7x59,4) : **USD 46 000** – Amsterdam, 13 nov. 1995 : *La Madeleine lisant*, h/pan. (31x23,8) : **NLG 92 000** – Londres, 6 déc. 1995 : *La Madeleine écrivant dans un intérieur*, h/pan. (41x28,5) : **GBP 73 000** – Paris, 25 juin 1996 : *Vierge à l'Enfant*, h/pan. (41x29) : **FRF 520 000** – New York, 22 mai 1997 : *Une dame à son secrétaire*, h/pan. (31,1x23,5) : **USD 41 400**.

MAÎTRE de CABANYES ou **Maestro de los Cavanyes**
XVIe siècle. Actif à Valence au début du XVIe siècle. Espagnol.
Peintre.
Ainsi désigné d'après l'autel de saint Denis et de sainte Marguerite, sur lequel se trouvent les armes de la famille Cabanyes, au Musée diocésain de Valence. Cet artiste aurait également exécuté un certain nombre d'œuvres d'inspiration religieuse, dans la région de Valence et de Barcelone, et en particulier un saint Michel qui se trouve au Metropolitan Museum de New York.

MAÎTRE du CABINET DES ESTAMPES D'AMSTERDAM. Voir **Maître du LIVRE DE RAISON DE WOLFEGG**

MAÎTRE au CADUCÉE. Voir **BARBARI**

MAÎTRE de CALZADA
XVIe siècle. Actif dans la première moitié du XVIe siècle. Espagnol.
Peintre.
Ainsi désigné d'après le village de Calzada de los Molinos, dans l'église duquel se trouve son œuvre maîtresse, l'*autel de Marie*. La statue de la Vierge, installée sur l'autel sous un baldaquin, a malheureusement disparu. Cet artiste aurait exécuté un autre autel de même style pour l'église Villalcazar de Sirga.

MAÎTRE de CAMMERLANDER
XVIe siècle. Actif à Strasbourg de 1539 à 1545. Français.
Dessinateur.
Ainsi appelé en raison de son activité à l'Officine de Jakob Cammerlander à Strasbourg, dont il fut le principal dessinateur. Il a illustré en particulier la *Chancellerie secrète*, le *Petit bateau de fous*, le *Livre des planètes* et la *Danse des morts*.

MAÎTRE de CAPPENBERG. Voir **MAÎTRE de KAPPENBERG**

MAÎTRE de CARDONA
XIVe siècle. Italien (?).
Peintre de compositions religieuses.
Ventes Publiques : Genève, 21 juin 1976 : *Saint Benoît et Saint Onufre* vers 1390, h/pan. de retable (90x65) : **CHF 320 000**.

MAÎTRE de CARMIGNANO
XIVe-XVe siècles. Italien.
Peintre de compositions religieuses.
Ainsi nommé par le professeur Miklos Boskovits, d'après une Annonciation dans l'église San Michele de Carmignano. Il était actif vers 1400 à Florence. On y décèle l'influence de Lorenzo Monaco et de Agnolo Gaddi.
Ventes Publiques : Londres, 9 juil. 1993 : *Vierge à l'Enfant sur sur un trône avec les saints Antoine, Lucie, Dominique et Catherine et deux anges*, temp. sur fond or/pan., forme ogivale (109,5x57,5) : **GBP 117 000** – Paris, 20 déc. 1994 : *Vierge et Enfant entourés par saint Jean Baptiste et saint Antoine abbé*, temp./pan. à fond or, forme ogivale en haut (59x46) : **FRF 400 000**.

MAÎTRE des CARTES À JOUER
XVe siècle. Allemand.
Graveur, peintre.
Orfèvre et graveur du Rhin inférieur entre 1430 et 1450, il a gravé un jeu de cartes en cinq couleurs, qui est un des chefs-d'œuvre du genre et que l'on peut situer avant 1446. Ce jeu se distingue en effet par la finesse de la technique. Ce jeu a été conservé aux trois-quarts. La technique en est très fine, et en fait un des plus beaux exemples de la gravure allemande, notamment en ce qui concerne les transitions et les hachures. La couleur est rapportée au pochoir. Ce style hachuré, cassé, aigu, laisse penser au travail d'un orfèvre. D'aucuns pensent qu'il ne serait autre que Konrad Witz, car la plus grande part des cartes conservées reproduisent des sujets de l'atelier de Konrad Witz. Il est probable que l'artiste qui en est l'auteur a également peint des tableaux, sans qu'on puisse les désigner avec certitude.

MAÎTRE de CASTELNUOVO SCRIVIA. Voir **FRANCESCHINO da Castelnuovo-Scrivia**

MAÎTRE de CASTELSARDO
XVIe siècle. Actif à Sardaigne du début du XVIe siècle. Italien.
Peintre.
Ainsi désigné d'après l'autel important de la cathédrale Saint-Antoine à Castelsardo. Il constitue, au dire de certains critiques, le monument le plus imposant de la peinture insulaire du début du XVIe siècle. Les panneaux décorant l'autel sont actuellement disséminés dans l'église elle-même. On attribue également à cet artiste une *Madone avec l'Enfant Jésus* que conserve la Pinacothèque Sabauda de Turin, et une autre *Madone* qui se trouve à la Galerie Municipale de Birmingham.

MAÎTRE de CATHERINE DE CLÈVES
XVe siècle. Actif au milieu du XVe siècle. Éc. flamande.
Enlumineur.
Il est connu pour avoir enluminé, vers 1435, un Livre d'Heures pour Catherine de Clèves. Quelques-unes de ses œuvres sont conservées à La Haye (Musée Meermanno Westreenianum) et à la Bibliothèque de l'Université de Leyde. Il montre une influence du Maître de Flémalle et de Van Eyck.

MAÎTRE du CHAMPION DES DAMES
XVe siècle. Actif au milieu du XVe siècle. Français.
Enlumineur.
Ainsi désigné d'après un manuscrit de la Bibliothèque de Grenoble qui contient un poème de Martin le Franc : *Champion des Dames* et fut dédié à Philippe le Bon. Ce manuscrit qui contient cent soixante-dix-neuf miniatures, fut publié dans les Trésors des Bibliothèques de France, t. V, fasc. 19 (1935).

MAÎTRE à la CHANDELLE. Voir **BIGOT Trophime**

MAÎTRE de CHANTILLY
XIVe siècle. Actif en Toscane dans le second tiers du XIVe siècle. Italien.
Peintre.
Ainsi désigné d'après le panneau représentant la *Mort de la Vierge*, et qui se trouve au Musée Condé de Chantilly. Il fut souvent attribué à l'École de Giotto.

MAÎTRE de CHAOURCE ou **Maître de Sainte Marthe,** ou **Maître aux Figures Tristes**
XVIe siècle. Français.
Sculpteur de figures, groupes, sur pierre et sur bois. Renaissance française.
Il travaillait autour de Troyes en Champagne, dans la première moitié du XVIe siècle. Du Sépulcre de Chaource, Émile Mâle écrivait : « Si les figures des hommes valaient les figures de femmes, aucun ne pourrait lui être comparé. » On ne sait rien de la vie de son auteur et le travail des attribution d'œuvres dispersées à ce Maître ou à son atelier (vraisemblablement situé à Troyes), n'est qu'à peine entamé. On lui donne actuellement : *Vierge et saint Jean*, de Saint-André-les-Vergers ; *Christ*, de Feuges ; *Sépulcre*, de Chaource ; *Saint Yves*, de Villy-le-Maréchal ; *Vierge*, de la collect. de Montrémy ; *Vierge et saint Jean*, d'Isle-Aumont ; *Pietà*, de Bayel ; *Christ portant la croix*, de Saint-Nicolas de Troyes ; *Sainte Marthe*, de Sainte-Madeleine de Troyes ; *Pietà*, de Villeneuve-l'Archevêque ; *Pietà*, de Saint-Jean de Troyes ; *Donatrice et saints, Donateur et saints*, de Saint-Nicolas de Troyes ; *Saint Sébastien*, de Sainte-Madeleine de Troyes ; *Saint Jérôme*, de Chaource. Dom Eloi Devaux distingue un affadissement progressif de ses œuvres, consécutif à des influences italianisantes. On rencontre dans ses personnages une intériorité bouleversante, et leur réalisme, accentué encore parfois par la polychromie, se transcende en spiritualité. Entre Moyen Âge et Classicisme, certaines silhouettes sommairement drapées, appartiennent encore au gothique bourguignon, tandis que d'autres plus déliées, annoncent le baroque berninien. ■ J. B.
Bibliogr. : Dom Eloi Devaux : *Le Maître de Chaource*, Zodiaque, Paris, 1956.

MAÎTRE de la CHAPELLE BRACCIOLINI DE L'ÉGLISE SAINT-FRANÇOIS DE PISTOIA
XVe siècle. Italien.
Peintre de compositions religieuses.

Il était actif vers 1425.
Ventes Publiques : Monaco, 7 déc. 1990 : *Le couronnement de la Vierge*, temp. sur pan. à fond d'or, cintré en haut (86,5x64) : **FRF 1 322 000.**

MAÎTRE de la CHARTREUSE DE STRASBOURG
xve siècle. Actif dans le dernier quart du xve siècle. Français.
Sculpteur.
Auteur des groupes en relief qui proviennent de l'autel de la Chartreuse de Strasbourg et se trouvent à la Maison Notre-Dame de cette ville. Les reliefs représentent trois scènes de la *Vie de Marie*. C'est ce même artiste qui aurait sculpté des scènes de l'*Adoration* dont une se trouve au Musée allemand de Berlin.

MAÎTRE du CHÂTEAU DE LICHTENSTEIN, dit aussi **Maître de la Passion de Lichtenstein**
xve siècle. Actif dans la première moitié du xve siècle. Autrichien.
Peintre.
Ainsi nommé d'après un autel consacré à Marie, et représentant des scènes de la *Passion*. Il se trouvait primitivement en possession du duc d'Urach au château de Lichtenstein dans le Wurtemberg. Les éléments se trouvent actuellement dispersés, ainsi que ceux d'un autre autel également consacré à Marie et qui proviennent du château de Seebenstein près de Wiener-Neustadt. Il sort de l'atelier du Maître de la Présentation. Il a travaillé à Vienne de 1430 à 1450.
Il recherche la réalité, étoffe ses panneaux de détails, de petites natures mortes. Habile dessinateur, il inscrit ses compositions dans un cadre, en relief de formes gothiques. Ses couleurs resplendissent, il sait en rehausser l'effet par leur juxtaposition savante.
Musées : Bâle : *Le Mont des Oliviers – Mise du Christ au tombeau* – Berlin (Mus. All.) : *Visitation – Circoncision du Christ* – Breslau, nom all. de Wroclaw (Mus. Silés.) : *Baptême du Christ* – Gran : *Flagellation – Le Christ couronné d'épines* – Moscou (Mus. Puschkin) : *Adoration des bergers – Adoration des Mages* – Munich (Anc. Pina.) : *Résurrection du Christ* – Vienne (Kunsthistorisches Mus.) : *Présentation de la Vierge au Temple – Jésus parmi les docteurs.*

MAÎTRE à la CHAUSSE TRAPPE. Voir **TRIBOLO Nicolo**

MAÎTRE du CHEVALIER MONTESA
xve siècle. Actif à Valence à la fin du xve siècle. Espagnol.
Peintre.
Auteur d'une *Madone* assise entre saint Benoît et saint Bernard et conservé au Prado de Madrid. Le Musée de Bayonne possède du même artiste une *Adoration des Mages*, et la Nat. Gall. à Londres, une *Vierge avec l'Enfant Jésus et trois saintes.*

MAÎTRE des CHŒURS
xve siècle. Actif dans la seconde moitié du xve siècle. Polonais.
Peintre.
Il a peint le triptyque de la *Sainte Trinité* (1467) de la cathédrale de Wawel.

MAÎTRE de CHRISTINE DE PISAN
xve siècle. Actif au début du xve siècle. Français.
Enlumineur.
Désigné d'après le fameux manuscrit du Britisch Museum qui réunit des œuvres de la poétesse Christine de Pisan et dont l'artiste aurait illustré une partie. C'est également cet enlumineur qui aurait réalisé l'illustration du manuscrit de *Pierre Salmon* qui est dédié au roi Charles VI, et dont une copie se trouve à la Bibliothèque Nationale de Paris.

MAÎTRE de la CHRONIQUE DE LIRAR. Voir **MAÎTRE du TÉRENCE D'ULM**

MAÎTRE à la CLÉ. Voir **CORONA Jacob Lucius**

MAÎTRE de la CLÔTURE DU CHŒUR SAINT-GEORGES DE BAMBERG
xiiie siècle. Actif de 1220 à 1230 à Bamberg. Allemand.
Sculpteur.
Il s'agit ici du plus remarquable des sculpteurs qui ont décoré la cathédrale de Bamberg. Son œuvre comprend les douze prophètes et apôtres adossés à la paroi qui sépare le chœur de Saint-Georges des nefs latérales. Les figures sont animées d'une vie intense, mais présentent entre elles une grande ressemblance.

MAÎTRE du CODEX DE SAINT GEORGES
xive siècle. Actif dans la première moitié du xive siècle. Italien.
Miniaturiste.
Ainsi désigné d'après les miniatures du Codex de Saint-Georges, datant d'environ 1340 et gardées à la Bibliothèque vaticane à Rome. Elles constituent le spécimen le plus remarquable de la peinture miniaturiste de Sienne. L'auteur aurait séjourné de 1339 à 1344 à Avignon, pour s'établir ensuite à Florence. On lui attribue également une série de dix-sept miniatures, représentant la *Vie de Marie* et conservées à Berlin.

MAÎTRE de COËTIVY
xive-xve-xvie siècles ? Français (?).
Peintre de sujets religieux.
Musées : Paris (Mus. du Louvre) : *Résurrection de Lazare, avec les apôtres, le donateur, la donatrice.*

MAÎTRE du CŒUR D'AMOUR ÉPRIS
xve siècle. Actif dans la seconde moitié du xve siècle.
Enlumineur.
Désigné d'après le titre du codex 2597 de la Bibliothèque de Vienne, qui contient un conte romanesque, le *Cœur d'amour épris*, composé par le roi René vers 1457 et illustré par ce maître, vers 1460. Ses miniatures sont parmi les plus remarquables du Moyen Age français. Il a également composé les illustrations d'une traduction française de la Théséide de Boccace, qui se trouve également à Vienne. On a tenté de l'identifier à Barthélémy de Clerc, peintre et valet de chambre du roi René, qui illustra le *Livre des Tournois du roi René*. Mais le Maître du cœur d'amour épris se distingue des miniaturistes de son époque par le rendu extraordinaire des effets lumineux correspondant aux moments privilégiés du jour et de la nuit, que ce soit le lever du soleil ou le paysage noctune. On propose aujourd'hui d'identifier ce Maître avec l'auteur de l'*Annonciation d'Aix*, Barthélémy d'Eyck.

MAÎTRE de la COLLECTION DE SIGMARINGEN
xvie siècle. Allemand.
Peintre.
Souabe, il était actif au début du xvie siècle. Ainsi désigné parce que la plupart de ses toiles, actuellement dispersées, se trouvaient primitivement réunies dans la collection de Sigmaringen, désigné d'ailleurs parfois en tant que Maître de Sigmaringen.
Musées : Berlin (Kaiser Friedrich Mus.) : *Circoncision du Christ* – Donaueschingen : *La Sainte Famille – Jésus portant sa croix – L'empereur Hérodius et l'évêque Zacharie en prières* – Karlsruhe : *Crucifixion – Mort de Marie – Adoration des Mages – L'Annonciation – Naissance du Christ – Mise du Christ au tombeau* – Stuttgart : *Sainte Marie et sainte Madeleine – Les apôtres Jacques et Paul.*

MAÎTRE de la COLLECTION HIRSCHER. Voir **STRIGEL Bernhard**

MAÎTRE de COLMAR. Voir **GRÜNEWALD Matthias**

MAÎTRE aux COMBATS DE COQS. Voir **SOYE**

MAÎTRE au COMPAS
xvie siècle. Actif en Italie. Italien.
Graveur au burin.
Il a gravé : *Appelles poeta tacentes a tempio.*

MAÎTRE CONRAD. Voir **CONRAD von Soest**

MAÎTRE des CONSOLES DE RUFACH
xiiie siècle. Actif à la fin du xiiie siècle. Français.
Sculpteur.
A sculpté les figures servant de consoles dans le chœur de Rufach : ce sont des personnages écrasant des monstres. Son œuvres révèle l'influence du Maître de l'Ecclesia.

MAÎTRE de CORBEIL
xiie siècle. Actif au milieu du xiie siècle. Français.
Sculpteur.
Décora le portail principal de l'église Notre-Dame de Corbeil. Deux statues nous ont été conservées seulement de cette œuvre : celles d'un roi et d'une reine qui ont été transportées à l'intérieur de l'abbaye de Saint-Denis, des deux côtés de la Porte Valois.

MAÎTRE des CORTÈGES
xviie siècle. Français (?).
Peintre de compositions à personnages, figures.
Il était actif vers 1650. Dans le siècle des Le Nain, il traitait aussi des thèmes paysans.
Ventes Publiques : Paris, 22 nov. 1987 : *Intérieur paysan*, h/t (106x95,5) : **FRF 260 000** – Monaco, 2 déc. 1989 : *Scène de vie paysanne avec des musiciens itinérants nourris dans une cuisine,*

h/t (106x94,5) : **FRF 277 500** – Paris, 30 juin 1989 : *Tête de paysan barbu*, h/t (45x32,5) : **FRF 115 000**.

MAÎTRE du COUPLE D'AMANTS DE GOTHA
XVe siècle. Actif à la fin du XVe siècle. Allemand.
Peintre.
Ainsi désigné d'après le tableau célèbre de 1480 représentant au Musée de Gotha un couple d'amants derrière un parapet de pierre.

MAÎTRE des COUPLES DE SAINTS D'ELDERKINSCHEN
XVe siècle. Allemand.
Peintre de compositions religieuses.
Deux peintures sont attribuées à ce peintre : *Dormition de la Vierge* qui figura au Brooklyn Museum (mai/juin 1936) dans le cadre de *l'Exposition d'Art européen, 1450-1500* en tant qu'École allemande du XVe siècle et *Saint Christophe et saint Georges*, cité dans le *Catalogue des peintures allemandes du Moyen Age et de la Renaissance dans les collections américaines* (1936).
Ventes Publiques : New York, 5 oct. 1995 : *Saint Bartholomé ; Saint Jean l'Évangéliste*, h/pan., ventaux d'un retable (124,8x37,8) : **USD 34 500**.

MAÎTRE du COURONNEMENT DE L'ÉGLISE du CHRIST
XIVe siècle. Italien.
Peintre de sujets religieux.
Il était actif en Toscane pendant la seconde partie du XIVe siècle. Richard Offner fut le premier à identifier cet artiste et des compléments furent apportés à son travail par Federico Zeri et Miklos Boskovits.
On trouve des œuvres de la même main au Musée de Budapest et dans la collection Kisters di Kreutzlingen.
Bibliogr. : Federico Zeri : *Catalogue des peintres toscans du XIVe s. dans les galeries de Florence*, Gazette des Beaux-Arts, Paris, 1968 – Miklos Boskovits : *La peinture florentine à la veille de la Renaissance : 1370-1400*, Florence, 1975.
Musées : Budapest (Mus. Nat.).

MAÎTRE du COURONNEMENT DE LA VIERGE
XIIIe siècle. Actif à Chartres au début du XIIIe siècle. Français.
Sculpteur.
Auteur du *Couronnement de la Vierge* qui date d'environ 1200 et qui se trouve dans le tympan au-dessus du portail central du transept nord de la cathédrale de Chartres. Cet artiste est donc le principal décorateur de ce portail avec le Maître des têtes royales et celui du Jugement Dernier. Il aurait également exécuté quatre des douze statues de prophètes qui ornent le portail nord, dont le style rappelle celui de la cathédrale de Laon.

MAÎTRE de la CRATÉROGRAPHIE. Voir **MAÎTRE de 1551**

MAÎTRE à la CRUCHE. Voir **KRUG Ludwig** ou **Lukas**

MAÎTRE des CRUCHONS
XVIIe siècle. Flamand (?).
Peintre de scènes de genre.
On n'a pas encore découvert l'identité de ce peintre. Il semble certain qu'il travailla dans l'atelier de Adriaen Brouwer. Il existe déjà un Maître à la Cruche, identifié comme Krug Ludwig et datant du XIVe s.
Ventes Publiques : Amsterdam, 13 nov. 1995 : *Une femme cuisant des crêpes dans une grange avec des enfants les mangeant près d'elle*, h/pan. (25x22,5) : **NLG 9 200**.

MAÎTRE du CRUCIFIX DE BIGALLO
XIIIe siècle. Italien.
Peintre.
Cet artiste florentin de la moitié du XIIIe siècle fut désigné d'après le crucifix que possède le Musée de Bigallo à Florence et qui daterait des environs de 1250. Ce crucifix s'écarte de la tradition iconographique en remplaçant l'inscription qu'il porte ordinairement au sommet par l'image de la Vierge entre deux anges. Le Musée des Beaux-Arts de Chicago a acquis en 1939 un autre crucifix qui serait du même artiste et nous présente un Christ au yeux fermés.
Ventes Publiques : New York, 5 juin 1980 : *La Vierge et l'Enfant avec deux anges*, h/pan., fronton cintré (119,5x61) : **USD 110 000**.

MAÎTRE de la CRUCIFIXION DE FRANCFORT. Voir **MAÎTRE de RIMINI**

MAÎTRE de la CRUCIFIXION DU LOUVRE, dit aussi **Maître du Louvre**
XIVe siècle. Toscan, actif dans la seconde moitié du XIVe siècle. Italien.
Peintre.
Auteur du panneau de la Crucifixion du Louvre qui fut successivement attribué à Giottino et à Daddi. C'est ce même artiste qui aurait peint un diptyque représentant *Marie* à la National Gallerie de Londres et un triptyque consacré à *Marie* et acquis par l'Institut des Beaux-Arts de Detroit.

MAÎTRE de la CRUCIFIXION AVEC LA PASSION DE MONTFOORT
XVIe siècle. Actif dans le premier tiers du XVIe siècle. Hollandais.
Peintre.
Auteur du panneau datant de 1514 et provenant de Montfoort qui représente la *Crucifixion* entourée de six scènes de la *Passion*. Ce tableau se trouve actuellement au Musée archiépiscopal d'Utrecht. Cet artiste serait également l'auteur de la *Mort de Marie* à la Galerie de Liechtenstein de Vienne.

MAÎTRE des CRUCIFIXIONS
XVIIe siècle. Flamand.
Peintre de compositions religieuses.
Il était actif à Anvers.
Ventes Publiques : Paris, 10 déc. 1982 : *Crucifixion*, h/cuivre : **FRF 13 500** – Paris, 12 déc. 1994 : *Le Golgotha*, cuivre (45x35) : **FRF 40 000** – Paris, 27 mars 1996 : *Crucifixion*, h/pan. (36,5x27) : **FRF 26 000**.

MAÎTRE de CUEZA
XVe-XVIe siècles. Espagnol.
Peintre de sujets religieux.
Il travailla dans la province de Palence au début du XVIe siècle. Son nom lui vient de la ville de Quintanilla de la Cueza où trois de ses œuvres sont conservées soit au Palais épiscopal, soit dans l'église paroissiale.
On identifie ses peintures par la morphologie de ses personnages au profil anguleux et aux cheveux et barbes bouclés.
Bibliogr. : In : *Catalogue des monuments de la Province de Palence*.
Ventes Publiques : New York, 12 jan. 1996 : *Procession religieuse*, h/pan. (90x67) : **USD 17 250**.

MAÎTRE du CYCLE DE VYSSI BROD
XIVe siècle. Actif au milieu du XIVe siècle. Tchécoslovaque.
Peintre.
Il est connu pour avoir exécuté le *Cycle de la Vie du Christ*, vers 1350, pour la collégiale de Vyssi Brod. Cette œuvre rappelle à la fois Giotto, les Siennois et le retable de Klosterneuburg. S'il rend maladroitement la profondeur en procédant par étagement, si les ciels sont dorés, et les figures assez hiératiques, les couleurs sont audacieuses et certains détails savoureux. Il précise, en particulier, des oiseaux, de manière très naturaliste, sur de petits arbres tout à fait disproportionnés par rapport à eux, d'une façon naïve. Il travaille en Bohême, au moment où l'art essaie de faire une synthèse entre l'esprit autochtone et l'art franco-italien qui arrive jusque-là.

MAÎTRE aux CYGNES. Voir **Maître du LIVRE D'HEURES DU MARÉCHAL DE BOUCICAUT**

MAÎTRE au DÉ. Voir **DADDI Bernardo**

MAÎTRE des DEMI-FIGURES. Voir **MAÎTRE des BUSTES DE FEMMES**

MAÎTRE de la DÉPOSITION DE PAVIE
XVe-XVIe siècles. Italien.
Peintre de sujets religieux.
Peintre influencé par Bergognone. Bien qu'anonyme il semble que son talent ait été reconnu dans le cercle de Bramantino, Zenale et Bergognone. Il est probablement l'auteur de la *Crucifixion* de l'église Santa Maria Incoronata de Milan dont cinq parties détachées sont conservées au Musée National de la Science et de la Technique.
Bibliogr. : F. Autelli, in : *Pinacothèque de Brera, École lombarde et piémontaise, 1300-1535*, Milan, 1988.
Musées : Milan (Mus. Nat. de la Science et de la Technique) : Cinq parties de la Crucifixion.
Ventes Publiques : Londres, 11 déc. 1992 : *Le Christ mis en*

Croix avec un donateur présenté par un prêtre, temp./pan. (170x100,5) : **GBP 55 000**.

MAÎTRE de la DESCENTE DE CROIX DE FIGDOR, dit aussi **Maître du Martyre de Sainte Lucie**
Éc. flamande.
Peintre.
Ainsi désigné du nom de la *Descente de croix* provenant du château de Schönau et acquise en 1937 par le Musée Kaiser Friedrich de Berlin. Le panneau du *Martyre de Sainte Lucie*, qui en faisait partie, se trouve au Musée National d'Amsterdam.

MAÎTRE avec DEUX ANCRES CROISÉES
XVIIe siècle. Actif en Hollande. Hollandais.
Graveur en manière noire.
Il a gravé : *Le massacre des frères de Witt, à La Haye.*

MAÎTRE des DEUX MADONES, dit aussi **Maître des Anges**
XIIe siècle. Français.
Sculpteur.
Il est l'auteur des deux reliefs de la *Vierge et l'Enfant* au tympan de la porte sud du portail royal de la cathédrale de Chartres, vers 1150, ainsi que du groupe fameux de la *Vierge avec l'Enfant*, qui se trouve au tympan de la porte droite de la façade ouest de Notre-Dame de Paris. On retrouverait l'influence de ce sculpteur dans les statues qui décorent le portail occidental de la cathédrale d'Angers.

MAÎTRE des DIABLERIES DU MUSÉE VICTORIA ET ALBERT
XVIe siècle (?). Flamand (?).
Peintre, dessinateur.
Cet artiste doit son nom au dessin du *Sabbat des sorcières*, exposé au Victoria and Albert Museum de Londres.
Bibliogr. : P. Ward-Jackson, in : *Catalogues du Musée Victoria et Albert : dessins italiens du XIVe au XVIe siècles*, Londres, 1979.
Musées : Londres (Victoria and Albert Mus.) : *Sabbat des sorcières*, dessin.
Ventes Publiques : Londres, 7 juil. 1992 : *Scène de bataille à l'orée d'un bois*, encre/pap. brun (37,5x50,8) : **GBP 935**.

MAÎTRE du DIPTYQUE DE BRUNSWICK
XVe siècle. Actif dans la seconde moitié du XVe siècle. Éc. flamande.
Peintre.
Il est connu à travers le diptyque représentant *Sainte Anne, la Vierge et l'Enfant*, conservé au Musée de Brunswick. On lui attribue à nouveau des œuvres autrefois données à Gérard de Saint-Jean et à Jean Mostaert, tandis que certains l'identifient à Jacob Jansz, maître de Mostaert. Il peignit avec beaucoup de charme et de fraîcheur, des fleurs et des fruits à l'intérieur de ses compositions.

MAÎTRE de DORDRECHT
XVIIe siècle. Hollandais.
Peintre de natures mortes.
N. R. A. Vroom a donné le nom de Maître de Dordrecht à un artiste inconnu dont une œuvre figure au musée de Dordrecht. On pense qu'il fut un élève de Willem Claesz Heda, avec lequel on l'a confondu, et qui l'a profondément influencé.
Musées : Dordrecht.
Ventes Publiques : New York, 7 oct. 1994 : *Nature morte avec une coupe d'argent, un roemer (verre pour le vin du Rhin) renversé, des harengs dans une assiette d'étain, du pain et autres objets sur une table drapée*, h/pan. (37,1x47) : **USD 18 400**.

MAÎTRE della DORMITIO DI TERNI
XIVe siècle. Italien.
Peintre de sujets religieux.
Il était actif au XIVe siècle en Ombrie. Il est quelquefois identifié à Domenico da Miranda, connu à Rome en 1369 parmi les artistes travaillant au Vatican pour le pape Urbain V.
Ventes Publiques : Milan, 8 juin 1995 : *Vierge à l'Enfant sur un trône entourée d'anges*, temp./pan. (174x93) : **ITL 322 000 000**.

MAÎTRE des DOUZE APÔTRES
XVIe siècle. Italien.
Peintre de sujets religieux.
Il était actif de 1530 à 1542. Il doit son nom à C. Savonuzzi qui l'identifia et le nomma d'après douze panneaux de la collection de la Pinacoteca Nazionale de Ferrare. Il fut actif dans cette ville et à Rovigo au XVIe siècle. On retrouve dans son style les influences de Garofalo, Il Dossi et Mazzolino.
Musées : Ferrare (Pina. Nat.) : Douze panneaux.
Ventes Publiques : New York, 24 avr. 1995 : *Le Christ et la Samaritaine près du puits*, h/pan. (49,5x37,5) : **USD 16 100**.

MAÎTRE du DUC DE BEDFORD. Voir **MAÎTRE du BRÉVIAIRE DU DUC DE BEDFORD**

MAÎTRE de l'ECCLESIA ET DE LA SYNAGOGUE DE REIMS
XIIIe siècle. Français.
Sculpteur.
Il était actif à Reims dans le premier tiers du XIIIe siècle. Ainsi désigné d'après les deux statues de l'*Ecclesia* et de la *Synagogue* au transept sud de la cathédrale de Reims. Ces statues rappellent le style de certaines autres de la cathédrale de Chartres. Il convient de faire le rapprochement avec le sculpteur de l'Ecclesia de Strasbourg, ainsi qu'avec les sculpteurs qui ont créé le style de Chartres.

MAÎTRE de l'ECCLESIA ET DE LA SYNAGOGUE DE STRASBOURG
XIIIe siècle. Français.
Sculpteur.
Il était actif à Strasbourg dans le premier tiers du XIIIe siècle et a décoré le transept sud de la cathédrale. Il peut être considéré comme le principal représentant du premier style de Strasbourg. Il aurait du reste appartenu à l'École de Chartres et aurait participé à la décoration du portail nord de cette cathédrale. Il convient de faire le rapprochement avec le sculpteur de l'Ecclesia de Reims, ainsi qu'avec les sculpteurs qui ont créé le style de Chartres.

MAÎTRE de l'ÉCHEVINAGE DE ROUEN
XVe-XVIe siècles. Français (?).
Miniaturiste.
La Bibliothèque de Rouen a fait l'acquisition en 1995 d'un Livre d'Heures réalisé par un atelier actif entre 1450 et 1580 qui bénéficia de l'appui financier des édiles rouennais au lendemain de la guerre de Cent Ans. Les onze peintures contenues dans le manuscrit sont attribuées à un miniaturiste désigné sous le nom du Maître de l'Échevinage de Rouen.
Musées : Rouen (Bibl.) : Livre d'Heures avec onze peintures.

MAÎTRE à l'ÉCREVISSE. Voir **CRABBE Van Espleghem Frans**

MAÎTRE des ÉDIFICES GOTHIQUES
XVIe siècle. Italien.
Peintre de compositions animées.
On pense qu'il appartint à l'atelier de Sandro Botticelli, avec qui on l'a souvent confondu.
Cet artiste florentin du XVe et début du XVIe siècle fut désigné d'après l'habitude qu'il avait de représenter des édifices gothiques comme fond de ses tableaux dans les paysages de l'arrière-plan.
Musées : Berlin (Kais. Friedr. Mus.) : *Vénus* – Florence (Corsini Gal.) : *Madone avec l'enfant Jésus et six anges* – Florence (Pitti) : *Madone avec l'enfant Jésus – Saint Jean et deux anges* – Montpellier : *Madone avec l'enfant Jésus et saint Jean* – Turin : *Madone avec l'Enfant Jésus, saint Jean et l'archange Gabriel* – Vienne (Gal. Liechtenstein) : *Madones.*

MAÎTRE de l'ÉGLISE SAINT-FRANÇOIS DE PISTOIA. Voir **MAÎTRE de la CHAPELLE BRACCIOLINI**

MAÎTRE d'EL TRANSITO
XVe siècle. Castillan. Espagnol.
Peintre.
Auteur de neuf panneaux datant de 1494 et provenant de l'église El Transito de Tolède, puis transférés à la cathédrale de cette ville. Ce peintre est un des derniers représentants de ce qu'on est convenu d'appeler la peinture hispano-flamande, et il connut d'autre part certainement la Renaissance italienne.

MAÎTRE des ENFANTS MAL ÉLEVÉS
XVe siècle. Italien.
Sculpteur.
Ce sculpteur florentin sur argile fut actif durant le troisième quart du XVe siècle. Il est l'auteur de deux groupes d'enfants qui se disputent, dont l'un se trouve au Kaiser Friedrich Mus. de Berlin et l'autre au Victoria and Albert Museum de Londres.
Musées : Berlin (Kaiser Friedrich Mus.) : *Madone debout avec l'enfant Jésus qui rit – Madone assise, lisant dans un livre – Charité assise – Madone assise avec l'enfant Jésus dormant dans ses bras* – Londres (Victoria and Albert Mus.) : *Madone assise avec l'enfant Jésus – Dindons et cygne.*

MAÎTRE de l'ÉPIPHANIE DE FIESOLE
XVe siècle. Italien.
Peintre de compositions religieuses.
Il était actif à la fin du XVe siècle. Il fut certainement élève de Cosimo Rosselli, puis travailla avec Jacopo Sellaio.
Ce nom lui a été attribué par Everett Fahy d'après un retable représentant l'Épiphanie à Fiesole. Il peut s'agir de Filippo di Giuliano di Matteo.
BIBLIOGR. : Everett Fahy, in : *Quelques primitifs italiens dans la collection Gambier-Perry*, Burlington Magazine, 1967.
VENTES PUBLIQUES : NEW YORK, 20 mai 1993 : *Saint Sébastien et saint Roch avec l'Annonciation au-dessus d'eux*, h/pan., ventail gauche d'un retable (128x67) : **USD 46 000** – NEW YORK, 14 jan. 1994 : *La Vierge et Jean Baptiste enfant adorant l'Enfant Jésus avec saint Joseph à distance*, temp./pan. doré au sommet arqué (87,6x50,8) : **USD 123 500** – NEW YORK, 11 jan. 1996 : *La Vierge et saint Jean Baptiste adorant l'Enfant Jésus*, temp./pan. (125,7x69,9) : **USD 79 500** – LONDRES, 3 juil. 1996 : *Vierge à l'Enfant*, h/pan. (49x36) : **GBP 54 300** – LONDRES, 11 déc. 1996 : *Le Couronnement de la Vierge avec deux saints et des anges*, tempera/pan., prédelle (26,8x51,8) : **GBP 31 050** – LONDRES, 3 juil. 1997 : *La Sainte Famille avec saint Jean Baptiste enfant*, temp./pan. mar. (105,4x73,2) : **GBP 47 700**.

MAÎTRE de ESPINELVAS
XIIe siècle. Travaillant à la fin du XIIe siècle. Espagnol.
Peintre.
Il est connu pour le frontal de Espinelvas et des fresques dans l'abside de Santa Maria Terresa, près de Barcelone. Il interprète et se dégage même des formules byzantines avec une certaine liberté. Son art est fait de quelques maladresses plaisantes : des figures paraissent flotter dans l'air, il grandit des doigts pour indiquer les directions essentielles de ses compositions et les expliquer. Son art est narratif, il relate des faits contemporains, ce qui a d'ailleurs permis de dater approximativement les fresques où il représente le martyre de Thomas Beckett, qui eut lieu en 1170, dont la canonisation se fit en 1173 et dont le culte se répandit très rapidement. En conséquence, le Maître de Espinelvas a dû peindre les fresques de Santa Maria Terressa à la fin du XIIe siècle. Il a montré l'étroite relation qui existait entre l'art mural et la peinture sur bois.
BIBLIOGR. : J. Lassaigne : *La peinture espagnole, des fresques romanes au Greco*, Skira, Genève, 1952.

MAÎTRE de ESTOPINYA
XIVe siècle. Espagnol.
Peintre.
Il est connu à travers le retable de *Saint Vincent*, conservé au Musée de Barcelone, datant des environs de 1350, pour lequel l'influence siennoise est sensible.

MAÎTRE d'ÉTAMPES
XIIe siècle. Actif au milieu du XIIe siècle. Français.
Sculpteur.
Fut le principal décorateur du portail ouest de la cathédrale d'Étampes. Les statues présentent un air de parenté avec celles du portail royal de Chartres.

MAÎTRE à l'ÉTOILE. Voir **STAR Dirck Van**

MAÎTRE des ÉTUDES DE DRAPERIES. Voir **MAÎTRE des ROSACES DE COBOURG**

MAÎTRE des FÊTES DE VALOIS
XVIe siècle. Actif dans la seconde moitié du XVIe siècle. Hollandais.
Peintre.
A représenté les bals et festivités donnés à la cour d'Henri III de France. Deux de ces tableaux se trouvent au Louvre, d'autres aux Musées de Dijon, Rennes et Versailles.

MAÎTRE des FEUILLES DENTELÉES ou **Maître des Feuillages En Broderie**
XVIe siècle. Actif dans la première moitié du XVIe siècle. Allemand.
Peintre de compositions religieuses, portraits, dessinateur.
Ainsi désigné d'après les dentelures de son dessin.
Il a collaboré avec Cranach l'Ancien à une série de l'*Apocalypse* qui orne la traduction du Nouveau Testament par Luther, dite « Bible de septembre ». Il peignit des *Vierges à l'Enfant* aux Musées d'Amiens, de Lille, de Philadelphie ; et des *Portraits*, souvent situés devant des fonds de paysages, aux feuillages minutieusement festonnés, aux Musées de Berlin et du Louvre. Le style de ses peintures indique un disciple de Rogier Van der Weyden.
MUSÉES : AMIENS : *Vierge à l'Enfant* – BERLIN : *Portrait* – LILLE : *Vierge à l'Enfant* – PARIS (Mus. du Louvre) : *Portrait* – PHILADELPHIE : *Vierge à l'Enfant*.
VENTES PUBLIQUES : LONDRES, 4 mai 1979 : *La Vierge allaitant l'Enfant, avec deux lévriers et un paon à l'arrière-plan*, h/pan. (100,4x69,8) : **GBP 32 000** – NEW YORK, 21 jan. 1982 : *La Vierge et l'Enfant*, h/pan. (104x86,5) : **USD 140 000** – LONDRES, 31 mars 1989 : *Le baptême du Christ ; La femme de Samarie*, h/pan., deux ventaux d'un triptyque (77,8x21,7) : **GBP 10 780** – AMSTERDAM, 12 juin 1990 : *Saint Sébastien*, h/pan. (69,9x26,8) : **NLG 80 500** – NEW YORK, 13 jan. 1994 : *Vierge à l'Enfant avec sainte Anne devant un buisson de roses avec une ville au fond et Dieu le Père au-dessus*, h/pan. (33x22,9) : **USD 195 000**.

MAÎTRE des FIGURES DU CHŒUR DE LA CATHÉDRALE DE COLOGNE
XIVe siècle. Allemand.
Sculpteur de statues.
Il était actif au début du XIVe siècle. Il a sculpté quelques-unes des statues d'apôtres qui ornent les quatorze piliers du chœur de la cathédrale ainsi que celles de très beaux anges musiciens dominant les baldaquins qui abritent les statues.

MAÎTRE des FIGURES PRINCIÈRES DE SAINT-ÉTIENNE
XIVe siècle. Autrichien.
Peintre de sujets religieux.
Peintre de la fin du XIVe siècle actif à Vienne, ainsi désigné d'après les quatre belles figures princières de la tour de l'église Saint-Étienne de Vienne, qui sont actuellement conservées au Musée de l'Hôtel de Ville de Vienne. On attribue à cet artiste une *Vierge* au Musée de Klosternenburg et une *Madone* au Musée Historique de l'Art de Vienne.
MUSÉES : KLOSTERNENBURG : *Vierge* – VIENNE (Mus. de l'Hôtel de Ville) : Quatre figures princières, anciennement de la tour de l'église Saint-Étienne – VIENNE (Mus. Histor. de l'Art) : *Madone*.

MAÎTRE des FIGURES TRISTES. Voir **MAÎTRE de CHAOURCE**

MAÎTRE des FIGURES DE VIERGES DE LA CATHÉDRALE DE STRASBOURG
XIIIe siècle. Actif à la fin du XIIIe siècle. Français.
Sculpteur.
Auteur des *Cinq Vierges sages* et des *Cinq Vierges folles* du portail latéral de la façade ouest de la cathédrale de Strasbourg. Le style de ces figures rappelle celui de l'atelier des prophètes de Reims et de Paris.

MAÎTRE du FILS PRODIGUE
XVIe siècle. Actif à Anvers de 1530 à 1560. Éc. flamande.
Peintre de sujets mythologiques, compositions religieuses, sujets allégoriques.
Il doit son nom à une œuvre traitant ce sujet, exposée au Kunsthistorisches Museum de Vienne. Il a probablement visité Mantoue, Pise et Rome.
On a répertorié un grand nombre d'œuvres de la même main, presque toutes de mêmes dimensions. Par contre, les physionomies sont très différentes les unes des autres. Les fonds sont très influencés par Pieter Aertsen. Son œuvre considérable reste un peu fade et manque de caractère.
MUSÉES : ANVERS : *Le diable sème la mauvaise herbe – Scènes de la Passion – Loth et ses filles* – BONN (Mus. prov.) : *Lucrèce* – CHAMBÉRY (Mus. des Beaux-Arts) : *Vierge à l'Enfant – La Vertu récompense le travail et châtie la paresse* – COLOGNE (Wall. Rich. Mus.) : *Triptyque représentant la mort du Christ – La Sainte Famille – Le Christ sur la croix entre Marie et saint Jean* – DUBLIN (Nat. Gall) : *Rebecca donne à boire au serviteur d'Abraham* – GAND (Mus. mun.) : *Retour de Tobie* – HAARLEM (Mus. Archiépisc.) : *Mise au tombeau* – TOURNAI : *Halte au cours de la fuite* – VIENNE (Kunsthistorisches Mus.) : *Le fils prodigue – Madone assise avec l'Enfant Jésus – Tentation de saint Antoine*.
VENTES PUBLIQUES : PARIS, 12 déc. 1953 : *La Vierge et l'Enfant* : **FRF 141 000** – LONDRES, 14 avr. 1978 : *Proverbe flamand*, h/t (100,3x157) : **GBP 20 000** – NEW YORK, 10 oct. 1990 : *Vénus et Cupidon dans un intérieur*, h/pan. (78x109,3) : **USD 44 000** – LONDRES, 26 oct. 1990 : *Vierge à l'Enfant avec saint Roch et saint Sébastien dans un vaste paysage*, temp./t. (90x98) : **GBP 6 050** – LONDRES, 11 déc. 1991 : *Ars Moriendi – un ange et un démon se disputant l'âme d'un riche marchand*, h/pan. (74,5x100) :

GBP 20 900 – LONDRES, 8 juil. 1992 : *L'échelle de Jacob*, h/pan. (72x100,5) : **GBP 4 950** – AMSTERDAM, 7 mai 1996 : *Loth et ses filles*, h/pan. (88,1x120,5) : **NLG 34 500**.

MAÎTRE de FLEMALLE ou **Maître de l'Autel de Mérode**
XVe siècle. Éc. flamande.
Peintre.
Voir aussi l'article Martins Nabur, l'article Daret Jacques et l'article Campin Robert. Cette appellation lui vient du fait que les trois tableaux que possède Francfort-sur-le-Main, proviennent sans doute de Flémalle près de Liège. L'activité de ce peintre paraît s'être partagée entre Bruges, Liège, Tournai et le nord de la France. On a été amené à confondre le maître de Flémalle avec Robert Campin, mort en 1444 quand on a constaté que les œuvres des élèves de ce dernier présentaient une grande analogie avec celles du maître de Flémalle. Et, si l'on accepte que l'un de ces élèves fut Rogier Van der Weyden, on est amené à dissocier une partie des œuvres dites de jeunesse de Rogier, pour les donner à Robert Campin, généralement identifié au Maître de Flémalle. Celui-ci peut être considéré avec Van Eyck comme un des fondateurs de l'école flamande. ■ J. B.
MUSÉES : AIX : *Marie, l'Enfant Jésus et au-dessous saint Pierre et saint Augustin* – BERLIN : *Mise en croix du Christ* – *Portrait d'un gros homme* – *Portrait d'homme* – DIJON : *Adoration de l'Enfant* – FRANCFORT-SUR-LE-MAIN : *Marie debout avec l'Enfant* – *Sainte Véronique* – *La Sainte Trinité* – *Gesinas, le mauvais larron en croix* – LONDRES : *Marie avec l'Enfant sur le banc* – *Portraits d'un homme et d'une femme* – MADRID : *Mariage de la Vierge* – *Sainte Barbe* – *Saint Jean Baptiste avec le donateur Heinrich Werl* – PHILADELPHIE : *Buste du Christ et de Marie* – SAINT-PÉTERSBOURG : *Marie avec l'Enfant devant la cheminée* – *La Sainte Trinité* – WESTERLOO-TONGERLOO : *Annonciation de la Vierge*, triptyque.
VENTES PUBLIQUES : PARIS, 30 nov. 1954 : *La Vierge dans l'abside* : **FRF 3 000 000** – PARIS, 15 mars 1983 : *La Vierge tenant l'Enfant Jésus dans ses bras, entourée de deux saints musiciens*, h/bois (34,5x26) : **FRF 58 000**.

MAÎTRE de FLORE
XVIe siècle. Actif à Fontainebleau. Italien (?).
Peintre.
Appartient à l'École de Fontainebleau, plus qu'à une nationalité précise. Sylvie Béguin a suggéré de l'identifier à un Italien : Ruggiero de Ruggieri qui était en 1557 à Fontainebleau où il aurait exécuté une *Vue d'Hercule* au Pavillon des Poëles. Il est aujourd'hui essentiellement connu pour une *Naissance de l'Amour* (New York, Metropolitan Museum), un *Triomphe de Flore* (Vicence, Collection particulière) et une *Abondance* (Ravenne, Galerie de l'Académie). Ses figures allongées, graciles, reprennent le canon maniériste alors en vogue à la cour de Fontainebleau, en particulier grâce au Primatice. Le Maître de Flore accentue la fluidité des corps, mais aussi la précision des petites fleurs, dont il parsème ses compositions, et qui leur donne un caractère presque flamand.

MAÎTRE de FRANCFORT
Né vers 1460. XVe siècle. Actif à Anvers. Hollandais.
Peintre de compositions religieuses, scènes de genre, portraits.
Ainsi nommé en raison de l'autel de sainte Anne, peint vers 1505 pour l'église des Dominicains de Francfort et de la *Crucifixion* (vers 1505), qui se trouvent actuellement au Musée Municipal d'histoire de Francfort. Un second autel, peint également pour Francfort, est conservé à l'Institut Städel.
L'artiste inconnu a été fortement influencé par Rogier Van der Weyden, le maître de Flémalle et Hugo Van der Goes. Il présente alors un côté archaïque tout à fait curieux, qu'il perd d'autres fois lorsqu'il peint dans un style qui annonce celui de Quentin Metsys. Il traite ses portraits à la manière de scènes de genre, comme le montre son présumé portrait, accompagné de celui de sa femme, devant un plat de cerises (1496). Il a été identifié à Jan De Vos (1460-1533), puis à H. Van Wueluwe.
MUSÉES : ANVERS : *Autel* – *Concours de tir* – *Jésus portant sa croix* – BARCELONE : *Autel* – BERLIN (Mus. Kais. Fried.) : *Autel* – COLOGNE (Wallr. Rich. Mus.) : *Saint Christophore et saint Roc* – DRESDE : Deux panneaux d'autel – FRANCFORT-SUR-LE-MAIN (Mus. mun. d'Hist.) : *Autel de sainte Anne* – *Crucifixion* – GAND : *La Vierge, l'Enfant et deux anges* – HAMBOURG (Kunsthistorisches Inst.) : *Naissance du Christ* – INNSBRUCK (Tiroler Landesmus. Ferdinandeum) : *Sainte Barbara et sainte Catherine* – KARLSRUHE : *Marie allaitant l'enfant Jésus* – LIVERPOOL (Walk. Art Gal.) : *La Sainte famille avec quatre anges* – MUNICH (Anc. Pina.) : *Sainte Catherine avec la donatrice* – MUNICH (Mus. Nat. Bav.) : *Portrait d'homme* – PISTOIE : *Autel* – VALENCIENNES : *Naissance du christ* – VIENNE (Gal. D'État) : *Circoncision* – WORCESTER : *La Vierge assise avec l'Enfant Jésus dans un jardin*.
VENTES PUBLIQUES : PARIS, 23 déc. 1931 : *L'Adoration des Rois Mages* : **FRF 65 000** – NEW YORK, 15 mai 1946 : *La Vierge et l'Enfant* : **USD 3 200** – PARIS, 25 mai 1949 : *La Vierge et l'Enfant* : **FRF 630 000** – LONDRES, 24 juin 1964 : *La Vierge et l'Enfant dans un paysage* : **GBP 3 200** – LONDRES, 23 juin 1967 : *L'Adoration des bergers* : **GNS 3 200** – LONDRES, 26 juin 1970 : *La Vierge et l'Enfant entourés de nombreux personnages* : **GNS 5 500** – LONDRES, 11 juil. 1973 : *Le peintre et sa femme* : **GBP 59 000** – LONDRES, 1er déc. 1978 : *Allégorie de la Sagesse* ; *Allégorie de la Générosité*, h/pan., la paire (58x27) : **GBP 12 000** – LONDRES, 16 avr. 1980 : *La Vierge et l'Enfant avec des saints personnages*, h/pan. (69x50,5) : **GBP 38 000** – LONDRES, 10 avr. 1981 : *La Résurrection*, h/pan. (21x59,7) : **GBP 5 000** – ZURICH, 21 nov. 1986 : *Portrait de l'Empereur Maximilien Ier*, h/pan. (55x36) : **CHF 55 000** – NEW YORK, 5 avr. 1990 : *Sainte Barbe et Sainte Catherine*, h/pan., une paire (chaque 69x27) : **USD 46 750** – LONDRES, 9 avr. 1990 : *Sainte Véronique agenouillée devant le Christ sur le chemin du calvaire*, h/pan. (117x79) : **GBP 55 000** – LONDRES, 6 juil. 1990 : *La Vierge et sainte Anne offrant une poire à L'Enfant avec deux anges tenant un rideau où apparait le Saint Esprit et Dieu le Père au-dessus*, panneau central ; *Sainte Catherine et Sainte Barbe*, panneaux latéraux ; *L'Annonciation*, h/bois, extérieur des ventaux du triptyque (panneau central : 88,5x65,5, côtés int. 90x30,8, ext. 90,5x31,5) : **GBP 110 000** – NEW YORK, 22 mai 1992 : *Saint Jacques le Majeur et une sainte martyre*, h/pan., deux ventaux d'un triptyque (chaque 67,3x22,9) : **USD 30 800**.

MAÎTRE FRANCKE. Voir **FRANCKE Meister**

MAÎTRE des FRESQUES DE SAINT NICOLAS
XVe siècle. Toscan. Italien.
Peintre.
Auteur des fresques représentant des scènes de la légende de saint Nicolas à la chapelle du Saint-Sacrement de la crypte de Saint-François d'Assise. Les fresques, antérieures à 1416, furent attribuées tantôt à Giottino, tantôt à Giotto.

MAÎTRE de GERIA. Voir **MAÎTRE des ŒILLETS**

MAÎTRE de la GILDE SAINT-GEORGES À MALINES
XVIe siècle. Actif à Malines vers 1500. Éc. flamande.
Peintre.
Ainsi désigné d'après le groupe du Musée d'Anvers comprenant les membres de la gilde Saint-Georges, réunis autour de leur patron, un *Saint Georges à cheval*. On lui attribue également le triptyque de la Galerie de Vienne avec les portraits d'enfants de *Charles Quint* et de ses sœurs *Éléonore* et *Isabeau*.
VENTES PUBLIQUES : LONDRES, 8 mai 1929 : *L'Ange de l'Annonciation* : **GBP 6 500**.

MAÎTRE de la GLORIFICATION DE MARIE
XVe siècle. Rhénan, actif à Cologne dans la seconde moitié du XVe siècle. Allemand.
Peintre de compositions religieuses.
Auteur d'un grand panneau représentant la *Glorification de Marie* au Wallraff Richartz Museum de Cologne.
L'artiste, qui appartient à l'École de Lochner, a certainement subi l'influence de Rogier Van den Weyden et de Dieric Bouts. Si ses sujets sont traités de façon conventionnelle, ils sont rachetés par une palette d'une grande richesse.
BIBLIOGR. : A. Stange – *Les peintres allemands de l'époque gothique*, 1969.
MUSÉES : BERLIN (Kais. Friedr. Mus.) : *Naissance du Christ* – COLOGNE (Wallraff Richartz Mus.) : *Glorification de Marie* – *Ange de l'Annonciation* – *Adoration des Mages* – *Sainte Ursule avec ses compagnes* – *Saint Géréon, saint Pierre et Anna Selbdritt* – *Sainte Claire* – *Trois scènes de la Légende de saint Géréon*.
VENTES PUBLIQUES : LONDRES, 6 déc. 1995 : *Vierge à l'Enfant*, h/pan. de pin (69x54) : **GBP 47 700**.

MAÎTRE du GRAND AUTEL DE BRISACH
Mort en 1533. XVIe siècle. Allemand.
Sculpteur sur bois, graveur et dessinateur.
Ainsi désigné d'après son œuvre maîtresse, le grand autel de la cathédrale de Brisach (1526), qui constitue un des spécimens les plus intéressants de l'art baroque de l'Allemagne du Sud. Sa seconde œuvre, du reste plus récente, et moins bien conservée est l'autel de l'église de Niederrothweil près de Brisach. Ce sculpteur ne craint pas les formes les plus complexes, les plus

tourbillonnantes, les plus fouillées, jusqu'à l'exagération presque grotesque.

MAÎTRE du GRAND AUTEL DE LA CHAPELLE DES CONNÉTABLES
XVIe siècle. Espagnol.
Sculpteur.
Désigné d'après son œuvre capitale, le grand autel de la fameuse chapelle des Connétables de Burgos qui fut réalisé entre 1522 et 1526, à la demande de la puissante famille des Valesco, connétables de Castille. C'est le monument le plus remarquable du baroque espagnol à son apparition. On devait encore au même artiste l'autel de la chapelle mortuaire de la famille de Valesco et les sculptures très endommagées du portrait de Médina de Pomar à Burgos.

MAÎTRE du GRAND AUTEL D'OBERWESEL
XIVe siècle. Rhénan, actif au milieu du XIVe siècle. Allemand.
Sculpteur.
Cet autel est un des plus anciens et des plus imposants d'Allemagne, et daterait à peu près de la consécration de l'église en 1331.

MAÎTRE de la GRANDE PASSION DE COLOGNE ou **Meister der Grossen Passion**
XIVe siècle. Allemand.
Peintre.
Auteur de seize sujets religieux au Musée de Cologne.

MAÎTRE de la GRANDE PASSION DE VIENNE
Italien.
Graveur.
Ainsi désigné d'après la série des dix feuilles représentant la *Passion du Christ.* Elles sont conservées à l'Albertina de Vienne et constituent une pièce unique. C'est au même artiste florentin qu'est due la série ultérieure du *Triomphe de Pétrarque* et que l'on trouve également à l'Albertina.

MAÎTRE des GRANDE HEURES DE ROHAN
XVe siècle. Actif de 1420 à 1440. Français.
Enlumineur.
Ainsi désigné d'après son œuvre principale, *Les Grandes Heures de Rohan* du second quart du XVe siècle. Ce manuscrit conservé à la Bibliothèque Nationale, présente les miniatures les plus remarquables du XVe siècle français : elles sont au nombre de soixante-cinq et onze d'entre elles occupent une page entière. Malgré leur dénomination, les *Heures de Rohan* furent sans doute commandées par Louis II d'Anjou. Elles ont ensuite appartenu à la famille des Rohan qui ont fait peindre leurs armes au dos de l'un des feuillets, d'où leur nom. Ces miniatures sont exceptionnelles non seulement par leur taille, qui déjà leur donne un caractère monumental, mais aussi par leur style. Chacune des miniatures est composée aussi solidement qu'un tableau, et pour chacune d'elles, l'artiste a mis tout en œuvre pour exprimer le côté tragique de la scène. Les plis sont saccadés, les visages souvent expressionnistes, l'ensemble manque de répit, et le ciel, par exemple, est rempli de battements d'ailes d'anges. Les couleurs sont peu nombreuses, aux rouge et bleu très vifs s'opposent des tons pâles des roses, verts, ocres. Malgré certains rapprochements possibles avec les frères de Limbourg et le Maître de Boucicaut, c'est curieusement à l'art allemand bien postérieur au Maître des Heures de Rohan que nous pensons. Il est aussi l'auteur d'un portrait de *Louis II d'Anjou* (Bibliothèque Nationale de Paris), et d'un panneau représentant d'un côté des *Apôtres et Prophètes* et, de l'autre, *l'Ange à l'Annonciation* (Musée de Laon).
BIBLIOGR. : J. Lassaigne : *Le XVe siècle, de Van Eyck à Botticelli*, Skira, Genève, 1955.

MAÎTRE de GROSSGMAIN
XVe-XVIe siècles. Vivait à Salzbourg de 1480 à 1500 environ. Autrichien.
Peintre.
Compagnon de Rueland Frueauf l'Ancien, on le désigne sous le nom de Maître de Grossgmain, d'après le grand retable conservé dans la localité de ce nom près de Salzbourg. Ses figures ont tendance à se condenser, à se rétrécir pour ainsi dire, par rapport à l'espace vidé qui devient de plus en plus essentiel. Outre les peintures conservées dans les musées, on connaît de lui un *Saint Jérôme*, dans la collection Thyssen, à Lugano.
BIBLIOGR. : Ernst H. Buschbeck : *Primitifs Autrichiens*, Connaissance, Bruxelles, 1937.
MUSÉES : PRAGUE (Rudolphinum Mus.) : *La Vierge, saint Thomas et un donateur* – VIENNE (Kunsthistorisches Mus.) : *Saint Ambroise – Saint Augustin.*

MAÎTRE du GROUPE DU GRAND PRÊTRE
XIIIe siècle. Français.
Sculpteur.
Ainsi désigné d'après le groupe du grand prêtre et de la prophétesse au portail gauche de la cathédrale de Chartres. Ce groupe aurait été réalisé entre 1215 et 1225.

MAÎTRE d'HARTFORD
XVIe siècle. Italien.
Peintre de natures mortes.
Il était actif à la fin du XVIe s.
BIBLIOGR. : A. Cottino : *Maître d'Hartford*, in : *La Nature morte en Italie*, Milan, 1989.
VENTES PUBLIQUES : MILAN, 28 nov. 1995 : *Nature morte à la grenade ; Nature morte au papillon*, h/t, une paire (chaque 60x78) : **ITL 943 000 000** – NEW YORK, 30 jan. 1997 : *Nature morte avec un vase de fleurs bleu et blanc, une tazza de pêches, prunes, fraises des bois et autres fruits, avec une poire, des figues, des cerises, des pêches et autres fruits, le tout sur un entablement*, h/t (64,8x80) : **USD 398 500**.

MAÎTRE de HAUSBUCH
XIVe-XVIe siècles.
Peintre.
Mentionné pour l'œuvre passée en vente publique.
VENTES PUBLIQUES : LONDRES, fév. 1934 : *Annonciation* : **GBP 294**.

MAÎTRE der HEILIGEN SIPPE. Voir **MAÎTRE de la SAINTE FAMILLE,** le Jeune, ou **MAÎTRE DE LA SAINTE PARENTÉ**

MAÎTRE de HEILIGENKREUZ
XIVe siècle. Actif entre 1395 et 1430. Autrichien.
Peintre de compositions religieuses.
Artiste de formation française. Il a probablement travaillé à l'abbaye cistercienne qui lui a donné son nom, et qui a conservé le *Diptyque de l'Annonciation et du Mariage mystique de sainte Catherine*, aujourd'hui au Musée de Vienne. Au dos des volets du Musée de Vienne : *Sainte Dorothée*, et une *Vierge à l'Enfant.* La collection Delmar, de Budapest, conserve aussi de lui un *Mariage mystique de sainte Catherine.*
La peinture de cet anonyme se caractérise par sa finesse ; on y fait surtout observer l'allongement des doigts. Grete Ring a voulu l'identifier au Maître des Heures de Rohan. Panofsky, récemment, tend à revenir à une origine autrichienne.
BIBLIOGR. : Ernst H. Buschbeck : *Primitifs autrichiens*, Connaissance, Bruxelles, 1937 – Pierre du Colombier, in : *Diction. Univers. de l'Art et des Artistes*, Hazan, Paris, 1967.
MUSÉES : VIENNE (Kunsthistorisches Mus.) : *Diptyque de Heiligenkreuz.*
VENTES PUBLIQUES : LONDRES, 24 mai 1991 : *Le mariage mystique de sainte Catherine*, temp./pan. à fond or (21,5x18,5) : **GBP 165 000**.

MAÎTRE des HEURES DE BOUCICAUT. Voir **MAÎTRE du LIVRE D'HEURES DU MARÉCHAL DE BOUCICAUT**

MAÎTRE des HEURES DE ROHAN. Voir **MAÎTRE des GRANDES HEURES DE ROHAN**

MAÎTRE HILDEGARDUS. Voir **HILDEGARDUS**

MAÎTRE de l'HISTOIRE D'HÉLÈNE
XVe siècle. Italien.
Peintre de sujets mythologiques.
Il était actif vers 1440 à 1470. La National Gallery of Victoria à Melbourne (Australie) et la Walters Art Gallery à Baltimore (États-Unis) possèdent des œuvres que Roberto Longhi attribue à la même main et qui relatent des épisodes de la vie d'Hélène de Troie.
BIBLIOGR. : Federico Zeri, in : *La peinture italienne à la Walters Art Gallery*, Baltimore, 1976.
MUSÉES : BALTIMORE (Walters Art Gal.) – MELBOURNE (Nat. Gal. of Victoria).
VENTES PUBLIQUES : NEW YORK, 10 jan. 1991 : *Jardin avec des roses grimpant sur des treillis : le Jardin d'Amour*, temp./pan. (152,5x233,5) : **USD 165 000**.

MAÎTRE de l'HÔPITAL DU SAINT-ESPRIT
XVIe siècle. Actif dans le premier tiers du XVIe siècle. Allemand.

Sculpteur sur bois.
Ainsi désigné d'après l'autel du Rosaire à l'église de l'hôpital du Saint-Esprit de Lübeck.

MAÎTRE des IDYLLES
XVIIe siècle. Actif dans le premier tiers du XVIIe siècle. Italien.
Peintre.
On lui doit une série de sujets idylliques, assez proches de ceux de Giorgione et en particulier : *Concert champêtre chez le marquis de Landsdowne*, un *Pâtre avec deux nymphes* à la National Gallery de Londres, une *Pastorale* et *Europe sur le taureau*.

MAÎTRE d'IMOLA ou **Maître du Triptyque d'Imola**
XVe siècle. Italien.
Peintre de sujets religieux.
Volpe précise que la Maître d'Imola est pleinement dans la ligne des artistes de Ferrare, style élégant caractérisé par les formes longilignes des personnages, la souplesse des drapés et la richesse des détails ornementaux. Parmi les œuvres attribuées à cet artiste : *Vierge à l'Enfant avec des anges* (collection privée vénitienne) et *Adoration des mages* (collection Kister à Kreuzlingen).
Bibliogr. : Serena Padovani : *Nouvelle personnalité de la peinture en Émilie au début du XVe siècle*, Éd. Paragone, 1976.
Ventes Publiques : New York, 5 oct. 1995 : *La Crucifixion*, h/pan. (39,4x31,8) : **USD 34 500** – Londres, 18 oct. 1995 : *Vierge à l'Enfant*, temp./pan. à fond or (58x31) : **GBP 10 925**.

MAÎTRE de INCISA SCAPACCINO
XVe siècle.
Peintre de compositions religieuses.
Il travaillait vers 1420 dans le Piémont. Son nom de convention provient de la ville d'Incisa Scapaccino en Ligurie du Nord, près d'Asti.
Sa culture artistique semble complexe.
Bibliogr. : M. Boskovits : *Il Maestro di Incisa Scapaccino e alcuni problemi di pittura tardogotica in Italia*, in « Paragone » n° 501, 1991.
Musées : Asti (église de la Madone du Carmel) : *Saints Jean Baptiste, Victor, Couronne et Pierre*, quatre panneaux d'un retable.
Ventes Publiques : Paris, 25 juin 1996 : *La Vierge en trône allaitant l'Enfant entre deux anges, trois saintes et trois saints*, h/pan. fond or (45,7x25,7) : **FRF 200 000**.

MAÎTRE de l'INCRÉDULITÉ DE SAINT THOMAS
XVIe siècle. Italien.
Peintre de sujets religieux.
Artiste encore non identifié qui fut actif à Venise et en Vénétie, au début du XVIe siècle. Il doit son nom à un retable de l'église San Niccolo de Trévise représentant un épisode du doute de saint Thomas. On retrouve l'influence de Cima da Conegliano et puis de Giovanni Bellini dans l'atelier duquel il semble avoir travaillé.
Bibliogr. : Federico Zeri, in : *Peintures italiennes de la Walters Art Gallery*, Baltimore, 1976.
Ventes Publiques : New York, 22 mai 1992 : *Vierge à l'Enfant dans un paysage*, h/t/pan. (36,2x30,5) : **USD 16 500**.

MAÎTRE d'IRAVALLS. Voir **DESTORRENT**

MAÎTRE d'ISAAC
XIIIe siècle. Toscan, actif à la fin du XIIIe siècle. Italien.
Peintre.
Ainsi désigné d'après les deux fameuses scènes d'Isaac qui se trouvent à l'église Saint-François d'Assise : *Tromperie de Rebecca* et *Découverte de la tromperie*. Ces œuvres ont d'abord été attribuées au jeune Giotto, qui ne semble pouvoir les réclamer en raison de leur équilibre classique. Il est fort probable que s'il n'est pas l'auteur de ces fresques, elles furent exécutées par un peintre de son entourage très proche.

MAÎTRE du JARDINET DE PARADIS, dit aussi **Maître du Rhin Moyen,** sans doute aussi **Maître Rhénan de 1410**
XVe siècle. Allemand.
Peintre de compositions religieuses.
Peintre de la première moitié du XVe siècle, originaire du Haut-Rhin ou du Rhin Moyen. Le Kunstinstitut de Francfort conserve un tableau de petites dimensions, qui représente une *Vierge à l'Enfant*, d'une ravissante fraîcheur, entourée de saints et de saintes, figurés sous les traits d'enfants qui lisent, font de la musique, cueillent des fleurs, dans un jardin, complètement enclos, couvert de fleurs, telles qu'on les retrouvera jusque dans les fonds « mille fleurs » des tapissiers du XVIe siècle.
Bibliogr. : Pierre du Colombier, in : *Diction. Univers. de l'Art et des Artistes*, Hazan, Paris, 1967.
Musées : Francfort-sur-le-Main (Städel. Kunstinstitut) : *Le petit jardin du Paradis – Madone entourée d'anges.*

MAÎTRE des JARDINS D'AMOUR
XVe siècle. Actif sur le Rhin inférieur vers 1445-1455. Allemand.
Graveur.
On cite de ce maître environ dix-sept pièces, et en particulier le *grand* et le *petit Jardin d'amour*, où se déroulent des scènes galantes de la cour de Bourgogne. Tout y est stylisé, personnages et paysages.

MAÎTRE de JATIVA ou **Maître des Sept Douleurs de Marie**
XVIe siècle. Espagnol.
Peintre de compositions religieuses.
Il était actif en Catalogne au début du XVIe siècle. Ainsi désigné d'après la localité de Jativa (près de Valence), où se trouvent la plupart de ses œuvres. C'est à l'église Saint-François de Jativa qu'est conservé le tableau des sept douleurs de Marie.
Ses figures restent assez statiques.
Musées : Barcelone (Mus. des Catalogne) : Sept panneaux pour un autel de Marie – Tolède : *Adoration des Mages* – Valence (Mus. del Carmen) : *Pietà avec saint Jean et Madeleine.*
Ventes Publiques : Monaco, 17 juin 1988 : *Crucifixion*, h/pan. (87x85) : **FRF 155 400**.

MAÎTRE de la JÉRUSALEM DÉLIVRÉE
XVIIIe siècle.
Peintre de sujets mythologiques.
Il est l'auteur de compositions d'après l'œuvre poétique du Tasse.
Ventes Publiques : Milan, 25 fév. 1986 : *Renaud et Armide ; La Magicienne Alcina*, h/t, une paire (66x90) : **ITL 44 000 000**.

MAÎTRE des JEUX
XVIIe siècle. Français.
Peintre de genre.
Bibliogr. : George Isarlo, in : *Les trois Le Nain et leur suite*, La Renaissance, Paris, 1938 – Anna Matteoli, in : *Le problème des frères Le Nain et de leur cercle*, 1990.
Ventes Publiques : New York, 10 jan. 1991 : *Petite fille lisant*, h/t (59x49) : **USD 52 250**.

MAÎTRE des JOURS DE LA CRÉATION. Voir **MAÎTRE des BANDEROLES**

MAÎTRE du JUBÉ DE STRASBOURG
XIIIe siècle. Actif dans le troisième tiers du XIIIe siècle. Français.
Sculpteur.
Représentant du second style de Strasbourg. Il a exécuté vers 1260 l'ancien jubé de la grande nef de la cathédrale de Strasbourg, et se distingue de l'École précédente en drapant davantage les figures, procédé que l'on retrouve dans le portail de Reims et à la Sainte-Chapelle.

MAÎTRE du JUGEMENT DE PARIDE
XVe siècle. Italien (?).
Peintre de compositions religieuses.
Il était actif dans la première moitié du XVe siècle.
Ventes Publiques : Rome, 23 mai 1989 : *Vierge à l'Enfant sur un trône entourés de saint Jean Baptiste et de frère Antoine*, détrempe/pan. (43x30) : **ITL 38 000 000**.

MAÎTRE du JUGEMENT DE PÂRIS AU BARGELLO. Voir **MAÎTRE du TONDO DE CARRAND**

MAÎTRE du JUGEMENT DE SALOMON
XVIIe siècle. Actif au début du XVIIe siècle. Français.
Peintre de compositions religieuses, portraits.
Nom donné par R. Longhi, à l'auteur anonyme d'un tableau, représentant ce sujet, conservé à la Galerie Borghèse. Il attribue au même artiste un *Reniement de saint Pierre*, conservé à la Galerie Nationale de Rome, et plusieurs *Portraits d'Apôtres*. Le même Longhi a accepté l'attribution à ce peintre de *Jésus et les docteurs*, provenant de la collection du Marquis Giustiniani à Rome, et aujourd'hui à l'église Saint-Martin de Langres.
Ce peintre appartient au groupe des Caravagesques français qui travaillaient à Rome, entre 1620 et 1630. Il a été proposé de l'identifier avec Guy François, avec Valentin le Jeune, ou avec Gérard Douffet.
Bibliogr. : Catalogue de l'exposition : *Le XVIIe siècle français*, Musée du Petit Palais, Paris, 1958.

Musées : Rome (Gal. Borghèse) : *Jugement de Salomon* – Rome (Gal. Nat.) : *Reniement de saint Pierre.*
Ventes Publiques : New York, 5 avr. 1990 : *Le Christ et la femme de Samarie*, h/t (118x153) : **USD 38 500** – Paris, 25 juin 1991 : *Saint Jacques le Mineur*, h/t (110x87,5) : **FRF 100 000**.

MAÎTRE du JUGEMENT DERNIER DE CHARTRES
xiiie siècle. Allemand.
Sculpteur.
Auteur du *Jugement dernier* qui date d'environ 1210 et se trouve à la cathédrale de Chartres dans le tympan de la porte médiane du transept sud. C'est de l'atelier de cet artiste qu'est sortie toute la décoration sévère et un peu froide du transept sud qui rappelle celle du portail principal de Notre-Dame de Paris.

MAÎTRE du JUGEMENT DERNIER DE TAHULL
D'origine catalane. xiie siècle. Actif au début du xiie siècle. Espagnol.
Peintre.
Il est connu pour avoir décoré la nef de Sainte Maria de Tahull, près de Lérida, et les parties basses de Saint Climent de Tahull. Pour la peinture catalane du xiie siècle, il représente, un peu comme le Maître de Bohi, mais de manière plus accentuée, la veine autochtone populaire de son pays d'origine. Il découpe ses fonds en larges bandes de couleurs, tandis que ses personnages très expressifs sont traités avec une gaucherie qui n'enlève rien, bien au contraire, à l'effet recherché. Il se distingue très nettement du maître de Tahull, qui lui est contemporain.

MAÎTRE de KAPPENBERG
xvie siècle. Actif en Westphalie au début du xvie siècle. Allemand.
Peintre.
Ainsi désigné d'après son œuvre principale, le petit triptyque gardé à l'église de Kappenberg près de Lünen. Voir aussi l'article Baegert.
Musées : Detroit (Inst. of Arts) : *Flagellation du Christ, couronné d'épines* – Dortmund (Mus. mun.) : *Cortège de cavaliers* – Londres (Nat. Gal.) : *Couronnement de Marie* – *Le Christ devant Pilate* – Munster (Mus. prov.) : Quatorze scènes de la vie de Marie et de la Passion du Christ et huit autres tableaux d'inspiration religieuse – New York (Metropolitan Mus.) : *Sainte Barbara et sainte Catherine* – Nuremberg (Germ. Mus.) : *Portrait d'un fondateur en costume de chasse* – Stockholm (Mus. Nat.) : *Panneau d'autel* – Varsovie (Mus. Nat.) : *Adoration de l'Enfant.*

MAÎTRE de KARLSTEJN. Voir **THEODORIK Maître**

MAÎTRE KONRAD ou **Meester Konrad,** ou **den Figuur Snyder**. Voir **KONRAD Maître,** ou **Meester**

MAÎTRE de LANAJA
xve siècle. Éc. aragonaise.
Peintre de sujets religieux.
Il était actif vers 1440. Il s'agirait peut être de Blasco Granon.
Ventes Publiques : Paris, 11 déc. 1992 : *Deux panneaux de prédelles représentant chacun trois scènes de la Passion du Christ* (54,7x175 et 42x175) : **FRF 49 000**.

MAÎTRE de LANGEZENN
xve siècle. Allemand.
Peintre de sujets religieux.
Deux panneaux sont visibles à l'église de Langezenn : *Le Sacrifice de Joachim* et *Les Fiançailles de la Vierge.*
Bibliogr. : In : *Katalog der Staatsgalerie*, Stuttgart, 1957.
Musées : Aix-la-Chapelle : *(Suermondt Mus.).*
Ventes Publiques : New York, 5 avr. 1990 : *La rencontre d'Anne et de Joachim à la Porte d'or de Jérusalem*, temp./pan. à fond d'or (106,5x58,5) : **USD 22 000**.

MAÎTRE de la TOUR D'AUVERGNE
xve siècle. Français.
Peintre de sujets religieux.
Il était actif en Auvergne entre 1480 et 1500.
Ventes Publiques : Paris, 17 déc. 1993 : *Vierge à l'Enfant avec un ange musicien*, pan. à fond d'or inséré dans un cadre (18,5x13) : **FRF 400 000**.

MAÎTRE de la LÉGENDE d'APOLLON ET DAPHNÉ
Né vers 1480. Mort en 1510. xvie siècle. Italien.
Peintre de sujets bibliques, mythologiques.
Il doit son nom à une peinture sur panneau de bois destinée à la décoration murale et représentant la Légende d'Apollon et de Daphné.
Bibliogr. : Everett Fahy, in : *Quelques suiveurs de Domenico Ghirlandaio*, 1976.
Musées : Chambéry (Mus. des Beaux-Arts) : *La Visitation.*
Ventes Publiques : Londres, 1er nov. 1978 : *L'Annonciation*, h/pan., forme ronde (diam. 80) : **GBP 20 000** – New York, 22 mai 1992 : *Le roi David priant pendant le sommeil de Saül et Abner, et Job moqué par ses amis, panneau destiné à une décoration murale*, h. et temp./pan. (68,6x203,8) : **USD 38 500**.

MAÎTRE de la LÉGENDE CRISPIN
xvie siècle. Autrichien.
Peintre de sujets religieux.
Il était actif à Salzbourg entre 1510 et 1525. Ainsi désigné d'après un panneau conservé à la Galerie de Vienne et représentant *Saint Crispin* dans son atelier de cordonnier.
Musées : Vienne (Kunsthistor. Gal.) : *Saint Crispin.*

MAÎTRE de la LÉGENDE DE DOMINIQUE
xive-xve-xvie siècles ? Allemand (?).
Peintre de scènes religieuses.
Des œuvres ainsi attribuées, et représentant des scènes de la vie de saint Dominique et du Christ, sont conservées au Musée de Darmstadt.
Musées : Darmstadt : *Scènes de la vie de saint Dominique et du Christ.*

MAÎTRE de la LÉGENDE FRANCISCAINE
xiiie siècle. Italien.
Peintre de sujets religieux.
Toscan, actif à la fin du xiiie siècle. Ainsi désigné d'après le cycle de fresques qui se trouvent dans l'église supérieure Saint-François et représentant les scènes principales de la légende. Elles furent d'abord attribuées à Giotto qui a composé un cycle analogue à la chapelle Bardi de Sainte-Croix à Florence. Ces fresques seraient plutôt d'un des élèves de Giotto.

MAÎTRE de la LÉGENDE DE JOSEPH. Voir **MAÎTRE de l'ABBAYE D'AFFLIGHEM**

MAÎTRE de la LÉGENDE D'OSWALD
xve siècle. Styrien, actif à la fin du xve siècle. Autrichien.
Peintre.
Auteur de quatre panneaux représentant des scènes de la *Légende de saint Oswald* et conservés au Musée de Vienne. On possède de ce même peintre au Musée de Brünn deux volets d'autel.

MAÎTRE de la LÉGENDE DE SAINT AUGUSTIN
xve siècle (?). Éc. flamande.
Peintre de portraits.
Il était actif à Bruges.
Ventes Publiques : Paris, 12 mai 1938 : *Portrait d'homme* : **FRF 135 000** – Paris, 17 mai 1950 : *Portrait d'homme* : **FRF 1 700 000**.

MAÎTRE de la LÉGENDE DE SAINT BERNARDIN
xive-xve-xvie siècles (?).
Peintre de scènes religieuses.
Cité dans les annuaires de ventes publiques.
Ventes Publiques : Paris, 30 mai-1er juin 1921 : *Le Repas* : **FRF 82 000**.

MAÎTRE de la LÉGENDE DE SAINT GEORGES
xve siècle. Actif à Cologne dans la seconde moitié du xve siècle. Allemand.
Peintre.
On lui attribue l'autel de Saint-Georges, datant de 1460 qui se trouve actuellement au Wallraf Richartz Museum de Cologne. Cet artiste aurait subi l'influence de Rogier Van der Weyden. Dans le triptyque, qui lui a valu son appellation, et que l'on date vers 1460, il se distingue des autres maîtres colonais de l'époque, par un sens du paysage, rare alors, et délicatement vu.

MAÎTRE de la LÉGENDE DE SAINT PHILIPPE
xve-xvie siècles. Actif dans la région du Danube. Autrichien.
Peintre.
Auteur de trois panneaux représentant des scènes de la vie de saint Philippe, qui auraient été composés en 1518. Deux d'entre eux se trouvent au Musée de Schleissheim et le troisième au Musée de Vienne. On cite encore de cet artiste le *Martyre de sainte Ursule* au Musée germanique de Nuremberg.

MAÎTRE de la LÉGENDE DE SAINTE BARBE
xve-xvie siècles. Actif entre 1470 et 1500. Éc. flamande.
Peintre.
Disciple de Rogier Van der Weyden, il travailla essentiellement à Bruxelles. Il s'attacha à appuyer l'expression des visages. Son

retable de la *Légende de sainte Barbe* est divisé en plusieurs morceaux, dont l'un se trouve au Musée d'Art Ancien de Bruxelles, un autre, à la basilique du Saint-Sang à Bruges, et le troisième, au Metropolitan Museum de New York qui conserve, également de lui, une *Reine de Saba* et un *Roi David*. Il peignit aussi des scènes de *l'Histoire de Henri II* (Munster et Nuremberg).

MAÎTRE de la LÉGENDE DE SAINTE CATHERINE ou **Maître de la Multiplication des Pains**
XVe-XVIe siècles. Actif à Bruxelles entre 1470 et 1500. Belge.
Peintre.

Ainsi désigné d'après un panneau qui représente la *Légende de sainte Catherine* et a dû constituer le centre d'un autel disparu. Il peignit aussi *l'Enfance du Christ* (Florence), et exécuta, sans doute avec la collaboration du Maître de la Légende de sainte Barbe, une *Histoire de Job* (Cologne).

Son œuvre révèle une influence assez nette de Rogier Van der Weyden, dont il fut peut-être le fils Pierre. Bien que son art soit représentatif du style bruxellois au XVe siècle, il reste sec et maladroit.

MUSÉES : COLOGNE (Wallraf-Richartz Mus.) : Triptyque – FLORENCE : *Annonciation – L'Enfance du Christ* – MADRID (Prado) : *Crucifixion* – MELBOURNE (Nat. Gal.) : Autel – NEW YORK : *Sainte Catherine.*

VENTES PUBLIQUES : AMSTERDAM, 4 avr. 1951 : *L'Adoration des Rois* : **NLG 10 500** – LONDRES, 29 juin 1979 : *Le martyre de sainte Ursule*, h/pan. (81,3x53,9) : **GBP 9 500** – LONDRES, 11 déc. 1984 : *La Messe de saint Grégoire ; La Vierge et l'Enfant avec sainte Barbara et sainte Catherine assis près d'une fenêtre ; Saint Ildefonse habillé d'une chasuble par la Sainte Vierge*, h/pan., triptyque avec L'Annonciation grisaille (87x32 et 85x71 et 87x32) : **GBP 95 000** – LONDRES, 9 avr. 1986 : *Le Chemin du Calvaire ; La Crucifixion*, h/pan., une paire avec hauts arrondis (40x25,5) : **GBP 70 000** – LONDRES, 9 avr. 1990 : *Vierge à l'Enfant entourée de sainte Barbe et sainte Catherine*, panneau central ; *La messe de saint Grégoire, saint Ildefonse recevant une chasuble des mains de la Vierge*, panneaux latéraux ; *l'Annonciation*, h/pan., en grisaille, au revers du triptyque (centre : 83,8x70, côtés : 87x32) : **GBP 264 000**.

MAÎTRE de la LÉGENDE DE SAINTE LUCIE, dit autrefois **Maître de Bruges de 1480**
XVe siècle. Éc. flamande.
Peintre.

Auteur du panneau en trois parties, représentant la *Légende de sainte Lucie*, à Bruges. Ce panneau reflète nettement l'influence de Rogier Van der Weyden et de Memling, mais surtout de Dieric Bouts. Comme le Maître de la Légende de sainte Ursule, il prépare le chemin qui va de D. Bouts à Gérard David. L'œuvre de ce dernier doit beaucoup au Maître de la Légende de sainte Lucie, dont il reprend certains types de composition et la façon de rendre avec précision, et comme grossis, des détails de la végétation qui tient une place importante dans son œuvre. Le Musée de Bruxelles possède également de cet artiste une *Madone avec l'enfant Jésus et seize saints* et l'Institut des Beaux-Arts de Detroit une *Madone au buisson de roses*.

MUSÉES : BRUGES – BRUXELLES – DETROIT.

VENTES PUBLIQUES : COLOGNE, 15 nov. 1972 : *La Vierge et l'Enfant avec deux anges musiciens* : **DEM 130 000**.

MAÎTRE de la LÉGENDE DE SAINTE MADELEINE
D'origine bruxelloise. XVe-XVIe siècles. Éc. flamande.
Peintre de sujets religieux, portraits.

Il fut actif de la fin du XVe siècle jusque vers 1515-1520 à Bruxelles. On l'identifie parfois à Bernaert Van der Stockt. D'après M. J. Friedländer, ce maître ne serait autre que Pieter Van Coninxloo. Voir aussi le Maître de la Madeleine Mansi.

Son nom vient d'une série de panneaux provenant d'un retable illustrant des scènes de la légende de Sainte Marie Madeleine, panneaux aujourd'hui répartis entre les musées de Budapest, Cologne, Philadelphie, Schwerin et Vienne. Cet artiste serait l'auteur de cinquante autels, Madones et portraits princiers. Son œuvre révèle l'influence de Rogier van der Weyden et établit la transition avec Barent Van Orley de Bruxelles, qui aurait été son élève. Parmi ses portraits sont cités ceux d'un *Inconnu* à la Collection Simon de Berlin, de *Marguerite d'Autriche* au Musée de Versailles, de *Philippe le Beau*, de *Charles Quint*, de son frère et de ses sœurs.

BIBLIOGR. : M. J. Friedländer, in : *Early Netherlandish Painting*, vol. XII, Bruxelles, 1975.

VENTES PUBLIQUES : PARIS, 30 mai-1er juin 1921 : *Portrait d'une donatrice* : **FRF 31 300** – LONDRES, 20 déc. 1935 : *Chevalier de l'Ordre de saint Michel* : **GBP 304** – PARIS, 24 mars 1953 : *Vierge et Enfant* : **FRF 1 500 000** – PARIS, 3 juil. 1969 : *Portrait de Philippe le Bon* : **FRF 241 000** – NEW YORK, 16 juin 1976 : *Portrait d'homme*, h/pan. à fond arrondi (39,5x28) : **USD 26 000** – AMSTERDAM, 9 juin 1977 : *La Vierge et l'Enfant avec Saint Bernard*, h/pan. (28x37,5) : **NLG 125 000** – PARIS, 23 juin 1983 : *Homme de qualité en buste de trois quarts vers la gauche*, h/bois (22x14) : **FRF 200 000** – NEW YORK, 11 jan. 1989 : *Triptyque : Panneau central : Vierge à l'Enfant ; Ventail de gauche : Saint guerrier ; Ventail de droite : Sainte Barbe*, h./fond or/pan. (42,5x15,8 chaque côté et 42,5x31 panneau central) : **USD 220 000** – NEW YORK, 31 mai 1991 : *Vierge à l'Enfant*, h/pan. à fond or, haut arrondi (41,9x31,1) : **USD 24 200** – PARIS, 12 déc. 1995 : *Vierge à l'Enfant*, h/pan. (33x23) : **FRF 110 000** – LONDRES, 3-4 déc. 1997 : *Vierge à l'Enfant*, h/pan. (40,5x28,7) : **GBP 27 600**.

MAÎTRE de la LÉGENDE DE SAINTE URSULE. Voir l'article **PINNA Francesco**

MAÎTRE de la LÉGENDE DE SAINTE URSULE DE BRUGES
XVe siècle. Actif à Bruges à la fin du XVe siècle. Éc. flamande.
Peintre.

Ainsi désigné d'après les deux panneaux d'autel comprenant chacun quatre scènes de la *Légende de sainte Ursule* et se trouvant au monastère des Sœurs noires à Bruges. Chaque scène est concise, très explicite et se suffit à elle-même ; les couleurs sont discrètes. Cette œuvre n'est pas sans rapports avec l'art de Dieric Bouts, malgré quelques marques d'archaïsme. Le Metropolitan Museum de New York conserve de lui un *Saint Paul avec donateur* et une *Apparition du Christ à la Vierge*.

MUSÉES : AIX-LA-CHAPELLE (Suermondt Mus.) : *Madone avec l'Enfant Jésus* – FRIBOURG-EN-BRISGAV : *Autel avec la Nativité, la Visitation et le donateur* – NEW YORK (Metropolitan Mus.) : *Marie avec l'enfant Jésus.*

VENTES PUBLIQUES : LONDRES, 3-4 déc. 1997 : *Saint Jérôme, Saint François, Saint Bernard de Sienne et Saint Abbé Antoine recevant les stigmates ; L'Annonciation ; Saint Jean Baptiste, Saint Benoît, l'Archange Michel et Saint Christophe*, h/pan., triptyque (60x29,9 et 60x59,9 et 60x29,9) : **GBP 826 500**.

MAÎTRE de la LÉGENDE DE SAINTE URSULE DE COLOGNE
XVe siècle. Allemand.
Peintre de compositions religieuses.

Ainsi désigné d'après le cycle des tableaux qui proviennent de l'église Saint-Séverin de Cologne et représentent la *Légende de sainte Ursule*. On attribue également à cet artiste dix-huit scènes de la vie de saint Séverin qui ornent l'église de ce saint à Cologne. Les dix-neuf panneaux de la *Légende de sainte Ursule* sont datée entre 1495 et 1500. Ils sont aujourd'hui dispersés entre Cologne, Nuremberg, Londres, Bonn, le Louvre et des collections particulières. L'un d'entre eux figurait au Musée de Magdebourg et a été détruit.

Originaire du Bas-Rhin, cet artiste travaillait à Cologne. Son style, d'un sentiment joliment naïf et de coloris délicats, est visiblement influencé par la peinture hollandaise, et l'on se demande parfois s'il n'était pas originaire des Pays-Bas. On lui attribuait autrefois d'autres œuvres, provenant également de l'église Saint-Séverin de Cologne, que l'on attribue aujourd'hui à un Maître de Saint-Séverin.

BIBLIOGR. : Marcel Brion : *La peinture allemande*, Tisné, Paris, 1959 – Pierre du Colombier, in : *Diction. Univers. de l'Art et des Artistes*, Hazan, Paris, 1967.

MUSÉES : BONN (Mus. prov.) : *Sainte Ursule prend congé des envoyés de ses parents – Retour de la délégation païenne – Arrivée de sainte Ursule à Bâle – Arrivée à Rome* – COLOGNE (Wallr. Rich. Mus.) : *Sainte Ursule avec ses parents devant l'autel – L'ange apparaît à sainte Ursule – Mise au tombeau de sainte Ursule* – LONDRES (Victoria and Albert Mus.) : *Retour de sainte Ursule à Bâle* – MAGDEBOURG (Mus. Kaiser Friedrich) : *Retour de sainte Ursule à Bâle* – NUREMBERG (Mus. Germ.) : *Sainte Ursule prend congé de Rome* – PARIS (Mus. du Louvre) : *Demande en mariage et départ de sainte Ursule.*

VENTES PUBLIQUES : PARIS, 7 déc. 1949 : *La Vierge à la pomme*, attr. : **FRF 352 000** – NEW YORK, 14 oct. 1992 : *Vierge à l'Enfant sur un trône avec deux anges*, h/pan. (42x26,5) : **USD 77 000**.

MAÎTRE à la LICORNE. Voir **DUVET Jean**

MAÎTRE de LIESBORN ou **Maître du Retable de Liesborn**
XVe siècle. Allemand.
Peintre.
On désigne ainsi un peintre inconnu de l'École westphalienne qui, vers l'année 1465, exécuta des travaux considérables dans l'abbaye bénédictine de Liesborn près de Münster. Ses œuvres y furent conservées jusqu'en 1807, date à laquelle, lors de la création du royaume de Westphalie par Napoléon, le couvent fut supprimé. Les peintures furent dispersées. Le maître-autel de la seconde église fut coupé et partagé entre divers collectionneurs. Une partie, acquise par Krüger de Minden est actuellement à la National Gallery de Londres. Ces peintures, peintes en partie à la détrempe et en partie à l'huile, sont exécutées sur toile tendue sur bois. Son art découle de celui de Maître Conrad de Soest, avec toutefois une certaine influence flamande qui caractérise les artistes de la région de Münster, ainsi que des rappels de l'École de Cologne. Il eut, dans cet éclectisme synthétique, des continuateurs, dans les environs de Münster et de Soest, notamment le Maître de Kappenberg.
Bibliogr. : Marcel Brion : *La peinture allemande*, Tisné, Paris, 1959.
Musées : Budapest : *Crucifiement* – Londres (Nat. Gal.) : *Saint Ambroise – Saint Exupère – Saint Jérôme – Saint Grégoire – Saint Hilaire et saint Augustin – Annonciation – Purification de la Vierge et présentation du Christ au temple – Adoration des rois – Tête de Christ – Saint Jean l'Évangéliste – Sainte Scholastique et saint Benoît – Saint Cosme – Saint Damien et la Vierge* – Munster (Mus. prov.) : *L'archange Michel pèse les âmes*.
Ventes Publiques : Londres, 2 déc. 1977 : *Le Calvaire*, h/t mar./pan. (161,2x90,1) : **GBP 13 000** – Londres, 30 mars 1979 : *Le Calvaire*, h/t mar./pan. (161,2x90,1) : **GBP 22 000** – Londres, 10 avr. 1981 : *Le Calvaire*, h/t mar./pan. (161,2x90,1) : **GBP 17 000** – Cologne, 21 mai 1984 : *La Résurrection du Christ*, h/pan. (67x55) : **DEM 55 000**.

MAÎTRE du LIVRE DE L'ERMITAGE
XVIe siècle (?). Flamand (?).
Peintre de genre, dessinateur.
Ventes Publiques : Londres, 24 juin 1980 : *Un cortège dans une ville*, aquar. et pl. (20,1x31,6) : **GBP 3 000** – Paris, 28 oct. 1994 : *Fête au bord d'une rivière près d'un village*, pl. et aquar. (20x31) : **FRF 150 000**.

MAÎTRE du LIVRE D'HEURES DE DRESDE, dit aussi **Maître de Valerius Maximus de Leipzig**
XVe-XVIe siècles. Actif à Bruges entre 1470 et 1500. Éc. flamande.
Enlumineur.
Ainsi désigné d'après les livres d'heures qu'il a illustrés et que l'on trouve à la Bibliothèque de Dresde, au Musée Kaiser Friedrich de Berlin, à la Bibliothèque de l'Arsenal à Paris et au British Museum de Londres.

MAÎTRE du LIVRE D'HEURES D'HENRI II
XVIe siècle. Actif entre 1540 et 1570. Français.
Enlumineur.
Ainsi désigné d'après un manuscrit de la Bibliothèque Nationale de Paris, orné de très riches enluminures : le Livre d'Heures d'Henri II. C'est ce même miniaturiste qui a illustré le fameux *Livre d'heures du connétable Anne de Montmorency* de 1549 que garde le Musée Condé à Chantilly, et les *Heures de Dinteville* qui se trouvent également à la Bibliothèque Nationale.

MAÎTRE du LIVRE D'HEURES DU MARÉCHAL DE BOUCICAUT, dit aussi **Maître aux Cygnes**
XIVe-XVe siècles. Français.
Enlumineur.
Actif à la fin du XIVe siècle et début XVe, ainsi désigné d'après le fameux Livre d'Heures commandé par Jean le Meingre, maréchal de Boucicaut entre 1405 et 1416 et qui est conservé au Musée Jacquemart André à Paris. Les quarante-trois grandes miniatures de ce manuscrit constituent un des chefs-d'œuvre de toute l'enluminure du Moyen Âge. Cet artiste doit sa seconde appellation à l'habitude qu'il a d'animer avec des cygnes les cours d'eau de ses paysages. Il résida surtout à Paris, mais paraît avoir fait un séjour à Milan en 1402. On lui doit encore d'autres livres d'heures, en particulier les deux de la Bibliothèque Mazarine et celui du Musée Condé à Chantilly, ainsi que les illustrations du *Livre des Merveilles du Monde*, conservé à la Bibliothèque Nationale de Paris. Il montre encore quelque archaïsme, surtout iconographique, comme la façon de représenter les donateurs moitié moins grands que les personnages célestes. Mais sa grande innovation, au sein de la peinture parisienne et française, est d'allier le réalisme de type flamand au sentiment de l'espace lumineux à trois dimensions, propre aux Italiens. Malgré cela, il reste aussi attaché à la manière gracieuse, élégante, courtoise, traditionnelle des ateliers parisiens du tout début du XVe siècle. Il est quelquefois identifié à Jacques Coëne qui aurait collaboré avec le Maître de Bedford ou Hancelin Hagueneau.

MAÎTRE du LIVRE D'HEURES DE MARIE DE BOURGOGNE
XVe siècle. Actif à Bruges à la fin du XVe siècle. Éc. flamande.
Enlumineur.
A décoré le livre d'heures de Marguerite de Bourgogne, conservé au Kaiser Friedrich Museum de Berlin. Ce livre est un des plus précieux manuscrits de l'époque par la richesse et le coloris des enluminures. On possède encore de lui deux livres d'heures, dont l'un, provenant de la Bibliothèque du chapitre de Tolède est conservé à la Bibliothèque Nationale de Madrid et dont l'autre destiné à Engelbert de Nassau, se trouve à la Bodleiana d'Oxford.

MAÎTRE du LIVRE DE RAISON DE WOLFEGG, dit aussi **Maître du Cabinet des Estampes d'Amsterdam,** ou **Maître de 1480**
XVe siècle. Allemand.
Graveur au burin et peintre.
Ce maître dont les estampes sont fort rares passe pour être le meilleur graveur allemand de la fin du XVe siècle. Le *Livre de raison de Wolfegg*, qui est son œuvre principale et se trouve entre les mains du prince Waldburg-Wolfegg, ne compte pas moins de soixante-cinq planches. On a donné parfois à cet artiste le nom de Maître de 1480, car cette date aurait figuré sur une de ses planches aujourd'hui disparues ; il ne faut toutefois pas le confondre avec le Maître de Bruges de 1480, qui est un Flamand. Plusieurs gravures de sa main sont également au Cabinet des Estampes d'Amsterdam, ce qui explique son autre dénomination ; bien que certains tendent à séparer le Maître du Livre de raison du Maître du cabinet d'Amsterdam. Ce graveur fut également un peintre, auquel on doit attribuer la *Résurrection du Christ* au Musée Städel de Francfort-sur-le-Main, le panneau central d'un autel, la *Crucifixion*, au Musée de Fribourg, et un *Christ en Croix* au Musée de Darmstadt. Il est probable que la *Cène* et le *Lavage des pieds*, conservés au Kaiser Friedrich Museum de Berlin constituent les volets complémentaires du même autel. Un *Saint Georges* conservé au Musée du Louvre est attribué également au Maître du Livre de Raison. Enfin, il ne faut pas négliger l'attribution de cet ensemble de gravures parfois à Mathias Grünewald.

MAÎTRE de LLUSSANÉS ou **Maître de Lluça**
XIIIe siècle. Catalan, actif au début du XIIIe siècle. Espagnol.
Peintre.
Il a décoré l'église Saint-Paul-de-Narbonne à Casserres (province de Barcelone) de peintures murales, dont une partie se trouve aujourd'hui au Musée diocésain de Solsona et le frontal de la *Vie de la Vierge*, au Musée de Vich. Si les plis restent assez marqués par le schéma géométrique traditionnel, les visages s'adoucissent, se personnalisent, et l'on peut dire que ce peintre annonce le passage de l'art roman catalan à l'art gothique.

MAÎTRE de la LOI DE SAINT GEORGES. Voir **MAÎTRE de la GILDE SAINT-GEORGES**

MAÎTRE LOMBARD DE LA COUPE DE FRUITS
XVIIe siècle. Espagnol.
Peintre de natures mortes, fleurs et fruits.
L'artiste doit cette appellation au professeur Luigi Salerno dans son ouvrage *La nature morte italienne*, publié en 1984, travaillant lui-même sur la base du catalogue de l'exposition itinérante aux États-Unis : *Trois siècles de nature morte italienne*, établi par le professeur John Spike. Toutefois, de récentes recherches ont établi que l'artiste est d'origine espagnole sans pouvoir cependant l'identifier avec certitude.
Bibliogr. : L. Salerno – *La nature morte italienne*, Rome, 1984.
Ventes Publiques : Londres, 29 mai 1992 : *Artichauts avec des lis et des roses dans un vase de verre et des cerises, des poires et des cosses de pois dans une corbeille avec un œillet sur l'entablement de pierre*, h/t (77x115) : **GBP 165 000** – Londres, 8 juil. 1994 : *Iris et boules de neige dans un vase et pêches et branches de figuier dans une coupe de cristal avec deux pigeons dans une corbeille entre les deux*, h/t (71,7x110) : **GBP 40 000**.

MAÎTRE di LONIGO
XVe siècle. Italien.

Peintre de sujets religieux.
Il était actif à Venise dans la première partie du XVe siècle.
Ventes Publiques : Rome, 10 mai 1988 : *Vierge à l'enfant*, détrempe/pan. (62x37) : **ITL 100 000 000** – Milan, 4 avr. 1989 : *Vierge à l'Enfant*, détrempe/pan. à fond d'or (63,5x47,5) : **ITL 21 000 000** – New York, 12 jan. 1995 : *Vierge à l'enfant avec deux anges soutenant sa couronne*, temp./pan. à fond or (74,3x40) : **USD 48 875**.

MAÎTRE de LOS BALBASES
XVe siècle. Espagnol.
Peintre de compositions religieuses.
Il était actif à la fin du XVe siècle, originaire de la province de Burgos. Il fut jusqu'en 1955 confondu avec le Maître de Sisla.
Bibliogr. : M.P. Silva Maroto, in : *La peinture hispano-flamenca en Castille : Burgos et Palencia*, Valladolid, 1990 – J. Brown et R. Mann, in : *La peinture espagnole du XVe au XIXe siècles*, Catalogue de la Galerie Nationale de Washington, Cambridge, 1990.
Ventes Publiques : Madrid, 19 mai 1992 : *La flagellation*, h. et or/pan. (114,5x70) : **ESP 12 000 000**.

MAÎTRE du LOUVRE. Voir **MAÎTRE de la CRUCIFIXION DU LOUVRE**

MAÎTRE de LUCRÈCE
XVIe siècle. Italien (?).
Peintre de compositions bibliques.
Il était actif vers 1520.
Ventes Publiques : Londres, 7 juil. 1989 : *La tentation d'Adam*, h/pan. (115,5x90,5) : **GBP 28 600**.

MAÎTRES de la MADELEINE. Voir aussi **MAÎTRES de SAINTE MADELEINE**

MAÎTRE de la MADELEINE MANSI
XVIe siècle. Éc. flamande.
Peintre de compositions religieuses.
Il était actif dans la première moitié du XVIe siècle, à Anvers. Nommé ainsi d'après une *Sainte Madeleine*, autrefois dans la collection Mansi, à Lucques, aujourd'hui à Berlin. On y décèle les influences de Quentin Metsys et de Patenier. On lui attribue aussi une *Mise au tombeau*, à Gand, et une *Vierge à l'Enfant*, à New York.
Friedlander l'identifie à un élève de Metsys : Willem Meulenbroc.
Bibliogr. : In : *Diction. Univers. de l'Art et des Artistes*, Hazan, Paris, 1967.
Musées : Berlin : *Sainte Madeleine* – Gand : *Mise au tombeau* – New York : *Vierge à l'Enfant*.
Ventes Publiques : New York, 12 oct. 1989 : *Sainte Marie-Madeleine tenant le flacon aux huiles saintes devant une fenêtre ouverte sur un paysage*, h/pan. (52x36,8) : **USD 16 500** – Paris, 25 mars 1991 : *Sainte Marie-Madeleine*, h/pan. de chêne (67x56) : **FRF 160 000** – Londres, 5 juil. 1996 : *Vierge à l'Enfant assise près d'un arbre devant un vaste paysage avec un manoir*, h/pan. (101,9x73,3) : **GBP 221 500**.

MAÎTRE de MADERUELO
XIIe siècle. Actif au début du XIIe siècle. Espagnol.
Peintre.
Il fut probablement le collaborateur du Maître de Tahull, et probablement comme lui d'origine étrangère. Il décora l'abside de Santa Maria de Tahull, dans la province de Lérida ; puis collabora à la décoration de l'Ermitage de la Vera Cruz de Maderuelo, en Castille, ce qui lui valut son appellation. Comme le Maître de Tahull, il respecte les canons byzantins. Ses fresques de Maderuelo ont été déposées et sont conservées au Prado ; tandis que celles de Tahull figurent au Musée d'Art Catalan de Barcelone.
Bibliogr. : *Diction. Univers. de l'Art et des Artistes*, Hazan, Paris, 1967.

MAÎTRE de la MADONE ANDRÉ
XVe siècle. Actif à la fin du XVe siècle à Bruges. Éc. flamande.
Peintre de compositions religieuses.
Ainsi désigné d'après le buste d'une *Madone et son Enfant* au Musée Jacquemart André de Paris. Cette œuvre est signée de Friedländer, petit-fils légitime et héritier de Van Eyck. On ne connaît de ce peintre que deux autres tableaux représentant la *Madone*, dont l'un serait dans la collection Kœber de Harburg et l'autre au château Rohonez de Lugano.
Musées : Paris (Mus. Jacquemart-André) : *Madone et son Enfant*.

Ventes Publiques : New York, 19 mai 1994 : *Vierge à l'Enfant*, h/pan. (27,6x17,8) : **USD 28 750**.

MAÎTRE de la MADONE AUX ANNEAUX
XVIe siècle. Actif au début du XVIe siècle. Allemand.
Sculpteur.
Ainsi désigné d'après la grande statue de Marie avec l'enfant Jésus. Les doigts de la Vierge sont ornés de quatre anneaux. Cette statue se trouve au Musée National de Munich.

MAÎTRE de la MADONE BENTINCK-THYSSEN
XVIe siècle. Flamand.
Peintre de sujets religieux.
Actif à Bruges et à Anvers. Il doit son nom à Dirk de Vos du Groeningemuseum de Bruges.
Bibliogr. : M.J. Friedländer, in : *La peinture primitive hollandaise*, 1974 – R. Andree, in : *Les peintres du Kunstmuseum de Dusseldorf*, 1976.
Ventes Publiques : Londres, 6 déc. 1995 : *Vierge à l'Enfant*, h/pan. (95x63,9) : **GBP 106 000**.

MAÎTRE de la MADONE BYZANTINE
XVIe siècle. Allemand.
Peintre.
Saxon, il travailla à Leipzig entre 1510 et 1520. Ce peintre a été ainsi désigné en raison de l'interprétation byzantine qu'il a donnée de la Madone. Il fut le maître de l'École de Leipzig à la veille de la Réforme. Le Musée Municipal de Leipzig possède de lui une *Vierge avec l'Enfant Jésus entre saint Mathieu et sainte Barbara*, un *Couronnement de Marie* et une *Crucifixion* ; et la cathédrale de Mersebourg, deux autels dont l'un est consacré à *Marie* et l'autre à *Saint Grégoire*.

MAÎTRE de la MADONE DES CARMÉLITES DE MAYENCE
XIVe siècle. Actif à la fin du XIVe siècle. Allemand.
Sculpteur.
Ainsi désigné d'après la *Madone avec l'Enfant Jésus* qui provient du cloître des Carmélites de Mayence et se trouve conservée dans le Musée de cette ville. Cette statue constitue un spécimen célèbre et très représentatif d'un type fort répandu dans l'art de l'Europe occidentale.

MAÎTRE de la MADONE DE CINI. Voir **MAÎTRE de VERUCCHIO**

MAÎTRE de la MADONE DE COLOGNE
XVIe siècle. Actif au début du XVIe siècle. Allemand.
Sculpteur sur bois et sur pierre.
Ainsi désigné d'après la statue de Marie et l'Enfant Jésus qui se trouve au Musée Wallraf Richartz de Cologne.
Musées : Berlin (Mus. All.) : *Marie et l'Enfant Jésus* – Munich (Mus. Nat.) : *Naissance du Christ*, bois.

MAÎTRE de la MADONE DE DANGOLSHEIM
Actif sans doute à Strasbourg. Français.
Sculpteur sur bois.
Ainsi désigné d'après la statue de Marie avec l'Enfant, provenant de Dangolsheim non loin de Strasbourg et recueilli par le Musée allemand de Berlin : c'est une des statues les plus charmantes de la dernière période du gothique allemand.

MAÎTRE de la MADONE DE LA FUSTRASSE À MAYENCE
XIIIe siècle. Rhénan, actif au milieu du XIIIe siècle. Allemand.
Sculpteur.
Cette statue imposante de la *Madone avec l'Enfant Jésus* qui ornait le portail de l'église détruite Saint-Augustin et fut adossée à une maison de la Fuststrasse, est un des spécimens les plus intéressants de la sculpture allemande du XIIIe siècle. Elle rappelle du reste le style du maître de l'Ecclesia de la cathédrale de Bamberg et évoque également celui de l'École de Strasbourg.

MAÎTRE de la MADONE LAZZARONI, dit aussi **Maître de la Madone à l'Enfant**
XIVe siècle. Italien.
Peintre de compositions religieuses.
Il était actif de 1330 à 1340 à Florence.
Bibliogr. : M. Boskovits, in : *La peinture florentine à la veille de la Renaissance, 1370-1400*, Florence, 1975.
Ventes Publiques : Paris, 20 déc. 1994 : *Madone à l'Enfant entourée d'anges et de saints*, temp./pan. à fond or (42x26) : **FRF 290 000** – Rome, 9 mai 1995 : *Panneau central : Madone à l'Enfant sur un trône entourée de Saints, Panneaux latéraux : l'Annonciation et des Saints, La Crucifixion*, temp./bois, triptyque (44x24 et 43x12,5) : **ITL 71 300 000**.

MAÎTRE de la MADONE DE LEDERER
XIVe siècle. Actif au milieu du XIVe siècle. Italien.
Peintre.
Cette Madone avec l'Enfant, qui figure dans la Collection Lederer de Vienne, se distingue par la qualité de l'émotion qui s'en dégage. C'est au même auteur, de l'école de Sienne, que l'on croit pouvoir attribuer la charmante *Madone* du Musée Kaiser Friedrich de Berlin.

MAÎTRE de la MADONE DE LIVERPOOL
XVe-XVIe siècles. Italien.
Peintre de sujets religieux.
Il était actif en Ombrie et à Rome à la fin du XVe siècle et début du XVIe siècle.
Ventes Publiques : New York, 9 juin 1983 : *La Naissance de la Vierge*, h/pan. (159x115,5) : **USD 16 000** – Paris, 15 déc. 1992 : *La Vierge adorant l'Enfant*, peint. et fond or sur pan. (32x25,5) : **FRF 380 000**.

MAÎTRE de la MADONE DE MANCHESTER
XVIe siècle. Italien (?).
Peintre de sujets religieux.
Il était actif vers 1500-1530.
Ventes Publiques : Londres, 24 mai 1991 : *La Sainte Famille et Saint Jean Baptiste*, h/pan. (75,5x61,2) : **GBP 308 000**.

MAÎTRE de la MADONE NAUMBERG
XVe siècle (?). Italien (?).
Peintre de compositions religieuses.
Ventes Publiques : New York, 8 jan. 1981 : *Vierge à l'Enfant*, h/pan., haut arrondi (78x49,5) : **USD 57 500** – New York, 10 jan. 1990 : *Vierge à l'Enfant avec un paysage à l'arrière-plan*, h/pan. (diam. 71,1) : **USD 55 000** – New York, 5 avr. 1990 : *Vierge à l'Enfant*, tondo temp./pan. (diam. 74,5) : **USD 25 300** – New York, 14 jan. 1993 : *La Sainte famille avec saint Jean Baptiste enfant et un ange dans un paysage*, h/pan. (diam. 101,6) : **USD 137 500**.

MAÎTRE de la MADONE DE NUREMBERG
XVIe siècle. Actif dans le premier tiers du XVIe siècle. Allemand.
Sculpteur sur bois.
Le Musée de Nuremberg conserve de lui une : *Mater Dolorosa*, et celui de Munich un *Saint Othmar*. L'artiste appartient au groupe de P. Vischer.

MAÎTRE de la MADONE AVEC SAINT MICHEL. Voir **MAÎTRE du TRIPTYQUE DE MARIE D'ANVERS**

MAÎTRE de la MADONE DE SAINT LOUIS
XVe siècle. Italien.
Peintre de sujets religieux.
Il était actif à Florence vers 1470.
Ventes Publiques : Milan, 5 déc. 1991 : *Vierge avec l'Enfant et Saint Jean*, h/pan. (70x41) : **ITL 34 000 000**.

MAÎTRE de la MADONE DE SAINT SEBALD. Voir **MAÎTRE de la BELLE MADONE DANS L'ÉGLISE SAINT-SEBALD**

MAÎTRE de la MADONE DE STRAUS
XIVe siècle. Actif à Sienne ou à Florence dans la seconde moitié du XIVe siècle. Italien.
Peintre.
Auteur de la *Madone avec l'Enfant Jésus*, qui se trouve dans la Collection Percy Straus à New York.
Musées : Berlin (Mus. Kaiser Friedrich) : *La Vierge, l'enfant Jésus et les anges* – Boston (Mus. of Arts) : *Mariage de sainte Catherine* – Florence (Gal. Acad.) : *Sainte Catherine et saint François* – Florence (Gal. des Osped) : *Couronnement de Marie* – Philadelphie (Penns. Mus.) : *Madone entourée d'anges et de saints* – Rome (Pina. Vatican) : *Saint Eustache et saint Paul* – Worcester (États-Unis) : *Sainte Agnès avec un agneau dans son bras*.
Ventes Publiques : New York, 11 janv 1979 : *La Vierge et l'Enfant entourés de saints personnages*, h/pan., haut cintré (77x47) : **USD 50 000** – New York, 11 janv 1979 : *La Vierge et l'Enfant entourés de saints personnages*, h/pan., haut cintré (77x47) : **USD 38 000** – New York, 30 jan. 1997 : *La Madonne et l'Enfant entourés des saints Nicolas et Antoine de Padoue, Catherine et Dorothée et de deux anges en adoration*, fond or, temp./pan. (80x47) : **USD 112 500**.

MAÎTRE des MADONES. Voir aussi **MAÎTRE des DEUX MADONES**

MAÎTRE des MADONES, dit aussi **Compagno di Agnolo**
XIVe siècle. Italien.
Peintre de compositions religieuses.
Cet artiste florentin du dernier quart du XIVe siècle fut désigné d'après ses tableaux qui représentent uniquement des madones et qui sont conservés à Empoli, à la cathédrale de Pérouse, aux Offices de Florence et au Kaiser Friedrich Museum de Berlin. L'auteur en serait un élève de Galdi, qui aurait subi l'influence de l'École de Sienne. Son œuvre la plus remarquable est la *Madone d'Empoli*, entourée de quatre saints. Il aurait également travaillé aux fresques exécutées par Gaddi à l'église Santa-Crocce de Florence et à celles de la chapelle della Cintola à la cathédrale de Prato.
Musées : Berlin (Kaiser Friedrich Mus.) : *Madone* – Florence (Mus. des Offices) : *Madone*.

MAÎTRE des MADONES DE LUBECK
XVe siècle. Éc. flamande.
Sculpteur.
On lui attribue les Madones de pierre exécutées pour les églises de Lübeck, et en particulier celle du transept nord de la cathédrale de Lübeck, la *Belle Sainte Marie* d'une chapelle de la même cathédrale et la *Madone* de l'église Saint-Pierre de Lübeck. Ce maître fut en rapports très étroits avec l'École flamande, et c'est grâce à lui qu'elle put être révélée aux artistes de Lübeck à la fin du XVe siècle.

MAÎTRE des MADONES DE MARBRE
XVe siècle. Italien (?).
Sculpteur de figures.
Ventes Publiques : Londres, 20 avr. 1988 : *Vierge à l'Enfant*, relief de marbre italien (90x57) : **GBP 308 000**.

MAÎTRE du MAÎTRE-AUTEL DE BRISACH. Voir **MAÎTRE du GRAND AUTEL DE BRISACH**

MAÎTRE du MAÎTRE-AUTEL DE CHURWALDEN
XVe siècle. Suisse ou Italien (?).
Peintre de sujets religieux.
Il était actif vers 1477-1490. Il doit son nom à une peinture de 1477 dans l'abbaye de Churwalden. On pense que son atelier se situait entre Bâle et le lac de Constance. On connait une autre peinture de 1478 dans le Monastère de Rheinfelden.
Ventes Publiques : Londres, 19 avr. 1996 : *L'adoration des Mages*, h/pan. à fond or (67,6x57,2) : **GBP 32 200**.

MAÎTRE de la MAJESTÉ
XIIe siècle. Actif à Lund dans le second tiers du XIIe siècle. Suédois.
Sculpteur.
Ainsi désigné d'après le motif principal de toutes ses sculptures, la *Majesté du Christ*. C'est ce motif que l'on retrouve à la façade ouest de la cathédrale de Lund. Son style aurait été influencé par la Bourgogne, le Languedoc et la Lombardie.

MAÎTRE de la MANNE. Voir **MAÎTRE de la RÉCOLTE DE LA MANNE**

MAÎTRE de MARRADI
XVe-XVIe siècles.
Peintre de compositions religieuses.
Ventes Publiques : Milan, 10 juin 1987 : *Épisode de la vie de saint Ignace d'Antioche*, h/pan. (52x105) : **ITL 160 000 000** – Milan, 4 avr. 1989 : *Vierge à l'Enfant*, h/pan. (90x58) : **ITL 30 000 000** – Londres, 21 avr. 1989 : *La Nativité avec Marie et Joseph sur le chemin de Bethléem au fond à gauche et l'arrivée des bergers à droite*, h/pan. (diam. 132) : **GBP 77 000** – Londres, 14 déc. 1990 : *Vierge à l'Enfant*, h/pan. (74,3x45,5) : **GBP 44 000** – New York, 16 oct. 1997 : *La Victoire de Jason*, h/pan. (40,7x133) : **USD 68 500**.

MAÎTRE des MARTI DE TORRES. Voir **PEREZ Gonzalo**

MAÎTRE du MARTIN DE BERLIN
XVIe siècle. Actif au début du XVIe siècle. Allemand.
Sculpteur.
Ainsi nommé d'après la statue en bois peint du saint Martin qui se trouve au Musée allemand de Berlin. Ce même artiste aurait exécuté les deux statues de Saint Laurent et d'un moine qui se trouvent au Musée germanique de Nuremberg.

MAÎTRE du MARTYRE DE SAINTE CATHERINE. Voir **Maître aux initiales I. E.,** dans le tableau à la fin de la lettre **I**

MAÎTRE du MARTYRE DE SAINTE LUCIE. Voir **MAÎTRE de la DESCENTE DE CROIX DE FIGDOR**

MAÎTRE au MELON
XVIe siècle. Actif à Rome vers 1575. Italien.

Graveur et éditeur.
Il a publié des estampes de Cornelius Cort.

MAÎTRE de MÉRODE. Voir **CAMPIN Robert**

MAÎTRE de MESSKIRCH
Né vers 1500 peut-être à Kothenburg. Mort en 1543 à Messkirch. XVIe siècle. Allemand.
Peintre.
Auteur de l'*Adoration des Mages* à l'église de Messkirch près de Constance. Les volets se trouvent à l'Ancienne Pinacothèque de Munich et d'autres éléments à la Galerie de Donaueschingen. L'artiste est certainement un des meilleurs coloristes de son époque. Il subit l'influence de Dürer. Il a d'autre part exécuté pour la même église huit autels plus petits dont les éléments se trouvent au Musée germanique de Nuremberg, au Louvre et au Musée National de Varsovie.

MAÎTRE des MÉTIERS
XVIIe siècle. Italien (?).
Peintre de genre.
Il était actif à Rome vers le milieu du XVIIe siècle.
Ventes Publiques : Rome, 23 mai 1989 : *Mendiants à la porte d'un couvent*, h/t (37,4x47) : **ITL 18 000 000** – Rome, 8 mai 1990 : *Le repos à l'auberge ; La halte pendant la chasse*, h/t, une paire (chaque diam. 42) : **ITL 31 000 000** – Rome, 19 nov. 1990 : *Le cheminot et la paysanne*, h/t (41,5x50) : **ITL 9 200 000** – Milan, 21 mai 1991 : *La halte à l'auberge ; Repos après la chasse*, h/t, une paire (chaque diam. 42) : **ITL 39 550 000**.

MAÎTRE du MILIEU DES PROVINCES RHÉNANES ou **Mittelrheinischer Meister**
XVe siècle. Actif vers 1495. Allemand.
Peintre et sculpteur sur bois.
On voit de lui quatre œuvres au Musée de Cologne.

MAÎTRE de la MISÉRICORDE
Mort vers 1390. XIVe siècle. Italien (?).
Peintre de sujets religieux.
Il était actif vers 1355.
Ventes Publiques : Londres, 2 juil. 1976 : *Crucifixion*, h/pan. fond or, partie d'un triptyque (42,5x26) : **GBP 4 800** – Londres, 15 juil. 1977 : *La Crucifixion*, h/pan., fond or (42,7x27,5) : **GBP 7 000** – Londres, 21 juin 1978 : *La Madone d'Humilité*, h/pan., front contré, fond or (61,5x40) : **GBP 28 000** – Londres, 19 avr. 1985 : *L'Annonciation*, h/pan. fond or, haut arrondi (60,3x33,7) : **GBP 45 000** – Londres, 24 mai 1991 : *Sainte Catherine d'Alexandrie discutant avec les philosophes païens devant l'Empereur Maxence*, temp./pan. à fond or (19x64,5) : **GBP 176 000** – Monaco, 21 juin 1991 : *Vierge à l'Enfant avec saint Jean Baptiste, saint Pierre et deux saintes martyres*, temp./pan. (52x32) : **FRF 222 000** – Londres, 13 déc. 1991 : *Saint Antoine et un diacre martyr*, h/pan. à fond d'or (21,3x9,5) : **GBP 12 100**.

MAÎTRE du MONASTÈRE DES ÉCOSSAIS DE VIENNE
XVe siècle. Actif à Vienne vers 1470. Autrichien.
Peintre.
Ainsi désigné d'après le grand autel de l'église des Écossais à Vienne. Cet autel contient dix-neuf panneaux dont sept scènes de la *Passion* et douze scènes de la *Vie de Marie*. Ce qui mérite d'être noté, c'est le soin avec lequel sont reproduites à l'arrière-plan, et pour la première fois, places et rues de Vienne.
Bibliogr. : Ernst H. Buschbeck : *Primitifs Autrichiens*, Connaissance, Bruxelles, 1937.

MAÎTRE de MONDSEE
XVe siècle. Actif en Haute-Autriche vers 1490. Autrichien.
Peintre.
Travailla dans l'entourage de Michael Pacher. En effet, le Kunsthistorisches Museum de Vienne conserve de lui une *Fuite en Égypte*, et un *Portrait de Benedikt Eck, abbé de Mondsee, agenouillé devant la Vierge* ; or il faut se rappeler que ce fut le même Benedikt Eck qui commanda à Michael Pacher, le fameux *Retable de saint Wolfgang*. Il fut de ceux qui furent influencés par la nouvelle manière venue des Flandres. Il montre en outre une invention charmante, notamment la guirlande de petits anges perchés dans les branches d'un arbre dénudé, dans la *Fuite en Égypte*.
Bibliogr. : Ernst H. Buschbeck : *Primitifs Autrichiens*, Connaissance, Bruxelles, 1937.

MAÎTRE MONOGRAMMISTE de BRUNSWICK
XVIe siècle. Allemand.
Peintre de scènes religieuses, scènes de genre.
Il était actif dans la première moitié du XVIe siècle.
Ventes Publiques : Amsterdam, 28 nov. 1989 : *Le déluge*, h/pan. (105x171,5) : **NLG 23 000** ; *Groupe jouant aux cartes autour d'une table à la lueur de chandelles*, h/pan. (22x30,5) : **NLG 69 000**.

MAÎTRE du MONSTRELET DE ROCHECHOUART
XVIe siècle. Actif au début du XVIe siècle. Éc. flamande.
Miniaturiste.
Ainsi désigné d'après le manuscrit de la Bibliothèque Nationale contenant la Chronique d'Enguerrand de Monstrelet et qui appartint d'abord à François de Rochechouart, camérier de Louis XII. Le manuscrit est orné de soixante-quinze dessins à la plume, et rappelle par le style des enluminures un autre manuscrit : l'*Étiquette des temps*, également composé pour Fr. de Rochechouart.

MAÎTRE de MONTE OLIVETO
XIIIe-XIVe siècles. Italien.
Peintre de compositions religieuses.
Il était actif vers 1305. Il fut sans doute un proche suiveur de Duccio mais ne fit pas ses études dans son atelier. Il tient son nom d'une *Madonne sur un trône* du monastère de Monte Oliveto Maggiore, à Asciano près de Sienne.
Bibliogr. : J. H. Stubblebine, in : *Duccio di Buoninsegna et son école*, 1979.
Ventes Publiques : Londres, 10 juil. 1987 : *Le Christ sur la croix avec la Sainte Vierge, saint Jean l'Évangéliste et les deux Marie*, h/pan., fond or (37,8x27,7) : **GBP 60 000** – Londres, 5 juil. 1995 : *La Crucifixion*, temp./pan. à fond or (43,5x32) : **GBP 155 500**.

MAÎTRE de MONTEFOSCOLI
XVe siècle. Actif vers 1415. Italien.
Peintre d'histoire.
Identifié dès 1933 par Richard Offner grâce au polyptyque de l'église Santa Maria de Montefloscoli à rapprocher d'une Vierge à l'Enfant avec six Saints à Ristonchi près de Florence. Une autre Vierge à l'Enfant avec six Saints est au Musée du petit Palais d'Avignon.
Ventes Publiques : New York, 7 avr. 1988 : *Vierge à l'Enfant entourée de saint Pierre, saint Jean Baptiste, Antoine et un autre saint et deux anges*, détrempe sur fonds d'or/pan. sommet en ogive (88,5x50) : **USD 28 600** – Londres, 5 juil. 1996 : *Vierge à l'Enfant sur un trône entourés de saint Jean Baptiste et de sainte Catherine d'Alexandrie*, temp./pan. à fond d'or (96,5x51) : **GBP 26 000**.

MAÎTRE des MONUMENTS GOTHIQUES. Voir **MAÎTRE des ÉDIFICES GOTHIQUES**

MAÎTRE de la MORT DE MARIE ou **de la Vierge**. Voir **CLÈVE Joos Van**

MAÎTRE de MOULINS ou **Maître des Bourbons**
XVe-XVIe siècles. Français.
Peintre.
À défaut d'une identité plus précise, le nom de Maître de Moulins convient particulièrement à la personnalité de cet anonyme de première grandeur, qui travaillait dans le Bourbonnais entre 1480 et 1500. Il la définit en effet par son milieu géographique, seul élément indiscutable sur lequel les études puissent jusqu'ici se fonder. Distinct à la fois de la Bourgogne et de la Touraine mais suffisamment proche de l'une et de l'autre pour être sensible à leurs apports respectifs, le duché de Bourbon constitue dans le dernier quart du XVe siècle un foyer dont on ne saurait sous-estimer l'importance. Pierre de Beaujeu a épousé Anne de France, fille aînée de Louis XI et régente du royaume pendant la minorité de Charles VIII. Cette alliance lui a conféré un prestige exceptionnel et lorsqu'il devient, en 1488, duc de Bourbon et d'Auvergne sous le nom de Pierre II, sa cour de Moulins prend bientôt rang parmi les plus brillantes. La formation d'une grande bibliothèque, la construction de la collégiale et du château attirent des poètes, des architectes, des sculpteurs, des verriers et des peintres à Moulins où l'art du vitrail, notamment, ne tardera pas à connaître un développement remarquable. Mais le triptyque de la cathédrale (ancienne collégiale) de Moulins, œuvre principale du maître qui nous occupe, n'a été peint que vers la fin du siècle. Auparavant le même artiste s'était manifesté par d'autres ouvrages qui paraissent même antérieurs à l'avènement de Pierre II. Il existe à la Pinacothèque de Munich un portrait du cardinal Charles de Bourbon, frère aîné de Pierre II, mort en 1488 et l'on s'accorde à reconnaître dans ce tableau les caractéristiques du maître de Moulins. Celui-ci aurait donc été

au service de la maison de Bourbon dès 1485, date de l'entrée solennelle du cardinal à Lyon, puisqu'il est vraisemblable que cette cérémonie ait fourni le prétexte de l'exécution du portrait de Munich. Mais ici se place une coïncidence dont la critique et, en premier lieu, G. Hulin de Loo a tiré des conclusions qui ne sont pas négligeables : Jean Perréal avait été chargé d'organiser les fêtes données à Lyon en 1485. La tentation était donc vive d'identifier le Maître de Moulins à Jean Perréal, artiste illustre de son temps et dont l'œuvre s'est mystérieusement volatilisé (Voir aussi l'article Jean Perréal). D'autres indices venaient consolider cette hypothèse qui, néanmoins, est à peu près généralement abandonnée aujourd'hui. On s'est avisé, par exemple, que Perréal a vécu jusque vers 1530 alors que le maître de Moulins semble avoir cessé toute activité après 1500. Mais, pour revenir aux débuts de ce dernier artiste, il existe encore une de ses œuvres typiques qui précède certainement le portrait du cardinal de Bourbon : c'est la *Nativité* du Musée d'Autun. Le donateur qui figure sur ce tableau est le cardinal Jean Rolin fils du chancelier Nicolas Rolin, qui prie devant la *Vierge* de Jan Van Eyck au Louvre. Le cardinal Jean Rolin, né en 1408, est mort en 1483. L'œuvre d'Autun est donc antérieure à cette date et on la situe vers 1480. On y trouve l'influence assez nettement marquée d'Hugo Van der Goes, surtout dans les deux figures de bergers qui s'appuient au fond sur la barrière de bois.

La formation flamande du maître de Moulins paraît donc établie bien que d'ores et déjà un style nouveau s'affirme. Signalons en passant le rôle que pourrait avoir joué dans l'élaboration de ce style le Maître d'Ambierle qui avait introduit à proximité de Moulins les formes de Rogier Van der Weyden. Si le Maître de Moulins s'inspire de la popularisation et de l'humanisation des thèmes sacrés telles que Van der Goes les conçoit, son « ton » se distingue immédiatement de tout autre. Moins dramatique, moins chargé de fougue que les flamands auxquels il fait penser, il reste comme Fouquet en-deçà de l'expression appuyée : ses compositions sont imprégnées d'une sorte d'espérance suspendue. L'affinement de ses types est non moins caractéristique. La fragilité les marque, surtout les femmes et les enfants aux chairs pâles, aux yeux en coulisse, aux poignets et aux doigts si minces qu'on les soupçonnerait d'être friables. Le coloris, également inspiré de la dernière manière d'Hugo Van der Goes est d'une intensité froide, contrastant par ses dissonances avec la retenue des physionomies. Le lyrisme, ici, s'est réfugié dans la couleur, ce qui est propre à beaucoup de peintres français, de Fouquet jusqu'aux Fauves. Mais le Maître de Moulins est-il français ? Tout semble l'indiquer sans qu'aucun fait probant n'ait encore été découvert. Certains ne cherchent-ils pas à l'identifier au flamand Jan Hey dont un *Ecce Homo* signé, au Musée de Bruxelles, ne laisse pas de le rappeler quelque peu ? N'a-t-on pas parfois rapproché ses œuvres de celles du maître Michiel, flamand qui travaillait en Espagne de 1481 à 1504 ? Plus patriotiquement, M. Paul Dupieux veut le confondre avec un élève de Perréal, Jehan le Peintre ou Jehan Verrier ou Jehan Prévost, verrier à Moulins entre 1501 et 1503. Le triptyque de Moulins, selon M. Dupieux, daterait donc de cette époque. Tout ce que l'on peut dire actuellement de cette hypothèse, c'est que certaines des magnifiques verrières de la cathédrale de Moulins s'apparentent visiblement au triptyque. L'existence d'un atelier dirigé par le Maître de Moulins est, d'ailleurs, des plus probables. Comment expliquer autrement les deux portraits de Pierre et d'Anne de Bourbon présentés par saint Pierre et saint Jean, qui sont conservés au Louvre et dont le premier porte la date 1488, année de l'avènement des deux époux ? Ces œuvres, tout en dérivant directement du Maître de Moulins ne sont certainement pas peintes par lui-même. C. Benoît a dû créer pour les besoins de la cause un Maître de 1488 auquel il donnait également un portrait présumé de Suzanne de Bourbon (collection Lehmann) qui est aujourd'hui classé parmi les œuvres originales du maître. Cela ne suppose-t-il pas la présence à Moulins dès 1488 d'un atelier assez considérable pour monopoliser les commandes officielles, le maître fût-il trop occupé pour les exécuter personnellement ? Pourquoi cet atelier n'aurait-il pas compris également des verriers que rien n'empêchait d'être en même temps des peintres de portraits ou d'églises ? La collégiale de Moulins ne serait-elle pas l'œuvre d'ensemble à laquelle cet atelier aurait travaillé pendant vingt ou trente ans sous la surveillance et avec la collaboration effective du maître, tandis que celui-ci exécutait ou faisait exécuter les commandes de tableaux qu'il recevait par ailleurs ? Chronologiquement les œuvres autographes du maître de Moulins se succèdent donc comme suit : *La Nativité* (Musée d'Autun), vers 1480 ; *Portrait du cardinal Charles II de Bourbon en prière* (Pinacothèque de Munich), vers 1485 ; *La Vierge et l'Enfant adorés par des anges* (Musée de Bruxelles), vers 1490, tableau de haute qualité ; *Portrait présumé de Suzanne de Bourbon, fille de Pierre et d'Anne de Bourbon ou Portrait présumé de Marguerite d'Autriche, fiancée de Charles VIII* (collection Lehmann, New York), vers 1490, ancienne collection Yturbe ; *Saint Victor (ou saint Maurice) et un donateur* (Musée de Glasgow), vers 1490, anciennement attribué à Hugo Van der Goes, exposé comme anonyme flamand à Bruges en 1902, identifié par G. Hulin de Loo puis exposé comme maître de Moulins en 1904 à Paris ; *Donatrice présentée par sainte Madeleine* (Louvre) vers 1490-1495 : le rapprochement de ce tableau avec le précédent n'est pas à retenir ; *Triptyque de Moulins* (sacristie de la cathédrale), vers 1498-1500, autrefois attribué à Ghirlandajo. Au centre : *La Vierge et l'Enfant adorés par les anges*. Volet de gauche : *Pierre II de Bourbon présenté par saint Pierre*. Au revers : *La Vierge de l'Annonciation* en grisaille. Volet de droite : *Anne de Bourbon et sa fille Suzanne présentées par sainte Anne*. C'est relativement à l'âge de Suzanne, née en 1493, que le triptyque a été daté. Au revers : l'*Ange de l'Annonciation* en grisaille. Cette œuvre capitale, malgré son ordonnance gothique est d'un style déjà très évolué ce qui indique combien l'École de Moulins était au fait des grands courants internationaux ; *Annonciation* (Chicago, Art Institute), vers 1500, ancienne collection Ryerson ; *Rencontre de sainte Anne et Joachim à la porte dorée et Charlemagne* (Londres, National Gallery), vers 1500. C'est Max J. Friedländer qui a rapproché ces deux derniers tableaux dont la hauteur est à peu près la même. Il s'agirait donc de deux fragments d'un même panneau, celui de Chicago formant la partie droite, celui de Londres, la partie gauche, laquelle aurait été coupée elle-même à l'extrémité droite puisque le Charlemagne, par son attitude, suppose une autre figure lui faisant face, sans doute un saint Louis. Dans son catalogue de la National Gallery (1946), Martin Davies admet le bien-fondé des arguments de Friedländer mais il décèle l'intervention de l'atelier dans certaines parties du fragment que son Musée possède. Le Charlemagne, il faut bien le dire, n'est pas tout à fait au niveau de l'Annonciation de Chicago. Nous terminerons la liste des œuvres originales du maître par une miniature et un dessin : le *Frontispice du statut de l'Ordre de saint Michel* (Bibliothèque Nationale), vers 1494, offert par Pierre II de Bourbon au roi Charles VIII. On y trouve les portraits de ces personnages ; un *Profil de femme* (vente à Londres, chez Sotheby, 21 juillet 1948), portant la signature : *Pietro Perugino* et ayant été attribué à Hugo Van der Goes. Jacques Dupont l'a restitué justement au Maître de Moulins. D'autres tableaux encore ont été rattachés au maître ou à son atelier. Retenons surtout ceux qui présentent des analogies évidentes avec les œuvres mentionnées ci-dessus. En plus des portraits déjà signalés de *Pierre et d'Anne de Bourbon avec saint Pierre et saint Jean*, le Louvre conserve deux peintures très proches du Maître de Moulins : le *Portrait d'un enfant en prière* et le *Portrait du dauphin Charles-Orlant ou d'Orland*. Aux États-Unis, citons le *Portrait d'un moine en prière* (Metropolitan Museum, New York, ancienne collection Rosenfeld), attribué au maître par Friedländer et le *Portrait d'un jeune homme tenant une fleur* (Musée de Philadelphie, collection Johnson), attribution de Valentiner et de Wescher. À la cathédrale du Puy, la fresque des *Arts libéraux*, récemment attribuée à Perréal par Mlle Huillet d'Istria, dérive du maître de Moulins, de même qu'un petit émail formant diptyque (Wallace Collection, Londres). Charlemagne et saint Louis y sont représentés tandis que l'on retrouve, au revers, Pierre et Anne de Bourbon accompagnés de leurs saints patrons. C'est à bon droit que Mme G. Ring rapproche cet émail du maître de Moulins ou de son atelier. ■ Robert Lebel

Bibliogr. : *Jean Hey, le Maître de Moulins*, Revue de l'Art, N° 1-2, Flammarion, Paris, 1968.

Musées : Autun : *Nativité* – Bruxelles : *Vierge et Enfant adorés par les anges* – Chicago : *Annonciation* – Glasgow : *Saint Victor ou saint Maurice et un donateur* – Londres (Nat. Gal.) : *Rencontre à la porte dorée et Charlemagne* – Moulins (Cathédrale) : Triptyque – Munich (Pina.) : *Portrait du cardinal Charles de Bourbon* – New York (coll. Lehmann) : *Portrait d'une jeune fille* – Paris (Mus. du Louvre) : *Donatrice présentée par sainte Madeleine* – *L'Enfant aux mains jointes* – *Portrait du Dauphin Charles d'Orléans*.

Ventes Publiques : Londres, 21 juil. 1948 : *Profil de femme*, dess. à la pl., comme H. Van der Goes : **GBP 2 000** – Londres, 8 déc. 1965 : *La jeune fille à la pensée* : **GBP 14 000**.

MAÎTRE de MÜLHDORF

XVIe siècle. Actif au début du XVIe siècle. Allemand.

Peintre de compositions religieuses, scènes de genre.
A exécuté un autel à Altmülhdorf dans la Bavière méridionale.
Musées : Munich (Mus. Nat.) : *Arbre généalogique des Pfeffinger* – Munich (Ancienne Pina.) : Deux volets d'autel – Nuremberg (Mus. Germanique) : *Martyr de saint Leodegar.*
Ventes Publiques : Cologne, 14 juin 1976 : *Couple d'amoureux dans un paysage avec une vue de Wasserburg,* h/pan. (117x183) : **DEM 33 000** – Londres, 31 mars 1989 : *La Résurrection,* h/pan. à fond or (83,2x74,3) : **GBP 5 720.**

MAÎTRE de la MULTIPLICATION DES PAINS. Voir **MAÎTRE de la LÉGENDE DE SAINTE CATHERINE**

MAÎTRE des NAINS
XVIIIe siècle. Italien.
Peintre de genre.
Il était actif à Venise au XVIIIe siècle.
Ventes Publiques : Milan, 4 avr. 1989 : *La salle de broderie ; La leçon de chant,* h/t, deux pendants (chaque 157x130) : **ITL 80 000 000.**

MAÎTRE de la NATIVITÉ DI CASTELLO
XVe siècle. Italien.
Peintre de compositions religieuses, portraits.
Peintre florentin de la seconde moitié du XVe siècle, il est l'auteur de la *Naissance du Christ* aux Offices de Florence. Le tableau provient de la villa Reale à Castello ; et le style de l'artiste révèle une influence de Fra Angelico et de Lippi.
Musées : Florence (Mus. des Offices) : *Naissance du Christ* – Göttingen (Université) : *Buste de la Madone avec l'enfant Jésus* – Munich (Ancienne Pina.) : *Annonciation* – Paris (Mus. du Louvre) : *Madone avec l'Enfant Jésus et quatre anges* – *Madone avec l'Enfant Jésus qui tient un oiseau* – Philadelphie : *Nativité* – San Marino, (Mus. Huntingtow, États-Unis) : *Nativité.*
Ventes Publiques : Londres, 24 juin 1970 : *La Vierge et l'Enfant* : **GBP 12 000** – New York, 11 jan. 1991 : *Portrait d'une dame de profil,* temp./pan. (57,2x38) : **USD 231 000.**

MAÎTRE de la NATIVITÉ DU LOUVRE
XVe siècle. Italien.
Peintre.
Cet artiste florentin du troisième quart du XVe siècle est l'auteur de la *Nativité du Louvre,* dont l'identification a fait l'objet de tant de discussions. On lui attribue également une *Madone avec saint Antoine et saint Laurent* au Musée de Budapest.

MAÎTRE de la NATIVITE JOHNSON ou **Maître du Tabernacle Johnson**
XVe siècle. Italien.
Peintre.
Il fut identifié par Federico Zeri. On le considère comme un continuateur du Florentin Bicci di Lorenzo. Il tient son appellation de la Collection John G. Johnson, au Musée de Philadelphie.
Musées : Avignon (Mus. du Petit-Palais) – Florence (Gal. de l'Acad.) – Philadelphie.
Ventes Publiques : New York, 1er juin 1989 : *Vierge à l'Enfant avec saint Jean Baptiste,* h/pan. (106x66) : **USD 52 250** – New York, 13 oct. 1989 : *La Sainte Trinité avec saints François et Jean Baptiste et d'autres Saints,* temp./pan. à fond d'or (67,5x40,5) : **USD 20 900** – Londres, 8 déc. 1989 : *La Vierge et saint Jean Baptiste jeune adorant l'Enfant avec Florence et l'Annonciation au bergers au fond,* h/pan. (63,5x42,5) : **GBP 165 000** – Londres, 24 mai 1991 : *Vierge adorant l'Enfant entourée de saint Jean et des bergers de l'Annonciation,* temp./pan. (106x66) : **GBP 33 000** – Milan, 28 nov. 1995 : *Vierge à l'Enfant avec saint Jean,* tempera/pan. (109x66) : **ITL 253 000 000.**

MAÎTRE de NAUMBURG
Né au début du XIIIe siècle, originaire de Mayence. XIIIe siècle. Allemand.
Sculpteur.
Auteur des sculptures du chœur de Naumburg. On ne sait encore si elles sont l'œuvre d'un artiste ou de plusieurs, mais il est évident qu'elles sont dominées par un seul artiste. Il aurait du reste précédemment travaillé à Amiens, Reims, Noyon, Chartres, Strasbourg, Metz et Mayence, où il a composé en particulier le groupe de *Saint Martin à cheval.* A Naumburg, les statues du chœur prennent un caractère monumental puissant qui n'a rien de commun avec la sculpture française, ni même la sculpture allemande de cette époque.

MAÎTRE à la NAVETTE ou **le Maître I.A.M. de Zwolle**. Voir **ZWOLLE Jean de**

MAÎTRE de NEUSTIFT. Voir **MAÎTRE d'UTTENHEIM**

MAÎTRE au NOM DE JÉSUS. Voir **MAÎTRE aux initiales I. H. S.,** dans le tableau à la fin de la lettre **I**

MAÎTRE de l'OBSERVANCE
XVe siècle. Travaillant à Sienne dans la première moitié du XVe siècle. Italien.
Peintre.
Son nom vient du triptyque de la *Vierge entre saint Ambroise et saint Jérôme* (1436), conservé au monastère de l'Osservanza, près de Sienne. Une certaine similitude de style entre lui et Sassetta, lui a retiré quelque temps des œuvres qui lui sont maintenant données à nouveau, telles les *Historiettes de saint Antoine* et le *polyptyque d'Asciano.* Cependant, le Maître de l'Observance reste encore tourné vers la tradition siennoise du XIVe siècle.
Bibliogr. : P. H. Michel, in : *Dictionnaire de l'Art et des Artistes,* Hazan, Paris, 1967.
Ventes Publiques : Londres, 5 déc. 1969 : *L'Ascension de la Vierge* : **GNS 27 000.**

MAÎTRE à l'ŒILLET
XVe-XVIe siècles. Allemands, Suisses, Tyroliens ?
Peintres de compositions religieuses.
Nom collectif pour une série de peintres tyroliens, suisses et allemands qui ont adopté l'œillet comme signature et se situent entre la fin du XVe et le début du XVIe siècle. On pense, dans les trois cas où l'on se trouve devant ces productions d'ateliers signées d'un œillet, qu'il s'agit à chaque fois d'une production corporative d'un atelier, dont tous les participants s'alignent sous un même sigle, refusant de distinguer parmi eux une personnalité plus marquante que les autres. Les productions de ces trois ateliers montrent toutes les influences de Schongauer, peut-être de Zeitblom aussi, ou de Conrad Witz, et dans tous les cas des influences flamandes, directes ou indirectes. Néanmoins ces trois ateliers présentent des caractères suffisamment diversifiés pour qu'on les distingue relativement aisément. On les distingue selon la classification suivante : Maître à l'œillet de Berne ; Maître à l'œillet de Fribourg ; Maître à l'œillet de Zurich.
■ J. B.
Bibliogr. : Marcel Brion, in : *La peinture allemande,* Tisné, Paris, 1959.

MAÎTRE à l'ŒILLET DE BERNE
XVe-XVIe siècles. Allemand, Suisse, Tyrolien ?
Peintre de compositions religieuses.
Il est l'auteur des sept panneaux du *Retable de saint Jean Baptiste,* de la cathédrale de Berne, conservés pour partie au Kunstmuseum de Berne, *Le baptême du Christ* ; partie au Musée de Budapest ; *La danse de Salomé* ; et les deux volets les plus parfaits au Musée de Zurich : *Saint Jean Baptiste au désert,* et la *Décollation.* Les personnages sont raidis dans leur attitude, le décor presque géométrisé, le paysage succinct mais néanmoins d'un sentiment vrai. On s'accorde à lui trouver quelque chose de rustique. Le Musée de Berne lui attribue encore une *Annonciation* ; celui de Zurich une *Présentation au Temple.* D'autres œuvres lui sont attribuées en grand nombre. On considère qu'il était actif autour de 1500. ■ J. B.
Bibliogr. : Marcel Brion, in : *La peinture allemande,* Tisné, Paris, 1959.
Musées : Berne (Kunstmus.) : *Retable de saint Jean Baptiste : Le baptême du Christ,* partie – *Annonciation* – Budapest : *Retable de saint Jean Baptiste : La danse de Salomé,* partie – Zurich (Kunsthaus) : *Retable de saint Jean Baptiste : Saint Jean Baptiste au désert, et la Décollation,* deux volets – *Présentation au Temple.*

MAÎTRE à l'ŒILLET DE FRIBOURG
XVe-XVIe siècles. Allemand, Suisse, Tyrolien ?
Peintre de compositions religieuses.
Le Maître à l'Œillet de Fribourg est ainsi désigné par le *Retable du Maître-autel de l'église des Cordeliers,* à Fribourg, que l'on date de 1479-1480 environ. Ce triptyque accuse aussi l'influence de Schongauer et des Flamands. Des Flamands sans doute il tient la gravité dans l'expression des sentiments des personnages. Le coloris est vif et frais. On s'accorde à y distinguer des caractères composites qui indiquent plusieurs auteurs, pour lesquels on a proposé Albrecht Nent de Rottweil, Paulus de Strasbourg et Paulus Löwensprung. Georges Schmidt, lui, propose un certain Grin Bitlor d'Arbon, ou Heinrich Bichler de Berne.
■ J. B.
Bibliogr. : Marcel Brion, in : *La peinture allemande,* Tisné, Paris, 1959.

MAÎTRE à l'ŒILLET DE ZURICH
xve-xvie siècles. Allemand, Suisse, Tyrolien ?
Peintre de compositions religieuses.
Le Maître à l'Œillet de Zurich, était actif dans cette ville entre 1490 et 1505. On a tenté de l'identifier avec le peintre-verrier Peter Reiner, dont l'activité se situe à Zurich, entre 1464 et 1510, ou avec l'un de ses fils, Ludwig ou Lienhard ; ou encore avec Hans Leu l'Ancien, le père de Hans Leu le « peintre-lansquenet », qui travailla en effet aussi à Zurich, entre 1488 et 1507. Le Musée de Berlin pour sa part conserve de lui un *Banquet d'Hérode*, que différents commentateurs qualifient « d'un classicisme assez noble ». Comme pour les autres Maîtres à l'Œillet, on reconnaît chez celui-ci l'influence de Martin Schongauer. ■ J. B.
Bibliogr. : Marcel Brion, in : *La peinture allemande*, Tisné, Paris, 1959.
Musées : Berlin : *Banquet d'Hérode* – Zurich (Kunsthaus) : quatre panneaux, dont deux concernent un Retable de saint Michel, ainsi qu'un Portrait de Hans Schneeberger.

MAÎTRE des ŒILLETS
xve siècle. Espagnol (?).
Peintre de compositions religieuses.
Primitivement appelé Maître de Geria par Franz Post et José Gudiol, ce peintre est aujourd'hui appelé Maître des Œillets. Actif dans la seconde moitié du xve siècle, vers 1480, en Castille, son style est caractérisé par une opulence de détails contrastant avec la froideur nue et rigide des physionomies.
Ventes Publiques : Genève, 21 juin 1976 : *Crucifixion*, bois (120x93) : **CHF 350 000** – Londres, 1er nov. 1991 : *La Présentation au temple*, h/pan. à fond or (111x80) : **GBP 7 150**.

MAÎTRE de l'OFFICINE DE BERGMANN, dit aussi **Maître du Térence de Bâle**
xve siècle. Suisse.
Dessinateur pour la gravure sur bois.
Il travailla de 1490 à 1494 à Bâle. A composé cent trente-neuf dessins qui se trouvent au Musée de Bâle : ils étaient destinés à une édition des *Comédies* de Térence qui ne fut pas publiée. On lui doit également la remarquable illustration du *Bateau de fous* de Seb. Brant et de la traduction en allemand du *Livre du chevalier de la Tour Landry*, tous deux sortis de chez l'imprimeur J. Bergmann Van Olpe, de qui il tire l'un de ses noms. Certains ont tenté vainement de l'identifier à Dürer, jeune, sans doute parce qu'il laisse voir l'influence de Schongauer.

MAÎTRE à l'OISEAU. Voir **GIOVANNI del Porto**

MAÎTRE d'OSMA
xvie siècle. Actif aux environs de 1500. Espagnol.
Peintre.
Ainsi désigné d'après la localité Burgo de Osma, où se trouve son œuvre principale constituée par une série de panneaux religieux qui se trouvent à la cathédrale de cette ville. L'auteur de ces panneaux marque la transition du Moyen Age à la Renaissance.

MAÎTRE d'OSNABRÜCK
xvie siècle. Actif en Westphalie pendant le premier tiers du xvie siècle. Allemand.
Sculpteur.
On lui a attribué, puis contesté les huit grandes statues d'apôtres qui se trouvent autour du chœur de la cathédrale d'Osnabrück. Il est probable du reste qu'il n'est pas l'auteur de ses œuvres nombreuses qui ont été réunies sous son nom. Il n'en reste pas moins que cet artiste anonyme est un des représentants les plus éminents de la sculpture en Westphalie au début du xvie siècle.

MAÎTRE d'OTTO VAN MOERDRECHT
xve siècle. Actif au début du xve siècle. Hollandais.
Enlumineur.
On lui attribue un manuscrit exécuté pour le chanoine Otto Van Moerdrecht (Bibliothèque de l'Université de Thuringe). Il collabora avec un autre enlumineur hollandais pour illustrer, en 1417, *le Bréviaire du Duc Reinaud IV de Gueldre*.
Bibliogr. : M. Hérubel : *La peinture gothique*, Rencontre, Lausanne, 1965.

MAÎTRE d'OTTOBEUREN
xvie siècle. Souabe, actif au premier quart du xvie siècle. Allemand.
Sculpteur.
Auteur de deux panneaux du cloître d'Ottobeuren. On lui attribue, d'une façon assez contestable plusieurs autres œuvres. Il passe pour être le représentant le plus résolu du style baroque.

MAÎTRE du PALAIS LONATI VERRI
xviie siècle (?). Italien (?).
Peintre de natures mortes.
Ventes Publiques : Milan, 13 mai 1993 : *Nature morte avec un céleri, un chou-fleur, de la salade et du gibier ; Nature morte avec des fleurs, des fruits, des asperges et un singe*, h/t, une paire (chaque 101x133) : **ITL 30 000 000**.

MAÎTRE du PALAIS PENDAGLIA
xve siècle. Italien.
Peintre.
Auteur de la fresque représentant la *Vierge et l'Enfant Jésus*, qui se trouvait au Palais Pendaglia à Ferrare et qui est conservée à la Pinacothèque de cette ville avec une autre fresque du même artiste, le *Couronnement de Marie*.

MAÎTRE des PALANQUINS
xve siècle. Hispano-Flamand.
Peintre de sujets religieux, scènes bibliques.
Il était actif à la fin du xve siècle dans le Leon.
Bibliogr. : Harry B. Wahle, in : *The Metropolitan Museum of Art. Un catalogue des peintures italiennes, espagnoles et byzantines*, New York, 1940 – Katherine Baetjer, in : *Les peintures européennes au Metropolitan Museum of Art*, New York, 1980.
Ventes Publiques : New York, 11 avr. 1991 : *Scène de bataille*, h. et temp./feuille d'or sur pan. (124,5x88,9) : **USD 34 100** – New York, 10 oct. 1991 : *Scène de bataille*, h. et temp./pap. à fond or (124,5x88,9) : **USD 39 600** – Londres, 29 mai 1992 : *L'Assomption de la Vierge avec agenouillés en bas une donatrice et saint Thomas*, h/pan. à fond or (136x92) : **GBP 22 000**.

MAÎTRE du PALAZZO VENEZIA MADONNA
xive-xve siècles (?). Italien.
Peintre de compositions religieuses.
Ventes Publiques : Londres, 8 avr. 1981 : *Saint Paul*, pan./fond or (59,5x34) : **GBP 48 000**.

MAÎTRE des PANNEAUX DE L'AUTEL DE STERZING
Né seconde moitié du xiiie siècle, d'origine souabe. xve siècle. Allemand.
Peintre.
Il était actif en Souabe en 1458. Il est l'auteur de l'autel de Marie, érigé à l'Hôtel de Ville de Sterling dans le Tyrol. On y trouve quatre scènes de la *Passion* et quatre scènes de la *Vie de Marie*. Cet artiste, chez qui on reconnaît l'influence de Rogier Van der Weyden, aurait également peint les deux volets latéraux de l'église du monastère de Heiligkreuztal en Souabe. Il connut Multscher et travailla vraisemblablement avec lui.
Il ne possédait plus la grandeur médiévale, encore lourde, de Multscher, mais montrait des qualités de sobriété et d'élégance plus modernes, arrivées à Augsbourg et à Ulm avec les peintures flamandes qui avaient été acquises par les bourgeois financiers de ces villes.
Bibliogr. : Marcel Brion, in : *La peinture allemande*, Tisné, Paris, 1959.

MAÎTRE des PANNEAUX BARBERINI
xve siècle. Actif vers 1470. Italien.
Peintre.
Ainsi nommé en raison des panneaux ayant appartenu à la Collection Barberini à Rome. L'un d'entre eux, *la Présentation de la Vierge au Temple*, est conservé au Museum of Fine Arts de Boston, l'autre, *la Naissance de la Vierge*, est au Metroplitan Museum de New York. Son goût pour les architectures savantes fait penser qu'il était entré en contact avec les artistes d'Urbin et de Pérouse. C'est sans doute pour cette raison que certains l'ont identifié à Giovanni da Camerino.
Bibliogr. : M. Hérold, in : *Dictionnaire de l'Art et des Artistes*, Hazan, Paris, 1967.

MAÎTRE des PANNEAUX DE POLLING, dit aussi **Maître de Weilheim de 1444**
xve siècle. Actif au milieu du xve siècle. Allemand.
Peintre.
Il a peint un autel consacré à la Vierge pour le monastère de Polling et les éléments de cet autel se trouvent à l'Ancienne Pinacothèque de Munich et au Musée germanique de Nuremberg.
Ventes Publiques : Londres, 11 déc. 1944 : *Saint Paul ; Saint Pierre*, h/pan., une paire (92x39 et 35x15) : **GBP 31 050**.

MAÎTRE des PANNEAUX DE SAINT AUGUSTIN. Voir **MAÎTRE du RÉVEIL DE SAINTE DRUSIANE**

MAÎTRE de PAOLO BUONVISI. Voir **PEINTRE de Paolo Buonvisi**

MAÎTRE du PAREMENT DE NARBONNE
XIVe siècle. Actif dans la seconde moitié du XIVe siècle probablement à Paris. Français.
Peintre et enlumineur.
L'œuvre qui a donné son appellation à l'artiste anonyme fut découverte au début du XIXe siècle, dans le cathédrale de Narbonne, et acquise par le Musée du Louvre en 1852. Il s'agit d'un parement d'autel, dessiné en grisaille sur soie et représentant quelques scènes de la Passion. Le roi Charles V et son épouse Jeanne de Bourbon y figurent en donateurs, ce qui indique que l'œuvre fut exécutée sur leur demande, donc à Paris, vers 1375. On a été amené à lui attribuer aussi certaines des miniatures des *Très Belles Heures de Notre-Dame*, du duc de Berry, conservées au Louvre et à la Bibliothèque Nationale. Comme le fit André Beauneveu, cet artiste serait passé, à la mort de Charles V, au service de son frère Jean, duc de Berry. Il a été proposé d'identifier le Maître du Parement de Narbonne avec Jean d'Orléans, fils de Girard d'Orléans, auteur présumé du *Portrait de Jean le Bon*, qui fut également peintre de Charles V, puis du duc de Berry. On lie le style du Parement de Narbonne à l'école parisienne et à Jean Pucelle, par les qualités d'élégance de la ligne, de force de l'expression, avec des rappels iconographiques venus des Italiens, ainsi que l'indication des volumes. Cette peinture, en grisaille sur soie certes, constitue l'une des toutes premières peintures françaises, qui ne soient ni murales, ni miniatures, ni vitrail. Elle est donc à l'origine d'une école française de peinture de chevalet. A ce titre, son importance historique est capitale. Pourtant, elle appartient encore, en dépit de ses attaches avec l'école d'enlumineurs parisiens, et au même titre que ceux-ci, au style gothique international : en font foi le dessin anguleux, haché, l'allongement expressif des formes. Il ne sera guère possible d'y rattacher les premiers peintres qui vont bientôt créer en tant que telle une école française, avec ses caractéristiques d'intériorité de la pensée et de calme équilibre de la composition linéaire, qui s'épanouissent dès Nicolas Froment, Enguerrand Quarton, ou le Maître de Moulins, annonciateurs des Fouquet et Clouet. ■ J. B.

MAÎTRE de la PASSION DE BERLIN
XVe siècle. Actif dans la région du Rhin inférieur. Allemand.
Graveur.
On croit que cet artiste, du plus grand mérite, doit être identifié avec Israel Van Meckenem. Il travailla dans la manière du Maître E. S. Il doit son nom à une série de sept gravures sur la *Passion* introduites dans un livre de dévotion de 1482, conservé au Cabinet des estampes de Berlin. On cite aussi de lui une *Vie de Marie* (avant 1463), une série d'*Apôtres*, l'*Assomption* et une série d'oiseaux préparés pour les orfèvres.

MAÎTRES de la PASSION DE COLOGNE. Voir **MAÎTRE de la GRANDE PASSION DE COLOGNE** et **MAÎTRE de la PETITE PASSION DE COLOGNE**

MAÎTRE de la PASSION DE DARMSTADT
XVe siècle. Actif au milieu du XVe siècle. Allemand.
Peintre.
Ainsi désigné d'après les deux panneaux représentant le *Port de la croix* et la *Crucifixion* et conservés au Musée de Darmstadt. Ils datent d'environ 1440 et constituent, ainsi que la *Crucifixion* de l'église de Bad Orb, les spécimens les plus intéressants de l'art de cette époque. Il était, peut-être, l'élève de Conrad Witz, dont il a retenu le sens de la profondeur, sans atteindre l'audace de son coloris.

MAÎTRE de la PASSION DE KARLSRUHE
Né dans la seconde moitié du XVe siècle, d'origine rhénane. XVe siècle. Allemand.
Peintre.
Désigné d'après quatre panneaux de la *Passion* qui se trouvent au Musée de Karlsruhe, deux autres ayant été recueillis au Musée Walfraf Richartz de Cologne. On pense que la décoration de l'autel devrait être complétée par deux tableaux qui se trouvent au Musée de Dijon : *Naissance de l'Enfant Jésus* et *Chevauchée des Rois mages*. On s'accorde à le situer plus dans la continuation de l'école d'Alsace, entre Schongauer qui l'a marqué et Grünewald qu'il annonce par certains côtés, que de celle de Cologne. Il aurait peut-être aussi travaillé en Souabe.
BIBLIOGR. : Marcel Brion : *La peinture allemande*, Tisné, Paris, 1959.

MAÎTRE de la PASSION DE LICHTENSTEIN. Voir **MAÎTRE du CHÂTEAU DE LICHTENSTEIN**

MAÎTRE de la PASSION DE LIPPBORG
XVe siècle. Westphalien, actif à la fin du XVe siècle. Allemand.
Peintre.
Ainsi désigné d'après le panneau d'autel de 1480 représentant des scènes de la Passion et provenant de l'église de Lippborg près de Beckum. Le panneau qui reflète l'influence flamande, se trouve actuellement au Musée provincial de Münster et constitue un des spécimens les plus intéressants de la peinture de Westphalie pendant la seconde moitié du XVe siècle.

MAÎTRE de la PASSION DE LYVERSBERG
XVe siècle. Actif à la fin du XVe siècle. Allemand.
Peintre et graveur sur bois.
Travailla pour le couvent de la Chartreuse de Cologne. Les six panneaux de la *Passion* firent partie de la collection Lyversberg et se trouvent actuellement au Musée Wallraf Richartz de Cologne. Deux volets de l'autel auquel ils étaient destinés, l'*Annonciation* et l'*Adoration des Mages* figurent au Musée germanique de Nuremberg. Il fut influencé par Rogier Van der Weyden, mais surtout par Dieric Bouts, un peu comme l'a été le Maître de la Vie de Marie, mais avec moins de charme.
VENTES PUBLIQUES : NEW YORK, 15 nov. 1929 : *La Descente de Croix* : **USD 1 100** ; *La Trahison* : **USD 1 050**.

MAÎTRE de la PASSION DE VIENNE. Voir **MAÎTRE de la GRANDE PASSION DE VIENNE**

MAÎTRE du PAYSAGE CORRER
XVIIIe siècle. Italien.
Peintre de paysages.
Cet artiste, actif dans la région de Venise au XVIIIe siècle, est considéré comme un suiveur de Marco Ricci.
BIBLIOGR. : T. Pignatti, in : *Le musée Correr, peintures des XVIIe et XVIIIe siècles*, Venise, 1960.
MUSÉES : VENISE (Mus. Correr) : Quatre paysages.
VENTES PUBLIQUES : LONDRES, 6 déc. 1995 : *Paysage fluvial boisé et animé*, h/t (64,5x85,5) : **GBP 3 220**.

MAÎTRE des PAYSAGES D'HIVER ou **Maître aux Paysages de Neige**. Voir **LEYTENS Gisbert**

MAÎTRE des PAYSAGES KRESS
XVIe siècle. Italien.
Peintre de sujets religieux.
Peintre actif à Florence au XVIe siècle, vers 1505-1530.
BIBLIOGR. : C. Seymour Jr., in : *Les primitifs italiens à la Galerie d'Art de l'Université de Yale*, 1970.
VENTES PUBLIQUES : LONDRES, 20 nov. 1984 : *Vierge à l'Enfant et saint Jean sur fond de paysage*, h/pan. (70x54) : **ITL 18 000 000** – MILAN, 21 avr. 1986 : *La Vierge et l'Enfant avec saint Jean enfant*, h/pan. (68,5x51,5) : **ITL 30 000 000** – MILAN, 13 déc. 1989 : *Le mariage mystique de sainte Catherine*, h/pan. (58x56) : **ITL 29 000 000** – LONDRES, 11 déc. 1992 : *La Fortune*, h/pan. (30,1x24,5) : **GBP 12 100** – NEW YORK, 15 jan. 1993 : *La Sainte Famille avec saint Jean Baptiste et deux anges*, h./ et temp./pan. (102,9x83,8) : **USD 85 000** – PARIS, 16 mars 1994 : *Le baptême du Christ* ; *Le Christ appelant Pierre*, h/bois, une paire (panneaux de prédelle 26,4x60,5) : **FRF 50 000**.

MAÎTRE de PEDRET
Originaire de la région de Berga. XIe-XIIe siècles. Actif à la fin du IXe siècle et au début du XIIe siècle. Espagnol.
Peintre.
Il est l'auteur des peintures murales exécutées dans l'église mozarabe de San Quirce, et aujourd'hui conservées aux musées de Solsona et de Barcelone. Si certains lui attribuent les décorations de l'abside de la coupole de Santa Maria Esterri de Aneu, J. Lassaigne ne pense pas pouvoir les lui donner. Il ne lui donne pas davantage les peintures de San Pedro de Burgal. Les ressemblances entre ces œuvres s'expliquent par l'existence presque certaine d'une École autour de ce Maître. Celui-ci donne une vie nouvelle aux scènes qu'il représente, n'hésitant pas à rendre la vie quotidienne avec beaucoup de simplicité et parfois avec humour. Il s'éloigne des strictes règles de l'art byzantin, au contraire du Maître de Tahull, et laisse transparaître son individualité, son émotion et même sa fantaisie. Ses couleurs ne répondent plus seulement à des critères stylistiques plus ou moins attachés à une iconographie traditionnelle, mais se rapprochent de la réalité naturelle.
BIBLIOGR. : J. Lassaigne : *La peinture espagnole des fresques romanes au Greco*, Skira, Genève, 1952.

MAÎTRE de la PENTECÔTE CERNUSCHI
XVe siècle.

Peintre de sujets religieux.
Ventes Publiques : Monaco, 21 juin 1991 : *Déposition*, temp. sur lin (190x160) : **FRF 299 700**.

MAÎTRE de PEREA, dit aussi **Maître de Valence de 1485**
xve siècle. Espagnol.
Peintre de compositions religieuses.
Il était actif à Valence à la fin du xve siècle. Il y a peint l'autel de la chapelle des trois rois à Saint-Dominique et y a inscrit les armes de la famille Perea. Cet autel se trouve au Musée Provincial de Valence. L'artiste reflète l'influence des Flamands en particulier celle de Rogier Van der Weyden.
Musées : Madrid (Mus. du Prado) : *Visitation* – Paris (Mus. Arts Décoratifs) : *Madone avec l'Enfant Jésus* – Princeton, (Mus. Univ. États-Unis) : *Dernière communion de sainte madeleine* – Valence (Mus. Diocésain) : *Saint Santiago* – Dix-neuf panneaux d'un retable – Valence (Mus. prov.) : *Vierge de la Lecke*, Triptyque.
Ventes Publiques : New York, 16 jan. 1992 : *Le Christ annonçant la Rédemption de l'Ancien Testament à sa mère*, h/pan. à fond or (106,7x84,7) : **USD 55 000** – Londres, 29 mai 1992 : *La Cène*, temp./pan. à fond or (266x283) : **GBP 308 000**.

MAÎTRE au PERROQUET
xvie siècle. Actif à Anvers dans le premier tiers du xvie siècle. Éc. flamande.
Peintre de compositions religieuses, portraits.
Il est ainsi désigné en raison du perroquet que l'on trouve dans tous ses tableaux de Madones et avec lequel joue l'Enfant Jésus. Ses œuvres se trouvent réparties entre des collections particulières.
Ventes Publiques : Genève, 7 déc. 1935 : *Jeune femme à la balance* : **CHF 14 625** – Cologne, 11 nov. 1964 : *Vierge à l'Enfant* : **DEM 18 000** – Londres, 12 juil. 1972 : *La Vierge priant* : **GBP 2 000** – Amsterdam, 9 juin 1977 : *Vierge à l'Enfant*, h/pan. (21x16) : **NLG 52 000** – New York, 6 juin 1984 : *La Vierge et l'Enfant dans un paysage*, h/pan. (81x55) : **USD 40 000** – Paris, 18 mars 1985 : *Portrait de femme devant un paysage*, h/pan. (53,5x39) : **FRF 360 000** – New York, 15 jan. 1988 : *La Vierge et l'Enfant*, h/pan. (40x30) : **USD 12 100** – Paris, 12 déc. 1989 : *Vierge à l'Enfant*, pan. de chêne parqueté (60,5x47,5) : **FRF 330 000** – New York, 5 avr. 1990 : *Vierge à l'Enfant avec un paysage à l'arrière-plan*, h/pan. (89x55) : **USD 16 500** – Paris, 25 avr. 1990 : *Vierge à l'Enfant devant un paysage*, h/pan. (61x44) : **FRF 100 000** – New York, 11 oct. 1990 : *L'Adoration des mages*, h/pan. (91x58) : **USD 24 200** – New York, 16 jan. 1992 : *Sainte Marie-Madeleine devant une tenture soutenue par des anges dans une niche*, h/pan. (73,6x58,4) : **USD 187 000** – Paris, 13 juin 1997 : *Vierge à l'Enfant dans un paysage vallonné, au premier plan une corbeille de fruits et un perroquet*, pan. chêne parqueté (74x53) : **FRF 400 000**.

MAÎTRE du PETIT AUTEL DE LIECHTENSTEIN
xve siècle. Hollandais.
Peintre de sujets religieux, portraits.
Peintre de la fin du xve siècle. Auteur du petit autel représentant l'*Adoration des Mages* à la Galerie Liechtenstein de Vienne. Cet artiste serait également l'auteur de l'*Épiphanie* dans la collection Juan de Valencia à Madrid. On lui devrait sans doute enfin l'*Anna Selbdritt* du Musée de Bruxelles et l'autel de l'Ermitage à Saint-Pétersbourg, dont le panneau central est constitué par l'*Adoration des Mages*.
Musées : Bruxelles (Mus. roy. de Belgique) : *Anna Selbdritt* – Saint-Pétersbourg (Mus. de l'Ermitage) : *Adoration des Mages*, autel – Vienne (Gal. Liechtenstein) : *Adoration des Mages*.

MAÎTRE du PETIT PARADIS. Voir **MAÎTRE du JARDINET DU PARADIS,** dit aussi **Maître du Rhin Moyen**

MAÎTRE de la PETITE PASSION DE COLOGNE
xve siècle. Allemand.
Peintre.
Le Musée Wallraf Richartz de Cologne possède de cet artiste une série de six panneaux, représentant la *Passion* et constituant deux groupes dont l'un comprend le *Mont des Oliviers*, *Le Christ devant Pilate*, *La Flagellation*, *Jésus couronné d'épines* et l'autre la *Mise en croix* et la *Mise au tombeau*. C'est à ce second groupe que paraît se rattacher une série de trente-quatre petits tableaux illustrant la *Vie du Christ* et conservés au Kaiser Friedrich Museum de Berlin.

MAÎTRE de PIERRE ET DE PAUL
xiiie siècle. Français.
Sculpteur de statues religieuses. Gothique.
Sculpteur actif à Reims, au début du xiiie siècle, auteur des statues de Pierre et de Paul à la porte gauche du transept nord de la cathédrale. Ces statues sont parmi les plus remarquables de Reims. Le reste de la décoration de ce portail revient au Maître du Beau Dieu.

MAÎTRE de la PIETÀ D'AVIGNON. Voir **QUARTON Enguerrand** et **VILATTE Pierre**

MAÎTRE de la PIETÀ DE LUCERNE
xve siècle. Actif à Lucerne à la fin du xve siècle. Suisse.
Peintre.
Ainsi désigné d'après son œuvre principale la *Pietà* au Musée de Lucerne.

MAÎTRE au PIGNON ou **Maître W.**
xve siècle. Actif à la fin du xve siècle. Éc. flamande.
Graveur.
Est probablement originaire de Bruges, où il devait exercer primitivement le métier d'orfèvre. Il aurait été en relation avec Schongauer et le Maître E. S. On connaît de lui quatre-vingt-une planches.

MAÎTRE du POLYPTIQUE DE CIRIÉ ou **Pseudo-Giuseppe Giovenone**
xvie siècle. Italien.
Peintre de compositions religieuses.
Il est aussi appelé Pseudo Giuseppe Giovenone. Son nom de Maître du Polyptyque de Cirié est dû à une peinture du *Baptême du Christ* de 1535 dans l'église San Giovanni de Cirié.
Ventes Publiques : New York, 20 mai 1993 : *Saint Thomas*, temp./pan. à fond or (75,9x39,4) : **USD 8 050** – New York, 30 jan. 1997 : *La Madone et l'Enfant au mariage mystique de sainte Catherine*, fond or, temp./pan. (58,4x41,9) : **USD 17 250**.

MAÎTRE du POLYPTYQUE TRAPANI
xive-xve siècles (?). Italien.
Peintre de compositions religieuses.
Ventes Publiques : Londres, 8 juil. 1981 : *Christ bénissant entouré de l'ange de l'Annonciation et de la Vierge*, pan./fond or, trois pan., frontons cintrés (centre 79x61 ; côtés 79x48) : **GBP 9 000**.

MAÎTRE di POPIGLIO ou **Maître de P.**
xive siècle. Italien.
Peintre de sujets religieux.
Il était actif à Pistoia.
Ventes Publiques : Paris, 20 déc. 1994 : *Madone à l'Enfant*, temp./pan. à fond or (44x24) : **FRF 300 000**.

MAÎTRE du PORTAIL DE LA COLLÉGIALE DE BADEN-BADEN
xiiie siècle. Actif à la fin du xiiie siècle. Allemand.
Sculpteur.
A décoré le portail de l'église collégiale de Baden-Baden, qui se trouve au Musée municipal de cette ville, et qui comprend les statues des *Apôtres Pierre et Paul*, et à droite *Marie avec l'ange de l'Annonciation*. On reconnaît dans ces figures l'influence de Strasbourg, et peut-être de Trèves.

MAÎTRES du PORTAIL OCCIDENTAL DE CHARTRES
xiie siècle. Français.
Sculpteurs.
Ces artistes ont exécuté la plus grande partie de la décoration du portail royal de la cathédrale de Chartres, édifié de 1145 à 1155. Si la conception du plan émane d'un seul cerveau, il fut réalisé par 4 ou 5 artistes différents, parmi lesquels il faut citer le Maître des Deux Madones. On doit remarquer que les rois ne sont pas français, mais qu'ils sont les ancêtres du Christ, dix-neuf des statues drapées, sur vingt-quatre ont été conservées : quelques-unes furent mutilées. C'est encore à l'artiste principal que l'on doit le *Christ* entouré des symboles des Évangélistes et l'*Ange-méridien*.

MAÎTRE de la PORTE D'ADAM
xiiie siècle. Allemand.
Sculpteur.
A travaillé de 1230 à 1237 à la décoration de la cathédrale de Bamberg, où il a sculpté plusieurs statues du portail est, dit porte d'Adam. On y remarque en particulier *Adam et Ève*, qui sont les

nus les plus anciens de l'art du Moyen Age. Il est possible que cet artiste se soit formé à l'école du Maître de la Visitation de Bamberg. On doit également lui attribuer le *Sarcophage du Pape Clément II.*

MAÎTRE de PORTILLO
XVIe siècle. Actif dans la première moitié du XVIe siècle à Avila. Espagnol.
Peintre.
Ainsi désigné d'après l'autel de l'église Saint-Esteban à Portillo, au sud de Valladolid. Cet autel a du reste été transporté aujourd'hui au Palais archiépiscopal de Valladolid. Il faut signaler du même artiste un autel encore plus important et qui révèle des influences flamandes, celui de Fuentes de Ano.

MAÎTRE du PORTRAIT DES BICKER
XVIe siècle. Actif dans la première moitié du XVIe siècle à Utrecht. Hollandais.
Peintre.
Ainsi désigné d'après les deux portraits remarquables de *Pieter Bicker* et de sa femme *Anna Codde* et datés de 1529. On attribue généralement à ce Maître le portrait de *Perrenot de Granvella* exposé à la National Gallery de Londres et le fameux portrait de famille que conserve le Musée de Cassel.

MAÎTRE du PORTRAIT DE BORRO
XVIIe siècle. Actif au milieu du XVIIe siècle. Espagnol.
Peintre.
Désigné d'après le portrait du capitaine italien *Alessandro del Borro,* qui fut primitivement attribué à Velasquez et se trouve au Musée Kaiser Friedrich de Berlin.

MAÎTRE du PORTRAIT DE JEAN LE BON. Voir **GIRARD d'ORLÉANS**

MAÎTRE des PORTRAITS DE L'ARTISTE PAR LUI-MÊME
XVIe siècle. Italien.
Peintre de portraits.
Peintre de la première moitié du XVIe siècle ainsi désigné d'après le buste d'un jeune homme qui se trouve au Musée de l'Ermitage à Saint-Pétersbourg, mais dont il existe plusieurs répliques. On lui attribue également un *Joueur de viole,* ou *Bravo* qu'a accueilli le Musée de Vienne. Les diverses toiles de cet artiste inconnu reproduiraient du reste le portrait du même personnage à différents âges.
MUSÉES : SAINT-PÉTERSBOURG (Mus. de l'Ermitage) : *Buste d'un jeune homme* – VIENNE (gal. Albertina) : *Joueur de viole, ou Bravo.*

MAÎTRE des PORTRAITS D'AUGSBURG
XVIe siècle. Allemand (?).
Peintre de portraits.
VENTES PUBLIQUES : PARIS, 12 déc. 1989 : *Portrait de jeune garçon,* parchemin/pan. parqueté (30x23) : **FRF 38 000**.

MAÎTRE des PORTRAITS DE BARONCELLI
XVe siècle. Hollandais.
Peintre de portraits.
Peintre de la fin du XVe siècle désigné suivant les portraits, actuellement aux Offices de Florence, de deux fondateurs, *Bandini Baroncelli et sa femme.* Les portraits semblent révéler l'influence de Memling.
MUSÉES : FLORENCE (Mus. des Offices) : *Bandini Baroncelli et sa femme.*

MAÎTRE des PORTRAITS DE BRANDON
XVIe siècle. Éc. flamande.
Peintre de portraits.
Artiste travaillant à Bruges vers 1510. Il fut peintre de portraits de la cour de Henri VIII.
Il s'éloigne de la tradition des portraits austères du début du XVIe siècle flamand, pour s'orienter vers une forme plus sinueuse qui annonce la déviation maniériste.
MUSÉES : LA HAYE (Mauritshuis) : *Portrait de l'Homme à l'œillet.*

MAÎTRE des PORTRAITS DE LA COLLECTION HOLZHAUSEN
XVIe siècle. Allemand.
Peintre de portraits.
Peintre de portraits à Francfort-sur-le-Main du milieu du XVIe siècle. Cet artiste signait du monogramme *C. V. C.,* initiales de Conrad Futer (?). On retrouve la même signature sur deux peintures au Palazzo Torrigiani à Florence.
Le musée Städel de Francfort-sur-le-Main conserve de cet artiste une série de six portraits de la famille Holzhausen. À ceux-ci viennent s'ajouter deux autres à la National Gallery de Dublin, ceux de *Katharina Knoblauch* et de son frère, *Heinrich Knoblauch,* datés de 1532, provenant de la collection Farrer, vendue à Londres en 1866. La même collection comprenait le *Portrait de Friedrich Rorbach,* probablement le mari de Katharina. Le rédacteur du catalogue du Musée de Dublin dit qu'il est probable que cet artiste peignit en 1532 le portrait de *Félicitas Uffsteiner ou Vestermerin,* femme de Heinrich Knoblauch.
MUSÉES : DUBLIN (Nat. Gal.) : *Portraits de Katharina Knoblauch et de son frère Heinrich Knoblauch* – FRANCFORT-SUR-LE-MAIN (Städel Inst.) : *Six Portraits de la famille Holzhausen.*

MAÎTRE des PORTRAITS DE FAMILLE D'ANVERS
XVIe siècle. Éc. flamande.
Peintre de portraits.
Peintre de la seconde moitié du XVIe siècle. De Vries et de Philippot ont retiré le *Portrait de la famille Van Gindertaelen* (Musée d'Anvers) de l'œuvre de Pierre Pourbus, pour le donner à l'atelier de Dirck Jacobsz, portraitiste travaillant à Amsterdam. À cette œuvre se sont joints d'autres portraits faits à Amsterdam entre 1554 et 1559 ? et qui furent, sans doute, exécutés par un même peintre, dénommé le Maître des Portraits de la Famille d'Anvers.
BIBLIOGR. : J. Lassaigne et R. L. Delevoy : *La peinture flamande de Jérôme Bosch à Rubens,* Skira, Genève, 1958.
MUSÉES : ANVERS : *Portrait de la famille Van Gindertaelen,* atelier de Dirck Jacobsz.

MAÎTRE des PORTRAITS DE FAMILLES BERLINOISES
XVIIe siècle. Hollandais.
Peintre de portraits.
Portraitiste à Amsterdam. Ainsi désigné d'après le grand portrait de famille que présente le Kaiser Friedrich Museum de Berlin, et qui porte les initiales *L. V. B.* (ou *V.B.L.,* ou encore *B.V.L.*) et le millésime 1598. On lui attribue encore le *Portrait de Suzanne Taymon* au Musée de Hambourg et un *Portrait de garçon* au Musée de Darmstadt.

MAÎTRE des PORTRAITS FÉMININS LÉONARDESQUES
XVIe siècle. Italien.
Peintre de portraits.
Everett Fahy et Carl B. Strehlke rapprochent le portrait vendu le 16 janvier 1992 à New York de trois autres portraits conservés au Musée d'Art de St Louis, dans la collection John G. Johnson de Philadelphie et dans la Kress Collection à Columbia, et les attibuent au même suiveur de Léonard de Vinci. Roberto Longhi, dans un ouvrage inédit sur la Fondation Kress, insiste sur les similitudes de ce groupe de peintures avec *La Vierge aux Balances* du Louvre, et propose le pseudonyme de Maître de la Vierge aux Balances. Le catalogue de la galerie d'Art William Rockhill Nelson affirme que le Maître de la Vierge aux Balances fut un élève de Léonard de Vinci pendant son second séjour à Milan de 1507 à 1513.
BIBLIOGR. : In : *Catalogue de vente Christie's,* New York, 16 janv. 1992.
MUSÉES : SAINT-LOUIS (mus. of Art).
VENTES PUBLIQUES : NEW YORK, 11 jan. 1990 : *Portrait d'une jeune femme,* h/pan. (59,5x44) : **USD 385 000** – NEW YORK, 16 jan. 1992 : *Portrait d'une jeune femme vêtue d'une robe blanche à manches brunes assise devant une fenêtre avec un paysage au fond,* h/pan. (59,6x44,4) : **USD 330 000**.

MAÎTRE des PORTRAITS DE PRINCES
XVe siècle. Hollandais.
Peintre de portraits.
Peintre de la fin du XVe siècle. On lui attribue entre autres, les œuvres suivantes : *Portrait d'Adolphe de Cleve, Ravesteyn et Philippe de Cleve, Ravesteyn* (Musée Kaiser Friedrich de Berlin), un *Portrait d'homme* (Musée polonais de Posen), un triptyque (Gallery National de Melbourne) et le portrait d'un membre de la maison Fonseca (Collection de Sigmaringen).
MUSÉES : BERLIN (Kaiser Friedrich Mus.) : *Portraits de Adolphe de Cleve – Philippe de Cleve – Ravesteyn* – MELBOURNE (Nat. Gal.) : triptyque – POSEN (Mus. Polonais) : *Portrait d'homme.*

MAÎTRE des PORTRAITS DE STALBURG
XVIe siècle. Allemand.
Peintre de portraits.
Peintre du début du XVIe siècle. Auteur des portraits du patricien *Claus Stalburg* de Francfort et de sa jeune femme *Margue-*

rite, qui se trouvent à l'Institut Städel de Francfort. Ces portraits portent la date de 1504.
Musées : Francfort-sur-le-Main (Städel Inst.) : *Portraits de Claus Stalburg et de sa jeune femme Marguerite Stalburg.*

MAÎTRE de POZUELO
xvie siècle. Actif dans la province de Léon dans la première moitié du xvie siècle. Espagnol.
Peintre.
Auteur d'un grand autel provenant de Pozuelo de la Orden dans la province de Valladolid et se trouvant actuellement dans l'abside de Saint-Isidore de Léon. Cet autel comprend quatre séries de six panneaux groupés autour d'un mur sculpté, *La Vierge et les Anges*. La série supérieure nous présente des scènes de la vie de Marie ; la seconde des épisodes de la Passion ; la troisième la vie de l'apôtre Thomas et la dernière les bustes des apôtres. Cette œuvre semble révéler une influence de la Renaissance italienne.

MAÎTRE de la PRÉDELLE SHERMAN
xve siècle. Italien.
Peintre de sujets religieux.
Il était actif à Florence entre 1420 et 1440. Dénommé en 1929 par J. Pope-Hennessy après le don de Mr Sherman, d'une prédelle au musée de Boston. R. Longhi le décrit comme un contemporain de Masolino et ajouta quelques œuvres au catalogue de cet artiste.
Bibliogr. : R. Longhi, in : *Edizione delle opere complete : Fatti di Masolino e di Masaccio et altri studi sul Quattrocento*, Florence, 1975.
Musées : Boston (Mus. of Art) : *Prédelle, dite « Sherman »*.
Ventes Publiques : Paris, 31 mai 1988 : *L'intercession du Christ et de la Vierge*, h/pan., de forme chantournée et fond d'or (22,5x40,5) : **FRF 950 000**.

MAÎTRE du PRÉLAT MUR
xve siècle. Actif au milieu du xve siècle. Espagnol.
Peintre.
Ainsi désigné d'après le donateur, archevêque de Saragosse, Dalmacio de Mur, qui commanda le tableau de *Saint Vincent*, conservé actuellement au Musée archéologique de Madrid. C'est le même artiste qui aurait peint les deux groupes de saints qu'a recueillis le Palais archiépiscopal de Saragosse.

MAÎTRE de la PRÉSENTATION DU CHRIST
xve siècle. Travaillait à Vienne vers 1430. Autrichien.
Peintre.
A Vienne, il continue jusque vers 1430, la tradition du style monumental. L'agencement de ses architectures suit de près celui des figures dont elles soulignent le rythme. Ses volumes restent simples. On considère que le Maître du Château de Lichtenstein est sorti de son atelier.
Bibliogr. : Ernst H. Buschbeck : *Primitifs Autrichiens*, Connaissance, Bruxelles, 1937.
Musées : Vienne (Kunsthistorisches Mus.) : *L'Annonciation – La présentation au temple.*

MAÎTRE des PROPHÈTES DE LA BELLE FONTAINE
xive siècle. Actif à la fin du xive siècle. Allemand.
Sculpteur.
Ainsi désigné d'après les sept figures de prophètes qui avec celle de Moïse décorent la partie supérieure de la Belle Fontaine de Nuremberg. Trois têtes bien conservées se trouvent au Musée allemand de Berlin, et une tête mutilée ainsi que trois torses au Musée germanique de Nuremberg.

MAÎTRE des PROPHÈTES DE LA CATHÉDRALE DE STRASBOURG
xiiie siècle. Actif à la fin du xiiie siècle. Français.
Sculpteur.
Ainsi désigné d'après les statues de prophètes qui figurent au portail ouest de la cathédrale de Strasbourg, et sont les plus anciennes de ce portail. C'est le même artiste qui a dû sculpter les statues des *Vertus* au portail nord de la façade occidentale.

MAÎTRE du PSAUTIER D'UTRECHT
ixe siècle. Actif au début du ixe siècle.
Miniaturiste.
Auteur d'un psautier célèbre, composé peu d'années après 800 et conservé à la Bibliothèque d'Utrecht. Ce psautier est le monument le plus remarquable de la peinture carolingienne, et son auteur appartenait à l'école de Reims, car le manuscrit d'Utrecht présente certaines analogies de style avec celui de la Bibliothèque d'Épernay, commandé par l'évêque Ebo de Reims (816-835).

MAÎTRE PSEUDO... Voir **PSEUDO..., dans la lettre P**

MAÎTRE des QUARANTE ANS ou **Maître des Années Quarante**
xvie siècle. Actif à Anvers au milieu du xvie siècle. Éc. flamande.
Peintre de portraits.
Appartient à des collections privées. Il présente la bourgeoisie anversoise avec sobriété et vigueur.
Musées : Anvers : *Portrait de Gillis Van Schoonbeke et de sa femme* – Cologne (Mus. Wallraf Richartz) : *Portrait d'une femme de 25 ans* – Oslo : *Portrait d'un homme de 40 ans* – Philadelphie : *Portrait d'une vieille femme* – Turin (Pina.) : *Portrait d'un couple inconnu.*
Ventes Publiques : Paris, 30 mai 1949 : *Portrait d'un jeune homme* : **FRF 360 000**.

MAÎTRE au RAISIN. Voir **WEINER**

MAÎTRE à la RATIÈRE ou **à la Souricière**. Voir **DATTI Natale**

MAÎTRE de la RÉCOLTE DE LA MANNE
xve siècle. Hollandais.
Peintre de sujets religieux.
Il fut actif dans les Pays-Bas du Nord, à Haarlem ou Leyde, à la fin du xve s., vers 1470. Il est parfois identifié au Maître Zeno ou Van Evert Zoudenbalch.
On lui attribue la *Récolte de la Manne*, au Musée de Douai, l'*Offrande des juifs*, au Musée de Rotterdam, et le *Christ à Jericho*. Il anime ses compositions de nombreux personnages et n'hésite pas à utiliser des couleurs vives.
Bibliogr. : R. Genaille, in : *Dictionnaire de l'Art et des Artistes*, Hazan, Paris, 1967.
Musées : Douai (Mus.) : *Récolte de la Manne* – Rotterdam (Mus.) : *L'Offrande des juifs.*
Ventes Publiques : Paris, 17 déc. 1987 : *Crucifixion*, h/pan. (0,70x0,54) : **FRF 1 000 000**.

MAÎTRE de la RÉDEMPTION DU PRADO
xve siècle. Travaillant à Bruxelles, dans la seconde moitié du xve siècle. Éc. flamande.
Peintre.
Il peignit également un *Saint Michel pesant les âmes* (Valence), partie centrale d'un grand retable du *Jugement dernier*. Son style est proche de celui de Rogier Van der Weyden, et il peut être identifié à Vrancke Van der Stockt, né vers 1420, mort en 1495.

MAÎTRE des REFLETS
xviiie siècle. Italien.
Peintre de genre.
Il était actif à Venise au xviiie siècle.
Ventes Publiques : Milan, 4 avr. 1989 : *Scène de séduction*, h/t (55x66) : **ITL 29 000 000** – Londres, 19 mai 1989 : *Scène d'adieu d'un gentilhomme à une dame faisant de la tapisserie près d'une vieille servante nourrissant un bébé*, h/t (37x52) : **GBP 6 600**.

MAÎTRE du REGISTRUM GREGORII
xe siècle. Actif à la fin du xe siècle. Allemand.
Miniaturiste.
Du Registrum Gregorii, ne restent que deux feuillets, dont celui qui représente l'*Empereur Otton II recevant l'hommage des Nations*, daté des environs de 985 et conservé au Musée Condé à Chantilly. Ce Registrum sort de l'atelier de miniature fondé par l'Évêque Egbert à l'abbaye Saint-Maximin de Trèves. Le coloris est recherché, le style monumental, très soigné, mais peut-être moins inventif que celui de Reichenau.

MAÎTRE de la REINE DE SABA
xiiie siècle. Actif à Reims au début du xiiie siècle. Français.
Sculpteur.
Ainsi désigné d'après la grande statue de la reine de Saba, à moitié détruite qui se trouve à la cathédrale de Reims entre la porte centrale et la porte nord de la façade ouest. Cette statue rappelle celles du portail ouest d'Amiens.

MAÎTRE de la REINE MARIE TUDOR
xvie siècle. Actif dans la première moitié du xvie siècle. Français (?).
Peintre de portraits.
A exécuté deux *Portraits de la reine Marie Tudor*, dont l'un se

trouve au Musée des Arts Décoratifs de Paris et l'autre à la National Gallery de Londres.

MAÎTRE du RENVOI D'AGAR
XVe siècle. Actif au début du XVe siècle vraisemblablement à Anvers. Éc. flamande.
Peintre.
Son œuvre la plus connue, le *Renvoi d'Agar* se trouve au Musée de Vienne.
Musées : Berlin (Kaiser Friedrich Mus.) : *L'Ermite Paul et saint Antoine* – Dresde : *La Tentation de saint Antoine.*

MAÎTRE du RETABLE DES AUGUSTINS. Voir **MAÎTRE de l'AUTEL DES AUGUSTINS**

MAÎTRE du RETABLE DES INTERCESSEURS
XVe siècle. Actif entre 1430 et 1445, à Nuremberg. Allemand.
Peintre.
On lui attribue la peinture de l'autel de l'église Sainte-Croix de Nuremberg, d'où il tire son appellation, ainsi que les trois panneaux de l'autel de Sainte-Catherine, conservés à l'Ancienne Pinacothèque de Munich. Contemporaines de l'autel Tucher, ces peintures en ont la vigueur, caractéristique de l'école de Franconie, une fois libérée de l'influence pragoise, avec toutefois plus de fantaisie et de grâce, notamment dans les éléments de paysages associés au fond d'or.
Bibliogr. : Marcel Brion : *La peinture allemande*, Tisné, Paris, 1959.

MAÎTRE du RETABLE DE LIESBORN. Voir **MAÎTRE de LIESBORN**

MAÎTRE du RETABLE DU PARLEMENT DE PARIS. Voir **MAROLLES Philippe de**

MAÎTRE du RETABLE DU ROI ALBERT
XVe siècle. Actif à la fin de la première moitié du XVe siècle. Autrichien.
Peintre.
Par opposition au Maître du Château de Lichtenstein, son contemporain, on remarque que les œuvres de cet anonyme sont imprégnées de l'influence du réalisme occidental, qui va pénétrer définitivement l'école autrichienne : les courbes molles des vêtements font place aux plis rigides et cassés et entraînent une expression plus dramatique. Dans *L'Annonciation faite à Joachim*, on remarque la nouveauté d'un soleil qui se lève et resplendit par-dessus la ligne des forêts et des montagnes.
Bibliogr. : Ernst H. Buschbeck : *Primitifs Autrichiens*, Connaissance, Bruxelles, 1937.
Musées : Berlin (Kaiser Friedrich Mus.) : *L'Annonciation faite à Marie* – Klosterneuburg (Mus. de l'Abbaye) : *Vierge guerrière, accompagnée du chœur des puissances* – Vienne (Kunsthistorisches Mus.) : *L'Annonciation faite à Joachim.*

MAÎTRE du RETABLE DE SAINT BARTHÉLÉMY. Voir **MAÎTRE de l'AUTEL BARTHOLOMÉ**

MAÎTRE du RETABLE DE TEGERNSEE ou **le Pseudo-Mälesskircher**
XVe siècle. Actif en Bavière dans la première moitié du XVe siècle. Allemand.
Peintre de compositions religieuses.
Nommé ainsi d'après le retable du grand autel de l'église du couvent de Tegernsee, dont les volets sont actuellement dispersés entre le Germanisches Museum de Nuremberg et les musées de Berlin et Munich. La *Crucifixion* du Musée de Nuremberg fut autrefois attribuée à Gabriel Mäleskircher, d'où sa seconde appellation. Cette *Crucifixion*, d'un réalisme expressionniste exacerbé, appartient au style gothique international, avec des accents tout germaniques. On attribue à ce même artiste une seconde *Crucifixion*, provenant aussi de Tegernsee et conservée à l'Ancienne Pinacothèque de Munich, chef-d'œuvre de l'art bavarois du début du XVe siècle.
Bibliogr. : Pierre du Colombier, in : *Diction. Univers. de l'Art et des Artistes*, Hazan, Paris, 1967.

MAÎTRE du RETABLE IMHOFF
XVe siècle. Actif dans la première moitié du XVe siècle, à Nuremberg. Allemand.
Peintre.
Ainsi nommé d'après le *Triptyque du Couronnement de la Vierge*, peint entre 1418 et 1422, pour le jubé de l'église Saint-Laurent de Nuremberg, où il se trouve encore, et offert par Konrad Imhoff. Ses liens avec l'école de Bohême de l'époque ont été souvent soulignés, d'autant que l'on trouve en Bohême de nombreuses versions du Couronnement de la Vierge, inspirées de celle-ci. A cette époque, Charles IV, puis son fils Wenceslas, séjournaient autant à Nuremberg que dans leur capitale Prague, d'où les échanges artistiques entre ces deux centres, et ainsi, il serait possible de considérer ce triptyque de Nuremberg comme un prolongement de l'école pragoise, et notamment du Cycle du Maître de Trebon. On a tenté aussi d'attribuer ce triptyque à un peintre peu connu, Bertolt Landauer.
Bibliogr. : Marcel Brion : *La peinture allemande*, Tisné, Paris, 1959 – Pierre du Colombier, in : *Diction. Univers. de l'Art et des Artistes*, Hazan, Paris, 1967.

MAÎTRE du RETABLE LANDAUER
XVe siècle. Actif à Nuremberg dans la seconde moitié du XVe siècle. Allemand.
Peintre.
Ainsi nommé d'après le maître-autel de l'église Sainte-Catherine, à Nuremberg, dont on sait qu'il fut offert par Marx Landauer, mort en 1468, et par sa fille. Ce retable est aujourd'hui conservé au Germanisches Museum de la ville. Ce peintre fut successivement identifié avec Pleydenwurff, puis avec le Maître du Retable des Augustins. On considère aujourd'hui que son art est plus rude et plus sec que celui de ces deux peintres.
Bibliogr. : Pierre du Colombier, in : *Diction. Univers. de l'Art des Artistes*, Hazan, Paris, 1967.

MAÎTRE du RETABLE TUCHER. Voir **MAÎTRE de l'AUTEL DES TUCHER**

MAÎTRE de RETHEN
XVIe siècle. Saxon, actif à Brunswick pendant la première moitié du XVIe siècle. Allemand.
Sculpteur.
Ainsi désigné d'après le magnifique groupe provenant de Rethen et représentant le *Christ sur la croix entre Marie et saint Jean*. Il se trouve actuellement au Musée provincial de Hanovre, et représente, malgré ses mutilations, un des monuments les plus remarquables de la statuaire de Brunswick. On lui doit un autre autel considérable, érigé vers 1520 à Heldesheim et consacré à la *Passion*.

MAÎTRE du RÉVEIL DE SAINTE DRUSIANE, dit aussi **Maître des Panneaux de Saint Augustin**
XIVe siècle. Actif à la fin du XIVe siècle. Allemand.
Peintre.
A peint sur un envers d'un panneau le *Réveil de sainte Drusiane* et sur son dos, qui en fut détaché, le *Christ en croix entre Marie et Jean*, tous deux au Musée National de Munich et provenant de l'église Saint-Augustin. Ces tableaux sont d'un grand artiste, qui eut le sens de l'émotion dramatique.

MAÎTRE RHÉNAN DE 1410. Voir **MAÎTRE du JARDINET DE PARADIS**

MAÎTRE RHÉNAN DE 1420
XVe siècle.
Peintre.
Musées : Francfort-sur-le-Main : *L'arrestation du Christ – Descente de croix du Christ – Visitation – Crucifiement du Christ.*

MAÎTRE RHÉNAN DE 1505
XVIe siècle.
Peintre.
Musées : Francfort-sur-le-Main : *Portrait d'homme.*

MAÎTRE du RHIN MOYEN. Voir **MAÎTRE du JARDINET DE PARADIS**

MAÎTRE de RIBEAUCOURT
XVIIe siècle. Actif dans le second tiers du XVIIe siècle. Éc. flamande.
Peintre.
Auteur d'un tableau de famille qui se trouvait dans la collection du comte de Ribeaucourt et qu'a acquis la Galerie de Bruxelles. L'art de ce peintre rappelle beaucoup celui de Van Dyck.

MAÎTRE du RIDOTTO
XVIIIe siècle. Italien.
Peintre de genre.
Ventes Publiques : New York, 12 jan. 1994 : *Personnages en costumes de carnaval dans le Ridotto à Venise*, h/t (98,1x132,4) : **USD 31 050.**

MAÎTRE de RIMINI ou **Maître de la Crucifixion de Francfort**
XVe siècle. Actif à Rimini au milieu du XVe siècle. Italien.

Sculpteur.
Ainsi désigné d'après un autel provenant de Rimini et comprenant un groupe qui représente la *Crucifixion*. Celui-ci se trouve actuellement à la Galerie municipale de Francfort-sur-le-Main. On attribue ordinairement à cet artiste une statuette de *Saint Christophe* au Musée municipal de Padoue ainsi qu'un autre groupe la *Madone de l'eau*, à Saint-François de Rimini. Cette Madone aurait en effet le pouvoir de provoquer ou d'arrêter la pluie selon les besoins.

MAÎTRE du ROI RENÉ. Voir **MAÎTRE du CŒUR D'AMOUR ÉPRIS**

MAÎTRE du ROI SALOMON
XIIIe siècle. Actif à Reims au début du XIIIe siècle. Français.
Sculpteur.
Ainsi désigné d'après la statue du roi Salomon qui se trouve au portail central de la cathédrale de Reims. Son style rappelle celui du Maître de Joseph.

MAÎTRE du ROI SALOMON
XIVe-XVe-XVIe siècles ? Italien (?).
Peintre de compositions religieuses.
VENTES PUBLIQUES : NEW YORK, 15 janv. 1988 : *Panneau central : l'Adoration des mages, ventaux : L'Adoration des bergers et la circoncision*, h/pan. (centre 119,4x81,3 ; chaque ventail 119,4x33,7), triptyque : **USD 110 000**.

MAÎTRE des ROIS
XIIIe siècle. Actif à Reims vers le milieu du XIIIe siècle. Français.
Sculpteur.
Est l'auteur des statues de rois qui portent le sceptre dans la main droite et ornent les contreforts du transept nord de la cathédrale de Reims.

MAÎTRE du ROMAN DE LA ROSE
XVe siècle. Actif au début du XVe siècle. Éc. flamande.
Enlumineur.
Auteur de quarante-quatre miniatures qui ornent le manuscrit du *Roman de la Rose*, conservé à la Bibliothèque Nationale de Vienne et qui rappellent le style du Maître de Flémalle. C'est ce même artiste qui a assuré l'illustration d'un manuscrit conservé à la Bibliothèque Sainte-Geneviève à Paris, *Histoire de Bertrand Guesclin*.

MAÎTRE de RONCAIETTE
XVe siècle. Italien.
Peintre de compositions religieuses.
Il était actif vers 1420 à Padoue.
VENTES PUBLIQUES : MILAN, 27 mars 1990 : *Vierge à l'Enfant*, h/pan. cintré (143x76) : **ITL 75 000 000**.

MAÎTRE des ROSACES DE COBOURG ou **Maître des Études de Draperies**
XVe-XVIe siècles. Allemand.
Peintre de sujets religieux, peintre-verrier.
Il était actif vers 1475-1500. Il doit son appellation à Christiane Andersson. On retrouve dans beaucoup de ses œuvres des détails de draperies, aussi est-il appelé quelquefois le Maître des Études de Draperies. Il travailla à Strabourg comme peintre et créateur de vitraux.
BIBLIOGR. : C. Andersson : *Le Maître des rosaces de Cobourg*, in : *Provenant d'une puissante forteresse : gravures, dessins, et livres de l'époque de Luther, 1483-1546*, Detroit, 1983.
VENTES PUBLIQUES : NEW YORK, 11 jan. 1994 : *Recto : Le pressoir du vin sacré ; Verso : Étude du dessin et d'un Christ en croix*, craie noire et encre (19,7x25,9) : **USD 34 500**.

MAÎTRE de ROTTWEIL VERS 1440
XVe siècle. Souabe, actif au milieu du XVe siècle. Allemand.
Peintre.
A peint un autel à panneaux provenant de Rottweil et dont les éléments se trouvent au château de Lichtenstein, au Musée diocésain de Rottenburg et à Stuttgart.

MAÎTRE du ROUSSILLON
XVe siècle. Actif au début du XVe siècle. Français.
Peintre.
Il travailla essentiellement dans le Roussillon, d'où il tire son nom. Il est l'auteur d'un polyptyque de *Saint André* (New York, Metropolitan Museum), d'un retable de *Saint Nicolas* (1470, église de Camélas), d'un autre de *Saint André* (église d'Evol, Pyrénées orientales) et d'un *Calvaire* (Bâle, Kunstmuseum). Son art répond aux exigences du style gothique international, tout en gardant une originalité et du naturel dans ses compositions aux couleurs audacieuses.

MAÎTRE de SAINT AGILOLFUS
XVIe siècle. Actif dans la première moitié du XVIe siècle. Éc. flamande.
Peintre.
A peint les volets de l'autel de *Saint Agilolfus*, provenant de l'église Sainte-Marie à Cologne et conservés dans le transept sud de la cathédrale de cette ville. Ces volets représentent des scènes de la *Vie de Marie*, de *Saint Anno* et de *Saint Agilolfus*.
MUSÉES : COLOGNE (Mus. Wallraf Richartz) : *Agilolf dit la messe à Malmédy – Annonciation*, fragment – *Marie se rend au Temple*.

MAÎTRE de SAINT BARTHOLOMÉ. Voir **MAÎTRE de l'AUTEL BARTHOLOMÉ**

MAÎTRE de SAINT CHRISTOPHE. Voir **MAÎTRE de SAINT RASSO** et aussi **MAÎTRE DE 1423**

MAÎTRE de SAINT ÉGIDE
XVIe siècle. Actif aux environs de 1500. Français ou Hollandais.
Peintre.
Ainsi désigné d'après deux panneaux représentant des scènes de la vie de *Saint Égide* et acquis par la National Gallery de Londres. Ces deux panneaux constituaient primitivement les volets d'un autel qui reproduit des éléments décoratifs de l'abbaye de Saint-Denis. L'artiste qui se serait formé en Hollande, a vécu à Paris, ainsi qu'en témoignent certaines de ses œuvres. Le Musée de Berlin possède de lui un *Saint Jérôme*.

MAÎTRE du SAINT ESPRIT ou **Tommaso**
XVe-XVIe siècles. Italien.
Peintre de compositions religieuses.
Il était actif à Florence de 1490 à 1520. Ce peintre doit son nom à trois peintures d'autel de l'église du *Santo Spirito* à Florence. Bernard Berenson lui donne également le surnom de Tommaso dans son ouvrage *Images de la Renaissance italienne – l'école florentine*.
On retrouve avec lui la richesse des œuvres des artistes vivant à Florence à la fin du XVe siècle, de Filippo Lippi et Domenico Ghirlandaio à Perugino. Cependant l'influence pricipale est celle de Lorenzo di Credi dont cet artiste a dû être très proche.
BIBLIOGR. : Federico Zeri, in : *Peintures italiennes à la galerie d'Art Walters de Baltimore*, 1976 – E. Fahy, in : *Quelques suiveurs de Domenico Ghirlandaio*, 1976.
VENTES PUBLIQUES : LONDRES, 3 juil. 1991 : *Nativité*, h/pan. (65,5x43) : **GBP 101 200** – NEW YORK, 12 jan. 1996 : *Vierge à l'Enfant avec saint Joseph et un ange dans un paysage*, h/pan., tondo (diam. 97) : **USD 59 700**.

MAÎTRE de SAINT FRANÇOIS D'ASSISE
XIIIe siècle. Actif dans le premier tiers du XIIIe siècle. Italien.
Peintre de sujets religieux.
Ainsi désigné d'après le célèbre portrait de saint François à droite de la porte d'entrée de la chapelle Saint-Grégoire dans le cloître de Saint-Benedetto près de Subiaco.

MAÎTRE de SAINT FRANÇOIS D'ASSISE
XIIIe siècle. Actif à Pise dans la seconde moitié du XIIIe siècle. Italien.
Peintre de compositions religieuses, fresquiste.
Ainsi désigné d'après le portrait de saint François au Musée de Sainte-Marie des Anges. C'est dans son atelier qu'auraient été également composées les fresques représentant la légende de *Saint François*, et décorant la crypte de Saint-François ainsi que le triptyque qui se trouve à la Pinacothèque de Pérouse.
MUSÉES : PÉROUSE (Pina.) : *Portrait de saint François – Descente de croix – Mise au tombeau du Christ*, triptyque.

MAÎTRE de SAINT GEORGES. Voir **MAÎTRE de la LÉGENDE DE SAINT GEORGES** et **MARTORELL Bernardo**

MAÎTRE de SAINT GILLES
XVe-XVIe siècles. Actif entre 1490 et 1510. Français.
Peintre.
Il est connu à travers quatre panneaux qui faisaient partie d'un retable. Deux se trouvent à Londres (National Gallery) et représentent des épisodes de la *Vie de saint Gilles* et les deux autres, à Washington (National Gallery), ont pour sujet la *Vie de saint Rémy*. On lui attribue aussi un *Portrait de Philippe le Beau*. En dehors de leurs qualités picturales, ces œuvres ont en plus une qualité documentaire intéressante par la précision archéo-

logique avec laquelle elles présentent, par exemple, le maître-autel de l'abbaye de Saint-Denis, ou le parvis de Notre-Dame.
Bibliogr. : L. Benoist, in : *Dictionnaire de l'Art et des Artistes*, Hazan, Paris, 1967.

MAÎTRE de SAINT ILDEFONS
xve siècle. Actif à Valladolid dans la seconde moitié du xve siècle. Espagnol.
Peintre.
Ainsi désigné d'après le grand panneau du Louvre, provenant de Valladolid et représentant *Saint Ildefons, recevant une chasuble des mains de Marie*. L'artiste aurait été fortement influencé par Rogier Van der Weyden.

MAÎTRE de SAINT IVO ou **Maître de Sant'Ivo**
xive-xve siècles. Italien.
Peintre de sujets religieux.
Peintre florentin de l'atelier de Agnolo Gaddi, il fut actif de la fin du xive siècle au début du xve siècle. On trouve dans son style l'influence de Niccolo et Mariotto di Nardo.
Ventes Publiques : Milan, 4 avr. 1989 : *Vierge à l'Enfant*, détrempe/pan. à fond d'or (47x35,5) : **ITL 75 000 000** – New York, 11 jan. 1991 : *Vierge à l'Enfant sur un trône entourée de saint Jean Baptiste et de saint Julien*, temp. sur pan. à fond d'or, de forme ogivale (62,2x36,7) : **USD 71 500** – Milan, 30 mai 1991 : *Vierge à l'Enfant*, temp./pan. à fond or, de forme ogivale (47x35,5) : **ITL 85 000 000** – New York, 17 jan. 1992 : *Vierge à l'Enfant sur un trône entourée de saint Pierre et de saint Laurent*, temp./pan. à fond or (68,6x38,1) : **USD 66 000** – New York, 19 mai 1994 : *Vierge de l'Humilité*, h/pan., de forme ogivale (71,1x39,4) : **USD 46 000**.

MAÎTRE de SAINT JEAN
xiiie siècle. Toscan, actif dans la première partie du xiiie siècle. Italien.
Sculpteur.
Ainsi désigné d'après le bas-relief de l'architrave, représentant saint Jean Baptiste sur le portail est du Baptistère de Pise. L'auteur de ce bas-relief décèle des influences byzantines très nettes.

MAÎTRE de SAINT-JEAN-DE-LUZ
xve siècle. Actif dans la seconde moitié du xve siècle. Français.
Peintre.
Appelé ainsi en raison de deux œuvres qui lui sont attribuées et proviennent du château d'Épiry à Saint-Émiland (près d'Autun), autrefois Saint-Jean-de-Luz. Il est sans doute l'auteur des portraits de *Hugues de Rabutin*, seigneur d'Épiry, et de sa femme *Jeanne de Montaigu*. Il semble peu probable que l'on puisse l'identifier à Pierre Spicre, travaillant à Dijon entre 1470 et 1480.

MAÎTRE de SAINT JOSEPH, dit aussi **Maître des Anges**
xiiie siècle. Actif dans la première moitié du xiiie siècle à Reims. Français.
Sculpteur.
Ainsi désigné d'après la célèbre statue de *Saint Joseph* qui se trouve à la porte centrale de la façade ouest de la cathédrale de Reims. C'est ce même artiste qui a également exécuté les deux grands anges souriants du portail ouest de la cathédrale de Reims. Le Maître de Saint Joseph a continué la tradition de l'atelier de la Porte Saint-Sixte. Il est également possible qu'on puisse lui attribuer la très belle statue de la *Vierge dorée* du portail de la cathédrale d'Amiens, qui n'est pas sans présenter elle-même des analogies avec la *Madone* du transept nord de Notre-Dame de Paris.

MAÎTRE de SAINT KORBINIAN
xve siècle. Autrichien.
Peintre.
Fait partie de ces peintres autrichiens, chez lesquels on retrouve désormais l'apport de la manière de Michael Pacher.

MAÎTRE de SAINT MARTIN ALLA PALMA
xive siècle. Italien.
Peintre de compositions religieuses.
Il était actif de 1310 à 1335. On pense qu'il se forma dans l'atelier de Lippo di Benivieni vers 1310. Selon Miklo Boscovits, il fut sûrement un compagnon de Bernardo Daddi. Son œuvre maîtresse, qui lui a donné son nom, est une *Vierge à l'Enfant sur un trône et entourée de six anges* à San Martino alla Palma, à Pieve près de Florence.
Bibliogr. : R. Fremantle, in : *Peintres gothiques florentins*, 1975 – M. Boscovits, in : *Étude critique et historique de la peinture florentine : le xive siècle, Les peintres de la tendance miniaturiste*, 1984 – G. Kaftal, in : *Iconographie des Saints dans la peinture toscane*, 1986 – L. B. Miller, in : *La présence italienne dans l'art américain 1760-1860 – De l'influence de la mode : l'Art italien et le goût américain au milieu du xixe siècle*, Éd. I. Jaffe, 1989.
Ventes Publiques : New York, 12 jan. 1995 : *Vierge à l'Enfant sur un trône avec six anges ; Le Jugement dernier*, temp./pan. à fond or, une paire (28,6x21,3 et 31,4x21) : **USD 937 500**.

MAÎTRE du SAINT MARTIN DE BASSENHEIM. Voir **MAÎTRE de NAUMBURG**

MAÎTRE de SAINT MARTIN DE MENSOLA, pseudonyme de **Francesco di Michele**
xive siècle. Italien.
Peintre de compositions religieuses.
Il était actif en 1371. B. Klesse rassembla l'œuvre de cet artiste et l'individualisa du nom d'un triptyque se trouvant dans l'église Saint-Martin de Mensola près de Florence.
Ventes Publiques : Paris, 15 déc. 1992 : *Vierge à l'Enfant en trône entre deux anges et quatre saints*, peint. à l'œuf sur fond d'or/pan. de bois (112x67) : **FRF 860 000** – Monaco, 19 juin 1994 : *Saint Grégoire assis sur un trône entouré de sainte Catherine et de saint. Jérôme* 1371, triptyque (panneau gauche : 124,5x56,5, panneau central : 125,6x73,3, panneau droite : 124,7x56) : **FRF 1 110 000**.

MAÎTRE de SAINT QUIRIN
xve siècle. Souabe, actif à la fin du xve siècle. Allemand.
Peintre.
Ainsi désigné d'après le tableau de saint Quirin conservé à l'église Notre-dame de Munich.
Musées : Augsbourg : *Le Pape Alexandre – Les saints martyrs Event et Théodule* – Munich (Ancienne Pina.) : *Le Pape Cornelius – L'évêque Cyprien* – Munich (Mus. Nat.) : *Couronnement de Marie et de sainte Lucie*.

MAÎTRE de SAINT RASSO ou **Maître de Saint Christophe**
xvie siècle. Bavarois, actif à Munich pendant le premier tiers du xvie siècle. Allemand.
Sculpteur.
Ainsi désigné d'après la statue de saint Rasso à la chapelle Sainte-Anne de Notre-Dame à Munich, ou d'après celle de saint Christophe dans la même église. Celle-ci possède du reste du même artiste une troisième statue, celle de *Saint Georges*. Le Musée national de Munich conserve encore une statue de *Saint Florian* de ce sculpteur, qui passe pour être un des représentants les plus qualifiés du baroque bavarois.

MAÎTRE du SAINT SANG
xvie siècle. Éc. flamande.
Peintre de compositions religieuses.
Il était actif à Bruges au début du xvie siècle. Il appartenait à la Confrérie du Saint Sang à Bruges et a peint un autel conservé à Bruges et représentant le *Christ pleuré par les siens*. Un autre autel, peint également par lui se trouve à Saint-Jacques de Bruges. Friedländer lui accordait une trentaine de tableaux, sans grande unité de style. En 1998, l'exposition de Bruges *De Memling à Pourbus* en exposait quelques-uns.
L'œuvre de cet artiste révèle un élève de l'école de Quentin Massys ; d'autres influences sont évoquées : Van der Weyden, Gossaert.
Musées : Budapest : *Lucrèce* – Cambridge (Fogg. Mus.) : *Lucas, peignant la Madone* – Cologne (Wallraf Richartz Mus.) : *Descente de croix* – Copenhague : *Le Christ pleuré par les siens* – Francfort-sur-le-Main (Städel Inst.) : *Sainte Famille* – Hambourg : *Sainte Catherine et sainte Barbe* – Madrid (Mus. du Prado) : *Triptyque avec Ecce homo* – Vienne (Gal. Liechtenstein) : *Mariage de sainte Catherine*.
Ventes Publiques : Lucerne, 21-27 nov. 1961 : *Le mariage de sainte Catherine* : **CHF 62 000** – Versailles, 9 déc. 1973 : *Sainte Catherine d'Alexandrie disputant avec les docteurs* : **FRF 36 000** – New York, 4 juin 1980 : *Vierge à l'Enfant*, h/pan. (63,5x46) : **USD 40 000** – Bruxelles, 28 avr. 1982 : *La Sainte Famille*, h/bois (105x79) : **BEF 650 000** – Amsterdam, 14 mars 1983 : *Un Donateur et Saint Joachim ; Le Mariage mystique de Sainte Catherine ; Une Donatrice et Saint Jean*, h/pan., triptyque (88,5x28 et 87,5x66 et 88,5x28) : **NLG 380 000** – Londres, 14 déc. 1990 : *Le mariage mystique de Sainte Catherine*, h/pan. (57,2x44,4) : **GBP 28 600** – Londres, 24 mai 1991 : *Vierge à l'Enfant sur un trône*, h/pan. (64,2x44,5) : **GBP 16 500** – Paris, 31 mai 1991 : *La Vierge en buste*

sur un fond de paysage, h/pan. (39,5x35,8) : **FRF 65 000** – Londres, 10 déc. 1993 : *L'Adoration des Mages*, panneau central ; *Le donateur*, panneau de gauche ; *Sainte Catherine d'Alexandrie présentant la femme du donateur et ses deux filles*, h/pan., panneau de droite du triptyque (centre 93,3x65,3 et ventail 91,8x26) : **GBP 210 500**.

MAÎTRE de SAINT SÉBASTIEN

Né probablement dans le Hainaut. xve-xvie siècles. Actif à Marseille et à Aix en Provence de 1493 à 1508. Éc. flamande.

Peintre de compositions religieuses. Gothique international.

On lui attribue sept panneaux sur la *Légende de saint Sébastien*, aujourd'hui dispersés entre Philadelphie, Bruxelles, Avignon et Baltimore. Selon Charles Sterling, ce retable serait en fait celui commandé, en 1497, à Josse Lieferenxe et Bernardino Simondi, par une confrérie de Marseille. En 1498, Simondi meurt sans que l'œuvre soit achevée, Lieferenxe devient donc l'auteur principal de ce retable. Celui-ci a travaillé en 1493 à Marseille, où il meurt entre 1505 et 1508. Il doit aussi avoir peint un grand *Calvaire* (Louvre), et quatre scènes de la *Vie de la Vierge*, conservées entre Paris, Avignon et Bruxelles. En 1991, le Musée du Louvre a acquis, lors d'une vente publique, une *Visitation* qui lui est attribuée. Devant un paysage très escarpé avec des lointains bleutés, pouvant évoquer la vallée du Rhône, mais qui rappelle peut-être la manière toscane ou siennoise, sainte Élisabeth, mère de Jean Baptiste, dont la gravité des traits peut indiquer l'influence de l'école flamande, tient la main droite de la Vierge Marie, très visiblement enceinte, qui porte sa main gauche sur son ventre, et dont le visage a la gravité sereine qui commence à caractériser la peinture spécifiquement française. Contrairement à la peinture italienne de la première Renaissance, la symbolique religieuse des couleurs est à peine observée ; si le paysage est dans les bruns du domaine terrestre, la Vierge n'a comme attributs de sa prééminence que peu de rouge pour ce qui dépasse de la robe, hors de la cape dont la couleur sombre, au lieu du bleu traditionnel, étonne, bien que les revers assez importants de sa doublure blanche confirment sa pureté immaculée ; par contre, l'or des auréoles des deux femmes indiquent nettement leur sainte souveraineté.

L'œuvre du Maître de saint Sébastien se ressent de l'influence nordique, sûrement due aux origines de l'artiste. Ses architectures s'inspirent de l'Italie, mais leur caractère simplifié dénote une inspiration piémontaise, venue sans doute de sa collaboration avec Simondi. Enfin, il a surtout une façon très particulière d'accrocher la lumière par les volumes sobrement découpés, les plis raides, les figures sculpturales. En cela, il appartient à l'école provençale et est, plus particulièrement, l'un des derniers représentants de l'école d'Avignon.

Bibliogr. : M. Laclotte, in : *Dictionnaire de l'Art et des Artistes*, Hazan, Paris, 1967.

Musées : Paris (Mus. du Louvre) : *La Visitation*, au revers – *Sainte Lucie*.

Ventes Publiques : Monaco, 21 juin 1991 : *La Visitation*, h/pan. (37x45) : **FRF 1 332 000**.

MAÎTRE du SAINT SÉPULCHRE DE CONSTANCE

xiiie siècle. Actif dans la seconde moitié du xiiie siècle. Allemand.

Sculpteur.

Ainsi désigné d'après le tombeau édifié en 1283 dans la chapelle Saint-Maurice de la cathédrale de Constance : c'est un polygone de douze côtés et de deux étages, qui se distingue de tous les monuments similaires par son état de conservation remarquable. Trois artistes auraient travaillé à son achèvement.

MAÎTRE de SAINT SÉVERIN

xvie siècle. Actif de 1500 à 1515. Allemand.

Peintre de compositions religieuses, portraits, cartons de vitraux, graveur sur bois.

Ce maître dont l'influence fut considérable dans l'École colonaise, paraît avoir travaillé avec les maîtres hollandais ou s'être inspiré de leurs ouvrages. Il doit son surnom à ses travaux que l'on voit encore à l'église Saint-Séverin, à Cologne : une *Histoire de saint Séverin* et quatre saints. Certains panneaux : *Le Christ au Mont des Oliviers*, *L'Assomption de Marie*, *La Déploration du Christ*, sont aujourd'hui à l'Ancienne Pinacothèque de Munich. Le Wallraf-Richartz Museum de Cologne conserve d'autres œuvres qui lui sont attribuées : un *Jugement dernier*, une *Adoration des Mages*, un *Portrait de femme*, un *Christ devant Pilate*.

Dans toutes ces œuvres, l'attitude cérémonieuse des figures longues aux visages cireux et le coloris mat et pâle évoquent un ensemble presque morne, mais d'une sincérité impressionnante. On y a constaté des influences de maîtres hollandais comme Geertgen tot Sint Jans, qui se manifestent plus visiblement encore dans les scènes de la Vie de sainte Ursule, dispersées aujourd'hui dans maintes collections, regardées par de nombreux savants comme œuvres du même auteur, tandis que d'autres croient y reconnaître une main différente. Il y a une similitude du style avec Jan Joest de Haarlem, qui entre 1505 et 1508 exécuta l'autel de l'église Saint-Nicolas à Kalkar, entre Cologne et la Hollande. On voit également de lui, dans les églises de la même ville, à Saint-André, un : *Triptyque pour la Confrérie du rosaire*, et plusieurs portraits ; à la cathédrale, des vitraux d'après ses dessins (exécutés avant 1508). Les vitraux de l'abbaye d'Altenberg, aujourd'hui dispersés, furent également exécutés d'après ses dessins. Le Maître de saint Séverin eut de nombreux élèves ou imitateurs.

Musées : Aix-la-Chapelle : *La Vierge à l'Enfant* – Bonn (Mus. prov.) : *Ascension du Christ* – Boston (Mus. of Arts) : *Grand triptyque avec le Crucifiement au centre* – Cologne (Wallraf Richartz Mus.) : *Le Jugement dernier – Adoration des Mages – Les huit femmes saintes – Le Christ devant Pilate – Portrait de femme* – Darmstadt : *Le couronnement de la Vierge* – Munich (Ancienne Pina.) : *Le Christ pleuré par les siens – L'Assomption – Le Christ au Mont des Oliviers* – Paris (Mus. du Louvre) : *Sainte Ursule demandée en mariage – Départ de sainte Ursule*.

Ventes Publiques : Londres, le 28 mai 1965 : *La messe de saint Grégoire* : **GNS 8 500** – Londres, 14 déc. 1990 : *La crucifixion*, h/t (45,1x31,1) : **GBP 42 900**.

MAÎTRE de SAINT SIGMUND

xve siècle. Actif au début du xve siècle. Autrichien.

Sculpteur.

Ainsi désigné d'après l'autel qui se trouve dans l'église Saint-Sigmund dans la vallée du Puster située dans le Tyrol. Cet autel, qui aurait été exécuté vers 1435, est un des monuments les plus importants de l'art gothique dans le Tyrol.

MAÎTRE de SAINTE ANNE

xve siècle. Éc. flamande.

Peintre de sujets religieux.

Il était actif à Bruges au xve siècle.

Ventes Publiques : New York, 12 jan. 1994 : *Panneau central : Vierge à l'Enfant avec sainte Catherine d'Alexandrie et sainte Barbe, Ventail gauche : Jean Pardo et ses fils avec Saint Jean Baptiste, Ventail droit : Catherine Vmaùinckpoorte (?) et ses filles avec sainte Catherine, Au revers : l'Annonciation en grisaille*, h/pan., triptyque (centre 72x48,4 ; côtés 72x20,3) : **USD 442 500**.

MAÎTRE de SAINTE CATHERINE

Originaire de Mayence. xive siècle. Allemand.

Sculpteur.

Il travailla à Nuremberg au début du xive siècle et il tira son nom de la *Sainte Catherine* qui date de 1310 et se trouve dans la nef latérale de l'église Saint-Sebald de Nuremberg. Il est également l'auteur de la statue de saint Pierre qui ornait le portait sud de la même église et fut transférée au Musée germanique de Nuremberg. Cet artiste qui fut le fondateur de l'École Saint-Sebald, doit être Mayençais d'origine, ainsi que le font supposer certaines analogies de son œuvre avec des statues de la cathédrale de Mayence. C'est enfin l'atelier de ce maître qui aurait assuré la décoration des deux portraits nord de Saint-Sebald.

MAÎTRE de SAINTE CÉCILE

xive siècle. Italien.

Peintre.

Cet artiste florentin du début du xive siècle fut ainsi désigné d'après le panneau provenant de l'église Sainte-Cécile de Florence et conservé aux Offices. Le panneau retrace huit scènes de la *Vie de sainte Cécile* et fut successivement attribué à Cimabue et à Giotto. Ce maître serait seulement un des contemporains de Giotto qui aurait également exécuté les panneaux concernant *Saint François* dans l'église d'Assise, et peut être la *Légende de Catherine d'Alexandrie* à la Pinacothèque du Vatican. On lui attribue également un retable de *Sainte Marguerite* (église Santa Margarita, près de Florence) et un *Saint Thomas* (second cloître de Santa Maria Novella). Selon L. Venturi, ce maître pourrait être Buffalmaco, peintre dont on ne connaît aucune œuvre, mais dont le nom est parvenu jusqu'à nous par la tradition.

MAÎTRE de la SAINTE FAMILLE, l'Ancien ou **Maître de la Sainte Parenté**

xve siècle. Allemand.

Peintre.
Il peignit, vers 1420, un triptyque de la *Sainte Famille*, conservé au Wallraf-Richartz Museum de Cologne. Il ne doit pas être confondu avec le suivant qui est plus jeune.

MAÎTRE de la SAINTE FAMILLE, le Jeune ou **Maître de la Sainte Parenté,** ou **Maître der Heiligen Sippe**
XVe-XVIe siècles. Allemand.
Peintre de compositions religieuses.
Il est l'auteur d'une *Sainte Famille*, datée entre 1480 et 1520, conservée au Wallraf-Richartz Museum de Cologne. Auparavant, il avait peint un triptyque de *l'Histoire de saint Sébastien* et un retable des *Sept Joies de la Vierge*. Si son art, surtout au début, est encore tributaire du style de Lochner, il s'oriente vers le style de Rogier Van der Weyden et des Flamands.
Musées : Berlin (Mus. Allemand) : *Marie entourée de huit saints* – Bruxelles : *Crucifixion* – Cologne (Wallraf-Richartz Mus.) : *Triptyque de la Sainte Famille – Triptyque de l'Histoire de saint Sébastien* – Munich (Ancienne Pina.) : Autel provenant de l'église Sainte-Colombe à Cologne – New York (Metropolitan Mus.) : *Adoration des Mages* – Nuremberg (Mus. germanique) : Deux panneaux d'autel – *Saint Jérôme dans le désert* – Paris (Mus. du Louvre) : *Panneaux du retable des Sept Joies de la Vierge* – Utrecht (Mus. archiépiscopal) : *Messe de saint Jérôme.*
Ventes Publiques : Londres, 14 avr. 1978 : *L'Adoration des Rois Mages*, h/pan. (136,5x94) : **GBP 42 000** – New York, 17 jan. 1986 : *L'Adoration des Rois Mages*, h/pan. (140x156,5) : **USD 60 000** – Londres, 7 juil. 1993 : *L'Annonciation avec saint Bartholomé et saint Pierre*, h/pan., (les deux ventaux d'un retable : ensemble 136,4x187,9) : **GBP 144 500**.

MAÎTRE de la SAINTE FAMILLE DE MINDELHEIM
XVIe siècle. Allemand.
Sculpteur de statues, groupes.
Il était actif au début du XVIe siècle. Auteur de la *Sainte Famille* dans la chapelle Notre-Dame de Mindelheim. Il aurait également exécuté vers 1512 une *Mort de Marie*, qui se trouve au Musée national de Munich, deux groupes de saints conservés au Musée germanique de Nuremberg et une *Assomption* au Musée allemand de Berlin.
Musées : Berlin (Mus. Allemand) : *Assomption* – Munich (Mus. Nat.) : *Mort de Marie* – Nuremberg (Mus. Germanique) : deux groupes de saints.

MAÎTRE de SAINTE GUDULE
XVe siècle. Actif à la fin du XVe siècle à Bruxelles. Belge.
Peintre de compositions religieuses, cartons de tapisseries.
Ainsi désigné d'après un panneau du Louvre, l'*Instruction pastorale*, qui présente à l'arrière-plan la façade de l'église Sainte-Gudule de Bruxelles.
Ce tableau rappelle beaucoup la manière de Rogier Van der Weyden, dont il garde le coloris. Mais il ne reste pas insensible au maniérisme, et il pourrait être identifié à Valentin Van Orley, père de Bernard Van Orley. Il est aussi l'auteur de cartons de tapisseries.
Musées : Baltimore : *Adoration des Mages* – Bruxelles : *Vierge au Temple – Annonciation* – Dijon : *Sainte Catherine* – Liège (Mus. diocésain) : *Madone avec sainte Madeleine et une donatrice* – Paris (Mus. du Louvre) : *Instruction pastorale* – Paris (Mus. des Arts Déco.) : *Retable de la Passion* – Paris (Mus. de Cluny) : *Œuvre de miséricorde.*
Ventes Publiques : Londres, 24 nov. 1967 : *Sainte Catherine discutant avec les théologiens* : **GNS 9 000** – Londres, 10 juil. 1968 : *Le mariage de la Vierge* : **GBP 8 000** – Londres, 8 déc. 1976 : *La présentation au temple*, h/pan. (115x80,5) : **GBP 15 000** – Londres, 25 mars 1977 : *Saint Jérôme dans un intérieur, lisant*, h/pan. (57x40,5) : **GBP 30 000** – Londres, 8 déc. 1989 : *Saintes Elisabeth de Hongrie et Catherine d'Alexandrie foulant au pieds l'Empereur Maxence avec Rosalie en « Hortus Conclusus »*, h/pan. (44,5x46,5) : **GBP 374 000**.

MAÎTRE de SAINTE LUCIE DU PRATO
XVe-XVIe siècles. Italien.
Peintre de compositions religieuses.
Il était actif vers 1485-1500. L'artiste doit son nom à Mr Everett Fahy, d'après l'*Adoration des bergers* dans l'église de Santa Lucia sul Prato de Florence. Il attribue à la même main une *Vierge à L'Enfant* à Leipzig et des tondi représentant la *Sainte Famille* au musée Horne (?), à Florence et à Munich.
Ventes Publiques : Londres, 23 avr. 1993 : *L'Adoration des bergers avec saint Jérôme avec au fond l'Annonciation aux bergers et le voyage des rois mages*, h/pan. (162x169) : **GBP 56 500**.

MAÎTRE de SAINTE MADELEINE. Voir **MAÎTRE de la LÉGENDE DE SAINTE MADELEINE**

MAÎTRE de SAINTE MADELEINE
XIIIe siècle. Italien.
Peintre de sujets religieux.
Cet artiste florentin de la seconde moitié du XIIIe siècle fut ainsi désigné d'après le panneau de sainte Madeleine à la Galerie de l'Académie de Florence. On reconnaît dans cette œuvre un croisement des influences de Sienne et de Florence. Ce tableau est composé à la façon des *Saints François* de l'école pisano-lucquoise : le saint personnage étant représenté en pied dans la partie centrale et des scènes de sa vie dans des compartiments latéraux ou en prédelle, ici naturellement avec la sainte Madeleine, vêtue de sa longue chevelure. On attribue à cet anonyme de nombreuses peintures, où il semble préférable, compte tenu des différences de facture, de voir la production d'un atelier : un devant-d'autel représentant une *Madone avec saint André et saint Jacques*, au Musée des Arts Décoratifs de Paris ; le devant-d'autel de la Collection Jarvis de New Haven ; un devant-d'autel de l'église de Vico l'Abate, près de Florence, représentant au centre saint Michel, entouré de compartiments représentant des épisodes de sa vie, inspirés de la Légende Dorée. On lui attribuait aussi des œuvres aujourd'hui redistribuées au Maître de la Madeleine Mansi.
Musées : Paris (Mus. des Arts Décoratifs) : *Madone avec saint André et saint Jacques.*
Ventes Publiques : Londres, 27 mars 1974 : *La Vierge et l'Enfant avec sainte Anne* : **GBP 31 000**.

MAÎTRE de SAINTE MADELEINE À BOSTON
XIVe siècle. Italien.
Peintre de sujets religieux.
Il était actif à Sienne dans le premier tiers du XIVe siècle. Le buste de cette *Sainte Madeleine* se trouve au Musée des Arts de Boston.
Musées : Boston (Mus. des Beaux-Arts) : *Sainte Madeleine*, buste.

MAÎTRE de SAINTE MARTHE. Voir **MAÎTRE de CHAOURCE**

MAÎTRE de SAINTE ODILE
XVIe siècle. Actif dans la région de Passau vers 1500. Allemand.
Peintre.
Ainsi désigné d'après deux tableaux de l'Ancienne Pinacothèque de Munich : *Etichas corrige le frère de sainte Odile* et *Sainte Odile sauve son père du purgatoire*. Le Musée Germanique de Nuremberg possède un troisième tableau de ce même peintre : *Mort de sainte Odile.*

MAÎTRE de la SAINTE PARENTÉ. Voir **MAÎTRE de la SAINTE FAMILLE**

MAÎTRE de SAINTE URSULE. Voir **MAÎTRE de la LÉGENDE DE SAINTE URSULE,** et aussi l'article **PINNA Francesco**

MAÎTRE de la SAINTE VÉRONIQUE DE MUNICH
XVe siècle. Rhénan, actif à Cologne au début du XVe siècle. Allemand.
Peintre.
Peintre de la *Sainte Véronique* de l'Ancienne Pinacothèque de Munich, qui constitue l'œuvre la plus remarquable de l'ancienne école de Cologne. Ce tableau se trouvait primitivement à Saint-Séverin et révèle un art très raffiné. On doit également au même artiste le tableau représentant le *Martyre de sainte Ursule et de ses compagnes*, au Musée Wall. Rich. de Cologne, d'un archaïsme plein de poésie et qui donne une des plus anciennes représentations de la ville de Cologne.
Ventes Publiques : Londres, 26 juin 1970 : *La Vierge, Crucifixion, Résurrection*, triptyque à fond or : **GNS 40 000** – Cologne, 22 nov. 1984 : *La mort de la Vierge*, h/pan. (76x77) : **DEM 100 000**.

MAÎTRE des SAINTES CÈNES
XVIe siècle. Actif à Anvers dans le second quart du XVIe siècle. Éc. flamande.
Peintre.
Ainsi désigné d'après les différentes reproductions qu'il a laissées de la Cène. Elles sont, pour la plupart, exécutées dans le style de Coecke von Aelst, auquel on s'est résolu à l'identifier.

Musées : Autun : *Sainte Cène* – Bruxelles : *Sainte Cène* – La Fère : *Adoration des Mages* – Gand : *La femme adultère* – Rome : *Sainte Cène* – Vienne : *Sainte Cène.*

MAÎTRE des SAINTS CHEVALIERS
XIIIe siècle. Actif à Chartres au début du XIIIe siècle. Français.
Sculpteur.
Créateur du *Saint Georges* et *Saint Théodore*, costumés en guerriers qui se trouvent à la porte latérale gauche du transept sud de la cathédrale de Chartres. Ces statues sont plus récentes que les six voisines et semblent rappeler celles d'Amiens.

MAÎTRE des SAINTS ÉVÈQUES
XIIIe siècle. Actif à Chartres au début du XIIIe siècle. Français.
Sculpteur.
Ainsi appelé d'après les statues d'évêques de *Saint Nicolas* de Bari, de *Saint Ambroise* et du *Pape Léon*, que l'on trouve à la porte droite du transept sud de la cathédrale de Chartres.

MAÎTRE de SALOMON. Voir **MAÎTRE des TÊTES DE ROIS**

MAÎTRE du SAMARITAIN COMPATISSANT. Voir **MAÎTRE de VALENCIENNES**

MAÎTRE du SAMSON DE LAACH
XIIIe siècle. Rhénan, actif au premier tiers du XIIIe siècle. Allemand.
Sculpteur.
Auteur d'un torse représentant Samson et provenant du jubé de l'église de Maria Laach.

MAÎTRE de SAN DAVINO
XIVe-XVe siècles (?). Italien.
Peintre de compositions religieuses.
Ventes Publiques : New York, 8 jan. 1981 : *La Vierge et l'Enfant avec saint Étienne, saint Jean Baptiste et autres saints personnages, le Christ bénissant*, pan./fond or, fronton cintré (69x42) : **USD 42 500.**

MAÎTRE DE SAN FILIPPO. Voir **CIAMPANTI Ansano**

MAÎTRE de SAN GAGGIO
XIVe siècle. Italien (?).
Peintre de sujets religieux.
Musées : Chambéry (Mus. des Beaux-Arts) : *Saint Jean Baptiste.*
Ventes Publiques : Londres, 13 déc. 1978 : *La Vierge et l'Enfant et scènes de la Passion*, h/pan., triptyque (panneau central : 44,5x32 ; panneaux latéraux : 17x47) : **GBP 25 000.**

MAÎTRE de SAN JACOPO DE MUCCIANA
XIVe siècle. Italien (?).
Peintre de sujets religieux.
Il était actif à la fin du XIVe siècle.
Ventes Publiques : Londres, 21 avr. 1989 : *Saints Thaddaeus, Jacques le Mineur, Thomas Becket et Nicolas de Bari et l'Annonciation en médaillons dans les sommets des panneaux*, h./fond d'or, deux panneaux latéraux d'un triptyque (chaque 155x58) : **GBP 93 500** – New York, 19 mai 1995 : *Vierge à l'Enfant avec la Crucifixion au dessus*, temp./pan. à fond or, de forme ogivale (105,1x60,6) : **USD 255 500.**

MAÎTRE de SAN MARTINO. Voir **RAINIERI d'UGOLINO**

MAÎTRE de SAN MINIATO
XVe siècle. Italien.
Peintre de compositions religieuses.
Cet artiste florentin actif entre 1478 et 1500 fut ainsi désigné d'après le panneau d'autel représentant la *Madone et saint Sébastien* conservé à San Miniato entre Empoli et Pise.
Ce peintre est un successeur de Filippo Lippi.
Musées : Amsterdam : *Buste de la Madone avec l'Enfant Jésus* – Detroit (Inst. of Arts) : *Madone avec deux anges* – Fiesole (Mus. Bandini) : *Madone avec l'Enfant Jésus* – Rome (Gal. vatic.) : *Madone assise avec saint Étienne et saint Bartholomé* – Sens : *Madone.*
Ventes Publiques : New York, 15 nov. 1945 : *Saint Nicolas et quatre saintes* : **USD 2 200** – Paris, 4 déc. 1954 : *Vierge et Enfant* : **FRF 720 000** – Paris, 20 mars 1974 : *La Vierge et l'Enfant entre deux anges* : **FRF 105 000** – Londres, 12 déc. 1984 : *Vierge à l'Enfant*, h/pan. fond or, haut arrondi (69x44) : **GBP 11 000** – Londres, 11 avr. 1986 : *La Vierge et l'Enfant*, h/pan. (67,3x50,5) : **GBP 28 000** – Londres, 10 juil. 1987 : *La Vierge et l'Enfant avec un ange dans un paysage*, h/pan., haut arrondi (71,7x42,5) : **GBP 32 000** – Rome, 10 mai 1988 : *Vierge à l'Enfant*, détrempe/pan. (67,3x50,5) : **ITL 59 000 000** – Londres, 26 oct. 1990 : *Vierge à l'Enfant*, h/pan. (43,5x24,7) : **GBP 6 050** – Londres, 24 mai 1991 : *Vierge à l'Enfant*, temp./pan. (43x31,8) : **GBP 52 800** – New York, 31 mai 1991 : *La Vierge adorant Jésus veillé par un ange avec un paysage montagneux au fond*, h/pan. (71,7x42,5) : **USD 55 000** – Rome, 23 mai 1996 : *Vierge à l'Enfant*, temp./pan. (106,5x64,5) : **ITL 78 140 000.**

MAÎTRE de SAN THORPE ou **Maître de San Torpé**
XIVe siècle. Italien.
Peintre de sujets religieux.
Il doit son appellation à Evelyn Sandberg-Vavala qui a reconstitué son œuvre. Actif au début du XIVe s. à Pise et certainement aussi à Sienne, son travail révélant l'influence de Duccio et Guido da Siena.
Ventes Publiques : Milan, 16 avr. 1985 : *San Ludovico da Tolosa*, temp./pan., fond or (56x23,5) : **ITL 26 000 000** – Milan, 24 oct. 1989 : *Crucifixion*, temp./pan. (20x14,5) : **ITL 28 000 000** – New York, 15 mai 1996 : *Un Saint évêque et un saint*, temp./pan. à fond or, une paire (chaque 49,5x33,6) : **USD 107 000.**

MAÎTRE de SAN ZENO
XIVe siècle. Actif à Vérone dans la première moitié du XIVe siècle. Italien.
Peintre de fresques.
Ainsi désigné en raison de son activité pour l'église de San Zeno à Vérone, dont il aurait peint les fresques. Il est possible du reste que cette œuvre doive être répartie entre deux artistes.

MAÎTRE de SANT'IVO. Voir **MAÎTRE de SAINT IVO**

MAÎTRE de SANT QUIRSE
XVe siècle. Espagnol.
Peintre.
Actif en Catalogne, au second tiers du XVe siècle. Auteur d'un retable de *Sainte Juliette* et de *Saint Quiricus*, provenant de l'église Saint-Quirse de Tarrase et conservé au Musée diocésain de Barcelone. L'artiste aurait également exécuté un retable de *Sainte Claire* et de *Sainte Catherine* dans la salle capitulaire de la cathédrale de Barcelone.
Ventes Publiques : Londres, 11 juil. 1980 : *Sainte Catherine d' Alexandrie*, h/pan., fond or (48,1x39,7) : **GBP 3 800.**

MAÎTRE de SANTA CECILIA
XIVe siècle. Italien.
Peintre de compositions religieuses.
Il était actif au début du XIVe siècle.
Ventes Publiques : Londres, 9 juil. 1993 : *Panneau central : Vierge à l'Enfant flanquée de deux saints et de quatre anges, Ventail gauche : La Flagellation avec Sainte Marie-Madeleine, Ventail droit : Christ en croix avec la Vierge, l'une des Maries et saint Jean l'Évangeliste*, temp./pan., triptyque (en tout 29x32,5) : **GBP 56 500.**

MAÎTRE de SANTA MARIA DEL CAMPO
XVe siècle. Espagnol.
Peintre de sujets religieux.
Actif au XVe siècle en Espagne, travaillant pour l'église de Santa Maria del Campo, entre Burgos et Palencia en Castille, qui lui a donné son appellation.
Ventes Publiques : Londres, 21 avr. 1989 : *Saint Jean l'Évangeliste ; Saint Pierre*, deux pan., h/pan. à fond or (58x70,5) : **GBP 55 000.**

MAÎTRE de SANTA VERDIANA
XIVe siècle.
Peintre de sujets religieux.
Il était actif entre 1370 et 1400.
Ventes Publiques : Londres, 19 avr. 1985 : *La Vierge et l'Enfant entourés de quatre anges*, h/pan. fond or, haut arrondi (124,3x72,3) : **GBP 32 000** – Londres, 12 déc. 1986 : *Saint Zenobius ; La Vierge et l'Enfant ; Saint Laurent*, h/pan. fond or, triptyque frontons cintrés (104,8x110,5) : **GBP 45 000** – New York, 15 jan. 1988 : *Vierge à l'Enfant assise sur un trône avec sainte Catherine agenouillée recevant la bénédiction*, h/pan. (118,3x48,3) : **USD 66 000** – Londres, 11 déc. 1996 : *La Madone et l'Enfant en gloire avec quatre anges et saints Anthony Abbot, Catherine, Margaret et Julian*, temp./pan. (77,5x42) : **GBP 51 000.**

MAÎTRE à la SAUTERELLE
XVe-XVIe siècles. Actif en Allemagne. Allemand.
Graveur au burin.
On cite de cet artiste une *Nativité de Jésus* portant les lettres F. I. C. A. et une *Sainte Famille au papillon*, copie d'après Dürer. Certains auteurs ont affirmé à tort qu'il était l'auteur original du

sujet et que Dürer avait été le copiste ; une critique plus serrée a rétabli la vérité.

MAÎTRE SAXON ou **Meister Sächsicher**
XVIe siècle. Actif vers 1550. Allemand.
Peintre et graveur sur bois.
Le Musée de Cologne conserve plusieurs œuvres de cet artiste.

MAÎTRE des SCÈNES DE CHASSE
XVIe siècle. Actif à Nuremberg entre 1570 et 1580. Allemand.
Sculpteur.
Ainsi désigné d'après une série comprenant trois bas-reliefs en plomb, qui représentent des scènes de chasse et dont l'un se trouve au Musée allemand de Berlin. Le Musée germanique de Nuremberg et le Musée National à Munich présentent trois autres bas-reliefs traitant les mêmes sujets.

MAÎTRE des SCÈNES DE LÉGENDES
XVIe siècle. Actif à Vienne au début du XVIe siècle. Autrichien.
Peintre et dessinateur.
Ainsi désigné d'après trois scènes de la *Légende de Saint Cosme* et de *Saint Damien* recueillies au Musée d'Histoire de l'art de Vienne. Ce sont encore des scènes de légende que traite ce peintre dans le *Martyre de deux saints* au Joanneum de Graz, un *Saint à genoux* au Musée national de Munich. Le Musée de Budapest possède de cet artiste un dessin : *Martyre de sainte Barbe et de sainte Catherine.*

MAÎTRE de SÉGOVIE. Voir **Maître aux initiales A. B.,** dans le tableau à la fin de la lettre **A**

MAÎTRE des SEPT DOULEURS DE MARIE. Voir **MAÎTRE de JATIVA**

MAÎTRE des SEPT DOULEURS DE LA VIERGE ADORÉE PAR LA FAMILLE VAN DE VELDE. Voir **ISENBRANT Adriaen**

MAÎTRE des SEPT ŒUVRES DE LA MISÉRICORDE. Voir **MAÎTRE d'ALKMAAR**

MAÎTRE de SERUMIDO
XVIe siècle. Italien (?).
Peintre de sujets mythologiques.
Il était actif vers 1515.
Ventes Publiques : Londres, 5 juil. 1991 : *La mort de Laocoon,* h/pan. (59,5x46) : **GBP 27 500**.

MAÎTRE de la SIBYLLE DE TIBUR
XVe siècle. Actif à la fin du XVe siècle. Éc. flamande.
Peintre.
Il est connu pour le tableau intitulé *la Sibylle de Tibur révélant l'avenir à l'empereur Auguste* (Francfort). Dans ses compositions, il affectionne les représentations de paons, cigognes, renards, chiens, pies. Il organise savamment des grands espaces, crée des types de visages et de silhouettes qui ressemblent fortement à ceux de Dierick Bouts, avec lequel il a été parfois confondu. Mais certains détails le rapprochent du Maître de la Vie de Sainte Lucie.
Bibliogr. : J. Laissaigne : *La peinture flamande, le siècle de Van Eyck*, Skira, Genève, 1957.

MAÎTRE de SIGMARINGEN. Voir **MAÎTRE de la COLLECTION DE SIGMARINGEN**

MAÎTRE des SIGNES DE SAINT ANTOINE ou **Maître C. T.**
XVIe siècle. Actif à Amsterdam. Hollandais.
Peintre et graveur sur bois.
Certains auteurs l'identifient avec Anthonisz Cornelis ou Teunissen. On cite de ses ouvrages datés de 1533 à 1559.

MAÎTRE de SIRGA
XVe-XVIe siècles. Espagnol.
Peintre.
Fut un des derniers représentants du style hispano-flamand dans la province de Palencia. Son œuvre maîtresse est le retable du grand autel de Villalcazar de Sirga.

MAÎTRE de la SISLA
XVe siècle. Castillan, actif au début du XVe siècle. Espagnol.
Peintre.
Auteur d'un autel conservé au Musée du Prado, et provenant de S. Maria de la Sisla près de Tolède. C'est à cet artiste que serait due une très belle *Présentation au Temple* figurant dans la Collection du Conde de Casal à Madrid.

MAÎTRE de SORIGUEROLA ou **Suriguerola**
XIIIe siècle. Actif à la fin du XIIIe siècle. Espagnol.
Peintre.
Il est essentiellement connu pour le frontal de Soriguerola (Barcelone, Musée d'Art Catalan), qui présente, entre autres, une *Cène*, dont la composition dissymétrique est nouvelle et le rendu des plis est de type gothique. On lui attribue également des fragment d'un retable de Tosas, un frontal de *Saint Christophe* (Barcelone), et un autre de *Sainte Eugénie* (Paris, Musée des Arts Décoratifs). Son œuvre témoigne du passage de l'art roman à l'art gothique, en Espagne.

MAÎTRE de STAFFOLO
XVe siècle. Italien.
Peintre de sujets religieux, objets liturgiques.
Ses œuvres sont influencées par Gentile da Fabriano et Lorenzo et Jacopo Salimbeni. Il réalisa pour l'église San Francesco de Staffolo un polyptyque représentant une *Vierge à l'Enfant avec saint Gilles et trois autres saints*, d'où sa dénomination. A. Santagelo fut le premier à attribuer un certain nombre d'œuvres au Maître de Staffolo. Sont répertoriés : une bannière et le Gonfalone du Palais Venezia à Rome, ainsi qu'un triptyque représentant une *Vierge à l'Enfant avec deux saints évêques* dans la Parrochiale de Albacina, un triptyque à la Pinacoteca de Fabriano, et un groupe de panneaux à la Bob Jones University de Greenville en Caroline du Sud.
Bibliogr. : In : *Catalogue des peintures du Musée du Palazzo Venezia*, Rome, 1947 – A.B. Molajoli, in : *Guide artistique de Fabriano*, 1968.
Musées : Fabriano (Pina.) : un triptyque.
Ventes Publiques : New York, 30 mai 1991 : *Un saint évêque*, temp./pan. à fond or (103x30,5) : **USD 52 250**.

MAÎTRE des STATUES D'EBNER
XVe siècle. Actif à Nuremberg au début du XVe siècle. Allemand.
Sculpteur.
Ainsi désigné d'après les statues de pierre de *Saint Antoine* et de *Sainte Hélène* offertes par la famille Ebner et qui ont trouvé place à l'église Saint-Sebald de Nuremberg.

MAÎTRE des STATUES DE MARIE À REIMS
XIIIe siècle. Actif à Reims au début du XIIIe siècle. Français.
Sculpteur.
Ainsi désigné d'après ses deux œuvres maîtresses au portail ouest de la cathédrale de Reims : *La Vierge de l'Annonciation* et *La Vierge de la Présentation*. Issu de l'école d'Amiens, l'artiste en reproduit le style à Reims, où il a encore sculpté les statues d'*Adam*, de *Saint Siméon* et du *Roi David*.

MAÎTRE des STATUETTES DE SAINT JEAN
XVIe siècle. Italien.
Modeleur.
Cet artiste florentin du début du XVIe siècle fut désigné d'après une série de figurines d'argile représentant *Saint Jean Baptiste*. Elles furent d'abord attribuées à Donatello. La plus belle de ces statuettes se trouve actuellement dans la Collection Bardini de Florence ; d'autres au Kaiser Friedrich Museum de Berlin, à Sigmaringen, au Musée national de Florence et à la Collection Wallace de Londres. On peut sans doute attribuer également à cet artiste les statuettes de *Saint Jérôme repentant*.

MAÎTRE de STRENGNÄS
XVe siècle. Actif à la fin du XVe siècle à Bruxelles. Éc. flamande.
Sculpteur.
Ainsi désigné d'après le magnifique retable du grand autel de la cathédrale de Strengnäs en Suède. Cet autel aurait été exécuté à Bruxelles ; et on attribue généralement encore à son auteur un petit retable de la *Passion* au Musée des Arts décoratifs de Paris et trois scènes de la *Passion* au Musée du Cinquantenaire de Bruxelles.

MAÎTRE STYRIEN
XVe siècle. Actif vers 1410. Autrichien.
Peintre.
Le Musée Joanneum de Graz, conserve de lui un panneau qui provient de l'église de Pürgg (Styrie) : *Épitaphe du chancelier de Styrie Ulrich Reichenecker.*

MAÎTRE de SZENT ANTAL
XVIe siècle. Actif dans la première moitié du XVIe siècle. Hongrois.
Peintre d'histoire.
Cet artiste peignit dans la manière d'Altdorfer et de Schaffner.

Le Musée de Budapest conserve de lui : *La visitation* qui faisait partie d'un retable dont une portion se trouve encore à Szent Antal.

MAÎTRE DU TABERNACLE JOHNSON. Voir **MAÎTRE de la NATIVITÉ JOHNSON**

MAÎTRE du TABLEAU-ÉPITAPHE EHRENHEIM

XVe siècle. Actif à Nuremberg vers 1440. Allemand.

Peintre.

Cette peinture, exécutée pour l'église Saint-Laurent de Nuremberg, était autrefois attribuée au Maître de l'autel des Tucher. L'allongement expressif des personnages, le Christ, saint Laurent, l'impératrice Cunégonde et l'empereur Henri II, a conduit à modifier cette attribution.

Bibliogr. : Pierre du Colombier, in : *Diction. Univers. de l'Art et des Artistes*, Hazan, Paris, 1967.

MAÎTRE des TABLEAUX D'ARGONAUTES

XVe siècle. Italien.

Peintre.

Cet artiste florentin du troisième quart du XVe siècle fut désigné d'après deux panneaux de bahuts, recueillis par le Museum Metropolitain de New York et qui traitent la légende des *Argonautes*.

MAÎTRE de TAHULL

XIIe siècle. Actif au début du XIIe siècle. Espagnol.

Peintre.

Il a travaillé à l'église San Clemente de Tahull, consacrée en 1123. La décoration qu'il y exécuta est l'un des plus beaux exemples du formulaire byzantin traditionnel, qui servit ensuite de modèle à la peinture décorative de toute la région de Huesca. On a supposé que cet artiste devait être un étranger, peut-être un Italien. Il a su donner à chaque pli, à chaque geste, à chaque physionomie, une ampleur, une signification intense qui ne nuisent aucunement à l'ensemble. Chacune des figures prend un caractère stylisé voulu, répond à une schématisation des traits, prouvant une parfaite compréhension de l'art monumental. Après avoir exécuté cette décoration, le Maître de Tahull est certainement allé à Isabena pour décorer la cathédrale de Roda. Son sens de la ligne, son aisance à répartir les couleurs, le classent parmi les plus grandes figures de l'art roman catalan.

MAÎTRE des TAPIS

XVIIe siècle. Italien.

Peintre de natures mortes.

Artiste romain.

Bibliogr. : Federico Zeri, in : *La nature morte en Italie*, ed. F. Zeri, 1989.

Ventes Publiques : New York, 15 oct. 1992 : *Nature morte avec du raisin, un melon, une grenade et des pommes dans un panier près d'une table drapée d'un tapis d'Orient avec un rideau vert au fond*, h/t (94,6x134,6) : **USD 38 500**.

MAÎTRE aux TAROTS. Voir **MAÎTRE P. W.,** dans le tableau à la fin de la lettre **P**

MAÎTRE du TÉRENCE DE BÂLE. Voir **MAÎTRE de l'OFFICINE DE BERGMANN**

MAÎTRE du TÉRENCE D'ULM, dit aussi **Maître de la Chronique de Lirar**

XVe siècle. Allemand.

Dessinateur pour la gravure.

Il travailla à Ulm, puis à Nuremberg depuis 1487. Auteur des vingt-huit gravures qui ornent la traduction de l'*Eunuque* de Térence par Hans Neidhardt. On lui doit également les vingt-trois gravures de la *Chronique souabe de Thomas Lirar* et la majorité des deux cent cinquante-six feuilles parues à Nuremberg en 1483 pour l'illustration de la sainte vie de *Jacques de Voragine*.

MAÎTRE à la TÊTE DE GRIFFON. Voir **MAÎTRE H. B.,** dans le tableau à la fin de la lettre **H**

MAÎTRE des TÊTES DE ROIS, dit aussi **Maître de Salomon**

XIIIe siècle. Actif à Chartres au début du XIIIe siècle. Français.

Sculpteur.

Auteur de la série des quatre grandes têtes de rois, qui se trouvent au portail droit du transept nord de la cathédrale de Chartres. Ces têtes qu'il est difficile d'identifier, sont dans leur réalisme extrêmement expressives et s'harmonisent avec toute la décoration du portail nord.

MAÎTRE THEODORIK. Voir **THEODORIK Maître**

MAÎTRE de la TOISON D'OR

XVe siècle. Éc. flamande.

Enlumineur.

Actif dans la seconde moitié du XVe siècle. Ainsi désigné d'après un groupe de manuscrits qui contiennent les statues (?) de la *Toison d'or*, et en particulier le manuscrit 9027-28 de la Bibliothèque Royale à Bruxelles, le manuscrit français 139 de la Bibliothèque Nationale de Paris, et un *Livre de la Toison d'or* en 2 tomes de la Bibliothèque de Vienne.

MAÎTRE du TONDO BORGHESE

XVe-XVIe siècles. Italien.

Peintre de sujets religieux.

Ce peintre prend son nom d'une œuvre exposée à la galerie Borghese à Rome. Son style démontre l'influence de Ghirlandaio et de Rosselli.

Bibliogr. : E. Fahy, in : *Quelques suiveurs de Domenico Ghirlandaio*, 1976 – L. Venturini, in : Catalogue de l'exposition *Maestri e botteghe : pittura a Firenze alle fine del Quattrocento*, 1992.

Musées : Rome (Gal. Borghese).

Ventes Publiques : Milan, 3 déc. 1992 : *La Nativité avec saint Jean*, h. et temp./pan. (diam. 116) : **ITL 158 200 000** – New York, 16 mai 1996 : *L'Annonciation*, h/pan., panneau de prédelle (26x48,9) : **USD 24 150**.

MAÎTRE du TONDO DE CARRAND ou **Maître du Tondo du Bargello, Maître du Jugement de Pâris au Bargello**

XVe siècle. Italien.

Peintre de sujets mythologiques, compositions religieuses.

Actif vers 1430, il est connu aussi comme le Maître du Tondo du Bargello ou Maître du Jugement de Pâris au Bargello.

Bibliogr. : F. Zeri, in : *Derrière l'image – l'art de lire la peinture*, Londres, 1987.

Ventes Publiques : Londres, 16 avr. 1980 : *Vierge à l'Enfant*, h/pan. fond or (59x39) : **GBP 10 000** – New York, 20 jan. 1983 : *Sainte Catherine d'Alexandrie et l'ange de l'Annonciation* ; *La Vierge et l'Enfant avec saint Philippe et saint Antoine* ; *La Crucifixion*, temp./pan.fond or, tryptique (59,5x46) : **USD 70 000** – Londres, 8 juil. 1994 : *La Madone de l'Humilité*, temp./pan., fond or (72,5x51,5) : **GBP 496 500** – Londres, 3 déc. 1997 : *La Madone de l'Humilité*, temp./pan. fond or (72,5x51,5) : **GBP 419 500**.

MAÎTRE du TONDO DE GREENVILLE

XVe-XVIe siècles.

Peintre de scènes religieuses.

Il était actif vers 1500.

Ventes Publiques : New York, 5 avr. 1990 : *Adoration de l'Enfant Jésus par saint Jean Baptiste, un berger, saint Antoine et des anges avec un paysage au fond*, temp./pan. (69x69) : **USD 71 500**.

MAÎTRE du TONDO DE LATHROP. Voir **MICHELANGELO DI PIETRO**

MAÎTRE du TONDO MILLER

XVe siècle. Italien.

Peintre de sujets religieux.

Il était actif dans la seconde partie du XVe siècle. Cet artiste doit son nom à une *Adoration de l'Enfant Jésus*, léguée au Fogg Art Museum de Cambridge (Mass.) par Adolph Caspar Miller. Everet Fahy a réuni un groupe important d'œuvres de la même main, sans doute du cercle de Jacopo del Sellaio.

Musées : Cambridge, Massachusetts (Fogg Art Mus.) : *Adoration de l'Enfant Jésus*.

Ventes Publiques : Rome, 24 nov. 1994 : *Vierge à l'Enfant sur un trône entourée de saint Benoit et de sainte Marguerite d'Antioche*, temp./pan. (76x59) : **ITL 56 000 000** – New York, 16 oct. 1997 : *La Madone et l'Enfant entourés du jeune saint Jean Baptiste*, h/pan. (122x70,5) : **USD 48 300**.

MAÎTRE de TORRALBA

XVe siècle. Espagnol.

Peintre de compositions religieuses.

C. R. Post a identifié deux œuvres d'un artiste aragonais inconnu dans l'église de Torralba de Ribota : un retable, illustrant en seize tableaux *La Vie de saint Félix* que l'on peut voir partiellement dans la sacristie de l'église. Un second retable illustre *La Vie de saint André*. Tous deux sont peints sur panneau à fond d'or et comportent un motif gravé et doré représentant une guirlande de lierre.

Bibliogr. : C. R. Post, in : *Histoire de la peinture espagnole*, 1938 – in : *Catalogue de vente Christie's*, New York, 16 janv. 1992.
Ventes Publiques : New York, 11 jan. 1989 : *Descente de la Croix et Déposition*, détrempe/pan., prédelle (38,1x66) : **USD 26 400** – New York, 16 jan. 1992 : *La Crucifixion*, h/pan. à fond or (105,4x81,9) : **USD 93 500** – Londres, 10 déc. 1993 : *Descente de Croix et la Mise au tombeau*, temp./pan. à fond or, morceau de prédelle (38x66) : **GBP 47 700**.

MAÎTRE de TREBON. Voir **MAÎTRE de l'AUTEL DE TREBON**

MAÎTRE de la TRINITÉ DE BERLIN
Allemand.
Peintre.
Désigné d'après le grand tableau d'autel représentant *Dieu le Père, le Christ et la Colombe*, qui se trouve au Kaiser Friedrich Museum de Berlin.

MAÎTRE de la TRINITÉ DE VÄSTERÅS
XVIe siècle. Flamand (?).
Peintre de sujets religieux.
Il était actif dans la première moitié du XVIe siècle. Il fut quelquefois rapproché du Maître de l'Abbaye de Dilighem, connu sous le nom de Maître d'Anvers de 1518. On pense qu'il étudia à Bruges, on retrouve dans sa peinture le style de Quentin Metsys par la composition et la brillance des couleurs.
Ventes Publiques : New York, 12 jan. 1996 : *La Vierge et l'Enfant entourés d'anges musiciens*, h/pan. (120x88) : **USD 244 500**.

MAÎTRE du TRIOMPHE DE LA MORT
XVe siècle. Actif au milieu du XVe siècle. Espagnol (?).
Peintre.
Auteur de la célèbre fresque du *Triomphe de la Mort* dans la cour du Palais Sclafani à Palerme.

MAÎTRE du TRIPTYQUE ANTINORI
XIVe siècle. Italien.
Peintre de compositions religieuses.
Il était actif à Sienne dans le premier tiers du XIVe siècle.
Ventes Publiques : Paris, 31 mai 1991 : *Vera effigies de saint Bernard*, temp. sur pan., de forme ronde sur fond or (diam. 23,5) : **FRF 138 000**.

MAÎTRE du TRIPTYQUE FESCH. Voir **MAÎTRE de VERUCCHIO**

MAÎTRE du TRIPTYQUE D'IMOLA. Voir **MAÎTRE d'IMOLA**

MAÎTRE du TRIPTYQUE DE MARIE D'ANVERS, dit aussi **Maître de la Madone Avec Saint Michel**
XVe siècle. Actif à la fin du XVe siècle. Hollandais.
Peintre.
Ainsi nommé d'après le triptyque représentant la *Madone et deux anges musiciens* au milieu, *Saint Christophe et saint Georges*. Ce triptyque se trouve au Musée d'Anvers. L'artiste serait également l'auteur d'une *Assomption* conservée au Musée provincial de Bonn.

MAÎTRE du TRIPTYQUE DE PANZANO
XIVe-XVe siècles. Italien.
Peintre de compositions religieuses.
Peut-être à rapprocher de Michele di Matteo da Panzano.
Ventes Publiques : Paris, 7 déc. 1981 : *Christ portant sa Croix, Saint François d'Assise et saint Jean Baptiste, volet de gauche ; L'Ange et la Vierge de l'Annonciation, La Vierge et l'Enfant entourés d'anges, volet central ; La Vierge et saint Jean entourant le Christ en Croix, Saint Nicolas et sainte Madeleine, volet de droite*, h/bois, triptyque (volet de gauche et de droite 60,5x24 ; volet central 60,5x47) : **FRF 620 000** – New York, 31 mai 1989 : *L'Annonciation*, détrempe/pan. (97,2x122) : **USD 176 000**.

MAÎTRE du TRIPTYQUE DE TUCHOW
XVe siècle. Actif dans la seconde moitié du XVe siècle. Polonais.
Peintre.
Exécuta une *Sacra Conversazione* vers 1460.

MAÎTRE du TRIPTYQUE D'UTRECHT ou **Maître d'Utrecht**
XVe siècle. Actif à Utrecht au milieu du XVe siècle. Éc. flamande.
Peintre.
Auteur du triptyque représentant le *Christ sur la Croix entre Marie et Jean*, la *Messe de saint Grégoire* et *Saint Christophe*. Ce triptyque se trouve au Musée impérial d'Amsterdam. C'est au même artiste qu'on doit encore une fresque dans la Bourkerk d'Utrecht et l'*Adoration de l'enfant Jésus* au Musée de Bruxelles.

MAÎTRE TYROLIEN D'INNSBRUCK, appelé aussi **Maître de Sonnenburg,** ou **de 1448**
XVe siècle. Actif au milieu du XVe siècle. Autrichien.
Peintre.
Le Musée Ferdinandeum d'Innsbruck conserve de lui un *Martyre de sainte Ursule*, provenant du Monastère de Sonnenburg, dans le Pustertal.
Bibliogr. : Ernst H. Buschbeck : *Primitifs Autrichiens*, Connaissance, Bruxelles, 1937.

MAÎTRE TYROLIEN DE WILTEN
XVe siècle. Actif vers 1420. Autrichien.
Peintre.
On voit de lui une *Crucifixion*, au Monastère de Wilten, près d'Innsbruck, dans laquelle commence à apparaître une conception de l'espace dans la disposition d'un groupe de chevaliers, et une volonté d'expression dans le personnage de Saint Jean, qui se tient au bas de la croix.
Bibliogr. : Ernst H. Buschbeck : *Primitifs Autrichiens*, Connaissance, Bruxelles, 1937.

MAÎTRE d'URGELL
XIIe siècle. Espagnol.
Peintre.
Il est l'auteur de peintures murales à l'église Sant Pere de la Seu d'Urgell (au Musée catalan de Barcelone). Il ne peut, sans doute, pas nier l'influence de la peinture romane française, dont il tend à assouplir les schémas et à diversifier les couleurs. Son œuvre est proche de celle du Maître de Pedret.

MAÎTRE d'UTTENHEIM ou parfois **Maître de Neustift**
XVe siècle. Autrichien.
Peintre de compositions religieuses.
Peintre de la seconde moitié du XVe siècle, ainsi nommé d'après un retable, peint vers 1460, et provenant de l'ancienne église de la Vierge, aujourd'hui détruite, à Uttenheim, dans le Pustertal. Ce retable a été depuis dispersé entre les Musées de Vienne (Kunsthistorisches), de Nuremberg (Germanisches), et de Munich (Bayerisches). On lui attribue également, d'où sa seconde appellation, les huit tableaux provenant d'un autel consacré à saint Augustin, dans l'église des Prémontrés de Neustift, près de Brixen, dont l'un des panneaux est aujourd'hui à l'Ancienne Pinacothèque de Munich, tandis que les autres sont restés dans la Galerie de Neustift.
L'art du retable de la Vierge d'Uttenheim est un art robuste et franc, qui s'est ouvert aux influences italiennes, parvenues jusqu'aux pays germaniques par les vallées du Tyrol. Les épisodes de la vie de saint Augustin du retable de Neustift, peints vraisemblablement vers 1453, donc nettement antérieurement au retable d'Uttenheim, appartiennent encore à la tradition autochtone tyrolienne. L'influence de Mantegna ne l'a, à ce moment, pas encore touché. Elle s'épanouira ensuite dans les œuvres de Friedrich Pacher. ■ J. B.
Bibliogr. : Ernst H. Buschbeck, in : *Primitifs Autrichiens*, Édit. de la Connaissance, Bruxelles, 1937 – Marcel Brion, in : *La peinture allemande*, Tisné, Paris, 1959 – Pierre du Colombier, in : *Diction. Univers. de l'Art et des Artistes*, Hazan, Paris, 1967.
Musées : Munich (Alte Pinak.) : un des huit tableaux de l'autel de Neustift – Munich (Bayerisches Mus.) : partie du Retable d'Uttenheim – Neustift (Gal.) : sept des huit tableaux de l'autel consacré à saint Augustin, dans l'église des Prémontrés – Nuremberg (Germanisches Mus.) : partie du Retable d'Uttenheim – Vienne (Kunsthistorisches Mus.) : partie du Retable d'Uttenheim.

MAÎTRE de VALENCE de 1485. Voir **MAÎTRE de PEREA**

MAÎTRE de VALENCIENNES, dit aussi **Maître du Samaritain Compatissant**
XVIe siècle. Actif dans la première moitié du XVIe siècle. Hollandais.
Peintre.
Auteur d'un panneau représentant l'*Adoration des Mages* au Musée de Valenciennes, qui daterait de 1535. On lui attribue également le beau panneau du *Samaritain compatissant* qui se trouve à Amsterdam, le buste de l'Anabaptiste *David Joris* à Bâle, un *Portrait de famille* au Musée municipal de Groningen, la *Récolte de la manne* au Musée archiépiscopal d'Utrecht et *David tue Goliath* au Musée provincial de Bonn.

MAÎTRE de VALERIUS MAXIMUS DE LEIPZIG. Voir **MAÎTRE du LIVRE D'HEURES DE DRESDE**

MAÎTRE des VANITAS TEXTS
XVIIe siècle. Actif vers 1650 sans doute à Madrid ? Espagnol (?).
Peintre de vanités.
Le Maître des Vanitas Texts a été « créé » par Eric Young pour nommer un peintre dont on connait plusieurs tableaux, tous peints en pendants, et représentant des Vanités. On en connait deux dans la collection du duc d'Exeter qui furent prêtées pour l'exposition « La Natura Morta italiana » à Milan en 1964 ; et sept autres dans des collections particulières.
Tous ces tableaux représentent les éléments traditionnels de Vanités ainsi que, caractéristiques de l'artiste, des morceaux de papier avec une inscription latine en lettres capitales.
Dans un article « Nouvelles perspectives de la nature morte espagnole à l'Age d'Or », paru dans Burlington Magazine en 1976, Eric Young avait identifié cet artiste à Francesco Palacios, mais après confrontation avec les travaux de Diego Angulo Iniguez et Alfonso Perez Sanchez qui le rapprochaient d'un Maître actif à Naples (in : *La Peinture Madrilène du second tiers du XVIIe siècle*, Madrid, 1983), il abandonna cette idée et créa alors le Maître des Vanitas Texts. Toutefois cet artiste semble bien être espagnol.
Ventes Publiques : Paris, 25 juin 1991 : *Vanités aux livres, fleurs, instruments de musique et orfèvrerie*, h/t, une paire (chaque 47,5x65) : **FRF 450 000** – Londres, 5 juil. 1995 : *Vanités*, h/t, une paire (chaque 49,5x66) : **GBP 28 750** – Londres, 3 déc. 1997 : *Vanité avec des fleurs dans un vase en verre posé sur un livre, un globe terrestre, un bougeoir et autres livres sur un entablement drapé*, h/t, de forme octogonale (65x66) : **GBP 27 600**.

MAÎTRE des VANITÉS
XVIIe siècle. Italien.
Peintre de natures mortes.
Il était actif à Naples à la fin du XVIIe siècle. Il peut être similaire au Maître des Vanitas Texts.
Ventes Publiques : Milan, 5 déc. 1991 : *Vanité*, h/t (59x82) : **ITL 34 000 000**.

MAÎTRE du VASE AUX GROTESQUES
XVIIe siècle. Italien.
Peintre de natures mortes.
Il était actif en Lombardie et à Rome dans la première moitié du XVIIe siècle.
Ventes Publiques : Paris, 23 mars 1994 : *Vase de fleurs sur un entablement avec des papillons*, h/t (73,5x53,5) : **FRF 266 000**.

MAÎTRE de VÄTE
XIIIe siècle. Suédois.
Sculpteur.
Il était actif à la fin du XIIIe siècle. Auteur de la statue de *Saint Olaf* à l'église de Väte dans l'île de Gotland.

MAÎTRE des VELE D'ASSISE
XIVe siècle. Toscan, actif à Assise au début du XIVe siècle. Italien.
Peintre.
Auteur des quatre grands tableaux désignés sous le nom de *Vele* et qui, dans la crypte de Saint-François d'Assise, illustrent la légende du saint prononçant ses vœux de pauvreté, de chasteté et d'obéissance. C'est le même artiste qui aurait composé neuf tableaux représentant des scènes de l'*Enfance de Jésus*, la *Crucifixion*, et les *Miracles de saint François* dans la même église.

MAÎTRE de la VÉRONIQUE. Voir **MAÎTRE de la SAINTE VÉRONIQUE DE MUNICH**

MAÎTRE de VERUCCHIO, dit aussi **Maître de la Madone de Cini,** ou **Maître du Triptyque Fesch**
XIVe siècle. Italien.
Peintre de compositions religieuses.
Il était actif dans la première moitié du XIVe siècle. Il doit son apellation à un Crucifix de la Collégiale de Verucchio. Il a quelquefois été assimilé à Francesco da Rimini dont on retrouve des similitudes dans sa peinture, par contre les gestes de tendresse de la mère pour l'enfant sont inconnus dans la peinture de Rimini.
Ventes Publiques : Londres, 17 avr. 1996 : *Vierge à l'Enfant*, h/pan. (56x52,3) : **GBP 54 300**.

MAÎTRE de la VIE DE MARIE
XVe siècle. Actif à Cologne de 1463 à 1480. Allemand.
Peintre et dessinateur.
Auteur d'une série de huit panneaux représentant la *Vie de Marie* et provenant de l'église de Sainte-Ursule de Cologne : sept sont actuellement conservés à l'Ancienne Pinacothèque de Munich, le huitième à la National Gallery de Londres. L'artiste est le représentant le plus éminent de l'école de Cologne dans la seconde moitié du XVe siècle. Il a été fortement influencé par les peintres flamands, notamment Dierick Bouts et Rogier Van der Weyden, ce qui incite à penser qu'il fit peut-être son apprentissage aux Pays-Bas. On a tenté de l'identifier avec le Maître de la Passion de Liversberg, puis avec le Maître de Werden. On lui attribue aussi les fragments de volets conservés au Germanisches Museum de Nuremberg, et qui proviennent de l'église de Sainte-Colombe, à Cologne. On attribue à la fin de sa vie la *Crucifixion*, de Cues-sur-Moselle, ainsi que la *Descente de Croix*, du Wallraf-Richartz Museum, et qui est daté de 1480, œuvres dans lesquelles il s'écarte de l'anecdotisme de ses premières œuvres, pour une manière plus grave et plus imposante. Les représentations de la Vie de la Vierge, auxquelles il doit son nom, en plus grande partie dans la Pinacothèque de Munich, sont des compositions étendues, où les quelques figures sont écartées les unes des autres d'une manière qui permet au peintre d'insister sur les détails de leurs attitudes bien observées, reliés cependant par l'harmonie des couleurs claires et gaies. Si la *Crucifixion* du Musée de Cologne reflète plutôt l'esprit religieux traditionnel, au contraire, dans le petit tableau de *la Vierge allaitant saint Bernard*, le mysticisme du Moyen Age se mêle à un lyrisme naïf et humain. On retrouve le reflet de son style dans de nombreux vitraux de Cologne et de la région.
Bibliogr. : Marcel Brion : *La peinture allemande*, Tisné, Paris, 1959 – Pierre du Colombier, in : *Diction. Univers. de l'Art et des Artistes*, Hazan, Paris, 1967.
Musées : Augsbourg : *Sainte Ursule, sainte Barbara, sainte Catherine et sainte Dorothée*, deux volets d'un autel – Berlin (Mus. Allemand) : *Marie et l'Enfant Jésus – La Vierge, l'enfant Jésus et trois saintes* – Bruxelles : *Crucifixion* – Budapest : *Marie pleine de grâces* – Cologne (Wall. Rich. Mus.) : *Sainte Catherine et son donateur avec ses trois fils – Marie avec saint Bernard – Le Christ en Croix* – Hambourg (Gal. Weber) : *Ascension du Christ* – Munich (Ancienne Pina.) : *Autel des Apôtres* – Munster : *Marie avec l'Enfant Jésus et six saints* – Nuremberg (Mus. Germanique) : *Adoration des Mages – Mort de Marie* – Schleissheim : *Marie et l'Enfant Jésus – Sainte Agnès* – Zurich (Art Etr.) : *Mariage mystique*.

MAÎTRE de la VIE DE MARIE À UTRECHT
XIVe siècle. Rhénan, actif à la fin du XIVe siècle. Allemand.
Peintre.
Auteur de huit panneaux représentant toute une série de scènes de la vie de la Vierge et conservés au Musée Central d'Utrecht. Ces panneaux auraient été composés entre 1410 et 1420 et sont par la délicatesse des tons une des œuvres les plus intéressantes de la peinture de cette époque.

MAÎTRE de la VIE DE LA VIERGE DE BONDY, dit aussi **Maître de l'Annonciation d'Augsbourg**
XVIe siècle. Allemand.
Peintre.
Ainsi désigné d'après les quatre panneaux de la Collection Bondy de Vienne, exécutés environ vers 1500 et représentant des *Scènes de la vie de Marie*. Cet artiste doit sa seconde appellation à un grand panneau datant d'environ 1510, provenant de l'église Saint-Jacques d'Augsbourg et vendu dernièrement en Amérique.

MAÎTRE de la VIERGE AUX BALANCES. Voir **MAÎTRE des PORTRAITS FÉMININS LÉONARDESQUES**

MAÎTRE de la VIERGE DE BENEDIKTBEUERN
XVe siècle. Actif au début du XVe siècle. Allemand.
Peintre.
Il est ainsi désigné pour avoir peint une *Vierge à l'Enfant* provenant du monastère de Benediktbeuern, et conservée aujourd'hui à la Pinacothèque de Munich. Cette œuvre calme, détendue, douce, peut avoir été exécutée par un étranger, ou un peintre itinérant, formé peut-être en France. Elle représente bien le style dit de « détente », avec son fond or, les bleu et rouge vifs du manteau de la Vierge.

MAÎTRE de la VIERGE DES SEPT DOULEURS ADORÉE PAR LA FAMILLE VAN DE VELDE. Voir **ISENBRANT Adriaen**

MAÎTRE de la VIERGE ENTRE LES VIERGES ou **de la Virgo Inter Virgines**
XVe siècle. Actif dans le dernier tiers du XVe siècle à Delft. Hollandais.
Peintre de compositions religieuses, portraits.
Auteur d'un tableau représentant *Marie avec l'Enfant Jésus entouré de vierges saintes* au Musée impérial d'Amsterdam. L'œuvre abondante de ce peintre se situe entre 1480 et 1495 et se distingue par l'aspect caricatural de ses figures. Cette peinture permet de penser qu'il fut peut-être influencé par Van der Goes. Étudié dès 1906, il fut l'objet de nouvelles études en 1953, qui ont permis d'y reconnaître les traits de ce que l'on a pu appeller un « maniérisme gothique », dont les qualités de pittoresque et d'émotion se retrouveront dans les écoles de Leyde et d'Anvers. On lui a attribué en outre une *Crucifixion*, au Musée des Offices ; une *Annonciation*, à Rotterdam ; une *Adoration des Mages*, à Berlin ; une *Mise au tombeau*, à Liverpool ; un *Portrait d'Hugo de Groot*, dans une collection privée de New York ; une *Trinité*, à Zagreb ; et surtout un retable complet en triptyque de la *Crucifixion*, au Barnard Castle, que l'on date environ de 1495 ; toutes œuvres que relient des qualités très particulières, tantôt de grâce, ou au contraire de rigueur.
BIBLIOGR. : Robert Genaille, in : *Diction. Univers. de l'Art et des Artistes*, Hazan, Paris, 1967.
MUSÉES : AGRAM : *La Sainte Trinité* – AIX-LA-CHAPELLE (Suermondt Mus.) : *Deux femmes – Deux hommes* – AMERSFOORT (Mus. Fléhite) : *Adoration des Mages – Vision de saint Bernard – Saint Jérôme – Annonciation* – AMSTERDAM (Mus. Impérial) : *Marie avec l'Enfant Jésus, sainte Barbara, sainte Catherine, sainte Cécile et sainte Ursule* – BARNARD CASTLE (Bowes Mus.) : *Crucifixion – Descente de Croix – Jésus porte sa Croix* – BERLIN (Kaiser Friedrich Mus.) : *Adoration des Mages* – FLORENCE (Mus. des Offices) : *Crucifixion* – LIVERPOOL (Walker Art Gal.) : *Le Christ entouré par les siens en pleurs* – LUGANO : *Crucifixion* – MILAN (Brera) : *Adoration des Mages* – NEW YORK (Metropolitan) : *Le Christ pleuré par les siens* – ROTTERDAM : *Annonciation* – VIENNE (Gal. d'État) : *Adoration des Mages*, triptyque – *Le massacre des Innocents* – ZAGREB : *Trinité*.
VENTES PUBLIQUES : NEW YORK, 28 mars 1930 : *Ecce Homo* : **USD 7 000** – NEW YORK, 6 oct. 1995 : *La déposition*, temp. sur pan. (50,8x50,8) : **USD 27 600**.

MAÎTRE de VILLALOBOS
XVe siècle. Espagnol.
Peintre de sujets religieux.
BIBLIOGR. : Alexandra R. Murphy, in : *Peintures européennes au musée des Beaux-Arts de Boston ; catalogue illustré*, Boston, 1985.
VENTES PUBLIQUES : EL QUEXIGAL (Prov. de Madrid), 25 mai 1979 : *Le prophète Isaïe*, h/pan. (105x60) : **ESP 900 000** – NEW YORK, 22 mai 1992 : *La fuite en Egypte*, h. et temp./pan. (71,4x70,8) : **USD 24 450**.

MAÎTRE à la VIOLETTE
XVIe siècle. Suisse.
Peintre de sujets religieux.
Il était actif à Zurich de 1500 à 1515, puis à Constance. Il avait l'habitude de peindre sur ses tableaux une violette des champs. Son œuvre principale est l'*Autel de saint Antoine*, conservé à Donaueschingen, un des rares témoignages du style ancien de l'école de Zurich. Le peintre de cet autel serait du reste probablement issu de l'école de Constance, et il aurait peint un autre autel, daté de 1506 qui se trouve au Musée provincial de Zurich.
MUSÉES : ZURICH (Mus. prov.) : un autel 1506.

MAÎTRE des VISAGES MAUSSADES
XVe siècle. Allemand ou Flamand (?).
Peintre de scènes religieuses.
VENTES PUBLIQUES : LONDRES, 18 mai 1990 : *Saint Valentin et saint Blaise guérissant une fillette*, pan. (78,5x69) : **GBP 2 420**.

MAÎTRE de la VISITATION
XIIIe siècle. Actif dans le premier quart du XIIIe siècle. Français.
Sculpteur.
Ainsi désigné d'après le groupe de la *Visitation*, qui figure au portail gauche du transept nord de la cathédrale de Chartres. Les quatre autres statues drapées de ce portail seraient du même artiste.

MAÎTRE de la VISITATION D'AUGSBOURG
XVe siècle. Actif à Augsbourg dans la seconde moitié du XVe siècle. Allemand.
Peintre.
Ainsi désigné d'après le panneau introduit dans un autel moderne à la cathédrale d' Augsbourg, et représentant la *Visitation de Marie*. L'auteur serait un prédécesseur immédiat de Holbein l'Ancien. On peut également attribuer à ce Maître une *Crucifixion* à l'Institut of Arts de Detroit, le *Massacre des Innocents* du Musée germanique de Nuremberg, et un *Portrait de jeune homme* à la collection V. Nemes à Munich.

MAÎTRE de la VISITATION DE BAMBERG
XIIIe siècle. Actif à Bamberg de 1230 à 1237. Allemand.
Sculpteur.
Fut le plus remarquable des quatre sculpteurs de la jeune école de Bamberg qui acheva de décorer la cathédrale de cette ville. On considère même qu'il est le maître le plus éminent de l'art médiéval allemand. Il a dû achever sa formation artistique à Reims, où il travailla longtemps à la cathédrale. Son œuvre capitale est représentée par les statues de *Sainte Marie et sainte Élisabeth* constituant le groupe de la visitation.

MAÎTRE de la VISITATION DE REIMS
XIIIe siècle. Actif à Reims entre 1230 et 1250. Français.
Sculpteur.
Ainsi désigné d'après le groupe célèbre de la *Visitation* sur le côté droit du portail occidental de la cathédrale de Reims. Il a exécuté d'autre part un certain nombre des anges qui se trouvent entre les fenêtres des chapelles du chœur. L'ange souriant à gauche de saint Nicolas serait du même artiste, chez qui on pourrait discerner l'influence de Chartres et d'Amiens.

MAÎTRE des VOLETS DU RETABLE DE STERZING. Voir **MAÎTRE des PANNEAUX DE L'AUTEL DE STERZING**

MAÎTRE de la VUE DE SAINTE GUDULE. Voir **MAÎTRE de SAINTE GUDULE**

MAÎTRE de VYSSI-BROD. Voir **MAÎTRE du CYCLE DE VYSSI-BROD**

MAÎTRE de WECHSELBURG
XIIIe siècle. Saxon, actif dans la première moitié du XIIIe siècle.
Sculpteur.
Il a travaillé sur bois et sur pierre. Il est l'auteur du crucifix monumental en chêne, érigé vers 1230 et entouré des statues de Marie et de saint Jean, qui se trouve à l'église de l'ancien monastère de Zschillen, devenue celle de Wechselburg. Le jubé de cette même église, les figures de *Melchisédec* et d'*Abraham* passent pour être de sa main.
Il pourrait être aussi l'auteur de la *Porte Dorée* de la Marienkirche de Freiberg. Son art présente encore des traces d'influence byzantine, mais montre surtout une connaissance de la sculpture française de Laon et de Chartres.

MAÎTRE de WEILHELM. Voir **MAÎTRE des PANNEAUX DE POLLING**

MAÎTRE de WERDEN
XVe siècle. Actif à la fin du XVe siècle. Allemand.
Peintre.
Cet artiste inconnu travailla à l'abbaye de Werden, près Düsseldorf, d'où proviennent les œuvres de lui conservées à la National Gallery à Londres. Il est probable que cet artiste, de l'école de Cologne, se confond avec le MAÎTRE DE LA VIE DE MARIE.
MUSÉES : LONDRES (Nat. Gal.) : *Saint Jérôme, saint Benoît, saint Gilles et saint Romuald – Saint Augustin, saint Ludger, saint Hubert et saint Maurice – Conversion de saint Hubert – La messe de Saint Hubert*.

MAÎTRE WILHELM DE COLOGNE. Voir **WILHELM**

MAÎTRE de WITTINGEN. Voir **MAÎTRE de l'AUTEL DE TREBON**

MAÎTRE de WYL ou **Meister von Wyl, Wil**
XVIe siècle. Actif à Wil (Saint-Gall). Suisse.
Peintre.
Le tableau de l'autel d'une chapelle de l'église de Wil, daté de 1516 est d'un artiste inconnu qu'on a surnommé le maître de Wil.

MAÎTRES ANONYMES

connus par une date

MAÎTRE de 1310
XIVe siècle. Italien.
Peintre de scènes religieuses.
Son nom lui fut attribué d'après une *Maesta* d'Avignon datée de 1310. On connait peu d'ouvrages attribués à cet artiste. On pense qu'il fut actif à Pistoia pendant les trois premières décennies du XIVe s. On connaît de lui un *Retable de la chapelle des humiliés* à Pistoia qui figure maintenant dans la collection du Musée de la Ville de Pistoia.
BIBLIOGR. : A. de Marchi, in : *La Peinture italienne aux XIIe et XIIIe siècles*, 1986.
MUSÉES : PISTOIA (Mus. de la Ville) : *Retable de la chapelle des humiliés*.
VENTES PUBLIQUES : NEW YORK, 17 jan. 1992 : *Scènes de la vie d'une sainte martyre (Marguerite d'Antioche ?)*, temp./pan. à fond d'or (90,8x127) : **USD 814 000**.

MAÎTRE de 1402
XVe siècle. Allemand.
Peintre.
Saxon, il a peint l'autel de l'église Saint-Jacques à Göttingen, où il évoque seize scènes de la *Jeunesse* et de la *Passion du Christ*. Ces panneaux sont dans un excellent état de conservation, et décèlent l'influence de modèles colonais et français.

MAÎTRE de 1423 ou **Maître de Saint Christophe**
XVe siècle. Actif en Allemagne dans la première moitié du XVe siècle. Allemand.
Graveur sur bois.
Cet artiste, cité par Nagler, a gravé : *Saint Christophe portant l'Enfant Jésus sur ses épaules et traversant une rivière*, daté de 1423. Ottley cite comme du même artiste une *Annonciation* (attribution douteuse sinon contestée).

MAÎTRE de 1430
XVe siècle. Actif en Allemagne. Allemand.
Orfèvre et graveur.
Il a gravé des sujets religieux et notamment : *Jésus en Croix avec la Vierge et saint Jean*, 1430.

MAÎTRE de 1430
XVe siècle. Actif en Allemagne. Allemand.
Graveur sur bois.
Il a gravé les *Douze mois de l'année*, calendrier en hauteur, sur le dessin de Johannes Gamundia (1439). À rapprocher du précédent.

MAÎTRE de 1437
XVe siècle. Actif en Allemagne. Allemand.
Graveur sur bois.
Il a gravé le *Martyre de saint Sébastien* (1437).

MAÎTRE de 1441
XVe siècle. Actif en Allemagne. Allemand.
Graveur au burin.
Il a gravé : *Jésus attaché à la Croix* ; au pied sont la *Vierge et saint Jean*, planche ronde (1441). Il fut sans doute également orfèvre.

MAÎTRE de 1445
XVe siècle. Actif à Bâle ou Constance. Suisse.
Peintre.
Auteur du tableau daté de 1445 : *L'Ermite Paul et saint Antoine*, qui se trouve actuellement au Musée de Bâle, et faisait vraisemblablement partie d'un triptyque dont le panneau droit, *Mort de saint Antoine*, est conservé à l'Ancienne Pinacothèque de Munich.

MAÎTRE de 1446
XVe siècle. Français.
Graveur.
Il travailla dans le Bas-Rhin. On cite de lui : *La flagellation*, une des premières gravures portant une date, et une série de planches sur *La Passion*.
MUSÉES : BERLIN (Kaiser Friedrich Mus.) : *Apôtres* – série de douze planches.

MAÎTRE de 1451
XVe siècle.
Graveur sur bois.
On ignore la nationalité du maître. Il a gravé un *Saint Bernard* (1451).

MAÎTRE de 1456
XVe siècle. Actif au milieu du XVe siècle. Français.
Peintre.
Sur le fond d'un *Portrait d'Homme* est inscrite la date de 1456, qui a servi à désigner l'auteur du portrait. Étant donné l'identité de pose de l'*Homme au vin* (Louvre), de face et en buste, on a tendance à le donner au même peintre, sans que ce soit une preuve suffisante. Le Maître de 1456 semble avoir travaillé sur les traces de Fouquet, bien que sa facture soit plus rude, mais surtout plus large.

MAÎTRE de 1461
XVe siècle. Actif en Allemagne. Allemand.
Graveur sur bois.
On cite de lui : *Adam et Ève* et *La Roue du nombre d'or*.

MAÎTRE de 1464. Voir **MAÎTRE des BANDEROLES**

MAÎTRE de 1466. Voir **MAÎTRE aux initiales E. S.,** dans le tableau à la fin de la lettre **E**

MAÎTRE de 1477
XVe siècle. Actif en Souabe. Allemand.
Peintre.
MUSÉES : AUGSBOURG : *Crucifixion* – COLOGNE (Schnutgen Mus.) : *Crucifixion* – NUREMBERG (Mus. germanique) : *Saint Ulrich et saint Blasius – Sainte Scolastique et saint Benoît* – STUTTGART : *Le Christ lave les pieds de ses disciples – Le Christ couronné d'épines*.

MAÎTRE de 1479
XVe siècle. Actif en Allemagne. Allemand.
Graveur au burin.
Il a gravé les *Armoiries* de Rodolphe de Scherenberg, évêque de Würtzbourg, à côté d'autres armoiries inconnues et surmontées de la figure d'un évêque. Cette pièce fait partie du *Missale Herlipotensis* de 1479.

MAÎTRE de 1480. Voir **MAÎTRE du LIVRE DE RAISON DE WOLFEGG**

MAÎTRE de 1487
XVe siècle.
Peintre de scènes mythologiques.
VENTES PUBLIQUES : LONDRES, 6 déc. 1989 : *Le départ des Argonautes* 1487, h/pan. (83,5x163) : **GBP 4 620 000**.

MAÎTRE de 1488. Voir **MAÎTRE de MOULINS**

MAÎTRE de 1504. Voir **MAÎTRE d'ALKMAR**

MAÎTRE de 1515
XVIe siècle. Actif en Italie.
Graveur.
Il y a évidemment deux artistes à qui s'applique cette dénomination. Le premier, italien, a produit une cinquantaine d'œuvres, représentant pour la plupart des motifs décoratifs ou d'architecture. Le second, que l'on croit allemand, a produit au burin un œuvre important. On catalogue trente-cinq pièces de lui, comportant des sujets historiques, notamment la *Mort de Cléopâtre* et plusieurs pièces sur Hercule, des allégories, des bacchanales.
VENTES PUBLIQUES : LONDRES, 4 fév. 1982 : *Quatre trophées*, 4 pointes-sèches/pap. (10,2x7 ; 10x7,7 ; 7,9x10,7 ; 11,5x5) : **GBP 5 800**.

MAÎTRE de 1518
XVIe siècle. Éc. flamande.
Peintre de compositions religieuses, portraits.
Il semble que son nom soit : Jan Van Doornick, Flamand du XVIe siècle.
BIBLIOGR. : M.J. Friedländer, in : *La peinture primitive hollandaise*, 1974.
MUSÉES : CHAMBÉRY (Mus. des Beaux-Arts) : *Adoration des Mages*.
VENTES PUBLIQUES : LONDRES, 5 juil. 1985 : *La Nativité ; L'Adoration des Rois Mages ; La Présentation au Temple*, h/pan., triptyque (105x31, 105x70, 105x31) : **GBP 17 000** – LONDRES, 10 déc. 1986 : *Le Christ portant la Croix ; La Crucifixion ; La Résurrection*, h/pan., triptyque (109x30 et 107x69,5 et 109x30) : **GBP 82 000** – MONACO, 16 juin 1989 : *Portrait de Ferdinand de Hongrie*, h/pan.

(46x33,5) : **FRF 222 000** – New York, 11 avr. 1991 : *Vierge à l'Enfant entourés d'anges*, h/pan. (49,5x35) : **USD 22 000** – New York, 31 mai 1991 : *La Sainte famille avec sainte Catherine et sainte Ursule dans un vaste paysage fluvial*, h/pan., haut arrondi (55x37) : **USD 209 000** – Paris, 30 nov. 1994 : *Panneau central : La Nativité, Panneau de gauche : La présentation au roi, Panneau de droite : La circoncision*, triptyque sur pan. (en tout 120x166) : **FRF 185 000** – New York, 19 mai 1995 : *L'Adoration des Mages*, h/pan., triptyque (centre. 104,1x69,9, côtés : 103,5x29,8) : **USD 90 500**.

MAÎTRE de 1527
XVIe siècle. Actif au début du XVIe siècle. Hollandais.
Peintre et dessinateur.
Ainsi appelé d'après un dessin daté de 1527 qui se trouve au Louvre : *Le Christ bénit les petits enfants*. C'est au même artiste qu'on attribue deux dessins à la plume au cabinet des estampes de Berlin : *Salomon et la reine de Saba* et l'*Adoration des Mages*. Le Musée d'Orléans possède également de lui : *Retour de l'enfant prodigue*.

MAÎTRE de 1540
XVIe siècle. Français ou Flamand (?).
Peintre de portraits.
Il était actif de 1541 à 1551.
Ventes Publiques : Londres, 29 juin 1979 : *Portrait d'un gentilhomme ; Portrait d'une dame de qualité* 1530, deux h/pan. (86,4x66) : **GBP 28 000** – Londres, 16 juil. 1980 : *Portrait d'homme barbu*, h/pan., haut arrondi (31x23,5) : **GBP 3 000** – Londres, 11 déc. 1985 : *Portrait d'un homme portant les insignes de l'Ordre de Santiago* 1537, h/pan. (35x26,5) : **GBP 20 000** – Londres, 7 juil. 1989 : *Portrait d'un homme en buste portant un manteau de fourrure à manches rouges, un béret noir et les insignes de pèlerin*, h/pan. (34x26,8) : **GBP 33 000** – New York, 21 mai 1992 : *Portrait d'un gentilhomme en habit noir à col de fourrure, chemise blanche et coiffé d'un bonnet noir*, h/pan. (40x35) : **USD 60 500** – New York, 12 jan. 1994 : *Portrait d'une dame agée de vingt-sept ans, vêtue d'une robe noire à empiècement de dentelle avec une coiffe blanche et une chaîne d'or et tenant des gants* 1551, h/pan. (44,8x34,2) : **USD 85 000** – Paris, 12 juin 1995 : *Portrait de gentilhomme en costume noir*, h/pan. (49x38) : **FRF 80 000**.

MAÎTRE de 1551, dit aussi **Maître de la Cratérographie**
XVIe siècle. Allemand.
Graveur.
On cite de lui une série de dessins représentant des vases, d'où son nom. Une des planches porte la date de 1551. On serait convenu d'identifier ce graveur avec Mathis Zündt.

MAIUS Giovanni. Voir **MAGGI**

MAI VAN HIEN
Né en 1923. XXe siècle. Vietnamien.
Peintre à la gouache, illustrateur, caricaturiste.
Il étudia à l'École des beaux-arts de l'Indochine de 1943 à 1948. Il recherche la simplification du trait et privilégie les couleurs « optimistes ».
Bibliogr. : In : catalogue de l'exposition *Paris-Hanoï-Saigon, l'aventure de l'art moderne au Viêt Nam*, Paris, 1998.

MAIXNER Peter
Né le 27 février ou 13 mars 1832 à Horic (Bohème). Mort le 22 octobre 1884 à Prague. XIXe siècle. Autrichien.
Peintre d'histoire et de genre.
Élève de Chr. Ruben et d'Ed. Engerth. Le Musée du Rudolfinum à Prague possède de lui : *Paysans en fuite*.

MAI Yifen ou **Mak Yifen**
Né en 1949. XXe siècle. Chinois.
Sculpteur, décorateur.
Ventes Publiques : Hong Kong, 30 avr. 1992 : *Coupe de pierre recouverte de fer et de paillettes de cuivre* 1991 (H. 12) : **HKD 5 280**.

MAJA Giovanni Stefano
Né en 1672 à Gênes. Mort en 1747 à Gênes. XVIIe-XVIIIe siècles. Italien.
Peintre d'histoire et de portraits.
Élève de Solimena et de A. Carlone. Il travailla à Naples et à partir de 1727, à Gênes.

MAJANI Augusto
Né en 1867 à Budrio. XIXe-XXe siècles. Italien.
Peintre de paysages, genre, caricaturiste.
Il travailla à Bologne comme professeur de l'Académie des Beaux-Arts.

MAJER Antonia
Né en 1882 à Prague. XXe siècle. Tchécoslovaque.
Peintre de paysages, figures, dessinateur.
Il fut élève de H. Schwaiger.

MAJER Bernhard ou **Mayer**
Originaire de Prague. Mort le 16 octobre 1740 à Vienne. XVIIIe siècle. Tchécoslovaque.
Peintre.

MAJER Gustav, dit **Schwabenmajer**
Né le 21 mars 1847 à Balingen, dans le Wurtemberg. Mort le 6 septembre 1900 à Schleissheim. XIXe siècle. Allemand.
Peintre de figures, de portraits et de paysages.
Le Palais du prince électeur à Stuttgart et la Galerie municipale de Munich ont accueilli plusieurs de ses tableaux. Élève de l'École des Beaux-Arts de Stuttgart. Le Musée de cette ville conserve de lui : *Moine endormi sur son travail*. Majer se fixa à Munich après la guerre de 1870.
Ventes Publiques : Zurich, 29 nov. 1978 : *Europe*, h/t (74x94,5) : **CHF 3 400**.

MAJER Jeremias ou **Meier, Meyer, Meyers** (en Angleterre)
Né le 18 janvier 1735 à Tübingen. Mort le 19 janvier 1789 à Kew (près de Londres). XVIIIe siècle. Allemand.
Peintre de portraits, aquarelliste, miniaturiste.
Il suivit son père en 1749 à Londres, où il fut élève de Reynold et de Zincke. Il épousa en 1763 une portraitiste Barbara Marsden, devint en 1764 miniaturiste de la reine et en 1769 membre fondateur de l'Académie royale. Il est surtout réputé pour ses portraits en miniature réalisés sur ivoire et sur émail.

MAJER Jozef
XVIIIe siècle. Polonais.
Peintre.
A exécuté en 1757 les fresques de l'église des Jésuites à Lublin.

MAJER Wolfgang Dietrich
Né le 20 mars 1698 à Bernloch. Mort le 23 juin 1762 à Tübingen. XVIIIe siècle. Allemand.
Portraitiste et paysagiste.
Il travailla à Tübingen et à Londres.

MAJERANOVSKI Ladislas
Mort en 1864 à Vilna. XIXe siècle. Polonais.
Peintre et lithographe.
Le Musée de Cracovie conserve de lui : *Portrait de chanteuse* et *Mme Hoffman-Majeranovska*.

MAJERNIK Cyprian
Né le 24 novembre 1909 à Velké Kostolany (Slovaquie). Mort le 4 juillet 1945 à Prague. XXe siècle. Tchécoslovaque.
Peintre.
Après avoir commencé ses études artistiques à Bratislava en 1926, il les poursuivit à Prague, à l'Académie des Beaux-Arts, jusqu'en 1931. En 1932, il effectua un voyage d'études à Paris. Il a figuré aux expositions internationales importantes de peinture tchécoslovaque contemporaine, dont il est considéré comme l'un des représentants importants : en 1946 à Paris, en 1949 à Stockholm, en 1950 en Inde, en 1954 à Moscou, Budapest, Varsovie, en 1965 à *Art et Résistance en Europe*, à Bologne et Turin, en 1966-1967 à Varsovie et Moscou ; etc. Il montra ses œuvres dans de nombreuses expositions personnelles, à Prague et Bratislava.
Dans une première période, il peignit des paysages inspirés de la campagne slovaque et animés de types paysans très marqués, d'où se dégageait une saine poésie populaire, qui n'était pas sans rappeler la meilleure veine de Chagall ou l'humour de certains peintres populaires yougoslaves. Après avoir, non durablement, été tenté par le surréalisme, il trouva sa manière propre, dans laquelle il s'est exprimé avec le plus de force. Parti, vers 1937, du personnage de Don Quichotte, en même temps que de son admiration pour l'expressionnisme fondé sur le clair-obscur de Daumier, il se consacra presque exclusivement à traiter le même thème, en variations qui matérialisent le cheminement de sa méditation sur la condition humaine : essentiellement des foules

qui fuient, souvent des cavaliers ou bien qui poursuivent, l'ambiguïté semble calculée, à travers de vastes plaines désolées. La guerre précisa les intentions de ces figurants, qui devinrent tantôt exilés ou pourchassés, tantôt envahisseurs. Puis apparut le thème, à la fois d'espérance et d'angoisse, des partisans, se cachant et luttant pour libérer leur pays de l'envahisseur et de la terreur. Ainsi, à des œuvres accomplies sous des influences plastiques françaises, et peu actuelles, il a su conférer un caractère à la fois national et d'une actualité poignante, la conviction de sa protestation dépassant les problèmes du langage.
Bibliogr. : In : *Peintres contemporains*, Mazenod, Paris, 1964 – in : *Cinquante ans de peinture tchécoslovaque, 1918-1968*, Musées tchécoslovaques, 1968.

MAJERUS Camille
Née en 1920 à Bodange (Martelange). xxe siècle. Belge.
Sculpteur-céramiste.
Bibliogr. : In : *Dictionnaire biographique illustré des artistes en Belgique depuis 1830*, Arto, Bruxelles, 1987.

MAJERUS Pierre
Né en 1941 à Etterbeck (Bruxelles). xxe siècle. Belge.
Peintre de cartons de vitraux, maître verrier, peintre de cartons de mosaïques.
Il fut élève de l'Académie de Saint-Luc à Bruxelles. Il a obtenu des récompenses et des prix, notamment le Premier Prix au concours national du vitrail belge en 1965.
Il a réalisé des vitraux en plomb (1971, abbaye de Saint-Hubert ; 1974, basilique de Koekelberg ; 1976, Notre-Dame de Stockel) et des vitraux en béton notamment à la chapelle des Sœurs de Sainte-Croix à Bruxelles.
Bibliogr. : In : *Dictionnaire biographique illustré des artistes en Belgique depuis 1830*, Arto, Bruxelles, 1987.

MAJESCHI Sabastiani ou **Majeski**
D'origine polonaise. xviie siècle. Italien.
Peintre.
Il travailla en 1637 à Teramo dont les églises possèdent des peintures de sa main.

MAJESTÉ, Maître de la. Voir **MAÎTRES ANONYMES**

MA Jin
Né en 1900. Mort en 1976. xxe siècle. Chinois.
Peintre animalier. Traditionnel.
Ventes Publiques : Hong Kong, 15 nov. 1990 : *Renne sous un cyprès* 1929, kakémono, encre et pigments sur soie (130,7x65,1) : **HKD 22 000** – Hong Kong, 30 mars 1992 : *Chien*, makémono, encre et pigments/pap. (63x119,5) : **HKD 44 000** – Hong Kong, 28 sep. 1992 : *Paon* 1959, encre et pigments/pap. (124x240,5) : **HKD 82 500** – Hong Kong, 4 mai 1995 : *Capture d'un cheval* 1941, encre et pigments/soie (36,5x73,7) : **HKD 66 700** – Hong Kong, 29 avr. 1996 : *Huit chiens*, encre et pigments/soie (127x39) : **HKD 64 400**.

MAJOLI Clemente ou **Majola**
Né vers 1625 à Ferrare. xviie siècle. Italien.
Peintre d'histoire.
Élève de Pietro da Cortona à Rome, il travailla pour les églises de Ferrare et de Rome. On cite de lui une *Sainte Marie-Madeleine de Pazzi*, à Saint-Paul de Ferrare, et un *Saint Nicolas de Tolentino soutenu par des anges*, dans l'église Saint-Joseph de la même ville.

MAJON Johann
Né en 1821 en Styrie. Mort en 1898. xixe siècle. Autrichien.
Paysagiste et peintre de genre.
Il était maître cordonnier.

MAJOR Ernest Lee
Né en 1863 ou 1864 à Washington. Mort en 1950. xixe-xxe siècles. Américain.
Peintre de paysages, natures mortes, fleurs.
À Paris, il fut élève de Gustave Boulanger et Jules Lefebvre. Il fut professeur à l'École d'Art de Boston.

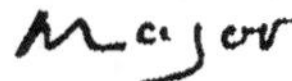

Ventes Publiques : Bolton, 17 nov. 1983 : *Young French girl reading*, h/pan. (35x27) : **USD 1 800** – New York, 21 mai 1991 : *Nature morte de zinnias*, h/t (81,2x66) : **USD 3 300** – New York, 25 sep. 1992 : *La Cabane des canards au bord d'un ruisseau*, h/t (66x81,3) : **USD 1 100**.

MAJOR Isaac
Né vers 1576 à Francfort-sur-le-Main. Mort en 1630 à Vienne. xviie siècle. Allemand.
Peintre et graveur au burin.
Élève de Roeland Savery à Prague, puis de Gillis Sadeler, dont il adopta le style. Il a gravé des sujets d'histoire et des vues. Il mourut pauvre.

Ventes Publiques : Amsterdam, 18 nov. 1985 : *Ruines sur des falaises en bord de mer*, aquar. (23,9x36) : **NLG 13 500**.

MAJOR Jakob
xvie siècle. Actif à Mayence. Allemand.
Sculpteur.
Peut-être originaire de Cambrai. On cite de lui le cénotaphe de Joh. Gottfried von Berlichingen à Langenschwalbach.

MAJOR Johann Georg
Né au Frioul. Mort en 1744 à Jivin (Bohème). xviiie siècle. Autrichien.
Peintre d'églises.
On possède de lui un *Saint Jean Népomucène* dans l'église de Brandeis.

MAJOR Kamill
Né le 20 février 1948 à Perkata. xxe siècle. Hongrois.
Peintre.
Il a été élève au Collège des Beaux-Arts de Pecs, puis aux Arts Décoratifs de Paris. Il participe à la création d'un groupe sur les bases de la pensée constructiviste.
Il montra ses œuvres à Pecs jusqu'en 1970. Il figure, en France, à Paris, au Salon des Grands et Jeunes en 1973, 1974 et 1975. Ses premières expositions personnelles eurent lieu en Hongrie en 1971 et 1972, puis à Paris en 1975.
Sa peinture, issue du constructivisme, use des répétitions sérielles d'éléments semblables.

MAJOR Théodore
xxe siècle. Britannique.
Peintre de portraits, paysages.
Il fut membre du *Manchester Group*, fondé en 1946.

MAJOR Thomas
Né en 1714 ou 1720. Mort le 30 décembre 1799 à Londres. xviiie siècle. Britannique.
Graveur à l'eau-forte et au burin.
Ce maître graveur de l'école anglaise vint jeune à Paris et paraît y avoir fait ses études. Il y produisit de bonnes estampes d'après Wouverman, Berchem et d'autres maîtres. Un fait brutal changea l'orientation de sa carrière. En 1745, il fut mis en prison avec d'autres Anglais comme représailles de l'emprisonnement de Français faits prisonniers à la bataille de Culloden. Dès son retour en Angleterre, Major se fit une rapide réputation comme graveur de portraits et de paysages, et fut nommé graveur du sceau royal. La Royal Academy l'admit parmi ses membres. Il a parfois signé *Jorma* ou *Jor sculp.* Il publia une série d'estampes intitulée *The Ruins of Paestum*.

MAJOR Traugott Leberecht
Né en 1762 à Dresde. Mort vers 1795. xviiie siècle. Allemand.
Sculpteur.
Élève de Fechhelm, Oeser et Dorsch. Il exposa au Salon de Berlin en 1789, 1791 et 1793.

MAJOR Von MAROTH Jenö
Né le 11 novembre 1871 à Budapest. xxe siècle. Hongrois.
Peintre de paysages.
Ses paysages se trouvent dans le château royal de Budapest.

MAJOREL Fernand
Né en 1898 à Communay (Rhône). Mort le 13 février 1965 à Lyon (Rhône). xxe siècle. Français.
Peintre de portraits, nus, paysages, sculpteur.
Peintre lyonnais, il fut tout d'abord élève de Bonardel et de Morizot à l'École des Beaux-Arts de Paris.
Il a réalisé des portraits de type mondain.
Ventes Publiques : Lyon, 13 mai 1976 : *Nu allongé*, past. : **FRF 3 400**.

MAJORELLE Jacques
Né en 1886 à Nancy (Meurthe-et-Moselle). Mort en 1962. XIXe-XXe siècles. Français.
Peintre de compositions animées, peintre à la gouache, peintre de technique mixte. Orientaliste.
Sans doute parent de Louis Majorelle, ce que confirmerait le style ostensiblement décoratif, avec rehauts d'or, de ses productions.
Il est connu pour ses sujets pittoresques, rapportés de voyages en Afrique.

J. Majorelle

BIBLIOGR. : Félix Marcillac : *Jacques Majorelle*, ACR Éditions, Paris, 1988.
VENTES PUBLIQUES : PARIS, 5 nov. 1936 : *Mosquée* : **FRF 300** – PARIS, 14 déc. 1976 : *Souk des teinturiers* 1918, h/cart. (37x45) : **FRF 2 500** – PARIS, 14 déc 1979 : *Ville d'Afrique du Nord*, gche (89x76) : **FRF 7 000** – PARIS, 27 juin 1986 : *Souk à Moulay Dourein, les marchands de soupe*, h/t (74x94) : **FRF 41 000** – PARIS, 25 mars 1988 : *Rue de la Casbah de Tanger*, h/cart. (45,5x35,5) : **FRF 10 000** – PARIS, 24 nov. 1989 : *La Mosquée Ben Salah*, h/pan. (24x33) : **FRF 70 000** ; *Femme dans les souks*, h/t (61x74) : **FRF 130 000** – PARIS, 27 avr. 1990 : *Sur les terrasses de Toundout au Maroc* 1949, gche (63x80) : **FRF 200 000** – PARIS, 20 nov. 1990 : *Moulay Idriss (Djebel Zerhoun)* 1928, gche et techn. mixte (52x72) : **FRF 120 000** – PARIS, 11 déc. 1991 : *Jour de fête à Marrakech*, détrempe, techn. mixte et poudre d'or (100x120) : **FRF 250 000** – PARIS, 13 avr. 1992 : *Irounen*, détrempe/pan. (77x88) : **FRF 200 000** – PARIS, 21 juin 1993 : *La Sieste*, détrempe réhaussé d'or et de bronze/pap. gris (61x100) : **FRF 88 000** – PARIS, 22 mars 1994 : *Négresse endormie*, détrempe, gche et reh. d'or (54x76) : **FRF 100 000** – PARIS, 27 mai 1994 : *Fête africaine*, gche et past. (89x72) : **FRF 128 000** – PARIS, 7 nov. 1994 : *Ouarzazat* 1928, gche et techn. mixte reh. de poudre d'or et d'argent (53x72) : **FRF 210 000** – PARIS, 6 nov. 1995 : *Vue d'Anémiter*, détrempe (78x90) : **FRF 230 000** – PARIS, 15 mai 1996 : *Douar animé au Maroc*, h/t (47x56) : **FRF 27 000** – PARIS, 17 nov. 1997 : *Oulija, vallée de Sous* 1927, h/cart. (49,5x60,5) : **FRF 115 000** – PARIS, 10-11 avr. 1997 : *Marrakech* 1927, encre, fus. et mine de pb (72x54) : **FRF 75 000** – PARIS, 10-11 juin 1997 : *Femmes dans une végétation luxuriante*, détrempe reh. argent/t. (71x59) : **FRF 60 000** ; *Rue à Marg, soir* 1912, h/cart. (16x22) : **FRF 25 000** – PARIS, 27 juin 1997 : *Oulija, vallée de Sous, Maroc* 1927, h/cart. (48x59) : **FRF 51 000** – PARIS, 9 oct. 1997 : *Marrakech* 1918, h/t (24x33) : **FRF 30 000**.

MAJORELLE Louis
Né en 1859 à Toul (Meurthe-et-Moselle). Mort en 1926 à Nancy (Meurthe-et-Moselle). XIXe-XXe siècles. Français.
Décorateur. Art nouveau. École de Nancy.
Fils d'un ébéniste et céramiste. À Paris en 1877, il fut élève (de Millet ?, selon le Larousse du XXe siècle) à l'École des Beaux-Arts. Dès 1888, un renouveau des arts décoratifs se manifesta en Lorraine, avec Louis Majorelle, Émile Gallé, Victor Prouvé, qui allait s'épanouir autour de 1900 avec l'École de Nancy. Majorelle participa à l'Exposition Internationale des Arts Décoratifs de Paris en 1925.
Autour de 1900, le style du décor de Louis Majorelle se définissait par le « naturisme » floral de ses composants et l'exubérance des arabesques. À partir de l'exposition des Arts Décoratifs de 1925, il est mentionné que Majorelle s'éloigna du motif floral et fut influencé par la stylisation géométrisante qui caractérisait la nouvelle époque « Art-Déco ». ■ J. B.

MAJOROS Karoly
Né le 1er mars 1867. XIXe-XXe siècles. Hongrois.
Peintre verrier.
Il étudia à Budapest et à Munich. Il peignit les vitraux de diverses églises hongroises.

MAJOTTO Domenico et **Francesco**. Voir **MAGGIOTTO**

MAJOUX Louis François
Né à Montbrison (Lot). XIXe-XXe siècles. Français.
Peintre de portraits.
Il fut élève de Gérôme. Il débuta, à Paris, au Salon.

VENTES PUBLIQUES : PARIS, 19 juin 1942 : *Paysanne au bord d'un ruisseau* 1876 : **FRF 600** – PARIS, 9 déc. 1991 : *Bouquet de fleurs dans un pot bleu et blanc*, h/t (51x35) : **FRF 6 200**.

MAJSCH Andras ou **Andreas**
XIXe siècle. Actif à Presbourg. Autrichien.
Peintre.
Fils de Sebastian. Il peignit des cibles pour tireurs.

MAJSCH Eduard
Né le 13 octobre 1845 à Presbourg. Mort le 31 mai 1908. XIXe siècle. Autrichien.
Peintre de genre.
Fils de Sebastian. Élève de von Engerth à l'Académie de Vienne. Exposa à Vienne entre 1874 et 1877. On cite de lui : *Après le dîner, Une mauvaise affaire*.
VENTES PUBLIQUES : LONDRES, 2 juin 1982 : *L'antiquaire* 1875, h/t (118x91) : **GBP 1 000**.

MAJSCH Imre ou **Emerich**
Né en 1831 à Presbourg. Mort le 20 juin 1877. XIXe siècle. Autrichien.
Peintre.
Fils de Sebastian. Élève de l'Académie de Graz. Il peignit des scènes de chasses et des animaux.

MAJSCH Sabastyén ou **Sebastian**
Né le 18 septembre 1807 à Presbourg. Mort en 1859. XIXe siècle. Autrichien.
Peintre.
Élève de l'Académie de Vienne. Il peignit pour les églises des environs de Presbourg et la cathédrale de Patna au Bengale.

MA JUN ou **Ma Chün** ou **Ma Tsiun**, surnom : **Weixiu,** nom de pinceau : **Nagan**
Originaire de Jiading, province du Jiangsu. XVe siècle. Chinois.
Peintre.
Peintre de paysages dans les styles des maîtres Tang et Song, il fait aussi des figures bouddhiques.

MAK Pavel Ivanov, puis **Paul**
XXe siècle. Actif depuis 1917 en Iran, France, États-Unis. Russe.
Peintre miniaturiste, peintre à la gouache, dessinateur.
Pendant la Révolution, il s'échappa par la Perse. Il travailla à Paris en 1932, puis aux États-Unis. Une exposition eut lieu en 1933 à la Société des Beaux-Arts de Londres *Exposition de miniatures persanes et de dessins par Paul Mak*.
De son séjour en Iran, il acquit la technique et l'esprit des miniatures persannes.

MAK

VENTES PUBLIQUES : LONDRES, 9 mai 1979 : *Le retour du vainqueur* 1936, aquar., pl. et gche d'or (41x27,5) : **GBP 3 400** – LONDRES, 29 juin 1982 : *Portrait d'une comtesse* 1918, pl. (33x24,5) : **GBP 750** – LONDRES, 20 fév. 1985 : *Saint Georges combattant le dragon* 1955, gche reh. d'or (25x16,5) : **GBP 2 000** – LONDRES, 13 fév. 1986 : *Un guerrier* 1956, gche/traits cr. reh. d'or (28,5x20) : **GBP 3 000** – NEW YORK, 26 mai 1994 : *La houri* 1932, gche et peint. or (23,5x12,1) : **USD 14 950** – NEW YORK, 24 fév. 1995 : *Le soldat et les jeunes filles* 1926, encre et aquar./pap. (27,3x20,3) : **USD 4 600**.

MAK Pieter Johannes
Né le 28 février 1842 à Schiedam. XIXe siècle. Hollandais.
Paysagiste.
Élève de N. Barnouw. Il peignit des paysages du bord de la mer.

MÂKARÂ ou **Mâkâr**
XVIe siècle. Actif dans la seconde moitié du XVIe siècle. Indien.
Miniaturiste.
Peintre de la cour de l'empereur mogol Akbar. Le Musée Britannique de Londres conserve la reproduction d'un rhinocéros de la main de cet artiste.

MAKAREVITCH Julius
Né en 1856 à Lemberg. XIXe siècle. Polonais.
Peintre.
Il peignit des types populaires polonais et décora de fresque le Wawel de Cracovie.

MAKAROFF Alexandre
Né en 1840. XIXe siècle. Russe.
Peintre de paysages.
La Galerie Tretiakov, à Moscou, conserve de lui : *Village de la Volga.*

MAKAROFF Ivan ou **Makarov**
Né le 23 mars 1822 à Arsaman. Mort en 1897 à Saint-Pétersbourg. XIXe siècle. Russe.
Peintre de portraits.
Musées : Moscou (Gal. Tretiakov) : *Une fillette – Tête de jeune Italien – L'architecte S.-J. Kaminsky* – Moscou (Roumianzeff) : *Tête de jeune fille.*

MAKAROFF Jewgeni
Né le 1er décembre 1842 à Duchet (Gouv. Tiflis). Mort le 21 août 1884 à Saint-Pétersbourg. XIXe siècle. Russe.
Peintre et graveur au burin.
Élève de l'Académie de Pétersbourg de 1860 à 1866. Obtint la médaille d'or pour la peinture avec *La petite fille de Jaïri.*

MAKAROVA Irina
Née en 1950. XXe siècle. Russe.
Peintre de compositions à personnages, paysages. Figuration-onirique, tendance symboliste.
Elle est diplômée de l'École de musique d'Orenbourg en 1969. Depuis 1975 elle expose à Moscou. Avec elle se forme un groupe d'artistes ayant renoncé à l'art officiel et à l'académisme routinier et contraignant : *L'atelier de Sadky.* Parmi eux figurent Eremenko, Glakhteev, Khanine, Kocheleva, Assaiev, Vlassenko, etc. Sa peinture semble détachée des contingences de la réalité, pour explorer dans une figuration à l'allure parfois primitive et haute en couleurs – elle admire la plasticité des icônes russes – la permanence de la « réalité » poétique au-delà de la rationalité. Ce sont les thèmes ancestraux et populaires qu'elle se plaît à illustrer : *La Fête du fleuve ; La Cueillette ; Les Pêcheurs au clair de lune ; Le Repas de chasse...*
Ventes Publiques : Paris, 25 nov. 1991 : *L'Atelier de Sadky,* h/t (240x300) : **FRF 10 000** – Paris, 30 mars 1992 : *L'Enlèvement des Sabines,* h/t, triptyque (180x444) : **FRF 50 000.**

MAKART Hans
Né le 29 mai 1840 à Salzbourg. Mort le 3 octobre 1884 à Vienne. XIXe siècle. Autrichien.
Peintre d'histoire, compositions mythologiques, sujets allégoriques, portraits, fleurs, dessinateur.
Makart prouva une fois de plus le peu de valeur de certaines décisions académiques. Il était fils d'un intendant impérial et étant entré comme élève à l'Académie de Vienne, en 1858, il en fut exclu comme n'ayant aucune disposition. Fort heureusement, son oncle maternel, le peintre Schiffmann, ne partagea pas l'avis des Académiciens viennois, et il fournit au jeune exclu les moyens d'aller travailler à Munich sous la direction de Piloty. Makart y travailla de 1861 à 1868. En 1866, il exposait, à Munich, *Chevalier endormi embrassé par une nymphe.* En 1867, il exposa à Paris. Il visita Paris, Londres, l'Italie. Mais son véritable début date de 1868. Ce début fut sensationnel et plaça du coup Makart au premier rang. les deux tableaux qu'il exposa en cette année 1868, deux importants triptyques représentaient : *Les Amours modernes, Enfants se vautrant sur des tas d'or* et *La Peste de Florence* ou *Les Sept Péchés mortels.* En 1869, l'Empereur d'Autriche invitait Makart à venir occuper l'atelier que l'État autrichien avait fait construire en son honneur. Tous les honneurs lui furent réservés. C'était l'organisateur des grandes fêtes officielles et Makart fut chargé de peindre le plafond de la maison de chasse de l'impératrice d'Autriche, la décoration du musée des Beaux-Arts de Vienne. Il fit avec un train princier plusieurs voyages : en Égypte en 1875-1876 ; en Belgique et en Espagne en 1877. En 1879, le petit banni d'autrefois rentrait en triomphateur à l'Académie où une classe spéciale de peinture d'histoire était créée pour lui, où il eut, entre autres, pour élève Gustav Klimt. Cette même année, il organisa les fêtes des Noces d'Argent de l'empereur. La mort vint le surprendre en pleine gloire et on peut dire que des funérailles nationales lui furent faites.
On estime généralement ses premières productions et ses tableaux de moyenne dimension. Certains critiques lui reprochent d'avoir voulu, à la fin de sa carrière, se lancer dans d'énormes compositons trop superficielles. *L'Entrée de Charles Quint à Anvers,* notamment, qui figura à l'Exposition de 1878, est une œuvre de valeur.

Cachet de vente

Hans Makart

Musées : Berlin : *Venise rendant hommage à Catherine Cornaro* – Béziers : *Femme* – Bucarest (Simu) : *Mme Materna dans la Walkyrie* – Dresde : *L'Été* – Graz : *Vénus et Amours* – Esquisse – Hambourg : *Entrée de Charles Quint à Anvers* – Munich : *Abondance – Même sujet* – Stuttgart : *Cléopâtre* – Trieste : *Allégorie de la Navigation* – Vienne : *Juliette Capulet – Grand bouquet décoratif – Triomphe d'Ariane – Mme E. Schaüffelin – Mme M. Plailes – Dame à l'épinette – Bacchus et Ariane.*
Ventes Publiques : Paris, 1877 : *Roméo et Juliette* : **FRF 9 200** – Vienne, 1878 : *Le Page favori* : **FRF 3 400** ; *Le matin, le midi, le soir et la nuit,* décoration de plafond : **FRF 12 500** – Londres, 1886 : *Cortège de marchands* : **FRF 3 275** – Londres, 21 nov. 1900 : *Porte-étendard et héraut* : **GBP 52** – New York, 18 jan. 1911 : *Léda et le Cygne* : **USD 70** – Londres, 7 mai 1926 : *Cupidon portant un vase de roses* : **GBP 115** – Cologne, 30 oct. 1937 : *Faust et Marguerite* : **DEM 3 000** – Paris, 29 mars 1943 : *L'Audience* 1850, dess. à la mine de pb : **FRF 4 200** – Paris, 29 nov. 1972 : *Les Produits de la terre ; Les Produits de la mer,* deux pendants : **FRF 80 000** – Vienne, 22 mai 1973 : *Richard III* : **ATS 100 000** – Vienne, 12 mars 1974 : *Abundantie,* aquar. : **ATS 80 000** – Munich, 24 mai 1974 : *Sigmund et Siglinde* : **DEM 9 000** – Vienne, 30 mars 1976 : *Fleurs,* h/t (87x106,8) : **ATS 60 000** – Vienne, 15 mars 1977 : *Scène idyllique* vers 1868, h/t (35x65) : **ATS 70 000** – Zurich, 3 nov 1979 : *La mort de Siegried,* h/t (77x92) : **CHF 5 900** – New York, 28 mai 1981 : *Vénus et Cupidons* vers 1880, h/t (148x98) : **USD 12 000** – Londres, 15 juin 1982 : *Abondance : les biens de la mer et les biens de la terre* vers 1870, aquar. (26x122,5) : **GBP 6 000** – Vienne, 19 nov. 1984 : *Nature morte aux fleurs,* h/t (206x119) : **ATS 300 000** – Hambourg, 6 juin 1985 : *Enstsagung* 1886, pl. et lav. (24,2x33,5) : **DEM 2 800** – New York, 22 mai 1985 : *Les porteuses d'eau égyptiennes* 1875-1876, h/t (277x156) : **USD 72 500** – New York, 27 fév. 1986 : *Portrait de jeune femme* 1887, h/t (83,9x35,6) : **USD 21 000** – Vienne, 24 sep. 1987 : *L'Hôtesse,* h/t (72x285) : **ATS 700 000** – Paris, 7 mars 1989 : *Portrait de Théodora von Goezsy,* h/t (126x79) : **FRF 250 000** – Londres, 30 mars 1990 : *Le triomphe d'Ariane* 1873, h/pan. (88x133) : **GBP 57 200** – Paris, 5 avr. 1990 : *Esquisse d'une scène galante,* h/pan. (25,5x19,7) : **FRF 75 000** – Munich, 31 mai 1990 : *Portrait d'un jeune garçon,* h/t (92x58) : **DEM 16 500** – New York, 17 oct. 1991 : *Vénus et des Amours,* h/t (148,6x97,8) : **USD 23 100** – Munich, 10 déc. 1991 : *Mère et ses deux enfants,* h/t (152,5x96) : **DEM 11 500** – Heidelberg, 11 avr. 1992 : *Étude de figures,* cr. (28x34) : **DEM 1 800** – Londres, 19 juin 1992 : *Défilé de la guilde des bouchers,* h/t (63,5x285,5) : **GBP 7 700** – Londres, 25 nov. 1992 : *Portrait de la comtesse Marie Coudenhove-Kalergi,* h/t (134x99) : **GBP 8 800** – Londres, 20 mai 1993 : *Juliette,* cr./pap. (27x40) : **GBP 920** – Londres, 13 oct. 1994 : *Theodora von Schulz, debout de trois-quarts,* h/t (127x76,2) : **GBP 10 925** – Vienne, 29-30 oct. 1996 : *Allégories de la Musique, Musique sacrée, Musique militaire, Musique de chasse, Musique de danse,* h/t (504x450) : **ATS 1 785 000** – Londres, 11 juin 1997 : *L'Abondance : les dons de la Terre* vers 1870, h/t avec peint. or (117x329) : **GBP 51 000** – New York, 23 oct. 1997 : *Portrait de la comtesse Marie Coudenhove-Kalergi,* h/t (137,2x102,9) : **USD 13 800.**

MAKAY Philomena
Née le 22 janvier 1840 à Oravica (Hongrie). XIXe siècle. Hongroise.
Peintre et sculpteur.
Élève de l'Académie de Budapest. Elle exposa depuis 1887 des terres cuites et des peintures.

MAKEDON
ve siècle av. J.-C. Antiquité grecque.
Sculpteur.
Fils de Dionysios de Héraclée. Il a exécuté en Phrygie un monument funéraire.

MAKEEV Nicolas
Né le 19 novembre 1887 à Moscou. XXe siècle. Russe.
Peintre de portraits, natures mortes.
Il reçut les conseils de Larionow et Othon Friesz.

MÄKELÄ Juho
Né en 1887. XXe siècle. Finlandais.
Peintre, aquarelliste.
Il vécut et travailla à Helsinki.
Musées : Helsinki (Atheneum) : Quatre aquarelles.

MÄKELÄ Marika
Née en 1947. XXe siècle. Finlandaise.
Peintre. Abstrait-paysagiste.
À l'intérieur de la catégorie étendue du paysagisme abstrait, la définition de sa peinture se préciserait par les sous-ensembles de l'informel et du matiérisme. Ses peintures se présentent comme des matières en fusion, dont les résonances colorées produisent auprès du spectateur des sensations synesthésiques, c'est-à-dire de correspondances avec, par exemple, le caractère spécifique d'un paysage, aquatique, forestier, un moment de la journée, le cours des saisons, etc.
Ventes Publiques : Stockholm, 5-6 déc. 1990 : *Retour du printemps*, h/t (230x150) : **SEK 80 000** – Stockholm, 10-12 mai 1993 : *Peinture* 1987, h/pap./pan. (65x50) : **SEK 8 200.**

MAKHAIEFF Michail Ivanovitch
Né vers 1718. Mort le 30 mars 1770. XVIIIe siècle. Russe.
Peintre, dessinateur et graveur.
Il fut élève de l'École de gravure de l'Académie des sciences à Saint-Pétersbourg. Parmi ses gravures originales on cite le *Portrait du soldat Bouklwostoff*, une *Vue du monastère de Solovetzki*, des paysages, des plans. D'après lui furent gravés : des vues de *Kamenny Ostrow*, des plans et vues de *Saint-Pétersbourg*, des vues des *Environs de Saint-Pétersbourg*, des vue de *Moscou*.

MAKHARADZE Mikhail
Né en 1966 à Tbilissi. XXe siècle. Russe-Géorgien.
Peintre. Abstrait.
Il fut lauréat de l'Académie des Beaux-Arts de Tbilissi. Membre de l'Union des artistes géorgiens. Depuis 1990, il expose dans une galerie privée de New York.
Il pratique sommairement une abstraction traditionnellement occidentale.

MAKHITARIANTZ Vladimir
Né en 1943. XXe siècle. Russe.
Peintre de compositions à personnages, de natures mortes.
Il étudia, entre 1975 et 1979, à l'Institut Répine de Leningrad sous la direction de Milnikov.
Il participe, depuis 1975, à des expositions en Union Soviétique (Russie) et à l'étranger : Tchécoslovaquie, Pologne, Finlande, Suède, Grèce.
Ventes Publiques : Paris, 8 déc. 1990 : *Le dormeur aux champs*, h/t (120x110) : **FRF 4 800.**

MAKIELSKI Bronislav A.
Né le 13 août 1901 à South Bend (Indiana). XXe siècle. Américain.
Peintre de compositions religieuses, paysages.
Il fut élève de l'Institut d'Art de Chicago et de Léon A. Makielski.

MAKIELSKI Léon A.
Né le 17 mai 1885 à Morris Run (Pennsylvanie). XXe siècle. Américain.
Peintre de portraits.
Il fut élève des Académies Julian et de la Grande Chaumière à Paris. Il fut membre de la Fédération américaine des arts. Il obtint de nombreux prix de l'Institut d'Art de Chicago.
Il est surtout connu pour ses portraits.
Ventes Publiques : New York, 12 mars 1992 : *L'été dans le Vermont*, h/pan. (33x40,2) : **USD 3 520.**

MA KIEN-YA ou **Ma Jianya**
XXe siècle. Chinois.
Peintre.
Comptable de la brigade de Peishi, commune populaire de Tchouan, il fait partie de groupe de peintres du Huxian (voir Huxian Peintres Paysans).

MAKIIO Hasegawa. Voir **HASEGAWA MAKIIO**

MÄKILÄ Otto
Né en 1904. Mort en 1955. XXe siècle. Finlandais.
Peintre. Surréaliste, puis expressionniste-abstrait.
Il fut l'un des créateurs de l'art moderne finlandais et, notamment, il fit connaître le surréalisme dans son pays. Il fut professeur et critique d'art.
Au cours de voyages d'étude, il fut influencé par Chagall et Paul Klee. Sa période surréaliste débuta vers 1930, caractérisée par des êtres de rêve errant dans des espaces indéterminés. Il connut une seconde époque, vers 1940, où il s'inspira des formes du machinisme moderne, avant d'évoluer à une troisième époque expressionniste abstraite.
Bibliogr. : In : *Peintres contemporains*, Mazenod, Paris, 1964.

MAKLOTH Johann
Né à Vienne. XIXe siècle. Autrichien.
Peintre de genre.
Il exposa à Vienne en 1876. On cite de lui : *L'Alchimiste* et *Agréable nouvelle*.

MAKO Ede ou **Eduard**
XIXe siècle. Hongrois.
Miniaturiste.
Élève de l'Académie de Vienne. Il travailla en 1841 à Temesvar.

MAKOKIAN Vartan, dit **Warton**
Né en 1869 à Trébizonde. Mort en 1937 à Nice (Alpes-Maritimes). XXe siècle. Arménien.
Peintre de marines.
Il se forma, plus seul, que par un bref passage à l'Académie des Beaux-Arts de Berlin. Il a navigué sur toutes les mers du globe, visitant l'Europe jusqu'aux pays scandinaves, sillonnant la Méditerranée. En 1925, il fut décoré de la Légion d'honneur. Camille Mauclair l'a louangé. Quelques musées conservent de ses œuvres.
Ventes Publiques : Paris, 16 mars 1989 : *Sur la plage, au verso Homme*, h./contreplaqué (35x41) : **FRF 11 500** – Bruxelles, 12 juin 1990 : *Bord de mer*, h/t (60x90) : **BEF 50 000** – Paris, 9 juin 1993 : *Marine*, h/t/pan. (38x60) : **FRF 5 000.**

MA KONG-HIEN. Voir **MA GONGXIAN**

MA KONG-YU. Voir **MA GONGYU**

MAKOROV Alexis
Né en 1913 à Oulianovsk. XXe siècle. Russe.
Peintre de compositions à personnages.
Élève à l'École des Beaux-Arts de Penza, puis de l'Institut Répine de Leningrad. Il eut pour maître S. Guerasimova.
Ventes Publiques : Paris, 19 juin 1991 : *Sur les planches* 1957, h/t (53x95) : **FRF 9 100.**

MA KOUAN-WO. Voir **MA GUANWO**

MA K'OUEI. Voir **MA KUI**

MAKOVSKAÏA A. E.
Née en 1837. XIXe siècle. Russe.
Peintre.
La Galerie Tretiakov, à Moscou, conserve d'elle : *Environs de Saint-Pétersbourg*.

MAKOVSKI Tomasz
XVIIe siècle. Polonais.
Graveur au burin.
On cite de lui : *Tsar Vassili Ivan Chouiski devant la Diète* (1611).

MAKOVSKY Alexander Vladimirovich
Né en 1869. Mort en 1918 ou 1924. XIXe-XXe siècles. Russe.
Peintre de genre, paysages.
Ventes Publiques : Berne, 1er mai 1980 : *Jeune berger et troupeau* 1921, h/cart. (26x32) : **CHF 2 400** – Stockholm, 27 avr. 1983 : *Paysage d'été* 1891, h/pan. (18x25) : **SEK 14 000** – Londres, 6 oct. 1988 : *Deux paysannes du sud de la Russie prenant le thé sur l'escalier d'une isba* 1916, h/t (84,3x66,4) : **GBP 7 700** – Londres, 14 nov. 1988 : *Une rue en hiver* 1893, h/t (93x52) : **GBP 2 860** – Londres, 14 déc. 1995 : *La place principale du village* 1919, h/t (70x88) : **GBP 10 350.**

MAKOVSKY Constantin Egorovich
Né en 1839 à Moscou. Mort en 1915 à Petrograd (aujourd'hui Saint-Pétersbourg). XIXe-XXe siècles. Russe.
Peintre d'histoire, scènes de genre, portraits.
Élève à l'Académie de Saint-Pétersbourg, il en devint membre et professeur.

Il exposa à Vienne, Dresde, Berlin et se fixa à Paris, où il figura au Salon. Médaille d'or à l'Exposition Universelle de 1889 et chevalier de la Légion d'honneur la même année.
Il commença par peindre des scènes populaires russes, puis des anecdotes, où se mêlent tristesse et vice, il s'orienta ensuite vers le portrait et enfin vers les scènes historiques.

Bibliogr. : Gérald Schurr, in : *Les Petits Maîtres de la peinture 1820-1920, valeur de demain*, Les Éditions de l'Amateur, t. III, Paris, 1976.
Musées : Moscou (Gal. Roumianzeff) : *Funérailles – Derviche au Caire – Enfants fuyant l'orage – Tête de femme – Trophimovitch – Alexandre II sur son lit de mort* – Moscou (Gal. Tretiakov) : *Tréteaux sur la place d'Admiraiteïsky à Saint-Pétersbourg – Alexeïitch – Moine – Le chanteur O. A. Petroff – L'historien V.F. Kostomaroff – L'artiste Papreff – Portrait d'homme* – Étude.
Ventes Publiques : New York, 23 jan. 1936 : *Choix de la mariée* : **USD 1 350** ; *Fête russe de mariage* : **USD 2 500** – Paris, 15 mai 1950 : *Portrait de femme* : **FRF 9 000** – New York, 18 déc. 1968 : *Le mariage des Boyards* : **USD 29 000** – New York, 1er déc. 1971 : *Le choix de la fiancée* : **USD 19 000** – New York, 14 mai 1976 : *Le tsar Alexandre à cheval*, past. (56x46) : **USD 900** – New York, 15 oct. 1976 : *Olga et Constantin, les enfants de l'artiste*, h/t (135x103) : **USD 2 600** – Vienne, 14 juin 1977 : *Fillette aux fleurs*, h/t (46x55) : **ATS 40 000** – Londres, 2 nov 1979 : *Le retour du tapis sacré au Caire* 1875, aquar. (30,5x47) : **BP 11 000** – Londres, 5 oct 1979 : *Une jeune beauté*, h/pan. (38x32) : **GBP 1 100** – New York, 31 oct. 1980 : *Jeune Fille au chapeau de dentelles*, h/t (47,6x38) : **USD 6 000** – Londres, 27 nov. 1981 : *La Jeune Mariée*, h/t (91,5x65,4) : **GBP 4 500** – New York, 13 fév. 1985 : *Le jeu de colin-maillard* 1883, h/t (183x198,1) : **USD 70 000** – Londres, 13 fév. 1986 : *Mendiante demandant la charité* 1884, h/t (81x63,5) : **GBP 10 500** – Londres, 6 fév. 1987 : *La Nourriture de l'amour*, h/t (233,5x160,7) : **GBP 20 000** – New York, 25 fév. 1988 : *Joyeux repos* 1885, h/t (65,4x83,2) : **USD 5 500** – New York, 24 avr. 1988 : *La Prairie*, h/cart. (35x26,5) : **USD 7 700** – Londres, 6 oct. 1988 : *Le pêcheur heureux*, h/t (96,5x67,5) : **GBP 9 350** – Londres, 5 oct. 1989 : *Enfants jouant au bord de la rivière*, h/t (80x105) : **GBP 19 800** – New York, 24 oct. 1989 : *Après-midi d'été*, h/t (73x120) : **USD 18 700** – New York, 23 mai 1991 : *Portrait d'une jeune femme* 1884, h/t (92,7x71,8) : **USD 6 380** – New York, 20 fév. 1992 : *Colin-maillard*, h/t (182,9x198,1) : **USD 110 000** – New York, 20 juil. 1994 : *Mariée chez les Boyards*, h/t (49,5x38,1) : **USD 6 325** – Londres, 15 juin 1995 : *Pierre le Grand rasant la barbe de ses Boyards*, h/t (24x35) : **GBP 3 220** ; *Une beauté russe*, h/t (80x55) : **GBP 25 300** – Londres, 11-12 juin 1997 : *Portrait d'une jeune fille en robe de mariée* 1903, h/pan. (28,5x24) : **NLG 11 500**.

MAKOVSKY Jegor
Né en 1800. Mort en 1886. xixe siècle. Russe.
Peintre.
Père de Constantin, de Nikolai et de Vladimir. La Galerie Tretiakov, à Moscou, conserve de lui le *Portrait du compositeur Gouribeff.*

MAKOVSKY Nikolai
Né en 1842. Mort le 6 décembre 1886. xixe siècle. Russe.
Peintre.
Élève de l'Académie de Saint-Pétersbourg. Il peignit des paysages russes et orientaux.
Musées : Moscou (Gal. Tretiakov) : *Environs du Caire – Champ labouré dans la Petite-Russie – Près des portes Krontizky, à Moscou* – Saint-Pétersbourg (Mus. russe) : *Vue intérieure de l'église de l'Annonciaiton, à Moscou.*
Ventes Publiques : New York, 24 mai 1984 : *Scène de rue, Le Caire* 1884, h/pan. (32,5x23,5) : **USD 3 100**.

MAKOVSKY Vincenc
Né en 1900 à Nové Mesto. Mort en 1966 à Brno. xxe siècle. Tchécoslovaque.
Sculpteur.
Il fut élève, à l'Académie des Beaux-Arts de Prague, de 1919 à 1926, de Jan Stursa, dont l'influence le marqua profondément. Il effectua un séjour en France, il est de retour en Tchécoslovaquie en 1930, où il devint membre de l'Association *Manès*, participant aux expositions d'art contemporain tchécoslovaque, de 1934 à 1936. Il fit aussi partie de l'important groupe surréaliste de Prague.
Suivant l'exemple d'Otto Gutfreund, il reconstituait la réalité à partir d'éléments analytiques simplifiés, dans un esprit de construction postcubiste, dont le principal représentant en peinture était alors Emil Filla. Dans cet esprit, il réalisa, en 1929-1930, un relief de plâtre, tôle et fer forgé. *Relief* se présente comme un enchevêtrement de formes abstraites. À partir de 1935, il revint à une figuration plus directe et naturaliste, mettant l'expression au service de l'action sociale. Il réalisa ainsi : *Le Partisan*, en 1948, à Gottwaldov ; *La Victoire*, 1955, à Brno ; un *Relief* pour la façade de la Station thermale de Vitkov-Podhradi, 1960-1964.
Bibliogr. : Raoul-Jean Moulin, in : *Nouveau dictionnaire de la sculpture moderne*, Hazan, Paris, 1970.
Musées : Prague (Gal. Nat.) : *Relief.*

MAKOVSKY Vladimir Yegorovich
Né en 1846. Mort en 1920. xixe-xxe siècles. Russe.
Peintre, dessinateur, illustrateur.
Il fut membre de l'Académie de Saint-Pétersbourg. Il travailla dans cette ville, puis à Moscou. Il exposa à Vienne et à Berlin en 1873 et 1893. Il aurait illustré une nouvelle de Gogol.
C'est une peinture à l'accent réaliste, de touche vive et délicate, à la composition non académique, que montre en son temps Vladimir Makovsky.
Musées : Moscou – Saint-Pétersbourg.
Ventes Publiques : Amsterdam, 26 jan. 1977 : *Nombreux personnages au bord d'un fleuve* 1895, h/pan. (26,5x40) : **NLG 4 400** – Londres, 14 mai 1980 : *Le sermon* 1888, h/t (33x51) : **GBP 4 800** – Munich, 30 juin 1983 : *Vieille femme assise dans un intérieur*, aquar. et gche sur trait fus. (52x33) : **DEM 2 500** – Londres, 15 fév. 1984 : *Les musiciens de la foire* 1882, h/pan. (21,5x27) : **GBP 4 200** – Londres, 20 fév. 1985 : *Enfants autour d'un feu de camp* 1913, h/t (90x126) : **GBP 7 000** – New York, 27 fév. 1986 : *Scène de marché* 1881, h/t (82x129,5) : **USD 12 000** – Londres, 8 avr. 1987 : *Conversation* 1894, h/t (53x66) : **GBP 7 000** – Londres, 14 nov. 1988 : *Oies dans une cour de ferme* 1902, h/t (58x116,5) : **GBP 1 760** ; *Portrait d'une jeune femme* 1908, h/t (44,5x34,5) : **GBP 3 960** – Londres, 5 oct. 1989 : *Portrait d'une lady portant une étole de fourrure* 1908, h/t (44,5x34,5) : **GBP 7 700** – New York, 23 mai 1990 : *Un réveil brutal* 1889, h/t (63,5x81,9) : **USD 8 250** – Londres, 18 juin 1993 : *Le campement*, h/pan. (26,7x40,7) : **GBP 1 495** – Londres, 15 juin 1995 : *Portrait d'homme* 1914, h/pan. (21x15) : **GBP 1 035** – Londres, 17 juil. 1996 : *L'échoppe du boucher* 1865, gche et cr. (28x22,5) : **GBP 2 070** – Londres, 19 déc. 1996 : *Jeune fille dans les bois* 1874, h/t (59,1x43,8) : **GBP 6 325** – Londres, 11-12 juin 1997 : *La Lettre* 1883, h/pan. (47,5x31) : **GBP 9 775**.

MAKOWSKI Jozef Tadeusz, dit Tadé
Né en 1882 à Oswiecim (Auschwitz). Mort en 1932 à Paris. xxe siècle. Actif depuis 1909 en France. Polonais.
Peintre de genre, figures, aquarelliste, graveur, illustrateur.
À partir de 1902, il commence par étudier la philosophie à l'université des Jagellons à Cracovie. Il fréquente, de 1903 à 1908, l'Académie des Beaux-Arts de Cracovie avec Stanislawski et Mehoffer. Après avoir séjourné en Italie à deux reprises, il s'établit, en 1909, à Paris.
Il exposa, à Paris, au Salon des Indépendants, notamment en 1913. Vers 1923, il expose avec un groupe de peintres tels que Grommaire, Dubreuil, Goërg, Per Krogh et Pascin à la galerie Berthe Weill à Paris. Il montre ses œuvres dans deux expositions personnelles dans cette même galerie en 1927 et 1928. Grommaire fut le président de la Société des amis de Tadé Makowski, constitué après la mort de ce dernier.
Attiré par l'œuvre de Puvis de Chavannes, il fut surtout influencé par le fauvisme puis le cubisme. Grâce à Le Fauconnier, il rencontre les artistes de Paris, comme les cubistes de Montparnasse : Gleizes, Metzinger, Léger, Archipenko, Mondrian, et aussi Alma, Kickert, ainsi que Apollinaire, et les écrivains-poètes de l'abbaye de Créteil : Jules Romains, Catiaux... Après des séjours en Bretagne, à Doëlan, chez son ami le peintre polonais Wladyslaw Slewinski, il exécute des paysages presque naïfs. En 1922, il peint, en Auvergne, *Concert d'enfants*, une toile importante dans son parcours créatif. Son style de la maturité finit par géométriser les formes de ses personnages tout en conservant ses thèmes de scènes paysannes et du folklore polonais. Le thème des enfants revient souvent. Ils sont souvent déguisés et participent à des bals ou fêtes de village. Makowski a aussi exécuté des figures typiques comme le *Pêcheur*, le *Chasseur*, le *Bou-*

langer, l'*Avare* et le *Sabotier* (1930). Il a illustré de bois gravés *Pastoralki* de Tytus Czyewski publié en 1925 à Paris.
Bibliogr. : In : *Dictionnaire de la peinture allemande et d'Europe centrale*, Coll. Essentiels, Larousse, Paris, 1990 – in : *Dictionnaire universel de la peinture*, t. IV, Le Robert, Paris, 1975 – in : *Dictionnaire de l'art moderne et contemporain*, Hazan, Paris, 1992.
Musées : Copenhague – Grenoble : *La Pêche* 1925 – La Haye – Paris (Mus. Nat. d'Art Mod.) – Prague – Varsovie : *Concert d'enfants – Sabotier* 1930.
Ventes Publiques : Paris, 29 oct. 1926 : *Jeune fille au panier de fleurs* : **FRF 1 600** – Paris, 2 juil. 1936 : *Les Petits Paysans* : **FRF 500** – Paris, 22 nov. 1948 : *Paysans russes* 1896 : **FRF 52 000** – Paris, 12 juin 1970 : *Les Enfants et l'oiseau* 1923 : **FRF 6 500** – Paris, 20 juin 1973 : *La Mi-Carême* : **FRF 4 800** – Versailles, 7 nov. 1976 : *La retraite aux flambeaux – Paris* 1928, h/t (81x103,5) : **FRF 8 000** – Paris, 13 déc. 1976 : *Les masques*, aquar. gchée (47,5x63) : **FRF 3 700** – Hambourg, 9 juin 1979 : *Bonne fête* 1931, h/t (71,3x91,2) : **DEM 3 500** – Paris, 14 jan. 1991 : *Groupe d'enfants* 1925, h/t (81x100) : **FRF 40 000** – Paris, 6 oct. 1993 : *Le retour des moissons* 1924, h/t (33x55) : **FRF 17 000** – Paris, 21 nov. 1995 : *Un petit croquis de ma bourrée d'Auvergne*, gche (34x26) : **FRF 5 000** – Paris, 18 mars 1996 : *Paysanne russe et études de têtes*, h/t (80x51) : **FRF 60 000**.

MAKOWSKI Zbigniew

Né en 1930 à Varsovie. xxe siècle. Polonais.
Peintre, dessinateur, poète.

Il a été élève à l'Académie des Beaux-Arts de Varsovie et notamment de Kasimir Tomorowicz. Il a fait la connaissance d'André Breton en 1962. Il vit à Varsovie.
Il participe, entre autres, aux VIIe et VIIIe Biennales de São Paulo (1963 et 1965) ainsi qu'à la Ve Biennale de San Marino (1965). Il a figuré, à Paris, dans plusieurs expositions du groupe *Phases*. Des expositions personnelles de Makowski ont eut lieu à New York, Rio de Janeiro, Lausanne, Düsseldorf, Bruxelles, Amsterdam, Londres.
Il commence à exécuter des tableaux dans un style abstrait et des dessins plus spontanés où apparaissent des signes graphiques. Puis, vers la fin des années cinquante, et au début des années soixante, ses tableaux et dessins développent un vaste registre de signes symboliques évoquant les motifs des civilisations anciennes, surtout orientales : la science cabalistique et le culte du nombre, le singe géométrique gravé jadis sur les osselets, les incunables enluminés et les anciens traités scientifiques. Il écrit également des poèmes. Il met parfois sur ses tableaux des notations « quasi automatiques », des fragments d'inscriptions qui sont pour la plupart des variations sur des textes anciens avec tout ce qui leur est propre : métaphores ésotériques, abréviations, formules magiques. Ses compositions qui se rapprochent de la poétique du surréalisme, oscillent à la limite du poème et du tableau, l'image étant destinée à la lecture et le texte à la perception visuelle. L'artiste est aussi préoccupé par le collage et le procédé lié à celui-ci : les livres illustrés « préparés ».
Bibliogr. : Mieczyslaw Porebski : *Peinture moderne polonaise – Sources et Recherches*, catalogue de l'exposition, Musée Galliéra, Paris, 1969 – in : *Dictionnaire universel de la peinture*, t. IV, Le Robert, Paris.
Ventes Publiques : Paris, 20 juin 1988 : *Les colonnes du Temps* 1971, acryl./t. (92x60) : **FRF 8 500** – Paris, 27 nov. 1989 : *La nature qui seule est bonne est toute familière et commune* 1972, acryl. /pan. (77x57) : **FRF 6 000**.

MAKOWSKY Constantin Jegorovich. Voir MAKOVSKY Constantin Egorovich

MAKRIDES Angelos

Né en 1942 à Aeyialoussa. xxe siècle. Cypriote.
Peintre, sculpteur.

De 1961 à 1967, il a été élève, à l'École des Beaux-Arts d'Athènes puis, de 1967 à 1969, à l'École des Beaux-Arts de Paris. De 1969 à 1974, il vit et travaille à Chypre et, à partir de 1974, s'installe à Athènes jusqu'en 1986, date à laquelle il retourne vivre à Chypre. En 1991, il participe au programme commun d'enseignement du Centre Georges Pompidou et du Musée d'Art contemporain Pierides sous le titre *Artôt*.
Il participe aux Biennales d'Alexandrie (1969) et de São Paulo (1971) et à la Biennale des Jeunes, à Paris, en 1971, de même qu'à la Biennale de Venise en 1972 et 1988. En 1992 le Musée d'Art Contemporain Pierides organise une exposition rétrospective de son travail.
Son travail semble avoir traversé de nombreux styles, dont il se sert avant tout comme référence : minimalisme, art conceptuel, surréalisme et dadaïsme... Jusqu'en 1972, il a utilisé dans son travail des cartes géographiques, des livres. À la Biennale de Paris en 1971, il présentait des reliefs de mousse avec des empreintes métalliques. Son travail de marquage et de mise en relation de matériaux différents est représentatif de certaines préoccupations de l'art après 1970. De 1974 à 1985, il a travaillé le bois et la pierre, créant des installations. Depuis 1986, il utilise le plâtre façonnant des oiseaux pour sa série *Hommage à Magritte*.

MAKRISZ Agamemnon

Né en 1913. xxe siècle. Actif depuis 1945 en France. Hongrois.
Sculpteur.

Il a terminé ses études à l'École des Beaux-Arts d'Athènes. En 1945, il émigre à Paris ; depuis 1950, il vit en Hongrie.
Il montre ses œuvres dans des expositions personnelles, notamment en 1951 à Budapest. Il a obtenu le prix Munkacsy.
Il réalise des statues-portraits, des monuments, des décorations d'architecture. Parmi ses portraits : *Paul Eluard, Marcel Cachin* ; parmi ses sculptures monumentales : *Monuments de la République hongroise des Conseils*, à Szekszard, 1953 ; *Monument des martyrs de Mauthausen*, 1963.
Bibliogr. : In : *Hongrie 68*, Pannonia, Budapest, 1968.
Musées : Budapest (Gal. Nat.).

MAKRON. Voir MACRON

MAKS Cornelis Johannes, dit Cees ou Kees

Né le 22 août 1876 à Amsterdam. Mort en 1967. xxe siècle. Hollandais.
Peintre de scènes animées, figures, portraits, paysages urbains, aquarelliste.

Il fut élève de Georg Hendrik Breitner, et poursuivit ses études à Paris, en Espagne et Italie.
Comme son maître, il a peint des vues d'Amsterdam. Il s'est surtout spécialisé dans des scènes de théâtre, de cirque, de café.

K1 Maks

Bibliogr. : H. Redeker et A. Venema : *Kees Maks 1876-1967*, Amsterdam, 1976.
Musées : Amsterdam (Mus. Nat.).
Ventes Publiques : Amsterdam, 26 jan. 1977 : *Trois clowns musiciens*, h/cart. (31,5x40) : **NLG 4 200** – Amsterdam, 19 sept 1979 : *Chevaux de cirque*, aquar. (63x93) : **NLG 6 200** – Amsterdam, 24 mars 1980 : *Nu couché*, h/t (120x170) : **NLG 7 500** – Amsterdam, 6 juin 1983 : *Les Danseurs espagnols Mercedes et Alberto Triana*, h/t (117x144) : **NLG 4 000** – Amsterdam, 18 mars 1985 : *Danseuses de music-hall*, gche (60x76,5) : **NLG 6 200** – Amsterdam, 28 sep. 1987 : *Chanteurs de café-concert*, gche (47,5x67,5) : **NLG 6 000** – Amsterdam, 9 déc. 1988 : *Le Soir à Lugano*, h/t (36,5x55) : **NLG 1 150** – Amsterdam, 10 avr. 1989 : *Déjeuner au jardin*, h/t (153x239,5) : **NLG 103 500** – Amsterdam, 24 mai 1989 : *Sur un cheval ombrageux*, h/cart. (40x50) : **NLG 7 475** – Amsterdam, 19 sep. 1989 : *Danseuse de revue en costume tyrolien*, h/t (112x85,5) : **NLG 8 625** – Amsterdam, 13 déc. 1989 : *Peintres et modèles*, h/t (80x114,5) : **NLG 25 300** – Amsterdam, 22 mai 1990 : *Danseuse*, h/t (98,5x81,5) : **NLG 17 250** – Amsterdam, 12 déc. 1990 : *Théâtre de variétés*, aquar./pap. (58x76) : **NLG 5 750** – Amsterdam, 13 déc. 1990 : *Haute école*, h/t (83,5x100) : **NLG 13 800** – Amsterdam, 5-6 fév. 1991 : *Rue de Strasbourg*, h/cart. (39,5x50) : **NLG 4 370** – Amsterdam, 22 mai 1991 : *Boulevard de Paris*, h/t (42,5x67) : **NLG 24 150** – Amsterdam, 12 déc. 1991 : *Vue de Prinseneiland*, h/t (63x91) : **NLG 18 400** – Amsterdam, 21 mai 1992 : *Numéro d'écuyères au cirque*, h/t (195x310) : **NLG 63 250** – Amsterdam, 9 déc. 1992 : *Portrait d'une dame assise*, h/t (67,5x57,5) : **NLG 11 500** – Amsterdam, 10 déc. 1992 : *Portrait de l'actrice Jo Bouwmeester* 1915, h/t (169x139) : **NLG 27 600** – Amsterdam, 26 mai 1993 : *Amsterdam sous la neige*, h/t (80x123) : **NLG 17 250** – Amsterdam, 27-28 mai 1993 : *Clown sur un cheval*, h/cart. (30x39) : **NLG 6 440** – Amsterdam, 8 déc. 1993 : *Cheval de cirque*, h/t (83x99) : **NLG 18 400** – Amsterdam, 7 déc. 1995 : *Avant le diner*, h/t (174x143) : **NLG 47 200** – Amsterdam, 4-5 juin 1996 : *Prinseneiland sous la neige*, h/t (80x110) : **NLG 24 780** ; *Les Fratellini au cirque Medrano à Paris*, h/t (200x274) : **NLG 32 200** – Amsterdam, 10 juin 1996 : *Maxixe brésilienne* vers 1914, h/cart. (41x56) : **NLG 32 289** – Amsterdam, 17-18 déc. 1996 : *Amazone*, h/t d'emballage/pan. (39,8x49,7) : **NLG 12 390** – Amsterdam, 19-20 fév. 1997 : *Couple de danseurs*,

aquar./pap. (22x20,5) : **NLG 18 451** – Amsterdam, 2 déc. 1997 : *Portrait de ma femme* 1923, h/t (185,5x136,5) : **NLG 23 064** – Amsterdam, 2-3 juin 1997 : *Le Cirque*, h/cart. (39,5x50) : **NLG 3 540** – Amsterdam, 1er déc. 1997 : *Vue de Rokin* vers 1923, h/t (83x130) : **NLG 123 900** ; *Danseurs espagnols*, h/t (113,5x159) : **NLG 46 020**.

MA KUAN-WO. Voir **MA GUANWO**

MA K'UEI. Voir **MA KUI**

MA KUI ou **Ma K'ouei** ou **Ma K'uei**
xiie-xiiie siècles. Actif vers 1180-1220. Chinois.
Peintre.
Petit-fils de Ma Fen (actif début xiie siècle) et fils de Ma Shirong (actif au milieu du xiie siècle), c'est un peintre de paysages, de figures et de fleurs et d'oiseaux.
Musées : Boston (Mus. of Fine Arts) : *Bâtiments de temple au bord de la mer*, éventail – Kyoto (Temple Chishaku-In) : *Hauts sommets s'élevant au-dessus d'un ruisseau, grands arbres au premier plan*, copie datant probablement de la dynastie Yuan 1279-1368 – Taipei (Nat. Palace Mus.) : *Fleur de pivoine et papillon*, éventail – *Moulin à eau sous les saules*, feuille d'album attribution.

MA KUNG-HSIEN. Voir **MA GONGXIAN**

MA KUNG-YÜ. Voir **MA GONGYU**

MAL-LARA Diego de
Mort après 1563. xvie siècle. Actif à Séville en 1510. Espagnol.
Peintre.
Sans doute identique à LARA Diego de.

MALABRY Guy
Né en 1946 à Trélazé (Maine-et-Loire). xxe siècle. Français.
Peintre, graveur.
Il a figuré à l'exposition *De Bonnard à Baselitz, dix ans d'enrichissements du Cabinet des estampes*, la Bibliothèque nationale, à Paris, en 1988.
Musées : Paris (BN).

MALACAN Jean-Baptiste
Né le 19 septembre 1875 à Béziers (Hérault). xxe siècle. Français.
Sculpteur et graveur en médailles.
Figura au Salon des Artistes Français à Paris ; mention honorable en 1903. Le Musée de Béziers, dont il fut conservateur, conserve de lui : *Le baiser de la sirène*.

MALACREA Francesco
Né en 1812 à Trieste. Mort le 19 septembre 1886 à Trieste. xixe siècle. Italien.
Peintre de natures mortes, fleurs et fruits, compositions murales.
Il fut élève de l'Académie des Beaux-Arts de Venise. Il a peint des natures mortes, et on lui doit le plafond du Palais Sartorio à Trieste.
Ventes Publiques : Milan, 29 oct. 1992 : *Nature morte avec des fleurs et des fruits*, h/t (40,5x35) : **ITL 4 500 000**.

MALACRIDA Gianpietro
xve siècle. Actif à Côme. Italien.
Peintre.
Il décora d'une peinture l'autel de l'église Sta Maria à Mazzo ainsi qu'une bannière pour l'église San Abondio à Côme.

MALADE Étienne
Né au xviiie siècle à Mayence. xviiie siècle. Français.
Sculpteur.
Travailla à Strasbourg. Il débuta par des sculptures sur bois. Il sculpta en 1794 une statue colossale de la *Liberté* posée au portail du château de Rohan et collabora à la restauration des statues de la cathédrale de Strasbourg. On lui doit, en outre, la statue équestre de *Rodolphe de Habsbourg* ainsi qu'un bas-relief et des ornements pour le monument de *Kléber* à Strasbourg.

MALAGALI Giovanni
Né le 7 décembre 1856 à Novellara. xixe siècle. Italien.
Peintre de genre et paysagiste.
Élève de Malatesta.

MALAGARRIGA ARMART Aurora
Née en 1883. Morte en 1938. xxe siècle. Espagnole.
Peintre de fleurs, fruits.
Elle étudia à l'École des Beaux-Arts de Barcelone et fut élève de Cristobal Montserrat.
Elle figura à l'Exposition des Beaux-Arts de Barcelone en 1918 et au Salon des Indépendants de 1936.
Bibliogr. : In : *Cien anos de pintura en Espana y Portugal, 1830-1930*, t. V, Antiqvaria, Madrid, 1991.

MALAGARRIGA ARMART Elvira
Née en 1886 à Barcelone. xxe siècle. Espagnole.
Peintre de portraits.
Elle étudia à l'École des Beaux-Arts de Barcelone et fut élève de Cristobal Montserrat. Elle effectua un séjour d'étude à Paris où elle fut élève de Jean-Paul Laurens.
Elle figura dans de nombreuses expositions collectives : Madrid, Florence, et en Californie.
Bibliogr. : In : *Cien anos de pintura en Espana y Portugal, 1830-1930*, t. V, Antiqvaria, Madrid, 1991.

MALAGARRIGA Y CADENA Sebastian ou **Codina**
Né en octobre 1815 à Barcelone. Mort le 24 avril 1880 à Barcelone. xixe siècle. Espagnol.
Sculpteur.
Il exécuta des statuettes de *Lincoln, Pie IX, Charlotte Corday*, etc. Il s'est spécialisé dans la céroplastique.

MALAGAVAZZO Coriolano ou **Malaguazzo**
xvie siècle. Actif à Crémone après 1550. Italien.
Peintre.
Élève et assistant de Bern. Campi. Il peignit pour l'église de Sta Maria d. Grazie de Milan une *Madone avec deux saints*.
Musées : Crémone : *Madone avec saint Ignace et saint François* – Milan : *Madone avec saints et donateurs*.

MALAGOLI Francesco
xviiie siècle (?). Italien.
Peintre de natures mortes de fruits.
Ventes Publiques : Rome, 8 mars 1990 : *Coupe et panier de fruits dans un paysage ; Nature morte de fruits dans un paysage*, h/t (chaque 84x110) : **ITL 75 000 000** – Milan, 27 mars 1990 : *Nature morte avec du raisin et des poires*, h/t (36x49) : **ITL 7 000 000** – Amelia, 18 mai 1990 : *Nature morte de fruits avec des grappes de raisin des pêches, des prunes et des pommes*, h/t, une paire (chaque 28x43) : **ITL 7 500 000** – Milan, 29 nov. 1990 : *Nature morte avec des fruits*, h/t, une paire (chaque 28x43) : **ITL 6 000 000**.

MALAGOLI Giovanni
Né le 7 décembre 1856 à Novellara. xixe-xxe siècles. Italien.
Peintre de paysages, natures mortes.
Il fut élève de l'Académie de Modène.

MALAGRIDIS Jacobino de, appelé autrefois à tort **Halacridis**
xvie siècle. Suisse.
Sculpteur sur bois.
Il a sculpté le plafond en bois de la maison Superfax à Sion. *Voir JACOBINO DE HALACRIDIS.*

MALAGUAZZO Coriolano. Voir **MALAGAVAZZO** ou **MALOGAVAZZO**

MALAINE Joseph Laurent ou **Malin** ou **Malines** ou **Mallaine**
Né le 21 février 1745 à Tournai. Mort le 5 mai 1809 à Paris. xviiie siècle. Français.
Peintre de natures mortes, fleurs et fruits.
Il est le fils de Renier. En 1787, il fut nommé peintre de fleurs du roi Louis XVI à la manufacture des Gobelins. S'étant réfugié en Alsace, en 1793, il put fort bien gagner sa vie, car son talent de peintre de fleurs étant connu, il fut très recherché par les grandes fabriques de Mulhouse, de Thann et de Rixheim, de toiles et de papiers peints. Revenu à Paris en 1798, il reprit tranquillement ses travaux. Cet artiste figura au Salon de Paris en 1791 et 1808, par des tableaux représentant des fleurs et des fruits. Le jour même de sa mort, il recevait sa nomination de professeur à l'Académie de Lyon.
Musées : Madrid (Mus. du Prado) : *Panier de fleurs – Fleurs et cage d'oiseau* – Mulhouse : *Fleurs*, deux œuvres.
Ventes Publiques : Paris, 1887 : *Fleurs* : **FRF 600** – Paris, 4-5 et 6 avr. 1905 : *Fleurs dans un vase* : **FRF 305** – Paris, 17 et 18 nov. 1920 : *Bouquet de fleurs* : **FRF 2 220** – Paris, 19 juin 1947 : *La corbeille de pêches* 1787 : **FRF 14 500** – Paris, 10 oct. 1949 : *Vase de fleurs* : **FRF 18 200** – Paris, 27 avr. 1951 : *Vase de fleurs* : **FRF 250 000** – Versailles, 8 déc. 1963 : *Pêches et grappes de raisin* : **FRF 6 000** – Versailles, 27 mars 1966 : *Pêches et raisin dans une coupe en bronze* : **FRF 7 050** – Versailles, 7 nov. 1971 : *Corbeille de fruits* : **FRF 30 000** – New York, 19 jan. 1984 : *Nature*

morte aux fleurs, h/t (26,5x31) : **USD 10 000** – PARIS, 27 mars 1987 : *Bouquet de fleurs dans un vase d'orfèvrerie sur un entablement de marbre*, h/pan. (40,5x32) : **FRF 53 000** – PARIS, 9 avr. 1991 : *Corbeille de fleurs sur un entablement*, h/pan. (31,5x41,5) : **FRF 95 000** – MONACO, 21 juin 1991 : *Nature morte aux fleurs sur un entablement*, h/cuivre, une paire (chaque 21,5x25,3) : **FRF 310 800** – LONDRES, 22 avr. 1994 : *Composition florale avec des roses, des anémones, une couronne impériale et autres dans un vase et un bourdon, une libellule, un papillon sur un entablement* 1807, h/pan. (73,2x58,5) : **GBP 100 500**.

MALAINE Nicolas Joseph
Né en 1741. Mort après 1794. XVIIIe siècle. Belge.
Peintre.

MALAINE Renier Joseph
Né en 1711 à Tournai. Mort le 6 décembre 1762. XVIIIe siècle. Belge.
Peintre.
On voit de lui deux peintures de fleurs au Musée de Tournai.

MALAISE Charles
Né en 1775 à Bruxelles. Mort le 31 mai 1836 à Bruxelles. XIXe siècle. Belge.
Sculpteur.
Élève de Godecharle. Le Musée de Bruxelles conserve de lui un modèle en plâtre du monument de Jean de Locquenghien.
VENTES PUBLIQUES : LONDRES, 13 déc. 1985 : *Buste de Socrate*, terre cuite (H. 31) : **GBP 1 100**.

MALAMANDRE Giovanni
Né en 1521 à Parme. Mort en 1563. XVIe siècle. Italien.
Peintre.

MALAN Jean Sidrac
Né le 14 avril 1814 à Saint-Jean-de-Pellice (Piémont). Mort le 17 septembre 1864 à Genève. XIXe siècle. Suisse.
Émailleur.
Élève de Ferrier.

MALAN Marius
Né le 19 mai 1872 à Mane (Basses-Alpes). XIXe-XXe siècles. Français.
Sculpteur.
Sociétaire du Salon des Artistes Français à Paris, mention en 1926.

MALANÇON Henri
Né en 1876 à Paris. Mort en 1960 à Voutenay (Yonne). XXe siècle. Français.
Peintre de paysages, natures mortes, fleurs et fruits.
Il expose, à Paris, aux Salons des Indépendants et d'Automne. On lui doit des paysages sobres, solides, synthétiques et des natures mortes de fruits. Il a décoré la salle d'honneur de la mairie d'Avallon.
BIBLIOGR. : Gérald Schurr, in : *Les Petits Maîtres de la peinture 1820-1920, valeur de demain*, Les Éditions de l'Amateur, t. VI, Paris, 1985.
MUSÉES : CÉRET – GRENOBLE – PARIS (Mus. d'Art Mod.) – SAINT-TROPEZ – VALENCE – ZURICH.
VENTES PUBLIQUES : PARIS, 6 juil. 1928 : *Le Soir sur la campagne* : **FRF 140** – PARIS, 9 jan. 1942 : *Coupe de fruits* : **FRF 450** – PARIS, oct. 1945-jul. 1946 : *Nature morte à la guitare* : **FRF 4 500** – SEMUR-EN-AUXOIS, 29 jan. 1984 : *Chasse à courre*, h/t (73x115) : **FRF 10 000** – VERSAILLES, 29 oct. 1989 : *Le port de Honfleur*, h/t (60x73) : **FRF 12 500** – PARIS, 23 mars 1990 : *Vue de village*, h/t (65x80) : **FRF 4 000** – VERSAILLES, 21 oct. 1990 : *Nature morte au vase de fleurs et aux pommes*, h/t (65x54) : **FRF 6 100**.

MALANGATANA Valente Ngwenya
Né en 1936 à Matalana. XXe siècle. Mozambicain.
Peintre de figures.
Jeune, il est initié à la sorcellerie et se consacre au dessin en 1957, et à la peinture en 1959. Parallèlement, il lutte pour l'accession de son pays à l'indépendance. Il a exposé en dehors de son pays. Son œuvre est une évocation de la culture « Rongo », dans laquelle il fut élevé, où la magie s'asocie à l'étrange, voire au monstrueux, dans des représentations expressives à personnages et animaux.
BIBLIOGR. : In : *Dictionnaire de l'art moderne et contemporain*, Hazan, Paris, 1992.

MALANGI David Daymirringu
Né en 1927 ou 1934. XXe siècle. Australien.
Peintre.
Aborigène, il vit dans la région centrale d'Arnhem Land près de la ville de Ramingining.
Il expose surtout en Australie, mais aussi à New York. Il participa, en 1994-1995, à l'exposition *Galerie des cinq continents*, Musée national d'Art d'Afrique et d'Océanie à Paris.
Il pratique la peinture sur écorce, d'eucalyptus par exemple, et fut choisi pour illustrer le billet de un dollar australien. Sa peinture évoque les mythologies de son peuple, notamment Gunmirringu, la figure de l'ancêtre chasseur, le serpent King Brown ou encore des paysages du Arnhem Land. Sa peinture, dont la narration se développe principalement de manière verticale, est caractérisée par un trait épais.
BIBLIOGR. : In : *Dictionnaire de l'art moderne et contemporain*, Hazan, Paris, 1992.
MUSÉES : ADELAÏDE (South Australian Mus.) : *Sacred places at Malmindjarr* – CANBERRA (Australian Nat. Gal.) : *Mortuary feast of Gunmirringu, the great ancestral hunter – Rite mortuaire Manharingu I* 1969.

MALANI Nalini
Née en 1946 à Karachi. XXe siècle. Indienne.
Peintre de figures.
Elle fit ses études à la J. J. School of Art de Bombay, puis elle enseigna. Grâce à une bourse du gouvernement français, elle étudia deux ans à Paris. Elle vit et travaille à Bombay.
Elle participe à des expositions collectives notamment : 1969 Ve Exposition internationale de Jeunes Artistes à Tokyo ; 1977 Festival international des Arts à Cagnes-sur-Mer ; 1982 *Art indien* au musée d'Art moderne d'Oxford et exposition itinérante en Allemagne ; 1984 *Les Femmes dans l'art contemporain* à la galerie 7 à Bombay.
Elle montre ses œuvres dans des expositions personnelles régulièrement à Bombay et Delhi.
Après des œuvres expressionnistes fortement influencées par Francis Bacon, elle adopte un style plus personnel, d'une grande acuité psychologique. Elle met en scène les relations humaines, notamment la femme et sa place dans la société.
BIBLIOGR. : Catalogue de l'exposition : *Artistes indiens en France*, Centre National des Arts Plastiques, Paris, 1985.

MALANKIÉWIEZ Charles
D'origine polonaise. Mort en octobre 1877 à Paris. XIXe siècle. Actif à Paris. Français.
Peintre d'histoire et de genre.
Il exposa au Salon de Paris, en 1844, *Départ de Wilna, guerre de 1812*, et, en 1845, *Victoire remportée par l'armée insurrectionnelle polonaise sur les Russes dans le premier combat qu'elle leur livra à Stoczek le 14 février 1831*, et *Chasse au loup en Volhynie*.

MALAPEAU Charles Alexis Emmanuel
Né le 11 novembre 1827 à Paris. XIXe siècle. Français.
Paysagiste.
Élève de son père C.-L. Malapeau. Il exposa au Salon de Paris en 1858, 1870, 1878 et 1880. On cite de lui : *Moulin sur la Marne* et *Souvenir de Marcoussis*.
VENTES PUBLIQUES : HONFLEUR, 12 juil. 1987 : *La Lieutenance à Honfleur* 1888, h/pan. (27x36) : **FRF 25 000**.

MALAPEAU Charles Louis
Né le 30 novembre 1795 à Paris. Mort vers 1878. XIXe siècle. Français.
Peintre de paysages, d'animaux et de natures mortes et lithographe.
Il étudia avec Regnault et Percier. Il obtint un brevet royal par son invention de la lithochromie. Il figura au Salon de Paris en 1834 à 1867 ; médaille de troisième classe en 1843. Le Musée de Bar-le-Duc conserve de lui *La Charette* (lithochromie), *Vue de la ville de Bar-le-Duc, Prise de la ville haute en 1840, Scène de vendanges*.
VENTES PUBLIQUES : PARIS, 1er et 2 déc. 1290 : *Paysage panoramique*, aquar. : **FRF 330**.

MALAPEAU Claude Nicolas
Né en 1755 à Paris. Mort le 25 mars 1803 à Paris. XVIIIe siècle. Français.
Graveur au burin.
Élève de Moitte. Il a gravé des sujets religieux et des portraits.

MALAPERSI Andrea del ou **Malaperzi**
XVIe siècle. Actif à Asola au début du XVIe siècle. Italien.
Peintre.
On lui attribue les fresques de l'église d'Asola exécutées en collaboration avec Graziolo Nani.

MALAQUIER
XXe siècle. Français.
Sculpteur. Naïf.
Il fut meunier du village de Lacoste, où subsistent les ruines du château du marquis de Sade.
Il sculptait, dans la pierre tendre du pays, d'innombrables statues, en achevait parfois plusieurs dans la même journée.

MALAQUIN Jehan ou **Malkin, Malakyn**
XVe siècle. Actif à Bruges. Hollandais.
Peintre.
Il travailla à Bruges de 1455 à 1470 et eut pour élève Jan Cœne en 1458.

MALARA Diego de
XVIe siècle. Actif à Séville vers 1521. Espagnol.
Peintre.

MALARD Félix
Né en 1840 à Nice. XIXe siècle. Français.
Peintre de genre, paysages.
Il eut pour maîtres Picot et Gérôme. Il exposa au Salon de Paris, en 1870, *Prise d'habit au couvent de Cinnès* et, en 1879, *Une rue à Villefranche-sur-Mer*.
Musées : Nice : *Matinée d'été dans la baie des Anges*.
Ventes Publiques : Londres, 4 oct. 1991 : *Personnages élégants sur la promenade longeant la mer*, h/t (60,3x76,2) : **GBP 5 500**.

MALARD Sarmaise
XVIIIe siècle. Actif à Paris. Français.
Peintre.
Il exposa au Salon de 1798 *Vénus et Adonis* et un *Portrait de femme*.

MALARDOT Charles André
Né le 30 juillet 1817 à Metz (Moselle). Mort en 1879. XIXe siècle. Français.
Peintre et graveur à l'eau-forte.
Il exposa au Salon de Paris en 1847, 1848, 1857, 1861 et 1867, surtout des paysages des environs de Metz et des Vosges. Graveur, il ne s'est mis à l'eau-forte que vers 1842, pratiquant d'abord la lithographie. On a rapproché son style de celui de Bresdin.

MALARDOT Gonsague
XIXe siècle. Français.
Graveur à l'eau-forte.
Frère de Charles André.

MALARE Anders. Voir **LARSSON**

MALARET VILLANUEVA Jaume
XXe siècle. Espagnol.
Peintre de paysages, paysages urbains. Réaliste.
Il montre ses œuvres dans de nombreuses expositions personnelles en Espagne et à l'étranger et participe à des salons regroupant les écoles figuratives contemporaines.
Sa peinture, réaliste, demeure fidèle à une vision traditionnelle de la réalité observable.
Bibliogr. : In : *Catalogo nacional de arte contemporaneo*, Iberico 2 mil, Barcelone, 1990-1991.

MALARGÉ Marie Joseph
Née le 13 février 1947 à Rueil-Malmaison (Hauts-de-Seine). XXe siècle. Française.
Peintre.
Elle a été élève à l'Académie Julian puis du Museum of Fine Arts de Boston.
Elle expose, à Paris aux Salons des Indépendants, des Femmes Peintres, à la Maison de la culture de Rueil-Malmaison, au Musée de Pontoise et dans diverses galeries parisiennes.

MALARY Guillaume
XVIIIe siècle. Actif à Nantes vers 1770. Français.
Peintre.

MALASOMA Andrea ou **Malasomma**
Mort en 1656. XVIIe siècle. Actif à Naples. Italien.
Sculpteur.
Orna plusieurs églises de Naples de décorations en marbre.

MALASPINA Alberto
Né en 1853 à Pise. XIXe siècle. Italien.
Peintre de marines et de paysages.
Il débuta à Milan vers 1884.

MALASSIS Charles
Né au XVIIe siècle à Rouen (Seine-Maritime). XVIIe siècle. Français.
Peintre.
Le 29 octobre 1689, il fut agréé de l'Académie.
Ventes Publiques : Paris, 22 mai 1944 : *L'Annonciation* : **FRF 6 000**.

MALASSIS Edmond
XXe siècle. Français.
Illustrateur.
Il travailla durant la première moitié du XXe s. Illustrateur fécond, il ne gravait pas ses compositions lui-même. On cite surtout ses illustrations pour *Gringoire* de Th. de Banville, *La Vie des dames galantes* de Brantôme, *L'Ami Fritz* d'Erckmann-Chatrian, des *Fables choisis* de La Fontaine, *La Tétralogie* de Richard Wagner.

MALATE Daniel
XVIIe siècle. Actif à Besançon en 1626. Français.
Sculpteur.
Travailla au jubé de la cathédrale et à diverses chapelles de cette église.

MALATESTA Adeodato ou **Malestesti**
Né le 16 mai 1806 à Modène. Mort le 24 décembre 1891 à Modène. XIXe siècle. Italien.
Peintre de compositions religieuses, portraits, sculpteur.
Il fut élève de Pisani, puis de Remenuti et de Bartolini. Il débuta à Modène, puis vint à Florence. Il est considéré comme l'un des meilleurs maîtres de l'art italien au XIXe siècle. Il a participé aux Salons de toutes les grandes villes de la péninsule et à de nombreux Salons étrangers. Il fut membre d'honneur de toutes les Académies d'Italie et décoré de l'Ordre de la Couronne. Il exécuta pour plusieurs églises à Modène et Vérone des statues.
Musées : Florence (Gal. des Mus. des Offices) : *Portrait de l'artiste par lui-même* – Modena (Gal. Estense) : *Portrait de l'artiste par lui-même*, deux œuvres – Rome (Gal. d'Arte Mod.) : *Portrait de Mlle Menotti*.
Ventes Publiques : Rome, 16 déc. 1987 : *Homme nu assis*, h/t (120x81) : **ITL 8 000 000** – Rome, 4 déc. 1990 : *Le Martyre des saints Nazaire et Celse*, h/t (23,5x14) : **ITL 1 000 000**.

MALATESTA Giuseppe
XVIIe siècle. Italien.
Peintre.
On cite de lui *Martyre de sainte Catherine* dans l'église Sta Caterina à Fabriano.

MALATESTA Leonardo di Francesco di Lazzero, dit **Leonardo da Pistoia**
Né en 1483 à Pistoia (Toscane). Mort après 1518. XVIe siècle. Italien.
Peintre de compositions religieuses.
Il exécuta une *Madone avec plusieurs saints* à San Pietro de Casalguidi, près de Pistoia. Il fut autrefois confondu avec Leonardo Grazia. C'est un faible imitateur de Raphaël et de Fra Bartolommeo.
Musées : Munster (Univ. Mus.) : *Madona* – Volterra : *Peinture d'autel*.

MALATESTA Narciso
Né le 26 octobre 1835 à Venise. Mort en 1896. XIXe siècle. Italien.
Peintre d'histoire, compositions religieuses, scènes de chasse, natures mortes.
Il fut élève de l'Académie des Beaux-Arts de Modène. Il exposa à Milan et à Florence.
Musées : Florence (Mus. Mod.) – Milan (Gal. Brera) – Modène (Acad. des Beaux-Arts).
Ventes Publiques : New York, 21 jan. 1978 : *Nature morte aux fruits* 1875, h/t (82x56) : **USD 1 700** – Londres, 3 oct 1979 : *Vieillard nourrissant un chat*, h/t (44x29) : **GBP 900** – New York, 9 juin 1987 : *Nature morte aux fruits* 1875, h/t (83x56) : **USD 3 750** – Londres, 26 fév. 1988 : *Nature morte d'une pyramide de fruits sur un entablement* 1875, h/t (81,3x56) : **GBP 2 750**.

MALATHIER André
Mort en 1852 à Paris. XIXe siècle. Actif à Paris. Français.
Paysagiste.
Il exposa au Salon de Paris, entre 1834 et 1849, des tableaux et des pastels.
Ventes Publiques : Paris, 21 déc. 1928 : *Paysages*, quatre dessins : **FRF 150**.

MALATO Francisco
Mort le 11 mars 1867 à Barcelone. XIXe siècle. Espagnol.
Peintre de fresques, décorateur de théâtre.

MALATTO Niccolo
Né au XVIIIe siècle à Gênes. XVIIIe siècle. Italien.
Ornemaniste et peintre d'architectures.
Élève de Dom. Parodi. Il peignit des fresques dans des palais de Gênes et, dans l'oratoire de San Giacomo, la fresque se trouvant au-dessus du maître-autel.

MALAUSSÉNA Charles
Né le 21 février 1923 à Nice (Alpes-Maritimes). XXe siècle. Français.
Peintre.
Il participe à des expositions collectives, principalement dans les villes de la région Provence-Côte d'azur, dont : 1950, 1951 Biennale de Menton ; 1984 Aix-en-Provence, *Perspectives* au Musée Granet ; 1985 au Musée de Toulon, *Anthologie de la création contemporaine dans le Var* ; depuis 1986, diverses rencontres d'artistes à Cannes, Menton, Grasse, Cagnes-sur-Mer ; etc. Il expose aussi individuellement, notamment : 1954 au Musée d'Antibes ; 1965 Musée de Toulon ; 1979 Musée de Saint-Paul-de-Vence ; 1993 Musée de Draguignan ; etc.

MALAUSSENA Jean Pierre
Né en 1935 à Blida (Algérie). XXe siècle. Français.
Sculpteur de figures, bustes, dessinateur.
Il passe son enfance en Algérie. Il étudie à l'École Nationale des Beaux-Arts de Paris de 1955 à 1964 sous la direction de Adam, Leygue et Yencesse. Il expose régulièrement à Paris, au Salon d'Automne dont il est sociétaire, au Salon Comparaisons, au Salon Grands et Jeunes d'Aujourd'hui. Il montre ses sculptures dans des expositions personnelles, dont : 1967, Musée Despiau-Wlerick, Mont de Marsan ; 1972, Hôtel de Ville, Étampes ; 1977, centre culturel, Gentilly ; 1980, 1984, 1986, 1988, galerie Colette Dubois, Paris. Il obtint de nombreuses distinctions en sculpture, dont la médaille de bronze du Prix Auguste Rodin attribuée par le Chapître Artistique de la Butte Montmartre en 1970 et le Grand Prix du Salon d'Automne en 1983.
Il a réalisé d'importantes sculptures présentant des groupes de personnages pour de nombreux ensembles monumentaux scolaires dans la région parisienne, au titre du 1 %, à Colombes, Ermont, Carrières les Poissy, Feucherolles... De même, il est l'auteur d'une sculpture *Groupe de trois jeunes filles* pour la place de la République à Angers ; en 1994 une sculpture pour le Centre Culturel de la Ville de Berlin. Travaillant le bronze, s'attachant principalement à la représentation de la femme, il recherche une figuration architecturale et un équilibre rigoureux de volumes très dessinés dans une matière volontairement austère.
MUSÉES : MONT-DE-MARSAN (Mus. Despiau-Wlerick).
VENTES PUBLIQUES : PARIS, 5 fév. 1992 : *La grande sœur*, bronze (H. 56) : **FRF 9 500** – PARIS, 19 oct. 1997 : *Tête à tête II* 1971, sculpture (25x25x15) : **FRF 7 000** – PARIS, 23 nov. 1997 : *Jeune couple I* 1966, bronze doré (40x25x13) : **FRF 6 000**.

MALAVAL Louis
Né en 1834 à Lyon (Rhône). Mort le 18 septembre 1867 à Rome. XIXe siècle. Français.
Peintre de genre.
Élève de l'École de Lyon. Exposa au Salon de Paris en 1859 *Un bas bleu en herbe*.

MALAVAL Robert
Né le 29 juillet 1937 à Nice (Alpes-Maritimes). Mort le 8 ou 9 août 1980 à Paris, par suicide. XXe siècle. Français.
Peintre à la gouache, peintre de technique mixte, sculpteur, sérigraphe, créateur d'environnements, dessinateur. Tendance abstraite.
Fils d'un ouvrier monteur chez Michelin et d'une employée de banque, Robert Malaval, commence ses premières activités artistiques à partir de 1955. De 1954 à 1960, il est successivement : dépanneur radio, distributeur de prospectus, employé aux contributions directes et ouvrier agricole. Il séjourne deux ans à Paris, en 1957-1958, puis retourne dans la région de Nice. Il se lie d'amitié avec Louis Pons. En 1963, il s'installe à Paris, tout en travaillant à plusieurs reprises dans le Morvan. Vivant bientôt en « nomade », il met au point un ensemble de malles et de caisses contenant le matériel nécessaire à l'exécution de toiles, le tout transportable. À partir des années soixante-dix, sa peinture et sa vie deviennent étroitement associées au rock'n'roll, à la musique des Rolling Stones en particulier, groupe sur lequel il écrit un livre : *Rolling Stones Etc.* En 1978, il s'installe à Carrières-sur-Seine avec des amis musiciens. Il revient habiter Paris en 1980, où il met fin à ses jours.
Il participe à des expositions collectives à partir de 1960 (Galerie Le Clou, Forcalquier, Haute-Provence), puis, entre autres : 1961, 1962, The Allan Gallery, New York ; 1962, Galerie Raymond Cordier, Paris ; 1963, galerie Le Gendre, Paris ; 1964, galerie l'Œil Écoute, Lyon ; 1966, 1967, Salon de la Jeune Peinture, Paris ; 1966, Salon Comparaisons, Paris ; 1966, 1967, Salon de Mai, Paris ; 1966, Grands et Jeunes d'Aujourd'hui, Paris ; 1966, Biennale de Venise ; 1967, Biennale de Paris ; 1968, Fondation Maeght, Saint-Paul-de-Vence ; 1968, Institute of Contemporary Art, Londres ; 1969, *Art expérimental*, Musée d'Art et d'Industrie, Saint-Étienne ; 1970, 1974, Biennale de Menton ; 1972, *60/72 – 12 ans d'art contemporain*, Grand Palais, Paris ; 1976, galerie Daniel Gervis, Paris ; 1977, *À propos de Nice*, Centre Georges Pompidou, Paris ; 1977, exposition itinérante en France du Musée National d'Art Moderne, Paris ; puis après sa mort : 1983, *Électra*, Musée National d'Art Moderne, Paris ; 1983, *Une journée à la campagne*, Musée d'Art Moderne de la Ville de Paris et Pavillon des Arts ; 1986, Centre National d'Art Contemporain, Villa Arson, Nice.
Il montre ses œuvres dans des expositions personnelles : la première à la galerie Alphonse Chave, à Vence, spécialisée dans l'art brut puis, entre autres : 1964, *Dessins et schémas*, galerie de l'Université, Paris ; 1965, *L'Aliment blanc, dessins*, galerie la Salle, Vence ; 1966, *L'Aliment blanc, sculptures*, galerie la Salle, Vence ; 1966, *15 dessins pour la remise à jour du Parc de Saint-Cloud*, galerie Yvon Lambert, Paris ; 1967, *Tableaux (rose et mauve)*, galerie Yvon Lambert, Paris ; 1971, 1972, 1973, galerie Daniel Gervis, Paris ; 1971, *Transat-Marine-Campagne-Rock'n'roll + 100 demi-heures de dessin quotidien*, Centre National d'Art Contemporain, Paris ; 1974, 1978, galerie Sapone, Nice ; 1975, *Transat-Marine-Campagne*, Maison de la culture, Amiens ; 1977, *Du multicolor à Kamikaze*, galerie Beaubourg, Paris ; 1980, *Attention la peinture*, Maison des arts et de la culture, Créteil, où une quarantaine de toiles sont peintes en public. Parmi les expositions posthumes : 1981, rétrospective, Musée d'Art Moderne de la Ville, Paris ; 1982, Galerie d'art contemporain des musées, Nice ; 1985, *Robert Malaval : lavis 1959-1961 et tableaux 1976-1980*, galerie Baudoin Lebon, Paris ; 1989, exposition itinérante *Malaval : paillettes et pastels 1973-1980* dans une dizaine de villes de France, organisée par Présence de l'art contemporain (PACA) ; 1994, *Robert Malaval – Attention à la Peinture*, Maison des Arts de Thonon-Évian ; 1995, Musée d'Art Moderne et d'Art Contemporain, Nice ; 1997, galerie R & L Beaubourg, Paris.
De 1958 à 1960, à Nice, Malaval peint des lavis et des gouaches reproduisant un détail de paysage sous forme de fragments de rocher, de cailloux... Ces premières œuvres peuvent être rapprochées de celles de Dubuffet. En 1961-1962, alors qu'il élève des vers à soie, il crée la série *L'Aliment blanc*. Ce sont des reliefs de papier encollé à base de carton pâte, suivant la technique employée pour le carnaval niçois, qu'il peint ensuite en blanc. Il fait proliférer une sorte de « germination moussue » parfois animée de mouvements. Puis, de 1962 à 1963, avec *l'Aliment blanc cultivable*, il réalise dans le même esprit des objets ou des moulages recouverts par cette « germination » qui en modifie évidemment l'aspect, les rendant assez repoussants par l'évocation d'une pourriture envahissante. Celle-ci doit être comprise comme une métaphore : « ...derrière l'idée de grouillement organique que je représentais, se profilait à mes yeux le grouillement qui est le propre de notre société. Et contre lequel je me suis toujours révolté ». À partir de 1965, il travaille la série des reliefs *Roses – blancs – mauves* sous forme de moulages de corps féminins en polyester stratifié ou en cire (*Dormeuse* de 1965). Ce faisant, il rejoint les démarches d'appropriation du réel des « Nouveau réalistes ». En 1967-1968, dans la série *Rose – blanc – mauve*, il compose, au pochoir, à l'acrylique et au pistolet, des nus. Cette figuration est une nouvelle fois gangrenée par « l'Aliment blanc pas mort ». Malaval continue dans cette voie durant l'année 1969, employant la même technique mais pour cette fois représenter des rayons et des impacts lumineux (fenêtres, fentes, ampoules, tubes-fluos). Il débute une autre série de dessins intitulée *100 demi-heures de dessin quotidien*. Au début des années soixante-dix, passionné par la musique rock, Malaval effectue des recherches intégrant l'image, l'édition de multiples (sérigraphies) et le son, destinées l'animation éventuelle de lieux publics. L'exposition *Transat-Marine-Campagne-Rock'n'roll* au Centre National d'Art Contemporain de Paris, en 1971, se voulait un mélange de sons et d'éclairages distribués en fonction de l'environnement. Il retourne à la peinture à l'acrylique avec les

séries colorées et joyeuses, *Été pourri – Peinture fraîche* et *Multicolor*. À partir de 1973 et jusqu'en 1980, il exécute des tableaux issus des séries *Poussières d'étoiles* et *Paillettes*. La peinture de cette période développe, dans un style décoratif, des formes simples, gestuelles, de couleurs vives et intenses : rose, bleu, vert. Ces œuvres peuvent être rapprochées du « pattern-painting », mouvement pictural américain qui se développe dans les années 1975-1980. En 1974, il réalise des sérigraphies sur le thème des Rollings Stones et lance, en 1975, l'opération *Kamikaze – fin du monde* : une édition de sérigraphies sur tee-shirt. Entre 1976 et 1980, il intensifie son travail d'écrivain tout en continuant cette fois à peindre dans la série *Kamikaze – fin du monde* (1977-1980) des tableaux en paillettes d'argent sur fond noir : « Je crois vraiment qu'on assiste à la fin d'une chose et c'est fabuleux ». Il travaille également le papier (la série *Pastels – Vortex*, 1978, « des espèces de trous noirs », écrit-il), et expérimente son travail sur le son et l'environnement : salle marine au Forum des Halles à Paris (1979) ; « light-show » pour l'inauguration de la galerie du Claridge (1979) ; enregistrement de groupes de rock. Outre sa peinture, ses dessins, ses sculptures, et ses expérimentations sonores, Malaval participe à divers projets : en 1964-1965-1966, il conçoit des projets extavagants mais très soigneusement dessinés et présentés pour la remise à jour du parc de Saint-Cloud et exécute, dans le même esprit, des dessins de chars pour le Carnaval de Nice intitulés « larve » ; en 1972, il participe au projet architectural de l'équipe Claude Bernard pour le concours Evry 2 Ville nouvelle ; en 1973, il imagine, un jeu mobile pour enfants édité par Artur.

Les démarches de Malaval sont multiples, parfois simultanées, contradictoires même, donc inclassables, mais elles reflètent fort bien l'esprit du personnage : « L'ordre et la sécurité, ce sont deux notions sur lesquelles notre morale collective est basée, c'est affreux », disait-il. Néo-dadaïste ou néo-pop, sa réflexion prend avant tout le réel comme support : « Je crois que la réalité est une trame qu'on peut d'une certaine manière transgresser, trafiquer ». Malaval a néanmoins éprouvé les difficultés d'être d'un artiste à vocation contestatrice, marginale, vivant néanmoins des structures de cette société. La « complicité » – inévitable ? – réapparaît quand un organisme aussi officiel que le Centre National d'Art Contemporain, « récupère » dans ses circuits ses contestataires apparemment les plus violents : Hélion, Dubuffet ou dans une génération plus jeune : Rancillac, Malaval...

■ Christophe Dorny

Bibliogr. : Robert Malaval : *Le Retour de Frankenstones*, in : *Actuel*, n° 1, Paris, oct. 1970 – Robert Malaval : *Les Français sont-ils pop ?*, in : *Extra*, n° 1, déc. 1970 – Robert Malaval : *Le pop pour moi c'est...*, in : *Vogue*, Paris, nov. 1970 – Denys Chevalier, in : *Nouveau Dictionnaire de la sculpture moderne*, Hazan, Paris, 1970 – *L'Album de l'Aliment blanc – Robert Malaval*, catalogue de l'expositon, Daniel Gervis éditeur, Paris, 1971 – *Malaval 1972*, catalogue de l'expositon, galerie Daniel Gervis, Paris – Jean Clair : *Une nouvelle génération*, in : *L'Art en France*, Éditions du chêne, Paris, 1972 – Anne Tronche : *L'Art actuel en France*, Balland, Paris, 1973 – *Poussière d'étoiles – Robert Malaval*, catalogue de l'exposition, galerie Sapone, Nice, 1974 – in : *Dictionnaire universel de la peinture*, t. IV, Le Robert, Paris, 1975 – Alain Pacadis : *Un jeune homme chic*, Éditions du Sagittaire, Paris, 1979 – Michel Braudeau : *Vaulascar*, Seuil, Paris, 1978 – *Robert Malaval ; attention à la peinture, exposition pirate*, catalogue de l'exposition, Maison des arts André Malraux, Maison de la culture de Créteil, 1980 – *Robert Malaval*, catalogue de l'exposition, Musée d'Art Moderne, Paris, 1981 – *Robert Malaval*, catalogue de l'exposition, Maison de la culture, Rennes, 1982 – *Robert Malaval*, catalogue de l'exposition, Galeries d'art contemporain des Musées, Nice, 1980 – in : *L'Art Moderne à Marseille. La Collection du Musée Cantini*, catalogue de l'exposition Musée Cantini, Marseille, 1988 – Michel Braudeau, Gilbert Lascault, in : *Paillettes et pastels 1973-1980*, catalogue de l'exposition itinérante, Présence de l'art contemporain, Angers, 1989 – in : *L'Art du xx*[e] *siècle*, Larousse, Paris, 1991 – in : *Dictionnaire de l'art moderne et contemporain*, Hazan, Paris, 1992.

Musées : Marseille (Mus. Cantini) : *Nénuphars* 1973 – Paris (FNAC).

Ventes Publiques : Paris, 23 oct. 1981 : *Aliment blanc*, lav. (50x65) : **FRF 3 800** – Paris, 21 fév. 1983 : *L'Uchite Rabbit*, h/t (65x81) : **FRF 14 000** – Paris, 4 déc. 1986 : *Le grand cirque* 1973, h/t et paillettes (130x195) : **FRF 135 600** – Versailles, 16 nov. 1986 : *Effusion pneumatique*, collage/pan. (H. 115 et L. 115) : **FRF 80 000** – Paris, 4 déc. 1986 : *Le Grand Cirque* 1973, h. et paillettes/t. (130x195) : **FRF 135 600** – Paris, 14 déc. 1987 : *L'Aliment blanc filandreux*, techn. mixte/pan. (42,5x41) : **FRF 31 000** – Versailles, 20 déc. 1987 : *Mimi Pinson* 1972, aquar./pan. (54x75) : **FRF 12 000** – Paris, 20 mars 1988 : *Couple espagnol* 1960, h/t (38x61) : **FRF 12 000** ; *Développement exceptionnel d'une cristallisation d'aliment blanc* 1961, objet-relief (29x28) : **FRF 23 000** – Paris, 22 avr. 1988 : *Fabuleux rêve du goudronneur* 1960, h/t (50x100) : **FRF 8 500** – Paris, 23 juin 1988 : *Honky Tong roses* 1972, acryl./t. (81x100) : **FRF 23 500** – Paris, 20 nov. 1988 : *Bouquet de roses* 1972, acryl./t. : **FRF 27 000** – Paris, 8 nov. 1989 : *Tragic strip* 1963, collage (50x65) : **FRF 28 000** – Paris, 10 mai 1990 : *Henkey Tonk Roses*, acryl./t. (81x100) : **FRF 52 000** – Paris, 29 oct. 1990 : *Le violon fantôme, l'aliment blanc* 1961, sculpt., objet, violon dans sa boite et pap. mâché (72x22,5) : **FRF 85 000** – Paris, 11 mai 1990 : *Métamorphose du rideau*, h/t (61x46) : **FRF 19 000** – Paris, 7 oct. 1991 : *Cicatrice rock* 1980, techn. mixte et paillettes sur cart. (56x77) : **FRF 56 000** – Paris, 13 juin 1992 : *Pluie soleil* 1972, acryl./t. (72,5x92) : **FRF 6 500** – Paris, 4 nov. 1992 : *Métamorphose du rideau* 1960, techn. mixte/t. (61x46) : **FRF 11 500** – Stockholm, 10-12 mai 1993 : *1/4 Annelia*, h/t (65x50) : **SEK 7 000** – Paris, 2 juil. 1993 : *Trophée d'aliment blanc* 1961, sculpt. (H. 80, socle 30x28) : **FRF 20 000** – Paris, 17 oct. 1994 : *Projet Carnaval n° 2, petit char* 1964, encre de Chine et encre coul. (51x66) : **FRF 11 500** – Paris, 24 mars 1995 : *Grand Nu* 1965, sculpt. de fibre plastifiée (100x200) : **FRF 52 000** – Paris, 5 oct. 1996 : *Corps noir* 1959, aquar. et lav. d'encre/pap. (52x38,5) : **FRF 6 200** – Paris, 28 avr. 1997 : *Sans titre* 1960, h/t (73x60) : **FRF 15 000** – Paris, 29 avr. 1997 : *Secoué-tâche bleue* 1980, techn. mixte/t. (195x195) : **FRF 45 000** – Paris, 4 oct. 1997 : *Traversée* 1959, lav. d'encre de Chine/pap. (24x31) : **FRF 3 000**.

MALAVENA Angelo

Né vers 1710 à Bologne. xviiie siècle. Italien.

Peintre de paysages.

Il anima de personnages les paysages de N. Ferrajuoli dans la sacristie de San Salvatore de Bologne.

MALAVER Baltasar

xvie siècle. Actif à Séville en 1592. Espagnol.

Sculpteur.

MALAVISTA Carlo

xviie siècle. Actif à Rome. Italien.

Sculpteur.

Il sculpta la statue de *La Tempérance* dans la chapelle Gaetani de San Pudenziana.

MALBESTE Georges ou **Malbête**

Né en 1754 à Paris. Mort en 1843 à Paris. xviiie-xixe siècles. Français.

Dessinateur et graveur à l'eau-forte et au burin.

Élève de Lebas. Il exposa au Salon de Paris en 1798 à 1833. Il a gravé des sujets de genre et des sujets d'histoire.

MALBET Aurélie Léontine

Née à Vienne, de parents français. xixe siècle. Française.

Peintre de natures mortes.

Élève de son père, de Vidal et de Gleyre. Exposa au Salon de Paris à partir de 1868. L'empereur d'Autriche conserve deux tableaux de cette artiste.

Ventes Publiques : Londres, 27 fév. 1985 : *Des visiteurs non invités*, h/t (59x79,5) : **GBP 1 800**.

MALBET Olivia Delphine, Mme

Née au xixe siècle à Paris. xixe siècle. Française.

Peintre de genre et de natures mortes.

Élève de Gleyre. Elle débuta au Salon de Paris en 1870.

MALBET Wilhem Démétrius

Né à Vienne, de parents français. xixe siècle. Français.

Peintre de natures mortes.

Élève de Gleyre. Il débuta au Salon de Paris en 1870. Il a peint notamment des fruits.

MALBON William

Né à Nottingham. xixe siècle. Actif de 1834 à 1853. Britannique.

Peintre de genre, animaux, paysages animés.

Musées : Nottingham : deux peintures.

Ventes Publiques : Londres, 19 nov. 1976 : *Chasseur et ses chiens dans un paysage*, h/pan. (29,2x47) : **GBP 380** – New York, 21 jan. 1978 : *Chiens dans un paysage* 1853, h/t (100x169) : **USD 3 300** – Londres, 6 juin 1980 : *Nature morte aux fruits* 1849, h/pan. (35x45) : **GBP 420** – Londres, 9 oct. 1981 : *Bûcherons dans* *un paysage boisé* 1856, h/t (63,5x91,5) : **GBP 1 000** – LONDRES, 6 fév. 1985 : *Troupeau à l'abreuvoir*, h/pan. (43x59) : **GBP 2 100** – LONDRES, 14 nov. 1990 : *Rake et Major, deux chiens d'arrêt dans un paysage* 1853, h/t (61x74) : **GBP 4 180** – LONDRES, 7 oct. 1992 : *Enfant donnant de l'herbe aux lapins*, h/pan. (42x53,5) : **GBP 935**.

MALBONE Edward
Né en 1777 à Newport (États-Unis). Mort le 7 mai 1807 à Savannah. XVIIIe siècle. Américain.
Peintre de portraits et miniaturiste.
Un des « Primitifs » de l'École Américaine. A dix-sept ans, il alla s'établir à Providence comme peintre de portraits. En 1796, il allait travaillait à Boston et plus tard à New York, à Philadelphie et à Charleston. En 1801, il vint en Angleterre où Benjamin West lui conseilla de s'établir. Cependant Malbone préféra revenir en Amérique pour se fixer définitivement à Savannah comme peintre de miniatures.
MUSÉES : NEW YORK (Metropolitan Mus.) : *Mrs Rich. C. Derby* – *La nièce de Ch. Frazier* – *Martha Wash. Greene* – *Edw. Coverly* – *Le peintre par lui-même* – PHILADELPHIA (Penns. Acad. of Art) : *Joseph Marx* – PROVIDENCE (Athenaeum) : *The Hours* – WASHINGTON D. C. (Corcoran Art Gal.) : *Le peintre par lui-même* – WORCESTER (Art Mus.) : *Eben Farley*.
VENTES PUBLIQUES : PORTLAND, 11 mai 1985 : *Portrait of William Allen, 2nd President of both Bowdoin College and Dartmouth College*, aquar./ivoire (7,6x6,5) : **USD 5 500**.

MALBOS Eugène de
Né vers 1810 à Toulouse (Haute-Garonne). XIXe siècle. Français.
Peintre de paysages, aquarelliste, graveur, dessinateur.
Ses aquarelles, lithographies, dessins montrent des vues de l'Ariège, des Pyrénées, dans des mises en page originales.
BIBLIOGR. : Gérald Schurr, in : *Les Petits Maîtres de la peinture 1820-1920, valeur de demain*, Les Éditions de l'Amateur, t. VII, Paris, 1989.
MUSÉES : TOULOUSE (Mus. Paul Dupuy) : *La vallée d'Auzal près de la vallée du Vic du Sas, Ariège*.

MALBRANCHE Louis Claude. Voir **MALLEBRANCHE**

MALCHAIR John Baptist ou **Melchair**
Né en 1731 à Cologne. Mort en décembre 1817 à Oxford. XVIIIe-XIXe siècles. Britannique.
Aquarelliste et graveur.
Spécialiste de petits paysages, il exposa un paysage à la Royal Academy de Londres en 1773.

MALCHHUEBER Johann Michael
XVIIe siècle. Actif à Pfarrkirchen en 1691. Allemand.
Peintre.
On cite de lui une *Assomption* pour un calvaire près de l'église de Wald.

MALCHIN Carl Wilhelm Christian
Né le 14 mai 1838 à Kropelin (Mecklembourg-Schwerin). Mort le 23 janvier 1923 à Schwerin-Ostdorf. XIXe-XXe siècles. Allemand.
Paysagiste et graveur.
Élève de Th. Hagen à Weimar. Fit des voyages d'études en Allemagne, s'établit en 1879 à Schwerin. Diplômé à Dresde en 1887. Mention honorable à Berlin en 1892.
MUSÉES : BRESLAU, nom all. de Wroclaw : *L'étang des canards* – KALININGRAD, ancien. Königsberg : *Paysage d'hiver* – *Paysage mecklembourgeois*.
VENTES PUBLIQUES : LONDRES, 10 oct. 1984 : *Paysage d'hiver animé* 1882, h/t (38x58,5) : **GBP 3 000**.

MALCHIODI Antonio
Né en juin 1848 à Plaisance. XIXe siècle. Italien.
Peintre de genre.
Il travailla à Plaisance, puis à Rome.

MALCHO Johann Martin
XVIIe siècle. Actif à Bautzen de 1685 à 1690. Allemand.
Peintre.
On suppose qu'il peignit les portraits des bourgmestres dans l'Hôtel de Ville de Bautzen.

MALCHO Simon ou **Malgo**
Né en 1745. Mort après 1793. XVIIIe siècle. Danois.
Peintre de paysages animés, graveur, enlumineur.
Il fut élève de l'Académie des Beaux-Arts de Copenhague. Il obtint la petite médaille d'or pour sa peinture *David oint par Samuel*. Il travailla à Rome, à Genève et finalement à Londres. Il grava au burin et enlumina lui-même ses estampes.
VENTES PUBLIQUES : NEW YORK, 10 jan. 1996 : *Le lac de Genève vers Eaux-Vives avec l'artiste dessinant entouré de ses compagnons*, h/t (58,4x81,3) : **USD 178 500**.

MALCHOW Friedrich
XIXe siècle. Actif à Berlin. Allemand.
Sculpteur et ciseleur.
Élève de Kalide. Il a exposé au Salon de Berlin en 1836, 1842 et 1844.

MALCHUS Carl von, freiherr
Né le 5 août 1835 à Ludwigsbourg. Mort le 27 septembre 1889 à Munich. XIXe siècle. Allemand.
Paysagiste.
Élève de Franz Adam, et, depuis 1869, d'Adolf Lier. Médaillé à Vienne en 1873 et à Munich en 1876. Le Musée de Leipzig conserve de lui : *Rivage avec troupeau*.
VENTES PUBLIQUES : LONDRES, 12 mai 1972 : *Le Palais des Doges, Venise* : **GNS 750** – LONDRES, 21 mars 1980 : *Le Palais des Doges, Venise* 1881, h/t (78x124,5) : **GBP 1 600**.

MALCKE Johann Christoph ou **Malke**
Né en 1725 à Dresde. Mort le 9 août 1777 à Dresde. XVIIIe siècle. Allemand.
Peintre de fruits et de fleurs et graveur.
On cite de lui les gravures : *Contrée sauvage* et *Cabanes et église au bord de l'eau*. Le château de Moritzbourg près Dresde conserve un *Paysage* de la main de cet artiste.

MALCKO Johann Martin. Voir **MALCHO**

MALCLÉS Jean Denis
Né le 15 mai 1912 à Paris. XXe siècle. Français.
Peintre, de figures, paysages urbains, peintre à la gouache, illustrateur, peintre de décors et de costumes de de théâtre.
Il fut élève de l'École Boulle.
Il a figuré dans les principaux Salons parisiens. Il est membre du Comité et du jury du Salon des Artistes Décorateurs.
Il a exécuté de nombreux travaux de décoration, affiches, tissus. On cite ses illustrations pour : *Bel ami*, de Maupassant – *Les Lettres de mon moulin*, d'Alphonse Daudet – *La Double Méprise*, de Mérimée, etc. Mais c'est surtout comme auteur de décors et costumes de théâtre qu'il s'est fait connaître du grand public : *Ardèle ou la Marguerite*, de Jean Anouilh – *Clérambard*, de Marcel Aymé – *Marlborough s'en va t'en guere*, de Marcel Achard – *Les Espagnols en Danemark*, de Mérimée – *Les Caves du Vatican*, d'André Gide, etc.
Son art, dans toutes ces manifestations, s'inspire d'un surréalisme apaisé. Jean Anouilh disait de lui : « Malclès rend les rêves solides. C'est un extraordinaire talent, bien rassurant pour les poètes. »
VENTES PUBLIQUES : PARIS, 20 juin 1944 : *Nature morte à la mandoline* : **FRF 4 000** – PARIS, 12 déc. 1977 : *Cyrano de Bergerac d'Edmond Rostand*, gche (23x40) : **FRF 5 000** – PARIS, 30 jan. 1995 : *La fiancée du diable*, deux maquettes originales de décors (30x23 et 23x27) : **FRF 23 000**.

MALCO Pietro Antonio
Né à Crémone. XVIe siècle. Italien.
Peintre.
On cite de lui : *Madone avec saint Cosme et saint Damien*.

MALCOLM James Peller ou **Malcom**
Né en août 1767 à Philadelphie. Mort le 5 avril 1815 à Londres. XVIIIe-XIXe siècles. Britannique.
Dessinateur et graveur.
Il vint à Londres vers 1788 ou 1789 pour y faire ses études artistiques et fut durant trois années élève des Écoles de la Royal Academy. Protégé par Benjamin West et Wright de Derby, il ne réussit pas comme peintre et s'adonna à la gravure, qu'il apprit seul. Il travailla au *Gentleman's magazine*, particulièrement comme dessinateur topographique. On cite notamment d'excellentes gravures d'après ses dessins dans : *Excursions through Kent* et dans *History of Leicestershire* de Michols. Il grava également, pour la *Biographical History of England* de Granger, une *Histoire de la Caricature* et publia en 1808 : *Anecdotes of the Manners and Customs of London during the XVIIIth century*, illustré de cinquante vues de bâtiments publics. Il mourut fort pauvre après une longue maladie.

MALCOM Thalia Wescott, Mrs **Donald**
Née le 10 septembre 1885 à New York. XXe siècle. Active en France. Américaine.

Peintre.
Elle fut élève de Randall Dewey et Albert André. Elle fut membre de la Société des Artistes Indépendants, de l'Institut français aux États-Unis, de la Ligue américaine des artistes professeurs et de la Fédération américaine des arts.

MALCONTENTE Antonio Giuseppe ou **Malcontanti**
Né en 1670. XVIIe siècle. Italien.
Peintre et graveur à l'eau-forte.
Il a gravé : *Le petit saint Jean caressant un mouton*.

MALCOR Marie Angélique Alexandrine, Mme, née **Dehérain**
Née le 8 mai 1823 à Paris. XIXe siècle. Française.
Peintre de portraits et miniaturiste.
Élève de Decaisne et de Scheffer. Elle exposa au Salon de Paris, de 1849 à 1880.

MALCOTE Joseph Franz
Né vers 1710. Mort en 1791 à Tübingen. XVIIIe siècle. Allemand.
Peintre.
Peintre de la cour ducale. Il peignit le portrait du médecin *Dan. Hoffmann* dans le hall de l'Université de Tübingen. Au château de Friedenstein à Gotha, on conserve le portrait de *Johanna Elisabeth, duchesse de Wurtemberg*.

MALCOTTO Francesco
Actif à Milan. Italien.
Peintre.
On cite de lui des peintures représentant des saints dominicains dans l'église de Sta Maria delle Grazie à Milan.

MALCOURONNE Jules
Né le 30 août 1872 à Aunay (Calvados). XIXe-XXe siècles. Français.
Graveur sur bois.
Élève de Farlet et Barbant. Expose au Salon des Artistes Français. Médaillé en 1922, 1923.

MALCOURONNE Paul
Né le 22 décembre 1883 à Authie (Calvados). XXe siècle. Français.
Sculpteur.
Élève de F. Jacquier. Sociétaire du Salon des Artistes Français, il expose également au Salon d'Automne.

MALCZEVSKI Jakec ou **Hyacinth von**. Voir **MALCZEWSKI**

MALCZEWSKI Bartlomiej
XIXe siècle. Actif au début du XIXe siècle. Polonais.
Miniaturiste.
Le Musée national de Lemberg possède de lui *Portrait d'un homme*.

MALCZEWSKI Jacek ou **Hyacinth von**
Né en 1854 à Radom. Mort en 1929 à Cracovie. XIXe-XXe siècles. Polonais.
Peintre de sujets allégoriques, portraits. Réaliste, puis symboliste.
Il a été élève de Louczczkievisch et Mateiko à l'École des Beaux-Arts de Cracovie, de 1872 à 1875, et à celle de Paris avec Lehmann en 1876-1877. De 1885 à 1886, il travailla à Munich. Il figura à l'exposition de Cracovie de 1887, obtenant une médaille d'or ; à l'Exposition des Artistes Polonais organisée par le Salon de la Société Nationale des Beaux-Arts de Paris, en 1921. Il fut médaillé à Berlin en 1891, à Munich en 1892, à l'Exposition Universelle de Paris en 1900. Il fut professeur à l'École des Beaux-Arts de 1896 à 1900 et à l'Académie de Cracovie de 1912 à 1921. Il est co-fondateur du groupe *Stuka* et, en 1908, il a appartenu au groupe *Zéro*. Il devint recteur de l'Académie des Beaux-Arts de Cracovie.
Il commence par exécuter une peinture d'inspiration réaliste puisant ses thèmes dans l'histoire nationale de la Pologne, notamment l'insurrection de 1863. Il oriente ensuite son expression vers une figuration mi-fantastique, mi-allégorique. Ses couleurs s'éclaircissent, en même temps que les compositions se révèlent audacieuses. Il est un des principaux représentants du symbolisme en Pologne.
Bibliogr. : In : *Dictionnaire de la peinture allemande et d'Europe centrale*, Coll. Essentiels, Larousse, Paris, 1990.
Musées : Cracovie : *La mort d'Hélène – Portrait de l'artiste – Portrait de Dobrzansky – Portrait de jeune garçon – Matinée – Devant le modèle – À la fenêtre – Portrait de Vaclav Kodjousko* – Poznan : *Introduction* 1890 – *Mort d'Ellenay* 1907 – Triptyque 1908 – Varsovie : *Dimanche dans la mine* 1882 – *Mort* 1902 – *Autoportrait en armure*.
Ventes Publiques : New York, 24 fév. 1995 : *Double autoportrait* 1922, encre et lav./cart. (99,1x47,6) : **USD 1 840** – New York, 26 fév. 1997 : *La Leçon de piano* 1877, h/t (43,8x78,1) : **USD 19 550**.

MALCZEWSKI Rafal
Né en 1892 à Cracovie. Mort en 1965 à Montréal. XXe siècle. Actif depuis 1942 au Canada. Polonais.
Peintre de paysages.
Rafal Malczewski est le fils de Jacek Malczewski. Il a été élève à l'Université de Vienne, où il étudia la philosophie, l'architecture et l'agriculture. Il apprit la peinture avec son père. Il est aussi l'auteur de nombreux essais et de cinq volumes de nouvelles. Lors de l'occupation allemande de la Pologne, il se rend en France y séjourne deux mois, puis part au Brésil pour y vivre deux ans. Vers la fin de l'année 1942, il s'installe définitivement au Canada. En 1943 et 1944, il parcourt le pays à deux reprises. En 1957, une maladie lui paralyse tout le côté gauche de son corps. Naturellement gaucher, il doit apprendre à peindre de la main droite.
En 1928, il exposait cinq toiles à la Section polonaise du Salon d'Automne, organisée par la Société des échanges littéraires et artistiques entre la France et la Pologne et le Cercle des artistes polonais de Paris. En 1937, il expose une nouvelle fois à Paris, en 1934, 1937 et 1938 à Pittsburgh, en 1935 à Moscou, en 1936 à Berlin, et en 1939 à New York. Au Canada, il expose ses œuvres à Ottawa en 1942 et 1943, de même qu'à Montréal, Toronto, Winnipeg, Vancouver, puis à nouveau à Montréal en 1949, 1952 et 1964. En 1929, il reçut la médaille d'or de l'Exposition nationale polonaise, le prix du Président de la République de Pologne et, en tant qu'écrivain, les palmes académiques de l'Académie polonaise de Littérature. En 1937, à l'Exposition internationale de Paris une médaille.
En Pologne, il a peint le massif montagneux des Tatras. Chacun des pays visités, principalement le Brésil et les contrées d'Amérique du Nord, sera pour ce peintre paysagiste une nouvelle source d'inspiration.
Bibliogr. : In : *A dictionary of Canadian Artists*, vol. 4, Colin S. Macdonald.
Musées : Berlin (Gal. d'Art) – Budapest (Mus. d'Art Mod.).

MALDARELLA
XIXe siècle. Actif à Naples vers 1835. Italien.
Miniaturiste.

MALDARELLI Federico
Né le 2 octobre 1826. Mort le 7 décembre 1893 à Naples. XIXe siècle. Actif à Naples. Italien.
Peintre de compositions religieuses, genre, portraits.
Il est le fils de Gennaro. Il fut élève de C. Angelinier, et directeur de l'École des Beaux-Arts de Naples. Les églises de Naples et la cathédrale de Capoue conservent des peintures de cet artiste.
Musées : Naples (Mus. di Capodimonte) – Rome (Mus. d'Art Mod.).
Ventes Publiques : Rome, 13 mai 1986 : *La Légion des volontaires* 1861, h/t (130x85) : **ITL 17 500 000** – Rome, 16 déc. 1987 : *Jeunes filles en costumes romains* 1874, h/t (85x67) : **ITL 10 000 000** – Rome, 24 mars 1992 : *L'Essayage d'une robe* 1863, h/t (108x149) : **ITL 74 750 000** – New York, 26 mai 1994 : *Dans un champ de coquelicots* 1881, h/t (146,1x96,5) : **USD 20 700**.

MALDARELLI Gennaro
Né en 1795 à Naples. Mort en 1858. XIXe siècle. Italien.
Peintre d'histoire, de fresques, de genre et de portraits.
Père de Frederico. Ses peintures se trouvent dans différentes églises de Naples. Il orna de fresques le cimetière, le Palais Royal, l'église San Carlo all' Arena, le Musée zoologique de l'Université et le Palais Scaletta, à Naples, ainsi que la cathédrale de Capoue.

MALDEGHEM Jean Baptiste Van
Né en 1803. Mort en 1841 à Bruxelles. XIXe siècle. Belge.
Paysagiste.
Frère de Romain Eugène. Élève de l'Académie de Bruges.

MALDEGHEM Romain Eugène Van
Né le 23 avril 1813 ou 1815 à Denterghem près de Bruges. Mort le 26 août 1867 à Ixelles. XIXe siècle. Belge.
Peintre d'histoire, portraitiste et paysagiste.
Élève de son frère Jean-Baptiste et de Wappers à Anvers. Il fréquenta les Académies de Bruges et d'Anvers. Il fit un long séjour

en Italie ; à son retour, en 1843, il se consacra aux sujets religieux et fut nommé, en 1852, directeur de l'Académie de Bruges. Ses œuvres sont à Bruges, Anvers, Gand, Amsterdam, Bruxelles, Ixelles, etc.

MALDEN Sarah, Mme, puis veuve **Stepenson**, née **Bazett**
Née vers 1766. Morte le 16 janvier 1838. XVIIIe-XIXe siècles. Britannique.
Miniaturiste.

MALDENAD Alonzo
XVIe siècle. Actif à Séville. Espagnol.
Peintre.

MALDEREN Luc Van
Né en 1930 à Bruxelles. XXe siècle. Belge.
Peintre, graveur. Tendance abstrait-géométrique.
Il fut élève de l'école d'art, de la Cambre, à Bruxelles.
Il peint dans un style abstrait-géomérique l'univers industriel : usines, gares, moulins, silos, etc.
Bibliogr. : In : *Dictionnaire biographique illustré des artistes en Belgique depuis 1830*, Arto, Bruxelles, 1987.

MALDIN ou **à Tort, Malpini**
XVIIIe siècle. Actif à Kassel. Italien.
Sculpteur.
On cite de lui un bas-relief dans le Musée Provincial de Hesse.

MALDO Amadis de Aldano. Voir **ALDANO MALDO Amadis de**

MALDONADO
XVe siècle. Actif à Séville vers 1429. Espagnol.
Peintre.

MALDONADO Antonio
XVIIe siècle. Travaillant à Séville en 1610. Espagnol.
Sculpteur.

MALDONADO Diego
XVIe siècle. Actif à Séville. Espagnol.
Peintre.
D'accord avec Diego Martin, charpentier, cet artiste acheta en Galice des planches, ce qui semble indiquer qu'il peignait sur bois, le 10 octobre 1540. Deux ans plus tard on le trouve établi dans la paroisse de San Salvador.

MALDONADO Tomas
Né en 1922 à Buenos Aires. XXe siècle. Argentin.
Peintre. Groupe Arturo, groupe Art Concret Invention.
Il fut élève de l'Académie des Beaux-Arts de Buenos Aires en 1938. Il fut l'un des membres fondateurs, en 1945, du groupe *Arte Concreto Invençion*, entretenant des contacts avec Max Bill et Vantangerloo. Maldonado fit rapidement sécession de ce groupe qui deviendra le mouvement *Madi* mais fonda l'association *Arte Concreto Invencion* plus rigide quant aux principes. Il participa activement à de très nombreux congrès internationaux d'architecture, d'urbanisme et d'environnement modernes. Il effectua son premier voyage en Europe en 1948. Il dirigea, à Buenos Aires, la revue *Nueva Vision*, et collabora aux côtés de Arden Quin et Guula Kosice à l'unique numéro de la revue concrétiste *Arturo*. Ses diverses activités, théoriques et pratiques, lui valurent la consécration d'être appelé à la direction de la Hoch-schule für Gestaltung d'Ulm, école supérieure de construction, autrement dit l'école héritière du Bauhaus. Il réalise ses premières œuvres abstraites, à partir de 1944, faisant l'objet de plusieurs expositions personnelles à Buenos Aires.
Maldonado a joué un rôle non négligeable dans le remarquable essor d'un art moderne dans les pays d'Amérique latine, dont aujourd'hui de nombreux représentants ont pris une place mondiale, comme par exemple, après les « muralistes » expressionnistes mexicains de l'entre-deux-guerres, Wifredo Lam ou Matta ou plus jeune encore, Julio Le Parc. Après les expressionnistes, puis les surréalistes, déjà cités, la leçon du néoplasticisme issu de Mondrian eut, dans ces pays, une influence prépondérante, par l'intermédiaire de Torrès-Garcia, entre autres, préparant la venue d'un Julio Le Parc ou d'un Cruz-Diez. C'est dans ce courant que se situa l'action de Maldonado.
Bibliogr. : Michel Seuphor : *Dictionnaire de la peinture abstraite*, Hazan, Paris, 1957 – in : *Peintres contemporains*, Mazenod, Paris, 1964 – Damian Bayon, Roberto Pontual : *La Peinture de l'Amérique latine au XXe s.*, Mengès, Paris, 1990.

MALDONALDO Juan
XVIe siècle. Actif à Cuellars. Espagnol.
Peintre.

MALDORELLI Federigo
Né au XIXe siècle à Naples. XIXe siècle. Italien.
Peintre d'histoire et de genre.
Débuta vers 1877. Il a exposé à Naples et à Turin.

MALDUPE Vija
Né en 1947. XXe siècle. Russe-Letton.
Peintre de compositions à personnages, figures. Symboliste.
Sorti de l'École Rozental, de Riga, en 1967, il poursuivit, jusqu'en 1973, ses études à l'Académie des Beaux-Arts de Lettonie. Il expose à partir de 1974, notamment en Allemagne.
Maldupe pratique une peinture figurative, symboliste, qui puise au fond des origines historiques et populaires des pays baltes, de la Lettonie en particulier, ses sources et cette facture presque naïve.
Musées : Moscou (Gal. Tretiakov) – Riga (Mus. Nat.).
Ventes Publiques : Paris, 11 juil. 1990 : *La liberté de la Lettonie* 1990, h/t (140x120) : **FRF 5 200**.

MALDURA Giovanni
Né vers 1772. Mort le 1er février 1849 à Rome. XVIIIe-XIXe siècles. Actif à Rome. Italien.
Peintre de paysages, architectures.
Il exposa à l'Académie de San Luca cinq vues de Rome, en 1810.
Ventes Publiques : Londres, 6 juil. 1990 : *Le Colisée, L'Arc de Janus, Le tombeau de Plaute et le Tombeau de Caecilia Metella*, ensemble de quatre peintures (chaque 55,2x77,5) : **GBP 165 000**.

MALDURA Lilia
Née au XIXe siècle à Naples. XIXe siècle. Italienne.
Peintre.
Élève de Maldorelli et de Francesco Mancini. Elle a exposé à Naples et à Londres.

MALE Van, famille d'artistes
XVIe siècle. Actifs à Gand. Éc. flamande.
Peintres.

MALEAS Konstantinos ou **Constantin**
Né en 1879 à Constantinople. Mort en 1928 à Athènes. XXe siècle. Grec.
Peintre de paysages. Postimpressionniste.
Il fut élève de l'École des Arts Décoratifs à Paris et travailla aussi dans l'Atelier de Henri Martin. Il a participé à de nombreuses expositions collectives au cours de voyages en Turquie, Égypte, Syrie et Liban. Il a publié un ouvrage remarquable sur l'architecture populaire. Il était membre du groupe *Art*, et fut conseiller artistique de la Pinacothèque Nationale d'Athènes.
Il était surtout un paysagiste postimpressionniste, dont on louait l'originalité de la composition et l'harmonie des couleurs.
Musées : Athènes (Pina. Nat.) – Athènes (Pina. mun.) – Rhodes (Gal. d'Art).
Ventes Publiques : Londres, 27 juin 1984 : *Aghia Sofia* 1917, h/cart. mar./pan. (99,2x69,2) : **GBP 13 000** – Londres, 8 mai 1985 : *Homme dans une barque*, h/cart. (26,3x48) : **GBP 5 500** – Londres, 28 mai 1986 : *Bateaux de pêche* vers 1920, h/cart. (38,7x26,7) : **GBP 3 800** – Londres, 21 oct. 1987 : *Bord de mer et arbres*, h/cart. (33,3x38,2) : **GBP 3 100** – Londres, 19 oct. 1988 : *L'église grecque de Kifissia*, h/t (37,9x54,5) : **GBP 5 280** – Londres, 13 oct. 1993 : *La Seine*, h/t (24,2x34) : **GBP 2 070** ; *Vue d'une ville d'Égypte*, h/pap. fort/cart. (31x41) : **GBP 2 070** – Londres, 23-24 mars 1994 : *L'église grecque de Kifissa*, h/t cartonnée (37,9x54,5) : **GBP 5 060**.

MALECK F. de
XIXe siècle. Actif à Vienne au début du XIXe siècle. Autrichien.
Peintre et graveur.
On cite de lui les peintures *Chien assis* et *Portrait de S. Legros*.

MALECKI Wladislaw
Né en 1836. Mort en 1900. XIXe siècle. Actif à Munich. Polonais.
Paysagiste et peintre d'animaux.
Pratiqua la peinture de paysages et la peinture de genre. Il débuta comme décorateur de théâtres à Varsovie et étudia en même temps la peinture à l'École des Beaux-Arts entre 1852 et 1854, et en 1860. Exposa à Munich entre 1872 et 1879. On cite de lui : *Cavalerie polonaise dans la forêt*. Les Musées de Varsovie et de Cracovie conservent des peintures de cet artiste.

MALECY Alexis Joseph Louis de
Né en 1799 à Paris. Mort en 1842 à Pau (Pyrénées-Orientales). XIXe siècle. Français.

Peintre de genre, et de portraits et lithographe.
Élève de Gros. Il travaillait à Rouen, et exposa au Salon de Paris, de 1822 à 1840. On cite de lui : *Bains de Dieppe, Androclès et son lion, Portrait de Lafeuillade*. Le Musée de Rouen conserve son *Portrait par lui-même*.

MALÉCY H. de
XIXe siècle. Français.
Peintre.
Le Musée de Saint-Brieuc conserve de lui une *Tête de mendiant* (étude).

MALEFIJT Johannes de Waal
Né en 1812 à Haarlem. Mort en 1851 à Hilversum. XIXe siècle. Actif à Haarlem et Hilversum, de 1832 à 1840. Hollandais.
Peintre de paysages.
Ventes Publiques : Cologne, 20 oct. 1989 : *Paysage avec un couple se promenant sur le chemin le long de la rivière*, h/t (60x75) : **DEM 4 500** – Amsterdam, 14-15 avr. 1992 : *Figures dans un paysage boisé*, h/t (49,5x61) : **NLG 7 820**.

MALEMPRÉ Léo ou **Léopold**
XIXe-XXe siècles. Britannique.
Peintre de genre, portraits.
Il exposa à Londres de 1887 à 1901.
Ventes Publiques : Londres, 27 juil. 1976 : *Je sème à tout vent*, h/t (23,5x39) : **GBP 650** – Londres, 18 oct. 1978 : *Jeune fille aux fleurs*, h/t (60x50) : **GBP 900** – Londres, 5 oct. 1983 : *Le Gage ; Rêverie*, h/t, une paire (chaque 59,5x39,5) : **GBP 1 000** – Londres, 1er nov. 1985 : *Fillette tenant un chat* 1901, h/t (49,5x39,5) : **GBP 1 500** – Chester, 9 oct. 1986 : *Fillette jouant avec un chaton* 1904, h/t (49,5x39,5) : **GBP 3 000** – New York, 29 oct. 1987 : *Sa meilleure amie* 1901, h/t (49,5x38) : **USD 8 500** – Londres, 27 sep. 1989 : *Les petits gardiens de chèvres*, h/t (53x66) : **GBP 3 190** – Londres, 2 oct. 1992 : *Beauté paysanne* 1886, h/t (27x19) : **GBP 2 200** – Londres, 14 juin 1995 : *Fillette aux fleurs des champs* 1887, h/t (34,5x22) : **GBP 3 680**.

MALEMPRÉ Louis Auguste
XIXe siècle. Actif à Londres. Britannique.
Sculpteur.
Il travailla à Londres comme assistant de Theed et exposa de 1848 à 1879.

MALENCHINI Matilde
XIXe siècle. Active à Rome. Italienne.
Portraitiste.
La Galerie antique et moderne de Prato conserve d'elle un *Portrait de jeune fille*.

MALENÇON Paul ou **Malenson**
Né en 1817 à Rouen (Seine-Maritime). Mort le 13 juillet 1880 à Rouen. XIXe siècle. Français.
Peintre de paysages et de sujets de chasse.
Travailla avec Gros et Paul Delaroche. Il figura au Salon de Paris de 1842 à 1852.
Musées : Louviers : *Un cerf aux abois – Nature morte – Un héron – Un canard – Le renard pris au piège – Départ pour la chasse*.

MALENFANT Jean Éloi Ferdinand
Né en 1802 à Paris. XIXe siècle. Français.
Peintre et lithographe.
Élève de Dubufe et Jourdan.

MALENSTEIN Peter
XVe siècle. Travaillant à Bâle entre 1436 et 1479. Suisse.
Peintre.
Il exécuta en 1455-56 pour l'église des Carmes Déchaussés à Bâle, une peinture du *Jugement Dernier* dont on conserve la copie.

MALER ou **der Maler**. Voir aussi **MAHLER** et au prénom

MALER Ernst. Voir **MAELER**

MALER Hans, **Appelé** aussi **Schwaz,** ou parfois **Schwartz,** ou **Schwarz**
Né avant 1500 à Schwaz. Mort en 1529. XVIe siècle. Actif à Schwaz (Tyrol) vers 1510-1530. Autrichien.
Peintre de portraits.
Il s'est probablement formé dans l'entourage de B. Zeitblom et de B. Strigel. Des documents, datés de 1510, apprennent que le peintre Hans Maler, de Schwaz, reçut et exécuta la commande de l'empereur Maximilien Ier, de deux *Portraits de Marie de Bourgogne*, sa première femme. Quant aux documents certains sur lesquels on a pu fonder les recherches ultérieures, un *Portrait d'Anton Fugger*, le célèbre banquier, porte l'inscription : « Hans Maler von Ulm Maler zu Schwarz » (Hans Maler d'Ulm, peintre à Schwaz). Les travaux de M. J. Friedländer ont pu ensuite lui attribuer un assez grand nombre de portraits, dont la gravité germanique est tempérée de la grâce décorative des Italiens de la Renaissance, parmi lesquels : un *Portrait de l'Archiduc Ferdinand* (qui deviendra l'Empereur Ferdinand Ier), et d'importants financiers du Tyrol. Mentionnons pour mémoire qu'avant les travaux de M. J. Friedländer, ce peintre était désigné par son lieu de naissance Schwaz, ou parfois Schwartz, ou Schwarz, du fait de la confusion qu'entretenait la signification de son patronyme : Maler, qui signifie en allemand Peintre. Bradley, dans son Dictionnaire des Miniaturistes, lui faisait épouser la veuve de Hans Schaufelein, à qui il succédait dans ses travaux. On lui attribuait aussi des œuvres d'identification hasardeuse, tandis que les siennes propres se voyaient attribuées à Holbein, à Amberger, à Strigel ou Schaufelein. Le Louvre a acquis, dans les années 1960, le très beau *Portrait de Matthäus Schwarz*, ou Schwartz (ce qui peut créer une confusion supplémentaire avec le lieu de naissance de Maler : Schwaz), sur lequel le peintre précise qu'il termina ce tableau à Swatz (autre orthographe pour Schwaz), le 20 février 1526, alors qu'il était lui-même âgé de vingt-neuf ans. ■ J. B.
Musées : Berlin (Mus. Nat.) : *Portrait de la reine Anne, épouse de Ferdinand Ier* – Munich : *Ronner* – Paris (Mus. du Louvre) : *Portrait de Matthäus Schwarz* – Vienne : *Ferdinand 1er à dix-sept ans – Portrait d'homme*.
Ventes Publiques : Londres, 27 juin 1962 : *La reine Anna de Hongrie* : **GBP 5 700** – Londres, 6 déc. 1967 : *Portrait de femme* : **GBP 2 100** – Londres, 10 juil. 1974 : *Portrait de Barbara Kilingerin* 1530 : **GBP 36 000** – Amsterdam, 9 juin 1977 : *Portrait de la Reine Anne de Hongrie* 1520, h/pan. (51x37,5) : **NLG 150 000** – Vienne, 13 mars 1979 : *Portrait de jeune femme* 1525, h/pan. (30x21) : **ATS 500 000** – Amsterdam, 17 mai 1983 : *Portait de Lorentz de Villani von Florentz* 1535, h/pan. (53x33) : **NLG 36 000** – New York, 16 jan. 1986 : *Tête d'un homme jeune (apôtre ?)*, h/pap., de forme irrégulière (10,5x12,4) : **USD 12 000** – Londres, 20 mai 1993 : *Portrait d'un gentilhomme portant un chapeau et un col de fourrure*, h/pan. (34,2x25,7) : **GBP 40 000**.

MALER Heinrich der. Voir **MELRE**

MALER Jean Jacques
XVIIe siècle. Actif à Carcassonne. Français.
Sculpteur sur bois.
Il a sculpté des retables pour deux autels de Saint-André à Rivesaltes et un autre pour l'église de Villelongue.

MALER Leopoldo
Né en 1937. XXe siècle. Actif depuis 1967 en Angleterre, puis aux États-Unis. Argentin.
Peintre. Conceptuel.
Il fut actif à la section des arts visuels de l'Institut Di Tella à Buenos Aires, le lieu d'expression des tendances avant-gardistes en Argentine. Dès 1961, il part en Angleterre puis à New York. Il fut membre, en Argentine, du *Groupe des Treize* (*CAYC*) qui obtint en 1977 le Grand Prix de la Biennale de São Paulo.
Bibliogr. : Damian Bayon, Roberto Pontual : *La Peinture de l'Amérique latine au XXe s.*, Mengès, Paris, 1990.

MALER Ludwig. Voir **CONREUTTER Ludwig**

MALER Peter, probablement pour **Peter Maler** (PETER peintre). Voir **PEETERSZ Pieter**

MALERBA Émilio
Né en 1880 à Milan. Mort le 31 mars 1926. XXe siècle. Italien.
Peintre de portraits, genre. Réaliste. Groupe du Novecento.
Il fut élève de l'Académie de Brera à Milan puis effectua un séjour d'études à Paris. Il est un des fondateurs du « Novecento », mouvement qui entendait lutter contre les excès de l'art d'avant-garde en retrouvant les racines d'un art classique et solennel. Il quitte le mouvement en 1924 lors de l'exposition, fortement contestée, du groupe à la Biennale de Venise.
Il a peint des portraits, des intimités et des tableaux de genre. On le dira réaliste mais non vériste. Le sujet choisi parmi ceux qui peuvent plaire à d'autres que les dévôts de la plastique a beaucoup compté pour Malerba, peintre de la « forme antique ». Ses *Masques* évoquent un peu le Français Guirant de Scevola.
Bibliogr. : In : *Dictionnaire de l'art moderne et contemporain*, Hazan, Paris, 1992.

MALERY Karel Van. Voir **MALLERY**

MALESCI Tommaso

Né le 7 septembre 1866 à Giugliano Campania. xxe siècle. Italien.

Peintre.

Il travailla à Naples.

MALESCOTTI Pietro

xviiie siècle. Actif à Rome au début du xviiie siècle. Italien.

Peintre.

Il peignit en 1715 dans l'église de Santiago y Sans Ildefonso de los Espanoles deux portraits du roi *Philippe V d'Espagne*.

MÄLESKIRCHER. Voir **MÄLESSKIRCHER**

MALESPINA Louis Ferdinand

Né le 21 juin 1874 à Saint-Nicolas-du-Port (Meurthe-et-Moselle). Mort en 1940. xixe-xxe siècles. Français.

Peintre d'histoire, animalier, pastelliste, dessinateur.

Il s'est totalement spécialisé dans la peinture du monde du cheval et des courses de chevaux.

Malespina

Ventes Publiques : Paris, 30 nov. 1927 : *Le Départ des avions pour le circuit de l'Est, le 7 août 1910*, dess. : **FRF 250** – Paris, 16 fév. 1944 : *Dragons menant leurs chevaux à la bride ; Charges de cuirassiers*, deux gches : **FRF 1 800** – Paris, 29 mars 1979 : *Français et Nord Africains au combat*, h/t (73x116) : **FRF 5 800** – New York, 20 mai 1986 : *Cavaliers arabes dans le désert*, h/t (73x115,5) : **USD 2 600** – Paris, 18 mai 1988 : *Chevaux de l'armée*, h/t (73x100) : **FRF 19 000** – Neuilly, 15 nov. 1988 : *Le saut de la haie à Auteuil*, h/t (55x82) : **FRF 4 800** – Reims, 18 déc. 1988 : *Trotteurs en course sous la neige*, h/cart. (50x64) : **FRF 13 500** – La Varenne-Saint-Hilaire, 12 mars 1989 : *Le saut de la haie* 1927 (60x120) : **FRF 24 000** – Londres, 20 oct. 1989 : *Grand Prix de Longchamp* 1932, h/t (60,3x73,6) : **GBP 2 090** – Reims, 22 oct. 1989 : *course de chevaux*, dess. au past. (50x65) : **FRF 4 000** – Versailles, 25 nov. 1990 : *Le derby*, gche/pap. (27x79) : **FRF 4 500** – Paris, 7 déc. 1993 : *Course à Auteuil*, h/pan. (27x34,8) : **FRF 6 000** – New York, 9 juin 1995 : *La moyenne piste à Longchamp*, h/cart. (38,1x45,7) : **USD 32 200** – Calais, 25 juin 1995 : *Le trot attelé*, h/t (54x81) : **FRF 17 500** – Paris, 25 juin 1997 : *Prix Théophile Lallouet, Vincennes, 13 juin 1927*, h/t (60x92) : **FRF 16 000**.

MALESPINE Émile

Né en 1892, à Nancy ou à Lyon selon d'autres sources. Mort le 25 mars 1952 à Paris. xxe siècle. Français.

Peintre.

Il fut licencié en sciences, docteur en médecine, critique d'art et urbaniste. Il fonda, à Lyon, en 1922, la revue *Manomètre*, à laquelle collaborèrent Jean Arp, Philippe Soupault, Tzara, Benjamin Péret, Moholy-Nagy, etc., et qui parut jusqu'en 1928. En 1925, il fonda également à Lyon le Théâtre du Donjon pour lequel il écrivit de nombreuses pièces, publiant également des ouvrages de poésie, de critique et des romans. Il fut l'un des premiers radio-dramaturges. Venu à Paris, en 1929, il mit au point une nouvelle méthode de graphologie. Dans la dernière époque de sa vie, il a figuré dans de nombreux Salons et expositions de groupe à Paris, notamment au Salon des Réalités Nouvelles.

C'est après 1944, qu'il imagina une nouvelle démarche de peinture abstraite sur papier, tenant des procédés de décalcomanie des surréalistes et présageant déjà les utilisations de matériaux, les collages et les hasards de l'informel. Michel Seuphor en dit : « Fusion de mondes, remous d'une substance virginale, bouillonnante de virtualités... On pénètre dans l'âme des tourbillons, on assiste à la naissance de nouvelles matières. Rien d'humain... mais partout des pressentiments d'émotion ». Il a exposé sa conception de la peinture sous le sigle de « peinture intégrale », donnant à ses œuvres des titres tels que : *Diagonales fleuries – Ruban de pluie – Ton boréal de la Liberté – Construction segmentaire* – etc.

Bibliogr. : Michel Seuphor : *Dictionnaire de la peinture abstraite*, Hazan, Paris, 1957 – *Dada*, catalogue de l'exposition, Musée National d'art Moderne, Paris, 1960.

Ventes Publiques : Paris, 4 nov. 1994 : *Le nid des étoiles oubliées* 1947, h/pap. (22x28,5) : **FRF 4 000**.

MÄLESSKIRCHER Gabriel ou **Mäleskircher,** ou **Mächselkircher**

Mort en 1495 à Munich. xve siècle. Allemand.

Peintre.

Il travailla principalement pour le monastère de Tegernsee. Des treize grands autels de l'église de ce monastère quelques restes sont conservés par la Galerie de Schleissheim : un *Portement de Croix* et une *Crucifixion* ; par la Pinacothèque de Munich une *Crucifixion* et par le Musée Kaiser Friedrich à Berlin une *Résurrection*. Un portrait miniature de l'*Empereur Louis de Bavière*, de la main de cet artiste, est également mentionné dans les archives de la ville de Munich. La *Crucifixion* du Musée de Munich, que d'autres sources situent au Germanisches Museum de Nuremberg, présente des caractéristiques baroques, inhabituelles à cette époque, et qui en font une figure à part, que l'on ne peut rapprocher que des Baldung-Grien, Grünewald, Manuel-Deutsch, ou Ratgeb. De sa vie, on ne sait que peu de choses, sinon qu'il était fixé à Munich depuis 1453 et qu'il y était assez considéré pour faire partie du Conseil de la Ville, à partir de 1467. Son existence, en tant que peintre des œuvres qui lui furent attribuées, a même fini par être mise en doute, et ces œuvres finalement plus prudemment attribuées à un Maître de Tegernsee.

Bibliogr. : Marcel Brion : *La peinture allemande*, Tisné, Paris, 1959 – *Diction. Univers. de l'Art et des Artistes*, Hazan, Paris, 1967.

MALESZA Mikolaj

Né en 1945. xxe siècle. Polonais.

Peintre de compositions à personnages.

Il a étudié à l'Académie des Beaux-Arts de Varsovie.

Musées : Gdansk – Poznan – Varsovie (Mus. d'Art Contemp.).

MALET Albert

Né en 1905 à Bosc-le-Hard (Seine-Maritime). Mort en 1986. xxe siècle. Français.

Peintre. Postimpressionniste.

Il fut élève de Robert Pinchon qui avait été lui-même élève de Lebourg. Il expose à Rouen, en Allemagne, Algérie, au Japon et à Paris. Il participe également à Paris au Salon d'Automne. Coloriste, issu de l'impressionnisme, il est un des représentants de l'école normande.

A. Malet

A Malet

Ventes Publiques : Versailles, 5 déc. 1976 : *Rouen au matin*, h/t (46x55) : **FRF 3 200** – Enghien-les-Bains, 10 déc. 1978 : *Panorama de Rouen vu de Canteleu*, h/t (61x80) : **FRF 7 000** – Enghien-les-Bains, 27 mai 1979 : *Panorama de Rouen*, h/t (62x81) : **FRF 11 000** – Versailles, 22 mars 1981 : *La Seine au Pré-au-Loup près de Rouen*, h/t (54x81) : **FRF 12 500** – Versailles, 16 juin 1983 : *Rouen, le port fluvial*, h/t (54x81) : **FRF 18 000** – Versailles, 17 mars 1985 : *Rouen, le port fluvial*, h/t (54x81) : **FRF 23 500** – La Varenne-Saint-Hilaire, 7 déc. 1986 : *Panorama de Rouen*, h/t (54x73) : **FRF 23 500** – Paris, 22 déc. 1987 : *Personnages sous un parasol sur la plage*, h/isor. (48x55) : **FRF 8 600** – St-Maur-des-Fossés, 18 oct. 1987 : *Panorama de Rouen*, h/t (60x81) : **FRF 28 000** – Paris, 28 mars 1988 : *Paysage de neige aux environs de Rouen*, h/t (54x72) : **FRF 48 000** – La Varenne-Saint-Hilaire, 29 mai 1988 : *La Seine aux Andelys*, h/t (73x100) : **FRF 44 000** – Paris, 22 juin 1988 : *Rouen : les péniches à quai*, h/t (46x65) : **FRF 35 000** – Paris, 23 juin 1988 : *La vallée de la Seine*, h/t (46x55) : **FRF 14 500** – La Varenne-Saint-Hilaire, 9 oct. 1988 : *Vapeur sur la Seine près de Rouen*, h/t (38x55) : **FRF 24 000** – Paris, 21 nov. 1988 : *Bord de rivage*, h/t (38x55) : **FRF 27 000** – Versailles, 18 déc. 1988 : *Rouen, vu de Bonsecours sous la neige*, h/t (46x55) : **FRF 11 500** – Paris, 21 déc. 1988 : *Hiver à Giverny*, h/t (54x73) : **FRF 13 000** – La Varenne-Saint-Hilaire, 12 mars 1989 : *Les hauteurs de Rouen*, h/t (61x82) : **FRF 52 200** – New York, 9 mai 1989 : *La Seine près d'Hérouville*, h/rés. synth. (45,7x54,5) : **USD 2 970** – Paris, 18 juin 1989 : *La Seine à Port Saint-Ouen*, h/t (46x55) : **FRF 26 000** – Paris, 22 oct. 1989 : *Barque échouée à Étretat*, h/t (54x65) : **FRF 44 500** – La Varenne-Saint-Hilaire, 3 déc. 1989 : *Les roses*, h/t (41x29) : **FRF 11 500** – Paris, 20 fév. 1990 : *Innondations de la Seine à Quevillon*, h/t (65x81) : **FRF 43 000** – Paris, 11 mars 1990 : *Impression et lumière sur Rouen*, h/t (60x73) : **FRF 68 000** – Paris, 26 avr. 1990 : *Le parasol*, h/isor. (46x55) : **FRF 30 000** – Le Touquet, 10 nov. 1991 : *Bord de Seine au soleil couchant*, h/t (46x65) : **FRF 20 000**

– New York, 10 nov. 1992 : *Forêt en automne*, h/t (54x65,5) : **USD 1 650** – Calais, 14 mars 1993 : *Coucher de soleil sur le hameau*, h/t (38x61) : **FRF 22 000** – Paris, 2 juin 1993 : *La Seine à Villequier*, h/t (65x92) : **FRF 52 000**.

MALET Charles
xviie siècle. Actif à La Haye vers 1695. Hollandais.
Sculpteur.

MALET Eugène
Né au xixe siècle à Paris. xixe siècle. Français.
Peintre.
Élève de Jules Lefebvre, Tony Robert-Fleury et H. Biva. Il figura au Salon des Artistes Français ; mention honorable en 1899.

MALET Guillaume
xvie siècle. Actif à Grenoble. Français.
Peintre.
Cet artiste peignit le *Crucifix* de la tour de l'Isle en 1520.

MALET Joseph Frédéric Antonin
Né le 24 janvier 1873 à Millau (Aveyron). xxe siècle. Français.
Sculpteur.
Il fut élève de Falguière, Mercié et Marqueste. Il figura, à Paris, au Salon des Artistes Français, obtenant une mention honorable en 1900 et des médailles en 1905 et 1922.
Ventes Publiques : Paris, 28 mars 1974 : *Cet âge est sans pitié !* 1901, bronze : **FRF 10 200**.

MALEUVRE Pierre ou **Malœuvre**
Né en 1740 à Paris. Mort le 5 mars 1803 à Paris. xviiie siècle. Français.
Graveur.
Élève de Beauvalet à Paris et de Robert Strange à Londres. Il a gravé des portraits et des sujets de genre.

MALEVILLE Lucien de. Voir **MALLEVILLE**

MALEVISTI Alessandro
xviie siècle. Actif à Florence vers 1640. Italien.
Sculpteur.
Élève de M. Nigetti. Il sculpta le groupe *La Foi et la Miséricorde* au-dessus du portail principal de l'église San Michele agli Antinori à Florence.

MALEVITCH Kasimir Severinovitch
Né le 23 février 1878 à Jiev (Ukraine), le 11 février selon l'ancien calendrier russe. Mort le 15 mai 1935 à Leningrad. xxe siècle. Russe.
Peintre, peintre à la gouache, dessinateur, peintre de décors de théâtre. Cubo-futuriste, suprématiste.
Malevitch est né d'un père polonais, déporté en Ukraine après une insurrection contre l'occupation russe, et d'une mère russe, de la petite bourgeoisie. Michel Larionov se souvenait : « La vocation de Malevitch paraissait à lui-même presque incompréhensible, et s'il a persévéré dans son désir, c'est grâce à l'appui de sa mère qui, jusqu'à la fin de sa longue vie, a entretenu avec son fils des relations de grande amitié et a toujours vécu auprès de lui. En 1929, elle avait quatre-vingt-douze ans ». Fort de ce soutien, il étudia la peinture à l'École des Beaux-Arts de Kiev (1895), où il eut comme professeur le peintre symboliste Borissov-Moussatov, puis à l'Académie libre de Fédor Roerburg (ou Rerberg) à Moscou (1906-1910), non sans avoir tenté de se faire inscrire à la traditionnelle Académie de peinture, sculpture et architecture de Moscou. Il séjourne en 1912 à Paris. En 1916, à Saint-Pétersbourg, il publie le manifeste du suprématisme : *Du cubisme et du futurisme au suprématisme*. Il reçoit, de 1916 à 1917, l'adhésion de nombreux peintres, parmi lesquels : Lioubov, Popova, Olga Rozanova, Alexandre Rodtchenko, Ivan Klioun, Nadejda Oudalstova et Ivan Pouni (Pougny). Partisan de la révolution d'Octobre, Malevitch, dès l'automne 1918, fait partie des professeurs du 1er et 2e *Svomas* à Moscou, les nouvelles écoles d'art. Sa « radicalité » gêne ses collègues artistes, la plupart d'entre eux se désolidarisent de lui, et la tendance constructiviste, alors dominante à Moscou, entre en conflit ouvert avec le suprématisme de Malevitch défenseur de l'autonomie de l'art. En 1919, Lunatcharsky, sorte de ministre des Affaires culturelles, qui jouit de la confiance, en ces domaines, de Lénine, et qui est l'ami de Maïakovski et des artistes russes d'avant-garde, nomme Malevitch à l'École d'Art de Vitebsk fondée par Chagall en 1918. La cohabitation se fera au détriment de Chagall forcé de laisser le champ libre à Malevitch et ses émules. Le 17 janvier 1920, les fidèles de Malevitch s'organisent à Vitebsk en fondant le *Groupe des jeunes cubistes* qui, le 28 janvier, reçoit le nom de *Posnovis* (Partisans du nouvel art), puis, le 16 février, celui d'*Ounovis* (Garants du nouvel art, les traductions d'*Ounovis* sont variées, mais toutes insistent sur l'aspect nouveau de cet art). En 1921, Malevitch quitte Vitebsk. De 1923 à 1926, il est le fondateur et un des directeurs de l'Institut de Culture artistique de Leningrad (*Ghinkhouk*). Il y dirige le département formel et théorique. L'Institut ferme en 1926, et Malevitch entre à l'Institut de l'histoire de l'art, où il professe jusqu'en 1929. Il obtient l'exceptionnelle permission, en mars 1927, de se rendre en Pologne et en Allemagne pour y présenter ses travaux. Pressé par les instances soviétiques de regagner Leningrad, il y est emprisonné trois semaines. Ce retour précipité l'empêche de récupérer ses tableaux, dessins, et carnets de notes ainsi que le manuscrit *Die Gegenstandslose Welt* (Le Monde sans objet) qui sera édité en allemand par le Bauhaus, mais jamais traduit en russe. Il confie à un ami, Hugo Häring, une trentaine ou, selon d'autres sources, une soixantaine de ses œuvres importantes, soigneusement dissimulées pendant le nazisme, et acquis pour l'essentiel en 1958 par le Stedelijk Museum d'Amsterdam et pour partie par le Museum of Modern Art de New York.
Malevitch expose pour la première fois, en 1907, à la XIVe exposition de la Coopérative de Moscou. À partir de 1909, il cesse d'exposer dans les Salons officiels et, dès 1910, il participe aux diverses expositions de l'avant-garde russe. Larionov l'invite à participer au *Valet de Carreau*, en 1910, à Moscou ; il figure à la deuxième *Exposition de l'Union de la jeunesse*, à Saint-Pétersbourg, en 1911, puis à la troisième, l'année suivante, y rencontrant les futuristes italiens, en tournée de conférence à travers la Russie, et prenant part à leurs discussions. Certaines sources le font avoir participé à la première exposition du *Blaue Reiter* (Cavalier Bleu) de Kandinsky, à Munich, dès 1911. Il semble plutôt qu'il n'a participé qu'à la deuxième, en 1912. Cette même année 1912, il expose au groupe de *La Queue de l'âne* à Moscou ; en 1913 à *La Cible*, à Moscou ; en 1914 au *Valet de Carreau*, à Moscou ; en 1915, à l'exposition du groupe *Tramway V*, qu'anime Pougny, à Petrograd ; en décembre 1915, à l'exposition *0,10*, à Petrograd, que Malevitch anime avec Tatlin. Il y présente trente-six œuvres suprématistes, dont son célèbre *Quadrilatère*, plus connu sous le nom de *Carré noir sur fond blanc*. En 1919, son tableau *Suprématisme blanc* (1918) est présenté à l'occasion de l'exposition *Création sans objet et suprématisme*, à Moscou ; en 1923, Malevitch participe à l'*Exposition de peinture d'artistes de toutes les tendances à Petrograd. 1918-1923* ; en 1924, le *Carré noir*, la *Croix noire*, le *Cercle noir* et des dessins sont présentés à la XIXe Biennale de Venise ; en 1926, ce sont des projets et des maquettes d'architecture qui sont présentés à l'exposition annuelle du *Ghinkhouk*. Pendant son voyage en Pologne et en Allemagne, il expose à Varsovie et à Berlin, avec une salle entière, en 1927, à la *Grosse Berliner Kunstaustellung* ; en 1932, Malevitch figure à la rétrospective *Quinze ans d'art soviétique* au Musée Russe à Leningrad, exposition présentant un ensemble de travaux suprématistes, des maquettes d'architecture et des peintures postsuprématistes. De son vivant, Malevitch put montrer à plusieurs reprises ses œuvres dans des expositions personnelles : en 1919, *De l'impressionnisme au suprématisme*, à Moscou ; en 1922, au Musée de Culture artistique, à Moscou. Après que les autorités l'eurent emprisonné, à son retour d'Allemagne, en 1927, la Galerie Trétiakov de Moscou lui organise, en 1929, une exposition rétrospective, mais en 1930 une autre exposition consacrée à l'artiste est fermée peu après l'ouverture sur l'ordre des autorités. Après la Seconde Guerre mondiale, ce sont les amateurs, rares galeristes et les musées occidentaux qui perpétuent la mémoire de l'œuvre de Malevitch. En 1958, une rétrospective de ses tableaux et dessins restés en Allemagne est montrée au public occidental ; en 1970, une rétrospective est organisée au Stedelijk Museum d'Amsterdam ; en 1959, autre rétrospective à la Kunsthalle de Berne ; en 1978, le Musée National d'Art Moderne de Paris organise une exposition *Malevitch* au Centre Georges Pompidou. L'année 1989 marque la réhabilitation officielle de l'artiste en Union soviétique par l'organisation d'une grande exposition à Moscou, exposition qui est également présentée au Stedelijk Museum d'Amsterdam l'année suivante.
Ses toutes premières réalisations en peinture sont mal connues, vraisemblablement des paysages à tendance romantique et symboliste, qu'il brûla pour la plupart en 1906, avant son départ pour Moscou. Jusqu'en 1910, les peintures de Malevitch se ressentent de l'influence des impressionnistes, de même que, à travers l'exemple de Gontcharova, de l'art populaire russe des gra-

vures sur bois ou « luboks » dans ses gouaches de 1909-1910. À cette époque, faisant suite aux articles académiques de l'Association des Expositions Itinérantes, le groupe *Mir Izkousstva* (Le Monde des Arts), fondé en 1899, avait déjà réagi contre cet académisme didactique, en effet pavé de bonnes intentions, puis se scinde en deux nouveaux groupes : la *Rose bleue* et le *Valet de Carreau*, celui-ci tentant une synthèse entre la construction cézanienne, l'accent des Fauves, et l'accent propre aux arts populaires russes. La première époque de Malevitch, de 1910 à 1912, que l'on peut qualifier en partie de néo-primitiviste, se réfère encore au folklore russe, par le choix des sujets, empruntés surtout à la vie des paysans russes : *Le Bûcheron – Le Matin après l'orage dans le village – La Femme aux seaux – Le Faucheur – Le Rémouleur – La Récolte* – etc., mais pour le reste se rapproche de la période cubiste de Léger, avec quelques emprunts au futurisme. Les personnages de ces œuvres sont constitués de volumes géométrisés à l'extrême, suivant le précepte de Cézanne (réduire la nature au cylindre, au cube et au cône) répercuté par les cubistes. Sa période cubo-futuriste, en 1913-1914, le sépare de Larionov et de Gontcharova et confirme l'influence croissante du futurisme avec des œuvres aux titres caractéristiques : *Dame dans le tramway – Dame devant une colonne d'affichage – Un Anglais à Moscou* (1913-1914). Au cours de cette période, Malevitch cède de plus en plus aux seules nécessités plastiques et au rythme abstrait sur les formes réalistes encore reconnaissables dans ses tableaux. *Un Anglais à Moscou* résume bien l'interprétation originale, « a-logique », que fait Malevitch du cubisme synthétique et annonce les collages dada.

Mais il convient de revenir un peu en arrière. Dès 1913, alors qu'il exécute les décors pour l'opéra futuriste de Kruchenik *Victoire sur le soleil*, représenté au théâtre Luna Park de Saint-Pétersbourg, Malevitch peint pour l'un des décors un carré noir sur fond blanc, intitulé *Fossoyeur Monsieur carré noir*, où il faut bien voir la première manifestation de ce qui va devenir le suprématisme. Cette précision est importante, historiquement, dans la mesure où, dans cette recherche de la désincarnation maximale de l'art, la question de la priorité est encore contestée entre Malevitch, Tatlin et Rodtchenko. En outre, Georges Annenkov témoigne avoir vu une peinture de Malevitch, constituée d'un carré noir sur fond blanc, exposée dans un petit Salon d'art *La Cible*, à Moscou, également en 1913. Quoi qu'il en soit, Michel Seuphor souligne que : « Toute peinture qui prend pour base des formes géométriques exactes, sans nulle rechercher de représentation, remonte donc nécessairement à Malevitch, à l'acte suprématiste de 1913. » Ayant exposé des œuvres futuristes en 1915, ce n'est qu'en 1916, à Petrograd, qu'il publie le manifeste du suprématisme, écrit avec l'aide de Maïakovski et de ses autres amis écrivains, dans lequel il précise les raisons pour lesquelles il lui semble que l'art doit s'affranchir radicalement de tout référence à la réalité, afin de parvenir à ce but « suprême » : exprimer « la sensibilité de l'absence de l'objet », « art de toutes tendances sociales ou matérialistes », en n'utilisant exclusivement que les seules possibilités expressives des formes et des couleurs détachées de toute association avec une réalité autre, montrant ainsi leur suprématie dans l'ordre du sensible. Pour cela, il définit un vocabulaire de formes et de couleurs simples, ne pouvant prêter à aucun rapprochement avec des formes de la réalité concrète : le carré, le rectangle, le cercle, le triangle, la croix, à laquelle il rattache évidemment une signification symbolique ; autres formes simples : l'ovale brisé en amandes, la ligne en zigzag, etc. À cette époque, à partir de ce vocabulaire restreint, Malevitch produit un grand nombre d'œuvres suprématistes, que l'on peut qualifier de « dynamiques ». Celles-ci sont d'une grande délicatesse de formes et de couleurs. Leur diversité surpasse aisément la rigueur des éléments, d'autant que Malevitch y atténue quelque peu le rigorisme de sa pensée originelle. Il revient parfois à un certain subjectivisme par l'évocation de notions qui ont trait à la sensation, évoluant de la rigueur de compositions purement suprématistes comme *Composition suprématiste avec utilisation du triangle*, à des compositions moins dématérialisées comme *Sensation de vol* (qui rappelle la silhouette d'un avion), *Sensation de volonté mystique* (où apparaît la forme de la croix), *Sensation d'écoulement* ou encore *Sensation d'attraction*. Il éprouve de nouveau le besoin de revenir à une pureté renforcée, dans une volonté d'ascèse peu commune, par la seule utilisation de la ligne droite. Et, c'est, en 1918, l'extrême raffinement spiritualisé du célèbre *Carré blanc sur fond blanc*, qu'il accompagne d'une déclaration écrite, *manifeste du suprématisme blanc* : « J'ai débouché dans le blanc, camarades aviateurs, voguez à ma suite dans l'abîme (...) ». Ayant été à l'origine une pratique picturale, à partir des formes et des couleurs, le suprématisme atteint, avec cette œuvre, les limites de la représentativité en peinture et se place dorénavant au niveau du concept qui se comprend et se vit comme un nouvel ordre mystique de la sensibilité humaine. Certains historiens font état de l'incompréhension rencontrée alors par la démarche spirituelle et les œuvres de Malevitch. C'est oublier le considérable retentissement que connaît au contraire aussitôt, le suprématisme, et ses prolongements. Disputant d'ailleurs la priorité à Malevitch, presque simultanément, Tatlin, avec ses premiers reliefs picturaux en 1914, génère le mouvement constructiviste, Rodtchenko le non-objectivisme vers la fin 1915, puis, en 1920, Gabo et Pevsner publient, à Moscou, le *Manifeste réaliste*, d'inspiration post-futuriste. El Lissitzky se fait l'interprète des idées suprématistes et constructivistes en Allemagne, où, à partir de 1922, convergeant avec le courant néo-plasticiste propagé hors de Hollande par Van Doesburg, elles connaissent dans les milieux du Bauhaus la fortune que l'on sait. Dans le climat de recherches, à la fois révolutionnaires par leur non-référence délibérée à la réalité concrète et fonctionnalistes dans leurs perspectives sociales qui, comme le rapporta Diaghilev, agitait l'intelligentsia russe de cette période fiévreuse, Malevitch produit, en 1917, ses premiers dessins d'architecture, en 1918 ses premières maquettes de céramiques pour les manufactures d'État, et, en 1919, annonce la fin du suprématisme en tant que mouvement pictural. La peinture est, selon lui, affaire du passé, il se plonge dorénavant dans la défense, par l'écrit, du contexte spirituel qui fonde le suprématisme et s'investit dans des expériences pédagogiques à Vitebsk et Leningrad. Parmi ses ouvrages qui resteront inédits jusqu'à la fin des années soixante : *Des nouveaux systèmes dans l'art* (1919) ; *Le Suprématisme, 34 dessins* (1920) avec commentaire de sa démarche et de celles de ses élèves ; *Le Miroir suprématiste* (1923) ; *Le Monde non objectif* (1927).

C'est en 1920 que date la création, à Vitebsk, de l'*Ounovis*, véritable foyer créatif suprématiste qui avait pour dessein de confirmer le suprématisme « comme nouvelle construction des formes de ce monde ». En sont membres, notamment : El Lissitzky, Nikolaï Souétine et Ilia Tchachnik qui vont continuer à penser « suprématiste » en enrichissant cet acquis suprématiste de nouvelles expériences. Nikolaï Souétine, en particulier, sera à l'origine de ce qu'on appelle le « postsuprématisme ». Parmi une production diverse, en 1921, les ateliers de l'*Ounovis*, travaillent à de petites maquettes d'architecture tridimensionnelles selon les principes des dessins suprématistes de Malevitch. Cependant, les temps sont en train de changer. Au Soviet d'avril 1919, Kamenev fait la violente déclaration : « Assez de clowneries. Le Gouvernement des paysans et des ouvriers annule l'aide prêtée à toutes les écoles cubistes et futuristes. Tous ces pitres ne sont pas des artistes prolétaires, et leur art n'est pas le nôtre ». En 1921, une résolution est votée par vingt-cinq peintres moscovites déclarant abandonner « la création de formes pures pour se consacrer à la seule production de modèles d'objets utilitaires » : la peinture non-objective est officiellement condamnée. Contrairement à la plupart des grands artistes russes qui ont été révolutionnaires aussi bien dans leur art que dans leur option sociale et qui trouvent l'occasion de quitter le pays, Malevitch choisit de rester. L'influence de Lunatcharsky va aller s'amenuisant, devant la montée d'une bureaucratie intellectuelle conformiste, jusqu'à la création, en 1932, de l'*Union des artistes*, qui fera régner l'ordre et la discipline jusque dans la création artistique, dont la fonction libératrice et novatrice sera évidemment paralysée. À partir de 1922, l'*Ounovis* est en proie à des défections. Dans un climat houleux, entre révolution et contre-révolution, les dirigeants politiques s'emploient à convaincre les artistes à pratiquer un art d'éducation et de propagande. Le critique Nikolaï Pounine, l'un des principaux adversaires du suprématisme, alors directeur de la section artistique de la manufacture de céramique, pousse les suprématistes, à partir de 1922, à réaliser des travaux de céramique. C'est ainsi que Malevitch produit une théière suprématiste. Dans ces différents travaux, il « compose », cédant le moins possible, voulant avant tout inciter à la réflexion artistique. À l'Institut de Culture artistique (*Ghinkhouk*), Malevitch travaille également à des projets architecturaux spatiaux, recherches qu'il poursuit en 1925 et 1926. Avec les *Planites* faits de cartons peints en blanc et les *Architectones* en plâtre, Malevitch et ses partisans sont à la recherche d'un volume homogène d'organisation architectonique à partir de données élémentaires. Il créa même, avec Souétine et Tchachnik, une ville suprématiste, puis, en 1930-1932, avec Souétine une série de maquettes verticales.

Les dernières années indiquent, qu'en peinture, Malevitch a consenti à un retour à la figuration de type néo-primitiviste et cubo-futuriste d'une inspiration non éloignée de ses débuts. Période mal comprise et ambiguë, d'autant qu'il a été mis à jour qu'il aurait antidaté à 1910-1913 plusieurs de ses tableaux de la fin de sa vie. Cependant, on trouve dans cette production tardive, qualifiée par le peintre lui-même de « supernaturalisme », certains échos de la dynamique suprématiste appliquée à des sujets – visages aveugles, paysans au bras coupés – qui contiennent, en outre, une dénonciation de la situation politique et sociale de son pays, et particulièrement de la collectivisation forcée de la terre. Mais on sait, que dépassant toutes les déceptions – sa disgrâce est totale à partir de 1930 –, il ne changea jamais profondément de convictions, celui qui écrivit : « Il serait grand temps de reconnaître une bonne fois que les problèmes de l'art, d'une part, et ceux de l'estomac et de la raison, d'autre part, s'écartent considérablement les uns des autres ». Il semble qu'il soit mort dans un grand dénuement. Il avait préparé lui-même un cercueil décoré d'éléments suprématistes, et avait aussi demandé à être enterré les bras en croix. Sur sa tombe, à Nemtchinovka près de Moscou, son élève Souétine lui érigea en hommage un carré noir en bois. Malevitch restera comme l'un des rares authentiques créateurs de l'abstraction, son influence reste déterminante. ■ Jacques Busse, Christophe Dorny

KM.

Bibliogr. : *Exposition de K. S. Malevitch*, catalogue, Moscou, 1929 – Barr : *Cubism and Abstract Art*, New York, 1936 – Michel Seuphor : *L'Art abstrait, ses origines, ses premiers maîtres*, Maeght, Paris, 1949 – *Collection of the Société Anonyme*, New Haven, 1950 – Michel Seuphor, in : *Dictionnaire de la peinture moderne*, Hazan, Paris, 1954 – Michel Seuphor : *Dictionnaire de la peinture abstraite*, Hazan, Paris, 1957 – Michel Seuphor : *Le Style et le Cri*, Seuil, Paris, 1965 – T. Andersen : *Malevitch*, Stedelijk Museum, Amsterdam, 1970 – V. Marcadé : *Le Renouveau de l'art pictural russe*, Lausanne, 1971 – in : *Les Muses*, t. IX, Grange Batelière, Paris, 1972 – Kasimir S. Malevitch : *De Cézanne au suprématisme*, L'Âge d'Homme, Lausanne, 1974 – in : *Dictionnaire universel de la peinture*, t. IV, Le Robert, Paris, 1975 – A. Nakov : *Malevitch – Écrits*, Paris, 1975, 2e éd., 1986 – E. Martineau : *Malevitch et la philosophie : la question de la peinture abstraite*, Lausanne, l'Âge d'Homme, 1977 – *Malevitch, catalogue, exposition*, galerie Gmurzynska, Cologne, 1978 – *Malevitch*, catalogue de l'exposition, Musée National d'Art Moderne, Paris, 1978 – in : *Les Cahiers du Musée National d'Art Moderne*, n° 3, Centre Georges Pompidou, Paris, 1980 – in : *Les Cahiers du Musée National d'Art Moderne*, n° 10, Centre Georges Pompidou, Paris, 1982 – Donald Karshan : *The Graphic Work 1913-1930. A print catalogue raisonné*, The Israël Museum, Jérusalem, 1985 – *Kazimir Malevitch*, catalogue de l'exposition, Leningrad-Amsterdam, 1988-1989 – Jean Claude Marcadé : *Malevitch*, Casterman, Paris, 1990 – Serge Fauchereau : *Malevitch*, Cercle d'Art, Paris, 1991 – in : *L'Art du xxe s.*, Larousse, Paris, 1991 – *Malevitch – Souétine – Tschaschnik*, catalogue de l'exposition, galerie Gmurzynska, Cologne, 1992 – in : *Dictionnaire de l'art moderne et contemporain*, Hazan, Paris, 1992 – Andréi Boris Nakov : *Kasimir Malevitch. Leben und Werk Catalogue raisonné*, 3 vol., Landau, 1992-1993.

Musées : Amsterdam (Stedelijk Mus.) : *Le Pédicure dans la salle de bain* 1908-1909 – *Les Paysannes à l'église* 1910-1911 – *Le Baigneur* 1910 – *Femme aux seaux et à l'enfant* 1910-1911 – *La Rentrée des Moissons* 1911 – *Les Cireurs* vers 1911 – *Le Bûcheron* 1912 – *La Moisson de seigle* 1912 – *Tête de paysanne* 1913 – *Un Anglais à Moscou* 1913-1914 – *Femme devant une colonne d'affichage* 1914 – *Peinture suprématiste, rectangle noir, triangle bleu* 1915 – *Croix noire sur ovale rouge* – *Suprématisme* 1915 – *Planètes de l'avenir* 1924 – Hanovre (Niedersächsische Landes-Galerie) : *Le Civil de la troisième Division* 1914 – Montréal (Mus. d'Art Contemp.) : *Sieg über die sonne* 1973 – Moscou (Gal. Trétiakov) : *Le Faucheur* 1911 – *Autoportrait* 1929 – *Portrait de Matiouchine* 1913 – *Femme au peignoir* 1932 – New Haven (Yale Art Gal.) : *Le Rémouleur* 1912 – New York (Mus. of Mod. Art) : *Femme aux seaux, arrangement dynamique* 1912 – *Carré rouge et noir* vers 1913-1914 – *Carré blanc sur fond blanc* 1919 – New York (Solomon R. Guggenheim Mus.) : *Matin à la campagne après la pluie* 1912-1913 – Paris (Mus. Nat. d'Art Mod.) : *Alpha* 1923 – *Béta* avant 1926 – *L'Homme qui court* vers 1930 – Saint-Pétersbourg (Mus. Russe) : *Femme à la fleur* 1903 – *Arbres en fleurs* 1904 – *Pommiers en fleurs* 1904 – *L'Habitant de la Datcha* 1910 – *Vache et violon* 1913 – *Carré noir sur fond blanc* 1913 – *Croix noire* vers 1913 – *L'Aviateur* 1914 – *Suprématisme* 1916 – *Suprématisme à l'intérieur d'un contour. Les Sportifs* – *Suprématisme jaune et noir* 1916-1917 – *Quadrilatère* – *La Maison rouge* 1932.

Ventes Publiques : Londres, 13 juil. 1960 : *Nature morte cubiste*, sur cart. : **GBP 1 800** – Londres, 30 juin 1966 : *Maison et jardin* vers 1904 : **GBP 420** – Londres, 3 déc. 1974 : *Tête de paysan*, gche : **GNS 17 000** – Hambourg, 3 juin 1978 : *Construction avec croix* 1914/15, cr. (18,6x11,8) : **DEM 11 000** – New York, 13 nov 1979 : *La Prière* 1913, litho. (13,5x9,5) : **USD 1 100** – New York, 6 nov 1979 : *Composition suprématiste* vers 1919/20, encre de Chine, gche et cr. (17,5x22,2 ; 9,2x9,2) : **USD 12 000** – Londres, 31 mars 1982 : *Composition suprématiste* 1920, cr. et encre de Chine (8,3x7) : **GBP 6 500** – New York, 15 nov. 1983 : *Couverture et dos d'un livre de N. Punin*, litho. coul., une paire (21,5x14,3) : **USD 2 500** – Londres, 28 juin 1983 : *Composition suprématiste* vers 1915, cr. (19,5x13,5) : **GBP 2 800** – Paris, 15 juin 1984 : *La maison de campagne*, h/t (43x53) : **FRF 250 000** – Londres, 27 juin 1985 : *Suprematism 34 Risunka* 1920, litho. (22x18,3) : **GBP 42 000** – La Varenne-Saint-Hilaire, 8 mars 1987 : *Composition aux formes géométriques*, mine de pb (13x12,5) : **FRF 39 000** – Londres, 2 avr. 1987 : *Les Régates* 1904, gche/traits de pl. et encre noire (20,3x20) : **GBP 46 000** – New York, 12 nov. 1988 : *Composition suprématiste* 1915, cr./pap. (18,1x11) : **USD 19 800** – Londres, 6 avr. 1989 : *Composition suprématiste*, cr. de coul. et aquar. (36x44,5) : **GBP 118 800** – Londres, 5 oct. 1989 : *Trois personnages suprématistes*, cr. et aquar./pap. (36,5x27,1) : **GBP 60 500** – New York, 8 mai 1991 : *Composition suprématiste*, cr./pap. (15,5x9,2) : **USD 15 400** – Londres, 30 juin 1992 : *Composition suprématiste* 1914, cr./pap. graph. (21,8x14,9) : **GBP 2 640** – Londres, 1er juil. 1992 : *La veuve* 1908, aquar. et gche/cart. (14,2x14,3) : **GBP 22 000** ; *Composition suprématiste (L'avion volant)*, encre de Chine (en tout 17,8x21,2) : **GBP 28 600** – Londres, 22 juin 1993 : *Tête de paysan*, gche/cart. (46x46) : **GBP 210 500**.

MALEVOLTI Adolfo

xixe siècle. Italien.

Peintre.

La Galerie antique et moderne, à Prato, conserve de lui : *Intérieur de l'église du Saint-Esprit à Florence*.

MALEWSKY S. de

Né le 21 février 1905 à Saint-Pétersbourg. Mort le 5 juin 1973 à Paris. xxe siècle. Depuis environ 1920 actif en France. Russe.

Peintre de paysages, paysages urbains, marines, natures mortes, fleurs, dessinateur. Postimpressionniste.

Dans les années vingt, à Paris, il fréquenta les Académies de la Grande-Chaumière et Julian. En 1939, il s'engagea dans l'armée française, se trouvant dans la campagne de Flandre, dans l'épopée de Dunkerque et en Angleterre. Après 1946, il voyagea beaucoup. N'ayant jamais figuré dans aucun Salon, il ne montra ses œuvres que dans moins d'une dizaine d'expositions personnelles, depuis la première en 1955, à Paris, galerie Stiebel ; puis galerie André Maurice ; ainsi qu'à New York en 1961. Après la fermeture de la galerie André Maurice, pour cause de décès des propriétaires, Malewsky renonça définitivement à peindre. Dans ses premières années, il sacrifia à l'académisme, puis traversa une brève période abstraite, signant ses toiles du pseudonyme de Emes (MS, Malewsky S.). De ce passage par l'abstraction se retrouveront souvent des traces dans la suite de son œuvre, figuration allusive, peinture par taches quasiment néo-impressionnistes. Il a peint des natures mortes et des fleurs, presque jamais de personnages dans ses paysages ni dans ses vues de villes. Il a surtout peint les paysages de France, du Valois, de la Loire, de Bretagne, du Bourbonnais, de Provence, d'Auvergne, de Bourgogne, des Pyrénées, du Roussillon, des côtes de l'Atlantique, les vues de Paris, mais aussi en Espagne, Palestine, Afrique du Nord, Grèce, à Londres, New York, etc.

Bibliogr. : Divers : *Malewsky*, Paris, s.d.

MALEZIEUX Caroline

Née au xixe siècle à Saint-Quentin. xixe siècle. Française.

Portraitiste et peintre de genre.

MALÉZIEUX Jean Baptiste
Né au XIXe siècle à Nauroy (Aisne). XIXe siècle. Français.
Peintre de portraits et fusiniste.
Élève de Picot. Il figura au Salon de Paris à partir de 1845.

MALFAIT F. F.
Actif à Bruxelles. Éc. flamande.
Sculpteur.
Le Musée d'Ypres conserve de lui : *La Vierge de Messine.*

MALFAIT Hubert
Né en 1898 à Astène. Mort en 1971 à Laethem-Saint-Martin. XXe siècle. Belge.
Peintre de compositions à personnages, paysages, natures mortes, dessinateur. Expressionniste.
Il fut élève de Jean Delvin et Georges Minne à l'Académie des Beaux-Arts de Gand. En 1922 il remporta le Prix Pipyn, en 1923 le Prix de Rome, et en 1929 le Prix Rubens. Il a voyagé en Italie, et, en France, dans le Midi, en Normandie et Bretagne. Il a participé à de nombreuses expositions en Belgique et à l'étranger. En 1954, il est devenu membre du Conseil national des Arts plastiques.
Il a surtout consacré son œuvre aux sites et aux habitants du Pays de la Lys. Il s'est déterminé dans la seconde génération de la grande tradition de Laethem-Saint-Martin. Sa peinture est alors franche, aux personnages massifs, rugueux et caricaturaux, présentés dans des scènes campagnardes et des paysages. Vers 1930, sa manière se fit plus souple, plus délicate, plus soumise à la réalité. Dans la suite, il revint à la vigueur des débuts, y apportant en plus une recherche de coloriste.

H.m

BIBLIOGR. : U. Van De Voorde : *Hubert Malfait,* Meddens, Bruxelles, 1965 – in : *Diction. biogr. illustré des Artistes en Belgique depuis 1830,* Arto, Bruxelles, 1987.
MUSÉES : ANVERS – BRUXELLES – DEINZE – GAND – GRENOBLE – LAETHEM-SAINT-MARTIN – LIÈGE – MENTON.
VENTES PUBLIQUES : ANVERS, 2 avr. 1974 : *Le Bœuf noir* : **BEF 280 000** – BRUXELLES, 24 mars 1976 : *Fillette à la campagne,* h/t (100x75) : **BEF 475 000** – ANVERS, 6 avr. 1976 : *Jeune fille,* dess. (85x60) : **BEF 70 000** – LOKEREN (Belgique), 14 mai 1977 : *Scène de moisson,* h/t (75x90) : **BEF 370 000** – ANVERS, 8 mai 1979 : *Le petit déjeuner,* h/t (50x68) : **BEF 220 000** – BRUXELLES, 19 mars 1980 : *Coin de village avec personnage,* lav. (35x55) : **BEF 44 000** – ANVERS, 29 avr. 1981 : *Promenade en mer,* h/pan. (47x61) : **BEF 160 000** – BRUXELLES, 26 oct. 1983 : *Jeune fille attablée,* h/t (100x85) : **BEF 220 000** – LOKEREN, 20 oct. 1984 : *Jeune Femme,* gche (66x50) : **BEF 75 000** – ANVERS, 23 oct. 1984 : *Marie, la servante de ferme* 1928, dess. (67x58) : **BEF 65 000** – LOKEREN, 19 oct. 1985 : *La Conversation,* dess. à l'encre sépia (72x52) : **BEF 100 000** – LOKEREN, 16 fév. 1985 : *Scène de moisson,* h/t (64x80) : **BEF 300 000** – LOKEREN, 18 oct. 1986 : *Les Meules de foin* 1946, h/t (64x80) : **BEF 440 000** – LOKEREN, 12 déc. 1987 : *Baigneuse* 1932, gche (67x50) : **BEF 170 000** – LOKEREN, 28 mai 1988 : *Nature morte avec des pigeons et des canards sauvages parés pour la cuisson* 1938, h/t (85x110) : **BEF 110 000** – LOKEREN, 8 oct. 1988 : *Travaux des champs,* sépia (38,5x50) : **BEF 80 000** – LOKEREN, 21 mars 1992 : *Autoportrait,* h/t (68x58) : **BEF 90 000** – LOKEREN, 23 mai 1992 : *Laboureur avec un cheval,* h/t (38x50) : **BEF 150 000** – LOKEREN, 10 oct. 1992 : *Deux enfants,* sépia (75x55) : **BEF 220 000** – LOKEREN, 5 déc. 1992 : *Laboureur et son cheval près d'une ferme,* h/t (38x50) : **BEF 300 000** – LOKEREN, 9 oct. 1993 : *Fillette assise* 1944, h/t (90x60) : **BEF 500 000** – LOKEREN, 8 oct. 1994 : *Laboureur avec un bœuf* 1964, h/pan. (60x90) : **BEF 850 000** – LOKEREN, 11 mars 1995 : *Chargement de la charrette pour rentrer la moisson* 1940, h/t (75x100) : **BEF 650 000** – AMSTERDAM, 31 mai 1995 : *Nature morte avec des harengs dans une coupe,* h/pap./cart. (17,5x21) : **NLG 2 360** – LOKEREN, 9 mars 1996 : *Cavaliers sur une plage* 1958, h/pan. (46x61) : **BEF 240 000** – LOKEREN, 18 mai 1996 : *Germaine* 1932, gche (67x50) : **BEF 110 000** – LOKEREN, 8 mars 1997 : *Les Moissons* 1963, h/pan. (75x90) : **BEF 650 000** – LOKEREN, 6 déc. 1997 : *Rêverie* 1945-1950, sépia (73x65) : **BEF 360 000.**

MALFAIT Octave
Né en 1857 à Astène. Mort en 1932 à Gand. XIXe-XXe siècles. Belge.
Peintre de paysages, pastelliste.
Il était oncle de Hubert Malfait. Il fut élève de l'Académie des Beaux-Arts de Gand, où il prit part ensuite à des Salons triennaux.
On cite à son propos un certain raffinement proche de l'impressionnisme et de Émile Claus et Georges Buysse, surtout dans des pastels de petits formats.
BIBLIOGR. : Paul Haesaerts, in : *L'École de Laethem-Saint-Martin,* Formes, Bruxelles, 1945 – in : *Diction. biogr. illustré des Artistes en Belgique depuis 1830,* Arto, Bruxelles, 1987.
VENTES PUBLIQUES : LOKEREN, 10 oct. 1992 : *Les rives de la Leie,* past. (25x33) : **BEF 26 000.**

MALFATTI Andrea
Né en 1830 ou 1832 à Mori. Mort le 7 février 1917 à Trente. XIXe-XXe siècles. Italien.
Sculpteur.
Il prit part aux expositions de Paris où il obtint une médaille d'argent en 1889 à l'Exposition Universelle.
Il fut un des représentants principaux de la sculpture réaliste de monuments funéraires en Italie.
MUSÉES : TRIESTE (Mus. Revoltella) : *La Pietà.*
VENTES PUBLIQUES : LONDRES, 10 nov. 1983 : *Buste de jeune femme* vers 1890, marbre blanc (H. 92) : **GBP 1 600** – NEW YORK, 27 sep. 1986 : *Nymphe et Putto,* bronze patiné (H. 128,8) : **USD 6 000** – NEW YORK, 23 mai 1996 : *Vénus et Cupidon* 1878, marbre (H. 208,3) : **USD 255 500.**

MALFATTI Anita
Née en 1896 à São Paulo. Morte en 1964. XXe siècle. Brésilienne.
Peintre de figures et sujets divers, graveur, dessinateur. Expressionniste.
Adolescente, elle vécut en Allemagne. Elle fréquenta assidument le musée de Dresde. Elle étudia à l'Académie Royale de Berlin, étant alors surtout impressionnée par Lovis Corinth. Elle revint au Brésil en 1914, faisant aussitôt une exposition à São Paulo. L'Europe en guerre, elle alla poursuivre sa formation aux États-Unis, élève de Homer Boss à l'Independance School of Art de New York en 1915. Revenue à São Paulo en 1916, elle se heurta à l'incompréhension générale, jusqu'à son exposition d'ensemble de peintures, gravures, dessins de 1917, qui eut une influence déterminante sur les jeunes artistes brésiliens. La vive polémique provoquée par la nouveauté de sa vision déclencha l'entrée de l'art brésilien dans la modernité. Elle eut encore une participation importante à la Semaine de Commémoration du centenaire de l'indépendance du Brésil en 1922. À partir de 1926, elle figura au Salon des Indépendants de Paris.
Lorsque, pendant son année de formation new-yorkaise, elle peignait, selon ses termes, « dans la bourrasque, au soleil, sous la pluie ou dans le brouillard... la tourmente, le phare, les paysages circulaires, le soleil, la lune et la mer... », c'était au fauvisme français et à l'expressionnisme d'Europe centrale que l'initiait Homer Boss. En témoignent les titres des peintures de son exposition de 1917 : *L'Homme jaune, La Femme aux cheveux verts, L'Homme des sept couleurs.* La dominante expressionniste de ces peintures n'était pas exclusive d'une certaine influence cubisante. Tout en développant la suite de son œuvre dans ce même esprit de modernité et de perméabilité aux avant-gardes européennes, Anita Malfatti y prit en compte des aspects spécifiques des traditions, du folklore, du paysage, de la vie et des types humains du Brésil, contribuant ainsi à intégrer cette modernité extrinsèque dans un sentiment national de brésilianité, renforcé par la commémoration de l'indépendance. ■ J. B.
BIBLIOGR. : Damian Bayon, Roberto Pontual, in : *La peint. de l'Amérique latine au XXe siècle,* Mengès, Paris, 1990.
MUSÉES : SÃO PAULO (Mus. d'Art Contemp. de l'Université) : *La Sotte* 1917.
VENTES PUBLIQUES : PARIS, 29 oct. 1926 : *Figure* : **FRF 2 000** – SÃO PAULO, 24 oct. 1980 : *La chambre bleue (nu),* h/t (55x46) : **BRL 520 000** – SÃO PAULO, 30 nov. 1981 : *Portrait de femme,* cr. et reh. coul. (25,5x24,5) : **BRL 300 000.**

MALFATTI Faustina
Née le 16 août 1792 à Florence. Morte le 24 janvier 1837 à Lucques. XIXe siècle. Italienne.
Miniaturiste.
Fille du peintre Louis Gauffier, elle fut l'élève de son père adoptif J. B. Desmarais, à Carrare.

MALFATTI G. B.
Né en 1751 à Romeno. Mort en 1822. XVIIIe-XIXe siècles. Italien.
Peintre.
Le Musée diocésain de Trente conserve de cet artiste : *Portrait de Giacomo Malfatti.*

MALFILASTRE Claude
XVIIIe siècle. Actif à Paris. Français.
Maître sculpteur.
Il fut reçu à l'Académie de Saint-Luc en 1771.

MALFILATRE Lucie
Née le 24 mars 1871 à Paris. XIXe-XXe siècles. Française.
Peintre de paysages.
Elle fut élève d'Émile Cagniart et Henri Harpignies. Elle figura régulièrement à Paris au Salon des Artistes Français, dont elle était sociétaire depuis 1897, mention honorable en 1909.

MALFLIET Romain
Né en 1910 à Saint-Nicolas-Waes. XXe siècle. Belge.
Peintre de paysages, paysages urbains, aquarelliste, graveur.
Il fut élève de l'Académie des Beaux-Arts d'Anvers, et, à titre personnel, reçut les conseils de Walter Vaes. Il obtint le Prix Europe pour la gravure, à Bruxelles.
Il peint les vues pittoresques d'Anvers et les paysages du Pays de Waes.
Bibliogr. : In : *Diction. biogr. illustré des Artistes en Belgique depuis 1830*, Arto, Bruxelles, 1987.
Musées : Amsterdam – Anvers – Brighton – Bruxelles – Ichongou – Milan – Montevideo – Paris – Philadelphie – Prague – Saint-Nicolas-Waes – Temse – Termonde.
Ventes Publiques : Lokeren, 10 déc. 1994 : *Paysage à Zele*, h/t (71x100) : **BEF 40 000** – Lokeren, 9 mars 1996 : *Dahlias*, h/t (70x60) : **BEF 40 000**.

MALFRAY Charles Alexandre
Né le 19 juillet 1887 à Orléans (Loiret). Mort le 28 mai 1940 à Dijon (Côte-d'Or). XXe siècle. Français.
Sculpteur de monuments, statues, nus, peintre, peintre à la gouache, aquarelliste, dessinateur.
Il est né d'une famille de carriers de père en fils, se livrant tous à la statuaire. Le père étant mort le jour de la naissance de Charles, sa mère, voulant continuer et élever la tradition familiale, le guida vers la sculpture, tandis que son frère vers l'architecture. Il entra donc à l'École des Beaux-Arts d'Orléans, d'où il sortit avec le Prix Ladureau, souvent obtenu par des membres de sa famille. Il reçut aussi les conseils d'un certain Lançon, sculpteur local qui lui enseigna un solide métier, et duquel il se souvint toujours avec respect. Encouragé, il entra à l'École des Beaux-Arts de Paris en 1907, premier au concours. Son passage dans l'atelier de Jules Coutan fut interrompu par le service militaire suivi de la guerre, qu'il termina gravement gazé trois fois. Mûri, il revint à l'École, moins docile et malléable qu'auparavant, et n'obtint que difficilement le second Grand Prix de Rome en 1920 avec *Les Fiançailles*, selon d'autres sources une *Maternité*, et surtout, la même année, le Prix Blumenthal. Pendant dix ans, ses travaux privés et publics demeurèrent incompris ; ne consentant à aucune compromission, la misère qui le guettait, s'acharna. Sa femme vendait des légumes, et bientôt ce fut lui qui s'engagea comme metteur au point pour d'autres sculpteurs. En 1927, au Salon des Tuileries, il exposait en face de Bourdelle. En 1931, il eut l'occasion, à Paris, d'une exposition d'ensemble de son œuvre. Ayant traversé héroïquement les épreuves de la guerre, de l'incompréhension et de la misère, il dut attendre, tard dans sa courte vie, 1930 pour que Maillol l'imposât comme son successeur à l'enseignement de l'Académie Ranson, et 1935 pour que le ministre de l'Éducation Nationale, Jean Zay, le soutînt officiellement et effectivement. Il est mort avec sa seule certitude, peut-être alors enfin hésitante, de n'avoir pas connu la consécration publique. Pourtant son art influença ses amis Jacques Zwobada et Jean Carton, et à l'École des Arts Appliqués, ses élèves François Cacheux et René Babin. En 1966, il était bien représenté dans l'importante exposition *Dessins de sculpteurs de Rodin à nos jours* au Musée des Beaux-Arts de Strasbourg.
Outre son œuvre sculpté, au long de sa vie, il a également peint à l'huile pour des paysages, marines et fleurs, et peint à la gouache, à l'aquarelle, dessiné à la sanguine, au crayon, pour les études préparatoires des sculptures ou pour des projets de vitraux, d'émaux. À partir de ses Prix de Rome et Blumenthal, en marge de sa production privée, l'ont accaparé pendant dix ans jusqu'en 1930, l'érection de ses deux principaux monuments, et leur défense contre l'incompréhension du public et des édiles. Ce fut d'abord *L'Effroi*, monument aux morts de la guerre, commandé par la ville de Pithiviers, dans lequel il a voulu mettre toute l'horreur que la guerre doit inspirer, en lieu de l'habituelle glorification de l'uniforme. Puis l'édification du monument *À la Gloire*, commandé par sa ville natale, mesurant quatorze mètres de haut et couronné par un bronze de trois tonnes. Après la reconnaissance de son talent par Maillol et par les pouvoirs publics, quelques commandes vinrent : en 1937 *Le Printemps* pour le Foyer ou le parvis, du Palais de Chaillot ; en 1938 *La Source du Taurion* pour un jardin public de Limoges ; en 1939, un *Guerrier romain* pour l'Établissement thermal de Luxeuil. La mort l'empêcha de terminer un important triptyque sur *La Danse*.
Ce qui frappe le plus dans la vie et la carrière de Malfray, c'est la constante hostilité, tant de la foule que de l'élite, envers son œuvre, émouvante mais pourtant très respectueux, pour l'époque, des normes traditionnelles. Après sa mort, ses œuvres monumentales font référence pour une époque, et ses œuvres privées sont entrées dans de nombreux musées. ■ J. B.
Bibliogr. : Sarane Alexandrian, in : *Diction. Univers. de l'Art et des Artistes*, Hazan, Paris, 1967 – Denys Chevalier, in : *Nouveau Diction. de la Sculpt. Mod.*, Hazan, Paris, 1970.
Musées : Alger (Mus. des Beaux-Arts) : *L'Éveil* – Blomfield, U.S.A. : *La Danse*, haut-relief – Lyon (Mus. des Beaux-Arts) : *Torse de nageuse* – Orléans (Mus. des Beaux-Arts) : *Cycle de la Danse (première figure)* – Oslo : *L'Éveil* – Paris (Mus. Nat. d'Art Mod.) : *Femme s'essuyant les pieds* – *Torse accroupi* – *Torse de nageuse* – *La Danse* – *Le Printemps* – *L'Été* – *Nu couché de dos*, sanguine – *Nu couché de face*, sanguine – San Francisco : *Femme s'essuyant les pieds*.
Ventes Publiques : Paris, 4 avr. 1946 : *Étude de nu*, sanguine : **FRF 5 500** – Paris, 23 fév. 1949 : *Le Printemps*, bronze : **FRF 80 000** – Paris, 18 nov. 1949 : *Nu allongé lisant*, sanguine : **FRF 20 000** – Paris, 7 juin 1950 : *Maisons dans les arbres, Larressorre* 1919, peint. : **FRF 7 000** – Paris, 21 juin 1950 : *Le Vase de pivoines* 1927 : **FRF 18 000** ; *L'Été*, bronze : **FRF 50 000** ; *Nu assis*, bronze : **FRF 40 000** – Paris, 25 oct. 1950 : *Nu assis, jambe droite relevée*, sanguine : **FRF 40 000** ; *Paysage à Larressorre*, peint. : **FRF 15 000** ; *Danseuse*, bronze, projet pour le triptyque : **FRF 82 000** – Paris, 20 avr. 1951 : *La Douleur*, aquar. : **FRF 10 100** ; *Femme étendue*, sanguine : **FRF 14 800** ; *La Centauresse*, bronze patiné : **FRF 24 000** ; *Tête de jeune fille*, bronze patiné : **FRF 39 000** ; *Deuxième figure du triptyque de La Danse*, bronze patiné : **FRF 75 000** ; *La Seine à Tancarville*, peint. : **FRF 20 200** – Paris, 13 juin 1951 : *Nu accroupi*, sanguine : **FRF 11 000** ; *Nu étendu de face*, sanguine : **FRF 20 000** ; *Au bord de l'eau*, émail : **FRF 5 000** ; *La Sieste à l'ombre*, pierre sculptée : **FRF 33 000** – Paris, 16 déc. 1966 : *Le Silence*, bronze : **FRF 13 000** – Orléans, 22 oct. 1972 : *Tête de jeune fille*, bronze : **FRF 7 000** – Paris, 7 nov 1979 : *Pièce d'artillerie de 75*, bronze (L. 39, plus le moulage en plâtre) : **FRF 4 000** – Paris, 8 juin 1984 : *Nu cambré*, bronze, patine brune (60x28,5x23) : **FRF 30 000** – Paris, 22 mai 1985 : *Baigneuse* 1919, bronze, patine bleu-vert, cire perdue (H. 50) : **FRF 12 000** – New York, 14 juin 1986 : *Femme debout*, bronze (H. 61,5) : **USD 4 000** – New York, 13 mai 1988 : *Nu allongé*, bronze à patine brune (17,1x48,8) : **USD 2 860** – Paris, 30 jan. 1989 : *Nu incliné*, bronze à patine brune (17x47x19) : **FRF 38 000** – Paris, 20 nov. 1990 : *Nu assis*, cr. et aquar. (27,7x21,5) : **FRF 4 500** – Calais, 26 mai 1991 : *Jeune femme debout*, bronze (H. 26) : **FRF 8 000** – Paris, 24 fév. 1992 : *Sur les cimes de l'Olympe*, bronze (H. 28, L. 41, prof. 13) : **FRF 45 000** – Paris, 12 avr. 1996 : *Deux baigneuses*, cr. mine de pb et estompe (39,5x25,5) : **FRF 6 000**.

MALFROY Charles
Né le 27 mai 1862 à Lyon (Rhône). XIXe-XXe siècles. Français.
Peintre de marines.
Il a peint les côtes et les ports de la Méditerranée, des Bouches-du-Rhône au Var. L'homonymie et la similitude des thèmes le fait confondre avec Henry Malfroy.

Malfroy

Ventes Publiques : Paris, 7 mars 1945 : *Vue de port* : **FRF 2 600** – Paris, 10 fév. 1947 : *Vues de port*, deux h/t : **FRF 4 000** – Versailles, 23 mai 1976 : *Les bateaux à l'ancre* 1879, h/pan. (34x46) : **FRF 2 400** – Versailles, 25 avr 1979 : *Village de pêcheurs*, h/t (60x92) : **FRF 6 600** – Lille, 24 avr. 1983 : *Voiliers dans le port de Nantes*, h/t (38,5x56) : **FRF 16 000** – Zurich, 21 juin 1985 : *Port de pêche en Provence*, h/t (50x65) : **CHF 11 000** – Paris, 20 jan. 1988 : *Le Départ pour la pêche, Les Martigues*, 2 peint. h/pan. (chaque 17,5x36) : **FRF 14 000** – Paris, 15 fév. 1988 : *Vue d'un* port, h/t mar./pan. (25x30) : **FRF 5 500** – VERSAILLES, 25 sep. 1988 : *Voiliers dans un port méditerranéen*, h/t (54x81) : **FRF 31 000** – VERSAILLES, 18 déc. 1988 : *Pêcheurs aux Lecques*, h/t (54x81) : **FRF 26 500** – VERSAILLES, 5 mars 1989 : *Petit port sur l'étang de Berre*, h/t (62x92) : **FRF 25 000** – PARIS, 18 mai 1989 : *Petit port provençal*, h/t (38x55) : **FRF 14 500** – PARIS, 27 avr. 1989 : *Bateaux de pêche dans le port de Martigues*, h/t (60x92) : **FRF 30 000** – SAINT-DIÉ, 23 juil. 1989 : *Bandol*, h/t (46x65) : **FRF 25 700** – LONDRES, 6 oct. 1989 : *Un port méditerranéen*, h/t (60x91,5) : **GBP 3 080** – NEUILLY, 5 déc. 1989 : *Sur l'étang de Berre*, h/t (65x54) : **FRF 32 000** – PARIS, 4 mars 1990 : *Port de Martigues*, h/t (41x65) : **FRF 41 000** – PARIS, 6 déc. 1990 : *Grandes manœuvres navales en Méditerranée* 1906, h/t (89,5x146) : **FRF 56 000** – LE TOUQUET, 8 juin 1992 : *Paysage méditerranéen*, h/t (41x65) : **FRF 20 000** – PARIS, 22 juin 1992 : *Cassis*, h/t (38x55) : **FRF 20 000** – PARIS, 21 déc. 1992 : *Retour de pêche*, h/t (60x92) : **FRF 21 000** – PARIS, 21 mars 1994 : *Rivage en Provence*, h/t (50x65) : **FRF 18 500** – PARIS, 12 juil. 1995 : *Embarcations dans la lagune de Venise* 1906, h/t (54x91) : **FRF 12 000** – PARIS, 24 mars 1997 : *Scène de port à Martigues*, h/t (34,5x40,6) : **FRF 5 200**.

MALFROY Henry ou **Malfroy-Savigny**

Né le 15 janvier 1895 à Martigues (Bouches-du-Rhône). Mort en 1944. XXe siècle. Français.

Peintre de paysages, marines. Postimpressionniste.

Il pourrait être le fils de Charles Malfroy, avec lequel il est souvent confondu. Il exposait régulièrement à Paris, aux Salons des Artistes Français et des Indépendants.

Comme Charles Malfroy, il peint les côtes et les ports des Bouches-du-Rhône et du Var. Il a peint aussi quelques paysages parisiens.

HMalfroy

VENTES PUBLIQUES : PARIS, 5 fév. 1923 : *Canal aux Martigues* : **FRF 235** – PARIS, 16 fév. 1944 : *Vue d'un port méditerranéen* : **FRF 2 900** – PARIS, 8 fév. 1950 : *Les Bouquinistes devant Notre-Dame* : **FRF 3 700** – PARIS, 21 fév. 1961 : *Port méditerranéen* : **FRF 10 500** – LUCERNE, 15 nov. 1974 : *Paysage au pont de pierre* : **CHF 5 200** – TOULOUSE, 6 déc. 1976 : *Les Martigues*, h/t (37x45) : **FRF 3 100** – LONDRES, 14 févr 1979 : *Bords du lac Majeur*, h/t (37x54) : **GBP 600** – NEUILLY-SUR-SEINE, 21 juin 1983 : *Scènes de rue à Alger*, h/t, une paire (33x24) : **FRF 30 200** – PARIS, 10 mai 1985 : *Venise*, h/t (46x65) : **FRF 16 000** – PARIS, 11 fév. 1986 : *Les Six Jours au Vélodrome d'Hiver* 1927, h/t (89x146) : **FRF 80 000** – VERSAILLES, 17 juin 1987 : *Bateaux de pêche dans le Midi*, h/t (54,5x81) : **FRF 30 500** – PARIS, 15 fév. 1988 : *Bateaux sur la Seine*, h/pan. (22x33) : **FRF 12 500** – VERSAILLES, 20 mars 1988 : *Maisons de pêcheurs*, h/pan. (33x41) : **FRF 14 000** ; *Bateaux de pêche aux Martigues*, h/t (46x65) : **FRF 25 000** – REIMS, 18 déc. 1988 : *Le port de Cassis*, h/t (54x65) : **FRF 30 500** – LONDRES, 5 oct. 1989 : *une barque servant au déchargement des cargos*, h/pan. (42x33) : **GBP 1 045** – CALAIS, 4 mars 1990 : *Jardin fleuri dominant la baie*, h/pan. (27x34) : **FRF 12 000** – PARIS, 10 oct. 1990 : *Paris, la rue Royale*, h/pan. (22x28) : **FRF 17 100** – PARIS, 23 oct. 1990 : *Environs de Marseille*, h/t (33x55) : **FRF 51 000** – LE TOUQUET, 11 nov. 1990 : *Bateaux de pêche dans un port du Midi*, h/t (25x33) : **FRF 20 000** – MONTRÉAL, 4 juin 1991 : *Martigues*, h/t (59,6x92) : **CAD 5 250** – LONDRES, 7 avr. 1993 : *Port méditerranéen*, h/t (32x45) : **GBP 1 437** – NEW YORK, 30 juin 1993 : *Champs-Élysées*, h/pan. (21,6x26,7) : **USD 1 380** – LONDRES, 27 oct. 1993 : *L'étang de Berre en Provence*, h/t (59x91) : **GBP 3 220** – PARIS, 8 nov. 1993 : *Voiliers et caïques sur le Bosphore*, h/t (73x116) : **FRF 70 000** – NEUILLY, 12 déc. 1993 : *Les Martigues*, h/t (46x65) : **FRF 22 500** – PARIS, 6 fév. 1994 : *Port de Bouc*, h/t (41x66) : **FRF 19 000** – LONDRES, 11 fév. 1994 : *Le Port de Cassis en Provence*, h/t (60,9x92,2) : **GBP 3 220** – CALAIS, 3 juil. 1994 : *Petit port méditerranéen*, h/t (46x73) : **FRF 23 500** – PARIS, 15 fév. 1995 : *Port méditerranéen au coucher du soleil*, h/t (70x92) : **FRF 17 000** – BOULOGNE-SUR-SEINE, 12 mars 1995 : *Vue de Constantinople*, h/t (22x33) : **FRF 10 800** – LONDRES, 14 juin 1995 : *Notre-Dame sous la neige*, h/t (46x65) : **GBP 2 990** – AMSTERDAM, 10 déc. 1996 : *Cassis, port de pêche*, h/t (46x65) : **NLG 4 036** – PARIS, 2 avr. 1997 : *Vue des Martigues*, h/t (46x65) : **FRF 19 000** – PARIS, 4 nov. 1997 : *Le Port de Toulon*, h/t (38,5x55,5) : **FRF 15 000**.

MALGALHAES Roberto

Né en 1940. XXe siècle. Brésilien.

Peintre.

Il figura à l'exposition *Opinion 65* en 1965 au Musée d'Art Moderne de Rio qui réunissait artistes nationaux et étrangers. Il fit partie de quelques peintres avec Carlos Vergara et Antonio Dias dont la figuration trouble reflète l'état de durcissement du régime politique brésilien entre 1964 et 1968.

BIBLIOGR. : Damian Bayon, Roberto Pontual : *La Peinture de l'Amérique latine au XXe s.*, Mengès, Paris, 1990.

MALGLAIVE George

XVIIIe siècle. Actif à Nancy. Français.

Peintre.

Il fit partie de l'ordre des Capucins.

MALGO Simon. Voir **MALCHO Simon**

MALHEIM-FRIEDLAENDER Friedrich. Voir **FRIEDLAENDER VON MALHEIM**

MALHERBE Guy de

Né en 1958. XXe siècle. Français.

Peintre de figures. Réaliste.

Il vit et travaille à Paris. Depuis 1989, il participe à des expositions collectives, dont : 1989 Londres, New York ; 1994 Paris *Hommage à Andreï Tarkovski*, galerie Vieille-du-Temple, et Brême ; 1995 New York, Strasbourg. Il montre des ensembles de ses peintures dans des expositions personnelles : 1983, 1990 New York, Country Art Gallery ; 1984, 1986, 1989, 1992, 1994, 1998 Le Mans, galerie des Remparts ; 1988, 1990, 1992, 1995, 1996 Paris, galerie Vieille-du-Temple ; 1995 New York, galerie Stiebel Modern.

Dans une excellente technique traditionnelle et franche, il peint des personnages, parfois en sortes de polyptyques, séquences narratives d'une action.

MALHERBE Jacques

XVIIe siècle. Actif à Nantes entre 1643 et 1653. Français.

Sculpteur et architecte.

MALHERBE Jules

Né le 19 mars 1813 à Caen (Calvados). XIXe siècle. Français.

Peintre.

Élève de son père Thomas Malherbe et de Gros. Il exposa au Salon de Paris, en 1837, *Tableau de famille* et, en 1838, *Lavoir en Normandie*.

MALHERBE Pauline Marie

Née le 10 janvier 1822 à Blois (Loir-et-Cher). XIXe siècle. Française.

Peintre de genre et de portraits.

Elle eut pour professeurs Mme Louise Hersent et Mme Louise Denos. Elle figura au Salon de Paris à partir de 1839.

MALHERBE William

Né en 1884 à Senlis (Oise). Mort en 1951. XXe siècle. Français.

Peintre de figures, nus, paysages, natures mortes, fleurs. Postimpressionniste.

De 1939 à 1948, il a vécu aux États-Unis, dans une ferme du Vermont.

Il se voulait disciple de Renoir et de Bonnard. Il fut signalé pour la première fois par le poète et critique G. Kahn.

BIBLIOGR. : Jean Cassou : *William Malherbe*, Tisné, Paris, 1948.

MUSÉES : PARIS (Mus. Nat. d'Art Mod.) : *La Lecture*.

VENTES PUBLIQUES : PARIS, 16 juin 1926 : *Reines-Marguerites* : **FRF 1 300** – PARIS, 28 fév. 1949 : *Buste de femme nue* : **FRF 1 650** – PARIS, 10 mai 1950 : *La Tasse japonaise* : **FRF 25 000** – PARIS, 14 déc. 1976 : *Jeune femme en robe rouge se reposant dans un parc, son chien auprès d'elle*, h/t (92x74) : **FRF 19 800** – PARIS, 29 mai 1979 : *Éclatement*, h/t (129x82) : **FRF 5 200** – NEW YORK, 18 mars 1983 : *Fleurs dans un vase vert* 1946, h/t (91x60,7) : **USD 1 300** – SEMUR-EN-AUXOIS, 5 mai 1985 : *L'enfant aux jouets* 1922, h/t (101x72) : **FRF 17 000** – NEW YORK, 13 mai 1988 : *Femme au chapeau de paille* 1928, h/t (68,5x56,6) : **USD 1 100** – NEW YORK, 30 sep. 1988 : *Le Bain*, h/t (75x83,4) : **USD 4 180** – NEW YORK, 10 oct. 1990 : *Nature morte de fleurs roses*, h/t (61x49,4) : **USD 1 430** – NEW YORK, 15 mai 1991 : *La Maison des Barrow* 1944, h/t cartonnée (45,7x38,1) : **USD 1 430** – NEW YORK, 21 mai 1991 : *Fleurs dans un vase de verre posé sur une chaise*, h/t (61,6x49,5) : **USD 2 860** – NEW YORK, 5 nov. 1991 : *Nature morte de fruits et fleurs*, h/t (102,8x83,8) : **USD 6 600** – NEW YORK, 25 sep. 1992 : *Portrait d'une dame en bleu* 1918, h/t (60,3x45,7) : **USD 1 320** – AMSTERDAM, 3 nov. 1992 : *La Robe bleue*, h/pan. (45x37) : **NLG 2 070** – AMSTERDAM, 9 nov. 1993 : *Femme au ruban*, h/cart. (53x39) : **NLG 1 093** – LOKEREN, 4 déc. 1993 : *Tulipes*, h/t (47x61) :

BEF 120 000 – Lokeren, 12 mars 1994 : *La Détente* 1925, h/t (81x65) : **BEF 140 000** – New York, 7 nov. 1995 : *Thetford Hill, Vermont* 1944, h/t (78x102) : **USD 4 600** – Paris, 12 avr. 1996 : *Fruits et anémones au miroir*, h/t (61x46) : **FRF 8 500** – New York, 30 oct. 1996 : *Fleurs dans un vase bleu* 1943, h/t cartonnée (50,8x40,6) : **USD 2 990** – Paris, 28 mars 1997 : *Anémones, jonquilles et pommes* 1915, h/t (55x46) : **FRF 20 000**.

MALHOA José Vital Branco
Né en 1855 à Caldas da Rainha. Mort en 1933 à Figueiro dos Vinhos. XIXe-XXe siècles. Portugais.
Peintre de compositions à personnages, scènes de genre, décorations murales, figures, portraits, nus. Réaliste-naturaliste.

Il aurait été autodidacte de formation ; plusieurs autres sources le disent avoir été élève de l'Académie Nationale des Beaux-Arts de Lisbonne, de 1867 à 1875. Il vécut et travailla à Lisbonne. Il fit partie du *Groupe du Lion*, du nom de la brasserie où se réunissaient les membres du groupe de peintres créé en 1881 et qui se poursuivit jusqu'en 1889. Il exposa avec le groupe jusqu'en 1888. En 1884 et 1887, il participa aux Salons de la Société Nationale des Beaux-Arts ; puis de nouveau à partir de 1901, obtenant une médaille d'honneur en 1903 ; des premières médailles en 1909, 1913, 1918, année où il en fut nommé vice-président. Il participa à l'Exposition Internationale de Madrid de 1881, obtenant une médaille de bronze. Il figura aussi au Salon des Artistes Français de Paris, de 1897 à 1912, obtenant une médaille d'argent en 1900 pour l'Expositon Universelle, une mention honorable en 1901, la Légion d'Honneur en 1905. Il participa encore à de nombreuses expositions internationales : 1896 Berlin, 1901 Madrid, 1910 Barcelone et Buenos Aires, 1915 San Francisco, obtenant distinctions et médailles. Deux grandes expositions rétrospectives furent consacrées à son œuvre à la Société Nationale des Beaux-Arts et au Musée José Malhoa à Caldas da Rainha, en 1928 et 1983.

Il décora de nombreux palais sur des thèmes religieux ou historiques. Il peignit des nus et des portraits, dont celui du *Dr. Anastasio Gonçalves* son ami et collectionneur, qui devait racheter son domicile de Lisbonne et le transformer en musée. Il choisit surtout ses sujets dans la vie populaire, voire populacière, portugaise : *Les Ivrognes* de 1907, *Le Fado* de 1910, qu'il traitait avec décision dans des éclairages contrastés, d'origine caravagesque à travers les bambochades hollandaises. Dans d'autres scènes en plein air ou paysages sur nature, sa technique se rapproche de celle des impressionnistes : *Le Bord de mer* de 1926.

Bibliogr. : In : *Diction. de la peint. espagnole et portugaise*, Larousse, Paris, 1989 – in : *Cent ans de peinture en Espagne et au Portugal, 1830-1930*, Antiquaria, Madrid, 1991.

Musées : Caldas da Reinha (Mus. José Malhoa) : nombreuses œuvres – Lisbonne (Mus. d'Art Contemp.) : *Les Ivrognes* 1907 – *Automne* 1918 – Lisbonne (Mus. mun.) : *Le Fado* 1910 – Lisbonne (Casa Mus. A. Gonçalves) : *Portrait du Dr. Anastasio Gonçalves* – nombreuses œuvres.

Ventes Publiques : Lisbonne, 23-24 oct. 1973 : *Portrait de femme de profil* : **PTE 50 000**.

MALHOSTE Daniel
Né à Épinal (Vosges). Mort le 21 novembre 1629 à Nancy (Meurthe-et-Moselle). XVIIe siècle. Français.
Sculpteur.

MALI Christian Friedrich
Né le 2 octobre 1832 à Brokhuizen (près d'Utrecht), d'origine souabe. Mort le 1er octobre 1906 à Munich. XIXe-XXe siècles. Allemand.
Peintre animalier, peintre de paysages animés, sculpteur.

D'abord sculpteur sur bois, il étudia la peinture à Munich, puis à Paris avec Troyon. Il a obtenu des récompenses à Londres et à Melbourne ; il exposa très fréquemment en Allemagne.

Musées : Aix-la-Chapelle : *Troupeau de moutons au repos* – Breslau, nom all. de Wroclaw : *Rochers au bord de la mer* – Graz : *Bestiaux sous la pluie* – Mayence : *Animaux* – Munich : *Hautes Alpes bavaroises* – *Vérone* – Stuttgart : *Le Salut du matin* – *Moutons*.

Ventes Publiques : New York, 30 oct. 1929 : *Vaches buvant* : **USD 220** – Cologne, 15 avr. 1964 : *Berger et troupeau rentrant du pâturage* : **DEM 4 800** – Munich, 17-19 mars 1965 : *Troupeau de moutons devant l'étable* : **DEM 13 000** – Londres, 27 oct. 1967 : *Bergère et son troupeau* : **GNS 800** – Cologne, 17 oct. 1969 : *Bœufs attelés dans un paysage* : **DEM 12 000** – Lucerne, 19 juin 1971 : *Paysage de Bavière* 1885 : **CHF 18 000** – Londres, 12 mai 1972 : *Berger et troupeau dans un paysage montagneux* 1889 : **GNS 2 400** – Lindau, 6 oct. 1973 : *Paysage d'été au Chiemsee* : **DEM 22 000** – Londres, 15 mars 1974 : *Troupeau au bord d'une rivière* 1859 : **GNS 4 800** – Lucerne, 22 juin 1974 : *Paysage d'hiver* : **CHF 35 000** – Londres, 23 juil. 1976 : *Paysage à la rivière avec troupeau*, h/t (56x113) : **GBP 9 000** – Munich, 21 sep. 1978 : *Troupeau au bord de la mer* 1894, h/t (60,5x115) : **DEM 53 000** – Londres, 20 juin 1979 : *Bergers et troupeau dans un paysage d'hiver* 1879, h/t (59x77,5) : **GBP 13 000** – New York, 13 fév. 1981 : *L'Embarquement du troupeau sur un bac*, h/t (23,5x60,2) : **USD 12 000** – Cologne, 28 oct. 1983 : *Île des Dames sur le Chiemsee* 1866, h/t (25,5x55) : **DEM 60 000** – Cologne, 21 nov. 1985 : *Rue de village* 1887, h/t (49x81) : **DEM 40 000** – Munich, 5 nov. 1986 : *Troupeau à l'abreuvoir* 1880, h/t (58x115) : **DEM 60 000** – Londres, 24 juin 1987 : *Troupeau au bord d'un lac de montagne* 1884, h/t (59x116,5) : **GBP 11 000** – Cologne, 15 oct. 1988 : *Idylle au bord du lac de Chiem en été* 1866, h/t (25,5x55) : **DEM 8 000** – Cologne, 18 mars 1989 : *Gardien de troupeau et ses vaches au bord d'un lac de montagne* 1897, h/t (60x114) : **DEM 16 000** – Munich, 29 nov. 1989 : *Moutons et traîneau attelé de deux bœufs sur une rivière gelée devant la teverne* 1888, h/t (60,5x88,5) : **DEM 30 800** – New York, 1er mars 1990 : *Bovins s'abreuvant dans une mare*, h/t (62,8x81,2) : **USD 30 800** – Cologne, 23 mars 1990 : *Troupeau dans un paysage accidenté et brumeux* 1893, h/t (53,5x83,5) : **DEM 40 000** – New York, 23 mai 1990 : *La Distribution de foin dans une bergerie* 1879, h/t (91,5x172,1) : **USD 46 750** – New York, 24 oct. 1990 : *Personnages devant une auberge en hiver* 1868, h/t (94,2x117,2) : **USD 28 600** – Munich, 21 juin 1994 : *Troupeau d'animaux sur un chemin* 1888, h/t (57,5x112,5) : **DEM 36 800** – Paris, 17 mai 1995 : *Troupeau s'abreuvant au crépuscule* 1880, h/t (65x125) : **FRF 70 000** – Vienne, 29-30 oct. 1996 : *Vaches et moutons en bord de rivière* 1876, h/t mar./pap. (44,5x91,5) : **ATS 195 500** – New York, 26 fév. 1997 : *Berger avec son troupeau au coucher de soleil* 1904, h/t (43,8x67,3) : **USD 5 750**.

MALI Hubertus
Né en 1818 à Mauren. Mort en 1839 près d'Altenaer, noyé. XIXe siècle. Allemand.
Peintre de paysages.

Frère aîné de Christian Friedrich Mali. Il fut élève de P.-F. Peters à Nynwegen, puis alla s'établir à Hoheneck près de Ludwigsbourg. Ses paysages sont poétiques et d'une jolie facture.

MALI Johann ou **Jan Cornelis**
Né le 7 septembre 1828 à Broekhuizen. Mort le 28 janvier 1865 à Munich. XIXe siècle. Allemand.
Paysagiste.

Frère aîné de Christian Friedrich Mali et élève de son beau-frère P. F. Peters à Stuttgart. Il exposa à Munich en 1854. Le Musée de Stuttgart conserve de lui un *Paysage italien*.

Ventes Publiques : Cologne, 24 mai 1982 : *Vue de Schwalbach*, h/pan. (38x45) : **DEM 17 000**.

MALI V.A.
Né à Kolhapur. XXe siècle. Indien.
Peintre de figures, portraits.

Il vit et travaille à Bombay. En 1948, il était représenté à l'exposition ouverte à Paris, au Musée d'Art Moderne, par l'Organisation des Nations-Unies (ONU).
Il y présentait *Portrait de Sashila*.

MALIAVIN Philip Andreevich ou **Filip Andreievich** ou **Maliavine Philippe Andréïévitch**
Né le 11 octobre 1869, à Kazanki (région de Tchkalovski) ou Berdiansk selon d'autres sources. Mort en 1940 à Nice (Alpes-Maritimes). XIXe-XXe siècles. Actif depuis 1922 en France. Russe.

Peintre de compositions à personnages, scènes typiques, figures, nus, peintre à la gouache, pastelliste, dessinateur.

De 1885 à 1891, il étudia l'art de l'icône au Monastère de Saint-Pantelemon en Grèce. De 1892 à 1899, il fut élève de Riépine à l'Académie des Beaux-Arts de Saint-Pétersbourg, dont il est devenu membre en 1906. En 1903, il devint membre de l'Union des Artistes Russes. En 1900, lors de l'Exposition Universelle de Paris, il exposa au Salon des Artistes Français, obtenant une médaille d'or. En 1901 il participa à la IVe exposition internationale de Venise, et en 1907 à la VIIe. En 1911, il participa à l'Exposition de Rome ; en 1922 à l'Exposition de l'Association des Artistes de la Russie Révolutionnaire à Moscou. Après la Révolution maximaliste, il émigra à Paris, où il fit une exposition personnelle des peintures qu'il avait pu emporter. En 1979, il était représenté à l'exposition *Paris-Moscou* du Centre national Georges Pompidou de Paris.

Ses premières peintures sont conformes à la tradition académique propagée par les peintres qui étaient qualifiés d'« ambulants », parce qu'ils se déplaçaient au gré des commandes de portraits ou de décorations d'intérieurs : *Jeune paysanne* de 1895, *Portrait de la mère de l'artiste* de 1898. Conservant sa belle maîtrise d'un dessin ingresque, toute la suite de son œuvre russe a été consacrée aux scènes de la vie du petit peuple des campagnes ; dans ces figures et compositions, il rend compte de ses traditions populaires, insistant sur les aspects décoratifs des villages, des intérieurs et des costumes hauts en couleurs : *Le Tourbillon* de 1906 ou des *Femmes, Paysans* ou *Petits paysans*.

Ph Maliavine

Musées : Berdiansk : nombreuses œuvres, antérieures à 1925 – Moscou (Gal. Tretiakov) : *Jeune paysanne* 1895 – *Le Tourbillon* 1906 – *En Bulgarie* – Saint-Pétersbourg (Mus. Russe) : *Lénine* 1920, esquisse d'après nature – Venise (Mus. d'Art Mod.).

Ventes Publiques : Paris, 29 oct. 1926 : *Danses villageoises* : **FRF 19 000** – Paris, 1er juin 1949 : *La Troïka* 1933 : **FRF 110 000** ; *Paysans russes* : **FRF 100 000** ; *La Danse russe* : **FRF 32 000** ; *Trois paysannes russes*, gche : **FRF 10 000** – Paris, 27 juin 1955 : *Danseurs Kirghizes* : **FRF 30 000** – Versailles, 11 mars 1973 : *Nu debout* : **FRF 4 500** – New York, 17 avr. 1974 : *Le Retour à la maison* : **USD 2 800** – Versailles, 25 oct. 1976 : *Scène de la vie en Russie : retour des champs*, gche et cr. de coul. (38x55) : **FRF 1 500** – New York, 14-15 déc. 1976 : *Jeune fille au châle brodé*, h/t (66x81,5) : **USD 900** – Paris, 19 juin 1979 : *Paysanne russe allaitant, dans un paysage*, h/t (61x50) : **FRF 5 500** – Zurich, 9 nov. 1983 : *Femme nue assise*, h/t (81x65) : **CHF 5 500** – Londres, 20 fév. 1985 : *Jeune fille debout près d'un traineau*, aquar. et gche blanche reh. d'or (64x49) : **GBP 2 800** – Monte-Carlo, 30 nov. 1986 : *Le Tourbillon*, h/t (81x54) : **FRF 36 000** – Paris, 25 nov. 1987 : *Nu assis*, h/t (81x65) : **FRF 25 000** – Londres, 1er mai 1987 : *Portrait d'une paysanne*, h/t (104x68,5) : **GBP 17 000** – Londres, 6 oct. 1988 : *Portrait de femme*, cr./pap. (37,8x25,4) : **GBP 550** – Paris, 9 nov. 1988 : *Scène de village*, h/cart. (46x55) : **FRF 16 000** – Londres, 14 nov. 1988 : *Portrait d'une femme avec un châle* 1933, h/t (71x60) : **GBP 2 090** – Paris, 20 fév. 1989 : *Femme russe au faune*, cr. de coul. (29,5x42) : **FRF 11 000** – Paris, 11 oct. 1989 : *Retour des champs en Russie*, past. (43x60,5) : **FRF 20 000** – Londres, 10 oct. 1990 : *Portrait de Leon Davidovitch Trotsky (Bronstein)*, cr./pap. teinté (41,8x32,2) : **USD 3 080** – Paris, 16 nov. 1992 : *Homme au chapka*, mine de pb (43,5x30,5) : **FRF 4 800** – Paris, 3 déc. 1993 : *La gitane*, h/t (55x46) : **FRF 7 000** – Milan, 14 déc. 1993 : *Portrait de petite fille*, cr. (35x26) : **ITL 1 150 000** – Londres, 15 juin 1995 : *Baba russe*, h/t (116x76,5) : **GBP 6 325** – Londres, 14 déc. 1995 : *Autoportrait en famille*, h/t (46,5x64,5) : **GBP 7 475** – Copenhague, 14 fév. 1996 : *Paysanne russe avec un fichu rouge*, h/t (100x79) : **DKK 110 000** – Londres, 11-12 juin 1997 : *Portrait d'une lady dite princesse Volkonsky* 1925, h/t (113,5x144,8) : **GBP 17 250**.

MALICH Karel

Né le 18 octobre 1924 à Holice (Moravie). xxe siècle. Tchécoslovaque.

Sculpteur, peintre, graveur. Abstrait-géométrique.

De 1945 ou 1950 à 1953, il fut élève de l'Académie des Beaux-Arts de Prague, où il vit et travaille. Il adhéra ensuite aux groupes *UB* et, en 1965, *Carrefour*, prenant part à de nombreuses expositions de la jeune école tchécoslovaque ou collectives internationales depuis 1964, surtout à Prague, ainsi que notamment : en 1966 au Musée d'Art Moderne de Tokyo et à l'exposition *Plastique tchécoslovaque de 1900 à nos jours* au Folkwang Museum d'Essen ; en 1967 à Paris, et au Solomon R. Guggenheim Museum de New York ; 1968 *Biennale d'Art Constructiviste* à la Kunsthalle de Nuremberg ; 1969 de nouveau à Paris au Salon de Mai ; 1970 *Graveurs Tchécoslovaques Contemporains* à Genève, *Expo 70* à Osaka ; 1970, 1995 Biennale de Venise ; 1971 7e Biennale Internationale de Tokyo ; 1983 Centre Beaubourg de Paris ; 1986 Musée de Tel-Aviv ; 1987 Musée du xxe siècle de Vienne ; 1990 *Magiciens de la Terre* au Centre Beaubourg de Paris ; etc. Il montre ses réalisations dans des expositions personnelles, dont : 1964, 1966 à Prague ; 1986 Maison de la Culture de Prague ; 1987 Prague ; 1988 Institut de la Chimie Macromoléculaire de Prague, et Galerie d'Art de Karlovy-Vary ; 1989 Maison de la Culture de Brno, et Galerie d'Art de Roudnice-nad-Labem ; 1990 *Les Pragois, les années de silence*, galerei Lamaignère-Saint-Germain de Paris ; etc.

Après avoir débuté comme paysagiste, il fut ensuite influencé par la calligraphie japonaise. Dans les années cinquante, en tant que peintre, il était considéré comme l'un des meilleurs représentants tchécoslovaques de l'abstraction-lyrique, bien que ses œuvres picturales et graphiques soient encore inspirées de la contemplation de la nature, référées à des entités simples : colline, champ, soleil, etc., plus tard : nuage, air, lumière. Il introduisit ensuite dans ses peintures des éléments rapportés, en même temps qu'il évoluait, sous l'influence du suprématisme de Malevitch et en général du néo-constructivisme, vers une abstraction plus géométrique, fondée sur un équilibre désormais uniquement formel entre espace intérieur et espace extérieur ou bien entre plein et vide. Ensuite encore, il évolua résolument à la création de reliefs et à la sculpture. En 1964-1965, il travailla d'abord le bois, peint uniformément en blanc, les volumes s'animant par le déplacement des ombres portées selon les mouvements de la source lumineuse, ces ombres étant ensuite soulignées par une bichromie en noir et blanc. À partir de 1966, travaillant simultanément le polyester, le Plexiglas, l'acier chromé, le duralumin, il confia le soin de ces différentiations des plans à la seule diversité des matériaux. À ces strictes compositions spatiales, le plus souvent constituées de l'articulation de surfaces planes, découpées et pliées, il ajouta bientôt l'enrichissement formel de volumes déterminés par l'utilisation de tubes métalliques, dont certaines parties sont découpées et déroulées dans l'espace, puis de fils métalliques plus aptes à constituer de souples signes graphiques. Il libéra ensuite ses sculptures de leur attache au sol par le socle, et les suspendit dans l'espace dans des évocations des forces cosmiques du nuage, de l'air, de la lumière. Essentiellement occupation de l'espace par une interprétation analytique, ses sculptures ont une destination monumentale, voire habitable. ■ J. B.

Bibliogr. : Raoul-Jean Moulin, in : *Nouveau Diction. de la Sculpt. Mod.*, Hazan, Paris, 1970 – in : *40 artistes tchèques et slovaques*, Flammarion, Paris, 1990 – Yves-Michel Bernard : *Les trajectoires cosmiques de Karel Malich*, in : Opus International, N° 126, Paris, automne 1991.

MALICHEFF Michael. Voir **MALYCHEFF Michael**

MALICHEFF Nicolas

xixe siècle. Actif en Russie. Russe.

Peintre de portraits.

Il fut élève de l'Académie de Saint-Pétersbourg, puis de l'Académie Julian à Paris. Il prit part aux expositions de Paris où il obtint une médaille de bronze en 1889 à l'Exposition Universelle.

Ventes Publiques : Paris, 22 juin 1992 : *Femme au tambourin*, h/pan. (34,5x23) : **FRF 23 000**.

MALICKI Adam

xxe siècle. Polonais.

Peintre de paysages.

En 1928, il figurait avec deux peintures à la section polonaise du Salon d'Automne, organisée par la Société d'Échanges Littéraires et Artistiques entre la France et la Pologne et le Cercle des Artistes Polonais de Paris.

MALICKI Maryan

xxe siècle. Polonais.

Peintre.

En 1928, il figurait avec une *Composition*, dans l'esprit du groupe *Praesens* auquel il appartenait, à la section polonaise du Salon d'Automne, organisée par la Société d'Échanges Littéraires et Artistiques entre la France et la Pologne et le Cercle des Artistes Polonais de Paris.

MALICZKY Josef. Voir **MALINSKY Josef**

MALIGNON François Joseph
Né vers 1733 à Bagnols. Mort le 24 décembre 1777 à Plainpalais. XVIIIe siècle. Actif à Genève. Suisse.
Peintre sur émail.

MALIK AKSEL
Né en 1903 à Istanbul. XXe siècle. Turc.
Peintre de figures typiques.
Il a participé aux expositions organisées par la Maison du Peuple à Ankara. En 1946, à Paris, il a figuré à l'Exposition Internationale d'Art Moderne, ouverte au Musée National d'Art Moderne par l'Organisation des Nations Unies (O.N.U.). Il y présentait *Jeune villageoise en rouge*.

MA LIN
XIIIe siècle. Actif au milieu du XIIIe siècle. Chinois.
Peintre.
Peintre de paysages, de fleurs, et d'oiseaux, il travaille à l'Académie de Peinture ; c'est le fils du peintre Ma Yuan (actif vers 1190-1230). Cette parenté lui vaut d'être l'objet d'une grande incompréhension de la part de ses compatriotes. En effet, il doit, dès sa jeunesse, supporter le poids de quatre générations d'artistes ; son père, désirant absolument qu'il occupe une place de premier plan à l'Académie, aurait été jusqu'à signer certaines œuvres du nom de son fils. Mais, à en juger par les compositions qui nous sont parvenues, Ma Lin n'aurait eu nul besoin de ce genre de soutien ; ainsi l'admirable *En écoutant le vent dans les pins*, conservé au National Palace Museum de Taipei, est un des plus beaux témoins d'une attitude nouvelle à l'égard de la nature qui se fait jour peu à peu aux XIIe et XIIIe siècles. La sensibilité devant la nature devient le sujet même de la création picturale. L'esthète de Ma Lin, dans cette œuvre, est assis, contracté, dans la position de l'homme qui écoute ; l'élégant tracé des rochers, du cours d'eau, des montagnes qui se profilent dans le lointain, les subtilités du pin, autant d'éléments qui n'existent que dans l'âme de l'esthète. Ce n'est pas la nature qui l'entoure, mais les projections affectives qu'elle suscite en lui. Dans *En attendant les invités à la lueur des lanternes*, œuvre conservée dans la même collection, la couleur atteint à une efficacité exceptionnelle : assis dans un pavillon donnant sur son jardin, un noble attend les amis conviés à un souper nocturne, tandis que les serviteurs vont allumer des lanternes pour éclairer les allées assombries par des arbres en fleurs. L'atmosphère de cet instant d'attente unique est admirablement traduite par une lune jaunâtre dans un ciel bleu-vert brouillé, les collines bleutées, une lanterne allumée dans le pavillon dont le toit se découpe sur la nuit. Loin d'être un pâle reflet du talent de son père, comme l'ont voulu maints critiques, Ma Lin semble, d'après ses œuvres, doté d'un caractère beaucoup plus complexe et largement méconnu. La tension, l'inquiétude qui imprègnent les peintures susdites sont en totale contradiction avec la vision souriante que prône l'Académie. Par le raffinement de la ligne et du lavis, par l'idéalisation des formes de la nature, par l'expression, enfin, des réactions affectives de l'homme face au monde, l'artiste porte jusqu'à ses limites extrêmes une forme de paysage teinté de romantisme à laquelle reste attaché le nom de l'école Ma-Xia. Ce faisant, il signe sa condamnation et après lui ce style n'aura plus de signification. Dès lors, l'histoire de la peinture chinoise se situera hors de l'Académie ; l'orientation que prendra l'expression picturale se lit déjà dans certaines œuvres de Ma Lin.
Bibliogr. : James Cahill : *La peinture chinoise*, Genève, 1960.
Musées : Boston (Mus. of Fine Arts) : *En regardant les feuillages d'automne assis sur un cerf*, encre et coul. légères/soie, feuille d'album signée – *Ling Zhaonü debout dans la neige*, encre et coul. légères sur soie, feuille d'album portant le cachet du peintre – *Deux oiseaux endormis sur une branche d'érable*, encre et coul. légères/soie, feuille d'album signée – *Deux hommes marchant sur la rive dans la brume du soir*, éventail, encre et coul. légères/soie, attribution – Cambridge (Fogg Art Mus.) : *Haute falaise surplombant un ruisseau*, éventail – New York (Metropolitan Mus.) : *Le pin de montagne*, éventail signé, attribution – Pékin (Mus. du Palais) : *Deux branches de prunier en fleurs*, signé et accompagné d'un poème de Yang Meizi – *Deux moineaux sur un prunier en fleurs sous la neige*, signé, colophon de Wang De – *Un paon et des petits oiseaux*, feuille d'album signée – Taipei (Nat. Palace Mus.) : *En écoutant le vent dans les pins* daté 1246, rouleau en hauteur, encre et coul./soie – *En attendant les invités à la lueur des lanternes*, encre et coul./soie, feuille d'album signée – *Le parfum du printemps : une éclaircie après la pluie*, encre et coul. légères/soie, feuille d'album signée – *Huit études de fleurs*, feuilles d'album signées – *Pavillon de jardin dans les arbres en fleurs*, éventail signé – *Trois cailles sous un prunier en fleurs dans la neige*, signé – *Voyageur à dos de mule dans une gorge de montagne*, poème de Qianlong – *Deux oiseaux sur la branche d'un buisson épineux près d'un tronc dans la neige*, signé et accompagné d'une inscription de Yang Meizi, fragment d'un album intitulé Minghua jizhen – *Montagnes rocheuses dans la brume*, encre – *Orchidée*, éventail, attribution – Tokyo (Mus. Nezu) : *Paysage au soleil couchant* daté 1254, encre/soie.

MALINA Frank Joseph
Né en 1912 à Brenham (Texas). XXe siècle. Actif aussi en France. Américain.
Sculpteur, peintre, pastelliste. Abstrait, lumino-cinétique.
Il est né dans une famille de musiciens d'origine tchèque. Tout jeune encore, il passa cinq ans en Tchécoslovaquie, où sa double vocation d'artiste et d'ingénieur aéronautique naquit simultanément. Avec une sympathique franchise, il attribue une importance déterminante pour sa formation à la lecture du *Voyage dans la lune* de Jules Verne. De 1934 à 1940, il termina au Texas et en Californie ses études de mécanique et de technologie. Il eut alors une très importante activité dans la recherche scientifique concernant les fusées interplanétaires et les rockets. Il est à l'origine du lancement, en 1945, de la première fusée américaine à haute altitude, le « WAC Corporal Missile ». De 1947 à 1953, il a dirigé, à l'UNESCO, les premiers programmes de recherches sur les zones humides et la fertilisation des zones arides. En 1960, il fit la proposition d'établissement d'un laboratoire scientifique sur la lune, projet actuellement toujours à l'ordre du jour. Il fut professeur à l'Institut de Technologie de Pasadena (Californie). Depuis 1953, ayant appris les rudiments de la peinture auprès d'un certain Reginald Weston, artiste anglais, son activité artistique avait empiété sur son activité scientifique, jusqu'à la supplanter. Il commença à exposer ses premières réalisations artistiques à Paris, collectivement au Salon des Réalités Nouvelles en 1954, 1955, 1956 ; au Salon de Mai en 1969 ; et à titre personnel en 1954 et 1955.
Après une série de pastels, le plus souvent fondés sur un symbolisme à contenu scientifique, il commença à peindre sur des trames de ficelles, puis de grilles métalliques, en exploitant les effets de transparence intersticielle et les accentuant par des éclairages intérieurs. Ensuite, il introduisit, dans des œuvres procédant du même processus technique, des effets de moirure, générateurs de mouvement virtuel par déplacement du spectateur ; ainsi dans *Cosmic Ray Showers*, où des ficelles colorées matérialisent les lignes de tension. Dans *Jazz*, une trame est illuminée par des sources d'éclairage intermittentes ; pour la programmation aléatoire de l'allumage des différentes parties de l'œuvre, il utilisa dans la suite des interrupteurs thermiques intégrés dans les circuits électriques, et réglés différemment. Ensuite encore, avec les *Lumidynes*, il utilisa un dispositif électro-mécanique à quatre voies, dont les combinaisons sont à peu près illimitées ; procédé du « Lumidyne System », comprenant des sources fixes, des éléments rotatifs (« rotors »), se combinant à la composition colorée préétablie sur une plaque transparente (« stator »), pour se projeter finalement sur un écran translucide. Dans la série des *Reflectodynes*, le « stator » est remplacé par des éléments d'aluminium qui réfléchissent la lumière. En 1967, il intégra une partie sonore dans ses œuvres, puis recourut aux capacités chromatiques des verres « polaroïd », qui procèdent par décomposition sélective de la lumière (assimilable au principe du prisme de cristal).
Malina établit des correspondances délibérées entre ses tableaux lumino-cinétiques et les mouvements sidéraux des systèmes stellaires et des galaxies, dans les séries des *Constellations* et des *Galaxies*, soulignant la relativité de la perception humaine qui ne voit que des déplacements infimes, là où les astres traversent l'infini à des vitesses inconcevables ; ce fut une de ces dernières œuvres qu'il exposa au Salon de Mai en 1969. Les œuvres de la série des *Brainwaves* se réfèrent de même manière à des notions scientifiques. Ce survol de l'œuvre de Malina ou plutôt des principes qui la régissent, permet d'en avoir une idée plus claire : son propos est de matérialiser visuellement (et esthétiquement ?) les lois des phénomènes cosmiques, prolongées jusqu'aux phénomènes biologiques. Si l'on s'en tient à cette distinction arbitraire qu'une œuvre d'art se décompose, dans des proportions variables d'un extrême à l'autre, selon ses deux fonctions principales, sa fonction-objet et sa fonction-expres-

sion, dans le cas présent la fonction-objet est évidemment prépondérante, tandis que la fonction-expression se limite à l'expression plastico-symbolique de lois scientifiques, ce qui est sensiblement différent de l'expression éventuelle de phénomènes propres à la conscience humaine et à ses émotions immédiates. Pour Michel Seuphor « ... tout cela repose en fait sur une singulière méconnaissance de la fonction de l'artiste dans le monde ». On peut également penser qu'il y a place, dans la création artistique, pour ces deux démarches, privilégiant l'une ou l'autre fonction, non exclusives d'autres possibilités, et qu'un art-objet peut coexister avec un art-expression. La vraie question est de savoir si la science, par l'intermédiaire des techniques a sa place propre dans l'art, puisqu'elle fait partie indéniablement du phénomène humain ou bien si la science doit rester dans son domaine spécifique, qui d'ailleurs n'est pas dépourvu de beauté ni d'expression, comme en témoigne la fascination contemplative que communiquent, ici seulement pour exemples, un « vrai » astrolabe ou un « vrai » planetarium, et ne pas courir le risque, en se glissant dans l'expression artistique, de se réduire aux dimensions d'une pseudo-science. L'expression, et la communication, par la vue est un besoin naturel ; cette expression est ensuite destinée à s'intellectualiser ; l'imagination d'un Malina procède du même instinct, au bout d'un long processus de décantation. Il ne semble pas qu'il y ait incompatibilité entre l'expression artistique et l'expression scientifique – après tout la science est aussi un état d'âme – dans la mesure où, et c'est ici le cas avec Malina, comme ce l'est aussi pour Nicolas Schoeffer ou Piotr Kowalsky, la personnalité de l'auteur est garante de la valeur du contenu scientifique de l'œuvre. Toutefois, dans une œuvre d'art, plus la fonction-objet prend le pas sur la fonction-expression (la « cosa mentale » du Vinci), et plus elle courra le risque de se résoudre en un « objet-gadget » ; ce qui s'est peut-être produit, dans les années de l'après-guerre, quand une composante de l'abstraction géométrique a évolué à un néo-constructivisme cinétique, puis lumino-cinétique, dont les réalisations attractives ont séduit, pour un temps, un public sensible à la nouveauté. ■ Jacques Busse

Bibliogr. : Michel Seuphor, in : *Diction. de la peint. abstraite*, Hazan, Paris, 1957 – Michel Seuphor, in : *Le style et le cri*, Seuil, Paris, 1965 – Frank Popper, in : *Naissance de l'art cinétique*, Gauthier-Villars, Paris, 1967 – in : *L'Art du xxe siècle*, Larousse, Paris, 1991.

Musées : Krefeld – New York (Whitney Mus.) – Paris (Mus. Nat. d'Art Mod.) – Paris (Mus. d'Art Mod. de la Ville).

MALINCONICO Andrea

Né en 1624 à Naples. Mort le 4 octobre 1698. xviie siècle. Italien.

Peintre de compositions religieuses, fresquiste.

Il fut élève de Stanzione. On cite de lui : *Les Quatre évangélistes, Les Docteurs dans le temple* et de nombreuses autres peintures et fresques dans les églises de Naples.

Ventes Publiques : Rome, 27 nov. 1989 : *L'Adoration des bergers*, h/t (153x203) : **ITL 28 750 000** – Rome, 14 nov. 1995 : *Madeleine*, h/t (76x63) : **ITL 6 900 000** – Rome, 21 nov. 1995 : *Suzanne et les vieillards*, h/t (127x198) : **ITL 32 998 000**.

MALINCONICO Carlo

xviiie siècle. Actif à Gallipoli. Italien.

Peintre de compositions religieuses, fresquiste.

Il peignit des fresques dans la cathédrale de Gallipoli et dans les églises de Naples.

MALINCONICO Nicolas, chevalier

Né à Naples, 1654 ou 1663 selon d'autres sources. Mort en 1721 à Naples. xviie-xviiie siècles. Italien.

Peintre d'histoire, natures mortes, fleurs et fruits.

Fils d'Andrea Malinconico, élève de Giordano, il exécuta des peintures dans les églises de Sorrente, de Naples, du Mont Cassin, de Bergame et de Vicence.

Musées : Cambrai : *Rébecca à la fontaine.*

Ventes Publiques : Milan, 30 mai 1972 : *Vierge à l'Enfant* : **ITL 1 100 000** – Milan, 16 mai 1974 : *Sainte Anne et la Vierge* : **ITL 900 000** – Rome, 15 mars 1983 : *Nature morte aux fleurs et jeune homme assis*, h/t (62x49) : **ITL 7 500 000** – Paris, 1er juin 1994 : *Nature morte de fleurs et fruits dans un paysage ; Nature morte de fleurs dans des vases d'orfèvrerie*, h/t, une paire (chaque 1,72,5x122,5) : **FRF 380 000** – Londres, 3 juil. 1995 : *Jonas et la baleine*, encre et lav./craie noire, forme d'éventail (26x43) : **GBP 1 495** – New York, 31 jan. 1997 : *Nature morte de fleurs et de fruits divers avec une poule et des poussins ; Nature morte de fleurs et de fruits divers avec un perroquet, des lapins et une grenouille*, h/t, une paire (97,8x122,6) : **USD 101 500**.

MALINCONICO Oronzo

Né vers 1664 à Naples. Mort le 29 juin 1709. xviie siècle. Italien.

Peintre.

Fils d'Andrea. Il peignit six tableaux pour le manoir de Montesarchio, et exécuta des fresques dans la cathédrale de Sorrente et de Bergame ainsi qu'à l'église San Giovanni de Monache à Naples.

MALINCONICO Pietro

xviiie siècle. Actif à Naples. Italien.

Peintre.

On cite de lui des fresques représentant des scènes de la *Passion* et de la *Cruxifixion* dans l'atrium du couvent de Sta Maria di Gerusalemme à Naples.

MALINGUE Jean Bernard

xviiie siècle. Actif à Paris en 1780. Français.

Maître sculpteur.

Il travailla au château de Sorey, près de Rethel.

MALINIS Henricus. Voir **ARRIGO Fiammingo**

MALINOVSKY A.

xixe siècle. Russe.

Peintre de paysages animés, paysages.

Musées : Helsinki : *Rochers sur la côte de Heligoland – Paysage au clair de lune – Paysage d'hiver – Tireur de canards dans un paysage – Paysage sablonneux – Paysage avec bois de chênes.*

Ventes Publiques : Londres, 5 oct. 1989 : *Pastorale* 1865, h/cuivre (20,5x28,6) : **GBP 1 320** – Paris, 29 juin 1993 : *Paysage côtier* 1872, h/pan. (36,5x68) : **FRF 7 000**.

MALINSKY Josef

Né le 10 juillet 1756 à Brnan (près de Doksan, Bohême). Mort le 9 juillet 1827 à Prague. xviiie-xixe siècles. Tchécoslovaque.

Sculpteur.

On cite de cet artiste des monuments funéraires dans plusieurs villes de Bohême.

MALINSKY Paul

Né en Bohême. Mort en 1853 à Varsovie. xixe siècle. Polonais.

Sculpteur.

Élève de Thorvaldsen avec lequel il travailla trois ans en Italie, à Rome, Florence, Naples. Il décora plusieurs églises et palais de Varsovie de statues et de bas-reliefs.

MALIOUTINE Ivan

Né en 1891 à Toulguino (région de Toula). Mort en 1932 à Moscou. xxe siècle. Russe.

Dessinateur humoriste, caricaturiste, peintre de décors de théâtre, décorateur.

De 1902 à 1911, il fut élève de Nicolas Andreev à l'Institut Stroganoff. À partir de 1918, il a participé aux expositions du Monde de l'Art ; en 1925, il a participé à l'Exposition Internationale des Arts Décoratifs à Paris. Il a collaboré à plusieurs revues satiriques.

MALIOUTINE Serguei Vassilievitch ou **Malioutin**

Né le 22 septembre 1859 à Moscou. Mort en 1937 à Moscou. xixe-xxe siècles. Russe.

Peintre de genre, portraits, paysages, dessinateur, illustrateur, décorateur.

De 1883 à 1896, il fut élève de l'École de Peinture, Sculpture, Architecture de Moscou, de Sorokine et Prianichnikoff. Depuis 1891, il exposait à la Société des Expositions des Ambulants, dont il devint membre en 1915. Il a aussi participé aux expositions du Monde de l'Art. En 1903, il devint membre de l'Union des Artistes Russes. De 1922 à 1926, il fut l'un des organisateurs de l'Association des Artistes de la Russie Révolutionnaire. Il s'intéressa ensuite aux arts appliqués et créa des décors de théâtre. De 1913 à 1917, il fut professeur à l'École de Peinture, Sculpture, Architecture de Moscou ; de 1918 à 1923 à l'Institut Supérieur d'Art Technique. En 1914, il fut élu à l'Académie des Beaux-Arts de Moscou. En 1979 il était représenté à l'exposition *Paris-Moscou* du Centre national Georges Pompidou de Paris.

Il peignit des décors d'opéras et des toiles représentant des églises et des maisons.

Musées : Moscou (Gal. Tretiakov) : *Portrait de l'artiste – Illustrations pour le conte Zar Salton* – Saint-Pétersbourg – Vologda.

MALIQUET Claire

Née en 1878 à Aix-en-Provence (Bouches-du-Rhône). Morte en 1964. xxe siècle. Française.

Peintre de nus.
Elle exposait à Paris, depuis 1911 au Salon des Artistes Français, dont elle fut médaillée en 1923.
Ventes Publiques : Neuilly, 27 mars 1990 : *Portrait de femme*, h/t (38x54,5) : **FRF 3 800**.

MALISKIEVITCH Wojcieh ou **Malyszkievitch**
xviie siècle. Polonais.
Peintre.
L'église de Vikov (près de Petrikov) conserve de lui treize tableaux, peints sur bois, représentant : *La vie de saint Norbert, Jésus-Christ sur la croix*. Le quatorzième tableau se trouve dans le Musée Mielcynski à Poznan. Peut-être y eut-il deux artistes du même nom.

MALISSARD Georges
Né le 3 octobre 1877 à Anzin (Nord). Mort en 1942. xxe siècle. Français.
Sculpteur de monuments, statues, animalier.
Il exposait à Paris, au Salon des Artistes Français, dont il était sociétaire.
Il a, entre autres, réalisé les statues équestres du *Roi Albert Ier*, du *Roi Alphonse XIII*, des maréchaux *Foch, Lyautey, Pétain*.
Ventes Publiques : Versailles, 16 déc. 1973 : *Grande jument et son poulain*, bronze : **FRF 5 900** – Paris, 31 jan. 1983 : *Miss Ruth Roach dans Wild West Rodeo* 1924, bronze patiné : **FRF 29 000** – Lokeren, 11 mars 1995 : *Le Maréchal Foch sur son fameux cheval Bengali* 1919, bronze (H. 47, L. 47) : **BEF 80 000** – Paris, 26 juin 1995 : *Statue équestre du Maréchal Foch* 1919, bronze (H. 47,5) : **FRF 10 000** – New York, 20 juil. 1995 : *Portrait équestre du Maréchal Foch*, bronze (H. 48,3) : **USD 1 610** – Paris, 8 nov. 1995 : *Le tandem* 1910, bronze (H. 47) : **FRF 134 000**.

MALITSCH Ferdinand
Né le 7 mars 1820 à Graz. Mort le 10 novembre 1900 à Saint-Leonhard. xixe siècle. Autrichien.
Peintre de genre.
Élève de Jos. Tunner à l'Académie de Graz, de Ferd. Waldmuller à l'Académie de Vienne et de Cogniet à Paris. Il exposa dans cette ville en 1855 (Exposition Universelle), à Munich en 1858. Le Musée provincial de Graz conserve de lui quatorze portraits et peintures de genre parmi lesquels on cite un *Portrait de Waldmüller* et *Enfant trouvé*. Il peignit de 1851 à 1855 : *Douloureux départ, Chambre d'enfant, Petite recrue*.
Ventes Publiques : Londres, 3 fév. 1984 : *Amour maternel* 1869, h/t (47x38) : **GBP 1 200**.

MALIVAIRE Paul
Né au xixe siècle à Paris. xixe siècle. Français.
Paysagiste et aquarelliste.
Élève de Lechevalier Chevignard. Il exposa au Salon à partir de 1877. Le Musée Wicar possède une aquarelle de cet artiste.

MALIVER Émilie
Née le 21 octobre 1885 à Cannes (Alpes-Maritimes). Morte en 1944 à Vence (Alpes-Maritimes). xxe siècle. Française.
Sculpteur de statues, groupes, allégoriques.
Elle fut élève de Bourdelle. Elle exposa à Paris, au Salon des Artistes Français à partir de 1908. Elle participa à diverses expositions collectives. En 1930, elle présenta au Cercle Artistique de Nice, un ensemble de ses œuvres, dont le groupe grandeur nature *Le Baiser*, ainsi qu'une *Maternité* furent remarqués.
Musées : Nice (Mus. des Beaux-Art Jules Chéret) : plusieurs sculptures.

MALJAVIN Filipp A. Voir **MALIAVIN Philippe Andreevich**

MALKIN David
Né en 1910 à Akkermann (près d'Odessa). xxe siècle. Actif depuis 1955 en France. Russe.
Sculpteur, puis peintre. Figuratif, puis abstrait.
Il était le petit-fils d'un calligraphe des versets de la Thora. En 1934, il émigra en Israël, dans un kibboutz. Il participa à la campagne d'Italie dans l'armée de Montgomery. Démobilisé, il se fixa à Florence, où il fut élève et diplômé de l'Académie des Beaux-Arts. Il participe à des expositions collectives en Italie, Israël et France. Il montre des ensembles de travaux dans des expositions personnelles à Jérusalem, Florence, Rome, et notamment à Paris, dans les premières années avec des sculptures figuratives, puis avec des peintures le plus souvent abstraites, notamment galerie Arnoux en 1989, 1994, 1998.
Malkin a traversé des époques très diverses. Dans son séjour italien et jusqu'à son arrivée à Paris, il était essentiellement sculpteur figuratif, même si certaines formes s'inspiraient ensuite de l'alphabet hébraïque. Parallèlement, il dessinait et peignait. À Paris, et jusqu'en 1970 environ, il développa une œuvre en accord avec l'abstraction de l'école de Paris, souvent issue de l'enseignement de Bissière, où se perçoit ici ou là la continuité de Paul Klee, de Julius Bissier, le voisinage de Poliakoff, structurellement cloisonnée et d'un chromatisme particulièrement raffiné. Dans les années soixante-dix, sous la pression des souvenirs de son enfance, de la tradition juive, de l'exclusion de son peuple, il revient à une certaine figuration pour célébrer en le partageant le mysticisme exubérant de la secte des hassidims, qu'il représente schématiquement en foules dont le bariolage contenu traduit l'exaltation religieuse. On peut sans doute s'étonner, dans cette période d'intense spiritualité, de la présence de peintures vouées aux clowns, encore que la gaîté obligée de ceux-ci ne soit pas incompatible avec un sentiment dérisoire de l'existence. De toute façon, Malkin évolue au fil de son œuvre selon son humeur d'homme libre, sans se poser de questions d'appartenance à telle ou telle esthétique. Après ses hassidims et ses clowns, il a peint, dans un registre apaisé, une série de natures mortes constituées d'alignements de bouteilles, sans que, à vrai dire, l'écriture qui les fonde soit notoirement différente de celle des périodes antérieures, sauf à quelque rigidité géométrisante. Poursuivant son itinéraire sans plan prémédité, sa ferveur intime confortée des expériences successives, Malkin, fidèle à des formats très modestes dont la grandeur est à l'intérieur, semble avoir définitivement accédé à la plénitude de ses moyens plastiques, dans une abstraction cette fois totale, dont le message n'est plus porté que par la pureté de formes désormais dégagées de toute gangue figurante, que magnifient, tantôt dans le registre atténué et profond de la méditation, tantôt dans celui éclatant de la jubilation, dans un travail d'empâtements tactilement modulés, des accords colorés d'une rare saveur qui rivalisent avec ceux, purs aussi de toute image, de la musique.
■ J. B.
Bibliogr. : Divers : Catalogue de l'exposition *David Malkin*, gal. Arnoux, Paris, 1989 – Patrick-Gilles Persin : *David Malkin*, in L'Œil, Paris, sep. 1994.
Ventes Publiques : Paris, 17 juin 1991 : *Le cri*, h/t (54x46) : **FRF 38 000** – Paris, 20 nov. 1994 : *Sans titre*, h/pap./t. (14x25) : **FRF 7 000**.

MALKIN Jehan. Voir **MALAQUIN Jehan**

MALKINE Georges
Né le 10 octobre 1898 à Paris. Mort le 22 mars 1970 à Paris. xxe siècle. Actif de 1949 à 1966 aux États-Unis. Français.
Peintre de compositions animées. Surréaliste.
Il a peint depuis l'âge de quinze ans. En 1924, il fit partie du premier groupe surréaliste, avec Breton, Aragon, Éluard, Desnos, Ernst, Masson, Miro. En 1925, il collabora au premier numéro de *La Littérature au service de la Révolution*. En 1927, comme déstabilisé par le succès de sa première exposition, il partit pour l'Océanie, vivant de divers métiers, peignant peu ou plus du tout après 1933, à Tahiti, aux Îles Marquises, en Haïti et aux États-Unis, où il se fixa en 1949, recommençant à exposer. En 1966, il revint à Paris. Il a participé à des expositions collectives, dont : en 1967, 1968, 1969 au Salon de Mai à Paris ; 1968 à *Trésors du Surréalisme* à Knokke-le-Zoute... Il a montré des ensembles de peintures dans des expositions personnelles : 1927 à la Galerie Surréaliste ; 1955 New York ; 1961 Université de Long-Island ; 1966 à Paris, exposition organisée et présentée par Aragon, Ernst, André Masson, Jacques Prévert, Patrick Waldberg, et autres amis ; 1967 Antibes ; 1969 Paris, galerie Mona Lisa, avec une présentation de Waldberg.
Malkine écrivait aussi ; outre ses textes surréalistes, en 1950 il écrivit un roman *À bord du violon de mer*, qui ne fut publié qu'après sa mort, en 1977. De sa première période, Aragon a pu dire qu'il y avait inventé « l'abstraction sans le dire ». Lorsqu'il recommença à peindre après sa longue errance, il revint à la figuration, avec une technique de lourds empâtements, à une certaine figuration d'architectures chargées de symboles. Toutes ses peintures sont alors habitées de l'étrange, un étrange qui n'apparaît pas au premier regard. Patrick Waldberg en dit que « sous l'apparente innocence des images, couve le feu central. » La partie majeure de l'œuvre, et qui le singularise absolument, est constituée des *Demeures* qu'il concevait pour ses amis surréalistes ou pour des artistes admirés : Bach, Nerval, Satie, Apollinaire, *Demeures* que Waldberg qualifie de « Palais de

l'âme ». De même que dans ses autres peintures, c'est, dans les *Demeures*, un détail souvent infime, et qui ne se remarque pas immédiatement, qui en personnifie le destinataire ; Waldberg indique : « forme d'une tour, présence ou absence d'un pont-levis, dimension des ouvertures, etc. Ce sont des demeures-énigmes où n'entrent que ceux qui détiennent la clé du songe. »

■ J. B.

Malkine

Bibliogr. : Aragon et divers : *Hommage à Malkine*, Catalogue de l'exposition *Malkine*, Paris, 1966 – Patrick Waldberg : Catalogue de l'exposition *Malkine*, gal. Mona Lisa, Paris, 1969 – in : *Diction. de l'Art mod. et contemp.*, Hazan, Paris, 1992.

Ventes Publiques : Paris, 16 nov. 1976 : *Composition* 1926, h/t (61x50) : **FRF 14 500** – Londres, 8 déc. 1978 : *Sans titre* 1928, h/t (81x54) : **GBP 1 400** – Londres, 6 avr 1979 : *Composition surréaliste* 1928, h/t (81x54) : **GBP 900** – Paris, 29 avr. 1988 : *Demeure de Villa-Lobos* 1967, h/t (65x54) : **FRF 45 000** – Neuilly, 20 juin 1988 : *Sur la cheminée* 1968, h/t (46x55) : **FRF 23 000** ; *Demeure de Guillaume Apollinaire* 1968, h/t (65x54,5) : **FRF 26 000** – Paris, 3 déc. 1993 : *Marche la nuit*, collage et peint./pan. (55,5x71,5) : **FRF 11 000** – Paris, 29 mars 1995 : *L'orage* 1926, h/t (81x53,5) : **FRF 80 000** – Paris, 8 mars 1996 : *Le bain* 1969, h/t (53,5x64,5) : **FRF 36 000**.

MALKOV Kyril
Né en 1965. xxe siècle. Russe.
Peintre de paysages.
Membre de l'Union des Peintres Indépendants de Léningrad.
Ventes Publiques : Paris, 10 juin 1991 : *Rayons dorés*, h/t (30x50) : **FRF 4 200**.

MALLAIVRE Alice
Née le 23 avril 1887 à Paris. xxe siècle. Française.
Peintre.
Elle exposait à Paris, au Salon des Artistes Français, dont elle obtint une médaille d'argent en 1928.

MALLARD Paul
Né en 1809 à Dijon. xixe siècle. Français.
Paysagiste, peintre et lithographe.
Il exécuta des dessins pour l'*Annuaire du Jura* à partir de 1840 et pour l'*Histoire de la Franche-Comté* de Clerc. Le Musée de Dijon conserve de lui : *Chaumière en ruines à Seurre* et un dessin.

MALLE Pieter Van ou **Maele**
xve siècle. Actif à Tournai en 1472. Éc. flamande.
Peintre.
En 1484, obtint le droit de cité à Lille.

MALLEBRANCHE Louis Claude ou **Malbranche**
Né le 3 septembre 1790 à Caen (Calvados). Mort le 4 novembre 1838 à Caen. xixe siècle. Français.
Peintre de paysages animés, paysages.
Élève de Pierre Bergeret, il figura au Salon de Paris de 1812 à 1838 et exposa au Luxembourg en 1830.
Il s'est spécialisé dans les paysages d'automne, d'hiver et les effets de neige.

Bibliogr. : Gérald Schurr, in : *Les Petits Maîtres de la peinture 1820-1920, valeur de demain*, Les Éditions de l'Amateur, t. III, Paris, 1976.

Musées : Abbeville – Angers : *Vue prise en Normandie* – Bagnères-de-Bigorre : *Effet d'hiver* – Bernay : *Paysage d'hiver* – Caen : *Trois Paysages* – Castres : *L'automne* – Dijon : *Effet de neige* – Langres : *Paysage* – Nice : *Effet de neige* – Niort : *L'hiver dans les Pyrénées* – *Chasse à l'ours* – Versailles (Trianon) : *Convoi militaire, effet de neige et de soleil*.

Ventes Publiques : Paris, 1842 : *Paysage avec enfants* : **FRF 270** – Paris, 8 juin 1925 : *Vue de Paris* : **FRF 9 000** – Paris, 6 déc. 1944 : *La chasse à l'ours* : **FRF 4 200** – Paris, 6 déc. 1954 : *Villages sous la neige* : **FRF 18 000** – Versailles, 19 mai 1974 : *Paysage de neige*, h/t (22x41) : **FRF 11 000** – Paris, 4 oct. 1976 : *Patineurs sur la glace* 1830, h/t (60x98) : **FRF 6 200** – Auxerre, 5 mars 1978 : *Paysage d'hiver*, h/pan. : **FRF 9 400** – Versailles, 28 oct 1979 : *Chasseurs dans la neige*, h/t (32,5x46) : **FRF 7 000** – San Francisco, 18 mars 1981 : *Enfants jouant avec une jument blanche*, h/t (49x65) : **USD 1 800** – Paris, 25 jan. 1982 : *Paysage de neige*, gche (62,5x82,5) : **FRF 13 000** – New York, 27 mai 1983 : *Patineurs dans un paysage d'hiver au crépuscule*, h/t (57,1x91,5) : **USD 3 500** – Paris, 24 mars 1986 : *Scène de patinage*, h/t (33x49) : **FRF 20 000** – Lucerne, 3 juin 1987 : *Paysage d'hiver* 1837, h/t (24x33) : **CHF 4 400** – Paris, 9 déc. 1988 : *Le retour dans la neige*, h/t (27x41) : **FRF 28 000** – Paris, 13 déc. 1988 : *Bivouac de militaires sous la neige*, h/pan. (24x32,5) : **FRF 52 000** – Paris, 16 nov. 1990 : *La côte normande*, h/pan. (22x40) : **FRF 8 000** – Calais, 10 mars 1991 : *Village sous la neige*, h/t (27x35) : **FRF 28 000** – New York, 21 mai 1991 : *Patineurs au clair de lune*, h/t (31x50,9) : **USD 2 750** – Calais, 20 oct. 1991 : *Bord de rivière sous la neige*, h/t (49x65) : **FRF 20 000** – Calais, 5 avr. 1992 : *Village sous la neige* 1829, h/t (24x32) : **FRF 25 000** – Paris, 13 déc. 1992 : *Le ramassage des fagots*, h/t (33x24,5) : **FRF 13 000** – Paris, 30 juin 1993 : *L'hiver*, h/pan., une paire (chaque 21,5x41) : **FRF 22 000** – Calais, 4 juil. 1993 : *Moulin à vent dans un paysage de neige*, h/t (24x32) : **FRF 12 000** – Paris, 26 oct. 1993 : *Soleil couchant sur le village animé*, h/t (60x84) : **FRF 72 000** – Paris, 16 juin 1995 : *Vue d'un village normand* 1831, h/t (32,5x41) : **FRF 10 000** – Calais, 25 juin 1995 : *Vue d'un hameau dans la campagne enneigée* 1830, h/t (37x51) : **FRF 13 500** – Copenhague, 21 mai 1997 : *Retour de bétail dans un village enneigé* (50x62) : **DKK 7 000**.

MALLEIN G. Voir **MALLEYN G.**

MALLENC Jérémie
xviie siècle. Actif à Grenoble. Français.
Peintre.
Fils de Balthazard de Mallenc ; se maria, le 6 octobre 1624, avec Louise Fette, faisant partie du service du connétable de Lesdiguières. Il exécuta divers travaux avec son frère Marc Mallenc, de 1619 à 1622. En 1629, il reçoit le titre de « peintre et vitrier de la maison de Mgr le maréchal de Créqui ».

MALLENC Marc
xviie siècle. Actif à Grenoble. Français.
Peintre.
Les Mallenc sont une famille de peintres vitriers, protestants. Marc, fils de Balthazard de Mallenc, peintre, habitant Vienne, fit, de concert avec son frère Jérémie Mallenc, en 1619, « deux cents écus d'armes » du roi Dauphin de Savoie, du maréchal, de M. de Morges et de la Ville, à l'occasion de l'entrée solennelle de Madame de Savoie. Pour la venue du roi à Grenoble, 28 novembre 1622, ils peignirent des « portraits ». Le 10 avril 1632, pour divers travaux exécutés, il reçoit vingt livres tournois de François Chattenal.

MALLER Merte
xvie siècle. Allemand.
Sculpteur.
Il exécuta un bas-relief pour l'église Saint-Boniface de Sömmerda (Saxe).

MALLEROT Pierre, dit **Lapierre**. Voir **LAPIERRE**

MALLERY Karel Van ou **Malery** ou **Mailleri**
Né le 13 ou 31 juillet 1571 à Anvers. Mort après 1635. xvie-xviie siècles. Éc. flamande.
Dessinateur et graveur.
Élève de Philip Galle en 1585, maître à Anvers en 1597, il épousa, en 1598, Catherina Galle. Ce fut un habile graveur et son œuvre, qui comporte surtout des sujets religieux, est considérable et doit se monter à trois cent quarante-deux feuilles.

MALLERY Philipp Van
Né le 6 novembre 1598 à Anvers. xviie siècle. Éc. flamande.
Graveur au burin.
Peut-être fils de Karel de Mallery, maître à Anvers en 1626. Son style, comme celui de son père, rappelle celui des Wierix. Il travailla surtout à Prague.

MALLERY Xavier. Voir **MELLERY**

MALLESCOT
xviiie siècle. Actif à Doué vers 1759. Français.
Peintre de sujets religieux.
On connaît de lui un *Saint François mourant*, dans l'église de Cléré, et une *Assomption*.

MALLESON Kate. Voir **GOODWIN**

MALLET Antoine
xviie-xviiie siècles. Actif à Angers de 1699 à 1703. Français.
Peintre verrier.

MALLET J. L. Léonce
Né en 1827 à Genève. xixe siècle. Suisse.

Peintre.
Élève de Diday.

MALLET Jean Baptiste
Né en 1759 à Grasse (Alpes-Maritimes). Mort le 16 août 1835 à Paris. XVIIIe-XIXe siècles. Français.
Peintre de compositions mythologiques, scènes de genre, intérieurs, intérieurs d'églises, peintre à la gouache, aquarelliste, dessinateur.
Il fut élève de Mérimée et de Prud'hon. Il figura au Salon de Paris, de 1791 à 1824, obtenant une médaille de deuxième classe en 1812, une de première classe en 1817.
Il peignit dans le genre gracieux et fut l'un des triomphateurs de la peinture « genre Empire ». Bien qu'il y ait dans ses ouvrages une grande somme d'affectation et de sensiblerie fausse, il n'en a pas moins produit quelques tableaux et quelques dessins dans lesquels il a fait preuve d'un véritable talent. Depuis 1930, la faveur des amateurs s'est de nouveau tournée vers ces œuvres charmantes, enlevées de main de maître. C'est dans les procédés de l'aquarelle et de la gouache qu'il a fait montre d'une virtuosité étonnante et c'est justement cette virtuosité dans le trait et la touche qui en font très exactement un grand petit-maître. La mode est caprice, et ces sujets qui semblaient hier affectés, nous ravissent aujourd'hui pour leur affectation même.

Musées : Cherbourg : *Geneviève de Brabant baptisant son fils en prison – Les Parques* – Clamecy : *Paysage avec bergers et moutons* – La Fère : *Scène d'intérieur* – Grenoble : *Intérieur de l'atelier de Raphaël* – Marseille : *La nature et l'honneur* – Paris (Mus. Marmottan) : *La lecture de la lettre – Réunion dans un salon – Voyageurs recueillis par des paysans* – Pau : *Éducation de Henri IV* – Toulon : *Esquisse* – Tours : *Nymphe, satyre et amour* – Valenciennes : *Amourettes* – même sujet.

Ventes Publiques : Paris, 1865 : *Visite à la nourrice* : **FRF 780** – Paris, 1892 : *La Leçon* : **FRF 515** – Paris, 1898 : *Scène d'intérieur* : **FRF 1 320** – Paris, 1898 : *Scène d'intérieur*, gche : **FRF 2 850** – Paris, 1899 : *La toilette*, gche : **FRF 2 600** – Paris, 22 fév. 1901 : *Le perroquet chéri* : **FRF 1 050** – Paris, 18 au 25 mars 1901 : *Réunion dans un intérieur* : **FRF 660** – Paris, 22-23 et 24 avr. 1901 : *La visite à la fermière* : **FRF 800** – Paris, 4 juin 1903 : *Les soins maternels* : **FRF 1 000** – Paris, 13-14 et 15 mars 1905 : *La toilette* : **FRF 4 300** – Paris, 2 et 3 fév. 1911 : *La méchante surprise* : **FRF 900** – Paris, 19 déc. 1919 : *La bénédiction nuptiale*, gche : **FRF 15 500** – Paris, 17 et 18 nov. 1920 : *La mère de famille*, gche : **FRF 9 900** – Paris, 6-8 déc. 1920 : *La visite* : **FRF 10 500** – Paris, 22 et 23 mai 1924 : *La perruche favorite* : **FRF 5 200** – Paris, 25 nov. 1924 : *Le baiser*; *Les deux amies*, les deux : aquarelle et gouache : **FRF 73 000** – Paris, 3 et 4 juin 1926 : *L'assemblée au Salon*, aquar. gchée : **FRF 108 000** ; *La Fiancée* ; *Les joies de la famille*, deux aquar. gchées : **FRF 48 000** – Paris, 9 déc. 1927 : *Réunion dans un intérieur*, gche : **FRF 69 500** – Paris, 7 et 8 juin 1928 : *La leçon de chant du perroquet*, gche : **FRF 52 100** – Paris, 13-15 mai 1929 : *La Perruche chérie*, gche : **FRF 133 000** ; *Le petit déjeuner*, gche : **FRF 156 000** – Paris, 28 mai 1931 : *La prière du soir*, gche : **FRF 4 250** – Paris, 17 juin 1931 : *Les réfugiés* : **FRF 50 000** – Paris, 3 déc. 1934 : *L'amour paternel* ; *L'amour maternel*, gche : **FRF 9 700** – Paris, 17 déc. 1935 : *Le baptême italien*, gche : **FRF 9 200** – Paris, 26 mai 1937 : *Le thé matinal*, dess. : **FRF 30 500** – Paris, 9 juin 1937 : *Le baiser* ; *Les deux amies*, deux gche : **FRF 35 000** ; *La visite aux jeunes mariés* : **FRF 30 100** ; *La Toilette*, gche : **FRF 24 500** – Paris, 24 mars 1939 : *Un antiquaire* : **FRF 16 200** – Paris, 23 et 24 oct. 1941 : *Le jockey*, gche : **FRF 29 000** – Paris, 17 déc. 1942 : *L'Assemblée au Salon*, gche : **FRF 110 000** – Paris, 4 juin 1947 : *Les derniers conseils*, gche : **FRF 46 000** ; *La sérénade*, cr. noir, reh. de blanc : **FRF 3 500** – Paris, 19 juin 1947 : *Le déjeuner du favori* : **FRF 110 000** – Paris, 1er juin 1949 : *L'heureuse famille* : **FRF 215 000** ; *Le cathéchisme* 1791, aquar. gchée : **FRF 260 000** ; *Le bain des nymphes*, aquar. gchée : **FRF 235 000** ; *La toilette matinale*, aquar. gchée : **FRF 225 000** ; *La soubrette complaisante*, aquar. gouachée., Attr. : **FRF 100 000** – Paris, 23 mai 1950 : *L'indiscret*, gche : **FRF 180 000** – Paris, 14 déc. 1951 : *Le miroir* ; *La lettre*, deux gches : **FRF 1 200 000** – New York, 17 oct. 1959 : *La lecture*, gche : **USD 850** – New York, 11 déc. 1961 : *La toilette*, gche : **FRF 9 300** – Londres, 26 juin 1963 : *La veille du mariage* ; *Le lendemain du mariage*, deux pendants : **GBP 2 200** – Stuttgart, 3 et 4 mars 1966 : *Scènes de boudoirs*, deux gches, faisant pendants : **DEM 11 000** – Paris, 24 juin 1968 : *La lecture* : **FRF 7 500** – Paris, 14 mars 1970 : *Le repos des bergers*, gche : **FRF 14 000** – Paris, 31 oct. 1973 : *Visite à la nourrice*, gche : **FRF 30 000** – Londres, 27 juin 1974 : *Soirée musicale*, gche : **GBP 2 500** – Paris, 19 mars 1976 : *L'incitation à l'amour* 1789, gche (41x33) : **FRF 10 500** – Londres, 8 déc. 1976 : *Un baptême sous la Révolution*, dess. et aquar. (33x44,1) : **GBP 1 200** – Paris, 24 juin 1977 : *La lettre* 1819, h/t (32,5x24,5) : **FRF 7 000** – Paris, 14 juin 1978 : *Le repos dans le parc*, aquar. et pl. (25,5x37,5) : **FRF 9 000** – Genève, 28 juin 1979 : *La lettre d'amour*, gche (31x24) : **CHF 14 000** – Paris, 28 mars 1979 : *Bacchante et Amours dans un paysage boisé*, h/t (40,5x32,5) : **FRF 14 000** – Paris, 9 déc. 1981 : *Madame Royale soignée par le chirurgien Brunier* 1793, gche, pl. et lav. (36x52,5) : **FRF 140 000** – Paris, 9 déc. 1981 : *Talma et Mademoiselle George dans Britannicus*, h/t (24x32) : **FRF 61 000** – Monte-Carlo, 26 juin 1983 : *L'Enlèvement de Psyché*, h/t (32x23) : **FRF 30 000** – New York, 18 jan. 1984 : *Elégants personnages dans un intérieur faisant de la musique* 1823, gche (21,2x26,5) : **USD 2 100** – Londres, 10 avr. 1985 : *La Lettre d'amour*, aquar. gche et pl. (31,5x24,1) : **GBP 8 000** – Paris, 16 déc. 1986 : *La Modiste*, gche (35x26) : **FRF 65 000** – Paris, 6 mai 1987 : *La Lecture de lettre*, gche (33,5x26,5) : **FRF 100 000** – Paris, 11 mars 1988 : *Visite chez la nourrice*, h/pan. (37x46,4) : **FRF 60 000** – Paris, 28 juin 1988 : *La harpiste*, h/t (34x25,5) : **FRF 19 000** – New York, 9 jan. 1991 : *Couple élégant prenant le thé dans un intérieur*, gche (22,6x28,2) : **USD 44 000** – Paris, 27 mars 1991 : *Intérieur d'église*, gche (39,5x65) : **FRF 450 000** – Munich, 26-27 nov. 1991 : *Dans un boudoir*, gche (215x15) : **DEM 1 035** – Monaco, 5-6 déc. 1991 : *Scène d'intérieur avec d'élégants personnages*, aquar. avec reh. de gche (36,7x53,5) : **FRF 108 780** – New York, 28 mai 1992 : *Nymphe au bain environnée d'amours*, h/t (38,1x45,7) : **USD 28 600** – Paris, 22 juin 1992 : *Les blanchisseuses*, gche (31x39) : **FRF 120 000** – Londres, 5 juil. 1993 : *Jeune femme composant un bouquet assise sur le banc d'un parc*, aquar. et gche (23x16,8) : **GBP 14 375** – Paris, 10 déc. 1993 : *Réunion galante dans un parc*, gche (29x22,3) : **FRF 80 000** – New York, 11 jan. 1994 : *Deux femmes surveillant deux jeunes enfants s'embrassant devant la cheminée d'une cuisine*, aquar. et gche (19,5x15) : **USD 8 625** – New York, 14 jan. 1994 : *Femme à sa toilette* ; *Jeune femme nourrissant un perroquet*, gche/pap., une paire (chaque 20x26) : **USD 60 250** – Paris, 31 mars 1994 : *Intérieur d'église* 1791, pl., lav., gche (38x55,8) : **FRF 32 000** – New York, 12 jan. 1995 : *Six nymphes se baignant dans le bassin d'un jardin*, aquar. et gche/pap. (22,9x31,8) : **USD 8 050** – Paris, 31 mars 1995 : *La leçon de harpe*, gche (30x23) : **FRF 39 000** – Vienne, 29-30 oct. 1996 : *Jeune couple se caressant sur un lit dans une ferme*, gche (25x18) : **ATS 483 000** – Paris, 21 mai 1997 : *La Lecture* 1824, h/pan. (22,5x17,5) : **FRF 29 000**.

MALLET Joseph Xavier
Né le 21 janvier 1827 à Theil. XIXe siècle. Français.
Peintre de genre et dessinateur.
Élève de Gleyre et Cabanel. Il exposa au Salon de 1865 à 1888, des tableaux et des dessins à la plume.

MALLET Louis
Mort le 25 mai 1698. XVIIe siècle. Actif à Alençon. Français.
Sculpteur sur bois.
Il exécuta le maître-autel de l'église de Notre-Dame de Mamers, un retable et un tabernacle à Monhoudon et la grande porte du côté du Prieuré pour Notre-Dame d'Alençon.

MALLET Louis
XVIIIe siècle. Actif à Alençon au début du XVIIIe siècle. Français.
Sculpteur.
Fils de Louis Mallet (voir plus haut). Il travailla pour Notre-Dame d'Alençon et pour Notre-Dame de Mamers.

MALLET Pierre
Né à Jussey (Haute-Saône). Mort en 1898. XIXe siècle. Français.
Graveur à l'eau-forte.
Élève de A. Gravier. Il vécut à Brighton et à Londres. Il grava des paysages anglais et reproduisit des œuvres de Corot.

MALLET Pierre Louis Nicolas
Né au XIXe siècle au Grand-Quevilly (Seine-Maritime). XIXe siècle. Français.
Sculpteur et peintre.
Obtint une médaille de troisième classe en 1843. Exposa au

Salon de Paris en 1839 : *Cadre d'oiseaux*, plâtre ; en 1843 : *Cadre de six oiseaux*, plâtre ; en 1848 : *Portrait d'une jeune demoiselle*, pastel. Le Musée d'Épinal possède de lui : *L'amour les conduit* et *l'Amitié les ramène*. On cite encore de lui une statue de *Saint Pierre* à Saint-Bernard de la Chapelle et un bas-relief de *Saint Martin* à Saint-Séverin de Paris.

MALLET René
Né en 1891 à Binche. Mort en 1960. XXe siècle. Belge.
Peintre de figures, portraits, natures mortes, graveur.
Il fut élève de l'Académie des Beaux-Arts et de l'Institut Supérieur d'Anvers.
Bibliogr. : In : *Diction. biogr. illustré des Artistes en Belgique depuis 1830*, Arto, Bruxelles, 1987.

MALLEURE Louis. Voir **MALOEUVRE**

MALLEVILLE Lucien de
Né le 15 septembre 1881 à Périgueux. XXe siècle. Français.
Peintre de paysages.
Il fut élève de Jean-Paul Laurens. Il exposa, à Paris, au Salon des Artistes Français depuis 1911 ; médaillé en 1927. Il a aussi figuré au Salon des Indépendants.
Ventes Publiques : Paris, 27 mars 1950 : *Vue d'Espagne*, peint. sur pap. : **FRF 1 500**.

MALLEYN Gerrit Van ou **Mallein**
Né en 1753 à Dordrecht. Mort le 6 février 1816 à Dordrecht. XVIIIe-XIXe siècles. Hollandais.
Peintre de scènes de chasse, portraits, animaux, ornements, aquarelliste, peintre de cartons de tapisseries, dessinateur, décorateur.
Il travailla à Rotterdam comme décorateur et dessinateur de chevaux.
Musées : Rotterdam (Mus. Van Oudheden) : *Portrait équestre du colonel M. M. de Monchy* 1801.
Ventes Publiques : Paris, 7 déc. 1934 : *Halte de chasseurs*, aquar. : **FRF 900** – Londres, 1er avr. 1992 : *Repos et collation pendant une partie de chasse* 1789, h/t (169,5x130) : **GBP 63 800** – New York, 6 oct. 1994 : *Un faisan doré perché sur un chapiteau corinthien tombé d'une colonne en ruines et attaquant un cochon d'Inde, avec une perdrix rouge et sa nichée dans un paysage* 1776, h/t (259x173) : **USD 23 000**.

MALLI, pseudonyme de **Mallessard**
Née le 30 avril 1920 à La Giraudière par Courzieu (Rhône). XXe siècle. Française.
Peintre de paysages. Tendance abstraite-paysagiste.
À Paris, elle participe au Salon des Indépendants de 1970 à 1972. Elle figure aussi dans de nombreux groupements régionaux. Elle montre des expositions personnelles de ses œuvres à Paris, Lyon, Biarritz, Milan, Bruxelles, etc.
Après avoir peint des paysages, souvent traités en camaïeu, elle s'est de plus en plus approchée d'une abstraction proche du « nuagisme ».

MALLIA Giovanni Carlo
XVIIIe siècle. Actif à Rome. Italien.
Dessinateur et graveur au burin.
Il a gravé des sujets religieux et des frontispices.

MALLIA René
Né le 30 mars 1885 à Paris. Mort le 8 octobre 1931 à Paris. XXe siècle. Français.
Peintre de marines.
À Paris, il exposait régulièrement au Salon des Indépendants ; en 1930, il fut invité au Salon des Tuileries.
Il a souvent peint des vues de ports. Ses *Épaves*, où l'on voit la carcasse de quelque bateau pourrissant sur la grève, l'ont fait remarquer.
Ventes Publiques : Versailles, 21 jan. 1990 : *Le Havre* 1929, h/t (60x73) : **FRF 7 000**.

MALLIÉE Pierre Victor Nicolas de ou **Maillée**
XVIIIe siècle. Français.
Portraitiste, paysagiste, peintre de genre et de miniatures.
Membre de l'Académie de Saint-Luc. Il exposa en 1774.

MALLINA Erich
Né en 1873 à Preram. Mort en 1954. XIXe-XXe siècles. Autrichien.
Peintre de compositions animées, figures, aquarelliste, dessinateur. Symboliste.
Alors qu'il était instituteur, il entra à l'Ecole des Arts Appliqués de Vienne, où il eut pour professeurs : Alfred Roller, Willibald Schulmeister et Ludwig Minnigerode. Ensuite, il enseigna l'esthétique industrielle au Collège technique de Steinschönau, puis à l'Ecole des Arts Appliqués de Vienne. De 1904 à 1909, il eut Oskar Kokoschka comme élève.
De 1900 à 1914, il eut une période de création picturale personnelle, marquée par le style très ornemental « Sécession » viennois, dans la suite de Klimt. Son œuvre se ressent de l'influence des philosophies orientales, et ses fréquents personnages d'anges y figurent l'harmonie cosmique. Ensuite, sur des thèmes similaires, il évolua dans une facture beaucoup plus volontaire et moins ornée, peut-être influencée par les courants expressionnistes de l'époque.
Ventes Publiques : Londres, 10 fév. 1988 : *Un ange*, encre et craies (59x34) : **GBP 17 600** – Londres, 27 juin 1988 : *Trône au personnage*, aquar. (21,5x21,5) : **GBP 2 420**.

MALLING Johannes Holm
Né le 11 novembre 1877 à Helsinge. Mort en décembre 1918 à Jordrup (près Kolding). XXe siècle. Danois.
Peintre de décorations.
Il travailla sous la direction de Karl Hansen-Reistrup à la décoration du théâtre à Aarhus et de Th. Petersen, ainsi qu'à la décoration de l'église d'Odder et à celle de la Mairie de Lemvig.

MALLITSCH Ferdinand. Voir **MALITSCH Ferdinand**

MALLIUS Lucius
IIe siècle. Antiquité romaine.
Peintre.
Contemporain du philosophe Macrobius. Cichorius a prouvé que cet artiste est probablement l'auteur de la peinture triomphale pour L. Cornelius Scipion en 194 après Jésus-Christ.

MALLO Cristino
Né en 1905 à Tuy (Pontevedra). Mort en 1989. XXe siècle. Espagnol.
Sculpteur de figures.
Il fut élève de l'École des Arts et Métiers de Avilés ; puis, à partir de 1923 jusqu'en 1927, de l'École San Fernando de Madrid. En 1933 lui fut décerné le Prix National de Sculpture. En 1935, il fut professeur de Dessin à l'École des Arts et Métiers de Salamanque.
Son œuvre a évolué entre une tradition renouvelée et une tentation surréaliste.
Ventes Publiques : Paris, 4 nov. 1997 : *Miedo*, bronze patine brun vert (11,5x15x6,5) : **FRF 5 500**.

MALLO Maruja
Née en 1909 à Vivero (Lugo). XXe siècle. Active aussi en Argentine. Espagnole.
Peintre de compositions à personnages, figures, natures mortes. Composite, post-cubiste, surréaliste.
Autour de 1927, elle participa à l'émancipation générale qui préparait à l'avènement de la République espagnole, proclamée en 1931. À l'Académie de San Fernando, à Madrid, elle fut condisciple de Dali, et, dans la célèbre Résidence d'étudiants, connut Federico Garcia Lorca, Bunuel, Rafaël Alberti, Jose Bergamin. Elle était alors une personnalité originale et très en vue. Le contexte d'époque, les amitiés, un tropisme personnel qui l'attirait vers l'étrange, lui firent très naturellement adhérer aux idées et activités cubistes et surréalistes. Elle commença à se faire connaître à partir de 1930, figurant dans de nombreuses expositions collectives consacrées aux artistes espagnols contemporains. En 1932 à Paris, elle exposait à la Galerie Pierre (Loeb), qui avait accueilli la première Exposition Surréaliste. Sa peinture fut saluée par André Breton, Jean Cassou et Tériade. À son retour de Paris, elle fréquenta l'École de Vallecas, où étaient associés dans l'enseignement les apports cubistes et surréalistes. En 1936, sans doute sa vie privée de « belle excentrique » lui fit quitter la société où elle s'était imposée et que la guerre civile allait disloquer, et après des voyages en Europe, elle se retira en Amérique-Latine. Après un exil de vingt-cinq années, elle revint en Espagne (franquiste) en 1962. Aussi bien concernant sa vie agitée de jeune femme libérée, que sa vie de femme âgée lors de son retour en Espagne, les anecdotes, souvent scabreuses, pullulent, sans qu'elles aient place ici. Elle a exposé dès 1945, collectivement et individuellement, entre autres : à Rio de Janeiro, New York, plusieurs fois à Buenos Aires ; puis, depuis 1961 surtout à Madrid, Barcelone, etc., notamment en expositions personnelles : 1979 Madrid, galerie Ruiz Castillo ; 1980 Malaga, Salles de la Députation ; 1982 Madrid, galerie Manuel

Montenegro à l'Arco ; 1992 La Corogne, galerie Pardo Bazan, et Madrid, galerie Guillermo de Osma ; 1993-94 Saint-Jacques de Compostelle, Centre d'Art Contemporain de Galicie. En marge de ses expositions récentes, il semble que Maruja Mallo vive, depuis environ 1985, retirée dans un hôpital de Madrid.
Ses toutes premières peintures étaient des scènes de *Fêtes*, fêtes populaires nocturnes, traitées dans l'esprit d'une veine populaire traditionnelle, mais comportant de nombreuses libertés formelles expressives. À l'inverse de cette première période spontanée et festive, de 1929 à 1932, la série des *Cloaques et Clochers* illustre des visions d'horreur, de décombres, d'excréments, de squelettes, où le surréalisme se repaît de l'ancienne tradition espagnole du morbide. En 1933, elle commença la série des *Architectures végétales*, dans lesquelles elle tendait à constituer une géométrie organique, combinant et équilibrant formes végétales et minérales. Elle fut alors sans doute influencée par l'exemple de Torrès-Garcia, de passage à Madrid, dans la mesure où lui-même associait une construction mathématique et abstraite et des figurations humaines et d'objets. Son expression plastique est à ce moment issue d'un post-cubisme à tendance géométrique, où domine l'influence de Juan Gris, non exclusive d'évocations d'une réalité onirique surréalisante. Elle réalise des peintures dont les motifs peuvent être dits ornementaux, mais dont l'exécution est précédée de sérieuses approches géométriques dominées par la symétrie. En 1936, là aussi, de nouveau en rupture radicale avec la forme et l'esprit de la période précédente, mais en corrélation avec l'air du temps du « Front populaire » et les événements imminents de la guerre civile, ses peintures de la série *La Religion du Travail* rejoignent un réalisme ouvriériste dans la forme, et visent dans l'esprit à la glorification du travail manuel. Au début de la guerre civile, elle s'est installée en Argentine, à Buenos Aires, voyage dans l'Amérique-Latine, et fait connaître sa peinture à New York. En 1941, elle commence la série des *Natures-vivantes*, sortes de planches anatomiques ou botaniques, composées, selon la même géométrie organique et avec un même sens décoratif que les peintures madrilènes de 1933, avec un sens décoratif d'autant que souvent peints dans des harmonies sirupeuses, d'assemblages de coquillages, de crabes, algues, étoiles de mer, méduses, puis de grappes de raisins, etc., où elle situait, dans ce nouvel épisode de sa vie et de son art à facettes multiples, une symbolique de l'harmonie universelle, dans laquelle les tentacules frémissants des méduses, les pinces préhensiles des crabes, peuvent évoquer une sensualité sous-marine, tandis que le triangle inversé de la grappe de raisin transfère la métaphore au corps féminin. À la suite d'un voyage, en 1945, avec Pablo Neruda, à l'Île de Pâques et dans le Pacifique, elle a produit une abondante série de dessins vivement coloriés, dont les thèmes se partagent entre des visions abstraites à connotations mystiques et des évocations anecdotiques du monde intersidéral de la science-fiction.
L'œuvre de Maruja Mallo, dont bien des aspects auraient dû prendre place dans leurs époques respectives, aura été, à l'image souvent incohérente de sa vie, dans son ensemble très compromis par son inconséquence, que ses commentaires écrits, naïfs et amphigouriques, ne suffisent pas à justifier.

■ Jacques Busse

Bibliogr. : In : *Peintres contemporains*, Mazenod, Paris, 1964 – C. de La Gandara : *Maruja Mallo*, Madrid, 1978 – divers : Catalogue de l'exposition *Maruja Mallo*, galerie Guillermo de Osma, Madrid, 1992, abondante documentation – Catalogue de l'exposition *Maruja Mallo*, Centre d'Art Contemporain, Saint-Jacques de Compostelle, 1993 – Victoria Combalia : *Maruja Mallo esprit indomptable*, in : Art Press, n° 190, Paris, avr. 1994, étude bien documentée.

Musées : Buenos Aires – Madrid (Mus. espagnol d'Art Contemp.) : *Architectures végétales* 1934 – Montevideo – Paris – Santiago du Chili.

Ventes Publiques : New York, 17 mai 1988 : *Autoportrait* 1942, h/cart. (49x40,7) : **USD 11 000** – New York, 21 nov. 1988 : *Jeunesse blonde* 1930, h/t (49x40) : **USD 8 800**.

MALLOL-CASANOVAS Ignacio

Né en 1892 à Tarragone. Mort en 1940 en Colombie. XXe siècle. Espagnol.

Peintre de paysages.

Il fit un voyage d'étude à Paris. Dans les années vingt, il se fixa à Olot. En 1929, il reçut un Prix à l'Exposition de Printemps de Barcelone ; en 1930 une seconde médaille à l'Exposition Nationale des Beaux-Arts de Madrid. Il a aussi figuré dans des expositions à Paris, Bruxelles, Oslo, et dans plusieurs villes d'Amérique-du-Nord. En 1932 il fut co-directeur de l'École de Peinture et Sculpture de Tarragone.

Bibliogr. : In : *Cent ans de peinture en Espagne et au Portugal, 1830-1930*, Antiquaria, Madrid, 1991.

MALLOL SUAZO José Maria

Né en 1910 à Barcelone (Catalogne). Mort en 1986 à Barcelone (Catalogne). XXe siècle. Espagnol.

Peintre de figures, intérieurs, paysages, paysages animés, natures mortes, aquarelliste, pastelliste, dessinateur, lithographe, illustrateur.

En 1936, il a commencé à exposer et obtint un Prix au Salon de Printemps de Barcelone, sa ville natale et de résidence, où il a continué d'exposer régulièrement, remportant de nombreuses distinctions. Il participe depuis 1936 à des expositions collectives, nationales et internationales, à Madrid, Bilbao, Valence et dans d'autres villes d'Espagne ; ainsi que : en 1949 au musée des Beaux-Arts de Caracas ; 1950 Montevideo ; 1951 à la Biennale Hispano-américaine, où il obtint un Prix de Peinture ; etc. Il a exposé à titre personnel de nombreuses fois depuis 1936, surtout à la Sala Parès de Barcelone ; en 1957 galerie Paul Ambroise de Paris, etc.
Sa solide formation de dessinateur a influé sur sa peinture, toujours solidement composée. À Ibiza il peignit des paysages ; à Florence des figures féminines ; au Brésil des marines. En 1980, il a illustré de lithographies un livre de poésies de Paul Verlaine.

Bibliogr. : In : *Cent ans de peinture en Espagne et au Portugal, 1830-1930*, Antiquaria, Madrid, 1991.

Ventes Publiques : Barcelone, 23 avr. 1980 : *Nu couché*, gche (37x49) : **ESP 90 000** – Barcelone, 19 juin 1980 : *Le modèle*, h/t (100x81) : **ESP 320 000** – Barcelone, 23 mai 1984 : *Jeune femme et enfant dans un intérieur*, h/t (100x72) : **ESP 625 000** – Barcelone, 29 mai 1985 : *Femme dans un intérieur*, h/t (72x59) : **ESP 300 000** – Barcelone, 20 mars 1986 : *Personnages dans un intérieur* 1943, h/t (100x73) : **ESP 600 000** – Barcelone, 17 déc. 1987 : *Marine*, h/t (60x81) : **ESP 550 000**.

MALLON Claire, Mme, née Masson

Née au XIXe siècle à Paris. XIXe siècle. Française.

Portraitiste et pastelliste.

Élève de Cogniet. Elle exposa au Salon à partir de 1848, sous le nom de *Masson*, et, à partir de 1861, sous le nom de *Mallon*.

Ventes Publiques : Vienne, 12 sep. 1984 : *Nature morte aux fruits* 1861, h/t (81x65) : **ATS 50 000**.

MALLY Gustav

Né le 21 mai 1879 à Vienne (Autriche). Mort le 3 août 1952 à Bratislava. XXe siècle. Tchécoslovaque.

Peintre de paysages, paysages animés. Postimpressionniste, puis expressionniste.

Il passa son enfance à Shalica, et fit ses études à Prague, à l'École des Arts et Métiers, puis à Dresde, à l'Académie des Beaux-Arts. Il séjourna ensuite aux États-Unis, en 1901 et 1902. Après son retour en Slovaquie, il prit part à l'exposition de Zilina en 1903, au cours de laquelle fut fondée la première association d'artistes slovaques, le groupe dit des peintres hongaro-slovaques, et dont Mally fut le trésorier. En 1911, il eut une exposition d'ensemble à Bratislava. À ce moment, il fonda son école de peinture privée, qui dura de 1911 à 1932, longue durée qui lui permit d'exercer une importante influence sur les jeunes générations. D'autant que, en 1941, il fut nommé professeur au Département d'Arts Plastiques de l'École Supérieure Technique Slovaque, puis, plus tard, à la Faculté Pédagogique de l'Université Komensky, à Bratislava. En 1953, la Galerie Nationale Slovaque a organisé une importante exposition posthume de son œuvre. Dans la suite, il fut représenté, entre autres, aux expositions d'art tchécoslovaque : en 1954 à Moscou, Varsovie, Budapest ; 1959 à Prague ; 1960 Budapest ; 1968 à l'exposition qui circula à travers plusieurs musées de Tchécoslovaquie pour la commémoration du cinquantenaire de la fondation de la République.
Toute sa vie, Mally est resté fidèle au pays slovaque et à son peuple laborieux, peignant la Slovaquie occidentale dans des compositions solidement construites. Parti d'un paysagisme traditionnel dans la suite des réalistes français, associé au mouvement de renaissance nationale du début du siècle, et qui se manifesta dans les régions frontalières moravo-slovaque par un épanouissement artistique, Mally était à la tête de ce processus révolutionnaire, et donna alors une expression originale à sa vision postimpressionniste. Puis il évolua résolument sous l'influence des expressionnistes allemands, dont il adopta l'écriture elliptique et les couleurs violemment expressives. ■ J. B.

Bibliogr. : In : Catalogue de l'exposition *Cinquante ans de peint. tchécosl. 1918-1968*, musées tchécoslovaques, 1968.
Musées : Prague (Gal. Nat.).

MALMBERG Josef ou **Johann Josef**
Né en 1836. Mort en 1874. xixe siècle. Suédois.
Peintre de genre, fresquiste.
Il peignit les fresques de la coupole de l'église Hedvig-Eléonore à Stockholm en 1865.
Ventes Publiques : Stockholm, 19 mai 1992 : *La lecture de la gazette*, h/t (62x49) : **SEK 5 200**.

MALMBERG V.
Né le 20 juin 1867 à Napharleby. xixe siècle. Finlandais.
Sculpteur.
Musées : Abo : *Nostalgie – Sörnäs Titi* – Helsinki (Atheneum) : *Buste du sculpteur V. Runeberg – Buste du sculpteur C. E. Sjörstrand* – Wiborg : *Diane*.

MALMIGNATI Tomaso ou **Malmegnati**
Mort le 30 décembre 1673. xviie siècle. Actif à Ferrare. Italien.
Peintre.
Les peintures de cet artiste ont disparu.

MALMQUIST Alexander Magnus
Né en 1796 à Schonen. Mort en 1853 à Malmö. xixe siècle. Suédois.
Miniaturiste et peintre de portraits et d'histoire.
Il peignit le portrait de *Tegnér* à Lund. Vers 1839, fut atteint de troubles mentaux. Son portrait exécuté par lui-même au cours de cette maladie se trouve dans le Musée de Stockholm.

MALMSTEDT Bertil
Né en 1926 à Okne. xxe siècle. Suédois.
Peintre.
Il fut élève de l'École des Beaux-Arts de Valand à Göteborg, de 1951 à 1955, sous la direction de Endre Nemes. Il fit des voyages d'étude en Europe. Il fait partie des cercles artistiques de Göteborg. Il participe à des expositions collectives : en 1955 à Lübeck ; 1956 Amsterdam ; 1959 Oslo ; 1960 Saint-Louis (U.S.A.) ; 1962 Paris *Aspects de la jeune peinture suédoise* ; etc.
Musées : Stockholm (Mus. d'Art Mod.).

MALMSTRÖM Johan August
Né le 14 septembre 1829 à Västra Nysocken. Mort le 18 octobre 1901 à Stockholm. xixe siècle. Suédois.
Peintre d'histoire, scènes de genre, portraits, graveur, illustrateur.
Après avoir étudié à l'Académie de Stockholm, puis à l'École des Beaux-Arts de Düsseldorf, il fut élève de Thomas Couture à Paris. Il visita l'Italie avant de rentrer en Suède. À Stockholm, en 1867, il devint professeur à l'Académie.
Ce fut un romantique et il chercha la plupart de ses sujets dans les traditions scandinaves. Ce fut aussi un intéressant peintre de l'enfance. Il grava sur bois des illustrations pour *Saga*, de Trithjf.
Bibliogr. : Gérald Schurr, in : *Les Petits Maîtres de la peinture 1820-1920, valeur de demain*, Les Éditions de l'Amateur, t. VII, Paris, 1989.
Musées : Helsinki : *Aquarelle* – Stockholm : *Ingeborg reçoit la nouvelle de la mort de son fiancé – jeu de lutins – Que le dernier couple sorte – La bataille sur la lande de Braolla* – Petites aquarelles.
Ventes Publiques : Stockholm, 31 mars 1971 : *Deux jeunes garçons luttant* : **SEK 8 200** – Göteborg, 9 nov. 1977 : *Scène de guerre* 1882, h/t (54x84) : **SEK 15 500** – Londres, 14 févr 1979 : *Enfants se battant sur une route de campagne*, h/t (67,5x100) : **GBP 800** – Stockholm, 24 avr. 1984 : *Bataille de garnements* 1890-1891, h/t (67x99) : **SEK 1 075 000** – Stockholm, 9 avr. 1985 : *Mère et enfant*, h/t (76x94) : **SEK 30 000** – Stockholm, 12 nov. 1986 : *Enfants défilant avec un drapeau suédois*, h/t (68x100) : **SEK 700 000** – Stockholm, 20 avr. 1987 : *Paysans sur une route de campagne*, h/t (37x53) : **SEK 65 000** – Stockholm, 15 nov. 1988 : *Trois enfants sur un chemin par temps d'orage en été*, h. (44x67) : **SEK 200 000** – Stockholm, 16 mai 1990 : *Paysage d'hiver avec des personnages sur un étang glacé*, h/t (37x51) : **SEK 13 500** – New York, 22 mai 1990 : *Jeux d'enfants*, h/t/cart. (57,1x87,6) : **USD 99 000** – Stockholm, 14 nov. 1990 : *Frère et sœur*, h/t (45x33) : **SEK 38 000** – Stockholm, 19 mai 1992 : *Commérages d'écolières*, h/t (69x100) : **SEK 195 000** – Stockholm, 10-12 mai 1993 : *Fin de journée – personnages sur le chemin du retour*, h/t (37x53) : **SEK 35 000**.

MALMSTRÖM Thyra Ester Ellinor
Née le 22 août 1875 à Abo. Morte le 30 octobre 1928 à Helsinki. xxe siècle. Finlandaise.
Peintre.
Femme du peintre Vilho Sjöström. Elle étudia chez E. Carrière à Paris.

MALNOVITZER Zvi
Né en 1945. xxe siècle. Israélien.
Peintre de scènes, figures typiques.

Zvi Malnovitzer

Ventes Publiques : Paris, 14 avr. 1991 : *Le mariage*, h/t (50x100) : **FRF 42 000** – Paris, 17 mai 1992 : *Simhat Thora*, h/pan. (39x49) : **FRF 28 000** – Paris, 4 avr. 1993 : *Portrait d'un juif yéménite*, h/t (50,5x35,5) : **FRF 35 000** – Amsterdam, 26 mai 1993 : *Cérémonie de mariage à Jérusalem* 1992, h/t (50,5x73) : **NLG 25 300** – New York, 23 fév. 1994 : *La célébration de la nouvelle lune*, h/t (50,5x73,3) : **USD 17 250**.

MALO Félix
xviiie siècle. Actif à Catalayud. Espagnol.
Sculpteur.
Il sculpta le tabernacle de l'église du Saint-Sépulcre à Calatayud.

MALO Pedro
Né en 1756. Mort en mars 1846 à Madrid. xixe siècle. Espagnol.
Peintre.
Élève de Maella.

MALO Vincent
Né vers 1600 à Cambrai. Mort vers 1650-1670 à Gênes. xviie siècle. Éc. flamande.
Peintre d'histoire, compositions religieuses, genre, paysages.
Il fut élève de Rubens, puis de Teniers l'Ancien. Il entra, en 1623, dans la gilde d'Anvers et eut pour élève Isaac Wigans en 1631. Il alla en Italie vers 1634 et vécut à Gênes avec Cornelis de Wael, peignant des paysages, des batailles et exécutant aussi plusieurs tableaux d'autel pour des églises de Gênes. Selon quelques auteurs, il serait mort à Rome à 45 ans, en 1650, selon d'autres en 1670.

VM ·VM 1632 VM ·VC ... F

Musées : Amsterdam : *Réunion de paysans – Jésus chez Marthe et Marie* – Gênes : *Assomption* – Londres (Hamptoncourt) : *Conversion de saint Paul – Madone avec l'Enfant et Jean – Madone avec l'Enfant et saint Joseph* – Prague : *Famille de paysans*.
Ventes Publiques : Bruxelles, 6 déc. 1937 : *Repas de paysans* : **BEF 2 500** – Londres, 25 juin 1969 : *L'enlèvement des Sabines* : **GBP 450** – Amsterdam, 26 avr. 1976 : *Scène de cabaret*, h/pan. (23x19,5) : **NLG 9 600** – Londres, 9 avr. 1990 : *L'Annonciation*, h/t (166x130) : **GBP 20 900** – Milan, 28 nov. 1995 : *Intérieur de taverne avec des paysans*, h/pan. (39,5x48,5) : **ITL 28 750 000**.

MALO Vincenzo. Voir **ADRIANO Fiammingo**

MALO-RENAULT, pseudonyme de **Renault Émile Auguste**
Né le 5 octobre 1870 à Saint-Malo (Ille-et-Vilaine). Mort le 19 juillet 1938 au Havre (Seine-Maritime), accidentellement. xixe-xxe siècles. Français.
Peintre, pastelliste, graveur, dessinateur, illustrateur.
Il vint à Paris, d'abord pour entreprendre des études d'architecture, puis devint élève de l'École des Arts Décoratifs. Il apprit la technique de l'eau-forte dans l'atelier d'Auguste Lemoine, puis celle de la gravure sur bois avec Stéphane Pannemaker. Ce ne fut qu'après son mariage, en 1897, avec Honorine Tian, qui signa ensuite ses propres œuvres Nori Malo-Renault, qu'il commença véritablement sa carrière de graveur.
Il exposa à Paris, de 1903 à 1928, au Salon de la Société Nationale des Beaux-Arts, dont il fut membre sociétaire à partir de 1910. Il a traité de nombreux sujets bretons et parisiens. Une partie de son œuvre est consacrée à la grâce féminine et à la mutinerie des enfants. Il a illustré de nombreux ouvrages, parmi lesquels : en 1902 *Ragotte* de Jules Renard ; en 1913 *Le Serpent noir* de Paul Adam ; en 1920 *La Rhapsodie foraine* et *La Passion de Sainte Anne* de Tristan Corbière ; en 1922 *Le Jardin de Bérénice* de Maurice Barrès ; en 1924 *En route* de J.K. Huysmans ; en 1925 *René* de Chateaubriand ; en 1927 *Les Dessous des cartes d'une*

partie de whist de Barbey d'Aurévilly ; en 1928 *Contes de Bretagne* de Paul Féval ; et encore *Ursule Mirouet* de Balzac, les *Contes* de Perrault, des ouvrages religieux, etc. Tout son œuvre, caractéristique du style « Art nouveau », participe de l'influence japonaise, notamment par la composition décorative et la richesse colorée.

Bibliogr. : Clément-Janin : *Malo Renault*, in : Revue de l'art ancien et moderne, Paris, mars 1921 – Émile Dacier : *Malo Renault*, in : La Gerbe II, Paris, 1927 – in : *Dict. des illustrateurs 1800-1914*, Ides et Calendes, Neuchâtel, 1989.

Musées : Paris (BN, Cab. des Estampes).

MALO-RENAULT Nori, pseudonyme de **Renault Honorine**, née **Tian**

Née en 1871 à Marseille (Bouches-du-Rhône). Morte en 1952 à Pau (Pyrénées-Atlantiques). XIXe-XXe siècles. Française.

Graveur, graveur de reproductions.

Elle fut élève de l'École des Beaux-Arts de Marseille, puis, à Paris, de Luc-Olivier Merson. Elle apprit la gravure avec Géry-Richard. En 1897, elle épousa Émile Malo-Renault. Elle exposa à Paris, au Salon des Artistes Français, en 1897 mention honorable ; puis, de 1902 à 1912 au Salon de la Société Nationale des Beaux-Arts.

Elle gravait à la pointe-sèche et à l'eau-forte en couleurs. Elle faisait le tirage des planches de son mari. Elle gravait des sujets personnels et d'après des artistes du passé, Vélasquez ou contemporains, Aman-Jean.

MALOEUVRE Louis ou **Malleure** ou **Malouvre**

XVIIe siècle. Français.

Sculpteur.

Membre de l'Académie Saint-Luc. Il exécuta en 1670 les sculptures du monument funéraire pour *Gilles Renard* dans l'église des Camaldules à Bessé.

MALOGAVAZZO Coriolano

Né vers 1555 à Crémone. XVIe siècle. Italien.

Peintre d'histoire.

Élève de Bernardino Campi, avec qui il peignit la décoration de San Gismondo. On cite de lui, dans l'église S. Silvestro, à Crémone : *La Vierge, l'enfant Jésus et Saints*. Lanzi croit que le dessin de ce tableau est de B. Campi.

MALOISEL Émile François

Né au XIXe siècle à Paris. XIXe-XXe siècles. Français.

Peintre de portraits, animaux, natures mortes, cartons de tapisseries.

Il fut élève de A. Lucas et Daubigny. Il exposa de 1868 à 1912, et fut fait chevalier de la Légion d'honneur en 1885.

Musées : Paris (Mus. des Gobelins) : *Sainte Agnès*, tapisserie, d'après L. Steinheil – *Têtes d'études*, tapisserie, d'après J. P. Laurens.

Ventes Publiques : Reims, 22 oct. 1989 : *Brebis sous les arbres* 1910, h/t (25x34) : **FRF 2 500**.

MALOJO Giovanni Battista

Né à Maleo. Italien.

Sculpteur et architecte.

Il exécuta les plans pour la crypte de la cathédrale de Crémone.

MALOMBRA Constantino

XVIe siècle. Actif à Padoue à la fin du XVIe siècle. Italien.

Peintre et dessinateur.

Il a exécuté des modèles pour des eaux-fortes.

MALOMBRA Pietro

Né en 1556 à Venise. Mort en 1618 à Venise. XVIe-XVIIe siècles. Italien.

Peintre de genre, de portraits, de vues.

On cite de lui quatre bonnes peintures représentant des miracles de François de Paule, dans l'église de ce nom, à Venise. D'autres peintures de cet artiste se trouvent dans les églises Saint-Stanislas à Padoue, San Trovaso à Venise et dans la cathédrale de Chioggia. Le Musée du Prado, à Madrid, conserve de lui : *La salle du collège à Venise*. Il s'est inspiré de Salviati et de Palma.

Ventes Publiques : Milan, 17 déc. 1987 : *L'Audience du doge dans la salle d'audience du Palais ducal à Venise*, h/t (195x130) : **ITL 23 000 000**.

MA LONGQING

Né en 1927. XXe siècle. Chinois.

Peintre de paysages. Traditionnel.

Il travaille à la Fédération de la littérature et de l'art du Qindao (province du Shandong). En 1980, il figurait à l'exposition *Peintres traditionnels de la République populaire de Chine*, à la galerie Daniel Malingue de Paris.

Il peint dans le style traditionnel, avec des encres et des pigments de couleurs sur des supports papier.

Bibliogr. : In : Catalogue de l'exposition *Peintres traditionnels de la République populaire de Chine*, galerie Daniel Malingue, Paris, 1980.

MALOSSO Euclide et **Giovanni Battista**. Voir **TROTTI**

MALOTE Daniel ou **Malothe**

XVIIe siècle. Actif à Besançon. Français.

Sculpteur.

Il exécuta les sculptures du jubé et des chapelles Saint-Georges et Saint-Théodule, à l'église Saint-Étienne de Besançon.

MALOU Jules

Né en 1810 à Ypres. Mort en 1886 à Woluwe-Saint-Lambert. XIXe siècle. Belge.

Peintre de paysages.

Il travailla à Bruxelles. Il remplit les fonctions de Ministre d'État.

MALOUEL Jean ou **Maelwel** ou **Maluel** ou **Manuel**, de son vrai nom : **Jean Maelwael**

Né aux Pays-Bas, originaire de la province de Gueldre. Mort le 12 mars 1419 à Paris. XIVe-XVe siècles. Éc. franco-Flamande.

Peintre.

D'origine flamande, de la province de Gueldre, son nom, Maelwel, fut francisé en Malouel. Il est l'oncle des frères Limbourg, qui eurent un rôle si décisif dans la genèse d'un art spécifiquement français. En 1396, il travaille à Paris pour Isabeau de Bavière, mais dès 1397 il est appelé à la cour des ducs de Bourgogne par Philippe le Hardi, qui le nomme peintre de la cour en remplacement de Jean de Beaumetz, poste qu'il conservera jusqu'à sa mort, sous Jean sans Peur. En 1398, lui sont commandés cinq tableaux d'autel et l'on suppose que l'un de ceux-ci n'est autre que *Le martyre de saint Denis*, aujourd'hui au Louvre, inachevé à la mort de Malouel et terminé par Henri Bellechose. En 1404 est mentionné dans un inventaire un triptyque représentant *La Vierge et des saints*. Travaillant à Dijon avec Claus Sluter, ils ont, de 1401 à 1403, Herman de Cologne à leur service. En 1412, il peint le portrait de *Jean sans Peur*, qui fut offert au roi Jean II de Portugal. On lui attribue aussi *Le Christ mort soutenu par le Père Éternel*, figurant au Louvre, provenant aussi de la chartreuse de Champmol, près Dijon. L'attribution à Malouel de *La dernière communion et le martyre de saint Denis* a été remise en cause, cette œuvre étant intégralement portée au crédit de Henri Bellechose, qui lui succéda dans la charge de peintre du duc de Bourgogne, ce qui daterait l'œuvre de 1414-1416. Pourtant cette œuvre présente des similitudes stylistiques évidentes avec la *Grande Pietà ronde*, du Louvre, que l'on continue à attribuer à Malouel, qui l'aurait peinte vers 1400. Cette *Pietà* est sortie des ateliers dijonnais, comme l'atteste la peinture des armes de Bourgogne au revers du tableau, néanmoins elle présente des caractéristiques plus parisiennes que bourguignonnes, dessin plus aigu, modelé plus sec, qui incitent à maintenir son attribution à Malouel. On voit qu'une fois de plus le problème des attributions d'œuvres anonymes reste du domaine des conjectures. Il est intéressant de voir quelle influence reçurent de leur oncle les frères Limbourg, en comparant des détails d'architectures ou de proportions des corps humains dans les œuvres de l'atelier de Malouel et tels qu'on les retrouve dans *Les très riches Heures du duc de Berry*. Nous avons donc ici à faire à l'un des artistes pré-eyckiens de tout premier ordre qui préparèrent, par l'introduction en France du style flamand, la lente élaboration d'un style français, devant s'épanouir dans la *Pietà d'Avignon* et avec Fouquet, engendré de la gravité morale des écoles du Nord et de l'Est et de la science de la composition des artistes de la cour des papes, tout imprégnés du sens décoratif siennois.

■ Jacques Busse

Bibliogr. : Louis Réau : *La peinture française du XIVe au XVIe siècle*, Hypérion, Paris, 1939 – Luc Benoist, in : *Diction. Univers. de l'Art et des Artistes*, Hazan, Paris 1967.

MALOUEL Polequin et **Jannequin**. Voir **LIMBOURG**

MALOUVRE Louis. Voir **MALOEUVRE**

MALPAS David (?) ou **Mulpas**

XVIIe siècle. Éc. flamande.

Sculpteur sur bois.

Il sculpta les stalles de Saint-Vincent à Soignies en 1675-76.

MALPÉ Frans

Né en 1774 à Gand. Mort le 6 juillet 1809 à la bataille de Wagram. XVIIIe siècle. Éc. flamande.

Graveur.
Élève de son frère Jan et de Tilegrheen.

MALPÉ Jan
Né en 1764 à Gand. Mort en 1818 à Gand. XVIIIe-XIXe siècles. Éc. flamande.
Peintre, portraitiste et miniaturiste.
Élève de l'Académie de Gand. Il se fixa à Paris où il travailla une partie de sa vie.

MALPEGANO Camillo. Voir **MARPEGANI**

MALPICIO Bernardo. Voir **MALPIZZI**

MALPIEDI Domenico
Né à Saint-Ginesio. Mort vers 1600. XVIe siècle. Italien.
Peintre d'histoire.
Élève de Barocci. Il florissait entre 1590 et 1600. On cite de lui un *Martyre de S. Ginesio et de saint Eleuthère*. Il travailla surtout pour les églises de S. Ginesio et des environs.

MALPIEDI Francesco
XVIe-XVIIe siècles. Italien.
Peintre.
Frère de Domenico Malpiedi et élève de Barocci.

MALPINI. Voir **MALDIN**

MALPIZZI Bernardo
Né en 1553 à Mantoue. Mort le 10 novembre 1623 à Mantoue. XVIe-XVIIe siècles. Italien.
Peintre, dessinateur et graveur au burin et sur bois.
Il a gravé des sujets religieux. La cathédrale de Mantoue possède de lui une *Madone avec saints*.

MALRIC Charles Louis
Né le 19 août 1872 à Bordeaux (Gironde). Mort le 21 janvier 1942 à Bordeaux. XIXe-XXe siècles. Français.
Sculpteur de figures, bustes.
Il fut élève de Falguière, Laurent Marqueste, Antonin Mercié. Il exposa à Paris, régulièrement au Salon des Artistes Français, 1897 mention honorable, 1902 médaille de troisième classe et sociétaire, 1904 médaille de deuxième classe, 1921 médaille d'or. Il était chevalier de la Légion d'honneur.
Musées : Bordeaux (Mus. des Beaux-Arts) : *Ma grand-mère*, marbre, buste.
Ventes Publiques : Paris, 16 nov. 1976 : *Bacchus enfant*, bronze (H. 53) : **FRF 3 200**.

MALSEN Jan Van ou **Malssen**
XVIIe siècle. Hollandais.
Peintre.
Fut admis en 1611 dans la gilde d'Utrecht.

MALSEN Van
XVIIe siècle. Actif à la fin du XVIIe siècle. Hollandais.
Portraitiste.

MALSS Gerhard ou **Johann Gerhard**
Né le 24 avril 1819 à Francfort-sur-le-Main. Mort le 25 octobre 1885 à Francfort-sur-le-Main. XIXe siècle. Allemand.
Peintre.
On cite de lui des paysages et des vues de Francfort.

MALTAIS, le. Voir **CAFFA Melchiorre**

MALTAIS Francesco Fieravino, dit **le Chevalier**. Voir **FIERAVINO**

MALTAIS Marcella
Née le 9 octobre 1933 à Chicoutimi (Québec). XXe siècle. Canadienne.
Peintre de paysages, natures mortes, dessinateur. Tendance abstraite-paysagiste.
Après ses études à l'École des Beaux-Arts de Québec, elle travailla à Montréal jusqu'à son départ pour Paris, en 1958. Elle effectue de nombreux séjours en Grèce. Depuis 1956, elle participe à de nombreuses expositions collectives, d'entre lesquelles : 1959 New York *Aspects de la peinture canadienne* ; 1960 New York, exposition du Prix Guggenheim ; 1964 Biennale de Paris ; 1966 Festival des Arts Plastiques, sur la côte d'azur ; 1970 Paris *Six peintres de Montréal* ; etc. Elle montre des ensembles de ses œuvres dans des expositions prsonnelles : 1955 Québec, Palais Montcalm ; 1956 Toronto ; 1957 Montréal, Musée des Beaux-Arts ; 1958, 1960 Montréal ; 1961 Athènes ; 1962 Montréal ; 1963 Toronto ; 1964, 1966 Montréal ; 1967 exposition itinérante à travers les provinces canadiennes de la côte atlantique ; 1969 Paris, galerie Domec ; etc. Elle a obtenu divers Prix et distinctions : 1955 du Québec ; 1959 Montréal, de la Jeune Peinture ; 1960 Montréal, du Club des Arts, et Vichy, de l'Exposition Internationale Féminine ; 1960 et 1963 bourses du Conseil des Arts du Canada ; etc.
Dans ses peintures et dessins, si elle part d'une communion contemplative avec les grandes forces de la nature, elle traduit sa méditation en grands signes plastiques, dont l'occupation de l'espace les apparente aux graphismes de l'abstraction-lyrique.
Bibliogr. : Maurice Pons : Catalogue de l'exposition *Maltais*, gal. Domec, Paris, 1969 – Marcella Maltais : *Notes d'atelier*, Édit. du Beffroi, Troyes, 1991.
Musées : Montréal (Mus. d'Art Contemp.) : *Sans titre* 1956 – *Sans titre* 1960 – *Kaminia* 1963 – Montréal (Mus. des Beaux-Arts) – Ottawa (Nat. Gal.) – Québec (Mus. prov.) – Toronto (Art Gal.) – Winnipeg (Art Gal.).
Ventes Publiques : Montréal, 5 nov. 1990 : *Une étoile cassée* 1962, h/t (76x104) : **CAD 4 400**.

MALTE-BRUN Conradin
XIXe siècle. Français.
Peintre de genre.
Il exposa au Salon de Paris, de 1834 à 1849. On cite de lui : *Louis XI et Quentin Durward chez Martius-Gabeotti*.

MALTEMPO Paolo
XVIe siècle. Actif à Crémone. Italien.
Sculpteur sur bois.
Sculpta avec Paolo Capra, en 1573 l'*Ancona dell' Assunta* dans la cathédrale de Crémone et une belle statue de la *Vierge* en bois pour l'église de la Miséricorde à Castelleone.

MALTERRE André
Né le 25 juin 1889 à Paris. XXe siècle. Français.
Peintre de paysages urbains, aquarelliste.
Après un commencement d'études d'architecture à l'École des Beaux-Arts de Paris, il se détermina pour la peinture. Il exposait à Paris, au Salon des Indépendants, au Salon d'Automne, puis à celui de la Société Nationale des Beaux-Arts.
Essentiellement paysagiste de Paris, il était surtout connu pour ses aquarelles.
Ventes Publiques : Paris, 2 juil. 1926 : *Vue prise de Montmartre* : **FRF 65** – Paris, 23 nov. 1940 : *Chevet de Notre-Dame* ; *Le Pont Henri IV*, deux aquar. : **FRF 2 500** – Paris, 21 déc. 1949 : *Le Pont Neuf* 1938 ; *Notre-Dame* 1949, deux aquar., ensemble formant pendants : **FRF 2 900** – Paris, 21 mars 1990 : *Paris, pont sur la Seine*, h/cart. (50x65) : **FRF 8 000**.

MALTESE Enrico
Né en 1864 à Modica (Syracuse). XIXe siècle. Italien.
Peintre.
Étudia à l'École des Beaux-Arts de Naples, avec le professeur Morelli. Il figura, en 1884, à l'Exposition de Turin, et prit part, en 1900, au concours Alinari, avec son tableau : *Gioia mia !*

MALTÈSE François. Voir **FIERAVINO Francesco**

MALTESE Giovanni
Né au XIXe siècle à Naples. XIXe siècle. Italien.
Sculpteur.
Il débuta vers 1875, et exposa à Naples et Turin.

MALTESTE Henri Théodore ou **Malatesta**
Né le 20 octobre 1870. Mort le 10 décembre 1920 à Paris. XIXe-XXe siècles. Français.
Dessinateur, illustrateur.
Il dessina des illustrations pour des revues, ainsi que des frontispices de livres.

MALTESTE Louis, pour **Jules**
Né le 14 septembre 1862 à Chartres (Eure-et-Loir). Mort le 25 janvier 1928 à Paris. XIXe-XXe siècles. Français.
Lithographe, dessinateur, illustrateur.
Il était frère de Henri Théodore Malteste, dit Malatesta. Il vécut et travailla à Paris, où il exposa en 1897 au Salon des Cent, en 1902 au Salon de la Société Nationale des Beaux-Arts.
Il collabora à la presse humoristique : *L'Assiette au beurre, Le Chat noir, Je sais tout, Lectures pour tous, Qui lit rit*, etc. Il a créé des affiches et des cartes postales. Il semble qu'il ait produit des dessins érotiques. Il fut surtout illustrateur : 1905 *L'Enfant qui revient* d'Élémir Bourges ; 1910 *La Marquise de Pliola*, 1911 *Les Marionnettes*, et 1913 *Le vieux marcheur* d'Henri Lavedan ; 1913 *La Maîtresse* de Jules Renard ; 1921 *La Légende de sainte Marie-Magdeleine* de Jacques de Voragine ; 1924 *Manon Lescaut* de l'abbé Prévost ; 1927 *Les Faits et gestes du vicomte de Nantel* de Crébillon fils ; etc.

Bibliogr. : Marcus Osterwalder, in : *Dict. des illustrateurs 1800-1914*, Ides et Calendes, Neuchâtel, 1989.

MALTHAIN Johan ou **Malthan**
Né vers 1550. XVIe siècle. Allemand.
Peintre.
Il fut peintre à la cour de Jülich-Clèves. L'Académie d'Art de Düsseldorf conserve de lui : *Portrait d'une dame.*

MALTHANN Theodor
XVIIe siècle. Actif au début du XVIIe siècle. Allemand.
Miniaturiste.
Il peignit le portrait de *Theodor von Fürstenberg, évêque de Paderborn.*

MALTHE Rasmus Secher
Né le 21 novembre 1829 à Randers. Mort le 6 mai 1893. XIXe siècle. Danois.
Sculpteur.
Élève de Herman-Vilhelm Bissen. Il travailla pour le Théâtre Royal et le château de Fredriksborg.
Musées : Aarhus : *Ange de la paix*, Bas-relief – Randers : *Agnete et le Triton* – Ripen : *Deux bustes.*

MALTHERR Maria Dorothea
XVIIIe siècle. Active à Nuremberg dans la seconde moitié du XVIIIe siècle. Allemande.
Graveur à l'eau-forte.

MALTIER Jean
Mort en 1677. XVIIe siècle. Français.
Sculpteur.
Il travailla surtout à Angers, notamment à l'église Saint-Denis en 1667 et 1668.

MALTON James
Né en 1761. Mort le 28 juillet 1803 à Marylebone. XVIIIe siècle. Britannique.
Peintre de paysages, architectures, aquarelliste, graveur, dessinateur.
Il publia, en 1791-1795 : *Picturesque Views of the City of Dublin.* On cite aussi de lui divers ouvrages qui ont surtout un caractère architectural, et des vues topographiques.
Bibliogr. : J.R. Abbey : *Scenery of Great Britain and Ireland in aquatint and lithography 1770-1860*, Londres, 1952.
Musées : Dublin : une aquarelle – Londres (Victoria and Albert Mus.) : deux aquarelles – Londres (British Mus.) : deux dessins à la plume.
Ventes Publiques : Londres, 23 mars 1910 : *La bourse de Londres* : **GBP 16** – Londres, 11 mars 1932 : *Bibliothèque du Trinity College de Dublin*, dess. : **GBP 42** – Londres, 27 nov. 1935 : *Cathédrale de Canterbury*, aquar. : **GBP 19** – Londres, 19 juin 1979 : *Projet de la façade d'un théâtre*, aquar. et pl. (29,5x41,5) : **GBP 600** – Londres, 15 nov. 1983 : *The Portico of the Senate, Dublin*, aquar. et pl. reh. de blanc (41x57,7) : **GBP 4 500** – Londres, 16 mai 1996 : *Vues pittoresques de la ville de Dublin*, ensemble de 29 aquatintes colorées à la main (chacune 39,9x51,3) : **GBP 16 100**.

MALTON Thomas, l'Ancien
Né en 1726. Mort le 18 février 1801 à Dublin. XVIIIe siècle. Britannique.
Aquarelliste, graveur, dessinateur.
Il était établi tapissier dans le Strand, à Londres. De mauvaises affaires l'obligèrent à fuir l'Angleterre et à chercher un refuge à Dublin. Il y donna des leçons de perspective. Il exposa à la Royal Academy en 1775 et revint faire de fréquents voyages à Londres. Ses dessins sont généralement lavés à l'encre de Chine. Il réalisa des gravures de vues topographiques. On voit plusieurs dessins de lui au Victoria and Albert Museum et une de ses aquarelles au Musée de Manchester.
Ventes Publiques : Londres, 23 nov. 1966 : *Vue de Russell square* : **GBP 1 600**.

MALTON Thomas, le Jeune
Né en 1748 à Londres. Mort le 7 mars 1804 à Londres. XVIIIe siècle. Britannique.
Dessinateur et graveur au burin et à l'aquatinte.
Fils de Thomas Malton. Élève des Écoles de la Royal Academy, il obtint une médaille d'or en 1782. Il travailla à Dublin avec son père et exposa à la Royal Academy de 1773 à 1803. Le Victoria and Albert Museum, à Londres, et le Musée de Manchester conservent des aquarelles de lui. On lui doit des aquatintes des principaux monuments de Londres.
Ventes Publiques : Londres, 13 mars 1911 : *Charing Cross ; East India House*, deux pendants : **GBP 76** – Londres, 21 mars 1924 : *Saint Benet Fink*, aquar. : **GBP 32** – Londres, 9 juil. 1924 : *La Water Gate*, aquar. : **GBP 51** – Londres, 20 fév. 1925 : *Le Collège Madeleine à Oxford*, dess. : **GBP 131** – Londres, 2 mai 1929 : *Russell Square* : **GBP 357** – Londres, 7 juin 1929 : *Le Pont et l'Abbaye de Westminster*, dess. : **GBP 81** – Londres, 11 mars 1932 : *Queen's Square*, dess. : **GBP 39** – Londres, 4 avr. 1935 : *Saint-Paul vu du pont des Blackfriars*, aquar. : **GBP 112** – Londres, 12 mars 1987 : *The New Bank, Milsom Street, Bath*, aquar. et pl./traces de cr. (32x47) : **GBP 29 000**.

MALTON William
XVIIIe siècle. Britannique.
Dessinateur d'architectures.
Fils de Thomas Malton le Jeune.

MALTONI
XIXe siècle. Actif en Italie. Italien.
Sculpteur.
Il prit part aux expositions de Paris où il obtint une mention honorable en 1889 (Exposition Universelle).

MALUF Antonio
Né en 1926 à São Paulo. XXe siècle. Brésilien.
Peintre. Abstrait-géométrique.
Il fut élève de l'Institut d'Art Contemporain, fondé en 1951, lors du retour au pouvoir de Getulio Vargas. À la première Biennale de São Paulo, également en 1951, lui fut décerné le Prix pour le projet d'affiche de l'exposition.
En accord avec l'évolution des mentalités et l'ouverture du Brésil à l'art contemporain, Antonio Maluf fut tôt acquis aux principes de l'art-concret.
Bibliogr. : Damian Bayon, Roberto Pontual, in : *La peint. de l'Amérique latine au XXe siècle*, Mengès, Paris, 1990.

MALUGANO. Voir **CASARI Francesco**

MALUR Christian
XVIIe siècle. Autrichien.
Peintre.
L'église Saint-Oswald à Eisenerz possède de lui deux peintures d'autel.

MALVAL Christiane
Née le 26 janvier 1941 à Boulogne-sur-Seine (Hauts-de-Seine). XXe siècle. Française.
Peintre, technique mixte, graveur, dessinateur. Abstrait-paysagiste.
Diplômée de l'école nationale supérieure des Arts Décoratifs de Paris, elle participe à des expositions collectives, dont, en 1979 à la Bibliothèque Nationale de Paris *L'Estampe aujourd'hui, 1973-1978*, en 1988 aux Ulis/Saint-Cloud *IIe Forum des Arts Plastiques en Île-de-France*, etc., et différents Salons de Paris : Comparaisons, Réalités Nouvelles, ainsi qu'aux Salon de Vitry-sur-Seine, Stockholm Art Fair, Art Jonction de Nice. Elle expose individuellement, depuis 1972 à la Maison de la Culture Le Corbusier à Firminy, en 1979 à Sophia-Antipolis de Valbonne, et régulièrement à Paris, Galeries Galarté et La Ferronnerie depuis 1983, en 1994 au Centre d'animation Marc Sangnier à Paris, en 1997 galerie Alix Lemarchand à Paris. Elle a illustré de dessins au fusain le poème « *Semblança/Semblance* » de Féliu Formosa (Éditions Noésis, 1991).
Après la gouache de ses débuts, elle utilise, vers 1970, l'huile sur papier qui lui permet déjà de travailler en épaisseur et parfois de griffer la feuille. Viennent ensuite, avec le désir d'utiliser le sable dans ses différents grains et de le mêler à l'huile, de grands papiers marouflés, puis une série de dessins à la mine de plomb sur toile. Rigoureusement abstraite l'œuvre de Christiane Malval évolue, dès 1980, vers des recherches de reliefs, sur des panneaux enduits et gravés de sillons, qui s'échappent du cadre de la toile. En 1992, après un long séjour en Espagne en 1991, elle abandonne la peinture vinylique et les reliefs pour la tempéra (à l'œuf), utilisée en larges glacis sur des toiles de formats stricts, encore parfois fixées sur un panneau de bois, mais en trouvant plus de lyrisme dans la composition et dans l'emploi de la couleur. Elle développe simultanément un travail de plis, de lignes croisées dans ses œuvres sur papier (feuille de buvard, papier de Chine ou Népal).
Quelle que soit la matière picturale utilisée, il s'agit toujours d'un travail de recherche de matière et de support très poussé. Chaque matériau, de la ficelle au blanc de Meudon, est ici un

moyen d'expression au même titre que la couleur qui, soumise à la forme, est le plus souvent de la teinte du sable.

■ Alain Pizerra, J. B.

Bibliogr. : Lucien Curzi : *Christiane Malval*, Galarté/Porte du Sud, Villeneuve-sur-Yonne, 1987.

Musées : Paris (FNAC) : 2 œuvres, 1973, 1980 – Seine-Saint-Denis (Fonds Départem. d'Art Contemp.) : 1 œuvre, 1992.

MALVAL Edouard R. de. Voir **RAVEL de Malval**

MALVARES José

XVIIIe siècle. Actif à Caldas de Reyes. Espagnol.

Sculpteur.

Il sculpta en 1738 trois *Crucifix* en bois pour l'hôpital de Saint-Jacques-de-Compostelle. Il exécuta aussi des statues et autels dans diverses églises espagnoles.

MALVAUX François

Né le 23 septembre 1846 à Estenne-Haulchin. Mort le 3 mars 1914 à Bruxelles. XIXe-XXe siècles. Belge.

Sculpteur.

MALVENTER Johann. Voir **MOLVENTER**

MALVESTIO Jacques

Né en 1949 à Melun (Seine-et-Marne). XXe siècle. Français.

Peintre de paysages.

Son activité de peintre se situe depuis sa formation et jusqu'à son activité d'enseignant dans le contexte de l'école *Art et Nature* à Barbizon. Il expose principalement à Barbizon et participe à des expositions collectives de la région, y obtenant des distinctions.

MALVEZZI Lalla

Née le 30 juin 1933 à Venise. XXe siècle. Active aussi en France. Italienne.

Peintre de figures, nus, paysages fantastiques. Expressionniste, tendance surréaliste.

Elle a étudié à l'Académie des Beaux-Arts de Venise, ville où elle travaille toujours à l'heure actuelle. Elle a eu de nombreuses expositions collectives et personnelles, à Venise, Padoue, Milan, Vérone, Forli, et à Paris : 1977 galerie Béchard, 1992 et 1993 Salon d'Automne, 1993 galerie Élysée Matignon.

Elle a peint des visages flottant dans l'espace et regardant fixement le spectateur, ou des paysages anthropomorphiques dans lesquels le corps devient minéral, ou encore, plus classiques, de nombreuses études de nus.

MALVEZZI, famille d'artistes

XVIe siècle. Actifs à Ferrare. Italiens.

Peintres.

MALVIEUX Paul

Né en 1763 à Dresde. Mort le 26 juillet 1791 à Leipzig. XVIIIe siècle. Allemand.

Graveur au burin.

Élève à Vienne de Schmutzer et de Füger. Il a gravé des monuments et des portraits.

MALVITO de Sumalvito Giovanni Tommaso

XVIe siècle. Italien.

Sculpteur.

Fils et élève de Tommaso. Les œuvres de cet artiste se trouvent dans les églises de Castellamare di Stabia et de Naples.

MALVITO de Sumalvito Tommaso

XVe siècle. Actif à Côme. Italien.

Sculpteur.

Père de Giovanni Tommaso. Il fut de 1476 à 1483 élève et assistant de Francesco Laurana à Marseille, de 1484 à 1508 à Naples. Il exécuta des bas-reliefs, des monuments funéraires, des portraits et des autels à Marseille et dans de nombreuses églises d'Italie.

MALY August von, chevalier

Né en 1835 à Vérone. XIXe siècle. Autrichien.

Peintre de marines, batailles, aquarelliste.

Élève de Ruben à l'Académie de Vienne. Capitaine et professeur à Weiner-Neustadt. Il exposa à Vienne, en 1875 : *Dragons autrichiens.*

MALY

A.v.Maly

Ventes Publiques : Vienne, 19 mars 1986 : *Chevaux au pâturage* 1879, h/t (75x107) : **ATS 80 000** – New York, 4 juin 1987 : *Chevaux au pâturage* 1879, h/t (74,2x106) : **USD 7 000**.

MALY Jozsef

Né à Zombor. Mort le 13 mars 1901 à Zombor. XIXe siècle. Hongrois.

Paysagiste.

Élève de S. Hollosy.

MALY Michel

Né vers 1935. XXe siècle. Français.

Peintre de compositions et paysages animés. Expressionniste.

Le Château des Adhémar à Montélimar a organisé une vaste exposition rétrospective de son œuvre en 1993.

Il peint des scènes souvent animées de nombreux personnages, situées à Paris, New York, Venise ou Florence. De sa formation lyonnaise, où il a rencontré Cottavoz, Fusaro, Truphémus, il tient sa narration expressionniste, et sa technique largement empâtée.

Ventes Publiques : Le Touquet, 30 mai 1993 : *Vase de fleurs de champs et de coquelicots*, h/t (73x60) : **FRF 8 000**.

MALYCH Gavrille

Né en 1907. XXe siècle. Russe-Ukrainien.

Peintre de natures mortes, de fruits, aquarelliste.

Il étudia à l'Institut Répine.

Ventes Publiques : Paris, 13 déc. 1993 : *Nature morte avec les fruits*, aquar. (74,5x99,5) : **FRF 8 000** – Paris, 27 mars 1994 : *Les poires et les prunes*, h/cart. (50x69) : **FRF 5 700** – Paris, 3 oct. 1994 : *Nature morte avec des pêches*, aquar. (72x101) : **FRF 12 000** – Paris, 30 jan. 1995 : *Les grenades et les pêches*, aquar. (72,5x101,5) : **FRF 7 100** – Paris, 9 oct. 1995 : *Nature morte à la nappe bleue*, aquar. (72,5x101,5) : **FRF 8 500**.

MALYCHEFF Michail

Né en 1852. Mort en 1914. XIXe-XXe siècles. Russe.

Peintre.

La Galerie Tretiakov à Moscou conserve de lui la peinture : *En Bulgarie* (1879).

MALYSHEVSKY Yuri Ivanovitch, comte

Né en 1932. XXe siècle. Russe.

Peintre de compositions à personnages.

Il fut initié très jeune à la peinture, puis entra en 1951 à l'Institut des Beaux-Arts de Kiev. Il y fréquenta l'atelier de Hmelko. Il vit et travaille à Kiev et occupe un poste de professeur à l'Institut des Beaux-Arts. Il expose à Kiev, à Moscou et à l'étranger.

Musées : Kharkov (Mus. des Beaux-Arts) – Kiev (Mus. d'Art Ukrainien) – Kiev (Mus. Lénine).

Ventes Publiques : Paris, 18 mars 1991 : *Gardiennes de veaux* 1960, h/t (90x90) : **FRF 4 000**.

MAMBOUR Auguste

Né le 13 mai 1896 à Liège. Mort en 1968 à Liège. XXe siècle. Belge.

Peintre de compositions murales, compositions à personnages, figures, nus, graveur, lithographe, dessinateur, illustrateur, sculpteur. Expressionniste.

Il fut élève de Adrien De Witte et de Évariste Carpentier à l'Académie des Beaux-Arts de Liège. Dès ses débuts, en 1920-1921, il fut attiré par l'expressionnisme. En 1923, il obtint le deuxième Prix de Rome belge, que, peu désireux de se confronter à l'art des musées, il fit transformer en un séjour dans l'ex Congo-belge (Zaïre), où il séjourna de 1923 à 1926. De 1922 à 1924, il a participé aux expositions du Cercle des Beaux-Arts. En 1925-26, il a exposé à la galerie Le Centaure de Bruxelles. En 1963, il a présenté une importante exposition d'ensemble de son œuvre au Musée des Beaux-Arts de Liège. En 1931, il fut nommé professeur à l'Académie de Liège. En 1934, il a illustré les *Récits du Congo* de Joseph Conrad. En 1938, il a réalisé des peintures murales pour le Lycée de Waha, à Liège.

Son séjour au Congo fut déterminant pour l'ensemble de son œuvre. Il continua à exploiter le répertoire de formes de l'art africain. Contemporain de Permeke et De Smet, il se trouva en face des mêmes problèmes et, bien que Wallon, participa au mouvement expressionniste belge, plutôt représenté par les artistes flamands. Il a compris que l'art avait désormais besoin d'un retour à la construction, dans tous les sens de ce mot passe-partout, d'une recherche des formes, des espaces et des volumes, qui a influencé son dessin dans le sens d'une stylisation de type « Art déco », perceptible surtout dans sa stylisation de la figure humaine. Il a peint l'animal homme, parfois, pour mieux en saisir la nature primitive, sous l'aspect des nègres du Congo, grandes figures charpentées, d'un métier volontairement fruste. Pendant quelques années, de 1926 à 1929, sous l'influence de son ami le poète Hubert Dubois, il fut attiré par les productions des surréalistes, tendant, à la manière de Tanguy, Ernst ou Dali, à traduire en éléments plastiques les formes étranges qu'engendrent les rêves. Après une éclipse dans son activité publique, il revint ensuite à son premier expressionnisme vigoureux, centré sur ce seul thème : l'homme. ■ J. B.

A Mambour

Bibliogr. : Maurice Raynal, in : *Anthologie de la peint. en France de 1906 à nos jours*, Montaigne, Paris, 1927 – Hubert Dubois : *Auguste Mambour*, Bruxelles, 1938 – J. Bosmant : *Auguste Mambour*, Bruxelles, 1965 – Jacques Parisse : *Mambour*, Édit. Labor, 1984 – in : *Diction. biogr. illustré des Artistes en Belgique depuis 1830*, Arto, Bruxelles, 1987 – in : *L'Art du xxe siècle*, Larousse, Paris, 1991 – Pierre Somville : *Le Cercle royal des Beaux-Arts de Liège 1892-1992*, Crédit Communal, Liège, 1992.

Musées : Amsterdam – Grenoble – Ixelles – Liège (Mus. de l'Art Wallon) : *Négresse Bambolé* vers 1931 – Liège (Cab. des Estampes) : *Nu de négresse*, dess. – Tervuren.

Ventes Publiques : Anvers, 6 avr. 1976 : *La nappe et l'auto*, h/t (100x102) : **BEF 130 000** – Anvers, 19 oct. 1976 : *Tête de femme* 1925, pierre (H. 41) : **BEF 6 000** – Breda, 26 avr. 1977 : *Les défenseurs*, h/t (144x115) : **NLG 12 000** – Bruxelles, 22 nov. 1978 : *Créer* 1921, h/t (110x151) : **BEF 150 000** – Anvers, 8 mai 1979 : *Négresse* 1923, h/t (55x40) : **BEF 45 000** – Amsterdam, 25 nov. 1980 : *Maternité*, aquar. (65x50) : **NLG 2 800** – Bruxelles, 17 mai 1984 : *Nu*, h/t (73x60) : **BEF 210 000** – Paris, 5 déc. 1985 : *Jeune Négresse*, encre coul. (68x50) : **FRF 22 000** – Bruxelles, 17 déc. 1987 : *Nu*, h/t (72x60) : **BEF 270 000** – Paris, 8 nov. 1989 : *Adolescente*, fus. avec reh. de brun (92x74) : **FRF 10 000** – Liège, 11 déc. 1991 : *Jeune homme assis*, fus./pap. (69x48,5) : **BEF 65 000** ; *Couple d'enfants* 1950, h/pan. (62,5x68) : **BEF 280 000** ; *Nu féminin couché*, h/t (70,5x53) : **BEF 420 000** – Lokeren, 21 mars 1992 : *Deux figures*, h/pan. (62x68,5) : **BEF 240 000** – Amsterdam, 19 mai 1992 : *Jeune fille de profil*, h/pan. (50x50) : **NLG 5 865** – Lokeren, 10 oct. 1992 : *Africaine assise*, craie noire (97,5x67,5) : **BEF 240 000** – Lokeren, 15 mai 1993 : *Nu dansant*, h/t (49x37,5) : **BEF 38 000** – Lokeren, 4 déc. 1993 : *Danseuse noire*, craie noire (75x55) : **BEF 40 000** – Amsterdam, 9 déc. 1993 : *Femme africaine* 1923, h/t (73x60) : **NLG 12 075** – Amsterdam, 7 déc. 1994 : *Figure surréaliste*, h/t (116x89) : **NLG 23 000** – Amsterdam, 6 déc. 1995 : *Nu*, gche/pap. (68x51,5) : **NLG 3 450**.

MAMBOURG Claire
xxe siècle. Belge.
Peintre. Abstrait-matiériste.
Elle montre des ensembles de ses peintures dans des expositions personnelles en Belgique, en 1992, 1993.
Ses peintures abstraites, sans être strictement géométriques, sont cependant rigoureusement construites. Elles se singularisent, par rapport à une abstraction désormais classique, par la délicatesse de leurs accords de tonalités douces et par la richesse diversifiée de leurs effets de matières.

MAMBRÉ Joseph
xviiie siècle. Français.
Miniaturiste.
Il peignit des portraits en minature.

MAME Edmond
Né au xixe siècle. xixe siècle. Français.
Peintre de paysages.
De 1840 à 1844, il exposa au Salon des paysages de la vallée du Rhône et de la Prusse Rhénane.

MAMET-PATIN Maria Louise, Mme
Née le 16 février 1873 à Paris. xixe-xxe siècles. Française.
Lithographe et peintre.
Élève de P. Mauron. Sociétaire des Artistes Français depuis 1904, elle figura au Salon de ce groupement ; mention honorable en 1904.

MAMETAECHT
xviie siècle. Actif à Seeland vers 1644. Hollandais.
Peintre.
On cite de lui : *L'Orphelinat de Naorden*.

MAMIE Paul
Né le 19 octobre 1914 au Brésil. xxe siècle. Actif en France. Suisse.
Peintre. Abstrait-géométrique.
Venu tout jeune de Suisse en France, il y fit d'abord des études d'architecture. À partir de 1938, il se consacra uniquement à la peinture.
Dans son travail, il cherche à exprimer ce qu'il appelle « la réalité permanente » du monde, par des couleurs pures sur une structure rigide essentielle.

MAMMERI Azouaou
Né vers 1890. Mort en 1954. xxe siècle. Actif au Maroc. Algérien.
Peintre de scènes animées, figures, paysages, peintre à la gouache. Orientaliste.
Caïd du douar Beni Yenni, il fut pendant longtemps inspecteur des arts marocains à Marrakech.
Peintre maghrébin, il présente des scènes de la vie quotidienne d'Afrique du Nord.

Ventes Publiques : Paris, 22 juin 1990 : *Marocaine assise*, gche (47x62) : **FRF 32 000** – Paris, 22 avr. 1994 : *Jardin d'un palais marocain*, gche (30x22,5) : **FRF 4 000** – Paris, 25 juin 1996 : *Femmes de l'Atlas*, h/t (61,5x50) : **FRF 13 000**.

MAMON Marie Rose
Née au xixe siècle à Bordeaux. xixe siècle. Française.
Portraitiste.
Élève de F. Barrias et de Jacquesson de la Chevreuse. Elle débuta au Salon en 1879.

MAMONTOFF Michael
Né en 1865. xixe siècle. Russe.
Peintre.
La Galerie Tretiakov, à Moscou, conserve de lui : *L'automne*.

MAMPASO Manuel
Né en 1924 à La Corogne. xxe siècle. Espagnol.
Peintre. Abstrait-lyrique.
Il vit et travaille à Madrid. Il fut élève de l'École Supérieure des Beaux-Arts de Madrid. Il a voyagé en France, Italie, Amérique du Sud.
À partir de 1949, il évolua à l'abstraction. Il se rattache au courant de l'abstraction lyrique, graphique et gestuelle.

Bibliogr. : In : *Peintres contemp.*, Mazenod, Paris, 1964.

MAN Anthony Willem Hendrik Nolthenius de
Né le 18 janvier 1793 à Nimègue. Mort en 1839. xixe siècle. Hollandais.
Graveur à l'eau-forte amateur.
Grava à peu près cent cinquante estampes.

MAN Cornelis Willems de ou **Maan**
Né le 1er juillet 1621 à Delft. Mort en 1706 à Delft. xviie-xviiie siècles. Hollandais.
Peintre de genre, portraits, graveur.
Fut admis en 1642 dans la gilde de Delft ; il alla passer un an à Paris, puis visita Lyon, Florence, Rome, Venise, et revint à Delft en 1654 ; en 1700, il s'installa à La Haye. Il s'est beaucoup inspiré des portraits du Titien. Son œuvre gravé comprend : *Jacobus Crucius, Samuel de l'Echerpiere, Volckert Van Oosterwyk, Johannes Baptista Van Helmont et Franciscus Mercurius van Helmont, Johannes Pechlinus.*

Musées : Amsterdam : *Couple de musiciens – Fondeurs hollandais d'huile de baleine à l'île Jan Mayen – Le Peseur d'or* – Budapest : *Un homme et une dame au jeu d'échec* – Darmstadt : *Intérieur d'église* – Delft (Hôtel de Ville) : *Clara Van Sparwoude* – Delft (Hopital) : *Leçon d'anatomie* – Hambourg : *Pierre le Grand en conférence avec les bourgmestres d'Amsterdam – Géographes au travail* – La Haye : *La Main chaude* – Marseille : *La Lettre* – Rotterdam : *Noce de village*.

Ventes Publiques : Londres, 11 mai 1928 : *Gentilhomme* 1659 : **GBP 40** – Paris, 26 fév. 1931 : *Le Changeur* : **FRF 2 520** – Paris, 7 déc. 1950 : *La Visite du médecin* : **FRF 420 000** – Paris, 5 déc. 1951 : *La Salle à manger* : **FRF 650 000** – Amsterdam, 26 avr. 1976 : *Intérieur d'église*, h/pan. (41x35) : **NLG 13 500** – Paris, 16 déc. 1986 : *La Récureuse*, h/pan. (47x36,2) : **FRF 58 000** – Milan, 17 déc. 1987 : *Intérieur avec une mandoline et une épée sur un* *drap rouge*, h/t (95x45) : **ITL 18 000 000** – Amsterdam, 22 nov. 1989 : *Intérieur de la cathédrale de Delft*, h/t (95x112) : **NLG 57 500** – Londres, 15 déc. 1989 : *Intérieur de la cathédrale de Delft avec des visiteurs et des fossoyeurs*, h/t (67,7x81,2) : **GBP 33 000** – Paris, 14 déc. 1992 : *Intérieur de la Oude Kerk de Delf*, h/t (104x121) : **FRF 150 000** – Paris, 24 juin 1996 : *Le Négoce sous les arcades*, h/t (82x68) : **FRF 26 000** – Londres, 3 déc. 1997 : *Intérieur avec un tapis, une épée et une cruche sur une table, un violoncelle sur une chaise, un manteau pendu à un placard, un chat jouant avec une balle, une domestique en arrière-plan*, h/t (66,3x65,7) : **GBP 44 400**.

MAN F. M. S.
XVIIe siècle. Autrichien.
Peintre.
Le château de Pichély en Bohême possède de lui une *Sainte Famille*.

MAN Jan Adriaensz de, ou **Jan Arentsz, Joan Ariaensz**
XVIIe siècle. Actif à Leyde. Hollandais.
Peintre de paysages et d'architectures.
Il eut pour élève J. Van Goyen.

MAN Joost de
XVIIe siècle. Hollandais.
Peintre.
Élève de P. Moreelse à Utrecht en 1613. Auteur présumé des tableaux attribués à Cornelis de Man, à La Haye et à Rotterdam.

MAN Michael. Voir **MANN**

MAN Petrus de
Né le 24 avril 1955 à Halle. XXe siècle. Belge.
Peintre de figures, natures mortes, animalier, aquarelliste, pastelliste, graveur, dessinateur. Tendance Art-brut.
Il vit et travaille à Bruxelles. Il fut élève, en peinture et en graphisme, de l'Institut Supérieur des Beaux-Arts Sint-Lukas de Gand. Il participe à des expositions collectives, dont : 1986 Triennale Internationale de Spa ; 1988 Liège, Biennale des jeunes graveurs belges ; 1989 La Louvière, Centre de la gravure et de l'image imprimée ; 1991, 1992 Bruxelles, galerie Pierre Hallet ; etc. Il montre des ensembles de peintures, dessins, gravures dans des expositions personnelles : 1984 Bruxelles, galerie Apart ; 1985 Salzbourg ; 1986 Gand ; 1987 Bruxelles, Ancienne Belgique ; 1988, 1989, 1990 Bruxelles ; 1991 Knokke-le-Zoute ; 1992 Bruxelles, galerei Pierre Hallet, 1993 Paris, galerie Callu Mérite.
Frôlant la caricature, ce qui n'est pas péjoratif quand il rappelle Chaval, assimilé à l'art brut et proche de certaines périodes de Dubuffet, d'un trait synthétique, efficace, complété de grisailles et de beaux noirs, il fait vivre un monde de petits hommes à grosses têtes et membres grêles, touchants et pitoyables, et un bestiaire de boucs désarmants d'innocence et de chiens en détresse.
Bibliogr. : Pierre Hallet : Catalogue de l'exposition *Petrus de Man*, gal. P. Hallet, Bruxelles, 1992 – divers : Catalogue de l'exposition *Petrus de Man*, gal. Callu-Mérite, Paris, 1993, documentation.

MAN Robert de
Né en 1949 à Roulers. XXe siècle. Belge.
Peintre et dessinateur de portraits et de scènes de genre. Expressionniste.
Élève de l'Académie des Beaux-Arts de Bruges et de Saint-Luc à Gand, Il peint le petit peuple et des intérieurs dans des tonalités de rouges, ocres et bruns. Il a exécuté un *Chemin de Croix* pour l'église d'Assebroek à Bruges.
Bibliogr. : In : *Diction. Biogr. illustré des Artistes en Belgique depuis 1830*, Arto, Bruxelles, 1987.

MAN-COLLOT, née **Bacon**
Née en 1903 à Bellegarde-en-Forez (Loire). Morte vers 1965. XXe siècle. Française.
Peintre de figures, portraits, natures mortes. Post-cézannien.
Femme de André Collot. Elle a exposé à Paris depuis 1942, aux Salons d'Automne, des Indépendants et des Tuileries.
Sa peinture présente des affinités, dans la robustesse de la composition et de la construction, dans la plénitude des rapports de tons, et dans la franchise de la technique, avec les œuvres de la maturité de Derain.
Ventes Publiques : Versailles, 25 mars 1990 : *Nature morte au pichet de tulipes et narcisses*, h/t (65x81) : **FRF 24 000** – Versailles, 22 avr. 1990 : *Les tulipes*, h/t (55x38) : **FRF 14 000** – Versailles, 8 juil. 1990 : *Nature morte aux pommes*, h/t (24,7x35) : **FRF 15 000** – Versailles, 23 sep. 1990 : *Vase de fleurs*, h/t (65x50) : **FRF 11 000** – Neuilly, 7 avr. 1991 : *Nu*, past. (66x49) : **FRF 3 500**.

MAN RAY, pseudonyme de **Radenski** ou **Rudnitsky Emmanuel**
Né le 27 août 1890 à Philadelphie (Pennsylvanie). Mort le 18 novembre 1976 à Paris. XXe siècle. Actif depuis 1921 aussi en France. Américain.
Peintre de technique mixte, peintre de collages, sculpteur d'assemblages, illustrateur, photographe, cinéaste, multimédia. Dadaïste, surréaliste.
Ayant commencé à peindre dès l'âge de cinq ans, ce qui, selon ce qu'on entend par peindre, n'est pas exceptionnel, arrivé avec ses parents à New York, il serait entré à l'Académie des Beaux-Arts dès 1897, ce qui le serait, à moins que ce ne fut dans un atelier péri-scolaire pour enfants, mais son *Autobiographie* est de toute façon considérée comme étant assez romancée. Dans la suite de sa croissance, ses parents lui souhaitaient une carrière d'ingénieur ou d'architecte, dont il aurait commencé l'étude en 1908, le dessin industriel à Brooklyn, l'architecture à New York. Il préféra travailler dans une agence de publicité, tout en suivant des cours du soir de dessin du Ferrer Center. L'exposition historique de l'Armory Show, en 1913, organisée par le photographe Alfred Stieglitz, le bouleversa et contribua à sa décision de devenir artiste. Il aurait aussi, en 1914, appris la photographie avec le même Stieglitz, pour reproduire correctement ses propres peintures. En 1913 encore, il avait épousé une Française, Adon Lacroix, professeur et qui lui traduisait Lautréamont, Rimbaud et Apollinaire. Il suivit ensuite les expositions de la *Galerie 291* de Stieglitz et les activités du groupe et de la revue *291*, créés en 1915, avec Picabia et Duchamp. En 1915 aussi, il rédigea et illustra le numéro unique de *The Ridgefield Gazook*, où il parodiait la revue *291*. Ayant à peine commencé à participer à des expositions, entre 1915 et 1919, dont, en 1915, une exposition personnelle de dessins et peintures à la *Daniel Gallery* de New York, il s'efforçait déjà de provoquer le public : « J'étais dadaïste dès 1915, avant même de connaître l'existence de dada. J'ai toujours fait les choses qu'il ne fallait pas faire. » Tout destinait Marcel Duchamp, fixé à New York, et Man Ray à une inépuisable complicité, qui commença, en 1915, par d'interminables parties d'échecs. Peu après se noua une complicité similaire avec Francis Picabia. En 1916, il adhéra au groupe Dada, y exposant des peintures abstraites-dada et des objets dans l'esprit des « ready made » de Duchamp. Ce fut à leur intention qu'il réalisa un *Autoportrait* composé de deux sonnettes et un interrupteur électriques posés sur un fond noir sur lequel il avait apposé l'empreinte de sa main, prenant le soin de préciser : « Vous remarquerez qu'aucune idée plastique n'est entrée dans la création de cette œuvre. » En 1916, il participa, avec Duchamp et le collectionneur Walter Arensberg, à la fondation de la *Society of Independent Artists Inc.* À partir de 1917, il collabora aux revues *The Blind Man* et *Rongwrong*. En 1919, il publia le seul numéro que connut la revue *TNT*. En 1920, il collabora, avec, entre autres, Katharine Dreier et Duchamp, à la fondation de la *Société Anonyme Inc.*, destinée à constituer une collection d'art moderne (aujourd'hui à la Yale University). En 1920 ou 1921, il édita *New York Dada* avec Duchamp. En 1921, divorcé, sans ressources, ayant suivi Duchamp revenu en France où il rejoignait le groupe Dada au moment même où il se dissociait par la rupture entre Tzara et Breton, la Librairie Six de Paris distribua des invitations pour son exposition d'œuvres de 1914 à 1921, sur lesquelles était spécifié, par Tristan Tzara, que : « Monsieur Ray est né on ne sait où. Après avoir été successivement marchand de charbon, plusieurs fois millionnaire et chairman du Chewing-gum Trust, il a décidé de donner suite à l'invitation des dadaïstes et d'exposer à Paris ses dernières toiles. » Le catalogue était, en outre et entre autres, préfacé par Aragon, Arp, Éluard, Ernst. Le reste de la présentation de l'exposition fut à l'avenant ; le succès de l'exposition ne fut guère que de scandale. Bien que participant au Salon Dada de 1922, à la première Exposition Surréaliste de 1925, collaborant aux revues *391* (en référence à la revue *291* de Stieglitz) et *Littérature* pour laquelle il réalisa les trois couvertures des premiers numéros de la seconde série, il décida alors de pratiquer son expérience de photographe à des fins alimentaires. Il continua pourtant à participer aux expositions surréalistes : 1931 New York *Newer Super Realism*, Wadsworth

Atheneum ; 1933 Paris, galerie Pierre Colle ; 1935 Paris *Exposition Surréaliste d'Objets*, galerie Charles Ratton ; 1936 New York *Fantastic Art, Dada Surrealism*, Musée d'Art Moderne ; 1938 Paris *Exposition Internationale du Surréalisme*, galerie des Beaux-Arts ; puis 1959 Paris, galerie Daniel Cordier. Les portraits qu'il faisait de ses amis, dadaïstes, surréalistes, peintres fauves et cubistes, ne remplissant pas l'office alimentaire attendu, le couturier Paul Poiret le fit travailler comme photographe de mode. Il vécut à ce moment une longue, et tumultueuse, liaison avec Kiki de Montparnasse, le modèle vedette des peintres. Man Ray est devenu un des personnages clés et le chroniqueur des années folles de Paris. La pratique, volontiers obligée et confortée de succès, de la photographie, et peut-être les obligations mondaines, l'écartent alors de la peinture. En 1940, après la déclaration de la Seconde Guerre mondiale, Man Ray retourna aux États-Unis. Il refusa toutes les propositions d'Hollywood d'être professeur à l'École des Beaux-Arts, cameraman, spécialiste d'effets spéciaux, metteur en scène. Son désir de revenir à la peinture était toujours contrarié par les commandes de portraits photographiques, dont celui de la vedette Ava Garner. De retour à Paris, en 1951, avec sa nouvelle épouse, Juliet Browner, il renonça énergiquement et définitivement à la photographie, n'acceptant plus éventuellement de montrer de son œuvre de photographe que les *Rayographies*, pour se consacrer entièrement à son activité de peintre et de sculpteur, exposant régulièrement ses œuvres au Salon de Mai. On a pu faire le point sur cet œuvre kaléidoscopique à l'occasion de deux expositions d'ensemble, à Rotterdam au Musée Boymans Van Beuningen en 1971, puis au Musée National d'Art Moderne de Paris en 1972. Des expositions rétrospectives posthumes ont été consacrées à son œuvre, notamment : en 1981-82 au Centre Beaubourg de Paris ; en 1988 l'exposition itinérante, dont le catalogue fut édité par Gallimard ; en 1990 *Les cent ans de Man Ray* au Musée de l'Élysée de Lausanne.

En 1911 est mentionnée une *Tapestry*, assemblage d'échantillons de tissus d'apparence abstraite. En 1912-1913, il alla peindre sur le motif en forêt de Ridgfield. Après ses premières peintures, entre 1913 et 1915, à la suite de l'exposition de l'Armory Show, influencées par Cézanne et les cubistes, il peignit les œuvres de ce qu'il qualifia sa période de « Cubisme romantico-expressionniste » : 1913 *Le Village*, 1914 *AD MCMXIV*. En 1916, il montra une série de collages, les *Revolving doors*, présentés en continu sur un tourniquet. En 1918, il commença les *Aérographies*, peintes au pulvérisateur : *Danger* (qui peut se lire aussi *Dancer*, et *L'Orchestrelle admirant le cinématographe*, et exposa avec le groupe Dada : *Légende*, et *La Danseuse de corde s'accompagne de ses ombres*. En fait, au long de sa vie, il peignit relativement peu pour peindre, mais beaucoup plus pour contribuer à la création d'œuvres en techniques mixtes. Dans son œuvre, en dehors des réalisations par la photographie, dominent surtout les objets d'assemblage, comme : en 1920 *Puériculture* une main d'enfant de couleur verte sortant d'un pot à fleur ; en 1921 *Cadeau*, son premier objet exécuté en France, un fer à repasser dont le plat est hérissé de grands clous ; en 1923 *Objet à détruire* la photo de l'œil de Tzara, selon d'autres sources un œil de verre, qui bat au bout du balancier d'un métronome, objet qui fut en effet détruit par des étudiants en 1957 et qu'il reconstitua sous le titre d'*Objet indestructible*. D'autres objets créés à ce moment, furent repris par lui dans sa seconde période parisienne : *L'Abat-jour* 1919-1954 ; *L'Énigme d'Isidore Ducasse*, une machine à coudre emballée (bien avant Christo), 1920-1972 ; *Obstruction* 1920-1962. En 1922, alors qu'il travaillait comme photographe de mode pour Poiret, il posa par inadvertance un verre et un thermomètre sur du papier sensible ; du bain de révélateur sortirent les empreintes des objets, procédé qu'il exploita avec d'autres objets, quelconques et usuels, voire détériorés, en tant que *Rayographies*, dont les titres les faisaient basculer dans l'aire surréaliste, tels un batteur à œufs pour *Homme*, du matériel de laboratoire photo pour *Femme*, portraits-synthèses demeurés célèbres, constats d'objets, mises en scène d'objets à connotation psychologique, souvent érotique. Hors tout matériel, il travaillait directement avec la lumière, Man Ray devenu l'« Homme Rayon ». Il initia d'autres procédés, dont celui des *Solarisations* génératrices de halos mystérieux autour des modèles ou objets, tous devenus classiques. En 1922, il avait publié un recueil de douze *Rayogrammes*, présentés par Tristan Tzara sous le titre de *Champs délicieux*. En 1923, il avait réalisé un film *Le Retour à la raison*, qui fut présenté à la *Soirée du cœur à barbe*. Vers 1925, le film de Fernand Léger *Le Ballet mécanique* fut tourné à partir de ses photos. Lui-même tourna encore, en 1926 *Emak Bakia*, en 1928 *L'Étoile de mer*, en 1929 *Les Mystères du château de Dé*. Pendant la période de ses succès de photographe, peignant peu, il réalisa pourtant en 1924 le célèbre *Violon d'Ingres* photo de Kiki nue sur le dos de laquelle il avait figuré les deux ouïes d'un violon ; en 1932-34 il peignit *À l'heure de l'Observatoire – les amoureux* où d'immenses lèvres rouges flottent dans le ciel au-dessus des deux dômes de l'Observatoire de Meudon, évoquant sans doute deux seins ; à partir d'un cauchemar, une série de dessins que, en 1937, Paul Éluard commentera dans les poèmes *Les mains libres* ; en 1940 le *Portrait imaginaire de D.A.F. de Sade* où il peignit, d'après des documents d'époque, la tête en buste de Sade constituée de pierres de la Bastille figurée en arrière-plan.

De sa deuxième période parisienne, après qu'il eut définitivement délaissé la photographie, la vogue rétrospective du dadaïsme aidant, date une part de ses œuvres de plasticien, peintures-peintures : 1952 *Rue Férou*, 1954 *Roméo et Juliette*, de 1958 à 1965 les *Peintures naturelles*, 1959 *Les Balayeurs*, 1969 *La Poire d'Éric Satie*, et surtout de nouveau, nourries d'un exceptionnel sens de l'humour, pervers parfois mais toujours poétique, ses sculptures d'assemblages, répertoriées dans la catégorie des « objets surréalistes » : en 1960 le *Pain peint* baguette de pain dit « parisien » peinte en bleu, malicieux hommage à Yves Klein, considéré comme l'héritier de Dada ; en 1963 le *Trompe-l'œuf* œuf d'autruche peint en œil et apparaissant énorme coincé dans une lunette de cabinet. Avec cette reprise de la création de ses propres « objets surréalistes », il confirmait que son processus de création différait très sensiblement de celui des « ready made » de Duchamp, en ce que Man Ray procède par juxtaposition de deux objets n'ayant en principe aucune raison de se rencontrer, pas plus que le parapluie et la machine à coudre de Lautréamont, et qu'il assemble de façon à créer un calembour visuel.

Tout au long de sa vie et de son activité protéiforme, Man Ray sera resté fidèle à l'esprit surréaliste, comme on reste fidèle à un quartier – à Paris, il est d'ailleurs aussi resté fidèle au quartier Saint-Sulpice – jusqu'à devenir ce qu'on peut dire affectueusement « un vieux surréaliste », toujours conforme à la définition que Breton lui avait attribuée : « le trappeur en chambre, le duveteur des raisins de la vue, le capteur de soleil et l'exalteur d'ombres, le boussolier du jamais vu et le naufrageur du prévu ». Lucide avec lui-même, Man Ray n'a jamais revendiqué le savoir-faire artistique pour ses productions ; on le lui a d'ailleurs attribué pour son activité photographique, ce qui l'irritait. Dans son foisonnement disparate, son œuvre prouve un indéniable bricoleur à toutes mains, mais un poète bricoleur. Il s'est lui-même clairement situé : « Les excellents artistes courent les rues, mais les rêveurs pratiques sont bien rares. » Man Ray aura emprunté ici et là, à Duchamp, Picabia, Chirico et d'autres, il aura aussi bien été imité. Pour lui, c'était sans importance ; comme un oiseau, âgé il ressemblait à un vieux hibou malicieux tandis que Juliet persistait dans la jeune chouette, il se posait où cela se trouvait, seulement soucieux de préserver sa constante inconstance.

■ Jacques Busse

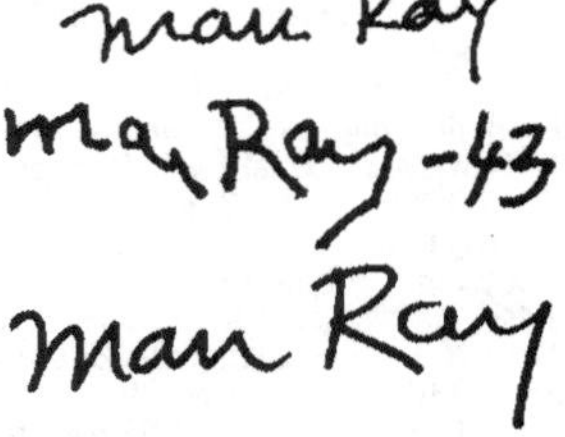

Bibliogr. : Georges Ribemont-Dessaignes : *Man Ray*, Paris, 1924 – in : *Art of this Century*, New York, 1942 – in : *Abstract Painting and Sculpture in America*, New York, 1952 – Maurice Raynal, in : *Peinture moderne*, Skira, Genève, 1953 – Man Ray : *Autoportrait*, R. Laffont, Paris, 1964 – Michel Seuphor, in : *Le style et le cri*, Seuil, Paris, 1965 – in : Catalogue de l'expos. *Dada*, Mus. Nat. d'Art Mod., Paris, 1966 – José Pierre, in : *Le Surréalisme*, Rencontre, Lausanne, 1966 – Patrick Waldberg : *Les Objets de Man Ray*, in : XXe Siècle, N° 31, Paris, 1968 – Pierre Bourgeade : *Le Capteur de soleil*, in : Nouvel Observateur, Paris, 3 août 1970 – A. Schwartz : *Man Ray, soixante années de liberté*,

Milan, 1971 – Jean Leymarie, Alain Jouffroy : Catalogue de l'exposition rétrospective *Man Ray,* Mus. Nat. d'Art Mod., Paris, 1972 – in : *Les Muses,* Grange Batelière, Paris, 1973 – Luciano Anselmino, Bianca Pilat : *Man Ray opera grafica,* Florence, 1973 – S. Alexandrian : *Man Ray,* Paris, 1973 – Roland Penrose : *Man Ray,* Le Chêne, Paris, 1975 – in : *Dictionnaire universel de la peinture,* Le Robert, Paris, 1975 – Arturo Schwarz : *Man Ray. The Rigour of imagination,* Thames & Hudson, Londres, 1977 – Catalogue de l'exposition rétrospective *Man Ray,* Centre Beaubourg, Paris, 1981-82 – Philippe Sers, J.H. Martin : *Man Ray. Catalogue Raisonné des sculptures et des objets,* Paris, 1983 – Man Ray, R. Krauss : *Objets de mon affection,* Ph. Sers, Paris, 1983 – Catalogue de l'exposition itinérante *Man Ray,* Gallimard, Paris, 1988 – Catalogue de l'exposition *Les cent ans de Man ray,* Musée de l'Élysée, Lausanne, 1990.

Musées : New Haven (Société Anonyme) : *Promenade* 1941 – New York (Mus. of Mod. Art) : *La Danseuse de corde s'accompagnant de ses ombres* 1916 – *Rayogramme* 1928 – Paris (Mus. Nat. d'Art Mod.) : *Arrangement de formes* 1917, peint. – *De quoi écrire un poème* 1924, collage – *Usine dans la forêt* 1929, peint. – *Femme, anciennement Homme* 1920, 224 photo. – Philadelphie (Mus. of Art) : *AD MIMXIV* 1914.

Ventes Publiques : Paris, 14 juin 1963 : *Antoine et Cléopâtre* : **FRF 8 500** – Versailles, 7 juin 1967 : *Femme à la harpe* : **FRF 12 000** – New York, 12 déc. 1968 : *Le Village* : **USD 7 500** – Genève, 27 juin 1969 : *Décoration des corps rationnels* : **CHF 29 000** – Londres, 3 juin 1970 : *By itself I,* bronze : **GBP 750** – Paris, 17 mars 1973 : *Paysage de Californie,* aquar. : **FRF 10 000** – Londres, 4 avr. 1974 : *Le Rond-point* : **GBP 5 000** – Rome, 20 mai 1974 : *Le Gardien du port* 1958 : **ITL 20 000 000** – Los Angeles, 10 mars 1976 : *Paysage* 1913, h/t (27x36) : **USD 1 600** – Paris, 30 mars 1976 : *Paysage* 1913, aquar. : **FRF 11 500** – Los Angeles, 10 juin 1976 : *Last object* 1932-1942, bois, métal et pap. (H. 22,2) : **USD 5 000** – New York, 20 oct. 1977 : *Inquiétude II* 1920, techn. mixte collage/pap. (65x50) : **USD 2 000** – Paris, 22 mars 1977 : *It is a small world (l'astrolabe)* 1957-64, sculpt. (65x85) : **FRF 11 000** – Londres, 28 juin 1978 : *Portrait de femme* 1940, aquar. et pl. (35,5x24) : **GBP 900** – New York, 19 mai 1978 : *Promenade* 1916, h/t (107x86,5) : **USD 40 000** – Hambourg, 9 juin 1979 : *Portrait de Marcel Duchamp* 1947, photo. et solarisation avec découpage de The large glass : **DEM 8 000** – Londres, 3 juil 1979 : *Safety pin,* pl. (35x25,4) : **GBP 1 600** – Milan, 26 juin 1979 : *End game* 1942, temp. (28,5x36,5) : **ITL 2 400 000** – New York, 5 nov 1979 : *A l'heure de l'Observatoire : les amoureux* 1932/34, h/t (99x250) : **USD 750 000** – New York, 5 nov 1979 : *Catherine Barometer* 1920/21, planche à laver, fils de fer et tube de verre (122x31x5,5) : **USD 85 000** – Rome, 11 juin 1981 : *Compas* 1976, grav./bois, multiple (40x34) : **ITL 4 000 000** – New York, 4 nov. 1981 : *Anport,* gche, cr. et pl. (38,2x29,8) : **USD 52 500** – Londres, 1er avr. 1982 : *Imaginary portrait of the Marquis de Sade* 1971, bronze (H. 42) : **GBP 6 000** – Londres, 29 juin 1983 : *Nu debout* 1912, fus. (55x35) : **GBP 2 500** – Paris, 6 juin 1983 : *Nu féminin,* aquar. (39x28) : **FRF 17 200** – New York, 18 mai 1983 : *Le Couple* 1914, h/t (81,3x100,3) : **USD 60 000** – Londres, 30 juin 1983 : *The broken bridge* 1971, bronze, relief (41x56) : **GBP 1 700** – New York, 14 mai 1985 : *Portrait imaginaire de D.A.F. de sade* 1938, h/t (60x45) : **USD 290 000** – Londres, 27 mars 1985 : *Woman and fish ; Narcissus ; Power ; Nude ; Hand and fruit ; Beautiful hand,* (57x47,5, H. 37, H. 42, H. 40, L. 30, L. 38,5) : **GBP 32 000** – Milan, 9 déc. 1986 : *Belle main* 1971, bronze (14,5x38,5x17) : **ITL 6 000 000** – New York, 30 mai 1986 : *Ramapo Hills* 1914, h/t (50,8x48,3) : **USD 80 000** – Paris, 3 déc. 1987 : *Le Métronome,* sculpt. (23x11) : **FRF 15 000** – New York, 12 nov. 1987 : *Personnages dans un paysage* 1914, h/t (92x97) : **USD 115 000** – New York, 18 fév. 1988 : *Paysage avec montagnes* 1913, aquar./cart. (14,6x18,5) : **USD 7 700** – Paris, 24 mars 1988 : *Ciné-sketch Adam et Ève* 1924, photo. : **FRF 65 000** – Paris, 29 avr. 1988 : *Visage aux mains* 1972, plaque de bronze (45x90) : **FRF 5 450** – New York, 29 avr. 1988 : *Peinture féminine* 1954, h/t (127x111) : **USD 148 500** – New York, 12 mai 1988 : *Composition* 1940-45, h/t (51,5x40,5) : **USD 49 500** ; *La Marée* 1949, h/pan. (38,1x47) : **USD 60 500** – Milan, 14 mai 1988 : *Portes à tambour* 1972, coul. au pochoir/cart. (63,5x45) : **ITL 4 500 000** – Milan, 8 juin 1988 : *Autoportrait,* collage sur photo. (24,5x14,5) : **ITL 3 600 000** ; *Nu féminin* 1912, fus./pap. (56x35) : **ITL 11 000 000** – Paris, 12 juin 1988 : *La Baguette,* bronze (H. 33,5) : **FRF 50 000** – Paris, 20 nov. 1988 : *Personnages* 1915, encre de Chine et cr. (17,5x8,5) : **FRF 100 000** – Stockholm, 21 nov. 1988 : *Hommage à Priape, Composition de marbre avec trois globes et une colonne* (H.51) : **SEK 30 000** – Londres, 29 nov. 1988 : *La décoration des corps rationnels* 1939, h/t (38,1x55,2) : **GBP 30 800** – Calais, 26 fév. 1989 : *La Gymnastique* 1953, dess. à l'encre de Chine (40x30) : **FRF 30 000** – New York, 9 mai 1989 : *Pittura naturale* 1971, acryl./cart. (49,5x35,5) : **USD 9 900** – Paris, 21 juin 1989 : *Sans titre* 1960, h/isor. (33x24) : **FRF 120 000** – New York, 5 oct. 1989 : *Composition abstraite* 1953, aquar. et encre/pap. (53,3x38,9) : **USD 18 700** – Zurich, 25 oct. 1989 : *Portrait de femme* 1940, gche et encre (35x24) : **CHF 26 000** – Londres, 29 nov. 1989 : *L'Œil dans le trou de la serrure – composition II* 1928, h/t (61x46,4) : **GBP 132 000** – Calais, 10 déc. 1989 : *Composition* 1958, h/pan. (18x14) : **FRF 31 000** – New York, 26 fév. 1990 : *Nature morte* 1914, fus., aquar. et gche/pap. (34,3x25,5) : **USD 31 900** – Copenhague, 21-22 mars 1990 : *Le fou,* sculpt. métal argenté (H. 21) : **DKK 80 000** – Paris, 25 mars 1990 : *Femme assise* 1952, h/t (92x73) : **FRF 900 000** – Londres, 3 avr. 1990 : *Les mains voyantes* 1940, cr. et encre/pap. (22,8x30,5) : **GBP 6 050** – Amsterdam, 12 déc. 1990 : *Composition* 1952, h/pan. (26x35) : **NLG 43 700** – Paris, 17 mars 1991 : *Vénus restaurée* 1971, plâtre et cordes (H. 71) : **FRF 205 000** – New York, 9 mai 1991 : *Femme assise* 1939, h/t (92,2x72,8) : **USD 154 000** – New York, 6 nov. 1991 : *New York* 1917, sculpt. d'argent montée sur socle métallique (H. 41,3) : **USD 55 000** – New York, 7 nov. 1991 : *La marée,* h/pan. (38,1x47) : **USD 110 000** – Paris, 21 mars 1992 : *Plume* 1970, argent et métal argenté (H. 15) : **FRF 20 000** – Londres, 25 mars 1992 : *Le pied dans le pied* 1957, aquar. et collage sur semelles de chaussures (24x32) : **GBP 7 700** – Paris, 14 avr. 1992 : *Paysage urbain au viaduc et aux trains,* h/t (65x81) : **FRF 275 000** – Londres, 1er juil. 1992 : *Ombre de cuir* 1953, cuir, bois, cart. ondulé et t. d'emballage (34x23,5) : **GBP 12 650** – New York, 10 nov. 1992 : *Le pont brisé* 1971, relief d'argent (12x17) : **USD 1 760** – Londres, 1er déc. 1992 : *C'est le printemps,* deux ressorts de sommier sur une base de bois (H. 31,1) : **GBP 8 800** – Milan, 15 déc. 1992 : *Mouvement perpétuel* 1971, acryl. et collage/t. (80x60) : **ITL 6 000 000** – New York, 23-25 fév. 1993 : *Le torse tournant* 1970, bronze (H. 55,9) : **USD 28 750** – Londres, 24-25 mars 1993 : *Paysage avec une vache,* cuir et synth. /cart. (49,5x69) : **GBP 2 070** – Milan, 6 avr. 1993 : *Portrait imaginaire du marquis de Sade,* bronze (40x29x27) : **ITL 11 000 000** – New York, 3 nov. 1993 : *Main Ray* 1935, bronze peint. et Plexiglas (H. sans la base 20,3) : **USD 27 600** – Londres, 1er déc. 1993 : *L'Œuf domestique,* fer et bois (H. 9, L 21) : **GBP 5 750** – Paris, 22 déc. 1993 : *Profil et Main* 1955, cr. coul. (18,5x14) : **FRF 6 200** – Paris, 23 mars 1994 : *Nu à la toile d'araignée,* sérig. sur Plexiglas (67,5x41,5) : **FRF 5 200** – New York, 11 mai 1994 : *Idole du pêcheur,* bronze (H. 41,2) : **USD 17 825** – Paris, 29 juin 1994 : *Collage,* h/t (35x47) : **FRF 18 000** – Paris, 17 oct. 1994 : *L'Orateur* 1952, bois et fil de fer (24x34x18) : **FRF 37 000** – New York, 10 nov. 1994 : *Satellite* 1964, assemblage dans un cadre de l'artiste (54x64,2) : **USD 40 250** – Londres, 22-23 mars 1995 : *Promenade* 1915, gche, encre et cr./pap. (27,5x20,8) : **GBP 73 000** ; *Le violon d'Ingres* 1924, grav. argentée (40x29,9) : **GBP 65 300** ; *La Lecture, Juliet* 1940, encre de Chine/pap. (23,5x32) : **GBP 11 500** ; *La Poire d'Erik Satie* 1969, temp./t./pan. (90x60) : **GBP 54 300** – Londres, 28 juin 1995 : *Perpetual Motive* 1971, h. et collage/t. (80x60) : **GBP 12 650** – Paris, 6 nov. 1995 : *L'Éventail* 1954, h/isor. (31,5x38,8) : **FRF 40 000** – New York, 8 nov. 1995 : *Étude pour Retour à la raison* 1938, h/cart. (36,9x25,3) : **USD 36 800** – Londres, 28 nov. 1995 : *Vénus restaurée ou Vénus de Medicis avant restauration,* plâtre et cordes/socle de bois (H. 71) : **GBP 22 425** – Amsterdam, 7 déc. 1995 : *Jeu d'échecs,* pièces alu. et plateau alu. recouvert de plastique (34x34x1, H. du roi : 5,5) : **NLG 21 240** – Londres, 20 mars 1996 : *Jeu d'échecs,* alu./plateau Plexiglass (H. du roi 5,5, plateau 34x34) : **GBP 10 350** – Calais, 24 mars 1996 : *Nu,* bronze patine dorée (H. 36) : **FRF 12 500** – Milan, 23 mai 1996 : *Paranoïa* 1936, encre de Chine/pap. (37x27) : **ITL 8 280 000** – Zurich, 17-18 juin 1996 : *Les papillons qui tombent du ciel ont soif* 1958, collage et lav. brun/cart. (22,5x22,5) : **CHF 4 900** – Londres, 25 juin 1996 : *Pêchage* 1972, pêches en plastique, coton et h. dans boite en bois (H. 36 et P. 11,6) : **GBP 13 225** – Paris, 19 mars 1997 : *Énigme d'Isidore Ducasse,* objet enveloppé dans une étoffe (50x57x22) : **FRF 135 000** ; *Tableau à ton goût* 1929, h/pan. et feuilles d'or (58x71) : **FRF 260 000**.

MANABUOI Giusto di Giovanni de. Voir **MENABUOI**

MANAGETTA Matthaus. Voir **MANNAGETTA**

MANAGO Armand

Né le 10 octobre 1913 à Paris. xxe siècle. Français.

Peintre.

Fils du peintre marseillais Vincent Manago. De 1928 à 1936, il fut élève de Jean-Pierre Laurens et Louis Roger à l'École des Beaux-Arts de Paris. Il a exposé, en 1942 et 1943, au Salon de la Société Nationale des Beaux-Arts ; puis fut déporté politique en Allemagne jusqu'en 1945.
L'église Saint-Jean de Sainte-Menehoulde conserve de lui une grande composition de 1939.
Ventes Publiques : Versailles, 21 oct. 1990 : *« Lion noir »*, h/isor. (60x81) : **FRF 5 000**.

MANAGO Dominique
Né en 1902 à Tunis. xxe siècle. Français.
Peintre.
Fils aîné du peintre Vincent Manago. Il fut élève de Fernand Cormon à l'École des Beaux-Arts de Paris. Il exposa en 1929 au Salon des Indépendants. Il se fixa en Provence. Il participa à des expositions collectives à Paris, en Suisse, Allemagne, aux États-Unis et en Amérique du Sud.

MANAGO Vincent
Né le 15 janvier 1880 à Toulon (Var). Mort le 30 juin 1936 à Paris. xixe-xxe siècles. Français.
Peintre de compositions animées, paysages. Orientaliste.
De 1900 à 1913, sa carrière se déroula à Marseille, où il exposait à la Foire. Il voyagea et travailla en Algérie et Tunisie. À l'Exposition Coloniale de 1931, il exposa des paysages d'Afrique et de Provence.
Il a d'abord peint des paysages de Provence et de de la côte méditerranéenne. Il a décoré des résidences particulières à Tunis et Alger.

V. Managa

Musées : Gray : plusieurs peintures – Marseille (Palais Longchamp) : *Scène de rue en Algérie* 1903.
Ventes Publiques : Paris, 21 déc. 1928 : *Maisons de pêcheurs et barques à Martigues* : **FRF 160** ; *Le Marché à Saint-Tropez* : **FRF 165** – Paris, 23 déc. 1943 : *Vues de ports*, deux h/t : **FRF 3 000** – Paris, 8 oct. 1946 : *Place en Afrique du Nord* : **FRF 420** – Enghien-les-Bains, 16 oct. 1983 : *Entrée des souks*, h/t (92x62,5) : **FRF 20 000** – Douai, 2 juil. 1989 : *Scène orientaliste*, h/pan. (47x55) : **FRF 5 200** – Versailles, 5 nov. 1989 : *La Caravane le long du Nil*, h/pan. (46x61) : **FRF 5 600** – Neuilly, 5 déc. 1989 : *L'Étang de Berre*, h/t (39x51) : **FRF 14 500** – Paris, 27 avr. 1990 : *Rues animées de Tunisie*, h/t, une paire (73x54,3 et 73x51,3) : **FRF 66 000** – Paris, 22 juin 1990 : *Kairouan, la rue Soussier*, h/t (82x100) : **FRF 15 000** – Calais, 8 juil. 1990 : *Le Port des Martigues*, h/t (31x41) : **FRF 17 000** – Paris, 28 mai 1991 : *Passants sur la grand-place*, h/pan. (46x56) : **FRF 8 000** – Paris, 19 nov. 1991 : *Le Marché aux légumes*, h/t (50x65) : **FRF 7 000** – Paris, 13 avr. 1992 : *Les Palanquins au bord de l'oued*, h/pan. (45x61) : **FRF 8 000** – New York, 14 oct. 1993 : *Groupe d'Arabes devant une maison*, h/t (47x62) : **USD 1 093** – Paris, 8 nov. 1993 : *L'Arrivée du palanquin* ; *Le Cortège* 1913, h/t, une paire (38x46 et 33x46) : **FRF 17 000** – Neuilly, 12 déc. 1993 : *La Ponche à Saint-Tropez*, h/pan. (46x61) : **FRF 5 000** – Paris, 22 avr. 1994 : *Caravane traversant l'eau*, h/pan. (45,5x60,5) : **FRF 15 000** – Paris, 11 déc. 1995 : *Kairouan, la rue Saussier*, h/t (81x100) : **FRF 43 000** – Paris, 25 juin 1996 : *Kairouan, la rue Saussier*, h/t (81x100) : **FRF 23 000** – Paris, 10 mars 1997 : *Port*, h/t (33x44) : **FRF 4 600** – Paris, 17 nov. 1997 : *Charge de guerriers à dromadaire*, h/t (63,5x89) : **FRF 12 000** – Paris, 10-11 juin 1997 : *Ruelle animée*, h/t (98x82,5) : **FRF 17 500** ; *Place animée*, h/t (46x55) : **FRF 18 000**.

MANAIGO Silvestro ou **Maniago**
Né vers 1670 à Venise. Mort vers 1734 à Venise. xviie-xviiie siècles. Italien.
Peintre d'histoire, compositions religieuses.
Il fut élève de Lazzarini. Il possédait un remarquable talent, mais cherchant avant tout les avantages pécuniers, il en arriva à une expression maniérée toute de formules. On cite comme un de ses meilleurs ouvrages : *Le Christ chassant les marchands du Temple*, dans l'église de San Pelise et *Saint Marc*, dans l'église San Stae, à Venise.
Ventes Publiques : Paris, 9 avr. 1991 : *En jouant Moïse enfant fait tomber la couronne de Pharaon*, h/t (76,5x95,5) : **FRF 130 000** – Paris, 17 déc. 1997 : *En jouant Moïse enfant fait tomber la couronne de Pharaon*, t. (76x95) : **FRF 140 000**.

MÂNAKÛ
xixe siècle. Actif à Theri en Garhwâl au début du xixe siècle. Indien.
Miniaturiste.
Peut-être identique avec le peintre Mânakû, fils du pandit Seu et père des peintres Kushala et Nainsukh. Il a surtout peint des paysages.

MANANDHAR Kiran
xxe siècle. Népalais.
Peintre.
Il a étudié la peinture de 1969 à 1973 avec Chandra Man Singh Maskey et R. N. Joshi, à Kathmandou. En 1973, il suit les cours de l'académie d'art contemporain à Bénarès (Inde). De retour en 1989 à Bénarès, il ouvre une galerie qui accueille d'autres peintres contemporains.
À partir de 1971, il participe à de nombreuses expositions, au Népal, en Inde, U.R.S.S., Angleterre, Japon, France. Depuis 1973, il montre ses œuvres dans des expositions personnelles au Népal.

MANANOS Y MARTINEZ Asterio
Né en 1861 à Palencia. Mort vers 1935. xixe-xxe siècles. Espagnol.
Peintre d'histoire, de compositions murales, figures, portraits, groupes.
Après avoir reçu une formation diversifiée, en 1881 il fut élève de Casado del Alisal. Une bourse officielle lui permit de passer l'année 1885 à Rome. En 1889, il alla travailler à Paris sous la direction de Léon Bonnat. En 1891, il s'installa à Madrid. Il eut alors des commandes de portraits et de décorations importantes pour des demeures privées. Ensuite, introduit auprès des milieux politiques d'Espagne, les commandes se multiplièrent pour des portraits de groupes dans des salles grandioses, essentiellement consacrés au Sénat. L'envoi de ces compositions ambitieuses au Salon National, où il figurait depuis 1881, lui valurent récompenses et honneurs. En 1929, il figura à l'Exposition Internationale de Barcelone.
L'essentiel de son œuvre consiste en de nombreux portraits : 1922 *Portrait de Jorge Manrique*, 1926 *Portrait du Premier Marquis de Santillana*, et surtout sa capacité technique à traiter des portraits de groupes de personnalités officielles siégeant dans des lieux institutionnels aux proportions imposantes assura sa réputation, notamment avec : 1904 *Salle de conférences du Sénat*, 1906 *Salle de scéances du Sénat*, 1915 *Salon de la Présidence du Sénat*, 1917 *Bibliothèque du Sénat, la salle de lecture*, 1918 *Présentation du gouvernement d'union nationale au Sénat*, 1919 *Ouverture des Cortes au Sénat*, scène qui, contrairement aux autres compositions destinées à la décoration du Sénat, se passe en extérieur devant des architectures en perspective et dans la lumière naturelle. Il peignit aussi des compositions comportant des portraits individuels de personnages historiques : 1892 *Dona Sancha de Castille devant le tombeau de son époux*, 1915 *Visite de Don Alphonse XIII, Dona Victoria et Dona Christina à la Banque d'Espagne*.
Bibliogr. : In : *Cien Anos de pintura en Espana y Portugal, 1830-1930*, Antiqvaria, t. V, Madrid, 1991.

MANARA Baldassare
xvie siècle. Actif à Faenza. Italien.
Peintre sur majolique.
Le Musée du Château à Berlin, le Musée Britannique, le Musée Victoria et Albert à Londres et le Musée Ashmolean à Oxford conservent des plats exécutés par cet artiste.

MANARA Horace de
Né le 4 novembre 1804 à Parme. xixe siècle. Italien.
Portraitiste.
Élève de l'Académie de Parme. De 1838 à 1870, il figura au Salon de Paris. On a de lui, au Musée de Besançon, *Portrait du marquis de Grammont*, et à celui de Château-Thierry, *Portrait de Mlle Rose, dite Adeline Gardon*.

MANARESI Ugo
Né en 1851 à Ravenne. Mort en 1917 à Livourne. xixe-xxe siècles. Italien.
Peintre de genre, marines.

U Manaresi

Ventes Publiques : Milan, 14 déc. 1976 : *Canal à Livourne*, h/pan. (32x19,5) : **ITL 2 800 000** – MILAN, 26 oct. 1978 : *Le chantier naval*, isor. (13,5x24) : **ITL 1 600 000** – MILAN, 5 avr 1979 : *Le naufrage* 1887, h/pan. (26x53,5) : **ITL 4 500 000** – MILAN, 22 avr. 1982 : *Bord de mer escarpé* 1889, h/pan. (25x53,5) : **ITL 9 500 000** – PARIS, 1er déc. 1983 : *Goélettes dans un port* 1887, h/t (62x96) : **FRF 50 000** – MILAN, 7 nov. 1985 : *Les naufragés* 1889, h/pan. (26x54) : **ITL 4 400 000** – MILAN, 13 oct. 1987 : *Marine*, h/pan. (24x39) : **ITL 7 500 000** – MILAN, 23 mars 1988 : *Voiliers dans le port de Livourne*, h/t (104,5x180) : **ITL 50 000 000** – MILAN, 1er juin 1988 : *Marine à l'île d'Elbe avec des barques et des pêcheurs*, h/t (23x40,5) : **ITL 10 500 000** – MILAN, 21 nov. 1990 : *Scène allégorique*, h/pan. (60x29,5) : **ITL 4 400 000** – MILAN, 16 juin 1992 : *Marine livournaise avec une barque échouée sur la grève et des pêcheurs*, h/t (23x40) : **ITL 15 000 000** – ROME, 31 mai 1994 : *Le port de Livourne*, h/pan. (12x21,5) : **ITL 2 239 000** – MILAN, 8 juin 1994 : *Idyllle dans un bois*, h/pan. (26x56) : **ITL 11 500 000** – NEW YORK, 20 juil. 1995 : *Scènes de ports* 1881, h/pan., une paire (20x31,4 et 19,1x31,8) : **USD 18 400** – ROME, 5 déc. 1995 : *Voilier à l'échouage* 1875, h/cart. (28x23) : **ITL 3 536 000** – MILAN, 18 déc. 1996 : *La Grotte de la Vierge*, h/pan. (13x23) : **ITL 2 213 000**.

MANASAR Daniel
XVIIe siècle. Actif à Augsbourg. Allemand.
Graveur.
Artiste de mérite, bien que son travail soit un peu dur. Il grava particulièrement l'architecture. On cite notamment de lui les planches qu'il grava avec Wolfgang Kilian pour un ouvrage publié à Augsbourg en 1626 : *Basilieae SS Udalrici et afrae Vindelicorum Historiae*. Il marquait généralement ses planches des initiales D. M. F.

MANASSER. Voir **MANNASSER**

MANASSERO Felice
XVIIIe siècle. Actif à Turin. Italien.
Dessinateur.
Il dessina le carton pour la série de Jules-César dans le Palais Royal à Turin.

MANAURE Matéo
Né le 28 août 1924 à Urocoa (État Monagas). XXe siècle. Vénézuélien.
Peintre.
Il fut élève de l'École des Arts Plastiques de Caracas. En 1947, il fut Prix National de Peinture, et le Musée des Beaux-Arts de Caracas présenta une exposition de ses œuvres. Il obtint ensuite d'autres distinctions.

MANAUT Paul
Né en 1882 à Lavelanet (Ariège). Mort en 1959 à Chalabre (Aude). XXe siècle. Français.
Sculpteur de sujets allégoriques, aquarelliste.
Il fut élève à l'École des Beaux-Arts de Toulouse, reçut plusieurs récompenses et la ville de Toulouse lui donna une bourse pour étudier à l'École des Beaux-Arts de Paris, où il fut élève de Jules Coutan. Il exposait à Paris, au Salon des Artistes Français, obtenant une mention honorable en 1908. Il figura aussi au Salon d'Automne. En 1913, il quitta Paris pour l'Argentine, où il séjourna jusqu'en 1922.
Il traitait des sujets allégoriques : *Tendresse, La Source*. Son art oscille entre naturalisme et académisme.

MANBY Thomas
Mort en novembre 1695 à Londres. XVIIe siècle. Actif dans la seconde moitié du XVIIe siècle. Britannique.
Paysagiste.
Il travailla en Italie où il vécut logntemps.

MANCADAN Jacobus Sibrandi, surnom : **Mankendam**
Né vers 1602 à Minnertsga. Mort en 1680 à Leeuwarden. XVIIe siècle. Hollandais.
Peintre de compositions mythologiques, sujets allégoriques, paysages animés, paysages.
Il travailla en Frise, se maria en 1634, fut bourgmestre de Franeker de 1637 à 1639, avant de s'installer à Leewarden vers 1644. De son vivant ses œuvres ne rencontrèrent pas le succès et la correspondance de son beau-frère fait état de nombreux appels à l'aide financière de son père.
Même s'il ne fit probablement pas de séjour en Italie, il montra une influence italienne, notamment pour ses paysages, dont les compositions sont très souvent semblables. Ce sont des collines animées de personnages, bergers et d'animaux, peints dans des coloris clairs et riches, scandés de rochers et de ruines aux contours bruns. S'il peignit d'abord des paysages, il réalisa, plus tard, des allégories et des sujets myhologiques.
BIBLIOGR. : In : *Diction. de la peinture flamande et hollandaise*, coll. Essentiels, Larousse, Paris, 1989.
MUSÉES : AKEN – AMSTERDAM – BERLIN (Kaiser Friedrich Mus.) – BRUXELLES (Mus. des Beaux-Arts) – EMDEN – LA FÈRE : *Paysage italien* – GOPSALL – GÖTTINGEN – GRONINGEN – LA HAYE (Mauritshuis Mus.) : *La rencontre* – LEEWARDEN : *Bergers aux chèvres et vaches* – OSNABRÜCK – RIGA – STOCKHOLM – TOURS : *Paysage au torrent*.
VENTES PUBLIQUES : PARIS, 24 mars 1953 : *Troupeau dans un paysage* : **FRF 220 000** – LONDRES, 13 nov. 1968 : *Paysan assis dans un paysage* : **GBP 2 300** – LONDRES, 12 déc. 1973 : *Paysage avec ruine* : **GBP 2 200** – LONDRES, 11 juil. 1980 : *Berger et troupeau dans un paysage*, h/pan. (49x85) : **GBP 8 500** – LONDRES, 17 juil. 1981 : *Bergers et troupeau dans un paysage*, h/pan. (49x85) : **GBP 5 500** – AMSTERDAM, 28 nov. 1989 : *Voyageurs sur un chemin pierreux près de ruines*, h/pan. (30,3x23,5) : **NLG 25 300** – AMSTERDAM, 22 mai 1990 : *Personnages dans un paysage rocheux*, h/pan. (34x46) : **NLG 17 250** – LONDRES, 1er avr. 1992 : *Paysage avec un berger endormi près de son troupeau à côté d'un puits*, h/pan. (33,5x62,4) : **GBP 25 300** – AMSTERDAM, 10 nov. 1992 : *Le banissement de Hagar et d'Ismaël*, h/pan. (61x90,7) : **NLG 16 100** – AMSTERDAM, 16 nov. 1993 : *Figures dans un paysage près de ruines*, h/pan. (32x33) : **NLG 36 800** – AMSTERDAM, 7 mai 1996 : *Cincinnatus dérangé du labourage*, h/pan. (37,8x50,5) : **NLG 17 250** – VIENNE, 29-30 oct. 1996 : *Forestier arrêté sur un sentier devant un chêne foudroyé*, h/pan. (55x41) : **ATS 195 000** – NEW YORK, 4 oct. 1996 : *Des Voyageurs et leurs ânes sur un chemin à côté d'un bâtiment en ruines*, h/pan. (26,6x35,5) : **USD 5 175**.

MANÇANO. Voir **MANZANO**

MANCE Henri de
Né le 4 octobre 1871 à Hambourg. XIXe-XXe siècles. Actif et naturalisé aux États-Unis. Allemand.
Peintre de portraits, paysages.
Il fut élève de Franz von Lenbach. Aux États-Unis, il fut membre du Salmagundi Club.
MUSÉES : MARBACH : *Portrait d'homme – Paysage de l'Hudson*.

MANCEAU Alexandre Damien
Né le 3 mai 1817 à Trappes. Mort en août 1865 à Palaiseau. XIXe siècle. Français.
Graveur et auteur dramatique.
Exposa au Salon de 1841 à 1861. Élève de Sixdeniers et secrétaire de George Sand. Il a gravé cinquante illustrations pour *Masques et Bouffons* de Maurice Sand.

MANCEAU François
Né le 16 janvier 1786 à Paris. XIXe siècle. Français.
Graveur au burin.
Élève de Lépine. Exposa au Salon, de 1814 à 1837.

MANCEAU Mathurin
XVIe siècle. Actif à Angers vers 1569. Français.
Peintre verrier.

MANCEAU N.
XVIIIe siècle. Actif à Nantes vers 1774. Français.
Sculpteur.

MANCEAU Patrick de
Né en 1901 à Paris. XXe siècle. Français.
Graveur, illustrateur.
Il gravait sur bois et cuivre.

MANCEAU Paul Georges. Voir **PAUL-MANCEAU G.**

MANCEAUX Hugues
Né le 28 juin 1895 à Beauvais (Oise). XXe siècle. Français.
Peintre, lithographe.
Fils de Louis Antoine Manceaux. Il exposait à Paris, depuis 1913 au Salon des Artistes Français, obtenant une mention honorable en 1922.

MANCEAUX Louis Antoine
Né le 27 octobre 1862 à Calvi (Corse). XIXe-XXe siècles. Français.
Peintre de genre et lithographe.
Élève de Cabanel et de Maillart. Membre de la Société des Artistes Français depuis 1894, mention honorable en 1905, médailles d'or en 1921 pour la peinture, 1929 pour la gravure. Le Musée d'Ajaccio conserve de lui *Mort de Sisara*, le Musée de Picardie à Amiens, *Les Hortillonnages*, et celui de Troyes, *Fin de*

journée. Des peintures de cet artiste se trouvent dans les Hôtels de Ville de Beauvais et de Paris.

MANCEL Guillaume
Mort en 1548 à Rouen. XVIe siècle. Français.
Sculpteur sur bois.
Il travailla pour l'église Saint-André de Rouen.

MANCHE Édouard
Né en 1819 à Bruxelles. Mort en 1861 à Paris. XIXe siècle. Belge.
Peintre d'histoire et de genre, lithographe et graveur.
Élève de P. Lauters. On cite de lui une *Descente de croix*.

MANCHELLI Michèle ou **Manchele**
Né en 1550 à Gênes. XVIe siècle. Italien.
Peintre d'histoire.
Élève de Marco di Pino à Naples. On cite un tableau de lui : *La Vierge, l'enfant Jésus et plusieurs saints*, dans l'église Sant' Agnello, daté de 1586, et une *Pietà* à San Pietro, à Naples.

MANCHELO Antoine
XVIe siècle. Actif à Monaco. Italien.
Peintre.
On cite de lui un retable dans l'église de Menton représentant *Saint Michel, Le Couronnement de la Vierge, L'Annonciation* et une *Pieta*, daté de 1565.

MANCHOLE, le. Voir **LECKERBETIEN Vincenz**

MANCHON Gaston Albert
Né en 1855 à Rouen (Seine-Maritime). XIXe siècle. Français.
Aquafortiste.
Élève de P. Baudouin, Mougin, Brunet, Debaisnes et Lucas. Il figura au Salon des Artistes Français ; membre de cette société depuis 1883, il obtint une mention honorable en 1888, une médaille de troisième classe en 1894, une médaille de deuxième classe en 1898, une médaille de bronze en 1900 (Exposition Universelle).

MANCHON Raphaël
Né le 13 juin 1886 à Dozule (Calvados). XXe siècle. Français.
Peintre, graveur.
Il fut élève de l'École des Beaux-Arts de Caen, puis de Gabriel Ferrier à celle de Paris. Il obtint le Grand Prix de Rome de gravure en 1914. Il exposait à Paris, depuis 1911 au Salon des Artistes Français, médaille d'argent en 1924.
Il gravait surtout au burin.

MANCIAU. Voir **MANSIAUX**

MANCIET Charles
Né le 19 novembre 1874 à Montpaon (Aveyron). XIXe-XXe siècles. Français.
Peintre, graveur.
Il fut élève de Jules Lefebvre. Exposant du Salon des Artistes Français, il en fut sociétaire. Il fut conservateur du Musée de Bordeaux et chevalier de la Légion d'honneur.

MANCIN Giacomi di Tommaso
XVIe siècle. Actif à Deruta. Italien.
Peintre sur majolique.
Signa « el frate di (in) Deruta ». On cite de lui un plat représentant le *Mariage d'Alexandre et de Roxane* et un autre montrant le *Rapt d'Isabelle par Rodomonte*.

MANCINELLI Giuseppe
Né le 17 mars 1813 à Naples. Mort le 25 mars 1875 à Pallazzolo Castrocielo. XIXe siècle. Italien.
Peintre d'histoire, portraits.
Il fut élève de Cost. Angeli. Influencé à Rome par Cornelius et Overbeck, il séjourna ensuite à Naples. Des peintures de cet artiste se trouvent dans les églises d'Altamura, de Capodimonte, de Capoue, de Naples, de Sorrente et de Tripoli.
Musées : Florence (Mus. des Offices) : *Portrait par lui-même* – Naples (Mus. di Capodimonte) – Reggio (Mus. mun.) – Rome (Mus. d'Art Mod.).
Ventes Publiques : Milan, 29 mai 1986 : *Torquato Tasso alla corte degli Estensi*, h/t (130x180) : **ITL 20 000 000** – Rome, 12 déc. 1989 : *Philosophe*, h/t (102x76,5) : **ITL 2 600 000**.

MANCINELLI Gustavo
Né en 1842 à Rome. Mort en 1906 à Naples. XIXe siècle. Italien.
Peintre d'histoire, sujets religieux, portraits.
Il fut professeur de l'Institut des Beaux-Arts de Naples. Il débuta très jeune, vers 1855.
Ventes Publiques : New York, 10 oct. 1973 : *Scène biblique* : **USD 900** – New York, 28 avr. 1977 : *Jean-Baptiste prêchant*, h/t haut arrondi (74x89) : **USD 1 200** – Lucerne, 7 nov. 1980 : *Portrait de femme de profil*, h/t (31,5x21) : **CHF 2 600** – Londres, 19 juin 1981 : *Odalisque et Servante* 1875, h/t (92,8x66) : **GBP 1 400** – Londres, 30 nov. 1984 : *Scène de harem* 1875, h/t (91,5x64) : **GBP 12 500** – Londres, 22 juin 1990 : *L'odalisque* 1875, h/t (92,7x66) : **GBP 16 500**.

MANCINI Antonio
Né le 14 novembre 1852 à Albano-Laziale. Mort le 28 décembre 1930 à Rome. XIXe-XXe siècles. Italien.
Peintre de genre, portraits, figures, nus, paysages, pastelliste, dessinateur.
Dès l'âge de douze ans, il fut élève de Stanislao Lista, le président de l'Académie des Beaux-Arts de Naples, Domenico Morelli, étant son premier acheteur, qui le recommanda à Mariano Fortuny qui contribua à le faire connaître. En 1873, le marchand Goupil le fit venir à Paris. Le Hollandais Hendrik Wilhelm Mesdag lui acheta de nombreuses peintures, Nerveusement fragile, il dut rentrer à Naples, où il passa quatre ans dans une maison de santé. Étant ensuite repassé par Paris, il fit un séjour à Londres, où John Singer Sargent l'introduisit dans la société londonienne. En 1879, il revint à Naples, où, bien que son talent y fût reconnu, notamment par les peintres de l'école napolitaine, Michele Cammarano, Giuseppe de Nittis, Eduardo Dalbono, Francesco Michetti, il aurait vécu assez pauvrement en compagnie du sculpteur Vincenzo Gemito, tandis que d'autres sources font plutôt état de ses succès. En 1883, il se fixa séfinitivement à Rome, son succès étant durablement établi.
Outre ses nombreuses scènes de genre inspirées du pittoresque napolitain, représentant souvent des enfants pauvres ou malades : *Le pauvre petit écolier, La gamine malade*, de rares nus et paysages, il fut surtout portraitiste, très souvent au fusain, pastel ou à la sanguine. Dans la tradition napolitaine depuis le passage du Caravage, sa peinture privilégie le pittoresque des sujets : musiciens, saltimbanques, mendiants, et accuse les contrastes d'ombre et de lumière dans une facture assez franche ; ces deux caractères contribuant à la personnalité d'une peinture alerte, spontanée, aux colorations délicates. Dans la dernière période de sa vie, à Rome, sa facture devint plus gestuelles, presque maniériste, d'autant qu'après 1900, il exploita une palette nettement plus colorée, appliquée en empâtements nerveux, dans lesquels il associait parfois des corps étrangers.
■ J. B.

A Mancini

MANCINI

Bibliogr. : In : *Les Muses*, Grange Batelière, Paris, 1973.
Musées : Amsterdam : *Petite pauvresse* – La Haye (Mus. Mesdag) : *L'Enfant malade – Ma petite sœur malade – Garçon napolitain – Petit pauvre avec une statuette – Près d'un antiquaire – Femme réfléchissant – Marchande de fleurs – Garçon nu – Enfant de chœur – Deux enfants romains – Un anniversaire – Le Désir de plaire – Le Parfum des fleurs – Femme riant* – Naples (Mus. San-Martino) – Naples (Inst. des Beaux-Arts) – Paris (Mus. d'Orsay) : *Le pauvre petit écolier* – Pittsburgh (Inst. Carnegie) – Rome (Gal. Nat. d'Art Mod.) : *Signora Pantaleoni, Le Père de l'artiste, Otto Messinger* – Trieste.
Ventes Publiques : New York, 11-12 mars 1909 : *L'Éventail* : **USD 475** – Paris, 20-22 nov. 1911 : *Tête d'enfant* : **FRF 380** – Paris, 13-14 mars 1919 : *Lendemain de fête* : **FRF 4 000** – Paris, 14 mai 1920 : *Portrait du peintre* : **FRF 8 100** ; *Jeune berger blessé* : **FRF 10 300** – Londres, 24 juil. 1925 : *Femme avec un fond de fleurs*, past. : **GBP 399** ; *Jeune-fille portant un voile* : **GBP 504** – Paris, 28 mars 1928 : *Portrait du père de l'artiste* : **FRF 16 000** – Paris, 19 mars 1945 : *Dragon chargeant* 1889, aquar. : **FRF 2 000** – Paris, 23 nov. 1949 : *La Couseuse* : **FRF 3 500** – Londres, 1er déc. 1961 : *Portrait d'une jeune fille* : **GNS 1 400** – Milan, 6 avr. 1965 : *Portrait d'homme* : **ITL 1 300 000** – Milan, 26 nov. 1968 : *Odalisque* : **ITL 4 200 000** – Milan, 10 nov. 1970 : *Portrait de Lady Hunter* : **ITL 15 000 000** – Rome, 11 juin 1973 : *L'Orphelin convalescent* : **ITL 15 000 000** – Milan, 28 mars 1974 : *Adolescents*, past. : **ITL 1 500 000** – Milan, 14 déc. 1976 : *Portrait de femme*, h/t (77x56,5) : **ITL 7 500 000** – Milan, 15 mars 1977 : *Fin de car-*

naval, h/t (100x75) : **ITL 14 000 000** - MILAN, 5 avr 1979 : *La joueuse de mandoline,* temp. et fus. (76x55) : **ITL 2 400 000** - NEW YORK, 12 oct 1979 : *Jeune femme tenant un singe,* h/t (100x60) : **USD 15 500** - MILAN, 17 juin 1981 : *L'œillet rouge,* h/t (75,5x100,5) : **ITL 23 500 000** - ROME, 30 mars 1982 : *Vierge à l'Enfant ; Études de nus,* techn. mixte, double face : **ITL 4 000 000** - MILAN, 12 déc. 1983 : *Portrait de femme en costume 1700,* techn. mixte/cart. mar./t. (75x55) : **ITL 4 400 000** - LONDRES, 18 avr. 1983 : *Portrait de Mme Leopold Hirsch,* h/t (101x126) : **GBP 11 000** - NEW YORK, 23 mai 1985 : *dans le boudoir,* past. (36,5x45,8) : **USD 16 000** - MILAN, 11 déc. 1986 : *Le Modèle,* h/t (100x75) : **ITL 21 000 000** - ROME, 19 mai 1987 : *Autoportrait,* past. et fus. (44x56) : **ITL 6 500 000** - MILAN, 23 mars 1988 : *Paysage avec une maisonnette rurale,* h/cart. (10x21) : **ITL 3 000 000** ; *Portrait de femme couronnée de fleurs,* past./pap. renforcé (75,5x55) : **ITL 8 500 000** - BERNE, 30 avr. 1988 : *Portrait de femme,* h/pan. (60,5x51) : **CHF 6 000** - ROME, 25 mai 1988 : *Portrait d'une jolie jeune femme,* h/t (100x75) : **ITL 21 000 000** ; *Autoportrait,* sanguine et céruse/pap. gris (43,5x52,5) : **ITL 1 800 000** - MILAN, 1er juin 1988 : *Portrait d'homme avec un chien,* past./pap. (78,5x58,5) : **ITL 5 000 000** - ROME, 14 déc. 1988 : *Buste de femme,* fus. et céruse/pap. (62x49) : **ITL 3 500 000** - PARIS, 27 fév. 1989 : *Portrait de Humberto Coromaldi* 1918, h/t (65x58) : **FRF 48 000** - MILAN, 14 mars 1989 : *Portrait de femme,* h/t (79,5x69,5) : **ITL 5 000 000** - NEW YORK, 23 mai 1989 : *Jeune homme à la bouteille de vin,* h/t (99,6x60,3) : **USD 18 700** - MILAN, 14 juin 1989 : *Le tricorne,* h/t (80x70) : **ITL 6 500 000** - LONDRES, 20 oct. 1989 : *Portrait de Sir Basil Oxenden* 1900, h/t (80x64,8) : **GBP 2 200** - ROME, 12 déc. 1989 : *Portrait d'homme,* sanguine/pap. (30x22,5) : **ITL 800 000** ; *Portrait de femme,* techn. mixte/pap./t. (73x56) : **ITL 5 000 000** - MONACO, 21 avr. 1990 : *Portrait d'une italienne avec sa mandoline,* h/t (98x68) : **FRF 144 300** - ROME, 29 mai 1990 : *Page,* h/t (175x70) : **ITL 40 250 000** - MILAN, 30 mai 1990 : *Le saltimbanque* 1878, h/t (250,5x111,5) : **ITL 400 000 000** - ROME, 31 mai 1990 : *Le modèle,* fus., sanguine et céruse/pap. beige (46,5x34,5) : **ITL 1 600 000** - MILAN, 18 oct. 1990 : *Mon père* 1877, h/pan. (37x45,5) : **ITL 125 000 000** - NEW YORK, 23 oct. 1990 : *Nu féminin assis de trois-quarts dans un intérieur,* past./pap. (38,1x37,1) : **USD 23 100** - NEW YORK, 24 oct. 1990 : *Portrait du père de l'artiste,* h/t (49,8x40) : **USD 9 350** - LONDRES, 30 nov. 1990 : *L'époque du carnaval,* h/t (153,6x59,4) : **GBP 101 200** - MILAN, 5 déc. 1990 : *Nus juvéniles,* h/t (205x81) : **ITL 180 000 000** - ROME, 16 avr. 1991 : *Jeune modèle,* past./pap. (44,5x29,5) : **ITL 2 990 000** - MILAN, 6 juin 1991 : *Personnages féminins* 1925, h/pap. (44x49) : **ITL 3 800 000** - ROME, 14 nov. 1991 : *Portrait du père,* h/pan. (34x24) : **ITL 19 550 000** - ROME, 24 mars 1992 : *Sous les citronniers,* h/t (130x186) : **ITL 80 500 000** - ROME, 19 nov. 1992 : *Inspiration* 1900, h/t (95x60) : **ITL 172 500 000** - LUGANO, 1er déc. 1992 : *Portrait d'homme avec un chien,* past./pap./t. (78,5x58,5) : **CHF 13 000** - NEW YORK, 26 mai 1994 : *Le saltimbanque,* h/t (203,8x110,8) : **USD 266 500** - ROME, 6 déc. 1994 : *Les deux cousins,* h/t (60x100) : **ITL 53 032 000** - MILAN, 19 déc. 1995 : *Étude pour un autoportrait,* sanguine/pap. (33x46) : **ITL 5 750 000** - NEW YORK, 23-24 mai 1996 : *Jeune Garçon aux soldats de plomb* vers 1875, h/t (74,9x62,9) : **USD 178 500** - LONDRES, 12 juin 1996 : *Anna à l'album,* h/t (96x58) : **GBP 51 000** - LONDRES, 21 nov. 1996 : *Autoportrait,* craie coul./pap. (46,3x55,2) : **GBP 3 220** - ROME, 11 déc. 1996 : *Femme riant,* h/t (75x55) : **ITL 26 795** - LONDRES, 21 mars 1997 : *Portrait de fillette (recto) ; Portrait d'un enfant au vélo blanc (verso)* 1876, h/t (47,5x37,5) : **GBP 65 300**.

MANCINI Bartolommeo

Né à Florence (Toscane). XVIIe-XVIIIe siècles. Italien.

Peintre de compositions religieuses, portraits.

Il fut élève et imitateur de Carlo Dolci. Certaines sources le disent actif vers 1630.

MUSÉES : FLORENCE (Palais Pitti) : *Saint Henry de Bavière et sa femme sainte Cunégonde* - *Saint François-Xavier* - PLAISANCE (Collegio Alberoni) : *Mater dolorosa.*

VENTES PUBLIQUES : NEW YORK, 12 jan. 1995 : *La Vierge au doigt* 1715, h/cuivre (26,7x21,6) : **USD 17 250**.

MANCINI Claude

Né le 10 juillet 1937 à Paris. XXe siècle. Français.

Peintre, décorateur.

Il fut élève, à Paris, de l'École des Arts Appliqués pendant quatre ans, et de l'École des Beaux-Arts pendant quatre autres années. Il eut ensuite une activité d'enseignant. Depuis 1960, il se produit en France et à l'étranger, dans des expositions collectives, dont à Paris : 1985 MAC 2000, régulièrement le Salon Comparaisons, dont il est membre du comité, où il a créé, en 1982, le groupe *Carré libre,* ainsi que dans des expositions personnelles, notamment, en 1985, à la Vieille Charité de Marseille. En 1977, il fut lauréat du Prix de la Critique.

Il défend une tendance picturale plus proche d'une expression intérieure du mouvement que d'une traduction référentielle et descriptive des activités sportives.

MUSÉES : PARIS (Fonds Nat.) - PARIS (Fonds mun.) - PIERREFEU-SUR-NICE - PUTEAUX - VARS.

MANCINI Domenico

XVIe siècle. Actif à Venise au début du XVIe siècle. Italien.

Peintre.

Influencé par Giovanni Bellini et Giorgione. On cite de lui un panneau, daté de 1511, représentant la *Vierge et l'enfant Jésus sur un trône, avec des anges jouant de la viole* (cathédrale de Lendinara).

MANCINI Emilio

Né en 1844 à Florence. XIXe siècle. Italien.

Sculpteur.

Élève de Benelli et de Pazzi.

MANCINI Francesco ou **Macini**

Né vers 1694 à Sant'Angelo in Vado. Mort début août 1758 à Rome. XVIIIe siècle. Italien.

Peintre de compositions religieuses.

Il fut élève de Carlo Cignani, à Bologne. Il vint à Rome, y exécuta d'importants travaux et fut membre de l'Académie de Saint-Luc. On cite notamment de lui *Le Miracle de saint Pierre,* conservé au Palazzo di Monte Cavallo. De nombreuses églises de Rome, Citta di Castello, Forli, Macerata, Pérouse, Pise et Rimini possède des peintures exécutées par cet artiste.

MUSÉES : CLASSE (Bibl.) - FANO (Mus. mun.) : *Madone avec l'Enfant et trois saints.*

VENTES PUBLIQUES : ROME, 8 mars 1990 : *Saint Jean-Baptiste,* h/t (43x32) : **ITL 16 000 000** - NEW YORK, 15 jan. 1993 : *Vierge à l'Enfant,* h/t (52,1x41,9) : **USD 10 350**.

MANCINI Francesco, ou **Francesco Longo**

Né le 23 janvier 1830 à Naples, d'autres sources donnent Catane. Mort le 24 juillet 1905 à Naples. XIXe siècle. Italien.

Peintre de genre, figures, nus, animalier, paysages, marines.

Élève à l'Institut des Beaux-Arts de Naples, il y fut nommé professeur honoraire. Il débuta vers 1875, au Salon de Paris, obtenant une médaille de bronze en 1900 (Exposition Universelle). Il a exposé à Naples, Vienne, Milan, Rome, Munich, Venise et Turin.

MUSÉES : DETROIT - ROME (Mus. Nat.).

VENTES PUBLIQUES : LONDRES, 28 fév. 1973 : *Jeunes Filles sur une terrasse contemplant la baie de Naples* : **GBP 1 600** - MILAN, 14 déc. 1976 : *Bergères au bord d'un ruisseau,* h/t (56x95) : **ITL 2 400 000** - MILAN, 15 mars 1977 : *Les tailleurs de pierre* 1871, h/t (26x51,5) : **ITL 3 000 000** - MILAN, 14 déc. 1978 : *La sentinelle,* h/t (52,5x65) : **ITL 1 300 000** - MILAN, 22 avr. 1982 : *Paysage à la rivière,* h/pan. (19,5x39) : **ITL 2 600 000** - MILAN, 23 mars 1983 : *Paysage animé de personnages,* aquar. (55x39) : **ITL 2 400 000** - NEW YORK, 29 juin 1983 : *Scène de marché arabe,* h/t (80x61) : **USD 5 500** - ROME, 5 déc. 1985 : *Rue de village,* temp. (53x33) : **ITL 4 000 000** - LONDRES, 10 déc. 1986 : *Allégorie de la Peinture,* h/t (74x61,5) : **GBP 9 500** - LONDRES, 5 mai 1989 : *Vue du Vésuve* 1871, h/t (38x49) : **GBP 660** - MILAN, 19 oct. 1989 : *Jeune femme nue assise dans un intérieur rustique,* h/t (92x71,5) : **ITL 8 000 000** - ROME, 14 déc. 1989 : *Le retour du sanctuaire,* h/pan. (87x32) : **ITL 8 625 000** - MILAN, 8 mars 1990 : *Petite place d'Amalfi* 1890, h/t (53x79,5) : **ITL 52 000 000** - LONDRES, 15 fév. 1991 : *Route de bord de mer dans les environs de Naples,* h/t (43,8x76,2) : **GBP 7 700** - ROME, 24 mars 1992 : *Portrait d'une jeune femme souriante,* h/t (100x86) : **ITL 8 050 000** - LONDRES, 22 mai 1992 : *Retour vers la maison* 1873, h/t (49,5x35,5) : **GBP 6 820** - BOLOGNE, 8-9 juin 1992 : *Maternité,* h/t/cart. (46x50) : **ITL 5 175 000** - ROME, 19 nov. 1992 : *Pozzuoli,* aquar. et temp. (32x54) : **ITL 12 650 000** - MILAN, 22 nov. 1993 : *Route de campagne* 1873, h/pan. (38x52) : **ITL 25 927 000** - ROME, 29-30 nov. 1993 : *Le bouquet de roses,* h/t (100x83) : **ITL 7 071 000** - MILAN, 25 oct. 1994 : *Jeune paysane de Capri sous la pergola* 1888, aquar./cart. (55x38,5) : **ITL 6 900 000** - ROME, 6 déc. 1994 : *Vue d'un village,* h/t (75x46) : **ITL 17 678 000** - ROME, 6 déc. 1994 : *L'amateur d'art,* h/t (41x31) : **ITL 2 121 000** - ROME, 23 mai 1996 : *Pêcheurs sur la rive,* h/pan. (23x35,5) : **ITL 8 625 000**.

MANCINI Girolamo
XVIIe siècle. Italien.
Peintre.
La cathédrale de Macerata possède de lui un *Saint Julien*.

MANCINI Nicodema ou **Mancino**
Né à Prescocostanzo. XVIIIe siècle. Actif dans la seconde moitié du XVIIIe siècle. Italien.
Sculpteur.
Sculpta en collaboration avec Loreto de Cicchi le monument funéraire en marbre de Saint Constant à Scanno.

MANCINI Pietro Paolo
Mort en 1676 à Deruta. XVIIe siècle. Actif à Deruta. Italien.
Peintre sur majolique.
Il était curé de l'église Saint-Nicola à Deruta. Des œuvres de cet artiste se trouvent dans la Pinacothèque de Deruta.

MANCINI ARDIZZONE Francesco
Né en Sicile. XIXe siècle. Italien.
Paysagiste et portraitiste.
Il exposa à Turin et Venise.

MANCINO. Voir aussi **MANCINI**

MANCINO Andrea
XVe siècle. Italien.
Sculpteur.
Il exécuta avec Giov. Gaggini III le tombeau de *De marino* dans la cathédrale de Girgenti.

MANCINO Giuliano. Voir **ALMANCHINO**

MANCIOLLA. Voir **LECKERBETIEN Vincenz**

MANCION Pietro ou **Mancun**
Né le 14 avril 1803 à Raguse. Mort en 1888. XIXe siècle. Italien.
Graveur au burin.
Élève de F. Giangiacomo, Ricciani et Marchetti.

MANCO Pedro
XVIe siècle (?). Actif à Séville. Espagnol.
Sculpteur.
Il fut cité en 1538.

MANCOBA Ernest
Né en 1910 à Johannesburg. XXe siècle. De 1938 à 1946 en France, de 1947 à 1953 actif au Danemark, depuis 1953 actif et depuis 1961 naturalisé en France. Britannique.
Sculpteur, peintre, dessinateur, lithographe. Groupe COBRA.
Après des études à Fort Hare, il débuta son œuvre en Afrique-du-Sud. En 1938, il fut attiré à Paris, où il fut élève de l'École des Arts Décoratifs. Il s'y lia avec Henri Laurens, Giacometti, Henri Goetz, Hans Hartung, et les artistes danois Richard Mortensen, Ejler Bille, Egill Jacobsen, Sonia Ferlov. En 1940, en tant que ressortissant britannique, les autorités allemandes d'occupation l'internèrent au camp de Saint-Denis, où, en 1942, il se maria avec Sonja Ferlov. En 1947, tous deux se fixèrent au Danemark. En 1948 et 1949, avec entre autres Jorn, Appel, il participa à l'exposition de groupe Hoest, illustrant la couverture du catalogue de la seconde. En 1950, il devint membre du groupe COBRA. Il a figuré aux expositions COBRA : en 1982 à l'ARC (Art, Recherche, Confrontation) du Musée d'Art Moderne de la Ville de Paris ; en 1984 à Caracas ; en 1988 à *COBRA is my Mirror* à Odense, puis Amsterdam. Il a montré des ensembles d'œuvres dans des expositions personnelles : en 1951 à Copenhague, avec Sonja Ferlov, galerie Birk ; 1969 Musée de Holesterbro, Danemark ; 1977 exposition rétrospective au Kunstforeningen de Copenhague, au Fyns Stifts Kunstmuseum d'Odense, au Silkeborg Kunstmuseum.
Dans ses débuts en Afrique-du-Sud, il créa des sculptures en bois, d'inspiration archaïque populaire. Dans la suite, son œuvre est dite multiforme, quant aux techniques passant indifféremment de l'une à l'autre, quant à l'esprit, dans la conformité à COBRA, dépassant l'opposition figuration-abstraction. Il recherche un langage plastique universel, accessible à tous, constitué de signes primitifs, à partir des origines de l'humanité et de l'enfance.
Bibliogr. : Catalogue de l'exposition *Ernest Mancoba*, Kunstmuseum, Silkeborg, 1977 – in : Catalogue de l'exposition *COBRA 1948-1951*, Musée d'Art Moderne de la Ville de Paris, 1982.
Musées : Paris (FNAC) : *Sans titre* 1986, 2 litho.

MANCOBA-FERLOV Sonja. Voir **FERLOV-MANCOBA Sonja**

MANDA LAL BOSE
Né en Inde. XXe siècle. Indien.
Graphiste.
Il fut élève de Rabindranath Tagore, et travailla en Inde.

MANDARCK Wally
Né en 1915 à Arnhem Land. Mort en 1987. XXe siècle. Australien.
Peintre de compositions animées.
Cet artiste, aborigène, traité de façon importante dans le dictionnaire Hazan, cité en bibliographie, ne figure pas, en tout cas pas sous la présente identité, dans le catalogue de l'importante exposition de 1988 *Creating Australia – 200 Years of Art 1788-1988*, de la Art Gallery of South Australia.
Outre ses activités et pouvoirs de guérisseur, sorcier, autorité spirituelle, il a d'abord peint sur les rochers de la région où il a passé sa vie avec son clan. Ensuite, pour la vente, il a peint sur écorce. Il a réussi à transposer sur écorce son style narratif des peintures sur rocher, réservant sa manière géométrique ornementale pour les peintures corporelles. Il utilise les moyens et matériaux traditionnels, comme la sève d'orchidée. Ses peintures sur écorce représentent, sur fond rouge, la faune et la flore de sa région, et surtout des scènes familières de la vie des aborigènes, ainsi que les esprits qui président à leur existence.
Bibliogr. : In : *Diction. de l'Art Moderne et Contemporain*, Hazan, Paris, 1992.
Musées : Canberra (Australian Nat. Gal.) : *Dancing ceremony with bikurr, eel-tailed catfish* – Darwin (Northern Territory Mus. of Arts and Sciences) : *Waiyara spirit from Benebenemdi*.

MANDEL Eduard ou **Johann August Eduard**
Né le 15 février 1810 à Berlin. Mort le 20 octobre 1882 à Berlin. XIXe siècle. Allemand.
Graveur et dessinateur.
Élève de Buchhorn, à l'Académie de Berlin de 1826 à 1830, et de Henriquel-Dupont à Paris. En 1837, membre de l'Académie de Berlin. En 1856, directeur d'une école de gravure. Membre des Académies d'Amsterdam, d'Anvers, de Bruxelles, de Florence, de Munich, de Paris, de Rome, d'Urbino et de Vienne. Il exécuta de nombreuses gravures de portraits et de sujets mythologiques. On cite de lui : *Portrait de l'artiste* et *Portrait de sa femme*, achetés par la Galerie Nationale de Berlin en 1890.

MANDEL Lydia
Née à Orenburg. XXe siècle. Active en France. Russe.
Peintre.
Elle a exposé à Paris, depuis 1922 au Salon des Indépendants, a figuré également au Salon d'Automne.

MANDEL Pieter Van der ou **Mandere**
XVIIe siècle. Éc. flamande.
Peintre.
Descamps signale de nombreux tableaux de ce peintre dans les églises de Gand. On mentionne dans cette ville à l'église Saint-Michel : *Martyre de saint Jean* et *Saint Borromée et saint Sébastien* et à l'église Saint-Sauveur : une *Naissance du Christ*, peinte en 1671 et aujourd'hui disparue.

MANDELBAUM Arié
Né en 1939 à Bruxelles. XXe siècle. Belge.
Peintre, aquarelliste, pastelliste, graveur, dessinateur. Expressionniste, tendance abstraite.
Il fut élève de Léon Devos à l'Académie des Beaux-Arts de Bruxelles et de celle de Watermael-Boitsfort. En 1965, il fut lauréat de la Fondation de la Vocation. Il est devenu professeur à l'Académie d'Uccle. Il participe à de nombreuses expositions collectives en Belgique, ainsi qu'à Munich, Varsovie. Il montre des ensembles de dessins et peintures dans des expositions personnelles à Bruxelles, notamment en 1991, Gand, Ostende, Anvers.
Tantôt, surtout dans ses œuvres graphiques, il frôle l'abstraction de signes frêles, comme griffés, énigmatiques ; tantôt, dans les pastels et peintures, légèrement colorés, il intègre dans sa facture personnelle des citations discrètes de thèmes de Masaccio, Vélasquez ou autres.
Bibliogr. : In : *Diction. biogr. illustré des Artistes en Belgique depuis 1830*, Arto, Bruxelles, 1987.

MANDELBAUM Stéphane
Né en 1961 à Bruxelles. Mort en décembre 1986 à Beez-Namur, assassiné. XXe siècle. Belge.
Peintre, dessinateur de figures, graveur.
Il avait montré de son vivant deux expositions personnelles de ses œuvres à Bruxelles.

Il a réalisé quelques peintures à l'huile, de très nombreux dessins au fusain, au crayon, au bic, et des gravures à la pointe-sèche, dans un style rapide. Il puisa dans ses lectures, voyages, sa mémoire, ses sujets très divers : portraits, monstres, gangsters, auquels se mêlent graffiti, signes, croix, écritures.

MANDELBERG Johan Edvard
Né le 22 janvier 1730, en mer entre Stockholm et la Livonie. Mort le 8 août 1786 à Copenhague. XVIIIe siècle. Danois.
Peintre de batailles, paysages animés.
On conserve des peintures de cet artiste à Bjarsjölagard (Suède), Fredensborg, Helsingor, Copenhague, Kristineholm, Marientlyst près Helsingor et Wärnanas.
Musées : Copenhague (Mus. Nat.) : *Scène pastorale et deux peintures de batailles* – Stockholm (Mus. Nat.) : *Paysage avec équipage* – Vanersborg : *Deux peintures de batailles.*
Ventes Publiques : Copenhague, 6 sep. 1993 : *La fontaine d'Amour ; Pastorale,* peint./bois, une paire d'après Boucher (chaque 37x28) : **DKK 85 000.**

MANDELBROJT Jacques
XXe siècle. Français.
Peintre, aquarelliste, peintre de lavis, dessinateur. Abstrait-informel.
Il est actif à Marseille, où, en 1996, il a exposé ses peintures, lavis et dessins dans plusieurs lieux de la ville.
Ses peintures et lavis sont étroitement apparentés au tachisme informel des années quarante.

MANDELGREN Nils Mansson
Né le 17 juillet 1813 à Ingesträde (près de Väsby). Mort le 1er avril 1899 à Stockholm. XIXe siècle. Suédois.
Dessinateur, lithographe.
Érudit, il séjourna à Paris de 1855 à 1862, où il publia *les monuments scandinaves au Moyen Age.*

MANDELLA Galeazzo. Voir **MONDELLA**

MANDELLI Pompilio
Né en 1912 à Luzzara (Reggio Emilia). XXe siècle. Italien.
Peintre. Néo-cubiste, puis abstrait.
Il vit et travaille à Bologne. Il y fut élève de l'Académie des Beaux-Arts, puis reçut les conseils d'un certain Guidi et de Giorgio Morandi. Occupant une place officielle dans la vie artistique italienne, il participe à de très nombreuses expositions collectives : 1936, 1940, 1948, 1950, 1952, 1954, 1956, 1962 Biennale de Venise, où il a obtenu un Prix en 1956 ; 1939, 1948, 1951, 1959 Quadriennale de Rome ; 1951, 1961 Biennale de São Paulo ; etc. En 1958, il obtint encore le Prix Spolete ; en 1961 une médaille d'or au Morgan's Paint de Rimini. Il enseigne à l'Académie des Beaux-Arts de Bologne.
Dans sa peinture, il a suivi l'évolution multiple qu'a connue la peinture occidentale, depuis le néo-cubisme de l'entre-deux-guerres jusqu'à l'abstraction informelle.

Bibliogr. : In : *Peintres Contemporains,* Mazenod, Paris, 1964.
Musées : Bologne – Milan – Rome – La Spezia – Spolete – Turin – Venise.
Ventes Publiques : Milan, 14 avr. 1992 : *Image* 1962, acryl./cart. (70x50) : **ITL 4 000 000** – Rome, 12 mai 1992 : *Figure sur fond orange* 1976, h/t (120x95) : **ITL 4 500 000** – Rome, 14 nov. 1995 : *Paysage* 1962, h/t (110x74,5) : **ITL 10 120 000.**

MANDELSLOH Gustav von
Né en 1806 à Dresde. XIXe siècle. Allemand.
Paysagiste.
on cite de lui : *Le Schwarzach, près de Gollingen.*

MANDER Adam Van, appelé aussi **Aubon-Vermander**
Né vers 1562 à Meulebeke. Mort à Amsterdam. XVIe siècle. Hollandais.
Peintre et poète.
Jeune frère de Karel I Van Mander il fut maître d'école à Amsterdam en 1579 et écrivit la biographie de son frère.

MANDER Carl Van
Né en 1580 à Delft. Mort vers 1665 au Danemark. XVIIe siècle. Hollandais.
Peintre et graveur.
Il a gravé des sujets mythologiques.

MANDER Cornelius ou **Cornelis Van**
Mort avant décembre 1657. XVIIe siècle. Hollandais.
Sculpteur.
Peut-être frère de Karel III. Vint en Slesvig vers 1640. Travailla pour le château de Gottorp.

MANDER Johan Van
Mort le 28 juillet 1689 en Slesvig. XVIIe siècle. Danois.
Sculpteur sur bois et sur pierre.
Peut-être fils de Karel III. Travailla en 1664 pour le château de Gottorp et en 1680 pour la cour danoise.

MANDER Karel I Van, l'Ancien
Né en mai 1548 à Meulebeke (près de Courtrai). Mort le 2 septembre 1606 à Amsterdam. XVIe siècle. Hollandais.
Peintre d'histoire, compositions religieuses, portraits, dessinateur.
Le plus grand titre de gloire de Van Mander est d'avoir été pour les peintres flamands ce que Vasari fut pour les Italiens, un précieux historien. Il était de noble famille et montra dès son jeune âge une intelligence remarquable, que vint compléter une excellente éducation classique. D'abord poète, il faisait montre plus tard d'un goût marqué pour la peinture. Il l'étudia d'abord à Gand avec Lucas de Heere. Vers 1569, il fut élève, à Courtrai, de Pieter Vlereck. Van Mander, probablement en raison de sa situation de famille, car son talent fut médiocre, acquit rapidement la réputation de peintre habile et exécuta plusieurs travaux pour des églises de Flandre. En 1573, il alla à Rome, où il vécut trois ans. Il étudia particulièrement les antiquités romaines et en compagnie de Bartholomaeus Spranger, dont il était devenu l'intime ami, il fut employé à différents travaux dans les édifices publics. Un séjour à Vienne, en 1577, où l'empereur Rodolphe lui offrit la place de peintre de la Cour et où il travailla avec Spranger à l'entrée solennelle de ce souverain, précéda son retour en Flandre, en 1578. Il épousa Louise Buse. En 1578, année de la naissance de son fils, Jarel, il dut fuir Courtrai devant les persécutions, se réfugia à Haarlem et perdit tous ses biens. On croit qu'il revint à Courtrai en 1581. En 1582, il alla à Bruges avec sa femme et son enfant. De retour à Haarlem en 1583, il fonda, en compagnie de Hendrix Goltzius et de Cornelis Corneliszen, une Académie qui réunit de nombreux élèves. Entre-temps, Van Mander écrivait sa *Vie des peintres italiens et flamands,* de 1300 à 1604, sous l'éclairage d'un jugement juste et nuancé ; il traduisait l'*Iliade,* d'Homère, les *Géorgiques* et les *Bucoliques* de Virgile. En 1604, il alla s'établir à Amsterdam. Sa santé était fort altérée. Il chercha à réagir mais ses efforts furent en pure perte ; il mourut de faiblesse (grâce à l'ignorance de son médecin, rapporte la tradition). La mort de Van Mander fut un deuil pour le monde artistique ; les plus grands honneurs lui furent rendus par ses confrères. S'il ne fut pas grand peintre, Van Mander paraît avoir été excellent professeur, car on cite parmi ses élèves, son fils Karel II, Frans Hals, C. E. Verspronck, Van des Maes, H. Grepfer et Fr. Venam. Il eut également une activité de poète et écrivain.

Musées : Courtrai (Église Saint-Martin) : *Martyre de sainte Catherine* – Gand : *Christ prêchant – Balaam et l'âne – Balack* – Haarlem : *L'Annonciation – Armoiries allégoriques* – Haarlem (Mus. Épiscopal) : *Naissance du Christ* – Vienne (Mus. Nat.) : *Portrait d'un noble en noir – Jésus, Marie et Joseph quittant le Temple* – Ypres (Hôpital Notre-Dame) : *Ecce Homo.*
Ventes Publiques : Cologne, 1862 : *Portrait du roi de Danemark Christian IV ; Portrait de la reine de Danemark,* ensemble : **FRF 1 575** – Paris, 1873 : *Portrait de Christian IV* : **FRF 3 900** – Milan, 1885 : *Le massacre des Innocents* : **FRF 750** – Paris, 22 fév. 1937 : *Les jeunes Époux,* pl. et lav. : **FRF 2 300** – Vienne, 2 juin 1964 : *Le retour du fils prodigue* : **ATS 30 000** – Vienne, 19 mars 1968 : *Le chemin de croix* : **ATS 90 000** – Vienne, 22 sep. 1970 : *Jésus et la femme adultère* : **ATS 40 000** – Vienne, 16 mars 1971 : *La rencontre de David et Abigaïl* : **ATS 100 000** – Londres, 1er juin 1973 : *Jésus devant Caïphe* : **GNS 1 300** – Londres, 29 nov. 1977 : *Un proverbe,* pl. et lav. reh. de blanc : **GBP 2 600** – Londres, 30 mars 1979 : *Jésus et la femme adultère,* h/t (81,2x114,3) : **GBP 6 000** – Londres, 1er avr. 1987 : *Nu debout,* craie noire, pl. et lav. (19,6x12,1) : **GBP 14 000** – Londres, 6 juil. 1992 : *Manasseh* 1596, encre et lav. sur craie noire (18,7x14,2) : **GBP 7 700** – Amsterdam, 10 mai 1994 : « *Qui mange peu,*

épargne... », proverbe hollandais, encre et lav. gris/craie noire (25,5x17,3) : **NLG 4 830** – Londres, 8 juil. 1994 : *Réjouissances paysannes* 1594, h/pan. (33x42) : **GBP 54 300** – Paris, 22 oct. 1997 : *Le Festin des Dieux*, cuivre (34x49) : **FRF 73 000**.

MANDER Karel II Van, le Jeune (de jonge)
Né vers 1579 à Courtrai. Mort le 13 juin 1623 à Delft. XVIe-XVIIe siècles. Hollandais.
Peintre d'histoire, scènes mythologiques, portraits, cartons de tapisseries.

Il fut élève de son père Karel I l'Ancien, à Haarlem. Il avait épousé Cornelia Rooswycx et paraît avoir mené une vie des plus dissipées.

Il dessina pour la fabrique de tapisseries de Spiering à Delft, puis travailla pour Christian IV de Danemark en 1614 ; en 1616, il alla en Danemark et reçut la commande de vingt-quatre tapisseries pour le château de Frederiksborg qui, pour la plupart, furent détruites dans l'incendie du château en 1859.

Musées : Brême (Kunsthalle) : *Diane et Actéon* – Graz (Johanneum) : *Diane avec ses compagnes*.

Ventes Publiques : Paris, 26 mars 1902 : *La visite* : **FRF 400**.

MANDER Karel III Van
Né vers 1610 à Delft. Mort en mars 1672 à Copenhague. XVIIe siècle. Hollandais.
Peintre d'histoire, portraits.

Il est le fils de Karel II Van Mander. Il alla à Copenhague à la mort de son père, puis visita l'Italie, fut peintre de la cour de Danemark et doit avoir vécu en Hollande en 1635 et 1657. Il peignit, à Amsterdam, le *Portrait du poète Vondel*.

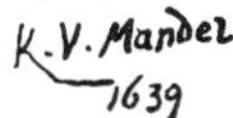

Musées : Copenhague : *L'amiral Ove Gjedde – Le nain Giacomo Favorchi et le chien Raro – Découverte du cadavre du prince danois Sveno – Une ambassade tartare à Copenhague – Pierre repentant – La vue – L'ouïe* – Édimbourg : *Portraits* – Hambourg : *L'artiste et sa famille* – Oslo : *Un des châtelains d'Akershus – Autre châtelain d'Akershus*.

Ventes Publiques : Londres, 27 mai 1932 : *Christian IV, roi du Danemark* : **GBP 54** – Copenhague, 13 fév. 1969 : *Portrait du roi Christian IV* : **DKK 9 500** – Londres, 9 juil. 1976 : *Les quatres éléments*, quatre pan. (81,5x57,2) : **GBP 6 500** – Copenhague, 9 nov. 1977 : *Le buveur*, h./ (57x47) : **DKK 26 000** – New York, 14 jan. 1994 : *Portrait d'un homme barbu avec un turban*, h/pan. (80,6x57,2) : **USD 13 800**.

MANDER Pieter
XVIe siècle. Actif à Anvers. Éc. flamande.
Graveur.

On cite de cet artiste, d'après P. Brueghel : *Les sept vices, Tentation de saint Antoine, Les vaches maigres et les vaches grasses* et d'après L. Lombard : *Les Évangélistes*.

MANDER William Henry
Né en 1850. Mort en 1922. XIXe-XXe siècles. Britannique.
Peintre de paysages animés, paysages, paysages d'eau.

Il était actif de 1880 à 1922. Il ne figura pas aux expositions de la Royal Academy.

Ventes Publiques : Londres, 14 mai 1976 : *Paysage à la cascade* 1919, h/t (75,5x63,5) : **GBP 1 200** – Londres, 13 mai 1977 : *Le vieux moulin, Dolgelly*, h/t (39,5x58,5) : **GBP 900** – Londres, 31 oct. 1978 : *Le moulin à eau* 1895, h/t (59x90) : **GBP 1 350** – Londres, 1er nov 1979 : *On the Lluguy*, h/t (35,5x51) : **GBP 2 400** – Chester, 14 mai 1981 : *Sur la Lledr près de Bettws-Y-Coed* 1897, h/t (48x73,5) : **GBP 1 900** – Londres, 29 mars 1984 : *At Llan Urst, looking towards ; Trefriar, Bettws-Y-Coed* 1887, h/t, une paire (56x96,5) : **GBP 3 200** – Londres, 12 avr. 1985 : *The vale of Clwyd* 1898, h/t (50x75) : **GBP 1 500** – Londres, 16 avr. 1986 : *An old mill near Aberglaslyn, North Wales ; Low water on the upper Conway, North Wales* 1913, h/t, une paire (51x76) : **GBP 5 500** – Londres, 18 mars 1987 : *Dans la Festiniog Valley* 1902, h/t (51x76) : **GBP 2 400** – Londres, 23 sep. 1988 : *Carriole se rendant au marché*, h/t (61x91,5) : **GBP 4 620** – Londres, 21 mars 1990 : *La Conway près de Bettws-y-Coed* 1891, h/t (61x91,5) : **GBP 4 620** – Londres, 26 sep. 1990 : *Sur la Severn*, h/t (61x97) : **GBP 3 300** – Londres, 13 fév. 1991 : *Une calme partie de rivière* 1897, h/t (41x61) : **GBP 2 090** – Londres, 5 juin 1991 : *Une journée à averses*, h/t (61x96,5) : **GBP 2 310** – Londres, 3 juin 1992 : *Dans la vallée de LLedr en Galles du Nord*, h/t (30,5x46) : **GBP 880** – Londres, 12 juin 1992 : *La Severn près de Arley*, h/t (60,3x96,5) : **GBP 4 400** – Londres, 13 nov. 1992 : *Paysage avec un torrent de montagne* 1891, h/t (45,8x35,6) : **GBP 1 540** – Londres, 12 nov. 1992 : *Dans la vallée de la LLedr en Galles du Nord ; Ruisseau gallois en début d'automne près de Capel Curig* 1913, h/t, une paire (chaque 41x61) : **GBP 4 180** – Londres, 30 mars 1994 : *Pêcheurs près d'un moulin*, h/t (40,5x61) : **GBP 3 680** – Londres, 10 mars 1995 : *Dans la vallée de Lledr* 1908, h/t (40,6x60,9) : **GBP 3 680** – Londres, 9 mai 1996 : *Le vieux moulin*, h/t (40x61) : **GBP 2 415** – Londres, 6 nov. 1996 : *La Rivière Mawddach, Écosse*, h/t (51x76,5) : **GBP 3 220** – Londres, 4 juin 1997 : *Sur la Llugwy près de Bettws-y-Coed ; Sur la Lledr à Dolgellau*, h/t, une paire (chaque 30x45,5) : **GBP 2 300** – Londres, 5 nov. 1997 : *À Dinas Mawddwy*, h/t (51x76) : **GBP 3 565**.

MANDERE Pieter Van der. Voir **MANDEL**

MÄNDERLEIN Hieronymus ou **Munderlein**
Né au XVIIe siècle à Munich. XVIIe siècle. Éc. bavaroise.
Peintre.

Il acheva après 1660 une *Assomption* pour l'église collégiale Saint-Martin à Landshut. Il peignit en 1665 une *Sainte Catherine* pour l'église du Monastère Saint-Emmeram à Ratisbonne.

MANDERS Jos
Né en 1932 à Eindhoven. XXe siècle. Hollandais.
Sculpteur. Abstrait.

Il crée des reliefs monochromes en résines synthétiques, dont la surface presque lisse est délimitée sur les bords et aux angles par des renflements arrondis.

MANDERS Mark
Né en 1968 à Volkel. XXe siècle. Hollandais.
Sculpteur d'assemblages, installations. Conceptuel.

Il vit et travaille à Arnhem. Il figure à l'exposition *Art – Pays-Bas – XXe siècle – Du concept à l'image*, à l'ARC, Musée d'Art Moderne de la Ville de Paris en 1994. Il montre ses réalisations dans des expositions personnelles : 1990 à Amsterdam ; 1991 Arnhem et Bréda ; 1994 Anvers, Mukha Museum pour l'Art d'Aujourd'hui.

Depuis 1986, il considère ses créations comme des autoportraits, des bâtiments habités par lui, des demeures-autoportraits. Dans les lieux d'exposition, il s'attribue un espace qu'il aménage d'abord comme une pièce isolée, en traitant toutes les surfaces, murs et sol. Ensuite, dans cet environnement-réceptacle, il procède à une installation des éléments signifiants de chacune de ses créations, ces éléments étant reliés entre eux par assemblage, connexions ou liens divers. À une majorité d'éléments préexistants, qu'il a collectés par élection pour les réunir, témoignage de son rapport à l'extérieur, il joint certains autres qu'il a lui-même façonnés, et qui, ceux-ci, sont en général à l'image, schématisée, d'êtres vivants, humains ou animaux, surgissement esquissé de son monde intérieur. Pour le spectateur qui pénètre dans ses autoportraits, l'ensemble a l'aspect d'un champ de fouille archéologique, et il peut être considéré, en effet, que chacun de ces autoportraits constitue un des aspects possibles d'une archéologie de sa propre mémoire, en ce qu'elle participe en outre d'une mémoire collective, juxtaposant ainsi le familier le plus intime et l'attrait de l'ailleurs. ■ J. B.

Bibliogr. : In : Catalogue de l'exposition *Art – Pays-Bas – XXe siècle. Du concept à l'image*, Musée d'Art Moderne de la Ville de Paris, 1994.

MANDERSFELD Gustav von, baron. Voir **MARDEFELD**

MANDERSLOOT Frank
Né en 1960. XXe siècle. Hollandais.
Créateur d'installations.

Il vit et travaille à Amsterdam, où il montre régulièrement ses œuvres dans des expositions personnelles.

Ses œuvres, tables, carcasses d'armoires, lits, chaises renversées, occupent librement l'espace, dans un désordre apparent. Ce mobilier détourné de sa fonction initiale devient objet d'art, mais n'invite-t-il pas le spectateur à se laisser aller, à appréhender l'œuvre avec son corps ?

MANDEVARE Alphonse Nicolas Michel
Né vers 1770. Mort le 24 septembre 1829 à Paris, ou vers 1850 selon G. Schurr. XVIIIe-XIXe siècles. Français.
Peintre de paysages, dessinateur.

Il exposa au Salon de Paris à partir de 1793, jusqu'en 1848 d'après certaines sources.
Ses paysages à la mine de plomb ou à la gouache sont d'une haute qualité technique, et d'une grande sensibilité. On lui doit, d'autre part, un ouvrage : *Principes raisonnés du paysage.*
Bibliogr. : Gérald Schurr, in : *Les Petits Maîtres de la peinture 1820-1920, valeur de demain,* Les Éditions de l'Amateur, t. IV, Paris, 1989.
Musées : Nantes – Schwerin – Soissons.
Ventes Publiques : Paris, 16-17 mai 1929 : *Paysage avec cascade et torrent – Pont et ruines,* deux gches : **FRF 7 800** – Paris, 15 déc. 1941 : *la forêt et l'aqueduc,* deux gches : **FRF 1 300** – Paris, 15 juin 1988 : *Paysage boisé animé de bergers – Le retour du troupeau,* deux h/t, formant pendants (51x76) : **FRF 48 000** – Paris, 20 juin 1997 : *Paysage animé au pont,* gche (33x52) : **FRF 15 000.**

MANDEVILLE Anne
xxe siècle. Française.
Peintre de compositions à personnages, compositions animées, paysages, peintre de fixés-sous-verre. Naïf.
Elle participe à de nombreuses expositions collectives, d'entre lesquelles à Paris, aux Salons : depuis 1965 d'Art Sacré, depuis 1966 Comparaisons, depuis 1967 d'Automne, depuis 1970 des Artistes Français ; et surtout aux expositions consacrées à l'art naïf : 1961 Paris *Noël des Naïfs* ; 1964 Rome *Peintres naïfs italiens et français,* Paris galerie Charpentier *Primitifs d'Aujoud'hui* ; 1966 Nantes *Les Naïfs,* Paris Musée d'Art Moderne *Avant-première d'un Musée Henri Rousseau* ; 1967 Laval Musée Henri Rousseau *Les Naïfs,* Londres *Exposition Internationale de Peinture Naïve* ; 1968 La Rochelle Maison de la Culture *Cinquante Peintures Naïves* ; 1969 Bratislava IIe Triennale d'Art Naïf ; 1970 Zagreb, Belgrade, Rijeka, Ljubljana *De Rousseau à nos jours.* Elle montre aussi des ensembles de ses peintures dans des expositions personnelles : 1966, 1971 Nantes ; 1971 Paris.
Évoquant aussi bien le paradis terrestre, des paysages urbains, des scènes du cirque, les jardins de Montmartre, sa vision est fraîche et poétique ; elle raconte à la façon des enfants sages. Quand elle peint à l'huile, elle utilise une technique particulière : sur des panneaux de bois, elle élabore patiemment ses images par des touches de couleurs, qu'elle laisse sécher avant de les poncer, pour y superposer d'autres, et ainsi de suite, jusqu'à obtenir une matière émaillée, transparente et dorée. Se délassant de cette technique contraignante, elle peint aussi des fixés-sous-verre, qu'elle réserve à des motifs floraux, dont le bouquet ou les bosquets ont un peu de l'étrangeté, moins l'onirisme pathologique, de ceux de Séraphine, la bouquetière du Cœur Sacré. ■ J. B.
Bibliogr. : Catalogue de la vente publique *Anne Mandeville,* Étude de Me Cl. Robert, Paris, 1971.
Musées : Laval (Mus. Henri Rousseau) – Nantes (Mus. des Beaux-Arts).
Ventes Publiques : Paris, 14 mars 1990 : *Le Tour d'honneur* 1944, h/pan. (41,5x52) : **FRF 3 500.**

MANDEVILLE Bernard
Né le 16 novembre 1921 à Rouen (Seine-Maritime). xxe siècle. Français.
Peintre, peintre de collages, peintre de cartons de vitraux, mosaïste, sculpteur, illustrateur. Figuratif, puis abstrait-géométrique.
Il participe à de nombreuses expositions collectives : de 1939 à 1941 à Rouen ; depuis 1958 à Clermont-Ferrand, Milan, au Danemark, Brindisi, en Allemagne, Norvège, Lisbonne, en Suisse, etc., et nombreuses à Paris, dont les Salons Grands et Jeunes d'Aujourd'hui, des Réalités Nouvelles, d'Automne depuis 1950, Comparaisons à partir de 1970 et dont il est vice-président. Il montre aussi des ensembles de ses peintures dans des expositions personnelles, dont : 1958, 1963 Paris ; 1965 Clermont-Ferrand ; 1984 Paris galerie Jacques Massol ; 1982 Narbonne au musée ; 1985 Rouen rétrospective au Centre d'Art Contemporain ; 1988 Paris un Hommage au Salon d'Automne ; 1994 Rouen à l'Hôtel de Bourgtheroulde.
Il réalise de nombreux travaux monumentaux, dont : 1967, peinture murale à la Faculté de Médecine de Clermont-Ferrand ; 1968, vitraux dans une église de Brioude ; 1973, une fontaine et un pignon en lave émaillée à Hérouville-Saint-Clair. Il a illustré plusieurs ouvrages littéraires, dont plusieurs recueils d'Eugène Guillevic.
Longtemps figuratif, il a évolué à une abstraction, de nette tendance géométrique mais toutefois très inventive dans la diversité des variations développées, sobre de couleurs où dominent blancs et noirs, et d'une exécution parfaite.

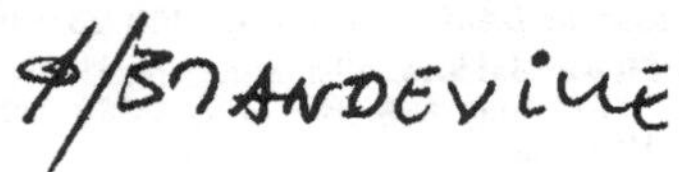

Ventes Publiques : Douai, 1er avr. 1990 : *Ainsi passent les cascades* 1986, acryl. et collage/t. (100x100) : **FRF 24 000** – Paris, 19 oct. 1997 : *Composition* 1990, h/t (50x50) : **FRF 4 500.**

MANDEVYLL Robbert Van ou **Mandeville**
Né vers 1614 à Middelbourg. Mort vers 1673. xviie siècle. Hollandais.
Artiste.

MANDIJN Jan. Voir **MANDYN**

MANDIK Mathias
xviie siècle. Actif à Olmütz à la fin du xviie siècle. Autrichien.
Sculpteur.

MANDIK Michael
Originaire de Dantzig. xviie siècle. Actif entre 1689 et 1699 à Hradisch, Olmütz et Kremsier en Moravie. Autrichien.
Sculpteur, stucateur.

MANDIN Jan. Voir **MANDYN**

MANDIN Richard
Né en 1909 à Marseille (Bouches-du-Rhône). xxe siècle. Français.
Peintre, illustrateur. Expressionniste.
Il fut élève de l'École des Beaux-Arts de Paris, en même temps que de l'École du Louvre. Il commença à exposer à Paris en 1945 et 1946. De 1948 à 1950, il participa à des expositions à New York. À partir de 1954, il exposa à Marseille, Deauville, Paris, Cassis, Salon-de-Provence, Aix-en-Provence, donnant souvent en même temps des auditions de ses compositions musicales.
Ses peintures relèvent d'un expressionnisme instinctif ; une pâte triturée en épaisseurs supplantant un dessin sommaire.

Bibliogr. : Alauzen, in : *Quatre siècles de peinture en Provence,* Marseille, 1963.
Musées : Marseille (Mus. Cantini) – Marseille (Mus. Longchamp) – Salon-de-Provence.
Ventes Publiques : Paris, 19 mars 1990 : *Portrait de jeune femme en buste* 1942, h/t (92x65) : **FRF 3 700** – Paris, 29 nov. 1990 : *Tenue de soirée,* h/pan. (61x43) : **FRF 10 000.**

MANDINE Raoul
xxe siècle. Français.
Peintre de paysages, marines.
Il a surtout traité des paysages et marines de la côte méditerranéenne.
Ventes Publiques : Paris, 7 avr. 1943 : *Porquerolles* 1935 : **FRF 2 600** – Paris, 19 nov. 1948 : *Porquerolles* : **FRF 3 100.**

MANDINI Fulgenzio. Voir **MONDINI**

MANDIOLA Francisco
Né le 3 février 1820 à Copiapó (Chili). Mort le 5 septembre 1900 à Santiago-du-Chili. xixe siècle. Chilien.
Peintre de portraits et de figures, sculpteur.
Élève de Monvoisin. Des œuvres de lui sont conservées au Musée de Santiago.
Ventes Publiques : Rome, 13 mai 1986 : *Portrait d'un gentilhomme ; Portrait d'une dame de qualité* 1850, h/t, une paire (155x111) : **ITL 3 600 000.**

MANDIX Lucie Marie. Voir **INGEMANN**

MANDJAVPIZE Guela
Né en 1958 à Tbilissi. xxe siècle. Russe-Géorgien.
Peintre. Tendance abstraite.
Il fut lauréat de l'Académie des Beaux-Arts de Tbilissi. Membre de l'Union des Artistes Soviétiques. Il participe à deux expositions avec le *Groupe des Cinq* à Moscou et Tbilissi, également à des expositions collectives en Australie et aux USA où ses œuvres sont connues.
Dans une technique de matières pigmentaires onctueuses et d'harmonies colorées discrètes, il figure des signes abstraits que

viennent préciser des éléments symboliquement signifiants : yeux, croix, etc.
Musées : Moscou (Gal. Tretiakov) – Tbilissi (Mus. d'Art Mod.).
Ventes Publiques : Paris, 23 mai 1990 : *La maison de mon enfance*, h/t (85x95) : **FRF 5 000** ; *Transfiguration*, h/t (95x95) : **FRF 7 000**.

MANDJIN. Voir **MANDYN**

MANDL
XIXe siècle. Actif à Gotha vers 1850. Allemand.
Peintre de portraits.

MANDL Franz Xaver
Né le 31 octobre 1800 à Salzbourg. XIXe siècle. Vivant à Bamberg. Allemand.
Peintre.
Il est surtout connu comme portraitiste.

MANDL Josef
Né en 1874 à Pilsen. XIXe-XXe siècles. Actif à Prague. Tchécoslovaque.
Peintre de figures et de portraits.

MÄNDL Michaël Bernhard ou **Männl,** ou **Mendel**
Né vers 1660. Mort le 23 avril 1711 à Salzbourg. XVIIe-XVIIIe siècles. Actif à Salzbourg. Autrichien.
Sculpteur.
Parmi ses œuvres on cite à Salzbourg : *Saint Pierre et saint Paul* aux socles de la cathédrale, *Dompteur de chevaux*, groupe du milieu de l'abreuvoir de l'écurie de la cour, la *Sagesse* et les trois *Vertus théologales* pour la façade de l'église de la Trinité, épitaphe de la famille Rottmayr à l'église collégiale Saint-Pierre, de petites sculptures décoratives à la Résidence.

MANDLER Ernst
Né en 1886 à Humpolec. XXe siècle. Tchécoslovaque.
Peintre de figures, portraits.
Il a travaillé à Vienne et à Paris, où il a exposé au Salon des Indépendants.
Ventes Publiques : Paris, 24 mai 1944 : *Vieille rue en Provence* 1927 : **FRF 140**.

MANDLICK Auguste
Né le 8 juillet 1860 à Vienne. XIXe siècle. Actif à Vienne. Autrichien.
Dessinateur et illustrateur.
A collaboré aux « Fliegende Blätter ».

MANDOLI Giuseppe
XVIIIe siècle. Actif à Lucques et à Modène. Italien.
Peintre.

MANDOLINI Giuseppe
Né en 1744. Mort le 13 janvier 1820. XVIIIe-XIXe siècles. Actif à Ferrare. Italien.
Graveur.
Il a gravé des effigies de saints et des portraits.

MANDOSSE
Né en 1934 à Paris. XXe siècle. Français.
Peintre de compositions à personnages, figures, intérieurs. Réalité poétique.
Il fut élève de Roger Chapelain-Midy à l'École des Beaux-Arts de Paris, de 1958 à 1962. Il a participé plusieurs fois à divers Salons, des Artistes Français, de la Société Nationale des Beaux-Arts, d'Automne. Il montre des ensembles de peintures dans des expositions personnelles, en province, et à Paris, notamment galerie Jacques Massol en 1979 et 1981.
Son univers intimiste de petites filles s'ennuyant dans des intérieurs anonymes, le fait rattacher au courant pictural de la réalité poétique illustré par Balthus.

MANDOV
Né au XXe siècle en Bulgarie. XXe siècle. Bulgare.
Sculpteur.

MANDOZE ou **Mendouze**
XIXe siècle. Actif au début du XIXe siècle. Français.
Peintre de portraits, miniatures.
Ventes Publiques : Paris, 17 mai 1950 : *Jeune femme brune*, miniature : **FRF 9 500** – Paris, 5 mars 1997 : *Portrait de jeune femme au bonnet* 1813, h/t (65x54) : **FRF 12 000**.

MANDRE Antoine de. Voir **DUMANDRE Antonio**

MANDRE Émile Albert de
Né le 21 septembre 1869 à Paris. XIXe-XXe siècles. Français.
Peintre de genre, intérieurs.
Il exposait à Paris, au Salon des Artistes Français, dont il était sociétaire, ayant obtenu une médaille d'argent en 1929.

Ventes Publiques : New York, 28 mai 1980 : *Nu allongé*, h/t (50x61) : **USD 1 000** – Paris, 25 nov. 1987 : *Intimité*, h/t (93x65) : **FRF 10 000**.

MANDY J. C.
XIXe siècle. Actif à Londres. Britannique.
Miniaturiste.

MANDYN Jan ou **Mandin, Madijn, Madin**
Né en 1500 ou 1502 à Haarlem. Mort vers 1560 à Anvers. XVIe siècle. Hollandais.
Peintre.
Il travailla à Anvers de 1530 à 1557 ; en 1537, il a peint la dalle de la tombe de l'évêque de Dunkeld (Écosse). En 1550, il eut pour élève Gillis Mostaert et en 1557, Bartholomaus Spranger. Il a peint des sujets fantastiques dans le style de Jérôme Bosch, et en particulier une *Tentation de Saint Antoine* (Haarlem), qui a servi à regrouper d'autres œuvres sous son nom. Cette ressemblance avec Bosch n'est qu'anecdotique. Mais lui-même ne sombre pas dans la médiocrité, comme d'autres imitateurs du grand maître du fantastique, et donne un rôle nouveau au paysage, selon l'art de J. Cock.

Musées : Douai : *Les épreuves de Job* – Haarlem : *La tentation de saint Antoine* – Munich : *Saint Christophe* – Valenciennes : *Les Œuvres de la Miséricorde* – Vienne : *La Tentation de saint Antoine* – Vienne (Acad.) : *Jugement dernier* – Vienne (Harrach) : *Les Tourments de l'enfer*.
Ventes Publiques : Bruxelles, 12 mars 1951 : *La tentation de saint Antoine* : **BEF 40 000** – New York, 8 mai 1957 : *La tentation de saint Antoine* : **USD 1 200** – New York, 6 avr. 1960 : *La tentation de saint Antoine* : **USD 1 500** – Londres, 29 oct. 1965 : *La tentation de saint Antoine* : **GNS 600** – Londres, 26 mars 1969 : *La tentation de saint Antoine* : **GBP 22 500** – Londres, 14 mai 1971 : *La tentation de saint Antoine* : **GNS 1 500** – Londres, 24 mars 1972 : *La tentation de saint Antoine* : **GNS 3 800** – Amsterdam, 24 mai 1977 : *St. Christophe dans un paysage*, h/pan. (61,5x68,5) : **NLG 53 000** – Londres, 14 avr. 1978 : *Christ descendant en Enfer*, h/pan. (19x48,2) : **GBP 16 000** – New York, 9 jan. 1980 : *Christ enfonçant les portes de l'Enfer*, h/pan. (33x47) : **USD 18 000** – Bruxelles, 28 oct. 1981 : *La Descente du Christ aux Enfers*, h/bois (70x90) : **BEF 400 000** – Londres, 6 juil. 1983 : *La Tentation de Saint Antoine*, h/pan. (39x55) : **GBP 14 000** – New York, 6 juin 1985 : *Le jugement de Job*, h/pan. (118x162,5) : **USD 59 000**.

MAÑÉ Pablo ou **Paul**
Né à Montevideo. XXe siècle. Uruguayen.
Sculpteur de monuments, statues allégoriques.
Il a aussi exposé à Paris, aux Salons d'Automne et des Tuileries. On cite sa statue allégorique *Jeunesse* et son *Monument à Rio Branco*.
Ventes Publiques : Versailles, 11 déc. 1983 : *Tête de femme*, bronze patine brun or (H. 44) : **FRF 13 000**.

MANÉ-KATZ
Né le 5 juin 1894 à Krémentchoug (Ukraine). Mort le 8 septembre 1962 à Tel-Aviv (Israël). XXe siècle. Actif depuis 1913 et depuis 1927 naturalisé en France. Russe-Ukrainien.
Peintre de compositions à personnages, scènes typiques, figures, portraits, paysages, paysages urbains, peintre à la gouache, pastelliste, sculpteur. Expressionniste.
Son père occupait un emploi à la synagogue. Après de brefs séjours dans les Écoles des Beaux-Arts de Mirgorod et Kiev, il arriva en 1913 à Paris, où il entra dans l'atelier de Fernand Cormon à l'École des Beaux-Arts. Il se lia alors avec Chaïm Soutine, puis avec Marc Chagall. Pendant la guerre de 1914-1918, il retourna en Russie et travailla dans l'entourage de la Compagnie des Ballets Russes. Lors de la Révolution, il fut nommé professeur dans sa ville natale. En 1921, il revint définitivement à Paris, où, dans l'ancien atelier de William Bouguereau, puis d'Othon Friesz, il vivait au milieu d'une collection assez unique de pro-

ductions de l'art populaire juif, correspondant à la conscience qu'il avait de ses propres attaches ethniques. En 1929, il voyagea en Palestine, pour confirmer en quelque sorte sur place la vision qu'il avait de la vie et de la spiritualité du peuple juif. Pendant la guerre de 1939-1945, il put gagner les États-Unis, où il retrouva Kisling. La France lui manquait profondément, et ce fut pour travailler fiévreusement qu'il rentra à Paris, sitôt le territoire libéré des Allemands. En 1951, il fut décoré de la Légion d'Honneur. Le tout petit homme de Montparnasse, à l'énorme crinière du plus beau blanc, qui le faisait ressembler à Albert Einstein, dont le sourire perpétuel trahissait la jubilation profonde et la bonté, choisit de retourner parmi les siens, en Israël, pour y mourir. Depuis 1921, il exposait dans les principaux Salons annuels de Paris, entre autres régulièrement au Salon d'Automne. Il montrait aussi des ensembles de ses peintures dans des expositions personnelles, entre autres en 1948 au Musée de Tel-Aviv, puis des expositions rétrospectives postumes lui furent consacrées, dont : en 1969 à Genève ; en 1992 à Paris, Galerie Katia Granoff.
De son enfance passée à l'abri de la synagogue, Mané-Katz est resté profondément imprégné de la mystique juive qui lui inspira aussi bien son style que les thèmes de ses compositions. Au début de sa vie à Paris, élève aux Beaux-Arts, au Musée du Louvre il découvrait Rembrandt, qui ne cessera de le hanter spirituellement, tandis que sur le plan technique il ne négligeait pas de regarder Gauguin, Cézanne, puis les fauves, se constituant une palette de tons chauds et dorés conférant, à l'inverse de Soutine, un caractère de fête à son dessin sinueux, tourmenté, qui le rattache pourtant à l'expressionnisme juif d'Europe-centrale. N'ayant pas accédé au vœu de son père qui l'avait rêvé rabbin, il consacra pourtant une grande partie de son œuvre à l'illustration familière des descendants d'Israël. Il a peint avec une joie pure toujours renouvelée, des rabbins, des intérieurs de synagogues, des mariages juifs, des musiciens juifs, des paysages, des natures mortes et des fleurs que l'on est tenté de dire encore juifs. Il a aussi illustré des scènes de l'Ancien Testament : 1944 *Le Sacrifice d'Abraham*, de la tradition juive : 1938 *Le Mur des Lamentations*, de l'histoire récente du peuple juif : 1946 *La Résistance du ghetto*.
Comme Chagall, juif originaire de l'ancien empire russe, comme lui attaché aux figures et aux traditions de ses origines, tous deux coloristes d'instinct, tandis que Chagall orientait son tropisme expressionniste atavique dans le sens d'un correctif structurant d'inspiration cubiste et surtout d'une irréalité onirique, Mané-Katz laissait au contraire le sien s'épanouir dans l'expressionnisme douloureux de la grande tradition juive d'Europe-centrale et la célébration réaliste du peuple de l'exil.

■ Jacques Busse

Mané-KATZ
Mané-Katz
M.K.

Bibliogr. : J.M. Aimot : *Mané-Katz*, Paris, 1933 – M. Gauthier : *Mané-Katz*, Les Gémeaux, Paris, 1951 – P. Mazars : *Mané-Katz*, R. Kisher, Genève, 1962 – Michel Ragon, in : *L'Expressionnisme*, Rencontre, Lausanne, 1966 – Pierre Georgel, in : *Diction. Universel de l'Art et des Artistes*, Hazan, Paris, 1967 – Robert S. Ariès, Jacques O'Hana : *Mané-Katz – L'œuvre complet*, Édit. Jacques O'Hana, Londres, 1970-1972.

Musées : Haïfa (Mus. Mané-Katz) : une collection importante – Montréal (Mus. d'Art Contemp.) : *Nature morte* vers 1957 – Paris (Mus. Nat. d'Art Mod.) : *Extase* 1947.

Ventes Publiques : Paris, 29 oct. 1927 : *L'Homme à la barbe rousse* : **FRF 520** – Paris, 8 déc. 1944 : *Buste de femme nue* : **FRF 6 000** – Paris, 2 juin 1950 : *Les Jeunes Gens* : **FRF 3 500** – Paris, 27 avr. 1951 : *La Voile noire* : **FRF 14 000** – Paris, 24 juin 1955 : *Arabe en buste*, gche : **FRF 18 000** – Paris, 6 déc. 1963 : *La Loge du clown* : **FRF 15 000** – New York, 29 oct. 1964 : *Nature morte* : **USD 6 000** – Paris, 27 nov. 1968 : *Hanuka* : **FRF 42 000** – Genève, 27 juin 1969 : *Rabbin à la Thora et jeune garçon* : **CHF 50 000** – Genève, 14 juin 1970 : *Fleurs*, gche : **CHF 13 000** ; *Mariage juif* : **CHF 70 000** – New York, 7 oct. 1972 : *La Noce juive* 1960-62 : **USD 19 000** – Paris, 26 nov. 1972 : *Les Musiciens*, bronze : **FRF 25 000** – Paris, 8 déc. 1973 : *Mariage à Djerba*, gche : **FRF 56 000** – Versailles, 11-12 juin 1974 : *La Place de la Concorde* : **FRF 60 000** – Paris, 18 juin 1974 : *Violoncelliste, flûtiste et violoniste* : **FRF 118 000** – New York, 28 mai 1976 : *Scène de mariage* vers 1928, h/t (51x91,5) : **USD 17 500** – Paris, 17 juin 1976 : *La Lecture de la Thora*, gche (65x50) : **FRF 10 500** – Paris, 22 juin 1976 : *Les Musiciens*, bas-relief en bronze patiné (45x61) : **FRF 20 000** – Paris, 14 déc. 1976 : *Le Mariage*, litho. : **FRF 2 700** – Bruxelles, 26 oct. 1977 : *Portrait de jeune fille*, h/t (54x45) : **BEF 200 000** – Enghien-les-Bains, 11 déc. 1977 : *Juif errant*, bronze patine médaille (H. 35) : **FRF 20 100** – Versailles, 3 déc. 1978 : *Portrait d'un rabbin*, lav. reh. (62x49) : **FRF 10 100** – Londres, 5 déc 1979 : *Groupe de rabbins*, encre de Chine (62x48) : **GBP 1 750** – Londres, 5 déc 1979 : *La Route du village* 1933, gche (50x65) : **GBP 1 600** – New York, 18 oct 1979 : *Le Mariage* 1942, paravent à 9 pan. (chaque 40x9,8) : **USD 25 000** – Zurich, 30 mai 1979 : *Deux musiciens*, bronze, haut-relief (H. 45) : **CHF 11 000** – Zurich, 26 mars 1981 : *Deux rabbins en promenade* 1961, techn. mixte (110x76) : **CHF 17 000** – Zurich, 16 mai 1981 : *Le Violoniste*, bronze patiné (H. 35) : **CHF 6 200** – Paris, 29 nov. 1982 : *La Femme et l'Enfant*, pl. et lav. : **FRF 12 000** – Londres, 26 oct. 1983 : *Pêcheur assis* 1927, temp./pap. (62,3x47) : **GBP 2 500** – Tel-Aviv, 16 mai 1983 : *L'Orchestre*, h/t (100x100) : **ILS 1 033 000** – Londres, 24 oct. 1984 : *Rabbin et Moutons*, fus. (63x48) : **GBP 1 350** – Versailles, 2 déc. 1984 : *Le contrebassiste*, bronze, patine verte, cire perdue (H. 48) : **FRF 53 000** – Zurich, 6 juin 1985 : *Charrette de fleurs*, gche (48,5x64) : **CHF 21 000** – L'Isle-Adam, 1er déc. 1985 : *Le remouleur*, bronze, patine médaille, cire perdue (H. 30) : **FRF 25 000** – Limoges, 19 oct. 1986 : *Le Rabbin* 1927, h/t (92x73) : **FRF 155 900** – L'Isle-Adam, 30 nov. 1986 : *David* ; *Moïse*, bronze, deux pièces (H. 113 et 121) : **FRF 143 000** – New York, 9 oct. 1986 : *Rabbin à la Thora* 1930-1939, h/t (66x56,2) : **USD 14 000** – Argenteuil, 20 nov. 1987 : *Les Trois Patriarches*, h/t (65x54) : **FRF 370 000** – Londres, 30 nov. 1987 : *La Promenade du Shabbat*, h/t (160x211) : **GBP 100 000** – Versailles, 7 fév. 1988 : *Maisons dans la ville* 1935, h/t (38x55) : **FRF 8 200** – New York, 18 fév. 1988 : *Simha Torah*, h/t (114,3x146) : **USD 77 000** ; *Cheval sauvage*, h/t (50,7x65,7) : **USD 15 400** – Lokeren, 5 mars 1988 : *Homme lisant à haute voix* 1931, h/t (150x150) : **BEF 900 000** – L'Isle-Adam, 20 mars 1988 : *Trois religieux*, h/t (56x47) : **FRF 255 000** – Paris, 20 mars 1988 : *La Plage* 1938, gche (45x60) : **FRF 24 500** ; *L'Enfant au foulard rouge* 1936, h/t (96x78) : **FRF 70 000** ; *Le phare* vers 1928, h/t : **FRF 40 000** ; *Portrait présumé d'Héléna Rubinstein*, h/t (91x73) : **FRF 42 000** – New York, 13 mai 1988 : *Hutte de montagne*, gche/pap. bleu (49,8x64,7) : **USD 2 860** ; *Plage et jetée* 1961, gche/pap. vert (45,7x60,5) : **USD 3 080** – Londres, 18 mai 1988 : *Place de la Concorde*, h/t (72,5x91,5) : **GBP 11 000** – Tel-Aviv, 25-26 mai 1988 : *Autoportrait*, h/t (48x37,5) : **USD 16 500** ; *Corrida*, aquar. et encre (30,5x26,5) : **USD 1 870** – Lokeren, 28 mai 1988 : *Deux Musiciens*, relief de bronze (45x60) : **BEF 130 000** – Paris, 12 juin 1988 : *Le joueur de trombonne*, h/t (61x46) : **FRF 55 000** – L'Isle-Adam, 10 juil. 1988 : *Rabbin musicien*, h/t (61x46) : **FRF 100 000** – New York, 6 oct. 1988 : *Rabbin*, h/t (32,7x21,7) : **USD 7 700** – Paris, 7 oct. 1988 : *Paysage d'Israël*, gche, aquar. (50x60) : **FRF 62 000** – Londres, 19 oct. 1988 : *Homme à la toque de fourrure* 1934, h/t (65x54,2) : **GBP 8 800** – Versailles, 6 nov. 1988 : *Voiliers au port* 1929, gche (46,5x61,5) : **FRF 23 000** – Versailles, 18 déc. 1988 : *Musiciens juifs*, gche (48,5x64) : **FRF 89 000** – Paris, 22 nov. 1988 : *Le Rabbin*, h/t (54x45,5) : **FRF 30 000** – Tel-Aviv, 2 jan. 1989 : *La Fiancée*, h. et gche/pap. (71x56) : **USD 12 650** ; *Juif oriental*, bronze (H. 48) : **USD 2 640** – New York, 3 mai 1989 : *Le Rabbin*, h/t/cart. (56,5x47) : **USD 177 600** – Tel-Aviv, 30 mai 1989 : *Hassidim à l'école*, h/t (63,5x76) : **USD 41 800** – Paris, 9 juin 1989 : *La Femme au chapeau noir*, h/t (72x51) : **FRF 95 000** – Londres, 27 juin 1989 : *L'Orchestre*, h/t (73x60) : **GBP 30 800** – Saint-Dié, 23 juil. 1989 : *Le Contrebassiste*, bronze de patine marron (H.48) : **FRF 32 000** – New York, 5 oct. 1989 : *Vase de fleurs*, gche/pap./cart. (55,2x45,7) : **USD 15 400** – Paris, 11 oct. 1989 : *Vase de fleurs*, gche/pap. (64,7x50) : **FRF 100 000** – Londres, 25 oct. 1989 : *Mariage*, h/t (20x50) : **GBP 26 400** – New York, 26 fév. 1990 : *Rabbin avec un étudiant*, h/t (55,2x46,3) : **USD 38 500** – Paris, 8 avr. 1990 : *Jeune homme aux Teffilines*, gche (33x48) : **FRF 30 000** – Paris, 30 mai 1990 : *Geïsha*, aquar. (89x53) : **FRF 38 000** – Tel-Aviv, 31 mai 1990 : *Fleurs dans un vase de terre-cuite* 1935, h/t (65x54) : **USD 28 600** – Londres, 26 juin 1990 : *Notre-Dame de Paris*, h/t (65x81) : **GBP 55 000** – Calais, 9 déc. 1990 : *L'Étudiant juif*, h/t

(17x14) : **FRF 43 000** – New York, 7 mai 1991 : *Jeune fille et son âne* 1926, craies coul./pap. gris (55,2x46,3) : **USD 12 100** – Tel-Aviv, 12 juin 1991 : *Étudiant* 1925, h/t (40x32,5) : **USD 12 100** – Tel-Aviv, 26 sep. 1991 : *La prière*, h/t (72x59) : **USD 27 500** – Londres, 3 déc. 1991 : *Bouquet de pavots*, h/t/cart. (73x54) : **GBP 13 200** – Paris, 3 juil. 1992 : *Nu*, h/t (54x60) : **FRF 45 000** – Tel-Aviv, 20 oct. 1992 : *Tête de cheval* 1943, bronze (H. 70, L. 80) : **USD 8 800** – Paris, 4 avr. 1993 : *Portrait de hassid*, fus., past. et lav. (59x44) : **FRF 15 000** – Tel-Aviv, 14 avr. 1993 : *Mariage*, h/t (38x121) : **USD 118 000** – Paris, 11 juin 1993 : *Mariage à Djerba*, h/t (100x100) : **FRF 260 000** – Calais, 4 juil. 1993 : *Le joueur de flûte*, bronze (H. 38) : **FRF 25 500** – Paris, 5 nov. 1993 : *Jeune Garçon assis*, h/t (92x71) : **FRF 85 000** – Montréal, 23-24 nov. 1993 : *Le Châle de prière*, h/pan. (29,1x20,3) : **CAD 8 500** – Lokeren, 4 déc. 1993 : *Deux musiciens*, relief de bronze (45,2x60) : **BEF 360 000** – New York, 12 mai 1994 : *Grande Nature morte de fleurs* 1927, h/t (116,2x89,5) : **USD 68 500** – Paris, 10 juin 1994 : *Les Musiciens juifs*, h/t (65x54) : **FRF 125 000** – Londres, 28 juin 1994 : *Paysage aux cyprès*, h/t (73x91,8) : **GBP 12 650** – Tel-Aviv, 25 sep. 1994 : *Les Musiciens*, h/t (100x81) : **USD 140 000** – New York, 7 nov. 1995 : *Jeune homme avec un agneau*, h/t (81,2x40) : **USD 18 400** – Tel-Aviv, 11 avr. 1996 : *Rabbin avec la Torah et deux jeunes talmidim* 1959, h/t (100x81) : **USD 57 500** – Lucerne, 8 juin 1996 : *Les Musiciens*, fus./pap. (35x50) : **CHF 2 800** – Calais, 7 juil. 1996 : *Le Vieil Homme et l'Enfant*, h/pan. (17x13) : **FRF 33 000** – Tel-Aviv, 7 oct. 1996 : *Chevaux* 1955, h/t (66x76) : **USD 17 825** – Paris, 13 déc. 1996 : *Bouquet de fleurs* 1947, h/t (61x43) : **FRF 26 000** – Paris, 16 mars 1997 : *Trois jeunes étudiants* 1932, h/t (100x81) : **FRF 95 000** – Tel-Aviv, 26 avr. 1997 : *Vase de fleurs*, h/t (72x59) : **USD 17 250** – New York, 13 mai 1997 : *Le Cirque*, h/t (76,2x40,1) : **USD 9 775** – Tel-Aviv, 23 oct. 1997 : *Mariage juif* 1959, h/cart. (13,5x61) : **USD 23 000** – Londres, 19 mars 1997 : *Les Deux Musiciens*, gche/pap. (64x49) : **GBP 5 175** – Paris, 26 sep. 1997 : *Rabbin*, encre de Chine (20x25) : **FRF 5 700** – Tel-Aviv, 25 oct. 1997 : *Le Mariage* 1959, h/t (74x95) : **USD 118 000**.

MANECHIA Giacomo. Voir **MANNECCHIA**

MANENT Pierre
Né en 1937. xxe siècle. Français.
Sculpteur. Abstrait.

Il a exposé à la *IIe Biennale Européenne de Sculpture de Normandie*, Centre d'Art Contemporain, Jouy-sur-Eure, en 1984.

Il sculpte exclusivement le bois, d'abord l'arbre qu'il va lui-même débiter en forêt, accessoirement l'osier, le jonc, la paille. Une fois les éléments de chaque sculpture façonnés puis assemblés, il la termine par une polychromie.

Bibliogr. : In : Catalogue de la *IIe Biennale Européenne de Sculpture de Normandie*, Centre d'Art Contemporain, Jouy-sur-Eure, 1984.

MANENTI Antonio
xviiie siècle. Italien.
Peintre.

Élève de S. Cattaneo à Brescia. On lui doit entre autres de petits tableaux, représentant des scènes de la Révolution française.

MANENTI Orazio ou **Manetti**
xviie siècle. Actif à Rome. Italien.
Mosaïste.

MANENTI Vincenzo
Né en 1600 à Canimorto (Monts Sabins). Mort en 1674. xviie siècle. Italien.
Peintre d'histoire.

Fils d'un peintre, Ascanio Manenti, qui lui apprit à dessiner ; il fut élève de Cesari et du Dominiquin. Lanzi fait l'éloge de son *Saint Étienne* (à la Chiesa del Gesu) et de son *Saint François-Xavier* (à la cathédrale de Tivoli). Son fils Scipion fut son élève.

MANERA Domenico
Originaire d'Asolo. xixe siècle. Travaillant à Rome. Italien.
Sculpteur.

Élève de son cousin Antonio Canova. On lui doit une série de bustes de personnalités italiennes (au Conservatoire de Rome) ainsi que le cénotaphe de Canova à Asolo.

MANERBIO Andrea da. Voir **ANDREA da Manerbio**

MANERIUS
xiie siècle. Travaillant à Canterbury. Britannique.
Calligraphe, enlumineur.

On doit à ce moine une bible enluminée, conservée à la Bibliothèque Sainte-Geneviève à Paris.

MANERO MIGUEL Luis
Né en 1876 à Burgos. Mort le 21 août 1937 à Burgos. xixe-xxe siècles. Espagnol.
Peintre de figures, intérieurs, paysages animés, natures mortes.

Il fut élève de l'École de Dessin de Burgos en 1888-89. Il aurait suivi des cours à l'École San-Fernando de Madrid. Il participa à l'Exposition Nationale de Madrid à partir de 1897, obtenant une troisième médaille en 1899. Il prit part au Salon des Artistes Français de Paris, obtenant une mention honorable en 1900 à l'occasion de l'Exposition Universelle. Il travailla ensuite quelques années à Rome. Finalement, il poursuivit une carrière d'enseignant à Burgos.

Traitant des sujets divers, il ne dépassa pas une facture traditionnelle héritée du xixe siècle.

Bibliogr. : In : *Cent ans de peinture en Espagne et au Portugal, 1830-1930*, Antiquaria, Madrid, 1991.

MANERT T. Hooghen
xviie siècle. Actif en Hollande vers 1651. Hollandais.
Peintre de natures mortes.

Ventes Publiques : Milan, 12 juin 1989 : *Nature morte avec du raisin, du pain, un crabe et autres victuailles dans de la vaisselle d'étain*, h/t (53x83) : **ITL 80 000 000**.

MANES
xvie siècle. Actif à Séville en 1569. Espagnol.
Sculpteur.

MANES Amalie ou **Manesova**
Née le 21 janvier 1817 à Prague. Morte le 3 juin 1883 à Prague. xixe siècle. Tchécoslovaque.
Peintre de paysages et de fleurs.

Fille et élève d'Antonin Manes. La Galerie Moderne et le Musée Naprstek à Prague conservent de ses œuvres.

MANES Antonin
Né le 3 novembre 1784 à Prague. Mort le 28 juillet 1843 à Prague. xixe siècle. Tchécoslovaque.
Peintre de paysages animés, paysages. Romantique.

Il est le père de Josef, de Guido et d'Amalie Manes. Il fut élève de Karl Postel, de 1806 à 1817, à l'Académie des Beaux-Arts de Prague ; en 1835, il en fut nommé professeur. Il exposa dans cette même académie en 1839. Un cercle et une salle d'exposition, à Prague, portent son nom. Les Tchèques le considèrent comme leur plus important artiste de l'époque romantique.

On mentionne de lui : *Le soir dans un village, Paysage à la ruine romane, Vallée de Saint-Ivan*. Il peignit dans la manière de Ruysdael.

Musées : Prague (Mus. des Amis des Arts) – Prague (Gal. Mod.) : *Paysage avec belvédère* – Prague (Mus. Naprstek).

MANES Josef
Né le 12 mai 1820 à Prague. Mort le 9 décembre 1871 à Prague. xixe siècle. Tchécoslovaque.
Peintre d'histoire, compositions religieuses, sujets allégoriques, scènes de genre, nus, portraits, paysages, natures mortes, fleurs, aquarelliste, dessinateur, illustrateur. Rococo.

Il fut élève de son père Antonin Manes et, en 1835 de l'Académie des Beaux-Arts de Prague. En 1844, il séjourna à Munich. Il prit part aux évènements révolutionnaire de Prague en 1848.

Il traita les sujets les plus divers, s'intéressant à l'art populaire, à l'histoire, à la nature féminine, aux paysages des environs de Prague, œuvres qui montrent combien il est représentatif du style « second Rococo » du xixe siècle. On cite de lui : *Arrivée d'un hôte au château, Le matin, La rencontre de Pétrarque et Laure, Joséphine*. Il illustra également le manuscrit de Kraluv Dvur, en 1860.

Bibliogr. : In : *Diction. de la peint. allemande et d'Europe centrale*, coll. Essentiels, Larousse, Paris, 1990.

Musées : Brunn : *Quatre portraits* – *Vision de saint Bartholomée* – Prague (Gal. Mod.) : *Poésie moderne*, temp. – *Trois portraits* – *Esquisses et dessins* – Prague (Société Nat. des Amis de l'Art) : Illustrations et dessins.

Ventes Publiques : Vienne, 21 mai 1987 : *Portrait d'une jeune paysanne*, aquar. et cr. (33x27) : **ATS 35 000**.

MANES Kvido ou **Guido**
Né le 17 juillet 1828 à Prague. Mort le 5 octobre 1880 à Prague. xixe siècle. Tchécoslovaque.
Peintre de sujets militaires, batailles, scènes de genre, illustrateur.

Il est le fils d'Antonin et le frère de Josef Manes. Il fut élève de Christian Ruben à l'Académie des Beaux-Arts de Prague, ensuite de Benjamin Vautier à Düsseldorf. Il séjourna en Allemagne. Il exposa à Vienne en 1783, au Salon de Paris en 1878. On cite de lui : *Le jeune veilleur de nuit* et *La visite des grands-parents*. On lui doit, d'autre part les illustrations de *La Grand-mère*, de Nemcova et celles d'un *Don Quichotte*.

Musées : Prague (Gal. Mod.) : *Empereur chinois composant un éloge du thé – Vieux garçon*.

MANÈS Pablo Curatella

Né en 1891 ou 1898 à La Plata. Mort en 1963 à Buenos Aires. xxe siècle. De 1914 à 1948 actif aussi en France. Argentin.

Sculpteur de figures, groupes, bustes. Postcubiste.

Il fut élève de l'École des Beaux-Arts de Buenos Aires. Une bourse lui permit de voyager en Europe. Après avoir visité l'Italie, il se fixa à Paris, en 1914, où il fut élève de Bourdelle et, sous le nom de Curatella-Manès, exposa un *Bronze* au Salon de la Société Nationale des Beaux-Arts. Il se lia alors intimement avec Juan Gris. En 1924, il exposa un *Guitariste* au Salon des Indépendants. En 1925, il participa à l'Exposition Universelle des Arts Décoratifs, obtenant une médaille. Ayant exécuté un *Buste de M. Alvéa, président de la République d'Argentine*, il fut nommé, en 1926, chancelier de l'Ambassade d'Argentine à Paris, poste qu'il occupa jusqu'en 1948, poursuivant parallèlement sa carrière de sculpteur. Après la seconde guerre mondiale, il a participé à d'importantes expositions internationales, d'entre lesquelles : 1952 Biennale de Venise ; 1953 Biennale de São Paulo. En 1947, il avait remporté le Premier Prix de Sculpture au Salon National de Buenos Aires.

Son *Guitariste* de 1924, une *Nymphe accoudée* du même moment, relevaient, sans doute sous l'influence de son ami Juan Gris, d'un cubisme strict, que l'on vit s'assouplir, dès 1925, par exemple avec *Les Acrobates*. Ses sculptures se développent alors parallèlement à l'œuvre de Lipchitz. Dans la suite, comme cela se produisit aussi pour le même Lipchitz, le volume éclata, pour s'élancer librement à la conquête de l'espace, à la façon de lianes ou d'autres floraisons tropicales, avec *La Sainte* de 1932, *La Chute d'Icare* de 1933. Cette liberté de l'expression par le volume éclaté dans l'espace l'a mené aux limites de l'abstraction, sans qu'il se soit attaché à en respecter l'exclusive, gardant le contact avec le prétexte de la réalité : *Rugby* ou *La Danse* et autres.

Bibliogr. : In : *Nouveau diction. de la sculpt. mod.*, Hazan, Paris, 1970.

Ventes Publiques : Versailles, 9 mai 1973 : *Nu couché*, terre cuite : **FRF 5 800** – New York, 25 nov. 1986 : *L'équilibriste* 1921, bronze, patine brune (H. 43,1) : **USD 6 000** – Paris, 20 jan. 1991 : *Baigneuses*, bronze (47x60x5) : **FRF 26 000**.

MANES Vaclav ou **Wenzel**

Né en 1793 à Prague. Mort le 23 mars 1858. xixe siècle. Tchécoslovaque.

Peintre de portraits, de paysages et d'histoire.

Élève de l'Académie de Prague et frère d'Antonin Manes. Il a laissé quelques tableaux d'autel. La Société nationale des Amis de l'Art et la Galerie Moderne de Prague conservent des œuvres de lui.

MANESSE Claude

Né en 1939 à Montréal (Yonne). xxe siècle. Actif aussi en Belgique. Français.

Peintre de compositions religieuses, compositions murales, aquarelliste. Expressionniste.

Il fut élève de l'École des Beaux-Arts d'Amiens et de l'École des Métiers d'Art de Paris.

À Vézelay, il a réalisé une composition monumentale sur le thème de *La Tentation de saint Antoine*.

Bibliogr. : In : *Diction. biogr. illustré des Artistes en Belgique depuis 1830*, Arto, Bruxelles, 1987.

MANESSE Georges Henri

Né le 29 janvier 1854 à Rouen. xixe siècle. Actif à Paris. Français.

Graveur à l'eau-forte et aquarelliste.

Élève de L. Flameng, Gaujean et Lamotte. Figura au Salon des Artistes Français. Membre de cette société depuis 1887, il obtint des médailles de troisième classe 1886, bronze 1889 (Exposition Universelle), médaille argent 1900 (Exposition Universelle), prix Belin-Dollet en 1922. Il a illustré d'eaux-fortes *Les maîtres d'autrefois* d'E. Fromentin.

MANESSIER Alfred

Né le 5 décembre 1911 à Saint-Ouen (Somme). Mort le 1er août 1993 à Orléans (Loiret), accidentellement. xxe siècle. Français.

Peintre, peintre à la gouache, aquarelliste, peintre de cartons de vitraux, tapisseries, graveur, lithographe. Abstrait-lyrique.

D'une famille d'artisans et de commerçants, il passa son enfance à Abbeville, qu'il quitta à l'âge de neuf ans pour Amiens, d'abord élève du Lycée, puis surtout ensuite élève de l'École des Beaux-Arts. En 1929, il se fixa à Paris, où il suivit les cours d'architecture de l'École des Beaux-Arts, tout en détestant le climat hautement folklorique du lieu, et fréquenta les Académies libres de Montparnasse. Au Louvre, où il faisait des copies de Rembrandt et de Tintoret, il rencontra Jean Le Moal avec lequel il alla peindre à Eygalières en 1933 et se lia définitivement. En 1935, à l'Académie Ranson, tous deux reçurent les conseils de Roger Bissière, autour duquel se rassemblaient aussi Jean Bertholle, Véra Pagava, Étienne-Martin. En 1937, l'architecte Félix Aublet le fit travailler, en collaboration avec Delaunay, au Pavillon de l'Air et des Chemins-de-Fer, édifié pour l'Exposition Internationale de Paris. Mobilisé à la déclaration de guerre de 1939, il fut démobilisé à Port Sainte Marie, près d'Agen, et, en 1940 et 1941, il rejoignit Bissière dans sa demeure de Boissiérettes, dans le Lot. À Paris, il occupa longtemps un atelier de la rue de Vaugirard, qu'il dut quitter en 1973, expulsé au profit d'une opération immobilière. Il se fixa alors à Émancé, dans la Beauce.

Il commença à participer à des expositions collectives, à Paris : de 1933 à 1935, au Salon des Indépendants ; 1938, avec le groupe *Témoignage*, dont, entre autres, Le Moal, Bertholle, Étienne-Martin, Stahly ; 1939, deuxième *Salon des Jeunes Artistes* ; 1941, à l'exposition historique *Vingt peintres de tradition française* à la galerie Braun ; 1941, 1942, Salon des Tuileries ; 1942-1949, Salon d'Automne ; 1943, *Douze peintres d'aujourd'hui* à la Galerie de France, avec laquelle il continua de collaborer ; 1944, Salon de la Libération ; puis, s'ajoutèrent après la guerre des expositions à l'étranger : 1945, exposition de la *Jeune peinture française* au Palais des Beaux-Arts de Bruxelles ; depuis 1945 et régulièrement, Salon de Mai à Paris, dont il fut l'un des membres fondateurs ; 1946 Paris, galerie Drouin, exposition à trois avec Le Moal et Singier ; 1949 Toronto et Dublin, expositions collectives ; 1950 Stockholm et Göteborg, exposition de peinture française ; 1951 Turin, *Peintres d'aujourd'hui, France-Italie* ; Pittsburgh, Carnegie International Exhibition ; 1953, Biennale de São Paulo, dont il reçut le Prix de Peinture ; 1954 New York, Exposition de la Fondation Guggenheim ; 1955 Vienne, exposition d'*Art Sacré* ; Exposition de Valencia (Venezuela), dont il reçut le Prix International ; Pittsburgh, Exposition Internationale de la Fondation Carnegie, dont il reçut le Grand Prix de Peinture ; 1958-1959, Paris, Hanovre, Essen, La Haye, Turin, Zurich ; 1959, Documenta II de Kassel ; 1960 Washington, Duncan Philipps Collection ; Oslo, Kunstnernes Hus ; Lund, Konsthall ; Caen, Maison de la Culture ; 1962, consécration internationale : la XXXIe Biennale de Venise lui attribua deux de ses Grands Prix, Grand Prix International de Peinture, et Premier Prix de l'Institut International d'Art Liturgique ; etc.

Parallèlement, ses expositions personnelles se multiplièrent, dont celles de Paris longtemps montrées à la Galerie de France, où il retrouvait la plupart de ses amis de génération et d'affinités : 1949 Paris galerie Jeanne Bucher, première exposition personnelle des peintures et lithographies sur le thème de Pâques ; 1951 Bruxelles galerie Apollo, première exposition personnelle à l'étranger ; 1953 Turin et New York galerie Pierre Matisse ; 1955 Bruxelles, Palais des Beaux-Arts ; Eindhoven, Stedelijk Van Abbemuseum ; New York, Musée d'Art Moderne ; 1957 Paris galerie de France : peintures inspirées par la Hollande ; 1966 Paris : série de la *Sainte Face* et série du voyage en Espagne ; 1969, rétrospectives aux Musées de Metz, Luxembourg, et Trèves ; 1970 Paris : série inspirée par des voyages au Canada ; 1971 Paris Musée d'Art Moderne de la Ville : douze tapisseries sur le thème des *Cantiques spirituels* de Saint Jean de la Croix ; 1973 Lisbonne, rétrospective à la Fondation Gulbenkian ; 1981-1983 Paris, Musée de la Poste et galerie de France ; 1988 Lyon ; 1989 Issoire Centre Culturel ; 1990 Abbeville Musée Boucher-de-Perthes : *Manessier, œuvres 1927-1989* ; Pontrieux Château de La Roche-Jagu : *Manessier, œuvre monumentale* ; 1992-1993 : Paris, grande rétrospective des Galeries Nationales du Grand-Palais ; et, après sa disparition, 1995 : Antony, Maison des Arts ; 1996 : Osnabrück, Kunsthalle Dominikanerkirche ; 1998 : Musée de Cambrai ; etc.

On pourrait être tenté, à partir de, et dans la définitive période de la maturité, comme on le fait pour les cantates de Bach, de séparer les œuvres sacrées des œuvres profanes, celles-là d'inspirations spirituelles, celles-ci d'inspirations paysagistes plus familières, encore que participant de sa communion avec la création dans sa totalité, dans un prolongement panthéiste de sa foi. Quant à celles-ci, des voyages complétés de séjours ont contribué à des renouvellements de ses sources matérielles d'inspiration, ce qui leur confère des accents stylistiques circonstanciés les différenciant des œuvres liturgiques contemporaines : 1955-1956 en Hollande ; 1958-1959 en Provence ; 1963-1966 en Espagne ; 1967 et 1969 au Canada. Il séparait cependant si peu ses deux sources d'inspiration, les grands thèmes religieux et les œuvres issues du quotidien que, lors de son exposition de 1966, il montrait une série inspirée du thème de la *Sainte Face* en même temps qu'une série inspirée de son voyage en Espagne. En outre, peintre et chrétien dans le monde, tout de ce monde le concernait, et il ne s'est jamais réfugié, sous prétexte d'une vocation exclusive à l'art ni à sa foi, dans une indifférence commode envers les événements immanents, sociaux et politiques, vouant certaines de ses peintures à proclamer ses souffrances partagées avec les victimes d'un monde bien loin d'être apaisé : *Le Procès de Burgos* de 1970-71 ou *Vietnam-Vietnam* de 1972.

L'activité créatrice de Manessier s'est exercée dans des techniques diverses, vitraux, tapisseries et travaux d'animation monumentale, tous ces travaux étant effectués simultanément ou parallèlement à ses peintures religieuses, politiques et paysages. L'art du vitrail convenant et à sa conception du rapport de la lumière à la couleur et au graphisme, et à sa foi religieuse, son activité dans ce domaine a été très importante : environ deux cents vitraux ont été réalisés. Dans son esprit, la diversité des techniques utilisées, pas plus que la diversité des inspirations et thèmes, n'entraînant de ruptures dans son projet global, si ce n'est ce qu'il appelait des « passages », il est donc possible de tenter une chronologie des phases principales de son œuvre, évidemment entrecroisée avec celles de sa vie, sans la diviser selon les modalités de leur médiation, ni selon la diversité des thèmes : 1935-1943 : peintures où se conjuguent les influences diverses, surréaliste et cubiste ; 1943 : alors fixé au Bignon, en Normandie, l'évolution de son œuvre vers des moyens, techniques et spirituels, susceptibles d'exprimer une plus grande intériorité, lui fit peindre des personnages, par exemple *Les Pèlerins d'Emmaüs* montrés au Salon de la Libération en 1944, dont l'expression est accentuée par le clair-obscur d'éclairages artificiels, retrouvant, à travers Georges de La Tour, la tradition caravagesque et Rembrandt ; 1944-1948 : approche de l'abstraction dans des paysages du Bignon et des thèmes mystiques, dont le *Salve Regina* de 1945, construit sur des bandeaux de couleurs verticaux à peine entrecoupés d'amorces d'horizontales, donc déjà très abstrait, même si d'autres œuvres du même moment restent relativement figuratives ; 1948 : premiers vitraux pour l'église Sainte-Agathe des Bréseux (Doubs) ; 1949 : première série des paysages de la *Baie de Somme*, et donc d'une écriture spécifique au paysage, abstraction à partir de la réalité sensible ; tapisserie *Christ à la colonne* pour l'aménagement de l'oratoire des Dominicains du Saulchoir, près de Paris, auquel collaborait aussi Henri Laurens ; 1952 : vitraux pour l'église de Tous les Saints de Bâle ; 1952-53 : début d'une longue série de peintures sur des thèmes liturgiques : *Nuit de Gethsémani, Pour la fête du Christ-Roi, La Nuit du Jeudi Saint,* couleurs tragiques, posées comme en mosaïque, en contraste de clair-obscur sur un réseau de lignes noires, non plus orthogonales mais comme échevelées ; 1953 : vitraux pour l'église Saint-Pierre d'Arles-Trinquetaille ; 1954 : décoration pour le Lycée climatique d'Argelès ; autour de 1954, de fréquents séjours au Crotoy, dans la Baie de Somme, il rapporta des peintures, construites en damiers, inspirées de l'éclat dur de la lumière des ciels du Nord sur les étendues d'eau et de sable ; en 1955-56, dépassant la Baie de Somme, il alla peindre en Hollande, où la lumière du Nord éclaircit son registre coloré, réparti selon de longues horizontales ; 1956 : début d'un cycle de peintures sur le thème politique déclenché par les événements de Hongrie, l'armée soviétique ayant brutalement investi Budapest ; 1957 : le premier mur-vitrail et des ornements tissés par Plasse Le Caisne, pour la chapelle de Hem (Nord), construite par l'architecte suisse Baur ; 1958 douze lithographies pour le *Cantique Spirituel* de Saint Jean de la Croix ; 1958-59 : début de ses longs séjours à Moissac-Bellevue, en Haute-Provence, dont il appréhendait une lumière implacable, et qui, au contraire, le plongea dans une exaltation de travail, dont il rapporta les peintures de son exposition parisienne de 1959, inspirées par les rythmes géologiques de ces monts érodés, et de grands lavis, contrepoints de rythmes quasi musicaux, non sans affinités avec ceux de Tal-Coat ou Mario Prassinos ; 1960 : décors et les 360 costumes pour la *Comédie humaine*, ballet de Massine, inspiré du *Décaméron* de Boccace, exécuté dans le cadre du Festival du Ballet, à Nervi près de Gênes ; 1963-66 : peintures de ses séjours en Espagne, le principe du contre-jour, familier à Zurbaran et Goya, se substitue à celui du clair-obscur, le damier de couleurs en arrière d'une grille sombre de lignes fébrilement entrecroisées ; costumes pour *Galileo Galilei* de Brecht, pour le Théâtre National Populaire de Jean Vilar à Paris, dont les décors étaient composés par son fils Jean-Baptiste Manessier ; Essen : vitraux pour la crypte de la Munsterkirche ; Cologne : crypte de l'église Saint-Géréon ; Moutier (Suisse) : vitrail en dalle de verre pour l'église ; Brême : vitraux pour l'église Unserer lieben Frauen ; Paris : deux tapisseries, dont *L'Estacade du Crotoy,* pour la Direction Générale des Arts et Lettres (aujourd'hui Ministère de la Culture) ; Paris : tapisserie pour le Foyer de la Musique de la Radio-Télévision Française ; Le Havre : tapisserie de 54 mètres carrés, *Espace sous-marin,* pour la salle du conseil du Port Autonome ; 1967-70 : peintures inspirées de deux séjours au Canada, expression d'une nature aquatique vierge dans un registre chromatique « hivernal », à peu près à partir de ce moment, et surtout dans les paysages, Manessier n'utilise plus les réseaux de lignes antérieurs, mais procède plutôt par juxtaposition de zones colorées fluides et superposition de taches contrastées ; à partir de 1968 : nouvelle série des peintures « civiques » : assassinat de Martin Luther King, procès de Burgos ; 1971-73 : paysages à partir des champs de blé de la Beauce, et paysages inspirés de la Mancha espagnole, dont de grandes aquarelles ; peintures politiques sur le Vietnam et l'assassinat de Salvador Allende au Chili ; 1977 : lavis au cours d'un séjour au Crotoy ; 1978, série de lithographies sur le thème de Pâques ; 1979 à 1983 : les *Favellas* sur la condition humaine des exclus du Brésil, en tant que métonymie pour tous les autres à travers le monde ; 1980 : inauguration du grand vitrail *Alleluia* de l'église évangélique de Berlin ; 1981-83 : les *Marais* et *Hortillonnages*, série nostalgiquement heureuse de paysages de son enfance, « paysages de la mémoire », dont un *Hommage à Monet* de 1983, révélateur de leur « climat » psychologique et poétique ; vers 1983 : des vitraux pour la cathédrale Saint-Nicolas de Fribourg (Suisse) ; 1986 : cinq peintures monumentales s'ajoutant au thème de *La Passion* qu'il traite depuis 1948, ici la Passion selon les évangélistes ; 1992-93 : des peintures, *Espaces marins*, de nouveau sur la Baie de Somme de son enfance ; les derniers vitraux, dont deux non totalement achevés lors de son accident mortel, pour l'église du Saint-Sépulcre d'Abbeville (Somme).

Depuis ses tout débuts au Salon des Indépendants en 1933, jusqu'en 1940, Manessier s'était montré sensible aux sollicitations diverses qui flottaient dans l'air du temps, surtout aux influences cubistes puis surréalistes. Lorsqu'il exposa, en 1941, avec le groupe des *Vingt peintres de tradition française*, cette participation, pour lui comme pour les autres, revêtait plusieurs significations : ils affirmaient, en pleine occupation de la France par l'armée allemande, la pérennité et d'un fait et d'un esprit français, en même temps que leur attachement à des langages artistiques que le régime nazi taxait d'« art dégénéré ». Ce fait historique marque, dans l'art français, la fin d'une ignorance, plus ou moins délibérée et entretenue, des prolongements qu'avaient su donner au cubisme les constructivistes russes, le *Blaue Reiter* de Munich, les néo-plasticistes autour de Mondrian, certains dadaïstes, l'intense activité du Bauhaus. Dans cette approche de l'abstraction en 1941, de même que l'on avait pu distinguer avec Robert Delaunay, Jacques Villon, autour de 1910, un courant français du cubisme, caractérisé par un attachement classique et rationaliste à la réalité, de même cette nouvelle génération s'avéra également marquée par un refus semblable de faire table rase, et des valeurs du passé, et de la réalité considérée comme le fondement universel de la sensation. Pour toute la suite de son œuvre, Manessier devait rester en accord avec ce principe de base. En 1943, à la suite d'un bref séjour à la Trappe de Soligny, en compagnie de Camille Bourniquel, sa conversion à la foi orienta définitivement la plus importante partie, et surtout la partie monumentale, de son œuvre sur des thèmes de la spiritualité chrétienne. Sans que le rapport soit évident, ce fut aussi en 1943 qu'il évolua à une plastique sur la voie d'une certaine abstraction, dont les sources d'inspiration restaient donc cependant ancrées sur des sensations liées au monde extérieur. Son goût, très français, du beau métier, ne l'empêchait plus en rien de faire état, dans l'évolution de son œuvre, des notions nouvellement acquises aux expressions artistiques de son époque. La construction de l'espace et des volumes de ses toiles, compartimentés en modulations d'un registre chromatique de vitrail ou d'émail, a concilié alors l'élaboration, encore post-cubiste même si déjà abstraite, de la surface, quadrillée par un entrelacs de lignes, droites ou courbes selon les thèmes, et les ressources expressives de la couleur, poussée à son maximum d'incandescence. En 1946, ce lui fut l'épanouissement de cette conciliation des contraires, c'est-à-dire de ses admirations et aspirations jusque-là partagées, et en particulier de son attirance pour l'abstraction conciliée avec le témoignage chrétien dont sa peinture devait être porteuse : « ...brusquement, à mon insu, les contraires se sont touchés ; ce qui me semblait une impossible opposition, Bonnard, Picasso, par exemple, s'est trouvé complémentaire... L'art de la non-figuration me semble être la chance actuelle par laquelle le peintre peut le mieux remonter vers sa réalité et reprendre conscience de ce qui est essentiel en lui. » Touché par la tension à la plus haute spiritualité des recherches abstraites, voie où de longtemps l'avait précédé Albert Gleizes, se référant à l'art roman en tant qu'origine de la tradition française, Manessier évolua résolument vers cette dématérialisation des éléments narratifs, sauf de rares symboles cultuels préservés, croix, orbes, épines, accentuant encore sa tendance naturelle au monumental, apte à la communication du message mystique, adoptant le parti des hautes verticales et les accords pathétiques de bleus profonds et de rouges passionnément funèbres, en écho aux verrières de Chartres qu'il admirait.

Alfred Manessier est un des grands peintres de l'école de Paris de la seconde moitié du siècle. Il est étrange que, alors que l'école de Paris de la première moitié du siècle demeure intouchable et intouchée, avec ses Matisse, Picasso, Duchamp, Ernst, celle de la seconde soit systématiquement minimisée sous le jugement infamant et sans réplique d'être justement l'école de Paris, alors qu'elle se situe directement dans la continuité de la première, dont elle a voulu effectuer la synthèse de ses composantes avec l'apport extérieur de l'abstraction. Artiste chrétien, Manessier posait la question de la possibilité, dans l'art contemporain alors fondé sur le raisonnement plastique, d'un contenu spirituel. L'un des principaux représentants de ce courant de l'abstraction que l'on qualifie d'abstraction française, il pose également la question de la place de ce courant abstrait dans le panorama mondial de l'évolution des expressions artistiques. Quant au contenu spirituel de son œuvre, ce n'est pas un mince mérite qu'il ait, sur le plan mondial, ouvert l'art sacré, englué qu'il était dans une tradition dévoyée, aux formes plastiques contemporaines. Quant à sa place dans le panorama mondial, c'est à peu près celle qu'y occupe l'ensemble de l'école de Paris du moment, même si en tant que telle tant décriée par tout ce qui a intérêt à la décrier, une position faite de mesure et qui ne renonce pas aisément aux vertus décoratives. Manessier, dont tout l'être de passion et le paraître de petit garçon grandi, même quand le visage s'auréola de touffes blanches, exprimaient une sérénité souriante, a totalement assumé son appartenance à l'école de Paris, depuis, en 1941, l'exposition des *Vingt peintres de tradition française*, la manifestant par une synthèse entre l'art de charmer les sens et le développement d'une aventure de l'esprit, attentif à la recherche du « signe plastique retenant à la fois le monde sensoriel comme émotion et le monde spirituel comme révélation finale ».

■ Jacques Busse

Manessier

Manessier

Bibliogr. : Camille Bourniquel, in : *Trois peintres, Le Moal, Manessier, Singier*, gal. Drouin, Paris, 1946 – René Huyghe, in : *Les contemporains*, Tisné, Paris, 1949 – Bernard Dorival : *Alfred Manessier, artisan religieux*, in : L'Œil, Paris, oct. 1955 – Michel Seuphor, in : *Diction. de la peint. abstraite*, Hazan, Paris, 1957 – Bernard Dorival, in : *Les peintres du xxe siècle*, Tisné, Paris, 1957 – Bernard Pingaud, in : *Parler avec les peintres*, in : L'Arc, N° 10, Aix-en-Provence, printemps 1960 – Camille Bourniquel, in : *Peintres contemporains*, Mazenod, Paris, 1964 – Jean Cayrol : *Manessier*, Musée de poche, Paris, 1966 – Jean-Clarence Lambert, in : *La peinture abstraite*, Rencontre, Lausanne, 1966 – J.E. Müller, in : *Diction. Univers. de l'Art et des Artistes*, Hazan, Paris, 1967 – J.-P. Hodin : *Manessier*, Ides et Calendes, Neuchâtel, 1972 – Pierre Encrevé : Catalogue de l'exposition *Manessier, La Passion 1948-1988*, Élac, Lyon, 1988 – divers : Catalogue de l'exposition *Manessier « Le Paysage », Peintures 1945-1985*, Issoire, 1989 – Alfred Manessier : *40 ans de lithographie*, Catalogue de l'exposition circulante en Corée, Japon, Égypte, Éd. AFAA, Paris, 1989 – Pierre Encrevé : *Alfred Manessier, une insolente liberté*, Catalogue de l'exposition, gal. de France, Paris, 1989 – Camille Bourniquel, François Énaud, Alfred Manessier : Catalogue de l'exposition *Manessier, œuvres 1927-1989*, Musée Boucher-de-Perthes, Abbeville, 1990 – divers : Catalogue de l'exposition *Manessier, œuvre monumentale*, château de La Roche-Jagu, Ploézal-Pontrieux, 1990 – Claire Stoullig, Pierre Encrevé, Daniel Abadie, Louis Marin, Ole Henrick Moe : Catalogue de l'exposition *Manessier*, Centre nat. des Arts plastiques, Paris ; Skira, Genève, 1992 – divers : *Manessier, œuvre tissé*, préparation du Catalogue, Paris, 1993 – divers : Catalogue de l'exposition *Alfred Manessier, 27 aquarelles verticales, 1993*, gal. de France, Paris, 1993 – divers : Catalogue de l'exposition *Alfred Manessier – 1911-1993, peintures, aquarelles, vitraux, lithographies*, Mus. des Beaux-Arts, Angers, 1994.

Musées : Amiens (Mus. de Picardie) : *Pietà* 1948 – Amiens (FRAC) : *Fonds d'eau* 1982, aquar. – Bâle : *Nocturne* 1950 – *Dans la prairie* 1951, aquar. – *Composition* 1953 – Beauvais (Gal. Nat. de la Tapisserie) : *Litanies* 1953, cart. de tapisserie – Berlin (Nationalgalerie) : *Février près d'Harlem* 1956 – Berlin (Staatliches Mus.) : *Passion espagnole III : 1973*, aquar. – Berne : *Grand bouquet canadien* 1968 – Brême (Kunsthalle) : *Turris Davidica* 1952 – *Requiem* 1957 – Bruxelles (Mus. des Beaux-Arts) : *Seigneur, frapperons-nous de l'épée* 1954 – La Chaux-de-Fonds (Mus. des Beaux-Arts) : *La Passion de Notre-Seigneur Jésus-Christ* 1952 – Cologne – Dijon (Mus. des Beaux-Arts) : *Près d'Harlem* 1955 – *Verdon automnal* 1959 – *Offrande de la terre* 1962 – Dijon (Donation Granville) : *Le jardin des Oliviers* 1949 – *La grande forteresse* 1951, aquar. – *Matin d'hiver* 1954 – *Baie de Somme* 1955, aquar. – *La nuit* 1956, gche – *Nuit déchirée* 1956, gche – *En secret* 1956, gche – *Paysage du Verdon* 1959, lav., encre de Chine – Dunkerque (Mus. d'Art Contemp.) : *Le Grand Nord* 1968 – *Blés après l'averse* 1974 – *Rochers au couchant* 1974 – *Passion espagnole* 1975 – *Coup de vent* 1977 – *Port nocturne* 1977 – *15 lithographies sur le thème de Pâques* 1978 – *Eaux vives* 1979 – Eindhoven : *Barrabas* 1952 – *Nuit d'été* 1956 – Essen (Folkwang Mus.) : *La Couronne d'épines* 1951 – *Per amica silentia lunae* 1954 – Fort Worth : *Croix, ma joie* 1963 – Grenoble (Mus. de Peinture et de Sculpture) : *Paysage espagnol* 1963 – Hambourg (Kunsthalle) : *Fête en Zeeland* 1955 – Hanovre : *Jardins de Pâques* 1952 – Le Havre (Mus. des Beaux-Arts) : *Apaisé* 1954 – Helsinki : *Le long du sentier* 1960 – Johannesburg : *Hiver en montagne* 1950 – Londres (Tate Gal.) : *Moins 12°* 1956 – Luxembourg (Mus. d'Hist. et d'Art) : *Épiphanie* 1961 – Lyon (Mus. des Beaux-Arts) : *Aube sur la garrigue* 1959 – Malmö – Mannheim : *Port* 1956 – Marseille (Mus. Cantini) : *Lavis N° 2* 1959 – Metz : *Hommage à Goya* 1964 – *Réplique de la tapisserie N° 10 de la suite des 12 sur le thème des Cantiques spirituels de Saint Jean de la Croix* – Meudon (Mus. d'Art et d'Hist.) : aquar. – Mexico (Mus. Rufino Tamayo) : *Le 11 septembre 1973* 1973 – Montréal (Mus. d'Art Contemp.) : *Procès de Burgos I*, litho. – *Procès de Burgos II*, litho. – Nantes (Mus. des Beaux-Arts) : *Salve Regina* 1945 – New York (Mus. of Mod. Art) : *Figure de pitié* 1944-45 – *Objets de toilette* 1945 – *Évocation de la mise au tombeau* 1948 – *Pour la fête du Christ Roi* 1952 – New York (Solomon R. Guggenheim Mus.) : *Étude pour Jeux dans la neige* 1951 – Oslo (Nasjonalgalleriet) : *Hiver* 1950 – Ottawa (Nat. Gal. of Canada) : *La sève* 1964 – Paris (Mus. Nat. d'Art Mod.) : *Combat de coqs* 1944 – *Le port bleu* 1948 – *Espace matinal* 1949 – *La Couronne d'épines* 1950 – *Ensoleillé dans la dune* 1951 – *La Sixième heure* 1957-58 – *12 lavis de Haute-Provence* 1959 – *Résurrection* 1961 – *L'Empreinte* 1962, triptyque et prédelle – *Les Ténèbres* 1962 – *Hommage à Dom Helder Camara (Favellas I)* 1979 – Paris (Mus. des Arts Décor.) : *maquettes et cartons des vitraux de l'église d'Alby-sur-Chéran* 1977 – Paris (Mobilier Nat.) : *nombreuses tapisseries déposées dans des administrations* – Paris (Mus. d'Art Mod. de la Ville) : *La nuit au Mas* 1959 – Paris (Mus. de la Poste) : *Alléluia* 1976 – Pittsburgh (Carnegie Inst.) : *Couronne d'épines* 1954 – Ridgefield (Mus of Contemp. Art) : *Le torrent I* 1959 – Rio de Janeiro (Mus. de Arte Mod.) : *Passion* 1979, aquar. – Rotterdam (Mus. Boymans Van Beuningen) : *Port nocturne* 1950 – *Offrande du soir* 1954 – Rouen (Mus. des Beaux-Arts et de Céramique) : *Dans l'espace crépusculaire* 1960 – Saint-Dié (Mus. d'Art Mod.) : *Espace matinal* 1949 – Saint-Étienne (Mus. d'Art Mod.) : *Espace matinal* 1949 – São Paulo (Mus. de Arte Mod.) : *Neige* 1951 – Stockholm (Mod. Mus.) : *La nuit du Jeudi Saint* 1955 – Stuttgart : *Requiem pour novembre 56* 1957-58 – Turin (Mus. Civico d'Arte Contemp.) : *Longwy la nuit* 1951 – Venise (Gal. Internat. d'Arte Mod.) : *Alleluia II* 1962 – Washington D. C. (Duncan Phillips coll.) : *Du fond des ténèbres* 1963 – Zurich (Kunsthaus) : *Tumulte* 1962.

Ventes Publiques : Grasse, 9-12 juil. 1954 : *La jeune laitière* : **FRF 232 000** – Paris, 30 juin 1958 : *Composition aux canots*, gche : **FRF 430 000** – Paris, 17 juin 1960 : *Construction de l'Arche* : **FRF 9 500** – Genève, 12 mai 1962 : *Appel du printemps* : **CHF 71 000** – New York, 30 oct. 1963 : *Le Torrent* : **USD 12 000** – New York, 24 mars 1966 : *Pour la fête du Christ Roi* : **USD 14 000** – Hambourg, 7 juin 1969 : *Épines* : **DEM 35 000** – Paris, 12 juin 1972 : *Deux personnages* : **FRF 38 000** – Versailles, 2 déc. 1973 : *Épines* 1955 : **FRF 46 000** – Paris, 12 juin 1974 : *Composition* : **FRF 16 500** – Versailles, 8 fév. 1976 : *Composition* 1968, past. et gche (12x25) : **FRF 1 900** – Milan, 9 nov. 1976 : *Marée basse* 1954, h/t (114x113) : **ITL 6 600 000** – New York, 21 oct. 1977 : *Composition, l'été* 1957, h/t (89x89) : **USD 5 000** – Zurich, 30 mai 1979 : *Composition* 1959, craie de coul. (38,5x30) : **CHF 4 800** – Paris, 15 mars 1979 : *Composition*, aquar. gchée (32x24) : **FRF 7 000** – Londres, 3 juil 1979 : *Recueillement nocturne I* 1952, h/t (220x99) : **GBP 4 300** – Versailles, 3 juin 1981 : *Première neige* 1963, h/t (73x92) : **FRF 45 000** – Londres, 23 fév. 1983 : *Joueur de guitare* 1946, aquar. et gche (40,6x30,8) : **GBP 1 100** – Hambourg, 9 juin 1984 : *Les Monts Cuquillons* 1959, h/t (98x130) : **DEM 47 000** – Douai, 24 mars 1985 : *Matinal* 1977, aquar. (43x43) : **FRF 14 000** – Londres, 5 déc. 1986 : *La Nuit* 1956, h/t (144,8x200,7) : **GBP 42 000** – Londres, 22 oct. 1987 : *Composition* 1951, aquar./pap. (31x37,5) : **GBP 2 400** – Neuilly, 23 fév. 1988 : *Nocturne* 1949, h/t (40x81) : **FRF 120 000** – New York, 12 mai 1988 : *Nocturne* 1948, h/t (145x89,5) : **USD 68 200** ; *La Durance* 1959, h/t (130x97,5) : **USD 55 000** ; *Alleluia Pascal* 1964, h/t (114x114) : **USD 57 200** – Paris, 20-21 juin 1988 : *Composition* 1958, h/pap. (40x40) : **FRF 48 000** – Londres, 30 juin 1988 : *Hiver* 1954, h/t (149,3x200) : **GBP 36 300** – New York, 6 oct. 1988 : *Clown* 1944, h/t (46,4x33,3) : **USD 35 200** – Londres, 20 oct. 1988 : *Le long du rivage* 1950, h/t (136x65) : **GBP 27 500** – Paris, 28 oct. 1988 : *Alleluia Pascal* 1964, h/t (114x114) : **FRF 380 000** – Paris, 23 mars 1989 : *Le port* 1952, h/t (25,5x33) : **FRF 201 000** – Londres, 6 avr. 1989 : *Les arbustes du soir* 1950, h/t (46,5x61) : **GBP 24 200** – Paris, 13 avr. 1989 : *Composition* 1957, gche (31,5x49) : **FRF 73 000** – Neuilly, 6 juin 1989 : *L'arbre et la nuit* 1951, h/t (81x100) : **FRF 550 000** – Paris, 23 juin 1989 : *Port de Crotoy le soir* 1943, h/t (33x41) : **FRF 160 000** – New York, 5 oct. 1989 : *Composition* 1957, h/t (38x45,7) : **USD 41 800** – Paris, 7 oct. 1989 : *Lumières du port* 1950, h/t (61x38) : **FRF 330 000** – Zurich, 25 oct. 1989 : *Composition* 1948, aquar. (18,5x26) : **CHF 12 000** – Paris, 22 nov. 1989 : *Chant d'automne* 1950, h/pap. (39,5x36) : **FRF 130 000** – Calais, 10 déc. 1989 : *Composition* 1958, h/t (65x54) : **FRF 270 000** – Paris, 18 fév. 1990 : *Marée basse* 1954, h/t (112,5x112,5) : **FRF 1 200 000** – Londres, 22 fév. 1990 : *Vendredi Saint*, h/pap./t. (91,2x38,4) : **GBP 35 200** – Paris, 21 mars 1990 : *Ensoleillé* 1973, aquar. (56x76) : **FRF 80 000** – Paris, 28 mars 1990 : *Composition* 1952, h/t (38x45,5) : **FRF 550 000** – Paris, 8 avr. 1990 : *La Côte* 1959, h/t (195x114) : **FRF 1 350 000** – Paris, 20 juin 1990 : *Composition abstraite* 1958, gche (25,5x53) : **FRF 37 000** – Londres, 18 oct. 1990 : *Hommage au saint poète Jean de la Croix* 1958, h/t (189x149,5) : **GBP 66 000** – Paris, 28 oct. 1990 : *Barques du matin* 1945, h./yt (38x61) : **FRF 185 000** – Douai, 11 nov. 1990 : *Enseille* 1973, aquar. (56x74) : **FRF 91 000** – Paris, 17 avr. 1991 : *Le voile de Véronique* 1945, h/t (92x60) : **FRF 150 000** – Paris, 20 nov. 1991 : *Port au soleil couchant* 1976, aquar./pap. (31x49) : **FRF 32 000** – Londres, 26 mars 1992 : *La vieille demeure (Benauge)* 1946, h/t (24x40,6) : **GBP 4 510** – New York, 8 oct. 1992 : *Sans titre*, gche et craies de coul./pap. (18,7x16,5) : **USD 5 500** – New York, 12 nov. 1992 : *Composition abstraite* 1955, h/t (45,7x54,9) : **USD 23 100** – Paris, 26 nov. 1992 : *Floral I* 1972, h/t (200x75) : **FRF 60 000** – Amsterdam, 9 déc. 1992 : *Paysage hivernal* 1956, h/t (26,7x45,5) : **NLG 17 250** – Londres, 3 déc. 1992 : *Cascade* 1959, h/t (100x81) : **USD 24 200** – Paris, 11 déc. 1992 : *Composition* 1952, h/t (46x60) : **FRF 80 000** – Paris, 8 mars 1993 : *Le Bignon* 1944, h/t (22x46) : **FRF 81 000** – New York, 2 nov. 1993 : *Composition abstraite* 1959, craies coul./pap. chamois (25,1x32,7) : **USD 4 370** – Londres, 26 mai 1994 : *Christ aux champs* 1944, h/t (130x97) : **GBP 27 600** – Paris, 29 juin 1994 : *Cantique spirituel de saint Jean de la Croix*, gche/pap. (31x23,6) : **FRF 35 000** – Paris, 15 juin 1995 : *Roches grises* 1966, h/t (100x100) : **FRF 60 000** – Paris, 20 juin 1996 : *Nuit enneigée* 1977, h/t (81x54) : **FRF 39 000** – Londres, 27 juin 1996 : *Hommage au saint poète Jean de la Croix* 1958, h/t (189x149,5) : **GBP 17 250** – Londres, 5 déc. 1996 : *Printemps-Clair* 1952, h/t (80x99) : **GBP 15 525**.

MANET André

Né en 1912. xxe siècle. Français.

Peintre de paysages, paysages urbains, natures mortes, fleurs et fruits.

Il vit et travaille dans les pays de Loire.

Essentiellement paysagiste, en dehors des paysages de Loire, il peint à Paris, en Île-de-France, Champagne, Picardie, Normandie, Bretagne, Vendée, Armagnac, ainsi qu'au Portugal. Vision et facture sont empreints de fraîcheur, parfois d'une plaisante naïveté.

MANET Édouard

Né le 23 janvier 1832 à Paris. Mort le 30 avril 1883 à Paris. xixe siècle. Français.

Peintre de compositions à personnages, figures, nus, portraits, paysages, paysages urbains animés, natures mortes, aquarelliste, pastelliste, graveur, lithographe, dessinateur, affichiste, illustrateur. Pré-impressionniste.

Édouard Manet était de vieille famille bourgeoise : son père était magistrat, le père de sa mère, diplomate. Toute sa vie, il devait rester marqué par ses origines, et si révolutionnaire que parût son œuvre, il conserva l'allure et les sentiments d'un « homme du monde ». Encore enfant, il se sentit irrésistiblement attiré par le métier de peintre. Un oncle, colonel d'artillerie, qui occupait ses moindres instants de loisir à noircir un cahier de croquis, lui communiqua d'abord son goût du dessin et l'emmena au musée. Après avoir poursuivi ses études au Collège Rollin, plutôt que de faire son droit il choisit de s'engager comme mousse à bord d'un navire de commerce, le *Guadeloupe*. Le long voyage qu'il fit du Havre à Rio de Janeiro ne fut pas sans influence sur la formation de son génie et devait lui inspirer plus tard des marines qui sont parmi les plus belles de son temps : il ne se sentit alors capable que de marquer en quelques coups de crayons, de rapides impressions, une attitude pittoresque, un aspect fugitif. Au retour, il va avoir dix-huit ans et son père se laisse fléchir ; il cède à sa vocation et le fait entrer dans l'atelier de Thomas Couture où il restera six ans. Manet n'avait pas grand-chose à apprendre sinon les règles immuables de son art chez ce peintre à succès facile, dont la virtuosité tenait lieu de véritable talent. Le maître et l'élève ne s'estimaient guère réciproquement. « Vous ne serez jamais que le Daumier de la peinture ! » lui dit un jour Couture. Cette boutade les révèle assez bien l'un et l'autre. Le génie de Manet s'y forma pourtant ; il y trouva les modèles dont il avait besoin, après quoi, il allait au Louvre où il copiait avec passion les Titien et les Vélasquez : ces choix déjà sont significatifs. Quelques voyages, à la même époque, élargirent encore son horizon, en Hollande, en Allemagne, en Italie. Dès 1856, il loue un atelier rue Lavoisier et décide de travailler seul.

En 1859 il affronte le public : le Salon refuse son envoi, le *Buveur d'absinthe*, et une première exposition de ses œuvres à la Galerie Martinet, boulevard des Italiens, fait scandale. Nous abordons au drame de la vie de Manet, grand bourgeois fin, élégant, séduisant, conscient de sa valeur, qui aimait plaire et se sentait fait pour une carrière triomphale. Or, il fut tout de suite honni par le public, les journaux le représentèrent comme un fou, un bohême grossier, un anarchiste. De même que Baudelaire, son ami, il était un grand classique que l'on prenait pour un révolté. La personnalité de Manet se révèle déjà dans ces premières œuvres, par la qualité de ses noirs et de ses blancs qui s'opposent, par l'intensité de ses effets tragiques et la délicatesse raffinée de sa palette : par l'influence de l'Espagne avec laquelle son art a d'étranges affinités et qui restera une de ses meilleures sources d'inspiration (or Paris fêtait alors une troupe de danseurs, un chanteur, un guitariste). Le *Joueur de guitare* de Manet fut reçu au Salon de 1861 et obtint même une récompense. L'année précédente, il avait préludé à ces grandes compositions où devait s'épanouir toute la liberté de son inspiration dans sa *Musique aux Tuileries*, où les couleurs vibrent auprès des ombres, où les personnages comme les arbres palpitent de vie. Dans la formation du génie de Manet, il ne faut pas oublier la part de l'art japonais, récemment découvert, et qui s'accordait avec sa nature par d'audacieux contrastes, par la qualité de la couleur franchement posée et soutenue par de beaux noirs, et aussi par certaines formes nonchalantes relevées par la justesse d'un accent ferme, ou par les sujets mêmes, courtisans et gens de théâtre, artisans à leur besogne, femmes à leur toilette. Manet, dès ses débuts, réagit contre le modelé affadissant et les valeurs atténuantes. Il pose sur sa toile de grandes masses unies, « des figures de jeux de cartes », disait-on : ainsi de son fameux *Déjeuner sur l'herbe*, qui fit scandale au premier Salon des Refusés imposé par Napoléon III à côté du Salon officiel de 1863. On a fait à cette toile toutes sortes de reproches contradictoires : toile de plein air, mais un plein air d'atelier, inspiré du *Concert champêtre* de Giorgione. Manet y travailla une année entière, mais elle a la fraîcheur de tons d'une esquisse ; et un critique en disait que c'était du bariolage, la caricature de la couleur. Ne parlons pas de l'audace qu'il y avait à montrer une jeune femme nue dans un bois, en compagnie de messieurs en veston ! La jeune femme était Victorine Meurand, une rousse au teint mat, aux lignes sveltes et au regard impassible, qui devait figurer pendant douze ans dans la plupart des toiles du peintre, et bouleverser derechef les habitués du Salon par sa nouvelle incarnation, dite l'*Olympia*. Le fossé se creusait, plus profond que jamais, entre Manet et son public. Cette fille nue parut perverse, stupide, cadavérique, l'attitude du chat, indécente, le bouquet et sa négresse, ridicules. Enfin le modelé à peine indiqué du visage et des chairs blêmes heurtait les spectateurs habitués aux habiles graduations, aux savants passages de l'ombre à la lumière. Mais un petit groupe d'artistes et d'écrivains prirent passionnément la défense de l'œuvre. Ils se réunissaient au café Guerbois, avenue de Clichy. Dans ce cénacle le brillant Manet avait la première place. Malgré des apparences désinvoltes, il fournissait un travail écrasant : aquarelles et eaux-fortes, études, grands sujets d'actualité, portraits, marines. Baudelaire lui écrivait : « On ne sait pas vous rendre justice... Croyez-vous que vous soyez le premier homme placé dans ce cas ? Avez-vous plus de génie que Châteaubriand et que Wagner ? On s'est bien moqué d'eux, cependant. Ils n'en sont pas morts. » Et tandis que l'on se montrait du doigt, dans les salons, ce grand bourgeois si distingué qui « peignait des immondices », un Zola se voyait congédier du journal où il avait publié son éloge enthousiaste, en 1867, l'année de l'Exposition Universelle. Tout ce qui comptait dans le monde allait visiter Paris. Manet, pour faire connaître ses œuvres, les présenta lui-même dans un petit pavillon en dehors de l'enceinte officielle. Il atteint alors à la plus parfaite maîtrise. Avec une économie de moyens saisissante, sur une toile où il a étendu une simple couche de peinture, il marque en quelques infimes coups de pinceaux, le passage de l'ombre à la lumière, et fait vibrer les chairs lumineuses de ses modèles, en marquant sur un ton d'abord uni, quelques ombres qu'il relève ensuite violemment de touches de clarté. « M. Manet, dit-il dans le catalogue, n'a prétendu ni renverser une ancienne peinture, ni en créer une nouvelle. Il a cherché simplement à être lui-même et non un autre. » Seuls des amis personnels lui achetèrent quelques toiles. Et pourtant, il y avait l'*Exécution de l'empereur Maximilien*, les admirables *Courses de taureaux*, la *Femme au perroquet*, la *Joueuse de Guitare*, l'*Enfant de troupe jouant du fifre* que les plus grands musées se disputeront. Vint la guerre de 1870, Manet se bat pour défendre Paris, sous l'uniforme de la garde nationale. Mais dès février 1871 il reprend ses pinceaux. Au Salon de 1873, coup de théâtre : le *Bon bock*, truculent et solide, est non seulement accepté, mais admiré aussi bien par la critique que par le public ! Un changement pareillement brutal inquiète davantage le peintre qu'il ne le remplit de joie. Et le fait est qu'il n'eut guère de lendemains. Son art est alors en pleine évolution. De jeunes artistes sur qui son génie exerçait une puissante action, contribuaient en retour à éclaircir sa palette, à lui donner le goût du véritable plein-air. Sous l'influence surtout de Degas – qu'il n'aimait pas beaucoup –, de nouvelles et fécondes sources d'inspiration apparaissent : chemins de fer, maisons du boulevard, canapés recouverts de housses et ustensiles de toilette ou de cuisine. De ces humbles objets, transfigurés par leur art, Manet et ses amis tirèrent des chefs-d'œuvres. On a pu dire que « cette nouveauté était plus imprévue et de plus de conséquences pour les artistes à venir que l'exotisme d'un Gauguin ». Donc un grand souffle nouveau anime les toiles de cette époque, tel le magnifique *Linge* de 1876 qui respire la vraie campagne : l'air pur qui y circule n'est pas celui d'un atelier. Ce Linge qui nous éblouit fut refusé au Salon ! La masse des contemporains continuait à ne pas comprendre. Manet convia la presse à voir sa toile dans son atelier : ce fut un concert d'imprécations. « Quelles formes ! Quelles couleurs ! Quelles carnations ! s'écrie un critique indigné. Les arbres ont la couleur de la chair, la figure ressemble à la robe, le linge a la solidité du corps et le corps la minceur et l'inconsistance du linge. » Un autre, l'année suivante, devant un autre plein air, *Argenteuil* : « M. Manet jamais n'était tombé aussi bas. Il a dans ces dernières années exposé des choses bien bouffonnes et bien ridicules... » Mais son ami Mallarmé était fier qu'il fît son portrait – l'un de ses chefs-d'œuvres. Et en plein air encore, le *Déjeuner chez le père Lathuile* éclate de lumière et de vie, cependant que le *Bar des Folies-Bergères* étudié sur place en une multitude de croquis, restitue toute l'atmopshère artificielle, toute la vie grouillante et multiple d'où émerge, blafarde sous les lampes électriques, la belle fille au regard désabusé devant sa table noire et ses bouteilles. La même année 1882, un exquis portrait de jeune fille, *Jeanne*, désarme au Salon ses pires ennemis. Mais, jeune encore, Manet est épuisé par tant de labeur, les luttes ont usé ses nerfs, et il ressent depuis deux ans les premières atteintes d'une affreuse maladie qui l'emportera : l'ataxie locomotrice. Il souffre de crises de plus en plus fréquentes, de plus en plus douloureuses. Il exécute encore quelques grandes compositions, lumineuses, surprenantes, comme *Monsieur Perthuiset* ; mais plus souvent des portraits, des fleurs, des natures mortes qui ne l'obligent pas à se tenir longuement debout devant son chevalet. Il travaille aux pastels qui lui paraissent moins fatigants que les pinceaux. Pendant l'été 1882, à Reuil, il peut à peine marcher et use ses dernières forces à peindre son jardin, ou quelques rapides esquisses de jolies visiteuses. L'hiver suivant, le mal fait des progrès foudroyants, la gangrène se met au pied gauche que l'on doit amputer. Et le 30 avril 1883, Manet s'éteint. Il avait cinquante et un ans et il laissait quatre cent vingt peintures à l'huile, cent quartorze aquarelles, quatre-vingt-cinq pastels, d'innombrables gravures. Graveur, lithographe, illustrateur, il ne fut guère le praticien de ses œuvres dans ces techniques. Commencées en 1862, soixante-seize eaux-fortes ont été réalisées d'après ses peintures. Il a aussi créé des lithographies et des affiches, dont la plus recherchée est *Les Chats*. Il a illustré : en 1874 *Le Fleuve* de C. Cros, en 1876 *L'Après-midi d'un faune* de Mallarmé, *Le Corbeau* de Poe, et a contribué en 1869 à l'illustration de *Sonnets et eaux-fortes* aux Éditions Lemerre, ainsi qu'à la *Revue de la semaine*.

La technique de Manet s'oppose en général à celle de ses amis. Il a le métier des Espagnols, des Flamands, des Hollandais. Le dessin préliminaire a pour lui la même importance que pour les grands maîtres du passé, alors que les impressionnistes construisent par les couleurs, que leur pinceau suggère les objets définis par les jeux de la lumière. Rien n'est plus loin de Manet qui cerne ses sujets d'un trait sombre et net : Manet, le scrupuleux, dessinateur qui, jusqu'à la fin de sa vie, gratte, corrige, efface, mesure pour ne jamais s'écarter de la nature et de la vérité. On a l'habitude de classer Manet parmi les impressionnistes. À vrai dire, il serait plutôt le « dernier des peintres à l'huile ».

■ Georges Huisman

Cachet de vente

Bibliogr. : Éd. Baziré : *Manet*, Quantin, Paris, 1884 – Th. Duret : *Histoire d'Édouard Manet et de son œuvre, avec un catalogue des peintures et des pastels*, Bernheim-Jeune, Paris, 1902, 1906, 1919, 1926 – Étienne Moreau-Nélaton : *Manet graveur et lithographe*, Loys Delteil, Paris, 1906 – Ét. Moreau-Nélaton : *Manet raconté par lui-même*, H. Laurens, Paris, 1926 – Éd. Manet : *Lettres de jeunesse : 1848-1849. Voyage à Rio*, Rouart, Paris, 1928 – Éd. Manet : *Lettres illustrées*, Le Garrec, Paris, 1929 – P. Jamot et G. Wildenstein : *Manet, avec un catalogue critique*, Les Beaux-Arts, Paris, 1932 – P. Colin : *Manet*, Floury, Paris, 1937 – R. Rey : *Manet*, Hypérion, Paris, 1938 – Marcel Guérin : *L'œuvre gravé de Manet*, Floury, Paris, 1944 – A. Tabarant : *Manet et ses œuvres*, N.R.F., Paris, 1947 – Maurice Raynal : *De Goya à Gauguin*, Skira, Genève, 1951 – Raymond Cogniat, in : *Dictionnaire de la peinture moderne*, Hazan, Paris, 1957 – Jacques Lassaigne : *L'Impressionnisme*, in : *Histoire Générale de la peint.*, tome 16, Rencontre, Lausanne, 1966 – Alan de Leiris : *The drawings of Édouard Manet*, California University, Berkeley-Los Angeles, 1969 – Sandra Orienti, Marcella Venturi : *L'Opera pittorica di Édouard Manet*, Flammarion, Paris, 1970 – Denis Rouart, Daniel Wildenstein : *Édouard Manet. Catalogue raisonné*, Biblioth. des Arts, Lausanne-Paris, 1975 – Juliet Wilson : *Édouard Manet. Das Graphische Werk : Meisterwerke aus der Bibliothèque Nationale und weitere Sammlungen*, Ingelheim-am-Rhein, 1977 – Juliet Wilson : *Manet : dessins, aquarelles, eaux-fortes, lithographies, correspondance*, Huguette Bérès, Paris, 1978 – Marcus Osterwalder, in : *Dict. des illustrateurs 1800-1914*, Ides et Calendes, Neuchâtel, 1989 – Jean C. Harris : *Édouard Manet : Graphic Works. A definitive catalogue raisonné*, Alan Wofsy Fine Arts, San Francisco, 1990 – J. Busse, in : *L'Impressionnisme : une dialectique du regard*, Ides et Calendes, Neuchâtel, 1996.

Musées : Baltimore : *Le café-concert* – Berlin : *Dans la serre* – *La Maison de Rueil* – *Lilas blanc* – Boston : *L'exécution de Maximilien* – Brême : *Zacharie Astruc* – Budapest : *La maîtresse de Baudelaire* – Buenos Aires : *La nymphe surprise* – Chicago : *Le port de Boulogne* – *Un philosophe* – *Courses à Longchamp* – Copenhague : *Le buveur d'absinthe* – *L'exécution de Maximilien* – *Jeune fille à la cravate* – Dijon : *Copie du Tintoret par lui-même* – *Le modèle du bar* – *Une allée de jardin* – *Mery Laurent au chapeau noir* – Dresde : *La dame en rose* – Dublin : *La musique aux Tuileries* – Édimbourg : *Nature morte* – Essen : *Faure en Hamlet* – Francfort-sur-le-Main (Inst. Städel) : *La partie de croquet à Paris* – Hambourg (Kunsthalle) : *Nana* – *Portrait d'Henri Rochefort* – Londres (Tate Gal.) : *La Musique aux Tuileries* – *L'exécution de Maximilien* – *Eva Gonzalès* – *Mme Manet* – *La serveuse de bocks* – *La femme au chat* – Londres (Courtauld Inst.) : *Le déjeuner sur l'herbe*, première esquisse – *Bords de la Seine à Argenteuil* – *Un bar aux Folies Bergère* – Lyon : *Copie du Dante et Virgile de Delacroix* – *Mlle Gauthier Lathuille* – Mannheim : *L'exécution de Maximilien* – Melbourne : *Pont d'un bateau* – *La maison de Rueil* – Moscou : *Le bouchon* – *Antonin Proust* – Munich : *Après le café* – *Manet dans son atelier* – Nancy : *L'automne* – New York (Metropolitan Mus.) : *Copie d'après Dante et Virgile de Delacroix* – *L'enfant à l'épée* – *Victorine Meurend en costume d'Espada* – *Jeune homme en costume de majo* – *Christ aux anges* – *Matador saluant* – *Femme au perroquet* – *L'enterrement* – *En bateau* – *Mlle Valtesse de la Bigne* – *George Moore* – Oslo : *La nymphe surprise* – *L'exposition de 1867* – *Mme Manet dans la serre* – Otterlo (Mus. Kröller-Müller) : *Portrait d'homme* – Paris (Mus. d'Orsay) : *Suzanne Hecht de profil en chapeau* 1882 – *La femme au chat*, dess. – *Lola de Valence* – *Le déjeuner sur l'herbe* – *L'Olympia* – *Fruits* – *Pivoines* – *Branche de pivoines* – *Angelina* – *Le fifre* – *Mme Manet au piano* – *Tige de pivoines* – *Émile Zola* – *Le balcon* – *Boulogne au clair de lune* – *Berthe Morisot à l'éventail* – *La dame aux éventails* – *Nina de Callias* – *Blonde aux seins nus* – *Stephane Mallarmé* – *Mme Manet* – *Clémenceau* – *Un citron* – *Jeune femme au buste nu* – *Le musicien Cabaner* – *Le docteur Matern* – *Irma Brunner* – Paris (Petit Palais) : *Théodore Duret* – Saint-Louis : *Le Liseur* – São Paulo (Mus. de Arte) : *Les baigneuses* – *Portrait de Pertuiset, le chasseur de lions* – Stockholm (Nat Mus.) : *Jeune homme pelant une poire* – Toledo : *Antonin Proust* – Tournai (Mus. des Beaux-Arts) : *Les canotiers à Argenteuil* 1874 – *Chez le Père Lathuile* 1879 – Washington D. C. (Phillips Memorial Gal.) : *Le ballet espagnol.*

Ventes Publiques : Paris, 1878 : *Polichinelle* : **FRF 2 000** – Paris, 1881 : *L'enfant à l'épée* : **FRF 9 100** – Paris, 1884 : *Olympia* : **FRF 10 000** ; *La leçon de musique* : **FRF 4 400** ; *Chez le père Lathuile* : **FRF 5 000** ; *Le linge* : **FRF 8 000** ; *Portrait du poète Georges Moore*, past. : **FRF 1 800** ; *Fleurs*, aquar. : **FRF 410** ; *Le rendez-vous des chats*, dess. : **FRF 200** – Paris, 1894 : *Nana* : **FRF 9 000** – Paris, 1894 : *Le repos* : **FRF 11 000** ; *Le torero saluant* : **FRF 10 500** – Paris, 1898 : *L'Alabama au large de Cherbourg* : **FRF 20 000** ; *Au jardin* : **FRF 22 000** – Paris, 1899 : *Jeune femme à mi-corps* : **FRF 7 200** ; *La femme à l'épingle d'or* : **FRF 5 100** – Paris, 1899 : *Sandvihen près de Christiania* : **FRF 6 000** – Paris, 1899 : *Les paveurs de la rue de Berne* : **FRF 13 500** ; *Manet dans son atelier* : **FRF 10 000** – Paris, 24 mars 1900 : *Ribini* : **FRF 4 700** ; *Renée Maizeroy*, past. : **FRF 3 000** – Paris, 23 juin 1900 : *Portrait de femme*, past. : **FRF 4 500** – Paris, 3 mai 1902 : *Jeune femme en blanc* : **FRF 10 000** – Paris, 28-29 mars 1905 : *Le balcon*, esquisse : **FRF 3 100** – Paris, 9-11 déc. 1912 : *La leçon de musique* : **FRF 120 000** ; *Sur la plage* : **FRF 92 000** ; *Buste de femme nue* : **FRF 97 000** – Paris, 26 mars 1919 : *Marine* : **FRF 30 000** ; *La serveuse de bocks (Au Cabaret de Reischoffen)* : **FRF 73 000** ; *Course de taureaux* : **FRF 50 000** ; *Le Grand Prix en 1864*, aquar. : **FRF 28 000** – Paris, 22 mai 1919 : *Portrait de Massin*, past. : **FRF 12 000** – Paris, 1er-3 déc. 1919 : *Portrait de femme* : **FRF 35 500** – Londres, 2 juil. 1920 : *Le pont du bateau* : **GBP 997** – Paris, 30 nov.-2 déc. 1920 : *Étude pour l'Olympia*, lav. : **FRF 5 500** – Londres, 30 mai 1922 : *Intérieur avec des personnages*, dess. : **GBP 74** – Paris, 7 déc. 1922 : *Fillette à sa toilette*, past. : **FRF 43 000** – Londres, 22 juin 1923 : *Le Mariage* : **GBP 819** – Londres, 13 juil. 1925 : *Zurbaran, artiste de l'opéra* : **GBP 65** – Paris, 7 mai 1926 : *L'Odalisque couchée*, aquar. gchée : **FRF 10 000** ; *Portrait de Marcellin Desboutin*, aquar. : **FRF 15 500** ; *L'Homme au chapeau haut de forme*, aquar. : **FRF 25 000** ; *Sous la lampe et deux personnages*, cr. : **FRF 5 000** ; *La fillette blonde* : **FRF 31 000** ; *Polichinelle* : **FRF 420 000** – Paris, 1er mars 1928 : *Chardons* : **FRF 10 500** – Paris, 3 déc. 1928 : *Marine*, aquar. : **FRF 35 000** – New York, 10 avr. 1930 : *Marguerite de Conflans* : **USD 10 500** – Paris, 21 mai 1930 : *Portrait de femme au petit chapeau rond*, mine de pb : **FRF 1 950** – New York, 24 mars 1932 : *Le vieux charpentier* : **USD 600** – Paris, 15 déc. 1932 : *Portrait de Berthe Morizot au manchon* : **FRF 360 000** – Paris, 22 et 23 mars 1933 : *Pivoines, fleur et bouton* : **FRF 21 000** ; *L'Amazone* : **FRF 30 500** ; *La chanteuse de café-concert* : **FRF 43 500** – Paris, 18 nov. 1933 : *Esquisse au pinceau pour un portrait* : **FRF 21 000** – Paris, 2 juin 1933 : *Jeune femme devant la mer*, aquar. : **FRF 17 000** – Paris, 7 juin 1935 : *Jeune fille dans les fleurs* : **FRF 130 000** – Paris, 5 juin 1936 : *Marine, temps calme* : **FRF 30 000** – Londres, 28 mai 1937 : *Roses jaunes et roses dans un vase* : **GBP 1 050** – Paris, 30 mars 1938 : *Bateaux* : **FRF 39 000** ; *Les moissonneurs* : **FRF 200 500** – Paris, 22 déc. 1941 : *Le Parapet*, croquis à la mine de plomb et à la pointe : **FRF 2 500** ; *Le Voilier*, croquis à la mine de plomb : **FRF 2 000** ; *Au café-concert*, mine de pb : **FRF 3 300** – Paris, 1er avr. 1942 : *Le Rendez-vous des Chats*, cr. noir, encre de Chine et gche : **FRF 4 600** – Paris, 9 juil. 1942 : *Jeune femme aux mains jointes* : **FRF 20 000** – Paris, 11 déc. 1942 : *Femme près d'une fenêtre*, aquar. : **FRF 238 000** – Paris, 26 avr. 1944 : *La leçon d'anatomie*, copie d'après Rembrandt : **FRF 255 000** ; *Tête d'étude* : **FRF 506 000** – Paris, 5 juin 1944 : *Portrait présumé d'Edgar Poë*, pl. : **FRF 31 000** – Paris, oct. 1945-juil. 1946 : *Portraits d'homme barbu*, trois études à la mine de plomb et au lavis : **FRF 29 000** – Londres, 10 juil. 1946 : *Étude de fleurs*, dess. : **GBP 20** – Paris, 17 nov. 1948 : *Le cavalier*, mine de pb : **FRF 40 000** – Paris, 20 déc. 1948 : *Le rameur* ; *Allégorie*, deux dess. : **FRF 7 500** – Versailles, 12 déc. 1949 : *Deux poires* : **FRF 1 450 000** – Paris, 30 mai 1951 : *Portrait de Faure* : **FRF 1 200 000** – Paris, 14 mai 1952 : *Jeune fille à la pèlerine* : **FRF 11 600 000** – Paris, 14 juin 1957 : *Tête de vieille femme* : **FRF 18 000 000** – Londres, 15 oct. 1958 : *La promenade, Madame Gamby au jardin de Bellevue* : **GBP 98 000** ; *Portrait de*

Manet par lui-même : **GBP 65 000** – New York, 19 nov. 1958 : *Femme debout dans le jardin de Bellevue* : **USD 39 000** – Paris, 16 mars 1959 : *Couple au balcon pavoisé*, encre de Chine, lav., touches de gche : **FRF 400 000** – New York, 9 déc. 1959 : *Portrait de Berthe Marie Morisot*, aquar. : **USD 6 500** – New York, 16 mars 1960 : *Jeune fille appuyée sur un vase de jardin* : **USD 29 000** – Berne, 17 juin 1960 : *Quatre hommes dans un intérieur*, cr. : **CHF 1 750** – Londres, 6 juil. 1960 : *Étude d'un jeune homme portant un manteau*, cr. Comté : **GBP 300** – Londres, 28 juin 1961 : *Les chrysanthèmes au panier en forme d'éventail* : **GBP 1 600** – Londres, 11 avr. 1962 : *La liseuse (Mme Jules Guillemet)* : **GBP 23 000** – Londres, 12 juin 1963 : *Alice Lecouvé. Torse nu* : **GBP 9 000** – Londres, 23 oct. 1963 : *Scène de tauromachie*, aquar. : **GBP 1 800** – Londres, 29 avr. 1964 : *Le tub*, gche/t. : **GBP 10 000** – Londres, 27 nov. 1964 : *Mme Manet dans la serre* : **GNS 3 800** – New York, 14 oct. 1965 : *Le fumeur (La bonne pipe)* : **USD 450 000** – Londres, 7 déc. 1966 : *Alice Lecouvé, torse nu* : **GBP 16 100** – New York, 26 oct. 1967 : *Jeune femme au chapeau à bords rabattus*, past./t. : **USD 75 000** – Paris, 7 juin 1968 : *Panier fleuri*, esquisse sur toile : **FRF 610 000** – New York, 2 mai 1973 : *Nature morte aux poissons* : **USD 1 400 000** – New York, 17 oct. 1973 : *Jeune femme au chapeau à bords rabattus*, past. : **USD 190 000** – Genève, 6 juin 1974 : *Portrait de Berthe Morisot avec une voilette* 1872 : **CHF 860 000** – Londres, 2 avr. 1974 : *Isabelle au manchon (Mlle Isabelle Lemonnier) vers 1880* : **GBP 100 000** – Paris, 17 juin 1976 : *Jeune fille et enfant* 1879, h/t (61x51) : **FRF 285 000** – Paris, 20 déc. 1976 : *Les gitans* 1862, eau-forte : **FRF 3 800** – New York, 10 fév. 1977 : *Guerre civile* 1871, litho. (39,4x50,7) : **USD 2 750** – Londres, 14 déc. 1978 : *Le buveur d'absinthe* 1861/62, eau-forte/Chine (28,5x16) : **GBP 3 700** – New York, 31 oct. 1978 : *L'Italienne* 1860, h/t (74x60) : **USD 400 000** – Berne, 21 juin 1979 : *La petite fillette* 1862, eau-forte et pointe sèche : **CHF 5 200** – Londres, 5 déc 1979 : *Le vieux musicien* vers 1862, mine de pb, pl. et cr. de coul. (24x32) : **GBP 26 000** – Londres, 2 avr 1979 : *Mme Martin en chapeau noir garni de roses* 1881, past. (54x44) : **GBP 240 000** – New York, 6 nov 1979 : *Danseurs espagnols* 1879, h./parchemin (25,7x22,7) : **USD 170 000** – New York, 20 mai 1981 : *Portrait d'Alice Legouvé* 1875, h/t (26x26) : **USD 175 000** – New York, 6 nov. 1981 : *Au café-concert, groupe de spectateurs* vers 1880, cr. (18,5x27,2) : **USD 35 000** – Londres, 23 mars 1983 : *Étude pour Le Déjeuner à l'atelier* 1868, pl., pinceau et encre brune (20,5x16,8) : **GBP 31 000** – New York, 15 nov. 1983 : *La Promenade* vers 1880, h/t (92,3x70,5) : **USD 3 600 000** – New York, 16 mai 1984 : *M. Gauthier-Lathuille Fils* 1879, past. (55x46) : **USD 300 000** – New York, 2 mai 1984 : *L'Exécution de Maximilien* 1868, litho./Chine appliqué (33,3x43,3) : **USD 12 000** – New York, 15 nov. 1985 : *L'Exécution de Maximilien* vers 1868, litho./Chine (33,7x43,4) : **USD 10 500** – New York, 14 mai 1985 : *Marine à Berck : bateaux de pêche et pêcheurs* 1873, h/t (49x79,5) : **USD 360 000** – Londres, 1er déc. 1986 : *La Rue Mosnier aux Paveurs* 1878, h/t (65,4x81,5) : **GBP 7 000 000** – Londres, 1er déc. 1986 : *La Rue Mosnier aux paveurs* 1878, h/t (65,4x81,5) : **GBP 7 000 000** – Paris, 25 nov. 1987 : *Jeune femme au décolleté*, past./t. (56x46) : **FRF 950 000** – Londres, 30 juin 1987 : *Chanteuse de café-concert* 1879, h/t (53x35) : **GBP 860 000** – New York, 18 fév. 1988 : *Portrait de Monsieur Pagans* 1879, h./parchemin (10,2x7) : **USD 24 200** – Londres, 1988 : *Le gamin*, estampe : **GBP 30 800** – Paris, 20 mai 1988 : *Le Christ aux anges*, eau-forte : **FRF 29 500** – Paris, 14 juin 1988 : *Profils de femmes chapeautées* 1861-62, cr. (18,5x11) : **FRF 22 100** – Paris, 19 oct. 1988 : *Quatre personnages au théâtre*, dess. à l'encre de Chine (12x17) : **FRF 302 000** – Calais, 13 nov. 1988 : *Deux femmes de profil coiffées de chapeaux*, dess. à la mine de pb (19x11) : **FRF 48 500** – Londres, 1er déc. 1988 : *La rue Mosnier aux paveurs*, h/t : **GBP 7 700 000** – Londres, 4 avr. 1989 : *Le vieux musicien*, cr. et encre et cr. de coul. (23,6x30,6) : **GBP 143 000** – New York, 14 nov. 1989 : *La rue Mosnier aux drapeaux* 1878, h/t (65,5x81) : **USD 2 640 000** – New York, 15 nov. 1989 : *La promenade*, h/t (92,3x70,5) : **USD 14 850 000** – Calais, 10 déc. 1989 : *Jeune femme décolletée* 1882, past. et h/t (56x46) : **FRF 1 200 000** – New York, 15 mai 1990 : *Le banc (le jardin de Versailles)* 1881, h/t (65,1x81,3) : **USD 16 500 000** – Paris, 17 juin 1990 : *Paysage aux arbres* 1859, h/t (47,5x38) : **FRF 1 000 000** – Paris, 22 juin 1990 : *Prunes et cerises*, aquar./lettre (19,5x12) : **FRF 310 000** – New York, 13 nov. 1990 : *Bouquet de pivoines* 1882, h/t (56,5x44,5) : **USD 4 400 000** – New York, 12 mai 1992 : *Les travailleurs de la mer* 1873, h/t (63x79,3) : **USD 1 980 000** – Paris, 2 avr. 1993 : *Le guitarero ou le chanteur espagnol* 1861, eau-forte (29,4x23,9) : **FRF 19 000** – New York, 13 mai 1993 : *Jeune homme en costume de toréador* 1862, h/t (55,7x45,7) : **USD 310 500** – Paris, 28 mai 1993 : *Enfant de profil*, cr. noir (23x14) : **FRF 13 000** – Paris, 11 juin 1993 : *L'enfant à l'épée tourné à gauche* 1861, eau-forte et aquat. (27,1x18,1) : **FRF 55 000** – Londres, 28 juin 1994 : *Un bar des Folies-Bergère*, h/t (47x56) : **GBP 4 401 500** – Londres, 29 nov. 1994 : *Panier fleuri* 1880, h/t (65,4x81,3) : **GBP 452 500** – Paris, 26 mars 1996 : *Les Courses* 1864, litho. (51,6x40,1) : **FRF 210 000** – New York, 30 avr. 1996 : *Jeune fille en déshabillé* 1882, past./t. (56,2x35,2) : **USD 827 500** – Paris, 13 juin 1996 : *L'Espada, ou Victorine Meurand en costume d'espada* 1862, eau-forte (33,5x26) : **FRF 58 000** – Londres, 25 juin 1996 : *Femme en promenade tenant une ombrelle ouverte* 1880, past./t. (60x50) : **GBP 98 300** – Londres, 3 déc. 1996 : *Femme au tub*, past./t. (46x56) : **GBP 386 500** ; *Le Bal de l'Opéra* 1873, h/t (36,5x28,5) : **GBP 1 596 000** – New York, 12 nov. 1996 : *Portrait de Mademoiselle Suzette Lemaire, de profil* 1880, past./pap. (54,3x45,1) : **USD 2 917 500** – New York, 12 mai 1997 : *Portrait de Manet par lui-même* 1878, h/t (85,3x71) : **USD 18 702 500** – Paris, 11 juin 1997 : *Une loge (cinq personnages)*, mine de pb (10x15) : **FRF 39 000** – Paris, 16 juin 1997 : *Caricature du Commandant Besson, dit Le Viking* 1848, aquar. (24,5x17,5) : **FRF 150 000** – Paris, 18 juin 1997 : *La Marchande de cierges*, mine de pb (12x10) : **FRF 40 000**.

MANETTI Domenico

Né en 1609 à Sienne. Mort en 1663. XVIIe siècle. Italien.

Peintre de compositions religieuses.

Fils, élève et imitateur de Rutilio Manetti, il travailla surtout pour les églises de Sienne. Lanzi cite de lui un *Baptême de Constantin* (dans la Casa Magnoni).

Ventes Publiques : Milan, 4 avr. 1989 : *Loth et ses filles*, h/t (123x93) : ITL **7 000 000**.

MANETTI Fernando

XXe siècle. Italien.

Peintre de paysages.

Il séjourna au Liban, à Beyrouth, où il eut une activité d'enseignement, dans les années quarante.

Ventes Publiques : Londres, 15 oct. 1992 : *San Giminiano – Toscane* 1931, h/t (85x75,5) : **GBP 3 960**.

MANETTI Giovanni

XVIe siècle. Italien.

Sculpteur sur bois et orfèvre.

Il vécut et travailla à Florence.

MANETTI Orazio. Voir **MANENTI O.**

MANETTI Rutilio di Lorenzo

Né le 1er janvier 1571 à Sienne. Mort le 22 juillet 1639 à Sienne. XVIe-XVIIe siècles. Italien.

Peintre de compositions à personnages, graveur à l'eau-forte et éditeur. Caravagesque.

Il a pu être considéré comme le peintre le plus important de l'école toscane au XVIIe siècle. Il était de deux ans l'aîné du Caravage. Élève de Francesco Vanni, il s'inspira surtout de Caravage, comme beaucoup d'autres artistes florentins de cette période. Il travailla à Florence, où l'on voit de ses peintures à la Certosa, à Pise, et surtout à Sienne qui garde dans ses églises la plupart de ses œuvres. Il a signé ses ouvrages : *R. M. J.* et *Rut. Man. Pin.*

Ru Man

Musées : Aurillac : *Un saint avec un lys à la main* – Florence (Mus. des Offices) : *Saint Sébastien – Portrait de l'auteur* – Florence (Pitti) : *Épousailles – Mort de sainte Madeleine* – Lille (Wikar) : *Dessins* – Lucques (Pina.) : *Réveil d'un enfant* – Oslo : *Le rendez-vous interrompu* – Paris (Mus. du Louvre) : *Dessins* – Rome (Gal. Doria) : *Loth et ses filles* – Sienne (Gal. Chigi Saracini) : *Joueurs de dames*.

Ventes Publiques : Paris, 1776 : *Le repos en Égypte*, grisaille, vendu avec l'estampe : **FRF 200** – Londres, 24 nov. 1961 : *The concert* : **GNS 1 200** – Milan, 21 mai 1970 : *Marie Madeleine* : **ITL 1 400 000** – Milan, 6 mai 1971 : *Les trois âges de l'homme* : **ITL 6 500 000** – Milan, 24 nov. 1983 : *Les Noces de Cana*, h/t (220x170) : **ITL 22 000 000** – New York, 15 jan. 1988 : *Cupidon endormi parmi les attributs des Arts*, h/t (72,5x122) : **USD 22 000** – Milan, 4 avr. 1989 : *Sainte Rosalie*, h/t (110x79) : **ITL 34 000 000** – Milan, 24 oct. 1989 : *Judith avec la tête d'Olopherne*, h/t (125,5x100) : **ITL 85 000 000** – Monaco, 7 déc. 1990 : *Salomé avec la tête de Saint Jean-Baptiste*, h/t (131x96) : **FRF 111 000** – Stockholm, 19 mai 1992 : *Eve offrant la pomme à Adam dans le jardin de l'Eden*, h/t (45x41) : **SEK 17 000** – Londres, 26 oct. 1994 :

Samson et Dalila, h/t (146x117) : **GBP 22 425** – New York, 10 jan. 1996 : *Vierge à l'Enfant avec Saint Jean Baptiste et Sainte Catherine de Sienne*, h/t (101x75,3) : **USD 48 300**.

MANETTO da Firenze. Voir **AMMANNATINI Manetto**

MANEV Nicolas

Né en 1940 à Tchirpan. xxe siècle. Actif depuis 1964 en France. Bulgare.

Peintre de paysages, technique mixte. Abstrait-paysagiste.

Il fut élève de l'Institut des Beaux-Arts de Sofia, puis de l'École des Beaux-Arts de Paris, où il obtint une Première Médaille au concours Chenavard. Il expose surtout à Paris, mais aussi à Londres, Genève, etc. En 1977, il a participé, au Centre Beaubourg, à l'exposition *Meubles Tableaux*, avec un petit meuble Louis XVI, dont il a décoré la face.

Sa peinture, souvent proche de l'abstraction, évoque néanmoins les paysages de son pays natal. Solidement charpentée, aux formes imbriquées, elle traite du monde minéral de Belogradshick ou des pyramides rocheuses de Melnick.

Manev

Ventes Publiques : Paris, 26 mai 1988 : *Lumières sur Venise*, techn. mixte (57x75) : **FRF 10 000** – Paris, 22 jan. 1990 : *Composition* 1974 (89x116) : **FRF 15 500**.

MANEVITCH Abraham. Voir **MANIEVITCH**

MANFELD Louys de

xviie siècle. Actif à Grenole. Français.

Peintre.

Maître de Daniel La Perrière en 1613. Il était peintre de Saint-Luc de Yslebau en Allemagne.

MANFREDI Bartolo. Voir **BARTOLO di Fredi**

MANFREDI Bartolomeo

Né en 1587 à Ostiano (près de Mantoue). Mort vers 1620 à Rome. xviie siècle. Italien.

Peintre de compositions religieuses, scènes de genre, portraits, natures mortes.

Élève de Niccolo Circignano d'après certains biographes, de Christofano Roncalli suivant d'autres, de Pomarancio, d'après Baglione, mais il semble surtout s'être inspiré de Garavage, jusqu'au plagiat, s'il n'a pas reçu directement des conseils de ce maître. Manfredi peignit surtout des tableaux de genre : assemblées de joueurs, réunions de bandits, scènes de corps de garde, qui se distinguent par le dessin et une grande puissance de coloris. Beaucoup de ses tableaux sont passés dans les Pays-Bas, où ils exercèrent sur la peinture hollandaise une forte influence. On lui doit aussi quelques bons tableaux religieux, notamment : *Le Christ chassant les marchands du Temple*, que grava J.-B. Houssard. Il est très difficile d'identifier ses œuvres qui ne sont pas signées, et furent pour cette raison souvent attribuées à Caravage et à ses élèves, Nicolas Régnier, Gerhard Seghers, Tournier ou à Valentin de Boulogne.

Musées : Aix-la-Chapelle : *Reniement de saint Pierre* – Bergame (Acad. Carrara) : *Portrait d'homme* – Bruxelles : *La femme adultère* – Budapest : *Jeu de la morra* – Caen : *Soldats jouant aux cartes* – *Joueurs* – Copenhague : *La Bohémienne au corps de garde* – *Gaîté dans le corps de garde* – Florence (Mus. des Offices) : *Concert* – Florence (Pitti) : *La bonne aventure* – Le Havre : *L'enfant prodigue vendant son bien* – Madrid : *Soldat portant sur un plat la tête de saint Jean-Baptiste* – Le Mans (Mus. de Tessé) : *Couronnement d'épines* – Munich : *Couronnement d'épines* – Nantes : *Judith* – Paris (Mus. du Louvre) : *La diseuse de bonne aventure* – Reims : *Le départ du jeune Tobie* – Rome (Gal. Borghèse) : *L'arrestation de Jésus au jardin de Gethsémani* – *Un mendiant* – Rome (Gal. Nat. d'Art ancien) : *Bacchus* – Tours : *Quatre femmes chantent les louanges de David, qui tient la tête de Goliath* – Vienne : *La diseuse de bonne aventure* – Vienne (Gal. Harrach) : *Le roi Saül dans sa tente* – *Saint Pierre et un disciple* – *La reine de Saba devant Salomon*.

Ventes Publiques : Paris, 4 juin 1878 : *L'enfant prodigue se faisant rendre ses comptes* : **FRF 420** – Paris, 28 avr. 1882 : *L'enfant prodigue* : **FRF 2 200** – Milan, 19 nov. 1963 : *Saint Jérôme* : **ITL 3 200 000** – Londres, 26 juin 1964 : *Soldats en armure jouant aux cartes* : **GNS 700** – Lucerne, 4 déc. 1965 : *Violoniste et jeune fille au tambourin* : **CHF 13 500** – Londres, 11 juil 1979 : *Christ guérissant Malchus*, h/t (121x170) : **GBP 6 000** – Londres, 10 avr. 1987 : *Jeune garçon mordu par une souris*, h/t (66,5x49,5) : **GBP 35 000** – Milan, 4 avr. 1989 : *Nature morte avec du raisin, une grenade et des figues*, h/t (35x57) : **ITL 90 000 000** – Milan, 27 mars 1990 : *Joueurs de cartes*, h/t (112x145) : **ITL 55 000 000** – Rome, 8 mai 1990 : *Nature morte avec raisin, melon et grenades sur un entablement de pierre*, h/t (33,5x55) : **ITL 54 000 000**.

MANFREDI Emilio ou **Manfredini**

Mort en 1801. xviiie siècle. Actif à Bologne. Italien.

Peintre et graveur.

Il fut l'élève d'Ubaldo Gandolfi.

Ventes Publiques : Monte-Carlo, 14 fév. 1983 : *Le Charlatan*, aquar. et gche (27,8x41,7) : **FRF 14 000**.

MANFREDI Pasquale

Né avant 1732. Mort en 1802 à Venise. xviiie siècle. Italien.

Peintre.

Napolitain, on trouve plusieurs de ses tableaux à l'église San-Pantaleone de Venise.

MANFREDI Piermatteo de. Voir **PIERMATTEO da Amelia**

MANFREDINI Enzo

Né en 1889 à Modène. Mort le 18 mars 1922 à Rome. xxe siècle. Actif aussi en France. Italien.

Dessinateur humoriste, caricaturiste.

Il vécut longtemps à Paris, où il fut le collaborateur de plusieurs publications illustrées.

MANFREDINI Gaetano

Mort en 1870. xixe siècle. Actif à Milan. Italien.

Sculpteur.

Fils de Manfredini (Luigi). Il est l'auteur d'une statue de *David* sur la façade de Saint-Fedele à Milan.

MANFREDINI Giovanni

Né en 1730 à Crémone. Mort le 9 décembre 1790 à Crémone. xviiie siècle. Italien.

Peintre décorateur.

MANFREDINI Luigi

Né le 17 septembre 1771 à Bologne. Mort le 22 juin 1840 à Milan. xviiie-xixe siècles. Italien.

Sculpteur, fondeur et médailleur.

Il fut un des graveurs en médailles les plus célèbres de son époque.

Musées : Paris (Mus. Marmottan) : *L'empereur Napoléon Ier*, bronze, médaillon – *L'impératrice Joséphine*, bronze, médaillon.

MANFREDINO d'Alberto, dit **Manfredino da Pistoia**

xiiie siècle. Actif à Pistoia. Italien.

Peintre.

Il a décoré des églises de Pistoia et de Gênes.

MANFREDO-SOUZANETTO. Voir **SOUZANETTO Manfredo de**

MANFRIN

xixe siècle. Français.

Miniaturiste.

MANG Balthasar

xviiie siècle. Allemand.

Peintre.

Cet artiste bavarois a peint quelques fresques pour des églises.

MANG Hans, dit **Schnellaweg**

Né en 1892 à Berlin, originaire du Tyrol. xxe siècle. Autrichien.

Peintre de figures.

Ventes Publiques : Copenhague, 14-15 nov. 1990 : *Modèle allongé* 1929, h/t (65x70) : **DKK 18 000** – Copenhague, 13-14 fév. 1991 : *Le repos du modèle* 1930, h/t (75x58) : **DKK 8 500**.

MA NGANG. Voir **MA ANG**

MANGANO Giorgio

xve siècle. Actif à Pavie. Italien.

Peintre.

Il travailla à la Chartreuse de Pavie.

MANGAUD Élie Séraphin

Né le 3 octobre 1883 à Avy (Charente-Maritime). Mort en 1961 aux Sables-d'Olonne (Vendée). xxe siècle. Français.

Peintre de compositions animées, peintre à la gouache, dessinateur. Art-brut.

Il travaillait pour les chemins de fer. Il apprit les rudiments du dessin et de la couleur à l'Académie Julian de Paris. En 1945, aux Sables-d'Olonne, où il s'était retiré avant la guerre, il organisait le Salon des Indépendants de l'Ouest, où exposa Gaston Chaissac.
Il disait faire la synthèse du symbolisme, de l'impressionnisme et du cubisme. Il peignait sur des panneaux de contreplaqué ou d'Isorel, dessinait souvent sur du papier de boucherie. Parfois, il peignait par juxtaposition de sortes de bâtonnets de couleurs, ce qui le faisait se référer à Seurat. On trouve tout dans son œuvre, de la naïveté, des traces de pathologie. Les peintures les plus attachantes sont celles, foisonnantes, où paysage, fleurs, ville, personnages, monstres, symboles, s'enchevêtrent inextricablement.
Musées : Paris (Mus. Nat. d'Art Mod.) : *La Terre se repose* – Les Sables-d'Olonne (Mus. de l'Abbaye Sainte-Croix) : *Le Porteur de flambeau* s.d. – *Sans titre* 1948 – *Totem* 1950 – *Sans titre* 1950 – *Portrait de Gaston Chaissac* 1953 – *Sans titre* 1958 – *Sans titre* 1958 – *Je vous salue Marie* 1958 – *Clowns* 1958 – *Acrobate* 1958 – *Saint Michel* 1958 – *Sans titre* 1958 – *Sans titre* 1958 – *Sans titre* 1958.

MANGE Joseph Julien, dit **José**
Né le 10 octobre 1866 à Toulon (Var). Mort le 7 janvier 1935 à Toulon. XIXe-XXe siècles. Français.
Peintre de paysages, natures mortes, aquarelliste.
Dans sa jeunesse, il fréquenta l'atelier de Jean-Paul Laurens à Paris, où il menait joyeuse vie. Il séjourna ensuite à Aix-en-Provence ; puis se fixa définitivement à Toulon, où, flâneur pittoresque qui cultivait sa ressemblance avec Mistral, il peignait, en toute ingénuité théorique et technique, les paysages heureux des proches alentours, et des natures mortes gourmandes des produits du cru.
Ventes Publiques : Paris, 29 juin 1928 : *Paysage* : **FRF 200** – Paris, 21 fév. 1955 : *Nature morte* : **FRF 42 000** – Paris, 17 fév. 1988 : *Per dona mistra*, h/pan. (36x44) : **FRF 25 000** ; *Paysage maritime*, aquar. (26x40) : **FRF 11 000** – Neuilly, 27 mars 1990 : *La fermière*, h/t (46x38) : **FRF 14 000** – Paris, 29 nov. 1990 : *L'Arlésienne* 1924, aquar. (33x41) : **FRF 10 000** – Paris, 24 nov. 1993 : *Paysage au bord du golfe*, h/pan. (38x48) : **FRF 9 500** – Paris, 19 avr. 1996 : *Femme au chat*, h/pan. (65x54) : **FRF 10 000**.

MANGEANT Adolphe
Né le 6 août 1829 à Dreux. Mort le 26 mars 1880 à Versailles. XIXe siècle. Français.
Lithographe.
Exposa au Salon, de 1857 à 1879.

MANGEANT Paul Émile
Né le 12 décembre 1868 à Paris. XIXe siècle. Français.
Peintre de compositions religieuses, portraits, paysages, sculpteur.
Élève de Gérome, il débuta au Salon de Paris en 1880, obtenant une mention honorable en 1882 et à l'Exposition Universelle de 1889.
Plusieurs de ses tableaux se trouvent à l'Hôpital de Versailles et à l'Hôtel de Ville de Dreux.
Ventes Publiques : Londres, 10 fév. 1982 : *Vue de Rosario, Argentine* 1908, h/t (63,5x198) : **GBP 1 500**.

MANGELLI Ada
Née le 23 septembre 1863 à Florence. XIXe siècle. Italienne.
Peintre d'histoire.
Élève de Amos Casseoli. Elle débuta vers 1879. Elle a exposé à Ferrare et Florence en Italie et à l'étranger, notamment à Vienne et à Londres. *Voir aussi MANGILLI.*

MANGEM Antonio. Voir **MENGIN**

MANGENOT Émile
Né le 12 janvier 1910 à Paris. XXe siècle. Français.
Peintre de paysages, marines.
Il exposait à Paris au Salon des Artistes Français, obtenant une médaille en 1957. Il ne fit sa première exposition personnelle qu'en 1958 à Paris, suivie régulièrement d'autres, en 1960, 1965, 1967, 1969, 1970, 1971, 1972, etc. Il expose également dans les villes de province, Lille, Roanne, Bagnoles-de-l'Orne. En 1992, la Mairie du VIe arrondissement de Paris a présenté une exposition en Hommage à Émile Mangenot.
Il a peint des paysages des régions de France, notamment sur les côtes bretonnes. Il pratique une technique directe, franche, sobre, dans la tradition d'Albert Marquet.
Bibliogr. : Georges Bordenove : *Émile Mangenot*, Paris, 1992.

Ventes Publiques : Versailles, 24 sep. 1989 : *Marais salant en Bretagne*, h/t (81x100) : **FRF 5 000**.

MANGEOT. Voir aussi **DEMANGEOT**

MANGEOT Claude François
XVIIIe siècle. Lorrain, actif dans la première moitié du XVIIIe siècle. Français.
Peintre.
Il fut l'élève de Coustou. Il a peint un *Christ au tombeau* à la grotte du Calvaire de Saint-Mihiel.

MANGER Heinrich Carl Johann
Né le 27 décembre 1833 à Odessa, de parents allemands. XIXe siècle. Allemand.
Sculpteur, portraitiste et graveur sur bois.
Il vécut successivement à Dresde, dans l'Amérique du Nord, à Berlin et à Rome. Ses œuvres les plus connues sont un buste colossal de *Goethe* pour Strasbourg et Leipzig et une statue de *Bismark* pour Kissingen.

MANGIAPAN Félix Pierre
Né le 3 juin 1884 à Villefranche-sur-Mer (Alpes-Maritimes). XXe siècle. Français.
Peintre de natures mortes.
Sociétaire des Artistes Français.

MANGIAVINO Bartolomeo
XVIe siècle. Actif à Salo à la fin du XVIe siècle. Italien.
Peintre.

MANGIER Marius
Né en 1867. Mort en 1952. XIXe-XXe siècles. Français.
Peintre de figures, intérieurs.
Ventes Publiques : Paris, 20 jan. 1988 : *Jeune femme devant son miroir*, h/cart. (52x36) : **FRF 5 800** – Paris, 28 oct. 1990 : *Raisins et pommes*, h/pan. : **FRF 3 200**.

MANGILLI Ada ou **Mangili**
Née le 23 septembre 1863 à Florence. XIXe-XXe siècles. Italienne.
Peintre d'histoire.
Elle fut l'épouse du comte Francesetti di Merzenile.
Ventes Publiques : New York, 24 fév. 1987 : *Une fête païenne* 1884, h/t (200x300) : **USD 37 000** – New York, 17 fév. 1993 : *Fête païenne* 1884, h/t (201,9x302,3) : **USD 36 800**.

MANGIN
XVIIIe siècle. Français.
Graveur.
Il a gravé huit planches pour le *Journal de ce qui s'est fait pour la réception du Roy dans sa ville de Metz*, Metz, 1744.

MANGIN Auguste
Né au XIXe siècle à Domnon. XIXe siècle. Français.
Portraitiste et miniaturiste.
Élève de Giraud. Débuta au Salon en 1879.

MANGIN Charles
Né en 1739. XVIIIe siècle. Français.
Sculpteur, aquarelliste, dessinateur.
Il sculptait sur bois. Il a décoré vers 1778 la grande salle de l'Intendance à Caen.
Ventes Publiques : Paris, 16 mars 1976 : *Carte de la ville de Caen au XVIIIe s.*, aquar. (110x144) : **FRF 6 000**.

MANGIN Charles
Né en 1892 à Anvers. Mort en 1977. XXe siècle. Belge.
Peintre de figures, portraits, paysages, natures mortes.
Il fut élève de Piet Van der Ouderaa à l'Académie des Beaux-Arts d'Anvers.

MANGIN François ou **Mengin**
Né à la fin du XVIIe siècle à Nancy. XVIIe-XVIIIe siècles. Français.
Sculpteur.
Il travailla entre 1699 et 1719 aux églises Notre-Dame et Saint-Epvre de Nancy et au château de Lunéville.

MANGIN Jean Louis
XVIIIe siècle. Actif à Bayeux en 1748. Français.
Peintre et sculpteur.
Exécuta des peintures et des dorures dans l'église de Cairon.

MANGIN Marcel Paul Maurice Stéphane
Né à Cherbourg. XIXe siècle. Français.
Peintre de portraits, architectures, paysages, aquarelliste, dessinateur. Symboliste.

Il eut pour maîtres Harpignies et J.-P. Laurens. Il exposa aux Salons de Paris, entre 1875 et 1914, obtenant une mention honorable en 1895.
Musées : Paris (Mus. de l'École des Ponts et Chaussées) : *Vue du pont des Andelys – Vue du viaduc de la Selle – Vue du viaduc de Cize*.
Ventes Publiques : Paris, 12 déc. 1990 : *Surprises !* 1842, h/t (82x101) : **FRF 20 000**.

MANGIN Nicolas François
XVIIIe siècle. Français.
Sculpteur.
Il fut reçu à l'Académie Saint-Luc à Paris le 15 octobre 1750.

MANGIN Pierre
Né à Pont-à-Mousson. XVIIIe siècle. Français.
Sculpteur sur bois.
Il a décoré de statues et de sculptures sur bois l'église de Pont-à-Mousson et l'abbaye de Saint-Benoît-en-Woëvre.

MANGIN Salomon
XVIIIe siècle. Français.
Sculpteur sur bois.
Exécuta la chaire de la cathédrale et décora le grand autel de l'église de la Charité de Bayeux de 1775 à 1787.

MANGIN-BOOLE Marcelle
Née le 17 octobre 1867 à Dijon (Côte-d'Or). XIXe-XXe siècles. Française.
Peintre.
Elle fut élève de Jules Lefebvre et Tony Robert-Fleury. Elle exposait à Paris, au Salon des Artistes Français, obtenant une médaille en 1900, à l'occasion de l'Exposition Universelle.

MANGINI Dominik Maria
XVIIIe siècle. Italien.
Peintre.
Cet artiste florentin travailla à Cracovie de 1745 à 1750.

MANGINI Lattanzio. Voir **MAINARDI**

MANGINI Prospero ou **Manzini**
XVIIIe siècle. Italien.
Peintre d'architectures.
Élève d'Agostino Metelli. Il peignit dans la manière de son maître et travailla surtout à Bologne et à Reggio Emilia.

MANGINO Andrea. Voir **MACHINO**

MANGIO Giacomo
D'origine sicilienne. XVIIe siècle. Italien.
Sculpteur sur bois.
Il a sculpté les stalles de l'église de Collesano, près de Palerme.

MANGION Daniel
Né le 1er décembre 1934 à Sfax (Tunisie). XXe siècle. Français.
Peintre de compositions animées.
Il fut élève de l'École des Beaux-Arts, puis de l'École d'Architecture de Tunis, enfin de celle d'Architecture de Toulouse, dont il devint professeur. Il décida de se consacrer uniquement à la peinture. Il participe à de nombreuses expositions collectives.
Il peint souvent des foules, prétextes à une grande diversité chromatique. Ses compositions tendent parfois à l'abstraction.

MANGIONELLO Giuseppe
Mort le 22 mars 1861 à Maglie. XIXe siècle. Italien.
Sculpteur.

MANGIOT Otto
XVIIe siècle. Éc. flamande.
Peintre.

MANGIOTTI Francesco
XVIIe siècle. Romain, actif au XVIIe siècle. Italien.
Sculpteur.
Il séjourna à La Haye et s'établit en 1651 à Vienne, où il exécuta entre autres, des bustes de *Ferdinand IV* (en pierre), du *Comte Octavio Piccolomini* (en bronze), et deux statues en bronze (*Jules César* et *Diane*) pour le château de Dresde.

MANGLARD Adrien
Né le 12 mars 1695 à Lyon (Rhône). Mort le 31 juillet 1760 à Rome. XVIIIe siècle. Français.
Peintre d'histoire, paysages portuaires, marines, graveur.
Élève de Van der Kabelle, il fut admis à l'Adacémie royale de Paris le 24 novembre 1736. Il fut le maître de Joseph Vernet et vécut longtemps en Italie. Membre de l'Académie Saint-Luc à Rome depuis 1735, il exécuta dans cette ville des travaux pour les palais Rospighosi, Colonna, etc. Il a gravé à l'eau-forte des marines, des paysages et des sujets d'histoire.
Musées : Avignon : *Marine, matin* – Bourg : *Petite Marine* – Budapest : *Embouchure d'un fleuve* – Chartres : Deux marines – Dijon : Marines – Épinal : *Un naufrage* – Florence : *Deux ports de mer*, pendants – Lyon : *Marine* – Montpellier : *Port de mer avec forteresse* – Nancy : *Marine, soleil couchant* – Nantes : *Port méditerranéen, soleil couchant* – Paris (Mus. du Louvre) : *Marine, effet de clair de lune* – Périgueux : *Fin d'une tempête* – Rome (gal. Doria Pamphily) : *Bourrasque – Paysage* – Deux marines – *Port de mer* – Rouen : *Port de mer* – Stockholm : *Grotte* – Vienne : Trois marines – Vienne (coll. Czernin) : *Château au bord de la mer, soleil couchant* – Vienne (Gal. Harrach) : *Naples – Port de mer, au lever du soleil*.
Ventes Publiques : Paris, 1859 : *Marine* : **FRF 405** – Paris, 1883 : *Port de mer italien, le soir ; Port de mer italien, le matin*, les deux : **FRF 680** – Paris, 1891 : *Vue d'un port en Italie* : **FRF 250** – Paris, 10-11 mai 1926 : *Marine*, aquar. : **FRF 1 900** – Londres, 29 nov. 1929 : *Scène dans une baie* : **GBP 52** – Paris, 18 déc. 1946 : *Navires à l'entrée d'un port*, attr. : **FRF 3 500** – Paris, 24 mars 1947 : *Vue d'un port*, sanguine : **FRF 350** – Paris, 4 mai 1949 : *Tempête le long des côtes ; Pêcheurs au bord de la mer*, deux pendants : **FRF 28 100** – Paris, 14 déc. 1953 : *Vue d'un port ; Tempête et naufrage sur la côte*, deux pendants : **FRF 140 000** – Paris, 22 avr. 1980 : *Marine, port au soleil couchant*, h/t : **FRF 35 000** – Monte-Carlo, 8 fév. 1981 : *Coucher de soleil dans un port méditerranéen*, h/t (102x142,5) : **FRF 52 000** – Monte-Carlo, 26 juin 1983 : *Coucher de soleil dans un port méditerranéen*, h/t (102x142,5) : **FRF 150 000** – Paris, 3 déc. 1985 : *Pêcheurs sur une côte méditerranéenne*, h/t (49,5x94,5) : **FRF 39 000** – Paris, 13 nov. 1986 : *Marine au soleil couchant*, pl., encres brune et noire, lav. gris et reh. de blanc (35,5x48,3) : **FRF 31 000** – New York, 16 avr. 1986 : *Un port méditerranéen*, h/t (68,5x143,5) : **USD 10 000** – Paris, 17 mars 1987 : *Sauvetage d'un navire*, h/t (148x215) : **FRF 170 000** – Paris, 30 juin 1989 : *Scènes de port animé de Turcs*, h/t, deux pendants (95x143) : **FRF 300 000** – Paris, 9 avr. 1990 : *Scènes de ports méditerranéens*, h/t, une paire (chaque 88x136) : **FRF 700 000** – Paris, 22 juin 1990 : *Felouque turque devant Venise*, h/t (79,5x70,5) : **FRF 250 000** – Monaco, 7 déc. 1990 : *Port méditerranéen ; Tempête sur une côte*, h/t, une paire (chaque 58,5x88,5) : **FRF 277 500** – New York, 17 jan. 1992 : *La baie de Naples avec le Vésuve à distance*, h/t (105,4x210,2) : **USD 137 500** – New York, 22 mai 1992 : *Capriccio d'un port méditerranéen avec une barque accostant et des personnages sur le rivage près de ruines*, h/t (95x128) : **USD 19 800** – New York, 14 jan. 1993 : *Bord de mer à Naples avec des pêcheurs et des marchands et Castel dell'Ovo à l'arrière-plan*, h/t (48,8x74,9) : **USD 77 000** – New York, 20 mai 1993 : *Capriccio d'un port méditerranéen avec des personnages déchargeant un petit transbordeur près de ruines antiques*, h/t (95,3x128,3) : **USD 28 750** – Paris, 28 juin 1993 : *Pêcheurs dans un port méditerranéen*, h/t (92x130) : **FRF 300 000** – Monaco, 2 juil. 1993 : *Une cour de ferme où se reposent des chasseurs avec une charrette déttelée près d'un porche*, craie noire (30,6x41,5) : **FRF 31 080**.

MANGLIER Charles
XIXe siècle. Français.
Sculpteur.
Musées : Aurillac : *La Fortune*, bronze, groupe.

MANGO Leonardo de
Né le 19 février 1843 à Bisceglie en Apulie. XIXe siècle. Actif à Constantinople. Italien.
Peintre de genre, paysages.
Il fut l'élève de l'Académie de Naples de 1862 à 1870.
Ventes Publiques : Cologne, 18 mars 1989 : *Dans un bazar oriental* 1916, h/t (107x134) : **DEM 14 000** – Londres, 11 oct. 1996 : *Jeune fille dans les faubourgs d'Istambul* 1900, h/pan. (24x33) : **GBP 10 350** – Paris, 10-11 juin 1997 : *Tour antique à Beyrouth* 1916, h/cart. toilé (11x14,5) : **FRF 4 000**.

MANGOKI Adam de. Voir **MANYOKI**

MANGOLD Anton
Né le 28 décembre 1863 à Weilheim (Bavière). Mort le 29 octobre 1907 à Weilheim. XIXe siècle. Allemand.
Peintre de genre et portraitiste.
Médaillé à Munich en 1888. Exposa à Vienne et à Munich entre 1888 et 1894. On cite de lui : *La Paix, La Charité*.

MANGOLD Burkhard
Né le 10 septembre 1873 à Bâle. Mort en 1950 à Bâle. XIXe-XXe siècles. Suisse.
Peintre de paysages animés, aquarelliste, pastelliste, dessinateur.
Il fit ses études à Bâle, à Paris et à Munich. Ses œuvres se trouvent conservées en majeure partie dans les églises et les édifices publics de Bâle.
Musées : Aarau (Aargauer Kunsthaus) : *Oies sur la prairie* 1902 – Bâle.
Ventes Publiques : Zurich, 30 nov. 1995 : *Lesezirkel, Hottingen,* aquar. et past./pap. (30x24) : **CHF 1 265** – Zurich, 10 déc. 1996 : *Hermann Suter dans la cathédrale de Bâle* 1924, h/cart. (71,5x42,5) : **CHF 5 750**.

MANGOLD Franz Joseph. Voir **MANGOLDT**

MANGOLD Johann Jacob
XVIIe siècle. Allemand.
Sculpteur.
Fondeur de cloches, il travailla à Stettin à la fin du XVIIe siècle.

MANGOLD Joseph
Né le 11 novembre 1884. Mort en 1942. XXe siècle. Allemand.
Peintre de paysages.
Il vivait et travaillait à Cologne.
Ventes Publiques : Cologne, 3 déc. 1977 : *Roses dans un vase,* h/pan. (45x37,5) : **DEM 3 200** – Cologne, 17 mai 1980 : *Nature morte au cactus,* h/t (66,4x54,4) : **DEM 22 000** – Cologne, 4 déc. 1985 : *Bouquet de fleurs des champs,* h/pan. (42,5x40) : **DEM 9 500**.

MANGOLD Robert
Né en 1937 à North-Tonawanda (New York). XXe siècle. Américain.
Peintre, dessinateur. Abstrait-géométrique, minimal art.
De 1956 à 1959, il fut élève du Cleveland Institute of Art, puis, jusqu'en 1963, de la Yale University, où il rencontra Brice Marden, Richard Serra, Morris Graves. Depuis 1964, installé à New York, il participe à de nombreuses expositions collectives, dont les plus marquantes : 1966 New York, Guggenheim Museum *Systemic Painting* ; 1967 Philadelphie, *Romantic Minimalism* ; New Haven *Primary Structures* ; 1968 Ridgefield, Aldrich Museum of Contemporary Art *Cool Art* ; 1972 Kassel, Documenta V ; 1973 Milan, *Arte come Arte* ; 1974 Chicago, Museum of Contemporary Art *A logic of vision* ; etc. Il fit sa première exposition personnelle en 1964 à New York, suivie régulièrement d'autres en : 1965, 1967, 1970, 1971 au Solomon R. Guggenheim Museum, 1973, de 1964 à 1973 dans les galeries Thibaut et Fischbach, puis 1974, 1984 galerie Paula Cooper, etc. Il a également exposé individuellement en Europe, à Stuttgart ; Paris galerie Yvon Lambert en 1976 puis 1988 ; 1982 Amsterdam Stedelijk Museum ; Milan ; Londres ; Zurich ; Schaffhausen 1993, Hallen für Neue Kunst *Painting as wall, œuvres de 1964 à 1993* ; cette exposition venant ensuite à Paris, 1993-1994 Renn Espace.
Après des débuts ayant côtoyé l'expressionnisme-abstrait, la première série de ses peintures, celle de sa première exposition de 1964 et ensuite, portait le titre générique de *Walls* (Murs ou Tableaux-Murs). Il utilisait alors des matériaux bruts, qui sont aussi des matériaux de construction : bois, contreplaqué, masonite, peints d'un aplat de couleur à l'huile vaporisée, ménageant parfois en relief sur la surface une saillie, une ouverture rectangulaire sur le vide du mur, une ligne verticale ou horizontale partageant les surfaces en deux parties, pas forcément égales, placés parfois contre un mur ou assemblés en sortes d'environnements. En 1965-1966, vint la série des *Areas* (Surfaces), que la critique rapprocha du minimal art, surfaces planes de grands formats, encore vaporisées de peinture à l'huile, monochromes mais proposant de très subtiles variations et gradations de couleurs. À cette époque de sa réflexion, les éléments essentiels de la peinture sont : la forme, la surface, la couleur, la ligne. Avec les séries *V, W, X,* selon le tracé de la ligne, au crayon, qui parcourt la surface, peinte au pinceau ou au roulor, Mangold aborde un thème souvent repris ensuite, le thème de la distorsion ou torsion, consistant à infliger de légères déformations aux figures géométriques simples : diagonales pas tout à fait exactes, puis, à partir de 1969 : cercles pas vraiment cercles, plutôt ovoïdes, inclus dans des carrés eux-mêmes pas tout à fait carrés. Dans la série suivante, début des *Frame Paintings* (Peintures-Cadres), le châssis lui-même est en forme de section de cercle plein plus ou moins ouverte, et définit donc a priori la forme de la toile, dont la matérialité externe devient la propre forme de l'œuvre elle-même, monochrome, désormais peinte à l'acrylique. Dans la suite, les formes des châssis sont devenues plus variées, mais toujours sur des formes géométriques simples : carré, rectangle, triangle, polygone à cinq côtés, croix. Les œuvres de Mangold ne veulent renvoyer à rien d'autre qu'à ce qu'elles sont : de la couleur sur une forme, excluant toute possibilité d'évocation d'autre chose que la seule perception sensorielle de ses composantes « primaires », à l'exclusion de toute impression psychologique, atmosphère, climat, espace, émotion, illusion. Ce type de travail, parfaitement délibéré, se rattache au courant général du minimal art, bien que lui-même ait dit s'en détacher au milieu des années soixante, revendiquant alors la bi-dimensionnalité de ses propres œuvres, l'objectivité des œuvres minimalistes par rapport à l'espace réel requérant leur extension dans les trois dimensions, une certaine picturalité, notamment par l'emploi de plusieurs couleurs, par une certaine modulation des monochromes. En marge du minimalisme, Robert Mangold a pu, à l'intérieur de ses systèmes combinatoires, laisser affleurer une invention instinctive dans la recherche, toute de sensibilité, d'un équilibre harmonieux entre leurs composantes. ■ Jacques Busse

Bibliogr. : Catalogue de l'exposition *Robert Mangold*, Stedelijk Mus., Amsterdam, 1982 – Tiffany Bell : *Les peintures monochromes de Robert Mangold et Brice Marden,* in : Artstudio, n° 16, Paris, printemps 1990 – in : *L'Art du XXe siècle*, Larousse, Paris, 1991.
Musées : Buffalo (Albright-Knox Gal.) : *Quatre carrés à l'intérieur d'un carré n° 3* 1974 – Eindhoven (Stedelijk Van Abbe Mus.) : *Manila Area* 1966 – Grenoble (Nouveau Mus. des Beaux-Arts) – Los Angeles (Mus. of Contemp. Art) : *Deux triangles inclus dans un cercle blanc* 1974 – New York (Whitney Mus.) : *Trois X rouges à l'intérieur d'un X* 1981 – Shaffhouse (Hallen für Neue Kunst).
Ventes Publiques : Milan, 25 oct. 1977 : *Triangle dans deux rectangles* 1976, cr. et acryl., deux toiles réunies (chaque 115x76 ; 230x76) : **ITL 4 500 000** – New York, 18 mai 1979 : *W Series Diagonal I* 1968, acryl./isor. (122x183) : **USD 4 200** – New York, 27 fév. 1981 : *Distorted Circle/Square* 1973, acryl./cart. (43,2x43,2) : **USD 2 000** – New York, 11 mai 1983 : *One and one quarter circle within a square* 1975, h. et craies coul./t. (152,5x152,5) : **USD 12 000** – New York, 23 fév. 1985 : *Sans titre* 1980, gche, cr. noir et mine de pb (76x56,5) : **USD 1 800** – New York, 8 oct. 1986 : *Distorted square within a square,* acryl./isor. (50,3x50,3) : **USD 4 500** – New York, 5 mai 1987 : *1/2 V Series* 1968, acryl. et mine de pb/pan. d'isor. joints, deux pan. en forme de quarts de cercle (121,9x243,9) : **USD 80 000** – New York, 20 fév. 1988 : *Ligne courbe avec deux rectangles inégaux* 1978, acryl./rés. synth. (44,5x62,2) : **USD 13 200** ; *X travail I* 1980, cr./pap. (76,1x57,1) : **USD 2 640** – New York, 3 mai 1988 : *Triangle et cercle inscrits dans un rectangle* 1975, acryl., graphite et cr. blanc (183x244) : **USD 176 000** – New York, 9 nov. 1988 : *Carré déformé à l'intérieur d'un carré* 1974, acryl. et cr./t. (167,7x167,7) : **USD 88 000** – New York, 2 mai 1989 : *Diagonale et ligne courbe à l'intérieur de deux rectangles* 1978, acryl. et cr. /t. en deux parties (178x231) : **USD 154 000** – New York, 8 mai 1990 : *Carré déformé dans un carré II* 1974, acryl./cart. (50,2x50,2) : **USD 60 500** – New York, 9 mai 1990 : *+ Peinture rouge-jaune-bleue-verte* 1983, acryl. et graphite/bois et alu. (61,5x59) : **USD 82 500** – New York, 4 oct. 1990 : *Une ligne courbe à l'intérieur de deux rectangles irréguliers (ocre)* 1978, acryl. et graphite/pap. (100x140) : **USD 22 000** – New York, 7 nov. 1990 : *Quatre arcs à l'intérieur d'un cercle jaune* 1975, acryl./cr. noir/t. (diam. 91,5) : **USD 99 000** – Amsterdam, 23 mai 1991 : *Peinture de cadre de deux couleurs,* acryl. et cr./pap. (96,5x71) : **NLG 39 100** – Paris, 8 oct. 1991 : *Trois carrés dans un triangle,* mine de pb et cr. vert/pap. (57x79) : **FRF 30 000** – New York, 13 nov. 1991 : *Carré à l'intérieur d'un carré* 1974, acryl./pan. (34,2x33) : **USD 20 900** – New York, 27 fév. 1992 : *Ellipse rouge/ cadre ivoire* 1989, acryl. et graphite/2 feuilles de pap. (en tout 76,2x113) : **USD 24 200** – New York, 6 oct. 1992 : *Cadre peint en quatre couleurs, quatre variations,* acryl., fus. et cr./pap. (111,8x71,1) : **USD 19 800** – New York, 19 nov. 1992 : *Deux triangles à l'intérieur d'un carré* 1975, acryl. et graphite/rés. synth. (50,8x50,8) : **USD 17 600** – New York, 24 fév. 1993 : *Ellipse vert gris, cadre jaune* 1988, acryl. et graphite/pap. (76,2x112,7) : **USD 13 750** – New York, 4 mai 1993 : *Deux triangles à l'intérieur de trois rectangles* 1977, acryl. et cr./pap. (99,1x261,6) : **USD 25 300** – New York, 9 nov. 1993 : *Quatre encadrements peints,* acryl. et craie grasse noire/t./4 pan. (304,8x213,4) : **USD 151 000** – New York, 3 mai 1995 : *Deux triangles à l'inté-*

rieur d'un cercle blanc 1975, h/t (76,8x76,8) : **USD 34 500** – New York, 15 nov. 1995 : *Surface jaune irrégulière avec le dessin d'une ellipse* 1986, acryl. et cr./tissu (226,1x208,3) : **USD 85 000** – Paris, 19 juin 1996 : *Ellipse jaune soutenu, cadre vert violet* 1989, acryl. et cr./t., diptyque (114x188) : **FRF 190 000** – New York, 20 nov. 1996 : *Trois Rectangles dans un rectangle* 1976, mine de pb/pap. (57,8x80) : **USD 5 750** – New York, 8 mai 1997 : *Mur rouge* 1965, h./masonite, diptyque (245x245) : **USD 79 500**.

MANGOLD Sylvia Plimack

Née en 1938 à New York. XXe siècle. Américaine.

Peintre. Réaliste-photographique.

Elle fut élève de la Cooper Union, à New York. Elle figure dans des expositions d'artistes travaillant dans la mouvance de l'hyperréalisme des années soixante-soixante-dix.
Entre autres, elle a réalisé une série de travaux à partir du thème du plancher. Sa technique, d'une précision photographique, la rapproche de l'hyperréalisme, d'autant que la définition de celui-ci est restée assez floue, accueillant parfois jusqu'à des œuvres ressortissant au trompe-l'œil historique. Néanmoins, son propos semble être moins une description photographique d'une réalité que la description de la photographie de la réalité, attitude où d'ailleurs elle ne fut pas seule. Sa démarche est en effet beaucoup plus spéculative qu'un simple constat.

Ventes Publiques : New York, 20 fév. 1988 : *Sans titre* 1980, h/t (50,8x76,5) : **USD 2 090** – New York, 12 nov. 1991 : *Demi-fenêtre* 1972, acryl./t. (75,5x86,4) : **USD 2 420** – New York, 17 nov. 1992 : *Le test* 1977, acryl. et graphite/t. (144,9x144,9) : **USD 3 300** – New York, 3 mai 1994 : *Summerset* 1982, h/t (152,3x203,2) : **USD 6 900** – New York, 3 mai 1995 : *Détail pour reflet de double décimètre* 1976, acryl., encre et cr./pap. (101x75,6) : **USD 7 475**.

MANGOLDT Franz Joseph ou **Mangold**

Originaire de Brünn. XVIIIe siècle. Tchécoslovaque.

Sculpteur.

Il fut un des maîtres du style baroque à l'École de Breslau. La plupart de ses œuvres se trouvent dans les églises de cette ville.

MANGONE Claudio

XVIIe siècle. Italien.

Sculpteur sur bois.

Il a travaillé à Milan.

MANGONE Giovanni, appelé aussi **Giovanni da Caravaggio**

Né à Caravaggio. Mort en 1543 à Rome. XVIe siècle. Italien.

Sculpteur et architecte.

Il travaillait au Palais du Vatican et au Palais Armellini à Pérouse.

MANGONES Albert

XXe siècle. Haïtien.

Peintre de genre, scènes typiques.

En 1946, il figurait, au Musée d'Art Moderne de Paris, à l'exposition ouverte par l'Organisation des Nations Unies (O.N.U.)
Il y présentait *Apocalypse nègre*. Il est un représentant caractéristique de la jeune école haïtienne, constituée hors de toute tradition.

MANGOT André

XVe siècle. Actif à Tours. Français.

Orfèvre.

Il a ciselé les reliquaires de Sainte-Marthe pour les églises Sainte-Marthe de Tarascon et Saint-Saturnin de Tours. Ses descendants furent également des orfèvres.

MANGOT Jakob

XVIIIe siècle. Actif à Leipzig. Allemand.

Graveur au burin.

Il a gravé des portraits.

MANGRAVITE Peppino

Né le 28 juin 1896 à Lipari. Mort en 1978. XXe siècle. Actif aux États-Unis. Italien.

Peintre de compositions murales, compositions religieuses.

Il a surtout exposé à Washington et New York. En 1926, il a obtenu une médaille d'or à Philadelphie. Il était membre de la Société des Artistes Indépendants de New York.
Il a décoré de peintures murales de nombreuses églises.

Ventes Publiques : New York, 20 mars 1996 : *Composition*, h/t (73,7x48,3) : **USD 4 312**.

MANGU Roberto

XXe siècle. Italien.

Peintre de compositions animées, figures, animalier.

Il travaille à Milan. Il peint des scènes où l'homme, figuré par lui-même, affronte taureaux ou sangliers.

Bibliogr. : Gérard-Georges Lemaire, in : *9 artistes à Milan aujourd'hui*, : Opus International, n° 119, Paris, mai-juin 1990.

MANGUIN Henri Charles

Né le 23 mars 1874 à Paris. Mort le 25 septembre 1949 à Saint-Tropez (Var). XIXe-XXe siècles. Français.

Peintre de compositions animées, figures, nus, paysages, natures mortes, fleurs, aquarelliste. Fauve.

En 1894, il fut élève de l'Atelier Gustave Moreau à l'École des Beaux-Arts de Paris, avec Marquet, Matisse, Jean Puy, Rouault. Il exposa pour la première fois en 1902, au Salon des Indépendants. Puis, il devint sociétaire du Salon d'Automne, auquel il demeura fidèle jusqu'à la fin de sa carrière. En 1905, avec *La Sieste*, il figurait dans la salle du Salon d'Automne qui fut, par dérision, qualifiée de « Cage aux Fauves ». Ce fut en 1905 aussi qu'il découvrit la Provence et Saint-Tropez, où il séjournait chez Paul Signac, et où il devait acheter une propriété *L'Oustalet* en 1920, séduit définitivement par le site. Dans la suite, il y rencontra aussi Henri Edmond Cross. En 1908 à Paris, il travailla à l'Académie Ranson, où il retrouva Marquet et Francis Jourdain. En quête de paysages, qu'il traitait en voyage surtout à l'aquarelle, il eut, presque uniquement à travers la France ou rarement au-delà de la frontière, une vie assez nomade : 1909, Naples avec Marquet ; 1910, Honfleur ; 1911, Sanary ; 1912-1914, Cassis ; 1915-1918, Lausanne ; 1920, retour à Saint-Tropez, et Honfleur ; 1923, Marseille, Albi ; 1924, La Rochelle, Bordeaux ; 1925, Anvers, Uzerches, Cahors, Avignon ; 1926, Toulon ; 1927, Castellane et Haute-Provence ; 1928, Gien et la Loire, Avignon ; 1931, Port-Louis, La Trinité-sur-Mer ; 1933, Concarneau ; 1934, Saint-Servan ; 1937, Saint-Malo ; 1938, Dinard, Saint-Paul-de-Vence ; en 1940, il s'éloigna de la guerre à Avignon, dans un atelier qu'il garda, continuant à venir y travailler tous les ans ; en 1949, il quitta définitivement Paris pour Saint-Tropez. En 1937, à l'occasion de l'Exposition Internationale de Paris, il participait à l'exposition des *Maîtres de l'Art Indépendant*, au Musée du Petit-Palais, avec huit peintures représentatives de son œuvre : *Saint-Tropez* (paysage fauve, précisait le catalogue), *Femme à la grappe, Nu couché, Femme nue, Baigneuse au rocher, La Coiffure, La Femme au carrick, Le Pélargonium*. En 1943, une galerie de Paris présenta un large ensemble de ses œuvres. En 1950, le Salon des Indépendants organisa un Hommage posthume.
Henri Manguin a surtout peint des figures féminines, des nus, des dormeuses, au lever ou à la toilette, des baigneuses, des paysages, une grande partie sur la côte méditerranéenne, et des natures mortes presque uniquement de fleurs. En fait, qualifié par Apollinaire de « peintre voluptueux », il ne peignit que les aspects les plus heureux du monde, reflet de sa propre joie de vivre. Après de courts débuts marqués très naturellement, comme pour ses amis de l'atelier Moreau, par leur découverte de l'impressionnisme, des Nabis, puis de Cézanne, il commença d'exposer au moment de l'éclatement du fauvisme auprès du public. Parce que l'exaltation des couleurs faisant partie des impératifs du mouvement, convenait à son propre tempérament, à sa propre propension, ce fut tout naturellement qu'il se joignit au groupe, dès la « Cage aux Fauves » de 1905. Il fut de ces peintres des premiers jours fort chauds du XXe siècle, à longuement discuter des théories en faveur. On eût recueilli avec profit les conversations de Manguin avec Paul Signac et Charles Camoin à Saint-Tropez, dans cette Provence où il séjourna très souvent jusqu'à sa mort et qu'il peignit avec prédilection, s'efforçant de faire partager son émotion. Ambroise Vollard s'intéressa avec beaucoup d'attention aux débuts de Manguin ; il est d'ailleurs curieux qu'il n'en ait pas fait mention dans ses abondants *Souvenirs d'un marchand de tableaux*. Le poète, peintre, musicien Tristan Klingsor, dans *La Peinture*, publié en 1921, mentionne au sujet de Manguin : « sa recherche de la couleur haute et vibrante, des orangés éclatants, des rouges somptueux... L'ombre elle-même participe chez lui de la franche gaîté, et elle prend souvent des tonalités vertes. » Or ce sont les verts acides de Manguin qui ont fait l'objet des critiques qui purent lui être adressées. Il est vrai que, les violences de la période fauve s'étant pour tous assez tôt apaisées, Manguin atténua aussi sa palette, soucieux d'« harmoniser », selon son terme, l'ensemble de la composition, restant toutefois attaché aux colorations vives.
Au début du siècle, ce fut surtout pour les violences et, si l'on peut dire, les stridences, les accords aigus de ses couleurs, qu'il utilisait pures dès 1903, que Manguin dut d'être classé parmi les

fauves, d'autant plus à juste titre que le fauvisme ne connut jamais de théorisation bien précise. L'organisation de ses toiles était beaucoup plus pondérée. Non seul parmi les fauves, il était aussi impressionné par Cézanne, bien qu'il semble qu'il n'ait cherché à tirer de la rigueur cézannienne qu'une sorte de logique architectonique, qui le distinguait pourtant déjà des autres fauves alors plus soucieux de rythme que de structure interne, se prouvant de la sorte à soi-même, avant tout systématisme et définitivement, sensible aux grâces immédiates de la nature et de la vie. Quand Braque ne fit qu'une brève incursion en fauvisme, que Friesz, Derain, Vlaminck firent tôt retour à Cézanne, avant que pire, Matisse, au long de sa longue vie, à partir du fauvisme en déduisit tous les développements possibles, et, pour sa modeste part, Manguin resta aussi attaché à la couleur pour elle-même et pour ses pouvoirs d'exaltation du bonheur de voir. ■ André Salmon, Jacques Busse

Manguin

Manguin

Bibliogr. : Raymond Cogniat, in : *Diction. de la Peint. mod.*, Hazan, Paris, 1954 – Bernard Dorival, in : *Les Peintres du XXe siècle*, Tisné, Paris, 1957 – Pierre Cabanne : *Henri Manguin*, Ides et Calendes, Neuchâtel, 1964 – Michel-Claude Jalard, in : *Le Postimpressionnisme*, Rencontre, Lausanne, 1966 – Catherine de La Presle, in : *Diction. Univers. de l'Art et des Artistes*, Hazan, Paris, 1967 – in : *Les Muses*, Grange Batelière, Paris, 1973 – in : *Diction. Univers. de la Peint.*, Le Robert, Paris, 1975 – Lucile et Claude Manguin, Marie-Caroline Sainsaulieu : *Henri Manguin. Catalogue raisonné de l'œuvre peint*, Ides et Calendes, Neuchâtel, 1980.

Musées : Épinal (Mus. dép. des Vosges) : *Port-Louis* – Genève (Mus. du Petit-Palais) : *Nu dans un intérieur* 1905 – Paris (Mus. Nat. d'Art Mod.) : *Golfe de Saint-Tropez – Nature morte aux oursins* – Paris (Mus. d'Art Mod. de la Ville) : *Les Anémones* 1934 – Saint-Pétersbourg (Mus. de l'Ermitage) : *Saint-Tropez* 1905.

Ventes Publiques : Paris, 28 mars 1919 : *Baigneuse* : **FRF 1 950** – Paris, 21 déc. 1925 : *Femme nue couchée* : **FRF 4 000** – Paris, 16-17 juin 1927 : *La Mer à Antibes* : **FRF 5 200** – Paris, 22 déc. 1941 : *Femme cousant* : **FRF 2 100** – Paris, 30 nov. 1942 : *Orangers et asters* : **FRF 10 100** ; *Fleurs et fruits* : **FRF 20 000** – Paris, 7 avr. 1943 : *Fleurs et fruits* : **FRF 30 000** – Paris, 15 déc. 1943 : *Le Lac de Neufchâtel* : **FRF 25 000** ; *Nature morte à la théière* : **FRF 21 000** – Paris, 31 jan. 1944 : *Villefranche-sur-Mer* : **FRF 40 000** – Paris, 30 mai 1945 : *Fleurs* : **FRF 22 000** – Paris, 10 mai 1950 : *Bouquet de fleurs près de la fenêtre* : **FRF 46 000** – Paris, 21 juin 1950 : *Bouquet de fleurs*, aquar. : **FRF 20 000** – Paris, 1er juin 1951 : *Paysage du Midi* : **FRF 48 000** – Paris, 16 juin 1953 : *Baie de Cavalaire* : **FRF 811 000** – Paris, 11 juin 1959 : *Terrasse à Saint-Tropez* : **FRF 2 100 000** – Londres, 23 nov. 1960 : *Nature morte avec fruits* : **GBP 380** – Paris, 9 mars 1961 : *Dormeuse* : **FRF 4 500** – Paris, 12 juin 1964 : *Cavalière les roches rouges* : **FRF 36 000** – Genève, 9 juin 1967 : *Le Repos du modèle* : **CHF 32 000** – New York, 3 avr. 1968 : *Nature morte aux cyclamens* : **USD 15 500** – Paris, 12 juin 1969 : *Vase de pivoines* : **FRF 36 000** – Paris, 25 nov. 1970 : *Nature morte aux fruits* : **FRF 100 000** – New York, 20 nov. 1972 : *Madame Manguin lisant sur une terrasse à Saint-Tropez* 1907 : **USD 18 000** – New York, 3 mai 1973 : *Scène de jardin* : **USD 27 000** – Zurich, 1er juin 1973 : *Nu au miroir* 1909 : **CHF 66 000** – Paris, 5 juin 1974 : *Modèle devant le miroir* : **FRF 78 000** – Genève, 6 juin 1974 : *La Dormeuse* : **CHF 80 000** – Versailles, 8 déc. 1974 : *La Propriété dominant la baie*, aquar. : **FRF 9 100** – Berne, 10 juin 1976 : *Nu couché* vers 1910, aquar. (24,5x33,5) : **CHF 6 000** – Versailles, 24 oct. 1976 : *La Dormeuse* vers 1908-1910, h/t (61x93) : **FRF 40 000** – Versailles, 8 juin 1977 : *Fleurs et fruits* vers 1937, h/t (65x50) : **FRF 26 000** – Versailles, 20 juin 1979 : *Jeune femme nue au divan bariolé* vers 1917, aquar. (38,5x48,5) : **FRF 11 000** – Zurich, 25 mai 1979 : *Femme endormie* 1906, h/t (74x92) : **CHF 88 000** – Versailles, 5 déc. 1982 : *Le lever* 1910, sanguine (52x60,5) : **FRF 21 000** – Versailles, 2 juin 1982 : *Le sommeil ou Nu bleu* 1907, h/t (97x130) : **FRF 105 000** – Versailles, 16 juin 1983 : *Paysage du Midi*, aquar. (28,5x36,5) : **FRF 25 500** – New York, 17 nov. 1983 : *Odette et le chien Barbu à l'Oustalet, Saint-Tropez* 1934, h/t (73x60) : **USD 42 000** – Munich, 29 oct. 1985 : *La baie de Saint-Tropez*, aquar. et cr. (18x27) : **DEM 8 500** – Paris, 26 juin 1986 : *Les trois grâces* 1905, h/t (116x89) : **FRF 551 000** – Versailles, 7 déc. 1986 : *Grenouillette devant le rocher de l'Oustalet* 1922, h/t (60x73) : **FRF 200 000** – Paris, 26 juin 1986 : *Les Trois Grâces* 1905, h/t (116x89) : **FRF 551 000** – Paris, 24 nov. 1987 : *Le Lever, femme au peignoir* 1916, h/t (81x65) : **FRF 341 000** – Paris, 25 nov. 1987 : *Bateaux à La Trinité-sur-Mer* 1931, h/t (38x46) : **FRF 152 000** – Versailles, 13 déc. 1987 : *Pot de cyclamen*, h/t mar./cart. (41x33) : **FRF 140 000** – Londres, 31 mars 1987 : *La Toilette, rue Boursault* 1904-1905, h/t (100x81) : **GBP 75 000** – Londres, 24 fév. 1988 : *Soleils de Nice*, h/t (27x22) : **GBP 15 400** ; *Pivoines blanches*, h/t (61x50) : **GBP 25 300** – Paris, 18 mars 1988 : *Le Mourillon, Toulon* 1926-27, h/t mar./cart. (42x58) : **FRF 395 000** – Londres, 30 mars 1988 : *Le Jardin à Colombier et le lac de Neuchâtel* 1918, h/t (46x55) : **GBP 14 300** – Paris, 24 nov. 1988 : *Modèle assoupi* 1938, h/t (65x54) : **FRF 290 000** – Londres, 21 fév. 1989 : *Torpilleur dans le port de Toulon*, h/t (33x46,5) : **GBP 19 800** – Saint-Étienne, 21 fév. 1989 : *Concarneau* 1932, h/t (51x61,5) : **FRF 560 000** – Londres, 4 avr. 1989 : *Baigneuses à Saint-Tropez*, h/t/cart. (50x60) : **GBP 57 200** – Paris, 10 avr. 1989 : *Annette, été-automne* 1923, h/t (81x65) : **FRF 450 000** – New York, 3 mai 1989 : *Bouquet de fleurs*, h/t (55x46) : **USD 288 600** – Béthune, 22 oct. 1989 : *Odette devant la mer* 1938, h/t : **FRF 500 000** – Le Touquet, 12 nov. 1989 : *Bateaux dans la baie au coucher du soleil*, h/t (33x46) : **FRF 370 000** – Versailles, 26 nov. 1989 : *Coquelicots* 1934, h/cart. (54,5x36,5) : **FRF 298 000** – Londres, 28 nov. 1989 : *Nu sous les arbres* 1905, h/t (54x65) : **GBP 209 000** – New York, 26 fév. 1990 : *Femme nue étendue*, h/cart. de l'artiste (32,4x29,2) : **USD 27 500** ; *Le banc de la rue Boursault* 1899, h/t (54,8x38,1) : **USD 33 000** – Calais, 4 mars 1990 : *Villa Sinapolis, Saint-Tropez, été-automne* 1920, h/t (46x38) : **FRF 305 000** – Paris, 26 avr. 1990 : *Jeanne de profil* 1914, h/t (65x54) : **FRF 130 000** – Paris, 10 mai 1990 : *Nus* (32,5x24,5) : **FRF 20 000** – Paris, 17 juin 1990 : *Jeanne en chemise sous les pins* 1907, h/t (39x31) : **FRF 500 000** – Londres, 26 juin 1990 : *Jeanne à la fontaine à la villa Demière*, h/t (116x89) : **USD 220 000** – New York, 3 oct. 1990 : *Saint-Tropez*, h/t (45,7x38) : **USD 55 000** – New York, 14 nov. 1990 : *Jeanne allongée sur un canapé (Petite Odalisque)*, h/t (87,5x116) : **USD 440 000** – Londres, 20 mars 1991 : *Tulipes perroquet* 1922, h/t (73x54) : **GBP 27 500** – Paris, 22 nov. 1991 : *Femme s'essuyant, Anita Champagne* 1909, h/t (100x81) : **FRF 700 000** – Londres, 3 déc. 1991 : *Nu allongé accoudé* 1904, h/t (50x61) : **GBP 94 600** – New York, 25 fév. 1992 : *Femme dans un intérieur (Jeanne)* 1924, h/t (73,6x61) : **USD 90 200** – Paris, 15 avr. 1992 : *La terrasse*, h/cart. (33x27) : **FRF 58 500** – Paris, 3 juin 1992 : *Nu debout au tapis bleu, Anita Champagne* 1908, h/t (100x73) : **FRF 500 000** – New York, 12 nov. 1992 : *Jeanne à l'ombrelle à Cavalière (Lavandou)* 1906, h/t (92x73) : **USD 99 000** – Londres, 2 déc. 1992 : *Grenouillette accroupie* 1921, h/t (55x46) : **GBP 30 800** – Paris, 6 avr. 1993 : *Toulon, vue sur le Mourrillon en hiver*, h/t (55x46) : **FRF 85 000** – Paris, 26 nov. 1993 : *Odette au turban rouge* 1947, h/t (54x65) : **FRF 105 000** – Londres, 30 nov. 1993 : *Le Golfe de Saint-Tropez vu de Sainte-Anne* 1924, h/t. cartonnée (33x46) : **GBP 33 350** – Paris, 27 mars 1994 : *Toulon, l'arsenal* 1927, h/t (60x73) : **FRF 400 000** – New York, 12 mai 1994 : *Jeanne appuyée contre un arbre à Cavalière (Lavandou)* 1906, h/cart./pan. (24,4x32,1) : **USD 104 250** – Paris, 17 juin 1994 : *Fleurs dans un vase*, h/t (65x54) : **FRF 182 000** – Londres, 29 juin 1994 : *La Maison dans les arbres à Villecroz*, h/t (90x71) : **GBP 43 300** – Paris, 18 mars 1996 : *Le Reflet* 1909, h/t (92x73) : **FRF 180 000** – Calais, 7 juil. 1996 : *Vase de fleurs*, h/pan. (35x27) : **FRF 36 500** – Calais, 15 déc. 1996 : *Nature morte aux fruits* 1925, h/t (38x47) : **FRF 49 000** – Paris, 16 mars 1997 : *Nu devant la coiffeuse* 1942, h/t (55x38) : **FRF 257 000** – Paris, 16 juin 1997 : *Après le bain* 1907, h/t (100x81) : **FRF 580 000** – Paris, 17 juin 1997 : *Marseille, le quai des Belges* 1923-1924, h/cart. (46x55) : **FRF 180 000**.

MANHART Eduard

Né le 10 janvier 1880 à Klagenfurt. XXe siècle. Autrichien.

Peintre de paysages.

Il vécut et travailla à Ferlach (Carinthie).

MANHART Johann Georg ou **Mannhart**, appelé en religion **Frère Joseph**

Né le 4 juillet 1832 à Rorschach. Mort le 17 mars 1909 à Einsiedeln. XIXe siècle. Suisse.

Sculpteur et ébéniste.

Il a sculpté les stalles et les bancs du chœur du cloître de Ensiedeln, où il était entré sous le nom de frère Joseph.

MANHART Sebastian ou **Menhart**
XVIIe siècle. Styrien, actif au XVIIe siècle. Autrichien.
Peintre.

MANI
XVIIe siècle. Indien.
Peintre.
Il aurait vécu vers 1600. Il appartint à l'École d'Akbar et de Jahangir. D'après Gayet il a peint des scènes d'inspiration religieuse.

MANI. Voir aussi **MANNI**

MANICARDI Cirillo
Né en 1857 à Mancasale. Mort le 27 mai 1925 à Reggio. XIXe-XXe siècles. Italien.
Peintre de genre.
En 1888, il fut professeur de l'École des Beaux-Arts de Reggio, puis en devint directeur.

MANIDER C.
XIXe siècle. Travaillant en 1873. Français.
Sculpteur.

MANIER ou **Mannier**
XVIIe siècle. Français.
Sculpteur.
Il a décoré la *Porte de Paris* à Lille.

MANIER. Voir aussi **MAGNIER**

MANIÈRE Antoine
XVIIe siècle. Actif à Troyes. Français.
Peintre.

MANIÈRE Fabian de
Mort en 1556. XVIe siècle. Actif à Bruges. Éc. flamande.
Peintre et miniaturiste.

MANIÈRE Laurent et **Phil.** Voir **MAGNIER**

MANIEVITCH Abraham ou **Manjewitsch**
Né le 25 novembre 1882. Mort en 1942, ou selon d'autres sources 1959. XXe siècle. Actif depuis 1922 aux États-Unis. Russe.
Peintre de figures, paysages, paysages urbains.
Il fut élève de l'École d'Art de Kiev et de l'Académie des Beaux-Arts de Munich. À partir de 1922, il a vécu à New York.
Il a peint des paysages des sites de France et d'Italie, puis de New York.
Ventes Publiques : Paris, 21 nov. 1928 : *Bronx (New York)* : **FRF 10 000** – Paris, 7 nov. 1934 : *Buste de femme*, dess. fus. : **FRF 45** – Cologne, 17 mai 1980 : *Cour de ferme russe*, h/t (53x76) : **DEM 2 400** – Montréal, 21 juin 1994 : *Lac brûlé*, h/t (80x85) : **CAD 4 000**.

MANIGAUD Jean Claude
Né le 15 juillet 1825 à Paris. XIXe siècle. Français.
Graveur et miniaturiste.
Élève de Girard et de Garnier. Exposa à partir de 1855.

MANIGAULT Edward Middleton
Né en 1887 à London (Canada). Mort le 4 septembre 1922 à San Francisco. XXe siècle. Actif aux États-Unis. Canadien.
Peintre.
Il était actif à New York.
Musées : New York (Metropolitan Mus.).
Ventes Publiques : Bolton, 17 nov. 1983 : *Fantasy construction*, bois relief polychrome (65x48,3) : **USD 11 500** – New York, 14 mars 1986 : *Le Parc* 1910, h/t (30,5x38,2) : **USD 5 500** – New York, 29 mai 1987 : *Gazebo à Central Park*, h/t (50,8x50,8) : **USD 15 000**.

MANIGLIER Henri Charles
Né le 11 octobre 1825 à Paris. Mort le 17 mars 1901 à Paris. XIXe siècle. Français.
Sculpteur.
Entra à l'École des Beaux-Arts le 5 avril 1843. Fut élève de Ramey et de Dumont. Eut le deuxième prix au concours pour Rome en 1851 et remporta le premier prix en 1856. Figura au Salon à partir de 1850, en 1863 et 1868. Chevalier de la Légion d'honneur en 1878.
Ses principales œuvres sont : *Buste de don Diego Velasquez da Silva*, pour le Ministère de l'Intérieur, *Saint Félix de Valois*, pour l'église de la Trinité, *Saint Pierre*, pour l'église de Montrouge, *Buste de Guignant*, pour l'Institut, *La Science et l'Art*, bas-relief pour la façade de l'Opéra, la décoration de la façade de la mairie du XIe arrondissement.
Musées : Bordeaux : *Berger jouant de la flûte*, marbre – Castres : *Achille blessé*, bronze – Paris (Mus. d'Orsay) : *Pénélope* – *Armurier du XVe siècle*, bronze.

MANIGLIER Yvette
Née le 15 septembre 1922 à Chamilly (Saône-et-Loire). XXe siècle. Française.
Peintre. Abstrait, tendance géométrique.
Elle fut élève de l'Académie de la Grande Chaumière à Paris, puis compléta sa formation à Nice, Florence, Rome, Stuttgart. Depuis 1961, elle participe à des expositions collectives, notamment à Paris : Salons des Indépendants, d'Automne, des Femmes Peintres et Sculpteurs, des Peintres Témoins de leur Temps ; et montre des ensembles de ses œuvres dans des expositions individuelles, surtout dans des lieux alternatifs. En 1995, la Société d'Encouragement au Progrès lui a décerné une médaille d'argent.
Elle pratique une abstraction assez géométrique et très colorée, qui peut parfois rappeler Fernand Léger.
Bibliogr. : Catalogue *Maniglier*, chez l'artiste, Paris, s. d., 1996.
Ventes Publiques : Paris, 1er oct. 1990 : *Composition en rouge* 1990, acryl./t. (92x73) : **FRF 8000**.

MANILIUS, dit **l'Ancien**
Mort le 23 mai 1655. XVIIe siècle. Éc. flamande.
Sculpteur.
Il appartint à la gilde de Gand depuis 1627. Son œuvre se trouve répartie entre les églises de Gand. Ses deux fils Servais le jeune et Norbert exercèrent la même profession.

MANILLIER Georges
XXe siècle. Actif à Lyon. Français.
Peintre.

MANINI Bartolomeo ou **Mannini**
XVIIe siècle. Italien.
Peintre et graveur à l'eau-forte.
Il a gravé des sujets religieux.

MANINI Gaetano
Né vers 1730 à Milan. Mort entre 1780 et 1790. XVIIIe siècle. Italien.
Peintre d'histoire et de genre.
Il vint en Angleterre un peu avant 1775 et exposa cette année-là à la Society of Artists. Il a surtout traité des sujets mythologiques gracieux et des sujets gais, dans la forme de l'école italienne de la décadence.

MANINI Giacomo Antonio. Voir **MANNINI**

MANIQUET Frédéric Marius
Né en 1822. Mort en 1896. XIXe siècle. Français.
Peintre de paysages.
Il travailla avec Adolphe Appian à Lyon puis avec François Louis Français à Paris. Il participa au Salon de Lyon de 1870 à 1894.
Ses paysages sombres sont très structurés.
Bibliogr. : Gérald Schurr, in : *Les Petits Maîtres de la peinture 1820-1920, valeur de demain*, Les Éditions de l'Amateur, t. V, Paris, 1981.
Musées : Castres : *Falaises dans le Finistère* – Chambéry (Mus. des Beaux-Arts) : *Paysage*.
Ventes Publiques : Paris, 25 fév. 1976 : *Port de pêche* 1876, h/t (50x90) : **FRF 5 000** – Lyon, 29 nov. 1979 : *Environs de Saint-Tropez*, h/t : **FRF 3 700** – Berne, 8 mai 1982 : *Le port de La Cadière près de Toulon* 1877, h/t (50x89,5) : **CHF 3 500** – Paris, 2 juin 1997 : *Mer, matin calme aux Martigues*, h/t (48x75) : **FRF 18 000**.

MANIQUET-BARJOU Augustin
Né en 1812 à Lyon (Rhône). Mort en 1879. XIXe siècle. Français.
Peintre de fleurs et fruits.
Élève de l'École de Lyon. Il exposa au Salon de Paris de 1852 à 1865.
Ventes Publiques : Paris, 3 mai 1926 : *Fleurs dans un vase de bronze* : **FRF 820**.

MANISCALCO José
Né en 1946 à Marseille. XXe siècle. Français.
Peintre de figures, paysages animés, marines, fleurs et fruits. Postimpressionniste.
Il fut élève de l'École des Beaux-Arts de Marseille. Il expose principalement à Marseille et sur la Côte-d'azur.

Il peint un monde onirique heureux, aux contours flous et vaporeux, dans des tonalités disparates, vives, souvent acidulées.

MANISER Heinrich Matvejevitch
Né en 1847 à Memel. XIXe siècle. Russe.
Peintre d'histoire, portraitiste et graveur.
Ventes Publiques : Londres, 15 fév. 1984 : *Le jour de l'examen* 1870, h/t (64x91,5) : **GBP 5 800**.

MANISFELD François Joseph
Né en 1742 à Tournai. Mort en 1807. XVIIIe siècle. Éc. flamande.
Peintre d'histoire.
Élève de Brebar. Le Musée de Tournai conserve de lui : *Jeune mère.*

MANISHI DEY
Né en 1910. XXe siècle. Indien.
Peintre de genre.
En 1946, il a figuré à l'exposition ouverte au Musée d'Art Moderne de Paris, par l'Organisation des Nations Unies (O.N.U.).
Il y présentait deux peintures : *La Toilette* et *Enchevêtrement.*

MANIU Nicolae
Né le 11 avril 1944 à Turda. XXe siècle. Actif depuis 1983 en Allemagne. Roumain.
Peintre. Citationniste.
En 1969, il fut diplômé en sculpture de l'Institut d'Arts Plastiques Ion Andreescu de Cluj. En 1971, il abandonna la sculpture pour la peinture. La même année, il participa au Salon de la Ville de Cluj. Il participe ensuite à des expositions collectives en Roumanie, Russie, Espagne, Bulgarie, Allemagne, Tchécoslovaquie, États-Unis. Il montre des ensembles de ses peintures dans des expositions personnelles : 1978 Linz, Sankt-Pölten ; 1983 Braunschweig ; 1984 Göttingen *Kunst-Graphik,* Nuremberg Dürer Museum ; 1985 Vechelde ; 1986 Munich Jagd und Fisherei Museum ; etc. En 1974, il obtint le Prix de Peinture de la Biennale de la Jeunesse à Cluj, et le Prix de Peinture de l'Exposition Républicaine des Jeunes de Bucarest ; en 1976 un Diplôme d'Honneur à la Biennale Internationale de Peinture de Kosice. Après 1983, il s'est fixé à Cologne.
Dans sa période roumaine, il traitait des thèmes de la vie quotidienne en Roumanie, des paysages animés par le passage des saisons et le travail des hommes. Dessinateur habile, il a appris à maîtriser les techniques de peinture du passé. À partir de son installation en Allemagne, il a traité des sujets plus ambitieux, mêlant, dans un esprit proche du surréalisme ou en tout cas du fantastique, les mythes d'autrefois prélevés, en citation et en trompe-l'œil, d'œuvres de peintres anciens et des opportunités contemporaines, totalement oniriques et non dénuées d'humour.
Bibliogr. : Ionel Jianou et divers, in : *Les artistes roumains en Occident,* American Romanian Academy of Arts and Sciences, Los Angeles, 1986.
Musées : Nuremberg (Mus. Albrecht Dürer) : *Hommage à Dürer* 1983.

MANIU-MÜTZNER Rodica
Née en 1892 à Bucarest. XXe siècle. Roumaine.
Peintre.
Elle fut élève, à Paris, de Simon, très probablement Lucien, à moins que ce n'eût été du Tchèque Frantisek qui résida longtemps à Paris, de Charles Cottet, le chef de file de la « Bande noire », et de Émile René Ménard.

MANJAK Georg
Né en 1779 à Proskau. Mort après 1818. XIXe siècle. Allemand.
Peintre sur faïence et graveur.
Il a exécuté sur faïence de fort jolies reproductions de paysages et d'animaux.

MANJARRÈS Luis
Né à Salamanque. Mort en 1794 à Madrid. XVIIIe siècle. Espagnol.
Sculpteur.

MANJEVITCH Abraham. Voir **MANIEVITCH**

MANKENDAM. Voir **MANCADAN Jacobus Sibrandi**

MANKES Jan
Né le 15 août 1889 à Meppel. Mort en 1920 à Eerbeek. XXe siècle. Hollandais.
Peintre de figures, portraits, animaux, paysages, natures mortes, graveur, lithographe.
Il suivit des cours du soir à Delft, puis, à partir de 1905, fut élève de l'Académie des Beaux-Arts de La Haye. En 1909, il s'installa avec sa famille à la campagne, où il s'imprégna du paysage et s'inspira de la faune. Vers 1910-1911, il rencontra un fabricant de cigares et collectionneur, A. A. M. Pauwels, qui devint son mécène attitré et lui fournit tout ce dont il avait besoin. Au même moment, il se lia avec un pasteur et deux personnages marginaux, végétariens, anarchistes, qui l'influencèrent au moral et dans son art. En 1915, il épousa la première femme pasteur hollandaise. En 1916, atteint de tuberculose, il quitta la côte, trop humide, et se fixa en forêt de Eerbeek. En 1912, la Larensche Kunsthandel d'Amsterdam organisa une exposition rétrospective de son œuvre ; deux autres expositions y firent suite : en 1913 à Gand, en 1914 à Munich. En 1994, il était représenté, au Musée d'Art Moderne de la Ville de Paris, à l'exposition *Art, Pays-Bas, XXe siècle – La Beauté exacte, de Van Gogh à Mondrian.*
Il pratiquait la technique des anciens maîtres hollandais, en général sur de petits formats. Dans sa première période, il peignait les paysages et les animaux de la campagne où il vivait dans sa famille. Son protecteur, Pauwels, lui ayant fourni des animaux, vivants ou naturalisés, faucons, corbeaux, hiboux, ceux-ci devinrent le thème principal de ses peintures, qu'il assembla bientôt à des portraits. Dans la suite, il sépara de nouveau portraits et animaux, traités séparément. À partir de sa rencontre avec le pasteur et les deux végétariens anarchistes, Mankes a tenté de mettre son « art au service d'une expression de la vie spirituelle », dans des compositions tantôt qualifiées de « visionnaires », tantôt de « magiques ». Après son mariage avec sa femme pasteur, il traita de nouveaux thèmes : paysages de plages, et surtout natures mortes dans la tradition hollandaise du XVIIe siècle. Dans ses deux dernières années d'activité, il travailla essentiellement la gravure à l'eau-forte.

J Mankes
J MANKES

Bibliogr. : In : Catalogue de l'exposition *Art, Pays-Bas, XXe siècle – La Beauté exacte, de Van Gogh à Mondrian,* Musée d'Art Moderne de la Ville de Paris, 1994.
Musées : Amsterdam (Stedelijk Mus.) – La Haye.
Ventes Publiques : Amsterdam, 27 avr. 1976 : *Nature morte aux roses blanches,* h/t (24,5x24) : **NLG 22 000** – Amsterdam, 26 avr. 1977 : *La chèvre,* h/t (32,5x37,5) : **NLG 32 000** – Amsterdam, 29 oct. 1980 : *Autoportrait* 1910, h/cart. entoilé (24,5x14,5) : **NLG 36 000** – Amsterdam, 24 nov. 1986 : *De Torenvalk* vers 1910, h/t mar./cart. (19,5x12,5) : **NLG 24 000** – Amsterdam, 13 déc. 1989 : *L'Hiver à Eerbeek,* h/t (28x36) : **NLG 126 500** – Amsterdam, 22 mai 1990 : *Souris blanches sur le sol du sous-bois,* h/t (22x30) : **NLG 69 000** ; *Le jardinier,* h/t (63x26,5) : **NLG 86 250** – Amsterdam, 5 juin 1990 : *Un cheval gris,* cr., encre et fus./pap. (27x34,5) : **NLG 5 750** – Amsterdam, 12 déc. 1990 : *Nid d'oiseaux au pied d'un bouleau,* h/t (15x19,5) : **NLG 46 000** – Amsterdam, 13 déc. 1990 : *Bouteille d'huile* 1909, h/t (25x18) : **NLG 46 000** – Amsterdam, 21 mai 1992 : *Citrons,* h/t/pan. (8,7x15,5) : **NLG 34 500** – Amsterdam, 9 déc. 1992 : *Nu assis,* cr. /pap. (24x12) : **NLG 4 140** – Amsterdam, 10 déc. 1992 : *Autoportrait* 1912, h/pan. (30,5x24,5) : **NLG 138 000** – Amsterdam, 31 mai 1994 : *Souris blanches sur le sol d'une forêt,* h/t (22x30) : **NLG 103 500** – Amsterdam, 2 déc. 1997 : *Garçon à la pelle* 1915, h/t (26x29) : **NLG 34 596**.

MANKIEWICZ Henriette
Née le 18 juillet 1854 à Vienne. Morte le 2 juillet 1906 à Vöslau. XIXe siècle. Autrichienne.
Peintre de compositions décoratives.
Elle fut influencée par Makart et a composé des panneaux décoratifs de fleurs et de paysages.

MANKOVIKA Mihaly
Né le 16 octobre 1785 à Balazsvagas. Mort le 21 octobre 1853 à Ungvar. XIXe siècle. Hongrois.
Peintre d'icônes.

MANKOVSKI Konstantin
Né le 2 janvier 1861 à Cracovie. Mort en 1897 à Cracovie. XIXe siècle. Polonais.
Peintre de genre et d'histoire.

Élève de Makart à l'Académie de Vienne, de Mateïk à l'École des Beaux-Arts de Cracovie. A l'exposition de Paris, en 1889, il obtint une mention honorable ; à celle de Limberg, en 1894, une médaille d'argent, et une médaille d'or au concours de nom de Joseph Brandt. Le Musée de Cracovie conserve de lui : *La Sainte Vierge*.

Ventes Publiques : Paris, 24 fév. 1928 : *La grande salle du château* : **FRF 1 500**.

MANKOVSKI Szymon
XVIIIe siècle. Vivant dans la seconde moitié du XVIIIe siècle. Polonais.
Peintre.
Il décora le monastère de Sieciechow. Dans la collection du roi Stanislas Auguste, on trouvait de lui : *Le portrait de la comtesse Branicka, née Engelhardt* (pastel).

MANLEY Thomas R.
Mort le 29 novembre 1853 à Buffalo (État de New York). XIXe siècle. Actif à Montclair. Américain.
Peintre et graveur.
Il est représenté à l'Association artistique de Montclair et au Yale Club de New York.

MANLICH ou **Manlig**. Voir **MANNLICH**

MANLIK Florence
XXe siècle. Française.
Artiste, auteur d'installations, dessinatrice.
Elle participe à des expositions collectives : 1995 Foire de Cologne. Elle montre pour la première fois son travail dans une exposition personnelle en 1997 à la galerie Philippe Rizzo à Paris. En contact direct avec le public ou vue au travers d'un judas, elle met en scène son corps (par la danse *Live Show*), son univers personnel (avec notamment la présentation de ses effets personnels dans une chambre d'hôtel *Room 306*). Ses « événements sur mesure » proposent une rencontre, un échange entre le spectateur et l'artiste. À partir de 1997, elle s'interroge sur ses rapports avec ses proches, invitant « l'autre » à collaborer à ses projets, ainsi associe-t-elle le musicien Gilles Weinzaepflen à une exposition où elle se présente en train de réaliser un autoportrait.

MANLY Alice Elfrida
Née en 1846 à Londres. XIXe siècle. Active à Londres. Britannique.
Peintre.
Elle exposa jusqu'en 1897 des paysages, des fleurs et des portraits.

MANLY John
XVIIIe siècle. Travaillant en Virginie et en Pennsylvanie. Américain.
Portraitiste et médailleur.

MANMATHA KUMAR DAS
Né aux Indes. XXe siècle. Indien.
Graphiste.
Il travaille aux Indes.

MANN Adam Wilhelm
XVIIIe siècle. Actif à Berlin. Allemand.
Miniaturiste.

MANN Alexander
Né le 22 janvier 1853 à Glasgow. Mort le 26 janvier 1908 à Londres. XIXe siècle. Britannique.
Peintre de genre, paysages, natures mortes.
Cet artiste fut élève de Carolus Duran. Membre du Royal Institute of Painters in Oil Colours, il exposa à Londres, à partir de 1883, notamment à la Royal Academy. Il prit part au Salon de Paris, où il obtint une mention honorable en 1885. Il a peint particulièrement des sujets de genre et des sujets rustiques.

Alex Mann

Musées : Glasgow – Liverpool : *Brûleurs d'herbes* – Nottingham.

Ventes Publiques : Londres, 10 avr. 1980 : *Le cortège de mariage* 1891, h/t (61x180,5) : **GBP 1 900** – Queensferry (West Édimbourg), 29 avr. 1986 : *La Tonte des moutons*, h/t (61x51) : **GBP 2 000** – Édimbourg, 30 août 1988 : *L'aube*, h/t (134,5x155) : **GBP 4 620** – Glasgow, 6 fév. 1990 : *Les glaneuses* 1889, h/t (76x91,5) : **GBP 41 800** – South Queensferry, 1er mai 1990 : *Venise* 1884, h/t (52x100) : **GBP 8 250** – Glasgow, 4 déc. 1991 : *Lerici*, h/t cartonnée (25,5x35,5) : **GBP 1 320** – Perth, 1er sep. 1992 : *Canal vénitien* 1884, h/t (52x100) : **GBP 4 400** – Édimbourg, 19 nov. 1992 : *L'automne à Venise* 1884, h/t (43,2x53,3) : **GBP 3 850** – Édimbourg, 23 mars 1993 : *Nature morte*, h/t (65x92) : **GBP 4 140** – New York, 14 oct. 1993 : *Coup d'œil sur le monde extérieur au Maroc* 1892, h/t (53,3x28,2) : **USD 23 000** – Perth, 30 août 1994 : *Gardien de chèvres*, h/t (53,5x87) : **GBP 1 955** – Glasgow, 11 déc. 1996 : *Village près d'un ruisseau*, h/t (31x46) : **GBP 575**.

MANN Carl
XVIIIe siècle. Autrichien.
Peintre sur porcelaine.

MANN Gother Victor Fyers
XIXe-XXe siècles. Australien.
Peintre de paysages.
La peinture du Musée de Sydney fut achetée en 1903.

Musées : Sydney : *Port de Terrigal (Nouvelle-Galles-du-Sud)*.

Ventes Publiques : Melbourne, 26 juil. 1987 : *Paysage de rivière, Tasmanie*, h/cart. (26x43) : **AUD 7 000**.

MANN Hans Jakob
Né le 14 janvier 1887 à Mayence. XXe siècle. Allemand.
Peintre de portraits.
Il fut élève de Groeber (Hermann ?), de Jean-Paul Laurens et Lucien Simon. Il fut actif à Augsbourg. Pour cette ville, il a peint *Les quatre bourgmestres d'Augsbourg*.

Ventes Publiques : Lindau, Bodensee, 12 oct. 1977 : *Intérieur d'église*, cart. (90x123) : **DEM 17 000**.

MANN Harrington
Né le 7 octobre 1864 à Glasgow. Mort le 28 février 1937 à New York. XIXe-XXe siècles. Britannique.
Peintre de genre, portraits, paysages.
À Londres, il fut élève de la Slade School of Art. À Paris, il travailla avec Gustave Boulanger, et Jules Lefebvre. Il exposa à la Royal Academy à partir de 1885, ainsi qu'à l'International Society en 1898.

Musées : Belfast – Édimbourg – Gand – Londres (Tate Gal.) : *Le Conte de fée* 1902 – Melbourne – Oxford (University) – Sydney.

Ventes Publiques : Londres, 24 mai 1910 : *Mona* 1897 : **GBP 7** – Londres, 2 mai 1978 : *Fillette avec sa poupée* 1889, h/pan. (32x25,5) : **GBP 600** – Londres, 21 mai 1986 : *Portrait de Lady Diana Cooper* 1912, h/t (76x63,5) : **GBP 10 500** – South Queensferry (Écosse), 29 avr. 1987 : *Jeune fille rêveuse* 1887, h/t (41x30,5) : **GBP 5 500** – Édimbourg, 30 aout 1988 : *Un village de l'est*, h/pan. (21,5x27) : **GBP 1 100** – Londres, 12 mai 1989 : *Portrait d'Anne Messmore* 1913, h/t (75,6x62,5) : **GBP 825** – Glasgow, 6 fév. 1990 : *Mardi-gras* 1913, h/t (178x239) : **GBP 63 800** – Perth, 27 août 1990 : *Jeune élève de Harrow* 1908, h/t (129x97) : **GBP 9 900** – South Queensferry, 23 avr. 1991 : *La robe de sortie*, h/t (112x66) : **GBP 1 540** – New York, 18 déc. 1991 : *Portrait de Lord Duveen* 1921, h/t (101,6x76,2) : **USD 2 200** – Perth, 1er sep. 1992 : *Cathleen et Annabel, les filles de l'artiste*, h/pan. (28x39) : **GBP 3 850** – Rome, 19 nov. 1992 : *Jeune femme caressant son petit chien*, h/t (150x110) : **ITL 17 250 000** – Édimbourg, 23 mars 1993 : *Le chapeau de soleil lilas*, h/pan. (24,5x20) : **GBP 5 750** – Perth, 30 août 1994 : *Portrait d'une petite fille rousse*, h/t (33,5x28,5) : **GBP 3 680**.

MANN Ilan
Né en 1941 au kibboutz Evron. Mort en 1972 à Paris. XXe siècle. Israélien.
Peintre.
Jusqu'en 1966, il fut élève de l'École des Beaux-Arts de Tel-Aviv. En 1970, à Paris, il fut élève de l'Atelier 17 de William S. Hayter, puis de l'École des Beaux-Arts. En 1967 et 1969, il a exposé à Tel-Aviv ; en 1971 et 1972 au Salon de Mai de Paris.

Musées : Haïfa.

MANN Johann
Né en 1679. Mort en 1754. XVIIIe siècle. Actif à Augsbourg. Allemand.
Ébéniste.

MANN Johann Gottlob
XVIIIe siècle. Actif à Dresde. Allemand.
Peintre.

MANN Josef
XIXe siècle. Actif au début du XIXe siècle. Autrichien.
Aquarelliste.

MANN Joshua Hargrave Sams
XIXe siècle. Britannique.

Peintre de genre, natures mortes, fleurs et fruits.
Il exposa de 1849 à 1884 à Londres.

Jhs. Mann

Ventes Publiques : Chester, 4 oct. 1985 : *Little Miss Muffet,* h/t (52x40,5) : **GBP 2 000** – Londres, 16 avr. 1986 : *Les Premières Boucles d'oreille,* h/t (43x35) : **GBP 2 400** – Londres, 15 juin 1988 : *Une rose d'Angleterre,* h/cart. (25,5x20) : **GBP 1 320** – Londres, 12 juin 1992 : *Nature morte de chèvrefeuille, pivoines, lis, mimosa et œillets dans une corbeille sur une table,* h/cart. (35,5x52) : **GBP 1 100** – Londres, 3 nov. 1993 : *Prête pour le bal* 1861, h/pan. (40x29,5) : **GBP 2 070** – Londres, 29 mars 1996 : *Les anges gardiens* 1852, h/t (51,5x43,2) : **GBP 2 645** – Londres, 5 juin 1996 : *Premières boucles d'oreilles,* h/t (75x63,5) : **GBP 21 850**.

MANN Michael ou **Man**
Né à Augsbourg. Mort après 1630 près de Nuremberg. XVIIe siècle. Allemand.
Ferronnier d'art.
On trouve de lui de petits coffres de fer et des serrures dans les Musées de Berlin, Braunschweig, Hambourg, Salzbourg et Stuttgart.

MANN Parker
Né en 1852 à Rochester. Mort le 15 décembre 1918 à Princeton (États-Unis). XIXe-XXe siècles. Américain.
Peintre de paysages.

MANN Wilhelm
Né le 12 novembre 1882 à Altona. XXe siècle. Allemand.
Peintre, graveur.
Il était actif à Hambourg.

MANNA Giuseppe la. Voir **LA MANNA**

MANNACHER Mathias. Voir **MANNEMACKER**

MANNAGETTA Matthäus
Né en 1630 à Hainfeld. Mort avant octobre 1680 à Vienne. XVIIe siècle. Autrichien.
Peintre.
On trouve plusieurs de ses œuvres dans les églises de Vienne.

MANNAIONI Salvatore
XVIIIe siècle. Actif à Florence. Italien.
Peintre.
Il a peint avec Gherardini les fresques de S. Giusto alle Mura à Florence.

MANNASSER Daniel ou **Manasser**
Né à Augsbourg. Mort en 1637 à Graz. XVIIe siècle. Autrichien.
Graveur.

MANNASSER David ou **Manasser**
Mort le 24 novembre 1664 à Graz. XVIIe siècle. Autrichien.
Graveur.
Il était le fils de Manasser (Daniel) et a gravé des armes et des paysages.

MANNASSER Johann Kaspar ou **Manasser**
Né le 23 janvier 1640 à Graz. Mort le 31 mai 1684 à Graz. XVIIe siècle. Autrichien.
Graveur.
Il était le fils de Mannasser David.

MÄNNCHEN Adolf
Né le 7 septembre 1860 à Rudolstadt. Mort le 30 mars 1920 à Düsseldorf. XIXe-XXe siècles. Allemand.
Peintre.
Élève de Hugo Vogel, Hellquist et Bracht à l'Académie de Berlin. Se fixa à Dantzig. Le Musée de Düsseldorf conserve de lui : *Femmes frappant des pierres.* Le Musée de Rudolstadt conserve de sa main environ trente tableaux, le Musée de Dantzig *Dans le sentier pierreux,* le Musée de Halle *A Capri,* le Musée d'Erfurt *L'Heure de la Mort,* et celui de Darmstadt *Retour des champs.*

MÄNNCHEN Albert
Né en 1873 à Rudolstadt. XIXe-XXe siècles. Allemand.
Peintre.
Prit part au Salon de Paris ; médaille d'argent en 1890 (Exposition Universelle).

MANNE Thérèse Victorine de, née **Duplessis Bonjour**
Née le 15 août 1780 au Merlerault. Morte le 15 août 1865 à l'Abbaye-aux-Bois à Paris. XIXe siècle. Française.
Peintre d'histoire.
Élève de Leroy de Liancourt. Elle exposa au Salon en 1814, 1817 et 1819.

MANNEBACH Peter
Né en 1797. Mort le 1er mars 1842 à Cologne. XIXe siècle. Allemand.
Sculpteur.
Il a sculpté surtout des monuments funéraires.

MANNECCHIA Giacomo ou **Manecchia**
XVIIe siècle. Napolitain, actif au XVIIe siècle. Italien.
Peintre.
On possède de lui à la Sapienza de Naples *Adoration des Mages* et *La Cène*, tous deux datés de 1650.

MANNEMACKER Mathias ou **Mannacher**
Originaire d'Anvers. XVIe siècle. Travaillant à Vienne entre 1565 et 1577. Éc. flamande.
Sculpteur.
Il a exécuté en 1575 un buste de la *Grande Duchesse Marie,* femme de Charles II.

MANNERS William
XIXe siècle. Actif à Bradford. Britannique.
Peintre de paysages animés, paysages.
Il fut membre de la Society of British Artists. Il exposa à Londres, à partir de 1889, à la Royal Academy et surtout à Suffolk Street.
Musées : Melbourne (Nat. Gal. of Victoria) : *La lune d'août.*
Ventes Publiques : Londres, 20 juil. 1976 : *Retour des champs* 1893, h/t (29x74) : **GBP 300** – Stockholm, 15 nov. 1988 : *Paysage avec des personnages sur un chemin* 1904, h. (30x46) : **SEK 6 000** – Londres, 9 fév. 1990 : *Au bord de la rivière* 1896, h/cart. (21x32,6) : **GBP 1 155** – Londres, 13 mars 1992 : *Moissonneurs se reposant à l'abri des meules à Wharfedale près de Grassington* 1895, h/cart. (20,3x31,7) : **GBP 1 100** – Londres, 12 juin 1992 : *La pêche au saumon avec un filet* 1899, h/t (76,2x127) : **GBP 2 860** – Londres, 9 juin 1994 : *Fenaison à Swaledale* 1904, h/t (51x76) : **GBP 7 200**.

MANNEVILLE André de
Né au XIXe siècle à Paris. XIXe siècle. Français.
Sculpteur.
Élève de M. Puech, Patey, Injalbert et Rolard. Figura au Salon des Artistes Français. Membre de cette Société depuis 1909, mention honorable en 1894. Le Musée de Nantes possède de lui deux hauts-reliefs : *La Mort du voyageur* et *Une halte.*

MANNEZ Joseph de. Voir **DEMANNEZ Joseph Arnold**

MANNFELD Bernhard
Né le 6 mars 1848 à Dresde. Mort le 29 mars 1925 à Francfort-sur-le-Main. XIXe-XXe siècles. Allemand.
Peintre et graveur.
Élève du peintre Otto Georgi, et, en 1866, de l'Institut Seiler pour la peinture sur verre, à Breslau. Il commença à faire de la gravure en 1867. En 1890, une exposition de ses gravures eut lieu à la Galerie Nationale de Berlin. Médaillé à Munich en 1892 et en 1894. On cite de lui : *Sainte Elisabeth* et *La cathédrale de Cologne.*
Ventes Publiques : Londres, 29 nov. 1984 : *Patineurs dans un parc au crépuscule* 1895, aquar. gche (61,5x87) : **GBP 2 500**.

MANNHAFT Christoph Jörg
Originaire de Camblo en Bavière. Mort le 25 janvier 1725 à Brigue dans le Valais. XVIIIe siècle. Allemand.
Peintre.
Plusieurs de ses œuvres se trouvent au Musée Suisse de Zurich, en particulier une *Assomption de Marie.*

MANNHART Johann Georg. Voir **MANHART**

MANNHEIM Jean
Né le 18 novembre 1862 à Kreuznach (Rhénanie). Mort en 1945. XIXe-XXe siècles. Actif aux États-Unis. Allemand.
Peintre de portraits, paysages, paysages animés.
Il a reçu sa formation à Paris et à Londres.
Ventes Publiques : Los Angeles, 17 mars 1980 : *Nu au vase de fleurs,* h/t (66x50,8) : **USD 2 300** – Los Angeles, 16 mars 1981 : *Esprit de la Nuit,* h/t (76,2x91,5) : **USD 3 000** – San Francisco, 8 nov. 1984 : *Paysage orageux,* h/t (61x91,5) : **USD 2 500** – New York, 22 sep. 1987 : *Paysage au pont,* h/cart. entoilé (30,5x38,5) : **USD 2 300** – Los Angeles-San Francisco, 7 fév. 1990 : *Femme assise portant une étole jaune drapée,* h/t (71x56) : **USD 8 800** – New York, 14 fév. 1990 : *Chalet dans les bois,* h/t (51x61) : **USD 1 760** – Los Angeles-San Francisco, 12 juil. 1990 : *Paysage*

avec de hauts sapins enneigés, h/cart. (39x30,5) : **USD 3 850** – Los Angeles-San Francisco, 10 oct. 1990 : *Jeune femme composant un bouquet de fleurs*, h/t (101x87) : **USD 8 800** ; *La famille de l'artiste en promenade dans les bois*, h/t (51x61) : **USD 11 000**.

MANNHEIMER Charlotte
Née en 1866 à Copenhague. XIXe-XXe siècles. Danoise.
Peintre.
Elle a surtout résidé à Göteborg.
Musées : Göteborg (Mus. des Beaux-Arts) – Oslo (Gal. Nat.).

MANNHEIMER Gustav ou **Magyar-Mannheimer**
Né le 27 février 1859 à Budapest. Mort en 1937. XIXe siècle. Hongrois.
Peintre de genre, paysages, fresquiste.
Il vécut à Budapest. Il exposa à Munich en 1892, à Vienne en 1894, et à Paris en 1900, obtenant une mention honorable, pour l'Exposition Universelle. On cite de lui : *Deux enfants jouant dans un pré*. On lui doit surtout des paysages d'Italie et des fresques pour des monuments de Budapest.
Musées : Budapest (Beaux-Arts) : *Soir en Campanie* – Venise (Gal. Art Mod.) : *Jour d'été*.
Ventes Publiques : New York, 20 juil. 1995 : *La jeune porteuse d'eau* 1917, h/pan. (41,9x60) : **USD 1 035**.

MANNI Andrea
XVIIe siècle. Italien.
Sculpteur.
Fils de Bartolomeo Manni. Il a orné de ses statues plusieurs églises de Bergame.

MANNI Bartolomeo
XVIIe siècle. Italien.
Sculpteur.
Il a sculpté des figures de l'autel du Rosaire de S. Alessandro de Croce à Bergame.

MANNI Giacomo
Né le 25 juillet 1687. Mort vers 1737. XVIIIe siècle. Italien.
Sculpteur.
Il a travaillé surtout dans les églises de Bergame.

MANNI Giannicola di Paolo, dit **Smicca**
Né vers 1460 à Pérouse. Mort le 27 octobre 1544 à Pérouse. XVe-XVIe siècles. Italien.
Peintre d'histoire, compositions religieuses, fresques.
Il fut condisciple de Raphaël Sanzio et de Lo Spagna dans l'atelier du Pérugin, qu'il aida aussi dans ses travaux. Il paraît avoir surtout travaillé à Pérouse où l'on voit de lui, à la Sala del Cambio un tableau d'autel et plusieurs fresques, exécutées de 1513 à 1528 ; à San Martino *La Vierge entre saint Jean et saint Laurent*, à San Tommaso *L'Incrédulité de saint Thomas*, et au Musée de Pérouse, un tableau d'autel, qui décorait autrefois l'église de S. Domenico. On voit aussi de lui, à Gubbio, dans l'église de S. Pietro une *Visitation*. Manni fut durant la majeure partie de sa carrière le fidèle disciple du Pérugin. Plus tard, il chercha à imiter la manière d'Andrea del Sarto.
Musées : Londres (Nat. Gal.) : *Annonciation* – Paris (Mus. du Louvre) : *Baptême du Christ* – *Assomption* – *Adoration des mages* – *Sainte famille* – *Vierge glorieuse* – Pérouse.
Ventes Publiques : Londres, 14 déc. 1962 : *L'Adoration de l'Enfant Jésus : la Vierge, saint Joseph, saint Jean Baptiste et deux autres saints* : **GNS 3 500** – Milan, 12 déc. 1988 : *Vierge et l'Enfant et deux Chérubins*, h/pan. (108x63) : **ITL 150 000 000**.

MANNI Giovanni Battista ou **Magni**
Né vers 1592 à Modène. Mort le 19 mai 1674 à Rome. XVIIe siècle. Italien.
Peintre.
Il a travaillé à Rome de 1626 à 1654, et figure sur les livres de l'Académie Saint-Luc et fut admis en 1642 à la Congrégation des Virtuoses. Il a participé à la décoration de la chapelle Sixtine.

MÄNNI Jacob. Voir **MANNL**

MANNI Paolo
XVIIe siècle. Actif à Modène. Italien.
Peintre.
L'église des Capucins de Modène, conserve de lui une *Annonciation*.

MANNIER. Voir **MANIER**

MANNIER Charles
Né le 30 mai 1823 à Wesserling. Mort le 21 octobre 1855. XIXe siècle. Français.
Paysagiste et peintre de genre.
Élève de Pelletier, Cabanel et Troyon. Exposa au Salon, de 1846 à 1850. Le Musée de Mulhouse conserve quatre pastels de cet artiste.

MANNIER Germain le. Voir **LE MANNIER**

MANNIN, Mrs, née **Millington**
Morte en 1864 à Brighton. XIXe siècle. Britannique.
Miniaturiste.
Exposa à la Royal Academy, de 1829 à 1832, sous son nom de jeune fille et de 1833 à 1857, sous le nom de son mari. Elle a surtout exécuté des portraits de dames et d'enfants.

MANNIN James ou **Manning**
Né en France. Mort en 1779 à Dublin. XVIIIe siècle. Irlandais.
Peintre de fleurs.
Se fixa à Dublin. Nommé, en 1746, professeur à la Dublin Society's School, il y forma de bons élèves.

MANNIN Jehan ou **Mauvin**
XIVe siècle. Actif à Lille. Éc. flamande.
Peintre.
Il est mentionné à Lille comme maître en 1327 et 1328, et travailla en 1385 pour l'église Sainte-Catherine de cette ville.

MANNIN John
Mort au début de 1791. XVIIIe siècle. Actif à Dublin. Irlandais.
Graveur.

MANNING Charles
Mort en 1812 ou 1813 à Londres. XIXe siècle. Britannique.
Sculpteur.
Il exposa depuis 1801.

MANNING James. Voir **MANNIN**

MANNING Samuel
Mort le 7 décembre 1847 à Londres. XIXe siècle. Britannique.
Sculpteur.
Il était sans doute le fils de Charles Manning et exécuta le *Tombeau de Warren Hastings* à l'abbaye de Westminster.

MANNING William Westley
Né en 1868 à Londres. Mort en 1954. XIXe-XXe siècles. Actif à Londres. Britannique.
Peintre de paysages, graveur.
Il étudia à Londres et à Paris.
Ventes Publiques : Londres, 5 mars 1987 : *La Teme, Ludlow*, h/t (80x101,6) : **GBP 2 200**.

MÄNNINGEN Christian
XVIIIe siècle. Allemand.
Peintre de scènes de chasse.
Il travailla à la cour de Saxe.

MANNINI Bartolomeo. Voir **MANINI**

MANNINI Giacomo Antonio ou **Manini**
Né le 23 août 1646 à Bologne. Mort le 17 février 1732 à Bologne. XVIIe-XVIIIe siècles. Italien.
Peintre et graveur.
Élève de André Monticelli et de Domenico Santi. En collaboration avec Gianbattista Droghi, il peignit pour le duc de Parme la décoration d'une chapelle à Colorno. On le cite à Modène, de 1706 à 1708, peignant le dôme de l'église Saint-Barnabé. Il grava avec talent, surtout des perspectives et des ornements d'architecture. On mentionne notamment de lui une série de seize jolies eaux-fortes intitulées : *Vedute Deliziose*.

MANNISTE Andres
Né en 1951 à Sault-Sainte-Marie (Ontario). XXe siècle. Canadien.
Peintre.
Musées : Montréal (Mus. d'Art Contemp.) : *Bruce* 1978.

MANNL Jacob ou **Männi**
Né vers 1695 à Vienne. XVIIIe siècle. Autrichien.
Graveur à la manière noire.
Cet artiste dont on n'indique pas le maître se créa rapidement une solide réputation. En 1720, il fut chargé de reproduire à la manière noire la collection impériale de peintures, qui venait de s'enrichir de celles appartenant à l'archiduc Léopold. Ce travail formidable fut interrompu après l'achèvement de la trente et unième planche par la mort de l'archiduc suivie de celle de l'artiste. Ces estampes, qui comptent des reproductions des plus illustres maîtres, sont devenues extrêmement rares.

MÄNNL Jakob Johann
Né en 1654 à Karlstadt (Bohême). Mort le 28 novembre 1712 à Vienne. XVIIe-XVIIIe siècles. Actif à Vienne. Autrichien.
Peintre.
Il fut à partir de 1699 graveur de la cour. Présente des similitudes avec le précédent.

MANNLICH ou **Männlich, Manlich, Manling**, famille d'artistes
Originaires d'Augsbourg. XVIIe-XVIIIe siècles. Allemands.
Orfèvres.
Ils travaillèrent aux XVIIe et XVIIIe siècles.

MANNLICH Conrad
Né en 1701 à Augsbourg. Mort en 1758 à Deux-Ponts. XVIIIe siècle. Allemand.
Peintre d'histoire, de portraits, d'animaux.
Élève de Johann Kupezky à Vienne. Il visita la Hongrie, et travailla à Stuttgart et à Deux-Ponts. On voit des œuvres de lui dans la galerie de Scheissheim.
Musées : Deux-Ponts (Mus. prov.) : *Le petit dessinateur – Berger et bergère* – Heidelberg (Mus. du Palatinat) : Plusieurs portraits, dont celui du peintre par lui-même – Munich (Mus. Nat.) : Deux tableaux représentant des animaux – Nuremberg (Mus. Germanique) : Tableau représentant un animal – Spire : *Le petit dessinateur – Portraits de la comtesse Henriette de Hesse (1735) et de Louvier.*
Ventes Publiques : Paris, 22 fév. 1934 : *Portrait de jeune femme en corsage rouge* : **FRF 1 800** – Munich, 4 et 6 oct. 1961 : *Le marchand de volailles* : **DEM 8 500** – Monte-Carlo, 23 fév. 1986 : *Natures mortes aux oiseaux* l'une de 1741, h/t, une paire (40x32) : **FRF 35 000.**

MANNLICH Johann Christian von ou **Menlich**
Né le 2 octobre 1741 à Strasbourg. Mort le 3 janvier 1822 à Munich. XVIIIe-XIXe siècles. Allemand.
Peintre d'histoire.
Il commença ses études avec son père Conrad Mannlich, alla les poursuivre à Munich sous la direction de Zinzenich et de Verschaffelt, et, grâce à la protection du duc Christian IV, vint à Paris travailler avec Carle Van Loo et François Boucher. Il visita ensuite l'Italie, séjourna à Rome, de 1767 à 1770, où il fut le pensionnaire de l'Académie de France, puis se rendit à Naples, où on le signale jusqu'en 1771. A son retour en Allemagne la place de peintre de la Cour lui fut donnée et il dirigea l'École des Beaux-Arts de Deux-Ponts. Il fut membre des Académies de Düsseldorf, de Mannheim, de Paris et de Parme. On doit signaler également qu'il composa des projets d'architecture, qu'ils s'intéressa vivement à la lithographie et qu'il établit le catalogue des Musées de Munich.
Musées : Augsbourg : *La Sainte Famille* 1770 – Bamberg : *Scène de chasse* 1780 – Darmstadt (Nouveau Palais) : *Les Assises de la Folie* – Deux-Ponts (Mus. prov.) : *Le déluge – Le repentir de Madeleine* – Karlsruhe (Gal. d'Art) : *Portrait de Karl Luwdig, prince héritier de Bade* – Munich (Mus. Nat.) : Trois tableaux représentant des animaux 1773 et 1795 – Munich (Mus. de la Résidence) : *Portraits de Charles II* 1784 – Munich (mun.) : Dessins et aquarelles – Spire : *L'épouse de l'artiste* 1782 – *Le repentir de Madeleine* 1777 – *La malédiction – La surprise – Marthe morte* 1780 – *Deux renards du Canada* 1781.
Ventes Publiques : Paris, 23 nov. 1938 : *La présentation du portrait* : **FRF 6 400** – Mentmore, 25 mai 1977 : *Le chasseur désarmé par l'amour* 1778, h/t (181x138) : **GBP 11 000** – Londres, 9 avr. 1981 : *Le Torcol et le petit épeiche*, gche et aquar. (26,5x19,2) : **GBP 1 450** – Monte-Carlo, 29 nov. 1986 : *Combattant*, gche et aquar. (30,5x21,2) : **FRF 16 000.**

MANNO Francesco
Né en 1754 à Palerme. Mort en 1831 à Rome. XVIIIe-XIXe siècles. Italien.
Peintre de compositions religieuses, portraits, fresques.
Nommé en 1786, secrétaire de l'Académie Saint-Luc à Rome, il travailla pour Pie VI comme peintre, architecte et orfèvre. On cite de lui un *Portrait de Ferdinand Ier* (à la Galerie de Palerme) et des fresques (au Quirinal).
Ventes Publiques : Rome, 10 mai 1994 : *Le banquet des dieux*, h/t (37,5x49,5) : **ITL 5 980 000.**

MANNO Miltiades
Né le 3 mars 1879 à Pancsova. XXe siècle. Hongrois.
Peintre, dessinateur.
Il était actif à Budapest.

MANNO di Bastiano
XVIe siècle. Italien.
Orfèvre.
Il vécut et travailla à Florence.

MANNO di Benincasa Manucci, dit **Manno de Cori**
Né en 1373. Mort en 1455. XIVe-XVe siècles. Actif à Florence. Italien.
Graveur sur bois.

MANNO di Biandino
XIVe siècle. Actif à Sienne. Italien.
Orfèvre et sculpteur.
Il travailla à Bologne de 1301 à 1312.

MANNOCCHI Giuseppe ou **Manochi**
Né en 1731. Mort le 29 juin 1782 à Rome. XVIIIe siècle. Actif à Rome. Italien.
Graveur, dessinateur d'architectures.
Ventes Publiques : Londres, 25 juin 1981 : *Plafond de la villa Albani, Rome* 1774, pl. et aquar. (56,5x125) : **GBP 680** – New York, 12 jan. 1994 : *Projet de décoration en style grotesque*, gche et aquar. (27,7x47) : **USD 4 025.**

MANNONI Gérard
Né en 1928 à Bastia (Corse). XXe siècle. Français.
Sculpteur. Abstrait.
À Paris, où il s'est tôt fixé, il fut élève de l'École des Métiers d'Art, de l'Académie Julian, en 1940 entra à l'École des Beaux-Arts, travaillant en même temps dans l'Atelier Zadkine à l'Académie de la Grande Chaumière. En 1955, il devint membre du groupe *Espace*, parrainé par André Bloc, Lipsi, Robert Jacobsen. Depuis ce moment, il participe à de nombreuses expositions collectives, dont : les Salons des Réalités Nouvelles et de la Jeune Sculpture, la Biennale de Paris dont il fut membre du jury, la Biennale d'Anvers-Middelheim, la Biennale de Lausanne, etc. Il participa également au Symposium du Québec en 1965. Il montre des ensembles de ses sculptures dans des expositions personnelles à Paris, en 1958, 1961, 1965.
Ayant commencé à utiliser la terre et le plâtre, il se dégagea tôt de toute attache avec l'apparence réelle. À partir de 1954, après une phase de recherche sur des maquettes en plâtre, il passa à des sculptures à vocation nettement monumentale, réalisées en béton, pierre ou bois ; puis, à partir de 1966, il adopta le fer. Rigoureusement abstraites, ses sculptures relèvent de ce que l'on peut appeler le classicisme de l'abstraction, d'une finition parfaite, recherchant volontiers un épiderme rugueux. Dans la tradition brancusienne, elles constituent de saines occupations de l'espace par des volumes aux lignes soigneusement tendues, le plus souvent allégés de vides qui permettent une meilleure interpénétration de l'œuvre elle-même avec l'espace environnant.
Bibliogr. : Denys Chevalier, in : *Nouveau diction. de la sculpt. mod.*, Hazan, Paris, 1970.
Musées : Montréal (Mus. d'Art Contemp.) : *Sans titre* 1965, sculpt. acier cortène – Paris (Mus. Nat. d'Art Mod.) – Paris (Mus. d'Art Mod. de la Ville).

MANNOURY Armand Arsène
Né vers 1860 à Paris. XIXe siècle. Français.
Paysagiste.
Élève de Guillemet et Caïn. Le Musée de Périgueux et la Galerie Roussel, à Louviers, conservent des œuvres de cet artiste.
Ventes Publiques : Paris, 11 oct. 1948 : *Bord de rivière* : **FRF 5 500** – Berne, 27 oct. 1978 : *Paysage fluvial* 1890, h/t (48x73) : **CHF 3 000.**

MANNOWSKI Christoph
XIXe siècle. Allemand.
Peintre.

MANNOYSE Laurent. Voir **MANVUISSE**

MANNOZZI Giovanni ou **Manozzi, Mannori**, dit **Giovanni da San Giovanni**
Né le 20 mars 1592 à Valdarno. Mort le 6 décembre 1636 à Florence. XVIIe siècle. Italien.
Peintre de scènes mythologiques, compositions religieuses, sujets de genre, portraits, fresquiste, dessinateur.
Il fut élève de Matteo Rosselli, mais ses véritables maîtres furent Michel-Angelo da Caravaggio et Ribera. Il peignit à Rome un grand nombre de fresques et exécuta aussi des tableaux de che-

valet. Il fut le peintre officiel des grands ducs Cosimo II et Ferdinand II de Toscane.

1624

MUSÉES : CHAMBÉRY : *Portrait du fondateur de la congrégation des Écoles chrétiennes* – FLORENCE (Gal. roy.) : *Vénus peignant Cupidon* – *L'épouse nouvelle* – *La plaisanterie du vin* – *L'artiste* – *Un Amour donnant des pinceaux à la Peinture* – *Jésus servi par des anges* – *Mariage mystique de sainte Catherine* – FLORENCE (Palais Pitti) : *Rendez-vous des chasseurs* – *La Vierge et l'enfant Jésus* – *Un cuisinier* – PISE : *Saint Torpe*.
VENTES PUBLIQUES : LONDRES, 10 mai 1922 : *Les actes de grâce* : **GBP 40** – BERNE, 8 juin 1977 : *Enfant assis* vers 1625, craies noire et rouge (17,2x14,9) : **CHF 10 600** – MUNICH, 29 juin 1982 : *Figure drapée*, sanguine : **DEM 3 400** – MILAN, 4 déc. 1986 : *La Fuite en Égypte*, pl. et lav. (27,5x27,9) : **ITL 1 200 000** – PARIS, 16 déc. 1993 : *Étude de plafond*, sanguine, pl. et encre brune (122,5x8,5) : **FRF 12 000** – LONDRES, 3 juil. 1995 : *Homme debout avec une cape et un chapeau*, sanguine (32,7x21,8) : **GBP 3 450**.

MANNOZZI Vincenzo ou **Mannozi, Manozzi**
Mort en 1657 à Florence. XVIIe siècle. Italien.
Peintre de figures, portraits.
VENTES PUBLIQUES : ROME, 27 nov. 1989 : *Portrait d'un jeune guerrier*, h/t (57x42) : **ITL 10 925 000**.

MANNSFELD Johann ou **Joseph Georg**. Voir **MANSFELD**

MANNSKIRSH. Voir **MANSKIRCH**

MANNUCCI. Voir aussi **MANNO di Benincasa Mannucci**

MANNUCCI Edgardo
Né en 1904 à Fabriano. XXe siècle. Italien.
Sculpteur. Abstrait.
Il arriva jeune à Rome. Il a participé aux expositions internationales d'Arnhem-Sonsbeek, de Messine, etc. En 1949, il obtint le Prix de Sculpture de la première exposition non-figurative de l'Art Club. En 1957, il obtint un Prix à la première exposition de sculptures de Carrare ; en 1958 le Prix Albright Art Gallery de Buffalo, à l'exposition annuelle du Carnegie Institute de Pittsburgh ; en 1962, une salle lui était consacrée à la Biennale de Venise.
À son arrivée à Rome, il subit l'influence d'Arturo Martini, ne dépassant toutefois pas un archaïsme mélancolique. Pendant les années de guerre, l'influence du peintre Alberto Burri le fit évoluer dans le sens d'une libération de la forme. Il n'accéda à une stricte abstraction que vers 1950 ; La même influence de Burri lui fit rechercher des effets insolites de matières. En 1959, en collaboration avec l'architecte Lambertucci, il eut l'occasion de réaliser le très important *Monument à la Croix Rouge Internationale* à Solférino, dont la monumentalité des lignes austères s'est voulue, cette fois, détachée de tous effets insolites, sorte de long claustra, rappelant l'art monumental africain.
BIBLIOGR. : G. C., in : *Nouveau diction. de la sculpt. mod.*, Hazan, Paris, 1970.
VENTES PUBLIQUES : NEW YORK, 19 mai 1966 : *Opera n° 1*, bronze poli : **USD 1 100** – MILAN, 19 nov. 1996 : *Idea* vers 1965, fil de bronze (43x53x15) : **ITL 7 223 000**.

MANNUCCI Gaspare
XVIIe siècle. Italien.
Peintre.
Cet artiste florentin travailla à Lucques et dans les environs de 1629 à 1638.

MANNUCCI Paolo
XVIe siècle. Actif à Sienne. Italien.
Artiste marqueteur.

MANO Giuseppe dalla. Voir **DALLAMANO Giuseppo**

MANOCHI Giuseppe. Voir **MANNNOCCHI**

MANOËL Louis de
Né le 16 juillet 1806 à Céron (La Martinique). Mort le 5 septembre 1876 à Genève. XIXe siècle. Français.
Peintre.
Il fut l'élève de Guigon.

MANÔHAR
XVIIe siècle. Indien.
Peintre de miniatures.
Il vécut à la cour des empereurs Akbar, Jahangir, Shah Jahan vers 1600. Peut-être se confond-il avec Manôhar Sing, fils du radjah Lonkaran. Il passe pour avoir relevé la ville de Mol Manoharnagar. On trouve son nom au bas des illustrations de quelques très beaux manuscrits de l'époque d'Akbar. Il fut également un peintre animalier remarquable. La Bibliothèque Nationale de Paris possède de lui un *Portrait de dame*.

MANOIR Irving K.
Né le 28 avril 1891 à Chicago. XXe siècle. Américain.
Peintre, peintre de compositions murales, illustrateur.
Il fut élève de Wellington Reynolds et Harry Mills Walcott. Il vécut et travailla à Chicago.

MANOIR-CLAUDE Marie-Louise
XXe siècle. Française.
Sculpteur. Abstrait, néoconstructiviste.
De 1949 à 1954, elle exposa à Paris, au Salon des Réalités Nouvelles.
Ses réalisations se rattachent au courant néo-plasticiste issu de l'œuvre de Mondrian. À l'exemple de Gorin, elle en transpose les principes fondamentaux dans des œuvres en trois dimensions, réalisées dans une technique parfaite qui recourt à des matériaux modernes.

MANOLI Anne
Née le 24 février 1961 à Paris. XXe siècle. Française.
Peintre. Tendance abstraite-matiériste.
Elle fut élève de Louis Nallard à l'École des Beaux-Arts de Paris, dont elle fut diplômée en 1983. Depuis 1981, elle participe à des expositions collectives, dont : depuis 1983 Paris, assez régulièrement le Salon des Réalités Nouvelles ; 1986 Paris, Salon de Mai ; 1994 Salon de Vitry ; 1995 Paris, Salon Mac 2000 ; etc. Elle montre des ensembles de ses peintures dans des expositions personnelles : 1987 Paris, Cimaises Ventadour ; 1990 Paris, Galerie Perchée ; 1998 Paris, galerie des Œuvres Universitaires et au Cloître des Billettes.
La tendance dominante de sa peinture réside dans l'exploitation tumultueuse et sensuelle de matières pigmentaires éruptives, dont les coulées se tordent, se croisent, se superposent, se pénètrent. Très souvent informelles, ces peintures ainsi malaxées tendent, sans intention délibérée, à une sorte de paysagisme abstrait des cataclysmes. Toutefois, Manoli étant libre de tout apriorisme de l'abstraction, des formes biologiques plus ou moins évoluées se glissent subrepticement dans le magma en gestation. Alors, plus qu'ils ne la guident, quelques titres malicieux égarent la perspicacité du spectateur, qui distingue une scène de tauromachie quand c'était un labour, en somme don Quichotte quand c'était Sancho. Comme dans les ailes des moulins à vent, dans les taches d'humidité insidieuses, dans la fuite éperdue des nuages, encore ici la gloire de l'ambiguïté fluctuante des apparences fortuites. ■ J. B.

MANOLI Pierre
Né vers 1930 en Égypte. XXe siècle. Actif en France. Français.
Sculpteur de monuments, figures, graveur en médailles. Polymorphe.
À Paris, de 1951 à 1955, il fut élève de l'école des Arts Décoratifs ; en 1956-1957, de l'École des Beaux-Arts. Il participe à des expositions collectives depuis 1958, à Paris, en province, et : à New York, Cologne, Caracas, Yaounde, Munich, Genève, etc. En 1962, il a participé au Séminaire International de l'Université de Farleigh-Dickinson (New Jersey). En 1993, à Paris, il a montré un ensemble d'œuvres dans une exposition personnelle ; en 1997 à la Dielemen Gallery en Belgique.
Il travaille des matériaux totalement diversifiés, sans limitations : étain, aluminium, cuivre, laiton, acier, fonte, bronze, granit, résine synthétique, céramique. Il invente des techniques, projetant le métal en fusion dans l'eau, fondant le granit au chalumeau. Parallèlement à la diversité des matériaux, il traite des thèmes différents, le matériau commandant l'esprit de l'œuvre à venir ou réciproquement, et passant indifféremment de la figuration à l'abstraction. De ce fait, son œuvre est difficile à cerner, à définir. Le thème qui revient le plus souvent est le personnage humain, souvent en groupe, souvent en tant qu'acrobate, parfois suspendu en l'air, évoquant le mouvement et parfois mobile. Il a réalisé des travaux monumentaux, d'entre lesquels : 1964 Paris, Caisse Nationale du Crédit Agricole : sculptures murales ; 1970 Paris, Gare Montparnasse : *Hommage au rail* ; 1976 Paris, Nouvelle Faculté des Sciences : sculpture monumentale en acier ; 1980 Rennes, Préfecture : *Personnages dans l'espace* ;

1982 Dinard, Centre équestre : sculpture monumentale ; 1987 Yaounde : *La Fertilité* ; 1992 Paris, Gare Montparnasse Porte Océane : *Grand'Voile* ; 1993 Saint-Suliac : *Requiem* Élévation à la Lumière.

MANOLO, pseudonyme de **Hughé y Martinez Manuel**
Né en 1872 à Barcelone. Mort en décembre 1945 à Briquetès (Catalogne). XIXe-XXe siècles. Espagnol.
Sculpteur de figures, peintre de compositions à personnages, scènes animées, animaux, aquarelliste, graveur, dessinateur. Expressionniste.

Né d'un père aragonais, qui fut général et commanda à Cuba, Manolo, élevé par sa sœur aînée à Barcelone, s'émancipa tôt de la tutelle familiale, pour mener une existence aventureuse, contée plus tard : *Vie de Manolo racontée par lui-même*. Il fut élève de l'École des Beaux-Arts de Barcelone pendant trois ans. Il réalisa des travaux de décoration dans plusieurs fondations artistiques, dont celle du Tasse. Il fréquentait le café d'artistes *Les Quatre Gats*. Déserteur, il vint à Paris en 1892, puis de 1901 à 1910, où il se lia avec le sculpteur céramiste Francisco (Paco) Durrio, Picasso et les artistes de Montmartre et Montparnasse ; il y fut aussi souvent le compagnon nocturne du poète Jean Moréas. Les incertitudes de sa vie ne lui permettaient pas alors un travail régulier, avant qu'il ne se fixa, en 1910, dans la ville frontalière de Céret (Pyrénées-Orientales), où l'avait attiré le musicien catalan Déodat de Séverac, et où, en 1912 ou 1913, vinrent le rejoindre, pour d'assez longs séjours, Juan Gris, Picasso et Braque. Dans les années qui suivirent la Première Guerre mondiale, toujours à Céret, ayant contracté une grave infirmité, il abandonna la sculpture et pratiqua la peinture, et spécialement l'aquarelle. Il s'installa, en 1925 ou 1928, définitivement à Caldas de Montbuy. Il fut admis à l'Académie des Beaux-Arts de San Jorge. Il montra ses œuvres dans des expositions personnelles, en 1917 à Barcelone, en 1928 et 1929 à Paris, Barcelone et New York. Sa dernière exposition eut lieu à Madrid en 1941. Une exposition de son œuvre fut présentée en 1995 au musée Tavet-Delacour à Pontoise.

Après avoir subi l'influence de Gauguin, dans sa première période de Céret, il sculpta, modelées en glaise puis cuites ou taillées dans le bois ou la pierre, des personnages féminins, très souvent des maternités, des petites figures, animées et cocasses, représentant, avec une verve populaire, paysans, toreros et danseuses, atteignant parfois à la plénitude de Maillol, dont, une de ses rares sculptures de dimensions monumentales, *La Catalane* érigée sur une place de Céret. Sa sculpture était empreinte du primitivisme assez fréquent au début du siècle. Il a illustré de gravures sur bois *Cœur de chêne* de Pierre Reverdy. En peinture, il pratiquait une technique spontanée et allusive, par larges touches grasses et vivement colorées, rappelant la manière des « macchiaioli » italiens, une sorte d'impressionnisme expressionniste. ■ J. B.

Bibliogr. : Monserrat Blanc : *Manolo. Sculptures, peintures et dessins*, Poligrafa, Barcelone, 1974 – in : *Cent ans de peint. en Espagne et au Portugal, 1830-1930*, Antiqvaria, Madrid, 1989.

Musées : Céret (Mus. d'Art Mod.) : *Le petit toréador*, bronze – *La Forge*, dess. – *Portrait d'A. Janer*, dess. – *Chevaux et toros*, dess.

Ventes Publiques : Paris, 24 nov. 1928 : *Femme nue accroupie*, gche : **FRF 70** – Londres, 7 déc. 1973 : *Les deux Catalanes*, bronze : **GNS 400** – New York, 6 juin 1974 : *La Moissonneuse*, bronze : **USD 2 200** – New York, 21 oct. 1977 : *La maternité à la grappe de raisins* 1940, bronze, patine brune et verte (H. 23) : **USD 1 800** – Paris, 9 mai 1979 : *Portrait d'homme*, bronze patiné (H. 18) : **FRF 6 000** – Munich, 28 nov. 1980 : *Nu couché* 1927, gche (23x30,5) : **DEM 4 500** – Barcelone, 31 jan. 1980 : *La Lecture*, h/pan. (26,5x21) : **ESP 165 000** – Barcelone, 29 jan. 1981 : *Deux bœufs* 1913, terre cuite (38x37,5) : **ESP 95 000** – New York, 31 mai 1984 : *Tête de femme* 1927, marbre (H. 34) : **USD 3 500** – New York, 30 mai 1985 : *Gabi* 1912, bronze, patine noire (H. 46) : **USD 1 800** – Barcelone, 27 mai 1986 : *Nu debout*, bronze (H. 37,5) : **ESP 280 000** – Paris, 9 déc. 1987 : *Le Bon Pasteur* 1943, bronze à patine brune (H 37,5 plus socle) : **FRF 35 000** – Paris, 5 avr. 1990 : *Tête de femme* 1908, bronze (H. 17) : **FRF 35 000** – Amsterdam, 23 mai 1991 : *Mère et enfant*, bronze à cire perdue (H. 55) : **NLG 5 520** – New York, 9 mai 1992 : *Maternité* 1935, bronze à patine brune (H. 29,5) : **USD 6 050** – Madrid, 16 juin 1992 : *Maternité* 1935, terre cuite (H. 29) : **ESP 800 000** – Madrid, 10 juin 1993 : *Personnage féminin accroupi* 1911, relief de bronze (29x20x3) : **ESP 575 000** – New York, 24 fév. 1994 : *Bergers et moutons*, relief de bronze (33x44,5) : **USD 4 888** – Paris, 20 mai 1994 : *Femme nue assise les jambes écartées soulevant sa longue chevelure*, mine de pb/pap. (24,5x33,3) : **FRF 8 000** – Paris, 9 déc. 1994 : *Les Saltimbanques*, fus. (19,5x31) : **FRF 18 000** – Londres, 14 mars 1995 : *Léda et le cygne* ; *Le Picador*, bronze (L. 7,3) ; *Le Picador*, encre et lav. (25x21,3) : **GBP 2 875** – New York, 7 nov. 1995 : *Bergers et bétail*, bronze (33x44,5) : **USD 3 450** – Paris, 25 fév. 1996 : *Danseuse au châle* 1936, bronze (H. 26,5) : **FRF 33 000** – Londres, 23 oct. 1996 : *La passe de cape*, bronze (L. 23) : **GBP 3 680** – Paris, 20 jan. 1997 : *Le Cheval* 1924, encre reh. de lav. (15,5x24,5) : **FRF 21 000**.

MANÔSHAHR
XVIIe siècle. Actif dans la première moitié du XVIIe siècle. Indien.
Peintre de miniatures.

Il fit partie de l'École de Jahangir.

MANOTTI Vincenzo
XVIIIe siècle. Italien.
Peintre de portraits.

Il a peint en 1775 pour l'église Saint-François d'Assise un *Portrait de Clément XIV*.

MANOUKIAN Seta
Née en 1945 à Beyrouth, d'une famille d'origine arménienne. XXe siècle. Active depuis 1986 aux États-Unis. Libanaise.
Peintre de compositions à personnages, figures, dessinateur.

Une bourse de l'Institut Culturel Italien lui permit un séjour de quatre ans en Italie, où elle fut élève de l'Académie Pietro Vanucci à Pérouse, puis de l'Académie des Beaux-Arts de Rome. En 1972, grâce à une nouvelle bourse de la Fondation Gulbenkian, elle passa un an au Barking College of Technology à Londres. De retour à Beyrouth, elle devint professeur à l'Université Libanaise. Elle participe à de nombreuses expositions collectives, au Liban, en Italie, Allemagne, Iraq, Arménie, au Brésil, et, en 1989, *Liban – Le Regard des peintres – 200 ans de peinture libanaise*, à l'Institut du monde arabe de Paris. Ses expositions personnelles ont toutes eu lieu à Beyrouth, en 1967, 1971 au Goethe Institut, 1979, 1984...

Bibliogr. : In : Catalogue de l'exposition *Liban – Le Regard des peintres – 200 ans de peinture libanaise*, Institut du monde arabe, Paris, 1989.

MANOURY
XXe siècle. Français.
Peintre de paysages, marines. Postimpressionniste.

En 1929, il obtint une bourse de l'Académie des Beaux-Arts de Paris. Il montre des ensembles de paysages dans des expositions personnelles à Paris : 1968, 1969 et 1971 galerie Durand-Ruel.
Ses paysages et marines ne comportent aucune présence humaine, et sont totalement voués à l'horizontalité de la mer et à tous les aspects changeants du ciel et des nuages.

MANOZZI Giovanni et **Vincenzo**. Voir **MANNOZZI**

MANQUE André
XVIIIe siècle. Français.
Sculpteur.

Il a sculpté en 1781 le tabernacle de l'église du Pecq.

MAN RAY. Voir **MAN-RAY**

MANRIQUE César
Né en 1920 à Arrecife-de-Lanzarote (Îles Canaries). Mort en 1992. XXe siècle. Espagnol.
Peintre. Abstrait-informel, abstrait-paysagiste.

Fils d'un architecte, sa vocation ne fut pas contrariée. Il fut élève de l'Académie de San Fernando à Madrid. Depuis 1942, il expose, collectivement et individuellement, entre autres : d'abord aux Canaries et à Madrid ; en 1955 à la XXVIIIe Biennale de Venise, IIIe Biennale Hispano-américaine de La Havane ; 1959 Musée d'Art Moderne de Rio de Janeiro, 1960 Musée d'Art Moderne de São Paulo, XXXe Biennale de Venise ; 1961 Palais des Beaux-Arts de Bruxelles, Salon des Réalités Nouvelles de Paris, Guggenheim Museum de New York, Tate Gallery de Londres ; 1963 VIIe Biennale de São Paulo ; 1964 Kunstmuseum de Berne ; 1971 Fondation Calouste Gulbenkian de Lisbonne ; 1980 Galerie Nationale de Caracas ; 1983 FIAC (Foire Internationale d'Art Contemporain) de Paris ; 1987 Museo Néstor de Las Palmas de Gran-Canaria ; etc. Vers la fin des années soixante, il retourna à Arrecife, où il a entrepris des travaux de protection et d'aménagement des beautés de l'île de Lanzarote, notamment sur la Montana del Fuego et, en 1973, le Mirador del Rio. En 1967, il a aussi réalisé deux peintures murales pour l'École Navale de Ténérife.

Il se rallia, dès 1953, à l'abstraction, à laquelle, à partir de 1958, il donna un prolongement personnel, qu'il désigne en tant que « texturalisme non-formel ». Plus simplement, on peut le rattacher au courant du « matiérisme », alors représenté en Espagne par Tapiès, en Italie par Burri, en France par Dubuffet. La trituration de matières pigmentaires mixtes, dans les ocres jaunes, les bruns rougeâtres, et le noir des sables volcaniques de son île, dans lesquels il suggère même des empreintes fossiles, le fait parvenir à un paysagisme-abstrait, qui semble recréer, par des moyens détournés et une sorte de surgissement naturel, les convulsions géologiques de l'archipel dont il est né. ■ J. B.

Bibliogr. : In : *Peintres contemporains*, Mazenod, Paris, 1964 – in : *Diction. Univers. de la Peinture*, Le Robert, Paris, 1975.

Ventes Publiques : Madrid, 5 nov. 1987 : *Poton* 1967, h/t (152x152) : **ESP 505 000** – Madrid, 10 juin 1993 : *Jaune soufre* 1975, techn. mixte/rés. synth. (46x61) : **ESP 126 500**.

MANRIQUE Luis
XVIe siècle. Actif dans la seconde moitié du XVIe siècle. Espagnol.
Peintre amateur.

MANRIQUE Miguel. Voir **AMBÉRES Miguel de**

MANS Arnoud Van
XVIIe siècle. Éc. flamande.
Peintre.
Il fut un élève de David Teniers vers 1668.

MANS Frans Antonis
XIIIe siècle. Actif à Stellino (Stettin).
Peintre.
La Galerie royale de Florence conserve une toile de lui : *Village traversé par une rivière*, signée *F. Mans*. Le Musée de Bordeaux possède également de lui *Village hollandais au bord d'un fleuve* (peinture sur bois).

MANS P.
XVIe siècle. Français.
Ébéniste.
Il a exécuté le lambrissement de l'église de Thorigné près du Mans vers 1512.

MANSA
XVIIIe siècle. Actif à Sedan. Français.
Graveur au burin.
Il a gravé des vignettes pour l'*Histoire d'Hippolyte de Douglas*.

MANSA Jakob Henrik
Né le 8 juin 1797 à Hillerod. Mort le 5 juin 1885 à Copenhague. XIXe siècle. Danois.
Lithographe, cartographe.

MANSADOR Ignaz. Voir **MANZADOR**

MANSARD M.
Né dans les Flandres. XVIIIe siècle. Travaillant à Angers vers 1719 et à Bayeux vers 1720. Français.
Sculpteur.
Il fit, en 1722, diverses statues pour l'église de Meigne-sous-Doué. Ces statues existent encore. Les apôtres y portent le costume des papes du XVIIIe siècle.

MANSCH Ignaz
Né le 1er mai 1867 à Vienne. XIXe siècle. Autrichien.
Portraitiste.

MANSCHGO Johann ou **Manschko**
Né le 19 septembre 1800 à Weyer (Autriche). Mort le 19 janvier 1867 à Troppau (Bohême). XIXe siècle. Autrichien.
Peintre d'histoire et portraitiste.
Élève des Académies de Munich et de Vienne, il fut l'ami de Schwind. Il exposa à Vienne en 1845. On cite de lui : *Saint Joseph avec l'enfant Jésus*.

MANSDALE Van. Voir **KELDERMANS Andries,** l'Ancien

MANSEL Jean
XVe siècle. Travaillant dans la première moitié du XVe siècle. Français.
Enlumineur.
C'est à Valenciennes que l'on situe son atelier d'où sont sortis *La fleur des histoires* (Bibliothèque royale de Bruxelles), et *Histoires romaines* (Bibliothèque de l'Arsenal de Paris). Il eut comme élève Simon Marmion.

Bibliogr. : M. Herubel : *La peinture gothique I*, Rencontre, Lausanne, 1965.

MANSEL Jean
XVIIe siècle. Actif à la fin du XVIIe siècle.
Sculpteur sur ivoire.
Il serait originaire de la région frontière entre la France et l'Allemagne, et aurait été un imitateur de Duquesnoy. Le Musée National de Munich garde de lui six hauts-reliefs.

MANSEL Jean Baptiste Joseph
XVIIIe siècle. Français.
Ébéniste.
Il travailla à Versailles de 1757 à 1792.

MANSFELD Anton Johann
Originaire de Bohême. XVIIIe siècle. Éc. de Bohême.
Graveur au burin.
Il a travaillé à Prague de 1705 à 1748 et exécuté des sujets religieux et des sujets d'histoire.

MANSFELD Gerhard
Né en 1738 à Prague. Mort en 1796. XVIIIe siècle.
Graveur au burin.
Élève de Jacob Schmutzer. Il a gravé des portraits et des sujets d'histoire.

MANSFELD Heinrich
XIXe siècle. Viennois, actif au début du XIXe siècle. Autrichien.
Graveur de médailles.

MANSFELD Heinrich August
Né le 13 mars 1816 à Vienne. Mort en 1901 à Vienne. XIXe siècle. Autrichien.
Peintre de genre.
Il fut élève de l'Académie des Beaux-Arts de Vienne en 1828. Il exposa à Vienne entre 1842 et 1877. On cite de lui : *La déception*.

Ventes Publiques : Vienne, 14 juin 1977 : *Le retour du chasseur*, h/t (45x55,5) : **ATS 60 000** – Montréal, 30 avr. 1990 : *Salle d'étude*, h/t (74x104) : **CAD 2 090**.

MANSFELD Johann Ernst
Né le 17 juillet 1739 à Prague. Mort le 22 février 1796 à Vienne. XVIIIe siècle. Autrichien.
Graveur.
Élève de l'Académie impériale de Vienne et de Jacob Schmutzer. Membre de l'Académie de Vienne. Il a gravé quelques sujets d'histoire et de nombreux portraits de princes autrichiens.

MANSFELD Johann ou **Joseph Georg** ou **Mannsfeld**
Né le 18 mars 1764 à Vienne. Mort le 21 décembre 1817 à Vienne. XVIIIe-XIXe siècles. Autrichien.
Peintre et graveur.
Fils et élève de Johann Ernst Mansfeld. Il posséda la réputation de bon peintre et de bon graveur et travailla à Vienne où il fonda en 1815 une école de lithographie. Il signait ses ouvrages *J. G. M. sc Md. sc.* On cite de lui des têtes d'animaux et quelques portraits.

MANSFELD Josef
Né en 1819 à Vienne. Mort en 1894 à Vienne. XIXe siècle. Autrichien.
Peintre de genre, portraits, natures mortes.

Josef. Mansfeld

Ventes Publiques : Londres, 7 mai 1980 : *Nature morte* 1885, h/pan. (31,5x25,5) : **GBP 750** – Londres, 4 oct. 1989 : *Nature morte avec des fruits et un service à café* 1884, h/pan. (32x26) : **GBP 3 520** – Amsterdam, 23 avr. 1991 : *Nature morte de poissons et de fruits* 1880, h/pan. (29x28) : **NLG 5 750** – Londres, 16 mars 1994 : *La Leçon de chant* 1854, h/t (38,5x30,5) : **GBP 7 130** – Munich, 23 juin 1997 : *La Leçon de chant* 1854, h/t (40x31,5) : **DEM 14 400**.

MANSFELD Martin
XVIIIe siècle. Actif à Prague de 1729 à 1749. Autrichien.
Graveur au burin.
Il a gravé des sujets religieux et des animaux.

MANSFELD Sébastian
Né le 29 août 1751 à Prague. Mort le 14 avril 1816 à Vienne. XVIIIe-XIXe siècles. Autrichien.
Graveur au burin.
Il a gravé des sujets d'histoire et des portraits.

MANSFIELD Blanche
Née le 2 février 1870 à East Feliciana. XIXe siècle. Active à Paris.
Peintre.

MANSFIELD Louise
Née le 16 janvier 1876 à Le Roy (New York). XXe siècle. Américaine.
Peintre.

MANSHIP Paul Howard
Né le 25 décembre 1885 à Saint Paul (Minnesota). Mort en 1966 à New York. XXe siècle. Américain.
Sculpteur de figures mythologiques, groupes, bustes, animaux.
Il reçut sa formation à Saint Paul, New York, Philadelphie. Puis, de 1909 à 1912, il fut pensionnaire de l'Académie américaine de Rome. Un séjour en Grèce lui fit découvrir le style synthétique des archaïques. La grâce de ses sujets inspirés de l'Antiquité lui valut un succès d'époque, dans les années dix, vingt et trente, et des acheteurs prestigieux : en 1911 Herbert L. Pratt, administrateur du Metropolitan Museum de New York et la National Gallery de Washington, puis John D. Rockfeller, etc. Il bénéficia alors de nombreuses expositions, obtenant Prix et distinctions, dont une médaille d'or à l'Exposition de Philadelphie en 1926 ; en 1935, la Tate Gallery de Londres organisa une exposition d'ensemble de ses œuvres. Il devint président de la National Sculpture Society.
La plus grande partie de ses œuvres de la maturité, profondément influencées par la Grèce archaïque, fut coulée en bronze, et reste exceptionnelle par le métier et la finesse de l'exécution. Si les sujets en sont empruntés à la nature, les formes stylisées ont un rythme et une allure d'une grâce très caractéristique ; la stylisation s'impose à lui beaucoup plus par l'étude de l'art antique que par l'influence des cubistes et des constructivistes. Équilibre et ordonnance, composantes essentielles de cet art antique, sont aussi essentielles à l'art de Manship. Mais un libre esprit de création distingue son art de la sculpture éclectique des néoclassiques, d'autant qu'à l'austère grandeur de l'art grec il associe des détails typiquement américains, tout spécialement dans ses sujets indiens, drapés de peaux d'ours et aux yeux et chevelures caractéristiques.
Bibliogr. : In : *Diction. de la Sculpture*, Larousse, Paris, 1992.
Musées : Chicago (Art Inst.) : *Danseuse au milieu de gazelles – Indien et antilope* – Detroit (Inst. of Art) : *Centaure et dryades – La Nuit en fuite* – Minneapolis (Inst. of Arts) : *Mère avec son enfant* – New York (Metropolitan Mus.) : *Danseuse et gazelles* 1916 – *Centaure et nymphe – Chasseur indien avec son chien – Buste de Ballard – Buste de la fillette de l'artiste* – Philadelphie (Fairmount Park) : *Fillette avec des oies* – Rome (Acad. américaine) : *Fontaine d'Hercule – Monument aux soldats morts.*
Ventes Publiques : New York, 22 oct. 1969 : *Diane chasseresse*, bronze : **USD 5 500** – New York, 24 sep. 1970 : *Diana*, bronze patiné : **USD 4 000** – New York, 3 mai 1972 : *Mère et enfant*, bronze : **USD 3 250** – New York, 29 avr. 1976 : *Vénus Anadyomène* 1924, bronze patiné (H. 20,9) : **USD 2 100** – New York, 29 sep. 1977 : *Europe et le taureau* 1924, bronze patiné (H. 22,1) : **USD 5 000** – New York, 7 juin 1979 : *Tête de John Barrymore* 1920, albâtre (H ; 33) : **USD 25 000** – Los Angeles, 9 fév. 1982 : *Cycle of Life-Armillary Sphere* vers 1918, bronze, patine verte (H. 76) : **USD 20 000** – New York, 24 avr. 1985 : *Dancer and gazelles* 1916, bronze patiné (H. 83) : **USD 210 000** – New York, 30 mai 1986 : *Flight of Night* 1916, bronze patine brun foncé (H. 66) : **USD 180 000** – New York, 26 mai 1988 : *Vol de nuit* 1916, bronze (H 34) : **USD 41 800** – New York, 1er déc. 1988 : *L'Esprit de la chasse* 1915, bronze (H. 203,2) : **USD 297 000** – New York, 24 jan. 1989 : *La Madone et l'Enfant*, bronze (H. 30,7) : **USD 3 575** – New York, 28 sep. 1989 : *Vénus Anadyomène* 1924, bronze (H. 22,8) : **USD 14 300** – New York, 30 nov. 1989 : *Faon*, bronze à patine brune (H. 44,5) : **USD 41 800** – New York, 1er déc. 1989 : *La Fuite de la nuit*, nymphe de bronze (H. 35,5) : **USD 35 200** – New York, 24 mai 1990 : *Atalante* 1921, bronze doré (H. 71,7) : **USD 121 000** – New York, 27 sep. 1990 : *L'Éveil du printemps*, bronze (H. 31,2) : **USD 16 500** – New York, 29 nov. 1990 : *Europe et le taureau* 1924, bronze patiné (H. 23,5) : **USD 51 700** – New York, 22 mai 1991 : *Vase de bronze décoré d'une danseuse orientale* (H. 36,9) : **USD 20 900** – New York, 27 mai 1992 : *Archer indien et Antilope blessée*, sculpt. de bronze, une paire (H. 34,9 et 33,7) : **USD 74 250** – New York, 4 déc. 1992 : *Faon*, bronze (H. 40,6) : **USD 36 300** – New York, 31 mars 1993 : *Isabel Natti* 1952, terre cuite (H. 22,9) : **USD 1 150** – New York, 3 déc. 1993 : *La Fuite de la Nuit*, bronze (H. 69,2) : **USD 85 000** – New York, 17 mars 1994 : *Indien et Antilope Pronghorn*, bronze, une paire (H. 33 et 29,8) : **USD 244 500** – New York, 1er déc. 1994 : *Briseis*, bronze (H. 111,8) : **USD 107 000** – New York, 20 mars 1996 : *La Fuite d'Europe*, bronze, cendrier (H. 14) : **USD 920** – New York, 23 mai 1996 : *Atalante* 1921, bronze (H. 72,4) : **USD 101 500** – New York, 5 déc. 1996 : *La Fuite de la Nuit* 1916, bronze patine verte (H. 68,6) : **USD 222 500** – New York, 26 sep. 1996 : *Hibou* 1932, bronze patine verte (H. 24,1) : **USD 12 650** – New York, 27 sep. 1996 : *Briseis* 1916, bronze patine brune (H. 54,6) : **USD 34 500** – New York, 23 avr. 1997 : *Bison*, bronze patine brune (H. 16,5) : **USD 9 775.**

MANSIAUX Jean Baptiste ou **Manciau**, dit **Chevalier**
XVIIIe siècle. Actif à Lunéville en 1769. Français.
Sculpteur sur marbre.
Fut employé par le roi Stanislas.

MANSIAUX Joseph ou **Manciau**, dit **Chevalier**
XVIIIe siècle. Français.
Sculpteur.
Il fut reçu à l'Académie Saint-Luc à Paris en 1784.

MANSIAUX Louis Pierre Toussaint ou **Manciau**, dit **Chevalier**
XVIIIe siècle. Actif à la fin du XVIIIe siècle. Français.
Sculpteur et stucateur.
Il a décoré les châteaux de Stanislas à Nancy et à Lunéville. Reçu à l'Académie Saint-Luc en 1783.

MANSIAUX Nicolas ou **Manciau**, dit **Chevalier**
XVIIIe siècle. Actif à la fin du XVIIIe siècle. Français.
Sculpteur et stucateur.
Il a collaboré avec son frère Louis à la décoration des châteaux du roi Stanislas.

MANSILLA Blas de
XVIIIe siècle. Actif à Madrid. Espagnol.
Ferronnier d'art.

MANSINGER Gottfried Valentin
Né le 4 octobre 1737 à Presbourg. Mort le 18 juillet 1817 à Ratisbonne. XVIIIe-XIXe siècles. Autrichien.
Portraitiste.
Il s'était installé à Ratisbonne vers 1775. Beaucoup de ses œuvres sont conservées dans les archives municipales de Ratisbonne.

MANSION
XVIIIe siècle. Actif à Nancy en 1766. Français.
Graveur sur bois.

MANSION. Voir **LARUE André Léon** et **Jacques**

MANSION André
Né vers 1727 à Nancy. Mort le 30 octobre 1783 à Nancy. XVIIIe siècle. Français.
Peintre.
Il ne faut pas le confondre avec le miniaturiste Léon Larue dit Mansion.

MANSION Antoine
XVIIIe siècle. Français.
Peintre.
Travailla à l'hôtel des Pages à Nancy en 1707.

MANSION Gaspard
Né vers 1708 à Nancy. Mort le 8 janvier 1788 à Nancy. XVIIIe siècle. Français.
Peintre.

MANSION Simon, dit **Mansion Jeune**
Né en 1773 à Paris. Mort en 1854 à Paris. XVIIIe-XIXe siècles. Français.
Sculpteur.
Débuta au Salon en 1810, y obtint une médaille de première classe, et continua à exposer jusqu'en 1822. On doit à cet artiste : *Aconce*, statue en marbre au jardin du palais de Compiègne, *Nymphe chasseresse*, statue en marbre au Ministère de l'Intérieur, *La poésie lyrique et la musique*, bas-relief à la cour du Louvre, situé au-dessus de la porte d'entrée de la salle des sculptures, *Saint Jean l'Évangéliste*, statue colossale à la cathédrale d'Arras, *Invention de la poésie lyrique*, bas-relief, à la cour du Louvre, sous l'Horloge, *Michelet*, buste de marbre à la Comédie-Française.
Musées : Bordeaux : *Cydippe, amant d'Aconce*, statue en

marbre – PARIS (Mus. du Louvre) : *Rembrandt*, buste en marbre – *Philippe de Champagne*, buste en marbre – *Teniers, peintre flamand*, buste – ROUEN : *Nymphe chasseresse*.

MANSKIRCH Bernhard Gottfried ou **Mannskirch**
Né le 26 janvier 1736 à Bonn. Mort le 19 mars 1817 à Cologne. XVIIIe-XIXe siècles. Allemand.
Peintre de paysages.
Au début de sa carrière, il se fit la réputation d'un bon peintre de paysages, mais plus tard, peut-être parce qu'il les exécutait plus librement, ses œuvres furent moins appréciées. Depuis 1769 il fut le peintre officiel du prince électeur de Trèves. Il s'établit à Cologne en 1788.
MUSÉES : COLOGNE : deux œuvres – MAYENCE : deux œuvres.
VENTES PUBLIQUES : COLOGNE, 26 mai 1971 : *Paysage rhénan* : **DEM 7 000** – COLOGNE, 14 juin 1976 : *Paysage rhénan*, h/pan. (34x46,5) : **DEM 4 000** – NEW YORK, 11 juin 1981 : *Paysage boisé*, h/pan. (52x64) : **USD 4 250** – MUNICH, 26 juin 1985 : *Moïse frappant le rocher*, h/pan. (38x53) : **DEM 11 000** – HAMBOURG, 10 juin 1987 : *Paysages fluviaux boisés*, h/pan., une paire (50,5x39,5) : **DEM 11 000** – LONDRES, 14 déc. 1990 : *Paysage boisé avec des paysans sur le sentier*, h/t (42,5x61,5) : **GBP 2 200** – PARIS, 27 mars 1992 : *Chaumière dans un paysage boisé*, h/t (39x52,5) : **FRF 30 000** – LONDRES, 10 juil. 1992 : *Vaste paysage au crépuscule avec des paysans rentrant des champs et un viaduc et un lac à l'arrière-plan*, h/t (101,5x127,5) : **GBP 6 050** – PARIS, 23 oct. 1992 : *Paysage de cascade*, h/pan. (26,5x37) : **FRF 18 000**.

MANSKIRCH Franz Joseph ou **Mannskirch**
Né le 6 novembre 1770. Mort le 16 mars 1830 à Dantzig. XVIIIe-XIXe siècles. Allemand.
Paysagiste, portraitiste et graveur.
Fils et élève de B.-G. Manskirch. Il vécut en Angleterre de 1793 à 1819. Il revint en Allemagne, travailla à Bonn (1823), Francfort, Berlin, Dantzig. Il peignit, pour le compte de l'impératrice Joséphine, une série de paysages des environs d'Aix-la-Chapelle. Ses œuvres sont très rares.
VENTES PUBLIQUES : COLOGNE, 22 nov. 1973 : *Paysage à la cascade* : **DEM 6 500** – VIENNE, 12 mars 1974 : *Paysage montagneux* : **ATS 90 000**.

MANSKIRCH Jakob ou **Mannskirch**
XVIIIe siècle. Actif au milieu du XVIIIe siècle. Allemand.
Peintre.

MANSKIRCH Johann Christoph ou **Mannskirch**
Originaire de Roermond, Limbourg. XVIIIe siècle. Actif au début du XVIIIe siècle. Éc. flamande.
Sculpteur.
Il a travaillé à la décoration de l'église Saint-Joseph de Münster (Westphalie) et de plusieurs châteaux de la région.

MANSO Aloy de
XVe siècle. Actif à Valence. Espagnol.
Ferronnier d'art.

MANSO Pedro
XVIe siècle. Espagnol.
Sculpteur sur bois.

MANSO Y CHAVES Bernarda
XIXe siècle. Espagnol.
Miniaturiste amateur.

MANSOLINO da Firenze
Originaire d'Agrigente en Sicile. XVIe siècle. Italien.
Peintre.
L'église Saint-Marc à Caccamo possède de lui des fresques datées de 1525.

MANSOLINO da Panicale. Voir **MASOLINO Tommaso di Cristoforo**

MANSON George
Né le 3 décembre 1850 à Edimbourg. Mort le 27 février 1876 à Lympstone. XIXe siècle. Britannique.
Peintre, aquarelliste et graveur sur bois.
D'abord graveur sur bois, dans un style rappelant celui de Berwick. En 1871, il vint à Londres ; en 1873, il visita le continent et produisit des paysages d'une exquise délicatesse. A son retour à Edimbourg, les symptômes de la maladie de poitrine qui devait l'emporter se déclarèrent et il dut aller dans la petite île de Serk, près de Guernesey, chercher un climat plus clément. Il vint encore à Paris où il fit quelques eaux-fortes, résida aux environs de Londres ; il vint mourir dans le comté de Devon. Cette fin prématurée fut une perte sérieuse pour l'école moderne anglaise.
VENTES PUBLIQUES : LONDRES, 13 juil. 1929 : *Tête de bohémienne*, aquar. : **GBP 28** ; *Scène d'une rue d'Edimbourg*, aquar. : **GBP 20**.

MANSON James Bolivar
Né le 26 juin 1879 à Londres. Mort le 3 juillet 1945 à Londres. XXe siècle. Britannique.
Peintre de portraits, paysages, natures mortes, fleurs.
À Paris, il fut élève de Jean-Paul Laurens à l'Académie Julian. En 1914, il devint membre du London Group. En 1915, il exposa avec le New English Art Club ; en 1939 à la Royal Academy. En 1912, il fut nommé conservateur à la Tate Gallery, dont il devint directeur en 1930 et le resta jusqu'en 1938.
MUSÉES : LONDRES (Tate Gal.) : *Autoportrait* 1912 – *Œillets dans un vase* 1940.
VENTES PUBLIQUES : LONDRES, 8 juin 1979 : *Vue de Rye à travers champs* 1913, h/t (53,5x65,5) : **GBP 3 000** – LONDRES, 12 juin 1981 : *Saint-Valery-sur-Somme* 1908, h/t (40,5x50,8) : **GBP 2 800** – LONDRES, 25 mai 1983 : *Courtyard at Les Rossignols*, h/pan. (38x46) : **GBP 3 700** – LONDRES, 13 juin 1986 : *Fleurs au Salon, château de Nanteuil* 1927, h/pan. (45,7x35) : **GBP 4 500** – LONDRES, 12 juin 1987 : *Vase de fleurs*, h/t (45,7x30,5) : **GBP 2 500** – LONDRES, 12 mai 1989 : *Rivière au clair de lune*, h/t (35x25) : **GBP 825** – LONDRES, 21 sep. 1989 : *Fleurs d'été – rhododendrons*, h/t (48,1x38,2) : **GBP 3 080** – LONDRES, 10 nov. 1989 : *Portrait de femme*, h/t (41,3x39,5) : **GBP 1 540** – LONDRES, 6 juin 1991 : *Jacinthes sauvages et narcisses dans un vase de faïence décorée*, h/t (56x47) : **GBP 3 080**.

MANSOUR. Voir **MANSUR**

MANSOUR Farid
Né en 1929 à Beyrouth. XXe siècle. Libanais.
Peintre de compositions animées, figures, aquarelliste, dessinateur.
Il débuta sa formation à l'Académie Libanaise des Beaux-Arts en 1946 ; prit des cours particuliers avec le peintre italien Fernando Manetti jusqu'en 1949. À partir de 1961, il étudia pendant deux ans en Italie. De 1969 à 1973, à la City and Guilds of London Art School, il travailla la peinture, la sculpture, la gravure ; y poursuivit des études d'histoire de l'art ; travailla comme sculpteur au Musée de Cire Madame Tussaud jusqu'en 1977. De retour à Beyrouth, il collabore à de nombreuses publications. Depuis 1959, il participe à des expositions collectives, notamment : les Salons du Musée Sursock ; en 1989 *Liban – Le Regard des peintres – 200 ans de peinture libanaise*, à l'Institut du Monde arabe de Paris ; ainsi qu'en 1958 au Musée de Damas, en 1971, 1976 à Londres, en 1983 à New York. Il montre des ensembles d'œuvres dans des expositions personnelles en 1962, 1978, 1980, 1982, 1988...
BIBLIOGR. : In : Catalogue de l'exposition *Liban – Le Regard des peintres – 200 ans de peinture libanaise*, Institut du monde arabe, Paris, 1989.

MANSOUR Sabri
Né en 1943. XXe siècle. Égyptien.
Peintre.
En 1968, il obtint une bourse d'État du Ministère de la Culture Égyptien. Il participe à des expositions collectives, dont : 1968 Biennale d'Ibiza, Festival de la Jeunesse en Bulgarie ; 1970 Biennale d'Alexandrie ; et notamment en 1971, au Musée Galliera de Paris *Visages de l'art contemporain égyptien*. Il est devenu professeur de peinture à la Faculté des Beaux-Arts du Caire.
Sa peinture, usant de formes hautement symboliques, côtoie l'abstraction ou le paysagisme-abstrait.
BIBLIOGR. : In : Catalogue de l'exposition *Visages de l'art contemporain égyptien*, Mus. Galliera, Paris, 1971.

MANSOUROFF Paul ou **Mansourov** ou **Mansurov Pavel**
Né en 1896 à Saint-Pétersbourg. Mort en 1983 à Nice (Alpes-Maritimes). XXe siècle. Actif depuis 1929 en France. Russe.
Peintre. Constructiviste.
Il fut élève en 1909 de l'école Steiglitz de Saint-Pétersbourg, puis en 1914 de l'Ecole de Peinture et de Dessin de la *Société pour le Progrès des Arts*. On ne sait rien d'autre de sa formation artistique, puisqu'il semble que jusque-là il avait surtout appris le dessin industriel. Ce fut en tant que dessinateur industriel qu'il fit son service militaire pour le Ministère de l'aviation, à l'aéroport de Saint-Pétersbourg de 1915 à 1917, où il dessinait des hélices et des hangars d'avions ; il eut là la révélation de la beauté fonctionnelle des formes du machinisme moderne, et de la nécessité d'adapter l'art à ces impératifs nouveaux, quitte à faire table rase des valeurs du passé. De ce moment, 1916, datent ses

premiers dessins abstraits. Après son service militaire, en 1917, il fut pris par Lunatcharsky au Commissariat à l'Avancement du Peuple, dont cet ami de Maïakovski et de tous les artistes russes d'avant-garde, fit un véritable ministère de la culture ou bien plutôt de la culture révolutionnaire, bénéficiant, pour un temps qui se révélerait limité, de la confiance de Lénine, qui se déclarait incompétant en ce domaine, et de celle de Trotski, jusqu'à ce qu'une autre équipe eût instauré le conservatisme bureaucratique en place de l'esprit révolutionnaire. Dans le cadre de son activité au Commissariat, Mansourov se liera avec Tatlin, Malévitch, Matjuschin et Filonov. De 1917 à 1920, il collabora à la revue *IZO*. Malévitch l'encouragea alors à développer ses dessins mécanistes. En 1918, il exposa des œuvres abstraites à la grande exposition organisée au Palais d'Hiver de Leningrad, refusant la référence à Cézanne et aux cubistes pour revendiquer le surgissement d'un art radicalement neuf. En 1922, il participa à l'exposition, organisée par El Lissitzky à Berlin, galerie Van Diemen, de l'art russe contemporain. En 1922 aussi, il fut appelé à diriger, avec Tatlin, Malévitch et Filonov, le département expérimental de l'*INKHUK* (Section Expérimentale de l'Institut de Culture Artistique) à Leningrad, institut qui réussit encore pour un temps limité à protéger l'art d'avant-garde et surtout ceux de ses protagonistes, comme Malévitch et Tatlin, qui n'avaient pas choisi l'exil contre la répression à leur endroit, leur procurant des activités de survie dans les arts appliqués du « productivisme ». Son activité à ce poste fut très critiquée par l'entourage de Jdanov, occupé à définir le « réalisme socialiste », d'autant qu'il organisa, en 1923 à l'Institut, une exposition de ses propres œuvres de 1916 à 1923 qu'il avait pensée « exposition justificative » de son activité générale, exposition qui fut ensuite montrée au Bauhaus de Weimar. En 1925, il exposa, à Leningrad, un tableau monochrome noir (le *Carré blanc sur fond blanc* de Malévitch est de 1919). En 1927, il exposa encore à l'Académie des Arts de Leningrad à l'occasion du Xe anniversaire de la Révolution, et ce fut son ultime participation dans le contexte de l'art soviétique. En effet, en 1928, s'étant rendu, discrètement via Odessa, à Rome où il fit, en 1929, une exposition des œuvres qu'il avait pu emporter, il omit de rentrer en Russie, tactique qui avait déjà été utilisée par d'autres, et se fixa à Paris l'année suivante, accueilli par Robert et Sonia Delaunay, pour y connaître d'ailleurs une vie difficile et solitaire. Là, l'influence de l'« Ecole de Paris » de l'entre-deux-guerres, confinée dans une production de consommation courante, l'incita à un retour à la figuration, surtout avec des natures mortes, pendant une dizaine d'années, tandis qu'il gagnait ses moyens d'existence avec des dessins de tissus abstraits, qu'il exposa en 1931, que lui prenaient les couturiers, tels que Patou et Lanvin. Après la guerre et une période de silence créatif qui dura de 1939 à 1957, dans un contexte français plus ouvert, il revint aux thèmes simples de la période constructiviste de ses débuts, qu'il développa d'œuvre en œuvre avec conscience en général sur des planches de bois non équarries. Cette deuxième période constructiviste, liée à ce qui subsistait de la première, fut consacrée par une série d'expositions : Galerie Creuze à Paris 1957, Berne et Francfort 1959, Zurich et l'exposition rétrospective du Kunstverein de Brunswick 1960, la rétrospective du Musée National d'Art Moderne de Paris 1972, au Palais Royal de Carseta (Italie) 1983.

Probablement plus austère encore que le suprématisme de Malévitch, qui définissait et dénombrait les formes géométriques et les couleurs autorisées, finalement assez nombreuses, l'art « non-objectif » de Mansourov doit être considéré comme une des origines du minimalisme américain des années soixante, soixante-dix, surtout en raison de ce qu'il considérait déjà le format même de l'œuvre comme une forme, comme la forme primordiale d'où découlaient ses autres éléments constitutifs. Le radicalisme de sa position théorique se concrétisait dans des peintures, généralement verticales, sur des panneaux de bois qu'il taillait lui-même avec une grande précision, et qui en fait n'étaient constituées, quand elles n'étaient pas monochromes, que de rares et discrètes interventions chromatiques divisant horizontalement la surface en peu de parties régulières, et de quelques lignes géométriques simples, droites, courbes, tracées ou plus souvent incisées rigoureusement. Mansourov nommait ces travaux « formules picturales » et les considérait comme les traces de sa réflexion méthodologique, qui visait à constituer « l'expression plastique d'une tension dynamique ». Les peintures de cette époque annonçaient des prolongements tels que chez Lucio Fontana ou chez Geneviève Asse. Ces peintures, par un souci de dépassement de la surface plane, étaient assez souvent traitées sur les deux faces, ce qui, prolongeant l'occupation de la surface de la peinture par ses motifs constitutifs, leur conférait une présence matérielle supplémentaire dans l'espace. De même que Malévitch, en contrepartie de la disparition de la figuration, attribuait un sens symbolique aux formes géométriques et aux couleurs, Mansourov voyait dans ses panneaux verticaux une désignation symbolique du corps humain, de la personne humaine, voire de sa propre personne.

Dans les peintures de la dernière partie de sa vie, à Paris, il reprit la structure générale de celles de sa période constructiviste, opposant la rusticité de ses planches de bois à la précision géométrique des formes et au raffinement des couleurs, tout en mixant, dans des colorations souvent vives, éléments abstraits et interventions figuratives, accolant, non sans quelque naïveté, signifié représenté et signifiant symbolique. Ce qui restera de Mansourov et de son œuvre est que sa contribution à la généreuse, foisonnante, avant-garde russe du début du siècle, où chacun eut sa part, fut de théoriser et réaliser un art totalement « non-objectif ». ■ Jacques Buss

Bibliogr. : A. Nakov, in : *Abstrait-Concret*, Paris, 1981 – in : *L'Art du xxe siècle*, Larousse, Paris, 1991.

Musées : Grenoble (Nouveau Mus.) : *Peinture n° 48* 1924 – Paris (Mus. Nat. d'Art Mod.) : *Cinq boules* 1923.

Ventes Publiques : Versailles, 12 mai 1976 : *L'expression statique d'une tension dynamique*, h/cart. (65x53,5) : **FRF 8 200** – Milan, 7 nov. 1978 : *Tension picturale* 1960, h/t (133x55) : **ITL 2 600 000** – Milan, 26 juin 1979 : *Tension picturale* 1949, h/pan. (103x20) : **ITL 1 800 000** – Paris, 1er déc. 1983 : *Composition*, cr. coul. (31x12) : **FRF 6 500** – Paris, 15 avr. 1983 : *Composition abstraite*, h/bois (105x27) : **FRF 12 000** – Milan, 19 juin 1986 : *Composition* 1964, h/pan. (81x33) : **ITL 6 000 000** – Paris, 9 avr. 1987 : *Composition* 1924-1926, h/t (197x61) : **FRF 80 000** – Londres, 18 mai 1988 : *Form II* 1917, h/pan. (53,5x78,5) : **GBP 6 050** – Londres, 6 avr. 1989 : *Form II* 1917, h/pan. (53,5x78,5) : **GBP 31 900** – Paris, 17 déc. 1989 : *Composition*, h/bois (53x40) : **FRF 72 000** – Londres, 5 oct. 1989 : *Relief, Pierre 3* 1922, assemblage de bois et métal peint. à l'h. et à l'or (78,7x28) : **GBP 38 500** – Paris, 7 oct. 1989 : *Peinture*, h/pan. (82x30,5) : **FRF 165 000** – Paris, 17 déc. 1989 : *Formule picturale* 1963 (123x26) : **FRF 200 000** – Paris, 8 avr. 1990 : *Formule picturale*, h/bois (135x39) : **FRF 250 000** – Paris, 21 juin 1990 : *Composition cosmique*, h/pan. (40x53,5) : **FRF 101 000** – Paris, 10 juil. 1990 : *Composition* vers 1960, h/pan. (80,7x36,8) : **FRF 180 000** – Paris, 4 oct. 1991 : *Les Cercles gris*, past. gras/pap. (31x14,5) : **FRF 13 000** – Paris, 24 juin 1992 : *Sphères rouges* 1972, h/bois (80x25) : **FRF 11 000** – Londres, 23 juin 1993 : *Formes picturales* 1920, temp./pan. (135,5x37,5) : **GBP 20 700** – Paris, 18 oct. 1994 : *Composition*, techn. mixte/pan. (167x21) : **FRF 275 000** – Milan, 26 oct. 1995 : *Composition* 1968, h/pan. (58x30) : **ITL 9 200 000** – Paris, 3 mai 1996 : *Composition sur fond rouge*, h/pan. (56,5x10,5) : **FRF 23 000** – Paris, 5 oct. 1996 : *Composition*, past. gras/pap. (30x15) : **FRF 8 000**.

MANSSON Karl Filip

Né en 1864. Mort en 1933. xixe-xxe siècles. Suédois.

Peintre de paysages.

De 1887 à 1891, il fut élève de l'Académie des Beaux-Arts de Stockholm.

Il a peint les paysages typiques de la Suède.

Ventes Publiques : Göteborg, 18 mai 1989 : *Une ferme dans la région de Skansk*, h/t (66x100) : **SEK 14 000** – Göteborg, 17 oct. 1989 : *Paysage de la région de Skansk*, h/t (65x100) : **SEK 14 500** – Stockholm, 15 nov. 1989 : *Bâtiments de ferme et moulin le long d'une route en Suède*, h. (67x101) : **SEK 26 000** – Stockholm, 28 oct. 1991 : *Prairie près d'une ferme en Suède en été*, h/t (50x70) : **SEK 10 500**.

MANSSON Théodore Henri

Né en 1811 à Rouen. Mort le 2 janvier 1850 à Bruxelles. xixe siècle. Français.

Peintre d'architectures et aquarelliste.

Exposa au Salon, de 1834 à 1849. On cite de lui : *Jubé de l'église Sainte-Magdeleine, à Troyes*, pour le ministère de l'Intérieur. Il exécuta des aquarelles pleines de vivacité, sur la ville de Rouen.

Ventes Publiques : Paris, 1880 : *Une cathédrale*, aquar. : **FRF 35** – Paris, 8 mai 1919 : *Un coin du Palais de Justice de Rouen*, dess. : **FRF 60** – Paris, 11 fév. 1924 : *La chapelle de la Vierge, église Saint-Pierre, à Caen*, aquar. : **FRF 320** – Paris, 10 mai 1944 : *La cathédrale de Dublin* 1842, aquar. : **FRF 4 100** – Paris, 2 déc. 1946 : *Le portail de l'église Saint-Merri*, aquar., attr. : **FRF 3 450** –

PARIS, 27 mars 1947 : *Le plan de la cathédrale* 1849, aquar. : **FRF 2 500** – PARIS, 15 nov. 1950 : *Paris sous la révolution*, trois des. cray. noir : **FRF 32 000**.

MANSTADT Johann Wilhelm
Né le 16 juin 1722. Mort le 20 juillet 1788. XVIIIe siècle. Suédois.
Sculpteur.

MANSUETI Giovanni di Niccolo
Né dans la seconde moitié du XVe siècle à Venise. Mort avant mars 1527. XVe-XVIe siècles. Italien.
Peintre de compositions religieuses, portraits.
Les dates de naissance et de mort de cet artiste sont incertaines. On sait qu'il était estropié et qu'il fut élève de Giovanni Bellini. Il s'inspira aussi de Carpaccio, mais tout en conservant une personnalité assez marquée pour que ses œuvres soient aisément reconnaissables. On cite comme une de ses premières œuvres une *Adoration des Mages*, à la Galerie de Padoue, mais son œuvre capitale est le *Miracle de saint Marc et de la Vraie Croix*, importante composition conservée à l'Académie des Beaux-Arts de Venise. Les œuvres de Mansueti, de même que celles de Jacopo et Gentile Bellini, de Bastiani et de Carpaccio, permettent d'avoir une idée précise de l'aspect de Venise au XVe siècle.
MUSÉES : BERGAME (Acad. Carrara) : *Saint Jérôme – Mariage mystique de sainte Catherine – Déposition de croix* – FLORENCE (Mus. des Offices) : *Jésus et les docteurs* – KARLSRUHE : *Madone avec saint Joseph et sainte Catherine* – LONDRES (Nat. Gal.) : *Représentation symbolique du crucifiement* – MILAN (Brera) : *Saint Marc baptisant saint Anian* – PADOUE : *Adoration des Mages* – VENISE (Acad.) : *La Vierge, l'enfant Jésus, saint Pierre, deux autres saints et le donateur – Saint Sébastien, saint Roch – Miracle de la Sainte Croix – Saint Jérôme et saint François – Saint Marc guérissant Anian* – VÉRONE (Mus. mun.) : *Adoration des Rois mages* – VIENNE : *Saint Jérôme et saint François d'Assise – Saint Laurent et saint Sébastien.*
VENTES PUBLIQUES : LONDRES, 9 juin 1932 : *Jeune femme à moitié nue* : **GBP 90** – LONDRES, 22 juil. 1938 : *La Vierge, l'Enfant, saint Jérôme et saint Jean-Baptiste* : **GBP 84** – LONDRES, 13 fév. 1946 : *La Vierge et l'Enfant* : **GBP 155** – LONDRES, 25 juin 1958 : *La Madone et l'Enfant* : **GBP 2 200** – LONDRES, 9 déc. 1959 : *La Madone et l'Enfant, avec saint Pierre et sainte Catherine* : **GBP 650** – LONDRES, 18 mars 1960 : *Conversation sacrée* : **GBP 997** – MILAN, 6 avr. 1965 : *La Vierge et l'Enfant, saint Jean et un saint* : **ITL 3 500 000** – MILAN, 10 mai 1967 : *Vierge à l'Enfant*, temp. sur bois : **ITL 2 200 000** – LONDRES, 10 juil. 1968 : *Le couronnement de la Vierge* : **GBP 3 500** – LONDRES, 18 mai 1979 : *Saint Jérôme dans le désert*, h/pan. (81,3x58,4) : **GBP 2 200** – LONDRES, 3 avr. 1985 : *La Vierge et l'Enfant avec saint Jérôme et saint François*, h/pan. (52,7x67,5) : **GBP 11 500** – MONACO, 16 juin 1989 : *Le baptême du Christ*, h/pan. (65,5x53) : **FRF 222 000**.

MANSUR ou **Mansour**
XVIIe siècle. Actif au début du XVIIe siècle. Indien.
Peintre de miniatures.
Il appartint à l'École d'Akbar et acquit une grande notoriété comme animalier. Son naturalisme se lie à un goût de l'abstraction qui donne à ses représentations de *Dindon* (1610) ou de *Zèbre* (1621) un caractère poétique tout à fait particulier, accentué par les bordures en écriture persane.

MANSUY
XVIIIe siècle. Français.
Peintre.
Exposa, au Salon de 1793, un *Paysage* et *Mère et son enfant.*

MANSUY François
Né vers 1725 à Nancy. XVIIIe siècle. Français.
Portraitiste.
Il était fils de Léopold de Mansuy, médailliste à Nancy. On croit qu'il fut élève de l'Académie de Nancy et peut-être de Charles Claude. Il vint, à Metz, s'y établit comme peintre de portraits et d'histoire et s'y maria, en 1756, avec Anne Pelletier. Il eut un fils, Charles-Victor, baptisé en 1757. Il peignit notamment, pour le parloir de la supérieure du monastère de Sainte-Ursule, à Metz, un *Saint Bruno en prière*. On voit de lui, au Musée de Metz, le portrait présumé du *Comte de Gisors, fils du duc de Belle-Isle* (signé et daté 1758). Le Musée de Provins conserve de lui : *La femme adultère*. Plusieurs Mansuy, peintres, habitaient Metz. On cite notamment un François Mansuy, peintre, qui se maria, âgé de 22 ans, le 1er octobre 1775. Il était fils de Nicolas Mansuy, également peintre. Il n'est pas téméraire de supposer qu'un lien de parenté unissait notre peintre à ces deux artistes.
MUSÉES : BREST : *Portrait d'une cantatrice.*

MANSUY François, le Jeune
Né vers 1754 à Metz. XVIIIe siècle. Français.
Peintre.
Il était fils de Nicolas Mansuy.

MANSUY Jehan
XVIe siècle. Actif à Nancy vers 1542. Français.
Sculpteur.

MANSUY Nicolas
XVIIIe siècle. Actif à Metz dans la première moitié du XVIIIe siècle. Français.
Peintre.

MANSUY Suzanne Lucie
Née le 9 avril 1874 à Paris. XIXe-XXe siècles. Française.
Miniaturiste et enlumineur.
Élève de Metzmacher et Popelin. Sociétaire du Salon des Artistes Français.

MANSUY-DOTIN Lucie, Mme
Née au XIXe siècle à Paris. XIXe siècle. Française.
Peintre.
Exposa au Salon des peintures sur émail en 1875, 1876 et 1877. On a de cette artiste, au Musée de Saintes, une peinture sur émail en grisaille représentant *Henri III.*

MANSVELT Antonie Jan Van
Né en 1757. Mort le 17 septembre 1829 à Utrecht. XVIIIe-XIXe siècles. Hollandais.
Portraitiste et miniaturiste.

MANSVELT Jan Izaak Van
Né en 1761 à Utrecht. Mort en 1802 à Nimègue. XVIIIe siècle. Hollandais.
Dessinateur et graveur.

MANTA Abel
Né en 1888 à Gouvela. Mort en 1982. XXe siècle. Portugais.
Peintre de portraits. Postcézannien.
Influencé par l'œuvre de Cézanne, il contribua à la transition de l'art portugais du XIXe siècle à l'époque moderne.
BIBLIOGR. : In : *L'Art du XXe siècle*, Larousse, Paris, 1991.

MANTE Julius
Né le 14 mai 1841 à Berlin. Mort le 1er mars 1907 à Grünewald (près de Berlin). XIXe siècle. Allemand.
Peintre de portraits et de genre.
Élève de l'Académie de Berlin et de Piloty à Munich. Se fixa à Berlin où il exposa à partir de 1870. On cite de lui : *Joie enfantine.*

MANTE Perina
Originaire de Venise. XVIIIe siècle. Actif au milieu du XVIIIe siècle. Italien.
Peintre.

MANTEGAZZA Christoforo et **Antonio**, les frères
Christoforo mort en 1482 et Antonio en 1495. XVe siècle. Italiens.
Sculpteurs et orfèvres.
Ils ont travaillé ensemble à décorer la façade de la Chartreuse de Pavie, où ils sont mentionnés dès 1464. Entre 1464 et 1466, Cristofore exécute des terres cuites pour le Cloître, tandis que vers 1473, les deux frères commencent les sculptures de la façade de la Chartreuse, où ils travaillent, sans doute, sous la direction de Giovanni AntonioAmadeo. S'il est généralement difficile de dissocier les œuvres de chacun des deux frères, il est plus aisé de les distinguer de celles de Amadeo. En effet les frères Mantegazza accentuent le côté pathétique de leurs sculptures par des draperies anguleuses, mouvementées, aux arêtes vives. Le Musée du Louvre possède d'eux un *Saint Jean Baptiste* (marbre), *La Vierge et saint Jean agenouillés, La Foi, l'Espérance et la Charité* (bas-relief de marbre).
BIBLIOGR. : L. Benoist, in : *Dictionnaire de l'Art et des Artistes*, Hazan, Paris, 1967.

MANTEGAZZA Giacomo
Né en 1853 à Saronno (Milan). Mort en 1920 à Cernobbio. XIXe-XXe siècles. Italien.
Peintre de genre, peintre à la gouache, aquarelliste.
VENTES PUBLIQUES : LONDRES, 13 avr. 1928 : *Le Nécromancien ambulant* : **GBP 42** – MILAN, 28 mars 1974 : *Musiciens ambulants*, gche, une paire : **ITL 1 400 000** – BERNE, 7 mai 1976 : *Mère et enfant* 1875, aquar. (32,5x24) : **CHF 750** – LONDRES, 20 avr. 1978 : *Passa il re*, h/t (90x150) : **GBP 6 000** – LONDRES, 21 mars 1980 : *Un*

moment de repos, h/t (39,5x50) : **GBP 950** – MILAN, 16 déc. 1982 : *Automne*, h/t (63x52) : **ITL 2 600 000** – LONDRES, 20 juin 1984 : *Scène de harem*, h/pan. (29x40) : **GBP 8 000** – LONDRES, 22 mars 1985 : *Passa il re*, h/t (90x150) : **GBP 7 500** – NEW YORK, 21 mai 1987 : *Après le baptême*, h/t (87x124,5) : **USD 8 500** – LONDRES, 6 oct. 1989 : *La déclaration*, h/pan. (46x37) : **GBP 6 600** – ROME, 14 déc. 1989 : *Idylle*, aquar. (36,5x24,5) : **ITL 1 150 000** – MILAN, 12 mars 1991 : *La fausse note*, h/t (131x75) : **ITL 20 000 000** – MILAN, 6 juin 1991 : *La lecture du journal*, h/t (27,5x37) : **ITL 9 500 000** – NEW YORK, 29 oct. 1992 : *Ménestrels ambulants*, h/t (39,4x25,5) : **USD 5 500** – NEW YORK, 30 oct. 1992 : *Préparatifs pour un mariage*, h/t (51,5x83) : **USD 22 000** – MILAN, 16 mars 1993 : *Les anges inspirant Fra Angelico*, h/t (140x71,5) : **ITL 15 000 000** – MILAN, 25 oct. 1995 : *Fillette à la harpe*, h/t (46x38) : **ITL 4 025 000** – MILAN, 18 déc. 1996 : *Jeune Femme dans un jardin*, h/pan. (24x15) : **ITL 4 660 000**.

MANTEGNA Andrea

Né probablement en 1431 près de Padoue. Mort le 13 septembre 1506 à Mantoue. xve siècle. Italien.

Peintre de compositions religieuses, portraits, fresquiste, graveur.

Padoue était au début du xve siècle avec Rome et Florence une des capitales intellectuelles de l'Italie ; annexée en 1405 par la République de Venise, elle en était devenue en quelque sorte l'Université. C'était une ville de savants et d'artistes, qui se trouvait par la proximité de Venise en rapport constant avec la Grèce et l'Orient, d'où les vaisseaux de la Sérénissime rapportaient fréquemment des fragments de bas-reliefs ou des statues, dont le goût se répandait en Europe avec la *Renaissance de la Culture grecque et latine* ; à Padoue, une des collections les plus célèbres était celle de Squarcione, qui allait être le maître et père adoptif d'Andrea Mantegna. D'autres admirations s'offraient au jeune artiste : dans la chapelle Scrovegni de l'Arena, les nobles fresques de Giotto et dans la Basilique d'Il Santo devant laquelle Gattamelata monte la garde, les bas-reliefs de Donatello « les plus beaux du monde », dit André Suarez. Ainsi Mantegna recevait dans sa ville natale la triple leçon de Venise, de Florence et de l'Antiquité gréco-latine. La personnalité de Squarcione, qui fut le maître de Mantegna, est assez peu connue, mais on sait qu'il tenait à Padoue une école de peinture très fréquentée ; c'est là qu'Andrea dut apprendre l'art d'orner ses tableaux de madones de ces guirlandes de fleurs et de fruits chères aux miniaturistes. Mais l'influence capitale qui marque définitivement l'art de Mantegna est bien celle de Donatello, le grand sculpteur florentin allait lui apprendre cette rigueur du dessin et le goût de la recherche des volumes, qui seront avec celle de la perspective les soucis constants de sa technique, comme Donatello, il saura donner à ses statues peintes le pathétique de la vie. Enfin, par son mariage, qui le fera entrer dans la famille des Bellini, Mantegna va s'intégrer à la grande lignée des coloristes vénitiens.

Les premiers travaux du jeune peintre furent certainement la décoration de l'église des Eremitani à Padoue (détruite en grande partie durant la guerre de 1940-1945), dont Squarcione lui confia une partie de l'exécution ; ces fresques, au nombre de six, se rapportent à la vie de saint Jacques ; déjà Mantegna y est tout entier ; le *Baptême d'Hermogène* affirme une précoce et surprenante maîtrise dans l'art de la perspective et l'on y voit apparaître ces nobles ensembles architecturaux à la décoration somptueuse et ces personnages sculpturaux mais si profondément expressifs qui seront la marque essentielle de son art ; enfin, dans l'*Exécution de saint Jacques*, pour la première fois dans l'œuvre de Mantegna et sans doute dans l'histoire de la peinture, l'on voit le paysage prendre dans une composition une importance capitale ; la scène principale est au premier plan, mais le paysage où l'air circule si largement vient jusqu'à nous avec le début du chemin sinueux qui escalade la colline couronnée de tours ; Mantegna affectionnera ces collines escarpées, avec leurs routes abruptes, qui mènent à des villes mystérieuses – on les retrouvera dans les prédelles de San Zeno – et dans le *Jardin des Oliviers* particulièrement du Musée de Tours, où Mantegna manifestera plus nettement encore ses dons de paysagiste. Là, les arbres sont traités avec un réalisme minutieux, tandis qu'au sommet de la colline Jérusalem étale dans la lumière ses tours et ses coupoles. Si dans cette œuvre l'on supprime par la pensée les quatre personnages du premier plan, on se trouve en présence d'un vaste paysage magistralement composé et merveilleusement exécuté. À l'époque où Mantegna achevait les fresques des Eremitani à Padoue, il peignit plusieurs *Saint Sébastien*, dont l'un, celui d'Aigueperse, actuellement au Louvre, nous touche particulièrement, car l'on y voit matérialisée cette emprise de plus en plus profonde de l'humanisme en lutte avec le mysticisme du Moyen Âge ; le *Saint Sébastien* de Mantegna, lié à une colonne corinthienne, est parmi les dernières de ces grandes figures religieuses du Moyen Âge, que vont peu à peu ignorer les artistes du Quattrocento, imprégnés du paganisme et de la sensualité de la Renaissance.

Ayant achevé les décorations de San Zeno à Vérone, Mantegna put enfin se rendre à Mantoue, où le marquis Louis III de Gonzague l'attendait avec impatience. C'est dans cette petite cour que le grand artiste à l'âme inquiète trouvera le repos salutaire qui lui convenait. Cette famille de Gonzague était composée de princes lettrés et artistes, à la fois condottierri et humanistes, qui réservaient aux savants et aux peintres l'hospitalité la plus flatteuse. À la cour des Gonzague, Mantegna va exécuter des travaux infiniment variés de peintures religieuses comme le fameux triptyque des Offices, qui comporte le volet de la *Circoncision*, une des œuvres les plus caractéristiques et les plus parfaites du peintre ; peintes de 1472 à 1474, les fresques du Castello di Corte pour la *Camera degli Sponsi* (Chambre des Époux), entièrement décorée, murs et plafond, dont une admirable galerie de portraits de la famille Gonzague, qui ont la noblesse sculpturale des personnages de Piero della Francesca. Après la mort de Louis III de Gonzague et de son fils Frédéric Ier, Jean François III, homme de guerre plutôt qu'artiste, continua néanmoins à prodiguer à Mantegna la même faveur que ses ancêtres et il lui commanda, vers 1485, l'ensemble décoratif destiné à une salle du Castello Vecchio, où se donnaient les représentations théâtrales : *Le Triomphe de Jules César*. Il comprend neuf parties formant une frise de 27 mètres sur 3 (actuellement à Hampton Court). Dans cette vaste composition, véritable apothéose du mouvement et de la couleur, Mantegna a utilisé sa profonde connaissance de l'archéologie, mais il a su l'oublier et s'abandonner à une souveraine fantaisie ; les soldats soufflant de la trompette, les porte-étendards, les chars, les éléphants et les figures allégoriques se pressent dans une marche triomphale ; l'antiquité conquise par les humanistes est là présente et vivante. Après l'exécution de cette œuvre qui lui tenait tant à cœur, car elle résumait en quelque sorte l'ensemble de ses aspirations, Mantegna peindra quelques tableaux religieux, la *Madone* de la Galerie Brera et la *Vierge et l'Enfant accompagnés de quatre Saints* de la collection Trivulcio de Milan. Ces œuvres de la maturité de l'artiste sont d'une éclatante fraîcheur, les personnages ont toujours la même austérité sculpturale, mais la Vierge du prince Trivulcio est encadrée par des guirlandes de fleurs et de fruits et son visage est entouré d'une nuée de visages enfantins qui sont encore des anges, mais bien près de devenir des amours. Cette attirance de la jeunesse et de la grâce, Mantegna la subira de plus en plus à mesure qu'il s'en éloignera lui-même et elle éclatera dans une de ses dernières œuvres que lui commanda, alors qu'il avait soixante ans, Isabelle d'Este : *Le Parnasse* (au Louvre) ; ici nous sommes en plein paganisme, le paysage dans lequel la scène se déroule s'est adouci et nous sommes loin des rochers aux arêtes précises du *Jardin des Oliviers* ; au sommet d'une arcade rocheuse couronnée d'un bosquet d'orangers, Mars contemple avec tendresse et admiration une Vénus entièrement dévêtue, sous l'œil courroucé de Vulcain, et autour de ce couple triomphant, au son de la lyre, Apollon fait danser les neuf Muses, dont les tuniques flottent au vent et qui ont le charme un peu mièvre des nymphes du Dominiquin. Entre 1497 et 1502, commandé par Isabelle d'Este en même temps que *Le Parnasse*, Mantegna peignit, dans la même verve païenne, le *Triomphe de la Vertu sur les Vices*, ou plus exactement *Minerve chassant les Vices du Jardin de la Vertu*, également au Louvre, étonnant cortège de personnages superbes et de montres difformes et répugnants, dont le mélange frappe l'interprétation d'ambiguïté.

Les dernières années de Mantegna furent assombries par des difficultés d'ordre pécuniaire et les soucis que lui causait la conduite de son fils aîné François ; après avoir fait un testament où il avantageait son fils Louis, il demanda à être inhumé dans la chapelle de San Andrea, ce qui lui fut accordé le 11 août 1504. Dès lors il ne cessera de décliner et le 13 septembre 1506 il mourait à l'âge de soixante-quatorze ans, dans sa maison de la Via Unicorno, pleine de ces vestiges de l'antiquité qu'il avait passionnément recherchés au cours de sa longue existence. Dans son atelier ses fils trouvèrent deux œuvres qui ne sont pas obligatoirement ses dernières : un *Saint Sébastien*, et le *Christ* en raccourci (Cristo in scuro), encore appelé : les *Lamentations sur le Christ*. Cette dernière œuvre est sans doute, avec le Christ de Grünewald de Colmar et celui d'Holbein du Musée de Bâle, la plus terrible représentation de l'Homme-Dieu. Le Christ de Mantegna, à l'inverse de celui d'Holbein, est vu de face, dans un raccourci savant, comme une suprême démonstration de ce que l'artiste connaissait de ces problèmes ; le corps est allongé sur une dalle qui évoque irrésistiblement la table de dissection, la tête puissante est légèrement relevée et l'impression d'apaisement due à la détente musculaire qui suit immédiatement la mort est rendue plus manifeste par les contrastes des visages des deux pleureuses ; enfin, les pieds et les mains portent des plaies d'une touchante exactitude. Il semble qu'il y ait là un parti-pris d'effrayer plutôt que d'émouvoir et que le peintre y révèle moins une âme chrétienne qu'un esprit préoccupé des ressources de son art, le divorce est bien accompli entre la peinture religieuse du Moyen Âge et celle de la Renaissance.

Nul mieux que Mantegna ne reçut la leçon de l'antiquité et nul n'était plus que lui capable d'en recueillir les fruits, mais son génie l'a préservé de se cantonner dans une érudition stérile et lui a permis de donner libre cours à son lyrisme. Enfin sans renoncer pour cela à des préoccupations d'ordre technique, il a su constamment se maintenir sur le plan humain. C'est à lui que le *Triomphe de Jules César* doit de ne pas être une froide reconstitution historique, mais une manifestation éclatante de la Vie et de la Joie. ■ Jean Dupuy, J. B.

AMAM
Andreas Mantinia C.P.F
OPVS ANDREAE MANTEGNA

Bibliogr. : *Andrea Mantegna. Des Meisters Gemälde und Kupferstiche*, F. Knapp, Stuttgart, 1910 – A. Blum : *Mantegna*, Paris – G. Fiocco : *Mantegna*, Milan, 1937 – Tietze-Conrat : *Andrea Mantegna*, Londres, 1955 – Niny Garavaglia, Maria Bellonci : *L'Opera completa del Mantegna*, Rizzoli, Milan, 1967 – Adam von Bartsch, in *Le Peintre Graveur*, Nieukoop, 1970.

Musées : Aix : *La mise au tombeau* – Bergame (Acad. Carrara) : *La Vierge et l'Enfant Jésus – Vespasien de Gonzague* – Berlin (Kaiser Friedrich Mus.) : *Le cardinal L. Mezzarotta – La Vierge et l'Enfant Jésus*, deux œuvres – *Présentation de Jésus au temple* – Bootle : *Le Triomphe de Scipion* – Chartres : *Le Parnasse* – Cincinnati : *Sibylle et prophète* – Copenhague : *Le Christ consolateur des affligés* – Dresde : *La Sainte Famille* – Dublin (Nat. Gal.) : *Judith* – Florence (Mus. des Offices) : Triptyque – *La Vierge assise près d'un rocher avec Jésus dans ses bras – L'adoration des rois mages – La circoncision – La Résurrection – Élisabeth, femme de Louis de Gonzague* – Hampton Court : *Triomphe de Jules César* – Langres : *Le Christ sortant du tombeau* – Londres (Nat. Gal.) : *Triomphe de Scipion – Samson et Dalila – La Vestale Tuccia – Sophonisbe – Le Christ au Mont des Oliviers – La Vierge avec saint Jean Baptiste – L'Été et l'Automne* – Madrid (Mus. du Prado) : *Mort de Marie* – Milan (Mus. Pezzoli) : *La Vierge et l'Enfant Jésus* – Milan (Brera) : *Le Christ mort – Le Christ mort et dix saints* – Montréal (Mus. des Beaux-Arts) : *Judith – Didon*, détrempe/t. – Naples : *Sainte Euphémie – Portrait du cardinal de Gonzague* – Paris (Mus. du Louvre) : *Triomphe de la Vertu sur les Vices – Le Parnasse – Le Calvaire – Jugement de Salomon – Saint Sébastien – La Vierge de la Victoire* – Paris (Mus. Jacquemart-André) : *Le Christ aux outrages – La Vierge et l'Enfant avec trois saints – Le Martyre du géant saint Christophe, saint Jacques conduit au supplice, Translation du corps de saint Christophe*, trois pan. transposés sur t. – *La Vierge et l'Enfant entre saint Jérôme et saint Louis de Toulouse* – Rome (Mus. du Vatican) : *La Pitié* – Tours : *Jésus au Jardin des Oliviers – Résurrection du Christ* – Turin : *Vierge et saints* – Venise (Acad.) : *Saint Georges – Saint Sébastien* – Vérone : *Vierge et saints* – Vienne : *Saint Sébastien* – Washington D. C. (Nat. Gal. of Art) : *Judith*.

Ventes Publiques : Paris, 1845 : *Jésus au Jardin des Oliviers* : **FRF 6 705** – Paris, 1867 : *Saint Marc* : **FRF 6 600** – Londres, 1882 : *Vestales*, deux pan. : **FRF 44 620** ; *Saint Sébastien et Saint Georges*, triptyque : **FRF 11 025** ; *Louis Gonzague, Marquis de Mantoue et sa femme* : **FRF 5 250** – Londres, 1894 : *Madone et Enfant* : **FRF 5 260** – Londres, 1900 : *Descente de croix* : **FRF 6 000** ; *Portrait de Louis Gonzague et de Barbe sa femme* : **FRF 12 800** – Londres, 13 mai 1924 : *Étude pour une tête d'ange*, pl. et aquar. : **GBP 200** – Londres, 31 juil. 1929 : *La mise au tombeau* : **GBP 315** – Londres, 14 mars 1930 : *La Sainte Famille, sainte Élisabeth et saint Jean* : **GBP 189** – Londres, 11 mai 1934 : *La Vierge et l'Enfant* : **GBP 336** – Londres, 19 fév. 1936 : *La Vierge et l'Enfant*, pointe d'argent : **GBP 520** – Paris, 20 juin 1957 : *Bergers se rendant à Bethléem*, temp. sur bois : **FRF 800 000** – Londres, 11 juil. 1973 : *Christ descendant aux Limbes* : **GBP 490 000** – Londres, 28 avr. 1976 : *Oiseau sur une branche picotant des baies*, pl. (10,4x11,5) : **GBP 55 000** – Paris, 6 oct. 1976 : *La Vierge et l'Enfant*, eau-forte : **FRF 13 000** – Londres, 26 juil. 1977 : *Bacchanale avec Silène*, grav./cuivre (27,3x43,1) : **GBP 700** – New York, 15 fév. 1980 : *La Mise au tombeau*, grav./cuivre en brun (30x44,3) : **USD 10 000** – Londres, 24 juin 1980 : *Études de saint André et deux saints avec des livres*, pl. et lav. (17,9x19,3) : **GBP 165 000** – Berne, 25 juin 1982 : *Mise au tombeau* vers 1480, grav./cuivre : **CHF 9 000** – New York, 1er nov. 1983 : *La Bataille des Dieux marins* vers 1485-1488, grav./cuivre en brun et noir : **USD 32 000** – Londres, 3 juil. 1984 : *Saint Pierre, saint Paul, saint Jean l'Evangéliste et Zeno*, pl. et encre brune (19,5x13,2) : **GBP 1 100 000** – Londres, 18 avr. 1985 : *L'Adoration des Mages* : **GBP 7 500 000** – Londres, 5 déc. 1985 : *La Mise au Tombeau* vers 1460, grav./cuivre en brun-verdâtre (30,1x44,4) : **GBP 205 000** – Londres, 18 avr. 1985 : *L'Adoration des Rois Mages*, temp. et h. mar./t. (54,6x69,2) : **GBP 7 500 000** – Monte-Carlo, 21 juin 1986 : *La Sainte Famille avec sainte Élisabeth et saint Jean Baptiste*, temp./t. de lin restaurée à l'h. (60x49,5) : **FRF 16 000 000** – New York, 13 mai 1987 : *Le Christ ressuscité entre saint André et saint Longinus* vers 1472, grav./cuivre (37,9x33,2) : **USD 30 000**.

MANTEGNA Bernardino
Né en 1494 à Mantoue. Mort le 9 avril 1528 à Mantoue. XVIe siècle. Italien.
Peintre.
Fils, élève et collaborateur d'Andrea Mantegna.

MANTEGNA Carlo del. Voir **BRACCESCO Carlo di Giovanni**

MANTEGNA Francesco
Né vers 1470 à Mantoue. Mort après 1517. XVe-XVIe siècles. Italien.
Peintre d'histoire.
Second fils et élève d'Andrea Mantegna. Il aida son père dans ses travaux et peu d'œuvres peuvent lui être attribuées avec certitude, sauf peut-être la décoration de la chapelle des Mantegna à San Andrea de Mantoue. Il peignit aussi au château de Marmirolo en 1494. Il paraît avoir eu un caractère violent et peu recommandable. Il fut banni de Mantoue pour sa turbulence et n'obtint d'y revenir qu'après 1506. Après la mort de son père, il perdit toute faveur à la cour du prince. On le cite pour la dernière fois en 1517, date à laquelle il dut vendre ce qui lui restait de ses biens.

Musées : Bergame : *Résurrection de Jésus-Christ* – Londres (Nat. Gal.) : *Le Christ et Marie-Madeleine au jardin – Résurrection – Les saintes femmes au tombeau* – Munich : *Triomphe de l'Amour – Triomphe de la Chasteté – Triomphe de la Mort – Triomphe de la Gloire – Triomphe du Temps – Triomphe de l'Éternité*.

MANTEGNA Lodovico
Mort en 1509 ou 1510 à Mantoue. XVe siècle. Italien.
Peintre.
Fils et élève d'Andrea Mantegna. On ne cite aucune œuvre de lui, mais il dut aider son père dans ses travaux. Il fut chargé par le marquis François de Gonzague d'acheter à Rome des antiques pour les collections de la cour de Mantoue. Il laissa un fils nommé Andrea, qui en 1560, fit placer un monument dans la chapelle familiale en l'honneur de son grand-père, de son père et de son oncle.

MANTEL
Né au XVIIIe siècle à Bruxelles. XVIIIe siècle. Belge.
Sculpteur.
Il travailla en 1788 au palais de Laeken.

MANTEL Julius
Né le 20 septembre 1820 à Berlin. Mort le 22 janvier 1896 à Berlin. XIXe siècle. Allemand.
Sculpteur.
Il fut directeur de la Section de plastique de la Manufacture de porcelaine de Berlin.

MANTEL Pierre
Mort le 8 mai 1802 à Paris. XVIIIe siècle. Actif à Paris. Français.
Ébéniste.

MANTELET Albert Goguet
Né le 14 janvier 1858 à Paris. XIXe siècle. Français.
Peintre de sujets de genre, paysages, pastelliste.
Il fut élève d'Henri Lehmann et d'Hébert.
Musées : Château-Thierry – Pontoise.
Ventes Publiques : Grenoble, 11 déc. 1972 : *Au Pavillon Dauphine* : **FRF 5 000** – Vienne, 14 mars 1980 : *Le jardin des Tuileries*, h/t (46x54) : **ATS 28 000** – Paris, 22 nov. 1982 : *L'attaque du convoi* 1906, h/t (81x51) : **FRF 23 000** – Paris, 22 mars 1990 : *La Plage de Bourg-Dault*, h/t (46x61) : **FRF 45 000** – Le Touquet, 11 nov. 1990 : *Plage animée*, h/t (46x55) : **FRF 7 000** – Calais, 14 mars 1993 : *Marché aux poissons sur un port breton*, h/t (33x41) : **FRF 9 500**.

MANTELET-MARTEL André
Né le 14 juillet 1876 à Pontoise (Seine-Saint-Denis). XXe siècle. Français.
Peintre de genre, dessinateur, illustrateur.
Il exposait à Paris, aux Salons de la Société Nationale des Beaux-Arts, des Artistes Français, des Indépendants, et surtout des Peintres du Paris moderne.
Musées : Paris (Mus. Carnavalet) : nombreux dessins.
Ventes Publiques : New York, 24 jan. 1989 : *Scène de la Nouvelle-Orléans*, h/t (28,8x20,4) : **USD 7 425**.

MANTELEY
XVIIIe siècle. Français.
Peintre miniaturiste.
Exposa des miniatures au Salon de 1791.

MANTELLI Christoforo di Antonio
Originaire de Trévise. XVIe siècle. Italien.
Sculpteur.
Il travailla à Crémone.

MANTELLI Girolamo
Originaire de Carobbio. XVIIIe siècle. Italien.
Graveur.

MANTERNACH Johannes
Originaire de Trèves. XVIIe siècle. Allemand.
Sculpteur.
Il a sculpté plusieurs autels des églises de Trèves et de la vallée de la Moselle.

MANTERO, famille d'artistes
Originaires de Gênes. XVIIIe siècle. Italiens.
Sculpteurs.
Les représentants les plus connus de cette famille sont Sébastiano (né en 1753, mort en 1823) et Bernardino.

MANTIA Nunzio. Voir **LA MATTINA**

MANTINOVESE Pietro
XVIIIe siècle. Italien.
Sculpteur.
Il a exécuté une des statues de la colonnade de la place Saint-Pierre.

MANTIUS Marie
Née le 4 août 1872 à Hambourg. XIXe-XXe siècles. Allemande.
Peintre de portraits, natures mortes.
Elle fut élève de Wilhelm Trübner. Elle travaillait à Francfort-sur-le-Main.

MANTLER August
XIXe siècle. Actif à Vienne. Autrichien.
Peintre de genre et d'histoire.
Élève de Rahl. Il exposa à Vienne en 1871. On cite de lui : *La descente de croix*.

MANTO Marco ou **Mantou**
XVe siècle. Travaillant à Séville en 1496. Espagnol.
Sculpteur.

MANTON Maria
Née en 1915 à Blidah (Algérie). XXe siècle. Française.
Peintre, peintre de décorations murales, cartons de mosaïques, tapisseries. Abstrait.
Après ses études secondaires, elle suivit parallèlement à Alger les cours du Conservatoire et de l'Ecole des Beaux-Arts. En 1940, elle rencontra le peintre Louis Nallard, d'Alger aussi, ils se marièrent en 1944. Ils arrivèrent à Paris en 1947. Dans la même année, elle avait participé à Alger à une exposition de l'*École de Paris*, organisée par Gaston Diehl. À partir de l'arrivée à Paris, elle n'a cessé de figurer dans de très nombreuses expositions collectives, détaillées dans ses catalogues d'expositions personnelles, parmi lesquelles : 1947 *Art français contemporain* dans plusieurs villes d'Amérique du Sud, 1950 *Jeune peinture française* dans les musées italiens, 1953 dans les musées allemands, 1956 *Groupe de jeunes artistes européens* au Musée d'Aix-la-Chapelle, 1960 *École de Paris* au Musée de Lyon, 1970 *Cinquante peintres de l'École de Paris* à Copenhague, 1974 *Grandes femmes, petits formats* organisée à Paris par Iris Clert, 1980 *Peintres de l'abstraction à Saint-Germain-des-Prés, 1946-1956* à Paris, 1981 *Onze peintres parisiens* à l'Institut français de Berlin, 1983 *Hommage au poète Jean Sénac* aux Archives de Marseille, 1985 *L'art abstrait a 70 ans* à Malakoff, 1990 *Hommage à l'écrivain Kateb Yacine* au Théâtre du Lucernaire de Paris, etc. En outre, Maria Manton a pris part à de nombreuses expositions de groupes restreints, et à des Salons de Paris : Salon d'Octobre, Divergences, Salon de Mai, Comparaisons, le Groupe 109, Salon des Réalités Nouvelles depuis 1948, où elle fut présentée par Herbin et Del Marle, dont elle devint membre du comité en 1960 et dont elle assuma le secrétariat général de 1961 à 1988.
Elle a montré les périodes successives de son œuvre dans des expositions personnelles, à Paris 1950, 1952, 1954, 1956, 1957, 1961, 1965, 1968, 1975, 1983, 1985, 1987, 1989, 1990, 1992 Galerie Callu-Mérite *46 ans de peinture : 1946-1992* et Salon de Mars, 1994 Galerie Callu-Mérite *Œuvres sur papier* ; ainsi qu'à Amsterdam 1951, Anvers 1952, Lyon 1953, Alger 1953, Schiedam 1957, Lausanne 1962, Budapest 1969, Maillot-Sens 1972, Toulouse 1980, et 1990 *40 ans de peinture* à la Maison des Arts d'Évreux, 1991 Amsterdam *Maria Manton-Louis Nallard* galerie De Boer, 1994 *L'œuvre de 1949 à 1994 – Peintures, gouaches, collages* au Musée de Libourne...
Après les hésitations que tout jeune artiste connaît à ses débuts, dès 1947, encore à Alger, Maria Manton, après une brève période influencée par le cubisme, créait ses premières peintures abstraites. Aussitôt à Paris, dans la même année 47, ses peintures étaient exposées à la Galerie Lydia Conti, un des hauts lieux qui se vouèrent alors à la promotion fervente de la deuxième génération de l'abstraction, et, dans les années suivantes, elle eut sa place dans les groupes constitués par les galeries qui assumèrent ce rôle historique : Colette Allendy, Arnaud, La Roue. Cette première période de Maria Manton se situe de 1947 à 1953 et est essentiellement constituée de gouaches d'une hautaine rigueur de lignes et sobriété de tons, qui placèrent de plein droit la jeune femme peintre dans l'abstraction française des années cinquante. De ces gouaches, que par commodité on réduit à l'abstraction froide, Del Marle appréciait la « raison, qui n'est abstraction froide que pour les transis de l'art. » Un premier retour en Algérie en 1953 eut une répercussion immédiate sur elle, réveillant soudain l'attachement à ce pays, à sa lumière, qui ne la quittera plus et marquera toute son œuvre à venir. Ses peintures précédentes étaient régies par des accords de couleurs raisonnés, à partir de ce voyage c'est la lumière réelle qui imposera les rapports de tonalités, option où elle se rapprochait de Roger Chastel de qui elle écoutait volontiers les avis. S'ensuivit une série de peintures qu'elle qualifie de « bleues », dans laquelle interviennent aussi ses impressions d'un voyage en Allemagne en 1954, les vitraux des cathédrales, les villes encore détruites. À ce moment, moins géométrique, plus spontanée, plus heureuse peut-être, sa peinture s'affirme dans ce qu'il convient de qualifier en tant qu'« abstraction française », issue de Jacques Villon, et alors animée par Manessier, Bazaine, Estève, bien d'autres, et Bissière qui comptera particulièrement pour elle, « abstraction française » qui ne déniait pas son sourcement à partir de perceptions réelles et sensations vécues, quitte à être éventuellement taxée de l'appartenance, paraît-il infamante, à l'École de Paris.
Et puis la vie s'est poursuivie, l'œuvre s'est développée, dans une liberté croissante, dans un bonheur égal. On pourrait encore y distinguer des périodes séparables, mais, ignorant les charmes de la chronologie, elles se superposent ou s'entrecroisent. De même, la relation à l'abstraction de ces périodes ou séries se retend ou se relâche selon l'humeur du moment. Jean-Dominique Rey s'en réjouit : « Démentant la mauvaise querelle de l'abstraction et de la figuration, ses toiles se situent à mi-chemin de ces deux modes de représentation, gommant l'une au seuil de l'évidence, taisant l'autre plutôt que de se couper de ses racines. » Les racines de Maria Manton qui, traversant les pério-

des et les thèmes successifs de ses peintures, en fondent l'unité, ce ne sont pas les aspects anecdotiques de l'Algérie natale ou de l'Égypte rencontrée plus tard. Ses racines, plus profondément, ce sont la lumière, la peau du sol et des murs, les senteurs du Sud, de l'autre rivage de la Méditerranée, qui en « correspondances » baudelairiennes « se répondent », et qui, dans sa peinture, qu'elle suggère les murs blancs et clos, les corps noirs sur la plage aveuglante ou qu'elle se prive par défi ou délice de tout potentiel figurant, résonnent encore dans le repos des roses et des ocres de soleil et de sable, que trouent soudain les stridences rouges et jaunes des parures et des cris. ■ Jacques Busse

Bibliogr. : Del Marle, lettre à Maria Manton : Catalogue de l'exposition *Maria Manton*, Gal. Colette Allendy, Paris, 1951 – Michel Seuphor, in : *Diction. de la peint. abstraite*, Hazan, Paris, 1957 – Jean-Dominique Rey : Catalogue de l'exposition *Maria Manton*, Gal. Jacques Massol, Paris, 1983 – J. Busse : *Un parcours exemplaire*, Catalogue de l'exposition *Maria Manton*, Gal. Callu-Mérite, Paris, 1987 – Djilali Kadid : *Parallèles communicantes*, Actualité de l'émigration, Paris, juin 1989 – Catalogue de l'exposition *Maria Manton 46 ans de peinture 1946-1992*, gal. Callu Mérite, Paris, 1992, bonne documentation.

Musées : Alger (Mus. Nat.) – Budapest (Mus. Nat.) – Düren (Allemagne) – Paris (Mus. Nat. d'Art Mod.) – Paris (Mus. d'Art Mod. de la Ville).

Ventes Publiques : Neuilly, 20 juin 1988 : *Alternance* 1949, gche/pap. (54,5x43) : **FRF 6 000** – Neuilly, 22 nov. 1988 : *Formes baroques* 1950, gche (50,5x37) : **FRF 7 500** – Neuilly, 6 juin 1989 : *Tête II* 1949, gche (49x38) : **FRF 9 500**.

MANTON W.
XIXe-XXe siècles. Britannique.
Peintre de paysages urbains.

Ventes Publiques : Londres, 8 mai 1946 : *Le Vieux Pont de Londres* : **GBP 300**.

MANTONNOIS François
XVIIe siècle. Parisien, actif au XVIIe siècle. Français.
Ébéniste.
A travaillé pour Versailles.

MANTOVA, da. Voir au prénom

MANTOVANI Alessandro
Né en 1814 à Ferrare ou Florence. Mort en 1892 à Rome. XIXe siècle. Italien.
Peintre de natures mortes, trompe-l'œil, décorateur.
Il a participé à la décoration du Vatican, du Quirinal et de la façade de San Lorenzo Fuori (1866).

Musées : Ferrare.

Ventes Publiques : Milan, 14 juin 1989 : *Trompe-l'œil d'instruments de musique*, h/t (74x61,5) : **ITL 5 500 000** – New York, 20 juil. 1995 : *Grappes de raisin sur une treille* 1878, h/t (62,9x74) : **USD 7 762**.

MANTOVANI Donnino
Né en 1624 à Bologne. Mort en 1684. XVIIe siècle. Italien.
Peintre.
Il travailla à Bologne et à Madrid. Peut-être identique à Francesco di Mantovana.

MANTOVANI Luigi
Né en 1880 à Milan. Mort en 1957. XXe siècle. Italien.
Peintre de figures typiques, paysages, paysages urbains, paysages d'eau.
Il a surtout peint des vues typiques de Milan et Venise.

Ventes Publiques : Milan, 28 oct. 1976 : *Paysage lacustre*, h/pan. (24,5x35) : **ITL 330 000** – Milan, 15 mars 1977 : *Arco della Pace a Milano* 1936, h/t (32x22) : **ITL 750 000** – Milan, 23 mars 1983 : *La Fontaine de Trevi*, h/pan. (80x104) : **ITL 3 300 000** – Florence, 27 mai 1985 : *Corso Vittorio Emanuele col Duomo*, h/t (148x127,5) : **ITL 6 000 000** – Milan, 29 mai 1986 : *Piazza del Duomo a Milano* 1933, h/cart. (55x68) : **ITL 3 600 000** – Milan, 6 déc. 1989 : *Place Saint-Marc à Venise*, h/pan. (30,5x20) : **ITL 2 200 000** – Milan, 21 déc. 1993 : *Place de marché à Milan*, h/cart. (30,5x22,5) : **ITL 3 795 000** – Milan, 20 déc. 1994 : *Via Mercanti à Milan* 1950, h/t (69,5x49,5) : **ITL 3 795 000** – Milan, 29 mars 1995 : *Venise, le bassin de Saint-Marc* 1946, h/t (67x168) : **ITL 6 900 000** – Paris, 28 fév. 1996 : *Jeunes Bohémiennes* 1926, h/t (109x68) : **FRF 5 200** – Milan, 18 déc. 1996 : *Le Dôme de Milan*, h/pan. (48,5x34,5) : **ITL 1 514 000**.

MANTOVANO Camillo. Voir **CAPELLI Camillo di**

MANTOVANO Francesco
XVIIe siècle. Italien.
Peintre.
Vénitien, il travailla à Rovigo.

MANTOVANO Rinaldo
Né à Mantoue. XVIe siècle. Actif au début du XVIe siècle. Italien.
Peintre d'histoire.
Élève et l'un des meilleurs collaborateurs de Jules Romain. Vasari parle avec éloges de plusieurs de ses ouvrages, notamment un tableau d'autel à Sant'Agnese, à Mantoue. Mantovano peignit, d'après les dessins de son maître, plusieurs fresques remarquables dans un palais près de Mantoue et exécuta, en collaboration avec Benedetto Pagni, les plus remarquables décorations de l'antichambre de ce palais. On cite encore, toujours d'après les cartons de son maître, une *Crucifixion*, à Sant Andrea de Mantoue. Le Musée de Vienne conserve de lui : *Le triomphe de Jules César*, et l'on voit à la National Gallery, à Londres : *La prise de Carthagène*, *L'enlèvement des Sabines* et *La réconciliation des Romains et des Sabins*.

Ventes Publiques : Rome, 28 avr. 1981 : *L'Adoration des rois mages*, h/pan. (46,5x68) : **ITL 5 500 000**.

MANTOVANO Simone
XVIe siècle. Italien.
Sculpteur.
Le sculpteur Bartolomé Ordonez mourut sans avoir terminé une œuvre importante qu'il avait entreprise, le monument funéraire de l'évêque de Burgos, et celui de D. Rodriguez de Fonseca, à Santa Maria de la Coca, mais il désigna les artistes auxquels il voulait confier l'achèvement de son œuvre et l'un d'eux était Mantovano.

MANTUANA Diana. Voir **GHISI**

MANTUANO Dionisio
Né vers 1624 à Bologne. Mort en 1684 à Madrid. XVIIe siècle. Italien.
Peintre et architecte.
Passa quelque temps à Gênes, puis alla en Espagne, en 1656, où il exécuta de nombreux travaux : au théâtre de Buen Retiro ; au palais du marquis de los Valbases (avec Benavides) ; à la cathédrale de Tolède (avec Rica et Carreno), un plafond de la Galerie des dames, à l'Alcazar de Madrid. Décoré de l'Ordre du Christ et, depuis 1665, peintre du roi d'Espagne, Philippe IV.

MÄNTYNEN Jussi
Né en 1886. Mort en 1978. XXe siècle. Finlandais.
Sculpteur animalier.

Ventes Publiques : Stockholm, 23 avr. 1981 : *Le Cygne*, bronze patine verte (H. 49) : **SEK 14 000** – Stockholm, 26 avr. 1983 : *Lionne* 1957, bronze patine verte (L. 34) : **SEK 8 700** – Stockholm, 22 avr. 1986 : *Ours debout* 1950, granit (H. 49) : **SEK 48 000** – Stockholm, 22 mai 1989 : *Fontaine avec trois oies sauvages prenant leur envol*, bronze (H. 79) : **SEK 355 000** – Stockholm, 14 juin 1990 : *Félin marchant*, bronze (H. 23) : **SEK 35 000** – Stockholm, 5-6 déc. 1990 : *Ours* 1941, bronze à patine vertye (H. 23,5) : **SEK 20 000** – Stockholm, 30 mai 1991 : *Chat sauvage debout* 1940, bronze à patine brune (H. 31) : **SEK 32 000** – Stockholm, 10-12 mai 1993 : *Envol*, bronze (H. 55) : **SEK 34 000**.

MANUEL
XVIIIe siècle. Travaillant au Mexique. Mexicain.
Peintre.
Il appartenait à la Compagnie de Jésus.

MANUEL Antonio
XXe siècle. Brésilien.
Artiste, dessinateur. Tendance conceptuelle.
Il se manifesta sous l'égide du Musée d'Art Moderne de Rio de Janeiro, autour de 1975.

Bibliogr. : Damian Bayon, Roberto Pontual, in : *La peinture de l'Amérique latine au XXe siècle*, Mengès, Paris, 1990.

MANUEL Emmanuel Adsuara
Né le 4 mai 1918 à Burriana (Castellon de la Plana). XXe siècle. Espagnol.
Peintre, illustrateur. Surréaliste.
Il est autodidacte en art. En 1936, il exposa pour la première fois au Salon d'Art de Lérida. En 1945, il a figuré à Paris, au Salon des Surindépendants, avec *Port louche* et *Sierra de Guadix*. Il a collaboré comme dessinateur à la revue surréaliste *La Main à la plume*, et, dans le même esprit, illustré *Les Déserts de l'enthousiasme* de Jean-François Chabrun.

MANUEL Génevoix ou **Genoesi**
Né vers 1490 à Racconigi. XVIe siècle. Italien.

Peintre.
Il travailla de 1541 à 1556 à Aix, où il peignit un autel pour l'église des Observants.

MANUEL Margaret
Née à Hawick (Écosse). xxe siècle. Anglo-Américaine.
Peintre de paysages, graveur.
Elle fut élève du peintre et graveur américain Ernest Haskell. Elle était membre de la Ligue Américaine des Artistes Professeurs et de la Fédération Américaine des Arts.

MANUEL Max
Né le 10 juillet 1850. Mort le 12 juin 1918 à Munich. xixe-xxe siècles. Actif à Munich. Allemand.
Peintre de portraits.

MANUEL Polequin et **Jannequin** ou **Mameel**. Voir **LIMBOURG**

MANUEL Victor
Né en 1897 à La Havane. Mort en 1969. xxe siècle. Cubain.
Peintre de scènes et figures typiques.
Fils d'un employé de l'Académie San Alejandro de La Havane, il eut l'opportunité de commencer ses études très jeune. Il entra officiellement à l'Académie en 1913, mais ses professeurs connaissaient déjà ses dons. Il remporta rapidement un prix dans la classe de L. Romanach. Il y eut tôt une activité d'enseignement et, dès 1921, Wifredo Lam se considéra comme un de ses disciples. Il exposa pour la première fois en 1924 à La Havane. En février 1927 il exposa à l'Association des Peintres et Sculpteurs et remporta un succès sans précédent. En 1929 il entreprit un voyage d'un an en Europe : Espagne, Belgique, Paris. Il revint à La Havane en 1930, où il participa au Salon National du Ministère de l'Éducation, obtenant des Prix en 1935 et 1938 ; exposa individuellement au Lyceum en 1930, et fit une autre exposition en 1935. Ses œuvres furent présentées en 1992 à l'exposition *Lam et ses contemporains : 1938-1952* au Studio Museum de Harlem.
Dès 1924, Victor Manuel s'était insurgé contre l'enseignement officiel, proposant comme modèle les muralistes mexicains, dont c'était alors le grand surgissement. S'il occupa une place honorable parmi les peintres qui créèrent des compositions murales à intentions sociales et politiques, il se fit surtout connaître et apprécier pour ses tableaux de chevalet. ■ J. B.
Bibliogr. : Damian Bayon, Roberto Pontual, in : *La peinture de l'Amérique latine au xxe siècle*, Mengès, Paris, 1990.
Ventes Publiques : New York, 31 mai 1984 : *Marinero*, gche et encre noire (50,8x38) : **USD 3 200** – New York, 29 mai 1985 : *Portrait de femme*, aquar. et fus. (50x42) : **USD 2 900** – New York, 21 mai 1986 : *Nature morte aux poissons*, h/t (46,3x61,2) : **USD 3 750** – New York, 19 nov. 1987 : *Tournesols*, h/t (64,2x45,7) : **USD 4 000** – New York, 17 mai 1988 : *Sans titre*, h/t (68x53,3) : **USD 2 420** – New York, 1er mai 1990 : *Scène tropicale*, h/pan. (91x73,5) : **USD 6 600** – New York, 2 mai 1990 : *Fête dansante*, h/t (54,5x65) : **USD 10 450** – New York, 20-21 nov. 1990 : *Arlequines*, h/cart. (57,5x38) : **USD 8 250** – New York, 15 mai 1991 : *La jeune fille et les palmiers*, h/pan. (59x39,5) : **USD 3 300** – New York, 19-20 mai 1992 : *Bohio*, h/t (53x41) : **USD 12 100** – New York, 24 nov. 1992 : *Mulâtre*, h/t (31,1x23,5) : **USD 4 400** – New York, 25 nov. 1992 : *Femmes au bord du fleuve*, h/t (37x32) : **USD 3 190** – New York, 22-23 nov. 1993 : *Gitane*, h/t (61,3x51,4) : **USD 5 980** – New York, 18 mai 1994 : *Une journée de plage*, gche et aquar./pap. (55,9x39,4) : **USD 5 750** – New York, 16 nov. 1994 : *Portrait de femme avec une blouse mexicaine*, h/t (92,4x73,3) : **USD 24 150** – New York, 20 nov. 1995 : *Jeunes Filles* 1948, h/t (73x61,5) : **USD 48 300** – New York, 15 mai 1996 : *Ouvrier agricole*, h/pan./pan. (75x47,4) : **USD 17 250** ; *Paysage au crépuscule*, h/t (83,8x66,7) : **USD 29 900** – New York, 25-26 nov. 1996 : *Trois Figures* vers 1945, h/t (58,4x53,3) : **USD 54 625** – New York, 28 mai 1997 : *Luces*, h/t (66x91,4) : **USD 29 900** – New York, 29-30 mai 1997 : *Les Baigneuses* vers 1950, h/t (77x63) : **USD 27 600** – New York, 24-25 nov. 1997 : *Diaspora*, h/t (94x96,8) : **USD 134 500**.

MANUEL DE AGUERO. Voir **AGUERO Benito Manuel de**

MANUEL-DEUTSCH Hans Rudolf, dit **Hans Rudolf Deutsch**
Mort en 1572. xvie siècle. Actif à Erlach en 1525, à Bâle en 1572. Suisse.
Peintre et graveur.
Fils de Niklaus Deutsch et élève de Maximin. Cet intéressant artiste, comme son père, appartient à la catégorie des peintres et graveurs qu'une exécution soignée mais trop empreinte des formules de l'époque permet difficilement de distinguer de leurs confrères d'alors. Hans Deutsch est plus facilement appréciable comme graveur et ses estampes, qui représentent les principales villes de l'Europe, constituent de précieux documents historiques. Ces gravures sont très recherchées.

Musées : Bâle : *Bethsabée et David – Lucrèce – Thisbé se poignardant sur le corps de Pyrame tué par un lion – Le jugement de Pâris – Invocation de sainte Anne – Saint Jacob et saint Roch – Décollation de saint Jean-Baptiste* – Berne : *L'artiste* – Tableaux d'autels – *Mon vieux père – Portrait de jeune homme.*

MANUEL-DEUTSCH Niklaus, dit **Niklaus Aleman**
Né en 1484. Mort en 1530. xvie siècle. Actif à Berne. Suisse.
Peintre d'histoire, scènes mythologiques, compositions religieuses, portraits, peintre à la gouache, graveur, dessinateur.
Par la tendance au fantastique de son art, par sa communion avec le mystère des forêts germaniques où il situe volontiers les scènes qu'il représente, par son coloris à la fois acide, grinçant, et pourtant extrêmement raffiné jusqu'à l'ambiguïté, par ses convictions religieuses réformatrices et l'humeur macabre qu'il met en œuvre pour les illustrer, par son humeur guerrière, Nicolas Manuel-Deutsch, continuateur de Grünewald, de Cranach, d'Altdorfer, contemporain de Baldung Grien, de Hans Leu et de Urs Graf, est un parfait représentant de la peinture germanique à l'époque de la Réforme. On a dit qu'il fut élève de Mit der Neefie (?) et de Hans Fries ; on a dit également qu'il aurait été élève du Titien, à Venise. En 1509, alors qu'il s'appelait encore Nicolaus Aleman, il épousa Katharina Frisching, qui était la fille du bailli de Cerlier, bourgeois important de Berne. Dès cette même année 1509, il fut élu au Grand Conseil de la Ville, et, en 1512, entra dans la Corporation des Tanneurs. Sa position s'affirmait rapidement dans la ville. En 1515, il reçut la commande d'un *Retable de sainte Anne* pour les confréries des orfèvres et des peintres (conservé à Winterthur). Sur l'un des volets du retable, il s'est représenté lui-même, en veste blanche et béret rouge, en train d'affûter un burin, devant une étagère chargée de pièces d'argenterie. On pense que ce fut l'année suivante, en 1516, qu'il eut commande, pour les Dominicains de la ville, de la *Danse macabre*, qui devait constituer l'ornementation édifiante de leur cimetière, et dont on ne connaît plus les scènes d'un atroce humour funèbre que par des copies médiocres. On peut supposer que la peinture en clair-obscur représentant *La Mort et une Jeune Femme*, de Bâle, en serait l'un des volets. On retrouve ce thème caractéristique d'un certain état d'esprit, également chez Baldung-Grien, Hans Leu ou Urs Graf. On serait tenté de dater sa dernière œuvre religieuse, le retable de *La Tentation de saint Antoine*, d'avant ses campagnes en Italie ; certains auteurs la datent de 1520, donc après ses campagnes militaires, ce qui semble confirmé par le fait que dans un des deux panneaux de ce retable conservé au Musée de Berne, celui qui représente le diable sous l'aspect d'une jeune femme, l'un des démons brandit le « Morgenstern » (Étoile du Matin), sorte de masse d'arme en forme de fléau terminé par une terrible boule hérissée de pointes, qui était l'arme habituelle des mercenaires suisses. Sur ce même volet, apparaît, sous la robe éclatante du diable-femme, une patte d'oiseau griffue, tandis que le paysage de forêt prend une importance symbolique, établissant un climat d'inquiétude. Dans ces deux volets de la *Tentation*, on retrouve l'influence probable d'une gravure de Schongauer du même sujet, et le souvenir aussi du retable d'Isenheim de Grünewald. C'est alors qu'en dépit de sa position assurée dans la bourgeoisie bernoise, il fit campagne à deux reprises en Italie, à peu près en 1516 et en 1520, dans les compagnies de lansquenets suisses levées pour le compte du roi de France en Lombardie. Il est vrai qu'il ne semble pas y avoir porté les armes, engagé comme secrétaire-fourrier ; il semble pourtant qu'il ait été blessé, en 1522, à la bataille de La Bicoque, où les Suisses furent sévèrement défaits par les Allemands. Au cours de ces campagnes, eut-il l'occasion de voir la

peinture italienne, voire de recevoir des conseils ? Ce qui est certain, c'est qu'il rapporta de ces campagnes les visions d'horreurs de toutes sortes, où la mort, la débauche et la rapine vont de pair, qui allaient marquer la suite de son œuvre, comme ce fut également le cas pour les autres peintres-lansquenets, Hans Leu et Urs Graf. Dans la partie de son œuvre consacrée à l'Histoire sainte, on cite encore une *Idolâtrie de Salomon*, également disparue, mais connue par une copie, et qui aurait été exécutée en 1518. Revenu à Berne, après ses campagnes militaires, il se mêla de plus en plus activement aux querelles religieuses, renonçant pour sa part à la représentation de sujets sacrés, militant parmi les iconomaques. Homme d'action, il recourut souvent à la rapidité du dessin, préféré à la lenteur de la peinture ; ces dessins étant en outre souvent destinés à être gravés, leur multiplication aidant à leur diffusion. Après la série des *Vierges folles*, vers 1518, il dessina de nombreux sujets concernant l'histoire de la Réforme. On retrouve aussi fréquemment dans ses dessins, le thème de *La Mort et la Fille*, la Mort représentée par un squelette dont la chair s'effiloche en lambeaux, lutinant de ses doigts décharnés la fille au plus secret de son intimité ; on y retrouve encore des scènes de guerre, d'orgie, de rapine. Quand il peignait, il adopta, là aussi, une technique apte à la rapidité d'exécution : des glacis de détrempe légère, sans empâtements, dont le séchage rapide permettait d'exécuter les couches successives sans attente. Ainsi furent peints ses deux chefs-d'œuvre : *Le jugement de Pâris*, vers 1520, et le *Pyrame et Thisbé*, vers 1529, tous deux au Musée de Bâle. Le *Jugement de Pâris*, après certains sujets des Cranach, représente un des sommets de l'érotisme insidieux en peinture ; et les surréalistes ont aimé son climat ambigu. Tandis que Junon assiste consentante à la scène, accoutrée, telle la nymphe Platée, d'une invraisemblable robe à larges bandes orangées et bleues, maintenue par une ceinture vert acide, Minerve, le sourire niais et coiffée ridiculement d'un panache de plumes bleu-vert, offre les douceurs sucrées de son corps aussi nu que se peut ; Vénus, plus experte, oppose au désir clairement exprimé de Pâris, le regard et les mains tendus, le délicat obstacle d'un voile de gaze parfaitement transparent, qui révèle plus qu'il ne cache l'offrande du ventre et des seins gonflés.

Parallèlement à sa production de peintures profanes et de dessins combatifs ou simplement irrévérencieux, son caractère d'homme d'action, d'ancien soudard, lui faisait embrasser des activités multiples ; réformiste fougueux, il écrivait des farces théologiques, à la verve populaire et pamphlétaire ; il était en outre souvent chargé de missions diplomatiques auprès des autres cantons. Peintre et dessinateur volontiers scabreux, homme de guerre, réformateur ardent, diplomate, ce personnage complexe, hanté par la pensée de la mort, est l'un des représentants les plus caractéristiques de ce que les Allemands nomment le « Galgen-humor » (l'humour du gibet), dont on retrouvera l'écho, dans les premières années de notre siècle, dans les *Chansons de la Potence* de Christian Morgenstern.

■ Jacques Busse

Bibliogr. : Marcel Brion : *La peinture allemande*, Tisné, Paris, 1959 – Pierre du Colombier, in : *Dictionnaire Universel de l'Art et des Artistes*, Hazan, Paris, 1967.

Musées : Bâle (Kunstmuseum) : *Jugement de Pâris – Pyrame et Thisbé – La Mort et la Jeune Femme – Lucrèce*, gche – dessins – Berne : *Tentation de saint Antoine*, deux panneaux – *Portrait d'homme (autoportrait ?)* – dessins.

Ventes Publiques : Paris, 25 fév. 1924 : *Trois cavaliers dans un paysage*, pl. : **FRF 5 500** – Londres, 10 juil. 1936 : *Femme à cheval*, pl. : **GBP 525** ; *Deux femmes et sujets allégoriques*, pl. : **GBP 483**.

MANUÉLA, pseudonyme de **Rochechouart-Mortemart Marie Adrienne Anne Victurnienne Clémentine,** duchesse d'Uzès

Née en 1847. Morte le 3 février 1933. XIXe-XXe siècles. Française.

Sculpteur de monuments, statues, figures mythologiques.

La Duchesse d'Uzès, personnage de la société parisienne, de la politique, écrivain, fut aussi sculpteur à part entière, sous le pseudonyme de Manuéla. Elle exposa à Paris, au Salon des Artistes Français, obtenant en 1887 une mention honorable. Elle fut présidente de l'Union des Femmes Peintres et Sculpteurs.

Elle est l'auteur du *Monument d'Émile Augier* à Valence, du *Monument de Gilbert* à Fontenay-le-Comte, ainsi que de statues religieuses et mythologiques : *Jeanne d'Arc, Saint Hubert, Diane surprise, Galatée*.

Ventes Publiques : Paris, 25 mai 1978 : *Femme au voile*, bronze, patine brune (H. 43) : **FRF 2 500**.

MANUELLI Guglielmo ou **Manuelis**

Originaire d'Avio dans le Trentin. XVIe siècle. Actif au début du XVIe siècle. Italien.

Sculpteur.

Ses œuvres sont réparties dans les églises du Trentin.

MANUILOFF Alexander Michailovitch

Mort le 16 juin 1841. XIXe siècle. Russe.

Sculpteur.

A exécuté deux statues de l'escalier du Palais d'Hiver à Leningrad dont le Musée possède encore un *Buste de Jemikoff* et *Dédale et Icare*.

MANUKHIN Yaroslav Nicolaevitch

Né en 1925 à Moscou. XXe siècle. Russe.

Peintre de paysages animés. Traditionnel.

Diplômé de l'Institut Sourikov des Beaux-Arts de Moscou en 1952. Il participe à des expositions en Russie, en France, au Japon, en Hollande, en Espagne et en Angleterre.

Ses paysages, animés de quelques silhouettes de personnages et d'animaux, ressortissent à un plat académisme lointainement imité des romantiques du XIXe siècle.

MANVUISSE François

XVIIe-XVIIIe siècles. Actif à Nancy entre 1698 et 1705. Français.

Sculpteur sur bois.

MANVUISSE Jean

XVIIe-XVIIIe siècles. Actif à Nancy à la fin du XVIIe et au début du XVIIIe siècle. Français.

Sculpteur sur bois.

Fils de Laurent Manvuisse.

MANVUISSE Jean Baptiste

Né vers 1676 à Nancy. Mort le 3 avril 1748 à Nancy. XVIIIe siècle. Français.

Sculpteur.

MANVUISSE Laurent

XVIIe siècle. Actif à Nancy dans la seconde moitié du XVIIe siècle. Français.

Sculpteur.

Il fut le fondateur de la dynastie des sculpteurs sur bois du nom de Manvuisse qui fut célèbre en Lorraine et particulièrement à Nancy, de 1670 environ à 1780, et qui compta un grand nombre d'artistes assez estimés dans la région. Son œuvre personnelle est mal connue.

MANVUISSE Laurent, le Jeune

Né le 18 décembre 1703 à Nancy. Mort le 10 avril 1765 à Nancy. XVIIIe siècle. Français.

Sculpteur.

Il est le fils de François Manvuisse.

MANVUISSE Nicolas

Né en 1738 à Nancy. Mort le 29 mai 1781 à Nancy. XVIIIe siècle. Français.

Sculpteur.

Il était fils de Laurent le Jeune.

MANWAIRING Robert

XVIIIe siècle. Britannique.

Graveur et ébéniste.

On cite de lui un portrait du *Révérend Mr. Madan* (1760). Il publia d'autre part : *The Cabinet and Chair-Maker's real Friend* (Londres, 1765), *The Carpenter's Compleat Guide to the whole system of Gothic Railing* (Londres 1765) et *The Chairmakers Guide* (Londres 1766).

MANY Alexis B.

Né le 10 août 1879 à Indianapolis (Indiana). XXe siècle. Américain.

Peintre.

Membre du Salmagundi Club.

MANYOKI Adam de ou **Mangoki**

Né en 1673 ou 1675 à Szokolya. Mort le 6 août 1756 à Dresde, ou en 1757 selon d'autres sources. XVIIe-XVIIIe siècles. Hongrois.

Portraitiste.

Il fit ses études d'abord avec Scheitz, puis à Paris dans l'atelier de Largillière. Et puis il séjourna en Hollande, à Hambourg, en Hongrie, à Berlin et enfin à Dresde, où il fut nommé peintre de la cour, en 1713. Ses relations avec le traître Clément le forcèrent à quitter Dresde et il vint s'installer à Varsovie. Il fit surtout des portraits.

Musées : Berlin : *Knobelsdorff* – Budapest : *Mme de Carignan – Portrait de l'artiste par lui-même – Le prince Rakoczi* – Cracovie : *Auguste II – Fils et fille du chancelier Julkowski* – Dessau : *Le margrave Charles Louis – Leopold de Dessau – Henriette de Anhalt* – Dresde : *Le peintre Thiele – La princesse Lubomirska – Le maréchal Bilinski* – Munich : *Maria Josepha Benediktina – Maria Anna* – Posen : *Dinglinger* – Varsovie : *Comtesse Dönhoff – Mme Montmorency – Comtesse Kosel* – Vienne : *Les grandes duchesses Marie-Thérèse et Marie-Antonie.*

MANZ Curt

Né le 15 juin 1900 à Zurich. XXe siècle. Suisse.

Figures, portraits, paysages, natures mortes, graveur.

Il a beaucoup travaillé en France. Il obtint une bourse de voyage de la Confédération Helvétique. À Paris, il fut élève de Maurice Denis et d'Othon Friesz. Il commença à exposer en 1919, en France aux Salons des Indépendants, d'Automne, des Tuileries ; prenant part aussi au Salon National Suisse.

Il a souvent peint les paysages du Tessin.

Musées : Aarau (Aargauer Kunsthaus) : *Nature morte avec langouste* 1942 – *Le Jardinier* 1943 – *Portrait de jeune fille* 1945 – *Paysage de la Brie* 1946 – *Paysage, chemin de forêt* s. d. – Carpentras : *Paysage.*

MANZ Emil

Né le 9 août 1880 à Ratisbonne. Mort en 1945. XXe siècle. Allemand.

Peintre animalier.

Il a résidé et travaillé à Munich.

Ventes Publiques : Munich, 25 mai 1976 : *Vache couchée*, bronze patiné (H. 17,1) : **DEM 1 850**.

MANZADOR Ignaz ou **Mansador**

Né en 1740. Mort le 21 juin 1791 à Vienne. XVIIIe siècle. Autrichien.

Miniaturiste.

Il devint membre de l'Académie de Vienne en 1770.

MANZANA-PISSARRO Georges

Né en 1871 à Louveciennes (Yvelines). Mort en 1961. XIXe-XXe siècles. Français.

Peintre de compositions animées, figures, portraits, animaux, paysages, natures mortes, peintre à la gouache, aquarelliste, peintre de technique mixte, décorateur.

Il était fils de Camille Pissarro et fut son élève. Il fut un exposant fidèle du Salon des Indépendants. En 1972, le Musée des Andelys a consacré une exposition rétrospective posthume à son œuvre.

Il peignit des sujets très divers, de la figure au paysage. À l'époque, il était surtout remarqué pour ses aquarelles rehaussées d'or et d'argent, où évoluent poissons et oiseaux, dans le goût décoratif qui évolua mais avec des continuités depuis le style nouveau 1900 à l'Art Déco de 1925 puis 1930, et que, contrairement aux peintures, il ne datait pas, ce qui semble indiquer de sa part une distinction entre la peinture proprement dite et la décoration alimentaire. Dans cette même veine décorative, il eut une importante activité dans la création d'objets. Depuis lors, l'intérêt du public s'est inversé en faveur de ses paysages, où l'on retrouve l'écho de l'œuvre de son père.

G. Manzana

Manzana-Pissarro

Ventes Publiques : Paris, 4 mars 1920 : *Le Canal du Loing, hiver* : **FRF 350** – Paris, 9 fév. 1929 : *La Femme orientale*, gche : **FRF 580** – Paris, 2 juin 1943 : *Baigneuse* : **FRF 1 000** – Paris, 3 mai 1944 : *Le Pont-Marie* 1933 : **FRF 2 600** – Paris, 30 oct. 1946 : *Paysage* : **FRF 1 600** – Paris, 10 déc. 1966 : *Péniches sur la Seine* : **FRF 7 500** – Genève, 12 mai 1970 : *Le Lavoir à Moret* : **CHF 30 000** – Paris, 7 juin 1972 : *Avant-port de Dieppe* : **FRF 21 500** – Paris, 16 mars 1973 : *Paysage de neige, Moret-sur-Loing* 1902 : **FRF 16 000** – Zurich, 16 mai 1974 : *Bords de Seine et chalands* 1905 : **CHF 42 000** – Paris, 19 nov. 1976 : *Bords de rivière* 1900, h/t (54x65) : **FRF 4 800** – Zurich, 23 nov. 1977 : *Bords de Seine à Saint Cloud* 1903, h/t (50x66) : **CHF 13 000** – Paris, 30 mars 1979 : *Odalisques et flamants roses*, past., gche et fond or (44x57) : **FRF 6 200** – Paris, 22 mars 1979 : *Les baigneuses*, h/pan. (46x55) : **FRF 5 800** – Versailles, 29 nov. 1981 : *Bords de rivière*, h/t (38x55) : **FRF 28 000** – Enghien-les-Bains, 16 oct. 1983 : *Les Confidences ou Azize et Aziza* 1923, past. (63x50) : **FRF 71 000** – Paris, 20 déc. 1983 : *Place de la Concorde* 1910, h/cart. (27x36) : **FRF 27 000** – Enghien-les-Bains, 23 juin 1985 : *Fillette à la pomme* 1910, past. (64x59) : **FRF 95 000** – Zurich, 6 juin 1986 : *Bords de Seine et chalands* 1905, h/t (55,5x65,3) : **CHF 36 000** – Paris, 7 avr. 1987 : *Jeune femme indigène au turban avec un chien*, gche et reh. d'or (95x62) : **FRF 80 000** – New York, 18 fév. 1988 : *Portrait de Madame John Wolf* 1932, h/pan. (106,3x80,7) : **USD 7 150** – Paris, 14 mars 1988 : *Bretonnes à la baignade* 1909, h/cart. (37x45) : **FRF 28 500** ; *Musicienne orientale*, fus. et gche avec reh. d'or (48,5x32) : **FRF 19 000** ; *Le Jardin des délices*, h/isor. (69x50) : **FRF 16 000** ; *Coq et poules*, gche avec reh. d'or (33x45) : **FRF 11 000** ; *Indigène au dindon*, aquar. avec reh. d'or/pap. beige (47x63) : **FRF 15 100** ; *Bal masqué*, aquar. gchée avec reh. d'or (95x62) : **FRF 24 500** – Versailles, 20 mars 1988 : *Le Jardin au printemps* 1927, h/pan. (38x46) : **FRF 45 000** – Paris, 28 mars 1988 : *Gauguin et une Tahitienne* 1887, dess. fus., à l'estompe et au past. (40x30,5) : **FRF 30 000** – New York, 13 mai 1988 : *Scène de port*, h/t (35,5x51,4) : **USD 5 060** – Paris, 8 juin 1988 : *Les Paons*, gche or et argent (31,5x48) : **FRF 6 000** – Paris, 23 juin 1988 : *Jardin fleuri près des maisons* 1945, h/t mar./cart. (50x65) : **FRF 50 000** – Versailles, 25 sep. 1988 : *Chemin en forêt* 1901, h/t (65,5x54,5) : **FRF 30 000** – Calais, 13 nov. 1988 : *Les Andelys au printemps* 1950, h/t (32x50) : **FRF 37 600** – Paris, 16 déc. 1988 : *Les Quatre Merles sous la neige*, pochoir reh. d'or et d'argent (28x44) : **FRF 4 300** – Paris, 12 fév. 1989 : *Scène des Îles*, peint. à fond or (51x63) : **FRF 30 000** – Paris, 3 mars 1989 : *Le Moulin de la Galette* 1898, h/t (65x54) : **FRF 38 000** – Paris, 19 juin 1989 : *Jeune Femme à l'ombrelle*, aquar. reh. d'or et gche (49x46) : **FRF 27 000** – Amsterdam, 22 mai 1991 : *Deux coqs et des poulets*, aquar./pap. japon (48,5x62,5) : **NLG 1 840** – Calais, 20 oct. 1991 : *Nature morte à la bouteille et aux fruits*, h/t (54x65) : **FRF 20 000** – Amsterdam, 5-6 nov. 1991 : *Vue de Inner-Alstel à Hambourg avec le Consulat des États-Unis*, h/pan. (21x35,5) : **NLG 10 120** – Paris, 18 déc. 1992 : *Le coq*, aquar. (45x58) : **FRF 4 600** – Paris, 25 mars 1994 : *Indigènes au bain*, aquar. et or/pap. (94,5x61,5) : **FRF 39 000** – Calais, 24 mars 1996 : *Le Petit Lavoir près du pont de pierre* 1902, h/t (54x65) : **FRF 34 000** – Paris, 24 nov. 1996 : *L'Orientale à la mandoline*, gche et reh. d'or/pap. (31,5x41,5) : **FRF 10 000** – Paris, 24 mars 1997 : *La Danseuse orientale*, techn. mixte or et argent (109x76) : **FRF 36 000** – Paris, 19 oct. 1997 : *Autoportrait*, fus., estompe et past. (54x45) : **FRF 5 500**.

MANZANO Francisco ou **Mançano**

XVIe siècle. Espagnol.

Sculpteur.

Il était actif à Tolède. Dans les additions au dictionnaire de Céan, un Manzano est désigné par le prénom de Francisco et quoiqu'il n'y ait rien d'impossible à ce que deux artistes du même nom aient travaillé à Tolède vers la même époque, il semble plus probable que Manzano Francisco et Manzano Juan ne sont qu'un seul et même artiste.

MANZANO Jorge

Né en 1952 à Mexico. XXe siècle. Actif depuis 1978 en France. Mexicain.

Sculpteur.

Il est issu d'une famille de tailleurs de pierre. Il commence par faire des études techniques d'ingénieur. En 1967, il travaille pendant un an avec le peintre et sculpteur Federico Cantu. De 1968 à 1975, il travaille avec le sculpteur Augusto Escobedo à Mexico et, en 1975, rencontre le sculpteur Erwin Binder à Los Angeles. En 1976, encore à Los Angeles, il travaille durant un an dans une fonderie spécialisée en produits d'art. En 1978, il s'installe en France.

Il figure à des expositions collectives au Mexique de 1974 à envi-

ron 1978, puis : 1980, Salon des Indépendants, Paris ; 1980, Rencontre d'Arts, Musée Ingres, Montauban ; 1982, Musée Hyacinthe-Rigaud, Perpignan... Il montre ses œuvres dans des expositions personnelles : 1979, 1983, 1985, galerie Thérèse Roussel, Perpignan ; 1982, 1984, 1986, 1988, galerie Visconti, Paris ; 1988, Musée Hyacinthe-Rigaud, Perpignan.
Jorge Manzano sculpte dans différents matériaux durs, tels que la pierre, le marbre, l'onyx, des formes à tendance abstraite, mais qui possèdent néanmoins une relation symboliques avec la nature, ses forces et ses formes.
Musées : Montpellier (Mus. Fabre) – Perpignan (Mus. Hyacinthe-Rigaud).

MANZANO Juan ou **Mançano**
XVIe siècle. Actif à Tolède. Espagnol.
Sculpteur.
Juan Manzano occupe un rang très honorable parmi les meilleurs sculpteurs castillans. Souvent il travailla avec Francisco Giralte et plusieurs fois l'emporta sur lui. Aidé de Toribio Rodriguez, il exécuta, en 1565, les sculptures de la porte de l'église de Tolède, longtemps attribuées à Berruguete. Il prit part aussi à l'exécution des retables de l'église San Eutropio à Espinar et à celui de la chapelle de l'évêque à Madrid.

MANZANO Juan Manuel
XVIIIe siècle. Actif à la fin du XVIIIe siècle à Tolède. Espagnol.
Sculpteur.

MANZANO Y MEJORADA Victor
Né le 11 avril 1831 à Madrid. Mort le 11 octobre 1865 à Madrid. XIXe siècle. Espagnol.
Peintre d'histoire, portraitiste et graveur.
Il fut l'élève d'Aracijo, d'Espalter et de Fed. de Madrazo. Le Musée de Madrid conserve de lui : *Cisneros ; Derniers moments de Cervantès ; Scène de l'Inquisition ; La famille d'Antonio Pérez à la prison*, et celui de Bayonne : *Portrait de l'artiste par lui-même ; Portrait de Joseph Sarvy ; Femme épiée par des vieillards.*

MANZANO Y PASTOR Carlos
Né le 11 juin 1864 à Madrid. XIXe siècle. Actif à Madrid. Espagnol.
Portraitiste et dessinateur.

MANZATI Leonardo ou **Manzatti**
Né vers 1750 à Vérone. Mort le 21 juin 1826 à Vérone. XVIIIe-XIXe siècles. Italien.
Peintre et architecte.
La plupart de ses tableaux, d'inspiration religieuse, se trouvent dans les églises de Vérone.

MANZEAU Émil
Né le 25 août 1892. XXe siècle. Allemand.
Peintre de paysages, natures mortes.
Il résida à Königsberg, aujourd'hui Kaliningrad.

MANZEL Ludwig
Né le 3 juin 1858 à Kagendorf. XIXe siècle. Allemand.
Sculpteur.
Élève de Fr. Schaper à l'Académie de Berlin. Il travailla à Paris entre 1886 et 1889 et, de retour à Berlin, fut nommé professeur à l'Académie et devint successeur de Begas comme directeur d'un atelier. La Galerie royale de Berlin conserve de lui : *Chant du soir* et une étude.

MANZINI Andrea di Giusto. Voir **ANDREA da Firenze**

MANZINI Camille
XIXe siècle. Actif dans la première moitié du XIXe siècle. Français.
Portraitiste et miniaturiste.
Exposa au Salon de Paris, de 1834 à 1838. La National Portrait Gallery, à Londres, conserve de lui le *Portrait de Thomas Grenville* (1841, miniature sur ivoire).

MANZINI Prospero. Voir **MANGINI**

MANZINI Raimondo
Né le 7 janvier 1668 à Bologne. Mort en 1744 à Bologne. XVIIe-XVIIIe siècles. Actif à Bologne. Italien.
Peintre d'animaux et de fleurs.
Probablement élève de son père César Manzini, peintre d'architectures. Il fut pendant quelque temps le peintre officiel du duc de Modène et du margrave de Baden. Il réalisa de nombreuses peintures de poissons, d'oiseaux et de fleurs.

MANZO Alessandro
Né le 16 mars 1856 à Naples. XIXe siècle. Actif à Naples. Italien.
Peintre de genre.
Il exposa à Turin en 1884.

MANZO José
Né en 1789 à Puebla. Mort en 1840 à Mexico. XIXe siècle. Mexicain.
Peintre et dessinateur.

MANZO Pedro
Né à San Salvador. XVIe siècle. Actif à Séville en 1526. Espagnol.
Sculpteur.
Peut-être le même que le sculpteur Manco qui travailla aux Maisons Capitulaires vers 1532.

MANZOCCHI Francesco ou **Menzocchi, Minzocchi**, dit **il Vecchio di San Bernardo**
Né vers 1502 à Forli. Mort en 1574 ou 1584 à Forli. XVIe siècle. Italien.
Peintre de compositions religieuses, portraits, fresquiste, miniaturiste.
Fils du peintre et chroniqueur Sebastiano Manzocchi et père du peintre Pierpaolo. Il fut d'abord élève de Pordenone, copia les œuvres de Parmigianino et travailla enfin sous la direction de Girolamo Genga da Sienna qui le prit en affection.
L'œuvre de cet artiste est considérable et Vasari mentionne de lui, avec de grands éloges, les peintures qu'il exécuta pour les églises de Forli. On voit encore dans le palais de cette ville une fresque qu'il y exécuta : *Saint Paul dictant ses épîtres.* Il travailla aussi dans la Romagne, à Venise où il décora le Palasso de la famille Grimani et compléta par quatre peintures à l'huile un plafond dont le centre exécuté par Salviati ne nuit pas à ses œuvres. À la fin de sa carrière, Manzocchi peignit des miniatures.
Musées : Florence (Mus. des Offices) : *Autoportrait*, miniature.
Ventes Publiques : Paris, 25 nov. 1971 : *La Sainte Famille* : **FRF 12 000** – Milan, 4 déc. 1986 : *La Sainte Famille avec saint Jean enfant (recto) ; Étude de vase (verso)*, pl. et encre brune (26,7x22,7) : **ITL 6 500 000** – Rome, 10 mai 1988 : *Vierge à l'Enfant*, h/pan. (116x97) : **ITL 700 000.**

MANZOLI Francesco. Voir **MANZUOLI**

MANZOLINI Giovanni
Né en 1700 à Bologne. Mort le 7 avril 1755 à Bologne. XVIIIe siècle. Italien.
Sculpteur.

MANZONE Pierre
Né le 2 mai 1915 à Monaco. XXe siècle. Français.
Peintre de nus, figures, portraits, paysages urbains, marines, dessinateur humoriste, décorateur, céramiste. Tendance postimpressionniste.
Il est issu d'une famille d'artisan bottier. Jeune, il suit des cours à l'École des Arts décoratifs de Monaco. À dix-neuf ans, il s'engage dans la marine nationale, voyage beaucoup, puis, après la guerre, collabore à divers journaux avec des dessins humoristiques, se consacrant ensuite à la peinture puis à la céramique. Il figure à des expositions collectives à partir de la fin des années quarante et montre ses œuvres dans des expositions personnelles à Cannes, Nice, Toulouse..., également à l'étranger, à Berne, Turin, Montréal, etc. Il obtint plusieurs prix, notamment le Grand Prix de la municipalité de Monaco en 1950, la « Palette d'or » au Salon d'Automne de Lyon en 1964.
Manzone a peint, suivant les périodes, des nus, des marines, des paysages, des bohémiens, des arlequins, et des maternités. Ses peintures, aux tons sourds, aux compositions sobres, parfois « décharnées », dégagent une forme d'absence mélancolique.
Musées : Monaco.
Ventes Publiques : Nantes, 19 avr.1989 : *L'arlequin*, h/t : **FRF 6 000.**

MANZONI Alessandro
Né vers 1800 à Milan. XIXe siècle. Actif à Milan. Italien.
Peintre d'histoire et de genre.

MANZONI Francesco
Graveur au burin.
Il a gravé un *Saint Vincent de Paul.*

MANZONI Giacomo
Né en 1840 à Venise. Mort en 1912. XIXe-XXe siècles. Italien.
Peintre de natures mortes.
Débuta vers 1880. Il travailla à Padoue et à Turin, Milan, Rome et Venise.

MANZONI Giuseppe
XVIIIe siècle. Actif dans la seconde moitié du XVIIIe siècle. Italien.
Peintre.

MANZONI Ignacio
Né en 1799 à Milan. Mort en 1880 à Milan. XIXe siècle. Italien.
Peintre de genre, portraits.
Il travailla à Milan jusqu'à ce qu'il se rendit en Amérique en 1862.

MANZONI Michele
Mort en 1666. XVIIe siècle. Italien.
Peintre.
La Pinacothèque de Faenza possède deux de ses œuvres.

MANZONI Piero
Né le 13 juillet 1933 à Soncino (près de Crémone, Lombardie). Mort le 6 février 1963 à Milan. XXe siècle. Italien.
Peintre, sculpteur. Conceptuel.
Après des études classiques, il publie, en 1956, à Milan, un manifeste *Pour la découverte d'une zone d'images*, commençant par prendre théoriquement position. En 1957, il découvre les tableaux monochromes bleus d'Yves Klein à la galerie Apollinaire et les œuvres de A. Burri à la galerie del Naviglio, à Milan. Il adhère cette même année 1957 avec Fontana au Gruppo Nucleare (Baj, Colucci, Sordini, Verga et plus tard Arman, Klein, Restany). Il rompt avec ce groupe en 1959. En 1957, il signe le manifeste *Contro lo Stile* (Contre le style). En 1959, il voyage dans toute l'Europe. Il rencontre à l'occasion de son exposition à la galerie Be'Pasthoorn à La Haye, Henk Peeters qui le met en contact avec le groupe *Zéro* avec lequel il exposera. Fin 1959, il fonde avec Agnetti et Castellani la revue *Azimut*, puis ouvre avec Castellani, Kultermann et Piene la galerie Azimut, à Milan, qui cesse son activité à la fin de 1960. Durant une partie de l'été 1960, il travaille dans l'usine de confection d'Aage Damgard à Herning au Danemark. En 1961, il voyage à Paris, visite l'exposition du Nouveau Réalisme *À 400 degrés au-dessus de Dada*. Un projet d'exposition à la galerie Iris Clert à Paris n'aboutira pas.
Il expose depuis 1956 à Milan. Il participe à diverses expositions collectives, notamment avec le groupe *Nul* au Stedelijk Museum d'Amsterdam en 1962. Après sa mort, Manzoni est représenté à la Documenta de Kassel en 1968, de même qu'à l'exposition *L'Art conceptuel, une perspective*, au Musée d'Art Moderne de la Ville de Paris en 1990. Il montre ses œuvres dans des expositions personnelles, dont : Foyer del teatro delle Maschere, Milan, 1957 ; galleria Pater, Milan, 1958 ; Musée Boymans-Van Beuningen, Rotterdam, 1958 ; galleria Pozzetto Chiuso, Albisola, 1959 ; galerie Köpcke, Copenhague, 1960 et 1961 ; galerie Aujourd'hui, Bruxelles, 1961 ; galerie Schindler, Berne, 1961 ; galerie Smith, Bruxelles, 1963. Il apparaît que toutes ses expositions importantes ont été posthumes : Stedelijk Museum, Amsterdam, 1965 ; galleria Naviglio, galleria Apollinaire, Milan, 1966 ; galerie M. E. Thelen, Essen, 1967 ; galeria Mathias Fels, Paris 1970 ; exposition itinérante : Stedelijk Van Abbemuseum, Eindhoven, Städtische Museum d'Abteiberg et de Mönchengladbach, puis Kunstverein de Hanovre, et Stedelijk Museum, Amsterdam, 1969 ; galleria Blu, Milan, 1970 ; Galleria Nazionale d'Arte Moderna à Rome, 1971 ; Contemporary Arts Museum, Houston, 1972 ; Museum of Contemporary Art, Chicago, puis Kunst Museum de Bâle, 1973 ; Städtische Galerie im Lenbachhaus, Munich, puis Kunsthalle, Tübingen, 1974 ; Tate Gallery, Londres, 1974, avec l'œuvre de Klein. La première rétrospective de l'œuvre de Manzoni eut lieu, en France, en 1991, au Musée d'Art Moderne de la Ville de Paris, il fut ensuite présenté au Herning Kunstmuseum et à la Caja de Pensiones à Madrid.
L'ensemble de son œuvre se lit comme une succession de tâtonnements prémonitoires. Jusqu'en 1956, Manzoni traverse d'abord une courte période figurative (série des *Hominidés*, 1955-1957). Il exécute ensuite des tableaux auxquels il inclut des objets dans du goudron, et réalise la série des « empreintes » d'objets (pinces, épingles, tenailles...) où l'on perçoit dans ces œuvres l'influence conjuguée des *Concepts spatiaux* de Fontana et des *Sacs* de Burri. Le travail de Manzoni n'acquiert sa personnalité que vers 1957 alors qu'il réalise ses premiers *Achromes*. Si le terme « achrome » est considéré comme un terme générique de toute la production « blanche » de Manzoni, ces premiers *Achromes* se présentaient comme une surface blanche de tissu fripé et trempé dans du sulfate de calcium et de la colle. Tout va alors très vite pour lui et il mènera de front ses différentes recherches. N'ayant jamais cessé la production d'*Achromes*, il en systématise l'inventaire. Après les *Achromes* de tissu froissé, Manzoni réalise en 1959 une série à partir de carrés d'étoffe cousus. Il utilise ensuite divers matériaux, de la laine de verre, des flocons d'ouate, du polystyrène expansé, des fibres synthétiques, certaines traitées en chlorure de cobalt et qui changent de teinte avec les fluctuations atmosphériques. Il poursuit ses réalisations d'*Achromes* en s'éloignant des aspects « matiériques » pour des préoccupations plus mentales : les *Lignes*. Elles se présentent comme des lignes finies et mesurées d'abord, lignes inscrites sur des rouleaux de papier exécutées à l'encre, enroulés puis scellés dans un tube ensuite, au dos duquel est inscrite la durée de leur exécution, lignes infinies, purement conceptuelles enfin. Pour Manzoni, « l'unique dimension est le temps ». À l'exposition *Lignes* à la galerie Pozzetto Chiuso à Milan, en 1959, Manzoni présente une *Ligne* de 19,93 mètres déroulée le long du mur. Dans une imprimerie à Herning (Danemark) en 1960, il réalise sa plus longue *Ligne* (*Linea lunga*, 7.200 mètres) ; c'est la première d'une série, Manzoni voulait en déposer une dans toutes les grandes villes de la planète jusqu'à ce que la somme des longueurs ait atteint la circonférence de la terre. De 1959 également datent les prémices d'un autre aspect fondamental de son œuvre : c'est en effet à cette date qu'il produit les *Corpi d'Aria*, sculptures pneumatiques en forme de ballon, gonflées par l'artiste, et qu'il nommera ensuite *Fiato d'artista* (Souffles d'artiste), première utilisation d'un produit du corps en tant qu'œuvre d'art. Quand on sait le rôle du corps, de l'attitude, du comportement à la fin des années soixante et après soixante-dix, le travail de Manzoni paraît prémonitoire et l'artiste fait figure de précurseur. D'autant que loin de se limiter à ses *Souffles d'artiste*, Manzoni explorera plus avant sa démarche. D'abord dans des œufs marqués de son empreinte digitale et consommés lors d'un rituel le 21 juillet 1960 (*Consommation de l'art dynamique par ses spectateurs mêmes dévoreurs d'art*). Ensuite, et plus encore, dans les *Sculptures vivantes* de 1961 où, privilégiant le geste et le vouloir à toute autre activité, il signait les personnes comme sculptures vivantes. On conçoit l'accueil et les remous que suscitèrent à l'époque de telles propositions. Ces sculptures vivantes (on en a dénombré 72) étaient elles-mêmes nées d'une démarche antérieure, les *Socles magiques*, sorte de piédestaux avec empreintes de pieds, conçus « pour aider les gens qui y restent » à devenir sculptures vivantes. En 1961, il réalise, à Herning, le *Socle du Monde* en hommage à Galilée. On voit le chemin parcouru par Manzoni où, de la sculpture définie par son « cadre », il passe à l'œuvre d'art volonté d'un thaumaturge dans la tradition de Duchamp. Radicalisant enfin cette attitude en 1961, Manzoni produit, intitule, signe et répertorie 90 boîtes de *Merde d'artiste*, troisième et de loin la plus choquante et provocante participation corporelle de l'artiste à son œuvre. Ainsi que le fait remarquer Germano Celant, la « recherche continuelle » de Piero Manzoni, hors de toute cohérence stylistique, est à mettre en perspective avec cette volonté, héritée du Futurisme, de « retirer toute limite aussi bien au rôle qu'à la production de l'artiste ». Une manière d'appeler à une correspondance poétique entre les langages. « L'activité perturbatrice de notre artiste n'est donc plus à rattacher à une conception *néodadaïste*, anti-artistique, mais à une prise de conscience envers le fait de produire de l'art, qui consiste à exploiter, synchroniquement et sur une distance maximale, toutes ses coordonnées, lesquelles vont du corps de la peinture et de la sculpture au corps de l'artiste. » D'autre part, le nom de Manzoni est presque immanquablement associé à celui d'Yves Klein. Ils ont tous les deux été à l'origine de l'art corporel, l'art conceptuel et l'art éphémère, et certaines orientations de l'arte povera dans le cas de Manzoni. Travaillant à la même époque, dans les mêmes directions, ils sont morts à un an d'intervalle. Alors que Klein s'est attaché à faire naître de la couleur « la sensibilité immatérielle », Manzoni, lui, s'est défini dans un matérialisme construit autour du corps. Si Manzoni professait son admiration pour Yves le Monochrome, la réciproque n'était en revanche pas vraie et Klein a souvent montré de l'agacement à l'égard de Manzoni. Même si l'on s'attache de plus en plus à en définir les différences, leur parenté est évidente : même carrière fulgurante, même mort brutale, même importance rétrospective, et, peut-être aussi, même mégalomanie. ■ Pierre Faveton, C. D.

Bibliogr. : Germano Celant : *Piero Manzoni*, Minetti Rebora, Genève, 1973 – G. Celant : *Piero Manzoni*, Prearo, Milan, 1975 – in : *Dictionnaire universel de la peinture*, Le Robert, Paris, 1975 – Germano Celant : *Piero Manzoni*, Milan, 1990 – Germano Celant, Jens Henrik Sandberg, Francisoco Calvo, Jean Pierre Criqui, Nancy Spector, Piero Manzoni, in : *Piero Manzoni – 1933-1963*, catalogue de l'exposition, Musée d'Art Moderne de la Ville Paris, 1991 – Dominique Laporte : *Piero Manzoni – L'ouvrier du septième jour*, in : *Art Press*, n° 156, Paris, mars 1991 – in : *L'Art du* xxe *siècle*, Larousse, Paris, 1991 – Freddy Battino, Luca Palazzoli : *Piero Manzoni. Catalogue raisonné*, Vanni Scheiwiller & Gal. Blu, Milan, 1992 – in : *Dictionnaire de l'art moderne et contemporain*, Hazan, Paris, 1992.

Musées : Herning (Kunstmuseum) : *Achrome* 1961 – *Ligne 7 200 m* 1960 – *Socle du monde* 1961 – Paris (Mus. Nat. d'Art Mod.) : *Achrome* 1959.

Ventes Publiques : Milan, 25 mai 1971 : *Achrome* 1958 : **ITL 2 400 000** – Londres, 5 juil. 1973 : *Achrome* 1959 : **GBP 5 000** – Londres, 3 avr. 1974 : *Achrome* 1959 : **GBP 4 200** – Milan, 5 déc. 1974 : *Superficie blanche* : **ITL 9 000 000** – Rome, 18 mai 1976 : *Achrome*, kaolin/t. (90x70) : **ITL 7 500 000** – Milan, 7 nov. 1978 : *Achrome* 1958, kaolin/t. (60x80) : **ITL 4 000 000** – Paris, 14 déc 1979 : *Composition blanche* 1958, éléments de t. enduites à l'h/t (75x55) : **FRF 26 500** – Paris, 6 déc 1979 : *Achrome* 1962, 80 petits rouleaux de coton dans un boîte originale de l'artiste (38x48) : **FRF 10 000** – Milan, 9 nov. 1982 : *Achrome*, paquet scellé (15x23 et 40x53) : **ITL 2 000 000** – Londres, 30 juin 1983 : *Achrome* 1960, kaolin/t. (35x30) : **GBP 3 400** – Londres, 5 déc. 1985 : *Achrome*, kaolin/t. plissée (60x75) : **GBP 18 000** – Milan, 11 juin 1985 : *Scultura vivente* 1961, bois (61x79x79) : **ITL 3 000 000** – Londres, 25 juin 1986 : *Achrome* vers 1961, boules de coton/feutre/cart. dans une boîte (37x28,9) : **GBP 8 000** – Londres, 25 juin 1986 : *Achrome* vers 1957-1958, kaolin/t. (110x79) : **GBP 41 000** – Londres, 3 déc. 1987 : *Achrome* 1958, kaolin et craie/t. (60x120,5) : **GBP 39 000** – Milan, 8 juin 1988 : *Achrome* 1958, kaolin/t. froncée (60x80) : **ITL 100 000 000** – Londres, 30 juin 1988 : *Achrome* 1961, techn. mixte (25x40) : **GBP 15 400** – Londres, 1er déc. 1988 : *Achrome* 1960, kaolin/t. froissée (65x55) : **GBP 60 500** – Milan, 20 mars 1989 : *Achrome*, kaolin/t. froissée (54x44,5) : **ITL 130 000 000** – Londres, 29 juin 1989 : *Achrome*, kaolin/t. froncée (60x75) : **GBP 90 200** – Rome, 6 déc. 1989 : *Achrome* 1958, kaolin/t. plissée (30x30) : **ITL 86 250 000** – Londres, 5 avr. 1990 : *Achrome*, kaolin/t. façonnée (73x62) : **GBP 330 000** – Londres, 18 oct. 1990 : *Clous* 1957, h/t (36x46) : **GBP 24 200** – Rome, 3 déc. 1990 : *Achrome* 1960, terre cuite quadrillée (58x52) : **ITL 195 500 000** – Londres, 6 déc. 1990 : *Achrome* 1962, cailloux et peint. blanche/t. (75x60) : **GBP 154 000** – Londres, 17 oct. 1991 : *Sans titre*, goudron et h/t (81x100) : **GBP 23 100** – Londres, 24 juin 1993 : *Achrome* 1958, gesso/t. (50x70) : **GBP 78 500** – Londres, 2 déc. 1993 : *Achrome* 1958, kaolin/t. (100x75) : **GBP 221 500** – Milan, 15 mars 1994 : *Œuf* 1960, coquille d'œuf avec une empreinte dans un coffret de bois (5,6x8,2x6,8) : **ITL 6 900 000** – Londres, 27 juin 1996 : *Achrome* 1958, kaolin/t. (99,7x69,8) : **GBP 84 000** – Paris, 1er juil. 1996 : *Achrome* 1959, kaolin/t. (54x68) : **FRF 380 000** – Londres, 5 déc. 1996 : *Achrome* 1959, kaolin/t. (60x44) : **GBP 73 000** – Milan, 18 mars 1997 : *Achrome* 1960, coton (26x20) : **ITL 31 455 000** – Londres, 26 juin 1997 : *Achrome* 1958, kaolin/cart. (100x80) : **GBP 232 500** – Milan, 11 mars 1997 : *Achrome* 1961, 35 tampons d'ouate (24x18) : **ITL 31 455 000**.

MANZONI Ridolfo

Né en 1675 à Castelfranco. Mort en 1743. xviiie siècle. Italien.

Peintre de compositions religieuses, animaux, natures mortes, miniaturiste.

Ventes Publiques : Londres, 5 juil. 1993 : *Assemblée d'oiseaux* 1715, temp./vélin (28x20,3) : **GBP 11 500** – Londres, 27 oct. 1993 : *La création d'Adam et Ève dans le jardin de l'Eden avec au fond les scènes de la Tentation et de l'Exclusion*, temp./vélin (27x39,5) : **GBP 23 000**.

MANZU Giacomo, pseudonyme de **Manzoni Giacomo**

Né en 1908 à Bergame (Lombardie). Mort en 1991 à Rome. xxe siècle. Italien.

Sculpteur de figures, sujets religieux, aquarelliste, dessinateur.

Jeune, il commença à travailler dans un atelier de graveur-doreur. Il étudia très peu de temps à l'Académie Cicognini de Vérone pendant son service militaire. Il s'installa à Milan en 1930. Il se forma surtout seul au contact des sculpteurs italiens du xve siècle, particulièrement de Donatello, et des sculpteurs de la fin du xixe siècle, tels que Menardo Rosso qui le familiarisa en 1929 avec l'impressionnisme, et Rodin qu'il découvrit lors de son deuxième séjour à Paris en 1936. Il se lie d'amitié avec Persico, Birolli, Bini et Sassu. Il a participé à la formation de *Corrente*, mouvement en opposition avec la culture officielle fasciste. Il a enseigné, d'abord à l'Académie Albertina de Turin à partir de 1941, puis à celle de Bréra à Milan à partir de 1943 jusqu'en 1954. Il montre ses œuvres dans des expositions personnelles, notamment à la galerie La Cometa, en 1937 à Rome, puis : 1973, Prague ; 1974, Salzbourg ; 1979, Florence et Milan ; 1989, la série des *Cardinaux* à la Kunsthalle de Bâle. Lauréat du grand prix de la Biennale de Venise en 1948, ce précoce succès est amplement justifié. En 1949, il remporte le concours pour la réalisation de la *Porte de la Mort*, pour la basilique Saint-Pierre de Rome, mise en place en 1964. Manzu a exécuté d'autres œuvres monumentales : pour le dôme de Salzbourg en 1955 et 1958, l'église Saint-Laurent de Rotterdam, le siège des Nations-Unies à New York et, en 1955, conçoit le portail pour la cathédrale de Strasbourg.

En 1930, à Milan, il réalise sa première œuvre importante, *La Sulamite*, en ciment polychrome ; à partir de 1933, une série de portraits de sa femme et de figures féminines, en bronze, cire ou bois peint. En 1937, débute la série des *Cardinaux*, dont il donnera de nombreuses versions, et dont on retrouvera l'écho chez Ipoustéguy. En 1939, il réalise une suite de reliefs sur le thème de la *Passion du Christ* ; autre série, de 1943 à 1946, *Autoportrait avec un modèle* ; 1946, *Grand portrait de femme* ; de 1954 à 1959, les *Danseurs* ; à partir de 1956, la *Maternité*. Ses moyens sont vastes, on lui doit des bas-reliefs remarquables de sensibilité ou des monuments bien construits, mais c'est surtout dans ses bustes féminins, danseuses et hommes d'Église, qu'il faut chercher ce qui constitue ses qualités propres, toujours exécutés d'après des études peintes ou dessinées et au regard de la leçon de Donatello. Comment décrire ce qui est sentiment et impondérable ? Le miracle de la répartition d'une lumière caressante ou frisante sur ces longues figures, précieuses ou baroques. La critique apparente son art à celui de son aîné Médardo Rosso. Le critique Umbro Apollonio le loue pour sa « plastique vibrante ».

■ J. B.

Manzù

Bibliogr. : Br. Grimschitz : *Giacomo Manzu, Bronzeskulpturen, Aquarellen, Handzeichnungen Graphite*, Salzbourg, Verlag Galerie Welz, 1955 – M. Carra : *Giacomo Manzu*, Milan, Fratelli Fabbri, 1966 – Sarane Alexandrian, in : *Dictionnaire universel de l'art et des artistes*, Hazan, Paris, 1967 – Alfonso Ciranna : *Catalogo dell' opera grafica, incisioni e litografie, 1929-1968*, Milan, 1968 – Denys Chevalier, in : *Nouveau dictionnaire de la sculpture moderne*, Hazan, Paris, 1970 – M. de Micheli : *Giacomo Manzun*, Milan, 1971 – in : *Les Muses*, t. X, Grange Batelière, Paris, 1973 – in : *L'Art du xxe siècle*, Larousse, Paris, 1991 – in : *Dictionnaire de l'art moderne et contemporain*, Hazan, Paris, 1992.

Musées : New York (Mus. of Mod. Art) : *Grand Portrait de femme* 1946 – Rome (Gal. d'Art Mod.) : *Cardinal* 1957, et autres œuvres.

Ventes Publiques : Londres, 7 juil. 1960 : *Nu debout*, cr. : **GBP 600** – Paris, 24 mars 1963 : *Femme séduite*, bronze : **FRF 22 000** – New York, 26 oct. 1967 : *Prêtre en prière* : **USD 8 500** – New York, 15 oct. 1969 : *Danseuse*, bronze patiné : **USD 20 000** – Milan, 9 avr. 1970 : *Peintre et modèle* : **ITL 1 200 000** – Londres, 4 avr. 1974 : *Nu de femme*, bronze : **GBP 6 200** – New York, 23 oct. 1974 : *Grandi amanti*, bronze, fonte unique : **USD 55 000** – Londres, 29 nov. 1976 : *Variation sur le thème « Cristo nella nostra Umanita »* vers 1947-1957, bronze (72x51,5) : **GBP 15 000** – Rome, 9 déc. 1976 : *Le peintre et le modèle* 1962, h/t (110x160) : **ITL 6 500 000** – New York, 11 mai 1977 : *Pas de danse* 1954, bronze, patine verte (H. 210) : **USD 55 000** – New York, 8 nov 1979 : *Cardinal*, bronze, patine gris-vert foncé et or (H. 156) : **USD 67 500** – New York, 23 oct. 1980 : *L'étreinte* 1976, encre de Chine, fus. et gche (47,6x53,2) : **USD 2 750** – Milan, 22 mai 1980 : *Peintre et modèle* 1957, h/t (55x70) : **ITL 6 000 000** – Rome, 23 nov. 1981 : *Femme assise*, past. (48,5x37) : **ITL 3 600 000** – Milan, 25 nov. 1982 : *Nu couché vu de dos*, cr. (22x41,5) : **ITL 3 600 000** – New York, 21 mai 1982 : *Cardinal avec mère et enfant*, bronze relief, patine brun or (115,5x71) : **USD 40 000** – New York, 29 nov. 1984 : *Autoportrait et modèle*, gche cr. noire (69,2x49,5) : **USD 3 700** – Milan, 15 nov. 1984 : *Nu* 1982, cr. gras (34x25) : **ITL 4 200 000** – New York, 14 nov. 1984 : *Grand Cardinal* 1965-1971, marbre blanc (H. 211) : **USD 130 000** – Milan, 11 juin 1985 : *Figure couchée*, eau-forte (39,5x78,5) : **ITL 3 000 000** – New York, 14 nov. 1985 : *Grandi Amanti* 1972, bois (L. 200,6) : **USD 145 000** – New York, 14 mai 1986 : *Grande cardinale in marmo* 1971-1977, marbre blanc (H. 216) : **USD 200 000** – Milan, 15 mai 1986 : *L'Officiant*, aquar.

(68x51) : **ITL 5 000 000** – MILAN, 10 mai 1987 : *Peintre à son chevalet*, sanguine et reh. de blanc (52x38) : **ITL 4 900 000** – MILAN, 1er déc. 1987 : *Dans l'atelier du peintre*, temp., cr. et pl. (41,5x56,5) : **ITL 12 500 000** – LONDRES, 31 mars 1987 : *Passo di danza* 1953, bronze (H. 165) : **GBP 130 000** – NEW YORK, 18 fév. 1988 : *Tête de Sonia* 1957, bronze (H. 24) : **USD 25 300** – LONDRES, 28 juin 1988 : *Jeune Fille au collier*, bronze (H. 51) : **GBP 44 000** – LONDRES, 29 juin 1988 : *Cardinal*, bronze (H. 55,5) : **GBP 68 200** – NEW YORK, 6 oct. 1988 : *Le Christ et le général* 1942, bas-relief de bronze (70,8x50,7) : **USD 27 500** – PARIS, 22 nov. 1988 : *Rivage*, aquar. (45x61) : **FRF 15 000** – ROME, 17 avr. 1989 : *Les amants*, bronze (20x20x20) : **ITL 46 000 000** – NEW YORK, 11 mai 1989 : *Le peintre et son modèle* 1959, bronze (H. 28,2, L. 48,2, l. 30,2) : **USD 49 500** – NEW YORK, 13 nov. 1989 : *Cardinal*, bronze à patine brune (H. 45) : **USD 176 000** – NEW YORK, 26 fév. 1990 : *Ballerine*, bronze à patine brune (H. 50,2) : **USD 93 500** – NEW YORK, 12 nov. 1990 : *La patineuse*, bronze à patine verte (H. 193) : **USD 407 000** – NEW YORK, 8 mai 1991 : *Cardinal en pied* 1984, bronze à patine dorée (H. 93,4) : **USD 159 500** – LONDRES, 25 juin 1991 : *Jeune femme se coiffant*, bronze à patine brun doré (H. 66) : **GBP 49 500** – NEW YORK, 7 nov. 1991 : *Buste d'Inge* 1966, bronze à patine dorée (H. 82,5) : **USD 126 500** – ROME, 9 déc. 1991 : *Pour la Paix* 1965, encre/pap. (34x47) : **ITL 4 600 000** – MILAN, 14 avr. 1992 : *Striptease*, bronze (H. 62) : **ITL 52 000 000** – NEW YORK, 12 mai 1992 : *Peintre et modèle*, bronze à patine brune (H. 55, L. 63,5, l. 28) : **USD 126 500** – ROME, 12 mai 1992 : *Jeune fille détendue II* 1979, eau-forte (100x200) : **ITL 15 000 000** – MUNICH, 26 mai 1992 : *Couple d'amants (sculpteur et son modèle)*, eau-forte (61,5x47) : **DEM 1 495** – NEW YORK, 12 juin 1992 : *Chaise* 1977, bronze à patine brune (H. 33) : **USD 49 500** – MILAN, 9 nov. 1992 : *Portrait de Quasimodo*, fus. (47,5x36) : **ITL 4 500 000** – LONDRES, 1er déc. 1992 : *Buste de Inge*, bronze à patine brune avec base de bois (H. 75) : **GBP 63 800** – NEW YORK, 23-25 fév. 1993 : *Étude de Colombe II* 1958, bronze, destiné aux portes de la cathédrale de Salzbourg (H. 29,8) : **USD 24 150** – ROME, 25 mars 1993 : *Étude pour une Déposition* 1942, bas-relief de bronze (40x31) : **ITL 28 000 000** – NEW YORK, 13 mai 1993 : *Cardinal assis*, bronze (H. 71,7) : **USD 167 500** – PARIS, 3 juin 1993 : *La Mère et l'Enfant* 1956, bronze (H. 26,5) : **FRF 180 000** – LONDRES, 21 juin 1993 : *Cardinal*, bronze (H. 46) : **GBP 73 000** – ROME, 19 avr. 1994 : *Nu féminin de dos* 1972, encre de Chine et aquar./pap. (50x35) : **ITL 12 650 000** – NEW YORK, 9 mai 1994 : *Portrait d'Alice Rewald* 1961, terre cuite (H. 19,7) : **USD 18 400** – NEW YORK, 9 nov. 1994 : *Cardinal assis* 1967, bronze (H. 91,4) : **USD 189 500** – LONDRES, 29 nov. 1994 : *Fillette jouant* 1956, bronze (L. 65, H. 28) : **GBP 27 600** – MILAN, 27 avr. 1995 : *Masque* 1945, cire (24x20) : **ITL 14 950 000** – PARIS, 19 juin 1995 : *Évêque* 1945, bronze (H. 58,5, larg. 33,5, prof. 33) : **FRF 520 000** – LONDRES, 29 nov. 1995 : *Cardinal assis* 1970, bronze (H. 41,6) : **GBP 38 000** – MILAN, 2 avr. 1996 : *Modèle à la chaise*, aquat. (65x48,5) : **ITL 2 070 000** – NEW YORK, 30 avr. 1996 : *Cardinal*, bronze (H. 230) : **USD 860 500** – LONDRES, 23 oct. 1996 : *Portrait* 1952, bronze (H. 22) : **GBP 10 350** – LONDRES, 25 juin 1996 : *Cardinale seduto* 1981, bronze (H. 125) : **GBP 177 500** – MILAN, 26 nov. 1996 : *Crucufixion* 1940-1942, bronze doré, bas-relief (53,5x34,4) : **ITL 44 270 000** – ZURICH, 8 avr. 1997 : *Daphnis et Chloé* 1972, eau-forte, portfolio de quatre pages de texte (chaque 70x49) : **CHF 2 600** – TEL-AVIV, 26 avr. 1997 : *Portrait de femme*, craie/pap. (65x46) : **USD 4 600** – NEW YORK, 12 nov. 1997 : *Cardinal* avant 1974, bronze patine brune (H. 66,7) : **USD 90 500**.

MANZULIN Ludovico. Voir **MAZZOLINO DA FERRARA Ludovico**

MANZUOLI Francesco ou **Manzoli**

Originaire de Modène. Mort vers 1660. XVIIe siècle. Italien.

Peintre de paysages.

Il fut le peintre de la cour du duc Alphonse IV de Ferrare.

MANZUOLI Tommaso d'Antonio, dit **Maso da San Friano**

Né en 1532 à San Friano. Mort en 1571 à Florence. XVIe siècle. Italien.

Peintre de compositions religieuses, compositions d'imagination.

Il fut d'abord élève de Pier Francesco di Jacopo, puis de Carlo da Loro, mais subit à ses débuts l'influence de Fra Bartolomeo, comme le montre la *Nativité* des SS Apostoli à Florence. En véritable Florentin, il cultive le goût de la ligne bien tendue, et sa *Résurrection du Christ* (Santa Trinita, Florence), aux tons chauds, évoque l'art d'Andrea del Sarto. Mais, appartenant au XVIe siècle, il ne tarde pas à être influencé par le maniérisme, et à l'exemple du Rosso, il utilise des couleurs acides. Lui-même crée des compositions complexes aux multiples personnages dans des paysages fantastiques, telle la *Mine de diamants* du Palazzo Vecchio à Florence. Enfin, sa grâce maniériste devient trop automatique et perd de sa force, ainsi *Dédale et Icare* (Palazzo Vecchio) paraît-il plus fade.

BIBLIOGR. : M. Herold, in : *Dictionnaire de l'Art et des Artistes*, Hazan, Paris, 1967.

MUSÉES : CAMBRIDGE : *Visitation* 1560 – CHAMBÉRY (Mus. des Beaux-Arts) : *La Résurrection* – FLORENCE (Gal. roy.) : *Grande composition – La Trinité – Saint Philippe et saint Jacques – Saint Crispin et saint Augustin – L'artiste – Hélène Gaddi, femme d'André Quaretesi* – ROME (Mus. du Vatican) : *Visitation*.

VENTES PUBLIQUES : PARIS, 1835 : *Visitation* : **FRF 11 830** – LONDRES, 21 mars 1973 : *La Sainte Famille* : **GBP 5 000** – LONDRES, 29 nov. 1977 : *Michel-Ange présenté au Pape Jules II à Bologne*, pierre noire (22,9x34,5) : **GBP 3 200** – NEW YORK, 15 juin 1977 : *Le baptême du Christ*, h/pan. (73,5x58) : **USD 3 000** – MILAN, 20 mai 1982 : *Portrait d'un gentilhomme*, h/pan. (100x81) : **ITL 9 000 000** – MILAN, 27 nov. 1984 : *Jésus et la femme de Samarie au puits*, h/pan. (145x110) : **ITL 38 000 000** – MONTE-CARLO, 22 juin 1985 : *L'Adoration des bergers*, h/pan., vue ovale (28,5x50) : **FRF 30 000** – ROME, 27 mai 1986 : *La Sainte Famille avec saint Jean enfant*, h/pan. (109x86) : **ITL 15 500 000** – NEW YORK, 22 mai 1997 : *La Vierge adorant l'Enfant Jésus*, h/pan. (109,2x66) : **USD 27 600**.

MANZUR David

Né en 1929 à Neira. XXe siècle. Colombien.

Peintre, graveur, cinéaste.

Il poursuivit sa formation en peinture, à Bogota, aux États-Unis, dans les Îles Canaries, et au Canada. Il expose pour la première fois en 1953. Il figure à l'exposition *De Bonnard à Baselitz ; dix ans d'enrichissements du Cabinet des estampes 1979-1988*, à la Bibliothèque nationale à Paris.

Il fut influencé par Obregon. S'inspirant de la réalité, il l'interprète librement. En 1958, il a réalisé une peinture murale pour le théâtre Arlequin de Bogota.

BIBLIOGR. : In : *Peintres contemporains*, Mazenod, Paris, 1964.

MUSÉES : PARIS (BN).

VENTES PUBLIQUES : NEW YORK, 7 mai 1981 : *Géométrie romantique n° 2, géométrie lunaire* 1964, h/t (123x151,5) : **USD 2 200** – NEW YORK, 30 mai 1985 : *Formas para copiar la luna* 1963, acryl./t. (147,3x125,7) : **GBP 3 500** – NEW YORK, 22 mai 1986 : *Abstraction* 1967, techn. mixte/t. (117x152) : **USD 3 000** – NEW YORK, 17 mai 1989 : *Joueur de football*, past. /pap. (100x70) : **USD 15 400** – NEW YORK, 21 nov. 1989 : *Oiseaux mythiques des Amériques* 1982, aquar. et gche/cart./pan. (42x52) : **USD 5 500** – NEW YORK, 20-21 nov. 1990 : *Formes pour copier la lune* 1964, h. et techn. mixte/t. (113x133) : **USD 8 250** – NEW YORK, 19 mai 1992 : *La lune déguisée en fleur* 1964, techn. mixte/t. (27,9x43,5) : **USD 2 750** – NEW YORK, 25 nov. 1992 : *Saint Georges* 1991, past./pap. (50x65) : **USD 16 500** – NEW YORK, 21 nov. 1995 : *Femme à la mandoline* 1977, fus. et sanguine/pap. Canson (65x49) : **USD 6 900** – NEW YORK, 28 mai 1997 : *Leçon 160*, fus. et past./pap. (49,7x64,7) : **USD 6 670**.

MAO I. Voir **MAO YI**

MAO CH'I-LING. Voir **MAO QILING**

MAO HSIANG. Voir **MAO XIANG**

MAO K'I-LING. Voir **MAO QILING**

MAO LIZI, pseudonyme de **Zhang Zhunli**

Né en 1950 à Shanghai. XXe siècle. Chinois.

Peintre. Graffitiste.

Il partit très jeune pour Pékin et commença vers l'âge de onze ans à manifester son intérêt pour la peinture. Il est l'un des membres fondateurs du groupe *Stars* et figure dans les expositions de ce groupe. En 1981, il fut distingué à la *Seconde Exposition Nationale d'Art pour la Jeunesse*. Il expose en Chine et participe à l'étranger aux manifestations : *La peinture contemporaine du Peuple des Républiques de Chine* aux États-Unis en 1987, et *Stars : dix ans* à Hong Kong et Taipei en 1989. On le retrouve depuis 1990 dans des expositions collectives, puis personnelles à New York, Paris, Hong Kong et Barcelone.

Il saisit, par le graffiti sur des portes et des supports divers, des instantanés – fixés également par la photo – de la vie quotidienne des grandes cités cosmopolites.

VENTES PUBLIQUES : TAIPEI, 22 mars 1992 : *Porte recouverte de* *graffitis*, h/cart. (92,4x74) : **TWD 418 000** – Hong Kong, 30 déc 1992 : *Porte d'une maison n° 18* 1987, h/t (66x80) : **HKD 49 500** – Hong Kong, 28 sep. 1992 : *Le Bodhisattva protecteur* 1992, h/t (92,7x73,4) : **HKD 93 500** – Taipei, 18 oct. 1992 : *Sans titre* 1992, h/pan. (100x80) : **TWD 275 000** – Hong Kong, 4 mai 1995 : *Reliques culturelles* 1990, h/t (92x71,1) : **HKD 71 300** – Hong Kong, 30 avr. 1996 : *Magazine* 1991, h/t (73,7x91,4) : **HKD 57 500**.

MAONS
Né au xixe siècle à Morez (Jura). xixe siècle. Français.
Peintre de genre.
Musées : Morez : *Deux petites marines – Deux groupes d'enfants – Deux cavaliers.*

MAO QILING ou **Mao Ch'i-Ling** ou **Mao K'i-Ling**, surnom : **Dake,** noms de pinceau : **Xihe, Chuqing,** etc.
Né en 1623, originaire de Xiaoshan, province du Zhejiang. Mort en 1716. xviie-xviiie siècles. Chinois.
Peintre.
Lettré et peintre de fleurs de prunier dont plusieurs œuvres signées et datées nous sont parvenues : *Deux femmes debout face à face*, signé et daté 1677 ; *En regardant les bambous*, signé et accompagné d'un poème daté 1682 ; *Homme s'appuyant contre un arbre au bord d'une rivière*, signé et daté 1684 ; *Orchidées*, signé et daté 1692.

MAO SIANG. Voir **MAO XIANG**

MAO SONG ou **Mao Sung**
Originaire de Kunshan, province du Jiangsu. xiie siècle. Actif sous le règne de l'empereur Song Huizong (1101-1126). Chinois.
Peintre.
Peintre de fleurs et d'oiseaux, bien connu pour ses portraits de singes. Le Musée National de Tokyo conserve *Singe*, rouleau en hauteur, en couleurs sur soie. Il fut le père du peintre Mao Yi.

MAO SUNG. Voir **MAO SONG**

MAO XIANG ou **Mao Hsiang** ou **Mao Siang**, surnom : **Pijiang,** nom de pinceau : **Chaomin**
Né en 1611, originaire de Rugao, province du Jiangsu. Mort en 1693. xviie siècle. Chinois.
Peintre.
Peintre de fleurs et de paysages dont plusieurs œuvres signées et datées sont conservées dans des collections particulières.

MAO YI ou **Mao I**
Originaire de Kunshan, province du Jiangsu. xiie siècle. Actif dans la seconde moitié du xiie siècle. Chinois.
Peintre.
Fils du peintre Mao Song (actif dans la première moitié du xiie siècle), il est membre *(Daizhao)* de l'Académie de Peinture pendant l'ère Qiandao (1165-1173). Il est connu pour ses représentations de fleurs, d'oiseaux et d'animaux, particulièrement de chats et de chiens. Son style, imprégné de calme, de sérénité et de paix, est tout à fait caractéristique de l'état d'esprit régnant dans l'Académie des Song du Sud et exprime un sentiment de sécurité aristocratique.
Musées : Boston (Mus. of Fine Arts) : *Un chien*, feuille d'album attribuée, probablement de l'époque Yuan – Nara (Yamato Bunkakan) : *Une chatte et ses petits*, encre et coul. sur soie, feuille d'album attribuée – *Cinq chatons et roses trémières*, feuille d'album formant une paire avec la précédente – Taipei (Nat. Palace Mus.) : *Deux oies dans les roseaux et plantes en fleurs sur la rive*, éventail signé, attribution.

MAPI Pinto Marcia
Né le 8 septembre 1950 au Costa Rica. xxe siècle. Costaricain.
Peintre de paysages animés, compositions à personnages. Naïf.
Il figure à Paris au Salon des Artistes Français.
Sa peinture ressortit à l'art naïf des paysages animés.
Musées : Montfort-l'Amaury (Mus. d'Art Naïf d'Île-de-France) – Paris (coll. Max-Fourny).

MAPLESTONE Henry
Né en 1821. Mort le 17 janvier 1884 à Londres. xixe siècle. Britannique.
Aquarelliste.
Il exposa depuis 1841 des paysages.

MAPPLETHORPE Robert
Né en 1946. Mort en 1989. xxe siècle. Britannique.
Peintre de figures, nus, dessinateur.
En 1996 à Paris, la galerie Baudoin-Lebon a organisé l'exposition *Les Autoportraits de Mapplethorpe* et en 1998 *Portraits.*

Ventes Publiques : New York, 7 mai 1992 : *Calendrier gay* 1969, techn. mixte/pap. cartonné (50,8x30,5) : **USD 24 750** – Paris, 17 nov. 1993 : *Une fleur et deux vases en verre*, silverprint (50x50) : **FRF 12 500** – New York, 9 nov. 1996 : *America*, trois photo-lith., série complète (chaque 67x55,4) : **GBP 5 750**.

MAPSTON Tim
Né en 1954 en Grande-Bretagne. xxe siècle. Britannique.
Sculpteur, dessinateur.
Il a été élève de la Epsom School of Art. Il vit à Epsom depuis 1960.
Il participe à des expositions collectives, notamment, à la 9e Biennale de Paris en 1975 et a montré en 1974 une exposition personnelle de ses œuvres.
Ses sculptures se veulent d'avant-gardes, en ce sens qu'elles renient le contexte anthropomorphe de la sculpture traditionnelle en associant directement le corps aux nouvelles constructions d'un type « physico-culturel » nouveau. Elles se présentent comme de simples structures chargées de provoquer des gestes et un comportement différent de la part du spectateur. Les proportions de ses sculptures ne sont pas sans évoquer le *Modulor* de Le Corbusier.
Bibliogr. : In : *9e Biennale de Paris*, catalogue de l'exposition, Idea Books, Paris, 1975.

MAPUANO C.
xxe siècle. Italien.
Aquarelliste.
Ventes Publiques : Paris, 24 mai 1944 : *La Baie de Naples*, aquar. : **FRF 1 500**.

MA QUAN
Né en 1669. Mort en 1722. xviie-xviiie siècles. Chinois.
Peintre d'animaux, oiseaux, plantes, fleurs. Traditionnel.
Ventes Publiques : New York, 6 déc. 1989 : *Lotus*, encre et pigments/pap., kakemono (91,5x39,3) : **USD 6 600** – New York, 31 mai 1990 : *Oiseaux, prunus et bambous* 1688, encre et pigments sur éventail de pap. (17,8x53,3) : **USD 880** – New York, 1er juin 1993 : *Grenouille et écrevisse*, encre et pigments/pap., éventail (15,9x48,9) : **USD 1 150** – New York, 28 nov. 1994 : *Oiseau et glycine*, encre et pigments/soie (132,4x45,4) : **USD 1 150**.

MA QUAN ou **Ma Ch'üan** ou **Ma Ts'iuan**, surnom : **Jiangxiang**
Née vers 1768, originaire de Changshu, province du Jiangsu. Morte vers 1848. xviiie-xixe siècles. Chinoise.
Peintre de fleurs. Traditionnel.
Petite-fille du peintre Ma Yuanyu (actif vers 1680-1710), elle est connue pour ses représentations de fleurs.
Musées : New York (Metropolitan Mus.) : *Papillons*, kakémono signé.

MAQUART Jacques Joseph
Né le 23 juillet 1803 à Reims. Mort en 1873 à Limoges. xixe siècle. Français.
Peintre d'architectures, dessinateur, écrivain d'art.
Il fut collaborateur de Pr. Tarbé.
Musées : Reims : *Vue des maisons du marché au blé à Reims – La rue Bertin à Reims – Ancien Hôtel-Dieu à Reims* – Un pastel.

MAQUART Mathurin
xvie siècle. Français.
Peintre.
Il est cité par Natalis Rondot pour avoir, vers 1518, travaillé à la cathédrale de Troyes.

MAQUEDA Bartolomé de
xvie siècle. Actif à Séville vers 1575. Espagnol.
Peintre.
Habitait la rue du Monastère de la Conception, reconnut posséder une épée et une arquebuse, peignit et dora les deux ailes collatérales de la porte du quartier royal à l'Alcazar, 1584-1586.

MAQUEDA Francisco de
xvie siècle. Espagnol.
Peintre.

Il collabora à Séville à l'exécution des peintures des boiseries du haut corridor royal de l'Alcazar, en 1542.

MAQUINET Christian ou **Macquiner**
XIXe siècle. Actif à Kassel. Allemand.
Peintre et graveur au burin.
Il devint en 1803 membre de l'Académie de dessin de Hanau, et a reproduit dans ses gravures les principaux monuments de Kassel.

MAR Frances del
Née à Washington. XXe siècle. Américaine.
Peintre, graveur, décoratrice et écrivain.
Élève de Collin et de T. R. Fleury à Paris, elle fut élève de Rolshoven à Londres. Elle a réalisé des décorations murales et des peintures en Nouvelle-Zélande et aux îles des mers du Sud, pour le American Museum of Natural History. Elle a également décoré le pavillon de la Nouvelle-Zélande à l'Exposition Universelle de New York en 1939 et prononcé des conférences sur l'art polynésien.
Ventes Publiques : Paris, 11 jan. 1943 : *Navires en mer* : **FRF 850**.

MAR Léopold
Né le 1er octobre 1825 à Paris. XIXe siècle. Français.
Peintre et graveur.
Élève de François Girard et E. Cibot. Exposa au Salon, de 1857 à 1877, des gravures, des pastels, des sanguines.

MARA, Mlle
Née le 7 avril 1920 à Paris. XXe siècle. Française.
Peintre.
Cette artiste, qui n'a reçu les leçons de personne, a débuté en 1937 dans des expositions d'art religieux. En 1943, elle figure au Salon des Femmes Peintres et Sculpteurs à Paris.
Ses sujets sont mystiques ou fantasques.
Musées : Le Caire : *Le Guignol – Le Saltimbanque rouge – Soir de Carnaval.*

MARA Antonio, dit **lo Scarpetta**
Né vers 1680. Mort vers 1750. XVIIIe siècle. Italien.
Peintre de natures mortes.
Il travaillait en Lombardie, à Bergame.
Longtemps peu connu, on lui attribue des natures mortes, des trompe-l'œil. Il s'est spécialisé dans la représentation de natures mortes d'objets raffinés souvent présentés devant un mur de bois clair en trompe l'œil. Il semble qu'il ait eu une activité de copiste de scènes de batailles de Jacques Courtois, dit Borgognone.
Bibliogr. : L. Salerno, in : *La nature morte italienne*, 1984 – Bona Castellotti, in : *La peinture lombarde du XVIIIe siècle*, 1986.
Ventes Publiques : Mozzo, 1er mars 1987 : *Guitare et partition de musique*, h/t, trompe-l'œil (97x141) : **ITL 53 000 000** – Londres, 31 mars 1989 : *Trompe-l'œil avec des tableaux, le portrait d'un épagneul, une plume de paon, des cartes à jouer et des partitions musicales, un canif et autres objets*, h/t (60x74,3) : **GBP 7 700** – New York, 6 oct. 1994 : *Trompe-l'œil avec la palette de l'artiste, une statue de putto tenant un livre, un portrait ovale et autres objets décoratifs sur une console sculptée et des gravures fixées au mur de bois*, h/t (76,8x139,7) : **USD 17 250** – Londres, 5 juil. 1995 : *Trompe-l'œil avec des tableaux, des gravures, une pendule, un nécessaire à écrire et autres objets*, h/t, une paire (70x91,7) : **GBP 17 250** – New York, 11 jan. 1996 : *Peintures et gravures sur une cloison de bois, l'un avec un violon, un livre et un pot à tabac, l'autre avec un luth, une partition et des livres*, h/t/pan., une paire en trompe l'œil (54x76,2) : **USD 42 550** – Paris, 13 déc. 1996 : *Peintures, palette, partition et coupe de cerises*, h/t, trompe-l'œil (58,5x113,5) : **FRF 165 000**.

MARA Constantin
Né le 20 novembre 1937 à Ineu. XXe siècle. Actif depuis 1980 en Suède. Roumain.
Peintre de portraits, paysages, peintre de cartons de tapisseries, vitraux, mosaïques. Tendance symboliste.
Il a suivi les cours de l'Institut d'Arts Plastiques N. Grigorescu de Bucarest, dans la section de peinture monumentale sous la direction de Paul Miracovici et Gh. Popescu. Il obtint en 1972 la bourse d'étude N. Grigorescu pour suivre des cours d'art byzantin à Ravenne et de culture italienne à Florence. Il s'initie à la sérigraphie à Stockholm en 1981 et à la restauration à Florence en 1982.
Il participe à des expositions collectives en Roumanie, Italie, Suède, France, Angleterre, Suisse, Grèce, Tchécoslovaquie, Bulgarie, U.R.S.S., Syrie, Iran... Il montre ses œuvres dans des expositions personnelles principalement en Suède et dans plusieurs instituts italiens de ce pays.
Il a obtenu en 1984 le 2e Prix au concours international de Peinture de Lampedusa (Italie).
Sa peinture, d'inspiration classique, doit surtout au désir de retrouver certains des caractères spécifiques de la grande peinture de la Renaissance italienne : composition synthétique, équilibre, expression. Elle comporte, en outre, une nette inclination symboliste et méditative. Dans cette voie, Constantin Mara privilégie le portrait et le paysage. Il tente, en outre, de retrouver la qualité spirituelle de la lumière des tableaux de Vermer et Stefan Luchian. Il a exécuté des fresques à l'église italienne de Bucarest et à la cathédrale Saint-Erik de Stockholm, des vitraux pour des édifices publics en Roumanie et en Suède, des mosaïques pour l'École Polytechnique de Brasov.
Bibliogr. : Ionel Jianou : *Les Artistes roumains en Occident*, Americain Romanian Academy of Arts and Sciences, Los Angeles, 1986.

MARA Pol, pseudonyme de **Leysen Léopold**
Né le 8 décembre 1920 à Anvers. XXe siècle. Belge.
Peintre, aquarelliste. Tendance surréaliste, puis abstrait-lyrique, puis pop art.
Il fut élève de l'Académie puis de l'Institut Supérieur d'Anvers. Il effectua un séjour aux États-Unis en 1964 où il découvrit le pop art, puis voyage au Japon, et à travers l'Europe.
Il participe à de nombreuses expositions de groupe de la Jeune Peinture belge, notamment : 1956, *Blanc et Noir*, Lausanne ; 1957, Biennale de São Paulo ; 1963, Prix de la critique, Charleroi ; etc. Il expose individuellement pour la première fois à Anvers en 1952, puis : 1957, Schiedam, Ostende ; 1958, Bruges, Bruxelles, Gand ; 1960, Palais des Beaux-Arts, Bruxelles ; 1995 *Paul Delvaux l'invité de Pol Mara* à l'Hôtel Donadeï de Campredon à l'Isle-sur-la-Sorgue ; etc. Il fut distingué par une mention au prix Jeune Peinture belge en 1955. Il obtint, en 1965, le prix du Musée Nagoaka.
À ses débuts, il pratiqua une peinture légère, de personnages à tête ronde, dans des positions maniérées, sur des fonds délicatement délavés. Il évolua à une certaine abstraction surréalisante, des cercles flottant sur des fonds à implications paysagistes ; puis des formes plus déchiquetées et plus rudes, la gamme colorée perdant de sa préciosité, dans un contexte d'évocations tachistes rappelant la manière et la technique de l'Américain Paul Jenkins. Bien vite, sur ces nappes colorées réapparaissaient des visages humains, très actualisés, dans un style pop, et englobés au sein de plans chromatiques fragmentés. Ancré dans une mythologie urbaine et moderne, son œuvre s'est très vite attaché au thème érotico-sentimental des petites Vénus des rues et de la publicité. ■ J. B.

Bibliogr. : In : *Peintres contemporains*, Mazenod, Paris, 1964 – Marcel Van Jole, divers : *Catalogue raisonné des peintures et aquarelles de Mara, 1950-1960*, Arcade, Bruxelles, 1974 – in : *Dictionnaire universel de la peinture*, Le Robert, Paris, 1975 – in : *Dictionnaire biographique illustré des artistes en Belgique depuis 1830*, Arto, Bruxelles, 1987.
Ventes Publiques : Anvers, 27 avr. 1971 : *Souvenirs*, aquar. : **BEF 32 000** – Anvers, 23 oct. 1973 : *Mediterranean tube* : **BEF 65 000** – Anvers, 6 avr. 1976 : *Personnage* 1957, aquar. (64x45) : **BEF 30 000** – Lokeren, 1er mai 1976 : *Deux jeunes filles dans ces cadres*, h/t (162x195) : **BEF 130 000** – Anvers, 25 oct. 1977 : *Drive in* 1964, h/t (162x162) : **BEF 50 000** – Anvers, 8 mai 1979 : *Idée pour un autre jeu...* 1972, aquar. (110x72) : **BEF 42 000** – Lokeren, 17 févr 1979 : *Itinéraire à travers perles et fleurs* 1977, h/t (146x162) : **BEF 140 000** – Bruxelles, 28 oct. 1981 : *Les Biches* 1975, aquar. (146x110) : **BEF 70 000** – Anvers, 27 avr. 1982 : *Jeux de cœur* 1980, h/t (100x100) : **BEF 140 000** – Anvers, 25 oct. 1983 : *La Bakari* 1978, aquar. (100x81) : **BEF 70 000** – Lokeren, 15 oct. 1983 : *Nu et Ombre* 1967, h/t (162x195) : **BEF 150 000** – Bruxelles, 30 avr. 1986 : *Another little game*, h/t (195x162) : **BEF 170 000** – Bruxelles, 1er avr. 1987 : *Erotica* 1969, aquar. (107x70) : **BEF 75 000** – Lokeren, 28 mai 1988 : *Trois soldes avant fermeture* 1969, h/t (145x145) : **BEF 160 000** – Amsterdam, 10 avr. 1990 : *Sans titre* 1969, techn. mixte/pap. (107x70) : **NLG 3 450**

– LOKEREN, 21 mars 1992 : *Le port sacré* 1960, h/t (162x130) : **BEF 360 000** – LOKEREN, 10 oct. 1992 : *Diagramme d'ovales* 1975, aquar. (110x72) : **BEF 50 000** ; *Composition* 1960, h/t (146x114) : **BEF 280 000** – LOKEREN, 20 mars 1993 : *Composition* 1974, aquar. (106,5x68,5) : **BEF 48 000** – LOKEREN, 4 déc. 1993 : *Composition* 1960, h/t (146x114) : **BEF 280 000** – LOKEREN, 8 oct. 1994 : *Trois dimensions* 1968, h/t (146x146) : **BEF 85 000** – LOKEREN, 20 mai 1995 : *Composition* 1960, h/t (146x114) : **BEF 180 000** – LUCERNE, 20 mai 1995 : *Moment heureux* 1972, techn. mixte/pap. (110x72) : **CHF 1 800** – AMSTERDAM, 6 déc. 1995 : *Et la cuisine devint femme* 1975, h. et cr. de coul./t. (162x130) : **NLG 10 350** – AMSTERDAM, 5 juin 1996 : *Sauna* 1969, h/t (162x195) : **NLG 9 200** – AMSTERDAM, 2-3 juin 1997 : *La Diva* 1974, spray/soie/h/t (130x110) : **NLG 4 130** – LOKEREN, 11 oct. 1997 : *Le Tremplin* 1967, h/t (196x132) : **BEF 130 000** – LOKEREN, 6 déc. 1997 : *Composition avec deux femmes* 1969, h/t (193x161) : **BEF 160 000**.

MARABITTI Ignazio
Né le 6 janvier 1719 à Palerme. Mort le 9 janvier 1797 à Palerme. XVIIIe siècle. Italien.
Sculpteur.
Il a sculpté les statues de *Saint Pierre* et de *Saint Paul* sur la façade de la cathédrale de Syracuse, un *Saint Martin à cheval* pour le monastère du Mont Cassin et une statue allégorique de *Palerme*.

MARABITTI Lorenzo
XVIIIe siècle. Actif à Palerme. Italien.
Sculpteur.
Il était le frère d'Ignazio. Plusieurs de ses statues se trouvent à la Villa Giulia près de Palerme.

MARACCI Giovanni. Voir **MARRACCI**

MARADAN François
XIXe siècle. Français.
Graveur.
Il vécut à Paris vers 1800 et exécuta des portraits et des vignettes.

MARAGE Roger
Né le 5 juillet 1922 à Pont-à-Mousson (Meurthe-et-Moselle). XXe siècle. Français.
Graveur, dessinateur, illustrateur, aquarelliste.
Il a été élève aux Écoles des Beaux-Arts de Rennes puis de Paris. Depuis 1947, il est professeur de dessin de la Ville de Paris.
Il figure à des expositions collectives, notamment au Salon d'Automne, dont il est sociétaire depuis 1954, et au Salon des Peintres-Graveurs Le Trait, dont il est le vice-président. Il est en outre membre du Comité du Salon du Dessin et de la Peinture à l'Eau depuis 1978. Il figure à l'exposition *De Bonnard à Baselitz ; dix ans d'enrichissements du Cabinet des estampes 1979-1988*, à la Bibliothèque nationale à Paris. Il a obtenu le Grand Prix des Beaux-Arts de la Ville de Paris en 1954 et une médaille d'or, en 1969, au Salon des Artistes Français.
Il est surtout graveur en taille douce et dessinateur. Il aborde le paysage et la figure humaine de manière expressionniste avant d'évoluer vers un contraste chromatique blanc/noir. Il a illustré une dizaine d'ouvrages de bibliophilie.
MUSÉES : PARIS (BN).

MARAGLIANO Antonio Maria ou **Maraggiano**
Né en 1664 à Gênes. Mort le 4 mars 1741 à Gênes. XVIIe-XVIIIe siècles. Italien.
Sculpteur sur bois.
Il passait en son temps pour le meilleur sculpteur sur bois de Gênes, et il peupla les églises de la région de statuettes coloriées, dont plusieurs ont disparu ou furent détruites, comme la *Madone du Carme* qui était considérée comme son chef-d'œuvre.

MARAI Luigi
XIXe siècle. Actif à Milan. Italien.
Sculpteur.
Débuta vers 1880. Exposa à Turin, Milan et Venise.

MARAINI Adélaïde ou **Pandiani**
Née en 1843 à Milan. XIXe siècle. Italienne.
Sculpteur.
Elle a travaillé à Lugano et à Rome et exposa en 1878 à Paris.

MARAINI Antonio
Né le 5 avril 1886 à Rome. XXe siècle. Italien.
Sculpteur, critique d'art. Néoclassique.
Il a également exécuté la porte de bronze de la basilique Saint-Paul à Rome. Il est nommé en 1928 directeur de la Biennale de Venise.
MUSÉES : ROME (Gal. Nat.) : *Maternité* – VENISE (Gal. Mod.) : *Intimité*.

MARAINI Grato
Né en 1824 à Lugano. Mort le 13 novembre 1896 à Lugano. XIXe siècle. Italien.
Peintre.
Il fut un élève de la Brera de Milan.

MARAINI Innocente ou **Maraino**
Mort à Lemberg. XVIIIe siècle. Italien.
Peintre, décorateur et architecte.
En 1790, il fut décorateur du théâtre de Varsovie. Comme architecte, il prit part à la restauration du théâtre au palais de Krasinski. En 1796, il se rendit à Lemberg où il construisit en six semaines un amphithéâtre au jardin du prince Jablonovski, puis un nouveau théâtre et peignit les décors pour quelques opéras.

MARAIS Adolphe Charles
Né en 1856 à Honfleur (Calvados). Mort en 1940. XIXe-XXe siècles. Français.
Peintre de paysages ruraux, animalier. Réaliste.
Il suivit, tout d'abord, les conseils de son voisin Eugène Boudin et de Charles Daubigny, avant de devenir l'élève de Narcisse Berchère, de C. de Cock et de l'animalier Georges Busson. Il exposa au Salon de Paris, de 1876 à 1881, obtenant une médaille de troisième classe en 1880, une de deuxième classe en 1883. Médaille de bronze à l'exposition Universelle de 1889 et médaille d'argent à celle de 1900. Chevalier de la Légion d'honneur depuis 1895.
BIBLIOGR. : Gérald Schurr, in : *Les Petits Maîtres de la peinture 1820-1920, valeur de demain*, Les Éditions de l'Amateur, t. V, Paris, 1981.
MUSÉES : ARRAS : *Un pâturage* – CALAIS : *Dans la vallée* – HONFLEUR : *Intérieur de bergerie* – *Portrait* – *Étude de tête de mouton* – *Paysage* – *Paysage d'Angleterre* – *Vache blanche* – MULHOUSE : *L'abreuvoir* – REIMS : *Pâturage aux environs de Honfleur* – ROUEN : *À la pâture* – *Dans la prairie* – SOLEURE : *La vache blanche*.
VENTES PUBLIQUES : PARIS, 29 oct. 1919 : *Vaches au pâturage près de Honfleur* : **FRF 1 505** – PARIS, 7 mars 1924 : *Vaches au pâturage* : **FRF 1 420** – LA VARENNE-SAINT-HILAIRE, 8 mars 1987 : *Déjeuner à la ferme*, h/t (32x50) : **FRF 17 000** – PARIS, 16 oct. 1988 : *Retour à la ferme*, h/t (54x45) : **FRF 10 500** – LONDRES, 16 fév. 1990 : *Cour de ferme*, h/t (102,9x125,6) : **GBP 5 500** – NEW YORK, 21 mai 1991 : *Bétail dans un pâturage*, h/t (40,6x54,6) : **USD 1 870** – ZURICH, 21 juin 1991 : *Poules et coqs*, h/t (54,5x73) : **CHF 2 500** – NEW YORK, 30 oct. 1992 : *Pendant l'hiver*, h/t (104x136) : **USD 16 500**.

MARAIS Auguste Léon
Né le 11 mars 1826 à Chartres. XIXe siècle. Français.
Graveur sur bois.
Élève de Sotain. Exposa au Salon, de 1867 à 1878.

MARAIS Henri
Né vers 1768. XVIIIe siècle. Français.
Graveur à l'eau-forte.
Il fut un élève de J.-B. Massard, travailla à Paris et collabora à la Galerie de Florence et à la Galerie du Palais Royal.

MARAIS Jean
Né en 1914. Mort le 8 novembre 1998 à Cannes (Alpes-Maritimes). XXe siècle. Français.
Peintre, sculpteur, céramiste.
Les œuvres du célèbre acteur ont fait une apparition récente sur le marché lors de la vente Boris Kochno à Monaco le 11 octobre 1992 par Sotheby's. Jean Cocteau l'avait initié à la connaissance et l'appréciation de l'art. Ce ne fut que tardivement, dans sa villa de Vallauris, que Jean Marais commença lui-même à peindre, sculpter et participer à l'activité des céramistes de façon soutenue.
VENTES PUBLIQUES : MONACO, 11 oct. 1991 : *La chaumière*, h/pan. (23,5x33) : **FRF 6 660** – MONACO, 6 déc. 1992 : *Composition à l'orchidée*, h/t (46x38) : **FRF 7 215**.

MARAIS Maurice
Né le 31 décembre 1852 à Dieppe. XIXe siècle. Actif à Paris. Français.
Caricaturiste.

MARAIS Sophie
Née le 5 août 1797 à Angers. Morte le 8 août 1847 à Angers. XIXe siècle. Française.
Peintre de figures.

Commença ses études à Angers en 1825 avec de Lusse et vint en 1830 travailler à Paris avec Charles Meynier. Le Musée d'Angers conserve d'elle : *Paysanne en costume de l'Anjou* et *Savoyards au milieu des neiges*.

MARAIS-MILTON Victor
Né le 21 juillet 1872 à Puteaux (Hauts-de-Seine). Mort en 1948. XIXe-XXe siècles. Français.
Peintre de genre.
Sociétaire du Salon des Artistes Français, où il exposa depuis 1892, il a également exposé à Monte-Carlo, Anvers, Londres, aux États-Unis, en Allemagne.
Ses toiles, minutieusement exécutées, évoquent l'existence confortable de cardinaux, amateurs d'arts et de bonne chère.

V. Marais Milton

Bibliogr. : Gérald Schurr, in : *Les Petits Maîtres de la peinture 1820-1920, valeur de demain*, Les Éditions de l'Amateur, t. IV, Paris, 1979.
Ventes Publiques : Londres, 22 déc. 1926 : *les loisirs de Monseigneur*, dess. : **GBP 12** – Paris, 24 mai 1944 : *La visite des cardinaux* : **FRF 6 800** – Londres, 19 jan. 1973 : *La bonne histoire* : **GNS 850** – Bruxelles, 26 fév. 1974 : *Le petit sucre du chien du prélat* : **BEF 120 000** – Versailles, 14 déc. 1976 : *La liqueur des moines*, h/t : **FRF 6 000** – Londres, 6 mai 1977 : *Une partie d'échecs*, h/t (48,2x58,5) : **GBP 1 600** – Bruxelles, 24 oct 1979 : *Jeune femme en visite chez le prélat*, h/t (45x54) : **BEF 140 000** – Londres, 25 nov. 1981 : *Une bonne pipe*, h/pan. (55x40,5) : **GBP 3 600** – New York, 24 mai 1984 : *Un bon cuisinier*, h/t (90x117) : **USD 7 750** – New York, 30 oct. 1985 : *La fin du repas*, h/t (61x73) : **USD 4 000** – New York, 27 fév. 1986 : *Prélat jouant du violoncelle*, h/t (64,8x54) : **USD 3 500** – New York, 28 oct. 1987 : *Une bonne plaisanterie*, h/t (50,2x61) : **USD 6 500** – Calais, 13 nov. 1988 : *Jour de fête* 1939, h/t : **FRF 35 000** – Londres, 5 mai 1989 : *Une saine lecture*, h/t (46,5x38,5) : **GBP 4 620** – New York, 24 oct. 1989 : *Le déjeuner du cardinal*, h/pan. (45x37,3) : **USD 7 700** – Calais, 10 déc. 1989 : *Nu allongé devant la cheminée*, h/t (33x46) : **FRF 38 000** – New York, 17 jan. 1990 : *Cardinal lisant à haute voix*, h/pan. (35,6x28) : **USD 7 700** – Paris, 20 fév. 1990 : *Evêques jouant aux cartes*, h/t (38x46) : **FRF 25 000** – New York, 1er mars 1990 : *Intermède musical*, h/t (81,2x100,4) : **USD 9 900** – Amsterdam, 24 avr. 1991 : *Une bonne pipe*, h/t (46x38) : **NLG 16 100** – Amsterdam, 17 sep. 1991 : *La Faiblesse du cardinal*, h/pap./t. (48x38) : **NLG 8 050** – Paris, 24 sep. 1992 : *Jeune Femme au chat dans l'alcôve*, h/cart. (45x37) : **FRF 12 500** – Londres, 16 juin 1993 : *La Diseuse de bonne aventure*, h/t (60x50) : **GBP 4 370** – Paris, 4 oct. 1993 : *Jeune Femme au chandelier* 1932, h/t (28x23) : **FRF 5 000** – Paris, 26 oct. 1993 : *Jeux folâtres* 1919, h/t (33x46) : **FRF 33 000** – Londres, 16 mars 1994 : *Le Récital* 1939, h/t (48,5x59,5) : **GBP 5 750** – Paris, 27 mai 1994 : *L'Aveu de la faute*, h/t (100x81) : **FRF 10 200** – New York, 12 oct. 1994 : *La Partie de cartes*, h/t (54,6x66) : **USD 8 050** – Lokeren, 9 déc. 1995 : *La Note juste*, h/t (65x54) : **BEF 200 000** – New York, 23-24 mai 1996 : *Une bonne plaisanterie*, h/t (50,2x61) : **USD 9 200** – Paris, 29 nov. 1996 : *Le Déjeuner de Minet*, h/pan. (42x29) : **FRF 30 000** – Londres, 10 oct. 1996 : *L'Arrangement des fleurs*, h/t (46,4x33) : **GBP 2 400** – Londres, 21 nov. 1997 : *Un moment d'inattention*, h/t (74,3x92,7) : **GBP 14 950**.

MARAK Julius Eduard
Né le 23 mars 1832 à Leitomischl (Bohême). Mort le 8 octobre 1899 à Prague. XIXe siècle. Tchécoslovaque.
Paysagiste, dessinateur et graveur.
Élève de l'Académie de Prague sous Haushofer. Il vécut à Vienne de 1860 à 1887, devint alors professeur à l'Académie de Prague, puis recteur. En 1878, il obtint le prix Reichel. Il travailla à la décoration du théâtre et du Musée de Prague. Le Musée de Vienne conserve de lui : *Bois de bouleaux dans la Basse-Autriche*.
Ventes Publiques : Vienne, 7 nov. 1972 : *Paysage d'automne* : **ATS 22 000**.

MARAKOVA Irina
Née en 1950. XXe siècle. Russe.
Peintre.
Elle est diplômée de l'École de Musique d'Orenbourg, où elle vit et travaille. Elle a réalisé une exposition personnelle à Moscou. *Voir aussi MAKAROVA.*

MARANDAT Henri de
Né à Riom (Puy-de-Dôme). Mort en 1914 à Monte-Carlo. XXe siècle. Français.
Peintre et illustrateur.
Il fut un élève de Lucien Simon et vécut à Paris. On lui doit surtout des portraits.

MARANDAT Louis
Né en 1850. Mort le 13 janvier 1899 à Montigny-sur-Loing. XIXe siècle. Français.
Peintre.
Il fut élève de H. Hanoteau.

MARANDET Claude Louis
XVIIIe siècle. Actif à Besançon de 1734 à 1736. Français.
Sculpteur.
Gendre du sculpteur Jean Ligier dont il fut l'élève.

MARANDI J. M.
Né en 1622. Mort en 1717. XVIIe-XVIIIe siècles. Italien.
Peintre.

MARANDON DE MONTYEL Édouard Ferdiand Bruno
Né en 1784 à Bordeaux (Gironde). Mort le 12 mai 1854 à Paris. XIXe siècle. Français.
Peintre de paysages.
Auteur dramatique, il ne commença à exposer au Salon de Paris qu'en 1834, il y figura jusqu'en 1853, obtenant des médailles de troisième classe en 1837, deuxième classe en 1839, première classe en 1841. Chevalier de la Légion d'honneur en 1848.
Ses vues montrent des paysages découverts au cours de ses voyages en Suisse, en Italie et dans le sud-ouest de la France.
Bibliogr. : Gérald Schurr, in : *Les Petits Maîtres de la peinture 1820-1920, valeur de demain*, Les Éditions de l'Amateur, t. VII, Paris, 1989.
Musées : Aix-en-Provence : *Paysage* – Bagnères-de-Bigorre : *Soirée d'été dans les bois du Seigneur à Bourbonne-les-Bains* – Bordeaux : Deux Paysages – Châteauroux : *Paysage* – Guéret : *Paysage* – Metz : *Paysage* – Orléans : *Entrée du parc du château de Montesquieu à la Brède* – Paris (Comédie-Française) : *Le médecin malgré lui*.

MARANDON DE MONTYEL Nelly
Née au XIXe siècle à Bordeaux. XIXe siècle. Française.
Peintre et miniaturiste.
Fille de Marandon de Montyel (Édouard) et élève de Robert-Fleury. Exposa des miniatures au salon de 1859 et fit le portrait de *B. Champy* qui se trouve au Palais de Justice de Paris.

MARANGÉ Pierre François
Né en 1836 à Tours. XIXe siècle. Français.
Paysagiste.
Résida à Auvers (Val-d'Oise) et exposa au Salon entre 1868 et 1875.
Ventes Publiques : Paris, 25 avr. 1928 : *Vue des ruines du Palais des Tuileries après l'incendie de 1871* : **FRF 480**.

MARANGIO Carlo ou **Maranjio**
Né en 1936. XXe siècle. Italien.
Peintre, peintre à la gouache. Abstrait.

C. Maranjio

Ventes Publiques : Versailles, 26 sep. 1976 : *Composition* 1974, gche (61,5x47) : **FRF 650** – Paris, 8 déc. 1987 : *Composition abstraite* 1975, gche (56x46) : **FRF 5 000** – Versailles, 17 avr. 1988 : *Composition*, gche (63x48) : **FRF 4 100** – Paris, 1er juin 1988 : *Composition* 1970, h/t (92x73) : **FRF 7 500** – Versailles, 10 déc. 1989 : *Gniazoo, le nid* 1979, h/t (90x120) : **FRF 3 500** – Versailles, 25 mars 1990 : *Composition abstraite*, h/t (92x72) : **FRF 12 500** – Paris, 12 juil. 1990 : *Composition*, h/t (92x73) : **FRF 10 000** – Neuilly, 1er déc. 1991 : *Composition* 1973, h/t (92x73) : **FRF 6 000**.

MARANI. Voir **MORANDI**

MARANO Vincenzo
Né le 24 août 1938 à Acicastello. XXe siècle. Italien.
Peintre de figures, portraits, nus, paysages urbains, animalier. Tendance réaliste.
Il a été élève de l'Académie des Beaux-Arts de Rome. Il vit à Rome.
Il participe à des expositions collectives, dont : 1959, Quadriennale, Rome ; 1964, *Contemporary Italian and Belgium* ; 1965, *Mostra arti figurative*, Rome ; 1977, Biennale d'art contemporain,

Cosenza, etc. Il montre ses œuvres dans des expositions personnelles, principalement à Bari (1966, 1968), Rome (1968, 1970, 1977).
Au début des années soixante-dix la peinture de Marano s'inscrit dans ce courant figuratif et surréaliste où l'imaginaire déjoue les règles traditionnelles de la composition. Par la suite, à la fin des années soixante-dix, Marano semble s'être rapproché d'un hyperréalisme stylisé, nous dévoilant alors des figures, des portraits, et des nus de femmes au plus près, en ayant recours parfois à la citation.
Musées : Cortine d'Ampezzo – New York (Metropolitan Mus. of Mod. Art) – Pittsburgh (Carnegie Inst.).

MARASCHINI Giuseppe
Né en 1839 à Posina. XIXe siècle. Italien.
Peintre.
Élève de Peterlini, puis, à Florence, de Polastrini. Il vécut à partir de 1881 dans l'Amérique du Sud.

MARASCO Antonio
Né en 1896 à Nicastro (près de Catanzaro, Toscane). Mort en 1975 à Florence (Toscane). XXe siècle. Italien.
Peintre de paysages. Futuriste, abstrait-géométrique, puis tendance abstraite.
Pendant ses études à l'Académie des Beaux-Arts de Florence, en 1913, il fréquente les milieux d'avant-garde. Il vécut à Rome.
En 1914, il rencontre Kandinsky et Franz Marc, puis, lors d'un séjour à Berlin, il fait la connaissance de Marinetti et l'accompagne à Moscou et Saint-Pétersbourg où Marinetti prononce une série de conférences sur le Futurisme. Ils y prennent contact avec Malevitch, Tatlin, Maïakovski et les Futuristes russes. Ils voyagent également en Allemagne et en Angleterre. Revenu à Florence, Marasco se lie d'amitié avec Boccioni dont on perçoit vite l'influence sur sa peinture. En 1918, à son retour de l'armée, il fait un séjour à Rome, fréquente Balla et Bragaglia pour qui il réalisera des décors scéniques en 1923, collaborant en 1924 avec la Compagnia del teatro sintetico et, avec le musicien Silvio Mix, organise des spectacles futuristes. En 1923, il fonde le groupe constructiviste *Der Schritt Heiter* à Berne et le groupe *Italia* à Florence. En 1924, il participe au premier Congrès futuriste italien, et, en 1929, est signataire du *Manifeste de l'Aéropeinture futuriste* avec Balla, Marinetti, Depero, Dottori, Fillia, Prampolini, Somenzi et Tato. En 1932, il fonde les *Groupes futuristes d'initiative*.
Il a participé à des expositions collectives internationales : 1926, 1928, 1930, 1932, 1942, 1960, Biennale de Venise ; 1929, galerie 23, Paris ; 1931, galerie Bellini, Florence ; 1931, 1939, 1948, 1952, Quadriennale de Rome. Il a montré ses œuvres dans des expositions particulières en Italie et en Suisse.
Avant même de rencontrer Kandinsky, sa peinture en subit l'influence grâce à la connaissance qu'il avait eu de cet œuvre par des reproductions en noir et blanc. En 1913, il peint des *Paysages toscans* où l'on perçoit déjà l'influence futuriste dans le découpage et la réduction de la nature en volumes. C'est vers 1923 que sa peinture évolue des prémices de l'abstraction, ainsi le *Chant diagonal*, à une juxtaposition de formes élémentaires, sans référence à la réalité, proche du constructivisme. Sa peinture évolue ensuite, dès les années de la guerre et de l'après-guerre, vers une abstraction plus sensible, émotive, où la matière, triturée en touches délicates, laisse presque affleurer des sentiments. Vers 1960, renouant avec le constructivisme de sa jeunesse, il réinvestit la figure élémentaire et réalise des compositions dans l'esprit de l'abstraction géométrique alors largement répandue. Tardif et, somme toute, assez marginal futuriste, Marasco a néanmoins connu la notoriété. ■ J. B.

Bibliogr. : José Pierre : *Le Futurisme et le Dadaïsme*, in : *Histoire générale de la peinture*, t. XX, Rencontre, Lausanne, 1966 – I. Socoli : *Antonio Marasco*, Catanzaro, 1989 – in : *L'Art du XXe siècle*, Larousse, Paris, 1991 – in : *Dictionnaire de l'art moderne et contemporain*, Hazan, Paris, 1992.
Musées : Buffalo (Albright Art Gal.) – Cleveland – Düsseldorf – Hambourg – Los Angeles – Moscou (Mus. d'Art Mod. Occidental) – New Haven (Mus. de la Société Anonyme) : *Paysage* vers 1918 – New York (Mus. of Mod. Art) – New York (Whitney Mus.).
Ventes Publiques : Milan, 24 oct. 1972 : *Composition* : **ITL 2 600 000** – Rome, 21 mai 1974 : *Paysage* : **ITL 4 200 000** – Rome, 18 nov. 1985 : *Tindari*, isor. (80x60) : **ITL 10 000 000** – Rome, 25 nov. 1986 : *Colline archéologique* 1934, h/cart. (40x50) : **ITL 7 500 000** – Rome, 25 nov. 1987 : *Il fulmine* 1916, h/pan. (75x55) : **ITL 44 000 000** – Milan, 8 juin 1988 : *Composition* 1928, h/t (100x100) : **ITL 26 000 000** – Rome, 15 nov. 1988 : *Pressi di Calenzano* 1961, h/t (80x110) : **ITL 6 500 000** – Milan, 6 juin 1989 : *Hydrobase* 1923, h./contre plaqué (65,5x90) : **ITL 31 000 000** – Milan, 7 nov. 1989 : *Voyage dans l'espace* 1923, h/cart. (34x46) : **ITL 13 000 000** – Rome, 10 avr. 1990 : *Place de village*, h/pan. (54,5x69) : **ITL 52 000 000** – Milan, 12 juin 1990 : *Composition*, h/t (61x50) : **ITL 29 000 000** – Milan, 24 oct. 1990 : *Calanque à Capri*, h/rés. synth. (80x60) : **ITL 38 000 000** – Rome, 27 mai 1993 : *Mouvement* 1917, h/t (65x50) : **ITL 35 000 000** – Rome, 30 nov. 1993 : *Le carabinier* 1917, encre de Chine/pap. (16,5x12,5) : **ITL 1 035 000** – Milan, 2 avr. 1996 : *Message de guerre*, h/cart. (15x20) : **ITL 3 910 000** – Milan, 25 nov. 1996 : *La Foudre* 1916, h./contreplaqué (75x55) : **ITL 36 800 000**.

MARASI Constantino
Originaire de Carrare. XVIIe siècle. Italien.
Sculpteur.
Il fut en 1618 le consul de la guilde de Naples et travailla à l'ornementation de plusieurs églises du sud de l'Italie.

MARASI Giuseppe
Né au XIXe siècle à Venise. XIXe siècle. Italien.
Peintre de genre.
Exposa à Venise.

MARASI Mario
Originaire de Carrare. XVIe siècle. Actif à la fin du XVIe siècle. Italien.
Sculpteur.

MARASTONI Giacomo
Né le 24 mars 1804 à Venise. Mort le 2 juillet 1860 à Budapest. XIXe siècle. Italien.
Peintre de portraits et lithographe.
Il étudia à Venise, puis exerça son activité de peintre à Trieste, Vienne et Presbourg. Il se rendit en 1836 à Budapest où il fonda une École des Beaux-Arts très fréquentée.

MARASTONI Giuseppe
Né le 1er avril 1834 à Venise. Mort en 1895 à Vienne. XIXe siècle. Italien.
Portraitiste et dessinateur.
Il était le fils de Giacomo, travailla à Budapest et à Vienne et dut sa notoriété à des lithographies de portraits.

MARATAKA Josef
Né le 25 mai 1874 à Prague. XXe siècle. Tchécoslovaque.
Sculpteur.
Il resta trois ans dans l'atelier de Rodin et collabora avec lui à l'exécution du *Monument de Santos-Dumont* à Buenos Aires. À Prague, il sculpta les statues du portail du nouvel Hôtel de Ville. Il y organisa en 1903 une exposition Rodin et, en 1909, une exposition Bourdelle.
Musées : Prague (Gal. Nat. de Prague) : un bronze.

MARATE François
XIVe siècle. Français.
Sculpteur.
Il travailla avec Sluter à la Chartreuse de Champmol.

MARATTA Carlo. Voir **MARATTI**

MARATTA Francesco ou **Maratti, Morato, Moratta, Moratti**, dit **il Padovano**
Originaire de Padoue. Mort vers 1719 à Rome. XVIIIe siècle. Italien.
Sculpteur.
Il fut l'élève de Fil. Parodi et fut reçu en 1700 dans la Congrégation des Virtuoses. Ses œuvres se trouvent au Mont Cassin, à Padoue et dans différentes églises de Rome.

MARATTA Hardesty Gillmore
Né le 22 août 1864 à Chicago. XIXe siècle. Américain.
Peintre de paysages.

MARATTI Carlo, cavaliere ou **Maratta**
Né le 15 mai 1625 à Camerano. Mort le 15 décembre 1713 à Rome. XVIIe-XVIIIe siècles. Italien.
Peintre de compositions religieuses, portraits, aquarelliste, graveur, dessinateur.
Il vint à Rome fort jeune, vers 1636, affirme-t-on, et entra dans l'École d'Andrea Sacchi. Il y demeura jusque vers 1645, copiant assidûment les ouvrages de Raphaël et de Carrache. Il retourna

dans son pays, où il paraît avoir travaillé jusqu'en 1650. À cette date, il revint à Rome. Le premier tableau qu'il exposa au public, établit sa réputation.
Il peignit avec grand succès des images de la Vierge et l'engouement dont ces tableaux furent l'objet, valut à l'artiste le surnom de *Carluccio della Madone*. Maratta fut le peintre favori du Saint-Siège, durant sa longue carrière ; six papes l'honorèrent de leur protection : Clément IX et X, Innocent XI, Alexandre VIII, Innocent XII et Clément XI lui commandèrent d'importants travaux et il peignit dans les principales villes d'Italie. Il exécuta peu de fresques et la majeure partie de ses ouvrages consiste en tableaux de chevalet, peints à l'huile. La mort d'Andréa Sacchi (1661) et de Pietro da Cortona (1669) fit de lui le chef incontesté de l'École Romaine. Son art atteint alors un lyrisme baroque qu'il perdra bientôt. Innocent XI le nomma surintendant des chambres du Vatican et il fut chargé, en 1702-1703, par Innocent XI, de réparer à la gouache les fresques de Raphaël au Vatican et à la Farnesine. Clément XI le créa chevalier du Christ et Louis XIV le nomma son premier peintre. Maratta est par excellence le peintre correct. Son dessin est très pur, son coloris harmonieux ; malheureusement, ses œuvres ne reflètent pas une personnalité accentuée, sauf peut-être ses portraits, dont certains possèdent une remarquable élégance. Comme graveur, il a produit quelques eaux-fortes.

Carlo Maratti.

Musées : Aix : *L'Adoration des mages* – Ajaccio : *La Vierge, l'Enfant Jésus et saint Antoine de Padoue – La Vierge et l'Enfant Jésus* – Ancône (Pal. Vescoville) : *Le Christ et la Samaritaine – Adoration des rois mages* – Ancône (Pina.) : *Madone et saint* – Angers : *La Vierge adorant l'Enfant Jésus* – Arras : *Sommeil de l'Enfant Jésus* – Ascoli Piceno (Pina.) : *Sainte Francesca Romana* – Avignon : aquarelle – Bâle : *L'adoration des bergers* – Berlin : *Sainte Famille – Dr Fritz Hausmann – Portrait d'homme* – Besançon : *Agar dans le désert* – Blois : *L'Enfant Jésus adoré par les anges* – Bordeaux : *Une Sybille* – Bruxelles : *Apollon à la poursuite de Daphné – La Vierge et l'Enfant Jésus adoré par saint François* – Bucarest (Simu) : *Mort du vieillard saint Joseph – Adoration des Mages* – Cambridge (Fitzwilliam Mus.) : *Transfiguration du Christ* – Cologne : *Madone* – Copenhague : *La fuite en Égypte – L'adoration des bergers* – Dresde : *La Vierge penchée sur la crèche – La Vierge avec l'Enfant Jésus endormi – La Vierge, l'Enfant Jésus et saint Jean – Cueilleuse de fruits* – Florence (Gal. roy.) : *Le Sauveur – Portrait de l'auteur* – Florence (Gal. Pitti) : *Saint Philippe Néri* – Forli : *Vierge avec saint François de Sales* – Forli (Pina.) : *Madone aux anges et saint François de Sales* – Gênes : *Repos de la Sainte Famille en Égypte* – Genève (Ariana) : *Portrait de jeune fille* – Hanovre : *Jupiter et Antiope – La Vierge et l'Enfant Jésus* – Helsinki : *La Vierge et l'Enfant Jésus* – Karlsruhe : *Portrait du cardinal Giulo Spinola de Gênes* – Kassel : *Sainte Famille et saint Jean-Baptiste*, deux tableaux – *Le pape Clément IX* – Lille : *Dédicace du temple de la Paix* – Londres (Nat. Gal.) : *Le cardinal Cerri* – Lyon : *Mater Dolorosa* – Madrid : *Agar et Ismaël au désert* – Moscou (Roumianzeff) : *La Vierge en prière* – deux esquisses – deux études – Munich : *Saint Jean à Patmos – Le cardinal Rospigliosi* – Nancy : *Saint Philippe de Néri – L'Enfant Jésus, assis sur les genoux de sa mère, donne la bénédiction – Quatre têtes d'études* – Nantes (Mus. des Beaux-Arts) : *Apparition de la Vierge à saint Philippe de Néri – Tête colossale de saint Étienne – Têtes d'étude* – Naples : *Les trois rois* – Paris (Mus. du Louvre) : *Le sommeil de l'Enfant Jésus – Mariage de sainte Catherine – Marie-Madeleine – Portrait de Marie Rospigliosi – Portrait de l'auteur* – Périgueux : *La nativité* – Pérouse (Mus. mun.) : *Tête de Christ* – Perpignan : *La crèche – Vierge avec l'Enfant Jésus* – Porto : esquisse – Rome (Gal. Corsini) : *Portrait du cardinal Barberini – Le pape Innocent XI* – Rome (Gal. Barberini) : *Sainte Rosalie au milieu des malades de la peste* – Rome (Doria Pamphily) : *La Vierge avec Jésus endormi* – Rome (Gal. Vatic.) : *Sainte Famille* – Rouen : *La Vierge* – Saintes : *Assomption* – Saint-Pétersbourg (Mus. de l'Ermitage) : *Annonciation – Sainte Famille au palmier – Madone – L'adoration des mages – La Sainte Famille – La Vierge et saint Jean-Baptiste – la leçon de lecture – Le pape Clément IX – Le triomphe de Galatée – La Vierge en prières* – Stockholm : *La Vierge enfant entrant dans le temple* – Stuttgart : *Le pape Clément IX* – Urbino (Pina.) : *Portrait d'homme* – Versailles : *André Le Nôtre, architecte* – Vienne : *La présentation dans le temple – Mort de saint Joseph* – étude – *La Vierge et l'Enfant Jésus – La Sainte Famille* – Vienne (Gal. Harrach) : *La Madone – Repos de la Sainte Famille pendant sa fuite en Égypte* – Vienne (Czernin) : *La Sainte Famille* – Weimar : *La Sainte Famille* – Windsor (Gal. roy. Castle) : *Le Christ enfant – La Vierge et l'Enfant.*

Ventes Publiques : Paris, 1748 : *Le repos en Égypte* : **FRF 1 210** – Bruxelles, 1765 : *La Vierge enseignant à lire à l'enfant Jésus* : **FRF 2 940** – Paris, 1784 : *Bethsabée sortant du bain* : **FRF 6 200** – Paris, 1846 : *Le sommeil de l'Enfant Jésus* : **FRF 2 200** – Paris, 1880 : *Tête de Vierge* : **FRF 3 800** – Paris, 1881 : *Hortense Mancini* : **FRF 1 550** – Munich, 1899 : *La Sainte Famille* : **FRF 1 562** – Londres, 4 mai 1923 : *L'Annonciation* : **GBP 30** – Londres, 22 nov. 1928 : *Découverte de Moïse* : **GBP 52** – New York, 22 jan. 1931 : *Le Cardinal Francesco Nerli* : **USD 2 100** – Paris, 28 fév. 1938 : *Hommage à Raphaël*, pl., sanguine et gche : **FRF 810** – Paris, 5 déc. 1941 : *Hommage à Raphaël*, pl., sanguine et gche : **FRF 2 000** – Paris, 13 déc. 1943 : *Sainte Famille* : **FRF 42 000** – Londres, 28 nov. 1945 : *Adoration des Mages*, pl. : **GBP 17** – Lyon, 2-3 déc. 1946 : *Offrande à la Vierge* : **FRF 12 500** – Nice, 24 fév. 1949 : *Assomption*, camaïeu : **FRF 3 000** – Nice, 20 mars 1950 : *Portrait à mi-corps d'une femme sur fond de paysage* : **FRF 9 000** – Nice, 12 juin 1950 : *La Sainte Famille* : **FRF 7 500** – Londres, 1er juil. 1966 : *La Sainte Famille* : **GNS 3 800** – Vienne, 19 mars 1968 : *Le mariage de sainte Catherine* : **ATS 120 000** – Londres, 5 avr. 1977 : *Apothéose de saint Philippe Neri*, craie rouge (36,1x26) : **GBP 1 300** – Londres, 7 déc. 1978 : *Allégorie de l'Afrique*, sanguine (43,1x31,5) : **GBP 16 000** – Londres, 10 déc 1979 : *La Vierge apparaissant à cinq saints*, pl. et lav./sanguine (26,5x15,3) : **GBP 1 650** – Londres, 8 déc. 1981 : *Saint Philippe Neri agenouillé devant un tableau de la Vierge*, sanguine et lav. avec reh. de blanc, de forme ovale (21x15,5) : **GBP 2 800** – Londres, 3 juil. 1984 : *Allégorie de l'Église et de la Justice*, craie rouge, pl. et lav. reh. de blanc/pap. (48,5x28,4) : **GBP 22 000** – Londres, 11 avr. 1985 : *Etude de personnage*, sanguine reh. de blanc/pap. gris : **GBP 13 000** – Londres, 30 juin 1986 : *Étude de Romulus enfant et deux études de bras gauche*, craie rouge reh. de blanc/touches craie noire/pap. bleu (34,3x25,8) : **GBP 12 500** – Londres, 11 avr. 1986 : *Le Mariage de la Vierge*, h/t (138,7x109,2) : **GBP 20 000** – Milan, 27 oct. 1987 : *Portrait de la princesse Maria Magdalena Rospigliosi*, h/t (98x74) : **ITL 26 000 000** – New York, 11 jan. 1989 : *Tête de jeune fille*, craie et sanguine/pap. gris (28,6x19,7) : **USD 7 700** – New York, 12 jan. 1990 : *Étude de draperies et de mains (recto) ; Étude de draperie, d'un homme nu assis et d'une tête (verso)*, craies noire et rouge avec reh. de blanc/pap. bleu (27,5x42) : **USD 16 500** – New York, 13 jan. 1993 : *Étude d'un enfant assis*, craie noire/pap. bleu (34x25,7) : **USD 1 840** – Londres, 5 juil. 1993 : *Bethsabée au bain*, encre et craie noire (26,2x17,9) : **GBP 2 415** – New York, 12 jan. 1994 : *Vierge à l'Enfant adorée par saint Charles Borromée et par saint Ignace de Loyola et des anges*, encre et lav. (37x20,8) : **USD 57 500** – Monaco, 20 juin 1994 : *Sainte Marie-Madeleine en pénitence veillée par des anges*, craie rouge et reh. de blanc (40,5x24) : **FRF 188 700** – Londres, 8 juil. 1994 : *La vestale Tuccia*, h/t (137x99) : **GBP 67 500** – New York, 6 oct. 1994 : *L'éducation de la Vierge*, h/t (150,8x122) : **USD 11 500** – Milan, 18 oct. 1994 : *Vierge en gloire avec saint Jean l'Évangéliste ; Saints Grégoire, Chrisostôme et Augustin*, encre et aquar./pap. (47x26) : **ITL 6 325 000** – Rome, 14 nov. 1995 : *Portrait d'un ecclésiastique*, h/t (66,5x48) : **ITL 41 400 000** – New York, 10 jan. 1996 : *Un pape et l'allégorie de l'Architecture*, craie noire, encre et lav./pap. brun (25x18) : **USD 4 025** – Londres, 2 juil. 1996 : *Diane chassant*, sanguine (22,7x32,7) : **GBP 10 350**.

MARATTI Faustina

Née en 1680. Morte en 1741. XVIIIe siècle. Italienne.

Peintre.

Fille et élève de Carlo Maratti. Le Musée Ambrosiana, à Milan, conserve d'elle le *Portrait du pape Clément VII*. Son portrait par elle-même, se trouve dans le palais Corsini, à Rome. Après son mariage avec le poète Felice Zappi, elle ne s'occupa plus que de littérature.

MARAVAL Dominique

Né le 28 février 1948 à Béziers (Hérault). XXe siècle. Français.

Peintre et cinéaste.

Il eut d'abord une formation cinématographique et réalisa plusieurs court-métrages. A partir de 1980, il commença à exposer ses peintures, dans plusieurs endroits alternatifs et dans des salons (MAC 2000, Grands et Jeunes d'Aujourd'hui, des Réalités Nouvelles, etc.)
Ses compositions sont des abstractions assez colorées, où

dominent les tons ocre, bruns, rouges, orangés, et dans lesquelles des formes géométriques dialoguent avec des gestes picturaux plus libres : empâtements, goutelettes éparpillées...

MARAVAL Pierre
XXe siècle. Français.
Peintre, multimédia, auteur d'happenings. Figuration libre.
Il a participé aux expositions collectives suivantes : 1982, *Peinture et mode* au Louvre à Paris ; 1984, 1986, Salon de Montrouge ; 1985, *Les Piliers de la coupole* à Paris, organisée par la galerie Beau Lézard dont il est un des fondateurs ; 1986, *Festival d'Art Contemporain* de Sète. Il expose personnellement ses œuvres à la galerie Beau Lézard à Paris depuis 1983.
D'abord peintre, ses œuvres sont proches d'un symbolisme onirique. Il s'est ensuite intéressé à la photographie comme miroir réfléchissant de portraits de femmes, dont il a réuni environ un millier clichés. Il les a ensuite mis en scène au cours d'un *happening* théâtral à l'UNESCO en 1994.
VENTES PUBLIQUES : PARIS, 13 avr. 1988 : *Entre deux nuits* 1985, acryl./t. et glycéro (213x213) : **FRF 10 000** – PARIS, 12 fév. 1989 : *Front elevation* 1988, acryl./t. (64x84) : **FRF 11 000** – PARIS, 12 juin 1989 : *Out* 1989, acryl./t. (67x87) : **FRF 21 000**.

MARAVUS. Voir **MATTHIAS**

MARAZZANI ou **Marazhani**. Voir **AUTER**

MARBEAU Philippe
Né le 2 novembre 1807 à Brive-la-Gaillarde (Corrèze). Mort le 14 décembre 1861 à Marseille. XIXe siècle. Français.
Paysagiste et portraitiste.
Élève de Picot. Exposa au Salon de 1842 à 1855. Le Musée de Marseille, possède deux œuvres de lui.

Marbeau - 1850

VENTES PUBLIQUES : PARIS, 1er mars 1950 : *Baigneuse* : **FRF 2 100**.

MARBEL
XVIIIe-XIXe siècles. Français.
Portraitiste.
Il travailla à Paris de 1794 à 1803.

MARBLO
Né en 1931 à Besançon (Doubs). XXe siècle. Depuis 1983 actif en Espagne. Français.
Peintre et graveur. Tendance primitive.
Il étudie d'abord à l'École des Beaux-Arts de Besançon, puis à Paris à l'École des Arts Appliqués. En 1958 il expose ses œuvres à Paris aux Salons de la Jeune Peinture, des Indépendants, des Artistes Français. En 1960 il est sélectionné par le Musée d'Art Moderne de la Ville de Paris pour faire partie d'une exposition d'un groupe de 12 peintres (parmi lesquels Guiramand, Fusaro, Cottavoz...), sous le titre *La Jeune École de Paris*, exposition présentée ensuite dans plusieurs villes des États-Unis. Il a eu depuis de nombreuses expositions personnelles, en France et à l'étranger, notamment à partir de 1970 à la galerie Entremonde à Paris. En Espagne, il a continué à exposer et a remporté plusieurs prix. Sa peinture rappelle l'art précolombien ou celui de Lascaux, par le graphisme et par les motifs représentés : chevaux, silhouettes humaines, signes ésotériques... Cet aspect primitif en apparence est en réalité sous-tendu par une grande maîtrise des techniques classiques du dessin et des complémentarités de couleurs.

MARBOCH Henni
XVIe siècle. Allemand.
Sculpteur sur bois.
A exécuté avec Hans Smet les plus belles sculptures sur bois de l'hôtel de ville de Goslar.

MARBOUTIN Germaine
Née le 6 mars 1899 à Paris. XXe siècle. Française.
Sculpteur.
Elle fut élève de F. Sicard, expose, à Paris, au Salon des Artistes Français, où elle obtint des médailles en 1927 et 1929.

MARBROOK Juanita
XXe siècle. Américaine.
Peintre.
Elle figure, en 1946 et 1947, aux Expositions internationales du Prix Carnegie.

MARC Charles Nicolas François
XVIIIe siècle. Actif à Lunéville. Éc. lorraine.
Peintre.
Il fut peintre ordinaire du duc de Lorraine. Il était fils de François Marc, peintre et sculpteur.

MARC Esteban. Voir **MARCH**

MARC Evelyn
Née en 1915 à Angers (Maine-et-Loire). XXe siècle. Française.
Peintre.
Elle est la fille des peintres Willy Eisenschiltz et Claire Bertrand. Elle passa l'année 1935-1936, dans une université américaine ; ensuite elle fut élève des Académies privées de Paris.
Elle exposa à plusieurs reprises ses premières œuvres abstraites, à Paris et à Marseille, en compagnie de ses parents qui montraient des œuvres figuratives, dans la tradition cézanienne. Elle a figuré, à Paris, au Salon des Réalités Nouvelles, en 1949 et 1953. Evelyn Marc peignit tout d'abord des paysages, notamment en Provence. Elle évolua ensuite brusquement à l'abstraction, après la découverte de ses maîtres. Une abstraction lyrique, très spontanée, avec de jolis effets de matières noyées et de couleurs fondues, rappelant la première période abstraite de Kandinsky, celle que l'on dit parfois « fauve ».
BIBLIOGR. : Michel Seuphor : *Dictionnaire de la peinture abstraite*, Hazan, Paris, 1957.

MARC Fanny
Née le 22 mai 1858 à Paris. XIXe-XXe siècles. Française.
Sculpteur.
Élève de Falguière, de Barrias, et Georges Lemaire. Sociétaire des Artistes Français depuis 1896, elle obtint des mentions honorables 1895, médaille troisième classe 1904, deuxième classe 1906. Auteur du *Monument aux morts de 1870* à la Ferté-sous-Jouarre.

MARC François
XVIIIe siècle. Actif à Nancy vers 1733. Éc. lorraine.
Peintre et sculpteur.

MARC Franz
Né le 8 février 1880 à Ried (Bavière). Mort le 4 mars 1916 devant Verdun (Meuse). XXe siècle. Allemand.
Peintre animalier, graveur, pastelliste, aquarelliste, lithographe, écrivain. Expressionniste, puis tendance abstraite. Groupe Der Blaue Reiter.
Il est le fils du peintre Wilhelm Marc, peintre de tableaux religieux. Envisageant d'être pasteur, il fit des études de théologie (1894-1898), puis de philologie à l'université de Munich. Il décida ensuite de se consacrer à la peinture et entra à l'Académie des Beaux-Arts (1899-1903) où il eut pour maîtres von Dietz et G. Hackl. En 1902, il fit un voyage en Italie avec son frère Paul, où il étudia l'art bysantin. En 1903-1904, il fit un séjour de six mois à Paris et en Bretagne, au cours duquel il découvrit les impressionnistes et les estampes japonaises. Il abandonne l'Académie à son retour. En 1905, il rencontra le peintre animalier suisse Jean Bloé Niestlé qui, lui faisant comprendre les animaux, exerça une influence qui sera décisive sur lui. Cette même année, il connut aussi Mlle Schnür, qui appartenait au groupe « Jugendstil » *Die Scholle* et qui eut aussi une certaine influence sur son développement, comme en témoignent les dessins de la série *Stella Peregrina*. En 1905, il fit un premier essai de sculpture avec un *Groupe de moutons*, en cire. En 1906, il fit un voyage en Grèce, avec son frère, au Mont Athos. Il se maria en 1907 avec Maria Schnürr (divorce un an plus tard) avant de repartir pour un second séjour à Paris, où il vit des peintures de Gauguin et de Van Gogh. Il donna aussi des cours de dessin d'anatomie animale. En 1908, Marc peignit en plein air avec Maria Franck. En 1909, il admira l'exposition de Hans von Marées. Il entra cette même année en contact avec les marchands Brakl et Thannhauser et passa l'été à Sindelsdorf (Alpes bavaroises). En décembre, il aida à l'accrochage de l'exposition Van Gogh, à Munich, dont l'influence est présente dans sa peinture. Il convient de faire justice de l'assertion de Schmidt-Rottluff et de Heckel, écrivant, en 1946, que ni eux, ni leurs camarades de la *Brücke* (groupe des expressionnistes allemands) ne connaissaient la peinture française et en particulier les fauves, assertion également soutenue par le critique L. G. Buchheim, lorsqu'il écrivit que ceux-ci n'entrèrent en contact avec les peintures des Fauves français qu'en 1912. Kirchner était à Munich, en 1904, lorsque s'y tenait une exposition de peinture française post-impressionniste. En 1906, à Dresde, fut présentée une exposition de peintres français contemporains. Dès 1904, Matisse avait exposé en Allemagne. Kandinsky était déjà à Paris en 1905.

Pechstein était l'ami de van Dongen. Enfin, on vient de le voir, Franz Marc fit deux séjours à Paris, en 1903 et en 1907. D'ailleurs lui-même dans un article du *Blaue Reiter*, parle des peintres de la *Brücke* comme des « Fauves de l'Allemagne ». Durant l'année 1910, installé à Sindelsdorf en Bavière, Marc fit la connaissance de Macke et par lui du collectionneur Bernard Koehler qui le soutiendra et entra en contact avec Jawlensky et Werefkin. Le 1er janvier 1911, il fit la connaissance de Kandinsky et de Münter chez Jawlensky et adhéra à la *Neue Künstlervereinigung Müchen* (NKVM ou Nouvelle Association des artistes de Munich). En 1912, il effectua un troisième séjour à Paris, avec sa nouvelle femme, Maria Franck, et August Macke. Il y rencontra Delaunay, avec lequel il était en correspondance, et qui allait avoir une grande influence sur son œuvre. Toujours en 1912, il visita l'Exposition futuriste de Cologne. S'étant engagé en 1914, comme volontaire dans l'armée allemande, au cours des rares moments de répit qui lui laissait la vie au front, il ne put matérialiser ses idées plastiques que dans le *Feldskizzenbuch* (Carnet d'études au front), recueil de projets de peintures abstraites, les commentant dans un ensemble de correspondances et de trois essais conservés.

S'il fut admis, en 1911, comme membre de la *Nouvelle Association des Artistes de Munich*, il la quitta, dès le 2 décembre, en compagnie de Kandinsky, Münter et Kubin, pour participer le 18 décembre à la première *Exposition de la Rédaction du Cavalier Bleu*, à la galerie Thannhauser, où l'on vit, entre autres, des œuvres du Douanier Rousseau et de Robert Delaunay, auxquels Franz Marc vouait une grande admiration ; en 1912, deuxième exposition du *Cavalier bleu*, chez Goltz ; puis en mars 1912 exposition du *Cavalier bleu* à la galerie du groupe *Der Sturm* (La Tempête), à Berlin ; enfin, en cette même année 1912, parution de l'Almanach du *Blaue Reiter*, dont il fut coéditeur avec Kandinsky. En 1913, il prit une part active à la préparation du premier *Salon d'Automne Allemand* à Berlin. En 1916, la Nouvelle Sécession de Munich lui consacra une exposition-hommage. Un important ensemble d'œuvres de Franz Marc fut présenté lors de l'exposition *Figures du Moderne – L'Expressionnisme en Allemagne 1905-1914*, au Musée d'Art Moderne de la Ville de Paris, en 1992-1993.

Au printemps de 1908, après un long cheminement fait d'études minutieuses et approfondies et de découragements, il peignit le premier tableau de la série des *Chevaux de Lenggries*, thème qu'il développera jusqu'à sa mort. Avec les chevaux, animal particulièrement pur et noble, il peignit, dessina et grava ensuite toutes sortes d'animaux, souvent des chevreuils et des cerfs, mais aussi des chiens, des tigres, etc. Dans ses écrits, il s'est volontiers expliqué sur son choix presque exclusif des animaux. Être pur et mystique, pour lui l'animal figurait l'Eden, la vie avant le péché, en toute liberté dans la communion avec la nature, par opposition à l'homme dégénéré dans les souillures de sa civilisation. Il peignait d'abord ces animaux en premier plan devant le paysage. Après 1912, il les intégra au paysage, par ce curieux processus où il se mettait à la place de l'animal pour décrire le paysage tel que devait le voir l'animal lui-même : « Qu'elles sont donc pauvres et plates nos conventions ! Nous situons une bête dans un paysage de forêt ou de plaine que nous regardons avec nos propres yeux, au lieu de plonger et de nous abîmer dans l'âme de l'animal pour pénétrer son champ visuel ».

En décembre 1909, c'était encore en spectateur qu'il vit la première exposition de la *Nouvelle Association des Artistes de Munich*. Le 6 janvier 1910, il rencontra pour la première fois, August Macke, avec lequel l'amitié, avant une mort identique allait le lier. Dès février, il fit la connaissance de Kandinsky. À ce moment-là, ses recherches sur la couleur lui faisaient pratiquer une technique pointilliste. L'année 1911 fut décisive dans son évolution et sa carrière. Il peignit deux de ses œuvres capitales, *Trois chevaux rouges* et *Les Grands Chevaux bleus*, et prépara avec Kandinsky l'almanach du *Blaue Reiter*. Dans les œuvres de 1912 se remarquent les influences conjuguées de Delaunay, des futuristes, et du douanier Rousseau : la forme s'est épurée, géométrisée en arabesques ; la couleur s'est désolidarisée de la représentation des objets, ce sont les couleurs du prisme qui s'organisent selon leur logique propre ; puis les formes s'interpénètrent par des effets dynamiques de transparence ; son culte « édénique » des animaux s'exprime dans la recherche d'une symbiose harmonique entre ceux-ci et le paysage. De 1913 datent encore des grandes compositions constituant l'apogée de sa manière du moment : *Les Destins des animaux ; La Tour des chevaux bleus ; Les Grands chevaux jaunes*, qu'il peignit de 1912 à 1914 ; *Les Chevreuils dans la forêt*. Il semble alors qu'il se détacha de sa vision panthéiste, idyllique, des animaux ; qu'il abondonna une conception amère et pessimiste de la nature. Dans son *Paysage du Tyrol*, de 1913-1914, resté inachevé, s'affrontent les forces telluriques ; l'apparence de la réalité est réduite au minimum, les grandes diagonales des rais de soleil se heurtent à celles du paysage de montagne. Dans une dernière étape, la logique de sa démarche, en même temps que son désenchantement du monde, le firent renoncer totalement à la réalité, et il peignit ses premières œuvres complètement abstraites : *Formes en lutte ; Formes cassées ; Formes sereines ; Composition de formes abstraites* ; etc.

N'étant parvenu que lentement à la maîtrise de son art interrompu par la guerre, et tombé devant Verdun, Franz Marc ne disposa que de trois années pour l'essentiel de son œuvre. Pourtant, ces trois années lui suffirent pour rester comme l'un des plus importants représentants de l'expressionnisme allemand, puis comme l'un des créateurs de l'abstraction, et de toute façon comme un personnage émouvant qui pressentit, à la façon instinctive des animaux qu'il aima tant, l'imminence de la catastrophe mondiale qui allait l'engloutir. ■ Jacques Busse

Bibliogr. : A. J. Schardt : *Franz Marc, avec catalogue de l'œuvre et bibliographie*, Berlin, 1936 – A. Barr : *Cubism and Abstract Art*, Édit. du Musée d'Art Moderne, New York, 1936 – Michel Seuphor : *L'Art abstrait, ses origines, ses premiers maîtres*, Maeght, Paris, 1949 – in : *Der blaue Reiter*, catalogue de l'exposition rétrospective, Munich, 1949 – in : *Franz Marc*, catalogue de l'exposition, Munich, 1950 – Maurice Raynal : *Peinture moderne*, Skira, Genève, 1953 – Franz Meyer, in : *Dictionnaire de la peinture moderne*, Hazan, Paris, 1954 – Herbert Read : *Histoire de la peinture moderne*, Somogy, Paris, 1960 – M. Robinson : *Franz Marc, peintures*, Hazan, Paris – J.-E. Muller, in : *Dictionnaire universel de l'art et des Artistes*, Hazan, Paris, 1967 – Klaus Lankheit : *Franz Marc. Katalog der Werke*, Dumont Schauberg, Cologne, 1970 – in : *Les Muses*, t. x, Grange Batelière, Paris, 1973 – *Dictionnaire universel de la peinture*, Le Robert, Paris, 1975 – Klaus Lankheit : *Franz Marc. Sein Leben und seine Kunst*, Cologne, 1976 – in : *L'Art du xxe siècle*, Larousse, Paris, 1991 – in : *Dictionnaire de l'art moderne et contemporain*, Hazan, Paris, 1992 – in : *Figures du Moderne – L'Expressionnisme en Allemagne 1905-1914*, catalogue de l'exposition, Musée d'Art Moderne de la Ville de Paris, 1992-1993.

Musées : Bâle (Kunsthalle) : *Deux chats* 1912 – *La Destinée des animaux* 1913 – Berlin (Gal. Nat.) : *La Tour des cheveaux bleus* – *Trois chevreuils* – Berne (Kunsthalle) : *Le Rêve* 1913 – Brême (Kunsthalle) : *Chevreuil dans un jardin* 1913 – Dresde : *Destinées des animaux* – Düsseldorf (Kunstmus.) : *Jeunes filles se baignant* – *Deux nus dans un paysage arcadien* 1911 – *Renards* 1913 – Essen (Folkwang Mus.) : *Cheval dans un paysage* 1910 – *Le Cheval bleu* 1911 – *Chevaux rouges* 1911 – *Taureau couché* 1913 – Francfort-sur-le-Main : *Chien couché dans la neige* – *Intérieur de forêt* – Hagen (Karl-Ernst-Osthaus-Mus.) : *Formes sereines* 1914 – *Composition III* 1914 – Halle (Mus. mun.) : *Destinées d'animaux* – *Les Deux Cerfs* – *Chat sur un coussin jaune* – Hambourg (Kunsthalle) : *Procession des singes* 1911 – Karlsruhe (Kunsthalle) : *Chevreuil dans le forêt II* 1913-1914 – Leipzig (Mus. des Beaux-Arts) : *Les Chevaux bleus* – Mannheim (Kunsthalle) : *Chien, renard et grands chevaux bleus* 1911 – Minneapolis (Walker Art Center) : *Grands Chevaux bleus* 1911 – Munich (Städtische Gal.) : *Nu au chat* 1910 – *Sous la pluie* 1912 – Munich (Bayerische Staatsgemäldesammlungen) : *Les Chevreuils rouges* 1912 – *Le Tigre* 1912 – *Mandrill* vers 1913 – *Tyrol* 1913-1914 – Munich (Neue Pina.) : *Formes combattantes* 1914 – Münster : *Les Meules de foin* 1909 – New York (Solomon R. Guggenheim Mus.) : *Le Bœuf blanc* 1911 – *Vache jaune* 1911 – *Paysage déshérité du Tyrol* 1913 – *Bos Orbis Mundi* 1913 – *Stalles à chevaux* 1913-1914 – Providence (Rhode Island School of Design, Mus. of Art) : *La Gazelle* 1912 – Rotterdam (Mus. Boymans-van Beuningen) : *L'Agneau* 1913-1914 – Saarbrucken (Saarl. Mus.) : *Moutons* 1912 – Stuttgart (Staatgal) : *Chevaux jaunes* 1912 – *Quatre chats jouant* 1913 – Wuppertal (Ruhmeshalle) : *Nus* – *Cheval qui saute*.

Ventes Publiques : New York, 16 mars 1960 : *Formes sphériques* : **USD 10 000** – Stuttgart, 3 et 4 mai 1962 : *Deux chevaux dans un paysage* : **DEM 29 000** – Munich, 7 juin 1967 : *Deux gazelles*, aquar. : **DEM 10 000** – Londres, 12 avr. 1972 : *Les Poulains bleus* : **GBP 66 000** – Hambourg, 16 juin 1973 : *Torse de femme*, bronze : **DEM 14 500** – Londres, 2 et 3 juil. 1974 : *Quatre renards*, aquar. : **GNS 7 500** ; *La Cascade* : **GBP 45 000** – Hambourg, 4 juin 1976 : *Tigre* 1912, grav./bois : **DEM 2 400** – Munich, 25 nov. 1977 : *Porcs* 1912, h/t (58x84) : **DEM 350 000** – Berne, 8 juin 1978 : *Enfants avec chevaux et chien* 1911, craie noire (17x21,6) : **CHF 17 000** – Heidelberg, 13 oct 1979 : *La Création II* 1914, grav./bois en vert, jaune et noir/Japon mince (23,8x20) : **DEM 4 600** – Londres, 4 déc 1979 : *Nus* vers 1912, aquar. (40x27,5) : **GBP 27 000** – Londres, 2 déc. 1980 : *Deux groupes de quatre chevaux* vers 1911, cr. (21,5x16,5) : **GBP 11 500** – Hambourg, 6 juin 1980 : *Deux nus debout et pierre verte* 1910-1911, h., temp./cart. (63,8x48,6) : **DEM 250 000** – Munich, 30 juin 1981 : *Chevaux* 1908, litho. coul. et reh. de blanc : **DEM 58 000** – Berne, 26 juin 1981 : *Deux Chevaux dans la prairie* 1913, gche et aquar. (39,6x62,5) : **CHF 860 000** – Munich, 29 nov. 1983 : *Naissance du cheval* 1913, grav./bois coul. (21,5x14,5) : **DEM 14 500** – Berne, 23 juin 1983 : *Stallungen* 1913, aquar. en noir/trait cr. (16,8x22,1) : **CHF 74 000** – New York, 15 nov. 1983 : *Schweine* 1912, h/t (58,5x84) : **USD 350 000** – Munich, 14 juin 1985 : *Pferde in der Schwemme* 1908, litho. en trois coul. reh. de blanc : **DEM 40 000** – Cologne, 10 déc. 1986 : *Deux chevaux* 1908-1909, bronze patine brun foncé noir (H. 17,5 et l. 16,5) : **DEM 280 000** – New York, 19 nov. 1986 : *Die drei Pferde* 1913, h/pap. mar./cart. (60x75) : **USD 750 000** – Berne, 17 juin 1987 : *Fabeltier* 1912, grav./bois, colorée au pochoir : **CHF 43 000** – New York, 12 nov. 1987 : *Trois chevaux* 1915, cr./page d'un carnet de croquis (16x10,2) : **USD 15 000** – New York, 12 nov. 1988 : *Formes abstraites*, aquar. et gche/pap. (17x22,3) : **USD 66 000** – Versailles, 18 déc. 1988 : *Composition*, techn. mixte/t. (46x38) : **FRF 7 800** – New York, 10 mai 1989 : *Jeux de belettes* 1911, h/t (101x68) : **USD 1 595 000** – Berlin, 30 mai 1991 : *Cheval bleu et cheval rouge*, cr., feutre et aquar./carte postale (9x14) : **DEM 149 850** – Heidelberg, 12 oct. 1991 : *Chevaux en liberté* 1912, bois gravé (13,3x9,2) : **DEM 3 900** – Londres, 20 mai 1993 : *Notre maison (avec un texte adressé à Klee)* 1914, gche, aquar. et encre de Chine sur pap. Japon/carte postale (9,2x6,6) : **GBP 29 900** – Heidelberg, 5-13 avr. 1994 : *La Création d'un conte* 1914, bois gravé (23,9x20) : **DEM 5 000** – New York, 10 nov. 1994 : *Cheval sauvage* 1912, bois gravé/pap. Japon (6,1x8) : **USD 2 875** – Londres, 29 nov. 1994 : *Vaches couchées dans une prairie* 1911, gche/pap. (42,2x55) : **GBP 232 500** – Londres, 9 oct. 1996 : *Deux Nus allongés* 1912, gche/pap. (54,3x67,5) : **GBP 320 500**.

MARC Jean Auguste

Né le 12 juillet 1818 à Metz. Mort le 19 mai 1886 à Suresnes. XIXe siècle. Français.

Peintre de portraits, paysages animés, dessinateur.

Il fut professeur à Deikirch (Luxembourg) ; il vint à Paris, fut élève de Delaroche, et exposa au Salon de Paris en 1847. Écrivain, il fut aussi l'éditeur de l'*Illustration* de 1868 à 1886. La cathédrale de Mexico possèdent quelques-unes de ses œuvres.

Musées : Metz.

Ventes Publiques : Paris, 25 oct. 1920 : *L'empereur Napoléon III et l'impératrice Eugénie, en excursion dans les Alpes*, deux aquar. : **FRF 1 050** – Amsterdam, 20 avr. 1993 : *Reflets* 1850, h/pan. (9x11) : **NLG 4 600** – Amsterdam, 21 avr. 1994 : *Jeune femme dénudée sur un rocher au bord d'un ruisseau de forêt* 1850, h/pan. (9x11) : **NLG 5 750**.

MARC Michel

Né le 11 juillet 1921 à Paris. XXe siècle. Français.

Peintre de marines, paysages urbains, figures, nus.

Il a été élève du Cours supérieur de dessin et arts appliqués de la Ville de Paris. Il vit à Antibes depuis 1960.

Il figure, à Paris, au Salon de Paris, à la Société Nationale des Beaux-Arts, au Salon d'Hiver.

MARC Miguel. Voir **MARCH**

MARC Moritz

Né le 13 août 1799 à Bamberg. Mort le 5 octobre 1852 à Spire. XIXe siècle. Allemand.

Dessinateur amateur.

MARC Pierre Eugène

Né le 15 février 1819 à Rouen. XIXe siècle. Français.

Peintre de genre, de portraits et de natures mortes.

Élève de David et Paul Delaroche. Figura au Salon de Paris de 1846 à 1880. Il publia en 1856 sous forme de lithographies les *Œuvres complètes de P. J. David d'Angers*.

MARC Robert

Né en 1943. XXe siècle. Français.

Peintre, peintre de collages. Post-cubiste.

Il a montré ses œuvres dans une exposition personnelle à la galerie Verdaine à Genève, en 1993 ; une exposition de *Peintures et Collages*, galerie du Ressort à Paris en 1996-1997.

Sa peinture s'apparente, mais sans s'y assimiler, aux œuvres des cubistes « historiques ». Attaché à l'aspect décoratif et abstractisant de ce qui est devenu en fait un genre, ce peintre connaît, depuis 1986, un succès certain auprès des acheteurs en ventes publiques.

Ventes Publiques : Semur-en-Auxois, 23 nov. 1986 : *Composition cubiste*, gche/cart. (67x54) : **FRF 32 500** – Paris, 25 nov. 1987 : *Composition abstraite*, h/t (60x44) : **FRF 14 000** – Paris, 17 nov. 1987 : *Nature morte à la bouteille*, techn. mixte/cart. (36x27) : **FRF 75 000** – Londres, 24 fév. 1988 : *Composition cubiste*, h/t (44x34) : **GBP 2 640** – La Varenne-Saint-Hilaire, 29 mai 1988 : *Composition*, h/t (74x54) : **FRF 4 500** – Paris, 22 juin 1988 : *Composition abstraite*, h/t (41x31) : **FRF 7 200** – Londres, 19 oct. 1988 : *Composition*, h/t (65x54) : **GBP 3 080** – Versailles, 6 nov. 1988 : *Composition*, techn. mixte/t. (72,5x50) : **FRF 13 000** – Calais, 13 nov. 1988 : *Composition*, techn. mixte (72x60) : **FRF 14 100** – Paris, 21 nov. 1988 : *Composition*, h/t (61x50) : **FRF 18 000** – Calais, 26 fév. 1989 : *Composition en noir et blanc*, h/t (90x150) : **FRF 19 500** – Paris, 12 fév. 1989 : *Composition cubiste à la pipe et à la bouteille*, techn. mixte/cart. (55,5x66,5) : **FRF 30 000** – Londres, 24 mai 1989 : *Composition à la bouteille*, h/pan. (37x49) : **GBP 5 720** – Versailles, 24 sep. 1989 : *Nature morte à la bouteille*, h/t (60x73) : **FRF 22 000** – Le Touquet, 12 nov. 1989 : *Composition*, techn. mixte (64x53) : **FRF 42 000** – Versailles, 26 nov. 1989 : *Composition abstraite*, h/t (64x126) : **FRF 43 000** – Versailles, 10 déc. 1989 : *Composition*, h/t (60x37) : **FRF 27 500** – Versailles, 28 jan. 1990 : *Composition*, h/cart. (18,5x81,5) : **FRF 14 200** – Paris, 20 fév. 1990 : *Composition cubiste*, h/t (49x35) : **FRF 28 000** – Versailles, 25 mars 1990 : *Composition*, techn. mixte (92x73) : **FRF 34 000** – Paris, 19 juin 1990 : *Composition*, h/t (96x82) : **FRF 46 000** – Londres, 24-25 mars 1993 : *Composition cubiste*, h/t (150x50) : **GBP 2 070** – Le Touquet, 14 nov. 1993 : *Composition*, h/cart. (26x35) : **FRF 8 000** – Paris, 4 mai 1994 : *Composition ovale*, h/t (58x78) : **FRF 20 000** – Paris, 26 mars 1995 : *Composition cubiste*, h/t (130x80,5) : **FRF 20 000**.

MARC Tiburce de

Né au XIXe siècle à Paris. XIXe siècle. Français.

Portraitiste.

Débuta au Salon en 1872.

MARC Wilhelm

Né le 9 octobre 1839 à Landshut (Bavière). Mort le 26 mai 1907 à Pasing. XIXe-XXe siècles. Allemand.

Peintre de genre.

Étudia à Munich sous la direction d'Ehrich Correns, mort en 1877. Médaillé à Londres en 1894. Le Musée de Graz conserve de lui : *Combat de coqs*. Il est également représenté par quelques toiles dans les Musées de Munich et de Braunschweig. Père de Franz Marc.

Ventes Publiques : Munich, 14 mai 1986 : *Le Premier Bouquet de printemps*, h/t (30,5x22) : **DEM 5 000**.

MARC DE LUMMEN Jean Van. Voir **MARCKE de Lummen**

MARC-BONNEMÉE Louise Mathilde, née **Marquet**

Née à Bordeaux. Morte le 23 décembre 1900 à Paris. XIXe siècle. Française.

Peintre de fleurs et de portraits.

Elle fut élève d'Ange Tissier.

MARC-EROUKMANOFF, pseudonyme de **Eroukmanoff Marc**

Né le 26 mai 1912 à Paris. XXe siècle. Français.

Peintre de paysages, portraits, nus, natures mortes. Expressionniste.

De père russe et de mère française, cet artiste passe une partie de son enfance en Russie. Après des études secondaires à Paris, il entre à l'École Nationale des Beaux-Arts de Paris, où il reste deux ans. Il travaille ensuite pendant un an avec André Lhote, dont il n'épouse pas, cependant, les théories cubistes. Puis, c'est l'Académie de la Grande Chaumière à Montparnasse.

Il expose, irrégulièrement, en province : Bourges, Doué-la-Fontaine, etc. Une exposition particulière, faite à Paris, en 1968, constitue une révélation pour les critiques. Annenkov s'étonne que son talent n'ait pas été reconnu plustôt. Jeannine Warnod découvre son style classique et la fraîcheur poétique de ses œuvres.
Sa peinture est expressionniste. Il travaille en isolé, en dehors des courants que traverse la peinture moderne, suivi par un certain nombre d'amateurs. Il ne cherche pas à échapper à son isolement, qui convient bien à son caractère. Ne voulant pas enfermer la peinture dans quelque procédé, considérant qu'elle doit continuer à s'appuyer sur le réel et être, en premier lieu, le reflet du caractère et de la sensibilité de l'artiste, sans esthétisme ni intellectualisme, il peint des paysages, des portraits, des nus, des natures mortes, parfois fortement transposés. Son caractère tourmenté apparaît dans ses œuvres. Son geste est violent, brillant, spontané, les couleurs parfois brutales, mais l'œuvre reste harmonieuse, équilibrée. Il est rattaché à l'école de Paris. ■ J. B.

MARCA Giovanni Battista della, dit aussi **Lombardelli** et **il Montano**
Né en 1532 à Montenuovo. Mort en 1587. XVIe siècle. Italien.
Fresquiste.
D'abord élève de Marco da Faenza. Il se rendit à Rome sous le pontificat de Grégoire XIII. Là, il s'attacha à copier ou plutôt à imiter les œuvres de Raffaelino da Reggio, avec lequel il travailla à quelques fresques du Vatican. Pérouse, Rome et Montenuovo possèdent une grande partie de ses fresques.

MARCA Joseph Marc
Originaire de Moglia. Italien.
Sculpteur et stucateur.
Il travailla pour les églises de Villers-le-Sec et Recologne.

MARCA Lattanzio et **Vicenzo della**. Voir **PAGANI**

MARCA René Émmanuel
Né le 10 mars 1893 à Paris. XXe siècle. Français.
Peintre.
Il s'est formé dans les Musées français et étrangers. Il expose, à Paris, aux Salons des Indépendants, des Artistes Français et d'Automne.

MARCA-RELLI Conrad ou **Corrado**
Né en 1913 à Boston (Massachusetts). XXe siècle. Américain.
Peintre de paysages, peintre de collages. Abstrait.
Après avoir passé son enfance, en partie en Europe, en partie à Boston, il se fixa à New York, décidé à devenir peintre à l'âge de dix-sept ans. Il a fréquenté le Cooper Union College, puis travailla comme illustrateur pour différents magazines. Entre 1935 et 1938, il travaille au service du W. P. A. – Federal Arts Project, où il fit la connaissance de Franz Kline et Willem de Kooning. Il a effectué plusieurs voyages au Mexique et en Europe. Il a enseigné à l'Université de Californie, en 1958 ; à l'Université de Yale, en qualité de critique d'art, en 1954-1955 et 1959-1960.
Il participe à de très nombreuses expositions de groupe, parmi lesquelles : Whitney Annuals, Carnegie International, Chicago Art Institute, Biennale de Venise, Biennale de São Paulo, Exposition universelle de Seattle en 1962, etc. Il a montré ses œuvres dans des expositions particulières, à New York, en 1948, suivie d'autres nombreuses, à New York encore ; Hollywood ; Rome et Milan, 1957 ; Paris, 1962 ; etc. En 1954, il remporta le Logan Medal et un prix important du Chicago Institute ; en 1959, un prix de la Fondation Ford ; en 1960, un prix du Detroit Institute of Art ; une mention à la Biennale de Mexico.
Peu connu en Europe, il a une grande réputation aux États-Unis. Au lendemain de la guerre, il peint des paysages. Puis, évoluant à l'abstraction, il s'est surtout révélé dans des compositions sobres, à base de collages de divers matériaux blancs, en général des morceaux de toile, soulignés de contours et de « tachages » noirs, cette sorte de mosaïque se détachant souvent sur fond de couleur, l'ensemble évoquant des photographies au microscope. Si, au début, la part « construite » de ses collages est dominante, peu à peu il explorera la possibilité expressive sous l'influence de Kooning et Pollock. Élargissant par la suite sa gamme chromatique, il a réalisé des compositions de couleurs vives, puis s'est mis à intégrer dans ses œuvres des matériaux, tels le vinyle ou l'aluminium. ■ J. B.
Bibliogr. : In : *Peintres contemporains*, Mazenod, Paris, 1964 – in : *Dictionnaire universel de la peinture*, Le Robert, Paris, 1975 – H.H. Arnason : *Conrad Marca-Relli – les premières années 1955-1962*, New York, 1979.
Musées : Chicago (Art Inst.) – Cleveland (Mus. of Art) – Detroit (Inst. of Art) – Minneapolis (Walker Art Center) : *Le Tournoi* 1959 – New York (Fogg Mus. of Mod. Art) – New York (Whitney Mus.) – New York (Solomon R. Guggenheim Mus.) : *Warrior* 1956 – New York (Mus. of Mod. Art) : *Figure couchée* 1953-1954 – New York (Met. Mus.).
Ventes Publiques : New York, 11 déc. 1963 : *Picador* : **USD 2 300** – New York, 9 avr. 1970 : *Intérieur blanc* 1955 : **USD 3 000** – New York, 1er mai 1973 : *Le Piège* : **USD 7 500** – New York, 20 oct. 1977 : *MR-2*, collage et h/t (126x102) : **USD 4 500** – New York, 12 nov. 1980 : *Sans titre* 1961, collage et h/t (101,5x91,5) : **USD 4 500** – New York, 13 mai 1981 : *Les Joueurs* 1978, collage/t. (68,5x86,5) : **USD 4 000** – New York, 9 nov. 1983 : *Sans titre* 1959, collage et h/t/t. (111x147,5) : **USD 6 000** – New York, 7 nov. 1985 : *M-S-7-59* 1959, collage et h/t (91,5x91,5) : **USD 3 200** – New York, 13 mai 1988 : *X-S-14-73*, h. et collage/t. (50,8x45,7) : **USD 4 620** – New York, 3 mai 1989 : *La rédemption* 1956, h. et collage de t./t. (124x155) : **USD 46 750** – New York, 13 nov. 1989 : *Composition* 1958, h/t/cart. (53,4x39,5) : **USD 38 500** – New York, 7 mai 1990 : *Sans titre (toile beige)*, h. et collage de t./métal (80,6x60,3) : **USD 15 400** – New York, 8 mai 1990 : *R-L-4-58 Nuit blanche* 1958, h/t (142,8x195,7) : **USD 88 000** – New York, 4 oct. 1990 : *Personnage assis*, h. et collage de t./t. (167,5x126,3) : **USD 49 500** – New York, 2 mai 1991 : *Un midi d'août* 1963, h. et t. et collage de vinyl./t. (146,7x182,8) : **USD 46 200** – New York, 13 nov. 1991 : *X-L-31-62* 1962, collage de t. et h/t (152,1x152,1) : **USD 30 800** – New York, 6 mai 1992 : *Composition* 1957, h. et collage de t./t. (66x83,7) : **USD 11 000** – New York, 6 oct. 1992 : *Sans titre*, collage de t. d'emballage/t. (53,3x71,1) : **USD 6 050** – New York, 17 nov. 1992 : *XL-6-64*, acryl./alu. (114,2x142,2x2,5) : **USD 5 500** – New York, 11 nov. 1993 : *M-S-1-59* 1959, h/collage de t./t. (91,4x101,6) : **USD 26 450** – New York, 24 fév. 1995 : *Sans titre* 1972, journal, t. d'emballage et collage de pap./pap./t. (64,1x52,1) : **USD 1 150** – New York, 3 mai 1995 : *Sierra Madre* 1961, h. et collage de t./t. (182,9x133,4) : **USD 18 400** – New York, 9 mai 1996 : *R-M-2-59* 1959, h. et collage de t./t. (109,2x99,1) : **USD 10 925** – Paris, 5 oct. 1996 : *A la fenêtre*, h. et collage/pan. (55x64) : **FRF 10 000** – New York, 10 oct. 1996 : *Sans titre* 1958, h/collage t./t. (111,8x99,1) : **USD 6 900** – New York, 21 nov. 1996 : *Le Rouge Noir* 1958, collage et h/t/t. (144,8x195,6) : **USD 32 200**.

MARCACCI. Voir aussi **MARRACCI**

MARCACCI Leonardo
XVIIIe siècle. Actif à Pistoie au début du XVIIIe siècle. Italien.
Architecte et sculpteur.

MARCACCIO Fabian
Né en 1963. XXe siècle. Actif aux États-Unis. Argentin.
Peintre, technique mixte. Abstrait.
Il expose à New York et Los Angeles.
Il réalise des toiles, tendues par des piquets de tente qui les détachent du mur, vivement colorées.
Bibliogr. : Maia Damianovic : *La Peinture au risque du dilemme*, Art Press, n° 211, Paris, mars 1996.

MARCADÉ André
Mort le 16 juillet 1653 à Angers. XVIIe siècle. Français.
Peintre verrier.
Fils de Michel Marcadé.

MARCADÉ Jehan
Originaire de La Ferté-Besnard. XVIe siècle. Français.
Sculpteur sur pierre.
Il a travaillé à Beauvais.

MARCADÉ Michel
XVIe siècle. Actif à Angers de 1586 à 1599. Français.
Peintre verrier.

MARCADIER Louis Marius
Né le 26 mars 1874 à Montpellier (Hérault). XXe siècle. Français.
Peintre, aquarelliste, graveur.
Il fut élève de J. Jacquet de Bonnat.
Il figura, à Paris, au Salon des Artistes Français. Il fut membre de cette société à partir de 1903. Il obtint des médailles en 1908, 1914, et d'or en 1922.

MARÇAL Nicolau. Voir **MARZAL**

MARÇAL de Sax. Voir **MARZAL**

MARCANTONIO. Voir aussi **MARCO ANTONIO**

MARCANTONIO. Voir aussi **RAIMONDI Marcantonio**

MARCANTONIO di Antoniazzo. Voir **AQUILIO Marcantonio**

MARCASSE Waregem
Né en 1946. xxe siècle. Belge.
Peintre. Tendance abstraite.
Il fut élève de l'Académie Saint-Luc à Gand et à l'Académie de Deinze. Il obtint le Prix jeune peinture belge en 1978 et le Grand Prix de Rome en 1979.
Ses peintures relèvent du monochrome, elles forcent à la méditation.
Bibliogr. : In : *Dictionnaire biographique illustré des artistes en Belgique depuis 1830*, Arto, Bruxelles, 1987.
Musées : Bruxelles (Mus. d'Art Mod.) – Ypres.

MARCEAU Étienne
Né au xxe siècle à Nogent-sur-Seine (Aube). xxe siècle. Français.
Peintre.
Il exposa, à Paris, au Salon des Indépendants, et à partir de 1911 à la Société Nationale des Beaux-Arts et au Salon d'Automne.

MARCEAU N.
xve siècle. Français.
Sculpteur.
Il a travaillé vers 1440 à l'achèvement de la cathédrale de Lyon.

MARCEAU-DESGRAVIERS Marie, dite **Emira**. Voir **CHAMPION de Cernel**

MARCEL Adèle. Voir **FERRAND**

MARCEL Alexandre
xixe siècle. Français.
Peintre d'histoire et portraitiste.
Il fut élève d'Ingres. Il exposa au Salon en 1839.
Ventes Publiques : Paris, 26 fév. 1931 : *Bacchanale ; Baigneuse*, deux dess. à la sanguine : **FRF 140**.

MARCEL Didier
Né en 1961. xxe siècle. Français.
Dessinateur, sculpteur.
Il vit et travaille à Besançon. Il participe à des expositions collectives : 1988 Arc, Musée d'Art Moderne de la Ville de Paris ; 1991 *Mouvements 1 et 2* aux Galeries contemporaines du Centre Georges Pompidou à Paris ; 1997 *Coïncidences, Coïncidences* à la Fondation Cartier à Paris. Il montre ses œuvres dans des expositions personnelles, la première à la galerie Froment-Putman en 1991.
Il travaille surtout le volume d'objets qu'il recrée : agrafeuse « grandeur nature » taillée dans du carton ondulé repeint en blanc, maisonnettes en plâtre brut, animal en plastique ficelé, la tête dans son socle.

MARCEL N.
Né en 1628 à Francfort. Mort en 1683 à Francfort. xviie siècle. Allemand.
Peintre de natures mortes.
Élève d'un peintre peu connu du nom de Georges Vlugels, Marcel fut un artiste de talent, dont le coloris est particulièrement digne d'éloge.

MARCEL-BERONNEAU Pierre Amédée ou **Béronneau**
Né le 14 juillet 1869 à Bordeaux (Gironde). Mort le 13 janvier 1937 à la Seyne-sur-Mer (Var). xixe-xxe siècles. Français.
Peintre de figures, sujets mythologiques, intérieurs, paysages, dessinateur, peintre de cartons de tapisseries.
En 1891, il quitte Bordeaux pour s'installer à Paris, où il fut élève de Gustave Moreau et de E. Thirion à l'École Nationale des Beaux-Arts. Marcel-Beronneau se lie avec Georges Rouault, ils partagent un atelier à Montparnasse. En 1933, il s'installe dans le Midi.
Il exposa à partir de 1895 (et depuis 1900 sous le nom de Béronneau), à Paris, aux Salons des Artistes Français et des Indépendants. Il obtint des médailles en 1900, 1913, d'or en 1926. Personnellement, il exposa à Stuttgart, Helsingorg en 1901, en Russie en 1903, à Londres en 1904, puis en Amérique du Sud. Chevalier de la Légion d'honneur en 1914.
Il resta proche, par l'esprit, de son maître Gustave Moreau. Il utilisa des couleurs fortes et des empâtements qui accentuent les contrastes de couleurs. Son thème principal est celui de la femme qu'il associe aux symboles – parfois mythologiques, par exemple Sapho et Salomé – de la tentation, de la séduction, de la volupté, du mystère, du triomphe, et de la douleur. Il a réalisé un carton de tapisserie *Salomé dansant devant le roi Hérode* exécuté par la Manufacture des Gobelins.
Musées : Bagnères-de-Bigorre – Bordeaux – Chaumont – Clermont-Ferrand – Valence.
Ventes Publiques : Paris, 7 nov. 1973 : *Salomé*, aquar. gchée : **FRF 6 500** – Londres, 15 fév. 1978 : *Salomé*, h/t (97,5x82,5) : **GBP 2 600** – Londres, 3 avr 1979 : *Salomé*, gche (55x46) : **GBP 1 300** – Paris, 27 fév. 1984 : *L'offrande*, h/cart., forme ovale (53x64,5) : **FRF 55 000** – Paris, 22 mai 1985 : *Figure symboliste*, h/pan. (33x25) : **FRF 22 000** – Paris, 20 mars 1986 : *Salomé*, gche (38x22) : **FRF 30 500** – Paris, 24 nov. 1987 : *Salomé*, h/t (81x100) : **FRF 215 500** – Enghien-les-Bains, 25 oct. 1987 : *Salomé* 1925, h/t (175x112) : **FRF 250 000** – Versailles, 5 mars 1989 : *Salomé*, h/t (42x32) : **FRF 13 300** – Paris, 9 avr. 1989 : *Judith*, h/t (54,2x65) : **FRF 80 000** – Paris, 9 déc. 1989 : *Femme au parfum*, h/cart. (51x61) : **FRF 100 000** ; *Sirène et Poète*, h/t (146x88) : **FRF 100 000** ; *La Femme au cygne*, h/pan. (diam. : 140) : **FRF 180 000** ; *Salomé*, h/pan. (81x100) : **FRF 280 000** – Paris, 31 mars 1990 : *Le Livre sacré*, h/t (34x20) : **FRF 40 000** – Paris, 19 mars 1993 : *Le Christ marchant sur les eaux*, h/t (80x45) : **FRF 10 000** – Paris, 17 déc. 1996 : *Judith*, h/t (54x65) : **FRF 35 000**.

MARCEL-CLÉMENT Amédée Julien
Né le 15 septembre 1873 à Paris. xxe siècle. Français.
Peintre de paysages, animalier, marines.
Il expose, à Paris, au Salon de la Société Nationale des Beaux-Arts, des Indépendants et dans le cadre des salons des peintres animaliers.
Ses peintures sont inspirées de sujets campagnards ou de scènes de vénerie, quelquefois animées de personnages.

Musées : Nîmes – Paris (Petit Palais) – Strasbourg – Tokyo.
Ventes Publiques : Paris, 6 fév. 1928 : *Autour du lac : bois de Boulogne* : **FRF 110** – Paris, 20 fév. 1942 : *L'Avenue du Bois* : **FRF 1 500** – Paris, 24 mai 1944 : *Retour des courses, place d'Iéna* 1912 : **FRF 4 200** – Paris, 20 juin 1975 : *Voiles à Noirmoutier*, h/cart. (54x105) : **FRF 1 000** – New York, 13 oct. 1976 : *Scène de parc*, h/pan., de forme ovale (22x58,5) : **USD 850** – Londres, 18 oct. 1978 : *Le Pont de la Concorde* 1919, h/pan. (42,5x61) : **GBP 900** – Versailles, 16 nov. 1980 : *La place de la Concorde* 1912, h/cart. (21,5x31,5) : **FRF 6 000** – Londres, 9 oct. 1985 : *Scène de rue, Paris* 1912, h/cart. (27x35) : **GBP 1 700** – Paris, 7 avr. 1987 : *Basse mer à Portbail*, h/t (45x97) : **FRF 4 200** – La Varenne-Saint-Hilaire, 20 mai 1990 : *L'après-midi à Cancale*, h/cart. (54x105) : **FRF 13 000** – Paris, 28 oct. 1990 : *L'attelage brun* 1934, gche/cart. : **FRF 13 000** – Paris, 18 déc. 1992 : *Dans le sillage du canot*, h/t (72x99) : **FRF 11 000** – Londres, 12 fév. 1993 : *Après l'averse place de la Concorde*, h/cart. (61x73,7) : **GBP 5 060** – Londres, 7 avr. 1993 : *Chargement d'un tombereau de sable* 1909, h/cart. (44x63,5) : **GBP 1 035** – New York, 19 jan. 1994 : *Navigation par temps calme* 1929, h/t (60,6x73,3) : **USD 2 300** – Calais, 25 juin 1995 : *Retour de pêche* (100x73) : **FRF 18 000** – Londres, 21 nov. 1997 : *L'Aube à Noirmoutier* 1945, h/t (74,4x100,3) : **GBP 5 750**.

MARCEL-GAILLARD. Voir **GAILLARD Marcel**

MARCEL-JACQUES Alphonse
Né à Cherbourg (Manche). Mort en 1921. xxe siècle. Français.
Sculpteur.
Il fut élève d'Aubé et Thomas.
Il figura, à Paris, au Salon des Artistes Français de 1889 à 1925, d'abord sous son nom patronymique, Marcel. Il obtint une mention honorable en 1889, et une médaille d'argent à l'Exposition universelle de Paris en 1900.
Musées : Paris (Mus. du Luxembourg) : *Portrait de femme âgée*, marbre noir et blanc.

MARCEL-JEAN. Voir **JEAN Marcel**

MARCEL-LENOIR Jules, pseudonyme de **Oury Jules**
Né le 12 mai 1872 à Montauban (Tarn-et-Garonne). Mort le 7 septembre 1931 à Montricoux (Tarn-et-Garonne). xixe-xxe siècles. Français.
Peintre de figures, portraits, paysages urbains, sujets religieux, fresquiste, graveur, illustrateur, affichiste.
Son père était joaillier-orfèvre. Lui-même apprend à sertir les

pierres, à graver le métal. Très tôt il monte à Paris, gagne sa vie comme graveur et lithographe.
Sous le pseudonyme de Marcel-Lenoir, il obtient dans l'enluminure, aux beaux jours du symbolisme, un succès enviable. Malgré la dissuasion du Sâr Peladan, qui l'a accueilli à la Rose Croix, il rompt délibérément avec ce genre pour toucher à la peinture. Du bijou à la fresque, n'est-ce pas une évolution merveilleuse ? D'abord il ne pense qu'à dessiner. N'ayant mis les pieds dans aucune école, étranger aux académies, il s'est tracé un programme de tableaux d'idées, très réfléchi, et il l'exécutera très fidèlement. Il écrira : « On ne peint pas d'après la nature, on pense d'après la nature ». Compositeur de tableaux, il a des principes rigoureux qui lui feront du tort dans le monde des artistes et des critiques. Indépendant absolu, ce peintre ne vise que l'œuvre à faire. L'art n'est à ses yeux que le rayonnement de la pensée : l'œuvre doit être ramenée au soin constant de manifester dans l'espace un reflet du Verbe. Si l'image est sa raison d'être, c'est que l'icône a été sa fonction propre. Il ne se disait pas chrétien, mais sa religiosité instinctive l'obligeait à mettre le Christ au centre de toutes ses représentations. C'est un grand compositeur de figures. Ses sujets préférés étaient les danses et la prière. Son art est consacré aux attitudes. Il exprime toute sa pensée par les gestes des corps : une jambe, une cheville, un orteil, une hanche, un cou, une épaule, un avant-bras, un poignet, un mouvement des doigts de la main dénoncent une action intérieure. À l'occasion, il sait ajouter comme personne, sur les formes humaines, la beauté d'un vêtement de grand style, qui n'appartient à aucune époque mais convient exactement à la figure qu'il souligne et sertit, l'ornement d'une chevelure aux boucles savantes, un chapeau fleuri, un ruban, un instrument de musique. Il ne cachait pas son ambition, et le format de plusieurs de ses toiles était monumental, démesuré. N'oublions pas qu'une de ses fresques : *À la gloire de Dieu*, mesure six cents mètres carrés. Pourtant une peinture de chevalet comme *Chacun son dieu* n'est pas moins haute que sa magnifique *Mise au tombeau* qui a sept mètres de hauteur. On comprend qu'il ait voulu pendant des années exécuter des fresques. La plus importante est un *Couronnement de la Vierge* à l'Institut catholique de Toulouse. On a dit de Marcel-Lenoir qu'il était le peintre des crucifixions et des bénédicités. ■ Stanislas Fumet

Musées : Bucarest – Montauban (Mus. Ingres) : *La Deuxième crucifixion* 1911 – *Autoportrait* 1909 – *Les Porteuses* 1912 – Mulhouse – Paris (Mus. Nat. d'Art Mod.) : *Visitation* – Tananarive : *La Vierge et la verdure* 1910 – Toulouse (Mus. des Augustins) : *Revue au Cours Foucault* 1907 – *Régates sur le Tarn* 1910 – *Vue de Montauban : la place de la Préfecture* 1911 – *Vue de Montauban* 1912 – *Autoportrait* – Toulouse (Mus. Paul-Dupuy) : *Étude d'anatomie* – *Portrait de femme* – *Composition* – *L'Hôpital de Montauban* – *Portrait de femme* – Vienne (France, Mus.) : *Bénédicité*.
Ventes Publiques : Paris, 22 jan. 1921 : *La Danse* : **FRF 450** – Paris, 15 avr. 1924 : *Les Chevaux de bois* : **FRF 230** – Paris, 21 déc. 1925 : *Les Funérailles blanches* : **FRF 1 100** – Paris, 23 mars 1945 : *Buste de femme* : **FRF 1 000** – Paris, 7 nov. 1946 : *Deux personnages assis* : **FRF 2 200** – Paris, 29 oct. 1948 : *Jeune liseuse* : **FRF 8 000** – Paris, 12 mai 1950 : *Scène biblique*, aquar. : **FRF 2 500** – Paris, 5 nov. 1976 : *Bord de rivière, soleil couchant, Moret ?*, h/t (46x55) : **FRF 5 200** – New York, 1er nov. 1980 : *Affiches, estampes, lithographies, Arnoud* 1896, affiche litho. en coul. entoilée (66,1x45) : **USD 1 300** – Paris, 11 déc. 1985 : *Le jardin des Hespérides*, h/pan. (45x61) : **FRF 20 000** – Zurich, 6 juin 1986 : *Femme nue assise*, h/pan. (41x32) : **CHF 10 000** – Genève, 24 nov. 1987 : *Nature morte aux poires et aux raisins*, h/t (32x47) : **CHF 15 000** – New York, 25 fév. 1988 : *Le pont de Brie*, h/t (32,4x41,2) : **USD 4 950** – Versailles, 15 juin 1988 : *Composition aux baigneuses et enfants* 1919, h/t (54x66) : **FRF 80 000** – Paris, 23 juin 1988 : *Baigneuse*, h/pap./pan. (34,5x22) : **FRF 40 000** – Paris, 24 juin 1988 : *Renescure, Nord, jour de marché*, h/pan. (27x41) : **FRF 18 000** – Paris, 13 avr. 1989 : *Nu assis au repos*, h/pap. (31,5x24) : **FRF 40 000** – Paris, 22 mars 1990 : *Femme à la coupe*, cr. noir /pap. (26x37,5) : **FRF 9 000** – Grandville, 29 avr. 1990 : *Nu appuyé à l'arbre*, h/pan. (34,5x21,5) : **FRF 61 000** – Paris, 16 déc. 1992 : *Coin de jardin à Versailles*, h/cart. (38x46) : **FRF 4 000** – Londres, 16 juin 1993 : *Le monstre*, encre noire et lav., peint. or et gche (58x34) : **GBP 5 980** – Zurich, 24 juin 1993 : *Meule*, h/t (46,5x54,5) : **CHF 1 500** – Neuilly, 12 déc. 1993 : *Portrait de jeune fille*, h/pap./t. (33,5x26) : **FRF 7 000** – Paris, 19 oct. 1997 : *Autoportrait*, past./cart. (63x48) : **FRF 3 700**.

MARCEL-PETIT, pseudonyme de **Petit Marcel**
Né à Gardanne (Bouches-du-Rhône). xxe siècle. Français.
Sculpteur. Tendance abstraite.
Les œuvres de Marcel-Petit déclinent les rapports fondamentaux que la masse, notamment en pierre, sculptée et particularisée en différents plans arrondis ou à angles droits, entretient avec l'attraction terrestre. C'est la matière même de la sculpture qui, « poreuse de rêve », renvoie à une réalité invisible.
Bibliogr. : In : Catalogue de la *IIe Biennale Européenne de Sculpture de Normandie*, Centre d'Art Contemporain, Jouy-sur-Eure, 1984.

MARCELIN Émile. Voir **PLANAT**

MARCELIS Jan Claes
xviie siècle. Hollandais.
Peintre.
Il appartint au bureau de la gilde de Haarlem.

MARCELIS Van Schrieck Otto. Voir **MARSEUS**

MARCELLI Michelangelo ou **Marcello**
Originaire d'Ancône. xviie siècle. Italien.
Graveur au burin.
Actif au début du xviie siècle, il a vécu à Ancône et gravé des sujets religieux.

MARCELLI Tomaso
Originaire de Faenza. xve siècle. Italien.
Potier.

MARCELLIN Jean Esprit
Né le 24 mai 1821 à Gap (Hautes-Alpes). Mort le 22 juin 1884 à Paris. xixe siècle. Français.
Sculpteur.
Entra à l'École des Beaux-Arts le 2 octobre 1844. Il fut l'élève de Rude. Il débuta au Salon en 1845 et obtint des médailles de deuxième classe en 1851, 1855, 1857 et 1859. Il fut décoré de la Légion d'honneur en 1862. On cite de lui : *Le corps de Zénobie, reine d'Arménie, retiré de l'Araxe* (groupe en marbre au Ministère d'État), *Le trait d'union* (statue en marbre qui fut acquise pour la maison de l'Empereur), le *Monument en marbre du baron de Ladoucette* (dans la ville de Gap), *Saint Laurent, saint Claude, saint Étienne pape* (statues en pierre, à l'église Saint-Gervais), *Saint Paul, saint Pierre* (statues en pierre, à l'église de la Sorbonne), *La Science et l'Industrie, Grégoire de Tours, Le sire de Joinville* (statues en pierre au nouveau Louvre), *Les armes de Marseille accostées par les génies du commerce et de la navigation* (fronton en pierre), *Deux renommées* (bas-reliefs), *Le maréchal de Villars* (statue en pierre), *Le bailli de Suffren* (statue en pierre) ; ces derniers ouvrages sont à la Préfecture de Marseille. Il faut y ajouter une *Bacchante sur le dos d'une panthère* qui se trouve dans le parc de l'Élysée.
Ventes Publiques : New York, 14 nov. 1980 : *Allégorie*, bronze patiné (H. 69,8) : **USD 1 500**.

MARCELLINI Carlo
Né en 1646 à Florence. Mort le 22 juin 1713 à Florence. xviie-xviiie siècles.
Sculpteur, stucateur et architecte.
Plusieurs de ses statues se trouvent dans les églises de Florence.

MARCELLINI HERCOLANI GADDI Livia
Née le 10 juillet 1916 à Rome. xxe siècle. Italienne.
Peintre. Abstrait-lyrique.
Elle a fait ses études à Vernaza.
Elle a figuré dans des expositions à Rome, Nice, Paris, New York. Ses compositions lyriques et riches en effets chromatiques sont exécutées selon une touche rapide qui rappelle la forme des pétales.

MARCELLO, pseudonyme de **Castiglione-Colonna Adèle** duchesse de, née **d'Affry**
Née le 6 juillet 1836 à Fribourg. Morte le 16 juillet 1879 à Castellamare. xixe siècle. Italienne.
Sculpteur de figures mythologiques, bustes, aquarelliste, pastelliste. Romantique.
Elle séjourna longtemps en Italie et à Nice, où elle étudia le dessin chez Joseph Fricero, puis chez Pierre Andrieu à Paris. Pour la sculpture, elle reçut les conseils d'Heinrich Imhof, artiste suisse établi à Rome. Elle épousa dans cette ville, en 1856, le duc Carlo

Colonna, qui mourut peu de temps après. Retirée d'abord au monastère Trinita dei Monti à Rome, elle vécut plus tard dans cette ville, aux environs de Fribourg et à Paris, visitant l'Italie et l'Espagne. Lorsqu'elle résidait au Palazzo Colonna, demeure ancestrale de son mari, elle reçut tous les artistes français de la Villa Medicis. Amie de Carpeaux, Berthe Morisot, Degas, Manet, elle suivit leurs conseils pour ses aquarelles, études au crayon et pastels. Elle débuta au Salon de Paris en 1863.
Parmi ses œuvres, citons une statuette du compositeur *Liszt*, les bustes de *L'Impératrice Eugénie*, de *Thiers*, de *L'Impératrice Élisabeth d'Autriche*, mais aussi une *Gorgone*, une *Bacchante fatiguée*, une *Pythie*, aujourd'hui à l'Opéra de Paris. Elle a fondé à Fribourg le musée Marcello, qui contient une partie importante de son œuvre, et qui a été rattaché au musée de Fribourg.
Bibliogr. : Gérald Schurr, in : *Les Petits Maîtres de la peinture 1820-1920, valeur de demain*, Les Éditions de l'Amateur, t. VII, Paris, 1989.
Musées : Fribourg (Mus. Marcello).
Ventes Publiques : Londres, 23 fév. 1981 : *Buste d'un général vendéen*, terre cuite (H. 30,5) : **GBP 320** – Londres, 18 juil. 1983 : *Le Chef Abyssin*, bronze (H. 69) : **GBP 13 000** – Lille, 25 nov. 1985 : *Buste de femme*, bronze (H. 56) : **FRF 7 500** – Paris, 16 déc. 1992 : *Le Chef Abyssin ou Le Chef Arabe*, bronze (56x38) : **FRF 75 000** – New York, 12 oct. 1993 : *Bianca Capello*, buste de marbre blanc (H. 95) : **USD 57 500** – New York, 12 fév. 1997 : *La Gorgogne* 1865, marbre (H. 92,7) : **USD 56 350**.

MARCELLO Matt
xxe siècle.
Peintre de figures. Tendance surréaliste.
Il a principalement exposé à Philadelphie (États-Unis).

MARCELLY Hubert
xxe siècle. Français.
Auteur d'installations, sculpteur.
Il montre ses œuvres dans des expositions personnelles : 1997 La Nouvelle Galerie de Grenoble, puis Paris.

MARCENA Y DE GHUY Antoine de ou **Demarcenay de Ghuy Antoine**
Né en 1724 à Arnay-le-Duc. Mort le 5 mai 1811 à Paris. xviiie-xixe siècles. Français.
Peintre et graveur au burin et à la manière noire, amateur.
Il a gravé des sujets d'histoire et des sujets de genre. Associé libre de l'Académie de Saint-Luc. Débuta au Salon de Paris en 1764. Il fonda en 1775 avec J. A. de Peters le *Salon du Colysée*, qui n'organisa qu'une Exposition (en 1776). Le Musée d'Épinal conserve de lui : *Enfants jouant avec une chèvre*. En 1780 parut une collection de soixante-cinq de ses gravures exécutées entre 1745 et 1778.
Ventes Publiques : Paris, 9-11 avr. 1902 : *Amours portant des fruits de la terre* : **FRF 800** – Paris, 27 mai 1927 : *Paysage, rivière, pont en ruines et personnages*, aquar. reh. : **FRF 900** – Paris, 12 déc. 1966 : *Nature morte au hanap* : **FRF 10 000** – New York, 17 juin 1982 : *Nature morte* 1761, h/t mar./pan. (78x98,5) : **USD 17 000**.

MARCERON-MAILLE Jeanne, Mme
Née le 12 février 1871 à Brive (Corrèze). xxe siècle. Française.
Peintre de figures, natures mortes.
Elle fut élève de A. Baschet et exposa, à Paris, au Salon des Artistes Français. Elle fut membre de ce groupement à partir de 1894. Elle y obtint une mention honorable en 1896.
Ventes Publiques : Paris, 3 nov. 1949 : *Portrait de Mme B.* : **FRF 700**.

MARCETTE Alexandre
Né en 1853 à Spa (Liège). Mort en 1929 à Bruxelles. xixe-xxe siècles. Belge.
Peintre de paysages, paysages urbains, marines, natures mortes, aquarelliste, pastelliste.
Il fut élève de son père Henri, de Portaels et de Louis Artan à l'Académie Royale des Beaux-Arts de Bruxelles. Il reçut également les conseils de son père, Henri Marcette. Il s'installa à Bruxelles vers 1872. Il voyagea en France, en Allemagne, en Autriche, et en Italie grâce à une bourse de la fondation Darchis. Il fut membre du groupe *L'Essor*.
Il exposa au Cercle des Beaux-Arts de 1893 à 1904. En 1892, il obtint une médaille d'or à Gand.

Alex. Marcette

Bibliogr. : In : *Dictionnaire biographique illustré des artistes en Belgique depuis 1830*, Arto, Bruxelles, 1987 – Pierre Somville, in : *Le Cercle royal des Beaux-Arts de Liège 1892-1992*, Crédit Communal, Liège, 1992.
Musées : Anvers – Bruxelles : *En Hollande* – *Clair de lune* – une aquarelle – Caen : *Goudronnage des barques* – Gand – Liège : *L'Escaut en Hollande* – Liége (Mus. de l'Art wallon) : *La Campagne de Rome* 1881 – Ottawa (Nat. Gal. du Canada) – Reims – Rome – Venise.
Ventes Publiques : Versailles, 17 oct. 1971 : *Marine*, aquar. (52x62) : **FRF 580** – Calais, 5 juil. 1992 : *L'entrée du parc* 1887, aquar. (50x32) : **FRF 4 800** – Amsterdam, 19 avr. 1994 : *Figures au bord de la mer en Zeeland*, aquar. et gche (72,5x94) : **NLG 4 370**.

MARCETTE Henri
Né en 1824 à Spa. Mort en 1890 à Spa. xixe siècle. Belge.
Peintre de paysages, graveur.

Marcette

Musées : Bruxelles : *Paysage*.
Ventes Publiques : Bruxelles, 26 mars 1974 : *Paysage à Spa* : **BEF 75 000**.

MARCEUS Otto. Voir **MARSEUS Van Schrieck**

MARCH ou **Mestre**
Originaire de Valence. xvie siècle. Espagnol.
Sculpteur.
Il travailla à la cathédrale de Valence.

MARCH Esteban ou **Marc**, dit **des Batailles**
Né à la fin du xvie siècle à Valence. Mort en 1660 à Valence. xvie-xviie siècles. Espagnol.
Peintre de genre et d'histoire.
Considéré comme le meilleur des élèves d'Orrente. La plupart des tableaux qui lui sont attribués sont vraisemblablement des tableaux des élèves de J. Ribera.

E March.

Musées : Cadix (Acad. des Beaux-Arts) : *Conversion de saint Paul* – Madrid (Acad. de s. Fernando) : *Saint Paul* – *Saint Isidore* – tableau de bataille – Madrid (Prado) : *Portrait de l'artiste par lui-même* – *Vieux buveur* – *Vieille tenant une bouteille à la main* – *Vieille avec tambour de basque* – *Saint Jérôme* – *Saint Onuphre* – *Traversée de la mer Rouge* – *Scènes de camp* – Madrid (Buen Retiro) : paysages et scènes de batailles – *Noces de Cana* – Nantes : *Jésus au temple* – Narbonne : *L'archevêque de Grenade faisant une sortie de nuit contre les Maures qui assiégeaient Valence* – Tolède (Mus. prov.) : *Tête de saint Paul* – Valence (Virgen de los Desamparados) : *Bethléem* – Valence : quatre tableaux de batailles.
Ventes Publiques : Londres, 12 juil. 1972 : *Le Marchand de volaille* : **GBP 5 200** – Londres, 11 déc. 1981 : *Le Marchand de volaille*, h/t (103x123) : **GBP 22 000**.

MARCH Miguel ou **Marc**
Né en 1633 à Valence. Mort en 1670 à Valence. xviie siècle. Espagnol.
Peintre de compositions religieuses, sujets allégoriques, scènes de genre, natures mortes.
Fils d'Esteban March, il fut son élève et son imitateur.
Il se distingue par le coloris roux de ses natures mortes ; celles-ci sont le plus souvent animées de personnages traités à la manière de Ribera. On cite encore de lui un *Saint François*, conservé dans l'église des Capucines de Valence.

M March.

Bibliogr. : In : *Dictionnaire de la peinture espagnole et portugaise du Moyen Âge à nos jours*, coll. Essentiels, Larousse, Paris, 1989.
Musées : Nantes (Mus. des Beaux-Arts) : *Jeunes mendiants* – Schwerin (Mus. prov.) : *Bataille* – Valence : *Allégorie du Temps* – *Avare* – *Allégorie de l'Hiver* – *Allégorie du Printemps* – *Allégorie de l'Automne* – *Apôtres* – *Saint Roch guérissant des malades de la peste* – *Saint Antoine abbé*.
Ventes Publiques : Londres, 2 déc. 1983 : *Paysans se moquant d'un vieillard*, h/t (151x176) : **GBP 9 500**.

MARCH Sydney
xxe siècle. Britannique.
Sculpteur.
MUSÉES : LONDRES (Gal. Nat.) : *Édouard VII*.
VENTES PUBLIQUES : LONDRES, 13 déc. 1984 : *Queen Victoria* 1901, bronze, patine noire (H. 29) : **GBP 700**.

MARCH Y MARCO Vicente
Né en 1850 ou 22 décembre 1859 à Valence. Mort en 1914. XIXe-XXe siècles. Espagnol.
Peintre de compositions à personnages, scènes typiques, paysages urbains. Traditionnel.
Il fut disciple de Gonzalo Salva et élève à l'École des Beaux-Arts de Valence. Il étudia à l'Académie Giggi à Rome, et vécut le plus souvent dans cette ville.
Il participa à l'Exposition nationale des Beaux-Arts de Madrid en 1881, et, cette même année obtint une médaille d'argent à l'exposition régionale des Beaux-Arts de Valence. Il exposa aussi en Allemagne, notamment à Berlin et à Munich, à partir de 1888.
Il fut influencé par la peinture de Francisco Domingo. Durant son séjour à Rome, il s'essaya avec succès à des tableautins représentant des personnages en costume, des scènes de mariage et à des thèmes orientaux. De retour à Valence, il se spécialisa dans les compositions à personnages habillés de leurs costumes régionaux et, plus généralement, de scènes typiques de sa région natale. De facture traditionnelle, la peinture de March y Marco joue avec subtilité sur les effets d'ombre et de lumière dans une gamme chromatique dominée par les ocre. La précision du détail donne un caractère réaliste à sa figuration.
BIBLIOGR. : In : *Cien anos de pintura en Espana y Portugal, 1830-1930*, t. V, Madrid, Antiqvaria, 1991.
VENTES PUBLIQUES : LONDRES, 23 mars 1925 : *Mountebank* : **GBP 63** ; *La beauté du village* : **GBP 60** – PARIS, 6 juin 1951 : *Les fileuses* ; *Rome* : **FRF 41 000** – LONDRES, 11 mars 1960 : *Scène de rue italienne* : **GBP 682** – LONDRES, 10 oct. 1969 : *Le troubadour* : **GNS 1 450** – LONDRES, 12 juin 1974 : *Jeune femme à son chevalet* : **GBP 1 700** – LONDRES, 23 juil. 1976 : *La marchande de fruits* 1884, h/pan. (30,5x46) : **GBP 2 600** – LONDRES, 8 oct. 1986 : *Le Galant Entretien*, h/pan. (19,5x31,5) : **GBP 5 000** – NEW YORK, 22 fév. 1989 : *Cour de maison romaine en été*, h/pan. (42,5x27,3) : **USD 49 500** – NEW YORK, 17 oct. 1991 : *Rendez-vous dans le jardin* 1886, h/t (36,2x59,7) : **USD 40 700** – LONDRES, 15 juin 1994 : *Saltimbanques à Valence* 1883, h/t (56x92) : **GBP 80 700** – PARIS, 21 avr. 1996 : *La belle orientale* 1882, aquar. (55x82) : **FRF 20 000** – LONDRES, 14 juin 1996 : *Les Lavandières*, h/t (45,7x65,7) : **GBP 23 000** – PARIS, 21 nov. 1997 : *La Lecture du roman picaresque*, h/pan. (24,7x41,5) : **FRF 145 000**.

MARCHAIS
XVIIIe siècle. Actif à Nantes entre 1774 et 1777. Français.
Peintre et sculpteur.

MARCHAIS Pierre Antoine
Né en 1763. Mort le 2 décembre 1859 à Paris. XVIIIe-XIXe siècles. Français.
Peintre de paysages.
Il exposa au Salon de Paris de 1793 à 1849.
Ses paysages restent composés à la manière classique.
BIBLIOGR. : Gérald Schurr, in : *Les Petits Maîtres de la peinture 1820-1920, valeur de demain*, Les Éditions de l'Amateur, t. II, Paris, 1982.
VENTES PUBLIQUES : VERSAILLES, 17 fév. 1980 : *Promenade dans un sous-bois*, h. mar./cart. (45x40) : **FRF 5 500** – PARIS, 2 juin 1982 : *Paysage fluvial animé de promeneurs* 1848, h/t (90x130) : **FRF 25 500** – PARIS, 5 juin 1987 : *Déjeuner dans un sous-bois* 1810-1820, h/t (49x37) : **FRF 584** – PARIS, 30 oct. 1996 : *Bergers et troupeaux de moutons près d'une rivière* 1848, t. (90x130) : **FRF 70 000**.

MARCHAIS Toussaint
Né à Paris. Mort le 19 avril 1601 à Nantes. XVIe siècle. Français.
Sculpteur.

MARCHAIS DES GENTILS
XIXe siècle. Français.
Paysagiste et peintre de marines.
Exposa au Salon en 1831.

MARCHAL Achille Gaston
Né le 12 septembre 1874 à Saint-Denis (Seine). XIXe-XXe siècles. Français.
Peintre de paysages.
Il fut élève de l'École des Beaux-Arts de Paris. Il exposa aux Salons de la Nationale des Beaux-Arts, des Indépendants et d'Automne.
VENTES PUBLIQUES : PARIS, 16 nov. 1990 : *Maisons au bord du canal*, h/t (60x81) : **FRF 5 000**.

MARCHAL Charles
Né le 10 avril 1825 à Paris. Mort le 31 mars 1877 à Paris. XIXe siècle. Français.
Peintre de genre.
Élève de Michel Drolling, il entra à l'École des Beaux-Arts en 1843. Il figura au Salon de Paris de 1852 à 1876, obtenant des médailles en 1864, 1866 et 1873.
Encouragé par la princesse Mathilde, il se fit une réputation avec ses reproductions de scènes alsaciennes et fut, durant le second Empire, un des peintres aimés du public. Mais atteint de cécité, se sentant oublié, réduit à la misère, il mit fin à ses jours.

Charles Marchal

BIBLIOGR. : Gérald Schurr, in : *Les Petits Maîtres de la peinture 1820-1920, valeur de demain*, Les Éditions de l'Amateur, t. II, Paris, 1982.
VENTES PUBLIQUES : ROME, 24 mars 1992 : *Le secret*, h/t (94x112) : **ITL 23 000 000** – NEW YORK, 19 jan. 1995 : *Jeunes filles ramassant des fleurs sauvages* 1871, h/t (91,4x71,1) : **USD 3 450**.

MARCHAL Charles Arthur
Né le 2 février 1828 à Soissons (Aisne). Mort le 2 janvier 1866 à Soissons. XIXe siècle. Français.
Peintre de sujets religieux, scènes de genre, portraits, aquarelliste.
Il travailla avec H. Lazerges. Il figura au Salon de Paris, de 1848 à 1864, avec des portraits et d'autres sujets. On cite de lui : *Repentir de saint Pierre* et *Une noce de paysans à Narbonne* (aquarelle).
MUSÉES : SOISSONS.

MARCHAL Gaston Louis
Né le 23 février 1927 à Damelevières (Meurthe-et-Moselle). XXe siècle. Français.
Peintre de paysages urbains, natures mortes, intérieurs, sculpteur, illustrateur, écrivain.
Il fut instituteur, puis conseiller d'orientation. À Paris, il eut l'occasion de fréquenter l'Académie de la Grande Chaumière et d'y recevoir les conseils de Zadkine. Il a vécut à Arras puis à Castres. Il fut membre de plusieurs sociétés ou groupements et de la Commission nationale d'étude de la pédagogie du dessin. Chevalier de la Légion d'honneur en 1984.
Il a figuré, à Paris, au Salon de la Jeune Peinture, en 1955, puis, il participa à de nombreuses manifestations artistiques en province, notamment aux expositions annuelles de l'Académie d'Arras, où il obtint de nombreuses récompenses, ainsi que celles de l'Union artistique du Pas-de-Calais. Une rétrospective de ses dessins a été montrée en 1984 au Musée de Castres.
Il a réalisé quelques décorations murales dans des écoles d'Arras et de Lille, et dans l'ex-camp nazi de Struthof (Alsace). Il est l'auteur d'un *Dictionnaire des peintres, sculpteurs, dessinateurs, graveurs, architectes et ouvriers d'art à Arras au XIXe siècle* et d'un *Dictionnaire des peintres, sculpteurs, dessinateurs et ouvriers d'art à Castres, de 1800 à 1914* publié par la Société culturelle du Pays castrais dont il est aussi le président.
Son inspiration très variée, à nette tendance symboliste, n'est pas exempte du charme d'une certaine « naïveté ».
MUSÉES : ARRAS : *Savonarole* – *Maisons arrageoises* – *Fruits en coupe* – *Fleur de Vérone* – CASTRES – LILLE : *Tableaux d'une exposition (Moussorgski)* – PARIS (Ville de Paris).

MARCHAL Henri
Né au XIXe siècle à Lyon (Rhône). XIXe siècle. Français.
Graveur au burin.
Il figura au Salon des Artistes Français de Paris, obtenant une mention honorable en 1903.

MARCHAL Henri
Né le 22 juin 1878 à Nancy (Meurthe-et-Moselle). XXe siècle. Français.
Peintre.
Il fréquenta l'atelier de Bonnat et figura, à Paris, au Salon des Artistes Français. Il obtint une médaille de troisième classe en 1906 et une médaille d'or en 1926. Chevalier de la Légion d'honneur.

Ventes Publiques : Saint-Dié, 20 mars 1988 : *Nu assis au sofa* 1938, h/pan. (103x81) : **FRF 32 000** – Paris, 19 mai 1995 : *Élégante devant les Magasins Réunis, place de la République à Paris en 1911*, h/t (108x60) : **FRF 6 000**.

MARCHAL Léonide

Née au xixe siècle à Villers-les-Mangiennes. xixe siècle. Française.

Peintre de genre.

Élève de Cabanel et Bonnat. Débuta au Salon de 1877 ; elle obtint une mention honorable en 1889. Le Musée de Provins conserve d'elle *Le vaincu* et une étude.

MARCHAL Thierry

xviie siècle. Actif à Nancy vers 1624. Éc. lorraine.

Sculpteur.

MARCHAND. Voir aussi **LEMARCHAND**

MARCHAND

xviiie siècle. Français.

Sculpteur.

Il était actif à Paris. On possède de lui des bustes d'*Henri IV* et de *Voltaire*, ainsi qu'un groupe de marbre *Anacréon et l'Amour*.

MARCHAND Aline

Née au xixe siècle à Paris. xixe siècle. Française.

Portraitiste et miniaturiste.

Élève de Rodrigue. Débuta au Salon en 1876.

MARCHAND André

Né le 22 novembre 1877 à Paris. Mort le 28 novembre 1951 à Paris. xxe siècle. Français.

Peintre d'histoire, animalier.

Il fut élève de Bonnat, Detaille et Toudouze. Il figura, à Paris, au Salon des Artistes Français. Il fut membre de cette société à partir de 1898, il y obtint une mention honorable en 1899, une médaille de troisième classe en 1904, une bourse de voyage en 1908, une médaille d'or en 1920. Chevalier de la Légion d'honneur.

Musées : Saint-Brieuc : *Les Premières Armes de Marbot*.

Ventes Publiques : Paris, 18 avr. 1945 : *Grenadier faisant boire son cheval à l'abreuvoir* : **FRF 1 100** – New York, 24 jan. 1963 : *L'Aube dans le port* : **USD 1 500** – Paris, 25 oct. 1987 : *Les Saintes Femmes (Saintes-Maries-de-la-Mer)* 1951, h/t (81x100) : **FRF 52 000** – Paris, 17 fév. 1988 : *La façade*, fus. (63x48) : **FRF 1 500** – Paris, 23 fév. 1990 : *Le pur-sang* 1939, h/t (60x73) : **FRF 12 000** – Paris, 4 juil. 1990 : *Longchamp Bois Josselyn monté par M. Allemand*, h/t (73x92) : **FRF 18 000** – Paris, 12 oct. 1990 : *Cavalier* 1925, h/t (50,5x65,5) : **FRF 16 000** – Paris, 22 nov. 1990 : *Le polo*, fus. et craie blanche (31,5x38,5) : **FRF 10 000** – Paris, 22 nov. 1991 : *Naissance du Printemps* 1953, h/t (56x46) : **FRF 45 000** – New York, 10 nov. 1992 : *Nu assis*, fus./pap. (50x65) : **USD 935** – Paris, 16 déc. 1992 : *Portrait de jeune paysan*, mine de pb (35x17) : **FRF 3 200** – Paris, 18 juin 1993 : *Attelage* 1893, h/pan. (45x55) : **FRF 4 500** – Londres, 27 oct. 1993 : *Beauté en rose*, h/t (67x53) : **GBP 805** – Londres, 25 oct. 1995 : *Portrait de jeune paysan*, cr./pap. (25x17,5) : **GBP 575** – Paris, 25 fév. 1997 : *Brantôme* 1938, h/cart. : **FRF 5 500**.

MARCHAND André

Né le 10 février 1907 à Aix-en-Provence (Bouches-du-Rhône). Mort en 1997 ou 1998. xxe siècle. Français.

Peintre de figures, compositions à personnages, portraits, nus, paysages, natures mortes, dessinateur, illustrateur, aquarelliste, lithographe, peintre de cartons de tapisseries.

Il perdit sa mère à l'âge de onze ans. Après ses études secondaires chez les Jésuites d'Aix-en-Provence, durant lesquelles il poursuivit à travers les garrigues et les Alpilles, la vision de Cézanne, il rompit avec sa famille et vint à Paris pour donner libre cours à ce démon qu'il sentait prêt d'éclater en lui. Pendant de longues années, ce sera le calvaire, soigneusement dissimulé, des jeunes artistes engloutis dans la ville moderne. L'amitié heureusement transforme ces épreuves en prétextes à rire, et ce qui compte, ce n'est pas la semaine perdue en d'obscures besognes, mais tous les moments libres à peindre en compagnie de Tal-Coat ou Francis Gruber. Il effectua un séjour de sept mois à Biskra, dans le Sud algérien. En 1935, il entreprit un voyage qui le mène à Vienne, Varsovie, puis à Moscou. Démobilisé en juin 1940, frappé par la guerre et la défaite, il éprouve la nécessité de se recueillir pendant un an et demi à Aix, puis remonte à Paris. En dehors de Paris, il travaillera principalement en Bretagne, en Provence, et en Bourgogne. En 1969, il effectue un voyage au Mexique.

Il exposa pour la première fois, à Paris, au Salon d'Automne en 1932, au Salon des Indépendants en 1933. Jusqu'à la guerre de 1939, il exposera souvent, sans en faire partie, avec le groupe *Forces Nouvelles*, en compagnie de Tal-Coat et Gruber. Mais c'est pourtant, avec tant d'autres, au Salon de Mai, dans le cercle restreint de ses amis, qu'il aimera faire l'épreuve de ses grandes toiles. Le sens de la grandeur qu'il montra dans cette voie, attira définitivement l'attention sur lui. Énumérer les expositions à lui consacrées ou auxquelles il participe, serait fastidieux. Son œuvre est répandu dans le monde entier et des rétrospectives ont eu lieu à Tokyo, Osaka, Londres, Venise, São Paulo et Mexico. En 1937, il obtint le prix Paul-Guillaume pour son tableau *La Jeune fille et le Paralytique*, qui constitue alors une consécration indiscutée.

À côté de ses peintures, il a brossé les costumes et les décors du ballet *Suite Provençale*, de son compatriote d'Aix, Darius Milhaud, ceux de *Mireille* pour l'Opéra Comique de Paris, et quelques autres. On lui doit aussi deux cartons de tapisseries, tissées à Aubusson : *Le Mois de Juin* et *Les Néréides*. Il a illustré de nombreux ouvrages de lithographies originales, parmi lesquels : *Les Nourritures terrestres* d'André Gide, et le *Visionnaire* de Julien Green ; *Petite Cosmogonie portative* de Raymond Queneau.

On peut considérer qu'il fut suivi par les amateurs et les marchands, dès 1934. Après avoir obtenu le prix Paul-Guillaume en 1937, les soucis se relâchent et il peut se consacrer sans réserve à son art. Plus d'anecdote dans son existence uniquement tournée dans le sens de sa mission ; il partage son temps entre la Provence, à Aix, les Baux ou aux Saintes-Maries, et la Bourgogne, dont il explore l'humide et grise forêt ou bien, le plus rarement possible, Paris. La vie d'un peintre se déroule tout entière dans la succession des « époques », que l'on peut distinguer dans son œuvre, et André Marchand est indubitablement un peintre à époques. À l'époque de ses participations aux expositions du groupe des *Forces Nouvelles*, on se souvient, admirablement dessinées et peintes en grisailles, des grandes figures de pêcheurs, énigmatiques et figées devant des échafaudages insolites ou bien un mur en construction derrière lequel on pressent la mer. Dans le même temps, il produit une série de dessins ingresques, de 1933 à 1937, inoubliables personnages aux yeux inquiétants d'absurdité. Puis, toujours en compagnie de Gruber, il s'affranchit totalement du groupe, et court les forêts d'où il rapporte de petites toiles, touffues de dessin et fouillées de matière, dans une manière qui marquera toute une époque commune à sa génération : Giacometti, Tal-Coat, Gruber et Tailleux. On voudrait s'attarder sur ces forêts enchevêtrées, tout occupées à démêler leur reflet sur l'étang. Durant la guerre, à Aix, il écrit que « sa vision du monde se trouvait subitement transcrite dans un registre plus violent, tant dans l'écriture de la forme des choses que dans la vision colorée du monde ». Fleurit alors la période des natures mortes, que l'on peut dire « japonaises », tant à cause de la composition en aplats que pour la couleur heurtée et laquée. Un chardon dans un vase rappelle encore le dessin sec et la matière irritante des forêts de la période antérieure. À ce moment, on connaît aussi de lui une abondante série de petits paysages des Baux-de-Provence. On ne sait pourquoi, mais il n'est que de se souvenir de ces amoncellements de cailloux, illuminés d'un soleil dégouttant de vert dans le ciel du plus beau rouge qui soit, pour se sentir troublé du mystère de ce qu'on ne comprend pas, et peut-être est-ce à cette heure ce qu'il a donné de meilleur. Outre leur splendeur propre, les natures mortes de cette époque préparent les grandes compositions aux Arlésiennes puis aux Baigneuses, qui vont suivre. Ici, tous les moyens acquis dans les époques précédentes, sont mis en œuvre simultanément, science de la composition, acuité du dessin des figures, matière laquée de la mer, peinte d'un noir glacé sur une préparation verte ou rouge, lumière propre du ciel exacerbé d'un soleil complémentaire. À partir de 1948, André Marchand traversa une période de transition, partageant son temps entre la Bourgogne et la Provence, s'enfonçant dans la solitude propice, il écoute battre le cœur des choses. Il adopta alors une écriture elliptique, moins attachée à la saveur des choses, qu'il s'était montré auparavant si apte à saisir, plus ambitieuse de violer le secret de l'essence de la nature, faite de signes-symboles, tels des hiéroglyphes, résumant les thèmes qu'il traite successivement par longues séries, se développant sur des plages de couleurs plus fondues, avec une prédilection pour les bleus et les verts profonds. Après une période consacrée à la Camargue, avec les taureaux et les flamants roses, une autre longue période suivit, consacrée aux côtes de l'Atlantique, ce furent les *Respirations marines*, où la mer et le ciel s'allient selon leurs rythmes complémentaires, puis, dans les dernières années 1960, un séjour prolongé au Mexique renouvela complètement ses thèmes et la dimension de ses compositions dans une nouvelle lumière de jaunes de soufre. L'évolution de ce peintre qu'aima Picasso, ce qui n'est pas une mince caution, laisse perplexe ; on a le sentiment, que l'anecdote a progressivement gagné dans sa peinture le terrain que perdaient les qualités proprement picturales, une parfaite exécution technique laissant regretter l'ancienne expression impulsive. ■ Jacques Busse

andré marchand

andré marchand

Bibliogr. : René Huyghe : *Les Contemporains*, Tisné, Paris, 1949 – G. P. Brabant : *André Marchand*, Braun et Cie, Paris, 1954 – Bernard Dorival : *Les Peintres du XXe siècle*, Tisné, Paris, 1957 – Georges Charbonnier : *Le Monologue du peintre*, Julliard, Paris, 1959 – Michel Hoog, in : *Peintres contemporains*, Mazenod, Paris, 1964 – Claude Verdier, in : *Dictionnaire universel de l'art et des artistes*, Hazan, Paris, 1967 – *Dictionnaire universel de la peinture*, Le Robert, Paris, 1975 – *André Marchand : 15 ans d'aquarelle*, catalogue de l'exposition, gal. de la Présidence, Paris, 1988.

Musées : Alger – Grenoble – Liège : *L'Automne* – Paris (Mus. Nat. d'Art Mod.) : *Les Inconnus* 1938 – *Paysage du Midi* – *La Femme au loup blanc* – *La Bouteille et les fruits* 1949 – *Nature morte aux coings* 1948 – Paris (Mus. d'Art Mod.) : *Les Inconnus* 1936 – *Paysanne au capuchon* 1945 – Toulouse : *Astarté*.

Ventes Publiques : Paris, 25 mars 1944 : *Le vase persan* : **FRF 13 000** – Paris, 23 fév. 1945 : *Nature morte aux fleurs* : **FRF 33 000** – Paris, 24 fév. 1947 : *Le Vase chinois* : **FRF 56 000** – Paris, 22 juin 1949 : *Tulipes jaunes* : **FRF 60 000** – Paris, 21 juin 1950 : *Arbres en fleurs* : **FRF 122 000** – Paris, 8 avr. 1954 : *Nature morte aux deux citrons* : **FRF 400 000** – Paris, 18 mars 1959 : *Nature morte aux poivrons* : **FRF 480 000** – New York, 18 mai 1960 : *Nature morte avec oranges* : **USD 3 250** – Paris, 21 juin 1960 : *Objets et fruits* : **FRF 12 000** – Paris, 14 juin 1961 : *Les Bleuets* : **FRF 10 000** – Paris, 6 juin 1966 : *Le Vase indien* : **FRF 12 800** – Genève, 2 juil. 1971 : *Les Trois poires* : **CHF 10 000** – Genève, 8 juin 1974 : *Cris de mouettes sur la falaise (Belle-Île-en-Mer)*, aquar. : **CHF 5 800** – Versailles, 11 juin 1974 : *Fruits et tissus* : **FRF 21 000** – Versailles, 5 déc. 1976 : *Nature morte aux coings* 1947, h/t (46x55) : **FRF 7 000** – Versailles, 17 mars 1977 : *Vies silencieuses*, h/t (65x81) : **FRF 9 500** – Paris, 19 oct. 1979 : *Les hirondelles le matin sur le fleuve* 1954, h/t (100x81) : **FRF 18 500** – Versailles, 29 nov. 1981 : *Arles, la chapelle aux rochers*, h/t (46x55) : **FRF 19 200** – Versailles, 11 déc. 1983 : *Fruits et tissus*, h/t (73x92) : **FRF 23 000** – Paris, 6 juin 1985 : *Soleil de sable et d'herbes, Vallon de Donnant, Belle-Île-en-Mer* 1968, gche (57x77) : **FRF 9 000** – Paris, 26 juin 1986 : *Les Deux Baigneuses au bord de la mer* 1943, h/t (100x81) : **FRF 60 000** – Paris, 11 déc. 1987 : *La femme du pêcheur* (81x100) : **FRF 36 000** – La Varenne-Saint-Hilaire, 29 mai 1988 : *Nature morte à la bouteille rouge*, h/pan. (33x46) : **FRF 18 500** – Paris, 24 juin 1988 : *Fruits, bouteille et tissu*, h/t (73x92) : **FRF 30 000** – Londres, 28 juin 1988 : *La lune dans la mer à Belle-Île*, h/t (65,4x81,3) : **GBP 5 500** – Londres, 21 oct. 1988 : *Saulieu en hiver*, h/pan. (21,6x26) : **GBP 2 750** – Paris, 27 oct. 1988 : *Les marguerites, la nuit*, h/t (46x55) : **FRF 17 000** – Paris, 14 déc. 1988 : *Printemps*, h/t mar./cart. (56x78) : **FRF 39 000** – Paris, 13 avr. 1989 : *Jeune fille au tapis bleu*, h/t (100x81) : **FRF 180 000** – Amsterdam, 24 mai 1989 : *La femme verte*, h/t (80,5x65) : **NLG 29 900** – Paris, 21 juin 1989 : *Paysage au mur de pierre*, h/isor. (21x27) : **FRF 16 000** – Zurich, 25 oct. 1989 : *Le soleil dans la forêt* 1947, h/t (45x55) : **CHF 8 000** – Calais, 4 mars 1990 : *Les branches de printemps*, h/t (46x55) : **FRF 62 000** – Amsterdam, 10 avr. 1990 : *Le grand pin penché*, h/t (15x25,5) : **NLG 10 120** – Paris, 10 mai 1990 : *Paysage fantastique*, fus. (48,5x62,5) : **FRF 15 000** – Paris, 19 juin 1990 : *La tunique de saint François d'Assise*, h/t (55x46) : **FRF 40 000** – Paris, 6 oct. 1990 : *Midi au mois d'Août, Arles* 1964-1965, h/t (98x81) : **FRF 85 000** – Fontainebleau, 18 nov. 1990 : *La tunique de Saint-François d'Assise*, h/t (55x46) : **FRF 85 000** – Paris, 7 déc. 1990 : *Les abricots*, h/t (46x55) : **FRF 62 000** – Amsterdam, 22 mai 1991 : *Chant des sauterelles dans les herbes sèches*, h/t (81x100) : **NLG 25 300** – Paris, 6 oct. 1991 : *Les trois pommes* vers 1945, h/pan. (46x55) : **FRF 23 000** – Calais, 2 fév. 1992 : *Le plein été dans les foins* 1973, h/t (81x100) : **FRF 158 000** – Paris, 23 oct. 1992 : *Paysage de la Nièvre en été*, gche (19x23,5) : **FRF 7 000** – Montréal, 1er déc. 1992 : *Paysage à Hyères*, h/t (45,6x55,2) : **CAD 3 400** – Paris, 4 déc. 1992 : *Le moulin à café*, h/t (46x55) : **FRF 17 000** – New York, 22 fév. 1993 : *L'Arlésienne*, h/t (40,6x33) : **USD 4 620** – Paris, 6 avr. 1993 : *Les figues à la nappe blanche*, h/t (65x81) : **FRF 14 000** – Lokeren, 28 mai 1994 : *L'amandier en fleurs*, h/pan. (46x55) : **BEF 100 000** – New York, 8 nov. 1994 : *Le soleil sur la mer*, h/t (44,5x54,6) : **USD 2 530** – Paris, 20 nov. 1994 : *Le plat en étain*, h/t (65x80,5) : **FRF 26 000** – Paris, 27 juin 1995 : *Visage rouge*, gche (63x49) : **FRF 8 000** – Paris, 24 mars 1996 : *Les trois citrons*, h/pan. (65x81) : **FRF 17 500** – Paris, 13 déc. 1996 : *La Joie océane* 1974, h/t (65x81) : **FRF 30 000** – Paris, 18 juin 1997 : *La Fête des morts, Mexique*, h/t (97x130) : **FRF 52 000**.

MARCHAND Aubert

XVIe siècle. Français.

Sculpteur.

Il a exécuté un autel avec une *Adoration des Mages* pour les étudiants allemands de l'Université d'Orléans en 1501 et une *Madone avec trois saints* pour l'église de Cléry.

MARCHAND Camille Maurice

Né le 20 juillet 1889 à Paris. XXe siècle. Français.

Aquarelliste, affichiste, peintre de décors de théâtre.

Élève du paysagiste Adrien Bruneau, il expose, à Paris, aux Salons des Artistes Français et des Indépendants, mais travaille surtout en Normandie et à Rouen.

Il a aussi réalisé des panneaux décoratifs pour de grands hôtels en Normandie.

Bibliogr. : Gérald Schurr, in : *Les Petits Maîtres de la peinture 1820-1920, valeur de demain*, Les Éditions de l'Amateur, t. IV, Paris, 1979.

MARCHAND Cécile, née **Maréchal**

Née au XVIIIe siècle. XIXe siècle. Française.

Graveur et lithographe.

Élève de Noxhinker et de son mari, Jacques Marchand. Exposa au Salon en 1808, 1810, et 1833. Elle a gravé des animaux et des scènes enfantines.

MARCHAND Désiré

Né au XIXe siècle. XIXe siècle. Français.

Peintre animalier.

Exposa au Salon de Paris entre 1843 et 1846.

MARCHAND François ou **Marchant**

Né vers 1500. Mort vers 1553. XVIe siècle. Actif à Orléans. Français.

Sculpteur.

Le Musée du Louvre conserve de lui : quatre reliefs en pierre *La mort d'Ananis, Saphire aux pieds de saint Pierre, La conversion de saint Paul, Saint Pierre exorcisant un possédé*, exécutés en 1543 pour l'église abbatiale Saint-Père à Chartres. On trouve également de lui un *Saint Paul* au Musée de Chartres ainsi qu'une série de sculptures dans le pourtour du chœur de la cathédrale de Chartres, dont le *Massacre des Innocents*. Il est également l'un des auteurs du tombeau de François Ier à la basilique de Saint-Denis.

MARCHAND Gabriel

Né vers 1755 à Paris. XVIIIe siècle. Français.

Graveur au burin.

Élève de E. Voysard. Il a gravé des sujets de genre, d'après Barbier, Schmutzer, etc.

MARCHAND Germain

XVIIIe siècle. Actif à Besançon de 1746 à 1749. Français.

Sculpteur.

MARCHAND J.

XIXe siècle. Français.

Peintre de fleurs et de fruits.

Exposa au Salon de 1834 à 1837.

MARCHAND J. L.

XVIIe siècle. Actif en Angleterre. Français.

Graveur au burin.

Il a gravé des portraits.

MARCHAND Jacques
XVIIIe siècle. Actif à Mirecourt. Français.
Sculpteur.
Sculpta deux reliquaires, pour l'église de Mirecourt, en 1725.

MARCHAND Jacques
Né en 1769 à Paris. XVIIIe-XIXe siècles. Français.
Dessinateur, graveur au burin.
Élève de Godefroy. Il a gravé des sujets d'histoire, et en particulier deux portraits de Napoléon. Figura au Salon de Paris de 1798 à 1810. Il utilisa surtout la manière noire, le pointillé et la manière de crayon.

MARCHAND Jean
XVIIIe siècle. Français.
Peintre de genre.
Il fut reçu membre de l'Académie de Saint-Luc en 1753.
Ventes Publiques : Versailles, 11 juin 1980 : *Nature morte aux pêches et au panier de raisins*, h/bois parqueté (40x48,7) : **FRF 28 000** – Monte-Carlo, 6 déc. 1987 : *Panier de cerises et légumes sur un entablement*, h/t (77,5x105) : **FRF 50 000**.

MARCHAND Jean Albert
Né le 30 novembre 1828 à Chartres. Mort le 6 juillet 1886 à Berchères-l'Évêque. XIXe siècle. Français.
Peintre de paysages et fusiniste.
Il montra dès son jeune âge des dispositions remarquables et fut élève de Gilbert. Exposa au Salon de Paris en 1877, 1878 et 1880. Il fit aussi d'intéressantes aquarelles. Marchand lithographia pour un ouvrage de son père une suite d'estampes coloriées représentant des poussins et des oiseaux d'Europe. On voit deux œuvres de lui au Musée de Chartres, et un pastel *Anémones*, à celui de Louviers.
Ventes Publiques : Paris, 23 avr. 1923 : *La route de Neuville* : **FRF 555** ; *Les toits rouges parmi les pins* : **FRF 995**.

MARCHAND Jean Baptiste Ernest
Né au XIXe siècle à Paris. XIXe siècle. Français.
Sculpteur.
Élève de Doublemard. Débuta au Salon de 1878. On cite de lui : *Amour maternel* (groupe en marbre) et *Mme Marchand* (buste en marbre).

MARCHAND Jean Hippolyte
Né le 21 novembre 1882 ou 1883. Mort en 1940 ou 1941. XXe siècle. Français.
Peintre, graveur, aquarelliste, lithographe, illustrateur.
Il fut élève de Merson, Bonnat et H. Martin. Chargé de mission en Syrie, il en rapporta de délicates aquarelles. À l'Exposition coloniale de Vincennes, en 1931, il décora le Pavillon de Syrie. On a justement retenu que J. H. Marchand se révéla alors comme l'un des rares peintres de sa génération capables de couvrir harmonieusement de très larges surfaces.
En 1912, il exposa avec le groupe des cubistes de la Section d'or. Il fut sociétaire, à Paris, du Salon d'Automne et du Salon des Indépendants, il appartenait aussi au groupe des Peintres-graveurs Indépendants. Il a exposé à l'Independent Gallery, de Londres, à L'Institut Carnegie, aux États-Unis, à Barcelone, Berlin, Genève, Vienne, Chicago, New York et Tokyo.
De la leçon de Cézanne, il ne voulut retenir que la méthode d'analyse réaliste de la matière. Sa période à tendance cubiste passée, il revint à une peinture de la réalité, aimant à traiter de robustes maternités. Il a illustré le *Chemin de Croix* de Paul Claudel ; *Le Serpent* et le *Cimetière marin* de Paul Valéry ; *Ouverture du printemps* de F. Jammes, etc.

Musées : Alger – Bruxelles – Chicago – Le Havre – Londres (Tate Gal.) – Nantes – Paris (Mus. Nat. d'Art Mod.) – Tokyo – Vienne (Albertina).
Ventes Publiques : Paris, 7 avr. 1924 : *Paysage du Midi* : **FRF 1 820** – Paris, 19 mai 1926 : *Rue Caulaincourt* : **FRF 5 000** – Paris, 18 mars 1931 : *Panorama de Damas* : **FRF 700** – Paris, 2 juin 1943 : *Paysage du Midi* : **FRF 6 200** – Paris, 31 jan. 1944 : *Fleurs de poiriers* : **FRF 1 400** – Paris, oct. 1945-jul. 1946 : *Nature morte aux vases en grès* : **FRF 1 400** – Paris, 28 fév. 1949 : *Algérie* : **FRF 1 650** – Londres, 4 mai 1960 : *Neauphles-le-Château* : **GBP 320** – Londres, 13 avr. 1972 : *Les Vergers* : **GBP 1 100** – Madrid, 20 déc. 1974 : *Paysage* 1909 : **ESP 145 000** – Paris, 24 nov. 1977 : *Personnages ; Portrait de Jean Cocteau* 1909, h/t, double face (73x92) : **FRF 6 000** – Londres, 6 déc 1979 : *Les quais de la Seine à Paris* 1909, h/t (65,5x81) : **GBP 1 200** – Londres, 24 oct. 1984 : *Saint-Paul-de-Vence*, h/t (52,7x64,2) : **GBP 800** – Zurich, 9 nov. 1985 : *Nu au coussin rouge*, h/t (64x80,5) : **CHF 7 000** – Paris, 16 déc. 1987 : *Maison dans les arbres à Garches*, h/t (66x54) : **FRF 10 600** – Zurich, 9 sep. 1987 : *Paysage et maisons*, h/t (73x61) : **CHF 4 000** – Paris, 20 avr. 1988 : *Nature morte aux citrons*, h/t (65x50) : **FRF 4 000** – Paris, 6 mai 1988 : *Modèle au canapé*, h/t (81x65) : **FRF 9 000** – Londres, 22 fév. 1989 : *La cascade dans le jardin*, h/t (86x114) : **GBP 2 420** – New York, 10 oct. 1990 : *Nature morte avec un verre*, h/t (40,7x32,4) : **USD 3 960** – Londres, 25 juin 1991 : *Paysage aux peupliers*, h/t (59,6x72,4) : **GBP 8 250** – Londres, 24-25 mars 1993 : *Paysage* 1914, h/t (65x81) : **GBP 8 280** – Lokeren, 15 mai 1993 : *Paysage du midi*, aquar. (44,5x54,5) : **BEF 36 000** – Paris, 21 juin 1993 : *Portrait cubiste* 1912, h/t (46x39) : **FRF 18 000** – Londres, 13 oct. 1993 : *Autoportrait* 1912, h/t (46x38) : **GBP 4 600** – New York, 9 mai 1994 : *Étude d'un vieillard* 1904, craie noire/pap. teinté (30,5x25,1) : **USD 1 035** – Paris, 4 juil. 1995 : *Paysage aux grands arbres*, h/t (54x65) : **FRF 5 000** – Paris, 11 juin 1997 : *Trois femmes dans un paysage* 1912, h/t (162x130) : **FRF 130 000**.

MARCHAND Johann Christian ou **Marchant**
Né le 7 juin 1680 à Dresde. Mort le 23 octobre 1711 à Nuremberg. XVIIIe siècle. Allemand.
Graveur.
Fils du peintre de portraits Johann Jacob Marchand ; élève de Preisler et Bernigeroth, il grava des sujets d'histoire et des portraits.

MARCHAND Johann Jacob ou **Marchant**
Originaire de Nuremberg. XVIIe siècle. Allemand.
Portraitiste.
Il a surtout vécu à Dresde et la plupart de ses œuvres sont connues par les gravures qui en ont fourni une reproduction.

MARCHAND P.
XIXe siècle. Français.
Peintre.
Connu par une œuvre passée en vente publique.
Ventes Publiques : Paris, 11 fév. 1949 : *Chevaux de course* 1890 : **FRF 4 800**.

MARCHAND Paul Émile Alexandre
Né au XIXe siècle à Orléans. XIXe siècle. Français.
Peintre.
Travailla avec Gleyre. Il figura au Salon de Paris, de 1861 à 1869, avec des paysages.

MARCHAND Pierre
XVIe siècle. Actif à Paris. Français.
Graveur.
Travaillant en 1577. Voir aussi Pierre Marchant.

MARCHAND Xaver
Né le 21 mars 1759 à Salem. Mort le 4 août 1834 à Karlsruhe. XVIIIe-XIXe siècles. Allemand.
Sculpteur.

MARCHAND Yo
Née le 7 mars 1936 à Montluçon (Allier). XXe siècle. Française.
Peintre. Tendance abstraite.
Elle a fréquenté, à Paris, les ateliers de Goetz et Hayter. Elle vit et travaille à Paris.
Elle participe à des expositions collectives depuis 1965, dont : 1965, *Art Sacré Aujourd'hui*, Silvavouvres ; 1967, Salon populiste, Musée National d'Art Moderne, Paris ; 1974, Salon des Surindépendants, Paris ; 1978, Salon de Mai, La Défense ; 1978, 1986, Salon Comparaisons, Paris ; 1979, Palais des Arts et de la Culture, Bruxelles ; 1980, Musée Arthur Rimbaud, Charleville-Mézières ; 1982, Centre d'Art Contemporain, Rouen ; 1989, *Art Contemporain*, Trottinette, Cholet.
Elle présente ses œuvres dans des expositions personnelles depuis celle en 1970 à la galerie du Foyer des Artistes, à Paris puis, entre autres : 1974, 1975, galerie Camille Renault, Paris ; 1980, galerie de l'Université, Paris ; 1980, galerie Ruben, Paris ; 1981, Centre d'Animation Culturelle, Compiègne ; 1983, Musée

de la Culture, Orléans ; 1986, galerie Michel Broomhead, Paris ; 1987, Musée d'Art et d'Histoire, La Rochelle ; 1988, Musée de Tulle ; 1988, Abbaye de Noirlac ; 1989, galerie Bernard Davignon, Paris ; 1991, galerie Claude Lemand, Paris ; 1991, Musée Nicolas Poussin, Les Andelys.
Au début des années soixante, Yo Marchand structure la surface de ses toiles à l'aide de figures géométriques : cercles, flèches et carrés. Vers 1968, elle atteint une originalité dans le fond comme dans la forme de son expression. Excellente « matiériste », elle multiplie les couches de peinture sur les toiles auxquelles elle ajoute des cendres, de la terre, des oxydes, et des poudres. S'intercalent dans cette immobilité ocre ou brune devenue forme, des signes (symboliques), comme symptômes d'une écriture – d'un désir de percer le visible de la peinture ? Sa peinture revendique une dimension universelle du sacré, celui qui éclaire depuis des siècles les civilisations judéo-chrétiennes, d'autres encore, oubliées ou mal connues, comme celles des Étrusques, des Mayas ou de l'Afrique. ■ C. D.
Bibliogr. : Jean-Luc Chalumeau : *Yo Marchand*, in : *Opus International*, oct., n° 69, Paris, 1978 – Gérard Xuriguera : *Yo Marchand ou les blasons de la mémoire*, in : *Cimaise*, juil.-sept, n° 165, Paris, 1983 – Andrée Chédid : *Les Testaments du Silence*, préface de l'exposition, Centre culturel Thibault de Champagne, Troyes, 1983 – Arthur Conte, préface de l'exposition, Musée d'Art et d'Histoire, La Rochelle, 1987 – Alain Nadaud : *Archéologie de la peinture de Yo Marchand*, galerie Michel Broomhead, Paris, 1987 – Didier Bernard : *Yo Marchand ou la poétique de la matière*, préface de l'exposition, galerie Bernard Davignon, Paris, 1989.

MARCHAND des RAUX Louis
Né le 12 décembre 1902 à Fondettes (près de Tours, Indre-et-Loire). xxe siècle. Français.
Peintre de portraits, sujets allégoriques, paysages.
Artiste de formation autodidacte, il s'est crée un métier très personnel, non sans parenté avec la technique de Soutine.
Il figure, depuis 1958, dans des expositions en France, aux États-Unis, etc.
Il traite des portraits, des allégories et des scènes paysannes, qu'il ne voit pas sans humour.
Musées : Nice (Mus. Chéret).
Ventes Publiques : Douai, 3 déc. 1989 : *Cavalier au cheval rouge*, past. (49x65) : **FRF 6 000** – Paris, 29 nov. 1991 : *Paysanne près de la ferme* 1950, h/pan. (32,5x41) : **FRF 6 200** – Paris, 15 juin 1994 : *Les châteaux de la Loire*, h/t (65x81) : **FRF 4 200**.

MARCHANT Antoine
Originaire de Gand. xviie siècle. Éc. flamande.
Sculpteur.

MARCHANT Bernard
xve siècle. Actif à Amiens. Français.
Sculpteur.

MARCHANT Claude
xviiie siècle. Français.
Sculpteur sur bois.
Il a vécu à Lons-le-Saunier et exécuté les boiseries de la bibliothèque du monastère des Franciscains de cette ville.

MARCHANT Édouard François
Né le 29 avril 1813 à Anvers. xixe siècle. Belge.
Sculpteur.
Il fut élève de Mathieu Van Brée et de l'Académie d'Anvers et de celle de Bruxelles, où il s'établit. Il a exécuté des bustes et des statues dont quelques-unes se trouvent à Sainte-Gudule, à Bruxelles.

MARCHANT Edward Dalton
Né en 1806 à Edgartown (États-Unis). Mort en 1887 à Asbury Park (New Jersey). xixe siècle. Américain.
Portraitiste.
Ventes Publiques : New York, 30 jan. 1980 : *Portrait de Mary (Polly) Banks Meeker* 1844, h/t (76,2x63,5) : **USD 1 300** – New York, 1er oct. 1987 : *Abraham Lincoln* 1864, h/t (91,5x74,3) : **USD 9 000**.

MARCHANT François. Voir **MARCHAND**

MARCHANT Gaston
Né le 14 décembre 1843 aux Sables-d'Olonne. Mort le 14 novembre 1873 à Rome. xixe siècle. Français.
Sculpteur.

MARCHANT J.
xviiie siècle. Britannique.
Graveur.
On cite de lui un *Portrait de Mrs. Cibber*, d'après Hudson (1749).

MARCHANT Jean
Né en 1808 à Anvers. Mort en 1864. xixe siècle. Belge.
Peintre d'histoire et de natures mortes.
Il fut maître de dessin à l'École de cavalerie de Saumur.

MARCHANT Johann Christian. Voir **MARCHAND**

MARCHANT Johann Jacob. Voir **MARCHAND**

MARCHANT Pierre
xviie siècle. Actif à Paris.
Graveur au burin.
Il a gravé des sujets de genre. On cite de lui un volume d'ornements d'orfèvrerie, signé *Petrus Marchant, fecit 1623*. Peut-être le même que Pierre Marchand qui travaillait en 1577.

MARCHANT Willy
Né en Belgique. xxe siècle. Belge.
Peintre.

MARCHANT DUBOIS D'HAULT Jehan
xixe siècle. Français.
Peintre de genre.
Exposa au Salon de Paris des sujets de genre en 1836, 1838 et 1848. On cite de lui : *Les raisonneurs chez le marchand de vin, Le jeu de piquet, Orgie, Scène, Scène d'intérieur au Moyen Âge, L'enfer.*

MARCHAUX Aimé
Né vers 1840 à Paris. xixe siècle. Français.
Peintre de genre.
Élève d'Ernest Hébert, il figura au Salon de Paris de 1864 à 1868. Ses scènes de genre dépeignent un univers sombre, misérabiliste, comme *Dernière ressource ; La goualeuse ; Au Mont-de-Piété.*
Bibliogr. : Gérald Schurr, in : *Les Petits Maîtres de la peinture 1820-1920, valeur de demain*, Les Éditions de l'Amateur, t. V, Paris, 1981.
Ventes Publiques : Paris, 5 avr. 1993 : *L'orientale au gilet rouge* 1867, h/t, de forme ovale (65,5x55) : **FRF 25 000**.

MARCHÉ Ernest Gaston
Né le 14 septembre 1864 à Nemours (Seine-et-Marne). Mort le 18 mai 1932 à Paris. xixe-xxe siècles. Français.
Peintre de genre, paysages.
Il fut élève de Jules Lefebvre et Tony Robert-Fleury.
Il figura, à Paris, au Salon des Artistes Français, dont il fut membre à partir de 1891, où il obtint une mention en 1895, une médaille de troisième classe en 1896, le prix Raignecourt-Guyon en 1898, une médaille de deuxième classe en 1899, et une médaille de bronze en 1900 lors de l'Exposition universelle de Paris.
Outre ses paysages du Morvan et des bords du Loing, il est l'auteur de plusieurs frises décoratives dans les écoles du VIIIe arrondissement de Paris.
Bibliogr. : Gérald Schurr, in : *Les Petits Maîtres de la peinture 1820-1920, valeur de demain*, Les Éditions de l'Amateur, t. V, Paris, 1981.
Musées : Bagnols-sur-Cèze : *Pont de Grez* – Bourges : *Le Loing à Glandelles, près de Nemours* – Draguignan : *Décembre, église de Fay* – Troyes : *Laveuse*.
Ventes Publiques : Paris, 25 mai 1907 : *Le Vieux Canal à l'Automne* : **FRF 300** – Paris, 1 juil. 1943 : *Rivière près de la ville*, past. : **FRF 1 800** – Versailles, 29 oct. 1989 : *Dernières neiges dans l'Yonne*, h/t (65x81) : **FRF 9 200** – Paris, 17 mai 1995 : *Le moulin*, h/cart. (22x31) : **FRF 4 000**.

MARCHÉ Giuseppe. Voir **MARCHI**

MARCHEGAY Gustave Émile
Né à Saint-Germain-de-Prinçay (Vendée). xxe siècle. Français.
Sculpteur.
Expose au Salon d'Automne, des poissons sculptés.
Musées : Paris (Mus. d'Art Mod.) : *La truite*, bronze – *Perche*, bronze doré.

MARCHELLI Rolando
Né en 1664 à Gênes. Mort le 19 décembre 1751 à Gênes. xviie-xviiie siècles. Italien.
Peintre.
Élève de Piola et de Maratta. Il s'établit plus tard à Gênes comme commerçant.

MARCHESCHI Jean-Paul
Né en 1951 à Bastia (Haute-Corse). XXe siècle. Français.
Peintre, technique mixte, dessinateur.
Il fut étudiant en Arts plastiques à l'Université de Paris VIII (Vincennes). Il vit et travaille à Paris.
Les *Nuits*, dont le Fonds National d'Art Contemporain a fait l'acquisition, ont été présentées pour la première fois lors des ateliers 1988 à l'Arc (Musée d'Art Moderne de la ville de Paris), puis à l'exposition les *11 000 Nuits* dans la galerie Art 4 à La Défense, et enfin, au Carré des Arts dans le cadre de l'exposition *Les Sources Rouges* au Parc floral. Jean-Paul Marcheschi montre également ses œuvres dans des expositions personnelles : 1983, Espace Avant-Première, Paris ; 1986, galerie Antoine Candeau ; 1989, galerie Bernard Jordan, Paris ; 1992, Carré Sainte-Anne à Montpellier ; 1996, Théâtre du Capitole, Toulouse.
L'œuvre de J.-P. Mareschi semble s'organiser autour de mises en abîme successives : l'œuvre de départ (déjà conséquente puisqu'elle réunit plusieurs centaines de dessins marquées par des matières périssables : suie, cire, feutre, carbone) est le fragment d'un projet qui s'étalera sur plusieurs années – puisque l'objectif est d'arriver au chiffre de onze mille feuilles de papier –, lui-même partie d'un plus vaste projet qui, dans l'exemple des *Nuits*, comporte exactement 29 900 « pièces » (dessins, peintures, constructions, tableaux), dont le tout s'inscrit dans des livres qui, par assemblages forment des structures géométriques modulables (colonnes, lignes, murs, socles...). Le travail ainsi conçu, puis réalisé, relève d'une recherche générale sur la notion de temps, sa résistance, sa « consistance », par rapport à l'œuvre matérielle elle-même, qui contient les traces des orientations (différentes, car en évolution) de l'artiste.
Bibliogr. : R. Camus : *Jean-Paul Marcheschi*, catalogue de l'exposition, Espace Avant-Première, Paris, 1983 – R. Camus : *Jean-Paul Marcheschi*, catalogue d'exposition, galerie Bernard Jordan, Paris, 1989 – Joëlle Rondi : *Jean-Paul Mareschi embrase l'oiseau de feu*, in : Beaux-Arts N° 145, mai 1996.
Musées : Paris (FNAC) : *Nuits*.
Ventes Publiques : Paris, 14 juin 1990 : *Onze mille nuits* 1990, techn. mixte/pap., fragment (105x118) : **FRF 12 000** – Paris, 17 juin 1991 : *Fragment de 9 nuits, extrait du grand projet des 11.000 nuits,*, mine noire, cire, suie/pap. (89x63) : **FRF 8 000** – Paris, 21 mars 1992 : *Fragment de 9 nuits*, pap., cr., cire et cendre (89x63) : **FRF 8 000**.

MARCHESE Andrea di Pietro, dit **Andrea da Formigine**
Né vers 1480 à Formigine près de Modène. Mort le 26 juillet 1559 à Bologne. XVIe siècle. Italien.
Architecte, stucateur et graveur sur bois.
Il a surtout travaillé à Bologne.

MARCHESE Pietro
Originaire de Castrogiovanni en Sicile. XIXe siècle. Italien.
Peintre d'histoire.

MARCHESE Saverio
Originaire de Palerme. XIXe siècle. Italien.
Peintre.

MARCHESE Vincenzo
XVIIIe siècle. Actif au début du XVIIIe siècle. Italien.
Peintre.
Il fut l'élève et l'imitateur de Pietro Novelli, et vécut à Palerme dont il dota les églises de plusieurs de ses œuvres.

MARCHESI Agostino
Né le 4 mai 1810 à Parme. Mort le 6 février 1867 à Parme. XIXe siècle. Italien.
Dessinateur et graveur au burin.
Il fut élève de Toschi.

MARCHESI Giovanni
Né le 16 mars 1804 à Mocenigo di Rumo (Tyrol du Sud). Mort le 4 avril 1835. XIXe siècle. Italien.
Peintre d'histoire et de portraits.
Il fut l'élève de l'Académie de Venise.

MARCHESI Giuseppe ou **Marchese**, dit **il Sansone**
Né le 30 juillet 1699 à Bologne. Mort le 16 février 1771. XVIIIe siècle. Italien.
Peintre d'histoire, compositions mythologiques, sujets allégoriques.
Successivement élève de Marc Antonio Franceschini et d'Aureliano Milani, il réunit les qualités de ses deux maîtres : son dessin est correct, son coloris éclatant.
Musées : Bologne (église Madona di Galliora) : *La Nativité de la Vierge – Le Prophète Élie – Saint Ambroise refusant l'entrée du temple à Théodore)* – Bologne (églises) – Rimini (cathédrale) : *Le Martyre de sainte Prisque*.
Ventes Publiques : Rome, 30 mars 1982 : *Scène mythologique*, h/t (91x133) : **ITL 2 800 000** – New York, 14 jan. 1988 : *Allégorie de la supériorité de l'Europe sur les autres continents*, h/t (207x273,5) : **USD 35 200** – Rome, 27 nov. 1989 : *La Sainte Famille se reposant pendant la fuite en Egypte*, h/t (84x65) : **ITL 18 400 000** – Milan, 13 mai 1993 : *Allégorie de l'Automne* ; *Allégorie de l'Été*, h/t, une paire (chaque 106x137) : **ITL 125 000 000** – New York, 31 jan. 1997 : *Achille et les filles de Nicomède*, h/t (104,8x137,8) : **USD 27 600**.

MARCHESI Luigi
Né à Saltrio, dans la province de Côme. XIXe siècle. Italien.
Sculpteur.
Il travailla de 1823 à 1863 à la cathédrale de Milan.

MARCHESI Luigi
Né le 6 novembre 1825 à Fontanella (Prov. de Parme). Mort le 3 août 1862 à Parme. XIXe siècle. Italien.
Peintre de paysages et d'architectures.
Musées : Parme : *Vue du Campo Vaccino à Rome – Vue de la cour du cloître de S. Paolo – Intérieur de l'église S. Maria del Popolo – Vue de Tivoli – Paysage de parc romain – Vue de la Piazza de Perme – Cours de cloîtres*.

MARCHESI Pietro
Actif à Milan. Italien.
Peintre.

MARCHESI Pompeo, chevalier
Né le 11 août 1789 près Côme. Mort le 7 février 1858 à Milan. XIXe siècle. Italien.
Sculpteur.
Élève de Canova. On cite de lui la statue du roi Charles-Emmanuel à Novare, celle de Volta à Côme et celle de Goethe à la bibliothèque de Francfort. Il exécuta deux statues de l'empereur François Ier, l'une pour le château de Graz, l'autre, en collaboration avec Menfredoni pour la Hofburg de Vienne. On lui doit également le monument funéraire d'Emmanuel-Philibert de Savoie, à Turin et les bustes d'*Ant. Canova*, de *La Malibran* et de *Léonard de Vinci*, conservés à Milan.

MARCHESI Salvatore
Né le 2 février 1852 à Parme (Emilie-Romagne). Mort le 27 mars 1926 à Parme. XIXe-XXe siècles. Italien.
Peintre de genre, architectures.
Il débuta à Milan. De 1881 à 1885, il fut professeur des Beaux-Arts de Brescia, puis, en 1886 fut nommé professeur à l'Institut de Palerme.
Il exposa à tous les grands salons italiens et souvent à l'étranger, notamment à Philadelphie et Londres.
Musées : Trieste (Mus. Revoltella) : *Le Chœur de saint Jean à Parme*.
Ventes Publiques : Stockholm, 16 mai 1990 : *Intérieur d'église animé*, h/t (132x91) : **SEK 82 000** – Londres, 18 mars 1992 : *Dans la sacristie*, h/t (104x67) : **GBP 13 200**.

MARCHESI da Cotignola Girolamo
Né vers 1481 à Cotignola. Mort vers 1550 à Naples ou à Rome. XVIe siècle. Italien.
Peintre d'histoire.
Élève de Francia et de Zaganelli ; il subit l'influence de Raphaël. L'église San Francesco San Marino conserve de lui quelques peintures dont une *Madone*, et l'église Santa Maria de Ferrare, *La justice divine*. Vasari lui attribue un portrait de Gaston de Foix. Il affirme que cet artiste travailla à Naples et à Rome où il peignit un portrait du pape Paul III.
Musées : Berlin (Kaiser Fried. Mus.) : *Remise aux Bernardins de la règle de leur ordre – Annonciation avec saint Sébastien et saint François*, attribué – *Mariage de la Vierge*, attribué – Bologne (Pina.) : *Mariage de la Vierge*, attribué – *La Vierge, l'Enfant Jésus, saint François et saint Bernard*, attribué – Budapest (Nat. Mus.) : *Pietà* – Cesena : *La Madone du Mont*, attribué – Chartres : *La Vierge, l'Enfant Jésus et saint François d'Assise* – Cologne (Wallraf Mus.) : *Madone, Jésus, saint Vital et saint Roch*, attribué – Forli (Pina.) : *La Vierge, deux saints et un adorateur* – Milan (Brera) : *Madone, Dieu le Père et quatre saints* – Paris (Mus. du Louvre) : *Le Christ portant sa croix* – Ravenne (Pina.) : retable à quatre panneaux – Venise (Gal.) : *Annonciation* – Venise (Ca d'Oro) : *Madone et enfant*.

Ventes Publiques : Londres, 1847 : *Assomption de la Vierge* : **FRF 6 300** ; *Le pape Grégoire et saint Pierre* : **FRF 5 330** – Londres, 15 juil. 1927 : *La Vierge et l'Enfant* : **GBP 819** – Milan, 3 mars 1987 : *L'Adoration des Rois mages*, h/pan. (126x98) : **ITL 120 000 000**.

MARCHESINI Alessandro
Né en 1664 à Vérone. Mort le 27 janvier 1738 à Vérone. xviie-xviiie siècles. Italien.
Peintre d'histoire, scènes mythologiques, sujets religieux, graveur.
Il fut élève de Biaggio Falcieri, puis, à Bologne, où il vint à seize ans, de Carlo Cignani. Grâce à celui-ci, il se fit une belle réputation comme peintre d'histoire, et, revenu à Vérone, il y fut employé à la décoration de nombreux monuments, entre autres San Biaggio et à La Madonna della Scala. Il a également travaillé à Venise où il a peint de nombreux tableaux historiques et mythologiques. Il a gravé à l'eau-forte une *Vénus assise au pied d'un arbre*.
Ventes Publiques : Milan, 12 déc. 1988 : *Le Christ ressuscité apparaît à Madeleine*, h/t (93x125) : **ITL 9 000 000** – New York, 17 jan. 1992 : *Phaéton s'approchant de son père Apollon*, h/t (86,4x109,9) : **USD 30 250**.

MARCHESINI Girolamo
xviie siècle. Italien.
Miniaturiste.
Il travailla pour Borromeo, archevêque de Milan.

MARCHESINI Pietro, dit **Ortolanino**
Né le 7 avril 1692 à Pistoie. Mort le 24 octobre 1757 à Pistoie. xviiie siècle. Italien.
Peintre de compositions religieuses, graveur, dessinateur.
Il fut élève de A.-D. Gabbiani. Il a gravé à l'eau-forte une *Sainte Marguerite de Cortonne*. Il a fait des tableaux pour les églises et les palais de Florence et de Pistoie.
Ventes Publiques : Londres, 3 juil. 1996 : *Le Christ avec Sainte Marguerite de Cortone*, sanguine (50x31,5) : **GBP 5 175**.

MARCHESINI Ricardo
Né à Bologne (Émilie-Romagne). xxe siècle. Italien.
Peintre de genre.
Il débuta vers 1880. Il a exposé à Milan, Rome, Venise et Turin.

MARCHESTENS Giovanni ou **Marchestein, Marchestem, Martestem**
Mort en 1404 à Milan. xive siècle. Allemand.
Sculpteur.
A travaillé à la cathédrale de Milan.

MARCHETTI Domenico ou **Merchetti**
Né en 1780 à Rome. Mort après 1844. xixe siècle. Italien.
Graveur au burin.
Il a gravé des sujets religieux et des sujets d'histoire et publia à Rome en 1825 : *Costumes et usages des peuples de la Grèce*. Il travaillait dans la manière de Volpato.

MARCHETTI Ferruccio
Né en 1941 à Rome. xxe siècle. Italien.
Peintre. Tendance abstraite.
Il vit à Milan et Pesaro. Il a montré ses œuvres dans une exposition personnelle en 1970 à Milan.
Pour un artiste de son âge, il participe remarquablement peu aux moyens de communication artistique expérimentale de son époque. Son abstraction même se fonde sur une interprétation analytique cubiste du donné de la réalité extérieure et quotidienne, une bulle de savon, un chantier de construction, etc. Il en retient des sortes de structures modulaires, souvent constituées de quadrilatères enchevêtrés, avec suggestion de la troisième dimension ou bien des entrecroisements de hachures, échafaudages de l'espace qui rappellent le célèbre graphisme de Giacometti, que des éclats, brefs et durs, de lumière font surgir du fond du clair-obscur.

MARCHETTI Francesco
xviie siècle. Italien.
Peintre et graveur à l'eau-forte.
Il a gravé des batailles, des portraits et a travaillé à Trente et à Prague.

MARCHETTI Giovanni Francesco. Voir **MARELUTTI**

MARCHETTI Giuseppe
xviiie siècle. Actif dans la seconde moitié du xviiie siècle. Italien.
Peintre d'histoire et de portraits.
Ses tableaux se rencontrent surtout à Forli, où il a travaillé.

MARCHETTI Gustave Henri
Né le 6 janvier 1873 à Paris. xxe siècle. Français.
Peintre de genre, sculpteur, graveur.
Il fut élève de J. Blanc, Bouguereau et Gabriel Ferrier. Il fut sociétaire, à Paris, du Salon des Artistes Français à partir de 1901, où il obtint une mention honorable en 1900, et comme graveur une mention honorable en 1905. Il gravait à l'eau-forte.
Ventes Publiques : Paris, 16-17 mai 1892 : *La Chasse au faucon* : **FRF 900**.

MARCHETTI Ignazio
Né le 4 août 1715 à Parme. Mort en juillet 1800. xviiie siècle. Italien.
Graveur sur bois.
Il fut le sculpteur de la cour de Parme à partir de 1777.

MARCHETTI Ludovico
Né le 10 mai 1853 à Rome. Mort le 20 juin 1909 à Paris. xixe-xxe siècles. Actif aussi en France. Italien.
Peintre de genre, dessinateur.
Après avoir fait son apprentissage chez Mariano Fortuny, le peintre espagnol installé à Rome, il a surtout travaillé et exposé à Paris, où il s'est installé en 1878. Il participa également à divers Salons allemands à partir de 1882, notamment à ceux de Berlin et Munich. Médaille de bronze à l'Exposition Universelle de 1889.
Ses divertissements champêtres sont enlevés avec brio.

LMarchetti

Bibliogr. : Gérald Schurr, in : *Les Petits Maîtres de la peinture 1820-1920, valeur de demain*, Les Éditions de l'Amateur, t. V, Paris, 1981.
Ventes Publiques : Paris, 25 juin 1923 : *Le courrier*, aquar. : **FRF 515** – Londres, 12 mars 1928 : *Le retour du chevalier* : **GBP 42** – Paris, 18 juin 1930 : *Gentilhomme Henri II*, aquar. : **FRF 330** – Paris, 18 nov. 1953 : *Le fiacre* : **FRF 103 000** – Londres, 14 juin 1972 : *L'embarquement pour Cythère* : **GBP 1 000** – Paris, 15 mars 1974 : *La robe verte* 1884 : **GNS 600** – Amsterdam, 30 oct 1979 : *Nombreux personnages sur une terrasse* 1883, h/pan. (41,5x59,5) : **NLG 22 000** – Londres, 23 juin 1981 : *Les Courses à Longchamps* 1880, h/pan. (27x42,5) : **GBP 17 000** – Londres, 21 oct. 1983 : *Musiciens dans la cour d'un palais* 1885, h/pan. (22,2x33) : **GBP 1 900** – New York, 15 fév. 1985 : *Les Régates* 1884, h/t (54,5x85,1) : **USD 60 000** – New York, 24 fév. 1987 : *Les Régates* 1884, h/t (54,5x85,1) : **USD 100 000** – New York, 25 mai 1988 : *Sortie de l'hôtel Royal à Venise* 1881, h/t (61,6x50,8) : **USD 38 500** – Londres, 24 nov. 1989 : *La fête des vendanges à Naples*, h/pan. (42x61) : **GBP 27 500** – Paris, 17 nov. 1991 : *La conversation galante*, h/t (43,5x60,5) : **FRF 110 000** – Londres, 18 mars 1994 : *Présentation* 1879, h/pan. (25,1x35,6) : **GBP 16 100** – Paris, 27 mai 1994 : *Le combat singulier* 1876, h/pan. (32x24) : **FRF 26 000** – New York, 24 mai 1995 : *L'enlèvement* 1881, h/pan. (26x40,6) : **USD 13 225** – Rome, 13 déc. 1995 : *Personnage en costume du xviie siècle*, h/pan. (33x26) : **ITL 5 750 000**.

MARCHETTI Marco, dit **Marco da Faenza**
Né probablement à Faenza. Mort le 13 août 1588 probablement à Faenza. xvie siècle. Italien.
Peintre d'histoire et d'ornements.
Il s'inspira du style de Giovanni da Udine et décora plusieurs églises de Rome. On cite, notamment, de lui une série de peintures de la *Vie de saint François de Paul*, à l'église de la Trinita del Monti. Mais son œuvre le plus important se trouve au Vatican. Protégé par le pape Grégoire XIII, il y peignit, indépendamment d'un *Massacre des Innocents*, une décoration d'arabesques dans les loges de ce palais. Il exécuta également une décoration de même genre au Palais Ducal de Florence. Il ne faut pas confondre cet artiste avec Marco Antonio da Faenza.
Ventes Publiques : New York, 14 jan. 1987 : *Apollon et les Muses, un astronome et des armoiries*, pl. et lav./traces de craie noire, étude pour la décoration d'un mur (23x32,7) : **USD 9 000**.

MARCHETTI Michele
Originaire de Faenza. xviiie siècle. Actif dans la première moitié du xviiie siècle. Italien.
Peintre.

MARCHETTI Pietro
xviie siècle. Italien.
Graveur au burin.

MARCHETTI Pietro ou **Marquetti**
XVIIIe siècle. Actif à Carrare. Italien.
Sculpteur.
Il prit part en 1789 et 1792 aux concours de l'Académie de Saint-Luc à Rome et obtint des récompenses. Il travailla à Carrare pour la cour de la princesse Elise. L'essentiel de son œuvre paraît résider dans l'exécution de bustes des membres de la famille Bonaparte. Peut-être ce graveur se confond-il avec l'architecte Marchetti, qui travailla pour la même cour.

MARCHI de ou **Marchis, Marchj, Marchy**, famille d'artistes
XVe-XVIe siècles. Actifs entre 1468 et 1539 à Bologne. Italiens.
Sculpteurs sur bois.
Agostino Marchi exécuta à Bologne de 1468 à 1477 les statues de la chapelle du chœur de S. Petronio. De ses trois fils, Biagio, Jacopo et Pantaleone, c'est le dernier qui obtint le plus de notoriété. Il travailla vers 1500 aux stalles de la Chartreuse de Pavie.

MARCHI Domenico ou **Marchis**, dit **Tempestino** ou **Domenico Tempesta**
Né vers 1655 à Rovezzano, ou selon Lanzi à Florence en 1652. Mort en 1718 ou à Florence le 22 mars 1737. XVIIe-XVIIIe siècles. Italien.
Peintre d'histoire, portraits, paysages, pastelliste, graveur.
On n'a que peu de détails biographiques exacts sur la vie de cet artiste. On sait toutefois qu'il fut élève, pour la peinture, de Baldassare Franceschini. Il a peint des portraits et des paysages, mais le meilleur de son œuvre fut sa production comme graveur au burin. Il fut élève de Nanteuil, à Paris, et Gérard Edelinck. Il a beaucoup produit de planches, de sujets d'histoire et des portraits. Il travailla en Italie, en France et en Allemagne, notamment pour l'électeur palatin.
Musées : Florence (Palais Pitti) : *Louis XIV – Le médecin Moniglia – Le nègre Benedetto Silva d'Angra*, past.
Ventes Publiques : Londres, 16 fév. 1983 : *Paysage fluvial boisé animé de personnages*, h/t (126,5x166,5) : **GBP 5 200** – Amsterdam, 22 mai 1990 : *Paysages arcadiens*, h/t, une paire (chaque 30x46,5) : **NLG 57 500** – Paris, 20 déc. 1994 : *Bord de mer au soleil levant ; Paysage près d'une ville italienne*, h/t, une paire (73x98) : **FRF 90 000**.

MARCHI Florio. Voir **MACCHIO**

MARCHI Giovanni
Originaire de Vérone. XVIIIe siècle. Travaillant au début du XVIIIe siècle. Italien.
Peintre.
Ses œuvres se trouvent dans les églises de Vérone et des environs.

MARCHI Giuseppe ou **de Marchis**
Mort en janvier 1703 à Rome. XVIIe siècle. Actif à Rome. Italien.
Peintre d'architectures.
Il fut admis en 1667 à l'Académie Saint-Luc et à la Congrégation des virtuoses.

MARCHI Giuseppe Filipo Liberati
Né vers 1735 à Rome. Mort en 1808 à Londres. XVIIIe-XIXe siècles. Italien.
Peintre, dessinateur et graveur.
Il connut Sir Joshua Reynolds à Rome et le suivit en Angleterre. Il travailla longtemps dans l'atelier du grand peintre et peignit de nombreux accessoires dans les tableaux de celui-ci. En 1770, il se décida à travailler pour son compte personnel et fit quelques portraits à Londres et dans le pays de Galles. Mais il ne tarda pas à revenir à son premier emploi. Il a gravé de nombreux portraits à l'aquatinte, d'après G. Reynolds.
Ventes Publiques : Londres, 4 juil. 1924 : *Georges Villiers, 2e duc de Buckingham* : **GBP 31** – Londres, 24 nov. 1965 : *Portrait de Thomas Jones* : **GBP 1 100**.

MARCHI Livio de
Né à Venise. XXe siècle. Italien.
Sculpteur. Tendance surréaliste.
Il débuta en tant que restaurateur à Venise, en même temps qu'il étudiait à l'Académie des Beaux-Arts de la ville. Il a exposé personnellement à Amsterdam en 1996, 1997, 1998, galerie Kieve Hemel.
Ses premières œuvres étaient en marbre et en bronze, puis il exécuta des sculptures en bois représentant, comme en trompe-l'œil, des bottes, des vêtements, des objets, fleurs, botte d'asperges, table couverte d'une nappe, manteau pendu à une patère, parapluie, chapeau, le tout grandeur nature, jusqu'à une voiture automobile qui, en bois, flotte sur les flots.

MARCHI Mario Vellani. Voir **VELLANI-MARCHI Mario**

MARCHI Nebridio de' ou **de'Marchi**
Originaire de Crema. Mort à Saint-Lorenzo de Crémone. XVIe siècle. Italien.
Peintre.
Moine olivétain. A peint vers 1500 des miniatures pour divers monastères.

MARCHI V. de. Voir aussi **DEMARCHI**

MARCHI Vincenzo
Né en 1818 à Rome. Mort en 1894. XIXe siècle. Italien.
Peintre de paysages urbains, aquarelliste, dessinateur.
Ventes Publiques : Londres, 27 nov. 1987 : *Place Barbarini, Rome*, aquar. et cr. (21,3x30,8) : **GBP 1 300**.

MARCHIANO Paolo Girolamo
Né en 1541, originaire de Savona (Ligurie). Mort vers 1637. XVIe-XVIIe siècles. Italien.
Peintre.

MARCHIG Giannino
Né en 1897 à Trieste (Frioul-Vénétie-Julienne). XXe siècle. Italien.
Peintre de portraits, d'architectures.
Il travailla à Florence.
Musées : Florence (Gal. d'Art Mod.) : *La mort d'un auteur – Natura morta.*
Ventes Publiques : Londres, 4 déc. 1987 : *Nu couché* 1931, h/t (87x178) : **GBP 12 000** – Londres, 21 fév. 1989 : *Dame à l'éventail accoudée à un piano* 1913, h/cart. (40,6x36,2) : **GBP 5 280**.

MARCHIN Laurent de
XVIIe siècle. Actif à Malines. Éc. flamande.
Peintre.
Il travailla vers 1619 et imita Rubens. On possède de lui un triptyque conservé au cloître de Malines.

MARCHINI Giovanni Francesco
Originaire de Côme. XVIIIe siècle. Italien.
Peintre de fresques.
Il subit l'influence de Pozzi. En 1702 il peint la coupole de l'église Saint-Martin de Bamberg et devient en 1722 peintre de la cour de Mayence.

MARCHINVILLE DE
XVIIIe siècle. Français.
Dessinatrice, silhouettiste.

MARCHIONI Elisabetta
XVIIe-XVIIIe siècles. Italienne.
Peintre de natures mortes, fleurs et fruits.
Elle était active à Venise.
Ventes Publiques : Milan, 13 déc 1979 : *Natures mortes aux fleurs et aux fruits*, deux h/t (96x130) : **ITL 11 500 000** – Milan, 25 fév. 1986 : *Nature morte aux fleurs*, h/t (138x190) : **ITL 25 000 000** – Milan, 3 mars 1987 : *Nature morte au vase de fleurs*, h/t (95x134) : **ITL 26 000 000** – Milan, 21 avr. 1988 : *Nature morte avec fleurs dans un vase de métal et composition florale*, h/t (87x84) : **ITL 9 500 000** – Milan, 25 oct. 1988 : *Nature morte avec une composition florale*, h/t (94x130) : **ITL 17 000 000** – Milan, 12 déc. 1988 : *Nature morte d'un vase de fleurs*, h/t (73x61) : **ITL 23 000 000** – Rome, 13 avr. 1989 : *Nature morte avec fleurs et poires*, h/t (41x91) : **ITL 13 000 000** – Milan, 29 nov. 1990 : *Nature morte avec une importante composition florale*, h/t (90x140) : **ITL 30 000 000** – New York, 17 jan. 1992 : *Nature morte de tulipes, roses, pivoines et autres fleurs dans des paysages*, h/t, une paire (107,3x139,7) : **USD 88 000** – Monaco, 2 juil. 1993 : *Nature morte aux fleurs et fruits*, h/t (84x114) : **FRF 122 100** – New York, 8 oct. 1993 : *Nature morte de fleurs dans un vase de métal*, h/t/cart. (69,9x53,3) : **USD 8 050** – Paris, 17 juin 1994 : *Bouquet de fleurs et perroquet*, h/t (79x109) : **FRF 90 000** – Londres, 21 oct. 1994 : *Corbeille de fleurs et melon sur un banc de pierre*, h/t (69,5x95,4) : **GBP 11 500** – Rome, 22 nov. 1994 : *Corbeille de fleurs*, h/t, une paire (49x66) : **ITL 29 900 000** – Milan, 4 avr. 1995 : *Nature morte aux fleurs*, h/t (70x98) : **ITL 21 850 000**.

MARCHIONNE ou **Marchione d'Arezzo**
XIIIe siècle. Actif au début du XIIIe siècle. Italien.

Sculpteur.
Il travailla pour le pape Innocent III vers 1207.

MARCHIONNI Carlo ou **Marchionne, Marchioni**
Né le 10 février 1702. Mort le 28 juillet 1786. XVIIIe siècle. Italien.
Peintre, dessinateur et architecte.
Il fut l'élève de Bargioni et subit l'influence de Michel-Ange. Il obtint en 1728 le premier prix de l'Académie Saint-Luc, et devint son président en 1775. Son œuvre de statuaire se trouve disséminée dans les églises de Rome, et notamment à Santa Maria Sopra Minerva, où il exécuta en collaboration avec Pietro Braci, le monument de Benoît XIII.

MARCHIONNI Elvio
XXe siècle. Italien.
Peintre de compositions à personnages, fresquiste. Traditionnel, citationniste.
Il montre ses œuvres dans des expositions personnelles en Italie, aux États-Unis, et, en 1994, 1995 et 1996, à la galerie V.R.G. Saint-Germain, à Paris.
Elvio Marchionni est passé maître dans l'art de la fresque. C'est pour lui l'occasion de recréer, dans son œuvre, une atmosphère, celle de la peinture florentine, à l'époque de la Renaissance. Non content de s'être approprié la technique, il en a fait de même pour les thèmes traités de manière « éclectique ».

MARCHIONNI Francesco
XVIIIe siècle. Romain, vivant vers 1700. Italien.
Peintre.
Il exécuta une des statues colossales de la place Saint-Pierre de Rome.

MARCHIONNI Odoardo
XIXe siècle. Espagnol.
Peintre de genre.
Musées : Prato : *Ruines de S. Galgano in Maremma – Un campagnard – Éveil du printemps.*

MARCHIORETTO Pietro
Né en 1772 à Feltre. Mort en 1828 dans le Tyrol méridional. XVIIIe-XIXe siècles. Italien.
Peintre d'histoire, paysagiste et dessinateur.
Élève, à Venise, de Lazzarini, puis de Franz Cauzitsch. Il travailla ensuite à l'École de Chalcographie de Besdomini. L'église de Bruxen (Autriche) conserve de lui un *Saint Sépulcre*. Il a peint également de nombreux paysages dont les sujets sont empruntés au nord de l'Italie.

MARCHIORI Domenico
Né à Lendinara. Italien.
Peintre de genre, portraits.
Exposa à Milan, Turin et Venise.

MARCHIORI Giovanni ou **Melchiori, Merchiori**, appelé par erreur **Monciore**
Né le 30 mars 1696 près de Belluno. Mort le 2 janvier 1778 à Trévise. XVIIIe siècle. Actif à Venise. Italien.
Sculpteur.
Il travailla à Venise, puis à Trévise à partir de 1765. On cite de lui des sculptures sur bois et en marbre à l'église San Rocco, à Venise. Mais beaucoup des œuvres de la dernière période sont dues vraisemblablement à ses élèves.

MARCHIS. Voir aussi **MARCHI**

MARCHIS Alessio de' ou **Demarchis Alessio,** parfois **Alessio Benedetto,** dit **de'Marchis**
Né en 1684 à Naples. Mort en 1752 à Pérouse. XVIIIe siècle. Italien.
Peintre de paysages animés, paysages, architectures, dessinateur.
On prétend qu'afin de mieux peindre un incendie, il avait mis le feu à des meules de foin. Condamné à mort, il y échappa grâce au cardinal Albani, son protecteur. Sa peine fut commuée en la détention perpétuelle ; il aurait été envoyé aux galères et gracié sous le pontificat de Clément XI (1700-1721). Ce dernier le chargea de décorer le palais d'Urbino. Il vécut à Urbino, à Rome et à Pérouse. Il travailla aux palais Ruspoli et Albani à Rome, aux palais Anselmi et Canali à Pérouse. Il eut un fils qui, comme lui fut paysagiste.
Ventes Publiques : Milan, 16 mai 1974 : *Paysages*, deux pendants : **ITL 3 600 000** – Rome, 27 mars 1980 : *Volcan en éruption*, h/t (54x69) : **ITL 3 600 000** – Rome, 1er déc. 1982 : *Paysage à la fontaine*, h/t (76x98) : **ITL 2 000 000** – Monte-Carlo, 5 mars 1984 : *Le temple de Paestum sous l'orage*, h/t (56x78) : **FRF 21 000** – Milan, 26 nov. 1985 : *Paysage au pont*, pl. et lav. (28x36,5) : **ITL 1 100 000** – Milan, 16 avr. 1985 : *Paysage animé de personnages*, h/t (75x98) : **ITL 8 500 000** – Milan, 25 fév. 1986 : *Paysage aux ruines animé de personnages*, h/t (42x59) : **ITL 5 000 000** – Paris, 1er juil. 1988 : *Bergers dans un paysage rocheux*, h/t (31x37) : **FRF 10 000** – Milan, 4 avr. 1989 : *Paysage fantastique animé avec un village ; Paysage fantastique animé avec une cascade*, h/pan., une paire (62x88,5) : **ITL 15 000 000** – Rome, 23 mai 1989 : *Éruption du Vésuve*, h/t (72,5x100) : **ITL 27 000 000** – Rome, 8 mars 1990 : *Paysage vallоné avec une chute d'eau*, h/t (57x71) : **ITL 8 000 000** – Rome, 8 avr. 1991 : *Paysage avec cascade*, h/pan., une paire (15x22) : **ITL 2 530 000** – Monaco, 21 juin 1991 : *Barque dans une grotte*, h/t (49x59) : **FRF 31 080** – Monaco, 20 juin 1992 : *Ville fortifiée près d'un lac éclairée par les rayons du soleil perçant au travers des nuages*, craie rouge et lav. gris (16,3x13,1) : **FRF 12 210** – Rome, 14 nov. 1995 : *Paysage avec un pont*, h/t (69x41) : **ITL 12 075 000**.

MARCHIS Benedetto de'. Voir **MARCHIS Alessio de'**

MARCHIS Domenico. Voir **MARCHI**

MARCHIS Giuseppe de' ou **de'Marchis**. Voir **MARCHI**

MARCHISELLO
XIIe siècle. Actif à Florence. Italien.
Peintre.

MARCHISIO de, famille d'artistes
XVe-XVIe siècles. Actifs dans les environs de Bergame. Italiens.
Peintres.
Cette famille a fourni une série de peintres de second ordre.

MARCHISIO Andrea
Né en 1850 à Turin (Piémont). Mort en 1927 à Turin (Piémont). XIXe-XXe siècles. Italien.
Peintre de genre.
Il fut élève de Gamba et de Gastaldi. Il devint professeur à l'Académie Albertina de Turin.
Ventes Publiques : New York, 28 mai 1982 : *Le meeting aérien à Trouville* 1913, h/cart. entoilé de forme ovale (38,1x28) : **USD 1 500** – New York, 23 oct. 1990 : *La pause du modèle*, h/t (30,5x40,6) : **USD 9 900** – Rome, 2 juin 1994 : *L'atelier du peintre*, h/t (30x40) : **ITL 4 370 000**.

MARCHISIS da Cotignola Girolamo. Voir **MARCHESI**

MARCHOU Georges
Né le 27 mars 1898 à Bordeaux (Gironde). Mort en 1984. XXe siècle. Français.
Peintre de paysages, fleurs.
Il fut élève d'Ernest Laurent, à l'École des Beaux-Arts de Paris. Il montra ses œuvres dans une exposition personnelle à Cannes en 1967.
Il fut influencé par les œuvres de Gauguin, Sérusier, Vuillard, Bonnard, et aussi par Van Gogh. Il vise à donner des choses agréables à voir, interprétation heureuse de la nature qu'il aime.

Georges Marchou

Ventes Publiques : Paris, 11 avr. 1988 : *Arbres à l'automne*, h/t (38x46) : **FRF 4 000** – Versailles, 8 juil. 1990 : *Fleurs dans un pichet blanc*, h/t (65x54) : **FRF 9 500**.

MARCHOUL Gustave
Né le 17 mars 1924 à Liège. XXe siècle. Belge.
Graveur, peintre de cartons de tapisseries, illustrateur. Abstrait.
Il fut élève en peinture à l'Académie de Mons. Il est professeur à la Cambre. Il est membre de l'Académie Royale de Belgique.
Il représentait dans la section gravure, en 1951, avec le peintre Alechinsky et le sculpteur Reinhoud la Belgique à la Biennale de São Paulo. Il montre ses œuvres dans des expositions personnelles dans différentes villes de Belgique. Il a obtenu le Prix de la Galerie municipale de Zagreb en 1961 ; le Prix international *Blanc et Noir* à Lugano en 1962 ; le Prix du Hainaut en 1963 ; le Prix triennale de la gravure belge en 1964 ; le Prix Bright de la Biennale de Venise en 1968.
Ayant à peu près abandonné la peinture, il grave à l'eau-forte, avec quelques interventions de burin. Ses compositions abstraites, même si elles s'appuient sur la réalité de la lumière, font surgir des mystères du clair-obscur, des hymnes à la joie.

Bibliogr. : In : *Dictionnaire biographique illustré des artistes en Belgique depuis 1830*, Arto, Bruxelles, 1987.
Musées : Amsterdam – Carrare – Lugano – Paris (BN) – Salisbury – Skopje – Washington D. C. (Library of Congress) – Zagreb.

MARCHUTZ Léo
Né en 1903 à Nuremberg (Bavière). Mort en janvier 1976 à Aix-en-Provence (Bouches-du-Rhône). xxe siècle. Actif en France. Allemand.
Peintre, lithographe, illustrateur.
Il commença à peindre très jeune. Après un voyage en Italie, il se fixa dans le Midi de la France en 1928.
Il figura à l'exposition *De Bonnard à Baselitz ; dix ans d'enrichissements du Cabinet des estampes 1979-1988*, à la Bibliothèque nationale à Paris.
Sa peinture a été influencée par Cézanne. En 1949, il imprima lui-même *L'Evangile selon saint Luc*, qu'il illustra de quatre-vingt-cinq lithographies. Ce travail attira l'attention d'André Masson, son voisin du Tholonet.
Musées : Cologne (Mus. mun.) – New York (Metropolit. Mus.) – New York (Mus. of Mod. Art) – Nuremberg (Mus. mun.) – Paris (BN) – Vienne (Albertina Mus.).

MARCI Baldassare. Voir **MARI**

MARCIAS Juan
xvie siècle. Espagnol.
Peintre.
Il travailla à l'église de Médina del Campo.

MARCIC Rudolf Ernst
Né le 21 février 1882 à Litija (Slovénie). xxe siècle. Tchécoslovaque.
Peintre de paysages.
Musées : Prague : *Le Port de Spalato* – Vienne : *La Bataille de Kolin – Sur les bords de l'Adriatique*.

MARCIER Émeric
Né le 21 novembre 1916 à Cluj. xxe siècle. Actif depuis 1940 au Brésil, de 1973 à 1979 actif en France. Roumain.
Peintre de sujets religieux, paysages, aquarelliste.
Il part en 1935 en Italie pour étudier la peinture avec Giuseppe Pallanti à l'Académie Brera de Milan. Il collabore aux revues italiennes *Settebello* de Cesare Zavattini et *Le Grande Firme* de Pitigrilli avec Saul Steingerg. Il fréquente, ensuite, mais peu de temps, l'École Nationale des Beaux-Arts de Paris. Il se lie d'amitié avec Victor Brauner, Arpad Szenes, Viera da Silva, Jacques Herold. En 1940, il part pour Lisbonne et ensuite s'établit au Brésil, fait donc partie de ces artistes qui émigrèrent durant la Seconde Guerre mondiale. Il s'installe alors à Barbacena. De 1973 à 1979, il possède un atelier à Paris. Il vit et travaille à Rio de Janeiro.
Il participe à des expositions collectives à partir de 1937, en Italie, France, au Brésil Portugal, Mexique, en Autriche, en Angleterre, au Pérou, à plusieurs Biennales de São Paulo, à la Biennale d'Art Sacré de Salzbourg, aux expositions de la Fondation Gulbenkian à Lisbonne. Sa première exposition personnelle au Brésil date de 1940. Il en réalise de nombreuses autres, notamment en Italie, au Portugal, au Japon, en France et en Roumanie (rétrospective organisée à Bucarest en 1968).
Il a reçu en 1963 la médaille de l'ordre *Inconfidencia*, la plus haute distinction brésilienne commémorant l'indépendance du pays.
Emeric Marcier est d'abord peintre de paysages. En 1942, il commence une série de peintures consacrées aux vues pittoresques de villages au Brésil. En 1943, il débute également un cycle de peinture d'art sacré d'après des thèmes bibliques. Ce sont les deux grands axes de sa création. Sa peinture religieuse est marquée par un certain expressionnisme et une stylisation des figures. Il a travaillé pour plusieurs églises, notamment : fresques pour la chapelle de la Jeunesse ouvrière catholique à Mauà-Sao-Paulo, 1947-1948 ; *La Résurrection* (azulejos) pour la chapelle funéraire de Muriaé (1956) ; *La Vierge avec l'Enfant, Combat de saint Michel contre le Dragon*, fresques pour la chapelle de la colonie de vacances Venda Nova à Belo Horizonte (1960).
Bibliogr. : Ionel Jianou et divers, in : *Les Artistes roumains en Occident*, American Romanian Academy of Arts and Sciences, Los Angeles, 1986.
Ventes Publiques : Rio de Janeiro, 31 mai 1982 : *La trahison de Judas* vers 1955, h/t (197x148) : **BRL 2 50 000**.

MARCIL René
Né le 29 mai 1917 à Montréal. xxe siècle. Actif en France, puis en Angleterre. Canadien.
Peintre.
Il a étudié à l'École des Beaux-Arts de Montréal de 1931 à 1935. Il s'installa en 1939 à New York. De 1949 à 1961, il a vécu dans le sud de la France (Cannes, Saint-Jean-Cap-Ferrat, Vence) et à Paris, puis à Londres, et de nouveau à Paris.
Il a surtout exposé à New York et Toronto, mais uniquement à partir des années soixante-dix.
L'automatisme de Borduas, pas plus que le travail de Pellan, ne semblent avoir eu d'influence sur l'orientation de sa peinture. S'en tenant aux natures mortes et aux paysages, il est resté fidèle à une figuration post-cézanienne ou post-matisséenne.

MARCILLAT Guillaume Pierre de. Voir **GUILLAUME**, dit **le Frère Guillaume, il Prete Gallo**

MARCILLE Camille Constantin
Né le 1er mai 1816 à Chartres. Mort le 3 août 1875 à Oisème. xixe siècle. Français.
Peintre.
Élève de Steuben. Fut conservateur du Musée de peinture de la ville de Chartres. Exposa au Salon de Paris, de 1859 à 1870. On a de lui, au Musée de Chartres, les portraits de *Pétion de Villeneuve*, du peintre *Mathieu Cochereau*, de *Charles Le Blanc*, conservateur du Musée de Chartres, de *Mme Jules Courtois*, ainsi que *Enterrement d'un enfant en Beauce*.

MARCILLE Martial François
Né le 7 juillet 1790 à Orléans. Mort le 3 novembre 1856 à Paris. xixe siècle. Français.
Peintre.
Amateur distingué en même temps qu'artiste, il possédait une belle galerie de tableaux, composée particulièrement des maîtres français du xviiie siècle. Le Musée de Chartres possède de lui les portraits de *Chauveau-Lagarde*, défenseur de la reine Marie-Antoinette et de *Charlotte Corday*, de *Lacroix-Frainville*, bâtonnier de l'Ordre des avocats de Paris, de *Robert-Joseph Pothier*, de *Jules Courtois*, de *Mme Jules Courtois* et de *Delacroix-Frainville*, député.

MARCILLO Torres de
xixe-xxe siècles. Espagnol.
Peintre de genre.
Cité par les annuaires de ventes publiques.
Ventes Publiques : New York, 30-31 oct. 1929 : *Le repas du cavalier* : **USD 200** – Paris, 11 avr. 1945 : *Scène d'intérieur* 1892 : **FRF 5 400** – Versailles, 19 nov. 1972 : *Paysannerie* : **FRF 5 200**.

MARCILLY Édouard Millet de. Voir **MILLET de Marcilly**

MARCIN. Voir aussi **MARTIN**

MARCIN Teofil ou nommé **Polack** par les Allemands
xviie siècle. Polonais.
Peintre d'histoire.
Il se rendit au Tyrol, où il vécut trente ans étant peintre de la cour de l'archiduc Léopold. Après la mort de ce dernier, en 1632 il fut nommé peintre de la cour du cardinal Charles Van Madruz à Frident. Il signait ses œuvres : *Martinus Teophilus Polonus*. Ses œuvres se trouvent dans plusieurs villes du Tyrol.

MARCIN von Lublin. Voir **MARTIN von Lublin**

MARCINKOVSKY Vladislav
Né en 1858 à Mieszkov dans la province de Posen. xixe-xxe siècles. Polonais.
Sculpteur.
Il étudia chez Chapu à Paris et à l'Académie de Berlin, résida à Paris et à Berlin et devint en 1925 directeur du Musée militaire de Posen. Il sculpta le buste de poète Slowacki figurant à Miloslaw en Posnanie.

MARCION P.
xviiie siècle. Actif à la fin du xviiie siècle. Français.
Ébéniste.
Il travailla pour les châteaux de Saint-Cloud, Compiègne, Fontainebleau et Rambouillet. On possède de lui une commode en acajou au Grand Trianon.

MARCIS E. E. E., comte. Voir **LE MARCIS**

MARCITA Marcita, pseudonyme de **Bloch Marcita**
Née le 24 juin 1903 à Mexico. xxe siècle. Française.
Peintre.
Élève de l'École des Beaux-Arts de Paris, elle voyage en Amérique centrale, d'où elle rapporte des études colorées. Expose au Salon des Tuileries.

MARCIUS-SIMONS Pinckney
Né en 1867 à New York. Mort le 17 juillet 1909 à Bayreuth. xixe-xxe siècles. Américain.

Peintre de genre, architectures, paysages, illustrateur. Symboliste, néo-impressionniste.

Il subit l'influence de Jean Détaille, Gérôme et Turner. Il exposa à la Royal Academy de Londres à partir de 1891.

Passionné de Wagner, enthousiasmé par les héros du Graal, il a peint un cycle de *L'Anneau des Niebelungen*. Il a souvent, à la manière de Gustave Moreau, ajouté des releifs en gemme à ses compositions peintes selon une manière impressionniste.

Bibliogr. : Gérald Schurr, in : *Les Petits Maîtres de la peinture 1820-1920, valeur de demain*, Les Éditions de l'Amateur, t. II, Paris, 1982.

Ventes Publiques : Paris, 1897 : *Lulli enfant* : **FRF 580** – New York, 15-16 fév. 1906 : *La Cité d'Ophir* : **USD 1 225** – Paris, 21 fév. 1924 : *Bords de rivière* : **FRF 200** – Paris, 4 fév. 1932 : *Le dernier des croisés* : **USD 625** – Paris, 25 fév. 1972 : *Lohengrin* : **FRF 4 100** – Paris, 14 juin 1976 : *Die Nibelungen*, h/t (54x72) : **FRF 7 000** – Paris, 29 juin 1977 : *Le Saint-Graal*, h/t (142x116) : **FRF 25 000** – New York, 12 juin 1980 : *Parsifal et les chevaliers du Saint-Graal* 1902, h/t (112x145) : **USD 5 250** – Versailles, 2 juin 1982 : *Jeanne à Domrémy*, h/t (46x60) : **FRF 30 500** – Honfleur, 30 oct. 1983 : *Paysage fantastique*, h/t (43x57) : **FRF 34 000** – Londres, 17 déc. 1986 : *Storm coming on*, h/t (91,5x61) : **GBP 4 200** – Enghien-les-Bains, 25 oct. 1987 : *Les Niebelungen*, h/t (53,5x71) : **FRF 17 000** – New York, 29 nov. 1990 : *Parcifal et les chevaliers de la table ronde (scène de l'acte I)*, h/t (115,6x144,2) : **USD 20 900** – New York, 28 nov. 1995 : *Cupidon dans les fleurs*, h/pan. (20,5x13) : **USD 1 265** – New York, 6 juin 1997 : *Toilette de nature*, h/t (114,3x142,9) : **USD 57 500**.

MARCK Caroline Van, née **Meda**

xixe siècle. Française.

Artiste.

Exposa au Salon entre 1841 et 1845.

MARCK Quirin ou **Mark**

Né le 20 janvier 1753 à Littau. Mort le 24 septembre 1811 à Vienne. xviiie-xixe siècles. Allemand.

Dessinateur et graveur au burin.

Élève de Schmutzer. Il a gravé en particulier les illustrations des *Études prises dans le bas peuple de Vienne* (1775) et un *Choix de pierres gravées du Cabinet impérial*.

MARCKE Eduard Van

Né le 12 mai 1815 à Liège. Mort en juin 1884 à Liège. xixe siècle. Belge.

Peintre.

Il fut un élève de P. Delaroche à Paris. Il décora avec Helbig l'église Notre-Dame de Saint-Trond et l'église Sainte-Croix à Liège.

MARCKE Emile Van

Né en 1797 à Bruxelles. Mort après 1839. xixe siècle. Belge.

Peintre de paysages et lithographe.

Élève de Watelet à Paris en 1824. Il travailla pour la Manufacture de Sèvres jusqu'en 1830.

Ventes Publiques : Paris, 13 mars 1974 : *Troupeau se désaltérant* : **FRF 13 200**.

MARCKE Jean Baptiste, dit **Jules, Van**

Né le 12 mars 1798 à Bruxelles. Mort le 17 janvier 1849 à Liège. xixe siècle. Français.

Peintre paysagiste et lithographe.

Élève de Watelet, attaché à la Manufacture de Sèvres, de 1825 à 1832. Il était le père d'Emile Van Marcke. Le Musée de Courtrai conserve de sa main : *Ruines*.

MARCKE Julie Palmyre Van

Née en 1801. Morte en 1875 à Liège. xixe siècle. Française.

Peintre de fleurs.

Femme du précédent, fille de J. F. Robert, peintre à la Manufacture de Sèvres, dont il fut directeur. Médaille d'or à l'Exposition Internationale de 1869.

MARCKE Philippe de

xve siècle. Hollandais.

Enlumineur.

Il entra à la gilde de Bruges en 1470.

MARCKE Walter Van

Né en Belgique. xxe siècle. Belge.

Peintre.

A subi à la fois l'influence de Permeke et celle de l'art nègre.

MARCKE DE LUMMEN Emile Van

Né le 20 août 1827 à Sèvres, de parents hollandais. Mort le 24 décembre 1890 à Hyères. xixe siècle. Français.

Peintre de paysages, animaux et graveur.

C'est à Sèvres, où travaillait Troyon, que Van Marcke, qui était comme lui, peintre décorateur à la Manufacture, se lia avec le grand animalier. Troyon ayant remarqué les dispositions de son jeune confrère lui donna des conseils, et Van Marcke se trouva amené à suivre la même voie que lui. Quittant Sèvres, Van Marcke commença ses études d'animaux aux Fermes Impériales de Villeneuve l'Étang et de Grignon. Puis, après avoir travaillé en Bretagne, dans les Landes, et en Sologne, il se fixa en Normandie, dans la vallée de la Bresle à Bouttencourt. Ce pays d'une nature plantureuse convenait à son robuste talent. Dans ses tableaux, les vaches peintes avec un profond savoir sont l'objet principal et le paysage largement traité concourt à l'harmonie de la composition. Van Marcke débuta au Salon de 1857 et se classa très vite parmi les meilleurs peintres d'animaux, il fut médaillé en 1867, 1869 et 1870, puis décoré de la Légion d'honneur en 1872. Il était membre fondateur de la Société des Artistes Français. Son succès ne fut pas moins grand en Angleterre, où il exposa à partir de 1878. Ses œuvres obtinrent de hauts prix également en Amérique. Ch. Courty a gravé beaucoup de ses tableaux.

Cachet de vente

Musées : Amsterdam (mun.) : *Paysage avec bétail* – Avignon : *Ferme normande* – Boston : un tableau – Caen : *La mare aux pies* – Chicago (Art Inst.) : *Bétail au pâturage*, deux tableaux – *Un jour d'automne* – *Le tête à tête* – Édimbourg (Nat. Gal.) : *Bestiaux au pâturage* – *L'abreuvoir* – La Haye (Mesdag) : *Petite ville de la côte française* – Langres : *Paysage avec animaux* – Liège : *Une corderie au Tréport* – Lyon : *Retour du troupeau* – Nancy : *La fontaine de Saint-Jean-du-Doigt* – New York (Metropol. Mus.) : *Vaches* – Nice : *L'enclos* – Philadelphie : *Troupeau de bœufs espagnols* – Reims : *Animaux au repos*, deux tableaux – *Pâturage* – *Vaches fuyant l'orage* – *Vaches et moutons* – Rochefort : *Pâturage*.

Ventes Publiques : Paris, 1875 : *Pâturages en Normandie* : **FRF 3 010** – Paris, 1880 : *Pâturage* : **FRF 20 000** – Paris, 1883 : *Marais à Bouttencourt* : **FRF 25 500** – Amsterdam, 1884 : *Vaches normandes* : **FRF 14 322** – Amsterdam, 1891 : *Vache brune et blanche* : **FRF 31 000** ; *Vache brune tachée de blanc* : **FRF 30 000** – New York, 1892 : *Vaches dans une mare* : **FRF 37 500** – Paris, 1893 : *Une corderie au Tréport* : **FRF 11 900** – New York, 1898 : *Vaches normandes* : **FRF 20 750** ; *Vaches dans la vallée de la Toucques* : **FRF 57 500** – Paris, 1900 : *La Descente du troupeau* : **FRF 39 500** – New York, 24 jan. 1912 : *Troupeau à l'abreuvoir*, h/t (81x65) : **USD 9 000** – Londres, 30 juin 1922 : *Printemps* : **GBP 194** – Londres, 22 juin 1923 : *Vaches au pâturage* : **GBP 441** – Londres, 19 fév. 1926 : *Vache suisse* : **GBP 168** – Paris, 16 déc. 1927 : *La Vache rousse* : **FRF 5 000** – New York, 9 avr. 1929 : *Heure de la traite* : **USD 240** – New York, 30 jan. 1930 : *Animaux revenant du pâturage* : **USD 1 500** – Paris, 18 juin 1930 : *Vaches à l'abreuvoir* : **FRF 4 800** – New York, 4 fév. 1931 : *Vaches dans les Marshlands* : **USD 200** – New York, 7 déc. 1933 : *Troupeau revenant du pâturage* : **USD 600** – Paris, 29 nov. 1935 : *Vaches en pâture* : **FRF 7 000** – New York, 1er nov. 1935 : *Paysage avec un troupeau* : **USD 450** – Paris, 19 jan. 1945 : *Troupeau de vaches à la mare* : **FRF 27 100** – Paris, oct. 1945-juil. 1946 : *Trois vaches devant une ferme* : **FRF 75 000** – New York, 16 mai 1946 : *Troupeau au pâturage* : **USD 475** – Paris, 28 avr. 1947 : *Les Vaches dans la prairie* : **FRF 32 000** – Paris, 1er fév. 1950 : *Scène de moisson*, cr. noir, reh. de blanc : **FRF 7 100** – Paris, 17 mars 1950 : *Le Retour du troupeau* : **FRF 34 000** – Paris, 3 avr. 1950 : *Cheval blanc dans la prairie* : **FRF 11 500** – Paris, 4-5 mai 1955 : *Vache à la mare* : **FRF 40 500** – Paris, 31 mai 1972 : *Canal à Zwolle*, h/pan. (16x24) : **FRF 1 800** – New York, 15 fév. 1973 : *Le Moulin au bord de l'eau* : **USD 1 500** – New York, 14 mai 1976 : *Troupeau à l'abreuvoir*, h/t (81x65) : **USD 3 200** – New York, 28 avr. 1977 :

Troupeau au pâturage, h/t (70x100) : **USD 1 500** – LONDRES, 5 oct 1979 : *Troupeau à l'abreuvoir*, h/t (94,6x139,1) : **GBP 3 800** – VIENNE, 12 sep. 1984 : *Paysage boisé à l'étang*, h/t (43x63) : **ATS 75 000** – NEW YORK, 24 mai 1985 : *Pâturage en Picardie*, h/t (69,8x100,3) : **USD 2 000** – AMSTERDAM, 2 mai 1990 : *Bétail sortant de l'étable*, h/t (80,5x100,5) : **NLG 5 175** – LONDRES, 5 oct. 1990 :*Bétail dans une mare dans un paysage boisé*, h/t (52,7x77,5) : **GBP 3 520** – NEW YORK, 16 juil. 1992 : *Vaches dans un pâturage*, h/pan. (32,4x45,7) : **USD 3 025** – NEW YORK, 29 oct. 1992 : *Sur le chemin du pâturage*, h/t (53,2x76,2) : **USD 4 400** – NEW YORK, 30 oct. 1992 : *Paysans gardant leur bétail au bord de la mer*, h/t (71,1x92,4) : **USD 11 000** – NEW YORK, 17 fév. 1993 : *Le jeune berger*, h/pan. (74,9x95,6) : **USD 6 038** – PARIS, 22 mars 1993 : *Le retour du troupeau*, h/t (60x43) : **FRF 5 000** – LONDRES, 17 mars 1993 : *Paysage boisé animé*, h/t (66x99) : **GBP 8 050** – NEW YORK, 17 fév. 1994 : *Vaches dans une prairie*, h/t (56,5x82) : **USD 4 370** – CALAIS, 15 déc. 1996 : *Enfant et chien près de la barrière*, h/t (42x57) : **FRF 9 000** – NEW YORK, 18-19 juil. 1996 : *Le retour du troupeau*, h/t (83,8x133,4) : **USD 5 750**.

MARCKE DE LUMMEN Jean Van ou **Marc de Lummen**
Né le 5 avril 1875. Mort le 2 juin 1918 à Lignières-en-Barrois (Meuse), pour la France. XXe siècle. Français.
Peintre de chevaux.
Fils du peintre animalier Émile Van Marcke de Lummen, il fut élève de Cormon et de Detaille. Affecté en 1918 à une section de camouflage sur le front, il y fut blessé mortellement par un éclat d'obus. Il débuta, à Paris, au Salon des Artistes Français en 1899 et fut un des exposants les plus en vue du Salon Hippique.
Les courses d'Auteuil et de Longchamps, inspirèrent la plus grande partie de sa production. Il a travaillé aussi à New Market et à Hyères. Si le dessin impeccable de ses chevaux donne un peu de sécheresse à ses œuvres de jeunesse, sa vocation ayant été précoce, la maturité de son talent s'affirme avec un métier beaucoup plus large.
VENTES PUBLIQUES : PARIS, 27 jan. 1943 : *La Promenade des chevaux* : **FRF 5 700** – PARIS, 14 fév. 1947 : *Jument et son poulain* : **FRF 3 000** – PARIS, 27 juin 1949 : *Le Jockey* : **FRF 1 600** – LONDRES, 21 mars 1980 : *Le Saut de l'obstacle*, h/t (59x82) : **GBP 1 900** – NEW YORK, 28 oct. 1987 : *La Chute au saut de la rivière*, h/t (65x50,2) : **USD 3 000** – PARIS, 9 déc. 1988 : *Cavalière*, h/t (56,5x46,5) : **FRF 10 000**.

MARCKE DE LUMMEN Marie Van. Voir **DIETERLE**

MARCKELBACH Alexandre P. D. Voir **MARKELBACH**

MARCKENBURG
XVIIe siècle.
Peintre d'architectures.
Le Musée de Nancy conserve de lui un *Intérieur d'église* qui fut primitivement attribué à Deruet.

MARCKGRAF Samuel ou **Marggraf**
Originaire d'Erfurt. XVIIe siècle. Actif dans la seconde moitié du XVIIe siècle. Allemand.
Peintre.

MARCKL Louis
Né en 1807 à Paris. XIXe siècle. Français.
Graveur au burin.
Il fut élève de J. M. Langlois et H. Dupont, et grava d'après Lebrun et Gavarni.

MARCKS Alexander
Né le 9 avril 1864 à Hanovre. Mort le 9 janvier 1909 à Munich. XIXe-XXe siècles. Allemand.
Paysagiste et peintre d'histoire.
Élève de Pauwels à Dresde. Médaillé en 1886. Vint à Munich en 1885. Exposa à Munich entre 1891 et 1893. On cite de lui : *Soirée d'automne* et *Hagen dérobe le voile aux Nixes*.
VENTES PUBLIQUES : LOS ANGELES, 12 mars 1979 : *Le vieux moulin*, h/t (90,2x75,6) : **USD 2 250**.

MARCKS Gerhard
Né le 18 février 1889 à Berlin. Mort le 13 novembre 1981 à Burgbrohl (Rhénanie). XXe siècle. Allemand.
Sculpteur de figures animalier, céramiste, graveur.
Il avait été élève d'August Gaul, Georg Kolbe, et, en 1907, élève en peinture de Richard Scheide, à Berlin, qui le prit pour collaborateur, en 1914, à l'exposition du *Werkbund* de Cologne, à la demande de Gropius. Après avoir fait la guerre, il enseigna, en 1918, à la Kunstgewerbeschule de Berlin. De 1919 à 1925, il dirigea l'atelier de céramique du Bauhaus. Il effectua un voyage en Grèce en 1928. Il enseigna ensuite à l'École des Arts Appliqués de Halle, jusqu'à sa révocation, en 1933, par les nazis arrivés au pouvoir. Ses œuvres à l'index, il lui fut interdit d'exposer. Après la Seconde Guerre mondiale, il fut nommé professeur, en 1946, à l'École des Beaux-Arts de Hambourg, jusqu'en 1950. Il vécut depuis à Cologne.
Pour son soixantième anniversaire de son œuvre, eurent lieu des expositions rétrospectives de son œuvre, à Hambourg, Stuttgart et Munich. En 1971, une rétrospective de son travail eut lieu au Musée Rodin à Paris. Il obtint en 1954, à Cologne, le Grand Prix artistique de Rhénanie-Westphalie.
D'abord influencé par Barlach, dans d'assez lourdes figures drapées, son voyage en Grèce l'incita à tenter d'exprimer la fragilité de la vie humaine dans de graciles éphèbes tout praxitèliens. Au milieu des années quarante, il ajouta des sculptures d'animaux à son répertoire habituel. Ses gravures se distinguent par la simplicité de la technique. Il appartient au groupe de ces sculpteurs allemands qui, sans rompre avec la tradition, ne manifestent point d'hostilité aux formes nouvelles de leur art. Dans ses écrits, il reconnaît que ses œuvres se situent en dehors des courants contemporains. Il reçut des commandes importantes : six grandes figures pour l'église Sainte-Catherine de Lübeck ; des *Monuments aux morts*, à Cologne, Hambourg, Mannheim ; en 1959, une statue d'*Orphée*, pour le théâtre de Lünen. ■ J. B.

G Marcks

BIBLIOGR. : Adolf Rieth : *Gerhard Marcks*, Recklinghausen, 1950 – in : *Marcks*, catalogue de l'exposition, Wallraf-Richartz-Museum, Cologne, 1964 – Juliana Roh, in : *Nouveau Dictionnaire de la sculpture moderne*, Hazan, Paris, 1970 – Günther Busch et Martina Rudloff : *Gerhard Marcks, das plastische Werk*, Francfort/Main, 1977 – Henrik Rolf Hanstein : *Gerhard Marcks. Das lithographische Werk*, Cologne, 1983 – Kurt Lammek : *Gerhard Marcks. Das Druckgraphische Werk*, Gerhard Marcks Stiftung, Ernst Hauswedell, Brême-Stuttgart, 1990.
VENTES PUBLIQUES : NEW YORK, 8 déc. 1965 : *Femme africaine de la tribu Herera*, bronze : **USD 13 000** – NEW YORK, 4 avr. 1968 : *Mère et enfant*, bronze à patine dorée : **USD 21 000** – BERNE, 16 juin 1972 : *Jeune fille à la pomme*, bronze : **CHF 20 000** – MUNICH, 28 mai 1974 : *Maja* 1951, bronze : **DEM 25 000** – NEW YORK, 13 mai 1977 : *Cendrillon*, bronze patiné (H. 40,5) : **USD 2 900** – MUNICH, 30 nov 1979 : *Le lanceur de javelot II* 1938, bronze, patine brune (H. 49,5) : **DEM 13 000** – MUNICH, 2 déc. 1980 : *Grosse Katzen* 1920, grav./bois (23,5x38,5) : **DEM 2 200** – NEW YORK, 4 nov. 1982 : *Maja drapée* 1951, bronze patine brun doré (H. 111) : **USD 8 000** – MUNICH, 29 juin 1983 : *Mère et enfant* 1924, tilleul (H. 77) : **DEM 135 000** – MUNICH, 6 juin 1984 : *Les chats* 1921, grav./bois : **DEM 5 000** – MUNICH, 30 nov. 1984 : *Autoportrait*, h/pap., esq. (32x24) : **DEM 3 300** – MUNICH, 10 juin 1985 : *Chat sur un toit* 1921, grav./bois (23,3x38,7) : **DEM 4 000** – NEW YORK, 13 nov. 1985 : *Freya* 1949, bronze, patine vert pâle (H. 168) : **USD 26 000** – COLOGNE, 10 déc. 1986 : *Les Deux Jeunes Sœurs* 1934, bronze patine brun foncé (H. totale 69,5) : **DEM 34 000** – COLOGNE, 31 mai 1986 : *Fleurs des champs* vers 1980, craies de coul. (33,5x23,6) : **DEM 2 400** – MUNICH, 26 oct. 1988 : *Jeune Éos revêtue d'une draperie*, bronze (H. 80) : **DEM 24 200** – NEW YORK, 16 nov. 1989 : *Kora* 1964, bronze (H. 85,4) : **USD 49 500** – NEW YORK, 2 oct. 1990 : *Freya* 1949, bronze à patine brune (H. 165) : **USD 30 800** – MUNICH, 26 mai 1992 : *Cavalier trottant*, zinc (H. 18, L. 19,3) : **DEM 20 700** – BERLIN, 29 mai 1992 : *La Reine Herero*, bronze (H. 114) : **DEM 47 460** – BERLIN, 27 nov. 1992 : *Paysan sur sa mule*, bronze à patine or (H. 42) : **DEM 16 950** – LONDRES, 20 mai 1993 : *Kora* 1964, bronze (H. 85,4) : **GBP 23 000** – NEW YORK, 30 juin 1993 : *Cheval d'Aix-la-Chapelle*, bronze (H. 45,7) : **USD 8 050** – NEW YORK, 10 nov. 1994 : *Femme habillée* 1949, terre-cuite (H. 80,4) : **USD 10 350** – NEW YORK, 2 mai 1996 : *Les trois Grâces* 1957, bronze (H. 106,7) : **USD 41 400** – AMSTERDAM, 5 juin 1996 : *Trois figures*, bronze (18x15,5x2,5) : **NLG 1 955** – NEW YORK, 19 fév. 1997 : *Deux jeunes lectrices* 1944, bronze patine brune (H. 54,6) : **USD 24 150**.

MARCKSCHEFFEL
XVIIIe siècle. Actif au milieu du XVIIIe siècle. Allemand.
Portraitiste.

MARCLAY Christian
XXe siècle. Suisse.
Sculpteur, créateur d'installations.
Il a participé à la Biennale de Venise, en 1995.
MUSÉES : DIJON (FRAC) : *Extented Phone* 1994, 150 mètres de tubes de plastique.

MARCO. Voir aussi **MARKO**

MARCO
xve siècle. Hollandais.
Miniaturiste.

MARCO, maestre
xve siècle. Éc. de Séville.
Sculpteur.
Il était actif à Séville vers 1497.

MARCO Certosino
Originaire de Florence. xviie siècle. Italien.
Artiste.
Membre de l'ordre de Saint-Benoît.

MARCO Cortese
xive-xve siècles. Actif à Venise. Italien.
Peintre et miniaturiste.

MARCO Georges de
Né le 4 mars 1906 à Paris. Mort le 6 août 1990 à Paris. xxe siècle. Français.
Peintre de sujets oniriques, portraits, natures mortes.
Il fut élève de l'École des Beaux-Arts de Paris. Il fit partie, pendant la guerre, de la résistance parisienne à l'occupation allemande. Président d'un syndicat d'artistes et d'un Salon annuel, il reçut diverses décorations.
Dans les thèmes qu'il a traités, l'éclairage par rais de soleil de l'aube ou du couchant, les dominantes rouges et l'évocation voilée de la femme caractérisent sa manière.

MARCO Jean de
Né le 2 mai 1898 à Paris. xxe siècle. Actif puis naturalisé aux États-Unis. Francais.
Sculpteur de compositions religieuses.
Vivant tout d'abord en France, il fut élève de A. Bourdelle et de l'École Nationale des Arts Décoratifs à Paris, puis, citoyen américain, il fut membre de la Sculpture Guild. Il a participé à l'Exposition universelle de New York en 1939.

MARCO Luca Antonio de
xvie siècle. Napolitain, actif au xvie siècle. Italien.
Sculpteur.

MARCO Michele de
Né le 26 décembre 1832 à Naples. xixe siècle. Italien.
Sculpteur.
Il voyagea beaucoup et, de retour dans sa ville natale, donna successivement : *La Colonne élevée aux martyrs italiens* (aujourd'hui à Chiaia), *Le monument Runieri*, deux *Têtes de Lopes*, le *Monument du comte Scaletta*. De Marco fit aussi quelques décorations dans la cathédrale d'Amalfi.

MARCO di Costanzo
xvie siècle. Actif à Syracuse au début du xvie siècle. Italien.
Peintre.

MARCO da Faenza. Voir **MARCHETTI Marco**

MARCO da Firenze
Originaire de Toscane. xvie siècle. Italien.
Sculpteur.
Il travailla à Rome.

MARCO Francese
xvie siècle. Français.
Peintre de fresques.
Il décora à Rome avec Antonio Napolitano et Marco Marchetti plusieurs pièces du palais Sacchetti. On lui attribue également : le *Bain de Nausicaa* et *Tobie et l'Ange*. Il doit être identifié sans doute avec Marc Duval.

MARCO di Giampietro. Voir **COZZI Marco di Giampietro**

MARCO di Giovanni
Originaire de Florence. xve siècle. Italien.
Peintre de miniatures.

MARCO Greco. Voir **MARCUS Indriomeni**

MARCO da Lugano
Originaire de Lugano. xvie siècle. Vivait dans la seconde moitié du xvie siècle. Italien.
Sculpteur.

MARCO di Montepulciano
Originaire de Montepulciano. xve siècle. Italien.
Peintre.

MARCO d'Oggiono. Voir **OGGIONO**

MARCO del Pino ou **di Pino**, dit **Marco da Siena**
Né vers 1525 à Sienne. Mort en 1579 ou 1588 à Naples. xvie siècle. Italien.
Peintre de compositions religieuses.
Musées : Naples : *Circoncision.*
Ventes Publiques : Londres, 1er nov. 1991 : *Madeleine repentante*, h/pan. (87x73) : **GBP 13 200** – Londres, 18 avr. 1997 : *La Résurrection de Lazare*, h/pan. (102,8x137) : **GBP 73 000** – Londres, 2 juil. 1997 : *Le Siège de Tyr*, pl. et encre brune et lav. reh. de blanc/pap. bleu (21,6x27,2) : **GBP 21 850**.

MARCO da Ravenna. Voir **DENTE Marco**

MARCO Romano
xive siècle. Romain, actif au début du xive siècle. Italien.
Sculpteur.
Il ne doit pas être confondu avec Marco Veneto.

MARCO da Siena. Voir **MARCO del Pino**

MARCO Tedesco. Voir **TEDESCO**

MARCO Veneto
xive siècle. Vénitien, actif au début du xive siècle. Italien.
Sculpteur.

MARCO di Venezia. Voir l'article **ANTONELLO da Napoli**

MARCO da Vicenza. Voir **COZZI Marco da Vicenza**

MARCO ANTONIO
Originaire de Naples. xviie siècle. Actif au milieu du xviie siècle. Italien.
Peintre.

MARCO ANTONIO. Voir aussi **MARCANTONIO**

MARCO ANTONIO da Faenza. Voir **ROCCHETTI**

MARCOL Eugénie Joséphine Charlotte de
xixe siècle. Français.
Peintre d'histoire et portraitiste.
Exposa au Salon de 1841 à 1845.

MARCOLA Francesco
Originaire de Vérone. xviiie siècle. Vivant dans la seconde moitié du xviiie siècle. Italien.
Peintre d'architectures.

MARCOLA Giovanni ou **Gian Battista**
Né en 1711 à Vérone. Mort en 1780 à Vérone. xviiie siècle. Italien.
Peintre.
Il a peint des sujets religieux pour les églises de Vérone.
Ventes Publiques : Milan, 15 avr. 1985 : *Non con l'oro ma col ferro*, pl. et lav. reh. de blanc/pap. gris (30,5x44) : **ITL 1 000 000** – Milan, 13 mai 1993 : *La clémence d'Alexandre*, encre, craie et aquar./pap. (30,5x44) : **ITL 1 400 000** – Londres, 5 juil. 1993 : *Saint Pierre guérissant les malades avec ses larmes*, encre et craie (23,7x31,6) : **GBP 1 012**.

MARCOLA Marco
Né vers 1740 à Vérone. Mort le 14 août 1793 à Vérone. xviiie siècle. Italien.
Peintre de compositions religieuses, sujets de genre, dessinateur.
La plupart de ses œuvres se trouvent dans les églises de Vérone.
Ventes Publiques : New York, 18 mai 1972 : *Les artistes ambulants* : **USD 12 000** – Paris, 4 mars 1988 : *Descente de croix*, pl. et lav. brun (30x42) : **FRF 4 900** – New York, 12 jan. 1990 : *Étude de nu masculin debout*, craies rouge et blanche (32x21,9) : **USD 880** – New York, 11 jan. 1996 : *Mariage juif* ; *Circoncision*, h/t, une paire (chaque 41,9x81) : **USD 90 500**.

MARCOLA Nicola
Né en 1738 à Vérone. Mort en 1770 à Vérone. xviiie siècle. Italien.
Peintre.
Il était le fils de Giovanni Battista Marcola. Plusieurs de ses tableaux se trouvent dans les églises de Vérone.

MARCOLESCO George. Voir **MARCULESCU**

MARCOLINI Francesco
Né en 1500 à Forli. Mort après 1559 à Forli. xvie siècle. Actif à Venise. Italien.
Graveur sur bois.
Il publia, en 1540, un ouvrage intitulé : *Il Giardino di Pensieri*, pour lequel il fit des gravures d'après les dessins de Giuseppe Porta. Imprimeur, il était aussi architecte.

MARCOM J. Herbert ou **Morcom**
Né le 31 mai 1871 à Wrexham. xixe-xxe siècles. Britannique.

Sculpteur.
Il fit ses études à l'École des Beaux-Arts de Liverpool. Il travailla et vécut à Leicester.

MARCON Charles
Né en 1920 ou 1921. XXe siècle. Français.
Peintre de compositions animées.
Sa peinture développe une figuration non soumise aux lois de la perspective traditionnelle. Presque sans espace, la surface de la toile juxtapose différents éléments, personnages ou animaux.
Ventes Publiques : Paris, 15 déc. 1976 : *Au bord de la mer* 1971, h/pan. (72x75) : **FRF 7 000** – Versailles, 19 fév. 1978 : *L'enfant au pull-over noir*, h/pap. mar./cart. (100x65) : **FRF 4 000** – Paris, 2 mars 1987 : *Le Clown*, h/isor. (100x65) : **FRF 6 000** – Paris, 4 mai 1988 : *Portrait de la femme en rouge*, h/t (100x64) : **FRF 6 000** ; *Portrait à l'oiseau* 1976, h/t (100x64) : **FRF 6 000** – Paris, 12 fév. 1989 : *Personnage dans un paysage*, peint./pap. (58x77) : **FRF 16 000** – Paris, 17 déc. 1989 : *Figures dans un paysage* 1972 (100x65) : **FRF 42 000** – Paris, 14 mars 1990 : *Tauromachie* 1964, h/pan. (60x80) : **FRF 23 000** – Paris, 6 oct. 1990 : *Ville dans la montagne* 1970, gche et encre de Chine (52x72) : **FRF 12 000** – Paris, 24 nov. 1996 : *Sans titre* années 50, peint./pap./pan. (100x64) : **FRF 4 000**.

MARCONE Marco
Originaire de Côme. XVIe siècle. Actif au début du XVIe siècle. Italien.
Peintre.
Il appartient à l'École vénitienne. On l'a souvent confondu avec Marco Marziale.

MARCONI Léonard
Né en 1836 à Varsovie. Mort le 4 avril 1899 à Lemberg. XIXe siècle. Polonais.
Sculpteur et architecte.
Il fit ses études à l'École des Beaux-Arts de Varsovie, et ensuite, en 1859, à Rome. En 1874, il devint professeur d'architecture à l'École polytechnique de Lemberg. On voit de lui, au Musée de Cracovie : *Modèle d'un monument de Kosciuszko* (plâtre).

MARCONI Tocco ou **Rocco** ou **Marcone**
Né au XVe siècle à Trévise. Mort en 1529 à Venise. XVe-XVIe siècles. Italien.
Peintre d'histoire et graveur.
Il fut probablement élève de Giovanni Bellini. Il florissait vers le début du XVIe siècle. Ses meilleures œuvres se trouvent à l'Académie de Venise et à l'église San Niccolo de cette ville où l'on voit un tableau de lui, daté de 1505. On cite encore de lui : *Le Christ et la femme adultère*, à San Giorgio Maggiore, de Venise et, dans la même ville, à l'église S. Giovannie S. Paolo, *Le Christ* et *Saint André et saint Pierre*. Ce fut aussi un graveur de talent.

Marcorocco.sp.

Musées : Bergame (Acad. Carrare) : *Le Rédempteur* – *Christ bénissant* – Béziers : *Tête de Christ* – Breslau, nom all. de Wroclaw : *La Vierge et l'Enfant Jésus* – Hanovre : *La femme adultère* – Munich : *Saint Nicolas, évêque* – Rome (Gal. Naz.) : *Le Christ bénissant*, attr. – *La femme adultère* – Saint-Pétersbourg (Mus. de l'Ermitage) : *Le Christ et la femme adultère* – Strasbourg : *Madone* – Venise : *Le Christ et la Vierge au pied de la croix* – *Le Rédempteur* – *Jésus entre saint Pierre et saint Jean Baptiste* – *La femme adultère* – Vienne (coll. Czernin) : *La Vierge et l'Enfant Jésus*.
Ventes Publiques : Paris, 1864 : *Flagellation du Christ*, dess. à la pl., lavé d'encre, reh. : **FRF 140** – Londres, 24 juin 1938 : *Gentilhomme vénitien* : **GBP 525** – Londres, 19 fév. 1986 : *La Vierge et l'Enfant*, h/pan. (57,5x44,5) : **GBP 32 000** – Venise, 22 juin 1997 : *Le Christ convertissant Madeleine*, h/t (105x172) : **ITL 92 000 000**.

MARCORA Giuseppe
Né au XIXe siècle à Milan. XIXe siècle. Italien.
Peintre de genre.
Exposa à Milan et Turin.

MARCOS
XIVe siècle. Italien.
Sculpteur.

MARCOS
XVIe siècle. Actif à Tolède. Espagnol.
Sculpteur.

MARCOS Alejandro
Né en 1937 à Salamanque (Castille-Léon). XXe siècle. Actif en Argentine puis en France. Espagnol.
Peintre.
Il a résidé à Buenos Aires à partir de 1949, puis à Paris à partir de 1963.
Il participe à de nombreuses expositions de groupe, notamment à l'*Exposition des artistes latino-américains de Paris*, au Musée d'Art Moderne de la Ville de Paris, en 1965 ; au 17e Salon de la Jeune peinture, en 1966, Paris ; au Salon de Mai, en 1966 et 1967, Paris ; etc. ainsi qu'à Madrid, Rio de Janeiro, etc. Il montre ses œuvres dans des expositions personnelles, dont : 1961, 1962, 1965, Buenos Aires ; 1964, 1966, Paris.
Autour de 1965, il travaillait dans le sens d'un néo-pop, narratif, imagé, graphique, et souligné de couleurs vives et gaies.

MARCOS Benito
Né en 1952. XXe siècle. Espagnol.
Peintre, dessinateur, graveur. Tendance surréaliste.
Il a montré ses œuvres dans des expositions personnelles, dont : 1981, 1989, Bergame ; 1984, Milan ; 1986, Rotterdam ; 1986, Museo de Badalona, Barcelone ; 1987, Naples. Il a obtenu plusieurs prix en peinture, gravure et dessin.
La peinture de Benito Marcos relève d'un surréalisme abstrait avec comme préoccupation plastique la mise en espace de formes architecturales incertaines.
Bibliogr. : In : Catalogo Nacional de Arte Contemporaneo 1990-1991, Iberico 2 mil, Barcelone, 1991.
Musées : Barcelone (Mus. de Badalona) – Budapest (Mus. d'Art Mod.).

MARCOS Charles
Né au XXe siècle à Haïti. XXe siècle. Haïtien.
Peintre de figures.
Il a exposé *Jeunes haïtiennes* en 1946, au Musée d'Art Moderne avec le groupe de la jeune école haïtienne, sous les auspices de l'Organisation des Nations Unies.

MARCOS Luis
XVIe siècle. Actif à Séville. Espagnol.
Graveur sur bois.

MARCOS ROWE
Né en 1924 à Port-au-Prince. XXe siècle. Haïtien.
Peintre de figures.
Il a figuré avec *Vendeuses* à l'Exposition ouverte à Paris, en 1946, au Musée d'Art Moderne par l'Organisation des Nations Unies.

MARCOTTE Anne Antoinette
Née en 1872 à Troyes (Aube). Morte en 1929. XXe siècle. Active en Belgique. Française.
Peintre de paysages, fleurs, genre. Postimpressionniste.
Elle fut élève de J. Portaels à l'Académie des Beaux-Arts de Bruxelles vers 1891, de E. Claus, et fut également élève de Jules Lefevbre à Paris. Elle a vécu à Anvers.
Elle figura, à Paris, au Salon des Artistes Français à partir de 1901, où elle obtint une mention honorable en 1905. Elle a exposé à Bruxelles, Berlin, Saint-Pétersbourg, Munich et assez souvent à Paris.
Bibliogr. : In : *Dictionnaire biographique illustré des artistes en Belgique depuis 1830*, Arto, Bruxelles, 1987.
Musées : Anvers – Bruxelles : *Serres d'azalées* – Courtrai : *Premier nuage* – Gand.
Ventes Publiques : Paris, 11-13 juin 1923 : *Pois de senteur dans une bouquetière* : **FRF 240** – Paris, 27 juin 1924 : *Les Tulipes en Hollande* : **FRF 500** – Bruxelles, 9 oct. 1990 : *Maison de campagne*, h/pan. (16x23) : **BEF 44 000** – Bruxelles, 7 oct. 1991 : *Femme aux fleurs*, h/t (41x34) : **BEF 26 000** – Lokeren, 10 oct. 1992 : *Jeune fille de profil devant une ferme*, h/t (30x40) : **BEF 85 000**.

MARCOTTE Augustin Marie Paul ou **Margotte de Quivières**
Né vers 1854 à Mérignac (Gironde). Mort le 23 février 1907 à Paris. XIXe-XXe siècles. Français.
Peintre de paysages.
Il fut l'élève de Bouguereau. Débuta au Salon de 1880 ; mentions en 1886, 1889 (Exposition Universelle).
Ventes Publiques : Paris, 6 déc. 1920 : *Marine* : **FRF 200** – New York, 12 mars 1980 : *Jeune femme au parapluie* 1883, h/pan. (35,5x27) : **USD 1 100** – New York, 15 nov. 1984 : *Sur la plage par un jour de pluie* 1879, h/t (58,5x41) : **USD 1 100**.

MARCOTTI Sebastiano
XVIIe siècle. Italien.
Graveur.
Il a gravé des sujets religieux.

MARCOU Jacques
XVIIe siècle. Actif à Nancy vers 1622. Français.
Sculpteur.

MARCOU René François
XXe siècle. Français.
Peintre.
Il est connu pour une œuvre passée en vente publique.
VENTES PUBLIQUES : PARIS, 23 avr. 1947 : *Le Lac* : **FRF 4 900**.

MARCOUSSIS Louis, pseudonyme de **Markous Ludwig Casimir Ladislas**
Né le 14 novembre 1883 à Varsovie. Mort le 22 octobre 1941 à Cusset (Allier). XXe siècle. Actif depuis 1903 en France. Polonais.
Peintre de portraits, paysages, natures mortes, peintre à la gouache, aquarelliste, peintre de collages, graveur, dessinateur, illustrateur. Impressionniste, puis cubiste.
Après avoir, à partir de 1901, suivi les cours de l'École des Beaux-Arts de Cracovie, être venu à Paris en 1903, il rencontre dans l'atelier de Jules Lefebvre, Roger de la Fresnaye et Lotiron. Un voyage en Espagne ne semble pas avoir autrement frappé sa vision. À partir de 1910, il rencontre Braque, puis Picasso, et Apollinaire qui le rebaptisa Marcoussis du nom d'un village que le poète traversa près de Monthléry (Île-de-France). En 1914, il s'engage dans l'armée française et finira la guerre comme officier d'artillerie. En 1933, il entreprend le voyage d'Amérique.
Vers 1907, il expose au Salon d'Automne. En 1912, il figure au sein du groupe de la *Section d'or* avec sept pointes-sèches à la galerie La Boétie. En 1913, il figure à l'historique « Salon d'Automne allemand » organisé par Herwarth Walden de la galerie Der Strurm à Berlin. Après la guerre, il expose, à Paris, aux Salons des Indépendants et des Tuileries. Il montre ses œuvres dans des expositions particulières, notamment, en 1920, à Berlin, en 1926 à Paris, en 1928 à Bruxelles, en 1929 de nouveau à Paris, en 1933 à New York et Chicago, en 1938 de nouveau à Bruxelles et Paris. Une importante exposition rétrospective se tint au Musée National d'Art Moderne de Paris en 1964. La Bibliothèque Nationale de Paris montra son œuvre gravé en 1972.
Il peint encore sous l'influence impressionniste jusqu'en 1907. De 1907 à 1910, il s'arrête de peindre pour se consacrer à la caricature, et collabore notamment à *La Vie parisienne*, *Le Journal* et *L'Assiette au beurre*. Sous l'influence de ses amis Braque, Picasso Apollinaire, il se remet à peindre. C'est de 1913 que date *L'Homme au violoncelle*, une de ses premières œuvres maîtresses. Dès lors il est cubiste, et pourtant... S'il utilise bien la même composition stricte et pleine de la surface plane, les espaces syncopés, la science des passages de volumes dans l'ombre, la répartition des différents plans, et même le répertoire des formes désormais familier : guitares, pipes, bouteille et verres sur un guéridon, cartes à jouer et paquet de tabac, pourtant c'est à travers une sensibilité neuve que nous les percevons ici, plus tendres, les objets de la peinture ne se précipitent plus hors du cadre pour injurier le client. À son retour de la guerre, il utilise un nouveau support : « le fixé sous verre », qui lui permet d'obtenir un velouté forme-couleur. il en produira une centaine entre 1919 et 1928. Séjournant à Kérity, en Bretagne, en 1927, il y peignit la série des *Grands Coquillages* et quelques marines, dont *Le Port* du Musée d'Art Moderne de Paris. Y étant retourné en 1929, à Tréboul, près de Douarnenez, cette fois, où Max Jacob venait le voir à Quimper, il y prépara la série des *Natures mortes dans un intérieur*, de 1929-1930, dans lesquelles on a voulu voir parfois une certaine influence des surréalistes. En 1929, celui qu'Éluard nommait « le chéri des poètes », consacra la plus grande toile qu'il eût jamais peinte à la poésie de Saint-John Perse : *Anabase*. Pendant les années suivantes, de 1930 à 1940, il délaissa la peinture pour se consacrer à des suites de gravures, parmi lesquelles : une suite de dix eaux-fortes et burins pour *Planches de salut* (1931, Éditions Jeanne Bucher) composés sur des poèmes ; une suite de trente-cinq eaux-fortes pour *Alcools* d'Apollinaire (1934) ; *L'Indicateur des chemins du cœur* de Tzara ; *Aurélia* de Gérard de Nerval ; de très nombreux portraits d'écrivains, poètes, et artistes. Son dernier recueil de gravures, les *Devins* avec seize pointes-sèches accompagne un texte de Bachelard parut en 1946. Il revint à la peinture à partir vers 1937, exécutant des toiles abstraites, doucement géométrisées.
L'exposition, en 1964, au Musée National d'Art Moderne de Paris a permis de mieux situer ce peintre cubiste intimiste, aux côtés des cubistes « classiques », Braque, Juan Gris. Un rien de dandysme, il tempérait la rigueur d'un esprit de grande culture par une attention particulière, partagée avec André Breton, pour les signes.
Pourquoi ce sincère, délicat, est-il mort sans qu'aient résonné bien haut pour lui les trompettes de la gloire ? La modestie est un défaut qui ne pardonne pas. Quand même Max Jacob, Tristan Tzara, Waldemar-George, Tériade, Maurice Raynal, Jean Cassou, Paul Fierens et Wilhelm Uhde ont-ils prêté grande attention à son œuvre. Alice Halicka, charmant peintre aussi, qui fut sa compagne nous a gardé le souvenir des acteurs de toute cette époque, dans un livre de souvenirs *Hier*. ■ Jacques Busse

BIBLIOGR. : Maurice Raynal : *Anthologie de la peinture en France, de 1906 à nos jours*, Montaigne, Paris, 1927 – J. Cassou : *Marcoussis*, Paris, 1930 – A. Halicka : *Hier : souvenirs*, Paris, 1946 – René Huyghe : *Les Contemporains*, Tisné, Paris, 1949 – Jacques Lassaigne, in : *Dictionnaire de la peinture moderne*, Hazan, Paris, 1954 – Bernard Dorival : *Les Peintres du XXe siècle*, Tisné, Paris, 1957 – Pierre Courthion : *Art Indépendant*, Albin Michel, Paris, 1958 – Jean Lafranchis : *Marcoussis. Sa vie, son œuvre. Catalogue complet des peintures, aquarelles, dessins, gravures*, L'Œil du Temps, Paris, 1961 – *Louis Marcoussis*, catalogue de l'exposition, Musée d'art Moderne de la Ville de Paris, 1964 – José Pierre : *Le Cubisme*, in : *Histoire générale de la peinture*, t. XIX, Rencontre, Lausanne, 1966 – Frank Elgar, in : *Dictionnaire universel de l'art et des artistes*, Hazan, Paris, 1967 – in : *Les Muses*, t. x, Grange Batelière, Paris, 1973 – *Dictionnaire universel de la peinture*, Le Robert, Paris, 1975 – Solange Milet : *Louis Marcoussis. L'Œuvre gravé. Catalogue raisonné*, Forlaget Cordelia, Copenhague, 1991 – in : *L'Art du XXe siècle*, Larousse, Paris, 1991 – in : *Dictionnaire de l'art moderne et contemporain*, Hazan, Paris, 1992.

MUSÉES : NEW HAVEN (coll. de la Société Anonyme) : *Poissons* 1926 – PARIS (Mus. Nat. d'Art Mod.) : *Nature morte au damier* 1912 – *Bocal aux poissons rouges* 1925 – *La Tranche de pastèque* 1926 – *Le Port* 1927 – *La Table devant le balcon* 1929 – *Le Liseur sous la lampe* 1937 – *portraits d'André Breton, Jean Cassou, Paul Éluard, etc.*, douze dessins – PARIS (Mus. Nat. d'Art Mod.) : *Nature morte au damier* 1912 – *Le Port de Kérity* 1927 – PARIS (Mus. d'Art Mod. de la Ville) : *Nature morte aux poissons* 1928 – PARIS (FRAC d'Île-de-France) : *Cithare et coquillage* – SAINT-ÉTIENNE (Mus. d'Art et d'Industrie) : *Nature morte au pichet* – SARREBRUCK (Saarland Mus.) : *Nature morte* 1920 – VENISE (coll. Peggy Guggenheim) : *L'Habitué* 1920 – WASHINGTON D. C. (Nat. Gal.) : *Le Musicien*.

VENTES PUBLIQUES : PARIS, 29 oct. 1926 : *Nature morte* : **FRF 2 050** – PARIS, 27 nov. 1935 : *Le Bock* : **FRF 850** – PARIS, 2 déc. 1938 : *Verre et bouteille* : **FRF 530** – PARIS, 2 juil. 1943 : *Composition* : **FRF 3 600** – PARIS, 29 déc. 1944 : *Nature morte (composition cubiste)* : **FRF 2 900** – PARIS, 23 mai 1949 : *Composition*, peint./verre : **FRF 10 500** – PARIS, 15 nov. 1950 : *Composition à la guitare* : **FRF 10 500** – PARIS, 29 mars 1957 : *Nature morte au couteau* : **FRF 900 000** – PARIS, 9 déc. 1960 : *Oslo* 1928 : **FRF 13 000** – NEW YORK, 26 avr. 1961 : *Composition* : **USD 1 800** – HAMBOURG, 27 nov. 1965 : *Nature morte*, gche : **DEM 12 000** – GENÈVE, 28 juin 1968 : *Nature morte* : **CHF 40 000** – PARIS, 12 juin 1969 : *Nature morte à la guitare*, gche mar. sur t. : **FRF 10 000** – HAMBOURG, 5 juin 1970 : *Nature morte*, gche /trait de cr. : **DEM 20 000** – PARIS, 4 déc. 1971 : *Deux personnages* : **FRF 53 000** – ROME, 12 avr. 1973 : *Mandoline, bouteille et Sacré-Cœur* : **ITL 13 000 000** – GENÈVE, 7 juin 1974 : *Poissons bleus et coquillage* : **CHF 86 000** – PARIS, 25 juin 1974 : *Composition* 1922 : **FRF 99 000** – LONDRES, 2 juil. 1974 : *Le Guéridon, table avec objets divers* 1927 : **GNS 9 000** – VERSAILLES, 28 mars 1976 : *Bouteille et carafe* 1920, gche (27x22) : **FRF 8 700** – LONDRES, 15 déc. 1977 : *La table* 1930, eau-forte en coul./Japon (24,4x17,9) : **GBP 1 100** – LONDRES, 6 avr. 1978 : *Nature morte à la bouteille*

1923, h/t (45x38) : **GBP 2 500** – VERSAILLES, 26 nov. 1978 : *Femme au serpent* 1914, bronze, patine brune (H. 17,5) : **FRF 3 600** – MUNICH, 30 nov 1979 : *Le comptoir* 1921, eau-forte et aquat. en brun/simili Japon : **DEM 5 000** – VERSAILLES, 20 juin 1979 : *Nu cubiste*, mine de pb (32x23) : **FRF 9 100** – PARIS, 11 juin 1979 : *Nature morte à la guitare*, gche (36x27) : **FRF 15 600** – NEW YORK, 18 mai 1979 : *La guitare* 1922, h/pan. (95x44) : **USD 14 000** – LONDRES, 4 déc 1979 : *La traversée transatlantique, objet IV* vers 1928, techn. mixte, trois pièces de verre (H. avec socle 101,7, l. 57) : **GBP 4 000** – PARIS, 10 déc. 1981 : *Nature morte à la tranche de pastèque* vers 1929, h/t (60x92) : **FRF 75 000** – NEW YORK, 18 nov. 1982 : *La table* 1930, eau-forte en coul. (24,5x17,9) : **USD 2 900** – BERNE, 23 juin 1983 : *Est-ce qu'on peut s'apercevoir...* 1930, cr. et estompe (19,6x23,6) : **CHF 4 200** – NEW YORK, 16 nov. 1983 : *Portrait de Gazanion*, gche, aquar. et encre de Chine/pap. mar./cart. (63,5x49) : **USD 42 000** – LONDRES, 22 mars 1983 : *Nature morte* 1925, h/t (61x46) : **GBP 10 000** – LONDRES, 28 juin 1983 : *La Traversée transatlantique : objet IV* vers 1928, techn. mixte/trois morceaux de verre (H. totale 208,3 et l. 57) : **GBP 12 000** – LONDRES, 5 déc. 1984 : *Gaby* 1912, pointe-sèche (18,8x14) : **GBP 8 200** – LONDRES, 28 juin 1985 : *La table* 1930, eau-forte en coul./arches (24,7x18,2) : **GBP 2 000** – PARIS, 17 déc. 1985 : *Composition*, encre (30x22) : **FRF 12 000** – LONDRES, 26 juin 1985 : *Guitare, coupe de fruits et bouteille* 1927, h/t (100,3x72,4) : **GBP 42 000** – ENGHIEN-LES-BAINS, 19 juin 1986 : *Nature morte aux pichets* 1930, h/t (55x46) : **FRF 250 000** – PARIS, 6 avr. 1987 : *Clair de lune et poisson*, gche (22x19) : **FRF 99 000** – PARIS, 18 mai 1988 : *Jour et nuit* 1937, h/t : **FRF 72 000** – LONDRES, 28 juin 1988 : *La guitare* 1927, h/t (33x46) : **GBP 23 100** – PARIS, 12 juil. 1988 : *Autoportrait*, encre de Chine (14x13) : **FRF 6 000** – PARIS, 21 nov. 1988 : *Composition à la fenêtre* vers 1927, h/t (74x92) : **FRF 850 000** – LONDRES, 22 fév. 1989 : *Composition au soleil noir* 1937, h/t (55x38) : **GBP 22 000** – LONDRES, 4 avr. 1989 : *Table devant le balcon* 1926, h/t (47x38) : **GBP 38 500** – RAMBOUILLET, 1er oct. 1989 : *Nature morte* 1927, h/pap. (40x67) : **FRF 1 200 000** – PARIS, 7 oct. 1989 : *Le lièvre* 1928, dess. au cr. et à l'estompe (30x20) : **FRF 105 000** – PARIS, 20 nov. 1989 : *Le violoncelle* 1921-1922, h/t (91x32) : **FRF 550 000** – LONDRES, 28 nov. 1989 : *Nature morte à la guitare*, h/t (40x30,5) : **GBP 44 000** – PARIS, 25 mars 1990 : *Nature morte à la guitare* vers 1918, h/cart. (89x42,5) : **FRF 2 300 000** – LONDRES, 4 avr. 1990 : *Nature morte aux fruits et pichets*, h/t (30,5x100) : **GBP 44 000** – NEW YORK, 16 mai 1990 : *Lorelay* 1932, h/t (81,2x65) : **USD 99 000** – PARIS, 16 juin 1990 : *Nature morte à la guitare*, h/t (33,5x46) : **FRF 430 000** – NEW YORK, 7 nov. 1991 : *Nature morte devant la fenêtre*, gche encre de Chine et cr./pap. (43,5x31,2) : **USD 35 200** – NEW YORK, 25 fév. 1992 : *Objet III* 1927, h. et sable/verre, recto-verso (support inclus 71,4x58,4) : **USD 58 300** – NEW YORK, 13 mai 1992 : *Nature morte* 1925, h/cart./pan. (30,5x73,8) : **USD 39 600** – LONDRES, 1er juil. 1992 : *Instruments de musique sur un guéridon*, h/t (80,5x53) : **GBP 30 800** – PARIS, 9 juil. 1992 : *Élégante au bord de la mer* 1907, litho. reh. de past. (39x49) : **FRF 12 000** – PARIS, 4 déc. 1992 : *Deux personnages lisant autour d'une table* 1931, h/t (100x80) : **FRF 320 000** – LONDRES, 23 juin 1993 : *Les Amants* 1926, h/verre (65x33) : **GBP 24 725** – PARIS, 28 juin 1993 : *Nature morte à la lune*, gche et cr./pap. (10x18) : **FRF 45 000** – NEW YORK, 4 nov. 1993 : *Nature morte*, h/cart. (61x50,2) : **USD 40 250** – LONDRES, 30 nov. 1993 : *Personnage écrivant sous les yeux d'un autre personnage* 1931, h/t (100x81) : **GBP 45 500** – LOKEREN, 4 déc. 1993 : *Le Quai Van Dyck*, cr. (16x12,5) : **BEF 80 000** – PARIS, 10 mars 1994 : *Nature morte* 1927, h/t (54x65) : **FRF 240 000** – PARIS, 28 nov. 1994 : *Composition à l'oiseau* 1926, gche fixée sous verre (58x47) : **FRF 135 000** – PARIS, 13 juin 1995 : *Nature morte* 1930, h/pan. (61x50) : **FRF 260 000** – LONDRES, 28 juin 1995 : *Nature morte aux coquillages* 1927, gche et aquar./cr. (23,5x38,5) : **GBP 6 900** – TEL-AVIV, 11 avr. 1996 : *Le Poisson rouge*, h/t (91x32) : **USD 27 600** – PARIS, 5 juin 1996 : *Composition*, gche/pap. (32x25) : **FRF 65 000** – PARIS, 17 juin 1996 : *Le Violoncelle* vers 1921-1922, gche (45,9x16,5) : **FRF 58 000** – LONDRES, 3 déc. 1996 : *Nature morte* 1925, h/t (60,5x180) : **GBP 32 200** – LONDRES, 4 déc. 1996 : *Hyères II* 1928, gche/pap. (32x42) : **GBP 27 600** – PARIS, 9 déc. 1996 : *Composition au soleil noir* 1937, h/t (55x38) : **FRF 95 000** – PARIS, 12 déc. 1996 : *Autoportrait aux lunettes*, cr. noir (33x25) : **FRF 6 000** – LONDRES, 23 oct. 1996 : *Nature morte à la pastèque*, gche/pap. (34,5x43) : **GBP 6 900** – LONDRES, 25 juin 1996 : *Nature morte au violon et archet*, aquar., gche, brosse et encre et cr. (33x47,5) : **GBP 5 980** – LONDRES, 19 mars 1997 : *Le Violon* vers 1920, gche/pap. (45x19,5) : **GBP 9 775** – PARIS, 19 oct. 1997 : *Autoportrait* 1940, mine de pb/pap. (21,5x16) : **FRF 7 500**.

MARCOV Marco
Né au XXe siècle. XXe siècle. Bulgare.
Sculpteur.
Il fut élève de l'École des Beaux-Arts de Sofia. Il vint à Paris où il subit l'influence de Despiau, Bouchard et Wlérick. Il travaille à Sofia.

MARCOVALDO Coppo di. Voir **COPPO di Marcovaldo**

MARCQUE Louis de
XVe siècle. Actif à Lille en 1473. Éc. flamande.
Sculpteur.
Il travailla pour l'hôpital de Jeanne de Flandre et fit pour la chapelle de cet établissement un *Christ en croix* et une *Sainte Élisabeth*.

MARCUARD Friedrich von
Né le 11 mars 1845 à Berne. Mort le 24 juin 1917 à Berne. XIXe-XXe siècles. Suisse.
Peintre de paysages.
Il s'établit à Florence en 1871. Il était également historien de l'art.

MARCUARD Robert Samuel ou **Marquard, Marquart**
Né en 1751 en Angleterre. Mort en 1792. XVIIIe siècle. Britannique.
Dessinateur et graveur au burin et au pointillé.
Il a gravé des sujets d'histoire et des sujets de genre d'après Cipriani, Reynolds, etc. Il était élève de Bartolozzi, dont il adopta la manière.

MARCUCCI Agostino ou **Marcuzzi**
Né au XVIe siècle à Sienne. Mort vers 1600 à Bologne. XVIe siècle. Italien.
Peintre d'histoire.
Élève de Pietro Facini à Bologne. Les églises de Bologne conservent de lui de nombreux tableaux, notamment *La mort de la Vierge*, à l'église de la Conception.

MARCUCCI Giacomo ou **Marghucci**
XVIIe siècle. Actif à Rome. Italien.
Graveur.
Il a gravé des statues, des bustes et des trophées. Il fut aussi libraire.

MARCUCCI Giuseppe
Né en 1807 à Rome. Mort vers 1876. XIXe siècle. Italien.
Graveur.

MARCUCCI Mario
Né en 1910 à Viareggio. XXe siècle. Italien.
Peintre.
Il travailla seul et obtint en 1941 le Premier Prix de Bergame.
VENTES PUBLIQUES : MILAN, 8 nov. 1984 : *Vase de fleurs*, h/pan. (75,5x52) : **ITL 2 600 000** – MILAN, 19 déc. 1991 : *Nature morte*, h/pan. (34,5x43) : **ITL 3 600 000**.

MARCUCCI Tullio
XVIIIe siècle. Actif à Rome. Italien.
Graveur.

MARCUEIL Marie Louis
Né à Blois. XIXe-XXe siècles. Français.
Peintre de natures mortes.
Il fut élève de Ed. Gotorbe. Il débuta, à Paris, au Salon.

MARCULESCU Gheroghe ou **Marcolesco George**
Né le 18 octobre 1870 à Bucarest. XIXe-XXe siècles. Roumain.
Peintre de genre, paysages.
Il fut élève de Nicolas Grigoresco, puis, à Paris, de Fernand Cormon. Il travailla à Paris, où il exposa au Salon des Indépendants à partir de 1905.
Ses toiles à la pâte riche, montrent des paysages, intérieurs et personnages noyés de lumière.
BIBLIOGR. : Gérald Schurr, in : *Les Petits Maîtres de la peinture 1820-1920, valeur de demain*, Les Éditions de l'Amateur, t. II, Paris, 1982.
MUSÉES : BUCAREST (Mus. Simu) : *Dans le jardin*.
VENTES PUBLIQUES : PARIS, 29 oct. 1926 : *Une Corsetière* : **FRF 1 000**.

MARCUS
XVIe siècle. Allemand (?).
Enlumineur.

Artiste qui peignit en 1540 les armes et les ornements d'un missel écrit pour la maison de Croy, intitulé : *Missa de empore et sanctis per aunum cum notis* qui se trouve actuellement à la Bibliothèque de Cambrai.

MARCUS C.
Originaire de Corfou. XIXe siècle. Italien.
Miniaturiste.
Il travailla à Venise vers 1806.

MARCUS Élisa. Voir **BLOCH Élisa,** Mme

MARCUS Gert
Né en 1914 à Hambourg. XXe siècle. Actif en Suède et en France. Allemand.
Peintre, peintre de cartons de mosaïques, sculpteur. Abstrait-néo-constructiviste.
Il a réalisé des travaux, comme la mosaïque de la Croix et un catafalque dans la chapelle Saint-Michel à Mora (Suède), une mosaïque dans l'entrée de la nouvelle préfecture à Stockholm, la mosaïque du chœur de l'église de Vantör à Stockholm.
Il participe à des expositions collectives, parmi lesquelles : de 1955 à 1964, Salon des Réalités Nouvelles, Paris ; 1956, Musée de Norköping ; 1976, *L'Art dans la rue* qui réunissait divers sculpteurs contemporains suédois, Borlänge ; 1986, *Art construit – Tendances actuelles en France et en Suède*, Institut français de Stockholm.
Il montre ses œuvres dans des expositions personnelles : 1952, galerie franco-suédoise de Stockholm, une suite d'œuvres intitulées *La Croix d'espace* ; 1960, galerie Colette Allendy ; 1975, galerie Charley Chevalier, Paris.
De 1949 à 1953, en peinture, Gert Marcus a réalisé des compositions, strictement abstraites, mettant en œuvre des éléments de la géométrie plane, d'un graphisme très nu sur des fonds presque monochromes. Il interrogeait la possibilité de créer une sensation d'espace par la couleur à luminosité égale sans superposition de formes. Dans cet esprit, il a réalisé des compositions et des mises en couleurs pour des façades d'immeubles d'habitation à Örbyhus (Suède). Il sculpte également le marbre, le granit noir, et réalise des reliefs en acier peint. Ligne, volume, chromatisme, valeur, et effets d'optique sont ses objets de recherche d'un travail toujours exact et épuré. En 1975, il nommait ses réalisations des *Disjonctions* – une œuvre qui ne peut être vue simultanément – et précisant « qu'elles ne se prêtent pas à une explication verbale. Je les fais voir ».
Bibliogr. : Michel Seuphor : *Dictionnaire de la peinture abstraite*, Hazan, Paris, 1957.
Musées : Norköping – Stockholm (Nationalmuseum) – Stockholm (Mod. Mus.).

MARCUS Jakob Ernst
Né le 19 mars 1774 dans l'île Saint-Eustache (Antilles). Mort en 1826 à Amsterdam. XVIIIe-XIXe siècles. Hollandais.
Dessinateur et graveur.
Élève de S. Goblé et de R. Vinkeles. Il a reproduit des sujets de genre, des paysages, d'après les maîtres des Pays-Bas de son époque. On cite notamment : *Auberge de paysans*, deux gravures, d'après Van Ostade, *Paysages hollandais par la tempête*, deux gravures, d'après J. Cats, *Le général russe Hermann fait prisonnier, près de Bergen en 1799*, d'après D. Langendyck, *De ramp Van Leyden*, d'après J. Jelgerhuis, *Menno baron de Coehoorn*, d'après Netscher, *Comte Stirum*, d'après H. W. Caspari, *Imitations de dessin*, d'après A. Bloemaert (cent pièces figures, portraits, paysages, etc.).

MARCUS Kaete Ephraim
Née en 1892 à Breslau. Morte en 1970. XXe siècle.
Peintre de figures, personnages animés.
Elle étudia à l'Académie Hans Thomas à Karlsruhe, puis avec Lovis Corinth et Max Beckmann. En 1925, elle vint à Paris et fut l'élève de Lhote ; elle fit la même année son premier séjour en Israël. Elle exposa ses œuvres en 1926 à l'école des Beaux-Arts de Berlin.

KEM.

Bibliogr. : Karl Schwarz et K. E. Marcus : *Kaete Ephraim Marcus*, Tel-Aviv, 1961.
Ventes Publiques : Tel-Aviv, 19 juin 1990 : *Paysage animé*, h/t (60,5x80) : **USD 4 400** – Tel-Aviv, 6 jan. 1992 : *Barques de pêche sur la mer de Galilée*, h/t/rés. synth. (50x66) : **USD 1 100** – Tel-Aviv, 30 juin 1994 : *Dans les avenues de Tiberias*, h/t (72,5x54,5) : **USD 2 760** – Tel-Aviv, 26 avr. 1997 : *Scène de rue en Israël* vers 1940, h/cart./pan. (71x101) : **USD 4 830**.

MARCUS Laurence
Née à Tonnerre (Yonne). XXe siècle. Française.
Peintre de marines, paysages, portraits, natures mortes.
Elle a été élève à l'Académie de la Grande Chaumière à Paris dans l'atelier Yves Brayer. Elle travaille et vit à Saint-Tropez. Elle a été professeur de dessin.
Elle figure, à Paris, au Salon d'Automne ; est sociétaire du Salon des Indépendants. Elle participe à de nombreuses manifestations artistiques dans la région de Saint-Tropez. Elle présente ses œuvres à la gelerie Saint-Honoré à Paris. Nombreux prix.
Les tableaux de Laurence Marcus semblent être, principalement, une suite de variations chromatiques sur le bleu de Prusse, couleur qui marque la tonalité générale de ses compositions.

MARCUS Otto
Né le 15 octobre 1863 à Malchin (Mecklembourg-Schwerin). XIXe siècle. Allemand.
Portraitiste et illustrateur.
Il fut élève des Académies de Vienne, Munich et Paris. Il s'installa en 1889 à Berlin, y exerça les fonctions de professeur à l'École des Arts décoratifs. La ville de Berlin et le Musée de Schwerin possèdent plusieurs de ses œuvres.

MARCUS Peter
Né le 23 décembre 1889 à New York. XXe siècle. Américain.
Peintre, graveur.
Il fut élève de l'École des Beaux-Arts et de l'École des Arts Décoratifs de Paris. Il fut membre du Salmagundi Club et de la Ligue américaine des artistes professeurs.

MARCUS Indriomeni
XIIe siècle. Actif au milieu du XIIe siècle. Italien.
Mosaïste.

MARCUS von Konstantinopel
XIVe siècle. Éc. byzantine.
Enlumineur.

MARCUS da Siena. Voir **MARCO del Pino**

MARCUSE Élie
XIXe siècle. Français.
Peintre de genre.
Exposa de 1844 à 1849.

MARCUSE Rudolf
Né le 15 janvier 1878 à Berlin. XXe siècle. Allemand.
Sculpteur.
Il fut élève de l'Académie de Berlin et exécuta les monuments de *Moses Mendelssohn* à Berlin, et de *Carl Hagenbeck* à Stellingen.
Ventes Publiques : Londres, 21 juil. 1976 : *Danseuse à demi nue*, bronze (H. 61) : **GBP 150** – Londres, 7 juin 1984 : *Jeune fille nue* vers 1910, bronze doré (H. 41) : **GBP 580** – Lokeren, 8 oct. 1988 : *Nu*, bronze (h. 40,5) : **BEF 38 000**.

MARCUZZI Agostino. Voir **MARCUCCI**

MARCY Nicolas
XVIIIe siècle. Actif à Lunéville vers 1716. Français.
Sculpteur.

MARCY William L.
Né à Paris, de parents américains. XIXe siècle. Américain.
Peintre.
Figura au Salon des Artistes Français. Mention honorable 1888.

MARCZINKEY. Voir **MARTZINKEY**

MARCZYNSKI Adam
Né en 1908 à Cracovie. XXe siècle. Actif en France. Polonais.
Peintre, peintre de décorations murales, de décors de théâtre, illustrateur.
De 1929 à 1936, il fut élève de l'Académie des Beaux-Arts de Cracovie. Il adhéra, après ses études, au *Groupe de Cracovie*. Il a effectué des voyages à travers le sud de l'Europe. Il fut professeur à l'Académie des Beaux-Arts de Cracovie.
Il participe à des expositions de groupe, notamment : Salon de Mars de Zakopane ; Londres, 1948 ; Lugano, 1954 ; Biennale de Venise, 1956 ; *Roter Reiter*, Munich, 1956 ; exposition d'art graphique de Ljubljana, 1957, où il obtint un prix d'Honneur ; Biennale de São Paulo, 1957 ; sélectionné pour le prix Guggenheim,

1958 ; etc. Il avait obtenu le prix de la Voiévodie, à Cracovie, en 1947, et la médaille d'or en 1960.
Il fonde son art sur l'observation du monde végétal et du paysage, tout en tendant à l'abstraction de la réalité donnée.
Bibliogr. : In : *Peintres contemporains*, Mazenod, Paris, 1964.
Ventes Publiques : Amsterdam, 24 mai 1989 : *Mon ghetto : vue du village en été*, h/t (50x64) : **NLG 1 840**.

MARDEFELD Gustav von, baron ou **Mardefelt, Martinfeld, Mandersfeld**
Né vers 1660. Mort le 6 décembre 1729 en Poméranie. XVIIe-XVIIIe siècles. Suédois.
Peintre d'histoire, portraits, miniatures.
Il fut élève de David Kraff, puis entra successivement au service de la Hesse et de la Prusse. Il fut envoyé en 1719 à Saint-Pétersbourg, puis devint ministre et président de chambre à Magdebourg.
Musées : Munich (Nat. Mus.) : *Portrait de l'artiste par lui-même – Johann Wilhelm, prince électeur du Palatinat* – Stockholm (Nat. Mus.) : *Buste de Pierre le Grand*.

MARDEN Brice
Né en 1938 à Bronxville (New York). XXe siècle. Américain.
Peintre, dessinateur, graveur. Tendance minimaliste, puis expressionniste-abstrait.
De 1958 à 1961, il fréquente la Boston University School of Fine and Applied Arts, puis, de 1961 à 1963, l'École d'Art et d'Architecture de Yale University, où il suit les cours de Josef Albers en compagnie de Robert Mangold et de Richard Serra. Il arrive à New York en 1963. En 1964, il voyage à Paris.
Il participe à de très nombreuses expositions collectives à travers le monde, dont : 1967, *A Romantic Minimalism*, Philadelphie ; 1970, *Modular Painting*, Albright-Knox Art Gallery, Buffalo ; 1971-1972, *White on White*, Museum of Contemporary Art, Chicago ; 1972, Documenta V, Kassel ; 1974, *Arte Come Arte*, Milan ; 1974, *8 artistes contemporains*, Museum of Modern Art, New York. Plus récemment, il a figuré, en 1992, à l'exposition *De quelques grands états de la gravure contemporaine (1945-1991)* au Centre d'art d'Ivry – Galerie Fernand Léger et, en 1993, à l'exposition *Singular Dimensions in Painting* au Guggenheim Museum à New York.
Il montre ses œuvres dans des expositions personnelles, la première en 1963 au Swathmore College (Pennsylvanie), puis : 1966, 1968, 1970, 1972, 1973, 1974, Bykert Gallery, New York ; 1969, 1973, 1976, galerie Yvon Lambert, Paris ; 1971, 1972, 1975, 1980, Konrad Fischer, Düsseldorf ; 1974, Contemporary Arts Museum, Houston ; 1975, Guggenheim Museum, New York ; 1978, 1980, 1982, 1984, The Pace Gallery, New York ; 1979, Kunstraum, Munich ; 1981, Stedelijk Museum, Amsterdam ; 1984, Tate Gallery, Londres ; 1987, galerie Montenay, Paris ; 1991, Museum of Fine Arts, Boston ; 1992, Musée d'Art Moderne de la Ville, Paris.
Comme beaucoup de peintres de sa génération, Brice Marden a connu une première phase expressionniste-abstraite, en particulier sous l'influence de Frantz Kline, et, comme d'autres à cette époque, sa peinture s'est enrichie de l'expérience d'artistes comme Rothko, Newman, Reinhardt, ainsi que du Minimal art. De 1966, datent, en effet, les premières peintures monochromes à un panneau rectangulaire aux couleurs sobres, gris noir ou ocre, comprenant quelques effets de matière disparaissant ensuite à la surface d'une facture lisse. Vers 1968, il exécute des peintures à deux ou trois panneaux monochromes, qu'il juxtapose d'abord, qu'il accole ensuite (dans cet esprit, les sept œuvres formant les *Back series* mesurant toutes 1,75 mètres exposées en 1968 à la Bykert Gallery, à New York). Vers 1974-1975, sa palette s'élargit, les tons s'éclaircissent. Il exécute, en 1979-1980, *Thira* (signifiant « porte » en langue grecque), une œuvre aux couleurs certes plus intenses, mais toujours mates, que le peintre s'est plu à combiner en dix-huit panneaux principalement verticaux par effets de contraste et de complémentarité chromatique. Les dimensions de ses œuvres sont souvent monumentales.
Le Minimal art tendait, dans la continuité de Stella, à un art radical où la non-objectivité avait pour enseigne le dépassement des données, même formalistes, du monde sensible, en une exploration du côté de la tridimensionnalité (Judd en particulier). Par contre, la peinture qui s'est faite parallèlement ou en est issue a pris en charge la spécificité des moyens et du langage pictural. La démarche de Marden, même si elle fut portée par le minimalisme, alors en vogue, puise, en effet, dans un registre plus subjectif. Continuateur, à certains égards, de l'expérience moderniste, Marden avoue tout son intérêt, en particulier chromatique, pour la peinture de Goya et de Zurbaran, puis de Manet et de Cézanne. N'ayant jamais eu l'intention de rompre avec cette pratique, il a d'ailleurs réalisé une série de peintures où il combine des fragments de tableaux anciens à ses préoccupations picturales propres : *Hommage to art 2*, 1973. Dès 1963, parlant de sa peinture, il en dit : « Je crois qu'il s'agit là d'œuvres éminemment émotionnelles qui ne sont pas vouées à l'admiration pour des raisons techniques ou intellectuelles, mais plutôt destinées à être ressenties ». Comme le souligne Tiffany Belle, l'abstraction picturale de Marden est davantage issue de la problématique du « all-over » de l'expressionnisme abstrait, et de l'adéquation image/surface traitée par Johns, que d'un décalque du minimalisme. Marden formalisera sa propre vision en une économie couleur/surface à partir de la forme du parallélépipède rectangle. Chacune des couleurs, individualisée en fonction de chaque « panneau peint », naît d'une tension entre la surface et sa luminosité quasi-atmosphérique qui y gravite. Ces couleurs ne réfléchissant pas – Marden les travaille lui-même en un mélange de pigment à l'huile, de cire et de térébenthine –, l'œil du spectateur se trouve immédiatement saisi par la plénitude de leur espace velouté. Peintre de la nature, ainsi que lui-même se définit, les titres de ses toiles renvoient à des lieux, des moments ou des édifices : *Moroccan Painting* (1978) – *Seasons* (1975) et même à des références religieuses *Annunciation Series* (1977) ou *Thira* (1979-1980) qui serait une allusion à la porte ouvrant vers Dieu.
Dans les années quatre-vingt, sa peinture se modifie et prend un nouvel essor. Il revient d'abord au châssis unique. Il y intègre des divisions verticales ou horizontales de couleurs. Il s'intéresse plus particulièrement alors à la ligne. Celle-ci est dorénavant présente sur la toile colorée, sous forme de grille à effets de matière. Un exercice qui renvoie à son œuvre dessiné, mené de front avec sa peinture depuis les années soixante-dix, telle la série de dessins *Suicide Notes* (1978), dans laquelle Marden s'est attaché à la genèse de la forme née d'elle-même. Il est également revenu à la gravure à l'eau-forte. Ses estampes sont influencées par la culture orientale, notamment les signes graphiques de la calligraphie chinoise. On y voit souvent des écheveaux de lignes entrelaçées mordues par l'acide, découpant la matière en une structure autonome. Les peintures sont réalisées à l'aide de tiges de bois ou brindilles en guise de pinceaux. Les signes ainsi tracés, sans hiérarchie apparente, aplatissent l'espace du plan de la toile, s'y superposent, irisent son fond, l'absorbe presque.
À la vue de ces deux grandes périodes, la spécificité de la peinture de Brice Marden se déploie dans le cadre resserré d'un matérialisme frontal né de l'espace-rectangle du tableau. Cependant, même d'apparence radicale, le formalisme employé l'est toujours, en contrepoint d'un espace émotionnel, qu'il soit de facture pré-minimaliste, par la couleur ou servi dans un « all-over » plus visible, par le trait. ■ Christophe Dorny
Bibliogr. : *Dictionnaire universel de la peinture*, Le Robert, Paris, 1975 – *Brice Marden, Paintings, Drawings and Prints 1975-1980*, catalogue de l'exposition, Whitechapel Art Gallery, Londres, 1981 – *Brice Marden*, catalogue de l'exposition, Stedelijk Museum, Amsterdam, 1981 – Peter Schjeldahl, in : *Art de notre temps*, Londres, 1984 – Ann Hindry : *Marden : l'orée du tableau*, in : *Artstudio*, Paris, été 1986 – Tiffany Bell : *Les Peintures monochromes de Robert Mangold et Brice Marden*, in : *Artstudio*, Paris, n° 16, printemps 1990 – J. Yau : *Brice Marden : recent Paintings & Drawings*, Anthony d'Offay Gallery, Londres, 1988 – Kirby Gooken : *Brice Marden à la Galerie Gagosian*, Artforum International, avril 1991 – Jeremy Levinson : *Brice Marden : prints 1961-1991*, Tate Gall., Londres, 1991 – in : *L'Art du XXe siècle*, Larousse, Paris, 1991 – Klaus Kertess : *Brice Marden : Paintings & Drawings*, Harry N. Abrams, New York, 1992 – Ulrich Loock, Yves-Alain Bois : *Brice Marden, Paintings 1985-1993*, catalogue de l'exposition, Kunsthalle, Berne, 1993.
Musées : Grenoble : *Join* 1973 – Los Angeles (Mus. of Contemporary Art) : *Fass* 1969-1973 – New York (Solomon R. Guggenheim Mus.) : *Sans titre* 1965-66 – *Private Title* 1966 – *D'après la marquise de la Solana* 1969 – *Tour* 1970-1971 – *Sans titre* 1973 – Paris (Mus. Nat. d'Art Mod.) : *Thira* 1979.
Ventes Publiques : New York, 18 mai 1979 : *Houston drawing* 1973, fus. (75,5x104) : **USD 4 200** – New York, 16 mai 1980 : *Pita Hiya Massacre* 1971, encautique/t. (154x89) : **USD 18 000** – New

York, 19 nov. 1981 : *Sans titre* 1968, aquar., cr. blanc et mine de pb (67,5x102) : **USD 12 000** – New York, 16 fév. 1984 : *Houston drawing* 1973, fus. (73,5x104) : **USD 5 500** – New York, 2 nov. 1984 : *Sans titre* 1967-1972, peint. à l'encaustique et mine de pb/pap. (66x87) : **USD 9 000** – New York, 7 mai 1985 : *Cinq assiettes* 1973, aquat., suite de cinq (101x75,6) : **USD 1 600** – New York, 10 nov. 1986 : *Miranda* 1972, cire et h/t (183x183) : **USD 170 000** – New York, 5 mai 1987 : *Interrogation* 1978, encaustique/t. (213,7x244,8) : **USD 320 000** – Paris, 6 mars 1989 : *Sans titre* 1975, sérig./pap. (106x75,5) : **FRF 6 500** – New York, 3 mai 1989 : *Sans titre* 1966, h/pap./t. (53,2x70,5) : **USD 132 000** – New York, 27 fév. 1990 : *St. Barts n° 4* 1986, encre/pap. (42x30) : **USD 99 000** – New York, 7 mai 1990 : *Sans titre* 1968, encaustique/t., diptyque (175,2x259) : **USD 1 100 000** – New York, 9 mai 1990 : *Sans titre* 1968, cr. et craie grasse/pap. (66x101,5) : **USD 220 000** – New York, 6 nov. 1990 : *Moon I* 1977, h. et craie grasse/t., trois pan. (203,2x305) : **USD 880 000** – New York, 30 avr. 1991 : *Erreur* 1969, h. et craie grasse/t. (182,8x182,8) : **USD 605 000** – New York, 13 nov. 1991 : *Grove Group II*, h. et cire d'abeille/deux pan. (182,8x274,5) : **USD 825 000** – New York, 6 mai 1992 : *The Dylan Karina Painting* 1969, h. et cire/t./deux pan. (243,8x365,8) : **USD 632 500** – New York, 4 mai 1993 : *Dessin de Houston 3* 1973, fus./pap. (104,1x74,3) : **USD 17 250** – New York, 2 nov. 1994 : *Les vierges 10* 1993, encre et gche/pap. (37,5x18,4) : **USD 85 000** – New York, 15 nov. 1995 : *Sans titre* 1966, fus./pap. avec des lignes incisées (50,8x55,9) : **USD 129 000** – New York, 5 mai 1996 : *Grille II* 1971, eau-forte et aquat. (36,8x60) : **USD 1 955** – New York, 21 nov. 1996 : *Sans titre* 1972, pl. et encre noire/pap. (29,8x19,7) : **USD 7 475** – New York, 10 nov. 1997 : *Sans titre* 1964-1967, mine de pb et encre/cire/pap. (66x101,6) : **USD 420 500** – New York, 6-7 mai 1997 : *Étude adriatique* 1972, mine de pb et cire/pap. (55,3x76,2) : **USD 85 000**.

MARDSEN Edith Frances
Née le 22 septembre 1880 à Utica (New York). xxe siècle. Américaine.
Peintre.
Elle fut élève de Birge Harrison et Henry R. Poore. Elle fut membre de la Ligue américaine des artistes professeurs.

MARE. Voir aussi **DELAMARE, DEMARE, LAMARRE** ou **LAMARE**

MARE André
Né en 1885 à Argentan (Orne). Mort en 1932. xxe siècle. Français.
Peintre de paysages, compositions à personnages, figures.
Il fut élève de l'Académie Julian à Paris. Avant 1914, il s'adonna à l'art décoratif mais revint, après la guerre, à la peinture seule.
Il exposait, à Paris, aux Salons des Indépendants et d'Automne. Il exposa avec le groupe des cubistes, au Salon d'Automne de 1912, et, en 1913, présenta avec Duchamp-Villon, la *Maison cubiste* ou *Petit salon*, à laquelle collaborèrent un grand nombre d'autres artistes. En 1937, l'exposition des *Maîtres de l'art indépendant*, au Petit Palais, présentait de sa main : *L'Avenue ; Famille de l'artiste ; Paysan de La Haye ; Le Bonnet de coton ; Le Chasseur ; Le Chasseur endormi ; Vue de Mantoue ; Vue de Caen.*
Deux grands époques dans son œuvres : à partir de 1910, attiré par le cubisme, quand il partageait un atelier avec Fernand Léger, à *La Ruche* dans le quartier de Vaugirard ; ensuite, quand, à partir de 1920 et jusqu'en 1930 environ, avec Süe, il eut une activité de décorateur très importante, créant, avec l'application de certains principes stylistiques du cubisme aux arts appliqués, le style « Arts décoratifs 1925 », en référence à la très importante exposition internationale à Paris cette année-là. Il a illustré quelques ouvrages littéraires : *Dans la forêt normande* d'Édouard Herriot ; *L'Ensorcelée* de Barbey d'Aurevilly ; *Le Colonel Chabert* de Balzac ; etc.

and : mare
and : mare

Musées : Paris (Mus. Nat. d'Art Mod.) : *Le Violoncelliste* – Vincennes : *Un épisode de la retraite en septembre 1914.*
Ventes Publiques : Paris, 27 déc. 1927 : *Françoise nez pointu* : **FRF 600** – Paris, 18 mars 1931 : *Vue prise aux environs d'Évreux* : **FRF 980** – Paris, 1er avr. 1942 : *La Lande de Saint-Sauveur* 1929 : **FRF 2 650** – Paris, 3 mai 1944 : *Saint-Jean* : **FRF 4 200** – Paris, 30 juin 1950 : *Femme au piano* : **FRF 2 100** – Versailles, 10 déc. 1972 : *Le Violoniste et la paysanne au fichu jaune* : **FRF 5 000**.

MARE George de
Né le 29 août 1863 en Italie. Mort le 8 mai 1897 à Kansas City, au cours d'un incendie. xixe siècle. Américain.
Portraitiste.
Il étudia à Paris et s'établit à Chicago.

MARE Jean Charles
Né en 1772 à Berlin. Mort en 1855. xviiie-xixe siècles. Allemand.
Graveur.
Élève de l'Académie de Berlin, où il devint professeur en 1813. Il grava des cartes. On cite d'autre part de lui : *Couronnement du monument de Lysicrate à Athènes*, d'après Matthaüs Mauch.

MARE Johannes de
Né le 26 octobre 1806 à Amsterdam. Mort en 1889 à Saint-Germain-en-Laye. xixe siècle. Hollandais.
Graveur au burin.
Il fut successivement l'élève de Velijn à Amsterdam et d'Ingres à Paris. Il séjourna ensuite à Londres (1831), La Haye (1840), New York et Paris. On cite de lui : *Le récitatif*, d'après G. Terburg, *Fête de saint Nicolas*, d'après J. Steen ; *Portrait de J. Steen à Amsterdam, Job et ses amis*, d'après Raffet, *Le Christ porté au tombeau*, d'après Titien, *La perruche*, d'après J. Steen, *L'orpheline charitable*, d'après J. J. Eeckhout, *De lief dadige Weeze*, d'après J. J. Eeckhout, *D. Wilkie et sa famille*, d'après D. Wilkie, *La femme de Rubens*, d'après Rubens.

MARE Pieter de
Né en 1757 à Leyde. Mort en 1796 à Leyde. xviiie siècle. Éc. flamande.
Dessinateur et graveur.
Élève de A. Delfos. On cite de lui : *Le jugement dernier*, d'après V. Leyden, *Figure d'un des ressuscités du Jugement dernier, La dentellière*, d'après Netscher, *Paysanne avec son enfant*, d'après N. Berghem, *Profil d'homme* d'après Teniers, *Zinspelende Gedigies, Une femme évanouie, une lettre à la main*, d'après V. Mieris, *Incendie de Rotterdam en 1779*, d'après Haasbrock.

P. d M sr

MARE Tiburce de
Né en 1840 à Paris. Mort le 5 novembre 1900 à Boissy-Saint-Léger. xixe siècle. Français.
Portraitiste.
Il fut l'élève de son père Johannes et de Gaillard.
Ventes Publiques : Paris, 12-13 nov. 1928 : *Le Concert champêtre*, d'après Giorgione : **FRF 200**.

MARE Valentin
xviie siècle. Actif à Angers vers 1647. Français.
Sculpteur.

MARE-RICHART Florent Richard de La. Voir **LAMARRE**

MAREBECK Matthys Van ou **Marrebech,** ou **Marrebeck**
Né vers 1659 à Amsterdam. Mort en 1699. xviie siècle. Hollandais.
Graveur à la manière noire et éditeur.
Il a gravé les portraits du pape *Alexandre VIII* (1689), de *Charles II d'Espagne*, de *Georges de Danemark* et de *Guillaume III d'Orange*.

MAREC Victor
Né le 5 novembre 1862 à Paris. Mort le 7 février 1920 à Paris. xixe-xxe siècles. Français.
Peintre de portraits, paysages urbains, figures, décorateur.
Il fut élève de Gérôme et de J.-P. Laurens. Il figura, à Paris, au Salon des Artistes Français, à partir de 1899, où il obtint une médaille de troisième classe en 1885, de deuxième classe en 1886. Il obtint le prix du Salon en 1886, et une médaille d'or à l'Exposition universelle en 1889 à Paris. Chevalier de la Légion d'honneur en 1907.

Victor Mares

Musées : Arras : *L'Aïeule – Peintre dans son atelier* – Gray : *Expulsés* – Lille : *Au rendez-vous des cochers* – Périgueux : *Une rue à Pont-Aven – Tête de vieillard – Ouvrier verrier* – deux pastels – Le Puy-en-Velay : *Fondeurs*.

Ventes Publiques : Paris, 3 nov. 1923 : *La Grève des terrassiers* : **FRF 205** – Paris, 28 nov. 1946 : *Sous la lampe* : **FRF 1 650** – Paris, 12 déc 1979 : *Femme à la robe verte* 1884, h/t (138,5x77,5) : **FRF 4 500** – Berne, 26 oct. 1988 : *Paysage fluvial avec une cité bourguignonne*, h/pan. (18x27) : **CHF 1 400** – New York, 24 oct. 1990 : *L'après-midi dans les jardins du Luxembourg*, h/pan. (61x43,8) : **USD 8 250**.

MARÉCHAL. Voir aussi **LE MARÉCHAL**

MARÉCHAL

XIXe siècle. Actif à Paris. Français.

Peintre.

Figura au Salon de Paris de 1819 à 1824.

MARÉCHAL Alexis Charles Auguste

Né au XIXe siècle à Paris. XIXe siècle. Français.

Peintre.

Étudia avec Lefebvre et Boulanger. Figura au Salon de Paris en 1879 et 1900 avec des natures mortes, un éventail et un sujet militaire *(Attaque de Wissembourg)*.

MARÉCHAL Ambroise René

Né le 1er février 1818 à Paris. Mort en octobre 1847 à Rome. XIXe siècle. Français.

Sculpteur.

Il fut l'élève de Ramey et de Dumont, et obtint en 1842 le premier grand prix pour son relief *La mort d'Épanimondas*.

MARECHAL Anne Antoinette

Née en 1941 à Bastogne (Luxembourg). XXe siècle. Belge.

Graveur.

Elle fut élève de l'Académie de Namur et de la Cambre.

Bibliogr. : In : *Dictionnaire biographique illustré des artistes en Belgique depuis 1830*, Arto, Bruxelles, 1987.

MARÉCHAL Charles

Né le 18 avril 1865 à Champigny-sur-Marne (Seine). XIXe siècle. Français.

Peintre.

Élève de Charles Raphaël Maréchal. Exposait au Salon des Artistes Français.

MARÉCHAL Charles Laurent ou **Laurent Charles**, dit **Maréchal de Metz**

Né en février 1801 à Metz (Moselle). Mort le 17 janvier 1887 à Bar-le-Duc (Meuse). XIXe siècle. Français.

Peintre de portraits, paysages, peintre verrier, aquarelliste, pastelliste.

Élève d'Henri Regnault, il participa au Salon de Paris de 1824 à 1863, obtenant une médaille de troisième classe en 1840, de deuxième classe en 1841, de première classe en 1842 et 1855. Il fut promu chevalier de la Légion d'honneur en 1846, officier en 1855.

Connu surtout comme peintre verrier, il a réalisé des vitraux pour les églises Notre-Dame, Saint-Augustin, Sainte-Clotilde, Saint-Vincent-de-Paul de Paris, les cathédrales de Metz et de Lyon.

Bibliogr. : Gérald Schurr, in : *Les Petits Maîtres de la peinture 1820-1920, valeur de demain*, Les Éditions de l'Amateur, t. III, Paris, 1976.

Musées : Bar-le-Duc : *Portraits de deux vieillards – Portrait du général Thiébaut* – Langres : *Daniel dans la fosse aux lions*, vitrail peint avec Grignon, d'après Ziegler – Metz : plusieurs pastels et fusains – Nancy : *Épisode du siège de Metz – Tête d'étude*.

Ventes Publiques : Paris, 1887 : *Mort de Christoph Colomb*, past. : **FRF 1 420** – Paris, 1899 : *Vue des Tuileries*, aquar. : **FRF 4 480** – Paris, 6-8 déc. 1920 : *Vue d'Ermenonville – Vue de l'île des Lanternes à Neuilly, dans le jardin de Saint-James*, deux aquar. : **FRF 4 600** – Paris, 3 déc. 1946 : *Monastère dans les jardins*, aquar. : **FRF 4 200**.

MARÉCHAL Charles Raphaël

Né au XIXe siècle à Metz. XIXe siècle. Français.

Peintre et dessinateur.

Élève de C. L. Maréchal, son père. Il figura au Salon de Paris en 1876. Il avait obtenu une médaille de troisième classe en 1853. Le Musée de Metz possède de lui un fusain *La prière dans le désert* et le Musée de Château-Thierry, un autre fusain : *Jeune femme dessinant*.

MARÉCHAL Claude

Né en 1925. XXe siècle. Français.

Peintre de paysages, figures, aquarelliste. Tendance abstraite.

Il peint par superpositions de couleurs, principalement rouges, bleues et blanches, les « paysages » du souvenir ou des figures, cherchant à effleurer les variations possibles d'une même teinte. Il a décoré les couloirs et la salle d'échange du métro/RER de la station Saint-Michel-Notre-Dame-Sorbonne, à Paris, en utilisant des céramiques colorées.

Maréchal

Ventes Publiques : Paris, 24 avr. 1983 : *Héron blanc* 1960, h/t (56x46) : **FRF 11 000** – Douai, 23 oct. 1988 : *Marchand de brouilles* 1972, collage/t. : **FRF 2 500** – Paris, 20 nov. 1988 : *Hommage au poète Jean Follain*, papiers arrachés/t. (130x161) : **FRF 50 000** – Paris, 17 déc. 1989 : *Au travers des mâts* 1959, h/t (100x81) : **FRF 35 000** – Paris, 14 mars 1990 : *La damoiselle* 1983, acryl. et collage/pap./t. (46x54) : **FRF 6 500** – Douai, 1er avr. 1990 : *Le jardin de l'artiste* 1982, h/t (41x33) : **FRF 8 300** – Versailles, 22 avr. 1990 : *Sous les parasols* 1964, h/t (60x73) : **FRF 9 000** – Paris, 6 fév. 1991 : *Le cabinet du minéralogiste* 1966, h/t (146x97) : **FRF 5 500** – Paris, 8 oct. 1991 : *Vallée fertile* 1984, techn. mixte et pap. arraché/pap. Japon nacré (65x56) : **FRF 40 000** – Paris, 21 mai 1992 : *Collines ensoleillées* 1989, pap. arraché/pap. Japon nacré (59x45) : **FRF 18 000** – Paris, 17 mars 1994 : *California* 1991, papiers arrachés/pap. Japon (70x54) : **FRF 23 000**.

MARÉCHAL Édouard. Voir **ALIG**

MARÉCHAL Émile Raphaël

Né au XIXe siècle à Bois-le-Duc (Hollande). XIXe siècle. Français.

Peintre de marines.

Élève de Duran Brager. Exposa au Salon, de 1865, 1870.

MARECHAL Eugène. Voir **MAREK**

MARECHAL François

Né le 7 janvier 1861 à Housse-sur-Liège. Mort en 1945 à Liège. XIXe-XXe siècles. Belge.

Peintre de paysages, paysages industriels, figures, dessinateur, graveur, illustrateur.

En 1873, il débuta son apprentissage dans l'atelier de son père, maître-armurier. Mais, peu intéressé par ce métier, il entra bientôt chez le peintre-décorateur Delbecke. De 1879 à 1886, il fut élève de Nisen, d'Adrien de Witte et de Soubre à l'Académie royale des Beaux-Arts de Liège. Entre 1893 et 1899, il passa un court séjour en Algérie. Il rencontra également F. Khnopff. De 1902 à 1905, il séjourna à Rome grâce à une bourse de la fondation Darchis à Rome. En 1905, de retour en Belgique, il est nommé professeur à l'Académie des Beaux-Arts. En 1909, il séjourna une nouvelle fois à Rome et Florence ; en 1912, il voyagea en France. Il fut nommé en 1913 directeur de l'Académie des Beaux-Arts de Liège qu'il dirigea jusqu'en 1920. En 1921, il créa le premier cours de gravure à l'Académie.

Il exposa au cercle des Beaux-Arts de 1898 à 1920. Il présenta sa première exposition personnelle en 1889. Il obtint en 1901 le prix de la fondation Darchis et en 1939 le prix de la Province de Liège. Vers 1885, il commença à peindre en plein air. Il peignit des paysages italiens, liégeois et des figures dont des ouvriers mineurs à la manière de Rops. Il réalisa ses premières gravures en 1888 d'après les mêmes thèmes. Il reproduisit également un nombre considérable de plantes et d'insectes. En 1890, il illustra, avec dix autres artistes, les *Contes et Nouvelles* de Lavachery. Durant son séjour en Italie, il grava de nombreuses planches, principalement des paysages. Il consacra son talent à dire le charme nocturne de sa ville et des brouillards sur la Meuse.

Bibliogr. : In : *Dictionnaire biographique illustré des artistes en Belgique depuis 1830*, Arto, Bruxelles, 1987 – Pierre Somville, in : *Le Cercle royal des Beaux-Arts de Liège 1892-1992*, Crédit Communal, Liège, 1992.

Musées : Liège (Cab. des Estampes) : *La Fontaine de la Vierge* 1895 – *Au café-concert* 1899 – *Le Quai des Tanneurs* 1908.

MARÉCHAL Gabriel

XIXe siècle. Français.

Peintre.

Figura au Salon des Artistes Français et y obtint une mention honorable en 1890.

Ventes Publiques : Zurich, 3 juin 1983 : *Poules devant une ferme*, h/t (50x65) : **CHF 3 800**.

MARÉCHAL Hélène

Née le 1er juin 1863 à Metz (Moselle). XIXe-XXe siècles. Française.

Pastelliste.

Élève de son père Ch.-L. Maréchal de Metz et d'Allongé. Figura

au Salon des Artistes Français. Membre de cette société depuis 1907. Elle obtint une mention honorable en 1897. Mlle Maréchal s'est surtout attachée au paysage au pastel. On voit de cette artiste au Musée de Calais : *L'Étang de Cernay*, à celui de Nancy : *L'Étang à Nice* et *En forêt* ; à celui de Reims : *L'abreuvoir* ; à celui de Rouen : *Une mare, forêt de Compiègne* ; enfin, à celui de Sydney : *Bouleaux argentés*.
Ventes Publiques : Paris, 10 mars 1926 : *Coin de village*, past. : **FRF 205**.

MARÉCHAL Jean Baptiste
xviiie-xixe siècles. Actif de 1779 à 1824. Français.
Peintre de scènes de genre, paysages, aquarelliste, dessinateur.
Musées : Château-Thierry : *Jeune femme dessinant* – Paris (Mus. des Arts Décoratifs) : *Paysage de parc*.
Ventes Publiques : Paris, 7-8 mai 1923 : *La pompe à feu de Chaillot*, lav. et pl. : **FRF 1 750** – Paris, 22 mars 1928 : *La Promenade dans le Parc*, pl. et aquar. : **FRF 4 700** – Paris, 13-14 fév. 1941 : *Intérieur de palais*, dess. au lav. légèrement aquarellé/trait de pl. : **FRF 9 500** – New York, 21 oct. 1970 : *Le jardin des Tuileries*, aquar. sur trait de pl. : **USD 4 500** – Londres, 6 juil. 1982 : *Personnages dans une allée bordée d'arbres*, pierre noire et lav. (23,6x32,9) : **GBP 700** – New York, 21 jan. 1983 : *Le Parc Saint-James de Neuilly animé de personnages*, pl. et lav./traits craie noire, deux dess. (10,9x21,1) : **USD 5 500** – Londres, 13 déc. 1984 : *Vue d'un parc animé de personnages* 1788, aquar. cr. et pl. (20,2x31,6) : **GBP 6 000** – Paris, 27 mars 1985 : *Une villa au bord d'un fleuve*, pl. et aquar. (19,5x31) : **FRF 31 000** – Londres, 9 déc. 1986 : *Vue d'un jardin en terrasse d'Italie animé de personnages*, aquar. et pierre noire reh. de blanc (32,8x42,8) : **GBP 6 200** – New York, 11 jan. 1994 : *Vue du Palais Royal en construction*, craie noire, encre et lav. (10,8x20,7) : **USD 8 625** – Paris, 29 avr. 1994 : *Vue d'un parc à l'anglaise avec des folies sous les arbres*, lav. de bistre (19,5x32) : **FRF 4 900** – Paris, 22 mai 1994 : *Promeneurs en barque sous un pont* 1788, pl. et aquar. (20x32) : **FRF 20 000** – Paris, 17 juin 1994 : *Vue idéalisée du Pavillon du Palais-Bourbon*, pl. et aquar. (19,5x31) : **FRF 30 000**.

MARECHAL Louis
xviiie siècle. Actif à la fin du xviiie siècle. Français.
Peintre et dessinateur.
Ventes Publiques : Paris, 21-22 juin 1920 : *Pagode sur une pièce d'eau*, cr. : **FRF 1 650** – Paris, 21 nov. 1922 : *L'allée des Boulingrins, à Saint-Germain*, encre de Chine, reh. d'aquar. : **FRF 3 700**.

MARÉCHAL Louis
Né le 19 mars 1884 à Boulogne-sur-Mer (Pas-de-Calais). Mort le 28 septembre 1971 à Limoges. xxe siècle. Français.
Peintre de paysages, portraits, natures mortes. Post-impressionniste.
On ne connaît pas sa formation ; il fut professeur à l'école des Beaux-Arts de Brest de 1931 à 1943. Pendant l'occupation allemande, il se réfugia à Limoges, où il se fixa. Deux expositions rétrospectives lui furent consacrées dans une galerie de Limoges, en 1973 et 1976.
Dans une première période, il avait peint des paysages de Bretagne. Il s'attacha à la nature en Limousin et en peignit les paysages jusqu'à sa mort. Il pratiqua une peinture charpentée, se situant techniquement dans le postimpressionnisme, dont il adopta parfois la touche divisée.
Musées : Limoges : *Le Pont Saint-Martial*.

MARÉCHAL Nicolas
Mort en 1803. xviiie siècle. Français.
Peintre et dessinateur.
Cet artiste peignit surtout des animaux et des fleurs et plusieurs de ses ouvrages sont conservés au Museum d'histoire naturelle de Paris. Lallier a gravé d'après lui.

MARÉCHAL Olympe ou **Mareschal**
xixe siècle. Française.
Peintre de fleurs et aquarelliste.
De 1839 à 1843, elle exposa au Salon.

MARECHAL Pierre
Né en 1939 à Ath (Hainaut). xxe siècle. Belge.
Peintre de paysages.
Bibliogr. : In : *Dictionnaire biographique illustré des artistes en Belgique depuis 1830*, Arto, Bruxelles, 1987.
Musées : Tournai.

MARÉCHAL René Ambroise
Né le 1er février 1818 à Paris. Mort en octobre 1847 à Rome. xixe siècle. Français.
Sculpteur.
Entra à l'École des Beaux-Arts le 8 avril 1841. Élève de Ramey et de Dumont. Il obtint le deuxième prix de Rome en 1841 et le premier prix en 1843, il mourut pendant son séjour comme pensionnaire à Rome. Il figura au Salon de 1842 à 1847.

MARECHAL Victor
Né le 2 août 1879 à Paris. xxe siècle. Français.
Peintre de genre, portraits, paysages.
Il exposait, à Paris, au Salon des Artistes Français.
Ventes Publiques : Paris, 9 jan. 1950 : *Au Luxembourg* : **FRF 900**.

MARÉCHET Imbert. Voir **MARESCHET**

MARÉE Hendrick Godaert de
Né en 1766 à Leyde. xviiie siècle. Éc. flamande.
Peintre et graveur.
Il grava d'après P. Janson, J. V. Huysienner et Is. Van Ostade.

MAREELS Maurice
Né en 1893 à Saint-Gilles (Branbant). Mort en 1976. xxe siècle. Actif aussi en France. Belge.
Peintre de paysages, marines, genre, portraits, figures, graveur.
Il fut élève de Richir à l'Académie des Beaux-Arts de Bruxelles. Il fut professeur de dessin à l'Académie des Arts Décoratifs à Ixelles. Il a travaillé en Bretagne.
Bibliogr. : In : *Dictionnaire biographique illustré des artistes en Belgique depuis 1830*, Arto, Bruxelles, 1987.
Musées : Le Caire – Gand – Ixelles – Kounas – Louvain.

MARÉES Hans von
Né le 24 décembre 1837 à Elberfeld. Mort le 5 juin 1887 à Rome. xixe siècle. Allemand.
Peintre de scènes mythologiques, compositions religieuses, sujets de genre, portraits, fresquiste, dessinateur.
Par son père, il était d'ancienne noblesse, sa mère était d'origine juive. À Berlin, il fut élève du peintre animalier Steffeck, pendant l'année 1854. En 1857, il s'installa à Munich, où il poursuivit son travail sans maîtres, dans un groupe d'amis, parmi lesquels surtout Lenbach, avec lequel il se représenta, en 1863, dans le double portrait du Musée de Munich. À cette époque, son art était déjà ambitieux, il visait à la monumentalité, exaltant la proportion des personnages de ses compositions par des effets prononcés de clair-obscur. Il attira l'attention du mécène le comte Schack, qui le chargea d'exécuter, pour sa galerie privée, des copies en Italie. Von Marées s'y rendit en 1864, accompagné de son ami Lenbach. Au lieu d'utiliser son acquis antérieur, devant les témoignages de l'Antiquité qu'il rencontra au cours de son voyage, il décida de faire table rase en lui et de repartir de cette Antiquité que, comme presque toujours les Allemands, au contraire, des Français pour qui elle fut toujours source de classicisme, il ressentait subjectivement comme une incitation à une rêverie romantique sur l'origine du phénomène humain. Sa manière en subit alors une transformation totale et il adopta une matière sombre, profonde, de bruns rougeâtres, éclairée de lueurs dorées, qui caractérisera l'ensemble de son œuvre. Marcel Brion écrit : *Les dieux grecs qui peuplent les tableaux de Hans von Marées, sont, comme ceux de Böcklin, les génies de la terre et de la forêt, dépouillés de leurs attributs conventionnels, devenus des forces que l'on pressent plutôt qu'on ne les perçoit.* L'orientation qu'il donnait à sa réflexion ne fut pas comprise de son protecteur, qui cessa son soutien. En 1866, l'écrivain Conrad Fiedler lui permit de poursuivre ses recherches. Avec lui, von Marées voyagea en Espagne, en Hollande et en France, où il fut très impressionné par les œuvres de Delacroix, qui lui semblaient donner un prolongement moderne à l'expression de Rembrandt. Il peignit alors le portrait de son nouveau protecteur et ami, Fiedler, ainsi qu'un portrait de son propre père. Il revint en Allemagne, pour un séjour à Dresde, en 1872-1873 ; puis repartit pour l'Italie, où, à Naples, il peignit l'ensemble des décorations du Parc Zoologique, aidé par le sculpteur Hildebrand, que l'on considère comme le meilleur de son œuvre. Il séjourna ensuite à Florence, puis s'établit définitivement à Rome, où il entreprit la grande composition, où il rêvait une intégration cohérente et rythmique des figures humaines dans l'espace de la composition : *Le jardin des Hespérides*, dans lequel les personnages, noyés d'ombre, ont la solennité de statues dans un jardin de mystère. On a comparé sa quête de l'Antiquité à celle d'un Puvis de Chavannes, oubliant que là où Puvis cherchait harmonie et

équilibre, von Marées épiait les troubles secrets de l'origine de l'humanité, plus près des réalistes que de quelque symbolisme que ce soit. Une grande exposition rétrospective de l'ensemble de son œuvre eut lieu à Munich, en 1891, et fut sans doute à l'origine de l'influence qu'il exerça, dans la suite, sur l'évolution de la peinture en Allemagne, notamment reconnue par Franz Marc et par Paul Klee. Dans l'ordre d'un sentiment mythologique très personnel, il fait écho aux Friedrich ou Böcklin, manifestant la tonalité spécifique que prit, aussi bien en littérature, en musique, qu'en peinture, le romantisme en Allemagne. ■ Jacques Busse

Bibliogr. : Marcel Brion : *La peinture allemande*, Tisne, Paris, 1959 – Michel Ragon : *L'Expressionnisme*, in : *Hre Gle de la peint.*, tome 17, Rencontre, Lausanne, 1966 – Pierre du Colombier, in : *Diction. Univers. de l'Art et des Artistes*, Hazan, Paris, 1967.

Musées : Berlin : *Saint Georges – Le peintre Heger – Cuirassier au repos – Cavalier cueillant des oranges – Saint Martin – Jeunes gens dans un bois d'orangers – Cabaret romain – Philippus et l'intendant – Souvenir de la villa Borghèse – La vieillesse – Trois hommes dans un paysage – Le mariage – Tête d'étude – Portrait du père de l'artiste – Scène en forêt – Les âges de la vie – Le Jugement de Pâris*, triptyque – Brême : *L'artiste – L'homme à l'étendard – Scène de forêt le soir* – Dresde : *Portrait de l'artiste en kimono – Portrait de Mme Schauffelen – Portrait du Dr Fiedler* – Hambourg : *Portrait d'homme* – Munich (Nat. Staats Gal.) : *Portrait de son père – L'artiste et Lenbach – Le bain de Diane – Portrait de Georg von Marées – Le vainqueur du dragon – Enlèvement de Ganymède – Hespérides*, triptyque – Naples (Stat. Zoolog.) : série de fresques.

Ventes Publiques : Genève, 28 août 1934 : *Cheval et chien* : **FRF 2 100** – Francfort-sur-le-Main, 11 mai 1936 : *Le départ pour la chasse* : **DEM 3 100** – Stuttgart, 18 oct. 1950 : *Scène de rue* : **DEM 2 250** – Stuttgart, 21 mai 1960 : *Homme nu debout*, pierre noire reh. de blanc : **DEM 1 200** – Hambourg, 1970 : *Sous-bois* : **DEM 6 800** – Munich, 25 nov. 1976 : *Nu debout*, fus. (30x25) : **DEM 4 000** – Berne, 9 juin 1977 : *Telemach Volkmanns* vers 1886, sanguine (39,5x16) : **CHF 4 500** – Zurich, 26 mai 1978 : *Portrait de jeune garçon* 1867, h/t (54x42) : **CHF 12 000** – Zurich, 25 mai 1979 : *Académie d'homme*, sanguine (54x32) : **CHF 3 000** – Munich, 27 nov. 1980 : *Cheval blanc dans un paysage* 1861, h/pan. (39x30) : **DEM 10 500** – Munich, 4 juin 1981 : *Lutteur*, sanguine, étude (60x44) : **DEM 9 400** – Hambourg, 10 juin 1983 : *Lob der Bescheidenheit (recto) ; Das goldene Zeitalter (verso)* vers 1879, sanguine (43,7x39,2 et 43,6x33,5) : **DEM 18 000** – Londres, 18 mars 1983 : *Pur-sang dans un paysage*, h/t (37x27) : **GBP 2 800**.

MARÉES Lothard de
Né le 24 juin 1862 à Weimar (Thuringe). xixe-xxe siècles. Allemand.
Peintre.
Il fut élève de Th. Hagen.

MAREINES Sulamita
xxe siècle. Brésilienne.
Peintre.
Elle a participé à la Biennale de São Paulo en 1967 et 1969.
Sa peinture est volontiers psychédélique.

MAREK
xixe-xxe siècles. Polonais.
Peintre de paysages.
Peut être s'agit-il de Marek Zulawski, qui signait Marek. Il abandonna la conception réaliste pour des recherches en rapport avec les tendances contemporaines.

MAREK, pseudonyme de **Maréchal Eugène**
Né le 24 août 1908 dans la banlieue de Liège. xxe siècle. Actif vers 1940 en France. Belge.
Peintre. Abstrait-lyrique.
Bien qu'ayant fréquenté, toute sa vie, les ateliers d'artistes amis, il n'a commencé à peindre qu'en 1965.
Depuis ses débuts, il expose chaque année, à Paris, au Salon des Indépendants. Il a également exposé à Ermont, Montmorency, Nemours, Cannes, Deauville, ainsi qu'à un Salon d'art français à São Paulo. Il a présenté des expositions personnelles à Bruxelles et Anvers en 1975.
Sa peinture ressortit à l'abstraction lyrique.

MAREK Raoul
xxe siècle. Allemand.
Artiste, créateur d'installations, multimédia.
Il montre ses œuvres dans des expositions personnelles : 1994 au Neuer Aachen Kunstverein d'Aix-la-Chapelle ; 1995 Stuttgart et Berne.
Il travaille à partir de projets de grande échelle, comme celui qui vise à rendre compte des habitants de six villes du monde entier par leur repas et en particulier les couverts, dont il présente un certain nombre.

Bibliogr. : Pascale Cassagnau : *Raoul Marek*, Art Press, n° 198, Paris, janv. 1995.

MARELL Jacob. Voir **MARREL**

MARELLI Andrea
xvie siècle. Actif en Italie. Italien.
Peintre et graveur au burin.
Élève de Giorgio Ghisi. Il travailla à Rome de 1567 à 1572 et grava des planches d'histoire.

MARELLI Giulio
Né en 1907 à Velletri. xxe siècle. Italien.
Sculpteur, peintre.
Il est diplômé de l'École d'art J. Romani, en 1928. Il vit et travaille à Rome.
Il participa d'abord comme sculpteur à des expositions de groupe, en Italie et dans divers pays. Il a participé à l'exposition *Arte astratta e concreta in italia*, à Rome en 1951.
Uniquement peintre, depuis 1947, il s'est rallié à l'abstraction.

Bibliogr. : Michel Seuphor, in : *Dictionnaire de la peinture abstraite*, Hazan, Paris, 1957.

MARELLI Michelangelo ou **Marrelli**
xvie siècle. Actif à Sienne. Italien.
Peintre et graveur.
Il travailla à Rome de 1578 à 1602.

MARELLUS Jacob. Voir **MARREL**

MARELUTTI Giovanni Francesco ou **Marchetti**
xviie siècle. Italien.
Peintre et graveur à l'eau-forte.
Il a gravé des sujets d'histoire, et notamment le groupe du milieu de la *Présentation au temple*.

MAREMBERT Jean
Né le 11 juillet 1904 à Bourbon-l'Archambault (Allier), D'autres sources indiquent 1900. Mort en 1968. xxe siècle. Français.
Peintre. Tendance surréaliste.
Il figura, dès 1929, à Paris, au Salon des Indépendants. Il fit partie du groupe réuni autour de Louis Cattiaux, à la galerie *Gravitations*, qui publia le manifeste « transhyliste », se rattachant superficiellement au surréalisme, lui empruntant surtout le répertoire de son imagerie et une inclination au magique, et qui comprenait surtout Pierre Ino, Beothy, Jean Lafon, et Coutaud. Cet artiste a toujours, et comme par secrète nécessité, entretenu d'étroits rapports avec les écrivains de sa génération, celle de l'entre-deux-guerres. Pour publier, fort irrégulièrement, divers fascicules, il a inventé des thèmes d'illustrations affirmant un accord du plastique au poétique ; il s'était fait aussi le pressier de ces éditions, rares et recherchées. Ses tableaux sont souvent ceux d'un visionnaire que la réalité poursuit en ses songes. Il a signé diverses décorations.

Bibliogr. : René Huyghe : *Les Contemporains*, Tisné, Paris, 1949.

Musées : Paris (Mus. d'Art Mod.) : *Fléchettes d'avion*.

Ventes Publiques : Paris, 6 déc. 1976 : *La route enchantée* 1934, h/t (65x81) : **FRF 6 200** – Paris, 18 mai 1978 : *L'affiche déchirée*, h/t (50x65) : **FRF 5 300** – Enghien-les-Bains, 27 avr. 1980 : *La mariée violée* 1931, h/t (73x61) : **FRF 16 500** – Paris, 6 juil. 1983 : *L'Enterrement* 1935, h/t (73x92) : **FRF 21 000** – Lokeren, 19 avr. 1986 : *Les Acrobates*, h/t (100x80) : **BEF 110 000** – Douai, 26 mars 1988 : *Paysage*, h/t (73x92) : **FRF 7 200** – Paris, 14 déc. 1988 : *Le fantôme du moulin*, h/t (73x91) : **FRF 7 500** – Versailles, 24 sep. 1989 : *Paysage surréaliste*, h/t (41x32,5) : **FRF 7 500**.

MARENI Giovanni Antonio Serofino
xviie siècle. Actif vers 1690. Italien.
Peintre de sujets religieux.

MARENLI Andrea
Né en 1838 à Bergame. Mort en 1891 à Bergame. xixe siècle. Italien.
Paysagiste.

MARENT Franz
Né en 1895 à Bâle. Mort en décembre 1918 à Bâle. XXe siècle. Suisse.
Peintre et sculpteur.
Il exécuta des paysages, des portraits et des nus.

MARENTINI Jean Baptiste Jules
Né au XIXe siècle à Paris. XIXe siècle. Français.
Peintre et aquafortiste.
Élève de Lejeune. Débuta au Salon en 1878.

MARESCA Giovan Lorenzo
XVIIe siècle. Actif à Naples. Italien.
Sculpteur sur bois.
Il exécuta avec son frère Nunzio un autel à Cassin en 1611.

MARESCA Nunzio
XVIe-XVIIe siècles. Italien.
Sculpteur sur bois.
Il travailla à Naples de 1588 à 1629.

MARESCALCHI Bartolommeo di Matteo et **Pompeo di Bartolommeo**. Voir **MORGANTI**

MARESCALCO. Voir aussi **BUONCONSIGLIO Giovanni**

MARESCALCO Pietro ou **Marescalchi**, dit **lo Spada**
Né vers 1503-1520 à Feltre. Mort en 1584 ou 1589. XVIe siècle. Italien.
Peintre de compositions religieuses, portraits.
Il subit l'influence des maîtres vénitiens et en particulier du Titien.
Musées : Dresde : *La fille d'Hérodiade tenant la tête de saint Jean-Baptiste.*
Ventes Publiques : New York, 21 mai 1992 : *Vierge à l'Enfant sur un trône entourée de saint Jacques le Majeur et de saint Antoine de Padoue avec un ange musicien en prière sous une architecture* 1563, h/t (162,6x124,5) : **USD 93 500**.

MARESCAUX Albert
Né en 1915 à Bruges (Flandre-Occidentale). XXe siècle. Belge.
Peintre, dessinateur, marines, paysages urbains, natures mortes.
Il fut élève de J. Steelandt à l'Académie de Tourcoing, de Cracco à l'École des Arts et Métiers de Mouscron, de Deroissaert et Sadoine à l'Académie des Beaux-Arts de Tournai.
Il peint l'insolite des lieux urbains et les bas-fonds.
Bibliogr. : In : *Dictionnaire biographique illustré des artistes en Belgique depuis 1830*, Arto, Bruxelles, 1987.
Musées : Frasnes-les-Bains (Hôtel de ville) – Koksijde (Hôtel de ville) – Oostduinkerke – Tournai.

MARESCHAL Aegidius ou **Marischal**
Originaire d'Anvers. XVIe siècle. Éc. flamande.
Peintre.
De 1580 à 1583 il étudia à Leyde.

MARESCHAL Édouard
Né au XIXe siècle à Campagnole. XIXe siècle. Français.
Paysagiste.
Débuta au Salon de 1878.

MARESCHAL Olympe. Voir **MARÉCHAL**

MARESCHAL Pauline
Née au XIXe siècle à Paris. XIXe siècle. Française.
Peintre sur porcelaine et miniaturiste.
Élève de Decluzeau. Exposa au Salon, de 1848 à 1863.

MARESCHAL Raoul. Voir **MARESSAL**

MARÉSCHAL Yvonne
Née à Albertville (Savoie). XXe siècle. Française.
Peintre de figures.
Elle a exposé, à Paris, au Salon des Indépendants à partir de 1921, et au Salon d'Automne.
Musées : Mulhouse : *La Repasseuse* 1922-1926.
Ventes Publiques : Paris, 5 juin 1944 : *La Maison sous la neige* : **FRF 420**.

MARESCHET Imbert ou **Maréchet, Marechef, Marichet**
Originaire du nord de la France. XVIe siècle. Actif dans la seconde moitié du XVIe siècle. Français.
Peintre.
On signale de lui trois panneaux au musée d'Histoire de Berne.

MARESCHI Jacopo. Voir **MARIESCHI**

MARESCO Antonio
XXe siècle. Actif dans la seconde moitié du XXe s. Italien.
Peintre.
Ventes Publiques : Paris, 27 nov. 1973 : *Message atmosphérique* 1961 : **ITL 2 200 000**.

MARESCOT Viviane
Née le 6 juin 1957 à La Haye. XXe siècle. Hollandaise.
Peintre, aquarelliste. Tendance surréaliste.
Elle a été élève à l'École des Beaux-Arts de Paris dans l'atelier de Mathey. Elle a séjourné au Japon et aux États-Unis.
Elle participe à des expositions collectives : 1978 Salon *Métamorphoses*, Grand Palais, Paris ; 1979, Salon *Racines*, Grand Palais, Paris ; 1980, Salon *Première convergence jeune expression*.
Ses œuvres se rattachent au large courant surréaliste à tendance abstraite.
Bibliogr. : In : *Écritures dans la peinture*, catalogue de l'exposition, Centre National des Arts Plastiques, Villa Arson, Nice, 1984.

MARESCOTTI Antonio ou **Marescotto**
XVe siècle. Actif à Ferrare au milieu du XVe siècle. Italien.
Médailleur et sculpteur.

MARESCOTTI Bartolomeo
Né vers 1590 à Bologne. Mort en 1630 à Bologne. XVIIe siècle. Hollandais.
Peintre d'histoire.
Ce fut un élève de l'École de Guido Reni. On trouve de lui beaucoup de tableaux dans les églises et les monuments publics de Bologne. On cite, à San Martino Maggiore *Le Martyre de sainte Barbe*, à San Stefano *Le couronnement de la Vierge* et à Saint-Sigismond *Saint Sigismond condamné à mort.*

MARESCOTTI Giov. Paolo
XVIIe siècle. Actif à Modane vers 1648. Italien.
Peintre.

MARESSAL Jean
Mort en 1670 à Paris. XVIIe siècle. Italien.
Peintre.
Il fut le valet de chambre du Roi.

MARESSAL Raoul ou **Mareschal**
Mort en 1627. XVIIe siècle. Italien.
Décorateur.
Il travailla en 1586 à la décoration de la chapelle des Tanneurs à la cathédrale d'Amiens.

MAREST. Voir aussi **DEMAREST, DESMAREST** et **DUMAREST**

MAREST Julie
Née au XIXe siècle à Paris. XIXe siècle. Française.
Peintre.
Élève de Chaplin. Débuta au Salon de 1875. Sociétaire des Artistes Français depuis 1883, elle obtint une médaille de troisième classe en 1885.

MARESTAN Stanislas André
Né en 1894 à Perpignan (Pyrénées-Orientales). XXe siècle. Français.
Peintre.
Il fut élève de l'École des Beaux-Arts de Bordeaux jusqu'à la guerre de 1914. Il fut sociétaire du Salon des Artistes Français, à Paris, où il obtint une médaille d'argent en 1916. Il fut également restaurateur.
Ses peintures sur la guerre furent remarquées à l'époque.

MARESTÉ Georges
Né en 1875 à Cognac (Charente). Mort en 1940. XXe siècle. Français.
Peintre de paysages. Postimpressionniste.
Son art oscille entre impressionnisme, par ses tonalités claires et expressionnisme, par la richesse de sa pâte.
Bibliogr. : Gérald Schurr, in : *Les Petits Maîtres de la peinture 1820-1920, valeur de demain*, Les Éditions de l'Amateur, t. IV, Paris, 1979.
Musées : Cognac : *Place de la Corderie à Cognac un jour d'été* 1904.

MARET François. Voir **MAROT**

MARET Georgette
Née à Viganetto (Suisse). XXe siècle. Active en France. Suissesse.

Peintre de portraits, pastelliste.
Cette artiste a subi l'influence de l'École de Paris, sans renier pour autant l'apport de la tradition classique.
Elle a figuré, à Paris, à la Société Nationale des Beaux-Arts. Elle a également participé à des expositions en province et en Suisse. On a vu d'elle principalement des portraits d'enfants traités au pastel, et d'un métier soigneux, où la psychologie du sujet est souvent exprimée avec humour et tendresse.

MARET Jacques
Né en 1901. Mort le 15 novembre 1975 à Chartres (Eure-et-Loir). XXe siècle. Français.
Peintre de paysages, graveur, illustrateur.
Il exposa rarement. Il est de ceux qui, comme dit Baudelaire, ont « médité sur la géométrie ». Ce fut sans perdre pour autant une rare fraîcheur d'invention. Peintre de paysages, il rafraîchit la rigueur de ses constructions par la grâce du coloris. Poète intermittent, il a bien servi ses frères lyriques en publiant, avant 1940, ses *Feuillets inutiles*, cartons de poésies illustrées de ces « papiers collés » qui sont toujours d'une savante fantaisie malgré leur trompeuse ingénuité. Jacques Maret, aquafortiste et buriniste fut tenu par certains comme l'un des plus savants graveurs de son époque. Il produisit peu.
Ventes Publiques : Paris, oct. 1945-jul. 1946 : Tréboul ; panorama : **FF 1 500** – Paris, 30 déc. 1946 : Blés en herbe : **FF 1 050** – Paris, 27 oct. 1988 : *Paysage surréaliste* 1932, h/t (46x38) : **FRF 13 500** – Paris, 26 avr. 1990 : *Paysage surréaliste* 1938 (46x38) : **FRF 13 000**.

MARET Nicolas
XVIIIe siècle. Actif à Nancy vers 1742. Éc. lorraine.
Sculpteur.

MAREUIL de
XVIIIe siècle. Actif à Paris. Français.
Dessinateur et graveur.
Il a gravé des sujets d'histoire.

MAREVNA, pseudonyme de **Vorobieff Maréa** ou **Maria** ou **Marie**
Née le 14 février 1892 dans le Kazan. Morte en mai 1984 à Londres. XXe siècle. Depuis 1912 active en France. Russe.
Peintre. Cubiste, puis néo-impressionniste.
Elle est la fille naturelle d'un noble polonais, Stebelski, et d'une actrice russe de laquelle elle porte le nom de Vorobieff. Elle fit ses études dans le Caucase et à Moscou, les poursuivit en Italie, où elle arriva en 1911. Elle connut alors Maxime Gorki, qui eut une grande influence sur son développement, l'incita à peindre et lui trouva son pseudonyme qui signifie « fille du roi de la mer ». En 1912, à Paris, elle rencontra l'écrivain russe Ilya Ehrenbourg, qui lui fit connaître les milieux artistiques. Elle travailla à l'Académie Colarossi et à l'Académie Russe, où elle se lia avec le peintre mexicain Diego Rivera, de qui elle eut une fille. Elle connut, par Rivera, Picasso, Modigliani, Lhote, Juan Gris, Cocteau, etc. Séparée de Rivera en 1921, elle vécut de travaux de décoration encore marqués par le cubisme. Après la guerre, elle gagna l'Angleterre, où elle publia ses souvenirs.
Elle exposa au Salon des Indépendants, à Paris, en 1913. Elle figura à la rétrospective du néo-impressionnisme, au Musée Guggenheim de New York en 1968. Une grande exposition rétrospective de son œuvre a été montrée au Petit Palais de Genève en 1970.
Elle fut considérée comme la première femme peintre à avoir fait partie du groupe cubiste. À cette époque, ses peintures, aux couleurs fraîches et vives, aux jeux simplifiés de droites et de courbes, ne sont pas dépourvues d'humour tendre. Après 1918, elle se tourna vers la technique des néo-impressionnistes, dans des portraits et des paysages à l'huile, à l'aquarelle ou dans des dessins au pointillé. ■ J. B.

MAREVNA

Bibliogr. : *Marevna*, catalogue de l'exposition, Petit Palais, Genève, 1970.
Ventes Publiques : Versailles, 14 juin 1970 : *Nature morte aux légumes*, aquar. gchée : **FRF 8 000** – Versailles, 19 mai 1976 : *Les deux jeunes filles* 1945, aquar. (63x48) : **FRF 2 100** – Versailles, 24 oct. 1976 : *Les deux amies* 1942, h/t (100x81) : **FRF 10 000** – Versailles, 3 déc. 1978 : *Mère et ses deux enfants* 1942, h/t (114x81) : **FRF 8 000** – Paris, 26 mars 1980 : *Les deux amies* 1942, aquar. (64x48,5) : **FRF 5 180** – Paris, 7 nov. 1982 : *Bouillotte et bouteille* 1917, h/t (56x46) : **FRF 40 000** – Versailles, 27 nov. 1983 : *Nature morte aux pommes* 1932, aquar. (48x63) : **FRF 8 000** – Enghien-les-Bains, 26 juin 1983 : *La Jeune Sœur et son frère* vers 1935, h/t (27x22) : **FRF 11 000** – Versailles, 19 juin 1985 : *Nature morte au panier de fruits* 1953, h. et peint. à l'essence/pap. mar./isor. (63,5x50) : **FRF 15 000** – Londres, 26 fév. 1986 : *Nature morte à la bouteille* vers 1948, h/t (50,8x61) : **GBP 4 500** – Cologne, 30 mai 1987 : *Le Vase de coquelicots*, aquar. (73x54) : **DEM 4 500** – Londres, 24 fév. 1988 : *Petite Africaine* 1962, h/t (50,5x40,5) : **GBP 2 750** – Paris, 22 avr. 1988 : *Deux femmes*, gche et h/pan. (40x33,5) : **FRF 6 500** – Tel-Aviv, 26 mai 1988 : *Vase de fleurs* 1953, gche/pap. (92x69) : **USD 6 050** – Tel-Aviv, 30 mai 1989 : *Roses blanches* 1963, h/t (110x61) : **USD 17 600** – Tel-Aviv, 31 mai 1990 : *Portrait de Marc Chagall* 1956, fus., past. gche et lav. (61x50) : **USD 8 800** – Paris, 5 fév. 1992 : *Portrait de jeune fille* 1974, h/t (40,5x30,5) : **FRF 8 500** – Londres, 24 mars 1992 : *Vase de fleurs des champs* 1932, h/t (55x38,5) : **GBP 6 050** – Tel-Aviv, 20 oct. 1992 : *Nature morte*, h/cart. (64x51) : **USD 6 600** – Londres, 24-25 mars 1993 : *Bouquet de fleurs*, aquar./t. (54x39) : **GBP 3 450** – Tel-Aviv, 4 oct. 1993 : *Les deux sœurs*, h/cart. (50x37) : **USD 6 900** – Londres, 23-24 mars 1994 : *Portrait de Marika*, h/t (91,7x58,7) : **GBP 18 400** – Lokeren, 8 oct. 1994 : *Bouquet de fleurs* 1931, h/t (61x38) : **BEF 200 000** – Amsterdam, 8 déc. 1994 : *Deux nus assis* 1943, aquar. et cr./pap. (53x40) : **NLG 2 990** – Zurich, 7 avr. 1995 : *Jeune polonaise*, gche (46,5x35) : **CHF 1 900** – Londres, 28 juin 1995 : *Portrait de Colin Phillips* 1972, h/t (91x71) : **GBP 5 750** – Londres, 23 oct. 1996 : *Le Cuisinier*, aquar./cr./pap. (98x66) : **GBP 1 840** – Londres, 19 mars 1997 : *Jeune fille au chat*, h/t (51x41) : **GBP 2 530** – Paris, 26 mai 1997 : *Nature morte cubiste* 1917, aquar. (29x22) : **FRF 11 500** – Paris, 27 mai 1997 : *L'Attente* vers 1916, h/t (39x28) : **FRF 59 000**.

MAREY Charles Gustave de
Né le 22 mars 1878 à Verneuil-sur-Avre (Eure). XXe siècle. Français.
Sculpteur.
Il fut élève de Denys Puech et Marc Robert.
Il a exposé ses sculptures, à Paris, au Salon des Artistes Français de 1900 à 1914. Il y obtint une troisième médaille.

MAREZ-DARLEY Nelly
Née à Valenciennes (Nord). XXe siècle. Française.
Peintre, peintre à la gouache, aquarelliste, dessinateur. Polymorphe.
Études aux Beaux-Arts de sa ville puis à Paris. Depuis sa première exposition dans la capitale à la Galerie Barreiro en 1937, elle a très fréquemment exposé au Salon de Mai, au Salon Comparaisons, et plus régulièrement au Salon des Réalités Nouvelles de 1954 à 1963, ainsi qu'en 1992 et 1993. Ses très nombreuses expositions personnelles se sont principalement tenues à Paris, Londres, Turin, Luxembourg, Lausanne, Casablanca et dans sa ville natale Valenciennes, où a eu lieu une rétrospective de ses peintures en 1990. La même année le Centre Culturel algérien lui a consacré une vaste exposition à Paris. Plusieurs de ses œuvres ont été acquises par le Fonds National d'Art Contemporain et par le Musée d'Art Moderne de la Ville de Paris.
C'est à l'occasion d'un voyage d'étude en Espagne, où elle rencontre Manuel de Falla, qu'elle a la révélation des grands maîtres, Greco et Goya principalement, qui auront une importance primordiale dans l'affirmation de son style. Au cours d'un séjour de trois ans à Beyrouth, elle ouvre une académie de peinture avec Georges Cyr et expose à plusieurs reprises. Voyageant ensuite en Afrique du Nord et en Autriche, elle en rapporte plus de figures et de compositions que de paysages. On cite pourtant une vue de Colomb-Béchar comme l'une de ses réussites. Dans sa manière de cette époque, elle exposa à Paris juste avant la guerre. De 1939 à 1945 elle vit au Maroc où elle rencontre Marie Cuttoli, puis en Algérie et au Sud saharien. Retour de Marez-Darley à Paris en 1945, où elle est alors la seule femme Peintre aux Armées. Découvrant Klee, Kandinsky, et ce qu'elle perçoit comme « la magie de l'abstraction », son style évolue rapidement et devient franchement abstrait en 1949. Elle pratique d'abord une stylisation décorative faite d'une décomposition assez formelle de la réalité observée et ressentie. Son évolution se fixe également dans le milieu de peintres et d'intellectuels qu'elle fréquente alors assidûment, et dans lequel Groethuysen, Clara Malraux et Francis Ponge tiennent la première place. Marez-Darley continue à peindre au Maroc où elle a dû s'installer à nouveau dans les années 50, pour des raisons familiales,

mais sans que sa peinture connaisse alors de nouvelle évolution. Définitivement rentrée à Paris en 1953, son travail se fixe dans l'abstraction matiériste puis lyrique. Par l'amitié d'Atlan et de Léon Zack, la lumière prend ensuite une plaçe prépondérante dans sa peinture, créant des remous, des élans, des tourbillons dans des compositions plus vastes. C'est presque à son insu qu'elle retrouve le réel du monde vivant dans une nouvelle période figurative en 1971. Les têtes et les masques compris comme des déformations et obtenus par la mobilité basculante des plans, sont depuis lors le thème essentiel de ses compositions, complété par les thèmes du cirque et de la danse, qui lui permettent, souvent sur de grandes toiles, de trouver l'enchaînement rythmique du mouvement et du geste, souligné par des espaces rigoureusement construits. ■ Alain Pizerra

Bibliogr. : In : *Peintres contemporains*, Mazenod, Paris, 1964.
Ventes Publiques : Neuilly, 6 juin 1989 : *Composition* 1958, gche (47x31,5) : **FRF 8 200**.

MAREZOHL Baptist. Voir **MARZOHL**

MARFAING André

Né le 11 décembre 1925 à Toulouse (Haute-Garonne). Mort le 30 mars 1987 à Paris. xxe siècle. Français.

Peintre, peintre de lavis, graveur, lithographe, illustrateur. Abstrait-lyrique.

D'une famille d'ancienne souche ariégeoise, il fit d'abord des études classiques jusqu'à l'obtention d'une licence en droit. Après quelques années d'activité professionnelle, ayant commencé à peindre presqu'en autodidacte et fréquentant un atelier de sculpture et un cours de peinture de Toulouse, en 1949, avec deux camarades toulousains, François Jousselin et Pierre Igon, il vint et se fixa à Paris, habitant d'abord tous trois à Meudon, puis à Vanves, où Léon Zack en voisin s'intéresse à leur travail. Après Léon Zack, au fil des premières années et des hasards, il rencontrera Léger, Borès, Estève, Manessier, Jeanne Coppel, Bissière, Schneider, Soulages, puis bien d'autres artistes, poètes, écrivains et critiques. En 1953, il se maria avec Chantal ; ils s'installèrent dans Paris, eurent ensuite trois enfants. Il fit quelques voyages, fréquents en France, et à l'étranger : en 1954 Berlin, 1956 Espagne, 1967-1968 Suède et Italie, 1985 Toscane.

Après quelques expositions collectives à Toulouse depuis 1949, Marfaing commença à participer à Paris aux Salons traditionnels : en 1950 au premier Salon des Jeunes Peintres ; en 1951 et 1952 au Salon des Surindépendants ; en 1953, 1957, 1959 au Salon Comparaisons ; de 1953 à 1976 épisodiquement au Salon de Mai ; depuis 1954 et régulièrement ensuite au Salon des Réalités Nouvelles ; à partir de 1970 avec La Jeune Gravure Contemporaine dont il était membre ; etc. Ses autres participations à des manifestations collectives nationales et internationales sont trop fréquentes pour en alourdir une notice de dictionnaire quand les monographies les détaillent, tout en signalant : en 1954 Berlin *Junge Europäische Malerei* ; en 1958 Festival d'Osaka ; en 1959 Biennale de Paris, Documenta II de Kassel, et l'exposition du Prix Lissone où lui fut décerné un des Prix de la Jeune Peinture ; en 1961 Pittsburgh Exposition Internationale du Carnegie Institute ; en 1962 la Biennale de Venise, à Rome l'exposition du Prix Marzotto ; 1966 Londres *50 ans de peinture française* à la Tate Gallery, Tokyo et Kyoto Biennale de Gravure ; 1967 Ljubljana VIIe Exposition Internationale de Gravure, Pittsburgh International du Carnegie Institute, Saint-Paul-de-Vence *Dix ans d'art vivant* à la Fondation Maeght ; 1968 États-Unis *Painting in France 1900-1967* dans plusieurs musées ; 1973 Paris Bibliothèque Nationale L'Estampe contemporaine.

Depuis sa première exposition personnelle à Paris, en 1958, à la galerie Claude Bernard, il a montré des ensembles d'œuvres dans des expositions individuelles, soit en peinture et lavis, soit en gravure, entre autres nombreuses : 1960 Paris *Lavis* de nouveau galerie Claude Bernard ; 1961 Milan galerie Apollinaire, et Paris *Gravures* galerie Le Point Cardinal ; 1962 Paris galerie Claude Bernard ; 1963 Copenhague Kunstforeningen ; 1964 Paris *Peintures sur papier* galerie Ariel, où il exposera ensuite régulièrement ; 1967 Copenhague galerie Birch, où il exposera à plusieurs reprises, et Liège ; 1969 Turin ; 1970 Toulouse galerie At Home, puis Protée, où il exposera ensuite régulièrement, et Luxembourg ; 1974 Trieste, Milan ; 1977 Paris *Gravures* galerie Biren, où il exposera ensuite régulièrement ses gravures, Nantes galerie Convergence, où il exposera ensuite plusieurs fois ; 1978 en Suède exposition itinérante ; 1980 Orléans Maison de la Culture, et Dannemare (Danemark) *Œuvres sur papier* galerie Praestegaarden, où il exposera ensuite plusieurs fois ; 1981 Paris *Lavis* galerie Erval, où il exposera ensuite régulièrement, et Paris *Collages et lavis* galerie Clivages, où il exposera ensuite régulièrement ; etc. Après sa mort en mars 1987, en novembre suivant, à Paris, en hommage à André Marfaing, la galerie Ariel présenta un ensemble de ses grands formats, la galerie Clivages les peintures récentes, la galerie Erval les lavis, la galerie Biren les gravures, le Salon des Réalités Nouvelles six des grands formats qu'il avait peints pour ses participations au Salon, le Salon de la Jeune Gravure Contemporaine un ensemble de ses gravures. En 1989-90, le Musée d'Art Moderne de Toulouse a présenté, dans le Réfectoire des Jacobins, une grande rétrospective de l'ensemble de l'œuvre. En 1996 à La Tronche-Grenoble, le Musée Hébert a organisé l'exposition *Marfaing. Peintures 1955-1986*.

Parallèlement aux peintures et lavis, Marfaing a produit des gravures, des lithographies, participé comme illustrateur à des revues littéraires *Clivages, Nouvelles de l'Estampe*, et illustré plusieurs ouvrages, dont : 1963 *Signe*, 1965 *Feuillets de Morphèmes*, 1970 *Morphèmes. Les artistes contemporains*, et *Morphèmes. L'art du dessin*, tous d'Imre Pan ; 1969 *Hors-texte de Morphèmes* de Guy Marester ; 1979 *Nature* de Gaston Puel ; 1982 *Le Livre des livres II* de Pierre Lecuire, et *Fini rêver* de Guy Marester ; 1983 *Étoile des encres* de Michel Butor ; 1985 *Les Cahiers de l'espace* de Julio Cortazar, Georges Raillard ; 1988 *André Marfaing* de Mireille Pan.

Jusqu'en 1952-1953, les peintures qu'il avait commencé d'exposer dans les Salons annuels de Paris, étaient figuratives sur des sujets traditionnels, nature et objets, toutefois plus suggestives que descriptives, d'un chromatisme déjà réduit à des gris colorés. À ce moment, il évolua définitivement à une abstraction apparentée à l'abstraction-lyrique, énergiquement gestuelle, et, dans une première période, très matiériste, les blocs de tons sombres opposés aux trouées blanches étant travaillés en pleine pâte. Toutefois, dès ses débuts dans cette voie, André Marfaing s'est d'emblée dissocié de ce qu'il est commode de qualifier d'abstraction française, à la suite de Bissière, Bazaine, Manessier et nombreux autres, pour lesquels l'abstraction consistait en un processus d'abstraction à partir du donné sensible, de l'impression ressentie au contact de la réalité extérieure. C'est aussi radicalement qu'il se distingue de Pierre Soulages et de Franz Kline, desquels il est trop souvent rapproché, sa peinture constituée de facettes pleines et empâtées, juxtaposées frénétiquement jusqu'à couvrir la totalité de la surface de la toile, se définissant par la densité plastique, à l'inverse de celles contemporaines de Soulages et de Kline, alors référées à la linéarité calligraphique. Pour lui, l'expression abstraite à laquelle il adhère, est un fait plastique pur, étranger à tout état d'âme. Pourtant, il a écrit, non, André Marfaing n'écrivait pas, il jetait des notes, dont celle-ci : « ... Le sujet de la toile est l'union de la raison et du mystère », donc il ne refusait pas l'irruption du mystère dans la pureté plastique ; et de préciser : « Raison du sentiment, mystère de la logique » ; mêlant les cartes, du « jeu suprême » de Mallarmé, c'est au sentiment qu'il confie la raison, à la logique le mystère. Des deux côtés il préserve l'ouverture possible vers des ailleurs de l'œuvre même. S'il répugne à se prêter à aucune manœuvre de décryptage de ses peintures – « Je ne mets pas de titres ; vous croiriez comprendre, COMPRENDRE ? » – il concède cependant que « la peinture est aussi poésie ». En fait, à regarder les siennes, les images se pressent à l'esprit ; pas une image précise, mais des images en foule ; pas l'image d'une équivalence avec une réalité visuelle, mais l'effet du fonctionnement synesthésique de l'esprit, les « correspondances » baudelairiennes, un flot d'images affectives : cris, paroxysmes d'émotions, des éclairages dramatisants avec de la musique violente et sombre, Tristan au Château d'Argol. Il ne détestait pas qu'un de ses lavis ait pu évoquer la première exécution par Berlioz, en 1837, de son *Requiem* dans l'église des Invalides.

À sa conception radicale de l'abstraction, non seulement Marfaing y restera toujours attaché, mais, dans la seconde période de son œuvre, il la radicalisera encore plus. Dans la première période, comme déjà mentionné, il exploite un large registre de matières, d'épais empâtements triturés avec des spatules ou de larges brosses, des traînées de noir dans le blanc s'y résolvent en gris nuancés, des traces de pinceau trempé de gris éclairent les noirs et percent l'ombre, jusqu'à, dans la période de transition des années soixante, et notoirement dans ses nombreux lavis, des accents impulsifs jetés au pinceau, des légers glacis noir transparent, tandis que dans la seconde période il évitera ce qui lui semble encore ressortir à la sensualité, pour ne plus tendre qu'à la rigueur d'un équilibre monumental. En outre, et sans qu'il y ait débauche aucunement, dans la première période il ne se prive pas de discrètes, secrètes interventions limitées de bruns et bleus profonds, qu'il écartera dans la seconde pour le seul jeu dialectique du noir et du blanc, les larges plages de noir coupées de failles verticales blanches et griffées de quelques brèves striures obliques, balafres noires sur le blanc ou rayées dans le noir jusqu'au blanc de la toile. Le noir lui suffit désormais : « Le noir est pour moi le moyen d'expression le plus naturel »., et il se rebiffe contre toute assimilation du noir à quelque morbidité : « Ce noir ne contient pas plus de tristesse que n'en contient votre stylo. » La comparaison de sa peinture avec l'écriture lui vient naturellement, le graphisme trahit la fébrilité du geste qui l'a tracé, empreinte figée de l'émotion originelle, c'est une peinture-écriture. Mais il ne suffit pas pour la décrypter d'une sorte de graphologie spontanée, elle est en outre et avec évidence un fait plastique, elle génère un espace, avec des plans et une lumière. Dans cette deuxième et définitive période, tel qu'inventorié ici rapidement, le vocabulaire plastique de Marfaing semble d'une simplicité extrême, et l'on pourrait s'interroger sur ses limites dans l'expression ; mais si le vocabulaire est sobre, les combinatoires de sa syntaxe gestuelle le multiplient à l'infini. Chaque peinture apporte son chant nouveau ; le thème est le même, inlassablement repris avec des accents renouvelés ; c'est l'apparente monotonie contrapuntique d'un Bach des ténèbres.

Dans les deux périodes, malgré leurs différences, malgré ce qu'il s'autorise encore de sensualité visuelle et tactile dans la première, ce qu'il développe, dans des variations infinies, c'est toujours l'âpre conflit de la lumière et de l'ombre, que ce soit dans le clair-obscur des rais de lumière trouant pénombre et ténèbres, les clairs et blancs en avant, les sombres derrière ou bien dans le contre-jour inverse des sombres et des noirs en avant et de l'aveuglante lumière surgie du blanc de la toile en arrière. Telle qu'en elle-même la disparition du peintre l'a laissée, c'est une peinture de la spiritualité, qui, par-delà les siècles, se fonde à partir du caravagisme, de Rembrandt et Goya. L'homme Marfaing ne recherchait pas la reconnaissance de la mode : « Le public à la mode se promène sur les plages. Des profondeurs, il s'en fout pas mal. Ce qui lui plaît, c'est quand ça bouge. À chaque nouvelle vague, il se fait mouiller – simulant la surprise – mais pas plus haut que la cheville. Et la vague meurt en l'atteignant. » S'il prétendait que ses convictions les plus profondes, ses engagements généreux, ne passaient pas dans sa peinture : « Je laisse mes états d'âme au vestiaire. Dès le premier coup de pinceau, plus question de philosophie, de rêverie, mais d'une vigilance de tous les instants. L'action crée espace, formes, lumière. La matière devient esprit. », pourtant sous cette conception hautaine de l'art, perce la tendresse du doute : « Si on comprenait l'art, on comprendrait aussi le comment et le pourquoi de l'univers. Nous n'en sommes pas là. » Chacune des peintures d'André Marfaing est chargée d'un potentiel perturbateur, qui force le regard, une fois piégé, à se prolonger dans une interrogation sur le conflit de l'ombre et de la lumière, du vide et du plein, du rien et de l'être, interrogation qui, suscitée par ces noirs éclairs rayant l'infini blanc, ne va pas sans tumulte ni sans passion.

■ Jacques Busse

Marfaing

Bibliogr. : Michel Ragon : *Visite d'atelier – Marfaing*, in : Cimaise, Paris, oct.-nov. 1958 – R. Van Gindertael : *Marfaing*, in : Quadrum, n° 5, Bruxelles, 1958 – Pierre Restany : *Marfaing*, in : XXe Siècle, n° 14, Paris, 1960 – Pierre Restany : Catalogue de l'exposition *Marfaing*, gal. Apollinaire, Milan, 1961 – Mogens Andersen : *Un peintre français*, in : Politiken Kronik, Copenhague, 5 déc. 1961 – Jean Grenier : Catalogue de l'exposition *Marfaing*, gal. Claude Bernard, Paris, 1962 – Jean Grenier, in : *Entretiens avec dix-sept peintres non-figuratifs*, Calmann-Lévy, Paris, 1963 – Catalogue de l'exposition *Marfaing, Notes et croquis*, gal. Ariel, Paris, 1966 – Guy Marester : *André Marfaing : entre la lumière et l'ombre*, in : XXe Siècle, Paris, 1969 – Bernard Dorival, sous la direction de, in : *Histoire de l'Art*, t. IV, in : Encyclopédie de la Pléiade, Gallimard, Paris, 1970 – Pierre Cabanne, sous la direction de, in : *Diction. des Arts*, Bordas, Paris, 1971 – divers : Catalogue de l'exposition *Marfaing*, gal. Ariel, Paris, 1972, bonne documentation – Michel Ragon, Michel Seuphor, in : *L'Art abstrait en Europe*, t. III, Maeght, Paris, 1973 – Daniel Dobbels : Catalogue de l'exposition *Marfaing*, gal. Ariel, Paris, 1983 – Catalogue de l'exposition rétrospective *Marfaing – Peintures 1956-1986*, gal. Ariel, Paris, 1986, bonne documentation – Catalogue de l'exposition *Hommage à Marfaing*, galeries Ariel, Biren, Clivages, Erval, 1987, bonne documentation – Edmond Jabès, divers : Catalogue de l'exposition *Marfaing*, Mus. d'Art Mod., Toulouse, 1989-90, bonne documentation – Pierre Cabanne : *André Marfaing*, Édit. de l'Amateur, Paris, 1991, documentation complète – Sophie Rosset : *André Marfaing : Vers la lumière*, mémoire de D. E. A. en Hre de l'Art, Paris I Sorbonne, 1991-92, abondante documentation – divers : Catalogue de l'expos. *Marfaing. Peintures 1955-1986*, Musée Hébert, La Tronche/Grenoble, 1996, bonne documentation.

Musées : Beaulieu-en-Rouergue (Mus. de l'Abbaye) – Bruxelles (Bibl. roy.) : gravures – Bruxelles (Bibl. Wittockiana) : livres – Châteauroux – Haïfa (Mus. d'Art Mod.) – Liège – Marseille (Mus. Cantini) : *Composition* 1967 – Midi-Pyrénées (FRAC) – Paris (Mus. Nat. d'Art Mod.) – Paris (FNAC) – Paris (Mus. d'Art Mod. de la Ville) – Poitou-Charente (FRAC) – Québec (Mus. du Québec) : gravure – Roanne – Skopje (Mus. d'Art Contemp.) – Strasbourg – Toulouse (Mus. d'Art Mod. des Augustins) – Val-de-Marne.

Ventes Publiques : Copenhague, 6 avr. 1976 : *Juin* 1962, h/t : **DKK 2 800** – Paris, 23 oct. 1981 : *Composition* 1965, h/t (162x130) : **FRF 6 500** – Paris, 17 déc. 1985 : *Composition* 1960, encre/pap., triptyque (108x73,5) : **FRF 8 000** – Paris, 24 juin 1987 : *Sans titre* 1967, h/t (65x80) : **FRF 21 500** – Copenhague, 30 nov. 1988 : *Composition* 1960, h/t (72x60) : **DKK 5 500** – Paris, 12 déc. 1988 : *Août 68*, h/t (80x80) : **FRF 15 000** – Copenhague, 8 fév. 1989 : *Composition* 1966, h/t (130x80) : **DKK 33 000** – Paris, 27 mars 1990 : *Composition* 1966, h/t : **FRF 35 000** – Paris, 26 avr. 1990 : *Sans titre*, h/t (61x51) : **FRF 47 000** – Copenhague, 30 mai 1990 : *Composition* 1966, h/t (100x100) : **DKK 110 000** – Stockholm, 14 juin 1990 : *Composition* 1972, h/t (91x72) : **SEK 47 000** – Paris, 16 déc. 1990 : *Sans titre* 1958, h/t (116x116) : **FRF 68 000** – Copenhague, 4 déc. 1991 : *Composition* 1974, h/t (61x50) : **DKK 17 000** – Paris, 5 déc. 1991 : *Composition* 1971, h/t (100x80) : **FRF 48 000** – Paris, 21 mai 1992 : *X-53-1953*, h/t (60x73) : **FRF 18 500** – Copenhague, 2-3 déc. 1992 : *Janvier 69* 1969, h/t (116x89) : **DKK 16 000** – Paris, 19 mars 1993 : *Avril 68-8*, h/t (55x46) : **FRF 10 000** – Paris, 5 juil. 1994 : *Composition* 1975, h/t (92x73) : **FRF 14 000** – Copenhague, 21 sep. 1994 : *Composition* 1960, h/t (50x65) : **DKK 6 500** – Copenhague, 8-9 mars 1995 : *Composition* 1974, h/t (92x73) : **DKK 7 500** – Paris, 22 nov. 1995 : *Juillet* 1966, h/t (97x130) : **FRF 55 000** – Paris, 29 nov. 1996 : *Composition* 1955-1956, h/t (146,5x114) : **FRF 38 000** – Paris, 29 avr. 1997 : *Composition* 1986, acryl./t. (130x97) : **FRF 23 500**.

MARFAING Philippe

Né le 3 août 1955 à Bayonne (Pyrénées-Atlantiques). Mort le 15 mars 1994 à Paris. XXe siècle. Français.

Peintre, technique mixte, sculpteur, dessinateur, aquarelliste, créateur de bijoux. Abstrait.

Fils du peintre et graveur André Marfaing, Philippe Marfaing a suivi, à Paris, l'enseignement de l'école d'art Peninghen puis a fréquenté l'École des Beaux-Arts. Il a travaillé principalement à Paris et à Saint-Jean-de-Luz.

Il a participé, en peinture ou en sculpture, à des expositions collectives, parmi lesquelles : 1975, 1977, 1982, Salon de Mai, Paris ; 1975, Salon de Toulon ; 1975, *Panorama de la sculpture 75*, château de Tremblay (Yonne) ; 1980, 1982, Salon Grands et Jeunes d'Aujourd'hui, Paris ; 1981, Centre culturel de Boulogne Billancourt, peinture ; 1981, participation au Prix Victor Choquet ; 1990, Salon de Vitry, peinture. Il a montré ses œuvres dans des expositions personnelles : 1980, *Sculptures et bas-reliefs peints*, Les Olympiades, Paris ; 1984, *Sculptures*, « Ateliers portes ouvertes », La Maladrerie, Aubervilliers ; 1989, *Bijoux et petites sculptures-objets*, galerie Maïla de Montbrison, Paris. En 1986-1987, il a réalisé la maquette d'un bas-relief pour les murs de la grande salle de l'Opéra Bastille.

Sculptures, aquarelles, dessins, peintures, collages répondent, chez Philippe Marfaing, à un désir d'expérimentation sur la « forme-matière » et plus tardivement sur les possibilités de l'image. De cette diversité demeurée longtemps méconnue s'y inscrivent quelques temps forts, qu'il est nécessaire de mettre en perspective avec ses créations de bijoux. Vers 1977, à Saint-Jean-de-Luz, il réalise des sculptures d'assemblages. Façonnées par la main (plâtre peint), et adjointes de matériaux bruts (petits morceaux de bois flottés), elles mettent en jeu tout un système plastique fondé sur la coexistence nécessaire des parties dans le tout. Elles annoncent la série des sculptures en terre cuite ou ciment, en noir ou blanc, et posées à même le sol. Issues dorénavant d'une unité de formes et de matériaux, ces dernières accusent des tensions réciproques entre deux ou trois de leurs parties. À cette même époque, il exécute aussi de grands bas-reliefs en résine étirant des formes souples, courbes et compactes, creusées dans une matière de pénombre pour y absorber la lumière. Loin de toute neutralité, ces formes anthropomorphiques, sont des condensations de réalité en mouvement. Au début des années quatre-vingt-dix, Philippe Marfaing donne libre cours, dans quelques tableaux, à ses facultés d'irriguer de grandes surfaces dans un mélange de peinture et d'éléments divers (sable, paillettes...), en une abstraction vivement colorée, tourmentée, voire mystique. ■ Christophe Dorny

Musées : Paris (Mus. des Arts Décoratifs).

MARFFY Odön

Né le 30 novembre 1878. Mort en 1959 à Budapest. xxe siècle. Hongrois.

Peintre de nus, figures, portraits, paysages urbains. Groupe des Huit (Nyolcack).

À partir de 1902, il fut élève de J.-P. Laurens à l'Académie Julian et de Cormon à l'École des Beaux-Arts. Il fut membre, en Hongrie, du cercle *MIÉNK* et du groupe des *Huit*. Il fut un des directeurs de la Nouvelle Société des Artistes fondée en 1924 à Budapest.

Dès 1906, il exposa, à Paris, au Salon d'Automne. Il montra ses œuvres, en 1907, avec Gulacsy. Outre ses participations aux expositions du groupe des *Huit*, notamment en 1911 avec plusieurs nus, il exposa également à New York et à Washington en 1928. Il figura, en 1980, à l'exposition *L'Art en Hongrie – 1905-1930 – Art et révolution*, au Musée d'Art et d'Industrie à Saint-Étienne.

Il subira l'influence de l'école de Paris et pour une partie de son œuvre notamment de Matisse et Dufy. Il exécuta, en 1910, la première représentation d'un paysage de banlieue dans la peinture hongroise : *Vieille douane de Vac*.

Musées : Budapest (Gal. Nat. Hongroise) : *Portrait de Lajos Gulacsy* 1907 – *Vieille douane de Vac* 1910 – Kaposcar (Mus. Rippl-Ronai) : *Chambre verte* 1907 – *Nu* 1911 – Pécs (Mus. Janus Pannonius) : *Composition avec nus* 1910 – *Nu assis* 1911 – *Nu debout* 1912.

Ventes Publiques : Londres, 3 juil. 1987 : *Jeune fille de Nyegersn* 1906, h/cart. (88x61) : **GBP 2 200**.

MARFURT Léo

Né en 1894 à Aarau (Suisse). Mort en 1977 à Anvers. xxe siècle. Actif depuis 1921 en Belgique. Suisse.

Peintre, illustrateur. Postimpressionniste.

Il a été un affichiste très célèbre à partir de la fin des années vingt jusqu'après la guerre. Son graphisme, dans ce domaine, s'est voulu tout en sobriété.

Bibliogr. : In : *Dictionnaire biographique illustré des artistes en Belgique depuis 1830*, Arto, Bruxelles, 1987.

MARGA Zeven

Née en 1944. xxe siècle. Belge.

Sculpteur.

Son travail prend pour matière « à sculpter » le textile et le cuir.

Bibliogr. : In : *Dictionnaire biographique illustré des artistes en Belgique depuis 1830*, Arto, Bruxelles, 1987.

MARGAGLIA Giulio. Voir **MENCAGLIA**

MARGALEY Jean

Originaire de Troyes. xvie-xviie siècles. Français.

Peintre.

Il peint en 1619-20 un tableau pour la cathédrale de Reims. Comparer avec Jean MURGALLÉ.

MARGANTIN Louis-André

Né le 4 avril 1900 à Laval (Mayenne). xxe siècle. Français.

Peintre.

Il fut élève de l'École Nationale des Arts Décoratifs.

Il figura, à Paris, au Salon des Indépendants à partir de 1924, figura également au Salon des Surindépendants de 1933 à 1938. Il a été invité à envoyer ses œuvres au Train-Exposition de 1935. Il a pris part à l'Exposition universelle de 1937. En 1939, le Musée-école de Laval présentait soixante-dix de ses peintures, sous le patronage du Ministre de l'Éducation nationale, cependant, qu'en 1945, le Salon des Indépendants, à Paris, organisait une Exposition d'ensemble de son œuvre. En 1946, il participait en Afrique du Nord à l'*Exposition des Trois Aspects de la peinture actuelle*.

Musées : Laval : *Bretagne (Guilvinec) – Le Vieux Château (Bretagne)* – Laval (Mus. du Vieux Château) : *La Grande Rue à Laval*.

Ventes Publiques : Paris, 22 nov. 1954 : *Les Fleurs du mal* : **FRF 12 100** – Zurich, 7 juin 1985 : *Composition aus femmes et aux enfants* 1941, h/t (89x116) : **CHF 4 200** – Stockholm, 6 juin 1988 : *Indécision – le modèle*, h. (40x32) : **SEK 7 000** – New York, 3 mai 1989 : *Femme dans un intérieur*, h/t (71x58) : **USD 33 300** – Versailles, 23 sep. 1990 : *L'écolière à ses devoirs*, h/t (73x60) : **FRF 17 000** – Paris, 13 mars 1991 : *French-Cancan*, h/t (27x22) : **FRF 7 000**.

MARGARETHA CARTHEUSER. Voir **CARTHEUSER Margaretha**

MARGARITONE di Magnano

Né en 1216 à Arezzo. Mort en 1293 à Arezzo. xiiie siècle. Italien.

Peintre, sculpteur et architecte.

Cet artiste, qui de son temps, jouit d'un grand renom, appartenait par son style à l'École byzantine. Il fut le rival plus âgé de Cimabue, mais malgré le succès de ce dernier, il ne paraît pas qu'il ait eu la moindre influence sur le représentant de la conception grecque de la décadence. Vasari parle longuement de ce maître et cite un grand nombre de ses ouvrages à Arezzo et ailleurs, aujourd'hui disparus. Le pape Urbain IV l'appela à Rome et lui fit décorer le portique de la vieille basilique de Saint-Pierre. On cite notamment de lui, à l'église San Francisco, à Arezzo, une *Madone* et un *Christ en Croix* et au couvent de Sergiano, près d'Arezzo, un *Saint François* dont Vasari parle avec éloges. La National Gallery, à Londres, conserve également une *Vierge* considérée comme un de ses meilleurs ouvrages. Le Musée de Nantes possède une *Madone adorée par deux anges*. Enfin, au Liverpool Institute, se trouve un *Couronnement de la Vierge*. Comme sculpteur, Vasari attribue à notre artiste le monument de *Grégoire X* dans la cathédrale d'Arezzo. Malgré l'autorité de ce témoignage, beaucoup de critiques refusent de l'admettre, le style de l'effigie du Pontife n'ayant aucun rapport avec la conception byzantine. Comme architecte, on lui doit le Palais épiscopal d'Arezzo. Il exécuta également plusieurs édifices à Ancône.

MARGAT

Né le 18 mai 1960 à Issy-les-Moulineaux (Hauts-de-Seine). xxe siècle. Français.

Peintre, technique mixte.

Il a exposé en 1988-89 à la Galerie de l'Horloge à Paris, en 1989, à l'Usine Éphémère à Paris.

Ventes Publiques : Paris, 18 oct. 1990 : *Paysage* 1990, techn. mixte/t. (80x125) : **FRF 6 800**.

MARGAT André

Né le 8 avril 1903 à Paris. xxe siècle. Français.

Peintre de portraits, animaux, aquarelliste, pastelliste, sculpteur, graveur, illustrateur, décorateur.

Il fut élève de l'École des Beaux-Arts et de l'École des Arts Décoratifs à Paris.

Il exposa ses travaux, à Paris, au Salon de la Société Nationale des Beaux-Arts dont il est membre du Comité et président de la Section d'Art Décoratif, au Salon des Artistes Indépendants dont il est sociétaire, au Salon d'Automne, et au Salon de la Société des animaliers. Il devint, en 1926, membre actif du Salon des Artistes Décorateurs. Il fut administrateur de la Caisse d'allocations vieillesse des artistes professionnels (1957-1959 et 1970-1973).

Lors de l'Exposition Universelle de 1937, il reçut une médaille d'or pour ses laques, et, en 1949, une médaille d'or de la Société d'encouragement à l'art et à l'industrie.

On lui doit des illustrations (bois), pour plusieurs ouvrages : *L'Âne Culotte*, d'Henri Bosco ; *Le Livre de Petit Thomas*, d'Andrée Pragane ; *La Dernière Harde*, de Maurice Genevoix. On lui doit également les portraits de Paul Valéry, de Tristan Klingsor, d'André Dumas, Marcel Chabot, etc. Il a décoré des salles de conseils d'administration de différentes sociétés.

A - MARGAT

Musées : Cambrai – Detroit – New York (Metropolitan Mus.) – Senlis.

Ventes Publiques : Paris, 21 fév. 1947 : *Tigresse et ses petits* : **FRF 4 300** – Enghien-les-Bains, 2 mars 1980 : *Le couple de tigres* 1938, past./fond de laque or (55x75) : **FRF 6 000** – Enghien-les-Bains, 2 mars 1980 : *Les deux lions*, h/pan. (25x50) : **FRF 9 100** – Paris, 19 juin 1985 : *Deux singes* 1931, fus. et sanguine (49x64) : **FRF 16 000** – Paris, 27 oct. 1988 : *Deux tigres* 1950, aquar. et reh. de past. (57x78) : **FRF 8 000** – Paris, 17 déc. 1989 : *Jeune panthère du Cameroun*, past. (49x50) : **FRF 53 000** – Sceaux, 11 mars 1990 : *Singes cynocéphales* 1934, past. (67,5x81,5) : **FRF 25 000** – Sceaux, 10 juin 1990 : *Les Panthères* 1936, past. (53x67) : **FRF 26 000** – Paris, 28 oct. 1990 : *Les Chouettes*, craies de coul./fond argent (45x54) : **FRF 17 000** – Paris, 25 nov. 1991 : *Grand Singe*, dess. à la craie (61,5x46) : **FRF 6 000** – Paris, 14 fév. 1992 : *Panthère et léopard* 1946, past. et fus. (48x63,5) : **FRF 12 000** – Paris, 23 avr. 1993 : *Grands Ducs* 1929, past. et fus. (65x49) : **FRF 15 000** – Paris, 26 oct. 1994 : *Panthère noire*, past. et fus. avec reh. de craie blanche (48,8x72) : **FRF 8 000** – Paris, 10 avr. 1996 : *Les Deux Singes* 1931, fus. et past. (49x63) : **FRF 16 500** – Calais, 23 mars 1997 : *Éléphants d'Afrique*, laque fond or/pan. (33x34) : **FRF 25 000**.

MARGELIDON Lucien A.
Né le 4 juillet 1857 à la Nouaille (Creuse). xixe siècle. Français.
Aquafortiste.

Élève de Lehmann et Le Rat. Figura au Salon des Artistes Français ; mention honorable en 1888.

MARGERIE Antoine de
Né le 17 novembre 1941 à Vichy (Allier). xxe siècle. Français.
Peintre, graveur, dessinateur, pastelliste, aquarelliste. Abstrait.

Après des études supérieures en Lettres, Antoine de Margerie se consacre entièrement à la peinture, à partir de 1964.

Il participe à de nombreuses expositions de groupe, dont : 1967, Moulin de Vauboyen, Silvarouvres ; 1968, galerie Claude Lévin, Paris ; 1968, Marché expérimental d'art, Paris-Orsay ; 1969, galerie Zunini, Paris ; 1969, Musée d'Albi ; 1970, 1972, 1973, 1974, Salon Grands et Jeunes d'Aujourd'hui, Paris ; 1970, Musée de Nantes ; 1970, galerie « Le Soleil dans la tête », Paris ; 1970, *L'Art dans la ville*, Fontainebleau ; 1971-1976, et depuis, chaque année, au Salon des Réalités Nouvelles, dont il est membre du Comité ; 1972-1976, 1978, 1982-1989, Salon de Mai ; 1974, Musée de Nantes ; 1976, Salon des Critiques ; 1976, *Géométrie sensible*, galerie Christiane Colin, Paris ; 1978, *Abstraction vivante*, La Défense ; 1979, *Géométrie*, Centre Pierre Bayle, Besançon ; 1980, Biennale de Venise ; 1982, 1983, Salon de la Jeune Gravure contemporaine, Paris ; 1983, *Tendances de la peinture contemporaine*, Centre culturel de La Poterne des Peupliers, Paris ; 1983, Centre culturel de la Villedieu ; 1984, 1986, Biennale de l'estampe, Sarcelles ; 1984, 1986, 1988, Salon Comparaisons, Paris ; 1985, *Lumière du Noir et Blanc*, galerie Grare, Paris ; 1987, galerie Convergences, Paris.

Il montre également ses œuvres dans des expositions personnelles : 1966, galerie Mérenciano, Marseille ; 1967, galerie Zunini, Paris ; 1969, Les Halles, Paris ; 1971, galerie « Le Soleil dans la tête », Paris ; 1972, Maison Descartes, Amsterdam ; 1972, galerie B. Lugat, Amiens ; 1977, galerie Christiane Colin, Paris ; 1983, galerie La Marge, Ajaccio ; 1984, galerie Malaval, Lyon ; 1987, 1989, galerie Olivier Nouvellet, Paris ; 1992, gravures et pastels, galerie La Hune, Paris.

Antoine de Margerie est également membre de la Fondation Grav'x, pour la jeune gravure. Il a édité une édition de gravures pour l'Amateur d'Estampes. Il a réalisé des travaux de coloriste pour diverses entreprises, et des décors de théâtre, en collaboration avec Yannis Kokkos pour le Théâtre de l'Odéon et le Théâtre de la Ville (Paris).

L'œuvre d'Antoine de Margerie (il signe ses œuvres Margerie), ressortit au langage de l'abstraction géométrique, mais en un développement dont la source fut le lisible de la peinture dite « figurative ». « Baroque popartisant » à ses débuts, Antoine de Margerie s'est ensuite abstrait du sujet pour se rapprocher de ses propriétés constitutives. Il présentait, en 1971, lors de son exposition à la galerie « Le Soleil dans la tête » des interprétations de plusieurs toiles de Delacroix, dont *La Mort de Sardanapale* et *L'Enlèvement de Rebecca*. Par une analyse de la structure des tableaux, faite au dessin et au fusain, et des valeurs employées par Delacroix, il aboutissait, en admirateur de Matisse, à des compositions abstraites, en couleurs ondoyantes, posées en aplats, vues comme états et parties liés de la pratique figurative. Ayant abandonné toute référence, même indirecte, à cette réalité transposée, son style s'affirme au milieu des années soixante-dix. Une construction rigoureuse, déclinée en plans colorés, qu'animent discrètement des mouvements orthogonaux et circulaires, un traitement de l'espace-plan bidimensionnel de la toile, mais parfois atténué par la mesure d'un équilibre à atteindre. Adoptant une gamme étroite de couleurs – tons sourds nés d'une palette de gris et de noirs, présence aussi de bleus, de roses, d'oranges –, jouant sur les fractures douces des interstices et des chevauchements d'aires géométriques et monochromes, la peinture de Margerie s'accomplirait dans un enveloppement de la forme par la couleur. Comme le souligne Gilles Plazy : « Plus je regarde la peinture de Margerie, plus elle me convainc que l'essentiel y est la couleur, plus qu'un jeu rigoureux de formes géométriques qui n'en est que la mise en scène (...) ». Dans la mesure, où l'intuition prend le pas sur un système par trop intelligible, cette abstraction minimaliste demeure vision. ■ C. D.

Bibliogr. : Gilles Plazy : *Margerie, l'angle et la courbe*, in : *Le Quotidien de Paris*, Paris, mars 1977 – Gilles Plazy : *Kijno – Margerie – Monirys – Yeru*, catalogue du Pavillon français de la Biennale de Venise, 1980 – Gerald Gassiot-Talabot : *Margerie*, in : *Opus International*, Paris, 1980 – Annick Pély-Audan : *Margerie : vivre la peinture – vivre l'ascèse*, in : *Cimaise*, Paris, juin-juillet 1987.

Musées : Paris (Mus. d'Art Mod. de la Ville) – Paris (BN) – Saint-Omer.

MARGERIN Charles
xixe siècle. Français.
Peintre.

Exposa au Salon de 1840 et 1844.

MARGETSON William Henry
Né en 1861. Mort en 1940. xixe-xxe siècles. Britannique.
Peintre de compositions religieuses, genre, figures, paysages, aquarelliste, dessinateur, illustrateur.

Il fut membre de la Society of Oil Painters. Il exposa à la Royal Academy de Londres.

Musées : Sydney : *La mer a ses perles*.

Ventes Publiques : Tokyo, 15 fév. 1980 : *Jeune femme assise sur la plage*, h/t (104,6x104,6) : **JPY 1 600 000** – Londres, 10 nov. 1981 : *Who strays into love's dominion ?* 1904, h/t (119,5x204) : **GBP 6 800** – Londres, 14 juil. 1983 : *Printemps ; Été ; Automne ; Hiver*, h/cart., suite de quatre (chaque 35,5x25,5) : **GBP 2 400** – Londres, 9 mai 1984 : *Dans l'église* 1910, aquar. (30,5x22) : **GBP 2 000** – Londres, 18 juin 1985 : *Cleopatra*, h/t (127x102) : **GBP 25 000** – Alnwick (Angleterre), 23 sep. 1986 : *At the Angel Inn in Manchester, there lives the girl for me*, h/t (137x76,2) : **GBP 14 000** – Londres, 10 fév. 1987 : *The Passing of Summer* 1910, aquar. et cr. (52x37) : **GBP 2 200** – Londres, 3 juin 1988 : *Glaukos*, h/t (27,9x27,9) : **GBP 880** – Londres, 25 jan. 1988 : *La Beauté endormie*, aquar. (49,5x32) : **GBP 605** – New York, 19 juil. 1990 : *Une dame en blanc* 1888, h/t (78,8x35,6) : **USD 4 125** – Londres, 12 juin 1992 : *L'Annonciation aux bergers* 1906, h/pan. (44,4x23,4) : **GBP 1 100** – Londres, 5 mars 1993 : *Le talisman d'amour*, h/t (86,4x56,2) : **GBP 2 990** – New York, 26 mai 1993 : *L'étranger* 1902, h/t (152,4x83,8) : **USD 40 250** – Londres, 20 juil. 1994 : *Jour venteux*, cr. et aquar. (31,5x21) : **GBP 747** – Londres, 6 nov. 1996 : *La Maille filée* 1915, h/t (77x55,5) : **GBP 33 350** – Londres, 12 mars 1997 : *Fleurs sauvages* 1900, h/t, de forme ronde (diam. 108) : **GBP 27 600**.

MARGETTA Mary
Morte en 1886. xixe siècle. Active à Londres. Britannique.
Peintre de fleurs.

Elle exposa de 1841 à 1877.

Ventes Publiques : New York, 28 oct. 1987 : *Azalées, hyacinthes et tulipes*, aquar. et gche/traces de cr. (48,5x42,5) : **USD 5 000**.

MARGGRAF Johann ou **Margkraff, Markgraf**
Originaire de Zurich. Suisse.
Peintre verrier.

MARGGRAF Samuel. Voir **MARCKGRAF**

MARGGRAFF Ida
Née le 8 décembre 1851 à Berlin. XIXe siècle. Allemande.
Peintre de genre, de paysages et d'animaux.
Elle fut l'élève de Steffeck et Gussow.

MARGHINOTTI Giovanni
Mort en 1865. XIXe siècle. Italien.
Peintre d'histoire.
Fut peintre de Charles-Albert de Savoie. Ses œuvres principales sont : *Charles et les Beaux-Arts, Arrivée de Charles-Albert de Savoie à Cagliari, Exploits de Caïus Gracchus, Saint François* (à la cathédrale de Cagliari).

MARGHUCCI Giacomo. Voir **MARCUCCI G.**

MARGITAY Tihamer von
Né le 27 novembre 1859 à Ungar. Mort le 23 février 1922 à Budapest. XIXe-XXe siècles. Polonais.
Peintre de genre.
Il étudia à Budapest, Munich, Venise et Florence.
Il obtint une mention honorable à Berlin en 1891. Il a également exposé à Vienne.
Musées : Budapest (Gal. d'Hist.) : *Portrait de l'artiste peint par lui-même.*
Ventes Publiques : Londres, 19 juin 1991 : *Le bigame* 1889, h/t (171x270) : **GBP 12 650** – New York, 16 fév. 1993 : *L'accusée*, h/t (100,3x142,2) : **USD 1 980** – Paris, 24 nov. 1996 : *La Leçon de lecture*, h/t (66x100) : **FRF 13 000**.

MARGO, pseudonyme de **Weber-Juno Margo**
Née en Suisse. XXe siècle. Active en Italie. Suissesse.
Sculpteur.
Elle fut élève de la Kunstgewergeschule de Bâle. Elle étudia ensuite à Paris et à New York. Elle reçut enfin les conseils de Giacomo Manzu et Emilio Greco.
Elle participe à de nombreuses expositions de groupe, en Europe et aux États-Unis. Elle présente ses œuvres dans des expositions personnelles à Rome, Paris (notamment en 1970), Cologne, Bâle, Gênes, Genève.
Ses formes très épurées tendent à la plénitude brancusienne. Les lobes auxquels elles se complaisent, ne cherchent nullement à dissimuler leurs implications érotiques.
Musées : Bâle (Mus. Progressif).

MARGO Boris
Né en 1902 en Russie. XXe siècle. Actif depuis 1930 aux États-Unis. Américain.
Peintre.
Il fut élève de Filonov, à l'École d'Art Analytique de Saint-Pétersbourg.
Il présenta de nombreuses expositions de ses œuvres à partir de 1939, notamment à New York.
Il pratique une abstraction dont l'écriture automatique obtenue par projection de couleurs plastiques en « hautes pâtes », retrouve certaines des formes « molles » ou oniriques, qui ont caractérisé le surréalisme de Tanguy ou celui de Ernst.
Bibliogr. : In : *Boris Margo*, catalogue de l'exposition, Gal. Betty Parsons, New York, 1955 – Michel Seuphor : *Dictionnaire de la peinture abstraite*, Hazan, Paris, 1957.
Ventes Publiques : New York, 14 fév. 1990 : *Personnage abstrait*, encre/pap. (72,5x57) : **USD 3 520** – New York, 25 sep. 1992 : *Sans titre*, cr./pap. (59,1x50,2) : **USD 1 430**.

MARGO Eve
Né le 8 mai 1872 à Budapest. XXe siècle. Roumain.
Sculpteur.
Il fut élève de Matrai, de Stobl et de Puech.

MARGOTEAU René Pierre
Né le 30 septembre 1902 à Paris. XXe siècle. Français.
Peintre.
Il fut élève de Cormon et E. Renard. Il fut sociétaire, à Paris, du Salon des Artistes Français.

MARGOTEDO Pedro
XVIIe siècle. Espagnol.
Sculpteur.

MARGOTIN
XXe siècle. Français.
Peintre de fleurs.
Connu par une œuvre passée en vente publique.
Ventes Publiques : Paris, 4 oct. 1948 : *Fleurs des champs*, deux pendants : **FRF 3 100**.

MARGOTTE DE QUIVIÈRES Augustin Marie Paul. Voir **MARCOTTE**

MARGOTTET Edouard Hippolyte
Né le 21 mars 1848 à Saint-Quentin (Aisne). Mort le 23 décembre 1887 à Saint-Géraud-le-Puy (Allier). XIXe siècle. Français.
Peintre de portraits, paysages.
Élève d'Isidore Pils à l'École des Beaux-Arts de Paris, il exposa au Salon de Paris de 1869 à 1887.
Bibliogr. : Gérald Schurr, in : *Les Petits Maîtres de la peinture 1820-1920, valeur de demain*, Les Éditions de l'Amateur, t. II, Paris, 1982.
Musées : Avignon : *Portrait du député Jean Saint-Martin* – Dijon : *Le petit pâtissier – Grenades et pommes* – Moulins : *Portrait de Mme H. Margottet* – Paris : *Portrait de ma mère* – Saint-Quentin : *Autoportrait.*
Ventes Publiques : Londres, 19 mars 1980 : *L'anniversaire de grand-père*, h/t (34,5x154,5) : **GBP 4 500**.

MARGOTTET Lucien
Né le 6 juin 1884 à Saint-Géraud-le-Puy (Allier). Mort le 14 janvier 1950. XXe siècle. Français.
Peintre.
Il fut élève de Colin et de son père Édouard Hippolyte Margottet.
Il exposait, à Paris, aux Salons des Artistes Français et des Indépendants.
Musées : Moulins : *Les Gerbes* – Roanne : *Paysage.*

MARGOTTI Anacleto
Né le 2 août 1899 à Lugo (Ravenne). XXe siècle. Italien.
Peintre et critique d'art.
Expose en Italie et dans quelques Salons étrangers. Il s'est attaché à décrire les paysages et les types de la Romagne.

MARGOTTI Francesco
XIXe-XXe siècles. Travaillant à Florence. Italien.
Peintre.
Médaille d'argent du Ministère et mention honorable à l'Exposition d'Art Sacré de Turin. Prit part en 1900 au concours Alinari avec ses tableaux : *Les rêves de Jésus, Lux mundi, La madone et la fleur.*

MARGOTTI Luigi
Né le 5 décembre 1813 à Faenza. Mort en 1872. XIXe siècle. Italien.
Graveur.
Il fut l'élève de P. Toschi.

MARGOTTINI Jacopo
XVIe siècle. Actif au milieu du XVIe siècle. Italien.
Graveur.
Il est cité dans le catalogue du comte de Fries.

MARGOTTON René
Né en 1915 à Roanne (Loire). XXe siècle. Français.
Peintre de compositions religieuses, architectures, marines, fleurs, lithographe.
Il fut élève de l'École des Beaux-Arts de Paris en 1945-1946 et de l'atelier de Fernand Léger (1948-1949).
Il expose, à Paris, aux Salons de la Société Nationale des Beaux-Arts, des Indépendants, de la Jeune Peinture, Comparaisons, Populiste, de la Marine, des Vikings, International du Jazz, etc. Il figure à l'exposition *De Bonnard à Baselitz ; dix ans d'enrichissements du Cabinet des estampes 1979-1988*, à la Bibliothèque nationale à Paris. Il participe à des expositions publiques et privées à Paris, Thonon-les-Bains, Lyon, Nîmes, Bruxelles, Rome, Gênes, Tunis. Il a obtenu des premières mentions aux Grands Prix de Picardie et de Sarreguemines.
Il réalisa une crucifixion pour l'église Saint-Louis de Roanne.

Musées : Narbonne (Mus. d'Art et d'Hist.) : *Marine* 1959 – Paris (BN) – Paris (Mus. d'Art Mod. de la Ville).
Ventes Publiques : Honfleur, 11 juil. 1976 : *Vieux musée*, h/t (65x54) : **FRF 3 200** – Calais, 15 déc. 1996 : *Vase de fleurs*, h/t (80x40) : **FRF 6 800**.

MARGOVIGI Clementina
Née au xixe siècle à Bologne. xixe siècle. Italienne.
Peintre de fleurs.
Exposa à Turin et Venise.

MARGRAFF Florian
Né le 30 mai 1830 à Cologne. Mort le 3 juin 1885 à Francfort-sur-le-Main. xixe siècle. Allemand.
Portraitiste et peintre de genre.
Au début, sculpteur à Mayence. Travailla à la chapelle à Wiesbaden avec von den Launitz. Fut ensuite élève du Städelsches Institut, à Francfort, dans l'atelier de Jacob Becker.

MARGRY Antoine
xixe siècle. Français.
Peintre de natures mortes, fleurs et fruits.
Il exposa au Salon de Paris, de 1831 à 1847.
Ventes Publiques : Versailles, 27 mai 1973 : *La Corbeille de fruits à l'écureuil* 1842 : **FRF 34 000** – Londres, 29 avr. 1988 : *Nature morte, roses, tulipes, pivoines et autres fleurs* 1947 (100x82) : **GBP 20 900** – Paris, 11 avr. 1995 : *Fleurs et fruits* 1841-42, h/pan., une paire (chaque 73x54) : **FRF 180 000**.

MARGUERITAT René Alexandre
Né le 21 juillet 1872 à Saint-Règle (Indre-et-Loire). xxe siècle. Français.
Peintre de portraits.
Il fut élève de Bouguereau, Gabriel Ferrier et Toudouze.
Il figura, à Paris, au Salon des Artistes Français, où il obtint une mention honorable en 1902.
Ventes Publiques : Paris, 3 avr. 1992 : *Le départ des pêcheurs*, h/t (65,5x36,5) : **FRF 4 500**.

MARGUERITE Albert
Né à Alais. xixe siècle. Français.
Peintre.
Conservateur du Musée d'Alais qui conserve une *Nature morte* de cet artiste.

MARGUERITE d'Autriche, archiduchesse et duchesse de Savoie
Née le 10 janvier 1480 à Bruxelles. Morte le 1er décembre 1530 à Malines. xvie siècle. Éc. flamande.
Portraitiste.
Fille de l'empereur Maximilien, elle épousa l'Infant Jean de Castille en 1494, puis le duc Philibert II de Savoie en 1501. Elle peignit des portraits qui établirent sa notoriété.

MARGUINAUD Ernest
xxe siècle. Français.
Peintre de paysages.
Exposant rarement, ses paysages de Paris aussi bien rustiques n'en ont pas moins connu la faveur des amateurs.
Ventes Publiques : Paris, 25 jan. 1943 : *Vieilles maisons, rue du Moulin-Vert* : **FRF 3 300** – Paris, 31 jan. 1944 : *Paysages près de Pontoise* : **FRF 5 000**.

MARGULIES Joseph
Né le 7 juillet 1896 en Autriche. Mort en 1984. xxe siècle. Américain.
Peintre de portraits, graveur.
Il fut élève de Joseph Pennel et de l'École des Beaux-Arts de Paris.
Il fut membre de l'Art Student's League de New York.
Il se spécialisa dans le portrait mondain.

Joseph Margulies

Ventes Publiques : Bruxelles, 13 nov. 1984 : *Pont sur l'eau*, h/t (68x79) : **BEF 70 000** – New York, 14 fév. 1990 : *À la plage*, aquar. et encre/pap. (28x37,2) : **USD 605** – New York, 17 déc. 1990 : *Canoës sur un lac*, h/t (76,3x61) : **USD 2 200** – New York, 15 mai 1991 : *Un port*, h/t (61x76,2) : **USD 1 430** – New York, 31 mars 1993 : *Hans riant* 1922, h/cart. (40,6x30,5) : **USD 460**.

MARGUVETE Pedro Arbulo. Voir **ARBULO Marguvete**

MARHEL Scipio Paris
xvie siècle.
Sculpteur sur bois.

MARI Alessendro
Né en 1650 à Turin. Mort en 1707 à Madrid. xviie siècle. Italien.
Peintre d'histoire et de sujets mythologiques.
Élève de Domenico Piola de Gênes puis, à Venise, de Cavaliere Liberi. Il vint ensuite à Bologne, où il travailla à l'école de Lorenzo Pasinelli. Durant son séjour dans cette ville, il y peignit de nombreux tableaux d'églises. La partie la plus glorieuse de son existence fut celle où il habita Milan. Il y acquit une grande renommée. Lanzi affirme qu'il passa ensuite en Espagne et y mourut.

MARI Antonio
Originaire de Turin. Italien.
Peintre.

MARI Baldassare ou **Marci**
Mort en 1673 à Rome. xviie siècle. Italien.
Sculpteur.
Il appartiendrait à une famille d'origine française, et serait entré en 1635 à l'Académie de Saint-Luc, et en 1641 à la Congrégation des Virtuoses. Son activité se limita surtout à la restauration des Antiques.

MARI Enzo
Né en 1932 à Novara. xxe siècle. Italien.
Sculpteur. Lumino-cinétiste.
Il fut élève de l'Académie de Brera, où il vit. Il est également un dessinateur industriel de renom, le sculpteur est à l'aise dans la technicité, ses créations sont commercialisées par la firme italienne Danese.
Il est membre fondateur du groupe international *Nouvelle Tendance* organisé par Matko Mestrovic à Zagreb à partir de 1961. Enzo Mari participe souvent à des expositions collectives consacrées à la tendance dans laquelle se situe sa recherche personnelle, ou, plus largement, au cinétisme. Il a montré plusieurs expositions de ses réalisations, notamment à Milan.
Ses préoccupations de plasticien intégré sont à l'image de son époque : combinatoires à partir de modules, structures variables, relation cinétique couleur-forme, illusions optiques, perceptions aberrantes, programmations définies et ouvertes, etc., et surtout participation du spectateur à l'œuvre, prolongement social et ludique de l'œuvre dans le public, l'œuvre en tant qu'« environnement » habitable, création collective, communication par l'image plastique et urbanisme, etc. Il met souvent en œuvre des combinatoires de structures alvéolées en aluminium ou en acier noir. Pour l'exposition *Cinétisme, Spectacle, Environnement*, à la Maison de la culture de Grenoble, en 1968, il a réalisé, en collaboration avec Boriani, Chiggio, Colombo, Devecchi et Massironi, des *Parcours-Passages programmés*. Bruno Marini est également célèbre pour ses livres-objets et ses livres pour enfants. Sans entretenir de relations dogmatiques avec le néo-plasticisme mondrianesque, l'ensemble de ses créations en est l'une des conséquences ; le contenu spiritualiste en a été évincé au seul profit de la perception sensorielle. Dans ses créations, la fonction-objet de l'œuvre a supplanté totalement sa fonction-expression. C'est une option ; il ne semble pas qu'elle impose l'évidence du dépassement de l'œuvre-langage. La technicité ne supporte en effet pas le sommaire ni d'être périmée, sous peine d'être assimilable au bricolage ; mais il n'est pas établi que la création plastique soit obligatoirement liée à la technique. La technique a sa poétique, mais ne fonde pas toutes les possibilités poétiques. Les tenants de l'art visuel ont eu souvent tendance à revendiquer l'exclusivité de la prospective en matière de création artistique, et à imposer un terrorisme esthétique. Avatar du rationalisme, du fonctionnalisme, de l'esprit « Bauhaus », l'art visuel risque de méconnaître le besoin de création sauvage, d'expression plastique spontanée, que l'observation de l'enfant permet de supposer fondamental chez l'être humain.
■ J. B.

Bibliogr. : Frank Popper : *Naissance de l'art cinétique*, Gauthier-Villars, Paris, 1967 – Frank Popper, in : *Nouveau dictionnaire de la sculpture moderne*, Hazan, Paris, 1970 – F. Leonetti, F. Menna, R. Pedio : *Enzo Mari : Modelli del reale = Models of the real*, catalogue de l'exposition, Galleria d'Arte Moderna, San Marin, Éd. Mazzotta, Milan, 1988 – in : *L'Art du xxe siècle*, Larousse, Paris, 1991.

MARI Giovan Antonio
Né à Turin. Mort en 1661 à Rome. xviie siècle. Italien.

Sculpteur, dessinateur.
Fils de Mari Baldassare, il fut l'élève de Bernini et appartint à l'Académie de Saint-Luc à Rome ainsi qu'à la Congrégation des Virtuoses du Panthéon, dont il devint le régent.
Cet artiste n'a pas de personnalité très marquée ; il se contenta du reste de reproduire des œuvres de Bernini.
Ventes Publiques : Paris, 24 juin 1996 : *Le Martyre de sainte Ursule et les Onze Mille Vierges à Cologne*, pl. et encre brune/pap. bleu (29,9x21,9) : **FRF 5 000**.

MARI Juan
xve siècle. Actif à Valence dans la seconde moitié du xve siècle. Italien.
Miniaturiste.

MARIA Ercole de, dit **Ercolino Bolognese** ou **Ercolino di Guido**
xviie siècle. Italien.
Peintre.
Il fut l'élève et l'imitateur de Guido Reni. Celui-ci étant mort en 1642, Ercole de Maria, dit aussi Ercolino Bolognese ne peut être confondu avec Ercole Graziani, dit Ercolino de Bologne, qui est né en 1651. Il travailla à Rome, où il peignit quelques tableaux d'églises.

MARIA Francesco de
Né le 29 décembre 1845 à Caserta. Mort le 22 décembre 1908 à Naples. xixe siècle. Italien.
Peintre de batailles, sujets de genre, figures, aquarelliste.
Napolitain, il ne put s'adonner aux beaux-arts qu'à partir de trente ans. Mais ses progrès furent rapides et après avoir obtenu plusieurs prix à l'Instituto di Belle Arti, de Naples, il se rendit à Londres, où son talent fut apprécié.
On cite de lui : *Le dernier verre, Après le bal, Dernière orgie de Sylla à Cumes, La bataille de Ruggero di Lauria.*
Ventes Publiques : Milan, 22 mars 1994 : *Danseuse orientale*, aquar./pap. (61x37,5) : **ITL 4 600**.

MARIA Francesco di
Né en 1623 à Naples. Mort en 1690. xviie siècle. Italien.
Peintre d'histoire, portraits, dessinateur.
Élève à Naples de Domenichino. Ce fut, s'il faut en croire Lanzi, un portraitiste de talent. Celui-ci raconte qu'un portrait peint par Francesco di Maria ayant été exposé en même temps que deux portraits dus l'un à Rubens, l'autre à Anton Van Dyck, un jury, composé de Nicolas Poussin, Andrea Sacchi et Pietro da Cortone, donna la préférence à l'œuvre du maître italien. Il exerça surtout son activité comme restaurateur d'antiques.
Ventes Publiques : Paris, 1er mars 1929 : *Portrait de jeune fille*, dess. : **FRF 140**.

MARIA Giacomo de
Né en 1762 à Bologne. Mort en 1838 à Bologne. xviiie-xixe siècles. Italien.
Sculpteur.
Il se forma à Rome sous la direction de Canova, et devint membre de l'Académie Clémentine de Bologne, de l'Académie de Saint-Luc à Rome et de l'Académie de Berlin (1819). On trouve la plupart de ses œuvres à Bologne. Le Musée de Liverpool conserve : *La Mort de Virginie* et on voit de lui sur la façade de la cathédrale de Milan un *Saint Mathieu*.

MARIA Mario de, dit **Pictor Marius**
Né en 1852 à Bologne (Émilie-Romagne). Mort en 1924 à Venise (Vénétie). xixe-xxe siècles. Italien.
Peintre de scènes de genre, batailles, paysages, architectures.
Il a exposé à Berlin et à Vienne et obtint dans cette dernière ville une deuxième médaille en 1888.
Il a peint surtout des scènes de guerres et de famine.
Musées : Trieste (Mus. Revoltella) : *Chiesa e campo di giustiziati un Val d'inferno.*
Ventes Publiques : Milan, 20 mars 1980 : *La petite église au clair de lune*, h/t (72x90) : **ITL 1 000 000** – Milan, 19 mars 1981 : *Scène vénitienne*, h/cart. (71,5x61,5) : **ITL 4 500 000** – Milan, 17 juin 1982 : *Intérieur d'église*, h/cart. (71,5x61,5) : **ITL 4 500 000** – Milan, 14 juin 1989 : *Cabaret de campagne*, h/t (60x49) : **ITL 5 500 000** – Rome, 12 déc. 1989 : *Canal à Venise* 1917, h/pan. (48,3x40) : **ITL 9 500 000**.

MARIA Martins. Voir **MARIA-MARTINS**

MARIA Nicola de
Né en 1954 à Folgianise (près de Naples, Campanie). xxe siècle. Italien.
Peintre, peintre de paysages. Tendance abstraite.
Il figure, en 1981, à l'exposition *Identité italienne* au Musée National d'Art Moderne à Paris. Il représente l'Italie, en 1990, à la Biennale de Venise. Il expose pour la première fois chez Lucio Amelio à Naples en 1975. Depuis, dans toute l'Europe : 1978, galerie Maentz, Cologne ; 1981, Lisson Gallery, Londres ; 1983, Musées de Krefeld, Gand et Bâle ; depuis 1983, galerie Karsten Greve, Cologne ; 1985, 1988, 1991, 1992 *Œuvres sur papier*, galerie Lelong, Paris ; 1985, Stedelijk Van Abbe Museum, Eindhoven ; 1985, Castello di Rivoli, Turin ; 1988, Seibu Museum of Moderne Art, Tokyo ; 1994, Musée de Montbéliard ; 1996, *Testepaesaggi*, galerie Lelong, Paris.
Certaines de ses peintures, constituées de signes abstraits, alignés sur des bandes horizontales de couleurs vives, comme des notes sur des portées de musique, suggèrent un Raoul Dufy abstrait, avec une tendance à l'improvisation. D'autres thèmes reviennent également dans ses œuvres, ceux des têtes, des paysages, marines et des fleurs, et nous enveloppent de couleurs, à la fois prégnantes, d'autant que triturées en pleine pâte, pourtant fragiles dans leur agencement, audacieuses dans leurs rapprochements insolites, par exemple : laque de garance contre vert citron. Le processus de création de Nicola de Maria relève parfois d'une imprévisibilité liée à une émotion qui délivre le spontané. N'étant pas soumis aux réflexes si contemporains de système ou d'un désir de dépassement de la peinture, il finit souvent ses tableaux dans les lieux où ils seront exposés, en peignant à même les cimaises. L'œil du peintre d'une part, la peinture de l'autre, semblent décidés à converger vers une abstraction naturaliste, paysagée, plus en profondeur qu'il n'y paraît et de tendance symboliste. Son œuvre est peut-être à rapprocher de celle de Paul Klee. Il a décoré le restaurant du Bundestag, le parlement allemand. ■ C. D.
Bibliogr. : Jean Frémon : *Nicola De Maria*, Repères, n° 24, gal. Lelong, Paris, 1985 – Jean Frémon : *Nicola De Maria*, Repères, n° 51, gal. Lelong, Paris, 1988 – in : *L'Art du xxe siècle*, Larousse, Paris, 1991.
Ventes Publiques : New York, 13 nov. 1986 : *Regno dei Fiori* 1985, acryl./t. (100x120) : **USD 20 000** – New York, 20 fév. 1988 : *Généreuses pensées de femmes*, acryl./t. (119,9x149,8) : **USD 28 600** – Paris, 26 oct. 1988 : *Composition* 1983-84, encre et lav. (23x17,5) : **FRF 9 500** – New York, 10 Nov. 1988 : *Le règne des fleurs* 1983, techn. mixte/pap. (29,8x39,7) : **USD 8 800** – Paris, 16 avr. 1989 : *Stella e mare* 1983, h/t (30x24) : **FRF 80 000** – Milan, 8 nov. 1989 : *e.n. 1843* 1975, pl./pap. (34,5x49,5) : **ITL 5 000 000** – Londres, 22 fév. 1990 : *Rêve de jeunesse* 1978, en deux parties, l'une cr./pap., l'autre acryl./t. (5,8x9,8 et 18x24) : **GBP 5 500** – Milan, 13 juin 1990 : *« Mon atelier très magique »* 1985, techn. mixte/t. (30x40) : **ITL 21 000 000** – Milan, 23 oct. 1990 : *Sans titre*, gche/pap. (11x16,5) : **ITL 6 500 000** – Milan, 13 déc. 1990 : *« Qui n'a pas de titre »* 1977, h/t (15x20) : **ITL 11 000 000** – Milan, 26 mars 1991 : *Ondes et sons au travers d'un paysage, harmonie céleste*, techn. mixte/pap. (30x39) : **ITL 12 500 000** – Amsterdam, 22 mai 1991 : *Musique*, cr./pap. (29,5x23) : **NLG 1 265** – Amsterdam, 23 mai 1991 : *Visage heureux avec les anges* 1987, h/t (110x80) : **NLG 82 800** – Lugano, 12 oct. 1991 : *Le front du feu* 1988, h/t (160x200) : **CHF 95 000** – New York, 12 nov. 1991 : *Anges + Mer + Sentiments bleus* 1985, h., acryl. et cr. coul./pap. journal/t. (30x39,8) : **USD 16 500** – New York, 27 fév. 1992 : *AAA Testa-Polline i Dipinti*, h/t (115x87) : **USD 35 200** – Milan, 14 avr. 1992 : *Mariée, fleurs, lumière, sentiments très isolés*, h. et pigments/t. (30x40) : **ITL 22 000 000** – New York, 6 mai 1992 : *Les jours du siècle nouveau* 1981, acryl./t. (189,3x230,5) : **USD 38 500** – Londres, 2 juil. 1992 : *Dix fleurs, le règne des fleurs*, h/t (148,7x262,9) : **GBP 25 300** – Amsterdam, 10 déc. 1992 : *Le Règne des fleurs*, craies de coul./pap. (29,5x23) : **NLG 2 530** – New York, 10 nov. 1993 : *Le Règne des fleurs* 1984, acryl./t. (106x149,8) : **USD 29 900** – Londres, 2 déc. 1993 : *Le Règne des fleurs*, acryl./t. (243,8x323,1) : **GBP 40 000** – Milan, 22 juin 1995 : *Alexandrie* 1986, h/t (34x28) : **ITL 12 650 000** – Milan, 19 mars 1996 : *Le Règne des fleurs*, aquar. et collage/pap. (49,5x72) : **ITL 13 800 000** – New York, 9 mai 1996 : *Anges* 1982, h. et collage pap./t. (201,9x303,5) : **USD 13 800** – Amsterdam, 5 juin 1996 : *Tête de femme* 1985, acryl./t. (40x30) : **NLG 34 500** – Londres, 24 oct. 1996 : *Sans titre*, h/pap. (29x39) : **GBP 9 890** – Londres, 6 déc. 1996 : *Le Règne des fleurs, trois fleurs* 1984, temp./t. (40x35) : **GBP 8 050** – Milan, 18 mars 1997 : *Cœur, lumière, harmonie* 1988, techn. mixte/t. (195x260) : **ITL 67 570 000** – Londres, 20 mars 1997 : *Le Règne des fleurs, aspect souriant* 1984, aquar., craies de coul., collage pap. et jour-

nal/pap. (24x28,2) : **GBP 3 450** – ROME, 8 avr. 1997 : *Parole cinesi* 1984, h. et collage/t. (50x40) : **ITL 40 775 000**.

MARIA Nicolas Joseph

Mort le 24 mai 1802. XVIIIe siècle. Actif à Paris. Français.

Sculpteur.

Il fut membre de l'Académie de Saint-Luc et en devint directeur en 1763.

MARIA Pierre Jean de. Voir **DEMARIA**

MARIA Walter de

Né en 1935 à Albany (Californie). XXe siècle. Américain.

Sculpteur, dessinateur. Minimaliste, land art.

Il a été élève en Histoire de l'Art à l'Université de Berkeley.

En 1966 il participe à une exposition consacrée aux structures primaires au Jewish Museum de New York ; en 1968 à la Dokumenta IV, Kassel ; en 1969, il figure à Berlin à une exposition qui rend compte du phénomène connu sous le nom de « Land Art ». Il est également présent à l'exposition de Berne : *Quand les attitudes deviennent formes*, qui eut un certain retentissement. Il expose pour la première fois à New York en 1965, puis en 1968 à Munich, de nouveau à New York en 1969.

Il a tout d'abord participé au courant minimaliste, dont il fut l'un des chefs de file avec Robert Morris, Carl André et Donald Judd, réduisant ses sculptures à des formes géométriques simples. Beaucoup de pièces en métal chromé, très soigneusement usinées, une prédilection pour les tiges verticales, de sections diverses, carré, hexagone, fixées sur une plaque servant de socle. Dans le même esprit, mais non sans humour, il a réalisé des *Lits à pointes*, structures primaires pour fakir. L'extrême rigueur des moyens et de réduction des formes de l'art minimal l'avait préparé au dénuement total de l'art conceptuel, où il s'engagea dans la spécificité du Land Art. Il conçoit d'abord des interventions sous forme de projets. Dès 1960, il avait fait le projet d'une fête collective, où les participants auraient creusé un énorme trou, qui aurait constitué l'œuvre ; en 1962, le projet, *Walls in the desert*, d'élever deux murs parallèles dans le désert Mohjave, entre lesquels on aurait marché ; en avril 1968, il eut l'occasion de tracer deux lignes parallèles dans ce même désert Mohjave ; en 1977, *Lightning Field*, consiste à capter la foudre, de Maria planter à cet effet quatre cents piquets en acier inoxydable sur six mille sept-cents mètres carrés dans le désert du Nouveau-Mexique. Béatrice Parent qualifie ces projets de « fantastiques » dans la mesure ou l'utopie et la recherche de l'universalité dans un langage abstrait (lieu-signe) sont présents dans son œuvre.

BIBLIOGR. : In : *Art Press*, n° 48, Paris, 1981 – *Walter de Maria*, catalogue de l'exposition, Museum Boymans Van Beuningen, Rotterdam, 1988 – W. A. L. Beeren : *Walter de Maria*, catalogue de l'exposition, Mus. Boymans Van Beuningen, Rotterdam, 1988 – Béatrice Parent : *Land Art*, in : *Opus international*, Paris, mars, 1971 – in : *L'Art du XXe siècle*, Larousse, Paris, 1991 – in : *Dictionnaire de l'art moderne et contemporain*, Hazan, Paris, 1992.

MUSÉES : NEW YORK (Mus. of Mod. Art) : *Cage II* 1965.

VENTES PUBLIQUES : PARIS, 26 juin 1974 : *L'étonné* : **FRF 6 000** – PARIS, 12 mars 1976 : *L'outrage majeur* 1974, h/t (80x64) : **FRF 3 800** – NEW YORK, 6 nov 1979 : *Dessin gothique* 1965, cr. (60x33,5) : **USD 6 250** – NEW YORK, 5 nov. 1985 : *Equal area series* 1976-77, deux pièces en acier inox : un carré et un cercle (Diam. 236,5) : **USD 41 000** – NEW YORK, 12 nov. 1986 : *The color men choose when they attack the earth*, h/t avec une plaque d'acier fixée au centre (13,3x34,5x2) : **USD 42 000** – NEW YORK, 5 mai 1987 : *Garbo column* 1968, acier inox. avec liste chronologique de 27 films de Greta Garbo (182,9x10,8x10,2) : **USD 85 000** – NEW YORK, 9 nov. 1989 : *Montagne avec un château rouge* 1963, cr./pap. (45,6x61) : **USD 4 400** – NEW YORK, 8 mai 1996 : *Portrait d'argent de Dorian Gray* 1965, plaque d'argent fixée sur bois recouvert de velours avec double rideaux de velours (en tout 104,5x79,1x10,8) : **USD 156 500** – NEW YORK, 19 nov. 1996 : *Colonne Garbo* 1968, acier inox. avec liste chronologique de 27 films de Greta Garbo (182,9x10,8x10,2) : **USD 167 500**.

MARIA ANTONIA WALPURGIS, duchesse de Bavière, princesse de Saxe

Née le 18 juillet 1724. Morte le 28 avril 1780 à Dresde. XVIIIe siècle. Allemande.

Peintre de figures.

Fille du prince Charles Albrecht qui devint l'empereur Charles VII, et femme du prince Frédéric Christian Léopold de Saxe, mort le 23 avril 1780. Elle fut l'élève de G. de Marées à Munich, et devint membre d'honneur de l'Académie Saint-Luc de Rome. Elle est l'auteur d'une *Sainte Madeleine*, conservée dans la Galerie de Schleissheim. Ce fut aussi une poètesse.

MARIA-BERGLER Ettore de

Né en décembre 1851 à Naples. Mort en 1938. XIXe-XXe siècles. Italien.

Peintre de genre, paysages, marines, pastelliste.

Cet artiste habita Palerme, où il exposa, en 1873, des toiles qui le révélèrent à la critique comme un peintre de valeur. Il fut élève de Lo Iacono, paysagiste connu, et se perfectionna à Naples, de 1877 à 1880, grâce à une pension du baron Riso. En 1880, un tableau de lui, exposé à Naples, fut acquis par la famille royale d'Italie et sa toile *Marée basse*, exposée en même temps, obtint un succès mérité. Ses autres œuvres remarquées furent : *Plage de Valdese en Sicile, Place de la cathédrale de Palerme, Wigandies, Le dimanche des Rameaux* (exposés à Turin, en 1884). – *Au soleil* (Milan, 1884). – *Mer de Sicile, Aux bains* (Venise, 1887). Ettore de Maria Bergler est chevalier de la couronne d'Italie.

Vers la fin de sa vie, cet artiste s'adonna exclusivement au pastel et se créa une véritable renommée comme portraitiste. On cite parmi ses meilleures œuvres de ce genre : *Portrait de la princesse Pignatelli di Scœlea* et *Portrait du fils du sénateur Florio*.

VENTES PUBLIQUES : MILAN, 29 mai 1984 : *La Plage d'Alger* 1883, h/t (74x111) : **ITL 4 000 000** – ROME, 16 déc. 1993 : *Scène allégorique dédiée à Enrico Albanese*, past./cart. (76x52) : **ITL 3 910 000** – MILAN, 20 déc. 1994 : *Port avec des barques* 1876, h/t (55,5x46) : **ITL 3 450 000** – ROME, 23 mai 1996 : *Derniers moments à Paris*, h/pan. (17,5x26) : **ITL 2 875 000**.

MARIA FEODOROWNA, née **Sophie Dorothée de Wurtemberg,** tzarine de Russie

Née le 25 octobre 1759 à Stettin. Morte le 5 novembre 1828 à Saint-Pétersbourg. XVIIIe-XIXe siècles. Allemande.

Médailleur.

Elle épousa en 1776 le tzar Paul Ier.

MARIA-MANTON. Voir **MANTON Maria**

MARIA-MARTINS

Née en 1900 à Campanha. Morte en 1973. XXe siècle. Brésilienne.

Sculpteur, céramiste.

Elle fut élève de l'école des beaux-arts de Rio de Janeiro et prit des cours de sculpture avec Lipchitz. Après avoir commencé une carrière de pianiste, elle s'initia à la sculpture sur bois, en 1926, pendant un voyage en Équateur. Mariée à un diplomate, elle fit de nombreux voyages. En 1939, à Bruxelles, elle reçut les conseils du sculpteur Oscar Jespers. Elle vit et travaille à São Paulo.

Elle présente ses œuvres dans des expositions particulières, la première en 1942 à Washington ; ensuite en 1942, 1943, 1944 à New York, en 1946 au Museum of Modern Art de New York, en 1947 à Paris. Elle reçut le Premier Prix de sculpture de la Biennale de São Paulo, en 1957.

De 1936 à 1939, au Japon, elle réalise ses premières terres cuites et céramiques. Elle se réfère alors à ses souvenirs de la végétation tropicale de son pays d'origine, et, devant les exigences de complexité touffue, de sinuosité, de souplesse, que lui imposaient ce thème, traité librement aux frontières de l'abstraction, abandonna bois et pierre pour la fonte en cire perdue après modelage direct, en plâtre ou terre. Son exposition au Museum of Modern Art de New York donnait une vue d'ensemble de son art luxuriant, évoquant flore, faune, magie de l'Amazonie. Son thème privilégié évoque un corps de femme rivalisant de faculté d'enlacement avec lianes et autres plantes arborescentes grimpantes. Elle reçut l'importante commande de la décoration des jardins de l'Alvarada (L'Aurore), à Brasilia, également en 1957.

BIBLIOGR. : Édouard Jaguer : *Sculpture 1950-1960 – Poétique de la sculpture*, Le Musée de poche, Paris, 1960 – Sarane Alexandrian, in : *Dictionnaire universel de l'art et des artistes*, Hazan, Paris, 1967 – Denys Chavalier, in : *Nouveau dictionnaire de la sculpture moderne*, Hazan, Paris, 1970.

VENTES PUBLIQUES : NEW YORK, 21 nov. 1988 : *Nostalgie*, bronze (H. 155) : **USD 11 550** – NEW YORK, 19-20 mai 1992 : *La samba coule dans ses veines* 1941, bois de jacaranda (H. 133,4) : **USD 13 200** – NEW YORK, 14-15 mai 1996 : *Temcheiro de Matto*, bois de jacaranda (H. 69,8) : **USD 10 925** – PARIS, 19 oct. 1997 : *Prométhée* 1950, bronze patine grise nuancée de vert (105x112x118) : **FRF 26 000**.

MARIACA-ARGUEDAS Antonio

Né le 24 mai 1926 à La Paz. XXe siècle. Bolivien.

Peintre de paysages, paysages urbains.
Il a fait des études à La Paz, Madrid, Rio de Janeiro, Buenos Aires. Directeur du Musée National d'Art de La Paz.
Il a exposé en Amérique latine et à Madrid. Il a obtenu le prix Domingo Murillo en 1957.
Musées : La Paz (Mus. Nat. d'Art) – Rio de Janeiro (Mus. d'Art Mod.) – São Paulo (Mus. d'Art Mod.).

MARIAGE Louis François
XIXe siècle. Français.
Graveur au burin.
Ce fut un des graveurs au pointillé du Premier Empire et il faut citer de lui : *Rentrée triomphale de Napoléon*, estampe en couleurs. On mentionne encore le *Portrait de Marie-Louise*. Il a gravé notamment des vignettes pour l'*Ovide* de Villenave, et pour une édition des œuvres de Racine. Il a gravé aussi de nombreux sujets élégiaques dans le goût de l'époque. Signa parfois de son nom inversé : EGAIRAM.

MARIANA, Mlle
Née au XIXe siècle à Paris. XIXe siècle. Française.
Peintre sur porcelaine et miniaturiste.
Élève de Mme de Cool. Figura au Salon entre 1868 et 1870.

MARIANI Angelo
Né en 1815 à Brescia. Mort le 25 juillet 1855. XIXe siècle. Italien.
Peintre d'architectures.

MARIANI Camillo
Né en 1556 à Vicence. Mort en 1611 à Rome. XVIe-XVIIe siècles. Italien.
Peintre, sculpteur, architecte et médailleur.
Il devint membre de la Congrégation des Virtuoses en 1600 et de l'Académie Saint-Luc en 1607. Plusieurs de ses statues ornent les églises de Rome.

MARIANI Carlo Maria
Né en 1931 à Rome. XXe siècle. Italien.
Peintre de sujets allégoriques, nus, portraits, dessinateur, aquarelliste, pastelliste.
Il partage son temps entre son atelier de Rome et celui de la campagne florentine.
Il présente ses œuvres dans des expositions personnelles, dont : 1984, 1987, Sperone Westwater, New York ; 1985, *Œuvres récentes 1982-83*, galerie Éolia, Paris ; 1986, Edward Totah Gallery, Londres ; 1987, Gian Enzo Sperone, Rome ; *Centric 27 : Carlo Maria Mariani*, University Art Museum, Long Beach (Californie).
Sa peinture relève du néoclassicisme français et italien apparu au XVIIIe siècle. Aujourd'hui, il est rattaché au courant artistique, en Italie, connu sous le nom d'« archaïsants ». Sa pratique picturale « en réaction », mais également atemporelle, questionne le modernisme.
Bibliogr. : Gérard Xuriguera : *Les Figurations de 1960 à nos jours*, Mayer, 1985.
Ventes Publiques : Milan, 6 nov. 1973 : *Réveil* 1973 : **ITL 1 000 000** – Milan, 5 déc. 1974 : *Bouche* 1973 : **ITL 750 000** – Paris, 6 déc. 1985 : *A Corday* 1978, h/pan. (18x40) : **FRF 160 000** – Paris, 14 mai 1986 : *Le Peintre*, mine de pb et aquar. (227x177) : **FRF 80 000** – New York, 5 mai 1987 : *Le Peintre Mancino* 1983, aquar., cr. de coul. et noir (99,2x69,2) : **USD 5 500** – Paris, 24 avr. 1988 : *Sans titre* 1984, dess. reh. d'aquar. (177x231) : **FRF 55 000** ; *Allégorie prophétique* 1982, h/t (185x150) : **FRF 150 000** – Rome, 17 avr. 1989 : *Autoportrait avec Matilde Malenchini et Ganimède* 1982, h/t (30x35) : **ITL 7 200 000** – Paris, 14 oct. 1989 : *Castor et Pollux* 1984, dess. aquarellé (100x70) : **FRF 25 000** – New York, 5 oct. 1989 : *Sans titre* 1983, aquar., past. et cr./pap. (69,8x99,5) : **USD 5 500** – New York, 21 fév. 1990 : *Tête de jeune homme* 1980, techn. mixte/pap. (92,9x94,1) : **USD 12 100** – New York, 2 mai 1991 : *Tête gigantesque* 1986, temp., cr. de coul. et graphite/t. (99,7x99,7) : **USD 20 900** – Rome, 13 mai 1991 : *La Nativité* 1966, h/t (119x119) : **ITL 14 950 000** – Paris, 16 juin 1991 : *Le destin fastueux* 1985, h/t (80x60) : **FRF 36 000** – New York, 13 nov. 1991 : *Cyparisse* 1985, h/t (60x44,5) : **USD 11 000** – New York, 5 mai 1993 : *Vultus B2, acryl*, cr. de coul. et craies grasses/t. (120x120) : **USD 13 800** – Londres, 23-24 mars 1994 : *Sans titre* 1986, cr., aquar. et past./pap. (105x118) : **GBP 2 990** – Milan, 22 juin 1995 : *Sans titre* 1978, cr. et enduit/cart. gris (33,5x45) : **ITL 3 450 000** – New York, 16 nov. 1995 : *Peinture philosophique (Persée et Andromède)* 1977, h/t (138,4x99,1) : **USD 26 450** – Milan, 20 mai 1996 : *Apothéose du chevalier saint Georges* 1968, h/t (82x90) : **ITL 3 450 000** – Londres, 29 mai 1997 : *Sogno Profetico* 1984, h/t (200x250) : **GBP 17 250** – New York, 8 mai 1997 : *Universalia Ante Rem* 1981-1982, h/t (120x100) : **USD 17 250**.

MARIANI Cesare
Né en 1826 à Rome. Mort en 1901 à Rome. XIXe siècle. Italien.
Peintre de compositions religieuses, genre, paysages.
Il fut élève de Tommaso Menardi. Ce fut l'un des meilleurs peintres d'histoire de l'art italien au XIXe siècle. Il a décoré de nombreuses églises de Rome. Commandeur de l'Ordre de la Couronne d'Italie. Il fit partie du Comité supérieur de l'Administration des Beaux-Arts.

C Mariani

Ventes Publiques : Paris, 20 mars 1936 : *L'Indiscrète* : **FRF 510** – Londres, 25 juin 1982 : *La visite aux pauvres* 1862, h/t (62,2x49,5) : **GBP 1 500** – Chester, 19 avr. 1985 : *Jeunes femmes jouant aux osselets* 1876, h/t (39,5x32,5) : **GBP 2 200** – Rome, 7 juin 1995 : *Pont des Saints Apôtres à Venise*, h/pan. (18x12) : **ITL 1 840 000** – New York, 26 fév. 1997 : *Le Soupirant*, h/t (55,9x69,2) : **USD 9 200**.

MARIANI Gabriel
Né en 1932 à Hatrival. XXe siècle. Actif en France. Belge.
Sculpteur de figures. Symboliste.
Il vit et travaille à Peillon dans les Alpes-Maritimes.
Il travaille le bronze. Sa sculpture est souvent mystique.

MARIANI Giovanni
XVIIe siècle. Actif à Crémone. Italien.
Peintre.

MARIANI Giovanni Maria
Né à Ascoli. XVIIe siècle. Actif vers 1655. Italien.
Peintre d'histoire.
Il fut condisciple de Valerio Caselli à l'École de Domenico Fiasella. Il peignit, en collaboration avec Caselli, nombre de tableaux et de fresques à Gênes, notamment *Le Baptême de saint Jacques*, à l'oratoire dédié à ce saint. Il vécut longtemps à Rome, a travaillé à la décoration du Quirinal. Il y fut reçu membre de l'Académie en 1650. Ses œuvres se retrouvent dans les collections de Gênes et de Florence. Le Musée de Florence conserve de lui : *Le rapt des Sabines*.

MARIANI Giuseppe
Né vers 1650 à Milan. Mort en 1718 à Bologne. XVIIe-XVIIIe siècles. Italien.
Peintre de genre et d'architectures.
La Galerie Brera, à Milan, conserve de lui : *Prométhée*.

MARIANI Gregorio
Né en 1833 à Ascoli. XIXe siècle. Italien.
Peintre d'architectures et lithographe.

MARIANI Gustave. Voir **MASCART Gustave**

MARIANI Paolo. Voir **TACCONE**

MARIANI Pompeo
Né le 9 septembre 1857 à Monza (Lombardie). Mort le 25 janvier 1927 à Bordighera (Ligurie). XIXe-XXe siècles. Italien.
Peintre de genre, paysages, marines, pastelliste.
Il fut le neveu de Mosé Bianchi. Il a étudié à Milan. Il a effectué un voyage en Égypte, en 1881-1882.
Indépendamment de sa participation aux Salons italiens, Mariani a également exposé à Vienne où il obtint une deuxième médaille en 1888, à Munich, à Nice et à Paris.
Il a peint des vues du Nil et, vers 1890, des scènes locales à Bordighera, notamment des paysans et paysannes dans les rizières. Fasciné par la vie mondaine de Monte Carlo, il consacra la fin de sa vie à figurer les femmes élégantes et les salles du casino.

Pompeo Mariani

Ventes Publiques : Milan, 4 juin 1968 : *Marine* : **ITL 950 000** – Londres, 28 fév. 1973 : *Pêcheurs sur la plage* : **GBP 550** – Milan, 14 déc. 1976 : *Monte-Carlo*, h/cart. (31x45,5) : **ITL 800 000** – Londres, 20 avr. 1978 : *Campement arabe* 1881, h/pan. (30x83) : **GBP 1 900** – Londres, 16 févr 1979 : *Pêcheurs au large de Bordighera* 1903, h/t (49,5x75,6) : **GBP 2 300** – Milan, 22 avr. 1982 : *Paysage de Brianza*, h/t (102x171) : **ITL 14 000 000** – Milan, 23 mars

1983 : *Paysage animé de personnages*, temp. (29x43) : **ITL 1 600 000** – MILAN, 23 mars 1983 : *Difficile approdo*, h/t (50,5x76,5) : **ITL 12 000 000** – ROME, 21 mars 1985 : *Le parc de Monza*, h/pan. (37x75) : **ITL 8 000 000** – MILAN, 28 oct. 1986 : *Monte-Carlo* 1920, h/t (48x102) : **ITL 19 500 000** – LONDRES, 29 avr. 1988 : *Femme et enfant se promenant sur le bord d'une rivière*, h/t (122,5x79) : **GBP 30 800** – MILAN, 1er juin 1988 : *Coucher de soleil sur le port*, h/pap. (63x43) : **ITL 5 500 000** ; *Ombres et lumières*, h/cart. (72,5x52) : **ITL 12 500 000** – LONDRES, 15 déc. 1988 : *Le pique-nique*, h/pan. (18,8x30,8) : **GBP 4 620** ; *Femmes sur le quai d'un port*, h/cart. (21,6x26,7) : **GBP 5 720** – MILAN, 14 mars 1989 : *Jeunes femmes élégantes au casino*, h/cart. (49,5x69) : **ITL 26 000 000** – MILAN, 14 juin 1989 : *Le repiquage du riz* 1896, h/t (68,5x56) : **ITL 20 500 000** – MILAN, 6 déc. 1989 : *Au théâtre*, h/cart. (45x58,5) : **ITL 30 000 000** – MILAN, 8 mars 1990 : *Vagues se brisant sur les rochers de Bordighera* 1916, h/t (79x104) : **ITL 25 000 000** – LONDRES, 30 mars 1990 : *Oies mangeant près d'un ruisseau* 1893, h/cart./t. (35,5x45) : **GBP 6 050** – MONACO, 21 avr. 1990 : *Femmes élégantes*, h/pan. (28x19) : **FRF 55 500** – MILAN, 30 mai 1990 : *Canal vénitien*, h/pan. (46x32,5) : **ITL 16 000 000** – MILAN, 18 oct. 1990 : *Paysage fluvial*, h/cart. (35x26,5) : **ITL 7 500 000** – ROME, 11 déc. 1990 : *L'Adieu du marin*, h/t (50x40) : **ITL 20 700 000** – MILAN, 12 mars 1991 : *Marine sur la côte ligure*, temp./cart. (34x50) : **ITL 7 500 000** – NEW YORK, 15 oct. 1991 : *Les Brisants*, h/t (47,5x69,2) : **USD 2 750** – MILAN, 7 nov. 1991 : *Le Repos des bergers près d'un bois*, h/cart. (36x52) : **ITL 5 600 000** – ROME, 14 nov. 1991 : *Scène de chasse ; Scène de pêche*, h/cart., une paire, chaque ovale (50x35) : **ITL 20 700 000** – MILAN, 19 mars 1992 : *Incendie dans le port de Gênes* 1900, h/cart. (26,5x35,5) : **ITL 10 000 000** – ROME, 24 mars 1992 : *Paysages boisés*, h/cart., une paire (21,5x26,5) : **ITL 16 100 000** – LONDRES, 22 mai 1992 : *Paysage avec un lac bordé d'arbres*, h/pan. (75x50) : **GBP 5 280** – MILAN, 16 juin 1992 : *Paysage du Tessin* 1896, h/t (133x219) : **ITL 52 000 000** – LUGANO, 1er déc. 1992 : *Le Port de Gênes*, h. et temp./pap. (63x43) : **CHF 8 500** – MILAN, 17 déc. 1992 : *Tempête à Bordighera*, h/t (58x148,5) : **ITL 17 500 000** – MILAN, 9 nov. 1993 : *Littoral de Bordighera* 1927, h/pan. (49x76) : **ITL 28 175 000** – LONDRES, 18 mars 1994 : *Envol de canards*, h/pan. (49,5x73,5) : **GBP 12 075** – MILAN, 25 oct. 1994 : *La Chapelle de S. Bartolomeo à Bordighera* 1914, h/cart. (67x100) : **ITL 32 775 000** – LONDRES, 13 mars 1996 : *Le Port de Gênes à l'aube* 1880, h/t (52x131) : **GBP 46 600** – MILAN, 23 oct. 1996 : *Dame dans un café*, temp./cart. (35x23,5) : **ITL 13 980 000** – LONDRES, 31 oct. 1996 : *Les Moissons*, past. (23x29) : **GBP 3 450** – MILAN, 18 déc. 1996 : *Église de Sant'Amelio, Bordighera* 1914, h/cart. (67x100) : **ITL 30 290 000** – MILAN, 25 mars 1997 : *Dames à l'hippodrome de Milan* 1904, h/cart. (40x35) : **ITL 36 115 000**.

MARIANI Sebastiano. Voir **SEBASTIANO da Lugano**

MARIANI Valerio

XVIIe siècle. Actif à Urbino au cours de la seconde moitié du XVIIe siècle. Italien.

Miniaturiste et calligraphe.

Il travailla pour plusieurs princes.

MARIANI Vicente

XVIIIe siècle. Espagnol.

Graveur au burin, miniaturiste.

Il a travaillé à Madrid et à Paris de 1788 à 1818.

MARIANINI Annibale, professeur

XIXe siècle. Travaillant probablement au XIXe siècle. Italien.

Peintre.

Le Musée municipal de Pise conserve de lui un *Portrait de Léopold II, grand-duc de Toscane*.

MARIANO, pseudonyme de **Rodriguez Mariano**

Né en 1912 à La Havane. Mort en 1989. XXe siècle. Cubain.

Peintre. Expressionniste-abstrait.

Autodidacte. En 1936, au cours d'un voyage au Mexique, il travaille avec Rodriguez Lozano.

Ses peintures ont d'abord eu pour thème les combats de coqs, traités parfois de manière anecdotique. Sa figuration évolua vers la matérialité de la seule peinture lorsqu'il peignit en larges traits de couleurs et de noirs sur fond blanc. Le changement de régime politique à Cuba en 1959 entraînant une condamnation de l'art abstrait, Mariano se plia aux exigences de la nouvelle politique culturelle.

BIBLIOGR. : Damian Bayon et Roberto Pontual : *La Peinture de l'Amérique latine au XXe s.*, Mengès, Paris, 1990.

MARIANO Agnolo. Voir **BRONZINO**

MARIANO Baltasar

Né à Pavie. Mort vers 1604. XVIe siècle. Travaillant en Castille. Italien.

Sculpteur.

Élève de Pompeïo Leoni, dont il imita la manière et à qui il fut très attaché. Il fut, avec Vilmercado, son meilleur collaborateur. On le retrouve partout où Pompeïo travaille, exécutant avec une admirable perfection les œuvres dont le charge le maître. Il prit particulièrement part à l'exécution des monuments funéraires élevés par ordre de Philippe II à l'Escurial et à l'œuvre maîtresse de Pompeïo. Les tombeaux du duc et de la duchesse de Lerme qui surmontent les statues à genoux de ces deux grands personnages sont de lui.

MARIANO Pellegr. di. Voir **ROSSINI**

MARIANO d'Agnolo ou **Mariano d'Angelo**. Voir **ROMANELLI Mariano**

MARIANO di Antonio di Francesco Nutolo

Né le 21 juillet 1468, originaire de Pérouse. XVe siècle. Italien.

Peintre de compositions religieuses, miniaturiste.

MUSÉES : PÉROUSE : *Saint Bernard et saint Jean Baptiste*.

MARIANO d'Antonio

Né probablement à Sienne. XVe siècle. Italien.

Miniaturiste.

Cet artiste travailla aux livres de chœur de Sienne. En 1466-1471, on le paya 20 lires pour une grande miniature exécutée dans un des *Antifonari*. Malenesi n'apprécie guère les travaux de Mariano. Il le considère comme n'ayant aucune grâce, aucune composition et aucun style. Cependant, à en juger d'après certains ornements, le dessin est classique et précis.

MARIANO di Austerio ou **Eusterio di Bartolomeo di Mariano da Monte Corneo**, dit **Mariano da Perugia**

Né vers 1470. Mort entre 1527 et 1547. XVe-XVIe siècles. Actif à Pérouse. Italien.

Peintre.

Il fut sans doute un élève du Pérugin. Vasari cite de lui une peinture à San Agostino d'Ancona. On lui attribue aussi une œuvre à San Domenico, à Pérouse.

MARIANO da Pescia. Voir l'article **SERBALDI da Pescia**

MARIANO ANDREU. Voir **ANDREU Mariano**

MARIANOV Bata

Né le 23 avril 1943 à Timisoara. XXe siècle. Actif depuis 1985 en Allemagne. Roumain.

Sculpteur. Tendance abstraite.

Il est diplômé de l'Institut d'Arts Plastiques N. Grigorescu de Bucarest en 1970. Il enseigne la sculpture au Lycée d'Art de Timisoara de 1970 à 1973. Il quitte définitivement la Roumanie pour s'établir à Francfort-sur-le-Main en 1985.

Il participe à des expositions collectives en Roumanie, Yougoslavie, Bulgarie, Italie, République fédérale d'Allemagne, Canada, etc. Il montre ses œuvres dans une première exposition personnelle à Bucarest en 1969.

Bata Marianov sculpte le bois, un matériau qui accompagne la vie des paysans roumains. Il met en valeur le plein de l'architecture naturelle des troncs, y découpe aussi des formes concaves ou convexes, et récemment associe ses sculptures à des câbles et chaînes métalliques, des signes mathématiques ou cabalistiques. Par-delà le matériaux et sa texture, il cherche les correspondances entre formes géométriques et formes naturelles. Il a réalisé plusieurs sculptures en plein air, notamment en Roumanie, situées à Magura et Arcus.

BIBLIOGR. : *Marianov : Sculpturen, 1970-1983*, Union des artistes plasticiens de Roumanie, Bucarest, 1983 – Ionel Jianou et divers, in : *Les Artistes roumains en Occident*, American Romanian Academy of Arts and Sciences, Los Angeles, 1986.

MUSÉES : TIMISOARA (Mus. d'Arts) : *Requiem I* 1975.

MARIAU Jean ou **Moriau, Moro**

XVIIe siècle. Actif à Bruges. Éc. flamande.

Peintre.

Il était à Vienne en 1672.

MARIBONA Armando R.

Né en 1894 dans la province de Matanzas (Cuba). Mort en 1964. XXe siècle. Cubain.

Peintre de figures, nus, dessinateur, caricaturiste.

Il est peintre, dessinateur, caricaturiste et écrivain. Il fit ses

études à l'École nationale des Beaux-Arts San Alejandro de La Havane, puis à L'Académie nationale d'Arts Appliqués du Cooper Institute de New York et à l'Académie de la Grande Chaumière à Paris. Écrivain, en tant que correspondant de nombreuses publications latino-américaines, il séjourna en France, en Espagne, en Belgique et en Suisse. Il exposa à New York, Paris, La Havane. À partir de 1927, il enseigna à l'École San Alejandro de la Havane, tout en menant parallèlement sa carrière de peintre et de caricaturiste.
Ventes Publiques : New York, 18 mai 1995 : *La Sieste, nu féminin allongé,* h/t (126,5x81,4) : **USD 11 500.**

MARICHET Imbert. Voir **MARESCHET**

MARICOT Jeanne Alexandre
Née en 1789 à Paris. xixe siècle. Française.
Portraitiste et miniaturiste.
Médaille en 1819. Exposa au Salon, de 1808 à 1848.
Ventes Publiques : Paris, 5 mars 1937 : *Portrait de femme en corsage décolleté,* miniat., dans une boîte en or : **FRF 610** – Paris, 17 mai 1950 : *Portrait d'homme en habit vert,* miniature : **FRF 8 000.**

MARIE, reine de Roumanie
Née le 29 novembre 1875 à Eastwell Park (Angleterre). xxe siècle. Roumaine.
Peintre, illustrateur.
Mariée à Ferdinand en 1893, qui devint roi de Roumanie, elle chercha à donner aux arts décoratifs une impulsion nationale et établit des projets pour la décoration des palais royaux. Son *Livre des chants* peint sur parchemin obtint le grand prix à l'Exposition universelle de Barcelone en 1929.

MARIE Adrien Emmanuel
Né le 20 octobre 1848 à Neuilly-sur-Seine (Hauts-de-Seine). Mort en avril 1891 à Cadix (Andalousie). xixe siècle. Français.
Peintre de genre, paysages, peintre à la gouache, aquarelliste, dessinateur, illustrateur.
Il fut élève de Bayard, Camino et Pils. Il figura au Salon de Paris, de 1866 à 1881, puis Salon des Artistes Français, obtenant une médaille de bronze en 1889, pour l'Exposition Universelle.

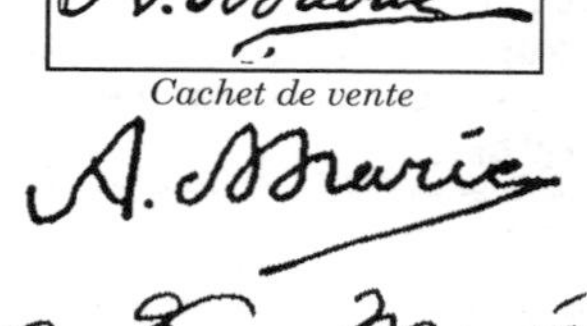

Cachet de vente

Musées : Calais : Une aquarelle – Sydney : Une aquarelle – Tourcoing : *Jeune fille à la chèvre.*
Ventes Publiques : Paris, 1882 : *Le galant jardinier* : **FRF 420** – Paris, 1895 : *Un cas grave* : **FRF 226** ; *Chef Sopha,* aquar. : **FRF 145** – Paris, 1900 : *La jeune mère,* dess. au lav., reh. de blanc : **FRF 80** – Paris, 29 jan. 1931 : *L'allée des cavaliers à Hyde-Park (Londres),* aquar. et gche : **FRF 460** – Paris, 4 juin 1937 : *Souvenir de Londres,* gche : **FRF 280** – Paris, 6 juin 1945 : *Composition pour « Tartarin sur les Alpes »,* quatre dessins : **FRF 500** – Londres, 19 mars 1979 : *La distribution aux pauvres des restes du banquet du Lord Maire* 1882, h/t (92x132) : **GBP 18 000** – Paris, 11 déc. 1995 : *La bohémienne* 1870, h/t (89x148) : **FRF 74 000.**

MARIE Alexandre Léon
Né au xixe siècle à Paris. xixe siècle. Français.
Graveur.
Élève de Deleuc. Exposa au Salon à partir de 1876.

MARIE Christiane
Née en 1948. xxe siècle. Française.
Peintre.
Elle étudia à l'École des Beaux-Arts de Rennes et enseigna les arts plastiques en Bretagne. De 1974 à 1976 elle séjourna en Belgique, où elle fut chargée de la décoration de l'église St-Joseph d'Anvers. De retour en France, elle se consacra longtemps à des recherches (musique, sculpture, gouache, fusain, huile) et eut sa première exposition personnelle en 1988 lors de l'inauguration des nouvelles salles du Château de la Franceule (Ille-et-Vilaine).

MARIE Désiré Pierre Louis
Né au xixe siècle dans le Calvados. xixe siècle. Français.
Sculpteur.
Élève de A. Toussaint. Figura au Salon de Paris en 1861 et 1863, avec : *Sainte Véronique,* statue et *Suzanne au bain,* statue en bronze.
Ventes Publiques : Londres, 7 déc. 1977 : *Diane au bain,* bronze (H. 98) : **GBP 900.**

MARIE Jacques
xixe-xxe siècles. Français.
Peintre de paysages.
Ventes Publiques : Paris, 23 mars 1950 : *Vue de Larchant* 1904 : **FRF 7 500** – Londres, 21 mars 1986 : *Portrait de jeune fille* 1919, h/t (46x37) : **GBP 1 500.**

MARIE Louise Sophie
Née au xixe siècle à Crécy. xixe siècle. Française.
Peintre.
Exposa au Salon en 1868 et 1869.

MARIE Raoul Edmond
Né au xixe siècle à Paris. xixe siècle. Français.
Peintre de genre.
Élève de Gérôme. Figura au Salon entre 1873 et 1878.

MARIE René
xxe siècle. Français.
Sculpteur.
Il fut élève de Maillol. Il exposait, en 1945, à Paris, au Salon des Surindépendants un *Torse de femme* ; un *Poisson* et une *Tête.*

MARIE Suzanne
Née le 27 juillet 1901 à Villejuif (Val-de-Marne). xxe siècle. Française.
Peintre.
Elle fut élève de Maurice Bompard. Elle exposa, à Paris, au Salon des Artistes Français à partir de 1920, dont elle devint sociétaire.

MARIE la Pointresse ou **la Poinguereze**
xive siècle. Active à Lille vers 1337. Éc. flamande.
Peintre.
Elle travailla, en 1347, à l'église collégiale de Saint-Pierre, à Lille.

MARIE de MÉDICIS, reine de France
Née en 1573 à Florence. Morte en 1642 à Cologne. xvie-xviie siècles. Française.
Graveur sur bois.
Elle grava son propre portrait, à l'âge de onze ans, et signa *Maria-Medici F. MDLXXXII.* Un *Portrait de jeune fille,* signé L. O. 1587, lui est attribué.

MARIE d'Orléans, princesse
Née en 1865. Morte en 1909. xixe siècle.
Aquarelliste.
Fille du duc de Chartres et belle-fille du roi de Danemark Christian IX.
Ventes Publiques : Paris, 31 mai 1995 : *Coqs de bruyère,* aquar., une paire (chaque 53x97,5) : **FRF 5 000.**

MARIE ALEXANDRINE, née princesse de **Saxe Weimar Eisenach**
Née le 20 janvier 1849 à Weimar. Morte le 7 mai 1922 à Trebschen. xixe-xxe siècles. Allemande.
Peintre de portraits, paysages.
Elle a peint des portraits de famille et des paysages italiens.

MARIE-ALIX Alice
xxe siècle. Française.
Peintre de portraits, paysages, natures mortes.
Elle expose, à Paris, aux Salons des Indépendants à partir de 1923, d'Automne, dont elle a été secrétaire du jury en 1924.
Ventes Publiques : New York, 30 mars 1985 : *Portrait de Paul Poiret,* h/t (114,5x79,5) : **USD 4 000.**

MARIE ANNE, archiduchesse d'Autriche
Née en 1738. Morte en 1789. xviiie siècle. Autrichienne.
Peintre et graveur à l'eau-forte.
Elle signait : A ; *E.M.A.f.* ; *M.A.f.* Elle a gravé ses planches de différentes grandeurs ; l'une d'elles porte cette inscription : *Gemahlet und geelzet von S. K. Erz H. Maria Anna 1772.* Elle était membre d'honneur de l'Académie des Beaux-Arts de Vienne.

MARIE-ANTOINETTE d'Autriche, archiduchesse, puis reine de France
Née le 2 novembre 1755 à Vienne. Morte le 16 octobre 1793 à Paris. xviiie siècle. Française.

Dessinatrice amateur.
On cite d'elle un portrait à la sanguine de son père l'empereur François, qu'elle dessina alors qu'elle n'était âgée que de dix ans.

MARIE CHRISTINE, grande duchesse d'Autriche, devenue duchesse de Saxe-Teschen par son mariage
Née le 13 mai 1742. Morte le 24 juin 1798. XVIIIe siècle. Autrichienne.
Peintre.
Elle était fille de François Ier et de Marie Thérèse.

MARIE CHRISTINE DE BOURBON, reine d'Espagne
Née le 27 avril 1806 à Naples. Morte le 22 août 1878 au Havre. XIXe siècle. Espagnole.
Peintre.
Elle fut l'élève de Luis de Madrazo.

MARIE CHRISTINE d'ORLÉANS, duchesse de Wurtemberg
Née le 12 avril 1813 à Palerme. Morte le 2 janvier 1839 à Pise. XIXe siècle. Française.
Sculpteur.
Elle était fille du roi Louis-Philippe et mariée au duc Alexandre Guillaume de Wurtemberg. Élève de David d'Angers et d'Ary Scheffer. La Chartreuse de Fontainebleau possède d'elle une statue de *Jeanne d'Arc*, et l'Hôtel de Ville d'Orléans, une statue équestre de celle-ci, dont la réplique se trouve à Chantilly.

MARIE-ÉLISE
Née en 1934 à Rupelmonde. XXe siècle. Belge.
Peintre de paysages, fleurs, natures mortes, portraits, dessinateur.
Elle fut élève de Jan Van Puyenbroek.
BIBLIOGR. : In : *Dictionnaire biographique illustré des artistes en Belgique depuis 1830*, Arto, Bruxelles, 1987.

MARIE-JO, pseudonyme de **Radenac Marie-Jo**
Née à Courbevoie (Seine-Saint-Denis). XXe siècle. Française.
Peintre de paysages animés, peintre à la gouache. Naïf.
Elle vit à Paris, où elle fit ses études. Elle a été hôtesse de l'air, créatrice de mode enfantine. Sans avoir reçu de formation, elle peint depuis 1980. Elle participe à de nombreuses expositions collectives, parmi lesquelles à Paris : Salons des Indépendants, des Artistes Français, d'Automne, des Femmes Peintres et Sculpteurs, etc., et surtout depuis sa fondation en 1984 au Salon International d'Art Naïf. Elle participe aussi à des expositions d'art naïf à l'étranger : Belgique, Japon, Canada.
Elle décrit, avec une fraîcheur qui se veut enfantine, des paysages quotidiens, des scènes familières ou imaginées : *Le Pont-Neuf – La noce à Mimi – L'hiver russe – Le retour du marché – Salomon et la reine de Saba.* ■ J. B.

MARIE-LAURE, pseudonyme de **Noailles Marie-Laure de,** vicomtesse
Née le 31 octobre 1902 à Paris. Morte début 1970. XXe siècle. Française.
Peintre de portraits, figures, natures mortes, lithographe, décoratrice.
D'une activité multiforme et insatiable, la vicomtesse de Noailles, qui aimait à s'entendre nommer Marie-Laure, après avoir écrit *Dix ans sur terre*, en 1936, puis *Les Croquevivants* ; *La Tour de Babel* ; *Les Îles invisibles* (sous le pseudonyme d'Erica Ferrare), des recueils de poèmes *La Viole d'amour* ; *L'An 40*, la traduction des *Chansons vertes* d'Édith Sitwell, commença à peindre en 1945. Aimant, par tradition familiale autant que par goût, à s'entourer de tous les artistes de son temps, poètes, musiciens et peintres, on ne saurait clairement délimiter si elle en reçut à son tour une impulsion créatrice ou bien si au contraire ce n'est pas elle qui bien souvent releva de son enthousiasme irrésistible les courages déçus.
Non contente de peindre natures mortes, figures et portraits, dans un premier temps, puis, depuis 1960, des évocations abstraites se rattachant aux « frottages » surréalistes, il fallait qu'elle pénètre les arcanes techniques de la lithographie, dont elle a tiré une centaine de planches, exposées à Paris et à New York. Devant les réussites d'une telle fantaisie alliée à une connaissance sincère des moyens qu'elle employait, en 1948 le théâtre Marigny lui confia la réalisation de décors pour un ballet *Le Combat*. Qu'elle ait peint des décors d'assiettes ou suscité dans l'atelier de Maud Dominguez les émerveillements de l'émail, on retrouve dans chacun de ses gestes cette même fusion de l'intervention poétique et du sens intime de la matière.
BIBLIOGR. : In : *Peintres contemporains*, Mazenod, Paris, 1964 – in : *Dictionnaire de l'art moderne et contemporain*, Paris, Hazan, 1992.
VENTES PUBLIQUES : PARIS, 29 mars 1995 : *Alchimiste prudent* 1968, h/t (46x55) : **FRF 3 500** – LONDRES, 25 oct. 1995 : *Temps couvert* 1957, h/t (33x46) : **GBP 1 035** – PARIS, 12 déc. 1996 : *Visage* 1958, h/t (24x33) : **FRF 4 500**.

MARIE LESZCZYNSKA, reine de France
Née le 23 juin 1703 à Baszkow. Morte le 24 juin 1768 à Paris. XVIIIe siècle. Française.
Peintre.
Fille du roi de Pologne Stanislas Ier. Le Palais de Trianon conserve d'elle : *Une ferme* (copie), 1753 et une *Sainte Vierge*, d'après Vien, tableau gravé par François en 1759.

MARIE LOUISE, impératrice
Née le 21 décembre 1791 à Vienne. Morte le 18 décembre 1847 à Parme. XIXe siècle. Française.
Peintre.
Fille de l'empereur François II et épouse de Napoléon Ier depuis le 1er avril 1810. Elle fut élève de Prud'hon et d'Isabey. Le Musée de Besançon conserve d'elle un tableau de genre : *L'Innocence*. Il se pourrait d'ailleurs que ce tableau fût en réalité une esquisse de Prud'hon lui-même.
MUSÉES : BESANÇON : *L'Innocence*.

MARIE LOUISE DE BOURBON, reine d'Espagne
Née le 26 avril 1662 à Paris. Morte le 12 janvier 1689 à l'Escurial. XVIIe siècle. Française.
Miniaturiste.
Fille de Philippe Ier, duc d'Orléans, et épouse de Charles II.

MARIE LOUISE Alexandrine Caroline, comtesse de Flandre, née princesse de **Hohenzollern**
Née le 17 novembre 1845 à Inzigkofen. Morte le 17 novembre 1905 à Bruxelles. XIXe siècle. Allemande.
Peintre de genre, de paysages et de natures mortes.
En 1910 parut un album posthume des bords de la Semois. Son œuvre gravée complète se trouve à la Bibliothèque royale de Bruxelles.

MARIEGE Jean
XVIIIe siècle. Français.
Il était actif à Lyon entre 1721 et 1728. À rapprocher de Marieige.
VENTES PUBLIQUES : PARIS, 28 juin 1993 : *Vue d'un palais en perspective* ; *Rampe d'escalier près d'un jardin*, h/t, une paire (98x147) : **FRF 400 000**.

MARIEIGE
XVIIIe siècle. Éc. flamande (?).
Peintre de paysages.
L'ancien catalogue du Musée de Montpellier comptait Marieige parmi les peintres français ; d'après l'inventaire de M. Lafenestre, l'artiste serait flamand. À rapprocher de Jean Mariege.
MUSÉES : MONTPELLIER : *Un marché au milieu de ruines antiques – Port*, projet de décor de théâtre.

MARIEN Andrès ?
XVIe siècle. Actif à Séville en 1575. Espagnol.
Peintre.

MARIEN Jean
XVe siècle. Actif à Louvain en 1458. Éc. flamande.
Peintre de figures.
En 1460, il travailla pour le marchand de tableaux Nicolas de Hollande.

MARIËN Marcel
Né en 1920 à Anvers. Mort en 1993. XXe siècle. Belge.
Peintre de collages, écrivain, photographe, cinéaste. Surréaliste.
Autodidacte, il effectue entre 1934 et 1936 un apprentissage chez un photographe d'Anvers. Devenu commis d'agent de change, il se joint, en 1937 – il a alors dix-sept ans – au groupe des surréalistes belges composé de Nougé, Scutenaire, Magritte... En 1940, il est fait prisonnier par l'armée allemande. En 1948, on le retrouve bouquiniste à Bruxelles. Il écrit énormément sur le surréalisme, depuis sa première publication en 1941, collaborant avec Magritte au *Miroir infidèle*. En 1954, il fait paraître *Les Lèvres nues*, un essai consacré à la poésie surréaliste, c'est également le nom d'une revue qu'il dirigea entre 1954 et 1975. Celle-ci s'ouvrit à l'International lettriste avec les premiers écrits de Guy Debord et de Gil Wolman. En 1955, il conçoit le prix de la « Bêtise humaine » conjointement décerné à André Malraux et au roi Baudouin. En 1959, son film, *L'Imitation au cinéma*, histoire d'un

homme qui cherche à se crucifier sur une croix, fait scandale en Belgique, est interdit en France et aux États-Unis. En 1962, il est garde-malade à New York. En 1963, il effectue un voyage en Chine ayant, auparavant, traversé le Japon, Hong-kong, le Laos et le Viêt-nam. En Chine, il est correcteur de la revue de langue française *La Chine en construction*. En 1966, il est de retour à Bruxelles. On lui doit la publication de la correspondance de Magritte.
Il a participé, en 1937, à la première exposition surréaliste organisée par Mesens à la London Gallery à Londres. Il a figuré à l'exposition *Le Surréalisme en Belgique I* à la galerie Isy Brachot à Paris en 1986. La galerie espagnole La Maquina Espanola exposa ses œuvres à Madrid en 1989. Sa première exposition personnelle eut lieu en 1967 à Bruxelles, galerie Defacqz. Une « exposition-hommage », intitulée *Le Lendemain de la mort*, fut présentée, en 1994, à La Louvrière, une autre, en 1995, au Centre Wallonie-Bruxelles, à Paris.
Marcel Mariën fut un compagnon des surréalistes belges et du mouvement mais, esprit indépendant, il tenta d'en garder le plus longtemps possible le caractère révolutionnaire intact contre les dérives carriéristes ou complaisantes de la part des uns et des autres, les mystifications ou la « récupération » de cet art par la bourgeoisie marchande. C'est ainsi que, parallèlement à son œuvre de plasticien, il critiqua souvent avec causticité les surréalistes belges, en premier lieu Delvaux, mais aussi Magritte avec qui il se brouilla, ayant fait paraître lors de l'exposition de celui-ci à Knokke-le-Zoute en 1962, un tract intitulé *La Grande Baisse* figurant Magritte sur un billet de cent francs, offrant ses peintures, écrivait-t-il, « à la plus sordide spéculation ». Il révéla également la présence de fausses gouaches de Magritte dans une galerie bruxelloise, l'activité en fausse monnaie du peintre, propos qui lui valurent un procès, mais qu'il gagna, de même qu'il dénonça le comportement collaborationniste d'un autre artiste peintre pendant la guerre, qui lui valut un autre procès, qu'il gagna également. Quant à l'œuvre picturale proprement dite de Marcel Mariën, elle se compose essentiellement de collages et photomontages qui doivent d'ailleurs plus à Dada qu'au surréalisme. Teintés d'humour, ils sont souvent agressifs, et ne manquent pas de surprendre, voire de choquer. Souvent, il s'agit d'assemblages incongrus de deux objets, par exemple un « pistolet-robinet » intitulé *Le Secret de l'alcôve* ou une « clef-boucles de ceinture » pour *Les Songes d'une clef*. Il pastichait et désacralisait également avec délice les œuvres emblématiques de l'histoire de l'art, telle *Mondrianité* ou le *Bordel imaginaire* en référence au *Bordel philosophique* autre nom des *Demoiselles d'Avignon* de Picasso, etc. Marcel Mariën découpait également des images en arabesques qu'il collait sur des supports blancs, jouant d'une figuration par allusion de la forme même des découpages et des images qui y étaient partiellement inscrites. Cette double figuration renforce également la quête « voyeuriste » du spectateur que Marïen s'est plu à titiller en utilisant souvent des images érotiques : *L'Introduction à Herculanum*, 1984. ■ C. D.

Bibliogr. : *Marcel Mariën*, catalogue de l'exposition, Isy Brachot, Bruxelles, 1990 – in : *Dictionnaire biographique illustré des artistes en Belgique depuis 1830*, Arto, Bruxelles, 1987 – in : *Dictionnaire de l'art moderne et contemporain*, Hazan, Paris, 1992 – Marcel Mariën : *Les Fantômes du château de cartes*, Labor, Bruxelles, 1993 – Xavier Canonne : *Marcel Mariën*, Snoeck-Ducaju & Zoon, 1994 – Elisabeth Lebovici : *Marcel Mariën brouilleur de cartes*, in : *Libération*, Paris, jeudi 27 avr. 1995.

Musées : Limoges (FRAC) : *De la différence qu'il y a entre ce qui n'existe plus et ce qui n'a jamais existé* 1971.

Ventes Publiques : Paris, 23 mars 1992 : *La place au soleil* 1985, tirage sur pap. argentique (30,5x40,5) : **FRF 4 200** – Amsterdam, 1er juin 1994 : *La Belle au Bois Dormant* 1972, assemblage (44x60) : **NLG 4 370** – Lokeren, 8 oct. 1994 : *Le miroton*, relief peint (24x29,5) : **BEF 40 000**.

MARIËN Pol

Né en 1932 à Bruxelles. xxe siècle. Belge.

Peintre de paysages urbains, natures mortes, portraits. Tendance symboliste.

Il fut élève de Léon Devos et de Georges Devlaeminck à l'Académie des Beaux-Arts de Bruxelles. Il est professeur d'art plastique et enseigne la peinture à l'Académie des Beaux-Arts de Louvain. Sa peinture, dans son souci du détail, est qualifiée parfois de « précieuse ». Pol Mariën cherche à mettre en perspective poétique des objets ou des vues.

Bibliogr. : In : *Dictionnaire biographique illustré des artistes en Belgique depuis 1830*, Arto, Bruxelles, 1987.

MARIEN Théo

Né en 1928 à Anvers. xxe siècle. Belge.

Peintre.

Il fut élève de l'Académie des Beaux-Arts de Malines et de l'Institut supérieur d'Anvers.

Bibliogr. : In : *Dictionnaire biographique illustré des artistes en Belgique depuis 1830*, Arto, Bruxelles, 1987.

MARIEN Yves

Né en 1943 à Braine-l'Alleud. xxe siècle. Belge.

Sculpteur-céramiste.

Il fut élève de l'École des Arts et Métiers de Maredsous, de l'Académie de Boitsfort, des cours des Métiers d'Art du Hainaut à Jemappes et de l'École des Arts et Métiers d'Etterbeek.
Son travail relève d'une cosmogonie poétique.

Bibliogr. : In : *Dictionnaire biographique illustré des artistes en Belgique depuis 1830*, Arto, Bruxelles, 1987.

MARIENHOF Jan A.

Né vers 1610. Mort vers 1650-1660. xviie siècle. Actif à Utrecht de 1640 à 1652. Hollandais.

Peintre d'histoire, compositions religieuses, portraits, paysages.

D'après Descamps, il aurait fait son éducation en copiant les œuvres de Rubens ; puis se serait établi à Bruxelles après 1650, où il se maria, et le travail de ses dernières années est influencé par l'École de Bruxelles. Bellaka le fait mourir en 1712, ce qui paraît peu compatible avec la tradition qui le fait mourir jeune. Peintre d'histoire, on trouve toutefois de rares paysages dans son œuvre.

Musées : Dresde : *L'architecte et les deux souverains – Un couple de seigneurs* – Kassel : *Pierre délivré de prison* – Saint-Pétersbourg (Mus. de l'Ermitage) : *Portrait d'un sculpteur – Atelier d'un artiste*.

Ventes Publiques : Gand, 1838 : *La Madeleine pénitente* : **FRF 85** – Paris, 1840 : *L'Adoration des Mages* : **FRF 170** – Paris, 16 déc. 1987 : *L'atelier d'un artiste* vers 1648, h/t (39x30) : **FRF 49 000** – Londres, 12 déc. 1990 : *Alexandre et Diogène*, h/pan. (77,5x62) : **GBP 8 250** – Londres, 13 déc. 1991 : *Paysage rocheux avec des bandits dissimulés derrière un piton* 1652, h/pan. (33,4x50,2) : **GBP 4 180** – Londres, 20 avr. 1994 : *Paysage fluvial boisé* 1652, h/pan. (34,5x50) : **GBP 14 375**.

MARIÈRE Laurent. Voir **MAGNIER**

MARIESCHI Jacopo di Paolo

Né en 1711 à Venise. Mort en 1791 à Venise, 1794 selon d'autres sources. xviiie siècle. Italien.

Peintre d'architectures.

Élève de son père Michele Marieschi et de Gasparo Diziani. Imitateur de Canaletto. Il peignit souvent des aspects de Venise.

Musées : Dublin : *L'église S. Simione, à Venise – S. Simione, vue de loin* – La Fère : *Vue de ville italienne – Monuments en ruines* – Stuttgart : *Débarcadère – Canal Grande et Rialto – Canal Grande avec l'église Sainte-Lucie – École de Saint-Marc à Venise* – Venise : *Intérieur d'un édifice imaginaire*.

Ventes Publiques : Paris, 1886 : *Vue de Venise* : **FRF 880** – Paris, 25 avr. 1892 : *Vue de Venise* : **FRF 1 085** – Londres, 1896 : *Le Grand Canal à Venise* : **FRF 8 660** – Paris, 1900 : *Vue de la Giudecca, à Venise* : **FRF 320** – Paris, 4-5 et 6 avr. 1905 : *La place Saint-Marc à Venise* : **FRF 325** – Paris, 1er mars 1920 : *Le Canal à Venise* : **FRF 2 500** – Paris, 23 mars 1923 : *Port italien, au soleil couchant avec figures* : **FRF 2 260** – Londres, 11 avr. 1924 : *Le Palais des Doges* : **GBP 120** – Paris, 17 et 18 juin 1924 : *Le Pont de pierre ; Ruines à l'entrée d'un port*, les deux : **FRF 3 700** – Londres, 26 fév. 1926 : *Deux vues de Vérone* : **GBP 241** – Londres, 1er juil. 1927 : *Ruines classiques* : **GBP 357** – Londres, 1er fév. 1929 : *Maison vénitienne sur la Côte* : **GBP 115** – Londres, 15 mars 1929 : *L'Ile de San Giorgio Maggiore* : **GBP 126** – Londres, 28 juin 1929 : *La place Saint-Marc* : **GBP 157** – Londres, 14 mai 1930 : *Personnages sur une terrasse* : **GBP 260** – New York, 4 fév. 1932 : *Paysage romantique* : **USD 260** – Paris, 12 juin 1933 : *Villa italienne* : **FRF 220** – Paris, 25 mars 1935 : *Villes au bord de la mer, en Italie*, deux pendants : **FRF 1 420** – Paris, 12 mars 1943 : *L'Ile San Giorgio, à Venise*, École des J. M. : **FRF 4 200** – Londres, 11 jan. 1946 : *Venise* : **GBP 99** – Paris, 7 nov. 1949 : *Église romaine*, attr. : **FRF 3 800** – New York, 30 nov. 1950 : *Scènes de port*, deux pendants : **USD 3 400** – New York, 13 avr. 1956 :

Grand Canal, La Salute, Venise : **USD 1 000** – New York, 23 oct. 1957 : *Le Grand Canal* : **USD 1 200** – Lucerne, 25 juin 1960 : *Vue de Venise avec plusieurs gondoles sur le Grand Canal* : **CHF 6 000** – New York, 8 avr. 1961 : *L'Ancienne Ambassade de Turquie à Venise* : **USD 14 000** – Londres, 2 juil. 1976 : *Vue de l'arsenal, Venise*, h/t (61x95,3) : **GBP 4 500** – Paris, 16 juin 1983 : *Vues de Vénitie*, h/t, deux pendants (37,5x56 et 36,5x56) : **FRF 180 000** – Londres, 2 juil. 1986 : *Vue de Venise avec San Giorgio Maggiore*, h/t (55x84) : **GBP 70 000** – Londres, 31 mars 1989 : *L'Assomption*, h/t (rond diam. 158) : **GBP 6 380** – Rome, 27 nov. 1989 : *Amour éprouvant la pointe d'une flèche*, h/t (62x75) : **ITL 11 500 000** – Milan, 13 mai 1993 : *Adoration des Mages*, h/t (42,5x46,5) : **ITL 18 000 000**.

MARIESCHI Michele

Né en 1696 ou 1710 à Venise. Mort en 1743 ou 1744 à Venise. xviiie siècle. Italien.

Peintre d'histoire, scènes de genre, architectures, graveur.

Il semble avoir passé la première partie de sa vie en Allemagne, où ses œuvres sont très estimées. Il se trouve à Fano en 1735, retourne ensuite à Venise, où il publie vingt-et-une vues gravées de Venise en 1741.

Il réalise de nombreuses vues de cette ville, où, à la façon de Carlevaris, il mêle certains éléments réels du paysage avec des ruines classiques ou des éléments d'architectures fantaisistes, passant de la « veduta » au « caprice ».

Bibliogr. : Georg Kaspar Nagler, in : *Die Monogrammisten*, G. Franz, Munich, 1858-1879 – Ralph Toledano : *Michele Marieschi. L'Opera completa*, Arnoldo Mondadori, Milan, 1988.

Musées : Bergame (Gal. Carrara) : Deux vues de Venise – Bristol (City Mus.) – Budapest (Mus. Nat.) : *Giov. Gradenigo distribue ses aumônes sur la place Saint-Jean – Mort du doge Pietro Candiani* – Dublin (Nat. Gal.) : Deux vues de Venise – *La place Saint-Marc* – La Fère – Göttingen (Univ. gemaldesam.) : *Arc de triomphe romain sur le port* – Leipzig : *Paysage côtier* – Londres (Nat. Gal.) : Deux vues du Canal Grande – Deux vues d'une ville au bord d'une rivière – Milan (Castello Sforzesco) : Quatre tableaux – Naples (Mus. Filangieri) – Paris (Mus. du Louvre) – Philadelphie (Wilstach coll.) : *Canal grande* – Potsdam (Neues Palais) : Deux vues de la place Saint-Marc – Stockholm (Nat. Mus.) : Deux vues intérieures d'un palais – Stuttgart : Quatre vues de Venise – Venise (Mus. de l'Acad.) : *Le Port del Dolo* – Trois tableaux – Vienne (Acad. des Beaux-Arts) : Deux vues de Venise.

Ventes Publiques : Paris, 22 déc. 1920 : *Coin de Venise* : **FRF 4 000** – Londres, 15 juil. 1927 : *La Piazetta et le palais des Doges* : **GBP 1 102** – Paris, 5 déc. 1951 : *Vue de Venise, la Piazetta des Leoncini ou de San Basso* : **FRF 1 000 000** – Londres, 14 juin 1961 : *Taureau sur la place Saint-Marc* : **GBP 3 000** – Londres, 30 juin 1965 : *Palazzo Pesaro à Venise* : **GBP 18 500** – Milan, 21 mai 1970 : *Vue de Venise* : **ITL 11 000 000** – Vienne, 15 juin 1971 : *Vue de Venise* : **ATS 350 000** – Londres, 7 juil. 1972 : *Le Pont du Rialto, Venise* : **GNS 17 000** – Londres, 2 juil. 1976 : *La cour du palais des doges*, h/t (117x180,2) : **GBP 55 000** – Londres, 14 avr. 1978 : *Scènes d'estuaires*, h/t, la paire (34,5x51) : **GBP 8 500** – Londres, 18 avr. 1980 : *Vue de Venise*, h/t (54,5x83,5) : **GBP 40 000** – New York, 8 jan. 1981 : *Caprices*, h/t, une paire (35,5x54,5) : **USD 67 500** – Londres, 11 déc. 1984 : *Santa Maria della Salute et le Grand Canal, Venise*, h/t (55,9x85,1) : **GBP 90 000** – Berne, 21 juin 1985 : *Magnificentiores Selectioresque Urbis Venetiarum* 1741, vingt eaux-fortes (48,5x65) : **CHF 70 000** – Londres, 3 avr. 1985 : *Le Palais des Doges, Venise*, h/t (52x67,5) : **GBP 40 000** – Londres, 9 avr. 1986 : *Vue de la Piazzetta et du Palais des Doges, Venise*, h/t (47x74) : **GBP 85 000** – New York, 4 juin 1987 : *Caprices architecturaux animés de personnages*, h/t, une paire (71x94,5) : **USD 110 000** – Paris, 13 juin 1988 : *Cour de palais animé – Architecture animée de personnages*, deux h/t, formant pendants (37x57) : **FRF 360 000** – Londres, 8 juil. 1988 : *Santa Maria della Salute à Venise, vue de Rio di San Moïse avec des gondoles sur le Grand Canal*, h/t (62,5x97,5) : **GBP 550 000** ; *Le pont du Rialto à Venise, vu du sud avec des gondoles sur le Grand Canal*, h/t (62,5x97,5) : **GBP 528 000** – Heidelberg, 14 oct. 1988 : *Forum Maius D : Marcu aliler prospectum cum eiusdem Basilica* 1741, eau-forte (30x45) : **DEM 2 400** – Londres, 21 avr. 1989 : *Le Molo à Venise avec la Piazzetta, l'embouchure et Grand Canal et Santa Maria della Salute au loin*, h/t (38x65) : **GBP 170 500** – Monaco, 16 juin 1989 : *Le Palais ducal et les prisons vus depuis le bassin Saint-Marc*, h/t (55x82,5) : **FRF 2 109 000** – Londres, 5 juil. 1989 : *Venise : la place Saint-Marc ; Venise : le Grand Canal*, h/t, une paire (chaque 54,6x82,5) : **GBP 462 000** – Londres, 8 déc. 1989 : *Venise, le Grand Canal avec le pont du Rialto ; Venise : le Molo avec la prison et le Palais des Doges*, h/t, une paire (chaque 59x87) : **GBP 902 000** – New York, 10 jan. 1990 : *Capriccio de constructions et de ruines dans un paysage italien animé*, h/t (40,7x68,6) : **USD 220 000** – New York, 31 mai 1991 : *La place Saint-Marc à Venise*, h/t (73,6x94) : **USD 1 375 000** – Londres, 10 juil. 1992 : *Capriccio des ruines d'un portique antique, avec la statue d'un cheval et un sarcophage sur un piédestal avec une lavandière et son chien*, h/t (56,5x83,8) : **GBP 66 000** – New York, 12 jan. 1994 : *Le Cannaregio avec le Pont des Flèches et le campanile de Saint-Jérémie*, h/t (55,9x84,4) : **USD 343 500** – Monaco, 2 déc. 1994 : *Caprices vénitiens*, quatre h/t (chaque 36x56) : **FRF 1 332 000** – Londres, 9 déc. 1994 : *Le Campo San Gallo à Venise*, h/t (98,5x137,5) : **GBP 463 500** – New York, 12 jan. 1996 : *Capriccio de ruines classiques avec des paysans et des lavandières sur un quai et des péniches et des gondoles amarrées*, h/t (51,2x74,6) : **USD 112 500** – Londres, 13 déc. 1996 : *La Cour du palais des Doges à Venise*, h/t (118,5x180,7) : **GBP 1 541** – New York, 30 jan. 1997 : *Vue du Pont Rialto, Venise ; Vue de l'Église Santa Maria della Salute, Venise* vers 1735, h/t, une paire (chaque 62,9x97,2) : **USD 992 500** – Venise, 22 juin 1997 : *Capriccio avec une maison campagnarde et des personnages ; Capriccio fluvial avec des pêcheurs, des cavaliers et autres personnages*, h/t, une paire (40,5x54,5) : **ITL 253 000 000**.

MARIETTE, généalogie de la famille

xviie-xviiie siècles.

Pierre Ier,

marchand imagier, épouse le 30 octobre 1633, Geneviève Lenoir, qui meurt le 29 mai 1644, ayant eu cinq enfants. Il se remarie en secondes noces avec Catherine du Bray. Mort le 17 décembre 1657.

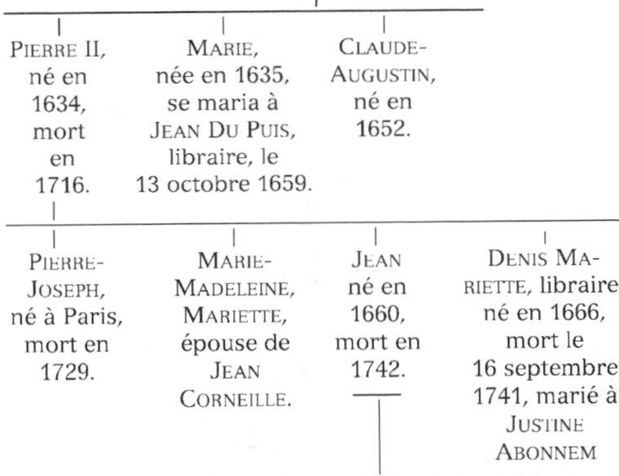

MARIETTE Jean

Né à Paris, baptisé le 22 juillet 1660. Mort le 21 septembre 1742 à Paris. xviie-xviiie siècles. Français.

Peintre et graveur.

Il était fils de Pierre Mariette II et de Geneviève Lenoir. Il montra dès son jeune âge un goût marqué pour les beaux-arts et tout d'abord se destina à la peinture. Il fut l'élève de son beau-frère J.-B. Corneille, dessinant, peignant et gravant. Ch. Le Brun ayant vu certaines de ses estampes, l'engagea à se consacrer à ce genre. Jean Mariette s'arrêta à cet avis. Il se proposait de s'attacher à la reproduction de grands tableaux, dans la manière de Gérard Audran, qu'il admirait tout particulièrement, mais s'étant marié avec Claude-Geneviève Coignard et s'étant établi libraire et marchand d'estampes, il fut amené à produire surtout des ouvrages courants. Cependant on ne catalogue pas moins de trente-cinq pièces, reproductions de tableaux et sujets divers, d'après ses propres dessins et d'après N. Poussin, Michel Corneille, Cheron, Ant. Dieu, Guido Reni, A. Carracci, Sébastien Bourdon, Contarini, Ch. Le Brun, Van Dyck, Alexander, Dom. Zampieri. Son fils, l'illustre Pierre-Jean Mariette dit qu'il avait un goût très éclairé et une connaissance approfondie de la manière des différents graveurs. On peut dire qu'il fut l'éducateur de son fils Pierre-Jean, et n'eût-il pas d'autre titre de gloire, celui-là serait suffisant pour lui mériter notre reconnaissance. Il publia l'*Architecture française ou recueil de plans* (3 tomes, 1727-37). Le Musée du Louvre possède son portrait peint par V. A. Pesne.

MARIETTE Pierre Jean
Né le 7 mai 1694 à Paris. Mort le 10 septembre 1774 à Paris. XVIIIe siècle. Français.
Graveur, éditeur, écrivain et amateur d'art.
Pierre-Jean Mariette occupe au XVIIIe siècle une place considérable. Il représente pour nous le type parfait de l'amateur d'art français et nous lui devons une profonde reconnaissance pour les précieux travaux littéraires, qu'il exécuta dans le but le plus désintéressé. Les notes qu'il a ajoutées à l'Abecedario du P. Orlandi, publiées, si heureusement dans les *Archives de l'Art Français,* sont une source de documentation infiniment précieuse, parce qu'elles résultent toutes d'observations personnelles. On y trouve condensées les longues études de Pierre-Jean et de son père, appuyées sur des traditions de famille remontant au règne de Louis XIII. Pierre-Jean Mariette, après avoir reçu une excellente éducation, voyagea beaucoup et fit notamment un long séjour en Italie. À Venise, il connut la Rosalba, et ce fut sur les conseils de Mariette, qu'elle vint à Paris. Le 15 mai 1724, Mariette, qui s'était établi éditeur et imprimeur en taille-douce, rue Saint-Jacques, aux Colonnes d'Hercule, épousa Angélique-Catherine Doyen. Il en eut plusieurs enfants : le 6 mars 1725, Jean-Pierre ; Angélique-Geneviève ; le 15 novembre 1730, Corneille-Guillaume ; le 17 février 1732, Geneviève-Thérèse. Mariette jouissait parmi les artistes et les amateurs d'une situation exceptionnelle, méritée par sa fortune et l'élévation de son caractère. À la fin de sa vie, ayant abandonné le commerce, il occupait plusieurs charges. Son acte de décès le mentionne : « Conseiller du Roy en ses conseils, secrétaire de sa Majesté, maison couronne de France et de ses finances, contrôleur général de la grande chancellerie de France, membre honoraire de l'Académie royale de peinture et de sculpture et de l'Académie de Florence ». Ses fils sont mentionnés : Jean-Pierre, conseiller à la cour des aides ; Corneille-Guillaume, conseiller à la chambre des aides ; Mariette possédait une incomparable collection d'estampes et de dessins, réunissant les plus belles pièces amassées par trois générations d'hommes avertis, de connaisseurs émérites, et qu'il avait lui-même enrichies de merveilles. Il n'avait pas moins de quarante dessins de Michel-Ange, de Dürer, de Rembrandt, plusieurs œuvres gravés complets du maître, en admirables épreuves. Lorsque, en 1775, il fut décidé que la vente de cet ensemble aurait lieu, Joly, garde des estampes à la bibliothèque royale, fit les efforts les plus louables pour que le roi en fît l'acquisition. Il rappela l'ensemble de la Collection des 20 000 dessins de Crozat, offerts à la couronne pour 100 000 livres, offre dédaigneusement repoussée par le cardinal Fleury : « Le roi avait déjà assez de fatras ». Il ne réussit malheureusement qu'à obtenir un crédit partiel : on acheta à la vente un dixième des dessins, environ 1 300, pour une somme de 52 000 livres.
Ventes Publiques : Paris, 28 nov. 1928 : *Un coin du jardin de Crozat à Montmorency*, pl. : **FRF 8 000**.

MARIETTE Pierre Joseph
Né à Paris. Mort en 1729 à Paris. XVIIIe siècle. Français.
Graveur et marchand d'estampes.
Fils aîné de Pierre II et frère de Jean-Mariette. Le Blanc le dit à tort fils de Jean et père de Jean-Pierre. Pierre-Joseph grava surtout d'après Ant. Watteau. On cite de lui, d'après ce maître : *Vénus sur les eaux, Amusements champêtres,* 1er état avec les noms des artistes seulement *(Les castagnettes, Les charmes de l'Été, La Collation, L'Ile de Cythère, La leçon d'amour, La promenade, Le repos à la promenade, La toilette du matin, La troupe italienne en vacances).*

MARIETTI Martino, fra
XVe siècle. Actif à Ferrare. Italien.
Miniaturiste.
Il prit l'habit à Ferrare en 1488. Il fut moine à Saint-Bartolo, près de Ferrare.

MARIETTO del Minga Andrea di. Voir **MINGA**

MARIGLIANO Giovanni ou **Merigliano, Meriliano, Merliano, Miriliano,** dit **Giovanni da Nola,** ou **Nolano** (Juan)
Né vers 1488 à Nola. Mort en 1558 à Naples. XVIe siècle. Italien.
Sculpteur et graveur sur bois.
Il fut le sculpteur de Naples le plus fécond de la première moitié du XVIe siècle, le fondateur d'une école locale qui aurait subi l'influence des maîtres toscans et lombards. Son chef-d'œuvre est le *Tombeau du Vice-roi Ramon de Cordone.*

MARIGNOLLI Leonardo ou **Marignoli**
Actif à Florence. Italien.
Sculpteur et stucateur.

MARIGNY
Actif à Bar-le-Duc. Français.
Peintre.

MARIGNY Eulalie
Née le 8 septembre 1868 à Paris. XIXe siècle. Française.
Peintre de genre.
Figura à l'Exposition du Luxembourg en 1830 et au Salon de 1831.

MARIGNY Louise
XIXe siècle. Actif à Paris. Français.
Peintre de genre.
Figura à l'Exposition du Luxembourg en 1830 et au Salon entre 1831 et 1833.

MARIGNY Michel
Né le 16 juin 1795 à Paris. Mort le 4 décembre 1849 à Paris. XIXe siècle. Français.
Peintre d'histoire, de genre et de portraits.
Des œuvres de lui se trouvent aux églises Saint-Leu de Paris, Saint-Omer de Rouen *(Flagellation du Christ)* et au Musée d'histoire de Berne.

MARIJANOVIC Stanislas
Né en 1957 à Duvno. XXe siècle. Actif en France. Yougoslave.
Graveur.
Il a été sélectionné pour le prix grav'x, par la galerie Michèle Brouta, à Paris en 1991.

MARIK Thomas
Né en 1810 en Bohême. Mort le 29 août 1855 à Vienne. XIXe siècle. Actif à Vienne. Autrichien.
Peintre, sculpteur.
Père lai.

MARILHAT Prosper Georges Antoine
Né le 20 mars 1811 à Vertaizon (Puy-de-Dôme). Mort le 13 septembre 1847 à Thiers. XIXe siècle. Français.
Peintre de sujets typiques, portraits, paysages, aquarelliste, pastelliste, dessinateur. Orientaliste.
Un séjour de 1831 à 1833, que cet artiste fit en Syrie, en Palestine et en Égypte, lui fit trouver son genre véritable. Les paysages désertiques, les caravanes, les oasis, les vues de villes d'Orient furent traduits par lui avec un réel talent. S'il appliqua une technique soignée un peu précieuse, il faut tenir compte de l'époque à laquelle il travaillait ; on ne peut lui refuser d'avoir mis beaucoup de sentiment dans ses œuvres, ce que Théophile Gautier ressentit fort bien la première fois qu'il vit une toile de Marilhat. Il influença, à ses débuts, l'art de Pissarro. Au Caire, où il séjourna quelque temps, il peignit aussi des portraits, notamment celui de Méhémet-Ali. Il revint à Paris en 1833 et continua à prendre part aux expositions jusqu'en 1844 avec un très grand succès. On lui doit deux eaux-fortes : *Place de l'Esbekech au Caire* et *Souvenir de la campagne de Rosette* (1835) publiée dans l'*Artiste*. Les tableaux de Marilhat ont été gravés à l'eau-forte et en lithographie par Marvy, Damours, H. Berthoud, François, Jules Laurens, Leroux, Mouilleron, Bellel, Bour, Alophe. Il figura au Salon de Paris, entre 1831 et 1844. Il subit dès 1838 l'influence de Cabat et Aligny, modifiant son style dans une recherche poussinesque. Son style très travaillé a aussi des préoccupations coloristes. À la fin de sa vie où il sombre dans la folie, sa manière se modifie vers une sorte d'abstraction nouvelle.

MARILHAT P.M.
MARILHAT

Bibliogr. : Pierre Miquel, in : *Le paysage français au XIXe siècle, 1824-1874, l'école de la nature*, Maurs, chez l'auteur, 1975 – Pierre Miquel, in : *Le paysage français au XIXe siècle 1800-1900, l'école de la nature*, Éditions de La Martinelle, vol. II-III, Maurs-la-Jolie, 1985.
Musées : Bernay : *Tête de vieillard – Vue d'Orient* – Béziers :

Environs du Caire – Blois : *Paysage* – Carpentras : *Effet de crépuscule* – Chantilly : *Turcomans en marche* – *Arabes syriens en voyage* – *Une rue au Caire* – *Souvenir de la campagne de Rossette* – Dijon : *Le Pont du Gard*, dess. – Leipzig : *Caravane au pied du Liban* – *Vue de Tripoli* – Lille : *Paysage d'Orient* – Londres (coll. Wallace) : *Sur le Nil* – *Palmiers* – *L'Erechtheion d'Athènes* – *Scènes sur le Nil* – Lyon : *Lisière d'une forêt au bord d'une rivière* – Le Mans : *Paysage pastoral de Grèce* – Montpellier : *Village d'Auvergne* – Moscou (Gal. Tretiakov) : *Forêt de Fontainebleau* – Nantes : *Palais d'Orient* – Paris (Mus. du Louvre) : *Ruines de la mosquée du Khalife Hakem au Caire* – *Paysages* – Le Puy-en-Velay : *Bord d'un étang* – Strasbourg : *Caravane de bédouins franchissant un fleuve* – Versailles : *Promenade en char à bancs de la reine Victoria aux environs du château d'Eu*.

Ventes Publiques : Paris, 1852 : *Mosquée* : **FRF 6 000** – Paris, 1860 : *Passage d'un gué* : **FRF 6 700** – Paris, 1861 : *Bazar à l'entrée de la ville de Jérusalem* : **FRF 15 000** – Paris, 1873 : *L'Enfant prodigue* : **FRF 30 500** – Paris, 1879 : *Marche de Nubiens montés sur des chameaux*, dess. au cr. noir : **FRF 1 620** – Paris, 1888 : *Vue du Caire* : **FRF 5 600** – Anvers, 1898 : *Paysage italien* : **FRF 5 000** – Paris, 1900 : *Cour de ferme* : **FRF 7 200** ; *Le café turc* : **FRF 5 700** – Paris, 3 fév. 1919 : *Une rue au Caire* : **FRF 5 000** – Paris, 29 mai 1920 : *La place de l'Esbekleh au Caire* : **FRF 3 100** – Paris, 19 nov. 1924 : *Les ruines de Balbeck* : **FRF 310** – Paris, 8 juil. 1925 : *Le marché chinois* : **FRF 2 600** – Paris, 9 fév. 1927 : *La Mosquée d'Hassan et le Bazar au Caire* : **FRF 5 200** – Paris, 16 déc. 1927 : *Caravane au repos* : **FRF 4 200** – Paris, 21 mars 1938 : *La Halte* : **FRF 1 450** – Paris, 18 déc. 1940 : *Un Négrillon*, pierre noire : **FRF 520** – Paris, 18 nov. 1942 : *Vue du Bosphore* : **FRF 7 500** – Paris, 4 oct. 1946 : *Bord de rivière ombragé, avec vaches* : **FRF 13 000** – Paris, 27 oct. 1948 : *Bord de mer, Tunisie*, aquar. : **FRF 900** ; *Dromadaire*, aquar. : **FRF 750** – Paris, 23 juin 1954 : *Moutons* : **FRF 28 000** – Paris, 14 déc. 1976 : *Mosquée au bord du Nil*, h/t (32x45) : **FRF 6 000** – Paris, 26 mai 1977 : *Campement de nomades*, pap. mar./t. (29x42) : **FRF 6 500** – Paris, 16 mai 1979 : *Palais de Defter Dar Bey, Le Caire* 1832, aquar. gchée (19x42) : **FRF 16 000** – Paris, 29 mars 1979 : *Vue du Caire*, h/t (34,5x47) : **FRF 5 300** – Londres, 16 juin 1982 : *L'Oasis*, h/cart. (18x28,5) : **GBP 1 800** – Paris, 13 déc. 1983 : *Mosquée au Caire*, h/t (74,5x105) : **FRF 110 000** – Munich, 29 oct. 1985 : *Les Cèdres du Liban*, pinceau et encre brune/trait de cr. : **DEM 2 400** – New York, 23 mai 1985 : *L'oasis*, h/pan. (35x58,5) : **USD 8 750** – Berne, 25 oct. 1986 : *Bords du Nil*, h/pap. (40x65) : **CHF 5 200** – New York, 21 mai 1987 : *Chameaux au bord du Nil* vers 1835-1840, h/t (38x54,5) : **USD 5 500** – Londres, 26 fév. 1988 : *Une caravane en Arabie*, h/t (42x57) : **GBP 6 600** – Paris, 22 mars 1988 : *Paysage de Rome* 1840, past./pap. (16,5x22,5) : **FRF 26 000** – Londres, 17 mars 1989 : *Les cèdres de Salomon au Liban*, cr. et encre (27,7x42,6) : **GBP 6 820** – Monaco, 3 déc. 1989 : *La grotte du Pausilippe près de Naples* 1840, h/t (15x21,5) : **FRF 33 300** – Monaco, 8 déc. 1990 : *Souvenir de la campagne de Rosette*, h/t (38x46) : **FRF 33 300** – Paris, 12 avr. 1991 : *Paysage d'Italie* 1830, h/t (56x74) : **FRF 37 000** – New York, 16 juil. 1992 : *Baigneuse au crépuscule*, h/t (46,4x55,9) : **USD 3 410** – New York, 29 oct. 1992 : *Paysage égyptien avec la forteresse de Argel* 1837, h/t (38,4x60,3) : **USD 4 950** – Paris, 5 avr. 1993 : *Halte près de l'oued* 1838, h/t (59x74) : **FRF 26 500** – Amsterdam, 20 avr. 1993 : *Vue de Venise*, h/t (30x41) : **NLG 3 450** – Paris, 18 juin 1993 : *La caravane dans le désert*, aquar. (30x43) : **FRF 12 500** – Londres, 16 juin 1993 : *Nu dans un paysage classique*, h/t (44x53) : **GBP 2 530** – New York, 26 mai 1994 : *Ruines de la mosquée du calife Hakem au Caire* 1844, h/t (76,2x127) : **USD 26 450** – Paris, 10 juin 1994 : *La famille arabe*, aquar., gche et cr./pap. (19,5x26,5) : **FRF 8 000** – Amsterdam, 16 avr. 1996 : *Paysage boisé avec un ruisseau au crépuscule*, h/t (36x41) : **NLG 3 068** – Londres, 14 juin 1996 : *Arabes et chameaux au repos* 1847, h/t (81,6x64,8) : **GBP 34 500**.

MARILLER Charles Philibert

Né en 1829 à Autun (Saône-et-Loire). Mort en 1911 à Autun. xixe-xxe siècles. Français.

Peintre de sujets allégoriques, genre, portraits, paysages. Académique.

Il fut élève de l'École des Beaux-Arts de Paris grâce à une bourse de la ville et du département. Il reçut l'enseignement de Charles Gleyre et de son ami Gérôme, puis partagea avec Eugène Froment et Alfred Gobert un atelier à Montparnasse. Il fut professeur de dessin au Collège.

Il prit part régulièrement, à Paris, au Salon, de 1850 à 1870. Il figura aux expositions à Autun : *Paysages du Morvan* en 1970 et *La Tradition d'Ingres à Autun* en 1971.

Il participa à la décoration de l'Hôtel de ville de Paris ; est l'auteur d'une décoration dans la cinquième chapelle (collatérale sud) de la cathédrale Saint-Lazare. Son style et son inspiration le situent dans la tradition d'Ingres. On cite de lui : *Culot de sabotier* – *Phoebé* – *La vieille et ses deux servantes* – *L'amour modeste*.

Bibliogr. : Gérald Schurr, in : *Les Petits Maîtres de la peinture 1820-1920, valeur de demain*, Les Éditions de l'Amateur, t. II, Paris, 1982.

Musées : Autun : plusieurs tableaux.

MARILLIER Clément Pierre

Né le 28 juin 1740 à Dijon (Côte-d'Or). Mort le 11 août 1808 à Melun (Seine-et-Marne). xviiie siècle. Français.

Graveur, dessinateur.

Cet artiste, qui fut l'un des graveurs les plus remarquables du xviiie siècle, se destina tout d'abord à la peinture. Venu assez jeune à Paris il y fut élève de Hallé. Mais bientôt il eut à pourvoir aux besoins de sa famille assez nombreuse et il abandonna la peinture pour l'art plus facile et plus immédiatement rémunérateur du dessin d'illustration. Il s'y fit très vite une place parmi les artistes les plus en vogue du xviiie siècle, à côté de Moreau. Ce fut ainsi qu'il illustra notamment une édition de la Bible, et une traduction de l'*Iliade* et les œuvres de Dorat, de l'abbé Prévost, de Voltaire, de Sauvigny. Son talent comme graveur ne fut pas moindre, ni moins estimé. Parmi ces travaux les plus remarquables en ce genre, il faut citer ses vignettes, d'après ses propres dessins, pour *Les voyages en France, à Naples et en Grèce*, et de très belles planches de paysages. Peu de graveurs du xviiie siècle peuvent lui être comparés pour l'élégance et la délicatesse de sa pointe.

Ventes Publiques : Paris, 1898 : *Réunion sous un bosquet*, dess. : **FRF 400** – Paris, 1900 : *Germeuil*, dess. : **FRF 1 300** ; *Frontispice de Régulus et de la Feinte par Amour*, dess. : **FRF 980** – Paris, 16-19 juin 1919 : *Frontispice de Régulus et la feinte par amour*, mine de pb : **FRF 720** – Paris, 6-8 déc. 1920 : *Éducation des Enfants d'Orléans*, pl. ronde : **FRF 2 600** – Paris, 29 jan. 1927 : *Frontispice*, lav. : **FRF 1 320** – Paris, 28 nov. 1928 : *Fontaine et Dieu Pan*, dess. : **FRF 2 000** – Paris, 7 déc. 1934 : *L'Évanouissement*, pl. et lav. de bistre : **FRF 1 700** – Paris, 5 déc. 1936 : *Bacchanale*, pl. et lav. : **FRF 900** – Paris, 25 juin 1942 : *Cartouche entre deux angelots*, pl. et lav. d'encre de Chine : **FRF 650** – Paris, 21 avr. 1950 : *Scène de l'Histoire Sainte*, dess. : **FRF 6 200** ; *Étude pour une illustration*, dess. : **FRF 1 200** – Paris, 23 juin 1976 : *La corbeille de mariage* 1771, sanguine (35,5x28,5) : **FRF 16 000** – Paris, 18 nov. 1988 : *Bélisaire racontant ses campagnes* 1782, h/t (33x40,5) : **FRF 25 000** – Paris, 31 mars 1995 : *Apothéose de Ph. Cl. A. de Thubières, comte de Caylus* 1766, pierre noire et lav. gris (59x47) : **FRF 14 500**.

MARIMAN Guido

Né en 1948 à Wilrijk. xxe siècle. Belge.

Dessinateur, graveur, aquarelliste.

Il fut élève de l'Académie et de l'Institut supérieur d'Anvers. Il obtint le Prix de la Banque nationale en 1970 et fut lauréat de l'Institut supérieur d'Anvers en 1972. Il est professeur aux Académies des Beaux-Arts de Saint-Nicolas et de Brasschaat. Il est l'auteur également d'ex-libris.

Bibliogr. : In : *Dictionnaire biographique illustré des artistes en Belgique depuis 1830*, Arto, Bruxelles, 1987.

Musées : Anvers (Cab. des Estampes) – Bruxelles (Bibl. Albert 1er).

MARIN

xixe siècle. Actif vers 1830. Français.

Peintre.

Connu par une œuvre passée en vente publique.

Ventes Publiques : Paris, 5 juin 1950 : *Le Temple de la philosophie dans le parc d'Ermenonville* : **FRF 23 000**.

MARIN Andrès

xvie siècle. Espagnol.

Peintre.

On le mentionne actif à Séville en 1529 et 1567.

MARIN Berthe

xixe-xxe siècles. Française.

Peintre de natures mortes.

Ventes Publiques : Paris, 21 juin 1950 : *Nature morte au violon* : **FRF 4 800**.

MARIN Émile

Né le 29 décembre 1876 au Laudreau (Loire-Atlantique). xxe siècle. Français.

Peintre.
Il a exposé à Paris, au Salon des Indépendants, à partir de 1924.
Ventes Publiques : Londres, 24 mars 1988 : *Village au printemps*, aquar. reh. de gche blanche en forme d'éventail (16,5x55) : **GBP 1 100** – Rome, 5 déc. 1995 : *Maisons en Espagne*, aquar./pap. (53x35) : **ITL 2 593 000**.

MARIN Enrique
Né vers 1935 en Castille. XXe siècle. Actif depuis 1980 en France. Espagnol.
Peintre d'animaux, portraits, peintre de collages, aquarelliste, pastelliste, dessinateur, graveur, sculpteur.
Il vit et travaille à Auxerre depuis une quinzaine d'années.
Il a exposé en 1991 à l'opéra Bastille à Paris et en 1993 à l'abbaye Saint-Germain d'Auxerre.
Ses œuvres surréalisantes sont souvent pleines d'humour.

MARIN Fernando
XIIIe siècle. Actif à la fin du XIIIe siècle. Espagnol.
Peintre.

MARIN Filip
Né en 1865 à Bucarest. Mort en 1928 à Bucarest. XIXe-XXe siècles. Roumain.
Sculpteur de figures, compositions mythologiques.
Musées : Bucarest (Mus. Simu) : *Satyre – Tête d'enfant*.
Ventes Publiques : Paris, 6 avr. 1990 : *Vieux satyre et son enfant*, bronze (H. 14) : **FRF 3 600**.

MARIN Gonzalo
Mort en août 1633. XVIIe siècle. Actif à Tolède. Espagnol.
Peintre.
Il travailla à la cathédrale de Tolède et au monastère de Guadelupe.

MARIN Jacques
XVIIe siècle. Actif à Bourges. Français.
Sculpteur sur bois.
Il a travaillé avec Ch. Papin à l'exécution des statues du chœur de Saint-Pierre à Bourges.

MARIN Jacques
Né le 6 juin 1877 à Bruxelles (Brabant). XXe siècle. Belge.
Sculpteur de compositions mythologiques, monuments, figures, sujets religieux.
Il fut élève de Van der Stappen et de l'académie des beaux-arts de Bruxelles, où il enseigna par la suite. Il fut nommé directeur de l'académie des beaux-arts de Tirlemont. Il débuta vers 1896 et exposa régulièrement à Bruxelles, Anvers. Il obtint la médaille d'or à Liège en 1905.
Bibliogr. : In : *Dict. biogr. illustré des artistes en Belgique*, Arto, Bruxelles, 1987.
Musées : Anvers : *Danaïdes* – Bruxelles : *Saint Michel – Sainte Gudule – La Fontaine des Danaïdes – Marguerite d'Autriche – Charles le Téméraire*.

MARIN John
Né le 23 décembre 1870 à Rutherford (New Jersey). Mort en 1953 à Addison (Maine). XIXe-XXe siècles. Américain.
Peintre de paysages, marines, aquarelliste, dessinateur.
John Marin, après des études d'architecture, avait ouvert son propre cabinet, en 1893. En 1899, il abandonna sa carrière pour entrer à l'académie des beaux-arts de Philadelphie, alors dirigée par T.-P Anschutz et H. Breckenridge. En 1901, il entra à l'Art Students' League de New York. En 1905, il arriva en France, d'où il était lointainement originaire et y resta cinq années, fréquentant les académies et rencontrant les artistes. Lors de son passage à Paris, il vit fauves et cubistes et repensa leurs idées à son propre usage. Il retourna aux États-Unis et s'intégra au groupe de la galerie 291, du photographe Alfred Stieglitz, à New York. En 1914, il s'installa dans le Maine.
Il participa au Salon d'Automne de Paris en 1907, 1908 et en 1910 avec dix aquarelles, au Salon des Indépendants en 1909. Il montra aussi des aquarelles à la galerie 291 à New York. En 1913, avec Hartley, Weber, etc., il fut l'un des participants américains de l'Armory Show, qui, pour la première fois, montra plus de mille peintures des tendances les plus avancées au public américain et où le *Nu descendant l'escalier* de Marcel Duchamp remporta la palme du scandale. Il exposa dans toutes les manifestations importantes de la jeune école américaine, régulièrement à la fondation Carnegie de Pittsburgh. En 1936, le Museum of Modern Art de New York organisa une importante exposition de l'ensemble de son œuvre. En 1950, la Biennale de Venise consacra son importance en réservant une salle entière à une exposition rétrospective de son activité.
Il se limita d'abord à la gravure, puis peignit à l'aquarelle. Dès 1913, il occupa une place prépondérante, même si vilipendé, dans l'accession de l'Amérique aux langages plastiques contemporains. Le fait qu'il tînt à s'initier d'abord à fond aux techniques de la gravure et de l'aquarelle, avant de peindre à l'huile, fait penser à la démarche semblable de Paul Klee, qu'il ne pouvait ne pas connaître.
John Marin doit être considéré comme un des tout premiers artistes américains contemporains. Il est curieux de constater comme, à travers les cadres rigides de son art essentiellement moderniste, perce une sensibilité délicate et qui étonne chez ce constructeur, enthousiaste du monde moderne, ce en quoi il rappelle de nouveau un côté caractéristique de l'art de Paul Klee. Maniant l'aquarelle avec prédilection, il a su regarder évidemment les œuvres de Raoul Dufy. Néanmoins, à travers ces influences, qu'il est venu franchement recevoir sur place, il a ambitionné de jeter les bases d'un art proprement américain et s'il utilise les techniques de l'école de Paris, c'est afin d'exalter les paysages de buildings et la vie trépidante de New York. Ajoutons qu'il se montre toujours dans le cadre rébarbatif d'un art post-cubiste, remarquable poète du ciel et de la mer. Si Macdonald-Wright, Patrick-Henry Bruce, Morgan Russell peuvent être considérés comme les précurseurs, longtemps méconnus d'un art abstrait américain, à quelques années près, John Marin, Max Weber, Hartley, Maurer les avaient précédés, introduisant dans une Amérique vouée à l'académisme et où les tenants du pleinairisme hérité des peintres de Barbizon étaient qualifiés d'« école de la poubelle », l'influence du fauvisme et du cubisme.
■ Jacques Busse

Bibliogr. : Maurice Raynal : *Peinture mod.*, Skira, Genève, 1953 – Jérome Mellquist, in : *Dict. de la peinture mod.*, Hazan, Paris, 1954 – Frank Elgar, in : *Dict. univer. de l'art et des artistes*, Hazan, Paris, 1967 – Carl Zigrosser : *The Complete Etchings of John Marin. Catalogue raisonné*, Philadelphia Mus. of Art, 1969 – Sheldon Reich : *John Marin : a stylistic analysis and catalogue raisonné*, 2 vol., The University of Arizona Press, Tucson, 1970 – in : *Les Muses*, Grange Batelière, t. X, Paris, 1973 – in : *Dict. univer. de la peinture*, Robert, t. IV, Paris, 1975 – Kynaston Mc – Shine, *The Natural Paradise painting in America 1800-1950*, The Museum of Modern Art, New York, 1976 – in : *L'Art du XXe s.*, Larousse, Paris, 1991 – in : *Dict. de l'art mod. et contemp.*, Hazan, Paris, 1992.
Musées : Columbus (Gal. of Fine Arts) : *Study of the sea* 1917 – *Au large de Stonington* 1921 – New York (Metrop. Mus.) : *Lower Manhattan* 1921 – New York (Mus. of Mod. Art) : *Camden Mountain accross the bay* 1922 – New York (Whitney Mus. of American Art) : *Region of Brooklyn Bridge Fantasy* 1932 – Washington D. C. (Phillips coll. Mus.) : *Îlots du Maine* 1922 – *Les Montagnes Tunk, Maine* 1945.
Ventes Publiques : New York, 24 mars 1932 : *Paysage du printemps*, aquar. : **USD 55** – New York, 11 avr. 1946 : *L'Esprit de New York*, aquar. : **USD 225** – New York, 19 mars 1958 : *La Montagne bleue*, aquar. : **USD 2 800** – New York, 27 jan. 1965 : *Paysage*, aquar. : **USD 3 750** – New York, 15 mai 1969 : *Rustling brook*, aquar. et fus. : **USD 11 500** – New York, 4 mars 1970 : *Stonington n° 2*, aquar. : **USD 9 500** – New York, 14 mars 1973 : *Le Bateau de Deer Isle, Maine*, aquar. : **USD 47 500** – New York, 23 mai 1974 : *Eastport, Maine*, aquar. : **USD 9 000** – Los Angeles, 8 mars 1976 : *Paysage montagneux* 1918, aquar. (30,5x38) : **USD 4 000** – New York, 11 nov. 1977 : *Brooklyn bridge* 1912, eau-forte : **USD 1 800** – New York, 27 oct. 1977 : *Cape Split, Maine* 1935, aquar./pap. (68,6x52,1) : **USD 12 000** – New York, 6 avr. 1978 : *Paysage, West Point, Maine* 1916, h/cart. (60,5x51) : **USD 8 000** – New York, 15 févr 1979 : *Brooklyn Bridge* 1911, eau-forte en brun (27,8x21,4) : **USD 1 800** – Manalapan (Floride), 20 mars 1979 : *Fin d'été, Castorland, New York* vers 1913, aquar. (35,5x40,3) : **USD 6 000** – New York, 20 mai 1981 : *Pêchers en fleurs, Saddle River District n° 2* 1953, h/t (46x66) : **USD 17 000** – New York, 8 déc. 1983 : *L'Église Saint-Paul* vers 1922, cr.

(22,3x17,8) : **USD 5 000** – New York, 3 juin 1983 : *Fish Boat n° 2 at Eastport, Maine Coast* 1933, aquar. et fus. (34,1x44) : **USD 26 000** – New York, 8 déc. 1983 : *Two sloops on a squally sea* 1939, h/cart. (35,5x45,7) : **USD 23 000** – New York, 8 nov. 1984 : *Brooklyn Bridge* 1911, eau-forte en brun (22,5x28,7) : **USD 1 200** – New York, 30 mai 1985 : *Bateau de pêche* 1928, aquar./pap. mar./cart. (36,2x46,3) : **USD 7 500** – Berne, 19 juin 1987 : *Woolworth Building (The Dance)* 1913, eau-forte et pointe-sèche : **CXHF 22 500** – New York, 4 déc. 1987 : *Bateaux de pêche à Eastport, côte du Maine* 1933, aquar. et cr./pap. mar./cart. (36,2x34,9) : **USD 26 000** – New York, 26 mai 1988 : *Bateau fantaisie, Deer Island, Maine*, aquar./pap. (45,7x58,7) : **USD 41 800** – New York, 24 jan. 1989 : *En automne sur la route de Deblois dans le Maine n° 1* 1952, aquar. et gche/pap. (26,2x36) : **USD 13 200** – New York, 24 mai 1989 : *East River*, aquar. et cr./pap. (39,3x41,2) : **USD 11 550** – New York, 28 sep. 1989 : *Paysage marin avec des montagnes à l'arrière-plan* 1921, aquar. et fus./pap./cart. (12,5x20) : **USD 6 050** – New York, 30 nov. 1989 : *Jardin* 1914, aquar./pap. (35,6x41,3) : **USD 35 200** – New York, 1er déc. 1989 : *Front de mer à Manhattan* 1936, aquar. et cr./pap. (55,9x76,2) : **USD 82 500** – New York, 24 mai 1990 : *Fantasy, Small Point dans le Maine* 1914, aquar./pap. (40,6x48,2) : **USD 41 250** – New York, 29 nov. 1990 : *Le port marchand : entrepots et North River* 1910, aquar./pap. (34,3x36,2) : **USD 27 500** – New York, 30 nov. 1990 : *Deer Isle dans le Maine* 1927, aquar. et cr./pap. (32,5x41,5) : **USD 23 100** – New York, 26 sep. 1991 : *Crépuscule*, aquar. et cr./pap. (21x28) : **USD 7 700** – New York, 6 déc. 1991 : *Vue d'une rue* 1928, aquar., fus. et cr./pap. (66x54,6) : **USD 198 000** – New York, 27 mai 1992 : *Bershire Hills* 1912, aquar./pap. (34,9x42,5) : **USD 22 000** – New York, 3 déc. 1992 : *La vieille église de Ranchos au Nouveau Mexique* 1930, aquar./pap. (34,9x47) : **USD 60 500** – New York, 3 déc. 1993 : *Bateaux* 1927, aquar. et mine de pb/pap. (35x44,3) : **USD 37 950** – New York, 25 mai 1995 : *Un pin à Small Point dans le Maine* 1926, aquar./pap. (43,8x55,9) : **USD 33 350** – New York, 22 mai 1996 : *Nassau Street* 1936, aquar./pap. (66x53,3) : **USD 87 750** – New York, 4-5 déc. 1996 : *Paysage marin*, aquar. et fus. (41,9x35,1) : **USD 18 975** – New York, 5 déc. 1996 : *New York la nuit n° 2* 1950, h/t (55,9x71,1) : **USD 96 000** – New York, 27 sep. 1996 : *Arbres et coteau* 1912, h/t (63,5x55,9) : **USD 48 300**.

MARIN Joseph
xviiie siècle. Actif à Nantes de 1747 à 1780. Français.
Sculpteur.

MARIN Joseph Charles
Né en 1759 à Paris. Mort le 18 septembre 1834 à Paris. xviiie-xixe siècles. Français.
Sculpteur.
Élève et imitateur de Clodion. Premier Prix de Rome en 1801. Fut professeur de sculpture à l'Académie de Lyon. Exposa au Salon, de 1791 à 1831. On cite de lui : *Télémaque* (au château de Fontainebleau), *Le Vice-amiral de Tourville* (dans la cour d'honneur du Palais de Versailles). Cet artiste exécuta également à Rome le *Tombeau de la comtesse de Beaumont*. Le Musée de Besançon possède de lui deux esquisses en terre cuite : *Œdipe et Antigone* et *Charité romaine*, et le Musée Jacquemart-André, à Paris, un *Buste de fillette*, également en terre cuite.
Ventes Publiques : Paris, 1er et 2 déc. 1932 : *Petit buste de jeune femme*, terre cuite : **FRF 30 000** – Paris, 3 déc. 1935 : *Bacchante*, buste en terre cuite : **FRF 8 000** ; *Deux petits bustes*, terre cuite : **FRF 25 000** – Paris, 29 oct. 1936 : *Statuette de bacchante*, terre cuite : **FRF 18 000** – Londres, 28 nov. 1968 : *Bacchantes*, deux terres cuites : **GBP 2 900** – New York, 19 avr. 1969 : *Bacchante*, terre cuite : **USD 7 750** – Versailles, 7 juin 1973 : *Le satyre et la jeune Bacchante*, terre cuite : **FRF 11 200** – Paris, 10 juin 1974 : *Faune assis* 1781, terre cuite : **FRF 13 000** – Londres, 18 mai 1977 : *Bacchanale* vers 1790, terre cuite, relief (37x109) : **GBP 6 000** – Paris, 30 mars 1979 : *Jeune femme nue debout* 1821, terre cuite (H. 35,5) : **FRF 5 000** – Londres, 23 juin 1982 : *Déesse assise* 1780, terre cuite (H. 30) : **GBP 1 400** – Monte-Carlo, 26 juin 1983 : *Vénus et Cupidon* 1794, terre cuite (H. 32,5) : **FRF 30 000** – New York, 13 juin 1987 : *Buste de jeune fille*, terre cuite (H. 45) : **USD 38 000**.

MARIN Juan
xvie siècle. Actif à Séville. Espagnol.
Sculpteur.
Cet artiste fut *maestre mayor de la puente de Suazo y de la fortification de Cadiz* (premier maître du pont de Suazo et des fortifications de Cadix) ; il se maria deux fois. Les documents qui le concernent ne permettent pas de le suivre en dehors de 1571 à 1575, et de 1579 à 1588.

MARIN Lope
xvie siècle. Espagnol.
Sculpteur.
Il travailla en 1548 aux statues en terre cuite de la *Puerta del Bautismo* de Séville et à celles de la *Puerta del Nacimiento* de la cathédrale de cette ville.

MARIN Louis
xviiie siècle. Actif au début du xviiie siècle. Français.
Peintre de genre.

MARIN Louis
xviiie siècle. Actif à Londres de 1776 à 1780. Français.
Graveur au burin.
Il a gravé des sujets de genre.

MARIN le Bourgeois. Voir **LE BOURGEOIS Marin**

MARIN Le Moyne. Voir **LE MOYNE**

MARIN Y BAGUES Francisco
Né à Saragosse. xxe siècle. Espagnol.
Peintre d'intérieurs d'églises.
Il étudia à Rome grâce à un bourse. Il fut interné, en 1916, dans un asile d'aliénés.
En 1907, il figura à la Ve Exposition internationale des Beaux-Arts de Barcelone, obtint en 1910 une troisième médaille à l'Exposition nationale des Beaux-Arts à Madrid et un seconde en 1915.
Bibliogr. : In : *Cien anos de pintura en Espana y Portugal, 1830-1930*, t. V, Madrid, Antiqvaria, 1991.

MARIN-BALDO José
Né en 1826 à Almeria. Mort le 23 janvier 1891 à Murcie. xixe siècle. Espagnol.
Peintre.
Il fut un élève de Jos. Nicolle à Paris. Il eut aussi une activité d'architecte.
Musées : Madrid (Gal. Mod.) : *El Darro*.
Ventes Publiques : Berne, 26 oct. 1988 : *Après un bon repas !*, h/pan. (23,5x33) : **CHF 9 000**.

MARIN Y BALDO José
Né en 1865 à Murcie. xixe-xxe siècles. Espagnol.
Peintre de compositions à personnages, paysages, portraits.
Il a effectué au moins un séjour en France.
Il a participé à l'Exposition Nationale des Beaux-Arts à Madrid en 1884, 1887 et 1916.
Sa peinture fut qualifiée de moderne à l'époque.
Bibliogr. : In : *Cien anos de pintura en Espana y Portugal, 1830-1930*, t. V, Madrid, Antiqvaria, 1991.

MARIN Y CARES Isidoro ou **Marin Garcès**
Né en 1863 à Grenade (Andalousie). Mort en 1926 à Grenade. xixe-xxe siècles. Espagnol.
Peintre de portraits, compositions à personnages, paysages animés, paysages urbains, dessinateur, illustrateur, aquarelliste. Tendance réaliste.
Il fut élève de Julian Sanz del Valle et d'Eduardo Garcia Guerra à l'École des Beaux-Arts de Grenade. Il fut membre fondateur du Centre artistique de Grenade qui organisa régulièrement des expositions auxquelles il participa. À partir de 1888, il devint membre de la direction du Centre.
Il figura, en 1888, à l'Exposition universelle de Barcelone, où il obtint une médaille d'argent, en 1892 à l'Exposition du quatrième centenaire de la reconquête de Grenade, la même année à l'Exposition internationale de Madrid. À la XIIIe exposition des Beaux-Arts organisée par le Centre artistique de Grenade, il obtint une première médaille d'argent.
Isidoro Marin y Cares peignit surtout des compositions où figurent de nombreux personnages situés dans des paysages ou des intérieurs. Il se plu à représenter les costumes portés par les paysans de sa région natale. La composition et la facture de ses tableaux, issues de la tradition réaliste, demeurent avant tout classiques. Il collabora aussi comme illustrateur au bulletin du Centre artistique de Grenade.
Bibliogr. : In : *Cien anos de pintura en Espana y Portugal, 1830-1930*, t. V, Madrid, Antiqvaria, 1991.
Musées : Grenade (Centre artistique) – Grenade.

MARIN HIGUERO Enrique
Né le 4 février 1876 à Arriate (près de Malaga). xxe siècle. Espagnol.

Peintre de paysages, dessinateur, aquarelliste. Traditionnel.

Il étudia à Rome.

Il obtint, en 1897, une troisième médaille à l'Exposition nationale des Beaux-Arts à Madrid, en 1904 et 1910 une seconde médaille, en 1915 une première. Il participa à l'Exposition internationale de Munich en 1905 où il fut récompensé par une première médaille. Il figura également à l'Exposition internationale de Buenos Aires en 1910 où il obtint une médaille d'or, et à l'Exposition internationale de Panama.

Il peignit de nombreux paysages et scènes typiques d'Andalousie, mettant en valeur l'architecture des villes, leur décoration et les costumes des habitants. Son style est avant tout classique.

Bibliogr. : In : *Cien Anos de pintura en Espana y Portugal, 1830-1930*, Antiqvaria, Madrid, 1991.

Ventes Publiques : Londres, 23 nov. 1988 : *Scène de rue à Grenade* 1931, h/t (70x100) : **GBP 3 520** – Londres, 17 fév. 1989 : *Voyageurs débarquant de la diligence près d'une ville espagnole*, aquar. (36,8x54) : **GBP 1 320** – Londres, 21 juin 1989 : *Maisons de Grenade*, aquar. (45x33) : **GBP 3 080** – Londres, 15 fév. 1990 : *Le porteur d'eau à Grenade*, cr. et aquar. (54,6x38,1) : **GBP 2 640** – Londres, 28 nov. 1990 : *Un patio à Grenade*, aquar. (51x34) : **GBP 1 980** – Londres, 4 oct. 1991 : *Maison andalouse et son jardin en été*, aquar./pap. (52,8x36,5) : **GBP 1 650**.

MARIN-LAVIGNE Louis Stanislas

Né le 12 avril 1797 à Paris. Mort en 1860. XIXe siècle. Français.

Peintre, dessinateur et lithographe.

Le 25 février 1814, il entra à l'École des Beaux-Arts, où il fut élève de Girodet et H. Vernet. De 1824 à 1859, il figura au Salon ; médaille de troisième classe en 1834 et de deuxième classe en 1840.

Ventes Publiques : Paris, 1898 : *Bacchantes à mi-corps*, deux dess. à la mine de pb : **FRF 300** – Paris, 28 juin 1926 : *Épisode de la campagne de Crimée*, mine de pb : **FRF 65**.

MARIN Y LLOVET Ricardo

Né le 29 avril 1874 à Barcelone (Catalogne). XIXe-XXe siècles. Espagnol.

Peintre, graveur, illustrateur.

Il composa l'illustration d'un *Don Quichotte* et de la *Neuvième Symphonie* de Beethoven.

Ventes Publiques : Barcelone, 23 avr. 1980 : *Cartes à jouer*, techn. mixte (17,8x12,7) : **ESP 100 000**.

MARIN MAGALLON Manuel

Né le 20 décembre 1866 à Barcelone (Catalogne). XIXe-XXe siècles. Espagnol.

Peintre, peintre de décors de théâtre.

Il fut professeur de perspective à l'école des beaux-arts de Madrid.

MARIN-MARIE, pseudonyme de **Durand-Couppel de Saint-Front**

Né en 1901. Mort en 1987. XXe siècle. Français.

Peintre de marines, peintre à la gouache, aquarelliste.

Construisant lui-même ses bateaux et partant seul à travers l'Atlantique à la manière d'Alain Gerbaud, Marin-Marie a rapporté, de ses expéditions contemplatives, ample moisson de marines d'un juste sentiment artistique.

Ventes Publiques : Paris, 11 oct. 1946 : *Voilier en mer*, aquar. : **FRF 1 100** – Grandville, 14 nov. 1982 : *Bisquine de Cancalé et Terre-neuvas*, h/t (100x360) : **FRF 50 000** – Paris, 10 juil. 1983 : *Escale aux Antilles*, h/t (216x114) : **FRF 70 000** – Paris, 24 nov. 1984 : *Le Sea-Flower croisant le yacht Harcouët devant Cancalé* 1950, aquar. reh. de gche (55x75) : **FRF 53 200** – Versailles, 21 avr. 1985 : *Le paquebot Antilles en mer*, gche (61x94) : **FRF 19 500** – Douarnenez, 25 juil. 1987 : *Paquebot par forte brise*, aquar. gchée (67x100) : **FRF 38 000** – Paris, 15 mars 1988 : *Bateaux à voile devant Cancale*, aquar. avec reh. de gche (47x63) : **FRF 25 500** – Paris, 30 mai 1988 : *« Janabel » aux régates de Cowes, dans le Solent* 1958, aquar. reh. de gche (41x61) : **FRF 50 000** ; *« Jolie Brise » passant le Fastnet*, aquar. (62x87) : **FRF 135 000** ; *Le sloop « Janabel » encalminé devant les Needles au large de l'île de Wight*, aquar. avec reh. de gche (42x63) : **FRF 52 000** – Grandville, 16-17 juil. 1988 : *Chausey*, aquar. (50x65) : **FRF 18 500** – Paris, 9 déc. 1988 : *Paquebot « Liberté »*, gche (55x90) : **FRF 32 000** – Reims, 18 mars 1990 : *Le calme plat*, aquar. (55x75) : **FRF 95 000** – Paris, 6 déc. 1990 : *Long-courrier gréé de quatre mâts, sous basses voiles et huniers fixes*, aquar. et gche (50,5x37) : **FRF 72 000** – Neuilly, 15 déc. 1991 : *Yacht Marconi au plus près*, aquar. (51x38) : **FRF 48 000** – Paris, 29 juin 1992 : *Vaisseau*, aquar. (54x74) : **FRF 61 000** – Avranches, 7 mars 1993 : *Bisquine de pilote escortant un long-courrier*, aquar. et gche (50x73) : **FRF 130 000** – Grandville, 2 mai 1993 : *Le phare de la Houle à Cancale* 1930, aquar. gchée (52x87) : **FRF 180 000** – Avranches, 9 mai 1993 : *Quatre-mâts passant le Cap Horn*, gche (54x82) : **FRF 195 000** – Paris, 18 mars 1994 : *Chalutier de grande pêche au large de Terre Neuve*, aquar. et gche (52,5x72,5) : **FRF 72 000** – Rouen, 23 nov. 1994 : *Quatre-mâts passant le Cap Horn*, gche (95x64) : **FRF 130 000** – Bayeux, 11 nov. 1995 : *Canotage près du Pourquoi Pas*, aquar. (56x76) : **FRF 80 000** – Honfleur, 14 juil. 1996 : *Les régates*, gche (115x196) : **FRF 320 000** – Paris, 6 juin 1997 : *Toulon* 1932, aquar. (34x51) : **FRF 30 000**.

MARIN RAMOS Eustaquio

Né le 3 février 1873 dans la province de Séville (Andalousie). Mort en 1959. XIXe-XXe siècles. Actif en France. Espagnol.

Peintre de figures, scènes typiques, portraits. Tendance fantastique.

Autodidacte en dessin et peinture, il reçut néanmoins les conseils de José Villegas. De 1911 à 1915, il s'établit à Paris. Il voyagea beaucoup.

Il figura à l'Exposition nationale des Beaux-Arts à Madrid en 1906 et en 1917, au Salon Iturrioz de Madrid, notamment en 1910, à l'Ateneo de Madrid en 1915.

Sa peinture accuse l'influence de Goya, non tant par la couleur que dans l'énergie mystique et presque fantastique dont elle est empreinte. Eustaquio Marin Ramos a également peint des portraits et le cabaret *La Feria de Séville* à Paris.

Bibliogr. : In : *Cien Anos de pintura en Espana y Portugal, 1830-1930*, Antiqvaria, Madrid, 1991.

Ventes Publiques : Paris, 4 mars 1925 : *La Séguedille* : **FRF 380** – Paris, 20 nov. 1946 : *Danseuse espagnole* : **FRF 160** – Zurich, 9 nov. 1985 : *Danseuses*, h/cart. (64x47,7) : **CHF 4 600** – Paris, 8 déc. 1994 : *Fête à Séville*, h/cart. (82x104) : **FRF 51 000**.

MARIN ROBIN Van der GOEZ. Voir **MARINUS**

MARIN Y TORRES Miguel

Né vers 1830 à Grenade. XIXe siècle. Espagnol.

Sculpteur.

Il exécuta en 1870 le monument de *Mariana Pineda* à Grenade, et dans cette même ville les statues de *Ferdinand le Catholique et d'Isabelle*.

MARINA Innocenz. Voir **MARTINI Innocenzo**

MARINA Lorenzo. Voir **MARRINA**

MARINAI Aroldo

XXe siècle. Italien.

Peintre d'animaux, compositions animées, technique mixte.

Il vit et travaille dans la campagne de Florence.

Il a exposé dans différentes villes italiennes, aux États-Unis, en Suède et en Suisse.

Sa peinture émane d'une violence gestuelle. Sur des fonds riches en matière, constitués généralement d'un mélange de peinture et de sciure, Marinai fait surgir un monde original, peuplé d'êtres et animaux fabuleux. Des formes hantent son travail, comme le serpent qui se mord la queue. Il interroge inlassablement la surface, creusant, grattant, ajoutant, effaçant, en vue de trouver le motif.

Bibliogr. : Bernard Comment : *Aroldo Marinai, un élan de peinture*, Opus International, n° 129, Paris, aut. 1992.

MARINALI Angelo

Né le 29 mai 1654. Mort en 1720 à Vicence. XVIIe-XVIIIe siècles. Actif à Bassano. Italien.

Sculpteur.

Il travailla avec ses frères Francesco et Orazio pour de nombreuses églises de Venise, de Vérone et de Vicence, où il s'établit.

MARINALI Giacomo, le Jeune. Voir **CASSETTI**

MARINALI Orazio, dit **il Vecchio**

Né le 24 février 1643 à Bassano. Mort le 8 février 1720 à Vicence. XVIIe-XVIIIe siècles. Italien.

Sculpteur sur pierre et sur bois.

Il fit son apprentissage à Venise, et s'établit plus tard à Bassano. Son œuvre considérable se trouve répartie entre Padoue, Bassano, Vérone, Venise et Vicence.

Ventes Publiques : Monte-Carlo, 9 déc. 1984 : *Buste de philosophe*, marbre (H. 35) : **FRF 55 000**.

MARINANGELO di Bartolomeo da Spoleto
xvie siècle. Actif au début du xvie siècle. Italien.
Peintre.

MARINARI Onorio
Né le 3 octobre 1627 à Florence (Toscane). Mort le 5 janvier 1715. xviie-xviiie siècles. Italien.
Peintre de scènes mythologiques, compositions religieuses, portraits, fresquiste, graveur, dessinateur.
Il fut élève de son père Sigismondo di Pietro et de son cousin Carlo Dolci. Ses meilleurs tableaux se trouvent dans les églises de Santa Maria Maggiore et de San Simone, à Florence.
Musées : Boston (Mus. of F. Arts) : *Savant italien* – Budapest (Nat. Mus.) : *Hérodiade* – *Judith* – Chambéry (Mus. des Beaux-Arts) : *Saint Sébastien* – *Ecce Homo* – Florence (Pitti) : *Portrait de l'artiste* – Florence (Palais Capponi) : Fresques – Tableaux à l'huile – Esquisses – Florence (Gallerie Corsini) : *Annonciation aux bergers* – *Le miracle de la Pentecôte* – Londres (Bridgewater House) : *Christ* – *Madone* – Lucques (Mus. mun.) : *David* – Parme : *Madeleine repentante* – Vienne (Liechtenstein) : *Vénus et l'Amour*.
Ventes Publiques : Paris, 1843 : *Job sur son fumier* : **FRF 105** ; *Tête de sainte* : **FRF 595** – Londres, 9 févr 1979 : *Salomé tenant la tête de saint Jean Baptiste*, h/t (111,1x85,7) : **GBP 1 600** – Milan, 4 juin 1985 : *Sainte Catherine d'Alexandrie*, h/t (80x69) : **ITL 9 000 000** – Rome, 16 mai 1986 : *Saint Jean Baptiste*, h/t (174x137) : **ITL 12 000 000** – Rome, 19 nov. 1990 : *Sainte Catherine d'Alexandrie* ; *Sainte Appoline*, h/t, une paire (chaque 59x73) : **ITL 23 000 000**.

MARINAS Y GARCIA Aniceto
Né en 1866 à Ségovie (Castille-Léon). xixe-xxe siècles. Espagnol.
Sculpteur.
Il traita des sujets classiques à la manière réaliste et qui a pu être dite « impressionniste ».
Musées : Madrid (Gal. Mod.) : *Velasquez* – *Le Deux Mai*.
Ventes Publiques : Madrid, 21 mars 1983 : *Buste de Mariano Benlliure*, bronze (H. 54) : **ESP 300 000**.

MARINE, pseudonyme de **Perrin Marine**
Née le 1er octobre 1945 à Paris. xxe siècle. Française.
Peintre de paysages, fleurs, dessinatrice.
Elle expose régulièrement au Salon d'Automne et au Salon des Femmes Peintres à Paris. Elle montra ses œuvres dans deux expositions personnelles en 1969 et 1971.
Elle reçut quelques conseils artistiques, mais sut très vite développer ses dons intérieurs : fraîcheur émerveillée et poésie. Ses paysages, traités dans une pâte vigoureuse, traduisent sa sensibilité toujours en éveil.

MARINELLI Domenico
xviie siècle. Actif à Naples. Italien.
Sculpteur et orfèvre.

MARINELLI Francesco
xviiie siècle. Autrichien.
Peintre.
Il travailla dans le Tyrol méridional.

MARINELLI Giovanni Antonio, dit **Mugnaino**
xvie siècle. Italien.
Sculpteur.
Cet artiste florentin travailla à Sienne.

MARINELLI Giromalo
Originaire d'Assise. xviie siècle. Italien.
Peintre.
Il a exécuté en 1630 au monastère de Saint-François à Pérouse une fresque *(Scène de la vie de saint François)*.

MARINELLI Matteo
Mort en 1772 à Vérone. xviiie siècle. Italien.
Peintre.
Il fut un élève de Dorigny.

MARINELLI Vincenzo
Né le 19 juillet 1820 à San Martino d'Agri (province de Potenza). Mort le 18 janvier 1892 à Naples. xixe siècle. Italien.
Peintre de sujets typiques.
Ventes Publiques : Paris, 14 juin 1976 : *La procession de Mahmal*, h/t (85,5x210) : **FRF 18 500** – Londres, 17 mars 1989 : *Une caravane dans le désert* ; *Campement de guerriers arabes* 1885, h/t, une paire (chaque 56x106,5) : **GBP 14 300** – Rome, 9 juin 1992 : *Pêcheurs au large de Castel Sant'Elmo*, h/cart. (18x25,5) : **ITL 4 500 000** – Paris, 13 mars 1995 : *Notables à méhari se rendant à un mariage* 1878, h/t (54,5x106) : **FRF 250 000**.

MARINELLO. Voir **DOYMUS Marinello**

MARINESCU Dumitru
Né en 1849 à Bucarest. xixe siècle. Roumain.
Peintre de fleurs.
Le Musée Simu, à Bucarest, conserve une œuvre de lui.

MARINETTI Antonio, dit **il Chiozzotto**
Né vers 1710 à Chioggia. Mort en janvier 1796 à Venise. xviiie siècle. Actif à Venise. Italien.
Peintre d'histoire et de genre.
Il fut un élève et un continuateur de Piazzetta. Il a travaillé pour les églises de Padoue, de Trévise et de Venise.
Ventes Publiques : Londres, 20 fév. 1986 : *Apothéose de Gerolamo Miani*, h/t, de forme ovale (91,5x71,7) : **GBP 6 000** – Milan, 3 mars 1987 : *Saint Jérôme en gloire*, h/t (91x72) : **ITL 18 000 000**.

MARINETTI Benedetta. Voir **BENEDETTA**

MARINETTI Filippo Tommaso
Né en 1876 à Alexandrie (Égypte). Mort le 2 décembre 1944 à Milan. xxe siècle. Italien.
Peintre de collages. Futuriste.
Marinetti a surtout sa place dans cet ouvrage, en tant que créateur du mouvement Futuriste, qu'il lança par l'historique *Manifeste du Futurisme*, publié, d'abord en français, dans le journal *Le Figaro*, le 20 février 1909, puis en italien, à Milan, dans la revue *Poesia* de février-mars 1909. Parmi les 175 manifestes futuristes qui parurent de 1909 à 1944, on peut mentionner le *Manifeste des peintres futuristes* du 11 février 1910 qui réunissait les signatures de Balla, Boccioni, Carra, Russolo, Séverini (voir ces articles), puis le 11 avril 1912 le *Manifeste technique de la sculpture futuriste*, signé par le seul Boccioni.
Poète, essayiste, critique d'art, il fut le collaborateur de nombreuses revues littéraires et auteur de plusieurs recueils de poésie. Certaines compositions typographiques, adoptant des dispositions plastiques délibérées rappelant les calligrammes ou des compositions publicitaires, ne suffisent à le faire considérer comme un plasticien. Néanmoins certains de ses collages tentent de traduire l'idée de mouvement, cher aux futuristes, par des assemblages typographiques, chiffres et lettres, dynamiques.
Bibliogr. : Michel Seuphor : *Le Style et le Cri*, Le Seuil, Paris, 1965 – José Pierre : *Le Futurisme et le Dadaïsme*, in : *Hre gle de la peinture*, Rencontre, t. XX, Lausanne, 1966 – Giovanni Lista : *F. T. Marinetti*, Seghers, Paris, 1977 – Giovanni Lista : *Marinetti et le futurisme*, L'Âge d'homme, Lausanne, 1978 – in : *L'Art du xxe s.*, Larousse, Paris, 1991 – in : *Dict. de l'art mod. et contemp.*, Hazan, Paris, 1992.
Musées : Montréal (Mus. d'Art Contemp.) : *Luce* 1922-1923.
Ventes Publiques : Monaco, 17 juin 1990 : *Planche tactile de poche* 1929, pap. de verre/pap. (10x6) : **FRF 32 190**.

MARINHOW J.
xxe siècle.
Peintre de scènes typiques, paysages.
Il est connu par une œuvre passée en vente publique.
Ventes Publiques : Paris, oct. 1945-juil. 1946 : *La partie de chasse* 1941 : **FRF 13 100**.

MARINI Alessandro
Né en 1831. Mort en 1874. xixe siècle. Actif à Rome. Italien.
Peintre.
Il a exécuté des portraits. La Galerie Nationale d'Art moderne, à Rome, possède de lui une *Tête de vieillard*.

MARINI Andrea. Voir **MARINI Pasquale Andrea**

MARINI Angelo, dit **Angelo Siciliano**
xvie siècle. Italien.
Sculpteur.
Il a travaillé vers 1550 à la façade de la Chartreuse de Pavie et exécuta de nombreuses statues pour la cathédrale de Milan de 1560 à 1584.

MARINI Antonio
Né en 1668 à Venise. Mort en 1725. xviie-xviiie siècles. Actif à Venise. Italien.
Peintre de batailles, paysages, marines.

Il est cité par Marco Boschini. Il ne subsiste de lui que quelques œuvres mineures.
Ventes Publiques : Milan, 4 nov. 1986 : *Scène de bataille*, h/t (177x221) : **ITL 40 000 000** – New York, 11 jan. 1991 : *Vaisseau pris dans la tempête*, h/t (99,2x114,3) : **USD 77 000** – Monaco, 5-6 déc. 1991 : *Paysage de bord de mer*, h/t (89x114) : **FRF 155 400** – Milan, 3 déc. 1992 : *Paysage fluvial avec des voyageurs et des moines*, h/t (129x163) : **ITL 19 000 000** – Londres, 8 déc. 1993 : *Bateaux pris dans la tempête*, h/t (96,5x143,5) : **GBP 18 400** – New York, 15 fév. 1994 : *Marine à Amalfi* 1876, h/t (38,1x61,9) : **USD 12 650** – Milan, 18 oct. 1995 : *Engagement de cavalerie*, h/t (74x98) : **ITL 16 100 000** – New York, 2 mai 1996 : *Giovenetta*, fer (H. 133,4) : **USD 129 000** – Rome, 29 oct. 1996 : *Bataille*, h/t (38x30) : **ITL 5 825 000**.

MARINI Antonio
Né le 27 mai 1788 à Prato. Mort le 10 septembre 1861 à Florence. XIXe siècle. Italien.
Peintre d'histoire, compositions religieuses, fresques, lithographe.
Il fut élève de l'Académie des Beaux-Arts de Florence. Il fut, en 1821, le premier innovateur de la lithographie en Italie. En 1841, il fut reçu membre de l'Académie de Florence.
Il a restauré diverses fresques de Giotto et Gaddi. Il a également peint des *Madones*, et exécuté de nombreuses fresques dans les palais de la région de Florence.

MARINI Benedetto
Né vers 1590 à Urbino. Mort vers 1627 à Plaisance. XVIIe siècle. Italien.
Peintre d'histoire.
D'après Lanzi, ce fut un des meilleurs élèves de Claudio Ridolfi. Il a peint des volets d'autel et des tableaux d'histoire dans le style de l'école vénitienne. On cite de lui *La multiplication des pains* (au réfectoire d'un couvent de Plaisance).

MARINI Egle
XXe siècle. Italien.
Peintre.
Musées : Florence (Gal. d'Art Mod.).

MARINI Francesco
Originaire de Vérone. XVIIe siècle. Actif dans la seconde moitié du XVIIe siècle. Italien.
Graveur.
Il a exécuté douze statues en terre cuite pour l'église de la Grâce à Capri, et une *Mise en Croix* pour le couvent de S. Nicolo dans la même ville.

MARINI Giov. Antonio
XVIIe siècle. Actif à Venise vers 1600. Italien.
Mosaïste.
Il travailla d'après les dessins de Tintoret à la voûte de l'autel de Sainte-Marie à Saint-Marc.

MARINI Giulia. Voir **NUTI**

MARINI Leonardo
Né vers 1730. Mort après 1797. XVIIIe siècle. Actif dans la région du Piémont. Italien.
Peintre de batailles, natures mortes, fleurs et fruits.
Musées : Turin (Pina.) : tableau de bataille.
Ventes Publiques : Monaco, 19 juin 1994 : *Fleurs et fruits sur un entablement*, h/t (106x133) : **FRF 66 600**.

MARINI Lorenzo
Né à Cattaro. Mort en 1478 à Raguse. XVe siècle. Italien.
Peintre.
L'église des Dominicains à Raguse possède de cet artiste deux tableaux peints en 1456 : *La Madone et saint Jean*.

MARINI Luigi
Né au XIXe siècle à Venise. XIXe siècle. Italien.
Sculpteur.
Exposa à Milan, Rome, Turin et Venise.

MARINI Marino
Né le 27 février 1901 à Pistoia (Toscane). Mort le 6 août 1980 à Viareggio (Toscane). XXe siècle. Italien.
Sculpteur de figures, bustes, animaux, monuments, peintre, graveur, dessinateur, aquarelliste.
Très jeune, il alla suivre les cours de peinture et de sculpture à l'académie des beaux-arts de Florence. Dans cette prime époque, il s'intéressa à la sculpture de Médardo Rosso. Un voyage à Paris, alors qu'il était âgé de dix-huit ans, lui révéla les tendances nouvelles de l'art moderne, dont il devait tenter la synthèse avec ses admirations pour la statuaire antique, et tout spécialement les archaïques étrusques et romains. Durant ce séjour, il rencontra Chirico, de Pisis, Magnelli, Campigli, Picasso, Braque, Laurens, Gonzales, Tanguy. Dès 1929, et jusqu'en 1940, il a enseigné à l'école d'art de la Villa Reale à Monza, comme Arturo Martini. Sa réputation était solidement établie, et, en 1940, il fut nommé professeur de sculpture à l'académie de Brera, à Milan. Pendant la Seconde Guerre mondiale, il résida en Suisse, où il rencontra Giacometti, Wotruba et Germaine Richier. En 1946, il revint se fixer à Milan. En 1950, il séjourna à New York et fit la connaissance de Arp, Calder, Lipchitz et Feininger.
D'importantes rétrospectives ont été consacrées à l'ensemble de son œuvre, au Kunsthaus de Zurich en 1962, au palais de Venise à Rome en 1966, au musée de Munich en 1976, au musée d'Art moderne de la Ville de Paris en 1978, au musée de Gravelines à la fin des années quatre-vingt, au musée de Chartres en 1993, à l'Espace Van Gogh et au musée Réattu d'Arles puis au musée du Chiado de Lisbonne en 1995. En 1935, il remporta le grand prix de la Quadriennale de Rome. En 1937, à l'Exposition universelle de Paris, il reçut un prix pour l'ensemble de son œuvre. En 1952, il reçut le grand prix de sculpture de la Biennale de Venise.
C'est à la fin des années vingt qu'il produisit ses premières œuvres significatives : *L'Aveugle* de 1928, et *Le Peuple* de 1929, œuvres encore statiques, dans lesquelles les références stylistiques sont transgressées par l'expression d'une profonde humanité. Présentant lui-même ses œuvres, lors de la IIe Quadriennale de Rome, en 1935, il s'expliquait sur ses rapports avec la nature et ses antécédents, repoussés ou assumés, Rosso, Maillol, Arturo Martini, Égyptiens, Étrusques, portraitistes romains, etc. : « est profondément artistique l'œuvre, qui tout en puisant aux sources de la nature, sait s'en abstraire et les transcender car l'art est parfaite hallucination ». À partir de 1936, il commença l'inépuisable série des *Cavaliers*, autour desquels n'a cessé de s'édifier l'essentiel de son œuvre, à travers toutes les variations possibles, dont certaines polychromées, le cavalier faisant de plus en plus corps avec le cheval, en une masse compacte tendant progressivement à exprimer son potentiel dynamique. Parallèlement à cette série de *Cavaliers*, il a développé celle des *Jongleurs* et des *Danseuses*, adoptant, et pour les mêmes raisons, les thèmes jadis développés par Degas. Il a également apporté des solutions personnelles au problème du portrait en sculpture, avec ceux de *Campigli* en 1940, *Carra* en 1946, *Stravinsky* en 1951, *Henri Miller* en 1961, *Arp, Chagall, Henry Moore* en 1962. Parmi ses œuvres marquantes, on cite encore : *Le Miracle* en 1953, un monument érigé dans la ville de La Haye en 1957-1958, *Le Cri* et *Le Guerrier* en 1960. Son œuvre pictural n'est pas fondé sur la traduction du volume par le jeu des valeurs, mais au contraire met en œuvre une gamme colorée étendue et violente, dans la perspective de ses possibilités expressives propres. Dès son adolescence, il a réalisé des gravures ; il exécuta ses premières lithographies en 1942. Dans ses œuvres graphiques, il reprend ses thèmes de prédilection. Bien que Marino Marini ait évolué dans le sens de l'autonomie de la forme plastique, son œuvre ne s'inscrit pas dans l'évolution radicale des langages artistiques contemporains ; elle constitue une synthèse, qui ne renie pas ses sources culturelles.

■ Jacques Busse

MARINO
MM
MARINO

Bibliogr. : Sarane Alexandrian, in : *Dict. univer. de l'art et des artistes*, Hazan, Paris, 1967 – Giovanni Carandente, in : *Nouv. Dict. de la sculpt. mod.*, Hazan, Paris, 1970 – Luigi F. Toninelli : *Marino Marini. Opera grafica completa, 1914-1976*, Graphis Arte, Livourne, Milan, 1970 – in : *Les Muses*, Grange Batelière, t. X, Paris, 1973 – Carlo Pirovano : *Marino Marini Scultore*, Electa, Milan, 1973 – Patrick Waldberg, Gualtieri di San Lazzaro : *Marino Marini. Complete Works*, XXe Siècle, Paris, 1973 – in : *Dict. univer. de la peinture*, Robert, t. IV, Paris, 1975 – Guido Guastalla, Carla Schulz-Hoffmann, Luigi F. Toninelli : *Marino Marini. Druckgraphik Werkkatalog*, F. Bruckmann, Munich, 1976 – Catalogue de l'exposition : *Marino Marini, l'œuvre gravé* *complet 1914-1977*, Musée d'Art moderne de la Ville, Paris, 1978 – C. Pirovano : *Marino Marini sculpteur*, Mondadori, Milan, 1980 – Giorgio et Guido Guastalla : *Marino Marini. Catalogo ragionato dell' opera grafica, incisioni e litografie*, Graphis Arte, Livourne, 1990 – in : *L'Art du XXe s.*, Larousse, Paris, 1991 – in : *Dict. de l'art mod. et contemp.*, Hazan, Paris, 1992 – Catalogue de l'exposition *Marino Marini*, Actes Sud, Arles, 1995.

Musées : Bâle (Mus. des Beaux-Arts) : *Miracle* 1955 – Berlin (Neue Gal.) : *Mies Van der Rohe* 1967 – Milan (Mus. d'Art Mod. de la Ville) – Minneapolis (Inst. of Arts) : *Igor Stravinsky* 1951 – Munich (Neue Pinak.) – Otterlo (Rikjsmus. Kröller-Müller) : *Cheval*, past. – Paris (Mus. d'Art Mod. de la Ville) : *Cavalier* 1949.

Ventes Publiques : New York, 26 oct. 1960 : *Acrobate et cheval*, encre de Chine : **USD 1 000** – Londres, 22 mars 1961 : *Trois acrobates* 1949, encre : **GBP 140** – Milan, 21-23 nov. 1962 : *Chevalier et cavalier*, bronze : **ITL 5 400 000** – New York, 21 oct. 1964 : *Cheval et cavalier* : **USD 4 750** – Londres, 22 juin 1965 : *Cheval et cavalier*, bronze : **GBP 7 200** – Milan, 29 nov. 1966 : *Nageur*, bois : **ITL 800 000** – New York, 5 avr. 1967 : *Cheval et cavalier*, bronze : **USD 23 000** – Londres, 5 déc. 1968 : *Cheval et cavalier*, gche : **GBP 1 500** – Genève, 27 juin 1969 : *Cheval sur fond bleu*, gche : **CHF 18 000** – Berne, 16 juin 1972 : *Miracolo*, bronze : **CHF 57 000** – Londres, 4 juil. 1973 : *Cheval et cavalier*, gche : **GBP 3 000** – New York, 2 mai 1974 : *Cavalier* 1949, bronze, patine vert foncé tiré à trois exemplaires : **USD 160 000** – Munich, 25 mai 1976 : *Cheval brun* 1953, techn. mixte/pap. (45x57) : **DEM 15 500** – Londres, 29 juin 1976 : *Composition* 1950, h/t (150x98,5) : **GBP 8 000** – Cologne, 3 déc. 1976 : *Chevaux et cavaliers* 1972, litho. (37x50,5) : **DEM 1 400** – Londres, 30 mars 1977 : *Cavalier* 1955, gche (83,5x62) : **GBP 11 000** – Londres, 28 juin 1977 : *Cavalier rouge* 1958/59, h/t (200x186) : **GBP 18 500** – Milan, 5 avr. 1977 : *Cheval*, bronze (21,5x33x17) : **ITL 11 500 000** – New York, 2 nov. 1978 : *Cheval et cavalier* 1952, encre de Chine et past. (62x43) : **USD 6 000** – New York, 17 mai 1979 : *Cheval et cavalier* 1952, encre de Chine et gche/pap. (43,8x35,5) : **USD 1 500** – New York, 8 nov 1979 : *Cheval et acrobates* 1953, techn. mixte (62,2x42,8) : **USD 10 000** – New York, 9 nov 1979 : *Cheval et cavalier* 1951, h/pap. mar./t. (101,3x76,8) : **USD 18 000** – Londres, 4 déc 1979 : *Cavalier* 1949, bois peint (H. 180) : **GBP 120 000** – Cologne, 4 déc. 1980 : *Cavaliers et chevaux, fond crème* 1952, litho. en noir et crème (65,5x50) : **DEM 2 800** – New York, 3 nov. 1982 : *Due cavalieri* vers 1953, h/t (165x116) : **USD 70 000** – New York, 10 déc. 1982 : *Cheval et cavalier* 1955, émail et encre de Chine (86x62,3) : **USD 11 000** – Londres, 31 mars 1982 : *Cavalier* 1951, bronze (H. 115) : **GBP 130 000** – New York, 16 mai 1984 : *Cheval et cavalier* 1951, techn. mixte/pap. mar./t. (99x69,7) : **USD 35 000** – New York, 17 mai 1984 : *Cheval et cavalier* 1947, pl., pinceau et encre de Chine, gche et past./pap. mar./cart. (51x38,5) : **USD 9 000** – New York, 16 mai 1984 : *L'incantesimo dei danzatori* 1963, h/t (200x180) : **USD 115 000** – New York, 14 nov. 1984 : *Cavaliere* 1947, bronze, patine gris-vert (98x67x40) : **USD 330 000** – Milan, 9 mai 1985 : *Cheval et cavalier* 1954, temp. et encre de Chine (85x61) : **ITL 26 000 000** – New York, 15 mai 1985 : *Cavallo e cavaliere* 1947, bronze, patines grise et brune (H. 41,25) : **USD 82 500** – Londres, 2 déc. 1986 : *Cavalier* 1951, bronze patine brune (H. 40,7) : **GBP 120 000** – Londres, 25 juin 1986 : *Pomona* 1959, gche et h/pap. mar./t. (112x78) : **GBP 15 000** – Londres, 3 déc. 1986 : *Acrobatie* 1953, h/pap. mar./t. (100x76) : **GBP 27 000** – Londres, 29 juin 1987 : *Trois polychromes* 1954, h/t (150x145) : **GBP 160 000** – Londres, 29 juin 1987 : *Cavaliere* 1951, bronze patine brune (H. 40,7) : **GBP 150 000** – New York, 18 fév. 1988 : *Cheval de cirque* 1953, détrempe/cart. (44,5x63) : **USD 23 100** – Londres, 19 oct. 1988 : *Petit jongleur* 1953, bronze (H. 47,7) : **GBP 29 700** – New York, 12 nov. 1988 : *Cheval et cavalier*, gche et encre/pap. (49,5x34,7) : **USD 18 700** – Copenhague, 30 nov. 1988 : *Cavalier*, litho. en coul. : **DKK 4 500** – Londres, 4 avr. 1989 : *Carlo Cardazzo* 1947, bronze (H. 30) : **GBP 18 700** – Rome, 17 avr. 1989 : *Le manège de chevaux de bois* 1934, h/pan. (39x59) : **ITL 25 000 000** – Montréal, 1er mai 1989 : *Cavalier et son cheval* 1970, gche (51x39) : **CAD 34 000** – New York, 10 mai 1989 : *Idée de cheval avec son cavalier* 1955, bronze (H. 55,2) : **USD 495 000** – Milan, 6 juin 1989 : *Figure équestre II* 1954, techn. mixte/cart. (61,5x42,5) : **ITL 43 000 000** – Rome, 8 juin 1989 : *Acrobates et cheval*, techn. mixte/rés. synth. (70x50) : **ITL 105 000 000** – Londres, 28 juin 1989 : *Petit joueur* 1954, bronze (H. 54) : **GBP 71 500** – New York, 5 oct. 1989 : *Le Miracle* 1958, h. et gche/pap./t. (134x82) : **USD 55 000** – New York, 13 nov. 1989 : *Petit cavalier* 1948, bronze à patine brune (H. 57) : **USD 671 000** – New York, 15 nov. 1989 : *Cavalier* 1951, bronze (H. 115) : **USD 1 760 000** – New York, 16 nov. 1989 : *Les acrobates* 1953, h/rés. synth. (99,6x75) : **USD 198 000** – Paris, 22 nov. 1989 : *Les dromadaires* 1953, techn. mixte/pap. (60,5x42) : **FRF 240 000** – Londres, 28 nov. 1989 : *Petit cheval filiforme* 1951, bronze à patine brune (H. 36,4) : **GBP 115 500** – New York, 16 mai 1990 : *Cheval et cavalier*, gche, collage et craie blanche (51,2x40,6) : **USD 28 600** ; *Personnages de cirque* 1950, h., cr. gras coul. et encre/pap. /t. (91,4x67,3) : **USD 308 000** – New York, 17 mai 1990 : *Cavalier* 1951, bronze (H. 115) : **USD 2 200 000** – Londres, 17 oct. 1990 : *Cheval et cavalier* 1970, gche, aquar., h. et collage (51,7x39) : **GBP 19 800** – New York, 14 nov. 1990 : *Le jeune cavalier* 1950, h/t (92x73) : **USD 209 000** – Rome, 3 déc. 1990 : *Cheval et cavalier* 1941, encre de Chine/pap. (33,5x24) : **ITL 12 650 000** – New York, 15 fév. 1991 : *Cheval et cavalier*, h. et encre de Chine/pap. (62,2x43,2) : **USD 24 750** – Milan, 26 mars 1991 : *Cheval et cavalier* 1955, techn. mixte/pap./t. (86x62) : **ITL 60 000 000** – Londres, 25 juin 1991 : *Le manège* 1934, h/pan. (39x59,5) : **GBP 16 500** – Londres, 26 juin 1991 : *Jeune cavalier*, bronze (H. 43,5, L. 43,5) : **GBP 176 000** – Paris, 3 juil. 1991 : *Personnage*, gche et encre/pap. (540x37) : **FRF 112 000** – Zurich, 16 oct. 1991 : *Petit Théâtre* 1972, litho. (63x48) : **CHF 3 000** – New York, 6 nov. 1991 : *Cheval* 1950, h/pap. (93x72,5) : **USD 38 500** – New York, 7 nov. 1991 : *Cheval et cavalier*, bronze à patine brune (41,2) : **USD 192 500** – New York, 25 fév. 1992 : *Cheval et cavalier* 1955, temp., gche et encre/pap. teinté (85,7x62,2) : **USD 52 800** – Zurich, 29 avr. 1992 : *Les Jongleurs*, litho. coul. (66x50,5) : **CHF 4 200** – Milan, 23 juin 1992 : *Cheval noir* 1950, h/pap./rés. synth. (100x75,5) : **ITL 78 000 000** – Londres, 29 juin 1992 : *Grand Théâtre*, h/t (178,8x178,8) : **GBP 99 000** – New York, 11 nov. 1992 : *Petit taureau*, bronze ciselé et peint. (H. 33) : **USD 60 500** – Londres, 30 nov. 1992 : *Cavalier* 1947, bronze à patine verte (98x67x40) : **GBP 462 000** – Londres, 1er déc. 1992 : *Personnages de cirque* 1950, h., craies grasses et encre/pap./t. (91,4x67,3) : **GBP 176 000** – Milan, 9 nov. 1992 : *La Surprise I* 1973, eau-forte et pointe sèche (64,5x48,5) : **ITL 1 700 000** – Munich, 1er-2 déc. 1992 : *Le Grand Théâtre des masques* 1979, litho. coul. (59x66) : **DEM 10 350** – Milan, 6 avr. 1993 : *Fantasia* 1965, h/pap. entoilé (88x63) : **ITL 80 000 000** – New York, 12 mai 1993 : *Cheval* 1947, bronze à patine verte (H.73) : **USD 420 500** – Paris, 11 juin 1993 : *From color to form* 1969, album complet de 10 litho. (50x65) : **FRF 110 000** – New York, 11 mai 1994 : *Cheval et trois cavaliers* 1950, encre/pap. (48,9x34,6) : **USD 9 775** ; *Miracle* 1952, bronze (H. 165,1) : **USD 855 000** – Lokeren, 28 mai 1994 : *Jongleur*, pointe sèche/pap. Japon (30x25,3) : **FB 28 000** – Paris, 7 juin 1994 : *Cavalier et chevaux*, gche/pap. (40x37) : **FRF 140 000** – New York, 8 nov. 1994 : *Le Cheval rouge* 1952, h/t (200x139,7) : **USD 552 500** – Londres, 29 nov. 1994 : *Cheval avec deux acrobates* 1953, gche/pap. (61,7x42,7) : **GBP 43 300** – New York, 9 mai 1995 : *Cavalier* 1953, bronze (H. 134,6) : **USD 1 102 500** – Lucerne, 20 mai 1995 : *Sans titre*, litho. en coul. (63,5x42) : **CHF 4 200** – Londres, 28 juin 1995 : *Cheval* 1950, h/pap./t. (93,3x72,2) : **GBP 47 700** – Londres, 27 nov. 1995 : *Cavalier*, bronze (H. 83,2) : **GBP 529 500** – Milan, 19 mars 1996 : *Architecture en gris* 1956, encre et temp./pap. entoilé (95x72) : **ITL 64 400 000** – Milan, 18-22 mai 1996 : *Cheval et cavalier* 1944, encre, aquar., fus. et h/pap. (37,5x28) : **ITL 19 550 000** ; *Nu* 1942, encre de Chine/cart. (33,5x24) : **ITL 4 600 000** – Paris, 13 juin 1996 : *Personnages du Sacre du Printemps* 1974, litho. (52x39) : **FRF 39 000** – New York, 12-13 nov. 1996 : *Cavalier* 1951, bronze (H. 54,6) : **USD 635 000** ; *Cheval et cavalier* 1951 (L. 29,2) : **USD 123 500** ; *Cheval* 1960, gche, collage et h/pap. (65,1x50,2) : **USD 25 300** – Londres, 3 déc. 1996 : *Petit Miracle* 1951, bronze patine brune (L. 68, H. 55) : **GBP 100 500** – New York, 9 oct. 1996 : *Cavallo e cavalieri* 1953, gche et encre de Chine/pap. (61,9x43,2) : **USD 26 450** – Londres, 25 juin 1996 : *Piccolo miracolo* 1955, bronze (H. 21) : **GBP 40 000** – New York, 14 nov. 1996 : *Piccolo cavallo* 1951, bronze patine brune (H. 31,4) : **USD 74 000** – Milan, 18 mars 1997 : *Petite composition équestre* 1952, techn. mixte/cart. (62x43) : **ITL 57 085 000** – Milan, 19 mai 1997 : *Grand cheval* 1950, h/pap./t. (150x100) : **ITL 58 650 000** – Milan, 24 nov. 1997 : *Portrait de Lucy Lambert* 1954, pb (H. 39) : **ITL 41 400 000** ; *Cavalier bleu* 1952, h/t (100x80) : **ITL 227 300 000**.

MARINI Michele di Luca

Né en 1459 à Fiesole. XVe siècle. Italien.

Sculpteur.

Il se confond vraisemblablement avec Michele Maini de Fiesole.

MARINI Onofrio

XVIe siècle. Actif à Pérouse. Italien.

Peintre.
On lui doit des fresques peintes en 1592 dans l'église Saint-Pierre de Pérouse.

MARINI Onofrio de
XVIIe siècle. Actif à Naples. Italien.
Peintre.
Il fut en 1665 membre de la Corporation des peintres.

MARINI Paolo
Originaire de Camerino. Mort le 30 juillet 1695. XVIIe siècle. Italien.
Peintre.
Fut élève de Divini.

MARINI Pasquale Andrea, dit **Andrea Pasqualino da Recanati**
Mort vers 1712. XVIIIe siècle. Italien.
Peintre.
Il imita C. Maratti et G. Reni. Il obtint en 1682 plusieurs prix de l'Académie Saint-Luc, et devint en 1704 membre de la Corporation des Virtuoses. Trois de ses tableaux *(Scènes de la vie de saint Jean)* se trouvent dans des églises de Rome.

MARINI René. Voir **COLLAMARINI**

MARINIER Ernest
Né au XIXe siècle à Paris. XIXe siècle. Français.
Peintre de sujets de genre, paysages.
Il fut élève de Lefortin. Il débuta au Salon des Artistes Français de Paris en 1880.
Ventes Publiques : Paris, 16 nov. 1990 : *Le ramassage du blé* 1884, h/t (46x60) : **FRF 4 700**.

MARINIER Pierre François
Né au XIXe siècle à Strasbourg. XIXe siècle. Français.
Portraitiste.
Élève de Brion. Débuta au Salon en 1873.

MARINITCH Cosima Antonowitch
Mort en 1870. XIXe siècle. Russe.
Peintre de genre.
Fut un élève de l'Académie de Saint-Pétersbourg. La Galerie Tretiakov, à Moscou, conserve de lui : *Une vieille femme pelant des pommes de terre.*

MARINITSCH Christian de
Né en 1868 à Smyrne (Turquie). XIXe-XXe siècles. Français.
Peintre de genre.
Il fut élève de J. Lefebvre, Bouguereau et C. Robert-Fleury.
Il figura au Salon des Artistes Français, à Paris. Il obtint une mention honorable en 1884, une médaille d'argent en 1900 à l'Exposition universelle de Paris.

Musées : Saintes : *Jeune Breton.*
Ventes Publiques : New York, 4-5 oct. 1977 : *Mère et enfants*, h/t (99x69) : **USD 2 200**.

MARINKELLE Joseph, dit **Marinllige** (à cause de sa petite taille)
Né le 10 mai 1732 à Rotterdam. Mort vers 1776 à Amsterdam. XVIIIe siècle. Hollandais.
Peintre de portraits, miniatures.
Il vécut longtemps à Amsterdam. Il fut en relations dans cette ville avec un amateur très averti et un mécène C. Ploos Van Amstel, dont il fit du reste le portrait. Ses miniatures sur ivoire sont d'un art très délicat. Il mourut de chagrin, croit-on, parce qu'une femme de lettres dont il avait fait le portrait insuffisamment flatté, écrivit une satire sur lui. Beaucoup de ses œuvres sont actuellement dans des collections particulières.

MARINKOVIC Anna
Née le 7 avril 1882 à Belgrade. XXe siècle. Roumaine.
Peintre de paysages, natures mortes.
Elle fut élève de Rista et Beta Vukanovic. Elle vécut et travailla à Belgrade.

MARINKOVIC Ivka. Voir **MATINA-MARINKOVIC Ivka**

MARINKOVIC Miho
Né le 13 avril 1883 à Komiza. XXe siècle. Roumain.
Peintre de portraits, figures.
Il étudia à Munich et à Rome, et devint professeur de dessin à la faculté technique de l'université de Belgrade.
Musées : Agram – Belgrade – Spalato.

MARINKOVIC Miroslav
Né en 1928 à Oparic (Serbie). XXe siècle. Yougoslave.
Peintre de paysages, scènes typiques. Naïf.
Paysan, il peignait dans les loisirs que lui laissaient les travaux des champs, et dans la mesure où son père-patron le tolérait. Son voisin, le peintre-paysan Brasic, lui apprit les rudiments de la technique de la peinture à l'huile. Curieusement, ses tableaux semblent vouloir imiter des tapisseries au point de croix.
Bibliogr. : Oto Bihalji-Merin : *Les Peintres naïfs*, Delpire, Paris, s. d.

MARINNA Lor. Voir **MARRINA Lorenzo**

MARINO
Originaire de Venise. Italien.
Peintre.
L'église Eremitani de Padoue possède de lui une peinture à la gouache.

MARINO Agnelli. Voir **AGNELLI Marino**

MARINO Andrés Ignacio
XVIIIe siècle. Actif à Saint-Jacques de Compostelle de 1736 à 1769. Espagnol.
Sculpteur.

MARINO Domenico
Originaire de Naples. XVIIe siècle. Actif dans la seconde moitié du XVIIe siècle. Italien.
Peintre.
Fut un élève de Luca Giordano. Quelques œuvres de lui se trouvent dans les chapelles de Naples.

MARINO Emanuele
XVIIIe siècle. Actif à Naples dans la seconde moitié du XVIIIe siècle. Italien.
Sculpteur.
Il subit l'influence de Lor. Mosca et modela des figures de crèche. Le Musée municipal de Naples conserve quelques-unes de ses œuvres.

MARINO Francesco di
Né en 1892 à Naples (Campanie). Mort en 1954. XXe siècle. Italien.
Peintre de paysages.
Ventes Publiques : Rome, 12 déc. 1989 : *Paysage côtier*, h/pan. (25x35) : **ITL 700 000**.

MARINO Giambattista
Originaire de Catane en Sicile. Italien.
Sculpteur.

MARINO Giuseppe
Originaire de Palerme. XVIIIe siècle. Italien.
Sculpteur.
Il travailla à la colonne de l'*Immaculée Conception*, élevée en 1717 sur la place Saint-Dominique, à Palerme.

MARINO P. di
XIXe-XXe siècles. Italien.
Peintre de paysages, marines.
Il était actif à Naples.
Ventes Publiques : Rome, 14 déc. 1988 : *La Villa Communale à Naples*, h/pan. (24x33) : **ITL 950 000** – Rome, 4 déc. 1990 : *Sur la grève*, h/pan. (24x29) : **ITL 1 500 000** – Rome, 28 mai 1991 : *La via Caracciolo*, h/pan. (16,5x22,5) : **ITL 11 000 00** ROME – Rome, 10 déc. 1991 : *Le golfe de Naples*, h/pan. (24x34) : **ITL 1 400 000** – Rome, 7 juin 1995 : *Pêcheurs à Marechiaro*, h/pan. (35x45) **ITL 1 495 000**.

MARINO Raffaelle
Né le 29 mai 1868 à Naples (Campanie). XIXe-XXe siècles. Italien.
Sculpteur de figures, d'histoire.
Il fut élève de l'académie des beaux-arts de Naples. Il débuta vers 1888 à Naples.
Musées : Barcelone : *Emma* – *À sainte Lucia* – Neuilly-sur-Seine *Mort de Caligula* – Rome (Gal. Nat. d'Art Mod.) : *Mariella* – Rouen (Mus. des Beaux-Arts) : *Caïus Gracchus.*
Ventes Publiques : Londres, 4 oct. 1989 : *Sur le quai Voltaire*, h/t (25,5x24) : **GBP 8 250** – Milan, 16 juin 1992 : *Sur le quai Voltaire* 1895, h/t (27x25) : **ITL 11 500 000**.

MARINO d'Angelo
xve siècle. Actif à S. Vittoria à Materano. Italien.
Peintre et moine.

MARINO DE CAAMANO Blas de
xviie siècle. Actif à Betanzos en Galice. Espagnol.
Peintre.
Fut élève d'Antonio Vazquez de Castro.

MARINO di Cingoli
Originaire de Cingoli. xiiie siècle. Italien.
Sculpteur.

MARINO Francese
Mort vers 1626. xviie siècle. Actif à Ravenne. Français.
Sculpteur sur bois.
Depuis 1575 il travailla aux stalles du chœur de S. Maria in Porto à Ravenne.

MARINO di Giovanni Frasche da Cascia
Originaire de Cascia. Italien.
Sculpteur et peintre.

MARINO da Monteaiate
Originaire de Monteaiate. xvie siècle. Français.
Sculpteur.
Lombard, il travailla en 1525 avec *Francesco da Lugano* à la décoration de la chapelle du Saint-Sacrement de l'église Sainte-Anne, à Camerino, près d'Ancône.

MARINO di Oderisio da Perugia
xive siècle. Actif à Pérouse en 1318. Italien.
Peintre.
Il a peint une *Madone avec l'Enfant* et *Saint Benoît et saint Paul.*

MARINO di Sirissa. Voir **MARINUS VAN ROEJMERSWAELEN**

MARINO di Teana Francesco. Voir **TEANA Marino di**

MARINONI Antonio
Né en 1796 à Bassano. Mort le 20 décembre 1871 à Bassano. xixe siècle. Italien.
Peintre d'histoire, paysages animés.
Musées : Bassano : huit tableaux.
Ventes Publiques : Londres, 20 oct. 1978 : *Paysage fluvial boisé d'Italie* 1837, h/t (98,5x136,5) : **GBP 650** – Stockholm, 19 mai 1992 : *Paysage avec un torrent et des personnages* 1858, h/t (99x75) : **SEK 32 000**.

MARINONI-GRAMIZZI Ida
Née au xixe siècle à Milan. xixe siècle. Italienne.
Peintre de genre.
Débuta vers 1883. Exposa à Milan et à Rome.

MARINOT Maurice
Né en 1882 à Troyes (Aube). Mort en 1960 à Troyes (Aube). xxe siècle. Français.
Peintre de compositions animées, paysages, aquarelliste, dessinateur, sculpteur. Fauve.
Il entra à l'école des beaux-arts de Paris, en 1901, dans l'atelier de Fernand Cormon, d'où il fut rapidement exclu. Mobilisé pendant la Première Guerre mondiale, il est envoyé au Maroc. En 1938, l'artiste doit fermer sa verrerie de Bar-sur-Aube ; il revient alors à la peinture, poursuivant l'œuvre de ses débuts. En 1944, aux derniers jours de la guerre, son atelier de Troyes est détruit par un incendie.
Influencé par les nabis, il se rapprocha des fauves, exposant avec eux à Paris, au Salon des Indépendants et d'Automne, dès 1905 et jusqu'en 1913, d'autres sources indiquent 1919. Il était représenté dans l'exposition *Le Fauvisme français et les débuts de l'expressionnisme allemand* au musée d'Art moderne de la ville de Paris. Une exposition rétrospective de son œuvre a été montrée en 1990 au musée de l'Orangerie, à Paris.
En 1911, il était retourné dans sa ville natale, où il apprit l'art du verre, le traitant pour les spécificités de sa matière, telle qu'elle se révèle pendant la fusion et non plus pour sa seule transparence ou son éclat. Il s'intéressa d'abord à la technique de l'émail sur verre, réalisant des coupes, flacons, bouteilles (...) décorés de paysages, fleurs, danseuses, motifs géométriques, et découvrit des procédés originaux. « À partir de 1927, je commence une nouvelle période, c'est le modelage à chaud et en force dans des pièces très épaisses et d'un seul bloc. » Marinot a voulu réaliser avec son *souffle* des *sculptures d'eau, des architectures de glace modelées dans la matière incandescente.* Ses œuvres peintes, figuratives, se caractérisaient par l'emploi fréquent de rouge-fraise et de bleu turquoise ; il affectionnait de peindre des scènes intimes ou des maternités. Ces deux tons de rose et bleu se retrouvent dans ses œuvres de verrier.
Bibliogr. : Guillaume Janneau : *Le Verre et l'art de Marinot*, H. Floury, Paris, 1925 – Bernard Dorival : *Les Peintres du xxe s*, Tisné, Paris, 1957 – in : *Dict. univer. de l'art et des artistes*, Hazan, Paris, 1967 – in : *Dict. univer. de la peinture*, Robert, t. IV, Paris, 1975.
Musées : Épinal (Mus. dép. des Vosges) : *Femme et enfant* 1904 – *Florence* 1925 – *Vermoise* 1959 – *Buzon au pied du Puy-Gros* 1936 – Lausanne (Mus. cant. des Beaux-Arts) : *Flacon* 1922 – *Bol* 1929 – Lyon (Mus. des Beaux-Arts) – Narbonne (Mus. d'Art et d'Hist.) : *Au Maroc. Personnages devant une porte* 1917 – *Autoportrait* 1953 – *Paysage à Vermoise* 1959 – Paris (Mus. Nat. d'Art Mod.) : *Femme allaitant* 1907.
Ventes Publiques : Paris, 5 juin 1974 : *Pot en verre fumé*, décor de petites bulles dorées : **FRF 17 000** – Paris, 7 déc. 1990 : *Femme et son enfant sur un fauteuil de tapisserie* 1907, h/t (98x98) : **FRF 280 000**.

MARINUS, pseudonyme de **Marin Robin Van der Goez**
Né en 1599 probablement à Londres. Mort le 27 avril 1639 à Anvers. xviie siècle. Hollandais.
Graveur.
Élève de Luc Vorsterman de Oude à Anvers en 1630 ; maître en 1632, il eut pour élèves Alexandre Goubau, Anton Cooeberger et Gaspard Leemans. On cite de lui : *Sainte Famille*, d'après J. V. Hoeck ; *Fuite en Égypte*, d'après Rubens ; *Adoration des bergers*, d'après Jordaens ; *Christ devant Caïphe*, d'après Jordaens ; *Martyre de sainte Apollonia*, d'après Jordaens ; *Miracle de saint François Xavier*, d'après Rubens ; *Guérison de possédés par saint Ignace de Loyola*, d'après Rubens ; *Les paysans joyeux*, d'après C. Saftleven ; *Le chirurgien de village*, d'après V. Thulden ; *Le paysan opéré au bras*, d'après Brouwer ; *Paysans buvant*, d'après Sorg ; *Ferdinandus Austriacus Philippe II* ; Titre pour *Mémoires de la vie glorieuse de l'Infant Cardinal Fernando.*

MARINUS Ferdinand Joseph Bernard
Né le 20 août 1808 à Anvers. Mort le 6 juillet 1890 à Namur. xixe siècle. Belge.
Peintre de sujets religieux, scènes de genre, paysages, marines.
Il fut élève de H. Van der Porten, directeur de l'Académie de Namur. Il a décoré la salle du Conseil provincial de Namur.

F. Marinus

Musées : Anvers : *La Meuse à Poilvache pendant l'inondation de 1862* – Bergen – Berlin (Staatl. Museen) : *Saint Jérôme dans sa cellule* – Chartres : *Un philosophe* – Courtrai : *L'Hiver* – *Le chasseur à cheval* – Namur – Riga.
Ventes Publiques : Bruxelles, 21 mai 1951 : *Paysage fluvial* : **BEF 9 200** – Londres, 1er mars 1972 : *Cavalier donnant une pièce à un enfant* : **GBP 1 300** – Vienne, 14 mars 1978 : *Les braconniers* 1840, h/pan. (37,5x42,5) : **ATS 35 000** – Bruxelles, 13 juin 1979 : *Halte à la fontaine* 1839, h/t (110x128) : **BEF 250 000** – Londres, 16 juin 1982 : *Chevaux de halage tirant un chaland* 1838, h/t (122x157,5) : **GBP 5 000** – Vienne, 14 mars 1984 : *Scène rustique* 1842, h/pan. (114x91) : **ATS 220 000** – Londres, 9 oct. 1985 : *Paysans dans un paysage fluvial* 1878, h/t (99x150) : **GBP 3 500** – New York, 19 juil. 1990 : *Paysage nocturne*, h/t (91,6x172) : **USD 4 400** – Amsterdam, 23 avr. 1991 : *Le Toast* 1844, h/pan. (45,5x38,5) : **NLG 13 800** – Londres, 11 oct. 1995 : *Promenade à cheval dans un paysage montagneux* 1829, h/t (75x100) : **GBP 4 600**.

MARINUS Johannes
xviie siècle. Actif à La Haye en 1657. Hollandais.
Peintre d'histoire.
Faisait partie, en 1665, de la confrérie de La Haye. Il travailla à la décoration des pièces du château du Grand Électeur à Potsdam.

MARINUS VAN ROEJMERSWAELEN ou **Marinus Van Reymerswaele, Marinus de Seen, Martin de Seeuw** ou **de Zeeuw, Marino di Sirissa,** ou **Martin de Eick,** ou **Marynus Claeszoon**
Né vers 1493 en Seeland. Mort après 1567. xvie siècle. Hollandais.
Peintre.
Fils du peintre Nicolas de Zieriksee, il fut, en 1509, élève du

peintre verrier Simon Van Daele à Anvers ; en 1567, il fut condamné à faire amende honorable et puni de six ans de bannissement pour avoir pris part l'année précédente au pillage de l'église Westmunster à Middelbourg. Ses tableaux figurent souvent sous le nom de Quintyn Massys. La question de savoir si Marinus a été ou non l'élève de ce dernier maître, jusqu'à ce jour n'a été résolue ni dans un sens, ni dans l'autre. Il est indéniable qu'il fut son imitateur. Marinus n'en est pas moins un artiste d'un grand mérite et l'intérêt documentaire s'attachant à ses œuvres est considérable. Il s'est plu à représenter les « hommes d'argents », banquiers, usuriers, collecteurs d'impôts. Il le fait avec moins de sentiment que Massys, mais, cependant avec un remarquable réalisme. Il dut avoir souvent maille à partir avec eux. En dehors de ce thème, il reprend tout aussi inlassablement les mêmes sujets : *Saint Jérôme*, la *Vocation de saint Mathieu*, le *Changeur d'or et sa femme*, interprétant ainsi son angoisse du salut. Son œuvre, influencé par Dürer, montre un dessin sec et une tendance à l'expressionnisme. Le catalogue du Musée de Nantes, édition de 1903, mentionne à tort cet artiste sous le nom de Maryn.

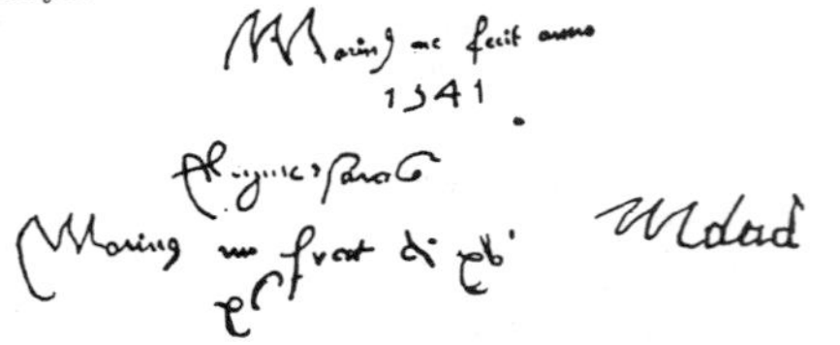

Bibliogr. : R. Genaille, in : *Dictionnaire de l'Art et des Artistes*, Hazan, Paris, 1967.

Musées : Anvers : *Saint Jérôme – Vocation de saint Mathieu – Le banquier et sa femme – Le collecteur d'impôts* – Berlin : *Saint Jérôme* – Copenhague : *Le changeur d'or et sa femme* – Douai : *Saint Jérôme* – Dresde : *Le changeur d'or et sa femme* – Florence (coll. Carrano) : *Le changeur d'or et sa femme* – Gand : *La vocation de saint Mathieu* – Gênes (Palais Baldi) : *Sainte Famille* – Londres (Nat. Gal.) : *Deux banquiers* – Louvain : *Deux collecteurs d'impôts* – Madrid : *Saint Jérôme – Saint Jérôme devant un cadavre – Madone et enfant – Changeur d'or et sa femme* – Munich : *Le changeur d'or et sa femme – Un receveur d'impôts* – Nantes : *Changeur d'or et sa femme* – Rome (coll. Gaetani) : *Saint Jérôme* – Saint-Pétersbourg : *Collecteur d'impôts* – Varsovie : *Collecteur d'impôts* – Vienne : *La parabole de l'intendant injuste – Saint Jérôme* – Windsor : *Collecteur d'impôts*.

Ventes Publiques : Paris, 1856 : *Site des Ardennes* : **FRF 350** – Paris, 1867 : *Les compteurs d'or* : **FRF 360** – Paris, 17 mai 1920 : *Les banquiers* : **FRF 16 000** – Londres, 14 déc. 1923 : *Deux moines priant* : **GBP 47** – Londres, 6 mai 1927 : *The misers* : **GBP 367** – New York, 18 déc. 1929 : *Saint Jérôme en méditation* : **USD 500** – Paris, 6 déc. 1948 : *Le philosophe* : **FRF 70 000** – Londres, 24 oct. 1973 : *Les collecteurs d'impôts* : **GBP 2 200** – Amsterdam, 28 avr. 1976 : *St Jérome dans un intérieur*, h/pan. (96,7x74) : **NLG 15 500** – New York, 17 juin 1982 : *Saint Mathieu et l'usurier*, h/pan. (81x113,5) : **USD 18 500**.

MARIO de' Fiori. Voir **NUZZI Mario**

MARIO di Laureto

Originaire de Laureto en Apulie. XVIe siècle. Italien.

Peintre.

Il travailla à Palerme de 1503 à 1536. Comparer avec LAURITO (Mario di).

MARION Gilbert

Né en 1933 à Montréal (Québec). XXe siècle. Canadien.

Graveur.

Bibliogr. : Catalogue : *Les Vingt Ans du musée et sa collection*, Musée d'Art contemporain, Montréal, 1985.

Musées : Montréal (Mus. d'Art Contemp.) : *La Métamorphose* 1960 – *L'Été* 1960.

MARION Jean

Né en 1937 à Rennes (Ille-et-Vilaine). XXe siècle. Français.

Peintre, dessinateur.

Il a participé à l'exposition : *Dix Ans d'enrichissements du cabinet des estampes 1978-1988 – De Bonnard à Baselitz*, à la Bibliothèque nationale de Paris, en 1992.

Musées : Paris (BN) : *Composition* 1982, sérig.

MARION Luc

XXe siècle. Belge.

Peintre.

Il expose en Belgique.

Il reconnaît pour ses pères Estève, Klee, Manessier, mais aussi Rubens et Le Titien.

Ventes Publiques : Lokeren, 15 mai 1993 : *Ferme fortifiée avec des saules*, h/t (50,5x36) : **BEF 50 000**.

MARION Pierre François Eugène

Né au XIXe siècle à Strasbourg. XIXe siècle. Français.

Portraitiste et dessinateur.

Élève de Brion. Débuta au Salon de 1873.

Musées : Aurillac : *Vue perspective de l'intérieur du Musée*.

Ventes Publiques : Paris, oct. 1945-juil. 1946 : *L'Arrivée* : **FRF 1 800**.

MARION Roger

Né en 1934. XXe siècle. Français.

Sculpteur.

Ventes Publiques : Paris, 22 mai 1989 : *Écaille* 1986, Onyx de Ballaruc les Bains (55x35x18) : **FRF 10 000** – Paris, 23 mars 1990 : *Hommage à Renoir*, porphyre vert (15x22x52) : **FRF 14 000** – Paris, 14 déc. 1990 : *Miss Monde*, bronze (H. 28) : **FRF 18 000** – Paris, 7 oct. 1991 : *Hatchepsout – femme pharaon de Haute-Égypte*, marbre de Balarue (40x20x18) : **FRF 26 000**.

MARIONNEAU Charles Claude

Né le 18 août 1823 à Bordeaux (Gironde). Mort le 14 septembre 1896 à Bordeaux. XIXe siècle. Français.

Peintre de scènes mythologiques, paysages.

Il fut élève de Drolling et L. Fleury ; secrétaire du Musée de Nantes. Il figura au Salon de Paris, de 1849 à 1865.

Musées : Angers : *L'abreuvoir de la Turmalière (Loire-Atlantique)*.

Ventes Publiques : Monaco, 8 déc. 1990 : *Argus endormi* 1855, h/t (109x147) : **FRF 33 300**.

MARIOTON Claudius

Né le 2 février 1844 à Paris. Mort le 26 avril 1919 à Paris. XIXe-XXe siècles. Français.

Sculpteur.

Élève de Dumont et de l'École des Beaux-Arts. Figura au Salon, de 1873 à 1881, avec des bustes, des médaillons et quelques sujets de fantaisie. Mention honorable en 1879, médaille de troisième classe en 1883, de deuxième classe en 1885, médaille d'argent en 1889 (Exposition Universelle). Chevalier de la Légion d'honneur en 1895. Médaille d'or en 1900 (Exposition Universelle). On a de lui au Musée de Rouen : *Chactas* et, à Paris, une statue de bronze au Square du Temple et un buste de l'*Amiral Cloué* au Musée des Arts décoratifs.

MARIOTON Eugène

Né en 1854 ou 1857 à Paris. Mort en 1925 ou 1933. XIXe-XXe siècles. Français.

Sculpteur, médailleur.

Il fut élève de Dumont, Bonassieux et Thomas. Il fit des envois à Paris, au Salon des Artistes Français, de 1882 à 1922.

Bibliogr. : Pierre Kjelberg : *Les Bronzes du XIXe siècle*.

Ventes Publiques : Bruxelles, 4 mai 1976 : *La Pensée*, bronze doré (H. 82) : **BEF 24 000** – Cologne, 16 juin 1978 : *La Jeunesse d'Hercule*, bronze (H. 73) : **DEM 1 700** – Paris, 28 nov 1979 : *Écho*, bronze patiné (H. 71) : **FRF 7 000** – São Paulo, 23 juin 1981 : *Danseuse au tambourin* vers 1880, bronze patine or (H. 84) : **GBP 700** – Paris, 1er juin 1983 : *Diogène*, bronze patine brune (H. 82) : **FRF 12 500** – Lokeren, 22 fév. 1986 : *Le Vainqueur* 1890, bronze patine brun foncé (H. 100) : **BEF 500 000** – Paris, 30 juin 1989 : *La Reconnaissance*, bronze deux patines (H. 52) : **FRF 6 500** – Paris, 27 avr. 1990 : *Le Lancer*, bronze (H. 100) : **FRF 60 000** – Paris, 25 mars 1991 : *Buste de femme*, bronze (H. 60) : **FRF 10 100** – New York, 19 jan. 1995 : *Buste de Napoléon*, bronze (H. 57,2) : **USD 3 737** – Lokeren, 9 mars 1996 : *Le Couvre-feu*, bronze (H. 76,5) : **BEF 30 000** – Lokeren, 8 mars 1997 : *Esmeralda*, bronze (87,5x28,5) : **BEF 105 000** – Paris, 25 sep. 1997 : *Fascinator (Le Charmeur de serpent)* vers 1905, bronze patiné (H. 84) : **FRF 20 000**.

MARIOTON Jean Alfred

Né en 1864. Mort le 5 avril 1903 ou 1904. XIXe siècle. Français.

Peintre d'histoire, portraits, décorateur.

Frère du sculpteur Claudius Marioton et du médailleur Eugène Marioton, il fut élève de Gérome, Bouguereau et Tony Robert-Fleury. Il obtint un second prix de Rome et prit une place importante parmi les décorateurs.

Il exécuta d'importants travaux dans divers hôtels parisiens. Ses portraits ont le charme de ceux du XVIIIe siècle.

Bibliogr. : Gérald Schurr, in : *Les Petits Maîtres de la peinture 1820-1920, valeur de demain*, Les Éditions de l'Amateur, t. VI, Paris, 1985.
Ventes Publiques : Vienne, 18 sept 1979 : *Nu dans un boudoir*, h/t (50x75,5) : **ATS 16 000** – Paris, 15 fév. 1985 : *Le bouffon au perroquet*, h/t (74x92) : **FRF 18 000** – New York, 24 mai 1988 : *Nymphe aux nénuphars*, h/t (250x125) : **USD 13 200**.

MARIOTTE Ernest
Né au xixe siècle à Paris. xixe siècle. Français.
Aquarelliste et peintre sur porcelaine.
Élève de Lesourd de Beauregard. Figura au Salon de 1864 à 1870.

MARIOTTE Yvonne
Née le 24 mai 1909 à Orléans (Loiret). xxe siècle. Française.
Peintre de compositions animées, paysages, scènes de genre. Orientaliste.
Elle étudie à l'école des Beaux-Arts d'Orléans, puis à celle de Paris, et complète cette formation à la Casa Velasquez de Madrid. Elle se rend au Maroc pour la première fois en 1936 et y retournera par la suite chaque année jusqu'en 1940. Une toile réalisée dans cette période (*Marché de Fez*) lui permet d'obtenir en 1939 le Grand Prix National des Arts et Lettres. De 1950 à 1958, Yvonne Mariotte vit au Maroc. Elle se fixe ensuite en Provence mais continue à beaucoup voyager. Tout au long de sa carrière, elle a exposé à Casablanca, Rabat, Marseille, Paris : Salon d'Automne, Salon des Artistes Français, Société Coloniale des Artistes Français, etc.
Paysages lumineux, scènes de rues finement observées, les compositions d'Yvonne Mariotte sont servies par une touche vibrante, un grand sens du détail allié à une vision synthétique, autant de qualités qui rattachent son œuvre à la plus haute tradition des peintres orientalistes, témoins objectifs et passionnés de l'ailleurs.
Bibliogr. : In : Lynne Thornton : *La Femme dans la peinture orientaliste*, Paris, 1985 – Maurice Arama : *Itinéraires marocains*, 1991 – Catalogue de l'exposition *Coloniales 1920-1940*, Musée municipal de Boulogne-Billancourt, 1990.
Musées : Paris (Mus. Nat. des Arts d'Afrique et d'Océanie) : *La place du marché de Fez* 1937, gche.
Ventes Publiques : Paris, 21 avr. 1996 : *Sur la terrasse au Maroc*, h/t (54x65) : **FRF 10 000**.

MARIOTTI
Italien.
Peintre et graveur.
Cet artiste n'est connu que par la gravure d'un frontispice, d'après un dessin de Ciro Ferri, publié à Rome par Giacomo Rossi.

MARIOTTI Bernardino
xve siècle. Actif à Pérouse. Italien.
Peintre d'histoire.
L'Académie Carrara, à Bergame, conserve de lui : *Le Christ mort et les Saintes Femmes.*

MARIOTTI Carlo Spiridone
Né en 1726 à Pérouse. Mort le 10 mai 1790 à Pérouse. xviiie siècle. Italien.
Peintre de compositions religieuses, portraits, dessinateur.
Il fut élève de Sublayras à Rome, et serait l'auteur de deux tableaux qui se trouvent dans le chœur de la cathédrale de Pérouse *(Saint Sixte et saint Laurent, Saint Laurent et saint Romain).*
Ventes Publiques : Paris, 10 avr. 1991 : *Portrait de jeune femme avec son chien carlin*, h/t (98x73) : **FRF 28 500** – Londres, 3 juil. 1996 : *Peintre travaillant à la décoration d'un plafond*, encre et lav. sur craie noire (17,5x12,4) : **GBP 1 840**.

MARIOTTI Giovanni Battista ou **Giambattista**
Né vers 1685. Mort en 1765. xviiie siècle. Actif à Venise. Italien.
Peintre d'histoire.
Ventes Publiques : Paris, 2 juin 1997 : *Le Sacrifice de Polyxène*, t. (83x121) : **FRF 65 000**.

MARIOTTI Ignazio
Né vers 1675 à Rome. xviiie siècle. Italien.
Graveur au burin.
Il a gravé la *Décoration de l'autel saint Ignace, à Rome.*

MARIOTTI Leopoldo
Né en 1848 à Rome. Mort le 9 juin 1916. xixe-xxe siècles. Italien.
Peintre d'animaux, paysages animés, aquarelliste.
Il débuta vers 1880, et exposa à Turin, Milan, Rome. Il prit souvent comme sujets de ses œuvres les aspects de la campagne romaine.
Ventes Publiques : Rome, 4 déc. 1990 : *Bergère et son troupeau dans la campagne romaine*, aquar./pap. (34x52,5) : **ITL 850 000** – Rome, 10 déc. 1991 : *Bœuf*, h/pan. (22,5x38) : **ITL 1 200 000**.

MARIOTTI Liliane
xxe siècle. Française.
Peintre, sculpteur, graveur.
Elle a exposé en 1995 dans la chapelle Saint-Lié près de Villedommange dans la Marne.
Elle réalise des peintures et des ardoises.

MARIOTTI Mario
xxe siècle. Italien.
Artiste.
Il a travaillé dans les années soixante-dix. Il vit et travaille à Florence.
Il a participé à l'exposition : *Dix Ans d'enrichissements du cabinet des estampes 1978-1988 – De Bonnard à Baselitz*, à la Bibliothèque nationale de Paris, en 1992.
Musées : Paris (BN) : un livre.

MARIOTTI Vincenzo
xviie siècle. Actif à Rome en 1693. Italien.
Peintre d'architectures et graveur au burin.
Élève de A. Pozzo. Il a gravé des sujets de genre.

MARIOTTI Vincenzo
Mort le 21 août 1738 à Rome. xviiie siècle. Actif à Rome. Italien.
Sculpteur.
Il exécuta une des statues colossales de saints de la place Saint-Pierre à Rome.

MARIOTTO Giovanni Battista
xvie siècle. Italien.
Sculpteur.
Cet artiste florentin travailla aux tombeaux de Brou et à ceux de Philibert et de Jean II à Lons-le-Saulnier.

MARIOTTO di Andrea da Firenze
xve siècle. Italien.
Sculpteur.
Cet artiste florentin travailla avec son fils Bartolommeo au portail latéral de droite de S. Maria della Grazie à Lodi.

MARIOTTO d'Antonio
xve siècle. Actif à Faenza. Italien.
Architecte et sculpteur.

MARIOTTO di Nardo
Mort en 1424. xive-xve siècles. Italien.
Peintre de sujets religieux.
Fils de Nardo di Cione. Cet artiste florentin fut l'élève de Lor. de N. Gerini, avec lequel il fut souvent confondu. Il était actif de 1394 à 1424.
Musées : Budapest (Nat. Mus.) : *Madone avec Enfant* – Florence (Acad.) : *Madone avec Enfant et saints – Annonciation – Scènes de la vie de Marie* – Pistoie (Mus. mun.) : *Madone avec Enfant et anges.*
Ventes Publiques : Londres, 3 déc. 1969 : *Crucifixion* : **GBP 6 500** – Londres, 26 juin 1970 : *Christ et la Vierge glorifiés* : **GNS 7 500** – Londres, 2 juil. 1976 : *L'agonie dans le jardin*, panneau/fond or, haut ogival (36,8x15,2) : **GBP 9 500** – Londres, 16 avr. 1980 : *La Nativité ; La Circoncision*, h/pan., une paire (44x17) : **GBP 44 000** – New York, 20 jan. 1983 : *La Vierge et l'Enfant entourés de deux saints personnages et deux anges*, temp./pan. fond or (67,5x40,5) : **USD 28 000** – Londres, 10 déc. 1986 : *La Vierge de l'Humilité*, temp./pan. (83x46) : **GBP 31 000** – Rome, 20 mars 1986 : *Crucifixion*, h/pan. fond or (98x57) : **ITL 36 000 000** – Londres, 8 juil. 1987 : *La Vierge et l'Enfant avec une sainte martyre, saint Jean Baptiste et deux anges*, temp./pan., fond or et haut cintré (83x48) : **GBP 50 000** – Paris, 13 déc. 1988 : *Le Christ en croix entre la Vierge et saint Jean Évangéliste*, h/pan. (107,5x51) : **FRF 98 000** – New York, 22 mai 1992 : *Vierge à l'Enfant*, temp./pan. avec le sommet en ogive (90,2x47) : **USD 63 250**.

MARIOTTO di Pagolo
xive siècle. Italien.
Miniaturiste.
Il vécut et travailla à Florence.

MARIOTTO di Paolo Sensi da Gubbio
xve siècle. Italien.
Sculpteur sur bois.

MARIOTTON Eugène
Né en 1854 à Paris. Mort en 1925. XIXe-XXe siècles. Français.
Sculpteur et miniaturiste.

Élève de Dumont, Bonnassieux et J. Thomas. Figura au Salon des Artistes Français, de 1882 à 1922. Membre de cette Société depuis 1884; médaille de deuxième classe en 1884, Bourse de voyage en 1888, médaille de bronze en 1889 (Exposition Universelle), médaille de bronze en 1900 (Exposition Universelle).

Ventes Publiques : Lokeren, 20 avr. 1985 : *Le moissonneur*, bronze, patine brune (H. 49) : **BEF 140 000**.

MARIS André
Né en 1938 à Beerzel. XXe siècle. Belge.
Peintre, graveur.

Très jeune, il suit les cours de l'académie des beaux-arts de Malines, puis entreprend des études scientifiques. Il vit en Suisse quelques années et s'installe de nouveau à Bruxelles en 1973. Entre 1964 et 1968, il expose à Anvers, Deurle, en 1973 à Genève. Ses compositions pleines d'humour sont vivement colorées.

Bibliogr. : In : *Dict. biogr. illustré des artistes en Belgique depuis 1830*, Arto, Bruxelles, 1987.

MARIS Emmanuel
Né au XIXe siècle à Nantes. XIXe siècle. Français.
Peintre.

Figura au Salon entre 1864 et 1866.

MARIS Jacob Henricus, ou **Hendricus**
Né le 25 août 1837 à La Haye. Mort le 7 août 1899 à Carlsbad. XIXe siècle. Hollandais.
Peintre de sujets de genre, figures, paysages, paysages d'eau, marines.

Le grand-père paternel était un soldat, originaire de Bohême, du nom de Wenzel Maresch, qui, après les guerres de Napoléon, vint s'établir à La Haye. Il avait sans doute oublié l'orthographe de son nom, car il se fixa en Hollande sous celui de Marris ou Maris et ce fut cette dernière forme qu'adopta la famille. Son fils fut imprimeur à La Haye et dut travailler beaucoup pour élever ses cinq enfants : les trois frères peintres et deux filles qui, mariées et mères de familles, moururent à la suite d'une épidémie. Les dispositions artistiques des trois frères furent grandement favorisées par leur père. Dès l'âge de douze ans, Jacob était élève de l'Académie d'Art de La Haye et en 1853 on le plaçait sous la direction de Huib Van Hove. Celui-ci en 1855 l'emmena avec lui à Anvers. Plus tard il fut rejoint par son frère Matthijs qui, recommandé à la reine de Hollande, avait obtenu une pension de cette souveraine afin de poursuivre ses études. Les deux frères s'étaient liés d'amitié avec Alma Tadema, alors élève de l'Académie d'Anvers. Ils prirent avec lui un logement et les trois futurs maîtres vécurent en commun l'année 1855. En 1860, Jacob et Matthis voyagèrent en Allemagne et en Suisse. Ils vinrent à Paris en 1865 et Jacob fut pendant quelques temps élève d'Hébert à l'École des Beaux-Arts et son œuvre subit l'influence de Corot, de Jongkind et de l'école de Fontainebleau. Il exposa au Salon de Paris à partir de 1866 des sujets de genre comme *La petite fille italienne*. Puis des sujets rustiques, des paysages : *La récolte des pommes de terre aux bords du Rhin en Hollande* (1868) ; puis *La Tricoteuse, L'Enfant malade* (1869), *Jeune femme lisant une lettre, Le Bac* (1870). Après la guerre, il expose des sujets hollandais : *Village hollandais* (1872), *Canal en Hollande* (1873), *Une vue d'Amsterdam* (1874), *La Charence, Bébé et le petit chat* (1877). Il obtint une mention honorable en 1884 et une médaille d'or en 1889 (Exposition Universelle). Il fut aussi l'élève de Stœbel et de Louis Mayer. La guerre franco-allemande les trouva à Paris et Jacob quitta cette ville après le siège. Il était marié, père de famille. Il avait beaucoup souffert pendant la guerre ; il alla s'établir à La Haye. Ce fut cependant une maison française qui facilita sa réussite. La maison Goupil avait sur le boulevard Montmartre une succursale dirigée par deux Hollandais fort intelligents : M. Van Wisseling et M. Van Gogh, frère du peintre aujourd'hui célèbre. Ce fut dans cette maison, où on trouvait les peintres d'avant-garde comme Claude Monet et les maîtres encore contestés comme Corot, Millet, que se vendirent les tableaux de Maris, d'Israels, de Mauve, ces derniers achetés à la succursale que la maison Goupil avait fondée à La Haye sous la direction de M. Tersteeg. Plusieurs grands collectionneurs anglais, écossais s'intéressèrent aux œuvres de Jacob Maris. Des Hollandais établis à l'étranger recueillirent aussi de ses ouvrages. En 1899, son état de santé l'amena à aller aux eaux de Carlsbad et il mourut dans cette ville. Son corps fut embaumé, rapporté dans sa ville natale et il fut enterré en grande pompe le 14 août 1899.

Musées : Amsterdam (Rijksmuseum) : *Coin de ville – Vue d'un port – Vue sur une rivière – Moine en prières – La jeune mère – Épuisée par les veilles – Le moulin coupé – La tour dite Schreyerstoren*, deux tableaux – *Le pont-levis – Le pont en bois – Canal, effet de nuit – La vieille maison – L'arrivée des bateaux – Paysage avec une barque – La pêche aux coquilles – Fillette au piano – L'été – Le soir sur la place – Environs de La Haye – Chemin de halage – Vue d'une ville – Brouillard – Moulin, effet de nuit – Au crépuscule* – Esquisse – *La nourriture des poulettes – L'arrière-cour* – Amsterdam (Mus. mun.) : *Les deux moulins* – Trois vues de villes – *Plage avec personnages – Tête de fillette – Fillette avec une plume de paon – Femme de Scheveningue – Jeune fille italienne – Dans le polder* – Berlin : *Un canal* – Bruxelles : *La petite mendiante* – Glasgow : *Ville hollandaise – Vaisseau hollandais – Jeune fille endormie sur un sofa* – Groningen : *Vue d'une ville – Le petit moulin* – La Haye (comm.) : *Plage près de Scheveningue* – La Haye (Mesdag) : *Moulin de pierre – Pêcheurs de coquillages – Intérieur* – Deux vues de villes – *Vers le soir – Femme de Scheveningue* – Montréal : *Le pont – Sur la grève – Moulin hollandais – Un petit étudiant – Un pêcheur* – Montréal (Learmont) : *La rivière de Wall, près de Gorcum – Le livre d'images – Entrée d'un canal – Un coin d'Amsterdam*, deux tableaux – *Canal de Hollande – Le harpiste* – Munich : *Paysages hollandais* – Rotterdam : *La nourrice*.

Ventes Publiques : Paris, 1887 : *Canal en Hollande* : **FRF 4 600** – Amsterdam, 27 et 28 mai 1892 : *Vue d'Amsterdam* : **FRF 6 000** – Londres, 1898 : *La récolte du goëmon* : **FRF 23 100** – Paris, 1898 : *Vue d'une rivière* : **FRF 13 650** – Berlin, 12 oct. 1899 : *Paysage* : **FRF 10 375** – Londres, 1899 : *Ville sur une rivière en Hollande* : **FRF 13 125** ; *Bateau de pêche hollandais sur la grève* : **FRF 35 425** – New York, 1899 : *Canal en Hollande, le matin* : **FRF 22 500** – Paris, 26-28 fév. 1902 : *Marine* : **FRF 27 750** – New York, 11 mars 1909 : *Le dôme d'Amsterdam* : **USD 9 000** – Londres, 3 juin 1910 : *Jeune enfant assis à une table* : **GBP 210** ; *Canal hollandais* : **GBP 420** – Londres, 20 juin 1910 : *Près de Dordrecht* : **GBP 2 940** – Londres, 4 juil. 1910 : *Entrée du Zuyderzée* : **GBP 3 120** – Londres, 22 juin 1923 : *Eaux argentées* : **GBP 630** – Londres, 9 mai 1924 : *Entrée du Zuyderzée* : **GBP 2 887** – Londres, 30 mai 1924 : *Vue d'Amsterdam* : **GBP 315** – Londres, 11 juil. 1924 : *Souvenir de Dordrecht* : **GBP 1 365** – Londres, 30 jan. 1925 : *Ferry-boat* : **GBP 278** – Londres, 17 juil. 1925 : *Faubourg d'une ville hollandaise* : **GBP 840** – Londres, 30 avr. 1926 : *Le Chemin de halage* : **GBP 430** – Londres, 29 avr. 1927 : *Chemin de halage* : **GBP 1 837** ; *Moulin à vent* : **GBP 682** – Londres, 10 mai 1929 : *Vue d'Amsterdam* : **GBP 451** – New York, 15 nov. 1929 : *Retour à la maison* : **USD 490** – New York, 12 nov. 1931 : *Le Dôme, Amsterdam* : **USD 150** – New York, 17 mai 1934 : *La plage de Scheveningen* : **USD 650** – Londres, 16 nov. 1934 : *Sur le chemin de halage*, dess. : **GBP 30** – Londres, 12 avr. 1935 : *Une ville hollandaise* : **GBP 840** – New York, 7 nov. 1935 : *Récolte du goëmon* : **USD 575** – Londres, 5 oct. 1945 : *Ville hollandaise sur un canal* : **GBP 89** – Paris, oct. 1945-juil. 1946 : *Vue de port*, aquar. : **FRF 5 200** – New York, 28 mars 1946 : *La plage de Scheveningen* : **USD 350** – New York, 23 oct. 1957 : *Les laveuses* : **USD 600** – New York, 21 oct. 1959 : *Le cheval de trait* : **USD 400** – Londres, 29 mai 1963 : *L'entrée du Zuyderzée* : **GBP 1 250** – New York, 24 nov. 1965 : *Le ferry-boat* : **USD 2 300** – Londres, 12 déc. 1969 : *Barque de pêche, à marée basse* : **GNS 1 300** – Londres, 1er déc. 1970 : *Le retour de la barque* : **GNS 800** – Amsterdam, 24 nov. 1971 : *Fillette lisant* 1883 : **NLG 9 500** – Londres, 30 juin 1972 : *La ferme* : **GNS 700** – Londres, 6 juil. 1973 : *Ville de Hollande* : **GNS 19 000** – Londres, 14 nov. 1973 : *Le moulin* : **GBP 3 200** – Amsterdam, 8 mai 1974 : *La cour de ferme* : **NLG 18 000** – Londres, 5 juil. 1974 : *Vue de Delft* : **GNS 3 000** – Amsterdam, 27 avr. 1976 : *Vue d'Amsterdam* 1875, aquar. (28x46) : **NLG 34 000** – New York, 15 oct. 1976 : *Vue de Dordrecht*, h/t mar./pan. (91x110) : **USD 29 000** – Amsterdam, 26 avr. 1977 : *Le Port de Dordrecht*, h/t (46,5x75) : **NLG 36 000** – New York, 2 mai 1979 : *Vue d'Amsterdam*, h/t (28,6x41,3) : **USD 20 000** – Amsterdam, 1er oct. 1981 : *Paysage des environs de Delft*, h/t (44,5x30,5) :

NLG 22 000 – Londres, 23 juin 1983 : *Vue de Schiedam* 1875, aquar. et gche (31,5x49,5) : **GBP 4 000** – New York, 27 oct. 1983 : *Vue d'un port*, h/t (47x75,5) : **USD 13 000** – New York, 24 mai 1985 : *Paysage de Hollande*, h/t (100,3x80,9) : **USD 9 000** – Londres, 12 fév. 1986 : *Enfants sur la plage* 1891, h/t (21x35) : **GBP 9 500** – New York, 24 fév. 1987 : *Les Bords de la Scheldt*, h/t (48,3x77,5) : **USD 12 000** – Londres, 24 juin 1988 : *Intérieur avec une petite fille jouant avec un chaton* 1869, h/t (46x35,5) : **GBP 12 100** – Berne, 26 oct. 1988 : *Étude de paysage avec des gorges*, h/pan. (29x14) : **CHF 1 000** – New York, 24 mai 1989 : *Ramassage des coquilles Saint-Jacques*, h/t (127,6x94) : **USD 88 000** – Londres, 7 juin 1989 : *Vue de Marlotte en France* 1864, h/t (20,5x30,5) : **GBP 6 380** – New York, 25 oct. 1989 : *Un Port*, h/t (67,2x126,4) : **USD 41 800** – Amsterdam, 10 avr. 1990 : *La lettre* 1857, aquar./pap. (19,1x16) : **NLG 6 325** – Amsterdam, 2 mai 1990 : *Moulin*, h/t (48x32) : **NLG 92 000** – New York, 19 juil. 1990 : *Mère avec son enfant endormi sur ses genoux*, h/pan. (33,1x25,4) : **USD 5 225** – Amsterdam, 30 oct. 1990 : *Vue de Kalkhaven à Dordrecht*, h/t (32x45,5) : **NLG 27 600** – Amsterdam, 30 oct. 1991 : *Le petit pont*, h/pan. (21,5x53,5) : **NLG 9 200** – Amsterdam, 22 avr. 1992 : *Jeune italienne cueillant des oranges* 1868, h/t (53,5x33) : **NLG 48 300** – Amsterdam, 10 déc. 1992 : *Barques de pêche échouées sur une plage*, h/t (48x77) : **NLG 23 000** – New York, 17 fév. 1993 : *Voilier à l'ancrage*, h/t (95,3x76,8) : **USD 17 250** – Amsterdam, 9 nov. 1993 : *La prière* 1860, h/pan. (30x38,5) : **NLG 39 100** – Londres, 19 nov. 1993 : *Jeune Romaine*, h/pan. (30,2x20,6) : **GBP 10 925** – Lokeren, 8 oct. 1994 : *Canal près de Rijswijk*, gche (23x39) : **BEF 45 000** – Amsterdam, 11 avr. 1995 : *Barque de pêche hollandaise échouée sur la plage de Scheveningen*, h/t (100x75) : **NLG 100 300** – Amsterdam, 22 avr. 1997 : *Vue des Schreierstoren, Amsterdam*, h/t (22x36) : **NLG 77 880** – Amsterdam, 27 oct. 1997 : *Vue de Dordrecht*, h/t (53,5x64) : **NLG 37 760**.

MARIS James

Peintre de paysages.

Il fut cité par le *Art Prices Current*.

Ventes Publiques : Londres, 15 fév. 1924 : *Canal à Amsterdam* : **GBP 399**.

MARIS Matthijs ou **Thijs**

Né le 17 août 1839 à La Haye. Mort le 22 août 1917 à Londres. XIXe-XXe siècles. Hollandais.

Peintre de figures, portraits, paysages, graveur, dessinateur.

Frère de Jacob et de Willem Maris. Il obtint une pension de la reine de Hollande. Il alla à Anvers, vers 1855, rejoindre son frère et y fut élève de Nicaise de Keyser et de Louis Meijer. En 1860, il visita l'Allemagne et la Suisse. Kaulbach et Rethel l'intéressèrent particulièrement. Plus tard, il vint à Paris, fut élève d'Hébert à l'École des Beaux-Arts et y prit place parmi les artistes d'avant-garde. Matthijs Maris commença à peindre très jeune. On a de lui des études datées de 1852, c'est-à-dire alors qu'il n'avait que treize ans. Ce fut toujours un indépendant et son frère Jacob ne paraît même pas avoir eu d'influence sur lui. Il était à Paris durant la guerre franco-allemande et s'engagea dans les compagnies de marche de la garde nationale. Nous le trouvons exposant à Paris, au Salon de 1872 : *Village hollandais*, et en 1873 : *Le baptême*. Ce dernier envoi fut peut-être fait de Londres, car l'année précédente Matthijs Maris acceptait le poste de dessinateur de vitraux que le décorateur Daniel Cattier lui offrait à Londres. Il n'en continua pas moins à peindre et à produire ses œuvres de grand mérite.

Matthijs Maris ne s'attacha pas, comme son aîné Jacob, à dégager la beauté des choses par l'expression simple de la nature et l'affirmation du caractère. Il a fait dans son œuvre une large part au rêve. On a dit que Matthijs Maris avait subi l'influence des Romantiques, mais s'il l'a fait, c'est le romantisme de Shakespeare qui l'a retenu. Nul mieux que lui ne nous paraît avoir mieux traduit, dans la forme plastique, l'exquise poésie du merveilleux poète dramatique. Ses tableaux : *Le prince et la princesse, Les enfants du roi*, par exemple, s'ils ne sont empruntés à aucun des drames du grand Will, nous semblent directement inspirés par sa pensée. La même poésie se retrouve dans ses paysages et dans ses eaux-fortes. S'il n'a peut-être pas une puissance d'expression aussi grande que son frère, Jacob, ses œuvres nous semblent avoir un caractère plus universel.

M Maris

M.M. M.M. 73.

Musées : Amsterdam : *Mme Troussard, née Maris – Petit ruisseau dans le bois de Wolfhezen – Vue de La Haye* – Amsterdam (Mus. mun.) : *Lisière de bois – Vue d'une ville – La marine – Vue d'un fleuve* – Groningen : *Dans la cité de Niemokoop* – La Haye (comm.) : *Le peintre D. C. A. Artz* – La Haye (Mesdag) : *La mariée – Fille de cuisine – Lisière d'un bois – En route pour l'église* – Montréal (Learmont) : *Tête de femme – Une rue du vieil Amsterdam*.

Ventes Publiques : New York, 11-12 mars 1909 : *Dans le bois* : **USD 725** – Londres, 29 avr. 1911 : *Le bois*, fus. : **GBP 186** – Londres, 29 avr. 1927 : *La Femme au rouet*, fus. : **GBP 94** – Londres, 24 juin 1928 : *La Cuisinière* : **GBP 325** – Londres, 3 avr. 1928 : *Jeune fille filant*, fus. : **GBP 14** ; *Le voile de la mariée* : **GBP 120** – Londres, 10 mai 1929 : *Amoureux*, pierre de coul. : **GBP 115** ; *Les Chèvres* : **GBP 693** – New York, 7 nov. 1935 : *Enfance* : **USD 400** – New York, 7 nov. 1935 : *L'Enfant couché* : **USD 7 600** – Amsterdam, 27 avr. 1976 : *Le retour de l'ivrogne*, h/pan. (21x15,2) : **NLG 39 000** – Londres, 6 mai 1977 : *Nature morte*, h/pan. (28x21,5) : **GBP 2 200** – Londres, 25 juin 1981 : *La Jeune Mariée*, aquar. (28x23) : **GBP 1 700** – Londres, 25 nov. 1983 : *Le château enchanté* 1873, h/t (28x50) : **GBP 5 500** – Amsterdam, 10 avr. 1990 : *Tête d'épagneul*, cr. et aquar./pap. (14x11,5) : **NLG 5 750** – Amsterdam, 14-15 avr. 1992 : *La laitière*, aquar. (19x19) : **NLG 1 380** – Amsterdam, 19 oct. 1993 : *Nu assis*, h/pan. (35,5x28,5) : **NLG 3 220** – Amsterdam, 5 nov. 1996 : *Portraits d'un homme barbu*, h/t, une paire (60x48) : **NLG 3 540**.

MARIS Simon

Né le 21 mai 1873 à La Haye. Mort en 1935. XIXe-XXe siècles. Hollandais.

Peintre de genre, portraits.

Musées : Amsterdam (Mus. impér.) : *Jeune Hindoue* – Boston : *Jeune fille voilée* – Montréal (coll. Learmont) : *Le Premier-né*.

Ventes Publiques : Amsterdam, 21 nov. 1973 : *L'heure du thé* : **NLG 4 100** – Amsterdam, 28 fév. 1989 : *Trois élégantes dans un café d'Engelman*, h/t (46,5x56,5) : **NLG 3 450** – Amsterdam, 2 mai 1990 : *Portrait d'un fillette avec une poupée (la fille de l'artiste ?)*, h/t (72x52) : **NLG 5 750** – Amsterdam, 5 juin 1990 : *Portrait d'une jeune femme en buste* 1931, h/cart. (21,5x15) : **NLG 1 840** – Amsterdam, 6 nov. 1990 : *Portrait d'une jeune femme* 1922, h/pan. (21x14) : **NLG 2 300** – Amsterdam, 5-6 fév. 1991 : *Portrait du peintre Henriette Gesina Dingemans-Numans assise et portant un chapeau*, h/t (62x57) : **NLG 3 450** – Amsterdam, 24 avr. 1991 : *Portrait d'une jeune femme assise de trois quarts vêtue d'une robe noire et portant un collier de perles*, h/t (103x77) : **NLG 4 830** – Amsterdam, 17 sep. 1991 : *Nu debout*, h/t (90x49,5) : **NLG 2 760** – Amsterdam, 5-6 nov. 1991 : *Enfants tressant des guirlandes de fleurs dans les dunes*, h/t (86x108) : **NLG 25 300** – Amsterdam, 14-15 avr. 1992 : *Portrait d'une dame en robe blanche*, h/t (120,5x85,5) : **NLG 2 875** – Amsterdam, 7 nov. 1995 : *Dame endormie vêtue d'une robe blanche* 1907, h/t (64,5x54) : **NLG 2 596** – Amsterdam, 16 avr. 1996 : *Deux jeunes filles dans les dunes*, h/t (51x38,5) : **NLG 4 956** – Amsterdam, 19-20 fév. 1997 : *Mère et enfant*, h/t (54,5x40,5) : **NLG 3 459**.

MARIS Willem

Né le 18 février 1844 à La Haye. Mort le 10 octobre 1910 à La Haye. XIXe-XXe siècles. Hollandais.

Peintre d'animaux, paysages.

Willem Maris, le plus jeune des trois frères, est essentiellement hollandais. Il fut l'élève de ses aînés et à part quelques voyages d'excursions, il ne quitta pas la Hollande. Il n'avait pas douze ans quand ses aînés lui conseillèrent d'employer ses loisirs à faire des croquis d'après nature. Avant l'école, il allait dans les prés dessiner des bestiaux et, après l'école, revenait à ses croquis. En 1863, il exposa pour la première fois à La Haye. En 1866, il fit un voyage sur les bords du Rhin, poussant bien au-delà des frontières hollandaises. Dix ans plus tard, il visitait la Norvège, faisant des excursions le long de ses fjords et de ses montagnes. Puis il se cantonna dans les prairies hollandaises dont il sait avec tant de charme traduire les multiples aspects. Willem Maris fut élève de ses frères ; il nous paraît s'être surtout inspiré de notre grand Corot. Mais hâtons-nous de le dire : si l'on trouve dans ses paysages un peu de la vision du maître de Ville-d'Avray, c'est avec une interprétation tout à fait personnelle, Willem Maris exposa à Paris en 1889 (Exposition Universelle), et obtint une médaille d'argent ; en 1900, il prit également part à l'Exposition Universelle comme membre du jury et hors-concours.

Willem Maris Willem Maris

Musées : Amsterdam (Rijksmuseum) : *Vaches*, trois tableaux – *Canards* – Amsterdam (mun.) : *Richesse d'été* – *De bon matin* – Brême : *Vache au pacage* – Dordrecht : *Vaches près de l'étang* – Glasgow : *Paysage avec vaches* – Groningen : *Chaleur* – *Vaches près de la mare* – *Sœurs* – Hambourg : *Canards* – La Haye (comm.) : *Journée chaude* – *Vaches devant la mare* – La Haye (Mesdag) : *Les veaux* – *La traite* – Étude – *Paysage avec bétail* – *Vache blanche au bord d'un ruisseau* – Montréal : *L'heure de traire* – Montréal (Learmont) : *Sur le sable, à Scheveningue* – *Agréables pâturages en Hollande* – Stuttgart : *Pâturage hollandais*.

Ventes Publiques : Amsterdam, 1898 : *Dans le marais* : **FRF 3 570** – Amsterdam, 30 jan. 1900 : *La vache blanche* : **FRF 1 785** – Paris, 10 avr. 1900 : *La mare aux canards* : **FRF 2 500** – Londres, 3 juin 1910 : *Vaches blanches et vaches noires buvant à une mare* : **GBP 420** – Londres, 1er juil. 1910 : *Près d'un ruisseau* : **GBP 1 050** – New York, 14 au 17 mars 1911 : *Paysage hollandais* : **USD 3 200** – Londres, 1er juin 1923 : *Leçon de natation* : **GBP 189** – Londres, 22 juin 1923 : *En été près de Haarlem* : **GBP 315** – Londres, 22 juin 1923 : *Vaches sur les rives d'un canal*, dess. : **GBP 162** – Londres, 30 jan. 1925 : *La mare aux canards*, dess. : **GBP 96** – New York, 10 fév. 1926 : *Pêcheur en barque*, cr. : **FRF 170** – Londres, 10 juin 1931 : *Paysage avec des personnages et un troupeau*, dess. : **GBP 210** – Londres, 16 nov. 1934 : *Troupeau au bord d'un canal*, dess. : **GBP 25** – New York, 23 nov. 1934 : *Sous les saules* : **USD 1 400** – New York, 7 nov. 1935 : *Troupeau au repos* : **USD 300** – New York, 22 mars 1946 : *L'heure de la traite des vaches* : **USD 250** – Londres, 2 avr. 1969 : *Trois jeunes Hollandaises* : **GNS 550** – Amsterdam, 24 nov. 1971 : *Troupeau au bord d'une rivière* : **NLG 9 500** – Amsterdam, 6 juin 1973 : *La traite des vaches* : **NLG 15 500** – Londres, 5 juil. 1974 : *Troupeau au pâturage* : **GNS 1 500** – New York, 2 avr. 1976 : *Troupeau se désaltérant*, gche et aquar. (38x25,5) : **USD 550** – Amsterdam, 15 nov. 1976 : *Troupeau dans un paysage*, h/pan. (31x52) : **NLG 8 800** – Londres, 4 mai 1977 : *Vache à l'abreuvoir*, h/t (27x38) : **GBP 1 200** – Londres, 29 nov 1979 : *Paysage*, aquar. et reh. de gche blanche (49,5x68) : **GBP 2 700** – Amsterdam, 31 oct 1979 : *Paysanne et troupeau dans un paysage*, h/t (53x89) : **NLG 24 000** – Amsterdam, 19 mai 1981 : *L'Heure de la traite*, h/t (86x125) : **NLG 21 000** – Londres, 23 juin 1983 : *L'Heure de la traite*, aquar. et gche (56x40,5) : **GBP 850** – Bruxelles, 30 nov. 1983 : *Dutch pasture*, h/t (53x72) : **BEF 180 000** – Amsterdam, 14 avr. 1986 : *Troupeau dans un paysage*, h/t (48,5x66) : **NLG 16 000** – Amsterdam, 10 fév. 1988 : *L'heure de la traite*, aquar. et gche/pap. (40x58,5) : **NLG 7 475** – Amsterdam, 16 nov. 1988 : *Vaches dans une prairie le long d'un ruisseau*, h/pan. (23,5x35) : **NLG 10 350** – New York, 17 jan. 1990 : *Vaches dans un paysage*, aquar./pap. (16,1x24,8) : **USD 1 320** – Londres, 14 fév. 1990 : *Troupeau de bovins sur une route forestière*, h/t (60x90) : **GBP 3 850** – Amsterdam, 10 avr. 1990 : *Vaches se désaltérant au bord d'une rivière*, encre et lav./pap. (14,5x21,2) : **NLG 5 750** – Amsterdam, 2 mai 1990 : *Canards dans une prairie près d'une mare*, h/pan. (38x64) : **NLG 13 800** – New York, 22 mai 1990 : *Bétail près d'un ruisseau*, h/t (94,5x67,9) : **USD 15 400** – Amsterdam, 5-6 fév. 1991 : *Canards dans un paysage de polder*, h/t (34,5x52,5) : **NLG 2 760** – Amsterdam, 23 avr. 1991 : *Bovins sur la berge d'une rivière*, aquar. (23x32) : **NLG 7 130** – Amsterdam, 24 avr. 1991 : *Paysage de polder avec des vaches se désaltérant et un moulin à vent au fond*, h/t (41x52,5) : **NLG 4 370** – New York, 21 mai 1991 : *À l'abreuvoir* 1862, h/pan. (11,5x15,2) : **USD 6 600** – Amsterdam, 5-6 nov. 1991 : *L'envol des canards*, h/t (35x24) : **NLG 4 600** – Amsterdam, 22 avr. 1992 : *Vaches auprès d'une mare dans une prairie*, h/t (44x33,5) : **NLG 6 900** – Amsterdam, 9 nov. 1993 : *Vaches se désaltérant*, aquar. (30x41) : **NLG 7 475** – Amsterdam, 11 avr. 1995 : *Famille de canards dans une prairie*, h/t (85x125) : **NLG 29 500** – Amsterdam, 27 oct. 1997 : *Vaches au bord d'un cours d'eau*, h/t (81x101) : **NLG 23 600**.

MARISCAL Javier

Né en 1950 à Valence. xxe siècle. Espagnol.

Peintre de compositions animées, animaux, paysages, intérieurs, natures mortes, dessinateur, illustrateur, sculpteur.

Il étudia les arts graphiques à Barcelone, puis collabora dans divers journaux de bandes-dessinées. Il vit et travaille à Valence. Il montre ses peintures, sculptures et dessins dans des expositions personnelles : 1980, 1983 Madrid ; 1982, 1989 Barcelone ; 1983, 1990 Valence ; 1994 musée de la Seita à Paris.

Au fil des années, sa production s'est diversifiée, il est à la fois graphiste, designer, styliste, créateur de logos, de mobilier, peintre, affichiste, dessinateur et sculpteur. Sur un ton léger, il s'attache à rendre dans ses images aux couleurs gaies, son époque, avec ses phénomènes de mode, son clinquant et sa frivolité. Il prend fréquemment pour thème Barcelone, adoptant différentes techniques, acrylique sur papier, peinture sur verre, sur tissu... Il a créé le personnage Cobi, la mascotte des Jeux olympiques de Barcelone, en 1992.

Bibliogr. : In : *L'Art du xxe s*, Larousse, Paris, 1991 – Catalogue de l'exposition : *Mariscal à Paris*, Musée-galerie de la Seita, Paris, 1994.

MARISCALCO. Voir **MARESCALCO**

MARISCHAL Aegidius. Voir **MARESCHAL**

MARISOL Escobar

Née en 1930 à Paris. xxe siècle. Active depuis 1946 aux États-Unis. Française.

Sculpteur de figures, graveur, dessinateur, technique mixte.

Née de parents vénézuéliens riches, elle passa son enfance à Los Angeles. Elle fut élève de l'école des beaux-arts de Paris et de l'académie Julian, en 1949, puis s'installe aux États-Unis. De 1951 à 1954, elle fréquente la Hans Hofmann School de Princetown et l'Art Students' League de New York, et se lie avec Jaspers Johns et Rauschenberg, ce qui explique qu'elle ait pu figurer dans des expositions de groupe consacrées au pop art, dont elle ne ressortit pas plus que Marie Laurencin jadis du cubisme.

Elle participe à de nombreuses expositions collectives : 1961 *The Art of assemblage* au Museum of Modern Art de New York, 1967 *American Sculpture of the Sixties* au Museum of Modern Art de New York, 1968 Biennale de Venise, 1969 Hayward Gallery de Londres. Elle montre ses œuvres dans des expositions personnelles depuis 1958 : 1967 Hanover Gallery à Londres, 1968 Boymans Van Beuningen Museum de Rotterdam.

Elle trouva très tôt sa manière propre : des volumes très simples, en bois en général, des sortes de caisses complétées d'une sphère pour la tête, figurent des personnages, dont les attributs personnels sont peints de couleurs vives : vêtements, visages, coiffures, accessoires ; les membres indiqués de façon très sommaire, à la façon enfantine. Ces personnages appartiennent presque toujours à notre monde quotidien, observé avec tendresse, et non sans un humour certain qui ne dédaigne pas les allusions érotiques. À ces personnages familiers de la vie sud-américaine, se mêlent tout naturellement des momies égyptiennes ou d'autres représentations de l'Antiquité. En 1962, Marisol introduit des éléments réels comme des bicyclettes, dans des compositions, qui sont en général constituées de plusieurs personnages, la foule étant plus son propos que l'individu.

Bibliogr. : Gérard Gassiot-Talabot, in : *Nouv. Dict. de la sculpture mod.*, Hazan, Paris, 1970 – in : *L'Art du xxe s.*, Larousse, Paris, 1991 – in : *Dict. de l'art mod. et contemp.*, Hazan, Paris, 1992.

Ventes Publiques : New York, 26 oct. 1972 : *John Wayne* : **USD 5 000** – Los Angeles, 19 juin 1979 : *Couronne d'épines* 1958/1959, fer forgé (H. 38,1) : **USD 1 500** – New York, 27 fév. 1981 : *Sans titre* 1958, cr. (35,5x44) : **USD 800** – New York, 13 mai 1981 : *Sans titre* 1961, past., bois et plâtre (43x28x7,5) : **USD 1 400** – New York, 1er nov. 1984 : *Women sitting on a mirror* 1965-1966, bois émail, acryl., mine de pb, Plexiglas, plâtre peint, photo., lunettes de soleil et miroir (110,5x154x152,5) : **USD 32 000** – New York, 6 nov. 1985 : *Sans titre* 1966, bois, Plexiglas, émail, plâtre, pap. et acier (H. 226) : **USD 24 000** – New York, 7 mai 1990 : *Sans titre* 1960, cr. de coul./pap./rés. synth. (34,9x28) : **USD 2 860** – New York, 12 juin 1991 : *Sans titre* 1978, past. et cr./pap. (40,6x31,8) : **USD 825** – New York, 12 nov. 1991 : *Mon nom est : Je vous hais* 1971, graphite et cr. de coul./pap. (55,9x35,5) : **USD 3 300** – Amsterdam, 10 déc. 1992 : *Main, objet de plastique* 1978 (52,5x48,5) : **NLG 2 300** – New York, 3 mai 1993 : *Portrait de Georgia O'Keeffe avec une antilope* 1980, fus. sur bois, pierre, plâtre avec une tête d'antilope (139,7x139,7x107,8) : **USD 51 750** – New York, 11 nov. 1993 : *Fillette avec un caniche* 1962, bois peint et verre (118,1x59,7x45,7) : **USD 68 500** – New York, 7 mai 1996 : *Sans titre* 1958, argile et laiton dans une vitrine de bois et de verre (44,5x83,8) : **USD 7 475**.

MARISSAL Philips Karel

Né le 22 août 1698 à Gand. Mort le 14 février 1770. xviiie siècle. Éc. flamande.

Peintre de portraits.

Élève de Leplat. Travailla quatre ans à Paris et fut le fondateur de l'Académie de Gand en 1751. On cite de lui de grandes fresques décoratives au monastère des Augustins à Gand.

MARISSAL-CARLBERG Andrée
Née en 1903 à Liège. XXe siècle. Belge.
Peintre de portraits, intérieurs, fleurs.
Elle fut élève de l'académie des beaux-arts de Liège.
BIBLIOGR. : In : *Dict. biogr. illustré des artistes en Belgique depuis 1830*, Arto, Bruxelles, 1987.

MARITAIN Geneviève, née **Favre**
Née au XIXe siècle à Paris. XIXe siècle. Française.
Peintre de natures mortes.
Élève de Legrand. Elle figura au Salon en 1878 et 1880.

MARITH Rupert
Né vers 1639. Mort le 28 juillet 1678 à Salzbourg. XVIIe siècle. Actif à Salzbourg. Autrichien.
Peintre et sculpteur sur pierre.
Il apprit en 1674 chez Franz Pereth la peinture de paysages.

MARIUS Antonius
Né à Florence. XVe siècle. Italien.
Copiste et enlumineur.
Un des artistes les plus féconds de son époque. Il travailla surtout pour des personnages très haut placés. Les spécimens de son travail que l'on connaît actuellement se trouvent à la bibliothèque de Florence et sont datés entre 1419 et 1451. Ces œuvres sont : *Aristotelis Œconomicorum Libri II, Léonce Arretino, interprète*, enluminé ; *M. Tuli Ciceronis Espistolœ ad Familiares Libri XVI*, daté de 1420, enluminé ; *Apuleii opera*, 1426, enluminé richement ; *Annaei Senecae ad Lucilium Epistolar Libri XXII*, enluminé comme les autres par le même artiste ; *L. Annaei Senecae de Beneficiis ad Æbutium, Libri XII ; Platonis Epistolæ, Leone Arret interpr. ; M. Terentie Varronis de Lingua Lat.*, etc. ; *M. Tuli Ciceronis Lucullus Acad. Quœst et de Legibus ; C. Valerii Flacci Setini Balbi Argononauticon Libri VIII*, avec d'admirables initiales ; *Ephremi Lyri Sermones et Basilii Lib de Virginitale* (1429) ; *Eusebii Chronicæ ; Eusebii Chronicœ ex versione D. Hieronymi vi Nou ; Leonardi Arretini Hist. Florentina*, richement enluminé ; *Plutarchi vitæ quaedam Guarino, interprète ; Historiarum Leonardi Arretini. Florentini populi lib. XII* (à Escurial) ; *M. T. Ciceronis Opera varia, viz Rhetoricarum Inventionum libri duo, Rhetoricarum ad Herennium, Inventionum libri duo, De Oratore, Brutus, Orator Partitionem Rhetoricar. liber ; Topica, Synonyma* (à la bibliothèque du collège Balliol d'Oxford) ; *Traductiones Johannis Chrisostomi* (à la même) ; *Johanius Scholastici sine Climacis Scala Spiritualis* (même endroit) ; *Matthaei Palmerii Florentini de temporibus, ad Petrum Cosmae, fil. Medicem ; Matthaei Palmerii* (copie du précédent exécutée pour Alphonse Ier de Naples) ; *Aemilii Probi, Corneli Nepotis vitæ ; Artium Cornelii Aur-Celsi, Liber VI*. Marius, tout en étant copiste et calligraphe, fut un miniaturiste de qualité. Leland nous apprend qu'il fut employé par William Gray, évêque d'Ely.

MARIUS Gerarda Hermina ou **Marius-Eraud**
Née le 7 juin 1854 à Hengelo. Morte le 8 novembre 1919 à La Haye. XIXe-XXe siècles. Hollandaise.
Peintre de portraits, paysages, marines.
Elle fut élève de Striening et de Allebé.
VENTES PUBLIQUES : PARIS, 14 mars 1994 : *Marine*, h/pan. (8x19) : **FRF 6 000**.

MARIUS Pictor. Voir **MARIA Mario de**

MARIUS-MICHEL Henri et **Jean**. Voir **MICHEL Henri François**

MARIXA
Née le 16 juin 1914 à Oviedo. XXe siècle. Active en France. Espagnole.
Peintre.
En 1937, elle arrive à Bayonne, mais est alors partagée entre la peinture et la poésie. En 1941, elle retourne en Espagne, crée quelques temps des modèles de céramique puis se consacre à la peinture. Elle revient à Paris en 1948 et se fixe à Bayonne.
À partir de 1950, elle participe au Salon des Femmes Peintres à Paris. Elle fait une première exposition à Dijon, en 1933, suivie d'une autre à Oviedo. En 1937, elle expose à Biarritz. De 1955 à 1960, ses expositions se partagent entre Paris et l'Espagne.
Elle a fait quelques décorations, dont celle de la façade de l'évêché de Bayonne, en collaboration avec Jean Lesbique. En 1952, elle commence à peindre ses encres colorées sur supports glacés.

MARIZY Joseph
XVIIIe siècle. Actif à Nantes au début du XVIIIe siècle. Français.
Peintre.
Cité dans un document de 1705.

MARJANOVIC Stefan
Né le 19 août 1802 à Brod sur la Save. Mort le 2 octobre 1860 à Brod sur la Save. XIXe siècle. Yougoslave.
Écrivain et peintre.
Le Musée de Zagreb pour l'Industrie d'Art possède de lui sept tableaux. Il a peint également quelques portraits.

MARJOLIN Cornelia. Voir **SCHEFFER**

MARK Anna
Née en 1928 à Budapest. XXe siècle. Active depuis 1959 en France. Hongroise.
Peintre, dessinateur, graveur, peintre à la gouache, peintre de cartons de tapisserie, technique mixte. Abstrait.
Elle fut élève de l'académie des beaux-arts de Budapest, de 1946 à 1950. De 1950 à 1956, elle eut, à Budapest, une activité de décoratrice de théâtre. Elle vécut en Allemagne de 1956 à 1959, puis se fixa à Paris, où elle put se consacrer entièrement à sa vocation de peintre.
Elle participe à des expositions de groupe, parmi lesquelles : de 1961 à 1963, 1985, 1992 Salon Comparaisons à Paris ; 1965 sélection pour le *Prix des jeunes peintres étrangers* au musée d'Art moderne de Paris ; 1969 avec le groupe Carré (Konok, Hetey, Mark et le sculpteur Patkai) à Epalinges (Suisse) ; 1969 *Le Beau court la rue* à l'abbaye de Royaumont ; 1970 Foire internationale d'Art de Bâle ; 1971 Salon Grands et Jeunes d'Aujourd'hui à Paris ; 1979 Orangerie du Luxembourg à Paris ; 1981 Kunstmuseum d'Hanovre et galerie nationale hongroise à Budapest ; 1982 IIe Manifeste du livre d'artistes au Centre Georges Pompidou à Paris ; 1985 Salon de Montrouge ; de 1988 à 1991 SAGA (Salon d'Arts Graphiques actuels) à Paris ; 1988 musée des Beaux-Arts de Budapest ; depuis 1988 à la Triennale de la gravure à Chamalières ; 1992 *Dix Ans d'enrichissements du cabinet des estampes 1978-1988 – De Bonnard à Baselitz* à la Bibliothèque nationale de Paris, etc. Elle montre ses œuvres dans des expositions personnelles : 1964, 1974, 1976, 1979, 1981, 1984, 1986, 1990, 1992, 1995 Paris ; 1967 Buffalo (U. S. A) ; 1969, 1975 La Chaux-de-Fonds, 1971 Londres ; 1981, 1984, 1986 Hanovre ; 1990 musée Vasarely à Budapest, etc. Elle a réalisé plusieurs commandes publiques, notamment la décoration de groupes scolaires.
Anna Mark pratique une abstraction austère, d'inspiration lointainement néo-plasticiste. L'équilibre grave des masses est renforcé par une coloration sobre et préférentiellement sombre, parfois remplacée surtout à partir de 1969, par les teintes naturelles des matériaux mis en œuvre, à la façon de bas-reliefs : liège, ciment. Progressivement la couleur a abandonné son œuvre pour le blanc et des effets de reliefs. Art sans tapage, tout de méditation intérieure. Elle est également l'auteur de livres d'artiste.
BIBLIOGR. : David Rosenberg : *Anna Mark*, Galerie Pierre Lescot, Paris, 1988 – in : *Dict. de l'art mod. et contemp.*, Hazan, Paris, 1992 – Michel Faucher : *Anna Mark*, Cimaise, Paris, avr.-mai 1992.
MUSÉES : BUDAPEST (Mus. des Beaux-Arts) – BUDAPEST (Gal. Nat. de Hongrie) – HANOVRE (Sprengel Mus.) – MUNICH (BN) – PARIS (BN) : *Hommage au troisième concerto pour piano et orchestre de Béla Bartok* 1980, sérig. en coul. – PARIS (Mus. Nat. d'Art Contemp.).

MARK G. W.
Américain.
Peintre de portraits, paysages animés.
Peut-être Georges MARK. Il est cité dans le *Art Prices current*.
VENTES PUBLIQUES : NEW YORK, 11 avr. 1946 : *Paysage avec l'artiste et le modèle* : **USD 210**.

MARK Georges
Mort en 1879 à Greenfield (Connecticut). XIXe siècle. Américain.
Peintre d'histoire, portraits, paysages, fresquiste.
Il fut probablement peintre d'enseignes. On sait aussi qu'il exécutait, à la main levée, des décorations sur des meubles. Tout en étant peintre « naïf », il donne parfois un caractère fantastique à ses compositions.
VENTES PUBLIQUES : NEW YORK, 30 jan. 1980 : *Greenflield Street au clair de lune* 1849, h/t (73,6x76,2) : **USD 9 750**.

MARK Lajos ou **Ludwig** ou **Louis**
Né le 25 août 1867 à Retteg. Mort en 1942. XIXe-XXe siècles. Hongrois.

Peintre de nus, portraits.
Il fut élève de Hollosy, Herterich Bouguereau. Il vécut en Amérique du Nord de 1910 à 1922, et s'établit ensuite à Budapest.
Il a exposé à Munich en 1890 et à Vienne en 1894. Il obtint en France une mention honorable en 1897 et une médaille d'argent en 1900 à l'Exposition universelle de Paris.
Il excella dans la caricature.
Ventes Publiques : Vienne, 19 mai 1976 : *Jeune femme au miroir*, h/t (79x59) : **ATS 8 000** – New York, 30 juin 1993 : *Le thé dans le jardin*, h/t (78,7x57,2) : **USD 2 070**.

MARK Matthias
Né en 1694 dans le Tyrol. Mort en 1769. XVIIIe siècle. Autrichien.
Sculpteur.

MARK Quirin. Voir **MARCK**

MARKELBACH Alexandre P. D.
Né le 7 août 1824 à Anvers. Mort en juillet 1906. XIXe siècle. Belge.
Peintre d'histoire.
Élève de G. Wappers et de Kaulbach. Il débuta vers 1843. Il a exposé régulièrement à Bruxelles et a participé à de nombreuses expositions étrangères. En 1869, il fut nommé membre de l'Académie royale de Belgique. Officier de l'Ordre de Léopold.

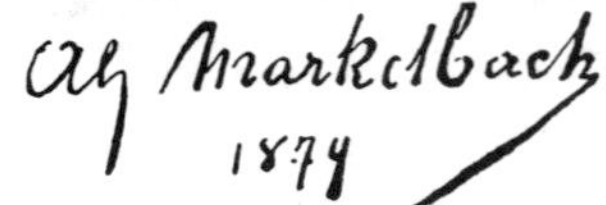

Musées : Anvers : *Pour notre futur ménage – Félix Claessens* – Bruxelles : *Les rhétoriciens d'Anvers au XVIe siècle* – Bucarest (Simu) : *L'antiquaire* – Leipzig : *Vieillard mourant* – Liège : *Daniel Seghers botanisant* – Schaerbeck : *Caïn et Abel – Gilde flamande du XVIIe siècle*.
Ventes Publiques : Londres, 18 juin 1928 : *Le Tuteur* : **GBP 42** – Londres, 21 mars 1980 : *Le garde*, h/pan. (94x69,3) : **GBP 800**.

MARKEN Johannes Van
Né au XVIIIe siècle à Düsseldorf. XVIIIe siècle. Allemand.
Peintre de paysages et de genre.
Il vécut longtemps à La Haye.

MARKERT Hans
XVIIe siècle. Allemand.
Sculpteur.

MARKGRAF Franz
Né le 18 décembre 1894 à Dessau (Saxe-Anhalt). XXe siècle. Allemand.
Peintre de portraits, paysages.
Il étudia à Dessau et à Leipzig.

MARKGRAF Johann. Voir **MARGGRAF**

MARKGRAF Lukas
Mort le 25 août 1704. XVIIe siècle. Yougoslave.
Peintre.
Il était moine.

MARKHAM Kyra
Née en 1891. Morte en 1967. XXe siècle. Américaine.
Peintre de compositions animées.
Réputée pour les fêtes qu'elle organisait, particulièrement pour les réveillons, elle se représentait entourée de ses amis artistes et écrivains dans ses peintures.
Ventes Publiques : New York, 13 sep. 1984 : *July 4th* 1936, litho. (40,8x32,4) : **USD 1 300** – New York, 12 sep. 1985 : *Night Club* 1935, litho. (35,3x26,9) : **USD 1 100** – New York, 23 jan. 1985 : *A few intellectuals* 1941, h/cart. : **USD 2 200** – New York, 17 déc. 1990 : *Chambre d'hôpital*, h/rés. synth. (48,1x68,6) : **USD 1 320** – New York, 24 sep. 1992 : *Quadrille*, temp./rés. synth. (61x76,2) : **USD 22 000** – New York, 9 sep. 1993 : *Musiciens des rues* 1960, h/cart. (40,6x50,8) : **USD 690** – New York, 23 sep. 1993 : *Réveillon de Jour de l'An à Greenwich Village* 1937, h/t (81,3x101,6) : **USD 27 600**.

MARKHAM Marion E.
Née en 1875 à Syracuse (New York). XXe siècle. Américaine.
Peintre de portraits.
Musées : Syracuse.

MARKHL Mathias
Mort le 10 janvier 1758. XVIIIe siècle. Actif à Graz. Autrichien.
Peintre.

MARKIEL Jean
Né le 20 juillet 1911 à Lodz. XXe siècle. Actif depuis 1934 en France. Polonais.
Peintre.
Il commença ses études de peinture à l'école des beaux-arts de Cracovie de 1929 à 1933. De 1934 à 1939, il fut élève de l'école des beaux-arts de Paris. À la déclaration de la guerre, il s'engagea dans l'armée française. Prisonnier de guerre, puis rapatrié, il fut déporté en 1943. À la Libération, il revint à Paris et se remit au travail, passant quelque temps dans l'atelier de Souverbie.
Il expose dans les Salons annuels parisiens, notamment au Salon des Tuileries. Il a montré ses œuvres dans des expositions personnelles à Paris en 1968, à Strasbourg en 1974.
Après des expérimentations proches de l'abstraction, il est revenu consciemment à la tradition.

MARKIEWICZ Kasimir Dunin, comte
Né en 1874 près de Kiev. XIXe-XXe siècles. Polonais.
Peintre de genre, paysages.
Il étudia sous la direction de Bouguereau et de Constant et résida à partir de 1902 en Irlande.

MARKINO Yoshio
XXe siècle. Actif aux États-Unis puis en Grande-Bretagne. Japonais.
Peintre de genre, paysages animés, paysages urbains, peintre à la gouache, aquarelliste, illustrateur.
Il vécut à San Francisco entre 1895 et 1900 puis s'installa à Londres où il fut élève de l'Institut Goldsmith et de la Central School. Il travailla pour le *Magazine of Art*. En 1907 il publia *The Colour of London*, qui fut son premier succès, suivi en 1912 de *A Japanese Artist in London*.
Il doit sa réputation essentiellement à ses aquarelles représentant des scènes de rue animées.
Ventes Publiques : Londres, 14 oct. 1987 : *Chat du matin*, aquar. et cr. reh. de blanc (70,5x52) : **GBP 1 400** – New York, 24 fév. 1994 : *La fontaine Pulitzer sur la place* 1924, aquar. et gche/cart. (51,8x48,6) : **USD 6 210** – Londres, 6 nov. 1996 : *Personnages élégants à Hyde Park*, aquar. et reh. de blanc (36,5x26,5) : **GBP 10 120**.

MARKITANTE Sam
Né à Mohileuw'. XXe siècle. Actif en France. Russe.
Peintre de fleurs, paysages.
Il figura au Salon des Indépendants, à Paris, à partir de 1920.
Ventes Publiques : Paris, 19 déc. 1944 : *Paysage* : **FRF 450** – Paris, 11 déc. 1946 : *Dalhias* : **FRF 650**.

MARKL
XIXe siècle. Français.
Peintre de genre.
Le Musée de Pontoise conserve de lui : *Mameluck assis* et *Combat d'un mameluck et d'un hussard*.

MARKLE Robert
Né en 1936 à Hamilton (Ontario). XXe siècle. Canadien.
Peintre, dessinateur.
Il réalise des sérigraphies.
Bibliogr. : Catalogue de l'exposition : *Les Vingt Ans du musée et sa collection*, Musée d'Art contemporain, Montréal, 1985.
Musées : Montréal (Mus. d'Art Contemp.) : *Sans Titre*, litho.

MARKLUND Bror
Né en 1907. Mort en 1977. XXe siècle. Suédois.
Sculpteur.
Ventes Publiques : Stockholm, 30 mai 1991 : *Arbre dans la tempête*, bronze à patine brune (H. 18) : **SEK 7 500**.

MARKO, de son vrai nom : **Marko Celebonovic**. Voir **CELEBONOVIC**

MARKO Andreas
Né le 29 septembre 1824 à Vienne. Mort le 12 juin 1895 à Villa Tivoli. XIXe siècle. Autrichien.
Peintre de genre, paysages animés, paysages, paysages d'eau.
Ce fut d'abord l'élève de son père Karoly Marko puis de Rahl à Vienne. Il habita longtemps Florence et devint professeur à l'Académie de cette ville.

And. Marko.

Musées : Florence (Gal. d'Art Mod.) : *Temporale – Paysage* –

Bivouac de bergers – Monte Forato – Prato (Gal. antique et Mod.) : *Paysage avec bergère et troupeau – Paysage avec rivière – Paysage avec tempête*.
Ventes Publiques : Vienne, 1878 : *Saint Jean prêchant dans le désert* : **FRF 5 000** – Berlin, 1894 : *Le Golfe de Sorrente* : **FRF 637** ; *Scène des Alpes* : **FRF 875** – Milan, 18 mai 1971 : *Animaux dans un paysage* : **ITL 450 000** – Vienne, 20 mars 1973 : *Troupeau dans un paysage avec ruines* : **ATS 40 000** – Lucerne, 26 juin 1976 : *Voyageurs dans un paysage montagneux* 1877, h/t (133x101) : **DEM 2 200** – Londres, 4 mai 1977 : *Le retour des chevaux avant la tempête* 1871, h/t (100x133) : **GBP 3 800** – Londres, 20 juin 1979 : *Paysans se rendant au marché* 1854, h/t (59,5x80,5) : **GBP 2 500** – New York, 11 fév. 1981 : *Carriole dans un paysage alpestre* 1865, h/t (70x90) : **USD 3 750** – Vienne, 14 sep. 1983 : *Le Repos du chevrier* 1860, h/t (61x81) : **ATS 80 000** – Londres, 22 mars 1985 : *Athènes* 1868, h/t (78,5x112) : **GBP 16 000** – New York, 25 fév. 1986 : *Sur la route du marché* 1873, h/t (81,2x109) : **USD 4 000** – Vienne, 20 mai 1987 : *Paysans se rendant au marché* 1874, h/t (103x136) : **ATS 55 000** – Rome, 25 mai 1988 : *Gardien de chèvres dans la campagne romaine* 1867, h/t (59x79,5) : **ITL 10 500 000** – Rome, 14 déc. 1988 : *Paysage rocheux*, h/pan. (21,5x32,5) : **ITL 1 400 000** – Milan, 19 oct. 1989 : *Moutons dans un enclos* 1864, h/t (72x59) : **ITL 8 500 000** – Londres, 14 fév. 1990 : *Sur le chemin du marché* 1867, h/t (61x81) : **GBP 8 250** – Londres, 28 mars 1990 : *Gardienne de chèvres* 1877, h/t (83,5x68) : **GBP 6 600** – Rome, 31 mai 1990 : *Paysage des Alpes italiennes avec une vachère et son troupeau*, h/t (117x98) : **ITL 19 000 000** – Londres, 22 nov. 1990 : *Dans la campagne romaine* 1868, h/t/pan. (85,2x128,3) : **GBP 9 680** – Londres, 19 juin 1991 : *Pastorale dans un paysage montagneux*, h/t (113x93) : **GBP 11 550** – Rome, 14 nov. 1991 : *Paysage avec un lac de montagne* 1876, h/t (75x101) : **ITL 12 650 000** – Rome, 10 déc. 1991 : *Dans les pâturages*, h/t (46x74) : **ITL 14 000 000** – New York, 16 fév. 1993 : *Vaches autour d'un abreuvoir* 1884, h/t (40x66) : **USD 4 950** – Rome, 27 avr. 1993 : *Berger et son troupeau dans la campagne romaine*, h/t (41x70) : **ITL 5 630 200** – Milan, 9 nov. 1993 : *Jour de marché dans la campagne romaine* 1874, h/t (103,5x136) : **ITL 43 700 000** – New York, 16 fév. 1994 : *La transhumance d'un troupeau de chèvres* 1873, h/t (101,6x134,6) : **USD 11 500** – Amsterdam, 5 nov. 1996 : *Famille de bergers dans un paysage montagneux* 1877, h/t (103x134) : **NLG 17 700** – Londres, 20 nov. 1996 : *Troupeau de chèvres sur un chemin de montagne* 1884, h/t (65x79) : **GBP 4 025**.

MARKO Carl ou **Carlo**. Voir **MARKO Karoly,** l'Ancien

MARKO Erno
Né le 14 septembre 1868 à Kaschau. XIXe-XXe siècles. Hongrois.
Peintre de paysages.
Il vécut et travailla à Budapest.

MARKO Ferenc
Né en 1832 à Kismarton. Mort le 3 août 1874 à Budapest. XIXe siècle. Actif à Budapest. Hongrois.
Paysagiste.
Il a exposé à Vienne en 1873.

MARKO Henry
Né entre 1855 et 1868. Mort entre 1921 et 1933. XIXe-XXe siècles. Italien.
Peintre de paysages urbains, architectures, paysages, paysages d'eau.
Il était actif à Rome.
Ventes Publiques : Rome, 25 mai 1988 : *Vue du château de Saint-Ange depuis le Tibre*, h/t (19x27) : **ITL 4 400 000** – Milan, 14 juin 1989 : *Vue de Lerici*, h/pan. (48x27,5) : **ITL 1 900 000** – Rome, 29 mai 1990 : *Château Sonnino*, h/t (13,5x18,5) : **ITL 1 610 000** – Rome, 26 mai 1993 : *Paysage de la côte ligure*, h/t (65,5x101) : **ITL 4 800 000** – Rome, 29-30 nov. 1993 : *Vue de Florence depuis la campagne*, h/t (40x70) : **ITL 3 300 000** – Milan, 22 mars 1994 : *Paysage*, h/t (22x56) : **ITL 2 990 000** – Milan, 26 mars 1996 : *Paysage fluvial*, h/t (34,5x22) : **ITL 1 150 000**.

MARKO Karl
Né en 1805 en Hongrie. XIXe siècle. Hongrois.
Peintre de paysages.
Il a exposé à Florence, à Munich.
Musées : Moscou (Mus. Roumianzeff) : *Paysage*.
Ventes Publiques : Londres, 20 juin 1979 : *Voyageurs dans un paysage montagneux* 1867, h/t (19,5x22,5) : **GBP 650**.

MARKO Karoly, Karl ou **Carl**, l'Ancien
Né le 25 septembre 1791 à Leutzschau. Mort le 19 novembre 1860 près de Florence (Toscane). XIXe siècle. Hongrois.
Peintre de scènes mythologiques, sujets religieux, portraits, paysages, miniaturiste, dessinateur.
Il fit ses études à Budapest, Vienne, Rome, Pise, Florence. Il vécut dix ans à Vienne, peignant surtout des miniatures et des esquisses de paysages. Il fut membre des Académies de Florence, Vienne et Venise. En 1830, il peignit son œuvre capitale : *Visegrad*. En 1832, il se rendit en Italie où il s'installa définitivement. Il y peignit surtout des paysages mythologiques. Il a peint le paysage animé dans la manière de Poussin.
Musées : Budapest (Mus. des Beaux-Arts) : *Crucifix – Chasse de Diane – Mort d'Eurydice – Réception des Anges par Abraham – Ariane à Naxos – Campagne – Nymphe se baignant – Lac Nemi – Paysage italien avec des moissonneurs – Faune et nymphes* – Florence : *Portraits de l'artiste* – Gênes : *Vue de Florence* – Graz : *Paysage dans les Apennins – Léda et le cygne* – Leipzig : *Paysage italien* – Moscou (Roumianzeff) : *Paysage* – Munich : *Paysage avec la fuite en Égypte* – Vienne : *Coucher de soleil – Le Christ et ses disciples*.
Ventes Publiques : Vienne, 21 sep. 1971 : *Vue de la campagne romaine* 1820 : **ATS 22 000** – Vienne, 22 mars 1973 : *Paysage* : **ATS 32 000** – Londres, 7 mai 1976 : *Ruth et Booz* 1841, h/t (23x30) : **GBP 750** – Vienne, 14 mars 1978 : *Bergers dans un paysage* 1856, h/t (29,5x42) : **ATS 55 000** – Londres, 9 mai 1979 : *Deux paysans dans un paysage boisé* 1853, h/t (75,5x100) : **GBP 4 700** – Londres, 24 juin 1981 : *Calvaire dans la campagne aux abords de Florence* 1850, h/t (47x63,5) : **GBP 3 600** – Vienne, 14 sep. 1983 : *Vue de Florence* 1850, h/t (47x63) : **ATS 150 000** – Londres, 19 juin 1985 : *Personnages près d'un moulin à eau dans un paysage*, h/t (101x140,5) : **GBP 13 000** – Munich, 11 mars 1987 : *Nymphes dans un paysage boisé*, h/t (26,5x32) : **DEM 8 000** – Montréal, 4 juin 1991 : *Sur le chemin de la ville au crépuscule*, h/t (92,8x61) : **CAD 2 400** – New York, 15 oct. 1991 : *Sur le chemin de la maison*, h/t (91,5x61) : **USD 2 750** – New York, 28 mai 1992 : *Suzanne et les vieillards*, h/t (85,1x123,2) : **USD 15 400** – Londres, 16 nov. 1994 : *Paysans bavardant sur un sentier à Villa Labeggi* 1853, h/t (75x99,7) : **GBP 10 350** – Londres, 15 nov. 1995 : *Scène biblique* 1831, h/pan. (34x52) : **GBP 8 625** – Rome, 5 déc. 1995 : *Paysage côtier* 1827, h/pan. (34x46) : **ITL 5 303 000** – Londres, 13 mars 1996 : *Diane et Apollon dans un paysage boisé*, h/t (20x30) : **GBP 9 200** – New York, 2 avr. 1996 : *Vue des environs de Florence*, h/t (69,9x100,3) : **USD 9 200**.

MARKO Karoly ou **Karl** ou **Carlo**, le Jeune
Né le 22 janvier 1822 à Budapest. Mort en 1891 à Moscou. XIXe siècle. Hongrois.
Peintre de genre, paysages animés, paysages.
Frère d'Andreas Marko, il vint à seize ans en Italie et s'installa en 1884 en Russie. Il fut professeur aux Académies de Florence, Gênes et Pérouse.
Musées : Chambéry : *Paysage – Moïse sauvé des eaux* – Florence : trois paysages – Graz : *Paysage* – Karlsruhe : *Paysage idéal avec le Christ et ses disciples*.
Ventes Publiques : Paris, 21 fév. 1925 : *Paysage des environs de Florence ; Paysage des environs de Pise*, les deux : **FRF 3 000** – Vienne, 14 nov. 1950 : *Le Bain de Diane* : **ATS 3 500** – Londres, 1er mars 1972 : *Paysage fluvial escarpé* : **GBP 600** – Vienne, 16 mars 1976 : *Berger et troupeau dans un paysage escarpé* 1853, h/t (39,5x38) : **ATS 38 000** – Vienne, 20 sep. 1977 : *Paysage des Abruzzes* 1851, h/pan. (27,5x35,5) : **ATS 70 000** – Munich, 30 mai 1979 : *Crépuscule* 1872, h/t (48x59) : **DEM 4 600** – Cologne, 21 mai 1981 : *Paysage d'Italie* 1861, h/t (34,5x47,5) : **DEM 6 000** – Cologne, 18 mars 1983 : *Paysage boisé animé de personnages*, h/t (104x147) : **DEM 10 000** – Vienne, 11 déc. 1985 : *Baigneuses au bord de la rivière* 1872, h/t (34,5x46) : **ATS 100 000** – New York, 28 oct. 1986 : *Les Ramasseurs de fagots au repos* 1862, h/t (103x146) : **USD 14 000** – Rome, 16 déc. 1987 : *Berger et troupeau dans un paysage escarpé*, h/t (61x82) : **ITL 6 500 000** – Londres, 7 juin 1989 : *Rencontre sur la route* 1879, h/t (41x56) : **GBP 2 200** – Milan, 8 mars 1990 : *Paysage de collines avec une jeune paysanne* 1868, h/t (37x40) : **ITL 7 500 000** – Stockholm, 16 mai 1990 : *Paysage romantique animé*, h/t (28x38) : **SEK 29 000** – Londres, 7 avr. 1993 : *Jardin de fleurs* 1912, h/t (41x56) : **GBP 1 840** – Rome, 27 avr. 1993 : *Paysage des Apennins* 1865, h/t (55x46) : **ITL 5 630 200** – Milan, 22 mars 1994 : *Vue de Florence*, h/cart. (35,5x43,5) : **ITL 14 950 000** – Londres, 15 nov. 1995 : *Le Cirque de Maxime à Rome* 1837, h/pan. (50,5x65,5) : **GBP 8 050** – Rome, 4 juin 1996 : *Paysage animé* 1858, h/t (22x25) : **ITL 5 750 000** – Paris, 27 juin 1997 : *Vue de la baie de Capri* 1879, h/t (98x130) : **FRF 58 000**.

MARKO Lajos
Mort le 16 août 1882 à Babosca. XIXe siècle. Actif à Budapest. Hongrois.
Aquarelliste et graveur.

MARKÖ Serge Michel Henry
Né le 5 décembre 1926. XXe siècle. Français.
Peintre de figures, portraits, nus, paysages, marines, architectures, aquarelliste, graveur, illustrateur, affichiste, dessinateur, graphiste.
D'ascendance hongroise. À Paris, il fut élève de l'École des Arts Appliqués, des Académies Frochot et de la Grande Chaumière et des cours libres de l'École des Beaux-Arts. Il participe à de nombreuses expositions collectives : à Paris, au Salon des Artistes Français, en 1978 et 1991 médaille d'or ; au Salon de la Marine, en 1979 et 1980 médaille de bronze ; ainsi qu'à presque tous les autres Salons parisiens. Il participe à de nombreux groupements en province. Il montre des ensembles de ses œuvres dans des expositions personnelles en France et à l'étranger. Depuis 1983, il est peintre agréé de la Marine, depuis 1989 titulaire ; depuis 1987 peintre agréé de l'Air, depuis 1992 titulaire ; depuis 1991 peintre agréé de l'Armée, depuis 1993 titulaire.
Dans tous les sujets traités, navires de guerre, batailles d'avions, paysages ruraux, vues d'architectures urbaines, voies ferrées, portraits, nus exotiques, il se montre un habile dessinateur et illustrateur, soucieux du détail et perspectiviste.
Musées : Paris (Mus. de la Marine) – Paris (Mus de l'Air) – Paris (Mus. de l'Armée).
Ventes Publiques : Paris, 19 nov. 1989 : *Évolutions*, aquar. (50x65) : **FRF 15 000** – Paris, 16-17 juin 1990 : *Super-Étendards dans l'ascenseur du Foch*, aquar. (50x65) : **FRF 11 000** – Paris, 6 déc. 1990 : *Terre-neuvas et voiliers de grande pêche dans le bassin Vauban de Saint-Malo*, dess. à la pl. avec reh. d'aquar. : **FRF 14 500** – Paris, 25 nov. 1991 : *Neptune*, aquar. (50x65) : **FRF 12 000**.

MARKOFF Alexei
Né le 12 mars 1802 à Novgorod. Mort en 1878. XIXe siècle. Russe.
Peintre d'histoire.
De 1842 à 1872 il fut professeur de peinture d'histoire à l'Académie de Saint-Pétersbourg où il s'avéra très respectueux de la tradition académique. Son œuvre principale est la décoration de la coupole de l'église du Sauveur à Moscou. Le Musée russe, à Saint-Pétersbourg, conserve de lui : *Un berger romain*.

MARKOFF Vassili Ilyine. Voir **ILYINE**

MARKOS Giorgios
Né à Argos. XVIIIe siècle. Grec.
Peintre.
Connu pour les fresques qu'il exécuta dans l'église de la Panagia-Phaneroumena, dans l'île de Salamine. Ce travail, fait en collaboration avec ses élèves, fut terminé en 1735.

MARKOUS Louis. Voir **MARCOUSSIS**

MARKOV Vladimir ou **Markoff**, pseudonyme de **Matveis** ou **Matvejs Voldemar** ou **Valdemars**
Né le 1er octobre 1877 à Riga. Mort le 3 mai 1914 à Saint-Pétersbourg. XXe siècle. Russe-Letton.
Peintre.
Il fit ses études artistiques à Riga et fut élève de Cionglinsky à l'académie des beaux-arts de Saint-Pétersbourg. Il séjourna en Europe pour compléter sa formation. Il fut le fondateur de l'Association d'artistes *Ssojus Molodjoski*. Il est aussi l'auteur de plusieurs textes théoriques sur l'art moderne, le futurime, le cubisme, mais aussi les sculptures de l'île de Pâques, l'art des steppes sibériennes.
Son œuvre figurative s'inscrit dans la lignée de Matisse.
Bibliogr. : In : *Dict. de l'art mod. et contemp.*, Hazan, Paris, 1992.
Musées : Riga : plusieurs œuvres.

MARKOVIC Bartolomeo
Né en mai 1813 à Venise. Mort après 1850. XIXe siècle. Actif en Dalmatie. Italien.
Portraitiste et graveur.
Il grava la *Pala d'oro* à l'église Saint-Marc.

MARKOVIC Joachim
XVIIIe siècle. Actif au milieu du XVIIIe siècle. Tchécoslovaque.
Peintre et écrivain.
Il travailla à Peterwardein.

MARKOVIC Miodrag ou **Michel,** dit **Micha**
Né en 1947 à Sabac. XXe siècle. Actif et depuis 1993 naturalisé en France. Yougoslave.
Peintre de paysages, natures mortes, sujets divers. Naïf.
Il peint professionnellement depuis 1968. Il expose à Paris, de 1984 à 1986 au Salon International d'Art Naïf ; de 1982 à 1989 au Salon des Indépendants ; en 1989 au Salon d'Automne. En 1987-88, il a figuré à l'exposition itinérante au Japon *Peinture naïve française contemporaine*. Il figure aussi dans des expositions en Allemagne et Italie. Il expose aussi individuellement : 1982-83 à Paris ; 1987 Strasbourg ; 1989 Romeny-sur-Marne, et La Varenne-Saint-Hilaire galerie internationale d'Art naïf.
Dans une technique minutieuse, il traite ses thèmes dans un climat poétique délicat.

MARKOVITCH
XXe siècle. Actif en France.
Peintre de paysages urbains, aquarelliste.
Ventes Publiques : Paris, 2 déc. 1942 : *Le Pont-Neuf*, aquar. : **FRF 2 200** – Paris, 28 mars 1945 : *Place des huchiers à Amiens*, aquar. : **FRF 425**.

MARKOWICZ Artur
Né en 1872. Mort en 1932. XIXe-XXe siècles. Polonais.
Peintre de figures, pastelliste.
Il représenta la vie des Juifs en Pologne.
Ventes Publiques : Jérusalem, 18 mai 1985 : *La maison d'études à la tombée du jour* 1931, (38x34) : **USD 6 000** – Tel-Aviv, 2 jan. 1989 : *Femme à l'écharpe rouge*, h/cart. (37,5x31) : **USD 2 750** – Tel-Aviv, 3 jan. 1990 : *Vieux juif lisant un livre* 1919, h/pap. fort/cart. (39x53,5) : **USD 11 000** – Tel-Aviv, 1er jan. 1991 : *Deux rabbins*, h/t (36x43) : **USD 6 820** – Tel-Aviv, 6 jan. 1992 : *Rabbin en train de lire*, past. (41x31) : **USD 2 860**.

MARKOWSKI Albert. Voir **MARKS Albert**

MARKOWSKI Eugeniusz
Né en 1912. XXe siècle. Polonais.
Peintre, peintre de décors de théâtre.
Il fut journaliste avant d'étudier la peinture à l'académie des beaux-arts de Varsovie, où il deviendra professeur. Il travailla pour des théâtres en Pologne et à Rome.
Il participa à des expositions collectives et exposa personnellement en Pologne et à l'étranger : Canada, Amérique latine, Japon, Australie, Inde Chine.

MARKOWSKY Wenzel
Né le 15 novembre 1789 à Prague. Mort le 16 octobre 1846. XIXe siècle. Tchécoslovaque.
Peintre d'histoire et lithographe.
Il travailla aussi comme peintre de vitraux.

MARKQUART Chr. Fr. Voir **MARQUARD**

MARKS Albert, pseudonyme de **Markowski Albert**
Né le 24 janvier 1871 à Paris, d'un père d'origine polonaise. Mort le 4 décembre 1941 à Angoulême (Charente). XIXe-XXe siècles. Français.
Sculpteur, peintre de paysages.
Il grandit à Metz, où il eut pour professeur, de 1884 à 1892, le sculpteur messin Auguste Dujardin.
Il se consacra bientôt à la seule peinture des paysages mosellans. Il a montré ses œuvres dans des expositions régionales à Metz et en Alsace.
Il a peint les paysages de Lorraine, en plein air, dans le style de l'école de Barbizon, ayant subi l'influence des peintres Corot et Daubigny. « Après avoir choisi un site qui me plaît, je m'installe à un endroit propice d'où j'observe mes tons, mes nuances les plus intéressantes. Puis j'essaie, pour ainsi dire, de vivre mon paysage en moi. Je m'extériorise ensuite, comme pour communier plus profondément avec l'ambiance, et lentement, s'établit ainsi en mon être une sorte d'extase qui m'est très favorable et me fait goûter délicieusement le décor, à mesure que je tâche de le fixer sur la toile. »
Musées : Metz : *La Moselle près de Longeville*.
Ventes Publiques : Cologne, 28 juin 1991 : *Paysage fluvial en été*, h/t (61x81) : **DEM 1 000**.

MARKS Bernard Samuel
Né en 1827 à Cardiff. XIXe siècle. Britannique.
Peintre de genre.
Membre de la Royal Cambrian Academy. Le Musée de Cardiff conserve de lui : *Enfants à l'école* et *Portrait de Daniel Thomas*.

MARKS Claude
Né au XIXe siècle à Londres. XIXe siècle. Britannique.
Peintre de sujets de genre, paysages.
Il figura au Salon des Artistes Français de Paris, obtenant une mention honorable en 1899.
Musées : Périgueux : *Sirène – La fileuse – Rue de village, la nuit – Étude – L'embarcadère de la place Saint-Marc à Venise* – Rouen : *Un coin de la Basse-Seine.*
Ventes Publiques : Paris, 12 jan. 1950 : *Danseuse à Séville* : **FRF 1 300** – Paris, 13 avr. 1988 : *Gondolier la nuit*, h/t (55x38) : **FRF 1 800.**

MARKS Ferdinand Louis
Né en 1861 à Bayeux (Calvados). XIXe-XXe siècles. Français.
Peintre de paysages.
Il exposa à Paris, au Salon des Artistes Français, de 1884 à 1891.
Musées : Rouen (Mus. des Beaux-Arts).
Ventes Publiques : Calais, 24 mars 1996 : *Bord de rivière* 1886, h/pan. (55x37) : **FRF 8 000.**

MARKS Hans
Né en 1946 en Inde. XXe siècle. Actif depuis 1971 en France. Britannique.
Sculpteur de figures, céramiste.
Il étudia d'abord le dessin et la peinture, avant de s'intéresser à la sculpture. En 1980, il s'installe dans l'Eure, puis en 1985 retourne vivre à Paris.
Il participe à de nombreuses expositions collectives : dans l'Eure, à Paris, notamment au Salon d'Automne, dont il est membre sociétaire depuis 1988. Il montre ses œuvres dans des expositions personnelles dans l'Eure et à Paris.
Il travaille surtout le grès et la porcelaine, qu'il émaille souvent à l'or fin, déclinant en d'infinies variations la forme de l'œuf.
Bibliogr. : Gilda Thomas : *Hans Mark*, L'Œil, Paris, sept. 1988.

MARKS Henry Stacy
Né le 13 septembre 1829 à Londres. Mort le 9 janvier 1898. XIXe siècle. Britannique.
Peintre d'histoire, sujets de genre, portraits, animaux, paysages, aquarelliste, cartons de vitraux, dessinateur, illustrateur.
D'abord élève des écoles de la Royal Academy à Londres en 1851, il vint ensuite travailler à Paris avec Picot et à l'École des Beaux-Arts. Il était de retour à Londres en 1853 et y exposa la même année à la Royal Academy. Marks était un fervent admirateur de Shakespeare et savait par cœur toutes ses pièces. Ce goût se marqua dans ses ouvrages. Il commença à exposer à Londres en 1853 et prit une part active aux expositions, particulièrement à la Royal Academy et à la Old Water-Colours Society. Cependant, malgré leur incontestable valeur, ses peintures ne furent appréciées tout d'abord que par un nombre restreint d'amateurs éclairés. Il dut, pour parer aux besoins de l'existence, se livrer à une foule de petits travaux et dessina des vitraux, fit des illustrations de livres, et même des cartes de Noël. Cependant, à la longue, il fut plus justement apprécié. Associé à la Royal Academy en 1871, il en devint membre en 1879. C'était un artiste dans toute l'acception du mot et sa bonté égalait son talent.
Musées : Birmingham : *Intelligence et instinct – Vue de Stratford-upon-Avon – Pingouins au bord de la mer* – Bristol : *Grues et goélands – Grues et pingouins – La dernière mode* – Hambourg : *Auteur et critique – Le naturaliste* – Liverpool : *Le comité de choix* – Londres (Victoria and Albert Mus.) : aquar.
Ventes Publiques : Paris, 25 jan. 1895 : *Un important envoi* : **FRF 710** – Londres, 24 mars 1926 : *Jours tardifs de Newton*, aquar. : **GBP 18** – Londres, 16 mai 1929 : *Les gentils postiers* : **GBP 57** – Londres, 13 juil. 1934 : *Nouvelles au village* : **GBP 52** – Londres, 4 oct. 1973 : *Moines lisant un manuscrit* : **GNS 700** – Londres, 27 juin 1978 : *Bardolph* 1853, h/t (53x43) : **GBP 1 200** – Londres, 20 mars 1979 : *L'apothicaire* 1876, h/t (145x86,5) : **GBP 4 000** – New York, 5 mars 1981 : *L'Heure tranquille* 1861, h/t (30,5x40,5) : **USD 4 000** – Londres, 27 oct. 1983 : *Thoughts of Christmas* 1870, aquar. reh. de gche (56x81,5) : **GBP 1 700** – Londres, 7 oct. 1983 : *Un pélican et un héron devant un mur*, h/t (75x76,2) : **GBP 1 600** – Londres, 18 juin 1985 : *Mésanges bleues sur une branche* 1884, aquar. (29,2x44,5) : **GBP 650** – Londres, 16 oct. 1986 : *Cigognes*, aquar./pap. mar./cart. (74x51) : **GBP 1 400** – Londres, 13 fév. 1987 : *Homme à la pipe ; Femme sur un balcon* 1887, h/t, une paire (81,3x14) : **GBP 2 000** – Londres, 15 juin 1990 : *La collecte des impôts*, h/pan. (30,2x94) : **GBP 2 090** – Londres, 1er nov. 1990 : *Portrait de E.B.S. Montefiore* 1873, h/t/pan. (29,2x22,5) : **GBP 2 420** – Reims, 21 avr. 1991 : *Vue de Venise* 1890, aquar. : **FRF 6 500** – New York, 20 fév. 1992 : *Un héron blanc dans les marécages*, h/t (98,1x63,2) : **USD 11 000** – Londres, 12 juin 1992 : *Oiseaux de proie*, h/t (76,2x63,5) : **GBP 5 500** – Londres, 8-9 juin 1993 : *L'auteur et les critiques* 1881, h/t/cart. (86,5x117) : **GBP 14 950** – Londres, 5 nov. 1993 : *Personnages en costume médiéval regardant par-dessus le parapet du pont*, cr. et aquar. (92,2x67,3) : **GBP 3 680** – Londres, 6 nov. 1996 : *Divergence entre médecins*, h/t (92x71) : **GBP 8 970** – Londres, 7 nov. 1997 : *Le Dévoreur de livres* 1871, h/t (86,4x144,8) : **GBP 28 750** – Londres, 30 sep. 1997 : *A Banksian Cockatoo* 1889, cr. et aquar./pap. (24,7x11,5) : **GBP 2 185.**

MARKS W.
Né à Valenciennes. XIXe siècle. Français.
Graveur.
Il publia en 1850 des *Pièces choisies composées par Watteau.*

MARKUP Béla
Né le 23 août 1873 à Budapest. XIXe-XXe siècles. Hongrois.
Sculpteur de monuments, animaux.
On lui doit deux statues monumentales de lions devant le parlement de Budapest.

MARKUS David
XIXe siècle. Actif dans la seconde moitié du XIXe siècle. Tchécoslovaque.
Miniaturiste.
Il exerça son activité à Brody et à Vienne.

MARKUS Louis Casimir Ladislas. Voir **MARCOUSSIS**

MARKVARTS Helmuts
Né le 25 avril 1894 dans le district de Wenden. XXe siècle. Russe-Letton.
Peintre, dessinateur.
Il fit son apprentissage à Saint-Pétersbourg et travailla dans la forteresse de Saint-Paul.
Musées : Riga.

MARKWALDER. Voir **MARQUALDER**

MARKWORDT Jacob Friedrich ou **Marquard**
XIXe siècle. Actif à Berlin de 1810 à 1844. Allemand.
Peintre de portraits et de paysages.

MARL Friedrich
XVIIIe siècle. Travaillant à Berlin. Allemand.
Médailleur.

MARLAIS ou **Marloes**
XVIIe siècle. Actif vers 1672. Hollandais.
Graveur.
Probablement de l'école de Romeyn Van Hooghe.

MARLART H.
XVe siècle. Actif à Arras en 1451. Français.
Peintre.

MARLÉ
XIXe siècle. Français.
Graveur à l'eau-forte.

MARLE Cornelia Van ou **Marlen**
Active à Zwolle. Hollandaise.
Peintre.

MARLE Félix Aimé del
Né en 1889 à Pont-sur-Sambre (Nord). Mort en 1952 à Courbevoie (Hauts-de-Seine). XXe siècle. Français.
Peintre, dessinateur, sculpteur. Abstrait-géométrique.
Il a participé au Salon des Artistes Indépendants à partir de 1914 et a figuré au Salon des Réalités Nouvelles de 1947 à 1952, tandis qu'un Hommage posthume lui a été rendu à ce même Salon en 1953. En 1973, la Galerie Jean Chauvelin à Paris, rappelait son *Manifeste futuriste à Montmartre*, publié en 1913, soit quatre ans après le manifeste futuriste de Marinetti en Italie, en 1996 le musée Matisse au Cateau-Cambrésis présentait ses tableaux-objets.
Durant la guerre de 1914-1918, il envoie des lettres et des dessins à Marinetti qui, tout comme Guillaume Apollinaire, le considère comme « le premier futuriste complet » français. À cette époque, il publie un journal anti-militariste : *Tac-à-tac Teuf-teuf, organe du groupe d'Auto mitrailleuses.* Après la guerre, ses dessins satiriques prennent un caractère expressionniste, dont l'agressivité rappelle le style d'Otto Dix ou de Grosz. Il introduit, dans ses œuvres, la pratique du photo-collage, technique utilisée par le

mouvement Dada. De 1922 à 1924, il fait partie du groupe De Stijl constitué par Mondrian et Théo Van Doesburg et s'oriente vers le constructivisme, en réaction contre la tendance décorative de l'Art nouveau. Dans la lignée des idées du néoplasticisme, il croit au rôle social de l'art et réalise des meubles et des décorations intérieurs dans un style géométrique, où les couleurs prennent une valeur prépondérante. Il crée tantôt des décorations planes, tantôt des volumes conçus dans un esprit constructiviste, de formes totalement abstraites et strictement géométriques.
■ A. P.

Bibliogr. : Gérald Schurr, in : *Les Petits Maîtres de la peinture 1820-1920, valeur de demain,* Les Éditions de l'Amateur, t. IV, Paris, 1979.
Musées : Paris (BN).
Ventes Publiques : Hambourg, 6 juin 1980 : *Femme dans une rame de métro lisant* 1914, pl. et craies de coul., reh. de blanc/pap. (48,5x30) : **DEM 6 000** – Paris, 13 mai 1982 : *Maquette de bouchon de radiateur pour Delage* vers 1925, acier (H. 18) : **FRF 12 000** – Londres, 6 déc. 1983 : *Le trait blanc-prélude, Le trait blanc-fugue, Le trait blanc-final* 1925, triptyque chaque panneau (162x67,5) : **GBP 10 000** – Paris, 20 fév. 1985 : *Paysage maritime* 1913, h/t (50x65) : **FRF 28 000** – Enghien-les-Bains, 24 nov. 1985 : *Composition suprématiste,* gche et mine de pb (29x29) : **FRF 68 000** – Londres, 25 juin 1986 : *Construction* vers 1925, gche et aquar. (29x28) : **GBP 10 000** – Londres, 1er déc. 1987 : *Sans titre* 1947, h/pan. (155x58) : **GBP 13 000** – Londres, 29 mars 1988 : *Musicalisme* 1927, fus. et gche/pap. (66,4x41,9) : **GBP 2 200** – Douai, 3 déc. 1989 : *Composition,* h/pan. (83,2x57) : **FRF 161 000** – Paris, 25 juin 1990 : *Bretonnes* 1913, h/t (116x89) : **FRF 470 000** – Paris, 19 avr. 1991 : *Fugue* 1925, past. (55x21) : **FRF 20 000** – Paris, 9 juin 1994 : *Le Métro* 1914, past. (64x50) : **FRF 150 000** – Amsterdam, 2 déc. 1997 : *Étude pour Tempête* vers 1913, h/t (27x35) : **NLG 18 451**.

MARLÉ-RICHLEACOV Irène de
Née le 11 août 1923 à Soldanesti. xxe siècle. Active depuis 1964 en France. Roumaine.
Peintre de paysages, peintre de collages, peintre de décors de théâtre, décorateur, dessinateur. Fantastique et art optique.
Elle fut élève de l'école des beaux-arts de Bucarest de 1941 à 1946 et étudia aussi l'astronomie. De 1946 à 1964, elle réalise des illustrations, publicités, maquettes, dépliants. En 1964, elle s'installe à Paris, séjournant de 1966 à 1967 en Italie, où elle fait des travaux de décorations intérieures. Elle vit et travaille à Meudon.
Elle participe à des expositions collectives notamment en France et en Italie. Elle montre ses œuvres dans des expositions personnelles : 1967, 1969, 1971 Rome ; 1968, 1969, 1972, 1973, 1978, 1982 Paris ; 1974 Centre culturel de Nice.
Outre ses architectures fantastiques qui prennent racine dans un monde déshumanisé, aux couleurs froides, et baignent dans une lumière blafarde, elle poursuit ses recherches sur la lumière dans des collages et assemblages op art, créant des jeux de lumière, des intéractions entre les formes géométriques et les couleurs. À partir de clous peints, elle a réalisé des œuvres plus décoratives, donnant naissance à un bestiaire.
Bibliogr. : Ionel Jianou et divers, in : *Les Artistes roumains en Occident,* American Romanian Academy of Arts and Sciences, Los Angeles, 1986.

MARLEF, pseudonyme de Mme **Lefebvre Marthe**, née **Boyer Andrea Josephine**
Née en 1864 à Nantes (Loire-Atlantique). xixe-xxe siècles. Française.
Peintre de sujets mythologiques, pastelliste.
Elle fut élève de Roll et de Dagnaux. Elle exposa à Paris, au Salon des Artistes Français de 1895 à 1922. Elle a reçu une médaille de bronze à l'Exposition universelle de Paris, en 1900.
Musées : Nantes (Mus. des Beaux-Arts) : *Nymphe accroupie.*

MARLET Adolphe
Français.
Portraitiste.
Le Musée de Versailles conserve de cet artiste : *Portrait de Du Chaffaut.*

MARLET François
xviiie siècle. Actif à Besançon vers 1730. Français.
Sculpteur.
Auteur de projets d'autel pour l'église des Jésuites, de Besançon.

MARLET Jean Baptiste
Originaire de Dijon. xviiie siècle. Français.
Sculpteur.
Il travailla à Tournai et à Autun dans la seconde moitié du xviiie siècle.

MARLET Jean Henry
Né le 18 novembre 1771 à Autun (Saône-et-Loire). Mort en 1847. xviiie-xixe siècles. Français.
Peintre d'histoire, compositions religieuses, graveur.
Élève de l'École de Dijon et du baron Regnault, il figura au Salon de Paris à partir de 1844.
L'église Notre-Dame des Blancs Manteaux à Paris possède de lui *Le Christ* et *Madeleine.* Il a peint de préférence des sujets historiques, anecdotiques, poétiques, étant lui-même poète. Il fut un des maîtres de la lithographie française et publia soixante-douze gravures sous le titre : *Les tableaux de Paris,* accompagnées chacune d'un commentaire. En 1892, il publia un *Album classico-romantique,* qui met en opposition les théories du style classique ingresque et celles du style libre et de la « furia » romantique.

Bibliogr. : Gérald Schurr, in : *Les Petits Maîtres de la peinture 1820-1920, valeur de demain,* Les Éditions de l'Amateur, t. VI, Paris, 1985.
Musées : Compiègne (Mus. du palais) : *Raphaël dans son atelier* – Dijon : *Raphaël et Léon X.*
Ventes Publiques : Paris, 1898 : *Un bal à la barrière,* dess. : **FRF 110** – Paris, 14 déc. 1936 : *Le départ pour Longchamp* : **FRF 480** – Paris, 2 déc. 1946 : *Le baptème – Le mariage,* deux dess. à la pl. et au lav. : **FRF 4 000** – Paris, 1er mars 1950 : *Tableaux de Paris : Les glaces et Les petites nouvelles,* deux dess. : **FRF 3 600** – Le Touquet, 10 nov. 1991 : *Allégorie à la gloire du citoyen Rioufe,* pl. et lav. d'encre de Chine avec reh. de gche (47x59) : **FRF 5 000** – Paris, 18 déc. 1992 : *Scène de l'Histoire romaine,* h/t (32x41) : **FRF 4 200**.

MARLET Jérôme
Né le 28 août 1731 à Dijon. Mort le 14 novembre 1810 à Dijon. xviiie-xixe siècles. Français.
Sculpteur.
On voit de cet artiste, au Musée de Dijon dont il fut conservateur depuis 1806, plusieurs sculptures ornant des portes, et *Buste de Jean de Berbisey* (plâtre). Il travailla d'autre part pour la Chartreuse de Dijon, la Sainte-Chapelle de Dijon et la cathédrale d'Autun.

MARLET Laurent Jules
Né au xixe siècle à Moulins. xixe siècle. Français.
Peintre d'histoire, sujets de genre, paysages.
Il fut élève de Lethière et Lafond. Il figura au Salon de Paris de 1848 à 1868. Il fut professeur de dessin au lycée de Poitiers.
Musées : Bagnères-de-Bigorre : *Cavalier du xvie siècle – Vue de Venise, le soir, par un temps d'orage* – Poitiers : *Bataille d'Alésia.*
Ventes Publiques : Paris, 15 déc. 1920 : *Divertissement familial* : **FRF 465** – Paris, 8 et 9 déc. 1933 : *L'heureuse famille* : **FRF 1 050** – Paris, 8 déc. 1993 : *L'atelier du peintre* 1852, h/t (38x46) : **FRF 25 000**.

MARLIANO Ambrogio ou **Ambrosio**
xve siècle. Italien.
Miniaturiste.
Il exécuta les ornements d'une copie de Virgile intitulée *Servii Honorati Gram(m) atici Commentarii in Bucolica Georgica et Æneidem Virgilii.* Cette œuvre fut écrite et enluminée pour Giovanni Galazzo Sforza, duc de Milan, neveu de Louis XI de France, et contient deux très grandes enluminures ainsi qu'un grand nombre d'ornements. On y voit également le portrait du duc de Milan à l'âge de quinze ans.

MARLIANO François de
Né au xixe siècle à Toulon. xixe siècle. Français.
Peintre de genre.
Figura au Salon des Artistes Français. Mention honorable en 1907.

MARLIAVE François Marie Léon de
Né le 10 octobre 1874 à Toulon (Var). Mort en 1953 à Draguignan. xixe-xxe siècles. Français.
Peintre de paysages, animaux, illustrateur, décorateur.

Il commence à peindre vers 1900. Dès 1904 et régulièrement jusqu'en 1926, il participe à Paris, aux Salons des Artistes Français et de la Société Nationale des Beaux-Arts. Simultanément il est présent : 1908 Salon d'Art Contemporain de Paris ; 1913 XXIe Salon des Orientalistes de Paris et Salon des Arts Décoratifs de Paris ; 1914 Société Coloniale des Artistes Français ; 1922 Exposition Coloniale de Marseille où il remporte le premier prix ; 1932 Exposition coloniale de Vincennes ; 1937 Exposition Universelle de Paris ; 1979 Petit Palais à Paris. Hors des frontières il expose en Indochine (1911,1912), Anvers (1930). À Paris, en 1905, il reçoit une médaille d'honneur à la section des arts décoratifs, en 1917 une mention honorable au Salon des Artistes Français. Il fut fait chevalier de la Légion d'honneur.
Il a rapporté d'Indochine, où il fut plusieurs fois en mission, d'intéressants paysages ; il a décoré en 1927 le *Florida* des transports maritimes et le *Nicolas Paquet* de la compagnie Paquet en 1928. Il a collaboré à la décoration du pavillon de l'Indochine à l'Exposition coloniale de Vincennes en 1932.
Ventes Publiques : Paris, 29 juin 1992 : *Le marché* 1943, aquar. (14,5x22,5) : **FRF 4 500** ; *Ghardaia* 1943, aquar. (24x15) : **FRF 8 000**.

MARLIÉ Élisabeth Renée ou **Marlier**. Voir **LÉPICIÉ Renée Élisabeth**

MARLIER Charles Bonaparte
Né en 1798 à Saint-Fargeau. XIXe siècle. Français.
Graveur d'architectures.
Élève d'Adam. Il a gravé des planches pour un *Nouveau traité de Charpente*. Figura au Salon de 1839. Il collabora également aux *Édifices de la Rome moderne* de Letarouilly et au *Recueil de divers tombeaux dans les cimetières de Paris*.

MARLIER Marcel
Né le 24 octobre 1929 à Jemappes. XXe siècle. Belge.
Peintre de paysages, figures.
Il fut élève de l'académie royale des beaux-arts de Mons, ainsi que d'autres écoles. Il a remporté divers prix et distinctions, notamment le premier prix Émile Lebon (Auderghem). Il figure dans de nombreuses expositions de groupe dans les principales villes belges.
Expressionniste, il peint des paysages et des personnages imaginaires symbolisant les grandes forces vitales.
Bibliogr. : In : *Dict. biogr. illustré des artistes en Belgique depuis 1830*, Arto, Bruxelles, 1987.

MARLIER Philips de
Né vers 1600. Mort en 1668. XVIIe siècle. Liechtensteinois.
Peintre de natures mortes, fleurs.
Il était actif entre 1621-1669 ou entre 1640-1677.
Ventes Publiques : Amsterdam, 28 avr. 1976 : *Nature morte aux fleurs*, h/cart. (17,5x13,7) : **NLG 16 000** – New York, 5 juin 1985 : *Vase de fleurs*, h/cuivre (33x25,2) : **USD 30 000** – Paris, 8 déc. 1986 : *Tulipes, roses et diverses fleurs présentées dans un vase à relief de cavaliers*, h/pan. (115x90) : **FRF 430 000** – Londres, 8 avr. 1987 : *Nature morte aux roses*, h/pan. (54x42,5) : **GBP 15 000** – Londres, 8 déc. 1989 : *Nature morte d'une grande composition florale dans un vase de métal repoussé sur un entablement*, h/pan. (63,8x49,2) : **GBP 49 500** ; *Grande composition florale dans un vase de métal peint représentant le rapt de Déjanire*, h/pan. (60,5x48,5) : **GBP 462 000** – Paris, 5 déc. 1990 : *Vase de fleurs sur un entablement avec un scarabée*, h/t (83x60) : **FRF 350 000** – Londres, 9 déc. 1994 : *Une guirlande de tulipes, roses, œillets et autres...* 1647, h/t (76x99) : **GBP 34 500** – Paris, 19 juin 1995 : *Corbeille de fleurs*, h/pan. (44x61,5) : **FRF 200 000**.

MARLIN Anatole
Né en 1765. Mort le 3 novembre 1829 à Besançon. XVIIIe-XIXe siècles. Français.
Peintre.

MARLING Lars Carlason
XVIIe siècle. Suédois.
Peintre.

MARLOES. Voir **MARLAIS**

MARLOW M.
XVIIe siècle. Britannique.
Graveur.
Il a travaillé pour les libraires. On cite de lui un *Portrait du mathématicien John Mayne*, dans la préface de *Clovis Commercialis*, daté de 1674.

MARLOW William
Né en 1740 à Southwark. Mort le 14 janvier 1813 à Twickenham. XVIIIe-XIXe siècles. Britannique.
Peintre de paysages, aquarelliste, graveur.
Il fut élève de Samuel Scott, puis il fit des études en France et en Italie entre 1765 et 1768. Il a gravé à l'eau-forte des paysages d'Italie et de Londres.
Musées : Dublin – Londres (Victoria and Albert Mus.) – Manchester : aquarelles.
Ventes Publiques : Londres, 14 juin 1922 : *Le Pont des Blackfriars ; The Adelphi Terrace*, une paire : **GBP 82** – Londres, 15 juin 1923 : *Vue de la colline de Richmond* : **GBP 147** – Londres, 17 juil. 1925 : *Fish street Hill* : **GBP 283** – Londres, 31 mai 1926 : *La cathédrale Saint-Paul* : **GBP 168** – Londres, 17 déc. 1926 : *Rome vue du Tibre* : **GBP 315** – Londres, 20 avr. 1934 : *Villa Borghese* : **GBP 120** – Londres, 2 nov. 1934 : *Colline de Ludgate* : **GBP 147** – Londres, 2 nov. 1945 : *Cathédrale Saint-Paul* : **GBP 110** – Londres, 24 mars 1946 : *Pont sur la Wear* : **GBP 63** – Londres, 4 mai 1951 : *Vue de la Tamise, avec la cathédrale Saint-Paul* : **GBP 441** – Londres, 25 juin 1958 : *Une vue à partir de la terrasse de Richmond Hill* : **GBP 420** – Londres, 18 nov. 1960 : *Promenade en bateau sur le Rhin* : **GBP 105** – Londres, 9 déc. 1964 : *Vue de Whitehall* : **GBP 3 900** – Londres, 10 mars 1965 : *Vue de Florence* : **GBP 4 800** – Burnham, 18 mars 1969 : *Vues de Florence*, deux toiles : **GBP 16 000** – Londres, 18 mars 1970 : *Vue de la cathédrale Saint-Paul et du Pont de Blackfriars* : **GBP 7 800** – New York, 18 mai 1972 : *Le Pont de Blackfriars et la cathédrale Saint-Paul* : **USD 55 000** – New York, 6 déc. 1973 : *Bords de l'Arno à Florence* : **USD 65 000** – Londres, 27 nov. 1974 : *Londres depuis Vauxhall* : **GBP 6 300** – Londres, 1er avr. 1976 : *Paysage fluvial*, aquar. (27,5x42,5) : **GBP 300** – Londres, 17 nov. 1976 : *La baie de Naples*, h/t (49,5x75) : **GBP 1 700** – Londres, 25 nov. 1977 : *A view of the Adelphi from the river Thames*, h/t (105,5x165,1) : **GBP 9 500** – Londres, 19 juin 1979 : *Vue de Nîmes depuis la Tour Magne* vers 1765/68, cr., pl. et aquar. (26x37) : **GBP 800** – Londres, 19 juin 1979 : *Vue de la cathédrale St-Paul*, aquar. et pl. (37,5x54,5) : **GBP 1 500** – Londres, 21 mars 1979 : *Vue de la baie de Naples*, h/t (60,5x89) : **GBP 9 000** – Londres, 24 mars 1981 : *Vue du Vésuve*, aquar., cr. et pl. (40x65,7) : **GBP 850** – Londres, 11 nov. 1982 : *Un relais-poste près de Florence*, encre et aquar./trait de cr. (24x34) : **GBP 950** – Londres, 10 nov. 1982 : *A view from Richmond, looking towards Twickenham* h/t (87x124,5) : **GBP 28 000** – Londres, 7 juil. 1983 : *Biches dans un paysage boisé*, pl. et aquar. (33x53) : **GBP 920** – Londres, 17 nov. 1983 : *La Tamise à Twickenham*, aquar. et gche (33x62,9) : **GBP 2 200** – Londres, 2 mars 1983 : *The ruins of the Pantheon in Oxford street after the disastrous fire of 14th January, 1792*, h/t (94,5x117) : **GBP 3 000** – Londres, 20 nov. 1985 : *Westminster Abbey with Old Westminster bridge from Lambeth*, h/t (56x101) : **GBP 9 500** – Londres, 12 mars 1986 : *Lambeth Palace vu de la Tamise* vers 1770-1775, h/t (37,5x56) : **GBP 14 500** – Londres, 19 nov. 1987 : *Powis Castle, Montgomeryshire*, aquar./traits de pl. et cr. (26x41) : **GBP 1 450** – Londres, 15 avr. 1988 : *Paysage boisé, une maisonnette dans une clairière et un personnage sur le sentier, au fond une église*, h/t (54,6x75) : **GBP 7 700** – Londres, 15 juil. 1988 : *Personnages dans un paysage montagneux avec une rivière en Italie*, h/t (148x217,2) : **GBP 22 000** – New York, 11 jan. 1989 : *Paysage fluvial avec une barque et des pêcheurs et du bétail*, craie, encre et aquar. (26,3x41,8) : **USD 3 960** – Londres, 12 juil. 1989 : *Rome vue du Mont Mario*, h/t (61,5x89,5) : **GBP 44 000** – Londres, 12 avr. 1991 : *Le pont des Capucins avec la Cathédrale Saint-Paul*, h/t (106,8x167,7) : **GBP 60 500** – Londres, 10 juil. 1991 : *L'Arno avec le pont de la Sainte Trinité à Florence*, h/t (88x118) : **GBP 29 700** – Londres, 9 nov. 1994 : *Vue de la colline de l'Aventin à Rome*, h/t (92,5x137) : **GBP 31 050** – Londres, 8 nov. 1995 : *Promeneurs élégants dans les jardins de Kew près de la pagode*, h/cuivre (23x53) : **GBP 35 600** – New York, 12 jan. 1996 : *Saint-Pierre de Rome*, h/t (90,5x126,4) : **USD 96 000** – Paris, 26 mars 1996 : *Vue de la rive du Rhône, près de la tour de l'Herf et du château de Montfaucon*, h/t (63,5x91,5) : **FRF 40 000** – New York, 30 jan. 1997 : *Le Pont Alle Grazie et l'Arno vus du Pont Vecchio avec l'entrée de l'Uffizi sur la gauche, Florence ; La Baie de Naples du Posillipo avec Vomero et la Chartreuse de Saint Martin dans le lointain*, h/t, une paire (chaque 48,6x72,4) : **USD 68 500** – Paris, 21 mai 1997 : *Paysage de forêt dans le lointain*, h/t (46x58,5) : **FRF 25 000**.

MARMÉ Joh. Christian
XVIIIe siècle. Actif à Clèves au milieu du XVIIIe siècle. Allemand.
Médailleur.

MARMI Giovanni Battista
Né en 1659 à Florence. Mort en 1686 à Florence. XVIIe siècle. Italien.
Portraitiste et sculpteur.

MARMIETTI Lodovico
Né à Parme. XVe siècle. Italien.
Graveur.
Fils et élève de Francesco Marmietti. Il accompagna à Rome le cardinal Salviati.

MARMION Edmund, Sir
XVIIe siècle. Britannique.
Graveur à l'eau-forte et dessinateur.
Ce fut un graveur amateur qui, sous les règnes de Charles Ier et Charles II, grava à l'eau-forte des portraits très intéressants dans la manière de Van Dyck. On lui doit aussi quelques scènes de genre d'après ses propres dessins.

MARMION Emile
XVe siècle. Éc. flamande.
Enlumineur.
Maître à Tournai le 15 juillet 1469.

MARMION Guillaume
XVe siècle. Actif à Tournai. Éc. flamande.
Peintre.

MARMION Simon
Né entre 1420 et 1425 à Valenciennes ou Amiens. Mort le 24 décembre 1489 à Valenciennes. XVe siècle. Français.
Peintre d'histoire, de compositions religieuses, enlumineur, illustrateur.
Travaillant au milieu du XVe siècle, il fait donc partie de la première génération de peintres français, celle qui dut commencer le travail de dégagement des grands courants d'influences de l'époque, soit flamand, soit italien, rarement allemand. Marmion étant né dans l'extrême nord de la France, il n'y a donc rien d'étonnant à ce que ce soit surtout l'influence flamande que l'on décèle dans ses œuvres. S'il travailla à Valenciennes, Amiens et Tournai, l'essentiel de sa carrière s'accomplit à Valenciennes, où il était fixé à partir de 1458, et où il demeura ensuite jusqu'à sa mort, même si on le retrouve maître à Tournai en 1469.
Sa réputation semble avoir été surtout établie sur son talent d'enlumineur ; Guichardin et Lemaire de Belges l'ont désigné comme « prince d'enluminure ». L'œuvre qu'on lui attribue avec le plus de certitude, est le *Retable de saint Bertin*. Ce retable lui fut commandé par Guillaume Fillastre, évêque de Toul et abbé de Saint-Bertin, et placé, en 1459, sur le maître-autel de l'église abbatiale de Saint-Omer. Le retable fut dispersé en 1789. Il n'en subsiste que deux volets (à scènes multiples) au Kaiser Friedrich Museum de Berlin, ainsi que deux panneaux à la National Gallery de Londres. Dans ce qui reste de cette œuvre, l'influence flamande est évidente ; la perspective parfaitement maîtrisée ; la composition des personnages en groupes est adroite et définit bien les espaces intérieurs ; les fuites de paysages, par dessus les murs, ont un peu de la poésie de ceux des frères Limbourg ou de Van Eyck ; ses couleurs ont l'éclat et la transparence profonde qui caractérisent les Flamands post-eyckiens. Rien de bien spécifiquement français ne se dégage encore de ces œuvres. Une observation permet peut-être de caractériser l'art de Marmion : une certaine maladresse, maniériste ou naïve, observable dans les erreurs de proportions de certains personnages, la femme dénudée de *L'Invention de la Croix* du Louvre, malingre et qui rappelle les vierges frêles de la peinture germanique, le chevalier Melchisédech dans *Abraham et Melchisédech* de la collection Seligmann, bien peu athlétique dans son armure guerrière et maladroit dans son attitude. Outre les œuvres figurant dans les musées, on lui attribue encore un *Saint Jérôme avec donateur*, de la collection J. G. Johnson de Philadelphie, une *Crucifixion*, dans cette même collection. On lui attribue aussi de nombreuses miniatures, dont les *Grandes Chroniques de Saint-Denis*, commandées par le même Guillaume Fillastre qui lui avait commandé le *Retable de Saint Bertin*, et conservées à la Bibliothèque de Saint-Pétersbourg, qui furent offertes à Philippe le Bon. Certaines planches d'un Livre d'Heures, conservé au British Museum, un *Saint Jérôme*, une *Tentation de saint Antoine*, lui sont aussi parfois attribués ; ce Livre d'Heures aurait, dans ce cas, fait partie du Bréviaire du duc de Bourgogne, auquel on sait qu'il travailla vers 1467, recevant pour ce travail une somme de 100 livres en monnaie des Flandres. ■ Jacques Busse
BIBLIOGR. : Louis Réau : *La peinture en France du XIVe au XVIe siècle*, Hypérion, Paris, 1939 – Luc Benoist, in : *Diction. Univers. de l'Art et des Artistes*, Hazan, Paris, 1967.
MUSÉES : AIX : *Jésus méditant sur sa passion – Portrait de femme – Portrait de jeune homme – Portrait d'homme – Marine – Paysage au clair de lune – Combat de cavalerie – Portrait d'homme en saint Jean Baptiste* – BERLIN : *La vie de saint Bertin*, deux tableaux d'autel – BRUXELLES : *Prédication d'un évêque* – LONDRES (Nat. Gal.) : *L'âme de saint Bertin monte au ciel* – MARSEILLE : *Saint Bernardin de Sienne*, attr. – NUREMBERG : *Couronnement de l'empereur Frédéric III par le pape Nicolas V* – PARIS (Mus. du Louvre) : *L'Invention de la vraie Croix* – ROME (Mus. d'Art ancien) : *Crucifixion* – STRASBOURG : *Vierge de douleur – Christ de Pitié* – VALENCIENNES : *Panneau d'ex-voto*.
VENTES PUBLIQUES : LONDRES, 10 juil. 1936 : *Pietà*, pointe d'argent : **GBP 54**.

MARMITTA
XVIe siècle. Actif dans la première moitié du XVIe siècle. Italien.
Miniaturiste.

MARMITTA Ludovico ou **Marmita**
Originaire de Parme. XVIe siècle. Italien.
Peintre.
Il entra vers 1532 au service du cardinal Salviati, légat du pape à Parme.

MARMOCCHINI CORTESI Giovanna. Voir **FRATELLINI**

MARMOLEJO P. de. Voir **VILLEGAS-MARMOLEJO**

MARMON Bapt. Franz Xaver ou **Marmont**
Né le 1er février 1832 à Haigerloch. Mort le 1er août 1878 à Offenbourg. XIXe siècle. Allemand.
Sculpteur.
Il exécuta de nombreux autels en pays de Bade et en Wurtemberg. Son œuvre la plus remarquable est l'autel de la cathédrale de Fribourg-en-Brisgau.

MARMONIER Anne
Née en 1952 à Paris. XXe siècle. Française.
Peintre, graveur.
Elle fut élève de l'école des beaux-arts de Paris, où elle vit et travaille.
Elle a participé à l'exposition : *Dix Ans d'enrichissements du cabinet des estampes 1978-1988 – De Bonnard à Baselitz*, à la Bibliothèque nationale de Paris, en 1992.
MUSÉES : PARIS (BN) : une lithographie.

MARMONNIER Angèle
Née au XIXe siècle à Vienne. XIXe siècle. Française.
Peintre de portraits et dessinateur.
Élève de Carolus Duran. Elle débuta au Salon de 1876.

MARMORECK Nelly
XXe siècle. Française.
Peintre de paysages.
VENTES PUBLIQUES : PARIS, 29 oct. 1926 : *Église bretonne* : **FRF 1 400**.

MARMOTTE Jacques
Mort vers 1770. XVIIIe siècle. Actif à Reims. Français.
Portraitiste et peintre d'histoire.
Le Musée de Reims conserve de lui : *La présentation au temple* et *Portrait de Regnault Florentain*.

MARMOUR Abel
Né le 25 mai 1897 à Paris. XXe siècle. Français.
Peintre de compositions animées. Naïf.
Photographe de profession, il commença à peindre « pour s'amuser » en relatant ses souvenirs d'enfance.

MARNAT Jean, pseudonyme de **Bouche Edmond Jean**
Né le 21 novembre 1915 à Paris. Mort en 1988. XXe siècle. Français.
Peintre de paysages, intérieurs, natures mortes, portraits.
Il est le fils des peintres Georges Bouche et Émilie Charmy. En 1970, il s'installa en Auvergne. Il fut aussi écrivain et a tenu son journal.
Il a montré ses œuvres dans diverses expositions, notamment en 1984-1985 à Édimbourg, Londres et Dallas. En 1990, la galerie Bühler à Stuttgart a organisé une exposition rétrospective de son œuvre.
Touche par touche, dans une gamme chromatique restreinte, il rend l'ambiance d'un paysage, appréhende le monde et les êtres qui l'entoure, dans une lumière diffuse.
BIBLIOGR. : Catalogue de l'exposition *Jean Marnat*, Kunsthaus Bühler, Stuttgart, 1990.

Ventes Publiques : Paris, 15 déc. 1990 : *Chant de masses*, h/t (130x89) : **FRF 44 000**.

MARNE Jean Louis de. Voir **DEMARNE**

MARNEFFE Ernest
Né en 1866 à Liège. Mort le 13 septembre 1920 ou 1921 à Liège. XIXe-XXe siècles. Actif aussi en France. Belge.
Peintre de genre, figures, graveur, dessinateur.
Il fut élève d'Adrien De Witte à l'académie royale des beaux-arts de Liège, reçut les conseils de Puvis de Chavannes en France et subit l'influence de Rops. Il vécut entre Paris, où il collabora au journal *La Charge*, la Provence et Liège. Il fut professeur à l'académie royale des beaux-arts de Liège. Il signa parfois *Marneff*. En 1890, il débuta à Paris, au Salon des Indépendants. De 1895 à 1913, il exposa à Bruxelles, au Cercle des Beaux-Arts. En 1912 eut lieu sa première exposition personnelle à Liège.

MARneFF

Bibliogr. : In : *Dict. biogr. illustré des artistes en Belgique depuis 1830*, Arto, Bruxelles, 1987 – Pierre Somville, in : *Le Cercle royal des Beaux-Arts de Liège 1892-1992*, Crédit Communal, Liège, 1992.
Musées : Liège (Mus. de l'Art wallon) : *Nostalgie* – Liège (Cab. des Estampes) : *Au Bar*.
Ventes Publiques : Paris, 9 déc. 1988 : *Les élégantes*, h/t (48x29) : **FRF 10 000** – Liège, 11 déc. 1991 : *Le marché de Sisteron* 1904, h/t (50x61) : **BEF 210 000**.

MARNEFFE François de
Né en 1793 à Bruxelles. Mort en 1877. XIXe siècle. Belge.
Peintre de genre et de paysages.
Le musée de Courtrai possède de lui : *Luderic et l'Ermite*.

MARNEFFE P. J. de
Belge.
Peintre.
Mentionné par le Dr Wurzbach.

MARNEUF Antoine André
Né le 31 mars 1796 à Paris. Mort en mars 1865. XIXe siècle. Français.
Sculpteur-ornemaniste.
Élève de Bridou à l'École des Beaux-Arts où il entra le 24 août 1811. On doit à cet artiste l'ornementation de la Madeleine, de Saint-Vincent-de-Paul, et, à l'Hôtel de Ville, l'ornementation du grand escalier, de la colonne de Boulogne-sur-Mer, de la douane de Rouen, de l'Arc de triomphe de Marseille.

MARNIEZ Esteban de
XVIe siècle. Actif à Valladolid vers 1548. Espagnol.
Sculpteur.
Cité comme expert.

MARNIEZ Jacobo
XVIe siècle. Actif à Valladolid. Espagnol.
Sculpteur.

MARNY Paul
Né en 1829 à Paris. Mort en 1914. XIXe-XXe siècles. Français.
Peintre de paysages, architectures, aquarelliste, lithographe.
Il figura au Salon de Paris en 1857.
Musées : Sydney : Une aquarelle.
Ventes Publiques : Londres, 5 fév. 1926 : *Vue de Lisieux* ; *Vue de Venise*, deux dess. : **GBP 44** – Londres, 3 déc. 1928 : *Cathédrale de Rouen*, dess. : **GBP 14** – Londres, 21 déc. 1928 : *Saint-Brieuc*, aquar. : **GBP 16** – Paris, 2 déc. 1946 : *La Grande-place*, aquar. : **FRF 700** ; *Vues de villes*, cinq aquar. : **FRF 3 000** – Paris, 6 juil. 1950 : *Vue de ville*, aquar. : **FRF 850** – Londres, 22 juil. 1980 : *Paris : l'Institut vu de la Seine*, cr., pl. et aquar. reh. de blanc (42x65,5) : **GBP 500** – Londres, 14 oct. 1987 : *San Marlo, Jollbourg*, aquar. et cr. reh. de blanc (63x109) : **GBP 1 200** – Londres, 25 jan. 1989 : *Jour de tempête sur la côte française*, aquar. (37x62) : **GBP 825** ; *La cathédrale de Rouen en France*, aquar. et gche (59x99) : **GBP 2 420** – Londres, 26 sep. 1990 : *Ville d'Europe du Nord*, aquar. (35,5x64) : **GBP 990** – Londres, 22 nov. 1990 : *Cologne vue du fleuve*, aquar. avec reh. de blanc (54,6x75) : **GBP 1 210** – New York, 15 oct. 1991 : *Sous le pont*, aquar./pap. (94x67,4) : **USD 1 650** – Londres, 27 oct. 1993 : *Vue de Venise au crépuscule*, aquar. (38x69) : **GBP 805**.

MARO F.
XVIIe siècle. Actif au début du XVIIe siècle.
Peintre.
La Galerie de Hambourg possède de lui *Trois Saints*.

MAROCCO Philippe Auguste
Né à Monte Carlo. XXe siècle. Monégasque.
Peintre de portraits, paysages.
Il exposa au Salon des Indépendants, à Paris, à partir de 1913.

MAROCHETTI Charles ou **Carlo**, baron ou **Marocchetti**
Né en janvier 1805 à Turin. Mort le 29 décembre 1867 à Paris. XIXe siècle. Actif puis naturalisé en France. Italien.
Sculpteur de figures, portraits.
Élève de l'École des Beaux-Arts et de Bosio ; il s'établit en France et se fit naturaliser. Il figura au Salon de Paris en 1827 et 1831 avec *Jeune fille jouant avec un chien* (statue en marbre qui fut acquise par le roi de Sardaigne, et l'*Ange rebelle*, statue en plâtre. Vers ce temps-là, il obtint au concours l'exécution de la *Statue de Mossé*, pour l'Académie des Beaux-Arts de Turin. Il reçut également une médaille de deuxième classe en 1827, et fut promu chevalier de la Légion d'honneur en 1839.
Les autres œuvres importantes de Marochetti sont : *La statue équestre en bronze d'Emmanuel Philibert*, pour l'une des places de Turin, œuvre à tous points de vue remarquable et la meilleure qu'ait produite l'artiste ; *La bataille de Jemmapes*, bas-relief en pierre exécuté à l'Arc de triomphe de l'Étoile ; *L'Apothéose de sainte Madeleine* ; groupe en marbre du maître-autel de l'église de la Madeleine ; *La Tour d'Auvergne, premier grenadier de France*, statue en bronze pour la ville de Carhaix ; *Saint Michel*, statue pour la chapelle de Champmotteux ; *La statue de saint Michel* au sommet du pignon de l'église Saint-Germain-l'Auxerrois ; *La statue équestre en bronze du duc d'Orléans*, pour la cour du Louvre, d'où elle fut enlevée à la Révolution de 1848 et transportée à Versailles ; *Le tombeau de Bellini*, au cimetière du Père-Lachaise ; *Richard Cœur de Lion*, statue colossale placée dans la cour de Westminster ; *La statue équestre de la reine Victoria*, pour la ville de Glasgow ; *Washington*, statue colossale, détruite dans l'incendie du Palais de cristal de New York ; *Le mausolée de la princesse Élisabeth, fille de Charles Ier*, à Saint-Thomas-Newport, dans l'île de Wight ; *Le monument à la mémoire des officiers des Coldstream-Guards, tués en Crimée*, à l'église Saint-Paul, à Londres.
Musées : Londres (Nat. Gal. Portrait) : *Th. Babington, baron Macauley* – *Sir James Stephen* – Le Puy-en-Velay : *La Tour d'Auvergne* – Rennes : esquisse – Versailles : *Ferdinand-Louis-Philippe, duc d'Orléans* – *Prise de la citadelle d'Anvers* – *Passage du col de la Mouzaïa*, statue avec bas-reliefs – *Statue de Sylvain Valée*.
Ventes Publiques : Londres, 13 avr. 1983 : *Le Duc Wellington à cheval*, bronze (H. 42,5) : **GBP 1 700** – New York, 17 jan. 1996 : *Cavalier*, bronze (H. 59,1) : **USD 2 875** – Paris, 26-27 nov. 1996 : *Credo*, ivoire et bronze (H. 25) : **FRF 4 000**.

MARODIC Aksentius
Né le 20 février 1838 à Subotica. Mort le 20 mars 1909 à Novi Sad. XIXe siècle. Yougoslave.
Peintre de figures et de portraits.

MARODON
XIXe-XXe siècles. Français.
Aquarelliste, dessinateur, illustrateur.
Il a illustré : *Les Diaboliques* de Barbey d'Aurevilly, *L'Évangéliste* de Daudet.
Bibliogr. : In : *Dict. des illustrateurs 1800-1914*, Ides et Calendes, Neuchâtel, 1989.

MARÖHN Ferdinand ou **Maronnio**
XIXe siècle. Français.
Peintre de sujets de genre, paysages, aquarelliste.
Il exposa au Salon de Paris, de 1846 à 1859. On cite de lui : *Le retour des champs, Qui dort dîne, La ménagère bretonne, Un abus de confiance* (aquarelle), *Un bac en Bretagne*.
Musées : Reims : *Jeune pêcheur à la ligne* – *Petite fille portant une cruche*.
Ventes Publiques : Paris, 19 juin 1933 : *Le nouveau-né* ; *Le grand-père*, aquar. : **FRF 150** – Chester, 7 oct. 1983 : *Un village en hiver*, h/cart. (33x53,5) : **GBP 1 800** – Calais, 2 fév. 1992 : *Scène animée au lavoir*, h/t (53x81) : **FRF 35 000** – New York, 28 mai 1993 : *Près du puits* 1846, aquar./pap. (36,8x29,8) : **USD 1 035**.

MAROICIC Anka. Voir **LÖWENTHAL**

MAROIS Étienne Amable
Né le 28 mai 1833 à Gien. XIXe siècle. Français.

Peintre de paysages.
Élève de Moreau. Il exposa au Salon de 1864 à 1881.

MAROIS Lauréat Marcel
Né le 15 avril 1949 à Saint-Ephrem de Beauce (Québec). XXe siècle. Canadien.
Peintre, dessinateur, peintre de cartons de tapisseries.
Il fut élève de l'école des beaux-arts de Québec. Il est chargé de cours à l'université du Québec à Chicoutimi et à l'université de Laval.
Il participe à des expositions collectives : 1977 *Contemporary Prints from Canada* à l'Oregon State University de Corvallis ; 1978 *Internal Landscape* à Washington, Atlanta, Boston et Chicago ; 1982 Délégation du Québec en Nouvelle-Angleterre à Boston et Bronx Museum of the Arts à New York ; 1983 Fine Arts Museum de Tapei ; 1985 *Les Vingt Ans du musée à travers sa collection* au musée d'Art contemporain de Montréal. Il montre ses œuvres dans des expositions personnelles : 1971, 1982 Ottawa ; 1973, 1977, 1980, 1982 Montréal ; 1977, 1979, 1982 Toronto ; 1979 Ottawa.
De 1972 à 1982, il s'est spécialisé dans la sérigraphie et, à partir de 1981, dans la tapisserie. Il a évolué de l'abstraction à la figuration, utilisant comme toile de fond de ses paysages une structure géométrique. Il travaille par aplats, d'après une composition rigoureuse. Depuis 1982, il réalise des commandes publiques et a notamment travaillé pour la station de métro Saint-Michel à Montréal.
BIBLIOGR. : Catalogue : *Les Vingt Ans du musée et sa collection*, Musée d'Art contemporain, Montréal, 1985.
MUSÉES : MONTRÉAL (Mus. d'Art Contemp.) : *Espace d'âge* 1978 – *Ombre et lumière* 1979 – OTTAWA (Mus. des postes) – QUÉBEC (Mus. du Québec).
VENTES PUBLIQUES : PARIS, 24 mai 1992 : *Ce lieu mouillé d'ombres vertes* 1990-91, tissage haute-lice, laine naturelle (207x220) : **FRF 115 000**.

MAROK Jack
Né en 1930 à Nanaïmo. XXe siècle. Canadien.
Graveur.
BIBLIOGR. : Catalogue : *Les Vingt Ans du musée et sa collection*, Musée d'Art contemporain, Montréal, 1985.
MUSÉES : MONTRÉAL (Mus. d'Art Contemp.) : *Sylphe II* 1965.

MAROLA Giuseppe
Mort en 1823. XIXe siècle. Actif à Rome. Italien.
Sculpteur.
Il prend part en 1805 au concours de l'Académie Saint-Luc et obtient le troisième prix avec des terres cuites *(Loth et ses filles* et *Le prophète Nathan adresse des reproches à David).*

MAROLD Kaspar ou **Marolt**
XVIIe siècle. Actif à Munich dans la première moitié du XVIIe siècle. Allemand.
Stucateur.

MAROLD Ludwig ou **Ludek**
Né le 7 août 1865 à Prague. Mort le 1er décembre 1898 à Prague. XIXe siècle. Tchécoslovaque.
Peintre de sujets de genre, peintre à la gouache, aquarelliste, dessinateur, illustrateur.
D'abord élève de l'Académie de Prague, puis de Gysis et Löfftz à Munich, il retourna dans sa ville natale et compléta ses études à l'Académie de Prague sous la direction de Pirner. Il fit de l'illustration lors d'un séjour à Paris, notamment des œuvres de Daudet et Paul Bourget.

L. Marold

VENTES PUBLIQUES : PARIS, 12 oct. 1899 : *Alexandre Dumas et l'Inconnue*, aquar. : **FRF 235** ; *Ilka se déshabillant*, aquar. : **FRF 200** – PARIS, 3 et 4 mai 1923 : *Étude de nu*, aquar. : **FRF 200** ; *Une folie*, gche : **FRF 210** – PARIS, 21 jan. 1924 : *Femme en deuil, à l'église*, encre de Chine, reh. : **FRF 530** – PARIS, 29 mars 1943 : *Le village dans la vallée*, aquar. : **FRF 500** – PARIS, oct. 1945-juil. 1946 : *En visite*, gche : **FRF 4 100** – LONDRES, 26 mars 1980 : *Femme écrivant*, aquar., gche et cr. (31x27,8) : **GBP 500** – LONDRES, 12 fév. 1993 : *Dans le bureau* 1897, cr., encre, aquar. et gche/cart. (65x51) : **GBP 2 750**.

MAROLI Domenico
Né en 1612 à Messine. Mort le 23 mai 1676. XVIIe siècle. Italien.
Peintre d'histoire et de genre.
Élève d'A. Ricci, dit Barbalonga et de Bassano, à Venise ; il étudia beaucoup les maîtres de cette ville, il peignit des sujets pastoraux dans la manière de Giocomo Bassano. On cite de lui *Martyre de saint Placide* (dans l'église Saint-Paul), et une *Nativité* (dans l'église della Grotta, à Messine).

MAROLLE Louis Alexandre
Né vers 1820 à Paris. XIXe siècle. Français.
Peintre de genre, natures mortes, fleurs, pastelliste.
Élève de Paul Delaroche, il figura au Salon de 1846 à 1852.
Ses natures mortes, bouquets de fleurs, sont peints dans des tonalités vives et clairs.
BIBLIOGR. : Gérald Schurr, in : *Les Petits Maîtres de la peinture 1820-1920, valeur de demain*, Les Éditions de l'Amateur, t. V, Paris, 1981.

MAROLLES
Mort vers 1751. XVIIIe siècle. Français.
Dessinateur ingénieur.
Il travailla pour le Roi. Il exposa au Salon de Paris, en 1739, un plan du port et de la ville de Bordeaux. En 1746 il composa l'illustration d'une édition manuscrite des *Contes de La Fontaine*, qui se trouve actuellement à la Bibliothèque Finaly de Florence.
MUSÉES : CHANTILLY (Mus. Condé) : deux vues du château de Chantilly.

MAROLLES Philippe de ou **Mazerolles** ou **Maisereulles**
Né vers 1420 à Mazerolles en Poitou. Mort en 1480 à Bruges. XVe siècle. Français.
Enlumineur.
En 1454, on sait qu'il est entré en rapports avec Charles VII. D'autre part, on le trouve à Bruges en 1466, où il illustre un *Livre d'Heures*. Valet de chambre et enlumineur du duc de Bourgogne, Charles le Téméraire, il fut maître de la Gilde de Bruges en 1469, eut pour élèves : Marguerite Michiels, en 1478, et Nicolas de Coutere, en 1479. A sa mort, Maximilien d'Autriche, en guerre contre Louis XI, confisqua ses biens sous le prétexte qu'il était français. On lui attribue avec vraisemblance les miniatures des *Chroniques de Froissart* (à Breslau) et un livre d'heures de la Bibliothèque de la Cour à Vienne. En outre, il est l'auteur de grisailles des *Miracles de Notre-Dame* (Paris, Bibliothèque Nationale), et de gravures illustrant l'édition latine du Boccace de Bruges. Enfin, certains lui attribuent le *Retable du Parlement de Paris*, véritable synthèse entre l'art flamand d'un Rogier Van der Weyden et l'art français d'un Fouquet.

MAROLT Kaspar. Voir **MAROLD**

MARON
Originaire de Toulouse. XVIIIe siècle. Français.
Peintre d'histoire.
Il obtint en 1768 un premier prix de l'Académie de Toulouse pour son tableau : *Scène de la tragédie d'Ericie*.

MARON Anton von
Né en 1733 à Vienne. Mort le 3 mars 1808 à Rome. XVIIIe siècle. Autrichien.
Peintre d'histoire, sujets de genre, portraits.
Beau-frère de Rafaël Mengs, il fut son élève. Il se rendit de bonne heure à Rome, où il devint en 1766 membre, puis en 1784 directeur de l'Académie Saint-Luc.
MUSÉES : AJACCIO : *Victor-Emmanuel de Savoie, enfant* – FLORENCE : *L'artiste* – VIENNE : *Marie-Thérèse en 1773* – *Joseph II en 1775* – VIENNE (Galerie Harrach) : *Le cardinal Herzan, archevêque de Vienne* – WEIMAR : *Portrait de Winckelmann*.
VENTES PUBLIQUES : LONDRES, 5 avr. 1946 : *Conversation entre deux gentilhommes* : **GBP 84** – LONDRES, 12 déc. 1980 : *Portrait du cardinal Gallo* 1785, h/t (209x117,5) : **GBP 7 000** – LONDRES, 6 avr. 1993 : *Portrait d'une dame portant une robe brune et des fleurs dans ses cheveux et tenant un pichet et une coupelle* 1788, h/t/cart. (96x75,5) : **GBP 8 050** – NEW YORK, 19 mai 1995 : *Portrait de l'Empereur Joseph II d'Autriche*, h/t (56,5x40) : **USD 18 400**.

MARON Ther. C. Voir **MENGS**

MARONE Benedetto
XVIe siècle. Actif à Brescia en 1571. Italien.
Peintre.
Il a orné de fresques l'église Corpus Domini de Brescia et celle des Jésuites à Vérone.

MARONE Franc. Voir **MORONE**

MARONE Jacopo
Né à Alexandrie dans le Piémont. XVe siècle. Italien.

Peintre d'histoire.
Il vécut longtemps à Gênes, où il peignit beaucoup pour les églises. On cite de lui vers 1450 une *Nativité,* peinte à la détrempe, dans l'église Saint-Jacques, de Savone. Il travaillait depuis 1451.

MARONE Pietro
Né à Alexandrie dans le Piémont. XVIe siècle. Italien.
Peintre.
Il peignit vers 1550 un autel pour l'église Saint-Jacques à Savone.

MARONE Roberto ou **Maroni**, dit **Fra Raffaello da Brescia**
Né en 1479 à Brescia. Mort en 1539 à Rome. XVIe siècle. Italien.
Sculpteur sur bois et marqueteur.
Membre de l'ordre des Olivétains, il a travaillé pour les églises et les monastères de Bologne et de Brescia.

MARONIEZ Georges Philibert Charles
Né le 17 janvier 1865 à Douai (Nord). Mort en 1933. XIXe-XXe siècles. Français.
Peintre de genre, paysages.
Il fut élève de M. et Mme Demont-Breton. Il mena de front plusieurs activités : juge d'instruction, ingénieur, peintre.
Il figura à Paris, au Salon des Artistes Français, dont il fut membre sociétaire à partir de 1889. Il obtint une mention honorable en 1891, une médaille de troisième classe en 1905, une de deuxième classe en 1906. Il fut fait chevalier de la Légion d'honneur.
Il reste avant tout connu comme un bon peintre de la mer et de la vie des pêcheurs.

G. Maroniez

G. Maroniez

Bibliogr. : Gérald Schurr, in : *Les Petits Maîtres de la peinture 1820-1920, valeur de demain,* Les Éditions de l'Amateur, t. II, Paris, 1982.
Musées : Boulogne : *Les Moulières* – Cambrai : *Les Ennemis de la récolte* – Douai : *Premier quartier* – Lille : *Pêcheurs d'Equihen* – Valenciennes : *Le Soir au Tréport.*
Ventes Publiques : Paris, 22 déc. 1922 : *Barques de pêche, effets de nuit* : **FRF 210** – Paris, 15 avr. 1924 : *La rentrée des barques de pêche au soleil couchant* : **FRF 565** – Paris, 26 fév. 1934 : *Vue d'un port le soir* : **FRF 420** – Paris, 26 juin 1942 : *Côte bretonne et effet de neige* : **FRF 5 400** – Paris, 20 nov. 1944 : *La côte au soleil couchant* : **FRF 3 000** – Paris, 30 mai 1947 : *Bateaux au port* : **FRF 7 900** – Paris, 26 juil. 1950 : *Paysage* : **FRF 4 200** – Paris, 25 mai 1951 : *Bord de mer,* effet du soir : **FRF 11 600** – Versailles, 29 nov. 1970 : *La Lieutenance à Honfleur* 1890, h/cart. (24x31) : **FRF 2 000** – Brest, 19 déc. 1976 : *Pêcheurs bretons accostant au crépuscule,* h/t (46x55) : **FRF 4 100** – New York, 14 oct. 1978 : *Le départ des pêcheurs,* h/t (49x63,5) : **USD 1 300** – Paris, 12 déc 1979 : *Attendant le retour des pêcheurs,* h/t (75x125) : **FRF 6 200** – New York, 30 juin 1981 : *Pêcheurs sur la plage,* h/t (50,5x66) : **USD 2 200** – Paris, 22 mars 1983 : *Un port,* h/t (46x55) : **FRF 10 500** – Paris, 2 oct. 1985 : *Retour des pêcheurs sur la plage de Wissant* 1906, h/t (160x240) : **FRF 42 000** – Calais, 8 nov. 1987 : *Vue d'une ville de Hollande,* h/t (46x61) : **FRF 14 100** – Paris, 8 déc. 1987 : *Marée basse* 1891, h/t (27,5x41,5) : **FRF 8 000** – Paris, 7 déc. 1987 : *Le Retour des pêcheurs,* h/t (60x73) : **FRF 15 500** – Versailles, 21 fév. 1988 : *Voiliers en mer,* h/t (49x65) : **FRF 6 000** – Paris, 11 oct. 1988 : *Coucher de soleil sur la place,* h/pan. (25,5x40,5) : **FRF 3 500** – Saint-Dié, 16 oct. 1988 : *Marée basse au soleil couchant en Bretagne,* h/t (60x80) : **FRF 17 000** – Calais, 13 nov. 1988 : *Le départ des pêcheurs au clair de lune,* h/t (47x34) : **FRF 16 000** – Paris, 16 déc. 1988 : *Retour de pêche ; Le port,* deux h/pap. mar./cart. (26x38) : **FRF 11 500** – Londres, 4 oct. 1989 : *Mère et son enfant face à la jetée,* h/t (44,5x60) : **GBP 5 500** – Calais, 9 déc. 1990 : *Départ des pêcheurs au crépuscule,* h/t (54x65) : **FRF 25 000** – Neuilly, 3 fév. 1991 : *Départ pour la pêche de nuit,* h/t (82x117) : **FRF 18 200** – Paris, 24 mai 1991 : *Pêcheurs au crépuscule,* h/t (54,5x73,5) : **FRF 35 000** – Le Touquet, 8 nov. 1992 : *Clair de lune sur l'estuaire,* h/pan. (24x31) : **FRF 10 700** – Calais, 4 juil. 1993 : *Clair de lune sur le port de Grand Fort Philippe,* h/t (153x118) : **FRF 21 000** – Paris, 5 nov. 1994 : *Pêcheurs partant au crépuscule,* h/t (63x52) : **FRF 13 000** – New York, 19 jan. 1995 : *Le Grand-père,* h/t (66x89,5) : **USD 11 500** – Paris, 4 oct. 1995 : *Bord de rivière en hiver,* h/pan. (16x22) : **FRF 5 500** – Paris, 4 déc. 1995 : *La Récolte des pommes de terre,* h/t (60x80) : **FRF 26 000** – Calais, 7 juil. 1996 : *Petit Village sous la neige,* h/t (73x60) : **FRF 19 000.**

MARONNIO Ferdinand. Voir **MARÖHN**

MAROSCELLI. Voir **MARUCELLI**

MAROSIN Mircéa
Né le 16 mars 1921 à Bucarest. XXe siècle. Roumain.
Peintre, peintre de décors de théâtre, illustrateur.
Il fit des études de lettres et philosophie à l'université de Bucarest.
Il participe à des expositions collectives. En 1969, il quitte définitivement la Roumanie et s'installe à Londres, où il enseigne la scénographie.
Il montre ses œuvres dans des expositions personnelles : 1939 Bucarest, 1972 Londres, 1981 Centre culturel de Bruxelles, 1982 Bruxelles.
Il a illustré de nombreux ouvrages, notamment les *Fables* de La Fontaine. Il pratique une peinture mystique. Dans des œuvres intimes, qui baignent dans une lumière fluide, des formes humaines prennent naissance. « Seule une ambiguïté formelle, une expression à la fois statique et dynamique, un style à mi-chemin entre le figuratif et l'abstrait peuvent rendre cette complexité de la vie – ses états d'être et ses états d'âme – et la fixer dans une image artistique. »
Bibliogr. : Ionel Jianou et divers, in : *Les artistes roumains en Occident,* American Romanian Academy of Arts and Sciences, Los Angeles, 1986.

MAROT Daniel, l'Ancien
Né vers 1663 à Paris. Mort le 4 juin 1752 à La Haye. XVIIe-XVIIIe siècles. Français.
Aquarelliste, graveur, dessinateur.
Fils de l'architecte français Jean Marot, il vint à La Haye en 1685 après la révocation de l'Édit de Nantes, et y créa un style Louis XIV hollandais, puis il travailla pour Guillaume III et le suivit à Londres, où il établit le projet des cheminées et des plafonds des « State Rooms » de Hampton Court, dont il dessina peut-être les jardins. Il grava au burin. On cite un *Recueil des planches des sieurs Marot, père et fils,* qui fut publié à Paris.
Ventes Publiques : Paris, 1883 : *Un carrosse,* deux dess. au lav. de bistre : **FRF 500** – Paris, 1896 : *Projet de plafond,* dess. à la pl., lavé d'encre de Chine : **FRF 420** – Paris, 1900 : *Projet de décoration,* dess. : **FRF 195** – Paris, 31 mai 1920 : *Projet de plafond,* pl. : **FRF 1 480** – Paris, 20 fév. 1929 : *L'Assemblée des oiseaux,* aquar. : **FRF 1 160** – Paris, 22 fév. 1937 : *Fête donnée par Madame la Princesse d'Orange, à l'occasion de son anniversaire, au Palais de Bois à La Haye en 1686,* pl. et lav. de bistre, encre rouge : **FRF 7 200** – Paris, 30 mars 1942 : *Décoration de jardin,* aquar. sur trait de pl. : **FRF 700** – Londres, 17 juin 1976 : *Projet pour un théatre de verdure, Versailles,* dess. à la pl. (30,5x47,8) : **GBP 660** – Londres, 27 avr. 1977 : *Vue du parc d'un chateau,* pl. et lav. de coul. (27,6x44,3) : **GBP 750** – Monte-Carlo, 11 févr 1979 : *Personnages dans un jardin ornemental,* pl. et encre noire et aquar. (29,7x45,3) : **FRF 13 000** – New York, 30 avr. 1982 : *Projet de décor avec un jardin et architecture,* aquar., pl. et lav. (31,7x43,9) : **USD 4 000** – Paris, 23 mai 1986 : *Projet de plafond,* pl. et lav. à l'encre de Chine/esq. à la pierre noire (43,5x28,5) : **FRF 6 000** – New York, 10 jan. 1995 : *Projet de plafond avec des motifs différents,* encre et lav. (25,1x30,1) : **USD 2 645.**

MAROT Daniel, le Jeune ou de Jonge
Né le 16 juin 1695 à Londres. Mort le 14 mai 1769 à Leproos-huys. XVIIIe siècle. Hollandais.
Peintre d'histoire, paysages animés, dessinateur.
Il fut élève de son père Daniel l'Ancien. Il a peint surtout des grottes et des fontaines.
Ventes Publiques : Paris, 30 mars 1925 : *Oiseaux divers réunis dans un jardin,* pl. et aquar. : **FRF 345** – Paris, 28 nov. 1928 : *Samson détruisant les colonnes du temple,* dess. : **FRF 1 700.**

MAROT François ou **Maret**
Né en 1666 à Paris. Mort le 3 décembre 1719 à Paris. XVIIe-XVIIIe siècles. Français.

Peintre d'histoire, compositions religieuses, sujets allégoriques, scènes mythologiques, dessinateur.
Il fut élève de Delafosse. Il figura au Salon de Paris en 1704. Reçu académicien le 24 mars 1702, il fut adjoint au professeur le 30 juin 1705, et devint professeur le 28 septembre 1715. Cet artiste exécuta le tableau votif de Notre-Dame représentant : *L'apparition de Jésus aux trois Marie.* On cite encore un *Martyre de saint Laurent* pour une église de Rotterdam ; *La venue au temple de Marie,* dans l'église Saint-Esprit-Saint-Jérôme d'Aix.

Musées : Tours : *Les fruits de la paix de Ryswick,* allégorie – Versailles : *Louis XIV confère l'ordre militaire à des officiers.*
Ventes Publiques : Paris, 24 juin 1929 : *Acis et Galatée,* dess. : **FRF 200** – New York, 5 juin 1985 : *L'enlèvement d'Europe* vers 1705, h/t (155x138,5) : **USD 10 000** – New York, 9 oct. 1991 : *Terpsichore,* h/t (90,8x125,7) : **USD 8 800** – Monaco, 5-6 déc. 1991 : *Fuite en Égypte,* h/t (97x72) : **FRF 61 050** – New York, 30 jan. 1997 : *Femme assise sur une balustrade, jouant de la guitare, avec pour public une fillette et un jeune garçon,* h/t (144,8x96,5) : **USD 34 500.**

MAROT Jean
Né en 1619 (?) à Paris. Mort le 15 décembre 1679 à Paris. XVIIe siècle. Français.
Architecte dessinateur et graveur.
Il a gravé des sujets religieux, des vues et des plans des monuments historiques de Paris et des environs. Il exécuta, avec S. de la Boissière, Is. Sylvestre, S. Le Clerc, etc., des planches pour le cabinet du roi. On lui attribue également le dessin de la grille du château de Maisons.
Bibliogr. : A. Mauban : *Jean Marot, architecte et graveur parisien,* Van Oest, Paris, 1944.
Ventes Publiques : Paris, 26 fév. 1926 : *Façade d'un château,* pl. : **FRF 110** – Paris, 10 et 11 mai 1926 : *La façade de l'Hôtel de Crussol avec quelques personnages,* dess. à la pl. lav. de bistre : **FRF 700.**

MAROTI Géza
Né le 1er mars 1875 à Vorosvar. XXe siècle. Hongrois.
Sculpteur, peintre, décorateur.
Il étudia à Budapest et Vienne et décora plusieurs édifices publics de Budapest, ainsi que le théâtre municipal de Mexico.

MAROTIN
XIXe siècle. Français.
Peintre de genre.
Le Musée de Mulhouse conserve de lui : *Un gamin.*
Ventes Publiques : Paris, 20 jan. 1928 : *Les Bûcherons* : **FRF 190.**

MAROTTA Gino
Né le 20 juin 1935 à Campobasso. XXe siècle. Italien.
Sculpteur, créateur d'environnements.
En 1957, il fait sa première exposition à Milan, et à Rome en 1958.
Née avec le pop art, sa peinture s'en rapproche à ses débuts. Vers 1965, ses travaux sont axés sur le contraste entre réalité naturelle et réalité artificielle. Il emploie des matériaux synthétiques, nés de la technologie, pour reconstituer sous forme d'environnements, une atmosphère naturelle. Nature mythique, et pour reprendre l'expression qui a servi de titre à une de ses expositions « plus vraie que nature ». Si on a rapproché ses forêts en Plexiglas des environnements de Pascali, il faut spécifier que le travail de Marotta est plus sophistiqué.
Ventes Publiques : Rome, 4 déc. 1984 : *Il mare (dal Nuovo Paradiso)* 1968, acryl. bleu et vert/métal (180x80x80) : **ITL 1 700 000** – Rome, 17 avr. 1989 : *La nuit (le Nouveau Paradis)* 1968, métacrylate (180x80x80) : **ITL 5 200 000.**

MAROTTE Charles ou **Marote**
XVIIIe siècle. Actif à Nancy de 1719 à 1743. Français.
Peintre.
Il peignit en 1727 quelques portraits à Nancy, séjourna en Italie en 1727. L'église de Saint-Nicolas à Nancy possède deux de ses tableaux : *Résurrection de Lazare* et *Multiplication des pains* (tous deux de 1743).

MAROTTE Léon
XIXe siècle. Français.
Peintre.
Exposa au Salon en 1848 et 1850.

MAROULLES Jean Antoine de, abbé
Né le 24 juin 1674 à Messine. Mort le 21 décembre 1726 à Paris. XVIIe-XVIIIe siècles.
Architecte, peintre et graveur à l'eau-forte, amateur.
Il travailla à Marseille et à Paris, et subit l'influence de Mazzola et de Carracci.

MAROVIC Anka
Née le 6 février 1815 à Venise. Morte après 1859. XIXe siècle. Italienne.
Peintre.
Elle a peint pour les églises, et elle est connue comme écrivain sous le pseudonyme de Filomena.

MAROWSKA Lika
Née le 1er novembre 1889 à Metz (Moselle). XXe siècle. Française.
Peintre de fleurs, paysages, dessinateur.
Elle fut élève de Beecke. Elle résida à Strasbourg de 1913 à 1918 et s'installa ensuite à Francfort-sur-le-Main.
Elle a aussi exécuté des affiches.

MARPEGANI Camillo ou **Malpegano**
Né vers 1574. Mort en 1640. XVIe-XVIIe siècles. Actif à Venise. Italien.
Peintre, dessinateur.

MARQ Charles
XXe siècle. Français.
Peintre.
Une exposition *Rétrospective 1975-1994* de cet artiste eut lieu en 1994-1995 au Musée des Beaux-Arts de Caen.
Musées : Paris (FRAC) : *Sans titre* 1989.

MARQUALDER Hans
Né en 1882 à Weiningen (Zurich). XXe siècle. Suisse.
Sculpteur de monuments.
Il travailla à la décoration de monuments publics en Suisse.

MARQUANT-VOGEL Pierre Adhémar
Né en 1828 à Caurel. XIXe siècle. Français.
Peintre de portraits.
Élève de Levasseur et Boulanger. Figura au Salon de Paris en 1879 et 1880. On a de lui, au Musée de Reims, les portraits de *Thomas Gousset de Gerbault,* de *Sibire,* et du *Député Leroy-Myon.*

MARQUAR
XVIIe siècle. Allemand.
Peintre.
Il peignit en 1687 un *Saint Georges* pour l'église Saint-Georges d'Ingolstadt.

MARQUARD Chr. Fr. ou **Markquart**
Mort avant 1843. XIXe siècle. Actif à Kassel. Allemand.
Sculpteur sur ivoire.
Le Musée provincial de Kassel conserve une de ses œuvres.

MARQUARD Jakob Friedrich. Voir **MARKWORDT**

MARQUARD Otto
Né le 28 juillet 1881 à Constance. XXe siècle. Allemand.
Peintre de paysages, illustrateur.
Il fut élève de l'académie des beaux-arts de Karlsruhe. Il vécut et travailla dans sa ville natale.
Il réalisa aussi des lithographies.
Musées : Karlsruhe : *Paysage – Fleurs dans la prairie.*

MARQUARD Robert Samuel ou **Marquart**. Voir **MARCUARD**

MARQUARD von Leoprechting. Voir **LEOPRECHTING**

MARQUARDSEN Otto
Né le 7 août 1887 à Berlin. XXe siècle. Allemand.
Peintre de genre, portraits.
Musées : Berlin : *Dentelières de Berlin – Portrait de la mère de l'artiste – Dans l'attente.*

MARQUARDT Bruno
Né le 4 mai 1878 à Berlin. Mort le 11 juin 1916 à Verdun. XXe siècle. Allemand.
Peintre.
Il voyagea beaucoup dans les colonies allemandes et françaises.

MARQUART A.
XVIIIe siècle. Actif en Hollande. Hollandais.
Peintre de portraits.

MARQUART Jean Baptiste Chrysogone
Originaire de Bruxelles. XVIIIe siècle. Actif à la fin du XVIIIe siècle. Belge.
Médailleur.
Il fut à partir de 1749 l'Essayeur général de la Monnaie à Bruxelles.

MARQUE Albert
Né le 14 juillet 1872 à Nanterre (Hauts-de-Seine). XIXe-XXe siècles. Français.
Sculpteur de bustes, figures.
Il vécut et travailla à Paris.
Il exposa de 1899 à 1904 à Paris, aux Salons de la Société Nationale des Beaux-Arts, d'Automne, des Indépendants. Au Salon d'Automne de 1905, il exposait une petite tête d'enfant, d'inspiration florentine. Les hasards du placement avaient amené ce petit buste dans la salle où figuraient les Vlaminck, Derain, Matisse, Friesz, etc. Le critique Louis Vauxcelles parla d'un « Donatello au milieu des fauves ». Ce mot fit fortune et fut adopté par les intéressés pour désigner leur mouvement qui devint le fauvisme. Il était représenté en 1937 à l'exposition des *Maîtres de l'art indépendant.*
Musées : Lausanne : *Buste de fillette* – Paris (Mus. d'Art Mod. de la ville) : *Buste de petite fille,* terre cuite.
Ventes Publiques : Paris, 8 mars 1933 : *Buste d'enfant,* terre cuite : **FRF 200** ; *Femme se coiffant,* bronze : **FRF 650**.

MARQUE Maurice
Né à Rueil (Hauts-de-Seine). XXe siècle. Français.
Peintre de portraits, paysages.
Il figura à Paris, aux Salons des Indépendants à partir de 1904, et d'Automne.
Ventes Publiques : Paris, 23 déc. 1918 : *Ouvrières au travail* : **FRF 35**.

MARQUERIE Gustave Lucien ou **Louis**
Né le 12 février 1825 à Paris. XIXe siècle. Français.
Peintre de genre, paysagiste et portraitiste.
Élève de Drolling et Picot. Fut professeur de dessin à l'École municipale du VIIe arrondissement. Figura au Salon de 1851 à 1880. Il est représenté au Musée de Nantes par un *Portrait de jeune femme* et par le *Portrait de l'architecte Achille Joyau.*
Ventes Publiques : Paris, 6 mars 1944 : *Femme nue allongée,* grisaille : **FRF 750** ; *Étude de tronc,* dess. à la pl. : **FRF 30 000**.

MARQUERON Claude
Né à Saint-Claude (Franche-Comté). XVIIe siècle. Travaillant à Angers vers 1662. Français.
Sculpteur.
Musées : Hambourg : *Galatée* – Louviers : *A.-D. Bouillet* – Paris (ancien Mus. du Luxembourg) : *Persée et Méduse – Cupidon – Galathée* – Rouen : *Cupidon.*

MARQUES Francisco Domingo. Voir **DOMINGO Y MARQUES Francisco**

MARQUES L.
XXe siècle.
Peintre de paysages urbains, aquarelliste.
Il travailla à Paris. Il est connu par ses œuvres passées en vente publique.
Ventes Publiques : Paris, 24 jan. 1945 : *La rue Saint-Sulpice,* aquar. : **FRF 4 400** ; *Châteaudun,* aquar. : **FRF 2 600**.

MARQUES Magin
Né en 1923 à Verviers (Liège). XXe siècle. Actif en France. Belge.
Sculpteur.
Il est ingénieur de formation. Ses sculptures sont abstraites, modifiables par le spectateur, faites de repétition et d'opposition d'une même forme. Il utilise le bois, le maillechort et le papier photographique rendu rigide.

MARQUES Maria
Née en 1929 à Bruges (Flandre-Occidentale). XXe siècle. Belge.
Peintre de paysages, natures mortes, portraits, aquarelliste, dessinatrice, graveur.
Elle fut élève de l'académie des beaux-arts de Louvain.
Bibliogr. : In : *Dict. biogr. illustré des artistes en Belgique depuis 1830,* Arto, Bruxelles, 1987.
Musées : Louvain.

MARQUES Renot
Né le 18 octobre 1932 à Bahia. XXe siècle. Brésilien.
Peintre, peintre de cartons de tapisseries.
Il vit et travaille à São Paulo. Il expose surtout au Brésil.
Dans ses peintures et tapisseries, il exprime la singularité bahiane.

MARQUES de OLIVEIRA Jao
Né en 1853 à Porto. Mort en 1927 à Porto. XIXe-XXe siècles. Portugais.
Peintre de figures, compositions animées, paysages, marines, sujets typiques. Naturaliste.
Il fut élève de l'école des beaux-arts de Porto puis étudia à l'école des beaux-arts de Paris. Il séjourna ensuite en Belgique, Hollande et Angleterre. De 1877 à 1878, il vécut à Rome, Naples et Capri. L'année suivante, il retourna s'installer au Portugal, dans sa ville natale, et fonda un cercle artistique. Il fut nommé professeur de l'école des beaux-arts, et enseigna la peinture d'histoire, puis directeur en 1886.
Il exposa régulièrement à Porto.
À son retour de France, il peignit les plages du Portugal, en particulier celle de Povoa de Varzim, dans une manière impressionniste. Il se tourna ensuite vers des représentations naturalistes.
Bibliogr. : In : *Diction. de la peint. espagnole et portugaise,* Larousse, Paris, 1989 – in : *Cien Anos de pintura en Espana y Portugal, 1830-1930,* Antiqvaria, Madrid, 1991.
Musées : Lisbonne (Mus. d'Art Contemp.) : *Praia de Bonhos* 1884 – *A Espera dos barcos* – Porto (Mus. Nac. de Soares dos Reis) : *Céphale et Procris.*

MARQUES Y GARCIA José Maria
Né en 1862 à Tortosa (Tarragone). Mort en 1936 à Tortosa. XIXe-XXe siècles. Espagnol.
Peintre de paysages, figures, marines, genre.
Il fut élève de l'école des beaux-arts de sa ville natale, puis voyagea en Italie, Suisse et Hollande.
Il participa à de nombreuses expositions collectives, notamment à l'Exposition universelle de Barcelone en 1888, au Salon de la Société Nationale des Beaux-Arts de Madrid de 1890 à 1895, à l'Exposition internationale de Londres en 1898 et à l'Exposition internationale de Barcelone en 1929. Il exposa à Barcelone et en Allemagne, à Berlin et Munich, à partir de 1891.
Ses paysages baignent dans une lumière étrange, menaçante. Dans ses portraits, il joue des effets de clair-obscur pour mettre en valeur l'expression de la figure.
Bibliogr. : In : *Cien Anos de pintura en Espana y Portugal, 1830-1930,* Antiqvaria, Madrid, 1991.
Musées : Barcelone (Mus. des Beaux-Arts) – Tortosa.

MARQUESTE Laurent Honoré
Né le 12 juin 1848 à Toulouse. Mort le 5 avril 1920 à Paris. XIXe-XXe siècles. Français.
Sculpteur.
Élève de Jouffroy et Falguière, il obtint le Prix de Rome en 1871. Il débuta au Salon en 1874 et en resta un fidèle exposant. Son premier envoi : *Jacob et l'Ange,* bas-relief en plâtre, lui valut une troisième médaille. Deux ans plus tard, en 1876, il obtenait une première médaille et en 1878 une deuxième médaille (Exposition Universelle). Décoré de la Légion d'honneur en 1884, il fut successivement promu officier, puis commandeur en 1903. L'Exposition de 1889 lui valut une médaille d'or et en 1900 il obtint le Grand Prix à l'Exposition Universelle. La même année, il fut reçu membre de l'Institut. Marqueste a beaucoup produit, et des œuvres de mérite. On lui doit, entre autres travaux, la *Statue d'Auguste de Thou* pour la Bibliothèque Nationale, *La Géographie* à la nouvelle Sorbonne, une statue de *Casimir Périer* au Palais Bourbon et une statue de *Léo Delibes* à La Flèche. Il a terminé la *Statue d'Étienne Marcel,* commencée par Idrac.
Musées : Épinal : *Buste du peintre Axenfeld* – Paris (Mus. du Louvre) : *Monument de Waldek Rousseau – Centaure enlevant une nymphe* – Paris (ancien Mus. du Luxembourg) : *Ève – Persée luttant contre la Méduse – Amour – Galatée* – Paris (Mus. d'Art mod. de la Ville) : *L'Art.*

MARQUET Aimé Benoît
Né en 1797 à Lyon. Mort le 10 juillet 1865 à Paris. XIXe siècle. Français.
Peintre d'histoire et lithographe.
Élève de Hersent et de H. Vernet.
Musées : Bagnères-de-Bigorre : Deux pastels – Le Havre : *L'architecte Claude Perrault* – Saint-Étienne : *Région de Lyon* – Valence : *Éléonore d'Este dans la prison du Tasse* – Versailles : *Fernand Cortez* – Vire : *Portrait en pied de Georges de Moniguy.*

MARQUET Albert, pour **Pierre Albert**
Né le 27 mars 1875 à Bordeaux (Gironde). Mort le 13 juin 1947 à Paris. xxe siècle. Français.
Peintre de nus, portraits, paysages urbains, marines, natures mortes, aquarelliste, dessinateur, décorateur. Groupe des fauves.

Il arrive à Paris en 1890, où il fut élève de l'École des Arts Décoratifs, et où Henri Matisse fut son camarade, avant d'entrer à l'École Nationale des Beaux-Arts dans l'atelier de Gustave Moreau ; il passa aussi par l'Académie Ranson où enseigna Sérusier. En 1906, il travaille avec Dufy en Normandie, au Havre, à Trouville. L'année suivante, il séjourne avec Matisse et Camoin à Londres.

À Paris, à partir de 1901, il exposa au Salon des Indépendants et, à partir de 1904 au Salon d'Automne ; en 1975 à Bordeaux. Il a pris part à de nombreuses expositions hors de France : à Moscou au Salon de la Toison d'Or en 1908-1909 ; à Kiev et Odessa en 1908 ; à l'Institut français de Saint-Pétersbourg en 1912 ; notamment aux États-Unis, à l'institut Carnegie de Pittsburgh, à Belgrade en 1960, à Hambourg et Montréal en 1974. Sa première exposition personnelle eut lieu en 1907 à la galerie Druet à Paris.

Seul le hasard des rencontres, avec Matisse, Dufy, Camoin, et des dates, a pu faire placer les peintures de Marquet dans la salle des fauves du Salon d'Automne de 1905. Pour autant qu'il le tenta, Marquet ne haussa pas longtemps ses couleurs. C'est dans les harmonies de gris qu'il s'accomplit en tant que peintre de paysages voyageur, en quête des lumières qui lui convenaient.

En résumant la classification donnée par Georges Besson, on peut dater et localiser les époques d'une si large production : 1905-1907 Paris – 1907 Le Havre, Saint Jean-de-Luz – 1908 Paris, Naples, Poissy – 1909 Paris, Hambourg, Naples – 1910 Paris (les inondations), Villennes – 1911 Paris, Conflans, Honfleur, Tanger – 1912 Paris, Rouen, Collioure – 1913 Paris, La Varenne, Tanger – 1914 Paris, Rotterdam, Collioure – 1915 Paris, La Varenne – 1916 Paris, Marseille – 1917 Paris, Samois – 1918 Marseille – 1919 Marseille, Herblay – 1920 Alger, La Rochelle. La classification s'arrête à cette date de 1920. Depuis les itinéraires n'ont guère changé : le peintre quitta son atelier du quai Saint-Michel pour de plus fréquents et plus longs séjours à Alger, à moins de se contenter de trotter de son petit pas au long de la Seine, répondant à quelque mystérieux appel, plutôt en aval qu'en amont. Mme Albert Marquet a poursuivi cette classification jusqu'à la mort du peintre : 1921 Alger, Les Sables d'Olonne – 1922 Alger, Paris – 1923 Sidi Bou Saïd – 1924 Alger, Les Sables d'Olonne – 1924 Alger, Sète, Bordeaux, Bayonne – 1925 Bougie, Norvège – 1926 La Goulette, Hendaye – 1927 Alger, Rouen, Saint-Jean-de-Luz – 1928 Assouan, Audierne, Paris – 1929 Paris, Poissy, Alger, Laghouat – 1930 Boulogne-sur-Mer – 1931 Paris, Triel – 1932 Alger, Santander, Vigo – 1933 Galatz, Sulina (Roumanie), Les Sables d'Olonne – 1934 voyage en U.R.S.S, Alger, Le Havre – 1935 Paris, bassin d'Arcachon – 1936 Paris, Venise, Crans, Davos – 1937 Alger, Montreux, Méricourt – 1939 Paris, Alger, Porquerolles, La Frette – 1940 La Frette, Céret, Vernet-les-Bains, Collioure – 1940-1945 Alger – 1945-1946 La Frette, Paris – 1946 La Frette, Paris, Les Grisons – 1947 Paris.

La classification qui précède a un réel intérêt. Le minutieux travail est dû à un vieil ami du peintre, Georges Besson, et, avec Francis Jourdain, porte-parole d'un groupe composé de plus d'écrivains que d'artistes plasticiens. Le grand homme de ce groupe avait été Charles Louis Philippe, le romancier de *Bubu de Montparnasse*. Lorsque le succès exigea une édition nouvelle du livre, Charles Louis Philippe désira qu'il fut illustré par Albert Marquet. Aussi vit-on les deux compagnons de petite taille déambuler aux alentours du « Sébasto » ; les personnages picaresques que l'on faisait poser au coin de deux rues ou devant un trottoir de mastroquet, ayant pour Albert Marquet une considération à peu près égale à celle qu'ils eussent pu accorder au moindre photographe ambulant. Au surplus, les admirables images populaires de Marquet furent refusées par l'éditeur, la commande étant donnée à un dessinateur attitré de *L'Assiette au beurre*, Granjouan. Le groupe d'artistes et écrivains, amis de Charles Louis Philippe, l'estimaient pour l'humilité de ses sentiments, pour son goût pathétique des plus humbles créatures, pour sa constante élection des thèmes de simplicité ; ils ont toujours voulu honorer le peintre Albert Marquet pour des vertus identiques à celles du romancier. Certains ont été jusqu'à déceler l'expression d'une sublime modestie dans les paysages de Seine, peints par Marquet campé à sa fenêtre du quai et penchant sur les eaux sa myopie de voyant. Est-ce fausser le personnage d'Abert Marquet que le voir de la sorte ? Sans doute le peintre put-il se montrer plus sensible à cette forme de l'admiration qu'à toute autre, hors quoi il demeure que toute œuvre d'art accomplie est opulence et aristocratie.

Ce peintre de paysages fluviaux a parfois abordé le portrait : *A. Marquet par lui-même* dessin ; parmi les peintures *Portrait de Mme Lani*, portrait du dessinateur et écrivain *A. Rouveyre* souvent reproduit par la photogravure. D'entre les figures et paysages, mentionnons : *Nu debout* – *Nu assis* – *Nu aux jambes croisées* – *Les Deux Amies* – *Femme aux bas roses* – *Femmes arabes* – *La Seine au pont Marie* – *Notre-Dame* – *Le Balcon* – *Quai des Grands-Augustins* – *Le Pont-Neuf* – *Quai du Louvre, hiver* – *Pont de Conflans* – *Le Havre, 14 juillet* – *Pont Saint-Michel* – *Pont de la Concorde* – *La Trinité* – *L'Inondation* – *Gare Montparnasse* – *La Varenne* – *Herblay* – *Collioure* – *Honfleur* – *La Rochelle* – *L'Estaque* – *Marseille* – *Tanger, Bou Saada* – *Alger*, etc. Il a illustré : *Mon Brigadier Triboulère* de E. Montfort, *Moussa le petit noir* de M. Marty en outre de nombreux éditeurs ont publié soit des textes à lui consacrés et qu'il illustrait, soit des portefeuilles de ses gravures. Le paysagiste, le peintre des eaux, a trop souvent fait négliger, sinon oublier le peintre de nus qu'il fut parfois aux hasards de sa carrière. Dans son ouvrage consacré au *Nu dans la peinture moderne*, Francis Carco écrit « peintre du corps féminin, A. Marquet se distingue du paysagiste de façon très curieuse. Alors que l'interprète des ponts en fer indique à grands traits, parfois trop rapides, celui de la figure nue travaille patiemment et réalise avec minutie, détails et ensemble. Il représente des femmes sans saveur voluptueuse, des corps de plasticité médiocre. » Du moins est-ce là l'effet que les modèles d'Abert Marquet eussent produits sur l'esprit de Francis Carco qui les rencontra tout de même là où il fut chercher ses personnages. Albert Marquet partageait avec Charles Louis Philippe un curieux don d'attendrissement devant toute créature lui semblant figurer la beauté menacée par la misère. Il se trouve que d'autres critiques, de ceux qui n'approchent que peu Marquet, ne virent dans ces formes maigres que des signes de cruauté. Léon Werth, dans *Quelques Peintres*, remet les choses au point : « Les nus de Marquet sont comme des témoignages irrécusables. Marquet n'est pas méfiant. Mais il n'est pas dupe. Ceux qui le trouvent féroce n'ont pas compris qu'il méprisait l'ivresse facile. Sa sensibilité n'est pas un mysticisme. Est-il un autre hommage que l'attention ? » Il est bon que soit ainsi notée la sensualité de Marquet, peintre de nus, sensualité qui n'est pas davantage absente de l'œuvre toltoïsante de l'ami Charles Louis Philippe. Léon Werth dit aussi : « Marquet peint l'essentiel et ne prétend pas à peindre l'essence. Il choisit et ne prétend pas réaliser l'abstraction des choses. Il sait que les certitudes de la peinture ne sont pas davantage celles de la géométrie que celles de la photographie. Il a pris son parti d'être peintre. Il ne peint pas les catégories de la couleur... Les paysages de Marquet sont dramatiques parce qu'il n'est pas le tragédien, qui est grotesque, mais le chirurgien qui est attentif. La précision et la volonté véritable suffisent à tout. Pas d'effusion. Pas de sentimentalisme, pas de théories qui sont à l'esprit ce que le sentimentalisme est au cœur. » On retiendra qu'avec Léon Werth, critique fort indépendant, se trouve d'accord sur le principal, Louis Gillet, de l'Académie française : « Personne, par des moyens plus concis et plus infaillibles, n'a rendu l'atmosphère d'une journée de neige, d'une soirée pluvieuse sur les quais de Paris. Tout ce qu'il fait ravit par un mystère d'exactitude, de style et de clarté. » Le collaborateur de la *Revue des deux Mondes* faisant ici écho au rédacteur des libres *Cahiers d'aujourd'hui*, a voulu aussi noter que Albert Marquet n'a point subi cette « inquiétude » tellement en faveur quand il était jeune. Mais cette « inquiétude », Corot en fut-il jamais possédé ? ■ André Salmon, J. B.

marquet

marquet

AM

Bibliogr. : François Fosca : *Albert Marquet* Paris, 1908 – Charles Louis Philippe : *Albert Marquet*, Grande Revue, Paris, 1908 – Charles Terrasse : *Albert Marquet*, Paris, 1928 – René Huyghe, Charles Sterling et Germain Bazin : *Hre de l'art contemp.*, Paris, 1935 – George Besson : *Albert Marquet*, Crès, Paris, 1948 – Marcelle Marquet et François Daulte : *Vie et portrait de Marquet*, Spès, Lausanne, 1953 – Pierre Courthion : *Art indépendant*, Albin Michel, Paris, 1958 – F. Jourdain : *Marquet*, Cercle d'art, Paris, 1959 – Michel Claude Jalard : *Le postimpressionnisme*, in : *Hre gnle de la peinture*, Rencontre, Lausanne, 1966 – Frank Elgar : *Dict. de l'art et des artistes*, Hazan, Paris, 1967 – in : *Les Muses*, Grange Batelière, t. X, Paris, 1973 – Bernard Dorival : *Les Peintres du xxe s.*, Tisné, Paris, 1975 – Catalogue de l'exposition *Albert Marquet*, Musée des Beaux-arts, Bordeaux, 1975 – in : *Dict. univer. de la peinture*, Robert, t. IV, Paris, 1975 – Catalogue de l'exposition *Albert Marquet*, Galerie des Beaux-Arts, Bordeaux, Musée de l'Orangerie, Paris, 1975 – François Daulte : *Albert Marquet*, Bibliothèque des arts, Paris, 1988 – in : *L'Art du xxe s.*, Larousse, Paris, 1991 – in : *Dict. de l'art mod. et contemp.*, Hazan, Paris, 1992.

Musées : Bagnols-sur-Cèze : *14-Juillet au Havre* – Besançon : *Le Port de Sète* – Bordeaux (Mus. des Beaux-Arts) : *Portrait du père et de la mère de l'artiste* 1898 – *Nu dit « fauve »* 1898 – *Les Arbres à Billancourt* vers 1900 – *Le Bassin du Luxembourg* 1902 – *La Fête foraine au Havre* 1906 – Carcassonne (Mus. des Beaux-Arts) : *Quai de Conti, l'automne* – Épinal (Mus. dép. des Vosges) : *Un port dans la pluie* – Grenoble (Mus. des Beaux-Arts) : *Le Pont Saint-Michel* – Lausanne (Mus. canton.) : *Notre-Dame, temps de neige* – *L'Île de Samois* – Lyon (Mus. des Beaux-Arts) : *Le Port de Rouen* 1912 – Marseille (Mus. Cantini) : *Le Port de Marseille* – Moscou (Mus. Pouchkine) : *Le Port de Honfleur* – Nantes : *La Seine à Paris* – *La Terrasse* – Paris (Mus. Nat. d'Art Mod.) : *La Cafetière* 1902 – *Paysage du Midi* 1903 – *Portrait d'André Rouveyre* 1904 – *Matisse peignant dans l'atelier de Manguin* 1904-1905 – *Vu d'Agay* 1905 – *Paris, le quai des Grands-Augustins* 1905 – *Le Bassin du Havre* 1906 – *La Plage de Fécamp* 1906 – *Quai de Paris, à Rouen* 1912 – *Nu au divan* 1912 – *Bord de rivière – Rotterdam* 1914 – *La Femme blonde* v. 1920 – *Été, plage des Sables-d'Olonne* 1933 – *Venise, la lagune* 1936 – *Brume à Stockholm* 1938 – *Le Pont-Neuf et le Vert Galant sous la neige* 1947 – *Femmes de Laghouat* – Pau (Mus. des Beaux-Arts) : *Notre-Dame, soleil* 1904 – Quimper (Mus. des Beaux-Arts) : *Le Port de Fécamp* 1906 – Rotterdam (Mus. Boymans-Van Beuningen) : *Le Pont-Neuf au soleil* 1906 – Saint-Pétersbourg (Mus. de l'Ermitage) : *Les Modistes* – *Saint-Jean-de-Luz* – Washington D. C. (Nat. Gal. of Art) : *Le Pont-Neuf* 1906 – Winterhur (Mus. des Beaux-Arts) : *Le Pont de Honfleur* 1911 – Zurich (Kunsthaus) : *Quai à Paris* 1904-1905 – *Quai avec bateaux et pêcheurs*.

Ventes Publiques : Paris, 27 juin 1900 : *Les Hauteurs d'Alger*, h/pan. (38,5x46,5) : **FRF 600 000** – Paris, 28 mars 1919 : *Le Pont Marie* : **FRF 4 250** – Paris, 16 mars 1921 : *Le pont de la Concorde* : **FRF 11 000** – Paris, 7 avr. 1924 : *Le pont Saint-Michel* : **FRF 18 000** – Paris, 1er mars 1926 : *Le port de Rotterdam* : **FRF 24 100** – Paris, 28 fév. 1930 : *L'abside de Notre Dame* : **FRF 21 100** – Paris, 18 mars 1931 : *Notre-Dame de Paris et la Seine vues du quai de la Tournelle* : **FRF 4 800** – Paris, 12 déc. 1932 : *Le port de Sète* : **FRF 22 000** – New York, 18 jan. 1935 : *Le port d'Audierne* : **USD 850** – Paris, 12 déc. 1936 : *Bords de mer à Menton* : **FRF 3 000** – Paris, 13 déc. 1940 : *Le pont de Triel* : **FRF 34 000** – Paris, 11 déc. 1942 : *L'usine au bord du canal* : **FRF 300 000** – Paris, 29 juin 1945 : *Paysage tunisien* : **FRF 82 000** – Paris, 24 nov. 1948 : *Paysage de banlieue*, past. : **FRF 90 000** – Paris, 20 mars 1950 : *Les Pêcheurs*, croquis au pinceau à l'encre de Chine : **FRF 40 000** – New York, 8 nov. 1957 : *Usine et viaduc* : **USD 1 400** – Paris, 1er déc. 1959 : *Honfleur, le port* : **FRF 3 050 000** – Genève, 18 nov. 1961 : *Port* : **CHF 58 000** – Londres, 1er juil. 1964 : *Bord de mer – Algérie* : **GBP 10 000** – New York, 20 oct. 1966 : *Carnaval sur la plage* : **USD 36 000** – Paris, 10 juin 1969 : *Crans-sur-Sierre*, aquar. : **FRF 17 500** – Paris, 22 nov. 1972 : *Marseille, le vieux port vu d'une fenêtre été 1916* : **FRF 225 000** – New York, 2 mai 1974 : *La plage à Audierne*, aquar. : **USD 3 400** – Paris, 25 mai 1976 : *Portrait de femme*, past. (31x26) : **FRF 8 000** – Londres, 30 nov. 1976 : *Le port d'Alger* 1941, h/t (60x73) : **GBP 10 000** – Paris, 7 nov. 1977 : *Le port de Boulogne-sur-Mer*, h/t (46,2x61,5) : **FRF 70 000** – Paris, 20 déc 1979 : *Les bords de la Seine*, pointes sèches, suite de six : **FRF 20 000** – Versailles, 20 juin 1979 : *Autoportrait au tabouret*, encre de Chine (30,5x23,5) : **FRF 5 800** – Enghien-les-Bains, 27 mai 1979 : *Le voilier dans la rade* 1939, aquar. (15x20) : **FRF 21 000** – Enghien-les-Bains, 18 nov 1979 : *La Seine à Conflans-Sainte-Honorine* 1910, h/t (65,5x81) : **FRF 240 000** – Angers, 8 avr. 1981 : *Quai des Grands Augustins* 1905, h/t (65x81) : **FRF 760 000** – Paris, 19 mars 1983 : *Alger, le port* 1930, aquar. (16,5x24,5) : **FRF 68 000** – New York, 16 nov. 1983 : *Le Pavillon bleu à Saint-Cloud* vers 1905, h/t (65x81) : **USD 120 000** – Paris, 11 juil. 1985 : *Bateaux dans le port d'Alger*, aquar. (25x34) : **FRF 90 000** – Paris, 23 juin 1986 : *La Seine et Notre-Dame*, h/t (65x81) : **FRF 1 300 000** – L'Isle-Adam, 30 nov. 1986 : *Le Port de La Rochelle, l'embarcadère* 1920, h/t (60x73) : **FRF 1 600 000** – Reims, 25 nov. 1987 : *Le port du Havre en 1934*, h/t (50x61) : **FRF 720 000** – Paris, 20 nov. 1987 : *Ile de la Cité et le pont Saint-Louis* vers 1924 (73x92) : **FRF 2 300 000** – Paris, 20 nov. 1987 : *L'Île de la Cité et le Pont Saint-Louis* vers 1924, h/t (73x92) : **FRF 2 300 000** – Paris, 15 mars 1988 : *Rue du marché à Saint-Tropez* 1908, h/t (61x50) : **FRF 1 100 000** – L'Isle-Adam, 24 avr. 1988 : *Alger, Montplaisant*, h/pap. mar./pan. (19x27) : **FRF 159 000** – Paris, 29 avr. 1988 : *Nu*, dess. et past. (28,5x22) : **FRF 28 000** – Paris, 2 juin 1988 : *Terrasse à Sidi bou Saïd*, h/pan. (32x41) : **FRF 267 000** – Versailles, 15 juin 1988 : *Port de Marseille* 1916, h/t/cart. (27x35) : **FRF 365 000** – Londres, 28 juin 1988 : *Paysage d'Algérie, brume à Montplaisant*, h/t (54x60) : **GBP 41 800** – Londres, 29 juin 1988 : *L'Arbre rose à Alger*, h/t (32x40) : **GBP 38 500** – New York, 6 oct. 1988 : *Voiliers sur la grève*, aquar./pap./cart. (25,2x35,1) : **USD 8 800** – Londres, 21 oct. 1988 : *Nu debout*, cr. noir et blanc/pap. (27,3x20,3) : **GBP 770** – New York, 12 nov. 1988 : *Villa en Algérie* 1930, aquar./pap./cart. (17,8x25,5) : **USD 20 900** – Paris, 20 nov. 1988 : *La Pointe de l'île Saint-Louis, Paris* 1928, h/t (65x81) : **FRF 2 000 000** ; *Le Bateau blanc, Porquerolles* 1939, h/t mar./cart. (33x41) : **FRF 350 000** ; *La Seine à Méricourt* 1937, h/pan. (33x41) : **FRF 420 000** – Paris, 24 nov. 1988 : *Le port d'Alger, beau temps, le débarquement des alliés à Alger* 1942, h/t (27x41) : **FRF 710 000** – Paris, 16 déc. 1988 : *La baie de Naples*, peint./t. (65x77) : **FRF 1 850 000** – Versailles, 18 déc. 1988 : *Bab-el-Oued, vu de Montplaisant près Alger* vers 1943, h/t (50x65) : **FRF 760 000** – Londres, 5 avr. 1989 : *Alger vue des hauteurs de Mustapha* 1924, h/t (38x46) : **GBP 77 000** – Paris, 8 avr. 1989 : *Le Pont saint-Michel et le Quai Saint-Michel vu de l'atelier de Matisse*, h/t (65x81) : **FRF 20 700 000** – Paris, 13 avr. 1989 : *Femme berbère* 1913, h/t (37x31) : **FRF 125 000** – Paris, 20 nov. 1989 : *Le carnaval de Fécamp* 1906, h/t (50x61) : **FRF 8 000 000** – New York, 3 mai 1989 : *Le port d'Alger*, h/cart. entoilé (22x27) : **USD 444 000** – Paris, 17 juin 1989 : *Quai des Grands Augustins* 1905, h/t (65x81) : **FRF 3 950 000** – Londres, 27 juin 1989 : *Ile de Mignaux à Poissy*, h/pan. (33x41) : **GBP 209 000** – Paris, 11 oct. 1989 : *Le port de la Bouille, près de Rouen, les grues* 1927, h/t (33x41) : **FRF 1 050 000** – New York, 16 nov. 1989 : *Honfleur, le port* 1911, h/t (47x55) : **USD 286 000** – Paris, 19 nov. 1989 : *L'Estaque* 1918, h/t (16x22) : **FRF 2 500 000** – Londres, 28 nov. 1989 : *Le port d'Alger* 1938, h/t (65x42) : **GBP 242 000** – New York, 21 fév. 1990 : *La Rochelle*, encre/pap. (12,7x18,4) : **USD 3 180** – New York, 26 fév. 1990 : *Port de Hambourg : le canal* 1909, h/t (80,6x64,8) : **USD 275 000** – Paris, 20 mars 1990 : *Paris, l'Ile de la Cité et le pont Saint-Louis* vers 1924, h/t (75x92) : **FRF 4 600 000** – Paris, 24 avr. 1990 : *Deux baigneuses s'essuyant*, lav. d'encre de Chine (21,5x15) : **FRF 9 000** – New York, 16 mai 1990 : *Sur la Seine à Triel* 1931, h/t (65,4x81,3) : **USD 506 000** – Paris, 19 juin 1990 : *Le remorqueur, Triel* 1931, h/t (65,5x81,5) : **FRF 2 350 000** – Londres, 26 juin 1990 : *Beau temps à Mont-Plaisant* 1944, h/t (47x61) : **GBP 110 000** – New York, 15 nov. 1990 : *Le port de Boulogne-sur-mer* 1930, h/t (50,8x61,6) : **USD 198 000** – Paris, 25 nov. 1990 : *La baie d'Alger* 1924, h/pan. (32,5x41) : **FRF 700 000** – Paris, 30 nov. 1990 : *Bord de mer* 1929, aquar. (11x15) : **FRF 43 000** – New York, 8 mai 1991 : *Algeciras* 1930, aquar. et cr./pap./cart. (17,5x25,5) : **USD 12 100** – Londres, 25 juin 1991 : *Le port de Saint-Jean-de-Luz*, h/t (49x60) : **GBP 93 500** – Londres, 25 mars 1992 : *Venise – San Giorgio Maggiore*, h/t (46x55) : **GBP 82 500** – Paris, 24 mai 1992 : *Les voiles à Audierne* 1928, h/pan. (32,5x41) : **FRF 450 000** – New York, 11 nov. 1992 : *Neige sur Laperlier à Alger* 1924, h/t (60x73) : **USD 88 000** – Paris, 25 nov. 1992 : *Le réverbère, le point du jour, porte Saint-Cloud* 1904, h/t (73x60) : **FRF 1 610 000** – New York, 12 mai 1993 : *Le port de La Ponche à Saint-Tropez* 1905, h/t (50,2x61) : **USD 178 500** – Paris, 3 juin 1993 : *Quai des Grands Augustins, effets de pluie et de neige* 1905, h/t (60x73) : **FRF 1 310 000** – Paris, 14 juin 1993 : *Paris, le pont Saint-Michel* 1914, h/t (65x81) : **FRF 1 185 000** – Londres, 1er déc. 1993 : *Le port de Bougie à Alger*, h/pan. (33x44) : **GBP 19 550** – Paris, 10 mars 1994 : *Quai et pont Saint-Michel*

1907, h/t (65x81) : **FRF 1 770 000** – VANNES, 26 fév. 1994 : *Le Port d'Alger*, h/t (36x46) : **FRF 305 000** – NEW YORK, 11 mai 1994 : *Alger, les toits rouges* 1942, h/t (65,2x91,8) : **USD 140 000** – PARIS, 22 juin 1994 : *Les Quais du port du Havre* 1934, h/t (65x81) : **FRF 1 300 000** – LONDRES, 29 nov. 1994 : *Le quai Conti* 1935, h/t (50x65) : **GBP 139 000** – PARIS, 30 mars 1995 : *Le quai Saint-Michel sous la neige*, h/t (65x81) : **FRF 1 100 000** – DEAUVILLE, 16 avr. 1995 : *Alger, les palmiers* 1920, h/t/cart. (33x41) : **FRF 280 000** – PARIS, 19 juin 1995 : *Fumées dans le port d'Hambourg* 1909, h/t (65x81) : **FRF 1 000 000** – MILAN, 26 oct. 1995 : *Vue de Venise, l'île San Giorgio* 1936, h/pan. (33x41) : **ITL 57 500 000** – NEW YORK, 8 nov. 1995 : *La Passerelle à Sainte-Adresse* 1905, h/pap./t. (50x61) : **USD 574 500** – PARIS, 18 mars 1996 : *Le Port de Marseille* 1916, h/t (73x92) : **FRF 995 000** – SAINT-GERMAIN-EN-LAYE, 16 juin 1996 : *Rouen, le pont transbordeur* 1912, h/t (65x81) : **FRF 646 000** – PARIS, 14 oct. 1996 : *Le Port d'Alger*, h/t (65x81) : **FRF 700 000** – PARIS, 21 nov. 1996 : *La Baie de Naples* vers 1925, litho. (20,7x29,3) : **FRF 7 800** – CALAIS, 15 déc. 1996 : *Terrasse et jardin en Orient* 1929, aquar. (16x25) : **FRF 38 000** – NEW YORK, 9 oct. 1996 : *Une barque à Hendaye* 1926, aquar. et cr./pap. (15,9x22,9) : **USD 13 800** – NEW YORK, 14 nov. 1996 : *Le Marché à Saint-Tropez* 1905, h/t (61x50) : **USD 266 500** – NEW YORK, 13 mai 1997 : *Rue à Collioure*, h/t (21,5x16) : **USD 32 200** – PARIS, 16 juin 1997 : *Le Peintre* vers 1921, encre de Chine (27x37,9) : **FRF 22 000** – LONDRES, 25 juin 1997 : *Bouquet de fleurs* vers 1898, h/t (40x32) : **GBP 31 050** – CALAIS, 6 juil. 1997 : *Petit port de Norvège* 1925, aquar. (18x24) : **FRF 41 500** – CANNES, 8 août 1997 : *Écluse à Méricourt* vers 1935, h/t (61x50) : **FRF 330 000**.

MARQUET Alix
Né le 8 janvier 1875 à Oudan (Nièvre). XXe siècle. Français.
Sculpteur, peintre.
Il participa à Paris, au Salon des Artistes Français, dont il devint membre sociétaire en 1908. Il obtint une médaille de troisième classe en 1901, de deuxième classe en 1903, une bourse de voyage en 1903 et une médaille de première classe en 1905. Il reçut le prix national en 1907 et fut fait chevalier de la Légion d'honneur en 1910. Puis il obtint pour la peinture une médaille de bronze en 1927, d'argent en 1928.

MARQUET Aristide
Né le 24 mars 1796 à Paris. XIXe siècle. Français.
Peintre.
Entré à l'École des Beaux-Arts le 26 novembre 1813, il y fut l'élève d'Henri Regnault. Il débuta au Salon en 1841.

MARQUET Auguste
XIXe siècle. Français.
Peintre de genre.
Exposa au Salon de Paris en 1839, 1841 et 1845, divers sujets. Il travailla pour l'église Saint-Nicolas du Chardonnet à Paris.

MARQUET Gaston Charles
Né en 1848 à Paris. XIXe siècle. Français.
Peintre de genre, portraits, paysages, dessinateur.
Il fut élève de Bin. De 1875 à 1881, il figura au Salon de Paris avec : *Lavoir Saint-Pierre à Montmartre* et *Une dispute au lavoir*.
MUSÉES : SÈTE : *Lavoir Saint-Pierre à Montmartre*.
VENTES PUBLIQUES : PARIS, 15 avr. 1924 : *Étude de bébé assis*, dess. : **FRF 60** – VERSAILLES, 18 mars 1990 : *La côte rocheuse à Carteret* 1896, h/pan. (16x24) : **FRF 6 000**.

MARQUET Louise Mathilde. Voir **MARC-BONNEMÉE**

MARQUET René Paul
Né le 5 juillet 1875 à Port-Louis. XXe siècle. Français.
Sculpteur.
Il fut élève de Emmanuel Fontaine et Falguière. Il participa à Paris, au Salon des Artistes Français, où il obtint une mention honorable en 1909.
VENTES PUBLIQUES : PARIS, 17 avr. 1991 : *Roméo et Juliette*, sculpt. chryséléphantine (H. 33,5) : **FRF 25 000**.

MARQUET de VASSELOT Anatole, comte. Voir **VASSELOT Jean Joseph**

MARQUETTE Jean-Claude
Né en 1946 à Juvisy-sur-Orge (Essonne). XXe siècle. Français.
Peintre.
Il a appartenu à la coopérative d'artistes créée à Paris par Jean Dupanier, active de 1976 à 1985. Il vit et travaille à Paris.
Il a participé à l'exposition : *Dix Ans d'enrichissements du cabinet des estampes 1978-1988 – De Bonnard à Baselitz*, à la Bibliothèque nationale de Paris, en 1992.
MUSÉES : PARIS (BN).

MARQUETTE Marie-Rose
Née à Bordeaux (Gironde). XXe siècle. Française.
Peintre de paysages.
Elle exposa à Paris, au Salon des Indépendants à partir de 1919.
MUSÉES : BORDEAUX : *Les Arbres de Billancourt*.

MARQUETTI Pietro. Voir **MARCHETTI**

MARQUEVIC Louis de
XXe siècle. Français.
Peintre de paysages.
Il peignit des paysages de la Bretagne.

MARQUEZ Diego
XVIe siècle. Espagnol.
Peintre.
On le mentionne actif à Séville en 1534.

MARQUEZ Francisco
XVIIe siècle. Travaillant à Séville vers 1604. Espagnol.
Sculpteur.

MARQUEZ Juan Nito, dit **Nito-Marquez**
Né le 10 décembre 1903 à Las Palmas (Îles Canaries). XXe siècle. Espagnol.
Sculpteur.
Il fut élève de l'académie de Berlin. Il a exposé à Paris, au Salon des Tuileries.

MARQUEZ Judith
Née en 1926 à Manizales. XXe siècle. Colombienne.
Peintre.
Elle se forma à Bogota, puis à l'université du Tennessee, à Knoxville. Sa première exposition personnelle eut lieu à Bogota en 1955. Elle participe à des Biennales en Amérique du Sud.
Elle peint par aplats violemment contrastés.
BIBLIOGR. : In : *Peintres contemp.*, Mazenod, Paris, 1964.

MARQUEZ Luis
XVIIe siècle. Espagnol.
Sculpteur.
A sculpté les stalles du chœur de la cathédrale de Bogota.

MARQUEZ Ruben
XXe siècle. Actif en France. Vénézuélien.
Peintre. Abstrait.
Il participe à de nombreuses expositions collectives : de 1966 à 1968 Salon de l'Université centrale de Caracas, de 1969 à 1972 Salon Comparaisons à Paris, de 1970 à 1988 Grands et Jeunes d'Aujourd'hui à Paris, 1973 école des beaux-arts de Metz, 1975 premier Salon des peintres vénézuéliens à Caracas où il a reçu le premier prix, 1976-1977 musée d'Art moderne de la Ville de Paris, 1980 Maison de la culture d'Amiens, 1982 musée Rattu d'Arles. Il montre ses œuvres dans des expositions personnelles : 1964, 1965, 1967, 1968 Caracas ; 1971 Centre culturel de Malakoff ; 1974 Centre culturel de Pantin ; 1980 ambassade du Vénézuela à Paris ; 1989 galerie Keller à Paris.
MUSÉES : CARACAS (Mus. des Beaux-Arts) – PARIS (Mus. d'Art Mod. de la Ville).

MARQUEZ DE VELASCO Esteban
Né en Estremadure. Mort en 1696 ou 1720 à Séville. XVIIe siècle. Espagnol.
Peintre de sujets religieux, scènes de genre, portraits.
Il fut élève de son oncle Fernando Marquez Joya ou Goya, puis il se fixa à Séville.
Après la mort de son maître, il peignit plus ou moins « en série » des petits sujets religieux pour l'Amérique, mais, ne réussissant pas dans ce genre, il s'adonna avec succès, à la grande peinture religieuse à Séville. Il réalisa plusieurs scènes de la *Vie de la Vierge*, qui furent longtemps attribuées à Murillo, pour le couvent des Trinitaires, et divers épisodes de la *Vie de Saint Augustin*, pour le couvent du même nom. On lui doit encore : *Christ entouré d'enfants, Le miracle des pains et des poissons*, à l'Université de Séville.
BIBLIOGR. : D. Angulo Iniguez : *Différentes œuvres de Esteban Marquez attribuées à Murillo*, Goya, 1982 – E. Valdivieso : *Histoire de la peinture sévillane du XIIIe au XXe s.*, Séville, 1986.
MUSÉES : RALEIGH, North Carolina (Mus. of Art) : *Mariage de la Vierge* – SÉVILLE : *Saint Augustin – Saint Joseph et l'Enfant Jésus – Apparition de la Trinité à saint Augustin*.
VENTES PUBLIQUES : LONDRES, 23 avr. 1993 : *La dormition de la Vierge*, h/t au haut arrondi (260x160) : **GBP 32 200**.

MARQUEZ-GOYA Fernando ou **Marquez-Joya**
Mort à Séville. XVIIe siècle. Espagnol.
Peintre d'histoire et de portraits.
Imitateur de Murillo. Il exposa à l'Académie de Séville de 1668 à 1672.
Ventes Publiques : Paris, 1843 : *Portrait d'un jeune homme* : **FRF 80** – Paris, 6 et 7 mai 1920 : *Portrait de femme* : **FRF 2 200**.

MARQUIS
XVIe siècle. Britannique.
Portraitiste.
Il peignait de petits portraits à l'huile sous le règne de Jacques Ier.

MARQUIS A. L.
XIXe siècle. Actif à Paris. Français.
Graveur au burin.
Il a gravé des planches pour la *Flora Gallica*.

MARQUIS Élie
Né au XIXe siècle à Rochetaillée (Loire). XIXe siècle. Français.
Peintre.
Débuta au Salon en 1870. Le Musée de Bagnères-de-Bigorre possède de lui : *Les Baigneuses*.

MARQUIS James Richard
Mort en 1885. XIXe siècle. Britannique.
Peintre de paysages, marines.
Il peignit à Dublin et à Londres.
Ventes Publiques : Dublin, 12 déc. 1990 : *Crépuscule sur Carlingford sur la côte est de l'Irlande* 1872, h/t (33x50,9) : **IEP 1 900** – Londres, 16 juil. 1993 : *Barques de pêches rentrant dans la brise du matin un été en Irlande* 1871, h/t (52x77) : **GBP 3 680**.

MARQUIS Jules
XIXe siècle. Français.
Peintre.
Exposa au Salon en 1835 : *Un vieux garde-chasse* ; en 1836, *La leçon* ; en 1844, *L'ensevelissement de saint Paul dans les déserts de la Thébaïde*.

MARQUIS Lucien
Né à Brébières. XIXe siècle. Français.
Sculpteur.
Le Musée d'Arras conserve de lui un buste du peintre *Désiré Dubois*.

MARQUIS Pierre Charles
Né le 1er juin 1798 à Tonnerre. Mort le 31 décembre 1874 à Paris. XIXe siècle. Français.
Peintre de portraits et d'histoire.
Entra à l'École des Beaux-Arts le 25 février 1820. Élève de Lethière. Figura au Salon de 1831 à 1847. Médaille de troisième classe en 1836, 1859 et 1863.
Musées : Auxerre : *Martyre de saint Denis et de ses compagnons* – *Le Christ au Temple* – Calais : *Les bourgeois de Calais à la tente d'Édouard III, roi d'Angleterre* – Rennes : *Saint Louis accompagné de sa mère, se rend à Notre-Dame*.

MARQUISET François Camille
Né le 4 février 1835 à Besançon. Mort le 4 avril 1883 à Besançon. XIXe siècle. Français.
Peintre de paysages.
Élève de Gigoux, Bavoux et Mouilleron. Exposa de 1864 à 1869.

MARQUISET Gaston
Né à Saint-Loup-sur-Seymouse (Haute-Saône). Mort le 19 juillet 1889 à Paris. XIXe siècle. Français.
Portraitiste.
Élève de J. Gigoux. Figura au Salon de 1864 à 1869.

MARR Carl. Voir **MARR Karl von**

MARR J. W. Hamilton
Né le 2 février 1846 à Erdington. XIXe siècle. Actif à Birmingham. Britannique.
Dessinateur.

MARR Joseph Heinrick Ludwig
Né le 24 décembre 1807 à Hambourg. Mort le 29 octobre 1871 à Munich. XIXe siècle. Allemand.
Peintre de genre.
Élève de Surhr et de l'Académie de Munich. Travailla à Hambourg, à Munich et en Italie. La Pinacothèque de Munich conserve de lui, *Capucin et âne* et la Galerie d'Art de Karlsruhe, *Marché de chevaux au Tyrol*. Il peignit de préférence des scènes de la vie des paysans en Bavière et en Italie.

HM

Ventes Publiques : Londres, 25 juin 1982 : *Chez le forgeron*, h/t (48,3x45) : **GBP 2 500** – Munich, 24 nov. 1983 : *Marché au bétail dans le Tyrol* 1856, h/t (66,5x102,5) : **DEM 28 000** – Munich, 14 mars 1985 : *Abschied von der jungen Sennerin* 1845, h/pan. (35x47) : **DEM 8 500** – Londres, 19 mars 1986 : *Chez le forgeron*, h/pan. (29,5x41) : **GBP 7 000** – Vienne, 29-30 oct. 1996 : *En chemin pour le marché* 1842, h/t (36,8x46,3) : **ATS 92 000**.

MARR Karl von, ritter (chevalier)
Né le 14 février 1858 dans le Milwaukee, de parents allemands. Mort en 1936 à Munich (Bavière). XIXe-XXe siècles. Allemand.
Peintre d'histoire, sujets mythologiques, compositions religieuses, scènes de genre, nus, animaux.
Il était fils d'un graveur sur bois. Il travailla la peinture à Weimar, Berlin et Munich, où il fut élève de Schauss, Gussow, et G. Max Lindenschmidt. En 1892, il devint membre de l'académie de Munich et en 1893 professeur à cette même académie. Il obtint des médailles aux expositions de Munich en 1889 et 1893, une médaille d'or à Berlin en 1891, à Madrid en 1892, à Vienne en 1893 et 1894 et à Anvers en 1894.
Musées : Brême : *Jeune Garçon* – Breslau, nom all. de Wroclaw : *Fidèles se rendant à une cérémonie religieuse* – Koenigsberg : *En Allemagne* 1806 – Munich : *Madone* – Weimar : Étude.
Ventes Publiques : New York, 27 mars 1956 : *Bavardage à la fenêtre* : **USD 500** – Cologne, 17 mars 1978 : *Le réveil*, h/t (77x110) : **DEM 3 500** – San Francisco, 4 mai 1980 : *Jeune fille cousant sa robe de mariage* 1901, h./mar./cart. (58,5x40,5) : **USD 6 500** – New York, 20 sep. 1984 : *Wellenbad*, h/t (66,6x84) : **USD 2 000** – New York, 26 juin 1986 : *Mère et enfants*, h/t (65,5x81,5) : **USD 2 500** – Cologne, 29 juin 1990 : *Scène mythologique*, h/t (88x108) : **DEM 3 300** – Glasgow, 22 nov. 1990 : *Le Papillon*, h/t (96,5x180,3) : **GBP 13 200** – New York, 28 fév. 1991 : *Nus allongés*, h/t (66,6x83,8) : **USD 8 250** – Rome, 13 mai 1991 : *Femme et Chevalier*, h/t (190x184) : **ITL 19 550 000** – New York, 17 oct. 1991 : *Les Nymphes*, h/t/cart. (107,3x87,6) : **USD 13 200** – Munich, 25 juin 1992 : *Vierge à l'Enfant*, h/t (75,5x79,5) : **DEM 10 170** – Munich, 22 juin 1993 : *Le Jeu des vents et des vagues*, h/t (220x171) : **DEM 19 550** – Vienne, 29-30 oct. 1996 : *Trois Sirènes dans les vagues*, h/t (91x90,5) : **ATS 138 000** – Munich, 23 juin 1997 : *Dans l'atelier de l'ébéniste*, h/t (49x39) : **DEM 20 400**.

MARRA La. Voir **LA MARRA**

MARRACCI Giovanni ou **Maracci**
Né en 1637 à Lucques. Mort en 1704 à Lucques. XVIIe siècle. Italien.
Peintre d'histoire.
D'abord élève de Pietro Paolini, il vint à Rome à quatorze ans et y travailla à l'école de Pietro da Cortona. Il fut célèbre très jeune ; avant 25 ans, il était tenu pour un peintre d'histoire de talent. A la mort de son père, il revint à Lucques, s'y fixa et y peignit de nombreux tableaux pour les couvents de Saint-Laurent et de Saint-Michel. Il exécuta un nombre important de fresques à la cathédrale Saint-Ignace.

MARRACCI Hippolyte
Né au XVIIe siècle à Lucques. XVIIe siècle. Italien.
Peintre d'histoire et de fresques.
Frère de Giovanni Marracci dont il fut le collaborateur dans les églises et les couvents de Lucques.

MARRALWANGA Peter
Né en 1916. Mort en 1987. XXe siècle. Australien.
Peintre. Traditionnel.
Il a joué un rôle important, organisant des cérémonies aborigènes.
Il a participé à des expositions collectives : 1981, 1983 Aboriginal Traditional Arts Gallery à Perth ; 1988 The Art Gallery of South Australia.
Son travail est typique de l'art aborigène. Sa peinture à caractère religieux, spirituel, est une manière de partager ses croyances avec sa famille, et les habitants de sa région. Il utilise des ocres sur des écorces d'eucalyptus parfois teintes en noir, traçant des figures, personnages ou animaux, striées, parcourues de pointillés, dont les gestes et les attitudes sont magiques.
Bibliogr. : In : Catalogue de l'exposition *Creating Australia – 200 years of art 1788-1988*, The Art Gallery of South Australia, Adélaïde, 1988 – in : *Dict. de l'art mod. et contemp.*, Hazan, Paris, 1992.
Musées : Canberra (Austr. Nat. Gal.) : *Ngalkunburruyayni, fille de Yingarna*.

MARRAZ
XIXe siècle. Actif au début du XIXe siècle. Espagnol.
Miniaturiste.

MARRE Bernard
Né en 1924 à Mazamet (Tarn). XXe siècle. Français.
Peintre, sculpteur, graveur.
Il vit et travaille à Versailles. Il a participé à l'exposition : *Dix Ans d'enrichissements du cabinet des estampes 1978-1988 – De Bonnard à Baselitz*, à la Bibliothèque nationale de Paris, en 1992.
Musées : Paris (BN) : *Rugby* 1971, litho.
Ventes Publiques : Paris, 8 oct. 1989 : *Abstraction*, encre de Chine (30x40) : **FRF 4 000** ; *Le monde féroce* 1953, h/pap. (75x51) : **FRF 20 000** – Paris, 18 fév. 1990 : *Composition* 1950, gche (77x55) : **FRF 7 000**.

MARRE Hélène
Née à Paris. XXe siècle. Française.
Graveur, peintre de fleurs, portraits, paysages, marines, peintre à la gouache.
Elle exposa à Paris, régulièrement aux Salons d'Automne, des Indépendants et des Tuileries.
D'abord appréciée pour ses fleurs, elle devint la portraitiste des femmes de théâtre.
Ventes Publiques : Paris, 31 jan. 1938 : *Roses-thé dans un vase* : **FRF 430** – Paris, 27 juin 1941 : *Bouquet de fleurs* : **FRF 360** – Paris, 31 oct. 1944 : *La place de la Concorde ; Marines*, trois gches : **FRF 1 100** – Paris, 2 déc. 1946 : *Portrait de femme* : **FRF 1 050**.

MARRE Henri
Né en 1858 à Montauban (Tarn-et-Garonne). Mort en 1927. XIXe-XXe siècles. Français.
Peintre de paysages.
Il fut élève à l'École des Beaux-Arts de Toulouse, puis à celle de Paris, mais revint dans sa région natale. Il exposa au Salon de Paris de 1880 à 1899.
Ses paysages sont peints d'une pâte riche, dans des coloris sobres et contrastés.
Bibliogr. : Gérald Schurr, in : *Les Petits Maîtres de la peinture 1820-1920, valeur de demain*, Les Éditions de l'Amateur, t. II, Paris, 1982.
Musées : Chaumont : *Intérieur*.
Ventes Publiques : Paris, 16 mars 1972 : *Pont de Montauban*, h/t (95x60) : **FRF 1 000** – Toulouse, 14 juin 1976 : *Collioure*, h/t (50x61) : **FRF 1 300** – Castres, 26 fév. 1989 : *L'heure de la couture*, h/t (53x64) : **FRF 46 000**.

MARRE Louis
XIXe siècle. Actif à Montauban. Français.
Peintre d'histoire et de genre.
Élève de Cabanel. Le Musée de Montauban conserve de lui : *Alexandre le Grand recevant les descendants de Pindare* et *Bohémiens.*

MARRE-LEBRET Alexandre Victor Hippolyte
Né vers 1835 au Petit-Couronne (près de Rouen). XIXe siècle. Français.
Peintre de genre, portraits, paysages urbains.
Il vécut à Paris, où il fut élève à l'École des Beaux-Arts et où il exposa au Salon de 1857 à 1889.
Bibliogr. : Gérald Schurr, in : *Les Petits Maîtres de la peinture 1820-1920, valeur de demain*, Les Éditions de l'Amateur, t. II, Paris, 1982.

MARREBECH Matthys Van ou **Marrebeck**. Voir **MARREBECK**

MARREBECK J.
Né probablement en Hollande. XVIIIe siècle. Actif vers 1700.
Graveur à la manière noire.
Il a laissé quelques portraits.

MARREC Anne
Née le 30 octobre 1943 à Romans (Drôme). XXe siècle. Active au Canada. Française.
Peintre de figures, nus, animaux, fleurs, aquarelliste, sculpteur.
Elle a commencé sa carrière artistique en 1969, au moment où elle s'est établie au Canada. Depuis 1983, elle a participé à de nombreuses expositions de groupe à Montréal et au Québec. Elle a montré ses œuvres dans des expositions personnelles, notamment à Ottawa, Baie Saint-Paul, Québec, Sainte-Foy, Montréal.
À partir d'aquarelles et de croquis, elle réalise de grandes compositions à l'acrylique structurées par de larges touches gestuelles colorées. Corps humains, musiciens, chevaux et autres animaux, fleurs, sont les thèmes principaux d'une peinture cherchant à exprimer, avant tout, le mouvement. Elle a également exécuté des modelages, des plâtres et des bronzes.

MARREL Jacob ou **Moral, Morrel, Murel, Marellus**
Né en 1614 à Utrecht ou à Frankenthal. Mort le 11 novembre 1681 à Francfort-sur-le-Main. XVIIe siècle. Hollandais.
Peintre de portraits, natures mortes, fleurs et fruits.
Élève de Flegel à Francfort et de J.-D. de Heem, il épousa en 1641, à Utrecht, Catharina Eliets qui mourut en 1649, puis en 1651, à Francfort, Johanna Sibylla, veuve du graveur, M. Merian. En 1664, il revint à Utrecht avec son élève Abraham Migon et s'y installa marchand d'art. Il eut encore pour élève sa belle-fille Maria Sibylla Merian.

IACOBVS MARRELLVS Fe. VTRECH. Anno 1634 · Jacob Marrell fecit A° 1655

Musées : Amsterdam (Mus. roy.) : *Fleurs* – Darmstadt : *Bouquet de fleurs* – Francfort-sur-le-Main (Mus. historique) : *Panorama de ville avec guirlandes de fleurs* – Kassel : *Fruits* – Lille : *Fleurs* – New York (Mus. of History Society) : *Portrait entouré de fleurs* – Prague : *Fleurs* – Sienne : *Deux Fleurs* – Spire : *Fruits*.
Ventes Publiques : Paris, 9 fév. 1928 : *Vase de fleurs* : **FRF 2 320** – Londres, 10 juil. 1968 : *Vase de fleurs* : **GBP 4 400** – Londres, 21 juil. 1972 : *Nature morte aux fleurs* : **GNS 7 000** – Amsterdam, 22 mai 1973 : *Nature morte* : **NLG 40 000** – Cologne, 22 nov. 1973 : *Nature morte aux fruits* : **DEM 26 000** – Londres, 11 déc. 1974 : *Nature morte aux fleurs* : **GBP 3 800** – Amsterdam, 3 mai 1976 : *Fleurs et insectes*, deux aquar./ parchemin (chaque 34x21,5) : **NLG 11 000** – Amsterdam, 18 mai 1976 : *Nature morte aux fleurs*, h/pan. (54x50) : **NLG 50 000** – Versailles, 14 mai 1977 : *Le vase fleuri* 1654 ?, h/bois (41x32) : **FRF 24 000** – Berne, 21 juin 1979 : *Tulipes* vers 1680, deux gches et aquar./parchemin (33,5x22,2) : **CHF 9 000** – Londres, 12 déc 1979 : *Nature morte aux fleurs*, h/cuivre (18,5x14) : **GBP 51 000** – Paris, 21 avr. 1982 : *Tulipes*, aquar. : **FRF 25 000** – Paris, 17 juin 1983 : *Étude de fleurs*, aquar./traits cr. (36x24) : **FRF 10 000** – Londres, 15 avr. 1983 : *Nature morte aux fleurs et pommes sur un entablement*, h/pan., de forme ovale (56,5x47,6) : **GBP 13 000** – Londres, 11 déc. 1985 : *Vase de fleurs dans une niche*, h/t (60x73) : **GBP 92 000** – Paris, 19 déc. 1986 : *Vase de fleurs*, h/bois (74x60) : **FRF 1 600 000** – Paris, 19 déc. 1986 : *Vase de fleurs*, h/bois (74x60) : **FRF 1 600 000** – Monte-Carlo, 6 déc. 1987 : *Bouquet de fleurs dans un vase* 1646, h/t (55,5x44,5) : **FRF 200 000** – New York, 14 jan. 1988 : *Nature morte d'un bouquet de tulipes et iris et fleurs variées dans un vase baroque avec un martin-pêcheur et un lézard sur une balustrade* 1639, h/pan. (84x67,5) : **USD 198 000** – Monaco, 17 juin 1988 : *Bouquet de fleurs sur entablement*, h/pan. (25x33,5) : **FRF 55 500** – Amsterdam, 14 nov. 1988 : *Étude de la tulipe Generalissimo del Costa*, aquar./pap. (34,5x22,7) : **NLG 7 360** – Londres, 12 déc. 1990 : *Grande Composition florale dans une urne avec un martin-pêcheur, un lézard et des insectes sur un entablement*, h/pan. (73x56,5) : **GBP 253 000** – Londres, 11 déc. 1992 : *Composition florale avec des tulipes, des iris, des roses, une jonquille, du jasmin et d'autres fleurs dans un vase de verre sur un entablement* (63,8x47,5) : **GBP 165 000** – Paris, 14 déc. 1992 : *Bouquet de fleurs sur un entablement*, h/t (103x76,5) : **FRF 750 000** – New York, 14 jan. 1993 : *Composition avec des lys blancs, roses, tulipes, iris, muguet, ancolies, soucis dans un vase et des fruits et des lézards sur un entablement de pierre sculptée* 1647, h/pan. (74x60) : **USD 363 000** – New York, 19 mai 1994 : *Nature morte d'une composition florale dans un vase de verre avec un cacatoes blanc et des insectes sur un entablement de pierre*, h/t (74,9x54) : **USD 189 500** – New York, 19 mai 1995 : *Importante Composition florale avec un bouquet de cerises, une libellule et un lézard sur un entablement*, h/pan. (48,9x35,6) : **USD 376 500** – Amsterdam, 11 nov. 1997 : *Une tulipe Cleijnen Alexander*, aquar./vélin (22,5x16,2) : **NLG 18 290** – New York, 22 mai 1997 : *Nature morte de tulipes, d'une rose, d'un œillet et d'un iris dans un vase de style posé sur un entablement avec des pêches, des libellules, une souris et un escargot*, h/pan. (56,5x47,6) : **USD 85 000**.

MARRET Henri Justin
Né le 15 février 1878 à Paris. Mort le 25 juillet 1964 à Fourqueux (Yvelines). XXe siècle. Français.

Peintre de genre, paysages, décorateur.
Il fut élève de Fernand Cormon, Jacques Humbert, et Eugène Thirion.
Il figura à Paris, au Salon des Artistes Français, dont il devint membre sociétaire à partir de 1904, et où il obtint une mention honorable en 1901, une médaille de troisième classe en 1905, de deuxième classe en 1906. Il exposa également à Paris, aux Salons de la Société Nationale des Beaux-Arts, d'Automne et des Tuileries.
Il a composé des toiles monumentales et souvent des fresques pour des monuments publics, notamment au musée du Prieuré à Saint-Germain-en-Laye, à l'École des Arts et Métiers de Paris, à l'église Saint-Louis de Vincennes. Il a également réalisé de grands panneaux décoratifs pour la salle à manger du transatlantique *De Grasse* et pour certains pavillons, dont celui de Ruhlmann, à l'exposition des Arts Déco de 1925 à Paris.
Bibliogr. : Gérald Schurr, in : *Les Petits Maîtres de la peinture 1820-1920, valeur de demain,* Les Éditions de l'Amateur, t. VI, Paris, 1985.
Musées : Paris (Mus. d'Art Mod.) : *La Sainte Famille.*
Ventes Publiques : Paris, 14 déc. 1981 : *Bateaux de pêche en Bretagne*, aquar. (16x27) : **FRF 1 400**.

MARREY Gilles
Né le 18 septembre 1963 à Vendôme (Loir-et-Cher). xxe siècle. Français.
Peintre de figures.
Après des études à l'École des Beaux-Arts de Rouen et l'obtention de son diplôme en 1988, il s'installe à Paris et présente plusieurs expositions à la Galerie Pierre Kamouh. En 1991, il est lauréat du Prix de la Villa Médicis Hors-les-Murs ; il séjourne et travaille à New York. La Galerie Faurschou à Copenhague expose ses travaux en 1991 et le présente à la FIAC de Paris (Foire Internationale d'Art Contemporain) en 1992 et 1993. En 1994, présentation de ses œuvres récentes à la Galerie Le Monde de l'Art puis à la Galerie Aréa à Paris. La Galerie Art et Patrimoine du Crédit Municipal de Paris lui offre ses cimaises en 1995. La même année, l'Institut Français de Florence présente une exposition de ses dernières toiles.
En 1995, il a également créé des pièces en porcelaine pour la collection *Tables d'Art*, éditée par la Réunion des Musées Nationaux et la Société des Amis du Centre Georges Pompidou.
Jeune peintre figuratif remarqué, Gilles Marrey peint dans l'esprit d'une tradition, nourri d'une « galerie d'ancêtres » qu'il s'est choisis, Delacroix, Caillebotte, Bonnard,... et d'une peinture contemporaine où il se retrouve, Garouste, Fischl,... Pour autant, évitant les pièges de la virtuosité et du formalisme, recherchant une maîtrise picturale savante et rêveuse, ces références ne l'amènent, comme l'écrit Yves Michaud, « ni à l'histoire, ni au théâtre mais à l'intimité et au quotidien. (...) La présence de la figure ne le conduit à nul réalisme, mais à un effort continu pour trans-figurer le sentiment des instants ». Bien que peignant des scènes de la quotidienneté baignées d'une lumière du soir ou du matin, la rue vue sous des angles panoramiques, des paysages urbains banals, l'anecdote n'a pas de place dans cette œuvre singulière. Sa peinture est intuition, expérience intime et affective.
■ Philippe Bouchet
Bibliogr. : Plaquette de l'exposition Gilles Marrey, *Éclipse*, avec un texte de Yves Michaud, Galerie Le Monde de l'Art, Paris, 1994 – Anne Kerner : *Derain et fils, la peinture jusqu'au bout des doigts*, in : Muséart, Paris, déc.1994-janv.95 – Catalogue de l'exposition Gilles Marrey, *Proche et lointain*, avec un texte de Gilles Marrey, Galerie Art et Patrimoine, Crédit Municipal de Paris, 1995 – Philippe Dagen : *Gilles Marrey*, in : Le Monde, Paris, 15-16 octobre 1995 – Michel Braudeau : *La vie d'artiste*, in : Le Monde, Paris, 22 mars 1996 – Yves Michaud : *Gilles Marrey peintre*, in : Connaissance des Arts, Paris, nov. 1997.
Musées : Céret (Mus. d'Art Mod.).

MARRI Giuseppe
Né le 11 juin 1788 à Faenza. Mort le 7 août 1852 à Faenza. xixe siècle. Italien.
Graveur au burin.
Élève de Longhi. Il a gravé des sujets religieux. Il travailla à Florence et à Faenza.

MARRINA Lorenzo ou **Marinna**, dit **Lorenzo di Mariano Fucci**
Né le 11 août 1476, originaire de Sienne. Mort en 1534. xvie siècle. Italien.
Sculpteur.
Il fut un élève de Giovanni di Stefano et travailla à la décoration de nombreuses églises de Sienne. Il travailla notamment au Dôme, puis au portail de la Bibliothèque Piccolomini, en 1504, et à San Girolamo. Il exécuta, entre 1509 et 1517, l'autel de l'église de Fontegiusta à Sienne. Son œuvre est très ornemental et gracieux.

MARRIOTT Frederick
Né en 1860. Mort en 1941. xixe-xxe siècles. Britannique.
Peintre, graveur.
À 14 ans, il commença à travailler comme peintre sur faïence à la manufacture Maw and C°. Il étudia à l'école d'art de Coalbrookdale et à l'école du Kensington Museum (Victoria and Albert Museum), notamment pour la gravure. En 1879, il obtint une bourse pour étudier au Collège royal d'art où il put se perfectionner pendant trois années. Il devint le principal designer de plusieurs manufactures et ses travaux furent exposés à la Royal Academy de Londres à partir de 1891, au Royal Institute of Oil painters et dans les expositions d'arts appliqués. Il fut nommé membre honoraire du Royal College of Art et membre de la Société des Arts Appliqués et de la Guilde des Travailleurs d'Art. Il était spécialiste du travail sur gesso et laissa des notes sur cette technique.
Bibliogr. : Philippe Garner : *Notes inédites sur le gesso par Frederick Marriott*, Bulletin de de la Société des Arts Décoratifs, n° 1.
Ventes Publiques : Londres, 9 déc. 1968 : *Titania – Oberon*, deux peint. sur gesso : **GBP 1 900** – Londres, 3 avr. 1974 : *L'ange de la nuit* : **GBP 2 400** – Londres, 3 nov. 1993 : *Le preux chevalier vainqueur en tournoi d'un ennemi félon*, Gesso peint. et incrustations de nacre sur pan. (70x140) : **GBP 45 500** – Montréal, 5 déc. 1995 : *Admiration*, h/t (66,6x132) : **CAD 5 200**.

MARRIS R.
xviiie siècle. Actif à Londres. Britannique.
Peintre de paysages.
Le British Museum possède de lui deux aquarelles *(Vues d'Hastings)*.

MARROIG Y MESQUIDA Gabriel Juan
Né à Palma de Majorque. xixe siècle. Espagnol.
Peintre d'histoire.
Il a exposé depuis 1864.

MARRON Marie Anne Carrelet de
Née en 1725 à Dijon. Morte le 14 décembre 1778. xviiie siècle. Française.
Peintre d'histoire et poète.
On cite d'elle une *Conception* dans la cathédrale de Dijon.

MARROT Henri
Né le 2 septembre 1887 à La Souterraine (Creuse). xxe siècle. Français.
Peintre de paysages.
Il exposa à Paris, aux Salons des Indépendants à partir de 1920, d'Automne et des Tuileries.
Musées : Calais.
Ventes Publiques : Paris, 28 jan. 1943 : *Les quais de Bitume* : **FRF 700** ; *Avignon*, vue générale : **FRF 1 200**.

MARROTTE Charles. Voir **MAROTE Charles**

MARS. Voir **VOGELAER Karel Van**

MARS, pseudonyme de **Bonvoisin Maurice**
Né le 26 mai 1849 à Verviers (Liège). Mort en 1912. xixe-xxe siècles. Belge.
Graveur, dessinateur, illustrateur.
Il fit de nombreux voyages, collaborant à des revues étrangères, en particulier françaises et anglaises, on mentionne entre autres : le *Journal amusant* et le *Charivari* de Paris.
Il a rendu compte dans des dessins efficaces de l'ambiance des champs de course, des plages, ainsi que de la vie mondaine. Il a gravé à l'eau-forte.
Bibliogr. : In : *Dict. des illustrateurs 1800-1914*, Ides et Calendes, Neuchâtel, 1989.

MARS Ethel
Née à Springfield (Illinois). xxe siècle. Américaine.
Peintre, graveur.
Elle vécut à Cincinnatti et à Vernon, et exposa au Salon de la Société Nationale des Beaux-Arts à Paris de 1907 à 1913 et en 1922.
Musées : Cincinnatti : *Portrait de Miss Strafer*.

MARS Jacqueline
xxe siècle. Française.

Sculpteur de portraits.
On cite d'elle des bas-reliefs de terre cuite, finement modelés, notamment des *Portraits*.

MARS Louis Philippe
Né le 22 avril 1780 à Versailles. XIXe siècle. Français.
Peintre.
Élève de l'École des Beaux-Arts. Devint professeur de dessin à l'école militaire de Saint-Cyr, en 1816, et ensuite à celle de La Flèche. Exécuta pour la chapelle de ce dernier établissement : *La Vierge et l'Enfant*, et pour la salle du conseil : *Allégorie à la mémoire de Louis XIV*.

MARS TOUSSAINT Julieth
XXe siècle. Français.
Peintre. Nouvelles Figurations.
Il montre ses œuvres dans des expositions personnelles : 1997 galerie Guigon à Paris.
D'origine caribéenne, sa peinture évoque le travail de Jean-Michel Basquiat.

MARS-VALLET Marius
Né en décembre 1867 à Leinenc (Savoie). XIXe-XXe siècles. Français.
Sculpteur de statues, monuments, médailleur.
Il exposa à Paris, au Salon des Artistes Français, où il obtint une mention en 1895 et, de 1897 à 1922, fit des envois réguliers au Salon de la Société Nationale des Beaux-Arts.
Il a exécuté une statue de Rousseau pour la ville de Chambéry, ainsi que le monument de l'archevêque de Chambéry en 1892.
Ventes Publiques : Los Angeles, 9 mars 1976 : *Sarah Bernhardt* 1895, bronze doré (H. 25,5) : **USD 950** – Monte-Carlo, 18 nov. 1978 : *Sarah Bernhardt dans le rôle de la « Princesse lointaine »*, bronze (H. 32,5) : **FRF 13 500** – Londres, 15 fév. 1980 : *Sarah Bernhardt dans la « Princesse lointaine »*, bronze (H. 52,5) : **GBP 2 100**.

MARSAC E.
XIXe siècle. Actif dans la seconde moitié du XIXe siècle. Français.
Peintre de genre.
Le Musée d'Avignon conserve un dessin de cet artiste.

MARSAC Paul Alphonse
Né le 22 juillet 1865 à Paris. XIXe-XXe siècles. Français.
Peintre de paysages.
Il fut élève de Sein. Il figura à Paris, au Salon des Artistes Français, dont il fut membre sociétaire à partir de 1892, et où il obtint une mention honorable en 1894, une médaille de troisième classe en 1895, une médaille de bronze en 1900 à l'Exposition universelle.
Musées : Beaufort : *Portrait du colonel Normand* – Carpentras – Saïgon (Mairie).

MARSAL Édouard Antoine
Né le 4 juillet 1845 à Montpellier. XIXe siècle. Français.
Peintre d'histoire et de genre.
Élève de Malet et Cabanel. Il fut professeur à l'École des Beaux-Arts, puis au lycée de Montpellier. Il a exposé au Salon de 1868 à 1888. Ce fut aussi un illustrateur de talent. A ce titre il a collaboré à de nombreux ouvrages français provençaux et languedociens.

EMarsal

Musées : Cette : *Satyre et Bacchante* – Montpellier : *Dona Marioun, vieille femme du peuple* – *Une tricoteuse* – *Vieux puits à roues à Montpellier* – Narbonne : *Portrait du premier président Cauvet*.

MARSAL de Sax. Voir **MARZAL**

MARSAN de, comte
XVIIIe siècle. Actif à Paris. Français.
Dessinateur et graveur à l'eau-forte.
Il a gravé : *La prise d'une ville*.

MARSANS Luis
Né en 1930 à Barcelone (Catalogne). XXe siècle. Espagnol.
Peintre de paysages, intérieurs, natures mortes, dessinateur, illustrateur.
De 1936 à 1940, il séjourna à Paris avec sa famille. En 1947, il se rend à New York et au Mexique. L'année suivante, il étudie la peinture dans un atelier à Barcelone.
Il participe à des expositions collectives, notamment : 1985 au Hirshhorn Museum and Sculpture Garden de Washington. Il montre ses œuvres dans des expositions personnelles depuis 1980 à Paris, New York, Madrid.
Il a illustré des œuvres de Edgar Poe et de Proust. Il peint, avec minutie, des gros plans, un rayon de bibliothèque, la porte d'un immeuble, le dessus d'un piano, les cadre de manière à laisser deviner le contexte dont ils ont été extrait.
Musées : Paris (FRAC) : *Deux Boîtes* 1982, techn. mixte.

MARSARI Leoni de. Voir **LEONI Ippolito** et **LEONI Ottavio Mario**

MARSAUD Alfred
XIXe siècle. Français.
Peintre.
Il exposa au Salon de Paris, de 1840 à 1848 des aquarelles : *Un intérieur, Un moine, La toilette du matin, Le fidèle gardien, Le bain, La halte*.
Ventes Publiques : Paris, 26 fév. 1926 : *L'embarras du choix*, aquar. : **FRF 200** – Paris, 4 mai 1928 : *Les Chiens savants*, aquar. : **FRF 130** – Paris, 16 et 17 mai 1939 : *Méditation*, aquar. : **FRF 400**.

MARSAUD Marie Méloé, Mme. Voir **LAFON Marie Méloé**

MARSAULT Noël
Né en 1951 à Montreuil-sous-Bois (Seine-Saint-Denis). XXe siècle. Français.
Peintre, graveur.
Il vit et travaille à Paris. Il a participé à l'exposition : *Dix Ans d'enrichissements du cabinet des estampes 1978-1988 – De Bonnard à Baselitz*, à la Bibliothèque nationale de Paris, en 1992.
Musées : Paris (BN) : *La Petite Mort* 1977-1978.

MARSCHALK Thomas
Originaire de Kleeberg près de Leipzig. XVe siècle. Allemand.
Peintre.
Sa présence à Leipzig a été prouvée de 1491 à 1497.

MARSCHALKO Janos
Né en 1819 à Hörse. Mort en 1877 à Budapest. XIXe siècle. Hongrois.
Sculpteur.
Il a sculpté quatre grands lions pour le pont suspendu de Budapest, ainsi que des statues de poètes hongrois.

MARSCHALL Adelheid
XIXe siècle. Active à Vienne. Autrichienne.
Miniaturiste et dessinatrice.
Elle exposa à Vienne de 1835 à 1840.

MARSCHALL Georg
Né le 18 août 1871 à Wittstock. XIXe-XXe siècles. Allemand.
Peintre.
Il étudia à l'académie de Berlin et à Paris. Il vécut et travailla à Berlin.
Musées : Breslau, nom all. de Wroclaw (Hôtel de Ville) – Lisbonne.

MARSCHALL Rodolphe
Né le 3 décembre 1873 à Vienne. XIXe-XXe siècles. Autrichien.
Sculpteur, médailleur.
Il exposa au Salon de Paris, où il obtint une mention honorable en 1906. À partir de 1905, il dirigea l'école des graveurs de Vienne.
Ventes Publiques : Monte-Carlo, 10 fév. 1981 : *Danseuse* 1900, bronze (H. 33,2) : **FRF 11 000**.

MARSCHIK
XVIIIe siècle. Autrichien.
Peintre.

MARSCHNER Thaddäus
XVIIIe siècle. Actif à Grulich au milieu du XVIIIe siècle. Tchécoslovaque.
Peintre.

MARSDEN Barb. Voir l'article **MAJER Jeremias**

MARSDEN Edith Frances
Née le 22 septembre 1880 à Utica (New York). XXe siècle. Américaine.
Peintre.

Élève de Birge Harrison et Henry R. Poore. Membre de la Ligue Américaine des artistes professeurs.

MARSEILLE Pierre
Né à Marseille (Bouches-du-Rhône). XXe siècle. Français.
Peintre de paysages.
Il exposa des paysages provençaux et méditerranéens à Paris, aux Salons des Indépendants à partir de 1922, et d'Automne.

MARSELEK Endre
Né le 19 novembre 1867 à Klausenburg. XIXe-XXe siècles. Tchécoslovaque.
Peintre de portraits, figures.
Il vécut et travailla dans sa ville natale.

MARSELIER Louis. Voir **MASRELIER**

MARSELIS Jean Claes. Voir **MARCELIS**

MARSEN
XVIIe siècle. Travaillant vers 1632. Hollandais.
Peintre de genre.
La Galerie de Czernin, à Vienne, conserve de lui : *Combat de cavaliers*.

MARSENILLE Emiel Van
Né en 1882 à Anvers. XXe siècle. Belge.
Peintre de portraits, sujets allégoriques, compositions religieuses.
Il fut élève de l'académie des beaux-arts d'Anvers. Il travailla aussi à Paris.
Bibliogr. : In : *Dict. biogr. illustré des artistes en Belgique depuis 1830*, Arto, Bruxelles, 1987.

MARSENOIS
XVIIIe siècle. Français.
Dessinateur.
Il a composé une série de quatre feuilles : *Panneaux rosaille avec personnages, représentant les quatre saisons.*

MARSENS. Voir **MARSEUS**

MARSES Mathieu
XVe siècle. Actif à Rouen. Français.
Graveur sur bois.
Il travailla en 1467 aux stalles de la cathédrale.

MARSEUS Van SCHRIECK Evert
Né vers 1614. Mort après 1681. XVIIe siècle. Actif à Amsterdam. Hollandais.
Peintre de paysages.
Il peignit des paysages et des intérieurs de grottes à la manière de Moucheron, qu'il égale du reste.
Musées : Aix-la-Chapelle – Kassel : *Intérieur d'une haute grotte dans les rochers* – Mayence : *Paysage* – Vienne.

MARSEUS Van SCHRIECK Otto ou **Marcellis Van Schrieck, Otto Marseus Van Schrieck**, pseudonyme : **Snuffelaer**
Né en 1619 à Nimègue. Mort le 22 juin 1678 à Amsterdam. XVIIe siècle. Éc. flamande.
Peintre de genre, animaux, natures mortes.
Il alla en Italie avec Mathias Withoos et connut à Rome, en 1652, Samuel Van Hoogstraten ; il visita la France, l'Angleterre et travailla longtemps au service du grand duc de Toscane ; il épousa le 25 avril 1664 à Amsterdam la fille de Cornelis Gysels, graveur d'armoiries. Il eut à Rome pour élève W. van Alst.

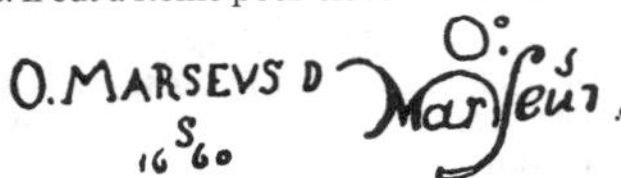

Musées : Aix-la-Chapelle : *Nature morte* – Amsterdam : *Insectes – Forêt* – Augsbourg – Berlin – Bordeaux : *Chardons et insectes – Fleurs et lézards* – Brunswick : *Champignons et serpents* – Bruxelles : *Plantes et serpents* – Dresde : *Pavots et lézards – Même sujet* – Florence (Mus. des Offices) – Genève (Ariana) : *Animaux et plantes* – Hambourg – Le Havre – La Haye : *Fleurs et insectes* – Karlsruhe – Montpellier – Oslo : *Batraciens et limaçons* – Schleisheim : *Le grand chardon* – Schwerin – Stockholm : *Serpents et papillons* – Toulouse : *Serpent et grenouille*.
Ventes Publiques : Amsterdam, 10 juin 1705 : *Épines et papillons* : **FRF 320** – Paris, 1767 : *Tronc d'arbre, plantes, serpents et papillons* : **FRF 641** – Gand, 1827 : *Chardon, papillon et serpent* : **FRF 310** – Paris, 1882 : *Plantes, papillons et reptiles*, gche : **FRF 130** – Paris, 1899 : *Les Hérons* : **FRF 1 490** – Paris, 24 fév. 1926 : *Plantes, oiseaux et reptiles* : **FRF 500** – Paris, 25 mai 1932 : *Plantes et Papillons* : **FRF 1 950** – Paris, 8 mars 1937 : *Fleurs et insectes* : **FRF 800** – Lucerne, 21 et 27 nov. 1961 : *Paysage* : **CHF 6 500** – Londres, 1er avr. 1966 : *Papillons, insectes, reptiles* : **GNS 850** – New York, 22 jan. 1969 : *Lézard et papillons* : **USD 1 850** – Amsterdam, 26 mai 1970 : *Nid d'oiseau, papillons et lézard* : **NLG 7 200** ; *Bandits attaquant des voyageurs dans un paysage* : **NLG 10 500** – Cologne, 24 nov. 1971 : *L'attaque des voyageurs* 1634 : **DEM 22 000** – Paris, 14 mars 1972 : *Le Vase de fleurs ; Plantes et Papillons* : **FRF 46 000** – Paris, 23 juin 1976 : *Chardons, insectes et animaux*, h/pan. (50x40) : **FRF 24 000** – Monte-Carlo, 21 mai 1978 : *Nature morte*, h/t (63,5x51,5) : **FRF 50 000** – Versailles, 20 mai 1979 : *Paysage au lézard et aux papillons*, h/pan. (34,5x24) : **FRF 7 000** – Londres, 30 mars 1979 : *Nature morte* 1665, h/t (66,7x61) : **GBP 6 500** – Londres, 21 avr. 1982 : *Papillons sur des chardons avec un oiseau et un lézard*, h/t (57,5x49,5) : **GBP 7 500** – Londres, 6 avr. 1984 : *Pavot, nid d'oiseau, serpent et papillons* 1671, h/t (69,3x53,2) : **GBP 12 000** – Milan, 26 nov. 1985 : *Nature morte à la belette, au serpent et à la tortue*, h/t (131x93) : **ITL 20 000 000** – Rome, 16 mai 1986 : *Nature morte avec insectes et grenouille*, h/t (57x48) : **ITL 18 000 000** – New York, 14 jan. 1988 : *Nature morte de chardons avec un serpent et un lézard et d'autres insectes dans un paysage*, h/t (59,5x49,5) : **USD 38 500** – Stockholm, 19 avr. 1989 : *Nature morte avec un oiseau, un serpent et des papillons*, h/t (67x53) : **SEK 60 000** – Rome, 23 mai 1989 : *Sous-bois*, h/t (68,5x62,5) : **ITL 25 000 000** – New York, 2 juin 1989 : *Nature morte de fleurs sauvages avec un serpent et des papillons*, h/t (70x53,5) : **USD 104 500** – Amsterdam, 28 nov. 1989 : *Nature morte forestière avec un serpent et des papillons auprès d'un chardon*, h/t (38,9x30,7) : **NLG 39 100** – Amsterdam, 13 nov. 1990 : *Nature morte forestière avec des champignons, des violettes, des crocus, un écureuil et des papillons sur des chardons* 1662, h/t, une paire (chaque 46,5x56,5) : **NLG 48 300** – Londres, 17 avr. 1991 : *Un criquet et des papillons avec un serpent autour d'un chardon poussant dans le sous-bois* 1661, h/t (57x46,5) : **GBP 18 700** – Londres, 28 oct. 1992 : *Nature morte de plantes de sous-bois avec des papillons et un serpent*, h/t (66x51) : **GBP 5 280** – Stockholm, 30 nov. 1993 : *Nature morte d'une composition florale dans un vase posé dans une niche*, h/pan. (94x65) : **SEK 100 000** – Paris, 29 mars 1994 : *Plantes sauvages et papillons dans un paysage de forêt*, h/t (70,5x54,5) : **FRF 700 000** – Londres, 22 avr. 1994 : *Le sol d'une forêt avec des serpents, des papillons et des colimaçons*, h/t (59x48) : **GBP 6 900** – New York, 12 jan. 1995 : *Nature morte nocturne avec un serpent, un crapaud, des champignons, des papillons, des oiseaux et des insectes* 1667, h/t (97,2x73,7) : **USD 156 500** – Paris, 12 déc. 1995 : *Nature morte de sous-bois aux champignons*, h/t, une paire (32,5x41) : **FRF 450 000** – Londres, 5 juil. 1996 : *Roses, volubilis et autres fleurs au pied d'une colonne avec un caméléon, des papillons et des escargots*, h/t (45,4x35,8) : **GBP 48 000** – New York, 22 mai 1997 : *Nature morte de fleurs sauvages, comprenant cyclamen, crocus, delphinium, avec un serpent et des papillons* 1670, h/t (69,8x53,3) : **USD 207 000**.

MARSH Arthur H.
Mort en décembre 1909. XIXe siècle. Britannique.
Peintre de genre.
Il exposa à Londres à partir de 1865.

MARSH Charles Howard
Né le 8 avril 1885 à Magnolia (Iowa). XXe siècle. Américain.
Peintre, graveur.
Élève de Cahill, Guy Rose et Hinckle, il étudia à Paris, sous la direction de Gorguet et Despujol.

MARSH Fred Dana
Né le 6 avril 1872 à Chicago (Illinois). XIXe-XXe siècles. Américain.
Peintre de compositions murales, portraits.
Il fut élève de l'Art Institute de Chicago. Il fut membre de la Fédération américaine des arts. Il obtint une médaille de bronze en 1900, à l'Exposition universelle de Paris, où il séjourna de 1895 à 1899.
Il peignit surtout des décorations murales et des portraits.

MARSH Georgia
Née en 1950 à New York. XXe siècle. Américaine.
Peintre de paysages, dessinateur.
Elle a montré ses œuvres dans des expositions personnelles en 1985 à New York ; en 1986, 1987 à Philadelphie ; 1995, galerie Laage Salomon, Paris.

Georgia Marsh fait partie de ces artistes nord-américains qui ont redécouvert la peinture de paysages dans les années quatre-vingt. Elle puise ses formes dans la nature, retenant un fragment de paysage, comme le réseau inextricable constitué par les branches des arbres ou les taillis vus comme en ombre chinoise. De cette observation naissent des compositions très denses, un espace parcouru d'entrelacs qui n'est pas sans évoquer l'expressionnisme abstrait. Elle a réalisé une série de peintures, en 1994-1995, dans lesquelles elle associe des bandes de couleurs verticales et horizontales à des représentations sérigraphiées de feuilles d'arbre.

Bibliogr. : Robert G. Edelman : *La Peinture de paysage américaine*, Artpress, n° 156, Paris, mars 1991 – Robert G. Edelman : *Georgia Marsh*, in : *Art Press* n° 207, Paris, nov. 1995.

MARSH R.

XVIIe siècle. Actif à Londres à la fin du XVIIe siècle. Britannique.

Miniaturiste.

Il exposa en 1791 à la Société des Arts de Londres deux portraits.

MARSH Reginald

Né en 1889 ou 1898 à Paris, de parents américains. Mort en 1954 ou 1964. XXe siècle. Américain.

Peintre de genre, paysages urbains, marines, peintre à la gouache, aquarelliste, graveur, illustrateur, peintre de décors de théâtre.

Il naquit à Paris, alors que ses parents, artistes américains, séjournaient en France. À partir de 1923, il fut élève de l'Art Students' League de New York. Il y fut l'élève de Kenneth Hayes Miller qui devint son ami et l'encouragea à peindre la vie des classes défavorisées de New York. Il fut l'époux de Felicia Meyer. Fin 1929, Thomas Hart Benton l'initia à la tempera. Il figure, depuis 1946, aux expositions internationales de la fondation Carnegie. Il débuta comme illustrateur, collaborant à de nombreux périodiques américains. Il atteint sa maturité artistique au début des années 30 alors que l'Amérique faisait face à la crise. Il appartient à la tradition de la Ash Can School, l'école dite de la Poubelle, peignant des scènes de la vie urbaine, en dévoilant les aspects les plus sordides. Il a réalisé des peintures murales pour le Post Office Departement Building de Washington.

Bibliogr. : In : *Dict. univers. de la peinture*, Robert, t. IV, Paris, 1975 – Norman Sasowsky : *The Prints of Reginald Marsh*, New York, 1976.

Musées : Chicago (Art Inst.) : *Tatouage et coupe de cheveux* 1932 – New York (Metropolitan Mus.) : *Le Bowery* 1930 – New York (Whitney Mus. of American Art) : *Coney Island Beach* 1943.

Ventes Publiques : New York, 11 avr. 1946 : *Steamer dans le port de New York* : **USD 60** – New York, 30 nov. 1960 : *Bowery Street*, lav. de sépia : **USD 700** – New York, 23 avr. 1964 : *Les Acrobates du théâtre Tony Pastor*, temp. : **USD 1 900** – New York, 18 nov. 1965 : *la promenade*, temp./pap. : **USD 3 600** – New York, 4 mai 1967 : *Le Storck Club*, aquar. : **USD 6 750** – New York, 20 mars 1969 : *Jour de vent* : **USD 3 600** – New York, 4 mars 1970 : *Miss Modern Venus*, temp. : **USD 8 000** – New York, 3 mai 1972 : *Corney Island Beach n° 3*, aquar. : **USD 16 000** – New York, 23 juin 1976 : *Gaiety burlesk* 1930, eau-forte (30,5x25,2) : **USD 700** – New York, 28 oct. 1976 : *The steeple-chase*, aquar. et encre de Chine (67,3x100,3) : **USD 7 500** – New York, 21 avr. 1977 : *Merry-go-round* 1947, isor. (61x45,7) : **USD 15 000** – New York, 22 mars 1978 : *Hat display* 1939, aquar. (101,6x67,3) : **USD 16 000** – New York, 28 sept 1979 : *Two girls on subway* 1928, eau-forte en brun foncé (17,4x27,2) : **USD 3 500** – New York, 25 oct 1979 : *Deux jeunes filles dans central Park*, pl. et lav. (53,5x75,5) : **USD 8 000** – New York, 25 oct 1979 : *Discussion* 1934, temp./pan. (45,7x61) : **USD 33 000** – Los Angeles, 24 juin 1980 : *Jeux de foire (recto) ; Danseuse de burlesque (verso)* 1942, h/isor. (61x76,2) : **USD 14 000** – New York, 24 avr. 1981 : *Carnival Side Show*, lav. de gris et craie noire (56,8x79) : **GBP 1 200** – New York, 24 mars 1982 : *Smokehounds* 1934, eau-forte (30,5x22,5) : **USD 3 500** – New York, 21 sep. 1983 : *Smokehounds* 1935, eau-forte (30,5x22,6) : **USD 4 000** – New York, 8 déc. 1983 : *Orchestre jouant au bord de l'Hudson* 1932, temp./isor. (61x76,2) : **USD 42 000** – New York, 6 déc. 1984 : *The stripper* 1953, lav. d'encre (55,9x76,8) : **USD 6 500** – New York, 5 déc. 1985 : *Continuous performance*, aquar. et lav., quatre double face (66x100) : **USD 15 500** – New York, 30 mai 1986 : *Bowery scene* 1945, h/isor. (61x76,2) : **USD 28 000** – New York, 4 déc. 1987 : *Alice au Pays des Merveilles* 1946, temp./cart. (66,1x99,1) : **USD 150 000** – New York, 24 juin 1988 : *Le bassin Erie* 1927, aquar./pap. (34,5x50) : **USD 3 410** – New York, 1er déc. 1988 : *La baignade dans l'Hudson* 1938, détrempe/rés. synth. (61x86,4) : **USD 44 000** – New York, 24 jan. 1989 : *Promeneuse en jupe rouge dans une ville* 1952, h/rés. synth. (12,5x10) : **USD 3 300** – New York, 24 mai 1989 : *Discussion de clochards*, détrempe/pan. (45,7x61) : **USD 74 250** – New York, 28 sep. 1989 : *Les trapèzistes volants*, temp./pan. (24,4x28,7) : **USD 22 000** – New York, 24 jan. 1990 : *Modèle agenouillé*, encre/pap. (20x48) : **USD 1 100** – New York, 16 mars 1990 : *Vue depuis Coenties Slip* 1932, aquar. et cr./pap. (35,5x50,8) : **USD 14 300** – New York, 23 mai 1990 : *Quatorzième Rue* 1932, h/t/rés. synth. (40,6x76,2) : **USD 96 800** – New York, 24 mai 1990 : *Manège* 1930, temp./t./rés. synth. (91,4x121,9) : **USD 363 000** – New York, 26 sep. 1990 : *Trapèze volant* 1940, aquar., encre et lav./pap. (67,3x99) : **USD 8 800** – New York, 27 sep. 1990 : *Aller faire un petit tour* 1952, h/rés. synth. (40,6x30) : **USD 12 100** – New York, 30 nov. 1990 : *Recto : Deux jeunes femmes se promenant, Verso : Deux jeunes femmes* 1944, aquar. et lav./pap. (78x56,8) : **USD 44 000** – New York, 15 mai 1991 : *Motrice à vapeur* 1929, aquar./pap. (35,2x50,8) : **USD 4 400** – New York, 22 mai 1991 : *Manhattan* 1932, temp./t./rés. synth. (61x122) : **USD 49 500** – New York, 26 sep. 1991 : *Les gratte-ciels*, aquar./pap. (35,5x50,9) : **USD 15 400** – New York, 5 déc. 1991 : *Une cliente de la 14th Street* 1950, temp./cart. (40,6x30,5) : **USD 9 350** – New York, 12 mars 1992 : *Gare de triage à New York* 1929, aquar. et cr./pap. (35,4x55,7) : **USD 9 350** – New York, 23 sep. 1992 : *Le Palais des Merveilles* 1947, temp./cart. (55,7x76,2) : **USD 35 200** – New York, 11 mars 1993 : *Sortie pour une promenade* 1951, h/rés. synth. (30,5x23) : **USD 5 175** – New York, 27 mai 1993 : *Orchestre jouant sur le pont d'un bateau sur l'Hudson* 1932, temp./rés. synth. (61x76,2) : **USD 107 000** – New York, 25 mai 1994 : *Park Avenue* 1936, h/cart. (59,7x50,8) : **USD 173 000** – New York, 25 mai 1995 : *La Mission du Saint-Nom* 1931, temp./t. (90,2x120,7) : **USD 167 500** – New York, 21-22 mai 1996 : *Sur les quais de l'Hudson* 1939, temp./pap. (56,5x76,8) : **USD 51 750** ; *Manège de chevaux de bois*, aquar. et cr./pap. (38x56) : **USD 4 600** – New York, 30 oct. 1996 : *À la bibliothèque (recto) ; Femme debout dans une file (verso)* 1947, lav. d'encre/pap. (45,1x35,6) : **USD 6 325** – New York, 4-5 déc. 1996 : *Spectacle burlesque, Coney Island* 1951, temp./masonite (44,4x59,7) : **USD 57 500** ; *Dans les vagues* 1947, encre de Chine/pap. (57,2x77,5) : **USD 28 750** – New York, 27 sep. 1996 : *Le Pont de Brooklyn* 1929, aquar./pap. (35,5x50,7) : **USD 5 750** – New York, 5 juin 1997 : *Filles sur la Quatorzième Rue* 1934, temp. œuf/masonite gesso (40,7x30,5) : **USD 55 200** – New York, 7 oct. 1997 : *Bac de Staten Island* 1952, h./masonite (40,6x50,8) : **USD 20 700**.

MARSHAL Alexander

XVIIe siècle. Actif à la fin du XVIIe siècle. Britannique.

Aquarelliste.

Son activité se situe entre 1660 et 1690. Il peignit des reproductions de plantes sur parchemin pour le *Tradescants Museum Tradescantianum* de 1656. Le British Museum possède onze de ses aquarelles.

Ventes Publiques : Londres, 14 juin 1977 : *Portrait of Queen Henrietta Maria*, aquar. et reh. de blanc/parchemin mar./pan., d'après Van Dyck (25,5x20,5) : **GBP 1 000** – Londres, 15 juil. 1983 : *Une branche de roses* 1651, h/t (41,2x56,2) : **GBP 2 800**.

MARSHALL Benjamin, ou **Ben**

Né en 1767. Mort en 1835. XVIIIe-XIXe siècles. Britannique.

Peintre de scènes de chasse, sujets de sport, peintre animalier, illustrateur.

Il travailla à Londres et à Newmarket, exposa quelquefois à la Royal Academy entre 1800 et 1819 et collabora au *Sporting Magazine*.

Ventes Publiques : Londres, 26 jan. 1923 : *Miss Mary Arabella Nusters* : **GBP 273** – Londres, 26 juin 1925 : *Sancho, le célèbre pointer* : **GBP 157** – Londres, 17 juil. 1925 : *Mr Powlett et ses chiens* : **GBP 1 785** – Londres, 20 nov. 1925 : *Ipswell Lass* : **GBP 756** – Londres, 14 mai 1926 : *Francis Dukinfield Astley* :

GBP 2 730 – LONDRES, 28 juil. 1926 : *Lad à cheval* : **GBP 1 102** ; *Cambric, cheval de course* : **GBP 1 365** ; *Juments et poneys* : **GBP 3 045** – LONDRES, 21 jan. 1927 : *Cannon Ball, cheval de course et son jockey* : **GBP 262** – LONDRES, 12 mai 1927 : *Le général sir H. F. Campbell* : **GBP 2 400** – LONDRES, 8 juin 1928 : *Thomas Mellish à cheval* : **GBP 1 680** – LONDRES, 13 juil. 1928 : *Phosphorus près d'Eclipse, chevaux de course* : **GBP 325** – LONDRES, 1er fév. 1929 : *Deux chasseurs* : **GBP 388** – LONDRES, 13 déc. 1929 : *Grimalkin, cheval de course* : **GBP 3 255** – LONDRES, 21 fév. 1930 : *Sam Chifney à cheval* : **GBP 945** – LONDRES, 25 juin 1930 : *Middleton, cheval de lord Jersey* : **GBP 1 000** – LONDRES, 26 juin 1936 : *Chasseurs et chiens à la lisière d'un bois* : **GBP 262** – LONDRES, 12 oct. 1945 : *Chasseur et son chien* : **GBP 2 520** – PARIS, oct. 1945-juil. 1946 : *Cheval, porcs et volaille dans une cour de ferme* : **FRF 3 700** – LONDRES, 3 avr. 1946 : *Gentleman John Jackson* : **GBP 780** – LONDRES, 12 juil. 1946 : *Lord Sondes Favourite Hunter* : **GBP 1 890** ; *Le poney favori* : **GBP 294** ; *Bay Hunter* : **GBP 892** – LONDRES, 20 juil. 1951 : *Le jockey Sam Chifney sur Sorcery, vainqueur du prix des Chênes* : **GBP 4 830** – LONDRES, 24 oct. 1958 : *Burleigh* : **GBP 2 310** – LONDRES, 6 nov. 1959 : *Antigallican* : **GBP 5 040** – LONDRES, 24 mars 1961 : *Cheval gris* : **GBP 6 300** – LONDRES, 20 mars 1963 : *Portrait de Sir Robert Frankland-Russel* : **GBP 6 200** – LONDRES, 3 juil. 1964 : *Eleanor vainqueur du Derby en 1801* : **GNS 3 000** – LONDRES, 13 juil. 1966 : *Deux pur-sang et un chien* : **GBP 18 500** – LONDRES, 20 nov. 1968 : *Portrait of Alexandre Le Pelletier de Molmide* 1808, h/t (97x122) : **GBP 52 000** – LONDRES, 18 juin 1969 : *Cheval de course et son groom* : **GBP 30 000** – NEW YORK, 22 oct. 1970 : *Le pur-sang Mameluk* : **USD 65 000** – NEW YORK, 18 mars 1972 : *Cheval dans un paysage* 1799 : **USD 6 500** – LONDRES, 31 oct. 1973 : *Mr Wastall with his jockey, Frank Buckle* : **GBP 47 000** – LONDRES, 31 oct. 1973 : *Le Cheval Mameluk avec son entraîneur* 1827 : **GBP 40 000** – LONDRES, 26 juin 1974 : *Bravura avec son jockey* 1825 : **GBP 24 000** ; *Trois personnalités du turf* : **GBP 25 000** – LONDRES, 28 avr. 1976 : *Portrait of Alexandre Le Pelletier de Molmide* 1808, h/t (97x122) : **GBP 52 000** – LONDRES, 18 mars 1977 : *Le cheval Muly Moloch* 1803, h/t (101,6x127) : **GBP 55 000** – LONDRES, 22 juin 1979 : *Pur-sang dans un paysage*, h/t (69,8x90,2) : **GBP 7 500** – LONDRES, 26 juin 1981 : *Portrait équestre de l'esquire Duncan George Forbes entouré de chasseurs et de chiens à Culloden* 1805, h/t (82,5x99) : **GBP 50 000** – NEW YORK, 10 juin 1983 : *Ispwell lass* 1805, h/t (86,1x101,5) : **USD 230 000** – LONDRES, 20 nov. 1985 : *Mameluke, a bay racehorse with his trainer Mr. Edwards and a groom on Epsom downs* 1827, h/t (71x91,5) : **GBP 150 000** – LONDRES, 18 avr. 1986 : *Bravura monté par James Robinson et son propriétaire Sir Robert Keith Dick* 1825, h/t (99,5x125) : **GBP 240 000** – LONDRES, 18 nov. 1988 : *Trotteur alezan dans un paysage*, h/t (63,7x76) : **GBP 6 600** – LONDRES, 26 mai 1989 : *Cheval de trait alezan harnaché devant la remise aux charrettes*, h/pan. (39,5x51) : **GBP 1 375** – LONDRES, 14 fév. 1990 : *Setters anglais dans un paysage*, h/t (35,5x61,5) : **GBP 6 600** – LONDRES, 18 mai 1990 : *Portrait de Francis Const montant un trotteur bai dans un vaste paysage*, h/t (86,2x101,5) : **GBP 11 000** – NEW YORK, 7 juin 1991 : *Phosphorus, cheval bai dans un paysage*, h/t (71,1x92,7) : **USD 50 600** – LONDRES, 8 avr. 1992 : *Gentilhomme sur son hunter bai dans un paysage* 1832, h/t (84x100,5) : **GBP 39 600** – NEW YORK, 5 juin 1992 : *Portrait de l'artiste avec son Newfoundland préféré* 1811, h/t (72,4x88,3) : **USD 38 500** – LONDRES, 10 nov. 1993 : *Portrait d'un chasseur avec un fusil et son chien dans un paysage* 1799, h/t (68,5x89) : **GBP 276 500** – NEW YORK, 3 juin 1994 : *Burleigh, pur-sang alezan de H. Vansittart monté par Sam Chifney*, h/t (83,2x99,1) : **USD 96 000** – LONDRES, 12 avr. 1995 : *Sancho, le célèbre chien de Sir John Shelley rapportant un faisan dans un paysage* 1805, h/t (100x123) : **GBP 100 500** – NEW YORK, 9 juin 1995 : *Portrait de Mary Musters montant un cheval gris* 1824, h/t (102,9x87) : **USD 74 000** – LONDRES, 17 oct. 1996 : *Portrait de Francis Const à cheval*, h/t (86,2x101,5) : **GBP 10 350** – LONDRES, 13 nov. 1996 : *Curricle tenu par un chasseur en livrée royale dans un paysage*, h/t (73,5x99,5) : **GBP 122 500**.

MARSHALL Charles

Né en 1806 à Londres. Mort en 1890 à Londres. XIXe siècle. Britannique.

Peintre d'histoire, genre, paysages, aquarelliste, décorateur de théâtre.

Il commença à exposer à Londres en 1828 et fut un exposant assidu jusqu'à sa mort, notamment à la Royal Academy, à Suffolk Street et à la British Institution.

Il fut d'abord peintre de décors de théâtre et fit son éducation dans ce genre avec Marinari, peintre des décors de Drury Lane. Marshall passa ensuite au théâtre de Govent Garden. Il s'adonna dans la suite à la peinture de dioramas, représentant le couronnement de Guillaume IV à Westminster Abbaye, puis celui de la reine Victoria. Vinrent ensuite des panoramas *(Combats navals de la flotte anglaise, Le tour d'Europe, Campagne de Crimée)*. Marshall ayant réalisé une fortune honorable, se livra alors à l'art pur et produisit un nombre important de tableaux de genre et des paysages.

VENTES PUBLIQUES : LONDRES, 3 juin 1992 : *Paysage campagnard avec un vieux pont dans le Hants*, h/t (20x40) : **GBP 1 430** – NEW YORK, 20 jan. 1993 : *Le château de Kenilworth*, h/t (50,8x76,2) : **USD 1 380**.

MARSHALL Charles Edouard

XIXe-XXe siècles. Actif à Londres. Britannique.

Peintre de genre, portraits.

Il exposa de 1872 à 1903.

VENTES PUBLIQUES : LONDRES, 26 juil. 1985 : *L'écolière* 1880, h/t (70x39,4) : **GBP 2 400**.

MARSHALL Edward

Né en 1578. Mort le 10 décembre 1675. XVIIe siècle. Britannique.

Sculpteur.

Il travailla à Londres et exécuta les tombeaux de William Earl of Devonshire à Derby en 1628, celui de Lady Cutts à Swavesey en 1631, celui de la famille Barkham à Tottenham en 1644.

MARSHALL Francis

XXe siècle. Français.

Sculpteur, auteur d'assemblages.

Il réalise des sortes de poupées en tissu, à la bouche tordue, au corps torturé, qui semblent sorties d'une décharge publique. Pour les désigner, il reprend le titre d'un fait divers, d'un avis de chasse.

MARSHALL Frank Howard

Né en 1866 en Angleterre. XIXe siècle. Américain.

Peintre.

Élève de l'Art Students' League de New York, de l'Académie Julian à Paris sous la direction de Laurens, étudia également à Madrid et Londres. Membre de la Fédération Américaine des Arts et en 1910 du Salmagundi Club.

MARSHALL George

Né à la fin du XVIIe siècle, originaire d'Écosse. Mort vers 1732. XVIIe-XVIIIe siècles. Britannique.

Peintre de portraits.

Élève de Scougall et de Kneller, il fit aussi des études en Italie. Il résida à York et en Écosse.

MARSHALL Helen

XXe siècle. Australienne.

Peintre, sculpteur, céramiste.

Elle a étudié la peinture à Melbourne dans l'atelier de George Bell, de 1947 à 1950. Elle expose depuis 1951 en Italie, en France, en Belgique et en Australie. En 1966, le palais des Beaux-Arts de Bruxelles a organisé une rétrospective de son œuvre.

MUSÉES : MELBOURNE.

MARSHALL Herbert Menzies

Né le 1er août 1841 à Leeds. Mort le 2 mars 1913. XIXe-XXe siècles. Britannique.

Peintre de paysages, architectures, peintre à la gouache, aquarelliste, graveur, dessinateur.

Il fit ses études à Londres et chez Questel à Paris. Il obtint, à la Royal Academy une bourse de voyage pour l'architecture en 1868. Il fut élu membre de la Royal Water-Colours Society en 1882 ; professeur de paysage au Queen's College de Londres. Il figura aux expositions de Paris où il obtint une médaille d'argent en 1889, pour l'Exposition Universelle.

Herbert Marshall

MUSÉES : LE CAP : *Fleet-Street* – SYDNEY : *Fleet-Street*, aquar.

VENTES PUBLIQUES : LONDRES, 16 juin 1922 : *Charing Cross*, dess. : **GBP 15** ; *Whitehall*, dess. : **GBP 18** – LONDRES, 20 juil. 1923 : *Vers Westminster*, dess. : **GBP 16** – LONDRES, 20 juin 1924 : *L'Église Saint-Paul*, dess. : **GBP 21** – PHILADELPHIE, 30 mars 1932 : *Sporting painting* : **USD 110** – LINDAU, 9 mai 1979 : *Bord de mer*, aquar. (17x35,5) : **DEM 2 300** – LONDRES, 30 juil. 1982 : *London Bridge by moonlight*, h/t (61x91,4) : **GBP 1 100** – LONDRES, 24 mai 1984 : *St.*

James's Park from Carlton House Terrace 1889, aquar. (26x35,5) : **GBP 1 600** – LONDRES, 10 juil. 1984 : *Vue de la cathédrale Saint-Paul avec le pont de Waterloo à l'arrière-plan ; Bateaux près du London Bridge* 1907, h/t, une paire (71x101) : **GBP 3 200** – LONDRES, 30 mai 1985 : *Une rue de Londres à la tombée du jour* 1888, aquar. (16,5x22) : **GBP 800** – LONDRES, 21 jan. 1986 : *Picadilly looking East*, aquar. reh. (33x54) : **GBP 8 200** – LONDRES, 15 déc. 1987 : *Westminster from the South Bank* 1882, aquar. et cr. (39,5x56,3) : **GBP 1 900** – LONDRES, 25 jan. 1989 : *Rue de Londres* 1877, aquar. (13,5x21) : **GBP 880** ; *Le vieux pont de Hungerford* 1889, aquar. et gche (16,5x32) : **GBP 1 320** – LONDRES, 25-26 avr. 1990 : *San Giorgio à Venise* 1875, aquar. et gche (32x51) : **GBP 1 870** – LONDRES, 30 jan. 1991 : *L'église Sainte Mary dans le Strand* 1904, aquar. (28x23) : **GBP 2 090** – LONDRES, 12 juin 1992 : *Saint-Pancrace* 1892, cr. et aquar. (25,4x36,8) : **GBP 2 860** – LONDRES, 5 nov. 1993 : *Point de vue vers Ludgate Hill depuis les marches de Saint-Paul*, cr. et aquar. (36,5x26,4) : **GBP 1 495** – LONDRES, 29 mars 1996 : *Le haut de Waterloo Place* 1909, cr. et aquar. avec reh. de blanc (48,2x66) : **GBP 7 130** – LONDRES, 6 nov. 1996 : *Le Parvis de l'église Saint-Paul*, aquar. (35x25,5) : **GBP 1 035** – LONDRES, 5 nov. 1997 : *Tower Bridge* 1901, aquar. (47,5x72) : **GBP 2 300**.

MARSHALL J. Fitz

Né en 1859. Mort en 1932. XIXe-XXe siècles. Britannique.

Peintre de compositions animées, animaux, paysages, fleurs.

Il vécut et travailla à Croydon.

VENTES PUBLIQUES : LONDRES, 13 déc. 1989 : *Vieux amis*, h/pan. (25,5x35,5) : **GBP 1 100** – LONDRES, 9 fév. 1990 : *La Poupée* 1898, h/t (53,4x35,6) : **GBP 1 760** – LONDRES, 3 mars 1993 : *Un terrier noir*, h/t (52x35) : **GBP 2 070** – LONDRES, 6 nov. 1996 : *Chiots buvant du lait*, h/cart. (33,5x58) : **GBP 8 280** – LONDRES, 5 nov. 1997 : *Nature morte aux pommes ; Nature morte aux roses* 1892, h/t, une paire (chaque 31x61) : **GBP 8 050**.

MARSHALL James

Né le 5 février 1838 à La Haye. Mort le 18 juillet 1902 à La Haye. XIXe siècle. Hollandais.

Peintre.

Fut un élève de Fr. Preller à Weimar et de Nic. de Kayser à Anvers. Il se rendit en 1870 à Dresde, où il fonda une École d'Art, et exécuta divers travaux. La Galerie Schaek, à Munich possède de lui : *Le Songe de Tartini*, la Galerie Nationale de Berlin, un *Portrait du peintre Genelli*, et le Musée de Leipzig, un *Portrait d'Ed. Lassen*.

VENTES PUBLIQUES : COLOGNE, 21 mars 1980 : *Portrait de deux jeunes gens* 1877, h/t (79x58) : **DEM 5 000** – LONDRES, 20 oct. 1981 : *Scène de chasse* 1873, h/t (74x104) : **GBP 1 600**.

MARSHALL John

XIXe siècle. Actif à Londres. Britannique.

Peintre.

Il exposa à Londres, de 1840 à 1896.

MARSHALL Joshua

Né en 1629. Mort en 1678. XVIIe siècle. Britannique.

Sculpteur.

Il exécuta des épitaphes et de nombreux monuments funéraires.

MARSHALL Mary E., Mrs

Née à Plainfield (Pennsylvanie). XXe siècle. Américaine.

Peintre.

Elle fut élève de Daw et Walter Sargent. Elle fut membre de la Fédération américaine des arts.

MARSHALL Peter

Né en 1762. Mort le 27 janvier 1826 à Edimbourg. XVIIIe-XIXe siècles. Britannique.

Peintre.

Il est surtout connu comme inventeur du *Peristrephic Panorama*.

MARSHALL Peter Paul

Né en 1830 à Édimbourg. Mort en 1900. XIXe siècle. Britannique.

Peintre de portraits, paysages, cartons de vitraux, illustrateur. Préraphaélite.

Petit-fils de Peter Marshall, il fut d'abord ingénieur, puis fit partie d'une importante maison de commerce. Il épousa en 1850 Gussy, fille de John Miller, riche commerçant de Liverpool d'ascendance écossaise, mécène enthousiaste des préraphaélites et de leurs suiveurs de Liverpool. Peter Paul Marshall ne fut jamais un artiste de premier plan, poursuivant sa carrière professionnelle commerciale en même temps qu'il consacrait ses loisirs à la peinture. Cependant il fut l'intime ami de Madox Brown et fit partie du groupe des préraphaélites.

Au début des années 1860, il dessina des projets pour une dizaine de vitraux (St. Michael à Brighton, St. Martin à Scarborough, la croisée est de la cathédrale de Bradford). Entre 1861 et 1865, il illustra les premières nouvelles de George Eliot *Scènes de la Vie Cléricale*, qui la firent connaître. Il se fit aussi remarquer par de bons portraits et des paysages intéressants.

VENTES PUBLIQUES : LONDRES, 2 févr 1979 : *Scènes d'intérieur*, deux h/pan. (49,5x38,7) : **GBP 2 000** – LONDRES, 25 oct. 1991 : *Scènes de La Vie cléricale : La Comtesse Czerlaski et son frère ; Le Révérend Amos Barton et sa famille*, h/pan., une paire (chaque 50,8x40) : **GBP 7 150**.

MARSHALL Robert Angelo Kittermaster

Né en 1849. Mort en 1902. XIXe-XXe siècles. Britannique.

Peintre de paysages, animaux, dessinateur, aquarelliste.

Il fut actif actif jusqu'en 1923. Il travailla à Londres, exposant à la Royal Academy et à la British Institution.

RAKMarshall.

MUSÉES : MELBOURNE : *Vue du Devonshire*.

VENTES PUBLIQUES : LONDRES, 17 oct. 1984 : *Troupeau de moutons dans un paysage du Hampshire*, aquar. reh. (44,5x79,5) : **GBP 2 800** – LONDRES, 30 mai 1985 : *Berger et troupeau sur un chemin de campagne ; Moutons au pâturage*, aquar., une paire (33,5x58) : **GBP 2 000** – LONDRES, 21 jan. 1986 : *On the South Downs*, aquar. reh. (47x71) : **GBP 2 400** – LONDRES, 24 sep. 1987 : *Moutons dans des pâturages*, aquar. reh. de blanc, une paire (chaque 33x58,5) : **GBP 2 800** – LONDRES, 25 jan. 1989 : *Moutons au pâturage*, aquar. (34x60) : **GBP 2 200** – LONDRES, 31 jan. 1990 : *Troupeau de moutons dans la vallée*, aquar. (34x58,5) : **GBP 2 090** – LONDRES, 25-26 avr. 1990 : *Promenade dans les bois*, aquar. et gche (44x77) : **GBP 770** – LONDRES, 5 juin 1991 : *Les environs d'Abergaveny*, aquar. (33,5x59,5) : **GBP 1 540** – LONDRES, 19 déc. 1991 : *Vaste paysage boisé avec des moutons près d'un ruisseau*, aquar. (35,6x53,3) : **GBP 2 420** – LONDRES, 3 juin 1992 : *Les environs de Haslemere dans le Surrey*, aquar. (34x49) : **GBP 1 540** – LONDRES, 12 juin 1992 : *Moutons dans une prairie du Surrey*, cr. et aquar. (34,9x52,7) : **GBP 1 870** – LONDRES, 5 mars 1993 : *Les environs de Herstmonceaux dans le Sussex*, cr. et aquar. (35x59,7) : **GBP 1 840**.

MARSHALL Stuart

XXe siècle. Britannique.

Artiste, multimédia.

BIBLIOGR. : In : *Petit Lexique de l'art contemp.*, Abbeville Press, Paris, 1992.

MARSHALL Thomas Falcon

Né le 18 décembre 1818 à Liverpool. Mort le 26 mars 1878 à Kensington. XIXe siècle. Actif à Londres. Britannique.

Peintre d'histoire, genre, portraits, paysages, aquarelliste.

Associé, puis membre de la Liverpool Academy ; il exposa à la Royal Academy, à la British Institution et à Suffolk Street à partir de 1836. Il obtint une médaille d'argent à la Society of Arts en 1840.

MUSÉES : LIVERPOOL (Gal. Walker) : *John Howard visitant les prisons* – LONDRES (Victoria and Albert Mus.) : Une aquarelle.

VENTES PUBLIQUES : LONDRES, 1860 : *Paysage* : **FRF 800** – LONDRES, 1873 : *La Fête de village, 27 mars 1973 : Le Soir de la bataille d'Edgehill* : **FRF 1 400** – LONDRES, 9 mars 1976 : *La visite*, h/pan. (69x99) : **GBP 700** – LONDRES, 14 juin 1977 : *Jeune fille aux fleurs* 1850, h/t, vue ovale (43x34) : **GBP 1 500** – LONDRES, 26 oct 1979 : *Le départ des émigrants* 1852, h/t (91,5x153) : **GBP 4 500** – LONDRES, 26 mars 1982 : *Enfants dans un jardin*, h/cart. (24,2x40,6) : **GBP 1 500** – LONDRES, 19 juil. 1983 : *Le Matin de Noël* 1865, aquar. et cr. reh. de blanc (40x59,6) : **GBP 750** – CHESTER, 12 juil. 1985 : *Au bord de la route* 1864, h/pan. (30x45,5) : **GBP 1 700** – LONDRES, 18 nov. 1987 : *L'Officier recruteur*, h/t (47x60) : **GBP 5 600** – LONDRES, 15 juin 1988 : *Touristes au bord de la mer* 1861, h/t (92,5x153) : **GBP 8 800** – NEW YORK, 17 jan. 1990 : *Le retour au pays*, h/t (50,8x78,8) : **USD 6 600** – LONDRES, 14 juin 1991 : *Le pas de l'absent*, h/cart. (48,3x48,3) : **GBP 1 210** – LONDRES, 7 oct. 1992 : *Jeunes paysans dans une vallée galloise*, h/t (30,5x46) : **GBP 1 430** – NEW YORK, 13 oct. 1993 : *Le médaillon volé* 1871, h/t (91,4x76,2) : **USD 3 220**.

MARSHALL Thomas Mervyn Bouchier

XIXe siècle. Actif à Londres de 1855 à 1858. Britannique.

Peintre de genre et de portraits.

MARSHALL Thomas W.
Né en 1850. Mort en 1874. XIXe siècle. Américain.
Peintre de paysages et de genre.
VENTES PUBLIQUES : PARIS, 27 fév. 1984 : *Le chapeau de paille*, h/t (53x62) : **FRF 21 000**.

MARSHALL Thomas William
Né le 17 octobre 1875 à Donisthorpe. Mort le 2 septembre 1914 à Paris. XIXe-XXe siècles. Depuis 1897 actif en France. Britannique.
Peintre de paysages, marines, nus, portraits, aquarelliste.
En 1897, il s'installe à Paris, à Montparnasse et étudie à l'académie Julian. En 1908, il s'installe en Corse.
Il participe à des expositions collectives à partir de 1900 : de 1904 à 1913 au Salon d'Automne à Paris, dont il est membre sociétaire dès 1908 ; en 1906 et de 1910 à 1914 au Salon des Indépendants à Paris ; de 1908 à 1914 au Salon de Londres ; en 1911 au Salon de la Société Nationale des Beaux-Arts à Paris.
Séduit par la lumière de l'Île de Beauté, il a peint de très nombreux paysages corses, rendant les bleus intenses de la Méditerranée, le jaune des citrons, le vert des arbres. Ses compositions se révèlent synthétiques.

MARSHALL William
XVIe-XVIIe siècles. Travaillant en Angleterre entre 1591 et 1649. Britannique.
Dessinateur et graveur au burin.
Il a surtout travaillé pour des éditeurs de librairie. Il a gravé des frontispices, des ornements pour des livres et un grand nombre de portraits dont la plupart d'après ses propres dessins.

MARSHALL William
XVIIIe siècle. Actif en 1771. Britannique.
Graveur et éditeur.

MARSHALL William Calder
Né le 18 mars 1813 à Edimbourg. Mort le 16 juin 1894 à Londres. XIXe siècle. Britannique.
Sculpteur et dessinateur.
Il commença ses études à l'Académie d'Edimbourg, puis vint à Londres, entra aux Écoles de la Royal Academy en 1834 comme élève de Chantrey et Baily et y obtint une médaille d'argent. Après un séjour de deux années à Rome, il vint en 1839 s'établir définitivement à Londres. Marshall fut en sculpture un représentant de l'École classique. Il avait commencé à exposer à la Royal Academy en 1835 ; il fut nommé associé de cet institut en 1844 et académicien en 1852. Il fut également membre honoraire de la Royal Scottish. Marshall a produit un nombre important de statues et de monuments. Il fut chevalier de la Légion d'honneur.
MUSÉES : LIVERPOOL : *Sabrina* – LONDRES (Tate Gal.) : *L'enfant prodigue* – SYDNEY : *Œnone*.

MARSHALL William Edgar
Né le 30 juin 1837 à New York. Mort le 29 août 1906 à New York. XIXe siècle. Américain.
Portraitiste et graveur.
Il étudia à Paris de 1864 à 1866. Le Musée Metropolitain de New York possède de lui un *Portrait de ma mère*, la Galerie Nationale de Washington, *Portrait de Longfellow* et *Portrait de l'artiste*, et l'Université de Yale, le *Portrait de Lincoln*.

MARSHALL William Elsob
XIXe siècle. Actif à Londres et à Edimbourg. Britannique.
Peintre.
Il exposa de 1859 à 1881.
VENTES PUBLIQUES : LONDRES, 29 fév. 1980 : *New Brighton Hacks* 1881, h/t (50,2x90,2) : **GBP 750**.

MARSHALL Winifred
Née au XIXe siècle. XIXe siècle. Britannique.
Miniaturiste.
Exposa à Londres depuis 1898.

MARSHALORE
Né en 1946. XXe siècle. Actif au Canada. Américain.
Artiste, multimédia.
BIBLIOGR. : Catalogue : *Les Vingt Ans du musée et sa collection*, Musée d'Art contemporain, Montréal, 1985.
MUSÉES : MONTRÉAL (Mus. d'Art Contemp.) : *Dutch Light – Textual Actions* 1991.

MARSHOORN Gérard
XVIIIe siècle. Actif à Haarlem au milieu du XVIIIe siècle. Hollandais.
Médailleur.

MARSIAM Éric
Né en 1938 à Montauban (Tarn-et-Garonne). XXe siècle. Français.
Peintre, graveur.
Il vit et travaille à Marseille. Il a participé à l'exposition : *Dix Ans d'enrichissements du cabinet des estampes 1978-1988 – De Bonnard à Baselitz*, à la Bibliothèque nationale de Paris, en 1992.
MUSÉES : PARIS (BN) : *Algue et corail* 1987, bois en coul.

MARSICANO Nicholas
Né en 1914 à Shenandoah (Pennsylvanie). XXe siècle. Américain.
Peintre de nus.
Il fut élève de la Pennsylvania Academy of Fine Arts. Il y obtint une bourse d'études pour l'Europe, et en reçut d'autres de la fondation Barnes de Philadelphie.
Il participe à des expositions collectives, parmi lesquelles : *Le Nu, peintures récentes U.S.A* au Museum of modern Art de New York en 1962. Il avait auparavant remporté un prix en 1960, à la Ve Exposition internationale Hallmark. Il a montré ses œuvres dans des expositions personnelles à New York.
BIBLIOGR. : In : *Peintres contemp.*, Mazenod, Paris, 1964.

MARSIGLI Bernardino
Originaire de Vérone. Mort en 1527. XVIe siècle. Italien.
Peintre décorateur.
Il travailla avec son frère Fino à la décoration de plusieurs églises de Ferrare au cours de la seconde moitié du XVIe siècle.

MARSIGLI Carlo
XVIIIe siècle. Italien.
Portraitiste.
La Hofburg de Vienne possède de lui un *Portrait de Ferdinand Ier et de sa famille*.

MARSIGLI Filippo
Né le 15 septembre 1790 à Portici. Mort le 8 mai 1863 à Naples. XIXe siècle. Italien.
Peintre d'histoire.
Professeur à l'Académie de Naples. Il a fait des peintures pour le Palais royal et l'église du Campo Santo. On cite de lui : *Homère et les bergers* au Musée Condé, à Chantilly.
VENTES PUBLIQUES : ROME, 27 mai 1980 : *Homère et les deux bergers* 1818, h/t (238x305) : **ITL 7 500 000**.

MARSIGLI Fino
Mort vers 1505. XVe siècle. Italien.
Peintre décorateur.
Frère de Bernardino Marsigli.

MARSIGLI Ge
XXe siècle. Actif dans la première moitié du XXe siècle.
Peintre.
Peut-être est-il identique à Gerlando Marsiglio.

MARSIGLI Giuseppe
XVIIe-XVIIIe siècles. Italien.
Peintre.
Ce peintre dilettante fut curé de l'église S. Luca de Ferrare dont il décora l'autel.

MARSIGLIO Gerlando ou **Marsiglia**
Né en 1797, d'origine italienne. Mort en 1850. XIXe siècle. Italien.
Peintre de portraits et d'histoire.
Il fut membre de l'Académie Nationale des Arts de dessin à New York, où il s'établit en 1817.

MARSILI Emilio
Né le 9 février 1841 à Venise. XIXe siècle. Actif à Venise. Italien.
Sculpteur.
Il exposa à Turin, Venise et Rome ainsi qu'à Paris où il obtint une médaille de bronze en 1889 (Exp. Univ.). Il exécuta les bustes de *Pie X* et de *F. Sarcey*, les bas-reliefs de la façade de l'église de *La Piété* à Venise et décora dans cette même ville le *Palais Franchetti*. La Galerie des Arts Modernes à Rome possède de lui un bronze *(Triste Maternité)*, et la Galerie des Arts Modernes de Venise, un marbre *(Pensiero dominante)*.

MARSILIO da Bologna ou **Marsigli da Bologna**
XVe siècle. Actif à Venise dans la seconde moitié du XVe siècle. Italien.
Miniaturiste.

MARSILIO di Michele di Dino
XVe siècle. Actif à Modène au milieu du XVe siècle. Italien.
Sculpteur.

MARSILLACH-CODONY Jaoquin
Né en 1905 à Olot (Catalogne). XXe siècle. Espagnol.
Peintre de paysages, marines, compositions animées. Postimpressionniste.
Il fut élève de l'école des arts et métiers d'Olot, puis étudia à Barcelone sous la direction des peintres Enrique Galway et Ignacio Mallol.
Il exposa pour la première fois en 1933, dans sa ville natale. Il participa à plusieurs expositions nationales à partir de 1942. Il exposa aussi à Madrid, Tarrasa, Barcelone.
Il pratique la manière impressionniste, appliquant la couleur par petites touches, privilégiant les jeux d'ombre et de lumière.
Bibliogr. : In : *Cien Anos de pintura en Espana y Portugal, 1830-1930*, Antiqvaria, Madrid, 1991.

MARSOLL Nicolau. Voir **MARZAL**

MARSON Djil
Né en 1961. XXe siècle. Français (?).
Peintre, technique mixte. Nouvelles Figurations.
Il fut élève de l'Ecole des Beaux-Arts de Bordeaux. En 1982, un voyage aux États-Unis lui fit connaître la peinture américaine contemporaine. De 1983 à 1986, il participa à différentes expositions collectives à Paris. Ensuite, une série de voyages le conduisirent en Thaïlande, à Singapour, Bali, en Australie. Il eut là l'occasion d'exposer à Brisbane, Port-Douglas, Sydney. En 1989, il était de retour en France. En décembre 1990, prenant le relai des galeries professionnelles, une Étude de Commissaires-Priseurs de Paris prit l'initiative de lui organiser une brève exposition personnelle, suivie d'une vente publique.
Après avoir pratiqué une expérience abstraite, il a rejoint la Nouvelle Figuration, où il fait preuve d'indépendance, utilisant la photographie dans des photomontages, l'agencement répétitif des sujets tel qu'il l'avait vu faire dans la peinture américaine, et se référant sans complexe aux pratiques diverses de Keith Haring, Jean-Michel Basquiat, Robert Combas, Peter Blake. Ses réalisations, de par la diversité des sources et des techniques, se distinguent en général de la « bad painting » par leur richesse graphique, chromatique et matiériste. ■ J. B.
Bibliogr. : Divers : Catalogue de la vente *Djil Marson*, Étude Millon, Robert, Paris, 1990.
Ventes Publiques : Paris, 17 déc. 1990 : *Blessure*, h/pap./t. (100x152) : **FRF 6 000** ; *Sadjetam*, h/pap./t. collage (105x152) : **FRF 4 300** ; *No man's land*, h/pap./t. collage (100x152) : **FRF 5 800**.

MARSON Eugène Hippolyte
Né à Troyes. XIXe siècle. Français.
Sculpteur.
Élève de Moynet à Vendeuvre. Le Musée de Troyes conserve de lui un *Portrait de M. Sadler* (médaillon de plâtre).

MARSSEN Jan. Voir **MARTSZEN**

MARSSENS de Jonge Jan ou **Jacob**. Voir **MARTSZEN**

MARSTALLER G. J.
Né en 1746 en France. XVIIIe siècle. Français.
Graveur.
Il se rendit à Varsovie, où il grava plusieurs portraits.

MARSTALLER Richard
Né le 15 novembre 1847 à Naples. XIXe siècle. Italien.
Peintre de genre.
Il se fixa très jeune à Francfort-sur-le-Main. Il a exposé surtout aux Salons de cette ville, à partir de 1872. Il s'installa ensuite en 1903 à Fribourg-en-Brisgau.

MARSTBOOM Anton
Né en 1905 à Anvers. Mort en 1960. XXe siècle. Belge.
Peintre de figures, paysages, sculpteur, peintre de décors de théâtre.
Il fut élève de l'académie et de l'institut des beaux-arts d'Anvers. Il a fait un séjour en U.R.S.S.
Bibliogr. : In : *Dict. biogr. illustré des artistes en Belgique depuis 1830*, Arto, Bruxelles, 1987.
Musées : Anvers.
Ventes Publiques : Anvers, 19 oct. 1976 : *Composition sur fond bleu* 1958, h/t (180x135) : **BEF 100 000** – Anvers, 28 avr. 1981 : *Composition* 1959, h/t (160x130) : **BEF 55 000** – Lokeren, 22 fév. 1986 : *Voiliers sur la Schelde* 1954, h/t (100x130) : **BEF 260 000** – Lokeren, 16 mai 1987 : *Baigneuses dans un sous-bois* 1947, h/t (63x73) : **BEF 130 000** – Lokeren, 11 mars 1995 : *Composition*, h/pap. (35x44) : **BEF 33 000** – Lokeren, 9 mars 1996 : *Nature morte*, h/t (106x80,5) : **BEF 180 000**.

MARSTON J. B.
XIXe siècle. Actif à Boston au début du XIXe siècle. Américain.
Portraitiste.

MARSTON Richard
Originaire d'Angleterre. Mort le 16 février 1917 à New York. XXe siècle. Américain.
Peintre de théâtres.
Il vivait à New York depuis 1867.

MARSTRAND Julie
Née le 26 juin 1882 à Copenhague. XXe siècle. Danoise.
Peintre, sculpteur de figures.
Elle a fait surtout des bustes d'enfants.

MARSTRAND Wilhelm Nicolai
Né le 24 décembre 1810 à Copenhague. Mort le 25 mars 1873 à Copenhague. XIXe siècle. Danois.
Peintre d'histoire, genre, portraits, paysages.
Élève de l'Académie de Copenhague dans l'atelier d'Eckersberg, il alla en Italie de 1836 à 1839, puis se rendit en 1840 à Munich et à Paris. En 1841, il rentra à Copenhague et revint en Italie de 1855 à 1860. En 1843 il fut membre, en 1848 professeur, en 1853 directeur de l'Académie de Copenhague. Il exposa à Paris en 1855.
On lui doit des compositions anecdotiques. Ses vues prises au cours de ses voyages ont un caractère plus vivant et ont l'attrait des esquisses.
Musées : Copenhague : *Douze scènes tirées des comédies de Holberg – Canaux à Venise – Vieillard près d'une cheminée – Les fiancés – Moine distribuant des vivres aux pauvres – Femme avec chiens – Dans la cave – Petite ferme suédoise – Rue italienne – Deux scènes de Don Quichotte – La leçon – Vie populaire italienne – Romaine en costume de carnaval – Dimanche au bord du lac de Siljan – La visite – Vendanges italiennes – Le peintre C. Hansen – La grande communion – N. L. Hoyen – Le prétendant malencontreux – L'artiste – M. G. Bindesboll – Mme F. Raffenberg – Jeune fille lisant – Paysans italiens écrasant du maïs – Barque de mendiants sur le Grand Canal* – Esquisse – *Pierre le sacristain chante pour un petit verre – Scène de la canicule – La Famille Waagepetersen – Scènes de prison – Paysans romains dans une auberge – Fête d'octobre – Visite du prétendant – Portrait de Orshed – Portrait de Mme Heiberg – Portrait de Constantin Hansen – Portrait de Mlle Hage* – Hambourg : *Politique d'estaminet (Holberg)*.
Ventes Publiques : Copenhague, 5 mars 1951 : *Réunion féminine* : **DKK 12 300** – Copenhague, 20 mai 1957 : *Dans une salle des ventes* : **DKK 13 800** – Copenhague, 10 fév. 1959 : *Vue d'une ville italienne* : **DKK 23 500** – Copenhague, 4 nov. 1960 : *Scène de rue à Rome* : **DKK 13 000** – Copenhague, 29 sep. 1963 : *Scène de rue à Naples* : **DKK 25 200** – Copenhague, 18 fév. 1965 : *Les vendanges* : **DKK 38 200** – Copenhague, 19 mars 1969 : *Le départ en gondole* : **DKK 25 000** – Copenhague, 17 fév. 1970 : *Fête romaine* : **DKK 18 000** – Copenhague, 7 déc. 1971 : *Le chemin du retour* 1869 : **DKK 15 800** – Copenhague, 13 fév. 1973 : *Personnages attablés* 1863 : **DKK 17 000** – Copenhague, 1er oct. 1974 : *Scène de taverne* 1857 : **DKK 21 500** – Copenhague, 9 nov. 1976 : *Don Ranudo de Colibrados*, h/t (39x37,5) : **DKK 9 000** – Copenhague, 23 nov. 1977 : *Scène d'intérieur* 1860, h/t (50x64) : **DKK 10 500** – Copenhague, 28 avr. 1981 : *Fête d'octobre* 1841, h/t (95x123) : **DKK 165 000** – Copenhague, 12 avr. 1983 : *À l'osteria* 1853, h/t (38x53) : **DKK 100 000** – Londres, 19 mars 1986 : *Portrait de Thora Maria Borch, née Arveschoug* 1852, h/t (72,5x61,5) : **GBP 28 000** – Copenhague, 23 avr. 1987 : *Un abbé regardant un jet d'eau dans un parc* 1845-1848, h/t (20,5x14) : **DKK 40 000** – Londres, 24 mars 1988 : *Retour de la fête d'octobre, Rome* 1869, h/t (54,5x66) : **GBP 4 180** – Stockholm, 15 nov. 1988 : *Étude d'un homme avec un violon*, h. (65x51) : **SEK 11 000** – Copenhague, 5 avr. 1989 : *Le chanteur de sérénade endormi*, h/t (51x34) : **DKK 25 000** – Copenhague, 25 oct. 1989 : *Italienne avec deux enfants*, h/t (31x44) : **DKK 18 000** – Copenhague, 25-26 avr. 1990 : *Italienne assise*, h/t (26x21) : **DKK 6 500** – Copenhague, 29 août 1990 : *Jeune Italienne servant du vin à un chasseur* 1850, h/t (98x99) : **DKK 45 000** – Copenhague, 6 mars 1991 : *Repos pendant la fuite en Égypte*, h/t (48x60) : **DKK 6 000** – Copenhague, 1er mai 1991 : *Paysan de la région de Dalar dans une carriole* 1860, h/t (46x59) : **DKK 32 000** – Londres, 17 mai 1991 : *Le rafraî-*

chissement 1850, h/t (98x99) : **GBP 9 680** – COPENHAGUE, 28 août 1991 : *Cavaliers sur un chemin forestier*, h/t (24x29) : **DKK 6 200** – COPENHAGUE, 18 nov. 1992 : *Scène de la comédie d'Holberg : « L'heureuse rupture »* 1868, h/t (93x136) : **DKK 75 000** – COPENHAGUE, 6 sep. 1993 : *Portrait du frère de l'artiste : Troels Marstrand* 1863, h/t (33x27) : **DKK 8 400** – COPENHAGUE, 16 mai 1994 : *La jeune gardeuse d'oies*, h/t (50x37) : **DKK 36 000** – COPENHAGUE, 16 nov. 1994 : *Portrait de Jacob a. Wulf et de sa femme Marie Agnete née Holm*, h/t, une paire (chaque 20x16) : **DKK 16 000** – NEW YORK, 20 juil. 1995 : *Académie d'un homme jeune*, h/t (50,8x67,9) : **USD 5 980** – COPENHAGUE, 14 fév. 1996 : *Concert à trois voix*, h/t (21x25) : **DKK 15 000** – COPENHAGUE, 23 mai 1996 : *Portrait du conseiller d'État Edvard Collin* 1855, h/t (44x34) : **DKK 21 000**.

MARSY Balthazar
Baptisé le 6 janvier 1629 à Cambrai. Mort le 16 mai 1674 à Paris. XVIIe siècle. Français.
Sculpteur.
Fils de Barthélemy Marsy, frère et collaborateur de Gaspard Marsy. Reçu académicien le 26 février 1673 avec un buste de marbre de femme représentant *la Douleur*, et fut adjoint à professeur le 26 février 1671. Cet artiste exécuta seul le beau groupe en marbre qui occupe le centre du bassin de Latone au Parc de Versailles et qui représente *Latone à genoux avec ses enfants, Apollon et Diane, implorant Jupiter* et aussi *Le géant Encelade écrasé sous les débris de rochers*, dans un autre bassin où l'on ne voit sortant de l'eau que la tête et le bras droit. D'autres œuvres ont été exécutées en collaboration avec son frère.

MARSY Barthélemy ou **Gaspard I**
Né vers la fin du XVIe siècle à Cambrai. XVIe-XVIIe siècles. Français.
Sculpteur.
Il alla étudier à Florence dans les ateliers de Jean de Bologne et de Pierre Franqueville, ses compatriotes. Il revint à Paris en 1650. Le Musée de Cambrai possède de cet artiste un *Saint Sébastien* (statue en albâtre) ; il travailla également au tombeau du chanoine Grég. d'Audregny à Saint-Géry, et pour l'église Notre-Dame de Cambrai.

MARSY Gaspard II
Né en 1624 à Cambrai. Mort le 10 décembre 1681 à Paris. XVIIe siècle. Français.
Sculpteur.
Il étudia d'abord avec son père, puis il alla travailler avec Anguier, Sarrazin, Van Obstal et Buyster. Il vint à Paris accompagné de son frère Balthazar. On était à l'année 1648. Les deux jeunes artistes furent bientôt chargés de la décoration des hôtels Sallé et de la Vrillière, du château de Bouchet, près d'Étampes. Ils éxécutèrent au palais du Louvre une partie des figures et des ornements en stuc de la galerie d'Apollon, et la décoration des appartements de la reine-mère. Dans les jardins de Versailles, Gaspard Marsy exécuta en collaboration avec son frère : neuf statues en pierre pour la façade centrale du palais *(Le mois d'août ; Diane ; Apollon ; Le mois de septembre ; Le mois d'octobre ; Le mois de novembre ; Le mois de décembre ; Le mois de janvier ; Le mois de février)* dans le parc du palais, aux deux parterres en avant du bassin de Latone, deux statues représentant les *Paysans de Lycie métamorphosés en grenouilles* ; au bassin de l'Automne, *Bacchus et quatre petits satyres*, groupe en plomb ; au bosquet des Bains d'Apollon, *Deux chevaux du Soleil* et *deux Tritons qui les pansent* groupe en marbre ; à la Fontaine de Diane, *Vénus (l'Heure de Midi)* ; au bassin du Dragon, *le Dragon*. L'artiste fit encore, aidé de son frère, le tombeau de Casimir, roi de Pologne, devenu abbé de Saint-Germain-des-Prés, qui se trouve encore dans cette église. Ses autres œuvres sont : *La Diligence* et *La Célérité*, statues en pierre pour le pavillon central du palais des Tuileries détruit par la Commune en 1871, *Borée enlevant Orythie*, groupe en marbre placé dans le jardin des Tuileries, *La victoire de la France sur l'Empire d'Allemagne*, groupe terminant la balustrade de la cour d'honneur du palais de Versailles, *La magnificence* et *l'Abondance*, statues en pierre pour la façade donnant sur la cour de marbre, *Mars*, l'une des deux figures couchées qui décorent l'Horloge, *Le Point du Jour*, statue en marbre pour la fontaine du même nom, *Le Midi*, statue en marbre pour la fontaine de Diane. Il fit en outre plusieurs statues pour le château de Sceaux appartenant à Colbert, et pour le monument de Turenne. On lui doit l'un des bas-reliefs de la porte Saint-Martin, celui qui se trouve du côté du faubourg.
MUSÉES : CAMBRAI : *Prise de Cambrai par Louis XIV*, bas-relief – VERSAILLES : *Le Point du Jour – Le Midi* – VERSAILLES (Trianon) : *Petit faune couché au milieu de raisins – Petit faune jouant avec une panthère – Amour monté sur un dauphin*.

MARSY J. de, abbé
Dessinateur et graveur à l'eau-forte amateur.
Il a gravé des portraits.

MARSY Jacques
XVIIe siècle. Actif à Angers vers 1667. Français.
Peintre.

MARSZALKIEWICZ Stanislaw
Né en 1789 à Varsovie. Mort le 12 avril 1872 à Varsovie. XIXe siècle. Polonais.
Miniaturiste et lithographe.
Il fut élève de Marcello Bacciarelli et d'Anton Brodowski. Il se rendit en 1830 à Dresde et en 1839 à Vienne. Il subit l'influence d'Isabey et de Daffinger, dont il nous laissa de nombreuses copies. Il fut un miniaturiste remarquable sur ivoire, bois et papier.

MARSZEWSKI Joseph
Né vers 1825 à Varsovie. Mort en 1882 à Varsovie. XIXe siècle. Polonais.
Paysagiste.
Il fit son éducation artistique à Paris et à Rome.
VENTES PUBLIQUES : PARIS, 23 juin 1980 : *Le départ des pêcheurs*, h/t (32x50) : **FRF 6 000**.

MART Marzo
XXe siècle. Espagnol.
Graveur, sculpteur.
Il fut membre du groupe Art Viu. Il a exposé à la Foire de Bâle, à la galerie Friedlander à Paris, et à Bastogne (Belgique).
Il réalise des œuvres à caractère fantastique.

MARTA Luigi
XIXe siècle. Actif à Naples au début du XIXe siècle. Italien.
Peintre de miniatures.
VENTES PUBLIQUES : ROME, 29 oct. 1996 : *L'Éducation artistique* 1831, ivoire (18,5x15) : **ITL 4 893 000**.

MARTAGEX Sandra
XXe siècle. Française.
Peintre de figures, nus, portraits, dessinateur.
Elle montre ses œuvres dans des expositions personnelles : 1995, 1997 galerie Alain Margaron à Paris.

MARTAZ
XIXe siècle. Français.
Peintre.
Il exposa au Salon, de 1831 à 1833.

MARTCH
XIXe siècle. Actif au début du XIXe siècle. Allemand.
Dessinateur.

MARTCHENKO Tatiana
Née en 1918. XXe siècle. Russe.
Peintre de compositions animées, portraits, paysages, fleurs, natures mortes. Réaliste-socialiste.
Elle fut élève de l'école des beaux-arts de Moscou et étudia sous la direction de Nikolaï Krimov. Elle devint Membre de l'Union des Artistes d'URSS et fut nommée Artiste du Peuple.
Elle peint le plus souvent des travailleurs, fidèle à l'inspiration du réalisme socialiste, exaltant la classe prolétarienne et les bienfaits de la révolution. Ses paysages sont caractéristiques d'une peinture académique.

BIBLIOGR. : In : Catalogue de la vente *Tableaux soviétiques*, Salle Drouot, Paris, 3 oct. 1990.
MUSÉES : KIRSANOV (Mus. d'Art Contemp.) – KOUIBICHEV (Mus. des Beaux-Arts) – MOSCOU (min. de la Culture) – MOSCOU (Gal. Trétiakov) – MOSCOU (Mus. d'Hist.) – MOSCOU (Mus. du Bolchoï).
VENTES PUBLIQUES : PARIS, 25 nov. 1991 : *Un insecte intéressant* 1955, h/cart. (34x24) : **FRF 11 000** – PARIS, 6 déc. 1991 : *Travaux d'hiver* 1956, h/t (100x80) : **FRF 8 200** – PARIS, 20 mai 1992 : *Jeux d'enfants* 1963, h/cart. (49x70) : **FRF 3 800** – PARIS, 12 oct. 1992 : *Les jeux d'hiver* 1960, h/cart. (34,5x45) : **FRF 4 200**.

MARTEAU Claude
XVIe siècle. Français.

Peintre d'histoire.
Il travailla en 1565 aux décorations de la ville d'Angers pour l'entrée du roi.

MARTEAU Gilles De. Voir **DEMARTEAU**

MARTEAU Jehan
Français.
Peintre.
Il peignit pour la ville de Tours un portrait équestre d'*Henri IV*.

MARTEAU Louis
Né vers 1715 à Paris. Mort vers 1805 à Varsovie. XVIIIe siècle. Français.
Pastelliste.
Il fut peintre à la cour du roi Stanislas Auguste de Pologne. Il fit pour lui plusieurs portraits des personnages connus de cette époque. Son atelier se trouvait près du château royal à Varsovie et le roi le visita très souvent. Parmi les portrait on cite : *Stanislas Auguste ; L'évêque de Posen Mlodzeïevski ; Stanislas Poniatowski*, père du roi ; *Isabelle Branickan*. La Galerie du roi conserva de lui : *Portrait du comte Ignace Krasicki ; Portrait de Narnszevitch ; Portrait de Konarski*. La Galerie de Florence conserve le portrait de *Marteau* peint par lui-même et le Musée de Cracovie possède un *Portrait de Mme Geoffrin*.
Ventes Publiques : Paris, 28 mai 1931 : *Portrait d'homme*, past. : **FRF 2 000**.

MARTEAU Louis
Né le 6 octobre 1746. XVIIIe siècle. Français.
Marqueteur.
Il travailla pour Notre-Dame de Paris, Versailles et les châteaux de Marly, Trianon, La Muette et Meudon. Il exécuta en 1710 les retables du chœur de Notre-Dame.

MARTEAU Philippe Antoine
XIXe siècle. Français.
Portraitiste.
Il exposa au Salon de Paris en 1847 et 1849.

MARTEAU René
XVIIe-XVIIIe siècles. Actif à Angers de 1693 à 1707. Français.
Peintre verrier.

MARTEGNANI Alexandra
Née au XIXe siècle à Milan. XIXe siècle. Italienne.
Sculpteur.
Débuta vers 1863. Elle exécuta des statues de saints pour la cathédrale de Milan. Elle a exposé à Turin, à Milan et à Naples.

MARTEL
XVe siècle. Espagnol.
Peintre.
Il travailla à la cathédrale de Tolède en 1495.

MARTEL Auguste de
XIXe siècle. Actif à Saint-Quentin au milieu du XIXe siècle. Français.
Peintre verrier.
Il exécuta des vitraux, pour l'église Saint-Jean-Baptiste de Belleville, à Paris.

MARTEL Claudio Joseph
Actif à Séville. Espagnol.
Peintre.

MARTEL Étienne Ange. Voir **MARTELLANGE**

MARTEL Eugène
Né en 1869 à Revest-du-Bion (Basses-Alpes). Mort en 1947 à Bollène (Vaucluse). XIXe-XXe siècles. Français.
Peintre de genre.
Après avoir suivi des cours chez Pierre Grivolas à Avignon, il entra dans l'atelier de Gustave Moreau à Paris.
Il peint surtout la vie de sa région natale, dans ce qu'elle a de quotidien et de rude.
Bibliogr. : Gérald Schurr, in : *Les Petits Maîtres de la peinture 1820-1920, valeur de demain*, Les Éditions de l'Amateur, t. V, Paris, 1981.
Musées : Buenos Aires : *Intérieur de café* – Digne : *Intérieur de café* – Paris (ancien Mus. du Luxembourg) : *Le café – Le compagnon-boulanger*.
Ventes Publiques : Paris, 6 mars 1920 : *Un marché difficile* : **FRF 750** – Paris, 26 mars 1943 : *Intérieur d'écurie* : **FRF 3 000** – Avignon, 4 avr. 1950 : *Chasseurs au café* : **FRF 26 000** – Paris, 10 avr. 1996 : *La repasseuse* 1906, h/t (38x46) : **FRF 10 000**.

MARTEL Jan et **Joël**, appelés par erreur **Jean-Noël**
Né à Mollin (Vendée), nés le 5 mars 1896. Morts peut-être en 1966. XXe siècle. Français.
Sculpteurs de monuments, figures, animaux, intégrations architecturales, décorateurs. Cubistes.
Ils exposèrent à Paris, au Salon des Indépendants, d'Automne et des Tuileries. Participant à l'exposition des arts décoratifs de 1925, leurs arbres en ciment sont particulièrement remarqués. Ils ont également participé aux trois premiers Salons Musicalistes, y exposant, en 1932-1933, la maquette d'un monument à Debussy. Une exposition a été organisée pour le centenaire de leur naissance : 1996-1997 hôtel de Ville de Boulogne-Billancourt, musée Despiau-Wlérick à Mont-de-Marsan, musée d'Art et d'Industrie de Roubaix.
Ils ont réalisé de nombreux monuments, fontaines et reliefs pour les villes. Waldemar-George écrivait à leur propos : « Si le cubisme est leur point de départ, ils mettent au jour ses sources. » Figuratifs, ils ont également participé aux avant-gardes de leur temps, constructivisme, néoplasticisme, tout en retenant les lois du nombre d'or, la leçon de l'art africain et du folklore vendéen.
Bibliogr. : *Joël et Jean Martel sculpteurs*, Gallimard/Electa, Paris, 1996.
Ventes Publiques : Paris, 24 nov. 1978 : *Coq* 1926, bronze, patine noire (H. 40) : **FRF 4 950** – Paris, 21 avr. 1980 : *Le pigeon*, bronze, patine brune (H. 25) : **FRF 8 000** – Paris, 12 déc. 1983 : *Pigeon*, bois (H. 23) : **FRF 6 600** – New York, 22 mars 1986 : *Le Joueur d'accordéon*, bronze (H. 31) : **USD 4 200** – Paris, 21 nov. 1989 : *Danseuse espagnole en mouvement*, métal nickelé (H. 22,5, socle 24x12) : **FRF 72 000** – Paris, 29 mars 1990 : *Belette*, terre cuite laquée noir (H. 23) : **FRF 12 200** – Paris, 20 nov. 1991 : *Femme au livre, dite Sainte Suzanne*, pierre taille directe (H. 145) : **FRF 30 000** – Paris, 16 déc. 1992 : *Femme drapée au livre*, pierre taille directe (H. 125,5) : **FRF 50 000** – Lokeren, 15 mai 1993 : *Guitariste*, bronze (H. 19, l. 10,5) : **BEF 60 000** – Paris, 21 juin 1993 : *Arbre blanc*, bois peint. (H. 81) : **FRF 70 000** – Paris, 9 mars 1994 : *Belette*, bronze (H. 17, base 43,8x6,5) : **FRF 44 000** – Paris, 18 nov. 1996 : *Monument Debussy*, plaque en terre cuite, bas relief (27,5x20) : **FRF 4 500**.

MARTEL Jean-Noël. Voir **MARTEL Jan** et **Joël**

MARTEL Paul-Jean
Né en 1879. Mort en 1944. XXe siècle. Belge.
Peintre de paysages, nus.

P. Martel

Ventes Publiques : Lokeren, 23 mai 1992 : *Gare du Luxembourg à Bruxelles* 1913, h/t (55,5x43,5) : **BEF 80 000** – Lokeren, 12 mars 1994 : *Nu assis*, h/t (49x92) : **BEF 85 000**.

MARTEL Pierre
Né en 1701 à Lausanne. Mort en 1761 à la Jamaïque. XVIIIe siècle. Suisse.
Dessinateur.
Il s'établit en 1743 à Londres.

MARTEL Pierre Louis
Né le 13 mars 1833 à Arles. XIXe siècle. Français.
Peintre de portraits, de genre et d'histoire.
Élève de Flandrin et de Cornu. Il figura au salon de Paris à partir de 1864. On a de lui, au Musée d'Aix, *La mort de Narcisse*.

MARTEL de Janville, comtesse de. Voir **GYP**

MARTEL-ANGE Étienne de
Né à Saint-Peray de Valence. Mort entre 1586 et 1603 à Lyon. XVIe siècle. Actif à Lyon. Français.
Portraitiste.
Il fut l'élève de Florentin Giov. Capassini établi à Lyon. L'Hôtel de Ville de Lyon possède de lui : *Portrait d'un inconnu*. Le Musée de Versailles conserve également un *Portrait de Bianca Capello* portant cette inscription au verso : *Estephanus Martellangius Faciebat Anno 1571*.
Ventes Publiques : Paris, 5 déc. 1973 : *Portrait de Montaigne, en buste* : **FRF 30 000**.

MARTELAERE Lodewyck de ou **Maertelaere**
Né en 1819. Mort le 25 mars 1904. XIXe siècle. Belge.
Paysagiste.
Ventes Publiques : Paris, 31 oct. 1949 : *Troupeau passant un gué ; Le retour à la ferme*, deux pendants : **FRF 20 000** – Los Angeles, 23 juin 1980 : *Le retour du troupeau à la tombée du jour*, h/pan. (56x73,7) : **USD 5 000**.

MARTELET Bernard
Né en 1951 à Dôle (Jura). XXe siècle. Français.
Peintre, graveur.
Il vit et travaille à Paris. Il a participé à l'exposition : *Dix Ans d'enrichissements du cabinet des estampes 1978-1988 – De Bonnard à Baselitz*, à la Bibliothèque nationale de Paris, en 1992.
Musées : Paris (BN) : *Vases et bouteilles* 1986, eau-forte, aquat. et pointe sèche.

MARTELEUX Joseph Engelbert
Né vers 1756 à Bonn. Mort le 11 septembre 1794 à Cologne. XVIIIe siècle. Actif à Cologne. Allemand.
Peintre d'histoire et de portraits.
Il fut depuis 1791 directeur d'une École de dessin. Il fit le portait à l'huile du prince électeur de Cologne *Max Friedrich*.

MARTELINI Ignacio
Né en 1624 à Raguse. Mort en 1656 à Naples. XVIIe siècle. Italien.
Peintre.
Il fit le portrait du pape *Pie V* à Raguse.

MARTELL Gerardo
XVe siècle. Actif à Valencia. Italien.
Miniaturiste.

MARTELL Isaac
XVIIIe siècle. Actif à Londres. Britannique.
Peintre.
Il exposa à Londres, de 1780 à 1789.

MARTELLANGE, pseudonyme de **Étienne Ange Martel**
Né en 1569 à Lyon. Mort en 1641 à Paris. XVIe-XVIIe siècles. Français.
Dessinateur.
Cet architecte appartenait à la Compagnie de Jésus, à partir de 1590 environ. Il fut chargé, par cet Ordre, de construire plusieurs églises à Paris et en province. Ses projets très minutieux, conservés à la Bibliothèque Nationale de Paris, donnent une idée très précise de ce qu'étaient certains monuments et villes à l'aube du règne de Louis XIII. Durant l'expulsion des Jésuites hors de France, il s'en alla à Rome, puis revint en 1604. On cite, parmi ses œuvres architecturales les églises des collèges de La Flèche (1612-21), de Roanne (1617-26), d'Avignon (1620, achevée après sa mort). Il aurait donné les plans et commencé l'église *Saint-Paul-Saint-Louis* à Paris.
Bibliogr. : A. Linzeler, in *Dictionnaire de l'Art et des Artistes*, Hazan, Paris, 1967.

MARTELLI Achille
Né le 16 janvier 1829 à Catanzara. Mort en 1903 à Catanzara. XIXe siècle. Italien.
Peintre de genre.
Il exposa à Naples, Milan et Turin.

MARTELLI Alessandro
Né en 1712, d'origine italienne. Mort en 1780. XVIIIe siècle. Vivant à Saint-Pétersbourg. Italien.
Sculpteur.
Il organisa à Zarskoïe Sélo le cabinet d'ambres offert par Fréd. Guillaume Ier de Prusse à Pierre le Grand. Il fond en 1764 la statue équestre de Pierre le Grand.

MARTELLI Alessandro
Né à Minsino. Mort après 1868. XIXe siècle. Italien.
Miniaturiste.

MARTELLI Aurello, dit **il Mutolo**
Né en 1644. Mort en 1721. XVIIe-XVIIIe siècles. Actif à Sienne. Italien.
Peintre.
Il a travaillé pour la cathédrale et diverses églises de Sienne.

MARTELLI Domenico
XVIIe siècle. Actif à Bologne au milieu du XVIIe siècle. Italien.
Peintre.

MARTELLI Filippo
Né en 1580. Mort en 1646. XVIIe siècle. Actif à Serravezza. Italien.
Peintre.

MARTELLI Girolamo
XVIIe siècle. Italien.
Peintre.
Il peignit des fresques à Assise et à Pérouse dans la première moitié du XVIIe siècle.

MARTELLI Lorenzo
XVIIe siècle. Actif à Florence. Italien.
Peintre.
Il fut un imitateur et un copiste de Salvator Rosa.

MARTELLI Luca
Né le 3 février 1624 à Massa di Carrara. Mort en 1661. XVIIe siècle. Italien.
Peintre et sculpteur.
Il donna à S. Barnaba de Brescia une représentation allégorique de la vie de saint Augustin et des autres saints de son ordre.

MARTELLI Luigi
Originaire de Faenza. XIXe siècle. Italien.
Graveur.
Il travailla à Bologne vers 1835.

MARTELLI Ugo
Né le 15 juillet 1881 à Ferrare (Émilie-Romagne). Mort le 25 juin 1921. XXe siècle. Italien.
Peintre, graveur.
Il fut élève de l'académie de Milan.
Il composa un triptyque de la *Légende de saint François – Jésus sur la mer – Le Bon Pasteur*.
Musées : Milan (Gal. d'Art Mod.) : *Badia di Pomposa*.
Ventes Publiques : Milan, 21 avr. 1983 : *Soir de mai*, h/t (85x146) : **ITL 4 500 000**.

MARTELLI Valentino
Né vers 1550 à Pérouse. Mort le 30 mars 1630. XVIe-XVIIe siècles. Italien.
Sculpteur et architecte.
Il fut un élève de Michel-Ange à Rome et en 1572 membre de la gilde des peintres à Pérouse. Parmi les œuvres il faut citer : la statue en bronze du *Pape Sixte V*, et les statues de l'autel du sanctuaire de Mongiovino.

MARTELLINI Gasparo
Né en 1785. Mort en 1857. XIXe siècle. Italien.
Peintre d'histoire.
La Galerie antique et moderne de Prato conserve de lui : *La Vierge et l'enfant Jésus* et *Débarquement de Laurent le Magnifique à Naples*.

MARTELLY John Stockton de
Né le 10 septembre 1903 à Philadelphie (Pennsylvanie). XXe siècle. Américain.
Peintre, graveur.
Il fut élève de D. Garber, A. Spencer, H. Breckenridge, A. Carles, C. Grafly, H. Mc Carter, R. Austin, M. Osborne et T. H. Benton. Il fut nommé professeur au Kansas City Art Institute.
Il est l'auteur de gravures et aquatintes.
Musées : Londres (Victoria and Albert Mus.).
Ventes Publiques : New York, 19 juin 1981 : *La Cueillette des pamplemousses* 1942, temp./isor. (33x34,8) : **CHF 3 600**.

MARTEN Jan. Voir **MARTINS**

MARTEN John ou **Marten of Canterbury**
XVIIIe-XIXe siècles. Actif à Canterbury. Britannique.
Aquarelliste.
Il exposa à la Royal Academy de 1793, 1801, 1802. Le Victoria and Albert Museum, à Londres, conserve de lui : *Environs de Douvres* (1803).
Ventes Publiques : Londres, 7 juil. 1983 : *Vue du pont traversant la rivière Medway à Tonbridge, Kent*, aquar. sur traces cr. (36x53) : **GBP 550**.

MARTEN R. H.
XVIIIe-XIXe siècles. Britannique.
Aquarelliste.
Contemporain de John Marten.

MARTENASIE Pieter Franciscus. Voir **MARTENISIE**

MARTENAZ Jacob
Né vers 1580. XVIIe siècle. Actif à Gand. Belge.
Peintre.
Vivait à Amsterdam en 1608.

MARTENET Charles Augustin
Né le 20 juin 1769 à Dôle (Jura). Mort en 1837 à Dôle. XVIIIe-XIXe siècles. Français.
Peintre de paysages et de fleurs.
Il fut un élève de Court. Il fit surtout des aquarelles et des gouaches. Des œuvres de lui figurent au Musée de Dôle.

MARTENISIE Pieter Franciscus ou **Martinasie**
Né le 11 décembre 1729 à Anvers. Mort le 3 octobre 1789. XVIIIe siècle. Éc. flamande.

Graveur.
Élève de J.-Ph. Le Bas à Paris. Il devint professeur à l'Académie d'Anvers en 1762, et graveur de la cour du duc Charles de Lorraine en 1764. Il signait *Pitre*.
On cite parmi ses gravures : *L'Abreuvoir champêtre*, d'après V. Berchem ; *Pan et Syrinx*, d'après Boucher ; *Le père de famille lisant la Bible*, d'après Greuze ; *Le testament d'Eudamidas*, d'après N. Poussin ; *Le commencement de l'orage*, d'après Rembrandt ; *Le mariage d'Henri IV et de Marie de Médicis*, d'après Rubens ; *La petite fermière*, d'après P. Wouwerman ; *Le parc au cerf*, d'après P. Wouwerman ; *Étienne Jeaurat, peintre*, d'après Cochin.

MARTENNE Étienne de
Né le 10 novembre 1867 à Lyon (Rhône). Mort le 9 février 1920 à Paris. XIXe-XXe siècles. Français.
Peintre de genre, paysages, pastelliste, graveur.
Il fut élève de Bernardo et Barriot, puis s'installa vers 1900 à Paris, où il reçut les leçons d'Armand Beauvais, Octave Guillonet et Jules Adler. Il exposa à Paris, au Salon des Artistes Français, de 1901 à 1920, et y obtint une mention honorable en 1909.
Il a participé à des expositions collectives : 1925 à l'hôtel de Ville d'Autun, 1970 et 1973 au musée d'Autun.
Il a surtout peint son Morvan natal, ses arbres, ses ciels nuageux, broyant lui-même ses couleurs et traitant ses fonds. Il a réalisé des peintures à l'huile, des pastels, des eaux-fortes et des lithographies. Il s'est intéressé à la photographie.
Musées : Autun.

MARTENNE Thérèse de
Née le 10 mars 1885 à Pontoise (Val d'Oise). Morte le 2 février 1959 à Paris. XXe siècle. Française.
Peintre, pastelliste.
Elle est l'épouse du peintre Étienne de Martenne.
Elle a exposé presque chaque année à Paris, au Salon des Indépendants, à partir de 1922.

MARTENS
Né en Saxe. Mort en 1875 à Paris. XIXe siècle. Allemand.
Graveur.
Il a gravé des vues de Lausanne.

MARTENS Conrad
Né en Angleterre. Mort en 1878 ou 1879 à Sydney. XIXe siècle. Britannique.
Peintre de paysages, marines, aquarelliste.
Il exposa à Londres, à la Royal Academy, particulièrement des clairs de lune, de 1833 à 1837. Entre-temps, il était parti, en compagnie de Darwin, dans son voyage autour du monde. Il arriva en Australie en 1836. Après avoir exploré avec son illustre compagnon une grande partie de l'Australie, il se fixa à Sydney. C'est un des fondateurs de l'école australienne. Ses œuvres principalement des aquarelles, sont fort recherchées en Australie.
Musées : Sydney : *Port Jackson en 1842*.
Ventes Publiques : Londres, 6 déc. 1967 : *Viaduc de chemin de fer, Lithgow, Australie*, aquar. : **GBP 1 200** – Londres, 2 juil. 1968 : *Le port de Sydney*, aquar. : **GNS 2 000** – Sydney, 2 oct. 1974 : *Darling Downs, Queensland*, aquar. : **AUD 9 500** – Sydney, 6 oct. 1976 : *Marine*, aquar. et reh. de blanc (14x24,2) : **AUD 2 000** – Londres, 22 oct. 1976 : *Tahlee, port de Stephens, New South Wales*, h/t (30,5x45,7) : **GBP 10 000** – Londres, 29 avr. 1977 : *Paysage boisé avec vue de Sydney à l'arrière-plan*, h/t (59,6x87,6) : **GBP 19 000** – Londres, 2 nov 1979 : *La maison de l'artiste à Sydney*, h/t mar./pan. (26,7x45,8) : **GBP 13 000** – Londres, 6 fév. 1980 : *The Flagstaff Hill, Sydney* 1865, aquar. et reh. de blanc (29x45) : **GBP 11 500** – Londres, 28 mai 1981 : *Neutral Bay, Sydney*, aquar. et reh. de gche (21x29) : **GBP 2 000** – Armadale (Australie), 12 avr. 1984 : *Country Homestead* 1841, aquar. (33x50,5) : **AUD 15 000** – Sydney, 17 oct. 1984 : *Government House, Sydney* 1848, lav. de sépia/trait de cr. (16x22) : **AUD 1 700** – Sydney, 23 sep. 1985 : *Segenhoe, Scone, N. S. W.* 1852, aquar. reh. de gche (27x42,5) : **AUD 29 000** – Londres, 10 juin 1986 : *Paysage côtier d'Amérique du Sud*, aquar. (25,1x37,2) : **GBP 3 400** – Melbourne, 6 avr. 1987 : *Vue de Sydney*, litho. coloriée à la main (28x50) : **AUD 9 000** – Sydney, 29 oct. 1987 : *Les Funérailles de l'amiral Phillip Parker King* 1856, aquar. reh. de gche : **AUD 280 000**.

MARTENS Ditlev ou **Hans Ditlev Christian**
Né le 26 juillet 1795 à Kiel. Mort en 1864 à Kiel. XIXe siècle. Allemand.
Peintre d'architectures.
Il fut un élève de l'Académie de Copenhague, et habita Rome, de 1826 à 1855. Sa *Visite du pape Léon XIII à l'atelier de Thorwaldsen* figure à la Galerie royale de Rome.
Ventes Publiques : Copenhague, 12 avr. 1983 : *Saint-Laurent-hors-les-Murs, Rome* 1832, h/t (134x101) : **DKK 35 000** – Copenhague, 16 avr. 1985 : *Vue d'Altona avec une église en feu*, h/t (107x157) : **DKK 125 000** – Milan, 3 mars 1987 : *Vue de Rome*, h/t (85x102,5) : **ITL 41 000 000**.

MARTENS Ernest Edouard
Né le 5 juin 1865 à Paris. XIXe-XXe siècles. Français.
Peintre de genre.
Il figura à Paris, au Salon des Artistes Français, dont il fut membre sociétaire à partir de 1905. Il obtint une mention honorable en 1897, une médaille de troisième classe en 1908.
Il exécuta des panneaux décoratifs pour la cour de cassation, la bibliothèque de la faculté de Médecine et le Collège de France.
Ventes Publiques : Paris, 18 mai 1951 : *La femme aux cygnes* : **FRF 10 800** – Paris, 22 oct. 1986 : *Portrait de Lucie Martens*, h/t (116x81) : **FRF 26 100** – New York, 17 oct. 1991 : *Promenade en barque*, h/t (60x73) : **USD 12 100** – Londres, 20 nov. 1996 : *Jeune Femme aux cygnes*, h/t (49,5x73) : **GBP 9 775**.

MARTENS Frédéric
Né vers 1809, d'origine allemande. Mort en 1875 à Paris. XIXe siècle. Allemand.
Dessinateur et graveur, à l'aquatinte.
Il a gravé des vues et des marines. IL figura au Salon, de 1834 à 1848.

MARTENS Henry
Mort en 1860. XIXe siècle. Actif à Londres de 1828 à 1854. Britannique.
Peintre de sujets militaires, peintre à la gouache, aquarelliste.
Ventes Publiques : Londres, 26 oct. 1925 : *Le 4e Dragon léger de la Reine*, aquar. : **GBP 10** – Copenhague, 3 juin 1976 : *Régiment à la parade*, h/t (58x70) : **DKK 3 000** – Londres, 27 juin 1980 : *Cavalry on Manœuvres ; Review of Cavalry*, h/t, une paire (47x39,3) : **GBP 4 200** – Londres, 18 déc. 1985 : *La revue des troupes*, h/t (54x76) : **GBP 3 000** – Perth, 20 août 1996 : *Uniformes du 71e régiment d'infanterie légère des Highlands*, aquar. et gche (28x21) : **GBP 632** – Londres, 13 nov. 1996 : *Les Hussards du Yorkshire* 1842, h/t, avec une esquisse en grisaille (142,5x151) : **GBP 26 450**.

MARTENS J. II
XIXe siècle. Allemand.
Graveur.
Travaillant à Kassel au début du XIXe siècle, il publia en 1803 un plan célèbre de cette ville, et grava de nombreuses vues de Marbourg, Karlshafen, de la Wartbourg, etc.

MARTENS Jacques
XVIIIe siècle. Éc. flamande.
Sculpteur.
Il fut, de 1769 à 1773, juré de la gilde de Gand, et travailla beaucoup pour les églises de cette ville.

MARTENS Jan. Voir aussi **MARTINS**

MARTENS Jean Baptiste
Né au XIXe siècle à Wonterghem. XIXe siècle. Belge.
Sculpteur.
Élève de l'École des Beaux-Arts. Il figura au Salon, de 1861 à 1870.

MARTENS Johann Heinrich
Né le 5 juillet 1815 à Hambourg. Mort le 21 avril 1843 à Munich. XIXe siècle. Allemand.
Paysagiste et peintre de marines.
Élève de Siegfried Bendixen à Hambourg, puis de l'Académie de Copenhague de 1832 à 1836. Il voyagea en Norvège et au Danemark. Il revint ensuite à Munich dans cette ville à 27 ans, sans pouvoir réaliser les espérances que l'on fondait sur son talent. Les Musées de Hambourg possédaient quelques-unes de ses œuvres.

MARTENS Louise Henriette von
Née en 1828 à Stuttgart. Morte en 1897 à Stuttgart. XIXe siècle. Allemande.
Portraitiste et peintre de genre.
Élève de Karl Sohn à Düsseldorf, elle visita l'Allemagne, les Pays-Bas et l'Italie, puis se fixa à Stuttgart. Le Musée de cette ville conserve d'elle un portrait de son père.

MARTENS Michel
Né en 1921 à Wervik. XXe siècle. Belge.

Peintre de cartons de vitraux, peintre de collages, sculpteur.
Autodidacte, il devint maître-verrier, expérimentant le verre, dans des sculptures et collages.
Bibliogr. : In : *Dict. biogr. illustré des artistes en Belgique depuis 1830*, Arto, Bruxelles, 1987.
Musées : New York (Albright-Knox Gal.) – Ypres.

MARTENS Philipp
XVIIe siècle. Actif à Gand dans la seconde moitié du XVIIe siècle. Éc. flamande.
Sculpteur.

MARTENS Théodor
Né le 26 août 1822 à Weimar. Mort le 1er octobre 1884 à Portici. XIXe siècle. Allemand.
Peintre de paysages.
Il ne commença à faire de la peinture qu'à quarante ans. Élève d'Auguste Weber à Düsseldorf, puis de Lambinet à Paris. Il travailla surtout d'après les œuvres de Corot, Diaz et Daubigny. Il habita successivement Hambourg et Weimar, puis, à partir de 1882, l'Italie. Il a exposé à Berlin et à Londres où il obtint une médaille d'argent.
Ventes Publiques : Londres, 4 oct. 1989 : *Une ferme près de la rivière* 1869, h/pan. (32x50) : **GBP 1 540**.

MARTENS Willem Johannes
Né le 14 août 1838 à Amsterdam. Mort le 2 février 1895 à Berlin. XIXe siècle. Hollandais.
Peintre de genre, paysages, aquarelliste, dessinateur.
Il fut élève de Nicolas Pieneman après la mort duquel il résida à Rome, à Venise et, à partir de 1891, à Berlin.
Musées : Groningen : *Le savant* – La Haye (Mus. mun.) : *Souvenir de Capri*.
Ventes Publiques : Paris, 20 juin 1928 : *Prête pour le bal* : **FRF 850** – Londres, 20 mars 1981 : *Le Secret chuchoté*, h/pan. (58,5x47) : **GBP 2 200** – Amsterdam, 10 fév. 1988 : *Jeune garçon conduisant un dromadaire à l'abreuvoir en Égypte*, cr. et aquar./pap. (47,5x65,5) : **NLG 3 220** – Londres, 24 juin 1988 : *Un puits en Égypte*, cr. et aquar. (47,5x65,4) : **GBP 1 210** – Londres, 5 mai 1989 : *Les deux chiots*, h/pan. (33x23) : **GBP 3 850** – Amsterdam, 24 avr. 1991 : *Le dernier moine dans un cloître à Corpo di Cave en Italie*, h/pan. (50x36,5) : **NLG 4 025** – Amsterdam, 21 avr. 1994 : *Beauté italienne* 1862, h/t (66x54,5) : **NLG 3 450** – Londres, 14 juin 1996 : *La belle endormie*, h/pan. (46x36,2) : **GBP 13 800**.

MARTENS Willem ou **Willy**
Né le 1er décembre 1856 à La Haye. Mort en 1927. XIXe-XXe siècles. Hollandais.
Peintre de paysages, genre.
Certains biographes disent qu'il est né à Java. Il travailla à l'académie d'Amsterdam avec d'Allebe et Wyuveld, puis à Paris avec Bonnat.
Il a exposé à Paris, où il obtint une mention honorable en 1886. Il fut membre du jury et hors-concours en 1900. Il fut décoré de la Légion d'honneur en 1889.
Musées : Amsterdam : *Sainte Famille* – La Haye (Mus. mun.) : *Été* – Mesdag : *Au puits*.
Ventes Publiques : Londres, 2 juil. 1926 : *Épluchage des pommes de terre*, dess. : **GBP 17** – New York, 7 oct. 1977 : *Le repas de bébé*, h/t (47,5x39,5) : **USD 3 750** – New York, 2 mai 1979 : *La brodeuse*, aquar. (53,3x35,5) : **USD 1 400** – Genève, 1er nov. 1984 : *Cueillette de fleurs*, h/t (66x56) : **CHF 10 000** – Londres, 8 oct. 1986 : *Paysanne et chèvres le soir sur la prairie*, h/t (67,5x56,5) : **GBP 1 600** – Toronto, 30 nov. 1988 : *Enfants hollandais avec un chien*, h/t (44,5x53,5) : **CAD 5 600** – Amsterdam, 19 sep. 1989 : *Mère et enfant dans un intérieur*, h/t (49x40) : **NLG 4 600** – Londres, 6 juin 1990 : *Femmes cousant et tricotant dans la cour de la ferme*, h/t (83,5x71) : **GBP 2 640** – Amsterdam, 20 avr. 1993 : *Servante astiquant un objet de cuivre*, h/t (45,5x36,5) : **NLG 3 450**.

MARTENS Van SVENHOVEN Jacob Constantyn
Né vers 1793 à Utrecht. Mort le 16 février 1861 à Utrecht. XIXe siècle. Hollandais.
Peintre de paysages.
Élève de J. Appeldorn.

MARTENSSON Jons
Né le 8 juin 1855 à Smedstorp. XIXe siècle. Suédois.
Peintre de paysages et décorateur, sculpteur, céramiste et illustrateur.
Ventes Publiques : New York, 25 jan. 1980 : *Le char à bœufs* 1903, h/t (64x94) : **USD 1 000**.

MARTERSTEIG Frédéric Wilhelm
Né le 14 mai 1814 à Weimar. Mort le 6 septembre 1899 à Weimar. XIXe siècle. Allemand.
Peintre d'histoire et de genre.
Élève de Hildebrand et Schadow à Düsseldorf, puis de P. Delaroche à Paris. Il exposa en France de 1841 à 1848. Il fut alors nommé professeur à Weimar. Il a peint de nombreux épisodes relatifs à la guerre de Trente Ans. Il fut membre de l'Académie de Berlin et obtint dans cette ville une médaille d'or en 1848.
Musées : Cologne : *Couronnement du poète Stutten* – Weimar : *Les exilés* – *Enfant priant*.

MARTHO Charles Benoît
Né le 21 mars 1747 à Cambrai. Mort le 29 novembre 1832. XVIIIe-XIXe siècles. Français.
Peintre.
Élève de Saint-Aubert, de Doyen et de Geeraerts d'Anvers. Il séjourna longtemps en Italie. Le musée de Cambrai conserve de lui : *Cérès* (dessus-de-porte en grisaille).

MARTI
XVIe siècle. Suisse.
Graveur.
Il appartient à la première moitié du XVIe siècle. L'Hôtel de Ville de Fribourg garde de lui un *Crucifix* en pierre dans la Salle des Pas perdus.

MARTI Adolf
Né le 9 octobre 1864 à Bubendorf (Bâle). Mort le 13 novembre 1899 à Berne. XIXe-XXe siècles. Suisse.
Dessinateur, graveur.

MARTI Agostino
XVIe siècle. Actif à Lucques dans la première moitié du XVIe siècle. Éc. flamande.
Peintre de sujets religieux.
Il est le fils de Francesco Marti Les églises de Lucques possèdent de lui plusieurs *Madones*.
Ventes Publiques : Rome, 8 mars 1990 : *Vierge à l'Enfant avec saint Jean*, h/pan. (57x44) : **ITL 20 000 000**.

MARTI Antonio
XIXe siècle. Actif au milieu du XIXe siècle. Espagnol.
Portraitiste miniaturiste.

MARTI Camilo
Mort le 28 novembre 1872 à Barcelone. XIXe siècle. Espagnol.
Peintre.
Il fut l'élève de son père Ramon y Alsina.

MARTI Gabriel
XVe siècle. Actif à Valence dans la première moitié du XVe siècle. Espagnol.
Peintre.

MARTI Gaspar
Né en 1574 à Lucena. Mort en 1644 à Valence. XVIe-XVIIe siècles. Espagnol.
Sculpteur.
Membre de l'ordre des Franciscains.

MARTI Guillermo
XVe siècle. Actif à Barcelone vers 1450. Espagnol.
Peintre.

MARTI Joan
Né en 1922 en Catalogne. XXe siècle. Actif depuis 1938 en Belgique. Espagnol.
Peintre de compositions animées.
Il est venu en Belgique à l'époque de la révolution espagnole. Il fut élève de l'académie Saint-Gilles à Bruxelles. Dans les années d'après-guerre, il adopta les consignes esthétiques du réalisme socialiste. Il fut ensuite sensible au courant surréaliste, toujours vif en Belgique. Il ressentit aussi les qualités stylistiques, liées à la jeunesse et à la gaieté de l'expression du pop art quand il passa des États-Unis à l'Europe, où il trouva une formulation spécifique, plus proche de l'imagerie des bandes dessinées et de l'expression narrative.
Ventes Publiques : Lokeren, 10 déc. 1994 : *Le cavalier et sa monture*, h/t (100x80) : **BEF 33 000**.

MARTI Juan
XVIe siècle. Actif à Valence de 1501 à 1542. Espagnol.
Peintre.

MARTI Leonardo. Voir **LEONARDO di Checco da Marti**

MARTI Marcel
Né en 1925 à Alvear. XXe siècle. Espagnol.

Sculpteur.
Il montre ses œuvres dans des expositions personnelles depuis 1948, très fréquemment à Barcelone et à Madrid.
Il connut d'abord une période figurative, non dénuée de baroquisme. Il abandonna le bois pour le marbre et le cuivre, élaborant des formes se détachant progressivement de la ressemblance avec la réalité. Autour de 1960, il utilisa le plâtre, qu'il recouvrait de toiles peintes et patinées. Son langage s'est affirmé avec des ensembles verticaux de formes qui sont très justement qualifiées de « biomorphiques ». De tendres volumes courbes se répartissent au long de stèles évoquant symboliquement le corps humain dressé. La géométrie tempérée de ces chapelets de renflements peut rappeler la manière de Hajdu.
Bibliogr. : Jean Eduardo Cirlot, in : *Nouv. Dict. de la sculpt. mod.*, Hazan, Paris, 1970 – in : *Catalogo nacional de arte contemporaneo 1990-1991*, Iberico 2000, Barcelone, 1990.
Musées : Alicante (Mus. d'Art Contemp.) – Barcelone (Mus. d'Art Contemp.) – Cuenca (Mus. d'Art abstrait) – Madrid (Mus. d'Art Contemp.) – Seville (Mus. d'Art Contemp.).
Ventes Publiques : Barcelone, 29 avr. 1986 : *Densité symétrique* 1967, bronze (H. 44) : **ESP 110 000**.

MARTI Père
Originaire de Burgos. XIIIe siècle. Espagnol.
Peintre.

MARTI Ricardo ou **Marti-Aguilo**
Né en 1868. Mort en 1936. XIXe-XXe siècles. Espagnol.
Peintre de natures mortes, fleurs.
Ventes Publiques : Barcelone, 5 mars 1981 : *Bord de mer, Cadaques*, h/t (96x218) : **ESP 875 000** – Londres, 17 mars 1993 : *Nature morte de fleurs*, h/t (60x46) : **GBP 2 990**.

MARTI Theobald ou **Martin**
Mort en 1631. XVIIe siècle. Actif à Moosbad près de Altdorf. Suisse.
Sculpteur.

MARTI Y ALSINA Ramon
Né en 1826 à Barcelone (Catalogne). Mort le 21 décembre 1894 à Barcelone. XIXe siècle. Espagnol.
Peintre de figures, portraits, paysages.
Il étudia à l'École des Beaux-Arts de Barcelone. Dans la peinture espagnole du XIXe siècle, il eut à Barcelone l'influence que Carlos Haes exerçait à Madrid, introduisant, avec le plein-airisme, le sentiment de la nature dans une peinture espagnole de convention. Il a surtout traité des paysages urbains animés de foules colorées, avec un puissant réalisme sachant éviter les mièvreries du folklore. Certaines de ses toiles montrent l'influence du réalisme de Courbet. Parmi ses disciples, on cite le paysagiste de l'école d'Olot, dans la province de Gérone : Joaquin Vareyda. Il devint le directeur de l'Académie des Beaux-Arts de Barcelone.
Bibliogr. : Jacques Lassaigne, in : *La peinture espagnole, de Vélasquez à Picasso*, Skira, Genève, 1952.
Musées : Barcelone (Mus. d'Art Mod.) : *La sieste* 1884 – Madrid (Mus. d'Art Mod.).
Ventes Publiques : Barcelone, 23 avr. 1980 : *Le monastère*, h/t (62x76) : **ESP 310 000** – Barcelone, 3 mars 1981 : *Vue de Montserrat*, h/t (66x100) : **ESP 180 000** – Madrid, 19 déc. 1985 : *Maredja*, h/t (101x204) : **ESP 1 700 000** – Barcelone, 28 mai 1986 : *Paysage au grand arbre*, h/t (95x62) : **ESP 575 000** – Barcelone, 2 avr. 1987 : *Paysage*, h/t (70x110) : **ESP 1 050 000**.

MARTI Y GARCES DE MARCILLA José
Né en 1880 à Lérida (Catalogne). Mort en 1932 à Barcelone (Catalogne). XXe siècle. Espagnol.
Peintre de portraits, paysages, intérieurs, natures mortes, décorateur.
Il fut élève du peintre Abella et compléta sa formation artistique par un séjour à Paris et Venise, visitant les principaux musées d'Europe. Il travailla essentiellement à Barcelone, où il exposa régulièrement. En 1920, à l'exposition de la nationale des Beaux-Arts de Madrid, il obtint une troisième médaille, en 1922 une seconde médaille.
Influencé par l'impressionnisme, il s'attache à rendre les chatoiements de la lumière, usant comme dans *Raquel Meller* d'une seule tonalité, le jaune.
Bibliogr. : In : *Cien Anos de pintura en Espana y Portugal, 1830-1930*, Antiqvaria, Madrid, 1991.

MARTI Y MONSO José
XIXe siècle. Espagnol.
Peintre de genre.
La Galerie Moderne de Madrid conserve de lui un tableau.

MARTI Y SERRA Jaime
XIXe siècle. Actif à Palma de Majorque. Espagnol.
Portraitiste et graveur.
Il se situe dans la première moitié du XIXe siècle.

MARTIAL A. Voir **POTÉMONT Adolphe Théodore**

MARTIAL Armand
Né le 2 novembre 1884 à Paris. Mort en 1960. XXe siècle. Français.
Sculpteur de statues.
Il fut élève de Coutan à l'école des beaux-arts de Paris. Il fut grand prix de Rome en 1913. Il fut adjoint à la présidence du Salon des Artistes Français, vice-président de l'association du baron Taylor, professeur à l'école des beaux-arts, membre du conseil de l'enseignement supérieur.
Il exposa à Paris, au Salon des Artistes Français, dont il fut membre sociétaire à partir de 1920, et où il obtint une médaille d'or. Hors-concours en 1924, il reçut une médaille d'honneur en 1941. Il a reçu les grands prix des Expositions internationales et expositions des arts décoratifs en 1925 à Paris, à Liège, Barcelone, et à l'Exposition coloniale de Paris en 1931. Il fut fait chevalier de la Légion d'honneur en 1931, officier de l'ordre de la couronne de Belgique en 1938, membre de l'Institut en décembre 1951.
On cite parmi ses œuvres : *Tombeau Souplet* de 1925 au cimetière Montparnasse, *Monument aux morts du Xe arrondissement* à Paris, *Monument du président Paul Doumer* en 1936 à Aurillac, *Monument du roi Albert Ier* en 1938 place de la Concorde à Paris, *Décoration de la borne de la cour d'honneur* de l'aérogare du Bourget en 1941, *Monument aux morts de l'administration des P.T.T.* en 1946 au ministère des P.T.T. à Paris, *L'Artisan* statue à la mairie du Xe arrondissement à Paris.
Musées : Nice : *Canéphores*, marbre, deux statues.
Ventes Publiques : New York, 13 déc. 1985 : *Léda et le cygne*, bronze, patine brun foncé (H. 50,8) : **USD 3 500**.

MARTIAL Lucien Raoul Jean
Né le 17 novembre 1892 à Paris. Mort en 1987. XXe siècle. Français.
Peintre de portraits, paysages, peintre de compositions murales, de cartons de tapisseries, dessinateur, peintre à la gouache.
Il fut élève de l'école des arts décoratifs, puis de F. Cormon à l'école des beaux-arts de Paris. Il a résidé entre 1925 et 1936 à Québec, où il était professeur de l'école des beaux-arts. De 1951 à 1958, il a été directeur du cours supérieur des arts appliqués de la ville de Paris.
Il participa à de nombreuses expositions collectives en France et à l'étranger, en particulier à Paris, au Salon des Artistes Français, dont il fut membre sociétaire à partir de 1921 : *L'Enfant malade* 1927, *Glissoire à Québec* 1929 (médaille d'or). Le musée de la Marine, à Paris, a organisé une rétrospective de ses œuvres en 1979. Il fut second prix de Rome en 1923. Il fut lauréat de l'Institut, prix Leguay-Lebrun, prix Chabas, prix Dagnan-Bouveret, grand prix de l'Exposition internationale de Paris de 1937 pour la décoration du palais du travail à Paris, et de l'Exposition internationale de Lille en 1939 pour *La Danse et la Musique*. Peintre officiel de la marine en 1943, il fut Chevalier de la Légion d'honneur, officier de l'ordre national du Mérite, officier des Palmes académiques et a reçu la médaille d'or des Arts, Sciences et Lettres.
Il a peint au Québec de nombreux portraits, notamment celui du *Président de la chambre haute*, celui de *Sir Ch. Filzpatrick*, celui de *Lady Fitzpatrick*, et exécuté pour l'église Saint-Jérôme, de Matane (Canada) une suite de fresques *Épisode de la vie de saint-Jérôme et de la vie de sainte Claire – Chemin de croix*, ainsi que le carton d'un vitrail (*Saint Jérôme traduisant la Bible*). Citons parmi les grandes décorations qu'il a exécutées à Paris : *La Poste à travers les âges* (fresque) au bureau de poste du XVIIIe arrondissement, *La Seine et ses affluents – Les Arts – Les Sciences – Les Lettres – Les Quais – Le Quartier de la mode, à Paris*, figures allégoriques (cinq fresques) et *Vue de douze capitales* (fresque) à l'aérogare du Bourget, *Les Quatre Saisons* (fresque) pour l'hôtel de la radiodiffusion à Passy, *La Marne* (peinture murale) pour le paquebot *L'Île-de-France*. On lui doit encore : *La Création de la poste par Louis XI* et *Henri IV met la poste à la disposition du public* (cartons de tapisserie) pour le musée postal.
Musées : Quebec : *L'Enfant malade*.

Ventes Publiques : Paris, 12 nov. 1984 : *Ferme au Pays basque*, h/pan. (65x84) : **FRF 11 000** – Paris, 22 juin 1990 : *Rue à Porto-Novo, Dahomey*, gche (31,5x45) : **FRF 4 200** – Paris, 22 avr. 1994 : *Marché de Zoma à Tananarive* 1962, h/pan. (55x38) : **FRF 6 000**.

MARTIAL DE SAXE
xive-xve siècles. Travaillant à Valence, à la fin du xive et au début du xve siècle. Espagnol.
Peintre.
Peintre d'origine saxonne, il vécut à Valence où il est mentionné en 1393. Il peignit un retable de *Saint Thomas* (1400), pour la chapelle de Seo. Entre 1420 et 1430, il collabora avec Pedro Nicolau au retable de *Saint Georges* (Londres, Victoria and Albert Museum). Il fut peut-être le maître de Lorenzo Saragoza.

MARTIANO Francesco. Voir **MARZIANO**

MARTIARENA LASCURAIN Ascensio
Né le 8 décembre 1883 à Saint-Sébastien (Pays Basque). Mort le 1er août 1966. xxe siècle. Actif à Saint-Sébastien. Espagnol.
Peintre de portraits, figures, paysages, pastelliste, décorateur.
Il fit d'abord des études d'ingénieur, selon les vœux de son père, puis décida de se consacrer à la peinture à partir de 1900, étudiant à Saint-Sébastien puis à Madrid, où il eut pour professeur Santamaria y Sedano. En 1902, il s'installa à Paris et fréquenta l'académie de la Grande Chaumière et l'école de Jean-Paul Laurens.
Il participa régulièrement aux expositions de la Nationale des Beaux-Arts de Madrid ainsi que : 1917, 1925, 1926 New York ; 1919 Saragosse ; 1921, 1924, 1925 Paris. Il participa à la décoration du théâtre Victoria Eugenia.
Plus sensible à l'évocation fugitive qu'à une représentation réaliste, Martiarena Lascurain fait naître, par des touches colorées diffuses, un paysage, de son pays ou des régions qu'il visite. Surtout peintre de portraits, il s'est attaché à représenter ses proches ou des figures typiques, dans un style académique ou plus expressif, ainsi avec l'œuvre *Vieille Bretonne*, la matière se fait plus lourde et le rendu plus violent. Il a fréquemment eu recours au pastel.
Bibliogr. : In : *Cien Anos de pintura en Espana y Portugal, 1830-1930*, Antiqvaria, t. V, Madrid, 1991.
Ventes Publiques : Paris, 20 oct. 1926 : *Sacré-Cœur*, past. : **FRF 1 300**.

MARTIGNÉ Alice de
Née au xixe siècle à Châteauroux. xixe siècle. Française.
Pastelliste.
Élève de Mme Maréchal. Elle débuta au Salon en 1879.

MARTIGNONI Alois Maria
Née en 1782 à Rorschach. Morte en 1855 à Rorschach. xixe siècle. Suisse.
Miniaturiste.
Elle travailla à Karlsruhe et en Belgique.

MARTIGNY Florent
Né le 13 août 1863 à Marcy (Aisne). xixe-xxe siècles. Français.
Sculpteur.
Il fut élève de Fossé. Il exposa à Paris, au Salon des Artistes Français, dont il fut membre sociétaire.

MARTIN, famille d'artistes
xviiie siècle. Français.
Laqueurs, doreurs.
Les membres les plus connus de cette famille sont : Guillaume l'Aîné, mort en 1749, Étienne Simon, mort en 1770, Julien le Jeune, mort en 1752 et Robert en 1765, Guillaume Jean, né en 1713, Étienne François, mort en 1771, Jean Alexandre, né en 1738.
Cette famille possédait de nombreux ateliers : au faubourg Saint-Martin, au faubourg Saint-Denis, rue Saint-Magloire, et rue Saint-Merri. C'est à elle que l'on doit la découverte du « vernis Martin », dont le brevet remonte au 27 novembre 1730 et qui servit à décorer le *cabinet vert* à Versailles, le château de Bellevue pour Mme de Pompadour et l'Hôtel d'Ormesson.
Ventes Publiques : Paris, 15-16 mars 1899 : *Renaud et Armide* ; *La Chasse de Méléagre* ; *Diane et Endymion*, trois panneaux époque Louis XV décoré au vernis Martin : **FRF 5 000** ; *Groupe de Chinois*, panneau époque Louis XV décoré au vernis Martin : **FRF 405** – Paris, 22 mars 1899 : *La Toilette de Vénus*, frise en grisaille, panneau époque Louis XV décoré au vernis Martin : **FRF 400** – Paris, 21 avr. 1900 : *Le Char de Bacchus* ; *Le Char de Vénus*, deux panneaux époque Louis XV décorés au vernis Martin : **FRF 600** et 620 ; *Bergère et Berger* ; *Rochers et Arbustes*, camaïeu verdâtre, deux panneaux, xviiie siècle, décorés au vernis Martin : **FRF 640**.

MARTIN
Français.
Sculpteur.
Il était moine, et il a exécuté pour la cathédrale Saint-Lazare d'Autun un *Tombeau du saint*. Le Musée lapidaire de cette ville en a conservé des fragments.
Musées : Autun (Mus. lapidaire).

MARTIN
xie siècle. Espagnol.
Miniaturiste.
Il a enrichi de miniatures les deux livres de *Commentaires de l'Apocalypse* de Beato de Liebana, de 1056 et 1086.

MARTIN ou **Martinus Opifex**
xve siècle. Rhénan, actif dans la première moitié du xve siècle. Allemand.
Miniaturiste.
Moine au cloître de Melk, il illustra le *Bréviaire de Sigismond de Luzembourg* roi de Hongrie (Bibliothèque Nationale de Vienne) et la traduction allemande de l'*Historia Troiana* de Guido de Columna (Bibliothèque Nationale de Vienne).

MARTIN ou **Mestre**
xve siècle. Actif à Valence. Espagnol.
Peintre.
Il travailla pour la *Casa Real* à Valence de 1411 à 1422.

MARTIN
Originaire de Roufach. xve siècle. Français.
Sculpteur.
Il travailla de 1461 à 1470 pour l'ancienne abbaye de Marbach.

MARTIN ou **Marcin von Lublin**
xvie siècle. Actif à Cracovie. Polonais.
Peintre.

MARTIN
xviie siècle. Français.
Miniaturiste.
Il illustra en 1681 un manuscrit : *État de la marine*, que conserve la Bibliothèque de Rouen.

MARTIN
xviiie siècle. Français.
Peintre d'histoire, compositions religieuses, dessinateur.
Cet artiste, conseiller à l'Académie Saint-Luc à Paris, exposa au Salon de cette compagnie, en 1764, *Saint Hippolyte, chevalier romain, baptisé par saint Laurent*. Cette toile, destinée à l'église Saint-Laurent, était offerte par M. de Julienne. On voyait aussi, du même artiste, trois esquisses : *Le couronnement d'épines*, *L'Adoration des bergers*, et une esquisse de bataille au bistre. Ne serait-ce pas le même artiste que Guillaume Martin ? (Voir ce nom).

MARTIN
xviiie siècle. Français.
Sculpteur.
Il exécuta vers 1720 le tombeau du *Président de Berbisey* à Saint-Bénigne de Dijon.

MARTIN
xviiie siècle. Actif à Bordeaux entre 1739 et 1742. Français.
Peintre de portraits.

MARTIN
xviiie siècle. Actif dans la seconde moitié du xviiie siècle. Français.
Graveur de paysages.
Il a gravé deux paysages d'après Sarazin.

MARTIN
xviiie siècle. Allemand.
Sculpteur sur bois.
Il sculpta en 1768 les stalles de l'église Saint-Mathieu de Trèves.

MARTIN
xviiie-xixe siècles. Actif à Sheffield. Britannique.
Peintre de portraits.
Il travailla à New York de 1797 à 1808.

MARTIN
XIXe siècle. Actif à Paris. Français.
Graveur au burin.
Il a gravé des planches pour le *Règne animal* de Georges Cuvier.

MARTIN Adèle
XIXe siècle. Active à Paris. Française.
Peintre de portraits et de genre.
Elle figura au Salon de Paris, de 1831 à 1847. Médaille de troisième classe en 1833.

MARTIN Agnès Bernice
Née en 1912 à Macklin (Saskatchewan). XXe siècle. Active depuis 1932 et depuis 1950 naturalisée aux États-Unis. Canadienne.
Peintre. Abstrait.
À son arrivée aux États-Unis, elle fréquente diverses universités, en particulier la Columbia University. Elle enseigne à partir de 1940 à la New Mexico University et en 1950 prend la nationalité américaine. En 1957, elle s'installe à New York, où elle vivra plus de dix ans.qu'ayant pratiquement cessé de peindre pendant sept ans, en 1967, année de la mort d'Ad Reinhardt, mise à part une édition de sérigraphies de 1973-1974, alors qu'ayant délaissé New York pour s'installer à Cuba (New Mexico), c'est paradoxalement à partir de cette époque qu'Agnès Martin a cessé d'être considérée comme une artiste mineure pour devenir un symbole de la *Cool Painting*.
Elle participe à de très nombreuses expositions collectives : 1948 Fine Arts Gallery d'Albuquerque ; 1961, 1988 Carnegie Institute de Pittsburgh ; 1962 *Geometric abstraction in America*, 1965, 1967, 1973, 1974, 1976, 1977, Whitney Museum de New York ; 1963 *Formalists*, Gallery of Modern Art de Washington ; 1963 *Directions : American Painting*, 1965, 1968, 1969, 1973, 1980, Museum of Art de San Francisco ; 1964 The Solomon R. Guggenheim Museum à New York ; 1964 *Black, white, and grey*, 1984, Wadsworth Atheneum à Hartford ; 1965 *The responsive eye*, 1976, 1985, Museum of Modern Art de New York ; 1966, 1970, 1979 Institute of Contemporary Art de Boston ; 1966 *Systemic Painting*, Guggenheim Museum de New York ; 1967, 1972, 1973 Institute of Contemporary Art de Philadelphie ; 1967, 1981 The Corcoran Gallery of art de Washington ; 1968 *L'Art du réel USA 1948-1968*, Museum of Modern Art à New York, Galeries nationales du Grand Palais à Paris, au Kunsthaus de Zurich et Tate Gallery de Londres ; 1970, 1973 Art Museum de Pasadena ; 1972 *White and white : the white monochrome in the 20th century*, 1988, Museum of Contemporary Art de Chicago ; 1972 Documenta V de Kassel ; 1974 Royal College of Art de Londres ; 1974, 1976, 1978, 1980 Biennale de Venise ; 1974 *Less is more* Lowe Museum de Miami ; 1975, 1982 Stedelijk Museum d'Amsterdam ; 1975 musée d'Art moderne de la Ville de Paris ; 1986 Art Gallery of New South Wales de Sydney ; 1986 Museum of Contemporary Art de Los Angeles ; 1987 The National Museum of Art d'Osaka ; 1991 FIAC (Foire Internationale d'Art contemporain) à Paris ; 1993 *Singular Dimentions in Painting* au Guggenheim Museum de New York. Elle montre ses œuvres dans des expositions personnelles depuis la première en 1958 à la galerie Betty Parsons de New York ; régulièrement à New York notamment en 1973 au Museum of Modern Art,en 1992 au Whitney Museum of American Art, à Los Angeles, ainsi que : 1974, 1979 Museum of Fine Arts de Santa Fe ; 1974 Scottish National Gallery of Modern Art à Édimbourgh et Kaiser Wilhelm Museum de Krefeld ; 1977 Hayward Gallery de Londres ; 1977, 1990 Stedelijk Museum d'Amsterdam ; 1980 Art Museum de Denver, Seattle, Portland, Akron, Saint Louis ; 1989 Museum of Art de Cleveland ; 1991-92 musée d'Art moderne de la Ville de Paris et Stedelijk Museum d'Amsterdam ; 1992 Kunstmuseum de Winterthur, Museo Nacional Centro de Arte Reina Sofia de Madrid. En 1989, elle a été reçue à l'American Academy et à l'Institute of Arts and Letters. Elle a obtenu le Prix Alexej von Jawlensky à Wiesbaden en 1991, d'autres sources lui attribuent le Prix Oskar Kokoschka en 1992, elle a reçu le Lion d'or de la Biennale de Venise en 1997.
Dès 1958, elle va à l'encontre de l'expressionnisme abstrait, alors florissant et qui semble régner en maître sur la peinture américaine. Son travail est alors perçu comme une réflexion de purisme géométrique et même parfois comme une variation d'art optique. Pourtant dès cette époque, sa peinture annonce le minimal art, comme on peut le penser avec des peintures telle *Bones number n° 2*. Certaines peintures de ces années évoquent en deux dimensions les sculptures d'un Donald Judd. Vers 1963, Agnès Martin réalise une peinture plus délicate, moins austère, à partir de grilles, souvent constituées d'un simple quadrillage, sur fond de toile nue. Produisant intensément peintures et dessins à partir de la même structure, elle double sa démarche d'une subtile investigation sur la gamme des gris. Elle opte pour des toiles carrées et le crayon noir ou de couleurs sur peinture, inscrivant à intervalle régulier lignes (parfois irrégulières), points, rangées de triangles, rectangles, cercles ou arcs de cercle. Elle ancre ses tableaux au réel par leurs titres (« rivière de lait, herbe ») et décline avec le temps les couleurs neutres, du noir au blanc, dans des gammes pastel, bleu et rose au début des années soixante-dix, poursuivant ses recherches sur la lumière et fractionnant la composition en deux parties. Son œuvre à la recherche du plein équilibre comporte une dimension spirituelle : « Un travail artistique complètement abstrait, libre de toute référence à l'environnement, est comme la musique et provoque les mêmes réactions. Nous réagissons à la ligne, au ton, à la couleur de la même façon qu'au son et, comme la musique, l'art abstrait est thématique. Il a pour nous un sens qui dépasse les mots. » Il est une incitation à la méditation, à la concentration, une aspiration vers l'infini. Variation sur la ligne et le trait, avec un minimum de moyens, l'œuvre d'Agnès Martin semble être une des plus radicales des années soixante et a exercé une influence considérable.
■ J. B., L. L.

Bibliogr. : In : *L'Art du XXe s.*, Larousse, Paris, 1991 – Kenneth Baker : *Minimalism*, Abbeville Press, New York, 1988 – divers : Catalogue de l'exposition *Agnès Martin*, Musée d'Art moderne de la Ville, Paris, 1991 – in : *L'Art du XXe s.*, Larousse, Paris, 1991 – Agnès Martin : *Écrits*, École nationale des Beaux-Arts, coll. *Écrits d'artistes*, Paris, 1993.

Musées : Amsterdam (Stedelijk Mus.) : *Grass* 1967 – *Sans titre n° 8* 1981 – *Sans titre* 1978, dess. encre – Chicago (Art Inst.) : *Sans titre n° 12* 1977 – Minneapolis (Walker Art Center) : *Sans titre n° 7* 1977 – New York (Mus. of Mod. Art) : *Sans titre n° 1* 1981 – *Sans titre n° 6* 1989 – New York (Solomon R. Guggenheim Mus.) : *White flower* 1960 – *White Stones* 1965 – New York (Whitney Mus. of American Art) : *Milk river* 1963 – Paris (Mus. Nat. d'Art Mod.) : *Untitled n° 1* 1984 – Whitney (Mus. of American Art) : *Milk river* 1963.

Ventes Publiques : Toronto, 18 mai 1976 : *Le bateau à moteur*, h/pan. (25x34) : **CAD 350** – New York, 12 mai 1977 : *White rose* 1964, cr./t. (183x183) : **USD 42 500** – New York, 2 nov. 1978 : *Composition brune*, h/t (30,5x30,5) : **USD 6 000** – New York, 18 mai 1979 : *Sans titre* vers 1965, pl. (28x28) : **USD 3 600** – New York, 16 mai 1980 : *Sans titre* 1964, aquar./pap. (30,5x30,5) : **USD 5 500** – New York, 13 mai 1981 : *Happy Valley* 1969, acryl., mine de pb et encre/t. (183x183) : **USD 50 000** – New York, 18 nov. 1981 : *La Vague* 1963, bois, boules et Plexiglas peint (5x27,5x27,5) : **USD 9 000** – New York, 9 nov. 1983 : *Sans titre (bleu)* 1960, encre bleue/pap. (22,8x22,8) : **USD 3 500** – New York, 9 nov. 1983 : *Whispering* 1963, aquar. et pl./pap. (30,5x30,5) : **USD 10 000** – New York, 9 nov. 1983 : *Trumpet* 1967, acryl. et cr./t. (182,8x182,8) : **USD 95 000** – New York, 7 nov. 1985 : *Sans titre* 1963, pl. (30,5x30,5) : **USD 2 500** – New York, 6 nov. 1985 : *Sans titre N° 4* 1981, acryl. et mine de pb/t. (183x183) : **USD 40 000** – New York, 13 nov. 1986 : *The Garden* 1958, bois peint (H. 134,5) : **USD 15 000** – New York, 13 nov. 1986 : *Sans titre* vers 1963, h/t (30,5x30,5) : **USD 11 000** – New York, 5 mai 1987 : *Orange Grove* 1965, mine de pb et h/t (182,9x182,9) : **USD 120 000** – New York, 2 mai 1989 : *Sans titre n° 13* 1980, acryl. gesso et cr./t. (183x183) : **USD 176 000** – New York, 3 mai 1989 : *Sans titre n° 5* 1981, acryl. et graphite/t. (182,9x182,9) : **USD 264 000** – New York, 5 oct. 1989 : *Bourgeons* 1959, h/t (127x127) : **USD 99 000** – New York, 7 nov. 1989 : *Os 2*, h/t (182,8x120,5) : **USD 330 000** – New York, 27 fév. 1990 : *Sans titre*, encre/pap. (21x21) : **USD 44 000** – New York, 7 mai 1990 : *Sans titre 14* 1980, gesso, acryl. et graphite/t. (183x183) : **USD 385 000** – New York, 5 oct. 1990 : *Sans titre* 1962, h/t (30,5x30,5) : **USD 88 000** – New York, 7 nov. 1990 : *La pêche* 1964, h. et graphite/t. (182,9x182,9) : **USD 495 000** – New York, 30 avr. 1991 : *Dérive de l'été* 1965, acryl. et graphite/t. (182,8x182,8) : **USD 286 000** – New York, 13 nov. 1991 : *La mer la nuit* 1963, h/t sur feuille d'or (182,8x182,8) : **USD 352 000** – New York, 6 mai 1992 : *La vallée heureuse* 1967, acryl., cr. et encre/t. (182,9x182,9) : **USD 198 000** – New York, 18 nov. 1992 : *David* 1958, h/t (63,5x63,5) : **USD 29 700** – New York, 3 mai 1993 : *Le jardin* 1967, cr. et h/t (182,9x182,9) : **USD 244 500** – Paris, 17 mars 1994 : *Sans titre* 1978, aquar., encre et cr./pap. (22,5x22,5) :

FRF 62 000 – NEW YORK, 4 mai 1994 : *La fête* 1966, acryl. et cr./t. (182,9x182,9) : **USD 343 500** – NEW YORK, 2 mai 1995 : *Pierre grise* 1963, h/t (182,9x182,9) : **USD 431 500** – NEW YORK, 8 mai 1996 : *L'arbre* 1964, acryl. et cr./t. (190,5x190,5) : **USD 525 000** – LONDRES, 26 juin 1996 : *Sans titre n° 4* 1984, acryl. et cr./t. (183x183) : **GBP 139 000** – NEW YORK, 20 nov. 1996 : *Sans titre n° 4* 1985, acryl. et mine de pb/t. (182,8x182,8) : **USD 211 500** – NEW YORK, 20 nov. 1996 : *Sans titre* vers 1968, h. et mine de pb/t. (121,3x61) : **USD 134 500** – NEW YORK, 8 mai 1997 : *Port de nuit* 1960, h/t (63,5x63,5) : **USD 63 000**.

MARTIN Aimée

Née en 1899 à Ixelles (Brabant). XXe siècle. Belge.

Peintre de paysages, natures mortes.

BIBLIOGR. : In : *Dict. biogr. illustré des artistes en Belgique depuis 1830*, Arto, Bruxelles, 1987.

MUSÉES : CHARLEROI – IXELLES – TOURNAI.

MARTIN Al

Né le 8 avril 1949 à Clichy (Hauts-de-Seine). XXe siècle. Français.

Peintre, dessinateur, sculpteur. Abstrait.

En 1972, alors qu'il travaille dans différentes entreprises, il décide de tout abandonner pour la peinture. En 1973, il est refusé à l'École des arts décoratifs de Paris et est admis l'année suivante, avec le même dossier, à l'école des beaux-arts de Paris. Il rencontre à cette époque le peintre Joël Kermarrec qui le fait exposer. Depuis 1976, il voyage régulièrement : 1976 Allemagne ; 1977 Belgique, Allemagne, Hollande ; 1978 Hollande ; 1979 Espagne ; 1980 Allemagne, Autriche ; 1981 New York ; 1982 Italie ; 1983 Grèce, Crête, Italie ; 1984 Portugal ; 1987 Portugal, Espagne. Il vit et travaille à Paris et Ivry.

Il montre ses œuvres dans de nombreuses expositions collectives : 1974, 1975 Salon de la Jeune peinture à Paris ; 1976, 1977 Salon de Mai à Paris ; 1978 musée d'Art et d'Industrie de Saint-Étienne ; 1980 Centre culturel de Brétigny ; 1984 Salon de la Jeune Sculpture à Paris et musée d'Art moderne de la ville de Paris ; 1987 CREDAC à Ivry-sur-Seine. Il montre ses œuvres dans des expositions personnelles : 1989 galerie de l'Ancienne Poste à Calais, 1993 Lille.

Il aborde la peinture en dessinant sur ses vêtements et réalise ses premières toiles en 1978, privilégiant le travail sur la matière, avec la volonté de pratiquer une peinture « pauvre ». Il mêle riz et lentilles à la pâte picturale, travaille à partir de peaux de peinture, de coulures et surcoulures, de superposition de couches, pratique ce qu'il nomme « pointillisme sauvage », qui consiste à appliquer sur la toile « des milliers de points de couleur superposés, qui forment une croûte, laquelle est ensuite poncée au papier de verre, afin d'en rendre la planéité ». Il réalise également des sculptures en plâtre, en bambou, qu'il intègre parfois à ses peintures. Il pratique la vidéo, la performance et travaille sur ordinateur.

BIBLIOGR. : Catalogue de l'exposition *Al Martin – Peintures*, Galerie de l'Ancienne Poste, Calais, 1989 – in : *Exporama*, Art Press, n° 184, Paris, oct. 1993.

MUSÉES : BRÉTIGNY (Centre d'Art Contemp.) – PARIS (Mus. d'Art Mod. de la Ville) – SAINT-ÉTIENNE (Mus. d'Art et d'Industrie).

MARTIN Alex Louis

Né en 1887 à Carnières (Hainaut). Mort en 1954. XXe siècle. Belge.

Peintre de figures, portraits. Réaliste.

Il fut élève des académies des beaux-arts de Mons, de Bruxelles où il obtint une médaille d'or, de l'institut supérieur d'Anvers et de l'école des arts décoratifs de Paris. Il fit ensuite un voyage d'étude en Italie.

Il participa aux Salons de la Société Nationale des Beaux-Arts de Paris en 1924, 1928, 1931, 1932, 1934, 1936.

Attentif à rendre le moindre détail (la carnation, le grain de la peau, le vert des arbres, l'atmosphère), il sut décrire avec réalisme le peuple du pays noir, travailleurs, mineurs, métallurgistes, pauvres. Son travail fut comparé à celui de Courbet. À partir de 1927, il se mit à peindre au couteau.

BIBLIOGR. : In : *Dict. biogr. illustré des artistes en Belgique depuis 1830*, Arto, Bruxelles, 1987.

MUSÉES : MORLANWELZ.

MARTIN Alexandrine

XIXe siècle. Française.

Pastelliste.

Elle exposa au Salon en 1846 et 1849.

MARTIN Alfon

XVIe siècle. Actif à Séville dans la première moitié du XVIe siècle. Espagnol.

Sculpteur.

Il fut professeur de Pedro de Escohar de 1503 à 1508. Sans doute, le même que le sculpteur Martinez (Alfon) cité à Séville à la même époque.

MARTIN Alfon Martinez

XVe siècle. Espagnol.

Peintre.

Il peignit les armes du roi et celles de Séville au-dessus de la porte de l'Arsenal et fut payé de ce travail le 8 octobre 1402, exécuta vers la même époque des peintures au palais de justice. En 1423, il demeurait dans la rue San Vicente et en 1433 on retrouve encore son nom sur une liste de corporation.

MARTIN Alfred

Né le 3 octobre 1888 à Liège. Mort en 1950 à Liège. XXe siècle. Belge.

Peintre de paysages, marines, nus, aquarelliste, pastelliste, dessinateur, illustrateur, graveur.

Il fut élève de De Witte et Émile Berchmans, à l'académie royale des beaux-arts de Liège. Il a voyagé en Espagne, Hollande et Italie.

Il a exposé à Paris, au Salon des Indépendants, à Bruxelles, au Cercle des Beaux Arts de 1913 à 1950.

Il réalisa les triptyques des églises de Chèvremont et Saint-Denis à Liège. Il pratiqua la gravure sur bois, et illustra de nombreux livres modernes. Il représenta le plus souvent les paysages du nord.

Alfred Martin

BIBLIOGR. : In : *Dict. biogr. illustré des artistes en Belgique depuis 1830*, Arto, Bruxelles, 1987 – Pierre Somville, in : *Le Cercle royal des Beaux-Arts de Liège 1892-1992*, Crédit Communal, Liège, 1992.

MUSÉES : LIÈGE (Mus. de l'Art wallon) : *Brume sur la Meuse ou La Meuse et le Pont-Neuf* – LIÈGE (Cab. des Estampes) : *Le Rendez-vous du coin – La Vesdre à Vaux-sous-Chèvremont.*

VENTES PUBLIQUES : LOKEREN, 10 oct. 1992 : *Digue à Bruges* 1930, h/t (60x65) : **BEF 26 000**.

MARTIN Alfred Louis

Né le 15 juillet 1839 à Mauriac. Mort le 22 avril 1903 à Genève. XIXe siècle. Français.

Peintre de paysages.

Il fut l'élève de Fagnion à Paris. Il débuta au Salon en 1870 et obtint une mention honorable en 1883. Le Musée Rath, à Genève, conserve de lui : *Ravin d'Artemavre, Au Praz du Lys, Effet de neige à Passy.*

MARTIN Alfred Nicolas

Né le 11 octobre 1868 à Paris. XIXe-XXe siècles. Français.

Peintre de genre.

Il fut élève de Bonnat.

Il participa à Paris, au Salon des Artistes Français, dont il fut membre sociétaire à partir de 1909. Il obtint une mention honorable en 1885, une en 1900 à l'Exposition universelle de Paris, une médaille de troisième classe en 1910, le prix Bonnat en 1927, une médaille d'or en 1929.

MARTIN Alonzo ou **Martin-Donayre**

XVIe siècle. Espagnol.

Sculpteur.

Il travaillait à Séville en 1534. Peut-être à rapprocher de Alonso Martinez.

MARTIN André

XIXe siècle. Actif au début du XIXe siècle. Français.

Miniaturiste.

MARTIN André Pierre

Né le 31 octobre 1897 à Marey-les-Fussey (Côte-d'Or). Mort le 22 juin 1973 à Menton (Alpes-Maritimes). XXe siècle. Français.

Peintre de paysages.

Il fut élève de l'École des Arts Décoratifs de Paris et devint professeur de dessin, de 1925 à 1948, à Lunéville, Pont-à-Mousson, Thonon-les-Bains. Il a participé à des expositions collectives dans plusieurs villes de France, et surtout à Dijon.

Il a peint les paysages de Bourgogne, des Alpes et de la Côte-d'Azur.

MARTIN Andréas
XVIIIe siècle. Français (?).
Peintre de scènes et paysages animés, architectures.
VENTES PUBLIQUES : LONDRES, 2 déc. 1977 : *Paysage d'hiver animé de personnages*, h/pan. (20,3x26,6) : **GBP 8 000** – MONTE-CARLO, 23 juin 1985 : *Paysage à la rivière*, h/pan. (25x35) : **FRF 40 000** – PARIS, 6 déc. 1987 : *Scène hivernale avec patineurs*, h/pan. de chêne (26x38) : **FRF 30 000** – PARIS, 18 déc. 1987 : *Vue d'un port avec animation de villageois*, h/t (62x85) : **FRF 25 000** – PARIS, 7 juil. 1988 : *Port de Méditerranée animé de figures orientales*, h/pan. marqueté (39x53) : **FRF 35 000** – MONACO, 16 juin 1989 : *Vue du Palais de Cauwenberg à Bruxelles* 1720, h/pan. (45x64) : **FRF 111 000** – PARIS, 13 déc. 1989 : *Scènes de campement militaire* 1747, deux pendants (47,5x64) : **FRF 53 000** – NEW YORK, 6 oct. 1994 : *Village animé traversé par une rivière*, h/t/rés. synth. (35,6x52,4) : **USD 4 600** – PARIS, 27 mars 1996 : *Paysage fluvial*, h/pan. (18,5x29) : **FRF 15 000**.

MARTIN Andrès
XVIe siècle. Espagnol.
Peintre.
Il travaillait à Séville de 1527 à 1543 environ.

MARTIN Anny Claude
Née le 3 mai 1943 à La Flèche (Sarthe). XXe siècle. Française.
Dessinatrice, illustratrice.
Elle a travaillé très jeune à l'académie de la Grande Chaumière, à Paris, et reçu les conseils de sa mère, Suzanne Martin. Elle vit à Paris depuis 1946.
En 1956, elle a participé, à Paris, à l'exposition du palais de Chaillot sur le thème du cirque. Elle a été lauréate de la fondation de la Vocation, en 1962. En 1968, elle a exposé ses dessins pour *Le Sang noir* de Louis Guilloux, qui en dit : « On pourrait parler d'un certain réalisme, mais à la condition de bien souligner qu'il s'agit ici d'un réalisme de visionnaire. »
BIBLIOGR. : Louis Guilloux : *Présentation de l'exposition Suzanne Martin – Anny Claude Martin*, Maison de la Culture, Bourges, 1969.

MARTIN Antoine
XVIe-XVIIe siècles. Français.
Peintre.
Il fut poursuivi avec les huguenots qui pillèrent Saint-Maurice à Angers en 1652.

MARTIN Antoine
XVIIIe siècle. Actif à Grenoble en 1704. Français.
Peintre.
Il fut aussi écrivain.

MARTIN Antoine
XVIIIe siècle. Français.
Peintre de genre, miniaturiste, peintre à la gouache.
Exposa au Salon de Paris en 1796, notamment des miniatures à l'huile et à la gouache.
VENTES PUBLIQUES : PARIS, 16 avr. 1943 : *Soldats, bohémienne, jeune mère et ses enfants dans un paysage ; Soldats au cabaret campagnard*, deux pendants : **FRF 12 000**.

MARTIN Antoine Marius
Né le 28 août 1869 à Arles (Bouches-du-Rhône). XIXe-XXe siècles. Français.
Peintre, lithographe, dessinateur, illustrateur.
Il exposa à Paris, au Salon des Artistes Français, à partir de 1896, dont il devint membre sociétaire à partir de 1903, où il obtint une mention honorable en 1898, une médaille de troisième classe en 1899, une médaille de troisième classe en 1903. Il figura également aux Salons des Indépendants à partir de 1919, et d'Automne. Il reçut une médaille de bronze en 1900 à l'Exposition universelle de Paris.
Un A. M. Martin a illustré en 1928 *La Messe de l'athée* de Balzac. Il a réalisé de nombreuses lithographies.

MARTIN Anton
XVIe siècle. Travaillant à Séville en 1567. Espagnol.
Sculpteur.

MARTIN Aparicio
XVIe siècle. Actif à Séville en 1527. Espagnol.
Sculpteur.

MARTIN August
Né le 2 novembre 1837 à Fürth (Odenwald). Mort le 26 mars 1901 à Kiedrich (dans la vallée du Rhin). XIXe siècle. Allemand.
Peintre d'histoire.
Il fut élève de Steinle à Francfort-sur-le-Main. Il travailla pour les églises.

MARTIN Auguste
Né le 14 septembre 1828 à Dun-le-Roi (Cher). Mort en 1910. XIXe-XXe siècles. Français.
Sculpteur.
Élève de Jouffroy et Rude. Il figura au Salon, de 1852 à 1859, avec des bustes et des statues. On conserve de cet artiste au Musée de Bourges : *Dame romaine appuyée sur une fontaine*, statuette en plâtre, *Dame romaine*, statuette en plâtre, *Le Christ*, statuette en plâtre, *Le Sacré-Cœur de Jésus*, statuette en plâtre, *Le Saint Cœur de Marie*, statuette en plâtre, *Jacques Cœur*, projet de monument pour la ville de Bourges, *La Vierge à l'Enfant*, statuette en plâtre, *Madame Laurion*, buste en plâtre, *Monsieur Laurion*, buste en plâtre, *Baigneuse*, statuette en plâtre, *Euterpe*, statuette en plâtre.

MARTIN Baptistin
Né en décembre 1819 à Aix. XIXe siècle. Français.
Peintre de genre, portraits.
Élève de Granet et de Picot. Il figura au Salon, de 1847 à 1880. On voit de lui au Musée de Versailles, un *Portrait de Joseph Rilton de Tournefort*, et au Musée d'Aix, *La Mort du peintre Granet*.

MARTIN Benito Quinquella. Voir **QUINQUELLA-MARTIN Benito**

MARTIN Bernal, appellation erronée. Voir **BERNAT Martin**

MARTIN Bill
Né en 1943 à San Francisco (Californie). XXe siècle. Américain.
Peintre de paysages.
Il fit ses études d'art à San Francisco jusqu'en 1971, puis dans les universités de Berkeley et San José.
Il participe à des expositions collectives depuis 1966, en particulier celles mettant l'accent sur un renouveau du paysagisme : 1972 *The Topography of nature* à l'Institute of Contemporary Art de Philadelphie, 1973 *Extraordinary Realities* au Whitney Museum de San Francisco, 1975 *Contemporary Landscapes* à l'Art Center d'Oklahoma et IXe Biennale de Paris. Il fait sa première exposition personnelle en 1973 au Museum of Art de San Francisco.
Sa peinture est très curieuse, proposant des paysages imaginaires, idylliques, qui sont sans doute le reflet des aspirations écologiques des phénomènes hippies de contre-culture. Ce nouveau paysagisme qui se développe surtout sur la côte ouest des U.S.A. est localement limité à cette Californie et peut apparaître comme une nouvelle forme de peinture psychédélique. Formellement les toiles de Martin témoignent de beaucoup d'imagination et de recherche ; généralement circulaires, elles sont parfois incurvées, bombées ou paraboliques.
BIBLIOGR. : Catalogue de la IXe Biennale de Paris, Paris, 1975.

MARTIN C.
XVIIe siècle. Actif à Paris à la fin du XVIIe siècle. Français.
Médailleur.

MARTIN Camille
Né le 14 février 1861 à Nancy (Meurthe-et-Moselle). Mort le 11 octobre 1898 à Nancy (Meurthe-et-Moselle). XIXe siècle. Français.
Peintre, décorateur.
Il fut élève de Devilly et de Lechevalier-Chevignard. Il exposa *Coin de manutention militaire* au Salon des Artistes Français, de 1888, à Paris.
MUSÉES : TOUL : *Coin de manutention militaire*.
VENTES PUBLIQUES : PARIS, 21 juin 1945 : *Lavandières dans un paysage* : **FRF 2 200** – LONDRES, 5 oct. 1990 : *Promenade de l'après-midi* 1890, h/t (100,3x139,1) : **GBP 7 480** – NEUILLY, 3 fév. 1991 : *L'intérieur d'un atelier de peintre* 1890, aquar. (28x22) : **FRF 14 000** – PARIS, 24 fév. 1993 : *Couverture décorative pour la 2e année de l'Estampe originale* 1894, litho. en coul. : **FRF 7 200**.

MARTIN Charles
Né vers 1562. Mort en 1646. XVIe-XVIIe siècles. Actif à Paris. Français.
Peintre de portraits.
Il reçut le titre de « peintre de Madame ».

Musées : Blois (Mus.) : *Portrait de Marie de Médicis et de Louis XIII enfant.*

MARTIN Charles

Né vers 1730. Mort vers 1785. xviiie siècle. Travaillant à Londres. Britannique.

Peintre de portraits, paysages, graveur.

Il a gravé des portraits et des vues.

MARTIN Charles

Né en 1820. Mort en 1906. xixe-xxe siècles. Actif à Londres. Britannique.

Peintre de portraits.

Cet artiste exposa à Londres, particulièrement à la Royal Academy, de 1836 à 1893. Siret mentionne, avec la date de 1842, un portraitiste, élève de A. Moine, du nom de Charles Martin, école française, qui nous paraît pouvoir être l'artiste anglais.

Musées : Londres (Nat. Portrait Gal.) : *Portrait de Joseph Mallord William Turner – Portrait de Cunningham.*

Ventes Publiques : Londres, 21 nov. 1985 : *Portrait de Joseph Mallord William Turner* 1849, aquar./trait de cr. (32,5x21,5) : **GBP 11 000** – Genève, 24 nov. 1987 : *Au théâtre* 1906, aquar. (50x61) : **CHF 4 200.**

MARTIN Charles

Né en 1848 à Montpellier (Hérault). Mort en 1934. xixe-xxe siècles. Français.

Dessinateur de figures, aquarelliste, illustrateur.

Il étudia à l'École des Beaux-Arts de Montpellier, puis à l'Académie Julian, avant d'entrer dans l'atelier de Fernand Cormon à Paris.

Il collabora au *Sourire* et à *La Vie parisienne.* Il a illustré *Le Mariage de don Quichotte* de P. J. Toulet ; *Les Lettres persanes* de Montesquieu ; *Carmen* de Mérimée ; *Pierrot Fumiste* de Jules Laforgue ; les *Œuvres complètes* de Musset ; les *Contes et Nouvelles* de La Fontaine ; *Manon Lescaut* de l'abbé Prévost ; les *Œuvres* de Villon...

Francis Carco témoigne de l'art de Martin : « Chaque production nouvelle de cet artiste, d'ailleurs, vaut la surprise d'une trouvaille, importante ou menue. Ici c'est la grâce d'une arabesque, le caprice d'une mise en place inattendue. Plus loin, un costume, une attitude. »

Bibliogr. : In : *Dict. des illustrateurs 1800-1914,* Ides et Calendes, Neuchâtel, 1989.

Ventes Publiques : Paris, 1er avr. 1920 : *Salomé dans la prison,* dess. : **FRF 300** ; *Ainsi mourut Salomé* : **FRF 300** ; *Marins,* dess. : **FRF 290** – Paris, 8 mai 1942 : *Nu debout,* dess. à la pl. : **FRF 300** – Paris, 1er mars 1996 : *Équivoque : mascarades et amusettes,* exemplaire de collaborateur de douze planches (chaque 30x40) : **FRF 39 000** – Paris, 3 avr. 1996 : *La mondaine et son chien à l'heure du thé,* aquar. et encre de Chine (33x26) : **FRF 4 200.**

MARTIN Charles Marie Félix

Né le 2 juin 1844 à Neuilly-sur-Seine (Hauts-de-Seine). Mort en 1916 à Paris. xixe siècle. Français.

Peintre, sculpteur.

Il fut élève de Guillaume Duret, Loison et Cavelier. Il figura à Paris, au Salon à partir de 1879. Il fut fait chevalier de la Légion d'honneur en 1879.

On cite de lui : *Chasse au nègre* groupe en marbre ; *Louis XI à Peronne* statuette en bronze ; *Jésus devant les docteurs* statue en marbre ; *L'Abbé de l'Épée* groupe en bronze ; *Mort héroïque d'un jeune tambour républicain* plâtre bronzé.

Musées : Dijon : *L'Abbé de l'Épée* – Évreux – Rouen : *Mort héroïque d'un jeune tambour républicain* – Senlis.

MARTIN Christian Ludwig

Né le 2 juin 1890 à Lubau (Bohême). xxe siècle. Autrichien.

Peintre de figures, paysages.

Il fut en 1925 professeur à l'académie des beaux-arts de Vienne et, de 1922 à 1926, président de la Sécession viennoise.

MARTIN Claude Emmanuel

xviiie siècle. Vivant à Copenhague. Français.

Graveur.

Il grava de 1769 à 1772, une partie des planches destinées à la *Description du voyage en Arabie.*

MARTIN Claude René

Né à la fin du xixe siècle à Paris. xixe-xxe siècles. Français.

Peintre.

Expose des paysages et des figures aux Salons des Indépendants, depuis 1911, de la Nationale des Beaux-Arts et d'Automne.

MARTIN D.

xviiie siècle. Actif à New York en 1796. Américain.

Graveur.

MARTIN David

Né en 1736 à Anstruther. Mort en 1798 à Édimbourg. xviiie siècle. Britannique.

Peintre de portraits, graveur.

Élève d'Allan Ramsay. Il accompagna son maître à Rome, puis travailla sous sa direction à la Saint-Martin's Lane Academy. En 1775, il se fixa à Édimbourg où il reçut le titre de peintre du prince de Galles pour l'Écosse. Son mariage le fit revenir à Londres, mais resté veuf il retourna se fixer à Édimbourg.

Il a gravé beaucoup de portraits peints par lui-même.

Musées : Édimbourg : *Autoportrait* – Édimbourg (Gal. d'Art Victoria) : *Portrait du Révérend Samuel Martin.*

Ventes Publiques : Londres, 7 juil. 1922 : *Colonel W. Amherst et sa femme* : **GBP 68** – Londres, 22 fév. 1924 : *John Fitzpatrick* : **GBP 115** – Londres, 30 juin 1926 : *Benjamin Franklin* : **GBP 220** – Londres, 20 mai 1927 : *Général Gabriel Christie* : **GBP 945** – Londres, 10 fév. 1928 : *Lady Manners* : **GBP 441** – Londres, 11 mai 1928 : *Thomas Dodd* : **GBP 94** – Londres, 28 juin 1929 : *John Lumsdaine* : **GBP 367** – New York, 2 avr. 1931 : *Portrait de Mrs Trotter* : **USD 450** – Londres, 10 juil. 1931 : *Portrait d'un gentilhomme* : **GBP 105** – Londres, 6 nov. 1959 : *Portrait du général Gabriel Christie* : **GBP 1 470** – Londres, 7 juil. 1965 : *Portrait de Margaret Montgomery* : **GBP 500** – New York, 17 déc. 1969 : *Portrait of Lady Diana Manners* : **USD 2 500** – Londres, 17 nov. 1971 : *Portrait du général Gabriel Christie* : **GBP 1 600** – Londres, 23 juin 1972 : *Portrait of the 1st Earl of Mansfield* : **GNS 380** – Londres, 23 mars 1979 : *Portrait of John'Campbell of South Hall* 1771, h/t (168,5x136,5) : **GBP 3 000** – Londres, 19 juil. 1985 : *Portrait de deux gentilshommes en costume Van Dyck regardant un livre ouvert,* h/t (141,6x167,6) : **GBP 3 500** – Londres, 18 nov. 1987 : *Portrait de George et Edward Finch-Hatton,* h/t (143,5x170) : **GBP 3 000** – New York, 11 jan. 1989 : *Portrait du philosophe David Hume,* h/t (76,2x64) : **USD 24 200** – Perth, 29 août 1989 : *Le port de Kircaldy,* h/t (51x76) : **GBP 1 540** – New York, 13 oct. 1989 : *Portrait d'un Royal Scottish Archer, William, fils de Robert Dundas,* h/t (122x96,5) : **USD 14 300** – Londres, 9 fév. 1990 : *Portrait de Jane, Duchesse de Gordon, vêtue d'une robe blanche et d'un châle bleu enlaçant un terrier posé sur un coussin,* h/t (90x75,5) : **GBP 2 750** – New York, 5 avr. 1990 : *Portrait de Elizabeth et Thomas Trower enfants dans un paysage,* h/t (139,5x109) : **USD 49 500** – Londres, 11 juil. 1990 : *Portrait de Lady Bridget Bouverie assise de trois quarts vêtue d'une robe jaune avec un châle gris et tenant un livre,* h/t (126x100,5) : **GBP 12 100** – New York, 10 oct. 1991 : *Portrait d'un homme jeune, présumé Archibald Seaton* 1788, h/t (74,9x62,2) : **USD 5 500** – York (Angleterre), 12 nov. 1991 : *Portrait de Andrew Agnew adolescent vêtu d'un habit bleu et d'un gilet crème avec une cravate blanche,* past. (44,5x37) : **GBP 1 210.**

MARTIN Denis

xviie-xviiie siècles. Français.

Sculpteur et architecte.

Peintre de la cour à Paris, il fut en 1677 membre de l'Académie Saint-Luc, et travailla, de 1677 à 1713, pour Versailles, l'église des Invalides et Notre-Dame, à Paris.

MARTIN Dennis James

Né le 13 avril 1956 à Kansas City (Missouri). xxe siècle. Américain.

Dessinateur de figures, portraits, nus. Hyperréaliste.

Après des études aux Universités du Missouri à Columbia, à Kansas City, à Springfield et à Oklahoma City, il fut diplômé des Beaux-Arts en 1988. Il a participé à des expositions de groupe à partir de 1976, notamment à Kansas City et Oklahoma City où il a également exposé personnellement, entre 1976 et 1988.

Les définitions qui ont été proposées de l'hyperréalisme n'ont jamais été très claires, notamment en ce qui le distingue du traditionnel « trompe-l'œil ». Il semble cependant qu'on puisse retenir à l'actif de l'hyperréalisme que, malgré la recherche du détail le plus minutieux, le dessin, la peinture ou la sculpture hyperréalistes préservent une certaine distanciation envers le modèle, double distanciation dans la technique, qui reste identifiable, et dans le choix du sujet, en général inintéressant en soi. Une partie du travail de D. J. Martin, ses dessins minutieux, dans lesquels on identifie encore le médium crayon, est authentifiable en tant qu'hyperréalisme. Mais qu'en est-il de l'autre partie de son travail, dans laquelle les photographies de femmes ou d'enfants sont, par des techniques de crayons et tracés différents dont il donne le mode d'emploi, si ressemblantes aux photographies d'origine, probablement projetées à l'épiscope, qu'on croirait voir les photographies mêmes ? ■ J. B.

Bibliogr. : *Dennis James Martin – Drawings*, chez l'artiste, sans lieu ni date.

MARTIN Diego

XVe siècle. Actif à Séville. Espagnol.

Peintre.

MARTIN Éléonore

Née le 16 janvier 1803. XIXe siècle. Française.

Peintre.

Elle fut l'élève de Girodet et de Granger. Elle exposa au Salon, de 1831 à 1842.

MARTIN Elias

Né en 1739 à Stockholm. Mort le 28 janvier 1818. XVIIIe-XIXe siècles. Suédois.

Peintre de genre, portraits, paysages, aquarelliste, graveur.

Recommandé par Roslin, il entra à l'Académie des Beaux-Arts en 1766, où il eut pour maître Joseph Vernet. En 1769, il vint en Angleterre et fut reçu associé de la Royal Academy. De 1769 à 1780, il prit part aux Salons de cette société.

En 1780, il revint à Stockholm, fut nommé peintre de la cour et publia, en collaboration avec son frère Johan-Fredrik Martin, une série de vues de Stockholm, dans un style énergique et précis. Ce fut un artiste remarquable comme paysagiste. Ses paysages sont plus romantiques, et à travers ses portraits se retrouve l'art des peintres anglais de son époque.

Musées : Londres (Victoria and Albert) : *Aquarelle* deux oeuvres – Stockholm : *Jeune Anglaise – Le poète Karl Mikael Bellmar – Inconnu en costume gustavien – Jeune femme – Ruine antique au bord de l'eau – Le marché de la Monnaie à Stockholm – Paysage avec chute d'eau dans la manière anglaise – Paysage avec eau et arbres – Paysage avec bestiaux* deux oeuvres.

Ventes Publiques : Londres, 3 déc. 1938 : *Westminster vue de la Tamise* : **GBP 54** – Stockholm, 31 mars 1971 : *Intérieur, la leçon de lecture* : **SEK 9 300** – Londres, 30 nov. 1972 : *Vue de Stockholm*, aquar. : **GNS 700** – Göteborg, 24 mars 1976 : *Paysage avec ruines*, h/t (91x134) : **SEK 9 500** – Stockholm, 22 avr. 1981 : *Paysage d'été*, h/t (41x71) : **SEK 25 500** – Stockholm, 26 avr. 1983 : *Jeunes femmes dans un intérieur*, h/t, de forme ovale (57x82) : **SEK 36 000** – Stockholm, 24 avr. 1984 : *Le quatuor à cordes*, dess. au lav. (22x28) : **SEK 26 000** – Stockholm, 9 avr. 1985 : *Baigneuses dans un paysage romantique*, h/t, de forme ovale (53x43) : **SEK 17 000** – Stockholm, 22 avr. 1986 : *Paysage romantique*, aquar. (24x33) : **SEK 11 500** – Stockholm, 19 mai 1992 : *La Princesse Sofia Albertinas faisant la charité avec une ville incendiée à l'arrière-plan*, aquar. (26x31) : **SEK 20 000** – New York, 10 jan. 1996 : *La porte des docks à Chatham*, craie noire et aquar. (14,8x19,2) : **USD 1 380**.

MARTIN Émile Élisabeth Pauline

Née au XIXe siècle à Paris. XIXe siècle. Française.

Peintre de fleurs et aquarelliste.

Élève de Koller et de Trébuchet. Elle débuta au Salon en 1878.

MARTIN Erdmann

Né le 23 juillet 1832 à Nuremberg. Mort en juin 1886. XIXe siècle. Allemand.

Graveur et dessinateur.

MARTIN Ernest

Né le 13 février 1838 à Paris. XIXe siècle. Français.

Peintre.

Élève de Pils. Il exposa au Salon, de 1870 à 1887.

MARTIN Étienne. Voir **ÉTIENNE-MARTIN**

MARTIN Étienne Philippe

Né en juin 1858 à Marseille (Bouches-du-Rhône). Mort en mars 1945. XIXe-XXe siècles. Français.

Peintre de paysages.

Il fut élève de Vollon. Il exposa à Paris, de 1878 à 1904, au Salon des Artistes Français, dont il devint membre sociétaire en 1892. Il obtint une mention honorable en 1865, une médaille d'argent en 1889 à l'Exposition universelle. Il est le fondateur du musée de Digne. Il fut aussi écrivain d'art et musicien.

Etienne Martin

Bibliogr. : Gérald Schurr, in : *Les Petits Maîtres de la peinture 1820-1920, valeur de demain*, Les Éditions de l'Amateur, t. II, Paris, 1982.

Musées : Cambrai : *Un Sentier* – Digne : *Vue de Sisteron – À Marcoux, près de Digne, matinée de printemps – À Marcoux, près de Digne, soir d'été* – Dijon : *Les Vendanges en Provence* – Gray : *Une Allée de saules* – Lille : *La Moisson* – Marseille (Mus. des Beaux-Arts) : *Le port* – Rouen : *La Grande Fontaine à Digne* – Tourcoing : *Port de Marseille*.

Ventes Publiques : Paris, 1868 : *Vue de Vincennes* : **FRF 1 025** – Paris, 1894 : *Port de Marseille : le vieux bassin* : **FRF 900** – Paris, 1900 : *La foulaison en Provence* : **FRF 1 200** – New York, 10 nov. 1945 : *Malte : ville fortifiée* : **USD 230** – Paris, 13 oct. 1948 : *Printemps* 1883 : **FRF 3 100** – Avignon, 4 mars 1950 : *Vendangeurs* : **FRF 3 000** – Nice, 28 nov 1979 : *Place de Barjols en Provence et les gitans*, h/t (60x78) : **FRF 8 900** – Paris, 18-19 nov. 1991 : *La sortie des mauresques*, h/t (101x60) : **FRF 16 000** – Paris, 22 juin 1992 : *Village fortifié en Haute-Provence*, h/pan. (32x40) : **FRF 8 000**.

MARTIN Eugène Louis

Né en 1880 à Genève. Mort en 1954. XXe siècle. Suisse.

Peintre de paysages.

Il fut quelque temps l'élève de Gilliard. Il vécut et travailla dans sa ville natale.

Musées : Aarau (Aargauer Kunsthaus) : *Le Lac* 1923 – Digne : *La Ruelle Saint-Charles à Digne – L'Écurie du petit Paris à Digne – La Moisson – Lever de lune à Sisteron – Les Oignons – Rapière, épée, poignard – Un Pressoir aux Sieyes près de Digne – Coin d'écurie – Le Palais Longchamp (musée des Beaux-Arts) à Marseille – Le Grande Fontaine à Digne – Le boulevard Gassendi à Digne – Le Pré à foire à Digne – Vue de Digne prise de la route de Gaubert – Dans la casbah d'Alger* – Elberfeld.

Ventes Publiques : Genève, 24 avr. 1970 : *Le lac* : **CHF 6 000** – Berne, 22 oct. 1976 : *Le clocher d'Étoy* 1941, h/t (38x46) : **CHF 1 200** – Berne, 10 juin 1978 : *Le lac de Genève, à Vésenaz* vers 1920, h/t (50x61) : **CHF 3 200** – Zurich, 9 nov. 1984 : *Bateaux près de Villeneuve* 1944, h/t (60x72) : **CHF 3 600** – Berne, 20 juin 1986 : *Le Jardin Anglais à Genève* 1945, h/t (50x61) : **CHF 4 600** – Paris, 4 mars 1992 : *Bretons dans un intérieur*, h/t (33x41) : **FRF 11 000**.

MARTIN Eugène Prosper

Né au XIXe siècle au Havre. XIXe siècle. Français.

Peintre de genre, paysages, graveur.

Élève de L. Cogniet, et Hébert. Il figura au Salon de Paris, de 1864 à 1880. On possède de lui une série de dix gravures : *La Bretagne, mœurs et costumes*.

Ventes Publiques : Paris, 28 sep. 1949 : *Le tombeau* : **FRF 1 200**.

MARTIN F.

XIXe-XXe siècles. Espagnol.

Peintre de paysages urbains, aquarelliste.

Ventes Publiques : New York, 28 mai 1993 : *Gitans sur une plage*, h/cart. (16,5x26,7) : **USD 1 150** – Rome, 7 juin 1995 : *Place d'Espagne*, aquar./pap. (28x38,5) : **ITL 2 300 000** – Rome, 5 déc. 1995 : *Piazza della Rotonda*, aquar./pap. (52x73) : **ITL 16 499 000** – Rome, 4 juin 1996 : *Il Tevere, château Saint-Ange ; Le Forum à Rome*, aquar./pap., une paire (chacune 35x51,5) : **ITL 4 025 000**.

MARTIN F. B.

XVIIIe siècle. Actif à la fin du XVIIIe siècle. Britannique.

Graveur.

Il a gravé des portraits.

MARTIN Fletcher

Né en 1904. Mort en 1979. XXe siècle. Américain.

Peintre de scènes typiques, figures, marines. Groupe de Woodstock.

Peintre social réaliste californien, installé à Los Angeles, il visita Woodstock pour la première fois en 1932. En 1946, après avoir été correspondant de guerre pour Life Magazine, il s'y installa. Influencé par le modernisme américain et le cubisme, la peinture de sa maturité est figurative, mais stylisée.

Ventes Publiques : Los Angeles, 24 juin 1980 : *Rural family* 1935, h/pan. (122x122) : **USD 3 100** – New York, 23 mars 1984 : *Boxeur dans son coin*, h/t (86,2x76,9) : **USD 3 400** – New York, 20 mars 1987 : *Travailleur sur le marché aux poissons*, gche/pap. (35x26,6) : **USD 3 500** – New York, 24 mai 1989 : *Le Lutteur de la marine*, h/t (111,8x66) : **USD 60 500** – New York, 17 déc. 1990 : *Le nouveau chapeau*, h/t (50,8x40,7) : **USD 2 750** – New York, 15 mai

1991 : *Un oiseau effrayé*, h/rés. synth. (52,1x35,6) : **USD 2 310** – New York, 18 déc. 1991 : *Profil de marin*, h/t (50,8x40,6) : **USD 1 320** – New York, 12 mars 1992 : *À l'abri dans le port* 1933, h/t (86,2x66,4) : **USD 6 600** – New York, 28 nov. 1995 : *La Joueuse de guitare et son auditeur*, h/t (71,5x51) : **USD 2 300** – New York, 4 déc. 1996 : *Le Coin*, h/t (61x76,2) : **USD 10 350**.

MARTIN Francesco
Né en 1544. xvie-xviie siècles. Espagnol.
Sculpteur.
Cité dans un document de 1557 (?). Il travaillait à Séville dans la première moitié du xviie siècle. Peut-être à rapprocher de Francisco Martinez.

MARTIN François
Né à Grenoble (Isère). Mort en décembre 1804 à Lyon (Rhône). xviiie siècle. Français.
Sculpteur de bustes, statues, monuments.
En 1778, il obtient un accessit à l'École de dessin à Grenoble, pour le genre Académie. Grand ami de Marat, il en fit un buste, qui fut la propriété de M. Jules Claretie, et l'on incline à croire que le tombeau de Marat fut son œuvre. On lui doit aussi les bustes du général Duhesme, de Bureaux de Pusy, préfet du Rhône, et plusieurs généraux, de divers autres fonctionnaires et du pape Pie VII, qu'il modelait encore la veille de sa mort. Un des premiers, il se para des couleurs de la liberté, et l'on raconte qu'il passait une partie de ses nuits à reproduire les traits des martyrs de la liberté, pour les exposer ensuite à la vénération publique. Parmi ses œuvres patriotiques il faut citer : *Rousseau découvrant la nature*. Le Comité de Salut public lui accorda, par deux fois, de légers secours, mais il n'en vécut pas moins dans une pauvreté qui s'accrut avec les années. Il s'était retiré à Lyon, et n'obtint pas la célébrité à laquelle lui donnait droit un incontestable talent ; il avait fait de l'art pour l'art. Ses amis se cotisèrent pour le faire enterrer et ses enfants durent accepter les bienfaits de la charité.
Musées : Paris (Mus. Jacquemart André) : *Buste d'homme* 1794, terre cuite.
Ventes Publiques : Paris, 1er déc. 1930 : *Buste grandeur nature, de Gluck*, terre cuite : **FRF 15 000**.

MARTIN François
xixe siècle. Français.
Miniaturiste.
Il exposa au Salon de 1810 à 1814.

MARTIN François
Né à Paris. xixe siècle. Français.
Peintre de paysages, paysages urbains, natures mortes, aquarelliste.
Élève de Jeannin. Il débuta au Salon en 1876.
Ventes Publiques : Paris, 24 mai 1991 : *Nature morte aux fleurs et aux fruits* 1880, h/t (131x159) : **FRF 40 000** – Londres, 17 nov. 1993 : *La place Saint Pierre à Rome ; La place Navona à Rome*, aquar., une paire (48x72 et 50x70) : **GBP 7 475**.

MARTIN François
Né en 1945 à Paris. xxe siècle. Français.
Peintre, créateur d'installations, peintre de collages, dessinateur, peintre à la gouache, technique mixte.
Il vit et travaille à Paris.
Il participe à des expositions collectives : 1973 Biennale de Paris ; 1977 *Arc 2* au musée d'Art moderne de la ville de Paris ; 1978 Capc de Bordeaux et Neue Galerie d'Aix-la-Chapelle ; 1980 fondation Maeght de Saint-Paul-de-Vence ; 1983 *Bonjour monsieur Manet* au musée national d'Art moderne de Paris ; 1987 Centre culturel de Naples ; 1986 FRAC Alsace (Fonds régional d'Art contemporain) à Sélestat ; 1987 FRAC Provence Alpes Côtes d'Azur à Marseille ; 1992 *Dix Ans d'enrichissements du cabinet des estampes 1978-1988 – De Bonnard à Baselitz* à la Bibliothèque nationale de Paris. Il montre ses œuvres dans des expositions personnelles : 1973 musée des Beaux-Arts de La Rochelle, 1976 musée d'Art moderne de Strasbourg, 1978 Capc de Bordeaux, 1980 Maison de la culture de Châlons-sur-Saône, 1982 New York, 1983 ELAC de Lyon, 1984 Washington, 1988 musée d'Art moderne de Céret, 1993 galerie Paul Boyé à Sète. Il a réalisé dans le cadre d'une commande publique un mur en tôle émaillé pour l'école nationale supérieure des Arts et Métiers à Châlons-sur-Saône.
Son travail est dans la lignée de Duchamp. Il réalise des dessins avec de l'huile, l'acrylique, le pastel, la laque, l'encre, le fusain, déclinant par série avec une certaine ironie, des sujets quelconques, une phrase toute faite. Son travail s'élabore dans la liberté, la spontanéité, évoque le temps de l'enfance, où tout semblait possible. Il met aussi en scène de manière dispersée et désinvolte ses souvenirs, ses impressions, à partir d'objets, d'images collectés un peu partout, au hasard de ses recherches.
Bibliogr. : Catherine Millet : *L'Art contemp. en France*, Flammarion, Paris, 1987 – J. Matamoros, Ch. Bernard : *François Martin : Ziggourats*, Mus. d'Art moderne, Céret, 1988 – in : *Dict. de l'art mod. et contemp.*, Hazan, Paris, 1992 – Lise Ott : *François Martin*, Art Press, n° 176, Paris, janv. 1993.
Musées : Paris (BN, Cab. des Estampes) : *Mozart, le nègre et la dame* 1985, trois litho., triptyque.
Ventes Publiques : Paris, 24 avr. 1988 : *Brioches, pâtisseries* 1979, acryl. et collage/t. (120x171) : **FRF 12 000** – Paris, 16 oct. 1988 : *A la lisière de la savane* 1983, craie et laque/pap. kraft (70x100) : **FRF 5 000** – Paris, 18 fév. 1990 : *Singe*, collage, gche et acryl./pap. (49x123) : **FRF 10 000** – Paris, 14 mars 1990 : *À la lisière de la savane* 1983, acryl./pap. kraft (69x98) : **FRF 7 000**.

MARTIN Fredrik Erik
Né en 1776 à Londres. Mort le 5 mars 1854 à Stockholm. xixe siècle. Britannique.
Graveur.
En dehors des portraits de son père et de Desprez, il grava des tableaux de Hilleström.

MARTIN Fritz
Né le 26 mai 1859 à Leipzig. xixe-xxe siècles. Actif à Munich. Allemand.
Peintre de genre, nus, portraits.
Il exposa à partir de 1889 à Munich, Berlin et Hanovre.
Ventes Publiques : Londres, 23 mars 1988 : *Nu féminin devant son miroir* 1920, h/t (78x56,5) : **GBP 4 400**.

MARTIN Gabriel
Né au xixe siècle à Rouen. xixe siècle. Français.
Peintre.
Élève de Morin et de Cabanel. Il exposa au Salon, de 1866 à 1870.

MARTIN Geneviève
xxe siècle. Française.
Peintre, sculpteur, technique mixte.
Elle a participé, dans les années soixante-dix, aux activités du groupe niçois Calibre 33.
Elle a montré ses œuvres dans une exposition personnelle en 1992 à la galerie Evelyne Canus à La Colle-sur-Loup.
Elle structure l'espace de ses toiles, au format carré, par des damiers, et en décline les infinies possibilités. Dans certaines cases de ce support abstrait, elle trace des figures géométriques ou signes symboliques simples. Dans ses sculptures en pâte à papier et pigments, elle cherchait à rendre la matière proprement picturale.
Bibliogr. : Claire Bernstein : *Geneviève Martin*, Art Press, n° 169, Paris, mai 1992.

MARTIN Georg
xviie siècle. Actif à Kitzngen. Allemand.
Peintre.

MARTIN Georg
Né le 25 octobre 1875. xxe siècle. Allemand.
Peintre, illustrateur.
Il travailla à Berlin-Friedenau.

MARTIN Georges
Né en 1906. Mort en 1962. xxe siècle. Français.
Peintre de paysages, intérieurs, natures mortes, figures, décorateur, photographe.
Il ne peignit qu'à la fin des années quarante, après une intense activité de décorateur.
Ventes Publiques : Paris, 21 sep. 1988 : *Nature morte à la mandoline*, h/t (54x65) : **FRF 1 800** ; *Le repos du modèle*, h/t (54x73) : **FRF 1 600** – Paris, 29 sep. 1989 : *Natures mortes, paysages, portraits, intérieurs, nus, compositions*, aquar. gche et dess., lot : **FRF 6 200** – Versailles, 22 avr. 1990 : *Les sabots* 1948, h/t (38x55) : **FRF 3 800**.

MARTIN Georges Louis Gabriel
Né au xixe siècle à Neuilly. xixe siècle. Français.
Sculpteur.
Élève de Fossey et de Merlay. Il exposa au Salon, de 1866 à 1875.

MARTIN Gilbert
Né en 1924 à Paris. xxe siècle. Français.
Peintre.
Il vit et travaille à Paris.

Il a participé à l'exposition : *Dix Ans d'enrichissements du cabinet des estampes 1978-1988 – De Bonnard à Baselitz*, à la Bibliothèque nationale de Paris, en 1992.
Musées : Paris (BN, Cab. des Estampes) : *La Maison Galou* 1978, litho.

MARTIN Gilles François
Mort le 1er janvier 1795. XVIIIe siècle. Actif à Paris. Français.
Sculpteur.
Depuis 1748 il fut membre de l'Académie de Saint-Luc. Il a contribué à la décoration du château de Chantilly, du Palais Bourbon et de l'École de Médecine de Paris.

MARTIN Gonzalo
XVIe siècle. Actif à Séville en 1500. Espagnol.
Peintre.

MARTIN Gonzalo
XVIe siècle. Travaillant à Séville en 1545. Espagnol.
Sculpteur.

MARTIN Gottlieb Julius
Né en 1885. Mort en 1962. XXe siècle. Suisse.
Peintre de figures, technique mixte.
Musées : Aarau (Aargauer Kunsthaus) : *Madonna – Sainte Verena – Personnage les bras étendus.*

MARTIN Guillaume
Né vers 1520. Mort vers 1590. XVIe siècle. Actif à Paris. Français.
Médailleur, orfèvre.
De 1564 à 1575, il fut graveur général des monnaies de Navarre. Avec Étienne Deleaune il fut le médailleur français le plus réputé de la Renaissance.

MARTIN Guillaume
Né en 1737 à Montpellier (Hérault). Mort le 5 juin 1800 à Paris. XVIIIe siècle. Français.
Peintre d'histoire.
Élève de Vien et de Cipriani. Il fut agréé à l'Académie le 27 juillet 1771. Il figura au Salon, de 1771 à 1798.

MARTIN Hans
Mort le 18 avril 1919 à Ratibor. XXe siècle. Actif à Munich. Allemand.
Peintre.
Il exécuta les peintures de Feldkirch et Kranowitz.

MARTIN Henri
Né à Coutances (Manche). XIXe siècle. Français.
Peintre de paysages.
Il travailla avec Hellemacher et Pils. Exposa au Salon de Paris en 1868, 1870 et 1876.
Ventes Publiques : Le Touquet, 14 nov. 1993 : *Grève animée au port*, h/pan. (12x21) : **FRF 4 200**.

MARTIN Henri
Né à Beaumont (Dordogne). XIXe-XXe siècles. Français.
Graveur.
Il participa à Paris, au Salon des Artistes Français et y obtint une mention honorable en 1890.
Il grava d'après Théodore Weber, pratiquant l'eau-forte.

MARTIN Henri Jean Guillaume
Né le 5 août 1860 à Toulouse (Haute-Garonne). Mort en novembre 1943 à La Bastide-du-Vert (Lot). XIXe-XXe siècles. Français.
Peintre de compositions à personnages, paysages animés. Postimpressionniste.
Venu très jeune à Paris, grâce à une bourse de sa ville natale, Henri Martin entra en 1879, dans l'atelier de Jean Paul Laurens. En 1885, il obtint une bourse de voyage en Italie, grâce à son envoi des *Titans escaladant le ciel*.
En 1880, il exposa au Salon des Artistes Français à Paris. Son succès premier lui vint de son tableau de 1883 : *Françoise de Rimini*, qui lui valut une première médaille. Henri Martin avait alors vingt-trois ans. En 1896, il montra ses œuvres dans une exposition personnelle, qui fut un triomphe, à la galerie Mancini. *La Fête de la Fédération*, exposée en 1889, lui valut la médaille d'or. En 1896, il obtint, pour ses décorations à l'Hôtel de Ville, la croix de la Légion d'honneur, puis, en 1900, un grand prix à l'Exposition universelle. Il fut nommé Commandeur de la Légion d'honneur en 1914, membre de l'Institut en 1918.
Son voyage en Italie eut une influence décisive et particulièrement heureuse sur la technique du jeune maître. Il avait été jusque-là un classique un peu froid dans son impeccable correction : l'éclatante lumière du ciel italien, peut-être aussi les tendances de la jeune école transalpine, l'étude des figures de Giotto et des primitifs déterminèrent chez Henri Martin l'éveil d'un sentiment poétique intense qu'il traduisit à l'aide d'une technique très spéciale. Il procède par touches courtes, séparées et parallèles, donnant à ses toiles allégoriques une note vaporeuse. Sa première manifestation de cette technique nouvelle fut : *La Fête de la Fédération*. En 1895, il fut chargé de diverses décorations de l'Hôtel de Ville et peignit deux grandes frises et un plafond : *Apollon et les Muses ; Les Arts*. Il est également l'auteur de la décoration du Capitole à Toulouse, qui est une de ses meilleures œuvres ; *L'Étude* de 1908 pour la Sorbonne ; *Le Travail* de 1914 pour le palais de Justice ; *La Moisson* de 1920 pour le conseil d'État.

Musées : Bayonne (Mus. Bonnat) : *Portrait de Jean Paul Laurens* – Béziers : *Maison du Lot au crépuscule – Tête de femme* – Bordeaux : *Chacun sa chimère* – Carcassonne : *Françoise de Rimini* – Dijon : *L'Église du village – Orphée* – Douai : *Harmonie – Paysage du Lot* – Lille : *La Fatalité* – Montpellier : *La Vieille Maison* – Montréal : *Vue de village dans le Midi* – Mulhouse : *Jeune Fille à la rose* – Nantes (Mus. des Beaux-Arts) : *Crépuscule* – Paris (Mus. du Luxembourg) : *Les Dévideuses – Les Tricoteuses – Portrait de l'artiste* – Paris (Mus. Nat. d'Art Mod.) : *Portrait de l'artiste* – Paris (Mus. d'Art Mod. de la Ville) : quatre esquisses pour la décoration de la mairie de Montreuil-sous-Bois – Toulouse : *Course à l'abîme – L'Homme entre le Vice et la Vertu – Fête de la Fédération.*
Ventes Publiques : Paris, 21 jan. 1898 : *Beatrix* : **FRF 420** – Paris, 1900 : *Orphée* : **FRF 410** – Paris, 3 mars 1919 : *Le Grand Canal* : **FRF 2 800** – Paris, 21 fév. 1921 : *Maison dans les fleurs* : **FRF 4 650** – Paris, 23 fév. 1925 : *La Fenêtre et le porche au soleil* : **FRF 7 500** – Paris, 11 juin 1927 : *La Pergola* : **FRF 5 700** – Paris, 3 mai 1929 : *Village au soleil, Saint-Cirq-La-Popie* : **FRF 7 300** – Paris, 13 fév. 1932 : *La Sortie de l'église* : **FRF 4 500** – Bruxelles, 12 mai 1934 : *La Bastide-du-Vert* : **FRF 2 400** – Paris, 1er juin 1938 : *La Petite Rivière au printemps* : **FRF 5 800** – Paris, 30 nov. 1942 : *Village de La Bastide-du-Vert* : **FRF 15 000** – Paris, 20 nov. 1946 : *Venise* : **FRF 14 000** – Paris, 28 juin 1950 : *Le Thé sous la pergola* : **FRF 19 000** – Paris, 10 nov. 1954 : *Le Port* : **FRF 62 500** – Cologne, 3 déc. 1954 : *Jardin* : **DEM 15 000** – Paris, 8 déc. 1959 : *Collioure* : **FRF 300 000** – Londres, 4 mai 1960 : *Le Pont sur la Vert* : **GBP 780** – Paris, 9 déc. 1968 : *Le Bassin fleuri* : **FRF 57 000** – Genève, 12 mai 1970 : *La Brodeuse* : **CHF 66 000** – Paris, 5 mars 1972 : *Le Pont de La Bastide-du-Vert* : **FRF 97 000** – Londres, 4 avr. 1974 : *Le Perron* : **GBP 2 500** – Paris, 31 mars 1976 : *La Muse du peintre*, h/t (146x89,5) : **FRF 29 000** – Londres, 31 mars 1977 : *Collioure*, h/t (75x93) : **GBP 8 700** – New York, 9 nov 1979 : *Église à La Bastide-du-Vert*, h/t (96,5x119,4) : **USD 32 000** – Paris, 17 mars 1981 : *La Gardienne de moutons*, h/t (59x96) : **FRF 112 000** – Londres, 30 nov. 1982 : *Les faucheurs* vers 1898, cr. reh. de cr. de coul., étude (76x42,5) : **GBP 1 700** – New York, 18 mai 1983 : *L'Église*, h/t (130,5x81) : **USD 45 000** – Paris, 27 fév. 1984 : *La ruelle*, past. cr. noir (32,5x25) : **FRF 16 000** – Paris, 6 déc. 1984 : *La bergère*, fus. reh. de past. (46x96) : **FRF 13 000** – Paris, 20 juin 1985 : *Les bords du Loiret* 1915, aquar. (23,5x32) : **FRF 8 000** – Paris, 2 juil. 1986 : *Apparition virginale*, h/t (190x110) : **FRF 600 000** – Londres, 25 juin 1986 : *Gabrielle à la porte du jardin* 1910, h/t (201x105,5) : **GBP 150 000** – Paris, 12 juin 1987 : *Terrasse à Marquayrol*, h/t (90,5x116,5) : **FRF 1 190 000** – Paris, 24 nov. 1987 : *Le Port de Marseille*, h/t (65x81) : **FRF 800 000** – Neuilly-sur-Seine, 25 nov. 1987 : *La Cale des bateaux des vedettes à Dinard, au fond Saint-Malo*, h/t (48x65) : **FRF 372 000** – New York, 12 nov. 1987 : *La Porte d'entrée à Marquayrol*, h/t (97x76) : **USD 175 000** – Londres, 24 fév. 1988 : *Pommiers en fleurs*, h/cart. (33x41) : **GBP 11 000** – La Varenne-Saint-Hilaire, 29 mai 1988 : *La Bastide-du-Vert dans le Lot*, h/t (125x70) : **FRF 750 000** – Paris, 12 juin 1988 : *Femmes dans un jardin*, h/cart. (40x33) : **FRF 270 000** – Paris, 15 juin 1988 : *Bouquet au guéridon*, h/cart. (50x40) : **FRF 102 000** – Paris, 22 juin 1988 : *Garçonnet*, h/t (61x46) : **FRF 315 000** – Paris, 23 juin 1988 : *Les Barques*, h/pan. (48x62) : **FRF 387 000** – Londres, 27 juin 1988 : *Jeune Fille à la guirlande*, h/t (50,5x54,5) : **GBP 22 000** – Londres, 28 juin 1988 : *Le Bassin de Marquayrol*,

h/t (81x65) : **GBP 93 500** – New York, 6 oct. 1988 : *Portrait de femme*, h/t (95,8x56) : **USD 27 500** – Londres, 19 oct. 1988 : *Paysage* 1896, h/t (43x58,5) : **GBP 8 250** – Paris, 20 oct. 1988 : *Paysage vallonné, lumière d'été*, h/t (50x92) : **FRF 250 000** – Paris, 20 nov. 1988 : *Place de village*, h/t (39x53,5) : **FRF 192 000** – Paris, 22 nov. 1988 : *Paysan devant la ferme*, h/t (65x102) : **FRF 480 000** – Paris, 24 nov. 1988 : *Pont sur le vert à la Bastide-du-Vert (Lot)*, h/t (90x116) : **FRF 1 920 000** – Paris, 9 déc. 1988 : *Personnages sous la passerelle* 1912, peint./cart. mar./pan. parqueté (50x37,5) : **FRF 53 000** – Londres, 4 avr. 1989 : *La Poétesse*, h/t (93x74) : **GBP 66 000** – Paris, 8 avr. 1989 : *Séchage des filets dans le port de Collioure*, h/t (81x104) : **FRF 2 000 000** – Paris, 11 avr. 1989 : *Bateaux dans le port de Marseille*, h/t (76,5x51) : **FRF 350 000** – Paris, 13 avr. 1989 : *L'Enfant au voilier*, h/t, étude pour Le Luxembourg (73x54) : **FRF 260 000** – New York, 3 mai 1989 : *Portrait d'Odette*, h/cart. (46x65) : **USD 832 500** – Paris, 14 juin 1989 : *La Pergola en été* 1925, h/t (90x119) : **FRF 1 330 000** – Londres, 28 juin 1989 : *Le Bassin à La Bastide-du-Vert*, h/t (90x116) : **GBP 363 000** – Calais, 2 juil. 1989 : *Petit Pont de pierre enjambant la rivière*, h/t (75x90) : **FRF 1 450 000** – New York, 5 oct. 1989 : *La Bastide-du-Vert en automne*, h/t (81,2x54) : **USD 99 000** – New York, 6 oct. 1989 : *Le port de Marseille*, h/t (62x116) : **USD 242 000** – New York, 16 nov. 1989 : *Sous la treille*, h/t (76x99) : **USD 632 500** – Paris, 22 nov. 1989 : *L'Allée dans la forêt*, h/cart. (41x33) : **FRF 150 000** – Paris, 1er déc. 1989 : *Le Rosier*, h/t (55x38) : **FRF 57 000** – Paris, 9 déc. 1989 : *La Bastide-du-Vert*, h/t (65x94) : **FRF 1 800 000** – Paris, 15 déc. 1989 : *Nu assis*, h/t (82x63) : **FRF 370 000** – New York, 26 fév. 1990 : *Paysage au bord de la rivière*, h/t (149,8x85,1) : **USD 132 000** – Paris, 20 mars 1990 : *L'église de La Bastide-du-Vert*, h/t (113x97) : **FRF 1 520 000** – Paris, 25 mars 1990 : *La grande pergola du manoir Marquayrol à La Bastide-du-Vert*, h/pan. (67x72) : **FRF 810 000** – Londres, 4 avr. 1990 : *Sous la pergola*, h/t (74x92) : **GBP 143 000** – New York, 16 mai 1990 : *Maison de Marie-Louise à la Bastide-du-Vert*, h/t (66,3x88,9) : **USD 165 000** – Paris, 13 juin 1990 : *Portrait de jeune fille*, h/pan. (40x31) : **FRF 150 000** – Paris, 2 juil. 1990 : *Le Bassin de Marquayrol à Bastide-du-Vert*, h/t (90x120) : **FRF 750 000** – Londres, 5 déc. 1990 : *La Couture sous la pergola de Marquayrol* 1912, h/t (232x312) : **GBP 506 000** – New York, 15 fév. 1991 : *L'Église de La Bastide-du-Vert*, h/t (105,3x61) : **USD 77 000** – Londres, 19 mars 1991 : *Bord de rivière*, h/t (150x86) : **GBP 68 200** – New York, 9 mai 1991 : *Bassin central du parc du manoir de Marquayrol* 1919, h/t (55,5x95,5) : **USD 209 000** – Montluçon, 26 mai 1991 : *L'Heure du thé sur la terrasse de Marquayrol*, h/t (80x130) : **FRF 1 610 000** – Paris, 24 oct. 1991 : *La Bastide-du-Vert en automne*, h/t (81x54) : **FRF 326 000** – Londres, 25 mars 1992 : *Paysanne tricotant*, cr. (53,5x31) : **GBP 4 620** – New York, 14 mai 1992 : *Trois Femmes dans le jardin*, h/t (65,7x81,3) : **USD 74 250** – New York, 11 nov. 1992 : *Coin de village*, h/t (110,5x89,5) : **USD 85 250** – Paris, 25 nov. 1992 : *Retour de pêche à Collioure*, h/t (73x100) : **FRF 535 000** – Londres, 1er déc. 1993 : *La Bastide-du-Vert*, h/t (77,5x95,5) : **GBP 79 600** – Tel-Aviv, 4 avr. 1994 : *Étude de paysan*, h/pan. (27,1x18,4) : **USD 4 600** – New York, 11 mai 1994 : *Vue de La Bastide-du-Vert depuis le chemin de Marquayrol*, h/t (82,8x134,3) : **USD 90 500** – Saint-Germain-en-Laye, 19 juin 1994 : *Le Pont, l'église et l'école de La Bastide-du-Vert*, h/t (116x110) : **FRF 612 000** – Londres, 25 oct. 1995 : *Le Vieux Port de Marseille*, h/t (60x80) : **GBP 38 900** – Paris, 26 mars 1996 : *Le Port de Collioure*, h/t (65x105) : **FRF 770 000** – New York, 2 mai 1996 : *La Terrasse*, h/t (74,9x93,3) : **USD 112 500** – Paris, 28 oct. 1996 : *Bassin au jet d'eau* vers 1905-1910, h/t (81x65) : **FRF 155 000** – Londres, 3-4 déc. 1996 : *Village ensoleillé au bord de l'eau* vers 1904, h/t (82,8x83,2) : **GBP 51 000** ; *La Couture au jardin de Marquayrol*, h/t (107x115) : **GBP 386 500** – New York, 9 oct. 1996 : *Venise, la vue de la Salute*, h/pan. (37,5x45,7) : **USD 18 400** – Londres, 25 juin 1996 : *La tour de Collioure*, h/t (90x110) : **GBP 78 500** – New York, 14 nov. 1996 : *Fillette en tablier d'écolière tenant un bouquet*, h/t (96,3x57,2) : **USD 51 750** – Paris, 21 mars 1997 : *Paysanne assise de profil* 1891, h/pan. (34x28) : **FRF 41 000** – Paris, 20 juin 1997 : *Crucifixion* 1885, h/t (65x49) : **FRF 23 000** – Londres, 23 juin 1997 : *Une petite fille aux champs*, past./cart. (28,3x27,6) : **GBP 27 600** – Londres, 25 juin 1997 : *La Fenêtre fleurie*, h/t (55x46) : **GBP 27 600** – Paris, 27 juin 1997 : *Le Port de Collioure*, h/t (65x96) : **FRF 870 000** – Paris, 4 nov. 1997 : *Bouquet de fleurs*, h/pan. (38x46) : **FRF 72 000** – New York, 12 nov. 1997 : *Le Pont de La Bastide-du-Vert*, h/t (89x115) : **USD 189 500** – Londres, 10 déc. 1997 : *Le Bassin central du parc de Marquayrol* vers 1920, h/t (58,4x100) : **GBP 188 500**.

MARTIN Herman

XVIe siècle. Actif à Séville vers 1534. Espagnol.

Peintre.

MARTIN Homer Dodge

Né en 1836 à Albany. Mort en 1897 à Saint-Paul. XIXe siècle. Américain.

Peintre de paysages.

Il s'installa à New York en 1862 et, sous l'influence de J. F. Kensett, il peignit avec autant de rigueur que de luxe dans les détails, les lacs et les montagnes de l'État de New York. Cette apparente absence de sentiment fut sans doute la cause de son manque de popularité au milieu de ses contemporains. Il séjourna en Normandie de 1881 à 1886 et changea totalement de style. Ses dernières œuvres ont reçu l'influence des paysagistes français, tant de l'École de Barbizon que des impressionnistes. *La harpe des vents* est bien représentative de cette manière.

Musées : New York (Met. Mus.) : *La harpe des vents* 1895.

Ventes Publiques : New York, 30 oct. 1929 : *Coucher de soleil sur le lac Saranac* : **USD 325** – New York, 15 nov. 1935 : *Crépuscule* : **USD 900** – New York, 23 oct. 1957 : *Église de Criqueboeuf, Normandie* : **USD 1 000** – New York, 28 jan. 1970 : *Les Adirondacks* : **USD 4 000** – New York, 24 jan. 1973 : *Lac Ontario* 1875 : **USD 3 900** – New York, 27 oct. 1977 : *Westchester Hills*, h/t (85,1x153) : **USD 7 000** – New York, 3 fév. 1978 : *Lac Ontario* 1875, h/t (35,5x56) : **USD 4 000** – New York, 23 mai 1979 : *Vue du sud : Long Island* 1894, h/t (38,5x62,5) : **USD 3 500** – New York, 19 juin 1981 : *Lac Ontario*, h/t (50,8x76,2) : **USD 3 750** – New York, 2 juin 1983 : *La Cascade* 1869, h/t (61x45,7) : **USD 6 750** – New York, 15 mars 1985 : *Crépuscule* 1882, aquar./pap. mar./cart. (45x31,5) : **USD 1 000** – New York, 29 mai 1986 : *Paysage d'automne*, h/t (51,5x92,7) : **USD 30 000** – New York, 1er oct. 1987 : *The Giant Dead River Pond* 1866, h/t (46,7x76,9) : **USD 4 500** – Los Angeles, 9 juin 1988 : *La rivière Hudson*, h/t (44,5x61) : **USD 3 575** – New York, 30 sep. 1988 : *L'automne sur le Mont Tarn*, h/t (15x25,5) : **USD 2 640** – New York, 23 sep. 1992 : *East Hampton* 1875, h/t (30,5x50,7) : **USD 6 050** – New York, 24 sep. 1992 : *Le lac George*, h/t (33x61) : **USD 22 000** – New York, 9 sep. 1993 : *La Tamise à Richmond*, h/t (42,5x76,2) : **USD 4 888** – New York, 20 mars 1996 : *L'Île de Fire* 1882, h/t (20,3x35,9) : **USD 7 475** – New York, 23 avr. 1997 : *Coucher de soleil* vers 1870, h/t (21,5x32) : **USD 5 980**.

MARTIN Hugues

Né en 1809 à Bordeaux. XIXe siècle. Français.

Peintre d'histoire, de genre et de paysages.

Élève de Sigalon. Il figura au Salon de Paris, de 1845 à 1876 avec des sujets divers.

Ventes Publiques : Paris, 1884 : *Un parc* : **FRF 270** – Paris, 19 jan. 1945 : *Paysage*, dess. à la pl. reh. : **FRF 900**.

MARTIN Irma

Née à Lyon. XIXe siècle. Française.

Portraitiste.

Elle figura au Salon de 1837 à 1850 et obtint une médaille de deuxième classe en 1837. Le Musée de Versailles possède deux copies exécutées par cette artiste.

MARTIN Isidore

XIXe siècle. Français.

Peintre.

Exposa au Salon, de 1847 à 1850.

MARTIN J. B.

XIXe siècle. Américain.

Graveur et lithographe.

Il fut actif à Richmond (U.S.A.) dans la première moitié du XIXe siècle. Probablement s'agit-il du peintre J.-B. Martin, 1797-1857, de qui le *Portrait du président du tribunal John Marshall* passa en vente publique à New York, le 6 avril 1960, pour la somme de $ 2700.

MARTIN J. C.

XVIIIe siècle. Actif au milieu du XVIIIe siècle. Allemand.

Graveur sur bois.

MARTIN J. L.

XVIIe siècle. Actif dans la seconde moitié du XVIIe siècle. Allemand.

Peintre.

Peut être se confond-il avec Johann Christoph Martini.

MARTIN Jacob

XVIIe siècle. Actif au milieu du XVIIe siècle. Allemand.

Peintre.

Il a peint neuf portraits excellents des membres de la famille *Jurgensen*, sur bois et sur cuivre, qui se trouvent dans l'église de Sonderburg.

MARTIN Jacques

XVIIIe siècle. Actif à Nantes vers 1752. Français.

Peintre.

MARTIN Jacques

Né en 1844 à Villeurbanne (Rhône). Mort le 13 novembre 1919 à Lyon (Rhône). XIXe-XXe siècles. Français.

Peintre de genre, natures mortes, fleurs.

Bien que travaillant dans une usine de produits chimiques, il put s'adonner suffisamment à son art pour prendre une place enviée dans l'école lyonnaise contemporaine.

Il a exposé régulièrement au Salon des Indépendants, à Paris.

On lui doit également quelques portraits et paysages.

Musées : Digne : *Roses et Cerises – Le Sentier derrière la ferme* – Lyon : *Femme nue couchée* – Narbonne : *Fleurs de printemps* – Paris (Anc. Mus. du Luxembourg) : *Fleurs et Fruits.*

Ventes Publiques : Lyon, 12 mai 1976 : *Nature morte aux groseilles*, h/t (82x64) : **FRF 3 200** – Lyon, 10 avr 1979 : *Jeté de fleurs*, h/t (115x145) : **FRF 10 500** – Lyon, 22 nov. 1983 : *Nature morte aux fleurs et fruits*, h/t (57x95,5) : **FRF 19 000** – Lyon, 13 juin 1988 : *Nature morte aux fleurs et fruits*, h/t (54x81) : **FRF 26 000** ; *Fleurs*, h/t (81x54) : **FRF 28 000** – Paris, 26 mars 1990 : *Le pêcheur à la fourchette* 1893, h/t (50x61) : **FRF 34 000** – Lyon, 5 nov. 1991 : *La robe blanche* 1908, h/cart. (73x45,5) : **FRF 15 000** – Paris, 22 déc. 1993 : *Bouquet de fleurs et cerises*, h/t (55x46) : **FRF 9 000** – Lyon, 7 avr. 1997 : *Nature morte aux fleurs et fruits sur fond de céramiques et statues*, h/t (89x116) : **FRF 45 000** – Paris, 2 juin 1997 : *Branche de cerisier et pampre de vigne dans un vase*, h/pan., deux pendants (80x25) : **FRF 46 000**.

MARTIN Jacques Charles

Mort le 30 juin 1776 à Paris. XVIIIe siècle. Actif à Paris. Français.

Sculpteur.

MARTIN Jacques François

Mort le 6 décembre 1770 à Paris. XVIIIe siècle. Actif à Paris. Français.

Sculpteur.

Il obtint en 1713 le premier prix de l'Académie Royale, et devint, en 1732 membre de l'Académie Saint-Luc.

MARTIN Jacques François

XVIIIe siècle. Actif au milieu du XVIIIe siècle. Français.

Peintre de genre, sujets typiques.

Il travailla à Rome, de 1746 à 1750. Le seul tableau connu de lui est : *Caravane du Sultan sur le chemin de La Mecque.*

MARTIN Jacques Henry

Né en 1928 à Montigny-le-Roi (Haute-Marne). XXe siècle. Français.

Peintre, graveur.

Il vit et travaille à Angers.

Il a participé à l'exposition : *Dix Ans d'enrichissements du cabinet des estampes 1978-1988 – De Bonnard à Baselitz*, à la Bibliothèque nationale de Paris, en 1992.

Musées : Paris (BN, Cab. des Estampes) : *Le Rendez-vous de Laroche-Migennes* 1983, burin et aquat.

MARTIN Jacques Marie

Né le 7 août 1885 à Marseille (Bouches-du-Rhône). XXe siècle. Français.

Sculpteur.

Il fut élève de Coutan, Patey et Carli. Il exposa à Paris, au Salon des Artistes Français, et reçut une médaille en 1925.

MARTIN Jason

Né en 1970. XXe siècle. Britannique.

Peintre. Abstrait.

Il vit et travaille à Londres. Il participe à des expositions collectives, 1995 *Real Art – Un Nouveau Modernisme : les reflexive painters des années 90* à la Southampton City Art Gallery ; 1995-1996 dans divers musées régionaux du Royaume-Uni, puis à Londres ; 1996-1997 *New British Painting in the 1990s* au Museum of Modern Art d'Oxford.

Il travaille par séries, couvrant la toile de coups de brosse continus, et laissant visibles les variations d'épaisseur et de rythme, grattant ensuite la surface. Le hasard tient une place essentielle dans la conception de l'œuvre. Il est l'un des représentants, avec Ian Davenport, Zebedee Jones notamment, du *Real Art – A New Modernism*, cette tendance apparue en Angleterre dans les années 80 qui privilégie la peinture : ces artistes « s'attachent à créer des objets non figuratifs ne se référant qu'à eux-mêmes, et témoignant d'une approche structurelle et analytique du matériau peinture. Dans les œuvres, le processus physique de l'acte de peindre et la matérialité de la peinture font échec aux références et associations habituelles du spectateur » (Brian Muller).

Bibliogr. : Brian Muller : *Real Art – Un Nouveau Modernisme : les reflexive painters des années 90*, Art Press, n° 202, Paris, mai 1995.

MARTIN Jean

XVe-XVIe siècles. Actif à Nancy. Français.

Peintre verrier.

MARTIN Jean Baptiste, l'Ancien, dit **Martin des Batailles**

Né en 1659 à Paris. Mort le 8 octobre 1735 à Paris. XVIIe-XVIIIe siècles. Français.

Peintre d'histoire, sujets militaires, architectures, paysages, compositions murales, dessinateur.

Il était fils de Pierre Martin, entrepreneur de bâtiments et fut placé par lui chez Laurent de La Hire. Il fut d'abord ingénieur et placé sous les ordres de Vauban. L'illustre militaire, frappé de ses dispositions, le recommanda à Louis XIV. Le roi le confia comme élève à Van der Meulen, et Jean-Baptiste Martin, à la mort de celui-ci (15 octobre 1690), fut jugé digne de le remplacer à l'Hôtel des Gobelins comme « premier peintre de conquêtes du roi ». Il avait déjà accompagné le dauphin dans les campagnes de 1688 et 1689 et fit, en cette qualité, avec Louis XIV, les sièges de Mons en 1691 et de Namur en 1692. En 1710, J.-B. Martin peignit, pour le duc de Lorraine, l'histoire du duc Charles V, en dix-huit ou vingt tableaux qui furent placés dans le château de Lunéville et reproduits en tapisseries en 1717, à la façon des Gobelins, dans la Manufacture de Nancy. Elles furent transportées à Vienne lors de la cession de la Lorraine à la France. Dom Calmet dit que Claude Jacquart aida Martin dans l'exécution de ces peintures. Martin peignit un nombre considérable d'ouvrages, notamment de grandes décorations murales dans les quatre réfectoires des Invalides, retraçant les *Conquêtes de Louis XIV en Hollande.*

On peut lui reprocher d'avoir trop servilement imité la manière de Van der Meulen. A la fin de sa vie, Mariette affirme que sa peinture décelait une fatigue visible.

Musées : Avignon : *Louis XIV à cheval* – Béziers : *Maurice de Saxe victorieux* – Bourg : *Un maréchal vétérinaire* – Caen : *Siège de Besançon* – Dole : *Le siège de Gray par Louis XIV – Le siège de Besançon par Louis XIV* – Tours : *Second siège de Dôle en Franche-Comté, juin 1674 – Prise d'Orsay, 1672 – Second siège de Besançon* – Versailles : *Prise de la citadelle de Charleroy, près de Namur, 12 juin 1667 – L'armée du roi campée devant la ville de Tournay, juin 1667 – Prise d'Orsay sur le Rhin, 3 juin 1672 – Prise de Rhées sur le Rhin, 8 juin 1672 – Passage du Rhin, 12 juin 1672 – Prise de Doësbourg sur l'Yssel, 21 juin 1672 – Prise d'Utrecht, 30 juin 1672 – Prise de Naerder près d'Amsterdam, 20 juillet 1672 – Prise de Limbourg, 21 juin 1675 – Siège d'Aire sur la Lys en Artois, juillet 1676 – Prise de Loewe ou Léen en Brabant, 4 mai 1678 – Siège de Mons du 29 mars au 9 avril 1691 – Camp de l'armée française établi entre Saint-Sébastien et Fontarabie, en juin 1719 – Vue d'une partie de la ville de Versailles, et du château de Clagny* vers 1680 – *Vue du château de Versailles près de la cour de marbre* vers 1689 – *Vue perspective de la ville et du château de Versailles, prise de la butte de Monthoron* vers 1689 – *Vue perspective du château et d'une partie de la ville de Versailles, prise des hauteurs de Satory* vers 1689 – *Vue perspective du château et des jardins de Versailles prise du bassin de Neptune* vers 1689 – *Vue du bosquet de l'obélisque – Vue du bassin d'Apollon et du Grand Canal – Vue du bosquet des Bains d'Apollon – Vue du château neuf de Saint-Germain-en-Laye, prise du côté des jardins* 1724 – *Vue du château de Vincennes, prise du côté du parc* 1724 – *Vue de la ville de Fribourg-en-Brisgau assiégée en novembre 1677.*

Ventes Publiques : Paris, 1756 : *Place investie par l'armée de Louis XIV* : **FRF 131** – Paris, 1873 : *Vue prise à vol d'oiseau du château et des jardins de Versailles* : **FRF 1 150** – Paris, 1890 : *Siège d'une ville* : **FRF 3 400** ; *Pendant du précédent* : **FRF 2 500**

– Paris, 1896 : *Louis XIV inaugurant l'église de l'Hôtel royal des Israélites*, cr. noir et encre de Chine : **FRF 300** – Paris, 7 avr. 1898 : *Portrait du prince de Condé à Cheval* : **FRF 2 200** – Paris, 24-25 juin 1927 : *L'Entrée de la Reine dans la ville de Montargis* : **FRF 4 000** – Paris, 24 avr. 1929 : *Le Passage du Rhin* : **FRF 4 200** – Nice, 12-13 avr. 1943 : *Le Rendez-vous de chasse* : **FRF 45 000** – Paris, 5 fév. 1947 : *L'Attaque d'un pont menant à une ville fortifiée* : **FRF 39 000** – Paris, 15 juin 1979 : *Portrait équestre de Louis XIV*, h/t (91,5x74) : **FRF 14 000** – Paris, 20 mai 1980 : *Convoi de cavaliers près d'une ville*, h/t (70x114) : **FRF 18 500** – Versailles, 17 juin 1984 : *Préparatifs pour le départ de la chasse*, h/t (74x95) : **FRF 60 500** – New York, 13 mars 1985 : *Scène de bataille sur un pont*, h/t (47,5x64) : **USD 10 000** – Bourg-en-Bresse, 21 juin 1987 : *Louis XIV le Grand en empereur romain devant Maastricht*, h/t (130x103) : **FRF 220 000** – Paris, 12 déc. 1989 : *Le siège de Fribourg-en-Brisgau le 17 novembre 1677, de son atelier*, h/t (74,5x115) : **FRF 90 000**.

MARTIN Jean Baptiste, le Jeune
XVIIe-XVIIIe siècles. Actif à Paris. Français.
Peintre de sujets militaires.

Fils, élève et imitateur de Jean-Baptiste Martin l'Ancien. Mariette en le citant, dit que ses ouvrages étaient très inférieurs à ceux de son père. Il a traité les mêmes sujets.

Ventes Publiques : Monte-Carlo, 3 avr. 1987 : *Le Siège de Namur* 1692, h/t (67x100) : **FRF 100 000**.

MARTIN Jean Baptiste
XVIIIe siècle. Actif à Nancy au début du XVIIIe siècle. Français.
Peintre.

MARTIN Jean Baptiste
Né en 1772. XVIIIe-XIXe siècles. Français.
Sculpteur.

Il travaillait à Besançon entre 1792 et 1798.

MARTIN Jean Louis Marcel
Né le 21 avril 1910 à Paris. XXe siècle. Français.
Peintre, sculpteur.

Il fut élève d'André Lagrange. Il s'est retiré en Provence.
Il exposa régulièrement à Paris, aux Salons des Tuileries et des Artistes Français.
Il est peintre de l'école de Paris.

MARTIN Jean Marie
Né le 20 novembre 1922 au Passage Lantriec (Finistère). XXe siècle. Français.
Peintre de portraits, compositions animées, dessinateur, pastelliste.

Il fut élève des écoles des beaux-arts de Rennes, de Paris, puis du Cercle d'Art sacré de Paris, où il eut pour professeur Le Chevalier et où il enseigna par la suite la peinture. Il vit et travaille à Paris.
Il participe à de très nombreuses expositions collectives, notamment à Paris : Salons d'Automne et de la Jeune Peinture, dont il est membre sociétaire ; Salons de la Société Nationale des Beaux-Arts, des Artistes Français, Comparaisons ; ainsi que : 1965 exposition *Du Général au particulier* à Paris, 1966 Festival des Arts et Antiquités de New York, 1967 avec Atila, Jousselin, Pouget, Semser et Hugues Weiss à Paris... Il montre ses œuvres dans des expositions personnelles depuis 1957 régulièrement à Paris, en 1961 à Londres ; en 1961 et 1963 à Brest et Quimper ; en 1962 à New York ; en 1976, 1980 à Bordeaux ; en 1979, 1981, 1982 à Trans-en-Provence. Il obtint le Second Prix du Dôme, en 1959.
Il appartient au groupe Réalité seconde. Dans une technique en touches juxtaposées de couleurs acides et ternies à la fois, il met en scène toute une population des guignols du quotidien officiel au sujet de laquelle il s'est très bien expliqué lui-même : « Les Abysses, les parois marines, puis la vie élémentaire cosmique, font place tour à tour à la vie microbienne, aux insectes, aux monstres issus du sol. Enfin l'homme apparaît... Le peintre a la nostalgie des grands sujets baroques, portraits d'empereur au faîte de leur gloire, illustration des grands événements, victoires, couronnements, portraits d'ancêtres, etc. Le peintre n'ayant pas d'ancêtres, s'en invente. Il exécute les commandes d'un état prétentieux et imaginaire. Il a voulu que tout ce travail, cet or jeté à profusion, ne célèbrent que la parodie, le néant, l'inutile ».

Bibliogr. : Catalogue de l'exposition : *Jean Marie Martin*, Galerie J. Massol, Paris, 1968 – Catalogue de l'exposition : *Réalité seconde*, Musée de l'art contemp., Chamalières, 1986.

MARTIN Jeanne
Née à Paris. XVIIIe siècle. Française.
Pastelliste.

Fille et élève de Guillaume Martin, cette précoce artiste exposa au Salon de la Correspondance en 1787 des pastels de sujets divers, d'après nature et d'après les maîtres.

MARTIN Johan Fredrik
Né le 8 juin 1755 à Stockholm. Mort le 28 septembre 1816 à Stockholm. XVIIIe-XIXe siècles. Suédois.
Graveur de portraits et vues de villes.

Grava des portraits et des vues. Il visita l'Angleterre en 1770. Il a publié une série de vues de Stockholm, en collaboration avec son frère Elias Martin.

Ventes Publiques : Stockholm, 30 oct 1979 : *Paysage escarpé à la cascade*, aquar. (37x53,5) : **SEK 9 200** – Stockholm, 5 sep. 1992 : *Vue de Stockholm depuis la tour Gustaf Adolph*, aquat. (36,5x54) : **SEK 8 000**.

MARTIN Johann Christoph
Né en 1779 à Ulm. XIXe siècle. Allemand.
Miniaturiste.

Après avoir résidé à Ulm, puis à Munich en 1804, il s'installa à Halle en 1805.

MARTIN Johann Heinrich
Mort en 1734. XVIIIe siècle. Allemand.
Graveur.

MARTIN John
Né le 19 juillet 1789 à Haydon Bridge (près de Hexham, Northumberland). Mort le 17 février 1854 à Douglas (Île de Man). XIXe siècle. Britannique.
Peintre d'histoire, compositions religieuses, paysages, aquarelliste, dessinateur, graveur, illustrateur.

John Martin tient une place curieuse dans l'École anglaise. Il eut l'ambition des grandes choses et rêva peut-être d'égaler Michel-Ange. Mais s'il fit ce rêve, il ne le réalisa pas et en cherchant à être formidable, il fut simplement mélodramatique. On ne peut cependant lui dénier le mérite d'avoir affirmé une personnalité puissante.
Il avait commencé sa carrière comme peintre de panneaux de voitures, puis comme peintre sur porcelaine. Il vint à Londres en 1806 et commença à exposer à la Royal Academy en 1812. Il fut un des fondateurs de la Society of British Artists, peut-être à cause des démêlés qu'il eut avec la Royal Academy.
Il chercha son inspiration dans des sujets tels que *Josué arrêtant le soleil* ; *La Chute de Babylone* ; *Le Festin de Balthazar* ; *Le Déluge* ; *le Jugement dernier*, etc. Nombre de ses ouvrages reproduits à la manière noire obtinrent un grand succès et rendirent son nom populaire. Martin a produit des aquarelles et illustra la *Bible* et *Le Paradis perdu* de Milton. Il a gravé plusieurs de ses ouvrages.
Dès ses premières manifestations publiques, l'indéniable étrangeté spectaculaire de ses œuvres lui attira des élans d'enthousiasme et il fut considéré comme le rival de Turner, bien qu'il soit difficile de trouver aucun point de comparaison entre ces talents dissemblables. Ses moyens de perspectiviste prodigieux, qui le relient au Piranèse et aux architectes Boullée, Ledoux, Lequeu (le British Museum conserve de lui un *Projet d'un arc de triomphe babylonien*, 1820), son talent pour la mise en place de compositions les plus compliquées, aux personnages en foule, établirent sa réputation dans l'Europe entière, avec, en particulier : *Sadok à la recherche des Eaux de l'Oubli*, 1812, au prodigieux décor de rochers ; *Festin de Balthazar*, 1821, dans une étonnante perspective architecturale ; les compositions du *Jugement dernier* : *Le Grand Jour de Sa Colère*, 1852 ; *Les Pâturages du Ciel*, 1853 ; *Le Jugement Dernier*, également 1853, imaginations apocalyptiques d'un romantisme théâtral à la Hugo. Il mourut d'une attaque, peu après avoir terminé ces compositions visionnaires. Il était souvent surnommé « Martin le Fou », ses manières étant souvent étranges, ses œuvres d'une imagination délirante ; il élaborait sans cesse d'étonnants projets, parmi lesquels une réorganisation du système des égouts de Londres ; d'autres membres de sa famille présentaient aussi des caractères d'étrangeté : l'un de ses frères mit le feu à la cathédrale d'York. Dans l'œuvre étrange de cet homme étrange, rien ne permet de l'opposer à Turner. A l'opposé, il a une place bien à lui, étant, et avec des accents très particuliers, l'un des seuls représentants du romantisme dans la peinture anglaise.

J Martin

Bibliogr. : Anita Brookner, in : *Diction. Univers. de l'Art et des Artistes*, Hazan, Paris, 1967.

Musées : Glasgow : *Londres à vol d'oiseau* – Liverpool : *Le dernier homme* – Londres (Tate Gal.) : *Le Grand Jour de Sa Colère* – Londres (Victoria and Albert Mus.) : *Paysage de montagne* – quatre aquarelles – Manchester : aquarelles – Nottingham : aquarelles – Southampton (Art Gal.) : *Sadok à la recherche des Eaux de l'Oubli*.

Ventes Publiques : Manchester, 1843 : *Le Pandemonium ; The Rivers of blies* : **FRF 2 350** – Londres, 1861 : *La chute de Ninive* : **FRF 5 390** ; *Josué arrêtant le soleil* : **FRF 11 830** – Londres, 1872 : *Paysage*, dess. : **FRF 900** – New York, 1899 : *Paysage d'Adirondach* : **FRF 25 000** – Londres, 20 nov. 1963 : *Le festin de Balthazar* après 1821 : **GBP 700** – Londres, 18 mars 1964 : *La cour de Dieu*, illustration du « Paradis perdu » : **GBP 800** – Londres, 17 juin 1969 : *Paysage*, aquar. : **GNS 750** – Londres, 16 juin 1970 : *La Plage déserte*, aquar. : **GNS 840** – Londres, 22 mars 1972 : *Le Déluge* : **GBP 14 000** – Londres, 5 juin 1973 : *Leith Hill, Surrey*, aquar. : **GNS 5 000** – Londres, 15 juin 1973 : *Pembroke Lodge, Richmond Park* 1850 : **GNS 7 000** – Londres, 20 mars 1974 : *Paysage boisé* : **GBP 900** – Londres, 8 juin 1976 : *Paysage avec une ville à l'arrière-plan* 1841, aquar. et reh. de blanc (24x33,3) : **GBP 1 200** – Londres, 17 nov. 1976 : *Jacob selling his birthright*, h/pap. (38x76,5) : **GBP 2 200** – Londres, 18 mars 1977 : *Belshazzar's feast* 1820, h/t (160x249) : **GBP 22 000** – Londres, 16 mars 1978 : *Homme jouant de la harpe au bord d'une rivière* 1819, lav. de brun (25x38) : **GBP 880** – Londres, 24 nov. 1978 : *Paysage avec ruines* vers 1812/15, h/t (97,2x119,3) : **GBP 6 000** – Londres, 22 nov 1979 : *Couple d'amoureux dans une clairière* 1820, cr. et lav. (20,5x26,5) : **GBP 1 100** – Londres, 13 déc 1979 : *Une baie au crépuscule* 1830, aquar. (23,8x37) : **GBP 20 000** – Londres, 20 juil 1979 : *Pan et Syrinx* 1819, h/t (59,6x88,2) : **GBP 13 000** – Londres, 16 juil. 1981 : *Alexandre et Diogène* 1824, aquar./traces de cr. (23,5x39) : **GBP 9 000** – Londres, 30 mars 1983 : *The castle on the hill* 1851, lav. (23x28) : **GBP 2 100** – Londres, 14 juin 1983 : *Pêcheur à la ligne* 1841, aquar. reh. de blanc (23,5x33,6) : **GBP 600** – Londres, 15 juil. 1983 : *Le Festin de Balthazar* 1820, h/t (160x249) : **GBP 100 000** – Londres, 21 nov. 1985 : *Bord de mer escarpé* 1840, aquar./trait de cr. (23x34) : **GBP 7 400** – Londres, 11 juil. 1986 : *Richmond Park*, h/pan. (15,2x21,5) : **GBP 24 000** – Londres, 16 juil. 1987 : *Les Plaintes de Calypso* 1833, aquar. et gche (54,5x81,5) : **GBP 82 000** – Londres, 12 juil. 1989 : *Le château d'Arundel*, h/t (30x44,5) : **GBP 70 400** – Londres, 17 nov. 1989 : *La fuite en Égypte* 1842, h/t (139,6x210,7) : **GBP 286 000** – Londres, 14 nov. 1990 : *Pan et Syrinx* 1819, h/t (60x90) : **GBP 88 000** – New York, 9 jan. 1991 : *Femme affligée au bord d'un précipice* 1829, lav./pap. teinté (25,6x19,7) : **USD 15 400** – Londres, 13 juil. 1993 : *Paysage des environs de Eastbourne* 1849, cr. et aquar. (30,7x54,9) : **GBP 4 600** – Perth, 31 août 1993 : *Matériel de pêche* 1848, h/cart. (51x61) : **GBP 2 990** – Paris, 24 nov. 1995 : *Joueur de harpe dans un paysage ; Conversation dans un paysage*, lav. d'encre brune (chaque 18,5x25,5) : **FRF 9 000**.

MARTIN José Maria de

Né en 1920 à Barcelone (Catalogne). xxe siècle. Espagnol.

Peintre de paysages, natures mortes.

Ses œuvres, issues du cubisme, hésitent aux frontières de l'abstraction. Il met en œuvre un métier particulier qui caractérise sa manière : les pâtes mêlées de craie, de gris et de bleus discrets, sont étalées à la spatule en couches en relief. Ses peintures sont fondées sur une certaine observation de la réalité, paysages, objets de natures mortes. Sa manière artisanale, raisonnée et patiemment exécutée, semble avoir évolué vers quelque lyrisme plus détendu.

Bibliogr. : In : *Peintres contemp.*, Mazenod, Paris, 1964.

MARTIN Juan

xvie siècle. Espagnol.

Sculpteur.

Il travailla à l'Alcazar de Séville en 1545.

MARTIN Juan

xvie siècle. Actif à Séville vers 1557. Espagnol.

Peintre.

Il collabora aux peintures de la cathédrale avec Sanchez Martin, Martinez Ojeda et Anton Perez.

MARTIN Jules Léon Gabriel Alexandre

Né à Rouen (Seine-Maritime). xixe siècle. Français.

Peintre de paysages animés.

Élève de Gorin et de Cabanel. Il débuta au Salon de 1877.

Ventes Publiques : Lille, 14 mars 1981 : *Jeune femme et ses enfants ; Enfants et les poussins*, h/t, une paire (46x38) : **FRF 24 000** – Detroit, 31 mars 1984 : *La Parisienne*, h/t (40,5x30,5) : **USD 6 000** – Amsterdam, 5-6 nov. 1991 : *Rue animée dans une ville*, h/pan. (33x24,5) : **NLG 2 300** – Paris, 23 juin 1997 : *Les Lavandières*, h/pan. (22x42) : **FRF 13 000**.

MARTIN Kenneth

Né le 13 avril 1905 à Sheffield. Mort en 1983 à Londres. xxe siècle. Britannique.

Peintre, sculpteur. Abstrait.

De 1929 à 1932, il fut élève du Royal College of Art de Londres. Ensuite, il eut une activité de professeur de peinture, dans plusieurs écoles de Londres, où il vit et travaille. Il fut membre du London Group en 1936 et fréquenta Heath, Pasmore, et Hill.

Il fut l'organisateur d'une exposition d'art abstrait, en Angleterre, regroupant Robert Adams, Adrian Heath, Anthony Hill et Victor Pasmore.

Il participe à de nombreuses expositions de groupe, notamment : 1951 Biennale de São Paulo ; Salon des Réalités Nouvelles à Paris ; 1968 Documenta de Kassel ; 1974 *Art as thought process* à la Serpentine Gallery de Londres ; 1980 *Pier&Ocean* à la Hayward Gallery de Londres ; 1992 *Dix Ans d'enrichissements du cabinet des estampes 1978-1988 – De Bonnard à Baselitz*, à la Bibliothèque nationale de Paris. Il montre ses œuvres dans des expositions personnelles : 1975 Tate Gallery de Londres.

Sous l'influence de la Euston Road School, il appliquait la tradition néo-impressionniste anglaise à la peinture de paysages d'après nature. Lié avec Victor Pasmore, il évolua en même temps que lui, s'éloignant progressivement de la figuration pour atteindre, vers 1949, à une totale abstraction. En 1951, il publia, avec Pasmore, *Broadsheet n° 1*, entièrement consacré à l'art abstrait en Angleterre. C'est à partir de 1951 qu'il consacra la plupart de son activité à la construction de sculptures mobiles en métal. Ses constructions partent d'un élément simple, souvent la spirale, dont le développement dans l'espace et l'agencement matériel ne sont pas sans rappeler les réalisations de Pevsner. Ces « structures » spatiales suspendues s'animent d'un « perpetuum mobile », dont les oscillations en développent les différentes propositions, mathématiquement calculables. Kenneth Martin établit des correspondances entre ces oscillations rythmiques et les rythmes de la vie biologique. Il divise ses œuvres en trois grandes familles : les *Mobiles réflechissants* dont les mouvements calmes, circulaires et elliptiques, mis en évidence par les éclats de la lumière réfléchie par les composants métalliques, matérialisent la perception d'un espace défini, ces mobiles, comme le *Mobile Reflexion* de 1956, sont parfois rehaussés d'interventions chromatiques : ici noir, blanc, rouge, crème, les *Mobiles à vis*, dont les mouvements de l'ellipse en vis en déforment incessamment le contour ; les *Mobiles à anneaux*, fondés sur les déformations d'ovales en forme de huit. Il a utilisé la mécanique non linéaire de l'hydrodynamique dans la réalisation d'une fontaine, au Brixton L. C. C. Day College, en collaboration avec l'architecte Bernard Lemaire et un ingénieur ; des tubes d'acier inoxydable font jaillir l'eau en jets programmés. Dans les années soixante-dix, il revient à la peinture, réalisant des compositions géométriques abstraites à partir de lignes colorées qui se coupent selon les lois du hasard. ■ J. B.

Bibliogr. : Lawrence Alloway : *Nine Abstract Artists*, Londres, 1954 – Michel Seuphor : *Dict. de la peinture abstraite*, Hazan, Paris, 1957 – Frank Popper : *Naissance de l'art cinétique*, Gauthier-Villars, Paris, 1967 – Michael Middelton : *Nouv. Dict. de la sculpture mod.*, Hazan, Paris, 1970 – in : *L'Art du xxe s.*, Larousse, Paris, 1991 – in : *Dict. de l'art mod. et contemp.*, Hazan, Paris, 1992.

Musées : Grenoble (Mus. de Peinture et de Sculpture) : *Chance, order, change 14 (Milton Park B)* 1980 – Londres (Tate Gal.) – Paris (BN, Cab. des Estampes) : *Chance and order* 1979, sérig.

Ventes Publiques : Londres, 25 oct. 1995 : *Reflet mobile*, mobile d'alu. et métal peint. (envergure 190,5) : **GBP 4 600**.

MARTIN Knox John

Né en 1923. xxe siècle. Américain.

Peintre, technique mixte.

Ventes Publiques : New York, 20 oct. 1978 : *Nu couché* 1972, acryl. (149,9x202,6) : **USD 3 000** – New York, 23 fév. 1990 : *Albiero*, acryl./cart./rés. synth. (101,5x66) : **USD 1 870** – New York, 7 mai 1990 : *Sans titre* 1962, gche, encre et collage/pap. (17,8x16) : **USD 462** – New York, 10 oct. 1990 : *Huit* 1958, h/t (101,6x66,1) : **USD 4 675** – New York, 6 oct. 1992 : *Sans titre* 1964, h/pap. collé/bois (30,5x24,1) : **USD 1 950** – New York, 23-25 fév. 1993 : *Point blanc* 1964, mélange et collage/cart. (50,8x44,5) : **USD 2 185**.

MARTIN L.
Né au XIXe siècle à Aix. XIXe siècle. Français.
Sculpteur.
Il figura, à Paris au Salon des Artistes Français ; médaille de troisième classe en 1875, de deuxième classe en 1881, de bronze en 1889 à l'Exposition universelle.

MARTIN Léon
Né en 1837 à Paris. Mort en 1861. XIXe siècle. Français.
Peintre d'histoire, natures mortes.

MARTIN Léon
Né au XIXe siècle à Marseille. XIXe siècle. Français.
Dessinateur.
Élève de Gleyre et de Hébert. Il figura au Salon de 1864 et de 1866.

MARTIN Léon
Né au XIXe siècle à Marseille (Bouches-du-Rhône). XIXe siècle. Français.
Peintre.
Élève de Dubufe et de Mazerolle. Il exposa au Salon de 1878.

MARTIN Léonie
Née au XIXe siècle à Meaux. XIXe siècle. Française.
Peintre.
Élève de Fanny Chéron. Elle figura au Salon de 1880 et de 1881.

MARTIN Léopold, dit **Léo**
Né le 30 mars 1889 à Toulon (Var). XXe siècle. Français.
Peintre de sujets divers, dessinateur.
Il fit son apprentissage, dès l'âge de quinze ans, chez un peintre décorateur de Toulon, suivant les cours du soir de dessin de l'école des beaux-arts de Toulon. En 1904, il obtint une bourse et vint à Paris, où il étudia à l'école des arts décoratifs puis, en 1911, à l'école des beaux-arts dans l'atelier de Cormon. En 1912, il fut sélectionné pour le concours de Rome. Après avoir été fait prisonnier, durant la Première Guerre mondiale, il eut l'occasion de passer en Suisse, où il travailla à l'école des beaux-arts de Genève, rencontrant le peintre Frédéric Dufaux et Hodler.
En 1920, il exposa aux Galeries nationales du Grand Palais, à Paris. Il a reçu le prix Henri Martin en 1912.
Il pratique une peinture décorative, dont la technique rappelle celle de la fresque. Il a aussi travaillé comme dessinateur-reporter au journal *Le Matin*.
Musées : Lausanne (Mus. des Beaux-Arts) – Toulon (Mus. des Beaux-Arts).

MARTIN Louis
Né le 18 mars 1866 à Aix. XIXe-XXe siècles. Français.
Sculpteur.
Élève de Jouffroy et de Mercié, il exposa au Salon des Artistes Français à Paris, de 1875 à 1894.
Musées : Aix : *Persée* – Paris (Hôtel de Ville) : une statue.

MARTIN Ludwig
Né en 1913 à Munich (Bavière). XXe siècle. Allemand.
Peintre.
Il fut élève de l'académie des beaux-arts de Munich. L'état militaire de 1937 à 1948 interrompit son activité picturale, d'autant que souffrant des séquelles d'une blessure reçue devant Stalingrad.
À partir de 1948, il participa de nouveau à des expositions de groupe à Munich. Il figura aussi dans des expositions à Düsseldorf, Dortmund, Bochum, Essen, Wuppertal, Lucerne, etc. En 1961, il reçut le prix d'une Association des amis de l'art moderne à Munich.
Après la Seconde Guerre mondiale, il pratiqua une peinture influencée par l'expressionnisme munichois. À partir de 1957, il évolua à l'abstraction, pratiquant l'Action painting, avec une belle dextérité. À la même époque, il pratiqua l'art du portrait.
Bibliogr. : In : *Peintres contemp.*, Mazenod, Paris, 1964.

MARTIN Marcos
XVIe siècle. Actif à Séville. Espagnol.
Peintre.
A exécuté à Séville un autel pour saint Sébastien.

MARTIN Marguerite Marie
XXe siècle. Française.
Peintre d'animaux, marines.
Elle fut élève de E. Fougerat à l'école des beaux-arts de Nantes. Elle participa à Paris, au Salon des Artistes Français dont elle fut membre sociétaire à partir de 1925, à l'Exposition des arts décoratifs en 1925, à l'Exposition coloniale des galeries nationales du Grand Palais en 1935. En 1937, à Monte-Carlo, elle exposa ses visions du monde sous-marin et figura, en 1939, à l'Exposition universelle de Bruxelles.
Musées : Anvers (Société roy. zool.) – Monaco (Mus. Nat. des Beaux-Arts) – Monaco (Mus. océano.) – Paris (Mus. de la France d'outre-mer et des Colonies) – Tours.

MARTIN Marie Auguste
Né à Dun-sur-Auron (Cher). XXe siècle. Français.
Sculpteur.
Il fut élève de Rude et de Jouffroy. Il fut conservateur adjoint du musée de Sens.
Musées : Sens : *La Tante Toinette – Dans la rue – Danse*, pan. de plâtre.

MARTIN Marie Joseph Pierre
Né le 23 mai 1890 à Neufchâteau (Vosges). XXe siècle. Français.
Aquarelliste, sculpteur.
Il fut élève de Lippe et de Vignal. Il exposa à Paris, au Salon des Artistes Français.

MARTIN Marius Antoine. Voir **MARTIN Antoine Marius**

MARTIN Mary, née **Balmford**
Née le 16 janvier 1907 à Folkestone (Kent). Morte le 9 octobre 1969 à Londres. XXe siècle. Britannique.
Peintre, sculpteur. Abstrait.
Elle étudia à Londres, de 1925 à 1929 au Goldsmiths' College, de 1929 à 1932 au Royal College of Art. Elle épousa Kenneth Martin, en 1930.
À partir de 1951, elle a participé à des expositions collectives : 1954 Cambridge ; 1956 Whitechapel Gallery de Londres ; 1957, 1960, 1961 Institute of Contemporary Arts de Londres ; 1962 Stedelijk Museum d'Amsterdam ; 1964 Kunstverein de Munster ; 1965, 1967 Tate Gallery de Londres ; 1968 Museum of Contemporary Art de Chicago. Elle a montré ses œuvres dans des expositions personnelles en 1964 et 1968 à Londres. La Tate Gallery de Londres a montré une rétrospective de son œuvre en 1984.
Elle peignit d'abord des paysages et natures mortes postimpressionnistes, puis aborda la peinture abstraite en 1950 et réalisa en 1951 ses premiers reliefs abstraits, à partir d'emplâtres, bois peint, plastiques, bois veiné, contreplaqué, métal, miroirs (...), fondés sur des rapports mathématiques. Elle travailla avec son mari, Anthony Hill et Victor Passmore. Elle a aussi réalisé des intégrations architecturales à Belfast en 1957, à Stirling en 1969.
Bibliogr. : In : *L'Art du XXe s*, Larousse, Paris, 1991.
Musées : Exeter (roy. Albert Memorial Mus.) – Grenoble (Mus. de peint. et sculpt.) – Liverpool (Walker Art Gal.) – Londres (Tate Gal.) : *Mouvement en spirale* 1951.

MARTIN Mathurin
XVIIe siècle. Actif à Nantes entre 1647 et 1669. Français.
Peintre et peintre verrier.

MARTIN Maurice. Voir **MAURICE-MARTIN**

MARTIN Milo
Né le 6 février 1893 à Morges (Vaud). XXe siècle. Suisse.
Sculpteur.
Il a pris part aux expositions de la société suisse des Peintres et Sculpteurs.
Il travaille le bronze, le marbre et la terre cuite, réalisant de nombreux portraits des masses laborieuses : paysans, servantes, vignerons.
Musées : Lausanne (Mus. canton. des Beaux-Arts) : *Vigneron* 1925 – *Nu couché* 1942.

MARTIN Monique
Née en 1928 à Uccle (Brabant). XXe siècle. Belge.
Peintre, dessinateur.
Elle fut élève de l'académie des beaux-arts de Bruxelles.
Elle est l'auteur de livres illustrés. Elle pratique aussi la lithographie.
Bibliogr. : In : *Dict. biogr. illustré des artistes en Belgique depuis 1830*, Arto, Bruxelles, 1987.

MARTIN Monique
Née en 1930 à Paris. XXe siècle. Française.
Peintre, graveur.
Elle a participé à l'exposition : *Dix Ans d'enrichissements du cabinet des estampes 1978-1988 – De Bonnard à Baselitz*, à la Bibliothèque nationale de Paris, en 1992.
Musées : Paris (BN, Cab. des Estampes) : *Pastorale* 1980, bois coloré.

MARTIN Nabor. Voir **MARTINS Nabur**

MARTIN Nicolas et **Noël**, père et fils
XVIe siècle. Actifs à Rouen. Français.
Sculpteurs sur bois.

MARTIN Paul. Voir aussi **PAUL-MARTIN Joseph**

MARTIN Paul
Né le 17 août 1821 à Kaiserslautern. Mort le 15 novembre 1901 à Munich. XIXe siècle. Allemand.
Peintre d'histoire, scènes de genre.
Élève de l'Académie de Munich et du portraitiste Joseph Bernhardt. Étudia ensuite à Paris avec Gleyre et s'établit à Munich.
Musées : Munich (Pina.).

MARTIN Paul
Né le 16 août 1830 à Digne (Alpes-de-Haute-Provence). Mort le 16 septembre 1903 à Digne. XIXe siècle. Français.
Peintre de paysages, aquarelliste.
Il exposa au Salon de Paris de 1863 à 1879.
Commerçant de son métier, il suivit les conseils de son ami Émile Loubon et de Charles Camoin pour réaliser des paysages dans une économie de moyens et une palette volontairement limitée.
Bibliogr. : Gérald Schurr, in : *Les Petits Maîtres de la peinture 1820-1920, valeur de demain*, Les Éditions de l'Amateur, t. V, Paris, 1981.
Musées : Digne – Marseille : *Paysage* deux oeuvres.
Ventes Publiques : Paris, 3-4 mai 1923 : *Paysage aux Fras d'Asse, environs de Digne*, aquar. : **FRF 130** – Marseille, 18 déc. 1948 : *Bord de la Bleone à Digne* 1868, aquar. : **FRF 3 300** – Paris, 22 mai 1994 : *Reconstitution du château de Marly*, aquar. et gche blanche (33x43,5) : **FRF 9 000**.

MARTIN Paul
Né au XIXe siècle à Mâcon (Saône-et-Loire). XIXe siècle. Français.
Graveur.
Élève de Chauvel. Il débuta au Salon en 1879.

MARTIN Paul
XXe siècle. Français.
Peintre d'intérieurs, paysages, aquarelliste.
Il expose à Paris depuis 1978, à Grenoble.
Ventes Publiques : Paris, 13 avr. 1988 : *Le bar navajo* 1987, aquar./pap. (180x120) : **FRF 3 100** – Paris, 12 fév. 1989 : *Bar navajo* 1987, aquar./pap. (180x120) : **FRF 7 000** – Paris, 12 juin 1989 : *Paris est un songe* 1989, aquar./pap. (120x160) : **FRF 15 000** – Paris, 27 oct. 1990 : *L'artiste et son modèle*, aquar. et cr./pap. (104x136) : **FRF 8 000**.

MARTIN Paulette. Voir **PAULETTE-MARTIN**

MARTIN Philippe
Né en 1951 à Lisieux (Calvados). XXe siècle. Français.
Peintre, graveur.
Il est professeur de lithographie à l'École des Beaux-Arts de Rouen. Il vit et travaille à Rouen.
Il participe à des expositions collectives, dont : 1992, *Dix Ans d'enrichissements du cabinet des estampes 1978-1988 – De Bonnard à Baselitz*, Bibliothèque nationale, Paris ; 1996-1997, *En Filigrane – un regard sur l'estampe contemporaine*, Bibliothèque nationale à Paris.
Ses gravures en taille-douce représentent des paysages, des natures mortes ou des portraits. Sa figuration rappelle celle de Morandi.
Musées : Paris (BN, Cab. des Estampes) : *Les Chemins du Douet du coq* 1983, eau-forte.

MARTIN Phillip
Né en 1927 à Essex. XXe siècle. Britannique.
Peintre, peintre de collages.
Il fit ses études au collège de Felsted. Ses préoccupations mystiques le firent entrer en tant que laïque, dans une confrérie franciscaine anglicane, puis dans la compagnie des *Fellow exiles* (Compagnons de l'exil). Après avoir travaillé à l'Abbey Art Center, à Londres, il séjourna avec sa femme irlandaise, Helen Marshall, en Autriche, à Paris, en Irlande, Italie, Belgique, Espagne et entreprit de longs voyages, résidant notamment à Pondichéry, aux Indes, en Australie.
Il participe à de nombreuses expositions collectives : 1951 Londres ; 1952 Paris ; 1955 Kunsthalle de Bern et John Herron Art Museum d'Indianapolis ; 1960 Salon Comparaisons à Paris ; 1961 Copenhague et Salon de Mai à Paris ; 1963 Salon des Réalités Nouvelles à Paris ; 1966, 1967 Bruxelles ; 1971, 1973 Milan ; 1977 Salon Grands et Jeunes d'Aujourd'hui à Paris ; 1988 Sydney ; 1989 Melbourne. Il montre ses œuvres dans des expositions personnelles : 1953 Kunsthalle de Bern ; 1955 New York et Milan ; 1958, 1960, 1963, 1976, 1987 à Paris, notamment depuis 1989 à la galerie Jean Claude Riedel ; 1961 Chicago ; 1966 palais des Beaux-Arts de Bruxelles ; 1967 Kunsthalle de Bâle ; 1970 Melbourne ; 1980, 1988, 1990 Sydney.
De lui, Michel Ragon dit qu'il est « hanté par l'image-symbole, une sorte d'artiste byzantin, dont les anges seraient transformés en figures géométriques. En Inde, cette géométrie florale s'est accentuée. On ne sait quel symbolisme cache ces figures qui semblent tirer d'un vieux grimoire... Ses couleurs ont aussi quelque chose de *passé* comme les vieilles tapisseries des chambres de notre enfance. » Il utilise la peinture à l'huile et aussi des collages de tissu. Pèlerin de l'exil, il poursuit une quête de l'idéal, dont sa peinture est le reflet énigmatique et captivant.
■ Jacques Busse
Bibliogr. : Michel Ragon : *Phillip Martin*, Jardin des Arts, n° 94, Paris, 1962 – Michel Ragon, in : *Dict. des artistes contemp.*, Libraires associés, Paris, 1964 – Catalogue de l'exposition : *Quarante ans d'affiche – Peintures et collages 1952-1992 de Phillip Martin*, Galerie Jean Claude Riedel, Paris, 1992.
Musées : Bâle (Kunstmus.) – Bâle (Kunsthalle) – Chicago (Mus. of Mod. Art) – Detroit – Dimona – Dublin (mun. Mus. of Mod. Art) – Liège (Mus. des Beaux-Arts) – Londres (Contemp. Art Soc.) – New York (Mus. of Mod. Art) – Paris (Mus. Nat. d'Art Mod.) – Paris (CNAC) – San Francisco (Mus. of Mod. Art) – Venice (Guggenheim Fond.).
Ventes Publiques : Milan, 15 mars 1973 : *Ceremony of the initiates* : **ITL 1 200 000** – Rome, 20 mai 1974 : *X Workship*, temp. : **ITL 1 200 000** – Milan, 6 avr. 1976 : *Adul* 1951, émail, h. et collage/cart. (108x75) : **ITL 1 400 000** – Milan, 7 juin 1977 : *Gardiens du soleil* 1960, h. et temp./t. (86,5x75,5) : **ITL 900 000** – Milan, 27 mars 1990 : *X – Worship – M 12/1957*, temp./cart. (67x90) : **ITL 3 300 000** – Milan, 6 avr. 1993 : *Vol pour en libéré un*, temp. et collage/rés. synth. (52x70) : **ITL 1 600 000** – Milan, 22 juin 1995 : *Façade Yes III* 1972, acryl. et collage/t. (80x128) : **ITL 3 450 000** – Milan, 19 mars 1996 : *Affiche n° 123* 1958, h/t (153x192) : **ITL 8 625 000** – Milan, 10 déc. 1996 : *Si pour toi* 1977, collage et h/t (45x65) : **ITL 2 097 000**.

MARTIN Pierre
Né en 1957 à Avignon (Vaucluse). XXe siècle. Français.
Graveur, dessinateur.
Il vit et travaille à Paris.
Il a participé à l'exposition : *Dix Ans d'enrichissements du cabinet des estampes 1978-1988 – De Bonnard à Baselitz*, à la Bibliothèque nationale de Paris, en 1992.
Musées : Paris (BN, Cab. des Estampes) : *La Carrière des Américains à Lacoste II* 1986, burin.

MARTIN Pierre Denis, dit le Jeune, appelé aussi **Martin des Gobelins**
Né vers 1663 à Paris. Mort en 1742 à Paris. XVIIe-XVIIIe siècles. Français.
Peintre d'histoire, batailles, scènes de chasse, architectures.
D'Argenville le prétend cousin de J.-B. Marin, l'aîné Mariette le dit son neveu et son élève. On le dit aussi élève de Van der Meulen et de Parrocel (sans indiquer lequel). Il est probable qu'il reçut des enseignements du premier, mais il ne faut pas oublier que Pierre Denis Martin n'avait que dix-sept ans lors de la mort de ce peintre. Pierre Denis Martin fut, comme son oncle, employé à la Manufacture des Gobelins. Il exécuta plusieurs tableaux pour le château de Choisy, aujourd'hui au Musée de Versailles. Le dictionnaire de Bellier de la Chavignerie et Auvray attribue à tort à Pierre Denis Martin une partie des tableaux de Jean-Baptiste, au Musée de Versailles.
Il peignit des chasses, des batailles, des vues des demeures royales.

Martin Le Jeune
PDI Martin.

Musées : Francfort-sur-le-Main : *Combat dans une ville* – Montpellier : *Vue d'Elburg* – *Vue de Grave-sur-Meuse* – Nantes : *Vue de Saint-Cloud* – Paris (Mus. du Louvre) : *Louis XIV se rendant à* *l'église à l'Hôtel des Invalides le 14 juillet 1701 – Vue prise de la Rapée* – Paris (Carnavalet) : *Inauguration de l'église des Invalides par Louis XIV* – Versailles : *Vue de la Machine de l'aqueduc de Marly – Vue du grand Trianon prise du côté de l'avenue – Vue du château de Fontainebleau – Vue du château de Chambord – Vue de Versailles prise de la cour de marbre – Vue de la ville et du château de Versailles – Vue du château et de Versailles, prise de Satory – Vue du château prise du bassin de Neptune – Cavalcade du roi après le sacre le 26 octobre 1722 – Bataille de Parme le 20 juin 1734 – Prise de Rhinberg sur le Rhin, 6 juin 1672 – Vue de la ville de Luxembourg, prise du côté des bains de Mansfeld assiégée en 1684 – Vue du château de la Muette – Vue du château de Meudon – Vue perspective du château de Marly.*

Ventes Publiques : Paris, 1864 : *Prise d'une ville de Flandre* : **FRF 780** – Paris, 1884 : *Intérieur oriental* : **FRF 260** – Paris, 1885 : *Groupe de cavaliers* : **FRF 530** – Paris, 1891 : *Chasse aux cerfs* : **FRF 1 400** – Paris, 7 et 8 mai 1923 : *Arrivée du comte et de la comtesse d'Ormesson au village d'Ormesson*, lav. : **FRF 1 400** – Paris, 30 avr. 1924 : *Le roi chassant à Marly* : **FRF 2 650** – Paris, 28 nov. 1941 : *Louis XV à cheval accompagné du Régent et d'une escorte d'officiers* : **FRF 11 200** – Paris, 17 nov. 1983 : *Entrée du château de Marly*, cr. noir (22x34) : **FRF 11 000** – Paris, 15 déc. 1991 : *Vue du château de Saint-Germain-en-Laye avec le départ pour la chasse*, h/t (59,5x89) : **FRF 130 000**.

MARTIN Pierre Edmond
Né en 1783 à La Rochelle. xixe siècle. Français.
Peintre de portraits.

Vivant à Paris, il étudia avec Vincent. La plupart des ouvrages de cet artiste sont restés en Italie, où il séjourna pendant quelques années. De retour à Paris il ne s'occupa presque exclusivement que de la restauration de tableaux. Ainsi il restaura la Galerie du duc de Bordeaux au palais de l'Élysée, la Galerie du duc de Blancas, les cabinets de marquis de Bruc, du comte de Brissac, du comte de La Châtre.

Ventes Publiques : Paris, 17 mars 1987 : *Portrait de Murat, roi de Naples* 1811, h/pan. (30,5x24,5) : **FRF 48 000**.

MARTIN Pierre Hippolyte
Né le 12 mars 1819 à Paris. xixe siècle. Français.
Peintre de portraits.

Élève de Decamps. Il exposa au Salon, de 1841 à 1868.

MARTIN Pierre Paul
Né le 15 août 1832 à Digne (Basses-Alpes). xixe siècle. Français.
Peintre de paysages.

Il travailla avec Loubon. Il figura au Salon de Paris de 1863 à 1879. Le Musée de Pontoise possède de lui deux aquarelles *(Paysans bretons et paysannes*, et *Vue d'une vallée à Digne)*.

MARTIN Priska von
Née en 1912 à Fribourg. xxe siècle. Suissesse.
Sculpteur d'animaux, figures.

Elle est la femme du sculpteur Toni Stadler depuis 1942, de qui elle a reçu les conseils, après avoir été élève dans l'atelier de Fernand Léger, à Paris, puis élève de l'académie de Munich.

Surtout sculpteur animalier, elle représente aussi le corps humain. Ses statuettes sont presque toujours traitées par le procédé de la fonte du bronze à partir du modelage en cire perdue ; elles s'inscrivent souvent dans un volume triangulaire ou rectangulaire, à la façon des sculptures primitives. Le frémissement de l'épiderme de ses statuettes, leur patine quasi picturale, en compensent l'économie formelle.

Bibliogr. : Juliana Roh, in : *Nouv. Dict. de la sculpture mod.*, Hazan, Paris, 1970.

MARTIN Quentin Léon
Né le 8 juin 1837. Mort le 15 avril 1861. xixe siècle. Actif à Paris. Français.
Peintre.

MARTIN Quinquela. Voir **QUINQUELA-MARTIN Benito**

MARTIN Raymond
Né en 1910 à Paris. xxe siècle. Français.
Sculpteur de figures, statues, bustes, compositions religieuses, monuments, pastelliste, dessinateur.

En 1927, il entre à l'école des arts appliqués, puis travailla avec Wlérick et Despiau. En 1949, il fut nommé professeur à l'école des arts décoratifs.

Il participa à de nombreuses expositions collectives, notamment à Paris, au Salon d'Automne dont il devint membre sociétaire en 1934, au Salon des Tuileries, où il exposa pour la première fois en 1928 et dont il devint membre du comité en 1941, à Bruxelles, New York et San Fancisco aux expositions de sculpture française. Il montra pour la première fois ses œuvres dans une exposition personnelle en 1932 à la galerie Paquereaux, puis en 1945, 1947, 1950 à la galerie Le Nouvel Essor, en 1969 à la galerie Pacitti. En 1960, le musée Galliéra lui consacra une rétrospective. Il reçut en 1932 le prix Blumenthal, fut fait chevalier de la Légion d'Honneur, officier des Arts et Lettres, et fut élu à l'académie des beaux-arts en 1962.

Il subit l'influence de Rodin. Il a bénéficié d'importantes commandes publiques de la ville de Paris : statue équestre du maréchal Foch sur la place du Trocadéro en collaboration avec Robert Wlérick, statue du général Mangin, monument commémoratif de l'entrée à Paris du maréchal Leclerc à la porte d'Orléans. On cite aussi de lui : *Ève ; Le Vaincu ; Buste de son père ; Le Grand Nu ; Le Christ ; Descente de croix ; Christiane ; Les Méditations.* Il a illustré des poèmes en prose de Maurice de Guérin. Ses œuvres appartiennent à la tradition classique.

Bibliogr. : Catalogue de l'exposition : *René Iché et Grands Sculpteurs contemp.*, Palais des Archevêques, musée de Narbonne, 1970.

MARTIN Raymonde
Née le 15 janvier 1887 à Marseille (Bouches-du-Rhône). xxe siècle. Française.
Sculpteur.

Elle fut élève de Marqueste. Elle exposa à Paris, au Salon des Artistes Français de 1913, et reçut le prix de Longchamp en 1920.

MARTIN René
Né en 1628 à Angers (Maine-et-Loire). Mort le 2 décembre 1714 à Angers. xviie-xviiie siècles. Français.
Peintre verrier.

MARTIN René
Mort le 23 août 1921 à Vernon (Eure). xxe siècle. Français.
Peintre de compositions religieuses, cartons de mosaïques.

Il exécuta les mosaïques de l'escalier Daru au Louvre à Paris, de la basilique Jeanne d'Arc à Domrémy et de Notre Dame de Fourvières à Lyon.

MARTIN René
Né le 11 février 1891 à Paris. xxe siècle. Français.
Peintre, fresquiste, sculpteur.

Il exposa régulièrement à partir de 1913 à la Maison des Arts de Zurich.

Il a exécuté des fresques à la Légation suisse de Rome et dans plusieurs églises du Valais. Il pratiqua la sculpture sur bois.

MARTIN Renée
Née le 22 mai 1907 à Paris. xxe siècle. Française.
Graveur.

Elle fut élève de Gauguet. Elle exposa à Paris, au Salon des Artistes Français, à partir de 1925. Elle reçut une médaille de bronze en 1928, le prix Jonas en 1929.

MARTIN Richard
Né en 1534. Mort en juillet 1617. xvie-xviie siècles. Actif à Londres. Britannique.
Médailleur.

Il fut le médailleur de la cour de la reine Élisabeth.

MARTIN Richard
Né le 21 octobre 1858 à Berlin. xixe siècle. Actif à Berlin. Allemand.
Paysagiste.

Fut l'élève de Chr. Wilberg et E. Bracht.

MARTIN Robert Wallace
Né en 1843. Mort le 10 septembre 1923 à Southall. xixe-xxe siècles. Britannique.
Sculpteur et céramiste.

Il exposa, de 1863 à 1888, à la Royale Academy de Londres, et devint le propriétaire de la Manufacture de Southall.

MARTIN Ron
Né en 1943 à London (Ontario). xxe siècle. Canadien.
Peintre. Expressionniste-abstrait.

Il participe à des expositions collectives : 1964, 1965, 1968, 1970, 1974, 1975 Public Library and Art Museum de London ; 1967, 1968, 1969, 1973 National Gallery of Canada à Ottawa ; 1968, 1976 Museum of Fine Arts de Montréal ; 1971 Albright-Knox

Gallery de Buffalo ; 1972, 1980, 1981, 1984 Art Gallery of Ontario à Toronto ; 1975, 1977, 1978 Centre culturel canadien à Paris ; 1976 Art Gallery de Vancouver ; 1978 Biennale de Venise ; 1980 Louisiana Museum of modern Art de Humlebaek ; 1981 National Museum of Modern Art de Tôkyô ; 1987 musée d'Art contemporain de Montréal. Il montre ses œuvres dans des expositions personnelles : 1965, 1966, 1969 et depuis 1971 annuellement Toronto ; 1967, 1970, 1974, 1975, 1976, 1984 London ; 1978 Montréal ; 1978, 1987 Cologne ; 1985 New York.
Il travaille par série monochrome, et à chacune fait correspondre une couleur. Il applique la matière en couches épaisses, la traite de manière à obtenir des effets de reliefs, un jeu d'ombre et de lumière.
Bibliogr. : Catalogue : *Les Vingt Ans du musée et sa collection,* Musée d'Art contemporain, Montréal, 1985.
Musées : Montréal (Mus. d'Art Contemp.) : *Le Geste oublié n° 6* – Montréal (Mus. des Beaux-Arts) : *Ultramarine blue* 1971 – Ottawa (Nat. Gal. of Canada) – Toronto (Art Gal. of Ontario) : *Bright red # 1* 1972.

MARTIN Stephen
Né en 1815 à Cologne, de parents français. XIXe siècle. Français.
Dessinateur et aquarelliste.
Élève de Cornelius et de Shadow. Il figura au Salon de Paris, de 1844 à 1870, et obtint une mention honorable, en 1861. On trouve de lui une *Résurrection du Christ* (1852) à l'église Saint-Pierre du Gros-Caillou à Paris.

MARTIN Suzanne
Née en 1926 à Bordeaux (Gironde). XXe siècle. Française.
Peintre.
En 1946, elle s'installa à Paris, et travailla à l'Académie de la Grande-Chaumière, de 1949 à 1951. Elle participe à des expositions collectives. Elle montre ses œuvres dans des expositions personnelles : 1960, 1962, 1963, Paris 1962 ; Luxembourg.
Parallèlement à l'écriture de ses deux romans : *Rue des vivants* et *Chien de l'aube*, et de poèmes, elle a réalisé des peintures, généralement abstraites, où se manifestent des influences diverses, des décors et des masques de théâtre.
Bibliogr. : Jean Grenier, Louis Guilloux : *Présentation de l'exposition Suzanne Martin – Anny Claude Martin,* Maison de la culture, Bourges, 1969.

MARTIN Théobald. Voir aussi **MARTI**

MARTIN Théobald
Originaire de Haguenau. XVe siècle. Vivant en 1489 à Strasbourg. Français.
Peintre.
L'église Saint-Georges de Haguenau possède de lui un tableau (*La Trinité*, 1505).

MARTIN Thomas Mower
Né en 1838. Mort en 1934. XIXe-XXe siècles. Canadien.
Peintre de paysages, marines, compositions animées, aquarelliste.
Bibliogr. : J. Russell Harper : *Les Premiers Peintres et Graveurs du Canada.*
Ventes Publiques : Toronto, 5 nov 1979 : *Campement indien,* aquar. (22x50) : **CAD 4 800** – Toronto, 11 nov. 1980 : *La Lettre,* h/t (90x145,6) : **CAD 12 000** – Toronto, 10 nov. 1981 : *Chasseurs indiens* 1886, h/t (90x150) : **CAD 19 000** – Toronto, 26 nov. 1984 : *The Asulkau Glacier, B.C* 1898, h/t (70x105) : **CAD 6 500** – Toronto, 28 mai 1985 : *Paysage au crépuscule,* h/t (68,8x115) : **CAD 4 000** – Toronto, 28 mai 1987 : *Une ferme de l'Ontario,* h/t (67,3x104,2) : **CAD 10 000** – Montréal, 1er mai 1989 : *La côte à Long Island,* h/t (31x41) : **CAD 900** – Montréal, 30 oct. 1989 : *Transport par canoë,* aquar. (31x52) : **CAD 770** – Montréal, 23-24 nov. 1993 : *Travail dans une carrière de pierre,* h/t (43,1x63,5) : **CAD 1 200**.

MARTIN Tomas
Né vers 1661 à Séville. XVIIe siècle. Travaillant encore à Séville en 1691. Espagnol.
Peintre.

MARTIN Valentin Louis
Né au XIXe siècle à Poissy. XIXe siècle. Français.
Peintre.
Figura au Salon des Artistes Français. Membre de cette société depuis 1889 ; mention honorable en 1902.

MARTIN Vicente
Né en 1911 à Montevideo. XXe siècle. Uruguayen.
Peintre, peintre de compositions murales.
Il fut élève de l'École des Beaux-Arts de Montevideo, dans l'atelier de Torrès-Garcia. En 1947, à Paris, il fut élève d'Othon Friesz à l'Académie de la Grande-Chaumière. Il expose dans les Biennales d'Amérique Latine.
Il ne manqua pas d'être influencé par l'œuvre du néo-constructiviste uruguayen Torrès-Garcia. À partir de 1950, à l'exemple de celui-ci, il réalisa des peintures murales, aujourd'hui traditionnelles dans le paysage urbain de l'Amérique latine. Il pratique une abstraction à tendance constructiviste, fondée sur quelques rappels symboliques des sensations réelles, et sur un registre coloré contrasté et dramatique. D'entre ses décorations murales, on cite celle pour le building Garcia Pardo.

Martin

Bibliogr. : In : *Peintres contemp.,* Mazenod, Paris, 1964 – Damian Bayon, Roberto Pontual, in : *La peinture de l'Amérique latine au XXe siècle,* Mengès, Paris, 1990.

MARTIN Victor
Né au XIXe siècle à Paris. XIXe siècle. Français.
Peintre de paysages, natures mortes.
Élève de Lequien. Il débuta au Salon de 1877.
Ventes Publiques : Reims, 16 déc. 1990 : *Le chemin du lavoir,* h/t (110x92) : **FRF 12 000**.

MARTIN Vincent Nicolas
XVIIIe siècle. Actif à Angers vers 1774. Français.
Peintre.

MARTIN William
XVIIIe-XIXe siècles. Britannique.
Peintre d'histoire.
Élève de Cipriani. En 1766, il reçut la récompense dite de la Palette d'Or à la Société des Arts. Il exposa à la Royal Academy de 1775 à 1816. Georges III le choisit comme peintre d'histoire de la cour et le chargea de nombreuses décorations au château de Windsor. On trouve de lui, dans un monument public de Munich : *Édouard et Éléonore* et *L'Exécution de Jane Grey.*

MARTIN William A. K.
Né en 1817 à Philadelphie. Mort en 1867 à Philadelphie. XIXe siècle. Américain.
Peintre de marines.
Fut un élève de J. Neagle. Le collège Wilstach de Philadelphie possède de lui : *Bruce défendant le Paix à Debrey.*

MARTIN d'Alger
XIXe siècle. Actif à Paris. Français.
Graveur.
Il figura au Salon de 1850.

MARTIN des AMOIGNES Paul Louis
Né en 1850. Mort en 1912. XIXe-XXe siècles. Français.
Peintre de paysages.
Il anime de petits personnages ses paysages de bords de Loire.
Bibliogr. : Gérald Schurr, in : *Les Petits Maîtres de la peinture 1820-1920, valeur de demain,* Les Éditions de l'Amateur, t. II, Paris, 1982.

MARTIN d'Amsterdam. Voir **MARTINS Jan**

MARTIN de Avila
XVIe siècle. Actif à Séville vers 1525. Espagnol.
Miniaturiste.

MARTIN des BATAILLES, l'Ancien. Voir **MARTIN Jean Baptiste,** l'Ancien

MARTIN de Berlin, Maître du. Voir **MAÎTRES ANONYMES**

MARTIN de Campos Victoria
Née au XIXe siècle à Cadix. XIXe siècle. Espagnole.
Peintre de figures.
Elle travailla à Cadix depuis 1840. On trouve quelques-unes de ses toiles à la cathédrale et à l'Hôtel de Ville de Cadix.

MARTIN de Carara Juan
XVIe siècle. Travaillant à Séville en 1528. Espagnol.
Sculpteur.

MARTIN de Eick. Voir **MARINUS Van Roejmerswaelen**

MARTIN de Gamboa. Voir **GAMBOA**

MARTIN de Gand. Voir **MARTINS Jan**

MARTIN des JARDINS. Voir **BOGAERT Martin Van den**

MARTIN de Léon. Voir **LÉON**

MARTIN de Oviedo
XVIe siècle. Actif à Séville. Espagnol.
Sculpteur.
A travaillé à l'autel de l'église Saint-Laurent de Séville et à celui de l'église Santiago à Alcala de Guadaira avec le sculpteur Pedro de la Cueva.

MARTIN de Saint-Omer
Né à Tournai. XIVe siècle. Actif dans la première moitié du XIVe siècle. Éc. flamande.
Sculpteur.

MARTIN de San Marti. Voir **SAN MARTI**

MARTIN de Seen ou **de Zeeuw, de Seeuw**. Voir **MARINUS Van Roejmerswaelen**

MARTIN de Valdivia
XVIe siècle. Actif à Séville en 1534. Espagnol.
Sculpteur d'ornements.

MARTIN de Vaux. Voir **DEVAUX Martin**

MARTIN-ARMORBACH Oskar
Né en 1897 à Armorbach. XXe siècle. Autrichien.
Peintre de compositions à personnages, compositions murales.
Il fut un des nombreux élèves de Franz von Stuck à l'Académie de Munich. Il se fixa à Nussdorf-sur-Inn. Il peignit un ensemble de six fresques sur la vie du Christ à l'église de Lohr-sur-le-Main. Il pratique une peinture ambitieuse, par les sujets traités, mais aussi techniquement. Les grands formats ne l'intimident pas. Il se situe dans la ligne des réalistes de la fin du XIXe siècle. Son dessin est juste et puissant, il ose des mises en page, et du même coup des mises en perspective, originales et savantes. Par exemple dans *Le semeur*, le paysan, vu du dessous paraît immense contre le ciel, il est sur un côteau d'où l'on domine les champs labourés en contre bas. Par opposition au dessin savant, la couleur est sobre, posée en hachures, accompagnatrice plutôt que transitive, suite au postimpressionnisme, à Puvis de Chavannes ou Hans von Marées, qui pourrait être sa référence de prédilection à en juger par des qualités communes. Il eut le regrettable privilège d'être retenu pour figurer à l'exposition d'art proposée en opposition à celle de *L'Art dégénéré*, à Munich en 1937. ■ J. B.
Ventes Publiques : Londres, 23 mars 1988 : *Les gracieux attraits d'une paysanne*, h/pan. (154x117) : **GBP 15 400**.

MARTIN-BONTOUX Jean ou **Bontoux Jean Martin**
Né le 20 juin 1927 à Saint-Marcellin (Isère). XXe siècle. Français.
Dessinateur de compositions d'imagination, graveur, illustrateur, peintre de collages. Surréaliste.
Il vit et travaille à Paris depuis 1947. Il se dit autodidacte en peinture, tout en ayant été formé à la gravure en taille-douce dans l'atelier de Robert Cami à l'École des Beaux-Arts de Paris, et dans l'atelier privé de Johnny Friedlaender.
Il participe à des expositions collectives, dont à Paris : depuis 1960, Salons d'Automne et des Artistes Indépendants ; depuis 1962, Salon Le Trait ; depuis 1979, Salon de la Société Nationale des Beaux-Arts ; depuis 1980, Salon du Dessin et de la Peinture à l'eau ; 1986, Salon Comparaisons ; ainsi qu'en province et à l'étranger : depuis 1962, les expositions *Fantasmagie* à Anvers, Liège, Bruxelles, Paris, Amsterdam, Düsseldorf, plusieurs villes de Tchécoslovaquie, Berlin ; et des groupements nombreux et divers à travers le monde, centrés sur le fantastique, dont en 1996 à Paris, l'exposition *Fantastiques – quatre Univers, quatre Graveurs*, galerie Graphes. Il fait aussi des expositions personnelles depuis 1951, notamment à Paris, Grenoble, Bordeaux, Clermont-Ferrand, Nancy, Thionville...
Il a collaboré à de très nombreuses publications : *Caliban ; Fantasmagie ; La Revue Moderne des Arts et des Lettres ; Horizons du Fantastique ; Planète ; Zoom* ; etc.
Il a illustré notamment *Le Monstre de métal* d'Abraham Merrit ; *Je suis une légende* de Richard Matheson ; *Ubu roi* d'Alfred Jarry, de dix-huit gravures à l'eau-forte et au burin ; etc. Cette illustration d'Ubu constitue à ses yeux l'une de ses réalisations les plus importantes et témoigne de son attachement à la Pataphysique. Dessinateur, graveur, plus rarement peintre, dont la verve ressortit au fantastique, sa technique est apte à figurer très minutieusement les imaginations les plus inédites et qui requièrent donc une description totale. Sa technique du collage, son activité de prédilection, est une technique mixte, dans laquelle les interventions de raccords dessinés et peints parviennent à occulter les artifices du découpage et de la juxtaposition, conférant une vraisemblance aux scènes les plus improbables. L'activité créatrice de Martin-Bontoux s'exerce dans des directions très diversifiées, peut-être conditionnées par les techniques utilisées. Il peut rappeler évidemment le domaine onirique des collages de Max Ernst, de même qu'ailleurs il prolonge les visions cauchemardesques des illustrateurs du romantisme noir. Des « Priapes » nombreux parcourent son œuvre, conférant à son caractère fantastique une dimension érotique. Qu'il le soit de ses propres fantasmes de rêveur éveillé ou qu'il mette ses techniques maîtrisées à la disposition des œuvres d'autrui, de par l'étendue de leur diversité Martin-Bontoux est avant tout un metteur en images, un illustrateur. ■ J. B.
Bibliogr. : Divers : *Jean Martin Bontoux – Terre de Métamorphoses*, Natiris, Paris, 1982 – Roland Villeneuve, in : *Diction. du diable*, Bordas, Paris, 1989 – Michel Random : *L'art visionnaire*, Édit. Ph. Lebeau, Paris, 1991 – Luc Monod, in : *Manuel de l'amateur de Livres Illustrés Modernes 1875-1975*, Ides et Calendes, Neuchâtel, 1992.
Musées : Paris (BN, Cab. des Estampes) : *L'Âge de fer* 1987, eau-forte.
Ventes Publiques : Douai, 3 déc. 1989 : *Souffle de l'existence*, poème-objet (80x77x13) : **FRF 6 700**.

MARTIN-BUCHÈRE Clémentine
Morte le 23 août 1873. XIXe siècle. Française.
Peintre de natures mortes, fleurs.
Elle exposa au Salon, de 1841 à 1849.
Ventes Publiques : Paris, 8 avr. 1987 : *Fleurs*, aquar./vélin, suite de quatre (24,5x20 et 22x18) : **FRF 32 000**.

MARTIN-CHABLIS Jules Ernest
XIXe siècle. Français.
Paysagiste et graveur.
Il figura au Salon de Paris avec des paysages en 1870, 1878 et 1879.

MARTIN-DAUSSIGNY Edmé Camille
Né en 1805 à Bordeaux. Mort en 1878 à Lyon. XIXe siècle. Français.
Peintre d'histoire.
Élève de l'École des Beaux-Arts de Lyon. Directeur du Musée de cette ville, il fut chevalier de la Légion d'honneur en 1869. Le Musée de Lyon conserve de lui : *Le sommeil de l'Enfant-Jésus* et *Sainte Élisabeth de Hongrie*. Il contribua d'autre part à la décoration des églises Saint-Paul et Fourvières de Lyon.

MARTIN-DELESTRE Alexandre Adolphe
Né le 21 décembre 1823 à Paris. Mort le 3 mai 1858, fou. XIXe siècle. Français.
Peintre de genre et portraits.
Élève de Lapaulle et E. Delacroix, il entra à l'École des Beaux-Arts le 8 avril 1841. Il figura au Salon de 1848 à 1857.

MARTIN DIDIER. Voir **DIDIER Martin Pape**

MARTIN-FERRIÈRES Jacques, dit Jac
Né le 6 août 1893 à Saint-Paul (Tarn). Mort en 1972. XXe siècle. Français.
Peintre de portraits, paysages.
Il fut élève de Cormon, E. Laurent et Henri Martin.
Il exposa à Paris, au Salon des Artistes Français, dont il fut membre sociétaire et hors-concours, où il obtint une mention en 1920, une médaille d'argent en 1923, une bourse de voyage en 1924. Il reçut le prix national en 1925, et en 1928 la médaille d'or et le prix Legay-Lebrun (prix de l'Institut).
On a vu de lui, à Paris, en 1965, une exposition de paysages de Venise et de paysages de neige. Il utilise une pâte épaisse, triturée en épaisseurs superposées, dont il obtient animation de la surface et surtout scintillement de la lumière.

Martin-Ferrières

Ventes Publiques : Paris, 13 nov. 1935 : *Fleurs dans une jardinière* : **FRF 200** – Paris, oct. 1945-juil. 1946 : *Marine* : **FRF 2 500** – Los Angeles, 22 sep. 1976 : *Collioure*, h/cart. (38x46,5) : **USD 1 100** – New York, 2 avr 1979 : *Le port* 1918, h/pan. (38x46,3) : **USD 1 800** – Zurich, 29 oct. 1983 : *Nature morte aux fleurs et fruits*, h/t (46x55) : **CHF 6 000** – Zurich, 9 nov. 1985 :

Marché à Assise, h/t (54x64,9) : **CHF 5 000** – New York, 9 oct. 1986 : *Le Retour des pêcheurs*, h/t (65x80,5) : **USD 9 000** – Paris, 20 nov. 1987 : *Les barques de pêche au port* 1928, h/t (97x90) : **FRF 59 000** – Paris, 30 nov. 1987 : *Rue de village* 1923, h/t (73x60) : **FRF 8 200** – New York, 8 oct. 1987 : *Le Retour des pêcheurs*, h/t (54x73) : **USD 20 000** – New York, 18 fév. 1988 : *Le village* 1924, h/t (100x57,1) : **USD 14 300** – Versailles, 21 fév. 1988 : *Vase de fleurs* 1941, h/cart. mar./pan. (65x58,5) : **FRF 6 000** – Paris, 12 juin 1988 : *Le vieux pont de pierre* 1927, h/t (65x81) : **FRF 23 000** – Paris, 23 juin 1988 : *Neige à Ménilmontant*, h/t (54x64,5) : **FRF 13 000** – New York, 6 oct. 1988 : *Le retour des pêcheurs*, h/t (50x73) : **USD 33 000** – Londres, 19 oct. 1988 : *Nature morte*, h/t (64x76) : **GBP 14 850** – Versailles, 23 oct. 1988 : *La grande maison dans le parc sous la neige* 1939, h/t (54x73) : **FRF 25 000** – Paris, 22 nov. 1988 : *Canal à Venise* 1926, h/pan. (38x45) : **FRF 65 000** – Paris, 14 fév. 1989 : *Marseille, le vieux port*, h/bois (37,8x46) : **FRF 48 000** – New York, 16 fév. 1989 : *Bateaux de pêche dans le port* 1928, h/t (51,1x91,7) : **USD 22 000** – Londres, 24 mai 1989 : *Pommier en fleur* 1927, h/t (72,5x53,5) : **GBP 4 950** – Paris, 9 juin 1989 : *Marché à Prizren en Yougoslavie*, h/t (46x56) : **FRF 51 000** – New York, 5 oct. 1989 : *Scène de port* 1919, h/t (50x73) : **USD 26 400** – Paris, 4 mars 1990 : *Paysage vallonné* 1925, h/t (41x51) : **FRF 66 000** – Paris, 26 avr. 1990 : *La Seine à Paris*, h/pan. (33x40) : **FRF 80 000** – New York, 2 oct. 1990 : *Le marché à Ochrida en Yougoslavie*, h/t (60,3x73) : **USD 22 000** – New York, 14 fév. 1991 : *Bateaux sur la plage*, h/t (73x91,9) : **USD 24 200** – New York, 25 fév. 1992 : *Collioure* 1935, h/t (69,2x85,7) : **USD 17 600** – Paris, 27 avr. 1992 : *Florence*, h/pan. (38x46) : **FRF 10 000** – Saint-Jean-Cap-Ferrat, 16 mars 1993 : *La Baie des Fleurs* 1966, h/t (66x81) : **FRF 50 000** – New York, 13 mai 1993 : *Un pont sur la Seine*, h/t (50,2x73,3) : **USD 34 500** – New York, 11 mai 1994 : *Champ de fleurs*, h/t (64,8x81,3) : **USD 20 700** – Londres, 29 juin 1994 : *Champ de fleurs*, h/t (55x66) : **GBP 14 950** – Amsterdam, 6 déc. 1995 : *Vue de Venise* 1926, h/pan. (38x45) : **NLG 3 450** – Paris, 28 oct. 1996 : *Vue de Venise*, h/t (64x80) : **FRF 32 000** – New York, 10 oct. 1996 : *Nature morte aux pensées*, h/t (65,4x50,2) : **USD 6 900** – New York, 9 oct. 1996 : *Vase de fleurs sur la commode*, h/t (82,6x82,6) : **USD 28 750** – Paris, 25 avr. 1997 : *Nature morte au bouquet et aux pêches* 1952, h/t (73x54) : **FRF 20 000** – Paris, 19 oct. 1997 : *Bouquet à l'estampe japonaise* 1941, h/pan. (65x59) : **FRF 22 000**.

MARTIN-GALTIER Christian

Né en 1945 à Marseille (Bouches-du-Rhône). xxe siècle. Français.

Peintre, dessinateur.

Il fut élève de l'école des beaux-arts de Marseille et suivit les cours de Mario Prassinos. Il est professeur à l'école d'art et d'architecture de Marseille-Luminy.

Il participe à des expositions collectives : 1973 Maison des jeunes et de la culture de Saint-Étienne ; 1982 *Du cubisme à nos jours, collection de dessins contemporains du musée* au musée Cantini à Marseille ; 1984 musée Cantini à Marseille.

Depuis 1978, il privilégie la technique du dessin, travaillant par série. Il travaille parfois par citation, reprenant une peinture ancienne qu'il s'approprie. Ainsi dans l'œuvre *Le Salon des Refusés* de 1980, il reproduit l'œuvre de Manet *Le Déjeuner sur l'herbe* dans une vignette, duplique en dessous les principaux personnages au pochoir, puis interprète les ombres obtenues en habillant les personnages.

Musées : Marseille (Mus. Cantini) : *Le Salon des Refusés* 1980.

MARTIN-GAUTHEREAU André

Né le 17 juillet 1883 à Paris. Mort le 30 mai 1918, sur le front. xxe siècle. Français.

Peintre de sujets militaires.

Il fut élève d'Albert Maignan, Henri Zo, et J. P. Laurens. Il figura à Paris, au Salon des Artistes Français, dont il fut membre sociétaire à partir de 1902. Il reçut une médaille de troisième classe en 1906, de deuxième classe en 1908.

Musées : Bayonne : *Colonne de lansquenets*.

MARTIN-GOURDAULT Marie

Née le 27 novembre 1881 à Saint-Pardoux (Deux-Sèvres). xxe siècle. Française.

Peintre de sujets orientaux.

Elle exposa à Paris, au Salon des Artistes Français, dont elle fut membre sociétaire et hors concours. Elle reçut une médaille en 1911, une médaille d'argent en 1921, d'or en 1923.

MARTIN-GRISON

xxe siècle. Française.

Peintre.

Elle travailla à Cannes (Alpes-Maritimes).

Elle a surtout pris part à des expositions en Scandinavie : Stockholm, Malmö, et Copenhague.

MARTIN-HANSEN Carl

Né le 8 juillet 1877 à Kolding. xxe siècle. Danois.

Sculpteur de statues.

Il a exécuté plusieurs statues et a travaillé pour la manufacture de porcelaine de Copenhague.

MARTIN-HAUPERT Madeleine

Née en 1910 à Dudelange. xxe siècle. Active en Belgique. Luxembourgeoise.

Peintre. Abstrait-géométrique.

Elle fit ses études artistiques à Paris et Bruxelles.

Après des débuts figuratifs, où elle pratique le collage et l'assemblage, elle se tourne vers l'abstraction, au début des années soixante-dix. Elle réalise une œuvre silencieuse, pure. Elle superpose des surfaces monochromes blanches, structurées géométriquement par des entailles discrètes. Parfois un trait de couleurs vient rehausser cet espace.

Bibliogr. : In : *Dict. biogr. illustré des artistes en Belgique depuis 1830*, Arto, Bruxelles, 1987.

MARTIN-KAVEL François

Né en 1861 à Paris. Mort en 1931. xixe-xxe siècles. Français.

Peintre de figures, nus, paysages, natures mortes, fleurs.

Il exposait à Paris, régulièrement au Salon des Artistes Français, dont il devint membre sociétaire et dont il fut médaillé en 1881.

Il fut essentiellement peintre de la femme, élégante ou dévêtue.

Bibliogr. : Gérald Schurr, in : *Les Petits Maîtres de la peinture 1820-1920, valeur de demain*, Les Éditions de l'Amateur, t. II, Paris, 1982.

Ventes Publiques : Paris, 4-6 avr. 1900 : *Le Marchand de joyaux* : **FRF 120** ; *Nature morte* : **FRF 155** – New York, 22 jan. 1903 : *Innocence* : **FRF 320** – Paris, 3-4 mars 1926 : *Odalisque* : **FRF 1 900** – Paris, 14 mai 1943 : *Jeune Femme* : **FRF 5 300** – Paris, 7 juil. 1947 : *Portrait de fillette* ; *Portrait de jeune fille*, ensemble : **FRF 1 900** – Paris, 3 déc. 1971 : *La Parisienne* 1884, h/t (57x38) : **FRF 2 500** – New York, 24 jan. 1980 : *La belle gitane*, h/t (59x44,4) : **USD 2 000** – Versailles, 1er juin 1980 : *La vieille romance*, h/t (87x107) : **FRF 7 000** – Londres, 22 juin 1983 : *Jeune femme au manchon*, h/t (79x52,5) : **GBP 2 200** – Londres, 7 mai 1986 : *Jeune femme au manchon*, h/t (79x53) : **GBP 1 600** – Paris, 19 oct. 1987 : *Petite fille en bleu* 1894, h/t (137x74) : **FRF 60 000** – New York, 25 mai 1988 : *L'Ombrelle*, h/t (92,7x73,6) : **USD 6 600** – Paris, 30 mai 1988 : *La Vagabonde*, h/t (81x65) : **FRF 6 800** – Calais, 3 juil. 1988 : *Banc de pierre dans le parc*, h/pan. (46x61) : **FRF 7 000** – Paris, 5 juil. 1988 : *Élégante vue de dos*, h/t (81x65) : **FRF 20 500** – Paris, 16 mars 1989 : *Petite fille en bleu adossée à un tabouret* 1899, h/t (137x74) : **FRF 16 500** – New York, 23 mai 1989 : *Femme au tigre*, h/t (46x92) : **USD 7 700** – Londres, 28 oct. 1992 : *Vénus*, h/t (44,5x90) : **GBP 2 035** – New York, 13 oct. 1993 : *Jeune fille au manchon et à la branche de houx*, h/pan. (81x64,1) : **USD 16 100** – Londres, 27 oct. 1993 : *Jeune Femme à la capeline*, h/t (54x46) : **GBP 3 680** – Londres, 15 mars 1996 : *Une jolie rose*, h/t (92x73,5) : **USD 5 750** – Paris, 26 juin 1996 : *La Coquette surprise*, h/t (92x65,5) : **FRF 34 000**.

MARTIN la BIRCHE

xviie siècle. Actif à Bazoques (Normandie) vers 1650. Français.

Sculpteur.

Cité par E. Venclin dans *Artistes normands du xviie siècle*.

MARTIN-LAUREL Eugénie

xixe siècle. Active à Madrid. Espagnole.

Sculpteur.

La Galerie Moderne de Madrid conserve d'elle : *Un Israélite* (plâtre).

MARTIN-MATAGNE Suzanne

Née le 7 janvier 1916 à Saint-Cyr-l'École (Yvelines). xxe siècle. Française.

Peintre de compositions animées, paysages, aquarelliste. Réaliste.

Elle étudie la sculpture à partir de 1936 sous la direction de Marcel Horms et le dessin au cours supérieur du mouvement Montparnasse 80. Elle a participé à de nombreuses expositions collectives à partir des années cinquante : Salon des Indépendants, dont elle est membre sociétaire, Salon de la Société nationale des Beaux-Arts, Salon d'Île-de-France en 1953. Elle a exposé ses œuvres galerie d'Orsel à Paris.

MARTIN-PREGNIARD Clotilde ou **Avy-Pregniard**
Née le 25 décembre 1885 à Paris. XXe siècle. Française.
Peintre d'intérieurs, figures.
Elle fut élève de Humbert. Elle exposa à Paris, au Salon des Artistes Français, dont elle fut membre sociétaire. Elle reçut le prix Lefebre-Glaize et une médaille d'argent en 1921. Elle figura au Salon d'Automne de 1941, avec : *Jeunesse* et *Intérieur*.

MARTIN Y REBELLO Tomas
Né le 12 mai 1858 à Grenade (Andalousie). Mort le 7 février 1919 à Madrid (Castille). XIXe-XXe siècles. Espagnol.
Peintre de paysages, portraits, aquarelliste.
Il fut élève de Julian Sanz puis étudia à l'école de peinture, sculpture et gravure de Madrid, à partir de 1883. Il voyagea ensuite à Rome.
Il participa aux expositions nationales de 1881, 1887 et 1899, et à des expositions régionales.
Il évoque, par des touches libres et rapides, les différentes composantes de son paysage.
Bibliogr. : In : *Cien Anos de pintura en Espana y Portugal, 1830-1930*, Antiqvaria, t. V, Madrid, 1991.
Musées : Madrid (min. de la Guerre).

MARTIN Y RIESCO Elias
Né le 20 juillet 1839 à Aranjuez. Mort en 1910 à Madrid. XIXe-XXe siècles. Espagnol.
Sculpteur.
Il fut élève de Sabino de Médina, et devint président de l'Académie de S. Fernando. Ses statues ornent plusieurs monuments publics de Madrid.

MARTIN Y RODRIGUEZ José
Né vers 1825 à Madrid. Mort en 1881 à Grenade. XIXe siècle. Espagnol.
Peintre de figures et de portraits.
Fut un élève de Federigo de Madrazo et de J. Piquer.

MARTIN-ROLLAND
Né en 1926 à Saint-Cloud (Hauts-de-Seine). XXe siècle. Français.
Peintre.
En 1944, il fut élève de Narbonne, à l'école des beaux-arts de Paris.
Il participe à Paris, aux Salons d'Automne, des Indépendants, des Artistes Français. Il montra ses œuvres dans des expositions personnelles, à Paris en 1957, 1959, 1961. En 1954, il obtint un prix de la Jeune Peinture.
Il eut d'abord une activité importante de portraitiste. Il a évolué vers un maniérisme dont il tire ses effets, plus proches du paysagisme féérique de Carzou que du graphisme misérabiliste de Buffet.

MARTIN-SAUVAIGO Charles
Né le 7 février 1881 à Nice (Alpes-Maritimes). XXe siècle. Français.
Peintre de paysages, marines, décorateur. Postimpressionniste.
Il fut élève de Bonnat et L.-O. Merson. Il exposa à Paris, au Salon des Artistes Français à partir de 1910. Il obtint une mention et le prix de la Savoie en 1913 ; les médailles de bronze en 1921, d'argent en 1923 ; le prix Paul Liot en 1925. Il reçut les titres de Peintre de la marine et de chevalier de la Légion d'honneur.
Il a exécuté de nombreuses décorations pour des édifices publics du Midi.
Ventes Publiques : Paris, 10 mai 1933 : *Voiliers dans le port de Cannes* : **FRF 180** ; *Le Mont-Chevalier à Cannes* : **FRF 250** – Paris, 23 nov. 1990 : *Le port de Nice*, h/pan. (55x38) : **FRF 7 200** – Paris, 29 nov. 1990 : *La baie des Anges, Nice*, h/t (33x41) : **FRF 4 500**.

MARTIN SILVESTRE Blas
XVIIe siècle. Espagnol.
Peintre.
Il travailla à Séville de 1607 à 1629 comme collaborateur de Montanès.

MARTIN-VIVALDI Maria
Née en 1955 à Grenade. XXe siècle. Espagnole.
Peintre. Abstrait.
Elle participe à des expositions collectives : à Grenade, Valence, au musée d'Art contemporain de Séville, à Madrid. Elle montre ses œuvres dans des expositions personnelles : à Cadix, Grenade, Valladolid, Barcelone.
Elle organise des surfaces peintes, grattées, reprises, dans une composition complexe.
Bibliogr. : In : *Catalogo nacional de arte contemporaneo 1990-1991*, Iberico 2000, Barcelone, 1990.

MARTINA Piero
Né le 30 décembre 1912 à Turin (Piémont). XXe siècle. Italien.
Peintre.

MARTINA Umberto
Né le 12 juillet 1880 à Dardago. XXe siècle. Italien.
Peintre de compositions religieuses, portraits.
Il étudia à l'académie des beaux-arts de Venise avec Ettore Tito, puis à Munich avec Carl Marr.

MARTINAND Gérald
Né le 8 octobre 1937 à Abbeville (Savoie). XXe siècle. Français.
Sculpteur, dessinateur. Polymorphe.
Il vit et travaille en Savoie et dans l'Ain.
Il participe à divers Salons, notamment à Paris : Grands et Jeunes d'Aujourd'hui, Comparaisons et Salon de Mai, ainsi qu'au Salon de Montrouge, à l'Octobre des Arts de Lyon, à Osaka et Tokyo. En 1981, il a obtenu le prix de la critique d'art à l'Espace lyonnais d'art contemporain (ELAC).
Il réalise des compositions colorées en corten, que l'on peut qualifier de « biomorphiques » ainsi que des figures en frêne aux couleurs crues. Il travaille aussi l'inox et le bronze. Dans ses dessins, il manifeste la même vitalité, accumulant des figures, assemblant les corps.
Bibliogr. : Jean Planche : *Gérald Martinand*, Artension, Rouen, 1990.

MARTINASIE Pieter Franciscus. Voir **MARTENISIE**

MARTINAZZI Simimone dei. Voir **SPADA Simone**

MARTINCOURT
XVIIIe siècle. Français.
Sculpteur et fondeur.
Adjoint à professeur à l'Académie de Saint-Luc, en 1764. Il figura à l'Exposition de l'Académie de Saint-Luc, dont il était membre en 1763. Deux magnifiques candélabres de lui figurent à la collection Wallace de Londres.

MARTINE Albert
Né le 31 mars 1888 à Saint-Germain-en-Laye (Yvelines). Mort le 14 août 1983 à Englesqueville-en-Auge (Calvados). XXe siècle. Français.
Peintre de paysages, peintre de cartons de vitraux, aquarelliste.
Il fut élève de l'école des arts décoratifs de Paris, de 1906 à 1919. Il rencontra Maurice Denis, en 1912, et collabora avec lui. En 1913-1914, il fréquenta l'académie Ranson, où il eut pour professeurs Maurice Denis et Vuillard. Il fut mobilisé pendant la Première Guerre mondiale.
Il exposa à Paris, aux Salons des Artistes Français, de la Société Nationale des Beaux-Arts, des Indépendants et d'Automne. Une petite exposition rétrospective au musée départemental du Prieuré à Saint-Germain-en-Laye a été organisée en 1989.
Il a réalisé de nombreuses décorations : 1916 plafond du théâtre des Champs-Élysées à Paris, 1920-1922 chapelle du Prieuré de Saint-Germain-en-Laye, 1924 coupole du Petit Palais sous la direction de Maurice Denis, 1931 église des Missions (Exposition universelle) à Paris, 1938 palais des Nations à Genève comme assistant de Roussel, Vuillard, Chastel et Denis, 1946 chœur de l'église de Thonon-les-Bains. Il a également participé en 1960 à la rénovation de l'église Roye dans la Somme, avec Henri Marret. Il a exécuté plusieurs décors pour boîtes à thé, vases, avec la manufacture de Sèvres. C'est au début des années vingt, qu'il dessina et réalisa ses premiers vitraux, travaillant pour des particuliers, des hôtels, mais aussi pour des églises : 1929 vitrail Sainte-Thérèse de l'église de Saint-Germain-en-Laye, de 1947 à 1952 chapelle Sainte-Amélie du Pecq.
Musées : Saint-Germain-en-Laye (Mus. du Prieuré) : *Deux Colombes blanches* 1922 – *Plage à Perros-Guirrec* 1932-1933 – *Le Rue de Mareil et le Prieuré Saint-Germain* 1977.

MARTINE MARTINE, épouse **Cligman**
Née en 1932 à Troyes (Aube). XXe siècle. Française.
Peintre de natures mortes, intérieurs, figures, nus, sculpteur.
Elle apprit son métier, à Paris, à l'académie Julian, en 1950, à la Grande-Chaumière entre 1952 et 1962 environ ; mais ce fut le

maître verrier Marinot de Troyes qui lui apprit sans doute le plus.
Elle participa à Paris, au Salon d'Automne en 1972 et au Salon des Indépendants en 1974 et 1975. Elle montra ses œuvres dans des expositions personnelles à Paris en 1971 et 1973.
Dans une pâte généreuse, elle peint des œuvres aux tonalités chaudes et parfois sombres rehaussées de quelques couleurs stridentes. En 1973-1974, elle a pris pour thème les mains. Comme sculpteur, elle recherche le dépouillement et tend à se libérer d'un sujet trop direct.
Musées : Albi : *Les Fleurs*.

MARTINEAU Louis Joseph Philadelphe
Né en 1800 à Conches (Eure). Mort le 9 mars 1868 à Bordeaux. XIXe siècle. Français.
Peintre et littérateur.
Exposa au Salon de Paris en 1865 : *La leçon interrompue*. On voit de cet artiste, au Musée de Bordeaux un *Intérieur d'un cabinet d'artiste*, et dans l'église Notre-Dame de la même ville, *Notre-Dame de la Guadeloupe*.

MARTINEAU Robert Braithwaite
Né le 19 janvier 1826 à Londres. Mort le 13 février 1869 à Londres. XIXe siècle. Britannique.
Peintre d'histoire, scènes de genre.
Il travailla d'abord pour être avocat, puis il se consacra à la peinture. Élève de l'Académie des Beaux-Arts de Londres, il poursuivit ses études chez Holman Hunt. Il exposa à la Royal Academy de Londres, à partir de 1852 et jusqu'en 1872.
Il a peint *Kit's writing lesson*, d'après Charles Dickens.
Bibliogr. : In : *Diction. de la peinture anglaise et américaine*, coll. Essentiels, Larousse, Paris, 1991.
Musées : Londres (Tate Gal.) : *Le dernier jour dans la vieille demeure – Kit's writing lesson*.
Ventes Publiques : Londres, 29 juin 1976 : *La dinde de Noël*, h/t (89x127) : **GBP 3 200**.

MARTINÉCOURT de. Voir **DEMARTINÉCOURT**

MARTINELLI
Originaire d'Urbino. XVIIe siècle. Actif dans la première moitié du XVIIe siècle. Italien.
Miniaturiste.

MARTINELLI Agostino
XVIIe siècle. Actif à Rome en 1676. Italien.
Architecte, dessinateur et graveur à l'eau-forte.
Il a gravé des planches pour l'ouvrage *Descrittione di diversi Ponti esistenti sopra le fiumi Nera e Tevere*.

MARTINELLI Daniela
Née en 1944 à Borgomanero. XXe siècle. Italienne.
Peintre. Abstrait.
Elle a exposé à Milan, où elle vit et travaille, en 1972 et 1974.
Sa peinture est abstraite, parfois influencée par la rigueur constructiviste, mais évoquant le plus souvent des grandes arabesques joyeuses.

MARTINELLI Giovanni
Né vers 1610. Mort vers 1659 ou 1668. XVIIe siècle. Actif à Florence. Italien.
Peintre de compositions religieuses, sujets allégoriques, scènes de genre, figures.
On cite de lui un *Miracle de saint Antoine*, à Pescia et l'*Ange gardien*, à Sta Lucia da Bardi, à Florence.
Musées : Amiens : *Suzanne et les vieillards* – Chambéry (Mus. des Beaux-Arts) : *Figure de femme* – Florence : *Festin de Balthasar – La Beauté – La Musique*.
Ventes Publiques : Cologne, 5 mai 1966 : *La diseuse de bonne aventure* : **DEM 6 000** – Milan, 27 avr. 1971 : *Allégorie* : **ITL 1 300 000** – New York, 17 jan. 1986 : *Le Jugement de Salomon*, h/t (146x204,5) : **USD 155 000** – Londres, 20 avr. 1988 : *Le sacrifice offert par Noé, après le déluge*, h/t (168x196) : **GBP 24 200** – Londres, 8 juil. 1988 : *Une jeune artiste tentée par une vieille femme avec une bourse*, h/t (96,5x78,5) : **GBP 9 350** – Londres, 5 juil. 1991 : *Saint Grégoire distribuant des aumônes*, h/t, de forme octogonale (114,3x90) : **GBP 24 200** – Londres, 13 déc. 1991 : *Jeune artiste tentée par une vieille femme avec une bourse*, h/t (96,5x78,5) : **GBP 8 800** – Londres, 9 juil. 1993 : *Buste de jeune femme tenant un masque*, h/t, de forme ovale (68,6x56,5) : **GBP 7 130** – Londres, 5 juil. 1996 : *La Mort arrive à table*, h/t (75,5x99) : **GBP 110 000**.

MARTINELLI Girolamo
XVIIe-XVIIIe siècles. Italien.
Peintre et sculpteur.
Il aurait, selon Tiraboschi, laissé de nombreuses œuvres à Capri et dans ses environs.

MARTINELLI Giulio
Né à Asolo. Mort en 1631. XVIIe siècle. Italien.
Peintre d'histoire.
Élève de J. Bassano.

MARTINELLI Giuseppe
Né vers 1740 à Cologne. Mort vers 1795 à Cologne. XVIIIe siècle. Allemand.
Paysagiste.

MARTINELLI Guerrino
XVIe siècle. Actif à Pérouse. Italien.
Sculpteur sur bois.
Il exécuta en 1568 avec Nardo di Ciancio les stalles de San Francesco à Pérouse.

MARTINELLI Jeno
Né le 3 octobre 1886 à Budapest. XXe siècle. Hongrois.
Sculpteur de monuments, bustes.
Il fut élève de Loranfi et de Radnai. Il vécut et travailla à Budapest.
Il a exécuté le *Monument aux héros* à Ambrozfalva.
Musées : Budapest (Nouv. Gal.) : *Buste*.

MARTINELLI Luca
Mort en 1629. XVIIe siècle. Actif à Bassano. Italien.
Peintre.
Il fut, comme son frère Giulio, élève de Bassano, et a peint, sous la forme de fresques, vingt-huit scènes tirées de la Genèse pour l'église de Enego.

MARTINELLI Lukas
Né le 8 octobre 1796 à Graz. Mort le 18 juin 1851 à Budapest. XIXe siècle. Autrichien.
Peintre de théâtres.
Il étudia à Vienne et à Munich.

MARTINELLI Niccolo de, dit **Trombetta** ou **il Trometta**
Originaire de Pesaro. Mort après 1620 à Rome. XVIIe siècle. Italien.
Peintre de compositions religieuses, fresquiste, dessinateur.
Il fut en 1562 membre de l'Académie Saint-Luc et appartint depuis 1578 à la Congrégation des Virtuoses. Il a composé des fresques pour le maître-autel de Santa Maria d'Aracœli à Rome. Vraisemblablement identique à Trometta Niccolo.
Ventes Publiques : Londres, 4 juil. 1985 : *Études de personnages*, pl. et lav./trait de craie rouge (26,5x18,6) : **GBP 1 500** – Londres, 2 juil. 1991 : *Saint Paul avec Ananias et sa femme Saphira*, craie noire, encre et lav. avec reh. de blanc (30,5x25,6) : **GBP 8 250**.

MARTINELLI Niclas
Actif à Nymphenburg. Allemand.
Peintre sur porcelaine.

MARTINELLI Onofrio
Né le 13 janvier 1900 à Mola di Bari. XXe siècle. Italien.
Peintre.
Ventes Publiques : Paris, 13 juin 1983 : *Pichets et vases*, h/t (60x73) : **FRF 13 800**.

MARTINELLI Pietro
XVIIIe siècle. Actif à Condino. Autrichien.
Peintre.

MARTINELLI Vincenzo
Né le 20 juin 1737 à Bologne. Mort le 20 avril 1807 à Bologne. XVIIIe siècle. Italien.
Peintre de paysages, fresquiste.
Neveu et élève de Carlo Lodi. Il fut le meilleur paysagiste de Bologne au XVIIIe siècle. Il est surtout connu par ses fresques à l'Oratorio di S. Croce de Bologne.
Musées : Bologne (Pina.) : *Paysage*, deux oeuvres.
Ventes Publiques : New York, 12 jan. 1996 : *Une guirlande de fleurs entourant un paysage montagneux avec une lavandière et un pêcheur*, h/t, de forme ovale octog (127,6x101,4) : **USD 23 000**.

MARTINELLO di Bassano
XIIIe siècle. Éc. byzantine.
Peintre.
Il travailla à Venise au XIIIe siècle.

MARTINENGO Anna Margaretha
Née vers 1630. Morte vers 1721 à Francfort-sur-le-Main. XVIIe-XVIIIe siècles. Allemande.
Peintre.
Elle vécut à Francfort-sur-le-Main. Elle peignait des fleurs et des insectes.

MARTINENGO Fabricius
Mort en décembre 1581 à Prague. XVIe siècle. Tchécoslovaque.
Miniaturiste.
Acitf à Prague. Depuis 1582 il fut l'enlumineur de Rodolphe II.

MARTINENGO Filippo, dit **Martinengo Pastelica**
Né en 1750 à Savone. Mort le 20 juillet 1800 à Savone. XVIIIe siècle. Italien.
Sculpteur sur bois.

MARTINENGO Filippo da. Voir **FILIPPO da Martinengo**

MARTINENGO Giovanni Battista
Né en 1750 à Monselice. Mort en 1812. XVIIIe-XIXe siècles. Actif à Padoue. Italien.
Il a peint un *Saint Louis* à l'Oratoire S. Luigi de Padoue et à l'église Saint-Georges de cette même ville la *Conversion de Paul* et des fresques. Il était ecclésiastique.

MARTINENGO Giuseppe
Mort en 1869 à Brescia. XIXe siècle. Italien.
Peintre.
Il fut pendant de longues années le directeur de l'École de dessin de Brescia, où il vécut et travailla.

MARTINENGO Maria
XVIe siècle. Active à Brescia. Italienne.
Peintre.
Elle fut une élève de Moretto. Elle peignit une *Naissance du Christ.*

MARTINÈS José. Voir **MARTINEZ**

MARTINET
XVIIIe siècle. Français.
Graveur.
Il était actif à Grenoble. Cet artiste est peut-être le même que celui qui a gravé la planche de description d'une médaille trouvée à Corenc en 1788.

MARTINET Achille Louis
Né le 23 janvier 1806 à Paris. Mort le 9 décembre 1877 à Paris. XIXe siècle. Français.
Dessinateur et graveur.
Entra à l'École des Beaux-Arts le 1er mars 1821. Il fut l'élève de Forster, de Pauquet et de Heim. Il figura au Salon de 1835 à 1876. Obtint le deuxième prix de Rome en 1826 et le premier prix en 1830. Obtint des médailles de deuxième classe à l'Exposition universelle. Chevalier de la Légion d'honneur le 5 juillet 1846 et officier en 1867.
Ventes Publiques : Paris, 4 avr. 1925 : *Le départ de la Reine et son escorte de gardes du corps et de mousquetaires*, aquar. : **FRF 300** – New York, 30 avr. 1982 : *Le départ de la reine*, aquar. (32,4x51,1) : **USD 1 100**.

MARTINET Aimé Achille
Né à Paris. XIXe-XXe siècles. Français.
Sculpteur.
Il fut élève de Gautherin et d'Echerac. Il débuta à Paris, au Salon des Artistes Français, de 1880.

MARTINET Alphonse
Né le 17 septembre 1821 à Paris. Mort en 1861. XIXe siècle. Français.
Graveur.
Élève de Sixdeniers, P. Delaroche et Achille Martinet. Il exposa au Salon, de 1843 à 1859. On trouve un homonyme en Allemagne, de la même époque, qui obtint une mention au Salon de 1859.

MARTINET Angélique
Née vers 1731. Morte vers 1780. XVIIIe siècle. Française.
Graveur au burin.
Élève de N. Dupuis. Elle a gravé des sujets de genre.

MARTINET Bartolomé. Voir **MARTINEZ**

MARTINET E., peut-être **Étienne**
XIXe siècle. Français.
Peintre.
Élève de Fontaine. Il était actif au début du XIXe siècle. À rapprocher de Martinet II, Étienne ?

MARTINET Émile, dit **Milo**
Né en 1904 à Lausanne. Mort en 1988. XXe siècle. Suisse.
Peintre de figures, paysages, marines, dessinateur, illustrateur, peintre de décors de théâtre.
Autodidacte pour la peinture et le dessin, il fut élève de l'académie royale des beaux-arts de Liège pour la sculpture et la gravure. Il fréquenta l'Atelier libre. Il exposa au Cercle des Beaux-Arts de Liège, de 1961 à 1976. Il a publié de nombreux articles dans la revue *Art et Critique*.
Bibliogr. : Pierre Somville, in : *Le Cercle royal des Beaux-Arts de Liège 1892-1992*, Crédit Communal, Liège, 1992.
Musées : Liège (Mus. de l'Art wallon) : *Saint-Denis veille sur la cité.*

MARTINET Étienne (?)
Né au XVIIIe siècle. XVIIIe-XIXe siècles. Français.
Peintre d'histoire.
Élève de Sweback. Il exposa au Salon de Paris en 1808, 1810 et 1812.
Ventes Publiques : New York, 26 fév. 1982 : *Napoléon à la chasse* 1806, h/t (65,5x101,6) : **USD 20 000** – New York, 25 fév. 1983 : *L'Empereur Napoléon, les maréchaux Murat et Junot avec la princesse Pauline chassant à courre* 1806, h/t (65,5x101,6) : **USD 16 000**.

MARTINET François Nicolas
Né en 1731. XVIIIe siècle. Actif à Paris vers 1760. Français.
Illustrateur, graveur.
Frère d'Angélique Martinet. Il a gravé, entre autres, des planches pour l'*Histoire et Description de Paris* (3 tomes, 1779-1781) et pour l'*Histoire des Oiseaux* (1787).
Ventes Publiques : Paris, 31 mars 1994 : *Histoire naturelle des oiseaux par le Comte de Buffon* 1774, 673 grav. reh. à l'aquar. (chaque 32,5x24) : **FRF 183 000**.

MARTINET Henri Émile
Né en 1893 à Bercenay-le-Hayer (Aube). XXe siècle. Français.
Sculpteur de bustes.
Il fut élève de Coutan. Il exposa à Paris aux Salons des Artistes Décorateurs à partir de 1921, des Indépendants à partir de 1922, d'Automne à partir de 1923, et des Tuileries à partir de 1926.
Musées : Paris (Mus. d'Art Mod.) : *Buste du sculpteur Pompon* 1933, bronze.
Ventes Publiques : Pontoise, 31 mars 1996 : *Buste du sculpteur Pompon*, plâtre original (H. 45) : **FRF 160 000**.

MARTINET Louis
Né en 1810 à Paris. Mort en 1894 à Paris. XIXe siècle. Français.
Peintre de portraits, paysages, fleurs.
Élève de Gros. Il exposa au Salon, entre 1833 et 1882.
Musées : Amsterdam : *Fleurs* – Auxerre : *Fleurs* – Chambéry (Mus. des Beaux-Arts) : *Bouquet de fleurs* – Lisieux : *Fleurs* – Poitiers : *Fleurs* – Versailles : *Fleurs.*
Ventes Publiques : Paris, 31 jan. 1949 : *La plage* 1888 : **FRF 14 000**.

MARTINET Marguerite
Née le 18 janvier 1876 à Paris. XXe siècle. Française.
Peintre de miniatures.
Elle fut élève de Debillemont-Chardon, de Maillart, et H. Royer. Elle exposa à Paris, au Salon des Artistes Français, dont elle fut membre sociétaire à partir de 1899 et où elle obtint une mention honorable en 1908, une médaille de bronze en 1913, d'argent en 1923, d'or en 1929.

MARTINET Marie Elisabeth. Voir **DUGOURD-MARTINET**

MARTINET Marie Thérèse
Née en 1731. XVIIIe siècle. Travaillant à Paris vers 1765. Française.
Dessinateur et graveur au burin.
Elle a gravé des sujets mythologiques et des sujets de genre.

MARTINET Pierre
Né en 1781. XIXe siècle. Français.
Peintre de sujets militaires, compositions animées.
Élève de Jacques Swebach, il adressa des envois au Salon de Paris de 1808 à 1812.
Il a peint des scènes de batailles, des sujets populaires ou mondains, traités avec vivacité, mais parfois aussi avec confusion.
Bibliogr. : Gérald Schurr, in : *Les Petits Maîtres de la peinture*

1820-1920, valeur de demain, Les Éditions de l'Amateur, t. IV, Paris, 1979.
Musées : Paris (Mus. Carnavalet) : *Deux Épisodes sanglants des journées révolutionnairs de 1830*.

MARTINET Yolande. Voir **AYNES-MARTINET**

MARTINETTI Angelo
Né au XIXe siècle à Rome. XIXe siècle. Italien.
Peintre de genre, natures mortes, aquarelliste.
Ce fut un des chefs de l'École réaliste italienne contemporaine. Il exposa à Rome et à Turin depuis 1880.
Musées : Sydney : aquarelle – Trieste (Mus. Revoltella) : *Nature morte*.
Ventes Publiques : Londres, 6 mai 1977 : *Un cadeau très tentant*, h/t (63,5x47) : **GBP 8 000** – Chester, 19 avr. 1985 : *Poule et poussins*, h/t (54,5x84) : **GBP 2 600** – New York, 25 fév. 1987 : *Nature morte aux fruits* 1868, h/pan. (49,8x62,3) : **USD 5 000** – New York, 24 oct. 1990 : *Nature morte d'un vase de roses, une coupe de pêches et une mandoline*, h/t (82,5x52,6) : **USD 11 000** – New York, 28 fév. 1991 : *Prise au piège* 1874, h/pan. (49,2x35) : **USD 9 900**.

MARTINETTI Antonio
Originaire de Lugano. XVIIIe siècle. Actif à la fin du XVIIIe siècle. Italien.
Sculpteur.
Ce stucateur travailla dans différentes villes de Lombardie et s'installa à Ravenne. Il exécuta des statues pour plusieurs églises de la région.

MARTINETTI Dominique
XVIIIe siècle. Suisse.
Sculpteur sur bois.
Il devint en 1771 citoyen de Fribourg (Suisse), exécuta en 1780 les lambris de la Salle du Conseil de cette ville, la chaire de l'église de Gruyère et trois autels pour l'église de Montboron.

MARTINETTI Giacomo
Né à Barbenge dans le Tessin. Mort en 1910 à Florence. XIXe-XXe siècles. Actif à Florence. Italien.
Peintre de sujets religieux, portraits.
Il fut l'élève d'Ant. Ciseri.

MARTINETTI Giuseppe
XIXe-XXe siècles. Italien.
Peintre de genre.
Il ne paraît pas identifiable à Martinotti.
Musées : Prato (Gal. antique et Mod.) : *Un Enfant endormi*.

MARTINETTI Maria
Née le 22 juillet 1864 à Rome (Latium). XIXe-XXe siècles. Italienne.
Peintre de genre, d'intérieurs, aquarelliste.
Elle exposa à Rome, Venise et Paris, où elle obtint une médaille d'argent en 1889 à l'Exposition universelle.
Ventes Publiques : New York, 21 nov. 1980 : *Le galant entretien* 1896, aquar. (38,7x55,3) : **USD 950** – Londres, 24 nov. 1983 : *Marchand arabe* 1893, aquar. (100,2x63,5) : **GBP 4 800** – New York, 24 mai 1985 : *Arabe en prière*, aquar./t. de reh. craie noire (99,1x66,1) : **USD 4 000** – New York, 14 oct. 1993 : *Intérieur de Mosquée*, aquar./pap./cart. (54,6x38,1) : **USD 9 200** – New York, 19 jan. 1995 : *Arabe assis*, aquar./pap./cart. (99,7x67) : **USD 3 162** – Londres, 21 nov. 1997 : *Beauté arabe* 1892, cr. et aquar. reh. de gomme arabique/pap. (62,5x47,4) : **GBP 5 175**.

MARTINEZ Agustin
XVIIe siècle. Travaillant à Séville. Espagnol.
Peintre de sujets d'histoire.

MARTINEZ Alfon
XVIe siècle. Actif à Séville. Espagnol.
Sculpteur.
Cité dans un document de 1540.

MARTINEZ Alfonso
Mort le 29 décembre 1668. XVIIe siècle. Actif à Séville. Espagnol.
Sculpteur sur bois.
Il fut l'élève et l'imitateur de Montanés. Il exécuta des autels polychromes, en particulier celui de la chapelle Saint-Paul à la cathédrale de Séville.

MARTINEZ Alonso
XIIIe siècle. Espagnol.
Peintre, fresquiste.
A exécuté des fresques à la cathédrale de Cordoue.

MARTINEZ Alonso
XVIe siècle. Espagnol.
Sculpteur.
Il travaillait à Séville en 1502. Peut-être à rapprocher de Alonzo Martin.

MARTINEZ Alonso
Né en 1615 à Orense, d'origine portugaise. XVIIe siècle. Espagnol.
Sculpteur.
A travaillé pour diverses églises de la région de Saint-Jacques-de-Compostelle.

MARTINEZ Ambrosio
Né vers 1630 à Grenade. Mort en 1674 à Grenade. XVIIe siècle. Espagnol.
Peintre d'histoire.
Brillant élève d'Alonso Cano. On voit des œuvres de lui aux monastères des Carmélites et de Saint-Jérôme et au Musée de Grenade.

MARTINEZ Andrés
XVIe siècle. Actif à Séville vers le milieu du XVIe siècle. Espagnol.
Peintre.

MARTINEZ Antonio
XVIe siècle. Espagnol.
Sculpteur.
Actif à Valladolid, il travailla sous les ordres de Berruguete.

MARTINEZ Antonio
Mort à Saragosse. XVIIe siècle. Actif à la fin du XVIIe siècle à Madrid. Espagnol.
Peintre et dessinateur.

MARTINEZ Antonio, fra
Né en 1638 à Saragosse. Mort en 1690. XVIIe siècle. Espagnol.
Peintre d'histoire.
Fils et élève de Jusepe Martinez, qu'il aida dans ses travaux. Après avoir fait un voyage d'études à Rome, il entra au couvent de Scala Dei, ou Aula Dei, en 1690, et peignit des scènes de la *Vie de saint Bruno*, en quarante-huit tableaux d'une exécution spontanée et audacieuse. Il fut peintre de Philippe IV d'Espagne.

MARTINEZ Antonio et **Giovanni**
XVIIIe siècle. Actifs entre 1739 et 1753. Italiens.
Sculpteurs.
Ils furent les élèves de l'École de sculpture de Turin où ils étudièrent sous la direction de Simone Martinez.

MARTINEZ Arce Juan
XVIIe siècle. Actif à Valladolid vers 1675. Espagnol.
Peintre.

MARTINEZ Bartolomé ou **Martinet**
XVe-XVIe siècles. Actif à Séville aux XVe et XVIe siècles. Espagnol.
Peintre et prêtre.
Cet artiste travaillait à la cathédrale en 1499.

MARTINEZ Cristina
Née en 1938 à Bahia Blanca. XXe siècle. Active depuis 1962 en France. Argentine.
Peintre, sculpteur, lithographe.
Elle vit et travaille à Paris.
Elle a participé à l'exposition : *Dix Ans d'enrichissements du cabinet des estampes 1978-1988 – De Bonnard à Baselitz*, à la Bibliothèque nationale de Paris, en 1992.
Elle revendique son expérience de femme dans son travail.
Musées : Paris (BN, Cab. des Estampes) : *La Roseraie. L'Hay-les-Roses* 1983, litho.

MARTINEZ Diego
XVIe siècle. Actif à Séville au début du XVIe siècle. Espagnol.
Sculpteur.
Cité dans un document de 1507.

MARTINEZ Diego
XVIe siècle. Actif à Séville. Espagnol.
Peintre.
Cité entre 1511 et 1520.

MARTINEZ Domingo, don
Né vers 1688 à Séville (Andalousie). Mort le 29 décembre 1750 à Séville. XVIIIe siècle. Espagnol.
Peintre de compositions religieuses, portraits, fresquiste.
Il enseigna la peinture, ayant Juan de Espinal pour élève. Il a réalisé divers cycles narratifs encadrés par des architectures et frises décoratives peintes, dont les *Miracles de la Vierge de la Antigua*, dans la cathédrale de Séville ; l'*Apothéose de saint Ignace*, de l'église San Luis. On cite encore de lui *Sainte Barbe*, dans l'église d'Umbrete ; et la *Real Mascara de la Fabrica de tabacos* illustrant la glorification au trône de Fernando VI et de Barbara. Les fresques qui ornent la chapelle du palais de San Telmo donnent la mesure du talent de cet artiste.
Bibliogr. : In : *Dictionnaire de la peinture espagnole et portugaise du Moyen-Âge à nos jours*, coll. Essentiels, Larousse, Paris, 1989.
Musées : Séville (Mus. des Beaux-Arts) : *Immaculée Conception – Real Mascara de la Fabrica de tabacos* – Séville (Palais archiépiscopal) : *Portrait de l'archevêque don Luis de Salcedo y Ascona*.

MARTINEZ Fernan ou **Ferrant**
XVe siècle. Actif à Séville. Espagnol.
Céramiste.
En 1479, il participait à la décoration de l'Alcazar.

MARTINEZ Francesco
XVIe siècle. Actif à Séville. Espagnol.
Peintre.
Cité dans un document de 1551.

MARTINEZ Francisco
XVe siècle. Actif à Séville en 1438. Espagnol.
Peintre.
Il participa aux peintures exécutées par le peintre Pedro Orman dans diverses églises et palais.

MARTINEZ Francisco
XVIe siècle. Espagnol.
Sculpteur.
Il était actif à Valladolid.

MARTINEZ Francisco
XVIe siècle. Espagnol.
Sculpteur.
Il était actif à Séville. Cité dans un document de 1511.

MARTINEZ Francisco
XVIe siècle. Espagnol.
Sculpteur.
Il était actif à San Martin vers le milieu du XVIe siècle. Cité dans un document de 1557.

MARTINEZ Francisco
XVIe siècle. Espagnol.
Sculpteur.
Il était actif à Séville en 1572. Il sculpta divers ornements pour les édifices publics, en particulier pour l'aile de la porte qui conduit à l'escalier du jardin de l'Alcazar. Peut-être à rapprocher de Francesco Martin.

MARTINEZ Francisco
XVIIIe siècle. Actif à Mexico dans la première moitié du XVIIIe siècle. Espagnol.
Peintre de compositions religieuses.
Il traita des sujets religieux pour les églises.
Ventes Publiques : New York, 7 mai 1981 : *Le Couronnement de la Vierge dans un paysage* 1732, h/t (142x96,5) : **USD 7 000**.

MARTINEZ Gaetano
Né en 1892 à Galatina. XXe siècle. Italien.
Sculpteur.
Musées : Rome (Gal. d'Art Mod.).

MARTINEZ Garcia
XIVe siècle. Espagnol.
Miniaturiste.
Enlumineur espagnol qui travaillait à Avignon entre 1340 et 1353. La Bible de Clément VII et les *Decretales* de Boulogne furent exécutées à cette époque et fort probablement de sa main. La bibliothèque de la cathédrale de Séville possède une copie des *Decretales* de 1381 transcrite par lui. Bernandez l'appelle un enlumineur ou peintre de miniatures. Il exerçait son art à Avignon vers 1343.

MARTINEZ Giuseppe
Actif à Aquila. Italien.
Peintre.
Membre de l'ordre des Célestins.

MARTINEZ Gregorio
XVIe siècle. Actif à Valladolid. Espagnol.
Peintre.
En 1594, il dora le maître-autel de la cathédrale de Burgos. Jean Bermudez cite une *Vierge avec des saints*, petite peinture sur cuivre, signée de son nom. Il est possible qu'il se confonde avec Martinez y Espinosa.

MARTINEZ Jacques
Né en 1944 à El Biar. XXe siècle. Français.
Peintre de technique mixte, sculpteur. Tendance abstrait-géométrique.
Il vit et travaille à Rivesaltes. Il montre ses œuvres dans de nombreuses expositions de groupe : 1972 Nice ; 1974 *L'Art au présent* musée Galliéra à Paris ; 1975 musée municipal de Saint-Paul-de-Vence ; 1977 Centre Georges Pompidou à Paris ; 1977, 1978 Biennale de Paris ; 1978 Biennale de gravure à Tokyo ; 1982, 1985, 1986 Salon de Montrouge ; 1988 Foire d'art de Chicago ; 1989 Abbaye de Beaulieu ; 1990 musée du Luxembourg à Paris. Il montre ses œuvres dans des expositions personnelles : 1973 Nice ; 1975, 1977, 1982 galerie Daniel Templon à Paris ; 1976 Stockholm ; 1984 galerie d'art contemporain des musées de Nice ; 1987 nouveau musée de Bruxelles ; 1988 Toulouse et New York ; 1989 Paris et Toulouse ; 1990 fondation du château de Jau ; 1993 Venise galerie du Casino Venier *Venise, les îles et les jeux* ; 1994 galerie Jean-Gabriel Mitterrand, puis château royal de Collioure ; *Histoire de l'arbre n° 4*, Espace Jean-Michel Willmotte, Paris.
Dans une première période abstraite, reprenant les problèmes posés par Newman, et une partie de l'abstraction américaine jusqu'à Bishop, il propose de grands espaces de couleurs structurés géométriquement, en particulier par un système de pliures. Il fait aussi intervenir la notion de séduction, en travaillant la matière, en cernant son travail de cadres ou de structures en bois ou métalliques, qui confèrent un aspect décoratif aux œuvres. Dans une seconde période, il a développé et amplifié ce recours au décoratif. Dans sa troisième période, il est revenu à l'utilisation d'images prélevées du réel extérieur.
Bibliogr. : Catherine Millet : *L'Art contemp. en France*, Flammarion, Paris, 1987.
Ventes Publiques : Paris, 21 sep. 1989 : *Petit cercle*, acryl./t. (diam. 100) : **FRF 5 500** – Paris, 8 oct. 1989 : *Sans titre* 1988, aquar., bois et métal (76x63x8) : **FRF 15 500** – Paris, 29 nov. 1996 : *Malaparte* 1990, fer et marbre (223x14x36) : **FRF 8 000** ; *Terracotta morbide* 1990, terre cuite, verre et fer (180x48x170) : **FRF 7 000**.

MARTINEZ José. Voir aussi **MARTINEZ Jusepe**

MARTINEZ José Luzan. Voir **LUZAN Y MARTINEZ**

MARTINEZ José ou **Jusepe**
XVIe siècle. Actif en Aragon. Espagnol.
Peintre.
Cet artiste travailla à Valladolid. Il eut souvent à faire connaître son avis sur Berruguete et ses appréciations ont beaucoup aidé à porter un jugement éclairé sur les œuvres de ce grand maître. Il travailla en collaboration avec les meilleurs peintres et les meilleurs sculpteurs de son époque.

MARTINEZ Juan
Né en 1942. XXe siècle. Espagnol.
Peintre. Nouvelles figurations.
Il a montré ses œuvres dans des expositions personnelles à Lausanne, à Hambourg et à la galerie Maeght de Barcelone.
Ventes Publiques : Londres, 27 oct. 1994 : *Poena blanco* 1992, techn. mixte et acryl./cart. (200x170) : **GBP 575**.

MARTINEZ Juan
XVe siècle. Actif à Séville. Espagnol.
Peintre.

MARTINEZ Juan, dit **de los Corrales**
XVIe siècle. Espagnol.
Peintre, enlumineur.
Son nom lui vient de sa profession d'enlumineur de livres de chœur. En 1583 il travaillait à un missel dans la cathédrale de Tolède. Voici ce que dit à son sujet Bermudez : « Juan Martinez de los Corrales, peintre ou enlumineur, comme ils appellent les

miniaturistes sur parchemin, prêtre de Tolède, fort habile dans ce genre de peinture. En 1583 il commença à travailler à une suite de missels, pour la cathédrale et, en 1590, compléta deux volumes extrêmement précieux à cause de l'excellence de leur dessin, le bon goût de l'ornementation et la beauté du coloris ».

MARTINEZ Juan
XVIe siècle. Actif à Valladolid. Espagnol.
Peintre.

MARTINEZ Juan
XVIe siècle. Actif à Valladolid. Espagnol.
Sculpteur.
Peut-être est-il l'auteur du retable de Tudela.

MARTINEZ Juan
XVIe siècle. Actif à Séville. Espagnol.
Peintre.
Travailla pour Luis de Torrejon.

MARTINEZ Juan
XVIe siècle. Espagnol.
Dessinateur.
Il dessina en 1582 à Messine un portulan qui se trouve actuellement à la Bibliothèque de l'Arsenal. Il fut aussi géographe.

MARTINEZ Juan Bautista
Né en 1728 à Caravaca. Mort le 29 août 1800 à Madrid. XVIIIe siècle. Espagnol.
Sculpteur.
Il s'est formé à Murcie et à Madrid et travailla beaucoup pour Aranjuez.

MARTINEZ Juanes
XVIe siècle. Actif à Séville (sans date). Espagnol.
Sculpteur.
Cité dans un document du XVIe siècle comme expert des œuvres de son art.

MARTINEZ Jusepe, ou **José**
Né en 1612 à Saragosse. Mort en 1682 à Saragosse. XVIIe siècle. Espagnol.
Peintre de sujets religieux, graveur et écrivain.
Vers 1625, il se trouvait à Naples et à Rome, où il grava une série de scènes tirées de la vie de saint Pierre Nolascus. On sait qu'il rendit visite au moins en 1626, à Naples, à Ribera, avec lequel il fut très lié et qui lui fit de nombreuses confidences qu'il tint à noter. Entre autres artistes de son temps, dont il nous rapporta également les opinions, les pensées sur leur propre art, il fut aussi très lié avec Velasquez. En 1634, il se trouvait à Madrid, et devint, sur la recommandation de Velasquez, peintre du roi Philippe IV en 1642. Depuis 1643, il vécut d'une façon ininterrompue à Zaragoza, où il devint le professeur de Jean d'Autriche, plus tard vice-roi d'Aragon, à qui il dédia ses *Discursos practicables del nobilissimo Arte de la Pintura* (Discours pratiques sur le Noble Art de la Peinture), qui ne fut édité qu'en 1866, et qui a apporté de précieux renseignements sur les artistes de son temps. On cite de lui des peintures dans les établissements pieux de Saragosse, notamment la cathédrale et le couvent de la Manteria. Selon Palomino, il a peint des scènes de la vie du Christ pour le cloître de Saint-Jérôme. En outre, il a gravé le *Portrait de Mathias Piedra*. Par ses voyages, ses amitiés, il introduisit en Aragon, les découvertes picturales des écoles de Séville, de Valence, et surtout l'exemple italien. Une école se développa à Saragosse, avec son propre fils fra Antonio Martinez, et Pablo Rabiella.
Bibliogr. : Jacques Lassaigne : *La peinture espagnole, de Velasquez à Picasso*, Skira, Genève, 1952.
Musées : Budapest : *Saint Thomas – Job dans la détresse – Étude de tête d'un vieillard* – Londres (Nat. Gal.) : *Paysans devant le feu* – Saragosse : *Scènes de la vie de saint Pierre Nolascus.*

MARTINEZ Lamberto
XVIIIe siècle. Espagnol.
Sculpteur.
A exécuté les statues de la Justice et du Courage sur le tombeau du premier duc de Montemar à la cathédrale de Saragosse.

MARTINEZ Lorenzo
XVe siècle. Actif à Tolède. Espagnol.
Sculpteur.

MARTINEZ Luciano
Né le 24 juillet 1936 à Madrid (Castille). XXe siècle. Actif depuis 1972 en France. Espagnol.
Peintre, dessinateur.
En 1955, il se rendit à Paris et visita de nombreux musées. En 1960, il étudia à l'académie San Fernando de Madrid puis fréquenta le musée du Prado. En 1972, il voyagea de nouveau à Paris puis s'établit à Bayonne.
À partir de 1967, il participa à de nombreuses expositions collectives : Salon d'Automne de Madrid, Salon international d'Aquitaine, 1980 Salon des Indépendants à Paris...
Il pratiqua une peinture figurative.

MARTINEZ Luichy
Né en 1928 à San Pedro de Marcoris. XXe siècle. Actif au Canada. Dominicain.
Sculpteur.
Il utilise, pour matériau de ses sculptures, le bois.
Bibliogr. : Catalogue : *Les Vingt Ans du musée et sa collection*, Musée d'Art contemporain, Montréal, 1985.
Musées : Montréal : *Sans Titre* 1966.

MARTINEZ Luis
XXe siècle. Mexicain.
Peintre de paysages, portraits, scènes typiques.
Il fut actif de 1920 à 1930. On ne connaît que très peu de choses de sa vie.
Il appartint au mouvement artistique 30-30 !, qui, en 1928, voulait restructurer l'éducation, l'Académie San Carlos et donner une nouvelle signification au rôle social de l'artiste. Ce mouvement était influencé par les idéaux post-révolutionnaires. Il a participé aux expositions de ce groupe.
Ventes Publiques : New York, 29 mai 1985 : *Figure dans un intérieur* 1949, gche (81x60,4) : **USD 2 300** – New York, 17 mai 1994 : *Musiciens* 1927, h/t (160x179,7) : **USD 129 000**.

MARTINEZ Mateo
XVIe siècle. Actif à Ségovie. Espagnol.
Sculpteur.
On lui attribue une statue de Santiago à l'autel de ce saint dans la cathédrale de Ségovie.

MARTINEZ Mateo
XVIIe siècle. Actif à Séville dans la seconde moitié du XVIIe siècle. Espagnol.
Peintre.
Reçu à titre de frère dans la Confrérie de la Doctrine chrétienne le 20 février 1661.

MARTINEZ Miguel
Mort entre 1594 et 1596. XVIe siècle. Actif à Madrid. Espagnol.
Sculpteur.
Il fut l'élève de Gaspar, Becerra et son collaborateur dans l'exécution des ouvrages en stuc des châteaux de Madrid et du Prado.

MARTINEZ Nicolas
XVIe siècle. Actif à Valladolid. Espagnol.
Peintre.

MARTINEZ Paolo
XVIIIe siècle. Actif à Turin. Italien.
Sculpteur.
Il a exécuté quatre cheminées et tables au Palais Reale à Turin.

MARTINEZ Pedro
XVe siècle. Actif à la Guardia en 1410. Espagnol.
Peintre.

MARTINEZ Pierre
Né le 14 mars 1930 à Arudy (Pyrénées-Atlantiques). XXe siècle. Français.
Peintre de compositions animées, scènes typiques.
Il fut élève de l'académie d'André Lhote, à Paris.
Peintre des carrières de marbre, des marchés du Béarn, et des diverses industries des Basses-Pyrénées, il est surtout actif dans ces régions, où il expose à Pau, Tarbes, Biarritz, etc., et où il a obtenu de nombreuses distinctions.

MARTINEZ Prospero
Né en 1885 à Caracas. XXe siècle. Vénézuélien.
Peintre, sculpteur.
Il fut élève de Emilio Maury et Herrera Toro. Il reçut le premier prix de sculpture à l'académie des beaux-arts en 1908. Il fut membre fondateur du Cercle des beaux-arts.

MARTINEZ Raoul
Mort en 1973. XXe siècle. Hollandais.

Peintre de paysages, natures mortes, fleurs et fruits.
Ventes Publiques : Amsterdam, 22 mai 1990 : *Nature morte d'un panier de poires* 1934, h/t (40x47,5) : **NLG 2 760** – Amsterdam, 11 sep. 1990 : *Vue d'une rue d'Amsterdam*, h/t (51x65) : **NLG 2 070** – Amsterdam, 12 déc. 1990 : *Nature morte de fleurs* 1931, h/t (56x37) : **NLG 2 300** – Amsterdam, 24 sep. 1992 : *Nature morte avec des œufs dans une assiette* 1956, h/t (38x45,5) : **NLG 1 150** – Amsterdam, 9 déc. 1992 : *Scène de port*, h/t (46x38) : **NLG 1 380** – Amsterdam, 11 fév. 1993 : *Nature morte* 1924, h/t (72x60) : **NLG 1 840** – Amsterdam, 9 déc. 1993 : *Tournesols* 1928, h/t (75x56) : **NLG 4 370** – Amsterdam, 1er juin 1994 : *Botte de radis* 1934, h/t (55,5x46,5) : **NLG 3 910** – Amsterdam, 18 juin 1996 : *Nature morte aux pêches*, h/cart. (39x49) : **NLG 1 725**.

MARTINEZ Raul
Né en 1927 à Ciego de Avila. xxe siècle. Cubain.
Peintre de compositions murales, dessinateur. Abstrait.
Il a étudié quatre ans à l'académie de San Alejandro de La Havane et une année à l'Institut de design de Chicago. Il a enseigné à l'école d'art de l'université de La Havane, et à l'école de théâtre de l'école nationale d'art de Cubanacan. Il a appartenu au groupe des *Os Onze*.
Il a participé à de nombreuses expositions collectives et montré ses œuvres dans de nombreuses expositions personnelles.
Il a réalisé de nombreuses décorations murales pour des théâtres et établissements de La Havane. Sa technique de peinture se compose de petites touches répétées.
Bibliogr. : Catalogue de l'exposition : *Cuba – Peintres d'aujourd'hui*, Musée d'Art moderne de la Ville, Paris, 1977-1978.
Ventes Publiques : Amsterdam, 28 sep. 1987 : *Théâtre du Peuple*, h/t (117,7x93) : **NLG 15 000**.

MARTINEZ Roberto
Né en 1956. xxe siècle. Français.
Créateur d'installations.
Il vit et travaille à Paris.
Il participe à des expositions collectives, dont : 1996-1997 *En Filigrane – un regard sur l'estampe contemporaine* à la Bibliothèque nationale à Paris. Il a exposé en 1994 à la galerie Les Ateliers de Nadar en 1994.
Il projette des images du quotidien, reproductions de photographies ou extraits de films, leur redonnant, en les sortant de leur contexte, un pouvoir émotif qu'elles avaient perdues. Il est également créateur de livres d'artiste.
Bibliogr. : Patricia Brignone : *Roberto Martinez*, Art Press, n° 192, Paris, juin 1994.

MARTINEZ Santiago. Voir **MARTINEZ-MARTIN Santiago**

MARTINEZ Sebastiano
Né en 1599 ou 1602 à Jaen (Andalousie). Mort le 13 octobre 1667 à Madrid. xviie siècle. Espagnol.
Peintre de compositions religieuses, scènes de genre, paysages.
Il étudia probablement à Cordoue. Il devint peintre de Philippe IV, à la mort de Velasquez. Cet artiste appartient à l'École de Séville ; c'est pour cette raison qu'on peut lui attribuer une *Vierge avec l'Enfant Jésus*, conservée actuellement à Saint-Lô. On cite encore de lui trois tableaux d'autel au couvent de Cordoue ; un *Martyre de saint Sébastien*, dans la cathédrale de Jaen.

S Martinez.

Bibliogr. : In : *Dictionnaire de la peinture espagnole et portugaise du Moyen-Âge à nos jours*, coll. Essentiels, Larousse, Paris, 1989.
Musées : Saint-Lô : *Vierge avec l'Enfant Jésus*.
Ventes Publiques : Paris, 1843 : *Le marchand de fruits* : **FRF 660** – Paris, 1868 : *Cour intérieur d'une citadelle* : **FRF 520**.

MARTINEZ Simone
Originaire de Messine. Mort après 1763 à Turin. xviiie siècle. Espagnol.
Sculpteur.
Père de Francesco. Il séjourna en 1707 et 1708 à Rome où il suivit les cours de l'Académie Saint-Luc, et obtint deux ans de suite le premier prix pour des terres cuites. Il se rendit en 1736 à Turin, où il reçut le titre de *Scultore del Re*, et dont il dirigea l'École de sculpture. Peut-être se confond-il avec Simone Martinez, qui, avec D. Escroys, fournit le second projet du *Triomphe de Saint-Raphaël* à Cordoue.

MARTINEZ Soledad
Née en Catalogne. xxe siècle. Active au Mexique. Espagnole.
Peintre de paysages.
Elle a rejoint au Mexique les artistes catalans qui s'y réfugièrent au lendemain de la guerre civile (1939).

MARTINEZ Tomas
Né en 1647 à Séville. Mort en 1734 à Séville. xviie-xviiie siècles. Actif à Séville. Espagnol.
Peintre.
Il fut élève de Gutiérrez.

MARTINEZ Victor
Né vers 1940 à Barcelone (Catalogne). xxe siècle. Espagnol.
Peintre. Art-optique.
Il a montré ses œuvres dans une exposition personnelle, à Paris, en 1971.
Proche de l'Optical Art, il dépasse l'abstraction constructiviste, mettant en œuvre les phénomènes optiques liés à la perception des valeurs et des couleurs, dans des réalisations souvent cinétisées.

MARTINEZ Xavier. Voir **MARTINEZ Y OROZCO Xavier Timoteo**

MARTINEZ DE ARRIAGA Juan
xviie siècle. Actif à Séville dans la première moitié du xviie siècle. Espagnol.
Sculpteur sur bois.
Il a sculpté plusieurs retables.

MARTINEZ DEL BARRANCO Bernardo
Né le 21 août 1738 à La Cuesta. Mort le 22 octobre 1791. xviiie siècle. Espagnol.
Peintre.
Fit ses études à Madrid, Turin, Rome, Naples ; il étudia tout particulièrement le Corrège. Membre de l'Académie de St-Fernando en 1774 et peintre de Charles III. Il a dessiné des illustrations pour une édition de *Don Quichotte*, à Madrid, en 1780.

MARTINEZ DE BURUEVA Y DE BAME Roy
xiiie siècle. Espagnol.
Sculpteur.

MARTINEZ DE CASTANEDA Pedro
xvie siècle. Actif dans la seconde moitié du xvie siècle. Espagnol.
Sculpteur.
Élève de Berruguete. Il a travaillé pour diverses églises de Tolède.

MARTINEZ DE CASTRO José
xixe siècle. Actif à Madrid vers 1800. Espagnol.
Graveur.
Il illustra les *Poésies* de Quevedo.

MARTINEZ DE ESPINOSA Juan José
Né en 1826 à Sanlucar de Barraméda. xixe siècle. Espagnol.
Peintre de figures et dessinateur.
Il fut professeur à l'École des Beaux-Arts de Madrid.

MARTINEZ DE HOYOS Ricardo
Né en 1918 à Mexico. xxe siècle. Mexicain.
Peintre de compositions animées, figures, natures mortes.
Il fit ses études à l'étranger et de retour à Mexico étudia le droit, puis décida de devenir peintre. Il est autodidacte.
Sa première exposition eut lieu en 1942 à la galerie d'Art mexicain de Mexico, depuis il a exposé dans divers pays.
Après une période consacrée à la nature morte, il a évolué vers des compositions à personnages, aux attitudes hiératiques, le visage noir tranchant sur les vêtements blancs.
Bibliogr. : In : *Peintres contemp.*, Mazenod, Paris, 1964.
Ventes Publiques : Los Angeles, 11 nov. 1974 : *Deux hommes* : **USD 2 250** – Los Angeles, 22 sep. 1976 : *Mujer en el rio* 1967, h/t (80x104,5) : **USD 2 900** – New York, 5 avr. 1978 : *Paysage animé*, h/cart. (85x115) : **USD 6 500** – New York, 11 mai 1979 : *Mère et fils* 1967, h/t (85,1x60) : **USD 5 000** – New York, 6 nov. 1980 : *Figure inclinée* 1965, h/t (50x70,2) : **USD 4 250** – New York, 2 déc. 1981 : *Femme tenant un vase* 1977, h/t (95,4x115,2) : **USD 11 000** – New York, 12 mai 1983 : *Femme* 1976, h/t (80,3x89,5) : **USD 9 000** – New York, 29 mai 1985 : *Nu couché* 1977, gche et cr. (22,9x28) : **USD 1 000** – New York, 26 nov. 1986 : *Man with palm* 1966, h/t (70,8x54,9) : **USD 3 000** – New York, 18 nov. 1987 : *Homme et feu* 1975, h/t (210,2x174,6) : **USD 18 000** – New York,

17 mai 1988 : *Femme* 1961, h/t (50x40,4) : **USD 7 700** – New York, 21 nov. 1988 : *Sans titre* 1972, h/toile d'emballage (160x130) : **USD 17 600** – New York, 17 mai 1989 : *Femme à genoux* 1984, h/t (40x50) : **USD 7 150** – New York, 20 nov. 1989 : *Nu* 1959, h/t (75x150) : **USD 17 600** – New York, 1er mai 1990 : *Amants* 1963, h/t (95x150) : **USD 33 000** – New York, 15-16 mai 1991 : *Le guitariste* 1955, h/t (80x125) : **USD 26 400** – New York, 20 nov. 1991 : *Le pélerin* 1943, h/rés. synth. (60,5x55,2) : **USD 18 700** – New York, 18-19 mai 1992 : *Couple antique* 1968, h/t (201x175) : **USD 55 000** – New York, 18 mai 1993 : *Amants* 1959, h/t (129,5x149,8) : **USD 46 000** – New York, 23-24 nov. 1993 : *Femmes* 1959, h/t (175,2x201) : **USD 79 500** – New York, 18 mai 1994 : *Femme à la palme* 1966, h/t (160x100) : **USD 46 000** – New York, 17 mai 1995 : *Le Guitariste* 1955, h/t (80x124,9) : **USD 63 000** – New York, 25-26 nov. 1996 : *Guerrier archaïque* 1967, h/t (110,2x200) : **USD 46 000** – New York, 28 mai 1997 : *Femme au feu* 1966, h/t (104,7x79,7) : **USD 34 500** – New York, 29-30 mai 1997 : *Le Vendeur de fruits* 1955, h/t (49,8x150,2) : **USD 43 125**.

MARTINEZ DE LA PUENTE Tomas
XVIe siècle. Actif à Madrid au début du XVIe siècle. Espagnol.
Sculpteur.

MARTINEZ DE LA VEGA Joaquin
Né le 23 juin 1846 à Almeria. Mort le 4 décembre 1905 à Malaga. XIXe siècle. Espagnol.
Peintre de figures et de portraits.
Il fut le camarade d'atelier de Rosales et de Pradilla.

MARTINEZ DEL MAZO. Voir **MAZO Juan Bautista**

MARTINEZ DE OBRÉGON Blas
XVIIe-XVIIIe siècles. Actif à Valladolid. Espagnol.
Sculpteur.
En juillet 1702, Alonzo Manzano et Blas Martinez avaient fait des dessins sur la demande du Chapitre de Valence en vue d'un travail important. Les dessins des deux artistes ayant été jugés de valeur égale leur nom fut tiré au sort. Manzano l'emporta et cependant, par une suite de circonstances imprévues, ce fut le dessin de Martinez de Obrégon qu'on exécuta.

MARTINEZ DEL RINCON Y TRIVES Serafin
Né en 1840 à Palencia. Mort le 24 mars 1892. XIXe siècle. Espagnol.
Peintre de portraits.
Fut directeur de l'École des Beaux-Arts de Cadix. Quelques-unes de ses œuvres sont conservées à l'Hôtel de Ville de Malaga, ainsi qu'au Musée des Arts Modernes de Madrid *(Encore une victoire ; L'Artiste ; La Paresse ; Jeune Fille du cortège de la Sainte Croix).*

MARTINEZ DEL RIO Pablo
Né le 20 juin 1838 à Paris. XIXe siècle. Français.
Peintre.
Élève de Cornu et Barrias, Blin et Jobbé-Duval. Il débuta au Salon en 1868.
Musées : Dieppe : *Paysage – Étang près de Chaville* – Pontoise : *Vache et veau à l'approche de l'orage – Paysage avec bestiaux.*

MARTINEZ ABADES Juan
Né en 1862 à Gijon. Mort en 1920. XIXe siècle. Espagnol.
Portraitiste et peintre de marines.
Il fut un élève de Grajera et travailla à Barcelone et à Madrid. Il a figuré à l'Exposition Universelle de Bruxelles de 1910. Son œuvre est représentée au Musée des Arts Modernes à Madrid *Le Viatique à bord. Voir aussi ABADES Juan Martinez.*
Ventes Publiques : Madrid, 27 juin 1974 : *Scène d'estuaire* : **ESP 120 000** – Madrid, 21 févr 1979 : *Marine* 1885, h/t (60x85) : **ESP 360 000**.

MARTINEZ ALEDO Luisa J.
XVIIIe siècle. Actif à Murcie. Espagnol.
Peintre de figures.

MARTINEZ APARICI Domingo
Né en 1822 à Valence. Mort le 14 novembre 1898 à Madrid. XIXe siècle. Espagnol.
Médailleur.
Il fut un élève de Raf-Estève et de Calamatta. Il devint maître médailleur de la Banque d'Espagne.

MARTINEZ-BAEZ Salvador
Né en 1896. Mort en 1987. XXe siècle. Mexicain.
Peintre de fleurs.
Il fut élève de José Jara. Il devint un membre actif du mouvement Peinture en plein air et enseigna avec Alfredo Ramos Martinez à l'école de Churubusco.
Ventes Publiques : New York, 25 nov. 1992 : *Orchidées* 1946, h/cart. (50,8x61,4) : **USD 13 200**.

MARTINEZ CARDONA José
Mort le 30 octobre 1865 à Saragosse. XIXe siècle. Espagnol.
Portraitiste et décorateur.
Il fut l'élève de Parra.

MARTINEZ-CROZCO. Voir **MARTINEZ Y OROZCO Xavier Timoteo**

MARTINEZ CUBELLS Salvador
Né le 9 novembre 1845 à Valence. Mort le 21 janvier 1914 à Madrid. XIXe-XXe siècles. Espagnol.
Peintre d'histoire, figures, portraits.
Ses tableaux se trouvent dans les Musées de Madrid *(La Surprise* et *Dona Inès de Castro),* de Séville et de Valence.
Ventes Publiques : Madrid, 22 avr. 1986 : *Jaime Ier entrant à Valence* 1868, h/t (153x217) : **ESP 1 200 000** – Madrid, 21 mai 1987 : *Paysanne portant un panier,* h/pan. (36,5x25) : **ESP 375 000**.

MARTINEZ CUBELLS Y RUIZ DIOSAYUDA Enrique. Voir **CUBELLS Y RUIZ Enrique Martinez**

MARTINEZ ECHEVERRIA Enrique
Né le 29 août 1884 à Madrid (Castille). XXe siècle. Espagnol.
Peintre, illustrateur.
Il fut l'élève de Chicharro. Il devint le collaborateur de plusieurs périodiques illustrés espagnols.

MARTINEZ Y ESPINOSA Francisco
Né vers 1537. Mort après 1609. XVIe siècle. Actif à Valladolid. Espagnol.
Peintre, décorateur.
Il travailla à la décoration de la ville pour l'entrée d'Élisabeth de Valois.

MARTINEZ Y ESPINOSA Gregorio
Né en 1547 à Valladolid. XVIe siècle. Espagnol.
Peintre.
Ses œuvres sont nombreuses, empreintes du caractère florentin, particulièrement le tableau de l'Annonciation qu'il peignit pour le couvent des Augustins, dans la chapelle de Fabio Nesi. En collaboration avec Ronco il fit des fresques de l'église de la Magdalena, mais il fut victime d'experts mal intentionnés lorsqu'il s'agit de lui payer ses travaux. Ce fut en réalité un superbe artiste qui semble avoir été poursuivi par une mauvaise chance excessive. Une femme de sa famille, sa fille peut-être, avait épousé Isaac de Juni.

MARTINEZ Y ESPINOZA Marcelo ou **Martinez Ordonez**
XVIIe siècle. Actif à Valladolid. Espagnol.
Peintre.
Fils du peintre Gregorio Martinez, il travailla avec Diego Valentin Diaz au monastère de Saint-Augustin de Palencia.

MARTINEZ GALLEGO Cristobal
XVIIe siècle. Actif à Séville en 1676. Espagnol.
Peintre.

MARTINEZ GARCIA Rafael José
Né en octobre 1711 à Lorca. XVIIIe siècle. Italien.
Peintre.
Actif à Lorca, il a exécuté des fresques pour les églises de Lorca.

MARTINEZ Y GRADILLA Juan
Mort en 1673 probablement. XVIIe siècle. Actif à Séville dans la seconde moitié du XVIIe siècle. Espagnol.
Peintre.
Élève de Zurbaran. A la date de 1661, on trouve sa signature sur un acte public et en 1666 il se porte caution pour la location d'une maison. Il peignit des fresques au couvent de Mercy. Bermudez citait ces fresques comme les seuls tableaux subsistant de cet artiste. Membre de l'Académie de Séville, il offrit à cette Société en 1666 un *Portrait de Philippe IV*.

MARTINEZ-MARTIN Santiago
Né en 1890 à Villaverde del Rio (Andalousie). Mort en 1979 à Séville (Andalousie). XXe siècle. Espagnol.
Peintre de portraits, paysages, illustrateur.
À partir de 1906, il étudia à Séville, à l'école des arts et métiers, à l'école des beaux-arts, où il eut pour professeur Gonzalo Bilbao

y Martinez, et dans les ateliers de Garcia y Ramos et de Sorolla. Il s'installa ensuite à Madrid et enseigna le dessin à l'école des beaux-arts San Fernando. Il retourna à Séville en 1913 et collabora à la revue *Bética* en tant que directeur artistique. Dans les années vingt, il fit un voyage d'étude en Europe, visitant l'Angleterre, la France, l'Italie et la Belgique.
Il a participé à des expositions régionales et aux Salons de la Nationale des Beaux-Arts et d'Automne à Madrid. Il exposa aussi à Barcelone, Bilbao, Séville, Madrid, Paris, Londres, Venise, Pittsburgh. Il a reçu de nombreux prix et distinctions.
Dans ses portraits, il décrit les mœurs de sa nation, sans toutefois pratiquer une peinture anecdotique. Certains de ses paysages et portraits, aux tons atténués, baignent dans une lumière vaporeuse. De ses œuvres se dégage un sentiment de calme.
Bibliogr. : In : *Cien Anos de pintura en Espana y Portugal, 1830-1930*, Antiqvaria, t. V, Madrid, 1991.
Musées : Madrid (Mus. d'Art. Contemp.) – Séville (Mus. des Beaux-Arts) : *Retrato del Hermano Pablo*.

MARTINEZ Y MONTANEZ Juan. Voir **MONTANEZ Juan Martinez**

MARTINEZ MONTENEGRO Rogue
Originaire de Cuenca. XVIIe siècle. Espagnol.
Peintre.
Il travailla de 1644 à 1668 à Lugo et à Saint-Jacques-de-Compostelle.

MARTINEZ NOVILLO Cirilo
Né en 1921 à Madrid (Castille). XXe siècle. Espagnol.
Peintre de compositions animées.
Il a obtenu un prix de peinture à la Biennale hispano-américaine de La Havane, une médaille à l'exposition nationale des beaux-arts, en 1958.
Il travaille à Madrid, dans l'entourage de Palencia, pratiquant, dans les années 1945-1950, une peinture figurative empreinte du caractère espagnol, inspirée à la fois de l'expressionnisme et du fauvisme. Il évolua ensuite dans une manière plus sobre, recourant aux effets de matière et à une gamme sourde.
Bibliogr. : In : *Peintres contemp.*, Mazenod, Paris, 1964.
Ventes Publiques : Madrid, 19 déc 1979 : *Paysanne dans un champ* 1973, h/t (87x114) : **ESP 275 000**.

MARTINEZ Y ORDONEZ Francisco
Né le 28 avril 1574 à Valladolid. XVIe-XVIIe siècles. Actif à Valladolid. Espagnol.
Peintre.
Neveu de Martinez y Espinosa, il travailla avec Pedro Diaz Minaya à l'autel de l'église de Villabanez.

MARTINEZ ORDONEZ Marcelo. Voir **MARTINEZ Y ESPINOZA**

MARTINEZ Y OROZCO Xavier Timoteo ou **Martinez y Crozco**
Né le 7 février 1874 à Guadalajara. Mort en 1943 ou 1934. XIXe-XXe siècles. Depuis environ 1910 actif aux États-Unis. Mexicain.
Peintre de paysages, fleurs, graveur.
Il fut élève de l'École des Beaux-Arts de Paris, sous la direction de Gérome et Carrière. Il vécut et travailla à Piémont (Californie).
Il obtint une mention honorable à l'Exposition universelle de Paris en 1900 ainsi que plusieurs autres récompenses américaines.
Ventes Publiques : San Francisco, 21 jan. 1981 : *La Lune verte, Arizona*, h/cart. (76,2x90) : **USD 8 000** – San Francisco, 21 juin 1984 : *Paysage vallonné en été*, h/t (30,5x43) : **USD 2 500** – Los Angeles-San Francisco, 7 fév. 1990 : *Le bouquet d'eucalyptus*, h/t (56x48) : **USD 6 600** – Los Angeles-San Francisco, 10 oct. 1990 : *Jardin du Luxembourg à Paris* 1899, h/t (23x30,5) : **USD 4 125**.

MARTINEZ ORTIZ DE ZARATE Nicolas
Né en 1907 à Bilbao (Pays Basque). XXe siècle. Espagnol.
Peintre de compositions animées, peintre de compositions murales.
Il fut un brillant élève de l'école des arts et métiers de Bilbao.
Il a participé aux expositions d'art basque de 1932 à 1935.
Il a peint de nombreuses scènes typiques du pays basque, dans des teintes sourdes et une manière stylisée. Il a souvent représenté l'homme au sein d'un groupe et mit l'accent sur certains de ses membres (bras, jambes) en les étirant démesurément. Il a aussi décoré des salles de restaurants, d'hôtels à Bilbao.
Bibliogr. : In : *Cien Anos de pintura en Espana y Portugal, 1830-1930*, Antiqvaria, t. V, Madrid, 1991.
Ventes Publiques : Madrid, 17 mai 1976 : *Les hauts fourneaux*, h/t (73x60) : **ESP 190 000** – Madrid, 13 déc. 1983 : *Plencia*, h/t (65x54) : **ESP 300 000**.

MARTINEZ OTERO Victor
Né en 1867 à Colunga (Asturies). XIXe-XXe siècles. Espagnol.
Peintre de portraits.
Il acheva sa formation artistique à Cuba et à Madrid et travailla à Buenos Aires de 1899 à 1913.
Il décora l'église paroissiale de Colunga.

MARTINEZ PADILLA Rafael
Né le 13 juillet 1878 à Malaga (Andalousie). XXe siècle. Espagnol.
Peintre de portraits, paysages. Postimpressionniste.
Il fut élève de l'école des beaux-arts de Barcelone, où s'était installé sa famille. En 1937, il vint à Paris.
Il exposa à Barcelone et à Paris.
Il a retenu la leçon de Turner et Monet, dans son traitement du paysage. Il s'est attaché à rendre la lumière, au dépens de l'image anecdotique.
Bibliogr. : In : *Cien Anos de pintura en Espana y Portugal, 1830-1930*, Antiqvaria, t. V, Madrid, 1991.
Ventes Publiques : New York, 21 mai 1991 : *Village à flanc de colline*, h/t (45,8x55,8) : **USD 1 100**.

MARTINEZ PEDRO Luis
Né en 1910 à La Havane. XXe siècle. Cubain.
Peintre, aquarelliste. Tendance fantastique.
Il fit des études d'architecture à La Havane. Il étudia ensuite la peinture en Floride, à la Nouvelle-Orléans, et séjourna aux États-Unis. Après son retour à Cuba, en 1937, il a contribué à l'éducation artistique de la population.
Il montra pour la première fois ses œuvres dans une exposition personnelle en 1943 au Lyceum à La Havane. Il reçut le prix d'aquarelle au festival de Tampa en Floride, en 1931.
Fortement influencé par le surréalisme, il développe dans ses œuvres des scènes fantastiques.
Bibliogr. : In : *Peintres contemp.*, Mazenod, Paris, 1964 – divers, dont Alejo Carpentier, in : Catalogue de l'expos. *Cuba – Peintres d'aujourd'hui*, Mus. d'Art Mod. de la Ville, Paris, 1977-1978.
Ventes Publiques : New York, 29 nov. 1984 : *Musiciens* 1949, gche aquar. (99,8x80,8) : **USD 4 000** – New York, 17 mai 1989 : *Don Panchito*, h/t (60,6x45) : **USD 4 675** – New York, 18-19 mai 1992 : *Portrait dans un paysage cubain* 1941, cr./pap. (56x50) : **USD 7 700** – New York, 18-19 mai 1993 : *Indigènes attrapant des oiseaux* 1941, encre et aquar./pap. (59,1x43) : **USD 10 350** – New York, 22-23 nov. 1993 : *Le flûtiste* 1948, temp./pap. (60x50,5) : **USD 11 500** – New York, 18 mai 1994 : *Femmes avec des fleurs* 1948, gche/pap. fort (60,3x45,7) : **USD 5 750** – New York, 16 mai 1996 : *Jungle* 1947, aquar. et encre/pap. fort (60,7x45,8) : **USD 1 725** – New York, 28 mai 1997 : *La Légende des Cemi* 1945, cr. noir/pap./cart. (64,8x49,5) : **USD 7 475**.

MARTINEZ PÉREZ
XVIIIe siècle. Espagnol.
Peintre.
Il a peint en 1734 une *Immaculée Conception* conservée au Palais Montellano à Madrid. Il ne paraît pas identifiable à Diego Pérez Martinez.

MARTINEZ POZO Juan
Né en 1844 à Murcie. Mort le 7 septembre 1871 à Murcie. XIXe siècle. Espagnol.
Peintre de figures.
Quelques-uns de ses tableaux se trouvent au Musée de la Trinité à Murcie.

MARTINEZ-RICHIER Luis
Né en 1928 à San Pedro de Macoris. XXe siècle. Actif depuis 1952 en France. Dominicain.
Sculpteur.
Il termina ses études à l'école des beaux-arts de Ciudad Trujillo, en 1945. Il travailla à l'école des beaux-arts de Buenos Aires, en 1950. Il se fixa à Paris en 1952.
Il figure dans divers Salons parisiens annuels. Il obtint un des prix réservés aux artistes résidant en France, à la Biennale de Paris en 1959.
Sculptant surtout le bois, il tente de redonner une actualité par la simplification des volumes, la franchise de la taille, aux arts indigènes des anciens Indiens Tainos.
Bibliogr. : Maria-Rosa Gonzalez, in : *Nouv. Dict. de la sculpture mod.*, Hazan, Paris, 1970.

MARTINEZ Y SORLI Chrisostomo
Né le 27 novembre 1628 à Valence. Mort en 1694 dans les Flandres. XVIIe siècle. Italien.
Peintre et graveur à l'eau-forte et au burin.
Il a gravé des sujets religieux et des portraits. Il a peint des tableaux pour plusieurs églises de Valence.

MARTINEZ TALON Francisco
XVIIIe siècle. Actif à Murcie au début du XVIIIe siècle. Espagnol.
Peintre.
Il composa en 1741 le *Triomphe de saint Ramon* pour l'église de Palmar.

MARTINEZ TERUEL Silvestre
XVIIIe siècle. Actif à Murcie en 1753. Espagnol.
Peintre de figures et architecte.

MARTINEZ TORREZ Ricardo
Né en 1892 à Valence. XXe siècle. Espagnol.
Sculpteur et écrivain.

MARTINEZ Y VAGO Francisco
Né le 2 novembre 1814 à Paiporta (province de Valence). Mort le 19 janvier 1895 à Paiporta (province de Valence). XIXe siècle. Espagnol.
Peintre de figures et restaurateur.

MARTINEZ VASQUEZ C. Voir **VASQUEZ Carlos**

MARTINEZ VAZQUEZ Eduardo
Né le 9 mai 1886 à Fresnedilla (Castille-Léon). Mort le 10 décembre 1971 à Madrid (Castille). XXe siècle. Espagnol.
Peintre de paysages.
Il fut élève de Munoz Degrain. Il fut professeur de peinture, spécialisé dans la peinture de paysages en plein air, à l'académie San Fernando de Madrid, puis à l'académie des beaux-arts.
Il participa aux expositions nationales à partir de 1904. Il a exposé dans des galeries à Madrid, Barcelone, Londres, Paris, Berlin, Venise, Buenos Aires... Il a reçu de nombreux prix et distinctions : 1915 seconde médaille, 1924 première médaille à l'Exposition nationale ; premier prix du Cercle des Beaux-Arts de Madrid en 1918 ; médaille d'or au Salon des Artistes Français à Paris en 1921.
Il peint avec fougue des paysages, ébauchant les contours, suggérant les formes. Sa peinture non réaliste est une récréation pittoresque aux tons parfois inattendus.
Bibliogr. : In : *Cien Anos de pintura en Espana y Portugal, 1830-1930*, Antiqvaria, t. V, Madrid, 1991.
Ventes Publiques : Madrid, 21 mai 1986 : *Paysage montagneux*, h/t (90x117) : **ESP 475 000**.

MARTINFELD Gustav von, baron. Voir **MARDEFELD**

MARTINI Alberto
Né le 24 novembre 1876 à Oderzo (Vénétie). Mort en 1954 à Milan (Lombardie). XXe siècle. Italien.
Dessinateur, peintre. Symboliste.
En 1898, il séjourne à Munich, où il découvre le symbolisme.
Il publia de nombreuses séries de dessins visionnaires et érotiques, illustra la *Divine Comédie* et les œuvres de Baudelaire, Rimbaud et Mallarmé. Attiré par les activités du groupe surréaliste, il vint à Paris, en 1924, où il rencontra Max Ernst, Magritte, Miro, et Picabia et se livra à la création d'œuvres « téléplastiques » ou « psychoplastiques » dans un état de total abandon. Sans doute sous l'influence des *Transparences* de Picabia, il créa une série d'œuvres caractérisées par la multiplication des yeux des personnages, série s'étendant de 1929 à 1931.

Alberto Martini

Bibliogr. : José Pierre, *Le Surréalisme*, in : *Hre gle de la peinture*, Rencontre, t. XXI, Lausanne, 1966 – in : *Dict. univer. de la peinture*, Le Robert, t. IV, Paris, 1975 – Francesco Meloni : *Tutta l'opera grafica di Alberto Martini*, Sugarco, Milan, 1975 – in : *Dict. de l'art mod. et contemp.*, Hazan, Paris, 1992.
Ventes Publiques : Milan, 16 oct. 1973 : *Tête* : **ITL 1 500 000** – Rome, 6 déc. 1978 : *Le chevalier de bronze et la belle de marbre*, h/cart. (51x69) : **ITL 1 200 000** – Milan, 16 juin 1981 : *Femme à la fontaine*, temp. (70x70) : **ITL 8 000 000** – Rome, 23 nov. 1982 : *Mystère* 1914-1915, litho., suite de six œuvres (68x49) : **ITL 3 000 000** – Milan, 15 mars 1983 : *Il bersaglio* 1913, past. (68x48,5) : **ITL 23 000 000** – Milan, 24 oct. 1983 : *Guglielmo Tell* 1937, h/cart. (51x40,5) : **ITL 11 000 000** – Milan, 15 nov. 1984 : *Philosophie de l'ameublement* 1909, encre de Chine (35,5x25,5) : **ITL 12 000 000** – Milan, 11 juin 1985 : *Le Divan rouge* 1912, past. (69,5x65,5) : **ITL 3 000 000** – Milan, 10 avr. 1986 : *Tête surréaliste au tricorne* 1932, h/cart. (35x27) : **ITL 10 000 000** – Rome, 24 nov. 1987 : *L'Orientale* 1919, past./pan. (53x37) : **ITL 4 400 000** – Rome, 15 nov. 1988 : *Coucher de soleil à Venise* 1940, h/cart. (24,5x34,5) : **ITL 2 400 000** – Milan, 14 déc. 1988 : *Cristal et œil* 1929, h/t (38x55) : **ITL 15 000 000** – Rome, 21 mars 1989 : *Venise surréaliste* 1929, h/t (80x60) : **ITL 44 000 000** – Milan, 6 juin 1989 : *Yeux d'or* 1932, past./cart. (44x30) : **ITL 16 000 000** – Milan, 19 déc. 1989 : *Sérénade à la belle diablesse* 1940, h/cart. (50x70) : **ITL 23 000 000** – Milan, 27 mars 1990 : *Arc-en-ciel à Venise* 1940, h/cart. entoilé (40x30) : **ITL 3 300 000** – Milan, 13 déc. 1990 : *La maman travaille*, h/pan. (30x40) : **ITL 4 000 000** – Milan, 26 mars 1991 : *Week-end à la ville de la métapsychique* 1940, h/cart. (49x68) : **ITL 19 000 000** – Milan, 20 juin 1991 : *Vénus* 1921, temp./pap. entoilé (131x85,5) : **ITL 25 000 000** – Milan, 14 avr. 1992 : *Le Sourire infernal* 1919, past./cart. (69x49) : **ITL 6 000 000** – Rome, 14 juin 1994 : *La Samaritaine*, techn. mixte/cart. (122x90) : **ITL 9 775 000** – Milan, 23 mai 1996 : *Le Système du professeur Goudon et du professeur Plume* 1905, encre de Chine/pap. (35,5x25) : **ITL 10 925 000**.

MARTINI Antonio
XVIIe siècle. Actif à Padoue. Italien.
Peintre.
Il fut le successeur de Lucas Ferrari. L'Hôtel de Ville de Padoue possède de lui une *Madone* (1633).

MARTINI Arturo
Né le 11 août 1889 à Trévise (Vénétie). Mort le 22 mars 1947 à Milan (Lombardie). XXe siècle. Italien.
Sculpteur de monuments, figures, animaux.
Jeune, il était apprenti dans un atelier de céramique, puis eut l'occasion d'étudier la sculpture, en 1905, avec Carlini, à Trévise, avec Nono à Venise, en 1909 à Munich avec Hildebrand. De retour en Italie, en 1909, il adhère au groupe indépendant *Valori Plastici*, d'inspiration archaïsante. Il étudie alors les techniques étrusques, médiévales, classiques et baroques. Il vint à Paris, en 1911, avec son ami le peintre Gino Rossi. En 1929, il fut nommé professeur à Monza. Il vécut surtout à Milan. Cet artiste eut jusqu'à la chute du régime fasciste une position de sculpteur officiel et réalisa de nombreuses commandes de monuments, notamment pour le Pavillon Italien de l'Exposition universelle de Paris, en 1937.
Il participa au Salon d'Automne à Paris en 1912. La Biennale de Venise, en 1948, organisa une présentation rétrospective de son œuvre. Après la Première Guerre mondiale, il montra une exposition personnelle de ses œuvres présentée par Carlo Carra à Milan, en 1920. Le Palazzo Reale de Milan a organisé en 1985 une importante exposition. Sa première rétrospective parisienne fut présentée en 1991 à l'hôtel de ville de Paris. En 1931, il remporta le Grand Prix de sculpture de la Première Quadriennale de Rome. La critique le tient pour l'un des représentants du Novecento. Il puise ses sources d'inspiration aux styles les plus divers, mais il s'est néanmoins créé une personnalité bien tranchée par sa clarté de vision et son esprit synthétique, il a le souci du volume : une chevelure d'homme s'ordonne d'elle-même en boucles comme sur le front d'un taureau. C'est là un caractère typiquement romain, qui a marqué également la simplification des profils de ses bustes, et la plénitude posée de tout son œuvre. D'autres figurines sont nettement inspirées des Tanagra. En 1924, il réalisa le *Monument aux morts de Vado Ligure*. En 1927-1928, il travailla à Rome au *Monument aux pionniers italiens d'Amérique* érigé à Worcester (Massachusetts). En 1937, il exécuta le *Monument de la justice corporative* pour le palais de justice de Milan. En 1946, il exécuta un *Palinure* en marbre de Carrare, pour l'université de Padoue. D'entres ses œuvres non monumentales, on cite souvent *Le Buveur* 1926, terre cuite ; *Le Clair de lune* 1932, terre cuite ; *La Pisane* 1928, pierre ; *La Soif* pierre ; la très célèbre *Femme nageant sous l'eau* 1941, marbre, etc. À la fin de sa vie, il fit le point de son expérience de sculpteur dans le livre *Scultura, lingua morta*. ■ Jacques Busse
Bibliogr. : Sarane Alexandrian, in : *Dict. univer. de l'art et des artistes*, Hazan, Paris, 1967 – Marzio Pinottini : Catalogue de l'exposition *Arturo Martini*, galerie Narciso, Turin, 1969 – Giovanni Garandente, in : *Nouv. Dict. de la sculpture mod.*, Hazan, Paris, 1970 – in : *Les Muses*, Grange Batelière, t. X, Paris, 1973 – in :

*L'Art du xx*e *s.*, Larousse, Paris, 1991 – in : *Dict. de l'art mod. et contemp.*, Hazan, Paris, 1992.
Musées : Anvers-Middelheim (Park Mus.) : *Le Clair de lune* 1932 – Milan (Gal. d'Art Mod.) : *La Soif* – Otterlo (Rijksmus. Kröller Müller) : *Judith et Holopherne* 1932-1933 – Paris (Mus. Nat. d'Art Mod.) : *La Pisana* 1928 – Rome (Gal. Nat. d'Art Mod.) : *Le Buveur* 1926.
Ventes Publiques : Milan, 29 oct. 1964 : *Le pêcheur*, bronze : **ITL 4 500 000** – Milan, 29 oct. 1966 : *Cheval et deux femmes*, bronze : **ITL 4 600 000** – Milan, 24 oct. 1972 : *Déposition* : **ITL 800 000** – Milan, 14 nov. 1973 : *Lion*, bronze : **ITL 800 000** – Milan, 4 juin 1974 : *Portrait de femme* : **ITL 1 300 000** – Milan, 8 juin 1976 : *La lessive*, h/t (35x45) : **ITL 600 000** ; *Études* vers 1940, trois plaques de bronze (14x15) : **ITL 2 400 000** – Milan, 18 avr. 1978 : *Paysage animé*, h/cart. (51x69) : **ITL 1 200 000** – Milan, 26 avr 1979 : *Trois personnages au pied d'un pin*, h/cart. (39x30) : **ITL 1 700 000** – Milan, 12 mars 1980 : *Tête*, pl. aquar. (19,9x16,5) : **ITL 900 000** – Milan, 16 juin 1981 : *Le monument du duc d'Aoste* 1933, terre cuite, première étude (H. 60) : **ITL 8 500 000** – Milan, 8 juin 1982 : *Cheval*, terre cuite (56,5x52x23) : **ITL 13 000 000** – Saint-Vincent (Italie), 6 mai 1984 : *Le lion de Judée* 1936, bronze (H. 260) : **ITL 100 000 000** – Acqui Terme, 13 oct. 1985 : *Il sogno* 1931, bronze (H. 180x165) : **ITL 180 000 000** – Milan, 10 avr. 1986 : *Pierrot* 1938, bronze (H. 81) : **ITL 20 000 000** – Rome, 20 mai 1986 : *Les Joueurs de dés* vers 1947, encre, dess. (45x35) : **ITL 2 000 000** – Milan, 21 mars 1988 : *Joueur de lyre*, céramique (H. 27,5) : **ITL 3 800 000** – Milan, 14 déc. 1988 : *Femme dans le vent* 1945, bronze (H. 32) : **ITL 3 300 000** – Londres, 20 oct. 1989 : *Mère et enfant*, bronze (H. 61) : **GBP 3 520** – Milan, 7 nov. 1989 : *Les trois Vénus* 1947, terre cuite originale (27,5x23x11,5) : **ITL 24 000 000** – Milan, 19 déc. 1989 : *La fillette* 1928, terre-cuite (44x25x28) : **ITL 50 000 000** – Milan, 12 juin 1990 : *Tête de jeune fille* 1921, terre cuite (39x16x15) : **ITL 38 000 000** – Milan, 14 nov. 1991 : *Déposition* 1929, terre cuite (14x21x13) : **ITL 9 000 000** – Milan, 19 déc. 1991 : *La Scocombrina*, bronze (32x23x18) : **ITL 20 000 000** ; *La foi et la Lumière*, bronze (69x59x70) : **ITL 25 000 000** – Milan, 15 déc. 1992 : *Baigneur* 1946, bronze (30x13x17) : **ITL 15 000 000** – Rome, 25 mars 1993 : *Centaure amoureux*, bronze (31,5x20x11) : **ITL 18 500 000** ; *Rencontre de Saint Marc et de Saint Just*, bronze (60x44,8x16) : **ITL 28 000 000** – New York, 29 sep. 1993 : *Trois Grâces dans un paysage*, terre cuite (40,3x46,4x12,7) : **USD 9 200** – Milan, 12 déc. 1995 : *Lotta et le lion*, encre/pap. (15,5x33,5) : **ITL 3 335 000**.

MARTINI B.
xviiie siècle. Actif à Amsterdam à la fin du xviiie siècle. Hollandais.
Graveur amateur d'art.

MARTINI Bernardino. Voir **ZENALE**

MARTINI Biagio
Né le 3 février 1761 à Parme. Mort le 26 août 1840 à Parme. xviiie-xixe siècles. Italien.
Peintre d'histoire et de portraits.
Élève de Callani. Il fut professeur de peinture à l'Académie de Parme en 1795. La Galerie de Parme contient de très nombreux tableaux de lui, *La Mort de Socrate* ; *Diogène* ; *Tête de vieillard* ; *La Sainte Famille* ; *la Madone et son enfant* ; *Portrait de l'artiste* ; *La fille de l'artiste*.

MARTINI Bruno
Né en 1911 à Murano. Mort en 1979 à Berne. xxe siècle. Italien.
Peintre de paysages, aquarelliste.
Ventes Publiques : Berne, 26 oct. 1988 : *Place Saint Marc à Venise*, aquar. et détrempe (41x60) : **CHF 900**.

MARTINI Christoph
xvie siècle.
Peintre.
Il a peint le *Christ et sa croix* à l'église de Rothenberga.

MARTINI D.
Né vers 1720 à Drazowa en Hollande. xviiie siècle. Travaillant à Hambourg. Hollandais.
Graveur.
Il a gravé des planches pour les œuvres de Molière, éditées à Hambourg en 1752, des paysages, des vues, d'après Claude Lorrain, et des portraits (*Frédéric II* et *Molière*).

MARTINI Émilie Christiane Henriette
Née le 26 décembre 1797 à Weimar. Morte le 24 juin 1876 à Weimar. xixe siècle. Allemande.
Peintre.

MARTINI Enrico
Né en 1898 à Morolo. xxe siècle. Italien.
Sculpteur de figures.
Ventes Publiques : Rome, 7 avr. 1988 : *Petite fille endormie*, cire (32,5x23x26) : **ITL 1 000 000**.

MARTINI Francesco
D'origine italienne. xviiie siècle. Vivait en Russie. Italien.
Peintre.
Il a peint, de 1758 à 1762, quatre plafonds au Palais d'Hiver.

MARTINI Francesco di Giorgio. Voir **FRANCESCO di Giorgio Martini**

MARTINI Friedrich von
Né en 1866 à Frauenfeld (Thurgovie). xixe-xxe siècles. Suisse.
Peintre de genre, portraits.
Il fut élève de Pétua.

MARTINI Gaetano de
Né le 27 mai 1845 à Benevento. Mort en 1917. xixe siècle. Actif à Naples. Italien.
Peintre de genre et de portraits.
Commença ses études artistiques très tard, reçut les premières notions de peinture de Achille Vianelli, puis de Gigante et de Domenico Morelli. Il est l'auteur de quelques toiles d'une valeur réelle : *Un bain à Pompéi* ; *Esclave et maître* ; *Langage de fleurs* (exposé à Naples en 1877) ; *Orgie romaine* (exposé à Turin, en 1880 et au Salon de Paris en 1881) ; *La Gitane* (Milan, 1881) ; *Guluara* (Venise, 1887) ; *Chiens de garde* (1890). Ses scènes de la vie de la Rome antique, et de la vie italienne de son époque sont rendues avec une expression de vérité étonnante, malgré la rapidité avec laquelle l'auteur travailla. La Galerie des Arts Modernes à Rome possède de lui : *Après le bain*.
Ventes Publiques : Londres, 19 mars 1986 : *Une beauté orientale*, h/t (90x56) : **GBP 2 000**.

MARTINI Gasparo
xixe siècle. Italien.
Peintre.
L'église S. Frediano de Lucques possède de lui deux tableaux datant de 1824.

MARTINI Giovanni, dit **Giovanni da Udine**
Mort le 30 septembre 1535 à Udine. xvie siècle. Italien.
Peintre et graveur sur bois.
Il a peint des sujets religieux pour les églises d'Udine. Le Musée de cette ville possède d'autre part, un *Saint Benoît avec un moine à genoux* et *La Madone entourée de saints*. Ne paraît avoir aucun rapport avec Nanni da Udine.
Ventes Publiques : New York, 25 nov. 1945 : *La Vierge et l'Enfant, saint Joseph et saint Antoine de Padoue* : **USD 500**.

MARTINI Giuseppe
Originaire de Lucques. xviiie siècle. Italien.
Sculpteur de statues, monuments.
Il obtint en 1773 un premier prix de l'Académie Saint-Luc pour des terres cuites aujourd'hui disparues : *Achille et Penthésilée* ; *Angélique*. Il a exécuté le monument de Frédéric II dans le parc du château de Neu-Hardenberg en 1792.

MARTINI Giuseppe
Né le 27 août 1758 à Parme. Mort le 8 novembre 1844. xviiie-xixe siècles. Italien.
Peintre d'histoire.
Fut l'élève de Ferrari et de Benigno Bossi.

MARTINI Giuseppe de
Né à Castelnuovo. xixe siècle. Italien.
Sculpteur.
Auteur d'une *Figurine en terre* et du *Repas de l'ecclésiastique*, exposés à Rome en 1883. A Turin, en 1884, il présenta un *Buste d'Humbert Ier*, très ressemblant, et à Venise, en 1887, un travail intéressant sous le titre de *Modestie*.

MARTINI Innocenzo
Né le 27 décembre 1551. Mort le 26 juin 1623. xvie-xviie siècles. Actif à Parme. Italien.
Peintre et graveur.
Il imita Parmigianino et exécuta des fresques à l'église Saint-Jean de Parme.

MARTINI Jacopo de
Né en 1793 à Venise. Mort en 1841. xixe siècle. Italien.
Sculpteur.

Il fut élève de Canova. Il a exécuté pour le tombeau de celui-ci les statues de la *Peinture* et de l'*Architecture*.
Le Musée de Venise conserve de lui *Venise* (buste) et *Adonis* (statue de marbre).

MARTINI Johann Georg
Né vers 1785. XIXe siècle. Travaillant à Rudolstadt. Allemand.
Dessinateur et graveur au burin.
Il a gravé des vues et des sujets de genre et publia à Vienne en 1842 un *Recueil des villes et des châteaux les plus intéressants de Thuringe*.

MARTINI Johann Jeremias
Né à Erfurt. Mort en 1760 à Berlin. XVIIIe siècle. Allemand.
Sculpteur.
Il travailla aux cours d'Altenburg, de Bayreuth et de Berlin.

MARTINI Johannes
Né le 9 juin 1866 à Chemnitz. XIXe-XXe siècles. Allemand.
Peintre de genre, pastelliste.
Il travailla à Berlin, où il exposa en 1893 des pastels, et à l'académie Julian à Paris.

MARTINI Joseph de
Né en 1896. XXe siècle. Américain.
Peintre.
Il figurait en 1946 et 1947 aux Expositions internationales de la Fondation Carnegie à Pittsburgh.
Ventes Publiques : New York, 15 avr. 1992 : *Péniches sur une rivière*, h/cart. (50,8x76,2) : **USD 1 540** – New York, 31 mars 1993 : *La carrière de pierres* 1939, h/t (69,9x94,6) : **USD 4 313**.

MARTINI Karl
Né en 1796. Mort en 1869. XIXe siècle. Actif à Biberach. Allemand.
Peintre animalier.
Le Musée de Biberach conserve de ses œuvres.

MARTINI Luciano. Voir **LAURANA**

MARTINI Martin
Né en 1566 à Rinkenberg. Mort le 6 mai 1610 en Ligurie. XVIe-XVIIe siècles. Actif à Lucerne. Hollandais.
Graveur au burin.
Il a gravé des portraits, des sujets religieux et des vues. Il fut également géomètre et orfèvre.

MARTINI Max
Né le 7 novembre 1867 à Weimar. Mort en juin 1920. XIXe-XXe siècles. Allemand.
Peintre de paysages.
Il exposa à Dresde en 1892. Le Musée de Weimar conserve de lui : *Dans la vallée de l'Afalther*.
Ventes Publiques : Cologne, 28 oct. 1983 : *Paysage boisé* 1889, h/t (94,5x70) : **DEM 4 000**.

MARTINI Ndoc
XIXe siècle. Actif dans la fin du XIXe siècle. Albanais.
Peintre.
Il a peint des portraits de paysans et de citoyens aisés.

MARTINI Pietro Antonio
Né le 9 juillet 1739 à Trecasali. Mort le 2 novembre 1797 à Parme. XVIIIe siècle. Italien.
Dessinateur et graveur au burin.
Il vint à Paris, où il grava d'après Téniers et d'autres Flamands. Il travailla aussi en Angleterre. Quelques-unes de ses planches furent terminées par Le Bas. Il a gravé des planches d'histoire, des vues et des sujets de genre.
Ventes Publiques : Paris, 20 mars 1924 : *Le Salon du Louvre en 1785*, pl. et lav. : **FRF 620** – Paris, 14 déc. 1936 : *L'Invalide* 1775, plume et lavis de bistre, vignette pour les Nouvelles Françaises, par d'Ussieux : **FRF 520**.

MARTINI Quinto
Né en 1908 à Seano (Florence). XXe siècle. Italien.
Sculpteur.

MARTINI Rafael
Né à Raguse. Mort vers 1840 à Spalato. XIXe siècle. Italien.
Peintre.
Il peignit les portraits de *Appendini ; Pavlinovic* et *Restic*.

MARTINI Remo
Né en 1917 à Heks. XXe siècle. Belge.
Artiste. Fantastique.
Autodidacte, il utilise des matériaux de récupération qu'il assemble.
Bibliogr. : In : *Dict. biogr. illustré des artistes en Belgique depuis 1830*, Arto, Bruxelles, 1987.

MARTINI Sandro
Né en 1941 à Livourne. XXe siècle. Italien.
Peintre, technique mixte.
Ventes Publiques : Milan, 26 mars 1985 : *Quantita padrone* 1977, techn. mixte/t (140x120) : **ITL 4 200 000** – Milan, 10 mars 1986 : *Quantita progressivi* 1976, techn. mixte/t (120x140) : **ITL 4 200 000** – Milan, 27 mars 1990 : *Page n° 8 : 13 sorcières* 1971, temp. et collage/t (120x120) : **ITL 9 000 000** – Milan, 13 juin 1990 : *Page n° 85 : 3 mars* 1968, temp. et collage/t en deux pan. (200x200) : **ITL 15 000 000** – Milan, 15 mars 1994 : *La salamandre* 1974, techn. mixte/t (140x120) : **ITL 3 680 000**.

MARTINI Simone, appelé aussi **Simone di Memmi**
Né en 1284 à Sienne. Mort en 1344 à Avignon. XIVe siècle. Italien.
Peintre de compositions religieuses, portraits, fresquiste.
Les rivalités et les guerres qui en furent la conséquence avaient créé à Florence et à Sienne un climat intellectuel profondément différent et tandis que Florence, cité de soldats et de marchands, située au point extrême de la navigation sur l'Arno, s'étale au pied de la colline de Fiesole, Sienne, du haut de ses crêtes domine un paysage infiniment plus sévère ; repliée sur ellemême et isolée dans sa méditation, elle écoutera plus attentivement la voix du passé et elle y sera plus longtemps fidèle. Alors qu'à Florence, après la mort de Giotto, de nombreuses années se passeront avant qu'y apparaissent des peintres dignes de lui, comme Masaccio ou Fra Angelico, à Sienne la chaîne est beaucoup plus serrée, et lorsque Duccio disparaîtra, laissant à l'Opera del Duomo l'œuvre de sa vie sur une des murailles du Palais public, l'autre Maesta, celle de son élève Simone Martini attestera dans sa fraîcheur la vitalité de l'Art Siennois et la continuité de ses traditions.
La vie de Simone Martini est étroitement liée à son œuvre, elle nous apparaît comme un beau livre où les illustrations l'emporteraient largement sur le texte. Né vraisemblablement, comme le dit Vasari en 1284, Simone a grandi dans l'ambiance de Duccio et de son futur beau-père, peintre beaucoup plus modeste, Nemmo di Filippuccio ; en 1315 (trois ans avant la mort de Duccio) il signe la *Maesta* du Palais Public de Sienne ; en 1317 il peint à Naples ; en 1320 il exécute le polyptyque de l'église *Sainte-Catherine* à Pise ; en 1328, il peint au Palais Public de Sienne sur la muraille qui fait face à la *Maesta* l'effigie équestre du *Condottiere Guido Riccio da Fogliano* ; en 1333 avec son beau-frère Lippo Memmi il peint la célèbre *Annonciation* des Offices ; appelé à Avignon par le pape Benoît XII il s'y rendit en février 1339 en compagnie de sa femme et de son frère Donato et il y travailla à Notre-Dame des Doms ; à Avignon Simone Martini fit la connaissance de Pétrarque et il y peignit, dit-on, un portrait de Laure ; en remerciement le poète le loua dans un de ses plus beaux sonnets : « Certes, mon Simon fut en paradis, son œuvre est de celle qu'aux cieux on imagine, mais non ici, où notre chair fait voile aux yeux ». C'est à Avignon que Simone Martini mourut en 1344.
L'œuvre de Simone Martini se développera suivant les mêmes directives et suivant la même cadence que sa vie et dès ses premiers travaux il sera lui-même ; comme chez ceux de son maître Duccio on y rencontrera un mélange des traditions gothiques et byzantines, qui seront plus ou moins dominantes suivant les œuvres. D'une façon générale on peut admettre qu'à Florence l'art se séparera plus rapidement des influences orientales pour se consacrer à des recherches de plastique et de perspective, qu'à Sienne, où au contraire, ces influences semblent devoir s'affirmer à nouveau et constituer la réelle originalité de ses artistes. Si les peintres de Florence seront souvent des sculpteurs, ceux de Sienne seront des poètes et des musiciens. Enfin si les Florentins semblent attirés par des problèmes de volumes, les Siennois se voueront à ceux de la couleur et du mouvement. Au Palais Public de Sienne, deux œuvres capitales de Martini se font face et s'affrontent, la *Maesta* et la fresque de *Guido Riccio* ; comme dans le chef-d'œuvre de Duccio à l'Opera del Duomo, la Vierge est à l'honneur au centre de la composition, au milieu des Anges, des saintes et des saints, mais au trône un peu rudimentaire de Duccio, Martini a substitué un trône aux ornements gothiques raffinés ; pour prendre part à l'hommage unanime rendu à la Vierge et à l'Enfant, les Apôtres ont quitté leurs hauteurs, les plis du manteau de la Vierge sont traités avec une sûreté et une lar-

geur surprenantes, enfin de chaque côté du trône apparaissent les deux anges offrant des fleurs symboles de la grâce siennoise, dont le charme vient tempérer heureusement la solennité un peu hiératique de l'ensemble. À cette fresque sereine, à cette grandiose tapisserie, où tout est calme et majesté, où Martini a fixé en lignes développées selon une exquise cadence les aspects les plus nobles de la beauté féminine et de la dévotion, s'oppose sur le mur d'en face le dynamisme du *Condottiere* en marche vers son destin, alors que dans la *Maesta* la Vierge est entourée d'une foule de personnages, Guido Riccio est seul ; il se profile sur un paysage farouche, aux collines couronnées de tours menaçantes, aux barricades hérissées de piques ; le ciel est d'un gris de bitume, chargé de menaces obscures. Martini n'a pas voulu mettre dans sa fresque d'autre figure humaine que celle du chef, magnifiant ainsi un exemple de force et de domination, il ne fait qu'un avec sa monture que recouvre le même vêtement : un caparaçon semé de losanges sombres. Mais il est une œuvre dans laquelle, aidé peut-être par son beau-frère Lippo Memmi, Simone a résumé tout son art : c'est l'*Annonciation*, du Musée des Offices. Rien n'égale dans l'œuvre de l'artiste et sans doute dans l'œuvre d'aucun peintre religieux l'élégance et la noblesse des attitudes de la Vierge et de l'Ange annonciateur, la moue craintive de la Vierge et son pudique mouvement de défense, l'offrande respectueuse de l'Ange, qui est bien le frère plus beau de ceux de la *Maesta* ; tandis que Giotto, dans son réalisme, s'est toujours attaché à construire dans l'espace, Simone Martini ne s'est pas évadé de la peinture plane et ses limites ne lui ont pas paru trop étroites, il s'est complu au jeu des courbes élégantes et savantes, aux gestes flexibles, aux plis des draperies, dans un art narratif et ornemental encore attaché au gothique international, mais où il a fait preuve d'un sens exceptionnel de la grâce.

■ Jean Dupuy

SYMON · PINXIT

Bibliogr. : A. De Rinaldis : *Simone Martini*, Rome, 1939 – Maria Cristina Gozzoli, Gianfranco Contini : *L'Opera completa di Simone Martini*, Rizzoli, Milan, 1970.

Musées : Altenburg (Lindenau Mus.) : *Saint Jean-Baptiste*, pan. – Anvers (Mus. roy.) : *Annonciation*, pan. – *Crucifiement*, pan., signé – *Déposition*, pan. – Assise (Basilique de Saint-François) : *Décoration de la chapelle de Saint-Martin*, dix scènes de la vie de saint Martin – *Le Donateur aux pieds de saint Martin, sainte Catherine, sainte Madeleine, saint François, saint Antoine, saint Louis roi, saint Louis de Toulouse, sainte Élisabeth, sainte Claire*, dix-huit têtes de saints et saintes – *Saint François, saint Louis de Toulouse, sainte Élisabeth, sainte Claire, un saint*, fresques du transept – Avignon (Notre-Dame-des-Doms) : *La Vierge, l'Enfant et deux anges* – *Dieu le père*, fresques – Berlin : *Mise au tombeau*, pan. – Boston (Isabella Stewart Gardner Mus.) : *La Vierge et quatre saints*, polyptyque, panneau – Bruxelles (coll. Stoclet) : *Annonciation*, pan. – Cambridge (Fritzwilliam Mus.) : *Saint Michel, saint Augustin, saint Ambroise*, pan. – Florence (Gal. du Mus. des Offices) : *L'Annonciation* signé et daté de 1333, pan., en collaboration avec Lippo Memmi – Florence (coll. Bérenson) : *Sainte Lucie, sainte Madeleine*, pan. – Liverpool (Walker Art Gal.) : *Jésus conduit vers la Vierge par saint Joseph* signé et daté de 1342, pan. – Milan (Bibl. ambrosienne) : *Miniature sur le Virgile de Pétrarque* – Naples (San Lorenzo Maggiore) : *Saint Louis de Toulouse couronne son frère, le roi de Naples* signé 1317, pan. – Naples (Pina.) : *Le Christ bénissant* – New Haven (coll. Jarves) : *Saint Martin*, pan. – Orvieto (Mus. de l'Opera del Duomo) : *La Vierge et l'Enfant avec saints et le donateur* signé et daté de 1321, pan., polyptyque – Pise (Séminaire) : *Polyptyque* signé 1320, pan., fragments – Pise (Muséo civico) : Fragments du même polyptyque – Rome (Gal. Borghèse) : *La Vierge et l'Enfant*, pan. – Rome (Mus. Chrétien) : *Le Christ bénissant*, pan. – Rome (coll. Stroganoff) : *L'Annonciation*, pan. – Sienne (Palais public) : *La Maesta* signée et datée de 1315, fresque – *Guidoriccio da Fogliano* 1328, fresque.

Ventes Publiques : Paris, 1882 : *Triptyque*, à fond d'or : **FRF 3 860** – Paris, 1885 : *Triptyque* : **FRF 2 500** – Londres, 6 déc. 1928 : *La Vierge et l'Enfant* : **GBP 714** – Londres, 3 mai 1929 : *Le mariage mystique de sainte Catherine* : **GBP 168** – New York, 27 mars 1930 : *La Vierge et l'Enfant* : **USD 4 000** – Londres, 18 juil. 1930 : *La Vierge et l'Enfant* : **GBP 399** – Londres, 18 jan. 1946 : *La Vierge et l'Enfant* : **GBP 110** – New York, 1951 : *Un apôtre* : **USD 6 500** – Londres, 30 juin 1965 : *Saint Jacob* : **GBP 3 500**.

MARTINI Tommaso

Né vers 1690 à Bivongi en Calabre. xviiie siècle. Italien.

Peintre.

Fut un élève de Solimena. Il fit surtout des tableaux pour les églises de Calabre.

MARTINI Vivaldo

Né en 1908 à Bellinzone (Tessin). Mort en 1990 à Genève. xxe siècle. Suisse.

Peintre de portraits, figures, paysages.

Il fut élève de l'école des beaux-arts de Bologne et Genève.

Il a exposé principalement en Italie, Suisse, Allemagne, mais aussi en Israël.

Il est connu pour ses innombrables portraits d'hommes célèbres ou non. Il a parallèlement développé une œuvre plus personnelle dans des compositions post-cubistes aux tonalités sombres, faites de plans superposés. Son travail évoque celui du peintre Toffoli.

MARTINI Wilhelm

Né le 30 avril 1880 à Bielefeld (Rhénanie-Westphalie). xxe siècle. Allemand.

Sculpteur.

Il fut élève de l'académie de Düsseldorf, où il vécut et travailla. Il a exécuté la fontaine du jardin public de Gelsenkirchen.

Musées : Düsseldorf (Mus. mun.) : *Mourir*.

MARTINI Zeno

xvie siècle. Actif à Vérone au début du xvie siècle. Italien.

Peintre.

A peint une fresque *(L'Annonciation)* pour l'église S. Nazaro de Vérone.

MARTINIAN

xviiie siècle. Actif à Linz. Éc. de Bohême.

Sculpteur.

Il exécuta vers 1750 la plupart des sculptures de l'église Saint-Joseph. Il était frère lai.

MARTINIC Anka

Née en 1887 à Bakar. xxe siècle. Yougoslave.

Peintre, dessinatrice, illustrateur.

Elle étudia à Zagreb, où elle vécut et travailla, à Prague, Leipzig, Vienne. Elle illustra l'épopée *La Mort de Smail-aga Cengijié*.

MARTINIE Berthe

Née en 1885 à Nérac (Lot-et-Garonne). Morte en 1958 à Paris. xxe siècle. Française.

Peintre, sculpteur de figures, animaux, dessinateur, aquarelliste.

Elle fut élève de l'école des beaux-arts de Paris, dans la section peinture. Elle apprit seule la sculpture s'y consacrant à partir de 1931. Elle vit et travaille à Paris.

Elle exposa régulièrement à Paris, aux Salons d'Automne et des Tuileries. Elle participa en 1966 à l'exposition *Dessins de sculpteurs de Rodin à nos jours* au musée des Beaux-Arts de Strasbourg en 1966.

Elle s'est spécialisée dans la sculpture d'animaux.

Musées : Paris (Mus. d'Art Mod.) : *Poulain en arrêt*, bronze.

Ventes Publiques : Paris, 21 nov. 1928 : *Chevaux*, aquar. : **FRF 130** – Paris, 9 juil. 1942 : *Le tombereau*, aquar. : **FRF 1 500** – Paris, 20 juin 1944 : *Cheval sellé*, pl. : **FRF 1 800**.

MARTINIÈRE Antoine Nicolas

Mort en août 1784. xviiie siècle. Actif à Paris. Français.

Miniaturiste.

Il est l'auteur de la *Bataille de Fontenoy*, qui se trouve au Musée de Versailles et d'un *Calendrier* (1741-42) pour Louis XV.

MARTINIS Pietro di ou **Martino**

Né vers 1658 à Guigliano dans la province de Naples. Mort le 6 novembre 1736 à Naples. xviie-xviiie siècles. Italien.

Peintre.

Il travailla pour les églises de Naples et de ses environs.

MARTINIZ Kaspar Leactius

xviie siècle. Actif à Amberg à la fin du xviie siècle. Allemand.

Sculpteur sur bois.

Il a sculpté les statues du maître-autel de l'église de l'hôpital du Saint-Esprit à Amberg.

MARTINO

xiie siècle. Allemand.

Sculpteur de statues.

Musées : Berlin (Mus. de l'Empereur Frédéric) : *Madone*.

MARTINO

xive siècle. Actif à Assise. Italien.

Peintre.
Il était moine et a exécuté en 1344 les peintures du réfectoire du cloître de Saint François d'Assise.

MARTINO
XIVe-XVe siècles. Italien.
Peintre de compositions religieuses, fresquiste.
A peint neuf fresques en 1400 à l'église S. Barbara de Rovereto.

MARTINO
XVe siècle. Actif au milieu du XVe siècle. Italien.
Sculpteur.
Il a exécuté le portail principal et la rosace de Sainte-Marie de Rosciolo en 1446.

MARTINO Andrea Ant.
Né à Palerme. XIXe siècle. Italien.
Peintre de portraits, natures mortes.
Fut l'élève de Benvenuti à Florence, et obtint avec son *Prométhée* une récompense à Naples en 1841.

MARTINO Anna, Mrs, née **Blunden**
Née le 22 décembre 1829 à Londres. Morte en 1915. XIXe siècle. Britannique.
Peintre de figures, paysages.
Elle fut gouvernante pour payer ses études de peinture. Elle exposa en 1854 pour la première fois à la Royal Academy et à la Société des Artistes britanniques. De 1855 à 1862 elle correspondit avec Ruskin qui cite deux fois ses travaux dans des notes académiques. En 1867 elle partit travailler à Rome et y demeura jusqu'en 1872. De retour à Birmingham, après la mort de sa sœur, elle épousa son beau-frère, industriel, et poursuivit sa carrière, exposant à la Société des Artistes de Birmingham jusqu'en 1877.
Ventes Publiques : Londres, 5 mars 1993 : *Le poème d'une chemise* 1854, h/t, d'après Thomes Hood (47x39,5) : **GBP 8 280**.

MARTINO Antonio Pietro
Né en 1902. XXe siècle. Italien (?).
Peintre de paysages.
Ventes Publiques : New York, 21 mai 1991 : *Ruisseau forestier en hiver*, h/t (41,3x41,3) : **USD 2 860** – New York, 31 mars 1994 : *Les « Blocks » en été*, h/t (76,2x114,3) : **USD 5 175** – New York, 25 mars 1997 : *Mill Town, l'hiver, Pennsylvanie*, h/t (61,3x101,9) : **USD 2 875**.

MARTINO Bernardino de. Voir **BERNARDINO de Martino**

MARTINO Edoardo de ou **Eduardo di**, chevalier
Né en 1838 à Meta (près de Naples). Mort le 21 mai 1912 à Londres. XIXe-XXe siècles. Italien.
Peintre de batailles, marines.
Il fut le peintre officiel de l'empereur Dom Pedro du Brésil et représenta des scènes de la guerre avec le Paraguay (1868-69). A partir de 1875 il résida en Angleterre à Cowes et devint « Marine Painter in Ordinary to Her Majesty Queen Victoria ».

E. De. Martino

Musées : Londres (coll. du roi d'Angleterre) : *La Bataille de Trafalgar*, quatre versions différentes.
Ventes Publiques : Londres, 30 mai 1979 : *Le yacht royal Ophir à l'ancre près de Sydney*, h/cart. (26x36) : **GBP 600** – Berne, 12 mai 1990 : *Lever de soleil*, h/t (37,6x49,8) : **CHF 1 100** – Londres, 17 juil. 1992 : *Bâtiment de guerre anglais au large de la côte italienne*, h/cart. (22,3x42,5) : **GBP 2 090** – Londres, 3 mai 1995 : *Trois-Mâts par mer calme* 1882, h/cart. (36x54) : **GBP 5 060** – Londres, 30 mai 1996 : *Jour de grand frais*, h/t (42x71,5) : **GBP 1 667**.

MARTINO Gaetano di
Né le 4 juillet 1922 à Naples. XXe siècle. Actif en France. Italien.
Sculpteur. Abstrait.
Il est fils d'un mouleur du Musée National de Naples, et fut très tôt en contact manuel avec le métier. Très jeune, il a travaillé avec d'autres sculpteurs, notamment en Italie avec Marino Marini et en France avec Alicia Penalba.
Il a participé à de nombreuses expositions collectives, aux Biennales de Vérone dès 1953 et à partir de 1962 dans les Salons parisiens de la Jeune Sculpture, Comparaisons, de Mai, des Réalités Nouvelles dont il est membre du comité, Grands et Jeunes d'Aujourd'hui. Il a aussi figuré dans des expositions en Allemagne, Suisse, Espagne, au Brésil, au Danemark, à l'île de la Réunion.
Il a fait sa première exposition personnelle à Milan en 1956, à Paris en 1960, tandis qu'une importante présentation de son travail a été réalisée au Centre Culturel de Villeparisis en 1973.
Son apprentissage précoce explique sans doute son goût pour la taille directe. Si ses sculptures sont abstraites, elles n'en rendent pas moins la vie de la matière, et plus particulièrement de la pierre, par la rugosité, le culte du grain. Parlant des sculptures de Di Martino, Jean Rudel les a qualifiées de « fragments de nature élevés à la dignité de la forme. » En effet, il cherche surtout à ne rien perdre de la réalité vivante du matériau. Il communique, en quelque sorte, à son art le sens du sacré, à la manière de stèles Olmèques de l'ancien Mexique. Selon l'analyse de Ionel Jianou : « un sentiment cosmique et une force tellurique définissent les sculptures de Gaetano Di Martino. Le sentiment cosmique se manifeste par sa recherche passionnée de capter le mystère du soleil dans la masse et le mouvement de ses disques solaires. »
Musées : Châlons-sur-Marne (Mus. mun.) – Châteauroux (Mus. Bertrand) – Chihuahua – Paris (Mus. Nat. d'Art Mod.) – Paris (Mus. d'Art Mod. de la Ville).

MARTINO Giovan Paolo de
XVIe siècle. Actif à Naples à la fin du XVIe siècle. Italien.
Sculpteur sur pierre et sur bois.
A beaucoup travaillé pour les églises de Naples.

MARTINO Giovanni de
Né le 3 janvier 1870 à Naples (Campanie). XIXe-XXe siècles. Italien.
Sculpteur.
Il fut à Naples, où il vécut et travailla, élève de l'Institut des beaux-arts.
Musées : Rome (Gal. d'Art Mod.) : *Scodella vuota*.
Ventes Publiques : New York, 14 déc. 1982 : *Marins poussant une barque vers la mer*, bronze patine brune (L. 66) : **USD 1 900**.

MARTINO Giovanni
Né en 1908. XXe siècle. Italien.
Peintre de paysages.
Ventes Publiques : New York, 18 déc. 1991 : *Neige de novembre*, h/cart. (28,3x41,3) : **USD 825**.

MARTINO Michele
Né le 22 février 1889 à Alvignano. XXe siècle. Actif aux États-Unis. Italien.
Sculpteur.
Il fut élève de Lee Lawrie et de H. Kitson. Il résida à New York et travailla à la Strong School de New Haven.

MARTINO Pietro di. Voir **MARTINIS P. di**

MARTINO Renato
XIXe siècle. Actif à Turin dans la deuxième moitié du XIXe siècle. Italien.
Peintre, aquarelliste.
Il exposa surtout à Turin, où il vécut et travailla.

MARTINO d'Arosio. Voir **AROSIO**

MARTINO di Bartolomeo. Voir **MONTANINI Martino**

MARTINO di Bartolomeo di Biagio ou **Martino da Siena**
Mort fin 1434. XVe siècle. Italien.
Peintre de fresques.
A exécuté de nombreuses fresques pour les églises de Pise et de Sienne, notamment à Cascina en 1398. Il travailla dans l'atelier de Giovanni di Pietro, à Pise, entre 1402 et 1405.
Musées : Budapest (Nat. Gal.) : *Madone avec l'Enfant et des saints* – Francfort-sur-le-Main (Stadel) : *Sept scènes tirées de la légende de saint Étienne* – Pise : *Mariage de sainte Catherine – Madone avec l'Enfant et plusieurs saints* – Sienne (Acad.) : *Quatre saints : Jacques, Catherine, Madeleine et Ansane – Madone avec l'Enfant et quatre saints* – Sienne (Compagnia dei Disciplinati) : *Saint Eustache traverse la rivière*.

MARTINO di Battista, dit **Martino da Udine** et aussi **Pellegrino da San Daniele**
Né vers 1467 à Udine. Mort en 1546 ou 1547. XVe-XVIe siècles. Italien.
Peintre d'histoire et orfèvre.
On possède peu de renseignements sur les débuts de la carrière de cet artiste. On sait qu'il était fils de Battista de San Daniele, un Dalmate qui vécut un certain temps à Udine. En 1491, on le cite comme orfèvre à San Danielo. Il est mentionné ensuite à Venise

sous le surnom de Pellegrino. On voit maintenant à l'église d'Osopo un tableau d'autel qu'il peignit en 1494. En 1496-1497, il exécuta plusieurs tableaux pour la cathédrale d'Udine. Il fut ensuite chargé de décorer le couvent de Sant'Antonio à San Daniele. Il commença cet énorme travail en 1498 et le termina, après plusieurs interruptions, en 1522 ; et les fresques qui subsistent permettent de juger les variations du style du maître. En 1501, il peignit, en collaboration avec Giovanni Martini, pour la cathédrale d'Udine, une *Gloire de saint Joseph*, qui lui valut la place de membre du conseil de la ville. En 1506, on le retrouve à San Danielo peignant la *Vergine di Strada*, dans l'église de la Madonna. De 1508 à 1512, il travailla à Venise et à Ferrare, puis revint à Udine, à cette dernière date, pour reprendre ses travaux au couvent de San Antonio et exécuter des peintures au Palazzo Publico. En 1529, on le cite peignant une *Vierge et l'Enfant Jésus* entre plusieurs saints. Il consacra les dernières années de sa vie au commerce du bois. On cite encore de lui : à la Galerie di Brera à Milan, *Saint Ursule* ; à Vienne, *Un jeune Héros* ; à la National Gallery, à Londres, *La Vierge, l'Enfant Jésus et saints* ; à l'Académie de Venise, *L'Annonciation*.

MARTINO da Bergamo
XVIe siècle. Actif à la fin du XVIe siècle. Italien.
Médailleur.

MARTINO da Biasca
Originaire de Biasca dans le Tessin. XVIe siècle. Actif au milieu du XVIe siècle. Italien.
Sculpteur.

MARTINO da Bissone ou **Martino della Pesa da Bissone**
XVIe siècle. Travaillant à Brescia. Italien.
Sculpteur.
Il travailla, en collaboration avec d'autres artistes de son pays au Palazzo communal (la Loggia) de Brescia. Les balustrades du côté est de l'édifice sont son ouvrage, ainsi que les deux pyramides placées aux deux angles du sud et du nord et les candélabres et décorations de l'entrée du nord (de 1558 à 1573).

MARTINO da Carona
XVIe siècle. Actif à Carona. Suisse.
Sculpteur et architecte.
Certainement identique à Martino Aprile. Martino travailla à la cathédrale de Milan. On connaît un dessin pour le portail, daté de 1541. Il construisit la Scuola di San Marco à Venise et aurait été dans cette ville le constructeur de l'église San Zaccaria, aidé de son fils Pietro Lombardo. Il est le fondateur de la famille d'artistes *Lombardi*, dont le vrai nom fut *Solari* ou *Solaro*, originaire de Carona.

MARTINO da Firenze. Voir **MONTANINI Martino**

MARTINO di Gerardo di Pietro
XIIIe siècle. Actif à Bologne. Italien.
Enlumineur.

MARTINO di Giorgio da Modena
XVe siècle. Actif à Ferrare. Italien.
Miniaturiste.
Il était fils de Giorgio et petit-fils d'Alberto de Germanie.

MARTINO di Giovanni
XVe siècle. Italien.
Sculpteur.
A travaillé à Bosco et à Rimini.

MARTINO di Luca
XIVe siècle. Actif à Sienne. Italien.
Sculpteur sur bois.
A exécuté de 1393 à 1395 des statuettes de saints pour le chœur de la cathédrale de Vienne.

MARTINO di maestro Agostino
XVe siècle. Actif à Sienne. Italien.
Enlumineur.
A illustré en 1402 et 1403 deux missels pour la cathédrale de Sienne.

MARTINO da Modena
XVe siècle. Actif à la fin du XVe siècle. Italien.
Miniaturiste.
Il travailla à Bologne aux livres de chœur de S. Petronio de 1477 à 1480. A Modène il illustra en 1480 les Offices des morts pour l'hôpital « della buona morte ». Il fut le représentant le plus brillant de l'École des miniaturistes de Ferrare.

MARTINO de Pierfelici
Italien.
Peintre de sujets religieux.
Il composa un *Christ en croix* et une fresque de *Saint Antoine* pour l'hôpital Saint-Antoine à Assise.

MARTINO da Siena. Voir **MARTINO di Bartolomeo di Biagio**

MARTINO da Verona
Mort en 1412 à Vérone. XVe siècle. Italien.
Peintre.
Il fut un des représentants les plus éminents de l'École de Vérone dans la seconde moitié du XIVe siècle. Son œuvre se trouve réparti entre les églises de Vérone.

MARTINO da Vimercate
XVIe siècle. Actif dans la seconde moitié du XVIe siècle. Italien.
Sculpteur.
Il travailla pour la cathédrale de Milan, de 1559 à 1582.

MARTINOFF. Voir **MARTYNOFF**

MARTINOLI Silverio
Né à Bederio Valcalia (Lombardie). XIXe-XXe siècles. Italien.
Sculpteur.
Il débuta vers 1877. Il a exposé à Naples et Milan.

MARTINOLO Cristoforo, dit **Rocca**
Originaire de la vallée de Sesia. XVIIe siècle. Actif dans la première moitié du XVIIe siècle. Italien.
Peintre.
Il fut un élève de Marozzone et composa des fresques pour la Montagne des saints de Varallo.

MARTINOSKI Nikola
Né en 1903 en Macédoine. XXe siècle. Yougoslave.
Peintre.
Après des études à Bucarest, il a séjourné vers 1930 à Paris, où il n'abandonna pas le sentiment du pays natal.
Après 1944, pour répondre aux critères de la société socialiste, il a participé à l'élaboration d'un art qui ne fut souvent qu'une simple illustration de la guerre et de la révolution sociale. On le considère néanmoins comme en partie à l'origine d'un renouveau artistique en Macédoine.

MARTINOTTI Evangelista Giovanni ou **Martinetti**
Né en 1634 à Casale Monferrato. Mort en 1694. XVIIe siècle. Italien.
Peintre de paysages, histoire.
Élève de Salvator Rosa, Orlandi prétend qu'il excella dans la peinture des paysages animés. D'autre part, Lanzi cite de lui un *Baptême du Christ par saint Jean* (dans la cathédrale de Casale). Le Musée de Bordeaux conserve un *Paysage* de lui.

MARTINOTTI Francesco
Mort en 1694. XVIIe siècle. Italien.
Peintre d'histoire.
Frère d'Evangélista Martinetti. Il fut élève de Salvator Rosa.

MARTINOTTI Giuseppe
Né au XIXe siècle à Rome. XIXe-XXe siècles. Italien.
Peintre de paysages.
Il débuta vers 1880 et exposa à Rome et Turin. Il ne paraît pas identifiable à Martinetti.

MARTINOVITCH Porfirij
Né en 1856 à Constantinograd. XIXe siècle. Russe.
Peintre et dessinateur.
Ukrainien, il fut élève de l'Académie de Saint-Pétersbourg.

MARTINS Jan ou **Marten** ou **Martens**, dit aussi **Martin de Gand** ou **d'Amsterdam**
XVe siècle. Éc. flamande.
Peintre.
Parent de Nabur, il fut élève de Hubert Van Eyck. En 1419, il travailla à la décoration de la Chambre des Échevins de Gand, et de la chapelle qui en dépend.

MARTINS Joao
XVe siècle. Actif à Lisbonne. Portugais.
Peintre.
Il travailla en 1441 pour la cathédrale de Lisbonne.

MARTINS Jorge
Né le 4 février 1940 à Lisbonne. XXe siècle. Actif depuis 1961 en France. Portugais.
Peintre, graveur.

Après des études d'architecture et peinture à l'école des beaux-arts de Lisbonne, il vient à Paris et s'y fixe en 1961.
Il participe à de nombreuses expositions collectives aux Salons d'Art moderne de Lisbonne et à Paris, notamment en 1965 à la Biennale. Il fit sa première exposition personnelle à Lisbonne en 1960, une seconde à Porto en 1961, puis : 1962, 1964, 1970, 1974 Lisbonne ; 1972 Porto ; Chicago...
Si la peinture de ses débuts est abstraite, il participe vite à un renouveau de la figuration. Dans des mises en page éclatées, il donne d'un sujet les représentations multiples, cernant d'abord contours et apparences pour en pénétrer ensuite la nature et les particularités plus spécifiques. Entre les éléments figuratifs, apparaissant sur une même toile, les liens ne sont pas toujours évidents, comme s'ils étaient les divers composants d'un décor ou d'un acte qui doit se jouer. Un faisceau de lumière ou de couleur, comme issu d'un projecteur, renforce presque toujours ce côté théâtral. La multiplicité des rendus (linéaire, en modelé, en aplat) est aussi une approche des différents stades de la réalité de l'objet.
Ventes Publiques : Boulogne, 8 mai 1994 : *Sans titre* 1963, h/cart. (56,5x77) : **FRF 6 500**.

MARTINS Laurenço
xve siècle. Actif à Cintra. Portugais.
Peintre.

MARTINS Manoel
xxe siècle. Brésilien.
Peintre, graveur.
Il pratiqua la gravure sur bois.

MARTINS Maria. Voir **MARIA-MARTINS**

MARTINS Nabur ou **Nabucodonozor**
xve siècle. Actif au milieu du xve siècle. Éc. flamande.
Peintre.
Fils du peintre Jan de Tournay qui vécut à Gand, il travailla pour la ville de Gand en 1434, peignit le maître-autel de Saint-Walburge à Audenarde en 1443, un autel pour Notre-Dame-Saint-Pierre à Gand en 1444, un pour l'église de Lede en Flandre, un pour l'église Saint-Martin à Eckerghem près de Gand, en 1453, et *La naissance du Christ*, peinture murale de la Grande Boucherie, à Gand. On l'identifie quelquefois avec l'artiste appelé « le maître de Flémalle » qu'on croit plus généralement être Jacques Daret.

MARTINS Wilma
Née en 1934. xxe siècle. Brésilienne.
Peintre d'animaux, paysages, intérieurs, dessinateur.
Sa technique d'une grande précision l'amène à saisir l'essentiel d'une scène par quelques traits.
Bibliogr. : Damian Bayon, Roberto Pontual, in : *La Peinture de l'Amérique latine au xxe siècle*, Mengès, Paris, 1990.

MARTINS de BARROS André
Né le 15 novembre 1952. xxe siècle. Français.
Peintre. Tendance fantastique.
Il fut décorateur-ensemblier jusqu'à l'âge de vingt ans puis se consacra à la peinture.
Il participe à des expositions collectives et individuelles en France, aux États-Unis, en Belgique.
Des squelettes hantent ses œuvres.

MARTINS da Silveira Élisa
Née en 1912. xxe siècle. Brésilienne.
Peintre de compositions animées.
Elle appartint au groupe Frente (Front) dirigé par Ivan Serpa, qui privilégiait la pratique à la théorie.
Elle est connue pour ses scènes de fêtes populaires, adoptant une vision du monde résolument optimiste.
Bibliogr. : Damian Bayon, Roberto Pontual, in : *La Peinture de l'Amérique latine au xxe siècle*, Mengès, Paris, 1990.

MARTINY Philip
Né le 10 mai 1858 en Alsace. xixe siècle. Actif à New York. Français.
Sculpteur.
Il fut l'élève d'Eug. Dock et de Saint-Gaudens. Ses œuvres principales sont le portail de bronze de l'église Saint-Barthélemy à New York, le monument de *Mac Kinley* à Springfield et le *Monument aux Morts* à Jersey City. Le Musée Bonnat à Bayonne, possède de lui un *Washington* (1889), médaille en bronze.

MARTIS Ottaviano di. Voir **NELLI**

MARTO
xvie siècle. Espagnol.
Sculpteur.

MARTOCCI Juan José
Né en 1951 à La Plata. xxe siècle. Actif depuis 1987 en France. Argentin.
Peintre, graveur.
Il a participé en 1988 à l'exposition *De Bonnard à Baselitz – Dix Ans d'enrichissements du cabinet des estampes 1978-1988* à la Bibliothèque nationale à Paris.
Musées : Paris (BN, Cab. des Estampes) : *M'chair*, eau-forte, pointe-sèche et collage.

MARTON Edwards. Voir **EDWARDS-MARTON**

MARTON Ferenc
Né le 15 décembre 1884 à Csik-Szentgryörgy (région des Sudètes). xxe siècle. Tchécoslovaque.
Peintre de figures, paysages.
Il étudia à Budapest et établit pour la mosaïque le projet de façade de l'église de Szeged en 1929.

MARTON Lajos
Né le 27 février 1891 à Szekelywarhely. xxe siècle. Tchécoslovaque.
Peintre de figures, portraits, dessinateur, illustrateur.
Parmi ses albums illustrés, on peut citer *Jamboree* 1924.

MARTORANA Bernardo
Né le 25 avril 1846 à Palerme. xixe siècle. Italien.
Paysagiste et peintre d'histoire.
Élève d'Aloisio Juvara à Naples. Il a exposé à Naples et à Berlin.

MARTORANA Carlo
Né le 28 octobre 1826 à Naples. Mort le 25 mai 1849 à Naples. xixe siècle. Italien.
Graveur.
Il fut un élève de Ferd. Mori et de Franc. Pisanti. Il grava des vues de Naples et du sud de l'Italie pour *Rimembranze stor. ed. art. de citta di Napoli* et pour la *Sirena*.

MARTORANA Francesco
xvie siècle. Actif à Palerme entre 1529 et 1547. Italien.
Peintre.
Il a peint et doré en 1529 les statues de stuc qui se trouvent à la chapelle de la Guadeloupe dans l'église La Gancia de Palerme, et travailla en 1541 au buffet des orgues de Palerme.

MARTORANA Gioacchimo
Originaire de Palerme. Mort en 1782. xviiie siècle. Italien.
Peintre.
Il était fils et élève de Pietro et termina sa formation artistique à Rome. Il a exécuté les fresques du monastère de Sainte-Rosalie, et plusieurs tableaux pour les églises de Palerme.

MARTORANA Pietro
Originaire de Palerme. xviiie siècle. Italien.
Peintre.
Il a exécuté des fresques pour l'église Sainte-Rosalie et la cathédrale de Palerme.

MARTORELL Bernardo ou **Bernat**
Mort entre 1453 et 1455. xve siècle. Actif à Barcelone entre 1427 et 1452. Espagnol.
Peintre de compositions religieuses, miniaturiste. Gothique international.
S'il n'est pas prouvé qu'il fut formé par Borrassa, il subit sans aucun doute son influence, au moins à ses débuts. Le retable de saint Pierre, exécuté pour l'église de Pubol en 1437 (Gérone, Musée Diocésain), lui étant attribué avec certitude, on lui donne, par la similitude de leur style, les œuvres groupées sous le nom du Maître de Saint Georges, connu plus particulièrement à travers le retable de saint Georges dont une partie est au Musée de Chicago, et l'autre au Louvre. Ce retable s'inspire d'une miniature française datant de 1402 et venant des Heures du Maréchal de Boucicaut. Martorell aurait peint, également en 1437, pour la confrérie des Cordonniers de Barcelone, un retable de saint Marc. De 1447, date de son retable de la Transfiguration pour la cathédrale de Barcelone. Nous savons qu'il fut beaucoup sollicité, il travailla, entre autres, au monastère de Pedralbes en 1439 et fit des miniatures, surtout aux environs de 1448.
L'œuvre de Martorell montre un souci extrême du détail (ses peintures sont remplies de fleurs et d'animaux), les couleurs sont vives, les fonds sont souvent or, et l'ensemble répond aux caractéristiques de l'art gothique international. Mais, il a su ajouter une densité aux figures qu'il représente non sans leur donner un

caractère dramatique nouveau qui annonce l'art de Jaime Huguet. Martorell prouve que la peinture catalane reste en pleine vitalité et originalité, même au XVe siècle.
Bibliogr. : J. Lassaigne : *La peinture espagnole, des fresques romaines au Greco*, Skira, Genève, 1952.
Musées : Montréal (Mus. des Beaux-Arts) : *L'Annonciation* 1427.

MARTORELL Jaime
XVIIIe siècle. Actif à Majorque au début du XVIIIe siècle. Espagnol.
Sculpteur.
Il a traité des sujets religieux pour le monastère de Manacor.

MARTORELL José
Mort le 9 août 1753. XVIIIe siècle. Actif à Palma. Espagnol.
Peintre.

MARTORELLI Gaetano
Né en 1670 à Naples. Mort en 1723. XVIIe-XVIIIe siècles. Italien.
Peintre d'histoire, architectures, paysages, marines.
Élève de Giocomo del Ro ou de N. Massaro. Ayant essayé, mais sans succès, la peinture d'histoire, il tourna ses efforts vers le paysage et peignit dans la manière de Salvator Rosa.
Ventes Publiques : Rome, 8 mars 1990 : *Paysage valloné animé*, h/t (87x110) : **ITL 11 000 000** – Rome, 8 mai 1990 : *Capriccio architectural animé avec une marine*, h/t (99x136,5) : **ITL 22 000 000** – Paris, 28 avr. 1993 : *Énée fuyant Troie en flammes*, h/t (48,5x134) : **FRF 20 000**.

MARTORELLI Giovanni
Né en 1390 à Milan. Mort en 1447 à Bologne. XVe siècle. Italien.
Peintre.
La Pinacothèque de Bologne, possède de lui une *Madone entourée de saints*.

MARTORI Patty
Née en 1956 à Phœnix. XXe siècle. Américaine.
Sculpteur, créateur d'installations.
Elle a été élève au San Francisco Art Institute et à la Yale School of Art. Elle vit et travaille à New York.
Elle participe à des expositions de groupe, parmi lesquelles : 1986 *Ten Downtown* au Lower Manhattan Cultural Council de New York ; 1990 *Status of sculpture* au musée Saint-Pierre de Lyon ; 1992 *Disfunction in the Family Album* à la Diane Brown Gallery de New York ; 1993 *Just what is it that makes today's home so different, so appealing ?* à la galerie Jennifer Flay à Paris. Elle montre ses œuvres dans des expositions personnelles : 1989, 1990, 1991 Pat Hearn Gallery à New York.
Le travail de Patty Martori, qui s'inscrit pleinement dans le courant postmoderne américain, dénonce l'empreinte de la figure patriarcale dans la vie collective et individuelle des femmes, détermination qu'elle tente de localiser, puis dépasser dans son art. Ses sculptures et installations d'objets fonctionnent sur le mode de l'association et du détournement, esquissant un langage critique.
Bibliogr. : Nancy Spector : *At Home with Patty Martori*, Artscribe, jan.-fév. 1991 – Catalogue de l'exposition : *Plastic fantastic Lover*, Blum Helman Warehouse, New York, 1991 – Catalogue de l'exposition : *Status of Sculpture*, Espace lyonnais d'art contemporain, Lyon.

MARTORIELLO Gaetano ou **Martorello**
Né vers 1670 à Naples. Mort vers 1720. XVIIe-XVIIIe siècles. Actif à Naples. Italien.
Peintre d'histoire, paysages, marines.
Musées : Bergame (Gal. Carrara) : *Les Israélites dans le désert* – Naples : *Marine*.

MARTOSS Ivan Petrovitch
Né en 1752 ou 1754 à Poltava ou à Itchnia. Mort à Saint-Pétersbourg. XVIIIe siècle. Russe.
Sculpteur.
Il fut en 1763 élève de l'Académie de Saint-Pétersbourg, se rendit ensuite à Rome où il travailla sous la direction de Thorwaldsen, de Meng et de Batoni. Il rentra plus tard à Saint-Pétersbourg, dont il dirigea l'Académie. Romantique de tempérament, mais d'éducation classique, il est avec Schubin un des principaux représentants de la sculpture russe de l'époque d'Alexandre Ier. Parmi ses œuvres il faut citer les tombeaux du prince Golizin, Mme Szobakina et de la princesse Wolkonskaja au monastère Donskoi de Moscou.

MARTOUGEN Stanislas
Né le 31 mars 1873 à Givet (Ardennes). XIXe-XXe siècles. Français.
Peintre de compositions animées, portraits, nus.
Il fut élève de Gustave Moreau.
Il exposa à Paris, au Salon des Artistes Français, à partir de 1899, et des Indépendants à partir de 1905.
Ventes Publiques : Paris, 16 juin 1986 : *Salambô* 1920, h/t (130x81) : **FRF 25 000**.

MARTOYS Guillaume
XVIIe siècle. Actif à Béziers dans la première moitié du XVIIe siècle. Français.
Sculpteur sur bois.

MARTOZ Engloman Jan
XVIIe siècle. Hollandais.
Peintre verrier.
Il travailla pour la cathédrale d'Alkmaar en 1643.

MARTRUS RIERA Jaime
Né en 1893 à Manresa (Catalogne). Mort à Barcelone (Catalogne). XXe siècle. Espagnol.
Sculpteur, médailleur, illustrateur.
Il fut élève de l'école des beaux-arts. Il séjourna en France, Suisse et Italie. En 1923, il fit un voyage en Afrique équatoriale et en 1939 se rendit de nouveau à l'étranger.
Il exposa à Paris, au Salon des humoristes.
Il travailla la pierre et la terre cuite et collabora avec de nombreux architectes et décorateurs. Il dessina des caricatures qui parurent dans divers journaux et illustra des livres. Il se consacra, après son voyage en Afrique, à la création d'images religieuses.
Bibliogr. : In : *Cien Anos de pintura en Espana y Portugal, 1830-1930*, Antiqvaria, t. V, Madrid, 1991.
Musées : Barcelone (Mus. d'Art Mod.).

MARTSA Istvan
Né en 1912. XXe siècle. Hongrois.
Sculpteur, médailleur.
Il a été l'élève de Béni Ferenczy, de 1945 à 1950.
Il a montré ses œuvres dans une exposition personnelle, à Budapest, en 1955.
Il est l'auteur du monument de la libération à Hajdúböszörmény et des martyrs au monument d'Auschwitz. Il évolue vers une forme plus expressive et expérimentale de nouveaux matériaux, comme le fer laminé.
Bibliogr. : *Hongrie 68*, Pannonia, Budapest, 1968.

MARTSEN Jacob
Né en 1580 à Gand. XVIIe siècle. Éc. flamande.
Peintre.
Il fut un élève de K. Van Mander. Le Musée Boymans à Rotterdam a gardé de lui un *Portrait de seigneur*.

MARTSZEN Jan ou **Jacob** ou **Martozen, Marssens, Martszens, Marssen, Martss, Martsen, Martens de Jonge**
Né vers 1609 probablement à Haarlem. Mort après 1647. XVIIe siècle. Hollandais.
Peintre de chevaux et de batailles, graveur.
Il est possible qu'il ait épousé le 26 novembre 1633, à Amsterdam, Philippina Torel ; d'après un portrait des princes Maurice et Frédéric-Henri par Mierevelt et que Hoet signale en disant que les chevaux sont de Jan Marssen, il est possible de croire qu'il séjourna à Delft ou à Haarlem. Cet artiste, désigné à tort sous le nom de J.-M. de Jonge a gravé avec talent des scènes de bataille. Il signait *J. M. D. : Jonge fecit*.

Musées : Amsterdam : *Gustave Adolphe à la bataille de Lützen* – Avignon : *Attaque d'un transport* – Bamberg : *Attaque de cavaliers* – Brunswick : *Combat de cavalerie* – Hedensbergen, (Suède) (coll. Hamilton) : *Paysan se battant contre des soldats pillards* – Lucques (coll. Mansi) : *Cavalier faisant boire son cheval au ruisseau* – Oldenbourg : *Combat de cavalerie* – Paris (Mus. du Louvre) : *Colonne de cavaliers polonais* – Riga : *Combat de cavaliers* – Rotterdam : *Scène de bataille* – Saint-Pétersbourg (Mus. de l'Ermitage) : *Combat de cavaliers* – Schwerin : *Le roi Gustave Adolphe fait prisonnier* – *Gustave Adolphe dans la bataille* – Stockholm (coll. du roi) : *Combat de cavalerie*.

Ventes Publiques : Munich, 1899 : *Cheval amené devant des cavaliers* : **FRF 550** – Paris, 8 déc. 1977 : *Choc de cavalerie*, h/pan. (26,5x37,5) : **FRF 15 000** – Londres, 15 déc. 1978 : *Une embuscade*, h/pan. (32,3x49,5) : **GBP 3 500** – Londres, 22 juil. 1983 : *Charge de cavalerie* 1627, h/pan. (23,5x29,2) : **GBP 2 200** – Londres, 19 mai 1989 : *Une embuscade*, h/cuivre (29,3x40,5) : **GBP 4 180** – Londres, 18 mai 1990 : *Combat entre un cavalier et un fantassin*, h/pan. (52x84,7) : **GBP 4 180** – Amsterdam, 12 juin 1990 : *Escarmouche entre cavaliers et fantassins dans un village*, h/pan. (72,5x56,5) : **NLG 9 200** – Amsterdam, 13 nov. 1990 : *Chevalier chargeant des fantassins sur un chemin*, h/pan. (14,8x20) : **NLG 4 370** – Londres, 3 juil. 1991 : *Abugail devant David* 1633, h/pan. (17x23,5) : **GBP 6 600** – Londres, 21 avr. 1993 : *Cavaliers s'arrêtant devant une tente*, h/pan. (63x47,5) : **GBP 1 840** – Londres, 7 déc. 1994 : *Engagement de cavalerie*, h/pan. (39,5x60,7) : **GBP 4 830** – New York, 17 jan. 1996 : *Combat*, h/pan. (34,6x48,3) : **USD 4 312**.

MARTUCCI Alessandro
Originaire de Capoue. XVIe siècle. Actif à la fin du XVIe siècle. Italien.
Peintre.
Fut le père de Simio et subit l'influence vénitienne. Il peignit le *Christ dans la maison du pharisien*.

MARTUCCI Cesare
Originaire de Capoue. XVIe siècle. Actif à la fin du XVIe siècle. Italien.
Peintre.
Il subit l'influence des élèves de Raphaël. Il a laissé des fresques à l'abbaye S. Angelo de Formis, a peint le retable du maître-autel de l'Annunziata à Vallefredda en Campanie, qui représente l'*Annonciation* ; *Saint Benoît* ; *Saint Nicolas* ; *Saint Pierre* ; *Saint Paul*.

MARTUCCI Simio
Originaire de Capoue. Mort en 1641. XVIIe siècle. Italien.
Peintre.
Il était le fils d'Alessandro et peignit les fresques de la cour du cloître de Sainte-Madeleine à Capoue.

MARTUS Jean Louis Joseph
Mort le 22 août 1789. XVIIIe siècle. Actif à Paris. Français.
Peintre de fleurs.

MARTY André Édouard
Né le 16 avril 1882 à Paris. Mort en août 1974. XXe siècle. Français.
Graveur, illustrateur, peintre de décors de théâtre.
Il fit des études de philosophie, puis voyagea en Italie. Il fut élève de l'école des beaux-arts de Paris, dans l'atelier de Cormon.
Il exposa régulièrement à Paris, aux Salons des Arts Décoratifs, dont il devint membre du jury à partir de 1925, et des Humoristes.
Il subit l'influence de l'illustrateur Boutet de Monvel. Très populaire, il a réalisé des affiches pour les Ballets russes, des décors de théâtre et des maquettes pour des revues de mode. Il a illustré de nombreux ouvrages *Scènes mythologiques* de H. de Régnier ; *Daphnis et Alcimadure* de La Fontaine ; *Lettres de Diderot à sa fille mariée* et *Poésies de Méléagre* de Pierre Louys ; *Lettres de mon moulin* d'Alphonse Daudet ; *Œuvres complètes* de Musset ; *L'Oiseau bleu* de Maeterlinck. Les très nombreux livres qu'il a illustrés ont conquis les amateurs par la grâce de ses personnages et du décor qui les entoure. Sa manière stylisée est assez charmante.
Bibliogr. : Catalogue de l'exposition : *Paris-Moscou*, Centre Georges Pompidou, Paris, 1979 – in : *Dict. des illustrateurs*, Ides et Calendes, Neuchâtel, 1989.
Ventes Publiques : Paris, 12 juin 1991 : *L'habit ou pendant l'entracte*, gche (33x18) : **FRF 7 500**.

MARTY Édouard
Né en 1851 à Pleaux (Cantal). Mort en 1913. XIXe-XXe siècles. Français.
Peintre de genre, paysages, illustrateur.
Il fut élève à l'École des Beaux-Arts de Toulouse, puis de Gérome à Paris.
Il se consacra d'abord à l'illustration de la vie moderne et de certains livres, tels que les *Rois en exil*, de Daudet, puis, pour des raisons de santé, se retira en Auvergne où il peignit des paysages et des tableaux de genre, et fonda un atelier à Aurillac. Il s'établit en 1912 à Chaudes-Aigues.
Bibliogr. : Gérald Schurr, in : *Les Petits Maîtres de la peinture 1820-1920, valeur de demain*, Les Éditions de l'Amateur, t. IV, Paris, 1979.
Musées : Aurillac : *Soir d'hiver* – *Le mendiant* 1909.

MARTY Jean André
Né au XIXe siècle à Paris. XIXe-XXe siècles. Français.
Peintre de compositions animées.
Il exposa à Paris, au Salon des Artistes Français. Il obtint une médaille de troisième classe en 1887 et une mention honorable en 1889 à l'Exposition universelle de Paris.
Musées : Caen : *La Pêche*.

MARTY Louis Édouard
Né le 8 janvier 1871 à Paris. XIXe-XXe siècles. Français.
Peintre.
Il fut élève de Bonnat. Également, écrivain, on lui doit une *Histoire universelle de l'art*.
Il exposa à Paris, au Salon des Artistes Français.

MARTYN Ethel
Née en 1863. XIXe-XXe siècles. Britannique.
Peintre de compositions religieuses, portraits, architectures, peintre de compositions murales, dessinatrice.
Elle a exécuté des peintures murales pour des églises de villages anglais.

MARTYN Ferenc
Né en 1899 à Kaposvar. XXe siècle. Hongrois.
Peintre, graveur, illustrateur.
Il commença à étudier la peinture sous la direction de Rippl-Ronai. Il fut ensuite élève d'Istvan Réti, à l'académie des beaux-arts de Budapest. Après un séjour à Vienne, il arriva à Paris, en 1925, où une bourse lui permit de suivre les cours de l'école des beaux-arts. Il vit et travaille à Pecs.
Il commença à exposer à partir de 1923. Il participa aux expositions du groupe *Abstraction-Création* en particulier, à Paris, au premier Salon des Réalités Nouvelles en 1947, ainsi que dans les manifestations internationales de l'art hongrois contemporain, notamment en 1970 au musée Galliera à Paris. Il a montré ses œuvres dans des expositions personnelles à Budapest en 1943, et à l'Institut des relations culturelles en 1947, 1962 ; ainsi que régulièrement à Pecs. Il fut lauréat du prix Munkacsy.
En 1929, il montra une exposition d'œuvres inspirées directement du surréalisme. Ensuite attiré par l'abstraction néo-constructiviste, il fut membre du groupe *Abstraction-Création*. Son œuvre ne cessera d'évoluer de la figuration réaliste à l'abstraction ou au surréalisme. En 1943, ses œuvres montraient un retour au cubisme, dégageant les formes géométrisées des personnages et des outils du monde quotidien. Pendant la domination de l'Allemagne nazie sur l'Europe, il donna une série de dessins satyriques contre le fascisme, dont la causticité empruntait de nouveau au surréalisme. Vers 1953, il exécuta une série de compositions historiques, constituant un retour à la réalité. Dans des paysages et des natures mortes, il allie formes non figuratives et formes extraites de la réalité. Il est l'un des principaux représentants de ce que les Hongrois appellent l'école européenne. Il a illustré de nombreux ouvrages littéraires, dans ses diverses manières, avec une prédilection pour sa verve surréaliste, parmi lesquels : *Don Quichotte* de Cervantès, *Madame Bovary* de Flaubert, *Poèmes* de Mallarmé, Joyce, etc. ■ J. B.
Bibliogr. : In : *Peintres contemp.*, Mazenod, Paris, 1964 – *Hongrie 68*, Pannonia, Budapest, 1968 – Lajos Németh : *Moderne ungarische Kunst*, Corvina, Budapest, 1969 – Géza Csorba : Catalogue de l'exposition *Art hongrois contemporain*, musée Galleria, Paris, 1970.
Musées : Budapest (Gal. Nat. hongroise) – Kaposvar (Mus. Rippl-Ronai) – Pécs (Mus. Janus Pannonius).

MARTYN John
Mort le 11 janvier 1828 à Dublin. XIXe siècle. Britannique.
Graveur, illustrateur.

MARTYNOFF Andrej ou par erreur **Ivan**
Né le 2 juillet 1768. Mort le 1er novembre 1826. XVIIIe-XIXe siècles. Russe.
Paysagiste.
Il fut élève de l'Académie de Saint-Pétersbourg et en 1804 accompagna une mission russe en Chine. Le Musée russe, à Saint-Pétersbourg, conserve de lui *Environs de Bachtchisara en Crimée* et *Côtes méridionales de Crimée*, et la Galerie Tretiakov, à Moscou, *Vue de Petezhof*. Il publia un *Voyage pittoresque de Moscou aux frontières de la Chine*, édition française et russe avec vingt-neuf gravures représentant des types populaires.

MARTYNOFF Dmitrij
Né le 29 mai 1826. Mort le 22 mars 1889. XIXe siècle. Russe.
Peintre de genre et de décors de théâtres.
Il vécut à Rome de 1858 à 1864. La Galerie Tretiakov, à Moscou, conserve de lui un *Intérieur d'un logis italien*. D'autres tableaux se trouvent au Musée académique de saint-Pétersbourg et à l'église du Saint-Sauveur.

MARTYNOFF Ivan. Voir **MARTYNOFF Andrej**

MARTYNOFF N. A.
Né en 1842. XIXe siècle. Russe.
Paysagiste et peintre de genre.
La Galerie Roumianzeff, à Moscou, conserve de lui : *L'incendie des bois, Passage des glaces, Sur le Dniéper.*

MARTYRE de..., Maître du. Voir **MAÎTRES ANONYMES**

MARTZINKEY Elek ou **Marczinkey**
Né à Szendro (Hongrie). Mort après 1835 à Szendro. XIXe siècle. Hongrois.
Peintre.
Il fit ses études à Vienne et travailla comme portraitiste à Budapest depuis 1817. Il fit en particulier le portrait de *L'Archiduc Joseph dans son jardin à Alesuth.*

MARUCELLI Angelo, dit **Canapino**
Mort en 1889 à Florence. XIXe siècle. Italien.
Sculpteur.
Il exécuta des sculptures pour la cathédrale de Florence.

MARUCELLI Giovanni Stefano ou **Maruscelli** ou **Maroscelli**
Né en 1586 à Pise. Mort en 1646. XVIIe siècle. Italien.
Peintre d'histoire, architecte et ingénieur.
Élève d'Andréa Boscoli. Il peignit, pour la cathédrale de Pise, *Abraham et les anges*, et *Martyre de saint Barthélémy*. La Galerie Pitti de Florence conserve son *Portrait par lui-même.*

MARUCELLI Valerio
XVIe-XVIIe siècles. Actif à Florence entre 1589 et 1620. Italien.
Peintre d'histoire.

MARUKI Iri et **Toshiko**
Iri né en 1901 dans la préfecture d'Hiroshima, Toshiko en 1912 à Hokkaido. Iri mort le 19 octobre 1995. XXe siècle. Japonais.
Peintres. Abstrait.
Il se sont formés en autodidacte à la peinture japonaise. En 1941, ils se marièrent et commencèrent à travailler ensemble. En 1956, ils effectuent un voyage en Chine et en Union Soviétique.
Ils exposent dans plusieurs manifestations de groupe telles les expositions Seiryusha et d'Art et de Culture. Ils participèrent aux Salons des Artistes d'Avant-Garde et des Artistes Indépendants, dont il devinrent membres en 1939.
En 1953, ils produisirent une série de dix œuvres, *Peintures de la bombe atomique*, dénonçant les horreurs de la guerre. Pour ce travail, ils reçurent le prix international de paix et culture. Ils peignirent aussi la bataille d'Okinawa et le massacre de Nanking par l'armée impériale en 1937. Depuis 1980, ils prennent pour thème la pollution industrielle.
Bibliogr. : In : *Dict. de l'art mod. et contemp.*, Hazan, Paris, 1992 – Philippe Pons : *Iri Maruki*, Le Monde, Paris, 20 oct. 1995.

MARULLO Angelo
XVIIe siècle. Italien.
Peintre.
Fils de Giuseppe Marullo. Il mourut jeune.

MARULLO Giuseppe
Né à Orta di Atella. Mort vers 1685 à Naples. XVIIe siècle. Italien.
Peintre.
Élève de Massimo Stanzioni, il imita le style de Ribera. Il a peint surtout des sujets d'inspiration religieuse pour les églises de Naples et de la région.
Ventes Publiques : Milan, 20 mai 1982 : *Portrait de femme*, h/t (75x62) : **ITL 4 000 000**.

MARUM E. Van
XIXe siècle. Actif dans la première moitié du XIXe siècle. Hollandais.
Paysagiste.
Élève de J. Buys à Amsterdam.

MARUSCELLI. Voir **MARUCELLI**

MARUSSIG Anton ou **Marussik**
Né le 20 novembre 1868 à Graz (Styrie). Mort le 2 novembre 1925 à Graz. XIXe-XXe siècles. Autrichien.
Peintre de portraits, paysages.
Il fut élève des académies des beaux-arts de Graz et de Munich.
Ventes Publiques : Paris, oct. 1945-juil. 1946 : *Portrait d'homme aux cheveux crépus et au gilet rouge* 1892 : **FRF 3 100**.

MARUSSIG Guido
Né le 14 décembre 1885 à Trieste (Frioul-Vénétie-Julienne). Mort en 1972 à Gorizia. XXe siècle. Italien.
Peintre de compositions murales, peintre de décors de théâtre, peintre de cartons de vitraux, peintre de cartons de mosaïques, décorateur, illustrateur.
Après ses études à l'académie des beaux-arts de Venise, grâce à une bourse, il se fixe définitivement à Milan. Il a enseigné, notamment à partir de 1932 à l'académie Brera de Milan, et a été critique d'art.
Il a participé à des expositions collectives : 1905 Biennale de Venise ; 1923 Biennale internationale des arts décoratifs de Monza. Après une première période à tendance symbolique, il évolue, et proche des recherches de Klimt privilégie le vocabulaire de l'Art nouveau, le graphisme et le décoratif. Dès lors, il privilégie son activité de décorateur. Il s'intéresse à la xylographie et réalise de nombreuses illustrations. Dans les années quarante, il se rapproche dans l'esprit du groupe novecento, notamment sensible dans les mosaïques du palais di Giustizia à Milan.
Bibliogr. : A. Melani : *Guido Marussig*, Milan, 1920.
Musées : Florence (Mus. d'Art Mod.) : *L'Arbre fantastique* 1914 – Rome (Mus. d'Art Mod.) : *L'Ombre*, xylographie – Trieste (Mus. civico Revoltella) : *Le Petit Lac des saules* – Venise (Mus. d'Art Mod.) : *Proues dentelées* 1918.
Ventes Publiques : Milan, 13 juin 1978 : *Verso l'Arcella*, h/t (106x86) : **ITL 1 400 000**.

MARUSSIG Piero ou **Pietro**
Né le 16 mai 1879 à Trieste (Frioul-Vénétie-Julienne). Mort en 1937 à Pavie (Lombardie). XXe siècle. Italien.
Peintre de compositions animées, paysages, marines, natures mortes. Groupe du Novecento.
Il a étudié à Trieste, Vienne, Munich, Rome et Paris ; il fut aussi l'élève du peintre et décorateur triestin Eugenio Scomperini. Il séjourna à Vienne, à Monaco où il fréquenta Fritz von Uhde le fondateur de la Sécession, à Paris. Il constitua en 1926 avec Ugo Bernasconi, Carlo Carra, Ach. Funi, Alb. Salietti, Mario Sironi et Arturo Tosi le groupe des Sept Peintres modernes, et devint plus tard l'un des chefs de file du Novenceto italiano, mouvement en faveur du classicisme romain, en réaction contre les expériences futuristes, qui lutta « contre les excès d'une avant-garde ayant rompu tout lien avec l'histoire nationale » (Giovanni Lista).
Il participe à de nombreuses expositions collectives : à partir de 1912 Biennale de Venise ; 1912 Sécession de Berlin et Vienne ; 1913 Exposition artistique de Naples et Sécession de Rome ; 1967 Mostra de Florence ; 1970, 1980, 1984, 1986, 1988 Mostra de Milan ; puis aux manifestations du Novenceto, notamment en 1926 et 1929 à Milan, 1927 à Amsterdam et Genève, 1930 Buenos Aires. Il montre ses œuvres dans des expositions personnelles depuis 1914 : 1914 galerie Cassirer de Berlin ; 1919 Milan.
C'est un peintre de marines et de paysages fortement et sévèrement construits, on lui doit aussi des natures mortes d'une puissante sobriété. Il pratique une peinture classique, adoptant un style solennel, dont il se libèrera par la suite dans des œuvres à tendance pointilliste. Vincenzo Constantini lui a consacré une importante étude.
Bibliogr. : F. Messina : *Piero Marussig 1879-1937*, Milan, 1942 – V. Costantani : *Piero Marussig*, Milan, 1942 – M. Boga : *Piero Marussig. Les Années vingt et trente* in : *Dict. de l'art mod. et contemp.*, Hazan, Paris, 1992.
Musées : Amsterdam – Milan (Civica Gal. d'Arte Mod.) : *Les Amies* 1918 – Montevideo – Rome.
Ventes Publiques : Milan, 25 nov. 1965 : *Arbres fleuris* : **ITL 800 000** – Milan, 4 déc. 1969 : *Fillette à la poupée* : **ITL 1 100 000** – Milan, 9 avr. 1970 : *Le parc* : **ITL 1 700 000** – Milan, 9 mars 1972 : *Paysage* : **ITL 1 900 000** – Milan, 9 nov. 1976 : *Fillette à la mandoline* vers 1928, h/t (81x66,5) : **ITL 1 500 000** – Milan, 25 oct. 1977 : *Le parc de la villa* 1915, h/t (75x60) : **ITL 2 400 000** – Milan, 26 juin 1979 : *Nu* 1931, h/t (73x57) : **ITL 2 000 000** – Milan, 14 avr. 1981 : *Autoportrait jeune*, gche (33,5x25,5) : **ITL 1 400 000** – Milan, 8 juin 1982 : *Enfant appuyé à un arbre* 1918, h/t (135x90) : **ITL 17 000 000** – Milan, 14 juin 1983 : *Nu allongé sur un divan* 1919, h/t (60x80) : **ITL 35 000 000** – Milan, 11 juin 1985 : *Portrait de femme*, past.

(72x51) : **ITL 2 800 000** – MILAN, 16 oct. 1986 : *Sieste au jardin* 1919, h/t (95x117) : **ITL 37 000 000** – MILAN, 26 mai 1987 : *Darsena* 1928, h/pan. (51,5x68) : **ITL 18 000 000** – ROME, 7 avr. 1988 : *Portrait de femme* vers 1927, past./pap. (62x47) : **ITL 460 000** – MILAN, 8 juin 1988 : *Homme accoudé à la table*, h/t (80x70) : **ITL 43 000 000** – MILAN, 14 déc. 1988 : *Nature morte avec des livres et une cafetière*, h/t (32x46) : **ITL 6 500 000** ; *Arbres*, h/t (86x70) : **ITL 58 000 000** – ROME, 21 mars 1989 : *Palmiers* 1919, h/t (70,5x50) : **ITL 50 000 000** – MILAN, 19 déc. 1989 : *Personnages dans un jardin* 1916, h/t, de forme ovale (97x78) : **ITL 150 000 000** – MILAN, 27 mars 1990 : *Vase de fleurs*, h/t (60x50) : **ITL 50 000 000** – MILAN, 24 oct. 1990 : *Nu de dos*, h/t (55x46) : **ITL 19 000 000** – ROME, 3 déc. 1990 : *Nature morte au moulin à café* 1926, h./contreplaqué (45x50) : **ITL 34 500 000** – MILAN, 13 déc. 1990 : *L'Amateur d'art*, h/t (80x70) : **ITL 64 000 000** – MILAN, 20 juin 1991 : *Arbres*, h/t (86x70) : **ITL 76 000 000** – ROME, 3 déc. 1991 : *Mélancolie*, h/t (124x190) : **ITL 20 000 000** – ROME, 12 mai 1992 : *Voilier à l'île de San Giorgio*, techn. mixte/pap. (39x35) : **ITL 2 200 000** – ROME, 27 mai 1993 : *Vase de fleurs* 1929, h/pan. (60x50) : **ITL 18 000 000** – MILAN, 21 juin 1994 : *Crâne* 1912, temp. (35x25) : **ITL 1 380 000** – MILAN, 19 mars 1996 : *Déjeuner sur l'herbe*, h/t (50x65) : **ITL 36 800 000** – MILAN, 28 mai 1996 : *Leçon de mandoline*, h/cart. (60,5x48,5) : **ITL 32 200 000** – VENISE, 7-8 oct. 1996 : *Jeune fille*, h./contreplaqué (70x60) : **ITL 12 650**.

MARUYAMA Banka

Né en 1867 à Nagano. Mort en 1942. XIXe-XXe siècles. Japonais.

Peintre de paysages, aquarelliste.

En 1883, il devint élève de Kodama Katei qui lui enseigna le style des peintures Nanga. En 1884, il vint à Tokyo étudier les techniques occidentales au Kaiga Gakusha et en 1888 au Shogido. Après un séjour en Europe et aux États-Unis en 1889, il fonda la société Taiheiyo Gakai où il exposa. En 1907, il fonda l'Association des aquarellistes japonais et en 1918 fut l'un des membres fondateurs de la New Nihonga Society.
Il participa à partir de 1907 aux expositions du Bunten et de Meiji Bujutsukai.

VENTES PUBLIQUES : NEW YORK, 16 oct. 1990 : *Le soir à la campagne*, aquar./cart. (99,3x66) : **USD 26 400**.

MARUYAMA'ju, de son vrai nom : **Kinoshita Naoichi**, surnom : **Kunrai**, noms de pinceau : **Ôju** et **Suiseki**

Né en 1777. Mort en 1815. XIXe siècle. Japonais.

Peintre.

Disciple de son père Maruyama'kyo (1733-1795) et maître de son fils Maruyama'shin (1790-1838), il fait partie de l'école Maruyama de Kyoto.

MARUYAMA'kyo, de son vrai nom : **Maruyama Masataka**, surnom : **Chûsen**, noms familiers : **Iwajirô** et **Mondo**, noms de pinceau : **Sensai, Isshô, Kaun, Untei, Senrei, Rakuyô-Sanjin** et **Seishûkan**

Né en 1733 à Tamba (près de Kyoto). Mort en 1795. XVIIIe siècle. Japonais.

Peintre.

Au cours du XVIIIe siècle qui voit l'épanouissement économique d'une société bourgeoise commerçante et d'un humanisme moderne, de nouvelles tendances se font jour dans la peinture nippone : la vision idéaliste de la peinture lettrée *(bunjin-ga)* d'une part, le mouvement réaliste de l'École Maruyama d'autre part. Ces deux courants subissent, l'un comme l'autre, l'influence d'apports étrangers et ne sont pas sans avoir ensemble de nombreux contacts. Fondateur du *shasei-ga* ou peinture réaliste, Maruyama'kyo est donc une des personnalités prééminentes de l'art japonais, et, bien que son réalisme suscite l'opposition unanime de tous les tenants de la tradition sino-japonaise, il correspond trop à l'esprit du temps pour ne pas s'imposer irrésistiblement et influencer jusqu'aux écoles antagoniques.'kyo saura, en effet, traduire sa vision novatrice en termes japonais, greffer les apports étrangers sur des techniques séculaires, intégrer les innovations aux traditions, réussir, enfin, une brillante synthèse qui s'inscrira harmonieusement dans l'art pictural de son pays. Maruyama'kyo (une autre prononciation de son prénom semble être Masataka), issu d'une famille d'agriculteurs de la région de Tamba, arrive dès l'âge de dix-sept ans à Kyoto où il entre dans l'atelier de Ishida Yûtei (1721-1786), peintre de l'École Kanô de Kyoto. Il y acquiert une grande maîtrise dans le maniement du pinceau, tout en poursuivant parallèlement une bonne formation classique, comme le prouvent ses multiples copies d'anciens. Tôt amené à gagner sa vie, il fait des *megane-e*, visions stéréoscopiques ou jeux optiques, nouveautés récemment importées de Chine et d'Europe. Ce sont des paysages dont la perspective linéaire, le graphisme et les jeux de clair-obscur sont directement inspirés des gravures hollandaises et que l'on contemple agrandis par une lentille.'kyo est appelé à en accroître le répertoire pour le compte d'un marchand de curiosités de Kyoto, vers 1760, et il en subsiste encore aujourd'hui un nombre considérable. Rejetant par la suite cette technique foncièrement étrangère à l'Extrême-Orient, il tirera néanmoins un merveilleux parti de cette expérience en en retenant l'approche intellectuelle, une transcription du monde respectueuse de la perception oculaire et non plus dans le cadre de conceptions préétablies. C'est par l'étude directe de la nature qu'il cherche à forger son style et un autre élément joue un rôle certain dans cet effort : une nouvelle vague d'influences chinoises rentrées au Japon par le port de Nagasaki. On retrouve dans la tradition réaliste ou naturaliste des peintres de fleurs et d'oiseaux de l'époque Ming la même prédilection pour le monde animal et végétal, la même minutie et le même rendu quasi scientifique. Mais si la longue carrière de cet artiste n'est qu'un effort continu pour cerner de plus près la réalité objective, il ne se départit jamais du sens lyrique et décoratif si profondément ancré dans l'âme japonaise. Grâce au soutien financier et bienveillant du prince-moine Yûjô, supérieur du monastère Emman-in (Miidera),'kyo parvient à développer un style personnel et à affirmer une personnalité croissante, comme le prouvent les nombreux carnets et rouleaux de croquis datés de 1770 à 1776. Non seulement y saisit-il la morphologie animale et végétale, mais de plus, chose fort rare au Japon, l'anatomie humaine en dessinant des corps nus qu'il habille ensuite de traits de couleurs différentes ; ses compositions à l'espace ouvert séduisent par leur ton harmonieux et les nuances raffinées de l'encre de Chine. Par exemple, *Pin sous la neige*, œuvre de jeunesse datée 1765 et conservée au Musée National de Tokyo éclate de spontanéité juvénile : quelques traits rapides dessinent les aiguilles de pin, tandis que des touches nuancées confèrent aux branches et au tronc leur volume et que le blanc de la soie évoque la neige sur l'arbre et sur la terre, avec légèreté, douceur et fraîcheur. Réalisme sans doute, mais imprégné de lyrisme. Il pratique tous les genres de peinture, du petit format à la grande composition, domaine dans lequel il s'illustre avec particulièrement d'éclat. Il laisse un grand nombre de paravents destinés aux temples ou aux opulentes maisons bourgeoises ainsi que des décorations intérieures de plusieurs monastères tels le Kongô-ji à Tamba, le Daijô-ji à Hyôgo ou le Kotohira-gû à Sanuki. Les portes en bois du *Pavillon d'Ôkyo*, petit bâtiment rattaché au temple Meigen-in à Aichi (transféré aujourd'hui dans le parc du Musée National de Tokyo), décorées en 1784 de deux chiens, l'un blanc et l'autre brun, jouant avec des fleurs de liseron bleu, offrent un charmant témoignage des dons d'observation et de la grande habileté de l'artiste. Comme si la vie, dont il sait doter ses œuvres, résidait moins dans la minutie et le réalisme que dans l'emploi ingénieux du pinceau dont les accents variés servent parfois à masquer une certaine ténuité. À sa mort,'kyo laisse quantité d'élèves, mais c'est chez Goshun (1752-1811) que le lyrisme, qui marque déjà d'un charme inattendu les meilleures de ses œuvres, deviendra encore plus sensible.

BIBLIOGR. : Terukazu Akiyama : *La peinture japonaise*, Genève, 1961 – C. Kozyreff : *Ôkyo Maruyama*, in : *Encyclopaedia Universalis*, vol. 12, Paris, 1972.

MUSÉES : KYOTO (Temple Kanchi-in) : *Les dragons* – ÔTSU (Emman-in, Miidera) : *Heurs et malheurs* – *Le paon* – TOKYO (Nat. Mus.) : *Pin sous la neige* daté 1765, rouleau en hauteur, encre sur soie – Carnets de croquis – *Pavillon d'Ôkyo*.

MARUYAMA'ritsu

Né en 1817. Mort en 1875. XIXe siècle. Japonais.

Peintre.

Fils adoptif de Maruyama'shin (1790-1838).

MARUYAMA'shin, surnom : **Chûkyô**, noms de pinceau : **Hyaruki, Hôko** et **Seishûkan**

Né en 1790. Mort en 1838. XIXe siècle. Japonais.

Peintre d'oiseaux, paysages, fleurs.

Fils de Maruyama'ju (1777-1815) et fils adoptif de Maruyama'zui (1766-1829), il est l'élève de ces deux derniers maîtres.
Peintre de paysages et de fleurs et d'oiseaux, il vit à Kyoto.

VENTES PUBLIQUES : NEW YORK, 26 mars 1991 : *Navet*, encre et pigments/soie, kakémono (53,7x67,7) : **USD 1 100**.

MARUYAMA'shun
Né en 1796. Mort en 1838. XIXe siècle. Japonais.
Peintre.
Fils et élève de Maruyama'zui (1766-1829).

MARUYAMA'tei
XVIIIe-XIXe siècles. Actif à la fin du XVIIIe et au début du XIXe siècle. Japonais.
Peintre.
Fils de Maruyama'zui (1766-1829).

MARUYAMA'zui, surnom : **Gihô,** nom familier : **Ukon,** nom de pinceau : **Ishindô**
Né en 1766. Mort en 1829. XVIIIe-XIXe siècles. Japonais.
Peintre.
Fils et élève de Maruyama'kyo (1733-1795), il travailla à Kyoto, dans le style de son père et il est connu pour son habileté à employer la poussière d'or.

MARVAL Jacqueline, pseudonyme de **Vallet Marie Joséphine**
Née le 19 octobre 1866 à Quaix (Isère). Morte le 28 mai 1932 à Paris. XIXe-XXe siècles. Française.
Peintre de figures, fleurs, paysages, sculpteur, dessinateur.
Elle renonça à la carrière d'enseignante pour se consacrer à la peinture. Après un mariage malheureux, elle épousa le peintre François-Joseph Girot, qui lui fit rencontrer E. Flandrin dont elle devint l'élève et la maîtresse. En 1895, à Paris, elle rencontra le groupe des Nabis. Mondaine, elle fréquenta le tout-Paris, organisant des réceptions prisées, mais mourut dans l'oubli.
Elle a exposé à Paris, aux Salons des Indépendants à partir de 1901, d'Automne, dont elle était membre sociétaire, de la Société Nationale des Beaux-Arts et des Tuileries. Elle a pris part à de nombreuses expositions à l'étranger : Barcelone, Liège, Venise, Zurich, Budapest, Kyoto, etc. Elle a figuré, en 1980, à l'exposition *150 ans de peinture dauphinoise* au château de la Condamine, mairie de Torenc.
E. Flandrin ne lui enseigna que l'essentiel, se gardant de rien entamer d'un instinct exceptionnel s'il comprenait que la jeune femme saurait exprimer beaucoup de poésie plastique à travers quelque gaucherie de la touche. Curieuse de lecture autant que de beaux-arts, Jacqueline Marval s'inspira autant des contes de *Ma Mère L'Oie* que des proses ailées de Gérard de Nerval. Sa palette est celle des impressionnistes, alors même qu'elle use de la brosse à la façon des fauves, ses contemporains. Elle a peint les *Odalisques* en suivant Ingres dans le voisinage de Marquet, *Le Jardin de Cendrillon – L'Enfant de Paris – La Clownesse – Le Jardin de ma voisine* et *Sylvie* son œuvre composée la plus complète. On lui doit quelques lithographies, aquarelles, pastels, gravures, cartons de tapisseries et des essais de sculptures.

Bibliogr. : Maurice Wantellet : *Deux siècles et plus de peinture dauphinoise*, édité par l'auteur, Grenoble, 1987.
Musées : Chambéry (Mus. des Beaux-Arts) : *Femme nue étendue sur un lit* – Genève (Petit Palais) : *La Femme au guépard* – Grenoble – Luxembourg : *La Mystérieuse* – Paris (Mus. d'Art Mod. de la Ville) : *La Coupe fleurie*.
Ventes Publiques : Paris, 28 mars 1919 : *L'ombrelle* : **FRF 420** – Paris, 9 fév. 1925 : *Jeunes femmes dans les fleurs* : **FRF 2 600** – Deauville, 8 déc. 1928 : *Les roses roses* : **FRF 9 000** – Paris, 12 déc. 1932 : *Le bouquet de chrysanthèmes* : **FRF 4 100** – Paris, 11 mai 1942 : *La jeune femme blonde* : **FRF 2 100** – Paris, 8 déc. 1944 : *Soirée parisienne* 1905 : **FRF 10 000** – Paris, 24 fév. 1947 : *La couture au jardin* 1904 : **FRF 4 000** – Paris, 20 avr. 1950 : *Fleurs* : **FRF 6 500** – Paris, 26 fév. 1954 : *Roses d'hiver* : **FRF 30 000** – Grenoble, 10 déc. 1973 : *Les tricoteuses* : **FRF 16 500** – Genève, 8 juin 1974 : *Roses devant la fenêtre* : **CHF 9 500** – Grenoble, 26 avr. 1976 : *La robe japonaise*, h/t (54x81) : **FRF 14 000** – Grenoble, 20 nov. 1978 : *L'Odalisque au guépard*, h/t (96x195) : **FRF 40 000** – Grenoble, 10 déc 1979 : *L'enfant aux roses*, h/t (130x97) : **FRF 14 000** – Paris, 18 juin 1981 : *Jetée de fleurs*, h/t (75x172) : **FRF 12 000** – Versailles, 20 mars 1983 : *Vase de roses*, h/t (73x92) : **FRF 17 000** – Lyon, 27 mai 1986 : *Jeunes filles dans la clairière*, h/t (237x208) : **FRF 160 000** – Lyon, 20 mai 1987 : *Jeune femme cachée derrière un bouquet de roses*, h/t (91x72) : **FRF 88 000** – Paris, 6 mai 1988 : *Vase de roses*, h/t (56x78) : **FRF 42 000** – Paris, 12 juin 1988 : *La femme aux pavots*, h/t (46x38) : **FRF 42 000** – Paris, 23 juin 1988 : *Femme à la ceinture bleue*, h/t (155x107,5) : **FRF 75 000** – Saint-Dié, 16 oct. 1988 : *Quatre jeunes filles* entre 1905 et 1910, h/t (121x197) : **FRF 167 000** – Paris, 12 déc. 1988 : *Les deux amies*, aquar. (29,5x48) : **FRF 6 800** – Paris, 13 avr. 1989 : *Odalisque au guépard* 1900, h/t (94x194) : **FRF 200 000** – Saint-Dié, 15 oct. 1989 : *Femme nue allongée*, encre de Chine et aquar. (25x40) : **FRF 12 100** – Paris, 24 nov. 1989 : *Jeune fille au jardin (Mlle. Lucienne T.)*, h/t (195x130) : **FRF 200 000** – Fontainebleau, 28 jan. 1990 : *Compositions florales*, deux h/t (60x73) : **FRF 257 000** – Chambéry, 25 mars 1990 : *Adrienne, hommage à Gérard de Nerval*, h/t (206x216) : **FRF 800 000** – Lyon, 15 mai 1990 : *Bouquet de fleurs*, h/pan. (116x89) : **FRF 415 000** – Lyon, 31 mai 1990 : *Petite fille au bouquet de fleurs* 1908, h/t (116x90) : **FRF 400 000** – Lyon, 10 déc. 1990 : *Le printemps paré*, h/t (111x80) : **FRF 350 000** – Amsterdam, 23 mai 1991 : *Nature morte de fleurs*, h/t (61x38) : **NLG 21 850** – Calais, 13 déc. 1992 : *Vase de lys et delphiniums*, h/t (81x65) : **FRF 38 000** – Paris, 22 mars 1994 : *Bouquet de tulipes*, h/t (65x81) : **FRF 32 500** – Paris, 9 juin 1995 : *Jeune femme nue entourée d'enfants* 1905, h/t (134x137) : **FRF 53 000** – Paris, 18 mars 1996 : *Nu étendu*, fus./t. (81x131) : **FRF 5 800** – Paris, 7 juin 1996 : *Le Bal* 1909, h/t (95x130) : **FRF 55 000** – Paris, 16 mai 1997 : *Le Bouquet* 1904, h/t (81x65) : **FRF 15 000**.

MARVANEK Otakar
Né le 28 mars 1884 à Prague. Mort le 25 octobre 1921 à Prague. XXe siècle. Tchécoslovaque.
Peintre de paysages, portraits.
Il fut l'élève de Schwaiger et subit l'influence de Cézanne.
Musées : Prague (Gal. Nat.).

MARVARD Giulio
Né en 1856 à Rome. XIXe siècle. Italien.
Peintre de fleurs.
Il exposa à Naples et à Turin.

MARVIE Martin ou **Marvye**
Né en janvier 1713. Mort en octobre 1813. XVIIIe-XIXe siècles. Actif à Paris. Français.
Peintre, graveur et dessinateur.
Il dessina et grava des sujets d'histoire naturelle et d'autre part, sur l'invitation de la Ville de Paris, quelques vues des fêtes données à propos de la naissance du duc de Bourgogne. On possède de lui au Louvre un dessin à la plume *(Feu d'artifice de la Paix sur la Seine)*.

MARVILLE Charles
Né en 1816 à Paris. Mort vers 1878. XIXe siècle. Français.
Dessinateur d'histoire, lithographe, illustrateur.
En 1994, la Mairie de Paris a organisé, à la Bibliothèque historique de la Ville, une exposition sur *Marville en son temps*.
Il traita aussi bien des sujets d'histoire que contemporains, laissant ainsi des précieux documents sur la société du milieu du XIXe siècle. Il réalisa les illustrations du livre *Les Français sous Louis XIV et Louis XV*. D'autre part, en 1849 et 1850, il produisit des lithographies pour la *Propagande socialiste*.

MARVILLE Jean de. Voir **HENNEQUIN de Merville**

MARVY Louis
Né le 15 mai 1815 à Jouy-en-Josas. Mort le 16 novembre 1850 à Paris. XIXe siècle. Français.
Peintre et graveur.
Élève de Jules Dupré, Dupuis et de Nyon. Il exposa au Salon à partir de 1842. Il a gravé des vues, des ruines, des paysages, etc., d'après Rembrandt, Corot, Diaz, Decamps, Dupré. Il fut le collaborateur fidèle de Charles Jacque. Il a en outre exécuté quelques

dessins sur bois pour *l'Histoire des peintres*, le *Magasin pittoresque* et *Le Languedoc ancien et moderne*, par Mary Lafon.

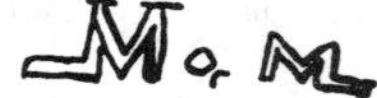

MARVYE Martin. Voir **MARVIE**

MARWAN
Né en 1934 à Damas. XXe siècle. Actif depuis 1957 en Allemagne. Syrien.
Peintre de portraits, graveur.
Il étudia la peinture, de 1957 à 1963, sous la direction de Hann Trier, à l'école des beaux-arts de Berlin, où il enseigne depuis 1977. Il vit et travaille à Berlin, depuis 1957.
Il montre ses œuvres dans des expositions personnelles : depuis 1967 très régulièrement à Berlin en particulier en 1976 à l'Orangerie du château de Charlottenbourg, en 1986 au Sammlung Berlinische Galerie ; 1970 Centre culturel de Damas ; 1971, 1975, 1985, 1987, 1990 et 1992 Munich ; 1973 et 1977 Bonn ; 1974 et 1991 Hanovre ; 1976 New York ; 1980 musée d'Art moderne de Bagdad ; 1981 Documenta de Kassel ; 1982, 1986, 1991 et 1992 Francfort ; 1982 et 1990 Biennale de Venise ; 1984 Kunsthalle de Darmstadt ; 1993 Institut du Monde Arabe et Bibliothèque nationale à Paris.
De 1966 à 1970, il met en scène des personnages seuls ou en couple, aux têtes souvent difformes, perdus sur un fond uni aux teintes ternes (beige, gris, vert), au cœur d'un espace vide, glacé, et souligne la solitude de l'individu et sa vulnérabilité. De 1970 à 1980, il prend comme modèle une marionnette, et s'intéresse à exprimer les différents états d'âme qu'un visage peut révéler. Depuis 1980, il pratique une figuration plus agitée, donne naissance à des têtes tumultueuses qui se dissolvent dans la matière picturale, appliquée de manière dense par juxtaposition de touches colorées. Ces figures-paysages invitent à la méditation. Il réalise également des gravures, pointes sèches ou eaux fortes, qui reprennent les sujets de ses peintures.
Bibliogr. : In : *Dict. de l'art mod. et contemp.*, Hazan, Paris, 1992.
Musées : Berlin (Nat. Gal.) – Brême (Kunsthalle) – Damas (Mus. Nat.) – Göttingen (Städt. Mus.) – Lübeck (Mus. für Kunst und Kulturgeschichte der Hansestadt) – Manheim (Kunsthalle) – Munich (Gal. de Peinture) – Paris (BN) : *Couple* 1967, vernis mou – Paris (Mus. de l'Inst. du Monde arabe) – Paris (Mus. de la Seita) – Pittsburgh (Carnegie Inst.) – Wolfsburg (Städt. Mus.).

MARWEDE Richard
Né le 5 février 1884 à New York. XXe siècle. Américain.
Peintre de paysages.

MARWITZ Michael
XVIIe siècle. Allemand.
Portraitiste.
Poméranien. Il vécut vers 1620 à Stettin et Wolgast.

MARX Adrien
XIXe siècle. Français.
Peintre.
Il exposa au Salon en 1838 et 1839.

MARX Alexander
Né en 1815 à Nuremberg. XIXe siècle. Allemand.
Paysagiste et graveur.
Il fut un élève de Fr. Geissler et publia en 1852 *Vues pittoresques du canal du Main au Danube.*

MARX Alphonse
Né au XIXe siècle à Paris. XIXe siècle. Français.
Peintre.
Il travailla avec Lequien, Cabanel et Bonnat. Il débuta au Salon en 1879 avec son tableau : *Pour le souper.*

MARX Andreas
Mort en 1701. XVIIe siècle. Actif à Graz. Autrichien.
Sculpteur.
Il exécuta de nombreuses statues de saints pour les églises de sa région.

MARX Ernst Bernhard
Né le 18 août 1864 à Oberspaar (Saxe). XIXe-XXe siècles. Allemand.
Peintre d'histoire, nus.
Il fut élève de l'académie des beaux-arts de Dresde, où il eut pour professeur Pauwels. En 1893, il obtint une bourse de voyage, vint à Paris en 1895 et séjourna en Italie en 1896 et 1897.
Ventes Publiques : Paris, 22 avr. 1988 : *La prisonnière*, h/t (111x86) : **FRF 6 200** – Stockholm, 15 nov. 1988 : *Jeune femme nue allongée devant une draperie représentant des putti*, h. (132x204) : **SEK 300 000** – New York, 16 juil. 1992 : *Nu allongé*, h/t (127x204,5) : **USD 10 725**.

MARX Franz
Né le 19 février 1889 à Munich (Bavière). XXe siècle. Allemand.
Peintre de genre, animaux, fleurs.
Il fut un élève de Jänk et de Zügel. Il vécut et travailla dans sa ville natale.
Musées : Munich : *Marabouts et pélicans – Famille de zèbres.*
Ventes Publiques : Lindau Bodensee, 12 oct. 1977 : *Corrida*, cart. (50x60,5) : **DEM 3 300** – Munich, 30 mai 1980 : *Oiseaux de proie*, h/t (56x68) : **DEM 2 500** – Amsterdam, 24 avr. 1991 : *Zèbres*, h/cart. (44x54,5) : **NLG 2 760**.

MARX Gustav
Né le 3 juin 1855 à Hambourg. Mort le 4 septembre 1928 à Düsseldorf (Rhénanie-Westphalie). XIXe-XXe siècles. Allemand.
Peintre de genre, portraits, paysages, animaux.
Il fut élève de Camphausen et de Kroher à Düsseldorf. Il reçut une mention honorable en 1881 à Berlin.
On cite de lui : *Soirée – L'Empereur Guillaume Ier – L'Empereur Frédéric – L'Empereur Guillaume II.*
Musées : Wiesbaden : *Une Partie de traîneau au XVIIIe s.*
Ventes Publiques : Cologne, 24 juin 1983 : *Jeune femme dans une barque* 1883, h/t (58,5x84,5) : **DEM 15 000** – Cologne, 15 oct. 1988 : *Cavalier et écuyer se tenant à l'abri pendant un orage*, h/cart. (62x46) : **DEM 1 500**.

MARX Heinrich
Né au XVe siècle. XVe-XVIe siècles. Allemand.
Peintre.
Il devint citoyen de Francfort en 1491, et peignit de 1500 à 1502 des personnages au cimetière de l'église des Trois Rois à Francfort. Il s'installa en 1505 à Berlin à la cour du prince électeur Joachim.

MARX Ilse
Née en 1921. XXe siècle. Allemande.
Peintre.
Elle fut élève de Julo Levin à l'école juive de Düsseldorf. On put voir de ses œuvres en 1988 au Goethe Institute à Paris.

MARX Johann
Né le 15 novembre 1866 à Heidelberg (Bade-Wurtemberg). XIXe-XXe siècles. Allemand.
Peintre de portraits.
Il figura au Salon de Paris, où il obtint une mention honorable en 1895.
Musées : Heidelberg (Mus. mun.) : *Portrait de Rob – Portrait de Bubsen – Portrait de Wilh – Portrait d'Erb* – Munich (Mus. alpestre) : *Portrait du professeur Petersen.*

MARX Johann Christoph
XVIIIe siècle. Actif à Judenburg. Allemand.
Peintre.
Il dora à l'église de Pels en 1711 plusieurs statues et peignit une *Madone* et un *Saint Jean Baptiste.*

MARX Maurice Roger
Né le 1er avril 1872 à Fontainebleau (Seine-et-Marne). XIXe-XXe siècles. Français.
Sculpteur d'animaux, groupes.
Il fut élève de Barrias. Il figura, à Paris, au Salon des Artistes Français. Il obtint une médaille de troisième classe en 1901, une médaille de deuxième classe en 1904, d'or en 1921. Il fut chevalier de la Légion d'honneur.
Musées : Paris (Mus. du Luxembourg) : *La Première Dent*, marbre.

MARX Otto
Né le 15 août 1887 à Düsseldorf (Rhénanie-Westphalie). XXe siècle. Allemand.
Peintre de paysages.
Il fut élève de l'académie des beaux-arts de Düsseldorf.
Musées : Düsseldorf (Mus. mun.) : *Printemps sur le Rhin moyen – Gelsenkirchen – Dortmund.*
Ventes Publiques : Heidelberg, 11 avr. 1981 : *Paysage d'automne* vers 1949, h/t (55x74) : **DEM 4 200** – Cologne, 18 mars 1989 : *L'hiver* 1912, h/t (55x65) : **DEM 1 800**.

MARX Servatius
XVIe siècle. Actif à Königsberg à la fin du XVIe siècle. Allemand.
Peintre d'histoire.
Il a peint : *Jacob et ses sept fils.*

MARX-KRUSE Margarethe, née **Kruse**
Née le 21 janvier 1897 à Berlin. XXe siècle. Allemande.
Peintre de paysages, natures mortes.
Il vécut et travailla à Düsseldorf.

MARX-VALLET Marius. Voir **MARS-VALLET**

MARXER Alfred
Né le 28 juin 1876 à Turbental (Zurich). Mort en 1945 à Turbental. XXe siècle. Actif en Allemagne. Suisse.
Peintre de portraits, paysages, graveur.
Il fut élève de Hackl et de Seitz à Munich, où il s'établit en 1915. Plus tard, il vécut et travailla à Kilchberg.
Musées : Aarau (Aargauer Kunsthaus) : *La Voie de notre temps* 1918 – Bienne : *Matinée sur la Seine près de Paris* – Saint-Gall : *Chercheurs* – Soleure : *Départ* – Zurich : *Nature morte et dégel.*
Ventes Publiques : Berne, 3 mai 1979 : *Léda* 1913, h/t (61x80) : **CHF 1 600** – Zurich, 27 mai 1987 : *Vase de fleurs* 1930, h/t (70x70) : **CHF 6 000** – Zurich, 7-8 déc. 1990 : *Gondoles à Venise* 1923, h/t (60x70) : **CHF 3 600** – Zurich, 29 avr. 1992 : *Le lac de Zurich vu depuis l'atelier*, h/t (49,5x41,5) : **CHF 3 000** – Zurich, 4 juin 1992 : *Au bord de l'Obersee* 1925, h/t (80,5x100,5) : **CHF 3 390.**

MARXER Fortunat Joseph
Mort après 1775. XVIIIe siècle. Actif à Graz. Autrichien.
Peintre.
Il a peint plusieurs tableaux pour l'église du Bon-Secours à Graz.

MARY Claude
Née le 19 août 1929 à Brest (Finistère). XXe siècle. Française.
Sculpteur de figures, de groupes et de monuments. Tendance expressionniste.
De 1946 à 1948, elle se forma dans l'atelier de Robert Coutin, puis de 1948 à 1954 dans celui de Germaine Richier. Elle obtint le prix Blumenthal en 1952, le prix Fénéon en 1958, le prix Antoine Bourdelle en 1965, le prix Dumas-Millier en 1991. Elle participa à diverses expositions collectives, notamment aux salons d'Automne, de la Jeune Sculpture, de Mai. En 1967, elle fit une exposition personnelle au Musée Bourdelle, à Paris. Elle a réalisé une immense *Main*, en terre cuite, monument de trois mètres cinquante de large et deux mètres quatre vingts de haut, pour l'usine hydro-électrique de Saint-Chamas, sur l'étang de Berre. En 1972, elle reçut une commande de l'Assistance Publique : une sculpture-jeu intitulée *Snoopy*, en polyester et gouache acrylique. De nombreuses autres œuvres monumentales lui furent commandées : *Les Dunes*, mur de bronze, pour la tour B. P. 12 du Crédit Lyonnais, à la Défense ; *La Mine* (béton clair), pour le mur de l'usine d'hydrocarbures Geostock ; *Plante*, une fontaine pour la ville de Domart-en-Ponthieu (Somme) ; *Les Sacs*, groupe de trois sculptures en pierre d'Euville commandé par E. D. F. pour le barrage de l'Aigle, en Moyenne Dordogne ; enfin une fontaine, réalisée en pierre d'Euville entre 1984 et 1985 pour l'ensemble Baudricourt dans le Treizième Arrondissement de Paris.
Claude Mary a visité tous les styles, depuis l'abstraction jusqu'à l'expressionnisme de l'atelier Germaine Richier. Mais son œuvre n'en reste pas moins avant tout extrêmement personnelle et solitaire. Ses sculptures, quand elles sont des portraits ou des fragments de corps, témoignent d'un intérêt pour l'analyse psychologique, et laissent apparaître un mélange d'inquiétude, de fragilité, d'ironie, de gravité et d'espoir. ■ A. G.

MARY Guillaume
Né en 1962. XXe siècle. Français.
Peintre, dessinateur, technique mixte. Expressionniste-abstrait.
Il fit ses études, de 1981 à 1986, à l'école des beaux-arts de Paris. Il est titulaire du diplôme supérieur d'Arts Plastiques (section dessin).
Il a figuré en 1981, 1982, 1983 aux Salons des Indépendants et d'Automne, à Paris. Il a montré ses œuvres dans des expositions personnelles de 1988 à 1990 au Génie de la Bastille.
Il pratique une peinture gestuelle.
Ventes Publiques : Les Andelys, 19 nov. 1989 : *Sous l'arbre*, techn. mixte/t. (130x89) : **FRF 3 000** – Paris, 14 avr. 1991 : *Sans titre* 1990, h/t (100x80) : **FRF 8 500** – Paris, 14 oct. 1991 : *Sans titre*, dess. (25x25) : **FRF 3 500** – Paris, 13 juin 1992 : *Amphore* 1990, h/t (100x80) : **FRF 5 000.**

MARY Joséphine
Née au XIXe siècle à Paris. XIXe siècle. Française.
Peintre de paysages.
Élève d'Allongé et Lalanne. Elle exposa entre 1866 et 1870.

MARY Louis Auguste
Né le 26 février 1793 à Paris. XIXe siècle. Français.
Peintre.
Entra à l'École des Beaux-Arts en 1808 ; il y fut l'élève de Regnault. Il exposa au Salon, de 1831 à 1848, des sujets de genre.

MARY Marthe. Voir **GAILLARD,** Mme

MARY-CASSATT. Voir **CASSATT Mary,** Miss

MARY-GEORGE Marie Georgette
XXe siècle. Française.
Peintre de fleurs, aquarelliste.
Elle exposa à Paris, à partir de 1919 au Salon des Indépendants.
Ventes Publiques : Londres, 18 mai 1945 : *Bouquet de fleurs*, aquar. : **FRF 1 200.**

MARYAN, pseudonyme de **Burstein Maryan Pinchas** ou **Pinchus**
Né le 1er janvier 1927 à Nowy-Sacz. Mort le 15 juin 1977 à New York. XXe siècle. Actif depuis 1962 et depuis 1969 naturalisé aux États-Unis. Polonais.
Peintre de figures, aquarelliste, pastelliste, dessinateur, illustrateur.
D'être né un premier janvier ressemblait au présage d'une fête, sauf pour un petit juif polonais. En 1939, il fut interné dans les camps de concentration installés par les nazis dans la Pologne conquise, à l'âge de douze ans. Il y passa son enfance, jusqu'en 1944, pour la poursuivre, de 1945 à 1947 dans les camps de réfugiés en Allemagne. Il avait alors réussi à avoir vingt ans, mutilé dans sa chair et marqué pour toujours. À travers de tels cas, on comprend ce que pouvait représenter alors la terre d'Israël pour les Juifs pourchassés. Maryan y atteignit en 1947, étudia à l'école d'art de Bezalel de Jérusalem et y reprit possession de son être. Il quitta Israël, en 1950, pour Paris. Il était évident qu'il devait témoigner et il choisit de témoigner par le langage des images. Il passa trois années à l'école des beaux-arts, dont deux en atelier de lithographie. En 1962, il s'installa à New York.
Il participa à des expositions collectives : à partir de 1953 Salon de Mai à Paris ; 1958 musées de Nantes et Senlis ; 1959 exposition itinérante en Scandinavie, Walker Art Center de Minneapolis, *Pittori Oggi* à Turin et Biennale de Paris, où il obtint le prix des Critiques ; 1960 Biennale de Venise ; 1960, 1964, 1967 Carnegie International de Pittsburgh ; 1963 *Art français contemporain* en Afrique du Sud et Museum of Fine Arts de San Francisco ; 1964 *La Figure humaine depuis Picasso* au musée de Gand ; 1964, 1969 Museum of Modern Art de New York ; 1964, 1965 Art Institute de Chicago ; 1965 palais des beaux-arts de Bruxelles et musée d'Art moderne de la Ville de Paris ; 1969 Whitney Museum of American Art de New York ; 1970 Museum of Art d'Indianapolis ; 1976 musée national d'Histoire naturelle de Paris et Jewish Museum de New York ; 1977 Kunsthalle de Düsseldorf, Kunstforening d'Aarhus et Kunstmuseum d'Aalborg... Il montre ses œuvres dans des expositions personnelles : 1949 Jérusalem ; 1952, 1955, 1957, 1958, 1960, 1962, 1965, 1966, 1970, 1974, 1977, 1978 Paris ; 1956 musée de Tourcoing ; 1959, 1961 Copenhague ; 1960 Helsinki ; 1962 Nantes ; 1963 à 1966 Chicago ; 1970 Van Abbe Museum d'Eindhoven ; 1960, 1962 à 1966, 1968, 1969, 1972 (Guggenheim Museum), 1975, 1977 New York ; 1971, 1973 Amsterdam ; 1976 Madrid... La galerie de France à Paris lui rendit hommage en 1978. Toujours à Paris, une exposition personnelle a été présentée en 1990 à la FIAC (Foire Internationale d'Art Contemporain).
Les peintures de ses débuts étaient techniquement extrêmement maladroites, assez informes mais on en percevait le cri qui tentait de percer ; sans que cela puisse surprendre, il peignait alors surtout des *Juges*. Le doux « Heimatlos » blessé, au regard anxieux éclairé parfois d'un sourire rayonnant, menant la vie des artistes étrangers exilés à Montparnasse, se connut des amis. Retrouvant la confiance après l'enfer, sa technique prit de l'assurance. Il peignit alors une série consacrée à des *Chiens morts* et un *Oiseau de sacrifice*, écartelé aux quatre coins de la toile, les entrailles étalées pour y lire quel destin ? ; la série des *Chevaliers* en armures, sans que l'on sache s'ils étaient du côté du faible ou de celui des conquérants. Après avoir conquis la technique picturale et l'ayant prouvé dans les séries des *Chiens*, des *Oiseaux*, des *Chevaliers*, il put se permettre d'y renoncer

pour bien montrer que ce gribouillage enfantin, qu'on lui avait reproché comme une insuffisance, était tout ce qu'il désirait utiliser, tout ce dont il avait besoin pour dire des vérités aussi simples que celles qu'il avait à dire : la laideur des hommes, reflet de leur méchanceté ; les clowns et les acrobates, qui se cachent sous des déguisements misérables ou se parent d'habits de lumière ; l'aliénation des « ceux en uniformes » ; l'horrible besoin de manger ; le corps de la femme ouvert. Désormais, inlassablement il constitue l'innombrable galerie des guignols de la farce humaine, avec le langage pur et direct de l'enfance, qu'il n'eut pas, traversant, sans y prendre garde, les agitations spasmodiques des modes artistiques.
En 1953, il illustra *Le Procès* de Kafka préfacé par Jean Cassou.

■ Jacques Busse

Bibliogr. : In : *Peintres contemp.*, Mazenod, Paris, 1964 – Catalogue de l'exposition *Groupe 1965*, Musée d'Art moderne de la Ville, Paris, 1965 – A. Kampf : Catalogue d'exposition *Maryan, 1927-1977*, Musée de Tel-Aviv, 1979.
Musées : Berlin (Staat. Mus.) – Chicago (Art Inst.) – Le Havre – La Haye (Mus. mun.) – New York (Mus. of Mod. Art) – Paris (Mus. d'Art Mod. de la Ville) – Pittsburgh (Carnegie Inst.) – Tourcoing – Vienne (Mus. des XX Jarhunderts).
Ventes Publiques : Paris, 24 mai 1972 : *Tête* : **FRF 7 000** – Paris, 19 mars 1973 : *Les deux chevaliers* 1954 : **FRF 5 200** – Paris, 24 juin 1974 : *Composition* 1954 : **FRF 8 000** – Milan, 9 nov. 1976 : *Peinture A 11* 1959, h/t (146x115) : **ITL 1 000 000** – Paris, 13 déc. 1978 : *L'animal fantastique* 1955, h/t (81x100) : **FRF 5 000** – Paris, 21 juin 1979 : *Deux personnages* 1970, aquar. et encre de Chine (46x61) : **FRF 4 500** – Londres, 23 fév. 1983 : *Homme au chapeau noir* 1960, h/t (115,5x89) : **GBP 1 000** – Enghien-les-Bains, 1er déc. 1985 : *L'homme-grenouille* 1956, h/t (146x117) : **FRF 30 000** – Paris, 6 déc. 1986 : *Sans titre* 1956, h/t (130x97) : **FRF 27 000** – New York, 6 oct. 1987 : *Figure* 1956, h/t (162x129,5) : **USD 3 250** – Paris, 20 mars 1988 : *Pape* 1961, h/t (100x81) : **FRF 26 500** ; *Profil au chapeau* 1960, aquar. (64x49) : **FRF 7 500** – Paris, 8 juin 1988 : *Shehita (l'abattage rituel)* 1953, h/t (65x81) : **FRF 25 000** – Paris, 15 juin 1988 : *Chien* 1960, h/t (100x81) : **FRF 40 000** – Neuilly, 20 juin 1988 : *Composition* 1957, h/t (89x115) : **FRF 51 000** – Neuilly, 22 nov. 1988 : *Chevalier*, gche (61x47) : **FRF 14 000** – Copenhague, 10 mai 1989 : *Homme mécanique* 1951, h/t (80x64) : **DKK 50 000** – Tel-Aviv, 30 mai 1989 : *Femme assise* 1955, h/t (100x81) : **USD 8 250** – Paris, 12 fév. 1989 : *Sans titre* 1955, h/t (116x89) : **FRF 75 000** – Paris, 4 juin 1989 : *Composition* 1955, h/t (116x89) : **FRF 55 000** – Paris, 18 juin 1989 : *Nu à l'amphore*, h/pan. (100x70) : **FRF 55 000** – Paris, 9 oct. 1989 : *Composition* 1958, h/t (101x81) : **FRF 65 000** – Paris, 17 déc. 1989 : *Sans titre* 1955, h/t (130x96) : **FRF 92 000** – Tel-Aviv, 3 jan. 1990 : *Shofar soufflant* 1953, h/t (53x72,5) : **USD 9 460** – Paris, 18 fév. 1990 : *Série rouge* 1956 (130x97) : **FRF 81 000** – Paris, 8 avr. 1990 : *Composition*, h/t (100x81) : **FRF 100 000** – New York, 7 mai 1990 : *Sans titre* 1975, h/t (71x61) : **USD 4 950** – Neuilly, 10 mai 1990 : *Sans titre* 1975, acryl./t. (69,5x56) : **FRF 81 000** – Paris, 30 mai 1990 : *Composition* 1955, h/t (88,5x115,5) : **FRF 90 000** – Bruxelles, 13 déc. 1990 : *Composition* 1953, h/t (116x89) : **BEF 478 800** – Paris, 3 juil. 1991 : *Personnage* 1966, aquar./pap. (40x29) : **FRF 11 500** – Paris, 28 sep. 1992 : *Composition* 1958, lav. d'encre/pap. (54x42) : **FRF 4 000** – Copenhague, 6 sep. 1993 : *Composition* 1957, h/t (41x34) : **DKK 8 000** – Copenhague, 3 nov. 1993 : *Personnage* 1958, h/t (146x89) : **DKK 90 000** – Paris, 21 mars 1994 : *Composition* 1955, h/t (89x116) : **FRF 26 100** – Tel-Aviv, 25 sep. 1994 : *Un rabbin* 1953, h/t (41x33) : **USD 4 370** – Tel-Aviv, 22 avr. 1995 : *Rabbin chevalier* 1953, h/t (32,8x24) : **USD 5 715** – Paris, 26 juin 1995 : *Personnage* 1970, past./pap. (48x32,5) : **FRF 6 000** – Paris, 24 mars 1996 : *Personnage* 1970, fus. (65x48) : **FRF 5 200** – New York, 7 mai 1996 : *Sans titre* 1967, acryl./t. (101,6x76,2) : **USD 5 750** – Paris, 19 juin 1996 : *Composition orange et noire* 1953, h/t (33x22) : **FRF 11 200** – Londres, 24 oct. 1996 : *Chariots* 1955, h/t (130x161) : **GBP 4 140** – Paris, 29 nov. 1996 : *Arbitre* 1956, h/t (73x60) : **FRF 13 500** – Paris, 28 avr. 1997 : *Tête de profil au bandeau* 1971, past. et fus./pap. (48x60) : **FRF 4 800** ; *Personnage* 1973, acryl./t. (100x73) : **FRF 25 000** – Paris, 4 oct. 1997 : *Le Souriant* 1971, past. gras et fus./pap. (48x60) : **FRF 4 000**.

MARYAN Henrich. Voir **FRAMA**

MARYAND
xxe siècle. Française.
Peintre de paysages, marines.
Elle exposa à Paris, au Salon des Femmes Peintres et Sculpteurs.

MARYCKI Adam
xviiie siècle. Polonais.
Peintre de portraits et graveur.
Il travailla à Dresde et à Varsovie et fut le peintre officiel d'Auguste III et peut-être aussi d'Auguste II. La collection de M. Borkovski conserva de lui un *Portrait de femme* signé : *A. de Marycki Regis Pol. pict pinx*. La collection Mielzynski à Posen possède de lui un *Portrait de la fille d'Auguste II*.

MARYE Simone
Née à Paris. xxe siècle. Française.
Sculpteur d'animaux.
Elle exposa à Paris, aux Salons des Indépendants, à partir de 1926, d'Automne et des Tuileries.
Musées : Paris (Mus. d'Art Mod.) : *Canard*, bronze doré.
Ventes Publiques : Londres, 9 fév. 1977 : *Tête de nègre*, bronze (H. 43) : **GBP 800** – Paris, 28 nov 1979 : *Coq*, bronze, patine noire (H. 38) : **FRF 9 100** – New York, 26 mai 1983 : *Coq et poule*, bronze patine noire nuancé vert (H. totale 40,6) : **USD 2 800**.

MARYNUS Claeszoon. Voir **MARINUS VAN ROEJMERSWAELEN**

MARYON Édith
xixe-xxe siècles. Britannique.
Sculpteur.
Elle exposa à l'académie royale de Londres à partir de 1899.
Musées : Liverpool (Gal. des Arts) : *Écho*, bronze.

MARZAL Nicolau ou **Marçal, Marsoll**
xve siècle. Actif à Palma de Majorque. Espagnol.
Peintre.
A doré en 1418 les colonnes de la cathédrale de Majorque.

MARZAL de SAX ou **Marçal** ou **Marsal**
xive-xve siècles. Actif en Espagne. Allemand (?).
Peintre de sujets religieux, compositions murales. Gothique international.
Probablement d'origine allemande, il vécut à Valence de 1392 à 1410 ; il y fonda un atelier entre 1394 et 1405, et collabora avec Pedro Nicolau, puis avec Gonzalo Pérez, pour les travaux de grande envergure.
En 1396, il décora la salle des séances de l'Hôtel de Ville de Valence et en 1400 plusieurs autels de la cathédrale de cette ville, dont l'*Incrédulité de saint Thomas*. Certains lui attribuent le retable de *Saint Georges*, réalisé pour la confrérie des arbalétriers du Centenar de la Ploma, vers 1400.
Bibliogr. : In : *Dictionnaire de la peinture espagnole et portugaise du Moyen-Âge à nos jours*, coll. Essentiels, Larousse, Paris, 1989.
Musées : Londres (Victoria and Albert Mus.) : *Retable de saint Georges*, attr.

MARZAROLI Cristoforo
Né le 13 mars 1836 à Salsomaggiore. Mort le 23 février 1871 à Parme. xixe siècle. Italien.
Sculpteur.
La Galerie de Parme possède de cet artiste un buste de marbre *(Paolo Toschi)*, *La Sorcière* et deux statues, et le Musée d'histoire de la même ville, *Ismaël*.

MARZE Émile
Né en 1930 à Menton. xxe siècle. Actif depuis 1970 en Italie. Français.
Peintre.
Il voyagea souvent en Espagne, où il séjourne en 1956-1957, puis en 1961 à Munich, où il découvre l'expressionnisme allemand, en particulier Max Beckmann et Nolde qui exercent certainement une influence sur son œuvre. Depuis 1970, il vit en Italie. Il a participé à plusieurs reprises à la Biennale de Menton. Dès 1950, il exposa sur la Côte d'Azur, notamment à Nice, puis à Bruxelles, Paris, Berlin, 1994 Saint-Paul-de-Vence. Il a exposé à Milan en 1971. En 1961, il était lauréat de la Biennale de Paris. En 1960 et 1963, il réalise une importante décoration murale à Florence. La peinture de Marzé, si elle n'est pas sévère, n'est pas faite de joliesses, et la saveur en est rude. Abstraite, mais d'où la figure n'est pas absente (elle apparaît souvent en silhouette), son œuvre est pleine d'allusions à la réalité, sans pour autant être

chargée de symboles. Depuis il est revenu à des toiles plus figuratives, évoquant un monde désolé ayant survécu après quelques catastrophes.

MARZELLE Jean
Né le 24 janvier 1916 à Lauzun (Lot-et-Garonne). xxe siècle. Français.
Peintre de paysages, peintre de cartons de mosaïques, illustrateur.
Il fut élève de l'école des beaux-arts de Montpellier, puis de celle de Paris.
Il a exposé à Paris, aux salons d'Automne, dont il est membre sociétaire depuis 1942, de la Libération en 1944, de Mai à plusieurs reprises, Comparaisons. Il montra ses œuvres dans des expositions personnelles : 1953, 1955, 1956, 1957, 1959, 1961 Paris ; 1953 Genève ; 1958 musée de l'Athénée à Genève ; etc. Il reçut en 1957 le prix de la Critique et celui de la ville de Menton la même année.
Comme beaucoup de jeunes peintres français de sa génération, il fut marqué, dans ses débuts, par la rationalisation de la réalité dans l'œuvre de Desnoyer, qui lui fit connaître Jacques Villon et Walsh. Il évolua ensuite sous l'influence des amitiés nouées avec Pignon, Fougeron, Estève, Singier. Puis le retour à Cézanne sembla donner définitivement la direction de son œuvre. On peut penser qu'il y avait d'autres ouvertures possibles dans ses époques précédentes. Marqué par les paysages et la lumière espagnols, frappé en 1936 par l'œuvre de Cézanne, cet artiste tenté un temps par les expériences abstraites, met sa riche palette au service d'un lyrisme fougueux et puissant. Il a réalisé des mosaïques pour le lycée français de Lisbonne en 1954, des vitraux pour l'église de Bouchevillier en 1963, des vitraux pour le centre artistique de Vauboyen en 1964, la décoration de l'école supérieure de commerce de Paris. Il a illustré *Quinze Jours en Hollande* de Verlaine, *À Rebours* d'Huysmans.

Marzelle

Bibliogr. : In : *Peintres contemp.*, Mazenod, Paris, 1964 – *Jean Marzelle*, éditions J.-P. Joubert et Coll. Terre de Peintre, 1992.
Musées : Cincinnati – Le Havre – Liège (Mus. Grand-Ducal) – Luxembourg – Menton – Paris (Mus. d'Art Mod. de la Ville) – Paris (Mus. Nat. d'Art Mod.) – Paris (BN) : *Lac du Saut-du-Loup* 1975, litho. – Sète.
Ventes Publiques : Flaine, 28 déc 1979 : *Le repas*, h/t (54x65) : **FRF 5 250** – Paris, 22 nov. 1984 : *L'Âge d'Or*, h/t (114x147) : **FRF 27 000** – Paris, 7 déc. 1987 : *Le pont*, h/cart. (38x46) : **FRF 3 500** – Paris, 11 oct. 1988 : *Nature morte* 1946, h/t (50x60) : **FRF 13 000** – Paris, 14 déc. 1988 : *Paysage de Provence*, h/t (38x55) : **FRF 6 500** – Versailles, 24 sep. 1989 : *Les voiliers*, h/t (22x33) : **FRF 5 000** – Versailles, 10 déc. 1989 : *Voilier au port*, h/t (53,5x72,5) : **FRF 22 000** – Versailles, 21 jan. 1990 : *Les deux maisons* 1988, h/t (46x55) : **FRF 15 000** – Paris, 14 mars 1990 : *La montagne Sainte-Victoire* 1955, aquar. (56x75) : **FRF 7 500** – Calais, 8 juil. 1990 : *Village provençal au soleil couchant*, h/t (65x91) : **FRF 29 000** – Fontainebleau, 18 nov. 1990 : *Le mas dans les arbres*, h/t (46x55) : **FRF 25 000** – Calais, 10 mars 1991 : *Paysage* 1954, h/t (33x46) : **FRF 19 000** – Paris, 8 avr. 1991 : *Paysage de Provence* 1984, h/t (81x100) : **FRF 24 000** – Paris, 13 nov. 1992 : *Paysage aux oliviers en Espagne*, h/t (20x60) : **FRF 5 100** – Calais, 14 mars 1993 : *Champs d'oliviers en Provence*, h/t (20x61) : **FRF 5 500** – Paris, 27 mai 1994 : *Paysage du midi*, h/t (33x41) : **FRF 4 000** – New York, 24 fév. 1995 : *Vallée*, h/t (65,1x81,3) : **USD 1 955** – Paris, 10 avr. 1995 : *Marine*, h/t (46x55) : **FRF 8 300** – Calais, 24 mars 1996 : *Paysage de Provence*, h/t (27x42) : **FRF 8 500** – Paris, 20 juin 1996 : *Femme devant la fenêtre*, h/t (162x114) : **FRF 16 000**.

MARZI D. Stefano di Francesco
Né en 1677. Mort en 1705. xviie siècle. Actif à Sienne. Italien.
Peintre.
Il fut un élève de Gius. Nasini. Il était prêtre.

MARZI Ergio
Né au xixe siècle à Florence. xixe-xxe siècles. Italien.
Peintre.
Il figura au Salon de Paris ; mention honorable en 1903.

MARZIALE Giovanni
Mort vers 1731 à Naples. xviiie siècle. Italien.
Peintre.
A peint des paysages, des scènes populaires et des figures de sorcières.

MARZIALE Marco ou **Marziali**
Né vers 1440 à Venise. Mort après 1507 à Venise. xve siècle. Italien.
Peintre d'histoire.
On connaît peu de détails sur la vie de cet artiste qui travaillait en 1492 pour le compte de Giovanni Bellini, pour un salaire de trente-quatre ducats par an, à la décoration de la salle du Grand Conseil à Venise. On cite de lui une *Circoncision* à l'église des Pénitents de Venise.
Musées : Bergame (Acad. Carrara) : *La Vierge, l'Enfant Jésus et un religieux* – Berlin (Kais. Fr. Mus.) : *Le Christ à Emmaüs*, deux tableaux – Londres (Nat. Gal.) : *Circoncision – La présentation au Temple – La Vierge, l'Enfant Jésus et des saints* – Mayence : *Portrait de jeune homme* – Venise : *La Cène à Emmaüs – Présentation au Temple*.
Ventes Publiques : Londres, 5 avr. 1935 : *Le repas à Emmaüs* : **GBP 71**.

MARZIALE Pietro
xvie siècle. Actif à Venise au début du xvie siècle. Italien.
Peintre.

MARZIANO Francesco ou **Martiano**
Originaire de Lugano. xviie siècle. Actif dans la première moitié du xviie siècle. Italien.
Stucateur.
A exécuté les statues de stuc du monastère de Wettingen.

MARZIANO da Tortona
xve siècle. Actif à Milan dans la première moitié du xve siècle. Italien.
Miniaturiste.

MARZIK Thomas. Voir **MARIK**

MARZIO d'Ascoli
Italien.
Peintre.
A peint une *Annonciation* pour l'église Saint-Georges de Ripatransone.

MARZIO MASTURZO. Voir **MASTURZIO Marzio**

MARZO Andrés
Né vers 1620. xviie siècle. Actif à Valence. Espagnol.
Peintre.
On cite de lui deux peintures représentant *Saint Antoine de Padoue*, pour les églises paroissiales de Ste-Cruz et Ste-Catalina. Il a dessiné l'en-tête d'un ouvrage publié en 1663 par J.-B. de Valda et ayant pour objet la description de l'Immaculée-Conception à Valence.

MARZO Urbano
Né vers 1620. xviie siècle. Actif à Valence. Espagnol.
Peintre d'histoire.
Frère d'Andrés Marzo. On cite de lui un *Christ portant sa croix*.

MARZOCCHI DE BELLUCI Numa
Né au xixe siècle à Paris. xixe siècle. Français.
Peintre de genre, sujets typiques.
Élève de son père Tito, et de Cabanel. Exposa au Salon à partir de 1878, notamment des sujets algériens, au Salon des Indépendants depuis 1922, et à la Nationale des Beaux-Arts.
Ventes Publiques : New York, 12 oct. 1984 : *Djenan Mufti, Maroc* 1879, h/t (66x91,5) : **GBP 1 900** – Paris, 13 mars 1995 : *Rassemblement pour la fête sous les arbres*, h/t (65,5x90) : **FRF 140 000** – Paris, 12 juin 1995 : *L'arrivée au campement*, h/t (57x47,5) : **FRF 40 000**.

MARZOCCHI DE BELLUCI Tito
Né le 24 juin 1800 à Florence. Mort le 20 février 1871 à Paris. xixe siècle. Naturalisé en France depuis 1864. Italien.
Peintre d'histoire, scènes de genre, portraits.
Élève de H. Vernet et Ary Scheffer. Figura au Salon de 1833 à 1870. Il obtint des médailles en 1839, 1846 et 1863. À Notre-Dame de Paris se trouve le *Portrait de l'archevêque Affre* (1842). Le Musée de Prato désigne cet artiste sous le nom de Mazzochi.
Musées : Rouen : *Portrait du Cardinal de Bonnechose* – Versailles : *Portrait de Davout*.
Ventes Publiques : Paris, 20 avr. 1928 : *La Prière* : **FRF 430** – Paris, 17 fév. 1988 : *Faust d'après un tableau d'Ary Scheffer*, h/t (123x90) : **FRF 3 000**.

MARZOHL Baptist ou **Mahrzol, Marzol, Marezohl**
Né le 10 janvier 1792 à Lucerne. Mort le 1er mars 1863 à Rome. xixe siècle. Suisse.
Paysagiste.

MARZOLFF Alfred
Né en 1867 à Strasbourg (Haut-Rhin). XIXe-XXe siècles. Français.
Sculpteur, médailleur.
Il fut élève de W. V. Rümann à Munich. Il figura au Salon de Paris. Il reçut une mention honorable en 1893.
Musées : Strasbourg : *L'Archer – Portrait du sous-secrétaire d'état Schrault – Modèle du monument de la Marseillaise.*

MARZORATI Jos Wilh.
Né en 1795 à Aix-la-Chapelle. Mort le 6 mai 1870 à Eupen. XIXe siècle. Allemand.
Peintre.
Son père était originaire de Côme, et il fut l'élève de l'Académie de Düsseldorf. Il a laissé des esquisses de paysages et de tableaux *(Région montagneuse avec lac ; Batelier, chasseurs et chiens ; Paysage avec moutons ; Raisin et tulipe).*
Ventes Publiques : Amsterdam, 12 nov. 1996 : *Bourgeons de roses*, aquar./traces de craie noire (32,9x25,5) : **NLG 3 304**.

MARZORATI Pietro
Né en 1829 à Milan. Mort en 1895 à Milan. XIXe siècle. Italien.
Paysagiste.
Élève de Giuseppe Bisi et de l'Académie de Venise. On trouve quelques-uns de ses tableaux au Musée municipal de Milan.

MARZOT Livio
Né en 1934 à Indulo Olona. XXe siècle. Italien.
Artiste.
Il fut élève de l'académie des beaux-arts de Rome, puis de l'académie Brera à Milan, où il vit et travaille.
Il montre ses œuvres dans des expositions personnelles principalement en Italie : Milan, Urbino...

MARZOUK Ibrahim
Né en 1937 à Beyrouth. Mort en 1975. XXe siècle. Libanais.
Peintre, dessinateur de compositions animées, figures, pastelliste, technique mixte.
Il fut élève de l'académie libanaise des beaux-arts à Beyrouth, puis obtint une bourse du gouvernement indien pour étudier à l'université de Hyderabad, puis une autre du gouvernement libanais pour étudier à Rome.
Il participa à diverses expositions collectives, notamment aux Biennales de São Paulo et d'Alexandrie, ainsi que : 1968 Biennale de Venise ; 1974 Biennale des Artistes Arabes de Bagdad ; 1982 exposition d'hommage du musée Sursock aux artistes disparus depuis 1975 à Beyrouth ; 1989 *Liban – Le Regard des peintres – 200 ans de peinture libanaise*, à l'Institut du monde arabe de Paris. Il montra ses œuvres dans des expositions personnelles : 1964, 1968 Association des artistes peintres et sculpteurs libanais à Beyrouth ; 1968 Pise.
Il a réalisé de très nombreux dessins au fusain et au pastel, notamment des scènes de café en Inde ou à Beyrouth. Il suggère les formes par de vigoureux coups de crayon.
Bibliogr. : In : Catalogue de l'exposition *Liban – Le Regard des peintres – 200 ans de peinture libanaise*, Institut du monde arabe, Paris, 1989.

MARZY Johann Heinrich
Né le 15 août 1722 à Iglau. Mort en 1801. XVIIIe siècle. Hollandais.
Graveur au burin.
Il a gravé des effigies de saints.

MAS Émile
Né à Paris. XIXe-XXe siècles. Français.
Peintre, dessinateur, illustrateur.
Il fut élève de Pils et Lenoir. Il figura au Salon, à partir de 1879.
Il a illustré la *Physiologie des quais de Paris*, d'Octave Uzanne, en 1893.

MAS Emilio
Mort en 1921 à Montevideo. XIXe-XXe siècles. Actif en Uruguay. Espagnol.
Peintre de portraits, figures, dessinateur, pastelliste.
Cet artiste s'exila en Amérique Latine. Interné dans un hôpital psychiatrique, il réalisa une série de peintures représentant des fous. Il ne cessait, chaque jour, de modifier l'expression de leur visage.
Musées : Montevideo (Mus. Blanes).

MAS Jean
XXe siècle. Français.
Sculpteur.
Il a exposé en 1993 à Saint-Paul-de-Vence.
Il est proche de l'école de Nice. Il crée des objets insolites, à partir d'un mot, d'une expression, laissant libre cours à son imagination.

MAS Julian
Né en 1770 à Alcora. XVIIIe siècle. Actif à Valence. Espagnol.
Peintre et graveur.

MAS Olle ou **Olsson**
Né en 1884 à Stockholm. XXe siècle. Suédois.
Peintre de portraits.
Il a obtenu la médaille d'or à San Francisco en 1915.
Musées : Helsinki (Atheneum Mus.) : *Portrait d'Anders Zorn.*

MAS Pedro
Mort le 18 février 1681 à Saint-Jacques-de-Compostelle. XVIIe siècle. Espagnol.
Peintre.
Il a travaillé à partir de 1653 à la cathédrale de Saint-Jacques-de-Compostelle.

MAS Pierre
Né le 5 juillet 1933. XXe siècle. Français.
Peintre. Polymorphe.
Abstraite ou figurative, sa peinture est surtout remarquée pour la qualité des couleurs et des matières qui évoquent l'émail.

MAS'OUD ibn AHMAD
XIIe siècle. Actif à Herat. Éc. musulmane.
Graveur.
Auteur du célèbre chaudron en cuivre de *Bodrinski* (Saint-Pétersbourg, Ermitage), daté de 1163. Il est incrusté d'argent et représente des scènes de la vie des Princes. Sa composition en bandes horizontales correspond à un art narratif primitif. Ce chaudron peut être considéré comme le point de départ d'une technique nouvelle qui se développera ensuite dans tout le monde musulman.

MAS Y FONDEVILA Arturo ou **Arcadio**
Né en 1850 ou 1852 à Barcelone (Catalogne). Mort en 1934 à Sitges (Catalogne). XIXe-XXe siècles. Espagnol.
Peintre de compositions animées, scènes typiques, paysages, marines, illustrateur. Traditionnel.
Il fut élève de l'école des beaux-arts de Barcelone, où il eut pour professeurs Antonio Caba et Simon Gomez. En 1872, il se rendit à Madrid, où il visita le musée du Prado. Il séjourna à plusieurs reprises en Italie.
Il a participé à de nombreuses expositions de la Salle Parès à Madrid et, à partir de 1883, en Allemagne.
Il subit d'abord l'influence de ses maîtres et de la peinture espagnole du XVIIe siècle. Puis il trouva son style et travailla souvent en plein air adoptant des sujets académiques. La lumière devient le véritable sujet de ses toiles, qui baignent dans une atmosphère originale, souvent floue. On cite de lui : *Enfants sur la plage – Venise – Le Printemps – Scène d'époque*... Il a illustré des œuvres de Cervantès, Calderon, Lope de Vega, Mistral.

Mas y Fondevila

Bibliogr. : In : *Cien Anos de pintura en Espana y Portugal, 1830-1930*, Antiqvaria, t. V, Madrid, 1991.
Musées : Madrid (Mus. d'Art Mod.) : *Étude de nu – Paysanne.*
Ventes Publiques : Londres, 3 avr. 1909 : *Enfants italiens pêchant* : **GBP 22** – New York, 25 oct. 1977 : *Intérieur d'église* 1897, h/t (86x60) : **USD 1 600** – Londres, 20 juin 1979 : *Le chœur de la cathédrale*, h/t (132,5x98) : **GBP 3 000** – Barcelone, 2 avr. 1981 : *Jeune fille dans une barque*, h/t (60x100) : **ESP 525 000** – Barcelone, 1er avr. 1982 : *Intérieur d'église*, h/t (86x58) : **ESP 445 000** – Londres, 16 mars 1983 : *Sur la lagune, Venise*, aquar. sur pinceau et encre (61,5x94) : **GBP 1 600** – Barcelone, 17 mars 1983 : *Sitges* 1888, h/t (118x193) : **ESP 700 000** – Madrid, 27 fév. 1985 : *Sieste dans un sous-bois*, h/pan. (28x39) : **ESP 529 000** – Londres, 6 fév. 1987 : *L'Arrêt des cavaliers*, h/pan. (46x33) : **GBP 6 400** – Londres, 21 juin 1989 : *Jour de fête sur la lagune*, h/t (69x134) : **GBP 85 800** – Londres, 22 nov. 1989 : *Distribution de graines aux pigeons*, h/t (48x32) : **GBP 19 800** – Londres, 15 fév. 1990 : *Le ravaudage des filets*, h/t (31x42) : **GBP 20 900** – New York, 22 mai 1991 : *Une visite officielle*, h/pan. (17,5x27) : **USD 9 350** – Londres, 17 nov. 1993 : *Procession à la fin de la messe*, h/pan. (71x45) : **GBP 10 925**.

MAS MAS Ramon
Né à Barcelone (Catalogne). xxe siècle. Espagnol.
Peintre de paysages, natures mortes.
Il a travaillé à Paris.
Il a participé à divers Salons, notamment en 1952 à la salle Busquets. Il a montré ses œuvres dans des expositions personnelles : 1941, 1943, 1944, 1947, 1948 et 1949 à Barcelone.
Il va à l'essentiel, rendant par touches dynamiques l'atmosphère d'un lieu.
Bibliogr. : In : *Cien Anos de pintura en Espana y Portugal, 1830-1930*, Antiqvaria, t. V, Madrid, 1991.

MAS Y MASCARO Juan
Né en 1892 à Vilasar de Mar. xxe siècle. Espagnol.
Graveur d'architectures.
Il fut élève de l'école des beaux-arts de Barcelone. Il séjourna à Palma de Majorque.
Il participe à des expositions collectives à Barcelone, Buenos Aires, aux États-Unis.
Il s'est spécialisé dans l'eau-forte, collaborant avec de nombreux architectes de prestige. Il a composé plusieurs albums, notamment sur la cathédrale de Barcelone.
Bibliogr. : In : *Cien Anos de pintura en Espana y Portugal, 1830-1930*, Antiqvaria, t. V, Madrid, 1991.

MASAAKI. Voir **GANKU**

MASACCIO, de son vrai nom : **Tommaso di Giovanni di Simone Guidi,** ou **Tommaso di Ser Giovanni**
Né le 21 décembre 1401 à Castel San Giovanni (près de Florence). Mort en 1428 à Rome. xve siècle. Italien.
Peintre de compositions religieuses, portraits, compositions murales, fresquiste.
D'après un document qui paraît certain, Masaccio naquit en 1401, à Castel San Giovanni, dans le val d'Arno. Son père s'appelait Giovanni di Simone Guidi. Le nom de l'artiste était Tommaso Guidi. Le surnom de Masaccio, par lequel il fut toujours désigné par la suite, est un diminutif de son prénom. Tommaso avait un frère, né en 1407, nommé Giovanni, qui fut peintre lui aussi, mais qui demeure inconnu. Selon certaine supposition, Masaccio se serait rendu à Rome vers 1417, c'est-à-dire à l'âge de quinze à seize ans : le cardinal San Clemente l'aurait chargé de décorer une chapelle portant son nom. Il aurait ainsi exécuté en fresques un *Crucifiement* et différentes scènes de *La Vie de sainte Catherine* et de *La Vie de saint Clément*. Pendant ce séjour, il aurait exécuté quelques autres peintures, une notamment à Sainte-Marie-Majeure, où l'on reconnaissait les portraits du *Pape Martin V* et de l'*Empereur Sigismond* ; une autre encore représentant *La Vierge entre quatre saints*. Selon une autre opinion, on assigne une date postérieure de beaucoup à ce voyage à Rome, dont la relation émane de Vasari, lequel n'a peut-être jamais été aussi flottant en matière de chronologie que dans l'étude qu'il a consacrée à Masaccio. On remarque qu'il est peu vraisemblable que ce tout jeune homme, cet adolescent plutôt, d'ailleurs parfaitement inconnu, ait pu recevoir des commandes de pareille importance. Quoiqu'il en soit, peut-être après un simple séjour d'étude à Rome en 1421, par conséquent, dans sa dix-neuvième année, Tommaso Guidi figure au livre de la corporation des Speziali à Florence comme peintre. Il ne semble pas admissible qu'il ait été l'élève de Masolino da Panicale, lequel était d'ailleurs plus jeune que lui. On a conjecturé, par contre, qu'il a pu suivre les leçons de Gentile da Fabriano (qui fut le collaborateur et l'ami de fra Angelico), dont l'enseignement à Florence commença vers 1421. Vasari considère que Masaccio s'inspira largement des principes d'Alberti, de Brunelleschi et de Donatello, notamment concernant l'invention de la perspective dite classique ; on peut conjecturer encore que l'œuvre de Ghiberti ne lui soit pas demeurée indifférente. En 1425, le jeune peintre reçut la mission de continuer la décoration d'une chapelle fondée par les Brancacci dans l'église du monastère des Carmes, reconstruit vers 1420. Ce travail avait été confié d'abord à Masolino, qui l'avait abandonné pour se rendre en Hongrie. Masaccio, qui aurait déjà peint, dans la même église, un *Saint Paul*, continua la décoration de la chapelle jusqu'en 1427 ; elle ne fut achevée que longtemps après par Filippino Lippi. En 1427, Masaccio abandonna le travail en cours à la chapelle Brancacci pour se rendre à Rome et c'est alors seulement qu'il aurait exécuté les fresques de l'église Saint-Clément. Masaccio mourut à Rome, en 1428 ou 1429. Vasari déplore que le jeune peintre n'ait été que médiocrement estimé de son vivant : il fut enseveli aux Carmes de Florence, mais aucune inscription ne fut gravée sur son tombeau. Toutefois, le même Vasari rapporte que Brunelleschi fut inconsolable de sa perte. Plus tard, Léon-Baptiste Alberti l'un des plus vastes esprits du xve siècle, dans un traité sur la peinture le plaça sur la même ligne que Brunelleschi, Donatello, Ghiberti et Luca della Robbia.
La partie de la décoration de la chapelle Brancacci que l'on peut attribuer, avec une certitude à peu près complète, à Masaccio, se compose de cinq panneaux : *Adam et Ève chassés du Paradis, Saint Pierre payant le tribut, Saint Pierre et saint Jean guérissant les malades avec leur ombre, Saint Pierre baptisant, Saint Pierre distribuant des aumônes*. Il commença, en outre, sur un panneau voisin, la *Résurrection du Fils de l'Empereur* : on considère que la figure de Saint Pierre, assis à l'extrémité du tableau, à droite, est certainement de lui, conformément à ce qu'en dit Vasari. Masaccio avait également peint, dans le cloître du Couvent, une grande fresque, malheureusement détruite, représentant *La Consécration de l'église*, dans laquelle il avait groupé les figures de Donatello, Brunelleschi, Masalino, et d'un certain nombre de personnages, sans oublier le portier, ses clefs à la main. Indépendamment des fresques de la chapelle Brancacci, il subsiste quelques autres œuvres, notamment une fresque, de dimension modeste, à Santa Maria Novella de Florence, représentant *Le Christ en Croix, avec le Père Éternel, la Vierge et saint Jean*. Cette peinture retrouvée en 1857, d'un caractère presque archaïque, paraît remonter aux débuts de l'artiste. Les fresques de l'église Saint-Clément à Rome présentent un caractère tout différent, ce qui les a fait attribuer par certains à une époque antérieure aux fresques des Brancacci. L'état actuel de ces peintures, très remaniées depuis, ne permet pas de résoudre le problème ; au surplus leur attribution à Masaccio est elle-même contestée. On a pu voir à Paris, en 1935, à l'Exposition de l'Art Italien du Petit Palais, quatre peintures sur bois : *Sainte Anne, la Vierge et l'Enfant*, aux Uffizi de Florence et provenant de l'église Dant'Ambrogio ; *La Vierge et l'Enfant*, appartenant à Duveen-Brothers de New York ; *La Crucifixion, avec Madeleine vue de dos, agenouillée au pied de la Croix et les bras levés, à gauche la Vierge et à droite Saint Jean*, au Musée National de Naples. Ce panneau occupait la partie supérieure d'un retable que Masaccio exécuta en 1426, pour le Carmine de Pise. D'autres parties du retable, dispersées en plusieurs endroits, ont été identifiées par Berenson : *Saint Paul*, sur fond doré, au Musée Civique de Pise. Il subsiste encore quelques autres peintures, des portraits de femmes ou d'hommes, mais surtout le portrait d'un vieillard inconnu, peint à fresque sur une brique, conservé au Musée des Offices. Il existe au même Musée un *Portrait de jeune homme* où l'on croyait autrefois reconnaître Masaccio et qui semble être plutôt celui de Filippino Lippi ; la National Gallery possède un autre portrait, indiqué comme celui de Masaccio.
Vasari insiste sur le naturalisme de Masaccio, dans lequel il voit le meilleur de sa gloire, dont élan vers la nature, à peu près étrangère aux préoccupations des peintres antérieurs. La vérité se révèle dans la particularité vivante du modèle, tout spécialement pour le portrait ; cette vérité, l'artiste la réalise aussi bien dans l'attitude, le geste, le costume, la souplesse des draperies ; mais surtout il ne craint pas de pénétrer le sentiment, qu'il exprime avec la plus parfaite correspondance de l'attitude avec l'émotion intérieure. Les figures de Masaccio sont réelles, elles s'expriment dans la vérité. *Adam et Ève chassés du Paradis* traduisent toute l'exactitude physique, la particularité humaine que l'artiste a pu saisir sur des modèles réels et non idéalisés par l'imagination. Masaccio complète toujours la vérité du personnage par celle du décor, les paysages aussi bien que les architectures. Décor sobre de lignes, de colorations atténuées, sévère peut-être, mais approprié au caractère de scènes qui s'y déroulent.
Si, continuant Cimabue, Giotto, à l'aube du xive siècle, avait libéré la peinture des contraintes formelles héritées de l'art byzantin, pour lui faire exprimer l'humanité du message chrétien, alors incarné dans la personne de saint François d'Assise, Masaccio, exactement un siècle plus tard, donna son prolongement à cette conquête de l'apparence de la réalité dans la peinture, en y transposant les principes de la transcription perspective, qui venaient d'être découverts, créant ce « style héroïque », qu'allait louer Alberti, en 1436, dans son Traité « Della Pittura », fondé sur l'austérité d'une recherche mathématique. Les contemporains préfèrent à cet art ascétique, les continuateurs du « style gothique international », représenté alors à Florence essentiellement par Ghiberti et Gentile da Fabriano, dont les règles de composition et l'utilisation de la couleur offraient des

séductions plus immédiates. Dans le cours du xve siècle, Fra Angelico restait fidèle à une conception post-byzantine de la représentation de la vie et de l'animation de la surface plane ; Piero della Francesca et Paolo Uccello faisaient la synthèse de la représentation perspective de l'espace et d'une organisation colorée encore tributaire du souci ornemental des post-byzantins.
Toutefois, en dépit de cet apparente méconnaisance de l'apport de Masaccio dans l'évolution de la peinture, les grands créateurs du xve siècle et du début du xvie siècle étaient parfaitement conscients de ce qu'il y avait de radicalement nouveau dans la représentation de la réalité par Masaccio, l'imitation de la vie, et les Botticelli, Léonard de Vinci, Michel-Ange, Raphaël allèrent interroger et copier les fresques de la chapelle Brancacci, pour tenter d'en percer le secret. Ce secret consistait, dans la mise en œuvre des règles de la perspective, traversant comme en transparence corps et obstacles intermédiaires pour les intégrer à leur juste place dans les différents plans entre spectateur et point de fuite ; il consistait également dans l'abandon de la couleur pour elle-même au profit de la couleur-lumière imitative, celle du réalisme ; il consistait encore, dans ce projet d'imitation de la vie, en un certain tremblement (pré-impressionniste) de la touche, une imprécision délibérée des contours, établissant une corrélation par fusion entre corps solides, et particulièrement corps humains, et épaisseur concrète de l'espace ambiant. Ce « faire » si particulier à Masaccio, est surtout remarquable dans ce que l'on a pu appeler le « château des brouillards », qui figure en arrière-plan du *Saint Pierre distribuant les biens de la communauté*, et dans les personnages d'Adam et d'Ève, dans *Adam et Ève chassés du Paradis terrestre*, qui ont pu être décrits comme des « corps nus qui tremblent ». Léonard de Vinci retrouvera, avec son « sfumato », un procédé équivalent pour rendre la profondeur de l'espace à partir de laquelle se détachent les personnages tout en en faisant partie, le frémissement de la vie, le flou des contours dû à la vision binoculaire qui en voit deux, procédé cependant plus systématique et techniquement moins audacieux que celui de Masaccio, beaucoup plus près du dégradé à l'estompe que du « mélange optique ». Un siècle après Masaccio, ce fut Michel-Ange qui en comprit véritablement l'enseignement, et qui donna l'impulsion au réalisme en peinture, tout en le subordonnant à son œuvre de visionnaire, avant qu'il ne s'affadisse dans l'académisme. Toutefois, comme pour les fresques de la Sixtine de Michel-Ange, la restauration de celles de Masaccio à Florence risque d'avoir déplacé le point de vue de leur intérêt pour l'histoire de la peinture. En privilégiant à la légère l'image au dommage du fait pictural, la narration et le charme des figures et décors, en croyant restituer le dessin et raviver la couleur, il leur a peut-être été enlevé tout l'inimitable qui en faisait la singularité. ■ E. C. Bénézit, J. Busse

Bibliogr. : M. Salmi : *Masaccio*, 1932 – M. Pittaluga : *Masaccio*, 1935 – R. Longhi : *Fatti di Masolino e Masaccio*, in « – La Critica d'Arte » 1940 – V. Procacci : *Masaccio*, 1952 – Mario Salmi : *Album Masaccio, fresques de la chapelle Brancacci de Florence*, U.N.E.S.C.O., New York Graphic Society, 1956 – Gabrielle Cabrini : *Masaccio, ce génie qui passa comme un météore*, Courrier de l'U.N.E.S.C.O., Paris janvier 1957 – Luciano Berti, Paolo Volponi : *L'Opera completa di Masaccio*, Rizzoli Editore, Milan, 1968 – Umberto Baldini, Ornella Casazza : *La chapelle Brancacci*, Gallimard/Electa, Paris, 1991.

Musées : Berlin : *Adoration des Mages – Quatre saints – Martyre de saint Pierre – Chambre d'accouchée d'une patricienne florentine* – Bourges : *La Vierge et l'Enfant Jésus* – Florence : *Vieillard – Sainte Anne – L'Artiste* – Florence (Église du Carmine) : *La tribu Adam et Ève chassés du Paradis – Saint Pierre guérissant par son ombre – Saint Pierre distribuant des aumônes – Résurrection du fils de Théophile* – Florence (Santa Maria Novella) : *La Sainte Trinité* – Londres (Nat. Gal.) : *Vierge avec Anges – Dieu le Père* – Naples : *Crucifixion* – Pise : *Saint Paul* – Prato : *La Vierge et Jésus* – Rome (Saint-Clément) : *Crucifixion – Scènes de la vie de sainte Catherine – Scènes de la vie de saint Clément* – Rome (Santa Maria Sopra Minerva) : *Assomption de la Vierge* – Vienne : *Saint André*.

Ventes Publiques : Paris, 1845 : *Les Hébreux recueillant la manne* : **FRF 1 750** – Londres, 1854 : *Madone, saint Bernard et trois anges* : **FRF 12 095** – Paris, 1861 : *Deux épisodes de la vie de saint Dominique* : **FRF 4 660** – Londres, 1882 : *Le dernier souper* : **FRF 15 740** – Londres, 15 juin 1923 : *Madone allaitant l'Enfant* : **GBP 472** – Londres, 1er mai 1925 : *Tête de jeune homme ; Têtes de deux hommes*, les deux : **GBP 120**.

MASAFUSA, surnom : **Okamoto,** nom de pinceau : **Sekkeisai**
xviiie siècle. Actif à Osaka vers 1771-1783. Japonais.
Maître de l'estampe.

MASAGYOKU
Japonais.
Sculpteur sur ivoire.

MASAKATSU. Voir **KORYÛSAI**

MASAKAZU
Japonais.
Sculpteur sur ivoire.

MASAKO
Née en 1941 à Tokyo. xxe siècle. Japonaise.
Peintre, dessinateur, auteur d'assemblages. Lumino-cinétique.

En 1996 à Paris, la galerie Graphes lui a consacré une exposition individuelle.
Elle fit des études d'architecture intérieure et d'esthétique industrielle.
Elle réalise des peintures mouvantes, à partir de disques colorés éclairés de l'intérieur, qui engendrent des effets optiques déroutants par transparence. Elle crée aussi des *Dessins-poèmes* aux lignes enveloppantes délicatement colorées.

Ventes Publiques : Neuilly, 7 fév. 1990 : *Composition* 1986, aquar. et encre/pap. (29x37,5) : **FRF 10 000** – Paris, 12 juil. 1990 : *Composition*, aquar. (20x35) : **FRF 4 000**.

MASAKUNI, nom de pinceau : **Jukakudô**
xixe siècle. Actif à Osaka vers 1823. Japonais.
Maître de l'estampe.

Il serait un élève de Yoshikuni.

MASAMI. Voir **KEISAI**

MASANEK Georg Philipp. Voir **MASSANEK**

MASANÈS Philippe
Né le 7 décembre 1935 à Fontainebleau (Seine-et-Marne). xxe siècle. Français.
Peintre de paysages.

Bien que menant une carrière de médecin psychiatre, il a, à partir des années soixante, débuté en peinture au contact de Michel Tyszblat. Il participe à des expositions collectives, notamment : 1978 Paris, Salon des peintres médecins ; 1983 Bellac ; 1993, 1994 Limoges ; etc.

MASANOBU. Voir **KANÔ MASANOBU, KANÔ SHÔSEN-IN** et **KITAO MASANOBU**

MASANOBU Okumura, de son vrai nom : **Shimmyô**, noms familiers : **Gempachi,** rarement **Gempachirô,** noms de pinceau : **Hôgetsudô, Tanchôsai, Bunkaku** et **Baiô**
Né en 1686. Mort en 1764. xviiie siècle. Actif à Edo (actuelle Tokyo). Japonais.
Peintre de genre, portraits, maître de l'estampe, illustrateur.

Fondateur de l'école Okumura, il est disciple de Shôgetsudô Fukaku Sen'ô pour le *haikai* (poème japonais de dix-sept syllabes), et de Kiyonobu Torii I (1664-1729) pour l'estampe. Sa longue vie lui permet d'expérimenter les techniques et les sujets les plus variés et les formats les plus divers.
Il est auteur de *sumizuri-e* (estampe à l'encre de Chine, premier type d'estampe de l'*ukiyo-e*), de *tan-e* (estampe à l'encre de Chine coloriée à la main de rouge de cinabre), d'*urushi-e* (estampe coloriée à la main de couleurs à la colle) et de *benizuri-e* (estampe tirée avec le pourpre comme couleur dominante), d'illustrations de livres et d'albums. Malgré la diversité de ses recherches, son œuvre n'en garde pas moins une belle unité. En 1700 et 1730, il fait surtout des albums en noir et blanc et des estampes de grand format sur le thème de la courtisane, où l'on sent la forte influence de Kiyonobu, avec toutefois un trait plus vif et un équilibre parfait. Son œuvre la plus ancienne serait *Yûjo Ehon* ou le *Livre de la Courtisane*, non signé mais daté 1716. Après quoi, vers 1720, il ouvre sa propre maison d'édition à Edo ; dix ans plus tard, il en laissera la direction à son fils, Okumura Genroku. À partir de 1730, il produit des estampes laquées, de format réduit, en empruntant souvent ses thèmes au théâtre populaire *kabuki*. Et vers 1740, il se fait l'initiateur du retour à l'estampe de grande taille, représentant des courtisanes ou des portraits d'acteurs dans des rôles célèbres. Parallèlement, il invente l'*uki-e*, c'est-à-dire l'estampe à perspective, inspirée

sans doute des peintures occidentales. C'est aussi l'un des premiers à tenter le tirage d'estampes de plusieurs couleurs, s'ajoutant au noir et au blanc : rouge, jaune et vert foncé. À la même époque, il expérimente la technique de frottis sur pierre pour obtenir des impressions en noir et blanc.
Si ses gravures égalent en charme et en grâce celles de l'école Kaigetsudô, elles les dépassent parfois par la souplesse et la vigueur d'un trait au service d'une beauté raffinée.
Bibliogr. : R. Lane : *L'estampe japonais*, Paris, 1962.
Ventes Publiques : New York, 16 avr. 1988 : *Pique-nique sous un cerisier en fleurs*, encre de Chine (26,8x41,5) : **USD 4 620** – New York, 21 mars 1989 : *La Boutique du drapier de Surugacho*, estampe en coul. (43,6x63,3) : **USD 24 200** – New York, 15 juin 1990 : *Jeune homme sous la véranda d'une maison et jouant de la flûte*, estampe sumizuri-e kakémono : **USD 30 800**.

MASARELLO di Gilio
Mort en 1339. XIVe siècle. Actif à Sienne. Italien.
Peintre.

MASARUCCIO
XIIIe siècle. Actif à Sienne à la fin du XIIIe siècle. Italien.
Peintre.

MASARYK Herbert G.
Né le 1er mai 1880 à Vienne. Mort le 15 mars 1915 à Prague. XXe siècle. Autrichien.
Peintre de portraits, paysages.
Musées : Prague (Gal. Nat.).

MASATAMI Seimin
XVIIIe siècle. Japonais.
Sculpteur sur ivoire.

MASATSUGU, surnom : **Terasawa**
XVIIIe siècle. Actif à Osaka vers 1760-1780. Japonais.
Maître de l'estampe.
Illustrateur et auteur de portraits d'acteurs et d'estampes érotiques.

MASAYOSHI. Voir aussi **KITAO MASAYOSHI**

MASAYOSHI Aigasa
Né en 1937 à Tokyo. XXe siècle. Japonais.
Graveur.
Il obtint son diplôme à l'université des beaux-arts de Tôkyô. Depuis 1969, il est membre de l'Association japonaise de Gravure.
Il participe à diverses manifestations de groupe : 1965 IXe exposition Shell à Tôkyô où il reçoit un prix ; 1969 et 1970 IVe et Ve JAFA (Japan Art Festival Association) à Los Angeles, Phœnix, Paris, Marseille, Munich, New York et Philadelphie.
Son style fantastique se caractérise par un dessin minutieux.

MASAYUKI
Japonais.
Sculpteur sur ivoire.
A traité des sujets rustiques : *Paysan revenant de son verger*, *Paysans revenant des champs*.

MASAZANE Shiomi
Né en 1646. Mort en 1719. XVIIe-XVIIIe siècles. Italien.
Peintre sur laque.
Il est connu pour avoir mis au point la technique de la laque de Togidashi, connue également sous le nom de laque Shiomi. Ses enfants et successeurs ont continué à employer son procédé.

MASCACOTTA. Voir **GRECO Gennaro**

MASCAGIO Donato. Voir **MASCAGNI**

MASCAGNI Arsenio
D'origine florentine. XVIe siècle. Travaillant en Castille. Italien.
Peintre de scènes religieuses.
On cite de lui, dans l'église des Descalzas Reales, une *Sainte Claire*.

MASCAGNI Donato ou **Mascagio**, appelé en religion **Fra Arsenio**
Né en 1579 à Florence. Mort le 10 mars 1636 à Florence. XVIIe siècle. Italien.
Peintre d'histoire et portraitiste.
Élève de Jacopo Ligozzi, il entra de bonne heure dans les ordres, et fut surtout connu sous le nom de fra Arsenio. Il travailla beaucoup pour les églises de Florence et pour le monastère des Servites, auquel il appartenait. Il a exécuté des travaux pour les couvents de Valladolid au commencement du XVIIe siècle. Il collabora aux fresques de Guido Reni au Quirinal, décora le cloître du monastère de Volterra de fresques représentant des scènes de la *Légende de saint Just*, de *Saint Clément* et de *Saint Octave*. Il a beaucoup travaillé pour la cathédrale de Salzbourg. Lanzi considère comme son chef-d'œuvre une importante peinture à Vallombrosa : *La Naissance du Christ*.
Ventes Publiques : Lucerne, 4 déc. 1965 : *Vierge à l'Enfant entourée d'angelots, dans un intérieur* : **CHF 20 000**.

MASCAGNI Leonardo
Originaire de Prato. Italien.
Peintre.
On trouve sous sa signature au Musée municipal de Prato une *Vocation de saint Mathieu* et une *Descente de croix*.

MASCALL Edward
XVIIe siècle. Actif à Londres vers 1650. Britannique.
Dessinateur et graveur au burin.
Il a gravé des portraits, notamment celui de *Cromwell*.

MASCARARO. Voir **LEONARDO da Brescia**

MASCARELLI
Né en 1835 à Nice. Mort en 1896. XIXe siècle. Français.
Sculpteur.
Le Musée de Nice conserve de cet artiste : *Garibaldi à Aspremonte*.

MASCARELLI César
Né à Nice. Mort en 1904. XIXe siècle. Français.
Peintre de paysages.
Musées : Nice : *Chemin de Beaulieu à Saint-Jean*.

MASCARELLO François
Né en 1966. XXe siècle.
Peintre d'intérieurs. Intimiste.
Il a exposé en 1993 à Paris.
Il utilise des traits obliques comme élément de composition de ses toiles mystérieuses par leur familière étrangeté. Un canapé, une bibliothèque, une salle de bain sont les sujets de ses tableaux baignés d'une lumière indirecte ou tamisée.

MASCARINI Giuseppe
Né en 1877 à Bologne. XXe siècle. Actif à Milan. Italien.
Paysagiste et peintre de genre.

MASCARINO Ottaviano. Voir **MASCHERINO**

MASCART Gustave, pseudonyme : **Mariani**
Né le 8 mars 1834 à Valenciennes. Mort vers 1914. XIXe-XXe siècles. Français.
Peintre de paysages.
Il a été élève de Potier et de Durand-Brager. Il a exposé au Salon de Paris à partir de 1880.

G. Mascart

Musées : Bernay : *Vue de Gand* – Saintes : *Vue prise à Huy-sur-Meuse (Belgique)*.
Ventes Publiques : Paris, 14 nov. 1927 : *Village au bord d'un ruisseau* : **FRF 455** – Paris, 10 fév. 1947 : *Paysage d'Orient* : **FRF 1 500** – Versailles, 29 fév. 1976 : *Paris, vieille rue*, h/t (36x27,5) : **FRF 5 000** – Toulouse, 14 mars 1977 : *L'arrivée des pêcheurs*, h/t (35x65) : **FRF 5 800** – Versailles, 25 nov 1979 : *Moulin à Amsterdam*, h/t (38x57) : **FRF 9 000** – Barbizon, 31 oct. 1982 : *Le port d'Anvers*, h/t (52,5x80) : **FRF 27 000** – Versailles, 8 déc. 1985 : *Paquebot et voiliers dans le port*, h/t (46x81) : **FRF 20 500** – La Varenne-Saint-Hilaire, 26 oct. 1986 : *Port animé*, h/t (65x54) : **FRF 47 000** – Saint-Dié, 20 déc. 1987 : *La Plage*, h/t (40x65) : **FRF 18 000** – Londres, 25 mars 1987 : *La Plage de Dieppe*, h/t (58,5x79) : **GBP 10 000** – Morlaix, 25 avr. 1988 : *Paysage fluvial*, h/t (28x45) : **FRF 11 000** – Paris, 30 mai 1988 : *Port à marée basse*, h/t (27x35) : **FRF 8 500** – La Varenne-Saint-Hilaire, 23 oct. 1988 : *La Cour de ferme*, h/t (33x41) : **FRF 8 500** ; *Animation sur le port*, h/t (54x65) : **FRF 19 000** – Saint-Dié, 12 fév. 1989 : *Village au pied de la falaise* (65x54) : **FRF 13 500** – Paris, 12 mai 1989 : *Vue d'Amiens. Le quartier de Saint-Leu*, h/t (67x87) : **FRF 35 000** – La Varenne-Saint-Hilaire, 21 mai 1989 : *Animation le long du fleuve*, h/t (46x62) : **FRF 14 500** – Paris, 22 oct. 1989 : *Bateau-Lavoir et péniches sur la Seine à Paris*, h/t (38,5x55,5) : **FRF 46 000** – Londres, 2 nov. 1989 : *Scène de rue de Paris*, h/t (21,6x26,7) : **GBP 3 300** – Paris, 22 mars 1990 : *Moulin en Vendée*, h/t (36x52) : **FRF 30 000** –

Calais, 8 juil. 1990 : *Bord de canal en Hollande*, h/t (38x46) : **FRF 25 000** – Le Touquet, 11 nov. 1990 : *Péniches au bord du fleuve*, h/t (46x61) : **FRF 27 000** – Paris, 13 déc. 1990 : *Canal animé dans le nord*, h/t (54x73) : **FRF 50 000** – Paris, 4 mars 1991 : *Barques de pêche à marée basse*, h/t (34x54) : **FRF 12 000** – Paris, 15 avr. 1991 : *Vue d'Amiens, pont sur la Somme*, h/t (66x92) : **FRF 36 000** – New York, 16 fév. 1993 : *Ville au bord d'un canal avec des moulins à vent*, h/t (64,7x92,2) : **USD 3 300** – Londres, 7 avr. 1993 : *Le port du Havre*, h/t (59x72) : **GBP 2 300** – Amsterdam, 9 nov. 1993 : *Pêcheurs dans un port*, h/t (60x90) : **NLG 4 370** – Calais, 12 déc. 1993 : *Pêcheur près du moulin*, h/t (32x41) : **FRF 12 500** – Lokeren, 12 mars 1994 : *Paysage avec des moulins*, h/t (31x23) : **BEF 28 000** – Paris, 6 avr. 1994 : *La Plage de Trouville* 1894, h/t (32,5x41) : **FRF 23 000** – Boulogne-Billancourt, 29 mai 1994 : *Bateau sur la grève*, h/t (27x41) : **FRF 22 500** – Paris, 24 juin 1994 : *Les quais à Trouville* 1894, h/t (32,5x41) : **FRF 29 000** – Paris, 12 mai 1995 : *Bord de rivière*, h/t (46x61) : **FRF 13 000** – Paris, 28 juin 1996 : *Moulin à eau*, h/t (36x52) : **FRF 10 000** – Paris, 16 oct. 1996 : *Paysage de lac*, h/t (45x59) : **FRF 22 000** – Paris, 24 mars 1997 : *Le Pont-Neuf et les quais*, h/t (33x45) : **FRF 14 200** – Paris, 20 oct. 1997 : *Paysage au moulin*, h/t (50x65) : **FRF 13 000**.

MASCART Paul Edmond Marie Joseph
Né le 18 avril 1874 à Condé-sur-L'Escaut (Nord). Mort le 18 novembre 1958 à Paris. XIXe-XXe siècles. Français.
Peintre de paysages.
D'abord établi à Rouen, il fonde la Société des artistes rouennais. En 1929, il fait le tour du monde. Il s'établit en 1935 à Paris.
Il débute à Paris au Salon de la Société Nationale des Beaux-Arts, puis participe à l'Exposition coloniale de 1931, aux Salons des Tuileries et des Indépendants.
Il a rapporté d'Océanie un grand nombre d'ouvrages. On connaît également de sa main des paysages normands, du temps de son amitié avec Lebourg et des sites parisiens. Il appartenait à l'école de Rouen.
Musées : Paris (Mus. d'Art Mod.) : *Nouméa* – Poitiers – Rouen.
Ventes Publiques : Rouen, 14 oct 1979 : *Terrasse sur la Seine à Duclair* 1914, h/cart. (36x54) : **FRF 7 000** – Enghien-les-Bains, 22 nov. 1981 : *La Seine de glace à Duclair* 1917, h/t (46x65) : **FRF 12 800** – Enghien-les-Bains, 24 mars 1985 : *Fête maritime à Rouen* 1921, h/t (50x65) : **FRF 50 000** – Calais, 8 nov. 1987 : *Le Marché devant l'église*, past. (48x65) : **FRF 5 000** – Paris, 6 avr. 1987 : *Bateau à vapeur arrivant à quai*, h/t (46x65) : **FRF 32 000** – La Varenne-Saint-Hilaire, 6 mars 1988 : *Le Chemin ombragé*, h/pan. (33x41) : **FRF 3 600** – Versailles, 18 déc. 1988 : *Le port fluvial*, h/t (50x65) : **FRF 27 500** – Paris, 17 oct. 1990 : *Soleil du soir*, h/cart. (50x65) : **FRF 36 000** – Paris, 10 fév. 1993 : *Lavandières*, h/t (50x65) : **FRF 7 600** – Paris, 8 juin 1994 : *Le Contre-torpilleur amiral Senès à Rouen* 1921, h/cart. (50x65) : **FRF 13 500** – New York, 20 juil. 1995 : *Un dimanche au bord de l'eau*, h/t (49,5x66) : **USD 7 187**.

MASCART Roland Marie
Né le 22 mars 1909 à Duclair (Seine-Maritime). XXe siècle. Français.
Peintre de figures, nus, paysages, dessinateur, peintre de compositions murales.
Il a reçu les conseils de Le Sidaner et de A. Lebourg, et fut élève de l'école des beaux-arts de Rouen. En 1929, il suit son père P. Mascart en Océanie et autour du monde. Il s'établit à Paris en 1935.
Il participa à Paris, aux Salons d'Automne, des Tuileries et des Indépendants.
On connaît un triptyque pour l'hôtel de ville de Domme en Périgord.
Musées : Poitiers – Vannes.
Ventes Publiques : Paris, 23 mai 1945 : *Paysage exotique* : **FRF 500**.

MASCAUX Albert
Né en 1900 à Courcelles (Hainaut). Mort en 1963 à Charleroi (Hainaut). XXe siècle. Belge.
Peintre de paysages, intérieurs.
Il fut élève de Louis Clesse.
Il a peint le plat pays et les corons.
Bibliogr. : In : *Dict. biogr. ill. des artistes en Belgique depuis 1830*, Arto, Bruxelles, 1987.

MASCAUX Claude Léon
Né le 13 juin 1882 à Saint-Germain-en-Laye (Yvelines). Mort en mars 1965 à Fontainebleau (Seine-et-Marne). XXe siècle. Français.
Graveur, médailleur.
Il obtint en 1925 le grand prix de l'exposition des arts décoratifs pour sept médailles de sports.
Musées : Paris (Cab. des médailles).

MASCH J. L.
XVIIIe siècle. Actif à Leipzig vers 1750. Allemand.
Peintre de portraits.
Il fit le portrait du surintendant *Winkler de Hildesheim* en 1751.

MASCH Jacob Morten ou **Maschins**
Né vers 1630 à Bergen. Mort le 2 août 1678. XVIIe siècle. Norvégien.
Graveur.
Il grava des *Vues de la cathédrale de Drontheim* (1661), de la *Ville de Drontheim* (1674), un *Engagement naval* (1673) et un *Portrait du conseiller Peder Jensen*.

MASCHALLER H. C.
XVIIIe siècle. Actif à Weimar. Allemand.
Dessinateur.
Le Cabinet des gravures de Berlin possède un *Portrait de cet artiste par lui-même* (1769).

MASCHEK Franz
Né à Kuttenberg. Mort le 23 mars 1862 à Leitmeritz. XIXe siècle. Tchécoslovaque.
Miniaturiste de portraits.

MASCHERA Carlo
Originaire de Vérone. XVIIe siècle. Italien.
Peintre.

MASCHERINI Marcello
Né le 14 septembre 1906 à Udine (Frioul-Vénétie). Mort en 1983 à Padoue (Vénétie). XXe siècle. Italien.
Sculpteur de compositions religieuses, figures, portraits.
Il étudia la sculpture à l'Institut industriel de Trieste, en 1919, avec Alfonso Canciani. En 1949, il fut nommé à l'académie nationale de San Luca, en 1961 à l'académie royale de Belgique. En 1951, il fit son premier voyage à Paris, où il se lia avec Ossip Zadkine et s'enthousiasma pour le théâtre de Jean Louis Barrault, de retour à Trieste, il devient l'un des animateurs d'une troupe théâtrale d'avant-garde. En 1952, il devint membre du conseil de la Biennale de Venise. En 1954, il rencontra Calder à Rome. En 1969, il participa à des spectacles de l'opéra de Rome.
Il exposa pour la première fois au cercle artistique de Trieste en 1925. En 1931, il participa à la première Quadriennale de Rome, à laquelle il figurera de nouveau en 1935, 1939, 1943. Il commença d'exposer à la Triennale de Milan, en 1933, avec un *Icare* de sept mètres. Il participe pour la première fois à la Biennale de Venise en 1934, il y fut remarqué en 1938. Il montre ses œuvres dans des expositions personnelles : 1943 et 1959 une salle lui est consacrée à la Quadriennale de Rome ; 1953 importante manifestation présentée par Zadkine à Paris ; 1953, 1962 une salle lui est consacrée à la Biennale de Venise ; 1959 galerie David et Garnier à Paris ; 1970 galerie d'art de Cortina. Il a reçu de nombreux prix et distinctions : médaille d'or à l'Exposition internationale de Budapest, médaille d'argent à l'exposition d'art italien à Paris ; 1941 premier prix national de sculpture Médardo Rosso à Milan ; 1942 premier prix national Donatello à Florence ; 1943 prix de sculpture à la Quadriennale de Rome ; 1947 premier prix national *L'Animal dans l'art* à Vérone ; 1949 premier prix national de sculpture dans le cadre d'*Avril à Milan* à Milan et second prix national de sculpture à Varèse ; 1951 second prix national de sculpture à Saint-Vincent et premier prix ex-aequo avec Minguzzi à la XXVe Biennale de Venise ; 1954 premier prix de sculpture *Paris* à Cortina d'Ampezzo et second prix international de sculpture à la première Biennale de São Paulo (le premier prix ayant été décerné à Henry Moore) ; 1957 premier prix international *Ville de Carrare* ; 1958 médaille d'or *50 ans d'art* à l'Exposition universelle de Bruxelles ; 1959 est l'un des cinq candidats retenus sur six cents pour le concours international du *Monument d'Auschwitz* et second prix national pour le *Monument à la Résistance d'Udine* et prix *Ville de Rome* à la Quadriennale de Rome en 1959 ; 1962 premier prix Fiorino à Florence et premier prix international d'art sacré pour la sculpture à la XXXIe Biennale de Venise (Manessier obtenant celui de la peinture) ; 1965 premier prix international d'art sacré pour la sculpture *Ville de Carrare* ; 1967 premier prix international de l'exposition *Intart*.
Dans plusieurs périodes de son œuvre, se remarque une ten-

dance archaïsante, peut-être héritée du choc ressenti devant l'œuvre de Arturo Martini. Certaines œuvres plus nombreuses présentent des parentés avec le baroquisme post-cubiste de Zadkine. En 1959, un voyage en Grèce lui inspira quelques œuvres : *Figure dorique – Figure ionique – Cheval à terre*. Autour de 1960, la forme s'épure dans un esprit brancusien. Parmi les œuvres majeures de sa seconde période, on peut citer : *Minerve – Faune – Orphée – Printemps – Torse érotique*, parmi celle de la troisième période : *L'Archange annonciateur – L'Archange guerrier – Cantique des cantiques – La Chimère – Le Guerrier*, puis en 1965 *Coq emplumé – Œdipe*, en 1966 *Orchidée*, en 1967 *Antigone – Tête de Daphnée-Satyre avec flûte*, en 1968 *Voix dans le désert – Minotaure – Printemps – Gala – Pietà*, en 1969 *Io – Colombe de la guerre – Mort de Sapho*, en 1970 *Io – Daphné – Rapace – Minimignonne – Gioia*... Ce qui caractérise l'ensemble de l'œuvre de Mascherini, c'est le frémissement de l'épiderme de ses sculptures, qui fait penser à la sensibilité précise que l'on obtient par le procédé de la fonte en cire perdue ; comme chez Rodin, les doigts du modeleur ont laissé subsister les traces de leur palpitation à la surface des volumes. En bref une heureuse carrière officielle, qui a su éviter la sclérose de l'académisme ; un œuvre d'importance historique modérée, mais frémissante de vie et d'émotion. ■ Jacques Busse

Bibliogr. : Giovanni Carandente, in : *Nouv. Dict. de la sculpture mod.*, Hazan, Paris, 1970 – Marco Valsecchi : Catalogue de l'exposition *Mascherini*, galerie d'Arte Cortina, Milan, 1970 – in : *Les Muses*, La Grange Batelière, t. X, Paris, 1973.

Ventes Publiques : Milan, 14 nov. 1991 : *Figure féminine*, bronze (H. 43,5) : **ITL 5 500 000** – New York, 24 fév. 1994 : *Nu féminin debout*, bronze (H. 25,4) : **USD 1 380** – Paris, 13 avr. 1994 : *Nu riant* 1952, bronze (H. 157, prof. 24, l. 51) : **FRF 55 000** – Milan, 26 oct. 1995 : *Taureau blessé* 1953, bronze (54x66x34) : **ITL 15 525 000**.

MASCHERINO Ottaviano ou **Mascarino**
Né en 1524 à Bologne. Mort le 6 août 1606 à Rome. XVIe siècle. Italien.
Peintre et architecte.
Élève de Carrache. Fut en 1576 membre de l'Académie Saint-Luc qu'il dirigea à partir de 1604. Il décora des parties du Vatican et plusieurs édifices de Bologne.

MASCHERONI Giambattista
Originaire de Milan. XVIIe siècle. Italien.
Sculpteur sur bois.

MASCHES Janine
XXe siècle. Française.
Peintre. Abstrait-géométrique.
Elle a figuré, de 1949 à 1955, au Salon des Réalités Nouvelles, à Paris.
Ses compositions abstraites, à tendance géométrique, déploient de grandes formes en arabesques strictement peintes en aplats.

MASCHHAUPT Jan Hendrick
Né le 20 novembre 1826 à Amsterdam. Mort le 31 mai 1903 à Amsterdam. XIXe siècle. Hollandais.
Portraitiste.
Le Musée d'Amsterdam conserve de lui les portraits de *Archibald Jan Van de Pall* et de *Jacobus Salomon Hendrick Van de Pall*. On trouve également à la Galerie historique de la même ville : *Audience des bourgmestres d'Amsterdam*.

MASCHINI Sim. Voir **MOSCHINO Simone**

MASCHIO Lattanzio
XVIIe siècle. Italien.
Sculpteur.
Il a exécuté, entre autres, les trois statues de saints du maître-autel de S. Agostino de Modène.

MASCHIUS Jacob Morten. Voir **MASCH**

MASCHKEVITCH Jewgenij Ossipovitch
Né le 28 mars 1894 à Smolensk. XXe siècle. Russe.
Peintre, dessinateur.

MASCHKOFF. Voir aussi **MOSCHKOFF**

MASCHKOFF Ilja Ivanovitch
Né le 17 juillet 1881 à Staniza Michailowskaja (province du Don, Russie). XXe siècle. Actif à Moscou. Russe.
Peintre.
Il parcourut l'Europe occidentale, et fonda une association d'artistes Karo-Bubé, se rattachant aux peintres français qui succédèrent aux impressionnistes. Ses tableaux se trouvent dans la plupart des Musées russes.

Ventes Publiques : Londres, 1er juil. 1970 : *Baigneuses* 1911 : **GBP 1 050**.

MASCHMANN
XVIIIe siècle. Allemand.
Peintre.
Il signa en 1733 une *Mise au tombeau* qui se trouve au monastère de Zarrentia.

MASCHMANN E. M.
XVIIIe siècle. Active à Hambourg. Allemande.
Peintre.
Elle épousa le peintre Johann Georg Engert et l'aida dans son travail.

MASCHUTIN Andrej
Né le 17 septembre 1780. Mort en 1808. XVIIIe siècle. Russe.
Graveur.
Élève de l'Académie de Saint-Pétersbourg.

MASCI Edolo
Né le 5 mai 1938 à Castiglione a Casauria (Abruzzes). XXe siècle. Italien.
Peintre de compositions animées, nus, paysages, natures mortes, technique mixte, dessinateur, graveur, aquarelliste, sculpteur.
Il fit ses études au Museo Artistico Industriale de Rome, puis fut élève de Alberto Ziveri et Pericle Fazzini. Il a participé à la Quadriennale de Rome en 1986. Il montre ses œuvres dans des expositions personnelles régulièrement à Rome.
Il pratique les techniques de l'eau-forte, la pointe-sèche, le burin, la xylographie et la lithographie, travaillant notamment sur le thème des jeunes filles nues. Dans ses peintures, il a développé ce même sujet de manière souvent provocante, maltraitant les corps en les déformant, dévoilant sans pudeur, frontalement les parties les plus intimes. Il réalise aussi des paysages plus sereins. Ses peintures se caractérisent par la simplicité de la composition et du choix des sujets, une bicyclette contre un mur, un bosquet. Des surfaces en aplats aux couleurs terreuses, il a évolué dans des œuvres plus colorées, plus soucieuses de rendre les détails et la lumière du monde environnant.

Bibliogr. : Catalogue de l'exposition *Edolo Masci – Dipinti dal 1959 al 1990*, Art World Media, Rome, 1990 – Enzo Bilardello : *Edolo Masci*, De Luca edizioni d'Arte, Rome, 1990.

Ventes Publiques : Rome, 17 avr. 1989 : *Paysage urbain* 1975, h/t (70x64) : **ITL 1 000 000**.

MASCI Giacomo
XVIIe siècle. Actif à Gubbio. Italien.
Sculpteur sur bois.
A exécuté des sculptures pour l'orgue et la tribune des chantres de l'église des Augustins à Pérouse en 1652.

MASCIAS Frederico
Né en 1874 à Buenos Aires. XIXe-XXe siècles. Actif en Italie. Argentin.
Peintre de portraits, paysages, sculpteur.
Il étudia à Rome et à Turin, où il vécut et travailla.

MASCLETI Simon ou **Masclet**
Originaire d'Avignon. XVIe siècle. Vivant à Aix-en-Provence de 1578 à 1589. Français.
Peintre.
Il peignit avec Jean Morelli un triptyque pour l'église du Saint-Esprit à Aix-en-Provence : la *Descente du Saint-Esprit*, l'*Annonciation* et le *Baptême du Christ*. Les exécuteurs testamentaires de Pierre Artaud lui commandèrent, en 1488, un retable avec la *Vierge et l'Enfant entre saint Pierre et saint Jean Baptiste*, Pierre Artaud et ses deux fils d'un côté, son épouse de l'autre ; et sur la prédelle, le *Christ et les apôtres*. Ce retable est conservé à l'église paroissiale de Ventabren.

MASCRÉ Louis
Né le 21 juin 1871 à Bruxelles (Brabant). Mort le 15 octobre 1929 à Bruxelles. XIXe-XXe siècles. Belge.
Sculpteur de bustes.
Il fut élève de P. De Vigne, J. Lambeaux et Th. Vinçotte, à l'académie royale des beaux-arts de Bruxelles.
Il obtint le grand prix de l'académie de Bruxelles en 1898 et le second prix de Rome en 1903.
Il a exécuté des bustes en marbre de la princesse Astrid, d'Edm. Picart et sir Georges Graham.

Bibliogr. : In : *Dict. biogr. ill. des artistes en Belgique depuis 1830*, Arto, Bruxelles, 1987.
Musées : Anvers : *Le Baiser*, bronze – Bruxelles : *Médaillon de Fierens - Gevaert.*

MASCRÉ Oscar Louis
Né le 13 mars 1865 à Péronne (Somme). XIXe-XXe siècles. Français.
Peintre de paysages.
Il participe à Paris, au Salon des Artistes Français depuis 1896, ainsi qu'aux Salons d'Hiver et des Peintres de montagne.

MASEGNE Antonio di Pier Paolo dalle ou **Massegne, Masignis**
XVe siècle. Italien.
Sculpteur et architecte.
Vénitien, il travailla entre 1431 et 1441 à la construction de la cathédrale de Sebenico en Dalmatie.

MASEGNE Jacobello dalle ou **Massegne, Masignis**, dit aussi **Jacobello da Venezia** ou **Jacobellus de Masignis**
XIVe siècle. Italien.
Sculpteur et architecte.
Vénitien, il travailla le plus souvent avec son frère Pier Paolo à Bologne, Venise, Mantoue et surtout à Milan. C'est en 1394 que les deux frères exécutent leur chef-d'œuvre, les statues de marbre des *Douze Apôtres*, de *Marie* et de *Saint Marc* pour l'église Saint-Marc de Venise. En 1399, Jacobello est employé à la construction du Dôme de Milan, mais il est bientôt appelé à travailler au château de Pavie. De nouveau à Milan vers 1400, son nom disparaît en 1409. Son œuvre généralement commune avec son frère marque une influence de Nino Pisano et surtout montre une alliance bien équilibrée de l'idéalisation classique italienne et du naturalisme flamand. Parmi les œuvres les plus importantes des deux frères il faut citer encore *Le Tombeau de Giovanni da Legnano* (1383) et l'*Autel de saint François* (1388-1392) à Bologne.

MASEGNE Paolo di Jacobello dalle ou **Massegne, Masignis**
Actif à Venise. Italien.
Sculpteur.
On ne connaît de lui que deux œuvres, le *Tombeau de Giacomo Cavalli* dans l'abside de l'église des Saints Giovanni de Paolo à Venise et le *Tombeau de Prendiparte Pico* (mort en 1394), qui se trouve actuellement au Musée de Modène.

MASEGNE Pier Paolo dalle ou **Massegne, Masignis**
XIVe siècle. Italien.
Sculpteur.
Vénitien, il est le frère de Jacobello, il travailla le plus souvent avec lui. Voir *Jacobello dalle M.* Mais vers 1400, il se sépara de Jacobello, retourna à Venise où il sculpta une *Vierge à l'Enfant* pour le tombeau du Doge Antonio Vénier. En 1402, il commença le balcon des Doges au Palais ducal, mais il mourut en 1403, ce travail inachevé.

MASEK Karel Vitezlav ou **Maseck, Mazek**
Né en 1865 à Komorau. Mort en 1927 à Prague. XIXe-XXe siècles. Tchécoslovaque.
Peintre de compositions à personnages, de genre. Symboliste.
Il fut élève de l'Académie des Beaux-Arts de Prague, puis de celle de Munich. Il poursuivit parallèlement une carrière d'architecte. En 1887, il vint à Paris, où il étudia à l'Académie Julian. Il enseigna par la suite à l'École des Arts Décoratifs de Prague.
Il a exposé à partir de 1894 à Munich et à Dresde.
Il s'est inspiré de nombreuses légendes tchèques, dans des compositions symbolistes stylisées. Sa *Prophétesse Libuse*, exposée au Palais de l'Alma à Paris pour le Salon de la Société Nationale des Beaux-Arts, présente une reine de Bohème du VIIIe siècle, personnage de légende, dans un costume décoré de symboles lunaires, tandis qu'elle brandit un rameau de tilleul, arbre sacré des Slaves.
Ami de Mucha, il subit l'influence des symbolistes, employant une technique pointilliste, juxtaposant des points de couleurs, pour suggérer la lumière et les formes. Il a également puisé son inspiration dans la réalité, avec des œuvres plus classiques.
Bibliogr. : Gérald Schurr, in : *Les Petits Maîtres de la peinture 1820-1920, valeur de demain*, Les Éditions de l'Amateur, t. IV, Paris, 1979 – in : *Dict. de la peinture allemande et d'Europe centrale*, Larousse, Paris, 1990.
Musées : Paris (Mus. d'Orsay) : *La Prophétesse Libuse* 1893 – Prague (Narodni Gal.) : *Nocula* 1894 – *Le Faucheur* 1896.
Ventes Publiques : Munich, 28 nov. 1973 : *La vieille légende* : **DEM 3 200** – Londres, 16 juin 1993 : *Nu féminin près d'un lac* 1907, h/t (115x115) : **GBP 4 370** – Londres, 22 fév. 1995 : *Putti turbulents*, h/t (61x145) : **GBP 1 150** – Amsterdam, 22 avr. 1997 : *Scène allégorique* 1896, h/t (394x222) : **NLG 68 440.**

MASELLI Giacomo
Né en 1883 à Cutrofiano. XXe siècle. Italien.
Sculpteur.
Il étudia à l'académie des beaux-arts de Bologne.

MASELLI Pietro
Né en 1848 à Figgino. Mort en 1892 à Figgino. XIXe siècle. Italien.
Peintre de genre et de natures mortes.
Il débuta en 1880. Il a exposé à Turin et à Milan. Exécuta des peintures décoratives pour Saint-Antoine de Padoue.

MASELLI Titina
Née en 1924 à Rome (Latium). XXe siècle. Active depuis 1970 en France. Italienne.
Peintre, dessinatrice.
Elle fit des études littéraires. Elle séjourna à New York de 1952 à 1955, en Autriche de 1955 à 1958, à Rome de 1958 à 1970, puis s'installa à Paris en 1970. Elle collabore à des créations théâtrales en France, Allemagne et Belgique.
Elle participe à des expositions collectives, notamment en 1964 et 1984 à la Biennale de Venise. Elle montre ses œuvres dans des expositions personnelles régulièrement en Italie, ainsi que : 1972 fondation Maeght à Saint-Paul-de-Vence, 1975 musée d'Art moderne de la Ville de Paris, 1979 Kunstamt Kreutzberg à Berlin.
Elle a réalisé une toile de neuf mètres de large *Stadio*, peinture gestuelle où éclate la couleur.
Ventes Publiques : Rome, 18 mai 1976 : *Calciatore allo stadio* 1963, h/t (124x148) : **ITL 500 000** – Rome, 15 nov. 1988 : *Sans titre*, détrempe/pap./t. (70x100) : **ITL 800 000** – Rome, 17 avr. 1989 : *Ville* 1961, h/pan. (98x71) : **ITL 7 500 000** – Rome, 28 nov. 1989 : *Personnage d'une autre métropole* 1960, h/t (100x70) : **ITL 7 000 000** – Rome, 30 oct. 1990 : *Cité* 1956, h/pan. (99x75) : **ITL 8 000 000** – Rome, 19 avr. 1994 : *Eau minérale* 1963, h/t (100x80) : **ITL 4 600 000** – Milan, 20 mai 1996 : *Boxeur* 1962, h/pan. (120x122) : **ITL 6 900 000.**

MASERE Émile
XIXe siècle. Français.
Portraitiste et peintre d'histoire.
Exposa au Salon de 1833 à 1841.

MASEREEL Frans
Né le 31 juillet 1889 à Blankenberghe (Flandres). Mort en janvier 1972 à Avignon (Vaucluse). XXe siècle. Actif en France. Belge.
Peintre de compositions animées, scènes typiques, paysages, marines, dessinateur, graveur, aquarelliste, illustrateur.
Il resta peu de temps à l'école des beaux-arts de Gand, et se rendit en 1909 à Londres et en 1910 à Paris, entreprit cette même année un voyage dans le nord de l'Afrique, résida de 1916 à 1921 à Genève, où il collabora à plusieurs revues pacifistes. Il fonda dans cette ville les éditions du Sablier et publia les écrits de Barbusse et Romain Rolland, de qui il illustra *Jean Christophe*. Il s'installa ensuite à Paris, puis à Équihen près de Boulogne-sur-Mer et, en 1949, à Nice. En 1935-1936, il séjourna en Union Soviétique, en 1958 en Chine. Il fut nommé professeur à l'Institut des arts décoratifs de Sarrebruck. Il fut membre de l'académie royale de Belgique à partir de 1951.
Il a exposé à Paris en 1923 et 1958, à Moscou en 1928 et 1935-1936, à la Biennale de Venise où il reçut le Grand Prix en 1950, à Anvers en 1958, à Nice en 1965, à Bruxelles en 1970 ; après sa mort à Gravelines en 1984, au musée des Beaux-Arts de Gand en 1986, au Museum Plantin-Moretus d'Anvers en 1989, à la Abac Gallery de Bruxelles en 1996.
Il illustra dans sa propre maison d'édition certains livres de Duhamel, Vildrac, Maeterlinck, Cendrars, Verhaeren, Barbusse, Tolstoï et fit paraître une de ses plus belles œuvres *Mon Livre d'heures*. Il convient aussi de signaler de lui plusieurs recueils de gravures : *Debout les morts* (1917), *Vingt-Cinq Images de la passion d'un homme* (1918), *Le Soleil* (1919), *Visions* (1922), *La Ville* (1925), *Figures et Grimaces* (1926), *L'Œuvre* (1928), *Pourquoi ?* (1952). Ses gravures, qui sont au nombre de plusieurs milliers, constituent la critique la plus mordante de notre société et font le procès de toutes les formes de l'oppression. Il aborda la peinture

vers 1924. Ses tableaux aux teintes sombres nous dépeignent, avec un grand réalisme, la vie des rues de Paris et notamment de Montmartre, ainsi que celle des plages. Il peut également faire preuve d'un grand dépouillement lorsqu'il peint des rues tunisiennes, à grands coups de pinceau avec une économie de couleurs qui rendent bien la lumière nord-africaine. Il réalisa également d'importantes peintures murales pour l'Exposition internationale de Paris, en 1937.

Bibliogr. : In : *Les Muses*, La Grange Batelière, t. X, Paris, 1973 – R. Avermate : *Frans Masereel*, Albin Michel, Paris, 1975 – in : *Dict. univer. de la peinture*, Le Robert, t. IV, Paris, 1975 – Pierre Vorms : *Frans Masereel – Catalogue raisonné*, Anvers, 1976 – in : *Dict. biogr. ill. des artistes en Belgique depuis 1830*, Arto, Bruxelles, 1987 – in : *L'Art du xxe s.*, Larousse, Paris, 1991 – in : *Dict. de l'art mod. et contemp.*, Hazan, Paris, 1992 – Catalogue de l'exposition : *Lumières tunisiennes*, Pavillon des Arts, Paris, 1995.

Musées : Gand (Mus. des Beaux-Arts) : *Deux femmes au réverbère – Le Bureau* 1924 – Leipzig (Mus. des Beaux-Arts) : *Place Pigalle* 1925 – Moscou (Mus. Pouchkine) : *Le Bourgeois et la ville* 1921 – Mulhouse (Mus. des Beaux-Arts) : *Deux noirs à Marseille* 1932 – Paris (BN) : *Dormeuse* 1950, grav. sur bois – Tunis (Mus. d'Art Mod.) : *Boutique dans la médina* 1911.

Ventes Publiques : Paris, 29 oct. 1926 : *Le Chat rouge* : **FRF 1 800** – Paris, 19 mars 1947 : *L'estaminet* : **FRF 8 000** – Paris, 20 déc. 1948 : *Scène d'estaminet à Toulon* : **FRF 3 000** – Genève, 10 déc. 1970 : *Le phare* : **CHF 6 200** – Hambourg, 8 juin 1972 : *Couple sur la plage* : **DEM 6 200** – Munich, 26 nov. 1973 : *Bar à Berlin*, aquar. : **DEM 4 350** – Anvers, 19 oct. 1976 : *La dispute* 1955, dess. (47x62) : **BEF 36 000** – Zurich, 12 nov. 1976 : *La fille du pêcheur* 1932, h/t (65x92) : **CHF 5 000** – Zurich, 20 mai 1977 : *Moulin Rouge* 1924, aquar. (63,5x53,5) : **CHF 3 000** – Bruxelles, 23 mars 1977 : *Nu couché* 1930, h/t (64x92) : **BEF 30 000** – Londres, 5 déc 1979 : *Filles dans un bordel* 1924, aquar. et pl. (38x46) : **GBP 1 300** – Cologne, 5 déc 1979 : *Paysage parisien (Montmartre)* 1928, h/t (73x60) : **DEM 9 500** – Munich, 2 déc. 1980 : *Le chat noir* 1960, grav./bois (40,2x55,1) : **DEM 2 400** – Munich, 28 nov. 1980 : *L'ingénieur* 1922, pl. (27x19,5) : **DEM 2 000** – Amsterdam, 2 oct. 1981 : *Estaminet* 1928, h/t (73x94) : **NLG 12 000** – Lokeren, 26 fév. 1983 : *Femme et matelot* 1963, pl. (47x50) : **BEF 50 000** – Cologne, 4 juin 1983 : *Jeune femme sur un balcon* 1926, aquar. et gche (54x37) : **DEM 4 200** – Zurich, 2 juin 1983 : *Trois marins et une femme dans un estaminet* 1929, h/t (72x93) : **CHF 14 000** – Londres, 23 oct. 1985 : *Couple assis sur un banc* 1925, aquar. (48x59) : **GBP 2 200** – Lokeren, 18 oct. 1986 : *L'Accordéoniste* 1929, h/t (101x81,5) : **BEF 330 000** – Paris, 8 déc. 1987 : *Femme à la fenêtre*, h/cart. (46,5x55,5) : **FRF 9 200** – Cologne, 30 mai 1987 : *Nice, Promenade des Anglais, trois touristes* 1961, temp. (48,5x63,3) : **DEM 8 000** – Lokeren, 28 mai 1988 : *Pêcheur marchant* 1929, h/t (55x46) : **BEF 150 000** – Lokeren, 8 oct. 1988 : *Femme au drap rouge* 1960, h/t (60x74) : **BEF 110 000** – Londres, 19 oct. 1988 : *Le pêcheur* 1930, h/t (55,2x46,2) : **GBP 1 980** – Amsterdam, 10 avr. 1989 : *Paysan accroupi* 1946, h/cart. (36,5x45) : **NLG 5 750** – Zurich, 25 oct. 1989 : *« Die Gequälten »*, encre (31,5x48) : **CHF 1 400** – Londres, 25 oct. 1989 : *La maison du pêcheur* 1928, h/t (54x74) : **GBP 6 050** – Tel-Aviv, 3 jan. 1990 : *Femme allongée* 1958, gche et encre (28,5x23) : **USD 710** – Amsterdam, 10 avr. 1990 : *Homme dans une ville*, encre/pap. (30,5x23,5) : **NLG 1 150** – Paris, 26 avr. 1990 : *Femme endormie*, h/cart. (27x46) : **FRF 18 000** – Tel-Aviv, 19 juin 1990 : *Femme*, encre et gche blanche (61,5x48) : **USD 1 650** – Amsterdam, 23 mai 1991 : *Portrait d'homme*, encre/pap. (25,5x19,5) : **NLG 1 380** – Amsterdam, 12 déc. 1991 : *Vue d'un port* 1954, h/t (46x64,5) : **NLG 7 475** – Lokeren, 23 mai 1992 : *Une sirène*, h/pap./t. (50x45) : **BEF 70 000** – Amsterdam, 24 sep. 1992 : *Scène de guerre – bombardement* 1941, gche/pap. (50,2x32,5) : **NLG 5 175** – Lokeren, 10 oct. 1992 : *Jeune homme à la fenêtre* 1960, h/t (60x73) : **BEF 120 000** – Londres, 15 oct. 1992 : *Maison de pêcheur à Equihen* 1931, h/t (64,5x92) : **GBP 2 860** – Lokeren, 4 déc. 1993 : *Mère et son enfant* 1959, h/pap. (48x63) : **BEF 48 000** – Amsterdam, 9 déc. 1993 : *Couple sur la plage* 1933, h/t (96x130) : **NLG 26 450** – Lokeren, 12 mars 1994 : *Souvenir de Boulogne* 1948, h/cart. (54x71) : **BEF 90 000** – Tel-Aviv, 22 avr. 1995 : *Scène de café* 1920, h/t (55x46) : **USD 8 050** – Lokeren, 20 mai 1995 : *Femme et enfant* 1953, h/pap. (63,5x48,2) : **BEF 100 000** – New York, 14 juin 1995 : *Femme endormie dans un champ d'orge* 1939, h/t (96,5x129,5) : **USD 5 462** – Amsterdam, 4 juin 1996 : *Vanity Fair*, encre/pap. (32,5x24,7) : **NLG 4 012** – New York, 10 oct. 1996 : *The deal makers* 1920, h/t (61x50,2) : **USD 8 050** – Amsterdam, 17-18 déc. 1996 : *Deux femmes bavardant* 1950, h/t (65x54) : **NLG 10 384** – Lokeren, 18 mai 1996 : *Nu aux volets verts* 1944, h/cart. (46,3x33,3) : **BEF 80 000** – Paris, 25 juin 1997 : *Baigneuse devant la mer* 1952, h/pan. (33x55) : **FRF 30 000** – Paris, 17 oct. 1997 : *Deux jeunes femmes* 1920, h/t (61x50) : **FRF 22 500** – Lokeren, 6 déc. 1997 : *Nu couché* 1945, h/cart. (28x46,5) : **BEF 70 000**.

MA SHI ou **Ma Che,** ou **Ma Shih**, surnom : **Jingzhan**
Originaire de Jiading, province du Jiangsu. xve siècle. Actif dans la première moitié du xve siècle. Chinois.
Peintre.

Fonctionnaire de l'observatoire impérial pendant l'ère Xuande (1426-1435), c'est un peintre de paysages dans le style de Guo Xi (vers 1020-1100). À son époque il est aussi célèbre que son contemporain, le peintre Dai Jin.

MA SHIDA ou **Ma Che-Ta,** ou **Ma Shih-Ta**, surnom : **Fangzhi**
Originaire de Yenshan, province du Hebei. Actif pendant la dynastie Ming (1368-1644). Chinois.
Peintre.

Il n'est pas mentionné dans les biographies officielles d'artistes mais le Metropolitan Museum de New York conserve une de ses œuvres signées : *Plant de choux.*

MA SHIRONG ou **Ma Che-Jong** ou **Ma Shih-Jung**
xiie siècle. Actif vers le milieu du xiie siècle. Chinois.
Peintre.

Fils de Ma Xingzu et petit-fils de Ma Fen (actif vers 1110-1125), il est lui-même membre de l'Académie de Peinture pendant l'ère Shaoxing (1131-1162). C'est un peintre de paysages, de figures, de fleurs et d'oiseaux ; le Musée du Palais de Pékin conserve une peinture sur éventail qui lui est attribuée : *Paysage aux larges pavillons.*

MASHKOV Ilya. Voir **MACHKOV Ilia**

MA SHOUCHEN. Voir **MA SHOUZHEN**

MA SHOUZHEN ou **Ma Cheou-Tchen** ou **Ma Shou-Chên**, noms de pinceau : **Xianglan** et **Yuejiao**
Originaire de Nankin. xvie-xviie siècles. Active vers 1592-1628. Chinoise.
Peintre.

Femme peintre et poète, c'est une grande amie de l'écrivain Wang Zhideng (1535-1612). Elle peint des orchidées dans le style de Zhao Mengjian (1199-1295) et des bambous dans celui de Guan Daosheng (1262-1325).

Musées : Stockholm (Nat. Mus.) : *Lotus à la fin de l'été*, signé, poème et colophon – Taipei (Nat. Palace Mus.) : *Peinture de fleurs*, deux feuilles d'album signées – *Épidendrons dans les pierres*, signé, inscription de Wang Zhideng – *Fleurs et papillon*, peinture sur éventail.

MASI Denis
xxe siècle. Britannique.
Créateur d'installations.

Il a exposé à l'Imperial War Museum de Londres et à la City Art Gallery de Southampton.

Il utilise des objets manufacturés et en particulier de nombreux animaux naturalisés, dans des installations éclairées artificiellement.

MASI Giovanni
Né en 1761 à Ferrare. Mort en 1826. xviiie-xixe siècles. Italien.
Peintre et dessinateur.

Il fut un élève de Calvi. On trouve dans les églises de Ferrare deux tableaux de lui : *Madone avec saint Georges* et *Ange gardien.*

MASI Paolo
Né en 1933 à Florence (Toscane). xxe siècle. Italien.
Peintre.

Il vit et travaille à Florence.
Il a participé en 1988 à l'exposition *De Bonnard à Baselitz – Dix Ans d'enrichissements du cabinet des estampes 1978-1988* à la Bibliothèque nationale à Paris, avec un livre illustré.
Musées : Paris (BN).

MASI Tommaso
XIXe siècle. Actif au début du XIXe siècle. Italien.
Sculpteur.
Il a édifié plusieurs tombeaux et un monument en l'honneur de l'archevêque Franceschi (mort en 1806), dans la cathédrale de Pise.

MASIC Nikola
Né le 28 novembre 1852 à Otocac. Mort le 4 juin 1902 à Zagreb. XIXe siècle. Croate.
Peintre de scènes de genre.
Il étudia avec Lindenschmit à Munich et avec Bouguereau à Paris. Il fut le premier adepte croate du plein air. Ses tableaux de genre et ses types populaires ont obtenu du succès et trouvé leur place au Musée de Zagreb.
Ventes Publiques : Londres, 11 mai 1984 : *Une ferme de Croatie*, h/t (68,6x52) : **GBP 950** – Londres, 19 juin 1985 : *Le jardin potager*, h/t (36,5x56,5) : **GBP 5 000** – New York, 6 juin 1986 : *La Gardeuse d'oies serbe*, h/t (47,5x73) : **USD 4 750**.

MASIEWSKI ou **Masiecki, Masieski, Maszewski**
XVIIIe siècle. Actif dans la seconde moitié du XVIIIe siècle. Polonais.
Graveur.
Il a gravé des madones, des figures de saints et des armoiries.

MASIGNIS. Voir **MASEGNE**

MA SING-TSOU. Voir **MA XINGZU**

MASINI Angelo
Né vers 1773, originaire de Bologne. XVIIIe-XIXe siècles. Italien.
Peintre et restaurateur de tableaux.
Il fut le fils du peintre de théâtre Francesco Masini, né vers 1733 et le frère du peintre Antonio. La Galerie des tableaux de Donaueschingen possède de lui un *Portrait d'homme*.

MASINI Cesare
Originaire de Bologne. XIXe siècle. Italien.
Peintre d'histoire et critique d'art.
Il devint en 1840 membre de la corporation des Virtuoses à Rome, et fut, depuis 1845, secrétaire de l'Académie de Bologne. La Pinacothèque de Bologne possède de lui le *Macédonien Polistrate fait boire Darius mourant*.

MASINI Gerardo
Né le 8 août 1920 à Borgomanero (Piémont). XXe siècle. Italien.
Peintre, peintre de compositions murales, technique mixte.
Né dans une famille d'artistes, il vint à la peinture en autodidacte, après des études de sociologie. En 1969, il s'installa à Paris.
Il participe à de nombreuses expositions collectives : notamment en 1942 à la Mostra artisti alle armi de Florence. Il expose en Italie, France, aux États-Unis, à Buenos Aires, Rio de Janeiro.
Il fut d'abord influencé par le futurisme. Il projette dans ses images « nos hantises les plus profondes », place le spectateur « en face de l'essentiel » (Huyghe). Ses œuvres, entre abstraction et figuration, se rattachent à l'existencialisme, dans des compositions dynamiques, régies par la géométrie des formes et le « mouvement » original de la couleur. Dans les années soixante-dix, il réalise des compositions murales en Amérique du Sud, avec Siqueiros, Matta et Lam.
Bibliogr. : René Huyghe : *Formes et forces*, Flammarion, Paris, 1970.

MASINI Girolamo
Né le 29 décembre 1840 à Florence. Mort en 1885. XIXe siècle. Italien.
Sculpteur.
Élève de Costoli. Il a exposé à Turin, Milan, Bologne et Carrare. Le Musée des Arts Modernes à Rome possède de lui une *Fabiola*.

MASINI Giuseppe
XVIIe siècle. Actif à Florence vers 1660. Italien.
Peintre d'architectures.
Il fut élève de Jac. Chiavistelli.

MASINI Pietro
XVIIIe siècle. Actif à Londres. Italien.
Graveur au burin.
Il a gravé des sujets d'histoire.

MASIP Margarita Joanes
Née le 17 février 1613. XVIIe siècle. Espagnole.
Peintre.
Elle fut l'élève de son père Vicente Juan. L'identification de ses œuvres reste très difficile.

MASIP Vicente ou **Macip**
Né vers 1490. Mort en 1550 à Valence. XVIe siècle. Espagnol.
Peintre de sujets religieux.
Est l'ancêtre d'une dynastie de peintres qui constituent l'atelier Masip à Valence, au XVIe siècle. On l'a longtemps confondu avec son fils Vicente Juan, dit Juan des Juanes, avec lequel il a collaboré après 1535. Il a dû rencontrer Yanez et Llanos qui l'ont influencé à ses débuts, tandis que Raphaël domine tout son art, à tel point qu'il pourrait être allé en Italie, sans qu'on ait jamais prouvé ce voyage. On sait seulement qu'il était à Valence en 1513 ; il exécuta vers 1531-35 un retable pour la cathédrale de Segorbe, et un *Baptême* (1535) pour la cathédrale de Valence. Il se distingue par la robustesse virile de son art. Il a traité des sujets religieux pour les églises de la région de Valence et de Murcie. Le Prado à Madrid présente de lui : *Le Martyre de sainte Agnès, Tentation, L'Adoration des Mages, La Visitation*.

MASIP Vicente Joanes ou **Macip**
Né vers 1555. Mort en 1621. XVIe-XVIIe siècles. Espagnol.
Peintre de sujets religieux, portraits.
Fils et élève de Vicente Juan Masip. On cite de lui, à la cathédrale de Valence, les portraits des archevêques *Francisco de Navarra, Aciselo Moya de Contreras, Martin Pérez de Ayala, Fernando de Loaces* et *Juan de Ribera*. Le Musée du Prado, à Madrid, conserve de lui : *Le Mont des Oliviers* et la *Descente de Croix*.

MASIP Vicente Juan ou **Macip**, pseudonyme : **Juan de Juanes** ou **Joanes**
Né avant 1523 sans doute à Fuente la Higuera. Mort le 21 décembre 1579 à Bocairente. XVIe siècle. Espagnol.
Peintre.
On ne sait rien de sa vie sinon qu'il fut l'élève de son père, Vicente Masip et qu'il travailla avec lui jusqu'en 1550 environ. Enfin sa date de mort est connue d'après celle de son testament établi à Bocairente où il travaillait pour l'église de cette ville. Il est peut probable qu'il ait voyagé, et s'il a connu la peinture italienne, c'est très certainement à travers celle de son père. Mais Juan de Juanes ajoutait à son admiration pour Raphaël une tendance maniériste douceâtre, sentimentale qu'il alliait aussi parfois à une exagération dramatique du mouvement. Toutefois, il pouvait échapper à ces excès lorsqu'il peignait, par exemple, *Les Noces mystiques du vénérable Agnesio* (Valence) ou la *Cène* (église Saint-Nicolas de Valence), pour laquelle il mit en valeur une belle nature morte sur une nappe blanche. La plupart de ses œuvres, surtout les *Vierge* et *Sauveur*, connurent un grand succès populaire en tant qu'images pieuses. On rapporte d'ailleurs qu'une Vierge peinte par lui avait fait des miracles et que lui-même communiait avant de commencer un tableau religieux. C'est dire combien sa peinture était une peinture de dévotion.
Bibliogr. : J. Lassaigne : *La peinture espagnole des fresques romanes au Greco*, Paris, 1952 – J. Albi : *Joan de Hoanes et son cercle artistique*, 1979.
Musées : Barcelone (Mus. del Parque) : Portraits de saints – Karlsruhe (Kunsthalle) : *Tentation* – Madrid (Prado) : *Scènes tirées de la légende de saint Étienne – Le Sauveur – La Cène – Ecce homo – Descente de Croix – Melchisédech – Portrait de saint Louis de Castille* – Madrid (Academia de san Fernando) : *Sainte Famille* – Montpellier : *Saint François* – Narbonne : *Ecce Homo* – Saint-Pétersbourg (Mus. de l'Ermitage) : *Anne et Dominique* – Valence : *La Cène – Le Sauveur – Les Noces mystiques du vénérable Agnesio – Ecce Homo – Assomption de Marie – Saint Vincent – Dieu le Père*.
Ventes Publiques : New York, 20 jan. 1983 : *La Vierge en prière*, h/pan. (42x33) : **USD 7 000** – Londres, 5 juil. 1991 : *Saint Jean ; Saint Jérôme*, h/pan., une paire (48x19,6) : **GBP 30 800**.

MASIUS Balthasar
XVIIIe siècle. Actif au début du XVIIIe siècle. Danois.
Peintre.
Douze tableaux de lui se trouvent au château de Frederiksberg.

MASJUTIN Wassilij
Né le 10 février 1884 à Riga. XXe siècle. Russe.
Peintre, dessinateur, sculpteur, illustrateur. Figuration fantastique puis expressionniste.

Au début de sa carrière, cet artiste exécuta des gravures fantastiques inspirées par Goya, Rops et Daumier, puis à Berlin s'adonna à l'expressionnisme. De 1921 à 1925, il se consacra presque exclusivement à l'illustration de livres. Il fut aussi écrivain.

MASKALL Eliza
XIXe siècle. Active à Londres. Britannique.
Peintre de paysages.
A exposé à Londres, de 1803 à 1831.

MASKINS
XVIIIe siècle. Actif à la Jamaïque. Britannique.
Dessinateur.
Le British Museum de Londres possède de lui des dessins à la plume.

MASKOS Fritz
Né le 8 juillet 1896 à Dresde (Saxe). XXe siècle. Allemand.
Sculpteur de figures.
Il vécut et travailla à Dresde.
Musées : Dresde (Mus. mun.) : *Mère et enfant – Le Poète Alfred Günther* – Marbourg (Inst. de l'hist. de l'art) : *La Songeuse*, bronze.

MASLOVSKI Stanislas
Né le 3 décembre 1853 à Vlodova. Mort le 31 mai 1926. XIXe-XXe siècles. Polonais.
Peintre de paysages, aquarelliste.
Il fut élève de Guerson à Varsovie. En 1886, il travailla à Munich, en 1900 à Paris et en Italie, puis longtemps en Ukraine où il peignit des scènes de la vie des Cosaques. En 1921, on voyait de cet artiste une aquarelle : *Le Marché de Kazimierz-sur-Vistule*, à l'exposition des Artistes Polonais organisée par le Salon de la Société Nationale des Beaux-Arts, à Paris.
Musées : Cracovie (Mus. Nat.) : *Paysage*.

MASLOWSKI Alexandre
Né à Doudemka. XXe siècle. Russe.
Peintre de figures, paysages.
Il obtint le diplôme de l'école d'art Krasmoiarsk de Moscou. Il montra ses œuvres dans des expositions, de 1987 à 1989, à Moscou, puis au Japon, en Pologne et en France.
Il opte pour une palette réduite, généralement du beige au crème, représentant des personnages qui se fondent dans une atmosphère floue, éthérée, comme surexposés.

MASLOWSKIJ Pawel. Voir **MASSLOVSKIJ**

MASNATA
XXe siècle. Italien.
Peintre.
Il a participé en 1990 à la FIAC (Foire Internationale d'Art Contemporain) à Paris. Il montre ses œuvres dans des expositions personnelles à Rome.

MASNIER Jehan
XVIe siècle. Actif au Mans à la fin du XVIe siècle. Français.
Sculpteur et architecte.

MASO. Voir aussi **TOMMASO**

MASO Felipe ou **Maso de Falp Felipe**
Né en 1851 à Barcelone (Catalogne). Mort en 1929 à Pau (Pyrénées-Atlantiques). XIXe-XXe siècles. Actif en France. Espagnol.
Peintre d'histoire, compositions animées, scènes typiques, portraits, natures mortes. Traditionnel.
Il étudia l'architecture à Madrid, puis le droit, avant de s'adonner à la peinture. Il fut l'élève de Bonnat à Paris. Il travailla à Barcelone et se fixa en 1913 à Paris, où il avait obtenu une médaille de bronze en 1889 à l'Exposition universelle. Il participa à de nombreuses expositions à Paris, notamment au Salon des Artistes Français en 1875, 1876, 1885, au Salon des Illustrateurs en 1885. Il exposa aussi à Londres et Anvers.
On cite de lui *Un Arabe – Le Bal – Au Café*.
Bibliogr. : In : *Cien Anos de pintura en Espana y Portugal, 1830-1930*, Antiqvaria, Madrid, 1991.
Musées : Valparaiso : *Christophe Colomb et son fils devant le globe terrestre*.
Ventes Publiques : Londres, 23 nov. 1988 : *La danseuse*, h/pan. (81x54,5) : **GBP 5 500**.

MASO Francesco di. Voir l'article **PILOTO**

MASO di Banco
XIVe siècle. Italien.
Peintre d'histoire, compositions religieuses, fresquiste, sculpteur.
Longtemps confondue avec celle de deux autres peintres : Giottino et un Stefano, la personnalité de Maso di Banco s'est dissociée de ces deux artistes, en particulier grâce aux critiques d'art Offner et Pietro Longhi. Il fut élève de Giotto, dont il aurait été d'après Villami le disciple le plus attentif : « pinxit mirabili et incredibili venustate ». Mentionné à Florence de 1341 à 1353, il était inscrit à la corporation des « Medici e Speziali », de 1343 à 1346, puis à la compagnie de Saint-Luc, en 1350.
Son chef d'œuvre serait la fresque de la chapelle Bardi di Vernio à S. Croce de Florence. Les cinq panneaux de cette fresque représentent les sujets suivants : *Constantin fait savoir aux mères qu'il ne suivra pas le conseil de ses médecins qui, pour le guérir de la lèpre, voulurent le plonger dans le sang des enfants – Le songe de Constantin – Sylvestre baptise l'empereur – Sylvestre ranime le taureau mort – Sylvestre ranime les deux mages*. Ces fresques furent longtemps attribuées à Giottino, mais après leur identification, elles ont servi ensuite à regrouper d'autres œuvres autour du nom de Maso di Bianco, dont *Le Couronnement de la Vierge*, fresque de S. Croce, un polyptyque à S. Spirito de Florence et d'autres polyptyques dont les panneaux ont été dispersés dans divers musées.
Avec Stefano Fiorentino et Taddeo Gaddi, il apparait comme l'un des meilleurs continuateurs de Giotto ; Ghiberti louait déjà ses œuvres. Il se distingue par, outre la qualité des drapés, l'expression des attitudes et des visages, les coloris subtils éclairés par une lumière vibrante qui donne du volume, tout en douceur, aux formes.
Bibliogr. : In : *Diction. de la peinture italienne*, coll. Essentiels, Larousse, Paris, 1989.
Musées : Berlin (Staatl. Mus.) : *Madone – Madone à la ceinture* – Brooklyn : *Triptyque* – Budapest : *Couronnement de la Vierge* – Chantilly (Mus. Condé) : *Dormition de la Vierge* – New York (Met. Mus.) : *Saint Antoine de Padoue*.
Ventes Publiques : Londres, 24 mars 1922 : *La Crucifixion avec saint François et saint Antoine* : **GBP 17**.

MASO da Bologna. Voir **SCANNABECCHI**

MASO del Bosco. Voir **BOSCOLI Tommaso di Pietro**

MASO DA SAN FRIANO. Voir **MANZUOLI Tommaso d'Antonio**

MASOLINO da Panicale, de son vrai nom : **Tommaso di Cristoforo Fini**
Né en 1383 à Panicale. Mort vers 1447. XVe siècle. Italien.
Peintre.
Fils de Cristoforo Fini, il travaille, à ses débuts, avec Lorenzo Ghiberti et Gherardo Starnina. À Empoli, il exécute une *Pietà* pour la Collégiale, et une décoration pour la chapelle Sainte-Hélène de l'église des Augustins. En 1423, il est inscrit à la corporation des peintres de Florence. Dans cette ville, se pose le problème de sa collaboration avec Masaccio, en particulier pour le retable de *Sainte Anne, la Vierge et l'Enfant*, qui peut dater d'un peu avant 1423 et dont sainte Anne et les anges sont sans doute de la main de Masolino. Est certaine la collaboration de Masaccio et de Masolino à la chapelle Brancacci au Carmine de Florence (1425). Masolino y a peint très certainement la *Guérison de l'infirme* et peut-être la *Tentation d'Adam et d'Ève*. Mais il a dû quitter Florence pour aller en Hongrie et il a laissé le reste du travail à Masaccio. Il revient à Rome en 1430 et fait à Saint-Clément des fresques représentant l'*Histoire de saint Ambroise*, de *sainte Catherine*, et *la Crucifixion*. Des panneaux aujourd'hui à Londres et devant faire partie d'un triptyque conservé à Naples, ont fait ressurgir le problème de la collaboration avec Masaccio. De 1432, date la *Madone à l'Enfant* de San Fortunato de Todi. C'est sans doute vers 1435 qu'il termine les fresques du Baptistère de Castiglione d'Olona, de la Collégiale et du palais du cardinal. On perd la trace de Masolino en 1447. Étant élève de Starmina et ayant travaillé avec Masaccio, qui était peut-être son élève, Masolino se situe, un peu comme Pisanello, au point de rencontre de deux esthétiques différentes : d'un côté le gothique international, coloré, gracieux, précieux, de l'autre, les volumes bien définis, la prise de possession de l'espace, de la perspective. Masolino est moins rigoureux que Masaccio, mais il a su lier couleur et espace, permettant l'existence future de l'art d'un Piero della Francesca.
Bibliogr. : A. Chastel, in : *Dictionnaire de l'Art et des Artistes*, Hazan, Paris, 1967.
Ventes Publiques : Londres, 7 juin 1929 : *Saint priant devant un*

crucifix : **GBP 99** – New York, 4 fév. 1931 : *La Vierge et l'Enfant* : **USD 225** – New York, 19 mai 1995 : *Un prophète ou un évangéliste*, temp./pan. (haut pointu 21,9x15,6) : **USD 299 500**.

MASOLLE Helmer
Né en 1884. Mort en 1969. xxe siècle. Suédois.
Peintre de compositions animées, scènes typiques.
Ventes Publiques : Stockholm, 15 nov. 1988 : *Forgeron debout*, h/t (39x20) : **SEK 6 500** – Stockholm, 15 nov. 1989 : *Un homme vidant le contenu de son traîneau à cheval dans la neige*, h/t (55x82) : **SEK 6 500** – Stockholm, 14 nov. 1990 : *Vieil homme debout fumant sa pipe*, h/pan. (34x20) : **SEK 9 500**.

MASOLT Hans ou **Hans von Hall**
xve siècle. Actif à Hall dans le Tyrol. Autrichien.
Peintre.

MASON Abraham John
Né le 4 avril 1794 à Londres. xixe siècle. Britannique.
Graveur sur bois.
Élève de Robert Branston. Il partit pour New York en 1829 ; il y fut nommé associé de la National Academy et professeur de gravure. Il a gravé, d'après les illustrations de Cruikshank, *Tales of Humour and gallantry and romance*, Londres, 1824.

MASON Alice Trumbull
Née en 1904 à Lichfield (Connecticut). Morte en 1971. xxe siècle. Américaine.
Peintre, graveur. Abstrait.
Elle fut l'un des membres fondateurs du très important groupe des Artistes Abstraits américains, dont elle fut élue présidente en 1961.
Elle participe aux expositions importantes consacrées à la jeune peinture américaine tant aux États-Unis qu'à l'étranger. En France, elle a figuré au Salon des Réalités Nouvelles, à Paris, de 1947 à 1955. Dès 1942, le musée d'Art vivant de New York lui consacra une exposition personnelle, ville où elle exposa de nouveau en 1948 et 1959. Elle obtint de nombreux prix : 1948 Société des aquafortistes américains, 1952 prix de peinture de la Silvermine Guild of Artists, 1956 club de la gravure de Philadelphie.
Peintre strictement abstrait, ses œuvres montrent l'influence évidente de la période américaine de Mondrian, celle de *Boogie-woogie*, d'autres œuvres sont de très belles organisations de plans géométriques, allant du noir au blanc en passant par tous les gris, qui s'articulent s'interpénètrent ou se superposent par transparence, les uns aux autres.
Bibliogr. : Michel Seuphor : *Dict. de la peinture abstraite*, Hazan, Paris, 1957 – in : *Peintres contemp.*, Mazenod, Paris, 1964.
Musées : Buffalo (Albright Art Gal.) – New York (Whitney Mus.) – New York (Guggenh. Mus.).
Ventes Publiques : New York, 30 mars 1978 : *The seed is white*, h/cart. (51x51) : **USD 3 250** – New York, 4 déc. 1987 : *Forms Withdrawns* 1947, caséine et h/isor. (85,1x117,6) : **USD 20 000**.

MASON Barry
Né en 1947. xxe siècle. Britannique.
Peintre de marines.
Ventes Publiques : Londres, 18 oct. 1990 : *Époque d'aventure : la compétition entre le Norman Court et le Thermopylae en 1870*, h/t (101,5x127) : **GBP 9 350** ; *Clippers sur la Tamise à marée haute vers 1860*, h/cart. (61x91,5) : **GBP 8 250**.

MASON Edith M. Voir **HINCHLEY,** Mrs

MASON Finch
Né vers 1850. Mort en juillet 1915. xixe-xxe siècles. Britannique.
Peintre de sujets de sport.

MASON Frank Henry
Né en 1876 à Ebberston Hall (Yorkshire). Mort en 1965 à Seaton Carew. xixe-xxe siècles. Actif à Ebberston Hall dans le Yorkshire. Britannique.
Peintre de marines, aquarelliste.
Ventes Publiques : Londres, 3 fév. 1978 : *Sainte Cécile* 1889, h/t (22,8x34,2) : **GBP 700** – Londres, 29 jan. 1980 : *Le voilier « Moonbeam »*, aquar. et gche (33,3x49,3) : **GBP 600** – Chester, 22 juil. 1983 : *The Power and Wealth of the Tyne*, aquar. (76x152) : **GBP 1 200** – Chester, 13 jan. 1984 : *Les convois arrivent* 1941, h/t (51x75) : **GBP 1 200** – Londres, 29 oct. 1985 : *Bateaux au large de Venise*, aquar. reh. de blanc (33x94) : **GBP 1 200** – Londres, 14 oct. 1987 : *Le Palais des Doges, Venise*, aquar. reh. de blanc (74x49) : **GBP 2 000** – Londres, 25 jan. 1988 : *Vaisseaux au large des côtes hollandaises*, aquar. (16x48) : **GBP 682** – Londres, 25 jan. 1989 : *Bateaux de pêche au large d'Ismaïlia en Égypte*, aquar. et gche (25x35) : **GBP 902** – Londres, 31 mai 1989 : *Les bateaux Artic Stream et Ambassador*, aquar. et gche/pap., une paire (chaque 38x50) : **GBP 4 400** – Londres, 8 juin 1989 : *Après-midi d'été sur la Tamise*, h/t cartonnée (48,2x73,8) : **GBP 3 520** – Londres, 31 jan. 1990 : *Débarquement du poisson en Hollande*, aquar. (29x37) : **GBP 2 310** – Londres, 30 mai 1990 : *Yachts en compétition*, h/t (41x61) : **GBP 1 650** – Londres, 26 sep. 1990 : *Douvres*, aquar. avec reh. de blanc (23x61) : **GBP 880** – Londres, 18 oct. 1990 : *Bateaux de pêche français quittant le port de Calais*, cr. et aquar. (25,5x35,5) : **GBP 495** ; *Une passe périlleuse*, h/cart. (48x74) : **GBP 660** – Londres, 1er nov. 1990 : *Le château de Bamburgh depuis la plage à marée basse*, aquar. (26x53,3) : **GBP 1 430** – Londres, 22 mai 1991 : *Liverpool*, h/cart. (61x100,5) : **GBP 1 980** – Londres, 22 nov. 1991 : *Bâtiments de la flotte de méditerranée dans le port de La Valette*, h/t (87x102,9) : **GBP 8 800** – Londres, 11 juin 1993 : *La Dogana et Santa Maria della Salute vues depuis San Giorgio à Venise* 1902, aquar. et gche (49x74,9) : **GBP 2 760** – Londres, 11 oct. 1995 : *Le château de Chepstow* 1904, aquar. et gche (30x90) : **GBP 862** – Londres, 30 mai 1996 : *Navire de Virginie entrant dans le port de Douvres*, h/cart. (66x102) : **GBP 4 140** – Londres, 29 mai 1997 : *Cowes Week dans les années vingt*, aquar. et gche (39x63) : **GBP 3 220**.

MASON George
xviiie siècle. Actif à Boston vers 1768. Américain.
Portraitiste.

MASON George Hemning
Né le 11 mars 1818 à Wetley. Mort le 22 octobre 1872 à Londres. xixe siècle. Britannique.
Peintre de sujets de genre, paysages.
Destiné d'abord à la carrière médicale, il y renonça bientôt pour s'adonner à la peinture à partir de 1844. En compagnie d'un de ses frères, il visita la France, l'Allemagne, la Suisse, l'Italie, faisant à Rome un séjour de plusieurs années. Il peignit surtout la campagne du Worcestershire, où il s'était fixé. En 1865, il vint s'établir à Londres.
Il exposa à Paris en 1855, et en 1857. Quand il revint se fixer en Angleterre, il exposa à la Royal Academy de Londres à partir de 1865, et y fut élu associé en 1868.
Mason fut avant tout un peintre rustique et s'il ne donna pas à ses tableaux un très grand caractère, il sut y mettre toute la poésie de la nature.
Musées : Londres (Victoria and Albert) : *Rochers près de Wetley – Noce campagnarde* – Londres (Tate Gal.) : *Le sabot perdu – Vent sur la plaine* – Manchester (Art Gal.) : *Paysage du Derbyshire* – Sydney : *Paysage du Staffordshire*.
Ventes Publiques : Londres, 1889 : *La cueillette des groseilles* : **FRF 37 000** – Londres, 1893 : *Jeune fille gardant des vaches* : **FRF 9 705** ; *La bottine* : **FRF 17 070** – Londres, 2 juil. 1898 : *À la nuit tombante* : **FRF 6 550** – Londres, 9 fév. 1923 : *Seulement une averse* : **GBP 37** – Londres, 13 juin 1934 : *En traversant la lande* : **GBP 85** – Londres, 27 juin 1978 : *The harvest moon*, h/t (42x72) : **GBP 1 100** – Londres, 2 fév. 1979 : *The geese*, h/t (22,2x41,2) : **GBP 850** – Londres, 2 mars 1984 : *Les moissonneurs*, h/t mar./cart. (8,2x23,5) : **GBP 750** – Londres, 1er oct. 1986 : *Evening near Southport*, h/t (33x56) : **GBP 1 700** – Londres, 27 juin 1988 : *Clair de lune d'été* 1867, h/t (44x74) : **GBP 10 450**.

MASON James
Né en 1710. Mort vers 1780. xviiie siècle. Britannique.
Graveur au burin.
Il fut membre de la Société des Artistes. Il a gravé des paysages et des sujets de genre, d'après Claude Lorrain, Poussin, Swaneveldt, Hobbema, Scott, Zuccarelli. Ce fut un graveur de talent. Ses estampes sont très recherchées des amateurs.

MASON John
Né en 1868 à New York. xixe-xxe siècles. Américain.
Peintre de portraits, paysages, décorateur.
Il fut élève de Laurens et de Constant à Paris. Il vécut et travailla à Philadelphie.
Il a décoré la salle à manger de l'Harmonie Club à New York.
Musées : New York (Arsenal) : Deux portraits.

MASON John
Né en 1927 à Madrid (Nebraska). xxe siècle. Américain.
Sculpteur, céramiste.
Il fut élève à Los Angeles de l'Otis Art Institute puis du Chouinard Art Institute, jusqu'en 1954.
Il a participé à des expositions collectives : 1981-1982 Whitney

Museum of Art de New York et Museum of Modern Art de San Francisco.
Il utilisa d'abord la glaise, puis la brique réfractaire, réalisant des compositions verticales, qui avec les années se dépouillent de leur tendance expressionniste des débuts.
Bibliogr. : In : *L'Art du xx*e *s.*, Larousse, Paris, 1991.
Musées : Los Angeles (County Mus. of Art) : *Red X* 1966.

MASON Mary, épouse **Stuard Townsend**
Née le 21 mars 1886 à Zanesville (Ohio). xxe siècle. Américaine.
Peintre de natures mortes.
Elle fut élève de Chase et Breckenridge. Elle fut membre de la Fédération américaine des arts. Elle obtint de nombreuses récompenses.
Musées : Philadelphie (Acad. des Arts).

MASON Maud M.
Née le 18 mars 1867 à Russellville (Kentucky). xixe-xxe siècles. Américaine.
Peintre de fleurs.
Elle fut élève de Chase, Dow et Snell à New York, de Brangwyn à Londres. Elle fut membre de la Fédération américaine des arts.

MASON Pieter. Voir **MACEON**

MASON Raymond
Né en 1922 à Birmingham. xxe siècle. Actif depuis 1946 en France. Britannique.
Sculpteur de compositions à personnages, groupes, paysages animés, paysages, dessinateur, lithographe.
Il fut élève de l'Art School de Birmingham en 1937. Il abandonna ensuite la peinture jusqu'en 1942, s'engageant dans la Royal Navy. Réformé de la marine, à partir de 1943 il reprit sa formation, au Royal College of Art de Londres, à la Ruskin School of Drawing and Fine Art d'Oxford, puis à la Slade School de Londres. Après la Seconde Guerre mondiale, il se fixa à Paris, où il rencontra, en 1946, Calder et surtout Giacometti, puis, en 1955, Balthus dont il subira quelque influence. Personnage essentiellement insaisissable, il n'était, dans ses débuts, jamais satisfait d'aucune de ses œuvres et continuait d'y travailler alors même qu'elles figuraient dans une exposition. En 1951, il séjourna en Grèce. Il vit et travaille à Paris, depuis son arrivée dans le même quartier proche du Jardin du Luxembourg. Pendant assez longtemps, il travailla aussi une partie de l'année dans le Lubéron (lui préfère dire Luberon, à la façon du pays).
Il participe à des expositions collectives : à Paris en 1947 *Les Mains éblouies*, à la galerie Maeght ; 1949 Salon des Réalités Nouvelles ; puis : 1968, Institute of Contemporary Art de Londres et Centre National d'Art Contemporain à Paris, où il a montré une de ses œuvres maîtresses *La Foule*, elle est installée en bronze au Jardin des Tuileries à Paris ; 1973 et 1976, Musée des Beaux-Arts de Calais ; 1979, Palais des Beaux-Arts de Bruxelles et Musée des Beaux-Arts de Mons ; 1981, Musée National d'Art Moderne de Paris ; 1982, Biennale de Venise ; 1984, Tate Gallery de Londres ; 1984 et 1989, FIAC (Foire Internationale d'Art Contemporain) à Paris ; etc.
Il montre ses œuvres dans des expositions personnelles, notamment ; de 1963 à 1982, galerie Claude Bernard à Paris ; de 1967 à 1980, Pierre Matisse Gallery à New York ; depuis 1983, Marlborough Gallery à Londres et New York ; 1995, 1996, galerie Jacques Elbaz de Paris ; et les expositions rétrospectives : 1982, Serpentine Gallery de Londres ; 1983, Museum of Modern Art d'Oxford ; 1985, Musée National d'Art Moderne de Paris ; 1986, Musée Cantini de Marseille ; 1989, Musée de Birmingham ; etc.
En 1962, il a reçu le Prix de la Fondation William et Noma Copley à Chicago. Il est officier de l'ordre des Arts et des Lettres. Il a réalisé de nombreuses commandes publiques, notamment à Birmingham, Washington, New York, Montréal.
Il abandonna tôt l'abstraction pour la figuration, sous l'influence, en partie, de Giacometti. Il gagna tout d'abord sa vie en dessinant ou sculptant des bustes d'enfants. Soit dans des dessins et aquarelles, soit dans ses sculptures, souvent en bas-relief, il poursuivit sa recherche : saisir le vivant dans l'immobilité, faire jouer ombres et lumière pour animer l'inerte, évoquer les foules anonymes dans leurs occupations quotidiennes. Prenant la suite de Médardo Rosso, il traduit en sculpture, le mouvement, la vie de groupes de personnages dans la rue. Il a notamment dessiné, pendant les événements sociaux de mai 1968 à Paris, les manifestations de foules. En 1971, une réalisation monumentale a attiré l'attention sur son travail. Sous le titre *Le Départ des fruits et légumes du cœur de Paris* (cela coïncidait avec l'abandon des Halles de Baltard pour Rungis), il a décrit dans la résine polychromée toute l'animation des halles avec ses tonnes de légumes et les personnages qui y vivaient, œuvre actuellement installée dans l'église Saint-Eustache qui jouxtait les anciennes halles. Il a également réalisé des paysages du Lubéron sur le même mode. En 1974, alors qu'il était sous le soleil du Midi, les journaux lui apprirent la catastrophe minière de Liévin, dans le Nord. Les photos de la ville et de la mine lui jetèrent au visage et à la mémoire un paysage industriel semblable à ceux de son enfance. Une certaine nostalgie lui fit alors entreprendre, de 1975 à 1977, une grande sculpture polychrome *Une Tragédie dans le Nord. L'hiver, la pluie, les larmes.* Dans le cadre industriel fidèlement reproduit, la foule des ouvriers, harassés, hagards, s'engloutit dans la rue de Liévin aux façades lugubres menant vers les bâtiments métalliques de la mine. En 1980, il réalisa la petite maquette de *La foule illuminée*, dont il commença aussitôt la réalisation monumentale monochrome, érigée depuis 1986 sur une artère principale de Montréal. La foule, ici il faut entendre l'humanité, reçoit et affronte de face la lumière, sans doute la vérité. Les premiers rangs, bien alignés, visages levés vers elle, sont éblouis, dans les deux sens du terme ; derrière où la lumière est occultée, tout se désagrège, les derniers rangs se bousculent et tombent, se tordent désespérés sur le sol. Après avoir utilisé le plâtre et le bronze, il leur préfère ensuite la résine époxyde peinte à la gouache acrylique de couleurs vives, qui lui permet d'être plus proche du réel : « Dans une époque où la tradition et les croyances se sont brisées de pair, l'appauvrissement du sujet est inéluctable. C'est-à-dire le sujet automatique et indiscutable. »
Le travail de Raymond Mason pourrait évoquer la sculpture polychrome médiévale et baroque, d'autant qu'il traite ses personnages dans un esprit résolument expressionniste, au sujet duquel a pu être évoquée une spécificité britannique apparentée à la dimension sociologique des gravures de William Hogarth ou des romans de Charles Dickens. À son propos, le poète Yves Bonnefoy évoque, lui, « l'affinité et l'amitié » de Giacometti et de Balthus, et écrit qu'il inscrit, dans les plâtres de bas-relief et de ronde-bosse, « non des figures, mais des présences, non des visages mais des regards ». En fait, mises à part ces quelques références diffuses, l'art de Raymond Mason, en tout cas dans son temps, s'avère d'évidence absolument singulier.
■ Jacques Busse, L. L.
Bibliogr. : In : *L'Art mod. à Marseille – La Collection du musée Cantini*, Musée Cantini, Marseille, 1988 – Catalogue de l'exposition : *Raymond Mason*, Musée national d'Art moderne, coll. *Contemporains*, Paris, 1985 – in : *L'Art du xx*e *s.*, Larousse, Paris, 1991 – Michael Edwards : *Raymond Mason*, Cercle d'Art, Paris, 1995 – Catalogue de l'exposition *Raymond Mason, Bronzes, 1952-1964*, Galerie Jacques Elbaz, Paris, 1995.
Musées : Londres (Tate Gal.) : *Saint Mark Place, East Village New York City* 1972 – Marseille (Mus. Cantini) : *Une foule illuminée* 1979-1980 – New York (Mus. of Mod. Art) – Paris (BN) : *Foule* vers 1975, litho. – Paris (Mus. Nat. d'Art Mod.) : *Le Carrefour de l'Odéon* 1965 – Paris (FRAC Île de France) : *Tour de France* 1975, encre de Chine.
Ventes Publiques : Paris, 26 juin 1986 : *Paris : vue panoramique* 1957, encre de Chine (40,5x68,5) : **FRF 13 000** – Paris, 29-30 juin 1995 : *Scène de plage* 1966, bronze (H. 10, l. 19,5, prof. 10) : **FRF 8 000**.

MASON Robert L.
Né en 1874 à Knoxville. xixe-xxe siècles. Américain.
Illustrateur.
Il vécut et travailla à Knoxville. Il collabora au magazine de Harper.

MASON Roy Martell
Né le 12 mars 1886 à Gilbert Milles (New York). Mort en 1922. xxe siècle. Américain.
Peintre de paysages, aquarelliste.
Il fut membre du Salmagundi Club et de la Fédération américaine des arts. Il obtint le prix Auction du Salmagundi Club en 1930.
Ventes Publiques : New York, 15 nov. 1993 : *L'aube*, aquar./pap. (55,9x72,4) : **USD 1 265**.

MASON William
Né le 12 décembre 1724 à Kingston-upon-Hull. Mort le 7 avril 1797 à Aston. xviiie siècle. Britannique.
Peintre d'animaux.
Ses œuvres ont été gravées par S. Jenkins, Pallard, Val. Green.

MASON KOCH Jeanne
Née en 1934 à Brockton (Massachusetts). xxe siècle. Américaine.
Peintre, graveur.
Elle fut élève de la Rhode Island School of Design. Elle participe à des expositions collectives et montre ses œuvres dans des expositions personnelles aux États-Unis.
Musées : Dallas (Mus. of Fine Arts) – Oklahoma City (Art Center).

MASOUROVSKY
xixe siècle. Russe.
Peintre de genre.
La Galerie Roumianzeff, à Moscou, conserve de lui une *Étude*.

MASPANNI Giovanni
xviiie siècle. Romain, travaillant à Rovereto, au xviiie siècle. Italien.
Peintre.
Il peignit à Rovereto dans le chœur de l'église diocésaine : *Saint Marc écrivant au milieu d'un Concile* ; à l'église Saint-Thomas : *Madone avec l'Enfant* ; au-dessus de l'entrée de l'église des Salesiennes : *Prédication de saint Jean Baptiste* et quatre autres tableaux à l'intérieur de cette église : *L'Immaculée Conception, Songe de saint Joseph, Sainte Anne, Joachim.*

MASPERI Francesco
Né en 1796 à Brescia. Mort en 1851 à Brescia. xixe siècle. Italien.
Peintre de paysages et d'histoire.

MASQUE. Voir **LE MOUEL Eugène Louis**

MASQUELIER Claude Louis, dit **le Fils**
Né en mars 1781 à Paris. Mort le 15 avril 1852 à Paris. xixe siècle. Français.
Graveur.
Fils et élève de Louis-Joseph Masquelier. Il travailla également sous la direction de Langlois. Il obtint le prix de Rome en 1804. Il exposa au Salon de 1808 à 1852 et y obtint une deuxième médaille en 1848. Il devint professeur à l'Académie de France à Rome, succéda à J.-B Wicar comme directeur de la Galerie de Florence. Il grava entre autres cinq portraits pour les *Lettres de Mme de Sévigné* (édition Blaise, 1818).
Musées : Abbeville : plusieurs dessins.
Ventes Publiques : Paris, 13 juin 1986 : *Portrait d'homme* 1833, pierre noire et estompe, de forme ovale (38x30) : **FRF 10 500**.

MASQUELIER Louis Joseph, dit **le Père**
Né le 21 février 1741 à Cysoing près de Lille. Mort le 26 mai 1811 à Paris. xviiie-xixe siècles. Français.
Graveur.
Élève de J.-P. Le Bas. Il exposa au Salon de Paris de 1793 à 1803 et y obtint une deuxième médaille en 1802. Il a gravé de nombreuses estampes du *Voyage en Italie* d'après les dessins de Saint-Non, et d'autres planches d'après Monnet et Vernet. On cite encore de lui des illustrations pour les *Métamorphoses d'Ovide* et pour *Les Tableaux de la Suisse*. En outre, il grava des scènes du *Voyage de La Pérouse* et fut un des huit artistes employés à la gravure des dessins envoyés en France par l'empereur de Chine en 1761, travail qui ne fut achevé qu'en 1774. Enfin il fut directeur de la revue artistique de J.-B. Wicar, intitulée : *La Galerie de Florence*.
Ventes Publiques : Paris, 11 mars 1895 : *Le fils ; La fille de l'artiste*, deux dess. au cr. noir et à la sanguine : **FRF 95** – Paris, 6 déc. 1923 : *Portrait d'homme*, pl. et lav. sépia : **FRF 1 100** – Paris, 13-15 mai 1929 : *Le Petit Frère ; La Petite Sœur*, deux dess. : **FRF 5 000**.

MASQUELIER Nicolas François Joseph, le Jeune
Né le 10 décembre 1760 à Lille. Mort le 20 juin 1809 à Paris. xviiie siècle. Français.
Graveur.
Fils et élève de Louis-Joseph Masquelier. Il travailla aussi avec Watteau et Guéret. il a gravé d'après Leduc, S. Bourdon, Jouvenet. Il collabora à la *Galerie de Florence*.
Ventes Publiques : Paris, 1898 : *Le Repos*, dess. à la sépia et à la sanguine : **FRF 330** – Paris, 1898 : *Une fête à Lille* : **FRF 365**.

MASQUERIER John James
Né en octobre 1778 à Chelsea, de parents français. Mort le 13 mars 1855 à Brighton. xixe siècle. Britannique.
Peintre d'histoire, sujets religieux, portraits, pastelliste.
Il vint en 1789 à Paris où il fut plus tard l'élève de Franç. Vincent et de Vernet. En 1792 il a fui la Terreur, en se réfugiant à Londres, où il subit l'influence de Raeburn et de Lawrence. Il fit la connaissance de Charles Turner qui grava plusieurs de ses portraits, adressa en 1795 ses premiers envois à la Royal Academy et peignit en 1796 un *Thomas incrédule* pour la chapelle des Ducs à Westminster. Jusqu'en 1838 il ne cessa d'exposer à Londres. Son dernier tableau représentait : *Napoléon Ier et Marie-Louise devant le tombeau de Charles le Téméraire*. Il assista à Waterloo en 1815 à la rencontre de Wellington et de Blucher qu'il fixa dans un dessin. L'œuvre de Masquerier est considérable ; il n'exécuta pas moins de quatre cents portraits en vingt-huit ans.
Musées : Londres (Gal. Nat. des portraits) : *Portrait de l'amiral John Schank – Portrait de miss Eliza O'Neill – Portrait de Mrs Becker.*
Ventes Publiques : Londres, 4 mai 1922 : *L'artiste à quinze ans* : **GBP 105** ; *Le général Sir Charles Stuart* : **GBP 441** – Londres, 21 nov. 1924 : *Mrs Isaac Wills* : **GBP 105** – Londres, 16 juil. 1928 : *Miss Gunning* : **GBP 504** – New York, 2 avr. 1931 : *Femme aux cheveux auburn* : **USD 1 300** – Stockholm, 13 déc. 1933 : *Portrait de jeune dame* : **SEK 685** – New York, 12 avr. 1935 : *Portrait de femme avec un turban blanc* : **USD 1 100** – Paris, 19 mai 1950 : *Portrait de lady Elisabeth Foster, deuxième duchesse de Devonshire* 1804, past. : **FRF 75 000** – New York, 29 sep. 1977 : *Autoportrait à quatorze ans*, h/t (114x86) : **USD 1 500** – Auchterarder (Écosse), 29 août 1978 : *Portrait of Miss Hamilton*, h/pan. (61x52) : **GBP 1 600** – Londres, 27 juin 1980 : *La diseuse de bonne aventure*, h/t, vue ovale (128,2x150,5) : **GBP 7 000** – Londres, 24 oct. 1984 : *Portrait of George Augustus Hamilton*, h/t (220x127) : **GBP 1 300** – New York, 19 juil. 1990 : *Portrait d'une fillette*, h/t (89x69,2) : **USD 2 200** – Cannes, 7 août 1997 : *La Dame au turban bleu*, past. (76x64) : **FRF 25 000** ; *Lady Devonshire*, past. (76x64) : **FRF 25 000**.

MASQUILIER Any
Née en 1949 à Ath (Hainaut). xxe siècle. Belge.
Peintre de compositions murales, décorateur.
Elle fut élève des académies de La Cambre, Boitsfort, Tournai et du conservatoire de Bruxelles. Elle a fait de nombreux voyages en Asie notamment.
Elle a rapporté de ses séjours à l'étranger des toiles originales d'une grande fraîcheur.
Bibliogr. : In : *Dict. biogr. ill. des artistes en Belgique depuis 1830*, Arto, Bruxelles, 1987.

MASQUILLOT Louis
xvie siècle. Actif à Châlons-sur-Marne. Français.
Sculpteur.

MASRELIER Louis ou **Masreliez** ou **Marselier**
Né en 1748 à Paris. Mort le 19 mars 1810 à Stockholm. xviiie-xixe siècles. Suédois.
Peintre et graveur.
Il vint très jeune en Suède avec son père et son frère, tous deux sculpteurs sur bois. Il voyagea ensuite, passa dix ans en Italie, revint en France, puis retourna en Suède où il peignit le tableau d'autel de l'église de Marie-Madeleine à Stockholm et décora les appartements royaux du château de Gustave III. Il a gravé des sujets religieux et des sujets d'histoire.
Musées : Göteborg : *Légende antique* – Lund : *Rencontre d'Antoine et de Cléopâtre* – Norrkoping : *Sacrifice d'Iphigénie* – Stockholm (Mus. Nat.) : *Priam demande à Achille la vie d'Hector – Allégorie de la Suède, de la Finlande et du dieu de la guerre, Mars.*
Ventes Publiques : Paris, 22 fév. 1934 : *Le martyre de saint Sébastien*, pl. et lav. de Chine : **FRF 240**.

MASRELIEZ Jacques Adrien
Né le 15 mai 1717 à Grenoble. Mort le 28 octobre 1806 à Stockholm. xviiie siècle. Français.
Sculpteur.
Il fut de 1750 à 1775 le directeur des travaux d'embellissement exécutés dans les châteaux royaux de Suède.

MASRIERA Y MANOVENS Francisco
Né le 21 octobre 1842 à Barcelone. Mort le 15 mars 1902. xixe siècle. Espagnol.
Peintre de genre.
Il fut un élève de Serra et travailla souvent avec son frère José. Il obtint à Paris une médaille de bronze en 1889 (Exposition Universelle).
Musées : Barcelone (Hôtel de Ville) : *Alphonse XIII – La Reine mère* – Madrid (Gal. de Madrid) : *Attente*.

Ventes Publiques : Madrid, 13 déc. 1973 : *Le Repos du modèle* : **ESP 170 000** – Madrid, 19 mai 1974 : *Après le bal* : **ESP 220 000** – Londres, 21 juil. 1976 : *Jeune femme au tambourin*, h/t (49x39) : **GBP 980** – Barcelone, 13 nov 1979 : *Figures* 1898, h/t (85,5x54,5) : **ESP 250 000** – Londres, 27 nov. 1985 : *Odalisque se dévoilant devant un pot d'encens* 1899, h/t (240x120) : **GBP 20 000** – Madrid, 24 avr. 1986 : *Portrait de jeune fille* 1881, h/t (60x49) : **ESP 450 000** – Londres, 17 fév. 1989 : *L'Odalisque* 1907, h/t (100,4x158,7) : **GBP 11 000** – Londres, 21 juin 1989 : *Sieste paisible*, h/t (86x130) : **GBP 25 300** – New York, 23 mai 1991 : *Le Choix des dentelles* 1877, h/pan. (52,7x65,1) : **USD 27 500** – New York, 17 oct. 1991 : *La Jeune Mariée* 1885, h/pan. (46x37,5) : **USD 17 600** – New York, 16 oct. 1991 : *Beauté exotique* 1898, h/t (123x60) : **USD 19 800** – New York, 20 fév. 1992 : *Maladie d'amour, une odalisque* 1889, h/t (113x95,3) : **USD 22 000** – New York, 29 oct. 1992 : *Les Beautés du bal* 1898, h/t (135,9x115,6) : **USD 41 250** – New York, 23-24 mai 1996 : *L'Odalisque* 1897, h/t (174,6x85,1) : **USD 34 500** – Londres, 21 nov. 1996 : *Noia* 1895, h/t (90,8x45,5) : **GBP 101 600**.

MASRIERA Y MANOVENS José

Né le 22 janvier 1841 à Barcelone. Mort le 31 janvier 1912 à Barcelone. xixe-xxe siècles. Actif à Barcelone. Espagnol.

Peintre de genre, paysages, aquarelliste.

Il a exposé à partir de 1883 à Munich et Berlin. Il obtint à Paris une médaille de bronze en 1889 (Exposition Universelle), et devint le président de l'Académie des Arts de Barcelone.

Musées : Barcelone – Madrid.

Ventes Publiques : Barcelone, 29 oct. 1985 : *L'Oliveraie* 1890, h/t (95x64) : **ESP 370 000** – Londres, 22 juin 1988 : *Madame Butterfly et Belle jeune fille au panier de fleurs* 1887-88, h/pan., deux pendants (chaque 43x21) : **GBP 20 900** – Amsterdam, 16 nov. 1988 : *Arbres dans une plaine sablonneuse en été* 1901, h/t (70,5x117) : **NLG 7 820** – Londres, 17 fév. 1989 : *Une dame se reposant au soleil*, aquar. (21x26,5) : **GBP 1 430** ; *Sur la plage de Valence*, h/t (24x33) : **GBP 6 820**.

MASRIERA Y ROSÉS Luis

Né en 1872 à Barcelone (Catalogne). Mort en 1958 à Barcelone. xixe-xxe siècles. Espagnol.

Peintre de compositions animées, sujets allégoriques. Symboliste.

Il est le fils de José Masriera Manovens. D'une famille d'orfèvres, il pratiqua cette technique, réalisant notamment de nombreux bijoux. Il fut aussi peintre et dramaturge.

Il exposa à Barcelone, Madrid, Paris, Buenos Aires, San Francisco, etc.

Il subit l'influence de Puvis de Chavannes. Il peint des compositions décoratives à l'atmosphère calme, dans des tons assourdis, une lumière mystérieuse enveloppant les êtres et les choses.

Bibliogr. : In : *Cien Anos de pintura en Espana y Portugal, 1830-1930*, Antiqvaria, t. V, Madrid, 1991.

Musées : Barcelone (Mus. d'Art Mod.) : *L'Ombrelle japonaise* 1920.

Ventes Publiques : Londres, 11 oct. 1995 : *Portrait d'un homme agé avec un coq*, h/t (82x65) : **GBP 632**.

MASRIERA VILA Frederico ou **Frédéric**

Né en 1890 ou le 1er janvier 1892 à Barcelone (Catalogne). Mort en 1943 à Paris. xxe siècle. Actif en France. Espagnol.

Peintre de portraits, paysages, natures mortes, dessinateur.

Il fut élève de l'école des beaux-arts de Madrid, fréquentant l'atelier de Nicolas Raurich. Il reçut un prix à l'exposition du Cercle artistique de Barcelone et débuta en 1924 au Salon de Madrid. Il exposa fréquemment à Paris.

Il a peint de nombreux portraits en Espagne et en Amérique du Sud, notamment au Brésil et en Argentine, avant de se fixer à Paris. Il collabora comme dessinateur et caricaturiste à diverses revues, à Barcelone.

Bibliogr. : In : *Cien Anos de pintura en Espana y Portugal, 1830-1930*, Antiqvaria, t. V, Madrid, 1991.

Ventes Publiques : Madrid, 27 avr. 1976 : *Femme assise*, h/t (55x46) : **ESP 26 000** – New York, 25 fév. 1986 : *Bords de rivière boisés*, h/t (90,1x139,7) : **USD 5 800** – Londres, 15 fév. 1990 : *Nature morte avec des oranges dans un compotier sur une table* 1936, h/cart. (46x38) : **GBP 2 090**.

MASRIERA VILA Victor

Né en 1875 à Barcelone (Catalogne). Mort en 1938 à Castellar del Valles (Catalogne). xxe siècle. Espagnol.

Peintre de scènes typiques, portraits, paysages, dessinateur.

Il est le fils du peintre Frederico Masriera Manovens. Il fut élève de l'école des beaux-arts de Barcelone et de son père puis étudia à l'école des arts décoratifs de Paris. Il résida de 1906 à 1910 à Buenos Aires, où il enseigna le dessin. Il s'intéressa à la formation des professeurs de dessin et publia plusieurs manuels à ce sujet. Il séjourna en France et en Belgique.

Il prit part aux expositions officielles à Barcelone en 1898, Paris en 1900 et Madrid en 1904.

Il se rattache à la tradition.

Bibliogr. : In : *Cien Anos de pintura en Espana y Portugal, 1830-1930*, Antiqvaria, t. V, Madrid, 1991.

MASS Balthazar

xviie siècle. Actif à Rosenheim.

Sculpteur.

MASSA Baldassare de

Mort en 1580. xvie siècle. Italien.

Sculpteur.

Sicilien, il fut élève d'Ant. Gaggini. Il a exécuté en 1558 le tabernacle en marbre de la chapelle du chœur de Sainte-Marie-de-Jésus à Alcamo.

MASSA Bartolommeo della

xvie siècle. Italien.

Sculpteur sur bois.

Travailla à Sienne vers 1525, au couvent Santa Maria del Carmine. Peut-être père de Girolamo di Meo della Massa.

MASSA Giovanni

Né vers 1659 à Carpi. Mort le 4 avril 1741. xviie-xviiie siècles. Italien.

Peintre d'architectures.

Élève de Griffoni. Il exécuta, en collaboration avec Giovanni Pezzuoli, des dessins d'architectures.

MASSA Girolamo di Meo della

Originaire de Sienne. xve siècle. Italien.

Sculpteur sur bois.

Il travailla aux stalles du chœur de Sta Maria della Scala à Sienne.

MASSA Giuseppe

Originaire de Milan. Mort en 1738 à Porto Maurizio près de Gênes. xviiie siècle. Italien.

Peintre.

Il peignit pour les églises de Porto Maurizio des fresques et un tableau d'autel *Les Âmes du Purgatoire*.

MASSA Roland

Né en 1943 à Saint-Nicholas. xxe siècle. Belge.

Peintre.

Sa peinture est figurative, souvent fantastique. Depuis 1968 il enseigne à l'Académie Beveren-Wass. Expositions de groupe à Gand, Deurle, Saint-Nicholas.

MASSACRA Pasquale

Né en 1819 à Pavie. Mort en 1849, tombé au cours de la guerre italo-autrichienne. xixe siècle. Italien.

Peintre d'histoire, portraits.

Fut un élève de Cesare Ferrari. Plusieurs de ses toiles se trouvent au Musée municipal et à l'École de peinture de Pavie.

MASSAGRANDE Matteo

Né en 1959 à Padoue (Vénétie). xxe siècle. Italien.

Peintre, technique mixte.

Ventes Publiques : Milan, 14 déc. 1993 : *La salle*, techn. mixte/t. (70x80) : **ITL 2 760 000**.

MASSAI Pietro

xixe siècle. Actif à Florence vers 1820. Italien.

Peintre et lithographe.

Il a exécuté les peintures décoratives du Pal. Reale à Lucques.

MASSALOFF Nicolas. Voir **MOSSOLOFF**

MASSALSKI

xviiie siècle. Polonais.

Peintre de portraits.

Peintre dont l'orthographe est incertaine, attaché à la cour du roi Stanislas Leszczynski à Lunéville, il fit plusieurs portraits de personnages connus. M. Cichocki, à Paris, conserva de ce peintre cent cinquante portraits.

MASSANEK Georg Philipp ou **Masanck**

Mort le 11 janvier 1684 à Prague. xviie siècle. Actif à Prague. Tchécoslovaque.

Peintre de figures.
Il exécuta des tableaux d'église pour Chotusice, Melnik et le château de Huezda.

MASSANI Pompeo
Né en décembre 1850 à Florence (Toscane). Mort le 25 août 1920 à Florence. XIXe-XXe siècles. Italien.
Peintre de genre, paysages.
Il fut élève de l'académie des beaux-arts de Florence et du peintre Gordigiani. Il débuta en 1879. Il a exposé à Rovigo, Gênes, Florence, en Italie, et à l'étranger. Il est chevalier de la couronne d'Italie.

VENTES PUBLIQUES : LONDRES, 2 avr. 1969 : *Couple assis sur un canapé* : **GNS 650** – VIENNE, 15 mars 1977 : *Le vieillard et la jeune femme*, h/t (30,5x40,6) : **ATS 35 000** – LONDRES, 19 avr. 1978 : *Le vieux cordonnier*, h/t (44x34) : **GBP 2 400** – LONDRES, 16 févr 1979 : *Un vieux couple souriant ; Sa chanson préférée*, deux h/t (30x40) : **GBP 2 500** – NOTTINGHAM, 17 déc. 1981 : *Du bon tabac*, h/t (58,5x38) : **GBP 1 100** – LONDRES, 16 mars 1983 : *Les Jongleurs*, h/t (63,5x116) : **GBP 5 000** – STOCKHOLM, 10 avr. 1985 : *Joyeuse compagnie dans un cellier*, h/t (75x130) : **SEK 72 000** – NEW YORK, 29 oct. 1986 : *Le Sommeil de l'enfant*, h/t (70,5x50,8) : **USD 9 000** – LONDRES, 11 fév. 1987 : *La Lecture des nouvelles* 1892, h/t (39x51) : **GBP 2 400** – NEW YORK, 25 fév. 1988 : *Les joueurs* 1880, h/t (46,4x69,5) : **USD 7 700** – ROME, 14 déc. 1988 : *Portrait d'un homme âgé*, h/cart./pan. (diam. 26) : **ITL 900 000** – NEW YORK, 24 mai 1989 : *L'usurier ; Le marchand de vin*, une paire (31x26) : **USD 7 150** – MILAN, 6 déc. 1989 : *Barques sur la grève de l'Arno* 1910, h/cart. (10x6,5) : **ITL 1 700 000** – MONACO, 21 avr. 1990 : *Joueurs de cartes*, h/t (37x30,5) : **FRF 38 850** – NEW YORK, 22 mai 1990 : *L'atelier de l'artiste*, h/t (74,4x59,7) : **USD 13 200** – NEW YORK, 21 mai 1991 : *Un vieux couple se distrayant en faisant des bulles de savon*, h/t (35,5x43,2) : **USD 2 750** – LONDRES, 4 oct. 1991 : *Les joueurs de cartes*, h/t (42,5x60) : **GBP 3 080** – LONDRES, 22 mai 1992 : *Deux musiciens accordant leurs instruments*, h/t (31,8x247,7) : **GBP 3 080** – LUGANO, 1er déc. 1992 : *Le critique*, h/t (40x50) : **CHF 13 000** – LONDRES, 12 fév. 1993 : *Un moment de plaisir*, h/t (50,1x18,5) : **GBP 4 400** – MILAN, 16 mars 1993 : *Personnage en costume*, h/t (46x36,5) : **ITL 2 000 000** – MONACO, 2 juil. 1993 : *Scène d'intérieur* 1893, h/t (62x43,5) : **FRF 122 100** – ROME, 29-30 nov. 1993 : *Gitane*, h/t (40x30) : **ITL 2 357 000** – NEW YORK, 20 juil. 1994 : *La pause du cordonnier*, h/t (39,4x30,5) : **USD 3 737** – NEW YORK, 16 fév. 1995 : *Partie de cartes*, h/pan. (17,8x25,4) : **USD 5 750** – MILAN, 29 mars 1995 : *L'amateur d'estampes*, h/t (45x29,5) : **ITL 10 350 000** – LONDRES, 14 juin 1995 : *Une histoire drôle*, h/pan. (24,5x32) : **GBP 2 875** – NEW YORK, 26 fév. 1997 : *Une prise de tabac*, h/t (22,8x22,2) : **USD 2 530** – NEW YORK, 23 mai 1997 : *Une bonne vue* 1887, h/t (71,1x53,3) : **USD 27 600**.

MASSAR Louis Marie Maurice
Né le 3 août 1952 à Liège. XXe siècle. Belge.
Sculpteur de figures, nus, bustes, portraits, animalier.
De 1966 à 1969, il fut élève de l'Académie des Beaux-Arts de Verviers. Il expose régionalement et, en 1998, au Salon des Artistes Français à Paris.

MASSARANI Tullo
Né en 1826 à Mantoue. Mort le 3 août 1905 à Milan. XIXe siècle. Actif à Milan. Italien.
Peintre de genre.
Il était sénateur. Il figura au Salon de Paris. Fut chevalier de la Légion d'honneur en 1878. Le Musée de Berne conserve de lui *Intérieur d'un harem*, et la Galerie d'Art moderne à Rome, *Vie orientale*.

MASSARD A.
XIXe siècle. Français.
Peintre.
Il exposa au Salon de la Société des Artistes Français en 1889, à Amiens en 1893, et aussi à Reims.
VENTES PUBLIQUES : LONDRES, 17 juin 1992 : *Nature morte de fruits exotiques*, h/t (60x73) : **GBP 1 870**.

MASSARD Albert
XIXe siècle. Français.
Graveur.

MASSARD Antoine
XVIIIe siècle. Actif au début du XVIIIe siècle. Français.
Portraitiste.

MASSARD Charles
Né en 1871. Mort en 1913 à Angers (Maine-et-Loire). XIXe-XXe siècles. Français.
Peintre de portraits.
MUSÉES : ANGERS : *Tête de jeune fille*.

MASSARD E. D.
Peintre de paysages.
Le Musée de Cape Town conserve de lui : *Bétail dans un paysage, le matin*.

MASSARD Éléonore Sophie. Voir **REBEL**

MASSARD Félix
Né le 29 mars 1773 à Paris. XVIIIe-XIXe siècles. Actif à Paris. Français.
Graveur au burin.
Il a gravé des planches pour le musée Filhol et des sujets d'histoire.

MASSARD Jean, père
Né le 22 août 1740 à Bellème. Mort le 16 mars 1822 à Paris. XVIIIe-XIXe siècles. Français.
Graveur.
Élève de Martinet et graveur du roi. Agréé à l'Académie en 1785. Exposa au Salon, de 1785 à 1815. Il grava d'après Baudouin, Greuze et Gérard.
VENTES PUBLIQUES : PARIS, 1899 : *Préliminaires de paix signés à Leoben le 17 avril 1797*, dess. à la mine de pb : **FRF 300**.

MASSARD Jean Baptiste Louis, fils
Né le 8 janvier 1772 à Paris. Mort en 1810. XVIIIe-XIXe siècles. Français.
Graveur au burin.
Fils et élève de Jean Massard. Exposa au Salon de 1809 à 1810. On cite de lui un *Portrait de François Ier* d'après le Titien.

MASSARD Jean Baptiste Raphaël Urbain
Né le 10 septembre 1775 à Paris. Mort le 27 septembre 1843 à Viry-Châtillon. XIXe siècle. Français.
Graveur.
Élève de son frère Jean Massard. Il figura au Salon, de 1798 à 1822, et y obtint une médaille de deuxième classe en 1810, de première classe en 1817, Chevalier de la Légion d'honneur en 1824.

MASSARD Jean Marie Raphaël Léopold
Né le 29 janvier 1812 à Crouy-sur-Ourq (Seine-et-Marne). Mort le 13 mars 1889 à Paris. XIXe siècle. Français.
Peintre de portraits, dessinateur, graveur.
D'abord élève de son père Alexandre Massard, il entra ensuite à l'École des Beaux-Arts le 31 mars 1829. En 1866, il eut une médaille. Il figura au Salon à partir de 1845.
VENTES PUBLIQUES : LONDRES, 2 juil. 1991 : *Portrait du Vicomte Alexandre de Beauharnais de trois quarts en uniforme*, cr. (35x25,5) : **GBP 1 100**.

MASSARD Jules Louis
Né en 1848 à Versailles. XIXe siècle. Français.
Portraitiste.
Élève de Massard et Henriquel. Il débuta au Salon en 1869.

MASSARD Léopold
Né le 20 mai 1868 à Paris. XIXe-XXe siècles. Français.
Peintre, graveur.
Il exposa à Paris, à partir de 1891, au Salon des Artistes Français, dont il fut membre sociétaire.
Il pratiqua surtout l'eau-forte.
VENTES PUBLIQUES : PARIS, 31 jan. 1990 : *Promenade romantique*, h/t (55x46) : **FRF 3 600**.

MASSARD M. Alexandre
XIXe siècle. Travaillant à Paris. Français.
Graveur au burin et au pointillé.
Il a gravé des sujets d'histoire.
VENTES PUBLIQUES : PARIS, 1860 : *L'Enfant Jésus et saint Jean*, dess. au cr. noir reh. : **FRF 105**.

MASSARD de CHATENEUIL Jacques
Né le 4 janvier 1950 à Paris. XXe siècle. Français.
Céramiste.
Il fut élève de l'école des arts décoratifs de Nice.
Il décore ses céramiques avec une pointe fine, exécutant les figures avec minutie.

MASSARELLI Claudio
Né à Carvaggio. XVIe siècle. Travaillant à Crémone. Italien

Miniaturiste.
Un des meilleurs élèves de Julio Clovio, auquel le maître légua la plus grande partie de son matériel d'artiste ainsi que certains dessins et enluminures qui se trouvaient dans ses portefeuilles à sa mort. Il devint en 1582 membre de la Corporation des Virtuoses.

MASSARENTI Alessandro
XIXe siècle. Actif à Ravenne dans la seconde moitié du XIXe siècle. Italien.
Sculpteur.
Il débuta vers 1877. Il a exposé à Naples, Milan, Rome, Turin, Venise. Il a exécuté un buste d'*Angelo Mariano* pour le théâtre Alighieri à Ravenne et *Lasciarmi per la Guerra*, acquis par la Galerie municipale d'Ascoli Piceno.

MASSARI Antonio. Voir **ANTONIO da Viterbo**

MASSARI Bernardino
Né en 1827 à Plaisance. Mort en 1913 à Plaisance. XIXe-XXe siècles. Italien.
Sculpteur et peintre.
Il a décoré la chapelle du Saint-Sacrement de Saint-Antoine de Plaisance.

MASSARI Giuseppe
Originaire de Padoue. XVIIIe siècle. Italien.
Médailleur et stucateur.
Il travailla à la Monnaie de Modène, et exécuta des statues pour l'église S. Giovanni Battista de Modène.

MASSARI Lucio
Né le 22 janvier 1569 à Bologne. Mort le 5 novembre 1633 à Bologne. XVIe-XVIIe siècles. Italien.
Peintre d'histoire, sujets mythologiques, compositions religieuses, sujets allégoriques, scènes de genre.
Élève de Bartolommeo Passarotti. Mais il procède surtout des Carrache et plus particulièrement d'Annibal Carrache. Il séjourna à Mantoue, travailla à Modène et à Bologne.
Musées : Bologne (Pina.) : *Retour du fils prodigue – Prédication de saint Antoine – Vie de sainte Catherine – Apparition du Christ à Madeleine – Saint Gaëtan* – Chambéry (Mus. des Beaux-Arts) : *Portrait du cardinal Maffeo Barberini* – Florence : *La Vierge, l'Enfant Jésus et le petit saint Jean* – Milan (Brera) : *La Concorde – La Raison* – Rome (Borghèse) : *Une leçon d'anatomie* – Rome (Doria-Pamphily) : *Junon prie Éole de déchaîner les vents contre le navire d'Énée.*

MASSARI Luigia
Née en 1810 à Plaisance. XIXe siècle. Italienne.
Peintre d'histoire.
Élève d'Antonio Gemmi. Elle a peint des tableaux d'autel pour les églises d'Altoé, Busseto et Monticelli d'Ongina.

MASSARI Silvestro
Originaire de Pérouse. XIXe siècle. Actif au début du XIXe siècle. Italien.
Peintre d'histoire et sculpteur.
Élève de Labruzzi.

MASSARINI Girolamo
Originaire de Reggio. Mort le 28 août 1700. XVIIe siècle. Italien.
Peintre.
Fut un élève de Vercellesi, Luca Ferrari et Leonello Spada. Il peignit pour Saint-Pierre de Reggio un *Saint Christophe*, *Le Meurtre des Innocents à Bethléem, Hérode et les trois Sages*, et pour l'église Saint-Augustin, un *Saint Augustin*.

MASSARO Antonio
Né à la fin du XVIIe siècle à Arce bei Caserta. XVIIe-XVIIIe siècles. Actif à Naples. Italien.
Peintre animalier.
Fut un élève de Giac. del Pô, et continua son éducation chez Ben. Luti.

MASSARO Girolamo
XVIIe siècle. Napolitain, actif à la fin du XVIIe siècle. Italien.
Peintre.
A travaillé en 1668 à la décoration intérieure du Pal. Reale, à Naples.

MASSARO Niccola
Mort en 1706 à Naples. XVIIe siècle. Actif à Naples. Italien.
Paysagiste.
Il travailla à l'École de Salvator Rosa. Il peignit de nombreux paysages dans lesquels les figures furent exécutées par d'autres artistes, notamment par Antonio di Simone. Il eut deux fils, Girolamo et Gennaro, qui furent également peintres.

MASSAROTI Angelo
Né vers 1655 à Crémone. Mort en 1732. XVIIe-XVIIIe siècles. Italien.
Peintre d'histoire.
Élève d'Agostino Bonisoli à Crémone et de Carlo Cesi à Rome. On cite de lui : *Saint Augustin distribuant les règlements à ses différents Ordres*, dans l'église du même nom, et, à S. Ilario, *Madone avec enfant.*
Ventes Publiques : Paris, 25 nov. 1971 : *L'Adoration des bergers ; Le Repos de la Sainte Famille*, deux toiles, formant pendants : **FRF 13 500.**

MASSART Cécile
Née en 1949 à Oudenghien. XXe siècle. Belge.
Graveur, créateur d'installations. Abstrait.
Elle fut élève de l'école d'art d'Ixelles, où elle enseigna à partir de 1976. Elle expose à Bruxelles.
Elle a exploré les différentes techniques de la gravure et s'intéresse depuis plusieurs années aux images sur ordinateur et photocopies, créant des installations. Elle travaille fréquemment sur verre ou Plexiglas.
Bibliogr. : In : *Dict. biogr. ill. des artistes en Belgique depuis 1830*, Arto, Bruxelles, 1987.

MASSART Robert
Né en 1892 à Trooz. Mort en 1955 à Paris. XXe siècle. Belge.
Sculpteur de sujets allégoriques, portraits, nus, monuments, peintre.
Il fut élève de Rulot à l'académie royale des beaux-arts de Liège et fréquenta l'atelier de G. Petit.
Il participa aux expositions du Cercle des Beaux-Arts de 1923 à 1944. Il montra pour la première fois ses œuvres dans une exposition personnelle en 1925.
Il reçut plusieurs commandes de monuments : *Le Débardeur* du Canal Albert, *L'Insouciance de la jeunesse* au lycée de Waha.
Bibliogr. : In : *Dict. biogr. ill. des artistes en Belgique depuis 1830*, Arto, Bruxelles, 1987 – Pierre Somville, in : *Le Cercle royal des Beaux-Arts de Liège 1892-1992*, Crédit Communal, Liège, 1992.
Musées : Liège (Mus. de l'Art wallon) : *Nu assis – Tête d'enfant.*

MASSAU Edmond
Né le 16 novembre 1860 à Düsseldorf (Rhénanie-Westphalie). XIXe-XXe siècles. Allemand.
Peintre de genre, portraits.
Il est le fils de Franz Paul. Il fut élève de Janssen, Gebhardt et W. Sohn.
Ventes Publiques : Londres, 20 nov. 1996 : *L'Atelier de l'artiste*, h/t (72x91) : **GBP 2 300.**

MASSAU Franz Paul
Né le 31 août 1818 à Cologne. Mort le 4 avril 1900. XIXe siècle. Allemand.
Graveur.
De 1841 à 1850, il fut élève de Deger, J. Keller, à l'Académie de Cologne. Il eut également pour professeurs C. Clasen et Muller. Il travailla à Düsseldorf. Sa planche principale est une *Adoration des Mages*, d'après le tableau de Lochner conservé à Cologne.

MASSAU P. Félix
Né au XIXe siècle à Lyon. XIXe siècle. Français.
Sculpteur.
Figura au Salon des Artistes Français. Bourse de voyage en 1879, médaille d'argent en 1900 (Exposition Universelle). Chevalier de la Légion d'honneur en 1907.

MASSAUX Ghislain Joseph
Né le 7 février 1772 à Bois-de-Villers près de Namur. Mort le 9 septembre 1851. XVIIIe-XIXe siècles. Éc. flamande.
Sculpteur et graveur.
Élève de Leclerc et de Van Poucke.

MASSAUX Léon Charles ou **Massaulx**
Né le 21 mars 1845 à Gand (Flandre-Orientale). Mort en février 1926 à Ixelles (Brabant). XIXe-XXe siècles. Belge.
Peintre de genre, paysages, animaux.
Il fut élève d'A. Verwée. Il travailla à Bruxelles et à Paris, où il obtint une médaille de troisième classe en 1890. À partir de cette date, il exposa à Munich.
Il pratiqua la peinture en plein air.

Bibliogr. : In : *Dict. biogr. ill. des artistes en Belgique depuis 1830*, Arto, Bruxelles, 1987.
Musées : Bruxelles : *Soir dans les polders* – Munich (Pina.) : *Au pâturage*.
Ventes Publiques : Bruxelles, 19 déc. 1989 : *Bétail dans la prairie*, h/t (45x66) : **BEF 38 000** – Lokeren, 18 mai 1996 : *Après la pluie*, h/t (110x80) : **BEF 60 000**.

MASSÉ Auguste Antoine
Né le 1er mai 1795. XIXe siècle. Français.
Peintre de portraits.
Élève de Gros. Entra à l'École des Beaux-Arts le 11 mars 1818. Figura au Salon de Paris de 1824 à 1836. Le Musée de Douai possède de cet artiste : *Un enfant endormi, costume italien* (aquarelle).
Ventes Publiques : Versailles, 13 mai 1984 : *Halte d'un groupe de la IIe légion de la garde nationale parisienne après la revue sur le Champ-de-Mars en 1836*, h/t (134x187) : **FRF 53 000** – Londres, 21 juin 1985 : *Une compagnie de la 2e légion au Champ-de-Mars* 1836, h/t (133,2x185,5) : **GBP 7 000**.

MASSÉ Berthe Eugénie
Née au XIXe siècle à Laval. XIXe siècle. Française.
Peintre de portraits et de genre.
Elle eut pour professeurs Mme Baron, Jacquesson de la Chevreuse. Elle figura au Salon de Paris à partir de 1870.

MASSÉ Charles. Voir **MACÉ**

MASSÉ Claude
Né le 21 mars 1934 à Céret (Pyrénées-Orientales). XXe siècle. Français.
Sculpteur de figures, illustrateur.
En 1941, il rencontre Dubuffet, Raoul Dufy, Albert Marquet, A. Maillol... En 1953, il s'installe à Paris, où il travaille dans une agence de presse. Il commence une correspondance avec Dubuffet, en 1958, qui durera jusqu'à la mort de celui-ci. En 1959, il se passionne pour l'art Autre. Il cessera ses recherches lorsqu'il réalisera ses premières sculptures. De 1967 à 1972, il dirige le musée d'Art moderne de Céret, en 1974 et en 1991 il travaille comme documentaliste à l'école des beaux-arts de Perpignan, où il vit.
Il expose en France et à l'étranger : Porto, Philadelphie, Milan, Barcelone.
Il commence à réaliser des sculptures en liège en 1980, par la suite il travaillera également le bronze. Il représente des figures qui évoquent la statuaire romane et les arts primitifs.

MASSÉ Dorothée, épouse **Godequin,** puis veuve
XVIe siècle. Française.
Sculpteur sur bois.
Elle fut reçue académicienne en 1680 et termina les travaux de son mari pour Versailles.

MASSÉ Emmanuel Auguste
Né le 29 septembre 1818 à Elbeuf. Mort le 3 septembre 1881 à Neuilly. XIXe siècle. Français.
Peintre de portraits et de genre.
Travailla avec Picot. Il figura au Salon de Paris à partir de 1840. Dans l'église de Clichy-la-Garenne se trouve une de ses toiles : *Saint Vincent de Paul* (1872).

MASSE Félix
Né en 1919 à Tourcoing (Nord). Mort en 1981. XXe siècle. Français.
Peintre de compositions animées, figures, natures mortes, sculpteur.
Il fut élève de Maillol. Il vécut en Afrique du Nord de 1946 à 1964, et dans le sud de la France de 1964 à 1970, puis, jusqu'à sa mort, dans sa région natale.
Par aplats de couleurs vives, il traite la lumière et les volumes. Ses figures, aux corps sculpturaux, évoquent la période antique de Picasso.

MASSÉ François
XIXe siècle. Français.
Portraitiste.
Exposa au Salon, de 1824 à 1837.

MASSE Hippolyte
Né vers 1910. XXe siècle. Français.
Sculpteur, décorateur. Naïf.
Marin l'été, plombier l'hiver, il a orné complètement sa maison des Sables-d'Olonne de décorations et de sculptures naïves, constituées entièrement de coquillages marins incrustés dans du ciment.

MASSÉ Jean Baptiste
Né le 29 décembre 1687 à Paris. Mort le 26 septembre 1767 à Paris. XVIIIe siècle. Français.
Peintre de sujets mythologiques, portraits, miniaturiste, graveur.
Élève de Jouvenet et de Châtillon. Il fut agréé à l'Académie le 30 juin 1714 et fut reçu académicien le 30 juillet 1717. Il ne put se faire recevoir que comme graveur, car les peintres en miniature n'étaient pas admis. Le 2 juillet 1740, il devint conseiller.
« Massé, d'après ses contemporains, était d'un caractère droit, énergique, de mœurs douces et agréables. Il eut, vers la fin de sa carrière, l'occasion de montrer la fermeté de son esprit dans l'accomplissement de la tâche qu'il s'était imposée de faire graver à ses frais et d'après ses dessins, les peintures de Lebrun qui décorent la grande galerie du palais de Versailles, lesquelles représentent les *Actions mémorables de Louis XIV* et forment neuf grands tableaux, douze plus petits et six grisailles. Épuisement de ses ressources, mauvais vouloir des artistes qu'il employait, froideur du public pour le fruit de vingt-cinq ans de travail et de tant d'efforts, rien ne rebuta cet artiste. Ces gravures, exécutées d'après ses dessins, furent publiées en 1753, en un volume in-folio et le roi, pour récompenser Massé, lui confia la garde de ses tableaux et lui acheta ses dessins aux prix de dix mille livres » (Bellier de la Chavignerie).

J.Masse

Musées : Nancy : *Junon ordonne à Éole de détruire la flotte d'Énée* – Paris (Mus. du Louvre) : Dessins – Versailles : *Portrait du seigneur d'Espinay, grand-maître de l'Artillerie*.
Ventes Publiques : Paris, 1783 : *Salmacis et Hermaphrodite*, miniature : **FRF 262** – Paris, 1872 : *Scène italienne* : **FRF 2 500** – Paris, 1883 : *Portrait de Louis-Philippe, petit-fils du Régent*, dess. aux trois cr. et au lav. d'encre de Chine : **FRF 320** – Paris, 1897 : *Buste d'un homme de cour* : **FRF 390** – Paris, 21 juin 1920 : *Les frères Godefroy et M. Fallavel*, sanguine : **FRF 12 200** – Paris, 12 mars 1926 : *Danaé et la pluie d'or*, lav. : **FRF 800** – Paris, 22 juin 1928 : *Les frères Godefroy et M. Fallavel*, sanguine : **FRF 25 850** – Paris, 23 avr. 1937 : *Portrait d'homme*, sanguine et pierre noire : **FRF 180** – Paris, 15 juin 1949 : *Portrait en buste d'un jeune homme*, pierre noire et sanguine : **FRF 4 500** – Paris, 18 juin 1984 : *Loth et ses filles*, h/t (73x91) : **FRF 30 000** – New York, 15 jan. 1985 : *Loth et ses filles*, h/t (75x91,5) : **USD 4 000** – Paris, 17 déc. 1987 : *Portrait de femme*, pierre noire sanguine et reh. de blanc et de past. (22,8x18) : **FRF 30 000** – Versailles, 19 nov. 1989 : *Bord de rivière*, h/pan. (27x35) : **FRF 9 500** – Paris, 11 mars 1994 : *Statue de Louis XIV sur un piédestal* (diam. 18,5) : **FRF 5 500** – Paris, 20 oct. 1994 : *Portrait d'homme*, cr. noir et past., de forme ovale (17x12) : **FRF 25 000**.

MASSÉ Jean Eugène Julien
Né le 7 novembre 1856 à Meaux (Seine-et-Marne). Mort en 1950. XIXe-XXe siècles. Français.
Peintre de paysages. Postimpressionniste.
Après des études à l'École des Beaux-Arts d'Amiens, il fut élève d'Alexandre Bouche à Luzancy. Il figura au Salon des Artistes Français, société dont il était membre depuis 1887, obtenant une médaille de troisième classe en 1893, de deuxième classe en 1899. Mention honorable à l'Exposition Universelle de 1889 et médaille de bronze à celle de 1900.
Il traite ses paysages par petites touches de couleurs fines, allant du gris au bleu-vert.
Bibliogr. : Gérald Schurr, in : *Les Petits Maîtres de la peinture 1820-1920, valeur de demain*, Les Éditions de l'Amateur, t. VI, Paris, 1985.
Musées : Arras : *Soleil couchant*.
Ventes Publiques : Paris, 21 juin 1919 : *Sentier de l'abreuvoir, à Courcelle*, Seine-et-Marne : **FRF 200** – Paris, 27 fév. 1929 : *Paysage de Picardie en automne* : **FRF 430** – Paris, 29 juin 1942 : *L'église en hiver* : **FRF 3 900** – Paris, 24 nov. 1948 : *Paysage et moulin* : **FRF 7 000** – Zurich, 30 nov. 1984 : *Scène de cour de ferme*, h/t (33x41) : **CHF 3 000**.

MASSÉ Jules
Né le 25 avril 1825 à Marseille (Bouches-du-Rhône). Mort en décembre 1899 à Cannes (Alpes-Maritimes). XIXe siècle. Français.
Peintre d'histoire, scènes de genre, portraits.
Élève de P. Delaroche. Figura au Salon de Paris, de 1848 à 1878.
Musées : Épinal : *Départ à Marseille de Napoléon III pour l'armée d'Italie* – Grenoble (Musée) : *Milan en 1796*.

Ventes Publiques : New York, 17 fév. 1993 : *Une matinée chez Barras* 1864, h/t (104,1x144,1) : **USD 43 700** – Paris, 25 oct. 1994 : *Napoléon recevant l'Anbassadeur de Perse*, mine de pb (18x22) : **FRF 5 000**.

MASSÉ Nicolas
Mort avant 1674. xviie siècle. Actif à Paris. Français.
Sculpteur.
Il devint en 1654 membre de l'Académie de Saint-Luc, et travailla, de 1664 à 1668, au Louvre, aux Tuileries et à Versailles.

MASSÉ Pierre Augustin
Né à Blois. xixe siècle. Français.
Graveur.
Élève de Champollion et Boilvin. Il s'est établi de 1880 à 1890 à Londres. Il a gravé des eaux-fortes, d'après Lerolle, Worms (1881), d'Orchorson, Willie, etc.

MASSÉ René Charles
Né le 26 décembre 1882 à Paris. xxe siècle. Français.
Peintre, pastelliste, décorateur.
Il fut élève de Bing et exposa à Paris, aux Salons de la Société Nationale des Beaux-Arts à partir de 1914, d'Automne et des Artistes Décorateurs.

MASSÉ Samuel
Né le 5 mai 1672 à Tours. Mort le 30 juin 1753 à Paris. xviie-xviiie siècles. Français.
Peintre d'histoire.
Le 26 septembre 1705, il fut académicien. Il prit part aux expositions de l'Académie royale, de 1735 à 1745. L'École des Beaux-Arts possède de lui : *Vénus demande des armes à Vulcain pour Énée*.
Ventes Publiques : Monte-Carlo, 30 nov. 1986 : *Loth et ses filles*, h/t (72x91) : **FRF 38 000**.

MASSEAU Pierre Félix, pseudonyme : **Fix-Masseau**. Voir **FIX-MASSEAU**

MASSEGNE. Voir **MASEGNE**

MASSEI Girolamo
Né vers 1540 à Lucques. Mort vers 1614 à Rome. xvie-xviie siècles. Italien.
Peintre d'histoire.
Il fut l'élève de Bart. Neroni dit Riccio et devint en 1575 membre de la Corporation des Virtuoses. Il travailla sous le pontificat de Grégoire XIII à la décoration de nombreux monuments et églises de Rome. On cite de lui le *Martyre de saint Sébastien* (à San Luigi de Francesi), et, à l'église de la Trinité, des fresques relatives à la vie et aux miracles de saint François de Paul. Il fut un des artistes auxquels fra Ignazio Danti, directeur des travaux, confia la décoration de certaines parties du Vatican. Il consacra plusieurs années à ce travail. Revenu à Lucques, il y mourut.

MASSENET Daphné
Née en 1956 à Saint-Germain-en-Laye (Yvelines). xxe siècle. Française.
Peintre, graveur.
Elle a participé en 1988 à l'exposition *De Bonnard à Baselitz – Dix Ans d'enrichissements du cabinet des estampes 1978-1988* à la Bibliothèque nationale à Paris.
Musées : Paris (BN) : *Hommes noirs* 1982, eau-forte.

MASSENGEIL
xviiie siècle. Actif à Meiningen au début du xviiie siècle. Allemand.
Peintre.
Il fit le portrait du théologien *Georg Walch*.

MASSENOT Charles Antoine Auguste
Né le 15 juin 1821 à Dijon. Mort le 17 décembre 1871 à Dijon. xixe siècle. Français.
Peintre de genre et de paysages.
Élève de Drolling. Figura au Salon de Paris, de 1855 à 1864. Le Musée de Dijon possède de cet artiste : *La Mort qui passe*.
Ventes Publiques : Paris, 27 mars 1950 : *Le repas champêtre* 1870 : **FRF 3 000**.

MASSENTA
xviiie siècle. Actif au début du xviiie siècle. Autrichien.
Peintre.
Il travailla pour l'abbaye des Cisterciens de Wilhering.

MASSER
Né au xvie siècle à Nantes. xvie siècle. Français.
Peintre verrier.

MASSÉRAS Marguerite. Voir **HERPIN-MASSÉRAS**

MASSETTI Francesco
xviie siècle. Actif à Gênes dans la seconde moitié du xviie siècle. Italien.
Sculpteur.
Il fut le collaborateur de Carlo Soloro pour la décoration de marbre d'une chapelle de l'église de l'Annunziata à Gênes, et décora lui-même la chapelle du Palais Lomellini dans la même ville.

MASSI Antonio
Né vers 1580, originaire de Jesi. xviie siècle. Italien.
Peintre.
A peint des fresques aujourd'hui disparues dans la cour du monastère de Sta Maria di Grazie, à Bologne.

MASSI G.
xviie siècle. Italien.
Graveur.
On cite de lui un *Portrait du cardinal Alaman Salviati*, d'après P. Nelli, daté de 1730.

MASSI Gasparo
Né vers 1698. Mort en 1731 à Rome. xviiie siècle. Italien.
Peintre et graveur.
Il grava des sujets d'histoire.

MASSI Gentile di. Voir **GENTILE da Fabriano**

MASSI Ventura. Voir **MAZZI**

MASSIAS Étienne
Mort en 1636. xviie siècle. Actif à Angoulême. Français.
Peintre de figures et de paysages.

MASSIAS Georges
Né au xixe siècle à Paris. xixe siècle. Français.
Peintre et lithographe.
Fit des envois au Salon des Artistes Français de 1875 à 1901.

MASSIAS Henriette Marie
Née au xixe siècle à Paris. xixe siècle. Française.
Peintre, aquarelliste.
Débuta au Salon en 1877.

MASSIGNON Fernand. Voir **ROCHE Pierre**

MASSILY Santiago
xviiie siècle. Actif à Peralta en Navarre dans la seconde moitié du xviiie siècle. Espagnol.
Sculpteur.

MASSIMO, fra. Voir **MAINARDI Carlo**

MASSIMO, cavaliere. Voir **STANZIONI Massimo**

MASSIMO Giambattista, dit **Modanino**
xviie siècle. Actif à Naples. Italien.
Sculpteur sur bois.
A exécuté le plafond de S. Nicola alla Dogana à Naples en 1664.

MASSIMO da Verona
Né vers 1600 à Vérone. Mort en 1679 à Venise. xviie siècle. Italien.
Peintre.
Fut un élève de Bassetti. A peint de nombreux tableaux de saints pour les églises de Venise. Il était frère lai de l'ordre des Capucins.

MASSIN Louis Eugène Pierre
Né à Paris. xxe siècle. Français.
Peintre d'histoire, genre.
Il fut élève de Gérome. Il exposa à Paris, d'abord aux Salons des Artistes Français de 1903 à 1914 et des Indépendants à partir de 1907. Il fut membre du comité du Salon d'Hiver.
Il a surtout représenté des scènes de la Révolution française.
Ventes Publiques : Brest, 12 déc. 1982 : *Cirque breton à Locronan*, h/t (160x210) : **FRF 19 00** – Semur-en-Auxois, 30 sep. 1984 : *Couple berbère*, h/pan. : **FRF 13 500**.

MASSIN Nys
xve siècle. Actif à Saint-Omer. Français.
Sculpteur sur bois.
Travailla aux magnifiques stalles du chœur de l'abbaye de Saint-Bertin.

MASSINGER Andreas
Né en 1759 à Wasserburg. Mort le 5 mars 1808 à Venise. xviiie siècle. Autrichien.

Graveur au burin.
Il a gravé des sujets d'histoire et des vues, d'après H. Roos.

MASSINI C.
Graveur.
On cite de lui : *Pénélope, et sa tapisserie*, d'après G. F. Genti.

MASSINI Claudio
XXe siècle. Italien.
Artiste.
Il a participé en 1990 à la FIAC (Foire Internationale d'Art Contemporain) à Paris.

MASSIO Francesco
XIVe siècle. Actif à Assise. Italien.
Sculpteur.

MASSIP Marguerite, née **Lacombe**
Née le 26 septembre 1841 à Lyon. XIXe siècle. Active à Genève. Suisse.
Peintre de genre.
Elle étudia à Genève et à Paris. On voit de cette artiste, à Genève : *Fumeur* (Musée Rath) et *Un vendredi dans l'atelier* (Musée Ariana).

MASSIRONI Manfredo
Né en 1937 à Padoue (Vénétie). XXe siècle. Italien.
Sculpteur. Cinétique. Groupe N.
Il pratiqua un art engagé, créant un centre pour ouvrier. Sculpteur, il fit ensuite des études d'architecture puis enseigna. Dès les années soixante-dix, il renonça à exposer.
Il participa en 1967 au musée des Beaux-Arts de Lodz, à une exposition consacrée au groupe N.
Il fut membre du groupe N de Padoue avec Biasi, Chiggio, Costa et Landi, et exposa avec lui le *Spectre Cinefilet n° 1* qui consiste en plusieurs rayons lumineux en mouvement continu ainsi qu'en mutation continue de couleur, projetant leurs faisceaux résultants sur une surface blanche. Il travailla ensuite seul poursuivant ses recherches sur le mouvement et la couleur.
Bibliogr. : Frank Popper : *Naissance de l'art cinétique*, Gauthiers-Villars, Paris, 1967 – in : *L'Art du XXe s.*, Larousse, Paris, 1991.

MASSLOFF-TARDIEU Pala Massimila de
Née à Aurières (Puy-de-Dôme). XXe siècle. Française.
Peintre de portraits.

MASSLOVSKIJ Pawel
Né le 16 février 1783. XIXe siècle. Russe.
Graveur.
Fut élève de l'Académie de Saint-Pétersbourg entre 1795 et 1806. Il grava des portraits et se consacra à l'illustration de livres.

MASSMANN Hans
Né le 10 juillet 1887 à Bucarest. Mort en 1973. XXe siècle. Roumain.
Peintre de portraits, paysages.
Il fut de 1906 à 1914 élève de Griepenkerl et de Pochwalski. On cite : *Ronde d'enfants* 1911, *Pâturage recouvert de neige* 1929, *Aspects du XIXe arrondissement en hiver.*

Massmann

MASSMANN Siegfried
Né le 13 décembre 1829 à Munich. Mort le 27 décembre 1853 à Rome. XIXe siècle. Allemand.
Peintre de paysages.

MASSO. Voir **DEMASSO**

MASSO J. Gispert
XXe siècle. Espagnol.
Peintre de scènes typiques, portraits, paysages.

MASSOL
Mort en 1831. XVIIIe-XIXe siècles. Français.
Graveur.
Il était actif à Paris. Il grava, d'après Julie Gilbert : *La belle jardinière.*

MASSOL Guy
Né le 22 avril 1951 à Paris. XXe siècle. Français.
Peintre. Abstrait.
Il fut élève des peintres Alvar et Tella et fréquenta l'académie Julian en 1967.
Il participe à des expositions personnelles à Paris : de 1967 à 1973 Salon des Artistes Français, 1970 Salon Populiste, 1973 Salon des Indépendants, ainsi qu'à la Biennale internationale de Cherbourg de 1970 à 1976.
Il s'inspire des traces laissées sur les tableaux noirs d'école, pour composer ses peintures abstraites. Il a participé à la restauration des peintures de l'église Notre-Dame de Lorette à Paris, de la Sainte-Chapelle à Paris.
Musées : Cherbourg – Madrid (Mus. de l'Alcazar de San Juan).

MASSOL Marie-Jacques
Née le 19 janvier 1949 à Paris. XXe siècle. Française.
Peintre de compositions à personnages, figures. Expressionniste.
Elle n'a pas reçu de formation artistique spéciale, mais elle est la fille de Jacques Massol, peintre et surtout directeur de la galerie du même nom, où elle a connu les nombreux artistes de la galerie. Elle commença à peindre en 1970, mais, pour raisons personnelles et familiales, dut interrompre son activité un long moment. Lorsqu'elle put la reprendre en 1990, elle détruisit tous ses travaux antérieurs. Elle a montré les ensembles de ses peintures récentes en 1993 et 1996 à Paris, galerie Étienne de Causans. Un des aspects étonnants du cas de Marie-Jacques Massol, c'est que, sans avoir reçu de formation spécifique, elle maîtrise une très belle technique picturale traditionnelle, nourrie d'empâtements, affinée de glacis, et elle sait construire une composition, en mettre en scène les figurants dans un décor de détresse, distribuer les tonalités suffisantes et surtout les lumières et les ombres selon un éclairage de clair-obscur. Il y a un climat très particulier dans sa peinture, oh ! pas un climat qui incite à l'optimisme, un vrai climat d'angoisse. Ses peintures rassemblent des personnages, adultes ou enfants, masculins ou féminins, sans que ces particularités individuelles semblent prendre une quelconque importance. Ils ne sont ni heureux ni malheureux. Ils sont là et c'est tout. Ils sont des « ils ». Justement comme tout le monde, ils semblent se demander ce qu'ils font là. ■ J. B.

MASSOL Pierre Antoine
Né en 1766 à Paris. Mort en 1819 à Paris. XVIIIe-XIXe siècles. Français.
Pastelliste.
Musées : Vire : *Portrait de femme.*

MASSOLINI Giovanni Bernardo. Voir **AZZOLINI**

MASSON
XVIIIe siècle. Actif au début du XVIIIe siècle. Français.
Graveur, orfèvre.
A gravé une suite de six planches sous le titre : *Nouveaux dessins pour graver l'orfèvrerie, inv. par le sieur Masson, Paris.*

MASSON
XVIIIe siècle. Roannais probablement, vivant au XVIIIe siècle. Français.
Peintre d'histoire, compositions religieuses.
Musées : Roanne : *Apparition de saint Bernard à une abbesse de la Bénisson-Dieu* 1749.

MASSON Alexandre Charles
Né au XIXe siècle à Paris. XIXe-XXe siècles. Français.
Peintre de sujets mythologiques, figures, nus, animaux.
Il exposa à Paris, au Salon des Artistes Français, dont il reçut une mention honorable en 1906.
Ventes Publiques : Paris, 22 jan. 1927 : *Femme nue étendue* : **FRF 980** – Londres, 29 mai 1985 : *Danaé*, h/t (50,5x73) : **GBP 1 000** – Londres, 26 juin 1987 : *Élégante au bord de la mer*, h/t (242x188) : **GBP 7 000** – Londres, 6 oct. 1989 : *Danaé dans une pluie d'or*, h/t (51x74) : **GBP 1 540** – Le Touquet, 19 mai 1991 : *Jeune femme tenant une branche d'iris*, h/t (73x60) : **FRF 25 000** – Londres, 17 juin 1992 : *Danaé sous une pluie d'or*, h/t (51x74) : **GBP 5 500** – Calais, 5 avr. 1992 : *Élégante sur les remparts devant la mer*, h/t (41x32) : **FRF 15 500** – New York, 17 fév. 1994 : *Un aigle* 1896, h/t (100,4x125,7) : **USD 2 300**.

MASSON Alexandrine. Voir l'article **MASSON Antoine**

MASSON Alphonse Charles
Né le 10 mai 1814 à Paris. Mort le 2 mai 1898. XIXe siècle. Français.
Peintre de compositions religieuses, paysages, graveur, illustrateur.
Élève d'Ingres et de Descamps, il figura au Salon de Paris à partir de 1835.
Sa facture s'assouplit peu à peu, devient plus chaleureuse,

comme le montrent ses vues du vieux quartier de Pontoise en 1896. Il a collaboré à la revue : *L'Artiste*. L'église Saint-Étienne-du-Mont à Paris possède de lui une toile : *L'incrédule Thomas* 1852.

Bibliogr. : Gérald Schurr, in : *Les Petits Maîtres de la peinture 1820-1920, valeur de demain*, Les Éditions de l'Amateur, t. V, Paris, 1981.

Musées : Pontoise : *La sente de l'ange à Pontoise – La rue du Champ-Loisel à Pontoise – Le Grand Godet à Saint-Maclou, église de Pontoise*.

MASSON André

Né le 4 janvier 1896 à Balagny (Oise). Mort le 28 octobre 1987 à Paris. xxe siècle. Français.

Peintre, peintre à la gouache, dessinateur, sculpteur, graveur, illustrateur, peintre de décors de théâtre. Surréaliste.

Sa famille était d'ascendance paysanne de la région de Compiègne, Beauvais, Senlis. Son père était marchand de papiers peints. Il resta à Balagny jusqu'à l'âge de huit ans. Après un cours séjour à Lille, le commerce de son père amena la famille à Bruxelles, où il fit ses études primaires jusqu'à l'âge de douze ans. Ensuite, il fut mit en apprentissage travaillant l'après-midi comme dessinateur dans un atelier de broderie, suivant les cours de l'académie royale des beaux-arts, le matin et le soir. Verhaeren, rencontré chez son maître Montald, décida sa famille à envoyer André Masson à Paris, où il apprit la fresque vers 1912. Avec une bourse de voyage, il partit avec Loutreuil pour l'Italie. Pendant la guerre, il fut gravement blessé au chemin des Dames, en 1917. Il fut définitivement marqué par les massacres auxquels il avait assisté, sa blessure, ses séjours dans les hôpitaux ; la violence, le sang et la mort seront des constantes de son œuvre. En 1919, il rejoignit Loutreuil sur la rive de l'Étang de Berre, puis à Céret, où il rencontra Krémègne puis Soutine. Revenu à Paris en 1922, il y subsistait difficilement. En 1922-1923, il se lia d'amitié avec Max Jacob, Élie Lascaux, Artaud, Leiris, Limbour, Miro. Il commença alors à vendre quelques peintures. À partir de 1928, il résida une partie de l'année dans le Midi. En 1934, il fit un premier voyage en Espagne, à la suite duquel il se fixa à Tossa de Mar en Catalogne. En décembre 1936, alors que la Guerre civile avait éclaté en Espagne, il revint en France. Au début de la Seconde Guerre mondiale, en 1940, il quitta Paris pour l'Auvergne, puis pour Marseille où il retrouva les surréalistes. L'année suivante, il partit pour les États-Unis, avec une escale de trois semaines en Martinique, et s'installa dans le Connecticut. En 1945, il rentra en France, et deux ans plus tard se fixa près d'Aix-en-Provence.

En 1924, il exposa pour la première fois ses œuvres. Il participa à de nombreuses expositions collectives : 1936 Exposition internationale du surréalisme et *Douze Peintres* à Londres ; 1937 *Fantastic art, Dada, Surrealism* au musée d'Art moderne de New York ; 1938 exposition internationale du surréalisme à Paris avec le mannequin *La Jeune Fille au bâillon vert à bouche de pensée* ; 1942-1943 *First Papers of surrealism* à New York avec *Il n'y a pas de monde achevé* ; 1958 Salon de Mai à Paris avec l'œuvre importante *Couple dans la nuit* ; 1968 *Dada, Surrealism and their heritage* au musée d'Art moderne de New York ; 1986 musée Cantini à Marseille.

Il montre ses œuvres dans de très nombreuses expositions et rétrospectives à Paris : 1933 série des *Massacres* ; 1949 dessins de la suite *Terre érotique* (exposition qui dut être fermée en raison du sujet traité) ; 1956, 1958, 1965, 1981 au musée national d'Art moderne ; 1968 peintures récentes et suite de douze dessins *Autobiographie mythique* ; 1976 dessins au musée d'Art moderne de la ville ; 1977 Galeries nationales du Grand Palais ; 1983 *Travaux de Masson pour la scène* au théâtre du Rond-Point ; 1983, 1988, 1990 à la FIAC (Foire Internationale d'Art Contemporain) ; ainsi que : 1936, 1937, 1958, 1962 New York ; 1941 musée de Baltimore ; 1946 palais des Beaux-Arts de Bruxelles et Liège ; 1947 exposition itinérante en Grande-Bretagne ; 1949 Allemagne ; 1950 Kunsthalle de Bâle avec Giacometti ; 1955, 1958 Londres ; 1958 Albertina de Vienne, Tokyo, Biennale de Venise ; 1959 Rome ; 1961-1962 Chicago ; 1964 Akademie der Künste de Berlin, Stedelijk Museum d'Amsterdam ; 1965 Brême ; 1967 musée des Beaux-Arts de Lyon, Prague ; 1968 musée Cantini de Marseille ; 1969 Palazzo dei Diamanti à Ferrare ; 1975 musée d'Aix-en-Provence ; 1976 Museum of Modern Art de New York, Museum of Fine Arts de Houston ; 1985 fondation Royaumont et musée des Beaux-Arts de Nîmes ; 1987 Hayward Gallery à Londres. Après sa mort, d'autres expositions sont consacrées à son œuvre, notamment en 1988 au musée Toulouse-Lautrec à Albi ; 1995 à l'Espace 13, Art contemporain à Aix-en-Provence ; 1996 *André Masson 1896-1987 – Œuvres de 1919 à 1927* galerie Louise Leiris à Paris et au Kunstmuseum de Berne.

Après les premières œuvres de la prime jeunesse, tout à fait traditionnelles, au lendemain de la guerre, il eut une période influencée par le fauvisme et Cézanne : puis les *Forêts* de 1922 dénotent encore les influences conjuguées de Derain et du Douanier Rousseau, tandis qu'un climat de rêve et de menace commence à envahir ces forêts que Valéry disait « vénéneuses » et que Masson lui-même qualifiait d'« explosions de rêve ». Après la série des *Forêts*, le symbolisme s'instaura résolument dans son œuvre avec : *Homme dans un souterrain – Homme dans une tour – Le Prisonnier* entre 1924 et 1926, et les *Quatre Éléments – Les Points cardinaux – Les Constellations. Les Quatre Éléments* furent achetés par André Breton, avec lequel il se lia. À partir de 1924, il participa aux activités du groupe surréaliste, avec qui il rompra momentanément de 1929 à 1936. Dès lors, la production se fit abondante : 1924 premiers dessins automatiques et premières peintures véritablement surréalistes : *La Couronne – Le Chevalier* ; 1926 portraits à l'encre de Chine des principaux surréalistes et peintures surréalistes : *Femmes errantes – L'Armure* ; 1927 premiers tableaux de sable, qui utilisent d'une part des matériaux bruts, sable et plumes, d'autre part le hasard dans un premier temps, lecture des taches obtenues dans un second temps, enfin remaniement dirigé des taches dans le sens désiré, ainsi furent obtenues : *Les Chevaux morts – Les Villageois – Chevaux dévorant des oiseaux* ; 1928 *Combat de poissons* ; 1929 peintures de petites dimensions : *Animal blessé – Une Dame – Le Rendez-vous* ; 1931 série d'œuvres sur des thèmes cruels *Jeunes filles étranglant des oiseaux*, suite des *Massacres*, série d'eaux fortes sur le thème des *Sacrifices* ; 1934 séries des *Insectes – Corridas – Squelettes animés – Mythes espagnols* ; 1936 dessins et peintures sur le thème de la guerre civile en Espagne, peintures dites « paroxystiques » et suites de dessins *Mythologie de la nature – Mythologie de l'être* ; 1937 peintures et dessins sur les thèmes des *Métamorphoses*, des *Villes imaginaires*, des *Portraits imaginaires : Goethe – Kleist* ; 1939 peintures d'horreur et d'érotisme *Dans la tour du sommeil – Suicide dans un miroir – Le Labyrinthe – L'Enfantement du Minotaure – Le Viol*, la très importante peinture *Métamorphose* ; 1940 série inspirée de son séjour en Martinique *Antilles – Poissonnières martiniquaises* ; *Œuf cosmique* première peinture d'une série consacrée aux forces élémentaires *La Terre ensemencée – Méditation sur une feuille de chêne – Printemps indien – Paysage iroquois – Peintre en méditation* ; 1942-1943 poursuite des *Portraits imaginaires : Héraclite – Léonard de Vinci* et *Isabelle d'Este*, peinture importante *Pasiphaë* et quelques sculptures ; 1944-1945 peintures, dessins, gravures, inspirés par les événements : *La Résistance*, publication de quatre albums *Anatomie de mon univers – Mythologie de l'être – Le Carnet nocturne* et *Bestiaire* album de lithographies satiriques ; 1946 peintures sur le thème du *Port de La Rochelle* ; peintures imaginaires *Niobé – Hommes et chrysalides – Le Terrier – Ombres – Diagrammes d'une journée* ; *Vingt-deux Dessins sur le thème du désir* exécutés en une seule journée ; 1948-1949 peintures sur le motif dans la campagne aixoise, quelques rappels de l'impressionnisme : *Le Mistral – Femme se déshabillant – Paysage aux précipices – À une cascade* ; 1950 parution de l'un de ses principaux écrits *Plaisir de peindre* ; 1954 plusieurs albums de lithographies à partir de croquis sur nature : *Carnet de croquis – Sur le vif – Le Voyage à Venise – Toro* préfacé par Leiris ; 1956 gravure en couleurs de la suite *Féminaire*, nombreux écrits, peinture des suites *Dévoration – Féminaire de la rue Saint-Denis – La Femme multipliée – Migrations* ; 1957 peintures de la série *Esprits animaux* ; 1959 abandon des techniques relevant plus ou moins de l'automatisme, sable, saupoudré, dripping de couleurs liquides, vaporisations, collages d'éléments bruts divers ; 1961-1962 parution de *Vingt-deux Dessins sur le thème du désir* lithographies noir et couleurs accompagnées d'un texte de Jean Paul Sartre, gravures en noir pour *Trophées* et textes du peintre, peintures sur les thèmes *Figures mythiques – Annales de la nature – Lieux emblématiques*.

Parallèlement à son œuvre de peintre, il aborde la sculpture en 1927 avec Giacometti, reprenant les thèmes et obsessions de sa peinture. On cite : *Animaux accouplés* 1927, *Mantes accouplées* 1942, *Hybris* et *Mascarade sur le thème d'Éros et Thanatos* 1964...

En 1929, il réalise d'importantes décorations pour Pierre David Weil, en collaboration avec Giacometti. En 1965 lui fut confiée la tâche de repeindre une composition pour la coupole du plafond du théâtre de l'Odéon à Paris, travail qui l'occupa un très long temps et pour lequel il accumula une très grande quantité d'études et de projets, commencés en 1964. Il a également exécuté de nombreux décors de théâtre : 1931 *Les Présages* ballet de Léonide Massine sur une symphonie de Tchaïkovsky ; 1937 *Numances* de Cervantès par la compagnie Jean Louis Barrault ; 1938 *La Terre est ronde* de Salacrou d'après une mise en scène de Dullin ; 1939 *La Faim* de Knut Hamsun montée chez Dullin par Jean Louis Barrault ; 1940 *Médée* opéra de Darius Milhaud représenté à l'opéra de Paris ; 1946 *Morts sans sépulture* de Jean Paul Sartre et *Hamlet* à la compagnie Madeleine Renaud-Jean Louis Barrault ; 1951 deux ballets de Massine ; 1952 *Iphigénie en Tauride* de Gluck au festival d'Aix-en-Provence ; 1958 *Tête d'or* de Claudel au théâtre de France ; 1963 *Woyzeck* de Berg pour l'opéra de Paris.

Il a réalisé également de très nombreuses illustrations : 1925 *Le Pèse-nerfs* (deux dessins) et *L'Ombilic des limbes* (une gravure sur bois) d'Antonin Artaud ainsi que *Simulacre* (sept lithographies) de Leiris ; 1926 *Soleil bas* (pointes sèches) de Limbour ; 1927 *C'est les bottes de sept lieues cette phrase : « je me vois »* (eaux-fortes) de Robert Desnos et *Ximènes Malinjoude* de Marcel Jouhandeau ; 1928 *Justine* de Sade ; 1929 les *Illuminations* (pastels) de Rimbaud ; 1931 *L'Anus solaire* (pointes sèches) de Georges Bataille ; 1934 *Les Sans-Cous* (eaux-fortes) de Desnos ; 1939 *Glossaire, j'y serre mes gloses* (lithographies) de Leiris ; 1948-1949 *Le Dit du vieux marin* (lithographies en noir) de Coleridge ; 1949 *Les Conquérants* (trente-trois eaux-fortes en couleurs) d'André Malraux ; 1955 poèmes malgaches *Hain-Tenys* (eaux-fortes) traduits par Jean Paulhan ; 1960 *Les Europhages* (seize eaux-fortes) de Maurois ; 1961-1962 *Un Coup de dés jamais n'abolira le hasard* (lithographies en couleurs) de Mallarmé et *Une Saison en enfer* (gravures en couleurs) de Rimbaud. En 1924, il avait participé au premier numéro de la *Révolution surréaliste*, en 1933 au premier numéro de *Minotaure*, en 1934 avait collaboré aux revues *Acéphale* et *Minotaure*.

L'œuvre d'André Masson se caractérise par son abondance, sa générosité, sa diversité, tant dans les thèmes que dans les techniques, aussi par sa facilité dans les deux acceptations du terme. La double hantise obsessionnelle du sexe et de la mort en pénètre tous les thèmes ; dans les *Larmes d'Éros* Georges Bataille qui partagea cette même obsession écrit : « Masson est celui des peintres qui a le mieux exprimé les valeurs religieuses profondes et déchirantes de l'érotisme. » Dans un œuvre si divers, il est difficile de dégager les éléments d'une unité de style, toutefois, le graphisme en arabesques qui s'entremêlent sans fin, accrochant les formes au passage, et la richesse colorée, en vitrail, sont constants ; à propos de la salle qui lui fut consacrée à la Biennale de Venise en 1958 Eugène Ionesco écrivit : « Les œuvres de Masson (qui est bien un peintre exclusivement attentif à ses procédés, à ses moyens d'expression, à sa technique) témoignent d'une émouvante vérité, d'un extraordinaire dramatisme pictural. Une lumière prodigieusement intense vibrait là, encerclée par la nuit qui la combattait. Des trajectoires se dessinaient, les lignes se cabraient violentes et à travers des plans compacts une trouée nous faisaient apparaître l'espace infini ». Son œuvre était déjà connu aux États-Unis avant la Seconde Guerre mondiale et lorsqu'il y retrouva, s'y étant réfugié pendant la guerre, Marcel Duchamp, André Breton, quelques autres surréalistes et des peintres comme Fernand Léger, son rayonnement intellectuel lui valut d'exercer une influence déterminante sur l'évolution de la jeune peinture américaine, et tout particulièrement sur Jackson Pollock et toute l'Action Painting. En soit son œuvre est plus discuté ; le reproche qui lui est fait le plus communément est d'avoir souvent voulu bourrer ses peintures d'un poids lourd à porter de significations symboliques d'essence littéraire, et d'y avoir subordonné le fait plastique.

■ Jacques Busse, L. L.

Bibliogr. : André Breton : *Le Surréalisme et la peinture*, Gallimard, Paris, 1928 – P. Pia : *André Masson*, Gallimard, NRF, Paris, 1930 – Barrault, Bataille, Breton, Desnos, Éluard, Guerne, Jouve, Landsberg, Leiris, Limbour, Péret : *André Masson*, Imprimerie Wolf, Rouen, 1940 – M. Leiris, G. Limbour : *André Masson et son univers*, Trois collines, Genève, 1947 – G. Limbour : *Masson. Dessins*, Braun, Paris, 1951 – G. Limbour : *Tableaux récents d'André Masson*, Paris, 1956 – Jean Paul Sartre : *André Masson. 22 dessins sur le thème du désir*, Mourlot, Paris, 1962 – Hubert Juin : *André Masson*, Georges Fall, coll. *Le Musée de poche*, Paris, 1963 – Otto Hahn : *Masson*, Tisné, Paris, 1965 – Patrick Waldberg : *André Masson ou le monde dans un grain de sable*, xxe siècle, n° 32, Paris, juin 1969 – Jean Paul Clébert : *Mythologie d'André Masson*, Pierre Cailler, Genève, 1971 – Michel Leiris : *André Masson. Massacre et autres dessins*, Hermann, Paris, 1971 – René Passeron : *André Masson. Gravures 1924-1972*, Office du livre, Fribourg, 1973 – in : *Les Muses*, Grange Batelière, t. X, Paris, 1973 – André Masson : *La Mémoire du monde* Skira, Paris, 1974 – René Passeron : *André Masson et les puissances du signe*, Denoël, Paris, 1975 – in : *Dict. univer. de la peinture*, Le Robert, t. IV, Paris, 1975 – André Masson : *Le Rebelle du surréalisme. Écrits*, Hermann, Paris, 1976 – Catalogue de l'exposition : *André Masson*, Museum of Modern Art, New York, 1976 – Ghislain Uhry : *André Masson et le théâtre*, Frédéric Birr, Paris, 1983 – Catalogue de l'exposition : *André Masson*, Musée des Beaux-Arts, Nîmes, 1985 – Roger Passeron : *André Masson. Catalogue général des sculptures*, Il Quadrante Edizioni, Turin, 1987 – Florence de Mérédieu : *André Masson : dessins automatiques*, Blusson, 1988 – Catalogue de l'exposition : *André Masson graveur*, Galerie Lahumière, Paris, 1988 – Jean Marie Drot, Jean Lemayrie, David Sylvester, Bernard Noël, Cleto Polcina : *Masson, L'Insurgé du xxe s.*, Villa Médicis, Carte Segrete, Rome, 1989 – Lawrence Saphire : *André Masson. The complete graphic work – Surrealism 1924-1949*, Blue Moon Press, vol. I, New York, 1990 – Bernard Noël : *André Masson : la chair du regard*, Gallimard, Paris, 1993 – P. J. Jouve : *André Masson*, Dumerchez, Paris, 1994 – Dona Adès : *André Masson*, Albin Michel, Paris, 1994 – Georges Charbonnier : *Entretiens avec André Masson*, André Dimanche, Marseille, 1995 – Catalogue de l'exposition : *André Masson – Signes et lumières, Aix-en-Provence* Espace 13, Art contemporain, Aix-en-Provence, 1995.

Musées : Baltimore (Mus. of Art) : *Dans la tour du sommeil* 1938 – *Il n'y a pas de monde achevé* 1942 – Berne (Mus. des Beaux-Arts) : *Les Poissons dessinés sur le sable* – Grenoble : *Le Cimetière* 1924 – *L'Embellie* 1956 – Londres (Tate Gal.) : *Ibdes de Aragon* 1935 – Marseille (Mus. Cantini) : *Antilles* 1943 – *Le Terrier* 1946 – *Les Sœurs Mélusine* 1958 – *L'Âme de Napoléon* 1967 – *Diane et Endymion* – New York (Mus. of Mod. Art) : *Figure* – *Sable* 1927 – *Leonard de Vinci et Isabelle d'Este* 1942 – Paris (BN) : *À propos de fleurs* 1977, eau-forte – Paris (Mus. d'Art Mod. de la Ville) : *Peinture* – *Les Prétendants* – *L'Enlèvement* – Paris (Mus. Nat. d'Art Mod.) : *Portrait d'André Breton* 1941 – *Les Quatre Éléments* 1923-1924 – *Les Chevaux morts* 1927 – *Le Jet de sang* 1936 – *Enchevêtrement* 1941 – *La Pythie* 1943 – *Le Sang des oiseaux* 1956 – Venise (coll. Peggy Guggenheim) : *L'Armure* 1925.

Ventes Publiques : Paris, 24 nov. 1924 : *La bougie allumée* : **FRF 500** – Paris, 12 déc. 1925 : *Les dormeurs* : **FRF 1 100** – Paris, 27 nov. 1926 : *Cartes à jouer*, gche et past. : **FRF 550** – Paris, 27 nov. 1935 : *Cartes et dominos* : **FRF 520** – Paris, 4 déc. 1941 : *L'homme* : **FRF 6 000** – New York, 11 avr. 1946 : *Joueurs de cartes* : **USD 325** – Paris, 19 mai 1954 : *Réunion d'insectes* : **FRF 105 000** – Paris, 8 jan. 1960 : *Baigneuses* 1949 : **FRF 5 000** – New York, 25 jan. 1961 : *La Pythie XLIII* : **USD 7 750** – Londres, 5 juil. 1962 : *Niobé* : **GBP 2 600** – New York, 8 avr. 1964 : *Vue emblématique de Tolède* : **USD 7 000** – Genève, 16 nov. 1968 : *Fête* : **CHF 28 000** – Paris, 1er déc. 1969 : *Formes de la fécondité* : **FRF 22 000** – Paris, 18 juin 1971 : *Coq combattant* 1964 : **FRF 20 000** – Genève, 19 juin 1972 : *L'homme dans le jardin* 1930 : **CHF 57 000** – Rome, 27 nov. 1973 : *Hommes effrayés par un cheval* : **ITL 15 500 000** – Londres, 3 avr. 1974 : *Le coq et la sauterelle* : **GBP 10 000** – Rome, 18 mai 1976 : *Chimères combattantes* 1955, h/t (73x54) : **ITL 11 500 000** – New York, 27 mai 1976 : *Eden* 1965, aquar. et encre de Chine (24,7x38,2) : **USD 2 000** – New York, 17 mai 1977 : *La Fécondation des fleurs* vers 1955, h/t (65x46) : **USD 4 000** – New York, 7 nov 1979 : *Illustration de la Mythologie de l'Etre* 1940/41, pl. (63,5x48,2) : **USD 5 200** – New York, 17 mai 1979 : *Mouvement amoureux* 1959, past./t. (65,5x50,2) : **USD 5 000** – New York, 7 nov 1979 : *Tauromachie* vers 1936, h/t (97x130) : **USD 21 000** – New York, 14 nov. 1980 : *Le Génie du blé* 1942, eau-forte et pointe-sèche (35,2x24,6) : **USD 1 200** – Rome, 23 nov. 1981 : *Génie* 1944, encre de Chine (27x34) : **ITL 3 400 000** – Enghien-les-Bains, 29 mars 1981 : *Femme lumière*, bronze patine mordorée et glace (H. 120) :

FRF 20 000 – Londres, 30 juin 1983 : *Grain et toile* 1942, temp. et sable/t. mar./cart. (31,8x25,4) : **GBP 3 400** – New York, 17 nov. 1983 : *Cortège d'insectes* 1934, h/t (70x99,5) : **USD 28 000** – New York, 14 avr. 1983 : *Femme servant de table* 1941, bronze patine brun foncé (H. 16,5) : **USD 1 500** – Londres, 27 juin 1984 : *Tauromachie*, pl. et encre de Chine (50x65) : **GBP 7 800** – New York, 15 mai 1985 : *Divertissement* 1942, past./pap. bleu (49,5x65,1) : **USD 16 500** – Londres, 3 déc. 1986 : *Composition avec deux hommes dans une forêt* vers 1930, h/t (88,5x116) : **GBP 40 000** – Calais, 8 nov. 1987 : *La sauterelle* 1934, aquar. (28,5x30,5) : **FRF 43 000** – New York, 12 nov. 1987 : *Le Voyage* 1943, gche/isor. (52x64,8) : **USD 46 000** – Londres, 24 fév. 1988 : *Avril*, h/t (60x73) : **GBP 15 400** – Paris, 20 mars 1988 : *Paysage féminin* 1940, dess. à l'encre de Chine (44x36) : **FRF 51 000** – Milan, 8 juin 1988 : *Le dindon* 1947, h/t (96x83) : **ITL 80 000 000** – Stockholm, 6 juin 1988 : *Pygmalion* 1938, h. (40x32) : **SEK 200 000** – Neuilly, 20 juin 1988 : *Le peintre et son modèle (autoportrait)*, past. et encre (49x63) : **FRF 142 000** ; *Nîmes* 1955, gche (65x50) : **FRF 100 000** ; *Sans titre*, encre et aquar. (39,5x44,5) : **FRF 70 000** – Paris, 7 oct. 1988 : *Astre*, h/pan. (42x28) : **FRF 130 000** – Londres, 19 oct. 1988 : *Visage de l'ombre double* 1965, h/t (22x27) : **GBP 6 160** – Paris, 27 oct. 1988 : *L'homme à l'épée* vers 1946, dess. à l'encre (37x25,5) : **FRF 51 000** – New York, 12 nov. 1988 : *Combat d'animaux*, past./pap. (50,2x63,5) : **USD 38 500** – Rome, 15 nov. 1988 : *Amoureux*, bronze (43,5x63,3x31) : **ITL 68 000 000** – Paris, 20 nov. 1988 : *Le Minotaure* 1967, bronze à patine noire (56x45x44) : **FRF 260 000** – Paris, 21 nov. 1988 : *Rapt* 1942, encre et past. (45,5x61) : **FRF 190 000** – Milan, 14 déc. 1988 : *Le berger des totems* 1971, h/t (81,5x100) : **ITL 52 000 000** – Paris, 16 jan. 1989 : *Exode* 1958, h/pan. (27x22) : **FRF 79 000** – Londres, 22 fév. 1989 : *Étude pour « L'homme marchant »*, h/t (98,2x88,5) : **GBP 50 600** – Milan, 20 mars 1989 : *Dévastation* 1954, h/t (100x81,5) : **ITL 60 000 000** – Londres, 5 avr. 1989 : *Ballet des insectes* 1934, h/t (82x66) : **GBP 209 000** – Paris, 13 avr. 1989 : *Étude pour Isabelle* 1943, past. (63x48) : **FRF 610 000** – Paris, 17 juin 1989 : *Les Mineurs* 1945, h/t (23x56) : **FRF 300 000** ; *Nacre* 1970, h/t (54x81) : **FRF 400 000** – Londres, 28 juin 1989 : *Piège à soleil* 1938, h/t (100x81) : **GBP 242 000** – Douai, 2 juil. 1989 : *Portrait d'enfant* 1945, past. (62x47,5) : **FRF 122 000** – New York, 5 oct. 1989 : *Tête d'or* 1965, past. et gche/pap. gris (64,7x49,5) : **USD 38 500** – New York, 16 nov. 1989 : *Femme tenant un oiseau*, h/t (55,2x33) : **USD 253 000** ; *Sorcellerie* 1959, h/t (160,6x130,5) : **USD 363 000** – Paris, 19 nov. 1989 : *Rivière en automne* 1950, h/t (54x65,5) : **FRF 700 000** – Paris, 13 déc. 1989 : *Amants entrelacés* 1943-45, techn. mixte (55x46) : **FRF 470 000** – New York, 26 fév. 1990 : *Ville crânienne* 1938, gche, past. et sable/t. (73x60) : **USD 121 000** – Paris, 25 mars 1990 : *L'Ours et les Oiseaux*, h/t (41x33) : **FRF 1 300 000** – Paris, 1er avr. 1990 : *Poursuite* 1933, h/t (81x123) : **FRF 2 150 000** – Londres, 4 avr. 1990 : *Rite* 1964, h/t (142x120) : **GBP 165 000** – Neuilly, 10 mai 1990 : *Martinique* 1941, encre de Chine, fus. et estompe/pap. (66x51) : **FRF 380 000** – New York, 16 mai 1990 : *Sans titre* 1924, cr. gras et fus./pap./cart. (62,2x47) : **USD 60 500** – Paris, 30 mai 1990 : *Déréliction*, h/t (65x81) : **FRF 690 000** – Paris, 20 juin 1990 : *Le Loup garou* 1943, fus. et past. (45,5x61) : **FRF 380 000** – Paris, 25 juin 1990 : *Villageois*, past./pap. (39x30,5) : **FRF 170 000** – New York, 3 oct. 1990 : *Coptic mirror* 1942, temp./t. (50,7x63,5) : **USD 242 000** – Londres, 17 oct. 1990 : *Tauromachie*, h/t (55x46) : **GBP 66 000** – Paris, 16 juin 1990 : *Femme à la chaise ou Femme enlevant sa chemise*, bronze patine verte (64,2x56,7x26) : **FRF 250 000** – Paris, 26 nov. 1990 : *Les jeunes filles* circa 1930, h/t (41x33) : **FRF 450 000** – Londres, 5 déc. 1990 : *Carpaccio en rive* 1972, h/t (81x116) : **GBP 72 600** – New York, 15 fév. 1991 : *Le Crabe* 1948, h/t (46x38) : **USD 46 750** – Douai, 24 mars 1991 : *Paysage provençal*, past. (48x60) : **FRF 110 000** – Rome, 13 mai 1991 : *Fête galante*, past./pap./t. (33x48,8) : **ITL 20 700 000** – Stockholm, 30 mai 1991 : *Homme attaqué par des poissons* 1965, encre (31x24) : **SEK 13 500** – Paris, 15 juin 1991 : *Composition* 1932, h/t (27x22) : **FRF 230 000** – Enghien-les-Bains, 19 juin 1991 : *Le Braconnier*, h/t (96x79) : **FRF 900 000** – Monaco, 11 oct. 1991 : *Lansquenets et courtisanes* 1964, aquar. et encres de coul. (33,4x25,8) : **FRF 138 750** – Heidelberg, 12 oct. 1991 : *Personnages amoureux sur fond vert*, aquat. avec reh. de bleu et de vert (33,4x25,8) : **DEM 1 100** – New York, 6 nov. 1991 : *Autoportrait*, fus. et encre de Chine/pap. (37,5x40,5) : **USD 35 750** – New York, 7 nov. 1991 : *Femme paralytique* 1939, h/t (114x146) : **USD 484 000** – Londres, 4 déc. 1991 : *Le Migrateur* 1957, h/t (121x100) : **GBP 44 000** – Brive-la-Gaillarde, 5 avr. 1992 : *Au bord de la mer* 1927, h/t (32x24) : **FRF 185 000** – Milan, 14 avr. 1992 : *Paysage au lièvre* 1931, cr. et h/t (88x115) : **ITL 130 000 000** – New York, 12 mai 1992 : *Trophée* 1974, past./pap./t. (72,7x59,7) : **USD 22 000** – Stockholm, 21 mai 1992 : *Un homme attaqué par des poissons* 1965, encre (31x24) : **SEK 10 500** – Rome, 25 mai 1992 : *La femme, la fleur et l'astre* 1949, cr./pap. (27x21) : **ITL 4 370 000** – Paris, 3 juin 1992 : *Kermesse* 1946, h/t (100x81) : **FRF 580 000** – Paris, 12 juin 1992 : *Quatre dames*, gche (54,5x42,5) : **FRF 125 000** – Londres, 1er juil. 1992 : *Flore* 1976, h/t (80x64) : **GBP 27 500** – New York, 11 nov. 1992 : *Instrument anthropomorphique* 1942, encre/pap. (37,5x52,7) : **USD 17 600** – Paris, 24 nov. 1992 : *Pietà corrida* 1936, h/t (45x49) : **FRF 830 000** – Paris, 6 avr. 1993 : *Femme servant de table* 1986, bronze (H. 63,5, L. 43,8, prof. 63,3) : **FRF 95 000** – New York, 13 mai 1993 : *Tolède aux chrysalides*, h/t (50x65) : **USD 134 500** – Lokeren, 15 mai 1993 : *Au voisinage de l'aile*, encre (35x27) : **BEF 100 000** – Paris, 16 juin 1993 : *Les musiciens*, h/t (36x27) : **FRF 330 000** ; *Torse de femme* 1944, past./pap. (76,5x56,5) : **FRF 260 000** – Milan, 22 juin 1993 : *Macbeth, acteurs anglais* 1972, h/t (46x61) : **ITL 20 000 000** – New York, 3 nov. 1993 : *Femme assise dans un paysage* 1942, gche et aquar./pap. (39x54,6) : **USD 19 550** – Stockholm, 30 nov. 1993 : *Nue*, aquar. (38x56,5) : **SEK 17 000** – Londres, 30 nov. 1993 : *Paysage à la chenille* 1959, temp. et h/t (81x100) : **GBP 32 200** – Londres, 30 mars 1994 : *Homme marchant*, h/t (96x79) : **GBP 48 400** – Paris, 4 mars 1994 : *Baigneuse et coquillage* 1971, encre de Chine (41x32) : **FRF 23 500** – Paris, 29 juin 1994 : *Orphée* 1947, h/t (65x81) : **FRF 100 000** – Londres, 29 juin 1994 : *Le Fond de la mer*, techn. mixte et collage/pan. (27x34,9) : **GBP 34 500** – Paris, 1er juil. 1994 : *Verre et personnage* 1924, h/t (24x35,5) : **FRF 185 000** – New York, 9 nov. 1994 : *Oiseaux et nature morte*, h/t (38,7x61,3) : **USD 41 400** – Paris, 30 mars 1995 : *Femme attaquée par des oiseaux* 1943, techn. mixte, h. et pigments/t. (95x82) : **FRF 650 000** – Milan, 27 avr. 1995 : *Adorante*, h/t (33x19) : **ITL 17 825 000** – Paris, 27 juin 1995 : *Tête d'or – saison 1959*, gche, décor (50x65) : **FRF 13 000** – Londres, 28 juin 1995 : *Femme dans un jardin*, h/t (65,4x45,8) : **GBP 106 000** – New York, 8 nov. 1995 : *Le Faucheur* 1930, h/t (105x80,4) : **USD 70 700** – Paris, 15 nov. 1995 : *Nature morte à l'as de pique* 1925, h/t (64x81) : **FRF 380 000** – Paris, 15 avr. 1996 : *Étude pour Vue emblématique de Tolède, l'homme courbé*, past. et fus./pap. gris (64x48) : **FRF 45 000** – Milan, 20 mai 1996 : *Mauvaise Heure* 1964-1965, h/t (28x46) : **ITL 17 825 000** – Paris, 19 juin 1996 : *Fête galante* 1965, feutre/pap. (45,7x34,5) : **FRF 9 000** – Paris, 24 nov. 1996 : *La Faim de Knur Hansum, le Navire* 1939, gche/pap. (44x59) : **FRF 6 000** – New York, 9 oct. 1996 : *Mythologies I*, pl. et encre, craie de coul. et feutre/pap. (21,6x16,5) : **USD 4 887** – Londres, 25 juin 1996 : *Le Combat des poissons* 1946, h/t (47,5x55) : **GBP 16 100** – Lokeren, 8 mars 1997 : *Le Grec et l'Amazone*, pl. (51,5x37) : **BEF 100 000** – Paris, 28 avr. 1997 : *Scène érotique* vers 1960, stylo à bille/pap. quadrillé, dessin (27x21) : **FRF 6 000** ; *Trois dames* 1977, h/t (46x38) : **FRF 40 000** – Paris, 5 juin 1997 : *Aix après la pluie* 1951, h/t (46x33) : **FRF 34 000** – Paris, 16 juin 1997 : *L'Oiseau sacrifié* 1948, h/t (97x95) : **FRF 335 000** – Paris, 17 juin 1997 : *Tumulte* 1948, h/t (88,5x115,5) : **FRF 280 000** – Paris, 20 juin 1997 : *Nu à la flamme noire* 1943, past. et encre de Chine/pap. (59,5x44,5) : **FRF 191 000**.

MASSON Andrew

Né en 1750 près d'Édimbourg. Mort en novembre 1825. XVIIIe-XIXe siècles. Britannique.

Peintre de paysages.

Il fut maître de dessin et travailla avec J.-M.-W. Turner.

MASSON Antoine

Né en 1636 à Loury (Loiret). Mort le 30 mai 1700. XVIIe siècle. Français.

Peintre et graveur.

Il fut d'abord ouvrier chez un armurier damasquineur. La sûreté du trait dont Masson faisait preuve dans son travail frappa Mignard qui lui conseilla de travailler le dessin. Masson suivit ce conseil, travailla même la peinture et devint dans la suite un des plus grands graveurs français. Reçu académicien en 1679 il n'exposa qu'une seule fois, au Salon, en 1699. Comme peintre, il fut surtout pastelliste et ses ouvrages de ce genre possèdent un grand caractère de réalité. Mais ce furent surtout ses portraits gravés qui constituent son vrai titre de gloire. Il grava d'après Le Brun, Titien, Calsar, Rubens, Carlo Marratti, Pierre et Nicolas Mignard et ce sont ces deux derniers artistes qui semblent avoir le mieux inspiré son burin. On cite dans l'œuvre gravé de Masson : *La Nappe*, qui est considéré comme son chef-d'œuvre, *Por-*

trait du comte d'Harcourt, d'après Nicolas Mignard, connu sous le nom du *Cadet à la Perle*, *Portrait de Guillaume Brisacier* (1664), d'après le même artiste, *Portrait d'Olivier d'Ormesson* (1665), *Marie de Lorraine*, d'après Pierre Mignard. Masson eut une fille, Alexandrine, qui fut graveur et imita la manière de son père.
Ventes Publiques : Paris, 13-15 mai 1929 : *Portrait d'homme*, dess. : **FRF 3 800**.

MASSON Auguste
xxe siècle. Belge.
Peintre.

MASSON Auguste Jean
Né le 6 avril 1802 à Paris. Mort fin 1870. xixe siècle. Français.
Sculpteur.
Élève de Famières frères. Il figura au Salon, de 1842 à 1870, avec des bustes et des médaillons.

MASSON Benedict
Né le 23 avril 1819 à Sombernon (Côte-d'Or). Mort le 26 juin 1893 à Paris. xixe siècle. Français.
Peintre d'histoire, compositions mythologiques, sujets allégoriques, scènes de genre, figures, portraits, fleurs, compositions murales, aquarelliste.
Eut pour maîtres P. Delaroche et Chenavart. Il figura au Salon de Paris, de 1840 à 1881.
On cite notamment de cet artiste : *Le dernier soupir du Christ*, au Ministère de l'Intérieur, *Le siècle de Charlemagne*, peinture murale exécutée sous la galerie de la cour d'honneur de l'Hôtel des Invalides, *La Justice, la Loi, la Vérité, la Guerre, la Paix*, peintures exécutées en 1863 au Conseil d'État, qui accueillit plus tard *Les Sciences, L'Étude, Le Temps, L'Éloquence, Le Progrès*.

Benedict Masson

Musées : Bourges : Aquarelle – Dijon : *Persée délivrant Andromède – Bataille de Trasimène* – Tours : *Les Fleurs*, composition allégorique.
Ventes Publiques : Paris, 28 jan. 1868 : *Une fête à Capoue* : **FRF 1 820** – Paris, 1889 : *La vigne* : **FRF 315** ; *Pêcheuses d'Yport* : **FRF 390** ; *Fin de la journée* : **FRF 295** – Paris, 16 fév. 1927 : *La Vierge et l'Enfant Jésus* : **FRF 220** – Paris, 21 oct. 1949 : *Paul et Virginie* 1872 : **FRF 7 500** – Paris, 15 mars 1976 : *Jeune femme à la fontaine*, h/t (35x27) : **FRF 2 300** – La Varenne-Saint-Hilaire, 29 mai 1988 : *La lecture*, h/pan. (54x45) : **FRF 24 000** – Copenhague, 25 oct. 1989 : *Portrait d'une jeune fille au profond décolleté*, h/t (61x51) : **DKK 6 500** – Bruxelles, 12 juin 1990 : *Portrait*, h/t (60x50) : **BEF 60 000** – Le Touquet, 19 mai 1991 : *Bouquet de fleurs dans un grand vase de cuivre*, h/t (92x73) : **FRF 43 000** – Paris, 16 nov. 1994 : *Passage dans un défilé*, h/t (100x81,5) : **FRF 12 000**.

MASSON Benoît ou **Massou**
Né en 1627 à Richelieu. Mort le 8 octobre 1684 à Paris. xviie siècle. Français.
Sculpteur de statues allégoriques, ornemaniste.
Le 1er août 1665, sur un bas-relief en marbre, représentant une scène de la vie de *Saint Paul*, il fut reçu académicien et le 20 décembre 1683 il fut professeur adjoint. Cet artiste exécuta pour le palais de Versailles les ouvrages suivants : *La Prudence* et *L'Asie*, statues en pierre, pour la façade donnant sur la cour de marbre, *Le mois d'avril, Le mois de mai* et *le Mois de juin*, statues en pierre, pour la façade qui regarde le parterre, *La terre*, statue en marbre, pour le pourtour du parterre du Nord, *Trois enfants avec les attributs de la chasse, Trois enfants* et *Trois jeunes filles*, groupes en bronze des petits bassins de l'allée d'eau. Il fit aussi deux des vases qui décorent le haut de la cascade du Bosquet de la salle de bal, et deux des torchères qui en ornent le bas.

MASSON Bertrand
Né vers 1687 à Besançon. Mort le 30 mars 1756 à Besançon. xviiie siècle. Français.
Peintre.
Fils de Joseph Masson.

MASSON Charles Eugène
xviiie siècle. Actif à Besançon entre 1762 et 1779. Français.
Peintre.
On croit qu'il était fils de Bertrand Masson et que, parti très jeune de Besançon, il revint s'y fixer dans sa vieillesse.

MASSON Claire. Voir **MALLON Claire,** Mme

MASSON Clovis Edmond
Né le 7 mars 1838 à Paris. Mort en 1913. xixe-xxe siècles. Français.
Sculpteur animalier.
Élève de Santiago, de Barye et de Rouillard. Il exposa au Salon, de 1867 à 1881 et y obtint une mention honorable en 1890.
Musées : Château-Thierry : *Chevreuils au débûché*.
Ventes Publiques : Paris, 26 fév. 1951 : *Cerfs*, bronze : **FRF 15 500** – Paris, 4 nov. 1977 : *Jeune lion couché*, bronze patiné (H. 24, L. 35) : **FRF 9 000** – New York, 21 sep. 1981 : *Lion protégeant une lionne et son petit*, bronze patine brune (L. 57) : **USD 1 100** – Dijon, 27 nov. 1983 : *Cheval percheron*, bronze patine marron (H. 67) : **FRF 12 000** – Londres, 6 nov. 1986 : *Deux biches* vers 1880, bronze patiné (H. 33) : **GBP 1 300** – New York, 9 juin 1988 : *Combat de deux cerfs*, bronze (H. 50) : **USD 2 090** – Paris, 28 oct. 1990 : *Bichon maltais*, past./pap. : **FRF 7 500** – Lokeren, 20 mai 1995 : *Famille de chevreuils* 1880, bronze sur socle de marbre (H. 59,5, l. 60) : **BEF 90 000** – Lokeren, 9 mars 1996 : *Famille de cerfs*, bronze (H. 43) : **BEF 44 000** – New York, 18-19 juil. 1996 : *Groupe de trois cerfs*, bronze (L. 38,1) : **USD 2 875**.

MASSON Edmée
Née le 21 juin 1882 à Carouge. xxe siècle. Suisse.
Peintre de portraits, paysages.
Elle vécut et travailla à Gand. Elle a exposé à Paris, au Salon des Indépendants, à partir de 1922.

MASSON Édouard
Né le 16 octobre 1881 à Yvoz-Ramet (Liège). Mort en 1950 à Liège. xxe siècle. Belge.
Peintre de portraits, figures, nus, paysages, intérieurs, natures mortes, pastelliste, dessinateur, graveur, décorateur.
Il fut élève de l'académie des beaux-arts de Liège, d'où il sortit en 1901, ayant obtenu de nombreux prix. En 1914, il s'engagea pour la durée de la guerre. En 1920, il commença à partager son temps entre Liège et Paris. En 1940, il s'installa définitivement à Bruxelles. Il fut nommé professeur à l'école des beaux-arts de Seraing.
Il débuta au Salon Triennal d'Anvers, en 1904. Jusqu'en 1914, il figura dans les Salons officiels, notamment à l'exposition internationale des Beaux-Arts de Bruxelles, en 1910, où son tableau *L'Heure calme* fut médaillé. Il participa à Paris, au Salon de la Société Nationale des Beaux-Arts, dont il fut membre sociétaire à partir de 1924.
Il exposa au Cercle des beaux-arts de 1905 à 1950. En 1902, il fut lauréat du prix Léopold Donnay. Il reçut une médaille à l'exposition internationale des beaux-arts de Bruxelles. Il fut nommé membre du jury de l'académie des beaux-arts de Liège, à partir de 1913.
Il a décoré les plafonds de la salle de réception de l'hôtel de ville. S'il s'était limité aux portraits de personnalités et à quelques intérieurs distingués, il n'aurait été que l'un des innombrables peintres officiels de la société d'une époque. Ses œuvres de jeunesse en font heureusement le témoin des débuts de l'ère industrielle.
Bibliogr. : Marcel L'Epinois : *Édouard Masson*, in : *La Vie wallonne*, IVe trimestre 1952 – in : *Dict. biogr. ill. des artistes en Belgique depuis 1830*, Arto, Bruxelles, 1987 – Pierre Somville, in : *Le Cercle royal des Beaux-Arts de Liège 1892-1992*, Crédit Communal, Liège, 1992.
Musées : Liège (Mus. de l'Art wallon) : *L'Heure calme* 1910 – Liège (Cab. des Estampes) : *Roi Albert*.
Ventes Publiques : Liège, 11 déc. 1991 : *Intérieur du château de Brienne* 1936, h/t (65x50) : **BEF 90 000**.

MASSON Ernest
Né vers 1855 à Paris. xixe siècle. Français.
Peintre de compositions animées, paysages, dessinateur.
Élève d'Henry Colas, il participa au Salon de Paris de 1877 à 1890.
Ses sujets de la vie paysanne montrent combien il a regardé l'œuvre de Le Nain et de Jean-François Millet.
Bibliogr. : Gérald Schurr, in : *Les Petits Maîtres de la peinture 1820-1920, valeur de demain*, Les Éditions de l'Amateur, t. VI, Paris, 1985.

MASSON Étienne
xviie siècle. Actif à Dijon. Français.
Sculpteur d'ornements (pierre et bois).
De 1681 à 1682 il décora l'Hôtel de Ville de Dijon, et, de 1692 à 1694, il travailla au Logis du Roi. Il sculpta la pierre et le bois.

MASSON Eugène
Né au xixe siècle à Paris. xixe siècle. Français.

Peintre de paysages.
Élève de Ary Scheffer. Il débuta au Salon en 1873.

MASSON Francis
XIXe siècle. Français.
Peintre de paysages et de portraits.
Il figura au Salon de Paris, de 1834 à 1850.

MASSON François ou **le Masson**
Né en 1745 à la Vieille-Lyre. Mort le 18 décembre 1807 à Paris. XVIIIe siècle. Français.
Sculpteur.
Élève de G. Coustou. Débuta au Salon de 1793 et occupa dans le monde artiste une place distinguée. En 1801, il exposait au Salon les bustes de *Kléber* et de *Caffarell*, qui lui avaient été commandés pour la Galerie des Consuls au Luxembourg (au Musée de Versailles). Il exécuta aussi le buste de *Perronet*, pour l'École des Ponts et Chaussées, à Paris. L'évêque de Noyon le chargea de l'exécution d'une fontaine monumentale sur la place de l'Évêché (1768-70). Le maréchal de Broglie lui confia la décoration du Palais du Gouvernement à Metz. Il convient de citer encore : *Le tombeau de Vauban*, aux Invalides ; *Le monument à la mémoire de Jean-Jacques Rousseau*, qui figura au Jardin des Tuileries, puis au Palais du Luxembourg ; un groupe allégorique : *Dévouement à la Patrie*, qui fut placé sous le péristyle du Panthéon.
Musées : Orléans : *Terre cuite* – Rouen : *Statuette de Flora* – Versailles : *Caffarelli du Falga* – *Kléber* – *Claude Lorrain* – *Masséna* – *Ch. Lebrun, duc de Plaisance*.

MASSON François Benoît ou **Massou**
Né le 14 février 1669 à Paris. Mort le 19 octobre 1728 à Paris. XVIIe-XVIIIe siècles. Français.
Sculpteur.
Fils de Benoît Masson. En 1693, il obtint le premier prix de sculpture à l'Académie. Il fut reçu académicien le 25 novembre 1707, nommé professeur adjoint le 25 avril 1722, professeur le 26 octobre 1726.
Il exécuta les trophées pour le chœur de Notre-Dame de Paris en 1713.

MASSON Frédéric
Originaire de Beaune. XIXe siècle. Actif dans la seconde moitié du XIXe siècle. Français.
Peintre animalier et illustrateur.
Les Musées de la Rochelle et de Saint-Brieuc possèdent de lui, chacun, une *Étude de chien*.

MASSON Gabrielle
Née au XIXe siècle à Paris. XIXe siècle. Française.
Peintre de genre, portraits.
Élève de Henner et Carolus Duran.

MASSON Henri Gustave
Né le 26 janvier 1869 à Sucy-en-Brie (Val-de-Marne). XIXe-XXe siècles. Français.
Peintre.
Il fut élève de Boulanger et Jules Lefebvre. Il exposa à Paris, au Salon des Artistes Français, dont il devint membre sociétaire.

MASSON Henri Jacques
Né en 1908. Mort le 6 décembre 1995 à Fontenay-aux-Roses (Hauts-de-Seine). XXe siècle. Français.
Peintre de paysages.
Il fut élève de Lucien Simon à l'École des Beaux-Arts de Paris. Il participait à des expositions collectives en France, notamment à Strasbourg, à Londres, Montréal. Il montre des ensembles d'œuvres dans des expositions personnelles, à Paris : en 1932, galerie Durand-Ruel ; de 1945 à 1971, galerie Lucy Krogh ; puis, jusqu'en 1992, galerie Ror Volmar. En 1984, la Galerie d'art de la place Beauvau lui avait consacré une rétrospective.
Musées : Paris (Fonds Nat.) – Paris (Fonds de la ville).

MASSON Henri Leopold
Né en 1907 à Namur. Mort en 1996. XXe siècle. Actif depuis 1921 au Canada. Belge.
Peintre de scènes typiques, paysages.
Il a envoyé *Les Chasseurs* à l'exposition ouverte à Paris, en 1946, au musée d'Art moderne, par l'Organisation des Nations Unies.

Henri Masson

Ventes Publiques : Toronto, 19 oct. 1976 : *Scène de moisson* 1939, h/t (56x66) : **CAD 1 700** – Toronto, 15 mai 1979 : *L'offrande*, gche et encre (60,5x45) : **CAD 1 400** – Toronto, 5 nov 1979 : *Village sous la neige* 1936, h/t (52,5x65) : **CAD 7 400** – Toronto, 27 mai 1980 : *Arbres sur la colline*, fus. (43,1x56,9) : **CAD 1 100** – Toronto, 27 mai 1981 : *Place du Tertre* 1953, h/cart. (45x37,5) : **CAD 10 000** – Toronto, 2 mars 1982 : *Changement de saison* 1939, aquar. (42,5x51,9) : **CAD 3 800** – Toronto, 3 mai 1983 : *Route de Montpellier, Québec*, h/t (60x80) : **CAD 7 000** – Toronto, 28 mai 1985 : *Grande vallée, Gaspe Mood*, h/t (55x70) : **CAD 4 000** – Toronto, 18 nov. 1986 : *Femme à la guitare*, h/cart. (40x30) : **CAD 4 250** – Montréal, 1er sep. 1987 : *Rochers et étang* 1957, h/t (45,5x55,5) : **CAD 3 800** – Montréal, 25 avr. 1988 : *Gaspésie*, h/pan. (25x31) : **CAD 2 400** – Montréal, 1er mai 1989 : *Paysage d'automne*, h/t (31x41) : **CAD 2 500** ; *Hiver à Maskour*, h/t (46x61) : **CAD 3 800** – Montréal, 30 oct. 1989 : *Forêt en hiver*, h/pan. (25x31) : **CAD 1 210** ; *Les musiciens*, h/t (31x41) : **CAD 3 740** – Montréal, 5 nov. 1990 : *« Gatineau »*, h/pan. (51x66) : **CAD 3 740** – Montréal, 4 juin 1991 : *Ferme près de Masson au Québec*, h/t (61x76,2) : **CAD 5 250** – Montréal, 19 nov. 1991 : *Les pêcheurs de Gaspé*, h/t (38,1x45,8) : **CAD 2 300** – Montréal, 1er déc. 1992 : *Paysage d'automne*, h/pan. (45,8x61) : **CAD 2 000** – Montréal, 23-24 nov. 1993 : *Paysage d'hiver au Québec*, h/t (40,6x50,8) : **CAD 4 250** – Montréal, 6 déc. 1994 : *Les musiciens*, h/pan. (45,6x25,4) : **CAD 2 500**.

MASSON Hervé
Né en 1919 à l'Île Maurice. Mort le 13 mai 1990 à Paris. XXe siècle. Actif depuis 1950 environ en France. Mauricien.
Peintre de scènes typiques, paysages, marines, natures mortes.
Il était aussi écrivain. Il quitta l'Île Maurice en raison du régime politique répressif. Toute sa vie il professa des convictions politiques généreuses.
Musées : Épinal (Mus. dép. des Vosges) : *Peinture*.
Ventes Publiques : Paris, 8 avr. 1991 : *Bateaux au port*, h/t (65x100) : **FRF 6 500** ; *Danseurs de Sega*, h/t (100x73) : **FRF 5 000**.

MASSON Hippolyte
XIXe siècle. Français.
Portraitiste et lithographe.
Il exposa au Salon, de 1831 à 1848.

MASSON Jean Augustin Alfred
Né à Palaiseau (Essonne). Mort en 1897. XIXe siècle. Français.
Sculpteur.
Élève de Bonnassieux et Delorme. Exposa des bustes au Salon de Paris de 1866 à 1895.

MASSON Joseph
Né en 1653 à Besançon. Mort le 12 mars 1716 à Besançon. XVIIe-XVIIIe siècles. Français.
Peintre.

MASSON Joseph Antoine Georges
Né le 16 janvier 1845 à Paris. XIXe siècle. Français.
Peintre de genre.
Élève de Bonnat. Le Musée d'Orléans conserve de lui : *Un guet-apens*.

MASSON Jules Edmond
Né le 3 juin 1871 à Paris. XIXe-XXe siècles. Français.
Sculpteur d'animaux, graveur, médailleur.
Il fut le fils et l'élève de Clovis Masson. Il exposa à Paris, au Salon des Artistes Français. Il reçut une mention honorable en 1890, des médailles en 1922 et 1928.
Ventes Publiques : Washington D. C., 25 févr 1979 : *Setter avec faisan*, bronze doré (H. 48,3) : **USD 3 000** – Bruxelles, 1er mars 1984 : *Cerf et deux biches*, bronze doré et patiné (H. 68) : **BEF 100 000** – Paris, 24 mars 1988 : *Lionne couchée*, bronze (L. 23) : **FRF 2 300** – Paris, 30 juin 1989 : *Deux chiens de chasse*, sculpt. en composition à patine médaille sur socle en pierre (H. socle inclus 55) : **FRF 11 000** – Paris, 6 juil. 1989 : *Épagneul assis*, bronze (H. 33) : **FRF 4 100** – Paris, 28 oct. 1990 : *Le coq*, bronze à patine or (H. 33,5) : **FRF 3 600** – Perth, 30 août 1994 : *Berger d'Alsace*, bronze (l. 34) : **GBP 1 322** – Paris, 13 mars 1995 : *Le fauconnier arabe*, bronze (H. 49) : **FRF 16 000**.

MASSON Julien
Né en 1891 à Bruxelles (Brabant). Mort en 1957. XXe siècle. Belge.
Peintre de paysages, dessinateur, graveur.
Il fut élève de l'académie Saint-Gilles.
Il privilégia les effets de lumière et de clair-obscur. Il pratiqua en particulier la technique de l'eau-forte.

Bibliogr. : In : *Dict. biogr. ill. des artistes en Belgique depuis 1830,* Arto, Bruxelles, 1987.

MASSON Madeleine
Née vers 1646 à Paris. Morte en 1713. XVIIe-XVIIIe siècles. Française.
Graveur au burin.
Parente et élève d'Antoine Masson. Elle a gravé des portraits historiques, et en particulier ceux du *Prince électeur Max Emmanuel de Bavière,* du *Duc de Bourgogne,* d'*Ant. Arnauld* et du *Cardinal de Coistin.*

MASSON Marcel
Né le 25 juin 1911 à Nangis (Seine-et-Marne). XXe siècle. Français.
Peintre de paysages, paysages urbains, marines.
Autodidacte, il a fait ses débuts dans le décor de théâtre et de cinéma.
Il exposa à Paris, aux Salons de la Société Nationale des Beaux-Arts, Populiste et fut membre sociétaire des Salons d'Hiver, des Artistes Français, des Indépendants, de l'Art libre, de l'École française. Il a participé à des expositions de groupe à Zurich, Neuchâtel, Beyrouth, Montréal, São Paulo, Caracas, etc. Il a reçu de nombreux prix : 1959 prix Hamon, 1961 premier prix de Montmartre en hommage à Maurice Utrillo. Il a montré ses œuvres dans plusieurs expositions personnelles à Paris, Toulouse, Casablanca, Berne.
Paysagiste des vieilles rues de Paris et surtout de Montmartre, il a peint aussi des marines et des paysages de la campagne, dans une facture populiste.

Musées : Paris (Mus. d'Art Mod. de la Ville).
Ventes Publiques : Paris, 21 juin 1954 : *Atelier d'Utrillo à Montmartre* : **FRF 12 000** – Zurich, 5 mai 1976 : *Le port,* h/t (46x55) : **CHF 900** – New York, 13 mai 1987 : *La Source* 1955, h/pan. (48,2x59,8) : **USD 7 000** – Calais, 4 mars 1990 : *Bateaux de pêche à Douarnenez,* h/t (46x56) : **FRF 17 500**.

MASSON Michael
Originaire de Munich. XIXe siècle. Active au milieu du XIXe siècle. Allemande.
Peintre de portraits, miniatures, lithographe.
Fille du duc Eugène de Leuchtenberg. Elle a peint le portrait en miniature sur ivoire de la *Princesse Eugénie de Hohenzollern.*

MASSON Noël ou **Noël-Masson Charles Étienne**
Né en 1854 à Paris. Mort en 1889. XIXe siècle. Français.
Graveur.
Élève de Lalanne, il débuta au Salon de 1878. Le catalogue de Saint-Brieuc donne 1895 comme date de la mort de cet artiste. Celle indiquée par Béraldi dans *Les Graveurs du XIXe siècle,* nous paraît plus plausible, le IXe volume, daté de 1889, mentionnant le décès de Noël Masson. Il avait environ seize ans lorsque, durant le siège de Paris, il eut les deux mains emportées en essayant de dévisser un obus. Néanmoins, il eut assez de patience et de ténacité pour apprendre à graver avec les avant-bras artificiels dont on l'avait pourvu. Ce fut dans ces conditions si spéciales qu'il produisit son œuvre. Noël Masson a gravé des planches de reproduction et surtout des eaux-fortes originales. Parmi ces dernières, il convient de citer : *Paysages des environs de Paris, Chaumières* (publiées dans *L'Art*), *Vue des Boulevards à la Porte Saint-Martin, Portrait de Richepin, Portrait de l'artiste par lui-même.*

MASSON Paul
Né en 1883 à Mons (Hainaut). Mort en 1970 à Mons (Hainaut). XXe siècle. Actif aussi en France. Belge.
Peintre de nus, paysages, natures mortes, graveur, décorateur, céramiste.
Il fut élève d'André Lhote. Il travailla à Paris et à Mons.
Il exposa à Paris, au Salon des Indépendants de 1950 à 1962, et dans des galeries à Anvers, Paris, Vichy et New York.
Il évolua de la figuration vers l'abstraction ; citons tout spécialement ses paysages, natures mortes et nus. Graveur, on lui doit une série de vues du Borinage.
Bibliogr. : In : *Dict. biogr. ill. des artistes en Belgique depuis 1830,* Arto, Bruxelles, 1987.
Musées : Reims : *Bouquet de fleurs.*

MASSON Richard, dit **Sieur de la Richardière**
XVIIe siècle. Actif à Paris dans la première moitié du XVIIe siècle. Français.
Peintre.
Ce miniaturiste fut peut-être parent de Guillaume Richardière.

MASSON Sébastien
Né le 24 janvier 1817 à Reims. Mort le 29 octobre 1881 à Châlons-sur-Marne. XIXe siècle. Français.
Sculpteur.
Exposa au Salon de Paris, de 1866 à 1870. Plusieurs de ses bustes et de ses statuettes se trouvent aux Musées de Reims, et de Châlons.

MASSON-SAM, pseudonyme de **Masson Sam**
Né en 1948 à Mâcon (Saône-et-Loire). XXe siècle. Français.
Peintre, sculpteur.
Il a participé en 1988 à l'exposition *De Bonnard à Baselitz – Dix Ans d'enrichissements du cabinet des estampes 1978-1988* à la Bibliothèque nationale à Paris.
Musées : Paris (BN) : *La Main qui offre* 1979, sérig.

MASSONE Giovanni. Voir **MAZONE**

MASSONET Armand
Né le 22 février 1892 à Bruxelles (Brabant). Mort en 1979 à Jette (Brabant). XXe siècle. Belge.
Dessinateur de figures, genre, peintre, illustrateur, sculpteur.
Il fut élève de l'académie de dessin Saint-Gilles de Bruxelles, entre 1913 et 1914, il entra ensuite dans l'atelier de Cormon.
Il a exposé à Paris, aux Salons de l'Armée en 1952, des Artistes Français en 1952 et 1960. Il a reçu le premier prix Conrad Chapman (États-Unis) en 1968.
Au cours de la Première et Seconde Guerre mondiale, il fut peintre attaché à l'armée. Il créa au cimetière militaire d'Oostvleteren le monument aux morts (1916). En dehors de son œuvre de peintre, il a fait de nombreuses illustrations souvent de ses propres écrits, tel *L'Homme s'est battu* 1968 ou *Un Peintre à Paris.*

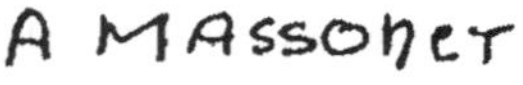

Bibliogr. : In : *Dict. biogr. ill. des artistes en Belgique depuis 1830,* Arto, Bruxelles, 1987.
Musées : Bruxelles (Mus. des Beaux-Arts) : *Le Comte Henry Carton de Wiart.*
Ventes Publiques : Bruxelles, 12 juin 1990 : *Elégantes au salon,* h/t (60x50) : **BEF 210 000**.

MASSONI Egisto
XIXe-XXe siècles. Actif à Pise vers 1880. Italien.
Peintre de paysages, marines.
Il a exposé à Turin des vues de Venise.
Ventes Publiques : Londres, 10 fév. 1978 : *Vue de Venise,* h/t (37x73,6) : **GBP 750** – Londres, 17 mars 1989 : *Sibiaco à Tivoli,* h/t (101,5xx54) : **GBP 8 050**.

MASSONNEAU Marie-Madeleine
Née à New York, de parents français. XXe siècle. Française.
Peintre de portraits.
Elle fut élève de Bilout, Baudoin et Humbert. Elle vécut et travailla à Levallois-Perret.
Elle participa à Paris, au Salon des Artistes Français de 1925 à 1932.

MASSOT Firmin
Né le 5 mai 1766. Mort le 16 mai 1849. XVIIIe-XIXe siècles. Suisse.
Peintre de portraits, miniatures.
Il passa quelque temps en Italie, fut reçu chez Mme de Staël, dont il fit le portrait, et travailla à Genève et à Berne. Il devint le peintre attitré des femmes de la haute société génevoise, et fit en particulier les portraits de *Mme Duval-Töpffer* et de l'*Impératrice Joséphine.* Le Musée Rath, à Genève, conserve de lui les portraits du *colonel de Sonnenberg,* de *Mlle Nancy Mérienne,* de *Mme Suzanne Chavel* et d'une *Inconnue.*
Ventes Publiques : Monte-Carlo, 5 mars 1984 : *Portrait d'homme dans un intérieur ; Portrait de jeune femme dans un intérieur,* h/t, deux pendants (69x59) : **FRF 75 000**.

MASSOT Georges Léonce
Né au XIXe siècle à Paris. XIXe-XXe siècles. Français.
Peintre, dessinateur, lithographe.
Il fut élève de J.-P. Laurens. Il exposa à Paris, au Salon des Artistes Français, dont il devint membre sociétaire à partir de 1903. Il reçut une mention honorable en 1903, une médaille de

troisième classe en 1905, une médaille de deuxième classe en 1908.

MASSOT Pernette
Née le 13 novembre 1761 à Genève. Morte le 17 janvier 1828 à Genève. XVIIIe-XIXe siècles. Suisse.
Peintre de portraits et graveur.
Sœur de Firmin Massot ; épousa en 1794 le graveur Stecher.

MASSOU Benoît et **François Benoît**. Voir **MASSON**

MASSOUDY Hassan
XXe siècle. Actif en France. Algérien.
Peintre. Traditionnel.
Il montre ses œuvres dans de très nombreuses expositions personnelles dans les bibliothèques, maisons des jeunes et de la culture, centres culturels, notamment : 1981 musée des Beaux-Arts de Pau, 1982 Maison des arts et de la culture de Créteil, 1984 musée régional de Sarreguemines, 1986 Palais des arts de Brest et Stedelijke Museum de Gouda, 1987 Centre culturel français de Constantine, 1990 Palais de l'Unesco à Paris, 1991 Centre culturel algérien à Paris...
Il pratique la calligraphie. Il a réalisé plusieurs ouvrages.
Musées : Gouda (Stedelijke Mus.) – Londres (British Mus.) – Paris (Mus. des arts africains et océaniens).

MASSOULE André Paul Arthur
Né le 5 novembre 1851 à Épernay (Marne). Mort le 19 juin 1901 à Paris. XIXe siècle. Français.
Sculpteur de bustes, médaillons, monuments.
Élève de Salmson et de Cavelier. Figura au Salon de Paris en 1878, 1879 et 1881, avec des bustes et des médaillons.
On a de lui deux génies de bronze au Pont Alexandre III, le monument *Jean Macé*, à Paris.
Musées : Paris (ancien Mus. de Luxembourg) : *Naïade* – Provins : *Victor Garnier*, buste – *Victor Garnier*, médaillon – *Émile Bourquelot*, buste – *Le premier miroir*.
Ventes Publiques : New York, 18 oct. 1983 : *Guerrier romain*, bronze patine brun foncé (H. 76,5) : **USD 1 300** – Lokeren, 8 oct. 1994 : *Fillette pensive*, bronze (H. 72,5) : **BEF 90 000**.

MASSUES Sanari de
Né au XVe siècle à Châlons-sur-Marne. XVe-XVIe siècles. Français.
Peintre verrier.
Il travailla à Avignon vers 1490, et vint en 1533 s'établir à Carcassonne.

MASSY
XIXe siècle. Français.
Peintre.
Il peignit sur porcelaine des fleurs et des oiseaux à la Manufacture de Sèvres.

MASSY Henri Édouard
Né au XIXe siècle à Paris. XIXe siècle. Français.
Peintre de genre.
Élève de P. Delaroche. Figura au Salon, de 1844 à 1885.

MASSYS. Voir aussi **METSYS**

MASSYS Guillaume
XVe siècle. Éc. flamande.
Peintre.
Élève de Jean Van Cuc à Bruges en 1470 ; maître à Bruges en 1481.

MASSYS Jan Mathys, le Jeune
Mort le 9 juin 1592 à Anvers. XVIe siècle. Éc. flamande.
Peintre de genre.
Probablement parent d'un des Metsys. Il peignit des enseignes. Il fut également maître d'école.
Ventes Publiques : New York, 14 jan. 1988 : *Amour illégitime*, h/pan. (66x90) : **USD 9 900**.

MAST Dirk Van der
XVIIe siècle. Actif à Delft. Hollandais.
Peintre.
Peut-être fils d'Hermann Van der Mast.

MAST Hermann Van der
Né vers 1550 à Brielle. Mort après 1604 à Delft. XVIe-XVIIe siècles. Hollandais.
Peintre de portraits.
Élève de Frans Floris à Delft jusqu'à la mort de celui-ci, puis de Frans Francken.
Il alla à Paris, travailla deux ans pour l'archevêque de Bourges, et fit pour lui un tableau si remarquable de *Saint Sébastien* que M. de la Queste, procureur général de France, le prit à son service. Il y resta sept ans ; pendant les quatre dernières années, il fut un des écuyers de Mme de la Queste, dame de la cour, et l'accompagna dans ses sorties. Anobli par la reine mère dans un bal masqué, il cessa de travailler, et plus tard revint à Delft.

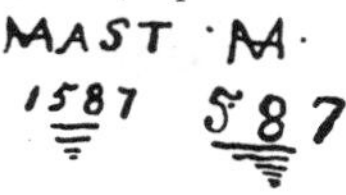

Musées : Amsterdam : *Portrait d'homme* – *Portrait de femme*.
Ventes Publiques : Londres, 25 juin 1969 : *Portrait de femme* : **GBP 1 600** – Amsterdam, 13 nov. 1995 : *Portrait d'un gentilhomme en costume noir avec une fraise et des poignets de dentelle blanche ; Portrait d'une jeune femme, vêtue d'une robe de velours noir et d'une coiffe et d'une fraise de dentelle blanche avec une chaîne d'or autour de la taille*, h/pan., une paire (89x73,5) : **NLG 69 000**.

MAST Jan Van der
XVIIIe siècle. Actif à Utrecht. Hollandais.
Sculpteur.
Membre du collège des peintres d'Utrecht en 1736. Il travailla au château Zydebalen, près Utrecht, avec J. Cresant. Le Musée d'Utrecht possède de lui : *Justitia*.

MAST Louis Jean
Né le 21 août 1857 à Gand. Mort le 15 juillet 1901 à Gand. XIXe siècle. Éc. flamande.
Sculpteur.
Il figura au Salon de Paris où il obtint une mention honorable en 1892. Sur la place du Comte de Flandre à Gand se dresse une statue de bronze de cet artiste : *Le Gladiateur blessé*. Le Musée de Gand a recueilli également parmi ses œuvres, les bustes du *Prince Albert de Belgique*, et des deux directeurs du Conservatoire, *Canneel* et *Samuel*.

MASTAGLIO Domenico
Né le 2 juillet 1851 à Munich. XIXe siècle. Actif à Munich. Allemand.
Peintre.
Élève de Ramberg.

MASTELLARI Michele et **Francesco**
XIXe siècle. Actifs à Bologne dans la seconde moitié du XIXe siècle. Italiens.
Peintres décorateurs d'églises.

MASTELLETTA, il. Voir **DONDUCCI Giovanni Andrea**

MASTENBROEK Albert
XXe siècle. Belge (?).
Peintre d'animaux, natures mortes.
Il a exposé en 1991 en Belgique.
Il peint avec démesure, animaux, pots japonais, fruits, les agrandissant pour les valoriser.

MASTENBROEK John Hendrick Van
Né le 4 décembre 1875 à Rotterdam. Mort en 1945. XXe siècle. Hollandais.
Peintre de portraits, paysages, marines, aquarelliste.

Musées : Amsterdam : *Le Winhaven à Rotterdam* – Haarlem : *Vieux Chantiers* – Liverpool : *Quais sur la rivière à Rotterdam* – Montréal (Learmont Mus.) : *Le Quai à Amsterdam*.
Ventes Publiques : Paris, 27 mai 1923 : *L'Escaut*, aquar. : **FRF 2 000** – Londres, 11 juil. 1924 : *Les grilles d'écluse sur un canal hollandais*, dess. : **GBP 54** – Londres, 24 mars 1931 : *Une belle journée* : **GBP 40** – New York, 20 fév. 1946 : *Pont de bateaux* : **USD 400** – New York, 14 mai 1976 : *Le quartier des usines à Schiedam*, h/t (20x33) : **USD 600** – Amsterdam, 25 avr. 1978 : *Les quais de Rotterdam*, aquar. (34x50) : **NLG 9 200** – New York, 12 mai 1978 : *Slootje* 1900 ?, h/t (37x51) : **USD 6 250** – Londres, 3 oct 1979 : *Bateaux au port* 1907, h/t (39,5x59,5) : **GBP 5 500** – Amsterdam, 24 mars 1980 : *Rotterdam, le port* 1900, aquar. (34,5x48) : **NLG 6 500** – New York, 27 fév. 1982 : *L'écluse*, aquar. et gche (19,6x46,4) : **USD 2 300** – Londres, 21 juin 1984 : *Scène de canal* 1909, h/t (46,2x70) : **GBP 2 000** – Londres, 19 mars 1985 : *Vue de Rotterdam* 1909, h/pan., une paire (21,5x26) :

GBP 4 200 – New York, 29 oct. 1986 : *Une vue des environs de Rotterdam* 1906, h/t (40,6x60,3) : **USD 7 000** – New York, 28 oct. 1987 : *Le Port de Rotterdam* 1895, h/t (64,8x90,5) : **USD 16 000** – Londres, 24 juin 1988 : *Canal en Hollande* 1901, h/t (28x34,9) : **GBP 6 600** – Amsterdam, 16 nov. 1988 : *Paysans sur des barges passant sous le pont à l'entrée du village* 1921, h/t (41x60) : **NLG 14 950** – Londres, 21 juin 1989 : *Le canal de Rotterdam en hiver* 1902, h/t (73x104) : **GBP 42 900** – Amsterdam, 25 avr. 1990 : *Le quai du ferry heen en weer à Rotterdam* 1926, h/t (44x69) : **NLG 43 700** – Amsterdam, 23 avr. 1991 : *Vue de Hampton Court* 1919, h/t (46x70) : **NLG 59 800** – Amsterdam, 24 avr. 1991 : *Vue d'un canal à Rotterdam* 1893, encre noire et aquar. avec reh. de blanc/pap. (30x39,5) : **NLG 5 980** – Amsterdam, 5-6 nov. 1991 : *Vue de Rotterdam* 1905, aquar. (49x71) : **NLG 33 350** – Montréal, 19 nov. 1991 : *Vue de Town River à marée basse*, aquar. (17,1x25,5) : **CAD 4 000** – Amsterdam, 14-15 avr. 1992 : *Vue du port de Rotterdam* 1907, aquar. (52x70) : **NLG 32 200** – Amsterdam, 2-3 nov. 1992 : *Scène de port à Overchie* 1916, h/t (28x36) : **NLG 16 100** – Amsterdam, 21 avr. 1993 : *Steamers sous pression* 1926, h/t (47,5x71,5) : **NLG 32 200** – Amsterdam, 8 fév. 1994 : *Bateau amarré dans un canal près d'un pont basculant* 1920, h/t/cart. (15,5x21) : **NLG 3 220** – Londres, 17 juin 1994 : *Canal à Rotterdam et Ville au bord d'une rivière*, h/t, une paire (chaque 28x35) : **GBP 20 125** – Amsterdam, 8 nov. 1994 : *Vue de Rotterdam* 1907, h/t (38,5x58,5) : **NLG 32 200** – Amsterdam, 16 avr. 1996 : *Vue de Schiedam* 1895, aquar. (33x51) : **NLG 13 570** – Londres, 14 juin 1996 : *Le port de Rotterdam* 1896, h/t (106x207,5) : **GBP 47 700** – New York, 24 oct. 1996 : *Les Quais, Rotterdam*, h/t (86,4x131,5) : **USD 54 625** – Amsterdam, 19-20 fév. 1997 : *Vue de Rotterdam* 1942, craie noire/pap. (17x24,5) : **NLG 2 767** – Amsterdam, 22 avr. 1997 : *Vue de la Meuse près de Schiedam* 1925, h/t (36x55) : **NLG 28 320** – New York, 12 fév. 1997 : *Bateaux dans un port hollandais* 1902, h/t (50,8x71,1) : **USD 48 875** – Amsterdam, 2 juil. 1997 : *Nature morte de chasse* 1917, h/t (75x100) : **NLG 6 918** – Amsterdam, 27 oct. 1997 : *Vue de la Meuse et de Charlois* 1898, h/t (65x100) : **NLG 108 560** ; *Le Steiger à Rotterdam* 1916, h/t (70x130) : **NLG 92 040**.

MASTERKOVA Lidia

Née en 1929 à Moscou. xxe siècle. Active depuis 1975 en France. Russe.

Artiste.

Elle a participé à Moscou en 1974 à l'exposition en plein air surnommée *Bulldozer*, en raison des heurts qui s'ensuivirent avec la milice qui attaqua les artistes et les œuvres avec des bulldozers. Elle montre ses œuvres dans des expositions personnelles : à la Galerie Dina Vierny à Paris en 1977, au Contemporary Russian Art Center of America de New York en 1983.
Son travail alla à l'encontre du réalisme-socialiste, pratiquant un style « moderniste » pour l'U.R.S.S. d'alors.

Bibliogr. : *L'Art au pays des Soviets, 1963-1988*, Les Cahiers du musée national d'Art moderne, n° 26, Centre Georges Pompidou, Paris, hiver 1988.

MASTERS Frank B.

Né le 25 septembre 1873 à Watertown (Massachusetts). xixe-xxe siècles. Américain.

Peintre, illustrateur.

Il fut élève d'Howard Pyle et C. H. Woodbury. Il fut membre du Salmagundi Club.

MASTHUBER. Voir **MAISTHUBER**

MASTRACCHIO Michele

xixe siècle. Actif à Naples vers 1850. Italien.

Dessinateur et graveur.

MASTRELLINI Benedetto

xviiie siècle. Actif à Rome vers la fin du xviiie siècle. Italien.

Sculpteur et médailleur.

Le Musée de Spire possède certains de ses médaillons.

MASTRO Giovanni Battista del

Né près de Carrare, originaire de Miseglia. Mort avant 1545. xvie siècle. Italien.

Sculpteur.

A exécuté des sculptures et des statues pour la ville de Massa.

MASTRODONATO Luigi

Né le 17 juin 1846 à Naples. xixe siècle. Actif à Naples. Italien.

Sculpteur, décorateur.

Il sculpta nombre de meubles.

MASTROIANNI Umberto

Né le 21 septembre 1910 à Fontana Liri (Latium). Mort le 25 février 1998 à Marino, près de Rome. xxe siècle. Italien.

Sculpteur de monuments, peintre de cartons de tapisseries, dessinateur, graveur.

D'une famille d'artistes, sa vocation ne fut jamais contrariée en rien. En 1926, il se fixe à Turin. Il fut résistant durant la Seconde Guerre mondiale. En 1957, il fut nommé professeur de sculpture à l'académie des beaux-arts de Bologne.
Il participe à des expositions collectives : 1935 exposition de sculpture à Berlin, Vienne et Budapest ; 1948 *Arte astratta in Italia* à Rome ; 1951 exposition de sculpture contemporaine à Londres, Édimbourg. Il montre ses œuvres dans des expositions personnelles très fréquemment en Italie, notamment pour la première fois en 1938 à Gênes ainsi que : 1940 Biennale de Venise, 1951 Paris, 1964 New York. Il obtient de nombreux prix : 1930 prix du Tourisme de Turin, 1945 prix national pour l'érection d'un *Monument aux partisans* réalisé à Turin dans des proportions grandioses, 1950 le grand prix de sculpture Saint-Vincent, 1951 prix de la Quadriennale de Venise, 1958 grand prix international de sculpture à la XXIXe Biennale de Venise.
Très jeune, il avait déjà beaucoup produit, s'inspirant alors des Grecs et des Étrusques. Possédant à fond son métier dans ses conditionnements les plus matériels, il pratique la taille directe dans les marbres noirs les plus durs. Présentant la première exposition à Paris de l'œuvre de cet artiste italien de premier plan bien qu'encore fort jeune, Léon Degand écrit à son propos en 1951 : « Ce qui frappe d'emblée dans l'art de Mastroianni, c'est précisément un parfait accord, vécu, organique, indissoluble entre les proportions et l'expression, entre une discipline et les nécessités de la création. Cette union est à ce point ressentie par l'artiste qu'elle parvient à se manifester avec une clarté des plus rares. Rien de confus dans ces sculptures. Les masses offrent nettement leurs faces à l'ombre ou à la lumière et se relient entre elles avec non moins de netteté. Il suffit de suivre les plans conducteurs pour parcourir sans effort le chemin logiquement tracé par la pensée sculpturale et saisir sa cohérence dans tous les détails. » Lors de cette exposition, le public parisien fut particulièrement frappé par un *Cavalier* de marbre noir, et une *Porteuse d'eau* également de marbre noir, entre lesquelles le comité d'achat du musée d'Art moderne de Paris hésitait. L'esthète français aime à retrouver, sous le jeu gratuit des formes pures qui ne sont pas sans rappeler les rocailles baroques, engendrées de la même imagination aussi irréelle que débordante, le prétexte concret, cavalier ou porteuse d'eau, qui satisfait son besoin cartésien de sentir la terre ferme sous son pas. Il a évolué vers un expressionnisme abstrait, projection violente d'éléments anguleux dans l'espace : *Apparition alliée* 1957, *Pégase* 1959, *Les Bohémiens* 1961, *Danseuse* 1964 ; etc. Parmi ses monuments, on cite celui à la Résistance à Cuneo, celui aux Morts de toutes les guerres à Frosinone, celui à la paix à Cassino. ■ J. B.

Bibliogr. : Louis Degand : Catalogue de l'exposition *Mastroianni*, Galerie de France, Paris, 1951 – Giovanni Carandente, in : *Nouv. Dict. de la sculpt. mod.*, Hazan, Paris, 1970 – in : *Les Muses*, La Grange Batelière, t. X, Paris, 1973 – Francesco Moschini : *Mastroianni – Catalogo delle opere*, Electa editrice, Florence, 1981 – in : *Dict. de l'art mod. et contemp.*, Hazan, Paris, 1992.

Musées : Rome – Tokyo (Mus. d'Art Mod.) : *Hiroshima* 1960 – Turin.

Ventes Publiques : Rome, 21 mai 1974 : *Composition*, bronze : **ITL 5 200 000** – Los Angeles, 10 juin 1976 : *Figure*, bronze, patine grise et or (H. 53,3) : **USD 550** – Londres, 14 avr. 1978 : *La conquête de l'air*, plaque bronze (41x49) : **GBP 240** – Milan, 26 avr 1979 : *Composition*, or (H. 19) : **ITL 1 800 000** – Enghien-les-Bains, 16 mars 1980 : *Les chevaux de l'Apocalypse*, bronze, cire perdue (H. 30) : **FRF 30 000** – Milan, 9 nov. 1982 : *La foudre* 1959, bronze (65x65) : **ITL 6 000 000** – Saint-Vincent (Italie), 6 mai 1984 : *Composition* ; *Composition rose* 1973, techn. mixte, h. et mine de pb et techn. mixte et mine de pb, une paire (70x100) : **ITL 4 000 000** – Saint-Vincent (Italie), 6 mai 1984 : *Le combat* 1950, bronze (100x107) : **ITL 22 000 000** – Rome, 25 nov. 1986 : *Il novizio* 1930, bronze patine brune (H. 50) : **ITL 3 400 000** – Milan, 24 mars 1988 : *Composition*, émail/feuille de pb (38x38) : **ITL 4 000 000** – Rome, 17 avr. 1989 : *La Madone de la Paix* 1938, haut-relief de bronze (70x64x22) : **ITL 20 000 000** – Londres, 25 mai 1989 : *Nike* 1980, bronze (H. 93) : **GBP 7 150** – Milan, 19 déc. 1989 : *Composition musicale* 1955, bronze (85x67x34) : **ITL 30 000 000** – Milan, 27 mars 1990 : *Constellation sur fond rouge*, cart. mis en forme et peint (100x70) : **ITL 11 500 000** – Milan, 12 juin 1990 : *Composition* 1971, pb incisé et peint :

ITL 3 000 000 – MILAN, 13 déc. 1990 : *Composition*, techn. mixte/cart. enduit (71,5x49) : **ITL 3 600 000** – ROME, 9 avr. 1991 : *Sans titre*, techn. mixte/pap./pan. (56x76) : **ITL 3 200 000** – PARIS, 30 nov. 1991 : *Sans titre*, bronze (H. 62) : **FRF 37 000** – ROME, 3 déc. 1991 : *Sans titre*, bronze (90x90) : **ITL 33 000 000** – MILAN, 21 mai 1992 : *Composition*, multiple de céramique peinte : **ITL 1 900 000** – ROME, 14 déc. 1992 : *Composition n° 2*, bas-relief de bronze à patine verte (48x35,5) : **ITL 8 050 000** – MILAN, 6 avr. 1993 : *Le Quatrième Cavalier de l'Apocalypse*, bronze (40,5x24x5) : **ITL 5 200 000** – ROME, 30 nov. 1993 : *Sans titre*, techn. mixte et collage/cart. noir (60x44) : **ITL 2 760 000** – NEW YORK, 14 juin 1995 : *Tête* 1957, bronze/socle de bois (H. 29,8) : **USD 3 450** – ROME, 13 juin 1995 : *Sans titre*, bronze à patine dorée (109x32x22) : **ITL 18 400 000** – MILAN, 28 mai 1996 : *Sans titre*, bronze (H. 59,5) : **ITL 11 500 000** – PARIS, 13 mai 1996 : *Sans titre* 1987, bronze poli (17,7x16x6,8) : **FRF 18 000** – MILAN, 25 nov. 1996 : *Totem*, bronze, sculpture (99x19x3,5) : **ITL 5 980 000**.

MASTROLEO Giuseppe
Né vers 1673 à Naples. Mort en 1744. XVIIe-XVIIIe siècles. Italien.
Peintre d'histoire.
Élève de Paolo de Matteis. A exécuté de nombreux tableaux d'autels et des fresques pour les églises de Naples.

MASTROLONARDO Mariano
Né en 1951 à Naples (Campanie). XXe siècle. Italien.
Peintre.
Il pratique aussi la photographie. Il vit et travaille à Naples.
Il a participé en 1988 à l'exposition *De Bonnard à Baselitz – Dix Ans d'enrichissements du cabinet des estampes 1978-1988* à la Bibliothèque nationale à Paris.
MUSÉES : PARIS (BN) : trois pochoirs.

MASTURZIO Marzio
Né à Naples. XVIIe siècle. Actif vers 1670. Italien.
Peintre d'histoire, batailles, scènes de genre, paysages.
Élève de Falcone, puis de Salvator Rosa, qui l'emmena à Rome et dont il copia plusieurs toiles.
Il composa quelques œuvres originales parmi lesquelles il faut citer : *Paysages de Principe di Cassero, Bizarreries, Diseuse de bonne aventure*.
MUSÉES : NAPLES : *Paysage au bord d'un fleuve*.
VENTES PUBLIQUES : MILAN, 25 nov. 1976 : *Scène de bataille*, h/t (104x157) : **ITL 4 000 000** – MILAN, 11 mars 1982 : *Scène de bataille*, h/t (47x71) : **ITL 6 000 000** – MILAN, 4 juin 1985 : *Scène de bataille*, h/t (76,5x101) : **ITL 10 000 000** – MILAN, 27 oct. 1987 : *Scène de bataille*, h/t (74x100) : **ITL 12 000 000** – MILAN, 5 juin 1990 : *Scène de bataille*, h/t (73,5x99) : **ITL 13 000 000** – MILAN, 21 mai 1991 : *Bataille*, h/t, une paire (chaque 57x93,5) : **ITL 45 200 000** – LONDRES, 1er nov. 1996 : *Cavalerie de Skirmish*, h/t (87,9x132,2) : **GBP 8 625**.

MASUCCI Agostino ou **Masucco**
Né vers 1691 à Rome. Mort le 19 octobre 1758 à Rome. XVIIIe siècle. Italien.
Peintre d'histoire, compositions religieuses, portraits.
Ce fut le dernier élève de Carlo Maratti.
Il a peint de nombreux tableaux religieux dans les églises de Rome, notamment une *Sainte Anne*, à l'église du Nom de Marie, et une *Sainte Famille, Le Baptême du Christ, Une Annonciation, Joachim et Anna*, à Santa Maria Maggiore. Au Palais du Quirinal, à Rome, il peignit une fresque pour Benoît XIV. On cite également de lui une *Sainte Bonaventure*, à Urbino. Ses œuvres ont été souvent reproduites par la gravure, entre autres par J. Beham et J. Frey.
MUSÉES : COPENHAGUE (Kunstmus.) : *Annonciation* – FLORENCE (Gallerie Corsini) : *Portrait de Vittoria Altovitti* – LISBONNE (Mus. Nac.) : *Annonciation* – ROME (Gal. Rospigliosi) : *Portrait du cardinal Banchieri*.
VENTES PUBLIQUES : MENTMORE, 25 mai 1977 : *Le Mariage du prince James Stuart*, h/t (243x350) : **GBP 9 000** – ROME, 5 déc. 1985 : *Le Mariage mystique de sainte Catherine*, h/t (68x58) : **ITL 15 000 000** – LONDRES, 20 nov. 1987 : *Portrait du colonel Grey*, h/t (149,9x107,9) : **GBP 60 000** – LONDRES, 28 oct. 1992 : *Madeleine repentante*, h/t (64,7x49) : **GBP 3 300** – NEW YORK, 11 jan. 1995 : *Vierge à l'Enfant avec un ange portant une corbeille de fleurs*, h/cuivre (21,3x16,5) : **USD 10 350**.

MASUCCI Agostino
XVIIIe siècle. Actif à Rome. Italien.
Sculpteur.
Obtint en 1708 le premier prix au concours de l'Académie Saint-Luc avec une terre cuite : *L'augure Accius Naevius coupe avec le rasoir une pierre devant le roi Tarquin l'Ancien*.
VENTES PUBLIQUES : LONDRES, 29 nov. 1968 : *Moines agenouillés devant la Vierge* : **GNS 750** – LONDRES, 31 oct. 1969 : *La Vierge et angelots dans les nuages* : **GNS 1 500**.

MASUCCI Domenico
Né en 1772 à Naples. Mort vers 1818. XVIIIe-XIXe siècles. Italien.
Sculpteur.
A travaillé pendant les 20 premières années du XIXe siècle à la décoration de la résidence royale La Favorite à Resina, et à celle de l'église Saint-François-de-Paule à Naples.

MASUCCI Giulia
Née en 1858 à Serena (province d'Avellino). XIXe siècle. Italienne.
Peintre de genre.
Elle fut élève de Valpe et Enrico Rossi. Elle exposa à Naples et Milan.

MASUCCI Lorenzo
Mort le 3 juillet 1785. XVIIIe siècle. Actif à Rome. Italien.
Peintre.
Fils d'Agostino. Devint membre de l'Académie Saint-Luc en 1759. A peint une *Fuite en Égypte* pour l'église Sta Maria della Morte à Rome, et *Le Christ sur la croix* pour Saint-Étienne à Rovigo.

MASUHARU
XIXe siècle. Actif à Osaka vers 1850. Japonais.
Maître de l'estampe.
Il serait l'élève de Kunimasu.

MASUI Paul Auguste
Né le 12 février 1888 à Differdange. Mort en 1981 à Uccle (Brabant). XXe siècle. Actif en Belgique. Luxembourgeois.
Peintre de genre, figures, paysages, marines, aquarelliste, pastelliste, graveur, illustrateur. Expressionniste.
Il travailla à Uccle, près de Bruxelles. Il fut membre de l'académie luxembourgeoise et de la commission des beaux-arts d'Uccle.
Il a participé à de très nombreuses expositions collectives et Salons à partir de 1912, à Bruxelles, Liège, Gand, Anvers, Uccle.
Il a montré ses œuvres dans des expositions personnelles à partir de 1920 très régulièrement à Bruxelles ; 1924, 1926, 1929, 1934 Anvers ; 1924 Paris ; 1924, 1946 Liège ; 1926 Amsterdam ; 1929, 1978 Uccle ; 1970, 1980 Mons ; 1971 Gand ; 1974 Cagnes-sur-Mer ; 1981 Verviers ; 1984 Charleroi. Il a reçu de nombreux prix et distinctions, notamment une médaille d'or de la ville de Bruxelles, en 1975 et 1978.
Il a illustré sous le nom de P.-A Masui-Castricque, *L'Exemple de Ninon de Lenclos amoureuse* de Jean de Tinan, en 1921. Il a principalement peint la Bretagne, l'Ardenne, la Provence et l'Espagne.
BIBLIOGR. : Paul Caso : *P.-A. Masui*, Éditions Louis Musin, Bruxelles, 1980 – in : *Dict. biogr. ill. des artistes en Belgique depuis 1830*, Arto, Bruxelles, 1987.
MUSÉES : BRUXELLES (Mus. roy. des Beaux-Arts) – CAGNES-SUR-MER – IXELLES (Mus. des Beaux-Arts) – LONDRES (Victoria and Albert Mus.) – MONS (Mus. des Beaux-Arts) – PARIS (Mus. Carnavalet) – QUIMPER (Mus. des Beaux-Arts) – TOURNAI (Mus. des Beaux-Arts) – VERVIERS (Mus. des Beaux-Arts).
VENTES PUBLIQUES : BRUXELLES, 19 déc. 1989 : *Péniches*, h/pan. (50x64) : **BEF 200 000** – BRUXELLES, 9 oct. 1990 : *Les falaises de Bretagne*, h/pan. (60x70) : **BEF 32 000** – LOKEREN, 10 oct. 1992 : *Le pardon de Ste Anne La Palud II*, h/t (98x109) : **BEF 400 000** – LOKEREN, 12 mars 1994 : *Pardon de Ste Anne la Palud II*, h/t (98x109) : **BEF 330 000** – LOKEREN, 9 mars 1996 : *Le passeur* 1976, h/t (88x78,5) : **BEF 50 000**.

MASUNAO
XIXe siècle. Actif à Osaka vers 1847. Japonais.
Maître de l'estampe.

MASUNOBU. Voir aussi **KANÔ TÔUN**

MASUNOBU, nom de pinceau : **Ittôsai**
XIXe siècle. Actif à Osaka vers 1849-1853. Japonais.
Maître de l'estampe.
Il serait l'élève de Kunimasu.

MASURÉ Jules
Né le 17 mars 1819 à Braisne (Aisne). XIXe siècle. Français.
Peintre de paysages, marines.

Élève de Corot et d'Ary Scheffer. Il travailla à Saint-Raphaël et figura au Salon de 1849, 1853, 1866, 1869 et 1870 avec des paysages, obtenant une médaille en 1866.

Bibliogr. : Gérald Schurr, in : *Les Petits Maîtres de la peinture 1820-1920, valeur de demain,* Les Éditions de l'Amateur, t. V, Paris, 1981.

Musées : Bagnols-sur-Cèze : *Marine* – Guéret : *Plage de Nice* – Le Havre : *Bords de la Seine au Bas-Meudon.*

Ventes Publiques : Paris, 14-15 déc. 1925 : *Plage rocheuse* : **FRF 310** – Brest, 6 juin 1976 : *Marine* 1875, h/t (100x128) : **FRF 1 800** – Paris, 1er fév. 1980 : *Marine* 1874, h/t (78x105) : **FRF 2 500.**

MASUREL Johannes Eugel

Né le 10 juillet 1826 à Amsterdam. Mort en février 1915 à Amsterdam. XIXe-XXe siècles. Hollandais.

Peintre de genre, portraits, natures mortes.

Élève de J. Schoensnaker-Dajer.

Musées : La Haye (Mus. mun.) : *Cuisine.*

Ventes Publiques : Cologne, 16 juin 1972 : *La marchande de légumes* 1855 : **DEM 6 500** – Londres, 3 oct. 1980 : *Intérieur de cuisine* 1867, h/pan. (31,1x24,8) : **GBP 1 300** – Amsterdam, 17 sep. 1991 : *Intérieur de cuisine avec une servante préparant un repas devant la cheminée avec un tas de légumes au premier plan,* h/t (56x41,5) : **NLG 2 760.**

MASURIER. Voir **LE MASURIER**

MASUROVSKY Gregory

Né le 26 novembre 1929 dans le Bronx (New York). XXe siècle. Actif depuis 1954 en France. Américain.

Dessinateur de figures, nus, natures mortes, intérieurs, paysages, graveur, illustrateur.

Il a été étudiant au Black Mountain College en Caroline du Nord, en 1947-1948, sous la direction d'Ilya Bolotowsky, puis avec Will Barnett à l'Art Students League de New York, comme assistant en 1953-1954. Il épouse l'artiste peintre Shirley Goldfarb en 1953. En 1954-1955, il travaille à l'académie de la Grande Chaumière à Paris. Il est invité comme professeur de dessin au Minneapolis College of Art and Design en 1966-1967. Il enseigne le dessin à Paris, de 1980 à 1987 à l'American Center, puis de 1987 à 1994 à l'atelier Elzévir. Il a également donné des cours de gravure à l'eau-forte à l'Académie internationale d'été à Salzbourg en 1989. Il vit et travaille à Paris.

Il participe à de nombreuses expositions collectives, dont : 1956, Kunsthalle, Bâle ; 1960, 1965, Museum of Modern Art, New York ; 1961, 1963, Biennale de Paris ; 1963, 1964, 1965, Salon de Mai, Paris ; 1963, 1965, 1975, Biennale Internationale de la Gravure, Ljubljana ; 1964, Documenta III, Kassel ; 1966, Salon Grands et Jeunes d'Aujourd'hui, Paris ; 1966, 1968, 1974, 1980, Biennale internationale de la gravure, Cracovie ; 1967, Ve Biennale des Artistes de Minnesota ; 1968, Ars Multiplicata, Cologne ; 1968, Centre culturel américain, Paris ; 1977 *Quelques Peintres américains à Paris,* Centre Georges Pompidou, Paris ; 1969, 1973, 1978 *L'Estampe Aujourd'hui,* 1992, Bibliothèque nationale, Paris ; 1973 *Michel Butor et ses peintres,* Musée des Beaux-Arts, Le Havre ; 1979, 1981 *Le Dessin et ses techniques du XVe au XXe siècle* ; 1984, 1987, Musée de Pontoise ; 1982, *Dessins français contemporains,* 1985, Musée de la Seita, Paris ; 1987, *Sartre et l'art,* Villa Médicis, Académie de France, Rome ; 1988, *Livres Délivrés,* Bibliothèque municipale, Rouen ; 1989, *L'Europe des graveurs,* Bibliothèque municipale, Grenoble ; 1989, *Michel Butor et ses peintres,* The Seibu Museum of Art, Tokyo ; 1991, IIe Triennale mondiale de l'estampe de Chamalières ; 1992, *1/4 Copie Privée,* Parvi/Spadem, Paris ; 1992 *Autour de Francesca Yvonne Caroutch,* Centre Georges Pompidou, Paris ; 1993, *Ire Triennale des Amériques-Présence en Europe 1945-1992,* Maubeuge ; 1994, *XIVth National Drawing Invitational,* Arkansas Arts Center, Little Rock.

Il montre ses œuvres dans des expositions personnelles (plus d'une cinquantaine), parmi lesquelles : 1957, galerie du Dragon, Paris ; 1960, 1962, 1964, 1966, 1968, 1976, 1989, galerie La Hune, Paris ; 1963, Klipstein & Kornfeld, Berne ; 1963, Kestner-Gesellschaft, Hanovre ; 1964, Palais des Beaux-Arts, Bruxelles ; 1965, galerie Jacques Benador, Genève ; 1967, Minneapolis Institute of Arts ; 1969, galerie Frank Perls, Beverly Hills ; 1969, 1971, 1973, 1974, Betty Parsons Gallery, New York ; 1971, 1973, galerie Albert Loeb, Paris ; 1982, rétrospective, *Auvers Demeure,* Musée de Pontoise ; 1992, librairie Jacques Matarasso, Nice ; 1995, galerie Lambert-Rouland, Paris ; 1996, galerie Mantoux-Gignac, Paris. Il a obtenu le prix de la Critique pour le Dessin à la IIe Biennale de Paris en 1961, le prix du jury international pour la gravure à la IIIe Biennale de Paris en 1963, le prix spécial de la Ire Biennale internationale de Cracovie en 1966.

Il a réalisé plusieurs livres illustrés, principalement sur des textes de Michel Butor : *Litanie d'eau* (Ed. La Hune, Paris, 1964) ; *Western Duo* (Tamarind Lithography Workshop, Los Angeles, 1969) ; *Ange de la baie* (Ed. Jacques Matarasso, Nice, 1992) ; *Uchi-Soto* avec le photographe Pierre Espagne (Ed. Canevas, Frasne, 1995). Il a aussi illustré un recueil de ses poèmes : *Corps à Cœur* (Urdla, Villeurbanne, 1989). Gregory Masurovsky a également collaboré avec Michel Butor à la réalisation d'une cinquantaine d'« estampes/Manuscrits » depuis 1969. Il est l'auteur des décors, costumes et éclairage pour le ballet Claudine Allegra *Un poco piu ma non troppo* du ballet théâtre contemporain d'Angers, présenté au Théâtre de la Ville à Paris en 1975. Il a aussi réalisé le vidéofilm, *La Plume et le Crayon* pour la mission audiovisuelle du Musée national d'Art Moderne en 1982 (Centre Georges Pompidou).

Gregory Masurovsky est d'abord attiré par le dripping de l'action painting. Il se fait ensuite remarquer pour des dessins, d'une précision ingresque, mais d'un contenu évoquant plutôt le dialogue avec la face cachée des choses, des paysages marins imaginaires, dans l'esprit d'un Odilon Redon, avant les surréalistes. Vers 1968, après une période consacrée au nu féminin, il réalise une série de portraits en frontalité, aux pupilles blanches, « pour laisser passer la lumière de l'âme », puis enchaîne sur des « portraits » des objets apparemment bien innocents de notre monde quotidien ; une pomme, une fleur, un verre d'eau, une enveloppe posée sur une table, mais définis de telle façon – toujours le blanc pour l'objet, le noir pour le vide qui l'entoure, comme l'a remarqué Michel Butor – qu'ils ressortissent plus à un art du trouble-l'esprit que du trompe-l'œil. Masurovsky cherche à dessiner les ondes invisibles qui entourent et agissent sur les formes visibles : « évoquer les différents états de la matière et l'énergie qui les animent ». Son œuvre, toujours à la plume et à l'encre de Chine, est une recherche constante de connaissance de notre univers : « Qu'est-ce qu'on voit lorsqu'on voit ? » Pendant une trentaine d'années, il travaille dans le format « Raisin » sur papier MBM Ingres d'Arches « comme autant de feuilles dans un carnet de bord », primant le voyage intérieur et ses révélations comme le propre de son art. Depuis 1985, il varie ses formats et surfaces, notamment dans son grand dessin sur toile *Atelier, rue Liancourt* (195x300 cm), 1985-1989, ou d'autres plus récents, sur papier chiffon : « Le changement de format et de surface permet à autre chose de se manifester. » Ces dessins de figures, réelles ou imaginées, dans lesquels la ligne continue est absente, prennent parfois un tour plus immatériel, tant la représentation semble parfois se dissoudre dans un synchronisme de l'ombre et de la lumière, pour n'en garder que la réalité génératrice, constitutif d'un « champ de force ». En 1994, Gregory Masurovsky a publié un livre *À la ligne* (Édition Liancourt, Paris) dans lequel il a réuni ses notes de travail de plusieurs années et qui nous éclaire sur son rapport au monde (« Du néant d'une non-existence au quelque chose d'une existence, pour ensuite retourner au rien, voilà une vie »), sa démarche d'artiste (« L'art a quelque chose à voir avec la foi »), et en particulier de dessinateur (« Dessiner c'est une incantation visuelle appelant une absence qui est la vraie présence » ou encore « J'essaye de dessiner des couches de lumière. Est-ce possible ? »). ■ C. D.

Bibliogr. : *Obliques,* numéro spécial, Nyons, 1976 – in : *Dictionnaire de l'art moderne et contemporain,* Hazan, Paris, 1992 – Gregory Masurovsky : *À la ligne,* Liancourt, Paris, 1994.

Musées : Bâle (Kunstmus.) – Baltimore (Mus. of Fine Arts) – Cambridge (Fogg Art Mus., Harvard University) – Cambridge (Philip Hofer Library, Harvard University) – Chicago (Art Inst.) – Cleveland (Mus. of Art) – Cracovie (Mus. of Art) – Dijon (Mus. des Beaux-Arts) – Little Rock (Arkansas Arts Center) – Middlesex (Old Speech Room Gal., Harrow School) – Minneapolis (Inst. of Art) – Montréal (Mus. d'Art Contemp.) : *Litanie d'eau* – New York (Brooklyn Mus.) – New York (Mus. of Mod. Art) – New York (Public Library) – Paris (Mus. Nat. d'Art Mod.) – Paris (Mus. d'Art Mod. de la ville) – Paris (FNAC) – Paris (FRAC d'Île-de-France) – Paris (BN) – Philadelphie (Mus. of Art) – Pittsburgh (Carnegie Inst.) – Pontoise – Varsovie (Mus. des Beaux-arts) – Washington D. C. (Nat. Gal.) – Washington D. C. (Library of Congress).

Ventes Publiques : Paris, 16 oct. 1988 : *Les soucis* 1978, dess. à l'encre de Chine (63x48) : **FRF 13 500** – New York, 7 mai 1990 : *Le Vieux Pinceau* 1970, encre/pap. (62,2x48,2) : **USD 825.**

MASUSADA
XIXe siècle. Actif à Osaka vers 1850. Japonais.
Maître de l'estampe.

MASUTSURU, surnom : **Utagawa**
XIXe siècle. Actif à Osaka vers 1852. Japonais.
Maître de l'estampe.

MASUTTI Antonio
Né vers 1810 à Padoue. XIXe siècle. Italien.
Sculpteur sur ivoire et sur bois.
Élève de l'Académie de Venise. Il a exécuté des bas-reliefs et des statuettes.

MASUZZI Cecco. Voir **CECCO Masuzzi**

MASWIENS Joseph
Né le 19 septembre 1828 à Louvain. Mort en 1880 à Louvain. XIXe siècle. Belge.
Peintre d'architectures, intérieurs d'églises.
Élève de Genisson et de Villa-Amil à Madrid. Quatre de ses tableaux, dont deux *Intérieurs d'églises* sont à Louvain.
Ventes Publiques : Bruxelles, 14 mars 1972 : *Place de l'Hôtel de Ville de Louvain* : **BEF 100 000** – Cologne, 28 juin 1991 : *Intérieur de cathédrale avec des fidèles* 1876, h/t (70x60) : **DEM 3 000.**

MASZ Hélène
Née le 1er avril 1871 à Schönlanke (province de Polsen). XIXe-XXe siècles. Allemande.
Peintre de paysages, fleurs.
Elle fut élève de Flickel et de Dettmann.

MASZAK Hugo. Voir **SZEGEDY-MASZAK**

MASZEWSKI. Voir **MASIEWSKI**

MASZKOVSKI Jan
Né en 1793 à Chorostkov. Mort le 20 octobre 1865 à Lemberg. XIXe siècle. Polonais.
Peintre.
Élève de Füger et de Lampi à Vienne. Plus tard, il étudia à Rome. En 1840, il fut nommé directeur de l'Académie à Lemberg. Le Musée de Cracovie conserve de lui : *Portrait d'Antoine Lang.*

MASZKOVSKI Karol
Né en 1875 à Lemberg. XXe siècle. Polonais.
Peintre de genre, paysages.
Il fut à Paris, l'élève de Gérome et de l'académie Julian. Il dirigea à partir de 1925 l'école des beaux-arts de Posen.
En 1921, il montrait des *Projets de décors* à l'exposition des Artistes Polonais organisée par le Salon de la Société Nationale des Beaux-Arts.
Il peint surtout depuis 1902 des scènes populaires et des costumes régionaux.

MASZKOVSKI Marceli
Né en 1837 à Lemberg. Mort le 5 mars 1862 à Lemberg. XIXe siècle. Polonais.
Portraitiste, lithographe et sculpteur.
Étudia à Vienne chez Geiger, à Munich chez Kaulbach et à Dresde en 1859. A exécuté des aquarelles, des dessins pour les journaux illustrés et un buste du poète *Stowacki.*

MASZYNSKI Julian
Né le 19 avril 1847 à Varsovie. Mort le 19 février 1901 à Varsovie. XIXe siècle. Polonais.
Peintre de genre et d'histoire.
Étudia à Varsovie chez Gerson et à Munich en 1870 chez Anschütz et Wagner.

MATA Attila
Né en 1953 à Eger. XXe siècle. Hongrois.
Sculpteur. Abstrait.
Il fut élève de l'école des beaux-arts de Budapest.
Il participe à de nombreuses expositions en Hongrie et en Allemagne. Il reçut le premier prix de la Biennale d'art plastique en 1987.
Il réalise des sculptures en bronze et en bois, qu'il peint ensuite.
Ventes Publiques : Paris, 14 oct. 1991 : *Sans titre*, sculpt. de bois peint. (H. 132, l. 43) : **FRF 9 000.**

MATA Luis
XVIe siècle. Actif à Valence à la fin du XVIe siècle. Espagnol.
Peintre.

MATABEI, de son vrai nom : **Iwasa Matabei-Nojô Shôi,** noms de pinceau : **Dôun, Unnô, Hekishô-Kyû** et **Shôi**
Né en 1578, originaire de la province de Fukui. Mort le 20 juillet 1650 à Edo (aujourd'hui Tokyo). XVIIe siècle. Japonais.
Peintre.
On a souvent vu en la personne de Matabei Iwasa (connu aussi sous le nom de Shôi ou Katsumochi) le père de l'*ukiyo-e* et on lui a longtemps attribué l'une des plus anciennes œuvres de l'*ukiyo-e*, le *Paravent de Hikone* (collection particulière), dont les costumes somptueux, les lignes sensuelles, le calme, la gaieté et le charme qui en émanent sont effectivement caractéristiques du style *ukiyo-e*. Cette paternité a été, depuis, absolument remise en cause. Matabei est le fils d'un militaire, Araki Murashige, jadis au service de Oda Nobunaga (1534-1582) et qui finira par se suicider. C'est la raison pour laquelle il est élevé sous le nom de sa mère, Iwasa. Il reçoit sa formation picturale dans l'atelier de Kanô Shigesato, mais semble encore plus influencé par l'école Tosa. Ainsi, parmi ses œuvres les plus célèbres, les *Portraits des poètes Hitomaro et Tsurayuki* sont exécutés d'une brosse large et libre, dans la tradition Kanô, tandis que le *Portrait de Daruma*, témoin de la puissance de son encre dans une étroite gamme de tons, ne relève ni tout à fait du style Kanô ni complètement du pinceau Tosa, mais d'une synthèse des deux, propre à Matabei. Il n'en reste pas moins que la plus grande partie de sa production est clairement de manière Tosa, bien que très personnelle et délicate ; comme on peut s'y attendre, il reprend les anciens thèmes tirés du *Gengi Monogalari* (le Roman du Prince Gengi) et des *Contes d'Ise* qu'il mêle souvent à des légendes chinoises. Déjà avancé dans l'existence, il s'installe à Echizen, dans la province de Fukui et y travaille pour le compte du seigneur Matsudaira ; c'est par l'intermédiaire de celui-là que le renom de Matabei parvient jusqu'au shôgun Tokugawa Iemitsu (1604-1651) qui, en 1640, lui commande la série des *Trente-six Poètes*, pour le sanctuaire de Tôshôgû, à Kawagoe. Sa dette à l'égard de la tradition Tosa s'affirme ouvertement dans ces peintures, d'autant que la signature de l'artiste est précédée des mots suivants : *Eshi Tosa Mitsunobu matsuryû*, c'est-à-dire, par le peintre Matabei, dernier courant issu de Tosa Mitsunobu. Il est difficile d'expliquer pourquoi Matabei en est venu à être considéré comme le père de l'*ukiyo-e*. L'on sait que le nom d'un artiste prénommé'tsu no Matabei apparaît dans l'une des pièces du célèbre dramaturge Chikamatsu et il semble que le style original de Iwasa Matabei ait été oublié, alors que naissaient autour de l'autre Matabei, prétendu peintre populaire, maintes légendes qui contribuèrent vraisemblablement à faire surgir la confusion entre les deux noms. Compte tenu de la position sociale des mécènes d'Iwasa Matabei, il est à peine vraisemblable que ce peintre de l'orbite Tosa puisse être à la source de l'*ukiyo-e*.
Bibliogr. : Robert Treat Paine et Alexander Soper : *The Art and Architecture of Japan*, Londres, 1955.

MATABEI Katsushige
Mort en 1673. XVIIe siècle. Japonais.
Peintre.
Fils de Matabei Iwasa (1578-1650), spécialiste de figures dansantes.

MATABON Charles
Né à Lyon (Rhône). Mort en mai 1887 à Paris. XIXe siècle. Français.
Sculpteur.
Élève de Duret, Bontour et Caillouette. Figura au Salon à partir de 1864.

MATAHEI
Japonais.
Artistes.
Nom d'un nombre considérable d'artistes japonais, dont les œuvres confectionnées en série à Otsu, non loin de Kyoto, sont connues sous le nom d'Otsu-e. Aux motifs bouddhiques viennent bientôt s'en ajouter d'autres, tels que la *Jeune Fille à la glycine, Le Jeune Fauconnier* et *Le Porteur de javelots.* Les anciens Otsu-e, qui malgré leur large diffusion, sont devenus très rares, ont pris une grande valeur, mais ne portent pas de signature.

MATAIVE Alphonse Florent Jos
Né en 1856 à Seraing-sur-Meuse (Liège). XIXe-XXe siècles. Belge.
Peintre de figures, portraits, nus, paysages, fleurs, natures mortes, aquarelliste.
Il fut élève de Soubre, Nisen et Drion à l'académie royale des beaux-arts de Liège, où il enseigna le dessin, ainsi que dans d'autres écoles.
Il a exposé au Cercle des beaux-arts de Bruxelles, de 1892 à 1927.
Musées : Liège (Mus. de l'Art wallon) : *Vieillard se chauffant.*

MATAL Bohumir
Né en 1922 à Brno. xxe siècle. Tchécoslovaque.
Peintre de paysages urbains, intérieurs. Postcubiste.
Il fit ses études artistiques à Brno. Il fit des voyages d'étude en France en 1946, en Italie en 1947.
Il participe à de nombreuses expositions de groupe de la jeune peinture tchécoslovaque depuis 1947 en Tchécoslovaquie ; à Paris en 1946 ; à Lucerne, Anvers, Bruxelles en 1947.
Il peint des paysages urbains et des intérieurs disposés comme des natures mortes, dans une vision postcubiste, souvent issue de l'œuvre de Braque, dans sa partie la plus intimiste.
Bibliogr. : Catalogue de l'exposition : *Cinquante Ans de peinture tchécoslovaque 1914-1968*, Musées tchécoslovaques, 1968.

MATALI Domingo
xve siècle. Actif à Barcelone. Espagnol.
Peintre.

MATAMOROS Lorenzo de
xviie siècle. Espagnol.
Sculpteur.
Travailla en 1614 au théâtre du Colisée à Séville.

MATANIA Edoardo
Né le 30 août 1847 à Naples. xixe siècle. Italien.
Peintre.

MATANIA Fortunio ou **Fortunino**
Né le 16 avril 1881 à Naples (Campanie). Mort en 1963. xxe siècle. Italien.
Peintre de sujets militaires, genre, aquarelliste.
Ventes Publiques : Londres, 20 mars 1979 : *Le cortège du couronnement de la reine Elisabeth II*, h/t (35,5x59,5) : **GBP 400** – Milan, 24 mars 1982 : *La lezione di ballo*, h/t (61x77) : **ITL 5 500 000** – Madrid, 21 mars 1984 : *Les chrétiens captifs*, gche (25x32) : **ESP 190 000** – Londres, 15 mai 1984 : *St. Prisca and the Lion*, cr. et gche blanche/pap. gris (29x25) : **GBP 900** – Londres, 21 mai 1986 : *La Taverne de l'Hôtel Excelsior à Venise*, aquar./traits de pl. (34x51,5) : **GBP 4 500** – Londres, 25 jan. 1988 : *L'exécution*, aquar. (34x52) : **GBP 462** – Londres, 26 fév. 1988 : *Prêt pour une baignade*, h/t (61x51) : **GBP 1 650**.

MATANIA Ugo
Né le 1er décembre 1888 à Naples (Campanie). xxe siècle. Actif en Angleterre. Italien.
Peintre.
Il fut le neveu et l'élève d'Edoardo.
Ventes Publiques : Londres, 11 fév. 1994 : *À la fraîche* 1925, h/t (148,6x128,9) : **GBP 5 750**.

MATAOANU D.
Né en 1888 à Campulung. Mort en 1929 à Bucarest. xxe siècle. Roumain.
Sculpteur de bustes, monuments.
Il étudia à Bucarest et à Paris.
Ses bustes et ses monuments sont dans le style néoclassique.

MATARANA Bartolomé
xviie siècle. Actif à Valence depuis 1601. Espagnol.
Peintre de sujets religieux.
Il reçut un paiement de 5879 couronnes pour avoir peint des fresques dans une chapelle du Corpus Christi.

MATARÉ Ewald
Né le 25 février 1887 à Aix-La-Chapelle (Rhénanie-Westphalie). Mort en 1965 à Büderich (Rhénanie-Westphalie). xxe siècle. Allemand.
Sculpteur d'animaux, peintre, dessinateur, graveur.
Il fut élève de Lovis Corinth. Professeur à l'école des beaux-arts de Düsseldorf, il fut révoqué par les nazis en 1933. Il subsista durant ce régime en faisant de l'art décoratif pour les églises. Il sera réintégré à son poste en 1945 et aura Beuys pour élève.
Il montra ses œuvres dans de nombreuses expositions en Allemagne et à l'étranger. En 1962, il participa à l'exposition *Artistes de Düsseldorf* au musée d'Ostende. En 1953, le musée des Arts et Métiers d'Hambourg lui organisa une grande exposition rétrospective.
Il réalisa des gravures sur bois stylisées, proches de l'expressionnisme. Depuis 1920, il a beaucoup sculpté sur bois après avoir pratiqué la peinture. Utilisant des bois précieux, amarante, acajou, il s'est fait connaître comme animalier, recherchant un compromis entre la forme de l'animal et celle du bois utilisé, le sens de ses veines, sa nature propre. Sa manière par la recherche de la forme pleine, de la ligne « tendue » l'apparente à Pompom. En 1948-1954, il exécuta les nouvelles portes en bronze du portail sud de la cathédrale de Cologne ; il réalisa aussi trois portes d'églises pour Hiroshima, puis la fontaine Richartz de Cologne, et un très grand *Phénix*, pour la salle des Pas-Perdus du Landtag de Düsseldorf.
Bibliogr. : Catalogue de l'exposition : *Mataré*, Musée des Arts et Métiers, Hambourg, 1953 – Juliana Roh, in : *Nouv. Dict. de la sculpture mod.*, Hazan, Paris, 1970 – Anna Klapheck, Ulriche Köche : *Catalogue raisonné des aquarelles 1920-1956*, Schirmer & Mosel Verlag, Munich, 1983 – Sabine Maja Schilling : *Ewald Mataré. Das plastische Werk*, Wienand Verlag, Cologne, 1987.
Musées : Berlin (Gal. Nat.) : *Taureau* – Düsseldorf (Mus. des Beaux-Arts) : *Vaches dans les dunes* 1920, grav. sur bois – *Friedenau* 1929, grav. sur bois – *Koe* 1948, bronze – Oldenburg : *Vache couchée*.
Ventes Publiques : Hambourg, 27 nov. 1965 : *Le Couple*, bronze, bas-relief : **DEM 5 000** – New York, 19 nov. 1969 : *Cheval*, bronze patiné : **USD 1 500** – Hambourg, 5 juin 1970 : *Vache couchée*, bronze : **DEM 8 000** – Hambourg, 10 juin 1972 : *Vache couchée*, bronze : **DEM 10 000** – Hambourg, 7 juin 1974 : *Bovin* 1974, bronze patiné : **DEM 9 600** – Hambourg, 4 juin 1976 : *Vache couchée* 1929, bronze (H. 7, l. 26) : **DEM 10 500** – Cologne, 21 mai 1977 : *Canal avec pont*, aquar. (38x44) : **DEM 3 200** – Hambourg, 3 juin 1978 : *Vache paissant* 1930, bronze, patine rouge (H. 16, larg. 25,4) : **DEM 10 500** – Cologne, 5 déc 1979 : *Vue d'un village* 1926, aquar. et pl. (19,5x28,6) : **DEM 6 500** – Hambourg, 6 juin 1980 : *Vache* 1928, bronze, patine brune (H. 26,5) : **DEM 15 000** – Hambourg, 12 juin 1982 : *Trois chevaux* 1935, grav./bois en coul. : **DEM 4 000** – Cologne, 1er déc. 1982 : *Vache broutant* 1930, bronze (H. 16,5) : **DEM 19 000** – New York, 16 nov. 1983 : *Cheval chinois*, bronze patine brune (H. 20,3) : **USD 6 500** – Cologne, 1er juin 1984 : *Vue d'un canal avec un pont* 1920, aquar. (40x45) : **DEM 3 600** – Berne, 19 juin 1985 : *Quatre vaches au pâturage* 1928, grav./bois en coul./Japon : **CHF 2 000** – Londres, 3 déc. 1985 : *Cheval chinois* avant 1939, bronze (H. 20,6) : **GBP 7 000** – Hambourg, 10 juin 1986 : *Vache* 1930, bronze (H. 11,6) : **DEM 27 000** – Munich, 13 déc. 1989 : *Grande vache debout*, bronze (H. 25,5, L. 49,5) : **DEM 41 800** – Munich, 26 mai 1992 : *Vache debout vers la gauche* 1920, bois gravé (7,5x15) : **DEM 1 955** – New York, 12 nov. 1992 : *Vache*, aquar./pap. (23,8x33,7) : **USD 7 150** – New York, 23 fév. 1994 : *Cache-pot de bronze de forme cubique orné de scènes du Nouveau Testament* (10,5x9,5x9,5) : **USD 4 025** – Londres, 9 oct. 1996 : *Grande Vache allongée* 1930, bronze patine brune (H. 17, L. 59,4) : **GBP 27 600**.

MATARÉ Josef
Né le 19 mars 1880 à Aix-la-Chapelle (Rhénanie-Westphalie). xxe siècle. Allemand.
Sculpteur, peintre.
Il est le frère d'Ewald, il fut élève de Rümann, de Marr, de Raupp, de L. Corinth.
Musées : Aix-la-Chapelle : *Portrait de l'artiste – Maison natale d'A. Rethel*.

MA TCHAO. Voir **MA ZHAO**

MATCHEKINE Serguei
Né en 1952 à Briansk. xxe siècle. Russe.
Peintre de nus, intérieurs, pastelliste.
Il fut élève de l'académie des beaux-arts Répine à Leningrad, où il eut pour professeur Mylnikov.
Ventes Publiques : Paris, 7 oct. 1992 : *Nature morte aux cerises*, h/t (110x75) : **FRF 5 700** ; *Les asters*, h/t (70x91) : **FRF 7 300**.

MA TCHENG-LONG ou **Ma Zhenlong**
Né en 1947. xxe siècle. Chinois.
Peintre.
Il fut membre de la brigade de Paifong, dans la commune populaire de Kouangming. Il appartint au groupe d'artistes du Huxian (Voir Huxian, peintres paysans du).

MATCHVA Militsch de
xxe siècle. Yougoslave.
Peintre de paysages. Fantastique.
Il a exposé en 1991 à Bruxelles.
Il mêle éléments mystiques et religieux, imageries populaires dans des compositions mystérieuses.

MATÉ Hélène
Née le 25 novembre 1887 à Szeged. Morte le 4 octobre 1908 à Budapest. xixe siècle. Hongroise.
Peintre, dessinatrice.
Élève de Hollosy et de Szablya-Frischauf.

MATEAS
D'origine française. XVIe siècle. Travaillant à Valladolid.
Sculpteur.
Cet artiste travailla beaucoup avec Biguery, connu aussi sous le nom de Felipe de Borgona, et fut son ami. Il est l'auteur d'un très beau retable dans l'église de Brinas et de remarquables stalles de chœur. Toutefois il est plutôt considéré comme un habile praticien que tenu pour un créateur. Il soutint plusieurs procès qui témoignent d'une situation artistique assez importante.

MATEESCU Patriciu
Né le 19 mai 1927 à Rachitoasa. XXe siècle. Actif depuis 1979 aux États-Unis. Roumain.
Sculpteur, céramiste.
Il fut élève de l'Institut N. Grigorescu de Bucarest. Il vit et travaille dans le New Jersey.
Il participe à des expositions collectives en Roumanie, France, Espagne, Italie, Allemagne, Autriche, Tchécoslovaquie, Turquie, États-Unis... Il montre ses œuvres dans des expositions personnelles : 1948, 1971, 1978 Bucarest ; 1970 Valence ; 1972 Bruxelles ; 1973 Genève ; 1976 La Haye ; 1977 Los Angeles ; 1979 Venice (Californie) ; 1983 Museum of Art de Downey ; 1985 Northridge. Il a obtenu de nombreux prix : 1962 médaille d'or à la Biennale de céramique de Prague, 1965 prix des arts décoratifs de l'Union des Artistes Plastiques de Roumanie, 1967 médaille d'or à l'exposition *Form und Qualität* à Munich, 1978 médaille d'or à l'exposition internationale de Faenza.
Il débuta par des œuvres figuratives, principalement des portraits, puis se tourna vers les arts décoratifs qui lui permettaient de prendre plus de liberté par rapport aux diktats du réalisme-socialisme. Depuis il a pu, aux États-Unis, développer un style personnel, avec des formes organiques et en particulier le cycle des *Fleurs*, végétaux qui s'épanouissent dans de nombreux lieux publiques : Los Angeles, hôpital de Beverly Hills, université de Californie à Los Angeles... Ceux-ci en porcelaine, fibres de verre et polyester déploient leurs feuilles dans l'espace, dans un mouvement ample et harmonieux.
Bibliogr. : Ionel Jianou et divers, in : *Les Artistes roumains en Occident*, American Romanian Academy of Arts and Sciences, Los Angeles, 1986.

MATEESCU-BOGDAN Catalina
Née le 27 septembre 1946 à Pucioasa. XXe siècle. Active depuis 1975 aux États-Unis. Roumaine.
Peintre, graveur, technique mixte.
Elle fit des études de peinture et d'histoire de l'art, puis de restauration de peintures et d'iconographie. De 1971 à 1974, elle étudia la sculpture sous la direction de Militza Petrascu. Elle s'installe en 1975 aux États-Unis, où elle poursuit ses études. Depuis elle enseigne. Elle vit et travaille à New Orleans.
Elle participe à des expositions de groupe en Europe et aux États-Unis. Elle montre ses œuvres dans des expositions personnelles : 1969, 1970 Bucarest ; 1974 Londres ; 1975, 1977 Heidelberg ; 1976, 1980 Stanford University ; 1978, 1980 San Francisco ; 1985 Paris.
Elle travaille par cycle : le vent, l'eau et le vent, la terre, le feu, mettant en scène dans des compositions imaginaires, fantastiques, la métamorphose, le temps et l'espace, la fusion des temps anciens et du monde moderne.
Bibliogr. : Ionel Jianou et divers, in : *Les Artistes roumains en Occident*, American Romanian Academy of Arts and Sciences, Los Angeles, 1986.
Musées : New Orleans (Mus. muni.).

MATEGOT Mathieu
Né en 1910 à Tapio-Sully. XXe siècle. Actif depuis 1931 en France. Hongrois.
Peintre, décorateur, peintre de cartons de tapisseries. Abstrait.
Il fut élève de l'académie des beaux-arts de Budapest, puis vint à Paris, où il travailla comme décorateur et fit la connaissance de Jean Lurçat, dont le travail l'influencera.
Il a participé à des expositions collectives, notamment en 1960 à la Triennale de Milan, où il a reçu une médaille d'or.
Il joue des effets de lumière et des contrastes colorées, dans des compositions dynamiques.
Bibliogr. : In : *Dict. univer. de la peinture*, Le Robert, t. IV, Paris, 1975.
Ventes Publiques : Paris, 16 nov. 1988 : *Le port* (278x305) : **FRF 37 000** ; *Ombres et lumière* (278x305) : **FRF 15 000** – Calais, 26 mai 1991 : *IVA-OA*, tapisserie d'Aubussond'après un cart. du peintre (98x173) : **FRF 5 000** – Paris, 14 déc. 1992 : *Minera*, tapisserie (112x175) : **FRF 15 000**.

MATEJEVIC Georg. Voir **GIORGIO da Sebenico**

MATEJEVIC Petrus ou **Mathaei**
Né à Raguse. Mort en 1726 à Raguse. XVIIIe siècle. Yougoslave.
Peintre de fresques.
On trouve plusieurs fresques et des tableaux de lui à la cathédrale de Raguse.

MATEJKA Peter
Né le 26 juin 1913 à Novom Meste-sur-Vahom. Mort le 10 février 1972 à Bratislava. XXe siècle. Tchécoslovaque.
Peintre.
À partir de 1935, il fit ses études artistiques à Prague.
Il participe aux expositions consacrées à la jeune peinture tchécoslovaque, dans de nombreuses villes de Tchécoslovaquie, ainsi que : 1946-1947 Paris, Lucerne, Bruxelles ; 1954 Moscou, Varsovie, Budapest ; 1958-1959 Moscou... Il montre ses œuvres dans des expositions personnelles : 1940, 1949, 1959 Bratislava ; 1946 Prague.
Dans des manières différentes, il accuse l'influence de l'école de Paris postcubiste, rappelant les débuts de Pignon et Fougeron.
Bibliogr. : Catalogue de l'exposition : *50 Ans de peinture tchécoslovaque, 1918-1968*, Musées tchécoslovaques, Paris.
Musées : Prague (Gal. Nat.) : Deux œuvres.

MATEJKO Jan
Né le 28 juillet 1838 à Cracovie. Mort le 1er novembre 1893 à Cracovie. XIXe siècle. Polonais.
Peintre d'histoire, portraits.
Il étudia de 1852 à 1858 à l'École des Beaux-Arts de Cracovie, de 1858 à 1859 à l'Académie de Munich et de 1859 à 1860 à l'Académie de Vienne. Il s'est établi depuis 1860 à Cracovie et doit en partie sa renommée à l'inspiration patriotique de son œuvre. Il s'est proposé en effet de réveiller le sentiment national de son pays, en évoquant devant lui les pages les plus glorieuses de son histoire. Il a exposé à plusieurs reprises en France et obtint notamment une deuxième médaille en 1865, une première en 1867 (Exposition Universelle). En 1870, il fut décoré de la Légion d'honneur. Beaucoup de ses tableaux ont été achetés par l'État polonais qui les a conservés dans la maison de l'artiste, transformée en musée. Il fut avant tout un peintre d'expression, et certaines de ses toiles valent des études psychologiques. Il peignit aussi quelques tableaux religieux mais dans un style assez lourd. Ce fut à la fois un réaliste, émerveillé du monde visible, et un visionnaire exaltant le monde des songes et des souvenirs. Ses compositions théâtrales avaient essentiellement un but patriotique, et en ce sens, elles eurent une forte influence sur la population. En 1921, l'œuvre de ce peintre était résumée en sept toiles caractéristiques présentées à l'Exposition des Artistes Polonais organisée par le Salon de la Société Nationale des Beaux-Arts : *Le roi Batory au siège de Pskow, La mort de saint Stanislas* (ébauche) ; portraits : *M. Dobrzanski* ; *Comtesse Pustowska* ; *J. Szujski, recteur de l'Université de Cracovie* ; *J. Dietl, doyen de l'Université de Cracovie* ; *La Châtelaine*.
Musées : Budapest (Nat. Gal.) : *Bataille de Varna* 1879 – Cracovie (Nat. Mus.) : *Serment de fidélité d'Albert de Brandbourg à Sigismond Ier* – Graz : *L'Alchimiste* – Rome (Vatican) : *Libération de Vienne par Jean Sobieski* – Varsovie (Zacheta) : *Prédication de Pierre Skarga* – *Bataille de Tannenberg* – Vienne : *Le Reichstag à Varsovie en 1773* – Une aquarelle.
Ventes Publiques : Vienne, 1878 : *Un alchimiste* : **FRF 8 375** – Paris, 20 mai 1942 : *La demande en grâce* : **FRF 4 000** – Londres, 8 fév. 1984 : *Aprés le duel* 1881, h/cart. (52,5x42) : **GBP 11 200**.

MATELING Bernhard
Originaire d'Emden. XIXe siècle. Allemand.
Dessinateur sur porcelaine.
Travailla à Berlin en 1834.

MATELLI Metello
XIXe siècle. Actif à Milan dans la seconde moitié du XIXe siècle. Italien.
Sculpteur.
Exposa à Turin, Milan, Rome.

MATENARE Jacques
Né à Saint-Omer. Mort en 1577. XVIe siècle. Français.
Peintre d'histoire.

MATENCIO Rodrigo de ou **Matienzo**
XVIe siècle. Actif à Séville en 1536. Espagnol.
Sculpteur.

MATEO ou **Matheus**
XIIe-XIIIe siècles. Actif à Saint-Jacques-de-Compostelle entre 1161 et 1217. Espagnol.
Sculpteur, architecte.
Termina en 1188 la première partie du Portico de la Gloria de la cathédrale de Saint-Jacques-de-Compostelle, et l'orna de statues : *Saint Jacques, Le Christ et les quatre Évangélistes* et l'*Artiste dans l'attitude de l'adorateur.*
Si l'iconographie et la composition de ce porche rappellent bien souvent celles des porches français, en particulier Vézelay, Moissac ou Conques, le style des sculptures finalement diffère et marque son caractère typiquement hispanique. Les sculptures sortent plus hardiment de leur cadre, leur mouvement est davantage accentué, leur polychromie donnée par l'emploi du marbre et de la pierre est aussi une des particularités espagnoles.
Bibliogr. : Y. Benoist, in : *Dictionnaire de l'Art et des Artistes,* Hazan, Paris, 1967.

MATEO
XVIe siècle. Actif à Séville vers 1527. Espagnol.
Sculpteur.

MATEO Jacobo. Voir **MATEU Jaime**

MATEO Juan
XVIe siècle. Actif à Séville vers 1559. Espagnol.
Sculpteur.

MATEOS Francisco
Né en 1896 ou 1899 à Séville (Andalousie). Mort en 1976 à Madrid (Castille). XXe siècle. Espagnol.
Peintre de figures, graveur, peintre de décors de théâtre, peintre de compositions murales, dessinateur, illustrateur.
Il reçut une bourse de l'État espagnol pour voyager en Allemagne, France et Belgique. Il étudia à l'école des beaux-arts de Munich, où il fut élève de Willy Geiger. Il travailla à Paris, où il fréquenta Picasso, De Chirico et Foujita, et réalisa des décorations murales pour l'université de la Sorbonne à Paris. En Espagne, dans les années trente, il participa aux mouvements d'avant-garde. Membre du parti des intellectuels antifascistes, il lutta à leurs côtés durant la guerre d'Espagne.
Il montra ses œuvres dans des expositions personnelles : 1973 musée d'Art contemporain de Madrid ; 1974, 1975 Valence ; 1978 Madrid. Il a reçu de nombreux prix et distinctions, notamment à l'exposition nationale des beaux-arts de Madrid.
Il collabora à Madrid et à Munich, comme caricaturiste, à plusieurs périodiques illustrés. Durant la guerre d'Espagne, il réalisa des œuvres engagées, peintures et gravures. Il est l'un des représentants espagnols de l'école de Paris. Il peint le monde du cirque, dans des compositions parfois naïves.
Musées : Barcelone (Mus. Nat. d'Art de Catalogne) : *Nuit* 1937 – Bruxelles (Mus. roy.) – Cleveland – Madrid – New York (Mus. d'Art Mod.) – Paris (Mus. d'Art Mod.) – Pittsburgh.
Ventes Publiques : Madrid, 27 juin 1974 : *Vase de fleurs* 1950 : **ESP 180 000** – Madrid, 19 oct. 1976 : *Cupidon bien élevé* 1970, h/t (81x100) : **ESP 440 000** – Madrid, 20 déc. 1978 : *En ce temps-là* 1970, h/t (100x81) : **ESP 550 000** – Madrid, 19 déc 1979 : *Groupe de paysannes* 1972, h/t (81x100) : **ESP 475 000** – Madrid, 13 déc. 1983 : *Otro Mundo* 1963, h/t (130x97) : **ESP 425 000** – Madrid, 10 déc. 1986 : *Le Temps de rêver* 1971, h/t (81x100) : **ESP 375 000** – Madrid, 24 fév. 1987 : *El grumetillo,* h/t (100x82) : **ESP 550 000.**

MATEOS Jean
XVIIe siècle. Actif à Séville vers 1665. Espagnol.
Peintre.
Fut l'un des fondateurs à l'Académie de Séville.

MATEOS José ou **Matheos**
Espagnol.
Peintre.
A exécuté pour les églises de la région de Lorca des fresques et des tableaux.

MATEOS GARCIA Ricardo
Né le 8 mai 1853 à Salamanque. XIXe siècle. Espagnol.
Peintre.
A achevé sa formation artistique à Rome et composé une série de cent vingt portraits des principaux acteurs de la Première Guerre mondiale.

MATEOS GONZALEZ Francisco
Né en 1894 à Séville (Andalousie). Mort en 1976 à Madrid (Castille). XXe siècle. Espagnol.
Peintre de compositions animées, peintre de compositions murales, dessinateur, graveur. Expressionniste.
En 1921, il obtint une bourse qui lui permit de se rendre en France, en Belgique, en Allemagne où il suivit les cours de l'académie des Beaux-Arts de Munich en auditeur libre et travailla comme metteur en scène au théâtre national. À Bruxelles, il rencontra James Ensor, Permeke et de Smet. Il voyagea en Italie, Autriche, Hongrie et Allemagne, visitant les musées. Il fit plusieurs séjours à Paris.
Il participa à des expositions collectives en Espagne notamment au Salon des Indépendants de Madrid, France, Italie. Il montra ses œuvres dans des expositions personnelles : 1927 galerie Tempo à Paris ; 1931, 1957 Ateneo de Madrid, 1973 musée d'Art contemporain de Madrid. Il a reçu de nombreux prix et distinctions.
Au cours de ses voyages en Europe, il fut marqué par l'œuvre d'Ensor et de Brueghel. Il travailla d'abord comme illustrateur, collaborant à de nombreuses revues, notamment à *Jugend* et *Simplicissimus* à Munich, aux *Cahiers d'art* à Paris. Il réalisa ses premières peintures à l'huile en 1923. Il délimite les formes primitives de ses personnages d'arabesques noires peignant les différentes parties du corps par aplats de couleurs franches. Les visages rendus en quelques traits semblent recouverts de masques. Sa technique simple et efficace rend la vie du peuple opprimé. Il a réalisé des peintures murales à l'Institut d'études hispaniques de l'université de Paris.
Bibliogr. : In : *Cien Anos de pintura en Espana y Portugal, 1830-1930,* Antiqvaria, t. V, Madrid, 1991.
Musées : Bruxelles (Mus. roy. des Beaux-Arts) – Cleveland : *Métaphysique* – Madrid (Mus. d'Art Contemp.) – New York – Pittsburgh – Séville (Mus. d'Art Contemp.).

MATERA Benedetto da. Voir **BENEDETTO da Matera**

MATERA Francesco
Né à Trapani. XIXe siècle. Actif dans la première moitié du XIXe siècle. Italien.
Peintre.
A peint un *Saint François* pour l'église du même nom à Palerme, et un *Archange Raphaël* pour l'église de la Comp. dei SS Quaranta Martiri dans la même ville.

MATERA Giovanni
Né en 1653 à Trapani (Sicile). Mort en 1708 à Palerme. XVIIe siècle. Italien.
Sculpteur sur bois.
A peint pour l'église S. Antonio da Padova à Palerme quatre tableaux de crèche (*Nativité, Adoration des Mages, Présentation au Temple* et *Massacre des Innocents*). Les Musées de Palerme, de Trapani et de Munich possèdent des œuvres de lui.

MATERA Rosario
Originaire de Trapani en Sicile. XVIIIe siècle. Italien.
Peintre.
Le Musée de Trapani et les églises de cette ville possèdent plusieurs de ses œuvres ; l'*Annonciation* est à SS. Annunziata, *Scène de la vie d'Abraham,* à S. Domenico, et *Saint Michel,* à l'église del Purgatorio.

MATERASSI Adolfo
Mort en 1887 à Gênes. XIXe siècle. Italien.
Dessinateur et caricaturiste.

MATERASSI Ettore
Né en 1877 à Florence (Toscane). XXe siècle. Italien.
Peintre.
Il fut élève de l'école professionnelle. Il résida à Florence. Il prit part en 1900 au concours Alinari avec son tableau *Mater afflictorum.*

MATERN
XIXe siècle. Allemand.
Graveur sur pierre et sur bois.
A exécuté l'autel de la chaire de l'église de Engelbosten vers 1788. A comparer avec Mattern (Carl Maximilian).

MATERN di Cilano Johann Jakob
Né le 8 juin 1687 à Presbourg. Mort le 1er avril 1777 à Presbourg. XVIIIe siècle. Autrichien.
Peintre.

MATERNA Johann
Mort le 23 octobre 1683 à Prague. XVIIe siècle. Actif à Prague. Tchécoslovaque.
Stucateur.

MATERNA Peter
XVIIe siècle. Allemand.
Sculpteur.
Il a exécuté de nombreuses fontaines en pierre dans la région de Lichtenstein.

MATES Juan
Né vers 1370 à Villafranca del Panadès (Catalogne). Mort en 1431 à Barcelone (Catalogne). XIVe-XVe siècles. Espagnol.
Peintre de compositions religieuses.
Il travailla à Barcelone entre 1391 et 1431.
On lui doit les retables de *Saint Martin* et de *Saint Ambroise*, dans la cathédrale de Barcelone ; le *Retable de saint Jacques*, dans la cathédrale de Tarragone ; et le *Retable des deux saints Jean*, aujourd'hui démembré.
Musées : Barcelone (Mus. des Beaux-Arts de Catalogne) : *Mise au tombeau* – Cagliari, Sardaigne – Castres : *Saint Jean à Pathmos*.

MATET Charles Paulin François ou **Mattet**
Né le 13 février 1791 à Montpellier (Hérault). Mort le 19 juillet 1870 à Montpellier (Hérault). XIXe siècle. Français.
Peintre de portraits et de genre.
Élève de son père et de Hersent. Il fut nommé conservateur du Musée Fabre à Montpellier et professeur à l'École des Beaux-Arts de cette ville. Il figura au Salon de 1824 à 1869. Chevalier de la Légion d'honneur le 14 août 1857. Ses peintures sont très achevées, selon les procédés de David et d'Ingres.

Musées : Béziers : *Portrait du baron de Senegra* – Draguignan : *Portrait de Floret, préfet du Var* – Laon : *L'homme à la canne* – Montpellier : *Le marquis de Montcalm* – *Portrait d'un prêtre* – *Portrait de femme* – *Portrait de l'artiste, peint par lui-même* – *La veste de velours* – *Fruits, nature morte* – *Portrait d'Ulysse Cros* – *La main d'Alfred Bruyas* – *La convalescente en prière* – Saint-Étienne : *La liseuse*.
Ventes Publiques : Londres, 24 juin 1983 : *Portrait d'un jeune garçon*, h/t (98,5x75,8) : **GBP 3 000**.

MATET Jean François
Né le 6 juillet 1870 à Montpellier (Hérault). XIXe-XXe siècles. Français.
Peintre.
Il fut élève de Bouguereau et T. R. Fleury. Il exposa au Salon des Artistes Français, à Paris, à partir de 1899.

MATEU Antonio ou **Matheu**
XVe siècle. Espagnol.
Sculpteur.
A travaillé en 1439 aux « Ystories » du portail du chœur de la cathédrale de Valence.

MATEU Assumpcio
Né en 1952 à Gérone (Catalogne). XXe siècle. Espagnol.
Peintre. Abstrait-informel.
Il vit et travaille à Barcelone.
Il participe à de nombreuses expositions collectives depuis 1974, à Barcelone, Bâle, Montréal, Lérida, Tarragone, à Valence au Salon d'Art méditerranéen en 1986, à Paris à la FIAC (Foire Internationale d'Art Contemporain) en 1988 et 1989 et au Salon des Réalités Nouvelles en 1990, à Gérone au Centre d'art contemporain en 1990. Il montre ses œuvres dans des expositions personnelles depuis 1972 en Espagne, Italie Suisse, Hollande, au Canada.
Il puise son inspiration dans la réalité. Les quatres éléments, l'air, l'eau, la terre, le feu, des éléments d'architecture, des souvenirs de voyage sont source de visions abstraites. Dans des compositions sombres, il soigne les effets de matière, les fonds évoquent la surface de murs sur lesquels viennent s'inscrire des ébauches de signes.
Bibliogr. : In : *Catalogo nacional de arte contemporaneo*, Iberico 2mil, Barcelone, 1990.

MATEU Berenguer
XVe siècle. Actif à Valence dans la première moitié du XVe siècle. Espagnol.
Peintre.
A travaillé sous la direction d'Alcaniz à la Cap, mayor de la cathédrale de Valence.

MATEU Berenguer
XIXe siècle. Actif à Madrid. Espagnol.
Lithographe.
A collaboré de 1826 à 1837 à la *José Madrazos Colleccion litograf. de Cuadros de D. Fernando VII*.

MATEU Jaime ou **Jacobo**
XVe siècle. Actif à Valence dans la première moitié du XVe siècle. Espagnol.
Peintre.

MATEU Juan
XIVe-XVe siècles. Espagnol.
Peintre.
On sait seulement qu'il était à Barcelone dès 1391. Le Musée des Arts de Catalogne à Barcelone conserve de lui un *Saint Sébastien et la Crucifixion*, peint entre 1421 et 1425.

MATEU Julia
Née le 14 juin 1941 à Barcelone. XXe siècle. Espagnole.
Peintre, dessinatrice.
De 1949 à 1954, elle s'initia seule à la peinture, découvrant en 1958 le musée du Prado à Madrid, qui l'impressionna vivement.
Elle vit et travaille à Sant Marti d'Empuries (Gérone).
Elle participe à des expositions collectives : 1969 Cork et Belfast ; 1971 *Panorama de la plastica catalana* à Barcelone ; 1973 Foire de Bâle ; 1974 et 1975 FIAC (Foire Internationale d'Art Contemporain) à Paris ; 1975 musée national de Buenos Aires. Elle montre ses œuvres dans des expositions personnelles : 1962 et 1967 Gérone ; 1965, 1967, 1968 et 1970 Salon d'Art moderne de Barcelone ; 1967 Dublin ; 1969 Édimbourg.
Elle désire reproduire un climat, une atmosphère et même des « sons visuels », considérant chaque œuvre comme un fragment d'un travail plus global.
Musées : Ibiza (Mus. d'Art Contemp.).

MATEU de Amo
XIVe siècle. Espagnol.
Sculpteur.

MATEUS Tuvekin Van Stakenburgh. Voir **MATTHIEU T. v. S**

MATEVSKI Matt Kiril
Né en 1946 à Skopje. XXe siècle. Actif depuis 1966 en France. Yougoslave.
Peintre de figures, sujets divers, peintre à la gouache, aquarelliste. Expressionniste.
Il expose à Paris, en 1989 au Salon des Indépendants, à La Haye et Bruxelles. Il expose individuellement : 1972 Barcelone ; 1976, 1979 Paris ; 1987 Belgrade ; 1988 Salzbourg, Paris ; 1989 Copey (Suisse).

MATEYKO Jan. Voir **MATEJKO**

MATH Andreas
XVIIIe siècle. Allemand.
Peintre.
Il peignit en 1747 les tableaux des deux autels latéraux du monastère de Fürstenzell et trois tableaux pour les autels latéraux du monastère d'Aldersbach.

MATHAEI Petrus. Voir **MATEJEVIC**

MATHAEO Giovanni ou **Matheo, Matteo**
XVIIIe siècle. Actif à Munich. Allemand.
Sculpteur.
A travaillé depuis 1700 pour le château de Schleissheim, et depuis 1716 pour ceux de Lusteheim et de la Ludwigsburg.

MATHAEO Michael ou **Matheo, Matteo**
XVIIIe-XIXe siècles. Allemand.
Sculpteur.
A travaillé vers 1800 au maître-autel de l'église d'Altötting.

MATHALM, dit **Lefranc**
XVIIIe siècle. Français.
Ébéniste.
Il eut de 1783 à 1793 un atelier à Bordeaux.

MATHAM Adriaen Jacobz
Né vers 1599 à Haarlem. Mort le 23 novembre 1660. XVIIe siècle. Actif à La Haye. Hollandais.
Peintre, graveur.

Troisième fils et élève de Jacob Matham. Il travailla à Haarlem de 1624 à 1627, puis s'établit à La Haye. Il alla en 1640 au Maroc avec l'ambassadeur des États Généraux. Il a gravé cinq planches relatives à ce voyage *(Palatium magni regis Maroci)* et de nombreux portraits des comtes de Hollande. En 1646, il fit partie de la gilde de La Haye.

MATHAM Jacob
Né le 15 octobre 1571 à Haarlem. Mort le 20 janvier 1631 à Haarlem. XVIe-XVIIe siècles. Hollandais.
Peintre de portraits, scènes de genre, natures mortes, dessinateur, graveur.
Élève de son beau-père H. Goltzius, il alla en Italie avec Fraut Badens et travailla longtemps à Rome. Il était en 1600 dans la gilde d'Haarlem, dont il fut doyen en 1605.
Jacobus Matham a gravé un grand nombre d'ouvrages d'après Goltzius. Il termina les deux plaques des *Noces de Cana*, d'après Salviati, laissées inachevées par son beau-père. Il travailla exclusivement au burin. Son œuvre gravé est considérable et ses estampes portent les marques de *Math. Inv., J. Math. Inv., M. fc.* Comme peintre, on lui doit surtout des portraits ; on cite notamment ceux des *Ducs Guillaume* et *Jean de Cleves*, qui furent gravés par Swaneburg.

Musées : Haarlem (Mus. mun.) : *La Brasserie Hetsclup à Haarlem.*
Ventes Publiques : Londres, 7 avr. 1981 : *Vieux Couple en conversation* 1612, pl. et pierre noire (19,8x18) : **GBP 650** – Amsterdam, 25 avr. 1983 : *Vénus et Allégorie*, pl. et encre brune sur traces de pierre noire/parchemin (30,5x25) : **NLG 12 500** – Berne, 17 juin 1987 : *Cupidon et Psyché* 1607, grav./cuivre : **CHF 2 400** – Londres, 7 juil. 1992 : *La Vanité* 1621, craie noire et encre/vélin (30,3x24,5) : **GBP 11 000**.

MATHAM Jan
Né en janvier 1600. Mort en 1648 à Haarlem. XVIIe siècle. Hollandais.
Peintre et graveur.
Fils aîné de Jacob Matham. Il fit partie de la gilde en 1628 et eut pour élèves Willem Dirck et Dirck der Wulp en 1637. Il peignit quelques natures mortes et grava des *Scènes de genre*, d'après Brouwer, Van Campen et A. v. d. Venne.

MATHAM Theodor Dirck
Né en 1606 à Haarlem. Mort le 26 mars 1676 à Amsterdam. XVIIe siècle. Hollandais.
Peintre de figures, portraits, compositions décoratives, dessinateur, graveur.
Second fils et élève de Jacob Matham. Il alla à Rome de 1633 à 1637 et y fut élève de Cornélis Bloemaert. Il fut employé dans cette ville à la gravure des statues du Palazzo Giustiniani. Comme peintre, il travailla notamment à Turin pour la décoration d'un des palais du duc de Savoie. Il était en 1621 dans la garde civile et entra dans la gilde de Haarlem en 1637, probablement lors de son retour d'Italie. Il fut un des fondateurs de la Pictura à La Haye en 1656.
L'œuvre de Matham est considérable et comprend surtout des portraits, exécutés au burin pour la plupart.
Ventes Publiques : Paris, 10 et 11 mai 1926 : *Tête de jeune homme*, pierre noire et sanguine : **FRF 580** – New York, 16 jan. 1985 : *Portrait d'un homme tenant une coupe et une pipe* 1633, pl. et encre brune (41x33) : **USD 2 500** – New York, 9 jan. 1991 : *Cupidon avec une ville à l'arrière-plan* 1626, craie noire, sanguine et encre/vélin (diam. 9,5) : **USD 4 950**.

MATHAN Raoul de
Né en 1874 à Albi (Tarn). Mort en 1938. XIXe-XXe siècles. Français.
Peintre de compositions animées, portraits, paysages.
Il participa à Paris, aux Salons d'Automne de 1902 et 1903, dans la salle qui fut dite des Fauves, et des Indépendants.
Il a peint de nombreux paysages du Midi.

Ventes Publiques : Paris, 14 mai 1925 : *Le Violoneux* : **FRF 280** – Paris, 20 oct. 1926 : *Cassis le matin* : **FRF 260** – Paris, 24 avr. 1929 : *Le verger au matin* : **FRF 135**.

MATHAUS
Mort en 1524. XVIe siècle. Autrichien.
Moine et sculpteur.

MATHE Basile
Né au XIXe siècle à Saint-Pétersbourg. XIXe siècle. Russe.
Graveur.
Figura au Salon de Paris où il obtint des mentions honorables en 1882 et 1883.

MATHE Elisabeth
Née au XIXe siècle à Niort (Deux-Sèvres). XIXe-XXe siècles. Française.
Peintre de genre, portraits.
Elle vécut et travailla à Bordeaux. Elle participa en 1896, au Salon des Artistes Français, à Paris.

MATHÉ Jules Hervé
Né en 1868. Mort en 1923 ou 1953. XIXe-XXe siècles. Français.
Peintre de paysages animés, paysages.
Il a travaillé dans des régions très diverses de France. *Voir aussi HERVÉ-MATHÉ Jules Alfred.*
Ventes Publiques : Sceaux, 11 mars 1990 : *Marché aux fleurs à Dinan*, h/cart. (37x46) : **FRF 17 100** – Sceaux, 10 juin 1990 : *Paysage des Alpes en été*, h/t (46x55) : **FRF 15 000** – Paris, 1er oct. 1993 : *Bretagne, Ploumanach*, h/pan. (18,8x26,5) : **FRF 3 000** – Chaumont, 17 sep. 1995 : *Pêcheurs sur le lac d'Annecy*, h/t (38x46) : **FRF 5 000**.

MATHÉ Wassilij
Né le 23 février 1856 à Wirballen. Mort le 9 avril 1917 à Saint-Pétersbourg. XIXe-XXe siècles. Russe.
Graveur, sculpteur.
Élève de l'École de dessin de Saint-Pétersbourg et de l'Académie de cette ville. Il fut envoyé de 1880 à 1883 comme boursier à Paris chez Pannemaker et Ferd. Gaillard.
Il est considéré comme le graveur russe le plus important de la seconde moitié du XIXe siècle.

MATHECHASS Erich Friedrich Karl
Né le 3 mars 1866 à Charlottenbourg (Prusse). XIXe-XXe siècles. Allemand.
Peintre d'histoire, genre, portraits, paysages.
Il fut élève de Hugo Vogel à l'académie des beaux-arts de Berlin, puis se fixa à Charlottenbourg. *Voir aussi MATTSCHATZ.*

MATHEI Franciscus
XVIe siècle. Actif à Raguse au début du XVIe siècle. Autrichien.
Peintre.

MATHEI Gabriel ou **Mattei, Mathieu**
Originaire de Rome. XVIIIe siècle. Italien.
Peintre et graveur.
Il copia en 1727 une *Consolatrix afflictorum* pour l'église des Capucins à Vienne, où du reste il s'établit. Il aurait également peint pour l'église des Frères mineurs de cette ville deux tableaux.

MATHEIS Jörg. Voir **MATHEUS Georges**

MATHELIN
XVIIIe siècle. Actif à Paris. Français.
Ébéniste.
Il travailla au début du XVIIIe siècle pour l'Hôtel de Condé.

MATHELIN Lucien
Né le 15 août 1905 à Binche (Hainaut). Mort le 8 décembre 1981 à Paris. XXe siècle. Actif en France. Belge.
Peintre.
Issu d'une famille d'artistes, il bénéficie dès l'enfance d'une formation artistique et plastique privilégiée ; rien d'étonnant donc à ce que l'image soit devenue pour lui une langue courante, un vécu quotidien. En 1925-1926, il séjourne au Maroc, et, un peu plus tard, en 1933-1934 en Grèce.
À dix-neuf ans, il est invité à Paris, au Salon d'Automne ; il en deviendra bientôt sociétaire ; de la même façon il participera aux Salons des Indépendants, des Tuileries, des Artistes décorateurs et de l'Imagerie. Il est représenté au Salon Comparaisons depuis sa création, à la Biennale de Paris, aux Salons de Mai, de la Jeune Peinture, ainsi que dans plusieurs maisons de la culture, notamment en 1975 à Grenoble. En 1937, il travaille avec Raoul Dufy (1877-1953) au panneau de la *Fée électricité* pour l'Exposition universelle à Paris. Il montre ses œuvres dans des expositions personnelles annuellement à Paris depuis la première en 1925, en 1972 à la Maison de la culture de Villeparisis, ainsi que dans

de grandes villes de province (Lyon, Grenoble, Nice, Cannes, Bordeaux, Aix-en-Provence, Maison de la culture du Havre en 1975...) et à l'étranger (Athènes en 1933, New York, Miami, Tôkyô, Londres, Dublin, Madrid, Hambourg, Bielefeld, Worpswede...). En 1971, le Musée d'Art moderne de la ville de Paris lui consacre une exposition dans le cadre de l'A.R.C. (Animation, Recherche, Confrontation).
Originaire du Nord, c'est à la tradition flamande qu'il emprunte la technique du trompe-l'œil, mais parler d'hyperréalisme à son propos serait ne juger que la forme sans référence à son contenu et parler de surréalisme serait confondre un ailleurs, réel mais autre, avec la surréalité. Son art consiste à démentir les relations habituelles des objets et dénoncer les faux rapports que nous avons avec les choses : il apporte un grain de sable qui dérange. L'humour, toutefois, est toujours présent et nous invite à partager avec l'artiste son plaisir de peindre, plaisir de l'œil devant des compositions pensées et raffinées, mises en valeur par une gamme chromatique inattendue parfois, toujours chaude et harmonieuse, plaisir de l'esprit convié, par des objets familiers, à entrer dans leur étrangeté, avec la complicité souriante d'un clin d'œil. Ainsi dans une récente série, *Chefs d'œuvre en péril*, Mathelin, avec la virtuosité mordante qui lui est propre, confronte, à partir de quelques grandes œuvres passées, les stigmates laissés par les ans et les soi-disant bienfaits d'un progrès économique, scientifique, social ou politique. Dans *L'Été*, les divers végétaux qui composent le portrait d'Arcimboldo (vers 1527-1593) deviennent des légumes en conserve. Mises en boîte s'il en est et de toutes les acceptations. À l'A.R.C, à Paris, il présentait sa série des *Monumensonges* commencée lors des événements de 1968. Pas un Français qui n'y soit insensible, moins encore une âme artiste dont le propos est de palper la permanence des sentiments, face à l'éphémère des événements. Dans *L'Arc de Triomphe*, le rendu illusionniste accentue singulièrement l'impact de la condamnation portée à ce symbole. En janvier 1975, certaines toiles sont condamnées par la Commission de censure des affiches de film. ■ Jacques Busse

Bibliogr. : In : *Dict. biogr. ill. des artistes en Belgique depuis 1830*, Arto, Bruxelles, 1987.
Musées : Dallas – Göteborg – Paris (Mus. d'Art Mod. de la Ville).
Ventes Publiques : Paris, 25 fév. 1976 : *Turf*, h/t (100x81) : **FRF 2 100** – Paris, 11 déc. 1991 : *Les bonnes pommes*, h/t (65x54) : **FRF 6 800**.

MATHEO Giovanni et **Michael**. Voir **MATHAEO**

MATHEO Hernando
XVIe siècle. Actif à Séville vers 1580. Espagnol.
Sculpteur.

MATHEOS José. Voir **MATEOS**

MATHER François
XVIIIe siècle. Actif à Nantes vers 1730. Français.
Sculpteur.

MATHER John
Né en 1848 en Écosse. Mort en 1916. XIXe-XXe siècles. Actif à Melbourne. Britannique.
Peintre de paysages, aquarelliste.
Il vint dans l'État de Victoria en 1878 et prit une place distinguée parmi les artistes australiens, s'associant aux principales expositions de la région. En 1893, il fut nommé bibliothécaire public et conservateur du Musée de Melbourne.
Musées : Melbourne : *Automne dans les jardins de Fitzwy*, deux aquarelles – Sydney : Trois aquarelles.
Ventes Publiques : Rosebery (Australie), 29 juin 1976 : *Paysage de printemps* 1905, h/t (29x59,5) : **AUD 600** – Sydney, 2 mars 1981 : *Sur la rivière Stephenson près de Maryville*, h/t (41x51) : **AUD 5 600** – Londres, 1er déc. 1988 : *La porte blanche*, aquar. (34,3x27,9) : **GBP 1 430**.

MATHER T.
XVIIe siècle. Français.
Peintre de natures mortes.
Le Musée de Nantes possède de lui : *Poule, perdrix, lièvre et canards*, nature morte, *Carpe, barbeaux, tranche de saumon, groupés autour d'un chaudron*, nature morte. Ces œuvres sont signées : *Mather fecit* 1671.

MATHERAN Françoise
Née le 25 août 1929 à Paris. XXe siècle. Française.
Peintre de natures mortes.
Elle participa à Paris, au Salon des Réalités Nouvelles, en 1973 et 1974. Sa première exposition personnelle eut lieu en 1971 à Paris, puis de nouveau en 1974, en 1998 galerie Coard.
Sa peinture peut se situer dans la postérité de de Staël et Morandi. Elle peint des natures mortes, qui ne sont que prétextes à des accords de teintes grises et bleues très subtiles, d'autant qu'au cours de son évolution, elle semble prendre une distance croissante d'avec la réalité identifiable et accepter le parti et le pari abstraits.

MATHÉRISSON Sébastien
XVIIe siècle. Actif dans la seconde moitié du XVIIe siècle. Français.
Ornemaniste.
Ce ferronnier d'art a exécuté la grille du chœur de l'église du Val-de-Grâce, à Paris.

MATHES Christoph Georg ou **Christian Gottfried** ou **Matthes**
Né en 1738 à Berlin. Mort vers 1805. XVIIIe siècle. Allemand.
Peintre de portraits et de paysages, graveur.
Élève de Chretien Bernhard Rode. Il grava les illustrations de Rode pour les Fables de Gellert et les Satires de Rabener. Il a gravé des portraits et des sujets de genre.

MATHES Elisabeth Christina ou **Matthes**. Voir **MATTHES**

MATHES Karola de. Voir **BAR Karola**

MATHES Michael
Né le 29 juillet 1814 à Vienne. Mort le 2 septembre 1869 à Vienne. XIXe siècle. Autrichien.
Graveur de monnaies et de médailles.

MATHES Nikolaus
Né le 23 mars 1845 à Burrweiler dans le Palatinat. Mort le 8 décembre 1921 à Munich. XIXe-XXe siècles. Allemand.
Peintre de genre et de batailles.
Élève de W. Lindenschmit à l'Académie de Munich. Il s'établit dans cette ville où il exposa en 1883. L'État bavarois a acquis : *Printemps, Sacristie, Le traîneau rouge*. La Galerie municipale de Munich possède : *Portrait de l'artiste peint par lui-même* et *Intérieur*.

MATHES Nikolaus Christopher. Voir **MATTHES**

MATHES Paul ou **Matthis**
XVIIIe siècle. Allemand.
Peintre de paysages.
Il travailla à Berlin vers 1787.

MATHET Louis Dominique
Né le 20 novembre 1853 à Tarbes (Hautes-Pyrenées). Mort en 1920. XIXe-XXe siècles. Français.
Sculpteur, médailleur.
Il fut élève d'Augustin Dumont.
Il exposa, de 1884 à 1914, au Salon des Artistes Français, dont il fut membre sociétaire à partir de 1887. Il obtint une mention honorable en 1887, une médaille de troisième classe en 1889 à l'Exposition universelle de Paris et une médaille d'argent à celle de 1900.
Musées : Amiens (Mus. de Picardie) : *Hésitation* – Avignon (Mus. Calvet) : *Oréade, nymphe des montagnes* – Tarbes : *Première Prière – Inondation*.

MATHEU. Voir aussi **MATEU**

MATHEU Cornelis ou **Matteus, Matthus, Mattue**
XVIIe siècle. Éc. flamande.
Peintre, graveur.
Fils d'un paysagiste, Pieter Matheu. Il travailla à Anvers en 1637. Il peignit des paysages à la manière de Jan Both, et ses gravures se distinguent par la finesse de l'exécution.
Ventes Publiques : Stockholm, 15 nov. 1989 : *Paysage de forêt avec des personnages sur le chemin*, h/pan. (46x36) : **SEK 21 000** – New York, 14 jan. 1993 : *Chasseurs sur un chemin près d'un torrent dans un vaste paysage montagneux*, h/t (95,2x135,8) : **USD 8 800** – Londres, 8 déc. 1993 : *Paysage fluvial avec une tour*, h/pan. (34,9x46,5) : **GBP 4 140** – Amsterdam, 14 nov. 1995 : *Paysage accidenté au clair de lune*, h/pan. (36x32,5) : **NLG 8 850**.

MATHEU MONTALVO Pedro de
Né en 1900 à Santa Ana, d'une famille d'origine espagnole. Mort le 22 avril 1965 à Madrid. XXe siècle. Actif en Espagne. Salvadorien.
Peintre de paysages. Postimpressionniste.
Il fut élève à Paris, de l'académie de la Grande Chaumière. Il

s'installa dans les années quarante en Espagne. Il fut membre de l'académie des beaux-arts de Séville, à partir de 1957.
Il participa à Paris aux Salons de la Société Nationale des Beaux-Arts en 1921, des Tuileries en 1925, ainsi qu'à l'Exposition Ibero-Américaine de Séville en 1931 où il reçut une médaille d'or. En 1941, il fut invité à une exposition organisée par le ministère espagnol des Affaires étrangères. Deux ans après sa mort, une rétrospective de son œuvre fut montrée au musée espagnol d'Art contemporain.
Il fut influencé par l'œuvre de Cézanne et de Vazquez Diaz, et surtout celle d'Alexandre Altmann. Il a cherché à exalter la couleurs dans des œuvres lumineuses et a adopté une touche nerveuse.

MATHEUS. Voir aussi **MATEO**

MATHEUS
XVe siècle. Allemand.
Enlumineur.
Vers 1490, cet artiste enlumina d'après des tableaux de maîtres et en particulier de Schongauer, un Graduel hussite très probablement pour Michael von Urchowist de Kuttenberg. Cet ouvrage, qui se trouve actuellement au Musée Ambras de Vienne est bien un travail allemand de l'école du XVe siècle.
Musées : Vienne (Mus. Ambras).

MATHEUS
XVIe siècle. Travaillant en Italie. Italien.
Graveur sur bois.

MATHEUS Georges
XVIe siècle. Actif à Augsbourg. Allemand.
Graveur sur bois.
Il travailla de 1554 à 1572 à Lyon et grava des sujets religieux et mythologiques, en particulier la *Fuite en Égypte, Entrée de Marthe et Madeleine au Temple, Diane et Actéon.*

MATHEUS Jan. Voir **MATHYS**

MATHEUS Jean
XVIIe siècle. Actif à Paris vers 1620. Français.
Graveur.
Il travailla surtout pour les libraires. Il a gravé trente-six planches pour l'édition française des *Métamorphoses* d'Ovide en 1619, et des sujets religieux, d'après ses propres dessins.

MATHEUS Thomas. Voir **MATHISEN**

MATHEUS Tuvekin Van Stakenburgh. Voir **MATTHIEU T. v. S.**

MATHEUSSENS Mathieu ou **Mattheus, Matthysens**
Originaire de Malines. Mort en 1677. XVIIe siècle. Français.
Peintre.
Élève de Martin Pepin à Anvers en 1613, il devint maître peintre à la détrempe en 1615 et se maria la même année. Il abandonna sa famille en 1625, alla à Anvers et y travailla comme maître de la Gilde en 1629 sous la direction de Michel Van der Hagen. Il eut pour élève Nicolas Van Hog, à Anvers, en 1636. Le château de Gaum, au Danemark, conserve de lui une *Nature morte*.

MATHEVS. Voir **MATTHYS**

MATHEWS Arthur Frank
Né le 1er octobre 1860 dans le Wisconsin. Mort en 1945. XIXe-XXe siècles. Américain.
Peintre de figures, portraits, paysages.
Il fut élève de Boulanger à Paris. Il vécut et travailla à San Francisco.
Il reçut une médaille d'or en 1925.
Musées : New York (Metropolitan Mus.) : *Paysage de Californie*.
Ventes Publiques : Los Angeles, 18 juin 1979 : *La découverte de la baie de San Francisco par Portola* 1896, h/t (177,8x149,8) : **USD 17 000** – San Francisco, 21 juin 1984 : *Jeune fille en blanc, cueillant des fleurs*, past. (48x38) : **USD 2 550** – New York, 13 déc. 1985 : *The swan* 1915, h/t (100,9x120,5) : **USD 100 000** – New York, 30 nov. 1990 : *Portrait de Xavier Martinez*, h/t/pan. (23,2x21) : **USD 15 400**.

MATHEWS Ferdinand
Né en 1854 à New Brighton. XIXe siècle. Actif à Cambridge (États-Unis). Américain.
Peintre de fleurs, paysages, illustrateur.

MATHEWSENS Francis
Mort en 1678. XVIIe siècle. Actif à Dublin. Britannique.
Peintre de perspectives.
Il fut membre de la gilde Saint-Luc.

MATHEWSON Frank Convers
Né en 1862 à Barrington. XIXe-XXe siècles. Américain.
Peintre de paysages.
Il fut élève de Laurens à Paris. Il vécut et travailla à Providence.

MATHEY C.
XVIIIe-XIXe siècles.
Graveur.
Il a signé un portrait d'*Arcange Corelli*, d'après Howard, de *Philibert Ier, duc de Bourgogne*, de l'*Amiral Martin Harpertz*, de *Guillaume III, roi d'Angleterre*, du *Duc de Grammont* (d'après Waillant).

MATHEY Georg Alexander
Né le 13 septembre 1884 à Hermannstadt (Sibiu, Roumanie). XXe siècle. Allemand.
Peintre, dessinateur.
De 1916 à 1918, il fut rédacteur de la revue d'art *Wieland*. Il vécut et travailla à Berlin.
Il a peint surtout des paysages, s'inspirant entre autres, de Saint-Cloud, du sud de la France et de l'Espagne, ainsi que *Fleurs d'automne*.
Musées : Plauen : *Fleurs d'automne*.

MATHEY Georges
Né le 15 mai 1887 à Crèches-sur-Saône (Saône-et-Loire). Mort pour la France durant la Première Guerre mondiale (1914-1918). XXe siècle. Français.
Sculpteur.
Il fut élève d'Injalbert et Hannaux. Il exposa à Paris, au Salon des Artistes Français, où il obtint une médaille en 1911, après un premier prix de Rome en 1909.
Ventes Publiques : Paris, 17 nov. 1992 : *Baigneuse* 1911, bronze (H. 31,5) : **FRF 4 200**.

MATHEY Jacques
Né le 14 novembre 1883 à Paris. Mort le 7 novembre 1973. XXe siècle. Français.
Peintre de nus, paysages.
Il est le fils de Paul. Il fut également écrivain d'art.
Il exposa à Paris, aux Salons de la Société Nationale des Beaux-Arts et des Tuileries.
Ventes Publiques : Paris, 12 mars 1941 : *Nu au divan* : **FRF 200** – Paris, 23 mars 1945 : *Le lever* : **FRF 850** – Paris, 25 juin 1945 : *Le coucher* : **FRF 300** – Genève, 18 mai 1973 : *Les quais et Notre-Dame* : **CHF 3 000**.

MATHEY Jean Baptiste ou **Matthaï, Mathieu, Matthäus**, dit aussi **Burgundus**
Né vers 1630 à Dijon. Mort en décembre 1695 à Paris. XVIIe siècle. Français.
Architecte et peintre.
Il appartient sans doute à la famille des sculpteurs sur pierre Mathey de Besançon. En 1655 il se rend en Italie, séjourne à Modène, Bologne et Rome, où il entre en relations avec Claude Lorrain. En 1675 il s'installe à Prague, où il sera pendant 20 ans l'architecte le plus recherché de la noblesse tchèque. En 1695 il suit le comte de Sternberg à Munich, Augsbourg et Paris, où il meurt peu de temps après son arrivée. On cite parmi ses œuvres un *Portrait de J. Franchimont* chez les Carmélites de Prague et trois panneaux concernant la vie de saint Wenzel.

MATHEY Maurice
Né le 22 janvier 1878 à Le Locle (Neuchâtel). XXe siècle. Suisse.
Peintre de figures, paysages.
Il fut élève de Ch. Cottet. Il vécut et travailla dans sa ville natale.
Musées : Le Locle.

MATHEY Michel
XIVe siècle. Actif à Toul. Éc. lorraine.
Sculpteur.

MATHEY N. F.
XVIIIe siècle. Actif au début du XVIIIe siècle. Français.
Graveur au burin.
Il a gravé des sujets religieux, des sujets de genre et des portraits.

MATHEY Paul
Né le 14 novembre 1844 à Paris. Mort en 1929. XIXe-XXe siècles. Français.
Peintre de portraits, paysages, marines, graveur, dessinateur.

Élève de Léon Cogniet, Pils, Mazerolle et Oury, il débuta au Salon de 1868. Médaille de troisième classe en 1876, de deuxième classe en 1885, médaille d'or en 1889 (Exposition Universelle), il fut fait chevalier de la Légion d'honneur la même année.
Artiste d'un goût très délicat, Paul Mathey a réuni une remarquable collection de peintures et de dessins. Il a aussi gravé à l'eau-forte quelques portraits.

Musées : Château-Thierry : *Jeune Italienne* – Dieppe : *Camille Saint-Saëns composant au piano – Paysage* – Luxembourg : *Portraits de Félicien Rops – Portrait du père de l'artiste.*
Ventes Publiques : Paris, 1897 : *Bords de la mer à Crotoy* : **FRF 132** – Paris, 16 mai 1900 : *La Plage de Cabourg* : **FRF 180** – Paris, 20 nov. 1918 : *Portrait d'Edgar Degas* : **FRF 320** – Paris, 11-13 juin 1923 : *Brocanteur* : **FRF 800** – Paris, 16 juin 1925 : *Étalage de fleuriste* : **FRF 320** – Paris, 17-18 juin 1927 : *Chez la fleuriste* : **FRF 880** – Paris, 22 fév. 1936 : *Roses*, aquar. : **FRF 125** – Paris, 17 déc. 1943 : *Route forestière ; Cimetière*, deux peint. : **FRF 250** – Paris, oct. 1945-juil. 1946 : *Étude de nus*, dess. reh. : **FRF 1 300** – Paris, 1er juil. 1988 : *Paysage broussailleux*, h/t (60x73) : **FRF 3 000** – Paris, 12 juin 1990 : *Pâturage*, h/pan. (14,5x23,5) : **FRF 16 000** – Paris, 23 nov. 1990 : *Portrait de Félicien Rops* 1888, cr. et reh. de blanc (30,5x21,5) : **FRF 8 300** – Monaco, 18-19 juin 1992 : *Portrait d'homme devant une peinture de Degas*, h/pan. (41,2x31,3) : **FRF 61 050** – New York, 17 jan. 1996 : *Au large des côtes de la Manche*, h/t (67,9x95,3) : **USD 1 725** – Monaco, 14-15 déc. 1996 : *Portrait de Philippe, duc d'Orléans* 1895, h/t (144x105) : **FRF 10 530** – Paris, 4 avr. 1997 : *Vue de village en Bretagne avec jeune garçon au premier plan*, h/pan. d'acajou (23x36) : **FRF 6 200**.

MATHEY Paul
Né en 1891 à Auvernier (Neuchâtel). Mort en 1972. XXe siècle. Suisse.
Peintre de paysages, fleurs, aquarelliste, peintre de décors de théâtre.
Il fit ses premières études à New York, à l'Art Student's League, de 1905 à 1910. Il revint alors à Genève, où il s'installa et où il fut élève de Barthélémy Menn, à l'école des beaux-arts. Il reçut également les conseils de Ferdinand Hodler. Il voyagea en Dalmatie, à Rome, et en Italie, en Belgique ; il a un atelier à Paris. En 1935, à Londres, il étudia tout spécialement les paysagistes anglais, qui l'ont influencé autant que les impressionnistes.
Bibliogr. : In : *Peintres contemp.*, Mazenod, Paris, 1964.
Musées : Aarau (Aargauer Kunsthaus) : *Bouquet rouge, blanc, bleu* 1945 – *Paysage* – Genève – Lausanne – Winterhur (Fond. Reinhart).

MATHEY Ulysse
Né au XIXe siècle. XIXe siècle. Français.
Portraitiste.
Exposa au Salon de Paris, de 1847 à 1850.

MATHEY-DORET Émile Armand
Né en 1854 à Besançon, de parents suisses. XIXe siècle. Naturalisé en France. Suisse.
Aquafortiste et graveur au burin.
Élève de Lehmann et de Waltner. Figura au Salon des Artistes Français. Membre de cette société depuis 1905, il obtint comme récompenses : une mention honorable en 1882, une médaille de troisième classe en 1883, de deuxième classe en 1887, une médaille d'argent en 1889 (Exposition Universelle), une médaille de première classe en 1891, une médaille d'or en 1900 (Exposition Universelle) ; chevalier de la Légion d'honneur depuis 1901.

MATHI de
XIXe siècle. Actif vers 1840. Allemand.
Miniaturiste.
Il a peint un *Portrait du duc Bernard de Saxe-Weimar.*

MATHIAS
XVe siècle. Actif à Kaschau en 1472. Allemand.
Peintre.
Il s'agit sans doute de Matthias, dit Moravus.

MATHIAS
XVIIIe siècle. Français.
Graveur.
Grava en pointillé *Ça ira*, d'après L. Boilly.

MATHIAS Broder. Voir **MATTHISEN**

MATHIAS Francis
Né au XIXe siècle à Paris. XIXe siècle. Français.
Peintre.
Il figura au Salon des Artistes Français ; médaille de troisième classe en 1892.

MATHIAS Gabriel
Mort en 1804. XVIIIe siècle. Français.
Peintre.
Exposa quelquefois à partir de 1761, mais n'étant pas apprécié comme artiste, il entra dans l'administration de la maison royale. Il mourut très vieux. Mac Ardell grava d'après lui : *Matelot attachant un cordage.*

MATHIAS Gabriel ou **Matthias**
Né en 1804 à Acton. XIXe siècle. Britannique.
Peintre de portraits et de genre.
En 1745 il était à Rome et fit des envois en 1761 et 1762 à la Free Society de Londres.

MATHIAS Jean
XVIIe-XVIIIe siècles. Français.
Sculpteur.
Fut un élève de P. Puget à Toulon. Il travailla à Marseille comme « maître-sculpteur des vaisseaux du roi ». Son œuvre principale est le buffet d'orgue de la cathédrale de Marseille (1657).

MATHIAS Moravus. Voir **MATTHIAS**

MATHIAS Roger
Né en 1884 à Bordeaux (Gironde). Mort en 1971. XXe siècle. Français.
Peintre d'intérieurs, paysages, natures mortes, fleurs.
Élève d'Émile Brunet, il peint des compositions très construites, aux contours denses, à la touche vibrante, représentant des villages de pêcheurs, scènes d'intérieur, paysages, natures mortes. Dominique Dussol écrit à son sujet, à la suite d'une rétrospective de son œuvre organisée à Mérignac en 1987, « s'attachant à la ligne dans sa réserve, à la couleur dans sa densité, à la forme dans son mystère, Mathias ne retient que l'essentiel du monde sentimental et sensible qui est le sien ».
Bibliogr. : Gérald Schurr, in : *Les Petits Maîtres de la peinture 1820-1920, valeur de demain*, Les Éditions de l'Amateur, t. VII, Paris, 1989.

MATHIAS von Neuburg
XVIIIe siècle. Allemand.
Stucateur.
Il travailla en 1728 au monastère de Plankstetten.

MATHIAS von Trier
XVIe siècle.
Sculpteur.
Il exécuta en 1549 une fontaine sur la place aux poissons de Presbourg.

MATHIES ou **Mathier**
XVIIIe siècle. Français.
Miniaturiste.
Le Musée du Louvre possède de lui une miniature datée de 1786 : *Jeune femme avec deux enfants.*

MATHIESEN. Voir aussi **MATTHIESEN**

MATHIESEN Egon
Né en 1907. Mort en 1976. XXe siècle. Danois.
Peintre de paysages, natures mortes.
Ventes Publiques : Copenhague, 25 sep. 1985 : *Nature morte* 1944, h/t (136x196) : **DKK 50 000** – Copenhague, 26 fév. 1986 : *Nuit, Florence* 1959, h/t (130x167) : **DKK 35 000** – Copenhague, 7 mai 1987 : *Composition* 1962, h/t (100x150) : **DKK 57 000** – Copenhague, 4 mai 1988 : *Composition* 1946 (38x45) : **DKK 8 500** – Copenhague, 30 nov. 1988 : *La fenêtre* 1971, h/t (100x76) : **DKK 9 000** – Copenhague, 10 mai 1989 : *Automne* 1973, h/t (100x96) : **DKK 9 000** – Copenhague, 20 sep. 1989 : *Automne* 1973, h/t (100x76) : **DKK 17 000** – Copenhague, 21-22 mars 1990 : *Jardin près de la mer* 1958, h/t (130x166) : **DKK 54 000** – Copenhague, 4 déc. 1991 : *Nature morte* 1944, h/t (136x200) : **DKK 47 000** – Copenhague, 4 mars 1992 : *Bretagne* 1974, h/t (100x76) : **DKK 6 000** – Copenhague, 2-3 déc. 1992 : *Composition* 1965, h/t (116x90) : **DKK 10 000** – Copenhague, 10 mars 1993 : *Composition*, h/t (116x90) : **DKK 10 000** – Copenhague, 6 sep.

1993 : *La vie toujours* 1974, h/t (100x76) : **DKK 12 000** – COPENHAGUE, 15 juin 1994 : *Cultures près de la mer*, h/t (131x166) : **DKK 12 500**.

MATHIESEN Marie, née **Lokke**
Née le 9 janvier 1877 à Oslo. XXe siècle. Active aux États-Unis. Norvégienne.
Peintre de portraits, paysages.
Elle étudia à Oslo et à Dresde. Elle vécut et travailla à Chicago.

MATHIEU. Voir aussi **MATIAS**

MATHIEU, dit **J. Dei** ou **J. Dati**
XVe siècle. Actif à Florence vers 1450. Français.
Graveur de sujets religieux, orfèvre, nielleur.

MATHIEU
XVIIIe siècle. Actif à Graz. Autrichien.
Graveur.

MATHIEU A.
XVIIe siècle. Français.
Peintre et graveur.
Il était actif à Dijon. À raprocher de Antoine Mathieu. Il grava d'après les projets de Godran : *Les Armes triomphantes de son Altesse le duc Despernon* en 1656.

MATHIEU Albert. Voir **ALBERT-MATHIEU**

MATHIEU Alexis
Né au XIXe siècle à Paris. XIXe siècle. Français.
Peintre de natures mortes.
Élève de Billon. Il exposa de 1866 à 1870.
VENTES PUBLIQUES : PARIS, 6 juil. 1993 : *Nature morte aux pêches, poires et raisin* 1867, h/t (22x35,6) : **FRF 7 100**.

MATHIEU André
Né le 3 juin 1893 à Paris. XXe siècle. Français.
Graveur.
Il exposa au Salon des Artistes Français, à Paris, il y obtint une mention et le prix Jules Robert.
Il pratiqua la gravure sur bois.

MATHIEU André
Né au Québec. XXe siècle. Canadien.
Sculpteur.
MUSÉES : MONTRÉAL (Mus. d'Art Contemp.) : *Éolienne*, bois.

MATHIEU Anna Rosina. Voir **LISZEWSKA**

MATHIEU Antoine
Né vers 1631 à Londres. Mort le 16 juillet 1673 à Paris. XVIIe siècle. Actif à Dijon et à Paris. Français.
Peintre de portraits et d'histoire.
Il devint en 1663 membre de l'Académie Royale grâce à son tableau *Le duc Philippe d'Orléans et sa femme*, qui se trouve aujourd'hui au Musée de Versailles. Celui-ci expose également un *Portrait de Philippe d'Orléans jeune*.

MATHIEU Arsène
Né au XIXe siècle à Bonneval. XIXe siècle. Français.
Peintre de paysages.
Élève de Aussandon. Il débuta au Salon en 1870.

MATHIEU Auguste
Né en 1810 à Dijon (Côte-d'Or). Mort en 1864 à Paris. XIXe siècle. Français.
Peintre d'intérieurs d'églises, paysages, paysages urbains.
Élève de Ciceri, il figura au Salon de 1833 à 1859, obtenant une médaille de troisième classe en 1842. Chevalier de la Légion d'honneur en 1859.
Il a peint des paysages, vues de villes et intérieurs d'églises qu'il peuple parfois de personnages historiques dans des compositions fantaisistes.
BIBLIOGR. : Gérald Schurr, in : *Les Petits Maîtres de la peinture 1820-1920, valeur de demain*, Les Éditions de l'Amateur, t. II, Paris, 1982.
MUSÉES : BOURG-EN-BRESSE : *Intérieur de l'église de Brou* – DIJON : *Vue intérieure de la salle des tombeaux des ducs de Bourgogne* – LANGRES : *Intérieur de Saint-Géréon à Cologne* – REIMS : *Grand-place de Prague et ancien Hôtel de Ville* – VANNES : *Intérieur de chapelle*.
VENTES PUBLIQUES : MUNICH, 27 nov. 1980 : *Vue d'une église de Cologne* 1835, aquar. (22x27) : **DEM 4 000** – PARIS, 9 déc. 1988 : *Scène de marché place de l'église*, h/t (43x32) : **FRF 15 000**.

MATHIEU Auguste
Né le 25 janvier 1866 à Angoulême (Charente). XIXe-XXe siècles. Français.
Graveur.
Il fut élève de Pennemaker fils. Il participa à Paris au Salon des Artistes Français, dont il fut membre sociétaire. Il reçut une mention honorable en 1884, une médaille de troisième classe en 1902, de deuxième classe en 1908.

MATHIEU Balthazar ou **Mathysens** ou **Mattheus**
Mort en 1658 à Turin. XVIIe siècle. Actif à Anvers. Éc. flamande.
Peintre de portraits et d'histoire.
Il travailla à Turin vers 1654, où il devint le peintre officiel de Charles-Emmanuel II de Sardaigne. Il peignit en 1657 une *Cène* fortement influencée par Rubens, qui se trouve actuellement à la Bibliothèque de Superga à Turin. Plusieurs de ses œuvres ont été perdues. Un Balthazar Mathysens était maître à Anvers en 1647.

MATHIEU Charles J. M.
Né le 7 mai 1876 à Montesquieu-Lauraguais (Haute-Garonne). XXe siècle. Français.
Sculpteur.
Il fut élève de Falguière et Mercié. Il participa à Paris, au Salon des Artistes Français. Il reçut une mention honorable en 1898, une médaille de troisième classe en 1900.

MATHIEU David
Né le 1er mai 1697 à Berlin. Mort le 8 juin 1755 à Berlin. XVIIIe siècle. Allemand.
Portraitiste.
Élève de Werner. Il épousa Anna-Rosine Liszewska. Il séjourna en 1738 avec le prince héritier de Mecklembourg Schwerin à Paris. A Halberstadt dans la maison de Gleim se trouve exposé le *Portrait d'une dame Mathieu* (1750).

MATHIEU Eugène
Né en mars 1812 à Nogent-sur-Seine. XIXe siècle. Français.
Portraitiste.
Élève de Drolling. Exposa au Salon, de 1847 à 1869.

MATHIEU Gabriel. Voir aussi **MATHEI**

MATHIEU Gabriel
XVIIIe siècle.
Peintre d'histoire, portraits, graveur à l'eau-forte.
Il a gravé des sujets d'histoire et des portraits.

MATHIEU Gabriel
Né en 1843 ou 1848 à Paris. Mort en 1921. XIXe-XXe siècles. Français.
Peintre de paysages.
Il exposa à Paris, au Salon des Artistes Français, dont il fut membre sociétaire à partir de 1886. Il obtint une mention honorable en 1895, une médaille de troisième classe en 1904.
MUSÉES : NARBONNE : *Bords de la Creuse*.
VENTES PUBLIQUES : PARIS, 1895 : *Bords de la Marne* : **FRF 200** – PARIS, 11 fév. 1909 : *La Creuse à Anzème* : **FRF 130** – PARIS, 5 fév. 1923 : *Bords de la Marne* : **FRF 550** – PARIS, 19 déc. 1944 : *Bords de rivière* : **FRF 5 000** – PARIS, 18 avr. 1945 : *Bords de rivière devant une colline* : **FRF 11 800** – ZURICH, 20 mai 1977 : *Bord de la Marne*, h/t (46x65) : **CHF 2 800** – LONDRES, 24 juin 1981 : *La Marne à Champigny*, h/t (72x107) : **GBP 1 400** – BAYEUX, 7 fév. 1988 : *Paysage aux grands arbres*, h/t (55x84,5) : **FRF 7 200** – PARIS, 3 juin 1988 : *La rivière bretonne*, h/t (65x92) : **FRF 12 000** – LONDRES, 7 juin 1989 : *Une rivière de montagne*, h/t (63x90) : **GBP 1 980** – PARIS, 16 nov. 1990 : *Paysage animé*, h/t (33x50) : **FRF 9 000** – NEW YORK, 22-23 juil. 1993 : *Les îles de la Marne le matin* 1895, h/t (54x81,3) : **USD 3 450** – REIMS, 24 avr. 1994 : *Bord de rivière ensoleillé*, h/t (46x65) : **FRF 8 500** – PARIS, 15 déc. 1994 : *Village en bord de rivière* 1897, h/t (73x100) : **FRF 9 000** – NEW YORK, 19 jan. 1995 : *Torrent à Bourganeuf*, h/t (95,9x145,7) : **USD 4 312**.

MATHIEU Georg David ou **Matthieu**
Né le 20 novembre 1737 à Berlin. Mort le 3 novembre 1776 à Ludwigslust. XVIIIe siècle. Allemand.
Peintre de portraits et graveur.
Fils de David Mathieu et élève de sa mère A.-R. Liszewska. Il devint au printemps 1764 peintre de la cour de Mecklembourg Schwerin et résida à Ludwigslust. Il fit beaucoup de portraits des personnages de la cour, qui se trouvent actuellement dans les Musées de l'État de Schwerin ou dans les châteaux de la région. Le Musée d'État de Berlin possède de cet artiste : *Le chambellan Giese au piano*.
VENTES PUBLIQUES : STOCKHOLM, 10 avr. 1985 : *Portrait de Carl*

Sparre 1763, h/t (94x80) : **SEK 57 000** – STOCKHOLM, 15 nov. 1989 : *Portrait de femme*, h/t (76x56) : **SEK 13 500** – STOCKHOLM, 5 sep. 1992 : *Portrait de dame*, h/t (76x56) : **SEK 16 000**.

MATHIEU Georges

XIXe siècle (?). Actif à Augsbourg. Allemand.

Graveur sur bois.

On cite de lui : *La Fuite en Égypte*.

MATHIEU Georges, pseudonyme de **Mathieu d'Escaudœuvre Georges Victor Adolphe**

Né le 27 janvier 1921 à Boulogne-sur-Mer (Pas-de-Calais). XXe siècle. Français.

Peintre de technique mixte, peintre de cartons de mosaïques, aquarelliste, peintre à la gouache, auteur de performances, médailleur, céramiste. Abstrait-lyrique.

De Boulogne-sur-Mer, il arriva à Versailles en 1933, puis à Lille, pendant la guerre, où il fit des études de droit, de philosophie et une licence d'anglais, qui lui valut de se retrouver professeur au lycée de Douai, en 1942. Il fut ensuite interprète puis professeur auprès des armées américaines, à Cambrai, Biarritz et Istres. En 1947, il se fixa à Paris. Il a été élu à l'Institut.

Il participe à des expositions collectives à Paris : 1946 Salon des Moins de Trente ans ; 1947 et 1948 Salon des Réalités Nouvelles dans la salle des Musicalistes et Salon des Surindépendants ; 1954 Salon de Mai ; depuis 1973 régulièrement à la FIAC (Foire Internationale d'Art Contemporain) ; 1988 *Les Années 50* au Centre Georges Pompidou ; ainsi que : 1966 Exposition universelle de Montréal ; 1986 Biennale de Venise. Il organisa à Paris en 1947 l'exposition *L'Imaginaire*, en 1948 l'exposition HWPSMTB réunissant Hartung, Wols, Picabia, Stahly, Mathieu, Tapié, Bryen, puis la manifestation *White and Black* confrontant les peintres de son groupe de Paris et quelques peintres américains récemment découverts et qui lui semblaient travailler sensiblement dans le même esprit : Tobey, Pollock, De Kooning, Gorky, Rothko, etc. Sa première exposition personnelle eut lieu en 1950 à la galerie Drouin à Paris. De 1956 à 1962, il montra en Europe, sur le continent américain, en Asie, cinquante-sept expositions personnelles de ses œuvres, notamment : 1956 Institute of Contemporary Art de Londres ; 1959 musée de Liège, Kunstverein de Cologne, Kunsthalle de Bâle, musée des Beaux-Arts de Neuchâtel ; 1960 musée d'Art moderne de São Paulo, musée de l'Aténéo de Madrid ; 1962 musée Bezalel de Jérusalem ; puis : 1963 musée d'art moderne de la ville de Paris, palais des Beaux-Arts de Bruxelles ; 1967 Kunstverein de Cologne ; 1970 musée de Rennes ; 1978 Galeries nationales du Grand Palais à Paris ; 1985 Palais des Papes à Avignon ; 1990 FIAC à Paris...

De l'année 1942 datent ses premiers essais de peinture, abordée totalement en autodidacte. Ce fut par une démarche intellectuelle à partir de lectures, qu'il se convainquit de la possibilité d'une expression graphique et plastique indépendante de la représentation d'aucune réalité. Ses premières réalisations dans cette voie datent de 1944 : *Inception* et de 1945 *Évanescence – Éternité* coulures et graphismes tracés directement en pressant la couleur hors du tube. Ces premiers essais antérieurs à tout systématisme, hésitants encore, sont chargés de toute l'émotion d'un langage qui se cherche. Il poursuivit la recherche de sa syntaxe technique : *Désintégration* 1946, *Incantation – Acognition – Exorcisme* 1947. La même année, devant la quarantaine d'œuvres de Wols exposées à Paris, il apprit que sa propre recherche n'était pas isolée, découvrit le travail de Hartung, Pollock, Atlan, Bryen, et décida de contribuer à la constitution d'un groupe de peintres pratiquant « une abstraction qui n'est pas enfermée dans les règles ou dans les dogmes, les canons de la beauté, une abstraction ouverte, libre ». Contre le terrorisme de l'abstraction néoconstructiviste qui avait conquis le Salon des Réalités Nouvelles, il contribua à la définition de l'abstraction lyrique. Sa technique gestuelle trouva alors son assurance définitive avec en 1948 : *Décadence rouge – Arithmée – Phosphène – Pertre II – Açone* et en 1949 *Incronation*. Malgré les apparences superficielles, son graphisme est foncièrement différent des calligraphies extrême-orientales, puisque non fondé sur un vocabulaire signifiant, mais au contraire sur des signes non conventionnels, non fixés, toujours renouvelés, et refusant toute relation avec un signifié. Des calligraphies extrême-orientales, il ne retient que l'exigence de la rapidité d'exécution : « La vitesse n'amène rien en soi, étant donné qu'elle est la résultante justement de la suppression des références. Étant donné que vous n'avez plus la référence à la nature, à l'esthétique, au modèle, il est évident que l'on va plus vite. Mais la vitesse en soi peut apporter tout de même quelque chose, étant donné que si l'œuvre d'art se fait avec une grande rapidité et si la notion d'inspiration est remplacée par la notion de concentration, il peut se créer un état second assez voisin des états d'extase connus par les mystiques... Je fais mienne cette phrase de saint Jean de la Croix : *Pour aller où tu ne sais pas, va par où tu ne sais pas.* »

Maître d'une habileté stupéfiante, qui lui permettait dans des laps de temps d'une brièveté ostentatoire, d'exécuter des peintures qui outre leur intérêt graphique présentent toutes cette particularité, non nécessaire, d'une harmonie somptueuse des formes et des couleurs, il se lança dans les exécutions en public de grandes compositions : le 19 janvier 1952 : *Hommage au maréchal de Turenne* et *Hommage à Philippe III le Hardi*, chacune de deux mètres sur quatre et peinte en moins de quarante minutes ; pour le Salon de Mai de 1954 il peignit la *Bataille de Bouvines*, suivie de toute une série de *Batailles*. En 1956, au cours de la Nuit de la Poésie du IIIe festival de Paris, il peignit au théâtre Sarah-Bernhardt devant deux mille spectateurs, une peinture de quatre mètres sur douze, en trente minutes. Il répéta encore ces performances une dizaine de fois, à travers le monde, les agrémentant à plusieurs reprises de commémorations historiques, avec mise en scène et costumes d'époque de l'événement prétexte auquel se référait chacune de ces œuvres. L'écueil que rencontra l'exercice de cette virtuosité fondée sur des automatismes fut l'épanouissement de l'élégance du trait au détriment de sa charge affective, péril contre lequel il remédia, retournant aux sources de l'intériorité exprimée par le signe, au cours d'un séjour au Japon en 1957. Le public avait alors réagi diversement à ces exhibitions tapageuses ; on n'allait pas tarder à en voir bien d'autres, quand l'œuvre d'art va prendre ses distances avec l'objet et l'expression pour se fonder essentiellement sur l'attitude.

Pourtant, quant à lui, Mathieu refuse les processus néantisseurs des démarches artistiques qui lui ont font suite, prônant curieusement la pérennité de la tradition sous-tendant les démarches révolutionnaires, point de vue qu'il exposa abondamment à l'occasion de nombreuses conférences et de nombreux écrits jusqu'à son livre *Au-delà du tachisme* de 1963, année où il mit terme à l'époque de la gestualité paroxystique. Il s'arrêta alors de peindre pendant une année, pour une réflexion critique sur son œuvre passé. Il décida ensuite d'adopter une démarche dialectique, de contrôle permanent de l'improvisation, éliminant les accidents d'exécution, raisonnant la conception de la forme, recourant même à des mises en page au carreau. Cette nouvelle manière contrôlée aboutit à des peintures de petit format, composées, équilibrées, préconçues, prenant souvent l'apparence de blasons héraldiques, aux éléments délibérément réfléchis. Ce contrôle de la spontanéité se prêtait à son application dans des domaines divers ; en 1962, il créa un lit et un arc de triomphe ; en 1968 il dessina une chaise pour le mobilier national ; il dessina aussi des robes pour un grand couturier, créa des caractères typographiques pour les fonderies Peignot ; une série d'affiches publicitaires, pour les diverses lignes aériennes de la compagnie Air France, affiches auxquelles il a été reproché leur retour à une figuration emblématique ; des médailles pour la Monnaie ; un service de table pour la manufacture de Sèvres ; des tapisseries ; en 1968 le plan d'aménagement d'une usine, à Fontenay-le-Comte ; en 1974 le sigle de la chaîne de télévision Antenne 2 et la pièce de dix francs ; etc. Mathieu s'est très clairement expliqué au sujet de ces multiples activités : « À quoi servirait d'avoir inventé un langage après vingt ans de travail, si ce n'était pour faire passer un jour ces formes dans la vie et que ce langage devienne un style ? » Le monde actuel va vite et l'on a déjà une position de recul par rapport à l'œuvre de Mathieu ; il apparaît clairement que cet œuvre de paroxysme est l'un des moments importants de l'art de notre temps ; on peut regretter que l'ambition spirituelle de son projet ait cru nécessaire de recourir aux manifestations mégalomaniaques qui en ont accompagné la réalisation. Une intelligence aiguë de son époque, dans laquelle il exerça longtemps une activité de publicitaire pour une compagnie de voyages, le fit, non sans raison se défier de la discrétion. Un artiste secret n'aura plus raison d'une époque et d'une société manœuvrées. Dans le tintamarre qu'il a orchestré, Mathieu a gagné en gloire ce qu'il a perdu en respect. Il avait un choix à faire, Mathieu a pensé que l'artiste est avant tout un homme public. Fut-il « le plus grand peintre français depuis Picasso » selon Soichi Tominaga, directeur du musée d'Art occidental de Tokyo, « le premier calligraphe occidental » selon Malraux ou bien l'irritant pitre, adepte de la mégalomanie publicitaire à n'importe quel prix de Dali ?

Bibliogr. : Catalogue de l'exposition rétrospective *Mathieu*, musée d'Art mod. de la Ville, Paris, 1963 – Marie-Claude Dane, in : *Peintres contemp.*, Mazenod, Paris, 1964 – Catalogue de l'exposition *Mathieu*, Galerie Charpentier, Paris, 1965 – Dialogue entre Mathieu et André Parinaud : *Vivre le style d'une époque*, Galerie des arts, Paris, oct. 1969 – Pierre Cabanne, Pierre Restany : *L'Avant-Garde au xx*[e] *s.*, Balland, Paris, 1969 – in : *Les Muses*, La Grange Batelière, t. X, Paris, 1973 – in : *Dict. univer. de la peinture*, Le Robert, t. IV, Paris, 1975 – Georges Mathieu : *De la révolte à la renaissance : au-delà du tachisme*, Gallimard, coll. Idées, Paris, 1977 – Dominique Quignon-Fleuret : *Georges Mathieu*, Flammarion, Paris, 1977 – Georges Mathieu : *L'Abstraction prophétique*, Gallimard, coll. Idées, Paris, 1984 – in : *L'Art du xx*[e] *s.*, Larousse, Paris, 1991 – in : *Dict. de l'art mod. et contemp.*, Hazan, Paris, 1992.

Musées : Bâle (Kunsthaus) – Boulogne-sur-Mer (Mus. des Beaux-Arts et d'Archéo.) – Buffalo (Albright Knox Art Gal.) – La Chaux-de-Fonds (Mus. des Beaux-Arts) – Chicago (The Art Inst.) – Colmar (Mus. d'Unterlinden) – Cologne (Wallraf-Richartz Mus.) – Dijon (Mus. des Beaux-Arts) – Gand (Mus. voor schone Kunsten) – Grenoble (Mus. de peinture et de sculpture) – Hartford (Wadworth Atheneum) – Houston (Mus. of Fine Arts) – Jérusalem (Mus. Nat. Bezalel) – Krefeld (Kaiser Wilhelm Mus.) – Liège (Mus. des Beaux-Arts) – Lille (Palais des Beaux-Arts) – Londres (Tate Gal.) – Los Angeles (County Mus.) – Lyon (Mus. des Beaux-Arts) – Manheim (Städt. Kunsthalle) – Montréal (Mus. d'Art Contemp.) : *Hommage à Jacques Cartier* 1962 – *Motif oriental* 1963, encre sur pap. – New York (Mus. of Mod. Art) : *Règne blanc* 1949 – New York (The Solomon R. Guggenheim Mus.) : *Taches noires* 1952 – Orléans (Mus. des Beaux-Arts) – Ottawa (Nat. Gal.) – Paris (FNAC) – Paris (Mus. Nat. d'Art Mod.) : *Noir sur fond apprêt* 1954 – *Les Capétiens partout* 1954 – Paris (Mus. d'Art Mod. de la Ville) – Pittsburgh (Carnegie Inst.) – Reyjavik – Rio de Janeiro (Mus. d'Art Mod.) : *Macumba* 1959 – Rome (Gal. Nat. d'Art Mod.) – São Paulo (Mus. d'Art Mod.) – Sarrebruck (Mod. Gal.) – Stuttgart (Staatsgal.) – Tel-Aviv – Tokyo (Mus. d'Art Mod.) – Toulouse (Mus. des Augustins) – Urbana (Krannert Art Mus.) : *Le Couronnement de Charlemagne* 1956 – Vienne (Mus. des 20 Jarhunderts) – Washington D. C. (Hirshhorn & Sculpture Garden) – Zurich (Kunsthaus).

Ventes Publiques : New York, 4 nov. 1960 : *Peinture* 1951 : **USD 3 750** – Paris, 2 déc. 1963 : *Hommage à la mort* : **FRF 15 000** – New York, 13 mai 1964 : *Mariage de Marie de Blois* : **USD 5 250** – New York, 13 jan. 1965 : *Premières armes de Thierry d'Alsace* : **USD 5 500** – Paris, 3 mars 1970 : *Composition en noir et rouge sur fond blanc*, gche : **FRF 11 500** – Milan, 23 mars 1971 : *Lotaire* 1960 : **ITL 3 500 000** – Paris, 18 nov. 1972 : *Composition* 1952 : **FRF 46 000** – Versailles, 19 nov. 1973 : *Composition sur papier rouge*, gche et encre de Chine : **FRF 10 200** – Londres, 6 déc. 1973 : *Composition en rouge et noir* 1956 : **GBP 5 200** – Milan, 11 déc. 1973 : *Nostoc* : **ITL 8 500 000** – Rome, 20 mai 1974 : *Theophonic* 1967 : **ITL 16 000 000** – Genève, 7 juin 1974 : *Huadent*, gche : **CHF 16 000** – Versailles, 14 mars 1976 : *Composition* 1971, gche et collage/fond noir (47x63) : **FRF 12 500** – Londres, 1er juil. 1976 : *Le Marquis de Guast* 1959, h/t (96x161) : **GBP 6 500** – Milan, 13 déc. 1977 : *Fourge 5* 1965, h/t (115x65) : **ITL 5 000 000** – Versailles, 20 juin 1979 : *Rudbeckia* 1971, gche (50x65) : **FRF 17 200** – Londres, 3 juil 1979 : *Honorius d'Autun* 1956, h/t (89x146,5) : **GBP 8 500** – Londres, 3 juil. 1980 : *Composition* 1959, encre de Chine et aquar. (48,5x61) : **GBP 650** – Zurich, 26 mars 1981 : *Composition* 1949, h/pap. (96x60) : **CHF 17 000** – Douai, 20 nov. 1983 : *Composition* 1954, encre de Chine (24x32) : **FRF 11 300** – Lokeren, 25 fév. 1984 : *Obia* 1967, aquar. (74x55) : **BEF 230 000** – Londres, 27 mars 1984 : *La Tour de Villebon* 1951, h/t (130,5x200) : **GBP 11 000** – Versailles, 12 juin 1985 : *Composition, fond noir* 1954, gche (59x48) : **FRF 26 000** – Londres, 26 juin 1986 : *Magnificences publiques à l'occasion de l'heureuse naissance de Thierry d'Alsace comte de Flandres* 1960, h/t (125x350,5) : **GBP 45 000** – Paris, 25 nov. 1987 : *Composition* 1958, h/t (81x130) : **FRF 155 000** – Londres, 2 juil. 1987 : *Obscuration* 1952, h/t (130x195) : **GBP 33 000** – Londres, 25 fév. 1988 : *Composition* 1956, aquar./pap. (48x62) : **GBP 2 420** – Paris, 12 juin 1988 : *Composition bleue* 1969, aquar. (53x73) : **FRF 50 000** – Versailles, 15 juin 1988 : *Jour immense* 1986, h/t (120x120) : **FRF 110 000** – Gien, 26 juin 1988 : *Abstraction lyrique* 1961, gche (49x64) : **FRF 19 800** – Paris, 7 oct. 1988 : *Composition* 1963, encre de Chine et collage (54x75,5) : **FRF 27 000** – New York, 8 oct. 1988 : *Sans titre* 1958, h/t (81,5x130,5) : **USD 48 400** – Paris, 20 nov. 1988 : *Sans titre* 1958, h/t (260x68,5) : **FRF 250 000** – Londres, 1er déc. 1988 : *Paprika* 1958, h/t (97x162) : **GBP 56 100** – Paris, 16 déc. 1988 : *Sans titre* 1966, encre, gche et collage (51,5x73) : **FRF 25 000** – Versailles, 18 déc. 1988 : *Troglodit* 1979, h/t (60x73) : **FRF 72 000** – Paris, 12 fév. 1989 : *Hypocrate* 1958, h/t (96x162) : **FRF 415 000** – Milan, 20 mars 1989 : *Hexagramme* 1967, h/t (129x81) : **ITL 44 000 000** – New York, 3 mai 1989 : *Nuit de sang* 1952, h/t (129,5x194,3) : **USD 132 000** – Rome, 8 juin 1989 : *Evil Fletrie*, h/t (80x100) : **ITL 34 000 000** – Calais, 2 juil. 1989 : *Patience éblouie blanche* 1988, h/t (114x195) : **FRF 350 000** – Paris, 9 oct. 1989 : *Composition* 1955, h/t (89x145) : **FRF 550 000** – Paris, 11 oct. 1989 : *Composition*, gche et collage (49x63) : **FRF 102 000** – Zurich, 25 oct. 1989 : *Grand syllogisme conjonctif* 1957, h/t (97x195) : **CHF 160 000** – Milan, 8 nov. 1989 : *Songe aux fleuves de sang*, acryl. et h/t (130x250) : **ITL 150 000 000** – Londres, 22 fév. 1990 : *Melampyre* 1964, h/t (100x200) : **GBP 77 000** – New York, 27 fév. 1990 : *Sans titre*, h/t (73,7x117) : **USD 63 250** – Paris, 18 fév. 1990 : *Phénoménologie provisoire de la médiatisation* 1955, h/t (130x195) : **FRF 820 000** – Paris, 3 mai 1990 : *Composition* 1954, h/t (81x129,5) : **FRF 300 000** – New York, 7 mai 1990 : *Sans titre* 1956, encre et lav. (50,2x64,8) : **USD 7 700** – Paris, 30 mai 1990 : *Le Paon sauvage*, h/t (116x89) : **FRF 400 000** – New York, 4 oct. 1990 : *Sans titre* 1954, h/pap. (50,8x65) : **USD 30 250** – Londres, 18 oct. 1990 : *Ancenis* 1969, h/t (73x92,5) : **GBP 24 200** – New York, 1er mai 1991 : *Sans titre* 1949, h/pap./cart. (93x59,4) : **USD 19 800** – Paris, 30 mai 1991 : *Paripâlia* 1958, h/t (97x162) : **FRF 550 000** – Londres, 27 juin 1991 : *Quatrième ortho-déduction* 1955, h/t (89x146) : **GBP 41 800** – New York, 3 oct. 1991 : *Athanor* 1967, h/t (91,5x73) : **USD 35 750** – Paris, 6 oct. 1991 : *Tsimsian* 1951, h/pan. (119x160) : **FRF 300 000** – Lugano, 12 oct. 1991 : *Obscur ennemi* 1987, h/t (73x60) : **CHF 30 000** – Zurich, 16 oct. 1991 : *Son du soir*, h/t (70x57) : **CHF 48 000** – New York, 13 nov. 1991 : *Sans titre*, h/t (97,1x162) : **USD 42 900** – Milan, 19 déc. 1991 : *Composition* 1973, h/pap./t. (76x57) : **ITL 14 000 000** – Londres, 26 mars 1992 : *Composition* 1965, aquar. et collage/pap. (70x51) : **GBP 2 310** – Lugano, 28 mars 1992 : *Solitude secrète* 1987, h/t (60x73) : **CHF 25 000** – Lokeren, 23 mai 1992 : *Composition* 1954, gche (48x63) : **BEF 260 000** – Londres, 2 juil. 1992 : *Composition rouge, noir et blanc* 1952, h/t (130x195) : **GBP 33 000** – Lokeren, 10 oct. 1992 : *Regards las*, h/t (73x91,5) : **BEF 800 000** – New York, 17 nov. 1992 : *Sans titre* 1959, aquar., encre et gche/pap. (77,5x57,8) : **USD 5 280** – Paris, 8 mars 1993 : *Rêve divin*, h/t (73x92) : **FRF 61 000** – New York, 23-25 fév. 1993 : *Composition A* 1958, h/t (115,6x73) : **USD 18 400** – Paris, 23 juin 1993 : *Entrée de Louis XIII et d'Anne d'Autriche dans Paris au retour de Bordeaux* 1960, h/t (250x600) : **FRF 640 000** – Milan, 22 nov. 1993 : *Composition* 1959, aquar./pap. (67x48) : **ITL 4 714 000** – Stockholm, 30 nov. 1993 : *Rudbeckia*, techn. mixte (50x65) : **SEK 23 000** – Paris, 11 fév. 1994 : *Composition*, gche et collage (50x64,5) : **FRF 15 100** – Lokeren, 12 mars 1994 : *Composition* 1959, aquar. et encre (43x72) : **BEF 140 000** – Paris, 11 avr. 1994 : *Sans titre* 1949, h/pap. (109x65) : **FRF 87 000** – New York, 5 mai 1994 : *Telesma* 1967, acryl./t. (73,7x61) : **USD 14 950** – Lucerne, 4 juin 1994 : *Composition* 1965, craie noire/pap. (70x100) : **CHF 6 000** – Paris, 27 oct. 1994 : *Petit engagement de chevaliers devant le muret* 1954, acryl./t. (97x162) : **FRF 107 000** – Londres, 30 nov. 1994 : *La Mort de Charles le Téméraire* 1957, h/t (157,5x354,5) : **GBP 28 750** – Paris, 29-30 juin 1995 : *Marie de Brabant* 1953, h/t (130x195) : **FRF 120 000** – Milan, 26 oct. 1995 : *Mareges* 1965, h/t (100x60) : **ITL 27 025 000** – Milan, 23 mai 1996 : *Composition* 1960, gche/pap. (55x75) : **ITL 10 120 000** – Amsterdam, 4 juin 1996 : *Rouge sur fond noir* 1954, gche/pap. (47,5x60,5) : **NLG 5 664** – Londres, 27 juin 1996 : *Jalousie dépouillée*, acryl./t. (130x97) : **GBP 8 050** – Paris, 7 oct. 1996 : *Composition* 1953, h/pap. brun (49x65) : **FRF 22 000** – Calais, 15 déc. 1996 : *Compo-*

sition à fond noir 1979, gche et collage (49x63) : **FRF 24 000** – Calais, 28 avr. 1997 : *Houx* 1965, h/t (97x195) : **FRF 98 000** – Paris, 20 jan. 1997 : *Abîme de paix*, h/t (92x73) : **FRF 46 000** – Paris, 11 avr. 1997 : *Composition* 1959, encre de Chine et aquar. (49x69) : **FRF 12 000** – Paris, 18 juin 1997 : *Illusions obscures*, h/t (92x73) : **FRF 38 000** – Paris, 20 juin 1997 : *Énigmes déchirées* 1987, acryl./pap. mar./t. (57x76) : **FRF 29 000**.

MATHIEU Heinrich Friedrich Léopold
Né en 1750 à Berlin. Mort en 1778 à Gottingen. XVIIIe siècle. Allemand.
Peintre.
Fils de David Mathieu, et élève de sa mère A.-R. Liszewska.

MATHIEU Hubert
Né le 4 janvier 1897 à Brookings (Dakota). XXe siècle. Américain.
Peintre de portraits, graveur, pastelliste, aquarelliste.
Il fut élève d'Harvey Dunn et Henry Raleigh. Il fut membre de la Ligue américaine des artistes professeurs.

MATHIEU Jan. Voir **MATHYS Jan**

MATHIEU Jean ou **Matthieu**
Né en 1749 à Paris. Mort en 1815 à Fontainebleau. XVIIIe-XIXe siècles. Français.
Graveur au burin.
Élève de Longueil. Il a gravé des sujets de genre et des sujets d'histoire. Il collabora aux *Voyages en Grèce* de Choiseul Gauflier, au *Voyage dans les Royaumes de Naples et de Sicile* de St-Nov, et au *Voyage d'Espagne* de Laborde. Il a gravé d'après Raphaël, Carrache, Poussin, K. du Jardin, J. Vernet, Fragonard, Ruisdael et Wouverman.

MATHIEU Jean Justin
Né au XIXe siècle à Paris. XIXe siècle. Français.
Sculpteur.
Élève de son père Justin Mathieu. Il figura au Salon de 1855 et 1857.

MATHIEU Justin
Né en 1796 à Saint-Justin (Landes). Mort en 1864 à Paris. XIXe siècle. Français.
Sculpteur.
Exposa au Salon, de 1846 à 1861, et obtint une médaille de troisième classe en 1851. Le Musée de Nice possède de cet artiste : *La fondation de Marxile*, bas-relief.

MATHIEU Lambert Joseph
Né le 5 mai 1804 à Bure. Mort le 9 juillet 1861 à Louvain. XIXe siècle. Belge.
Peintre d'histoire, de genre et de portraits.
Élève de Ducorron et de Van Bree. Il travailla à Paris. En 1834, il fut directeur de l'Académie de Louvain. Le Musée de Bruxelles conserve de lui : *Le Christ mis au tombeau* ; et celui de Louvain : *Scènes du déluge* et *Raphaël et la Fornarina*.

L M.

MATHIEU Laurent
XIXe siècle. Français.
Portraitiste et peintre d'histoire.
Exposa au Salon de Paris entre 1831 et 1847.

MATHIEU Marie
Née à Alger. XIXe siècle. Française.
Peintre de genre, portraits.
Élève de Chaplin et Bouguereau. Elle débuta au Salon en 1868 et continua ses envois de 1877 à 1890.

MATHIEU Marie Alexandrine
Née le 17 juillet 1838 à Nevers. XIXe siècle. Française.
Peintre de portraits, paysages, graveur.
Figura au Salon, de 1865 à 1868, année où elle exposa le portrait à l'eau-forte de son oncle, le poète-chansonnier Gustave Mathieu. Elle vivait à Marzy (Nièvre) et exposait également à Nevers, montrant des eaux-fortes en 1863 et des faïences qui, en 1872, lui valurent une médaille. Selon Janine Bailly-Herzberg, elle fut très traditionnaliste, surtout attirée par le paysage dans lequel elle plaçait accessoirement une anecdote. Son style manquait de puissance mais avait néanmoins une grâce désuète.

MATHIEU Oscar Pierre
Né en 1845 à Saint-Jean-de-Fos (Hérault). Mort en 1881. XIXe siècle. Français.
Peintre d'histoire, portraits, compositions murales.
Élève d'Ange Tissier, Léon Cogniet, Alexandre Cabanel, il figura au Salon de Paris de 1864 à 1881. Il reçut un prix à l'exposition de 1875.
Il a peint le plafond de la salle des mariages de la Mairie de Clichy, les médaillons et dessus-de-porte figurant l'Amour et la Vertu.
Bibliogr. : Gérald Schurr, in : *Les Petits Maîtres de la peinture 1820-1920, valeur de demain*, Les Éditions de l'Amateur, t. VII, Paris, 1989.
Musées : Autun : *Le triomphe de Flore*, copie d'après Poussin – Brest : *Étude de femme* – Calais : *Le soldat de marathon* – Le Mans : *Le vaincu romain*.
Ventes Publiques : Monte-Carlo, 20 juin 1987 : *Œdippe guidé par Antigone reconnaît le corps de sa mère* 1870, h/t (114x147) : **FRF 40 000**.

MATHIEU Paul
Né le 31 août 1872 à Saint-Joss-ten-Noode (Brabant). Mort en 1932 à Bruxelles (Brabant). XIXe-XXe siècles. Belge.
Peintre de paysages, intérieurs, natures mortes. Post-impressionniste.
Il fut élève de l'école normale d'art de Bruxelles.
Il a peint avec Alfred Bastien le *Panorama du Congo* pour l'Exposition universelle de Gand en 1912. Il fut surtout le peintre du littoral belge, du Brabant, de la Campine, sous des ciels aux nuances de gris et de rose.

Paul Mathieu
Paul Mathieu
Paul Mathieu

Bibliogr. : In : *Dict. biogr. ill. des artistes en Belgique depuis 1830*, Arto, Bruxelles, 1987 – Patrick Berko : *Paul Mathieu*, Knokke, 1989 – Gérald Schurr, in : *Les Petits Maîtres de la peinture 1820-1920, valeur de demain*, Les Éditions de l'Amateur, t. V, Paris, 1981.
Musées : Anvers : *Le Zoute* – Bruxelles : *Première Neige* – Courtrai : *Chaumière dans les dunes*.
Ventes Publiques : Versailles, 26 mai 1974 : *Bords de rivière* : **FRF 15 000** – Bruxelles, 10 déc. 1976 : *La Meuse à Profondeville*, h/cart. (39x53) : **BEF 26 000** – Anvers, 23 oct 1979 : *Château*, h/t (110x116) : **BEF 44 000** – Anvers, 26 oct. 1982 : *Un jour d'été* 1919, h/t (100x150) : **BEF 180 000** – Anvers, 26 avr. 1983 : *Vue d'un parc*, h/t (115x80) : **BEF 85 000** – Londres, 13 fév. 1985 : *Maisons au bord de la rivière* 1918, h/t (65x81) : **GBP 6 500** – Anvers, 27 mai 1986 : *Paysage*, h/t (141x200) : **BEF 160 000** – Londres, 21 oct. 1987 : *Bord de rivière* 1923, h/t (98,5x138) : **GBP 11 000** – Londres, 18 mai 1988 : *Maisons au bord de l'eau* 1913, h/t (97,5x145) : **GBP 13 200** – Londres, 19 oct. 1988 : *La Seine à Bougival* 1922, h/cart. (40x55) : **GBP 3 520** – Londres, 22 fév. 1989 : *Le Pont Neuf à Paris* 1917, h/cart. (40x55) : **GBP 6 380** – Londres, 19 oct. 1989 : *L'exil à Sainte-Adresse* 1915, h/pan. (39,4x54,6) : **GBP 39 600** – Paris, 4 juil. 1990 : *Le pâturage*, h/t (54x781) : **FRF 10 000** – Paris, 9 déc. 1991 : *Le port*, h/t (61x81) : **FRF 17 500** – Amsterdam, 12 déc. 1991 : *Le port d'Ostende*, h/cart. (41x56) : **NLG 10 350** – Lokeren, 21 mars 1992 : *Le château de Pierpont sur les bords de la Meuse*, h/cart. (40x56) : **BEF 220 000** – Calais, 5 juil. 1992 : *Bord de rivière*, h/t (54x81) : **FRF 8 000** – Lokeren, 10 oct. 1992 : *Le travail aux champs en été* 1926, aquar. (17,5x25,7) : **BEF 65 000** – Amsterdam, 10 déc. 1992 : *La place Saint-Marc à Venise*, h/cart. (40x55) : **NLG 20 700** – Lokeren, 20 mars 1993 : *L'Embarcadère le matin au port*, h/t (60x81,5) : **BEF 280 000** – Paris, 15 juin 1994 : *Paysage de campagne*, h/cart. (39,5x54) : **FRF 10 200** – New York, 19 jan. 1995 : *Paysage au cours d'eau*, h/t (99,7x148,3) : **USD 13 800** – Lokeren, 9 mars 1996 : *Paysage d'automne*, h/pan. (40x55) : **BEF 110 000** – Amsterdam, 2-3 juin 1997 : *Vue de falaise*, h/t (72x100) : **NLG 9 440** – Lokeren, 11 oct. 1997 : *Maisons ensoleillées au bord de la rivière*, h/cart. (40x54) : **BEF 145 000**.

MATHIEU Philippe
Français.
Peintre.
Il a exécuté une fresque pour l'église Saint-Agricol à Avignon.

MATHIEU Pierre
Né vers 1657 à Dijon (Côte-d'Or). Mort le 18 septembre 1719 à Paris. XVIIe-XVIIIe siècles. Français.
Peintre d'histoire, compositions religieuses, portraits.
Le 30 juin 1708, il fut reçu académicien avec deux tableaux : *Fuite en Égypte*, et *Vocation des apôtres*.
Musées : Orléans : *Portrait de l'artiste*, émail.

MATHIEU Pierre
Né le 9 juin 1933 à Romilly-sur-Seine (Aube). XXe siècle. Français.
Sculpteur, peintre de cartons de tapisseries.
Il est autodidacte. Il est aussi poète.
Il participe à Paris, aux Salons des Indépendants et de la Jeune Sculpture.
En collaboration avec le Centre de recherches contre le cancer de Lyon, il a exécuté une sculpture représentant une chaîne d'acide nucléique. Une étude sur les champs magnétiques lui a inspiré des sculptures pour la nouvelle ville de Marne-la-Vallée.
Il utilise pour les tapisseries un procédé inédit à partir de feutre découpé, collé et travaillé sur le champ.

MATHIEU Pol François
Né en 1895 à Huy (Liège). Mort en 1979 à Embourg (Liège). XXe siècle. Belge.
Peintre de scènes typiques, paysages, marines, dessinateur, graveur.
Il fut élève de l'académie royale des beaux-arts de Liège dans la section peinture et travailla dans l'atelier de G. Petit. Il exposa au Cercle des beaux-arts de 1929 à 1971.
Il peignit en Bretagne et en Hollande.
Bibliogr. : In : *Dict. biogr. ill. des artistes en Belgique depuis 1830*, Arto, Bruxelles, 1987.
Musées : Liège – Namur.

MATHIEU d'Arras
Né à Arras. Mort en 1352 à Prague. XIVe siècle. Français.
Sculpteur de bustes.
Architecte et sculpteur, il fut un des nombreux maîtres d'œuvre français du XIXe siècle, qui essaimèrent à travers l'Europe. Travailla à Avignon, avant d'être appelé à Prague, vers 1344, par l'empereur Charles IV du Luxembourg, pour la construction de la cathédrale Saint-Guy, pour laquelle il s'inspira de celle de Narbonne et de celle de Rodez. Son buste, sculpté par lui-même, figure encore au Triforium du chœur de la cathédrale Saint-Guy de Prague.

MATHIEU de West
XVe siècle. Actif au début du XVe siècle. Français.
Peintre.
A fait des travaux importants dans le chœur de la cathédrale de Cambrai, sur les côtés duquel il a peint les *Douze apôtres*. Depuis 1413 il résida à Paris.

MATHIEU-BACHELOT Hervé
Né en 1945 à Paris. XXe siècle. Français.
Sculpteur, dessinateur, graveur.
Il vit et travaille à Créteil.
Il a participé en 1988 à l'exposition *De Bonnard à Baselitz – Dix Ans d'enrichissements du cabinet des estampes 1978-1988* à la Bibliothèque nationale à Paris.
Musées : Paris (BN) : *Envol sur la ville* 1974, eau-forte.

MATHIEU Burgundus Jean Baptiste. Voir **MATHEY**

MATHIEU-MEUSNIER, dit **Roland Mathieu Meusnier**
Né le 1er avril 1824 à Paris. Mort le 31 janvier 1876 à Paris. XIXe siècle. Français.
Sculpteur.
Entra à l'École des Beaux-Arts le 8 avril 1841. Élève de Dumont et de C. Desains. Exposa au Salon à partir de 1843 ; médaille de troisième classe en 1844. Les œuvres principales de cet artiste sont, à côté de bustes de nombreuses personnalités connues : *Mort de Laïs*, statue en marbre, au jardin des Tuileries ; *Sainte-Beuve*, buste en marbre, à l'Institut ; *Charles III, prince de Monaco*, buste en marbre, au Palais de Monaco ; *Scribe*, buste en marbre, au Palais de l'Institut ; *Le père Ratisbonne*, buste en marbre, pour le couvent de Notre-Dame de Sion ; *Delangle*, buste en marbre, au Palais de l'Institut ; *L'orfèvrerie*, statue en marbre dans la cour du Louvre ; *La tempête*, groupe en pierre, au nouveau Louvre ; *Daguerre*, buste en marbre, pour le nouvel Opéra et le Conservatoire des Arts et Métiers ; *Beaumarchais*, buste en marbre, au Théâtre-Français ; *Boïeldieu*, buste en marbre, à l'Opéra-Comique ; *Bouillhet*, buste en marbre à l'Odéon ; *Geoffroy-Saint-Hilaire*, *Ampère*, bustes en marbre pour l'École Normale ; *Le président Taché*, buste marbre, à la Chambre des députés ; *La peinture*, statue en pierre, pour la façade du Musée de Grenoble ; *Herman fils de Tancrède de Heuteville*, pour la cathédrale de Coutances, statue en pierre ; *Saint Gratien*, statue en pierre, pour l'église de Saint-Gratien ; *La Vierge, sainte Madeleine, sainte Marthe, sainte Monique, sainte Véronique, saint Jean Baptiste, saint André, saint Pierre, saint Jean, saint Paul, saint Théodore*, statues en pierre, pour la chapelle du couvent de Notre-Dame de Sion ; *Labrouste, Léon Cogniet, Corypel, Thouin, Adolphe-Adam*, médaillons en pierre, à l'Hôtel de Ville de Paris.
Musées : Aix : *Le naturaliste Michel Adanson – Le statuaire Cortot* – Laon : *Buste de G. David* – Rouen : *Louis Bouillhet* – Varzy : *Le sénateur Delangle*, médaillon en marbre – Versailles : *Cartellier, membre de l'Institut*, buste en marbre – *Le comte de Pontevès, général de brigade*, buste en marbre – *Mort de Viala*, marbre, statue.
Ventes Publiques : Paris, 25 juin 1986 : *Mort de Laïs*, marbre (H. 35,5) : **FRF 8 000**.

MATHIEU-SAINT-HILAIRE, Mme
XIXe siècle. Française.
Peintre de paysages.
Exposa au Salon de Paris en 1837 et 1838.

MATHIEU-VERDILHAN Louis. Voir **VERDILHAN Louis Mathieu**

MATHIEUX-MARIE Jean-Michel
Né le 16 avril 1947 à Paris. XXe siècle. Français.
Pastelliste, graveur, dessinateur, illustrateur.
Il fit des études d'architecte à l'École des Beaux-Arts de Paris, dont il obtint le diplôme en 1972. En 1974, il s'initia à la gravure à la pointe sèche à l'atelier Delpech. En 1984, il réalisa ses premiers pastels à la Casa Vélasquez de Madrid, où il était boursier de la ville de Paris. Il participe à des expositions collectives, dont, à Paris, le Salon des Artistes Français, qui lui décerna un Grand Prix en 1994. Il a obtenu diverses autres distinctions, entre autres en 1984 le Prix Paul-Louis Weiller de l'Académie des Beaux-Arts. Il montre surtout ses œuvres dans des expositions personnelles, d'entre lesquelles : 1979, 1986 Paris, galerie Bernier ; 1984, 1997 Paris, galerie Kieffer ; 1986 Paris, Fondation Taylor ; 1989 Madrid, Académie Royale des Beaux-Arts ; 1989, 1992 Paris, galerie Michelle Broutta ; 1990 Nantes, galerie Vermeer ; 1991 Paris, galerie Étienne de Causans ; 1993 Paris, galerie Bréheret ; 1993 Bayeux, Musée Baron Gérard.
Il illustre de nombreux ouvrages de bibliophilie, dont : *La Route* de Julien Gracq ; *Canéphore de Cauchemar* de Fédérico Garcia Lorca ; *Le Parti-Pris des Choses* de Francis Ponge. Il a gravé des séries de vues d'Espagne, de vues des quais et ponts de Paris, etc. Peut-être dues à son initiation première à la pointe sèche, ses gravures, outre l'intérêt des images mêmes, sont particulièrement remarquables par la finesse d'exécution dans les moindres détails et, surtout, par l'extrême délicatesse de ses gris.
Musées : Bayeux (Mus. Baron Gérard et Bibl. mun.) – Dignes – Madrid (Acad. roy. des Beaux-Arts) – Madrid (BN d'Espagne) – Paris (BN).

MATHIGOT Bernard
Né en 1938 au Pré-Saint-Gervais (Seine-Saint-Denis). XXe siècle. Français.
Peintre. Abstrait.
De 1956 à 1958, il fut élève en architecture à l'École des Beaux-Arts de Paris ; de 1961 à 1963, de l'Académie Julian, dont il fut lauréat du Prix en 1963. Ne participant pas aux expositions collectives et Salons traditionnels, il montre des ensembles de ses œuvres dans des expositions personnelles à Paris : 1963 galerie Suillerot ; 1974, 1984 galerie Weiller ; 1987 galerie Nadalini ; 1998 galerie Arnoux.
Ses premières peintures gardaient, encore sensibilisées au charme naturel, comme un souvenir de paysages. Tôt, il se rallia à une abstraction radicale, qu'il pratique dans un esprit de rigueur qui confère à ses compositions un caractère d'épures. Sa formation première en architecture lui permet de se jouer de la résolution géométrique de formats ronds ou carrés présentés sur un angle. Des accords de couleurs sourds, de gris et de bruns, en accentuent la perfection austère.

MATHILDE, princesse, de son vrai nom : **Bonaparte Laetitia Mathilde**
Née le 27 mai 1820 à Trieste. Morte le 2 janvier 1908 à Paris. XIXe siècle. Française.
Peintre de portraits, d'intérieurs, aquarelliste.
Fille du roi Jérôme et de Catherine de Wurtemberg, elle suivit, vers 1850, les conseils des frères Giraud et d'Ernest Hébert. Elle figura au Salon de Paris de 1859 à 1867, obtenant une médaille de troisième classe en 1865.
Elle s'est laissée tenter par l'orientalisme en peignant des portraits de femmes juives ou de fellah.
Bibliogr. : Gérald Schurr, in : *Les Petits Maîtres de la peinture 1820-1920, valeur de demain*, Les Éditions de l'Amateur, t. VI, Paris, 1985.
Musées : Bagnères-de-Bigorre : *Portrait d'homme*, aquar. – Lille : *Juive d'Alger*, aquar. gchée – Nantes (Mus. des Beaux-Arts) : *Une fellah*, aquar. – Paris (Cab. des Estampes) : Album d'aquarelles.
Ventes Publiques : Paris, 12 oct. 1877 : *Tête d'étude*, aquar. : **FRF 240** – Paris, 1885 : *Dame au chaperon rouge* : **FRF 400** – Paris, 16-18 fév. 1931 : *Fillette*, aquar. : **FRF 300** – Paris, 21 nov. 1941 : *Portrait de Bonaparte*, past. : **FRF 3 100**.

MATHILDE KAROLINE de Hesse, grande-duchesse
Née le 30 août 1813 à Augsbourg. Morte le 25 mai 1863 à Darmstadt. XIXe siècle. Allemande.
Peintre de paysages.
Fille du roi Louis Ier de Bavière. Élève de D. Quaglio. La Pinacothèque de Munich conserve d'elle : *La Chapelle de la Madeleine à Nymphenburg* et *La baie de Bajae*.

MATHIOLY Christiane, appelée en religion **Sœur Marie-Christine de la Trinité**
Née en 1920 à Paris. XXe siècle. Française.
Peintre.
Elle fut élève de l'école des arts décoratifs et de l'école nationale des beaux-arts de Paris. Elle a pris, au cours de la dernière guerre, le voile au Carmel de Compiègne (Oise). Elle n'est autorisée à peindre que sous certaines conditions rendant difficiles la présentation de ses œuvres.
Elle travailla avec l'affichiste Cassandre et peignit ensuite des tableaux mystiques tels que : *L'Offrande* et *Le Ciel et la terre passeront, mais mes paroles ne passeront pas*. M. H. Hérant écrit que son « surréalisme religieux » fait parfois songer à l'art singulier de William Blake.

MATHIOPOULO Paul
XXe siècle. Grec.
Peintre de portraits, paysages, pastelliste.
Il fut élève à Paris, de Benjamin-Constant et Jules Lefebvre.
Ventes Publiques : Londres, 17 mars 1989 : *Jeune femme élégante*, past. (63x46) : **GBP 1 540** – Londres, 28 oct. 1992 : *Portrait d'une adolescente*, past. (91x49) : **GBP 825**.

MATHIOT Alain
Né le 24 octobre 1938. XXe siècle. Français.
Peintre de scènes typiques, paysages.
En dépit d'un bref passage à l'école des beaux-arts de Lyon, Mathiot, par l'indépendance dont il témoigne, est bien proche de l'autodidactisme.
Participant régulièrement au Salon Grands et Jeunes d'Aujourd'hui, il a également montré, à Paris, ses œuvres dans plusieurs expositions personnelles. Il a reçu le prix Fénéon en 1961.
Ses débuts sont proches de ce que l'on nomme l'école lyonnaise. Peu à peu, la simplicité, simplicité de vision et simplicité d'exécution, lui semble la meilleure garantie d'authenticité. Peinture volontiers autobiographique, on cite de lui ses *Corsos* et *Fêtes populaires* qui évoquent parfois l'imagerie populaire, ainsi que ses *Paysages d'Hugier* en Franche-Comté.

MATHIS Auguste
XIXe siècle. Français.
Portraitiste et peintre de fleurs.
Exposa au Salon de Paris entre 1844 et 1850.

MATHIS Basile Benoît
Né vers 1736 à Lunéville. Mort en 1805 à Lunéville. XVIIIe siècle. Français.
Sculpteur.
Travailla, en 1767 à la restauration des fontaines de la place royale à Nancy et vers la même époque à la décoration du château de Chanteheux. Il passa de longues années en Russie.

MATHIS F.
Originaire de Wissembourg. XIXe siècle. Français.
Illustrateur.
Il travailla à Paris et illustra *Hans im Schnökeloch*, paru à Strasbourg en 1862.

MATHIS Gioacchino
Né en 1630, originaire de Lorraine. Mort en 1690. XVIIe siècle. Italien.
Peintre.
Peignit dans l'église des Capucines de Bergame, pour l'autel latéral : *Le Crucifié entouré de Saints*.

MATHIS Hans
Né le 13 juillet 1882 à Strasbourg. Mort en 1944. XXe siècle. Allemand.
Peintre de genre, portraits, paysages.
Il fut élève de A. Seder, Halm et Marr. Il vécut et travailla à Munich.

– Hans Mathis –

MATHIS Henri, pseudonyme **Komatis**
Né le 29 novembre 1921 à Toulon (Var). Mort le 16 octobre 1986. XXe siècle. Français.
Peintre de compositions murales, sculpteur de monuments, architecte, décorateur. Abstrait.
Il vécut et travailla à Toulon. Après ses études secondaires à Avignon et Toulon, il s'engagea en 1939 pour la durée de la guerre. Après sa démobilisation, il fut élève de l'École des Beaux-Arts de Toulon, puis de celle de Marseille, d'abord en architecture, puis s'orienta en peinture et sculpture. En 1951, pour des raisons de consonnance avec Henri Matisse, il adopta le pseudonyme de Komatis. Il a figuré dans des expositions régionales, à Paris, notamment en 1949 et 1950 au Salon des Réalités Nouvelles, et à l'étranger, en particulier à Milan ; en 1951, il a obtenu le Prix de peinture abstraite de Monte-Carlo.
Ses premières compositions abstraites, à tendance géométrique, s'apparentaient aux formes vivement colorées de Herbin. À partir de 1960, il est revenu, en peinture, à une figuration de personnages aux formes synthétiques, inspirés de l'art égyptien, et dont la simplicité des lignes rappelle certains des peintres du groupe *Forces Nouvelles* des années trente. Il a réalisé de nombreuses compositions murales et sculptures monumentales pour des bâtiments de Toulon, conçu plusieurs villas. Surtout, à partir de 1965 et jusqu'en 1986, co-fondateur du Centre d'Arts et de Rencontres de Chateauvallon, comportant le théâtre en plein air de 1 400 places, un complexe théâtral couvert, une galerie d'exposition, des salles d'accueil et de restauration, des unités du village d'hébergement, des studios de danse, il en a conçu l'aménagement architectural, inspiré de la Grèce antique, la fresque murale et les sculptures monumentales. Dans ses dernières années, il a réalisé de grandes peintures figuratives et stylisées sur bois.

MATHISEN Broderus. Voir **MATTHISEN**

MATHISEN Thomas ou **Matthiesen, Matthiae, Matthisen, Matheus**
XVIIe siècle (?). Actif à Husum. Danois.
Peintre.
Pour certains auteurs, il aurait probablement vécu à Anvers vers 1674 et portait le surnom de Vrome.
Musées : Copenhague (Mus. roy.) : *Scène de corps de garde* – *Marie et Joseph* – Fredensborg : *Jeune femme à la toilette* – Schwerin : *Portrait d'une jeune femme*.

MATHISON Andrea
XVIIIe siècle. Actif à Londres. Britannique.
Paysagiste.
Fit des envois aux expositions de la Royal Academy en 1772, 1773 et 1775.

MATHISSENS Abraham. Voir **MATTHYS**

MATHON Edmond Constant
Né en 1835 à Arras. Mort en 1891 à Arras. XIXe siècle. Français.
Sculpteur.
Le Musée d'Arras conserve de cet artiste : *Grigny* ; *Un faucheur* ; *Wartel de Retz* ; *Jeune baigneur* ; *Constant Dutilleux* ; *Émile Lenglet*, ainsi que dix-huit *Profils* (en terre cuite).

MATHON Émile Louis
Né vers 1855 à Paris. XIXe siècle. Français.

Peintre de paysages, marines.
Élève de Charles Daubigny, il exposa au Salon de Paris de 1868 à 1887.
Il traite ses paysages d'une pâte généreuse, dans des coloris frais.
Bibliogr. : Gérald Schurr, in : *Les Petits Maîtres de la peinture 1820-1920, valeur de demain*, Les Éditions de l'Amateur, t. II et t. IV, Paris, 1982.
Musées : Dieppe : *La rue Bourdin au Pollet-Dieppe – La rue des Trois Marmots au Pollet-Dieppe* – Le Havre : *Bateau pêcheur entrant à Dieppe.*
Ventes Publiques : Paris, 4-5 déc. 1918 : *Le Bras des Grésillons Seine-et-Oise* : **FRF 350** – Paris, 23 mai 1941 : *Temps de neige à Maisons-Lafitte* 1879 : **FRF 2 100** – Paris, 19 déc. 1944 : *Crépuscule au bord d'une lagune* 1874 : **FRF 4 000** – Amsterdam, 21 nov. 1973 : *Portrait d'une Bretonne* : **NLG 2 500** – Paris, 4 déc. 1978 : *Fontaine aux environs d'une ville Nord-Africaine*, h/pan. (27x35) : **FRF 2 200** – Londres, 5 oct 1979 : *Pêcheur dans un paysage fluvial boisé*, h/t (57x90) : **GBP 1 000**.

MATHONAT Alexis
Né en 1832 à Moulins. xixe siècle. Français.
Peintre de portraits et d'histoire.
Élève de T. Couture. Il figura au Salon de Paris, de 1850 à 1868. On a de lui, au Musée de Moulins : *Agnès Piedeleu.*

MATHONIÈRE Nicolas de
xviie siècle. Actif à Paris de 1610 à 1622. Français.
Graveur et éditeur.
Il a gravé des sujets religieux et des plans.

MATHONNAT Michel
Né en 1944 à Moulins (Allier). xxe siècle. Français.
Graveur de compositions animées, natures mortes, peintre, sculpteur.
Il fut élève d'Alexandre Bonnier à l'école des beaux-arts de Moulins entre 1962 et 1965. Il y apprend la gravure.
Il participe à des expositions collectives. Il montre ses œuvres dans des expositions personnelles : 1967 Figueras ; 1968 Cadaques ; 1972, 1976, 1979, 1982, 1988 Paris ; 1972, 1977 Marseille ; 1976 Lausanne et Abidjan ; 1977, 1980 Nantes ; 1981 Strasbourg ; 1982 Rouen et Antibes ; 1983 Tours ; 1984 Avignon.
En noir et blanc d'abord, ses gravures deviennent en couleurs à partir de 1967. Il fera fondre ses premiers bronzes en 1975. Il a illustré plusieurs ouvrages, notamment *Black is beautiful* de L. S. Senghor et *Bonheur du jour* de Jean Cassou.
Musées : Paris (BN) : *Janvier et Mars* 1981, deux mezzotintes en coul.

MATHOT Alexander
xixe siècle. Belge.
Paysagiste.
Élève de E. Delvaux. Il exposa au Salon à partir de 1833.

MATHURA
Indien.
Peintre.
Membre de l'École Akbar.

MATHURIN Maurice
Né le 20 mai 1884 à Tours (Indre-et-Loire). xxe siècle. Français.
Peintre.
Il fut élève de L.-O. Merson et Ernest Laurent. Il exposa à partir de 1908 au Salon des Artistes Français, et à partir de 1929 à celui de la Société Nationale des Beaux-Arts. Il reçut une médaille en 1913.

MATHURIN d'Artois
xvie siècle. Français.
Sculpteur.
Travailla, de 1537 à 1540, au château de Fontainebleau.

MATHURIN-MÉHEUT. Voir **MÉHEUT**

MATHUYS ou **Mathyas**. Voir **STAMLER Mathyas**

MATHYS. Voir aussi **MATTHYS**

MATHYS Albéric. Voir **MATTHYS**

MATHYS Albert François
Né le 1er juillet 1885 à Bruxelles (Brabant). Mort le 11 octobre 1956 à Saint-Gilles (Brabant). xixe-xxe siècles. Belge.
Peintre de figures, portraits, paysages, natures mortes, graveur, sculpteur.
Dessinateur dans un atelier de dentelles, il suivit les cours du soir de l'académie des beaux-arts de Bruxelles, avant de s'adonner pleinement à la peinture en 1925. Il fut membre du Cercle artistique et littéraire de Bruxelles.
Il a participé à des expositions de groupe en Belgique à Anvers, Liège, Gand, Bruxelles, Namur ainsi qu'à l'étranger, à Paris au Salon des Indépendants, Venise à la Biennale, au Caire, à Alexandrie, Stockholm, Riga, Alger, Le Havre, Rouen... Il a montré ses œuvres dans des expositions personnelles, notamment au palais des Beaux-Arts de Bruxelles en 1936.
Il fut membre du mouvement fauve belge, adoptant une palette aux couleurs chaudes, puis sa peinture s'assombrit et se fit plus dépouillée. À partir de 1940, il réalisa des sculptures.
Bibliogr. : In : *Biographie nationale*, Académie royale des Lettres et Beaux-Arts de Belgique, t. XXXVIII, Bruxelles, 1974 – in : *Dict. biogr. ill. des artistes en Belgique depuis 1830*, Arto, Bruxelles, 1987.
Musées : Bruxelles (Mus. roy. des Beaux-Arts) : *Autoportrait.*
Ventes Publiques : Londres, 30 jan. 1980 : *Paysage fluvial*, h/pan. (27,5x40) : **GBP 550** – Lokeren, 28 mai 1994 : *La robe jaune* 1921, h/t (100x90) : **BEF 150 000** – Lokeren, 11 mars 1995 : *Dame dans un intérieur* 1921, h/t (130x95) : **BEF 75 000**.

MATHYS André
Né en 1946 à Saint-Trond (Limbourg). xxe siècle. Belge.
Dessinateur, peintre de cartons de vitraux, céramiste.
Il fit ses études à Hasselt. Il a reçu le premier prix de la commission nationale du vitrail en 1970 et une médaille d'or au concours international de la céramique de Faenza.
Bibliogr. : In : *Dict. biogr. ill. des artistes en Belgique depuis 1830*, Arto, Bruxelles, 1987.
Musées : Faenza.

MATHYS Hans
Né en 1882 à Strasbourg (Bas-Rhin). Mort en 1944 à Munich (Bavière). xxe siècle. Allemand.
Peintre de portraits, paysages, natures mortes.
Ventes Publiques : Berne, 26 oct. 1988 : *Composition avec un moulin à vent et un village*, détrempe avec encre et craies de coul. (59,5x52) : **CHF 1 100** – Munich, 29 nov. 1989 : *Portrait d'une dame avec un chapeau*, h/t (121,5x98) : **DEM 5 940** – Munich, 25 juin 1992 : *Betty Mathys – la femme du peintre*, h/t (122x99) : **DEM 7 910** – Munich, 7 déc. 1993 : *Nature morte avec des fleurs d'automne et des fruits*, h/t (74x63) : **DEM 8 625**.

MATHYS J.
xviiie siècle. Actif en Hollande au début du xviiie siècle. Hollandais.
Graveur.
Il a gravé des planches représentant des Hôtels de Ville.

MATHYS Jan. Voir aussi **MASSYS**

MATHYS Jan ou **Matheus, Mathieu, Matthyssen**
Mort après 1667. xviie siècle. Actif à Amsterdam. Hollandais.
Graveur.

MATHYS Pierre
xvie siècle. Actif à Arras vers 1508. Français.
Peintre verrier.

MATHYS Pieter
xviie siècle. Hollandais.
Peintre verrier.
Maître de Jan Van Bronkhorst en 1620 à Utrecht.

MATHYSEN Antony
xviie siècle. Hollandais.
Graveur.

MATHYSENS Balthazar. Voir **MATHIEU**

MATHYSSEN C.
Mort en 1850 à Arnhem. xixe siècle. Actif à Arnheim. Hollandais.
Peintre d'intérieurs.

MATI Francesco
xvie siècle. Actif à Florence vers 1588. Italien.
Peintre.
Élève de Bronzino. Ses tableaux se trouvent à l'église de l'abbaye S. Salvatore à Fucecchio et à l'église de Romena. Les Offices, à Florence, conservent plusieurs de ses dessins.

MATI Giovanni di Piero ou **da Capanale**
xvie siècle. Actif à Florence au milieu du xvie siècle. Italien.
Sculpteur.
Il exécuta en 1534 les stalles de l'Hôtel de Ville de Pistoia.

MATIAS ou **Mathieu**
XVIe siècle. Français.
Sculpteur.
Travailla au maître-autel et à la façade de S. Thomas de Haro.

MATIAS de Valencia. Voir **CHAFRION Lorenzo**

MATICSKA Jenö ou **Eugen**
Né le 30 novembre 1886 à Nagybanya. Mort le 8 février 1906 à Nagybanya. XXe siècle. Tchécoslovaque.
Peintre de paysages.
Il fut élève de la colonie de peintres de Nagybania, et un de ses principaux représentants.
Musées : Budapest (Nouv. Gal.) : *Prairie du monastère à Nagybania.*

MATIEGZEK Joseph
Né le 25 septembre 1865 à Munich (Bavière). XIXe-XXe siècles. Allemand.
Peintre de genre, portraits.
Il fut élève de l'académie des beaux-arts de Munich, où il reçut une médaille en 1892.

MATIENZO Rodrigo de. Voir **MATENCIO**

MATIESSEN Jasper
D'origine allemande. Mort après 1604. XVIe siècle. Danois.
Sculpteur sur bois.

MATIFAS Louis Rémy
Né le 1er octobre 1847 à Amiens (Somme). Mort le 1er avril 1896. XIXe siècle. Français.
Peintre de paysages.
Il fut élève à l'École des Beaux-Arts d'Amiens avant de travailler sous la direction d'Antoine Vollon. Il participa au Salon de Paris de 1876 à 1881.
On cite parmi ses œuvres : *Près de Saint-Martin, Oise – Les carrières d'Amérique à Romainville – La Seine au Pont-Marie – Route d'Ory-la-Ville à Chantilly.*
Bibliogr. : Gérald Schurr, in : *Les Petits Maîtres de la peinture 1820-1920, valeur de demain,* Les Éditions de l'Amateur, t. II, Paris, 1982.
Musées : Abbeville : *Paysage* – Amiens (Mus. de Picardie) : *Près de Saint-Martin* – Chartres : *Environs de Préfailles, à marée basse* – Gray : *Les carrières d'Amérique à Romainville.*
Ventes Publiques : Paris, 21 jan. 1928 : *Le moulin à eau* : **FRF 1 550** – Paris, oct. 1945-juil. 1946 : *Paysage* : **FRF 2 850** – Paris, 21 mars 1949 : *Chasse à courre,* deux pendants : **FRF 7 500** – Lucerne, 18 nov. 1977 : *La mare aux canards,* h/t (65,5x93) : **CHF 4 500.**

MATIG Jerig
XVIIe siècle. Suisse.
Sculpteur sur bois.

MATIGNON Albert
Né en 1869 à Sablé (Sarthe). Mort en 1937. XIXe-XXe siècles. Français.
Peintre de compositions religieuses, compositions animées, nus, portraits, marines.
Il fut élève d'Ernest Hébert et Albert Maignan. Il participa au Salon des Artistes Français, à Paris. Il reçut une médaille en 1894, une médaille d'or en 1914, le prix Albert Maignan en 1925. Il fut surtout peintre des paysages de la baie de la Somme, mais aussi de fêtes nocturnes mondaines. Pour l'église Notre-Dame de Sablé, il exécuta cinq grandes peintures décoratives : *Jésus servi par les anges – La Nativité – L'Immaculée Conception – Au pied de la Croix – Le martyre de saint Sébastien.*
Bibliogr. : Gérald Schurr, in : *Les Petits Maîtres de la peinture 1820-1920, valeur de demain,* Les Éditions de l'Amateur, t. VII, Paris, 1989.
Musées : Bucarest (Mus. Simu) – Château-du-Loir – Mans – Nemours – Tarbes.
Ventes Publiques : Paris, 2 mars 1942 : *La bergère* : **FRF 350** – Paris, 30 juin 1943 : *Rêverie au soleil couchant* : **FRF 900** – Paris, 18-19 avr. 1945 : *Manon et Des Grieux en barque au fil de l'eau* : **FRF 5 800** – Paris, 30 mai 1990 : *Méditation* vers 1890-93, h/t (146x175) : **FRF 85 000.**

MATILLA MARINA Segundo
Né en 1862 à Madrid (Castille). Mort en 1936 ou 1937 à Barcelone (Catalogne). XIXe-XXe siècles. Espagnol.
Peintre de paysages, marines.
Il fut élève de l'école des beaux-arts de Madrid, où il eut pour professeur Antonio Caba.
Il participa à de nombreux Salons à Barcelone en 1891, 1894, de 1896 à 1898, de 1918 à 1919, 1929 ; à Paris en 1897 ; à Madrid en 1914. Il montra ses œuvres dans des expositions personnelles en Espagne.
Il s'est spécialisé dans les couchers de soleil, dont il aime rendre, d'une touche rapide et spontanée, l'ambiance colorée.
Bibliogr. : In : *Cien Anos de pintura en Espana y Portugal, 1830-1930,* Antiqvaria, t. V, Madrid, 1991.
Musées : Barcelone (Mus. d'Art Mod. de Barcelone) : *Autoportrait.*
Ventes Publiques : Madrid, 24 oct. 1978 : *Enfant sur la plage,* h/t (107x148) : **ESP 925 000** – Barcelone, 23 avr. 1980 : *Port Lligat,* h/pan. (35x42) : **ESP 270 000** – Barcelone, 5 mars 1981 : *Les Lavandières,* h/t (100x50) : **ESP 750 000** – Barcelone, 24 mars 1983 : *Pêcheurs et barques sur la plage,* h/t (60x101) : **ESP 470 000** – Barcelone, 2 avr. 1987 : *Scène de plage,* h/cart. (50x60) : **ESP 700 000** – Londres, 22 nov. 1989 : *Paysage escarpé ; Barques de pêche,* h/cart., une paire (chaque 24x27,5) : **GBP 20 900** – Madrid, 22 nov. 1990 : *Barques échouées,* h/cart. (37,5x45) : **ESP 3 136 000** ; *Canards sur un lac,* h/t (130x150) : **ESP 15 680 000** – Madrid, 27 juin 1991 : *Barques échouées sur la grève,* h/t (50x84) : **ESP 1 120 000** – Madrid, 28 jan. 1992 : *Retour de la pêche,* h/cart. (18x21) : **ESP 532 000** – Madrid, 16 juin 1992 : *L'Escorial,* h/cart./pan. (27x27) : **ESP 200 000** – Madrid, 25 mai 1993 : *Les Ramasseurs de coquillages,* h/t (69x40) : **ESP 1 035 000** ; *L'Escorial* 1932, h/cart./pan. (27x27) : **ESP 264 500.**

MATILLON Pierre
XVIIe siècle. Français.
Portraitiste et décorateur.
Il travailla à Saintes vers 1633.

MATINA-MARINKOVIC Ivka
Née en 1923 à Hlébine (Croatie). XXe siècle. Yougoslave.
Peintre de paysages, fleurs. Naïf.
Elle vit et travaille à Zagreb.
Dans la tradition naïve yougoslave, elle peint des scènes campagnardes, privilégiant les teintes automnales et les neiges de l'hiver. Pleine d'humour et de charme, sa peinture prend des libertés avec les échelles, représentant les tournesols aussi gros que les arbres ou les maisons.

MATINATI Giov. Antonio de
Originaire de Messine. XVIe siècle. Italien.
Sculpteur sur bois.
Il travailla à Palerme de 1546 à 1548.

MATINO Andrea
XVIe siècle. Napolitain, actif au XVIe siècle. Italien.
Peintre.
Il peignit pour le vice-roi Don Pedro Antonio de Aragon une *Immaculée Conception* et un portrait de *Charles II d'Espagne.*

MATINO Vittorio
Né en 1943. XXe siècle. Italien.
Peintre, pastelliste. Abstrait.
Il a montré ses œuvres dans une exposition personnelle en 1992, à la galerie La Hune à Paris.
Il juxtapose des surfaces quadrangulaires, les accorde harmonieusement dans les tons et les teintes, produisant une abstraction géométrique subtile, inattendue.

MATIOUCHINE Mikhail Vassiliévitch. Voir **MATIUSHIN**

MATIS André Joseph
XIXe siècle. Français.
Peintre d'histoire et peintre animalier.
Exposa au Salon, de 1844 à 1848.

MATISSE Auguste
Né le 12 mai 1866 à Nevers (Nièvre). Mort en septembre 1931. XIXe-XXe siècles. Français.
Peintre de marines, décorateur.
Il fut élève de Bonnat. Il participa, à Paris, aux Salons des Artistes Français à partir de 1895, et d'Automne. Il reçut une médaille en 1909, une médaille d'or en 1913, une autre en 1926 pour la décoration. Il fut fait chevalier de la Légion d'honneur.

MATISSE Henri
Né le 31 décembre 1869 au Cateau-Cambrésis (Nord). Mort le 3 novembre 1954 à Nice (Alpes-Maritimes). XIXe-XXe siècles. Français.
Peintre de sujets divers, dessinateur, graveur, lithographe, sculpteur. Fauve.

Après avoir tenu une épicerie à Bohain, ses parents la développèrent en un florissant commerce de graines fourragères et d'engrais. Après le lycée à Saint-Quentin, Henri Matisse débuta des études de droit à Paris en 1887-88. En 1889, revenu à Saint-Quentin, il travailla comme clerc dans un cabinet d'avoué. Pendant une longue convalescence à la suite d'une maladie, il fut attiré par la peinture. Aussi, en 1891, il revint à Paris, s'inscrivant à l'Académie Julian, où il reçut les conseils de William Bouguereau, potentat qui régnait alors sur l'académisme du Salon officiel, « Salon de monsieur Bouguereau » auquel Cézanne ambitionnait de participer. Il quitta le lieu pour s'inscrire en 1893 à l'École des Beaux-Arts dans l'atelier du très libéral Gustave Moreau, où travaillaient déjà Marquet, Rouault, Camoin et Manguin, dont la plupart restèrent ses amis. Toutefois, rien ne laissait présager alors qu'il était destiné à ébranler allègrement les colonnes du temple des certitudes les plus éprouvées. À partir de 1895, il habita au 19 quai Saint-Michel, endroit qu'il conserva toujours. Après ses premiers succès aux très officiels Salons des Artistes Français et de la Société Nationale des Beaux-Arts, une belle et confortable carrière de peintre officiel s'ouvrait à lui. Heureusement, des circonstances favorables, son passage de l'atelier de Bouguereau à celui de Gustave Moreau, les bonnes rencontres qu'il y fit, auxquelles s'ajoutèrent celles de Derain et Friesz, contribuèrent à ce que le pompier en puissance ait pris feu. Dès 1896, il se mit à peindre en plein air au cours de voyages en Bretagne. Il se maria en 1898, effectua des voyages : Londres, Corse, Sud-ouest de la France, découverte de la Méditerranée. Après la mort de Gustave Moreau, 1898, il s'inscrivit à l'Académie Carrière. En 1899, il put acheter chez Vollard quelques œuvres de Cézanne, Rodin, Van Gogh et Gauguin, ce qui, outre l'évolution de son jugement, indiquerait une certaine aisance, alors qu'en 1900, marié et père de trois enfants, dans la gêne, il dut travailler avec Marquet à la décoration du Grand Palais, avant d'être même obligé de retourner à Bohain. Il revint à Paris en 1903-1904, travailla à Collioure en 1904, encouragé par Paul Signac et soutenu par la galerie de Berthe Weill et par Vollard. Il continuait à voyager : 1906 Algérie, 1907 Italie, se retirant souvent à Collioure. Il vint enseigner avec Friesz au couvent des Oiseaux de la rue de Sèvres, puis transporta son atelier public, en 1908, au couvent du Sacré-Cœur, les édifices des congrégations religieuses venant d'être attribués à des utilisations laïques. En 1908, il publia dans *La Grande Revue* ses *Notes d'un peintre* qui eurent un considérable retentissement. Les collectionneurs russes Chtchoukine et Morosov commencèrent à lui acheter des peintures importantes. Il travaillait dans un atelier construit en 1909 à Issy-les-Moulineaux, alors un peu campagnard, à côté de la maison qu'il y occupait. Il voyageait aussi : à Moscou, en Espagne, les deux voyages au Maroc de 1911 à 1913. Pendant la guerre, il quitta Issy-les-Moulineaux, avec sa famille, pour Collioure, lui-même se partageant entre Collioure et le 19 du quai Saint-Michel, où il avait repris un atelier. À partir de 1916, il fréquenta aussi Nice, où il devait résider fréquemment après 1918, puis, après 1921, y passant six mois de l'année, les autres six mois à Paris. Matisse eut, au long de sa vie, des demeures et des ateliers divers et il continua à voyager, bien que de façon plus espacée. Durant les années de guerre, il eut des contacts accrus dans le milieu artistique, notamment avec Juan Gris, rencontré à Collioure, avec Renoir qu'il visita à Nice en 1917. Ses collectionneurs internationaux se multipliaient aussi, dont l'Américain Barnes, confirmant sa notoriété croissante. En 1931, il voyagea encore en Italie, Espagne, Allemagne, Angleterre, Russie et surtout à Tahiti, où il séjourna trois mois. Sur le chemin du retour, il s'arrêta aux États-Unis, où il exécuta la décoration de la plus grande salle du musée de la Fondation du docteur Barnes, à Merion. En 1938 il s'installa à l'ancien hôtel Régina de Cimiez au-dessus de Nice. En 1941 ou 1943, il subit une grave opération intestinale, d'où il restera définitivement handicapé. De 1943 à 1949, il résida à Vence. En 1944, pour faits de résistance, sa femme fut emprisonnée et sa fille Marguerite déportée. Il partagea le temps de ses dix dernières années entre Paris, Vence et Nice. La fin de ce vieillard fou de dessin et de couleur fut exemplaire, et les œuvres qui continuaient de partir de son atelier témoignaient d'un émerveillement toujours croissant devant la vie. Il ne sortait presque plus de la chambre de l'ancien hôtel Régina, sur la colline de Cimiez. Ne pouvant plus peindre, il avait fait articuler son lit et, grâce à des tables mobiles, continuait de dessiner sans relâche.

En 1896, onze de ses peintures furent acceptées et exposées par la vénérable institution du Salon de la Société Nationale des Beaux-Arts, annexe, guère plus ouverte aux jeunes audaces, du Salon des Artistes Français, succès tout relatif qui témoigne de la sagesse de ses premiers travaux. Il fut d'ailleurs reçu, dès cette première année, sociétaire de cette respectable assemblée et l'une de ses œuvres exposées fut acquise par la docte et peu fantaisiste commission d'achat de l'État. En 1903-1904, il commença à participer aux Salons d'Automne et des Indépendants. La salle des « Fauves » du Salon d'Automne de 1905, outre le scandale qu'elle provoqua, lui valut le début de sa notoriété. Gertrude et Léo Stein y acquirent la *Femme au chapeau*, suivis bientôt par d'autres collectionneurs. En 1927, lui fut décerné le Prix de la Fondation Carnegie de Pittsburgh ; en 1950, le Prix de la Biennale de Venise.

En 1903-04, Vollard organisa sa première exposition personnelle. En 1908, il fit des expositions personnelles chez Stieglitz à New York, et Cassirer à Berlin. En 1909, il signa un contrat avec la galerie Bernheim-Jeune, qui resta longtemps sa galerie attitrée. En 1918, la galerie Paul Guillaume organisa une exposition *Matisse-Picasso*, avec une préface d'Apollinaire, qui les situait en tant que les deux artistes les plus représentatifs du moment. En 1924, le Statens Museum de Copenhague avait organisé la première exposition rétrospective de son œuvre, suivie désormais de nombreuses autres : 1931 Paris galerie Georges Petit, Kunsthalle de Bâle, Museum of Modern Art de New York, 1936 Paris, New York, Stockholm, 1944 exposition importante au Salon d'Automne, 1945 Victoria and Albert Museum de Londres, 1947 Palais des Papes d'Avignon, 1948 Philadelphie où figuraient ses sculptures, 1949 Lucerne, 1951 Museum of Modern Art de New York, 1952 inauguration du Musée Matisse au Cateau, puis de celles posthumes, dont : 1956 Musée National d'Art Moderne de Paris, 1970 Grand-Palais de Paris, etc., puis le Museum of Modern Art de New York en 1992, le Centre Georges Pompidou et les trois versions de *La Danse* au musée d'Art moderne de Paris en 1993, le Musée Matisse du Cateau-Cambrésis en 1996-97.

De ses premiers essais, alors qu'il se référait à des manuels désuets durant la convalescence de 1890, date une *Nature morte aux livres*. De 1890 à 1896, lors des années de son passage dans l'atelier de Moreau, outre de nombreuses copies d'après les maîtres anciens effectuées au Louvre, il peignit surtout des natures mortes et des figures dans des intérieurs : *L'atelier de Gustave Moreau* de 1894-95, thèmes qui resteront dominants dans tout l'œuvre à venir. Les sollicitations qui influèrent sur son apprentissage furent diverses : impressionnisme : *La Desserte* de 1897, et divisionnisme : *Buffet et table* de 1899, étaient encore prégnants ; nabisme, symbolisme réagissaient contre la perte du sujet ; et puis les grandes figures emblématiques de Van Gogh, Gauguin et Cézanne : *L'Intérieur à l'harmonium* de 1900, ne pouvaient laisser le jeune Matisse indifférent. Ce fut aussi en 1900 qu'il commença à sculpter : *Le Serf*, activité qu'il poursuivit épisodiquement jusqu'au milieu des années trente, n'ayant considéré cette partie de son travail que comme un moyen d'étude préliminaire parmi d'autres. La conjoncture historique n'avait pas été tellement favorable à l'accès du jeune Matisse aux combats d'avant-garde. Il était né trop tôt, en 1869, plus proche de la génération des Nabis et des symbolistes, de Valloton né en 1865, de Bonnard et K. X. Roussel nés en 1867, de Vuillard en 1868, Maurice Denis en 1870, alors que les futurs hérauts du fauvisme ne naissent que : Vlaminck en 1876, Van Dongen et Dufy en 1877, Friesz en 1879, Derain en 1880, et ceux du cubisme : Jacques Villon en 1875, Léger et Picasso en 1881, Braque en 1882, Delaunay et La Fresnaye en 1885, Juan Gris en 1887. Ce décalage, si important pour des gens très jeunes, explique les premiers errements de Matisse, en cherchant sa voie, il en cherchait les compagnonages.

Ce ne fut donc qu'en 1904, âgé de trente-quatre ans, avec *Luxe, calme et volupté*, qu'il approcha de ce qu'il a appelé « la libération de la couleur », et à partir de 1905, avec les peintures rapportées de l'été passé à Collioure, paysages résolument traités par l'arabesque enserrant des aplats de couleurs vives, et celles qu'il peignit ensuite d'après les croquis pris sur place, puis avec *La Joie de vivre* de 1905-06. Lorsqu'éclata au Salon d'Automne l'évidence, bien que non encore formulée, du groupe des Fauves où il était inclus, il put déterminer l'orientation définitive de son œuvre dans une relation exclusive à la couleur, totalement affranchie de la nature et violemment expressive, et dans une revalorisation du décoratif. Dans son compte-rendu du Salon d'Automne, le critique Louis Vauxcelles avait écrit qu'en entrant dans la salle où s'étaient groupés avec Matisse, Derain, Friesz,

Vlaminck, Dufy, Marquet et quelques autres, il avait eu l'impression d'entrer dans une cage aux fauves. Le mot, qui se voulait « féroce » convint aux principaux intéressés, qui, ainsi provoqués, l'adoptèrent et proclamèrent que : « Le peintre fauve doit s'efforcer de traduire la sensation non en l'analysant comme l'impressionniste, mais en l'exprimant brutale et non dégrossie ». Ensuite et jusqu'au bout de son chemin, il a traversé des périodes dont seules les interprétations des sujets différaient, privilégiant toutefois constamment les thèmes génériques des figures dans un intérieur, des natures mortes et des paysages, ceux-ci souvent intégrés dans les fenêtres des intérieurs. Au-delà des sujets, allant jusqu'à ne presque plus traiter les figures au profit du décor, il a totalement vertébré son œuvre sur la prééminence de la couleur, condensant dans la couleur toutes les fonctions, y compris l'expressive, que peut assumer une peinture. Un peu à l'inverse de cette indépendance et prééminence de la couleur sur la forme, particulièrement affirmée dans le *Nu bleu* de 1907, il sculpta la même année une *Aurore*, aussitôt qualifiée de « Vénus nègre », comme pour établir une corrélation, alors encore prématurée, entre les mobiles de Matisse et ceux du Picasso des *Demoiselles d'Avignon*.

Ce qui peut être considéré comme la première période de l'ensemble de l'œuvre original de Matisse, hors les longues recherches des débuts, commença avec les violences partagées des peintres de la salle des Fauves du Salon d'Automne de 1905, puis par l'épisode montrant son attitude de retrait quant à ses propres outrances, lorsque, en 1906, il commença par attribuer à un certain « postier de Collioure » le plus audacieux en « déformations forcées » des deux portraits du *Jeune pêcheur*. En 1907, il peignit *Le Bonheur de vivre* au titre qui convient encore à l'ensemble de son œuvre, et le *Nu bleu*. En 1908, il reprit le thème de *La Desserte* de 1897 en deux versions : *Harmonie rouge* et *Harmonie bleue*, dans lesquelles la couleur, contenue par l'arabesque de la composition décorative, se détache de sa fonction de représentation pour en exprimer le climat affectif. En 1909, le collectionneur russe Chtchoukine lui commanda deux panneaux décoratifs, qui devinrent *La Danse* et *La Musique*, exposés d'abord au Salon d'Automne de 1910, aplats de quelques couleurs vives exaltant l'expression du dessin sommaire en silhouettes comme découpées, qui furent suivis en 1911 de *L'Atelier rouge* et *L'Atelier rose*, de *L'Intérieur aux aubergines*, du « triptyque marocain » peint à la suite de ses voyages au Maroc de 1911 et 1913, qui l'avaient confirmé dans sa recherche de la couleur pure, de la forme schématisée, de l'organisation ornementale des surfaces. Toutes ces peintures constituent les œuvres maîtresses de cette période qu'on peut délimiter de 1905 à la guerre de 1914, attribuer au fauvisme historique, et caractériser par la réduction de l'espace au plan vertical de la toile, l'occupation totale de sa surface par les compléments décoratifs de la composition, le dessin synthétique des contours de ses éléments constitutifs et leur traitement en aplats de couleurs pures. Il donnait alors également suite à l'élaboration de ses sculptures, très probablement inspirées des sculptures « nègres » alors très en faveur aussi bien auprès des fauves que des cubistes, avec *Les Deux négresses* de 1908 et *La Serpentine* de 1909, sorte de dessin de peintre dans la matière et dans l'espace, puis, en 1909 également, la première version du *Dos*, qui sera suivie de trois autres en 1913, 1916 et, beaucoup plus tard, 1930-31. Ses voyages au Maroc, la visite des expositions d'art oriental, à Munich en 1910 et à Paris en 1912, sans influer outre mesure sur son esthétique picturale même, sinon quant au développement stylistique de son dessin en arabesques, lui apportèrent alors des éléments thématiques : *Le Café arabe* de 1913.

Entre 1910 et 1913, il a sculpté la série des têtes de *Jeannette*, dans lesquelles le fait-même de la sculpture en volume l'a préparé à une réflexion parallèle à celle des cubistes, notamment pour ce qui concerne le traitement de la troisième dimension et les déformations expressives. En effet, durant le temps de la guerre, Matisse traversa une des périodes de doute qui ont parfois troublé l'unité de son œuvre. Revenant à Cézanne, il prêta attention aux cubistes qu'il côtoyait amicalement, et, sans qu'elles constituent une période très conséquente, les peintures de 1916 : *Les Marocains, Les Coloquintes, Les Demoiselles de la rivière* et surtout *La Leçon de piano* accusent l'influence de sa réflexion sur le cubisme : reconstruction intellectuelle de la réalité par le raidissement géométrique des espaces et des formes et par les déformations subjectives.

Avec *La Leçon de musique*, commencée peu après *La Leçon de piano* de 1916, et pourtant à laquelle elle s'oppose tellement, et terminée en 1917, débute la deuxième période importante, en durée et en production, de l'œuvre de Matisse, période qu'on a pu dire « niçoise », débutée avec l'*Intérieur à Nice* de 1917 ou « des Odalisques », en référence à la série commencée en 1918, et qui s'est prolongée jusqu'en 1925-1926, qui a partagé la critique entre ceux qui la louangent comme en constituant l'apogée, et ceux qui y voient au contraire une régression et une concession au goût bourgeois, régression et concession auxquelles ont d'ailleurs consenti la plupart des artistes qui avaient été les artisans des deux grandes mutations du début du siècle, fauvisme et cubisme. À l'austère construction des plans abstraits, des grands vides délimités et des figures et objets prédécoupés, voire éclatés, de *La Leçon de piano*, s'opposent l'espace et les volumes concrets, le réalisme sensible et la saturation décorative de *La Leçon de musique*. Il est certain que, à la suite de *La Leçon de musique*, par le thème et par leur facture accomplie, la longue série des *Odalisques*, dans leurs attitudes offertes et leur décor oriental surchargé, semblait aller au devant d'une attente du grand public, mais, qu'il eût été ou non dans ses diverses phases l'occasion d'audaces structurelles, tout l'œuvre de Matisse ne s'est-il pas voulu hymne au plaisir, et quand le plaisir des yeux s'incarne dans une telle densité plastique et picturale, convient-il de le bouder ? Cette revendication du droit au plaisir du regard sur une belle mise en scène, déjà exprimée en 1904 avec *Luxe, calme et volupté*, Matisse l'a encore renouvelée dans le titre de la peinture qui mit fin à la série en 1925 : *Figure décorative sur fond ornemental*.

En 1920, il avait créé les décors pour *Le Chant du rossignol* de Strawinsky-Diaghilev. Dans les années vingt et trente, il sculpta encore : un *Nu couché*, en relation avec les *Odalisques* peintes, en 1930 *Le Tiaré*, mi-tête mi-plante tropicale en arabesques, et une *Vénus à la coquille*. Ce fut aussi dans ces années vingt que Matisse s'exprima dans ses très nombreux et célèbres dessins au trait pur, considérés comme une technique artistique à part entière, qu'il prolongea dans l'illustration d'ouvrages littéraires dans les années trente et quarante : 1931-32 les *Poésies* de Mallarmé et les *Poèmes* de Charles d'Orléans, 1943 les *Amours* de Ronsard, 1944 *Pasiphaé* de Montherlant, 1948 *Les Fleurs du Mal* de Baudelaire. Cette pratique intensive du dessin au trait fut peut-être à l'origine de la décantation qui caractérise de nouveau une troisième période, allant de la peinture-charnière de 1925 *Figure décorative sur fond ornemental* jusqu'à la Seconde Guerre mondiale, dont les réalisations principales sont les deux versions de *La Danse* de la Fondation Barnes, les deux versions du *Rêve* de 1935 et 1940, où l'on retrouve, d'avant les *Odalisques* sensuelles, le retour au symbole en place de sujet, au seul espace bidimensionnel du plan de la toile, à la ligne synthétique en arabesque du contour des formes, au contraste violent de couleurs franches et peu nombreuses, auquel l'avait peut-être aussi rappelé un voyage à Tahiti en 1930, au cours duquel, outre le souvenir ravivé de l'œuvre de Gauguin, il avait été frappé de ce qu'il n'y a rien de plus simple et évident pour l'œil que la mer avec le ciel au-dessus.

La radicalisation, dans la période 1925-1940 après l'exultation des *Odalisques*, des principes qui avaient fondé son style en 1905, préludait à la quatrième période de son œuvre, qui occupa la fin de sa vie depuis 1940, et qui, commencée avec la confection du livre *Jazz* dont il écrivit aussi les textes, est surtout définie par la technique des papiers gouachés et découpés, technique délibérément imaginée à la fin d'une simplification définitive de la forme et de la couleur lui permettant de « dessiner dans la couleur », mais qui en même temps se prêtait mieux aux stations couchées prolongées auxquelles l'obligeait, après les épreuves diverses subies pendant la guerre dont une grave opération en 1943, sa santé déclinante, qui ne lui laissa que peu de possibilités de peindre : *Le Fauteuil rocaille* de 1946, *Le Silence habité des maisons* en 1947, *Le Rideau égyptien* en 1948, dernière année de pratique de la peinture à l'huile. Avec les réalisations capitales de cette ultime période dite souvent « des papiers découpés » : *La Piscine, La Vague, Les Acrobates*, la série du *Nu bleu, La Tristesse du roi*, et la décoration de la chapelle de Vence qui ressortit à la même conception technique, Matisse, une fois encore, assumait pleinement la fonction décorative de l'œuvre peinte, si généralement décriée. C'est de son lit de la chambre de l'ancien hôtel Régina, qu'il traça, à l'exemple de Renoir, à l'aide de fusains fixés au bout de cannes à pêche, les décorations de la chapelle de Vence. De son lit aussi, il découpait les papiers de couleurs, qu'il faisait assembler selon ses indications, qui composèrent les plus purs hymnes à la joie de tout son œuvre que sont *Le boxeur nègre* de 1947, *Zulma* de 1950, et *La Tristesse du roi* de 1952, adieu serein à une vie bien remplie.

Fort d'un millier de peintures, de soixante-huit sculptures fondues en bronze, d'innombrables dessins et gravures, de quelques décorations architecturales, d'illustrations d'ouvrages littéraires, l'œuvre d'Henri Matisse se sera inscrit à contre-courant de son temps, et c'est ce qui le singularise. Solitaire dans une génération par ailleurs éblouissante, Matisse en a été d'une certaine façon la respiration. Quand les autres faisaient l'École de Paris, lui faisait l'école buissonnière. À contre-courant du demi-siècle où cézannisme, cubisme et bientôt abstraction, voire surréalisme, ont, en général, professé la primauté de la structure architectonique ou l'intellectualisme austère de la création plastique, et honni toute éventualité décorative ou hédonique, Henri Matisse a osé, ce fut sa gloire et reste son irrésistible attrait, proclamer pour la peinture le droit au luxe de la couleur dans tout son éclat, le droit au calme reposant du décor. Fidèle encore au *Luxe, calme et volupté* de 1904, osant paraître simplement simple : « Ce que je rêve, c'est un art d'équilibre, de pureté, de tranquillité, sans sujet inquiétant ou préoccupant, qui soit (...) un lénifiant, un calmant cérébral, quelque chose d'analogue à un bon fauteuil », Henri Matisse, « le Peintre », a osé revendiquer pour la peinture le droit au plaisir des yeux. ■ Jacques Busse

Henri-Matisse

Henri Matisse

Henri-Matisse

H. Matisse

H Matisse 57

HM. H.M.

Bibliogr. : Alfred H. Barr Jr. : *Matisse, his Art and his Public*, Mus. of Mod. Art, New York, 1951 – Gaston Diehl, Agnès Humbert : *Henri Matisse*, Tisné, Paris, 1954 – Raymond Escholier : *Matisse, ce vivant*, Fayard, Paris, 1956 – Revue *Verve*, numéro spécial *Henri Matisse*, dernier numéro de la revue, Édit. Tériade, Paris, 1958 – Jean Guichard-Meili : *Henri Matisse, son œuvre, son univers*, Hazan, Paris, 1967 – Jean Leymarie : *Henri Matisse, Témoin de la lumière et chantre du bonheur*, Hachette, Paris, 1967 – Pierre Schneider : Catalogue de l'exposition rétrospective *Henri Matisse*, Gal. Nat. du Grand Palais, Paris, 1970 – Louis Aragon : *Henri Matisse, Roman*, Gallimard, Paris, 1971 – Henri Matisse, Dominique Fourcade : *Écrits et Propos sur l'Art*, Hermann, Paris, 1972 – Pierre Schneider : *Matisse*, Flammarion, Paris, 1984 – Isabelle Monod-Fontaine : *The Sculpture of Henri Matisse*, Thames & Hudson, Londres, 1984 – L. Delectorskaya : *Matisse, une apparente facilité*, Maeght, Paris, 1986 – J. G. Melli : *Matisse, gouaches découpées*, Hazan, Paris, 1986 – Isabelle Monod-Fontaine : *Matisse, le Rêve ou les belles endormies*, Adam Biro, Paris, 1989 – Henri Matisse : *Écrits et propos sur l'art*, Hermann, Paris, 1989 – Jean Louis Schefer : *Matisse, papiers découpés*, in Artstudio, n° 23, Paris, hiver 1991 – Pierre Schneider : *Matisse*, nouvelle édition, Flammarion, Paris, 1992, monumentale documentation – Yve-Alain Bois et divers : Catalogue de l'exposition *Henri Matisse 1904-1917*, Centre Georges Pompidou, Paris, 1993 – Walter Guadagnini : *Matisse*, Gründ, Paris, 1993 – Marcelin Pleynet : *Matisse, biographie*, Gallimard, coll. Folio, Paris, 1993 – Xavier Girard : *Matisse, une splendeur inouïe*, Gallimard, coll. Découverts, Paris, 1993 – Georges Duthuit : *Écrits sur Matisse*, École Nationale des Beaux-Arts, Paris, 1993 – Guy-Patrice, Michel Dauberville : *Matisse – Henri Matisse chez Bernheim-Jeune*, deux tomes, Bernheim-Jeune, Paris, 1995 – Catalogue de l'exposition *Matisse et Tériade*, Mus. Henri-Matisse, Le Cateau-Cambrésis, 1996 – Lydia Delectorskaya : *Matisse contre vents et marées*, Irus et Vincent Hansma, Paris, 1996 – Gilles Néret : *Matisse*, Benedikt Taschen, 1996.

Musées : Amsterdam (Stedelijk Mus.) – Bagnols-sur-Cèze : *Vue de Saint-Tropez* 1904 – Bâle (Kunstmus.) : *La Berge* 1907 – *Femme au divan* 1920 – *Nature morte aux huîtres* 1940 – *Composition en papiers gouachés colorés* 1947 – Baltimore (Mus. of Art) : *Nu bleu (souvenir de Biskra)* 1907 – *Le Pot d'étain* 1916-17 – *La Roche percée d'Étretat* 1920 – *Danseuse assise* 1927 – *Odalisque assise* 1928 – *La Robe jaune* 1931 – *Nu rose* 1935 – *Les Yeux bleus* 1935 – *Femme à la chaise rouge* 1936 – Bordeaux (Mus. des Beaux-Arts) : *Vue de Belle-Île* 1896 – *Paysage de Corse ou L'Arbre* 1898 – *L'Arbre* 1901 – *Paysage de Villars-sur-Ollon* 1901 – *Tête d'homme* 1905 – Boston (Isabella Stewart Gardner Mus.) : *La Terrasse de Saint-Tropez* – Boston (Mus. of Fine Arts) : *Carmelina* 1901 – Cambridge (Fitzwilliams Mus.) : *L'Atelier sous les toits* 1903 – Cateau-Cambrésis (Mus. Matisse) : *Copie de La Raie de Chardin* 1900 – *Le Serf* 1900-1903, sculpt. – Chicago (Art Inst.) : *Nature morte au pélargonium* 1907 – *Femme devant un aquarium* 1911 – *Pommes sur la table, sur fond noir et jaune* 1916 – *Baigneuses dans une rivière* 1916-17 – *Le Vert Sash* 1919 – *Femme au divan rose* 1921 – *Intérieur à Nice* 1921 – Cimiez : *Voir Nice* – Cologne (Wallraf-Richartz Mus.) : *Jeune fille assise* 1909 – Copenhague (Mus. Nat. d'Art) : *Portrait à la raie verte* 1905 – *Luxe, calme et volupté* 1905 – *Autoportrait* 1906 – *Les Poissons rouges* 1912 – *Intérieur à Nice* 1917 – *Intérieur au violon* 1917-18 – *Zulma* 1950 – Copenhague (Ordrupgard Mus.) : *Fleurs et fruits* 1909 – Dallas (Mus. of Fine Arts) : *Lierre en fleur* 1953 – Detroit (Inst. of Art) : *La Fenêtre* 1916 – Düsseldorf (coll. d'Art Nordrhein-Westfalen) : *Le Goûter, Golfe de Saint-Tropez* 1904 – Essen (Folkwang Mus.) : *Nature morte aux asphodèles* 1907 – Francfort-sur-le-Main (Inst. Städel) : *Fleurs et céramique* 1913 – Grenoble (Mus. de Peinture et de Sculpture) : *Nature morte au tapis rouge* 1906 – *Marguerite lisant* 1906 – *Nu rose* 1909 – *Intérieur aux aubergines* 1911 – *La Marocaine* 1912 – Houston (Mus. des Beaux-Arts) : *Portrait d'Olga Merson* 1911 – Londres (Tate Gal.) : *Nu debout* 1906-1907 – *Arbre près de l'étang de Trivaux* 1916 – Londres (Gargoyle Club) : *Atelier du quai Saint-Michel* – Merion (Barnes Foundat.) : *La Bonheur de vivre* 1905-1906 – *Madame Matisse : Madras rouge* 1907 – *Nature morte bleue* 1907 – *Le Rifain assis* 1912-1913 – *Les Trois sœurs* 1916-1917, Triptyque – *La Leçon de musique* 1917 – *La Porte-fenêtre* 1919 – *Les Joueuses de dominos* 1921 – *Mauresque assise* 1922 – *Odalisque au paravent* 1922 – *La Danse II* 1932-1933 – Minneapolis (Inst. of Art) : *L'Enfant au filet à papillons* 1907 – *Les Plumes blanches* 1919 – Montpellier (Mus. des Beaux-Arts) : *Nature morte* 1895 – Montréal (Mus. d'Art Contemp.) : *Portrait au visage rose et bleu* 1936-1937 – *Autoportrait* 1950, litho. – Montréal (Mus. des Beaux-Arts) : *Femme assise, le dos tourné à la fenêtre ouverte* 1922 – Moscou (Mus. Pouchkine) : *Sentier au bois de Boulogne* 1902 – *La Desserte, harmonie rouge* 1908 – *L'Espagnole au tambourin* 1909 – *La Danse* 1910 – *La Musique* 1910 – *L'Atelier rose* 1911 – *Les Poissons rouges* 1911 – *Ex-libris de S. Chtchoukine* 1911 – *Fenêtre à Tanger* 1912 – *Porte de la Casbah* 1912 – *Zorah sur la terrasse* 1912-1913 – *Le Marocain en vert* 1913 – *Madame Matisse* 1913 – New York (Mus. of Mod. Art) : *La Baigneuse* 1909 – *La Danse I* 1909 – *L'Atelier rouge* 1911 – *Fenêtre bleue* 1911 – *Poissons rouges et sculpture* 1912 – *Poissons rouges et palette* 1914 – *Vue de Notre-Dame* 1914 – *Nature morte* 1915, d'après « La Desserte » de D. de Heem – *La Leçon de piano* 1916-17 – *Les Marocains sur la terrasse* 1915-1916 – *Les Coloquintes* 1916 – *Les Grenades* 1948 – *Souvenir d'Océanie* 1953 – Nice (Mus. Matisse) : Copie d'après La Desserte de D. de Heem 1893 – *La Cour du moulin* 1898 – *Intérieur à l'harmonium* 1900 – *Jeune femme à l'ombrelle* 1905 – *Nu dans un fauteuil* 1937 – *Fauteuil rocaille* 1946 – *Trois chasubles ornées vers* 1950 – Oslo (Gal. Nat.) : *Portrait d'Albert Marquet* 1905 – *Nature morte au bronze et aux œillets* 1908 – Paris (Mus. Nat. d'Art Mod.) : *Le Tisserand breton* 1896 – *Le Mur rose, passage méridional* vers 1900 – *Étude pour Marquet peignant un nu* 1904-1905 – *Marquet peignant un nu* 1904-1905 – *Le Luxe I* 1905-1907 – *L'Algérienne* 1909 – *Porte-fenêtre à Collioure* 1914 – *Portrait de Gréta Prozor* 1916 – *Auguste Pellerin II* 1917 – *Le Peintre et son modèle* 1917 – *L'Odalisque à la culotte rouge* 1922 – *Nu assis sur fond rouge* 1925 – *Figure décorative sur fond ornemental* 1927 – *Le Buffet vert* 1928 – *Liseuse sur fond noir* 1939 – *La Blouse roumaine* 1940 – *Nature morte à la table de* marbre 1941 – *Les Deux amies* 1941 – *Nature morte au magnolia* 1941 – *Le Grand intérieur rouge* 1948 – *Intérieur à la fougère noire* 1948 – *Tristesse du roi* 1952 – PARIS (Mus. d'Orsay) : *Luxe, calme et volupté* 1904 – PARIS (Mus. de l'Orangerie) : *Les Trois sœurs* 1917 – *Nu au turban* 1918-1921 – *Le Divan* 1918-1921 – *Le Boudoir* 1921 – *Femme à la mandoline* 1921 – *Odalisque ou L'Esclave blanche* 1921-1922 – *Femme au violon* 1921-1923 – *Nu drapé étendu* 1923-1924 – *Odalisque à la culotte rouge* 1923-25 – *Odalisque à la culotte grise* 1927 – PARIS (CNAC) : *Dos I* 1909, sculpt. – *Dos II* 1913, sculpt. – *Dos III* 1916-1917, sculpt. – *Dos IV* 1930, sculpt. – PARIS (Mus. d'Art Mod. de la Ville) : *Allée d'oliviers* 1919 – *Odalisque au fauteuil* 1928 – *La Danse I* 1931-32, esquisse pour la décoration de la Fondation Barnes – PHILADELPHIE (Mus. of Art) : *Mlle Yvonne Landsberg* 1914 – *Nu de dos* 1918 – *L'Odalisque à la robe jaune* 1937 – PRAGUE (Gal. Nat.) : *Joaquina* 1911 – PROVINCE TOWN (Chrysler Art Mus.) : *Les Glaïeuls* 1928 – REIMS : *Liseuse en robe violette* 1898 – ROTTERDAM (Mus. Boymans Van Beuningen) : *Nature morte avec livres* – SAINT LOUIS (Art Mus.) : *Baigneuses à la tortue* 1908 – SAINT-PÉTERSBOURG (Mus. de L'Mus. de l'Ermitage) : *Vaisselle sur une table* 1902 – *Les Toits de Collioure* 1905 – *La Desserte, harmonie rouge* 1908 – *Joueurs de boules* 1908 – *Nu noir et or* 1909 – *Nature morte, camaïeu bleu* 1909 – *Nature morte à la danse* 1909 – *La Danse II* 1909-1910 – *La Conversation* 1909-11 – *Nature morte au pot d'étain* 1910 – *La Famille du peintre* 1911 – *Nature morte, Séville* 1911 – *Portrait de Madame Matisse* 1913 – *Le Marocain en vert, debout* 1913 – SAINT-TROPEZ (Mus. de L'Annonciade) : *La Gitane* 1906 – SAN FRANCISCO (Mus. of Art) : *Marine* 1905 – *Bord de mer* 1905 – *Jeune femme aux yeux verts* 1909 – *Portrait de Sarah Stein* 1916 – *Portrait de Michaël Stein* 1916 – STOCKHOLM (Mus. Mod.) : *Les Acanthes* 1912 – TOKYO (Mus. Bridgestone) : *Nu dans l'atelier* 1898 – *Collioure* 1905 – WASHINGTON D. C. (Phillips coll. Mus.) : *L'Atelier du quai Saint-Michel* 1916-1917 – ZURICH (Kunsthaus) : *Margot* 1907 – ZURICH (Contemp. Art Etabliss.) : *La France* 1939 – *La Porte noire* 1942.

VENTES PUBLIQUES : PARIS, 17 déc. 1919 : *Nature morte* : **FRF 5 500** – LONDRES, 7 mars 1924 : *Dans la campagne de Nice* : **GBP 60** – PARIS, 23 avr. 1925 : *La femme au paravent* : **FRF 12 100** – PARIS, 18 nov. 1925 : *Vue de Collioure* : **FRF 61 500** – PARIS, 28 oct. 1926 : *Femme nue couchée* : **FRF 101 000** – PARIS, 16 déc. 1927 : *Les crevettes roses* : **FRF 142 000** – PARIS, 14 juin 1928 : *Gorges du Loup* ; *L'allée ensoleillée* : **FRF 62 000** ; *Odalisque au turban* : **FRF 128 000** ; *La robe jaune* : **FRF 230 000** ; *Odalisque au paravent bleu* : **FRF 217 000** – PARIS, 28 mai 1930 : *Le concert* : **FRF 165 000** – PARIS, 2 juin 1933 : *L'atelier du peintre* : **FRF 35 000** – NEW YORK, 14 nov. 1934 : *Femme s'appuyant sur une chaise* : **USD 500** ; *Près de Collioure* : **USD 675** – PARIS, 18 fév. 1939 : *L'Aiguille d'Étretat* : **FRF 33 000** ; *Femme à la coiffeuse* : **FRF 66 000** – PARIS, 4 déc. 1941 : *Roses, gueules-de-loup et iris* : **FRF 210 000** – PARIS, 5 juin 1942 : *Nu couché* : **FRF 257 100** – PARIS, 26 mai 1944 : *Rêverie devant la fenêtre* : **FRF 428 500** – PARIS, 30 mai 1947 : *Tulipes et marguerites* vers 1905 : **FRF 740 000** – PARIS, 30 mai 1949 : *L'atelier Gustave Moreau en 1893* : **FRF 400 000** – PARIS, 16 fév. 1951 : *Nature morte aux oranges* : **FRF 1 060 000** – PARIS, 23 fév. 1954 : *La fenêtre ouverte* : **FRF 4 700 000** – PARIS, 14 juin 1957 : *Le jabot bleu, 1935* : **FRF 5 200 000** – NEW YORK, 7 nov. 1957 : *Dans le boudoir* : **USD 25 000** – PARIS, 19 mars 1958 : *La leçon de violon*, past. : **FRF 280 000** – PARIS, 18 mars 1959 : *Feuillage au bord de l'eau, Corse* 1906 : **FRF 9 100 000** – NEW YORK, 16 mars 1960 : *Deux filles à Nice* : **USD 52 200** – LONDRES, 20 mai 1960 : *La leçon de peinture* : **GBP 21 000** – LONDRES, 12 oct. 1960 : *Jeune femme nue assise, les jambes croisées* : **GBP 8 500** – NEW YORK, 21 mars 1962 : *Tête de Jeannette II*, bronze : **USD 9 000** – LONDRES, 10-11 avr. 1962 : *Odalisque au fond jaune*, past. : **GBP 6 000** ; *Intérieur au parquet gravé, femme assise dans un fauteuil jaune* : **GBP 38 000** – LONDRES, 22 juin 1966 : *La perruche et la serine*, pap. découpé gché : **GBP 32 000** – PARIS, 3 déc. 1967 : *Femme assise en bleu* : **FRF 320 000** – GENÈVE, 6 nov. 1969 : *Pêches* : **CHF 400 000** ; *La France* : **CHF 460 000** – PARIS, 18 oct. 1972 : *Jeune fille allongée sur un sofa* 1946 : **FRF 330 000** – NEW YORK, 2 mai 1973 : *Femme au buste découvert (Antoinette)* 1919 : **USD 140 000** – LONDRES, 4 juil. 1973 : *Femme à la fenêtre* : **GBP 140 000** – ZURICH, 9 nov. 1973 : *Jeune femme au paravent mauresque* : **CHF 1 000 000** – LONDRES, 2 juil. 1974 : *Jeune femme en robe jaune et guitare* 1922-23 : **GBP 120 000** – NEW YORK, 23 oct. 1974 : *Michaëla* 1943 : **USD 240 000** – VERSAILLES, 28 mars 1976 : *Nu* 1950, fus. (65x50) : **FRF 30 000** – NEW YORK, 26 mai 1976 : *Tête ocre* 1937, h/t (72,7x54) : **USD 155 000** – HAMBOURG, 4 juin 1976 : *Nu au canapé I* 1922, litho. : **DEM 6 800** – LOS ANGELES, 9 nov. 1977 : *Intérieur d'atelier* 1926, h/t (55,5x47) : **USD 78 000** – BERNE, 8 juin 1978 : *Odalisque aux magnolias* 1923, litho./Japon (28,5x40) : **CHF 16 000** – BERNE, 21 juin 1979 : *Nu assis à la cheminée* 1925, litho. (63,5x48) : **CHF 42 000** – LONDRES, 4 avr 1979 : *Orientale* 1941, cr. noir (51x39) : **GBP 12 000** – LONDRES, 2 juil 1979 : *Coucous sur le tapis bleu et rose* 1911, h/t (81x65,5) : **GBP 190 000** – NEW YORK, 8 nov 1979 : *Nu au canapé* 1924, bronze patiné (H. 24) : **USD 28 000** – NEW YORK, 14 mai 1980 : *Porte de Collioure* vers 1905, aquar., mine de pb et cr. (31,6x48,8) : **USD 36 000** – NEW YORK, 19 mai 1981 : *Femme au chapeau fleuri* vers 1920 (58,9x49,9) : **USD 380 000** – LONDRES, 30 juin 1981 : *Les Arbres dans les maisons* 1913, h/t (73x92) : **GBP 460 000** – NEW YORK, 22 mai 1981 : *Joie de vivre* 1907, cr. coul. (22,2x27) : **USD 75 000** – PARIS, 27 oct. 1982 : *Le buisson* 1951, gche, past. et encre de Chine/pap. mar./t. (149x149) : **FRF 1 050 000** – NEW YORK, 3 mai 1983 : *Persane* 1929, litho. (45,6x28,7) : **USD 18 000** – NEW YORK, 18 mai 1983 : *La Leçon de musique* vers 1922-1925, past. (51x65,5) : **USD 130 000** – NEW YORK, 18 mai 1983 : *Femme à la fourrure* 1936, h/t (61x38) : **USD 430 000** – NEW YORK, 14 nov. 1984 : *Odalisque allongée* 1936, pl. et encre de Chine (38x51) : **USD 72 000** – NEW YORK, 16 mai 1984 : *Tête de Marguerite*, bronze, patine brun noir, cire perdue (H. 32) : **USD 70 000** – NEW YORK, 15 nov. 1985 : *Nu au coussin bleu* 1924, litho. (61,5x48) : **USD 26 000** – NEW YORK, 13 nov. 1985 : *La blouse bleue* 1936, h/t (92x60) : **USD 1 300 000** ; *Deux négresses* 1908, bronze patine brun foncé (H. 47) : **USD 350 000** – NEW YORK, 19 nov. 1986 : *Nu couché I (Aurore)* 1907, bronze patine brune (L. 47,6) : **USD 1 300 000** – NEW YORK, 13 mai 1986 : *Femme peintre* 1923, h/t (74x61) : **USD 1 000 000** – PARIS, 20 nov. 1987 : *La conversation* 1941, h/t (54x65) : **FRF 9 200 000** ; *Jeune femme assise en robe grise* 1942, h/t (47x38) : **FRF 7 300 000** ; *Nu au drapé* 1948, h/cart. toilé (41x33) : **FRF 2 100 000** – PARIS, 21 déc. 1987 : *Portrait d'Alice Penalba* 1949, dess. (40x52) : **FRF 350 000** – PARIS, 23 nov. 1987 : *Le garçon de café* 1920, h/t (93x65) : **FRF 10 000 000** – PARIS, 10 déc. 1987 : *Nadia* 1950, mine de pb (45x30,5) : **FRF 56 000** – LONDRES, 1er déc. 1987 : *Nu allongé* 1925, past. (31,7x48,2) : **GBP 540 000** – NEW YORK, 11 mai 1987 : *Nu couché III* 1929, bronze patine noire (L. 46,5) : **USD 440 000** – LONDRES, 24 fév. 1988 : *Tanger*, encre (19,5x25) : **GBP 8 250** – PARIS, 22 juin 1988 : *Portrait de femme* 1946, cr. noir (32,5x26) : **FRF 230 000** – LONDRES, 28 juin 1988 : *Femme en bleu à table* 1923, h/t (61,3x38) : **GBP 990 000** ; *Deux musiciennes* 1921, h/t (96x66) : **GBP 1 650 000** – NEW YORK, 12 nov. 1988 : *Femme debout avec les bras croisés*, encre/pap. (51,8x40,7) : **USD 231 000** – STOCKHOLM, 21 nov. 1988 : *Christ sur la croix : étude pour la chapelle de Vence* 1951, encre de Chine (19x14,5) : **SEK 14 000** – LONDRES, 29 nov. 1988 : *Orientale assise* 1932, cr. (32,5x25,7) : **GBP 143 000** – NEW YORK, 1988 : *Grande odalisque à la culotte bayadère* 1925, litho. : **USD 187 000** – NEW YORK, 18 fév. 1988 : *Composition abstraite*, porcelaine émaillée, tirage à 250 exemp (44,4x34) : **USD 4 950** ; *Deux Femmes*, gche et encre/pap. (70,5x54,6) : **USD 57 200** – LONDRES, 24 fév. 1988 : *Cheval noir* 1953, plaque de céramique (45,7x38,2) : **GBP 4 400** – PARIS, 12 juin 1988 : *Composition abstraite*, relief en bronze (61,5x40) : **FRF 1 620 000** – PARIS, 3 oct. 1988 : *Villa America* 1930, dess. (25x19) : **FRF 50 000** – BERNE, 26 oct. 1988 : *Femme lisant*, aquar. (51x46) : **CHF 17 000** – NEW YORK, 12 nov. 1988 : *Étude pour la Grande Parade* 1953, gche et encre/pap. (55x69,5) : **USD 308 000** – PARIS, 20 nov. 1988 : *Nature morte* 1927, aquar. et dess. cr. (17,4x14,5) : **FRF 220 000** – PARIS, 21 nov. 1988 : *La Femme couchée*, h/t : **FRF 6 000 000** ; *Deux Têtes* 1920, dess. mine de pb (40x30) : **FRF 900 000** – PARIS, 18 nov. 1989 : *Odalisque au fauteuil* : **FRF 27 350 000** – LONDRES, 4 avr. 1989 : *Deux négresses* 1908, bronze (H. 47) : **GBP 1 760 000** – NEW YORK, 9 mai 1989 : *Femme lisant* 1920, h/t (46,3x39,3) : **USD 2 035 000** – NEW YORK, 10 mai 1989 : *La Sylphide* 1926, h/t (55,2x46,3) : **USD 3 410 000** – PARIS, 5 juin 1989 : *Jeune femme accoudée* 1941, dess. au cr. noir (47x34) : **FRF 660 000** – LONDRES, 27 juin 1989 : *Nu dans un atelier*, h/t/cart. (42x33,5) : **GBP 1 045 000** – NEW YORK, 18 oct. 1989 : *Femme à l'ombrelle rouge assise de profil*, h/t (81x65) : **USD 12 375 000** – NEW YORK, 15 nov. 1989 : *Nu assis avec les bras derrière le dos*, bronze cire perdue (H. 29,2) : **USD 429 000** ; *Henriette III* 1929, bronze cire perdue à patine noire (H. 20,6) : **USD 770 000** – PARIS, 19 nov. 1989 : *Étude pour « le Silence habitée des maisons »* 1947, dess. à l'encre de Chine (71,5x58) : **FRF 4 800 000** – LONDRES, 27 nov. 1989 : *Nu aux souliers roses* 1900, h/t (73,5x60) : **GBP 1 100 000** – LONDRES, 5 avr. 1989 : *Composition aux fusils* 1929, h/t (46x38) : **GBP 85 800** – LONDRES,

27 juin 1989 : *Le Clown* 1918, h/t (33x24) : **GBP 726 000** – Calais, 2 juil. 1989 : *Composition* vers 1942, gche (36x29) : **FRF 165 000** – Paris, 7 oct. 1989 : *Femme au perroquet* 1952 (18,5x15) : **FRF 310 000** – Paris, 8 oct. 1989 : *São Paulo, étude*, gche/pap. (41,5x33,5) : **FRF 535 000** – New York, 15 nov. 1989 : *La Racine jaune*, h/t (66x91,5) : **USD 1 210 000** – Paris, 19 nov. 1989 : *Le Godert, portrait de Philippon* 1917, aquar./cr. (35,5x26) : **FRF 2 500 000** – Paris, 23 nov. 1989 : *Sketch for the United Nations General Assembly Hall* 1952, gche (29x49) : **FRF 145 000** – Londres, 27 nov. 1989 : *Contrastes de formes* 1913, h/t (81x65) : **GBP 9 350 000** – Sydney, 26 mars 1990 : *Tête de jeune fille*, eau-forte (55x37) : **AUD 4 500** – Londres, 2 avr. 1990 : *Jeune femme à la fenêtre en robe rayée bleue* 1922, h/t (64,1x53,3) : **GBP 1 375 000** – Londres, 3 avr. 1990 : *Femme au collier* 1937, encre/pap. (60,5x40,5) : **GBP 330 000** – Londres, 4 avr. 1990 : *Nu debout avec les bras levés* 1906, bronze cire perdue (H. 26,1) : **GBP 220 000** – Paris, 25 mars 1990 : *Bouquet de fleurs* 1907, h/t (65x54) : **FRF 23 500 000** – New York, 15 mai 1990 : *Femme au bijou bleu (Hélène Galitzine au cabochon)* 1937, h/t (55x33) : **USD 5 500 000** – New York, 16 mai 1990 : *Robe de velours* 1936, encre/pap. (38x51) : **USD 363 000** – New York, 17 mai 1990 : *Figure décorative*, bronze cire perdue à patine noire (H. 71,5) : **USD 4 180 000** – New York, 12 nov. 1990 : *Pot d'étain, citron et fauteuil* 1939, h/t (55,8x46,3) : **USD 3 850 000** – Londres, 4 déc. 1990 : *Jeune femme* 1936, encre/pap. (58x47) : **GBP 187 000** – New York, 26 fév. 1990 : *Composition n° 5, projet de céramique polychrome*, gche et encre/pap. (36x27) : **USD 35 200** – Paris, 20 mars 1990 : *Femme acrobate* 1940, gche et encre (59x44) : **FRF 1 120 000** – Paris, 25 mars 1990 : *Femme tenant une fleur* 1930, h/t (92x65) : **FRF 12 000 000** – New York, 15 mai 1990 : *Deux femmes couchées* 1913, gche et encre/pap. d'emballage/pap. (50,1x64,1) : **USD 770 000** – Copenhague, 30 mai 1990 : *Composition* 1942, gche, esquisse pour l'Etoile de mer (18x23) : **DKK 260 000** – Paris, 17 juin 1990 : *Nature morte au vase bleu* 1949, h/t (92,5x65) : **FRF 3 900 000** – Londres, 25 juin 1990 : *Nature morte aux losanges* 1928, h/t (65,2x54) : **GBP 330 000** – New York, 3 oct. 1990 : *La fleur qui marche*, bronze cire perdue (H. 66,3) : **USD 40 700** – New York, 14 nov. 1990 : *La Maison sous les arbres* 1913, h/t (92x73) : **USD 9 900 000** – Paris, 28 nov. 1990 : *Nature morte au couteau* 1950, h/t (65x92) : **FRF 3 000 000** – Londres, 4 déc. 1990 : *Composition au perroquet* 1951, h. et gche/pap./t. (40x60,3) : **GBP 154 000** – New York, 7 mai 1991 : *La robe persane* 1940, h/t (80x64,7) : **USD 4 510 000** – Londres, 24 juin 1991 : *Le pont St Michel à Paris*, h/t (45x55) : **GBP 396 000** ; *Le repos du modèle (La grande odalisque)* 1925, fus. et estompe/pap. (40,7x51,6) : **GBP 220 000** – Londres, 16 oct. 1991 : *Le Platane ; nu debout de trois quarts*, cr. noir (64x50) : **GBP 34 100** – Monaco, 11 oct. 1991 : *Fruits, coquillages et vase sur une table* 1941, encre (52,6x40,6) : **FRF 688 200** – Heidelberg, 12 oct. 1991 : *Masque aigü* 1948, aquat. (34,7x24,6) : **DEM 12 800** – Zurich, 16 oct. 1991 : *Tête de femme* 1948, litho. (28x22,6) : **CHF 4 000** – New York, 6 nov. 1991 : *Femme se reposant* 1935, encre de Chine/pap. (52,7x40) : **USD 341 000** – Londres, 2 déc. 1991 : *Anémones dans un vase à godrons* 1943, h/t (46x55) : **GBP 1 100 000** – Londres, 19 mars 1991 : *La Ballerine* 1955, gche rouge et encre/pap. (44,2x37,5) : **GBP 7 700** – New York, 8 mai 1991 : *Le Chat et le Coq* 1953, gche et encre/pap. (40x60,3) : **USD 85 250** – Paris, 25 mai 1991 : *Peinture* 1938, h/t (73x92) : **FRF 4 400 000** – Londres, 26 juin 1991 : *Trois Nus* 1920, cr. (41,5x62) : **GBP 506 000** – New York, 5 nov. 1991 : *Le Petit Déjeuner* 1921, h/t (96,5x129,5) : **USD 7 700 000** – Londres, 2 déc. 1991 : *Personnages et Plantes* 1938, h/t (74x90) : **GBP 286 000** – Paris, 13 déc. 1991 : *Nature morte aux six fruits* 1938, h/t (54x65) : **FRF 780 000** – New York, 13-14 mai 1992 : *Nu assis les bras sur la tête*, bronze cire perdue (H. 35) : **USD 264 000** ; *Femme assise en blouse roumaine à motifs brodés* 1938, fus./pap. (66x50,8) : **USD 1 210 000** ; *Nu debout devant la cheminée* 1936, h/t (46,4x36,2) : **USD 2 200 000** – Londres, 15 oct. 1992 : *Portrait de jeune fille*, carreau de céramique peint à la main et vernissé (20,5x20,5) : **GBP 14 300** – New York, 10 nov. 1992 : *L'Asie* 1946, h/t (116,2x81,3) : **USD 11 000 000** – New York, 11 nov. 1992 : *Nature morte au pichet et aux fruits* 1898, h/t (38x46,3) : **USD 451 000** ; *Harmonie jaune* 1928, h/t (88x88) : **USD 14 520 000** – Londres, 1er déc. 1992 : *Buste de femme* 1945, cr./pap. (52,5x40,7) : **GBP 26 400** – New York, 25 fév. 1992 : *Figure polychrome*, gche et encre de Chine/pap. (49,5x35,5) : **USD 52 800** – Lugano, 28 mars 1992 : *Composition à la feuille jaune* 1930, h/t (65x92,5) : **CHF 550 000** – New York, 11 mai 1992 : *Trois femmes* 1921, cr./pap. teinté (31,4x42) : **USD 308 000** – Paris, 24 mai 1992 : *Composition mécanique*, aquar./pap./cart. (32x24) : **FRF 880 000** – New York, 12 nov. 1992 : *Nature morte* 1931, h/t (46,6x65,4) : **USD 165 000** – Paris, 24 nov. 1992 : *André Mare au col dur* 1904, aquar. et lav. d'encre de Chine/pap. (25,5x15,5) : **FRF 135 000** – Amsterdam, 10 déc. 1992 : *Les vitrines*, gche/pap. (22,5x31,5) : **NLG 13 800** – Londres, 1er déc. 1992 : *Le Moteur* 1918, h/t (40,8x32,8) : **GBP 506 000** – Paris, 4 déc. 1992 : *Paysage américain*, h. et collage/t. (62,5x51,7) : **FRF 450 000** – New York, 11 mai 1993 : *La mulâtresse Fatma* 1912, h/t (146,1x61) : **USD 14 302 500** – New York, 12 mai 1993 : *Lorette à la tasse de café* 1917, h/t (57,5x40) : **USD 1 047 500** – Rome, 3 juin 1993 : *Océanie, la mer* 1946, sérig. sur t. de lin (166x330) : **ITL 130 000 000** – Paris, 11 juin 1993 : *Hindoue à la jupe de tulle* 1929, litho. (28,5x38) : **FRF 148 000** – Londres, 21 juin 1993 : *Nu au turban (Henriette)* 1921, h/t (92x73,5) : **GBP 2 421 500** – Londres, 22 juin 1993 : *Fillette debout*, bronze (H. 47,5) : **GBP 155 500** – New York, 2 nov. 1993 : *Odalisque sur fond fleuri*, encre de Chine/pap. (35,5x28) : **USD 299 500** – New York, 3 nov. 1993 : *La vis*, gche/pap. découpé et collé (174,9x81,9) : **USD 13 752 500** – Londres, 29 nov. 1993 : *Le sommeil (Antoinette)*, cr./pap. (32x40,6) : **GBP 117 000** – New York, 23-25 fév. 1993 : *La Branche*, bronze cire perdue (H. 55,2) : **USD 28 750** – Zurich, 21 avr. 1993 : *Le Campeur*, sérig. coul. (77x59) : **CHF 2 000** – New York, 11 mai 1993 : *Trois personnages (esquisse pour les Quatre Personnages)* 1920, h/t (54,6x64,8) : **USD 1 157 500** – Paris, 3 juin 1993 : *Composition au vase bleu* 1919, gche et aquar. et encre de Chine/pap. (39,4x28,3) : **FRF 640 000** – Heidelberg, 15-16 oct. 1993 : *Composition aux dominos*, pochoir/grav. (64,5x49,7) : **DEM 2 500** – Londres, 29 nov. 1993 : *Nature morte aux trois fruits* 1936, h/t (89x130) : **GBP 331 500** – Paris, 10 mars 1994 : *Thèmes et variations, série L, 18e variation* 1942, fus./pap. (52,5x40,5) : **FRF 1 210 000** – New York, 10 mai 1994 : *Nu au canapé jaune* 1924, past./pap./cart. (32,4x48) : **USD 1 432 500** – Paris, 17 juin 1994 : *Marie-Josée en robe jaune* 1950, aquat. en coul. (53x41,5) : **FRF 187 000** – Paris, 17 nov. 1994 : *Maternité* 1939, fus./pap. (66,5x50,5) : **FRF 1 210 000** – Paris, 10 mars 1994 : *Étude pour les Joueurs de cartes* 1917, dess. à la pl. (16,5x22,5) : **FRF 250 000** – Paris, 29 avr. 1994 : *Le Vélo sur fond bleu* 1929, h/t (91,5x64,5) : **FRF 2 000 000** – New York, 11 mai 1994 : *Deux Femmes au bouquet* 1921, h/t (65,7x50,2) : **USD 827 500** – Lokeren, 8 oct. 1994 : *L'Oiseau magique* 1953, aquat. (55,8x36,7) : **BEF 38 000** – Paris, 15 nov. 1994 : *Nature morte, tête et grande feuille* 1927, h/t (102x83) : **FRF 1 500 000** – Londres, 29 nov. 1994 : *Contrastes de formes* 1913, gche et encre/pap. (49,5x63) : **GBP 441 500** – New York, 8 mai 1995 : *La pose hindoue* 1923, h/t (73x60) : **USD 14 852 500** – New York, 7 nov. 1995 : *Poissons chinois*, gche/pap. découpé et past. et fus./pap./t. (192,2x91) : **USD 6 382 500** – Paris, 30 nov. 1995 : *La danse*, aquar. gchée (31x46) : **FRF 8 400 000** – Zurich, 7 avr. 1995 : *Le Tire-bouchon et l'Échelle*, h/t (64,8x54) : **CHF 100 000** – Paris, 19 juin 1995 : *Papillons polychromes* 1938, h/t : **FRF 1 500 000** – Rennes, 24 oct. 1995 : *Acrobates et Musiciens* 1953, gche et encre de Chine (61x76) : **FRF 520 000** – New York, 8 nov. 1995 : *La Pipe* 1918, h/t (90,2x71,1) : **USD 6 602 500** – Milan, 12 déc. 1995 : *Nature morte* 1930, h/t cartonnée (33x41) : **ITL 82 800 000** – Paris, 13 déc. 1995 : *L'Insecte dans la fleur* 1949, h/t (73x92) : **FRF 770 000** – New York, 30 avr. 1996 : *Les citrons au plat d'étain* 1926, h/t (55x66) : **USD 4 072 500** – New York, 1er mai 1996 : *Nu couché à la chemise*, bronze cire perdue (L. 30,5) : **USD 178 500** ; *Odalisque* 1923, fus./pap./pap. (31,8x47,7) : **USD 211 500** – Milan, 23 mai 1996 : *Odalisque* 1928, cr./pap. (28x37) : **ITL 55 200 000** – Paris, 13 juin 1996 : *Nu au coussin bleu à côté de la cheminée* 1925, litho. (63,6x47,8) : **FRF 340 000** – Berne, 21 juin 1996 : *Marie-José en robe jaune* 1950, aquat. coul. (53,7x41,8) : **CHF 70 000** – Londres, 24-25 juin 1996 : *Nature morte* 1896, h/t (46x55) : **GBP 243 500** ; *L'Aviateur* 1920, h/t (50,2x64,8) : **GBP 1 079 500** – New York, 13 nov. 1996 : *Port de Collioure* 1905, aquar. et cr./pap. (31,8x48,6) : **USD 54 625** – Paris, 29 nov. 1996 : *Corbeille de bégonias II* 1938, linograv. (20,3x23) : **FRF 5 600** – Londres, 3-4 déc. 1996 : *Jazz* 1947, gche, cr., encre et collage/pap. (20x43,8) : **GBP 287 500** ; *Le Pêcheur* vers 1902-1903, h/t (26x34) : **GBP 100 500** – New York, 9 oct. 1996 : *Rue de Tanger, trois passants* 1913, pl. et encre/pap. (25,4x18,4) : **USD 11 500** – Paris, 11 avr. 1997 : *Portraits* 1944, cr. noir (52x40) : **FRF 273 000** – New York, 14 mai 1997 : *Odalisque assise* 1929, h/t (46x55,4) : **USD 3 962 500** – Paris, 16 juin 1997 : *Dans un parc, arbre penché sur l'eau*, h/pap./pan. (31x24) : **FRF 423 000** – Paris, 17 juin 1997 : *Jeune femme endormie* 1941, cr./pap. (52,7x40,7) : **FRF 700 000** – Londres, 23 juin 1997 : *Nu au*

paravent Louis XIV 1924, fus. et estompe/pap. (40,5x51,8) : **GBP 122 500** – LONDRES, 25 juin 1997 : *Femme allongée* 1944, cr./pap. (52x40) : **GBP 45 500**.

MATISSE Jean Gérard
Né le 10 janvier 1899 à Toulouse (Haute-Garonne). XXe siècle. Français.
Sculpteur, peintre.
Il abandonna tôt la peinture pour se consacrer uniquement à la sculpture, où il montre des ambitions monumentales. Il participa à Paris, aux Salons des Indépendants et d'Automne.
On cite particulièrement une fontaine : *Femmes à la coquille*.

MATISSE Paul
Né en 1933 à New York. XXe siècle. Américain.
Peintre, sculpteur. Lumino-cinétique.
Il fut élève de l'université d'Harvard et de l'école de dessin de cette université réputée pour sa technicité. Il figure dans les expositions d'art américain moderne.
En 1965, il découvrit le principe du « kalliroscope », procédé permettant de mettre en mouvement long et prolongé des liquides colorés maintenus dans des récipients transparents, sans doute basé sur les mouvements gyroscopiques. Il en obtient des effets de mer ballottée ou d'éruptions volcaniques, d'un saisissant pouvoir évocateur, objets gadgets certes ! mais qui incitent à l'évasion et portent à la rêverie.
BIBLIOGR. : *Catalogue du IIe Salon international des Galeries Pilotes*, Musée cant., Lausanne, 1970.
MUSÉES : NEW YORK (Metropolitan Mus.).

MATIUSHIN Mikhaïl Vassiliévitch ou **Matiouchine**
Né en 1861 à Nijni-Novgorod ou Saint-Pétersbourg. Mort en 1934 à Leningrad ou Moscou. XIXe-XXe siècles. Russe.
Peintre, aquarelliste. Figuratif, postcubiste, puis abstrait.
Il fit des études de musicien professionnel au conservatoire de Moscou, puis étudia dans divers ateliers de peinture. En 1900, il séjourna à Paris. Il fréquenta Bakst, les frères Bourliouk, Malevitch dont il devint l'ami intime, Maïakovski. Compositeur, critique d'art, organisateur d'expositions, éditeur, peintre, il a joué un rôle considérable dans l'avant-garde russe de l'époque, contribuant à faire reconnaître Malevitch et Filonov. À partir de 1908, il se consacra surtout à la peinture, tout en composant un opéra futuriste *Victoire sur le soleil*, dont Malevitch conçut les décors. En 1918, il créa le *Collectif du réalisme spatial*, dont l'activité s'exerça de 1919 à 1922 à l'École des Beaux-Arts, devenant ensuite *Section de culture organique*, actif de 1923 à 1926 dans le cadre administratif de l'Institut de culture artistique. Le noyau des adeptes de ces spéculations était essentiellement constitué par les membres de la nombreuse famille Ender, Maria, Xénia, Luri et Boris. Le groupe, sous la direction de Matiushin, exposa plusieurs fois sous l'appellation de *Zor-ved* (Vision supérieure) ; cette vision supérieure consistant à traduire, non la situation particulière du thème traité, mais une perception de l'espace total dans lequel se situent l'artiste et son sujet ; peut-être convient-il à ce propos de noter que cet espace total traduit en peinture ne présente rien de très bouleversant par rapport aux autres recherches contemporaines. Il a développé ce principe de Vision supérieure dans *Peintre d'une nouvelle dimension*, publié en 1926. Il travailla en 1927 au laboratoire expérimental des recherches physico-physiologiques sur l'art visuel. Dans la suite des années vingt, Matiushin consacra sa réflexion à l'élaboration d'une théorie de la couleur, qu'il a consignée dans un *Guide de la couleur*, exposé dans son état définitif à Leningrad en 1932. Cette théorie de la couleur est fondée sur les permutations sans limites à partir de trois catégories : les couleurs principales, les couleurs bases, les couleurs d'environnement. Dans son activité de théoricien de la peinture, il ne cessa d'accumuler les résultats de sa réflexion dans des textes demeurés pour la plupart inédits. Outre ses participations à des expositions collectives, dont, en 1909 avec le groupe Triangle, puis celles du groupe *Zor-ved*, Matiushin a montré ses peintures dans des expositions personnelles, notamment en 1923 à Pétrograd. En 1991, à Karlsruhe, une exposition a été consacrée à l'ensemble de son œuvre.
Dans ses débuts de peintre, il fut proche du groupe impressionniste de Koulbine, puis se situa dans la mouvance symboliste, d'autant que sa réflexion sur le symbole et son fonctionnement ne cessera de l'entraîner dans des spéculations diverses, dont les plus exploitables concernent l'approche psycho-sensorielle ou synesthésique, des perceptions, ce domaine des correspondances dans lequel sa pratique simultanée de la musique et de la peinture le privilégiait. Il s'intéressa ensuite aux recherches cubistes et futuristes, réalisant sa première œuvre non objective *Couleur-forme* en 1914 ; d'autres sources ne mentionnant ses premières œuvres abstraites qu'à partir de 1917. Il semble en définitive que ses recherches abstraites n'aient guère été poursuivies, puisque les peintures de la période de la vision supérieure, dans les années vingt, ne constituent qu'une vision élargie de l'espace réel. ■ J. B.
BIBLIOGR. : Catalogue de l'exposition : *Paris-Moscou*, Musée national d'Art moderne, Paris, 1979 – A. Nakov, in : *Abstrait/Concret*, Paris, 1981 – Catalogue de l'exposition *Mikhaïl Matiushin*, Karlsruhe, 1991 – in : *L'Art du XXe s.*, Larousse, Paris, 1991 – in : *Diction. de l'Art Mod. et Contemp.*, Hazan, Paris, 1992.
MUSÉES : SAINT-PÉTERSBOURG (Mus. Russe) : *Paysage sous un angle total, maison de paysans, Silverskaïa* 1924, aquar.
VENTES PUBLIQUES : MILAN, 10 nov. 1992 : *Paysage* 1925, aquar./pap. (17n5x25,5) : **ITL 1 900 000** – PARIS, 15 déc. 1994 : *Sans titre* 1918, collage (25x30) : **FRF 39 500**.

MATO, pseudonyme de **Malaquis Bernard**
Né en 1951. XXe siècle. Français.
Peintre, designer. Tendance Figuration libre.
Il vit et travaille à Paris. De 1975 à 1985, il a participé à des expositions collectives en province, où il a également montré des ensembles d'œuvres dans des expositions personnelles. En 1990, il a exposé à Paris, au Salon de la Jeune Peinture.
Peintre, il s'intéresse également au design et a travaillé pour Gae Aulenti au Musée d'Orsay et a réalisé des œuvres murales et monumentales pour des musées étrangers et des collectivités.
Dans sa peinture personnelle, il procède souvent par séries, par exemple celle des *Rhinocéros*, dans lesquelles le sujet principal, figuré sommairement, est environné d'un élément répétitif, rappelant l'époque du « patern ».
VENTES PUBLIQUES : PARIS, 14 avr. 1991 : *Qui a tué Achille ? (série des rhinocéros)* 1991, acryl./pap. (115x115) : **FRF 9 000** – PARIS, 21 mars 1992 : *Tel père, tel fils* 1991, acryl. et encaustique/pap./cart. (70,5x59) : **FRF 3 000**.

MATO Pedro de ou **Matos**
Né le 12 février 1601 à San Cristobal de Lema (Santiago). Mort le 10 mars 1673 à Salamanque. XVIIe siècle. Espagnol.
Sculpteur et architecte.
Depuis 1645 il dirigea les travaux de l'église des Jésuites commencée par J. Gomez de Mora.

MATON Bartholomaeus ou **Bartholomeus** ou **J.** ou **Matton, Mathon**
Né entre 1643 et 1646 probablement à Stockholm. XVIIe siècle. Hollandais.
Peintre de genre et de portraits.
Élève de Gérard Dou en 1669, membre de la gilde en 1671 et directeur en 1674 et 1675. Il alla en Suède de 1679 à 1681 année au cours de laquelle il revint à Leyde. Ses tableaux son souvent attribués à G. Dou ou à F. Mieris.

MT ou MT

MUSÉES : AMSTERDAM : *Groupe de deux personnes* – ARNHEIM (C. A. H. Mollerus) : *Deux portraits* – BRUXELLES (Arenberg) : *Servante endormie dans une cave* – FINSPONG (coll. Eckman, Suède) : *Jeune dame et vieillard – La plumeuse de pigeons – Jeune fumeur à la fenêtre – Jeune femme tenant un hareng – Joueuse de luth – Un médecin près d'une dame* – HAMILTON (Boo-Hugo) : *Vieillard et jeune femme* – MAYENCE : *Réunion* – ROTTERDAM : *Un ermite* – VIENNE (coll. Bosch) : *Joueur de violon et plusieurs auditeurs*.
VENTES PUBLIQUES : PARIS, 1861 : *Le joueur de violon* : **FRF 4 500** – LONDRES, 1892 : *Intérieur* : **FRF 49 775** ; *Femme plumant un canard, homme allumant sa pipe* : **FRF 6 600** – LONDRES, 20 juin 1919 : *Scène galante* : **GBP 890** – LONDRES, 30 juil. 1976 : *Portrait de vieille femme* 1654, h/t (99x84) : **GBP 1 100** – NEW YORK, 5 juin 1980 : *La marchande de fruits*, h/t (26x23) : **USD 1 800**.

MATORA'ishi, nom familier : **Koizumi Monkichi** et plus tard,**'Ishi Komonta,** noms de pinceau : **Tomonoya, Matora, Shôkoku**
Né en 1794. Mort en 1833. XIXe siècle. Actif à Nagoya. Japonais.
Peintre de figures, illustrateur.
Disciple du peintre Gesshô (1772-1832), il est spécialiste d'illustrations.
VENTES PUBLIQUES : NEW YORK, 16 avr. 1988 : *Courtisane assise*, encre et coul./soie, kakémono (60x51) : **USD 4 400**.

MATOSSY Pierre

Né le 15 avril 1891 à Bessé-sur-Bray (Sarthe). Mort le 25 août 1969 à Ploubazlanec (Côtes-d'Armor). xxe siècle. Français.

Peintre de compositions à personnages, figures, nus, sujets et paysages typiques, décorations, peintre à la gouache, aquarelliste, graveur, créateur d'affiches. Orientaliste.

Il commença ses études à l'École des Beaux-Arts de Paris, remportant déjà des Prix, mais qui furent interrompues par la déclaration de guerre de 1914. Blessé cinq fois jusqu'à la fin 1916, il passa trois ans et demi dans les hôpitaux, subissant de nombreuses opérations et perdant l'usage du bras droit. Ayant appris à devenir gaucher, il revint aux Beaux-Arts, remportant un Prix de miniature, en 1919 le second Grand Prix de Rome, en 1920 le premier. Il resta presque cinq années à la Villa Médicis. En 1935, il parcourut le Bassin méditerranéen ; en 1636-37 le Proche-Orient. En 1939 lui fut décerné le Prix de Madagascar, où il ne put se rendre qu'après la Libération, en 1947. De 1951 à 1953, il parcourut l'Afrique noire. En 1968, il alla en Nouvelle-Calédonie. Il participa régulièrement au Salon des Artistes Français, obtenant médailles d'argent et d'or.

Il a participé à la décoration de paquebots, notamment du *Normandie*. Pendant environ seize ans, il a aussi œuvré dans le contexte de la restauration de l'abbaye de Fontenelle, à Saint-Vandrille. Dans les années trente, il a peint des compositions de caractère mythologique : *Les Trois Grâces dans le jardin de la Villa Médicis*, et intimistes : *Le Peintre et son modèle*, dans une technique très correcte, héritage direct de l'enseignement des Beaux-Arts de l'époque. En 1934, il a créé de nombreuses affiches touristiques pour la compagnie des Chemins de fer de l'Ouest. Après la Seconde Guerre mondiale, il a surtout peint des sujets typiques au cours de ses nombreux voyages, puis des paysages en Bretagne dans ses dernières années.

Bibliogr. : Catalogue de la vente de l'*Atelier Pierre Matossy*, Saint-Brieuc, juin 1988.

Musées : Paris (Mus. des Deux Guerres mondiales, Invalides) : *Une maison pillée dans la Meuse, 22 oct. 1915* – Plusieurs dessins.

Ventes Publiques : Saint-Brieuc, 5 juin 1988 : *Atelier du peintre* 1937, h/t (255x195) : **FRF 24 100** ; *Le Peintre et son modèle*, h/t (160x160) : **FRF 31 100** ; *Les Trois Grâces dans le jardin de la Villa Médicis* 1933, h/t (320x225) : **FRF 65 000** ; *Le Dos de Raymonde*, h/t (196x115) : **FRF 30 000** – Paris, 10 oct. 1990 : *Château de Blois* 1942, aquar. (70x47) : **FRF 3 500** – Paris, 11 déc. 1991 : *Danse des sorciers* 1954, h/t (100x81) : **FRF 35 000** – Paris, 30 nov. 1995 : *Les Trois Grâces dans le jardin de la villa Médicis*, h/t (310x225) : **FRF 28 000**.

MATOUT Louis

Né le 19 mars 1811 à Renwez (Ardennes). Mort le 24 janvier 1888 à Renwez ou à Paris. xixe siècle. Français.

Peintre de compositions religieuses, portraits, paysages, compositions murales.

Il figura au Salon de Paris à partir de 1833, obtenant des médailles de troisième classe en 1853 et 1857. Chevalier de la Légion d'honneur en 1857.

Il exécuta pour le grand amphithéâtre de l'École de Médecine de Paris : *Ambroise Paré appliquant pour la première fois la ligature aux artères après une amputation* et *Desault, chirurgien célèbre de la fin du xviiie siècle*. Il décora la chapelle Sainte-Anne dans l'église Saint-Gervais, la chapelle Saint-Louis dans l'église Saint-Sulpice, la chapelle de l'hôpital Lariboisière de Paris. On lui doit aussi, pour la cathédrale de La Rochelle : *Jésus chez Simon le Pharisien*, et *L'assemblée des dieux*, au plafond de la salle d'Auguste au Louvre.

L. Matout. 1874

Bibliogr. : Gérald Schurr, in : *Les Petits Maîtres de la peinture 1820-1920, valeur de demain*, Les Éditions de l'Amateur, t. III, Paris, 1976.

Musées : Ajaccio : *Moïse abandonné sur le Nil* – Châteauroux : *Riche et pauvre* – Clamecy : *Femme mauresque* – Paris (ancien Mus. du Luxembourg) : *Femme de Boghari tuée par une lionne* – Paris (Mus. du Louvre) : *L'assemblée des dieux*.

Ventes Publiques : Paris, 26 fév. 1988 : *Nature morte aux fruits et à l'aiguière*, h/t (38x45,5) : **FRF 3 800** – Paris, 16 juin 1993 : *Vue de la Monnaie et du Pont-Neuf ; Vue de la Galerie du Bord de l'Eau et du Pont Royal*, h/t, une paire (66,5x112 et 66x112) : **FRF 430 000** – New York, 26 mai 1994 : *Promenade près du Pont des Arts à Paris*, h/t (38,1x75,6) : **USD 5 175** – Aix-en-Provence, 2 juil. 1994 : *L'assemblée des dieux – projet de plafond*, h/t (360x132) : **FRF 90 000**.

MATRAI Lajos ou **Ludwig**

Né en 1875 à Budapest. xxe siècle. Hongrois.

Sculpteur de monuments.

Fils de Lajos Gyorgy. Il étudia à Budapest et Paris.

Il collabora avec son père pour des monuments à Schweidel et à Szeged.

MATRAI Lajos Gyorgy ou **Ludwig Georg**

Né le 6 mars 1850 à Budapest. Mort le 15 octobre 1906 à Budapest. xixe siècle. Hongrois.

Sculpteur de monuments.

Père de Lajos. Il étudia à Paris et à Vienne et exécuta le tombeau du sculpteur Izso à Budapest, une Fontaine lumineuse dans cette même ville, et les monuments du poète Kisfalady à Györ, du comte Szechenyi à Sopron et de l'ingénieur Vasarhelyi à Szeged.

MATRAINI Niccola

xviiie siècle. Actif à Pise à la fin du xviiie siècle. Italien.

Peintre.

Il peignit à la Chartreuse de Pise les portes de l'apothicairerie et en 1797 un portrait du peintre Maggi.

MATRAS Henri César

Né à la fin du xixe siècle à Montbéliard (Doubs). xixe-xxe siècles. Français.

Peintre.

A exposé depuis 1906 au Salon des Indépendants des portraits et des compositions.

MATROD-DESMURS Berthe

Née le 3 novembre 1869 à Paris. xixe-xxe siècles. Française.

Peintre de miniatures.

Figura au Salon des Artistes Français depuis 1891 ; membre de cette société depuis 1904 ; mention honorable la même année.

MATRUNIN Boris Alexandrovitch

Né le 14 juillet 1895 à Zula. xxe siècle. Russe.

Peintre, peintre de décors de théâtre.

Il fut élève de l'École des Arts de Moscou.

Il fut scénographe pour les théâtres de Moscou.

MATSCH Franz von

Né le 16 septembre 1861 à Vienne. Mort en 1942 à Vienne. xixe-xxe siècles. Autrichien.

Peintre de compositions allégoriques, compositions murales, paysages, natures mortes, fleurs, technique mixte.

Entre 1876 et 1883, il fut élève de Julius Viktor Berger à l'École des Arts et Métiers du Musée Autrichien de Vienne, avec Ernst et Gustav Klimt. De 1893 à 1901, il fut professeur à cette même école. Il forma, avec les frères Klimt, en 1880, la « Compagnie des Peintres ». En 1892, il devint membre de la « Künstlerhaus » (Maison des Artistes).

Il obtint en 1900 un prix à l'Exposition universelle de Paris pour la décoration du Palais Dumba à Vienne.

Pour des travaux dans la cour du Musée Autrichien, il collabora avec les frères Gustav et Ernst Klimt. Il décora le château royal roumain de Sinaia ; peignit les fresques du plafond du théâtre de la Hofburg de Vienne ; exécuta un *Achille victorieux* au château de l'Achilleion à Corfou. Avec Gustav Klimt, on lui confia la décoration de la salle des fêtes de l'Université de Vienne.

Ventes Publiques : Lindau Bodensee, 12 oct. 1977 : *Allégorie de la Vie*, h/t (74x74) : **DEM 10 000** – New York, 24 jan. 1980 : *Printemps*, h/t (54,6x160) : **USD 2 000** – Vienne, 19 nov. 1984 : *Etude pour le Kunsthistorisches Museum* 1890, h/t (53,5x91) : **ATS 160 000** – Vienne, 18 juin 1985 : *Le jeune Bacchus*, h/t (48x40) : **ATS 70 000** – Londres, 8 oct. 1986 : *Nature morte aux légumes* 1899, h/t (142x79) : **GBP 11 000** – Londres, 1er déc. 1989 : *Une femme ailée*, cr. et craie blanche avec un collage photographique (18x37,5) : **GBP 2 420** – Londres, 25 nov. 1992 : *Le triomphe de la Lumière sur l'Obscurité – projet de plafond du grand hall de l'Université de Vienne*, h/t (146x97) : **GBP 19 800** – Munich, 22 juin 1993 : *La région de Badgastein*, h/t (38,5x47,5) : **DEM 6 900** – New York, 15 oct. 1993 : *Roses roses et fraises*, h/pan. (48,2x43,8) : **USD 8 625** – New York, 23 oct. 1997 : *Étude pour le plafond du grand hall de l'université de Vienne* vers 1897, h/t (146,1x97,2) : **USD 48 300**.

MA TSIUN. Voir **MA JUN**

MATSKO Youri

Né en 1947. XXe siècle. Russe.

Peintre de nus, portraits.

Élève de l'Institut Répine de Leningrad, il fit ses études sous la direction de Viktor Orechnikov. Il adhéra à l'Association des Peintres de Leningrad. À partir de 1972, il expose à Leningrad et à Moscou, de 1975 à 1978 à *L'Art à Leningrad* à Tokyo, ainsi qu'en 1980 à Madrid.

Bibliogr. : In : Catalogue de la vente *L'École de Leningrad*, Drouot, Paris, 19 nov. 1990.

Musées : Moscou (min. de la Culture d'U.R.S.S.) – Saint-Pétersbourg (Mus. de l'Acad. des Beaux-Arts) – Saint-Pétersbourg (Mus. de la Révolution d'Octobre) – Tokyo (Gal. d'Art Contemp.) – Vladivostok (Mus. des Beaux-Arts).

Ventes Publiques : Paris, 19 nov. 1990 : *Premières fleurs offertes* 1972, h/t (79x60) : **FRF 13 100**.

MATSON Alexander

Né le 8 novembre 1888 à Björkö. XXe siècle. Finlandais.

Peintre de portraits, paysages.

Il a fait ses études à Helsingfors, et, de 1914 à 1919, à Londres.

MATSON Greta

XXe siècle. Américaine.

Peintre.

MATSOUMOURA GO GEKKEI. Voir **GOSHUN**

MATSUBARA Tatsuo

Né en 1941 dans la préfecture de Toyama. XXe siècle. Japonais.

Peintre. Abstrait-géométrique.

En 1968, 1969, il a participé, à Tokyo, aux huitième et neuvième Expositions d'Art Japonais Contemporain, et a reçu un Prix. Il montre aussi ses réalisations dans des expositions personnelles.

MATSUBAYASHI Keigetsu

XIXe-XXe siècles. Japonais.

Peintre.

En 1929 à Paris, il était représenté à l'Exposition d'Art Japonais, au Musée du Jeu de Paume.

MATSUI Morio

Né le 25 juillet 1942 dans la préfecture de Aichi. XXe siècle. Depuis 1967 actif en France. Japonais.

Peintre, lithographe, décorateur.

Après avoir obtenu le diplôme de l'École des Beaux-Arts de Musashino à Tokyo, il vint à Paris en 1967 en tant que titulaire d'une bourse du gouvernement français, où il fut élève de l'École des Beaux-Arts de Paris et de l'atelier Guancé à l'Académie Julian. Il a participé alors à des expositions collectives à Paris : 1968, 1969, 1970 Expositions des artistes étrangers boursiers du gouvernement français ; 1971 Salon de Mai, 1972, 1973, 1974 Salon des Réalités Nouvelles ; et Monaco, Nancy, Marcq-en-Barœul. Il a exposé aussi individuellement à Paris en 1969, 1970, 1971, et au Japon : 1987 Nichizu Museum of Design à Kyoto, 1988 et 1990 Musée-galerie Sogetsu à Tokyo, 1991 Fieldstone Gallery à Tokyo, 1994 exposition itinérante à travers le Japon. En 1997, la Galerie Bernheim-Jeune, à Paris, lui a consacré une exposition célébrant ses trente ans d'activité en France.

En 1972 et en 1975, il a conçu la décoration de deux Boeing 747 de la compagnie Air-France. En 1991, il a été membre du jury du Salon International de la Bande dessinée d'Angoulême. Des œuvres de Morio Matsui sont en couverture de deux manuels de calligraphie de l'Éducation Nationale japonaise depuis 1992.

Musées : Paris (BN).

Ventes Publiques : Paris, 25 fév. 1996 : *Paysage imaginaire* 1975, h/t (130x195) : **FRF 9 000**.

MATSUKI Shigeo

Né en 1917 dans la préfecture de Nagano. XXe siècle. Japonais.

Peintre de paysages. Postimpressionniste.

En 1941, il obtint le diplôme de Beaux-Arts de l'Université de l'Éducation de Tokyo. Depuis, il participe à des expositions collectives, au Japon, à l'étranger, notamment à Paris au Salon d'Automne. Il a exposé aussi individuellement à plusieurs reprises à Tokyo, ainsi qu'à Nagoya, San Francisco. Il a été professeur de Beaux-Arts à l'Université de l'Éducation de Tokyo. Ses paysages dénotent les influences d'Utrillo et Marquet.

MATSUMOTO Akira

Né en 1936 à Osaka. XXe siècle. Japonais.

Peintre, graveur.

De 1952 à 1958, il travailla comme apprenti graveur, dans le style traditionnel de l'*ukiyo-e*. Il participe à des expositions collectives : depuis 1962 celles de l'Association Japonaise de Gravure, dont il est membre ; en 1966 Musée de Genève, Exposition de Gravures Japonaises Contemporaines ; 1966, 1968 Tokyo Biennale de l'Estampe ; 1968 Bradford Biennale Internationale de Gravure ; etc. À titre individuel, depuis 1962, il expose à Tokyo : tous les deux ans ses peintures et en alternance ses gravures.

Il est spécialiste de la gravure sur bois.

MATSUMOTO Ichiyo

XXe siècle. Japonais.

Peintre.

En 1929 à Paris, il figurait à l'Exposition d'Art Japonais au Musée du Jeu de Paume.

MATSUMOTO Shunsuke

Né en 1912. Mort en 1948. XXe siècle. Japonais.

Peintre de compositions animées, dessinateur.

Devenu sourd très jeune, il décida de se vouer à la peinture. Il fit partie des milieux artistiques d'avant-garde des années trente, participant à la cinquième exposition du groupe *Nova* dont il devint membre. En 1935, il commença à exposer avec *Nika*, le plus important des groupes progressistes, jusqu'à sa dissolution pendant la guerre mondiale. Il eut une action militante anti-militariste, publiant dans cet esprit, en 1936 la revue *Zakkicho*, en 1941 *Peintres vivants* sur le thème « Art et défense nationale », en 1943 organisant l'exposition *Shinjin-Gakai* (Peinture de la nouvelle génération), en 1946 imprimant lui-même un *Appel à tous les artistes du Japon*, où il projette la création d'un collectif égalitariste destiné à l'organisation d'expositions et à la publication de revues.

Sa peinture, ses dessins, en accord avec son intense activité de polémiste, sont inspirés par la vie urbaine d'un Japon alors encore assez pauvre et surtout obsédé par l'imminence puis la réalité de la guerre et la prééminence militariste.

Bibliogr. : In : *Diction. de l'Art Mod. et Contemp.*, Hazan, Paris, 1992.

MATSUMOTO Tetsuo

Né le 29 juillet 1943 à Sano (département de Tochigi). XXe siècle. Japonais.

Peintre de compositions religieuses, paysages. Traditionnel, tendance occidentale.

Il commence l'étude du dessin sous la direction de Tetsuo Tsukahara. En 1968, il est diplômé de la Faculté des Beaux-Arts de l'université de Utsunomiya et devient professeur d'art plastique au lycée. En 1972, il reçoit l'enseignement de Tadaïchi Konno et en 1974, celui de Senjin Gôkura. Il obtient le prix de l'Académie des Beaux-Arts du Japon et le Prix Taikan en 1974, 1976. Il devient membre de cette Académie en 1983 et est nommé professeur-assistant de la Faculté des Beaux-Arts de l'Université des Beaux-Arts de Yamagata en 1993. Ses nombreux voyages en Indonésie, Chine, Népal, Allemagne, Italie, France, Espagne, Portugal, Inde, Belgique, Angleterre, Écosse, Alaska, Turquie, États-Unis, ont alimenté son œuvre.

Il participe pour la première fois au Salon Inten en 1969, puis 1972, 1974, 1976, 1983, date à laquelle il obtient le prix d'Encouragement et 1993, recevant le Prix du Premier Ministre. Il est présent à l'exposition de peinture japonaise contemporaine organisée à Bruxelles pour les Europalia en 1889. En 1992, une exposition personnelle lui est consacrée au grand magasin Seibu à Utsunomiya, au Yurakuchô Art Forum de Tokyo et au Daimaru Museum à Kyoto. En 1994, l'Espace des Arts Mitsukoshi-Étoile organise sa première exposition personnelle à Paris.

Matsumoto considère qu'il fait une peinture *nihon-ga* ou peinture traditionnelle japonaise, qui consiste à utiliser des pigments obtenus à partir de minéraux mélangés à une colle, même lorsqu'il utilise la peinture à l'huile ou l'aquarelle, techniques occidentales, parce que, selon lui, son art demeure toujours profondément japonais. Étant donné qu'il peint des paysages, dont il donne une vision à 360°, il utilise parfois le paravent comme support. Son œuvre montre une volonté de rendre l'immensité de l'univers, donnant un caractère spirituel, non seulement à ses représentations religieuses, mais aussi aux paysages grandioses, rencontrés dans tous les pays qu'il a visités. ■ A. P.

Bibliogr. : Catalogue de l'exposition : *Entre terre et ciel, paravents et paysages panoramiques de Matsumoto Tetsuo*, Espace des Arts Mitsukoshi-Étoile, Paris, 1994.

Musées : Aïchi (Mus. préfect.) : *Derniers reflets du soleil sur les monts désertiques du Kaisan* 1985 – Kitakyushu (Mus. mun.) : *Le palais de Potala* 1984 – Tokyo : *Nasu* 1978.

MATSUMURA GEKKEI. Voir **GOSHUN**

MATSUMURA Kaoru
Né en 1929 dans la préfecture de Yamaguchi. xxe siècle. Japonais.
Peintre.
Il fut élève de l'École des Beaux-Arts de Musashino, près de Tokyo. Depuis 1952, il participe aux expositions de l'Association Japonaise des Artistes Indépendants (Dokuritsu Bijutsu Kyokai). En 1968, 1969, il a figuré à l'Exposition d'Art Japonais Contemporain, à Tokyo.
Figurative, sa peinture est empreinte de modernisme.

MATSUMURA KEIBUN. Voir **KEIBUN**

MATSUOKA Eihyû
xxe siècle. Japonais.
Peintre.
En 1929 à Paris, il figurait à l'Exposition d'Art Japonais au Musée du Jeu de Paume.

MATSUO Toshio
xxe siècle. Japonais.
Peintre de paysages. Traditionnel.
Il montre ses œuvres dans des expositons personnelles : 1996 Mitsukoshi Étoile à Paris.
Il pratique une peinture traditionnel dans la tradition *nihon-ga*.

MATSUSHIMA Hakuko
xxe siècle. Japonais.
Peintre.
En 1929 à Paris, il figurait à l'Exposition d'Art Japonais au Musée du Jeu de Paume.

MATSUTANI Takesada
Né en 1937 à Osaka. xxe siècle. Actif depuis 1966 en France. Japonais.
Peintre, graveur, créateur d'installations. Tendance abstraite.
Il fut élève et diplômé de l'École des Arts et Industries d'Osaka. En 1955-57, il commença de participer aux activités du groupe *Gutai*, en 1960 exposant ses peintures à la 9e exposition du groupe, dont il fut élu membre en 1963, et avec lequel il continua d'exposer jusqu'en 1968, notamment en 1965 et 1967 à Paris et Rotterdam. En 1966, ayant obtenu le Prix de l'Institut Franco-Japonais de Kyoto pour un séjour en France, il arriva à Paris, où il s'est fixé. De 1967 à 1970, il fut élève de l'*Atelier 17* de S. William Hayter, où il se forma à la gravure, qui devint alors sa technique principale. Il y fut l'Assistant de Hayter en 1969-1970. Il participe à de très nombreuses expositions collectives, dont : 1966, 1969 Kyoto Musée National d'Art Moderne, expositions d'Art Japonais Contemporain ; 1966, 1970, Lausanne Musée Cantonal, 2e et 3e Salons internationaux des Galeries Pilotes ; 1969 Cagnes, Festival de l'UNESCO, où il obtint un Prix ; 1969, 1974 Tokyo Musée National d'Art ; 1970 Menton, 8e Biennale ; etc. Comme en général les graveurs, du fait de leurs tirages multiples, il participe à un nombre considérable d'expositions consacrées à la gravure, d'entre lesquelles : 1968, 1970 Paris, Biennale de l'Estampe ; 1969, 1971 Ljubjana, Biennale de Gravure ; 1970 Musée de Brooklyn, exposition de gravures ; 1970 Tokyo, Biennale de Gravure ; 1971 Musée de Seattle, exposition de gravures ; etc. Pour la même raison de la multiplicité des tirages de gravure, il a de très nombreuses expositions personnelles dans le monde, dont quelques-unes : 1963, 1972, 1976, 1983 au Centre d'Art Contemporain, Osaka ; 1968, 1978, 1986, 1987 Paris ; 1969 Vienne ; 1974 Kyoto ; 1974, 1977, 1980, 1986 Kobe ; 1978, 1982, 1984 San Francisco ; 1979, 1983 Berlin ; 1982 Amsterdam ; 1980 Lyon ; 1981, 1982, 1985 Tokyo ; 1985 Aix-la-Chapelle ; 1986 Francfort-sur-le-Main ; 1989 Bruxelles ; 1989 Liège...
Son appartenance au groupe *Gutai* l'a situé d'emblée dans le contexte des avant-gardes internationales. Après cette période de perméabilité à des influences d'époque diverses, il a affermi son langage plastique personnel dans le sens d'un compromis entre pop art et art optique, aboutissant à une abstraction de caractère géométrique, constituée de signes symboliques. Cet art de pureté et d'intériorité est souvent partagé, avec des différences individuelles, par les artistes japonais de sa génération et de la suivante : Kozo, Ado, Satoru, Mitsouko Mori. Cette communication par l'intermédiaire de formes pures prend ses racines dans la tradition de l'Extrême-Orient. Matsutani n'est d'ailleurs pas resté ancré à cette formulation. Certains des aspects de son évolution le montrent sensible tantôt au matiérisme, tantôt au gestuel.

Bibliogr. : In : Catalogue du *3e Salon International des Galeries Pilotes*, Mus. cantonal, Lausanne, 1970 – C. Cusin-Berche, F. Bataillon : Catalogue de l'expos. *Matsutani : Peintures/Installations*, Centre d'Art Contemp. Pablo Neruda, Corbeille-Essonne, 1988.

Musées : Boston – Bruxelles – Londres – Manchester – New York – Philadelphie – Vienne.

MATSUZAWA Yutaka
Né en 1922. xxe siècle. Japonais.
Peintre. Conceptuel.
En 1946, il fut diplômé en architecture de l'Université de Waseda, à Tokyo. De 1955 à 1957, il séjourna aux États-Unis, où il abandonna l'architecture pour la philosophie des religions à l'Université de Colombia. En 1970, à la Biennale de Tokyo, il monta un spectacle intitulé *Ma mort*.
Toute son expression artistique est sous-tendue par un profond sentiment eschatologique individuel et universel, selon lequel tout ce qui est visible est appelé à disparaître. En 1966, il produit d'abord une série d'œuvres intitulée *Psi*, puis une série de cartes postales aux titres caractéristiques : *Le tableau qui n'est pas vu et qui ne peut pas être vu* ou *Tableau montrant un Esprit dans le brouillard*. Tel qu'il le formula dans son spectacle de la Biennale de Tokyo en 1970, le Nirvana est un état permanent pour lequel il n'y a aucune distinction entre son concept et sa perception. Cette forme d'expression conceptuelle, du fait de son fondement métaphysique et religieux est qualifiée parfois de méta-art.

MATSYS. Voir **METSYS**

MATTA Giovanni
xvie siècle. Actif à Polizzi en Sicile. Italien.
Peintre.
A peint une *Madone* à S. M. del Carmine et un *Saint Égide* à Saint-Eligio de Polizzi.

MATTA Roberto, pseudonyme de **Matta Echauren** ou **Matta Enchaurren Roberto Antonio Sebastian**
Né le 11 novembre 1911 à Chiloe (Santiago-du-Chili). xxe siècle. Actif aux États-Unis, en Italie, France. Chilien.
Peintre, peintre à la gouache, aquarelliste, pastelliste, technique mixte, sculpteur, graveur, dessinateur, illustrateur. Surréaliste.
De famille aisée, d'ascendance espagnole et basque, Roberto Matta fut élève au collège du Sacré-Cœur de Santiago-du-Chili. On doit signaler que toutes les dates mentionnées jusqu'au moins en 1939, sont, selon les sources, sujettes à quelques différences. Il poursuivit ses études supérieures à l'Université catholique, dans la section Beaux-Arts, où il fit des études d'architecture et obtint son diplôme en 1931. Il avait ouvert, dès 1928, une agence d'architecture d'intérieur à Santiago, qu'il abandonna en 1932, pour parcourir l'Italie, l'Espagne, la Yougoslavie, la Russie, l'Angleterre. Puis il vint à Paris et travailla pendant plusieurs années dans l'agence de Le Corbusier, notamment sur les plans de la *Cité radieuse* de Marseille. Ensuite, il travailla à Londres auprès de Gropius et de Moholy-Nagy, et y rencontra Henry Moore et Magritte. Il se passionnait déjà pour l'ésotérisme et pour l'œuvre de Marcel Duchamp, découvert dans la revue des *Cahiers d'Art*, deux paramètres qui le destinaient au surréalisme, d'autant que son discours, sans atteindre aux cimes de celui de Dali, tel qu'on le trouve dans les entretiens enregistrés au cours de sa vie, cultive l'illumination verbale, systématique et permanente. Depuis 1936, il dessinait de plus en plus, mettant en œuvre son habileté de concepteur en architecture, habileté à concevoir l'espace et les formes dans l'espace, qui sera l'une des caractéristiques constantes de son œuvre à venir. Federico Garcia Lorca, qu'il connut en 1936 en Espagne, lui donna une lettre d'introduction auprès de Dali, qui le présenta à Breton et Tanguy. Breton, qui tenait, rue de Seine, la galerie *Gradiva*, lui acheta deux dessins. Le groupe des surréalistes intégra très tôt le jeune homme toujours de blanc vêtu, disert, provocateur, charmeur. En 1937, il travailla à la réalisation du Pavillon de l'Espagne à l'Exposition Internationale, et rencontra Picasso. En 1937 aussi, il se lia d'amitié avec le jeune Anglais Gordon Onslow-Ford, alors marin, mais résolu à devenir peintre, et qui entraîna Matta à la peinture, pendant l'été de 1938, passé ensemble à Trévignon, un village de Bretagne près

de Concarneau. Il participa à l'Exposition Internationale du Surréalisme de 1938. Lors du début de la Seconde Guerre mondiale en 1939, il émigra à New York, avec le flux des surréalistes, ainsi que Mondrian, Léger, Ozenfant. Il retrouva Breton, les surréalistes, André Masson et fit la connaissance de Duchamp. Il collabora aux revues *View* en 1941, *VVV* en 1942 et 1944, et participa à l'exposition *First Papers of Surrealism*. Pratiquement dès son arrivée, Matta connut quelque succès, faisant une première exposition personnelle en 1940 à la galerie de J. Levy ; le Museum of Modern Art lui acheta *Écoutez vivre* en 1941. En 1941, il fit un voyage au Mexique, en compagnie de Motherwell, pour étudier les paysages volcaniques. Sa stupéfiante imagination formelle, son habileté technique, son style graphique cursif, accordé à l'écriture automatique surréaliste, échevelé, dynamique, marqua, après 1943, la première manière d'Arshile Gorky et amena Jackson Pollock et Franz Kline à la gestualité où le corps transcrit les pulsions intérieures médiatrices des forces cosmiques. Les autres artistes européens nouvellement arrivés, le rayonnement intellectuel de Masson en particulier, devaient aussi contribuer à l'accession de l'art américain à la modernité. Au cours de son séjour américain, après qu'il eut exercé une influence sur les jeunes peintres new-yorkais, ce fut Matta qui reçut une influence en retour de l'immensité des espaces américains, reflétée désormais dans les œuvres des expressionnistes-abstraits de la toute nouvelle école américaine, à l'abstraction desquels il reprochait cependant l'absence de dimension poétique.

Revenu à Paris, il réalisa en 1947 les décors pour *Les Épiphanies* d'Henri Pichette, jouées par Maria Casarès et Gérard Philipe, puis, ayant été en 1948, à son tour et à la suite d'une affaire obscure, « exclu » du groupe surréaliste, il se fixa à Rome, de 1949 à 1954. Dans la suite, il resta assez itinérant, entre la France et l'Italie où il faisait de fréquents séjours à Bologne, avec des voyages à Londres, en 1963 à Cuba, revenant y exposer en 1964, en 1963 et 1965 aux États-Unis, en 1965 au Venezuela, en 1967 au Congrès de la Culture de nouveau à Cuba, où, en 1982, il créa le Musée de l'Art de l'Homme latino-africain. En 1956, il réalisa une importante peinture murale, *Le Doute des trois Mondes*, pour le siège de l'UNESCO à Paris. En 1959, il fut « réintégré » dans le groupe surréaliste ; dans la joie de son retour en grâce, il se marqua au fer rouge, en signe de soumission ? En 1970, il salua l'élection d'Allende par un manifeste, puis, lors de sa chute, participa à des manifestations. En 1974, il fut destitué de la nationalité chilienne.

Depuis ses débuts, Matta participe à de très nombreuses expositions collectives : à son retour à Paris, le Salon de Mai auquel il réservait d'importantes peintures ; 1947, Paris, l'exposition surréaliste de la galerie Maeght ; 1962 la Biennale de São Paulo, et en Italie le Prix Marzotto, qu'il remporta avec *La Question Djamila* ; 1963 Bologne, La Mostra Antologica ; etc. Il montre aussi des ensembles de peintures dans des expositions personnelles, dont la considérable énumération, depuis la première en 1940 à New York, est incompatible avec une notice de dictionnaire, d'entre lesquelles pourtant : 1947 : Paris, galerie Drouin ; 1951 : Londres, Institut d'Art Contemporain ; 1954 : Lima, Institut d'Art Contemporain ; Santiago-du-Chili, Musée d'Art Moderne ; 1957 : New York, rétrospective au Musée d'Art Moderne ; Caracas, Fondation Mendoza ; 1959 : Stockholm, rétrospective au Musée d'Art Moderne ; 1963 : La Havane, Casa de las Americas ; Bologne, rétrospective au Musée Civique ; Vienne, rétrospective au Musée du XXe siècle ; Düsseldorf, rétrospective au Musée ; 1964 : La Havane, Musée d'Art Moderne ; Amsterdam, rétrospective au Stedelijk Museum ; Mannheim, rétrospective au Musée ; Bruxelles, rétrospective au Palais des Beaux-Arts ; 1965 : Lucerne, rétrospective au Musée ; 1967 : Lima, Institut d'Art Contemporain ; 1968 : Paris, Musée d'Art Moderne de la Ville (avec Lam et Pénalba), où il couvrit murs et plafonds de l'ensemble du cycle des vingt et une peintures de *L'Espace de l'espèce*, commencé depuis 1959 ; 1968 : au Musée de Saint-Denis ; 1982 : Paris, Berlin, Londres ; 1983 : rétrospective circulant à Valence, Barcelone, Madrid, Bilbao ; La Havane ; 1985 : Paris, rétrospective du centre Beaubourg ; mai-juin 1986 : New York, The Spanish Institute, *El Quichote de Matta* ; 1990 : Paris, *Dessins 1936-1989* galerie de France ; 1993 : Biarritz, Festival international, *Roberto Matta*, etc.

Parallèlement à son œuvre peint, Matta a produit des pastels, des sculptures, montrées pour la première fois en 1960 à la Galerie du Dragon à Paris, et eut une activité de graveur et d'illustrateur : 1938 collaboration à *Œuvres complètes* de Lautréamont ; 1944 *Arcane 17* d'André Breton ; 1946 *Les Manifestes du Surréalisme* d'André Breton ; 1947 collaboration à *Le Surréalisme en 1947* de A. Maeght éditeur ; 1947 collaboration à *Porte-Folio N° 1* de Brunidor (Robert Altmann) ; 1959 collaboration à *Paroles peintes* d'Alain Bosquet ; 1959 *Vigies sur cibles* d'Henri Michaux ; 1960 *Le Sel noir* d'Édouard Glissant ; 1962 collaboration à *Le Miroir du merveilleux* de Pierre Mabille ; 1962 *Come detta dentro vo significando* de lui-même ; 1964 collaboration à *Paroles peintes I* de O. Lazar-Vernet éditeur ; 1964 *Les Voix* de Michel Fardoulis-Lagrange ; 1965 *La Fin et la manière* de Jean-Pierre Duprey ; 1966 *Les Damnations* de Joyce Mansour ; 1968 collaboration à *Insolations*, de Fata Morgana éditeur ; 1970 collaboration à *Paroles peintes IV* de O. Lazar-Vernet éditeur ; 1970 *Sur Matta* de Michel Fardoulis-Lagrange ; 1972 *Mots Desserre-freins* de Robert Valençay ; 1972 *Fête couchée* de Geneviève Clancy ; 1973 *Vivante mortalité* de Fr. Petit ; vers 1975 collaboration à *Art Dada et Surréaliste* de William S. Rubin ; 1975 collaboration à *Paroles peintes V* de O. Lazar-Vernet éditeur ; 1976 collaboration à *Journal du Surréalisme* de Gaëtan Picon ; 1976 collaboration à *La Mysticité charnelle de René Crevel* de Eddy Batache ; 1978 collaboration à *Requiem pour la fin des temps* de Eddy Batache.

Dès ses premiers dessins, d'ailleurs influencés l'œuvre de Tanguy, Matta s'est voulu surréaliste, a été presque aussitôt reconnu comme tel par les « instances » du groupe, avant d'en être exclu. Ses premières peintures de Trévignon, qu'il qualifia bientôt de « morphologies psychologiques », et parfois d'« Inscapes » (Paysages intérieurs), mieux que celles de la même époque de Dominguez ou Paalen, correspondaient au souhait de Breton d'un « automatisme absolu », et présageaient déjà assez justement de son œuvre à venir. Dans les grandes taches abstraites-lyriques, appliquées par frottage au chiffon, constituant un espace de matières en fusion et de bouillonnements aqueux, sont figurés, finement au pinceau ou directement du tube de couleur, des éléments de décors, des êtres indéfinis, enserrés dans des plis et des liens. Pourtant, ce seul critère de surréaliste n'est guère satisfaisant en regard de la diversité de son œuvre, à moins que d'assimiler l'exercice conscient de l'imagination, contrôlé par une vertigineuse science du dessin perspectif qui la caractérise, à l'activité automatique de l'inconscient et du rêve, qui caractérise le « dérèglement de tous les sens » du surréalisme. Il a décrit lui-même l'attitude spirituelle qui fondait cette première époque de son œuvre : « Le monde, on le saisit par ses gestes. Toute chose est un geste. Une pomme, une fleur est un geste, qui a simplement une vitesse différente de la vitesse d'enregistrement de la rétine. Ainsi, tous ces gestes provoquent en moi des émotions, des désirs, qui eux aussi sont des gestes. La confrontation de ces deux gestes a été pour moi mon premier langage, dans ce que j'ai appelé les *morphologies*. » Il s'agissait alors pour Matta d'une attitude de contemplation, de compréhension du monde par rapport à soi, attitude égocentrique de poète, dans laquelle l'autre n'était pas concerné.

À son arrivée à New York, et à la suite de son voyage de 1941 au Mexique d'où il retint pour ses nouvelles compositions le concept de « chaos cosmique », et adopta les éclats stridents de jaunes, orangés et verts, qui feront partie des constantes de son style, développant les potentialités de ses premières œuvres, il réalisa de grandes compositions, d'une déjà exceptionnelle sûreté technique : *La Terre est un homme* de 1941, *La Pomme du savoir* de 1943, *Pour échapper à l'absolu ou Science, conscience et patience du Vitreur* de 1944, *Le Vertige d'Éros* de 1944 aussi, dans lesquelles la matière colorée se fait toujours plus impondérable, plus fluide, l'apparition des formes plus impalpable, concrétisant son projet d'abandon de l'espace terrestre pour une « représentation suggestive de l'Univers quadridimensionnel », ce qualificatif lui ayant été signifié par Breton, correspondant aussi à l'obsession de Duchamp concernant le concept de quatrième dimension. La maîtrise de ses moyens techniques se manifeste avec éclat dans son exceptionnelle habileté manuelle ; dans une matière pigmentaire fluide, les formes exubérantes se matérialisent par un graphisme au pinceau fin, nerveux, spasmodique, que complète une mise en couleur insolite, heurtée, glauque ou incandescente. Toujours à New York, le contact réel avec Duchamp ne fit qu'amplifier l'influence qu'avait déjà exercée son œuvre sur lui, dès sa jeunesse. La structure spatiale de ses cosmogonies s'inspire des « transparents » de Duchamp, en même temps que du mythe des *Grands Transparents* élaboré par Breton. Formées de sortes de constellations géométriques : le cosmique, et d'organismes amibiens : le moléculaire, elles sont aussi parmi les constantes du cours de son œuvre. À partir de 1944, apparaissent dans son univers pictural des personnages qui ont emprunté quelque chose de la fluidité du *Nu descendant un escalier*. Sa peinture va, presque sans ruptures, s'orienter vers une sorte de science-fiction cinématographique, picturalement totalement maîtrisée, correspondant, dans le domaine de la description plastique, aux récits de Wells, Lovecraft ou Bradbury. L'organisation de cet espace imaginaire, qu'on pourrait dire intersidéral, comme ouvert sur l'infini, structuré en plans obliques qui s'entrecroisent en transparence et que relient entre eux des réseaux linéaires, éclairé d'incandescences et de fulgurances acides, rappelle encore l'architecte qu'il fut, prolongé d'un ingénieur. Les organismes vivants, vaguement biomorphes, anthropomorphes, insectes phosphorescents, homoncules mécanisés ressortissant plus à la cybernétique qu'au règne animal, habitants de ses espaces stellaires, s'agitent furieusement dans des gesticulations apparemment guerrières et érotiques, manifestant l'antique conflit d'Éros et Thanatos. Ces « morphologies psychologiques » figurent métaphoriquement des explorations en apesanteur vers l'inconnu des espaces intérieurs de l'inconscient collectif duquel il participe.

Dans la deuxième période de son œuvre, la période américaine, on trouve déjà l'écho du cataclysme mondial dans la conscience qu'il en prit, en tant qu'homme et artiste : « De ces gestes du monde, je suis sorti plusieurs fois pour des situations précises, qui m'ont fait quitter cette pure morphologie, pour atteindre à la morphologie de l'homme-scandale. » Aussi, dans l'après-guerre, l'information sur les camps de concentration nazis le confirma dans son projet de prendre parti pour l'homme et de manifester son combat dans ses œuvres : « Inventer le monde, c'est ne jamais se reposer devant le scandale. » À Paris, à la suite de son exclusion du groupe surréaliste, et à partir de son installation à Rome, Matta chargea ses peintures d'un contenu social et politique militant, auquel il resta ensuite fidèle à travers les combats de libération de Cuba, de l'Algérie : *La Question Djamila* de 1957, du Viêt-nam : *Burn, baby burn* de 1965-67. Ses précédentes représentations d'affrontements interplanétaires traduisaient, dans le registre de l'imaginaire périscientifique, les conflits qui secouaient l'humanité. Au cours de son long séjour en Italie, et à l'occasion d'un voyage en Sicile, il vit l'homme dans sa misère et décida de donner à sa vie et à son action une dimension politique, comme dans une suite au surréalisme de l'époque de *La Révolution surréaliste*. Cette confrontation avec les séquelles de la guerre, cette prise de contact avec les hommes, avec la misère en Sicile, provoquèrent une rupture dans la continuité de son œuvre. Dans une série de peintures, qui fit l'objet d'une exposition à Paris en 1961, il redescendit des espaces sidéraux infinis pour se rapprocher du quotidien des terriens, renonçant pour un temps aux prestiges de sa technique pour les figurer sous les aspects de vaincus, de victimes, de corps en putréfaction, dans une matière picturale alourdie d'apports de résines synthétiques translucides, suggestives de toutes les semences perdues : « Ma représentation de l'homme... figure des faisceaux de forces opposées », les événements politiques induisant des œuvres à la mesure des pires de ces forces. Après sa réintégration dans le système surréaliste, Matta s'efforça d'accorder sa foi surréaliste avec son action politique : « Le surréalisme conserve le sens de sa définition originelle : rechercher davantage de réalité. Il s'agit d'être conscient des objets de tous ordres, pour réaliser à la fois l'émancipation sociale et économique du monde, et aussi celle de l'esprit : c'est donc une démarche essentiellement révolutionnaire. » Sans rien renoncer de ses motivations généreuses, formellement Matta abandonna la figuration allusive et la technique matiériste de cette période, et revint aux espaces frémissants et à la virtuosité fluide de son ancienne manière, qui, il faut bien le dire, a assuré son succès.

Après les muralistes mexicains, et avec Wifredo Lam, Torrès-Garcia et quelques autres, Matta aura été des principaux promoteurs d'un art latino-américain à un niveau international. Pour sa part, il a concilié surréalisme et abstraction en les portant au cosmique, préfigurant du même coup, dans la récupération de la bande dessinée de science-fiction, l'un des développements du futur pop art. L'œuvre de Matta pose assez bien le problème de l'insertion des expressions plastiques dans le combat social et politique, en ce sens que cet œuvre, qui est voulu entièrement engagé, ne semble apporter aucune solution à la question. L'œuvre est perçu comme un spectacle artistique de première grandeur, dans son imaginaire débridé, son écriture plastique virtuose et sa féerie colorée, comme une ouverture fantastique sur un certain futur de la conquête scientifique, encore que peut-être déjà rejoint comme ce fut le cas pour les fictions de Jules Verne, beaucoup plus que sur l'avenir de l'humanité. Rien ne laisse penser que l'œuvre soit perçu dans la perspective de ses implications militantes. Dans la mesure où il y aurait une possibilité pour l'expression plastique de contribuer, directement, à une action révolutionnaire – et *Guernica* le confirme – la réussite esthétique de l'œuvre de Matta serait donc, sur ce plan, un échec. Pourtant, Matta se place sur un autre terrain : « Si nous manquons les autres, nous manquons notre vie. Et c'est dans ce sens qu'il y aura une érotique révolutionnaire, c'est à dire qu'on sentira Éros (la Vie), les liens des uns avec les autres, dans un projet qu'il faudrait réaliser, puisqu'il nous concerne tous. Mais on ne le voit pas pour le moment, comme on ne voyait pas que la terre était ronde et qu'elle tournait. » Cet œuvre retrouverait donc toute son efficacité si l'on veut considérer que la révolution sociale doit passer par une révolution des esprits, qui rendrait d'abord possible une accession de masse à une culture non démagogique, désaliénante et libératrice. Au bout de la réflexion de Matta reste le dilemme : si un esprit aliéné ne peut avoir les moyens de sa libération physique, est-ce qu'un corps aliéné peut avoir les moyens de sa libération spirituelle ? ■ Jacques Busse

Bibliogr. : André Breton : *Matta*, in : *Le Surréalisme et la Peinture*, 2e édit., New York, 1945 – Alain Jouffroy : *Le Réalisme ouvert de Matta*, in : Cahiers d'Art, nº 1, Zervos, Paris, 1953 – Patrick Waldberg *Matta, l'Aube, le Vertige*, in : Quadrum, nº 5, Bruxelles, 1958 – Marcel Jean, in : *Hre de la Peint. Surréaliste*, Seuil, Paris, 1959 – E. Villa : *L'Œil de Matta*, gal. L'Attico, Rome, 1961 – Patrick Waldberg,in : *Diction. des Artistes contemp.*, Libraires Associés, Paris, 1964 – Michel Ragon, in : *Peintres Contemp.*, Mazenod, Paris, 1964 – Matta, interview par F.-C. Toussaint, in : Lettres Françaises, Paris, 16 juin 1966 – José Pierre, in : *Le Surréalisme*, Rencontre, Lausanne, 1966 – Pierre Volboudt, in : *Diction. Univers. de l'Art et des Artistes*, Hazan, Paris, 1967 – J. Schuster : *Développements sur l'infra-réalisme de Matta*, Paris, 1970 – Roland Sabatier : *Catalogue raisonné de l'œuvre gravé, 1943-1974*, Visat & Édit. Sonet, Stockholm, Paris, 1975 – Germain Viatte, in : Catalogue de l'exposition *L'Art mod. à Marseille. La Collection du Musée Cantini*, Mus. Cantini, Marseille, 1988 – Damian Bayon, Roberto Pontual, in : *La peint. de l'Amérique latine au xxe siècle*, Mengès, Paris, 1990 – Luc Monod, in : *Manuel de l'amateur de Livres Illustrés Modernes 1875-1975*, Ides et Calendes, Neuchâtel, 1992 – in : *Diction. de l'Art mod. et contemp.*, Hazan, Paris, 1992.

Musées : Cuba (Mus. de l'Homme latino-africain) : plusieurs sculptures – Marseille (Mus. Cantini) : *Contre vous-autres assassins de pigeons* 1950 – New Haven (coll. de la Société Anonyme) : *Piste fabuleuse de la Mort* 1941 – New York (Mus. of Mod. Art) : *Écoutez vivre* 1941 – *Le Vertige d'Éros* 1944 – *L'Onyx d'Électra* 1944 – *Révolvers* 1952 – New York (Solomon R. Guggenheim Mus.) : *Les Années de la peur* 1941-42 – Paris (Mus. Nat. d'Art Mod.) : *L'Étang de Nô* 1950 – *La Question* 1957 – *Les Puissances du désordre* 1964-65 – Paris (FNAC) : *Glisser dans le vent* 1994.

Ventes Publiques : Paris, 25 juin 1959 : *Être là* : **FRF 195 000** – New York, 14 jan. 1959 : *Matin au Chili* : **USD 1 200** – New York, 25 jan. 1961 : *Matin au Chili* : **USD 2 300** – Londres, 24 nov. 1964 : *L'Unité absolue* : **GBP 1 400** – New York, 12 déc. 1968 : *Composition* : **USD 4 900** – Genève, 27 juin 1969 : *Machine âge* : **CHF 24 000** – Paris, 3 mars 1970 : *Nu dans l'atelier* : **FRF 50 000** – Paris, 10 juin 1972 : *Composition* : **FRF 83 000** – Londres, 28 mars 1973 : *Sans titre*, gche : **GBP 2 200** – Paris, 12 juin 1974 : *Le Temps à l'ombre* : **FRF 140 000** – Milan, 6 avr. 1976 : *Tension et attention de l'âme*, h/t (115x149) : **ITL 12 000 000** – Munich, 25 mai 1976 : *Saint-Domingue* 1965, past. et cr. de coul. (44,5x62,5) : **DEM 4 800** – Versailles, 5 déc. 1976 : *Baigneuses*, cr. coul. (45x75,5) : **FRF 7 000** – Londres, 29 juin 1977 : *Mécanique de la violence* 1953, h/t (85x103) : **GBP 9 000** – Londres, 29 juin 1978 : *Composition avec touches de rose et de bleu*, gche et h/t (41x51) : **GBP 3 000** – New York, 17 oct 1979 : *Composition* 1942, cr. de coul. et mine de pb (36,8x45,4) : **USD 6 000** – Londres, 5 déc 1979 : *Sans titre* vers 1951, past. (95x143) : **GBP 4 800** – New York, 7 nov 1979 : *L'eau* 1939, h/t (71x90) : **USD 55 000** – New York, 2 déc. 1981 : *Le Centre de l'eau* 1941, h/t (54x73,7) : **USD 50 000** – New York, 1er déc. 1981 : *Paysage morphologique* vers 1942, gche/pap. noir mar./cart. (23x30,5) : **USD 4 000** – New York, 23 nov. 1982 : *Sans titre* 1942, cr. noir et coul. (58,8x74) : **USD 12 000** – New York, 29 nov. 1983 : *Sans titre* 1942, cr. coul. et cr. (58,5x73,8) : **USD 11 000** – Paris, 5 déc. 1983 : *Études* 1963, past. (47x65) : **FRF 11 000** – New York, 29 nov. 1983 : *The disas-*

ters of mysticism 1942, h/t (97,5x130,5) : **USD 160 000** – Londres, 28 mars 1984 : *Le guerrier* 1959-1960, bronze (H. 63) : **GBP 11 000** – New York, 27 nov. 1985 : *Paysage morphologique* vers 1942, gche/pap. noir (22,8x30,5) : **USD 6 000** – New York, 26 nov. 1985 : *El centro del agua* 1941, h/t (54x73,7) : **USD 85 000** – New York, 29 mai 1985 : *Design of Intention* 1970, bois, plastique et fils d'acier (33x69) : **USD 1 200** – New York, 20 mai 1986 : *The Eve of Death* 1938, h/t (72,4x91,5) : **USD 100 000** – Paris, 25 oct. 1987 : *Sans titre* 1942, past., aquar. et cr. (30x25) : **FRF 80 000** – New York, 19 mai 1987 : *L'Interrompu* 1958, h/t (207x405) : **USD 190 000** – Londres, 25 fév. 1988 : *Sans titre*, h/t (82x101,5) : **GBP 11 500** – Paris, 19 mars 1988 : *Perdu. Éperdu* 1966, past. (50,1x65,1) : **FRF 21 000** – Paris, 20 mars 1988 : *Composition* vers 1968-69, h/t (79x100) : **FRF 130 000** – Paris, 21 mars 1988 : *Composition* 1950, cr., past. et gche (32,5x40) : **FRF 55 000** ; *Composition*, cr., gche et past. (35x50) : **FRF 70 000** ; *Couple qui marche*, cr., past. et gche (19x14) : **FRF 60 000** – Rome, 7 avr. 1988 : *Tunis quelqu'un*, h/t (81x100) : **ITL 29 000 000** ; *S'envoler* 1961, h/t (104x98) : **ITL 28 000 000** – L'Isle-Adam, 24 avr. 1988 : *Nocturne* 1951, h/t (54x65) : **FRF 175 000** – New York, 29 avr. 1988 : *Sans titre*, h/t (113,5x146) : **USD 77 000** – New York, 17 mai 1988 : *Sans titre*, h/t (130x130) : **USD 60 500** ; *Les Fureurs de l'esprit* 1957, h/t (150x204,2) : **USD 121 000** – Milan, 8 juin 1988 : *L'Astreor* 1958, h/t (80x100) : **ITL 45 000 000** – Paris, 12 juin 1988 : *Sans titre*, h/t (92x73) : **FRF 185 000** – Paris, 27 juin 1988 : *Growth* 1956, h/t (66x76) : **FRF 145 000** – L'Isle-Adam, 10 juil. 1988 : *Della lunule* 1956, h/t (100x81) : **FRF 230 000** – Paris, 28 oct. 1988 : *Sans titre*, past. et cr. (50x65) : **FRF 45 000** ; *Composition* 1964, h/t (84x104,5) : **FRF 115 000** – New York, 21 nov. 1988 : *Le Prophète* 1948, h/t (102x83,8) : **USD 93 500** ; *L'Aurore* 1953, h/t (81,5x100) : **USD 42 900** – Londres, 1er déc. 1988 : *Oscillation du présent* 1957, h/t (150x201,5) : **GBP 50 600** – Milan, 14 déc. 1988 : *Composition*, h/t (135x156) : **ITL 52 000 000** – Londres, 23 fév. 1989 : *Sans titre*, h/t (42,5x33) : **GBP 7 150** – Milan, 20 mars 1989 : *Cyclope* 1956, h/t (81x100) : **ITL 65 000 000** – Rome, 17 avr. 1989 : *Composition* 1960, h/t (116x150) : **ITL 70 000 000** – New York, 17 mai 1989 : *L'Éternité du fini* 1941, h/t (55x74,5) : **USD 209 000** – Paris, 9 juin 1989 : *L'Indolence*, past. (64,5x49) : **FRF 68 000** – Londres, 29 juin 1989 : *Les Boxeurs* 1955, h/t (87,6x115,6) : **GBP 30 800** – Paris, 8 oct. 1989 : *La Cosecha de la Caballeria* 1985, past./pap. (130x152) : **FRF 160 000** – Paris, 19 nov. 1989 : *Elle s'y gare*, h/t (73x60) : **FRF 390 000** – New York, 21 nov. 1989 : *Snamers* 1949, h/t (142,2x147,3) : **USD 264 000** – Paris, 18 fév. 1990 : *Personnages*, cr. coul./pap. (59,5x48) : **FRF 80 000** – Londres, 22 fév. 1990 : *Nu caché par les arbres*, h/t (200x300) : **GBP 110 000** – Milan, 27 mars 1990 : *Composition*, h/t (70x56) : **ITL 38 000 000** – Paris, 28 mars 1990 : *Le Philosophème*, h/t (114x146) : **FRF 930 000** – New York, 1er mai 1990 : *Sans titre*, h/t (71x91,4) : **USD 660 000** – New York, 2 mai 1990 : *Les Désastres du mysticisme* 1942, h/t (97,5x130,5) : **USD 1 155 000** – Neuilly, 10 mai 1990 : *Sans titre* 1976, past./pap. (73x52) : **FRF 105 000** – Paris, 10 juin 1990 : *Aube cristalline* 1950, h/t (99x127) : **FRF 1 680 000** – Stockholm, 14 juin 1990 : *Madeleine de France*, h/t (62x79) : **SEK 150 000** – Paris, 28 oct. 1990 : *Sans titre*, h. et cire/t. (145x140) : **FRF 780 000** – New York, 19-20 nov. 1990 : *L'unité de l'absolu*, h/t (91,5x71,5) : **USD 539 000** ; *La Fin des choses* 1942, h/t (92x71) : **USD 528 000** – Rome, 3 déc. 1990 : *Jeux doux* 1965, h/t (94x70) : **ITL 115 000 000** – Londres, 21 mars 1991 : *Miss-conception* 1952, temp. et h/t/cart. (101x122) : **GBP 45 100** ; *Sans titre*, h/t (114,3x146,7) : **GBP 77 000** – Rome, 9 avr. 1991 : *Sans titre*, techn. mixte/pap. (47,5x33,5) : **ITL 3 200 000** – Paris, 14 avr. 1991 : *Promenade de Vénus*, h/t (200x200) : **FRF 760 000** – Rome, 13 mai 1991 : *Prestige intime* 1977, h/t (73x66) : **ITL 43 700 000** – New York, 15-16 mai 1991 : *La femme affamée* 1945, h/t (91,5x76,4) : **USD 528 000** – Stockholm, 30 mai 1991 : *Composition*, h/t (100x80) : **SEK 170 000** – Verrières-le-Buisson, 19 oct. 1991 : *Metamorfori* 1970, h/t (99x91,5) : **FRF 400 000** – New York, 19 nov. 1991 : *Ouvre de feu* 1973, h/t (205,7x210,8) : **USD 143 000** – Londres, 5 déc. 1991 : *Le matin des matins* 1953, h/t (118x180) : **GBP 71 500** – Paris, 14 avr. 1992 : *Le dieu bleu* 1954, h/t (115x150) : **FRF 480 000** – Rome, 12 mai 1992 : *Exil du ciel* 1961, h/t (83x102,5) : **ITL 46 000 000** – Paris, 26 juin 1992 : *Mort dans l'après-midi* 1965, h/t (200x395) : **FRF 700 000** – New York, 25 nov. 1992 : *Composition*, h/t (104,6x146) : **USD 121 000** – Londres, 3 déc. 1992 : *L'être c'est la pierre* 1955, h/t (100x81) : **GBP 28 600** – Amsterdam, 10 déc. 1992 : *Le cerf pend comme tous*, h/t (68x64,5) : **NLG 25 300** – Paris, 19 mars 1993 : *Pour traicture...*, past. et cr. (50,5x60) : **FRF 20 500** – New York, 18 mai 1993 : *Sans titre*, h/t (200,8x293,5) : **USD 178 500** – New York, 18-19 mai 1993 : *Personnages et automobile* 1939, graphite et cr. coul./pap. (31,6x47,9) : **USD 104 250** – Londres, 24 juin 1993 : *Sans titre* 1957, h/t (81x100) : **GBP 45 500** – Paris, 17 nov. 1993 : *Composition* 1962, techn. mixte/t. de jute (183x300) : **FRF 285 000** – Verrières-le-Buisson, 5 déc. 1993 : *L'un, l'tout* 1961, h/t (82x102) : **FRF 385 000** – Paris, 21 mars 1994 : *Composition*, past./pap. (48x63) : **FRF 35 000** – Milan, 5 mai 1994 : *Les Orienteurs*, h/t (114x145) : **ITL 80 500 000** – New York, 17 mai 1994 : *Introspection, Morphologie psychologique n° 104* 1939, h/t (73x92,4) : **USD 552 500** – Paris, 13 juin 1994 : *Les Boxeurs* 1955, h/t (88x116) : **FRF 360 000** – Paris, 18 oct. 1994 : *El madrugal de la rueda* 1983, h/t (196x296) : **FRF 750 000** – Londres, 30 nov. 1994 : *Lieberos*, h/t (300x1000) : **GBP 100 500** – Londres, 21 mars 1996 : *Le Sacrifice*, past./pap. (130x130) : **GBP 12 075** – Milan, 2 avr. 1996 : *Sexcherzo* 1981, h/t (70x68) : **ITL 27 600 000** – New York, 16 mai 1996 : *Personnage*, bronze (H. 62,2) : **USD 11 500** – Paris, 19 juin 1996 : *Critique de l'espace* 1971, h/t (104x96) : **FRF 130 000** – Milan, 25 nov. 1996 : *Rendez-vous des flammes* 1978, h/t (74x64) : **ITL 32 200 000** – New York, 25-26 nov. 1996 : *Regard du germe* 1956, h/t (144x206) : **USD 136 700** – New York, 28 mai 1997 : *Éros enfant* 1985, h/t (210x288) : **USD 107 500** ; *Options*, past. et fus./pap./pan. (49x63) : **USD 6 900** – Paris, 18 juin 1997 : *Composition*, h/t (73x60) : **FRF 95 000** – Paris, 19 juin 1997 : *Sans titre* 1970, h/t (95x100) : **FRF 110 000** – Paris, 23 juin 1997 : *Gargantua et Garganelle, le baiser*, past. (48x55) : **FRF 7 500** – Londres, 27 juin 1997 : *Sans titre* 1966, h/t (136x150) : **GBP 31 050** – New York, 24-25 nov. 1997 : *It's a pity* 1946, h/t (101x81,2) : **USD 398 500** – Londres, 23 oct. 1997 : *Deux figures* vers 1960, h/t (148x115) : **GBP 26 450**.

MATTA-CLARK Gordon

Né en 1945 à New York. Mort en 1978 à New York. XXe siècle. Américain.

Sculpteur d'interventions. Tendance land art.

Fils de Roberto Matta. Il fut élève en architecture de la Cornell University (New York), études interrompues vers 1965. Il participa à des expositions collectives, dont : dès 1968, alors encore étudiant, à Ithaca la première exposition consacrée au land art ; 1971 Biennale de São Paulo ; 1977 Documenta 6 de Kassel ; 1980 Biennale de Venise. Il a montré ses réalisations dans des expositions personnelles : 1972, 1973, 1975 dans différentes galeries de New York ; 1974 Musée d'Art Moderne de la Ville de Paris ; 1975 Berlin et Milan ; 1976 Düsseldorf ; 1978 Chicago. En 1985, le Musée d'Art Contemporain de Chicago a consacré une exposition rétrospective à l'ensemble de ses réalisations, de même que, en 1992-93 le Centre Julio Gonzalez de Valence.

Dans ses premières années de création, il pratiqua la performance dans son loft new-yorkais, et s'intéressa aux graffitis. De ses études d'architecture, il est resté attaché à l'analyse des relations de l'homme avec son habitat en milieu urbain. Ses interventions, surtout à New York, mais aussi à Paris avec l'exploration des sous-sols de l'Opéra et de Notre-Dame, à Milan en 1975, consistaient à opérer des ouvertures dans les murs extérieurs, cloisons intérieures, plafonds, d'immeubles ou d'habitations particulières, ouvrant ainsi au regard du public la complexité des espaces habituellement voués à l'intimité. La mise à disposition de tels lieux pour ces opérations chirurgicales à cœur ouvert ne posait pas problème, parcequ'en instance de démolition. Ces interventions grandeur nature ont fait l'objet d'écrits, de constats et collages photographiques exposables ou cinématographiques projetables.

Bibliogr. : Divers : Catalogue de l'exposition *Gordon Matta-Clark*, Mus. d'Art Contemp., Chicago, et Le Nouveau Mus., Villeurbanne, 1985, abondante documentation – in : *Diction. de l'Art Mod. et Contemp.*, Hazan, Paris, 1992 – in : *Diction. de la Sculpture – La Sculpture occidentale du Moyen-Âge à nos jours*, Larousse, Paris, 1992 – Juan Vicente Aliaga : *Gordon Matta-Clark*, in : Art Press, n° 177, Paris, fév. 1993.

Musées : Orléans (FRAC Centre) : *Office baroque, Anvers (II)* 1977.

Ventes Publiques : Londres, 26 oct. 1995 : *Bureau baroque* 1976, photo. (101x50) : **GBP 6 325** – New York, 21 nov. 1996 : *Bingo* 1973, photo. coul. (150,5x53,4) : **USD 19 550** – New York, 8 mai 1997 : *Bureau baroque* 1977, photo. coul. (101,2x75,5) : **USD 10 350**.

MATTARNOVI Georg ou **Mattanovi**

D'origine italienne. XVIIIe siècle. Allemand.

Sculpteur sur bois.

Fut depuis 1702 au service du margrave de Schwedt. A exécuté des travaux pour les églises de Königsberg et de Berlin.

MATTARNOVY Philipp Jegorovitch
Né en 1716 à Saint-Pétersbourg. Mort le 18 janvier 1742 à Saint-Pétersbourg. XVIIIe siècle. Russe.
Graveur.
A fait des portraits, des paysages et de l'illustration de livres.

MATTE Denys
Né en 1932 à Québec. XXe siècle. Canadien.
Peintre. Figuratif, puis abstrait-lyrique.
Il fut élève de Jean-Paul Lemieux à l'École des Beaux-Arts de Montréal.
Il a longtemps oscillé entre figuration et non-figuration. Depuis les années soixante, il semble rester fidèle à une abstraction-lyrique.

MATTE Jehan de La ou **la Matte**. Voir **MATTEN Johann von der**

MATTE Nicolas Augustin
Né en 1781 à Paris. Mort en mai 1837 à Paris. XIXe siècle. Français.
Sculpteur.
Élève de Monot et de Dejoux. Remporta le deuxième grand prix de Rome en 1807. Figura au Salon de 1810 à 1835. Médaille de deuxième classe en 1817. Les œuvres les plus importantes de cet artiste sont : *Buste en marbre de M. Poivre*, au Ministère de la Marine, *La Peinture et la Sculpture, La Géographie et l'Astronomie*, bas-reliefs qui décorent les œils-de-bœuf, au-dessus des portes situées dans l'intérieur de la cour du Louvre, aux deux côtés de la voûte du pont des Arts, *Buste en marbre de Guy de la Brosse*, au Museum, *Statue de la Seine*, au château de Saint-Cloud, *Monuments en marbre à la mémoire de Louis XVI et de Pie VI*, dans l'église de Notre-Dame-du-Port, à Clermont-Ferrand. On a de lui au Musée de Versailles : *Pierre Corneille*, buste en marbre, *Jean Racine*, buste en marbre, *Pierre de France, comte d'Alençon*, buste en marbre, *Dominique-Catherine, marquis de Pérignon*, buste en plâtre.
Ventes Publiques : Paris, 9 mai 1940 : *Buste de fillette*, marbre blanc : **FRF 1 400**.

MATTEI Ambrosio
Originaire de Cevio dans le Tessin. XVIIIe siècle. Italien.
Peintre.
A peint pour l'église de Cevio : *Ange gardien* et *Saint Louis*.

MATTEI Andrea
XVIIIe siècle. Actif à Castel Forte (Terra di Lavoro) vers 1750. Italien.
Peintre.
A travaillé pour des églises de Naples.

MATTEI Francesco
XVIIIe siècle. Actif à Rome vers 1727. Italien.
Peintre.
Fut élève de Pietro Bianchi.

MATTEI Gabriel. Voir **MATHEI**

MATTEI Gio. Domenico
Mort en novembre 1706 à Rome. XVIIe siècle. Italien.
Peintre.
Fut depuis 1655 membre de la Congrégation des virtuoses et travailla à Sienne.

MATTEI Giuseppe
XVIIe siècle. Actif vers 1660. Italien.
Graveur au burin.
Il travailla à Rome et fut après 1652 au service de l'empereur Ferdinand III.

MATTEI Jean-Christophe
Né le 17 avril 1975 à Marseille (Bouches-du-Rhône). XXe siècle. Français.
Peintre de compositions à personnages, figures, nus, peintre de collages, dessinateur. Expressionniste.
Il vit et travaille à Marseille. Il ne semble pas avoir suivi un enseignement d'École des Beaux-Arts, mais s'être formé en autodidacte à partir de l'enfance. Il expose surtout à Marseille et en Provence, où il glane une quantité de Prix et distinctions régionaux.
Ce très jeune artiste manifeste une fougue impressionnante. S'il est encore sensible à des influences diverses, il exprime une vision assez cruelle du monde et du genre humain. Les influences dominantes se situent du côté des expressionnismes, jusqu'à des déformations, des visages sous des angles multiples caractéristiques de ce qu'on peut appeler le « cubo-expressionnisme ». Dans ses compositions avec personnages, comme dans les figures isolées, les nus féminins, on retrouve des échos du sadisme érotique de Toulouse-Lautrec, du Van Dongen fauve, du pessimisme humaniste de Picasso dans sa période bleue.

MATTÉI Jean-Claude
Né en 1951 à Sevran (Seine-Saint-Denis). XXe siècle. Français.
Sculpteur d'assemblages. Tendance conceptuelle.
Il participe à des expositions collectives, dont : 1986 Paris, Salon de la Jeune Sculpture ; 1987, 1988 Salon de Montrouge ; 1987 Centre Culturel de Brétigny-sur-Orge, *Dedans Dehors VI* ; 1988 Paris, Salon Mac 2000.
Avec des poutrelles et des plaques en acier récupérées sur des chantiers, il constitue ce qu'il nomme des « châsses », sortes de reliquaires, verticaux ou horizontaux, dans lesquels il place des simulacres d'objets familiers mais en métal massif.
Bibliogr. : Régis Durand : *Jean-Claude Mattéi – Offrandes*, in : Art Press, N° 139, Paris, sep. 1989.

MATTEI Michele, dit **il Francese**
Mort en 1622. XVIIe siècle. Actif à Reggio. Italien.
Peintre.
Il peignit deux tableaux pour l'église Madonna d. Ghiara à Reggio et une fresque pour S. Matteo delle Pescherie à Bologne.

MATTEI Silvestro
Né en 1653 à Ascoli. Mort le 2 mai 1739. XVIIe-XVIIIe siècles. Italien.
Peintre d'histoire.
Élève de Carlo Maratta à Rome.

MATTEINI Ippolito
Né le 9 décembre 1720 à Pistoia. Mort en 1796. XVIIIe siècle. Italien.
Peintre.

MATTEINI Theodoro
Né le 10 mai 1754 à Pistoia. Mort le 16 novembre 1831 à Venise. XVIIIe-XIXe siècles. Actif à Venise. Italien.
Peintre de genre, portraits, dessinateur, graveur.
Il fut le père de la paysagiste Anna, poursuivit son éducation artistique à Rome avec Batoni et Mengs et travailla à Florence et à Milan.
Il a gravé : *La Pronea del commendatore Melchiore*.
Musées : Venise (Gal. roy.) : *Portrait d'une jeune femme – Portrait d'une jeune fille*.
Ventes Publiques : Rome, 19 nov. 1991 : *Élégante société conversant et dessinant dans un parc*, h/t (45x61) : **ITL 9 500 000**.

MATTEINO. Voir **MATTEO da Siena**

MATTEIS Francesco de
Né le 25 février 1852 à Lecce. XIXe siècle. Italien.
Sculpteur.
Napolitain, il a participé à un grand nombre d'Expositions avec des bronzes expressifs et de forme agréable. À Turin, en 1884, il envoya *Un petit mot* (petit groupe) et en 1887, il envoya *Un Bulgare*. À Venise, à l'Exposition nationale, on admira de lui : *A Sainte-Lucie, Coutumes bulgares, La chanson napolitaine* et *Toreros*.
Ventes Publiques : Rome, 11 déc. 1990 : *Maternité*, bronze (H. 41) : **ITL 3 680 000**.

MATTEIS Paolo di ou **de**
Né le 9 février 1662 à Cilento (Naples). Mort le 26 juillet 1728 à Naples. XVIIe-XVIIIe siècles. Italien.
Peintre de scènes mythologiques, compositions religieuses, graveur.
Lanzi le considère comme le meilleur élève de Luca Giordano. Bien qu'il travaillât aussi avec J. Maria Morandi, il adopta le style facile et lâché de son premier maître. Au début de sa carrière, il vint en France et y passa trois ans de 1702 à 1705, y trouvant de nombreux travaux. De retour en Italie, il travailla à Rome pour les papes Clément XI et XII et Benoît XIII. On cite, notamment, des travaux que ce dernier pontife lui fit exécuter à la Minerva et à l'église de l'Ara Cœli. On le trouve également à Gênes, peignant une *Immaculée Conception* pour l'église de San Girolamo. Mais ce fut surtout à Naples, où il s'établit définitivement, qu'il produisit la plus grande partie de son œuvre. On cite particulièrement ses ouvrages à San Fernando et au Mont Cassin. Il fut employé dans ce dernier établissement religieux en 1692 et en 1706 et 1709.

Il travaillait avec une extrême rapidité et cette hâte se décèle dans ses ouvrages.
Musées : Budapest : *Saint Benoît – Saints Martyrs* – Chambéry (Mus. des Beaux-Arts) : *Adoration des bergers – Martyre de saint Jean Népomucène* – Le Mans : *Vénus et les Amours* – Milan (Brera) : *Galatée* – Naples : *La Vierge au paradis – Pan et Syrinx* – Paris (Mus. du Louvre) : *La Chaste Suzanne* – Saint-Pétersbourg (Mus. de l'Ermitage) : *Achille à la cour de Lycomède* – Vienne : *Herminie demandant asile aux paysans.*
Ventes Publiques : Paris, 1777 : *Hercule et Omphale* : **FRF 800** ; *La Charité* : **FRF 701** – Paris, 1780 : *La Charité* : **FRF 750** – Paris, 1865 : *Sujet mythologique* : **FRF 490** – Paris, 23 mars 1929 : *Le Triomphe de Galatée* : **FRF 3 700** – Paris, 24 juin 1929 : *Adoration de l'Enfant*, dess. : **FRF 120** – Paris, 17-18 déc. 1941 : *Apparition de la Vierge*, pl. et lav. : **FRF 125** – Paris, 12 avr. 1954 : *Deux Amours*, p. noire : **FRF 3 800** – Munich, 22-24 juin 1966 : *Triomphe de Vénus* : **DEM 4 800** – Rome, 24 mai 1973 : *Vénus offrant des armes à Énée* : **ITL 5 500 000** – Milan, 18 oct. 1977 : *Triomphe de Bacchus*, h/t (234x285) : **ITL 10 000 000** – Paris, 19 juin 1979 : *Un miracle de Saint Nicolas de Bari*, h/t (88,5x140) : **FRF 31 000** – Londres, 6 juil. 1982 : *Hercule entre la Vertu et le Vice*, craie noire, pl. et lav. reh. de blanc/pap. bleu (28,5x43) : **GBP 3 000** – Londres, 11 mars 1983 : *La Sainte Famille*, h/t (150,5x125,6) : **GBP 3 500** – Londres, 2 juil. 1985 : *Un roi faisant sacrifice, avec Dieu le Père entouré d'anges*, pl. et lav., haut arrondi (62x47,2) : **GBP 3 800** – Madrid, 20 juin 1985 : *Leda et le cygne*, h/t (143x199) : **ESP 1 322 500** – Rome, 12 nov. 1986 : *Alphée et Aréthuse*, h/t (147x197) : **ITL 21 000 000** – Londres, 11 déc. 1987 : *L'Expulsion du Paradis*, h/t (127,7x101,6) : **GBP 13 000** – Rome, 10 mai 1988 : *Abraham et trois anges*, h/t (48x42) : **ITL 7 000 000** – Paris, 8 juin 1988 : *Angélique et Médor*, h/pan. (141x193) : **FRF 145 000** – Rome, 23 mai 1989 : *La Sainte Famille*, h/t (152x126) : **ITL 29 500 000** – Monaco, 16 juin 1989 : *Iris fécondant la Terre*, h/t (130x155) : **FRF 222 000** – New York, 10 jan. 1990 : *Allégorie de l'Art : femme peignant un portrait de l'artiste soutenu par des putti*, h/pan. (90,2x165,1) : **USD 35 200** – Londres, 28 fév. 1990 : *Vierge à l'Enfant*, h/pan. (35,5x27) : **GBP 4 180** – New York, 11 oct. 1990 : *L'Adoration des bergers* 1704, h/t (102x76) : **USD 38 500** – Londres, 14 déc. 1990 : *L'Enlèvement de Proserpine*, h/t (122,5x173,5) : **GBP 55 000** – Londres, 17 avr. 1991 : *Diane avec ses servantes*, h/t (205x151) : **GBP 26 400** – Monaco, 21 juin 1991 : *Leda et le cygne*, h/t (126,5x178) : **FRF 277 500** – Rome, 4 déc. 1991 : *Renaud et Armide*, h/t (189,5x256,5) : **ITL 126 500 000** – New York, 17 jan. 1992 : *La déesse Iris apparaissant à Cybèle*, h/t (128,3x152,4) : **USD 46 750** – Lugano, 16 mai 1992 : *Vierge à l'Enfant*, h/t (48x34) : **CHF 9 500** – New York, 21 mai 1992 : *Le Voyage de Rebecca*, h/t (124,5x178,5) : **USD 132 000** – Bologne, 8-9 juin 1992 : *La Fusion de Salmace et d'Hermaphrodite*, h/t (203x197) : **ITL 80 500 000** – Londres, 9 déc. 1992 : *Tancrède et Herminie*, h/t (180x233) : **GBP 33 000** – Paris, 15 déc. 1992 : *L'Assomption de la Vierge*, h/t (114x89) : **FRF 20 000** – Milan, 13 mai 1993 : *L'Enlèvement de Proserpine ; Persée et Andromède*, h/t, une paire (chaque 50x77) : **ITL 50 000 000** – Rome, 23 nov. 1993 : *Sainte Famille*, h/t (57x51) : **ITL 13 225 000** – Rome, 24 nov. 1994 : *La Vierge de l'Annonciation*, h/t, de forme ovale (76x70) : **ITL 17 678 000** – Londres, 3 juil. 1996 : *La déesse Iris apparaissant à Cybèle*, h/t (128,3x152,4) : **GBP 19 550** – Rome, 23 mai 1996 : *L'Adoration des bergers*, h/t (127,5x102) : **ITL 21 850 000.**

MATTEIS Ulisse
Né en 1828 à Florence. Mort en février 1910 à Florence. XIXe-XXe siècles. Italien.
Peintre verrier.
Étudia la sculpture avant de s'adonner à la peinture, et fonda avec Natale Bruschi une société de verriers. Principales œuvres : deux grands vitraux pour Santa Croce de Florence ; quelques fenêtres du château de Vincigliata, à Florence ; un ouvrage grandiose dans la cathédrale de Gênes ; les vitraux de la chapelle Rubattino, à Gênes ; une rosace pour la cathédrale de San Miniato al Tedesco, et d'autres travaux pour des églises de Sienne, de Sesto in Toscana, Lucca, Prato, etc. Il participa à de nombreuses Expositions et fut chevalier de la Couronne d'Italie.

MATTEL Gabriello
XVe siècle.
Copiste et enlumineur.
Moine servite qui travailla en 1457 au commencement des livres de chœur du Duomo de Sienne. Le Musée de l'œuvre de cette cathédrale lui attribue une hymne et il est presque certain qu'il orna les livres de chœur de miniatures.

MATTELET
Originaire de Namur. XVIIIe siècle. Belge.
Sculpteur sur bois.
A exécuta un autel à Saint-Martin d'Alost.

MATTELIN Maurice de
Né le 31 juillet 1854 à Lintigny. XIXe siècle. Belge.
Peintre, sculpteur et graveur de médailles.
Élève de Pr. Drion. Il exécuta les statues en bronze doré de l'Hôtel des Postes et de l'Université de Liège.

MATTEN Johann von der, dit aussi **Jean de la Matte**
XIVe siècle. Éc. flamande.
Sculpteur sur bois.
Il travailla à la cour du duc de Bourgogne de 1385 à 1387 et fournit les « ymages » pour l'Oratoire de Bruges.

MATTENHEIMER Andreas Theodor
Né en 1752 à Bamberg. Mort le 7 juin 1810. XVIIIe-XIXe siècles. Allemand.
Peintre d'histoire et de portraits.
Il fit ses premières études à Waldsassen, alla à Munich, Berlin, Dresde, et revint à Bamberg, où il peignit avec Schenbel des tableaux d'autel pour plusieurs églises de la région de Bamberg.

MATTENHEIMER Joseph
Mort en 1802, jeune. XVIIIe siècle. Allemand.
Peintre de portraits.
Fils et élève d'Andreas Th. Mattenheimer.

MATTENHEIMER Karl
Né en 1791 à Bamberg. Mort le 5 janvier 1852. XIXe siècle. Allemand.
Peintre de portraits et d'histoire.
Élève de son père Andreas Th. Mattenheimer ; il fit aussi des études à Vienne et à Munich. Fut professeur de dessin à Deux-Ponts, inspecteur de la Galerie de Bamberg et enfin en 1843 conservateur de la Galerie centrale de Munich. Le Musée Municipal de cette ville possède du reste vingt-six de ses dessins.

MATTENHEIMER Theodor
Né en 1787 à Bamberg. Mort le 28 mai 1850 à Munich. XIXe siècle. Allemand.
Peintre de portraits, natures mortes, fleurs et fruits.
Élève de son père le peintre de la cour Andreas Theodor Mattenheimer et des Académies de Munich et de Vienne. En 1829, inspecteur et ensuite conservateur de la Pinacothèque de Munich qui renferme un tableau de lui : *Fleurs et fruits.* Il a restauré les peintures de plusieurs églises de Munich.
Musées : Bamberg (Kstsamml.) : *Le roi Max II de Bavière en uniforme de chevau-légers* – Francfort-sur-le-Main (Gal. mun.) : *Nature morte* – Munich (Nouvelle Pina.) : *Nature morte* – Riga : *Nature morte.*
Ventes Publiques : Paris, 19 mars 1924 : *Vase de fleurs et fruits sur une table de pierre* : **FRF 2 600** – New York, 26 janv 1979 : *Nature morte aux fruits et nid d'oiseau* 1832, h/t (32x39) : **USD 4 000** – Paris, 30 juin 1982 : *Bateaux lavoirs à Munich*, dess. (42x32) : **FRF 12 000** – New York, 23 oct. 1985 : *Nature morte aux fleurs et au pêches* 1818, h/pan. (64x53,5) : **USD 17 000** – Londres, 17 mars 1993 : *Nature morte de fruits*, h/pan. (33x25) : **GBP 7 130** – Londres, 16 juin 1993 : *Nature morte de fleurs* 1834, h/pan. (23x17) : **GBP 5 750** – Munich, 22 juin 1993 : *Composition avec des fruits, des noix et des insectes sur des marches de pierre*, h/pan. (57x41,5) : **DEM 23 000.**

MATTENS ou **Mathieu**
XVIe siècle. Actif à Bruxelles. Belge.
Graveur sur bois.
A fait en 1585 pour Sainte-Gudule une chaire et des stalles.

MATTEO. Voir aussi **MATHAEO**

MATTEO
XIVe siècle. Italien.
Sculpteur sur pierre.
A exécuté en 1336 la statue de saint Jacques pour la cathédrale de Pistoia.

MATTEO
Né à Terranova. XVe-XVIe siècles. Italien.
Miniaturiste.
Aidé de son élève Aloise, il enlumina des livres de messe du Mont Cassin à Naples, de 1507 à 1524. De 1526 à 1529, tous deux travaillèrent à Pérouse. On cite aussi un Matteo di Giovanni, miniaturiste qui exécuta les miniatures d'un missel, pour la cathédrale de Sienne.

MATTEO Felice. Voir **MAZZEO**

MATTEO Gabriele di

XXe siècle. Italien.

Peintre de figures, portraits.

Il montre ses œuvres dans des expositions personnelles à Milan, Nîmes.

Il s'est éloigné du mouvement de la trans-avant-garde italienne et a consacré au début des années quatre-vingt-dix une série à Marcel Duchamp. À partir de l'ouvrage *La Vie illustrée de Marcel Duchamp* d'André Raffray, il a reproduit les épisodes marquants de la vie de Duchamp.

Bibliogr. : Lise Ott : *Gabriele di Matteo*, Art Press, n° 196, Paris, nov. 1994.

MATTEO Giovanni et **Michael**. Voir **MATHAEO**

MATTEO Vittore di. Voir **BELLINIANO di Matteo Vittore**

MATTEO di Agostino della Spina

XVe siècle. Actif à Pérouse. Italien.

Sculpteur sur bois et sur pierre.

A travaillé à la fin du XVe siècle pour le monastère de bénédictins de Saint-Pierre à Pérouse.

MATTEO d'Ambrogio, dit **Sappa**

XIVe siècle. Actif à Sienne.

Sculpteur.

A exécuté en 1384 une statue de marbre de saint André pour une chapelle de Sienne. Le Louvre possède un calice signé de lui.

MATTEO di Cambio di Bettolo. Voir **MATTEO di Ser Cambio**

MATTEO da Campione

Mort le 24 mai 1396 à Monza. XIVe siècle. Italien.

Sculpteur.

A exécuté la magnifique façade de la cathédrale de Monza.

MATTEO da Campli

XVe siècle. Italien.

Peintre.

La commune de Pizzoli possède de cet artiste : *Mariage de sainte Catherine* et la cathédrale de Campli : une *Madone et l'Enfant.*

MATTEO di Filippo. Voir **TORELLI Matteo di Filippo**

MATTEO Fiorentino

XVIe siècle. Actif à Naples. Italien.

Sculpteur.

MATTEO di Giovanetto da Viterbo ou **Gianetti,** ou **Giovanetti**

Né vers 1300. Mort entre 1368 et 1369 à Rome. XIVe siècle. Italien.

Peintre.

Prieur de San Martino, Matteo di Giovanetto fut choisi par le pape Clément VI pour diriger les travaux de la décoration au Palais d'Avignon, vers 1343. Ce choix fait par un homme qui a beaucoup vécu dans le Nord prouve que la renommée des artistes italiens les fait préférer à des artistes français ou nordiques, surtout lorsqu'il s'agit de travaux de grande envergure. De plus, la fresque a longtemps été considérée comme la spécialité des peintres d'outre Monts. C'est pourtant un thème assez nordique qui a été retenu pour décorer la chambre de la Garde Robe du Palais, puisque ce sont des épisodes heureux de la vie seigneuriale, ses chasses, pêches, jeux, dans des jardins paradisiaques. Ce genre de sujet rappelle assez précisément l'art de la tapisserie du Nord. Par contre, les peintures des chapelles Saint Martial et Saint Jean, exécutées entre 1345 et 1347 sont conformes à l'iconographie et aux traditions italiennes. Enfin, il reste peu de choses des peintures décoratives de la chapelle de la chartreuse à Villeneuve-lès-Avignon, consacrée en 1358, à l'exception du dessin sous-jacent qui témoigne de la force avec laquelle l'artiste a rendu l'émotion et le désespoir de Marie et de Saint Jean. Dans l'ensemble de son œuvre, Matteo di Giovanetto montre ses origines italiennes avec son goût pour les jeux de perspectives, d'illusions spatiales, mais aussi sa connaissance de l'art en France, avec son goût du pittoresque, des petits détails, et sa façon de placer çà et là des figures qui sont de véritables portraits.

Bibliogr. : J. Dupont et C. Gnudi : *La peinture gothique*, Skira, Genève, 1954.

MATTEO di Giovanni. Voir **MATTIA di Giovanni**

MATTEO di Giovanni di Bartolo, dit **Matteo da Siena**

Né vers 1430 à Sienne. Mort en 1495 à Sienne. XVe siècle. Italien.

Peintre.

Il était fils d'un mercier de San Sepolcro établi à Sienne. Matteo s'étant associé avec Giovanni di Pietro, peintre de piètre mérite, débuta dans la carrière artistique en exécutant des travaux de tous genres. Cependant son style se perfectionna et il devint un des plus remarquables représentants de l'École de Sienne. Sa première œuvre date de 1460 : c'est une *Vierge à l'Enfant* (Sienne, Opera del Duomo). On cite de lui, à l'église S. Domenico, *La Madone della Neve* (1477) et *Le couronnement de sainte Barbe* (1479), et au Musée de la ville : *l'Assomption de la Vierge*, considérée comme un de ses meilleurs ouvrages. Il se maria deux fois, en deuxième noce avec Osina del Tala en 1479. Il eut une nombreuse famille. La National Gallery de Londres possède de cet artiste : *Ecce homo, l'Assomption, saint Sébastien.* Les Musées de Munich et de Naples conservent chacun un *Massacre des Innocents*, tandis qu'à Sienne, les églises de Sant Agostino et des Servites en conservent également chacune un. Le Metropolitan Museum de New York nous offre une *Histoire de Camille* et celui de Cambridge aux États-Unis un *Saint Jérôme.* Enfin on trouve une version différente du même sujet : *Madone, Enfant et saints* dans chacun des Musées de Bayonne, Berlin (Kaiser Friedrich Museum), Bergame, Cleveland (E. U.), Florence (Office), Göttingen et Lille.

Ventes Publiques : Londres, 12 fév. 1926 : *La Vierge et l'Enfant* : **GBP 120** – Londres, 27 avr. 1934 : *Saint Balbina* : **GBP 252** – Londres, 26 avr. 1939 : *Madone et l'enfant* : **GBP 6** – Londres, 9 mai 1945 : *Madones et l'enfant* : **GBP 115** – Londres, 21 avr. 1982 : *Vierge et l'Enfant avec des Anges*, h/pan., haut arrondi : **GBP 7 200** – Milan, 27 oct. 1987 : *La Vierge et l'Enfant*, temp./pan., fond or et haut arrondi (23,5x18,5) : **ITL 67 000 000.**

MATTEO da Gualdo ou **Matteo di Pietro di Giovanni di Ser Bernardo**

Né à Gualdo Tadini. Mort vers 1430. XVe siècle. Italien.

Peintre.

A Santa Maria della Circa, près de Sigillo, on voit de lui une fresque représentant : *La Madone et l'Enfant tenant un chien dans ses bras.* A Saint-Antoine et Saint-Jacques d'Assise, se trouvent des fresques de lui, dont *Une Madone*, daté de 1468. Ces œuvres, dont le style ressemble à celui de Benozzo Gozzoli, sont très endommagées par le temps.

Musées : Assise : *Dieu le Père et des Anges* – Gualdo Tadini : *Vierge à l'Enfant et saint François, saint Bernardin, sainte Marguerite et sainte Catherine*, triptyque – *Vierge à l'Enfant avec saints*, triptyque – *Annonciation* – Pérouse (Pina.) : *Vierge avec saints.*

MATTEO di Jacopo

XIVe siècle. Italien.

Peintre.

Il vécut et travailla à Florence.

MATTEO di Jacopo di Bernardo Lappoli. Voir **LAPPOLI Matteo di Ser Jacopo di Bernardo**

MATTEO de Lecce, ou **da Leccio**. Voir **ALESSIO Matteo Perez de**

MATTEO da Milano

XVIe siècle. Italien.

Miniaturiste.

En 1502, il travaillait à l'enluminure d'un bréviaire d'Alfonso I, ou Ercole I, marquis d'Este ; fort probablement en collaboration avec Tomaso da Modena. Jusqu'en 1512, l'artiste travailla pour Alfonso. Le bréviaire cité plus haut fut commencé par Ercole et pourrait être le même que celui qui fut transféré en 1859 de Modène à Ferrare et dans lequel les armes d'Ercole sont surmontées par celles d'Alfonso.

MATTEO da Motina

XVIIe siècle. Italien.

Sculpteur sur bois.

MATTEO de Narni

XVe siècle. Actif vers 1429. Italien.

Peintre.

A peint à Campagnatico un *Saint Antoine ermite et Madeleine.*

MATTEO de Narnia

XIIIe siècle. Actif vers 1270. Italien.

Sculpteur.

Il a exécuté deux œuvres aujourd'hui détruites : le tabernacle du maître-autel de l'église de Ravello (1271) et un bas-relief en marbre à la cathédrale de Cajazzo.

MATTEO da Noha ou **Nola**
XVIIIe siècle. Italien.
Peintre.
Il était moine. Il a peint des scènes de la vie de saint François pour les stalles de Sainte-Catherine à Galatina.

MATTEO di Pacino
XIVe siècle. Actif à Florence. Italien.
Peintre.
Il devint en 1374 membre de la gilde et exécuta en 1360 un triptyque : le *Couronnement de Marie avec saints*.

MATTEO di Paolo
XVe siècle. Actif à Sienne vers 1420. Italien.
Peintre.

MATTEO di Perruchio
XVe siècle. Actif à Palerme de 1417 à 1422. Italien.
Peintre.
A peint un triptyque dans l'Oratoire de Saint-Albert de Palerme.

MATTEO di Pietro di Giovanni di Ser Bernardo. Voir **MATTEO da Gualdo**

MATTEO da Pozzo ou **del Pozzo**
Né en 1430 à Venise. Mort en 1471. XVe siècle. Italien.
Peintre.
Élève de Squarcione, a travaillé en 1470 à la décoration de la chapelle Gattamelata au Santo de Padoue.

MATTEO de Raverti. Voir **RAVERTI**

MATTEO di Ser Cambio di Bettolo
Mort avant 1424. XVe siècle. Actif à Pérouse. Italien.
Orfèvre et miniaturiste.

MATTEO di Ser Jacopo di Bernardo Lappoli. Voir **LAPPOLI**

MATTEO da Siena. Voir aussi **MATTEO di Giovanni di Bartolo**

MATTEO da Siena
XVe siècle. Italien.
Miniaturiste.
Della Valle lui attribue les peintures d'un Missel destiné au cardinal Enea Vinolomini, plus tard Pie II.

MATTEO da Siena, dit **Matteino**
Né en 1533 à Sienne. Mort en 1588 à Rome. XVIe siècle. Italien.
Peintre de paysages, fresquiste.
Il travaillait à Rome ; Circignani peignait les figures dans ses paysages. Un certain nombre de ses fresques et de ses paysages se trouve au Vatican.
Ventes Publiques : Londres, 28 juil. 1927 : *La mort de saint Jean-Baptiste* : **GBP 110** – Londres, 9 déc. 1927 : *La Vierge et l'Enfant* : **GBP 388**.

MATTEO da Terranova. Voir **TERRANOVA**

MATTEO di Tomasso da Regio. Voir **MATTIA**

MATTEO da Viterbo. Voir **MATTEO di Giovanetto da Viterbo**

MATTEOS Francisco
XXe siècle. Espagnol.
Peintre. Expressionniste.
Il se réfère à la tradition de la peinture espagnole du XVIIe siècle.

MATTER
XVIIIe siècle. Français.
Peintre de fresques.
A peint en 1727 au plafond de l'église d'Ebermünster : *Le roi des Goths Totila devant saint Benoît*.

MATTER Gottfried
Né en 1891 à Pieterlen. Mort en 1967. XXe siècle. Suisse.
Peintre de figures, portraits, paysages animés, graveur, dessinateur.
Ventes Publiques : Zurich, 12 nov. 1976 : *Deux paysans dans un paysage alpestre* 1920, h/t (90x120) : **CHF 5 000**.

MATTER Joseph
Né le 16 octobre 1803 à Engelberg. Mort le 4 mars 1822. XIXe siècle. Suisse.
Peintre de portraits.

MATTER Max
Né en 1941 à Aarau. XXe siècle. Suisse.
Peintre de figures, nus, paysages, natures mortes.
Il vit et travaille à Aarau. Il fait partie du groupe *Aarau*, avec lequel il a exposé en 1969 à Zurich. Il a exposé de nouveau à Zurich en 1970 avec le groupe *Swiss Post-Pop-Idyllen*, et avec le groupe *Critique d'Architecture*. Il a aussi exposé à Turin. En 1970, il a montré un ensemble d'œuvres dans une exposition personnelle à Bienne.
Il réalise des peintures, dans une technique claire, simplifiée, représentant des paysages « environnementiels », qui sont regardés à travers des sortes de hublots en plastique transparent.
Bibliogr. : In : Catalogue du *IIIe Salon International des Galeries Pilotes*, Mus. Cantonal, Lausanne, 1970.
Musées : Aarau (Aargauer Kunsthaus) : *Nu* 1964 – *La Table jaune* 1965 – *Le Hungerberg* 1968 – *Sculpture (Isaac Witkin)* 1970 – *Mirage et Nuages* 1972 – *Trois objets suspendus* 1977 – *Tableau des heures* 1978 – *Le Chemin de UE à A* 1980.

MATTERN Carl Maximilian ou **Marten**
Mort après 1770. XVIIIe siècle. Allemand.
Ébéniste.
A réalisé de très beaux travaux de marqueterie, dont on trouve des spécimens au Musée de Würzburg.

MATTERN Jean-Pierre
Né le 28 mars 1951 à Ludwigshafen (Allemagne), de parents français. XXe siècle. Français.
Peintre de nus, paysages, aquarelliste.
De 1967 à 1971, il fut élève de l'École des Arts Décoratifs de Strasbourg, puis suivit une formation de graphiste. Il est exposé dans des galeries d'Évian, de Genève.

MATTERSBERGER Joseph
Né en 1754 à Windischmatrei (Tyrol). Mort le 10 décembre 1825 à Breslau. XVIIIe-XIXe siècles. Éc. tyrolienne.
Sculpteur et graveur.
Il étudia de 1767 à 1778 chez Haguenauer à Salzbourg et les six années suivantes à Milan, où il exécuta dix-huit statues en stuc pour la grande salle de la Résidence. Il passa alors à Dresde où il sculpta le tombeau de Hermann. De là, il se rendit à Moscou et à Saint-Pétersbourg, où il exécuta un nombre considérable de statues, environ soixante-dix, pour les châteaux impériaux. Il s'établit enfin en 1799 à Breslau, qui compte plusieurs œuvres de lui, et en particulier les bustes de Kant, d'Iffland et de l'actrice Schick.

MATTES Georg
Né le 29 octobre 1874 à Nuremberg. XIXe-XXe siècles. Allemand.
Sculpteur de figures.
Après avoir travaillé dans l'atelier de céramique de Hutschenreuther, il se consacra à la sculpture. Il fut d'abord élève de l'École des Beaux-Arts de Nuremberg, puis de Wilhelm von Rümann à l'Académie de Munich.
Musées : Brême : *Joueur de ballon*, bronze.

MATTESON Tompkins H.
Né en 1813 à Peterborough (N. Y.). Mort en 1884. XIXe siècle. Américain.
Peintre d'histoire et de genre.
Élève de la National Academy de New York. Il travailla à New York de 1840 à 1851. Il fut associé de la National Academy, mais il n'exposa que rarement. On connaît de lui au City Hall de New York un *Portrait de Havemeyer*.
Ventes Publiques : New York, 18 nov. 1977 : *Compromise Act of 1850*, h/t (63,5x76,2) : **USD 4 000** – Los Angeles, 12 mars 1979 : *Cordelia and King Lear* 1873, h/t (61x50,2) : **USD 1 700** – New York, 21 sep. 1984 : *« Fun on the fourth »*, h/t, une paire (51,5x45) : **USD 2 200** – New York, 26 sep. 1996 : *Jouant dans la neige* 1856, h/t (64,1x76,2) : **USD 34 500**.

MATTET Charles Paulin François. Voir **MATET**

MATTETTO Domenico ou **Mottetto, Mattetta**
XVIe siècle. Hollandais.
Miniaturiste et calligraphe.
Cet artiste fut employé à la cour papale sous Léon X (1525) pour l'illustration de missels.

MATTEUS Cornelis. Voir **MATHEU**

MATTEY Élisa Marie
Née au XIXe siècle à Paris. XIXe siècle. Française.
Peintre de portraits, dessinatrice.
Élève de Couder. Exposa au Salon, en 1870, un portrait dessiné, et en 1877 : *La Sainte Vierge*, lave émaillée, d'après Salvator Rosa.

MATTHÄ Jakob
Né à Lucerne. Mort en 1619. XVIIe siècle. Suisse.
Sculpteur.
A fait le revêtement de marbre des façades de l'église de Einsiedeln.

MATTHAEI Otto
Né le 30 novembre 1863 à Hambourg. XIXe siècle. Allemand.
Paysagiste, peintre de marines, graveur et lithographe.
Il fut l'élève de Franz Hein et travailla à Karlsruhe.

MATTHAEO. Voir **MATHAEO**

MATTHÄI Ernst
Né le 14 juin 1779 à Meissen (Saxe-Anhalt). Mort le 19 avril 1842 à Dresde. XIXe siècle. Allemand.
Sculpteur.
Il fut de 1805 à 1817 l'élève de Thorwaldsen à Rome. Il a exécuté une *Vénus dans une vasque* pour le château de Rosenstein près de Stuttgart.

MATTHÄI Gabriel. Voir **MATHEI**

MATTHÄI Heinrich
Né le 17 décembre 1808 à Brême. Mort le 7 février 1880 à Dresde. XIXe siècle. Allemand.
Peintre de paysages et d'architectures.
Fut l'élève de l'Académie de Dresde. Il a peint en 1849 un *Château en ruines* qui est la propriété de l'ancien roi Frédéric-Auguste, de Saxe. Le Musée de Dresde possède d'autre part de lui cent petites aquarelles, et la collection Kippenberg à Leipzig un dessin au crayon : *Le grand duc Charles-Frédéric de Saxe Weimar.*

MATTHAI Jean Baptiste. Voir **MATHEY**

MATTHÄI Johann Friedrich
Né le 3 mars 1777 à Meissen (Saxe-Anhalt). Mort le 23 octobre 1845 à Vienne. XIXe siècle. Allemand.
Peintre d'histoire et de portraits.
Fils du sculpteur Johann-Gottlob Matthäi. Élève de l'Académie de Dresde sous Casanova. Continua ses études à Vienne sous Füger. Médaillé en 1803. Professeur honoraire de l'Académie de Dresde et de Rome. En 1810, directeur de l'Académie de Dresde.
Musées : Dresde : *Meurtre d'Égiste par Oreste – Brutus aperçoit l'esprit de César – Portrait du marchand de Leipzig Getthold Quandt – Sacrifice de Codrus* – Leipzig : *Portrait de Karl-Christoph Traugott Tausschnitz.*

MATTHÄI Johann Gottlob
Né le 17 juillet 1753 à Meissen (Saxe-Anhalt). Mort le 4 juin 1832 à Dresde. XVIIIe-XIXe siècles. Allemand.
Sculpteur, modeleur, peintre.
A travaillé depuis 1779 pour la Manufacture de Meissen et modelé un Laocoon, un Alexandre et exécuté plusieurs bustes et bas-reliefs.

MATTHÄI BURGUNDUS Jean Baptiste. Voir **MATHEY**

MATTHAN J.
XVIe siècle. Actif à la fin du XVIe siècle.
Peintre.

MATTHÄUS. Voir aussi **MATHEUS**

MATTHÄUS von Paris ou **Matthaeus Parisiensis**
Né en 1217 à Saint-Albans. Mort en 1259 à Saint-Albans. XIIIe siècle. Britannique.
Peintre, miniaturiste, orfèvre, sculpteur.
Moine bénédictin au monastère de Saint-Albans, il y travailla, ainsi qu'à Londres. Il séjourna en Norvège en 1248 et 1249. Il passe pour être l'un des meilleurs miniaturistes anglais du XIIIe siècle.
Il écrivit et illustra de dessins de nombreux manuscrits, parmi lesquels : *Vies des Offas, Vie de saint Édouard, Vies des saints Alban et Amphilabus, Chronica maior, Historia Anglorum.*
Bibliogr. : In : *Diction. de la peinture anglaise et américaine*, coll. Essentiels, Larousse, Paris, 1991.
Musées : Dublin (Trinity College Library) : *Vies des saints Alban et Amphilabus* – Londres (British Mus.) : *Historia Anglorum.*

MATTHÄUS BURGUNDUS Jean Baptiste. Voir **MATHEY**

MATTHÉ Wassilij. Voir **MATHÉ**

MATTHEI Theodor
Né le 31 janvier 1857 à Marbourg. Mort le 6 mars 1920 à Kassel. XIXe-XXe siècles. Allemand.
Peintre de portraits, paysages.
La ville de Kassel possède de lui : *Incendiaire.*

MATTHES. Voir aussi **MATHES**

MATTHES
XVe siècle. Actif à Zwickau. Allemand.
Peintre.

MATTHES Christian Gottfried. Voir **MATHES**

MATTHES Diedrich Jakob Christian
Né en 1780 à Hambourg. Mort en 1833 à Saint-Pétersbourg. XIXe siècle. Allemand.
Peintre de fleurs et de fruits, miniaturiste et graveur.
Il travailla depuis 1813 à Saint-Pétersbourg.

MATTHES Elisabeth Christina, née **Höll**
Née en 1749 à Nuremberg. Morte en 1797. XVIIIe siècle.
Peintre de fleurs et d'animaux.
Femme de Nikolaus Christopher Matthes. La ville de Hambourg, où elle travailla, possède trois de ses aquarelles, à la Kunsthalle.

MATTHES Ernst
Né le 11 janvier 1878 à Düsseldorf. Mort le 3 novembre 1918, au front. XXe siècle. Allemand.
Peintre de genre, portraits, paysages, aquarelliste, lithographe.
Il fit ses études à Düsseldorf et à Munich. De 1901 à 1911, il se fixa à Paris, puis vécut à Berlin.
Le Inselverlag publia son recueil de dix lithographies en couleur *Scènes parisiennes.*
Musées : Brême : 4 aquarelles.

MATTHES Georg
XVIe siècle. Allemand.
Sculpteur.
A travaillé de 1565 à 1576 à Bayreuth.

MATTHES Nikolaus Christopher ou **Mathes**
Né le 29 septembre 1729 à Hambourg. Mort vers 1796. XVIIIe siècle. Allemand.
Peintre de compositions religieuses, portraits, natures mortes, graveur.
Il a travaillé à Hambourg et à Nuremberg et il a gravé des sujets religieux et des portraits. Il fut aussi marchand d'objets d'art.
Ventes Publiques : Amsterdam, 14 nov. 1990 : *Vanité avec un crâne, une tête de statue, des roses et une bougie dans un chandelier* 1750, h/t (37,5x41,5) : **NLG 29 900.**

MATTHEUS Balthazar. Voir **MATHIEU**

MATTHEUSSENS Mathieu. Voir **MATHEUSSENS**

MATTHEW Charles
XIXe siècle. Britannique.
Sculpteur.
La National Portrait Gallery, à Londres, conserve de lui le *Portrait médaillon de Joseph Stevenson.*

MATTHEWS. Voir aussi **MATHEWS**

MATTHEWS Anna Lou
Née à Chicago (Illinois). XXe siècle. Américaine.
Peintre, sculpteur.
Elle fut élève de Lorado Taft à Chicago, de Lucien Simon à l'École des Beaux-Arts de Paris, de Max Bohm, membre de l'Association des Artistes Américains de Paris, de Eduardo Leon ou de Leandro Ramon Garrido sans doute aussi à Paris, de sir Frank Brangwyn à Londres.

MATTHEWS C. H.
XIXe siècle. Britannique.
Aquarelliste.
Le British Museum conserve trente-six dessins de sa main.

MATTHEWS Charles James
Né en 1803 à Liverpool. Mort en 1878. XIXe siècle. Britannique.
Dessinateur.
Le British Museum possède trois de ses dessins.

MATTHEWS Elizabeth St John
Née le 25 janvier 1876 à Philadelphie. Morte le 27 avril 1911 à New York. XXe siècle. Américaine.
Sculpteur.
Elle fut une élève de Liberty Tadd, Léon Girardet et Olin Warner.

MATTHEWS George Bagby
Né en 1857 à Tappahannock (Virginie). XIXe siècle. Actif à Washington. Américain.

Peintre d'histoire et de portraits.
Ventes Publiques : Philadelphie, 30 mars 1932 : *Abraham Lincoln* : **USD 150.**

MATTHEWS Henry
Mort en janvier 1830. XIXe siècle. Britannique.
Aquarelliste et miniaturiste.
Fut de 1801 à 1827 au service de la Compagnie des Indes.

MATTHEWS Marmaduke
Né en 1837. Mort en 1913. XIXe-XXe siècles. Canadien.
Peintre de paysages, aquarelliste.
Ventes Publiques : Toronto, 27 mai 1980 : *Tempête de neige* 1904, aquar. (48,8x73,1) : **CAD 2 200** – Toronto, 26 mai 1981 : *Dans les Rocheuses*, aquar. (48,1x73,1) : **CAD 2 900** – Toronto, 14 mai 1984 : *Morning climb, Rockies*, aquar. (72,5x47,5) : **CAD 1 200** – Toronto, 27 mai 1985 : *Enfants dans un paysage*, aquar. (48,8x37,5) : **CAD 1 500** – Montréal, 25 avr. 1988 : *Scène de lac et de montagne en été*, aquar. (51x76) : **CAD 850** – Montréal, 5 nov. 1990 : *Torrent de montagne* 1890, h/t (69x104) : **CAD 4 180.**

MATTHEWS T.
XIXe siècle. Actif en Angleterre au début du XIXe siècle.
Graveur au burin.
Il a gravé des planches d'après J. P. Neale.

MATTHEWS William T.
Né en 1821 à Bristol, en Angleterre. Mort en 1905 à Washington. XIXe siècle. Britannique.
Peintre de genre, portraits, natures mortes.
Ventes Publiques : New York, 20 fév. 1946 : *Abraham Lincoln* : **USD 1 550** – New York, 18 nov. 1976 : *Nature morte aux mûres* vers 1880, h/t mar./cart. (25,5x30,5) : **USD 550** – Édimbourg, 23 mars 1993 : *La foire de Tarbert*, h/cart. (31x26) : **GBP 690.**

MATTHEY Jules, dit **M. de l'Étang**
Né en 1852 à Neuchâtel. Mort en 1917. XIXe-XXe siècles. Suisse.
Portraitiste et paysagiste.
Il fut l'élève de Guillarmod, Hébert, Gaud et Champod. Il travailla à Genève. Le Musée des Beaux-Arts de Genève possède de cet artiste : *Bois de la Bâtie* et *Le matin au Coin-sur-Collonges*.

MATTHIÄ Wilhelm
Né vers 1807 à Berlin. Mort le 24 février 1888 à Rome. XIXe siècle. Allemand.
Sculpteur.
A travaillé à Rome sous la direction de Thorwalsden et exécuté en 1862 quatre bustes de *Beethoven, Gluck, Mozart* et *Palestrina*.

MATTHIAS, appelé aussi **Moravus** (à cause de sa nationalité)
XVe siècle. Allemand.
Copiste et enlumineur.
En 1476, il écrivit et enlumina une bible qui fut transférée au monastère du Mont Oliveto, près de Naples, et dont les miniatures sont remarquables à cause de la correction de leur dessin.

MATTHIAS Gabriel. Voir **MATHIAS**

MATTHIELLI Lorenzo. Voir **MATTIELLI**

MATTHIES-MASUREN Fritz
Né le 12 janvier 1873 à Interburg. XIXe-XXe siècles. Allemand.
Peintre de paysages, lithographe.
Il fut élève de l'Académie des Beaux-Arts de Karlsruhe.

MATTHIESEN Oscar Adam Otto
Né le 8 juillet 1861 en Schleswig. Mort en 1957. XIXe-XXe siècles. Allemand.
Peintre et écrivain.
A exécuté des fresques à Düsseldorf, à Menton et au Musée de Copenhague, et enseigné à partir de 1899 la technique de la fresque à l'Académie de Berlin.
Ventes Publiques : Copenhague, 2 oct. 1985 : *Chevaux et marins tirant une barque sur la plage* 1914, h/t (83x188) : **DKK 20 000** – Londres, 22 nov. 1996 : *À la forge*, h/t (72,4x94,6) : **GBP 1 035.**

MATTHIESEN Thomas. Voir **MATHISEN**

MATTHIEU. Voir aussi **MATHIEU**

MATTHIEU ou **Mateus, Matheus**, appelé aussi **Tuvekin Van Stakenburgh**
XVe siècle. Actif à Bruges au milieu du XVe siècle. Éc. flamande.
Peintre.
Peut-être doit-on lui attribuer une miniature des *Heures de Louis de Laval*.

MATTHIEU Antoine. Voir **MATHIEU**

MATTHIEU Cornelis. Voir **MATHEU**

MATTHIEU Emma
XIXe siècle. Active à Berlin. Allemande.
Peintre et lithographe.
A fait des envois aux Expositions de l'Académie de Berlin de 1824 à 1848 où figurèrent cinq bustes lithographiés de *Schadow* et un *Portrait du Ministre von Kamptz*.

MATTHIEU Jean. Voir **MATHIEU**

MATTHIEU Rosina Christiana Ludovica
Née le 6 juin 1748 à Berlin. Morte en 1795. XVIIIe siècle. Allemande.
Peintre de genre, portraits, natures mortes.
Fille de David Matthieu et d'Anna Liszewska, dont elle fut l'élève. Elle séjourna avec sa mère vers 1766 à Brunswick et en 1773 à Cassel. Elle était membre de l'Académie de Bologne.

MATTHIJS Daniel et **Lode**. Voir **MATTHYS**

MATTHIOLI Domenico
XVIIe siècle. Actif à la fin du XVIIe siècle. Italien.
Graveur au burin.

MATTHIOLI Lodovico
Né en 1662. Mort en 1747 à Bologne. XVIIe-XVIIIe siècles. Italien.
Peintre et graveur.
Élève de Carlo Cignani. Il a gravé des sujets religieux, des portraits et des paysages, d'après les peintres bolonais. Il a peint, à fresque, des paysages pour l'orphelinat de S. Bartolommeo à Bologne.

MATTHIS. Voir aussi **MATHIS**

MATTHIS Charles Émile ou **Mattis**
Né en 1838 à Walk (Alsace). Mort en 1893 à Marienbronn en Alsace. XIXe siècle. Français.
Peintre.
Il fut l'élève de Lix et de Froment à Paris, où il exposa au Salon, de 1868 à 1882. En 1872 il attira l'attention sur lui avec son tableau : *Strasbourg le 28 septembre 1870*. Il publia en 1891 : *L'Alsace et les Alsaciens à travers les siècles*.

MATTHISEN. Voir aussi **MATTHIESEN**

MATTHISEN Broderus ou **Mathisen**
Mort en octobre 1666 à Husum. XVIIe siècle. Actif à Husum. Allemand.
Peintre.
Il semble avoir étudié dans les Pays-Bas ; en 1659, il était peintre de la cour de Brandebourg. On cite de lui une gravure : *Buste de vieillard barbu*.

BRODERVS MATHISEN pin 1664

Musées : Copenhague (Frederiksborg) : *Deux portraits de la fille de Frédéric III* – Dresde : *Portrait de dame – Vanitas* – Schwerin : *Table de petit déjeuner*.

MATTHISEN Thomas. Voir **MATHISEN**

MATTHUS Cornelis. Voir **MATHEU**

MATTHYS. Voir aussi **MATHYS**

MATTHYS Abraham ou **Mattys, Mathissens, Matthysens**
Né en 1581 à Anvers. Mort le 2 septembre 1649. XVIIe siècle. Éc. flamande.
Peintre d'histoire et paysagiste.
Élève de Tobias Verhacht à Anvers. Il alla en Italie de 1603 à 1619, revint à Anvers où il fut maître et s'absenta encore pour revenir en 1623. Il était aussi collectionneur. On cite parmi ses œuvres : *La Madone et saint François* (à l'église des Récollets, à Anvers), *Portrait du peintre Bonaventura Peeters* (à l'église d'Hoboken), *Judith* (au Musée de Reims).

MATTHYS Albéric
Né en 1877 à Vichte. XXe siècle. Belge.
Peintre d'intérieurs, paysages, natures mortes, animalier.

Il s'établit à Audenarde, puis à Anvers.
Il traita souvent les chevaux, de trait et de labour.
Bibliogr. : In : *Dict. biogr. illustré des artistes en Belgique depuis 1830*, Arto, Bruxelles, 1987.
Musées : Bucarest (Mus. Simu) : *Une Vache*.
Ventes Publiques : Lokeren, 15 oct. 1983 : *Troupeau dans un paysage* 1908, h/t (110x160) : **BEF 70 000**.

MATTHYS Balthasar
XVIIIe siècle. Éc. flamande.
Peintre.
Fils d'Abraham Matthys.

MATTHYS Daniel ou **Danny** ou **Matthijs**
Né en 1947 à Zottegem. XXe siècle. Belge.
Peintre de collages, dessinateur, graveur, peintre de cartons de tapisseries, photographe, vidéaste. Tendance pop'art.
Il participe à des expositions collectives à Gand et Knokke-le-Zoute. Ses expositions personnelles ont lieu à Gand.
Il intègre dans de vastes collages, proches du pop'art, tous les matériaux qu'il peut collecter : textiles, plastiques, nylon, bois, verre, etc.
Bibliogr. : In : *Dict. biogr. illustré des artistes en Belgique depuis 1830*, Arto, Bruxelles, 1987.

MATTHYS Hendrik
Né à Gand. Mort le 5 septembre 1752 à Gand. XVIIIe siècle. Éc. flamande.
Sculpteur et architecte.
Élève de Rombaut Pauwels. Il travailla pour les églises de Gand.

MATTHYS Jan
Mort en 1710 à Gand. XVIIIe siècle. Éc. flamande.
Sculpteur.
Frère de Hendrik et élève de Rombout Pauwels. Il travailla pour les églises de Gand.

MATTHYS Lode ou **Matthijs**
Né en 1915 à Anderlecht. XXe siècle. Belge.
Peintre. Polymorphe.
Il fut élève de l'Académie des Beaux-Arts d'Anvers, et influencé par Jos Albert et Félix De Boeck.
Il fut d'abord figuratif postimpressionniste avec des peintures intimistes. Sans perdre son sens particulier de la lumière et d'une expression confidentielle, il évolua ensuite à l'absraction et à l'expressionnisme. Dans sa manière expressionniste, il semble allier le cloisonnisme de Gauguin et le synthétisme de la pemière époque de Munch.
Bibliogr. : In : *Dict. biogr. illustré des artistes en Belgique depuis 1830*, Arto, Bruxelles, 1987.
Ventes Publiques : Lokeren, 15 mai 1993 : *Chasseur dans la neige* 1981, h/t (79,5x69,5) : **BEF 44 000**.

MATTHYSENS Abraham. Voir **MATTHYS**

MATTHYSENS Mathieu. Voir **MATHEUSSENS**

MATTHYSSEN Jan. Voir **MATHYS**

MATTHYSZ Pieter
XVIIe siècle. Hollandais.
Graveur sur bois.

MATTIA Alessandro, dit **Alessandro da Farnese**
Né en 1631 à Farnèse (près de Rome). Mort après 1681. XVIIe siècle. Italien.
Peintre de portraits.
Il fut probablement l'élève du Dominiquin.
Ventes Publiques : Rome, 23 nov. 1993 : *Portrait de Angela Chigi ; Portrait de Sigismondo Chigi*, h/t, une paire (chaque 74x59,5) : **ITL 16 100 000**.

MATTIA Giuseppe de
Né vers 1782 à Serre (près de Salerne). Mort en 1846 à Naples. XIXe siècle. Italien.
Peintre d'histoire.
Il travailla à Naples et à Rome.

MATTIA de Alemagnan, don
XVe siècle. Hollandais.
Enlumineur.

MATTIA de Arato
XVIe siècle. Actif à Naples. Italien.
Peintre.

MATTIA di Giovanni ou **Mattio,** ou **Matteo**, dit **Bernacchino**
Né en 1403 à Sienne. Mort en 1433 à Sienne. XVe siècle. Italien.
Graveur sur bois et marqueteur.

MATTIA di Tomasso da Regio ou **Matteo**
XVe siècle. Actif à Pérouse. Italien.
Sculpteur sur bois.

MATTIA PRETI, dit **il Calabrese**. Voir **PRETI**

MATTIACCI Eliseo
Né le 13 novembre 1940 à Gagli di Pesaro Urbino. XXe siècle. Italien.
Artiste d'installations, performances. Conceptuel, Arte povera.
Depuis 1961, il participe à de nombreuses expositions collectives, d'entre lesquelles : 1961 : Gubbio, Biennale de l'Art du Métal ; 1962 : Galerie d'Art Moderne de Rome, Exposition des Jeunes Artistes ; 1965 : Quadriennale de Rome ; 1967 : VIe Biennale de Paris ; 1968 : Amalfi, Exposition d'Art Pauvre et d'Actions Pauvres ; IVe Biennale de Rome ; 1969 : Kunsthalle de Düsseldorf, *Prospect 69* ; 1971 Palais des Expositions de Rome, *Vitalité du Négatif* ; 1972 XXXVIe Biennale de Venise ; Quadriennale de Rome ; 1975 XIIIe Biennale de São Paulo ; 1978 XXXIXe Biennale de Venise ; 1982 Londres, *Art Italien 1960-1982* ; etc. Il montre ses réalisations dans des expositions personnelles, dont : 1967, 1968, 1969, 1971, 1972, 1976, 1978, 1980 Rome ; 1969 Paris, galerie Alexandre Iolas ; 1971 Milan ; 1972, 1980 Florence ; 1973 Milan, galerie Alexandre Iolas ; 1974 New York, galerie Alexandre Iolas ; 1977, 1979 Brescia ; 1979 Turin, Athènes, Bologne, Venise ; 1982 Francfort-sur-le-Main, galerie Appel et Fertsch.
Mattiacci est l'un des principaux représentants du mouvement de l'Arte Povera, qui, autour de 1968, a constitué un pôle important de l'avant-garde italienne. Exposant des matières brutes, voire des déchets, dans des lieux culturels institutionnels, les artistes du mouvement ont d'abord sciemment provoqué le scandale, puis une prise de conscience de la valeur expressive de la matière, du geste, de l'objet, mis en situations.
L'appréhension de la terre, matière primordiale, est une des caractéristiques de l'œuvre de Mattiacci, en est un des dénominateurs communs. Quelques-unes de ses manifestations les plus spectaculaires en sont placées sous le signe : chemin de terre tracé au bulldozer dans une galerie de Rome ; des tas de terre ou de sable, chaux, argile, formellement réduits sous plaques de verre, comme pour une coupe géologique ; jusqu'à la réalisation symbolique de la métaphore « tenir le monde (la terre) entre ses mains » : présentant, en 1970, le moulage de ses mains sur un disque de cristal découpé et marqué des quatre points cardinaux. En 1973, au cours d'une performance, il réalisa des masques de boue. D'autres procédures renvoient à des concepts différents : arbres et livres en aluminium ; en 1974 grands assemblages de plumes ; motocyclette en équilibre sur une poutre métallique supportée par des amoncellements de sortes de briques.
En dépit de l'appellation d'art pauvre, les interventions de Mattiacci montrent souvent un souci de préciosité formelle ou du spectaculaire. ■ Pierre Faveton, J. B.
Ventes Publiques : Milan, 24 juin 1994 : *Espace lunaire réduit* 1969, past. et fus./pap. (40x30) : **ITL 920 000**.

MATTIELLI Lorenzo ou **Matielli**
Né à Vicence. Mort le 28 avril 1748 à Dresde. XVIIIe siècle. Italien.
Sculpteur.
Il a fourni toute la décoration statuaire extérieure de la Chancellerie de Bohème à Vienne et celle de l'église catholique de Chiaveri, soit en huit ans soixante-dix-huit statues colossales qui occupent une place importante dans l'art décoratif de leur temps. Il a également exécuté les statues de l'église catholique de la cour à Dresde.

MATTIJSSEN J. H.
XIXe siècle. Actif au début du XIXe siècle. Hollandais.
Miniaturiste.

MATTINA Nunzio. Voir **LA MATTINA**

MATTIO Laurent Marius Auguste
Né le 29 septembre 1892 à Toulon (Var). Mort en 1965. XXe siècle. Français.
Peintre de paysages, marines. Postimpressionniste.

Il fut élève de Fernand Cormon à l'École des Beaux-Ars de Paris ; il devint professeur à celle de Toulon. De 1919 à 1924, il exposa à Paris, au Salon des Artistes Français. Il a aussi exposé dans de nombreuses villes de France.
Il a exécuté plusieurs panneaux décoratifs pour le Théâtre et la Chambre de Commerce de Toulon. Ses paysages lumineux sont traités dans la bonne tradition des impressionnistes provençaux. Spécialement attiré par la mer, il a su rendre avec bonheur ses aspects les plus divers.
Ventes Publiques : Neuilly, 23 fév. 1992 : *Les palmiers, matinée à Villefranche-sur-mer*, h/t (61x50) : **FRF 30 000** – Neuilly, 12 déc. 1993 : *La côte près de Bandol*, h/t (61x46) : **FRF 8 500**.

MATTIOLI Carlo
Né en 1911 à Modène. Mort en 1994 à Parme. xxe siècle. Italien.
Peintre de figures, nus, paysages, natures mortes, peintre à la gouache, aquarelliste, pastelliste.
Il étudia à Parme. Il participait à des expositions collectives, dont : en 1995 *Attraverso l'Immagine*, au Centre Culturel de Crémone. En 1980, il présenta un ensemble de ses peintures dans une exposition personnelle, galerie Il Triangolo de Crémone.
Il traite ses thèmes par le détail symbolique, à la limite de l'abstraction.

Bibliogr. : In : Catalogue de l'exposition *Attraverso l'Immagine*, Centre Culturel Santa Maria della Pietà, Crémone, 1995.
Ventes Publiques : Milan, 21 déc. 1982 : *Nocturne sur la plage à Vernon*, h/t (132x75,5) : **ITL 6 000 000** – Milan, 18 déc. 1984 : *Aigues-Mortes* 1977-1978, h/t (120x70) : **ITL 5 000 000** – Milan, 9 déc. 1986 : *Paysage*, h. et collage/t. (110x85) : **ITL 5 000 000** – Milan, 14 mai 1988 : *Nu féminin*, gche (35x49,5) : **ITL 1 400 000** – Rome, 17 avr. 1989 : *Endormie*, past./cart. (30,5x40) : **ITL 3 200 000** – Milan, 7 juin 1989 : *Nu allongé* 1970, h/t (80x100) : **ITL 12 500 000** – Milan, 27 mars 1990 : *Meriggio en été* 1974, h/t (90x90) : **ITL 30 000 000** – Milan, 9 nov. 1992 : *Étude de mise en scène pour le théâtre Peyruzelli* 1981, aquar. (45,5x23) : **ITL 1 700 000** – Milan, 15 déc. 1992 : *Aigues-Mortes* 1978, h/t (80x60) : **ITL 33 000 000** – Milan, 14 déc. 1993 : *Nature morte en gris* 1965, h/t (60x50) : **ITL 19 550 000**.

MATTIOLI Domenico
Mort vers 1695. xviie siècle. Italien.
Graveur.

MATTIOLI Gaspare
Né le 9 décembre 1806 à Faenza. Mort le 28 août 1843. xixe siècle. Italien.
Peintre d'histoire.
A peint pour les églises de la région de Faenza. Le Musée de cette ville possède un tableau de cet artiste : *Mort de Galeotto Manfredi*.

MATTIOLI Girolamo
Né vers 1550 près de Bologne. Mort vers 1602. xvie siècle. Italien.
Peintre.
Élève de Sabbatini et des Carrache.

MATTIOLI Lodovico
Né le 2 janvier 1662 à Crevalcore près de Bologne. Mort le 20 octobre 1747 à Bologne. xviie-xviiie siècles. Italien.
Peintre de paysages et graveur.
A gravé des portraits, des paysages et illustré des livres.
Ventes Publiques : Milan, 18 juin 1981 : *Christ*, pl., étude (29x15,1) : **ITL 550 000** – Londres, 1er avr. 1987 : *Famille de paysans dans un paysage boisé*, pl. et encre brune (55,9x40,5) : **GBP 850**.

MATTIOLI Silvio
Né le 2 février 1929 à Winterthur. xxe siècle. Suisse.
Sculpteur.
De 1945 à 1949, il fut élève de la Kunstgewerbeschule (École des Arts et Métiers) de Zurich, où, depuis 1953, il s'est fixé. Il participe à de nombreuses expositions collectives, d'entre lesquelles : 1954, 1963 : Bienne ; 1956, 1961, 1963 : Expositions Nationales Suisses ; 1958 : Helmhaus, *Jeunes Artistes de Zurich* ; 1963 : Musée Rodin de Paris, *Sculpteurs Suisses* ; 1963, 1964 : Zurich ; etc. Il a obtenu distinctions et Prix : 1955, 1963 : Bourses d'État ; 1960 : Prix Conrad F. Meyer ; 1963 : Habritzel, Bourse Kiefer ; 1964 : Premier Prix au Concours mondial de *La Vie à Winterthur* ; ainsi que des Bourses de la Ville et du Canton de Zurich.
Il travaille surtout le fer. Les formes qu'il élabore s'inspirent très librement de la réalité.
Ventes Publiques : Zurich, 1 déc. 1984 : *Taureau* 1958, fer (31x33x63,5) : **CHF 2 000** – Zurich, 30 nov. 1985 : *Stèle* 1967, bronze, patine brun or (H. 103) : **CHF 4 000**.

MATTIOLI di Baldassare Battista
Mort le 28 février 1474. xve siècle. Italien.
Peintre, stucateur et architecte.
Il a exécuté en 1453 des bas-reliefs pour la cathédrale de Pérouse.

MATTIONI Giuseppe
Originaire de Cividale. Mort en 1796. xviiie siècle. Italien.
Peintre.
A exécuté des fresques dans la Salle du chapitre de l'église de Cividale.

MATTIS Charles Émile. Voir **MATTHIS**

MATTIS TEUTSCH Janos
Né le 13 août 1884 à Brasov (Transylvanie). Mort en 1960 à Brasov. xxe siècle. Hongrois.
Peintre, aquarelliste, sculpteur, graveur, graphiste. Expressionniste, puis abstrait.
Il fut élève de l'Académie des Beaux-Arts de Budapest. Ensuite, il fit des séjours à Munich et, en 1906-1908, à Paris, où il vit des peintures de Cézanne. En 1917, la revue hongroise d'avant-garde *MA* (Aujourd'hui) organisa sa première exposition avec les peintures et aquarelles de Mattis Teutsch, d'autres sources (galerie Franka Berndt) disent le 14 octobre 1917, avec ses sculptures et dessins. Il y exposa de nouveau l'année suivante. Cette même source précise que la revue *MA* publia plusieurs reproductions de ses œuvres et, toujours en 1917, un album de douze de ses gravures sur linoléum. Après la première guerre mondiale, il enseigna à Brasov, où il vivait. Il commença alors, à pratiquer la sculpture, influencé par Archipenko et Brancusi. En 1921, la galerie *Der Sturm* de Berlin, l'exposa en groupe avec Klee et Archipenko. Il aurait exposé aussi à Vienne en 1921. Malgré l'éloignement géographique, il restait en contact avec les milieux artistiques de Berlin et Paris, et avec le cercle d'écrivains et d'artistes qui animaient la revue *Contimporanul* de Bucarest, participant à leur exposition internationale de 1924. Il fit un nouveau séjour à Paris en 1925, où il fut l'un des rédacteurs de la revue roumaine *Integral*. En 1931, il publia à Potsdam *Die Kunstideologie*, où, avec ses propres illustrations, il développait les idées qui avaient guidé son œuvre.
Avant la première guerre, il fut le seul artiste hongrois à avoir abordé l'éventualité d'un art abstrait. Après la guerre, il fut influencé par ses contacts avec les peintres du *Blaue Reiter*, prolongeant, comme eux et surtout en accord avec Kandinsky, un expressionnisme synthétique, de lignes simples et de couleurs pures posées sur le blanc de la toile, dans la voie de l'abstraction. Dans ses sculptures en bois, il conciliait le dynamisme expressionniste avec l'élégance florale de l'Art Nouveau. Après 1930, il cessa toute activité artistique jusqu'en 1944, où il reprit une production d'œuvres devenues surréalistes. ■ J. B.
Bibliogr. : In : Catalogue de l'exposition *Beöthy et l'Avant-garde hongroise*, gal. Franka Berndt, Paris, 1985 – in : *L'Art du XXe Siècle*, Larousse, Paris, 1991 – in : *Diction. de l'Art Mod. et Contemp.*, Hazan, Paris, 1992.
Musées : Budapest (Mus. Nat. Hongrois) : *Paysage jaune* 1910 ou après – Budapest (Mus. des Beaux-Arts) : *Composition à deux figures* 1910 ou après, sculpt. bois coloré – Pécs (Mus. Janus Pannonius) : *Paysage avec arbres (jaune-bleu)* 1910 ou après – *Paysage coloré* 1913-14 – *Collines* 1913-14 – *Paysage montagneux* 1913-14 – *Paysage clair* 1916 – *Paysage sombre* 1918.

MATTNER Jakob
xxe siècle. Allemand.
Sculpteur d'installations, technique mixte, multimédia. Abstrait-géométrique.
Il vit et travaille à Lübeck. En 1988, à Paris, la galerie Farideh Cadot a montré une exposition personnelle de ses réalisations spatialo-luministes.
Il crée des installations éphémères, en général en partie suspendues, constituées de matériaux très divers, peinture à la laque, verre, miroir, faisceaux lumineux, et animées de projections.

MATTO VILARO Francisco
Né en 1911. xxe siècle. Uruguayen.

Peintre de scènes de genre, de natures mortes.

Matto participe à des expositions auprès de Torres-Garcia dès 1939, à Montevideo principalement. En Europe il expose après-guerre au Salon des Surindépendants de Paris, puis au Stedelijk Museum d'Amsterdam entre 1950 et 1954. Ses œuvres sont ensuite exposées régulièrement en Uruguay, et plus récemment dans différents musées, ainsi au Musée National Centre d'Art de la Reine Sophie, au Musée de Monterrey à Mexico, au Bronx Muséum de New York, et au Musée Rufino Tamayo de Mexico.

Matto prend dans la vie domestique différents signes et des représentations de la vie courante qu'il restitue en éléments cloisonnés sur la toile, alliant le rébus de sa propre histoire aux graffitis observés sur les murs des grandes villes.

Bibliogr. : Damian Bayon, Roberto Pontual, in : *La peinture de l'Amérique latine au xxe siècle*, Mengès, Paris, 1990.

Ventes Publiques : New York, 19-20 nov. 1990 : *Construction* 1967, h/cart. (101x80) : **USD 13 200** – New York, 24 nov. 1992 : *Ada* 1953, h/t (94,6x65,4) : **USD 8 800** – New York, 18 mai 1993 : *Graphisme* 1953, h/cart. (99,7x76,7) : **USD 11 500** – New York, 18-19 mai 1993 : *Abécédaire constructiviste* 1960, temp./cart. (84,5x52,7) : **USD 8 625** – New York, 22-23 nov. 1993 : *Constructivisme*, construction de bois peint. (83,2x48,3) : **USD 11 500** – New York, 18 mai 1994 : *Café* 1952, h/cart. (35x49) : **USD 8 050** – New York, 16 mai 1996 : *Construction dans les tons de gris*, h/cart./cart. (99x70) : **USD 9 200**.

MATTON Arsène

Né le 15 décembre 1873 à Harlebeke. Mort en 1933 à Bruxelles. xixe-xxe siècles. Belge.

Sculpteur de monuments, statues, sculpteur en médailles.

Il fut élève de l'Académie de Bruxelles, où il se fixa. Il fit deux séjours au Congo belge.

Au Congo, il réalisa des monuments à Léopoldville et à Matadi. Revenu en Belgique, il sculpta des groupes pour le Musée du Congo à Tervuren.

A. Matton

Musées : Courtrai.

Ventes Publiques : Bruxelles, 7 oct. 1976 : *Couple enlacé*, marbre blanc (h. 75) : **BEF 20 000** – Bruxelles, 26 avr. 1978 : *Danseuses africaines*, bronze : **BEF 16 000** – Paris, 27 oct. 1997 : *Guerrier africain portant une défense d'éléphant en ivoire*, bronze patine brune, épreuve (H. 115) : **FRF 40 000**.

MATTON Bartholomaeus. Voir **MATON**

MATTON Charles

xxe siècle. Français.

Peintre, cinéaste, photographe, illustrateur. Polymorphe.

La reconnaissance publique du travail de peintre de Charles Matton tardant à venir, ce « personnage de roman », tel qu'on le qualifie ordinairement, choisit, après l'échec de l'une de ses expositions en 1964, de ne plus montrer ses œuvres. Il devint toutefois l'illustrateur vedette du magazine américain *Esquire* sous le pseudonyme de Gabriel Pasqualini. Charles Matton n'est pas l'homme d'un seul médium. La photographie, le cinéma avec *La Pomme ou l'Histoire d'une histoire* (1967), *L'Italien des roses* (1973), lui permettent d'approfondir autrement son obsession de la réalité. Il fallut néanmoins attendre la rétrospective au Palais de Tokyo à Paris en 1987 pour enfin voir ses nouvelles œuvres peintes et ses sculptures. Depuis, des expositions se succèdent, notamment : 1991, École Nationale des Beaux-Arts, Paris ; 1992, Centre d'art contemporain, Fréjus ; 1994, galerie Beaubourg, Paris.

Il faudrait pouvoir, afin d'explorer avec plus de justesse le travail de Charles Matton, s'imprégner de l'ensemble de son univers visuel. En s'en tenant à ses sources : photographie, cinéma, dessin, peinture, il est possible d'en apprécier l'aboutissement par les effets de passage entre les diverses techniques d'« appropriation » de la réalité. D'abord la peinture, qui dans un style se rapprochant d'un cubisme sobre dans les années cinquante, avec la série des *Briqueteries*, se transforme peu à peu en une figuration beaucoup plus allusive : les bars, les flippers, les motos, puis les pin-up, les fleurs, et enfin les bébés en une suite de tableaux qui se présentent comme une recherche plus générale sur l'image du corps et de la chair. Par ailleurs, il n'a jamais cessé de procéder par citations et références de tous les artistes qu'il admire : Dürer, Hockney, Ucello, Boltansky, Velasquez. D'où, aussi, la série spéciale des *Hommages* en l'honneur de peintres tels Picasso, et particulièrement Bacon... Ses *Hommages* fonctionnent en général par des mises en abyme en plusieurs profondeurs. Autre mode d'expression, les « maquettes-sculptures », ces fameux espaces miniaturisés, où tous les détails d'un lieu : atelier, chambre, décor, se trouvent minutieusement reconstitués ou totalement inventés : un grand loft à New York, les locaux abandonnés de la compagnie Remington, une salle de bains, les ateliers de Bacon et Giacometti. « Au départ, j'ai construit ces lieux dans le but de les photographier. Puis, à partir des tirages, de produire des images peintes » (Matton). De même : « C'est formidable, une maquette, car on peut modifier à tout moment les objets et la lumière. À la différence d'un tableau aucune décision picturale n'est irréversible. » La mise en situation, intellectuelle et sensorielle de l'homme dans l'espace, est un thème qui passionne Charles Matton. La présence de l'homme (bien qu'il ne soit que très rarement représenté), et sa faculté à occuper les lieux, mais surtout le déploiement de son regard, semblent être les pôles dominants de son travail. Son œuvre se regarde comme un jeu de pistes, jeu de miroirs entre la réalité (ce à partir de quoi il travaille), la réalité de l'absence (les intérieurs qu'il conçoit) et l'absence de réalité (ces mêmes intérieurs autrement interprétés). Jean Baudrillard, dans une introduction à une exposition consacrée à Charles Matton, écrit que l'artiste, lui, sait que « Toute peinture est un *Trompe-la-vie*, comme toute théorie est un *Trompe-le-sens*, que toute peinture, loin d'être une version expressive, donc prétendument véridique du monde, consiste à dresser des leurres où la réalité supposée du monde soit assez naïve pour se laisser prendre. » ■ C. D.

Bibliogr. : Jean Baudrillard : *Charles Matton*, préface de l'exposition, Musée d'art et d'essai, Paris, 1987 – Gilles Anquetil : *Les Traversées du Miroir de Charles Matton*, in : *Le Nouvel Observateur*, Paris, 23-29 juil. 1992.

Ventes Publiques : Paris, 20 nov. 1994 : *Bouquet de fleurs* 1960, h/t (65x36) : **FRF 10 000**.

MATTON Ida

Née le 24 février 1863 à Gèfle. xixe-xxe siècles. Travaillait à Paris. Suédoise.

Sculpteur.

Elle figura au Salon de Paris ; mention honorable 1896 et 1900 (Exposition Universelle). Elle exécuta un buste de Molière pour le théâtre dramatique de Stockholm, un groupe de marbre : *Loki*, pour l'Hôtel de Ville de Stockholm et un monument de *Gustave Wasa* à Gèfle en 1924.

MATTON Jacques

Né en 1939 à Ville-sur-Haine (Hainaut). Mort en 1969. xxe siècle. Belge.

Peintre, graveur. Fantastique, tendance surréaliste.

Il était également poète. Il a exposé à Ostende, Charleroi, Bruxelles, Liège. En 1962, il obtint le Prix Hélène Jacquet. En 1964, il figurait, au Musée d'Ixelles, à l'exposition rétrospective du groupe *Phases*, dont il était membre. Le groupe *Phases* occupe une place en marge du surréalisme, en littérature et dans les arts plastiques, se donnant pour projet de confronter différentes phases de la réalité en mouvement vers l'imaginaire qui nous entoure de toutes parts.

Il crée dans ses œuvres un univers totalement onirique.

Bibliogr. : In : *Dict. biogr. illustré des artistes en Belgique depuis 1830*, Arto, Bruxelles, 1987.

MATTONCINI. Voir **GIOVANNI Jacopo da Castrocaro**

MATTONI Andreas Vincenz Peter

Né le 12 décembre 1779 à Carlsbad. Mort le 9 novembre 1864. xixe siècle. Éc. de Bohême.

Peintre sur verre.

Le Musée de Goethe à Francfort possède de cet artiste une *Coupe avec serpent*.

MATTONI DE LA FUENTE Virgilio

Né en 1842 à Séville. Mort en 1923. xixe-xxe siècles. Espagnol.

Peintre d'histoire, compositions religieuses, portraits, intérieurs, paysages animés, aquarelliste.

De 1856 à 1868, il fut élève de l'École des Beaux-Arts de Séville. En 1872, il fit un voyage d'étude à Rome, et revint en 1874 en Espagne. En 1886, il devint membre correspondant de l'Académie San Fernando ; en 1887 membre de celle de Sainte Isabelle de Hongrie de Séville, enseignant le dessin artistique à partir de 1892, et plus tard, en 1900, le dessin appliqué à la décoration, en

1904 la composition décorative, en 1906 l'étude des formes dans la nature et dans les arts. Il exerçait les fonction de secrétaire de l'École des Beaux-Arts en 1896, de directeur des Écoles d'Arts Appliqués et des Beaux-Arts en 1917. Homme de culture, il était aussi écrivain, publiant de nombreux articles, et poète.
À la suite de son séjour à Rome, sa peinture marqua une très significative évolution. De sa facture traditionnelle antérieure, dans l'esprit de l'école espagnole, il passa à une manière inspirée de la Sécession, du symbolisme art-nouveau, et surtout des préraphaélites anglais. Ses compositions religieuses figurent dans des églises de Séville, *Le Couronnement de la Vierge* à la cathédrale, *Le Sacré-cœur et le Christ roi* à S.-Andres, *Saint François d'Assise* au Couvent des Capucins, etc. Il peignit de nombreux portraits de personnalités : pour le Centre d'Études théologiques de Séville : portraits du *Pape Léon XIII*, du *Cardinal Gonsalez y Spinola*. Dans un registre plus léger, une facture plus spontanée, il peignit, parfois à l'aquarelle, des scènes familières, d'intérieurs ou de jardins.
Musées : Séville : *Les derniers instants de Ferdinand III le saint* 1887 – *Un saint évêque – Sainte Catherine – Saint Jérôme.*

MATTOS Francisco de
XVIe siècle. Actif à Lisbonne à la fin du XVIe siècle. Portugais.
Peintre.

MATTOS Henri Teixeira de. Voir **TEIXEIRA DE MATTOS**

MATTOS Manoel de
Né en 1750 à Sardoal. Mort en 1818 à Lisbonne. XVIIIe-XIXe siècles. Portugais.
Peintre de fleurs, de paysages et sculpteur.

MATTOS Sara Teixeira de. Voir **TEIXEIRA DE MATTOS**

MATTOS-GASTAÕ Francisco Lino de. Voir **LINO**

MATTOTTI
XXe siècle. Français.
Peintre.
Depuis 1986, il figure dans des expositions collectives, à Paris : 1986 au CNAP (Centre National des Arts Plastiques), 1987 au Musée des Beaux-Arts d'Angoulême, 1987-88 au club *Les Bains*, 1988 Bruxelles *Peinture et Illustration*, ainsi qu'à Milan, Genève, etc.
Figuratif, les influences reçues sont encore diverses, dont celle de la bande dessinée semble prépondérante.
Ventes Publiques : Paris, 13 avr. 1988 : *La Maison*, acryl./pap. (200x200) : **FRF 13 000**.

MATTSCHATZ Erich
Né le 3 mars 1866 à Charlottenbourg. XIXe siècle. Allemand.
Peintre de genre, d'histoire et paysagiste.
Il travailla à Düsseldorf et à Berlin, et traita des sujets militaires.
Ventes Publiques : Washington D. C., 2 déc. 1978 : *La retraite*, h/t (62,5x93,5) : **USD 1 450**.

MATTSEEROIDER Josef
Originaire de Salzbourg. Mort le 8 avril 1811 à Salzbourg. XIXe siècle. Autrichien.
Peintre.
Le Musée de Salzbourg possède de lui deux dessins à la plume.

MATTSON Henry E.
Né en Suède, de parents américains. XXe siècle. Américain.
Peintre de paysages, marines.
Il fut élève du Worcester Art Museum. En 1931, il obtint le Harris Medal de l'Art Institute de Chicago. Il a figuré annuellement aux expositions internationales de la Fondation Carnegie de Pittsburgh.

MATTUCCI Luigi
Né à Florence. XIXe-XXe siècles. Italien.
Sculpteur.
Il débuta vers 1877, et exposa à Naples, Milan, Turin.

MATTUE Cornelis. Voir **MATHEU**

MATTYASOVSZKY-ZSOLNAY Laszlo
Né le 17 juin 1885 à Fünfkirchen. XXe siècle. Hongrois.
Peintre de portraits, natures mortes, céramiste.
Il étudia à Munich et Paris. Il devint directeur de la fabrique de céramique Zsolnay à Fünfkirchen.
Musées : Budapest (Gal. Nat.) : plusieurs peintures.

MATTYS Abraham. Voir **MATTHYS**

MATUACHVILI Chalva
Né en 1958 à Tbilissi. XXe siècle. Russe-Géorgien.
Peintre de figures, natures mortes, fleurs.
Il fut lauréat de l'Académie des Beaux-Arts de Tbilissi. Membre de l'Union des Artistes Soviétiques. Il appartient au *Groupe des Cinq* et participe avec lui à deux expositions à Moscou et Tbilissi. Ses œuvres sont connues aussi aux États-Unis et en Finlande.
Il traite des sujets très divers dans une technique conventionnelle.
Musées : Moscou (Gal. Tretiakov) – Tbilissi (Mus. d'Art Mod.).
Ventes Publiques : Paris, 23 mai 1990 : *Les Tournesols*, h/t (100x80) : **FRF 5 800**.

MATUISIEULX Mathilde de
Née le 31 mai 1879 à Rome. XXe siècle. Française.
Peintre de genre, paysages.
Élève de Pillard à Lyon.

MATULKA Jan
Né en 1890. Mort en 1969 ou 1972. XXe siècle. Actif et naturalisé aux États-Unis. Hongrois.
Peintre de paysages, paysages urbains, natures mortes, aquarelliste.
Il arriva très jeune aux États-Unis. Il fut élève de l'Académie Nationale de Dessin de New York. En 1980, une exposition posthume de son œuvre circula à travers les États-Unis.

Ventes Publiques : New York, 2 mai 1979 : *Composition*, h/pan. (45,1x64,8) : **USD 1 900** – New York, 30 avr. 1980 : *Lac George*, aquar. et fus./pap. (37,4x49,5) : **USD 2 500** – New York, 3 oct. 1981 : *Paysage au pont*, h/cart. (66x76,2) : **USD 3 800** – New York, 28 sep. 1983 : *Baigneuses*, cr. Conté (37,8x52,7) : **USD 1 800** – New York, 23 juin 1983 : *Maisons au bord de l'eau* ; *Maisons au bord d'une route*, aquar./cart., une paire (34,9x48,9 et 30,5x45,1) : **USD 2 600** – New York, 18 mars 1983 : *Vaches dans un paysage urbain*, h/t (74,9x89,7) : **USD 3 000** – New York, 15 mars 1985 : *Arbres (recto)* ; *Visage d'homme (verso)*, cr. (29x23) : **USD 1 000** – New York, 14 mars 1986 : *Arbre (recto)*, aquar., cr. Conté et cr. ; *Nu (verso)*, cr. Conté (43,4x27,6) : **USD 3 000** – New York, 14 fév. 1990 : *Maisons dans un paysage*, h/t (41x54,5) : **USD 3 960** – New York, 30 mai 1990 : *Trois troncs d'arbres*, h/t (66,1x48,1) : **USD 8 250** – New York, 18 déc. 1991 : *Vue de New York City*, h/t (35,6x50,8) : **USD 1 760** – New York, 12 mars 1992 : *Rue de village*, aquar. et cr./pap. (38,2x56) : **USD 4 400** – New York, 10 mars 1993 : *Nature morte avec des fruits et des pichets*, h/t (76,2x61) : **USD 9 200** – New York, 29 nov. 1995 : *Pont et usine*, h/t (67,3x74,9) : **USD 13 800** – New York, 14 mars 1996 : *Dans le port de Gloucester* 1932, h/t (69,9x95,3) : **USD 8 050** – New York, 30 oct. 1996 : *Village slovaque*, aquar. et gche/pap. (44,5x59,7) : **USD 4 600** – New York, 27 sep. 1996 : *Storm King Mountain*, h/t (66,4x80,6) : **USD 5 750** – New York, 25 mars 1997 : *Des arbres et un ruisseau* 1921, h/t (59,7x74,9) : **USD 25 300** ; *Harlem River, New York*, h/t (56,5x75,6) : **USD 7 475**.

MATURINO da Firenze
Né en 1490 à Florence. Mort en 1527 ou 1528. XVIe siècle. Italien.
Peintre d'histoire et décorateur.
Il fut élève de Raphaël avec qui il travailla à la décoration du Vatican. Il fut ensuite le maître de Polidoro da Caravaggio ; tous deux travaillèrent en collaboration à de nombreux palais à Rome. Le sac de cette ville en 1527 sépara les deux artistes et Maturino mourut peu après. Il signait *B.C.M.* La plupart de ses travaux ont aujourd'hui disparu, mais beaucoup nous ont été conservés par les gravures de divers artistes, notamment Cherubini, Alberti et Pietro Santi Bartoli.
Ventes Publiques : Paris, 21 mars 1925 : *La Sainte Famille et saint Jean*, pl. : **FRF 500**.

MATVEEFF Alexandre. Voir **MATVEEV Alexander**

MATVEEFF Andrej Merkuljevitch ou **Matwejeff** ou **Matvieff**
Né en 1701 ou 1704 à Novgorod. Mort en 1739 à Saint-Pétersbourg. XVIIIe siècle. Russe.
Peintre.
Pierre le Grand l'envoya faire des études en Hollande et à Rome.

Rentré en Russie en 1727 il travailla à la décoration de la cathédrale Saint-Pierre et Saint-Paul et fit en 1732 un portrait de l'impératrice. Le Musée russe de Leningrad conserve de lui : *La bataille de Koulikovo*, et le Musée de l'Académie des Arts de la même ville possède un *Portrait de l'artiste avec son épouse*.

MATVEEV Alexander Terentievitch
Né en 1878 à Saratov. Mort en 1960 à Moscou. XXe siècle. Russe.
Sculpteur de figures, figures allégoriques, portraits.
De 1892 à 1896, il fut élève de l'Institut de Dessin Bogolioubovo à Saratov ; de 1899 à 1902 de l'École de Peinture, Sculpture et Architecture de Moscou, sans doute où il eut le sculpteur Paul Troubetzkoy pour professeur ; de 1901 à 1905 de l'Atelier de Poterie de S. Mamontov. En 1906, il visita Paris ; en 1913 Florence, Rome, Naples. Il a participé à des expositions collectives : du Monde de l'Art, de la Société des Sculpteurs Russes, des 4 Arts dont il était membre, de la Rose Bleue, de la Toison d'Or, du Valet de Carreau, en 1906 des expositions d'Art Russe à Paris et Berlin, en 1909 au VIIe Salon d'Automne à Paris, 1924 XIVe Exposition Internationale de Venise, 1925 Exposition Internationale des Arts Décoratifs à Paris où il reçut une médaille d'or. À partir de 1918, il a enseigné aux Ateliers d'Art Libre de Pétrograd, transformés en Institut Technique Supérieur d'Art de Léningrad.
Il travailla aussi pour la Manufacture de Porcelaine d'État. Il partit d'une sculpture de sensibilité, et évolua à un style monumental, rappelant l'œuvre de Maillol.
Bibliogr. : In : Catalogue de l'exposition *Paris-Moscou*, Centre Georges Pompidou, Paris, 1979.
Musées : Moscou (Gal. Tretiakov) : *L'Accalmie* 1905, albâtre – *Le Garçon assis* 1909, bronze – Saint-Pétersbourg (Mus. Russe) : *Portrait de Herzen* 1912, bronze.

MATVEEV Feodor ou **Théodore Michailowitch** ou **Fedor Mikhailovich** ou **Matveeff, Matweyeff**
Né en 1758 à Saint-Pétersbourg. Mort en 1826 à Rome. XVIIIe-XIXe siècles. Russe.
Peintre de paysages.
Cet artiste est regardé comme un des plus célèbres paysagiste russes de son époque. Il passa la majeure partie de sa vie en Italie et devint, en 1813 membre de l'Académie de Saint-Luc.
Musées : Bristol : *Le lac Majeur* – Montpellier : *Paysage* – *Cascatelles de Tivoli* – Moscou (Roumianzeff) : *Vues de Sicile* – Moscou (Gal. Tretiakov) : *Le Colisée, à Rome* – Saint-Pétersbourg (Mus. russe) : *Le lac Majeur* – *Campagne de Rome* – *Lac d'Albano* – *Rivage méditerranéen* – *La villa Ariana* – *Environs de Berne* – *Cascade de Velino* – *Cascades du Vatican* – *Lac de Bolsen* – *Cascade de Tivoli* – *Cascade d'Imatre en Finlande*.
Ventes Publiques : Londres, 3 avr. 1968 : *Lac Majeur et Isola Bella* : **GBP 550** – Londres, 13 avr. 1973 : *Paysage montagneux* : **GBP 1 300** – Milan, 6 avr. 1976 : *Vue de Castel Gandolfo* 1797, h/t (101x138) : **ITL 70 000** – Londres, 28 nov 1979 : *Vue de la Campagne Romaine* 1796, h/t (152x180) : **GBP 8 000** – Londres, 6 oct. 1988 : *Lac Majeur et Isola Bella* 1812, h/t (111,3x158,2) : **GBP 19 800**.

MATVEEV Nicolaj Sergejewitch ou **Matwejeff**
Né en 1855 à Moscou. XIXe siècle. Russe.
Peintre de compositions animées, décorations murales.
Il peignit la décoration de la *Maison des Savants* à Moscou.
Musées : Moscou (Gal. Tretiakov) : *Crépuscule*.
Ventes Publiques : New York, 24 fév. 1983 : *Boyarina* 1893, h/t (84x57) : **USD 3 300** – Londres, 1er mai 1987 : *Jeune femme en costume russe* 1893, h/t (84x57) : **GBP 3 500**.

MATVEEVITCH Mardoukh Matysovitch Antokolski, dit **Mark**
Né en 1843. Mort en 1902. XIXe siècle. Russe.
Sculpteur.
Conçut le projet de tailler dans le marbre une série de statues de grands hommes, dont *Pierre le Grand* et *Ivan le Terrible*. Sculpta aussi tout un cycle de martyrs païens, juifs et chrétiens. Remporta dans les Expositions françaises un certain succès.

MATVEÏEV Vladimir
Né en 1963 à Blagovetchensk. XXe siècle. Russe.
Peintre de figures, de paysages.
Il est issu d'un famille de sculpteurs.
Ventes Publiques : Paris, 17 nov. 1990 : *Étang noir* 1988, h/t (120x150) : **FRF 3 000**.

MATVEJS Valdemars ou **Matveis Voldemar**. Voir **MARKOV Vladimir**

MATWEJEFF Alexandre. Voir **MATVEEV Alexander**

MATZAL Léopold Charles
Né le 13 août 1890 à Vienne. XXe siècle. Actif aussi aux États-Unis. Autrichien.
Peintre de portraits.
Il fit ses études en Autriche. Aux États-Unis, il fut membre du Salmagundi Club.
Il se spécialisa dans le portrait mondain.

MATZDORF Paul
Né le 7 mars 1864 à Altrüdnitz. XIXe siècle.
Sculpteur et graveur de médailles.

MATZEL Paul Ferdinand
Né le 15 mai 1885 à Berlin. XXe siècle. Actif depuis 1920 en Argentine. Allemand.
Peintre d'animaux, illustrateur.
Il collabora à l'illustration de journaux berlinois et étrangers. À partir de 1920, il travailla à La Plata comme peintre animalier.

MATZEN Herman N.
Né le 15 juillet 1861 au Danemark. XIXe siècle. Danois.
Sculpteur.
Fut élève des Académies de Berlin et de Munich et travailla à Cleveland dans l'Ohio. Ses œuvres principales sont : *Loi et Justice, les deux Akron*, les monuments de *Richard Wagner, L. Johnson* et *Thomas White* et *Schiller, Moise et Grégoire le Grand*, la *Guerre et la Paix*.

MATZEN Triède, née **Barlach**
Née en 1832 à Beyenfleth. Morte en 1877 à Fjelstrup. XIXe siècle. Allemande.
Peintre de paysages.
Étudia à Dresde. Elle peignit surtout des paysages.

MATZENKOPF ou **Mazenkopf**, famille d'artistes
XVIIIe siècle. Actifs à Salzbourg. Autrichiens.
Médailleurs.

MATZINGER Philip Frederick
Né à Tiffin (Oklahoma). XXe siècle. Américain.
Peintre.
Il fut élève de John H. Vanderpoel à l'Art Institute de Chicago. Il fut membre de la Fédération Américaine des Arts.

MATZKE Albert
Né le 8 août 1882 à Indianapolis. XXe siècle. Américain.
Peintre, illustrateur.
Il fut élève de Frank Vincent Du Mond et Frederick Arthur Bridgman.

MÄTZSCHKE Christian ou **Meschke** ou **Metschke**
Mort en 1688 à Leipzig. XVIIe siècle. Allemand.
Peintre et aquafortiste.
On cite parmi ses œuvres un tableau à l'huile pour la cathédrale de Freiberg (maintenant au Musée de Freiberg) le *Serpent d'airain*, et une gravure à l'eau forte *La Fille d'Hérode avec la tête de saint Jean-Baptiste*.

MAUBERT Gotthard Joseph
Né le 12 avril 1767 à Wetzlar. Mort le 19 janvier 1823 à Hambourg. XVIIIe-XIXe siècles. Allemand.
Peintre de décorations.
Il travailla en 1808 pour le Théâtre Municipal de Brême.

MAUBERT James ou **Jacques**
Né en 1666. Mort en 1746. XVIIe-XVIIIe siècles. Actif à Londres. Britannique.
Peintre de portraits.
Élève de Gaspar Smitz. Cet artiste, que l'on croit français d'origine, travailla avec succès à Londres sous le règne de Georges Ier. Il peignit particulièrement des portraits de poètes anglais.
Musées : Londres (Nat. Portrait Gal.) : *Portrait de John Dryden*.
Ventes Publiques : Londres, 23 juin 1971 : *Portrait d'Edward Bathurst avec sa famille* : **GBP 1 400** – Londres, 22 juin 1979 : *Portrait d'Henrietta de Bolton*, h/t (176,5x152,3) : **GBP 5 000** – Londres, 27 mars 1981 : *Portrait d'une dame de qualité*, h/t (139,7x109,2) : **GBP 2 800** – Londres, 6 juil. 1983 : *Portrait d'Henrietta, duchesse de Bolton en sainte Agnès*, h/t (176,5x152,3) : **GBP 6 200** – Londres, 20 avr. 1990 : *Portrait de James Herbert avec sa femme Maria et leurs neuf enfants dans le parc de Tythrop, avec Cupidon et des nuages au dessus*, h/t (209,5x301) : **GBP 16 500**.

MAUBERT Jehan
XVe siècle. Hollandais.

Enlumineur.
Louis XI le recommanda vers 1470 comme enlumineur à l'Université de Caen.

MAUBERT Louis
Né le 18 mai 1875 à Toulon (Var). XXe siècle. Français.
Sculpteur.
Élève de Barrias et de Puech. Il figura au Salon des Artistes Français. Membre de cette société depuis 1901 ; mention honorable 1899.

MAUBERT Pierre
Né le 12 septembre 1884 à Vernon (Eure). XXe siècle. Français.
Peintre.
Il figura au Salon des Artistes Français de Paris.
Ventes Publiques : Versailles, 14 mars 1982 : *Attraction sur une plage à Vernon*, h/t (72x91) : **FRF 15 000**.

MAUBLANC Claude
Né le 20 septembre 1614 à Besançon. Mort à Besançon. XVIIe siècle. Français.
Peintre.
Fils de Jean-Baptiste Maublanc.

MAUBLANC Denis
Né au XVIe siècle à Fondremond. XVIe-XVIIe siècles. Français.
Peintre.
Il travailla à Besançon de 1582 à 1622.

MAUBLANC Jean ou **Maublan**
Né le 22 juin 1582 à Besançon. Mort après 1628 à Besançon. XVIIe siècle. Français.
Peintre d'histoire.
Fils de Denis Maublanc. On cite de lui une *Descente de croix*, dans l'église de Pouilley et divers tableaux pour le chapitre de Besançon. Il a peint, en 1618, une *Vue générale de Besançon*.

MAUBLANC Jean Baptiste
Né le 22 octobre 1587 à Besançon. Mort après 1638 à Besançon. XVIIe siècle. Français.
Peintre de portraits et d'histoire.
Troisième fils de Denis Maublanc.

MAUBLANC Jerôme
Originaire de Besançon. XVIIe siècle. Français.
Peintre.
On connaît de lui une *Descente de croix* (à l'église de Gray).

MAUBLANC Pierre
Né le 25 juillet 1585 à Besançon. XVIIe siècle. Français.
Peintre d'histoire.
Second fils de Denis Maublanc. On cite de lui : *Cruautés de la guerre*.

MAUBOULES Jean
Né le 16 août 1943 à Poey-Lescar (Pyrénées-Atlantiques). XXe siècle. Actif depuis 1967 en Suisse. Français.
Peintre, peintre d'assemblages technique mixte. Surréaliste, puis abstrait.
Il expose depuis 1964, puis en 1972 à Kassel et Soleure, en 1973 au Musée Rath de Genève, ainsi qu'à Stuttgart, Neuchâtel, Zurich.
Jusqu'en 1966 environ, il pratiquait une peinture à tendance surréaliste. Vers 1970, il trouva une technique particulière. À partir de collages de fragments de verre brisé et découpé, il joue sur les effets de cette transparence figée, et surtout sur les possibilités de déformations, qui évoquent une certaine souplesse surprenante dans ce matériau. Dans la suite, il a introduit des feuilles de bois dans ses assemblages de verre.
Musées : Lausanne (Mus. canton.) : *Sans titre*, collage verre.
Ventes Publiques : Lucerne, 15 mai 1993 : *Sans titre* 1982, sculpt. de fer et verre (H. 16,5) : **CHF 2 300**.

MAUBUISSON Luise Hollandine. Voir **LUISE de Hollandine,** princesse palatine

MAUCARET Juan
XVIIe siècle. Actif à Séville. Espagnol.
Peintre.

MAUCERT A.
XVIIIe siècle. Actif dans la seconde moitié du XVIIIe siècle. Français.
Peintre de paysages.
De ce maître méconnu on ne connaît que quelques paysages. L'un d'eux, signé et daté de 1783, figurait à l'Exposition du *Paysage français de Poussin à Corot*, au Musée du Petit-Palais de Paris en 1925.
Ventes Publiques : Paris, 13-15 mai 1929 : *Halte dans le parc*, dess. : **FRF 18 500** – Paris, 28 nov. 1941 : *Réunion de famille*, pierre noire et aquar. : **FRF 6 000**.

MAUCH Daniel ou **Mauchius, Moch**
XVIe siècle. Actif à Ulm au début du XVIe siècle. Allemand.
Sculpteur sur bois.
A peint beaucoup pour les églises bavaroises.

MAUCH Eduard
Né le 7 mars 1800 à Geislingen. Mort le 21 février 1874 à Ulm. XIXe siècle. Allemand.
Lithographe, graveur, critique d'art.
Il travailla à Berlin sous la direction de Schinkel. Il fut professeur de dessin. Il a laissé beaucoup de dessins de la région, de la ville et de la cathédrale d'Ulm.

MAUCH J.
XVIIe siècle. Actif vers 1650. Éc. de Bohême.
Peintre de natures mortes.

MAUCH Johann Mathauss von
Né le 22 février 1792 à Ulm. Mort le 23 avril 1856 à Munich. XIXe siècle. Allemand.
Architecte, dessinateur, aquarelliste et lithographe.
Il s'occupa surtout d'enseignement traitant les questions des arts accessoires à l'architecture et fit en 1830 un voyage d'études en Italie. On cite aussi des aquarelles de lui, notamment des vues de Naples et de ses environs.

MAUCH Max von
Né le 6 février 1864 à Vienne. Mort le 15 février 1905 à Chicago. XIXe siècle. Autrichien.
Sculpteur, paysagiste et portraitiste.
Il s'est installé depuis 1891 à New York, et depuis 1893 à Chicago. Il travailla avec Bitter à l'Exposition Universelle de Chicago de 1893 et réalisa avec Bell de nombreux groupes allégoriques.

MAUCH Richard
Né le 2 septembre 1874 à Weidling (près de Vienne). Mort le 25 mai 1921 à Munich. XIXe-XXe siècles. Actif aussi en Allemagne. Autrichien.
Peintre de genre, portraits, illustrateur.
Il fut élève des Académies des Beaux-Arts de Vienne et Munich. Il travailla pour les *Fliegende Blätter*, célèbre parution illustrée.
Ventes Publiques : Londres, 9 oct. 1985 : *Couple de paysans se rendant à l'église* 1901, h/t (69x99) : **GBP 2 200**.

MAUCH Ulrich
XVIIe siècle. Actif à Kempten dans la première moitié du XVIIe siècle. Allemand.
Peintre de portraits.
Fit en 1624 le portrait du Dr Zeäman.

MAUCHER Christoph
Né le 24 octobre 1642 à Schwäbisch-Gmünd. Mort vers 1705 probablement à Dantzig. XVIIe siècle. Allemand.
Sculpteur.
Il pratiqua la sculpture sur ivoire et sur ambre.

MAUCHER Franz Joseph ou **Mauchert**
Né en 1729 à Waldsee. Mort vers 1788. XVIIIe siècle. Allemand.
Peintre d'histoire et de portraits.
Fut élève de Günther à Augsbourg.

MAUCHER Johann Michael
Né le 16 août 1645 à Schwabisch-Gmünd. Mort vers 1700 à Würzburg. XVIIe siècle. Allemand.
Sculpteur sur ivoire.
Ses travaux sur ivoire, dont quelques spécimens se trouvent à Sigmaringen et au Musée National de Munich, sont très réputés.

MAUCHERAT DE LONGPRÉ Raoul Victor Maurice. Voir **LONGPRÉ**

MAUCHERT Franz Joseph. Voir **MAUCHER**

MAUCKSCH Johann Karl
Né le 29 août 1754 à Dresde. Mort le 28 septembre 1821 à Meissen. XVIIIe-XIXe siècles. Allemand.
Peintre sur porcelaine.
Il fut l'élève à Dresde d'un peintre nommé Johann Christian Maucksch, sans doute un de ses parents, et représenta surtout des batailles, des parties de chasse et des paysages.

MAUCLER Nikolas
Originaire de Strasbourg. XVIe siècle. Actif à la fin du XVIe siècle. Français.
Graveur.
Également orfèvre. Il réalisa le portrait de l'humaniste strasbourgeois Johannes Sturm et du réformateur Caspar Hedio.

MAUCLERC Jean
Originaire du Mans. XVIe siècle. Actif dans la première moitié du XVIe siècle. Français.
Peintre de cartons de vitraux.
A fait à Notre-Dame de Forcé (Sarthe) un vitrail représentant la *Crucifixion*.

MAUCORD Jean, dit **Ange,** ou **Lange**
Né en 1673 à Oppède (Vaucluse). Mort vers 1760. XVIIe-XVIIIe siècles. Français.
Sculpteur.
Fut l'élève du sculpteur sur bois Marrot à Cavaillon et travailla à Vaucluse (1705-06), à Oppède (1707), à Cavaillon (1709), à Pertuis (1721) et à Aix et Lauris en 1722 et 23. Il fit le tombeau de l'évêque de Sade à la cathédrale de Cavaillon et la statue de Minerve pour la porte de l'Arsenal de cette ville.

MAUCORNET
XVIIe siècle. Français.
Peintre.
Membre de l'ordre des Dominicains. L'église de Saint-Maximin dans le Var possède deux de ses toiles : *Vision* et *Miracles de saint Dominique*.

MAUCOURT Charles
Né en 1728 à Paris. Mort en 1768 à Londres. XVIIIe siècle. Français.
Peintre de portraits, aquarelliste, miniaturiste et graveur.
Il fit, en 1752, à Schwerin le portrait du duc Christ. Ludwig mais travailla surtout en Angleterre, fut membre de l'Incorporated Society of Artists et exposa de 1761 à 1767. On cite une gravure de lui : *Expulsion des Jésuites d'Espagne*.
Ventes Publiques : Paris, 7 et 8 nov. 1924 : *Portrait de jeune femme*, miniature : **FRF 620**.

MAUD William T.
Né en 1865. Mort le 10 mai 1903 à Aden. XIXe siècle. Britannique.
Peintre, dessinateur et illustrateur.
Fut élève des Écoles de la Royal Academy. Collabora au *Punch* avec des dessins sportifs, puis fut correspondant de guerre du *Graphic* pendant les campagnes de Crète, d'Égypte, de Terah, aux Indes et durant la guerre du Transvaal, il fit le siège de Ladysmith. Il mourut subitement au cours de la guerre des Somalis.
Ventes Publiques : Londres, 14 juil. 1983 : *La Chevauchée des Walkyries*, h/t (160x201) : **GBP 2 800**.

MAUDER Josef
Né le 1er décembre 1854 à Prague. Mort le 15 novembre 1920 à Prague. XIXe-XXe siècles. Tchécoslovaque.
Sculpteur, graveur de médailles.
Musées : Prague (Gal. d'Art Mod.) : plusieurs œuvres.

MAUDER Joseph
Né le 9 mars 1884 à Munich. Mort le 24 juillet 1969 à Pullach-sur-Isar. XXe siècle. Allemand.
Illustrateur, caricaturiste.
Après un apprentissage de peinture sur verre, il fut élève de Maximilian Dasio à l'École des Arts et Métiers de Zurich. En 1926, il se fixa à Pullach, près de Munich.
Il a créé de nombreux albums, d'entre lesquels : 1908 *Livre de peinture pour enfants de Munich* ; 1909 *La Vie munichoise* ; 1910 *Gens comiques* ; 1912 *Dix images pour afficher* ; 1914 *Petit livre d'images* ; 1914 *Qui veut peindre ?* ; 1914 *Le Bon vieux temps* ; 1915 *Petites images de guerre* ; etc. En outre il a illustré d'également nombreux ouvrages, dont : 1907 *Belles vieilles comptines* de W. Lehnhoff ; 1909 *Fleurs bleues* de A. Frietinger ; 1910 *Patrie enfantine en chansons* de F. Güll ; etc. Il a aussi donné des dessins dans diverses publications.
Bibliogr. : Marcus Osterwalder, in : *Dict. des illustrateurs 1800-1914*, Ides et Calendes, Neuchâtel, 1989.

MAUDET Saint Rémy
Né en 1825. Mort en 1864 à Nantes. XIXe siècle. Français.
Peintre de portraits, de paysages et de natures mortes.

MAUDON Nicolas de
XVIe siècle. Actif à Angers. Français.
Sculpteur.
Travailla, en 1565, pour l'entrée du roi à Angers.

MAUDUISON Léon
XIXe siècle. Actif dans la seconde moitié du XIXe siècle. Français.
Graveur.
A gravé les *Députés de 1848, Jésus portant sa croix, Le Christ sur la croix, Les saisons* (1886).

MAUDUIT Charles Louis Victor
Né en 1788 à Rouen. XIXe siècle. Français.
Graveur.
Exposa au Salon, de 1822 à 1865. On cite notamment de lui des planches pour une édition de Voltaire.

MAUDUIT Henri
Né en 1917 à Bordeaux (Gironde). XXe siècle. Français.
Peintre, sculpteur, peintre de cartons de vitraux, céramiste, décorateur. Polymorphe.
À la fin de la Deuxième Guerre mondiale, à Paris, il fut élève en sculpture d'abord de l'atelier de Charles Despiau, puis de l'École des Beaux-Arts. Intéressé par l'architecture, il se documenta sur l'enseignement pratiqué au Bauhaus. En peinture, sans doute à l'Académie de la Grande-Chaumière, il reçut les conseils de Jean Aujame et Édouard Mac-Avoy, ainsi que ceux de Kikoïne. Il expose à Paris, dans de nombreux Salons institutionnels, dont le Salon d'Automne dont il est sociétaire. Il a reçu une médaille de la Ville de Paris en 1975. Il figure aussi dans des groupements à l'étranger, recevant une médaille d'or à Rome en 1981, une autre à Venise en 1982.
Il est l'auteur des chapiteaux de l'église Saint-Pierre de Neuilly, des vitraux de la chapelle de Grambois, et de nombreuses céramiques murales. Peintre, il passe du paysage figuratif à des compositions abstraites.
Ventes Publiques : Paris, 10 nov. 1987 : *Paysage en Bourgogne* 1962, h/t (50x65) : **FRF 1 600** ; *Composition abstraite* 1977, h/t (65x85) : **FRF 1 700** – Paris, 30 mai 1988 : *Provence* 1965, h/t (30x60) : **FRF 1 000** – Paris, 12 oct. 1988 : *Composition* 1967, h/t (81x116) : **FRF 2 900** – Le Touquet, 12 nov. 1989 : *Composition* 1967, h/t (92x73) : **FRF 9 000** – Paris, 26 oct. 1990 : *Sapho* 1989, h/t (65x81) : **FRF 4 800**.

MAUDUIT Léonie. Voir **TAURIEN**

MAUER Hans
Né le 28 février 1879 à Vienne. XXe siècle. Autrichien.
Sculpteur de monuments, groupes, bustes.
Jeune encore, il a bénéficié de commandes officielles, par exemple : 1907 *La Schubertiade* (fête de Franz Schubert), à Graz ; 1909 Buste de Haydn. Il est ausi l'auteur du groupe du *Monument Lanner-Strauss* pour le parc de Baden, du *Buste de Lortzing*, des *Buste de Beethoven, Buste de l'empereur Charles, Buste de l'impératrice Zita*.

MAUER Rudolf
Né le 2 avril 1845 à Leipzig. Mort en avril 1905 à Berlin. XIXe siècle. Allemand.
Graveur.

MAUERMANN Christoph
XVIe siècle. Allemand.
Sculpteur sur bois.
A sculpté pour l'Arsenal de Dresde les chevaux destinés à porter les armures.

MAUFAY Jean
Né le 12 septembre 1927 à Paris. XXe siècle. Français.
Peintre de compositions animées, intérieurs, paysages, peintre de décorations murales, aquarelliste, graveur, dessinateur. Polymorphe.
À paris, il fut élève de l'École Boulle, diplômé en 1945 ; de 1946 à 1948 élève de Cami en gravure à l'École des Beaux-Arts ; où, de 1949 à 1952, il fut élève de Jean Souverbie en peinture ; puis il obtint le diplôme d'Arts Plastiques en 1956. En 1957, il fut nommé professeur à l'École Camondo ; en 1958, il est devenu professeur de peinture à l'École des Beaux-Arts du Havre. En 1950, il bénéficia d'une bourse de voyage en Espagne ; en 1953, effectua un voyage aux États-Unis ; en 1955, obtint une bourse de voyage en Italie. Toujours à Paris, il participe régulièrement au Salon de la Société Nationale des Beaux-Arts, dont il est sociétaire depuis 1958, et dont il remporta des Prix en 1959, 1961, 1965. Il est aussi sociétaire du Salon d'Automne depuis

1961. Il a également obtenu distinctions et Prix dans des manifestations collectives en Normandie, au Havre principalement dont il fut l'invité d'honneur de la 5ᵉ Biennale en 1988, et le Prix du Musée Luce de Mantes-la-Jolie en 1984. Il montre des ensembles de ses réalisations dans des expositions personnelles : au Havre, galerie Hamon très régulièrement depuis 1963 ; en 1970 à Paris et au Mans ; 1976 Évreux ; 1977 Rouen, Caracas ; etc.
Depuis 1966, il a réalisé, dans des techniques très diverses, de nombreux travaux de décoration dans des écoles et collèges du Havre. Son œuvre pictural fluctue très largement d'un post-impressionnisme « turnerien », à un post-cubisme affirmé, et jusqu'à parfois frôler l'abstraction.
Bibliogr. : Noël Leclercq : *Approche de Jean Maufay*, Collection Études, Édit. BDS, Rouen, 1975 – Jean Agamemnon : *Jean Maufay*, Mus. Luce, s.l., Mantes-la-Jolie, s.d., 1984 – Jean Agamemnon : *Jean Maufay invité d'honneur de la cinquième Biennale*, in : Catalogue de la 5ᵉ Biennale de la Ville du Havre, 1988.

MAUFF Richard
Né le 9 novembre 1877 à Dresde. xxᵉ siècle. Allemand.
Peintre de miniatures, illustrateur.
Il a travaillé pour le Musée Municipal et l'Hôtel-de-Ville de Dresde.

MAUFLATRE
xixᵉ siècle. Français.
Peintre de paysages, architectures.
Sans doute peintre amateur du Poitou, vers 1880.
Musées : Poitiers : *Ruines du château de Bressuire.*

MAUFRA Maxime Émile Louis
Né le 17 mai 1861 à Nantes (Loire-Atlantique). Mort le 23 mai 1918 à Poncé-sur-Loire (Sarthe). xixᵉ-xxᵉ siècles. Français.
Peintre de paysages, paysages urbains, marines, natures mortes, fleurs, peintre à la gouache, pastelliste, graveur, dessinateur. Postimpressionniste. École de Pont-Aven.
Il séjourna plusieurs années en Angleterre, notamment à Liverpool, avec son père qui souhaitait le voir devenir commerçant. Il revint en France en 1883, décidé à devenir peintre, remarqué, dès sa première exposition par Octave Mirbeau, en 1894 par Frantz Jourdain, Fontainas en 1901. En 1886, les deux marines qu'il exposait au Salon, furent remarquées, à la suite de quoi il visita la Bretagne en 1890, rencontrant Gauguin et Sérusier à Pont-Aven. En 1894, il participa avec eux à la décoration de l'auberge du Pouldu. Il resta ensuite toujours en relations avec les Nabis Henry Moret et Gustave Loiseau. Outre Paris, l'Île-de-France, la Bretagne et la Normandie, Maufra a voyagé dans l'Isère, en Belgique et, en 1913, en Algérie. Dès 1895, la galerie Durand-Ruel assura son succès. Autour de 1950, une galerie parisienne organisa une importante exposition rétrospective de son œuvre, préfacée par René Domergue.
S'il se fixa à Montmartre durant une dizaine d'années, pendant lesquelles il peignit les vieux quartiers parisiens, souvent autour de l'église Saint-Séverin, ce fut surtout la Bretagne et la Normandie qu'il parcourut en quête de motifs, d'autant que résolu à ne peindre que sur nature. Ce sont surtout ses marines qui continuèrent de maintenir sa réputation de petit maître très estimable. L'influence des Nabis sur son œuvre reste limitée, sauf dans l'ordonnance « synthétique » de la composition. Il admirait Sisley et Pissarro, d'où parfois l'application de la touche divisée dans ses propres peintures, mais plus souvent appliquée violemment en pâtes épaisses. Comme Valtat malaisé à situer, déjà au-delà de l'impressionnisme, tous deux par la hauteur des tons de leur palette annonçaient le fauvisme. ■ J. B.

Maufra
Maufra
maufra

Bibliogr. : Édouard Joseph, in : *Dictionnaire des Peintres*, Paris, 1931 – in : Catalogue de l'exposition *Gauguin et le groupe de Pont-Aven*, Mus. des Beaux-Arts, Quimper, 1950 – in : Catalogue de l'exposition *La Mer*, Palais des Arts, Vannes, 1974 – in : *Diction. Univers. de la Peint.*, Le Robert, Paris, 1975.
Musées : Bergues : *Marines* – Boston : *Crépuscule à Douarnenez – Départ de bateaux pêcheurs* – Buffalo : *Transport quittant le Havre* – Chicago : *Douarnenez, la ville éclairée* – Cholet : *L'Innondation* – Cincinnati : *Vue de Douarnenez* – Le Havre : *Lever de lune en Bretagne* – Helsinki : *Saint-Guénolé* – Manchester : *Printemps à Lavardin* – Montpellier : *Les Côteaux de Morgat* – Mulhouse : *Marée basse* – Nantes (Mus. des Beaux-Arts) : *La Pointe du Raz – La grande houle* – Paris (Mus. d'Orsay) : *Paysage en Bretagne* – Quimper (Mus. des Beaux-Arts) : *Vue du port de Pont-Aven* vers 1890 – Reims : *La Pointe du Raz.*
Ventes Publiques : Paris, 27 avr. 1900 : *Brumes du soir* : **FRF 400** – Paris, 4-5 déc. 1918 : *Les Inondations à Joinville-le-Pont* : **FRF 2 350** – Paris, 18 juin 1926 : *Douarnenez, soir brumeux* : **FRF 4 550** – Paris, 16-17 mai 1939 : *Tempête à Belle-Île* : **FRF 2 000** – Paris, 20-21 juil. 1942 : *Le Moulin* : **FRF 8 000** – Paris, 7 avr. 1943 : *Marée basse à Douarnenez* : **FRF 33 000** – Paris, 23 fév. 1945 : *Les Falaises* : **FRF 26 000** – Paris, 24 fév. 1947 : *Crue de la Seine en 1910 vue du pont des Saints-Pères* : **FRF 26 000** – Paris, 20 déc. 1950 : *Soleil couchant à Trébeurden* : **FRF 25 000** – Paris, 11 déc. 1957 : *Les Voiles à Camaret* : **FRF 200 000** – Paris, 18 mars 1959 : *La Rue Barrière à Lavardin (Loir-et-Cher)* : **FRF 850 000** – Londres, 13 juil. 1960 : *La Seine et le Château-Gaillard* : **GBP 680** – Paris, 30 juin 1961 : *La Cascade* 1898 : **FRF 3 600** – New York, 11 déc. 1963 : *Le Port de Pontivy (Morbihan)* : **USD 5 000** – Paris, 5 déc. 1968 : *Paris, le pont du Louvre après l'orage* : **FRF 27 000** – Genève, 1ᵉʳ juil. 1971 : *Plage en Bretagne* : **CHF 23 000** – Paris, 27 mai 1972 : *Le Pont-Neuf*, past. : **FRF 5 000** – Paris, 5 juin 1974 : *Bord de Marne* : **FRF 33 000** – Lucerne, 19 nov. 1976 : *Bord de mer* 1899, h/pan. (37,5x46) : **CHF 6 000** – Paris, 10 juin 1977 : *La côte près de Lorient*, h/pan. (38x46) : **FRF 6 000** – Brest, 16 déc 1979 : *Le rivage* 1894, aquar. gchée (23x30) : **FRF 6 200** – Londres, 4 déc 1979 : *Le port du Havre* 1905, h/t (47x56) : **GBP 4 800** – Brest, 3 mars 1981 : *Village breton*, dess. aquar. (23x32) : **FRF 6 000** – Versailles, 2 juin 1982 : *Les vieilles maisons du quai d'Auray* 1912, h/t (65x81) : **FRF 60 000** – Paris, 16 fév. 1983 : *Bord de rivière, soleil couchant* 1912, aquar. (27x43,5) : **FRF 9 000** – Enghien-les-Bains, 18 déc. 1983 : *Rentrée des sardiniers à Concarneau* 1903, h/t (55x72) : **FRF 148 000** – Brest, 19 mai 1985 : *Paysage breton* 1894, aquar. (23x33) : **FRF 11 000** – La Varenne-Saint-Hilaire, 29 juin 1986 : *Sans titre* 1911, h/t (81x101) : **FRF 280 000** – La Varenne-Saint-Hilaire, 22 juin 1986 : *Le Port de La Rochelle au crépuscule* 1911, h/t (81x100) : **FRF 280 000** – Paris, 23 nov. 1987 : *Le Pêcheur à la ligne* 1917, aquar. et gche (23x31) : **FRF 30 000** – Paris, 23 nov. 1987 : *Voiliers sur la Loire* 1888, h/t (50x80) : **FRF 300 000** – Paris, 22 fév. 1988 : *Bords de rivière* 1896, aquar. (32,5x39,5) : **FRF 19 000** – Londres, 24 fév. 1988 : *Le Chemin de la chapelle à Rosporden* 1898, h/t (60,5x73) : **GBP 9 900** – Calais, 28 fév. 1988 : *Soir saharien*, h/t (115x156) : **FRF 100 000** – Paris, 14 mars 1988 : *Les Rochers rouges de Belle-Île-en-Mer* 1905, h/t (81x110) : **FRF 190 000** – Paris, 19 mars 1988 : *Le 14-Juillet*, h/t (45x37) : **FRF 60 000** – Paris, 28 mars 1988 : *Côte bretonne* 1909, cr. noir reh. d'aquar. (25,5x43,5) : **FRF 21 500** – Londres, 29 mars 1988 : *Le Soir sur les dunes*, h/t (60x81) : **GBP 18 700** – Londres, 30 mars 1988 : *La Pêche aux sprats en hiver à Douarnenez* 1905, h/t (65x81) : **GBP 46 200** – Paris, 29 avr. 1988 : *La jetée* 1891, h/t (23x51) : **FRF 70 000** – New York, 12 mai 1988 : *Derniers rayons du soir à Port-Kerel, Belle-Île-en-Mer* 1900, h/t (65,4x81,2) : **USD 39 600** – Versailles, 15 juin 1988 : *Coucher de soleil – côte sauvage à Belle-Ile-en-Mer* 1910, h/t (60x73) : **FRF 105 000** – Paris, 22 juin 1988 : *Marée basse à Yport* 1900, h/t (46x55) : **FRF 85 000** – Paris, 23 juin 1988 : *Ville au bord de la mer* 1905, dess. aquarellé (30x46) : **FRF 25 000** – Londres, 28 juin 1988 : *Bords du Loir à Poncé dans la Sarthe*, h/t (54x73) : **GBP 9 900** – Londres, 29 juin 1988 : *La Plage de Boyardville, île d'Oléron* 1911, h/t (60,7x73) : **GBP 16 500** – Calais, 3 juil. 1988 : *Dunes à Beg-Meil* 1904, h/t (60x81) : **FRF 320 000** – Cologne, 15 oct. 1988 : *Le Littoral breton* 1904, h/pan. (18,5x24) : **DEM 4 700** – Paris, 27 oct. 1988 : *L'Aven*, past. (31x23) : **FRF 30 000** – Calais, 13 nov. 1988 : *Rochers et écume en bord de mer* 1914, h/t (65x81) : **FRF 170 000** – Londres, 22 fév. 1989 : *Loch Etive en Ecosse*, h/t (49x65) : **GBP 5 720** – Paris, 22 mars 1989 : *Le Ponton*, h/t (39x46) : **FRF 125 000** – Paris, 11 avr. 1989 : *La Tour Eiffel*, h/t (24x16,5) : **FRF 60 000** – Paris, 13 avr. 1989 : *Belle-Ile en Mer, l'anse de*

Vazin, h/t (50x65) : **FRF 155 000** – Paris, 5 juin 1989 : *Marée montante* 1899, h/t (65x81) : **FRF 110 000** – Londres, 28 juin 1989 : *Le Fond du port de Goulphar à Belle-Ile-en-mer* 1909, h/t (51x65,5) : **GBP 81 400** – New York, 6 oct. 1989 : *La Vallée de Glencoe en Écosse* 1895, h/t (73,6x92) : **USD 38 500** – Paris, 22 oct. 1989 : *Le Port de La Rochelle* 1911, h/t (81x100) : **FRF 560 000** – Paris, 20 nov. 1989 : *La Plage de Boyard-Ville, île d'Oléron* 1911, h/t (60x73) : **FRF 350 000** – Paris, 22 nov. 1989 : *Bord de mer*, h/t (60x74) : **FRF 120 000** – New York, 26 fév. 1990 : *Lever de lune sur la baie de Douarnenez* 1901, h/t (61x76) : **USD 60 500** – Londres, 3 avr. 1990 : *Coucher de soleil à Morgat* 1900, h/t (57x81) : **GBP 41 800** – Paris, 10 avr. 1990 : *Bord de mer*, past. et gche (26,5x34,5) : **FRF 55 000** – Paris, 1er avr. 1990 : *La Seine aux Andelys* 1902, h/t (60x73) : **FRF 540 000** – Berne, 12 mai 1990 : *Côte semée d'écueils*, h/t (38x55) : **CHF 15 000** – Vernon, 6 juil. 1990 : *L'Entrée de la Rance à Dinan* 1914, h/t : **FRF 325 000** – New York, 15 fév. 1991 : *La Baie de La Napoule près de Cannes* 1912, h/t (81,3x100,3) : **USD 35 750** – New York, 9 mai 1991 : *Église Saint-Nicolas des Champs, rue Saint-Martin* 1908, h/t (64,7x81,3) : **USD 60 500** – Londres, 3 déc. 1991 : *Les Pavillons de l'Exposition Internationale de Paris en 1900 (la Ville éphémère)* 1900, h/t (60x73) : **GBP 24 200** – New York, 14 mai 1992 : *La Plage* 1911, h/t (61x81,3) : **USD 38 500** – Londres, 1er juil. 1992 : *Soleil couchant sur le Loir à Lavardin* 1907, h/t (54x81) : **GBP 16 500** – Paris, 28 juin 1993 : *Inondation*, h/t (33,5x55,5) : **FRF 75 000** – New York, 4 nov. 1993 : *Les pins de l'île St. Honorat* 1912, h/t (81,3x100,3) : **USD 26 450** – Paris, 26 nov. 1993 : *Bateaux au mouillage, Morgat* 1902, h/t (60x73) : **FRF 120 000** – Londres, 1er déc. 1993 : *Pluie sur le quai à Concarneau*, h/t (56x45) : **GBP 28 750** – Paris, 22 mars 1994 : *Paysage de montagne*, aquar. et cr. noir (23,5x34) : **FRF 5 500** – New York, 12 mai 1994 : *Le pont de Leguenay à Bruges* 1894, h/t (59,7x73) : **USD 41 400** – Paris, 27 juin 1994 : *Falaises à Belle-Ile-en-Mer* 1905, gche (27x44) : **FRF 31 000** – Lucerne, 26 nov. 1994 : *La Petite Place à Kerhostin*, h/t (54x65) : **CHF 11 000** – Paris, 21 mars 1995 : *Gelée blanche en automne, Cadol-en-Malgven* 1905, h/t (65x81) : **FRF 100 000** – Londres, 29 nov. 1995 : *Au bord de l'étang de Rosporden* 1911, h/t (60x73) : **GBP 22 000** – Paris, 28 mars 1996 : *Les Rochers*, aquar. (24x31) : **FRF 16 000** – New York, 2 mai 1996 : *La Salle à manger après le déjeuner* 1914, h/t (92,1x73) : **USD 35 000** – Amsterdam, 5 juin 1996 : *Nuit d'orage à Morgat* 1901, h/t (54x65) : **NLG 14 950** – New York, 13 nov. 1996 : *La Baie de la Chèvre, l'Estaque* 1899, h/t (60,3x73) : **USD 23 000** – Paris, 29 nov. 1996 : *La Maison rose au bord de la rivière*, h/t (60x73) : **FRF 60 000** – Paris, 14 mai 1997 : *Vase de fleurs*, h/t (46,5x55) : **FRF 31 000** – Londres, 19 mars 1997 : *Les Rochers de Batz, Bretagne* 1897, h/t (60x73) : **GBP 6 670** – Paris, 22 avr. 1997 : *La Vague* 1894, eau-forte et aquat. : **FRF 31 000** – Paris, 6 juin 1997 : *Levée de lune*, h/t (24,5x33) : **FRF 25 000** – Paris, 4 nov. 1997 : *Bord de mer en Bretagne* 1899, h/t (150x210) : **FRF 90 000**.

MAUGARD Best
xxe siècle. Mexicain.
Peintre.
Avec Roberto Montenegro, il se fit le propagateur de l'art populaire et du folklore mexicains.

MAUGÉ Pierre
xviie siècle. Actif à Nantes vers 1665. Français.
Sculpteur.

MAUGEIN Marg. Thérèse de ou **Maugin, Maugeins**, née **Delaunay**
Née en 1736 à Paris. Morte vers 1787. xviiie siècle. Française.
Graveur.
Elle a gravé des sujets de genre et des sujets mythologiques.

MAUGENDRE Adolphe ou **François A.**
Né le 21 avril 1809 à Ingouville près du Havre. Mort le 21 janvier 1895 à Paris. xixe siècle. Français.
Paysagiste et lithographe.
Exposa au Salon de 1836 à 1844. Auteur de : *Bayeux et ses environs – Dieppe et ses environs*. Les albums de Maugendre sont rares et recherchés.
Ventes Publiques : Paris, 2 mars 1929 : *Vues de Paris, Mantes, Rolleboise, Houdan, etc.*, trente-sept aquarelles : **FRF 3 100** – Paris, 13 mars 1931 : *Vue du château de Maintenon*, cr. reh. de gche et d'aquar. : **FRF 130** – Paris, 21 déc. 1949 : *Vue de Dieppe vers 1850*, mine de pb et aquar. : **FRF 950** – Paris, 11 oct. 1950 : *Dieppe*, cr. reh. : **FRF 3 900**.

MAUGENDRE-VILLERS Édouard
Né à Gournay-en-Bray (Seine-Maritime). xixe-xxe siècles. Français.
Peintre, sculpteur.
Il fut élève d'Augustin Dumont à l'École des Beaux-Arts de Paris. De 1879 à 1921, il exposa au Salon des Artistes Français, à Paris.
Ventes Publiques : Versailles, 8 mars 1981 : *Le Guerrier à l'entrée du palais* 1894, h/t (115,5x89) : **FRF 12 000**.

MAUGER Georges
Né au xixe siècle à Quincy-Segy (?). xixe siècle. Français.
Peintre d'histoire.
Élève de Sieffert et de J. Lequien. Il exposa au Salon, de 1874 à 1879.

MAUGER Jean
Mort le 9 septembre 1722 à Paris. xviie-xviiie siècles. Français.
Ivoirier-médailleur.
Originaire de Dieppe, il fut appelé à Paris, par le ministre Louvois, avec son compatriote Michel Mollart (Voir ce nom).
Musées : Dieppe : *Effigie de Louis XIV – Profil de dame*, buste.

MAUGERI Concetto
Né en 1919 à Catane. Mort en juillet 1951 à Rome. xxe siècle. Italien.
Peintre. Abstrait post-cubiste.
Il vint en 1937 à Rome, où il fut élève de l'Académie des Beaux-Arts. De 1941 à 1943 datent ses premières peintures, moment où il se lia avec les peintres actifs à Rome, dont Mario Mafai, Capogrossi, Corpora. En 1947, il adhéra au groupe *Forma 1*, et participa à la première exposition du groupe, qui comprenait Consagra, Dorazio, Guerrini, Maugeri, Perilli, Turcato, à la Galleria dell'Art Club de Rome, puis aux suivantes. Il a aussi participé à d'autres expositions collectives : 1948 à Rome *Art abstrait en Italie* ; 1949 Rome *Deuxième exposition annuelle Art Club* à la Galerie Nationale d'Art Moderne, et en 1950 à la Quatrième. Il montrait des ensembles de ses peintures dans des expositions personnelles : 1948 Rome, galerie de l'Art Club, 1951 Rome, galerie Il Pincio.
Les composantes du groupe *Forma 1* étaient extrêmement composites. La peinture de Maugeri, dans sa courte vie, s'est située avec constance dans la lignée de l'abstraction post-cubiste.
Bibliogr. : Catal. de l'expositon *Forma I – 1947-1987*, Musée de Brou, Bourg-en-Bresse, Galerie Municipale d'Art Contemporain, Saint-Priest, 1987.

MAUGES Martin
D'origine lorraine. xviie siècle. Travaillant à Rome en 1621. Français.
Peintre.

MAUGET
xixe siècle. Actif à Paris. Français.
Sculpteur sur bois.
Exposa en 1819 et en 1823 au Louvre une calèche triomphale richement ornée.

MAUGEY Claude Charles
Né le 24 mai 1824 à Vitteaux. Mort le 2 août 1870 à Altevard. xixe siècle. Français.
Peintre de portraits.
Élève de L. Cogniet. Figura au Salon de Paris de 1847 à 1868. On a de lui au Musée d'Autun : *Bacchante endormie, L'Accordée de village* (copie d'après Greuze).

MAUGIENC Jacques
xve siècle. Actif à Arras. Français.
Peintre.
Reçu bourgeois d'Arras en 1478.

MAUGRAS Charles de. Voir **DAUBERTAN Charles**

MAUGRAS Guy
xxe siècle. Français.
Peintre de fleurs, paysages et intérieurs.

MAUGSH Gyula ou **Julius**
Né le 1er juin 1882 à Neusohl (Besztercebanya). xxe siècle. Hongrois.
Sculpteur de monuments, statues, animalier.
D'entre ses œuvres, outre celles conservées dans les musées de Budapest, on cite encore : à Tapolca le monument commémoratif de la Première Guerre mondiale ; un *Couple de lions* pour le Zoo de Budapest.
Musées : Budapest : *Saint Ladislas – Éléphants à l'abreuvoir*.

MAUHIN Émile
Né en 1923 à Tilleur. xxe siècle. Belge.

Graveur sur verre, animalier.
Il fut élève de l'Académie des Beaux-Arts de Liège.
Graveur accompli et ornithologue, il figure des oiseaux dans la matière du verre.
Bibliogr. : In : *Dict. biogr. illustré des artistes en Belgique depuis 1830*, Arto, Bruxelles, 1987.

MAUKE Rudolf
Né en 1924 à Magdebourg-sur-Elbe. XXe siècle. Allemand.
Peintre. Abstrait.
À partir de 1949, il fut élève de l'École des Beaux-Arts de Berlin, où il vit. Il participe à des expositions collectives, notamment à l'exposition de peinture abstraite allemande, qui eut lieu en 1955 à Paris, Cercle Volney. Il montre des ensembles de ses œuvres dans des expositions personnelles à Berlin, dont : en 1954 et 1955.
Il crée d'harmonieuses compositions abstraites, constituées de grands plans nettement définis dans des colorations délicates.
Bibliogr. : Michel Seuphor, in : *Diction. de la peint. abstraite*, Hazan, Paris, 1957.

MAUL Friedrich
XIXe siècle. Actif à Arolsen dans la première moitié du XIXe siècle. Allemand.
Peintre.
A peint des bustes, et en particulier ceux des princes de Waldeck, qui ne dépassent pas la notoriété provinciale.

MAUL Marie
Née le 9 janvier 1840. XIXe siècle. Allemande.
Peintre de genre, paysages, fleurs.
Élève du paysagiste Jules Jacob à Berlin. Elle se fixa à Berlin où elle exposa en 1894.

MAULBERGER Martin ou **Maulperger**
XVIe siècle. Allemand.
Peintre.
Il travailla à Munich pour le compte d'Albert V de Bavière.

MAULBERTSCH Franz Anton ou **Malberz, Maulbersch, Maulpertsch**
Né le 8 juin 1724 à Langenargen (sur le lac de Constance). Mort le 8 juin 1796 à Vienne. XVIIIe siècle. Autrichien.
Peintre, graveur.
De son vivant, sa réputation était grande entre les fresquistes germaniques de l'époque baroque. La postérité n'a fait que confirmer ce jugement. Il fut élève de Van Roy, puis de Van Schuppen, à l'Académie de Vienne, en 1741. Il fit peut-être un séjour en Italie ; il s'apparente toutefois certainement à la manière de Piazzetta et des autres baroques italiens. Mais c'est l'influence de Rembrandt qui domine dans l'ensemble de son œuvre ; dans ses débuts il eut même la singulière idée de traduire ses eaux-fortes en peinture à l'huile. Le clair-obscur, et le fondu des formes dans l'atmosphère qui les entoure, observés chez son modèle, seront des constantes de ses propres œuvres. Très vite connu, ses œuvres lui étaient payées fort cher ; dès 1750, alors qu'il n'était âgé que de vingt-six ans, il fut nommé professeur à l'Académie des Beaux-Arts de Vienne. Il eut de nombreux élèves, dont certains lui servirent d'assistants dans ses immenses travaux. D'une fécondité peu commune, il a peint, en quarante-cinq années d'activité, cinquante-neuf ensembles décoratifs importants, dans des endroits très divers, où il était appelé par les princes temporels et spirituels ; notamment à Vienne, en 1750, à l'église des Piaristes, dont il conçut le plan architectural en fonction de la théologie et de la symbolique. Il était en effet d'une grande culture philosophique, théologique, et en symbolique ; il consacrait le plus grand soin à l'établissement du programme de ses compositions allégoriques, tant sacrées que profanes, par exemple celui des fresques de l'église de Mühlfraun, en Bohême, où est particulièrement pesé le choix des allégories, le symbolisme de leur ordonnance, la valeur symbolique des signes et des couleurs ; il effectua le même travail pour l'Aula de l'Université de Vienne, en 1756, aujourd'hui Académie des Sciences ; pour l'abbaye de Gutenbrunn-Heiligenkreuz, en 1758 ; à la même époque, pour plusieurs châteaux de Moravie ; vers 1775, pour la Salle des Géants, à la Hofburg d'Innsbruck ; pour le château de Raab ; à la fin de sa vie, dans de nombreux endroits de Hongrie, en particulier il peignit le retable de l'église des Trinitaires, à Nagyszombat, en 1755-57, représentant *L'Apothéose de l'Ordre des Trinitaires*. Il travailla également à Dresde et Innsbruck, en 1775, et Prague, en 1794. Son tempérament fougueux, on le disait de caractère difficile et solitaire, le portant aux grandes envolées, sans grand souci de la vraisemblance des architectures et des situations, sa technique impétueuse, lui ont fait éviter le piège d'une éventuelle sécheresse qu'aurait pu entraîner son souci de l'ordonnance symbolique. Peignant souvent en clair-obscur, traduisant les passions intérieures en larges envolées, fondant les corps dans l'atmosphère, utilisant de rutilantes couleurs en fusion appliquées en larges touches juxtaposées, il domine l'époque des fresquistes baroques et annonce le romantisme. ■ Jacques Busse
Bibliogr. : Marcel Brion : *La peinture allemande*, Tisné, Paris, 1959 – Pierre du Colombier, in : *Histoire Universelle de l'Art et des Artistes*, Hazan, Paris, 1967.
Musées : Berlin (Mus. Nat.) : *Allégorie du Péché originel et de la Rédemption – Apothéose des Saints Hongrois* – Graz : *Apothéose de l'Ordre des Trinitaires*, copie, ou réplique – *Christ au Mont des Oliviers – Saint Jean Népomucène* – Vienne (Barockmus.) : plusieurs esquisses – *Victoire de Saint Jacques de Compostelle*, esquisse.
Ventes Publiques : Paris, 16 fév. 1923 : *Le Christ portant sa croix* : **FRF 120** – Paris, 4 juil. 1927 : *Le montreur d'animaux savants* : **FRF 320** – Neuilly-sur-Seine, 13 mai 1950 : *Mort de saint Ignace* : **FRF 12 500** – Londres, 17 mai 1961 : *La chute de Simon Magus* : **GBP 650** – Vienne, 23 mars 1965 : *Saint Nicolas* : **ATS 500 000** – Vienne, 28 nov. 1967 : *Le Christ chez Simon* : **ATS 400 000** – Vienne, 17 sep. 1968 : *Glorification de la Vierge* : **ATS 700 000** – Londres, 10 avr. 1970 : *Allégorie de la Théologie, des Sciences et des Arts* : **GNS 14 500** – Vienne, 22 juin 1976 : *Le Martyre de saint André*, h/t (40x26) : **ATS 700 000** – Londres, 28 nov 1979 : *Le charlatan* 1785, eau-forte (41x33,5) : **GBP 1 100** – Vienne, 19 juin 1979 : *L'entrée du Christ à Jérusalem*, h/t (54x41,5) : **ATS 900 000** – New York, 25 mars 1982 : *Joseph et ses frères*, h/t (53,5x42,5) : **USD 21 000** – Lucerne, 11 nov. 1983 : *Saint Florian en guerrier*, eau-forte : **CHF 13 000** – Munich, 24 nov. 1983 : *Les Quatre Évangélistes* vers 1759, h/pan. (18,5x24) : **DEM 27 000** – Londres, 3 avr. 1985 : *Le martyre de sainte Barbara*, h/t mar./pan. (37x23,5) : **GBP 5 000** – Munich, 17 sep. 1986 : *Schüler des Piaristenordens*, h/t (111,5x86,5) : **DEM 112 000** – Londres, 8 avr. 1987 : *L'Annonciation* 1754, h/t (55x35) : **GBP 60 000** – Londres, 9 déc. 1994 : *Un évêque martyr bénissant une femme morte, esquisse pour un panneau d'autel*, h/t (77,2x42) : **GBP 31 050** – Londres, 5 juil. 1996 : *Crucifixion, esquisse*, h/t (36,2x26,4) : **GBP 5 175** – Vienne, 29.30 sep. 1996 : *Vision de l'évêque Léopold*, h/t, étude pour un autel (79x42) : **ATS 253 000**.

MAULE James
XIXe siècle. Britannique.
Peintre de marines.
Il exposa à Londres de 1835 à 1863.

MAULEON Gilles
XIVe siècle. Français.
Miniaturiste.
Il était moine.

MAULER Eugène
XIXe siècle. Français.
Peintre de genre.
Il débuta au Salon en 1879.

MAULET Amédée
Né en 1810. Mort en 1835. XIXe siècle. Français.
Peintre, aquarelliste, graveur et lithographe.
Exposa des portraits au Salon en 1834.

MAULMONT Marcel de
Né le 4 août 1882 à Périgueux (Dordogne). Tué durant la Première Guerre mondiale (1914-1918). XXe siècle. Français.
Sculpteur.
Il fut élève d'Antoine Injalbert à l'École des Beaux-Arts de Paris. Il exposait au Salon des Artistes Français, obtenant une mention honorable en 1914.
Musées : Le Mans (Mus. de Tessé) : *Bout de l'an*, plâtre.

MAULO Egidio de
Né à Giulianovo (Teramo). XIXe siècle. Italien.
Peintre de portraits, paysages, natures mortes.
Fit des envois en 1889 à la Promotrice de Florence.

MAULPERGER. Voir **MAULBERGER**

MAUNDRELL Charles Gilder
Né le 27 janvier 1860 à Peckham. Disparu en 1924. XIXe-XXe siècles. Britannique.

Peintre de genre, paysages.
Il travailla à Paris et Londres.
Musées : Londres (Tate Gal.) : *Le Château d'O* 1899, aquar.

MAUNIER Balthasar
Originaire de Cavaillon. xviie siècle. Travaillant de 1667 à 1692. Français.
Graveur sur bois.

MAUNOIR Esther Herminie, née **Clavier**
Née en 1796. Morte le 13 novembre 1843 à Genève. xixe siècle. Suisse.
Peintre de portraits, aquarelliste.
A fait des aquarelles.

MAUNOIR Gustave
Né le 8 septembre 1872 à Genève. xixe-xxe siècles. Suisse.
Peintre de paysages.
Il fut élève de Barthélémy Menn et d'un Joseph Blanc. Il travaillait à Genève.

MAUNOIR Paul
Né le 21 juin 1835 à Genève. Mort le 7 mars 1909. xixe siècle. Suisse.
Peintre de paysages, dessinateur.
Ventes Publiques : Lucerne, 25 juin 1976 : *Paysage d'automne* 1900, h/cart. (41x59) : **CHF 1 100**.

MAUNOU R.
xixe siècle. Français.
Pastelliste.
Ventes Publiques : Paris, 12 juin 1925 : *Ruines romaines, avec figures ; Vue de l'Ancienne Rome, animée de personnages*, deux past. : **FRF 1 620**.

MAUNOURY A.
xixe siècle. Travaillant à Paris. Français.
Paysagiste.
Ventes Publiques : Paris, 1895 : *Une station de bateaux au bord de la Seine* : **FRF 105** – Paris, 23 avr. 1945 : *Paysage des environs de Paris* : **FRF 2 000**.

MAUNSBACH Hans Éric George Christian
Né le 5 janvier 1890. xxe siècle. Actif aux États-Unis. Suédois.
Peintre de portraits.
Il fit ses études en Suède, France, Angleterre, aux États-Unis, où il est devenu membre de la Société des Artistes Indépendants.

MAUNY Jacques
Né le 28 novembre 1893 à Paris. xxe siècle. Actif aussi aux États-Unis. Français.
Peintre de compositions animées, portraits, paysages, paysages urbains. Expressionniste.
Il travailla pendant un certain temps en Amérique. À Paris, il exposait aux Salons d'Automne et des Indépendants.
Musées : New York (Mus. of Mod. Art) : *Au port* – New York (Gall. of Living Art) : *Joueurs de base-ball* – Paris (Mus. d'Orsay) : *Escale sicilienne*.
Ventes Publiques : Paris, 27 fév. 1928 : *Souvenir de Naples* : **FRF 1 000** – Paris, 14 mai 1943 : *Église et rue en Normandie* : **FRF 1 000** – Paris, 28 déc. 1949 : *Portrait du peintre Émile Boyer* 1924 : **FRF 5 000**.

MAUNY Jean-Paul
xxe siècle. Français.
Peintre, aquarelliste, sculpteur, technique mixte. Conceptuel.
En 1989, au Centre de l'Association Art Action de Recologne-les-Ray (Haute-Saône), en 1991 dans la salle du réfectoire de l'Abbaye de Cluny, Jean-Paul Mauny a montré des ensembles de ses travaux.
Il présente en général ses réalisations par séries ou en polyptyques. Il utilise la photographie, l'aquarelle, le verre dit « cathédrale ». Les photographies indiquent le thème, l'aquarelle, en quasi monochrome, en restitue le climat, psychologique et poétique, le verre « cathédrale » en brouille définitivement le peu à y voir, d'autant que l'inscription de lettres et de mots isolés ne fait qu'épaissir le mystère. Toutefois, les analogies qui s'opèrent tendent à évoquer ciels, brumes, eau, à moins que l'objectif final ne soit, comme l'écrit un critique, Philippe Piguet, que d'« opérer comme une thérapeutique de la vision ».

MAUPAIN Paul. Voir **MAUPIN**

MAUPASSANT Gustave de
xixe siècle. Français.
Peintre. Impressionniste.
Il est le père de l'écrivain Guy de Maupassant.
Bibliogr. : Sophie Monneret : *L'Impressionnisme et son époque*, t. IV, Denoël, Paris.

MAUPEOU Caroline de, comtesse, née **Koechlin**
Née à Mulhouse. xixe-xxe siècles. Française.
Peintre de portraits.
Elle fut élève de Léon Bonnat et Charles Chaplin. De 1878 à 1889, elle exposa à Paris, au Salon des Artistes Français.
Musées : Mulhouse : *Portrait de Nicolas Koechlin*.

MAUPERCHÉ Henri ou **Maupercher, Montpercher**
Né vers 1602 à Paris. Mort le 26 décembre 1686. xviie siècle. Français.
Peintre de paysages et graveur.
Élève de L. Boullogne père. Il fut l'un des quatorze fondateurs de l'Académie. Le 13 novembre 1655, on le nomma professeur. Cet artiste ne prit part qu'à une seule Exposition du Louvre, au Salon de 1673 : *Vierge accompagnée d'anges*. Le Musée de Nantes possède de lui : *Le rocher percé*. On voit de lui au Palais de Fontainebleau, douze paysages. Mauperché fut un charmant paysagiste, très influencé par les maîtres flamands et hollandais de son époque et aussi par Claude Lorrain. Il a produit un œuvre gravé important. On catalogue plus de cinquante planches de lui, presque toutes originales. Le Musée du Louvre conserve de lui un *Paysage avec le repos pendant la fuite en Égypte*.

Ventes Publiques : Paris, 1851 : *Paysage* : **FRF 120** – Londres, 10 déc. 1980 : *Le port de Bethesda*, h/t (40,5x55) : **GBP 3 400** – Monaco, 5-6 déc. 1991 : *Paysage avec la fuite en Égypte*, h/pan. (73,5x120) : **FRF 83 250** – New York, 22 mai 1997 : *Paysage avec des personnages près de ruines dans la campagne romaine*, h/t, de forme ovale (71,8x116,2) : **USD 63 000**.

MAUPERIN
xviiie siècle. Actif à Angers. Français.
Peintre de sujets religieux.
Auteur d'un tableau dans l'église Saint-Denis d'Anjou.

MAUPERIN
xviiie siècle. Français.
Peintre de genre, portraits, graveur.
Exposa à l'Académie de Saint-Luc en 1774, au Salon de la Correspondance en 1782 et au Louvre en 1791 et 1800.
Musées : Versailles : *Portrait de Charles Gobinet*.

MAUPIN Gérard
xve siècle. Actif à Sens. Français.
Sculpteur et orfèvre.

MAUPIN Jeanne Élisabeth
Née en 1946 à Montceau-les-Mines (Saône-et-Loire). xxe siècle. Française.
Peintre. Abstrait-géométrique.
Elle fut élève et diplômée des Écoles des Arts Appliqués et des Beaux-Arts de Paris, où elle vit et travaille. Elle participe à de nombreuses expositions collectives, dont à Paris : les Salons de la Jeune Peinture, d'Automne, des Indépendants, 1988 Comparaisons dans la section du groupe *Réalité Double*, et Biennale des Femmes. Elle montre des ensembles de peintures dans des expositions personnelles, depuis 1946, à Paris, Oppède-le-Vieux, Autun, Centre Culturel de Toulouse, Cordes, Auray, etc.
De ses peintures, saisissantes par la transcription des formes dans l'espace, on dirait qu'elles sont faites d'après de subtiles et complexes constructions en papier plié, les différences d'éclairage et d'ombre sur les facettes étant traitées par une belle diversité de gris colorés.
Bibliogr. : In : Catalogue de l'exposition du groupe *Réalité Double*, Gal. d'Art Contemp. Chamalières, 1986.

MAUPIN Paul ou **Maupain**, dit **Paolo Maupini**
xviie siècle. Actif à Abbeville.
Graveur sur bois.
Il a gravé des aquatintes d'après Stella, l'*Histoire de l'Ancien et du Nouveau Testament*.

MAUPIN Simon
Né vers 1590, originaire de Lyon. Mort en 1668. xviie siècle. Français.
Architecte et graveur sur bois.

Il publia en 1623 un plan de la ville de Lyon et édifia avec Désargues et Lemercier l'Hôtel de Ville de Lyon, qui brûla en 1674 et fut restauré par Mansard en 1702.

MAUPLOT Jacques
Né le 20 novembre 1911 à Paris. XXe siècle. Français.
Sculpteur. Abstrait.
À Paris, il fut élève de l'École des Beaux-Arts, de l'École du Louvre, et de l'Atelier de Robert Wlérick à l'Académie de la Grande-Chaumière. Il expose depuis 1966. Il vit et travaille près de Vence.
Ses reliefs métalliques, faits de languettes, rouages, cubes, et de toute une mécanique complexe, évoquent des géologies imaginaires. On peut comparer son travail aux assemblages de Louise Nevelson ou aux constructions de Zoltan Kemeny.

MAUQUOY Alphonse
Né le 28 octobre 1880 à Anvers. Mort en 1954. XXe siècle. Belge.
Sculpteur de monuments, groupes, statues, sculpteur de médailles.
Il fut élève de Thomas Vinçotte.
Il a créé plusieurs monuments aux morts, dont celui des Élèves de l'Université de Louvain, celui de Westmalle, en 1922 le groupe en bronze de *La Défense de la Patrie*.
Bibliogr. : In : *Dict. biogr. illustré des artistes en Belgique depuis 1830*, Arto, Bruxelles, 1987.

MAURA Y MONTANER Antonio
Né en 1853 à Palma-de-Majorque (Baléares). Mort le 19 décembre 1925 à Madrid. XIXe-XXe siècles. Espagnol.
Peintre d'architectures, d'intérieurs, aquarelliste.
Il ne commença à peindre, surtout à l'aquarelle, qu'à la fin du siècle passé.
Il peignait sur le motif, en plein-air. Il a surtout peint des édifices civils et religieux, et des jardins de Majorque, Burgos, Madrid, Santander, Tolède, etc.
Bibliogr. : In : *Cien Anos de pintura en Espana y Portugal, 1830-1930*, Antiqvaria, t. V, Madrid, 1991.

MAURA Y MONTANER Bartolomé ou **Maura y Muntaner**
Né le 8 octobre 1844 à Palma-de-Majorque (Baléares). Mort en 1926 à Madrid (Castille). XIXe-XXe siècles. Espagnol.
Peintre, graveur de portraits, copiste.
Il fut élève de l'École des Beaux-Arts de Palma-de-Majorque, puis, à partir de 1868, de l'École de Peinture, Sculpture, Dessin de Madrid. Il participa aux Expositions Nationales de Madrid à partir de 1864, y obtenant une mention honorable. Il obtint des médailles aux Expositions Internationales de Vienne en 1873, de Philadelphie en 1876. En 1876 et 1901, il obtint une première médaille aux Expositions Nationales de Madrid. De 1872 à 1893, il fut administrateur de la Calcographie Nationale. Une autre source signale aussi qu'il aurait été le directeur de la Monnaie Royale. En 1898, il fut nommé à l'Académie Royale de San-Fernando.
Il eut surtout une carrière de graveur à l'eau-forte, et de copiste d'œuvres célèbres, notamment de Vélasquez.
Bibliogr. : In : *Cien Anos de pintura en Espana y Portugal, 1830-1930*, Antiqvaria, t. V, Madrid, 1991.

MAURA Y MONTANER Francisco
Né le 14 août 1857 à Palma-de-Majorque (Baléares). Mort en 1931 à Irun (Guipizcoa). XIXe-XXe siècles. Espagnol.
Peintre d'histoire, de genre, figures, paysages, natures mortes.
En 1868, il vint à Madrid, probablement avec ses frères Antonio et Bartolomé, pour étudier à l'École Spéciale de Peinture, Sculpture et Dessin. En 1878, il débuta aux Expositions Nationales de Madrid, où il continuera régulièrement de montrer ses œuvres. Il obtint une bourse de séjour à Rome, principalement pour étudier la peinture d'histoire. Au cours de sa carrière, il obtint plusieurs distinctions. Au début du siècle, il devint professeur de dessin à l'Institut San-Isidro de Madrid. À sa mort, le Cercle des Beaux-Arts de Madrid organisa une exposition d'ensemble de son œuvre.
Il débuta par la peinture d'histoire : *La Vengeance de Fulvia*, mais se consacra bientôt au paysage, notamment aux Baléares. Ce ne fut que vers 1894 qu'il aborda le portrait, avec celui de son frère Antonio. En fin de carrière, il exécuta quelques natures mortes.
Bibliogr. : In : *Cien Anos de pintura en Espana y Portugal, 1830-1930*, Antiqvaria, t. V, Madrid, 1991.
Musées : Barcelone (Mus. d'Art Mod.) : *Sans travail* 1890 – Madrid (Gal. d'Art Mod.) : *Fulvie et Marc-Antoine* – Malaga : *Paysanne basque* – La Rioja : *Portrait de Antonio Maura Montaner* 1894 – *Portrait de Cristobal Martinez Herrero* 1894.
Ventes Publiques : Londres, 17 fév. 1989 : *Près de la fontaine* 1887, h/t (75x53) : **GBP 2 750**.

MAURACHER Hans
Né le 1er juillet 1885 à Kaltenbach (Zillertal). XXe siècle. Autrichien.
Sculpteur de bustes.
Il a exécuté de nombreux bustes de personnalités autrichiennes.

MAURAND Charles
Né au XIXe siècle à Paris. XIXe siècle. Français.
Graveur.
Élève de Guillaumot. Il exposa au Salon de 1863 à 1881.

MAURE Paul
XVIIe siècle. Actif à Utrecht en 1627. Hollandais.
Graveur.

MAUREAU Alphonse
Né vers 1830. Mort vers 1883. XIXe siècle. Français.
Peintre de paysages. Impressionniste.
Il participa à la troisième exposition impressionniste en 1877, rue Le Peletier.
Ses paysages montrent l'influence de l'art de Monet.
Bibliogr. : Gérald Schurr, in : *Les Petits Maîtres de la peinture 1820-1920, valeur de demain*, Les Éditions de l'Amateur, t. V, Paris, 1981.

MAUREAU Jean
Né le 17 décembre 1890 à Avignon (Vaucluse). Mort le 15 mai 1974 à Avignon. XXe siècle. Français.
Peintre de paysages, paysages urbains, dessinateur.
Il fut élève de l'École des Beaux-Arts d'Avignon, puis, de 1908 à 1913, de Marcel Baschet et Henri Royer à l'Académie Julian, où il connut Auguste Chabaud. Mobilisé en 1914, il servit en première ligne jusqu'à la fin de la guerre, recevant croix de guerre avec palmes et médaille militaire. Marié, il s'installa à Avignon, où il exerça des activités professionnelles, qui lui laissaient le temps de se livrer à ses deux passions : la peinture et l'archéologie ; cette seconde l'ayant amené à suivre les cours de l'École du Louvre en 1937 et 1938. Il a figuré occasionnellement à Paris au Salon des Indépendants, mais exposa surtout, à partir de 1927, avec les associations avignonnaises, où, pendant deux ans, il fut président de la Société Nouvelle des Peintres Indépendants. Il entretenait des contacts avec Albert Gleizes, Denis de La Patellière, Auguste Chabaud.
Ses paysages de Provence sont issus des notes relevées quotidiennement au cours de ses déplacements professionnels ou à but archéologique.

MAUREL Augustin
Né en 1756 à Moustier. XVIIIe siècle. Français.
Peintre faïencier.

MAUREL Paul
Né le 22 juin 1883 à Bordeaux (Gironde). XXe siècle. Français.
Peintre de paysages.
Il fut élève de Jean Léon Gérôme. Il exposa à Paris, au Salon des Artistes Français à partir de 1906.
Ventes Publiques : Paris, 15 mars 1943 : *Étang dans la verdure* : **FRF 1 100**.

MAURENT Benoît. Voir **MORAND**

MAUREPAS Marie de
Née au XIXe siècle à Château-du-Loir. XIXe siècle. Française.
Peintre de portraits.
Exposa au Salon entre 1865 et 1870.

MAURER. Voir aussi **MURER**

MAURER Albert
Né le 2 juillet 1878 à Nuremberg. XXe siècle. Allemand.
Peintre de portraits, paysages.
Il vécut et travailla à Nuremberg, après avoir été élève de l'Académie des Beaux-Arts de Munich.

MAURER Alfred Henry
Né en 1868 à New York. Mort en 1932 à New York, par suicide. XIXe-XXe siècles. Américain.
Peintre de figures, portraits, paysages, natures mortes, fleurs, peintre à la gouache, peintre de collages, aquarelliste. Post-cubiste.

Il était le fils du lithographe Louis Maurer, l'un des meilleurs créateurs de chromolithographies populaires de la firme Currier and Ives Inc. Lui-même débuta dans la lithographie. Il fit ses études sous la direction de Edgar Ward à l'Académie Nationale de Design de New York, puis, étant arrivé à Paris en 1897, à l'Académie Julian en 1901. Il séjourna à Paris jusqu'en 1914, où il fut admis, par Edward Steichen, à la *New Society of American Artists in Paris*, et devint l'ami de Léo et Gertrude Stein en 1902. En 1901, sa peinture *An Arrangement* lui valut la médaille d'or du Carnegie Institute de Pittsburgh. En 1905, il obtint une médaille d'or à l'Exposition de Munich. À New York, il fut introduit, encore par E. Steichen, auprès de Stieglitz qui le montra dans sa *Galerie 291*, notamment en 1909 avec John Marin. En 1910, il figurait à l'exposition collective *Younger American Painters*. En 1913, il fut exposé à l'*Armory Show* de New York, en tant que peintre fauve. Il retourna aux États-Unis en 1914, pour s'apercevoir qu'il y était totalement inconnu, malgré ses participations successives à la Société des Artistes Indépendants, sort qu'il partageait dans leur pays avec les quelques autres Américains touchés par fauvisme et surtout cubisme, voire sur la voie de l'abstraction, comme Patrick Henry Bruce, Morgan Russell, Macdonald Wright. En dépit de la protection de Stieglitz, mais qui cessa avec la fermeture de la galerie en 1917, Maurer, introverti, taciturne, eut une carrière très difficile dans l'ombre du succès populaire de son père, jusqu'à la mort de celui-ci en 1932, qui décida probablement de son propre suicide, après destruction d'une partie de ses œuvres, les ventes publiques démontrant pourtant qu'il en subsiste d'assez nombreuses. En 1949, une exposition d'ensemble de son œuvre eut lieu à Minneapolis. Sa peinture, tout d'abord impressionniste influencée par Whistler, et qui lui valait un certain succès et les distinctions déjà signalées, à partir de 1904 évolua vers le modernisme européen, après qu'il eut découvert, à Paris, la peinture de Cézanne puis de Matisse, et aussi grâce à la fréquentation du cercle des Stein. Un des premiers Américains à aborder en peinture la modernité européenne, il peignit alors des natures mortes aux contours linéaires et couleurs franches, dans une sorte de synthèse du fauvisme et, surtout à partir de 1909-10, du cubisme, dont il appliquait la compénétration des plans. À son retour à New York, il peignit en particulier des figures, à partir de 1919 la série des *Sad Girls*, à partir de 1925 la série des *Sisters*, dont les visages suggèrent les difficultés psychologiques des personnages. Dans ces années, peignant toutes sortes de thèmes, il expérimenta des manières diverses, semblant incapable de décision durable. Après 1923, il revint à une figuration plus convenue, mais dont la facture reste techniquement maîtrisée. Vers 1930, d'une part il réalisa des collages, technique alors inusitée aux États-Unis, d'autre part la série des peintures de deux têtes affrontées a souvent été interprétée comme symbolique des difficultés qu'il éprouvait à être obligé, par insuccès et dénuement, de cohabiter encore avec son père, qui, bientôt centenaire, jouissait, lui, d'un renom populaire. Toutefois, il n'en supporta pas la disparition, comme si leur conflit latent l'avait aidé à vivre.
Malgré les hésitations et fluctuations qui marquent la succession de ses manières différentes, mais aussi à cause du courage avec lequel, après avoir renoncé aux succès de ses débuts, il ne cessa d'expérimenter des techniques et expressions prospectives en affrontant l'incompréhension du public, Alfred Henry Maurer reste une des figures marquantes de la peinture américaine du début de siècle. ■ Jacques Busse

Bibliogr. : J.D. Prown, Barbara Rose : *La peint. américaine, de la période coloniale à nos jours*, Skira, Genève, 1969 – S. Reich : *Alfred H. Maurer, 1868-1932*, Washington, 1973 – in : *Diction. Univers. de la Peint.*, Le Robert, Paris, 1975 – N. Madormo : *Le début de carrière de Alfred Maurer, peintre des distractions populaires*, in : The american art journal, N° 1, hiver 1983 – in : *Diction. de la peint. anglaise et américaine*, Larousse, Paris, 1991.
Musées : Moscou (Mus. de Peinture Mod.) : *Nuit* – *Au jardin* – *Au café* – New York (Whitney Mus.) : *An Arrangement* 1901 – *Evening at the Club* 1904 – *Flowers* 1912 – *Two Heads* vers 1930 – Philadelphie (Wilstach coll.) : *Portrait d'une dame* – Washington D. C. (Phillips coll.) : *Still Life with Doily* 1930, collage.
Ventes Publiques : Paris, 1er juil. 1943 : *Chez le coiffeur* : **FRF 800** – Paris, 12 déc. 1949 : *Bouquet* : **FRF 3 000** – New York, 15 jan. 1958 : *Fille en bleu*, gche : **USD 450** – Londres, 5 juil. 1961 : *Portrait de H.E. Cross* : **GBP 380** – New York, 20 fév. 1964 : *Deux jeunes-filles*, gche et aquar. : **USD 800** – New York, 19 mars 1969 : *Deux femmes* : **USD 4 500** – New York, 4 mars 1970 : *Abstraction* vers 1919-20 : **USD 4 000** ; *Nature morte*, gche : **USD 2 100** – New York, 8 déc. 1971 : *Scène de plage* : **USD 3 250** – New York, 13 déc. 1973 : *Femme en robe du soir* : **USD 9 000** – New York, 21 mars 1974 : *Portrait de femme* : **USD 1 900** – New York, 20-21 avr. 1976 : *Têtes abstraites*, h/cart. (54,5x46) : **USD 3 500** – New York, 21 avr. 1977 : *Buckley's bridge, Marlboro-on-the-Hudson* vers 1920-1925, h/cart. (55,7x45) : **USD 4 000** – New York, 20 avr 1979 : *Jeune fille au chapeau bleu*, gche (66x46,3) : **USD 3 100** – New York, 25 oct 1979 : *Dialogue*, isor. (55,3x45,7) : **USD 9 500** – New York, 18 mars 1983 : *Paysage cubiste*, aquar. et gche (54,6x45,7) : **USD 4 000** – New York, 31 mai 1985 : *Modèle à l'éventail japonais*, h/t (81,6x65,8) : **USD 170 000** – Portland, 31 mai 1986 : *Nature morte* vers 1910, h/t (45,7x55) : **USD 18 000** – New York, 29 mai 1987 : *Nu debout* vers 1927-1928, gche/cart. plâtré (54,9x45,9) : **USD 11 000** – New York, 26 mai 1988 : *Scène de café*, h/cart. (22,2x19,4) : **USD 12 100** – New York, 1er déc. 1988 : *La cape noire*, h/t (91,4x81,2) : **USD 154 000** – New York, 25 mai 1989 : *Femme dans un jardin*, h/cart. (54,6x45,9) : **USD 79 200** – New York, 1er déc. 1989 : *Le café*, h/t (66x49,2) : **USD 41 800** – New York, 24 jan. 1990 : *Tourment* 1927, aquar. et gche/pap. (40,4x30,3) : **USD 14 300** – New York, 16 mars 1990 : *Tête*, gche et cr./pap. (53,5x37,2) : **USD 4 950** – New York, 23 mai 1990 : *Deux têtes*, h/t/cart. (75,9x50,1) : **USD 20 900** – New York, 31 mai 1990 : *Fleurs dans un vase*, gche/pap./pap. (54x46) : **USD 7 150** – New York, 26 sep. 1990 : *Claudia, la femme devant la montagne*, h/cart. renforcé (55x45,9) : **USD 14 300** – New York, 27 sep. 1990 : *Deux têtes*, h/cart. (55x46,5) : **USD 50 600** – New York, 29 nov. 1990 : *Nature morte*, h/pap. (55,3x45,7) : **USD 28 600** – New York, 30 nov. 1990 : *Gamines*, temp./cart. préparé au gesso (55,3x46,5) : **USD 19 800** – New York, 14 mars 1991 : *Nature morte avec des livres et des pommes* 1923, h/cart. (46x55) : **USD 31 900** – New York, 12 avr. 1991 : *Deux têtes*, temp./pan. (54x44,5) : **USD 15 400** – New York, 12 mars 1992 : *Maison dans un paysage*, h/cart./t. (46x55,2) : **USD 13 200** – New York, 23 sep. 1992 : *Nature morte*, h/cart. enduit de gesso (45,8x55) : **USD 11 000** – New York, 3 déc. 1992 : *Tête de femme*, gche/pap. (54,6x45,7) : **USD 29 700** – New York, 22 sep. 1993 : *Jeune fille en robe verte*, h/cart. enduit au gesso (55,9x34,4) : **USD 9 200** – New York, 1er déc. 1994 : *La plage*, h/t (74,9x91,4) : **USD 800 000** – New York, 14 sep. 1995 : *Nature morte de fleurs*, h/cart. (54,6x45,7) : **USD 35 650** – New York, 29 nov. 1995 : *Tête*, gche/pap. (56,5x38,7) : **USD 20 700** – New York, 5 déc. 1996 : *Nature morte abstraite*, gche/cart. (10x15) : **USD 13 800** – New York, 27 sep. 1996 : *Portrait féminin*, gche/pan. pap. (54,5x45) : **USD 8 050**.

MAURER Caspar et Domenico

XVIIe-XVIIIe siècles. Actifs à Munich. Allemands.

Peintre d'architectures et décorateurs.

MAURER Christoph ou Murer

Né en 1558 à Zurich. Mort le 27 mars 1614 à Winterthur. XVIe-XVIIe siècles. Suisse.

Peintre d'histoire, sujets mythologiques, portraits, vues, cartons de vitraux, graveur à l'eau-forte.

Élève de son père Josias Maurer et de Tobie Stimmer.
Il a gravé des vues, des sujets de genre et des planches d'histoire. Il travailla pour l'empereur Rodolphe, et ses vitraux furent extrêmement appréciés à l'époque.

Musées : Berlin – Karlsruhe – Nuremberg – Zurich.
Ventes Publiques : Paris, 1888 : *Épisodes des guerres suisses*, deux dess. à la pl. lavés d'encre de Chine : **FRF 495** – Marseille, 1894 : *L'enfance de Bacchus* : **FRF 87** – Lucerne, 2 sep. 1935 : *Portrait d'homme* : **CHF 3 900** – Londres, 10 juil. 1936 : *Dessin pour un panneau de verre*, pl. : **GBP 26** – Lucerne, 11 juin 1951 : *Portrait de femme* : **CHF 5 100** – Londres, 29 nov. 1977 : *Les Arts et les Sciences détruits par la Guerre* 1583, pl. et lav. de gris reh. de gche blanc/pap. gris-vert, dessin pour un vitrail (40,2x29,6) : **GBP 4 800** – New York, 12 jan. 1994 : *Étude pour un vitrail* 1608, encre et lav. (41,1x31,4) : **USD 8 625**.

MAURER Dora

Née en 1937 à Budapest. XXe siècle. Hongroise.

Peintre, sculpteur, dessinateur, multimédia. Tendance conceptuelle.

Elle fut élève de l'École des Beaux-Arts de Budapest. En 1967-1968, elle séjourna à Vienne. Elle organise de nombreux

contacts et expositions entre les artistes des pays de l'Est, et avec ceux de l'Europe occidentale.
Dans son propre travail, elle utilise la peinture sur toile, le dessin, la photo et le film qui lui permet d'introduire temps et mouvement dans des structures abstraites géométriques, qu'elle développe ensuite dans l'espace.
Bibliogr. : Catalogue de l'exposition *Dora Maurer*, Ernst Mus., Budapest, 1985 – in : *Diction. de l'Art Mod. et Contemp.*, Hazan, Paris, 1992.

MAURER Eugen
Né en 1885 à Beinwill. Mort en 1961. xxe siècle. Suisse.
Peintre de paysages.
Musées : Aarau (Aargauer Kunsthaus) : *Au lac de Hallwiler* 1918 – *Vue d'un village avec laboureur* 1931 – *Paysage du lac de Hallwiler* 1936 – *Paysage d'hiver* 1950 – *Vue de la fenêtre de l'atelier* 1950 – *Bateau sur le lac de Hallwiler* – *Autoportrait*.

MAURER Franz Joseph. Voir **MURER**

MAURER Heinrich. Voir **MURER**

MAURER Hubert ou **Mauerer**
Né le 10 juin 1738 près de Bonn. Mort le 10 décembre 1818 à Vienne. xviiie-xixe siècles. Allemand.
Peintre d'histoire et portraitiste.
Élève de l'Académie de Baumgartner et de Mangs. Obtint une bourse de voyage et passa quatre ans à Rome. Membre de l'Académie de Vienne en 1783, puis professeur et conseiller. Dans ses dernières années il se rapprocha des Nazaréens. Le Musée de Vienne conserve de lui : *Laissez venir à moi les petits enfants*.

MAURER Ivan
Actif à Agram (Zagreb). Yougoslave.
Peintre.

MAURER Jacob, ou **Hans Jacob**
Né le 15 janvier 1737 à Schaffhouse. Mort le 30 août 1780 à Utrecht. xviiie siècle. Hollandais.
Peintre d'histoire, genre, portraits, animaux.
Élève de l'Académie d'Amsterdam. En 1778, il était dans la gilde d'Utrecht, et fut directeur de l'Académie de dessin de cette ville de 1770 à 1780.

MAURER Jacob
Né le 19 décembre 1826 à Obereschbach. Mort le 2 mai 1887 à Tronberg. xixe siècle. Allemand.
Peintre de paysages, graveur.
Élève de C.-T. Reiffenstein, puis de Jacob Becker à l'Institut Städel. Exposa à Munich en 1854 et à Vienne en 1871-1873.
Musées : Francfort-sur-le-Main : Trois tableaux – *Paysage*.
Ventes Publiques : Brême, 16 oct. 1982 : *Paysanne et troupeau dans un paysage boisé*, h/t (63,5x98) : **DEM 22 000** – Londres, 20 juin 1986 : *Les Abords de Francfort* 1878, h/t (63,5x95) : **GBP 5 000** – Vienne, 29-30 oct. 1996 : *Ramasseurs de bois dans une clairière* 1856, h/t (51,5x68) : **ATS 253 000**.

MAURER Jakob Samuel
Baptisé le 2 mai 1745 à Berne. Mort le 20 décembre 1828. xviiie-xixe siècles. Suisse.
Peintre et restaurateur de tableaux.

MAURER John
xviiie siècle. Actif à Londres de 1713 à 1761. Britannique.
Dessinateur et graveur.
On a de lui des *Vues de Londres* et il a gravé lui-même : *Vue du Covent Garden*. Le château de Windsor garde de lui quelques dessins.

MAURER Jos ou **Jodokus**. Voir **MURER**

MAURER Josef
Né en 1740 à Beggenried. Mort en 1805. xviiie siècle. Allemand.
Peintre et graveur à l'eau-forte.
Il a gravé une *Tête de saint Jean-Baptiste dans un plat*.

MAURER Josef ou **Matthias**
Né le 22 février 1703. xviiie siècle. Actif à Wiener Neustadt. Autrichien.
Sculpteur.
A exécuté plusieurs statues pour le cloître de la Sainte-Trinité de Wiener-Neustadt.

MAURER Josias. Voir aussi **MURER**

MAURER Josias
Né en 1530 à Zurich. Mort en 1580. xvie siècle. Suisse.
Peintre d'histoire et de portraits.
Il grava sur bois un plan de Zurich, en 1576.

MAURER Julius
Né le 12 mars 1855 à Stuttgart. Mort le 20 novembre 1922 à Munich. xixe-xxe siècles. Allemand.
Peintre animalier.

MAURER Léo. Voir **FRASS**

MAURER Lisa
Née en 1930. xxe siècle. Suisse.
Peintre de compositions allégoriques.
Musées : Aarau (Aargauer Kunsthaus) : *Rêve chimérique* 1973 – *Le grand jeu du mal du pays* 1974.

MAURER Louis
Né en 1832. Mort en 1932. xixe-xxe siècles. Américain.
Peintre de genre, aquarelliste, lithographe, illustrateur.
Il était le père d'Alfred Henry Maurer. Il fut surtout connu en tant que l'un des meilleurs illustrateurs des chromolithographies populaires de la firme Currier et Ives.
Ventes Publiques : New York, 25 avr. 1980 : *Buffalo Bill combattant les indiens*, h/t (68x91,4) : **USD 21 000** – New York, 29 jan. 1982 : *« Trotting Cracks » dans la neige* 1858, litho. coul. (42,5x71) : **USD 2 800** – New York, 8 juin 1984 : *« Miller's Damsel », « George M. Patchen » and « Brown Dick » in their trotting contest for a purse of $ 500 over the Union Course, July 7, 1859*, h/t (145,5x245) : **USD 60 000** – New York, 29 oct. 1987 : *« Miller's Damsel », « George M. Patchen » and « Brown Dick » in the $ 500 contest at the Union Course, Long Island* 1859, h/t (76,8x122) : **USD 90 000** – New York, 24 jan. 1990 : *Plaisirs du jardin*, aquar./pap. (32,5x24,4) : **USD 2 310** – New York, 16 mars 1990 : *Nature morte de fruits*, h/cart. (30,5x39,4) : **USD 3 520**.

MAURER Matthieu Josef. Voir **MAURER Josef** ou **Matthias**

MAURER Michael
xviie siècle. Actif à Winzer. Allemand.
Peintre.

MAURER Thomas
Mort en 1627. xviie siècle. Allemand.
Peintre de portraits et d'histoire.
A décoré la chapelle du cimetière d'Augsbourg.

MAURET François
xixe siècle. Actif à Heilbronn en 1825. Allemand.
Miniaturiste.

MAURETA Y ARACIL Gabriel
Né vers 1830 à Barcelone. xixe siècle. Espagnol.
Peintre de genre.
La Galerie Moderne de Madrid conserve de lui : *Le Tasse se retire au couvent de San Onofre, Dona Juana la Loco devant la bière de Philippe el Hermoso* – *La lecture*.

MAURETTE Henri Marie
Né le 21 septembre 1834 à Toulouse. Mort le 6 juin 1898 à Toulouse. xixe siècle. Français.
Sculpteur.
Élève de Duret et de Jouffroy. Fut professeur à l'École des Beaux-Arts de Paris et exposa au Salon, de 1861 à 1873. Le Musée d'Aix possède de cet artiste une statue de marbre : *le Chevrier*.

MAURI. Voir aussi **MAURO**

MAURI Giovanni Pietro
xviie siècle. Actif à Rome vers 1680. Italien.
Sculpteur.
Il fut l'élève de Paolo Naldini et exécuta une statue de la place Saint-Pierre de Rome.

MAURI Michele
xviie siècle. Actif à Rome vers 1680. Italien.
Sculpteur.
Il exécuta une des statues de la place Saint-Pierre de Rome.

MAURICE, pseudonyme de **Tassencourt Jules Auguste**
Né le 8 février 1883 à Amiens (Somme). xxe siècle. Français.
Peintre.
Il exposait à Paris, aux Salons des Indépendants et d'Automne. On lui doit aussi des tissages d'art.

MAURICE A.
xixe siècle. Français.

Paysagiste.
Il s'agit peut-être d'un Jules-Auguste Maurice.
Ventes Publiques : Paris, 17 mars 1947 : *Barques sur le Nil* 1845 : **FRF 1 500**.

MAURICE François
XIXe siècle. Français.
Portraitiste.
Exposa aux Salons de 1843 et 1845.

MAURICE Louis Joseph
Né en 1730 à Nancy. Mort le 25 mai 1820 à Paris. XVIIIe-XIXe siècles. Français.
Portraitiste.
D'abord avocat, il abandonna le barreau pour s'adonner entièrement à l'étude de la peinture. S'étant rendu à Saint-Pétersbourg en 1758, il devint premier peintre de l'impératrice Élisabeth. C'est en cette qualité que lors du couronnement, à Moscou, de Catherine II, il fut appelé et chargé des fêtes qui se donnèrent à cette occasion. A son retour en France, il fut protégé par Marie-Antoinette. Le Musée de Versailles possède de lui un portrait en miniature de *Catherine II*, et l'ancienne Galerie impériale de Vienne un tableau de *Marie-Thérèse avec ses quatre fils*. Cet artiste, avant la Révolution, possédait une des plus riches collections d'objets d'art et de curiosités qu'on eût encore vues.

MAURICE-HENRY, pseudonyme de **Henry Maurice**
Né le 29 décembre 1907 à Cambrai (Nord). Mort le 22 octobre 1981 ou 1984 à Milan (Italie). XXe siècle. Français.
Peintre de scènes animées, figures, aquarelliste, dessinateur humoriste technique mixte. Surréaliste.
Il a figuré régulièrement au Salon de Mai à Paris.
Ses dessins humoristiques, tracés d'un trait gras, aux personnages aux grands yeux ronds étonnés, qu'il met parfois en couleur, font appel à un humour au second degré qui le rattache à l'humour surréaliste.
Bibliogr. : Nelly Feuerhahn : *Maurice Henry*, Somogy-Imec, Paris, 1998.
Ventes Publiques : Rome, 18 mai 1976 : *Entrepreneur de brouillards*, h/t et collage (130x97) : **ITL 600 000** – Milan, 15 nov. 1984 : *Rue des Bleuettes* 1974, gche (44x33,5) : **ITL 1 600 000** – Londres, 26 fév. 1986 : *Charlie Chaplin* 1931, bois et techn. mixte (H. 47) : **GBP 3 200** – Rome, 25 nov. 1987 : *Derrières les folies* 1970, h/t (97x130) : **ITL 5 500 000** – Rome, 15 nov. 1988 : *Sur le chantier* 1970, h/t (73x60) : **ITL 4 000 000** – Paris, 15 fév. 1988 : *Tu passes dans mon ombre mais le sable est transparent* 1937, craie/pap. (20x30) : **FRF 4 800** – Paris, 31 jan. 1990 : *Radiographie humaine* 1950, dess. techn. mixte (30x24) : **FRF 3 000** – Rome, 30 oct. 1990 : *Derrière les folies* 1970, h/t (97x130) : **ITL 7 500 000** – Milan, 13 déc. 1990 : *Dans le marécage* 1974, h/t (40x60) : **ITL 3 000 000** – Milan, 5 mai 1994 : *Sœurs-Sirènes*, h/t (65x54) : **ITL 7 475 000** – Paris, 20 mai 1994 : *Collection d'hiver*, aquar./pap. (26x31) : **FRF 7 000** – Paris, 29 mars 1995 : *L'œil inquisiteur*, h/t (55x46) : **FRF 6 500**.

MAURICE-MARTIN
Né en 1894 à Mormant (Seine-et-Marne). Mort le 1er juillet 1978 à Paris. XXe siècle. Français.
Peintre de paysages.
Il fut élève de Pierre Montézin. Il exposait à Paris, régulièrement de 1932 à 1978, au Salon des Artistes Français, dont il était sociétaire, membre du comité et du jury, hors-concours ; ainsi qu'aux Salons des Indépendants, d'Hiver, de la Marine, de la France d'Outre-mer.
Il a peint des paysages d'Île-de-France, du Boulonnais, de Bretagne, du Midi méditerranéen, d'Afrique-du-Nord, de Madagascar.

Maurice Martin

Musées : Belfort – Montbard – Nemours – Paris (FNAC) – Paris (Fonds de la Ville) – Paris (Hôtel des Invalides) – Sceaux (Mus. de l'Île-de-France).
Ventes Publiques : Paris, 20 nov. 1987 : *La fontaine sur la place du village*, h/t (50x61) : **FRF 2 100** – Versailles, 21 fév. 1988 : *La Seine à Charenton l'hiver* 1958, h/t (71,5x80) : **FRF 11 000** – Versailles, 15 mai 1988 : *Honfleur*, h/t (54x65) : **FRF 4 100** – Paris, 23 juin 1988 : *Le port d'Amalfi*, h/t (65x54) : **FRF 5 000** – La Varenne-Saint-Hilaire, 23 oct. 1988 : *La route de campagne*, h/t (46x55) : **FRF 5 000** – Versailles, 24 sep. 1989 : *Bateaux à Étaples*, h/t (54x65) : **FRF 13 000** – Versailles, 21 jan. 1990 : *Le retour du faucheur*, h/t (65x54) : **FRF 10 500** – New York, 12 juin 1992 : *La route du village*, h/t (54,6x64,8) : **USD 1 980** – Paris, 17 mai 1993 : *La Seine en crue*, h/t (65x54) : **FRF 7 000** – Le Touquet, 22 mai 1994 : *Fenaison près du Touquet*, h/t (54x65) : **FRF 14 000** – Calais, 3 juil. 1994 : *Paysage près des Baux de Provence*, h/t (38x46) : **FRF 8 000** – Le Touquet, 21 mai 1995 : *Le Touquet – les bords de la Canche*, h/t (46x55) : **FRF 11 000** – New York, 10 oct. 1996 : *Village dans les Alpes*, h/t (73,7x60) : **USD 3 162**.

MAURICIO Frederico
Né vers 1850 à Murcie. Mort en août 1904 à Murcie. XIXe siècle. Espagnol.
Peintre de figures et de portraits.
Il étudia à Madrid. L'Hôtel de Ville et le Musée de la Trinité à Murcie possèdent de lui des tableaux à l'huile. Il a également peint des fresques dans le théâtre de cette même ville.

MAURIÉ Gaston
Né en 1873. Mort en février 1912 à Clermont-Ferrand (Puy-de-Dôme). XIXe-XXe siècles. Français.
Peintre de genre, paysages, aquarelliste.
Après avoir peint des paysages d'Auvergne, d'une manière académique, il fut intéressé par les courses automobiles et se spécialisa dans la représentation de courses de bolides de la Belle Époque, suggérant le dynamisme des voitures.
Bibliogr. : Gérald Schurr, in : *Les Petits Maîtres de la peinture 1820-1920, valeur de demain*, Les Éditions de l'Amateur, t. III, Paris, 1976.
Ventes Publiques : Clermont-Ferrand, 20 déc. 1950 : *La Bourrée*, aquar. : **FRF 3 000** ; *Jeune-fille portant le repas des travailleurs des champs*, aquar. : **FRF 3 000**.

MAURIÉ Philippe
XVIIe-XVIIIe siècles. Actif à Nîmes entre 1685 et 1701. Français.
Sculpteur sur bois.

MAURIGE Jean-François
Né en 1954. XXe siècle. Français.
Peintre. Abstrait-minimaliste.
Il participe à des expositions collectives : *Après le classicisme* au Musée d'Art et d'Industrie de Saint-Étienne ; *Finir en beauté* à Paris ; 1996-1997, *En Filigrane – un regard sur l'estampe contemporaine* à la Bibliothèque nationale à Paris. Depuis 1980, il montre des ensembles de ses peintures dans des expositions personnelles à Paris.
Il peint des monochromes traversés d'une rayure. Ses lithographies ont la particularité d'être imprimées sur les deux faces tirant partie de la transparence du papier.

MAURIN Antoine
Né le 5 novembre 1793 à Perpignan (Pyrénées-Orientales). Mort le 21 septembre 1860 à Paris. XIXe siècle. Français.
Peintre de portraits, dessinateur, lithographe.
Élève de son père Pierre Maurin. Exposa au Salon de Paris en 1834 et 1836.
Antoine Maurin, comme lithographe, nous intéresse beaucoup moins que son frère Nicolas. A part un *Triomphe de Bonaparte*, d'après Prud'hon, en 1824, des reproductions de tableaux de maître pour le commerce d'estampes de piété, et quelques reproductions de la Galerie de Dresde et de celle du Palais-Royal, il fit surtout des portraits de célébrités de son temps.
Ventes Publiques : Paris, 3 mars 1898 : *Dessin rehaussé de pastel* : **FRF 120**.

MAURIN Antoine
Né au XIXe siècle à Marseille (Bouches-du-Rhône). XIXe siècle. Français.
Peintre de genre.
Élève de Ary Scheffer. Exposa au Salon de 1843 à 1864.

MAURIN Charles
Né le 1er avril 1856 au Puy (Haute-Loire). Mort le 22 juillet 1914 à Paris. XIXe-XXe siècles. Français.
Peintre de sujets allégoriques, scènes de genre, figures, portraits, peintre à la gouache, aquarelliste, pastelliste, graveur. Symboliste.
En 1875, il fut lauréat du Prix Crozatier. Il exposait à Paris, très régulièrement au Salon des Artistes Français, mais aussi à la Rose-Croix en 1892, 1895 et 1897, à la Libre Esthétique de Bruxelles en 1895 et 1897 ; 1882 mention honorable ; 1884 médaille de troisième classe et nommé sociétaire ; 1889 pour l'Exposition Universelle médaille de bronze.
Peintre d'inspirations très diverses, il doit surtout retenir l'atten-

tion pour ses sujets allégoriques qui le situent dans la mouvance symboliste de l'époque. On remarquera d'entre ses œuvres les plus ambitieuses : le triptyque *L'Aurore*, des sujets comme *Anxiété* ou *L'Âme de la ville*, et, plus surprenant, *Les Illuminations* d'après Arthur Rimbaud.
Bibliogr. : Gérald Schurr, in : *Les Petits Maîtres de la peinture 1820-1920, valeur de demain*, Les Éditions de l'Amateur, t. III, Paris, 1976.
Musées : Paris (Mus. d'Orsay) : *Femme assise ôtant sa chemise*, dess. – Le Puy-en-Velay : *Prélude de Lohengrin – Maternité* – quatre esquisses de décorations murales.
Ventes Publiques : Paris, 8 mars 1919 : *Anxiété* : **FRF 590** – Londres, 13 avr. 1972 : *Les Illuminations*, d'après Rimbaud : **GBP 800** – Enghien-les-Bains, 27 mai 1979 : *Femme à sa toilette*, fus. (59x45,5) : **FRF 9 000** – Londres, 27 nov. 1980 : *Le Bal Trianon*, past. (46,5x61,5) : **GBP 2 200** – New York, 30 oct. 1980 : *Portrait de femme rousse* 1885, h/t (61x51) : **USD 3 750** – Paris, 27 mars 1981 : *À l'arrêt de l'omnibus*, past. (61x48) : **FRF 9 000** – Berne, 17 nov. 1983 : *La Toilette* 1890, h/t (66x55) : **CHF 6 000** – Londres, 5 déc. 1984 : *Portrait d'Henri de Toulouse-Lautrec* 1893, eau-forte et aquat. (22,4x13,7) : **GBP 800** – Enghien-les-Bains, 25 nov. 1984 : *Bal au Trianon*, past. (50x65) : **FRF 97 500** – Paris, 19 mars 1985 : *Concert Caulaincourt*, past. (46x61) : **FRF 36 000** – Versailles, 26 oct. 1986 : *La Quête sur le parvis de Notre-Dame*, past. (61,5x47,5) : **FRF 19 000** – Paris, 15 juin 1988 : *Apéritif concert, la rue Dorsac*, past. (62x46) : **FRF 20 000** – New York, 26 mai 1994 : *Petite fille et son ange gardien* 1894, aquar. et gche/pap. (64,8x46,4) : **USD 13 800** – New York, 12 oct. 1994 : *Portrait de femme* 1885, h/t (61x50,2) : **USD 10 925** – Paris, 24 mars 1995 : *Portrait de Toulouse-Lautrec*, vernis mou (22,5x13,6) : **FRF 7 000** – Cannes, 7 août 1997 : *Le Cabaret La Tartine*, gche (65,5x50,5) : **FRF 75 000**.

MAURIN Eugène
Né au XIXe siècle à Perpignan (Pyrénées-Orientales). XIXe siècle. Français.
Peintre de compositions religieuses, sujets typiques, portraits, peintre à la gouache.
Élève de P. Delaroche. Figura au Salon de 1844 à 1870. L'église Saint-Martin des Marais à Perpignan, conserve de lui un *Saint Paul*.
Musées : Perpignan : *Arabes au repos*, gche.
Ventes Publiques : Paris, 15 déc. 1992 : *Portrait d'une jeune femme à la chatelaine* 1855, h/t (100x81) : **FRF 10 500**.

MAURIN J. Al.
XIXe siècle. Français.
Peintre de genre.
Exposa au Salon en 1848.

MAURIN Nicolas Eustache
Né le 6 mars 1799 à Perpignan (Pyrénées-Orientales). Mort en 1850 à Paris. XIXe siècle. Français.
Peintre de portraits, graveur.
Fils de Pierre Maurin et frère d'Antoine, il reçut, pour faire ses études à Paris, une pension de la ville et du département, ce qui lui permit d'entrer dans l'atelier d'Henri Regnault. Il exposa au Salon de Paris en 1833, 1834 et 1835.
Il prit une place parmi les lithographes de 1830 et se distingua surtout par des types de femmes assez amusants. Il est intéressant comme peintre de modes et de mœurs, comme le montrent certaines de ses œuvres : *Amour – Pudeur – Tendresse – Tendre aveu – Mariage d'inclination – Chambre nuptiale – Lendemain de noce – Amour mondain et divin, maternel et conjugal*. On a également de lui une *Iconographie des contemporains* et une collection de cent soixante-trois portraits parus sous le titre de *Célébrités contemporaines*. Il est élégant, et s'il n'a pas la distinction d'Eugène Lami, son témoignage n'est pas moins intéressant au point de vue de l'histoire de la bourgeoisie sous le règne de Louis-Philippe. Les lithographies de Maurin, surtout celles coloriées de l'époque, sont recherchées.
Bibliogr. : Gérald Schurr, in : *Les Petits Maîtres de la peinture 1820-1920, valeur de demain*, Les Éditions de l'Amateur, t. VII, Paris, 1989.
Ventes Publiques : Paris, 9-10 mai 1900 : *La puce* : **FRF 40** – Paris, 24 avr. 1929 : *La leçon d'aquarelle* : **FRF 1 600** – Paris, 3 juin 1935 : *Baigneurs dans un bois*, dess. : **FRF 4 000** – Paris, 24 jan. 1945 : *Femme assise lisant* : **FRF 3 400**.

MAURIN Pierre
Né à Narbonne. Mort en 1816 à Perpignan. XIXe siècle. Français.
Paysagiste.
Père d'Antoine et de Nicolas Maurin, il fut l'élève de Gamelin. On a de lui au Musée de Perpignan : *Paysage animé, Vue de l'Ermitage de Consolation, Portrait de M. Bedos*.

MAURIS Antoine
Né au XVIIe siècle à Dôle. XVIIe siècle. Français.
Peintre.
Il travailla à Dôle entre 1631 et 1666. On cite de lui : *Les Tiberiades*.

MAURIS François
Né en 1857 à Carouge. XIXe siècle. Suisse.
Peintre sur émail.
Fut l'élève de B. Menn et Marc Dufaux.

MAURIS J.
XVIIIe siècle. Suisse.
Peintre sur émail.
Il travailla à Londres en 1774 et à Rochefort en 1786. On possède de lui un *Portrait de l'épouse de l'artiste* (1774).

MAURISAN Louis ou **Maurisant** ou **Maurissant**
Mort le 10 novembre 1773 à Paris. XVIIIe siècle. Français.
Sculpteur.
Devint en 1717 membre de l'Académie de Saint-Luc, puis directeur de celle-ci. Il travailla de 1724 à 1730 à Versailles avec Bridault pour la bibliothèque du roi et les chambres du duc d'Orléans, de la duchesse d'Alincourt, ainsi que de 1746 à 1748 avec Jean-Baptiste Ménageot, Rousseau et Poulet pour les chambres du dauphin.

MAURISSET Théodore
XIXe siècle. Actif à Paris de 1834 à 1859. Français.
Peintre, lithographe, graveur et caricaturiste.

MAURITIUS
XIIe siècle. Français.
Peintre.
A peint une fresque à l'église de Saint-Pierre-du-Lorouer (Sarthe).

MAURIZI Dominique
Née en 1960 à Villeneuve-Saint-Georges (Val-de-Marne). XXe siècle. Française.
Peintre, peintre de collages, assemblages, lithographe.
Elle passa son enfance à Marseille et vint se fixer à Paris à l'âge de dix-huit ans.
Elle participe à des expositions collectives depuis 1989, notamment plusieurs fois au SAGA de Paris (Salon des Arts Graphiques Actuels), en 1992 à la galerie des Argonautes de Lyon et à la Biennale d'arts graphiques de Saint-Maur. Elle montre des ensembles de ses travaux dans des expositions personnelles : 1986 Paris, galerie L'Atelier ; 1987, 1988 Paris, galerie La Chasse au Snark ; 1987 Marseille, galerie Fenquinos ; 1993 Paris, galerie L'Anacoluthe ; 1996 Paris, galerie du Ressort et galerie Graphes.
Dominique Maurizi entretient un lien étroit avec l'écriture ; elle a créé de nombreuses couvertures de livres, pour les éditions Fayard, Aubier, Hachette, etc. ; elle a publié, entre autres, aux Éditions Champfleury : en 1988 *Rouge*, texte et lithographies ; en 1990 *De la chose endormie et du rêve*, texte et lithographies, peinture et collages. Ses *Boîtes de lecture*, exposées en 1996, sont caractéristiques de la diversité de son mode d'expression : juxtaposition et collage d'éléments peints, de documents divers et photos, de textes manuellement retranscrits de Kafka, Rilke, Platon ou d'elle-même.
Bibliogr. : Dominique Tassel : *Lignes de vie*, in : Catalogue de l'exposition, La Chasse au Snark, Paris, 1987 – Michel Deguy : *Boîtes de lecture*, in : Catalogue de l'exposition, gal. du Ressort, Paris, 1996.
Musées : Paris (Fonds d'Art Contemp. de la Ville) : *peinture* 1988 – Saint-Maur (Mus. Villa Médicis) : *peinture* 1991 – Vulaines-sur-Seine (Mus. Mallarmé) : *Boîte Deguy-Mallarmé* 1996.

MAURIZIO, don
XVIe siècle. Italien.
Miniaturiste.
En 1527, il prit l'habit bénédictin à Saint-Martin de Palerme et travailla aux livres de chœur. Il écrivit les Graduels ou livres de musique de messe de l'Avent à la Semaine Sainte.

MAURIZIO Elia
XVIIe siècle. Italien.
Peintre.
Il travailla à Rome de 1622 à 1623.

MAURMULLER Ulrich ou **Maurmiller**
XVIe siècle. Actif à Augsbourg au début du XVIe siècle. Allemand.
Peintre.
Il peignit avec Jörg Breu l'Ancien la façade de l'Hôtel de Ville d'Augsbourg.

MAURO
XIIIe siècle. Italien.
Sculpteur.

MAURO Alessandro ou **Mauri**
Né à Tortona. XVIIIe siècle. Autrichien.
Peintre.
Peintre du théâtre de la Cour en 1711. Il peignit le plafond de la Visitation à Pinerolo en 1717, travailla en 1718 et 1719 à la décoration de l'Opéra de Dresde et à celle du théâtre de S. Samuel à Venise.

MAURO Antonio
XVIIe siècle. Actif à Munich en 1692. Allemand.
Peintre décorateur.

MAURO Antonio
XVIIIe siècle. Italien.
Peintre décorateur.
Fut depuis 1784 membre de l'Académie de Venise. Il décora le Nouveau Théâtre de Padoue en 1787, ainsi que la salle principale du Palais Angeli à Rovigo en 1793.

MAURO Marco
XVIIe-XVIIIe siècles. Italien.
Sculpteur.
Il travailla à la cathédrale de Milan de 1688 à 1718.

MAURO Mario
Né en 1920. Mort en 1984. XXe siècle. Canadien.
Peintre de paysages.
Ventes Publiques : Montréal, 25 avr. 1988 : *Cabane à sucre, Charlevoix* 1979, h/pan. (61x76) : **CAD 600**.

MAURO Romualdo
XVIIIe siècle. Italien.
Peintre.
Frère d'Alessandro, il peignit le plafond de Saint-Michel à Murano et travailla de 1698 à 1722 à Milan.

MAURO da Pavia
XVe siècle. Italien.
Miniaturiste.
Il était moine.

MAUROU Paul
Né le 25 ou 27 juillet 1848 à Avignon (Vaucluse). Mort en 1931 à Paris. XIXe-XXe siècles. Français.
Peintre, graveur, lithographe, affichiste, illustrateur.
Il fut élève de Charles Guilbert d'Anelle, sans doute à Avignon. Il exposait à Paris, régulièrement au Salon des Artistes Français, 1881 mention honorable, 1882 médaille de troisième classe, dont il devint membre en 1884, 1886 médaille de deuxième classe, 1892 médaille d'honneur et promu chevalier de la Légion d'Honneur, 1900 hors-concours et membre du jury pour l'Exposition Universelle, 1910 officier de la Légion d'Honneur. Il exposa au Salon jusqu'en 1924. En 1884, il fut l'un des fondateurs de la Société des Artistes Lithographes Français.
En tant que dessinateur, graveur, illustrateur, il collabora à diverses revues, dont *L'Illustration, Le Monde illustré*, etc.
Bibliogr. : Marcus Osterwalder, in : *Dict. des illustrateurs 1800-1914*, Ides et Calendes, Neuchâtel, 1989.

MAUROY
XVIIIe siècle. Actif à Paris vers 1751. Français.
Peintre d'armoiries, miniaturiste.

MAUROY de
XVIIIe siècle. Actif à Paris en 1768. Français.
Graveur à l'eau-forte amateur.
Il a gravé : *Deux sujets gracieux*, d'après Fr. Boucher.

MAURS Richards
Né le 13 janvier 1888 à Riga. XXe siècle. Letton.
Sculpteur.
Il commença ses études artistiques à Riga ; puis fut élève de Hermann Engelhardt à Berlin.
Il a surtout sculpté sur bois.
Musées : Riga (Mus. Nat.) – Riga (Mus. mun.).

MAURUS
XVe siècle. Allemand.
Miniaturiste.
Il fut moine au monastère de Soheyern et écrivit en 1489 un missel gardé à la Bibliothèque de Munich et orné de décorations marginales.

MAURUS Henriette
Née le 29 mai 1854 à Graz. XIXe-XXe siècles. Autrichienne.
Peintre.

MAURUS Lukas. Voir **MORO Lucca**

MAURY Cornelia Field
Née en 1866 à La Nouvelle-Orléans (Louisiane). XIXe-XXe siècles. Américaine.
Peintre.
Elle fut élève de l'École des Beaux-Arts de Saint Louis ; puis de l'Académie Julian à Paris, avec Jules Lefebvre, Benjamin Constant, Jean-Paul Laurens. Elle fut membre de la Société des Artistes Indépendants, et remporta plusieurs distinctions.

MAURY François
Né le 3 mars 1861 à Marseille (Bouches-du-Rhône). Mort le 29 juin 1933 à Marseille. XIXe-XXe siècles. Français.
Peintre de compositions animées, portraits, nus, paysages animés, paysages, marines, natures mortes, fleurs. Postimpressionniste.
Il fut élève de l'École des Beaux-Arts de Marseille, où il obtint, en 1880, les premiers Prix de peinture et de dessin, puis, l'année suivante, le Prix Jules Cantini. Il fréquenta ensuite à Paris l'Académie Julian, trop tardivement pour y avoir rencontré aucun impressionniste. Il exposait à Paris, au Salon des Artistes Français dont il devint sociétaire, ainsi qu'au Salon d'Automne. Il obtint diverses distinctions à Paris et en province. En 1953, son œuvre était représenté à l'exposition *Monticelli et le baroque provençal*. Un square de Marseille porte son nom.
Son métier fut qualifié de brillant. Il s'affirma surtout dans le paysage. Il peignit sa Provence natale qu'il affectionnait, mais aussi la Savoie et Paris. Il anima quelques-unes de ses œuvres de scènes joyeuses, de rondes de nymphes ou de personnages légendaires. La symphonie de couleurs qu'il exploitait avec bonheur a fait attribuer certains de ses tableaux à Monticelli, dont il fut un fervent admirateur.
Musées : Marseille (Mus. Cantini).
Ventes Publiques : Aix-en-Provence, 8 déc. 1968 : *Baigneuses sous bois* : **FRF 2 800** – Marseille, 17 avr. 1971 : *Notre-Dame-de-la-Garde à Marseille* : **FRF 3 750** – Marseille, 18 mai 1972 : *Nature morte aux raisins et aux coings* : **FRF 5 100** – Marseille, 16 juin 1973 : *Paysage à la mare* : **FRF 3 900** – Paris, 30 mars 1979 : *Jeunes femmes et cygnes dans un parc* 1901, h/pan. (29x35) : **FRF 5 200** – Paris, 18 juin 1991 : *Danseuses en sous-bois*, h/pan. (61x50) : **FRF 20 000** – Paris, 17 nov. 1991 : *Scène de parc*, h/pan. (61,5x50) : **FRF 18 000** – Paris, 22 nov. 1996 : *Jeunes Femmes dans les bois*, h/pan. (44,5x52) : **FRF 7 000** – Paris, 17 nov. 1997 : *La Belle Odalisque* 1921, h/t (81x60) : **FRF 30 000** – Londres, 13 mars 1997 : *Cottages dans un paysage d'été* 1892, h/pan. (28x45,7) : **GBP 2 300**.

MAURY Georges Sauveur
Né le 6 octobre 1872 à Saint-Denis (Seine-Saint-Denis). XIXe-XXe siècles. Français.
Peintre de compositions animées, paysages animés, paysages.
Il fut élève de Fernand Humbert et Alphonse Morlot. Il exposait à Paris, au Salon des Artistes Français ; 1906 nommé sociétaire ; 1907 mention honorable ; 1911 médaille ; 1914 médaille d'or et Prix Marie Bashkirtseff.
Musées : Paris (Mus. du Petit-Palais) : *Course de cerceaux*.
Ventes Publiques : Marseille, 21 jan. 1949 : *Groupe de jeunes femmes dans une clairière* : **FRF 22 000** – Paris, 25 avr. 1949 : *Sous-bois* 1899 : **FRF 27 000** – Paris, 20 fév. 1950 : *Lavandières* 1899 : **FRF 27 000** ; *Roméo et Juliette* : **FRF 18 000** – Paris, 22 mars 1990 : *Maisons alsaciennes*, h/t (38x55) : **FRF 6 000** – New York, 19 juil. 1990 : *Enfants nus confectionnant des bouquets dans une prairie* 1910, h/t (54,9x64,8) : **USD 6 050** – Paris, 7 nov. 1994 : *Fantasia*, h/cart. (15x33,5) : **FRF 5 000**.

MAURY Jacques
Mort en 1626 à Lyon. XVIIe siècle. Français.
Peintre.
Il peint en 1615 pour les Dominicains seize *Scènes de la vie de saint Dominique* et prépare avec Jean Perrissin et C. Gillio la décoration de Paris pour l'entrée de Louis XIII.

MAURY Jean-Pierre
Né le 22 janvier 1932 à Paris. XXe siècle. Français.

Sculpteur de figures allégoriques. Réaliste-fantastique.
Autodidacte en sculpture, il a commencé à faire de la sculpture à l'âge de trente-deux ans. Depuis 1966, il a exposé au Salon de Mai, à Paris. Ce fut en 1966 également qu'il montra une première exposition personnelle de ses œuvres.
Il exerçait et continue d'exercer l'insolite profession de mouleur mortuaire. L'inspiration de ses œuvres est symbolique, et plus précisément alchimique. Il transcrit les principaux symboles alchimiques au moyen de personnages de cire (son matériau de mouleur) fixés sur des panneaux de bois anciens ; ainsi : *L'Enfant couronné ; Athanor ou le four cosmique ; Les trois principes : le soufre, le mercure, le sel ; Les quatre éléments : le feu, l'air, l'eau, la terre.*
Bibliogr. : Jacques Prévert : Présentation de l'exposition *Maury*, gal. 3+2, Paris, 1966 – Jacques Mousseau : *Un artiste du réalisme fantastique : Jean-Pierre Maury, sculpteur alchimique*, in : Planète, N° 30, Paris, 1966.

MAURY Jean-Pierre
Né en 1948 à Uccle. XXe siècle. Belge.
Peintre, sculpteur. Abstrait-géométrique.
En 1971, il obtint la bourse *Berthe Art*, et le Prix de la Jeune Peinture Belge ; en 1973, il fut lauréat de la Fondation Belge de la Vocation. Il participe à des expositions collectives, en particulier à Paris régulièrement au Salon des Réalités Nouvelles. En 1991, la galerie Cyan, à Liège, a montré une exposition personnelle de ses œuvres. Il a été professeur à l'École Saint-Luc de Bruxelles, puis à l'Académie des Beaux-Arts d'Uccle.
Il pratique une abstraction néo-constructiviste, organisant rigoureusement l'agencement des surfaces et des couleurs, selon des programmations combinatoires inspirées de l'informatique. Ses réalisations sont parfois en relief. Il traite préférentiellement des compositions monumentales, notamment à Louvain-la-Neuve, Neufchâteau, etc.
Bibliogr. : In : *Dict. biogr. illustré des artistes en Belgique depuis 1830*, Arto, Bruxelles, 1987.

MAURY Patrick
Né le 8 juin 1950 à Paris. XXe siècle. Français.
Sculpteur.
Patrick Maury est également connu comme poète, publié, entre autres, aux éditions Obsidiane et Le Mâche-laurier. Il montre des ensembles de ses sculptures dans des expositions personnelles : 1991 Paris ; 1993 Montreuil, à la librairie-galerie Folies d'encre ; 1994 Paris ;...
Il travaille surtout le bois, la pierre et le marbre, qu'il attaque en taille directe, faisant alterner dans la finition surfaces soigneusement polies sur la « tension » des volumes, et ruptures brutales des marges à peine dégrossies. Ses sculptures paraissent abstraites ; cependant le fait que toutes soient titrées force l'attention, et en effet on peut identifier *La Femme rebelle* ou *Le Moine*, par exemple, mais de la même façon qu'en certains lieux, de forêt ou de bord de mer, les rochers ont reçu des appellations en raison de quelque ressemblance avec personnages ou animaux. Le sculpteur « cogne », comme dit François Boddaert, dans le bois ou la pierre, il feint d'obéir d'abord au matériau et de lui consentir la forme à laquelle celui-ci tendait initialement, jusqu'à ce que, sous ses coups répétés, il concilie cette forme incluse avec sa propre volonté, naissante et qui se précise au gré des possibles que son agression sur la matière brute fait apparaître, et qu'il peut pousser jusqu'à quelque éventuelle allusion anthropomorphique.
Bibliogr. : François Boddaert : *Cogner dedans*, Catalogue de l'exposition *Patrick Maury – Bois donnés, Pierres oubliées*, Paris, 1994.

MAUS Eugène
Né en 1847 à Ixelles (près de Bruxelles). Mort le 27 mai 1881 à Ixelles. XIXe siècle. Belge.
Paysagiste et peintre de natures mortes.
Élève de P. F. Van Os et de W. Verschur. Il travailla à La Haye à partir de 1870 et à Laren en 1885. Ses œuvres sont à Amsterdam, La Haye et Rotterdam.

MAUS Johann
XVIIIe siècle. Allemand.
Sculpteur.
Il travailla en 1710 au château de Neuwied, exécuta pour la cathédrale de Trèves l'autel de sainte Agnès et de sainte Catherine et sculpta à la cathédrale de Fulda le *tombeau d'Adolphe de Dalberg* (1726-37).

MAUS Octave
Né en 1856 à Bruxelles. Mort en 1919. XIXe-XXe siècles. Belge.
Peintre.
Esthète, il était surtout homme de lettres. Il participa à la fondation de l'*Association des XX*, qui devint *La Libre Esthétique*.
Bibliogr. : In : *Dict. biogr. illustré des artistes en Belgique depuis 1830*, Arto, Bruxelles, 1987.

MAUS Paul
XXe siècle. Belge.
Peintre de portraits, paysages. Expressionniste.
En 1948, au Salon d'Art Moderne et Contemporain de Liège, il exposa un *Portrait d'Ossip Zadkine*. Il a peint d'amples compositions chargées de matière pigmentaire, des paysages du Midi de la France d'un lyrisme ardent.

MAUSKE Paul
Né le 14 juin 1871 à Küstrin. XIXe-XXe siècles. Allemand.
Sculpteur de statues religieuses.
Il étudia à New York. Il travailla à Berlin.
Pour la Maison paroissiale évangélique de Potsdam, il exécuta un *Christ* en marbre.

MAUSONIO Giovanni Paolo
XVIe siècle. Italien.
Peintre.
Il fut un élève de Pompeo Cesura, mort en 1571, et a surtout fait des tableaux religieux.

MAUSONIO Pompeo
XVIe siècle. Actif à Aquila. Italien.
Peintre.
Élève de Pompeo Cesura. A travaillé pour les églises. Peut-être identique au précédent.

MAUSS Zacharias
XVIIe siècle. Actif à Stralsund dans la première moitié du XVIIe siècle. Éc. balte.
Peintre et sculpteur sur bois.
A peint des portraits et des scènes de la *Passion du Christ* dans des cadres de bois richement ornés. On retrouve ses œuvres jusque dans la Suède méridionale.

MAUSSION Anatole de
XIXe siècle. Français.
Paysagiste.
Il exposa au Salon en 1841 et 1842.

MAUSSION Charles
Né en 1923 à Nantes (Loire-Atlantique). XXe siècle. Français.
Peintre. Abstrait-géométrique, puis abstrait-nuagiste, puis figuratif.
À Paris, il fut étudiant à l'Institut d'Art et d'Archéologie, tout en travaillant la peinture dans les ateliers d'André Lhote, puis de Fernand Léger. À partir de 1949, il fréquenta l'atelier d'art abstrait de Jean Dewasne et Edgard Pillet. Depuis 1952, il a exposé régulièrement au Salon des Réalités Nouvelles pendant plusieurs années, jusqu'à son évolution à la figuration. Il montre aussi des ensembles de ses peintures dans des expositions personnelles à Paris, également depuis 1952. Vers 1990, à la Foire d'Art Contemporain de Paris (FIAC), la galerie Krugier de Suisse a présenté une exposition personnelle de ses fusains.
Il a évolué à l'abstraction lors de son passage dans l'atelier Dewasne-Pillet, d'abord avec des peintures apparentées à l'abstraction géométrique, taches et lignes précises ordonnées rythmiquement sur fond blanc, puis avec des compositions plus nuagistes, dans lesquelles étaient suggérées quelques formes identifiables. Enfin, il est revenu radicalement à la figuration, avec des figures, dessinées en grand format au fusain, dans une atmosphère floue et très sombre qui n'est pas sans rappeler celles de Seurat.
Bibliogr. : Michel Seuphor, in : *Diction. de la peint. abstraite*, Hazan, Paris, 1957 – in : *Peintres contemp.*, Mazenod, Paris, 1964.
Musées : Paris (Mus. Nat. d'Art Mod.).

MAUSSION Élise du Pont de ou **Dupont de Maussion**
Née au XIXe siècle à Falaise (Calvados). XIXe siècle. Française.
Peintre de sujets religieux, scènes de genre, portraits.
Elle travailla à Paris de 1857 à 1880. Le Musée de Saint-Omer et l'église de Saint-Sauveur à Bellême (Orne) possèdent quelques-unes de ses œuvres.
Musées : Auxerre : *Portrait de M. de Maussion – Scène militaire d'après Hérault – Portrait de Mme de Fougère, fondatrice de la Charité maternelle en 1778, aïeule de l'auteur*, plâtre, médaillon – *La Vierge et l'Enfant Jésus*, bas-relief en plâtre.

MAUTBRUCKER Hans ou **Mautpruckher**
XVIIe siècle. Actif à Judenbourg (Styrie). Autrichien.

Peintre.
A participé vers 1650 à la décoration d'un édifice élevé à l'occasion du traité de Westphalie.

MAUTORT de. Voir **DEMAUTORT**

MAUTZ Hans ou **Motz**
Originaire de Gmünd. XVIe siècle. Allemand.
Sculpteur sur pierre.
A travaillé de 1555 à 1577 à Reutlingen.

MAUVAIS A.
XVIIIe siècle. Américain.
Peintre de portraits.
A travaillé à Savannah (Géorgie) en 1776. On a de lui un portrait en miniature de *J. G. Clark.*

MAUVE Anton
Né le 13 septembre 1838 à Zaandam. Mort le 5 février 1888 à Arnhem. XIXe siècle. Hollandais.
Peintre de paysages animés, paysages, animaux, peintre à la gouache, aquarelliste, dessinateur.
Anton Mauve fut élève de Van Os. Ses débuts furent remarquables et il eût été peut-être un très grand maître s'il n'eût sacrifié au désir de produire exagérément. Il exposa dans toutes les grandes villes d'Europe et d'Amérique et obtint des médailles nombreuses, notamment à Vienne, Anvers, Paris, Berlin, Philadelphie. Il vécut à partir de 1878 à Laren, considéré comme le Barbizon hollandais.
Mauve professait une admiration sans bornes pour Millet qu'il déclarait le premier peintre du monde. Il faut louer en lui un dessin très vigoureux, un coloris harmonieux. Cousin de Van Gogh, il le reçut en 1881, et, s'il se brouilla peu après avec lui, il lui donna cependant quelques conseils et surtout lui communiqua sa passion pour Millet, lui faisant comprendre l'intérêt pictural et l'expression de ses sujets sociaux. Lorsque, en 1888, Van Gogh apprit la mort de Mauve, il inscrivit sur la dernière toile qu'il venait d'achever : « Souvenir de Mauve, Vincent et Théo ».

A Mauve

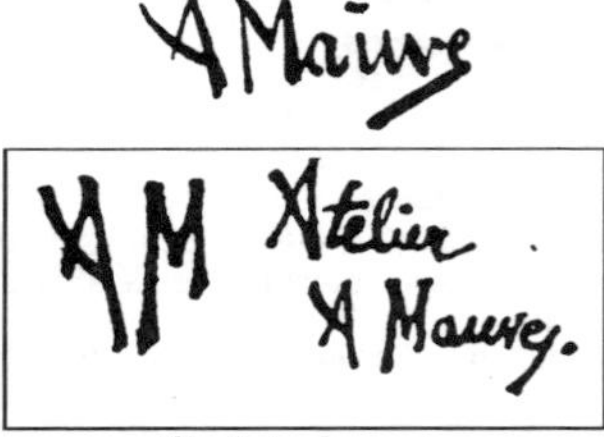

Cachets de vente

A Mauve

Musées : Amsterdam : *L'heure de traite – Bruyère près de Laren – Maisonnette au bord d'un chemin sablonneux – Maisonnette au bord d'un fossé – Effet de neige à Schweveningue – Atelier de P. Fr. Van Os – Chevaux au vert – M. Savry – Esquisses* – Amsterdam (mun.) : *Moutons dans les dunes – La bergerie – Les équarisseurs* – Dordrecht : *Paysage de dunes avec des moutons – Un veau – Moutons sur la lande*, aquar. – Édimbourg (Nat. Gal. of Scotland) : *Travaux des champs – Chemin de halage – Troupeaux de moutons*, aquar. – Glasgow : *Troupeau de moutons* – Haarlem (Mus. Teyler) : *Troupeau de moutons – Travaux des champs*, aquar. – Hambourg (Gal. des Arts) : *Paysage de dunes* – La Haye (Mus. Mesdag) : *Paysan avec une vache – Hiver – Marché au poisson – Études – Vache – Près de Vries – Bergerie – A Schweveningue – Anes – Vente du bois – Printemps* – Montréal : *Deux aquarelles* – Munich : *Vaches au pâturage* – Rotterdam (Mus. Boymans) : *Troupeau de moutons au pâturage.*

Ventes Publiques : Paris, 13 jan. 1874 : *La promenade des chevaux* : **FRF 1 000** – La Haye, 1889 : *Moutons dans les dunes* : **FRF 6 040** ; *Transport de bois coupé* : **FRF 3 300** – Paris, 1892 : *La plage de Scheveningen* : **FRF 7 200** – New York, 1899 : *Paysage hollandais avec animaux* : **FRF 18 500** – Paris, 10 avr. 1900 : *Le retour du troupeau*, aquar. : **FRF 16 500** – Paris, 27 juin 1900 : *Les feuilles mortes* : **FRF 22 100** – New York, 1er-2 avr. 1902 : *Paysage en Hollande* : **FRF 11 000** – New York, 26 fév. 1909 : *Le troupeau de moutons* : **FRF 76 000** – Londres, 3 juin 1910 : *Le chemin de la ferme* : **GBP 462** – Londres, 1er juil. 1910 : *Bestiaux au pâturage* : **GBP 1 785** – Londres, 4 juil. 1910 : *Labourage* : **GBP 3 202** – Paris, 1er-2 juin 1923 : *Jeune bouvier conduisant une vache*, aquar. : **FRF 900** – Londres, 22 juin 1923 : *Paysan et sa vache* : **GBP 68** – Londres, 30 mai 1924 : *Récolte des pommes de terre*, dess. : **GBP 162** – Londres, 23 mars 1925 : *Paysanne et deux vaches* : **GBP 136** – Londres, 17 juil. 1925 : *Charrette sur les dunes* : **GBP 315** – Londres, 30 avr. 1926 : *Berger et son troupeau*, dess. : **GBP 336** – Londres, 29 avr. 1927 : *Au pâturage* : **GBP 1 627** – Londres, 8 juil. 1927 : *Plage de Scheveningen* : **GBP 378** – New York, 9 avr. 1929 : *La fin de l'arbre*, aquar. : **USD 475** – Londres, 6 déc. 1929 : *Paysan et ses deux vaches*, dess. : **GBP 44** – New York, 12 nov. 1931 : *Troupeau dans un pâturage* : **USD 550** – New York, 25 oct. 1934 : *La ramasseuse de fagots* : **USD 600** – New York, 7 nov. 1935 : *Retour du travail* : **USD 1 300** – New York, 3 déc. 1936 : *Après la pluie* : **USD 300** – Paris, 17 mai 1944 : *La Charrette dans le bois* : **FRF 50 000** – New York, 31 jan. 1946 : *Oxcart* : **USD 675** – New York, 20 fév. 1946 : *Log Lauling* : **USD 450** – New York, 18 avr. 1956 : *Printemps* : **USD 750** – New York, 13 fév. 1958 : *Paysage avec des moutons* : **USD 750** – New York, 21 oct. 1959 : *Moutons à Laren (Hollande)* : **USD 900** – Londres, 31 mai 1961 : *Paysage étendu* : **GBP 360** – New York, 29 nov. 1961 : *Sheep on the heath* : **USD 1 500** – Londres, 11 juin 1963 : *Le ramasseur de fagots*, aquar. : **GBP 480** – Londres, 18 avr. 1964 : *La route vers la mer*, aquar. : **GNS 240** – Amsterdam, 8 fév. 1966 : *Le moissonneur*, aquar. : **NLG 3 100** – Amsterdam, 21 mai 1968 : *Berger et son troupeau dans un paysage* : **NLG 3 550** – New York, 12 mars 1969 : *Bergère et son troupeau dans un paysage* : **USD 2 700** – Londres, 18 fév. 1970 : *A full load* : **GBP 750** – Londres, 9 juil. 1971 : *Vache dans un champ* : **GNS 480** – Londres, 1er mars 1972 : *Berger et son troupeau*, aquar. et gche : **GBP 480** – Londres, 30 juin 1972 : *Pâturages* : **GNS 1 200** – Amsterdam, 20 fév. 1973 : *Les chevaux de trait* : **NLG 35 000** – Amsterdam, 18 fév. 1974 : *Troupeau au bord de la rivière* : **NLG 45 000** – Amsterdam, 15 nov. 1976 : *Paysanne ramassant des choux*, h/t (69,5x93) : **NLG 23 000** – New York, 2 avr. 1976 : *Jour de lessive*, aquar. (21x32) : **USD 1 500** – Amsterdam, 22 nov. 1977 : *Troupeau dans un paysage au crépuscule*, h/t (97x76) : **NLG 17 000** – New York, 7 juin 1979 : *Le retour du ramasseur de fagots*, dess. au lav. (25,4x42) : **USD 2 600** – Amsterdam, 31 oct 1979 : *Berger et moutons dans un paysage d'hiver*, aquar. (20x40) : **NLG 8 000** – New York, 12 oct 1979 : *Paysan et chevaux dans un paysage*, h/t (69,5x121) : **USD 38 000** – New York, 27 fév. 1982 : *Paysans aux champs* aquar. (24,1x33,6) : **USD 1 300** – Londres, 24 nov. 1983 : *Carriole sur un chemin de campagne*, aquar. (15,7x31,6) : **GBP 1 200** – Londres, 20 juin 1985 : *Le retour du troupeau*, aquar. (31,5x47) : **GBP 900** – Londres, 30 mai 1986 : *Paysanne et troupeau dans un paysage*, h/t (85,1x125,8) : **GBP 3 000** – Londres, 25 juin 1987 : *Carriole sur un chemin de campagne*, aquar. et cr. (20,2x26,5) : **GBP 1 600** – Paris, 29 jan. 1988 : *Paysans sous la neige*, aquar. gchée (16x25) : **FRF 11 000** – Londres, 26 fév. 1988 : *Fillette nettoyant un ustensile de cuivre*, h/t (92x66,8) : **GBP 4 180** – New York, 24 mai 1988 : *Berger et son troupeau*, h/t (40,6x50,8) : **USD 8 250** – Los Angeles, 9 juin 1988 : *Paysage avec des vaches dans un pré*, h/t (51x81) : **USD 6 050** – Londres, 24 juin 1988 : *Bergère faisant rentrer deux chèvres à l'étable*, aquar. et gche (20,2x34,2) : **GBP 4 180** – Amsterdam, 16 nov. 1988 : *Vaste paysage fluvial avec un clocher d'église au lointain*, h/pan. (22x43) : **NLG 1 265** – New York, 23 fév. 1989 : *Berger et son troupeau*, h/t (33x46,3) : **USD 4 180** – Amsterdam, 28 fév. 1989 : *Vaches dans une prairie avec une paysanne assise près de bouleaux au fond*, h/t (96x76) : **NLG 13 800** – New York, 1er juin 1989 : *Jeune bergère et son troupeau*, h/pan. (37,8x60,9) : **USD 16 500** – Amsterdam, 5 juin 1990 : *Vaches dans une prairie près d'une clôture*, craies avec reh. de blanc/pap. gris (22,5x36,5) : **NLG 1 035** – Amsterdam, 30 oct. 1990 : *Volailles et moutons devant une grange dans la lande*, h/t (60x99) : **NLG 6 325** – Amsterdam, 5-6 fév. 1991 : *Poussins et moutons dans une grange dans une lande de bruyère*, h/t (60x99) : **NLG 5 750** – Amsterdam, 24 avr. 1991 : *Transport d'un tronc d'arbre tiré par un attelage à chevaux*, h/t (33,5x50) : **NLG 40 250** – Amsterdam, 22 avr. 1992 : *Berger et son troupeau dans un paysage boisé*, h/t (61x79,5) : **NLG 21 850** – New York, 28 mai 1992 : *Les ramasseurs de pommes de terre*, h/t (61x80,6) : **USD 34 100** – Amsterdam, 28 oct. 1992 : *Fermier labourant*, encre et aquar./pap. (30x47,5) : **NLG 6 900** – New York, 30 oct. 1992 : *Le retour du troupeau*, h/t (65,4x96,5) : **USD 24 200** – New York, 12 oct. 1993 : *Le transporteur de bois*, h/t (57,2x101,6) : **USD 14 950** – Amsterdam, 8 fév. 1994 : *Paysanne près du puits*, h/t/pan. (24,5x33,5) : **NLG 3 680** – New York, 15 fév. 1994 : *Tom-*

bereau attelé de deux chevaux sur la grève, h/pan. (15,9x22) : **USD 20 700** – Montréal, 6 déc. 1994 : *Moutons paissant au crépuscule*, aquar. (29,1x39,3) : **CAD 1 600** – Londres, 11 oct. 1995 : *Sur la plage*, h/pan. (20x30) : **GBP 5 750** – Amsterdam, 5 nov. 1996 : *Garçons et ânes sur la plage*, h/t (31x50) : **NLG 159 300** – Amsterdam, 19-20 fév. 1997 : *Vachère et bétail dans une prairie*, cr. et aquar. reh. de blanc/pap. (30x44) : **NLG 3 690** – Amsterdam, 22 avr. 1997 : *Paysan labourant les champs*, h/pan. (18x13,5) : **NLG 10 030** – Amsterdam, 27 oct. 1997 : *Un fermier et son troupeau dans une prairie*, h/t (52,5x79) : **NLG 35 400**.

MAUVE Anton Rudolf
Né le 10 décembre 1877 à La Haye. Mort en 1962 à Blaricum. xxe siècle. Hollandais.
Peintre de compositions animées, portraits, paysages.
Il étudia à La Haye et à Amsterdam.
Ventes Publiques : Cologne, 15 oct. 1988 : *Champ de blé et moulin en été*, h/t (52x72) : **DEM 2 200** – Amsterdam, 19 avr. 1994 : *Dans le jardin*, h/t (36x60) : **NLG 2 530** – Amsterdam, 8 nov. 1994 : *Dans le jardin*, h/t (36x60) : **NLG 2 300** – Amsterdam, 5 nov. 1996 : *Enfants jouant dans un parc, La Haye*, h/cart. (40x50) : **NLG 2 124**.

MAUVIE Jean ou **Mauwé**
xvie siècle. Actif à Lille au début du xvie siècle. Français.
Sculpteur sur bois.
A travaillé à la sculpture de l'autel de Saint-Nicolas à la cathédrale de Lille.

MAUVIN Jehan. Voir **MANNIN**

MAUVOISIN Nicolas
xvie siècle. Actif à Troyes. Français.
Sculpteur et architecte.
Exécuta en 1511 et 1525 des travaux à l'église Sainte-Madeleine de Troyes.

MAUZAISSE Jean Baptiste
Né le 1er novembre 1784 à Corbeil (Essonne). Mort le 15 novembre 1844 à Paris. xixe siècle. Français.
Peintre d'histoire, batailles, scènes de genre, natures mortes, compositions murales, illustrateur.
Il entra à l'École des Beaux-Arts le 16 novembre 1803, dans l'atelier de Vincent. Il débuta au Salon de 1808. Quatre ans plus tard, son tableau : *L'Arabe pleurant son coursier* obtint un succès considérable et valut au peintre une médaille de première classe. Dès lors, sa réputation fut établie. La Restauration le fit chevalier de la Légion d'honneur en 1825.
Lors de la création du Musée historique de Versailles, il obtint plusieurs commandes de portraits historiques et de tableaux de batailles. Il peignit aussi pour la cathédrale de Bourges, un *Martyre de saint Étienne*, aujourd'hui au musée de cette ville, et pour celle de Nantes : *Saint Clair guérissant les aveugles*. Il exécuta également plusieurs décorations au Louvre. Mauzaisse a produit en lithographie de nombreux portraits et des sujets d'histoire et de genre et il illustra la *Henriade* de Voltaire en 1823.

MAUZAISSE.

Musées : Amiens : *Prométhée – Tantale* – Angers : *L'Arabe pleurant son coursier* – Beaune : *Portraits du père et de la tante de l'artiste* – Bordeaux : *Baptême de Clorinde* – Bourges : *Martyre de saint Étienne* – Carcassonne : *Louis-Philippe sur le champ de bataille de Valmy* – Dijon : *Ferdinand Bourjot* – Limoges : *Portrait en pied de Turgot* – Narbonne : *Herminie chez les bergers* – Paris (Mus. du Louvre) : *Portrait de la mère de l'artiste* – Plafonds de la rotonde de Mars, de la salle des bijoux antiques et de la salle IV des dessins – Grisailles dans le vestibule de la galerie d'Apollon – Semur-en-Auxois : *Portrait d'Edme Regnier* – Versailles : *Napoléon sur le champ de bataille d'Eylau – Prise du château de la Pietra – Bataille de Fleurus – Louis XII prend l'oriflamme à saint Denis – Surprise du camp de Unadin, sultan d'Alep – Montaigne – Gaspard Monge – Comte de Grasse – Urbain Bois Dauphin – Portrait en pied du comte Philippe d'Artois – Portrait en pied de Henri de la Tour d'Auvergne – Portrait en pied de Charles La Meilleraye – Thermines Pons de Lauzières – Portrait en pied du comte César de Missens – Antoine François Van der Meulen – Pierre Puget, sculpteur – Le roi Louis-Philippe visite le champ de bataille de Valmy – Joseph-Jérôme, comte Siméon, ministre d'État – Antoine, duc d'Aumont – Portrait en pied de Mme Jacques Médovy – Portrait en pied de Louis de Crevant Humières – Reddition de la citadelle de Cambrai.*

Ventes Publiques : Paris, 8 avr. 1949 : *Rencontre de cavaliers* : **FRF 2 700** – Paris, 14 fév. 1951 : *Napoléon sur son lit de mort* : **FRF 6 500** – Londres, 4 mai 1973 : *Portrait d'un jeune garçon* : **GNS 480** – New York, 26 oct. 1983 : *Étude pour Le temps montrant les ruines qu'il amène, et les chefs-d'œuvre qu'il laisse ensuite découvrir*, h/t (76x127) : **USD 2 800** – Paris, 13 juin 1988 : *Nature morte aux pommes*, h/pap. (33x25) : **FRF 8 500** – Versailles, 19 nov. 1989 : *Fruits*, h/pan. (33,5x25) : **FRF 4 500** – Paris, 23 avr. 1990 : *Nature morte aux pommes et aux poires*, h/t (33x24) : **FRF 10 000** – Paris, 27 mars 1991 : *Portrait du Général J. A. Baston, Comte de La Riboisière*, h/t (81x65) : **FRF 22 000** – Paris, 6 juil. 1993 : *Sujet pour illustrer Ossian*, fus. et reh. de craie blanche (50x39) : **FRF 28 000**.

MAUZAN Achille Lucien
Né le 18 octobre 1883 à Gap (Hautes-Alpes). Mort le 15 juin 1952 à Gap. xxe siècle. Français.
Peintre de genre, paysages, natures mortes, sculpteur, graveur, créateur d'affiches, dessinateur publicitaire.
De 1901 à 1905, il fut élève de l'École des Beaux-Arts de Lyon. De 1909 à 1925 en Italie, il eut une activité de publicitaire ; de 1927 à 1933, il séjourna et travailla à Buenos Aires ; de 1933 à 1939, il poursuivit sa carrière à Paris. Ensuite, de retour à Gap, à la suite d'une carrière professionnelle comblée, il eut une intense activité dans ses techniques variées, qui peut être dite d'artiste amateur. En 1983, le Musée de l'Affiche de Paris a consacré une exposition à l'ensemble de son œuvre.
Sa production est immense et, du fait des impératifs inhérents aux carrières publicitaires, totalement diversifiée. La part la plus considérable appartient à son activité de créateur d'affiches. Il a aussi produit de nombreuses cartes postales humoristiques, mettant en scène des enfants dans des rôles d'adultes.

Bibliogr. : Maurice Wantellet : *Deux Siècles et plus de peinture dauphinoise*, édité par l'auteur, Grenoble, 1987.

MAVELIER
Sculpteur animalier.
Ventes Publiques : Paris, 8 déc. 1987 : *Buffle de Kéraban*, sculpt. bronze patine brune (H. 14 et l. 32,5) : **FRF 6 000**.

MAVELOT Charles
Mort le 4 juillet 1742. xviie-xviiie siècles. Actif à Paris. Français.
Graveur au burin.
Il était « Maistre graveur de S.A.R. Mademoiselle » et demeurait Cour Neuve du Palais. On cite de lui quarante-neuf planches pour *Nouveau livre de différents Cartouches, Couronnes, Casques et supports*, édité à Paris en 1685.

MAVERICK Peter
Né le 22 octobre 1780 à New York. Mort le 7 juin 1831 à New York. xixe siècle. Américain.
Graveur et lithographe.
Fut le père de Peter Jr., lithographe à New York entre 1832 et 1845, de Samuel, graveur à New York entre 1805 et 1845 et de Maria A. et Emily, qui illustrèrent vers 1830 une édition de Shakespeare.

MAVERICK Peter Rushton
Né le 11 avril 1755. Mort le 12 décembre 1811 à New York. xviiie-xixe siècles. Américain.
Graveur au burin.
Il a gravé des ex-libris, des portraits et des paysages, notamment *Paysage avec rivière*, d'après W. G. Wall, publié dans l'*Atlantic Souvenir*, paru à Philadelphie en 1828.

MAVIEZ N. F.
xviiie-xixe siècles. Actif à Paris. Français.
Graveur au burin.
Il a gravé, pour la Galerie du Palais Royal, des sujets d'histoire, des portraits et des vignettes. Il a d'autre part illustré les œuvres complètes de Voltaire, parues de 1784 à 1789.

MAVIG
xxe siècle. Français.
Peintre de paysages urbains.
Fidèle à Montmartre, il a su retracer le charme du vieux quartier parisien.

MAVIGNIER Almir da Silva
Né en 1925 à Rio de Janeiro. xxe siècle. Actif depuis 1951 en Europe, depuis 1961 en Allemagne. Brésilien.

Peintre. Néo-constructiviste, puis art-optique.
Il fut élève d'Arpad Szenès en 1947, alors que celui-ci, réfugié à Rio, y tenait une sorte d'atelier libre. Il reçut aussi les conseils de Leskoshek et Boese. Il était moniteur dans un centre psychiatrique de Rio, où il s'occupa de malades mentaux ayant une activité créatrice. En 1950, il fut impressionné par l'exposition Max Bill à São Paulo. En 1951, il partit définitivement en Europe. En 1951-52, il séjourna en France, où il connut Elworth Kelly et François Morellet. Puis en Allemagne, de 1953 à 1958, il a suivi l'enseignement de l'École Supérieure de Création d'Ulm, surtout avec Josef Albers et Max Bill. En 1958, il participa à la création du *Groupe Zéro* à Düsseldorf. En 1961, à Zagreb, il fonda, avec Matko Mestrovic, le mouvement de la Nouvelle Tendance, promouvant art systématique et art lumino-cinétique par plusieurs expositions collectives dans la ville, puis au Musée des Art Décoratifs de Paris en 1964. Il eut, dans les années soixante, soixante-dix, une importante activité de graphiste, créant des affiches célèbres pour le musée d'Ulm, puis pour la Kunsthalle de Hambourg. À partir de 1961 ou 1965, il est devenu professeur à l'École des Beaux-Arts de Hambourg. En 1952, il a figuré au Salon des Réalités Nouvelles à Paris ; en 1968 à la Foire d'Art de Cologne. En 1951, le Musée d'Art Moderne de São Paulo lui consacra une exposition personnelle ; en 1959 il exposa personnellement à la galerie Azimuth de Milan.
Ses premières peintures abstraites sont composées de formes curvilignes très géométriques, générées par systèmes radicaux, peintes par aplats de couleurs vives : *Progression et rotation* de 1952-53. À partir de 1954, il évolua vers la recherche d'effets optiques, obtenus par des trames mouvantes, constituées de petites gouttes de peintures, régulièrement disposées selon diverses progressions, génératrices d'ombres portées mouvantes avec l'éclairage. Il se limite souvent au monochrome ou bien, n'utilisant que deux couleurs, il les développe en séries, selon des combinatoires programmées.
Bibliogr. : In : *Diction. Univers. de la Peint.*, Le Robert, Paris, 1975 – Damian Bayon, Roberto Pontual, in : *La peint. de l'Amérique latine au xxe siècle*, Mengès, Paris, 1990 – in : *L'Art du xxe siècle*, Larousse, Paris, 1991.

MAVRINA Tatiana
Née en 1900 à Moscou. xxe siècle. Russe.
Peintre, lithographe.
Elle figurait à l'exposition *L'art russe des Scythes à nos jours*, aux Galeries Nationales du Grand-Palais de Paris en 1967. Elle est sans doute identique à l'artiste Malvina, membre du *Groupe des Huit* se réclamant des animateurs du *Valet de Carreau* où se créa au début du siècle l'art d'avant-garde russe, et qui exposait à Moscou, au *Manège*, où étaient officiellement tolérées, à l'époque stalinienne, les expositions d'art moderniste.

MAVRO Mania
Née le 24 août 1889 à Odessa. xxe siècle. Active depuis environ 1920 en France. Russe.
Peintre de figures, nus, portraits, paysages, fleurs, peintre de cartons de vitraux.
Elle débuta à Paris au Salon des Artistes Français. À partir de 1922, elle y exposa aux Salons des Tuileries et d'Automne.
Elle a peint de nombreux paysages de Bretagne. Elle a peint aussi dans le centre de la France, Creuse, Puy-de-Dôme. Ses nus sont vigoureusement construits, sans aucun désir de déformations expressionnistes ; la hardiesse du peintre réservée à la couleur.
Ventes Publiques : Paris, 8 mars 1934 : *Lande bretonne près de Tréboul* : **FRF 800** – Paris, 20 déc. 1948 : *Vase de tulipes* : **FRF 9 000** – Paris, 18 nov. 1949 : *Négresse allongée*, vue de dos : **FRF 5 000** – Paris, 20 déc. 1954 : *Les Plomarchs (Douarnenez)* : **FRF 35 000** – Paris, 7 nov. 1988 : *Paysage de la Creuse*, h/t (75x93) : **FRF 15 500** – Paris, 30 mars. 1989 : *Paysage du Puy-de-Dôme*, h/t (60x73) : **FRF 16 100** – Paris, 25 mars 1990 : *Les deux Bretonnes*, h/t (80x98) : **FRF 32 000** – Paris, 7 oct. 1991 : *Jeune fille pensive* 1911, h/t (126,5x160,5) : **FRF 22 000**.

MAVRODIN Henry
Né le 31 juillet 1937 à Bucarest. xxe siècle. Actif depuis 1970 en Italie. Roumain.
Peintre de compositions animées, illustrateur. Réaliste-onirique.
En 1963, il fut diplômé de l'Institut d'Arts Plastiques N. Grigorescu de Bucarest. En 1965, il devint membre de l'Union des Artistes Plasticiens. En 1969, il obtint une bourse d'études pour la Belgique. En 1970, il s'établit en Italie, Murano, puis Bologne. Il participe à de nombreuses expositions collectives, en Roumanie, puis dans de nombreux pays, notamment en 1970 dans le Pavillon de la Roumanie à la Biennale de Venise, puis à la Triennale de Rome, etc. Il montre des ensembles de ses œuvres dans des expositions personnelles, en 1971 et 1975 à Padoue, 1972 Turin, 1973, 1974 Venise, 1975 Trévise, 1975 Bologne, 1976 Pordenone... Il a obtenu Prix et distinctions en Roumanie : 1966 Prix de la Jeune Peinture, 1967 troisième Prix National de Peinture, 1968 médaille d'or pour la meilleure illustration d'un livre. En 1969, Premier Prix au Festival de Cagnes-sur-Mer.
Ses compositions se présentent souvent sous forme de polyptyques à volets multiples. Il y représente ses rêves et ses obsessions sous une forme ésotérique. Ses personnages se situent dans un espace abstrait, hors site et temps. La technique réaliste de sa peinture est fondée sur un dessin parfaitement maîtrisé jusque dans le détail, mais l'onirisme fantastique des scènes traitées appuie son expression sur des couleurs imaginaires, irréelles et en accord avec le symbolisme du sujet : *Tournoi Dialectique* ou *Le Nain de l'Idéal, Magie Statique, Le Sermon aux Oiseaux*, ce dernier n'ayant guère de rapport avec celui de Giotto.
Bibliogr. : Ionel Jianou et divers, in : *Les artistes roumains en Occident*, American Romanian Academy of Arts and Sciences, Los Angeles, 1986.

MAW Nathan
Mort probablement en 1617 à Berlin. xviie siècle. Allemand.
Peintre de portraits.
Fit entre autres un portrait de *Catherine, première femme du prince électeur Joachim Frédéric*.

MAWALAN MARIKA
Né en 1908. Mort en 1967. xxe siècle. Australien.
Peintre de compositions animées. Primitif.
Il était un aborigène du North-east Arnhem Land.
Ses peintures pourraient relever de l'artisanat ; elles ont d'ailleurs d'évidentes qualités décoratives. En fait leur plus grande vertu est de constituer d'irremplaçables témoignages ethnologiques sur les coutumes et l'art de sa région. Légendes et divinités locales y font bon ménage avec l'histoire sainte chrétienne importée.
Bibliogr. : In : *Creating Australia – 200 years of art 1788-1988*, Art Gallery of South Australia, Adelaide, 1988.
Musées : Darwin (Museums and Art Gal. of the Northern Territory) : *Crucifixion* 1962 – Perth (Art Gal. of Western Australia) : *The Wawelag Sisters and Rainbow Serpent* 1959.

MA WAN, surnom : **Wenbi,** noms de pinceau : **Luchun, Ludun, Guanyuanren** et **Zhuyuan Guanzhe**
Originaire de Jiangning, province du Jiangsu. xive siècle. Actif vers 1325-1375. Chinois.
Peintre.
En 1370, il devient gouverneur de la ville de Fuzhou, dans la province du Jiangxi ; c'est pourquoi il est généralement connu sous le nom de : Gouverneur Ma. Il commence par étudier les classiques sous la direction de Yang Weizhen (1290-1370) et reste, d'ailleurs, très célèbre comme poète, avec un recueil de cinq cents poèmes, le *Guanyuanji*. Il n'en est pas moins hautement prisé comme maître des trois arts que sont la peinture, la poésie et la calligraphie. Ses paysages sont inspirés de ceux de Dong Yuan (mort en 962), de Mi Fei (1051-1107) et de Huang Gongwang (1269-1354).
Musées : Cincinnati (Art Mus.) : *Rivière tranquille au pied de montagnes dans la brume, d'après une œuvre de Huang Gongwang, œuvre signée et accompagnée d'une inscription de Dong Qichang* – Pékin (Mus. du Palais) : *Nuages et brumes un matin de printemps, œuvre signée – Temple rupestre à l'automne, d'après Juran, œuvre signée et accompagnée de deux poèmes* – Shanghai : *Vue poétique des nuages au crépuscule* signé et daté 1359, rouleau en hauteur coul. sur soie – Taipei (Nat. Palace Mus.) : *Pêche près d'un bosquet automnal*, rouleau en hauteur, encre sur pap. – *Pavillon isolé parmi les hauts sommets*, rouleau en hauteur, encre sur soie – *Collines de printemps après la pluie*, rouleau en longueur signé, encre sur pap. – *Chaumières rupestres dans les pins* œuvre signée et datée 1328 – *Hautes terrasses et crevasses profondes dans les monts enneigés* œuvre signée et datée 1349 – *Muyun shiyi tu, les nuages vespéraux engendrent des idées poétiques – ruisseau de montagne dans les nuages* œuvre signée et datée 1349 – *Voyageurs dans les monts d'automne*, œuvre signée, colophon de Tao Zongyi – *Homme assis sous un grand pin et enfant debout*, œuvre signée.

MAWIG
XXe siècle. Français.
Peintre.
Fidèle à Montmartre, il a su retracer le charme du quartier.

MAWLEY George
Né en novembre 1838 à Londres. Mort le 24 mars 1873 à Londres. XIXe siècle. Britannique.
Paysagiste et aquarelliste.
Fit ses études à la Royal Academy et à la Cary's school. Il exposa à la Dudley Gallery et à la Royal Academy.
VENTES PUBLIQUES : LONDRES, 16 fév. 1984 : *Le temple de Philaë* 1858, aquar. gche (65,5x88,4) : **GBP 900**.

MAX
XVe siècle. Travaillant à la fin du XVe siècle. Éc. tyrolienne.
Peintre.
Il exécuta la fresque de saint Georges dans la chapelle de Saint-Georges située dans la vallée supérieure de l'Inn, ainsi que probablement les *Saints Sébastien* et *Christophore*, *l'Annonciation* et les *Quinze Scènes de la Passion* qui se trouvent dans le même oratoire.

MAX Anton
Né en 1734 à Hammer. Mort en 1808 à Burgstein. XVIIIe siècle. Allemand.
Sculpteur.

MAX Colombus Josef, dit **Colombo**
Né le 10 mai 1877 à Munich. XXe siècle. Allemand.
Peintre de portraits, paysages, peintre de décorations murales.
Il fut élève de Gabriel von Hackl et Wilhelm von Diez à l'Académie des Beaux-Arts de Munich.
Il travailla à la décoration du théâtre dramatique de Munich.

MAX Corneille
Né le 10 mai 1875 à Munich. Mort le 22 février 1924 à Munich. XXe siècle. Allemand.
Peintre de portraits, paysages, graveur.
Il fut élève de Gabriel von Hackl et Anton Azbé à l'Académie des Beaux-Ars de Munich.
VENTES PUBLIQUES : LUCERNE, 18 nov. 1978 : *Portrait d'un jeune garçon* 1918, h/pan. (34,5x26,8) : **CHF 2 200**.

MAX Emmanuel, chevalier de Wachstein
Né le 19 octobre 1810 à Bürgstein. Mort le 22 février 1901 à Prague. XIXe siècle. Tchécoslovaque.
Sculpteur.
Il reçut l'enseignement de Bergler, Waldherr, Führich et Kupelwieser, et se rendit comme boursier à Rome où il séjourna jusqu'en 1847. Il s'installa à Prague en 1850 et fut anobli en 1896. Les œuvres principales sont un *Buste de Mozart* en marbre au Conservatoire de Prague, un *Crucifix avec deux anges*, pour l'église de Reichenau et une *Statue de Raphaël* en marbre pour l'Institut des Aveugles de Prague.

MAX Gabriel Cornelius von
Né le 23 août 1840 à Prague. Mort le 24 novembre 1915 à Munich. XIXe-XXe siècles. Tchécoslovaque.
Peintre d'histoire, compositions religieuses, scènes de genre, portraits, animaux.
Il était fils d'un sculpteur de talent, Joseph Max, qui encouragea son fils. Il travailla aux Académies de Prague et de Vienne, puis, de 1864 à 1867, à Munich où il fut élève de Piloty.
Ses véritables débuts datent de 1865 avec le *Martyre de sainte Ludmille*. Il s'est d'ailleurs presque exclusivement consacré à la peinture religieuse avec un caractère de mysticisme très marqué. On cite notamment de lui cette *Face du Christ* popularisée par la gravure en tous genres et qui semble ouvrir les yeux lorsqu'on la fixe un moment. Il a cependant également illustré des éditions de *Faust*, des poésies d'Uhland, et de l'*Oberon* de Wieland. Du mysticisme religieux, Gabriel Max versa dans la reproduction des scènes d'hypnotisme et de spiritisme diabolique. Esprit indépendant, violent, combatif, ce fut un peintre au dessin délicat et au colori très adouci.

BIBLIOGR. : Marcel Brion : *La peinture allemande*, Tisné, Paris, 1959.
MUSÉES : AMSTERDAM (mun.) : *Orang-outan mort* – BADEN-BADEN (Ancienne coll. Gr. Ducale) : *Tête de femme* – *Jeune fille au capuchon* – BAUTZEN (mun.) : *Les frères et sœurs* – BERLIN (Gal. Nat.) : *Le Christ guérit un enfant malade* – *Les sœurs* – BRÊME (Gal. des Beaux-Arts) : *Le Christ chez Marie et Marthe* – BRESLAU, nom all. de Wroclaw (Mus. des Beaux-Arts) : *Mater Dolorosa* – *Tännhauser* – *Vénus et l'Amour* – *Bacchante* – *La légende* – BROOKLYN (Inst. of Arts) : *Martyrs chrétiens dans les Catacombes* – CHEMNITZ (Gal. Municip.) : *Tête de jeune fille* – CHICAGO (Art Inst.) : *Première douleur* – *Inspiration* – COLOGNE (Wallraf-Richartz) : *Buste d'une jeune fille repentante* – *Femme vue de profil* – COPENHAGUE (Ny Carlsberg Glypt.) : *La convalescente* – DRESDE (Gal.) : *Un notre Père* – ELBERFELD (Mus. mun.) : *Calme du soir* – *Étude de jeune fille* – GRAZ (Gal. provinciale) : *Juliette Capulet* – *Buste d'une jeune fille* – HAMBOURG (Gal. des Beaux-Arts) : *La nonne* – *La tueuse d'enfants* – *Ecce homo* – KALININGRAD, ancien. Königsberg (Gal. mun.) : *L'expert* – *La confiance* – LEIPZIG (Mus. des Beaux-Arts) : *Madone avec l'Enfant* – LÜBECK (Behn-Haus) : *Marguerite* – MANNHEIM (Gal. des Beaux-Arts) : *Tête de jeune fille* – MAYENCE : *Tête de jeune fille* – MINNEAPOLIS (Thomas B. Walker) : *Mère avec enfant* – MONTRÉAL (Mus. des Beaux-Arts) : *La Résurrection de la fille de Jaïre* 1878 – MOSCOU (Rumianzeff) : *Lumière* – MUNICH (Nouvelle Pina.) : *La vierge Catherine Emmerich en extase* – *Singes s'érigeant en critiques d'art* – MUNICH (Gal. mun.) : *Maison d'habitation de l'artiste à Ambach* – NEW YORK (Metropolitan Mus.) : *Un salut* – OLDENBOURG : *Juliette Capulet* – *Zéphyrs* – *L'enfant trouvé* – PHILADELPHIE (John Johnson) : *Rêverie* – PHILADELPHIE (W. P. Wilstach) : *Martyre de sainte Ludmille* – PRAGUE (Mus. de Bohème) : *En prière* – PRAGUE (Rudolfinum) : *La voyante de Prevorst* – *Tête de jeune fille* – *Doit et avoir* – PRAGUE (Gal. Mod.) : *Judas Iscariote* – REICHENBERG (Gal. Liebig) : *Fanée* – *Jeune fille au clavecin* – STUTTGART (Mus. des Beaux-Arts) : *Tête de jeune fille à la voilette noire* – VIENNE (Gal. du XIXe siècle) : *Conte printanier* – VIENNE (Gal. Liechtenstein) : *Automne* – *Jeune fille avec une couronne de feuillage*.
VENTES PUBLIQUES : FRANCFORT-SUR-LE-MAIN, 1892 : *L'attente* : **FRF 2 312** – PARIS, 1892 : *Sainte Cécile* : **FRF 5 000** – BERLIN, 17 mai 1895 : *Tête de jeune fille* : **FRF 2 018** – NEW YORK, 1899 : *Sœur Agnès* : **FRF 2 100** – BERLIN, 12 déc. 1899 : *Tête de femme* : **FRF 1 525** ; *L'amour* : **FRF 1 125** – NEW YORK, 1er-2 avr. 1902 : *Jeune Fille* : **FRF 1 875** – NEW YORK, 15-16 avr. 1909 : *La main de l'esprit* : **FRF 5 000** – NEW YORK, 2-3 juin 1926 : *Les dernières volontés* : **FRF 780** – LONDRES, 15 fév. 1929 : *Priez pour nous* : **GBP 46** – PARIS, 18 juin 1930 : *Le Printemps* : **FRF 8 100** – NEW YORK, 7 déc. 1933 : *Portrait de jeune fille en noir* : **USD 225** – PARIS, 19 oct. 1950 : *Le Baiser de Judas* : **FRF 3 100** – NEW YORK, 22 jan. 1969 : *Tête de jeune femme* : **USD 500** – NEW YORK, 14 jan. 1970 : *Mère et enfant* : **USD 375** – COLOGNE, 6 juin 1973 : *Portrait de jeune fille* : **DEM 1 700** – NEW YORK, 14 mai 1976 : *L'Anatomiste* 1869, h/t (135x180,5) : **USD 3 000** – LINDAU, 12 oct. 1977 : *Portrait de jeune fille*, h/t (42,5x36) : **DEM 3 900** – LINDAU, 9 mai 1979 : *Portrait de jeune fille*, h/t (60,5x46) : **DEM 8 000** – DETROIT, 19 sep. 1982 : *Portrait de femme*, h/t (51x40,5) : **USD 3 750** – COLOGNE, 9 mai 1983 : *Portrait de jeune fille* 1879, h/pan. (37,5x28,5) : **DEM 4 400** – NEW YORK, 15 fév. 1985 : *Mère et enfant* 1899, h/t (100,4x70,5) : **USD 4 200** – LUCERNE, 15 mai 1986 : *Les Joueurs de dés*, h/t (101x146) : **CHF 6 500** – LONDRES, 25 mars 1987 : *Les Critiques*, h/t (84x106) : **GBP 8 000** – MUNICH, 18 mai 1988 : *Visite de l'atelier de l'artiste*, h/t (88x124) : **DEM 165 000** – STOCKHOLM, 15 nov. 1988 : *Portrait d'un homme en chapeau*, h. (46x34) : **SEK 12 000** – MUNICH, 10 mai 1989 : *Les Critiques d'art*, h/t (85,5x105) : **DEM 16 500** – MUNICH, 29 nov. 1989 : *Lacrima*, h/t (35x28) : **DEM 3 850** – AMSTERDAM, 30 oct. 1990 : *Jeune orang-outan endormi dans sa cage*, h/t (94x79) : **NLG 7 475** – NEW YORK, 15 oct. 1991 : *Portrait d'Else avec une guirlande de fleurs dans les cheveux*, h/t (40,8x30,5) : **USD 2 420** – NEW YORK, 29 oct. 1992 : *Jeune Femme pensive*, h/t (61x47) : **USD 4 620** – MUNICH, 22 juin 1993 : *Le déluge*, h/t (60,5x43,5) : **DEM 28 750** – LONDRES, 11 fév. 1994 : *Le Critique*, h/pan. (35,3x28,8) : **GBP 1 495** – MUNICH, 6 déc. 1994 : *Portrait de jeune fille*, h/t (34x26) : **DEM 4 600** – VIENNE, 29-30 oct. 1996 : *La Nostalgie*, h/t (59x43,2) : **ATS 402 500** – MUNICH, 25 juin 1996 : *Portrait de jeune fille*, h/pan. (H. 30,5) : **DEM 2 400** – MUNICH, 23 juin 1997 : *Automne*, h/t (49x40,5) : **DEM 27 600**.

MAX Heinrich
Né en 1847 à Prague. Mort le 4 décembre 1900 à Munich. XIXe siècle. Tchécoslovaque.
Peintre.

MAX Joseph Calasanza
Né le 16 janvier 1804 à Bürgstein. Mort le 18 juin 1855 à Prague. XIXe siècle. Allemand.
Sculpteur.
A exécuté de nombreuses statues, en particulier celles des huit guerriers du *Monument Radetzky* à Prague, et celle de Radetzky lui-même.

MAX Joseph Franz
Né en 1765 à Bürgstein. Mort le 7 octobre 1838 à Bürgstein. XVIIIe-XIXe siècles. Allemand.
Sculpteur.

MAX Michael
Né en 1823 à Hambourg. Mort en 1891 à Berlin. XIXe siècle. Allemand.
Peintre de genre.
Fit ses études à l'Académie de Dresde. Se fixa à Berlin et y fut nommé professeur à l'Académie. Le Musée de Graz conserve de lui : *Idylle dans la forêt*, et celui de Sydney : *La joie des parents.*

MAX N.
XVIIIe siècle. Actif à Vienne. Autrichien.
Peintre et graveur.
Il a gravé des sujets de chasse.

MAX-AGOSTINI. Voir **AGOSTINI Max**

MAX BAND. Voir **BAND Max**

MAX-CLAUDE Jean. Voir **CLAUDE Jean Maxime**

MAX-CLAUDET. Voir **CLAUDET George Max**

MAX-EHRLER Luise
Née le 10 août 1850 à Florence, de parents autrichiens. XIXe-XXe siècles. Autrichienne.
Peintre d'histoire, de genre, natures mortes.
Elle aurait eu un frère, également nommé Ehrler, peintre. Elle passa son enfance en Italie. Elle vint, âgée de quatorze ans, à Prague. Ensuite, à l'Académie des Beaux-Arts de Munich, elle fut élève de Joseph Flüggen. Elle épousa à Vienne le professeur de l'École des Beaux-Arts Franz Heinrich. À partir de 1878, elle a exposé à Vienne, Munich, Anvers, Berlin.
Ventes Publiques : Vienne, 14 mars 1967 : *Maternité* : **ATS 35 000** – New York, 29 fév. 1984 : *Dans la salle d'attente*, h/t (84,5x94,5) : **USD 13 000**.

MAX ERNST. Voir **ERNST Max**

MAX-INGRAND Maurice
Né le 20 décembre 1908 à Bressuire (Deux-Sèvres). Mort le 25 août 1969 à Paris. XXe siècle. Français.
Peintre de cartons de vitraux, maître-verrier, peintre de décors de théâtre, décorateur.
Il fut élève de Charles Le Maresquier à l'École des Beaux-Arts de Paris, puis de l'École des Arts Décoratifs. Il a exposé régulièrement à Paris, au Salon des Artistes Décorateurs, dont il fut vice-président de 1948 à 1950. Il était officier de la Légion d'honneur. Avant la Deuxième Guerre mondiale, il collabora à la décoration du paquebot *Normandie*. Il fut essentiellement créateur de vitraux et son propre maître-verrier. Sa première œuvre importante fut l'ensemble des vitraux de l'église Sainte-Agnès d'Alfort, construite par Auguste Perret. Suivirent, entre autres, ceux de : l'église Saint-Pierre de Montmartre, la chapelle du couvent de l'Assomption d'Auteuil, la chapelle de Tous les Saints à Bobigny, l'église Saint-Vincent aux Baux-de-Provence, la cathédrale de São Paulo, le Palais des rois de Majorque à Perpignan, un des vitraux de la cathédrale de Strasbourg. Après la guerre, il prit part aux commissions pour la restauration et la création des vitraux de plusieurs cathédrales, Beauvais, Le Mans, Tours, Saint-Malo, Rouen, et autres. D'autre part, il collabora à la décoration du Théâtre du Palais de Chaillot en 1937, du Théâtre Royal de Bucarest, d'un hôtel de Bombay, du palais du prince Asaka à Tokyo. Vers 1955, il créa les nouvelles fontaines du Rond-Point des Champs-Élysées ; avant sa mort, il venait d'achever l'ensemble des fontaines de la place Victor Hugo. Dans encore un autre domaine, il fut l'auteur des décors pour la représentation du *Christophe Colomb* de Paul Claudel, au théâtre Marigny.
Sa production de vitraux fut très abondante ; il sont très caractérisés par leur appartenance au style 1930, lui-même caractérisé par une stylisation d'intention moderniste, lointainement issue d'une géométrisation cubisante.
Musées : Paris (Mus. Nat. d'Art Mod.) : plusieurs dalles gravées.

MAX-JACOB. Voir **JACOB Cyprien Max**

MAXADO C.
XVIIIe siècle (?). Espagnol.
Peintre.
Le Musée d'Ajaccio possède un *Portrait de jeune homme en perruque blonde*, signé au dos *C. Maxado*.

MAXENCE Edgar
Né le 17 septembre 1871 à Nantes (Loire-Atlantique). Mort en 1954 à La Bernerie-en-Retz (Loire-Atlantique). XIXe-XXe siècles. Français.
Peintre de figures allégoriques, scènes mythologiques, portraits, paysages, natures mortes, fleurs, peintre à la gouache, aquarelliste, pastelliste, technique mixte. Symboliste.
Il fut élève de Gustave Moreau et Élie Delaunay. Il exposa régulièrement à Paris, au Salon des Artistes Français, 1894 mention honorable, 1895 médaille de troisième classe, 1897 médaille de deuxième classe, 1898 nommé sociétaire, 1900 pour l'Exposition Universelle médaille d'or et fait chevalier de la Légion d'honneur, 1924 élu membre de l'Institut, puis promu officier de la Légion d'honneur. De 1895 à 1897, il fut aussi exposant du Salon de la Rose-Croix.
Peintre de portraits, paysages, natures mortes, il est aujourd'hui surtout apprécié pour ses compositions symbolistes : principalement des figures de femmes, évoluant dans un univers légendaire, intemporel et onirique.

Edgard Maxence

Bibliogr. : In : Catalogue de l'exposition *Esthètes et magiciens. Symbolistes des collections parisiennes*, Mus. Galliéra, Paris, 1970 – in : Catalogue de l'exposition *Autour de Lévy-Dhurmer. Visionnaires et intimistes*, Gal. Nat. du Grand Palais, Paris, 1973.
Musées : Bordeaux – Mulhouse – Nantes – Poitiers – Valenciennes.
Ventes Publiques : Paris, 15 mars 1909 : *Le mariage mystique de sainte Catherine* : **FRF 470** – Paris, 13 avr. 1921 : *Méditation* : **FRF 5 800** – Paris, 6 fév. 1929 : *Vieille paysanne assise devant la cheminée* : **FRF 1 300** – Paris, 24 mai 1944 : *Le Parc abandonné* : **FRF 18 000** – Paris, 2 déc. 1946 : *Femmes au lys* 1902 : **FRF 43 000** – Paris, 2 mars 1950 : *Femme en prière* : **FRF 26 500** – Paris, 9 juil. 1951 : *La Joueuse de mandoline* : **FRF 50 000** – Paris, 12 déc. 1973 : *Recueillement* : **FRF 7 500** – Paris, 14 juin 1976 : *Recueillement*, h/pan. (66x47) : **FRF 12 700** – Londres, 9 mai 1979 : *Les fleurs du lac* 1900, temp./pan. : **GBP 15 000** – Cannes, 20 déc. 1980 : *Femme libellule*, h/pan. (68x51) : **FRF 88 000** – Paris, 30 mars 1981 : *La Jeune Châteleine* 1906, techn. mixte (72x53) : **FRF 44 000** – Enghien-les-Bains, 15 nov. 1981 : *Portrait de Madame Job*, gche et h./fond or/pan. (58x44) : **FRF 190 500** – Enghien-les-Bains, 11 déc. 1983 : *Portrait de jeune fille au livre* 1906, past. et gche (73x54) : **FRF 50 000** – Paris, 21 juin 1983 : *Jeune fille au lys* 1901, h/pan. marqueté, haut arrondi (60x51) : **FRF 160 000** – Londres, 18 juin 1985 : *La sérénade*, h/pan. (84x128) : **GBP 17 000** – Monte-Carlo, 22 fév. 1986 : *Jeune femme au voile bleu*, aquar., gche et pl./pap. beige (36,5x29) : **FRF 15 000** – Paris, 10 déc. 1987 : *L'Archange* 1901, gche et past. (57x51) : **FRF 40 000** – Enghien-les-Bains, 25 oct. 1987 : *Rêverie, femme en buste*, gche (43x61) : **FRF 40 500** – Paris, 8 juin 1988 : *Roses dans une timbale en argent*, h/pan. : **FRF 18 000** – Calais, 3 juil. 1988 : *Vase de fleurs*, h/pan. (32x23) : **FRF 7 000** – Versailles, 6 nov. 1988 : *Cérès*, aquar., past., reh. de gche, fus. contre-collé/cart. rond (diam. 60) : **FRF 26 000** – Paris, 28 nov. 1988 : *La Coupe aux fruits*, h/isor. (46x55) : **FRF 56 000** – Londres, 28 mars 1990 : *Zinnias dans un vase bleu et blanc*, h/cart. (80,5x80,5) : **GBP 17 600** – Paris, 10 avr. 1990 : *L'Église de campagne*, gche (23x31) : **FRF 7 000** – Paris, 4 mai 1990 : *Zinias à la timbale d'argent*, h/pan. (32,5x24) : **FRF 60 000** – Paris, 18 juil. 1990 : *Bouquet aux roses blanches*, h/pan. (81x27) : **FRF 42 000** – Paris, 12 oct. 1990 : *L'Ange bleu*, aquar. et past. (44x36,5) : **FRF 60 000** – Paris, 15 avr. 1991 : *Jeune Femme au vitrail*, h/pan. (55x45,5) : **FRF 25 500** – Londres, 17 juin 1992 : *Bouquet de zinnias*, h/pan. (77x77) : **GBP 7 700** – Paris, 21 déc. 1992 : *Le Bouquet à la timbale*, h/cart. (33x24) : **FRF 9 000** – New York, 26 mai 1993 : *Recueillement*, h/pan. (74x45,4) : **USD 19 550** – Paris, 6 fév. 1994 : *Scène religieuse* 1931, h/pan. (31,5x22,5) : **FRF 4 000** – Paris, 24 juin 1994 : *Portrait de femme à l'éventail*, h/pan. (74x59) :

FRF 80 000 – PARIS, 18 nov. 1994 : *Portrait de femme à la rose*, h/t (61x50) : **FRF 23 000** – LONDRES, 14 juin 1995 : *Tête de jeune fille*, h/pan. (17x17) : **GBP 2 875** – NEW YORK, 23 mai 1996 : *Le Chœur d'anges*, h/pan. (70x80) : **USD 21 850** – LONDRES, 21 nov. 1996 : *La Femme au violoncelle*, h/pan. (67x55) : **GBP 10 350** – PARIS, 11 avr. 1997 : *Buste de fillette*, past. (35x28,5) : **FRF 5 000** – LONDRES, 13 juin 1997 : *Pensées lointaines*, h/pan. (91,7x72,1) : **GBP 13 225**.

MAXENCE Jean
Né le 8 octobre 1901 à Nantes (Loire-Atlantique). XXe siècle. Français.
Peintre de figures, nus, portraits, illustrateur.
Il était sans doute apparenté à Edgar Maxence. Il fut élève d'Ernest Laurent et d'Émile Renard. Depuis 1920, il a exposé à Paris, au Salon des Artistes Français, 1920 médaille d'argent, 1925 médaille d'or et Prix de Madagascar avec la bourse de voyage. En 1930, il a illustré *Fanny* de B. Roy.

MAXENCE Marie-Thérèse
Née le 8 mai 1905 à Paris. XXe siècle. Française.
Peintre.
Depuis 1922, elle a exposé à Paris, au Salon des Artistes Français, 1926 médaille d'argent.

MAXFIELD James E.
Né en 1848 à Detroit (Michigan). XIXe siècle. Actif à New York. Américain.
Peintre de genre.
Il fut l'élève de T. Rosental à Munich.

MA XIAOGUANG
Né en 1956 à Heilongjiang. XXe siècle. Chinois.
Peintre de natures mortes.
Originaire de Harbin Heilongjiang et diplômé de l'Académie des Beaux-Arts locale, où il enseigne à présent.
Il est spécialiste de natures mortes.
VENTES PUBLIQUES : HONG KONG, 30 avr. 1996 : *Fruits d'automne* 1992, h/t (45,7x53,3) : **HKD 29 900**.

MAXIME, pseudonyme de **Arhangelsk Maxime**
Né en 1926 à Moscou. XXe siècle. Russe.
Sculpteur d'assemblages.
En 1957 à Moscou, Maxime visita pour la première fois une exposition d'artistes du monde entier. Cette exposition l'influença nettement, d'où le caractère très occidental de ses propres sculptures, malgré la rareté de l'information dont ont souffert les artistes russes. Il a figuré à l'exposition *L'Avant-garde russe, Moscou 73*, à la galerie Dina Vierny, Paris, 1973.
Ses sculptures sont des assemblages de vieux objets de fer refaçonnés, écuelles, gobelets, casques, auxquels il donne, par l'aspect de formes légères et irréelles, une impression de matière vivante. Ainsi peut-on parler de paradoxe dans sa démarche sculpturale, qui consiste en un véritable refaçonnement, voire une recréation, à partir d'objets morts.
BIBLIOGR. : In : Catalogue de l'exposition *L'Avant-garde russe, Moscou 73*, gal. Dina Vierny, Paris, 1973.

MAXIMILIEN Ier de Bavière, prince électeur
Né le 17 avril 1573 à Munich. Mort le 27 septembre 1651 à Ingolstadt. XVIe-XVIIe siècles. Allemand.
Sculpteur sur bois, sur ivoire.
A tourné l'ivoire et sculpté le bois. Quelques spécimens de son art se trouvent au Musée National de Munich.
MUSÉES : MUNICH (Mus. Nat.).

MAXIMIN. Voir **WISCHAK Maximilian**

MAXIMO. Voir **PAULINO dos Reis**

MAXIMOFF Alexej
Né en 1810. Mort le 20 août 1865. XIXe siècle. Russe.
Peintre d'histoire et de portraits.
On voit de lui, à Moscou, à la Galerie Tretiakov : *La Vierge et l'enfant Jésus*, et, au Musée Roumianzeff, *Portrait du comte M. M. Speransky*, *Portrait de l'Impératrice Elisabeth Petrovna*.

MAXIMOFF Ivan
Mort en septembre 1688. XVIIe siècle. Russe.
Peintre d'icônes et miniaturiste.
Il fut l'élève d'Uschakoff et entra en 1673 au service des tzars.

MAXIMOFF Michail
Né en 1743. XVIIIe siècle. Russe.
Peintre d'architectures.
Fut de 1758 à 1767 élève de l'Académie de Saint-Pétersbourg.

MAXIMOFF S.
XIXe siècle. Russe.
Peintre.
La Galerie Tretiakov conserve de lui : *Dans le vieil ermitage*.

MAXIMOUCHKINA Véra
Née en 1923. XXe siècle. Russe.
Peintre de compositions à personnages.
Elle fréquenta l'École des Beaux-Arts de N. Samokich. Elle devint Membre de l'Union des Artistes d'URSS et reçut le titre de Peintre émérite d'URSS.
MUSÉES : MOSCOU (min. de la Culture).
VENTES PUBLIQUES : PARIS, 25 nov. 1991 : *Le livre intéressant* 1956, h/cart. (76x93) : **FRF 19 500** – PARIS, 6 déc. 1991 : *Préparatifs pour la fête* 1951, h/cart. (35x35) : **FRF 53 000** – PARIS, 13 avr. 1992 : *Le réveillon des enfants* 1949, h/cart. (25x19) : **FRF 15 000** – PARIS, 17 juin 1992 : *Trois copains* 1949, h/cart. (35x28) : **FRF 5 500** – PARIS, 12 oct. 1992 : *En vacances* 1953, h/cart. (50x34,5) : **FRF 5 800** – PARIS, 1er déc. 1994 : *Avant le spectacle*, h/t/cart., esquisse (27x22) : **FRF 8 000**.

MAXIMOV Wassily Maximovitch
Né en 1844. Mort le 18 novembre 1911. XIXe-XXe siècles. Russe.
Peintre de figures, genre, figures typiques.
MUSÉES : MOSCOU (Mus. Roumianzeff) : *Une vieille* – MOSCOU (Gal. Tretiakov) : *Types de paysans*.
VENTES PUBLIQUES : LONDRES, 17 juil. 1996 : *Après la récolte des plantes sauvages*, h/t (79x54) : **GBP 2 070**.

MAXIMY Jean de
Né en 1931 en Auvergne. XXe siècle. Français.
Dessinateur. Réaliste-fantastique.
Il fut élève de l'École des Beaux-Arts de Lyon. En 1958, il se fixa à Paris, publiant des dessins humoristiques, puis travaillant dans la publicité. En 1971, l'ARC (Art Recherche Confrontation) du Musée d'Art Moderne de la Ville de Paris a montré une première exposition de ses dessins.
Vers 1967, il commença une série de dessins à la plume, puis fut amené à en réaliser des « suites ». Qualifiés de « visionnaires », ces dessins évoquent incontestablement des notions d'espaces non-euclidiens.

MA XINGZU ou **Ma Hsing-Tsu** ou **Ma Sing-Tsou**
XIIe siècle. Actif vers le milieu du XIIe siècle. Chinois.
Peintre.
Fils de Ma Fen (actif dans la première moitié du XIIe siècle), il est membre *(daizhao)* de l'Académie de Peinture, à Hangzhou, pendant l'ère Shaoxing (1131-1162). Il est aussi conseiller de l'empereur Gaozong.

MAXON Wilhelm
Né le 3 juillet 1894 à Bayreuth. XXe siècle. Allemand.
Peintre de paysages, lithographe, dessinateur.
En 1922, il a publié une série de douze lithographies, intitulée *Tessin*.
MUSÉES : KAYSERSLAUTERN (Mus. Industriel) – MUNICH (Gal. mun.).

MAXWELL
XVIIIe siècle. Britannique.
Miniaturiste.
On note son passage à Lille en 1785.

MAXWELL Coralee Delong
Née le 13 septembre 1878 dans l'Ohio. XXe siècle. Américaine.
Sculpteur.
Elle fut élève du Danois Herman Matzen, à Cleveland. Elle était membre de la Fédération Américaine des Arts.

MAXWELL Donald
Né en 1877 à Londres. Mort le 25 juillet 1936 à Harrietsham (Kent). XXe siècle. Britannique.
Peintre de paysages, marines, dessinateur, illustrateur.
Il fut élève en 1896 de la South Kensington Art School, en 1897 de la Slade School, et de la Clapham Art School. Pendant la Première Guerre mondiale, il fut dessinateur de l'Amirauté. Il accompagna le Prince de Galles au cours d'un voyage aux Indes. Il exposait à Londres, à la Royal Academy.
À partir de 1910, il produisit des marines pour la revue *The Graphic*. À la suite de ses voyages, il en illustra de nombreux récits : *The Enchanted Road*, en 1905 *The Log of the Griffin*, en 1914 *Adventures with a Sketch Book*, ainsi que *The Prince of Wale's Eastern Book*, etc.

Bibliogr. : Marcus Osterwalder, in : *Dict. des illustrateurs 1800-1914*, Ides et Calendes, Neuchâtel, 1989.

MAXWELL George

Né en 1768. Mort le 28 décembre 1789. XVIIIe siècle. Britannique.

Paysagiste.

Exposa à la Royal Academy de 1787 à 1789. Joshua Reynolds appréciait beaucoup ses œuvres.

MAXWELL John

Né en 1905 à Dalbeattie (Kirkcudbrightshire-Écosse). Mort en 1962 à Dalbeattie. XXe siècle. Britannique.

Peintre, aquarelliste, dessinateur. Figuration poétique, tendance abstraite.

De 1921 à 1927, il fut élève du College of Art d'Édimbourg. Ensuite, à Paris, il fut élève de Fernand Léger et Ozenfant à l'Académie Moderne. Revenu à Édimbourg, il y exposa régulièrement, et enseigna à son tour au College of Art. Il montrait des ensembles de ses œuvres dans des expositions personnelles : 1949 à l'Institut Français ; 1954 à Londres, avec Gillies ; 1960 à l'Art Council d'Édimbourg. En 1963 eut lieu à Édimbourg une exposition rétrospective posthume de l'ensemble de son œuvre. En 1949, il avait été élu à l'Académie Royale d'Écosse.

Dans la suite des imaginations oniriques de Chagall et des inventions poétiques de Paul Klee, Maxwell a créé un œuvre tout de charme, de poésie, de légèreté. La couleur fluide procède par allusions ; le trait évanescent suggère plus qu'il ne décrit. La réalité, villages, ports, fleurs, oiseaux, sert de support à la glose ; à partir d'elle, traits et taches colorées prennent leur essor et s'envolent vers la fantaisie.

Bibliogr. : D.M. Sutherland : Catalogue de l'Exposition commémorative *John Maxwell*, Édimbourg, 1963.

Musées : Aberdeen (Art Gal. and Industr. Mus.) – Dumfries (Gracefield Arts Center) – Édimbourg (Arts Council) – Édimbourg (roy. Scott. Acad.) – Édimbourg (Scott. Nat. Gal. of Mod. Art) – Glasgow (Art Gal. and Mus.) – Londres (Arts Concil) – Londres (Tate Gal.) – Manchester (Whitworth Art Gal.) – Sydney (Art Gal. of New South Wales).

Ventes Publiques : Édimbourg, 2 juil. 1981 : *Nu debout* 1959, aquar. (23x25,5) : **GBP 1 000** – Édimbourg, 22 nov. 1988 : *Le chasseur II* 1941, encre et aquar. (42,5x47,6) : **GBP 12 000** – Perth, 28 août 1989 : *Personnage endormi dans un paysage* 1950, encre et aquar. (30,5x55) : **GBP 6 600** – Perth, 26 août 1991 : *La fête foraine*, encre (33x25,5) : **GBP 990** – Glasgow, 14 fév. 1995 : *Monuments* 1937, gche et cr. (49,5x61,5) : **GBP 2 070** – Glasgow, 16 avr. 1996 : *Paysage* 1949, aquar. et encre (38x51) : **GBP 1 265**.

MAXY H.

XXe siècle. Roumain.

Peintre de compositions animées. Expressionniste.

Peintre d'un réalisme expressif, jusqu'à la déformation. Il s'attache surtout aux scènes du travail et de la vie prolétarienne.

MAY Anais Marie

Née au XIXe siècle à Paris. XIXe siècle. Française.

Peintre, dessinatrice.

Élève de Flandrin. Elle exposa aux Salons de 1867 et 1868.

MAY Arthur Dampier

XIXe-XXe siècles. Britannique.

Peintre de genre, portraits, paysages.

De 1873 à 1914, il a travaillé à Londres. De 1866 à 1875, un Arthur Dampier a exposé à la Suffolk Street Gallery ; il s'agit sans doute du même artiste.

Au Trinity College d'Oxford, il a exécuté le *Portrait de lord Coleridge*.

Ventes Publiques : Londres, 19 oct. 1983 : *Avant le bain* 1905, h/t (79x38) : **GBP 2 200**.

MAY Beulah

Née le 26 juin 1883 à Hiawatha. XXe siècle. Américaine.

Sculpteur.

Elle travailla à Santa Ana en Californie.

MAY Bruno

Né le 3 septembre 1880 à Berlin. XXe siècle. Allemand.

Peintre de décorations murales, figures, portraits, natures mortes, sculpteur, dessinateur, décorateur.

À l'Académie des Beaux-Arts de Munich, il fut élève de Gabriel von Hackl et Wilhelm von Diez, et de Adolf Hölzel à celle de Stuttgart. Il travaillait à Stuttgart, où il décora plusieurs demeures aristocratiques.

Ventes Publiques : Paris, 14 avr. 1991 : *Carpe et mizrach*, h/t (65x54) : **FRF 8 000**.

MAY Charles

XVIIIe siècle. Britannique.

Portraitiste.

Il travailla à Londres de 1771 à 1783.

MAY Édouard

Né vers 1807 à Paris. Mort en 1881 à Angoulême. XIXe siècle. Français.

Peintre de portraits et de genre.

Élève de L. Cogniet. Il travailla à la Manufacture de Sèvres et décora la Salle des fresques et verres antiques du Louvre. Il publia en 1842 la *Galerie des Artistes de Bordeaux* et composa de nombreuses lithographies. Figura au Salon de 1857, médaille de troisième classe en 1855 (Exposition Universelle).

Musées : Angoulême : *Le dixième commandement de Dieu*, aquar. – *Intérieur de l'atelier d'un charron* – *Vue prise de Saint-Germain-sur-Vienne près Confolens* – *Passage du bac à Roffit, près d'Angoulême* – *Vue de l'ancienne porte Saint-Pierre d'Angoulême*, aquar. – *Consécration de l'église Saint-Martial d'Angoulême le 21 juillet 1853*.

MAY Edward Harrisson

Né en 1824 à Croydon (Angleterre). Mort en 1887 à Paris. XIXe siècle. Britannique.

Peintre de genre et de portraits.

Il fut l'élève de Huntington à New York et de Couture à Paris. A exécuté une *Marie-Madeleine* qui se trouve au Metropolitan Museum de New York et un *Molière* à la Public Library de cette même ville.

MAY Georg Oswald

Né le 24 janvier 1738 à Offenbach. Mort en 1816 à Francfort. XVIIIe-XIXe siècles. Allemand.

Portraitiste et pastelliste.

Il acheva son éducation artistique à la Galerie de Mannheim et à celle de Düsseldorf. Il travailla à Offenbach, Bayreuth, Weimar et Würzburg. Il fit les portraits de *Goethe* (1779), de *Wieland*, de *Lessing*, de *Sophie La Roche*. Au Musée d'Offenbach se trouvent les portraits du *Prince Wolfgang Ernst II d'Isenburg* et de sa femme *Charlotte Ernestine de Anhalt-Schaumburg*.

MAY Hans Georg

Né le 2 octobre 1714 à Jeuchtwaugen. XVIIIe siècle. Allemand.

Portraitiste.

Il s'installa en 1752 en Wurtemberg et fit des portraits des membres de sa famille.

MAY Heinz

Né le 9 novembre 1878 à Düsseldorf. XXe siècle. Allemand.

Peintre de figures, paysages, natures mortes.

MAY Hieronymus. Voir **MY**

MAY Jan Willem

Né le 20 mars 1798 à Amsterdam. Mort le 2 octobre 1826 à Hoorn. XIXe siècle. Hollandais.

Peintre de genre et de portraits.

Il fut l'élève de J. A. Daiwaille. Le Musée d'Amsterdam conserve de lui les portraits de *Job Seaburne May* et d'*Anna May-Brander* (datés de 1823).

MAY Jean-Claude

XXe siècle. Français.

Peintre, peintre de décors de théâtre.

Il a créé les décors de *La Ballade de la geôle de Reading*, ballet de Jacques Ibert d'après le poème d'Oscar Wilde, au répertoire de l'Opéra-Comique de Paris.

MAY Karl

Né le 31 janvier 1884 à Frauenaurach. XXe siècle. Allemand.

Sculpteur de monuments.

Il fut élève de Erwin Kurz.

Il a surtout réalisé des monuments commémoratifs de la Première Guerre mondiale.

MAY Matthäus Daniel

XVIIIe siècle. Actif à Hambourg. Allemand.

Peintre sur faïence.

Il fut le collaborateur de J. O. Lessel.

MAY Matthias

Né en 1884 à Cologne. Mort en 1923 à Linz. XXe siècle. Allemand.

Peintre de figures, portraits, paysages, natures mortes, graveur.

Il fut élève de Wilhelm von Diez et de Christian Jank à Munich.
Ventes Publiques : Berne, 2 mai 1986 : *La Basse-cour*, h/t (64,5x55) : **CHF 4 500**.

MAY Olivier. Voir **LE MAY**

MAY Philipp William, dit **Philmay**
Né le 22 avril 1864 à Wortley (près de Leeds). Mort le 5 août 1903 à Londres. XIXe siècle. Britannique.
Peintre de portraits, caricaturiste, décorateur de théâtre, dessinateur.
Ce fut surtout un caricaturiste, mais dans ce genre il montra beaucoup de talent et fut très populaire. D'abord élève chez un architecte, à douze ans, il quitta cet emploi pour entrer comme peintre de décors, malgré son jeune âge, au Grand Théâtre à Leeds. À quatorze ans, il entra avec le même emploi dans une troupe de comédiens ambulants. En 1882, après un séjour à Leeds, il vint à Londres où il fit des caricatures et des costumes de théâtre. En 1885, il partit pour l'Australie et y fut collaborateur du *Sydney Bulletin*. En 1888, il revint en Europe, fit un séjour à Rome, où il copia les vieux maîtres et s'essaya comme peintre à l'huile. De retour à Londres, après avoir collaboré à diverses œuvres, il entrait au *Punch* (1895). Il a publié de nombreux albums comiques : *Sketchbook* (1896), *Guttersnipes* (1896), *Alphabet* (1897), *Green on Rougemont* (1898), *The little Minister Souvenir* (1898), *Fifty Sketches* (1899).
Ventes Publiques : Paris, 21 juin 1919 : *Étude d'homme encapuchonné*, croquis aquarellé : **FRF 95** – Londres, 16 mai 1927 : *Portrait de l'artiste par lui-même*, pierre noire et sanguine : **GBP 21** – Londres, 11 juin 1993 : *Le connaisseur* 1893, encre (26x21) : **GBP 1 150**.

MAY Rafaël de. Voir **MEY**

MAY Sophie Maria von. Voir **ERLACH VON HINDELBANK**

MAY Walo ou **Walther von**
Né le 25 décembre 1879 à Berne. Mort le 27 février 1928 à Stuttgart. XXe siècle. Suisse.
Dessinateur et lithographe.
A fait son éducation à Vienne, Paris, Munich et Berlin. Il collabora avec Rud. Steiner à la construction du premier Goetheanum à Dornach. Il se consacra plus tard surtout à l'illustration d'œuvres célèbres, telles que les *Contes* d'Andersen, *Les Nouvelles* de Maupassant, *Le Maître d'école Wuz* de Jean Paul, *La Mort de Danton* de Büchner et quelques drames de Schiller.

MAY Walter William
Né en 1831. Mort en 1896. XIXe siècle. Britannique.
Peintre de marines, peintre à la gouache, aquarelliste, pastelliste, dessinateur.
Il fut officier de marine, puis se consacra à la peinture. Il fut membre de la New Water-Colours Society. Il a exposé, de 1859 à 1893, à la Royal Academy, à la British Institution, à Suffolk Street et à la New Water-Colours Society.
Musées : Cardiff : aquarelles – Dublin : aquarelles – Norwich : *Échoué – Au large de Douvres.*
Ventes Publiques : Londres, 12 juin 1973 : *Marine*, aquar. : **GNS 380** – Londres, 31 jan. 1990 : *La pêche en vue des côtes* 1863, aquar. avec reh. de gche (20x37) : **GBP 1 210** – New York, 19 jan. 1994 : *Le soir à Upnor*, h/t (57,2x42,5) : **USD 1 035** – Londres, 11 mai 1994 : *Au large de Bass Rock* 1865, aquar. avec reh. de blanc (27,5x53) : **GBP 782** – Londres, 30 mai 1996 : *Quai à Bridlington* 1862, aquar., past. et cr. (24x36,5) : **GBP 632**.

MAY William Charles
Né à Reading. XIXe-XXe siècles. Britannique.
Sculpteur de statues, groupes, monuments.
Il fut élève de Rafaello Monti à Londres. De 1875 à 1894, il participa aux expositions de Londres.
En 1911, il exécuta le monument élevé à la mémoire du pilote aérien Hon. C.S. Rolls.
Musées : Reading : *Vision de sainte Cécile*, bronze.

MAY William Holmes
Né en 1839. Mort vers 1920. XIXe-XXe siècles. Actif à Mertou. Britannique.
Paysagiste et graveur.
Membre de la Société Royale des Peintres-Graveurs. Il exposa à Suffolk Street en 1880.

MAY-HÜLSMANN Valérie
Née le 7 mai 1883 à Rögätz-sur-l'Elbe. XXe siècle. Allemande.
Peintre de portraits, natures mortes.
Elle fut élève de l'école de peinture de Erwin Knirr à Munich, de Hermann Groeber et Georg Weinhold. Femme de Bruno May.

MAYAKOVSKY Vladimir
Né en 1962 à Orsk (région d'Orenbourg). XXe siècle. Russe.
Peintre.
Il est diplômé de l'Institut National des Beaux-Arts Sourokov de Moscou, ville où il expose.

MA YA-LI
Née en 1954. XXe siècle. Chinoise.
Peintre d'histoire, de genre. Réaliste-populiste.
Membre de la brigade de Potao, commune populaire de Yutchan. Elle fait partie du groupe des peintres paysans du district de Huxian. Voir HUXIAN, peintres paysans du.

MAYAN Charles Jules Lucien
Né au XIXe siècle à Chabeuil (Drôme). XIXe siècle. Français.
Portraitiste.
Élève de Cogniet. Exposa au Salon entre 1847 et 1867.

MAYAN François Eugène
Né au XIXe siècle à Marseille. XIXe siècle. Français.
Peintre de paysages.
Débuta au Salon en 1869.

MAYAN Théophile Henri
Né le 22 décembre 1860 à Marseille (Bouches-du-Rhône). XIXe-XXe siècles. Français.
Peintre de figures, portraits, paysages, fleurs, pastelliste.
Élève de Gaston Saint-Pierre, Georges Laugée, Ernest Hébert, Antoine Vollon, il participa au Salon de Paris à partir de 1883, obtenant une mention honorable en 1894, une troisième médaille en 1899. Sociétaire des Artistes Français depuis 1890. Ses toiles sont de différents styles, comme pouvait le laisser prévoir l'enseignement varié qu'il a reçu. Il a surtout peint les paysages typiques de la Provence intérieure.

Musées : Cherbourg : un pastel – Digne : *Les Alpilles et la plaine d'Eygalières au printemps – Dans les sables de la Durance* – Draguignan : *Fleur de Provence* – Liverpool : *Ajoncs en fleurs* – Marseille – Montpellier : *Matinée d'Automne en Provence.*
Ventes Publiques : Londres, 16 mars 1994 : *Jeunes paysannes faisant une pause*, h/t (56,5x73) : **GBP 3 450** – New York, 1er nov. 1995 : *Le repos pendant la moisson* 1890, h/t (146,1x188,9) : **USD 51 750**.

MAYANS Y PASTOR Josefa
XVIIIe siècle. Actif à Valence en 1776. Espagnol.
Peintre amateur.
Le Musée de Valence possède un de ses pastels.

MAYAUD J. B.
XIXe siècle. Britannique.
Portraitiste.
Il travailla à Londres de 1821 à 1826.

MAYAUX Philippe
Né en 1961. XXe siècle. Français.
Peintre de figures, paysages, natures mortes.
Il participe à des expositions collectives : 1994, *Nouvelle Vague* au Musée d'Art moderne et contemporain de Nice ; 1997 *Mutants* à la galerie Philippe Rizzo à Paris. Il montre ses œuvres dans des expositions personnelles : 1996, Espace Jules Verne, Brétigny-sur-Orge ; de même que galerie Météo, Paris.
La peinture de Mayaux est une réponse à l'approche conceptuelle de l'art. Elle pose une nouvelle fois la problématique de l'imitation du réel. Ses sujets frisent la banalité (tranche de gruyère, motifs de papier peint, serviette de bain, paysages ou natures mortes...), si ce n'est que l'artiste les filtre astucieusement et les met en scène en les soumettant sans pudeur aux plaisirs des sens (image récurrente de la nourriture) ou au jeu de l'illusionnisme (un paysage se transformant en nu, etc.). La peinture, pour Mayaux, est à reconsidérer dans ses effets imagés.
Bibliogr. : Cyril Jarton : *L'Entreprise de démystification de Philippe Mayaux*, Beaux-Arts, n° 141, Paris, janv. 1996 – Didier Ottinger : *Philippe Mayaux et James Rielly. Grains de sables, images-monstres*, in : *Art Press*, n° 226, Paris, juillet-août 1997.

MAYBURGER Joseph
Né en 1813 à Salzbourg. Mort le 2 novembre 1908 à Salzbourg. XIXe siècle. Autrichien.

Paysagiste.
Exposa à partir de 1867 à Dresde et Hanovre. Les Musées de Linz, de Lübeck et de Salzbourg nous présentent quelques-unes de ses œuvres.
Ventes Publiques : Lindau (B.), 7 mai 1980 : *Vue du Bodensee*, h/t (55x71) : **DEM 3 000** – Vienne, 12 oct. 1983 : *Arenberg am Bodensee* 1859, h/t (55x71,5) : **ATS 50 000** – Munich, 18 sep. 1985 : *Vue du Chiemsee* 1880, h/t (70x148) : **DEM 13 000**.

MAYDA Pedro de
XVIe siècle. Actif à Séville en 1533. Espagnol.
Sculpteur.

MAYDEL Anna von, baronne
Née le 6 novembre 1861 à Saint-Pétersbourg. XIXe-XXe siècles. Russe.
Peintre de paysages.
Elle acquit sa formation artistique, de 1885 à 1890 à Reval (Tallinn – Estonie), et de 1915 à 1917 à Helsingfors (Helsinki – Finlande).

MAYDELL Ernst von, baron
Né le 4 janvier 1888 à Vogelsang. XXe siècle. Allemand.
Dessinateur.
Il fut élève de l'école Debschitz à Munich. De 1921 à 1925 il séjourna à Berchtesgaden, de 1925 à 1928 dans l'Italie méridionale, et de 1928 à 1930 travailla à Munich.

MAYDELL Éveline von, baronne, née **Frank**
Née le 18 mai 1890 à Téhéran. XXe siècle. Iranienne.
Peintre de portraits.
De 1908 à 1912, elle fréquenta les Écoles des Beaux-Arts de Riga et Saint-Pétersbourg, et l'Académie de Düsseldorf. Elle travailla en Pologne, de 1915 à 1921 en Allemagne, de 1921 à 1930 à New York.
Elle a peint les portraits de *Thomas Mann* et du chef d'orchestre *Wilhelm Furtwängler*.

MAYDELL Friedrich Ludwig von, marquis
Né le 29 novembre 1795 à Stenhusen (Estonie). Mort le 6 septembre 1846 à Reval. XIXe siècle. Allemand.
Dessinateur d'histoire et graveur.
Ami de Ludwig Richter qu'il accompagna à Rome, où il fut membre du « Compositions Verein » avec Cornelius, Overbeck, Veit, Schnorr et d'autres artistes. Il s'installa en 1829 à Dorpat. Il représenta des sujets religieux et illustra des poèmes. Son œuvre principale comme graveur est une illustration de l'*Histoire de Livonie* qui commença à paraître en 1839. Comme William Blake, associa la calligraphie et l'enluminure.

MAYE Una. Voir **VANDEMORTEL Christine**

MAYER. Voir aussi **MAIER, MAJER, MEIER, MEJER, MEYER**

MAYER
Né en 1737 à Strasbourg. Mort le 5 juin 1779. XVIIIe siècle. Français.
Peintre de genre, portraits, paysages.
Élève de Casanova. Il exposa en 1779 au Salon de la Correspondance.
Ventes Publiques : Paris, 1780 : *Foire de village ; Fête de village*, deux pendants : **FRF 1 002** – Paris, 28 avr. 1874 : *Portrait de jeune fille* : **FRF 1 250**.

MAYER Adriano
XVIIe siècle. Éc. tyrolienne.
Peintre.
Plusieurs de ses tableaux se trouvent à la chapelle de S. Michelle dans le sanctuaire de S. Romedio, près de Sanzeno (Tyrol méridional).

MAYER Adrien Joseph
XVIIIe siècle. Français.
Peintre sur faïence et porcelaine.
Depuis 1777 collaborateur de son frère Jean-Joseph à la Manufacture de Tournay. Travailla plus tard à Paris.

MAYER Albrecht Georg
Né le 26 mars 1875 à Bâle. XXe siècle. Suisse.
Peintre, dessinateur.
Il fut élève de Fritz Schider à l'École des Arts et Métiers de Bâle.
Musées : Bâle (Gal. des Beaux-Arts).

MAYER Alois
Né le 3 mars 1855 à Füssen. XIXe siècle. Actif à Munich. Allemand.
Sculpteur.
Collaborateur de Rümann.

MAYER Andreas
XVIIIe siècle. Actif à Dettelbach. Allemand.
Stucateur.
A travaillé à l'église de Gerlachshausen en 1755.

MAYER Anton
XVIIIe siècle. Actif à Augsbourg dans la première moitié du XVIIIe siècle. Allemand.
Peintre de sujets religieux.
A fait des tableaux d'autels.

MAYER Anton
XVIIIe siècle. Allemand.
Peintre sur porcelaine.
A peint de 1764 à 1816 des fleurs pour la Manufacture de Nymphenbourg.

MAYER Anton
Né en 1843 à Vienne. XIXe siècle. Autrichien.
Peintre d'histoire.
Fils et élève du graveur Christian Mayer. Il étudia ensuite à l'Académie de Vienne sous Rahl et Führich. Il exposa à Vienne en 1877. On cite de lui : *Le jugement de Brutus* et *Le conte de fée*.

MAYER Anton ou **Mair**
Mort le 5 juillet 1852 à Steins. XIXe siècle. Autrichien.
Peintre de figures, portraits.

MAYER Antonio
Né en 1862 à Mori (Tyrol Sud). Mort le 25 décembre 1921. XIXe-XXe siècles. Autrichien.
Peintre de compositions religieuses, décorations murales.
Il fut élève de l'Académie des Beaux-Arts de Milan. Il travailla surtout pour des églises.

MAYER Arminius
Mort le 25 juillet 1847 à Vöslau (près de Vienne). XIXe siècle. Autrichien.
Portraitiste.

MAYER August Georg, dit aussi **Mayer August George** ou **A. George**
Né le 28 mars 1834 à Vienne. Mort le 8 février 1889 à Vienne. XIXe siècle. Autrichien.
Peintre de genre, portraits.
Élève de l'Académie de Vienne et de 1851 à 1853, de Rahl. Médaillé à Vienne en 1873. Il écrivit en 1882 *Souvenirs sur Rahl*.
Ventes Publiques : Vienne, 22 mai 1973 : *L'atelier du peintre* : **ATS 30 000**.

MAYER Auguste Étienne François
Né le 3 juillet 1805 à Brest (Finistère). Mort en 1880 ou le 22 septembre 1890 à Brest. XIXe siècle. Français.
Peintre de paysages, marines, peintre à la gouache, dessinateur.
Figura au Salon de 1824 à 1869, troisième médaille en 1836. Visita la Hollande, la Suède, la Norvège. Chevalier de la Légion d'honneur, le 29 janvier 1839, officier en 1867.
Musées : Arras : *Un naufrage* – Brest : *Manoir de l'île Tristan, près de Douarnenez – Baie du Toulinguet, près de Camaret – Baie des Blancs Sablons, près du Conquet – Le port Aliguen, près de Saint-Mathieu-du-Conquet – Vue prise en amont du vieux pont à Landerneau – Vue prise en aval du vieux pont à Landerneau – Rochers à l'est de Saint-Mathieu – Pointe du Renard, près du Conquet – Nuptadur (Islande) – Donjon du château de Tremazan, près de Portsal – Bec du Raz – Vue prise à Breidabolstadur (Islande) – L'île Vierge à Laberwrach, près de Lannilis – Prise à l'abordage du vaisseau de la Compagnie des Indes le Lord Nelson par le corsaire de Bordeaux la Bellone – Château de Batroun, près de Tripoli de Syrie – Rocher de la baie de Morgat – Chapelle de la Rochamadour à Camaret – Naufrage du transatlantique anglais Amazon dans l'Iroise en 1850 – Combat du vaisseau le Devonshire en 1707 – La frégate l'Herminie au cap Horn* – Coutances : *Combat de la Preneuse contre deux vaisseaux anglais* – Dijon : *L'entrée du Tage forcée par l'escadre française sous le commandement de l'amiral Roussin, le 11 juillet 1831 à une heure du soir – L'escadre française sous le commandement de l'amiral Roussin, le 11 juillet 1831 à quatre heures du soir* – Rouen : *La frégate l'Érigone – Attaque de pirates malais* – Versailles : *Bataille navale d'Epixopia*.
Ventes Publiques : Paris, 10 avr. 1924 : *Paris, Londres, Rome,*

Naples, L'Égypte, La Grèce, L'Espagne, L'Italie, La Suisse, La Norvège, Constantinople, Venise, douze gches : **FRF 640** – PARIS, 2 déc. 1946 : *Marine* 1862 : **FRF 6 000** – PARIS, 14 fév. 1947 : *Le débarquement du poisson* 1832 : **FRF 3 200** – LONDRES, 26 jan. 1984 : *Vue d'Athènes* 1853, h/pan. (33,5x49) : **GBP 3 400** – PARIS, 4 déc. 1987 : *Vaisseau vu par le travers arrière babord et chaloupe de pêche au large de Brest,* dess. pierre noire reh. de craie blanche (36x58) : **FRF 8 000** – LONDRES, 5 oct. 1990 : *La baie de Naples* 1845, h/t (62,9x115) : **GBP 3 080** – LONDRES, 21 juin 1991 : *Navigation sur le Bosphore au large de Constantinople* 1846, h/t (56x82) : **GBP 15 950** – LONDRES, 17 juin 1992 : *Engagement naval* 1853, h/t (61x90) : **GBP 7 150** – LONDRES, 12 fév. 1993 : *Navigation au crépuscule au large des côtes turques* 1864, h/pan. (27,4x39,4) : **GBP 2 750** – NEW YORK, 18 fév. 1993 : *Barques à voiles sur la lagune vénitienne,* h/t (106,5x194,6) : **USD 9 350** – LONDRES, 18 mars 1994 : *La Corne d'Or vers la mosquée Süleyman avec la tour de Galata à Constantinople,* h/t (37,8x55,6) : **GBP 23 000** – PARIS, 21 nov. 1995 : *Silhouettes aux abords des ruines du château de Trémazan en Bretagne* 1864, h/t (40x60) : **FRF 17 000** – LONDRES, 21 mars 1997 : *Un salon de thé sur la Corne d'Or, Constantinople* 1856, h/t (38,7x58,4) : **GBP 28 750**.

MAYER Bartholomäus, l'Ancien
Né vers 1650 à Ulm. Mort en 1729 à Ulm. XVIIe-XVIIIe siècles. Allemand.
Peintre.
A exécuté des dessins sur parchemin.

MAYER Béla ou **Peter Béla**
Né le 5 août 1888. XXe siècle. Actif aux États-Unis. Hongrois.
Peintre de paysages.
Il fut élève de Charles Yardley Turner. Il était membre du Salmagundi Club.
VENTES PUBLIQUES : NEW YORK, 19 juin 1981 : *Paysage au pont,* h/cart. entoilé (50,1x60,3) : **USD 1 900** – NEW YORK, 6 déc. 1984 : *Beacon Hill, overlook with yellow house, Port Washington, Long Island,* h/t (76,2x86,4) : **USD 18 000** – NEW YORK, 28 mai 1987 : *Les Toits en hiver,* h/t (64,1x76,7) : **USD 3 500** – NEW YORK, 30 mai 1990 : *Chalet dans le sous-bois,* h/cart. (50,8x61) : **USD 1 650**.

MAYER Benno. Voir **BAYER Hieronymus Benno**

MAYER Bernhard. Voir **MAJER**

MAYER C. A.
XVIIIe siècle. Actif à Brunn vers 1730.
Graveur au burin.
Il a gravé des sujets de genre.

MAYER Carl
Né en 1798 à Nuremberg. Mort le 5 janvier 1868 à Nuremberg. XIXe siècle. Allemand.
Peintre de portraits et graveur au burin.
Il a gravé des portraits et des sujets religieux et fonda une école de dessin à Nuremberg.

MAYER Charles François
Mort en 1849. XIXe siècle. Français.
Peintre de genre et de portraits.
Il exposa au Salon de Paris, de 1834 à 1848. Le Musée de Lille conserve de lui : *Le jugement de Médor.*
VENTES PUBLIQUES : PARIS, 27 juin 1997 : *Portrait de jeune femme en robe blanche,* t. (130x97,5) : **FRF 12 000**.

MAYER Christian
XVIIIe siècle. Actif à Hochholdingen en Souabe. Allemand.
Stucateur.

MAYER Christian
Né le 12 octobre 1812 à Vienne. Mort le 6 septembre 1870 à Vienne. XIXe siècle. Autrichien.
Graveur d'histoire, sujets allégoriques.
Élève de Kininger, il a gravé des sujets historiques et allégoriques, d'après Reynolds, le Corrège, Rubens, etc.
VENTES PUBLIQUES : NEW YORK, 1er juin 1984 : *The clumsy boarder* 1877, h/t (61x53,5) : **USD 6 000**.

MAYER Christoph
XVIIe siècle. Actif à Nuremberg. Allemand.
Faïencier.
Il est représenté au Musée de Sigmaringen.

MAYER Constance. Voir **MAYER Marie Françoise Constance,** pseudonyme de **La Martinière**

MAYER Constant
Né le 4 octobre 1832 à Besançon. Mort le 12 mai 1911 à Paris. XIXe-XXe siècles. Français.
Peintre de figures et de portraits.
Élève de L. Cogniet. Exposa au Salon, de 1869 à 1870. Chevalier de la Légion d'honneur le 11 août 1869. Le Musée de Besançon possède de lui *Femme iroquoise de l'Amérique du Nord,* et celui de Digne, *Charmeuse.*

CONSTANT MAYER

VENTES PUBLIQUES : NEW YORK, 22 juin 1984 : *La petite marchande de fleurs* 1865, h/t (46,3x36,2) : **USD 3 900** – NEW YORK, 28 mai 1987 : *La Jeune Amateur d'art,* h/t (46,3x36,2) : **USD 21 000**.

MAYER Eduard
Né le 17 août 1812 dans le district de Trèves. Mort le 12 octobre 1881 à Aibling (Haute-Bavière). XIXe siècle. Allemand.
Sculpteur de statues.
Il fut élève de Rietschel à Dresde, et de Rauch à Berlin. Il vint à Paris en 1840 et fut pendant deux ans sous la direction de David d'Angers. En 1842, il alla à Rome.
Il exposa au Salon de Paris, notamment en 1841 et obtint une médaille de troisième classe. L'Orangerie du Sans-Souci à Berlin, conserve de lui les statues de *La Science* et de *L'Industrie.*
MUSÉES : BERLIN : *Mercure tuant Argus* 1877, Rome.

MAYER Eduard
Né en 1857 à Vienne. Mort le 10 mars 1908 à Budapest. XIXe siècle. Autrichien.
Sculpteur.
Fut l'élève de König et de Zumbusch.

MAYER Ehrenreich. Voir **MAYER George Ehrenfried**

MAYER Emil
Né le 10 février 1880 à Cannstatt. XXe siècle. Allemand.
Sculpteur.
Il fut élève de Adolf Donndorf à l'Académie des Beaux-Arts de Stuttgart, et de Wilhelm von Rümann, sans doute à l'Académie de Munich. Il travailla à Stuttgart.

MAYER Ernst
Né le 24 juin 1776 à Ludwigsbourg. Mort le 22 janvier 1844 à Munich. XIXe siècle. Allemand.
Sculpteur.
Fut l'élève d'Isopi et travailla de 1821 à 1825 avec Thorwaldsen. Ses œuvres se trouvent surtout à Munich, et en particulier à la sortie du Jardin de la Cour : *Rome* et *Athènes ;* devant la bibliothèque : statues colossales d'*Homère* et de *Thucydide.* Il a également exécuté les bas-reliefs qui ornent le socle du monument de Thorwaldsen.

MAYER Étienne François Auguste. Voir **MAYER Auguste Étienne François**

MAYER Francis B.
Né au XIXe siècle à Baltimore. XIXe siècle. Français.
Peintre.
Élève de Gleyre, de Brion et de l'École des Beaux-Arts. Exposa au Salon de Paris des sujets de genre, de 1865 à 1870.

MAYER Frank Blackwell
Né en 1827 à Baltimore (Maryland). Mort en 1889. XIXe siècle. Américain.
Peintre de figures, portraits, lithographe.
Élève d'Alf. Miller, Ch. Gleyre et G. Brion, il travailla à Annapolis et à Paris de 1864 à 1869.
MUSÉES : BALTIMORE (Peabody Inst.) – CINCINNATI – WASHINGTON D. C. (Corcoran Gal.).
VENTES PUBLIQUES : NEW YORK, 21 juin 1979 : *Danse indienne,* aquar. (18,4x36,2) : **USD 1 700** – NEW YORK, 1er juin 1984 : *The invasion* 1867, h/t (40,2x33) : **USD 26 000** – NEW YORK, 30 sep. 1988 : *Le violoniste* 1860, h/pan. (26,6x23) : **USD 1 760** – NEW YORK, 1er déc. 1988 : *Vigilance, le griffon* 1896, h/t (57,1x42) : **USD 12 100**.

MAYER Franz
XVIIIe siècle. Actif à Melk. Autrichien.
Peintre.

MAYER Franz A.
Mort le 2 mars 1755. XVIIIe siècle. Actif à Brünn. Autrichien.
Graveur et imprimeur.

MAYER Franz Xaver
Né en 1832. Mort le 12 mars 1886 à Kempten. XIXe siècle. Allemand.
Peintre de figures.

MAYER Friedrich, dit **Mayer le Rouge**
Né le 5 mai 1825 à Munich. Mort le 26 décembre 1875 à Munich. XIXe siècle. Allemand.
Peintre de genre et de paysages.
Élève de l'Académie de Munich. Il travailla dans le Tyrol et en Italie. Il a exposé à partir de 1858, à Munich, Berlin, Dresde. Le Musée de Munich conserve de lui trois tableaux d'architecture.
Ventes Publiques : Paris, 1er juil. 1938 : *La chute dangereuse*, attr. : **FRF 450** – Vienne, 19 jan. 1983 : *Femme dans un paysage de montagne*, h/t (37x66) : **ATS 32 000**.

MAYER Friedrich Carl
Né le 3 janvier 1824 à Tölz. Mort le 24 janvier 1903 à Munich. XIXe siècle. Allemand.
Peintre de genre, architectures.
Élève de Metzger, Voit et Schlotthauer à l'Académie de Munich en 1844. En 1875, conservateur des collections de tableaux au Musée germanique et au château de Nuremberg.
Ventes Publiques : Cologne, 20 nov. 1980 : *Vue de Nuremberg* 1872, h/t (52,5x44,5) : **DEM 14 000** – Munich, 29 nov. 1989 : *Le joyeux retour* 1882, h/t (42x35) : **DEM 6 600** – Londres, 19 juin 1992 : *La cour de la demeure des vieux Pellerschen à Nuremberg avec la forteresse à l'arrière-plan*, h/t (78,7x69,9) : **GBP 5 500**.

MAYER G.
XIXe siècle. Actif au début du XIXe siècle. Allemand.
Miniaturiste.

MAYER Georg
XVIe siècle. Actif à Hundersingen. Autrichien.
Sculpteur sur bois.
A sculpté les stalles du chœur de l'église de Salem.

MAYER Georg ou **Jörg**
XVIIe siècle. Actif à Geislingen de 1620 à 1627. Allemand.
Peintre d'histoire, compositions religieuses, paysages.
A peint en 1620 une *Cène* pour l'église de Geislingen.

MAYER Georg
Né vers 1765. XVIIIe siècle. Allemand.
Peintre de figures, portraits.
Travailla à Munich de 1830 à 1839.
Ventes Publiques : Cologne, 20 mars 1981 : *Portrait de jeune homme* 1819, h/t (66x52,5) : **DEM 4 500**.

MAYER Georg Anton
XVIIe siècle. Allemand.
Sculpteur.

MAYER Georg August. Voir **MAYER August Georg**

MAYER Georg P.
XVIIIe siècle. Actif à la fin du XVIIIe siècle. Allemand.
Peintre.
Plusieurs de ses portraits se trouvent aux Musées de Heidelberg, de Spire et de Deux-Ponts.

MAYER George Ehrenfried ou **Maier** ou **Meyer**
Originaire du Wurtemberg. Mort avant 1809 à Dresde. XVIIIe siècle. Allemand.
Miniaturiste et peintre sur émail.
Vécut à Dresde depuis 1795.

MAYER Georges
Né à Sèvres. XIXe-XXe siècles. Français.
Peintre de paysages, de figures et de portraits.
Exposa de 1882 à 1912. L'Hôtel de Ville de Paris possède un tableau. À rapprocher peut-être de Georges Meyer.

MAYER Gioachino
XVIIIe siècle. Éc. tyrolienne.
Peintre et sculpteur sur bois.

MAYER Giovanni
Né le 3 novembre 1838 à Canizzano (province de Trévise). XIXe siècle. Italien.
Peintre.
Élève de G. Sala, il travailla à Venise.

MAYER Hans de ou **Mayere** ou **Mayers**
XVIe siècle. Actif à Anvers. Éc. flamande.
Peintre.
Fut élève de Fr. Floris en 1559 et séjourna à Fontainebleau de 1566 à 1569. Maître à Anvers en 1574, il eut des élèves jusqu'en 1610.

MAYER Harmen de
Né vers 1624. Mort après 1701 à Amsterdam. XVIIe siècle. Hollandais.
Graveur et cartographe.
Il a gravé des portraits de calvinistes hollandais.

MAYER Heinrich
Né en 1803. Mort le 21 décembre 1836 à Vienne. XIXe siècle. Autrichien.
Portraitiste.

MAYER Henri
Né en 1844 à Mulhouse (Haut-Rhin). Mort en 1899 à Paris. XIXe siècle. Français.
Peintre de genre, peintre à la gouache, dessinateur, illustrateur.
Chevalier de la Légion d'honneur. Il travailla surtout pour le *Petit Journal*.
Ventes Publiques : Paris, 21 mai 1976 : *L'annonce de l'orage* – *L'âne bâté*, deux gche (20x16) : **FRF 12 000**.

MAYER Henry
Né en 1868 à Worms. XIXe-XXe siècles. Actif aux États-Unis. Allemand.
Illustrateur, caricaturiste.
Il fut actif à New York.

MAYER Herman de. Voir **MAYER Harmen de**

MAYER Heyum. Voir **GOLDSCHMIDT Hermann**

MAYER Ignaz
Originaire de Graz. XVIIIe siècle. Autrichien.
Peintre.
Il travailla à Brünn de 1763 à 1781. Il a composé des fresques pour les églises de Moravie.

MAYER Isaac. Voir **MICHAEL Max**

MAYER J.
XVIIIe siècle. Actif à Augsbourg vers 1770. Allemand.
Peintre.

MAYER J. A. Voir **MAYER Franz A.**

MAYER J. G.
XVIIIe siècle. Actif à Schwäbisch-Hall. Allemand.
Peintre.

MAYER J. Joseph
Originaire du Tyrol. Mort le 29 décembre 1760 à Wemding. XVIIIe siècle. Éc. tyrolienne.
Sculpteur.

MAYER Jacob
XVIIIe siècle. Actif à Dresde. Allemand.
Sculpteur.
Il a exécuté, en 1740, six *Statues d'apôtres* pour l'église catholique de la cour de Dresde.

MAYER Jan de. Voir **MAYER Hans de**

MAYER Jean Joseph
Né en 1754 à Tournai, de parents bavarois. Mort le 21 mars 1825 à Tournai. XVIIIe-XIXe siècles. Français.
Peintre sur porcelaine et sur faïence.
Fut de 1774 à 1795 le premier peintre de la Manufacture municipale de Tournai. Son chef-d'œuvre est un service de table, commandé en 1787 par le duc d'Orléans.

MAYER Joachim. Voir aussi **MAYER Gioachino**

MAYER Joachim. Voir **MEYER**

MAYER Johann
XVIIIe siècle. Actif à Graz. Autrichien.
Peintre.
A composé les fresques de la *Maison peinte*, à Graz et exécuté dans cette même ville celles de cinq chapelles latérales de l'église des frères de la Miséricorde.

MAYER Johann ou **Mayr**
Originaire de Göttingen. XVIIIe siècle. Actif dans la seconde moitié du XVIIIe siècle. Allemand.
Miniaturiste.
Frère de Leonhard Mayer.

MAYER Johann
Mort en janvier 1810. XIXe siècle. Actif à Prague. Tchécoslovaque.
Peintre de portraits.

MAYER Johann Alois
Né en 1801 à Linz. Mort le 8 juin 1831 à Munich. XIXe siècle. Autrichien.

Peintre de genre et lithographe.
Élève du peintre Wagner à Hall, et en 1821, de l'Académie de Munich. Il travailla quelque temps à Innsbruck.

MAYER Johann Ernst. Voir **MAYER Ernst**

MAYER Johann Fr.
Né vers 1740 à Mannheim. XVIIIe siècle. Allemand.
Peintre et graveur à l'eau-forte.
Il a gravé des sujets de genre.

MAYER Johann Friedrich ou **Franz**. Voir **MEYER Georg Friedrich**

MAYER Johann Georg
XVIIIe siècle. Actif à Kelheim. Allemand.
Peintre.

MAYER Johann Georg
XVIIIe siècle. Actif à Vienne. Autrichien.
Sculpteur.

MAYER Johann Hermann. Voir **MEYER**

MAYER Johann Jakob
XVIIIe siècle. Actif à Berlin. Allemand.
Sculpteur.
Il termina en 1787 le monument commencé par Christian Meyer à la mémoire du duc Léopold de Brunswick à Francfort-sur-l'Oder.

MAYER Johann Nepomuk
Né le 1er décembre 1805 à Vienne. Mort le 16 juillet 1866 à Vienne. XIXe siècle. Autrichien.
Peintre de figures et de portraits.

MAYER Johann Ulrich ou **Mayr**
Originaire de Vienne. Mort le 12 décembre 1721 à Prague. XVIIIe siècle. Autrichien.
Sculpteur de statues.
Fut l'élève de Braun von Braun et de J. Brokoff. Prague possède plusieurs de ses statues.

MAYER Jörg. Voir **MAYER Georg**

MAYER Josef
Né en 1748 près de Fribourg. XVIIIe siècle. Actif à Straubing. Allemand.
Peintre.

MAYER Josef Gabriel
Né le 18 mars 1808 à Gebrazhofen. Mort le 16 avril 1883 à Munich. XIXe siècle. Allemand.
Sculpteur.

MAYER Joseph
XIXe siècle. Actif à Vienne au début du XIXe siècle. Autrichien.
Peintre de portraits.

MAYER Joseph. Voir aussi **MAYER Jean Joseph**

MAYER Joseph Anton
Né à Nierderhofen. Mort en 1831 à Munich. XIXe siècle. Allemand.
Peintre et lithographe.

MAYER Karl
Né le 18 janvier 1810 à Vienne. Mort le 8 juin 1876 à Vienne. XIXe siècle. Autrichien.
Portraitiste et peintre d'histoire.
Orphelin de bonne heure, il fut élevé par son oncle qui consentit à le laisser s'adonner aux études artistiques. Il fut élève de Gsellhofer à l'Académie de Vienne. Il travailla en Autriche et en Allemagne. En 1834, il se fixa pour un certain temps à Munich. En 1842, il obtint le Prix de Rome et travailla en Italie jusqu'en 1851. De 1852 à 1875 il fut professeur à l'Académie de Vienne.
Musées : Munich : *Cour de cloître de S. Giovanni e Paolo, à Rome* – Munster (Mus. provincial) : *Portrait de W. Achtermann* – Vienne : *Prométhée avec le flambeau* – une aquarelle.

MAYER Léon
Né au XIXe siècle à Paris. XIXe siècle. Français.
Peintre de portraits.
Il travailla avec Ingres. Il figura au Salon, de 1836 à 1878, avec des portraits.

MAYER Léonhard
XVIIIe siècle. Actif vers 1770. Allemand.
Miniaturiste.
Frère de Johann Mayer.

MAYER Louis
Né le 23 mai 1791 à Neckarbishofsheim. Mort le 22 novembre 1843 à Stuttgart. XIXe siècle. Allemand.
Peintre de paysages.
Frère du poète Karl Mayer, il fut élève de Gottlob Steinkopf à l'Académie de Stuttgart. Il parcourut le sud de l'Allemagne, la Suisse, le Tyrol, la Syrie, l'Italie, puis se fixa à Stuttgart.
Il montre l'influence des grands maîtres hollandais du paysage au XVIIe siècle.
Bibliogr. : Gérald Schurr, in : *Les Petits Maîtres de la peinture 1820-1920, valeur de demain*, Les Éditions de l'Amateur, t. IV, Paris, 1979.
Musées : Stuttgart :Paysage italien, deux oeuvres.

MAYER Louis
Né le 26 novembre 1869 à Milwaukee. XIXe-XXe siècles. Américain.
Peintre, sculpteur.
Il fut élève de Marc (ou Max) Thedy à Weimar, de Paul Hoecker à l'Académie des Beaux-Arts de Munich, de Benjamin-Constant et Jean-Paul Laurens à Paris.
Musées : Milwaukee (Art Inst.) – Washington D. C. (Mus. Nat.).

MAYER Louis Benoît Joseph
Né le 16 juillet 1867 à Altroff (Meurthe-et-Moselle). XIXe-XXe siècles. Français.
Peintre de portraits, natures mortes.
Il fut élève d'Adolphe Déchenaud et Jules Lefebvre. Il travailla à Neuilly-sur-Seine.

MAYER Ludwig
Né le 7 juillet 1834 à Kaniow (Galicie). Mort le 16 février 1917 à Vienne. XIXe-XXe siècles. Autrichien.
Peintre d'histoire, sujets allégoriques, scènes de genre, portraits, paysages, marines.
Élève, à l'Académie de Vienne, de Kupelwieser et de Rahl. Après des voyages d'études à Venise, en Belgique, à Paris et à Rome, il s'établit à Vienne. En 1864 et en 1871, il fut récompensé. Exposa en 1883-1888.
Musées : Vienne : *Allégorie sur la musique et la peinture – Autoportrait.*
Ventes Publiques : Vienne, 17 fév. 1981 : *Le Retour des Croisés*, h/pan. (69x56) : **AUD 20 000** – Londres, 9 oct. 1985 : *L'atelier de l'artiste*, h/t (48x61,5) : **GBP 1 500** – Londres, 22 sep. 1988 : *Bateaux de pêche par mer calme*, h/pan. (22,3x28) : **GBP 385** – Milan, 6 déc. 1989 : *Enfant de chœur avec un encensoir*, h/pan. (75,5x52) : **ITL 1 200 000**.

MAYER Luigi
Né vers 1755, d'origine italienne. Mort en 1803. XVIIIe siècle. Actif à la fin du XVIIIe siècle. Italien.
Peintre de paysages, aquarelliste, dessinateur.
Il exécuta de nombreux dessins de 1776 à 1792 pour Sir Rob. Ainslie, ambassadeur anglais à Constantinople.
Ventes Publiques : Londres, 27 nov. 1980 : *Vue de Constantinople*, aquar., cr. et gche noire (66x122) : **GBP 3 200** – Londres, 8 nov. 1984 : *Vue de l'île de Rhodes*, aquar. sur traits de cr. reh. de gche, une paire (35x53,5) : **GBP 11 500** – Londres, 30 oct. 1985 : *Views in Egypt, Palestine and other parts of the Ottoman Empire* 1801-1804-1803, aquat. coloriées, trois volumes comprenant 96 œuvres : **GBP 2 200** – Londres, 28 mars 1990 : *Jérusalem : la colonne où la sentence de mort du Christ fut prononcée*, aquar. et gche (34,5x53) : **GBP 1 650** – Londres, 28 nov. 1990 : *Coucher de soleil sur la baie de Naples* 1844, h/t (43x68,5) : **GBP 10 450** – New York, 19 mai 1993 : *Vue du port de Brindisi en Italie*, h/t (45,7x66) : **USD 2 530** – Londres, 6 juil. 1994 : *Bergers parmi les ruines d'un temple*, h/t (43x68) : **GBP 2 070** – Londres, 11 avr. 1995 : *Vue du Canal de Constantinople vers la Mer Noire ; Vue de la Scala di Cibukli et du Canal de Constantinople vers la Mer Noire* 1788, aquar., une paire (chaque 55x95) : **GBP 28 750**.

MAYER Marcel
Né le 13 août 1918 à Grenoble (Isère). XXe siècle. Français.
Sculpteur de monuments, statues, bustes, bas-reliefs.
Après avoir été mobilisé à la guere de 1939-40, il fut fait prisonnier jusqu'en 1945. De 1960 à 1963, il fit un voyage d'étude aux États-Unis. Il voyagea aussi en Inde. Il participe à des expositions collectives, dont à Paris les Salons de la Jeune Sculpture, Comparaisons et les Biennales de la Société Nationale des Beaux-Arts. Il montre des ensembles de ses réalisations dans des expositions personnelles à Nice ; Paris galerie Simone Badinier (présentation d'Albert Camus) ; Midland (Texas) ; Dallas ;

Denver; Santa-Fe; Gordes Centre Culturel de l'Abbaye de Senanque, Genève.

Il a créé de nombreuses sculptures pour des lieux publics, d'entre lesquelles : à Aix-les-Bains *Monument à Jean Moulin*; Antibes *Monument à la Résistance*; Bourg-en-Bresse *Monument à Edgar Quinet*; Nice de nombreux monuments et bustes ; etc.

Ventes Publiques : Paris, 7 mars 1997 : *Les Passeroses* 1995, techn. mixte/pan. (81x54) : **FRF 7 200**.

MAYER Marie Françoise Constance, pseudonyme de **la Martinière**

Née en 1775 à Paris. Morte le 26 mai 1821 à Paris. xviiie-xixe siècles. Française.

Peintre de sujets mythologiques, scènes de genre, portraits, miniatures, natures mortes, pastelliste, dessinateur.

Cette intéressante artiste, dont la vie fut intimement liée à celle de Prud'hon, fut d'abord élève de Suvée et de Greuze.

Elle débuta au Salon de 1796 avec son portrait, une tête de jeune fille, un enfant et une série de dessus de boîtes, peints en miniatures. En 1798, 1799, 1800, 1801 et 1802, des sujets de même genre, auxquels s'ajoutèrent des dessins et des pastels. Elle travaillait alors sous l'influence de Greuze. Elle parut encore au Salon en 1804, 1806, 1808, 1810, cette année-là avec les deux tableaux : *L'Heureuse Mère, La Mère infortunée*, que Napoléon Ier lui acheta ; et encore en 1812, 1814, 1817, 1819 et 1822 (exposition posthume comprenant plusieurs portraits).

La connaissance qu'elle fit de Prud'hon, vers 1804, eut sur son talent une influence considérable. Elle fut d'abord son élève, puis devint sa compagne. Dès lors, elle s'inspira de Prud'hon et le reproche le plus sérieux qui puisse lui être adressé c'est de l'avoir suivi de trop près. Mlle Mayer ayant perdu son père, alla s'installer chez Prud'hon et leur liaison, étant donné les conditions spéciales dans lesquelles se trouvait Prud'hon, était si bien acceptée qu'un logement en commun leur fut assigné à la Sorbonne par l'Empereur. Mlle Mayer se donna la mort en se coupant la gorge avec un rasoir. Diverses raisons sont données pour expliquer cet acte de désespoir. On prétend que Prud'hon ayant été averti qu'il devait quitter le local qu'il occupait à la Sorbonne, son amie se crut la cause de cette mesure et qu'elle en ressentit un violent chagrin. Une autre version veut que Prud'hon aurait dit à un ami que son premier mariage ayant été désastreux, il ne se remarierait jamais. Mlle Mayer vit-elle dans cette déclaration l'écroulement d'un espoir secret ou bien, étant donné son extrême sensibilité qu'augmentait encore une prédisposition à la mélancolie, la considéra-t-elle comme outrageante, elle en aurait été assez profondément touchée pour se donner la mort.

C Mayer p 1814

Musées : Compiègne (Palais) : *Rêve de bonheur* – Moscou (Mus. des Beaux-Arts) : *Tête de l'archange Gabriel* – Nancy : *Deux portraits de Mme Elisa Voïart*, l'un à l'huile, l'autre au pastel – Paris (Mus. du Louvre) : *La mère heureuse – La mère abandonnée – Rêve de bonheur* – Paris (Mus. Jacquemart André) : *La mère heureuse* – Saint-Pétersbourg (Mus. de l'Ermitage) : *L'innocence entre l'amour et la richesse*.

Ventes Publiques : Paris, 1818 : *La mère heureuse*, esquisse : **FRF 220** – Paris, 1886 : *Psyché enlevée par les zéphirs* : **FRF 720** – Paris, 1889 : *La mère heureuse* : **FRF 3 000** – Paris, 1890 : *Tête de jeune fille* : **FRF 2 850** – Paris, 15 et 16 avr. 1902 : *Portrait de jeune femme* : **FRF 1 050** – Paris, 9 et 10 déc. 1912 : *La barque* : **FRF 3 600** – Paris, 21 nov. 1919 : *Portrait de Mlle Clotilde* : **FRF 2 600** – Paris, 3 et 4 mai 1923 : *Nymphe et Amours* : **FRF 6 800** – Paris, 1er juin 1928 : *Portrait de Mlle Émilie Prud'hon, fille du peintre* : **FRF 10 000** – Paris, 6 mai 1932 : *Villageoise*, lav. de Chine : **FRF 125** – Paris, 14 avr. 1937 : *Nymphe et amour* : **FRF 380** – Paris, 29 jan. 1942 : *L'oiseau mort* : **FRF 1 850** – Paris, 19 mars 1943 : *Une famille dans la désolation* : **FRF 13 000** – Paris, 4 juin 1947 : *Jeune fille au chapeau de paille*, sanguine : **FRF 700** – Paris, 22 oct. 1948 : *La jeune fille peintre* : **FRF 7 000** – Paris, 5 juin 1950 : *Rêverie* : **FRF 10 000** – Paris, 2 juil. 1951 : *Tête de jeune femme*, pierre noire : **FRF 7 500** – New York, 18 jan. 1984 : *Tête de jeune fille*, craie noire et blanche/pap. bleu (40,3x31,1) : **USD 3 000** – Londres, 27 nov. 1984 : *Potrait de Jean Elleviou, jouant de la guitare*, h/t (116x89) : **GBP 6 000** – New York, 6 juin 1985 : *Nature morte aux deux vases d'étain*, h/t (68x55) : **USD 1 800** – New York, 14 jan. 1986 : *Portrait d'une dame de qualité assise sur un banc, au pied d'un arbre* 1800, pierre noire et lav. reh. de blanc (47,6x36,8) : **USD 2 400** – Monte-Carlo, 22 fév. 1986 : *Portrait en pied d'un père et de sa fille*, h/t (226x179) : **FRF 280 000** – New York, 12 jan. 1989 : *Autoportrait avec son père*, h/t (226x179) : **USD 132 000** – New York, 2 avr. 1996 : *Nature morte avec deux chopes sur une table drapée*, h/t (68,6x55,9) : **USD 2 070**.

MAYER Mathias

xviie siècle. Actif à Prague au début du xviie siècle. Tchécoslovaque.

Peintre.

MAYER Mathias

Mort en 1831 à Munich. xixe siècle. Actif à Nymphenbourg en 1802. Allemand.

Peintre sur porcelaine.

MAYER Mathias Johannes ou **Meyer**

Mort en 1737. xviiie siècle. Actif à Heilsberg. Allemand.

Peintre.

A peint des fresques pour les églises de la Prusse Orientale.

MAYER Michael

xvie siècle. Actif à Ulm en 1563. Allemand.

Peintre.

MAYER Michael Joh. Voir **MAYER Johann Ulrich**

MAYER Nicolas

Né à Paris. xixe siècle. Français.

Sculpteur.

Élève de Cordier. Figura au Salon des Artistes Français. Membre de cette société depuis 1904. Il reçut une mention honorable 1887. Le Musée de Roanne conserve de lui : *Le Réveil*, statue.

Ventes Publiques : San Francisco, 8 mai 1979 : *Les duellistes* 1887, bronze patiné (l. 90) : **USD 1 900** – New York, 22 mars 1986 : *Les Escrimeurs* 1887, bronze patine brun foncé (H. 25,3) : **USD 750**.

MAYER Peter Béla. Voir **MAYER Béla**

MAYER Philipp

xixe siècle. Allemand.

Peintre.

Il fut peintre sur porcelaine à la Manufacture de Nymphenbourg entre 1842 et 1845.

MAYER Rudolf

Né le 12 juin 1846 à Niedeck (Silésie). Mort le 24 juin 1916 à Karlsruhe. xixe-xxe siècles. Allemand.

Médailleur, ciseleur.

Fut élève d'Otto König à Vienne et devint professeur à l'École des Arts industriels de Karlsruhe.

MAYER Rudolf

Né le 30 janvier 1854 à Vienne. xixe-xxe siècles. Actif à Berlin. Autrichien.

Peintre, illustrateur.

MAYER S.

Graveur.

Il a gravé un *Portrait d'Albert Dürer*.

MAYER Thaddäus ou **Taddeo**

Né en 1814 à Katzerow en Bohême. Mort en 1856 à Prague. xixe siècle. Tchécoslovaque.

Miniaturiste de portraits.

Il fut élève de l'Académie de Vienne et exerça son art à Prague et à Saint-Pétersbourg.

MAYER Thomas ou **Meyer**

Né en 1667 à Solothurne. Mort en 1733 à Maria Einsiedeln. xviie-xviiie siècles. Suisse.

Sculpteur.

Membre de l'ordre des Bénédictins. A exécuté différents travaux dans le monastère d'Einsiedeln.

MAYER Thomas ou **Marc**

Né en 1800 à Newcastle. Mort le 12 octobre 1855 à Longport. xixe siècle. Américain.

Peintre sur porcelaine.

MAYER Ulrich ou **Johann Ulrich** ou **Mayr, Mair**

Né en 1630 à Augsbourg (Bavière). Mort en 1704 à Augsbourg. xviie siècle. Allemand.

Peintre de sujets religieux, portraits, graveur.
Il est le fils de Susanna Mayrin Il fut élève de Rembrandt, à Amsterdam vers 1660, de Sandrart et de Jordaens et poursuivit son éducation en Angleterre et en Italie. Il travailla pour les cours de Vienne, Munich et Heidelberg.
Il a peint de nombreux tableaux d'autels, tels que : *Christ en prison* et *Christ et la Samaritaine*, à l'église sainte Anne à Augsbourg ; *Les Douze Apôtres*, à l'église des Jésuites ; *Résurrection*, à l'église Sainte-Croix ; mais il a atteint la célébrité comme portraitiste.
Musées : Augsbourg (Mus. Maximilien) : *Autoportrait – Buste d'un homme nu – Portrait de Suzanne Mayr* – Augsbourg (Mus. mun.) : *Portrait de l'artiste par lui-même sous les traits de David* – Brunswick (Mus. prov.) : *Un philosophe* – Munich (Mus. de la Résidence) : *La princesse électrice Maria Anna* – Nuremberg (Mus. Germanique) : *Portrait de l'artiste par lui-même* – Vienne (Gal. Nat.) : *L'apôtre Philippe*.

MAYER Wilhelm
XIXe siècle.
Miniaturiste.

MAYER Wilhelm
Né le 23 octobre 1840 à Lauffen. Mort en 1920 à Stuttgart. XIXe-XXe siècles. Allemand.
Médailleur, graveur.
Étudia à Stuttgart et fonda dans cette ville une école de frappe qui existe encore.

MAYER Wilhelm Emil ou **Meyer-Rhodius**
Né le 23 décembre 1815 à Cologne. Mort le 28 janvier 1897 à Cologne. XIXe siècle. Allemand.
Peintre de marines.
Élève d'Andréas Achenbach à Düsseldorf. Se fixa à Cologne. les Musées d'Anvers, Düsseldorf et Cologne conservent de lui plusieurs marines.
Ventes Publiques : Vienne, 15 mai 1979 : *Voiliers au large de la côte*, h/cart. (18x31,5) : **ATS 16 000** – Cologne, 21 mars 1980 : *Scène de bataille* 1857, h/t (44x63) : **DEM 2 000**.

MAYER-CASTRO Enrique
Né le 13 avril 1861 à Saint-Jacques-de-Compostelle (Galice). XIXe-XXe siècles. Espagnol.
Sculpteur.
Il vécut et travailla à Saint-Jacques-de-Compostelle. Il fut élève d'Isidoro et Modesto Brocos, et d'Arturo Carretero.
Il sculptait le bois et la pierre.

MAYER FASSOLD Eugen
Né le 19 juillet 1893 à Munich. XXe siècle. Allemand.
Sculpteur.
Il fut élève de Hermann Hahn à l'Académie des Beaux-Arts de Munich.

MAYER FELICE Félix ou **Mayerfelice**
Né le 17 avril 1876 à Schübelsberg (près Nuremberg). XXe siècle. Allemand.
Peintre de portraits.
Il fut élève de Carl Fleischmann à l'École des Arts et Métiers de Nuremberg, et de Heinrich Heim et Nicolas Gysis sans doute à Munich.
Il a peint les portraits de personnalités princières, conservés, outre les musées, au monastère Saint-Étienne d'Augsbourg et à celui des Cisterciens de Marienstadt (Hesse).
Musées : Bamberg (Gal. mun.) – Nuremberg (Gal. mun.).

MAYER FRANKEN Georg
Né le 15 mars 1870 à Forchheim. Mort le 18 mars 1926 à Munich. XIXe-XXe siècles. Allemand.
Peintre.
Il fut élève de Ludwig von Löfftz à l'Académie des Beaux-Arts de Munich. Dans cette ville, il devint professeur à l'École Municipale de Peinture.

MAYER MARTON Georg
Né le 3 juin 1897 à Raab. XXe siècle. Autrichien.
Peintre de portraits, paysages.
Il travaillait à Vienne. Il fut élève de Joseph Jungwirth et de Karl von Marr à l'Académie des Beaux-Arts de Munich.

MAYERHOFER Johannes
Né le 14 novembre 1859 à Baden (près Vienne). Mort le 9 avril 1925 à Vienne. XIXe-XXe siècles. Autrichien.
Peintre de sujets religieux, sculpteur, médailleur, illustrateur.
Il fut élève de l'Académie des Beaux-Arts de Vienne.
Il a surtout travaillé pour les églises.
Ventes Publiques : Amsterdam, 26 mars 1980 : *Jeunes filles assises au pied d'un arbre*, h/cart. (17x22) : **NLG 2 600**.

MAYERL Adolf
Né le 28 août 1884 à Eger. XXe siècle. Autrichien.
Sculpteur de statues.
Il a sculpté des statues de l'empereur François-Joseph à Metzling et à Gablonz.

MAYERLE Franz Anton. Voir **MEYER Franz Anton**

MAYEROFER Theodor
Né en 1855 à Vienne. XIXe-XXe siècles. Autrichien.
Peintre, illustrateur.
Il fut élève d'Eduard Engerth à l'Académie des Beaux-Arts de Vienne.

MAYET Dominique
Né le 9 avril 1925 à Pratz (Jura). XXe siècle. Français.
Peintre.

MAYET Léon
Né le 11 février 1858 à Paris. XIXe siècle. Français.
Peintre de genre, portraits.
Élève de Bonnat et de Cormon. Figura au Salon des Artistes Français ; membre de cette société depuis 1886 ; mention honorable en 1884.
Ventes Publiques : New York, 22 mai 1986 : *L'Heure du thé* 1891, h/t (78,9x106,6) : **USD 2 500** – Calais, 10 déc. 1989 : *Élégante et son petit chien*, h/t (46x38) : **FRF 20 000**.

MAYET Pierre
XVIIIe siècle. Actif à Nantes vers 1767. Français.
Sculpteur.

MAYEUR Adrien le. Voir **LE MAYEUR de Merprès**

MAYEUR Arthur Jules
Né le 6 mai 1871 à Bouvigny (Pas-de-Calais). XIXe-XXe siècles. Français.
Graveur d'architectures.
Il fut élève d'Achille Jacquet et de Léon Bonnat. Il exposa à Paris, au Salon des Artistes Français, 1896 Prix de Rome et médaille de troisième classe, 1902 médaille de deuxième classe, 1905 nommé sociétaire, 1909 médaille de premièe classe. Il fut fait chevalier de la Légion d'Honneur.
Il gravait à l'eau-forte et au burin. En 1920, il a gravé six eaux-fortes sur les *Cathédrales de France*.

MAYEUR Claude
Né en 1604 à Nancy. Mort le 22 janvier 1675 à Nancy. XVIIe siècle. Français.
Sculpteur.
Ce fut un sculpteur de talent. Il exécuta de nombreux travaux pour la ville de Nancy où il travailla à la Fontaine de la place Saint-Epvre et à la décoration du Palais Ducal. Il collabora, en 1657, aux préparatifs de l'entrée du roi dans cette ville. Il travailla également, pour le maréchal de la Ferté, gouverneur de Nancy.

MAYEUR Maximilien
Né vers 1841 à Paris. Mort le 21 décembre 1889 à Paris. XIXe siècle. Français.
Peintre de paysages.
Élève de Véron et Saintin. Il débuta au Salon de 1868.
Ventes Publiques : Paris, oct. 1945-juil. 1946 : *Genêts en fleurs dans un vallon* : **FRF 800**.

MAYFIELD Robert Bledsoe
Né le 1er janvier 1869 à Carlinville (Illinois). XIXe-XXe siècles. Américain.
Peintre, graveur.
Il fut élève de l'École des Beaux-Arts de Saint Louis, ainsi que, à l'Académie Julian de Paris, de Jules Lefebvre et Benjamin-Constant. Il reçut la première médaille d'or de l'Association Artistique de New Orleans.
Musées : La Nouvelle Orléans : deux œuvres.

MA YIQING ou **Ma I-Ch'ing** ou **Ma I-K'ing**, surnom : **Qingqiu**
Originaire de Nankin. XVIIe siècle. Actif vers 1600. Chinois.
Peintre de paysages.

MAYLAND Martin. Voir **MEYLAND**

MAYLANDER Charles Georges
Né à Paris. XIXe-XXe siècles. Français.

Graveur.
Il fut élève de Augustin Dumont, Léon Ruffé, Charles Baude. Il exposait à Paris, au Salon des Artistes Français, 1895 mention honorable, 1901 élu sociétaire, 1905 médaille de troisième classe, 1910 de deuxième classe.
Il était graveur sur bois.

MAYMURU Narritjin
Né en 1922. Mort en 1982. xxe siècle. Australien.
Peintre. Traditionnel, prédominance géométrique.
Aborigène d'Australie, de la région orientale d'Arnhem Land. Issu du clan Manggalili, vivant à la mission Yrrkala, il décorait de motifs traditionnels l'église du clan. Ensuite, il créa son propre clan à Djurrukpi. En 1978, des anthropologues le firent séjourner trois mois à l'Université Nationale Australienne, où il contribua à faire connaître sa culture et son art au public blanc.
Son art est principalement fondé sur une relation spirituelle à la terre par l'intermédiaire des mythologies locales. Il peint sur écorce. La dominante géométrique en est liée à la topographie du territoire clanique. Quelques éléments figuratifs schématiques signalent les présences mythologiques.
Bibliogr. : In : *Diction. de l'art mod. et contemp.*, Hazan, Paris, 1992.
Musées : Canberra (Gal. Nat. Austral.) : *Nyapililngu ancestors at Djarrakpi – Djarrakpi, the guwak and possum.*

MAYNARD George Willoughby
Né le 5 mars 1843 à Washington. Mort le 5 avril 1923 à New York. xixe-xxe siècles. Américain.
Peintre de genre, figures, portraits, intérieurs, paysages, décorateur.
Il fut élève de l'Académie Nationale des Beaux-Arts de New York. Il poursuivit sa formation artistique à Florence, Rome et Anvers.
Musées : New York (Metropolit. Mus.) – Washington D. C. (Nat. Gal.).
Ventes Publiques : New York, 28 avr. 1978 : *L'étudiant de géographie* 1880, aquar. (34,3x50,2) : **USD 3 100** – New York, 2 févr 1979 : *La liseuse à l'heure du thé* 1884, h/t (54,6x34,9) : **USD 7 500** – New York, 24 juin 1988 : *Sans titre* 1885, aquar./pap. (24,5x11,9) : **USD 1 100** – New York, 14 nov. 1991 : *Le fort à Marblehead dans le Massachusetts*, h/cart. (20,4x38,7) : **USD 2 420** – New York, 4 déc. 1992 : *Un soldat de la Révolution* 1876, h/t (129,7x99,1) : **USD 8 250** – New York, 11 mars 1993 : *La lecture près du poêle*, h/pan. (27x21,7) : **USD 4 600**.

MAYNARD Guy Ferris
Né en 1856 à Chicago. Mort en 1936. xixe-xxe siècles. Américain.
Peintre de compositions à personnages, intérieurs, paysages, natures mortes. Postimpressionniste.
Il fit ses études à l'Institut d'Art de Chicago, où il exposa de 1895 à 1902. Il se rendit en France, où il vécut tout d'abord, vers 1886, à Grez-sur-Loing, puis à partir de 1891, au Pouldu en Bretagne, et, plus tard, à Concarneau. Il partagea sa vie entre ces différents endroits et Chicago. Il a été redécouvert par un amateur au marché aux Puces de Paris, avec le tableau : *Intérieur breton* qui a figuré dans une exposition itinérante aux États-Unis, entre 1982 et 1983 : *Americans in Brittany and Normandy 1860-1910*.
Il a essayé d'allier le pointillisme aux principes du synthétisme des symbolistes, sans utiliser ni les cernes, ni les aplats de couleurs.
Bibliogr. : Gérald Schurr, in : *Les Petits Maîtres de la peinture 1820-1920, valeur de demain*, Les Éditions de l'Amateur, t. VI, Paris, 1985.
Ventes Publiques : Brest, 25 mai 1986 : *Jeune breton à l'intérieur bleu*, h/t (55x65) : **FRF 85 000**.

MAYNARD John
xvie siècle. Actif au début du xvie siècle. Britannique.
Portraitiste.
Il peignit le *Tombeau de Henri VII* à l'abbaye de Westminster.

MAYNARD L. Charles
Né au xixe siècle à Paris. xixe siècle. Français.
Graveur sur bois.
Figura au Salon des Artistes Français ; mention honorable en 1889.

MAYNARD Thomas
xviiie-xixe siècles. Actif à Londres. Britannique.
Portraitiste.
Il travailla de 1777 à 1812.

MAYNE Arthur Jocelyn
Né vers 1837. Mort le 11 octobre 1893 à Dublin. xixe siècle. Britannique.
Peintre de paysages.
Il fut l'élève de la Société Royale de Dublin, et membre régulier de celle-ci en 1873.

MAYNÉ Jean
Né en 1850 à Boitsfort. Mort en 1924 ou 1905 selon d'autres sources. xixe-xxe siècles. Belge.
Peintre de genre, portraits, paysages animés. Orientaliste.
Il fut élève de Jean-François Portaels à l'Académie des Beaux-Arts de Bruxelles. Il figura au Salon de Paris, obtenant une médaille de bronze en 1989, à l'occasion de l'Exposition universelle, pour laquelle il collabora au *Panorama du Caire*.
Musées : Courtrai : *Tête de jeune Oriental* – Ixelles : plusieurs œuvres.
Ventes Publiques : Bruxelles, 5 oct. 1976 : *Couple sur le petit pont dans le parc* 1897, h/t (80x100) : **BEF 16 000** – Lokeren, 23 mai 1992 : *Une ferme hollandaise* 1898, h/t (54x75) : **BEF 60 000** – Lokeren, 11 mars 1995 : *Cueilleurs de houblon*, h/t (47,5x57) : **BEF 33 000**.

MAYNER Alejandro
xvie siècle. Italien.
Peintre.

MAYNERT Gottfried ou **Mainert**
Mort en 1846 à Varsovie. xixe siècle. Polonais.
Médailleur.

MAYNERT Harry
xvie siècle.
Peintre.
Il figure comme témoin dans le testament de Holbein le jeune (1543).

MAYNIER Germain le. Voir **LE MANNIER**

MAYNO Juan Bautista, fray ou **Maino**
Né en 1569 probablement en Lombardie. Mort le 1er avril 1649 à Madrid. xvie-xviie siècles. Espagnol.
Peintre d'histoire.
Élève de Caravaggio, de Gentileschi et, dit-on, du Gréco. Il prit fort jeune la robe des dominicains, mais l'état religieux ne l'empêcha pas de se livrer à la peinture. Il fut maître de dessin de Philippe IV et surintendant des peintures du Roi. Il se lia d'amitié avec Velasquez. On cite de lui un grand tableau de bataille au Buen Retiro, dont il assuma une partie de l'installation et de la décoration, sous la direction de Velasquez. S'il s'était fixé, dès 1608 ou 1611, à Tolède, au couvent des Dominicains de San Pedro Martir, il ne fut que médiocrement sensible à l'influence du Gréco, restant fidèle à la manière de Orazio Gentileschi. En 1612, il réalisa l'ensemble le plus important de son œuvre, pour le maître-autel de son couvent de San Pedro Martir, dont les différentes parties sont aujourd'hui dispersées entre les musées du Prado, de Villanueva y Geltru et de Tolède. En 1627, on le prit comme arbitre d'un concours auquel se présentaient Velasquez, Carducho et Nardi. Dans une première époque, ses couleurs sont criardes, en contraste violent les unes avec les autres, sans modelé ; par contre, un dessin vigoureux et une composition aisée l'apparentent à Luis Tristan. Dans une époque ultérieure, à l'exemple de Pacheco, il traitera avec plus de réalisme des scènes de l'histoire contemporaine dans leurs paysages naturels, comme dans la *Reconquête de la Baie de San Salvador*. Cette même influence du réalisme espagnol se retrouve dans la *Pentecôte*, de l'église des Jeronimos de Madrid, ainsi que dans *L'Adoration des bergers*, aujourd'hui à l'Ermitage. Dans son évolution, il eut aussi une manière claire, que l'on peut observer particulièrement dans la *Reconquête de San Salvador*, déjà nommée, aujourd'hui au Prado et que l'on date généralement après 1635.
Bibliogr. : Jacques Lassaigne : *La peinture espagnole, de Velasquez à Picasso*, Skira, Genève, 1952.
Musées : Madrid : *Adoration des mages – Reconquête de San Salvador – Allégorie* – Saint-Pétersbourg (Mus. de l'Ermitage) : *Adoration des bergers* – Tolède : *Partie des décorations du maître-autel de San Pedro* – Villanueva y Geltru : *Partie des décorations du maître-autel de San Pedro.*
Ventes Publiques : New York, 4 fév. 1931 : *Gentilhomme en noir* : **USD 325** – Londres, 24 mai 1963 : *Portrait de Pedro Chacon* : **GNS 1 000** – Londres, 26 juil. 1968 : *Portrait d'un gentilhomme* : **GNS 1 100** – El Quexigal (Prov. de Madrid), 25 mai

1979 : *St Dominique, pénitent*, h/t (161x106) : **ESP 240 000** – New York, 6 juin 1984 : *Portrait d'homme*, h/t (108x96,5) : **USD 12 000**.

MAYO Antoine, pseudonyme de **Malliarakis**
Né en 1905 à Port-Saïd (Égypte), de père grec et de mère française. Mort en 1990 à Seine-Port (Seine-et-Marne). XXe siècle. Depuis 1924 actif en France. Grec.
Peintre et dessinateur de compositions à personnages, figures, sujets divers, peintre de décors, costumes de théâtre, ballets, cinéma. Surréaliste.

Après le collège d'Alexandrie, en 1924, il arriva à Paris, découvrit Montparnasse, se lia avec les familiers des lieux, participa au *Grand Jeu* de Roger-Gilbert Lecomte, René Daumal, Roger Vaillant, le dessinateur Maurice Henry, le peintre Joseph Sima. Il peignait le jour, vivait intensément la nuit. Après plusieurs expositions à Paris, dont celle, en 1986, du Musée des Arts Décoratifs, d'autres en Italie, peu avant sa mort, en 1990, à Paris, la galerie Alain Blondel a montré un ensemble de ses peintures des années trente, quarante ; en 1992, la même galerie montra les peintures de son époque romaine ; en 1997, ses *Œuvres sur papier 1930-1980*.

Entre 1939 et 1947, il collabora à la création des décors et costumes de Christian Bérard, Boris Kochno, des ballets de Roland Petit, de très nombreuses pièces du Théâtre des Mathurins, dont Synge, Tchékov, Valle Inclan, Feydeau, Shakespeare, des films de René Clair, Marcel Carné, dont notamment les costumes pour *Les Enfants du Paradis*. Dans sa même époque parisienne, en 1946, il illustra *L'Étranger* d'Albert Camus, *Histoires* de Jacques Prévert. En 1965, un peu déçu par l'évolution du climat culturel parisien – « Le surréalisme avait tourné à la vitrine, les nouvelles religions politiques viré à la tisane » –, il se fixa à Rome.

Les peintures proprement dites de l'époque parisienne reflètent les angoisses d'un contexte tragique, depuis les fascismes, la guerre d'Espagne, jusqu'au conflit mondial. Il utilise sa technique « classique » et d'inspiration surréaliste dans des scènes de foules et de combats. Sous le climat plus serein de l'Italie, il peint en rêvant à l'Égypte de son enfance, à la Grèce aride, à la beauté des femmes : « Le rêve nous mène là où nous voulons être. » ■ J. B.

Bibliogr. : Jacques Prévert, Henry Miller, Albert Camus, Dimitri Analis : *Mayo, 50 ans de dessins*, Jacques Damase, Paris, 1978 – divers : Catalogue de l'exposition *Mayo*, Mus. des Arts Décoratifs, Paris, 1986.

Ventes Publiques : Paris, 8 juin 1949 : *Nature morte aux abricots* : **FRF 3 400** – L'Isle-Adam, 10 mars 1985 : *Portrait de Jean-Louis Barrault*, gche/pap. : **FRF 9 500** – Versailles, 2 fév. 1986 : *Visage de femme* 1965, h/t (41x33) : **FRF 16 500** – Paris, 27 oct. 1988 : *L'inconnue* 1970, h/t (32x41) : **FRF 16 000** – Paris, 12 déc. 1988 : *Masque* 1959, h/t (27x22) : **FRF 7 500** – Paris, 27 avr. 1989 : *L'Inconnue* 1970, h/t (32x41) : **FRF 18 000** – Paris, 27 juin 1995 : *Profil* 1948, h/t (24x19) : **FRF 6 500**.

MAYO Santiago
Né en 1965 à Grado (Asturies). XXe siècle. Espagnol.
Peintre.

Il participe à des expositions collectives : 1991 Centre culturel de la Poste de Madrid ; 1993 Biennale de Murcia, musée espagnol d'art contemporain et Cercle des beaux-arts à Madrid ; 1994 ARCO à Madrid ; 1995 Cité internationale des arts à Paris ; 1996 *Peinture ? Peintures !* au CREDAC d'Ivry-sur-Seine. Il montre ses œuvres dans des expositions personnelles : 1990 cloître El Carmen à Mahon ; 1993 Maison de la culture d'Avilès et Madrid ; 1994 Cité internationale des arts à Paris ; 1995 Algesiras et Gentilly.

Il réalise des peintures sur bois faites de presque rien. Il accompagne ses monochromes, qui évoquent des paysages, d'« objets » de petites dimensions.

Bibliogr. : Catalogue de l'exposition : *Peinture ? Peintures !*, CREDAC, Ivry-sur-Seine, 1996.

MAYOL Martin
Mort avant 1348. XIVe siècle. Actif à Palma (Majorque). Espagnol.
Peintre.

MAYOL Salvador
Né à Barcelone. Mort vers 1834 à Barcelone. XIXe siècle. Espagnol.
Peintre de figures et portraitiste.

Il fut l'imitateur de Goya. Le Musée provincial de Barcelone a accueilli quelques-unes de ses toiles.

MAYOR. Voir aussi **MAJOR**

MAYOR Barnarby
Mort le 8 juillet 1774 à Londres. XVIIIe siècle. Britannique.
Peintre, graveur et paysagiste.

Valentine Green grava d'après lui : *Wenloch Abbey*.

MAYOR Christophe Élysée
Né le 2 janvier 1837 à Genève. Mort le 12 avril 1914 à Paris. XIXe-XXe siècles. Suisse.
Peintre sur émail, céramiste et archéologue.

Élève de Hébert, Glardon et Lamunière, il travailla à Paris, à Londres et depuis 1863 à Genève. Il fut de 1873 à 1903 professeur de céramique à l'École des Beaux-Arts de Genève.

MAYOR Fred
Né le 21 décembre 1865 à Winksley. Mort en 1916 à Londres. XIXe-XXe siècles. Britannique.
Peintre de paysages, aquarelliste, pastelliste. Post-impressionniste.

Il fut élève de sir Frank Brangwyn, et de l'Académie Julian à Paris. Il travailla d'abord dans la région d'Amberley (Sussex), puis le plus souvent en France.

Il est considéré comme l'un des introducteurs de la manière française en Angleterre.

Musées : Londres (Tate Gal.) : *Église à Montreuil* 1909, aquar.

MAYOR Harriet Hyatt
Née le 25 avril 1868 à Salem (Massachusetts). XIXe-XXe siècles. Américaine.
Sculpteur, médailleur, peintre.

Elle fut élève du sculpteur Henry Hudson Kitson et du peintre Dennis Miller Bunker à la Cowles Art School de Boston. Elle était membre de la Fédération Américaine des Arts. En 1895, elle obtint une médaille d'argent à Atlanta.

Elle sculpta surtout des médailles commémoratives.

Musées : Washington D. C. (Nat. Gal.) : *Portrait de A. Hyatt*.

MAYOR Humphrey
XIXe siècle. Britannique.
Sculpteur.

Il collabora avec Stone pour l'exécution du *Tombeau du Dr Donne* à la cathédrale Saint-Paul.

MAYOR William
Né en 1844 à New York. Mort en 1890 à Neuchâtel. XIXe siècle. Américain.
Peintre d'architectures.

Il était fils de parents suisses, fréquenta l'École des Beaux-Arts de Paris et voyagea en Italie et en Orient. Le Musée de Neuchâtel conserve un dessin de cet artiste.

MAYORGA Cristobal de ou **Mayorca**
Mort en 1533. XVIe siècle. Actif à Séville. Espagnol.
Peintre.

On conserve de lui, dans la chapelle de l'église de Saint-Andrés, un tableau qu'il peignit avec Ortega Barrera y Palacios.

MAYORGA Juan de
Né en 1511 à Séville. XVIe siècle. Espagnol.
Peintre.

Fils de Cristobal Mayorga.

MAYR
XVIIIe siècle. Travaillant vers 1780.
Graveur au burin de sujets de genre.

MAYR. Voir aussi **MAIR**

MAYR Alexander. Voir **MAIR**

MAYR Andreas
Né le 30 novembre 1820 à Oberdorf (Souabe). Mort le 12 novembre 1893 à Oberdorf. XIXe siècle. Allemand.
Peintre de figures.

Élève de Schlottauer et de H. von Hess. Travailla avec Schraudolph aux cartons établis pour les fresques de la cathédrale de Spire, qui furent exécutées par son frère Joseph.

MAYR Anton
XVIIIe siècle. Allemand.
Peintre sur porcelaine.

Il travailla comme décorateur à la Manufacture de Vienne.

MAYR Anton Philipp
Actif à Linz. Autrichien.
Peintre.

Il travailla pour l'église Saint-Florian de Linz.

MAYR Balthasar
XVIIe siècle. Actif à Burghausen. Allemand.
Sculpteur.

MAYR Carl Friedrich
Né le 21 mars 1823 à Ratisbonne. Mort le 24 janvier 1884 à Munich. XIXe siècle. Allemand.
Graveur au burin.
Élève de Amsler et de Thaeter.

MAYR Christoph Anton, dit **Stockinger**
Né sans doute à Schwaz. XVIIIe siècle. Autrichien.
Peintre et graveur au burin.
Fils de Ruprecht Mayr, il était actif à Schwaz au milieu du XVIIIe siècle. Il peignit d'excellentes fresques d'églises dans la région d'Innsbruck.

MAYR Franz
XVIIe-XVIIIe siècles. Actif à Augsbourg. Allemand.
Sculpteur sur bois.
Religieux dominicain. Il sculpta en 1702 la chaire pour l'église des dominicains d'Augsbourg.

MAYR Franz
XVIIIe siècle. Actif à Vienne en 1710. Autrichien.
Peintre de figures.

MAYR Franz
Né en 1866 à Munich. Mort le 4 août 1920 à Munich. XIXe-XXe siècles. Allemand.
Sculpteur.

MAYR Franz Ulrich
XVIIe siècle. Actif à Amsterdam vers 1600. Hollandais.
Graveur au burin.
Il a gravé : *Sanguis Christi a Roldolpho J. M. J. Donata.*

MAYR Franz von Paula
Né en 1778 à Donaualtheim. Mort en 1845 à Munich. XIXe siècle. Allemand.
Peintre de paysages.
Ventes Publiques : New York, 1er mars 1984 : *Vue de la Moldau* 1840, aquar. reh. de blanc (45,7x69,2) : **USD 800**.

MAYR Friedrich
XVIIe siècle. Autrichien.
Peintre.

MAYR Georg
XVIIe siècle. Actif à Bozen dans la seconde moitié du XVIIe siècle. Éc. tyrolienne.
Sculpteur.
Toute son œuvre, d'inspiration religieuse, se trouve dans les églises de Botzen.

MAYR Georg Niclas
XVIIe siècle. Actif à Vienne. Autrichien.
Sculpteur.

MAYR Hans ou **Meyer**
Originaire de Leipzig. XVIe siècle. Allemand.
Peintre.

MAYR Heinrich von
Né le 22 février 1806 à Nuremberg. Mort le 5 avril 1871 à Munich. XIXe siècle. Allemand.
Peintre d'histoire, sujets militaires, scènes de genre, sujets typiques, chevaux. Orientaliste.
Élève de l'École d'Art à Nuremberg avec son beau-père le peintre Christian-Friedrich Fues. Continua ses études à Munich. En 1838, il accompagna le prince Maximilien de Bavière dans un voyage en Orient.
Ventes Publiques : New York, 1er mars 1984 : *Le repos des cavaliers arabes* 1844, h/t (37,2x47) : **USD 3 800** – New York, 24 mai 1988 : *Halte de cavaliers arabes dans une oasis* 1844, h/t (36,8x47) : **USD 7 150** – Londres, 14 fév. 1990 : *Fantasia* 1846, h/t (36x46) : **GBP 8 580**.

MAYR Jacob
XVIe siècle. Actif à Vienne. Autrichien.
Peintre et graveur de médailles.
Fut le peintre de la cour de la reine Élisabeth de France.

MAYR Joe
XIXe siècle. Actif au début du XIXe siècle.
Miniaturiste.

MAYR Johann. Voir **MAIR**

MAYR Johann
Né en 1684. Mort en 1720. XVIIIe siècle. Actif à Augsbourg. Allemand.
Peintre de paysages animés, animaux.
Peut-être parent de Mayer Ulrich.
Ventes Publiques : Londres, 24 fév. 1995 : *Volailles dans des ruines classiques*, h/t (93,1x113,1) : **GBP 4 600**.

MAYR Johann
XVIIIe-XIXe siècles. Actif à Ratisbonne de 1780 à 1809. Allemand.
Graveur au burin de portraits, vues de villes.

MAYR Johann Christoph von
Né en 1764. Mort en 1812. XVIIIe-XIXe siècles. Actif à Saint-Pétersbourg. Russe.
Graveur au burin et dessinateur.
A gravé des portraits ainsi que des marines.

MAYR Johann Conrad ou **Maier** ou **Mair**
Né le 11 décembre 1750 à Nuremberg. XVIIIe siècle. Allemand.
Peintre et dessinateur.
Élève de Lichtensteger. Il travailla à Lindau et à Saint-Pétersbourg.

MAYR Johann Daniel von
Né vers 1779. Mort vers 1810. XIXe siècle. Actif à Nuremberg. Allemand.
Peintre de figures.

MAYR Johann Friedrich von
Né le 11 juin 1752 à Kassel. Mort vers 1809 à Nuremberg. XVIIIe siècle. Allemand.
Graveur.

MAYR Johann Georg
XVIIIe siècle. Actif à Salzbourg. Autrichien.
Sculpteur.

MAYR Johann Georg
Né en 1760 à Nuremberg. Mort en 1816 à Saint-Pétersbourg. XVIIIe-XIXe siècles. Allemand.
Graveur.

MAYR Johann Ulrich ou **Mair**. Voir **MAYER Ulrich** ou **Johann Ulrich**

MAYR Johannes
Né à Greiz en Thuringe. Mort le 24 décembre 1650. XVIIe siècle. Allemand.
Peintre.

MAYR Josef
Né le 5 juin 1828 à Unterthingau (Souabe). Mort le 19 août 1904 à Spire. XIXe siècle. Allemand.
Peintre d'histoire, compositions religieuses, fresquiste.
Frère d'Andreas Mayr, il semble avoir exécuté les fresques de la cathédrale de Spire.

MAYR Josef ou **Mayer**
Né en 1829 à Neukirchen. Mort le 17 mars 1865 à Saalfelden. XIXe siècle. Actif à Wald. Autrichien.
Peintre de genre, intérieurs.
A peint des maisons de paysans et des intérieurs de son pays natal.
Musées : Salzbourg.

MAYR Josef Georg
Né en 1707. Mort en 1744 à Graz. XVIIIe siècle. Actif en Styrie. Autrichien.
Peintre.

MAYR Joseph
Né vers 1763, originaire du Tyrol. XVIIIe siècle. Éc. tyrolienne.
Peintre de figures et de portraits.
Élève de Knoller, il travailla à Munich, Francfort-sur-le Main et Mayence.

MAYR Joseph
Né en 1788 à Innsbruck. XIXe siècle. Allemand.
Peintre de panoramas.
Élève de Quaglio à Munich.

MAYR Joseph
XIXe siècle. Actif à Augsbourg en 1804. Allemand.
Miniaturiste.

MAYR Karl
Né le 17 avril 1816 au château de Deutschlandsberg. Mort le 5 juin 1889 au château de Söding près de Graz. XIXe siècle. Autrichien.
Peintre de figures, paysages.

A laissé un journal en plusieurs volumes, orné de paysages et de personnages de Styrie. Il fut aussi collectionneur.
Ventes Publiques : New York, 13 mai 1978 : *Les joueurs de dés*, h/pan. (20,4x14) : **USD 3 800**.

MAYR Karl Viktor
Né en 1882. Mort en 1974. xxe siècle. Autrichien.
Peintre de figures, paysages.
Il a voyagé en Italie, Hollande, dans les premières décennies du siècle.
Ventes Publiques : Lindau, 5 oct. 1983 : *L'Atelier du peintre* 1912, h/t (110x70) : **DEM 4 200** – Rome, 10 déc. 1991 : *Paysage d'Aviano* 1918, aquar./pap. (45,5x58,5) : **ITL 900 000** – Amsterdam, 9 nov. 1993 : *Jeune hollandaise sous un porche* 1906, h/cart. (53,5x37) : **NLG 3 450**.

MAYR Ladislaus
Né en 1774. Mort le 25 décembre 1799 à Vienne. xviiie siècle. Autrichien.
Miniaturiste.

MAYR Lazar
Originaire du Tyrol. Mort le 26 février 1752 à Kamnik. xviiie siècle. Éc. tyrolienne.
Peintre.
Il a fait une *Immaculée Conception* pour l'église du monastère de Kamnik en Yougoslavie.

MAYR Leonhard
Né en 1705. Mort le 17 octobre 1740 à Vienne. xviiie siècle. Autrichien.
Peintre d'histoire.

MAYR Mathias
xviie siècle. Actif à Landshut. Allemand.
Sculpteur.

MAYR Mathias
xviiie siècle. Actif à Tamsweg de 1702 à 1724.
Peintre.

MAYR Michael
Né en 1794. xixe siècle. Actif à Munich. Allemand.
Peintre de paysages.

MAYR Michael
Né le 6 juillet 1796 à Vienne. xixe siècle. Actif à Vienne. Autrichien.
Peintre de décors.

MAYR Paul. Voir **MAIR**

MAYR Peter
xviiie siècle. Actif à Fribourg-en-Brisgau en 1770. Allemand.
Dessinateur, graveur.

MAYR Peter
Né en 1758 à Fribourg-en-Brisgau. Mort en 1836 à Munich. xviiie-xixe siècles. Allemand.
Peintre de portraits, miniaturiste.
Musées : Augsbourg – Munich – Stuttgart.

MAYR Ruprecht ou **Mayer**
Né à Schwaz. Mort vers 1740 à Innsbruck. xviiie siècle. Éc. tyrolienne.
Peintre.
Père de Christoph Anton. Il étudia en Italie.

MAYR Simon
Né à Stumm dans la vallée la Ziller. Mort le 28 octobre 1779. xviiie siècle. Éc. tyrolienne.
Peintre sur porcelaine et architecte.
A travaillé à la Manufacture de Nymphenbourg et dirigé les travaux de Bad Kreuth et les aménagements du château du Tegersee.

MAYR Simon
xixe siècle. Actif à Munich vers 1806. Allemand.
Lithographe de paysages.
Il est possible qu'il se confonde avec le peintre sur porcelaine qui porte le même nom.

MAYR Susanna. Voir **MAYRIN**

MAYR Theodor
Né à Donaualtheim. Mort le 13 novembre 1873 à Munich. xixe siècle. Allemand.
Peintre de figures.
A travaillé à la reproduction d'une série de porcelaines, qui constituent les chefs-d'œuvre de l'ancienne Pinacothèque de Munich.

MAYR Wolfgang Christoph von
Mort le 21 mars 1776 à Kassel. xviiie siècle. Actif à Kassel. Allemand.
Graveur au burin.
Il devint en 1752 graveur de la cour de Kassel et représenta des personnages historiques, des vues de ville et des costumes.

MAYR von BALDEGG Mathilde R. de Weck, pseudonyme : **Weggishausen Mathilde**
Née le 15 juin 1870 à Lucerne. xixe-xxe siècles. Suissesse.
Peintre de portraits.
À Paris, elle fut élève d'Émile Lévy et Jules Lefebvre.

MAYR-GRAETZ Karl. Voir **GRATZ**

MAYRE Charles Étienne Nicolas
Né au xixe siècle à Choisy-le-Roi. xixe siècle. Français.
Peintre de natures mortes et de genre.
Travailla avec Drolling et L. Cogniet. Prit part au Salon à partir de 1846.

MAYREDER Rosa, née **Obermayer**
Née le 30 novembre 1858 à Vienne. xixe siècle. Autrichienne.
Peintre, aquarelliste.
Elle devint en 1881 l'épouse de l'architecte Karl Mayreder et peignit des fleurs, des natures mortes et des paysages.

MAYRET Jean Emmanuel
Né à la fin du xviie siècle à Chargey. xviie-xviiie siècles. Français.
Sculpteur.
Gendre du sculpteur Gauthier d'Ornan. Il travaille à Besançon de 1699 à 1726.

MAYRHOFER Anton
xviiie siècle. Actif à Moosburg. Allemand.
Peintre.

MAYRHOFER Johann Nepomuk
Né le 9 mai 1764 à Oberneukirchen. Mort en 1832 à Munich. xviiie-xixe siècles. Autrichien.
Peintre de natures mortes, fleurs et fruits, lithographe.
Élève de l'Académie de Munich.

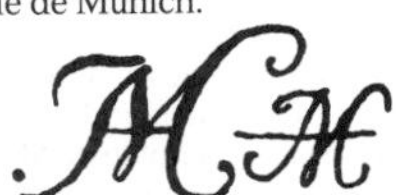

Ventes Publiques : Paris, 15 juin 1951 : *Fleurs, fruits et papillons* : **FRF 34 000** – Vienne, 19 sep. 1978 : *Nature morte aux fleurs et aux fruits*, h/t (38x48) : **ATS 65 000** – Londres, 14 déc 1979 : *Nature morte aux fleurs*, h/t (34,3x34,3) : **GBP 3 800** – Londres, 27 nov. 1981 : *Nature morte aux fleurs*, h/t (59,6x49) : **GBP 7 000** – New York, 29 fév. 1984 : *Nature morte aux fruits* 1826, h/t (64x51) : **USD 8 000** – New York, 30 oct. 1985 : *Nature morte aux fruits* 1818, h/pan. (35,5x53,2) : **USD 5 000**.

MAYRHOFER Lorenz ou **Maierhofer** ou **Mairhofer**
Originaire de Salzbourg. xviiie siècle. Actif au début du xviiie siècle. Autrichien.
Peintre.
Il a traité des sujets religieux.

MAYRHOFER Max. Voir **MAYRSHOFER**

MAYRHOFFER Joseph
xviiie siècle. Actif vers 1774. Autrichien.
Peintre de paysages.

MAYRIN Susanna, pseudonyme de **Mayr Susanna** ou **Mayer**
Née en 1600. Morte en 1674. xviie siècle. Allemande.
Peintre de miniatures, dessinatrice.
Elle est la fille de l'orfèvre Johann Fischer, qui était au service des comtes Fogger d'Augsbourg. Elle épousa un marchand du nom de Mayer (ou Mayr), dont elle eut un fils, Johann Ulrich, peintre célèbre.
En dehors de son habileté à peindre et à dessiner, elle possédait le talent de découper avec des ciseaux ou un canif des scènes historiques, des groupes de fleurs, dans du parchemin, avec tant de finesse et d'exactitude qu'il fallait une vue excellente pour en distinguer les détails.

MAYRSHOFER Max
Né le 4 avril 1875 à Munich. Mort en 1950 à Munich. xxe siècle. Allemand.

Peintre de figures, groupes, portraits, intérieurs, paysages, lithographe.
Il vécut et travailla à Munich.
À Munich, il fut collaborateur de la parution *Jugend*.

Maysshofer

Ventes Publiques : Munich, 28 mai 1976 : *Fontaines de Wittelbach, Munich,* h/cart. (34,5x41) : **DEM 3 200** – Munich, 31 mai 1979 : *Deux jeunes femmes dans un paysage* vers 1930, h/cart. (49x51) : **DEM 1 900** – Munich, 30 juin 1982 : *Sur la terrasse avec une vue du Starnberger See,* h/pan. (36,5x45,5) : **DEM 5 200** – Munich, 26 mai 1992 : *Intérieur avec une mère et ses enfants,* past. (24,5x18) : **DEM 1 840**.

MAYSFELDER. Voir **MAISFELDER**

MAYSO Francisco
Actif à Valence. Espagnol.
Peintre.
Il travailla sous la direction d'Alcaniz à la Capella mayor de la cathédrale de Valence.

MAYSSI Anton
Né le 28 septembre 1826 à Czernowitz. Mort en 1904 à Brünn (nom allemand de Brno). xixe siècle. Éc. de Moravie.
Peintre de portraits.

MA YUAN, surnom : **Qinshan**
Originaire de Hezhong, province du Shanxi. xiie-xiiie siècles. Actif vers 1190-1230. Chinois.
Peintre.
Pour l'Occident, le paysage chinois n'a longtemps eu qu'un seul visage : celui qu'il a pris sous la dynastie des Song du Sud (1127-1279) et qui a trouvé son expression la plus accomplie dans l'œuvre de Ma Yuan et de Xia Gui, cofondateurs de l'école Ma-Xia. Art sentimental et subjectif, il substitue la partie au tout, suggère d'un pinceau nerveux et elliptique une réalité fragmentaire et momentanée, sensible à l'impermanence des choses et rompant, à dessein, l'équilibre serein des forces naturelles pour un contenu émotionnel plus intense. Si l'Occident a vu dans ce style l'essence même de la peinture chinoise, les Chinois eux-mêmes ne lui ont jamais témoigné qu'une admiration modérée, lui préférant les styles immédiatement antérieur, des Song du Nord et postérieur, des Yuan. L'activité de Ma Yuan et de Xia Gui correspond à la fin du xiie et au premier quart du xiiie siècle et s'ils sont rangés parmi les disciples de Li Tang, il semble en réalité peu probable qu'ils l'aient véritablement connu. C'est néanmoins sans hiatus que leur œuvre succède à celui de leur devancier. Leur vie respective nous est mal connue. On sait que Ma Yuan appartient à une famille d'artistes : son père Ma Shirong, son grand-père et son arrière-grand-père ont tous fait partie de l'Académie de Peinture. Ma Yuan, pour sa part est actif à l'Académie de Hangzhou sous les règnes des empereurs Guangzong (1190-1195) et Ningzong (1195-1225) ; il semble qu'il en fasse encore partie au commencement du règne de Lizong (1225-1264). Fait remarquable, qui explique le développement harmonieux et continu du paysage chinois de cette époque, l'Académie des Song du Sud réussit à monopoliser toute l'activité picturale. Hormis le groupe marginal des peintres *chan (zen)*, dont l'un des principaux représentants, Liang Kai (actif mi-xiiie siècle), n'en a pas moins été académicien, l'Académie imprime à la vie artistique une homogénité nouvelle et en dispose avec une emprise totale : technique irréprochable, discipline stricte, démarche cohérente et qualité extrêmement élevée, toutes caractéristiques qui aboutiront inévitablement à un goût certain de la virtuosité, de la mise en formules, des artifices monotones. Ma Yuan représente la perfection intrinsèque de l'idéal académique, combinant dans presque toutes ses œuvres une série d'éléments quasiment invariables : « composition d'une brillante ingéniosité, généralement en diagonale, appuyant toute la peinture sur un angle, usage expressif des vides, formalisation schématique et économie des signes chargeant ceux-ci du maximum d'intensité, cadrages asymétriques, coupures, litotes ; dans ses peintures... le pinceau s'arrête à mi-course tandis que l'idée atteint son plein développement » (Pierre Ryckmans). La nature domestiquée, civilisée est purifiée de tous ses aspects inquiétants ou effrayants, alors que les personnages semblent éprouver un sentiment de sécurité intime et de bien-être. Curieusement, l'atmosphère rêveuse et contemplative délibérément recherchée est en contraste avec la violence certaine des coups de pinceau larges, angulaires et tranchants, du type *coups de hache (pifu cun)*, dérivé de Li Tang et porté ici à son point de perfection. Cette technique rigoureuse permet à Ma Yuan d'échapper aux embûches de la sentimentalité, dès lors que la verve de son pinceau parvient à déjouer l'emphase creuse de recettes trop infaillibles. Les facilités spectaculaires de cette composition dite *en coin* vaudront à ces thèmes teintés de romantisme tels que *Poète contemplant la lune ; Pêcheur solitaire sur le fleuve hivernal* ; ou encore *Promenade sur un sentier de montagne au printemps*, une très grande popularité puis, dès l'époque Yuan, une condamnation presque radicale par les peintres lettrés soucieux d'éviter les vulgarités de toute dextérité professionnelle. Cette dernière opinion prévaudra en Chine ; au Japon, par contre, l'école Ma-Xia jouira d'une longue postérité et jouera, au regard de la peinture nippone, le rôle inspirateur et normatif qui, en Chine propre, reviendra aux grands maîtres de la dynastie Yuan (1279-1368).

Bibliogr. : James Cahill : *La peinture chinoise*, Genève, 1960 – Pierre Ryckmans : *Li T'ang et Ma Yuan*, Encyclopaedia Universalis, vol. 9, Paris, 1971.

Musées : Atami (Art Mus.) : *Noble lettré contemplant la lune*, encre et coul. sur soie, rouleau en hauteur, attr., au registre des Biens Culturels Importants – Boston (Mus. of Fine Arts) : *Deux sages et un serviteur sous un prunier,* encre et coul. légères sur soie, éventail monté en rouleau et signé – *Début de printemps, saules défeuillés et montagnes lointaines,* encre et coul. légères sur soie, éventail monté en rouleau et signé – *Bateau près d'un pavillon surplombant une rivière sur une berge boisée,* encre et coul. légères sur soie, rouleau en hauteur signé – *Paysage d'hiver, un homme et un enfant dans un pavillon au bord de l'eau,* encre et coul. légères sur soie, rouleau en hauteur, attribution, probablement plus tardif – *Personnage contemplant les nuages sur la terrasse d'un palais,* encre et coul. légères sur soie, feuille d'album – *Xiao Sihua jouant du luth sous un arbre pour l'empereur Wendi,* encre et coul. légères sur soie, éventail monté en rouleau – Cincinnati (Art Mus.) : *Si Hao, les quatre grisons dans les monts Shang à la fin du règne de Qin Shihuangdi,* encre sur papier, rouleau en longueur signé, nombreux sceaux et quarante colophons – Hakone : *Clair de lune, lettré assis sur une terrasse sous un pin* – Kyoto (Fuji Yurinkan Mus.) : *Jardin en hiver, lettré assis dans un pavillon,* feuille d'album signée – Kyoto (Tenryû-ji) : *Le moine chan Qingliang en conversation avec un autre moine – Le moine Chan Yunmen en conversation avec un autre moine,* deux peintures appartenant à une série représentant les Cinq Écoles du Bouddhisme Chan – Londres (British Mus.) : *Partie en bateau au clair de lune,* rouleau en hauteur, attribution – Pékin (Mus. du Palais) : *Paysage avec lettré et serviteur,* encre sur soie – *Personnage s'approchant d'une terrasse avec un grand pin et demandant son chemin,* large feuille d'album – *Da ge tu, paysans chantant en rentrant des champs,* encre sur soie, œuvre signée, personnages probablement de Ma Yuan, paysage sans doute dû à un assistant – *Canards dans l'eau sous des arbres en fleurs,* encre et coul. sur soie, feuille d'album signée – *Montagnes enneigées dans le brouillard, le long d'une rivière,* rouleau en longueur, inscriptions de l'impératrice Yang, femme de l'empereur Ningzong – *Fée assise sur une falaise et contemplant la lune,* œuvre signée portant le cachet du peintre – *Trois femmes et deux enfants, Sept dames, Dames sur une terrasse et cavalier à cheval, Sept dames,* quatre feuilles d'album accompagnées de quatre inscriptions de l'empereur Gaozong et montées en un rouleau en longueur, colophon daté 1517 de Wang Chong, attr. – *Satisfaction du cœur : personnage assis sous un arbre au bord de l'eau, derrière lui enfant portant un luth,* colophon daté 1527 de Wang Chong, rouleau en longueur signé – *Homme assis à une table dans un pavillon près de la rivière – En écoutant l'automne,* feuille d'album signée – *En contemplant la lune dans les pins,* feuille d'album – *Paysage aux vieux arbres,* éventail – Shanghai : *Montagnes sous la neige,* encre sur pap., rouleau en longueur – Taipei (Nat. Palace Mus.) : *Aigrettes sur une rive enneigée,* encre et coul. légères sur soie, rouleau en longueur – *Promenade sur un sentier de montagne au printemps,* encre et coul. légères sur soie, feuille d'album – *L'aube dans les montagnes enneigées,* encre et coul. blanche sur soie, feuille d'album signée – *Fleurs d'abricotiers,* encre et coul. sur soie, feuille d'album signée, deux lignes de poésie de Yang Meizi, belle sœur de l'empereur Ninzong – *En jouant du luth au clair de lune,* encre et coul. légères sur soie, rouleau en hauteur, attr. – *Pêcheur solitaire sur un ruisseau automnal – Homme rentrant par les champs sous la neige,* encre, grande feuille d'album signée – *Philosophe assis sous la branche proé-*

minente d'un pin, au bord d'un ruisseau, fragment de l'album Minghua Jizhen – *Le printemps dans les montagnes, lettré debout sous un saule défeuillé et serviteur portant un luth*, feuille d'album signée, poème de Yang Meizi – *Deux hommes sous les pins surplombant la vallée dans le brouillard*, rouleau en longueur – *Montagnes et grands pins près d'une chaumière sous la neige*, œuvre signée – *Immortel chevauchant un dragon dans les nuages et la brume*, œuvre signée – *Poète assis sous les grands pins et contemplant la lune*, œuvre signée – *La fête des lanternes*, œuvre signée et accompagnée d'un poème et d'un colophon de Qianlong – *Trois hérons sur des rochers près d'une rivière hivernale*, œuvre signée – Tokyo (Nat. Mus.) : *Pêcheur solitaire sur le fleuve hivernal*, coul. sur soie, petit rouleau en longueur – *Le moine Dongshan passant le ruisseau à gué*, coul. sur soie, rouleau en hauteur, de la série des Cinq Écoles du Bouddhisme Chan, au registre des Biens Culturels Importants – Washington D. C. (Freer Gal. of Art) : *Pavillon surplombant l'eau sous les grands pins* – *Retraite de montagne, sous les pins près de la rivière*, ancienne attr. – *Paysage de montagne, grand arbre et deux personnages sur une terrasse au-dessus de l'eau* – *Paysages de hautes montagnes et de grands pins près de la rivière*, grand rouleau en longueur inscrit avec le nom du peintre et la date de 1192, probablement une copie d'après Xia Gui.

MA YUANYU ou **Ma Yüan-Yü**, surnom : **Fuxi** ou **Fou Hi**, noms de pinceau : **Qixia** et **Tianyushanren**
Né en 1625, originaire de Changshu, province du Jiangsu. Mort en 1705. XVIIe siècle. Chinois.
Peintre de fleurs, animaux.
Disciple de Yun Shouping (1633-1690) pour ses peintures de fleurs et d'oiseaux, il est aussi connu pour ses œuvres plus enlevées, proches de croquis.
Musées : Boston (Mus. of Fine Arts) : *Pivoines dans la rocaille*, œuvre signée – Cambridge : *Narcisses et chrysanthèmes*, deux feuilles d'album dont l'une est signée – Londres (British Mus.) : *Lotus* – Paris (Mus. Guimet) : *Brelan de poissons*, coul. sur pap., œuvre signée, inscriptions de plusieurs artistes contemporains – Shanghai : *Hibou sur un châtaignier*, coul. sur soie, rouleau en hauteur.

MA YUANYU
Né en 1669. Mort en 1722. XVIIe-XVIIIe siècles. Chinois.
Peintre de fleurs, animaux.
Ventes Publiques : New York, 21 mars 1995 : *Oiseaux, pivoine et magnolia, d'après Xu Chengsi*, encre et pigments/pap., kakémono (151,1x80,3) : **USD 4 830**.

MAYVOGEL Mattheus. Voir **MEYVOGEL**

MAYWALD Benjamin Gottlob
Né en 1748. Mort en 1825. XVIIIe-XIXe siècles. Actif à Warmbrunn. Allemand.
Peintre verrier.

MAZA. Voir aussi **MAZZA**

MAZA Fernando
Né en 1934 ou 1936. XXe siècle. Argentin.
Peintre, aquarelliste. Abstrait. Groupe Lettres et Signes.
Autodidacte en art. En 1960, il résida à New York. En 1971, il vint se fixer en Europe, notamment à Paris.
Dans une première période, il pratiquait une abstraction austère. Il a ensuite élaboré une manière personnelle. Il dessine et peint, par glacis transparents, des lettres de l'alphabet à une échelle monumentale, qu'il érige dans des espaces indéterminés.
Bibliogr. : Damian Bayon, Roberto Pontual, in : *La peint. de l'Amérique latine au XXe siècle*, Mengès, Paris, 1990.
Ventes Publiques : Milan, 5 avr. 1977 : *Las nubes y las escalas memores* 1973, techn. mixte/t, de forme ovale (89x124) : **ITL 1 800 000** – New York, 17 oct 1979 : *E.C. 2* 1975, gche et cr./pap. d'Arches (64,5x102,5) : **USD 1 300** – New York, 7 mai 1980 : *Shui Sen* 1969, h/t, de forme ovale (203x138) : **USD 2 800** – New York, 24 nov. 1982 : *Construction* 1968, h. t. et contre plaqué (H. 185,1) : **USD 2 000**.

MAZA Francisco de
XVIe siècle. Actif à Valladolid. Espagnol.
Sculpteur.
Un des enlumineurs de la *Bible Boso* à Ferrare.

MAZA Zulema
XXe siècle. Argentine.
Artiste.
Elle a participé en 1995 à l'exposition *Regard d'Amérique latine* à la galerie Regard à Genève.

MAZALEYRAT Joachim
XVIIe siècle. Actif à Tulle (Corrèze). Français.
Sculpteur.
A travaillé de 1650 à 1704 au grand autel de l'église de Naves.

MAZALI Zennone
Né en 1764 à Rolo (Reggio). Mort le 7 septembre 1851 à Reggio-Emilia. XVIIIe-XIXe siècles. Italien.
Sculpteur.

MAZALIC Djoko
Né le 23 avril 1888 à Bosanska Kostajnica. XXe siècle. Slovaque.
Peintre de figures, paysages.
Il fut élève de Tivadar Zemplenyi, sans doute à Budapest.

MAZANTE Dom. Piero ou **Mazanti** ou **Maiante**
XVe siècle. Actif à Ferrare. Italien.
Miniaturiste.

MAZARD Alphonse Henri
Né le 16 février 1865 à Paris. XIXe-XXe siècles. Français.
Peintre de paysages.
Ventes Publiques : Paris, 13 jan. 1947 : *La Vanne* : **FRF 600** – Paris, 21 fév. 1947 : *Paysage* : **FRF 800** – Calais, 4 juil. 1993 : *Forêt de Fontainebleau sous la neige* 1893, h/t (73x92) : **FRF 8 000**.

MAZAROVIC Vinzenz
Né en 1720 à Raguse. XVIIIe siècle. Éc. slovène.
Sculpteur.
Travailla en 1777 à l'autel de Saint-Dominique.

MAZAROZ Antoine Désiré
Né le 18 avril 1814 à Lons-le-Saunier (Jura). Mort après 1876. XIXe siècle. Français.
Peintre de genre et de fleurs, et lithographe.
Fut élève de l'École des Beaux-Arts de Dijon.

MAZAROZ Jean Paul
Né le 6 décembre 1823 à Lons-le-Saunier (Jura). Mort à Paris. XIXe siècle. Français.
Graveur, sculpteur, décorateur.
Ami fidèle de Prud'hon, dont il partageait les idées. Il vivait et travaillait à Paris, rue du Faubourg-Saint-Antoine.
Il a gravé d'assez nombreuses planches. Il fabriquait des meubles et était aussi critique d'art.
Musées : Lons-le-Saunier : *Étude de tête* – *Ange avec un livre* – *Les quatre Saisons*.

MAZAS Étienne
Né le 9 juin 1840 à Lavaur. Mort le 17 mai 1927 à Toulouse. XIXe-XXe siècles. Français.
Peintre, graveur.
Gentilhomme terrien du Tarn, maire de Lavaur en 1882 et 1883, monarchiste ardent, il se consacra en amateur aux arts plastiques. Autodidacte, il a néanmoins laissé aquarelles, gouaches, peintures et quelques eaux-fortes. Madame Bailly-Herzberg, dans son ouvrage sur l'eau-forte au XIXe siècle, le définit ainsi : « Paysagiste délicat, on lui doit des vues de la Dordogne, de Venise, de Rome ; mais son admiration va surtout à la cathédrale d'Albi, dont il a reproduit les peintures de la voûte, entre autres les sculptures du jubé ».

MAZAS Fernando de
XVIIe siècle. Actif à la fin du XVIIe siècle. Espagnol.
Sculpteur.

MAZE
XIXe siècle. Français.
Peintre de paysages.
Exposa au Salon de 1819 à 1822 avec des vues d'Espagne.

MAZE Paul Lucien
Né en 1887 au Havre (Seine-Maritime). Mort en 1979. XXe siècle. Actif aussi en Angleterre. Français.
Peintre de sujets de sport, scènes militaires, figures, paysages, marines, intérieurs, peintre à la gouache, aquarelliste, pastelliste, dessinateur. Postimpressionniste.
Il vécut en partie à Londres et fit des voyages au Canada. Il montrait ses œuvres dans des expositions personnelles, à Londres, Paris et notamment à New York en 1952 à la galerie Wildenstein.
La mention d'un Paul Maze, peintre de marines, né en 1928, paraît erronnée.

Il fut surtout peintre de marines, de courses en mer, de défilés militaires, de scènes de courses hippiques.

Ventes Publiques : Paris, 1er fév. 1950 : *Régates* : **FRF 5 000** – Paris, 28 mars 1955 : *Revue des Royal Horse Guards par la reine* : **FRF 20 000** – Londres, 20 mai 1960 : *Une régate dans le port du Havre* : **GBP 273** – Londres, 13 mai 1966 : *Le Carrosse du Couronnement* : **GNS 480** – Londres, 13 juil. 1973 : *La Vieille Garde devant le Palais de Buckingham* : **GNS 1 100** – Londres, 17 oct 1979 : *La relève de la Garde*, past. (20x32,5) : **GBP 700** – Londres, 2 mars 1979 : *Tourqueux, près de St-Germain*, h/t (43x73,5) : **GBP 650** – Londres, 30 mars 1983 : *La Promenade en barque*, craies coul. (54,5x73,5) : **GBP 850** – Londres, 10 juin 1983 : *Going to the start, Goodwood*, past. (35,5x53,5) : **GBP 1 700** – Londres, 25 mai 1983 : *Un bol de cerises*, h/t (40,5x47) : **GBP 900** – Londres, 24 juil. 1985 : *Les Courses*, aquar. et pl. (29x42) : **GBP 2 200** – Londres, 7 mars 1986 : *Versailles* 1920, h/t (63,5x79,3) : **GBP 4 800** – Londres, 5 fév. 1987 : *Une journée aux courses*, past. (36,8x54) : **GBP 1 900** – Londres, 3-4 mars 1988 : *Un yacht, Cowes* 1931, aquar. et cr. (45x56,2) : **GBP 3 080** – Paris, 24 mars 1988 : *Le Champ de course*, past. et craie (37x54,5) : **FRF 9 000** – Londres, 9 juin 1988 : *Flotille en mer*, aquar. et gche (53,7x75) : **GBP 1 045** ; *Rivage des Schiavoni depuis la Piazzetta*, h/t (58,9 x 77,5) : **GBP 6 820** – Londres, 29 juil. 1988 : *Course d'aviron à Oxford* 1922, past. (27x38,8) : **GBP 1 045** – Londres, 9 juin 1989 : *L'enceinte réservée à la famille royale à Ascot*, h/cart. (47,4x92,2) : **GBP 7 700** – Londres, 10 nov. 1989 : *La parade des Horseguards*, h/t (61x93) : **GBP 5 500** – Édimbourg, 22 nov. 1989 : *Régates* 1958, cr. et aquar. (19,7x32,3) : **GBP 1 210** – Londres, 9 mars 1990 : *Aux courses*, aquar., gche et encre (30,2x44,2) : **GBP 6 600** – Paris, 6 oct. 1990 : *Maison près de la rivière* 1954, aquar. (56x76) : **FRF 7 000** – Londres, 18 oct. 1990 : *Le pont Richmond* 1952, aquar. (30,5x42,5) : **GBP 748** – Londres, 2 mai 1991 : *Petit matin sur la Tamise*, cr. de coul. et encre avec reh. de blanc (33,5x49) : **GBP 825** – Édimbourg, 2 mai 1991 : *Jessie, intérieur à la cafetière*, past. (27,9x38,7) : **GBP 935** – Paris, 27 mai 1991 : *Le jardin public*, past. (53x70) : **FRF 5 500** – New York, 12 juin 1991 : *Jessie à sa toilette*, past./pap. (26,7x38,1) : **USD 990** – Londres, 14 mai 1992 : *Paysage d'été*, past. (53x76) : **GBP 935** – New York, 22 fév. 1993 : *Régate à Henley sur la Tamise*, h/t (53,3x78) : **USD 2 200** – Édimbourg, 13 mai 1993 : *Régates à Oxford*, past./pap. glacé (26,6x36,2) : **GBP 1 870** – Paris, 13 avr. 1994 : *Scots Guards*, aquar. (69x85) : **FRF 12 000** – New York, 24 fév. 1995 : *Nature morte de roses dans un vase de Chine*, h/t cartonnée (49,5x62,2) : **USD 2 300** – Londres, 11 oct. 1995 : *Sous le pommier en fleurs*, h/cart. (33x41) : **GBP 805**.

MAZEAU Caroline Léonie Jeanne. Voir **CHOPPARD-MAZEAU**

MAZEAU Jean Louis Joseph

Né en 1834 à Dijon. Mort en 1879 à Quetigny. XIXe siècle. Français.

Peintre.

Élève de S. Corme. Figura au Salon de 1868 à 1870 avec des natures mortes. Le Musée de Dijon conserve une nature morte de lui.

MAZEAUFROID Jean

Né le 17 juillet 1943 à Limoges (Hte-Vienne). XXe siècle. Français.

Peintre. Abstrait, Lettres et Signes.

Il vit et travaille à Limoges. De 1971 à 1974, il a travaillé avec le groupe Textruction. À Limoges, du fait, à un moment, de la présence de Claude Viallat, professeur à l'École des Arts Décoratifs, il eut des contacts avec le groupe Support/Surface. Il est membre du groupe T,P (Travaux, Pratiques), et exposait souvent à l'ancienne *Galerie 30* de Paris (du 30, rue Rambuteau). Il participe à des expositions collectives, réunissant des artistes de la même tendance, dont : 1972 Nice *Textruction*, et Paris même groupe ; 1973 Londres, même groupe à l'Institut d'Art Contemporain ; 1974 Nice *Aspects de l'Avant-garde en France* ; 1976 Lisbonne *Textruction(s)* ; 1978 Calais, Tourcoing *Le Texte à la Question* ; 1979 Limoges *Hard Sapping Work*, Paris galerie 30 *Processus et Texte* ; 1982 Paris galerie 30 *Signes en Différent*, Bordeaux *Articulations* ; etc. Il montre des ensembles de travaux dans des expositions personnelles : 1974 Bordeaux ; 1975 Paris, et en 1977 *Navettes scripturales et autres travaux* ; 1978 Limoges ; 1980 Nice ; 1981 *Brindilles d'un corps inorganique* ; 1982 Avignon *Portrait de l'artiste en mauvaise herbe*, Solignac ; 1983 Limoges *Babel, babil, baba*, Paris galerie 30 *Blues*.

À la jonction peinture-écriture, son œuvre semble avant tout une réflexion sur le texte et sur les rapports entretenus entre signifiant et signifié. Proche, en littérature, des courants théorisés par la revue *Tel Quel*, le groupe Textruction privilégiait, à partir d'une pratique picturale, la matérialité de l'écrit. Dans le projet de faire fusionner l'intelligible et le sensuel, les peintures de Mazeaufroid sont constituées de lettres et de signes, souvent réminiscences d'écritures archaïques, hiéroglyphes, idéogrammes, ou, plus simplement mais toujours indéchiffrables, d'écritures contemporaines, voire de la sienne : « ... ces langues et ces textes sont illisibles, certes, mais existent, et je ne travaille que sur des textes repérés dans l'histoire que l'on dit encore *littéraire...* » Jean Mazeaufroid est aussi écrivain. Poète, ses sonnets se souviennent de ceux de Mallarmé. ■ J. B.

Bibliogr. : Jacques Bonnaval : Catalogue de l'exposition *Blues* de Jean Mazeaufroid, galerie 30, Paris, 1983 – in : Catalogue de l'exposition : *Écritures dans la peinture*, Villa Arson, Nice, 1984.

MAZEK Viteslav Karel. Voir **MASEK Karel Vitezlav**

MAZEL Jan Zacharie

Né le 2 janvier 1792 à Tholen. Mort le 13 octobre 1884 à La Haye. XIXe siècle. Hollandais.

Peintre et graveur.

Il fut en 1810 membre de la Société Felix Meritis à Amsterdam et devint de 1841 à 1874 directeur de la Galerie Mauritshuis.

MAZELIN Charles Firmin

Né le 14 février 1882 à Elbeuf (Seine-Maritime). XXe siècle. Français.

Graveur.

Il fut élève de Achille ou Jules Jacquet, Jean Patricot, Fernand Cormon. Il exposait à Paris, au Salon des Artistes Français, 1895 mention honorable, 1905 mention honorable et sociétaire, 1910 médaille de deuxième classe.

Il gravait au burin et à l'eau-forte.

Ventes Publiques : Paris, 3 mars 1950 : *Fleurs dans un parc, Sète* 1934, peint. (?) : **FRF 1 200**.

MAZELIN Gaspard J.

XVIIe siècle. Britannique.

Ferronnier d'art.

MAZELINE Étienne

XVIIe siècle. Actif à Rouen. Français.

Sculpteur et peintre.

Il a sculpté une statue de *Sainte Geneviève* pour Notre-Dame de la Couture et un autel de sainte Anne dans cette même église. On lui doit également le buffet des orgues de Saint-Godard à Rouen.

MAZELINE Jehanne, née **Heuzé**

Née au XIXe siècle à Rouen (Seine-Maritime). XIXe-XXe siècles. Française.

Peintre de portraits, fleurs, aquarelliste.

Élève de Giraud, de Giacometti et de Mme Lemaire à Paris et de Benlliure à Rome. Figura au Salon de 1878 à 1909.

MAZELINE Pierre

Né en 1632 à Rouen. Mort le 7 février 1708 à Paris. XVIIe siècle. Français.

Sculpteur.

Le 7 juillet 1668, il fut reçu académicien. Adjoint du professeur le 1er juillet 1690, il devint professeur le 4 juillet 1699. Les pincipales œuvres de cet artiste sont : *Le mausolée de Michel Le Tellier, marquis de Barbezieux, chancelier de France*, à l'église Saint-Gervais, en collaboration avec Simon Hurtrelle, *Le mausolée du duc de Créquy*, à l'église Saint-Roch, *L'Europe*, statue en marbre, au parc de Versailles, *Trophées d'armes*, bas-reliefs en marbre, au bosquet des Dômes, à Versailles, *La Religion* à Notre-Dame de Paris.

MAZELINE Robert

XVIIe siècle. Actif à Rouen. Français.

Sculpteur.

Il exécuta en 1660 un écrin de reliques pour l'église Saint-Vivien de Rouen, et en 1681 un retable pour Martainville.

MAZELL Peter ou **Mazel**

XVIIIe siècle. Actif en Angleterre. Britannique.

Graveur au burin.

Il exposa à Londres de 1761 à 1797. On cite de lui : *Ruins and Romantic Prospects in North Britain* (1788).

Ventes Publiques : Londres, 13 nov. 1997 : *Combat entre la flotte britannique sous le commandement de l'Amiral Lord Rodney et la flotte française commandée par le Comte De Grasse en 1782, et autres batailles et scènes navales*, grav., série de onze œuvres : **GBP 3 105**.

MAZELLA J. ou **Mazzella**
xixe siècle. Français.
Peintre de paysages, marines.
La Galerie Roussel, à Louviers, conserve de lui une *Vue de Carentan*.
Ventes Publiques : Paris, 16 avr. 1947 : *Marine* : **FRF 1 600** – Paris, 22 déc. 1948 : *Tempête* 1877 : **FRF 2 600** – Paris, 31 oct. 1949 : *Port à marée basse* : **FRF 1 950** – Paris, 15 juin 1951 : *Bateaux de pêche près des côtes* : **FRF 5 800** – Reims, 29 mai 1983 : *Bateaux de pêche près de la côte, par gros temps* 1879, h/t, deux pendants (65x35) : **FRF 18 000** – Paris, 16 nov. 1990 : *Port de pêche animé*, h/t (34,5x65) : **FRF 17 000**.

MAZELLIER Maurice
Né en 1881 à Melun (Seine-et-Marne). Mort en 1951 à Nyons (Drôme). xxe siècle. Français.
Peintre. Post-néo-impressionniste.
Grièvement blessé, par gaz, pendant la guerre de 1914-1918, alors qu'il exposait à Paris depuis 1911, il ne figura plus ensuite, ne pouvant plus se déplacer, qu'au Salon du Sud-Est de Lyon. Il pratiquait une technique pointilliste. Ses œuvres sont restées dans un petit cercle d'amateurs locaux.

MAZER Karl Peter
Né en 1807 à Stockholm. Mort en 1884 à Naples. xixe siècle. Suédois.
Peintre de portraits.
Fut élève de l'Académie de Stockholm et de Gros à Paris, puis séjourna en Italie en 1832 à 1835, en Suède, en Finlande, en Russie pour revenir à Paris en 1876. Depuis 1878 il était installé à Naples. Les Musées de Stockholm possèdent de lui deux portraits.

MAZERAN Simon Alexandre
Né au xixe siècle à Lyon. xixe siècle. Français.
Peintre de genre et de portraits.
Élève de l'École des Beaux-Arts de Lyon et de M. Froment. Figura au Salon de 1877 à 1880.

MAZEROLLE Alexis Joseph
Né le 29 juin 1826 à Paris. Mort le 29 mai 1889 à Paris. xixe siècle. Français.
Peintre d'histoire, scènes de genre, portraits, décorateur.
Il entra à l'École des Beaux-Arts de Paris en 1843 et fut élève de Charles Gleyre. Il débuta au Salon de Paris en 1847, obtenant une médaille de troisième classe en 1857. Chevalier de la Légion d'honneur.
Il réalisa des décorations pour l'Opéra de Paris, des salles du Conservatoire et à la Comédie Française, où sur un plafond, se trouve une toile marouflée de lui : *La France couronnant Molière, Corneille et Racine*.

Bibliogr. : Gérald Schurr, in : *Les Petits Maîtres de la peinture 1820-1920, valeur de demain*, Les Éditions de l'Amateur, t. IV, Paris, 1979.
Ventes Publiques : Paris, 4 avr. 1897 : *Deux panneaux décoratifs* : **FRF 1 800** – Paris, 1er juin 1913 : *Jeune femme assise* : **FRF 150** – Paris, 3 déc. 1925 : *Projets de frise décorative*, deux dess. : **FRF 120** – Paris, 15 fév. 1932 : *Le char de Psyché* : **FRF 70** – New York, 13 déc. 1985 : *Paysage à l'étang animé de personnages*, h/t (38x90) : **USD 2 700** – New York, 25 fév. 1988 : *Scène classique avec des personnages au bord d'un bassin*, h/t (38x90,5) : **USD 4 400** – New York, 24 oct. 1989 : *Oreste et les Furies*, h/t (27,3x21) : **USD 3 300** – Versailles, 1er oct. 1995 : *La déclaration* 1885, h/t (160x232) : **FRF 90 000** – Paris, 24 jan. 1996 : *La nymphe des bois*, h/t (50x29) : **FRF 5 200**.

MAZEROLLES Philippe de. Voir **MAROLLES Philippe de**

MAZET Jean-Claude
xxe siècle. Français.
Peintre, décorateur.
Il vit et travaille à Montluçon (Allier). De 1949 à 1952, il participé à Paris au Salon des Réalités Nouvelles.
Il crée des projets et réalise des sortes d'architectures polychromées, notamment pour des présentations de magasins, y introduisant des décorations peintes, des effets lumineux, des espaces perspectifs illusionnistes.

MAZETTA Federico ou **Mazzottei**
Né au xixe siècle à Naples. xixe siècle. Italien.
Peintre de genre.
Fixé à Capoue, il exposa à Turin, Naples et Venise. Le Musée de Liverpool conserve de lui *Un piètre avantage*, et celui de Cologne, *Scène familiale à Naples*.

MAZETTI Antoine ou **Mazetty, Mazzetty**
xviiie siècle. Actif à Avignon de 1746 à 1768. Français.
Sculpteur et stucateur.
Il travailla avec Maderni à la cathédrale d'Albi.

MAZETTI Joseph Bernard
Né à Avignon. Mort le 19 septembre 1828 à Avignon. xixe siècle. Français.
Sculpteur.
Le Musée d'Avignon conserve de lui le *Buste de Joseph-Agricol Viala*.

MAZETTO Girolamo
Né vers 1454 à Vérone. xve siècle. Italien.
Peintre et graveur au burin.
Élève de G. Bellino. Il grava des sujets religieux et mythologiques.

MAZEV Petar
Né en 1927 à Kavadarci. xxe siècle. Yougoslave.
Peintre. Abstrait-paysagiste.
Depuis 1958, il exposait à Skopje. Il participe également à de nombreuses expositions collectives, en Yougoslavie et à l'étranger, en particulier aux expositions officielles représentant l'art macédonien. Profondément marqué par les aspects bruts, contrastés, de la terre macédonienne, par l'esprit du passé, il pratique un naturalisme abstrait, selon des systèmes rigoureux presque monochromes. Dans son évolution, il a exploité des agglomérats plastiques insolites.

MA ZHAO ou **Ma Chao** ou **Ma Tchao**
xiie-xiiie siècles. Actif à la fin de la dynastie des Song du Sud (1127-1279). Chinois.
Peintre.
Seule une de ses peintures nous est connue, *Pavillon dans les saules sous la tempête*, feuille d'album signée, à l'encre sur soie portant au dos une inscription qui serait de la main de l'empereur Song Ningzong (1195-1224).

MAZI Pietro de, dit **Pietro da Milano**
Mort vers 1471. xve siècle. Actif à Padoue. Italien.
Peintre.
Travailla aux statues du chœur de Saint-Antoine-de-Padoue.

MAZIER Claude
Né en 1926. xxe siècle.
Peintre de paysages.
Ventes Publiques : Versailles, 17 avr. 1988 : *Moulins-Engilbert (Morvan)*, h/t (33x41) : **FRF 3 100** ; *Le Matin vers Clamecy*, h/isor. (37,5x46) : **FRF 2 500**.

MAZIER Henri François
Né à Laigle. xixe siècle. Français.
Peintre.
Figura au Salon de 1866 à 1867 avec des portraits.

MAZIÈRE Simon ou **Mazières**
Né vers 1648 ou 1649 à Pontoise. Mort en 1720 ou 1722. xviie-xviiie siècles. Français.
Sculpteur de statues.
On voit de cet artiste, au Palais de Versailles : dans le parterre de la chapelle, un *Vase en marbre d'Égypte* et *Le Printemps*, terme en marbre, dans le bosquet de la Colonnade, des bas-reliefs en marbre, représentant des *Amours* et des *Génies*, dans les Galeries, un *Buste de Jean Le Camus*. Une de ses sculptures, une *Nymphe de Diane* en marbre blanc, décora successivement les jardins de Marly, ceux des Tuileries, puis passa à Versailles. Elle fut vendue aux enchères publiques, à la salle Drouot de Paris, en 1943. En 1950, les Musées nationaux purent la racheter et la placer dans les escaliers de l'Hôtel de Rohan, aux Archives nationales.

MAZIÈS Jean Pierre Victor
Né au XIXe siècle à Verfeil (Haute-Garonne). XIXe siècle. Français.
Peintre d'histoire, scènes de genre, portraits, graveur.
Élève de Lehmann et Ch. Gleyre. Figura au Salon de 1861 à 1890. L'église Saint-Cyprien à Toulon possède de cet artiste un grand tableau : *Guérison des goutteux.*
VENTES PUBLIQUES : MONTRÉAL, 23-24 nov. 1993 : *Conversation au coin de la rue* 1891, h/t (35x27,9) : **CAD 800**.

MAZILIER Carmen
Née le 6 mai 1891 à à Buenos-Aires. XXe siècle. Active et naturalisée en France. Argentine.
Sculpteur.
Elle fut élève de Laurent Marqueste. Elle exposait à Paris, depuis 1920 au Salon des Artistes Français.

MAZINI Angelo
XVIIe siècle. Italien.
Peintre.
L'église Saint-Étienne à Carisolo possède de cet artiste une *Madone avec saint Jacques et saint Étienne.*

MAZLOUM Odile
Née en 1942. XXe siècle. Libanaise.
Peintre de compositions animées.
À Beyrouth, elle fut élève de l'Académie libanaise des Beaux-Arts, en même temps que de l'École supérieure des Lettres. Elle poursuivit cette étude double à Paris, simultanément à l'École des Beaux-Arts et à l'École du Louvre. À Beyrouth, elle fréquenta les ateliers de Georges Corm et Georges Cyr. De 1962 à 1988, elle a participé à tous les Salons du Musée Sursock. Elle a aussi figuré régulièrement au Palais de l'UNESCO de Beyrouth ; en 1963, 1964, 1971 à la Biennale d'Alexandrie ; en 1988 à la Biennale de Bagdad ; dans des expositions collectives, en 1969 à Paris, 1972 à Rome, 1981 à Bruxelles, 1989 à Paris pour l'exposition *Liban – Le Regard des peintres – 200 ans de peinture libanaise*, à l'Institut du monde arabe, etc. À Beyrouth, elle a montré des ensembles de ses peintures dans des expositions personnelles, dans des hôtels et galeries d'art, en 1963, 1964, 1968, 1972, 1983, 1986 ; etc. En 1963, elle est devenue membre de l'Association des artistes, peintres et sculpteurs libanais. Depuis 1984, elle a une activité d'enseignement.
BIBLIOGR. : In : Catalogue de l'exposition *Liban – Le Regard des peintres – 200 ans de peinture libanaise*, Institut du monde arabe, Paris, 1989.

MAZO Felipe. Voir **MASO Felipe**

MAZO Juan Bautista Martinez del
Né vers 1612 dans la province de Cuenca. Mort le 10 février 1667 à Madrid. XVIIe siècle. Espagnol.
Peintre.
Palomino dit qu'il fut aussi bon paysagiste que portraitiste et peintre d'histoire. Ses sujets de chasse et ses paysages l'emportent cependant sur ses autres œuvres. Instruit dans l'école de Velasquez, dont il épousa la fille Francisca, en premières noces, en 1634 ; il devait se remarier deux fois et eut de nombreux enfants. En avril 1661, il eut la faveur de succéder à son beau-père comme peintre de la cour sous Philippe IV. Ce dernier le chargea de copier les tableaux de l'école vénitienne se trouvant dans la galerie royale. Del Mazo s'en acquitta avec un soin tel qu'il est fort difficile de distinguer les copies des originaux. Il est remarquable par les copies qu'il fit aussi de Velasquez, de Raphaël, du Titien, du Tintoret et de Paul Véronèse. La plupart des auteurs le considèrent comme un peintre mineur ; il est cependant troublant que ces mêmes auteurs fassent mention de ce qu'on ne puisse déterminer avec certitude si certaines œuvres sont de Vélasquez ou de Mazo, ce qui semble témoigner en faveur de leurs qualités. Il a souvent copié ou complété des portraits de la main de Vélasquez. Le *Prince Baltasar Carlos apprenant à monter à cheval*, de la Wallace Collection de Londres, doit être une copie d'après Vélasquez. D'ailleurs, on s'accorde généralement à reconnaître ses qualités de portraitiste ; il aurait montré dans cette pratique plus de compréhension psychologique de ses modèles que Vélasquez, qui prenait généralement le parti de l'impassibilité. D'entre ses portraits personnels, on cite : le *Prince Baltasar Carlos*, 1645 ; la *Reine Mariana*, 1666 ; l'*Infante Marguerite* ; la *Famille de l'artiste*. Le *Portrait de don Adrian Pulido Pareja*, de la National Gallery, lui est attribué. Quant à l'épineuse question de ses collaborations avec Vélasquez, on s'accorde à admettre sa collaboration pour la scène de chasse dite la *Telareal*, de la National Gallery. Pour la *Vue de Saragosse*, peinte vers 1647, admirable paysage d'atmosphère, tantôt elle est attribuée intégralement à Vélasquez, tantôt à Mazo, tantôt à une collaboration des deux peintres. De toute façon, il est avéré qu'il fut un excellent paysagiste, minutieux mais également pourvu d'un sens poétique certain du paysage. Il a rapporté des évocations de palais et de sites, de son voyage en Italie, en 1657 : *L'Arc de Titus à Rome*, au Prado, par exemple. Il a également peint de nombreux sites espagnols, des vues de palais aussi : *La Calle de la Reina à Aranjuez* ; *La fontaine des Tritons à Aranjuez*, etc., encore que pour certains de ces paysages, soit posé de nouveau le problème de l'attribution à Mazo ou à Vélasquez. Une *Vue de Pampelune*, perdue, subsiste peut-être en fragments épars entre Aspley House à Londres, Musée Lazaro Galdiano à Madrid. A l'exemple de Vélasquez, il peignit aussi quelques *Natures mortes*. ■ J. B.
BIBLIOGR. : Jacques Lassaigne : *La peinture espagnole de Vélasquez à Picasso*, Skira, Genève, 1952 – Yves Bottineau, in : *Diction. univers. de l'Art et des Artistes*, Hazan, Paris, 1967.
MUSÉES : BONN (Mus. provincial) : *Paysage* – LONDRES (Nat. Gal.) : *Portrait d'homme – Portrait de la reine Mariana – Le duel à Pardo* – MADRID (Prado) : *Vue de Saragosse – D. Tiburcio de Redin y Cruzat, chevalier de Saint-Jean – Marie-Anne d'Autriche, seconde femme de Philippe IV – Paysage de montagnes*, trois oeuvres – *Marines*, deux oeuvres – *Le monastère de l'Escurial – Maison de campagne des moines de l'Escurial – Paysage avec château – Fuente de los Tritones – Calle de la Reina – Portrait de l'Infante Marguerite en noir – Paysage avec rivière* – MADRID (Mus. Lazaro Galdiano) : *Fragment supposé d'une Vue de Pampelune – Deux natures mortes* – MUNICH : *Portrait d'homme – Petit garçon* – NANTES : *Jeune princesse de la famille de Philippe IV* – NICE : *Voyageurs en Espagne* – SAINT-PÉTERSBOURG (Mus. de l'Ermitage) : *Le Sauveur* – VIENNE : *La famille de l'artiste*.
VENTES PUBLIQUES : PARIS, 12 déc. 1900 : *Portrait d'homme en cuirasse* : **FRF 260** – PARIS, 7 mars 1925 : *Infants et Infante*, attr. : **FRF 2 205** – LONDRES, 8 juin 1928 : *Dame en robe brodée* : **GBP 231** – NEW YORK, 4 fév. 1931 : *Portrait d'une dame* : **USD 150** – PARIS, 20 et 21 mai 1935 : *Portrait de femme* : **FRF 7 000** – LONDRES, 9 avr. 1937 : *Philippe IV d'Espagne* : **GBP 162** – LONDRES, 18 mai 1938 : *Gentilhomme en noir* : **GBP 40** – NEW YORK, 5 juin 1946 : *Gentilhomme* : **USD 400** – LONDRES, 12 juil. 1946 : *Arrivée du gouverneur du château* : **GBP 136** – PARIS, 5 juin 1950 : *La fillette à l'éventail* : **FRF 8 000** – LONDRES, 12 juin 1968 : *Philippe IV d'Espagne* : **GBP 1 200** – LONDRES, 16 avr. 1980 : *Le monastère de l'Escorial*, h/t (114x152) : **GBP 10 000**.

MAZO Maurice
Né en 1901 à Mostaganem (Algérie). XXe siècle. Français.
Peintre de compositions animées, dessinateur.
Après des études universitaires en Algérie, il vint à Paris et fut élève de l'Académie Julian, rencontrant Limouse, Caillard, Aujame. Il trouvait surtout ses références au Louvre. Il a enseigné quelque temps à l'Académie de la Grande-Chaumière.
Il participait à des expositions collectives à Paris : en 1936 à l'exposition des *Peintres de ce temps*, ainsi qu'aux Salons des Indépendants, d'Automne, des Tuileries. Une galerie parisienne organisa trois expositions personnelles de ses œuvres.
Sa peinture le situe dans la tradition rubénienne, à la suite d'Othon Friesz dans sa manière de la maturité. La critique a surtout fait état de son habileté de dessinateur.
MUSÉES : NARBONNE (Mus. d'Art et d'Hist.) : plusieurs dessins.
VENTES PUBLIQUES : PARIS, 29 avr. 1949 : *Peintre et modèle* 1943, dess. : **FRF 3 000**.

MAZOIS François
Né le 12 octobre 1783 à Lorient. Mort le 31 décembre 1826 à Paris. XIXe siècle. Français.
Architecte et graveur à l'eau-forte.
Élève de Percier. Il a gravé des monuments. Figura au Salon de 1824. Il a d'autre part construit quatre maisons aux Champs-Élysées et les passages Choiseul et Saucède.

MAZOLENE Giovanni
XVIIe siècle. Actif à Padoue. Italien.
Peintre.
Il peignit en 1678 pour l'église des frères mineurs de Saint-François à Vicence des scènes de *La Passion du Christ* et de *La vie de saint François d'Assise.*

MAZONE Giovanni ou **Massone**
Né vers 1433 à Alexandrie. Mort avant décembre 1512. XVe-XVIe siècles. Italien.

Peintre d'histoire.
Plusieurs peintres venant d'Alexandrie, de Brescia et de Pavie ont travaillé à Savone vers la fin du XVe siècle. G. Massone est l'un d'eux. Il reçut ses premières commandes vers 1463, exécuta en 1476 un panneau du maître-autel de la cathédrale de Savone, et s'essaya à la fresque vers 1486. On connaît de lui un retable à trois compartiments, peint vers 1490, actuellement au Louvre, et représentant : au centre, *La Nativité* ; à gauche, *Saint François d'Assise debout, protégeant Sixte-Quint à genoux* ; à droite, *Saint Antoine de Padoue, debout protégeant le cardinal Julien de la Rovère* (depuis, Jules II). De 1493 datent un polyptyque de l'*Annonciation* et le retable pour l'église Sainte-Julie de Centaura. Le Musée Jacquemart André, à Paris, possède également deux panneaux réunis qui lui sont attribués : *Les quatre docteurs de l'Église latine.*

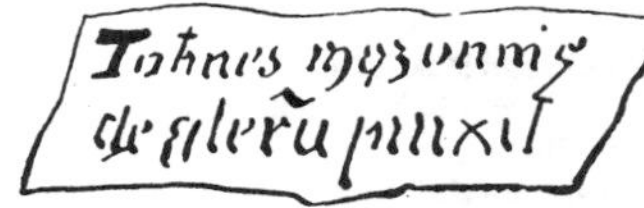

MAZOT Angeline
XIXe siècle. Français.
Peintre.
Exposa aux Salons de 1844 à 1845 des aquarelles représentant des fleurs.

MAZOT François
XVIIe siècle. Actif à Paris au milieu du XVIIe siècle. Français.
Graveur au burin et éditeur.

MAZOT Louis
Né le 26 avril 1919 à Montpellier (Hérault). XXe siècle. Français.
Peintre de compositions animées, natures mortes. Tendance symboliste.
Il fut élève de l'École des Beaux-Arts de Montpellier. Il a figuré dans des expositions collectives, notamment aux *Peintres Témoins de leur Temps* à Paris. Il montre surtout des ensembles de ses peintures dans des expositions personnelles à Paris : 1955, 1956 galerie Saint-Placide ; 1960, 1961, 1962 galerie Cardo Matignon ; 1973 galerie Bruno Bassano ; 1977, 1979 galerie de Nevers ; 1985, 1987 galerie de la Rose-Croix ; 1989, 1991 galerie Francis Barlier ; etc.
Il peint la réalité avec la sensibilité du groupe des « peintres de la réalité poétique », dans un registre coloré qui rappelle celui de Brianchon. Ses peintures d'objets, auxquels se mêle parfois discrètement un visage, sont rigoureusement construites frontalement d'horizontales et verticales strictes et selon le nombre d'or cher à Seurat.

Ventes Publiques : Calais, 15 déc. 1996 : *Nature morte à la pipe*, h/t (27x46) : **FRF 4 000**.

MAZOTTI Giovanni
Né en 1873 à Bologne. Mort en 1915. XIXe-XXe siècles. Italien.
Peintre d'histoire, sujets religieux.
Sans doute à Bologne, il fut élève du Collegio Venturoli et plusieurs fois lauréat de la Societa Francesco Francia.
À Bologne, l'église Sainte-Marie de la Purification possède de lui un *Crucifiement*, l'oratoire de Saint-Philippe Neri une *Vierge immaculée.*
Musées : Bologne (Pina.) : *Mort d'Anita Garibaldi.*

MAZOYER Jean
XVIIe siècle. Français.
Peintre.
Peintre du Roi à Bordeaux. Il reçut en 1672 la commande de trois tableaux pour l'église paroissiale d'Eysines, près de Bordeaux.

MAZUET Georges
Né le 13 mai 1877 à Paris. XXe siècle. Français.
Graveur.
Il fut élève d'Adolphe Pannemaker à Paris. Il exposait à Paris, au Salon des Artistes Français, dont il devint sociétaire en 1904, ayant obtenu une mention honorable la même année.

MAZUMDAR Nirode
Né le 11 mai 1906 ou 1916 à Calcutta. XXe siècle. Indien.
Peintre de compositions murales.
Il fut élève de l'École des Beaux-Arts de Calcutta. En 1935, il reçut la médaille d'or de l'Indian Society of Oriental Art. Il a fait partie du *Calcutta Groupe*. En 1943, il a montré un ensemble important de ses œuvres dans une exposition personnelle à Calcutta. En 1947, il vint poursuivre sa formation à Paris grâce à une bourse du gouvernement français, et séjourna en tout onze mois en Europe.
Dans un dessin volontaire et un sens décoratif et chromatique d'origine traditionnels mais sans esprit d'imitation stylistique, il crée des figures qui traduisent lyriquement le sentiment national indien, et qui ne sont pas dénuées de l'esprit constructif de certains peintres français contemporains, notamment influencées par le cubisme synthétique de Georges Braque. Il peint souvent par séries, et les fonde esthétiquement à partir de concepts doctrinaux hindouistes concernant le temps et l'éternité.
Bibliogr. : In : *Diction. de l'art mod. et contemp.*, Hazan, Paris, 1992.

MAZUMDAR Sushil
Né en 1933. XXe siècle. Indien.
Peintre de décorations murales, aquarelliste, dessinateur. Tendance traditionnelle.
Il fut élève et en 1955 diplômé du Collège d'Art de Calcutta. Il participe aux expositions importantes d'art contemporain indien en Inde et à l'étranger. Dans le contexte d'expositions collectives, il a obtenu de nombreux Prix : 1953 Premier Prix de Peinture à l'eau, médaille d'or et Premier Prix pour la peinture traditionnelle de l'Université de Calcutta, 1954 Premier Prix et médaille d'or de la section graphique de l'Académie des Beaux-Arts de Calcutta, 1955 Premier Prix de l'Exposition des Beaux-Arts de Calcutta. En 1960, à l'occasion d'un voyage à Londres, il montra un ensemble d'œuvres dans une exposition personnelle. Il a réalisé la décoration murale du Parlement de Calcutta.
Bibliogr. : In : *Peintres contemp.*, Mazenod, Paris, 1964.

MAZUR Michaël
Né en 1935 à New York. XXe siècle. Américain.
Graveur de compositions animées.
Il est connu pour ses eaux-fortes qui constituent une série intitulée *Closed Ward*, commencée au début des années soixante. Dans ces œuvres, il révèle l'univers clos des malades mentaux qui doivent passer leur vie dans les hôpitaux psychiatriques. Ces thèmes sont développés sur fond d'une vision globale de l'humanité, parents de ceux de Goya sans en partager la satire mordante.
Ventes Publiques : San Francisco, 20 juin 1985 : *Danse I* 1980-1982, triptyque : past./pap. (229x229) : **USD 3 000**.

MAZUR Vladislav
Né le 3 mai 1874 à Jaslo. XIXe-XXe siècles. Actif aux États-Unis. Polonais.
Sculpteur de statuettes.
Il fut élève de l'Académie des Beaux-Arts de Vienne.
Musées : Cracovie (Mus. Nat.) : une statuette.

MAZURANIÉ Anton
Né en 1687. Mort le 30 juillet 1757. XVIIIe siècle. Actif en Croatie. Croate.
Sculpteur sur bois.
Prêtre. Il a exécuté l'autel de la Trinité pour la chapelle de la Trinité à Novi.

MAZURE Jules. Voir **MASURÉ**

MAZUREL T.
Peintre d'intérieurs, natures mortes.
Le Musée de Montréal conserve de lui : *Provisions pour le garde-manger.*

MAZURIER. Voir aussi **LE MASURIER** et **LE MAZURIER**

MAZURIER Albert
Né le 11 juin 1879 à Périgueux (Dordogne). XXe siècle. Français.
Peintre de décorations murales, restaurateur, copiste.
Il fut élève de Fernand Cormon à l'École des Beaux-Arts de Paris. Très tôt, il se spécialisa dans les restaurations délicates de tableaux anciens, et dans les grandes décorations sur des thèmes classiques.
Il a travaillé à la reproduction des fresques romanes françaises pour l'admirable Musée des monuments français du Palais de Chaillot. D'autre part, lui fut confiée la décoration du Palais royal de Belgrade, où il s'est livré à de libres variations sur des motifs du XVIIIe siècle.

MAZURKIEVISCH Benedikt
XVIIIe siècle. Polonais.
Peintre.
Il peignit les fresques pour l'église de Lemberg en 1738.

MAZURU Didier
Né le 18 février 1953 à Paris. XXe siècle. Français.
Peintre de compositions animées, graveur, dessinateur. Tendance surréaliste.
En 1980, il fut diplômé en architecture. Il participe à quelques expositions collectives, et montre surtout des ensembles d'œuvres dans des expositions personnelles, dont : 1983 Saint-Niklaas (Belgique) ; 1984, 1987 Paris galerie Bernier, Belfort Maison des Arts ; 1987 Montluçon et Saint-Étienne ; 1989 Stockholm Institut français ; 1990 Paris galerie Michèle Broutta.
Dans une technique issue de l'académisme dalinien, il crée, dans un décor de nature hostile et de constructions un peu égyptiennes, des sortes de personnages, constitués de fragments de sculptures comme assemblés au hasard, qui semblent jouer à quelque jeu d'échecs avec des petites sculptures à leur ressemblance.

MAZY Marcel
Né en 1931 à Ougrée. XXe siècle. Belge.
Sculpteur. Tendance abstraite.
Il fut élève de l'Académie des Beaux-Arts, puis d'Henri Puvrez à l'Institut Supérieur d'Anvers. Il est devenu directeur de l'Académie de Hoboken.
Il crée des structures métalliques, symbolisant des comportements humains, notamment à Hoboken, Anvers, Forest, Mariakerke, ainsi qu'à Prague, Budapest.
BIBLIOGR. : In : *Dict. biogr. illustré des artistes en Belgique depuis 1830*, Arto, Bruxelles, 1987.

MAZZA. Voir aussi **MAZA** et **MAZZI**

MAZZA Aldo
Né le 6 juillet 1880 à Milan. XXe siècle. Italien.
Peintre de compositions animées, portraits, paysages.
Outre son activité de peintre intimiste, Aldo Mazza a collaboré, de 1904 à 1924 avec des caricatures, au journal de Milan *Guerino Meschino*.
MUSÉES : MILAN (Gal. d'Art Mod.) : *Été – Tête de bambin.*
VENTES PUBLIQUES : MILAN, 6 juin 1991 : *Le thé*, h/pan. (39x29) : **ITL 1 000 000.**

MAZZA Andréa ou **Maza**
XVIIe siècle. Italien.
Stucateur.

MAZZA Angelo Michele
Mort en 1726. XVIIIe siècle. Actif à Parme. Italien.
Peintre, sculpteur, architecte.
Il entra au service du cardinal Ottoboni à Rome. Il fut en 1716 le peintre du théâtre de Bologne.

MAZZA Antonio
XVIIIe siècle. Actif à Crema. Italien.
Peintre d'architectures, fresquiste.
Il travailla vers 1760 à Brescia, où il fit les fresques des églises Saint-Faustin et Sainte-Euphémie.

MAZZA Antonio
XVIIIe siècle. Actif à Rotterdam. Hollandais.
Peintre d'histoire, dessinateur.
Reçut de l'Académie de Parme un prix pour son dessin : *Pugilat entre Dares et Entellos.*

MAZZA Bartoloméo
XVIe siècle. Actif en Italie. Italien.
Graveur au burin.
Il a gravé des sujets religieux.

MAZZA Camillo
Né en 1602 à Bologne. Mort en 1672 à Bologne. XVIIe siècle. Italien.
Sculpteur.
Fut l'élève d'Algardi à Rome et travailla à Venise, Padoue et Bologne.

MAZZA Carlo
Né en 1704. Mort le 4 mars 1777 à Bologne. XVIIIe siècle. Actif à Corregio près de Modène. Italien.
Peintre.
Il fut l'élève de Donnini et de Franceschini. Deux de ses tableaux se trouvent dans les églises de Bologne.

MAZZA Damiano
Né à Padoue. XVIe siècle. Italien.
Peintre d'histoire.
Élève du Titien, il peignit pour les églises de Venise. On voit de lui, à la casa Sonica, à Padoue : *Ganymède enlevé par l'aigle.* Il mourut jeune.
MUSÉES : BOLOGNE (Pina.) : *Sainte Hélène* – BUDAPEST : *Le Christ portant sa croix* – FLORENCE (Pitti) : *La Sainte Famille* – LONDRES (Nat. Gal.) : *Rapt de Ganymède* – MODÈNE (Gal. Estense) : *Le Christ devant Pilate* – STUTTGART (Gal. prov.) : *La Sainte Famille* – VENISE (Acad.) : *Bustes des Évangélistes Jean, Lucas, Marc et Jérôme.*

MAZZA Gianbattista
XVIIIe siècle. Italien.
Graveur.
Il a gravé des sujets d'histoire.

MAZZA Giovanni Battista
XVIe siècle. Actif vers 1580. Italien.
Graveur au burin.

MAZZA Giovanni Battista
XVIIe siècle. Italien.
Stucateur.

MAZZA Giuseppe
Mort vers 1796. XVIIIe siècle. Actif à Milan. Italien.
Peintre.

MAZZA Giuseppe
Né en 1817 à Milan. Mort en 1884 à Milan. XIXe siècle. Italien.
Peintre d'histoire, scènes de genre.
Il fut l'élève de l'Académie de Brera et exposa à Milan et à Turin.
VENTES PUBLIQUES : MILAN, 10 déc. 1987 : *Qui va et qui vient* 1884, h/t (102,5x141) : **ITL 9 500 000.**

MAZZA Giuseppe Maria
Né le 13 mai 1653 à Bologne. Mort en 1741. XVIIe-XVIIIe siècles. Italien.
Sculpteur de bustes, statues, stucateur.
Il étudia d'abord la peinture avec Canuti, Cignani et Pasinelli et s'adonna plus tard à la sculpture. Il devint membre de l'Académie Clementinia à Bologne.
MUSÉES : BERLIN (Mus. K. Friedrich) : *Madone sur un quartier de lune* – BERLIN (Mus. du Château) : *Sainte Famille* – BOLOGNE (Pina.) : *Sainte Madeleine et Saint Joseph*, argile, deux statuettes : – BOLOGNE (Mus. d'Art Indust.) : *Madone avec l'Enfant* – FRANCFORT-SUR-LE-MAIN (Stadel) : *Madone avec Jean et l'ange* – VIENNE (Pal. Liechtenstein) : *Apollon et Méléagre*, marbre, bustes.
VENTES PUBLIQUES : ROME, 3 avr. 1984 : *Allégorie de l'Amour*, marbre blanc (H. 80) : **ITL 22 000 000** – ROME, 8 mars 1990 : *David vainqueur*, terre cuite (H. 35) : **ITL 22 000 000.**

MAZZA Jacopo Andrea del
XVe siècle. Actif à Florence. Italien.
Sculpteur.

MAZZA Jacopo Antonio ou **Maza**
XVIIe siècle. Actif à Passau. Allemand.
Peintre.

MAZZA Pietro
Né le 29 avril 1777 à Parme. XIXe siècle. Italien.
Dessinateur.

MAZZA Salvatore
Né le 19 avril 1819 à Milan. Mort le 24 octobre 1886 à Milan. XIXe siècle. Italien.
Peintre d'histoire, scènes de genre, animaux, paysages.
Exposa à Milan et Florence. Membre de l'Académie de Mantoue. Chevalier de l'ordre de la Couronne d'Italie. La Galerie Brera possède de cet artiste : *Un troupeau au repos.*
VENTES PUBLIQUES : MILAN, 5 avr 1979 : *Paysage montagneux*, h/t (31,5x51) : **ITL 1 000 000** – COLOGNE, 28 juin 1991 : *Dans la barque du passeur*, h/t (42,5x54) : **DEM 4 000** – MILAN, 9 nov. 1993 : *Cheval de trait*, h/pap./cart. (18,5x28) : **ITL 2 070 000** – MILAN, 14 juin 1995 : *Sentier dans un bois*, h/pap. (24,5x33) : **ITL 1 725 000.**

MAZZA Sebastiano
Actif à Milan. Italien.
Peintre de genre.
Le Musée Rivoltella, à Trieste, conserve de lui : *Cavaliers du XVIIe siècle.*

MAZZA Taddeo
XVIIIe siècle. Actif au début du XVIIIe siècle. Italien.
Peintre de portraits.

MAZZA Tommaso del
XIVe siècle. Actif à Florence. Italien.
Peintre.
A travaillé à Prato et à Pise.

MAZZACOLI Pietro
XVIe siècle. Italien.
Peintre et architecte.
A établi les plans du clocher de Brusatasso en 1500.

MAZZACURATI Marino
Né en 1907 à San Venanzio di Galleria, d'autres sources donnent à Gallina (Bologne). Mort en 1967 à Rome ou en 1969 à Parme selon d'autres sources. XXe siècle. Italien.
Sculpteur de monuments, groupes, figures, nus, peintre.
Il apprit à sculpter très jeune avec des artisans locaux. Il étudia à l'Académie des Beaux-Arts de Rome, où il connut Scipione et Mafaï. Il vint aussi travailler à Paris. En 1926, à Rome, il fut, jusqu'en 1928, l'assistant du sculpteur officiel du régime fasciste, Arturo Martini, membre du Novecento qui prône les valeurs traditionnelles au service de l'idéologie mussolinienne. Dès 1931, il fonde avec Scipione la revue *Fronte* qui s'oppose esthétiquement et politiquement au Novecento. En 1937, il se fixa à Rome et se consacra ensuite totalement à la sculpture.
Dans sa peinture, il fut un moment influencé par Giorgio Morandi, mais s'intéressa bientôt au cubisme et à l'expressionnisme, pour, finalement, tendre à une synthèse des diverses expressions européennes du moment, notamment pour s'opposer à l'esthétique officielle du régime italien. Ses sculptures reflètent souvent ses options civiques : 1941 *Le Massacre des Innocents*, 1942-1943 *Les Empereurs* ; 1943-1944 *Hiérarchie* ; 1955 le *Monument des partisans de Parme* ; 1965 le *Monument des quatre journées de Naples.* ■ J. B.
BIBLIOGR. : Divers : *Marino Mazzacurati*, Reggio Emilia, 1974 – in *Diction. de l'art mod. et contemp.*, Hazan, Paris, 1992.
VENTES PUBLIQUES : ROME, 23 avr. 1985 : *La svergognata* 1945, bronze, patine or (H. 63) : **ITL 3 400 000** – ROME, 15 nov. 1988 : *Homme âgé*, gesso à patine bronze (H. 59) : **ITL 1 000 000** – ROME, 17 avr. 1989 : *Nu féminin (Elsa)* 1946, bronze (H. 46) : **ITL 5 000 000** – ROME, 8 nov. 1994 : *Formes plastiques d'un nu féminin* 1946, bronze (45x12,3x9,2) : **ITL 5 750 000** – MILAN, 2 avr. 1996 : *Les lutteurs*, bronze (H. 58) : **ITL 10 925 000**.

MAZZAFIRRI Michele di Battista
Né vers 1530. Mort en 1597. XVIe siècle. Italien.
Médailleur.

MAZZAFORTE Pietro di Giovanni
XVe siècle. Actif à Foligno. Italien.
Peintre.
La galerie Brera de Milan conserve de cet artiste une *Madone avec l'Enfant Jésus.*

MAZZAGATTI Nicolo
XVIIIe siècle. Actif à Messine dans la seconde moitié du XVIIIe siècle. Italien.
Peintre.
Plusieurs de ses tableaux se trouvent dans les églises de Messine.

MAZZANOVICH Lawrence
Né le 19 décembre 1872 en Californie. Mort en 1946. XIXe-XXe siècles. Américain.
Peintre de paysages.
Il fut élève de l'Art Students' League de New York. En 1905, il fut membre du Salmagundi Club. Il fut aussi membre de la Fédération Américaine des Arts.
VENTES PUBLIQUES : NEW YORK, 1er juin 1984 : *Moonlight at dawn*, h/t (54,5x65) : **USD 3 000** – NEW YORK, 31 mai 1985 : *Paysage de printemps*, h/t (27,3x35,2) : **USD 3 800** – NEW YORK, 14 mars 1986 : *Early evening mist*, h/t (54x65) : **USD 9 000** – NEW YORK, 4 déc. 1987 : *Le Début du printemps*, h/t (77x77) : **USD 4 500** – NEW YORK, 24 juin 1988 : *Temps nuageux à Tamworth dans le New Hampshire*, h/t (54x65) : **USD 3 520** – NEW YORK, 25 mai 1989 : *Peupliers le long d'un canal*, h/t (54,3x65) : **USD 11 000**.

MAZZANTI Alessandra
Né en mai 1824 à Florence. XIXe siècle. Italien.
Peintre de genre et d'histoire.
Élève de l'Académie des Beaux-Arts de Florence dont il fut nommé membre d'honneur en 1876.

MAZZANTI Enrico
Né en 1852 à Florence. XIXe siècle. Italien.
Architecte et dessinateur d'architectures.
Il fut l'élève de De Fabris et Francolini. Il publia avec son frère Riccardo, né en 1850 à Florence : *Raccolta d. Migliori fabbriche ant. e mod. di Firenze, disegnate e descritte dagli arch. R. ed. E. M.* (1876).

MAZZANTI Lodovico, comte
Né en 1686 à Orvieto ou à Rome. Mort en 1775 à Orvieto. XVIIIe siècle. Italien.
Peintre de compositions religieuses. Classique.
Il subit l'influence de Giordano et devint membre de l'Académie Saint-Luc en 1744.
MUSÉES : FLORENCE (Gal. roy.) : *Portrait par lui-même* – PÉROUSE (Pina.) : *Saint-Bernard.*
VENTES PUBLIQUES : VIENNE, 2 déc. 1969 : *Madone* : **ATS 65 000** – SAN SEBASTIANO-DE-PO, 21 sep. 1985 : *L'Ange de l'Annonciation*, h/t (72x57) : **ITL 3 000 000** – ROME, 22 mars 1988 : *La Madone et l'enfant ; saint Jean offrant une rose*, h/t (64x77) : **ITL 3 800 000** – ROME, 13 avr. 1989 : *Vierge à l'Enfant apparaissant à un frère franciscain dans un paysage*, h/t (45x76) : **ITL 4 200 000**.

MAZZARINI Marc Antonio
XVIe siècle. Actif à Bologne vers 1597. Italien.
Sculpteur sur bois.

MAZZAROLIO Claudio
Actif à Caravaggio. Italien.
Peintre.
A exécuté le tableau d'*Innocent VIII* pour Saint-Pierre de Rome.

MAZZAROPPI Marco
Né en 1550 à Cassino (San Germano, près de Naples). Mort en 1620. XVIe-XVIIe siècles. Italien.
Peintre.
On voit des œuvres de lui à l'abbaye du Mont Cassin, près de San Germano : *Martyre de saint Placide et de ses compagnons ; Madone avec saint Benoît ; Saint Maure sauve saint Placide du lac.*

MAZZEI Corrado Alberto
Né le 9 janvier 1885 à Carrare. XXe siècle. Actif aussi en France. Italien.
Sculpteur de figures, animaux.
En 1913, à Berlin, il faisait partie d'un groupe futuriste. Ensuite à Paris, il exposa aux Salons d'Automne depuis 1919, des Indépendants depuis 1920, de la Société Nationale des Beaux-Arts depuis 1927. Il figurait encore au Salon d'Automne en 1946, avec une *Dormeuse* alors remarquée.

MAZZEI Giuseppe
Né en 1867 à Portoferrato. XIXe-XXe siècles. Italien.
Peintre de genre, portraits.
Il vivait et travaillait à Gênes.
VENTES PUBLIQUES : PARIS, 5 mars 1989 : *Le rendez-vous dans le jardin public*, h/t (69x48) : **FRF 11 500**.

MAZZEO Felice ou **Matteo**
XVe siècle. Actif à Naples. Italien.
Enlumineur.
En 1492, il peignit à Naples les frontispices de deux ouvrages qui se trouvent actuellement à la Bibliothèque nationale de Paris (ms. lat. 495 et 674), et en tête desquels, on voit saint Thomas d'Aquin dans sa chambre de travail ainsi que les armes d'Aragon.

MAZZEO de Ampora. Voir **AMPORA**

MAZZETI Francesco
Mort en 1706 à Rome. XVIIe siècle. Actif à Rome. Italien.
Peintre.
Membre de la Corporation des Artistes depuis 1676.

MAZZETI Vincenzo
Originaire de Milan. XVIIIe siècle. Italien.
Sculpteur.
A obtenu en 1766 le premier prix de deuxième classe au concours de Saint-Luc avec ses terres cuites : *Joseph et la femme de Putiphar* et *Joseph fait bénir par son père ses fils Ephraïm et Manassé.*

MAZZETTI Carpoforo ou **Tencalla-Mazzetti** ou **Mazzeti-Tencalla**
Né vers 1684 à Bissone (près de Lugano). Mort en 1748 à Venise. XVIIIe siècle. Italien.
Stucateur.
Il fut l'élève et le collaborateur de Stazio. Tous deux ont peint

ensemble le plafond de l'église des Jésuites à Venise ; et on trouve plusieurs de leurs œuvres communes dans les cathédrales d'Udine et de Bassano, à la Bibliothèque Saint-Marc et dans différents palais de Venise.

MAZZETTI Emo
Né le 24 octobre 1870 à Trévise. Mort en 1955 à Venise. XIXe-XXe siècles. Italien.
Peintre de paysages, natures mortes.
Il fut élève de l'Académie des Beaux-Arts de Venise et de Guglielmo Ciardi.
Il a surtout peint les paysages des Dolomites et du Lac de Garde.

E. Mazzetti

Musées : Udine (Gal. Marangoni) – Venise (Gal. d'Art Mod.).
Ventes Publiques : Monaco, 21 avr. 1990 : *Un cimetière*, h/pan. (54x41) : **FRF 9 435** – Rome, 14 nov. 1991 : *Le lac de Garde*, h./contre-plaqué (49x64) : **ITL 3 680 000**.

MAZZETTI Pietro ou **Mocetti** ou **Mozetti**
Né en 1663 à Rovio (près de Lugano). Mort en 1744. XVIIe-XVIIIe siècles. Italien.
Sculpteur.
Il a travaillé pour les églises de Turin, Gênes et Bergame.

MAZZI. Voir aussi **MAZZA**

MAZZI Giovanni Battista
Né vers 1620 à Pérouse. Mort le 4 décembre 1691 à Pérouse. XVIIe siècle. Italien.
Peintre.
A laissé des fresques dans plusieurs églises de Pérouse.

MAZZI Ventura ou **Mazza** ou **Marzi**
Né vers 1560 à Cantiano. Mort vers 1621 à Urbino. XVIe-XVIIe siècles. Actif à Urbino. Italien.
Peintre.
Il fut l'élève, l'aide et l'imitateur de Barocci et subit l'influence de Claudio Ridolfi. Il fit des copies de Barocci et du Titien.

MAZZI Vincenzo ou **Mazza**
XVIIIe siècle. Actif à Bologne de 1748 à 1790. Italien.
Peintre, graveur au burin et décorateur de théâtre.
Il fut membre de l'Académie Clementinia de Bologne, fit des tableaux d'églises, mais établit surtout des projets de décors de théâtre.

MAZZIA Angelo
Né le 7 octobre 1825 à Roggiano-Gravina. Mort le 2 janvier 1890 à Naples. XIXe siècle. Actif à Naples. Italien.
Peintre d'histoire et écrivain d'art.
Élève de Cammarano. Il a exposé à Naples, Rome, et a publié de nombreux ouvrages d'art.

MAZZIA di Francesco
Né en 1623. Mort en 1690 à Naples. XVIIe siècle. Italien.
Peintre d'histoire.
Élève du Dominiquin. Le Musée de Chartres conserve un dessin de cet artiste.

MAZZIERI Antonio
Né à Florence. XVIe siècle. Actif vers 1520. Italien.
Peintre de paysages et de batailles.
Il était élève de Francia Bigio. Il se fit une réputation par la hardiesse de son dessin et sa science du coloris.

MAZZINGHI Antonio di Tommaso ou **Mazzingo**
XVe siècle. Italien.
Orfèvre et peintre sur émail.

MAZZINI Angelo. Voir **MAZINI Angelo**

MAZZIOLI Giovanni
Actif à Modène. Italien.
Peintre de genre.
Le Musée Revoltella, à Trieste, conserve de lui : *L'Offrande nuptiale.*

MAZZOCATI Peregrino
XVIIe siècle. Actif à Venise au milieu du XVIIe siècle. Italien.
Graveur au burin.

MAZZOCCOLI Pietro
Né en 1705 à Carpi. Mort le 4 mars 1779 au monastère de S. Benedetto di Polirone. XVIIIe siècle. Italien.
Peintre et sculpteur.

MAZZOLA Battista ou **Mazzolo**
XVIe siècle. Actif à Carrare. Italien.
Sculpteur.
Il travailla à Messine et à Reggio Calabria dans la première moitié du XVIe siècle.

MAZZOLA Domenico ou **Mazzolo**
XVIe siècle. Italien.
Sculpteur.

MAZZOLA Filippo ou **Mazzuola**, dit **Filippo Dell Erbette**
Né vers 1460 à Parme. Mort en 1505 à Parme. XVe siècle. Italien.
Peintre d'histoire, compositions religieuses, portraits.
Il était fils de Bartolomeo Mazzo, qui eut trois fils peintres : Filippo, Michelo et Pierilario, mais son plus grand titre de gloire est d'être le père de il Parmigiano. Filippo cependant était le meilleur artiste des trois frères. Il jouit d'un certain renom et dut son surnom : dell Erbette au goût qu'il montrait pour les plantes qu'il introduisait dans ses tableaux. Ses peintures portent les dates de 1491 à 1505.
Il fit des portraits dans lesquels se traduit l'influence d'Antonello da Messina, mais ce fut surtout un peintre de sujets religieux. On cite notamment de lui : *Un Baptême du Christ*, conservé au Palais Épiscopal de Parme. Il signait parfois : *PHILIPPVS MAZOL A. P. P.*
Musées : Berlin : *La Vierge, l'enfant Jésus et deux saints – La Vierge et l'enfant Jésus* – Budapest : *Saint Christophe* – Londres (Nat. Gal.) : *La Vierge, l'enfant Jésus et deux saints* – Milan (Brera) : *Portrait d'homme* – Naples : *Déposition du Christ – Adoration* – Parme : *Madone et l'Enfant entre saint François et saint Jean – Conversion de Paul – Le Christ portant sa croix – Nicolas Burzio* – Rome (Gal. Doria) : *Portrait d'homme* – Strasbourg : *Résurrection* – Venise (Mus. Correr) : *Portrait d'homme.*
Ventes Publiques : Paris, le 21 mars 1898 : *Saint Basile faisant l'aumône* : **FRF 85** – Paris, 27 et 28 juin 1924 : *Le Sauveur* : **FRF 2 700** – Londres, 10 juil. 1936 : *Portrait d'homme*, pierre noire : **GBP 56** – Paris, 4 fév. 1949 : *Vierge à l'Enfant*, attr. : **FRF 345 000** – New York, 31 mai 1989 : *Vierge à l'Enfant avec sainte Claire*, h/pan. (67,2x44,5) : **USD 44 000** – New York, 11 jan. 1996 : *Le Sauveur du monde*, h/pan. (43,8x30,5) : **USD 23 000**.

MAZZOLA Francesco Maria ou **Girolamo Francesco Maria** ou **Mazzuola** ou **Mazzolino**. Voir **PARMIGIANO, il**

MAZZOLA Giovanni Battista. Voir **MAZZOLA Battista**

MAZZOLA Girolamo Francesco Maria ou **Mazzuola,** ou **Mazzolino**. Voir **PARMIGIANO, il**

MAZZOLA Giuseppe
Né le 5 décembre 1748 à Valduggia. Mort le 24 novembre 1838 à Milan. XVIIIe-XIXe siècles. Italien.
Peintre d'histoire, compositions religieuses, scènes de genre, portraits, paysages.
Il travailla seul, puis pensionné par le roi Victor-Amédée III, il vint à Rome où il fut l'élève de Mengs et étudia les œuvres de Raphaël et de Michel-Ange. De 1789 à 1797 il fut peintre du roi. En 1802 il perdit la main droite et peignit avec la gauche. Il se fixa à Milan et fut nommé directeur de la Brera.
Musées : Milan (Brera) : *Une sainte famille.*
Ventes Publiques : Rome, 27 mai 1980 : *Portrait d'un gentilhomme*, h/pan. (81x59) : **ITL 2 600 000** – Milan, 21 avr. 1983 : *Le Banquet*, aquar. (40x54) : **ITL 1 400 000** – Milan, 19 mars 1992 : *Scène de femille* 1853, aquar./pap. (27x19) : **ITL 1 500 000** – Milan, 25 oct. 1994 : *Place du Duomo de Milan*, h/t (114x86,5) : **ITL 35 650 000**.

MAZZOLA Giuseppe. Voir aussi **MAZZUOLI Giuseppe**

MAZZOLA Michele et **Pier Ilario**
Michele né vers 1469, Pier né vers 1476. Pier mort le 30 mai 1545. XVe-XVIe siècles. Italiens.
Peintres.
Tous deux ont travaillé ensemble pour les églises de la région de Parme.

MAZZOLA Pentaleone
XVe siècle. Actif à Crémone. Italien.
Peintre.

MAZZOLA BEDOLI Alessandro
Né le 2 septembre 1547 à Parme. Mort en 1612. XVIe-XVIIe siècles. Italien.
Peintre de portraits.

Il est le fils de Girolamo Mazzuola.
Musées : Bologne (Pina.) : *Portrait d'une jeune dame* – Naples : *Portrait de jeune femme* – *Portrait de jeune fille* – Parme (Pina.) : *Madone et l'Enfant* – *Portrait de Ranuccio Farnese*.
Ventes Publiques : Milan, 21 avr. 1986 : *La Sainte Famille et Saints personnages*, pl. et lav. (28,5x22) : **ITL 2 500 000**.

MAZZOLA BEDOLI Girolamo ou **Mazzuola** ou **Mazzolino**
Né vers 1500 à Parme. Mort en 1569 à Parme. xvie siècle. Italien.
Peintre de compositions religieuses, portraits, compositions murales, fresquiste, dessinateur. Maniériste.
Il avait épousé la fille de Pier Ilario Mazzola, dont il prit le nom en 1542. Il fut élève de son cousin par alliance, Francesco Mazzola dit il Parmigiano. Il eut un fils, Alessandro Mazzola Bedoli, probablement son élève et son aide, dans tous les cas son imitateur. Il a surtout travaillé à Parme, exécutant des fresques, entre 1538 et 1557, au Dôme de Parme ; de 1546 à 1557, à l'église de la Steccata. Il peignit aussi de nombreux tableaux d'autel, dont une *Vierge et l'Enfant avec sainte Justine, saint Alexandre et saint Benoît* 1540-1550 pour S. Alessandro de Parme.
Il imita surtout le style de Parmigiano, au point que ses œuvres ont pu être confondues avec celles de son cousin.
Bibliogr. : In : *Diction. de la peinture italienne*, coll. Essentiels, Larousse, Paris, 1989.
Musées : Bergame (Acad. Carrara) : *La Vierge, Jésus, sainte Catherine et saint Jérôme*, deux fois – *Sainte Famille* – Budapest : *Sainte Famille et saint François d'Assise* – Chantilly : *Le sommeil de Cupidon* – Dresde : *La Vierge et saint Sébastien* – *La Vierge, l'enfant Jésus et saint Jean* – Madrid (Mus. du Prado) : *Portraits* – Milan (Ambrosiana) : *Annonciation* – Milan (Brera) : *Saint Benoît sous les traits d'un religieux* – Milan (Mus. Poldi-Pezzoli) : *Madone avec enfant* – *Repos pendant la fuite en Égypte* – Munich (Pina.) : *Madone et saint Bruneau* – Naples : *Saint Famille et plusieurs saints* – *Lucrèce* – *Un tailleur* – *Sainte Claire* – *Alexandre Farnèse et la personnification de la ville de Parme* – *Annonciation* – Paris (Mus. du Louvre) : *L'Adoration des bergers avec saint Benoît* – Parme (Pina.) : *Saint Martin* – *Saint Ilarion* – *Adoration des rois mages* – *Adoration des bergers* – *Portrait de Luigi Borra* – *Portrait de Giberto Scarduo* – *Portrait d'Énée Irpino* – *Portrait d'un jeune abbé* – *Madone avec anges entre saint Bernard de Clairvaux et l'abbé Robert* – *Saint Benoît* – *Ecce Homo* – *Mariage de sainte Catherine* – *Immaculée Conception* – Vienne (Gal. Harrach) : *Madone avec enfant et saint Jean*.
Ventes Publiques : Londres, 25 nov. 1970 : *La Vierge, l'Enfant-Jésus et saint Jean* : **GBP 7 000** – Londres, 8 déc. 1972 : *La Sainte Famille dans un paysage* : **GNS 3 200** – Londres, 29 nov. 1977 : *La Vierge et l'Enfant assis sur un trône, avec Saint Jérôme et Sain. François*, pl. et lav. de gris-vert et brun reh. de blanc (18,5x10,4) : **GBP 3 500** – Milan, 30 nov. 1982 : *Figure allégorique*, sanguine et reh. de blanc (20,9x10,5) : **ITL 2 200 000** – Londres, 4 juil. 1985 : *Ange à la trompette*, craie rouge (13,7x12,9) : **GBP 5 200** – Londres, 5 juil. 1989 : *Vierge à l'Enfant avec deux saints*, h/pan. (213x140,5) : **GBP 74 800** – Londres, 2 juil. 1991 : *Vierge à l'Enfant*, craies rouge et noire avec reh. de blanc (17x13,4) : **GBP 44 000** – New York, 14 jan. 1994 : *La Sainte Famille avec saint Jean Baptiste dans un paysage*, h/t (50,8x40) : **USD 23 000** – Rome, 21 nov. 1995 : *Vierge à l'Enfant, saint Jean, sainte Cécile et saint Jérôme*, h/pan. (71x55) : **ITL 30 641 000**.

MAZZOLI Giuseppe. Voir **MAZZUOLI Giuseppe**

MAZZOLINI Giuseppe
Né en 1806. Mort en 1876. xixe siècle. Italien.
Peintre de figures.
Ventes Publiques : Londres, 29 nov. 1982 : *La berceuse*, h/t (62x50) : **GBP 1 000** – Londres, 30 mai 1984 : *Amour maternel ; Mère enfant près d'une fenêtre*, h/t, une paire (58,5x48,5) : **GBP 1 300** – New York, 25 fév. 1987 : *L'Heure du repas*, h/t (51x62,8) : **USD 13 000** – New York, 17 jan. 1990 : *Paysanne italienne avec un enfant endormi dans un berceau*, h/t (60x47,4) : **USD 9 350** – New York, 15 oct. 1991 : *Jeune Italienne berçant un bébé endormi*, h/t (101,7x75) : **USD 7 150** – New York, 28 mai 1992 : *Jeune femme regardant son enfant dans un berceau* 1867, h/t (101,6x74,9) : **USD 4 400** – Londres, 7 avr. 1993 : *Paysanne et son enfant se hâtant devant l'orage*, h/t (61x48,5) : **GBP 3 335** – New York, 24 avr. 1995 : *Allégorie de l'hiver*, h/t (64,1x53,3) : **USD 6 325**.

MAZZOLINO Girolamo Francesco Maria. Voir **PARMIGIANO, il**

MAZZOLINO DA FERRARA Ludovico ou **Mazzuoli** ou **Manzulin da Ferrara**
Né vers 1480 à Ferrare. Mort après 1528 à Ferrare. xvie siècle. Italien.
Peintre d'histoire, miniaturiste.
Peintre de Ferrare, élève de Lorenzo Costa, de Panetti et de Roberti. Il a laissé des travaux de peinture à Bologne, où il était en 1523-24, Ferrare et Florence. D'après les historiens de Ferrare, il fut l'enlumineur des miniatures d'un missel qui se trouve actuellement à la bibliothèque Estense de Modène. Son art est assez monotone et influencé par Dosso Dossi, surtout pour ses fonds souvent bleus et verts.
Musées : Bâle : *Vierge et enfant Jésus* – *Marie-Madeleine et sainte Catherine* – Bergame (Acad. Carrara) : *Sainte Famille* – Berlin : *Le Christ enseignant au temple* – *Sainte Famille, Elisabeth et le petit saint Jean* – *Christ enseignant* – *Triptyque : Couronnement de la Vierge, saint Antoine ermite, Marie-Madeleine* – *Tableau d'autel : au recto, saint Jérôme, au verso, l'archange Michel* – Bologne : *Nativité* – *Dieu le père* – Chantilly : *Ecce homo* – *La Vierge, l'enfant Jésus et saint Antoine* – Dijon : *Le Christ au roseau* – Dresde : *L'exposition du Christ* – Florence (Gal. roy.) : *Nativité* – *La Vierge, sainte Anne et l'enfant Jésus* – *Circoncision* – Florence (Pitti) : *La femme adultère* – La Haye : *Massacre des Innocents* – Kassel : *Pietà* – Londres (Nat. Gal.) : *Layard* – *Sainte Famille*, 2 fois – *La femme adultère* – *Le Christ et les docteurs* – Milan (Brera) : *Crespi* – Munich : *Vierge aux cerises* – *La Vierge, l'enfant Jésus, saint Jean, Elisabeth et Zacharie* – Paris (Mus. du Louvre) : *Sainte Famille* – *Jésus prêchant la multitude* – Rome (Borghèse) : *Adoration des mages* – *Incrédulité de saint Thomas* – *La crèche* – *Jésus et la femme adultère* – Rome (Gal. Doria Pamphily) : *Massacre des Innocents et repos en Égypte* – *Jésus chassant les marchands du temple* – *Mise au tombeau* – Saint-Pétersbourg (Mus. de l'Ermitage) : *Circoncision* – Vienne : *Circoncision* – *Pietà*.
Ventes Publiques : Londres, 1801 : *Ecce Homo* : **FRF 11 270** – Paris, 1856 : *Le Christ et les Docteurs* : **FRF 13 120** – Paris, 1865 : *Le Christ présenté au peuple juif* : **FRF 13 000** – Paris, 1870 : *Sainte Famille* 1511 : **FRF 1 320** – Paris, 9 avr. 1902 : *Le Christ devant Ponce Pilate* : **FRF 500** – Londres, 2 mars 1923 : *La Sainte Famille entourée de saints* : **GBP 105** – Londres, 20 mai 1927 : *Présentation de la Vierge au Temple* : **GBP 115** – Londres, 15 juil. 1927 : *L'adoration des bergers* : **GBP 220** – Londres, 2 mai 1930 : *La Nativité* : **GBP 178** – Londres, 25 juin 1958 : *Pietà*, sur bois : **GBP 550** – Milan, 19 nov. 1963 : *La Sainte Famille, entourée d'anges* : **ITL 2 800 000** – Londres, 26 juin 1964 : *Portrait de profil d'un homme* : **GNS 2 800** – Londres, 11 déc. 1985 : *Jésus parmi les docteurs*, h/pan., haut arrondi (45x32) : **GBP 56 000** – Paris, 28 nov. 1986 : *La sainte Famille, saint Jean Baptiste, sainte Élisabeth et saint Zacharie, avec saint François (à gauche), la fuite en Égypte (à droite)* 1528, h/pan. fond or (29,6x38,5) : **FRF 1 350 000** – Londres, 11 avr. 1990 : *Le Christ discutant avec les Docteurs dans le temple*, h/pan. (45x32) : **GBP 121 000** – Londres, 8 juil. 1992 : *La Sainte Famille avec saint Sébastien et saint Roch*, h/pan. (39,5x35,5) : **GBP 88 000** – New York, 12 jan. 1995 : *Saint Jérôme priant* 1528, h. et or/pan. (39,4x31,1) : **USD 178 500**.

MAZZOLO. Voir **MAZZOLA**

MAZZON Galliano
Né en 1896 à Camisano. Mort en 1978 à Milan. xxe siècle. Italien.
Peintre. Abstrait-géométrique.
De 1947 à 1952, il a exposé à Paris, au Salon des Réalités Nouvelles.
Ventes Publiques : Milan, 8 juin 1988 : *Sans titre* 1967, h/cart. (47x32) : **ITL 850 000** – Milan, 7 nov. 1989 : *Forme pure* 1973, h/cart. (66x47) : **ITL 8 000 000**.

MAZZONE de Domenichi Antonio di. Voir **ANTONIO da Faenza**

MAZZONI Cesare
xvie siècle. Actif à Faenza. Italien.
Peintre.
La Pinacothèque de Faenza renferme un tableau de cet artiste : *Madone avec enfant et saints*.

MAZZONI Cesare Giuseppe
Né en 1678 à Bologne. Mort en 1763. xviiie siècle. Italien.
Peintre d'histoire et graveur à l'eau-forte.
Élève de Pasinelli et de Giovanni Giuseppe dal Sole. Il travailla pour les églises et les monuments de Bologne. Il a gravé des portraits.

MAZZONI Domenico
Né au XIXe siècle près d'Udine. XIXe siècle. Italien.
Peintre de genre.
Ce fut un remarquable coloriste. Il a exposé à Turin, Rome, Venise.
Ventes Publiques : Paris, 10 juin 1977 : *L'oued*, h/t (28x42) : **FRF 5 000**.

MAZZONI Filippo
XVIe siècle. Actif à Crémone vers 1565. Italien.
Sculpteur.

MAZZONI Francesco
XVIIIe siècle. Actif à Rome de 1738 à 1759. Italien.
Graveur.
Il a gravé des portraits et des sujets religieux.

MAZZONI Giulio
Né en 1525 à Plaisance. Mort en 1618. XVIe-XVIIe siècles. Italien.
Sculpteur, peintre et stucateur.
Élève de Vasari à Florence et de Ricciarelli, dit Daniele da Volterra, à Rome. Il a exécuté plusieurs travaux au Vatican. On cite de lui les *Quatre évangélistes*, dans la cathédrale de Plaisance.

MAZZONI Guido, dit **Paganini** ou **le Modanino**
Né à Modène. Mort le 12 septembre 1518. XVIe siècle. Italien.
Sculpteur, peintre et miniaturiste.
Outre des *Nativités*, il est surtout l'auteur de *Lamentations*, la plupart en terre cuite polychrome. Ainsi, entre 1477 et 1480, exécute-t-il une *Lamentation* pour San Giovanni della Buena Morte de Modène, une pour San Lorenzo de Crema (1485) et pour Sant Antonio in Castello de Venise. Sa plus grande et plus célèbre *Lamentation* est celle de l'église de Monte Oliveto à Naples. Il habitait Naples lorsque le roi de France Charles VIII s'empara de cette ville en 1495. Charles VIII emmena Mazzoni en France. Il y resta 20 années et exécuta *Le tombeau de Charles VIII* à Saint-Denis, la *Statue équestre de louis XII* pour le château de Blois.

MAZZONI Nicola ou **Mazzone**
XVIIe siècle. Actif à Naples dans la seconde moitié du XVIIe siècle. Italien.
Sculpteur.
L'église S. Paolo Maggiore de Naples contient une de ses statues : *Justice*.

MAZZONI Sebastiano
Né vers 1611 à Florence. Mort en 1678 à Venise. XVIIe siècle. Italien.
Peintre d'histoire, sujets mythologiques, compositions religieuses, portraits, architecte.
À Florence pendant sa jeunesse, il aurait été élève de Cristoforo Allori, selon Temanza. On le disait d'un caractère « bizarre, fier et méprisant » ; il écrivait alors des vers satiriques qui lui attirèrent des inimitiés telles qu'il dut quitter Florence pour Venise. Il y composa des poèmes révélateurs de son tempérament particulier, qui lui faisait dire de lui-même : « Je suis poète et peintre et doublement fou ». Parmi ces poèmes : *Le temps perdu*, *Le plaisant voyage*, *La peinture guerrière*. Ne connaissant pas la date exacte de son arrivée à Venise, on sait toutefois qu'il data de 1648 et 1649 les deux grandes peintures de l'église Saint-Benoît. D'entre ses œuvres principales, outre celles figurant dans les musées, on cite : *L'Annonciation*, de l'église Sainte-Catherine, contemporaine des deux peintures de Saint-Benoît, *Le festin de Cléopâtre*, de 1660, et *Le sacrifice de Jephté*, toutes deux dans la Collection Kress de Washington, *La Cène à Emmaüs* (sujet évoquant Rembrandt), de la Collection Bellini de Florence, *Les trois furies*, de la Collection Lady Aberconway de Llanrwst, *Le songe du pape Honorius III*, de 1669, *La Nativité*, de la Collection Lugli de Padoue. Mazzoni dessina aussi des projets d'architectures ; Boschini les appréciait et construisit à partir de l'un de ces projets, le Palais du peintre Pietro Liberi, sur le Grand Canal, aujourd'hui Palais Moro-Lin.
D'une part, il apparaît que cet esprit cultivé interrogea les œuvres du passé, et ses propres œuvres reflètent les influences des Vénitiens du XVIe siècle, Fetti, Liss, Strozzi, Maffei. D'autre part, par-delà ces influences de formation, les œuvres de Mazzoni révèlent un talent tout à fait original et nouveau, dont on s'étonne qu'il ait fallu attendre la pénétration de G. M. Crespi pour le déceler et le faire connaître. Si les deux peintures de l'église Saint-Benoît sont encore d'inspiration caravagesque, dans les œuvres ultérieures, il met en œuvre un métier très particulier : la perspective, les angles, sont audacieux, comme dans *La mort de Cléopâtre*, de Rovigo ; la touche est toujours fougueuse, moderne et surtout très souvent constituée de « traits » brillants, élégants, sortes de filaments d'éclats et de lumière, qui tourbillonnent en soulignant les lignes, les formes, des personnages, du décor, des fonds ; à cet égard, le *Portrait du capitaine de hallebardiers*, du Musée Municipal de Padoue, ne peut être vu sans évoquer certains portraits satiriques de Rembrandt, de qui il était le contemporain exact. Pour signifier son originalité dans le contexte de la peinture italienne, il est facile de la coiffer du terme de « baroque », qui veut dire tout ce que l'on veut ; le terme de « maniériste » lui conviendrait mieux ; dans cette technique faite de brillance, de virtuosité, de « traits », il y a avec évidence une « manière ». Mais cette « manière » est loin de rendre compte de la totalité du fait Mazzoni, là ou un « maniériste » se définit essentiellement par sa « manière ». La force des peintures de Mazzoni réside dans la dramatisation, d'inspiration lointainement caravagesque, des mises en scène, dramatisation à laquelle justement concourt cette « manière », dont on s'aperçoit qu'elle consiste à souligner les traits essentiels, ceux qui créent l'expression, soit des visages, soit des attitudes, soit du décor ; les touches nerveuses s'accrochent au bout d'un nez (celui de Cléopâtre, justement), sur l'arc des sourcils, exacerbent le brillant des soieries, ironisent une silhouette ; bref, en précisant, elles accentuent, elles sont l'arme picturale du poète satirique.
■ Jacques Busse
Bibliogr. : Giovanni Paccagnini, in : *Catalogue de l'exposition « Le Caravage et la peinture italienne du XVIIe siècle »*, Musée du Louvre, Paris, 1965 – Pierre du Colombier, in : *Diction. Univers. de l'Art et des Artistes*, Hazan, Paris, 1967.
Musées : Padoue (Mus. mun.) : *Portrait du capitaine de hallebardiers*.
Ventes Publiques : Milan, 15 mai 1962 : *La Carita* : **ITL 1 500 000** – Vienne, 17 sep. 1974 : *Agar et l'ange* : **ATS 50 000** – Milan, 20 mai 1982 : *Vénus endormie et satyres*, h/t (106x146) : **ITL 11 000 000** – Milan, 12 juin 1989 : *Artemise*, h/t (100x84) : **ITL 15 000 000** – Londres, 11 déc. 1991 : *Sophonisbée*, h/t (113,5x98,8) : **GBP 67 100** – New York, 14 jan. 1994 : *Marie-Madeleine*, h/t (84,1x67) : **USD 40 250** – Londres, 6 déc. 1995 : *Loth et ses filles*, h/t (124,5x154) : **GBP 80 700** – New York, 17 oct. 1997 : *L'Élévation de la Croix*, h/pan. (71,8x37,5) : **USD 14 950**.

MAZZOTTA Federico
XIXe siècle. Actif à Naples. Italien.
Peintre de genre, animaux.
Il exposa depuis 1884.
Musées : Cologne (Mus. Wallraf-Richartz) – Liverpool (Gal. Walker Art).
Ventes Publiques : Londres, 20 oct. 1978 : *Paysanne sur son âne se rendant au marché*, h/t (76,2x46,5) : **GBP 1 500** – New York, 28 oct. 1981 : *Jeunes paysannes écoutant un guitariste*, h/t (72,4x115) : **USD 19 000** – Londres, 27 mars 1984 : *Fillette avec son chien*, h/t (73,5x48) : **GBP 4 800** – New York, 21 mai 1986 : *Grand-père avec ses petits-enfants*, h/t (80x58,8) : **USD 5 500** – Milan, 1er juin 1988 : *L'ami fidèle*, h/t (73x48,5) : **ITL 16 000 000** – Monaco, 21 avr. 1990 : *Baiser volé*, h/t (74,5x51) : **FRF 46 620** – New York, 16 oct. 1991 : *L'heure des jeux*, h/t (80x54) : **USD 9 900** – Londres, 17 juin 1992 : *Une querelle*, h/t (92x73) : **GBP 9 900** – Londres, 18 juin 1993 : *L'heure du bain*, h/t (72,3x114,3) : **GBP 20 700** – Londres, 18 mars 1994 : *Dans l'étable*, h/t (67,2x93,5) : **GBP 11 500** – Londres, 11 oct. 1995 : *Le chat préféré*, h/pan. (28x20) : **GBP 3 105**.

MAZZOTTI Pellegrino
Né vers 1785. Mort vers 1870, à l'âge de 85 ans. XIXe siècle.
Sculpteur.

MAZZUCCONI Marco
Né en 1963 à Milan. XXe siècle. Italien.
Peintre, technique mixte, multimédia. Conceptuel.
Dans les années quatre-vingt-dix, il est apparu sur la scène italienne, dans la suite de la trans-avant-garde. Ses réalisations, installations, sont fondées à partir d'une réflexion sur les potentialités de l'art. La série des *Chance pour un chef-d'œuvre* consiste à placer un objet à côté d'une toile vierge. La série des *Peintre par indices* propose des traces de couleurs qui pourraient avoir servi à quelque peinture.
Bibliogr. : Francesco Poli : *Marco Mazzucconi*, in : Opus International, N° 119, Paris, mai-juin 1990.

MAZZUCHELLI Alfonso
Né au XIXe siècle à Milan. XIXe siècle. Italien.
Sculpteur.
Exposa à Milan, Turin et Venise.

MAZZUCHELLI Pier Francesco, ou **Pietro Francisco,** cavaliere ou **Mazzucchelli**. Voir **MORAZZONE**

MAZZUCURATI Marino. Voir **MAZZACURATI**

MAZZUOLA Annibale ou **Mazzuoli**
Né en 1650 à Sienne. Mort en 1743 à Rome. XVIIe-XVIIIe siècles. Italien.
Sculpteur et peintre.
A travaillé surtout pour les églises de Sienne.

Ventes Publiques : Milan, 11 mai 1966 : *Saint Sébastien*, terre cuite : **ITL 850 000**.

MAZZUOLA Girolamo Francesco Maria. Voir **PARMIGIANO, il**

MAZZUOLA Giuseppe. Voir **MAZZUOLI Giuseppe**

MAZZUOLI. Voir aussi **MAZZOLA**

MAZZUOLI Bartolommeo
Mort le 29 juin 1749. XVIIIe siècle. Actif à Sienne. Italien.
Sculpteur et stucateur.
Fils de Gio. Antonio, a travaillé avec son père, son oncle Mazzuoli Aîné et son neveu Giuseppe Mazzuoli le jeune. La plupart de ses statues se trouvent dans les églises de Sienne.
Ventes Publiques : Milan, 30 mai 1972 : *Latone et les bergers transformés en grenouilles*, terre cuite : **ITL 6 000 000**.

MAZZUOLI Dionisio
Mort après 1661 probablement à Sienne. XVIIe siècle. Actif à Cortona. Italien.
Architecte et sculpteur.
Il fut appelé vers 1644 à Sienne pour travailler au Palazzo Reale.

MAZZUOLI Francesco. Voir aussi **PARMIGIANO, il**

MAZZUOLI Francesco
Mort vers 1670 à Sienne. XVIIe siècle. Italien.
Sculpteur, architecte.
Fils aîné de Dionisio.

MAZZUOLI Francesco
Né en 1763 à Sienne. Mort en 1839. XVIIIe-XIXe siècles. Italien.
Peintre d'histoire, portraits, paysages.
Fils de Giuseppe le Jeune. On trouve à S. Giorgio de Sienne son *Buste de saint Thomas d'Aquin*.

MAZZUOLI Gio. Antonio
Né vers 1644 probablement à Volterra. Mort vers 1706 à Sienne. XVIIe siècle. Actif à Sienne. Italien.
Sculpteur et stucateur.
Fils de Dionisio et père de Bartolommeo. Il fut avec son frère Giuseppe l'Aîné le sculpteur le plus représentatif du style baroque à Sienne. La plupart de ses œuvres, du reste nombreuses, se trouvent dans les églises de Sienne et de Padoue.

MAZZUOLI Girolamo Francesco Maria. Voir **PARMIGIANO, il**

MAZZUOLI Giuseppe, dit **il Bastarollo**
Né vers 1536 à Ferrare. Mort le 9 novembre 1589. XVIe siècle. Italien.
Peintre d'histoire, compositions religieuses, portraits.
Il était fils d'un marchand de grains et fut élève de Dosso-Dossi. Il jouit à Ferrare d'une réputation qui s'affirma par le nombre de ses ouvrages décorant les églises et les monuments publics de cette cité. On cite notamment, à la cathédrale : Une *Vierge et l'enfant Jésus* ; Une *Ascension*, à San Morelio ; Une *Annonciation* et une *Madone*, à l'église des Jésuites ; *Sainte Barbara et sainte Ursule*, à Santa Barbara. Il se noya dans le Pô.
Musées : Florence (Gal. des Mus. des Offices) : *Autoportrait* – Milan (Gal. l'Ambrosiana) : *Portrait du marquis Frédéric Fagnanini*.
Ventes Publiques : Londres, 13 juil. 1923 : *L'Adoration des bergers* : **GBP 84** – Londres, 4 juin 1937 : *Madone de l'Annonciation* : **GBP 22** – Lugano, 16 mai 1992 : *La mariage mystique de Sainte Catherine*, h/t (86x66) : **CHF 44 000**.

MAZZUOLI Giuseppe ou **Mazzola, Mazzuola, Mazzoli**
Né probablement le 1er janvier 1644 à Volterra. Mort le 7 mars 1725 à Rome. XVIIe-XVIIIe siècles. Italien.
Sculpteur.
Fils de Dionisio. Il fut d'abord l'élève de son frère Gio. Antonio Mazzuoli, puis il acheva son éducation à Rome. Il y devint membre en 1675 de la Société des Virtuoses et en 1679 de l'Académie Saint-Luc. Il travailla à Rome et à Sienne.
Ses premières créations révèlent l'influence de Bernini. Son œuvre la plus réputée : *Buste de Pietro de Vecchi* appartient à la dernière période de sa vie.
Ventes Publiques : Londres, 21 avr. 1982 : *La Charité piétinant l'Avarice*, bronze (H. 39,5) : **GBP 15 000** – Rome, 14 mars 1983 : *Allégories* 1703, terre cuite, deux sculptures (H. 36 et 32) : **ITL 4 500 000**.

MAZZUOLI Giuseppe
Né en 1727. Mort en 1781. XVIIIe siècle. Actif à Sienne. Italien.
Sculpteur, stucateur.
Neveu et collaborateur de Bartolommeo Mazzuoli. A surtout travaillé pour la cathédrale de Sienne.

MAZZUOLI Ludovico. Voir **MAZZOLINO DA FERRARA Ludovico**

M'BENGUE As
Né en 1959 à Dakar. XXe siècle. Actif depuis 1983 en France. Sénégalais.
Peintre de collages, technique mixte. Nouvelles figurations, figuration libre.
Il montre ses œuvres dans des expositions personnelles : 1991, l'Hôpital éphémère à Paris ; 1993, la galerie Le Monde de l'Art à Paris a montré un ensemble de ses peintures *München* en 1993, réalisées lors d'un séjour de trois mois à Munich ; 1994, la galerie Loft à Paris.
Dans ses peintures-collages, les tons d'ocres et de bruns dominent, rappel du sol de son pays natal, comme le rappellent aussi des éléments décoratifs ou du folklore traditionnels, des visages d'enfants africains, le bleu de la mer tranchant sur les harmonies de bruns. Peignant au jour le jour, collant ou fixant sur le tableau les sédiments de ses occupations quotidiennes, aussi bien tout que n'importe quoi, débordant du cadre à l'occasion, il constitue dans une atmosphère de fête son journal intime.

Mc suivi d'un patronyme. Voir **MAC** suivi du patronyme selon l'usage britannique.

MEA
XVIe siècle. Actif à Mantoue vers 1510. Italien.
Médailleur.

MEA Sabine
Née à Lure. Morte en septembre 1904 à Paris. XIXe siècle. Française.
Peintre de genre, natures mortes.
Élève de Cogniet, J. Gigoux, F. Besson, B. Desgoffe. Elle débuta au Salon en 1861.

MEACCI Ricciardo
Né en 1856 à Dolciano. XIXe siècle. Italien.
Peintre de compositions religieuses, paysages, aquarelliste.
Il fut élève de Mussini et travailla à Sienne. Ses œuvres se trouvent toutes à Sienne : *Quatre Saints* ; *Allégorie de la Sardaigne, de la Ligurie et du Piémont* et un triptyque ; la *Remise des clefs à Pierre* (basilique de Saint-François).
Ventes Publiques : Chester, 30 mars 1984 : *Allégorie : Ciel et Enfer*, aquar. reh. de gche mar./t (58,5x124,5) : **GBP 1 950** – Londres, 28 nov. 1985 : *Le printemps*, aquar. reh. de blanc et d'or/cart. (21,6x42,5) : **GBP 2 400** – Londres, 27 nov. 1986 : *La Vierge et l'Enfant entourés de saints personnages*, aquar. reh. de gche, triptyque (37x17,5 et 51x22,5 et 37x17,5) : **GBP 3 800** – Londres, 22 nov. 1990 : *La Présentation*, aquar. avec reh. de peint. or/cart. (12,7x25,4) : **GBP 682** – Londres, 18 juin 1993 : *Printemps*, aquar./pap. (22,6x46,2) : **GBP 6 900** – New York, 9 mars 1996 : *Gloria in Exelsis Deo*, aquar./pap. (25,5x42,5) : **USD 1 955**.

MEAD Larkin Goldsmith ou **Meade**
Né le 3 janvier 1835 à Chesterfield. Mort le 15 octobre 1910 à Florence. XIXe-XXe siècles. Américain.
Sculpteur de monuments, statues, bustes. Néo-classique.
Fut de 1853 à 1855 élève de Brown et depuis 1862 travailla à Florence. Ses œuvres principales sont : La *statue du Mississippi* à Minneapolis et le *Monument de Lincoln* à Springfield. Il réalisa aussi la statue en marbre d'Ethan Allen (1861), puis une seconde version de celle-ci pour le Capitole (1876), et, en Italie, *Echo* (1863), proche de la statuaire romaine antique.

Ventes Publiques : New York, 23 mai 1979 : *George Washington comme premier Président*, bronze relief (63,5x106,2) : **USD 8 000** – New York, 3 juin 1983 : *Buste de jeune fille*, marbre blanc (H. totale 57,5) : **USD 1 500** – New York, 14 mars 1991 : *Allégorie de Venise*, buste de marbre blanc (H. 63,5) : **USD 4 180** – New York, 15 avr. 1992 : *Venise*, marbre blanc (H. 64,1) : **USD 4 400** – New York, 30 nov. 1995 : *La cérémonie d'investiture de George Washington comme premier Président*, relief de bronze (63,5x106,2) : **USD 23 000** – New York, 26 sep. 1996 : *Le quatre Juillet*, marbre blanc (H.78,7) : **USD 9 775**.

MEAD Roderick Fletcher
Né en 1900 à South Orange (New Jersey). Mort en 1971 à Carlsbad (New Mexico). xxe siècle. Américain.
Peintre, graveur.
En 1925, il fut élève de la Yale School of Fine Arts ; de 1926 à 1931, de la New York Art Students' League et de la Grand Central School of Art, de George Ennis puis de George Luks. De 1931 à 1934, il a vécu à Majorque ; de 1934 à 1939 à Paris, où il participait à l'*Atelier 17* du graveur Stanley William Hayter. En 1939, il regagna les États-Unis. Après la guerre, de 1951 à 1970, il fit de nouveau de fréquents séjours à Paris, fréquentant l'*Atelier 17*. À Paris, à partir de 1936, il exposait au Salon des Surindépendants ; en 1938, au Salon de la Jeune Gravure Contemporaine, au Musée du Petit Palais.
En 1939, il participa à la publication de *Fraternité*, avec, entre autres, Kandinsky, Miro, Hayter. La gravure tient une place importante dans son œuvre. Sous des aspects formels issus du cubisme ou du géométrique, réalité et surréel y fondent leurs sens profonds.
Musées : Bruxelles (Bibl. roy., Cab. des Estampes) – Londres (Victoria and Albert Mus.) – New York (Metrop. Mus.) – New York (Mus. of Mod. Art) – New York (Brooklyn Mus.) – Paris (BN, Cab. des Estampes) – Pittsburgh (Carnegie Inst.) – Tel-Aviv (Bezalel Mus.).

MEADE Arthur
Né en 1863. xixe siècle. Actif en Cornouailles. Britannique.
Peintre de paysages.

MEADE George
Né en 1754. Mort le 1er juin 1835 à Dublin. xixe siècle. Irlandais.
Peintre d'histoire.
Exposa à Dublin de 1802 à 1815.

MEADE Larkin G. Voir **MEAD L. G.**

MEADER Jonathan, pseudonyme : **Ascian**
Né en 1943. xxe siècle. Américain.
Peintre de paysages oniriques, graveur.
Depuis environ 1970, Meader participe à des expositions collectives aux États-Unis.
Avec une minutie extrême, il peint des paysages imaginaires, idylliques, faisant appel à des traditions mythologiques. Ce lyrisme pastoral, qui semble totalement à contre-courant de l'avant-garde aux États-Unis, est néanmoins assez caractéristique d'une génération de peintres, surtout californiens, héritiers du phénomène hippy, qui se sont manifestés dans les années soixante-dix.

MEADEWS Robert Mitchell. Voir **MEADOWS**

MEADMORE Clement
Né en 1929. xxe siècle. Américain.
Sculpteur. Abstrait.
Ventes Publiques : New York, 6 nov. 1990 : *Dessus-dessous* 1969, acier peint. en noir (30,2x62,2x40,6) : **USD 7 700** – New York, 9 mai 1992 : *Sans titre*, bronze à patine brune (33x16,8x6,4) : **USD 1 650** – New York, 22 fév. 1993 : *Sans titre*, acier peint. (86,4x122x111,8) : **USD 7 700** – New York, 23 fév. 1994 : *Sans titre* 1977, bronze (28x20,3x10,2) : **USD 2 070** – New York, 3 mai 1994 : *U ondulé*, vernis/acier (38,1x72,3x55,9) : **USD 2 990**.

MEADOWS Arthur Joseph
Né en 1843. Mort en 1907. xixe siècle. Britannique.
Peintre de paysages, marines.
Il exposa de 1863 à 1872 à la Royale Académy de Londres.

Ventes Publiques : Londres, 17 jan. 1969 : *Vues de Bellagio et d'Amalfi*, deux pendants : **GNS 850** – Londres, 28 jan. 1972 : *Bateaux en mer* : **GNS 650** – Londres, 18 sep. 1973 : *Canal à Venise* : **GBP 700** – Londres, 9 avr. 1974 : *Le départ des pêcheurs* 1895 : **GBP 1 600** – Londres, 9 mars 1976 : *Monaco* 1900, h/t (59,5x43,5) : **GBP 600** – Londres, 20 juil. 1976 : *Pêcheurs sur une plage*, h/t (39,5x60) : **GBP 500** – Londres, 8 mars 1977 : *Barque au large de Calais* 1872, h/t (35x60) : **GBP 900** – Londres, 20 mars 1979 : *Barques de pêche au large de Palerme* 1898, h/t (28x49) : **GBP 1 500** – Londres, 24 mars 1981 : *La Côte du Dorsetshire*, h/cart., une paire (chaque 29x47) : **GBP 1 600** – Londres, 24 juin 1983 : *Le Grand Canal, Venise* 1895, h/t (75x125,2) : **GBP 3 000** – Londres, 22 fév. 1985 : *Antwerp, on the Scheldt* 1877, h/t (34,2x59,7) : **GBP 5 000** – Londres, 3 juin 1986 : *L'Embouchure de la Maas par temps orageux* 1885, h/t (61x106,5) : **GBP 6 000** – Londres, 18 mars 1987 : *Vue de Cannes* 1905, h/t (51x76) : **GBP 5 500** – Londres, 15 juin 1988 : *Procession le long du Grand Canal à Venise* 1901, h/t (45,5x30,5) : **GBP 3 850** – Londres, 22 sep. 1988 : *En mer par vent fort* 1888, h/t (51x68,5) : **GBP 2 200** – Londres, 23 sep. 1988 : *Tempête sur l'embouchure de la Maas* 1885, h/t (61x108) : **GBP 9 900** – Londres, 5 oct. 1989 : *La lagune vénitienne avec Saint Nicolas* 1904, h/t (29x49,5) : **GBP 2 200** – New York, 25 oct. 1989 : *Schoenberg sur Rhin* 1894, h/t (92x71,7) : **USD 7 700** – Londres, 13 déc. 1989 : *L'île de Arran au lever du jour* 1976, h/t (51x81,5) : **GBP 2 420** – Londres, 21 mars 1990 : *Journée nuageuse à Scheveling Beach* 1880, h/t (35,5x61) : **GBP 3 300** – Londres, 30 mai 1990 : *Le nettoyage des filets* 1878, h/t (35,5x61) : **GBP 6 600** – Londres, 26 sep. 1990 : *Le Palais des Doges à Venise* 1902, h/pan. (20x30) : **GBP 2 970** – Londres, 1er nov. 1990 : *Bateaux de pêche de l'Adriatique à Venise* 1906, h/t (30,2x50,8) : **GBP 3 300** – Londres, 8 fév. 1991 : *Vérone et l'Adige* 1892, h/t (61x91,5) : **GBP 6 050** – Londres, 13 fév. 1991 : *L'embouchure de la Dort* 1874, h/t (61x107) : **GBP 11 220** – Copenhague, 28 août 1991 : *Marine avec des voiliers près de Dordrecht* 1886, h/t (25x36) : **DKK 20 000** – Londres, 11 oct. 1991 : *Dinant sur la Meuse*, h/t (30,5x50,8) : **GBP 1 870** – New York, 15 oct. 1991 : *Paysans près d'une rivière bordée d'arbres*, h/t (40,6x81,4) : **USD 1 100** – Londres, 22 nov. 1991 : *La course pour s'emparer d'une épave*, h/t (77,4x120,2) : **GBP 4 180** – Milan, 12 déc. 1991 : *Vue d'Atrani dans le golfe de Salerne* 1898, h/t (36x61,5) : **ITL 15 000 000** – Londres, 17 juil. 1992 : *Au large de Yarmouth* 1873, h/t (39,3x66) : **GBP 8 800** – Londres, 13 nov. 1992 : *Au large de Caskets par légère brise* 1880, h/t (40x61) : **GBP 6 050** – Londres, 20 jan. 1993 : *Barque de pêche hollandaise quittant un port*, h/t (61x106,5) : **GBP 8 050** – Londres, 3 juin 1994 : *Sur le Grand Canal à Venise ; Ponte Lungo sur la Giudecca*, h/pan., une paire (20,3x29,9) : **GBP 14 375** – Londres, 29 mars 1996 : *Bordeaux* 1898, h/t (30,5x51,5) : **GBP 3 220** – Londres, 9 oct. 1996 : *Blois sur la Loire* 1892, h/pan. (40x31) : **GBP 3 680** – Londres, 12 mars 1997 : *Bateaux quittant un port au soleil levant* 1876, h/t (35,5x61) : **GBP 7 475** – New York, 26 fév. 1997 : *La Boucle de la rivière*, h/t (76,2x127) : **USD 7 475** – New York, 23 oct. 1997 : *Sorrento, baie de Naples ; San Giorgio, Venise* 1897, h/t, une paire (chaque 30,5x50,8) : **USD 24 150**.

MEADOWS Bernard
Né en 1915 à Norwich. xxe siècle. Britannique.
Sculpteur, graveur, illustrateur. Expressionniste.
Après avoir été élève de la Norwich School of Art de 1934 à 1936, il fut de 1936 à 1940 l'assistant de Henry Moore, en même temps qu'il suivait, de 1938 à 1940, les cours du Royal College of Art de Londres. Pendant la guerre, il servit dans la Royal Air Force. En 1952, il figura à la Biennale de Venise, dans l'exposition *Recent Sculpture* du pavillon britannique, avec Kenneth Armitage, Lynn Chadwick, Reg Butler. Il participe ensuite à de nombreuses expositions collectives importantes, dont : 1953, Biennale d'Anvers-Middelheim au Battersea Park, et 1958 au Holland Park ; 1958, Exposition universelle de Bruxelles ; 1959, Documenta de Kassel ; 1964, de nouveau la Biennale de Venise, où il représentait l'Angleterre ; 1972, *British Sculptors* à la Royal Academy de Londres ; les Biennales de São Paulo, les expositions internationales de sculpture au Musée Rodin de Paris, etc. Il montre aussi des ensembles de sculptures dans des expositions personnelles, à la Tate Gallery de Londres ; à la galerie Paul Rosenberg de New York ; chez Gimpel fils à Londres. De 1948 à 1960, il a enseigné à la Chelsea School of Art de Londres ; de 1960 à 1980 au Royal College of Art.
Dans une première période, ses sculptures, constituées d'une articulation de quelques formes simples, coulées en bronze, ne sont pas retravaillées, conservant l'aspect brut de la pièce originelle, évoquant les vestiges d'objets érodés et patinés ramas-

sés sur les grèves. Dans une période suivante, Meadows au contraire repousse et polit le métal de la fonte. Ses sculptures s'inspirent souvent de formes naturelles, mais réinterprétées souvent vers le fantastique, ce en quoi il est proche de Chadwick ou bien vers l'érotique. Évoluant librement de la figuration à une transcription expressionniste-abstraite de ses thèmes, il se limite à un vocabulaire plastique sommaire, à partir duquel, par les variations qu'il développe sur chaque thème, il exprime des sensations très diverses. En effet, à des époques différentes, il a traité le thème du crabe, celui du coq, puis, de 1955 à 1958, celui de l'oiseau, dans d'infinies variations, dont : *Oiseau tombé ; Oiseau effrayé ; Oiseau abattu*, etc. Depuis 1961, il a retrouvé le visage humain. En 1966, il a réalisé une suite de neuf eaux-fortes à l'aquatinte pour illustrer *Molloy* de Samuel Beckett. Il eut des occasions de créer des monuments publics : 1954 un bronze pour le Conseil du Comté de Hetfordshire ; 1958, un groupe monumental pour le Congrès des Trade Unions.
Entre figuration et imagination, on doit comprendre que ce n'est plus le thème qui fonde la sculpture de Meadows, mais les variations à partir du thème. On ne peut pourtant dire que ses sculptures sont abstraites ; ici le qualificatif ne convient plus, ce n'est plus un crabe mais c'est quand même des pinces, plus un coq mais c'est tout ergots, plus un oiseau mais seul son envol.
■ Jacques Busse

Bibliogr. : Michel Middleton, in : *Nouveau diction. de la sculpt. mod.*, Hazan, Paris, 1970 – in : *Diction. de l'art mod. et contemp.*, Hazan, Paris, 1992.

Ventes Publiques : Londres, 26 nov. 1969 : *Figure debout*, bronze : **GBP 300** – Londres, 29 oct. 1971 : *Figure assise*, bronze : **GNS 240** – New York, 28 mai 1976 : *Figure debout* 1962, bronze patine noire (H. 56) : **USD 1 600** – New York, 11 déc. 1980 : *Oiseau* 1961, bronze patine noire (H. 47) : **USD 1 000** – New York, 2 avr. 1981 : *Oiseau tombé* 1958, bronze patine noire (L. 48,3) : **USD 1 100** – New York, 9 mai 1984 : *Oiseau* 1961, bronze (H. 47,5) : **USD 1 600** – Londres, 15 mars 1985 : *Figure assise* vers 1961-1962, bronze (H. 59,6) : **GBP 2 600** – Londres, 14 nov. 1986 : *Seated armed figure* 1961-1962, bronze (H. totale 59,5) : **GBP 1 500** – Londres, 12 mai 1989 : *Coq* 1958, bronze (H. 27,5) : **GBP 1 430** – Londres, 9 nov. 1990 : *Tycoon* 1962, bronze patine vert clair (H. 53,5) : **GBP 4 180** – Londres, 11 juin 1992 : *Mère et Enfant*, bronze patine noire (H. 38) : **GBP 2 640** – Londres, 26 mars 1993 : *Le personnage très important*, bronze (H. 56) : **GBP 3 450** – Londres, 25 nov. 1993 : *Petit Auguste* 1962, bronze (H. 33) : **GBP 1 725** – Londres, 25 mai 1994 : *L'oiseau tombé* 1961, bronze (l. 147,5 ; H. 77,5) : **GBP 3 220** – Londres, 22 mai 1996 : *Maquette pour un grand personnage debout armé* 1962, bronze (H. 56) : **GBP 2 760**.

MEADOWS Edwin L.
XIXe siècle. Britannique.
Peintre de paysages.
Il exposa à Londres de 1857 à 1867.

Ventes Publiques : Londres, 26 juil. 1974 : *Paysage du Sussex* 1879 : **GNS 950** – Londres, 30 mars 1976 : *Paysage à l'étang* 1870, h/t (74x125) : **GBP 720** – Londres, 29 juil. 1977 : *Un village du Hertfordshire* 1864, h/t (40,5x72,5) : **GBP 950** – Londres, 15 mai 1979 : *Scène champêtre* 1885, h/t (49,5x59) : **GBP 5 800** – New York, 11 fév. 1981 : *Carriole sur une route de campagne*, h/t (76x122) : **USD 4 000** – Londres, 7 oct. 1983 : *Paysans et troupeau sur un chemin de campagne* 1872, h/t (76,2x127) : **GBP 1 100** – Londres, 18 déc. 1985 : *By a rustic cottage*, h/t (61x91) : **GBP 4 800** – Londres, 1er oct. 1986 : *Le Départ pour le marché* 1858, h/t (51x76) : **GBP 2 000** – Londres, 13 déc. 1989 : *Vue de Shrewsbury* 1881, h/t (76x127) : **GBP 11 000** – Londres, 21 mars 1990 : *Buxton dans le Derbyshire et le versant sud de Harper Hill* 1879, h/t (77x122) : **GBP 11 000** – New York, 24 oct. 1990 : *Un chemin ensoleillé près de Ongar dans l'Essex* 1866, h/t (76,2x121,9) : **USD 9 350** – New York, 19 fév. 1992 : *Vue de Spofforth dans le Yorkshire* 1878, h/t (75,6x122) : **USD 4 400** – Londres, 30 mars 1994 : *Fin de journée* 1885, h/t (51x61) : **GBP 4 370** – Londres, 12 mars 1997 : *Campement de bohémiens* 1860, h/t (61x107) : **GBP 2 300** – Londres, 4 juin 1997 : *Près de Witley, Surrey* 1859, h/t (58,5x91,5) : **GBP 5 750** – Londres, 7 nov. 1997 : *Ripley Castle, Yorkshire* 1876, h/t (76x127) : **GBP 8 625**.

MEADOWS J.
XIXe siècle. Actif à Londres. Britannique.
Peintre de miniatures.
Exposa à l'Académie royale de 1812 à 1845.

Ventes Publiques : Londres, 14 juin 1977 : *Summer time* 1859, h/t (50x75) : **GBP 1 700**.

MEADOWS James Edwin
Né en 1822 ou 1828. Mort en 1888. XIXe siècle. Britannique.
Peintre de paysages animés, paysages, marines.
Fils du peintre de marines James Meadows, il exposa à Londres, de 1854 à 1872 à la Royal Academy, ainsi qu'à la British Institution et à la Royal Society of British Artists à Londres.

Ventes Publiques : Paris, 25 juin 1976 : *L'embarquement*, h/t (76,5x106,5) : **FRF 7 000** – Londres, 16 nov. 1976 : *Bateaux au large d'un port* 1860, h/t (60x105) : **GBP 1 200** – Londres, 29 juil. 1977 : *Barques de pêche par grosse mer*, h/t (59,7x107) : **GBP 750** – Londres, 20 mars 1979 : *Bateaux au large de la côte* 1877, h/t (45x80) : **GBP 3 000** – Torquay, 16 juin 1981 : *Bateaux par forte mer* 1861, h/t (61x107) : **GBP 1 700** – New York, 20 avr. 1983 : *Bateaux de pêche au large de la côte* 1866, h/t (61,5x107) : **USD 3 300** – Londres, 10 mai 1985 : *Bateaux de pêche au large de la côte par forte mer* 1858, h/t (59x105) : **GBP 2 500** – Londres, 17 déc. 1986 : *Paysage au pont* 1879, h/t (76x127) : **GBP 3 800** – Londres, 17 juin 1987 : *Un chemin de campagne* 1869, h/t (76x122) : **GBP 8 200** – Londres, 31 mai 1989 : *Bateau de pêche doublant une jetée* 1858, h/t (61x107) : **GBP 3 960** – Londres, 2 juin 1989 : *Sentier campagnard avec une charrette attelée*, h/t (60x100,2) : **GBP 4 180** – Londres, 27 sep. 1989 : *Goring sur la Tamise* 1880, h/t (61x91,5) : **GBP 3 080** – Londres, 3 nov. 1989 : *Un tombereau de troncs d'arbres*, h/t (76x127) : **GBP 5 720** – Londres, 9 fév. 1990 : *Le campement des rétameurs*, h/t (61x101,5) : **GBP 3 080** – Londres, 30 mai 1990 : *La pêche au large* 1859, h/t (61x107) : **GBP 4 950** ; *Barques de pêche par mer houleuse au large d'un port*, h/t (61x92) : **GBP 3 410** – Londres, 13 fév. 1991 : *Le Palais des Doges depuis le bassin* 1868, h/t (61x107) : **GBP 10 780** – New York, 21 mai 1991 : *Enfants jouant près d'un cottage*, h/t (61x91,5) : **USD 5 500** – Londres, 11 oct. 1991 : *Les moissonneurs pendant la pause de midi* 1866, h/t (76,2x122) : **GBP 13 200** – Londres, 20 mai 1992 : *Pêcheurs sur la grève* 1868, h/t (61,5x107) : **GBP 1 980** – Londres, 5 mars 1993 : *Campement de gitans dans un paysage boisé* 1878, h/t (76,2x127) : **GBP 5 980** – New York, 13 oct. 1993 : *Campement de gitans*, h/t (74,3x119,4) : **USD 12 075** – Londres, 3 mai 1995 : *Au large des côtes du sud* 1856, h/t (49x74) : **GBP 2 990** – Londres, 27 mars 1996 : *Un chemin de campagne*, h/t (61x102) : **GBP 7 360** – Londres, 6 juin 1996 : *Paysage de campagne avec un colporteur sur un chemin*, h/t (61x106,6) : **GBP 2 645** ; *Entrée dans le Grand Canal*, h/t (30,5x50,8) : **GBP 1 035** – Londres, 5 sep. 1996 : *Pêche au filet* 1856, h/t (43,2x73) : **GBP 1 610** – New York, 12 déc. 1996 : *Charrette traversant un ruisseau* 1879, h/t (76,2x127) : **USD 16 100** – Londres, 4 juin 1997 : *Une charrette tirée par des chevaux près d'un cottage* 1863, h/t (76x122) : **GBP 12 650**.

MEADOWS Joseph Kenny
Né le 1er novembre 1790 dans le Cardiganshire. Mort en août 1874. XIXe siècle. Britannique.
Peintre de genre et illustrateur.
Fils d'un officier de marine. Il exposa à la Royal Academy et à Suffolk Street de 1830 à 1853. Il reçut une pension du gouvernement à partir de 1864. Le Victoria and Albert Museum, à Londres, conserve une aquarelle de lui. Il collabora d'autre part au *Punch* et à l'*Illustrator London News*.

Ventes Publiques : Londres, 18 mars 1980 : *Sultane à sa toilette* 1827, aquar. et pl. reh. de blanc (24x17,8) : **GBP 550**.

MEADOWS Robert Mitchell
Né à Cardigan. Mort en 1812. XVIIIe-XIXe siècles. Britannique.
Graveur.
Il a surtout travaillé, fin XVIIIe-début XIXe siècles, pour des libraires et des éditeurs.

MEADOWS William
XIXe siècle. Britannique.
Paysages animés, paysages, paysages urbains, paysages d'eau.
Il était actif de 1870 à 1895.

Ventes Publiques : Londres, 20 juil. 1976 : *Venise*, h/t, une paire (43x58,5) : **GBP 300** – Londres, 6 juin 1980 : *Le Grand Canal, Venise*, h/t (76,2x123,2) : **GBP 750** – New York, 29 mai 1981 : *Scène de moissson*, h/t (79,3x120,6) : **USD 3 000** – Londres, 26 sep. 1985 : *Le Grand Canal*, h/t (71x91) : **GBP 1 200** – Londres, 31 oct. 1986 : *Paysage boisé animé de personnages* 1878, h/t (76x102,7) : **GBP 2 800** – Londres, 21 mars 1990 : *Gardien de bétail et son troupeau près d'une mare* 1876, h/t (77x128) : **GBP 6 600** – Londres, 8-9 juin 1993 : *Moulin à vent ; Église de village*, h/t, une paire (chaque 51x76,5) : **GBP 2 300** – New York, 3 juin 1994 : *Le Maréchal-Ferrant*, h/t (60,3x91,4) : **USD 2 300** –

New York, 17 jan. 1996 : *Le Lac de Côme*, h/t (46,4x81,3) : **USD 2 990** – Londres, 5 sep. 1996 : *Saint-George Majeur, Venise*, h/t (40,6x56,5) : **GBP 1 035** – Londres, 9 oct. 1996 : *Venise ; Sur un canal à Venise*, h/t, une paire (61x87,5) : **GBP 5 750**.

MEAKIN
XVIIIe-XIXe siècles. Britannique.
Céramistes.
Famille de céramistes.

MEAKIN Lewis ou **Louis Henry**
Né en 1850 à Newcastle (Angleterre). Mort le 14 août 1917 à Boston. XIXe-XXe siècles. Actif aux États-Unis. Britannique.
Peintre de figures, paysages.
Il étudia à Munich sous la direction de Raupp, Gysis et v. Loefftz. Il enseigna plus tard à l'École des Beaux-Arts de Cincinnati.
Musées : Chicago (Inst. des Beaux-Arts) – Cincinnati.
Ventes Publiques : New York, 4 déc. 1987 : *Ombres bleues*, h/t (48,5x61) : **USD 9 000** – New York, 31 mars 1993 : *Paysage montagneux*, h/t (53,3x83,8) : **USD 2 070**.

MEALL G.
XVIIe siècle. Travaillant en 1675. Britannique.
Peintre.
Ventes Publiques : Londres, 19 mars 1930 : *Musicien assis dans un paysage* : **GBP 52**.

MEANCE
XVIIIe siècle. Actif à la fin du XVIIIe siècle. Français.
Peintre de miniatures.
Il travailla à New York en 1795.

MEARNE Samuel ou **Merne** ou **Mearn**
Mort en 1683. XVIIe siècle. Britannique.
Relieur et éditeur.
Il fut le relieur anglais le plus remarquable.

MEARS George
XIXe-XXe siècles. Britannique.
Peintre de marines.
Il était actif entre 1870 et 1910. Comme nombre de peintres dits de marines, il était plus souvent peintre de bateaux.
Ventes Publiques : Londres, 27 avr. 1976 : *Voilier par forte mer* 1872, h/t (44,5x80) : **GBP 200** – Torquay, 12 juin 1979 : *Les trois-mâts Emily Smeed* 1882, h/t (51x92) : **GBP 800** – Londres, 13 déc. 1984 : *Le bateau à vapeur Brittany quittant le port* 1890, h/t (51x92) : **GBP 1 700** – Londres, 3 juin 1986 : *Bateau quittant un port* 1872, h/t (51x91,5) : **GBP 4 200** – Londres, 31 mai 1989 : *Le steamer Shannon* 1890, h/t (51x91,5) : **GBP 5 060** – Londres, 30 mai 1990 : *Le bateau à aubes Bordeaux* 1880, h/t (51x102) : **GBP 2 200** – Londres, 11 mai 1994 : *Le bateau à aubes Greagnought*, h/t (35x57) : **GBP 1 380** – Londres, 3 mai 1995 : *Naufrage du Carl Rossi sur les sables de Goodwin* 1894, h/t (38x61,5) : **GBP 805**.

MEARS Helen Farnworth
Née en 1878 à Oshkosh (Wisconsin). Morte le 17 février 1916 à New York. XXe siècle. Américaine.
Sculpteur.
Élève de Saint-Gaudens. Le Capitole à Washington possède une de ses statues : *Frances Willard* (1905).

MEARS Henrietta Dunn
Née le 28 février 1877 à Milwaukee. XXe siècle. Américaine.
Peintre, graveur.
Elle travaillait à Brooklyn.

MEASHAM Henry
Né en 1844 à Manchester. Mort en 1922. XIXe siècle. Britannique.
Portraitiste.
Le Musée de Salford à Manchester conserve de lui les portraits de *James Worrall* et de *Thomas Davies*.
Ventes Publiques : Londres, 29 jan. 1980 : *Le chasse aux papillons* 1877, aquar. et reh. de gche (34,5x52) : **GBP 820**.

MEATES Marion, Mrs **Llewellyn**
XIXe-XXe siècles. Britannique.
Peintre de miniatures.
Femme du peintre sir William Llewellyn. De 1896 à 1913, elle exposa à la Royal Academy de Londres.

MÉAULLE Fortuné Louis
Né le 11 avril 1844 à Angers. XIXe siècle. Français.
Graveur, peintre.
Élève de Suiton et d'Isabey. Débuta au Salon de 1861. Il était romancier.

MEAULT François de
Mort avant 1722. XVIIIe siècle. Actif au Mans. Français.
Peintre.
Frère de Grégoire de Meault.

MEAULT Grégoire de
XVIIe siècle. Actif au Mans. Français.
Peintre.

MEAUX Jacques
XVIIe-XVIIIe siècles. Français.
Peintre de décorations.
Fut le collaborateur de Jacques Fouquet et travailla vers 1700 au château de Stockholm.

MEAUX SAINT-MARC André
Né en 1885. Mort en 1941. XXe siècle. Français.
Peintre de figures, nus, intérieurs, paysages. Post-impressionniste.
En 1991, la galerie Aittouares-Brient de Paris a consacré une exposition à son œuvre.
Sans avoir vécu la période du nabisme, il a cependant été influencé par Paul Sérusier et Ker-Xavier Roussel.

MEBEECQ Cornelis
Né en 1661 ou 1662. Mort en 1690. XVIIe siècle. Actif à Amsterdam. Hollandais.
Peintre.
Séjourna vers 1683 en Italie et imita Lairesse.

MECARELLI Adalberto
XXe siècle. Actif depuis 1968 en France. Italien.
Artiste d'installations multimédia. Art-optique.
En 1990, la galerie Bernard Jordan de Paris a montré une exposition personnelle de ses installations, de même que l'Espace Electra en 1993.
Ses dispositifs associent des éléments fixes, figures géométriques simples, à des projections de lumière. L'artiste veut attirer l'attention sur les volumes simples, cône, pyramide, mais virtuels, délimités par le périmètre des figures et sa projection jusqu'à l'œil du spectateur.

MECARINO ou **Meccharini**. Voir **BECCAFUMI**

MÉCHAIN François
XXe siècle. Français.
Sculpteur d'installations. Land-art.
En 1993, le Musée de Calais a montré une exposition de ses travaux, qui fut ensuite, en 1994, transférée au Centre culturel franco-norvégien de Stavanger, puis au Centre culturel d'Oslo, au Musée pour l'art de la Photo de Odense.
Avec les matériaux du site, il construit des sortes de sculptures éphémères en rapport avec le paysage. Des photographies en conservent le témoignage.

MECHAU Frank
Né le 26 janvier 1903 ou 1904 à Colorado. Mort en 1946. XXe siècle. Américain.
Peintre.
Il fut élève de l'Art Institute de Chicago.
Ventes Publiques : New York, 17 oct. 1980 : *The Pony Express ; Dangers of the Mail* 1935, h/pap. mar./cart., une paire (28x66,7 et 28,6x67,3) : **USD 3 500**.

MECHAU Jakob Wilhelm
Né le 16 janvier 1745 à Leipzig. Mort le 14 mars 1808 à Dresde. XVIIIe siècle. Allemand.
Peintre de compositions religieuses, paysages, graveur.
Il fut élève de Bernh. Rode, de N. B. Le Sueur, à Berlin, de Casanova à Dresde et de l'Académie de Leipzig, il alla à Rome en 1776 et fut influencé par Claude Lorrain et Philippe Hackert, et se spécialisa dans le paysage historique. Il a gravé à l'eau-forte des sujets d'histoire, des vues et des paysages.

Musées : Oslo : *Abraham et les trois anges*.
Ventes Publiques : Munich, 10 déc. 1991 : *Moïse faisant jaillir l'eau des rochers*, h/t (38x47,5) : **DEM 5 750**.

MECHAU Johann Friedrich
Né le 11 février 1776 à Leipzig. Mort en 1854 à Dresde. XIXe siècle. Allemand.
Peintre de genre et portraitiste.
Neveu de Jakob Wilhelm Mechau.

MECHEL Christian von
Né en 1737 à Bâle. Mort en novembre 1817 à Berlin. XVIIIe-XIXe siècles. Suisse.
Graveur, dessinateur.
Il travailla à Nuremberg, à Paris, en Italie, puis à Vienne de 1777 à 1787 et revint en Suisse où il fut membre du Sénat. Il eut une activité d'éditeur et fut membre des Académies de Florence et de Berlin.
Il a gravé au burin des sujets religieux, des sujets d'histoire et des vues.
Ventes Publiques : Paris, 26 et 27 mai 1941 : *Masures dans le faubourg Saint-Denis à Paris* 1786, cr. noir : **FRF 480** – Zurich, 20 mai 1980 : *Vue du fameux pont de bois de la Ville de Schaffhouse sur le Rhin*, eau-forte coloriée : **CHF 6 300** – Londres, 19 mai 1981 : *Voyage de M. de Saussure sur le Mont-Blanc*, eaux-fortes, une paire (chaque 39,3x50,5) : **GBP 5 000** – Berne, 24 juin 1983 : *Vue du fameux pont de bois de la ville de Schaffhouse sur le Rhin, avant 1799*, eau-forte coloriée (27,7x41,2) : **CHF 9 800** – Londres, 9 déc. 1986 : *Paysage boisé avec vue de villages et un moulin à vent* 1797, gche (57,2x78) : **GBP 2 600** – Munich, 26-27 nov. 1991 : *Vue de la tête de pont de Huningue*, gche/cuivre (25,5x43) : **DEM 1 035** – Zurich, 4 juin 1992 : *Vue du château Baillival, ci-devant épiscopal de Lausanne*, eau-forte coloriée (42x57) : **CHF 4 294**.

MECHEL Johann Jakob von
Né en 1764 à Bâle. Mort en 1816 à Bâle. XVIIIe-XIXe siècles. Suisse.
Graveur au burin.
Neveu et élève de Christian von Mechel.

MECHELAERE Léo ou **Léon**
Né en 1880 à Bruges. Mort en 1964. XXe siècle. Belge.
Peintre de portraits, intérieurs, paysages, paysages urbains, natures mortes, graveur.
Il fut élève de l'Académie des Beaux-Arts de Bruges et de Franz Courtens à Anvers.
Bibliogr. : In : *Dict. biogr. illustré des artistes en Belgique depuis 1830*, Arto, Bruxelles, 1987.
Musées : Bruges : plusieurs œuvres.
Ventes Publiques : Bruges, 10 avr. 1976 : *Église du Béguinage de Bruges*, h/t (65x70) : **BEF 24 000**.

MECHELAON Gillio
XVIe siècle. Actif à Malines. Éc. flamande.
Peintre.
Il travailla longtemps en Italie.

MECHELE Philip Van
XVIe siècle. Éc. flamande.
Peintre.
En 1586, il se fixa en Zélande.

MECHELEN Albert Van
Né le 31 janvier 1867 à Roulers. XIXe siècle. Belge.
Peintre de miniatures.

MECHELEN Israel Van. Voir **MECKENEM**

MECHELEN Jan Van
Né en 1587 à Malines. XVIIe siècle. Actif à Anvers. Éc. flamande.
Peintre et graveur au burin.
Élève de Schoof. Reçu maître dans la gilde d'Anvers en 1609. On le mentionne pour la dernière fois en 1628.

MECHELEN Mathieu Van
Né en 1597. Mort en 1636 à Malines, de la peste. XVIIe siècle. Éc. flamande.
Peintre.
Beau-frère du peintre Jacques Stevens et frère de Jan Van Mechelen.

MECHELN
XVIIe siècle. Actif au début du XVIIe siècle.
Peintre de portraits.
Signature trouvée sur un portrait du pape Urbain VIII, daté de 1623.

MECHELN Israel Van. Voir **MECKENEM**

MECHEREN Philip von
Mort après 1672 à Rotterdam. XVIIe siècle. Actif à Middelbourg. Hollandais.
Peintre de marines.
Il fit partie de la flotte hollandaise en 1672, pour étudier les combats navals.

MECHERNICH Richard
XVIIIe siècle. Actif au début du XVIIIe siècle. Allemand.
Sculpteur.

MECHIKOFF V. N.
Né en 1867. XIXe siècle. Russe.
Peintre de genre, portraits.
La Galerie Tretiakov à Moscou conserve de lui : *Idées pénibles* et *Portrait de Mme Mechkova*.

MÉCHIN A.
Français.
Sculpteur.
Connu par les annuaires de ventes publiques.
Ventes Publiques : Paris, 15 mai 1942 : *Personnages, cavaliers et ermite et un petit cuivre* : **FRF 2 160**.

MÉCHIN Louise. Voir **FONTANES Louise Méchin de**

MECHKOV Nikita
Né en 1954 à Moscou. XXe siècle. Russe.
Peintre de natures mortes. Réaliste-fantastique.
En 1977, il fut diplômé de l'Institut supérieur des Arts Décoratifs. Depuis 1981, il participe à des expositions collectives en Russie et à l'étranger.
Dans une technique traditionnelle bien maîtrisée, et un sens des éclairages en clair-obscur, il peint des assemblages d'objets très hétéroclites, atteignant à une imagerie surréalisante qui le singularise dans la grisaille de la peinture russe de son temps.

MECHLE-GROSSMANN Hedwig. Voir **GROSSMANN**

MECHLING Victor
Né le 9 février 1877 à Heidelberg. Mort le 8 juillet 1928 à Metz (Moselle). XXe siècle. Actif en France. Allemand.
Peintre de portraits, paysages, natures mortes, lithographe.
Il fut élève de Johann Caspar Herterich à l'Académie des Beaux-Arts de Munich. Ensuite, il se fixa définitivement à Metz.

MECHLINGER Caspar. Voir **MEGLINGER Caspar**

MECHTILT
Née le 13 mars 1936 à Amsterdam. XXe siècle. Active depuis 1960 en France. Hollandaise.
Peintre, illustrateur. Abstrait-paysagiste.
Elle participe à des expositions collectives, dont : à Paris Salons Comparaisons en 1962, des Réalités Nouvelles en 1963, Salon de Bagneux, 1989 Galerie 16, 1995 Salon des Bataves à l'Institut néerlandais de Paris, etc. En 1968 elle a exposé individuellement à l'Institut néerlandais de Paris ; en 1970 Maison de la Culture de Bourges ; 1975 galerie Nane Stern de Paris ; 1976 et 1981 galerie Mazarine de Paris ; 1979 galerie Nuances d'Amsterdam ; 1982 Centre d'art contemporain de Rouen ; 1986 au Centre Georges Pompidou à Paris ; etc.
Elle a créé de nombreux livres-objets, des livres d'artiste, illustré de nombreux poètes.

MECHTROVITCH Yvan. Voir **MESTROVIC Ivan**

MECK
XVIIe siècle. Actif à Nancy. Français.
Portraitiste.
Cité par M. R. Jacquet dans son *Répertoire des Artistes Lorrains*. A fait le portrait de *Nicolas de Lorraine*, de la *Princesse de Phalsbourg* et de *Marguerite de Lorraine Vaudemont*.

MECK Israel Van. Voir **MECKENEM**

MECKEL Adolf von
Né le 17 février 1856 à Berlin. Mort le 25 mai 1893 à Berlin. XIXe siècle. Allemand.
Peintre.
Élève de Hans Gude de Karlsruhe, il peignit presque exclusivement des paysages orientaux. Il produisit un assez grand nombre de tableaux qui se trouvent pour la plupart dans les collections privées. Le Musée Mesdag, à La Haye, conserve de lui : *Femme algérienne*. On trouve également quelques toiles de lui au Musée des Beaux-Arts de Karlsruhe et au Musée de Gand.
Ventes Publiques : New York, 12 mai 1978 : *La tombe d'Absalon*, h/t (90x121,5) : **USD 2 600**.

MECKENEM Israel ou **Israhel Van**, père et fils ou **Mecken, Meck, Van Mechelen, Mecheln, Meester, Mekenick, Mentz, Metro, de Malines, Mechliensis, de Mayence, Mogontius, de Munster**

Le père est né vers 1440 à Merckenheim, près de Bonn. Le père est probablement mort le 13 mars 1503 à Bocholt, le fils après 1517. XVe siècle. Allemands.

Peintres d'histoire, compositions religieuses, graveurs, dessinateurs.

Deux artistes de ce nom, le père et le fils, vécurent à Bocholt et la multiplicité des appellations par lesquelles on les désigne n'est pas faite pour dissiper la confusion existant entre leurs œuvres. On sait que le père était orfèvre et graveur. Il naquit à Merckenheim, près de Bonn, vers 1440 et s'établit à Bocholt. C'est probablement à lui que s'applique l'inscription d'un tombeau que l'on voit à Bocholt portant le nom d'Israel Meckenen et la date de 1503. Le fils, peintre et graveur, paraît être mort après 1517, car on cite des estampes portant la marque de von Meckenen et cette date de 1517. On ne peut pas, jusqu'à présent, distinguer les œuvres du père de celles du fils. Ses gravures reproduisent très souvent des œuvres de Schongauer, de Holbein l'Ancien et de Dürer. Son chef-d'œuvre est constitué par une série de gravures qui représentent le *Martyre de saint Étienne* et la *Passion*. L'œuvre gravé des deux artistes comprend deux cent cinquante pièces généralement signées des initiales I. M., I. V. M., M., V. M., Israhel V. M., Israhel Van Meckenen goldschmit ou Israhel tzu Bockholt. Les peintures conservées aux musées de Besançon, Cluny et Lille sont probablement du fils.

Musées : Berne : *Quatre scènes de la Légende de Trajan*, du maître ou de son école – Besançon : *Le Christ en croix et les deux larrons* – Cluny : *Le Départ de sainte Ursule* – Lille : *La Vierge glorieuse* – Londres (British Mus.) : gravures.

Ventes Publiques : Cologne, 1862 : *Dieu sur son trône entouré de Jésus et de Marie* : **FRF 881** – Paris, 1864 : *Sainte femme tenant un livre*, dess. à la pl. et à l'encre de Chine : **FRF 155** – Cologne, 1879 : *Immaculée Conception* : **FRF 1 875** – Paris, 1882 : *Le Christ en croix*, dess. à la pierre d'Italie : **FRF 100** – Paris, 7 et 8 juin 1928 : *Vierge et Enfant*, dess. : **FRF 55 000** – Berne, 8 juin 1977 : *Sainte Anne avec ainte Catherine et sainte Barbara* 1495-1500, grav./cuivre : **CHF 28 000** – Londres, 26 avr 1979 : *Saint Antoine*, grav./cuivre, d'une planche coupée (18,8x8,1) : **GBP 7 500** – Berne, 25 juin 1982 : *L'arrestation du Christ* 1480-90, grav./cuivre : **CHF 7 000** – Berne, 24 juin 1983 : *La Madone à l'horloge*, cuivre peint. : **CHF 48 000** – Berne, 24 juin 1983 : *Vierge à l'Enfant avec la montre* vers 1500, grav./cuivre : **CHF 48 000** – Londres, 6 déc. 1985 : *Le Chevalier et sa dame*, grav./cuivre/pap. filigrané (16,2x11,2) : **GBP 21 500** – Londres, 29 juin 1987 : *Le Fou et la Femme*, grav./cuivre (16,6x11,1) : **GBP 33 000** – Paris, 26 oct. 1995 : *Le Christ*, burin : **FRF 9 500**.

MECKER Franz. Voir **MAECKER Franz Wilhelm**

MECKLENBURG Ludwig

Né le 15 septembre 1820 à Hambourg. Mort le 11 juin 1882 à Munich. XIXe siècle. Allemand.

Peintre d'architectures.

Il fut l'élève de J. J. Faber à Hambourg et travailla en Allemagne et en Italie.

Musées : Munich (Pina.) : *Un canal à Venise* – *La Nouvelle Tour et la Porte Kost à Munich avant leur démolition* – *L'Ancienne Porte Anger*.

Ventes Publiques : Vienne, 29-30 déc. 1996 : *La Piazetta, Venise* 1862, h/pan. (22,8x31) : **ATS 437 000**.

MECKSEPER Friedrich

Né en 1936 à Brême. XXe siècle. Allemand.

Graveur, peintre de collages.

Après avoir appris le métier de mécanicien, il fut élève, de 1955 à 1957, de Karl Rössing à la Staatliche Kunstakademie de Stuttgart, puis, de 1957 à 1959, d'un Wolf Hoffmann à Berlin. À partir de 1968, il a enseigné les arts graphiques à Londres.

En 1963 il remporta le Prix de Rome, en 1965 le Prix Burda de gravure, en 1970 le Prix du Président of Hokusai Bunka Shinkokai à la septième Biennale Internationale de Gravure de Tokyo. Outre ces expositions collectives, en tant que graveur, producteur de multiples, depuis 1960 il montre de très nombreuses expositions personnelles à Amsterdam, Londres, Melbourne, Milan, Newcastle, Paris, Parme, Prague, Tokyo, Zurich, etc.

L'œuvre de Meckseper montre ses préoccupations concernant l'espace, ce qu'explique ainsi William Varley : « On rencontre toujours la géométrie rythmique précise des cercles et des sphères ou des ellipses qui suivent le cours des planètes dans le cosmos énigmatique de Meckseper... On se trouve en face d'une analyse constante de l'espace, du temps et de la forme, mais l'explication offerte n'est souvent qu'une explication apparente. »

Bibliogr. : Ute Blaich, Gerald Sammet, Christiane Vielhaber : *Friedrich Meckseper Homo Ludens, Catalogue complet des collages, montages, objets*, 3 vol., gal. Peerlings, Krefeld, 1978-1989 – Patrick Cramer : *Meckseper. Gravures 1956-1990*, P. Cramer Édit., Genève, 1990.

Ventes Publiques : Munich, 23 mai 1978 : *Théâtre* 1958, aquar. en coul. (40x47) : **DEM 4 000** – New York, 13 nov 1979 : *Montgolfier* 1963, eau-forte, pointe sèche et aquat. en jaune, rouge et noir (39,5x49,5) : **USD 1 500** – Munich, 29 mai 1984 : *Nach Ptolemäus' Beschreibung* 1963, techn. mixte et reh. d'or/isor. (57x80) : **DEM 35 000** – Munich, 10 juin 1985 : *Perpetuum mobile* 1966, aquat. en coul. (49,9x19,8) : **DEM 2 500** – Hambourg, 10 juin 1986 : *Birne* 1975, h/t (90x115) : **DEM 17 000** – Heidelberg, 14 oct. 1988 : *La charrue* 1976, collage (13x18) : **DEM 2 500** – Heidelberg, 9 oct. 1992 : *Nature morte* 1974, eau-forte (38,5x49,9) : **DEM 1 900** – Munich, 1er-2 déc. 1992 : *Hans Christian Andersen* 1983, eau-forte en coul. (38x46,5) : **DEM 1 150** – Heidelberg, 3 avr. 1993 : *Labyrinthe* 1974, aquat. (59x49,5) : **DEM 1 200** – Heidelberg, 15 oct. 1994 : *La maison de briques* 1958, eau-forte (56,2x44,5) : **DEM 1 700**.

MECOGER F. L.

XVIIIe-XIXe siècles.

Peintre de miniatures.

Connu par les annuaires de ventes publiques.

Ventes Publiques : Paris, 29 déc. 1950 : *Portrait de jeune femme brune en robe décolletée* 1803, miniature : **FRF 3 200**.

MÉCOU André Joseph

Né vers 1771 à Grenoble. Mort le 10 avril 1837 à Paris. XVIIIe-XIXe siècles. Français.

Graveur.

Élève de Godefroy et de Roger, cet artiste exécuta nombre de gravures, d'après Siccardi, exposées aux Salons de 1806 à 1824. Il figura au Salon de 1812, avec le portrait en pied de *Napoléon et de Marie-Louise* et divers portraits de la *Famille régnante de Russie*, et plus tard : *Vénus blessée* ; *Vénus et Ascagne* ; *Psyché et l'Amour* ; au Salon de 1814, avec quelques portraits d'après Isabey. Dans le catalogue des portraits de l'École française d'Antoine Firmin Didot, on trouve les renseignements suivants : *Un portrait de Louis-Marie-Adelaïde de Bourbon, gravure de Mécou, mi-corps dans un ovale entouré d'un cadre rectangulaire « vue de 3/4 tournée à gauche sous le h. c. a. g. » (?) ; Duneray pinx. à dr. Mécou sculp. Au milieu, dans la marge les armoiries des d'Orléans accolées à celles des Bourbon-Penthièvre.*

MEDA Giovanni

XIXe-XXe siècles. Italien.

Peintre de genre.

La Galerie antique et moderne de Prato conserve de lui : *Cuisinière* et *Natures mortes*.

MEDA Giuseppe

Mort en 1599 à Milan. XVIe siècle. Italien.

Peintre, architecte et ingénieur.

Peut-être élève de B. Campi. Il exécuta des tableaux pour les orgues de la cathédrale de Milan : *Naissance de Marie*, *Annonciation*, *La danse de David devant l'arche d'Alliance*. Il fut surtout architecte.

MEDALLA David

Né en 1942 à Manille. XXe siècle. Actif en Angleterre. Philippin.

Sculpteur technique mixte. Cinétique.

Medalla passa son enfance dans le contexte métissé de Manille, port propice aux échanges culturels. Outre sa fascination pour la prolifération de la flore tropicale sur les sept mille îles de l'archipel des Philippines, deux concepts retinrent tôt son attention : des philosophes pré-socratiques le hylozoïsme qui pose que la matière est vivante, de l'astrophysique moderne le postulat de

l'univers en expansion. Au début des années soixante, il se fixe et travaille à Londres, visite Paris où il voit les premières œuvres de Soto ou de Takis. Son existence dans le continuum de l'histoire de l'art est totalement liée à l'apparition, au développement et à l'effacement du phénomène cinétique dans les années soixante, soixante-dix. En parallèle au livre de Frank Popper, *Naissance de l'art cinétique* de 1967, qui marqua le début de l'ère cinétique dans l'art, le numéro 22 de la revue Artstudio, consacré à *La sculpture en mouvement*, en établit, en 1991, une sorte d'inventaire de fin d'exercice, d'ailleurs, alors que bien documenté quant aux précurseurs historiques, limité quant aux contemporains aux seuls rescapés de l'ensemble du mouvement de mode. Il vit et travaille à Bracknell dans le Berkshire.
Il a participé aux expositions collectives qui accueillaient et accompagnaient l'art cinétique ; ayant adhéré au collectif de jeunes artistes *Exploring Galaxy*, il figura notamment avec eux à la Documenta V de Kassel en 1972 ; ainsi que : 1969, *Live in Your Head ; When attitudes Becomes Form*, Kunsthalle, Bern ; 1992, *Fluxattitudes*, New Museum of Contemporary Art, New York ; 1996, *Life/Live. La scène artistique au Royaume-Uni en 1996*, Musée d'Art Moderne de la Ville, Paris.
Dans ces années d'épanouissement du phénomène cinétique, il s'est aussi souvent manifesté individuellement. Parmi les expositions personnelles : 1975, Architectural Association, Participatory environments, Londres ; 1980, British Academy, Rome ; 1986, Galerie J. & J. Donguy, Paris ; 1994, *The Secret History of the Mondrian Fan Club ; Mondrian in London*, 55 Gee Strett, Londres.
Dès 1964, Medalla réalisa des « Œuvres processus », fondées sur la transformabilité permanente du matériau constitutif de la forme en évolution. Il crée les *Bubble Machines*, dont la mécanique de pompes à air mélange eau et savon pour produire et expulser des agglomérats de mousses en expansion permanente, « imprévisibles et espiègles » dit Guy Brett, à l'image de la lente modification des nuages considérée comme sculpture biomorphique. Dans cette même volonté de conférer de l'organique à l'inanimé, à l'exemple de bien des phénomènes naturels, il imagina, aussi en 1964, les *Smoke Machines* productrices de fumées ; les *Sand Machines* animant du sable ; puis, de 1964 à 1967, les *Mud Machines* dans lesquelles cinq disques rotatifs meuvent au bout de longues tiges des éponges, qui, trempées dans de la boue liquide, la déposent ensuite en calligraphies aléatoires sur des plaques de verre éclairées ; en 1967 une nouvelle machine projetait et mettait en mouvement des perles de colle liquide, dont les vibrations font et défont constamment les figures.
Contrairement à Soto ou à Takis, par exemple, qui exploitent l'éventail des potentialités d'un même principe fondamental, Medalla, plus proche de l'abondance inventive de Tinguely, renouvellant ses techniques, a pu en partie renouveller sa poétique. En 1968, Marcel Duchamp, dont une partie de l'œuvre suggère ou génère du mouvement, rendant à sa manière humoristique un non mince hommage à Medalla, se fit photographier, enveloppé de la fumée d'un cigare, tenant dans le creux de sa main sa propre *Sculpture médallique*, une médaille couverte de bulles.
■ Jacques Busse

Bibliogr. : Frank Popper, in : *Naissance de l'art cinétique*, Gauthier-Villars, Paris, 1967 – Guy Brett : *Le cinétisme et la tradition en peinture et sculpture*, in : Artstudio, nº 22, Paris, automne 1991.

MEDARD, Mlle
XVIIIe siècle. Active à Paris. Française.
Pastelliste.
Elle fit de 1769 à 1772 des envois à l'Exposition de la Jeunesse.

MÉDARD Eugène
Né le 16 octobre 1847 à Paris. Mort en 1887 à Paris. XIXe siècle. Français.
Peintre de scènes mythologiques, sujets religieux, batailles, sujets de genre, portraits.
Il fut élève de Léon Cogniet, Cornu et Gérome. Il figura au Salon de Paris, de 1868 à 1881.

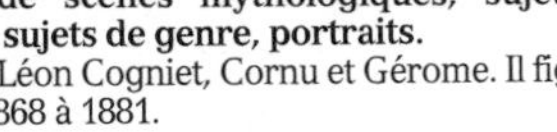

Musées : Avranches : *Scène du déluge* – Carcassonne : *En éclaireurs* – Épinal : *Une retraite* – Rouen : *Psyché cherchant à retenir l'Amour*.

Ventes Publiques : Los Angeles, 15 oct 1979 : *Amour et Psyché* 1876, h/t (63,5x45,7) : **USD 2 700** – New York, 26 mai 1994 : *L'Amour et Psyché* 1878, h/t (62,9x45,1) : **USD 11 500**.

MÉDARD Jules Ferdinand
Né vers 1855 à Anzin (Nord). Mort en 1925. XIXe-XXe siècles. Français.
Peintre de natures mortes, fleurs.
Élève de Jean Marie Reignier, à l'École des Beaux-Arts de Lyon, il débuta au Salon de Paris en 1878.
Cet artiste eut, de son vivant, une certaine notoriété. Mais sa popularité ne lui a guère survécu. Son dessin est correct mais franc, sa couleur manque un peu d'éclat.
Musées : Lyon : *Couronne de camélias*.
Ventes Publiques : Lille, 7 oct 1979 : *Natures mortes aux fleurs et aux fruits*, deux h/t (60x48) : **FRF 11 000** – Paris, 18 mai 1982 : *La corbeille d'abricots*, h/t (46x61) : **FRF 14 800** – Lyon, 28 nov. 1984 : *Bouquet de fleurs* 1907, h/pan. (40x32) : **FRF 14 500** – Lyon, 4 déc. 1985 : *Bouquet de fleurs à la libellule*, h/t (55x46) : **FRF 31 000** – New York, 24 fév. 1987 : *Nature morte au panier de roses et raisins*, h/t (48,2x65,4) : **USD 6 250** – New York, 17 oct. 1991 : *Corbeilles de fleurs*, h/t (81x100) : **USD 29 700** – Amsterdam, 28 oct. 1992 : *Roses roses sur un talus moussu* 1905, h/t (33x41,2) : **NLG 13 800** – Paris, 30 juin 1993 : *Roses dans un panier d'osier*, h/t (60x73) : **FRF 80 000** – Lyon, 30 nov. 1997 : *Pivoines*, h/t (43x58,5) : **FRF 45 000**.

MÉDARD Virginie, née **Joannis**
Née au XIXe siècle à Paris. XIXe siècle. Française.
Peintre de fleurs, aquarelliste.
Élève de Redouté et de L. Cogniet. Elle exposa au Salon entre 1835 et 1870. Elle y exposa en 1835 un paysage et en 1836 le tableau de fleurs à l'aquarelle que possède le Musée d'Orléans.
Musées : Bordeaux (Mus.) – Orléans (Mus.) : *Fleurs*, aquar.

MEDAU Augustin. Voir **MEDOW**

MEDEA Giacinto di
Originaire de Lodi. XVIIIe siècle. Travaillant vers 1710. Italien.
Peintre.
Élève de Procaccini.

MEDEIROS ANAYA Gustavo
Né en 1939 à Cochabamba. XXe siècle. Bolivien.
Peintre, architecte.
En 1973, il a participé à l'exposition *Peintres boliviens contemporains*, au Musée d'Art Moderne de la Ville de Paris.
Il est l'auteur de grandes réalisations architecturales, dont la plus importante est celle de la Cité universitaire de d'Oruro. Sa peinture, très introvertie, exprime le mouvement de sortes de mécanismes, entrecoupés de labyrinthes aux lignes mal définies.
Bibliogr. : In : Catalogue de l'exposition *Peintres boliviens contemporains*, Musée d'Art Moderne de la Ville, Paris, 1973.

MEDEK Mikulas
Né le 3 novembre 1926 à Prague. Mort en 1974 à Prague. XXe siècle. Tchécoslovaque.
Peintre. Expressionniste-abstrait.
De 1942 à 1945, il fut élève de l'École d'Arts Graphique de Prague ; puis, en 1945 et 1946 de l'Académie des Beaux-Arts ; enfin, de 1946 à son exclusion en 1949, de l'École Supérieure des Arts Appliqués, où il eut comme professeur Frantisek Muzika. Depuis 1953, il était membre du *Club des 5 Objets*. Également poète, penseur estimé, il était alors un des personnages marquants des milieux d'intellectuels et d'artistes tchèques d'avant-garde, opposés à l'académisme officiel, à peu près réduits à la clandestinité jusque dans les années soixante. À partir de 1964, il exposa avec le *Groupe D* de Prague ; il figurait aux expositions importantes de peinture tchécoslovaque, nationales et internationales, dont 1965 : Bochum et Baden-Baden *Art Tchécoslovaque d'Aujourd'hui*, Paris *Jeune Avant-garde Tchécoslovaque*, Munich *Artistes de Prague*, Liège, Rotterdam *Transfiguration de l'Art Tchèque*, Paris Salon de la Jeune Peinture, San Marino Biennale Internationale d'Art Contemporain ; 1966 : Académie des Beaux-Arts de Berlin *Art Tchécoslovaque Contemporain*, Bruxelles *Nouvelle Génération Tchécoslovaque*, Paris Salon Comparaisons, Musée Cantonal de Lausanne Salon International des Galeries Pilotes ; 1967 : Stockholm ; 1969 : Paris Salon de Mai ; etc. Il montrait des ensembles de peintures dans des expositions personnelles : 1963 eplice (avec Koblasa) ; 1965 Prague ; 1966 Usti et Liberec.
Ses premières peintures de 1947-48 se référaient aux surréalistes tchèques de l'entre-deux-guerres ; en 1949-50 y appa-

raissent des spectres ; en 1954-56 des sortes de mannequins d'apparence humaine, comme emprisonnés dans l'espace de la toile, ébauchent des gestes quotidiens : *Cris, Baiser* ; en 1958-59, avec le *Cycle de Vénus*, des personnages aux cheveux hérissés occupent aussi tout l'espace de la toile. Jusqu'à 1959, dans cette première période de recherche, une certaine figuration subsistait dans ses peintures, exprimée dans une formulation schématique, dont le graphisme sec et aigu pouvait rappeler celui de Wifredo Lam. Ensuite, il s'est résolument situé dans une expression très personnelle, abstraite quand bien même on pourrait y déceler des équivalences ou mieux des correspondances avec des objets de la réalité quotidienne. Les formes y sont donc en général peu définies, pouvant parfois suggérer un astre, quelque être indéterminé, un objet totémique ou simplement des lichens ou des mousses. Son imagerie inventée crée des climats psychologiques obsédants. Notamment à partir des *Événements imprévus*, des *Micro-illusions* de 1962-63, dans des registres colorés à la fois riches et sourds, qui établissent le contexte affectif, les matières, sensuellement travaillées en pleines pâtes ou par transparences successives rappelant l'épiderme longuement érodé et patiné des poteries japonaises, sont en fait chargées de la transmission, quasi tactile, d'une bonne part de l'expression globale de chaque œuvre nouvelle, dans les registres liés aux événements, le plus fréquemment celui de la souffrance. Dans une ultime période, il revint à certaines figures de ses débuts surréalisants, toutefois densifiées par la technique matiériste désormais maîtrisée : *Inquisiteurs*, puis, avec les *Constructeurs de tours*, il introduisit dans ses peintures des éléments mécaniques symbolisant encore des menaces latentes. Toutes les peintures de Medek, extrêmement achevées comme par un artisan attentif, ont en commun un aspect emblématique, héraldique, caractéristique qu'on retrouvait dans leurs peintures de la même époque chez René-Edgar Gillet ou Jacques Doucet. À partir d'une fatalité existentielle proche de celle vécue par Wols, Medek projetait patiemment sur la toile la représentation imagée de ses obsessions intérieures ou des lueurs d'espérance qui traversaient sa nuit. ■ Jacques Busse

Bibliogr. : In : Catalogue de l'exposition *50 ans de peinture tchécoslovaque, 1918-1968*, musées de Tchécoslovaquie, 1968 – in : *Diction. Universel de la peint.*, Le Robert, Paris, 1975 – in : *L'Art du xxe siècle*, Larousse, Paris, 1991.

Musées : Hradec-Kralove : *Les deux Inquisiteurs* 1965 – Prague (Gal. Nat.) : *Le grand Repas* 1956.

Ventes Publiques : Zurich, 19 juil. 1984 : *Weggelaufene Vögelein* 1972, h/t (90x132) : **CHF 10 000**.

MEDEL Ramon
Mort le 9 avril 1877 à Madrid. xixe siècle. Espagnol.
Peintre d'armoiries.

MEDEM Heinrich
xixe siècle. Actif à Berlin vers 1860. Allemand.
Sculpteur d'animaux.
Élève de Rauch.

MEDEN Max
Né le 15 septembre 1882 à Copenhague. xxe siècle. Danois.
Sculpteur.
Musées : Copenhague : *Carl S. Petersen* 1921.

MEDGYÈS Ladislas
Né le 7 juillet 1892 à Budapest. xxe siècle. Hongrois.
Peintre de portraits, fleurs, paysages, peintre de décors de théâtre.
Cet artiste qui fut une figure du Montparnasse effervescent d'après 1918 a longtemps exposé au Salon d'Automne, à Paris, dont il devint sociétaire. La mise en scène l'attira vivement et, en 1925, obtint à ce titre, le diplôme d'honneur à l'Exposition des arts décoratifs. Il fut nommé conférencier honoraire de l'Université de Yale (États-Unis).
On lui doit plusieurs portraits. Il a aussi peint des décors pour divers théâtres parisiens, dont celui des Champs-Élysées.
Musées : Budapest (Nouv. Gal.).
Ventes Publiques : Paris, 27 fév. 1932 : *Jacinthes dans des pots* : **FRF 140** – Paris, 21 déc. 1949 : *Cour par temps de neige* : **FRF 2 300** – Paris, 6 oct. 1993 : *Nature morte au verre, à la pipe et au citron*, h/pan. (35x27,5) : **FRF 4 500**.

MEDGYESSY Ferenc ou **Franz**
Né le 10 janvier 1881 à Debrecen. Mort en 1958. xxe siècle. Hongrois.
Sculpteur de figures, sculpteur de monuments, peintre.
Il fut d'abord médecin à Budapest, puis étudia la peinture à Paris avec J.-P. Chaplain.
Il a exécuté les monuments aux morts de Vaskut et d'Isaszeg. C'est en 1930 qu'il créa ses quatre sculptures allégoriques, la Science, l'Archéologie, l'Ethnographie et l'Art qui se trouvent devant le Musée de Debrecen, et qui sur la recommandation de Maillol et Despiau ont été couronnées du Grand Prix de l'Exposition internationale de Paris.
Ses sculptures d'une architecture vigoureuse, peuvent être apparentées aux œuvres de Maillol. Dans ses figurines trapues, il a modelé les paysans de sa terre natale. Son œuvre est nourri de la connaissance du passé et de l'art populaire hongrois.
Bibliogr. : Lajos Nemeth : *Moderne ungarische Kunst*, Corvina, Budapest, 1969.
Musées : Budapest (Mus. des Beaux-Arts) : *Mère et enfant*, marbre – *L'Abreuvoir*.

MEDI Gio Antonio
Né probablement à Vicence. xviiie siècle. Italien.
Portraitiste et peintre d'histoire.
Le Musée Correr à Venise conserve de lui : *Deux enfants de praticiens* (1716).

MEDICI Barnaba
Né en 1778 à Côme. Mort le 3 mars 1859 à Saint-Pétersbourg. xixe siècle. Italien.
Peintre décorateur.
Peintre de la cour russe, il devint membre de l'Académie de Saint-Pétersbourg en 1811. Il a décoré plusieurs salles du Palais Michailowskij à Leningrad.

MEDICI Giovanni
xviiie siècle. Actif à Venise. Italien.
Graveur au burin.
Élève de J. Wagner.

MEDICI Giovanni Luigi dei
xve-xvie siècles. Actif à Mantoue. Italien.
Peintre.
Fut à Rome en 1484 au service de l'évêque de Mantoue. Il exécuta en 1488 le *Portrait de Barbara de Brandbourg*.

MEDICI Jacopo, dit **Bresciano**
xvie siècle. Actif à Brescia. Italien.
Sculpteur.

MEDICI Jacopo Filippo de. Voir **ARGENTA Jacopo Filippo d'**

MEDICI Pietro de
Né en 1567 à Florence. Mort en 1648. xvie-xviie siècles. Italien.
Peintre d'histoire.
Fut l'un des bons élèves de Gigoli et de Pagani ; il a fait des tableaux d'autel pour les églises de Florence. La galerie Pitti conserve de lui son *Portrait par lui-même*.

MEDICI Ulderigo
Né en 1828 à Florence. xixe siècle. Italien.
Sculpteur et critique d'art.
Élève de Cresci et de Costali. Débuta vers 1850. Il a pris part à tous les grands Salons d'Italie et a exécuté des décorations de nombreux monuments ou palais.

MEDICI del VASCELLO Osvaldo
Né le 29 janvier 1902 à Turin (Piémont). xxe siècle. Actif aussi en France. Italien.
Peintre de paysages, figures. Abstrait.
Autodidacte, il partage son temps entre Florence et Paris. Au cours de ses séjours parisiens (1922 à 1939), il a connu Magnelli, Fernand Léger, Juan Gris, Le Corbusier. Il vit à Firenze.
Il participe à de nombreuses expositions de groupe : à Paris, Salons des indépendants depuis 1925, d'Automne depuis 1927, et des Tuileries ; à l'exposition *L'Art italien du XIX et xxe siècle* au Musée du Jeu de Paume en 1935 à Paris ; Quadriennale de Rome 1935 et1943 ; Biennale de Venise 1936 et 1938 ainsi que dans de nombreuses villes d'Italie. Il a montré des expositions personnelles de ses peintures en France, à Paris en 1927 (galerie Montparnasse), 1929 (galerie Carmine), 1933 (galerie Quatre Chemins), 1935 (galerie Léon Bernheim), 1936 (galerie A. Sambon) et en Italie, à Rome, Milan, Firenze. En 1972, il a obtenu le Prix Estate Valensiana.
Pendant une longue période, sa peinture demeura figurative, s'appliquant à des paysages et surtout à une série de personnages métissés aux visages hiératiques. Il a évolué ensuite à une abstraction à tendance géométrique ou des surfaces nettement

découpées et colorées vivement en aplats, sont cernées de larges traits noirs.
Bibliogr. : André Verdet : *Catalogue de l'exposition Osvaldo Medici*, Gal. d'Arte Santacroce, Florence, 1961.
Musées : Firenze (Gal. d'Art Mod.) – Grenoble – Milan (Gal. d'Art Mod.) – Paris (Mus. du Petit Palais) – Rome (Gal. d'Arte Mod.) – Turin.
Ventes Publiques : Paris, 9 avr. 1954 : *Cathédrale* : **FRF 1 800**.

MEDICINA Francesco da. Voir **GHELLI Francesco**

MEDICO Antonio del
xviiie siècle. Actif à Carrare. Italien.
Sculpteur.
Il livra en 1763 douze statues pour les murs de la ville de Naples.

MEDICO Fabio del
xviiie siècle. Actif à Carrare vers 1770. Italien.
Sculpteur.
A exécuté les statues de *Saint François* et de *Saint Antoine* pour l'église du monastère de Giaccherino.

MEDINA Alberto
Né à Oruro. xxe siècle. Actif dans la seconde moitié du xxe siècle. Bolivien.
Peintre, sculpteur.
Sa peinture est très proche de la sculpture par la matière employée et par un équilibre structural donnant l'illusion d'un centre de gravité.
Il a participé, en 1973, à une exposition de groupe au Musée Municipal d'Art Moderne de Paris. Il obtint, en 1969, le Premier Prix de Sculpture au Salon National Murillo de La Paz.
Bibliogr. : In : *Peintres boliviens contemporains* catalogue de l'exposition, Musée d'Art Moderne de la Ville, Paris.

MEDINA Alonzo de
xvie siècle. Actif à Valladolid. Espagnol.
Sculpteur.
Il expertisa les travaux de Berruguete.

MEDINA Andrès de
xviie siècle. Actif à Séville. Espagnol.
Peintre et graveur.
Un tableau de grandeur moyenne, représentant le *Christ tombé sous le poids de sa croix*, œuvre de cet artiste, porte comme signature : *Medina, année 1665*. Cette peinture se trouve à Grenade dans le cloître de la cathédrale. Il fut l'élève de Juan del Castillo.

MEDINA Henrique
Né en 1901 à Porto. xxe siècle. Actif en Angleterre, puis aux États-Unis. Portugais.
Peintre de portraits, figures, nus, natures mortes. Académique.
Il est né d'une mère portugaise et d'un père espagnol. Il se forma à l'École des Beaux-Arts de Porto sous la direction de José de Brito, Acacio Lino et Marques de Oliveira. Il étudia de 1921 à 1926 à Paris dans l'atelier de Cormon à l'École des Beaux-Arts. Il voyagea souvent, à Londres où il eut pendant dix ans un atelier, à Rome, au Brésil, et aux États-Unis où il s'établit avant de retourner au Portugal en 1947. Il est membre de l'Académie des Beaux-Arts de Lisbonne, de Madrid et de Rio de Janeiro.
Il participe, à dix-sept ans, à sa première exposition de la Société Nationale des Beaux-Arts de Lisbonne. Il expose, à Paris, au Salon des Artistes Français à partir de 1922, obtient une mention en 1927.
Portraitiste mondain, il fut le peintre officiel des hommes politiques et des hommes d'affaires de la grande bourgeoisie portugaise. Séjournant à Rome, il fit le portrait de B. Mussolini et de notables religieux du Vatican. Aux États-Unis, installé à Hollywood, il continuera sa carrière en étant cette fois-ci le peintre des stars. La peinture de Henrique Medina, tout à fait traditionnelle et académique dans sa facture et son unique thème – des figures habillées ou nues –, est aujourd'hui regardée comme un anachronisme rétrograde et s'explique par la permanence, au Portugal, dans la première moitié du xxe siècle, de valeurs héritées d'âges anciens, et la lente ouverture de ce pays à l'art moderne.
Bibliogr. : In : *Cien anos de pintura en Espana y Portugal, 1830-1930*, t. V, Antiqvaria, Madrid, 1991.

MEDINA John
Né en 1721. Mort en 1796 à Édimbourg. xviiie siècle. Britannique.
Peintre de portraits, copiste, restaurateur.
Petit-fils de sir J. B. Medina, il s'attacha surtout à nettoyer et à copier les tableaux. Il travailla à Édimbourg et à Londres.
Ventes Publiques : Londres, 8 juil. 1929 : *Portrait de gentilhomme* : **GBP 39** – Londres, 11 avr. 1930 : *Portrait de mrs Keppel* : **GBP 44** – Londres, 20 déc. 1973 : *Portrait de la Marquise de Tweeddale avec son fils* : **GBP 600** – Londres, 21 mars 1979 : *Portrait of John Graeme*, h/t, vue ovale (73,5x57) : **GBP 800** – Londres, 26 oct. 1990 : *Portrait de groupe de la famille du Comte de Winton*, h/t (122x99) : **GBP 3 850**.

MEDINA John Baptist, Sir
Né entre 1655 et 1660 à Bruxelles, d'origine espagnole. Mort le 5 octobre 1711 à Édimbourg. xviie-xviiie siècles. Britannique.
Portraitiste.
Élève de François Duchâtel, il fréquenta l'école de Rubens. Il alla à Londres en 1688, puis se fixa en Écosse. La galerie royale de Florence conserve son *Portrait par lui-même*, et la Galerie Städel de Francfort-sur-le-Main : *Portrait de femme*. Il illustra enfin le *Paradis perdu* de Milton.
Ventes Publiques : Paris, 15 fév. 1923 : *Portrait d'homme en manteau de brocard d'or et tenant une lettre* : **FRF 750** – Londres, 9 mai 1927 : *Lady Christian Leslie* : **GBP 15** – Londres, 2 mars 1983 : *Portrait de Mrs Mary Cholmley et de ses enfants*, h/t (214x138) : **GBP 2 500** – Londres, 10 juil. 1985 : *Portrait of David ; 9th Earl of Bucchan*, h/t (122,5x98) : **GBP 3 200** – Londres, 15 nov. 1989 : *Portrait de deux enfants* 1697, h/t (122x114) : **GBP 6 050** – Londres, 17 nov. 1989 : *Portrait de John, 1er Marquis de Tweeddale avec sa famille*, h/t (139x182,3) : **GBP 52 800** – New York, 4 oct. 1996 : *Portrait de deux enfants de l'artiste, l'un tendant un bol au second*, h/t (61,8x74,3) : **USD 29 900**.

MEDINA Juan de
Mort en 1649 à Séville. xviie siècle. Espagnol.
Peintre.
Peignit des chars qui figuraient aux processions de la Fête-Dieu des années 1638, 1640, 1641, 1642 et 1643.

MEDINA Juan de
xviiie siècle. Actif à Grenade. Espagnol.
Peintre.
Il appartint à l'ordre des Carmes et travailla pour plusieurs églises de Grenade.

MEDINA Luis de
xvie siècle. Espagnol.
Peintre de fresques.
Il travailla sous la direction de Juan de Borgona à la cathédrale de Tolède de 1498 à 1514 et à l'Université Alcala de Henares en 1500.

MEDINA Mateo de
Originaire de Jaen. xviiie siècle. Actif à la fin du xviiie siècle. Espagnol.
Sculpteur.
A fait l'autel de la chapelle de Reyes Nuevos à la cathédrale de Tolède.

MEDINA Mosen Casimiro
Né en 1671 à Javita. Mort en 1743 à Valence. xviie-xviiie siècles. Espagnol.
Peintre et architecte.

MEDINA V.
xixe siècle. Actif à Guadalajara (Mexique) en 1822. Mexicain.
Médailleur.

MEDINA DEL POMAR Bernardo
xviiie-xixe siècles. Actif à Valence de 1778 à 1800. Espagnol.
Peintre de figures et de natures mortes.

MEDINA CAMPENY Xavier
Né en 1943 à Barcelone (Catalogne). xxe siècle. Actif depuis 1974 aux États-Unis. Espagnol.
Sculpteur de figures. Tendance surréaliste.
Il montre ses œuvres dans des expositions personnelles en Espagne, aux États-Unis, et en Angleterre, dont : 1964, Musée municipal de Mataro, Barcelone ; 1975, 1976, The Saratoga Gallery, New York ; 1985, Wildenstein Gallery, New York ; 1988, Wildenstein Gallery, Londres ; 1989, Musée del Ampurdan, Figueras.
Xavier Medina Campeny sculpte, en bois, en bronze ou en métal, le corps humain, plus rarement animal. Il en isole une partie ou certains membres qu'il visualise en coupes verticales ou

longitudinales. Les œuvres de Medina Campeny sont aussi une manière humoristique, voire surréaliste, de représenter l'humain, tout en interrogeant, à la manière des classiques, les mensurations du corps.
Bibliogr. : In : *Catalogo nacional de arte contemporaneo*, Iberico 2 mil, Barcelone, 1990.
Musées : Castellon (Mus. de Villafames) – Figueras (Mus. del Ampurdan) – Madrid (Mus. d'Art Contemp.) – Madrid (BN) – Raleigh North Carolina (North Carolina Mus. of Art) – Syracuse (Everson Mus.).
Ventes Publiques : New York, 23 fév. 1990 : *Un laissé-pour-compte*, bronze (H. 181,6) : **USD 17 600**.

MEDINA-DIAZ Manuel
Né en 1881 à Gijon (Asturies). Mort en 1955 à Gijon (Asturies). xxe siècle. Espagnol.
Peintre d'intérieurs, paysages urbains.
Il a été élève à l'École des Beaux-Arts et des Métiers de Gijon. Il y obtint une bourse pour compléter sa formation à l'École des Beaux-Arts San Fernando de Madrid, où il fut également élève de Luis Menendez Pidal. Il étudia à Rome pendant deux ans.
Il reçut une mention honorifique à l'Exposition Nationale des Beaux-Arts de Madrid en 1904, une Troisième médaille en 1906, et une Seconde médaille en 1915.
Bibliogr. : In : *Cien anos de pintura en Espana y Portugal, 1830-1930*, t. V, Antiqvaria, Madrid, 1991.
Ventes Publiques : Madrid, 23 mai 1984 : *Paysan et cheval à l'étable*, h/t (26,5x36,5) : **ESP 250 000**.

MEDINA Y PENAS Gabino de
Né le 20 décembre 1814 à Madrid. Mort le 10 mai 1888 à Madrid. xixe siècle. Espagnol.
Sculpteur.
La Galerie du Prado conserve de lui : *Eurydice* (marbre), *L'Immaculée-Conception*. Il a également exécuté un *Esculape*, qui se trouve à la Faculté de médecine de Madrid, un monument élevé à la mémoire de Murillo à Madrid et à Séville et quatre caryatides pour la Chambre des Députés.

MEDINA QUERALT Candido
Né en 1872 à Barcelone (Catalogne). xxe siècle. Espagnol.
Peintre, aquarelliste, critique d'art.
Il fut élève de R. Navarro et L. Franco.

MEDINA Y VALBUENA Pedro de, don
Né vers 1620 à Séville. Mort après 1675. xviie siècle. Espagnol.
Peintre et aquarelliste.
Élève de Juan del Castillo. Il fut ami et condisciple de Murillo. Il peignit des fresques dans la cathédrale de Séville et fut un des fondateurs de l'Académie de peinture de cette ville. Il a peint et doré des retables.

MEDINA-VERA Innocencio
Né en 1876 à Archena (Murcie). Mort en 1918 à Archena (Murcie). xixe-xxe siècles. Actif aussi en Argentine. Espagnol.
Peintre de compositions à personnages, paysages, portraits, natures mortes, fleurs, dessinateur, illustrateur, peintre de décors de théâtre. Traditionnel.
Il se forma auprès d'un professeur de dessin à Murcie. Il s'installa à Madrid. En 1912, il partit pour l'Argentine, où il fonda une revue et un salon d'antiquités et d'art décoratif. Il retourna en Espagne en 1915. Il effectua un autre voyage en Argentine en 1917-1918.
Il reçut une mention honorifique à l'Exposition nationale de Madrid en 1899, une médaille de troisième classe en 1904. Une exposition hommage eut lieu en 1919 à Madrid au Salon Vilches. Il fut l'assistant du peintre Antonio de la Torre qui fut choisi pour décorer le Théâtre Romas à Murcie. Seul, Medina Vera décora plusieurs intérieurs qui le rendirent célèbre. Il travailla également comme illustrateur pour les revues *Blanco y Negro*; *Mundo Grafico*; *Nuevo Mundo* et *La Esfera*. Il fut l'ami des célèbres toreros Antonio Fuentes et Juan Belmonte et plusieurs de ses peintures illustrèrent l'univers de la tauromachie. Peintre de tradition classique, Medina Vera composa de nombreuses scènes typiques ainsi que des compositions à personnages revêtus de costumes traditionnels. Il s'est plu à utiliser une gamme de couleurs chaudes et claies.
Bibliogr. : In : *Cien anos de pintura en Espana y Portugal, 1830-1930*, t. V, Antiqvaria, Madrid, 1991.
Musées : Murcie (Mus. des Beaux-Arts).
Ventes Publiques : Madrid, 24 oct. 1983 : *Le Rêve*, h. et gche/cart. (34x42) : **ESP 300 000** – Madrid, 19 mars 1986 : *Types madrilènes* 1910, h/t (80x120) : **ESP 550 000** – Londres, 22 nov. 1989 : *Portrait d'un homme assis*, h/t (51,5x37) : **GBP 3 300**.

MÉDINE Albert de
Né le 19 avril 1826 à Paris. xixe siècle. Français.
Peintre d'histoire, scènes de genre.
Élève de Charles Comte, il figura au Salon de Paris de 1857 à 1860.
Bibliogr. : Gérald Schurr, in : *Les Petits Maîtres de la peinture 1820-1920, valeur de demain*, Les Éditions de l'Amateur, t. IV, Paris, 1979.
Musées : Blois (Mus. du château) : *Assassinat du duc de Guise* – *Le cardinal de Lorraine sortant de sa prison*.

MEDINILLA
xviiie siècle. Travaillant à Séville en 1708. Espagnol.
Sculpteur.
À cette date, Medinilla sculpta un retable pour l'église paroissiale de Santiago le Majeur.

MEDIZ Gertrude Hozatko
Née en 1893. xxe siècle. Autrichienne.
Illustrateur.
Elle est la fille de Karl Mediz et de Émilie Mediz-Pelikan.
Ventes Publiques : Londres, 10 fév. 1988 : *Le feu et l'eau ; Le cycle de vie*, cr. de coul. et craie reh. d'aquar., deux feuillets (chaque 49x33) : **GBP 2 200**.

MEDIZ Karl
Né le 4 juin 1868 à Vienne. Mort en 1945 à Dresde (Saxe). xixe-xxe siècles. Autrichien.
Peintre de paysages, figures, portraits, lithographe.
Il fut élève de l'Académie de Vienne et de l'Académie Julian à Paris. Il exposa, avec sa femme, Émilie Mediz-Pelikan, au premier Salon de la Sécession en 1898 à Vienne. Une rétrospective de leurs œuvres eut lieu en 1986 à Vienne.
Sa peinture, à tendance symboliste, procède parfois du style Art nouveau.
Bibliogr. : *Karl Mediz*, éd. Emil Richter, Hagenbund, 1904.
Musées : Chemnitz : *Paysage* – Dresde : *Cyprès, au bord de la mer* – *Quatre portraits gravés* – Vienne : *Solitude*.
Ventes Publiques : Londres, 27 nov. 1984 : *Le Champ fleuri* 1908, h/t (60,5x91) : **GBP 3 500** – Londres, 8 oct. 1986 : *La Sirène* 1891, h/t (57x46) : **GBP 2 000** – Vienne, 22 sep. 1987 : *Paysage alpestre* vers 1900, h/t mar./cart. (45x48) : **ATS 40 000** – Paris, 7 mars 1989 : *Chasseur tyrolien*, h/t (120x100) : **FRF 40 000** – Londres, 20 juin 1989 : *Fleurs alpestres ; croquis de paysage*, h/t, recto-verso (80x59) : **GBP 11 000**.

MEDIZ-PELIKAN Emilie
Née le 2 décembre 1861 à Vöcklabruck (Haute-Autriche). Morte le 19 mars 1908 à Dresde. xixe-xxe siècles. Autrichienne.
Peintre de portraits, paysages, aquarelliste.
Elle fut la femme de Karl Mediz. Elle étudia à Salzbourg, Dachau et en Belgique.
Musées : Dresde : une aquarelle – Vienne (Gal. Mod.) : *Marronniers en fleurs*.
Ventes Publiques : Londres, 6 mai 1981 : *Paysage boisé escarpé* 1903, h/t (58x82,5) : **GBP 1 200** – Vienne, 21 avr. 1982 : *Paysage fluvial*, h/t (35x51) : **AST 35 000** – Londres, 27 nov. 1984 : *Die Odysseeische Landschaft* 1902, h/t (139x205) : **GBP 19 000** – Lindau, 2 oct. 1985 : *Paysage marécageux*, h/t (34,5x62) : **DEM 8 200** – Vienne, 2 déc. 1986 : *Nu debout*, sanguine et reh. de blanc (49x24,2) : **ATS 12 000** – Londres, 8 oct. 1986 : *Un arbre sur la côte de l'Adriatique* vers 1900, h/t (59x89) : **GBP 2 500** – Vienne, 10 déc. 1987 : *Paysage boisé à l'étang*, h/t (32x30) : **ATS 40 000** – Londres, 10 fév. 1988 : *Coucher de soleil* 1891, h/t (25x22) : **GBP 3 520** – Londres, 28 oct. 1992 : *Portrait d'une jeune femme au châle vert*, h/t (51x43) : **GBP 1 980** – Munich, 22 juin 1993 : *La mer à Knokke* 1890, h/t (51x56) : **GBP 6 900**.

MEDL Christian
Né le 25 janvier 1757 à Vienne. Mort le 20 février 1814 à Vienne. xviiie-xixe siècles. Autrichien.
Peintre.

MEDLAND J.
xviiie siècle. Britannique.
Graveur au burin.
Il a gravé des batailles.

MEDLAND Thomas
Mort après 1822. xviiie-xixe siècles. Britannique.

Peintre de sujets de genre, paysages, graveur.
Exposa à la Royal Academy de Londres vers 1822. Il enseigna le dessin, vers la fin de sa vie, à East India College, à Haileybury. Il a gravé des vues topographiques et des sujets de genre.

MEDLEY Robert
Né le 19 décembre 1905 à Londres. XXe siècle. Britannique.
Peintre de paysages, intérieurs, compositions à personnages, dessinateur.
Il fut élève de la Slade School à Londres. Il a enseigné à la Slade School et à Camberwell.
Il participe à de nombreuses expositions collectives. Il montre ses œuvres dans des expositions personnelles, à Londres, en 1932, 1955, 1960 ; rétrospective à la Whitechapel en 1963.
Il demeure influencé par l'organisation cézanienne de l'espace et des volumes. Dessinateur alerte, certaines de ses œuvres, graphiques et rehaussées de touches de couleurs transparentes, se rapprochent de Dufy.
Bibliogr. : In : *Peintres contemporains*, Mazenod, Paris, 1964.
Musées : Londres (Tate Gal.) – Ottawa.
Ventes Publiques : New York, 10 oct. 1990 : *Timur* 1974, h/t (101,6x127) : **USD 880** – Londres, 7 juin 1991 : *Deux personnages dans un intérieur*, h/t (30,5x30,5) : **GBP 1 100**.

MEDLEY Samuel
Né le 22 mars 1769 à Liverpool. Mort le 10 août 1857. XVIIIe-XIXe siècles. Britannique.
Peintre de portraits et de genre.
Comme portraitiste, ce fut un imitateur de Reynolds et de Gainsborough. Il exposa à la Royal Academy, de 1792 à 1805, particulièrement des sujets de genre et des portraits de membres de la Société de Médecine. En 1811, il abandonna la peinture pour devenir courtier.
Ventes Publiques : Londres, 21 nov 1979 : *The flower gril*, h/t (125x100) : **GBP 500**.

MEDLYCOTT Hubert, Sir
Né en 1841. XIXe siècle. Actif à Somerset. Britannique.
Peintre d'architectures et de paysages.

MEDNYANSZKY Laszlo von, baron ou **Mednyansky**
Né le 30 avril 1852 à Beczko. Mort le 17 avril 1919 à Vienne. XIXe-XXe siècles. Hongrois.
Peintre de paysages.
Élève de l'Académie de Munich et de l'École des Beaux-Arts de Paris, il s'établit ensuite à Neupest. Il exposa à Vienne à partir de 1882 et à Munich à partir de 1889.
Musées : Budapest (Mus. des Beaux-Arts) : *Crépuscule – Atmosphère d'automne – Aube*.
Ventes Publiques : Paris, 5 nov. 1926 : *Les pommiers, effet de brouillard* : **FRF 2 200** – Vienne, 1er déc. 1970 : *La petite route* : **ATS 22 000** – Londres, 19 mars 1980 : *Paysage à la rivière boisé*, h/t (73x98) : **GBP 420** – Toronto, 30 nov. 1988 : *Rivière et montagnes*, h/t (35,5x37,5) : **CAD 800**.

MEDOUNETSKY Konstantin
Né en 1899 à Moscou. Mort en 1935. XXe siècle. Russe.
Sculpteur.
Il fit son apprentissage dans la décoration de théâtre. Il visite Paris en 1924.
Il a participé à des expositions collectives, telles : la *Erste russiche Austellung* à Berlin en 1922 ; l'Exposition internationale des arts décoratifs en 1925 à Paris ; à l'exposition *The Planar Dimension, Europe 1912-1932*, en 1979, à New York ; à *Qu'est-ce que la sculpture moderne ?* au Musée National d'Art Moderne à Paris en 1986.
Kathrine Dreier a acheté, pour la Société Anonyme, en 1922, *Construction n° 557* exposée à la *Erste russiche Austellung* à Berlin. Konstantin Medounetsky a collaboré, à partir de 1924, à des décors de théâtre avec les frères Stenberg, travaillant, entre autres, avec le théâtre Kamerny. Peu connu des spécialistes – les circonstances de sa mort sont encore non élucidées –, encore moins du grand public, il serait un précurseur de Moholy-Nagy et de Kobro.
Bibliogr. : In : *L'Art du XXe s.*, Larousse, Paris, 1991.
Musées : New Haven (Yale University) : *Construction n° 557* 1919.

MEDOVIC Celestin
Né le 17 novembre 1859 à Kuna (Croatie). Mort le 27 janvier 1920 à Sarajevo. XIXe-XXe siècles. Allemand.
Peintre d'histoire.
Devint moine au monastère des Franciscains de Raguse, étudia la peinture à Rome, Florence et Munich et vécut depuis 1895 comme prêtre séculier à Zagreb, où il dirigea une école privée de peinture. Exposa à Munich en 1891.

MEDOW Augustin ou **Medau**
Mort vers 1660. XVIIe siècle. Actif à Lübeck. Allemand.
Peintre.

MEDRZYCKI Maurice
Né dans la deuxième moitié du XIXe siècle en Pologne. XIXe-XXe siècles. Polonais.
Peintre.
Ce peintre, qui a travaillé à Paris, figurait avec une huile : *Jeune fille*, à l'Exposition des Artistes Polonais organisée, en 1921, par le Salon de la Société Nationale des Beaux-Arts.

MEDULLA Andrea ou **Meldolla**, dit **il Schiavone**. Voir **SCHIAVONE**

MEDVE Imre Emerich, pseudonyme : **Tatar Peter**
Né en 1818 à Groszwardein (Nagyvarad). Mort le 3 novembre 1878 à Budapest. XIXe siècle. Éc. de Bohême.
Dessinateur et écrivain.
On possède de lui beaucoup de paysages et de dessins de genre.

MEDVECKA Maria
Née le 11 octobre 1914 en Slovaquie. XXe siècle. Tchécoslovaque.
Peintre de compositions à personnages, paysages. Réaliste.
Très attentive à respecter l'esthétique réaliste-socialiste dans ses compositions à thèmes, elle est classée peintre éminent. Elle peint aussi des paysages inspirés de la région de l'Orava en Slovaquie du Nord.

MEDVEY August von
Né en 1814 à Lemberg. Mort le 15 mai 1870 à Charkow. XIXe siècle. Polonais.
Miniaturiste.
Fut l'élève de l'Académie de Vienne et travailla à Budapest : puis il se rendit à Paris, Odessa, Moscou et Saint-Pétersbourg où il devint peintre de la cour. Son œuvre révèle l'influence de Daffinger.

MEDVEY Lajos ou **Ludwig**
Né le 14 juillet 1882 à Nagykaroly. XXe siècle. Actif à Budapest. Hongrois.
Peintre et illustrateur.

MEDVIEDEV Youri
Né en 1939. XXe siècle. Russe.
Peintre de compositions animées, natures mortes, peintre à la gouache. Nouvelles figurations.
Membre de l'Association des architectes de Leningrad. Il adhéra au groupe T.E.I.I. (Association d'art expérimental).
Il participe, dès 1961, à de nombreuses expositions principalement à Leningrad, entre autres : 1973 et 1975, première et deuxième exposition de *L'Avant-garde de Leningrad* ; 1975 et 1990 aux expositions collectives du groupe T.E.I.I. ; en 1989, à Helsinki, il figura à l'exposition *L'Art de Leningrad* et, en 1990, à Berne, à celle consacrée à la *Peinture contemporaine*. Il montre ses œuvres dans des expositions personnelles à partir de 1971, dans des lieux autorisés ou dans son appartement privé comme en 1976 et 1977.
Sa peinture procède à une déformation de la réalité, en particulier celle de la figure humaine : grosse tête, yeux globuleux, atmosphère inquiétante, peinte dans des tons froids.
Bibliogr. : In : Catalogue de la vente *L'École de Leningrad*, Drouot, Paris, 19 nov. 1990.
Musées : Berne (Mus. des Beaux-Arts) – Helsinki (Gal. d'Art Contemp.) – Moscou (min. de la Culture) – Saint-Pétersbourg (Mus. de la Littérature).
Ventes Publiques : Paris, 11 juin 1990 : *Petite fête au bureau*, h/t (80x63) : **FRF 4 800** – Paris, 19 nov. 1990 : *Appartement communautaire*, h/t (80x70) : **FRF 4 500** – Paris, 8 déc. 1990 : *La plage*, h/t (70x100) : **FRF 6 500**.

MEDYCKI Jan
XVIIIe siècle. Polonais.
Peintre.

MÉE. Voir aussi **DUMÉE**

MEE Anne, née **Foldsone**
Née vers 1775 à Londres. Morte le 28 mai 1851 à Hammersmith. XIXe siècle. Britannique.

Miniaturiste.
Fille du peintre John Foldsone. Elle épousa un homme sans fortune et subvint par son seul travail aux besoins de sa famille. Elle exposa à la Royal Academy de 1804 à 1837. Elle a travaillé pour le roi George IV. Le château de Windsor possède d'elle dix-huit tableaux de femmes.

MEEBEECK Cornelis. Voir **MEBEECQ**

MEEGEREN Han Van
Né en 1880 ou 1889. Mort en 1947. XXe siècle. Hollandais.
Peintre de compositions à personnages, scènes de genre, figures, intérieurs, pastelliste, dessinateur.
Il traitait des sujets modernes et des scènes de genre, et son œuvre personnel est assez abondant, disparate et inégal, qui profite de la renommée retentissante due à son activité de faussaire. Il s'était surtout spécialisé dans les techniques anciennes, ce qui l'amena à des sujets traditionnels, puis à la réalisation de faux. Il savait peindre dans la technique et le style de Hals, de Rembrandt, mais il excellait surtout dans ceux de Vermeer, du nom duquel il signait les faux qu'il réalisait. Utilisant des personnages et des visages observés dans les peintures authentiques de Vermeer, il les situait dans des compositions inspirées de certaines d'entre elles ou tout au moins plausibles.
En 1937, le Docteur Bredius, historien d'art, fut ébloui par l'un de ces faux qu'il authentifia d'enthousiasme. En 1941, donc pendant la guerre, le marchand d'art hollandais D. A. Hoogendijk se rendit acquéreur pour une somme considérable d'un de ces faux désormais considérés comme vrais. Le maréchal nazi Göring, avide d'accroître ses collections, surtout nourries de rapines, en acheta aussi un, directement auprès de Van Meegeren. On peut s'étonner que le fait que tous ces Vermeer provenaient de lui n'ait pas éveillé de soupçons.
Après la guerre, Van Meegeren fut arrêté pour faits de collaboration en ayant vendu à Göring un trésor du patrimoine hollandais. Le dilemme devenait donc pour lui de choisir son sort entre celui de collaborateur et celui de faussaire. Il opta pour le second, demanda qu'on lui apportât son matériel en prison et, sous surveillance vigilante, réalisa un nouveau faux. Ainsi devint-il une sorte de héros de la résistance aux Allemands pour les avoir grugés en leur vendant un faux chef-d'œuvre.
Le peintre Han Van Meegeren n'a pas profité de la renommée du faussaire, les prix de ses propres œuvres restant infiniment inférieurs à ceux de ses pourtant vrais faux, ce qui prouve, en cette affaire, qu'une fois de plus la morale n'est pas toujours sauve.
■ J. B.
Ventes Publiques : Paris, 24 fév. 1949 : *Femme à sa toilette*, dess., reh. de lav. et gche : **FRF 14 500** – Amsterdam, 5 sep. 1950 : *Le Repas du soir après l'enterrement* 1943 : **NLG 2 300** – Londres, 29 juil. 1966 : *Jeune femme aux tournesols* : **GNS 150** – Berne, 4 mai 1968 : *Intérieur d'église*, aquar. : **CHF 2 400** – Los Angeles, 29 nov. 1973 : *Christ prêchant*, past. : **USD 1 300** – Amsterdam, 26 mai 1976 : *Le Taxi*, past. (65,5x85) : **NLG 4 800** – Berne, 25 oct 1979 : *Deux femmes dans un intérieur*, h/t (45x55) : **CHF 1 800** – Amsterdam, 29 oct. 1980 : *Nu couché*, aquar. (70x97,5) : **NLG 3 400** – Amsterdam, 21 oct. 1981 : *Jeune Fille debout*, cr. coul. (59,5x38) : **NLG 1 300** – Amsterdam, 23 mars 1982 : *Jeune femme à son miroir*, h/t (118x88) : **NLG 10 500** – Berne, 4 mai 1985 : *Scène de bistrot*, h/t (51x40,5) : **CHF 10 000** – Amsterdam, 10 fév. 1988 : *Mère et son enfant priant*, h/t (60x80,5) : **NLG 1 380** – Amsterdam, 23 avr. 1991 : *Le Christ dans la maison de Marie et de Marthe*, h/t (100x78) : **NLG 3 450** – Amsterdam, 24 avr. 1991 : *Jeune enfant avec un chat*, h/t (35,5x25,5) : **NLG 2 300** – Amsterdam, 5-6 nov. 1991 : *Femme avec une vache dans un paysage*, craies noire et coul. (61x47) : **NLG 1 150** – Amsterdam, 18 fév. 1992 : *Intérieur d'église*, cr. aquar. et gche/pap. (72x54) : **NLG 1 610** – Amsterdam, 22 avr. 1992 : *Portrait d'un noir d'Orient*, h/t (90x60) : **NLG 5 175** – Amsterdam, 14 sep. 1993 : *Les promeneurs à moto*, h/t (50x72) : **NLG 1 610** – Amsterdam, 8 fév. 1994 : *Petit garçon avec une chèvre* 1918, h/pan. (20x29,5) : **NLG 4 600** – Paris, 12 déc. 1995 : *La Cène (faux Vermeer)*, h/t (174x244) : **FRF 350 000** – Amsterdam, 19-20 fév. 1997 : *Sortie au théâtre*, craies noire et brune, aquar./pap./cart. (150x60) : **NLG 10 378**.

MEEHL Hans
XVIIIe siècle. Danois.
Peintre.
Il peignait sur porcelaine à la Manufacture de Copenhague en 1791.
Musées : Copenhague.

MEÉJNEL Pierre
Né au XIXe siècle à Paris. XIXe siècle. Français.
Peintre et aquarelliste.
Élève d'Arundale et de Croft. Débuta au Salon en 1878. On cite particulièrement de lui des aquarelles, sujets de genre, d'architectures, paysages, etc.

MEEKER Joseph Rusling
Né en 1827 ou 1829 à Newark (New Jersey). Mort en 1889. XIXe siècle. Actif à Saint Louis. Américain.
Peintre de paysages.
Il fut élève de l'Académie nationale de New York.
Ventes Publiques : New York, 24 oct 1979 : *Bayou La Fourche* 1882, h/t (51x25,5) : **USD 3 500** – San Francisco, 8 nov. 1984 : *Egrets in the Bayou* 1879, h/t (51x91,5) : **USD 12 000** – New York, 31 jan. 1985 : *Paysage marécageux* 1880, h/t mar./cart. (54,5x75) : **USD 7 500** – New York, 20 mars 1987 : *Bayou Pevo, Louisiane* 1889, h/t (30,5x45,7) : **USD 4 200** – New York, 1er déc. 1988 : *Un bayou en Louisiane* 1887, h/t (91,5x73,7) : **USD 38 500** – New York, 26 sep. 1991 : *L'inondation* 1885, h/t (61x36,2) : **USD 13 200** – New York, 5 déc. 1991 : *Paysage de bayou* 1877, h/t (68,6x55,9) : **USD 22 000** – New York, 3 déc. 1992 : *Le bayou à Lake Maureps en Louisiane* 1887, h/t (35,6x61) : **USD 19 800** – New York, 22 sep. 1993 : *Le marécage des cyprès sur le Mississippi* 1872, h/t/cart. (37x46) : **USD 4 600**.

MEEKEREN Job Van
XVIIe siècle. Actif à Amsterdam vers 1662. Hollandais.
Dessinateur.
Il dessina des vignettes et des titres.

MEEKS Eugen
Né le 29 mai 1843 à New York. XIXe siècle. Américain.
Peintre de genre, paysages et peintre d'architectures.
Élève de Wust, J. Van Lerius et Bource. S'est établi à Florence.

MEELBERGER Conrad
XVIIe siècle. Actif vers 1645. Allemand.
Peintre.
A fait le *Portrait du comte Achille de Wurtemberg*.

MEELE. Voir **MELE**

MEEN Margaret
XVIIIe-XIXe siècles. Britannique.
Peintre de fleurs et paysagiste.
Exposa à la Royal Academy en 1775 et en 1785. Le Victoria and Albert Museum, à Londres, conserve d'elle une aquarelle.

MEENS Martino Giacomo
XVIIe siècle. Actif à Thienen. Éc. flamande.
Peintre.

MEER Van der. Voir aussi **VERMEER**

MEER Ary Jansz Van der
Né en 1638 à Delft. XVIIe siècle. Actif à Delft. Hollandais.
Faïencier.

MEER Barend ou **Bernardus Van der**
Né vers 1659 à Haarlem. Mort en 1688. XVIIe siècle. Hollandais.
Peintre de natures mortes.
Peut-être le fils de Jean Van der Meer l'Ancien. Frère de Jan Van der Meer le Jeune.

Musées : Vienne : *Nature morte*.
Ventes Publiques : Londres, 22 déc. 1927 : *Fruits sur une table* ; *Fruits et verres sur une table*, ensemble : **GBP 241** – Genève, 7 déc. 1935 : *Nature morte* : **FRF 15 500** – Londres, 3 mai 1946 : *Plat de fruits sur une table* : **GBP 168** – Paris, 20 nov. 1953 : *Nature morte aux crabes et perroquet* : **FRF 48 000** – Londres, 9 déc. 1959 : *Nature morte de fruits* : **GBP 520** – New York, 6 avr. 1960 : *Nature morte avec cacatoès* : **USD 750** – Londres, 23 fév. 1966 : *Nature morte aux fruits* : **GBP 650** – Londres, 27 mars 1968 : *Nature morte aux huîtres* : **GBP 900** – Amsterdam, 10 nov. 1970 : *Nature morte* : **NLG 10 000** – Londres, 24 mars 1972 : *Nature morte* : **GBP 1 400** – Amsterdam, 30 mai 1974 : *Nature morte* : **NLG 30 000** – Londres, 1er déc. 1978 : *Nature morte aux fruits*, h/t

(74,3x62,2) : **GBP 13 000** – Londres, 11 juil 1979 : *Nature morte*, h/t (69,5x78) : **GBP 5 000** – Londres, 24 avr. 1981 : *Nature morte aux fruits*, h/t (99x81,9) : **GBP 6 000** – Londres, 24 oct. 1984 : *Nature morte aux huîtres, au plat d'argent et au singe*, h/t (81x67) : **GBP 15 000** – Stockholm, 17 avr. 1985 : *Nature morte à la langouste et huîtres*, h/t (76x63) : **SEK 85 000** – Londres, 20 avr. 1988 : *Nature morte de fleurs et coupe de fruits disposés sur un tapis* 1689, h/t (95x80,5) : **GBP 28 600** – Amsterdam, 18 mai 1988 : *Panier renversé de mûres, pêche, feuille de chou, sur une console avec une grappe de raisins accrochée au-dessus*, h/t (53,3x42,5) : **NLG 92 000** – New York, 12 jan. 1989 : *Nature morte de fruits, fraises dans une coupe et un panier à côté d'une fiasque et d'un verre sur un entablement*, h/t (69,5x62,5) : **USD 11 000** – Milan, 4 avr. 1989 : *Nature morte avec du raisin, une pêche et un panier de framboises sur un entablement*, h/t (53,5x42,5) : **ITL 72 000 000** – New York, 2 juin 1989 : *Nature morte de fruits divers avec un cacatoès perché sur le bord d'une corbeille sur un entablement*, h/t (86,3x127) : **USD 68 500** – Londres, 27 oct. 1993 : *Nature morte de fruits sur un entablement*, h/t (78x90) : **GBP 14 950** – Paris, 29 mars 1994 : *Nature morte aux fruits et au pokal*, h/t (85x109) : **FRF 140 000** – Amsterdam, 17 nov. 1994 : *Nature morte de fruits dans une faïence de Chine avec un homard, un verre et une serviette sur une table*, h/t (74,3x61,6) : **NLG 18 400** – Amsterdam, 9 mai 1995 : *Nature morte de raisin, figues, pêches, cerises, groseilles et fraises des bois avec un cacatoès sur un entablement de marbre*, h/t (64x66) : **NLG 31 860** – Londres, 8 déc. 1995 : *Citron pelé avec des confiseries sur un plat en argent, du raisin et des ustensiles de vaisselle sur une table drapée d'une tapisserie* 1686, h/t (89,5x73,3) : **GBP 26 450** – Londres, 11 déc. 1996 : *Nature morte à l'écrevisse, pain, oranges, coupe et couverts, flacon de vin, citron, huîtres sur un entablement de pierre avec un jardin d'agrément en arrière-plan*, h/t (74,5x62) : **GBP 17 250**.

MEER Catrina Van der
XVIIe siècle. Travaillant vers 1675. Hollandaise.
Peintre de genre.
Peut-être fille de Jan Van der Meer, l'Ancien ; elle a peint des conversations dans le style de Netscher.

MEER Eduard Alphonse Victor Auguste Van der
Né le 30 janvier 1846 à La Haye. Mort le 10 mai 1889 à La Haye. XIXe siècle. Hollandais.
Peintre de paysages.
Le Musée de Wurzburg possède de lui un *Paysage d'hiver*.

MEER Hendrick Van
Né vers 1585 à Lierre. XVIIe siècle. Belge.
Peintre.

MEER Jacob Jacobszoen Van der
XVe siècle. Actif à Delft en 1480. Hollandais.
Graveur sur bois.
Il fut aussi libraire.

MEER Jan de
XVe siècle. Actif à Tournai. Belge.
Sculpteur.
Il vécut à Bruxelles vers 1480.

MEER Jan Van der
XVIIIe siècle. Hollandais.
Graveur.
Mentionné dans la gilde de Haarlem en 1779.

MEER Jan Van der. Voir aussi **MEIRE Jan Van der, VERMEER de Delft, VERMEER de Haarlem** et **VERMEER d'Utrecht**

MEER Jan Van der, le Jeune (de Jonghe) ou **Vermeer**
Baptisé à Haarlem le 29 novembre 1656. Mort en 1705, enterré à Haarlem le 28 mai 1705. XVIIe-XVIIIe siècles. Hollandais.
Peintre de paysages et graveur.
Élève de son père Jan Van der Meer, dit Vermeer de Haarlem et de Claes Rieters Berchem dont il imita la manière. Il alla en Italie, revint à Haarlem, entra dans la gilde en 1683 et épousa Maria Dusart. Ce fut un remarquable peintre de moutons. On lui doit d'agréables eaux-fortes de paysages avec animaux.

Musées : Amsterdam : *Berger endormi* – Bonn (Mus. prov.) : *Paysage* – *Paysage italien* – Copenhague : *Troupeau au bois* – Dresde : *Passage d'une rivière en montagne* – *Troupeau reposant* – Hambourg : *Berger et brebis* – *Paysage fluvial* – Metz : *Paysage animé* – Rotterdam : *Paysage italien* – Rouen : *Paysage et animaux* – Saint-Pétersbourg (Mus. de l'Ermitage) : *Site d'Italie* – Schwerin : *Paysage avec fleurs*.

Ventes Publiques : Paris, 28 mars 1892 : *Le passage du gué* : **FRF 2 300** – Paris, 24 juin 1929 : *Deux moutons près d'un cloître*, dess. : **FRF 800** – Paris, 8 déc. 1938 : *Les Bergers*, pierre noire et lav. : **FRF 450** – Paris, 24 juin 1942 : *Le Troupeau* ; *La Caravane*, deux toiles : **FRF 17 000** – Paris, 19 déc. 1949 : *Les Bergers* : **FRF 140 000** – Paris, 15 déc. 1950 : *Le passage du gué* ; *Pasteurs et troupeau*, deux pendants : **FRF 60 000** – Vienne, 13 mars 1979 : *Bergers et voyageurs dans la Campagne romaine* 1675, h/t (72,5x65,5) : **ATS 120 000** – Londres, 24 juin 1980 : *Berger et troupeau au bord d'une rivière* 1704, pl. et lav. (13,4x20,9) : **GBP 500** – Londres, 7 avr. 1982 : *Paysage fluvial*, h/pan. (49x91,5) : **GBP 2 200** – Amsterdam, 25 avr. 1983 : *Paysage animé de personnages* 1687, pinceau, encre noire et aquar./traits craie noire (28,4x39,1) : **NLG 4 000** – Paris, 10 fév. 1992 : *Troupeau dans un paysage au soleil couchant*, h/t (33x41) : **FRF 26 000** – Amsterdam, 25 nov. 1992 : *Berger avec ses moutons et agneaux dans un paysage boisé et montagneux avec un château au fond* 1688, craie noire et lav. (30,6x37,5) : **NLG 1 840** – New York, 13 jan. 1993 : *Vaste paysage fluvial avec une abbaye près d'un pont*, craie, encre et lav. (19,5x29,6) : **USD 990** – Paris, 31 mars 1993 : *Paysage avec un pont*, encre et lav. (25,5x40,5) : **FRF 4 500** – Paris, 28 mai 1993 : *Études de brebis*, deux dess. à la pierre noire : **FRF 3 000** – New York, 8 oct. 1993 : *Paysage panoramique avec une ville au lointain et des voyageurs au premier plan*, h/pan. (38,7x59,1) : **USD 14 375** – Amsterdam, 16 nov. 1993 : *Paysage vallonné* 1704, lav. d'encre (10,6x15,7) : **NLG 4 025** – Amsterdam, 17 nov. 1993 : *Paysans et leur cheptel traversant le gué*, h/t/pan. (48,5x62) : **NLG 50 600** – Paris, 28 oct. 1994 : *Paysage de sous-bois avec une rivière* 1688, cr. noir et lav. gris (14x21) : **FRF 8 000** – Amsterdam, 13 nov. 1995 : *Taureau, moutons et chèvres sous un arbre dans une vallée boisée* 1695, h/t (83,3x103) : **NLG 8 050**.

MEER Noach Van der, l'Ancien
Né en 1713 à Leyde. XVIIIe siècle. Hollandais.
Graveur.
Fut en 1737 membre de la gilde Saint-Lucas. Il grava en 1747 deux portraits de *Guillaume IV*, et celui de *Nic. Pisoni*.

MEER Noach Van der, le Jeune
Né en 1740 à Leyde. XVIIIe siècle. Actif à Leyde. Hollandais.
Graveur, peintre.
Fils de Noach l'Ancien, il travailla à Amsterdam. Nous pensons que c'est notre artiste qui est désigné par certains biographes avec l'initiale N et qui est cité comme ayant travaillé à Paris vers 1760, et y ayant exécuté des intérieurs d'églises et des fleurs pour la Galerie Le Brun. On cite notamment de lui : *L'École de village*, d'après J. Steen, *Incendie du théâtre d'Amsterdam en 1772*, *Le nouveau théâtre d'Amsterdam en 1775*, *Deux compositions de l'inondation de 1776*, d'après H. Kobell, *La Salle de concert de la Société Félix Meritis à Amsterdam*, d'après P. Barbiers et J. Kuypers, *Vue d'Amsterdam*, d'après H. Kobell, *Cent cinquante illustrations pour Les fables de Gellert*, d'après J. Buys, *T. J. G. Van Essen prédicateur*, illustrations de livres et vignettes. On cite encore un graveur du même nom, né probablement en 1748, qui travaillait encore en 1793.

MEER Wilhem von der, le Jeune ou **Mehr**, dit encore **Bardt**
Mort en 1621 à Dantzig. XVIIe siècle. Actif à Dantzig.
Sculpteur.

MEER WEBB Chr.
Né en 1832 à Breda. XIXe siècle. Allemand.
Peintre de genre.
Ses œuvres sont conservées à la Galerie des Beaux-Arts à Hambourg.

MEERBERGEN Rudolf Octaaf
Né en 1908 à Anvers. Mort en 1987. XXe siècle. Belge.
Peintre. Tendance symboliste.
Il fut élève de l'Académie et de l'Institut supérieur d'Anvers, de 1916 à 1930. En 1932, il fit un séjour d'études à Paris et dans le Midi de la France. Il visita ensuite l'Allemagne, la Hollande, l'Espagne, et l'Italie. Il est membre de la *Jeune Peinture belge*. Il collabore à la revue d'avant-garde *Tijd en mens*. Il est professeur à l'Académie d'Anvers.

Il exposa avec le groupe de jeunes artistes belges *Apport*.
Il commença par peindre dans une manière sommaire et brutale, sous l'influence du fort courant expressionniste. Il aborda l'abstraction à partir de 1951, avec, au contraire des compositions sobres aux formes dépouillées. Son art relève dorénavant du symbolisme mythique.
Bibliogr. : Michel Seuphor : *Diction. de la peinture abstraite*, Hazan, Paris, 1957 – Walwarens : *Rudolph Meerbergen*, Bruxelles, 1965 – in : *Dictionnaire biographique illustré des artistes en Belgique depuis 1830*, Arto, Bruxelles, 1987.
Ventes Publiques : Lokeren, 28 mai 1988 : *Personnage assis* 1949, h/t (74x53) : **BEF 55 000** – Lokeren, 4 déc. 1993 : *Gens de la rue*, h/t (60,5x70) : **BEF 60 000**.

MEERE Charles
Né en 1890 en Angleterre. Mort en 1961. XXe siècle. Actif depuis 1932 en Australie. Britannique.
Peintre de sujets mythologiques, genre, compositions à personnages.
Il a été élève au Royal College of Art à Londres où il se spécialisa dans la technique de la peinture murale. Il se rendit pour la première fois en Australie en 1927. En 1934, il ouvrit à Sydney une entreprise commerciale d'art graphique tout en s'appliquant à travailler des compositions murales. Il enseigna à la National Art School, East Sydney Technical College. Il remporta le Sulman Prize en 1938 avec *Atalanta's Eclipse*.
D'abord peintre de sujets mythologiques, l'œuvre graphique et la peinture de Charles Meere portent également témoignage sur l'Australie des années trente. D'un esprit néoclassique, aussi bien dans la composition que dans la facture, le célèbre et populaire tableau *Australian Beach Pattern* (1938-1940) est une évocation à la fois réaliste et mythique des nouvelles formes de vie collective de l'Australie à cette époque. L'image dorénavant « historique » du pionnier ou du chercheur d'or cède la place aux pratiquants des sports nautiques, formes nouvelles d'une réussite collective. Parmi la foule représentée, on remarque avant tout des archétypes : la virilité de l'homme, mettant son corps en valeur et pratiquant le surf – le sport à la mode dès les années vingt – la présence de la femme qui, dorénavant, ose porter des maillots de bain « deux-pièces ». S'il s'agit dans le cas de Charles Meere, d'une illustration du modernisme populaire, son art demeure une allégorie profondément classique tant dans sa conception – le tableau est réalisé en atelier – que par son désir d'idéaliser par-delà les contingences de la réalité. ■ C. D.
Bibliogr. : In : *Creating Australia – 200 years of Art 1788-1988*, Art Gallery of South Australia, Adelaide, 1988.
Musées : Sydney (Art Gal. of New South Wales) : *Australian Beach Pattern* 1938-40.
Ventes Publiques : Sydney, 21 mars 1979 : *Viaduct at Dihan*, h/t (64x76) : **AUD 1 000**.

MEERE Charles Van der
XVe siècle. Éc. flamande.
Peintre.
Fils de Livin Van der Meere ; admis comme maître libre dans la gilde de Saint-Luc à Gand, en 1470.

MEERE Christopher
XVe siècle. Éc. flamande.
Peintre.
Admis comme maître libre dans la gilde de Gand le 14 octobre 1488 ; fut officier assermenté en 1489, 1490.

MEERE Gerard Van der ou **Meire, Meeren** ou **Gérard de Gand**
Né probablement à Gand. Mort en 1512 probablement à Gand. XVIe siècle. Éc. flamande.
Peintre, peintre de miniatures.
Une grande obscurité règne encore sur la vie de ce maître primitif. On le dit, d'après une chronique du XVe siècle, élève de Hubert Van Eyck, mais le fait est contesté. Il est cité dans la gilde de Saint-Luc, à Gand, en 1426.
Malheureusement un grand nombre de ses œuvres furent détruites, d'après la tradition, pendant les troubles qui marquèrent l'occupation espagnole en Flandres. On cite, comme étant de lui, un triptyque, dans l'église de Saint-Bavon à Gand, qui maintenant est donné à Juste de Gand, et une *Scène de la Passion*, dans la cathédrale de Bruges. Van Mander cite aussi une *Lucrèce*, qu'il vit à Amsterdam chez un amateur. Un certain nombre des miniatures du Bréviaire des Grimani, conservé à Venise, lui sont également attribuées, mais cette attribution est également contestée. L'intéressant catalogue du musée d'Anvers dit à son sujet : « On attribue plusieurs tableaux à ce maître, quoique la vie et les œuvres de celui-ci soient restées inconnues jusqu'ici. Toutefois il est bien certain que ces attributions embrassent plusieurs carrières de peintres. Les sept numéros de notre musée sont l'œuvre d'un Brabançon (d'un Anversois d'après Friedläuder), qui florissait vers 1410. Le Dr Friedläuder lui attribue également le triptyque dit de Margareta Van Eyck, de la collection G. Donaldson à Londres ; le triptyque de l'*Adoration des Mages* du Musée Mayer Van den Bergh, ainsi qu'une dizaine d'autres œuvres. Ces sept œuvres sont : *La Présentation au Temple, Jésus parmi les docteurs, Le Christ en Croix, Le Christ au tombeau, Mater Dolorosa, Le Portement de croix, La Donatrice* ». Ces deux dernières peintures provenant de l'église Sainte-Catherine à Hoogstraten, le rédacteur dit qu'il serait préférable de désigner leur auteur « le maître de Sainte-Catherine à Hoogstraten ». Nous avons mentionné ces ouvrages parce qu'ils sont généralement attribués à Gerard Van der Meere.
Ventes Publiques : Londres, 27 mai 1932 : *Sainte Catherine présentant une dévote* : **GBP 105**.

MEERE J. de
XVIIIe siècle. Actif à la fin du XVIIIe siècle. Éc. flamande.
Graveur.

MEERE Jan Van der
XVe-XVIe siècles. Actif à Anvers. Éc. flamande.
Peintre.
Franc maître dans la gilde en 1474, doyen en 1505. Il eut pour femme Adélaïde de Bock.

MEERE Joan de ou **Meire**
XVIIIe siècle. Actif à Gand. Éc. flamande.
Peintre.

MEERE Livin Van der
Mort avant 1528. XVIe siècle. Éc. flamande.
Peintre.
Il travailla à Lyon entre 1508 et 1525.

MEEREN Aegidius Van der, dit **Gilles Voordewind**
XVIIe siècle. Actif à Anvers. Éc. flamande.
Peintre et graveur.

MEEREN C. Van der
Belge.
Peintre.
L'église Saint-Pierre de Testelt possède de lui : *Remise des clés à Pierre*.

MEEREN Jan Van der. Voir **MEIRE Jan Van der**

MEEREN Jean François Van der
Né en 1703 à Bruxelles. Mort le 25 janvier 1735 à Saverne. XVIIIe siècle. Belge.
Sculpteur.
Fut l'élève de son père Jean, et acheva sa formation à Rome. Il travailla pour le cardinal de Rohan, évêque de Strasbourg et pour le château de Saverne, détruit en 1779 par un incendie.

MEERENDORFF Jeremias
XVIIe siècle. Éc. flamande.
Peintre.
L'église de Loo possède de lui une *Adoration des bergers* (1621).

MEERHEIM Johann Gottfried et son fils **David Konrad**
XVIIIe siècle. Actifs depuis 1711 jusqu'à environ 1735 à Meissen. Allemands.
Peintres sur porcelaine.

MEERHOLDT Johan ou **Christian** ou **Morholdt**
XVIIe siècle. Hollandais.
Peintre de portraits.
A vécu au Danemark au XVIIe siècle. On lui attribue le portrait du sculpteur hollandais *Jacob Wilckens von Verelt* (1683), qui se trouve au Musée Frederiksborg.

MEERHOUT Jan ou **Meerhoud**
Né peut-être à Gorinchem. Enterré probablement le 27 mars 1677 à Amsterdam. XVIIe siècle. Hollandais.
Peintre de paysages, paysages de montagne, paysages d'eau, marines.
Cet artiste travailla de 1630 à 1650 environ. Les détails de sa vie sont inconnus. À l'époque où il vivait il y avait plusieurs familles de ce nom à Amsterdam. Le 27 mars 1677, on enterra dans la nouvelle église de cette ville un Johannes Meerhout habitant sur le Nieuwezyds Voorburgwal, mais rien ne prouve qu'il s'agisse du peintre dont nous nous occupons et dont les œuvres rap-

pellent parfois très fortement les premiers travaux de Jan Van Goyen.

Johan meerhoût 1661 Jmeerhout 1663.

Musées : Amsterdam : *Paysage de montagne* – Bagnères-de-Bigorre : *Marine* – Francfort-sur-le-Main (Mus. Mun.) : *Vue villageoise* – *Vue du château de Heusden*, gravée par A. De Haan – Utrecht : *Vue d'Utrecht*.
Ventes Publiques : Munich, 1899 : *Ville au bord d'un fleuve* : **FRF 2 500** – Paris, 22 nov. 1923 : *Ville au bord d'une rivière* : **FRF 4 200** – Londres, 23 mars 1973 : *Vue de Gorkum* : **GBP 1 500** – Londres, 2 déc. 1977 : *Paysage fluvial avec un village*, h/pan. (28x36,8) : **GBP 3 800** – Vienne, 13 mars 1979 : *Vue d'un village au bord d'une rivière*, h/pan. (30x40,8) : **ATS 140 000** – Paris, 26 avr. 1993 : *Paysage de rivière avec un château à l'entrée d'un village*, h/pan. (64,5x83) : **FRF 110 000** – New York, 24 avr. 1995 : *Paysage avec un estuaire*, h/pan. (31,8x40) : **USD 3 737** – Amsterdam, 7 mai 1997 : *Village près d'une rivière au soleil couchant*, h/pan. (27,1x40,4) : **NLG 9 802** – Amsterdam, 11 nov. 1997 : *Pêcheurs et leurs filets sur les quais d'une ville*, h/pan. (29,5x40,5) : **NLG 8 850**.

MEERKERK Dirk
Né vers 1620 probablement à Gouda. XVIIe siècle. Hollandais.
Peintre.
Il passa de nombreuses années à Rome et travailla à Nantes pour le Palais épiscopal.

MEERMAN Heinrich. Voir **MEERMAN Hendrik** ou **Joh. Heinrich**

MEERMAN Hendrik ou **Joh. Heinrich**
XVIIe siècle. Actif à Amsterdam. Allemand.
Portraitiste.
Il fut en 1667 l'élève de Franz Vriendt. Il vécut longtemps à Amsterdam et était à Cologne en 1670. La Collection Bache ou Beche de Cologne possède encore de cet artiste un *Portrait de famille*.
Musées : Amsterdam (Rijksmus.) : *Portrait d'Antonius Antonides Van der Linden* – *Portrait de Sara Sweerts de Weert*.

MEERMANN de
XIXe siècle. Actif en Belgique. Français.
Peintre.
Figura aux Expositions de Paris où il obtint une mention honorable 1889 (Exposition Universelle).

MEERMANN Arnold
Né le 17 mai 1829 à Rehden. Mort le 2 octobre 1908 à Nieder-Thalheim en Silésie. XIXe siècle. Allemand.
Peintre de paysages, graveur.
En 1852, il s'établit à Munich. Il grava au burin. On cite de lui : *Partie de bois* et *Le Chiemsee*.
Ventes Publiques : New York, 28 mai 1980 : *Paysage de Bregenz*, h/t (34x29) : **USD 1 900** – New York, 19 jan. 1994 : *Un après-midi de canotage sur le lac*, h/t (76,2x66) : **USD 2 300**.

MEEROTH Johannes
XVIIIe siècle. Actif à Ulm. Allemand.
Peintre.
Il a peint pour l'église de Beimerstetten les *Douze apôtres* en 1753 et pour celle d'Albeck les *Quatre évangélistes* en 1770.

MEERS Charlotte, Mrs. Voir **DUJARDIN**

MEERSCH Van der ou **Mersch**
XVe siècle. Éc. flamande.
Peintre.
Fils de Passchier. Il fut élève de maître Jean Van Memmelinghe, en 1483, à Bruges.

MEERSCH Claes Van der. Voir **MERS**

MEERSCH Gustave Van den ou **Meersche**
Né en 1891 à Gand (Flandre-Orientale). Mort en 1970. XXe siècle. Belge.
Sculpteur de figures, statues.
Il fut élève de Delvin, Metdepenningen et Van Biesbroeck à l'Académie de Gand, où il devint professeur, élève aussi du sculpteur Géo Verbanck.
Il travaille le bois et le marbre.
Bibliogr. : In : *Diction. biogra. illustré des artistes en Belgique depuis 1830*, Arto, Bruxelles, 1987.
Ventes Publiques : Lokeren, 10 oct. 1992 : *Buste d'homme* 1916, sculpt. de plâtre (H. 81,5, l. 52) : **BEF 85 000**.

MEERSCH Nicolas Van der
XVe siècle. Actif à Gand. Éc. flamande.
Peintre.
Il travailla également pour Tournai.

MEERSCH Passchier ou **Pasquier Van der**
Mort vers 1500. XVe siècle. Éc. flamande.
Peintre.
Il entra dans la gilde de Bruges en 1479, fut l'élève de Memling en 1483 et s'installa à Anvers en 1493.

MEERSCH Philippe Van der
Né en 1749 à Oudenaarde. Mort en 1819 à Oudenaarde. XVIIIe-XIXe siècles. Éc. flamande.
Peintre et architecte.
Il fut l'élève de l'Académie d'Anvers, puis de Blondel à Paris de 1769 à 1772 et fonda une école libre de dessin et d'architecture à Oudenaarde. Il a peint pour l'église d'Etichove deux tableaux : *L'Échelle de Jacob* et *La Pêche de Pierre*.

MEERSCH Vincent Van den
Né en 1912 à Ninove. XXe siècle. Belge.
Peintre. Néo-constructiviste.
Il fut élève de l'Académie Saint-Luc à Bruxelles et de la *Schule des Sehens* d'Oscar Kokoschka. Il fut professeur au Provinciaal Hoger Instituut voor Kunst-onderricht. Il fut cofondateur du *Research group*.
Bibliogr. : In : *Diction. biogra. illustré des artistes en Belgique depuis 1830*, Arto, Bruxelles, 1987.

MEERSMAN François de
Né le 2 février 1830 à Bruxelles. Mort vers 1905 à Ixelles. XIXe siècle. Belge.
Graveur.
Élève de Calamatta. A obtenu la médaille d'or à Bruxelles en 1881.

MEERSSEMAN Auguste de
XIXe siècle. Belge.
Peintre de genre.
Le Musée de Bruges conserve de lui : *Vieille femme s'amusant avec des chats*.

MEERT Romain
Né en 1903 à Jette-Saint-Pierre. XXe siècle. Belge.
Peintre. Traditionnel.
Il fut élève de l'Académie de Molenbeek-Saint-Jean. Il est membre fondateur du cercle *Jecta*.
Bibliogr. : In : *Dictionnaire biographique illustré des artistes en Belgique depuis 1830*, Arto, Bruxelles, 1987.

MEERTE Peeter ou **Meert** ou **Merten**
Né en 1619 à Bruxelles peut-être. Mort en 1669. XVIIe siècle. Éc. flamande.
Peintre de portraits.
Élève de la gilde de Bruxelles en 1629 et maître en 1640. Ses œuvres sont souvent attribuées à Van Dyck, bien que sa manière austère le rapproche souvent de Philippe de Champaigne. Son coloris sévère se limite, en général, aux noirs, gris et bruns.
Musées : Berlin (Mus. Kaiser Fried.) : *Portrait d'homme* – Bruxelles : *Les doyens de la corporation des poissonniers de Bruxelles* – *Portrait d'un vieillard* – *Portrait d'une vieille femme* – Bruxelles (Mus. des Hosp.) : *Distribution de pain et de vêtements aux orphelins* – Naples : *Vénus et l'Amour*, attr. – Rome (Corsini) : *Portrait d'homme*.
Ventes Publiques : Paris, 4-6 avr. 1900 : *Portrait d'une dame en buste* : **FRF 1 500** – Londres, 13 juin 1930 : *Portrait d'un gentilhomme* : **GBP 39** – New York, 11 déc. 1930 : *Mr Goutier de Hulter* : **USD 1 600** – Paris, 24 mars 1947 : *Étude pour un tableau de corporation*, pl. : **FRF 250**.

MEERTEN A. B. Van, née **Schilperoort**
Morte en 1852 à Gouda. XIXe siècle. Hollandaise.
Peintre de fleurs.
Professeur à Gouda.

MEERTENS Abraham ou **Meerten, Meerte**
Né le 7 février 1757 à Middelbourg. Mort le 27 avril 1823. XVIIIe-XIXe siècles. Hollandais.
Peintre d'oiseaux, paysages, natures mortes, fleurs, aquarelliste.
Il entra, en 1770, dans la gilde de Middelbourg, y fut l'un des fondateurs puis directeur de l'Académie et travailla pour J. Ermeruis.
Ventes Publiques : Amsterdam, 29 oct 1979 : *Volatiles dans un*

paysage, aquar. (30,5x19) : **NLG 5 400** – New York, 7 jan. 1981 : *Pinsons*, aquar. et craie noire avec reh., une paire (chaque 43,2x27,7) : **USD 1 500** – Amsterdam, 15 nov. 1995 : *Un couple de bouvreuils sur une branche avec un paysage hollandais au fond*, aquar./craie noire (35,9x25,7) : **NLG 6 490**.

MEERTENS Nicolas. Voir **MERTENS**

MEERTS Frans

Né en 1836 à Gand. Mort en 1896 à Bruxelles. xixe siècle. Belge.

Peintre de genre, portraits.

Élève à l'Académie de Gand, puis dans l'atelier de Jean Portaels à Bruxelles. Il travailla en Espagne où il fit des copies d'après les maîtres flamands.

Frans Meerts

Frans Meerts

Bibliogr. : Gérald Schurr, in : *Les Petits Maîtres de la peinture 1820-1920, valeur de demain*, Les Éditions de l'Amateur, t. V, Paris, 1981.

Musées : Bruxelles (Mus. d'Art Mod.) : *L'aveu*.

Ventes Publiques : Anvers, 5 déc. 1972 : *La confession* : **BEF 90 000** – Bruxelles, 27 fév. 1973 : *L'aveu* : **BEF 85 000** – Amsterdam, 20 oct. 1976 : *Intérieur de cuisine*, h/t (84x114) : **NLG 5 200** – Londres, 22 nov. 1978 : *Homme taillant sa plume*, h/pan. (40x30,5) : **GBP 1 200** – Anvers, 10 mai 1979 : *Avant le festin*, h/t (86x114) : **BEF 90 000** – New York, 22 mai 1990 : *Un marché aux légumes* 1874, h/t (74,3x125,8) : **USD 16 500** – Amsterdam, 2 nov. 1992 : *Servante polissant les cuivres*, h/pan. (52x38) : **NLG 5 750** – Londres, 17 mars 1995 : *Une bonne pâtée* 1871, h/t (52,5x42,6) : **GBP 2 070** – Londres, 13 mars 1996 : *La visite du prétendant*, h/pan. (25x34) : **GBP 920**.

MEES Guy

Né en 1935 à Malines (Belgique). xxe siècle. Belge.

Peintre. Abstrait.

Il fut élève de l'Académie et de l'Institut supérieur d'Anvers. Il est membre du groupe *Plus Kern*.

Bibliogr. : In : *Dictionnaire biographique illustré des artistes en Belgique depuis 1830*, Arto, Bruxelles, 1987.

MEES Jozef Maurits

Né en 1898 à Gand (Flandre-Orientale). Mort en 1987. xxe siècle. Belge.

Peintre. Abstrait.

D'abord architecte, il s'est ensuite consacré à la peinture. Il fut élève à l'Académie des Beaux-Arts de Gand.

Bibliogr. : W. Enzinck : *Jozef Mees*, Kunstpocket n° 29, Gand, 1970 – in : *Dictionnaire biographique illustré des artistes en Belgique depuis 1830*, Arto, Bruxelles, 1987.

Ventes Publiques : Lokeren, 28 mai 1988 : *Composition* 1983, h/pan. (91,5x71,5) : **BEF 90 000** – Lokeren, 10 oct. 1992 : *Composition* 1970, h/pan. (140x110) : **BEF 70 000** – Lokeren, 11 oct. 1997 : *Composition* 1970, h/t (110x140) : **BEF 60 000**.

MEES Odet

Mort avant 1536. xvie siècle. Actif à Grenoble. Français.

Peintre.

En 1510, il peignit la chambre des frères Jacques et Louis Porties.

MEES Peter

Belge.

Peintre d'intérieurs d'églises.

Connu par cette œuvre passée en vente publique.

Ventes Publiques : Paris, 21 jan. 1924 : *Intérieur de l'église d'Anvers ; nombreux personnages* : **FRF 3 205**.

MEESER Leo

Né au xixe siècle au Mexique. xixe siècle. Allemand.

Portraitiste et peintre de figures.

Fut l'élève de l'Académie de Karlsruhe de 1888 à 1891 et travailla à Munich et à Wiesbaden.

MEESER Lilan Burk

Née en 1864 à Ridley Park (Pennsylvanie). Morte en 1942. xixe-xxe siècles. Américaine.

Peintre.

Elle fut élève de l'Art Student's League de New York. Elle fut membre de la Fédération américaine des arts. Elle obtint une mention honorable en 1921 et une médaille d'argent en 1922 du Plastic Club de Philadelphie.

Ventes Publiques : New York, 30 oct. 1996 : *Nature morte de fleurs dans un vase chinois et étoffe argentée*, h/cart. (77,5x62,2) : **USD 5 750**.

MEESTER Jehan de

Né en 1938 à Bruxelles. xxe siècle. Belge.

Peintre, dessinateur, illustrateur, créateur de cartons de vitraux.

Élève de l'Académie Saint-Luc à Bruxelles, son art est inspiré du monde des cristaux.

Bibliogr. : In : *Diction. Biogr. illustré des Artistes en Belgique depuis 1830*, Arto, Bruxelles, 1987.

MEESTER Johannes de

Actif à Gand. Éc. flamande.

Enlumineur.

Il appartint à l'ordre des Augustins.

MEESTER Martinus de

xviie siècle. Actif à La Haye. Hollandais.

Sculpteur.

Élève de Rombout Verhulst. Devint maître en 1669.

MEESTER de BETZEMBROECK Raymond de, baron

Né le 1er décembre 1904 à Malines (Belgique). xxe siècle. Belge.

Sculpteur animalier, sculpteur de monuments, sculpteur de médailles.

Autodidacte. Il est l'auteur de médailles officielles de l'État belge pour les concours d'élevage.

Il sculpte des animaux avec souplesse et élégance. Il a aussi sculpté des monuments : des *Biches* à Tervueren ; *Biche et faon* à Malmoë (Suède) ; *Ours polaire* à Huysingen ; *Ours* à Grimbergen ; un *Saumon* et un *Lion* à Waluwé-Saint-Lambert ; etc.

Bibliogr. : In : *Diction. biogr. illustré des artistes en Belgique depuis 1830*, Arto, Bruxelles, 1987.

Musées : Anvers – Berne – Bruxelles – Buenos Aires – Le Caire – Cracovie – Gand – Ixelles – Kaunas, Lithuanie – Liège – Lisbonne – Malines – Mexico – Oslo – Paris – Reims – Riga – Saint-Gilles – Tallin – Tervuren – Tournai – Varsovie.

Ventes Publiques : Bruxelles, 24 nov. 1977 : *Cerf*, bronze (H. 66) : **BEF 65 000** – Bruxelles, 20 fév. 1980 : *Faon*, bronze (H. 35) : **BEF 30 000** – Londres, 21 mars 1985 : *Panthère* vers 1950, bronze, cire perdue (H. 44,5) : **GBP 2 200** – Lokeren, 18 oct. 1986 : *Perroquets*, bronze patine brune (H. 48) : **BEF 100 000** – Lokeren, 5 oct. 1996 : *Éléphant*, bronze (41x30) : **BEF 110 000**.

MEESTER-OBREEN Mevrouw A. H. de

Né en 1886 à Breda. xxe siècle. Hollandais.

Peintre.

Il fut élève de Voerman, Colarossi, Blanc-Garin et Louis Corinth.

MEESTERS Dirk

Né en 1899. Mort en 1950. xxe siècle. Hollandais.

Peintre de paysages animés.

Dirk Meesters

Ventes Publiques : Toronto, 30 nov. 1988 : *Le Ramassage de petit bois*, h/t (44,5x58,5) : **CAD 3 500** – Montréal, 30 oct. 1989 : *La Charrette de bois*, h/t (51x71) : **CAD 3 950** – Amsterdam, 16 avr. 1996 : *Vaches dans une prairie*, h/t (75x100) : **NLG 2 478**.

MEESTERS Is. ou **Jan** (?)

xviie siècle. Actif à Dordrecht. Hollandais.

Peintre de paysages.

Il était dans la gilde de Dordrecht en 1622. Le Musée municipal de Nimègue conserve de lui une *Vue du Waal et du Valkholf*.

Ventes Publiques : Versailles, 8 déc. 1968 : *Paysages*, deux pendants : **FRF 20 000**.

MEEUS Cornelis. Voir **MEHUS**

MEFFAULT Jean. Voir **MIFFAULT**

MEGAN Renier ou **Meganet** ou **Meganck**

Né en 1637 à Bruxelles. Mort le 27 novembre 1690 à Vienne. xviie siècle. Éc. flamande.

Peintre de paysages, graveur.

Fut élève de Leo Van Heil, et devint peintre de la cour à Vienne à partir de 1670. Un R. Meighan, né à Bruxelles en 1607, y fut en 1618 l'élève de Godefried Reegart. Un Jan Megang travailla à Anvers en 1661. Comme graveur, on cite de lui six *Paysages de montagnes*.

MEG MEG

Musées : Vienne (hist. de l'Art) : deux paysages – Vienne (Liechtenstein) : trois paysages – Vienne (Gal. Harrach) : *Paysage*.

MEGANCK Joseph

Né le 7 juillet 1807 à Aalst. Mort après 1857. XIXe siècle. Belge.

Peintre d'histoire et graveur.

Élève de Jos. Palinck à Bruxelles en 1827, puis de David d'Angers à Paris où il alla en 1833, il voyagea en Italie de 1835 à 1838 et revint à Bruxelles en 1840. Ses œuvres sont à Alst, dans plusieurs églises et à l'hôtel de ville qui possède de lui : *Rendez à César ce qui est à César*.

MÉGARD Joseph

Né le 21 novembre 1850 à Carouge. XIXe siècle. Suisse.

Peintre de paysages, graveur.

Il fut élève de D. Gevril et de J. P. Charlier.

Ventes Publiques : Berne, 26 oct. 1988 : *Champ de coquelicots avec un bouquet d'arbres*, h/t (55x38) : **CHF 800**.

MEGDICHE Adel

Né le 6 mars 1949 à Sfax. XXe siècle. Tunisien.

Peintre de compositions à personnages, figures, technique mixte. Abstrait-lyrique, surréaliste, traditionaliste, expressionniste.

Diplômé de l'École des Beaux-Arts de Tunis en 1974, il est professeur d'Éducation Artistique dans l'enseignement secondaire de 1974 à 1980, puis professeur d'Arts plastiques à Rabat de 1980 à 1983, professeur de Dessin analytique à l'Institut supérieur d'Art et d'Architecture de Tunis en 1984-1989, et professeur l'Expression plastique à l'Institut supérieur d'Art Dramatique de Tunis depuis 1991. Officier de l'ordre du mérite culturel 1993.

Il a participé à plusieurs expositions collectives en Tunisie, mais aussi à Paris, Rabat, Dakar, Casablanca, Cagnes-sur-Mer, Munich, Rome, dans les Émirats arabes unis, à Bucarest, Amsterdam, Séville, au Salon Africain d'Abidjan.

Il montre ses œuvres dans des expositions personnelles : en 1975, 1976 au Salon des Arts à Tunis ; 1977 à Paris ; 1979, Salon des Arts, Tunis ; 1980, 1981 galerie d'Art contemporain, Rabat ; 1983, 1984, 1985, galerie Cherif Fine Art, Sidi-Bou-Saïd ; 1986, 1987 à nouveau à Tunis ; 1988, Musée Dar Cheraït, Tozeur ; 1992, 1993, 1994, galerie Hayet à Hammamet ; 1995, 1996, galerie Kalysté, La Soukra.

Il eut d'abord une période d'abstraction lyrique, dont les signes et tracés étaient apparentés avec le répertoire plastique traditionnel tunisien. Ensuite il figura, issu d'un imaginaire phantasmé et encore marqué d'orientalité, un monde étrange et angoissant, associant l'humain, l'animal, le minéral. Au début des années quatre-vingts, il revint à une sorte d'abstraction-géométrique mêlée de quelques signes simples lisibles. Dans la suite, il s'est inspiré des récits représentés dans les miniatures traditionnelles, il s'inspire aussi de leur composition frontale dans la page ou le format, des éléments du décor. Pourtant le dessin est brutalement elliptique, la couleur agressive et les déformations expressives sont apparentées à celles que pratiquait Picasso, la tête du cheval d'un seigneur est empruntée à Guernica, les jambes de la belle courtisane allongée lui sortent directement du ventre. Périodiquement, il revient à des œuvres surréalistes, dans l'esprit de Magritte, puis à un art fantastique, toujours marqué par la tradition orientale, avant de retrouver des personnages de contes orientaux, dans des couleurs chatoyantes. C'est là une tentative intéressante de conciliation d'une culture traditionnelle et de la modernité.

Bibliogr. : Habib Salha : *Megdiche 1974-1994*, Édit. dar Cheraït, Tozeur, 1996.

Musées : Tozeur (Mus. Dar Cheraït).

MÈGE Lydia Marie

XIXe siècle. Française.

Peintre de fleurs.

Exposa au Salon entre 1841 et 1844.

MÈGE Salvator

Né au XIXe siècle à Bayonne. XIXe siècle. Français.

Peintre de portraits, paysages animés.

Il fut élève de Bonnat. Il débuta au Salon de Paris en 1879.

Ventes Publiques : Londres, 14 juin 1995 : *Patinage sur la rivière Schuylkill à Philadelphie* 1888, h/t (28,5x40,5) : **GBP 5 750**.

MÈGE Violette

Née le 19 mars 1889 à Chabet-el-Ameur (Algérie). XXe siècle. Française.

Peintre.

Elle a peint en Algérie, en Amérique, en Italie, partout c'est la lumière qu'elle s'est efforcée de traduire. Expose à Paris au Salon des Tuileries, en Belgique et aux États-Unis.

MÈGE DU MALMONT René

Né en 1859 à Paris. Mort le 3 juillet 1911, accidentellement. XIXe-XXe siècles. Français.

Peintre de compositions religieuses, animaux, paysages animés.

Musées : Draguignan : *Tentation de saint Antoine*.

Ventes Publiques : Londres, 20 fév. 1976 : *La cigale*, h/t (54,5x126) : **GBP 1 000** – Amsterdam, 20 avr. 1993 : *Nu dans un paysage*, h/t (15x36) : **NLG 2 300** – New York, 13 oct. 1993 : *La cigale*, h/t (61,6x127) : **USD 6 900**.

MEGEN Pieter Willem Van

Né en 1750 à La Haye. Mort en 1785 à La Haye. XVIIIe siècle. Hollandais.

Graveur.

Élève de A. Schouman, de Duboulois, de J. P. Le Bas et J. G. Wille à Paris, il fut pensionnaire de la fondation Renswoudschen depuis 1763. On cite notamment de lui : *Le petit oiselier*, d'après Willejun, *Fête bacchante*, d'après H. Goltzuis, *Portrait de Maria Duyst Van Voorhout Van Renswoude*.

MEGERLE

XVIIe siècle. Actif à Munich. Allemand.

Sculpteur sur bois.

A sculpté vers 1652 les deux grandes portes latérales de la Maison des Comédiens sur la place Salvator à Munich.

MEGERLE Josef

Né en 1773. Mort le 22 mai 1855 à Vienne. XVIIIe-XIXe siècles. Autrichien.

Peintre sur porcelaine.

A travaillé à la Manufacture de porcelaine de Vienne.

MEGERLE Wilhelm

Né le 15 avril 1863 à Munich. XIXe siècle. Autrichien.

Dessinateur et peintre verrier.

A exécuté des vitraux pour la cathédrale de Francfort-sur-le-Main et pour l'église des Augustins de Zurich.

MEGERT Christian

Né en 1936 à Berne. XXe siècle. Suisse.

Sculpteur.

Il fut élève de l'École des arts appliqués de Berne, puis de celle de Paris, enfin de celle de Berlin, de 1952 à 1960.

Il expose dans de nombreuses expositions de groupe, consacrées à l'art cinétique, en Suisse, Allemagne, Belgique. Il a figuré, en 1968, à la Documenta de Kassel, avec la construction d'un *Environnement à miroirs* ; en 1969, au Salon de Mai de Paris, avec un *Miroir*.

Dès 1959, il créa son premier *Tableau à miroirs*, suivi aussitôt de réalisations mettant en œuvre des miroirs suspendus et mobiles. Ensuite, avec des miroirs spéciaux, il créa des environnements, qu'il appelle *Espaces indéfinis*. Miroirs, lumière et mouvement, sont les matériaux de la création de Megert, qui lui permettent une appréhension nouvelle de l'espace, tendant à l'infini. Le spectateur pénètre la construction, se plaçant en son cœur, et peut décider de sa mise en mouvement. En 1966, avec *Zoom*, il utilisa pour la première fois la couleur sous la forme de plaquettes de plastique, et le mouvement d'un moteur. Auparavant, il avait construit, en 1965, une *Fontaine cinétique*, à base de verre, à Interlaken.

MEGEVAND Marc Pierre

Né le 11 mai 1879 à Genève. XXe siècle. Suisse.

Peintre, illustrateur, aquarelliste.

Il fut élève d'Albert Tournaire.

Il a exposé, à Paris, au Salon des Artistes Français et au Salon de la Société Nationale des Beaux-Arts, en Belgique, Angleterre, Suisse, et États-Unis. Chevalier de la Légion d'honneur.

Il a illustré, entre autres, *Le Vieux Paris inconnu*.

Ventes Publiques : Paris, 30 juin 1993 : *La rue du brocanteur* 1928, aquar. (69x51) : **FRF 4 500**.

MEGGENDORFER Lothar
Né le 6 novembre 1848 à Munich. Mort le 8 juillet 1925. XIXe-XXe siècles. Allemand.
Peintre de genre, illustrateur, écrivain.
Il fut élève de Strähuber, Anschütz et W. von Diez.
Il fut le fondateur des *Meggendorfer Blätter* en 1886.
Musées : Munich (Mus. Municip.) : des dessins.
Ventes Publiques : Londres, 1er juin 1982 : *Konrad* vers 1890, vingt quatre pages comprenant des aquar. et illustrations (21,1x16,7) : **GBP 2 000**.

MEGHARA Meki
Né en 1933 à Tétouan. XXe siècle. Marocain.
Peintre. Abstrait, tendance lettres et signes.
Personnage important à l'Ecole des Beaux-Arts de Tétouan et dans le groupe d'artistes de la ville. Il est considéré que les artistes de Tétouan ont en commun une formation hispanisante, ce qui se traduirait par le goût des matières sableuses (Tapiès), et la pratique généralisée du collage de matériaux hétérogènes intégrés à la peinture. Meghara se met en situation de recherche et d'expérimentation permanente. Si ses compositions sont abstraites, elles recourent toutefois selon les périodes, à des réminiscences de figures géométriques, de signes ou caractères d'écritures inconnues, à des graffitis, à des entrelacs ornementaux, des « arabesques », des empreintes pariétales, etc., dans un foisonnement créateur constant.
Bibliogr. : Khalil M'rabet, in : *Peinture et identité – L'expérience marocaine*, L'harmattan, Rabat, après 1986.

MEGHEN Petrus, dit **Monoculus Thento**
Né à Bois-le-Duc (Brabant). XVIe siècle. Éc. flamande.
Copiste et enlumineur.
Il écrivit et enlumina en 1509 : *Calendarium, Psalterium, Psalmi pœnitentiales, Te Deum*, etc., qui se trouvent au British Museum. On lui attribue les miniatures et enluminures d'un commentaire de Savonarole sur deux Psaumes de la Pénitence ainsi que d'autres *Psalmi pœnitentiales*.

MEGHEN Philippe Van
XVIe siècle. Actif à Bruges de 1500 à 1503. Éc. flamande.
Enlumineur.

MEGIA MARQUEZ Nicolas
Né vers 1850 à Fuente de Canlas. XIXe siècle. Actif à Madrid. Espagnol.
Peintre de portraits.
Fut l'élève de Valdivieso et de Casido de Alisal. La Galerie Moderne de Madrid conserve de lui la *Défense de Saragosse en 1803*.

MEGIORINI Francesco
XVIIIe siècle. Éc. sud américaine.
Sculpteur sur bois.
L'école de S. Rocco possède de lui quatre statues allégoriques : *La Guerre, La Paix, La Musique* et *La Douceur*.

MEGIROV Youri. Voir **MESIROV**

MEGLINGER Caspar ou **Maglinger** ou **Mechlinger**
Né le 15 août 1595 à Lucerne. Mort vers 1670 à Lucerne. XVIIe siècle. Suisse.
Peintre d'histoire et portraitiste.
Élève de Jakob von Wyl, a séjourné à Rome. Le Pont des Moulins à Lucerne nous présente sa *Danse macabre*.

MEGLIO Giacomo del. Voir **COPPI Giacomo**

MEGLIORE Martino. Voir **MIGLIORE**

MEGRDITSCH ou **Makhatic** ou **Mekertisch** ou **Mkrtitsch**
XVe siècle. Arménien.
Miniaturiste.
La bibliothèque de Munich possède de lui un bréviaire et un livre de messe, ornés d'enluminures. Il était dignitaire de l'Église arménienne.

MEGRET Félicie
Née vers 1837 à Paris. Morte en 1892. XIXe siècle. Française.
Peintre de portraits et de genre.
Élève de Léon Cogniet et de Terrier. Elle débuta au Salon de 1861.

MEGRET Louis Nicolas Adolphe
Né le 1er novembre 1829 à Paris. Mort en 1911. XIXe-XXe siècles. Français.
Sculpteur.
Travailla avec Jouffroy et Duret. Figura au Salon, de 1863 à 1874. Mention honorable 1874 et médaille bronze 1889 (Exposition Universelle). On cite de cet artiste une statue de *Masséna*, à Nice, et le fronton en pierre de l'hôtel de ville de Courbevoie *La Justice et la Loi*. L'Opéra de Paris possède de lui un buste de *Théophile Gautier* et un médaillon : *Salvator Olivetti* et un buste de marbre de la *Baronne Sophie Cruvelli*.

MEGUIN Régine
Née le 2 octobre 1938 à Grasse (Alpes-Maritimes). XXe siècle. Française.
Peintre de figures, nus, paysages, marines, fleurs, natures mortes de fruits. Réaliste-photographique.
Elle fut conseillée par son père, qui avait été élève de l'École des Beaux-Arts de Toulon. Elle n'a curieusement exposé, régionalement, que dans sa jeunesse, avec son père. Depuis, elle ne montre ses œuvres que dans des ventes publiques, à Paris et Cannes.
Outre quelques peintures de figures et nus, elle s'est presque exclusivement investie dans la peinture de natures mortes de fruits, qu'elle traite dans l'esprit de celles des XVIIe et XVIIIe siècles, dans la lointaine descendance des Baugin et Chardin.
Ventes Publiques : Paris, 25 juin 1990 : *Nature morte aux pêches*, h/t (24x33) : **FRF 7 500** – Lyon, 23 avr. 1991 : *Panier de pêches au Moustiers*, h/t (38x46) : **FRF 11 000** – Paris, 4 mars 1991 : *Nature morte aux grenades éclatées*, h/t (38x45) : **FRF 5 200** – Paris, 8 avr. 1991 : *Nature morte aux cerises*, h/t (33x24) : **FRF 4 000** – Cannes, 18 juin 1991 : *Nature morte*, h/t (55x46) : **FRF 18 000** – Paris, 27 avr. 1992 : *Composition aux fruits*, h/t (38x46) : **FRF 8 500** – Cannes, 27 déc. 1992 : *Nature morte aux grenades et à la Méguilah d'Esther*, h/t (46x55) : **FRF 8 000**.

MEHADJI Nadjia
Née en 1950 à Paris. XXe siècle. Française.
Peintre, technique mixte, peintre de collages. Abstrait.
Elle est née de père marocain et de mère française.
Elle participe à des expositions collectives, notamment à *Intensités nomades* au Musée Fabre à Montpellier, aux expositions collectives de la galerie Montenay à Paris, à l'exposition *Mehadji-Boutin-Kern* salle Saint-Jean à l'Hôtel-de-Ville de Paris en 1989. Elle montre ses œuvres dans des expositions personnelles, la première eut lieu en 1982 à Rouen, puis : 1985, galerie Passages, Troyes ; 1986, Musée des Beaux-Arts, Caen ; 1987, Musée Sainte-Croix, Poitiers ; 1990-91, 1995 galerie Montenay, Paris ; 1995, galerie Linard, Strasbourg.
La peinture de Nadjia Mehadji interroge les problèmes du mouvement et de l'énergie dans le cadre plus général, abstrait et philosophique dans son cas, de la forme inscrite dans le rapport de l'être au monde ou de la dualité du corps et de l'esprit. Les perspectives ouvertes du « théâtre pauvre » ont influencé cette médiation picturale de la forme. L'acte de peindre constituant véritablement le lieu, le temps et l'espace de cette expérience. C'est par des figures géométriques « sensibles », essentiellement mentales, qu'elle signifie cette approche existentielle et plus encore récemment dans la suggestion du volume. Elle peint par séries – *Icare* (1985-1986) ; *Tem* (1988) ; *Skéné* (1990) ; *Ma* (1990) ; *Rhombe* le mot désignant un objet losangé et un instrument de musique rituel (1993-1995) ; *Coupole* (1993) – dont les titres renvoient souvent à une double lecture géométrique et symbolique.
Bibliogr. : In : *Dictionnaire de l'art moderne et contemporain*, Hazan, Paris, 1992.

MEHAUDEN Maurice. Voir **CANTENS Maurice**

MEHES Laszlo
Né le 12 février 1944 à Budapest. XXe siècle. Actif aussi en France. Hongrois.
Peintre. Tendance réaliste.
Il vit à Paris et à Budapest.
Il a été invité à la Biennale de Paris en 1971 ; a de nouveau exposé à Paris en 1973 au Musée d'Art Moderne de la Ville de Paris avec deux autres jeunes peintres réalistes ; il a figuré à la Biennale de Menton en 1974 ; au Salon de Montrouge en 1982 ; galerie Marcel Bernheim à Paris en 1982 ; Salon Figuration critique en 1982 et 1986. Il a figuré à l'exposition *Carte blanche à la Société des amis du Musée national d'Art moderne* en 1987. Il montre ses œuvres dans des expositions personnelles, à Budapest, en 1968 et 1972, à Paris à la galerie Liliane François en 1979, à la Cité internationale des arts en 1983, à l'Elac à Lyon en 1986, exposition intitulée *Banques et Sociétés humaines*.

Son travail se rattache au réalisme qui, parallèlement à l'hyperréalisme américain, a fait son apparition en Europe. Fondée sur une figuration très « lisible », cette peinture entretient pourtant des rapports ambigus avec la réalité. Ses travaux de 1975 représentent des textures froissées.

MÉHEUT Mathurin

Né en 1882 à Lamballe (Côtes-d'Armor). Mort le 22 février 1958. xxe siècle. Français.

Peintre de genre, animaux, paysages, peintre à la gouache, aquarelliste, peintre de technique mixte, compositions murales, peintre de cartons de tapisseries et de vitraux, céramiste, graveur, dessinateur, illustrateur, décorateur.

Il fut élève de l'École des Beaux-Arts de Rennes. Il a obtenu à l'École des Beaux-Arts la bourse de voyage dite du « Tour du monde », qui lui permit de peindre à Hawaï et au Japon. Il était également peintre du Ministère de la Marine. Pendant la guerre de 1914-1918, il fut combattant et dessinateur (ses *Croquis de Guerre* furent édités).

On a vu des expositions générales de son œuvre au Pavillon de Marsan en 1913 et 1921, à San Francisco en 1923, à la galerie Charpentier en 1931, de nouveau à Paris en 1956, galerie Bernheim. Il était officier de la Légion d'honneur.

Il s'est spécialisé dans la représentation de la vie laborieuse, de la flore et de la faune de Bretagne. Il a publié plusieurs ouvrages avec planches : l'*Encyclopédie artistique et documentaire de la Plante* (6 tomes) ; l'*Étude de la Mer* (2 tomes) et l'*Étude de la Forêt* (2 tomes).

On lui doit aussi des céramiques, des cartons de mosaïques et de vitraux, par exemple pour la poissonnerie *L'Huîtrière* à Lille. Il a décoré plusieurs paquebots et pétroliers. Il a exécuté des décorations murales : Exposition des arts décoratifs de 1925, Paris ; immeuble Heinz à Pittsburgh en 1930 ; Exposition coloniale de 1931 ; Exposition internationale de 1937 ; Institut de géologie de Rennes en 1946 ; la tapisserie *La Mer* à la préfecture de Saint-Brieuc, etc. C'est comme illustrateur qu'il est peut-être encore le mieux connu : *Raboliot* de Maurice Genevoix ; *Regarde*... de Colette ; *La Brière* de Chateaubriant ; *Les Croix de bois* de Dorgelès, plusieurs ouvrages sur la Bretagne, dont *Mon frère Yves* de P. Loti ; *Les vieux métiers bretons* de Florian Le Roy. ■ J. B.

Musées : Lamballe (Mus. Mathurin Méheut) – Paris (Mus. d'Art Mod. de la Ville) : *Ramasseurs de sel à Guérande.*

Ventes Publiques : Paris, 26-28 déc. 1922 : *Étude de jeune Bigoudenne*, aquar. : **FRF 155** – Paris, 28 avr. 1937 : *Six études de pêcheurs bretons*, dess. à la pierre noire et au lav. de sépia : **FRF 210** – Paris, oct. 1945-juil. 1946 : *Paysages et scènes de Bretagne*, quatre aquar. : **FRF 4 000** – Paris, 28 fév. 1951 : *Moulin du Bohel* : **FRF 4 000** – Brest, 19 déc. 1976 : *Les Animaux de la ferme*, h/t (92x132) : **FRF 5 000** – Brest, 21 mai 1978 : *La cueillette des fraises à Plougastel*, h/t (91x197) : **FRF 9 500** – Paris, 30 juin 1980 : *Douarnenez, bateaux au port* 1956, h/cart. (47x62) : **FRF 6 000** – Brest, 14 déc. 1980 : *Groupe de crustacés*, terre vernissée (H. 28) : **FRF 5 000** – Brest, 13 déc. 1981 : *Le Tailleur de pierres*, dess. aquar. (35x55) : **FRF 5 200** – Morlaix, 19 oct. 1981 : *Fileuses à Douarnenez*, gche (50x190) : **FRF 22 000** – Douarnenez, 12 août 1983 : *Le Quai*, dess. gché (20x45) : **FRF 10 000** – Paris, 10 juil. 1983 : *Douarnenez, La Rogue*, gche (75x105) : **FRF 30 000** – Paris, 10 juil. 1983 : *Fête dans un parc*, h/pan. (132x129) : **FRF 45 000** – Morlaix, 20 mai 1985 : *Pêcheurs bretons sur la grève*, aquar. gche (48x63) : **FRF 11 500** – New York, 12 juin 1986 : *La Naissance de Vénus*, bronze (H. 49,5) : **USD 2 200** – Brest, 25 mai 1986 : *Les Marais salants près du Croisic*, h/pap. mar. (75x105) : **FRF 19 000** – Brest, 13 déc. 1987 : *Scène de braconnage, Raboliot*, gche (115x55) : **FRF 18 000** – Morlaix, 25 avr. 1988 : *Marais salant*, h/pap. (32x49) : **FRF 24 000** ; *Moisson en Bretagne*, gche (27,5x38,5) : **FRF 26 000** ; *Canards*, fus. et estompe avec reh. de blanc (63x48) : **FRF 10 000** ; *Saint-Suliac. Maisons de Terre-Neuvas*, fus., estompe, cr. coul./2 feuilles (23x24) : **FRF 16 500** – Paris, 17 juin 1988 : *Dinan*, aquar. gchée (33,5x43) : **FRF 4 000** ; *Sur le quai à Saint-Malo*, aquar. gchée (20x30) : **FRF 4 500** – Paris, 20 fév. 1990 : *Les Agneaux* 1925, h/pan. (76x53) : **FRF 9 000** – Paris, 17 mai 1993 : *Le Dindon*, techn. mixte (33,5x34) : **FRF 3 800** – Douarnenez, 24 juil. 1993 : *Le Passage des bannières à la procession de Folgoët*, h/cart. (74x50) : **FRF 45 000** – Paris, 26 oct. 1994 : *Composition aux poissons*, h/t (50x60,5) : **FRF 6 200** – Quimper, 11 déc. 1994 : *Débarquement du poisson à Boulogne* 1954, gche (75x110) : **FRF 52 000** – Paris, 1er mars 1996 : *Labourage en Bretagne*, gche (46x62) : **FRF 16 000** – Paris, 10 juin 1996 : *Volatiles dans le potager* 1932, h/t (124x228) : **FRF 50 000** – Paris, 16 mars 1997 : *Port en Bretagne*, gche/pap. (27x36,5) : **FRF 14 500** – Paris, 16 mai 1997 : *Île de Batz* 1913, h/t (62x94) : **FRF 90 000**.

MEHEUX Francis

Né en 1644 à Douvres. xviie siècle. Britannique.

Graveur au burin et à la manière noire.

Il a gravé des portraits. Il travailla à Paris en 1690.

MEHEUX John

xviiie siècle. Britannique.

Peintre.

William Blake grava d'après lui : *Clorinda* et *Robin Hood*.

Ventes Publiques : Londres, 5 mars 1982 : *Portrait of Master Freeman*, h/t (124,5x99) : **GBP 1 500**.

MEHKEK Martin

Né en 1936 à Novacka (près de Gola, Croatie). xxe siècle. Yougoslave-Croate.

Peintre. Naïf.

Il vit dans son village natal, où il mène la vie de tous les paysans. Il a figuré, en 1957, à l'exposition des *Peintres naïfs yougoslaves*, à Belgrade. La Galerie d'Art Primitif de Zagreb l'encourage par des achats.

Il peint ses compagnons dans leurs occupations quotidiennes. Ce sont parfois des scènes de la vie des Tziganes. Ses personnages ont curieusement l'air de figures de bois, complètement confondues avec le cadre naturel de leur existence. Dans ce style si particulier à l'école naïve contemporaine yougoslave qui, sans le génie d'un Generalic, montre trop souvent les « tics » énervants d'une imagerie folklorique et maniériste, il décrit les personnages de la vie paysanne.

Bibliogr. : Oto Bihalji-Merin : *Les Peintres naïfs*, Delpire, Paris, s. d – Dr. L. Gans : *Catalogue de la Collection de peinture naïve Albert Dorne*, Pays-Bas, s. d.

MEHL A. S.

xixe siècle. Actif vers 1846. Autrichien.

Graveur au burin.

A reproduit des vues de Vienne d'après J. Wett.

MEHLER Johann Friedrich Gustav

Né le 17 mai 1834. Mort le 5 mai 1903 à Francfort-sur-le-Main. xixe siècle. Allemand.

Enlumineur.

Élève de Hessemer, Jak. Becker et Steinle.

MEHLHORN Paul Georg ou **Mellhorn**

xviiie siècle. Actif à Breslau. Allemand.

Peintre de portraits.

MEHLS Hanna

Née le 18 janvier 1867 à Berlin. Morte le 22 novembre 1928 à Berlin. xixe-xxe siècles. Allemande.

Peintre.

Elle fut élève de P. Flickek.

Elle a peint des paysages du nord de l'Allemagne et des Pays-Bas.

Musées : Berlin (Mus. de la Marche) : *Le Vieux Berlin sous la neige*.

MEHMET YUCETURK

Né en 1912 à Bolu. xxe siècle. Turc.

Peintre.

Il fut élève de l'École des Beaux-Arts d'Istanbul.

En 1946, il présentait une composition : *Villageois* (turcs) à l'Exposition internationale d'Art Moderne ouverte à Paris, au Musée d'Art Moderne, par l'Organisation des Nations Unies.

MEHNER August Johann Ernst

Né en 1764 à Dresde. Mort le 19 janvier 1832 à Meissen. xviiie-xixe siècles. Allemand.

Dessinateur.
Maître dessinateur à la Manufacture de Meissen.

MEHNERT Ernest Julius Wilhelm
Né le 30 octobre 1823. Mort le 12 mars 1878 à Saint-Pétersbourg. XIXe siècle. Russe.
Sculpteur.
Élève de l'Académie de Berlin.

MEHOFFER Joseph ou **Jozef**
Né le 19 avril 1869 en Galicie. Mort en 1946. XIXe-XXe siècles. Polonais.
Peintre de portraits, paysages, sujets allégoriques, intérieurs, peintre de cartons de vitraux, graveur, peintre de décors de théâtre, décorateur de théâtre. Symboliste, Art nouveau.
Il fut élève de l'Académie de Cracovie (1887-1889), de l'Académie de Vienne (1889-1890) et, jusqu'en 1896, à Paris, de l'École des Beaux-Arts sous la direction de Bonnat, fréquentant également l'Académie Colarossi. À partir de 1902, il fut professeur à l'Académie des Beaux-Arts de Cracovie. Il fut membre fondateur de l'association *Sztuka* qui organisait des expositions d'art polonais en Pologne et à l'étranger.
À l'exposition de Lemberg, en 1891, il obtint une médaille d'or ; en 1895, le premier prix au concours de vitraux à Fribourg ; deux médailles de bronze à l'Exposition universelle de Paris en 1900. Il fut sociétaire, à Paris, du Salon de la Société Nationale des Beaux-Arts. Il a également exposé ses eaux-fortes.
Il débuta par une toile réaliste *Le Portrait du sculpteur Laszezka*. Il peignit d'autres portraits en les ordonnant toutefois en tableaux, en stylisations ornementales, où chaque chose pour sa part, concourt à former une arabesque émouvante, une image lyrique. Assez tôt, dès l'année 1892, on voit apparaître dans ses peintures l'influence de l'Art nouveau et de son maître Matejko. En 1896, il participe, en collaboration avec Matejko, au concours pour la décoration de l'église des franciscains à Cracovie (église Notre-Dame). Il travaille ensuite à l'exécution des vitraux pour la cathédrale de Wawel puis de la Collégiale de Fribourg, en Suisse. Exécutés entre 1896 et 1924, ces vitraux comptent parmi les œuvres les plus représentatives du « Modern style ». Mehoffer décora plusieurs églises en Pologne et réalisa un grand nombre de tableaux et de gravures. En 1921, il était abondamment représenté à l'*Exposition des artistes polonais* organisée au Salon de cette société, parmi les œuvres vues : *Dame en deuil ; Portrait d'un médecin ; Portrait de Mme E. ; Paysage ; Le Festin d'Emmaüs* ; des *Projets de décors pour le drame Judas de Rostoworowski*, destinés au théâtre de Cracovie, dont il a peint le rideau de scène.
Bibliogr. : In : *Dictionnaire de la peinture allemande et d'Europe centrale*, Larousse, coll. Essentiel, Paris, 1990 – Gérard Bourgarel, Grzegorz Pasquier : *Joseph Mehoffer*, Méandre, Fribourg, 1995.
Musées : Cracovie : *Une conversation* – une étude – Poznan (Mus. Nat.) : *Bibelots sur une cheminée* 1895 – Varsovie : *Sujet étrange* 1903 – Varsovie (Mus. Nat.) : *Soleil de mai* 1907.

MEHOFFER Rudolf Van
Né le 5 février 1837 à Grosswardein. XIXe siècle. Autrichien.
Portraitiste.
Élève de H. von Angeli, s'établit à Vienne. Exposa à Berlin à partir de 1891 et à Vienne à partir de 1893.

MEHR Wilhelm. Voir **MEER Wilhem von der**

MEHRHEIM Jakob. Voir **MEYER-HEINE J.**

MEHRING Gergen ou **Moering**
Né entre 1680 et 1690 à Plauen. XVIIIe siècle. Actif à Dantzig. Allemand.
Peintre.
Son chef-d'œuvre est : *Deux chevaux en lutte*.

MEHRING Vincenz. Voir **MÖHRING**

MEHRLE Else
Née le 18 décembre 1867 à Klettendorf près de Breslau. XIXe siècle. Allemande.
Peintre de figures, paysages, illustratrice.
Elle illustra également des livres d'enfants.

MEHRN Anna Maria
Née le 24 novembre 1889 à Fredericia. XXe siècle. Danoise.
Peintre animalier, paysages, intérieurs d'églises.
Elle fut, de 1910 à 1917, élève de l'Académie de Copenhague. Peintre animalier, de paysages, et d'intérieurs d'églises.

MEHTA Tyeb
Né en 1925 à Kapadvanj (Gujerat). XXe siècle. Actif aussi en Angleterre. Indien.
Peintre de figures, dessinateur.
Après des études à Bombay, il a travaillé à Londres de 1959 à 1964, puis est retourné en Inde en 1965. Il vit à Bombay.
Il était représenté à la Triennale de New Delhi en 1968, 1975, 1982 ; à la Biennale de Menton et au Festival international de la Peinture à Cagnes-sur-Mer en 1974 ; à l'exposition *Sept peintres indiens contemporains* au Monde de l'Art, à Paris, en 1995. Il a montré ses œuvres dans des expositions personnelles à Londres et Oxford, dès 1962 ; Bombay en 1965, 1968, 1971, 1976, 1984, 1986, 1990.
Peintre de figures, il les représente d'abord dans des situations corporelles inquiétantes et dans une atmosphère triste. Il éclaircit ensuite sa palette, mais la pesanteur de la condition humaine persiste dans ses évocations.
Bibliogr. : R. Parimoo : *Studies in Modern Indian Art*, New Dehli, 1975 – in : *Dictionnaire de l'art moderne et contemporain*, Hazan, Paris, 1992.

MEHUS Cornelis ou **Meeus**
Né vers 1607. Mort le 22 juillet 1653. XVIIe siècle. Actif à Anvers. Éc. flamande.
Peintre.
Fut peintre de la cour impériale.

MEHUS Lieven ou **Livio** ou **Meus, Mehuys**
Né en 1630 à Oudenaarde. Mort le 7 août 1691 à Florence. XVIIe siècle. Éc. flamande.
Peintre de compositions religieuses, sujets allégoriques, portraits, paysages, graveur.
Venu en 1640 à Milan avec ses parents, il eut pour maître le peintre de batailles et de paysages Carlo. Il visita l'Italie, fut élève tour à tour de G. Periccioli et de Pietro da Cortona. Il tomba entre les mains de recruteurs piémontais en revenant dans sa patrie et dut accomplir trois ans de service militaire ; il put ensuite retourner à Milan et plus tard à Florence où il occupa une charge à la cour et dans cette ville.
Musées : Florence (Gal. Corsini) : *Portrait de l'artiste – Satyre et chèvre* – deux paysages.
Ventes Publiques : Rome, 11 nov. 1980 : *La Tentation de saint Antoine*, h/t (91x79) : **ITL 3 600 000** – Monte-Carlo, 21 juin 1987 : *Cérès*, h/t (35,5x42) : **FRF 95 000** – Milan, 25 oct. 1988 : *Allégorie de la victoire militaire*, h/t (44x32,5) : **ITL 12 000 000** – New York, 12 jan. 1989 : *Portrait d'un sculpteur*, h/t (64x51,5) : **USD 13 200** – Milan, 4 avr. 1989 : *Le massacre des Innocents*, h/pan. (74x125) : **ITL 8 500 000** – Rome, 21 nov. 1989 : *Le massacre des Innocents*, h/t (55x137) : **ITL 10 500 000** – New York, 10 jan. 1990 : *La Sainte Famille avec sainte Anne et une servante*, h/t (88,9x74,9) : **USD 19 800** – Paris, 2 avr. 1997 : *Mercure présentant la tête d'Argus à Junon*, h/t (126x94) : **FRF 80 000**.

MEI Bernardino
Né vers 1615 à Sienne. Mort en 1676 à Rome. XVIIe siècle. Italien.
Peintre de compositions religieuses, sujets allégoriques, fresquiste, graveur.
Il se rattache à l'École bolonaise ; il a peint à fresque un plafond pour la Casa Bandinelli et travaillé pour plusieurs églises de Sienne. Il a subi l'influence de Rut. Manetti et du Caravage.

Ventes Publiques : Londres, 8 juil. 1987 : *La Justice* 1636, h/t (113x155) : **GBP 34 000** – New York, 21 mai 1992 : *Allégorie de la Justice* 1636, h/t (114,3x155) : **USD 209 000**.

MEI Paolo
XIXe siècle. Actif à Rome. Italien.
Peintre de compositions religieuses, portraits, fresquiste.
Il fut élève de Fracassini. Membre depuis 1893 de la Corporation des Virtuoses, il a exécuté des fresques dans les églises de S. Lorenzo et de S. Lucia del Gonfalone de Rome.
Ventes Publiques : Paris, 27 oct. 1950 : *Jeune fille italienne* : **FRF 6 000** – Milan, 26 mars 1996 : *Jeune femme orientale dans un intérieur*, h/pan. (35,5x21,5) : **ITL 7 130 000**.

MEIBUS Anton. Voir **MEYBUSCH**

MEICHELT Christian
Né en 1776 à Nuremberg. XIXe siècle. Hollandais.
Miniaturiste et graveur.
Élève de A. Gabler et de Ch. von Mechel. Il a gravé des vues, des sujets de genre et des planches pour des illustrations de volumes.

MEICHELT Heinrich
Né vers 1805 à Lörrach. Mort vers 1880. XIXe siècle.
Peintre de paysages, aquarelliste.
Il séjourna à Rome de 1829 à 1832 et travailla à Karlsruhe et à Munich.
Ventes Publiques : Paris, 28 juin 1928 : *Vue de Suisse*, aquar. : **FRF 510**.

MEI CH'ING. Voir **MEI QING**

MEICHO. Voir **MINCHÔ**

MEI CHONG ou **Mei Ch'ung** ou **Mei Tch'ong**, surnom : **Peiyi**
Originaire de Xuancheng, province du Anhui. XVIIe siècle. Actif vers 1690. Chinois.
Peintre.
Neveu du peintre Mei Qing (1623-1697), il est connu pour ses représentations de pins et de pierres.

MEICHSNER Hans ou **Meichsmerschifter, Meichsnerschiffer, Meichsenschiffer**
XVIIe siècle. Actif à Rothenburg. Allemand.
Graveur au burin.

MEICHSNER Johann Nepomuk Michael von
Né le 17 septembre 1737 à Feldkirch. Mort à Söflingen près d'Ulm. XVIIIe siècle. Allemand.
Peintre de portraits.
Élève de l'Académie de Vienne, il alla à Ulm, puis se fixa à Söflingen.

MEI CH'UNG. Voir **MEI CHONG**

MEID Hans
Né le 3 juin 1883 à Pforzheim. Mort en 1957 à Ludwigsburg. XXe siècle. Allemand.
Graveur, peintre.
Il fut élève de Trübner et de Conz. Il travailla en 1907 à la Manufacture de Meissen et obtint en 1919 la chaire de gravure à l'École des Beaux-Arts de Berlin.
Il passe pour être un maître de la gravure impressionniste allemande.
Bibliogr. : Ralph Jentsch : *Hans Meid. Das graphische Werk*, Verlag Kunstgalerie Esslingen, Esslingen, 1978.
Ventes Publiques : Cologne, 21 mai 1977 : *L'Étang dans le parc* 1905, h/t (74x100) : **DEM 3 000** – Cologne, 30 mai 1987 : *Promeneurs dans un parc* 1917, aquar. (28x37) : **DEM 3 100** – Heidelberg, 15 oct. 1994 : *Le Graveur, intérieur à l'autoportrait* 1912, pointe sèche (22,3x23,5) : **DEM 1 000**.

MEIDELL P.
XIXe siècle. Actif dans la première moitié du XIXe siècle. Danois.
Peintre de portraits.

MEIDIAS
Peut-être originaire d'Athènes. IIIe siècle avant J.-C. Grec.
Sculpteur.
Il était actif à la fin du IIIe siècle avant J.-C. à Delphes. On possède de lui une *Statue d'Antioche III de Syrie*, de 8 mètres de haut.

MEIDING Anton
XVIIe siècle. Actif à Augsbourg. Allemand.
Sculpteur sur bois.
Fut depuis 1620 sculpteur à la cour de Danemark et sculpta en 1635 un portrait pour le château de Kronborg.

MEIDING Johann ou **Miding**
XVIIe siècle.
Peintre de portraits.

MEIDINGER Johann
Né le 14 avril 1733. Mort le 29 août 1806 à Vienne. XVIIIe-XIXe siècles. Actif à Vienne. Autrichien.
Peintre.
A exécuté des tableaux d'autels pour les églises Saint-Salvator et Thekla à Vienne.

MEIDLER Patriz
Né le 23 février 1853 à Vorau-en-Styrie. XIXe siècle. Actif à Vienne. Autrichien.
Peintre et dessinateur.
Fut l'élève de l'Académie de Vienne.

MEIDLING Anton
XVIe siècle. Actif à Augsbourg. Allemand.
Ébéniste, marqueteur.

MEIDNER Ludwig
Né le 18 avril 1884 à Bernstadt (Silésie). Mort le 14 mai 1966 à Darmstadt. XXe siècle. Actif en Angleterre entre 1939 et 1952. Allemand.
Peintre de portraits, paysages urbains, dessinateur, graveur, illustrateur, lithographe, écrivain. Expressionniste.
Après ses études secondaires à Katowice, il commence, en 1903, des études de dessin à l'Académie royale d'Art de Breslau ; les abandonne en 1905 pour s'installer à Berlin et travaille comme dessinateur de mode. De juillet 1906 à avril 1907, il effectue un séjour à Paris, où il fréquente l'académie Julian et l'atelier de Cormon ; se lie d'amitié avec Modigliani, fréquente le *Lapin agile* à Montmartre, découvre l'œuvre de Cézanne et Van Gogh. En 1908 et 1909, il publie, à Katowice, avec Arnold Zweig, la revue *Die Gäste* (Les Hôtes). En 1911, il reçoit une bourse grâce à l'intervention de Max Beckmann. Au café le *Neue Club*, il rencontre des artistes et poètes tels Alfred Döblin, Carl Einstein. Il organise lui-même dans son atelier des soirées littéraires fréquentées par les poètes expressionnistes et les futurs dadaïstes. Georg Heym et Jacob Van Hoddis deviendront de ses amis intimes. En 1912, Il est membre fondateur, avec Jacob Steinhardt et Richard Janthur, du groupe *Die Pathetiker* (groupe des Pathétiques). Il collabore également à partir de 1912 à la revue *Die Aktion* en tant qu'illustrateur. En 1913, il fonde avec Paul Zech la revue *Das neue Pathos* (Le Nouveau Pathos). En 1916, il est incorporé dans l'armée, en tant qu'interprète dans les camps de prisonniers. Durant sa mobilisation, il écrit en 1917 ses deux ouvrages majeurs : *Septemberschrei* (Cri de septembre), paru en 1920 chez Cassirer à Berlin, et *Im Nacken das Sternemeer* (Le Col de la mer étoilée), édité en 1918 par Kurt Wolff à Leipzig. De retour à Berlin en 1919, il devient membre du *Arbeitsrat für Kunst*, (Comité d'ouvrier pour l'art) et publie un manifeste dans la brochure *An alle Künstler* (À tous les artistes). En 1919, il conçoit le décor pour le film *Die Strasse* (La Rue) de Paul Grune. En 1925-1926, il se convertit au judaïsme, s'en explique dans le texte *Gang in die Stille* (Marche vers le silence). À l'arrivée des nazis au pouvoir, il doit s'exiler en Angleterre (de 1939 à 1952), demeure néanmoins deux ans dans un camp de prisonniers allemands. En 1953, il est de retour en Allemagne et s'installe à Marxheim près de Hofheim.
Il a participé à des expositions de groupe : en 1912, avec le groupe *Die Pathetiker* à la galerie Der Sturm d'Hermarth Walden à Berlin ; il expose également avec le *November gruppe* (Groupe de novembre). Depuis sa redécouverte, à sa mort en 1966, il figure à de nombreuses expositions présentant l'expressionnisme, dont celle de Paris en 1993, *L'Expressionnisme en Allemagne 1905-1914*, au Musée d'Art Moderne de la Ville de Paris. Il montre ses œuvres dans des expositions personnelles : la première en 1918, à la galerie Paul Cassirer, à Berlin, puis : 1920, Kestner-Gesellschaft, Hanovre ; 1920, Graphisches Kabinett I. B. Neumann, Berlin ; 1925, galerie Emil Richter, Dresde ; 1959, Städtisches Museum, Wiesbaden ; 1963-1964, grande rétrospective itinérante à la Kunsthalle de Recklinghausen, puis à la Haus am Waldsee à Berlin, puis à la Kunsthalle de Darmstadt ; 1965, galleria del Levante, Milan et Rome. Parmi les expositions posthumes : 1977, Munich ; 1978, University of Michigan, Museum of Art ; 1984, Akademie der Kunst, Berlin ; 1984 ; Saalbau-Galerie, Darmstadt ; 1985, Kunstverein, Wolsburg ; 1991, Mathildenhöhe, Darmstadt.
Ses premiers dessins, à partir de 1902, figurent des flagellants, des ascètes et des stylites comme autant de reflets de ses conflits intérieurs liés à ses origines juives. À son retour à Berlin en 1907, il peint, entre naturalisme et expressionnisme, des portraits convulsionnés et ses premières vues de la banlieue berlinoise, mornes paysages industriels. Lié par une angoisse solitaire, Meidner a tendance à subir son existence – « J'étais seul, broyé, humilié et désespéré, tant dans ma tête que dans mon ventre » – il ne cesse d'entretenir des relations passionnelles avec son environnement immédiat, la ville. Dans un essai postérieur, daté de 1914, il chante cette nouvelle esthétique urbaine à la manière des futuristes : « Peignons ce qui est près de nous, notre ville-univers, les rues pleines de tumulte, l'élégance des ponts de fer,

les gazomètres suspendus aux montagnes de nuages blancs (...), et puis la nuit... la nuit de la grande ville... », cependant que ce même univers nourrit ses craintes les plus morbides, quant à l'avenir de l'espèce humaine. Cette peur dominera son travail. Ses œuvres, entre 1907 et 1912, permettent de recenser les sources intellectuelles et artistiques de Meidner : le philosophe Friedrich Nietzsche, les nouveaux poètes berlinois Georg Heym ou Jakob Van Hoddis, le romantisme allemand en littérature et peinture (Meidner qualifie de « grands romantiques » : Grünewald, Altdorfer, Urs Graf, Bosch,...), et français avec Géricault. Meidner est le premier des expressionnistes à s'être si fortement intéressé à cette nouvelle donne sociale qu'est la vie collective dans des métropoles aliénantes et éventuellement perverses. L'autre grand peintre expressionniste déclinant ce thème fut Kirchner, mais seulement à partir de 1913. Les vues urbaines de Meidner reflètent, jusqu'à l'excès, l'état fébrile de la société berlinoise. Elles se prolongent, dans le courant 1912, avec la série des *Paysages apocalyptiques* – moments hallucinés et exceptionnels dans son œuvre – dans lesquels on devine la sympathie de Meidner pour le futurisme italien, Delaunay, Edward Munch et Van Gogh (« j'ai beaucoup appris chez Munch et Van Gogh »), Kokoschka et Max Beckmann (« Kokoschka et Beckmann sont des artistes importants »). Sur les quinze tableaux présentés à l'exposition collective de la galerie Der Sturm à Berlin en 1912, six ont été qualifiés ultérieurement de paysages « apocalyptiques », car seul, en effet, un tableau porte véritablement ce nom, les autres titres d'origine étant plus descriptifs. Les paysages de Meidner peuvent être interprétés à la lumière du conflit, profondément tragique, entre les états « apollinien » et « dionysiaque » développé par Nietzsche. Si Meidner emprunte certainement à l'esthétique picturale des futuristes, il ne souscrit pas pour autant à leur envie positive mais irraisonnée de destruction, il craint avant tout le mal inévitable né de cette transformation sociale. *Bâtiment en feu* (1912), *Cité en flammes* (1913), ses divers *Paysages apocalyptiques* et, en 1914, *La Veille de la guerre* sont prémonitoires de l'imminence de la guerre (qui fut déclarée le 1er août 1914 à la Russie). La fébrilité de son expression picturale se traduit d'abord en couleurs : « Oui, de la couleur, de la couleur à l'infini », écrit-il. Du bleu parisien, du jaune de zinc, de la terre de Sienne, du blanc et noir d'ivoire, du cadmium clair et de l'outremer ardent recouvrent en gammes de tons sombres la toile ou structurent en contrastes éclatants l'image lourdement chargée de cernes noirs. Une intensité douloureuse rendue encore plus manifeste par des effets déséquilibrés de perspective. En 1914, il réalise le cycle de gravures *Der Krieg*, à la suite de la mort de son ami, le poète Ernst Wilhelm Lotz, auteur d'un recueil du même nom. Pendant la guerre, son obsession de l'horreur se « métaphorise » en scènes bibliques. Il peint aussi des portraits, notamment le poignant autoportrait, grimaçant et torturé de 1916. Après les affres de la Première Guerre mondiale, les œuvres de Meidner perdent de leur courage dramatique, tombent dans des formulations maniéristes et surchargées, reflétant encore plus fortement ses préoccupations religieuses. Vers 1925, il opte pour un parti plus réaliste et le style de ses dernières œuvres se stabilise dans la tradition de Corinth.

■ Christophe Dorny

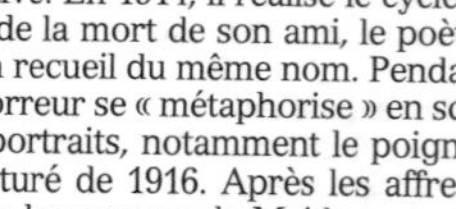

Bibliogr. : Ludwig Meidner : *Les Nuits du peintre*, in : *Der Almanach der Neuen Jugend auf das Jahr 1917*, Heinz Barger, 1917 – Lothar Brieger : *Ludwig Meidner*, Klinkhardt und Biermann, Leipzig, 1919 – Thomas Grochowiak : *Ludwig Meidner*, Aurel Bongers, Recklinghausen, 1966 – Michel Ragon : *L'Expressionnisme*, in : *Histoire générale de la peinture*, tome XVII, Rencontre, Lausanne, 1966 – Frank Whitford : *The work of Ludwig Meidner*, in : *Studio International*, fév. 1972 – Joseph Paul Hodin : *Ludwig Meidner : seine Kunst, seine Persönlichkeit, seine Zeit*, Justus von Liebig, Darmstadt, 1973 – Gerhard Leistner : *Idee und Wirklichkeit : Gehalt und Bedeutung des urbanen Expressionismus in Deutschland, dargestellt am Werk Ludwig Meidners*, Peter Lang, Francfort, 1986 – Gerd Presler : *War arm, mit Energie geladen*, in : *Art*, sept, 1988 – C.S. Eliel : *The Apocalyptic Landscapes of Ludwig Meidner*, Munich, 1989 – in : *L'Art du xxe s.*, Larousse, Paris, 1991 – Carol Eliel : *Les Paysages apocalyptiques de Ludwig Meidner*, in : *L'Expressionnisme en Allemagne 1905-1914*, catalogue de l'exposition, Musée d'Art Moderne de la Ville de Paris, 1993.

Musées : Berlin (Neue Gal.) : *Autoportrait* 1915 – Cologne (Mus. Ludwig) : *Les Naufragés* 1911 – *Autoportrait* 1913 – Darmstadt (Hessisches Landesmuseum) : *Autoportrait* 1912 – Los Angeles (County Mus. of Art) : *Paysage apocalyptique* 1914 – *Sans titre* 1913 – Milwaukee (The Marvin and Janet Fishman coll.) : *Vision apocalyptique* 1913 – *Südwestkorso, Berlin, 5 heures du matin* 1913 – *Strasse* 1913 – *Rue avec des passants* 1913 – *Scène de rue* 1913 – *Scène de café* 1913 – *Grand Café Schöneberg* 1913 – *Bataille* 1914 – Recklinghausen (Städtische Kunsthalle) : *La Veille de la guerre* 1914 – Saint Louis : *La Ville en flamme* 1913 – Sarrebruck (Saarland Mus. in der Stiftung Saarländischer Kulturbesitz) : *Rue ivre avec autoportrait* 1913 – Stuttgart (Staatsgalerie) : *Paysage apocalyptique* 1912-1913 – Tel-Aviv (Mus. of Art) : *Bâtiment en feu* 1912.

Ventes Publiques : Berne, 16 juin 1967 : *L'Église de Friedenau*, aquar./préparatin au cr. : **CHF 7 000** – Cologne, 1er déc. 1967 : *Les Réfugiés* : **DEM 14 000** – New York, 4 fév. 1970 : *Paysage apocalyptique* : **USD 9 000** – New York, 25 oct. 1972 : *Banlieue* : **USD 8 000** – Hambourg, 7 juin 1974 : *L'Exode* 1953 : **DEM 3 200** – Hambourg, 4 juin 1976 : *Paysage apocalyptique* 1912-1913, h/t (67x78,5) : **DEM 53 000** – Munich, 23 mai 1977 : *Portrait d'homme* 1919, aquar. (68x46) : **DEM 3 000** – Munich, 31 mai 1979 : *Portrait de jeune homme* 1915, cr. (37x27) : **DEM 4 000** – Hambourg, 9 juin 1979 : *Paysage apocalyptique (recto)* 1912/1913 ; *L'homme à la pipe (verso)*, h/t (67x78,5) : **DEM 90 000** – Berlin, 24 avr. 1980 : *Portrait de jeune femme*, aquar./trait de fus. (73x57) : **DEM 2 000** – New York, 5 mai 1981 : *Rue de Wilmersdorf* 1913, eau-forte (16,8x13,8) : **USD 1 800** – Hambourg, 13 juin 1981 : *Le Géant* 1919, pl. (100,7x71,4) : **DEM 5 800** – Munich, 5 juin 1981 : *L'Église de Friedenau* 1913, aquar./trait de cr. (60,5x44) : **DEM 29 000** – Munich, 29 juin 1983 : *Die kleine Hurenschlacht* 1946, aquar./traits fus. (54x52) : **DEM 5 000** – Hambourg, 10 juin 1983 : *Les Sans-patrie* 1912, h/t (63x84) : **DEM 66 000** – Hambourg, 9 juin 1984 : *Grand-Café Schönberg* 1913, pl. et encre de Chine (40,6x47) : **DEM 18 000** – Hambourg, 7 juin 1985 : *Scène de café*, pinceau et encre de Chine/trait de cr. (41,6x33) : **DEM 22 000** – Munich, 26 oct. 1988 : *Portrait de Lotte Lenja* 1921, fus. (79x55,5) : **DEM 6 050** – Tel-Aviv, 30 mai 1989 : *Juifs en prière* 1947, h/cart. (23x47) : **USD 5 500** – Tel-Aviv, 19 juin 1990 : *Figure* 1941, encre (28x19) : **USD 770** – New York, 9 mai 1992 : *Personnage agenouillé*, craie grasse rouge/pap. (29x20,3) : **USD 1 100** – Munich, 26 mai 1992 : *Moi-même avec une pointe-sèche*, eau-forte (34x25,5) : **DEM 1 840** – Berlin, 27 nov. 1992 : *Deux hommes discutant* 1921, craie noire/vélin (77x57) : **DEM 2 825** – Heidelberg, 8 avr. 1995 : *Couché sur le sol* 1948, fus. (22,5x33) : **DEM 1 800** – New York, 29 juin 1995 : *Autoportrait à la palette* 1928, h/cart. (40x39,4) : **USD 14 950** – Londres, 25 oct. 1995 : *Autoportrait en prophète* 1932, cr. noir (72x56) : **GBP 1 725** – Berne, 20-21 juin 1996 : *Portrait du poète Werner Latz* 1915, pl. et cr. (20,8x29,8) : **CHF 3 600** – Londres, 9 oct. 1996 : *Autoportrait (recto) ; Paysage apocalyptique (verso)* 1912, h/t (54,2x74,2) : **GBP 771 500** – Londres, 4 déc. 1996 : *Autoportrait* 1922, cr. noir/pap. (75,5x55,5) : **GBP 18 400**.

MEIER

xviiie siècle. Actif à Hallau près de Schaffhouse. Suisse.

Fondeur.

Il travailla surtout l'étain.

MEIER A.

xixe siècle. Actif à Lübeck. Allemand.

Lithographe.

MEIER Anne-Marie

Née en 1949 à Cattenom (Moselle). xxe siècle. Active depuis 1970 en Hollande. Française.

Peintre. Naïf.

Elle fut élève de l'École des Arts Appliqués de Metz, puis de l'École des Beaux-Arts de Mulhouse. Elle s'est mariée avec un Hollandais. Elle expose depuis 1981, notamment au Salon International d'Art Naïf à Paris. En 1987, elle a montré un ensemble de peintures dans une exposition personnelle intitulée *Rotterdam, une ville*.

MEIER Christoph

xvie-xviie siècles. Actif à Strasbourg de 1586 à 1604. Français.

Graveur sur bois.

MEIER Cordt. Voir **MEYER**

MEIER Cristiano

xixe siècle.

Peintre.

MEIER Emil
Né le 22 novembre 1877 à Wekkelsdorf (Bohême). XXe siècle. Tchécoslovaque.
Sculpteur, céramiste.

MEIER Georg
XVIIe siècle. Actif à Gottorp dans le Schleswig. Danois.
Peintre.

MEIER Hans Martin ou **Maier** ou **Mayr**
Né à Augsbourg. Mort le 28 août 1665 à Graz. XVIIe siècle. Actif à Graz. Autrichien.
Enlumineur et graveur.

MEIER Ida Bertha Frederike
Née le 14 novembre 1875 à Stäfa. XXe siècle. Suisse.
Peintre, graveur.

MEIER Jacob
XVIe siècle. Actif à Lübeck. Allemand.
Peintre.

MEIER Jakob
Né le 24 mai 1859 à Wilchingen (près de Schaffouse). XIXe-XXe siècles. Suisse.
Peintre.
Il fut élève de Raab et de Löfftz. Il travailla à Zurich.
Musées : Fribourg.

MEIER Jeremias. Voir **MAJER**

MEIER Karl Anton Christoph
Né le 25 mars 1814 à Reichmannsdorf. XIXe siècle. Actif à Staffelstein. Allemand.
Peintre.

MEIER Konrad
Né le 18 décembre 1808 à Stein-am-Rhein. Mort le 7 mai 1883 à Stein-am-Rhein. XIXe siècle. Allemand.
Peintre à la gouache.

MEIER Melchior
XVIe-XVIIe siècles. Actif à Fribourg en Suisse. Suisse.
Graveur au burin.
Il a gravé des sujets religieux et de sujets mythologiques. Bartsch cite de lui une estampe : *Apollon et Marsyas.*

MEIER Paul
Né en 1884. Mort en 1976. XXe siècle. Suisse.
Peintre de paysages, architectures.
Musées : Aarau (Aargauer Kunsthaus) : *Construction de centrale électrique* 1943 – *Construction de canal* 1944 – *Construction de centrale électrique* 1944 – *Construction de centrale électrique* 1950 – *Mer de nuages* vers 1965 – *Vue de glacier le matin* vers 1965 – *Coucher de soleil sur le Niederhorn* vers 1965 – *Roseraie* – *Construction de la centrale électrique de Rupperswil.*

MEIER Peter de, l'Ancien. Voir **MEYER**

MEIER Rudolf
Né en 1876 à Seebach. XXe siècle. Suisse.
Peintre, graveur.
Il fut élève de Guérin et de Grasset. Il a travaillé près de Zurich.

MEIER Theo, pseudonyme : **Theomeier**
Né en 1908 à Bâle. Mort en 1984. XXe siècle. Suisse.
Peintre de figures, portraits, paysages typiques, dessinateur. Orientaliste.
Il étudia à Berlin et à Dresde. Il vécut pendant une quarantaine d'années en Asie, en 1961 il s'installa en Thaïlande mais retourna chaque année à Bali. Il peint dans un style qui lui est propre, inspiré de Gauguin.
Ventes Publiques : Amsterdam, 21 avr. 1993 : *Beautés balinaises* 1936, h/t (66,5x56) : **NLG 25 300** – Amsterdam, 9 nov. 1993 : *Portrait de Kanko* 1969, sanguine (53x40) : **NLG 3 220** – Amsterdam, 11 avr. 1995 : *Deux jeunes Balinaises* 1948, h/t (48x40) : **NLG 12 685** – Amsterdam, 23 avr. 1996 : *L'oiseau yataiu offrant une bague à Sang Rama* 1946, encre bleue et rouge sur cart. (30x25,5) : **NLG 11 210** – Zurich, 3 avr. 1996 : *Bangkok* 1960, h/t (68,5x58,5) : **CHF 5 000** – Singapour, 5 oct. 1996 : *Made Pegi accomplissant une danse rituelle chinoise*, h/t (54,5x74,5) : **SGD 36 800** – Amsterdam, 5 nov. 1996 : *Paysage côtier* 1933, h/t (45x54,5) : **NLG 8 260.**

MEIER Werner
Né en 1943 à Zell. XXe siècle. Suisse.
Dessinateur, peintre à la gouache, peintre de collages, auteur d'assemblages. Tendance abstraite et conceptuelle.
Il a été élève à l'École d'Art de Lucerne. Il a effectué un séjour en Italie, à Turin.

MEIER Wilhelm
Né le 29 août 1880 à Embrach (canton de Zurich). XXe siècle. Suisse.
Sculpteur.
Il travailla à Munich.

MEIER-DENNINGHOFF Brigitte
Née en 1923 à Berlin. XXe siècle. Allemande.
Sculpteur. Abstrait.
Elle fut d'abord élève de l'École des Beaux-Arts de Berlin en 1943. Elle poursuivit ses études à Munich après la guerre, puis en Angleterre, en 1948, où elle fut l'assistante de Henry Moore. Elle obtint une bourse de la Solomon Guggenheim Foundation de New York, qui lui permit de travailler avec Pevsner, à Paris, pendant deux années, de 1949 à 1950. Elle revint en Allemagne, où elle fut d'abord décoratrice de théâtre, à Darmstadt, de 1953 à 1954, puis professeur à l'Académie de Kassel en 1957-1958. En 1966, le Goethe Institut de Paris lui a organisé une exposition, en 1970 le Musée de Brauschweig.
En 1949, elle a participé au Salon des Réalités Nouvelles à Paris. Elle montre ses œuvres dans des expositions personnelles à Berlin, Munich, Düsseldorf, et, en 1960, au Musée Bourdelle à Paris. En 1959, elle obtint, ex-aequo avec l'Israélien Shamaï Haber, le prix Bourdelle de sculpture.
Elle a commencé par travailler la pierre, le bois, puis le béton et le métal. Elle présenta en 1949 au Salon des Réalités Nouvelles à Paris une forme monumentale abstraite, en bois, d'une grande assurance, forme totémique immobilisée dans le silence d'un espace figé.
Dans le cours de son évolution, elle délaissa la forme pleine de la sculpture traditionnelle, fût-elle abstraite, telle qu'elle avait pu la connaître auprès d'Henry Moore, pour la conquête de l'espace, la sculpture faite de vides, qu'elle connut auprès de Pevsner. Elle arriva bientôt à utiliser préférentiellement des baguettes métalliques qu'elle soude ensemble, côte à côte, en obtenant des sortes de grandes voiles, ailes, d'une grande élégance spatiale, et que leurs titres suggèrent assez bien : *Coup de vent*, 1959 ; *Pallas Athéné* ; *Ange* ; *Planètes* ; etc. En 1963 elle a exécuté une statue monumentale en acier, de six mètres de haut, pour l'Université libre de Berlin, en 1966 une construction en acier pour l'Université de Tübingen, ensuite une autre sculpture pour l'Université libre de Berlin. ■ J. B.
Bibliogr. : Juliana Roh, in : *Nouveau dictionnaire de la sculpture moderne*, Hazan, Paris, 1970 – in : *L'Art du XXe s.*, Larousse, Paris, 1991.

MEIER-NIEDERMEIN Ernst
Né le 27 septembre 1869 à Niedermein (Lippe). XIXe-XXe siècles. Allemand.
Peintre de figures, portraits, paysages, illustrateur.
Il fut élève de G. von Hackl, C. von Marr et Defregger.

MEIERHANS Joseph
Né le 22 février 1890 à Ober-Lunkhofen-Aargau (Suisse). XXe siècle. Actif aux États-Unis. Suisse.
Peintre. Abstrait.
Il fut élève de John Sloan. Il fut membre de la Société des Artistes Indépendants. Il a figuré, en 1950, au Salon des Réalités Nouvelles de Paris, avec des compositions abstraites d'une technique spontanée.

MEIFFREN Marius
Né le 28 mars 1955 à Marseille (Bouches-du-Rhône). XXe siècle. Français.
Peintre de paysages.
Il fut élève de l'École des Beaux-Arts de Marseille. Il a exposé, à Paris, au Salon des Artistes Français.

MEIFFRET Robert
XXe siècle. Actif à Paris. Français.
Peintre.
En 1949 et 1950, a participé au Salon des Réalités Nouvelles de Paris, avec des compositions abstraites d'une stricte géométrie de surfaces entrecroisées, dont les contours sont parfois courbes.

MEIFREN Y ROIG Eliséo
Né le 24 décembre 1859 à Barcelone (Catalogne). Mort en

1940 à Barcelone. XIXe-XXe siècles. Actif aussi en France, en Amérique. Espagnol.

Peintre de paysages, paysages urbains, marines. Tendance impressionniste.

Jeune, il s'est formé auprès du peintre de portraits Antoni Caba. Il poursuivit sa formation en Italie, où il revint de nombreuses fois entretenant des relations amicales avec les peintres espagnoles de l'école de Rome, tels : Ramon Tusquets, Arcadio Mas Fondevila, Enrique Serra, et Antonio Fabrès. Il effectua un voyage à Paris avant 1880.

Il obtint une médaille d'or à l'exposition régionale de Valence. Il montra pour la première fois ses œuvres dans une exposition personnelle en 1890 au Salon Parés à Barcelone, en 1881 il est récompensé à l'Exposition internationale de Madrid et Barcelone. C'est à partir du début du XXe siècle que Meifren acquit un prestige certain. Il participe à la Biennale de Venise en 1895. Il exposa dans de nombreuses villes à travers le monde : Chicago, Paris en 1899 (troisième médaille), et en 1900 où il obtint une médaille de bronze, Bruxelles en 1910 (médaille de bronze), Santiago de Chili en 1910, Buenos Aires, Amsterdam en 1912, San Francisco en 1915 (médaille d'honneur), San Diego en 1916 (Grand Prix)...

Dans les années quatre-vingt-dix, il entra d'abord en contact, avec les peintres de l'école de Sitges, tel le paysagiste Joan Roig y Soler duquel il admira son traitement particulier de la lumière. Meifren y Roig se mit dès lors à éclaircir sa palette et peindre en plein air. Peu à peu sa personnalité s'affirmera en des compositions de paysages crépusculaires, mélancoliques, voire symboliques, exécutées dans une touche qui rappelle parfois celle de Boudin, mais caractérisées par l'utilisation de couleurs claires. Il peignit des paysages et des marines en France, en Italie, aux Îles Canaries, en Belgique, en Amérique du Nord, en Argentine, au Paraguay, etc., et, bien sûr, en Espagne, avec une prédilection pour les sites de la Costa Brava. Durant toute sa vie, il resta attentif à son mode d'expression, acceptant avec prudence les innovations des impressionnistes français, pour se laisser néanmoins séduire plus amplement par cette peinture à la fin de sa vie. Il reste un peintre doué d'une grande facilité à rendre par la couleur et parfois à grands traits la charge émotive d'un paysage et les reflets de l'eau.

Bibliogr. : In : *Cien anos de pintura en Espana y Portugal, 1830-1930*, t. V, Antiqvaria, Madrid, 1991.

Musées : Madrid (Gal. Mod.) : *Le Lac de Côme.*

Ventes Publiques : Paris, 26 oct. 1922 : *La Maison de Gil Blas ; Effet de soleil* : **FRF 220** – Buenos Aires, 14 et 15 nov. 1973 : *Bateau à l'ancre* : **ARS 31 000** – Madrid, 9 oct. 1974 : *Paysage à Cadaquès* : **ESP 225 000** – Londres, 24 nov. 1976 : *Le jardin du monastère*, h/t (59x38,5) : **GBP 1 800** – Madrid, 22 mai 1978 : *Le jardin du peintre*, h/t (48x32) : **ESP 110 000** – Barcelone, 21 juin 1979 : *La rue du village*, h/t (53x64) : **ESP 600 000** – Barcelone, 3 mars 1981 : *Paysage*, h/t (38x55) : **ESP 300 000** – Londres, 24 oct. 1984 : *Danse espagnole* 1910, past. (53,3x35,9) : **GBP 800** – Madrid, 9 fév. 1984 : *Bord de rivière*, h/t (150x100) : **ESP 2 000 000** – Montevideo, 11 déc. 1985 : *Paysage fluvial* 1888, h/t (120x225) : **UYU 660 000** – Barcelone, 28 mai 1986 : *La Seine à Paris*, h/t (46x55) : **ESP 1 900 000** – Madrid, 24 fév. 1987 : *Un jardin*, h/t (60,5x60) : **ESP 2 500 000** – Londres, 22 juin 1988 : *Récifs près de la côte*, h/t (56x45) : **GBP 13 200** – Londres, 23 nov. 1988 : *Personnages et bateaux sur une plage de la Costa Brava*, h/t (61x74,5) : **GBP 39 600** – Londres, 17 fév. 1989 : *Côte rocheuse*, h/t (36x25,7) : **GBP 5 500** – New York, 23 fév. 1989 : *Port sur la Méditerranée*, h/t/cart. (25,5x36) : **USD 18 700** – Londres, 21 juin 1989 : *Pêcheurs sur une grève*, h/t (78x119) : **GBP 63 800** – Londres, 22 nov. 1989 : *Les lavandières*, h/t (129x179) : **GBP 176 000** – Londres, 15 fév. 1990 : *Le Port de Cadaquès*, h/t (56x75,5) : **GBP 52 800** – New York, 28 fév. 1991 : *Les brisants*, h/t (75,8x60,3) : **USD 11 000** – Londres, 19 juin 1991 : *Paysage fluvial*, h/t (55x75,5) : **GBP 33 000** – New York, 17 oct. 1991 : *Barques dans un village de pêcheurs*, h/t (55,9x74,9) : **USD 44 000** – Paris, 22 nov. 1991 : *Voiliers sur une mer calme* 1874, h/t (80x130) : **FRF 290 000** – Madrid, 25 mai 1993 : *Marine*, h./palette de peintre (35x60) : **ESP 460 000** – Paris, 8 déc. 1995 : *Le Retour de la pêche* 1883, h/t (33,5x55) : **FRF 32 500** – Londres, 21 nov. 1996 : *Le Port de Barcelone* 1889, h/t (150x300) : **GBP 111 500** – Paris, 29 nov. 1996 : *Rocher et marine* 1888, h/t (33x55) : **FRF 28 000.**

MEIGEL Christoph

XVIIe-XVIIIe siècles. Actif à Nuremberg. Allemand.

Graveur.

Il publia, en 1730, un album de gravures sur les extravagances du peuple dans toutes les professions.

MEI GENG ou **Mei Keng**, surnoms : **Ouchang** et **Zichang**, noms de pinceau : **Xueping** et **Tingshanweng**

Né en 1639, originaire de Xuancheng, province du Anhui. Mort après 1716. XVIIe siècle. Chinois.

Peintre de paysages, fleurs.

Frère du peintre Mei Qing (1623-1697), il est reçu « juren » (licencié) aux examens triennaux de la capitale provinciale en 1681. Il est spécialiste de paysages et de fleurs.

Musées : Cologne (Mus. für Ostasiatische Kunst de Cologne) : *Paysage d'été* 1705, encre sur pap. tacheté d'or, éventail signé.

Ventes Publiques : New York, 18 mars 1997 : *Paysage* 1693, encre et encre et pigments/pap., album de huit feuilles (27,9x40,6) : **USD 28 750.**

MEIGNANT Jacques ou **Meignien** ou **Meignem**, dit **d'Auvergne**. Voir **JACQUES d'Auvergne**

MEIJER Adriaen de, ou **Leendert de**

XVIIe siècle. Hollandais.

Faïencier.

Il fut le doyen de la gilde de Rotterdam, de 1687 à 1694.

MEIJER Aldert

XVIIe siècle. Actif à Amsterdam. Hollandais.

Graveur au burin.

MEIJER Christiaen

XIXe siècle. Actif à Rotterdam au début du XIXe siècle. Hollandais.

Aquarelliste et graveur.

MEIJER Christoffel. Voir **MEIJER Jan de**

MEIJER Christoffel

Né en 1776 à La Haye. Mort en 1813 à Rotterdam. XVIIIe-XIXe siècles. Hollandais.

Peintre de scènes animées, dessinateur.

Ventes Publiques : Amsterdam, 18 nov. 1985 : *Scène de marché* 1802, pl. et lav., deux dessins (19,9x33,3) : **NLG 14 000** – Amsterdam, 15 nov. 1994 : *Scène d'hiver* 1806, encre et lav. (26,4x40,6) : **NLG 20 700.**

MEIJER François de

XVIIe siècle. Hollandais.

Peintre.

MEIJER Gillis de. Voir **MEYER**

MEIJER H. de

XVIIIe siècle. Hollandais.

Médailleur.

Il était actif à Utrecht de 1766 à 1789.

MEIJER Hendrick de I. Voir **MEYER Hendrick de I**

MEIJER Hendrick de II. Voir **MEYER Hendrick de II**

MEIJER Henk

Né le 22 décembre 1884 à Groningue. XXe siècle. Hollandais.

Peintre et lithographe.

Élève de Buenninck.

MEIJER Ian. Voir **MEYER Jan**

MEIJER Jan de

XVIIe siècle. Hollandais.

Peintre de sujets religieux, batailles, de genre, portraits, paysages, marines.

Il était actif à Rotterdam.

Musées : Amsterdam (Mus. Nat.) : *Portrait de de Raet* – Cambridge (Mus. Fitzwilliam) : *Groupe des quatre filles de Sir M. Decker* – *Adoration des mages* – Innsbruck (Ferdinandeum) : *Scène d'auberge.*

MEIJER Jean Henri Louis. Voir **MEYER Louis Johan Hendrick**

MEIJER Johan

Né en 1885 à Amsterdam. Mort en 1970. XXe siècle. Hollandais.

Peintre de paysages.

Il fut élève de Hanau et de Gorter.

Ventes Publiques : Amsterdam, 14 sep. 1993 : *Pommiers fleuris*, h/t (60,5x50) : **NLG 2 990** – Amsterdam, 18 juin 1996 : *Journée d'hiver ensoleillée à Blaricum*, h/t (44,5x84) : **NLG 2 530** – Amsterdam, 19-20 fév. 1997 : *Village dans un polder sous le crépuscule hivernal*, h/t (44x57) : **NLG 2 537.**

MEIJER Leendert de. Voir **MEIJER Adriaen de**

MEIJER Louis Johan Hendrik. Voir **MEYER Louis Johan Hendrick**

MEIJER Salomon, dit **Meyer Sal**
Né le 6 décembre 1877 à Amsterdam. Mort en 1965. XXe siècle. Hollandais.
Peintre de genre, paysages animés, paysages urbains, architectures, natures mortes, fleurs.
Tailleur de diamants de son métier, il ne commença à peindre qu'à partir de 1914. Il vécut et travailla à Blaricum.
Il peint surtout des paysages, et notamment des vues de villes, les canaux, les dentelles de pierre des maisons anciennes et les monuments d'Amsterdam. Il a peint aussi quelques natures mortes et des scènes de genre, souvent avec des animaux. Ses paysages rustiques sont peuplés de vaches hollandaises, proprement alignées, le pelage luisant et l'œil doux.

SALMEIJER

Bibliogr. : Oto Bihalji-Merin : *Les Peintres naïfs*, Delpire, Paris, s. d.
Musées : Amsterdam (Stedelijk Mus.) : *Les Vaches à l'étable*.
Ventes Publiques : Amsterdam, 26 avr. 1977 : *Le chat*, h/t (58,5x48,5) : **NLG 9 800** – Amsterdam, 31 oct 1979 : *Vase de fleurs*, h/t (47,5x45) : **NLG 9 000** – Amsterdam, 8 déc. 1988 : *Meule de foin près d'une ferme*, h/cart. (16x20,5) : **NLG 2 185** ; *Paysage montagneux boisé avec une cascade*, h/t/cart. (34,5x27) : **NLG 4 600** – Amsterdam, 24 mai 1989 : *Ferme saxonne avec un chat sur le pas de la porte, un clocher à l'arrière-plan*, h/pan. (50x40) : **NLG 6 900** – Amsterdam, 13 déc. 1989 : *Amsterdam*, h/pan. (20,5x16) : **NLG 2 300** – Amsterdam, 10 avr. 1990 : *Cour de maison*, h/pan. (38x27,5) : **NLG 3 450** – Amsterdam, 22 mai 1990 : *Vue de Reguliersgracht à Amsterdam*, h/t (59x49) : **NLG 18 400** – Amsterdam, 5 juin 1990 : *Bois de hêtres à Soestdijk*, h/t (31x38,5) : **NLG 2 185** – Amsterdam, 22 mai 1991 : *Une scierie à Amsterdam*, h/cart. (40x31) : **NLG 5 750** – Amsterdam, 11 déc. 1991 : *Vue de Laren*, h/t (60x50) : **NLG 5 750** – Amsterdam, 21 mai 1992 : *Le village de Blaricum à Pointe de Hollande*, h/pan. (32x41) : **NLG 10 350** – Amsterdam, 10 déc. 1992 : *Vue d'un canal d'Amsterdam*, h/cart. (20,5x31,5) : **NLG 6 325** – Amsterdam, 26 mai 1993 : *Reguliersgracht à Amsterdam*, h/t (60x49,5) : **NLG 13 800** – Amsterdam, 8 déc. 1994 : *Vue sur le nouveau quai à Bruges*, h/pan. (56x76) : **NLG 11 500** – Amsterdam, 30 mai 1995 : *Minet dans sa corbeille*, h/t (33x38,5) : **NLG 21 875** – Amsterdam, 3 sep. 1996 : *Vue d'une rue d'Amsterdam*, h/t (38x31) : **NLG 1 729** – Amsterdam, 17-18 déc. 1996 : *Bouquet des champs*, h/t (51x41) : **NLG 13 570** – Amsterdam, 19-20 fév. 1997 : *Roses dans un vase*, h/t (40x30,5) : **NLG 2 767**.

MEIJT. Voir **MEIT**

MEI KENG. Voir **MEI GENG**

MEIKOFF Alexander Friedrich Karlowitsch
Né en 1827. Mort le 13 mars 1854. XIXe siècle. Russe.
Sculpteur.
Élève de l'École des Beaux-Arts de Moscou.

MEIL Johann Heinrich, dit **le Vieux**
Né le 29 août 1730 à Gotha. Mort le 12 octobre 1820 à Berlin. XVIIIe-XIXe siècles. Allemand.
Peintre, sculpteur et graveur.
Frère de Joh.-Wilh. Meil ; il travailla vingt ans à Leipzig, alla à Berlin en 1774, et devint membre de l'Académie des Beaux-Arts. Il a gravé des planches pour une *Bible*, pour des *Fables de La Fontaine*, pour des *Costumes*, etc.

MEIL Johann Ludwig
Né en 1729 à Arnstadt. Mort en 1772 à Ilfeld. XVIIIe siècle. Allemand.
Peintre.
Il fut professeur de dessin.

MEIL Johann Wilhelm, dit **le Jeune**
Né le 23 octobre 1733 à Altenbourg. Mort le 2 février 1805 à Berlin. XVIIIe siècle. Allemand.
Peintre et graveur.
Il a gravé des sujets d'histoire, des vues et de nombreuses vignettes pour les œuvres de Frédéric le Grand, de Lessing, de Goethe et de Wieland. Il succéda à Chodowiecki comme directeur de l'Académie de Berlin. Il est encore aujourd'hui très estimé.

J.WM

MEILANDT Martin. Voir **MEYLAND**

MEILER Franz
D'origine allemande. XVIIe-XVIIIe siècles. Allemand.
Peintre.

MEILHAC Henri, dit **Talin**
Né en 1832. XIXe siècle. Actif à Paris. Français.
Caricaturiste.
Collabora au *Journal amusant* et à l'*Artiste*.

MEILI Conrad
Né le 21 avril 1895 à Zurich. Mort en avril 1969 à Asnières (Hauts-de-Seine). XXe siècle. Suisse.
Peintre de figures, nus, paysages, natures mortes, aquarelliste, graveur, dessinateur. Postimpressionniste.
Il a reçu les conseils de Hodler. On lui doit de nombreuses gravures sur bois.

Meili

Ventes Publiques : Paris, 13 juil. 1945 : *Suite d'ébauches* : **FRF 6 700** – Paris, oct. 1945-juil. 1946 : *Nus*, estompe, deux dess. : **FRF 1 500** – Paris, 19 nov. 1954 : *La Japonaise* : **FRF 8 000** – Zurich, 16 mai 1980 : *Nature morte à la poire* 1934, h/cart. (33x41) : **CHF 3 200** – Berne, 26 oct. 1988 : *Nu féminin allongé* 1943, h/t (66x53,5) : **CHF 2 600** – Berne, 12 mai 1990 : *Le Repos* 1933, h/t (54x64) : **CHF 1 700** – Zurich, 3 déc. 1993 : *Personnage assis* 1922, cr. et lav. (38x28) : **CHF 55 000** – Zurich, 17-18 juin 1996 : *Nature morte aux poires* 1952, h/pan. (24x33,5) : **CHF 4 000**.

MEILI Heinrich Rudolf
Né le 13 mars 1827 à Binningeu (près de Bâle). Mort le 23 août 1882 à Binningeu (près de Bâle). XIXe siècle. Suisse.
Sculpteur.
Élève de l'Académie de Munich.

MEILI Karl
Né le 23 novembre 1871. XXe siècle. Suisse.
Peintre de paysages, dessinateur, modeleur.
Il fut élève de l'Académie de Munich. Il vécut et travailla à Zurich. Il peignit surtout des paysages de montagne.

MEILI Salomon
Né en 1769 à Hittnau. Mort le 16 novembre 1817 à Wädenswill. XVIIIe-XIXe siècles. Suisse.
Peintre et graveur.

MEILINGER Dezsö
Né le 3 octobre 1892 à Eger. XXe siècle. Hongrois.
Peintre de paysages, figures.
Il fut élève de l'Académie de Budapest.

MEILINGER Lothar Rudolf
Né le 5 juin 1887 à Munich (Bavière). XXe siècle. Allemand.
Peintre de paysages.
Il fut élève de Dasio et Engels.

MEILLAN Jacques
Né le 5 septembre 1792 à Lyon. XIXe siècle. Français.
Peintre d'intérieurs.
Élève de Guérin à l'École des Beaux-Arts depuis le 2 février 1819. Il figura au Salon de 1822 à 1824.

MEILLEUR. Voir **LE MEILLEUR**

MEILLIER
XIXe siècle. Actif à Reims. Français.
Graveur à l'eau-forte et au burin.
Il a gravé des portraits.

MEIN Étienne Joseph
Né le 27 novembre 1865 à Marseille (Bouches-du-Rhône). Mort en 1938. XIXe-XXe siècles. Français.
Peintre de genre, portraits, paysages, marines.
Il fit des envois au Salon des Artistes Français à partir de 1893. Il obtint une mention en 1920. Il devint professeur à l'École des Beaux-Arts de Marseille.
Bibliogr. : Gérald Schurr, in : *Les Petits Maîtres de la peinture 1820-1920, valeur de demain*, Les Éditions de l'Amateur, t. II, Paris, 1982.
Ventes Publiques : Paris, 26 mars 1995 : *Port de Carry-le-Rouet*, h/t (100x74) : **FRF 8 000**.

MEINARDI Giovanni Ambrogio ou **Mainardi**
XVIIIe siècle. Romain, actif au XVIIIe siècle. Italien.

Peintre.
A peint pour la cathédrale de Breslau, treize portraits d'apôtres, dont trois ont été brûlés.

MEINDERS Ipe
XVIIe siècle. Actif vers 1650. Hollandais.
Graveur au burin.

MEINDL Konrad
Né le 26 octobre 1883 à Vienne. XXe siècle. Autrichien.
Peintre de portraits, paysages, graveur.
Il fut élève de l'Allemand et de Rumpler, puis, à Paris de J. P. Laurens, Simon, Cottet et Blanche.
Il fit les portraits de Nina Romanow, de la chanteuse Maria Jeritza, du prince et de la princesse Joachim Albert de Prusse et du baron Bleichröder.
Musées : Linz (Gal.) : *Marché à Tanger* – Vienne (Albertina Mus.) : quatre aquarelles.

MEINECKE
XVIIIe siècle. Allemand.
Portraitiste et pastelliste.
Fut l'élève de Mietzch et de Hutin à Dresde et séjourna en 1788 à Saint-Pétersbourg.

MEINEGGE Johann
Né en 1749. Mort le 20 février 1779. XVIIIe siècle. Actif à Vienne. Autrichien.
Peintre et pastelliste.

MEINEL Joh. Philipp
Né en 1806. Mort en 1893. XIXe siècle. Allemand.
Paysagiste.
Travailla à Bayreuth et à Munich.

MEINELT Carl
XIXe siècle.
Peintre sur porcelaine et aquarelliste.
Travailla à Bamberg de 1852 à 1886.

MEINERS H. C.
Né le 19 août 1819 à Amsterdam. Mort le 20 avril 1894 à Arnhem. XIXe siècle. Hollandais.
Paysagiste.
Élève de B. C. Koekkoek.
Ventes Publiques : Amsterdam, 27 oct. 1997 : *Paysage dans les environs de Oosterbeek* 1853, h/pan. (26x34,5) : **NLG 7 080**.

MEINERS Pieter
Né le 1er novembre 1857 à Oosterbeek. Mort le 15 octobre 1903. XIXe siècle. Hollandais.
Peintre de portraits, paysages, intérieurs, natures mortes, fleurs, graveur.
Fils de H. C. Meiners, il fut élève de Hendriks, Allebé et Wittsen.
Ventes Publiques : Amsterdam, 12 déc. 1990 : *Bouquet de nénuphars et autres plantes aquatiques dans une chope,* h/pan. (31x12) : **NLG 1 610**.

MEINERSMA D.
XVIIe siècle. Travaillant en Frise à la fin du XVIIe siècle. Hollandais.
Peintre de portraits.

MEINERT Friederike
XIXe siècle. Active à Berlin de 1836 à 1848. Allemande.
Peintre de fleurs et de natures mortes.

MEINERT GELIS. Voir **GELIS Meinert**

MEINHARD Georg
Originaire de Leitz. XVIe siècle. Actif dans la seconde moitié du XVIe siècle. Allemand.
Peintre.

MEINHARDT Walter
Né le 30 mai 1891. XXe siècle. Danois.
Peintre de portraits, paysages, architectures.
Il fut élève de l'Académie de Copenhague de 1909 à 1914.

MEINHOLD Gertrud
Née le 7 janvier 1883 à Dantzig (aujourd'hui Gdansk, en Pologne). XXe siècle. Allemande.
Peintre de natures mortes.
Elle fut élève de Schütz et de Corinth. Elle vécut et travailla à Berlin.

MEINHOLD Siegfried
Né le 10 septembre 1864 au château de Schweinsburg. XIXe-XXe siècles. Allemand.
Sculpteur, céramiste.
Il étudia à Paris et à Munich et vécut à partir de 1905 à Dresde.

MEINLE Paul
XVIe siècle. Actif à Bamberg. Allemand.
Sculpteur sur bois.

MEINRAD
XVIIIe siècle. Actif à Straubing. Éc. bavaroise.
Enlumineur.
Il appartint à l'Ordre des Carmes.

MEINSHAUSEN Georges F.
Né le 6 janvier 1855 à Achim dans le Hanovre. XIXe siècle. Allemand.
Peintre et graveur sur bois.
Élève de l'Académie de Cincinnati. Le Musée de Cincinnati, l'Institut Carnegie à Pittsburgh et la Bibliothèque du Congrès à Washington possèdent plusieurs de ses œuvres.

MEINTEL Johann Nepomuck
Né le 5 mars 1816 à Horb (Wurtemberg). Mort le 14 décembre 1872 à Horb (Wurtemberg). XIXe siècle. Allemand.
Sculpteur et peintre.
Élève du peintre Schott à Horb, il passa à la scupture au cours d'un séjour à Munich où il fut l'élève de Eberhard et de Riedmiller. Il revint en 1840 à Horb, où il fonda un atelier d'art chrétien.

MEINTEL Karl
Né le 5 février 1844 à Horb (Wurtemberg). Mort le 4 mars 1880 à Horb (Wurtemberg). XIXe siècle. Allemand.
Sculpteur.
Fut en 1866 et 1867 l'élève de Riedmiller à Munich, puis revint à Horb, où de 1872 à 1876 il dirigea l'atelier de son père.

MEINTEL Robert
Né le 28 février 1896 à Zurich. XXe siècle. Suisse.
Peintre de paysages, natures mortes.
Il est parent de Johann Nepomuck Meintel. Il suivit de 1910 à 1913 les cours de l'École d'art industriel de Zurich.

MEINZOLT Georg M.
Né le 9 février 1863 à Hambourg. XIXe-XXe siècles. Allemand.
Peintre de paysages.
Il fut élève de Hagen à Weimar entre 1881 et 1886. Il séjourna à Munich de 1891 à 1912.
Musées : Altenburg – Weimar.
Ventes Publiques : Londres, 30 jan. 1980 : *Paysage escarpé animé de personnages,* h/t (79x64) : **GBP 580** – Londres, 28 nov. 1984 : *Vue d'un fjord au crépuscule* 1887, h/t (100x162,5) : **GBP 1 800**.

MEI QING ou **Mei Ch'ing** ou **Mei Ts'ing**, surnom : **Yuangong,** noms de pinceau : **Jushan, Xuelu, Laojufanfu, Rungong** et **Meichi**
Né en 1623, originaire de Xuancheng, province du Anhui. Mort en 1697. XVIIe siècle. Chinois.
Peintre.
En 1654, Mei Qing obtient le titre de *juren* (licencié) aux examens triennaux de la capitale provinciale et, associé à un groupe de lettrés, il devient connu comme calligraphe et poète. Son œuvre peinte est bien aussi celle d'un poète doué, sensible et non sans fantaisie. Il appartient, comme Hongren (1603-1663), à l'école du Anhui dont les sujets favoris sont des paysages du *Huangshan, les Monts Jaunes,* l'une des chaînes de montagnes les plus effrayantes, et les plus spectaculaires qui soient. De fait, Mei Qing consacre toute son énergie d'artiste à peindre et à dépeindre le Huangshan et ses paysages comptent parmi les meilleures évocations de ces monts fantastiques, auprès desquels il passe d'ailleurs la plus grande partie de sa vie. Daoji (Shitao) (1641-vers 1720), le plus célèbre des individualistes, lui fait de fréquentes visites ; par contre les liens de Mei Qing avec les autres ressortissants de l'école du Anhui sont plus ténus. Seules certaines caractéristiques stylistiques l'en rapprochent : l'emploi de la brosse sèche et la pratique de la ligne ondulante. Mais, à l'encontre des autres maîtres, il simplifie peu, chargeant au contraire le paysage de pins, de rochers prenant l'aspect de colonnes striées et d'éléments répétitifs dont la récurrence confère à l'œuvre un côté rococo. Toutefois, son inventivité dans la composition lui permet d'échapper à toute monotonie et fait de lui l'un des peintres les plus originaux de sa génération.
Bibliogr. : James Cahill : *Fantastics and Eccentrics in Chinese Painting,* New York, 1972.

Musées : Cleveland (Mus. of Art) : *Album d'imitations des maîtres anciens* – Honolulu (Acad. of Arts) : *Arbre en fleurs près d'un rocher* signé et daté 1692, petit rouleau en longueur – Paris (Mus. Guimet) : *Le studio d'un sage sur une rive rocheuse et sous les pins* signé et daté 1692, rouleau en longueur, encre sur pap. – Shanghai : *Lian Dan Tai au Huangshan*, rouleau en hauteur, encre sur pap.
Ventes Publiques : New York, 2 juin 1988 : *Cérémonie du thé dans une forêt de montagne*, encre/soie, kakemono (165x47) : **USD 12 100** – New York, 4 déc. 1989 : *En surveillant les nuages au dessus du temple de Wenshu*, kakémono, encre et pigments/pap. (215x54,5) : **USD 28 600** – New York, 31 mai 1990 : *Deux immortels sur le Huangshan*, kakémono, encre/pap. (76x48,2) : **USD 154 000** – New York, 1er juin 1992 : *Panorama complet du Mont Huang*, encre et pigments et 1encre/pap., album de seize feuilles (chaque 21x14,6) : **USD 225 500** – New York, 2 déc. 1992 : *Deux immortels sur le Huang Shan*, kakémono, encre/pap. (74,9x48,3) : **USD 176 000**.

MEIRE Jan Van der ou **Meer** ou **Meeren**
Mort en 1471 à Nevers. xve siècle.
Peintre.
Peut-être frère de Gerard Van der Meere et élève de Van Eyck. On lui attribue un *Martyre de saint Liévin*, une *Mort de saint Bavon* (abbaye Saint-Bavon) et des tableaux peints pour Charles le Téméraire ; A. Michiels croit qu'il n'est autre que Jeannot le Flamand. Un *Jan Van der Meire* était mentionné en 1505 dans les archives d'Anvers.

MEIRELES Cildo
Né en 1948 à Rio de Janeiro. xxe siècle. Brésilien.
Artiste, auteur d'assemblages. Conceptuel.
Il a été élève à l'École des Beaux-Arts de Rio. Il a effectué un séjour de deux ans à New York entre 1971 et 1973. Il vit actuellement à Rio.
Il participe à des expositions collectives, dont : Biennale de Venise, 1976 ; Biennale de Paris, 1977 ; *L'Art brésilien au xxe siècle*, au Musée d'Art Moderne de la Ville de Paris, 1977 ; Fondation Gulbenkian, Lisbonne, 1982 ; Bronx Museum, New York, 1988 ; *Les Magiciens de la Terre*, au Centre Georges Pompidou et à la Grande Halle de la Villette en 1988 ; Biennale de São Paulo en 1989 ; Documenta de Kassel en 1993 ; *Art from Brazil in New York* présentée dans divers musées et galeries en 1995. Il montre ses œuvres dans des expositions personnelles : 1995 IVAM Centre Julio Gonzalez de Valence.
Il fait partie de la génération des artistes brésiliens, Arthur Alipio Barrio, Antonio Manuel de Oliveira et Liuz Alphonsus de Guimaraes, apparue dans la seconde moitié des années soixante, qui pratiquèrent les techniques avant-gardistes du body art et du land art nées du mouvement de la Nouvelle Objectivité au Brésil, entre 1967 et 1971. Son œuvre conceptuel porte également la marque de la rigueur du néoconstructivisme, désigné au Brésil, sous le terme de « néoconcret ». Le travail présenté à l'exposition *Les Magiciens de la terre* s'intitulait *Missions, Missions.* L'œuvre était composée d'hosties (700), de pièces de monnaie (600 000), d'ossements (2 000) et, symboliquement, portait sur les problèmes liés à la religion, au pouvoir, et à la tragédie.
Bibliogr. : Damian Bayon, Roberto Pontual, in : *La peint. de l'Amérique latine au xxe siècle*, Mengès, Paris, 1990 – Catalogue de l'exposition : *Cildo Meireles*, IVAM Centre Julio Gonzalez, Valence, 1995.

MEIRELLES de Lima Victor
Né en 1823, ou 1832 à Destarro. Mort en 1903. xixe siècle. Brésilien.
Peintre d'histoire, de portraits, paysages, marines.
Il étudia à Rio, Rome et Paris. Son œuvre comprend des tableaux d'histoire, des batailles, des paysages et des portraits. Il exposa *La Bataille navale de Richuelo* à Philadelphie et fut médaillé.
Ventes Publiques : New York, 20-21 nov. 1990 : *Portrait d'un jeune homme* 1862, h/t (192x130) : **USD 41 800** – New York, 18-19 mai 1992 : *Portrait de jeune fille* 1884, h/t (65x53,5) : **USD 6 600** – Paris, 4 déc. 1992 : *Vue d'un côté de l'île de Sainte-Catherine près de Rio de Janeiro* 1862, aquar., de forme ovale (22x29) : **FRF 7 500**.

MEIREN Jan Baptiste Van der
Né le 15 décembre 1664 à Anvers. Mort vers 1708 à Anvers. xviie-xviiie siècles. Éc. flamande.
Peintre d'histoire, batailles, paysages.
Maître à Anvers en 1685, il orna les tableaux de Ad. Fr. Boudewyns et alla probablement à Vienne en 1695.

J B. vander Meiren f 1698

Musées : Anvers : *Siège de Coblence* – Budapest : *Combat de cavaliers – Vue d'un port* – Dresde : *Camp – Port oriental – Foire orientale* – Mayence : *Port italien*, deux fois – Plauen : *Port de mer oriental* – Posen : *Départ d'une caravane* – Schleisheim : *Port d'Orient*, deux fois – Sibiu : *Port de mer*, deux fois – Spire : *Coin de port*, deux fois – Stockholm : deux marchés italiens – Vienne (Gal. Liechtenstein) : *Combat naval.*
Ventes Publiques : Vienne, 18 juin 1968 : *Le départ pour la chasse au faucon* : **ATS 60 000** – Londres, 28 jan. 1970 : *Paysage fluvial ; Scène de port*, deux pendants : **GBP 2 300** – Londres, 21 mars 1973 : *Scène de port* : **GBP 2 800** – Vienne, 15 mars 1977 : *Elégante compagnie rentrant de la chasse*, h/t mar./pan. (23,5x34,5) : **ATS 90 000** – New York, 7 juin 1978 : *Paysages animés de nombreux personnages*, h/t, une paire (39,5x56) : **USD 6 000** – Versailles, 16 nov. 1980 : *Le Déchargement des vaisseaux sur le quai du port*, h/t (41x60) : **FRF 35 000** – New York, 9 jan. 1981 : *Scène de port méditerranéen*, h/t (74,2x106) : **USD 3 000** – Milan, 8 mai 1984 : *Scène de port*, h/t (37,5x44) : **ITL 3 000 000** – Londres, 3 avr. 1985 : *Scène de port*, h/cuivre, une paire (25x38) : **GBP 6 000** – Morlaix, 4 avr. 1988 : *Le retour de la chasse*, peint./cuivre (26,5x38) : **FRF 65 000** – Londres, 19 mai 1989 : *La chasse au sanglier*, h/cuivre (8,6x11,8) : **GBP 1 430** – Paris, 14 déc. 1989 : *Paysage avec des chasseurs près d'un cours d'eau*, cuivre (19,5x29) : **FRF 72 000** – Paris, 31 jan. 1991 : *Scène de bataille*, h/t (43,5x57,5) : **FRF 40 000** – Londres, 11 déc. 1992 : *Port du Levant avec des marchands débarquant leur cargaison*, h/cuivre (28x38,5) : **GBP 12 650** – Londres, 8 déc. 1993 : *Deux ports méditerranéens animés*, h/t, une paire (chaque 30x42) : **GBP 16 100** – New York, 14 jan. 1994 : *Scène de port*, h/cuivre (30,3x25,4) : **USD 3 738** – Paris, 16 juin 1995 : *Cavaliers aux abords d'un port méditerranéen*, h/cuivre (20x24,5) : **FRF 32 000** – Paris, 12 déc. 1995 : *Scène de port de la Méditerranée orientale*, h/pan. (26x33) : **FRF 45 000** – New York, 2 avr. 1996 : *Scène de port avec des personnages élégants et des marchands*, h/t (38,7x41,3) : **USD 17 825**.

MEIRERPECK M. Wolfgang
xvie siècle. Actif au milieu du xvie siècle. Allemand.
Graveur sur bois et dessinateur.
Dessina et grava, en collaboration avec G. Liberal, les *Commentaires de Matthiolus sur Dioscoride*, publiés en latin à Venise, en 1548, et en bohémien, en Allemagne en 1560.

MEIRING Enrico. Voir **MERENGO Arrigo**

MEIRING Gabriel
Né en 1946 à Johannesburg. xxe siècle. Actif en Belgique. Sud-Africain.
Peintre, lithographe. Symboliste.
Il a travaillé le piano avant de se consacrer en autodidacte dans les arts plastiques.
Il interprète dans ses œuvres l'ancien *modern style*.
Bibliogr. : In : *Dictionnaire biographique illustré des artistes en Belgique depuis 1830*, Arto, Bruxelles, 1987.

MEIRVENNE Alfons Van
Né en 1932 à Haasdonck. xxe siècle. Belge.
Peintre animalier. Expressionniste.
Il fut élève des académies des Beaux-Arts de Saint-Nicolas-Wass et d'Anvers ainsi que de l'Institut supérieur d'Anvers. Il obtint le prix Godecharle et le prix de Rome en 1955, le Grand Prix d'Ostende en 1961.
Bibliogr. : In : *Diction. biogra. illustré des artistes en Belgique depuis 1830*, Arto, Bruxelles, 1987.
Ventes Publiques : Anvers, 8 avr. 1976 : *Hibou* 1975, h/t (80x90) : **BEF 15 000** – Lokeren, 5 oct. 1996 : *Paysage* 1965, h/t (80x100) : **BEF 26 000**.

MEIS B.
Graveur.
On cite de lui une planche représentant un *Poète écrivant.*

MEISELBACH Joh. Martin
Mort le 17 mai 1758. xviiie siècle. Allemand.
Peintre sur faïence.

MEISEN Karl
Né le 22 juillet 1867 à Cologne (Rhénanie-Westphalie). xixe-xxe siècles. Allemand.

Sculpteur.
Il vécut et travailla à Berlin. Il fut élève de l'Académie de Munich de 1890 à 1894.

MEISLING Peter Ludwig
Né le 22 octobre 1817 à Copenhague. Mort le 19 mai 1853 à Copenhague. XIXe siècle. Danois.
Graveur sur bois.
Élève de A. Th. Kittendorff.

MEISNER. Voir aussi **MEISSNER**

MEISNER Gustav Theodor
Né en 1804 à Altona. Mort le 21 mai 1866 à Mohrhagen. XIXe siècle. Allemand.
Aquarelliste et lithographe.
A peint des chevaux et des portraits d'acteurs.
Ventes Publiques : Stuttgart, 14 sep. 1977 : *Retour des champs,* h/t (43x52) : **DEM 8 500**.

MEISSEL Ernst ou **Meisel**
Né le 8 mars 1838 à Lichte. Mort le 24 septembre 1895 à Munich. XIXe siècle. Allemand.
Peintre d'histoire, scènes de genre.
Élève de Karl von Piloty à Munich, où il expose à partir de 1893. Il peint, avec habileté, des scènes de la vie quotidienne transposées au XVIIe siècle.
Bibliogr. : Gérald Schurr, in : *Les Petits Maîtres de la peinture 1820-1920, valeur de demain,* Les Éditions de l'Amateur, t. V, Paris, 1981.
Musées : Baden-Baden : *Sieste* – Liège : *Le coup de l'étrier.*
Ventes Publiques : Berlin, 1894 : *Veuve au berceau de son enfant* : **FRF 212** ; *La jeune mère* : **FRF 650** – Zurich, 9 nov. 1984 : *Une bonne histoire,* h/t (61x50) : **CHF 7 500** – San Francisco, 20 juin 1985 : *Le Flirt de la soubrette,* h/t (75,5x64) : **USD 2 000** – Londres, 6 mai 1987 : *Jeune femme arrangeant un vase de fleurs,* h/t (44x36,5) : **GBP 3 800** – New York, 25 oct. 1989 : *Flirt,* h/t (76,2x64,8) : **USD 12 100** – Paris, 21 mars 1996 : *Les enfants turbulents,* h/t (59x86) : **FRF 72 000**.

MEISSEN Agnès de. Voir **AGNÈS**

MEISSEN Johann. Voir **MOLTZAN**

MEISSNER Adolf Ernst
Né le 7 avril 1837 à Dresde. Mort en 1902 ou 1907 à Munich. XIXe siècle. Allemand.
Peintre de genre, animaux, paysages animés.
Il fut élève de l'Académie de Dresde et de Robert Kummer. En 1870, il s'établit à Munich. Il exposa à Vienne en 1870.

Musées : Dresde : *Troupeau de moutons dans la neige* – Graz : *Moutons épouvantés.*
Ventes Publiques : New York, 14 déc. 1933 : *Moutons dans la tempête* : **USD 180** – Cologne, 17 oct. 1969 : *Le retour du pêcheur* : **DEM 9 000** – Lucerne, 19 juin 1972 : *Paysage avec troupeau* : **CHF 11 500** – Cologne, 27 juin 1974 : *Troupeau à l'abreuvoir* : **DEM 7 000** – Londres, 19 mai 1976 : *Troupeau à l'abreuvoir,* h/t (42x53,5) : **GBP 1 600** – New York, 28 avr. 1977 : *Moutons et poules dans un paysage,* h/t (103x90) : **USD 4 000** – New York, 28 mai 1981 : *Berger et troupeau sur une route enneigée,* h/t (38x68) : **USD 5 500** – New York, 24 oct. 1984 : *Brebis protégeant son petit,* h/t (70x49,5) : **USD 6 500** – Munich, 11 juin 1985 : *Berger et troupeau de moutons dans un paysage d'hiver,* h/t (38,4x62,3) : **DEM 8 500** – Cologne, 24 oct. 1986 : *Berger et troupeau à l'orée du bois,* h/t (64x101) : **DEM 35 000** – Londres, 27 nov. 1987 : *Berger et troupeau dans un paysage,* h/t (64,5x101) : **GBP 13 000** – New York, 25 fév. 1988 : *Berger et son troupeau sur un chemin l'hiver,* h/t (80x130,8) : **USD 15 400** – New York, 24 mai 1989 : *L'agneau nouveau-né,* h/t (64,1x118,7) : **USD 26 400** – Londres, 24 nov. 1989 : *L'entrée des moutons dans la bergerie,* h/t (73x111) : **GBP 7 700** – New York, 24 oct. 1990 : *Le retour du troupeau au crépuscule,* h/t (64,8x101,6) : **USD 13 200** – New York, 26 fév. 1997 : *Au croisement de chemins,* h/t (63,6x101,6) : **USD 9 200**.

MEISSNER Andrzej
Né en 1929 à Lwow. XXe siècle. Actif en France. Polonais.
Peintre.
Il a figuré à plusieurs reprises en 1967 et 1968 au Salon de Mai à Paris.

MEISSNER Gustav
Né le 3 mars 1830 à Marienwerder. XIXe siècle. Allemand.
Paysagiste et graveur.
Élève de l'Académie de Königsberg. Il s'établit à Friedenau. Médaillé à Berlin en 1866.
Ventes Publiques : Düsseldorf, 20 juin 1973 : *Paysage montagneux* : **DEM 3 500** – Londres, 27 fév. 1985 : *Le retour des moissonneurs,* h/t (41x51) : **GBP 2 000**.

MEISSNER Johann Henrich
Né vers 1700. Mort en 1770. XVIIIe siècle. Actif à Dantzig. Allemand.
Sculpteur.
Il fut dans l'Allemagne du Nord-Est le seul représentant notable du style rococo. Ses meilleures œuvres sont des nus de femmes et de petites statuettes évoquant la mythologie, telles que *Hercule et Omphale* et *Vénus sur les nuées* au Musée de l'empereur Frédéric de Berlin ou encore deux statuettes en bois représentant des femmes nues au Musée de Dantzig.

MEISSNER Kurt August
Né le 16 janvier 1871 à Dresde (Saxe). XXe siècle. Allemand.
Peintre de portraits, animalier, graveur.
Il fut élève de Jul. Scholtz et de L. Pohle.

MEISSNER Léo John
Né le 28 juin 1895 à Detroit (Michigan). XXe siècle. Américain.
Peintre.
Il fut élève de John Wicker et de l'École des Beaux-Arts de Detroit. Il fut membre de la Société des Artistes Indépendants.

MEISSNER Max
Né le 7 novembre 1859. XIXe siècle. Actif à Berlin. Allemand.
Sculpteur.
Élève de Lessing et de Siemering. Il a exécuté le monument de *Paul Flemming* à Hartenstein, celui de *Peter Henlein* à Nuremberg et celui de *Bismarck* à Königsberg.

MEISSNER Olga
Née le 24 février 1844 à Torgau. Morte en 1895 à Düsseldorf. XIXe siècle. Allemande.
Peintre de paysages.
Elle fut élève de Junghann et de Chr. Kröner. Elle exposa à Hambourg en 1887.
Ventes Publiques : Cologne, 30 mars 1979 : *Paysage fluvial,* h/t (55x84) : **DEM 2 200** – Hanovre, 25 sep. 1982 : *Vue d'un village,* h/t (65x91) : **DEM 6 000** – Amsterdam, 3 nov. 1992 : *Figures dans une barque dans un fjord,* h/t (55,5x87) : **NLG 1 725**.

MEISSNER Olga. Voir aussi **JENSEN**

MEISSNER Paul
XXe siècle. Allemand.
Peintre. Tendance surréaliste.
Ses peintures recréent un univers imaginaire.
Bibliogr. : Marcel Bron : *La Peinture allemande,* Tisné, Paris, 1959.

MEISSNER Théo G.
Né le 8 janvier 1884 à Batavia (aujourd'hui Jakarta). XXe siècle. Hollandais.
Peintre de figures, portraits, paysages, natures mortes, graveur.
Il fut élève de Th. Van Hoytema et de H. J. Haverman.

MEISSONIER Jean Charles
Né en 1848 à Paris. Mort le 7 février 1917 à Paris. XIXe-XXe siècles. Français.
Peintre de genre, paysages, aquarelliste. Postimpressionniste.
Il fut élève de son père, Jean Louis Ernest Meissonier. Il figura au Salon de Paris à partir de 1865, obtenant une médaille en 1866 et une médaille d'or à l'Exposition Universelle de 1889. Chevalier de la Légion d'honneur en 1889.
Après s'être essayé à des sujets de genre, dans la manière de son père, il s'orienta vers le paysage, peint à l'huile, à la gouache ou à l'aquarelle, dans un style impressionniste.
Bibliogr. : Gérald Schurr, in : *Les Petits Maîtres de la peinture 1820-1920, valeur de demain,* Les Éditions de l'Amateur, t. IV, Paris, 1979.
Musées : Arras : *Dans le port de Dieppe,* past.
Ventes Publiques : New York, 11 mars 1909 : *Taverne flamande* : **USD 1 450** – Paris, 22 fév. 1919 : *La sentinelle, époque Louis XIII* : **FRF 330** – Paris, 28 mars 1945 : *Paysage* : **FRF 1 000** – New York, 22 mai 1946 : *Musiciens ambulants flamands* :

USD 1 200 – Versailles, 5 juin 1977 : *Concert champêtre*, h/pan. (29x38) : **FRF 10 800** – Vienne, 20 sep. 1977 : *Le mas de Provence* 1869, h/t (46x81) : **ATS 150 000** – Paris, 16 déc 1979 : *Le héraut de Marcie* 1893, bronze patiné (54x58x15) : **FRF 7 500** – New York, 24 jan. 1980 : *La conversation au coin du feu*, h/t (40,6x33) : **USD 2 200** – New York, 11 fév. 1981 : *Le Galant Entretien au bord de la rivière*, h/t (23x36) : **USD 2 000** – Londres, 8 fév. 1984 : *Les Musiciens ambulants* 1882, h/t (55x69) : **GBP 4 000** – New York, 25 fév. 1987 : *Deux cavaliers*, h/pan. (15,8x12,5) : **USD 8 000** – New York, 28 fév. 1990 : *La fête de village*, h/t (64,8x102,8) : **USD 55 000** – New York, 20 fév. 1992 : *Une histoire intéressante*, h/t (50,8x40,6) : **USD 6 600** – Amsterdam, 2 nov. 1992 : *La discussion*, h/t (37x45,5) : **NLG 16 100** – New York, 26 mai 1993 : *Le campement*, h/t (46,4x73) : **USD 10 925**.

MEISSONIER Jean Louis Ernest

Né le 21 février 1815 à Lyon. Mort le 31 janvier 1891 à Paris. XIXe siècle. Français.

Peintre d'histoire, scènes de genre, portraits, aquarelliste, sculpteur, graveur, dessinateur.

Meissonier manifesta très jeune un goût fort vif pour les arts et entra de bonne heure dans l'atelier de Léon Cogniet. Il débuta en 1834 par un tableau de genre : *La visite chez le bourgmestre*, qui fut acquis par la Société des Amis des Arts. Ce petit succès décida le père du jeune artiste à l'envoyer à Rome. Revenu à Paris, il y fit quelque temps de l'illustration tout en donnant aux Salons annuels des tableaux visiblement inspirés par le désir d'imiter les Hollandais, notamment avec *Les bourgeois flamands*, de 1836, des scènes de la vie des mousquetaires de Louis XIII, des bourgeois hollandais du XVIIe siècle ou des gentilshommes du XVIIIe. Il obtint ainsi une troisième médaille en 1840, puis une deuxième en 1841, une première médaille en 1843 et 1848. De cette époque datent : *Le joueur de contrebasse*, *Le Hallebardier*, *Le grand fumeur*, *La partie d'échecs* qui révélaient nettement de quelle école procédait Meissonier. Sa *Rixe*, qui parut au Salon de 1855, consacra définitivement sa renommée. Ce tableau qui lui valut la grande médaille d'honneur, fut acheté par Napoléon III qui l'offrit aux souverains anglais en souvenir de leur visite en France. En 1859, Meissonier suivit la campagne d'Italie dans l'État-Major. Il s'essaya dans la peinture d'histoire par son *Napoléon III à Solférino*, ce qui lui donna l'idée de peindre l'épopée du premier des Napoléon et dès lors il commença, sans négliger la peinture de genre, à peindre ses grandes toiles historiques telles que *La campagne de France*, *Iéna, 1807*, *Castiglione*, *Les Cuirassiers*. Décoré de la Légion d'honneur depuis 1846, Meissonier fut nommé membre de l'Institut en 1861. En 1889, il fut élu par acclamations Président du Jury international des Beaux-Arts... Peu d'artistes ont connu de leur vivant une telle réputation mondiale, suivie sitôt sa mort d'un oubli égal. Il a manqué à Meissonier, pour égaler les Hollandais dont il fut le disciple et l'imitateur, deux qualités que ceux-ci possédaient au suprême degré : la vie et la lumière. Ses tableaux de genre sont des petits chefs-d'œuvre de travail minutieux, mais il leur manque le sentiment. On pourrait adresser le même grief à ses tableaux militaires, larges compositions factices. Toutefois, il faut lui reconnaître un métier prestigieux, une habileté supérieure et un souci du détail, souvent même excessif. Ses dessins sont habiles et consciencieux. Il a tenu un rang trop prépondérant dans l'art contemporain pour ne point demeurer, ne fût-ce que par ses tableaux des Musées, mais il était à prévoir que sa vogue ne survivrait pas à l'épreuve du temps. Dans ses sujets favoris, le souci du détail le fit passer toujours à côté de l'essentiel. Quand il délaissait les thèmes qui faisaient son succès, il retrouvait fraîcheur et spontanéité du sentiment : ainsi, il illustra, pour Curmer, *Paul et Virginie* en 1838, *Les Français peints par eux-mêmes* en 1840, les *Contes rémois* en 1858. Ses esquisses préparatoires prouvent personnalité et fougue. Quand il retrace un drame qu'il a personnellement vécu (et non plus l'épopée d'un Napoléon Ier, qu'il ne connut que par les récits), il est capable d'émotion, ainsi de *La barricade, rue de la Mortellerie* de 1848, aujourd'hui au Louvre. Il peignit aussi quelques paysages pour eux-mêmes, sans composition ni personnages : *Antibes, la promenade à cheval* en 1868, ou encore : *Canal à Venise* en 1885. Personnalité aux aspects contradictoires, si Baudelaire ne l'appréciait pas, il fut défendu par Delacroix, Odilon Redon et Van Gogh l'estimaient. Il fut l'un des responsables, en 1873, de l'exil forcé de Courbet, auquel il était politiquement opposé, mais il accueillit Sisley et Renoir à la Société Nationale des Beaux-Arts qu'il fonda en 1889.

Bibliogr. : Catalogue de l'exposition *Ernest Meissonier* Musée des Beaux-Arts de Lyon 25 mars-27 juin 1993.

Musées : Amsterdam (mun.) : *Gentilhomme lisant* – Bayonne (Bonnat) : quatre études – Chantilly : *Vedette de dragons sous Louis XV* – *Cuirassiers de 1805 avant le combat* – un pastel – *Cheval blessé*, sculpt. – Grenoble : *Le héraut de Murcie*, sculpt. – *Deux gladiateurs*, sculpt. – *Une danseuse*, sculpt. – *Duroc à Castiglione*, sculpt. – *Cheval blessé*, sculpt. – *Muse dansante*, sculpt. – *Cariatide*, sculpt. – Hambourg : *Repos de cavaliers* – Lille : *Amateur de tableaux chez un peintre*, grisaille – Londres (coll. Wallace) : *Mousquetaires Louis XIII* – *Halte à l'auberge* – *Napoléon et son état-major* – *Cavalier Louis XIII* – *Saint Jean à Patmos* – *L'amateur d'estampes* – *Le Décaméron* – *Les Brais* – *L'auberge* – *Le colonel Félix Massue* – *Soldats jouant* – *Cavalier Louis XIV* – *Polichinelle* – *Bourgeois hollandais*, peut-être la première peinture du maître – *Le corps de garde* – Lyon : *P. Chenavard* – *Championnet* – Melbourne : *L'aumône* – Moscou (Gal. Tretiakov) : *Les députations devant l'impératrice Eugénie à Nancy* – Munich : *Les Bravi* – Paris (Mus. du Louvre) : *Liseur* – *Les trois fumeurs* – *Le joueur de flûte* – *Les ordonnances* – *Le poète* – *Napoléon III à Solférino* – *Napoléon III et son état-major* – *L'attente* – *Jeune femme chantant* – *Étude de paysage* – *Blanchisseuses à Antibes* – *Cuirassiers et chevaux*, trois études – *Alexandre Dumas fils* – *Mme Gerriol* – *Vue de Venise* – *La madone del baccio* – *Ruines des Tuileries* – *Le siège de Paris* – *Samson* – *J.-J. Rousseau et Mme de Warens* – *Cavalier et jeune femme en haut d'un escalier* – *Études de cuirassiers* – deux vues de Venise – *Antibes* – *Les voyageurs* – *Cuirassiers* – *L'artiste, jeune* – *L'artiste en 1889* – Paris (coll. Chauchard) : *L'homme à l'épée* – *Le liseur noir* – *Au cabaret* – *Le dessinateur* – *Le liseur blanc* – *Le fumeur* – *La confidence* – *Les amateurs de peinture* – *Au tourne-bride* – *Le rieur* – *Antibes* – *Gentilhomme Louis XIII* – *Gentilhomme frisant sa moustache* – *L'auberge du pont de Poissy* – *Campagne de France* – *Lannes* – *Bessières* – *Petit poste de grand'garde* – *Le cheval de l'ordonnance* – *Le grenadier en faction* – *Lieutenant de cuirassiers* – *Cinq dragons* – Paris (Luxembourg) : nombreuses études – Reims : croquis – Rouen : *Cuirassiers en selle* – *Cheval bai* – Valenciennes : *L'artiste* – Aquarelle – Versailles : *Mme de Lorraine, duchesse d'Alençon* – *Louise de Savoie* – *Granvelle*.

Ventes Publiques : Paris, 1865 : *Jeune homme travaillant* : **FRF 20 400** ; *Un poète* : **FRF 36 000** ; *Les Bravi* : **FRF 28 700** – Paris, 1872 : *Les deux Van de Velde* : **FRF 38 000** – Paris, 1873 : *Le Joueur de guitare* : **FRF 37 000** ; *Soldat sous Louis XIII* : **FRF 31 200** – New York, 1876 : *Soldats jouant aux cartes* : **FRF 57 500** – Paris, 1877 : *Le Portrait du sergent* : **FRF 100 000** ; *Innocents et Malins* : **FRF 88 000** ; *Une chanson* : **FRF 49 000** – Paris, 1881 : *Une compagnie de mousquetaires* : **FRF 50 000** – Paris, 1881 : *Halte de cavaliers* : **FRF 125 000** – New York, 2 avr. 1885 : *Le Fumeur de pipe*, h/pap. mar./pan. (26x20) : **USD 3 400** – Paris, 1886 : *Dans la bibliothèque* : **FRF 82 625** ; *Le Porte-Drapeau* : **FRF 75 000** – New York, 1887 : *Friedland 1807* : **FRF 336 000** – Londres, 1888 : *A boire* : **FRF 51 713** – Paris, 1889 : *Les Cuirassiers* : **FRF 190 000** ; *Les Joueurs d'échecs*, aquar. : **FRF 22 500** – Paris, 1890 : *1814* : **FRF 131 000** – Paris, 1890 : *Dragon de l'armée d'Espagne*, aquar. : **FRF 20 000** – Paris, 1892 : *Le Peintre au chevalet* : **FRF 60 000** – Paris, 1893 : *Le Graveur à l'eau-forte* : **FRF 272 000** ; *Lannes* : **FRF 50 000** – Paris, 1897 : *Officier d'état-major en observation* : **FRF 94 100** – Paris, 1898 : *Le Portrait de Gernito, sculpteur napolitain* : **FRF 65 000** – Londres, 6 mai 1899 : *Le Fumeur* : **FRF 33 600** ; *Hallebardier*, aquar. : **FRF 15 750** – Paris, 1900 : *Le Porte-Étendard* : **FRF 65 675** – New York, 15-16 avr. 1909 : *Le Retour au logis* : **USD 4 900** – Paris, avr. 1910 : *En reconnaissance* : **FRF 26 500** – Paris, 30 mai-6 juin 1912 : *Le Fumeur noir* : **FRF 37 100** – Paris, 25 nov. 1918 : *L'Amateur de peinture* : **FRF 13 000** – Paris, 16-19 juin 1919 : *Le Liseur rose* : **FRF 17 000** – Paris, 14 mai 1920 : *Les Fumeurs* : **FRF 5 500** – Londres, 27 jan. 1922 : *Retour à la mai-*

son : **GBP 336** – Paris, 23-24 nov. 1923 : *Le Liseur* : **FRF 13 500** – Londres, 27 avr. 1923 : *Le Braggard*, dess. : **GBP 152** – Paris, 27-28 juin 1924 : *La Partie de cartes*, aquar. gchée : **FRF 4 500** – Londres, 11 juil. 1924 : *Regnard dans son atelier* : **GBP 609** – Paris, 9 fév. 1927 : *Thiers sur son lit de mort* : **FRF 1 500** – Londres, 13 mai 1927 : *Les Camarades* : **GBP 1 228** ; *L'Écrivain méditant* : **GBP 861** ; *Récit du siège de Berg-op-zoom* : **GBP 315** – Paris, 6 fév. 1929 : *Le Coup de l'étrier* : **FRF 4 100** – Londres, 19 avr. 1929 : *Annibal*, dess. : **GBP 54** – Londres, 7 fév. 1930 : *La Première Garde d'une armée* : **GBP 67** – Paris, 18 juin 1930 : *L'Attente de l'audience* : **FRF 46 000** – New York, 7 déc. 1933 : *Attente à la fenêtre* : **USD 825** – New York, 11 mai 1934 : *La Vedette* : **USD 2 700** – Paris, 18 mars 1937 : *Le Fumeur rouge* : **FRF 8 100** – Paris, 8 mai 1941 : *La Partie de dames*, préparation : **FRF 6 550** – Paris, 2 oct. 1942 : *Le Quai à Évian-les-Bains* : **FRF 5 100** – Paris, 23 déc. 1942 : *Cuirassier* : **FRF 30 100** – Paris, 2 juin 1943 : *Étude pour un cuirassier chargeant*, dess. aquarellé : **FRF 3 000** – Paris, 10 déc. 1943 : *Cavalier et études de harnachement* : **FRF 11 000** – Paris, 14 mai 1945 : *Étude d'enfant* : **FRF 950** – Paris, oct. 1945-juil. 1946 : *Cheval au pas* : **FRF 12 000** ; *Cuirassier à cheval* : **FRF 45 000** – New York, 20 fév. 1946 : *Maréchal Bessières* : **USD 400** – Londres, 12 juil. 1946 : *Vieux Marchand d'habits*, dess. : **GBP 115** – Paris, 28 avr. 1947 : *Les joueurs de cartes* 1860 : **FRF 190 000** ; *Le reître* 1879 : **FRF 51 000** – Paris, 29 oct. 1948 : *Homme de garde* : **FRF 28 500** – Paris, 28 mars 1949 : *La Vedette* 1876, aquar. gchée : **FRF 20 000** – Paris, 23 mars 1949 : *Gentilhomme Louis XIII*, aquar. : **FRF 50 000** – Paris, 9 jan. 1950 : *Homme de la Renaissance consultant un livre* 1876 : **FRF 20 500** – Paris, 3 avr. 1950 : *Antibes* : **FRF 25 000** – Paris, 20 avr. 1951 : *Mousquetaires* : **FRF 83 000** – Paris, 2 juil. 1951 : *Le couple*, pl., reh. de gche : **FRF 5 100** – Paris, 2 avr. 1951 : *Le Comte de Chevigné dans son cabinet de travail* : **FRF 160 000** – New York, 23 oct. 1957 : *La Vedette* : **USD 1 400** – Londres, 7 juil. 1961 : *Deux Cavaliers sur une route boisée* : **GBP 168** – Londres, 31 juil. 1963 : *Le Bibliophile* : **GBP 300** – Paris, 16 juin 1964 : *Friedland*, aquar. gchée : **FRF 55 000** – Amsterdam, 5-18 oct. 1965 : *Le Fumeur rouge* : **NLG 11 000** – New York, 6 oct. 1966 : *Le Fumeur* : **USD 1 700** – New York, 31 oct. 1968 : *Sur l'escalier* : **USD 3 500** – Newport, 17 sep. 1969 : *Le Cavalier*, aquar. : **USD 1 000** – Paris, 26 nov. 1969 : *La Partie de boules* : **FRF 52 500** – New York, 12 fév. 1970 : *Un cuirassier* : **USD 2 800** – Paris, 26 nov. 1970 : *Cheval courant*, bronze patiné : **FRF 5 800** – New York, 24 fév. 1971 : *Cavaliers* : **USD 2 800** – Londres, 29 juin 1972 : *Le Mousquetaire*, aquar. : **GBP 520** – Londres, 15 mars 1973 : *Napoléon à cheval, pendant la retraite de Russie*, bronze patiné : **GBP 680** – Paris, 7 juin 1973 : *Charge des cuirassiers*, aquar. gchée : **FRF 16 000** – New York, 14 juin 1973 : *Le Cavalier* : **USD 4 000** – Paris, 5 juin 1974 : *L'Empereur Napoléon* 1863 : **FRF 33 000** – New York, 14 mai 1976 : *Le Fumeur de pipe*, h/pap. mar./pan. (26x20) : **USD 2 400** – Londres, 11 fév. 1977 : *Hussard sur un cheval blanc*, h/pan. (36x44,5) : **GBP 5 000** – New York, 26 janv 1979 : *Le grenadier*, aquar. (28x20) : **USD 1 900** – New York, 4 mai 1979 : *Étude de soldat debout*, h/pap. mar./pan. (34x14) : **USD 5 750** – Londres, 27 nov. 1980 : *Étude de soldat avec un sabre*, aquar. et cr. (27x19) : **GBP 1 300** – Londres, 4 juin 1981 : *Cuirassier à cheval*, bronze (H. 49) : **GBP 2 600** – New York, 27 mai 1983 : *Portrait du frère de l'artiste, Édouard*, mine de pb reh. de blanc (28x24,5) : **USD 1 300** – New York, 26 oct. 1983 : *Le Coup de l'étrier* 1864, h/pan. (15x11,2) : **USD 12 000** – Londres, 18 juil. 1983 : *Cuirassier à cheval*, bronze (H. 49) : **GBP 2 000** – Londres, 28 nov. 1985 : *Un dragon à cheval* 1876, aquar. et gche/trait de cr. (42,5x32) : **GBP 6 500** – Paris, 28 juin 1985 : *Napoléon* 1814, cire rouge avec un harnachement en cuir et métal (H. 36) : **FRF 140 000** – New York, 28 oct. 1986 : *En attendant l'audience* 1866, h/pan. (40x24,7) : **USD 11 000** – New York, 24 fév. 1987 : *Le Guide* 1883, h/t (112x88) : **USD 135 000** – New York, 25 fév. 1988 : *La Sérénade*, aquar. (46,7x28,3) : **USD 1 980** – Paris, 18 mars 1988 : *Le Combat* vers 1880, h/t (33,5x42,5) : **FRF 95 000** – Cologne, 15 oct. 1988 : *Portrait d'une jeune paysanne en habits de fête*, h/pan. (18x14) : **DEM 1 800** – Calais, 13 nov. 1988 : *Les fenêtres surplombant le défilé*, h/t (39x28) : **FRF 58 000** – Paris, 7-12 déc. 1988 : *L'Éventail*, pl. et lav. reh. de gche blanche (22,5x35) : **FRF 6 800** – New York, 23 fév. 1989 : *Officier de Napoléon*, h/pan. (14,6x9,8) : **USD 10 450** – New York, 24 oct. 1989 : *Un brigadier de cuirassiers*, h/pan. (24,1x18,4) : **USD 8 250** – New York, 1er mars 1990 : *Coup de vent*, h/pan. (19,2x26,6) : **USD 6 600** – Paris, 19 mars 1990 : *Cavalier d'Empire*, bronze (H. 22,5xL. 20,5) : **FRF 23 100** – New York, 23 mai 1990 : *Napoléon 1er*, bronze à patine brune (H. 39,4) : **USD 11 000** – Paris, 17 oct. 1990 : *Cuirassier à cheval chargeant* 1893, h/pan. (23x21) : **FRF 42 000** – New York, 26 oct. 1990 : *Étude de bottes d'un officier de cavalerie*, aquar. et gche/pap. (78,1x48,3) : **USD 28 600** – Amsterdam, 24 avr. 1991 : *La Tricoteuse hollandaise*, h/pan. (34x24) : **NLG 8 050** – New York, 22 mai 1991 : *La Retraite du maréchal Ney* 1838, bronze patine verte (H. 47,6, L. 56,5) : **USD 10 450** – Paris, 9 juil. 1992 : *Portrait de prélat attablé*, sanguine (21,4x13,4) : **FRF 4 500** – New York, 16 juil. 1992 : *Homme assis sur un tabouret*, cr. et gche/pap. (22,9x17,1) : **USD 1 210** – Londres, 28 oct. 1992 : *Les Messagers*, h/pan. (32x25) : **GBP 4 400** – Paris, 2 avr. 1993 : *Cuirassier à cheval*, peint./pan. (32x15) : **FRF 36 000** – New York, 13 oct. 1993 : *La Bataille de Friedland en 1807* 1888, aquar./pap. (144,8x252,7) : **USD 321 500** – Londres, 10 juin 1994 : *Octobre 1806, Iéna*, h/pan. (25,1x45,7) : **GBP 8 050** – Monaco, 20 juin 1994 : *Étude de jambe droite d'un homme assis et d'une chaussure*, craies noire et blanche/pap. beige (25x21) : **FRF 44 400** – Paris, 29 juin 1994 : *Le Mousquetaire*, h/bois (21x16,3) : **FRF 27 000** – Paris, 2 déc. 1994 : *Le lieutenant de cuirassier*, h/pan. (29,5x22) : **FRF 69 000** – Paris, 12 mai 1995 : *La Lecture de la lettre*, h/pan. (53,5x38,4) : **FRF 25 500** – Paris, 8 nov. 1995 : *Hussard*, bronze (H. 22) : **FRF 19 000** – Rennes, 19 mars 1996 : *Dans la loggia* 1888, h/t (20x25) : **FRF 75 000** – Neuilly, 9 mai 1996 : *Cavalier au clairon* 1874, encre : **FRF 4 000** – Londres, 31 oct. 1996 : *Le Cavalier*, cr. et aquar. (24x16) : **GBP 2 300** – Paris, 8 déc. 1996 : *Spadassin assis*, dess. aux trois cr./pap. (35x22) : **FRF 6 200** – Londres, 11 juin 1997 : *La Partie de boules*, aquar. avec touches de blanc/traits cr. (12,5x19) : **GBP 9 775**.

MEISSONIER Justin Aurèle

Né en 1675 à Turin. Mort en 1750 à Paris. XVIIIe siècle. Français.

Peintre, sculpteur, architecte et orfèvre.

Il vint assez jeune à Paris et y fut surtout célèbre comme orfèvre et peintre décorateur. Justin Aurèle fut un brillant décorateur. Il fournit un grand nombre de dessins pour la gravure et ses œuvres possèdent tout l'esprit, toute l'élégance du XVIIIe siècle. Son art était rococo à l'extrême et convenait à ses attributions d'organisateur de fêtes et de pompes funèbres royales. Son projet très recherché de façade pour l'église Saint-Sulpice à Paris, ne fut pas retenu.

M ė. inv.

Ventes Publiques : Paris, 1898 : *Modèle pour un flambeau*, sanguine : **FRF 750** – Paris, 28-31 déc. 1925 : *Projet de flambeau*, cr. : **FRF 955** – Paris, 28 nov. 1928 : *Deux vues de parcs*, deux dess. : **FRF 1 900**.

MEISSONNIER Émile Jean Louis. Voir **MEISSONIER Jean Louis Ernest**

MEISSONNIER Joseph

Né en 1864. Mort en 1943. XIXe-XXe siècles. Français.

Peintre de paysages animés, paysages.

Ventes Publiques : Paris, 29 nov. 1990 : *Le sous-bois*, h/pan. (67x50) : **FRF 22 000** – Reims, 9 juin 1991 : *Bergère et troupeau au bord de la mer*, h/t (65x54) : **FRF 8 200** – Paris, 21 mars 1995 : *Vue de Vaison le soir*, h/t (33x41) : **FRF 4 000**.

MEISTER Eduard

Né le 13 octobre 1837 à Billigheim. Mort le 12 octobre 1867 à Fribourg-en-Brisgau. XIXe siècle. Allemand.

Sculpteur.

Élève de l'Institut Städel à Francfort-sur-le-Main et de l'École des Beaux-Arts à Stuttgart. Il a exécuté douze statuettes des margraves de Bade pour les châteaux de Mainau et d'Eberstein. On lui doit également la statuette du marquis de Lassberg pour la bibliothèque du prince de Furstenberg à Donaueschingen.

MEISTER Ernst

XIXe siècle. Allemand.

Peintre d'histoire, scènes animées.

Il s'établit à Cologne où il travaillait vers 1856.

Ventes Publiques : New York, 26 mai 1983 : *Le Repos après la chasse* 1868, h/t (47x56) : **USD 3 500**.

MEISTER Eugen

Né en 1886 à Bischofszell. XXe siècle. Suisse.

Peintre.

Il fut élève des Écoles des Beaux-Arts de Zurich et de Munich. Il vécut et travailla à Zurich.

Musées : Zurich : *Paysage de Saint-Moritz*.

Ventes Publiques : Zurich, 5 mai 1976 : *Paysage marin* 1952, h/pan. (67x82) : **CHF 1 100**.

MEISTER Ferdinand
xixe siècle. Actif à Berlin de 1828 à 1840. Allemand.
Peintre de genre et de portraits.

MEISTER Jean Marie
Né le 25 octobre 1933 à Tramelan. xxe siècle. Actif depuis 1955 en France. Suisse.
Peintre, graveur.

Il vit à Paris depuis 1955.
Il participe à divers Salons à Paris, dont ceux des Réalités Nouvelles (1957), et de Mai depuis 1969. Il fait une première exposition à Paris en 1963, à Vitry en 1971, de nouveau à Paris en 1972. Il fut, en 1956, lauréat du Prix de la Bourse fédérale suisse.
Jusque vers 1959, il pratique un néo-plasticisme rigoureux. Sa peinture évolue ensuite vers des « écritures blanches » qui évoquent Tobey et qui, peu à peu, tendent à se fondre totalement à la toile. Dans les années 1960 déjà, gardant l'écriture comme thème, il laisse grossir certains détails, en particulier les chiffres, qui deviennent alors l'élément principal, le leitmotiv de la composition. C'est à partir de 1967-1968 que des chiffres, il passe aux formes violemment soulignées, consacrant d'abord une série à l'oreille, puis, à partir de 1968, aux champignons. Mais, plus qu'une image descriptive, sa peinture est en quelque sorte un jeu sur la forme et le trait, forme posée dans un espace et que ne retient que l'armature linéaire, forme soulignée et divisée par ces lignes brisées qui jalonnent la toile. On a vu une touche surréaliste dans cette peinture qui se joue de la réalité. Techniquement, on vante la qualité des gris.
Musées : Lausanne (Mus. des Beaux-Arts) – Paris (FNAC).
Ventes Publiques : Paris, 21 mars 1992 : *Sans titre* 1977, acryl./t. (100x100) : **FRF 8 000**.

MEISTER Nicolas
xixe siècle. Allemand.
Peintre.

Frère et collaborateur de Simon Meister.

MEISTER Otto
Né le 17 août 1887 à Thalwil (Zurich). Mort en 1969. xxe siècle. Suisse.
Peintre.

Il fut élève de l'Académie Ranson à Paris. Il vécut et travailla à Arlesheim.
Ventes Publiques : Zurich, 28 mai 1976 : *Vue de la fenêtre* 1969, h/t (81x100) : **CHF 4 600** – Zurich, 26 mai 1978 : *Vue de la maison de Kilchberg* 1969, h/t (81x100) : **CHF 3 000** – Zurich, 25 mars 1996 : *Paysage* 1926, h/t (34,5x42) : **CHF 1 380**.

MEISTER Otto Friedrich Karl
Né le 26 octobre 1892. xxe siècle. Allemand.
Peintre de portraits, paysages.

Il fut élève de Sterl. Il vécut et travailla à Dresde.
Musées : Dresde – Dresde (min. de l'Intérieur).

MEISTER Peter
Né en 1934 à Emmental. xxe siècle. Actif aussi en Italie et en France. Suisse.
Sculpteur.

Il a reçu une formation de sculpteur à Zurich, puis Paris et Berlin, jusqu'en 1957. Il travaille surtout à Zurich, Carrare et parfois Paris.
À partir de gros blocs massifs et offrant une cassure comme une cicatrice, il joue sur les sensations de déséquilibre et évoque une idée tellurique de la matière.

MEISTER Pierre
Né le 17 février 1814 à Colmar. xixe siècle. Français.
Peintre de natures mortes et de fleurs.

Élève de Henri Lebert. Exposa au Salon de 1861 à 1880.

MEISTER Simon
Né le 20 décembre 1796 à Coblentz. Mort le 29 février 1844 à Cologne. xixe siècle. Allemand.
Peintre de genre, portraits, animaux.

Il fut élève d'Horace Vernet à Paris. Il s'inspira également de Géricault. L'importance et la valeur de son œuvre ne furent appréciées que depuis 1925 à l'occasion d'une exposition de l'art rhénan.
Musées : Coblence : *Chevaux dans la tempête – Portrait du pasteur Lang – Portrait d'homme – Deux portraits de l'artiste par lui-même – Portrait de J. P. v. Lassaulx – Portraits de Charles Pressart et de sa femme – Le général de Borstell avec son adjudant* – Cologne : *Lions combattant dans le désert – Portraits de l'artiste, d'un homme, de la famille Werbrun et de Frédéric Guillaume IV* – Düsseldorf : *Mort de Kosciuszko – La famille Tillmann*.
Ventes Publiques : Cologne, 23 mars 1990 : *Cheval* 1826, h/t (59x73) : **DEM 2 500**.

MEISTER Willi
Né en 1918 à Olten. xxe siècle. Suisse.
Peintre.

Il vit à Heimiswii.
Musées : Olten.
Ventes Publiques : Berne, 12 mai 1990 : *Usine éclairée*, h/t (130x145) : **CHF 3 000**.

MEISTERMANN Georg
Né le 16 juin 1911 à Solingen (Westphalie). Mort en 1990 à Cologne (Rhénanie-Westphalie). xxe siècle. Allemand.
Peintre, peintre de cartons de vitraux. Abstrait-géométrique.

Il fut élève de l'Académie des Beaux-Arts de Düsseldorf en 1932-1933 ou selon d'autres sources de 1929 à 1933, sous la direction de Nauen et Mataré. Dès 1933, il lui fut interdit, par les autorités nazies, d'exposer ses œuvres, considérées comme étant de l'« art dégénéré ». De 1937 à 1939, il effectua plusieurs voyages dans divers pays dont la France, la Hollande et l'Angleterre. En 1944, ses œuvres antérieures furent détruites. Il devint, en 1953, professeur à l'École du Stäedelsches Kunstinstitut de Francfort, en 1955 à l'Académie des Beaux-Arts de Düsseldorf, enfin, en 1960, à l'Académie des Beaux-Arts de Karlsruhe.
Il figure dans des expositions d'ensemble de la jeune peinture allemande, aussi bien en Allemagne que dans les pays étrangers. On a vu de ses peintures dans de nombreux pays d'Europe, à Paris lors de l'exposition de peinture abstraite allemande, au Cercle Volney, en 1955, aux Indes, en Nouvelle-Zélande, au Japon, aux États-Unis. En 1959-1960, se tint une exposition rétrospective de son œuvre dans de nombreuses villes d'Allemagne : Wuppertal, Witten, Solingen, Mannheim, Fribourg, Munich. En 1948, il reçut le Prix Karl-Ernst Osthaus ; en 1950, le Premier Prix du concours Blevonj Davis ; en 1951, le prix pour la Culture de Wuppertal ; en 1952, le prix homologue de la Ville de Cologne ; en 1956, le Grand Prix de l'État du Rhin-Nord Westphalie.
Il est l'un des principaux représentants de l'abstraction géométrique dans la peinture allemande, plus volontiers lyrique, encore que Meistermann ne soit jamais totalement géométrique et que cette tendance ne se manifeste dans son œuvre que dans certaines périodes. Aussi bien dans ses vitraux (son premier date de 1938) que ses peintures, il exprime un sentiment religieux du monde. Il a réalisé des œuvres monumentales comme le mur en verre coloré pour la Rundfunkhaus de Cologne. Avant 1950, il recourait à une figuration de la réalité, toutefois dissociée par un procédé de trame. Ce procédé s'amplifia dans la suite, au point de rendre le prétexte indiscernable. De 1950 à 1955, il n'utilisa plus que des bandes de couleurs, enchevêtrées ou superposées à la façon de poutres ou bien des larges signes graphiques d'un Soulages. Il utilise très souvent les techniques de la transparence, formes et couleurs apparaissant les unes à travers les autres. Autour de 1950, on décelait dans ses dernières œuvres figuratives, l'influence du Picasso de l'époque de Guernica. ■ J. B.
Bibliogr. : Michel Seuphor : *Dictionnaire de la peinture abstraite*, Hazan, Paris, 1957 – Marcel Brion : *La Peinture allemande*, Tisné, Paris, 1959 – in : *Peintres contemporains*, Mazenod, Paris, 1964 – in : *Dictionnaire universel de la peinture*, t. IV, Le Robert, 1975 – P. Nathan : *Georg Meistermann*, galerie Nathan, Zurich, 1988 – Werner Schäfke : *Georg Meistermann, Monographie und Werkverzeichnis der Gemälde*, Verlag Wienand, Cologne, 1992.
Ventes Publiques : Cologne, 27 mai 1970 : *Standgut* : **DEM 4 800** – Düsseldorf, 14 nov. 1973 : *Blanc alpestre* : **DEM 17 000** – Hambourg, 4 juin 1976 : *Feuertaube* 1951, h/t mar./cart. (35,8x44,1) : **DEM 2 600** – Hambourg, 3 juin 1978 : *Composition* 1960, h/t (48x62) : **DEM 3 000** – Cologne, 17 mai 1980 : *Le jardin à la barrière* 1946, aquar. et gche (40x55) : **DEM 2 400** – Munich, 27 nov. 1981 : *Paysage d'hiver* 1953, h/t (49x29,5) : **DEM 4 000** – Munich, 26 nov. 1982 : *Verwitternde Kastanien* 1957, aquar. : **DEM 4 400** – Cologne, 4 juin 1983 : *Poisson debout*, h/t (80x102) : **DEM 16 000** – Cologne, 29 mars 1984 : *Maison* 1940, temp./pap. brun mar./t. (49x39) : **DEM 3 200** – Munich, 25 nov. 1985 : *Composition*, h/t mar./cart. (12x30,1) :

DEM 5 300 – Cologne, 31 mai 1986 : *Nature morte aux fleurs*, gche (34,5x44,5) : **DEM 8 500** – Londres, 21 oct. 1987 : *Composition* 1947, h/t (54x76,3) : **GBP 2 000**.

MEISZ Maria E. von
Née le 27 août 1870 à Zurich. xxe siècle. Suisse.
Peintre de portraits, nus, intérieurs.
Elle fut élève de Pfyffer à Zurich et de Smidt-Reutte à Carlsruhe. Elle travailla à Meysenberg.

MEIT Conrad ou **Meijt**, dit **Conrad de Malines**
Né en 1485 à Worms. Mort en 1544. xvie siècle. Allemand.
Sculpteur et graveur de portraits.
Son nom se trouve mentionné pour la première fois vers 1511 à Wittemberg où il a travaillé pour le prince électeur Frédéric le Sage de Saxe dans l'atelier de Cranach. Il se maria en 1514 dans les Pays-Bas. Il exécuta ensuite en 1518 plusieurs statuettes pour Marguerite d'Autriche ; mais son œuvre magistrale est constituée par les tombeaux qu'il édifia de 1526 à 1531 à Saint-Nicolas de Tolentin à Brou pour Marguerite d'Autriche, son mari et la mère de celui-ci, Marguerite de Bourbon. A la netteté de ses plans, la qualité de la matière, Conrad Meit ajoute une profusion de détails qui prouvent sa connaissance de l'italianisme. C'est à l'intention de Brou que fut également exécutée une *Pietà* qui fut transportée en 1792 à la cathédrale de Besançon. A partir de 1531 Meit travailla au tombeau de Jean II de Châlons, prince d'Orange, pour sa veuve Philiberte de Luxembourg à Lons-le-Saunier. Il semble avoir terminé sa vie à Anvers, où il fut maître de la gilde en 1536.
Musées : Bruges (Grouthause) : *Charles Quint* – Cologne (Mus. d'Art Industriel) : statue de bronze – Gotha : *Adam et Ève* – Munich (Mus. Nat.) : *Judith nue portant la tête d'Holopherne* – Paris (Mus. du Louvre) : *Fortitudo* – Troyes : *Sainte Catherine d'Alexandrie* – *Sibylle* – *Même sujet* – Versailles : *Statue d'une princesse de Bourbon* – Vienne (Mus. Autrichien) : *Adam et Ève*.

MEI TCH'ONG. Voir **MEI CHONG**

MEITINGH Anton
xviie siècle.
Graveur au burin.
Il a gravé des sujets religieux et des paysages et en particulier : la *Tentation de saint Antoine* et *Paysage avec buveurs*.

MEITNER Laszlo
Né en 1900. Mort en 1968. xxe siècle. Hongrois.
Peintre.
Il fit partie de ces nombreux artistes qui s'expatrièrent de leur pays pour rejoindre le Brésil durant la Seconde Guerre mondiale.

MEI TS'ING. Voir **MEI QING**

MEIXMORON de DOMBASLE Charles de
Né le 10 novembre 1839 à Roville (Meurthe-et-Moselle). Mort le 20 juillet 1912 à Dienay (Côte-d'Or). xixe-xxe siècles. Français.
Peintre de paysages.
Élève de Joseph Louis Le Borne, il figura au Salon des Artistes Français et obtint une mention honorable à l'Exposition Universelle de 1900.
Son art changea vers 1873, au moment où il rencontra Monet.
Bibliogr. : Gérald Schurr, in : *Les Petits Maîtres de la peinture 1820-1920, valeur de demain*, Les Éditions de l'Amateur, t. II, Paris, 1982.
Musées : Nancy : *Coin de parc rustique* – Toul : *Le lavoir*.
Ventes Publiques : Paris, 22 nov. 1946 : *Paysage bleu* : **FRF 290** – Nancy, 21 déc. 1980 : *Bords du Brévon*, h/t (44x66) : **FRF 4 200** – New York, 13 déc. 1985 : *Scène de rue*, h/t (44,5x73,5) : **USD 3 500** – Paris, 27 avr. 1987 : *Promenade d'automne dans le parc*, h/t (81x117) : **FRF 31 000** – Paris, 11 déc. 1989 : *L'église au crépuscule*, h/t (43x55) : **FRF 6 500** – Nancy, 20 mai 1990 : *Ramassage du varech au bord de la mer*, h/t (117x80) : **FRF 42 000** – Neuilly, 20 mai 1992 : *Le lac du Bourget*, h/t (43x55) : **FRF 18 000** – Paris, 27 juin 1994 : *La rivière à l'entrée du village*, h/t (51,5x73) : **FRF 6 800** – Paris, 4 juil. 1995 : *Le lac des Quatre-Cantons à Lausanne* 1906, h/t (24x35,5) : **FRF 7 000** – Paris, 23 fév. 1996 : *L'orée du village* 1892, h/cart. (23x32) : **FRF 4 500**.

MEIXNER Agid
xviie siècle. Actif à Graz. Autrichien.
Sculpteur.
Il sculpta en 1670 une chaire pour l'église Saint-Jacques de Leoben.

MEIXNER Franz Xaver von
Né à Deux-Ponts. xixe siècle. Allemand.
Peintre.
En 1809 il fut élève de l'Académie de Munich. Le Musée de Hambourg conserve de lui : *Portrait du pâtissier Steenfatt*.

MEIXNER Fritz Const.
Né le 8 novembre 1859 à Vienne. xixe siècle. Actif à Vienne. Autrichien.
Sculpteur.
Élève de Zumbusch. Il a exécuté la statue de Mendelssohn-Bartholdy au Musée de Prague, plusieurs bustes et décoré le Théâtre et la Maison des artistes d'Agram.

MEIXNER Johann
Né le 3 janvier 1819 à Rothfloss, en Bohême. Mort le 23 août 1872 à Gleichenberg en Styrie. xixe siècle. Allemand.
Sculpteur.
Élève de l'Académie de Vienne de 1847 à 1848, il séjourna à Rome de 1854 à 1855. Il a exécuté des statues pour l'église Maria Hietzing de Vienne, ainsi que des bustes de l'archiduc Jean, de Radetzky et de Liszt.

MEIXNER Ludwig
Né le 10 février 1828 à Munich. Mort le 12 juillet 1885 à Munich. xixe siècle. Allemand.
Peintre de paysages, marines, aquarelliste, graveur.
Il fut élève de Bernhard Stangl. Il a travaillé en Suède et à Munich, où il s'établit et où il exposa en 1880.
Musées : Munich (Pina.) : *Église au clair de lune*.
Ventes Publiques : Cologne, 22 mai 1986 : *Chasseur dans une barque au crépuscule*, h/pan. (12,5x16,5) : **DEM 5 500** – Munich, 10 déc. 1992 : *Venise* 1873, h/t (81x161) : **DEM 15 820** – New York, 19 jan. 1994 : *Bateaux au clair de lune* 1883, h/t (61x50,8) : **USD 2 990** – New York, 17 fév. 1994 : *L'approche du train dans la nuit* 1864, h/pan. (13x15,6) : **USD 748**.

MÉJANEL Pierre
Né vers 1850 à Paris. xixe siècle. Français.
Peintre d'histoire, scènes de genre, illustrateur.
Il participa au Salon de Paris de 1878 à 1898.
Il illustra les *Lanternes* et *Calottes et Calotins*, d'Henri Rochefort.
Bibliogr. : Gérald Schurr, in : *Les Petits Maîtres de la peinture 1820-1920, valeur de demain*, Les Éditions de l'Amateur, t. VI, Paris, 1985.

MEJIA Norman
Né en 1938 à Cartagena. xxe siècle. Colombien.
Peintre.
Il fit ses études aux États-Unis. Il peint depuis 1957. Il a exposé à Paris, en Belgique, et en Colombie.
Sa peinture est obsessionnelle et baroque. Ses grandes femmes ouvertes, maculées, atteignent au paroxysme de l'angoisse.

MEJIA Radhames
Né en 1960 à Saint-Domingue. xxe siècle. Actif depuis 1985 en France. Dominicain.
Peintre, technique mixte, peintre à la gouache.
Il a été élève à l'École des Beaux-Arts de Saint-Domingue, a poursuivi ses études à New York, puis à l'École Nationale des Beaux-Arts de Paris. Il vit et travaille à Paris.
Il a participé à des expositions collectives en Amérique latine, aux États-Unis, en France, dont : 1988, 1990, Salons de Novembre, Vitry ; 1989, 1990, Salon de la Jeune Peinture et Salon de Mai, Paris ; 1991, Art Jonction, Nice. Il montre ses œuvres dans des expositions personnelles : 1981, *Objetivo*, Maison des Jésuites, Saint-Domingue ; 1982, galerie d'Art Moderne, Saint-Domingue ; 1985, *Voces Carantonas*, galerie Arawak, Saint-Domingue ; 1987, *Memiticas liturgicas*, La Galeria, Saint-Domingue ; 1988, *Cosas arrastradas por el Tiempo*, 1990, Casa de Bastida, Voluntariado de las Casas Reales, Saint-Domingue ; 1989, *Art Décor*, Paris ; 1989, galerie Carlier, Le Touquet ; 1990, Centre culturel Paul Baillart, Massy-Palaiseau ; 1990, galerie des Carmes, Rouen ; 1991, galerie Contrast, Metz ; 1991, galerie Corinne Timsit international, San Juan, Porto Rico ; 1991, galerie Lhomme, Paris, France.
Il a obtenu le 1er prix Matisse à la 13e Biennale méditerranéenne d'art contemporain, Acropolis, à Nice, en 1991.
La peinture de Mejia Radhames est une évocation des figures magiques de la culture des Caraïbes. D'une technique qui mixe pigment, colle et pastel, dans une matière triturée et incisée, et sous l'effet d'une gamme chromatique qui alterne chaud et froid, émergent des animaux étranges, mythiques, encadrés dans le

pourtour de la toile. On peut y reconnaître des salamandres ou autres symboles et signes immémoriaux que l'artiste réactive au grand jour. ■ C. D.

Bibliogr. : Jane Planson : *Radhames Mejia – Mythes en sédimentation*, in : *Artension*, n° 27, Rouen, sept 1991.

Ventes Publiques : Paris, 14 avr. 1991 : *Sans titre* 1991, acryl. et past. gras/pap./t. (100x81) : **FRF 8 000**.

MEJIAZ Mauro
Né le 22 novembre 1930 à Biscucuy-Estado Portuguesa. xxe siècle. Vénézuélien.
Peintre, sculpteur. Surréaliste.
Il est né de père italien et de mère indienne. Il a été élève à l'École des Beaux-Arts de Valencia de 1948 à 1952. Il a été professeur de sculpture et céramique à l'École des Beaux-Arts.
Il participe à de nombreuses expositions collectives de 1950 à 1964. Il figure, en 1967, au Salon de Mai, à Paris, où il fait un séjour de voyage et d'étude. Il montre ses œuvres dans des expositions personnelles, la première en 1952 à Valencia (Venezuela), puis dans de nombreuses autres villes européennes, notamment en 1987, à la galerie Corinne Timsit à Paris, en 1991 à l'Espace Baudelaire de Rillieux-la-Pape.
Ses amitiés surréalistes ne font pas pour autant de lui-même un surréaliste breveté. Dans ses peintures, minutieusement réalisées dans des harmonies colorées éthérées (d'ailleurs tout s'y passe comme dans le ciel), c'est tout un monde fantastique, totalement irréel, qui apparaît comme par l'effet d'une génération spontanée, à moins qu'égaré d'une autre galaxie. Des agglomérats de matière mi-visqueuse, mi-gazeuse, prolifèrent dans le vide métaphysique et produisent de la vie, des créatures embryonnaires du début de la création, sortes de protozoaires monocellulaires, à bouche ou à cils, mais plutôt gracieux et sympathiques.

MEJLIK Johann
Originaire de Pilsen. xviie siècle. Tchécoslovaque.
Tailleur de pierre.

MEJLIK Rudolph
Né en 1881 à Lemberg. xxe siècle. Polonais.
Graveur.
À partir de 1918, il fut conservateur du Musée de Lemberg.

MEL Giovanni da. Voir **ROSSI Giovanni**

MEL Jan de
xviiie siècle. Actif à Leyde au début du xviiie siècle. Hollandais.
Graveur.

MEL-VITALE Pauleus Jack
xxe siècle. Haïtien.
Peintre de compositions animées.
Il fait partie des peintres populaires d'Haïti, que Dewitt Peters regroupa, en 1944, dans le « Centre d'Art » de Port-au-Prince, autour d'Hector Hyppolite.
Il a figuré à l'exposition : *L'Art Haïtien dans la collection de Angela Gross*, au Woodmere Art Museum de Philadelphie en 1984.
Pour sa part, quand d'autres font une plus large place dans leur peinture aux survivances du culte vaudou, Mel Vital s'attache à décrire la vie animée de Port-au-Prince.

Bibliogr. : Jean-Pierre Bouvet, préface de l'exposition *Naïfs d'Haïti et Vaudou*, Musée de Laval, 1970.

Ventes Publiques : New York, 15 mai 1991 : *Paysage* 1963, h/rés. synth. (122x51) : **USD 1 540** – New York, 19 mai 1992 : *Pêche au filet* 1970, h/rés. synth. (60,5x81,2) : **USD 1 980**.

MELA Antonio
Né vers 1700 à Vérone. Mort le 10 juin 1742. xviiie siècle. Italien.
Peintre.
Élève de S. Prunati. Il a peint plusieurs toiles pour les églises de Vérone et des fresques pour le Palais Pompéi de cette ville.

MÉLA MUTER. Voir **MUTER Marie Mela**

MELAER A.
xviie siècle. Éc. flamande.
Graveur au burin.
Il est indispensable de le rapprocher de Adrian Melar. Il a fait les portraits du prince électeur *Ferdinand Marie de Bavière*, de *Frédéric III de Danemark*, du hetman *Saint Czarniecki* et du hetman *J. S. Lubomirski*.

MELAERT Adrian. Voir **MELAR**

MELAMID Aleksandr. Voir **KOMAR Vitaly**

MELANA Antonio
xvie siècle. Italien.
Stucateur.
Il a décoré les chambres et la chapelle du château de Kurzweil près de Prachatitz en Bohême.

MELANDEZ Llorente, ou **Lorenzo**, dit **Melendez de Valdès**
Mort en 1566. xvie siècle. Travaillant à Séville en 1550. Espagnol.
Sculpteur.
Peut-être le même que l'artiste cité dans un document de 1562.

MELANI Francesco
Né en 1675 à Pise. Mort en 1742 à Pise. xviiie siècle. Italien.
Peintre de fresques et dessinateur.
Cet artiste collabora toujours avec son frère Giuseppe et doit sa notoriété au talent de ce dernier. Francisco peignait les vues d'architecture et Giuseppe les figures.

MELANI Giuseppe
Né en 1673 à Pise. Mort en 1747. xviie-xviiie siècles. Italien.
Peintre de fresques, d'histoire et dessinateur.
Il étudia dans sa ville natale chez Gabrielli et travailla longtemps en collaboration avec son frère Francesco. Il se consacra presque entièrement à la peinture décorative et nombreuses sont encore à Pise ses fresques dans des maisons particulières. Son chef-d'œuvre se trouve dans l'église Saint-Mathieu de Pise.

Ventes Publiques : Londres, 12 déc. 1985 : *Triomphe de Bacchus*, craie noire, pl. et lav. reh. de blanc (50,8x38,9) : **GBP 850**.

MELANI Marc'Antonio ou **Melano**
Mort en 1719. xviiie siècle. Actif à Milan. Italien.
Peintre.
On connaît de lui à l'église Saint-Bernard de Milan : *Sainte Marthe, adorant le Ressuscité*.

MELANO Michelangelo
Né en 1867 à Racconigi. xixe-xxe siècles. Italien.
Peintre de genre, portraits.
Il fut élève de Gastaldi.

MELANO Michele
xviie siècle. Actif à Messine. Italien.
Peintre.
En 1689 il fut l'élève de Agost. Scilla.

MELANTE. Voir **MILANTI**

MELANTHIUS ou **Melanthus**
ive siècle avant J.-C. Antiquité grecque.
Peintre.
Cet artiste, mentionné par Pline, Plutarque et Quintilien, était élève de Pamphilus et d'Apelle, et ne peignait qu'avec quatre couleurs. Il eut de nombreux élèves : il a écrit des ouvrages sur l'art. Quelques-unes de ses œuvres furent offertes par Aratos à Ptolémée III d'Égypte. La plus célèbre de ses peintures représentait *Aristotas de Sicyone debout près du char de la Victoire*.

MELANZIO
Mort avant le 7 novembre 1524 à Montefalco (Ombrie). xvie siècle. Actif à Montefalco en Ombrie. Italien.
Peintre.
Élève de Perugino. Il a travaillé pour la cathédrale de Montefalco et le monastère de Subiaco.

MELAR Adrian ou **Melaert, Milaer** ou **Millaert**
Né le 18 décembre 1633. Mort le 27 août 1667. xviie siècle. Actif à Anvers. Éc. flamande.
Graveur.
Élève en 1645, maître en 1657, il imita P. Pontius. Il grava les portraits de *Marie-Thérèse d'Autriche*, épouse de Louis XIV, ainsi que ceux de *Henri de Bavière*, archevêque de Cologne et de *François de Moura*, marquis de Castelrodrigo.

MÉLAT Maurice Armand Julien
Né le 24 mai 1910 à Épernay (Marne). xxe siècle. Français.
Peintre de compositions religieuses, scènes animées, intérieurs, figures, groupes, nus, portraits, paysages, peintre de décors et costumes de théâtre, de cartons de tapisseries. Réalité poétique.
Il fut élève de l'École des Beaux-Arts de Reims, puis en 1927, de Raymond Legueult et Gustave Corlin à l'École des Arts Décoratifs de Paris. Il se fixa tôt à Toulouse, où il fut professeur de dessin au Lycée de Fermat et à l'École des Beaux-Arts, où il créa, en 1942, l'atelier préparatoire au professorat de dessin.

Il participe à des expositions collectives, notamment à Toulouse, annuellement au Salon des Artistes Méridionaux, dont il fut président, et occasionnellement à Monaco, Vallauris, Épinal, Paris. Il montre des ensembles de ses peintures dans des expositions personnelles : depuis 1943 fréquemment galerie Chappe-Lantier de Toulouse ; en 1991 à Villeneuve Tolosane, une rétrospective *40 ans de peintures, dessins, maquettes de décors et costumes* ; en 1992 à Castelginest, l'exposition *Mélat et le théâtre*, à la galerie municipale.
Dès 1926, il peignit la composition *Onction de Béthanie* pour l'église Notre-Dame d'Épernay, dont il a exécuté une réplique en 1994. De 1949 à 1951, il exécuta l'importante commande d'État du *Portrait collectif des membres de la Chambre de Commerce*, pour le Palais Consulaire de Toulouse. Outre ces œuvres monumentales, il est surtout peintre du monde de la danse et a une importante activité de créateur de décors et costumes de scène, surtout pour le théâtre du Capitole et pour la compagnie du Grenier de Toulouse. En 1960, il réalisa la scénographie pour *Le Roi David* d'Honegger à l'Opéra de Paris.
Bibliogr. : Catalogue de l'exposition rétrospective *Maurice Mélat - 40 ans de peintures, dessins, maquettes de décors et costumes*, Villeneuve Tolosane, 1991 - Françoise Alric : Catalogue de l'exposition *Mélot et le théâtre*, galerie municipale, Castelginest, 1992.
Musées : Tarbes : *Nu* - Toulouse (Mus. des Augustins) : deux paysages.

MELBER Franz Anton
Né au xviiie siècle à Dinkelsbühl. xviiie siècle. Actif à Bayreuth. Allemand.
Stucateur.
Il a exécuté les 16 plafonds en stuc de la maison Layriz à Bayreuth.

MELBER Georg Joseph ou **Melbert, Mölbert, Mölber**
Mort le 9 juillet 1786 à Mayence. xviiie siècle. Actif à Mayence. Allemand.
Peintre de compositions religieuses, armoiries.
Il a peint vingt et un tableaux pour le chemin de Croix de l'ancien cloître des Augustins de Mayence.

MELBER J. G.
xviie siècle. Actif à Prague. Éc. de Bohême.
Peintre d'histoire et graveur au burin.
Depuis 1650 membre de la Gilde. Il a gravé un *Saint Sébastien* et une *Pietà*.

MELBYE Daniel Hermann Anton
Né le 13 février 1818 à Copenhague. Mort le 10 janvier 1875 à Paris. xixe siècle. Danois.
Peintre de marines, graveur.
Il fut d'abord constructeur de navires, puis musicien. Élève de Christoffer Eckersberg, il exposa à Charlottenbourg en 1840. Il obtint successivement la faveur de Christian IV, de Louis-Philippe et de Napoléon III. Il entreprit en 1843 un voyage au Maroc aux frais du roi Christian VIII. Venu en France en 1847, il alla à Constantinople en qualité d'attaché d'ambassade, en 1853, et travailla pour le sultan. Au retour de Camille Pissarro des Antilles en France, en 1855, il lui donna des conseils et l'employa en tant que « nègre » pour peindre notamment ses ciels. Chevalier de la Légion d'honneur en 1864.
Bibliogr. : Gérald Schurr, in : *Les Petits Maîtres de la peinture 1820-1920, valeur de demain*, Les Éditions de l'Amateur, t. V, Paris, 1981.
Musées : Bagnères-de-Bigorre : *Les pêcheurs de la Manche* - Copenhague : *Combat naval de Kjögebugt en 1677* - Hambourg : *Rade de Copenhague - The Needles - Bataille navale près d'Heligoland - Solitude en mer* - Helsinki : *Marine* - Stockholm : *Le « Fleurier » en Méditerranée.*
Ventes Publiques : Paris, 23-24 avr. 1897 : *Barque de pirates fuyant l'attaque* : **FRF 3 100** - Paris, 9 mars 1951 : *La Seine à Paris* 1849, aquar. gchée : **FRF 7 000** - Berlin, 25 mars 1965 : *Mer agitée au soleil couchant* : **DEM 2 900** - Londres, 15 oct. 1969 : *Marine* : **GBP 650** - Londres, 8 nov. 1972 : *Bateaux de pêche par grosse mer* : **GBP 1 000** - Copenhague, 30 oct. 1973 : *Marine* : **DKK 5 600** - Londres, 6 mars 1974 : *Bateaux au large de Heligoland* 1862 : **GBP 1 500** - Copenhague, 3 juin 1976 : *Bateaux au large de la côte* 1862, h/t (71x108) : **DKK 17 000** - Copenhague, 7 déc. 1977 : *Marine* 1863, h/t (61x91) : **DKK 18 000** - Copenhague, 12 juin 1979 : *Bateaux au large de la côte* 1859, h/t (51x92) : **DKK 20 200** - Londres, 20 juin 1980 : *Voiliers en mer* 1865, h/t (38,1x56) : **GBP 950** - Copenhague, 8 oct. 1981 : *Trois-mâts en mer* 1860, h/t (71x107) : **DKK 26 000** - Copenhague, 25 août 1982 : *Bateaux en mer*, h/t (53x80) : **DKK 20 500** - Copenhague, [illegible] oct. 1984 : *Scène de rue, Maroc* 1845, h/t (22x26) : **DKK 40 000** - Copenhague, 12 août 1985 : *Bateaux de guerre au large de la côte* 1867, h/t (105x155) : **DKK 80 000** - Copenhague, 16 avr. 1986 : *Bateaux dans le détroit du Bosphore* 1863, h/t (43x60) : **DKK 42 000** - Copenhague, 11 juin 1987 : *Marine* 1862, h/t (45x68) : **DKK 20 000** - Copenhague, 3 mars 1988 : *Marine*, h/t (47x66) : **DKK 15 500** - Copenhague, 5 avr. 1989 : *Marine et voiliers en Norvège*, h/t (21x36) : **DKK 5 400** - New York, 23 oct. 1990 : *Vaisseaux danois dans une bataille par mer houleuse*, h/t (139,7x191,8) : **USD 16 500** - Stockholm, 29 mai 1991 : *Navigation de bâtiments à voiles sur une mer houleuse sous un ciel nuageux* 1864, h/t (70x110) : **SEK 32 000** - Copenhague, 5 fév. 1992 : *Le bateau America engagé dans l'America's Cup en 1851*, h/t (54x53) : **DKK 31 000** - Copenhague, 10 fév. 1993 : *Corvette danoise sur un lac après une tempête* 1848, h/t (32x46) : **DKK 18 000** - Copenhague, 8 fév. 1995 : *Marine avec un voilier sombrant dans la tempête au large de la Norvège*, h/t (52x80) : **DKK 7 000** - Londres, 21 nov. 1997 : *Le Bellerophon transportant le corps de Napoléon I d'Elbe à Paris* 1864, h/t (95,3x146) : **GBP 6 900** - Londres, 17 oct. 1997 : *Bateaux au large d'Istanbul*, h/t (51,5x77,5) : **GBP 17 250**.

MELBYE Fritz Sigfried Georg
Né le 24 août 1826 à Helsingor. Mort le 14 décembre 1896 à Shanghai. xixe siècle. Danois.
Peintre de genre, paysages, marines.
Melbye semble plus connu au Venezuela, où il a vécu neuf ans et où il fut le compagnon de Pissarro, que dans son pays natal. On sait pourtant qu'il a appris la peinture avec son frère Daniel Herman Anton, ami de Corot, et que, de 1849 à 1858, il a exposé à Copenhague quelques toiles. L'une d'entre elles : *La Baie de Charlotte-Amalie*, ayant été acquise par le roi du Danemark, on peut alors supposer que, dès cette époque Melbye était déjà venu dans cette petite île des Antilles danoises dont Charlotte-Amalie est la capitale. Quoi qu'il en soit on retrouve Melbye en 1850 à Los Llanos, au Venezuela. Il repart ensuite dans l'île de Saint-Thomas, y fait la connaissance de Pissarro et revient avec lui en 1852 dans un port vénézuélien : La Guaira. Essentiellement peintre de paysages et de marines, il a également porté intérêt à l'aspect urbain des cités, décrivant les mœurs et coutumes, le côté anecdotique de la vie vénézuélienne. On estime parfois que Melbye fut le premier initiateur de Pissarro aux problèmes de la lumière, et c'est un fait que la violente luminosité tropicale des paysages de Melbye offre une gamme chromatique différente de celle pratiquée dans les pays européens à cette époque. Après son séjour au Venezuela, Melbye vit à New York, puis part en Chine, où il devait mourir.
Ventes Publiques : Copenhague, 7 mai 1984 : *Voiliers au large de la côte* 1849, h/t (35x54) : **DKK 22 000** - Londres, 6 nov. 1985 : *Vue de Hong Kong* 1848, h/t (38x68,5) : **GBP 3 000** - Copenhague, 23 mars 1988 : *Marine avec voiliers et passagers* (étude) : **DKK 16 000**.

MELBYE Vilhelm
Né le 14 mai 1824 à Helsingor. Mort le 6 octobre 1882 à Roskilde. xixe siècle. Danois.
Peintre de paysages, marines.
Il est le frère de Daniel Hermann Anton et Fritz. Il fut élève d'Anton et de l'Académie des Beaux-Arts de Copenhague. Il exposa pour la première fois en 1847, se rendit en Islande, vécut à Düsseldorf, à Paris et à Londres, et devint en 1880 professeur à l'Académie de Copenhague. Beaucoup de ses tableaux se trouvent en Angleterre et quelques autres au Danemark, à Melbourne et à Sydney.
Ventes Publiques : Lucerne, 3 déc. 1965 : *Vue de Copenhague* : **CHF 2 700** - Londres, 15 nov. 1968 : *Bateaux s'éloignant de la côte* : **GBP 280** - Copenhague, 17 nov. 1970 : *Marine (Gibraltar)* : **DKK 6 200** - Londres, 17 fév. 1971 : *Bateaux au large de Douvres* : **GBP 1 000** - Londres, 12 mai 1972 : *Marine* : **GBP 800** - Londres, 2 nov. 1973 : *Trois-mâts au large de la côte* : **GBP 1 200** - Londres, 12 juin 1974 : *Bamborough Castle* 1864 : **GBP 1 200** - Copenhague, 2 oct. 1976 : *Marine* 1879, h/t (74x115) : **DKK 17 000** - Londres, 20 juil. 1977 : *Après l'orage*, h/t (61x93) : **GBP 1 100** - Londres, 2 févr 1979 : *Le Cambria au large de la côte* 1864, h/t (83,2x130,2) : **GBP 3 500** - Copenhague, 4 nov. 1981 : *Marine* 1849, h/t (92x135) : **DKK 35 000** - New York, 19 oct. 1984 : *The mouth of the Clyde* 1865, h/t (130,8x82) : **USD 7 000** - Londres, 20 mars 1985 : *Les chutes de Labrofos, Norvège* 1861, h/t

(89,5x120) : **GBP 7 500** – LONDRES, 30 mai 1986 : *Copenhague* 1870, h/t (102,9x160) : **GBP 6 000** – LONDRES, 27 nov. 1987 : *Vue de Constantinople* 1853, h/t (46x78) : **GBP 11 000** – COPENHAGUE, 23 mars 1988 : *Paysage avec une chapelle, près de Bordighero*, h/t (31x52) : **DKK 11 500** – LONDRES, 5 oct. 1989 : *Bateaux de guerre danois près de l'île d'Alsen*, h/t (42x68,5) : **GBP 7 150** – COPENHAGUE, 25 oct. 1989 : *Fingals Hule en Écosse* 1851, h/t (70x110) : **DKK 32 000** – LONDRES, 27-28 mars 1990 : *Navigation dans le détroit de Gibraltar* 1875, h/t (121x189) : **GBP 20 900** – COPENHAGUE, 28 août 1991 : *Marine avec des embarcations au large d'une côte rocheuse*, h/t (41x63) : **DKK 28 000** – LONDRES, 17 juin 1992 : *Pêcheurs chargeant les filets dans leurs barques* 1882, h/t (88x148) : **GBP 9 900** – COPENHAGUE, 10 fév. 1993 : *Marine avec des voiliers* 1851, h/t (13x19) : **DKK 9 500** – NEW YORK, 13 oct. 1993 : *Clair de lune sur un port*, h/t (56,5x75,6) : **USD 12 650** – COPENHAGUE, 16 mai 1994 : *Journée d'été sur la côte de Hornbaek*, h/t (76x130) : **DKK 47 000** – LONDRES, 22 fév. 1995 : *Mer démontée* 1865, h/t (82,5x129,5) : **GBP 4 715** – COPENHAGUE, 17 mai 1995 : *Depuis Oresundskysten, vue sur Helsingborg* 1849, h/t (28x36) : **DKK 10 000** – LONDRES, 29 mai 1997 : *Au large des côtes d'Afrique du Nord* 1853, h/t (71x109,5) : **GBP 7 130**.

MELCARTH Edward
XXe siècle. Américain.
Peintre.

MELCHAIR John Baptist. Voir **MALCHAIR**

MELCHER Bertha Corbett
Née le 8 février 1872 à Denver (Colorado). XIXe-XXe siècles. Active à Tofanga (Californie). Américaine.
Peintre et illustrateur.
Elle fut élève de Volk et de Pyle. Peintre, elle a également illustré des livres d'enfants.

MELCHER Jakob
Né en 1816 à Munich. Mort le 8 mars 1882 à Munich. XIXe siècle. Allemand.
Peintre de genre, lithographe.
Il fut élève de l'Académie de Munich et du lithographe D. Haiz. Il peignit des tableaux de genre et reproduisit par la lithographie des types et des costumes autrichiens.
VENTES PUBLIQUES : AMSTERDAM, 27 avr. 1976 : *Vue d'Amsterdam*, h/pan. (20x27,6) : **NLG 2 400**.

MELCHERS Franz M.
Né en 1865 à Munster (Allemagne). Mort en 1944 à Anvers. XIXe-XXe siècles. Actif en Belgique. Allemand.
Peintre.
Il a travaillé à Bruxelles, Londres, Paris, Delft, Volendam et Anvers.

F. M. Melchers

BIBLIOGR. : In : *Dictionnaire biographique illustré des artistes en Belgique depuis 1830*, Arto, Bruxelles, 1987.
MUSÉES : NEW YORK (Metropolitan Mus. of Art).
VENTES PUBLIQUES : AMSTERDAM, 22 avr. 1992 : *Nu allongé*, h/t (22,5x36) : **NLG 2 300** – AMSTERDAM, 30 mai 1995 : *La Bourse de Zocher*, h/t (32x42) : **NLG 1 625**.

MELCHERS Gari Julius
Né le 11 août 1860 à Detroit (Michigan), de parents hollandais. Mort en 1932. XIXe-XXe siècles. Américain.
Peintre de genre, portraits, paysages, compositions murales.
Il fit tout d'abord ses études à l'École des Beaux-Arts de Düsseldorf, puis à Paris, où il fut élève de Jules Lefebvre et de Gustave Boulanger. Il travailla aussi en Allemagne, Hollande, États-Unis. Il figura au Salon des Artistes Français, obtint une mention honorable en 1886, une médaille de troisième classe en 1888, et un Grand Prix à l'Exposition Universelle de 1889. Chevalier de la Légion d'honneur en 1896. Il reçut le prix Carnegie en 1927. Il fut, quelques années, professeur à l'Académie de Weimar.
Ses villageois saisis dans leur vie quotidienne, tels qu'il les représente dans *La communion* (Corenell University) lui valurent une réputation internationale qui peut faire sourire aujourd'hui, tant ce réalisme nous paraît anecdotique et sentimental. Aux États-Unis, il peignit des portraits et des panneaux muraux.

Gari Melchers

BIBLIOGR. : Gérald Schurr, in : *Les Petits Maîtres de la peinture 1820-1920, valeur de demain*, Les Éditions de l'Amateur, t. IV, Paris, 1979.
MUSÉES : BERLIN : *La Famille* – MUNICH (Pina.) : *Jeune fille lisant*.
VENTES PUBLIQUES : NEW YORK, 1er nov. 1935 : *Femme écrivant* : **USD 2 500** – NEW YORK, 18 fév. 1960 : *Mère et enfant* : **USD 1 400** – NEW YORK, 18 oct. 1972 : *Portrait de Mrs George Hitchcock* : **USD 13 000** – NEW YORK, 24 jan. 1973 : *Jeune femme en blanc* : **USD 800** – NEW YORK, 26 jan. 1974 : *Portrait de jeune femme* : **USD 3 100** – NEW YORK, 28 oct. 1976 : *Portrait de Mrs Mackall* 1909, h/t (56x45,7) : **USD 900** – LOS ANGELES, 8 nov. 1977 : *Little house in Edgmond, Holland*, h/t (54,6x40,7) : **USD 3 500** – NEW YORK, 2 févr 1979 : *Tête d'Indienne* vers 1922, past. et gche (44,5x34,3) : **USD 1 000** – NEW YORK, 25 avr. 1980 : *Paysage à l'arc-en-ciel* 1925, h/t (69,2x76,2) : **USD 17 000** – NEW YORK, 30 mai 1985 : *Jeune femme cousant dans un intérieur*, h/cart. (34,9x26,7) : **USD 24 000** – NEW YORK, 28 mai 1987 : *Femme lisant près d'une fenêtre*, h/t (64,7x76,1) : **USD 72 500** – NEW YORK, 28 sep. 1989 : *Le mariage*, aquar./cart. (48,5x30,3) : **USD 3 850** – NEW YORK, 16 mars 1990 : *Après le bal* 1884, h/pan. (29x20,5) : **USD 16 500** – NEW YORK, 26 oct. 1990 : *Étude d'un jeune homme avec un chapeau*, craies de coul./pap. (35,6x27,9) : **USD 4 675** – AMSTERDAM, 6 nov. 1990 : *Voiliers près de la côte* 1914, h/t (169x129) : **NLG 18 400** – NEW YORK, 15 mai 1991 : *Concert du soir sous le kiosque*, h/t (63,5x76,2) : **USD 9 900** – NEW YORK, 22 mai 1991 : *Julia Payne et son fils Ivan*, h/t/cart. (36x18,5) : **USD 41 800** – NEW YORK, 25 sep. 1991 : *Une garden-party*, h/t (78,1x48,9) : **USD 96 250** – NEW YORK, 14 nov. 1991 : *Portrait de Mrs. Mackall* 1909, h/t (56,2x46,3) : **USD 2 750** – NEW YORK, 15 avr. 1992 : *Ève tenant une pomme dans le jardin de l'Eden*, h/cart. (47x31,1) : **USD 3 520** – NEW YORK, 24 sep. 1992 : *Après le bal* 1884, h/pan. (29,2x20,3) : **USD 17 600** – NEW YORK, 10 mars 1993 : *Petit matin à North River*, h/t (45,7x55,9) : **USD 18 400** – NEW YORK, 27 mai 1993 : *Le jeune enfant à l'orange*, h/t (101,5x76,1) : **USD 82 250** – NEW YORK, 2 déc. 1993 : *Arc-en-ciel*, h/t (69,2x76,2) : **USD 51 750** – NEW YORK, 14 sep. 1995 : *La mariée*, gche/pap. (111,8x57,2) : **USD 17 250**.

MELCHERT Adolf
XIXe siècle. Danois.
Peintre de paysages.
Élève de l'Académie de Copenhague, où il exposa de 1831 à 1840.

MELCHIONI Antonio
XIXe siècle. Actif à Turin. Italien.
Peintre de genre.
Il débuta vers 1880. Il a exposé à Milan et Turin.

MELCHIOR. Voir aussi **MELCHIORRE**

MELCHIOR
XVe-XVIe siècles. Actif à La Haye à la fin du XVe et au début du XVIe siècle. Hollandais.
Sculpteur sur bois.

MELCHIOR
XVIe siècle. Allemand.
Peintre.
Il a peint des tableaux d'autels pour les églises de la région de Constance.

MELCHIOR
XVIe siècle. Hongrois.
Peintre.

MELCHIOR
XVIIIe siècle. Actif à Mengeringhausen. Allemand.
Peintre.

MELCHIOR Carl Theodor
Né le 13 mars 1826 à Copenhague. Mort en 1898. XIXe siècle. Danois.
Peintre de portraits, paysages, sculpteur.
Il étudia à partir de 1839 à l'Académie de Copenhague.
MUSÉES : LUND : trois portraits.
VENTES PUBLIQUES : COPENHAGUE, 6 mars 1991 : *L'église de Kerteminde*, h/t (28x39) : **DKK 5 500**.

MELCHIOR Georg Wilhelm
Né le 21 mars 1780 à Frankenthal. Mort le 30 décembre 1826 à Mayence. XIXe siècle. Allemand.
Peintre.
Fils de Johann Peter et frère de Heinrich Anton. Il travailla jusqu'à 1818, à Nymphenbourg et exécuta quarante lithographies pour les *Principes du dessin de paysages* (1817).

MELCHIOR Heinrich Anton
Né le 22 août 1771 à Höchst. Mort en 1796 à Berlin. XVIIIe siècle. Allemand.
Peintre d'histoire.
Fils de Johann Peter et frère de Georg Wilhelm. Il alla à Berlin et obtint un prix de l'Académie pour son *Allégorie sur la Paix entre la France et la Prusse*. Il mourut jeune. Cinquante de ses dessins se trouvent au Cabinet des Estampes de Strasbourg.

MELCHIOR Henrik Emil
Né en 1881 à Copenhague. Mort le 3 mars 1927 à Copenhague. XXe siècle. Danois.
Peintre, dessinateur.

MELCHIOR Johann Peter
Né le 12 octobre 1742 à Lintorf. Mort le 13 juin 1825 à Nymphenbourg. XVIIIe-XIXe siècles. Allemand.
Sculpteur, modeleur et critique d'art.
Père de Heinrich Anton et de Georg Wilhelm. Il se rendit en 1762 en France, puis revint à Coblence, pour s'établir dans le Palatinat d'abord, puis à Nymphenbourg. Il fut un des modeleurs et un des peintres sur porcelaine les plus réputés de son époque.

MELCHIOR Joseph Wilhelm
Né le 10 janvier 1810 à Munich. Mort le 8 juin 1883 à Nymphenbourg. XIXe siècle. Allemand.
Peintre de genre et de chevaux.
Fils de Georg Wilhelm et frère de Wilhelm. Élève de l'Académie de Munich.
Ventes Publiques : Vienne, 15 mars 1977 : *Scène de guerre* 1842, h/t (24x22,5) : **ATS 30 000** – Munich, 27 juin 1984 : *Paysage fluvial animé de personnages* 1842, h/t (44,5x56,5) : **DEM 5 500**.

MELCHIOR Wilhelm
Né le 25 juillet 1817 à Nymphenbourg. Mort le 9 septembre 1860 à Munich. XIXe siècle. Allemand.
Peintre de scènes de chasse, animaux, natures mortes, lithographe.
Musées : Munich (Pina.) : tableau de chasse – *Chiens ayant pris un renard.*
Ventes Publiques : New York, 7 oct. 1977 : *Troupeau à l'abreuvoir* 1859, h/t (87,5x98) : **USD 1 100** – Londres, 21 mars 1984 : *Chèvres dans un paysage,* h/t (30x36,5) : **GBP 1 400** – Cologne, 21 nov. 1985 : *Troupeau de moutons dans un paysage montagneux,* h/pan. (42x54,4) : **DEM 5 200** – New York, 29 oct. 1992 : *La chasse du jour,* h/t (73,7x87,6) : **USD 2 200** – New York, 17 fév. 1994 : *Le retour du troupeau par un sentier montagneux,* h/t (45,7x62,3) : **USD 4 370**.

MELCHIOR Aleman
D'origine hollandaise. XVe siècle. Travaillait en Espagne. Espagnol.
Peintre.
Il fut peintre de la Cour au service d'Isabelle la Catholique en 1492. Le nom de cet artiste est intéressant à retenir pour l'authentification des auteurs d'effigies de Christophe Colomb.

MELCHIORI Gioanpaolo ou **Giovanni Paolo** ou **Melchiorri**
Né en 1664 à Rome. Mort le 19 mars 1745 à Rome. XVIIe-XVIIIe siècles. Italien.
Peintre d'histoire et graveur à l'eau-forte.
Élève de C. Maratti. Il grava des enfants, d'après Sanzio. Comme peintre, il a travaillé pour divers édifices de Rome ; on cite, notamment un *Prophète Ezéchiel,* dans l'église Saint-Jean de Latran et la *Remise des clés à Pierre* au château Bellevue de Kassel.

MELCHIORI Giovanni. Voir **MARCHIORI**

MELCHIORI Leonardo
Mort en 1623. XVIIe siècle. Actif à Vérone. Italien.
Peintre.
Élève de Felice Brusasorci.

MELCHIORI Melchior
Né en 1641 à Castelfranco. Mort en 1686. XVIIe siècle. Italien.
Peintre d'histoire et de portraits.
Il travailla dans sa ville natale et à Venise. Il peignit des tableaux d'églises et des portraits de membres de familles nobles.

MELCHIORRE
XIIIe siècle.
Sculpteur.
Il sculpta en 1271 la chaire de la cathédrale de Diano.

MELCHIORRE Giuseppe
XVIIIe siècle. Italien.
Sculpteur.
Il décora l'église du Mont-Cassin.

MELCHIORRE Luigi
Né au XIXe siècle dans le Piémont. XIXe siècle. Italien.
Sculpteur.
Il travailla à Rome, Turin et Milan.

MELCHIORRE d'Enrico. Voir **ENRICO Melchiorre d'**

MELCHIORRE de Galoni. Voir **GALONI**

MELCHIORRE di Matteo di Cola
Mort en 1481. XVe siècle. Actif à Pérouse. Italien.
Peintre.
Il peignit le plafond de la nouvelle chapelle des Prieurs de Pérouse.

MELCHIORRE di Monte Albano
XIIIe siècle. Italien.
Sculpteur sur pierre.

MELCHOR Aleman. Voir **MELCHIOR**

MELDEMANN Daniel
XVIe siècle. Actif à Vienne. Autrichien.
Peintre et enlumineur.

MELDEMANN Nicolaus
XVIe siècle. Travaillant à Nuremberg de 1520 à 1531. Allemand.
Peintre, graveur sur bois et imprimeur.
Il a gravé des batailles et des sujets de genre.

MELDER Gérard
Né le 17 juillet 1693 à Amsterdam. Mort en 1754 à Utrecht. XVIIIe siècle. Hollandais.
Peintre de paysages, miniaturiste et graveur.
Il s'installa à Utrecht et épousa Margareta Van Schaekwyk à Velde ; il étudia la miniature en copiant celles de Rosalba et copia les tableaux de G. Dou, Rottenhamer, Van der Werff, etc. en miniatures. Il a fait aussi les portraits de nombre de ses contemporains.

MELDERE Anita
Née en 1949. XXe siècle. Russe-Lettone.
Peintre de nus, fleurs. Postimpressionniste.
Après des études à l'École J. Rozental de Riga de 1960 à 1967, elle fréquenta l'Académie des Beaux-Arts de Lettonie de 1967 à 1973. Elle devint membre de l'Union des artistes. Elle expose à Riga, Vilnius, Jurmala ; à l'étranger, au Japon, en Pologne, en Finlande, en Allemagne, en France, en Italie, au Sénégal, aux Pays-Bas, en Bulgarie, en Inde, en Grèce, aux États-Unis, etc.
Musées : Cheliabinsk – Kaunas – Moscou (min. de la Culture) – Perm – Riga (Mus. Nat. de Lettonie) – Tbilissi.

MELDERS Emils
Né le 27 mai 1889. XXe siècle. Letton.
Sculpteur, sculpteur de monuments.
Il fut élève de l'École du baron Stieglitz à Saint-Pétersbourg et vint en 1924 et 1928 à Paris.
Il est l'auteur du *Monument des combattants lettons* au Musée de Riga.

MELDERT Pieter Van
XVIIe siècle. Hollandais.
Graveur au burin.

MELDOLLA Andrea ou **Medulla**. Voir **SCHIAVONE**

MELDORP Jan Fransz Van ou **Meldorff**
Né vers 1643. XVIIe siècle. Hollandais.
Peintre.

MELDRUM Max Duncan
Né en 1875. Mort en 1955. XXe siècle. Actif en France. Australien.
Peintre de paysages, figures. Impressionniste, postimpressionniste.
Il posséda un atelier en 1926 à Paris à La Ruche.
Dans les années vingt une partie des artistes australiens d'avant-garde s'orientèrent délibérément vers le postimpressionnisme dans lequel la couleur est largement mise en valeur en tant que structure même de la composition. Max Meldrum, quant à lui,

s'en tint à la tradition académique, non sans argumentant théoriquement sa position sur l'emploi de la couleur tonale en peinture. Le nom de Max Meldrum fut, dès lors, associé à de nombreuses controverses sur les qualités de son œuvre. Aujourd'hui, les appréciations sont différentes, et Max Meldrum est reconnu, pour certaines de ses œuvres, notamment *Chinoiseries* (1928) comme un peintre moderne important à son époque. S'il a également été peintre des paysages, il s'intéressait principalement à l'aspect technique et formaliste de son œuvre, se définissant même comme « scientifique ».
Bibliogr. : In : *Creating Australia – 200 years of art 1788-1988*, Art Gallery of South Australia, Adelaide, 1988.
Musées : Canberra (Australian Nat. Gal.) : *Four o'clock* 1910 – Melbourne (Nat. Gal. of Victoria) : *Chinoiseries* 1928.
Ventes Publiques : Sydney, 2 mars 1981 : *Matinée d'automne* 1912 (33x127,5) : **AUD 3 000** – Armadale (Australie), 11 avr. 1984 : *Matinée d'automne*, h/t mar./cart. (44,5x42) : **AUD 4 500** – Sydney, 16 oct. 1989 : *Près du parc*, h/t (68x51) : **AUD 4 000** – Sydney, 15 oct. 1990 : *Intérieur*, h/t (75x60) : **AUD 10 000**.

MELE
XIIIe siècle. Actif à Stigliano. Italien.
Sculpteur.

MELÉ Juan N.
Né le 15 octobre 1923 à Buenos Aires. XXe siècle. Actif aussi aux États-Unis, puis en France. Argentin.
Peintre. Abstrait-néoconstructiviste.
De 1938 à 1945, il étudia à l'École Nationale des Beaux-Arts de Buenos Aires. Vers la fin 1945, il rejoignit l'association *Art Concret-Invention*. Bénéficiaire d'une bourse du gouvernement français en 1948, il poursuivit ses études pendant deux années à Paris, notamment à l'École du Louvre. Il rencontra, à Paris, grâce à Michel Seuphor, Vantongerloo, Pevsner, Domela, Herbin, et lors de ses voyages en Europe Max Bill, Max Huber, Munari. De 1950 à 1961, il fut professeur d'Histoire à l'École Nationale des Beaux-Arts de Buenos Aires. De 1961 à 1980 il voyagea régulièrement à New York, y résidant ensuite de 1974 à 1986. Il est de retour en Argentine en 1990 et partage dorénavant son temps entre son pays et la France.
Il participe à de très nombreuses expositions collectives depuis 1946, principalement en Argentine avec le groupe *Arte Concreto*, aux États-Unis et, en France, au Salon des Réalités Nouvelles et à la galerie Lahumière à Paris. Il montre ses œuvres dans des expositions individuelles, dont : 1952, Buenos Aires ; 1972, Y.M.C.A, Mar del Plata ; 1977, Andes Gallery, Philadelphie ; 1978, Cayman Gallery, New York ; 1982, Musée Sivori, Buenos Aires ; 1983, Arch Gallery, New York ; 1987, Musée d'Art moderne, Buenos Aires ; 1991, galerie Saint-Charles de Rose, Paris.
Il fut l'un des premiers peintres d'Amérique latine à aborder l'abstraction, en 1945, préparant ainsi la voie à l'épanouissement d'une école latino-américaine d'art concret. Il rejeta le cadre et le format rectangulaires, optant pour le trapèze et ce qu'il nomme les « objets spatiaux ». La période nord-américaine est celle d'une géométrie constructive qu'il qualifie de « lyrique ». À son retour en Argentine, il revint, un temps, à la figuration, puis, à partir de 1990, de nouveau à l'abstraction pure et sévère, travaillant en alternance peinture, reliefs, sculpture, et développant de nouveaux « objets spatiaux ».
Bibliogr. : Michel Seuphor : *Dictionnaire de la peinture abstraite*, Hazan, Paris, 1957 – Damian Bayon, Roberto Pontual, in : *La peint. de l'Amérique latine au XXe siècle*, Mengès, Paris, 1990.
Musées : Buenos Aires (Mus. d'Art Mod.) – Buenos Aires (Mus. Sivori) – Buenos Aires (Mus. des Beaux-Arts) – San Juan – Washington D. C. (Mus. d'Art Contemp.).
Ventes Publiques : New York, 18 mai 1994 : *Plans concrets n° 35* 1948, construction de rés. synth. en relief (65,1x45,1) : **USD 24 150**.

MELE Mathäus de ou **Meele, du Mele**
Né en 1664 à La Haye. Mort en 1714 ou plus probablement en 1724. XVIIe-XVIIIe siècles. Hollandais.
Peintre de portraits.
Élève de Pieter Lely ; il peignit des étoffes dans les tableaux de son maître : après la mort de celui-ci, il revint à Haarlem et s'y maria. Il fit le portrait de la reine Marie, femme de Guillaume III. Membre de l'Académie de La Haye. Le peintre Verheyden possède de cet artiste un *Portrait de la reine Marie*, épouse de Guillaume III. Il a copié aussi, de 1679, le *Portrait de Fr. Henri de Nassau*.

Ventes Publiques : Londres, 19 déc. 1934 : *Lady Knighthy* : **GBP 13**.

MELEC Juan
XVe siècle. Britannique.
Enlumineur.
A Barcelone, se trouvent plusieurs missels et ouvrages fort intéressants, parmi lesquels figure un livre orné de vignettes et d'initiales contenant un nombre de figures ou de fleurs enluminées. Ce livre est signé de ce nom.

MELEGH Gabor Gabriel
Né le 14 mai 1801 à Versec. Mort au printemps 1835 à Trieste. XIXe siècle. Autrichien.
Peintre de figures, de portraits et graveur.
Fut l'élève de l'Académie de Vienne, où il travailla. Le Musée des Beaux-Arts à Budapest conserve de cet artiste : *Marie avec l'Enfant Jésus et le petit saint Jean*.

MELEHI Mohamed
Né en 1936 à Asilah. XXe siècle. Marocain.
Peintre. Abstrait.
Il a fait partie de ce groupe d'artistes-enseignants de l'Ecole des Beaux-Arts de Casablanca qui, de 1965 à 1969, remirent radicalement en question l'enseignement académique traditionnel, et, se référant au Bauhaus, s'intéressant aux premières manifestations de l'art optique, s'impliquèrent dans une peinture abstraite à tendance géométrique mais intégrant souvent des réminiscences des signes de l'écriture et de l'art décoratif arabes.
De Melehi, Khalil M'rabet écrit qu'il « investit tout dans l'onde qui se veut élan, flamme, vie, rythme ondulatoire ». En effet, ses peintures sont souvent constituées de cercles concentriques, de courbes ondulantes et centrifuges, traités très géométriquement, non sans rappeler le style Arts déco 1930, et évoquent effectivement des forces dynamiques contenues. ■ J. B.
Bibliogr. : Khalil M'rabet, in : *Peinture et identité – L'expérience marocaine*, L'Harmattan, Rabat, après 1986.

MELEM Hans ou **Jan von** ou **Mehlen**
XVIe siècle. Hollandais (?).
Peintre.
Élève du Hollandais Jan Schoorl. Il fut probablement un maître de Cologne, mais sans doute d'origine néerlandaise. On lui doit un *Portrait de femme* conservé au Château Freiderdorf en Silésie.
Musées : Lille : *Madeleine priant* – Munich : *Portrait du peintre*.

MELENDEZ. Voir aussi **MENENDEZ**

MELENDEZ Francisco. Voir **XIMENO-MELENDEZ**

MELENDEZ Luis ou **Menendez**
Né en 1716 à Naples. Mort en 1780 à Madrid. XVIIIe siècle. Espagnol.
Peintre et miniaturiste.
Fils de Francesco-Antonio Menendez. Certains biographes le font naître en 1679, c'est-à-dire qu'il serait né trois ans avant son père. Il arriva avec ses parents à Madrid en 1717, commença ses études dans cette ville avec son père, puis alla se perfectionner à Rome. Il se rendit à Naples où ayant présenté deux tableaux au roi d'Espagne, le souverain l'attacha à sa personne. De retour à Madrid il fut surtout employé comme peintre de miniatures et décora les livres du chœur de la chapelle royale. En 1773, il obtint un grand succès avec une *Sainte Famille* peinte pour l'oratoire portatif de la princesse des Asturies. Il est surtout connu pour la série de quarante-quatre natures mortes, exécutées entre 1760 et 1772, qui étaient destinées à être insérées dans les décorations en boiseries d'une salle du château d'Aranjuez. Ces natures mortes, ou *bodegones* en espagnol, obtinrent un tel succès qu'une autre série lui fut commandée, en 1773, destinée cette fois à la Casita del Principe, située dans le parc du sévère palais de l'Escurial. La plus grande partie de ces natures mortes sont aujourd'hui conservées au Prado. Avec un *Autoportrait* de 1746, le Louvre possède une des natures mortes de ce peintre. Ces natures mortes lui valurent d'être appelé le « Chardin espagnol ». Le fait que Menendez était contemporain de Chardin ne suffit peut-être pas à fonder cette comparaison. Comment situer Menendez dans l'histoire de la nature morte ? Au XVIIe siècle, la nature morte, avec Zurbaran en Espagne, Baschenis en Italie, Baugin en France, d'autres encore, traitait du projet bien défini de la « Vanité » ; dans un éclairage dramatisant, caravagesque, des objets, choisis avec des intentions symboliques précises, disposés selon une ordonnance quasi-mathémathique, incitaient à

une méditation sur le peu de réalité des apparences par l'intermédiaire de l'expression de la vie intérieure des objets, le « still life » des Anglais. Chardin ramena l'art de la nature morte dans la réalité quotidienne, s'attachant à la contemplation émerveillée du jeu de la lumière et de ses féeries sur les objets les plus humbles, une cruche de terre, un croûton de pain noir, d'humbles fruits du verger. Menendez, pour sa part, adopta l'optique de la simplicité quotidienne de Chardin, par le choix d'objets rustiques. Il s'en écarte toutefois par la disposition qu'il leur donne, dans une abondance toute baroque, quand l'ordonnance des objets des natures mortes de Chardin reste toute classique, conférant une étrange dignité aux objets les plus ordinaires. On ne retrouve pas non plus la lumière toute Vermeerienne de Chardin chez Menendez, qui conserve l'éclairage caravagesque des peintres du XVIIe, avec une certaine gravité supplémentaire propre à l'expression du caractère espagnol. Cependant le fait de l'abandon par lui des intentions symboliques manifestées dans les natures mortes du siècle précédent, prive les siennes d'une bonne part de leur pouvoir d'expression, sans pour autant qu'il soit sur la voie de cette interrogation de la lumière par laquelle Chardin annonçait Cézanne. Ses natures mortes semblent donc être un reflet affaibli de la nature morte espagnole du XVIIe siècle, ce qui ne retire cependant rien à leurs qualités décoratives. ■ Jacques Busse

Bibliogr. : Jacques Lassaigne : *La peinture espagnole, de Velasquez à Picasso*, Skira, Genève, 1952 – in : *Diction. Univers. de l'Art et des Artistes*, Hazan, Paris, 1967 – E. Tufts : *Luis Melendez : Eighteenth-Century Master of the Spanish Still Life, with a Catalogue Raisonné*, Columbia, Missouri, 1985.

Musées : Bonn : *Nature morte* – Madrid (Palais de l'Escurial) : quatre natures mortes – *Madone avec l'Enfant Jésus et le petit Jean* – Madrid (Prado) : trente-neuf natures mortes – Montpellier : *Nature morte* – Paris (Mus. du Louvre) : *Portrait de l'artiste par lui-même* – *Nature morte*.

Ventes Publiques : Londres, 26 juin 1964 : *Nature morte aux pommes* : **GBP 3 000** – Londres, 24 mars 1965 : *Nature morte* : **GBP 6 000** – Londres, 16 mars 1966 : *Nature morte* : **GBP 5 500** – Paris, 27 nov. 1968 : *Portrait d'un peintre* : **FRF 5 000** – Milan, 16 déc. 1971 : *Natures mortes*, deux pendants : **ITL 8 500 000** – Londres, 6 avr. 1977 : *Nature morte aux fruits*, h/t (39,5x34,5) : **GBP 36 000** – Londres, 10 avr. 1981 : *Panier de poires, plat de prunes et autres fruits sur un entablement*, h/t (41x35,5) : **GBP 9 000** – Londres, 10 déc. 1986 : *Nature morte aux fraises, pommes, fromage, pain et un petit tonneau*, h/t (35,5x48,5) : **GBP 410 000** – New York, 10 jan. 1991 : *Nature morte avec des pêches, des cerises, une boule de pain, une bouteille de vin et une carafe dans une glacière de liège sur une table* 1765, h/t (48x33) : **USD 660 000** – Madrid, 29 oct. 1991 : *Nature morte avec des perdrix, des oignons près d'une jarre et d'un mortier sur une table, et, avec un morceau de viande, un panier d'œufs, des tomates et une poêle sur une table*, h/t, une paire (41,5x62 et 40x61) : **ESP 179 200 000** – Madrid, 20 fév. 1992 : *Nature morte avec des pêches, des poires, des prunes et une corbeille de pain sur une table*, h/t (48,5x34,5) : **ESP 56 000 000** – Madrid, 19 mai 1992 : *Nature morte avec une pastèque, un tonnelet et des boîtes de friandises*, h/t (38x50) : **ESP 70 000 000** – Londres, 8 déc. 1995 : *Pommes dans un panier avec un pot de grès et des boîtes à épices sur une table*, h/t (49,2x36,2) : **GBP 155 500**.

MELENDEZ Miguel Jacinto ou **Menendez**
Né en 1679 à Oviedo. Mort en 1734 à Madrid. XVIIIe siècle. Espagnol.
Miniaturiste.

Frère aîné de Francesco Antonio, il étudia la peinture à Madrid et devint, en 1712, peintre de la cour de Philippe V en remplacement de Manuel de Castro. Il obtint autant de succès comme miniaturiste que comme peintre. On lui attribue une *Mort de la Madeleine* (Musée de l'Ermitage). Le Musée Corralbo, à Madrid, possède de cet artiste des portraits de membres de la famille royale.

Ventes Publiques : Madrid, 20 juin 1985 : *L'Immaculée Conception* 1734, h/t (212x147) : **ESP 1 840 000** – Madrid, 21 mai 1991 : *Portrait de Philippe V ; Portrait d'Isabelle Farnèse*, h/t, une paire, chaque ovale (82x62) : **ESP 8 960 000** – Londres, 17 avr. 1996 : *L'Annonciation*, h/t (62x47,5) : **GBP 6 900**.

MELENDEZ DE VALDÈS Lorenzo. Voir **MELANDEZ**

MELENDEZ Y CONEJO Gerardo
Né en 1856 à Orense. XIXe siècle. Espagnol.
Peintre de figures et graveur.

MELENDEZ Y DURAZZO Francisca Efigenia
Née en 1770 à Cadix. Morte le 1er novembre 1825 à Madrid. XVIIIe-XIXe siècles. Espagnole.
Peintre de miniatures.

Fille de José Agustin, elle devint peintre de la cour en 1794.

MELEUN de, comte ou **Meluen** ou **Melun**
XVIIIe siècle. Français.
Peintre de paysages, animalier, aquarelliste et graveur amateur.

Il a gravé des sujets de genre, notamment d'après Berchem et Callot.

Ventes Publiques : Paris, 1900 : *Famille de cerfs*, aquar. : **FRF 115**.

MELFI Lucio di
XVIe siècle. Actif à Aquila. Italien.
Peintre.

MELGAR Andres
Mort après le 30 décembre 1554. XVIe siècle. Actif à S. Domingo de la Calzada. Espagnol.
Peintre.

MELGAR Diego de
XVIIe siècle. Actif à Séville. Espagnol.
Peintre.

Il fut en 1620 et pendant six ans, l'élève de Velasquez.

MELGAR Luis
XVIIe siècle. Espagnol (?).
Peintre.

MELGAREJO Jeronimo, fray
XVIIe siècle. Espagnol.
Peintre de genre.

Il appartint à l'ordre des Augustins. Il a fait pour son couvent à Grenade deux peintures dont Cean Bermudez fait l'éloge.

MELGUIN Alfeed Joseph
Né au XIXe siècle à Remalard (Orne). XIXe siècle. Français.
Peintre et dessinateur et graveur.

Élève de Carolus-Duran. Débuta au Salon en 1880.

MELHORN Paul Georg
XVIIIe siècle. Norvégien.
Peintre.

Élève de Jens Sandberg (?) et de Povel Melhorn, avec lequel il y a souvent confusion. Il travailla à Trondhjeim et à Nandalem.

MELHORN Povel
Mort en 1719. XVIIIe siècle. Norvégien.
Peintre de portraits et décorateur.

Élève de Jorgen Hagemann (?). Il était actif à Trondhjeim (Nidaros). Il fut le maître de Jens Sandberg (?), Rasmus Teilgaard (1685-1754) et de P. G. Melhorn. Plusieurs de ses œuvres se trouvent à la cathédrale de Trondhjeim et à l'hôpital de cette ville.

MELHUISH George
Né en Angleterre. XXe siècle. Britannique.
Peintre.

Une présentation fut faite à Paris, en 1947, des œuvres de ce peintre qui, pendant la guerre de 1939-1945, fut chargé de travaux pour le Comité officiel des peintres de la Guerre, à la National Gallery. Il a figuré, en 1955, au Salon des Réalités Nouvelles, à Paris, avec une composition abstraite, constituée de formes très déchiquetées, claires et colorées sur fond sombre.

MELI Giosue
Né en 1807 à Luzzano (Province de Bergame). Mort en 1893. XIXe siècle. Italien.
Sculpteur.

Élève de Thorwaldsen et de Tenerani. Il a sculpté un Christ à S. Salvatore à Rome et un groupe de marbre pour l'autel de S. Francesca de cette ville.

MELI Giuseppe
Né à Palerme. Mort en 1893. XIXe siècle. Italien.
Peintre d'histoire et de portraits.

Il fut directeur du Musée Municipal de Palerme.

MELI Philippo di Salvi da ou **Melide**. Voir **PHILIPPO di Salvi da Meli**

MELI Pietro Paolo de. Voir **PIETRO PAOLO di Andrea da Melide**

MÉLIA Chantal. Voir **LORIOT François**

MELIAND Jean René
Né le 24 septembre 1782 à Margon. Mort le 27 février 1831 à Nogent-le-Rotrou. XIXe siècle. Français.
Peintre.
Élève de David à Paris de 1798 à 1806. L'église Saint-Laurent de Nogent-le-Rotrou, possède de lui le *Martyre de saint Laurent*. C'est d'après ses esquisses que Motte lithographia en 1822 *Trente-six vues pittoresques pour servir à l'histoire de la Vendée*.
Ventes Publiques : Londres, 23 juin 1983 : *Une soirée musicale* 1806, fus. (47,5x61) : **GBP 5 800**.

MELIANI Abderrahman
Né en 1944 à Marrakech. XXe siècle. Marocain.
Peintre, graveur.
A son sujet, Khalil M'rabet parle d'une « écriture métaphorique » qui serait le véhicule de son « imaginaire poétique ».
Bibliogr. : Khalil M'rabet, in : *Peinture et identité – L'expérience marocaine*, L'Harmattan, Rabat, après 1986.

MELICHER Théophil
Né le 15 octobre 1860 à Vienne. XIXe siècle. Autrichien.
Peintre d'histoire et restaurateur de tableaux.
Élève et collaborateur de M. v. Trenkwald. Il est l'auteur de plusieurs tableaux d'autels destinés à la chapelle de l'Ambassade d'Autriche à Saint-Pétersbourg.

MÉLICOURT-LEFEBVRE Armand Constant
Né vers 1820 à Dieppe (Seine-Maritime). XIXe siècle. Français.
Peintre de genre, portraits.
Élève de Paul Delaroche, il exposa au Salon de Paris de 1844 à 1876.
Il donne un caractère romantique à ses sujets, traités avec maniérisme, sous de savants effets de lumière.
Bibliogr. : Gérald Schurr, in : *Les Petits Maîtres de la peinture 1820-1920, valeur de demain*, Les Éditions de l'Amateur, t. IV, Paris, 1979.
Musées : Dieppe : *Bannière aux armes de la ville de Dieppe peinte sur soie – Grailon dans son atelier – Portrait de Gustave Roulant, ancien ministre, sénateur, gouverneur de la banque de France – Portrait de M. Leclerc-Lefebvre*.

MELIDA Y ALINARI Arturo
Né en 1848 à Madrid. Mort le 15 décembre 1902 à Madrid. XIXe siècle. Espagnol.
Sculpteur, peintre, illustrateur et architecte.
Professeur de modelage à l'École d'architecture de Madrid. Frère de Enrique. Il a exécuté le *Monument de Colomb* à l'hippodrome de Madrid et à la cathédrale de Séville. On lui doit également les fresques du plafond de la salle Velasquez au Musée du Prado.

MELIDA Y ALINARI Enrique
Né en 1834 à Madrid. Mort en 1892. XIXe siècle. Espagnol.
Peintre de genre, portraits, illustrateur.
Frère d'Arturo, il fit ses études artistiques à Paris, où il fut élève de Manuel Mendez et de J. L. E. Meissonier. Il a exposé en France, Espagne, Angleterre et Allemagne. Il fut également critique d'art et beau-frère de Léon Bonnat.
Bibliogr. : Gérald Schurr, in : *Les Petits Maîtres de la peinture 1820-1920, valeur de demain*, Les Éditions de l'Amateur, t. IV, Paris, 1979.
Musées : Bayonne (Mus. Bonnat) : *Espagnole – Prêtre âgé* – deux études – Madrid : *La fête troublée* – Sydney : *Pénitents en Espagne*.
Ventes Publiques : New York, 26 mai 1983 : *Jeune femme dans un patio*, h/t (46,5x66) : **USD 2 200** – Paris, 1er déc. 1997 : *L'Arrivée de l'huissier* 1873, h/t (42x56,5) : **FRF 40 000**.

MELIDE Philippo di Salvi da. Voir **PHILIPPO di Salvi da Meli**

MÉLIÈS Georges
Né le 8 décembre 1861. Mort en 1938 à Orly (Val-de-Marne). XIXe-XXe siècles. Français.
Cinéaste, dessinateur.
Méliès, réalisateur de films – il en fit plus de quatre mille – et précurseur du dessin animé, laissa de curieux dessins d'esprit pré-surréaliste.

MÉLIGNAN Louis
Né en 1780 à Mézin (Lot-et-Garonne). Mort après 1839. XIXe siècle. Français.
Peintre et miniaturiste.
Exposa au Salon de 1838 et en 1839. Il obtint une médaille de troisième classe en 1839.

MELIH Nejat. Voir **NÉJAD**

MELIK Edgar
Né en 1904 à Paris. Mort en 1976. XXe siècle. Français.
Peintre. Figuration-fantastique.
Il commença à peindre vers 1928. Il s'est retiré dans une grande solitude, en Provence, depuis environ 1939.
Il montre pour la première fois ses œuvres à Paris en 1930. Il expose également à Aix-en-Provence et Marseille.
Sa peinture est peuplée d'êtres fantastiques, dans un climat d'étrangeté. Depuis 1945, il a évolué d'un graphisme sombre à une manière blond-doré.
Musées : Marseille (Mus. Cantini) : *Les Demoiselles*.
Ventes Publiques : Marseille, 5 avr. 1974 : *Nu accroupi* : **FRF 5 000** – Marseille, 20 mai 1980 : *Nu au coq*, h/cart. (55x65) : **FRF 5 500** – Neuilly, 20 oct. 1991 : *Portrait de femme*, h/cart. (51x31) : **FRF 20 000** – Paris, 27 mars 1994 : *Le Centaure terrassant un taureau*, h/pan. (76x52,5) : **FRF 36 000** – Paris, 19 nov. 1995 : *Portrait de Mlle Moriame*, h/t (81x65) : **FRF 13 000** – Paris, 27 oct. 1997 : *Homme au chapeau rond*, h/pan. (107x80) : **FRF 7 500** – Paris, 21 nov. 1997 : *Farandole de personnages*, h/cart./pan. (59x81) : **FRF 12 000**.

MELIKOFF-LORIS Athanase de
XIXe siècle.
Paysagiste.
Le Musée d'Arras conserve de lui *Effet de lune*.

MELILLO Alberto
Né le 1er avril 1866 à Naples. Mort en 1915. XIXe-XXe siècles. Italien.
Peintre et sculpteur.
Élève de Marelli et de Marinelli. Il débuta vers 1888. Il a exposé en Italie et à Londres.

MÉLIN. Voir aussi **MELLING**

MELIN Barthélémy
Né vers 1689 à Nancy. Mort le 28 mai 1755 à Nancy. XVIIIe siècle. Français.
Sculpteur.
Travaillait en 1729 au catafalque du duc Léopold et en 1739 au palais ducal.

MELIN Charles. Voir **MELLIN**

MELIN Didier Joseph François
XVIIIe siècle. Actif à Nancy en 1789. Français.
Sculpteur.

MELIN Jean
XVIIe siècle. Actif à Nancy vers 1625. Français.
Sculpteur.
Cité par M. A. Jacquot dans son *Répertoire des artistes lorrains*.

MELIN Jean Bernard
XVIIIe siècle. Actif à Nancy vers 1757. Français.
Sculpteur.
Sans doute parent de Nicolas Melin.

MÉLIN Joseph Urbain
Né le 14 février 1814 à Paris. Mort le 28 novembre 1886. XIXe siècle. Français.
Peintre d'animaux.
Il entra à l'École des Beaux-Arts de Paris le 27 septembre 1830 et fut élève de Paul Delaroche et de David d'Angers. Il débuta au Salon de 1836, obtenant des médailles de troisième classe en 1843 et 1855 et de deuxième classe en 1845 et 1857.
Musées : Caen : *Un découplé* – Niort : *Une chienne d'arrêt* – Pontoise : *Tête de chien de chasse*.
Ventes Publiques : Paris, 1872 : *Couple de chiens* : **FRF 3 050** ; *Chien hurlant ou perdu* : **FRF 1 650** – Paris, 1884 : *Épagneul écossais* : **FRF 2 350** – New York, 1894 : *Boar hounds in Full Cry* : **FRF 4 450** – Paris, 28 avr. 1898 : *L'attaque des cerfs par les chiens* : **FRF 525** – Paris, 23 fév. 1920 : *La chasse à Diane* : **FRF 270** – Paris, 16 mai 1924 : *Portrait présumé de Delacroix* : **FRF 305** – Paris, 1er juil. 1943 : *Le briard* 1870 : **FRF 200** – Paris, 5-6 mars 1945 : *Tête de panthère*, étude : **FRF 2 000** – Paris, 22 nov. 1946 : *Deux chiens à l'attache se menaçant mutuellement* 1870, sans indication de prénom : **FRF 3 000** – Paris, 19 oct. 1949 : *Cheval à l'écurie* : **FRF 1 900** – New York, 12 avr. 1996 : *Chiens à l'arrêt* 1873, h/t (94,6x125,7) : **USD 40 250** – Paris, 22 nov. 1996 : *Couple de chiens*, h/t (97x130) : **FRF 66 000** – New York, 11 avr. 1997 : *Le Départ de la meute*, h/t (91,4x58,4) : **USD 9 200**.

MELIN Nicolas ou **Merlin**
Né à Saint-Avold. Mort après 1757 à Nancy. XVIIIe siècle. Français.
Sculpteur.
Fut reçu bourgeois de Nancy en 1748 et travailla dans cette ville à l'église Saint-Pierre.

MELIN Paul
Né au XIXe siècle à Fontainebleau. XIXe siècle. Français.
Sculpteur.
Figura au Salon des Artistes Français ; médaille de troisième classe en 1895 ; bourse de voyage en 1895 ; médaille de deuxième classe en 1899.

MELIN Pierre
Mort le 24 octobre 1662 à Paris. XVIIe siècle. Actif à Paris. Français.
Peintre.
« Peintre du Roy ».

MÉLINE Félix
XIXe siècle. Français.
Graveur à l'eau-forte.

MÉLINGUE Étienne Marin
Né le 16 avril 1808 à Caen. Mort le 27 mars 1875 à Paris. XIXe siècle. Français.
Peintre, sculpteur et artiste dramatique.
Élève d'Odelli et de Bochard. Débuta au Salon en 1852, obtint une médaille de troisième classe et continua à y figurer jusqu'en 1855. Exécuta le buste de *Pierre-Aimé Lair,* inauguré à Caen en 1859. Le talent de Mélingue comme sculpteur fut surtout remarqué à cause de sa notoriété comme acteur.
Musées : Caen : *Molière et Corneille – Histrion* – Le Havre : *L'histrion – Renard, de l'Opéra* – Rouen : *Pierre Corneille – Mme Desbordes-Valmore.*

MÉLINGUE Georges Gaston Théodore
Né en 1840 à Paris. Mort le 12 janvier 1914 à Paris. XIXe-XXe siècles. Français.
Peintre d'histoire, scènes de genre, graveur.
Travailla avec L. Cogniet et Yvon, après avoir étudié avec son père. Figura au Salon à partir de 1861, mention honorable en 1877, troisième médaille en 1891. Le Musée de Caen conserve de lui *Les vendeurs de chair humaine,* et celui de Salford, *Un dîner à la maison de Molière.* Il grava le *Canon de la Bastille* (1878) et illustra : *Une vie d'artiste* de Dumas, en 1902.
Ventes Publiques : Paris, 22-23 nov. 1920 : *Rouget de l'Isle improvisant la Marseillaise* : **FRF 220** ; *Scène représentant l'acteur Melingue dans divers rôles,* aquar. : **FRF 375** – Paris, 18 mars 1987 : *Scène de boulevard près du théâtre de la Porte Saint-Martin,* gche (35,6x23,8) : **FRF 10 000**.

MELINGUE Jacques
Mort le 20 juillet 1728 à Paris. XVIIIe siècle. Actif à Paris. Français.
Peintre.
Il a laissé entre autres onze portraits, un paysage et deux sujets religieux.

MÉLINGUE Lucien Étienne L.
Né le 18 décembre 1841 à Paris. Mort le 5 octobre 1889. XIXe siècle. Français.
Peintre.
Fils du célèbre artiste dramatique. Élève de Giraud, de Gérôme et de Léon Cogniet. Débuta au Salon de 1861. Exécuta un tableau pour l'hôtel de ville de Belfort : *Le maréchal de la Ferté s'empare de Belfort, défendu par le comte de la Suze, et réunit définitivement cette ville à la France en 1654.* Lucien Mélingue possédait comme peintre les qualités de son père. Il n'est pas surprenant qu'il fût plus goûté par le grand public que par les véritables amateurs.
Musées : Caen : *Henri II au château de Blois* – Dijon : *Levée du siège de Metz en 1553* – Luxembourg : *Étienne Marcel et le Dauphin.*
Ventes Publiques : Paris, 10 avr. 1884 : *Marat* : **FRF 920** – Paris, 22-23 nov. 1920 : *Chez l'orfèvre* : **FRF 300** ; *Le berger* : **FRF 230** – Paris, 28 jan. 1949 : *Incroyables,* pl. : **FRF 500**.

MELINI Carlo Domenico ou **Mellini**
Né vers 1740 à Turin. Mort en 1795. XVIIIe siècle. Italien.
Graveur au burin.
Il vécut longtemps à Paris, et y fut élève de Beauvarlet. Il a gravé des sujets d'histoire et de genre. Il grava le portrait de *Charles Emmanuel III de Sardaigne.*

MELIODON Jules André
Né le 1er juin 1867 à Paris. XIXe-XXe siècles. Français.
Sculpteur.
Il fut élève de Falguière, Fremiet, Barrou et Messagé à Paris. Il fut membre de la Société des Artistes Français et de la Société des professeurs français en Amérique. Il obtint une mention honorable au Salon de Paris en 1902.
Musées : Paris : *L'Explorateur Lesueur.*

MELIOLI Bartolommeo di Virgilio
Né en 1448. Mort le 17 novembre 1514. XVe-XVIe siècles. Actif à Mantoue. Italien.
Médailleur, orfèvre.
Il subit comme médailleur l'influence de Cristof. di Geremia. On pense qu'il est l'auteur du buste en bronze de Mantegna à S. Andrea de Mantoue. La plupart des médailles qui lui ont été attribuées, sont en réalité de Gian Marco Cavalli.

MELIORE Toscano
XIIIe siècle. Italien.
Peintre.
Actif en 1271 en Toscane. Le Musée des Offices à Florence, conserve de lui un tableau d'autel, figurant *Saint Pierre et divers saints,* dont le style le rapproche très précisément de Cimabue, le personnage de saint Pierre ayant d'autre part exactement les traits que lui attribuaient alors la plupart des artistes siennois.

MELIORI Francesco. Voir **MIGLIORI**

MELIS Henricus Johannes
Né le 1er septembre 1845 à Sas van Gent. Mort en 1923 à Rotterdam. XIXe-XXe siècles. Hollandais.
Peintre de figures, paysages, intérieurs.
Il travailla à Rotterdam.
Ventes Publiques : Londres, 2 nov. 1973 : *Intérieur rustique, la lecture de la Bible* : **GBP 1 900** – Amsterdam, 22 oct. 1974 : *La lecture de la Bible* : **NLG 18 000** – Amsterdam, 30 oct. 1990 : *Villageois se reposant près de leur maison dans les dunes,* h/cart. (37x46) : **NLG 2 990** – Amsterdam, 21 avr. 1993 : *Mère et son enfant assis auprès d'une table dans un intérieur* 1916, h/pan. (25x27,5) : **NLG 4 370**.

MELIS Karel Jan
Né en 1901 à Borgerhout. XXe siècle. Belge.
Peintre de genre, figures, paysages, paysages urbains, marines.

MELIS Luigi
XVIIIe siècle. Italien.
Sculpteur.
Il obtint en 1795 de l'Académie S. Luc de Rome le second prix pour une terre cuite : *Jacob prend congé de Benjamin.* De 1798 à 1801 il travailla comme restaurateur au Musée de Raxa dans l'île de Majorque, qui possède du reste de lui une *Tête de femme.*

MELISS Henri
XIXe siècle. Actif à Paris. Allemand.
Peintre de miniatures.
Il publia en 1851 à Hambourg une grammaire illustrée et peignit des portraits et des natures mortes en miniature.

MELISSI Agostino ou **Melisi**
Né à Florence. XVIIe siècle. Actif vers 1675. Italien.
Peintre.
On cite de lui un *Reniement de saint Pierre,* dans le palais Gaburri. Le grand-duc de Toscane lui fit peindre des cartons pour des tapisseries d'après les dessins d'André del Sarte. L'église Saint-Jean-Baptiste de Pistoie possède de lui la *Visitation de Marie* et la *Décapitation de saint Jean-Baptiste.*

MÉLITO, pseudonyme de **Miot Maurice**
Né le 2 octobre 1920 à Romilly-sur-Seine (Aube). Mort le 14 mai 1994 à Saint-Barthélemy-d'Anjou (Maine-et-Loire). XXe siècle. Français.
Peintre à la gouache, peintre de collages, peintre de compositions murales, aquarelliste, peintre de cartons de tapisseries, dessinateur, graveur, illustrateur, lithographe. Abstrait-géométrique.
Il participa à des expositions collectives parisiennes telles : les Salons des Surindépendants en 1945, 1946, 1947, 1948 ; des Réalités Nouvelles en 1955 ; Comparaisons en 1956, 1957, 1958, 1959 ; de l'Art Libre de 1956 à 1961. Il a aussi figuré à l'exposition itinérante en Allemagne : *La Jeune Peinture française,* en 1955. Il fut membre du groupe *Structure* à Bordeaux à partir de 1955, du groupe *Espace* à partir de 1956 et membre des *Artistes associés*

à partir de 1962. Il montra ses œuvres dans des expositions particulières qui eurent lieu en province et certaines à Paris, comme l'exposition à la galerie Bellechasse en 1957 ; fit partie des artistes de la galerie de l'Université à Paris à partir de 1961 ; réalisa une exposition à la Maison des Jeunes et de la Culture Les Hauts de Belleville (Paris) en 1980. Chevalier des Arts et Lettres en 1986.
Une vente de l'atelier Mélito eut lieu en 1988 à Paris, où toutes les œuvres présentées sont datées entre 1950 et 1958. Dominent en nombre les œuvres réalisées par la technique du collage. Sauf quelques figures et nus de 1950, toutes ces œuvres se situent à leur juste place dans le courant de l'abstraction géométrique ou parfois constructivisme, qui caractérisa les années cinquante. Il précisait toutefois : « Je ne suis ni pour une imitation de la nature, ni pour une figuration réaliste, ni cependant pour une abstraction totale, mais je cherche à traduire des choses sensitives ». Dessinateur, il a également réalisé des dessins en illustration de poésies et des albums de dessins.
Ventes Publiques : Paris, 6 juin 1988 : *Composition*, gche (35x25) : **FRF 1 180** ; *Nu vert* 1950, aquar. et cr. (26x41) : **FRF 1 100** ; *Composition*, gche (40x30) : **FRF 1 900** ; *Composition*, gche et cr. (33x27) : **FRF 1 900**.

MELK Joseph Adam. Voir **MÖLK**

MELKA Vincenz
Né le 10 janvier 1834 à Neu-Benatek (Bohême). Mort le 25 septembre 1911 à Cluj. XIXe-XXe siècles. Roumain.
Peintre de figures, de portraits et de paysages.
Il fit ses études à Vienne et à Dresde et fut depuis 1879 professeur de dessin à Cluj. Il devint le peintre attitré des chasses de l'archiduc Rodolphe et exécuta par ailleurs des paysages remarquables ainsi que les portraits de Canitz et d'Istvanffi.

MELKEBEKE Jacques Van
Né en 1904 à Bruxelles. XXe siècle. Belge.
Peintre, graveur, illustrateur. Réalité poétique.
Il fut élève des Académies des Beaux-Arts de Saint-Joss-ten-Noode et de Bruxelles. Il fut également critique d'art.
Il a représenté des scènes de foire et de cirque. Il a illustré la Bible.
Bibliogr. : In : *Diction. biogra. illustré des artistes en Belgique depuis 1830*, Arto, Bruxelles, 1987.

MELKH Martin. Voir **MÖLK**

MELKUS Dragan
Né le 28 octobre 1864 à Zagreb. Mort le 5 septembre 1917 à Osijek. XIXe-XXe siècles. Yougoslave.
Peintre de paysages, illustrateur, critique d'art.
Il étudia à Munich et devint le collaborateur du *Simplicissimus* et des *Fliegende Blätter*.

MELLAN Claude
Né le 23 mai 1598 à Abbeville. Mort le 9 mars 1688 à Paris. XVIIe siècle. Français.
Peintre de sujets religieux, portraits, graveur, dessinateur.
Fils d'un chaudronnier d'Abbeville, il vint de bonne heure à Paris. Il y fit de la gravure commerciale pour des thèses, des titres de livres et quelques portraits. En 1624, M. de Peiresc, l'ayant remarqué, l'envoya terminer ses études artistiques à Rome. Il y fut élève de Villamena et de Simon Vouet, alors en Italie. Ce fut à cette époque qu'il créa, ou tout au moins développa, le procédé nouveau de gravure « à une seule taille » qui lui valut, à son retour à Paris, une énorme réputation. Il fut chargé par M. de Peiresc d'exécuter ainsi les célèbres *Éditions du Louvre*. Louis XIV, pour le récompenser de ce travail, le nomma graveur ordinaire du roi et lui accorda un logement au Louvre et une pension. Peu après, il fut nommé graveur du cabinet des statues et des bustes antiques. Esprit avide de nouveauté et de recherches, Claude Mellan s'efforça de perfectionner sa technique. Il en arriva à de véritables tours de force, tels que sa *Sainte Face sur le linge de sainte Véronique*, de 1649, qu'il exécuta d'un seul trait de burin, jusques et y compris sa signature et l'inscription latine qui l'accompagne. Travailleur infatigable, il produisit jusqu'à la fin de sa vie. Son œuvre, comme peintre, est peu connu et beaucoup de ses tableaux sont en Italie. Ses dessins sont extrêmement remarquables, notamment une galerie de portraits, à la pierre noire ou à la sanguine : *Urbain VIII, Louis XIII, Richelieu, Anne d'Autriche, Henriette d'Angleterre, Simon Vouet, Gassendi, Peiresc*. L'œuvre graphique de Mellan comprend quatre cents planches, dont la moitié est constituée par des portraits réalisés à l'eau-forte et au burin.

Bibliogr. : Charles Le Blanc : *Manuel de l'amateur d'estampes*, 4 vol., E. Bouillon, Paris, 1856-1890 ; Amsterdam, 1970.
Musées : Besançon : *Saint Jean-Baptiste* – Montpellier (Mus. Fabre) : *Hérodiade*.
Ventes Publiques : Paris, 1744 : *Portrait de Paul IV lisant une lettre* : **FRF 36** – Paris, 1859 : *Portrait d'homme*, pl. : **FRF 350** – Paris, 1863 : *Portrait d'homme*, dess. : **FRF 90** – Paris, 24 mai 1923 : *La passerelle* : **FRF 200** – Paris, 28 nov. 1928 : *Portrait d'homme*, dess. : **FRF 6 400** – Paris, 21 avr. 1944 : *Saint Sébastien* : **FRF 3 200** – Paris, 4 déc. 1944 : *Diane chasseresse*, mine de pb : **FRF 1 050** – New York, 5 juin 1979 : *Portrait de jeune homme*, sanguine (13x10) : **USD 1 300** – Paris, 16 nov. 1984 : *Paysages*, sanguine, une paire : **FRF 21 000** – Paris, 22 juin 1990 : *Portrait d'une courtisane*, h/t (98,5x72) : **FRF 280 000**.

MELLAN Philippe
Mort le 11 août 1674 à Avignon. XVIIe siècle. Français.
Graveur au burin.
Il travailla d'abord à Paris, puis s'installa à Avignon en 1657.

MELLANVILLE Germain de
Mort le 27 septembre 1915, à la guerre. XIXe-XXe siècles. Français.
Peintre.
Il fut élève de Falguière et de Mercié.
Il avait obtenu une mention en 1909 et une médaille en 1911.

MELLE, pseudonyme de **Oldeboerrigter Johannes Melle**
Né en 1908 à Amsterdam. Mort en 1976 ou 1988. XXe siècle. Hollandais.
Peintre, aquarelliste, pastelliste, graveur. Figuration-fantastique, tendance surréaliste.
Il fut un ancien élève de l'École des arts graphiques d'Amsterdam. D'abord typographe, il se consacrera ensuite, en autodidacte, à la peinture, puis également à l'aquarelle, au pastel et à la gravure. Il fut assez renommé après la guerre.
Son œuvre est principalement une illustration des relations passionnelles (peur et attirance ; dégoût et désir) que la personne humaine entretient avec l'expérience sexuelle.
Bibliogr. : In : *Dictionnaire universel de la peinture*, t. IV, Le Robert, 1975.
Ventes Publiques : Amsterdam, 1er nov. 1977 : *L'enfant et la Mort* 1967, h/t (29,2x39) : **NLG 7 200** – Amsterdam, 31 oct 1979 : *Nu debout*, h/pan., forme ovale (33,7x28,5) : **NLG 12 000** – Amsterdam, 24 mars 1980 : *Opus 1 : femme dans un paysage* 1938, h/pan. (43x33) : **NLG 4 200** – Amsterdam, 13 déc. 1989 : *Scène érotique*, aquar./pap. (37x53) : **NLG 4 600** – Amsterdam, 22 mai 1990 : *Un chardonneret* 1973, h/pan. (27x22) : **NLG 6 670** – Amsterdam, 22 mai 1991 : *Le roi* 1940, h/pan., de forme ovale (52x42) : **NLG 8 050** – Amsterdam, 23 mai 1991 : *Sans titre*, aquar./pap. (42x54) : **NLG 1 150** – Amsterdam, 17 sep. 1991 : *Pigeons et insectes dans un paysage*, h/t/pan. (36,5x20,5) : **NLG 1 092** – Amsterdam, 12 déc. 1991 : *Femme dans un paysage Opus I* 1938, h/pan. (42,5x34) : **NLG 8 050** – Amsterdam, 21 mai 1992 : *Portrait des parents de l'artiste* 1939, h/pan. (25x22) : **NLG 6 325** – Amsterdam, 10 déc. 1992 : *Homme assis dans un intérieur et tenant un coq par les ailes* 1944, h/pan. (37x24,5) : **NLG 10 350** – Amsterdam, 31 mai 1994 : *Mater dolorosa* 1965, h/t (40x30) : **NLG 10 925** – Amsterdam, 31 mai 1995 : *Sans titre* 1972, h/t (39x29) : **NLG 6 490** – Amsterdam, 10 déc. 1996 : *Bickerseiland* 1960-1961, h/t (50,5x70) : **NLG 40 362** – Amsterdam, 2 déc. 1997 : *Het bloemenmeisje* 1952, h/t (50x75) : **NLG 29 983**.

MELLE Emma Johanna von
Née le 22 août 1824 à Lubeck. Morte en 1900. XIXe siècle. Allemande.
Peintre de fleurs et de natures mortes.
Devint en 1886 supérieure du monastère des Vierges de saint Jean.

MELLE Francesco
XVIIIe siècle. Britannique.
Peintre de fresques et miniaturiste.
Il travailla à Londres, où il exposa de 1773 à 1775.

MELLE Henri Van
Né en 1859 à Oorderen. Mort en 1930 à Gand (Flandre-Orientale). XIXe-XXe siècles. Belge.

Peintre de figures, genre.
Il fut élève de l'Académie des Beaux-Arts de Gand, où il devint professeur.
Bibliogr. : In : *Diction. biogra. illustré des artistes en Belgique depuis 1830*, Arto, Bruxelles, 1987.
Musées : Gand.
Ventes Publiques : Paris, 9 déc. 1988 : *La lecture*, h/t (56,5x46,5) : **FRF 8 500** – Lokeren, 23 mai 1992 : *L'église de la Chapelle en Serval* 1903, h/t (92x142) : **BEF 110 000** – Paris, 3 fév. 1993 : *L'église de la Chapelle en Serval* 1903, h/t (93x142) : **FRF 42 000**.

MELLÉ Léon Auguste
Né le 15 avril 1816 à Paris. Mort en 1889. XIXe siècle. Français.
Peintre de paysages.
Il travailla avec Jules Coignet et Renoux. Il figura au Salon de Paris par des vues prises en Suisse, en Dauphiné, en Picardie et dans les environs de Paris de 1839 à 1879.
Ventes Publiques : Paris, 12 mai 1995 : *Vue du jardin et du château des Tuileries prise du côté du grand bassin* 1847, h/t (50x100) : **FRF 19 000**.

MELLEIN Henri
XVe siècle. Actif à Bourges. Français.
Peintre verrier.
Fit pour la cathédrale et l'hôtel de ville de Bourges des vitraux représentant Charles VII et Jacques Cœur.

MELLERIO Charles
Né en 1879 à Paris. XXe siècle. Français.
Peintre de genre, aquarelliste.
Élève de Pierre Vignal, il reste proche de son maître par la qualité documentaire de ses toiles, lavis et aquarelles.
Bibliogr. : Gérald Schurr, in : *Les Petits Maîtres de la peinture 1820-1920, valeur de demain*, Les Éditions de l'Amateur, t. IV, Paris, 1979.

MELLERUP Tage
Né vers 1910 au Danemark. XXe siècle. Danois.
Peintre.
Il prit part à certaines manifestations du groupe des artistes qui devaient créer, après la guerre, le mouvement COBRA.
Ventes Publiques : Copenhague, 21-22 mars 1990 : *Composition 1941* 1941, h/t (90x87) : **DKK 42 000** – Copenhague, 30 mai 1991 : *Composition* 1958, h/t (95x66) : **DKK 5 000**.

MELLERY Xavier de
Né le 9 août 1845 à Laecken (Brabant). Mort le 4 février 1921 à Laecken. XIXe-XXe siècles. Belge.
Peintre, dessinateur, illustrateur. Symboliste.
Il fut élève de l'Académie de Bruxelles sous la direction de Portaels, puis chez le décorateur Charles Albert.
Il exposa avec le groupe des Vingt puis au Salon de la Libre Esthétique. Il reçut en 1870 le prix de Rome.
Il illustra, de Camille Lemonnier : *La Belgique* (1888) ; *Histoire de huit bêtes et d'une poupée*, Hetzel vers 1884, Paris. Il contribua à l'illustration : *Les Joujoux parlants* de Camille Lemonnier, Hetzel (1886), Paris.

Bibliogr. : A. Goffin : *X. M.*, 1925, Bruxelles – F. Hellens : *X. M.*, Bruxelles, 1932 – in : *Symbolistes et surréalistes belges*, catalogue de l'exposition, Paris, 1972 – in : *Dictionnaire des illustrateurs, 1800-1914*, Ides et Calendes, Neuchâtel, 1989.
Ventes Publiques : Lokeren, 13 mars 1976 : *Intérieur*, h/t (77x85) : **BEF 70 000** – Bruxelles, 16 mai 1979 : *Le château de La Roche* 1877, h/t mar./bois (45x64) : **BEF 38 000** – Londres, 5 déc. 1980 : *La Famille à Marken*, aquar. reh. d'or (72x50,8) : **GBP 450** – Anvers, 27 oct. 1981 : *Dans la chapelle*, dess. (56x79) : **BEF 100 000** – Lokeren, 16 fév. 1985 : *Scène d'intérieur rustique*, aquar. et pl. (42x31) : **BEF 60 000** – Anvers, 22 avr. 1986 : *Les Balayeuses*, h/cart. (54x80) : **BEF 150 000** – Londres, 1er déc. 1987 : *L'âme des choses, la lecture sous la lampe*, cr. gras, lav. et pl. (19,7x25,4) : **GBP 11 500** – Londres, 30 juin 1987 : *La Terrasse du café*, aquar. et pl. (47x63,5) : **GBP 12 000** – Lokeren, 28 mai 1988 : *Renaissance flamande*, aquar. (76x47) : **BEF 280 000** – Lokeren, 8 oct. 1988 : *La promenade du dimanche à Marken* 1937, aquar. (29x46,5) : **BEF 140 000** – Amsterdam, 2 mai 1990 : *Oost west, t'huis best*, h/t (103,5x77) : **NLG 9 200** – Londres, 4 oct. 1991 : *L'Amitié : Entrez et vous serez consolé*, h/t (80x130) : **GBP 1 980** – Londres, 18 mars 1992 : *La Trinité (Justice, Force, Vérité)*, techn. mixte et peint. or (68x87) : **GBP 7 150** – Amsterdam, 20 avr. 1993 : *Scène d'intérieur*, h/t (69x55,5) : **NLG 1 150** – Londres, 16 juin 1993 : *L'Éternité et la Mort*, aquar. et cr. et peint. or (65x98) : **GBP 13 800** – New York, 22-23 juil. 1993 : *La rue déserte*, fus./pap. (11,4x20,3) : **USD 2 070** – Lokeren, 12 mars 1994 : *Les béguines*, encre (23x29) : **BEF 75 000** – Lokeren, 9 mars 1996 : *L'abolition des contrôles*, h/t (38,5x36) : **BEF 44 000** – Lokeren, 7 déc. 1996 : *Le Vieux Béguinage, la porte verte*, h/t (79x86) : **BEF 85 000**.

MELLET Patrick
Né en 1952. XXe siècle. Français.
Sculpteur.
Il vit et travaille à Apremont en Vendée. Il a exposé en 1991 à La Box à Bourges.
Il s'emploie dans son travail à inscrire dans l'espace des formes virtuellement présentes, comme la matérialisation en plâtre des arcs de cercle décrits par les battants d'une porte.

MELLEY Louise
Née le 31 janvier 1860 à Lausanne (Vaud). XIXe-XXe siècles. Suisse.
Peintre.
Musées : Lausanne.

MELLGREN Karl Magnus
Né en 1806 à Marstrand. Mort en 1886 à Helsingfors. XIXe siècle. Norvégien.
Médailleur et sculpteur.

MELLI Roberto
Né en 1885 à Ferrare (Emilie-Romagne). Mort en 1958 à Rome. XXe siècle. Italien.
Peintre, dessinateur, sculpteur. Tendance futuriste.
En 1914, il montra pour la première fois un ensemble de ses sculptures et dessins, au Salon de la Sécession à Rome. Il participa à d'autres expositions, notamment à Ferrare en 1920 et avec le groupe *Valori Plastici* en Allemagne en 1921. Il fut écarté des expositions par le régime de Mussolini. Il exposa de nouveau à Rome en 1947, puis au Palais Barberini en 1957, une exposition rétrospective organisée par la Fondation Premi Roma.
Il ne sculpta qu'entre 1906 et 1914. À ses débuts, il fut influencé par l'impressionnisme plastique de Médardo Rosso : *Relief au profil de jeune fille*, 1911. Également critique d'art, il s'intéressa aux recherches des futuristes. L'impressionnisme de Rosso lui avait déjà fait rechercher le côté fugitif de l'instant qui passe. Ce fut assez naturellement qu'il adhéra à la recherche futuriste de la prolongation de la forme dans le temps. Sans adopter entièrement la recherche du mouvement des futuristes, il accordait plus d'importance à une plastique dynamique d'opposition des pleins et des vides : *La Dame au chapeau noir*, et le *Portrait de Vincenzo Costantini*, toutes deux de 1913. Il se consacra à partir de 1914 à la peinture, avec un moindre retentissement. Celle-ci témoigne également de sa part de certaines préoccupations futuristes. Il tente de reconstruire la forme par une juxtaposition de surfaces colorées. Il demeurera dès lors une des figures de l'école romaine des « tonalistes ».

Bibliogr. : Sarane Alexandrin, in : *Dictionnaire universel de l'art et des artistes*, Hazan, Paris, 1967 – Giovanni Garandente, in : *Nouveau dictionnaire de la sculpture moderne*, Rome, Paris, 1970 – in : *Les Muses*, t. X, Grange Batelière, Paris, 1973.
Musées : Rome (Gal. Nat. d'Art Mod.) : *La Dame au chapeau noir* 1913 – *Portrait de Vincenzo Costantini* 1913.
Ventes Publiques : Rome, 9 déc. 1976 : *Paysage lunaire* 1936, h/t (59x70) : **ITL 700 000** – Milan, 22 mai 1980 : *Femme endormie* 1948, h/t (82x69) : **ITL 900 000** – Rome, 23 nov. 1981 : *Les Toits de Rome* 1935, h/t (72x71) : **ITL 3 600 000** – Milan, 11 juin 1985 : *Rome en hiver* 1948, h/t (55x67) : **ITL 6 800 000** – Rome, 29 avr. 1987 : *Rome en hiver* 1948, h/t (55,5x67) : **ITL 7 000 000** – Rome, 17 avr. 1989 : *Scène de bataille* 1949, h/pan. (40x50) : **ITL 12 000 000** – Rome, 3 déc. 1991 : *Femme âgée*, h/rés. synth. (48x62,5) : **ITL 3 200 000** – Rome, 30 nov. 1993 : *Marine* 1936, h/t (34x47) : **ITL 8 625 000** – Rome, 14 nov. 1995 : *Marine à Celle Ligure* 1951, h/t (50x60) : **ITL 7 475 000**.

MELLIAN C. F. Maximilian
XVIIIe siècle. Actif à Londres. Britannique.
Sculpteur.

MELLIER
XIXe siècle. Français.
Peintre de paysages.
Exposa au Salon entre 1848 et 1850.

MELLIER J.
XVIIIe siècle. Travaillant en 1758. Français.
Peintre d'histoire.
Le Musée de La Fère conserve de lui une *Adoration des bergers*.

MELLIN August Wilhelm
XVIIIe siècle. Allemand.
Dessinateur et graveur amateur.

MELLIN Charles ou **Melin, Meslin, Messin**, dit parfois **le Lorrain**
Né vers 1597 à Nancy (Meurthe-et-Moselle). Mort en 1647 ou 1649 à Rome. XVIIe siècle. Français.
Peintre de scènes mythologiques, sujets religieux, peintre de décorations murales, graveur.
A. Jacquot, rapportant dans son *Répertoire des Artistes Lorrains* les renseignements récoltés par Durival et Noël, en fait, sous le nom de Messin, un artiste distinct de Mellin, le faisant d'ailleurs naître vers 1620, erreur corrigée depuis par tous les biographes et historiens. Il semble qu'il fut formé, dans sa jeunesse, dans le climat maniériste qui caractérise la Lorraine de la fin du XVIe siècle et marquera encore ses artistes du début du XVIIe. Il partit pour Rome en 1622, et devait y rester jusqu'à la fin de sa vie, à l'exception d'un séjour au Mont-Cassin, en 1636-1637, et d'un autre séjour à Naples, en 1643-1647. Dès son arrivée à Rome, il travailla avec Simon Vouet, qu'il imita, et fut en contact avec Le Dominiquin. Il travailla d'abord à la décoration des lunettes du cloître de la Trinité-des-Monts ; puis dans une chapelle de Saint-Louis-des-Français. Les fresques qu'il peignit au Mont-Cassin, furent détruites lors de la Seconde Guerre mondiale. De son séjour à Naples, on a retrouvé deux peintures datées. De l'imitation de Simon Vouet, il évolua à un style classique, élégant malgré sa simplicité, sans doute inspiré de Lanfranco, et qui l'apparente, dans sa seconde manière, à l'école parisienne. Longtemps méconnu, il a été remis en lumière par les travaux de J. Bousquet. On lui attribue les quelques peintures mentionnées dans la rubrique des musées. ■ J. B.

Bibliogr. : *Catalogue de l'exposition « Le XVIIe siècle Français »*, Musée du Petit Palais, Paris, 1958 – in : *Diction. Univers. de l'Art et des Artistes*, Hazan, Paris, 1967.
Musées : Genève (Mus. d'Art et d'Hist.) : *Charité romaine* – Montpellier : *Madone en adoration* – Rodez : *Saint Barthélemy*.
Ventes Publiques : Paris, 30 oct. 1981 : *Vénus remettant ses armes à Enée*, pl. et lav. (15,5x19,5) : **FRF 7 800** – Paris, 14 déc. 1985 : *La charité romaine*, h/t (96x73) : **FRF 120 000** – Paris, 18 mars 1987 : *Assomption de la Vierge*, dess., projet de décor d'une voûte (25,4x46) : **FRF 28 000** – Rome, 10 nov. 1987 : *Moïse et le Buisson ardent*, h/t (100x83,5) : **ITL 12 000 000** – Londres, 5 juil. 1995 : *Le Triomphe de Galatée*, h/t (121x123,5) : **GBP 43 300**.

MELLING ou **Mélin**
XVIIe siècle. Actif à Saint-Avold. Français.
Sculpteur.
Père du peintre Joseph Melling.

MELLING Anton Ignaz ou **Ignace**
Né le 26 avril 1763 à Karlsruhe. Mort le 25 août 1831 à Paris. XVIIIe-XIXe siècles. Français.
Peintre de paysages urbains.
Cet artiste était attaché au Ministère des Affaires étrangères. Il fut l'élève de son oncle Joseph Melling à Strasbourg ; il visita l'Italie, l'Égypte, Smyrne. Il fut peintre de l'impératrice Joséphine, puis de Louis XVIII. Il figura au Salon de Paris, de 1804 à 1824 ; en 1810, il eut une médaille de deuxième classe. Il fut fait chevalier de la Légion d'honneur en 1825.
Lors de son séjour à Constantinople, il fut introduit auprès de la sultane Hadidgé auprès de qui il eut les fonctions d'architecte, peintre, décorateur et jardinier. La situation politique mettant fin à cette situation, il réalisa une collection de dessins de Constantinople et des environs qui seront la base de gravures pour *Le voyage pittoresque de Constantinople* qui remporta un vif succès en France (1809-1819). Il publia d'autre part le *Voyage pittoresque dans les Pyrénées* (soixante-douze planches).
Sa minutie n'empêche pas une certaine ampleur panoramique de ses paysages.
Musées : Valenciennes : deux gouaches – *La Ville de Swoch sur les rives de l'Yssel* – Versailles : *Entrée de Louis XVIII à Paris*, aquar. – *Distribution des drapeaux à la garde nationale de Paris au Champ-de-Mars*, aquar.
Ventes Publiques : New York, 9 juin 1981 : *Vue du port de Constantinople* 1801, cr., aquar., pl. et reh. de blanc (45,7x90,8) : **USD 4 200** – Paris, 3 juil. 1986 : *La Baie de Constantinople* vers 1795, cr. noir (18,5x90) : **FRF 21 000** – Paris, 7 mars 1988 : *Vue générale de Constantinople prise des hauteurs d'Eyoub*, aquar. (53x88) : **FRF 102 000** – Paris, 20 nov. 1990 : *Repos et prière près d'une fontaine au bord du Bosphore* 1809, gche (17x25) : **FRF 50 000** – Amsterdam, 24 avr. 1991 : *Constantinople le long du Bosphore et Sainte-Sophie au loin* ; *Constantinople et Sainte-Sophie au premier plan*, encres coul. et aquar./pap., une paire (49x72 et 51,4x74) : **NLG 161 000** – Paris, 20 déc. 1993 : *Saint-Germain de Bigore* 1827, mine de pb et lav. brun (38x55) : **FRF 3 800** – Paris, 19 déc. 1994 : *Le Palais de la sultane Hadidgé à Defterdar Burnou* 1800, aquar. gchée (34,5x53) : **FRF 200 000** – New York, 16 fév. 1995 : *Vue topographique de Constantinople* ; *Course d'embarcations à rames sur le Bosphore* 1801, aquar., une paire (chaque 47x91,4) : **USD 151 000** – Paris, 26 nov. 1996 : *Les Invalides et le Panthéon vus du Sud de Paris*, aquar. avec reh. de gche (23,5x31,3) : **FRF 16 000**.

MELLING Christoph
Né le 8 septembre 1716 à Saint-Avold (Moselle). Mort le 18 mai 1778 à Karlsruhe. XVIIIe siècle. Français.
Sculpteur.
Frère de Joseph et père d'Antoine Ignace. Il quitta en 1748 Deux-Ponts pour se rendre à Karlsruhe, où il devint en 1749 sculpteur de la cour et travailla à la construction du château.

MELLING Henry
XIXe siècle. Actif à Londres. Britannique.
Peintre de genre et graveur.
Exerça son activité à Londres de 1829 à 1853.

MELLING Jean ou **Mellinger**
XVIIIe siècle. Actif à Saint-Avold. Français.
Sculpteur et architecte.

MELLING Joseph
Né le 27 décembre 1724 à Saint-Avold (Moselle). Mort le 23 décembre 1796 à Strasbourg (Bas-Rhin). XVIIIe siècle. Français.
Peintre, portraitiste et graveur au burin.
Élève de Van Loo et de Boucher. Créa et dirigea à Strasbourg une École de peinture. Il fut peintre de la cour de Karlsruhe, où il décora la salle d'apparat du château. Il a également peint des tableaux d'autel pour l'église Saint-Étienne de Karlsruhe, ainsi que des panneaux décoratifs pour le Grand Palais de Fribourg. En 1774 il passe à Strasbourg, décore en 1787 la Bibliothèque du Collège royal de Colmar et exécute en 1793 pour l'Hôtel de Ville de Strasbourg sept grandes compositions, destinées, à magnifier la Révolution.
Ventes Publiques : Paris, 7 mars 1925 : *Portrait de jeune femme coiffée de plumes et tenant des fleurs* : **FRF 3 600** – Paris, 1er mars 1950 : *La dame au bonnet* 1774 : **FRF 10 000**.

MELLING Marie Luise
Née le 16 octobre 1762 à Karlsruhe. Morte le 23 février 1799 à Karlsruhe. XVIIIe siècle. Allemande.
Peintre.
Fille et élève de Joseph, elle entra sous le nom de sœur Rosa au cloître de Lichtental près de Bade. Celui-ci conserve quatre tableaux d'elle : *Péché de Pierre*, *Le Christ et les Pharisiens*, *La Naissance du Christ*, *Le Christ au mont des Oliviers*.

MELLINGER Jean. Voir **MELLING**

MELLINGER Ludwig Karl Kasimir
Né le 14 avril 1865 à Mayence. XIXe siècle. Allemand.
Sculpteur et peintre d'histoire.
Élève de A. Goebel, A. Burger et Steinle à Francfort-sur-le-Main. Il travaille à Florence de 1891 à 1895.

MELLINGER Michel
Né au XIXe siècle à Kœnigsmacher (Moselle). XIXe siècle. Français.

Peintre.
Élève de Lemaire. Il exposa au Salon de Paris entre 1868 et 1878.

MELLINI Carlo Domenico. Voir **MELINI**

MELLINI Carlo. Voir **MELLIN Charles**

MELLINI Luigi
XVIIe siècle. Actif à Rome. Italien.
Peintre.
Il travailla en 1655 et 1656 aux Loges du Vatican.

MELLINI Napoleone
Né vers 1800 à Milan. Mort en 1880. XIXe siècle. Actif à Milan. Italien.
Peintre d'histoire et de portraits.
VENTES PUBLIQUES : MILAN, 5 juin 1985 : *Scène de la vie de l'empereur*, h/t (54x72) : **ITL 6 000 000**.

MELLINY Charles
XVIIIe siècle. Français.
Graveur.
Agréé à l'Académie le 28 novembre 1761. Il exposa au Salon de Paris entre 1763 et 1777.

MELLIS Alfredo de
Né le 27 mars 1845 à Naples. XIXe siècle. Italien.
Aquarelliste et paysagiste.
Élève de Carillo. Débuta à Naples en 1877.

MELLIS Giovanni, dit **Joannes Tedesco**
XVe siècle. Allemand.
Calligraphe et miniaturiste.
D'origine allemande, il vécut à Pérouse, où on le trouve de 1454 à 1456.

MELLISH Thomas
XVIIIe siècle. Actif entre 1760 et 1778. Britannique.
Peintre de marines.
Il fit des envois à la Société des Artistes de Londres de 1761 à 1766.
VENTES PUBLIQUES : LONDRES, 25 nov. 1977 : *La Tamise à Greenwich*, h/t (63x108) : **GBP 6 500** – LONDRES, 11 avr. 1980 : *Bateaux dans un estuaire*, h/t (41,3x66) : **GBP 8 500** – LONDRES, 13 déc. 1982 : *A view from Galleon's Point off Woolwich*, h/t (84x121) : **GBP 16 000** – LONDRES, 13 mars 1985 : *Bateaux au large de Douvres*, h/t (37x58) : **GBP 9 000** – LONDRES, 8 avr. 1992 : *Un deux-ponts et d'autres embarcations au large de Douvres*, h/t (36,5x57) : **GBP 14 300**.

MELLO da. Voir **DAMELLO Marco**

MELLON Campbell A.
Né en 1876 à Sandhurst. Mort en 1955. XXe siècle. Britannique.
Peintre de paysages, marines.
VENTES PUBLIQUES : LONDRES, 13 juin 1980 : *Paysage, Bradwell*, h/pan. (23x30,5) : **GBP 750** – LONDRES, 9 nov. 1984 : *Scène de plage, septembre*, h/pan. (22,8x30,6) : **GBP 1 450** – LONDRES, 7 juin 1985 : *The Yacht Pond, Gorleston* 1930, h/pan. (50,8x61) : **GBP 3 000** – LONDRES, 29 juil. 1988 : *Maison parmi les arbres* 1920, h/t (18,8x26,2) : **GBP 858** – LONDRES, 12 mai 1989 : *L'ondée*, h/pan. (22,5x30) : **GBP 2 090** – LONDRES, 3 mai 1990 : *Dix heures un matin d'Août 1925*, h/pan. (20x30,5) : **GBP 1 320** – LONDRES, 20 sep. 1990 : *Gorleston*, h/t (42x52) : **GBP 2 640** – LONDRES, 18 déc. 1991 : *Sur le sable de Gorleston*, h/pan. (23x30,5) : **GBP 1 045** – NEW YORK, 26 fév. 1997 : *La Manche ; Sur la plage à l'approche des nuages*, h/pan., une paire (22,4x30,5) : **USD 9 775**.

MELLON Eléanor M.
Née le 18 août 1894 à Narbeth (Pennsylvanie). XXe siècle. Américaine.
Sculpteur.
Elle fut élève de V. D. Salvatore, Edward McCartan et Robert Aitken. Elle est membre de la Fédération américaine des arts.

MELLONE Antonio et **Carlo Francesco**. Voir **MELONI**

MELLONI Francesco Antonio. Voir **MELONI**

MELLONI Macedonio
Né le 1er juillet 1801 à Parme. Mort le 11 août 1854 à Portici. XIXe siècle. Italien.
Peintre amateur.
Le Cabinet des Estampes de Dresde possède le portrait de Melloni, dessiné par Allessandri.

MELLONI Pietro Antonio. Voir **MELONI**

MELLOR William
Né en 1851. Mort en 1931. XIXe-XXe siècles.
Peintre de paysages.

William Mellor

VENTES PUBLIQUES : LONDRES, 27 avr. 1976 : *Le Ruisseau dans la forêt*, h/t (58x89) : **GBP 280** – LONDRES, 14 juin 1977 : *Paysage au pont*, h/t (90x70) : **GBP 1 000** – LONDRES, 18 mars 1980 : *Troupeau au bord d'une rivière Yorkshire*, h/t (58,5x90) : **GBP 1 200** – LONDRES, 15 déc. 1981 : *Paysages du Cumberland*, h/t, une paire (chaque 51x76,5) : **GBP 4 000** – LONDRES, 29 mars 1983 : *On the Wharfe, Bolton Woods, Yorkshire*, h/t (51x76) : **GBP 1 100** – PERTH, 27 août 1985 : *Grasmere Lake ; Rydal Lake*, h/t, une paire (51x76) : **GBP 2 800** – LONDRES, 14 fév. 1986 : *On the Glaslyn, North Wales*, h/t (41x61) : **GBP 2 800** – LONDRES, 17 juin 1987 : *Near Grange over Sands, Lancashire ; Mœl Siabod from the Llugwy, North Wales*, h/t, une paire (51x76) : **GBP 7 000** – LONDRES, 2 juin 1989 : *Paysage boisé avec des moutons*, h/t/cart. (44,5x60) : **GBP 2 200** – CHESTER, 20 juil. 1989 : *La Wharfe coulant près de Beamsley dans le Yorkshire*, h/t (30,5x45,7) : **GBP 2 420** – LONDRES, 9 fév. 1990 : *Paysage boisé avec une cascade*, h/t (91,5x71) : **GBP 3 740** – LONDRES, 26 sep. 1990 : *Les environs de Ingleton*, h/t (61x91,5) : **GBP 3 300** – LONDRES, 22 nov. 1990 : *Lac de montagne*, h/t (53,3x88,8) : **GBP 990** – LONDRES, 5 juin 1991 : *La rivière Conway en Galles du Nord*, h/t (46x107) : **GBP 2 200** – LONDRES, 12 juin 1992 : *Le ruisseau Burbridge dans le Derbyshire ; Vue des environs de Parbold dans le Lancashire*, h/t, une paire (25,5x35,5) : **GBP 3 520** – LONDRES, 3 mars 1993 : *La Conway et la Dee en Galles du Nord*, h/t, une paire (chaque 41x61) : **GBP 6 555** – NEW YORK, 19 jan. 1994 : *Au pied du Llugwy en Galles du Nord*, h/t (40,6x61) : **USD 2 070** – LONDRES, 6 nov. 1995 : *Bolton Abbey sur la Wharfe ; Rydal Water dans le Westmoreland*, h/t (chaque 61x91) : **GBP 10 350** – LONDRES, 6 juin 1996 : *Chute d'eau dans un paysage de rivière boisé*, h/t (45,7x30,5) : **GBP 805** – LONDRES, 12 mars 1997 : *Fin d'été* 1880 ; *h/t/c* (74x124,5) : **GBP 5 270** – LONDRES, 4 juin 1997 : *Langdale, Westmoreland*, h/t (61,5x41) : **GBP 4 025**.

MELLOT Emmanuelle
XXe siècle. Française.
Peintre, technique mixte.
VENTES PUBLIQUES : PARIS, 30 mars 1989 : *Le Vélo* 1988, techn. mixte (130x97) : **FRF 49 000**.

MELLUNER Johann Karl. Voir **MÜLLENER**

MELLY
XVIIIe siècle. Français.
Miniaturiste.
Il a peint des portraits du *Duc de Bourbon et de son épouse* en 1770.

MELLY Ferdinand
Né le 23 mai 1863 à Leipzig. Mort le 28 septembre 1903 à Munich. XIXe siècle. Actif à Munich. Allemand.
Peintre.
Étudia à Dresde et à Munich, où il s'établit. Le Musée de Leipzig possède de lui : *Dame devant son miroir*.

MELLYE C.
XXe siècle. Norvégien.
Peintre de genre.
Il figura aux Expositions de Paris où il obtint une médaille de bronze en 1900 lors de l'Exposition Universelle.

MELMS August
Mort vers 1904. XIXe siècle. Actif à Heidelberg. Allemand.
Peintre d'animaux.
Élève de Ferdinand Keller de 1875 à 1880.

MELNICK Camillo
Né en 1862 en Bohême. XIXe siècle. Autrichien.
Peintre de portraits.
Il figura au Salon des Artistes Français de Paris, obtenant une médaille de bronze en 1889 et une mention honorable en 1900, pour les Expositions Universelles.
VENTES PUBLIQUES : COLOGNE, 29 juin 1990 : *Portrait d'une élégante jeune femme* 1882, h/t (100x80) : **DEM 2 000** – NEW YORK, 17 jan. 1996 : *Jeune femme en robe blanche*, h/t (116,5x81,6) : **USD 4 312**.

MELNICK Paul von ou **Melnik**
XVIe siècle. Éc. de Bohême.

Miniaturiste.
En 1530, il enlumina un *Caucional* sur parchemin qui fut exposé à Vienne en 1887.

MELNIK Woldemar
Né le 11 mai 1887 à Purtse en Estonie. XXe siècle. Estonien.
Sculpteur.
Fut de 1908 à 1914 élève de l'École du baron Stieglitz à Saint-Pétersbourg, puis il étudia de 1914 à 1918 à l'Académie de cette ville. Il exécuta de nombreux monuments aux morts de la guerre, des tombeaux et des bustes. On connaît de lui au Musée de Reval une *Tête de femme*.

MELNIKOFF Alexander Kiprianovitch
Né le 19 août 1803. XIXe siècle. Russe.
Graveur au burin.
Élève de l'Académie de Saint-Pétersbourg. Il a gravé des portraits et illustré des événements contemporains.

MELNIKOFF Dimitri Andreïevitch M.
Né le 18 octobre 1771. XVIIIe-XIXe siècles. Russe.
Peintre.
Élève de l'Académie de Saint-Pétersbourg.

MELNIKOFF Kiprian Fedosseïevitch
Né le 25 octobre 1754. Mort le 30 août 1803. XVIIIe siècle. Russe.
Peintre de portraits.
Élève de Lewizki. Il séjourna comme boursier à Paris chez Suvée et chez Vincent.

MELNIKOFF Pavel
Né en 1795. XIXe siècle. Russe.
Peintre de portraits, miniaturiste.
Élève de l'Académie de Saint-Pétersbourg de 1802 à 1816.

MELNITZKY Franz
Né en 1822 à Schwamberg (Bohême). Mort en 1876 à Vienne. XIXe siècle. Autrichien.
Sculpteur.
Élève de J. Klieber.

MELO Barthélemy de
XVIIe siècle. Français.
Sculpteur.
Membre de l'Académie en 1670. On voit de cet artiste, dans les jardins de Versailles : *Apollonius*, terme en marbre, *Vase en marbre orné de fleurs, de soleil*. Le Musée du Louvre conserve *L'abbé de Marolles* (médaillon), et le château de Lude dans la Sarthe, *Hercule et Antée*.

MELO MOURAO Antonio José de. Voir **TUNGA**

MELOCHE Suzanne
Née en 1926 à Ottawa (Ontario). XXe siècle. Canadienne.
Peintre.
Musées : Montréal (Mus. d'Art Contemp.) : *Le Pont Mirabeau* 1962.

MELOIS
Né le 9 janvier 1939. XXe siècle. Français.
Sculpteur de figures.
Il a été élève à l'Institut des Beaux-Arts de Nancy. Il a obtenu le prix de la Fondation de la Vocation en 1968. Il a participé à l'exposition *Meubles d'artistes* au Centre Georges Pompidou en 1977.
Melois sculpte des personnages étranges et composites.

MELOIS Laurent
Né à Paris. Mort en 1897. XIXe siècle. Français.
Graveur.
Élève de Martinet. Il débuta au Salon de Paris en 1879 ; mention honorable en 1889.

MELON, Maître au. Voir **MAÎTRES ANONYMES**

MELON Giovanni V.
XVIe siècle. Actif probablement à Crémone. Italien.
Médailleur.
Il travailla dans les Pays-Bas et en Italie de 1571 à 1579.

MELON Paul Jacques
Né au XIXe siècle à Montpellier (Hérault). XIXe siècle. Français.
Peintre d'histoire.
Élève de Bonnat. Débuta au Salon de Paris en 1878.

MÉLON René
Né en 1911 à Liège. Mort en 1987. XXe siècle. Belge.
Peintre de paysages, natures mortes, aquarelliste.
Il a été élève à l'Académie Royale des Beaux-Arts de Liège. Il a été membre fondateur du *Groupe Mosan*. Il devint professeur de peinture à l'École du Boulevard Saucy.
Il a exposé, de 1950 à 1971, au Cercle des Beaux-Arts de Liège. Il a obtenu le prix Marie pour le dessin.
Musées : Liège (Mus. de l'Art wallon) : *La Masion Havart*.

MELONARI Alberto
Mort le 17 août 1711 à Budrio. XVIIIe siècle. Actif à Budrio. Italien.
Peintre de paysages.

MELONE Altobello ou **Meloni, Altobello dei Meloni**
XVIe siècle. Actif entre 1497 et 1530 à Crémone. Italien.
Peintre de compositions religieuses, sujets mythologiques.
On suppose que la lettre V qui suit sa signature est l'initiale du nom de sa ville natale ; les anciens biographes le désignent de cette façon : *Altobelo da Melone Cremonese pittore*.
Il exécuta des fresques pour la cathédrale ainsi que pour d'autres églises de Crémone. On cite de lui, comme gravures : *Quatre amours jouant de la musique* et *Quatre amours dansant*, d'après André Mantegna.
Son art montre une connaissance de le peinture flamande, mais aussi de la peinture vénitienne et ferraraise.
Bibliogr. : In : *Diction. de la peinture italienne*, coll. Essentiels, Larousse, Paris, 1989.
Musées : Alger : Prédelle du Triptyque Picenardi – Columbia, Missouri (Univ. Gal.) : *La Vierge* – Crémone : *La montée au Calvaire* – Londres (Nat. Gal.) : *Le Christ sur le chemin d'Emmaüs* – Milan (Pina. Brera) : *Pietà* – Oxford (Ashmolean Mus.) : *Tobie – Sainte Hélène*.
Ventes Publiques : Milan, 16 mai 1962 : *Madona del Bambino e San Stefano* : **ITL 2 800 000** – Milan, 6 avr. 1965 : *La Vierge et l'Enfant tenant une croix* : **ITL 3 000 000** – Londres, 19 avr. 1967 : *Vénus et Cupidon* : **GBP 1 900** – Londres, 24 juin 1970 : *La Vierge et l'Enfant* : **GBP 11 000** – Londres, 28 juin 1979 : *Le martyre de Ste-Catherine*, pl. et lav. reh. de blanc/trace de craie rouge (36,1x32,1) : **GBP 1 900** – Rome, 27 mai 1986 : *La Sainte Famille*, h/pan. (64x76) : **ITL 66 000 000** – Londres, 24 mai 1991 : *Saint Damien* 1529, h/pan. (155x53,4) : **GBP 30 800** – Milan, 5 déc. 1991 : *L'Adoration des mages*, h/pan. (47x34,5) : **ITL 62 000 000** – Londres, 10 déc. 1993 : *Saint Prosper, évêque de Reggio Emilia*, h/pan. (112,5x50,8) : **GBP 56 500** – Milan, 21 nov. 1996 : *Saint Évêque ; Saint Jean Baptiste*, h/t, deux pendants (113x49,5) : **ITL 104 850**.

MELONI Antonio ou **Mellone**
Mort en 1700 à Rome. XVIIe siècle. Actif à Mantoue. Italien.
Peintre.
Élève de Trévisanis depuis 1656.

MELONI Carlo Francesco ou **Mellone**
XVIIe-XVIIIe siècles. Italien.
Sculpteur.
Il exécuta de nombreuses statues pour la cathédrale de Milan.

MELONI Ercole
XVIe siècle. Italien.
Sculpteur sur bois.
Il a exécuta les stalles du chœur de S. Niccolo à Carpi.

MELONI Francesco Antonio ou **Melloni**
Né le 16 juillet 1676 à Bologne. Mort le 15 juin 1713 à Vienne. XVIIIe siècle. Italien.
Peintre et graveur.
Élève de Paderna, de Monti et de Franceschini. Il se consacra plus tard uniquement à la gravure.

MELONI Gino
Né en 1905 à Varèse. Mort en 1989. XXe siècle. Italien.
Peintre à la gouache, peintre de technique mixte.
Il fut élève de l'école des Arts Décoratifs de Monza et de l'Académie Bréra de Milan. Il vit et travaille à Milan et Lissone.
Il participe à des expositions de groupe de la jeune peinture italienne, en Italie et à l'étranger, notamment : 1948, 1952, 1954, Biennale de Venise, avec un ensemble d'œuvres, 1956 et 1964, avec une salle personnelle ; 1948, 1955, 1959, Quadriennale de Rome ; 1955, 1961, exposition *Italie-France*, à Turin, etc. Il montre ses œuvres dans une première exposition à Milan en 1936, puis : New York, 1960 ; Paris, 1963 ; Bellinzona, 1965 ; Chiasso, 1966 ; Milan, 1968, 1972 ; etc. Il obtint le Prix Tarente en

1951 ; le prix Burano en 1953 ; le prix « Sicile industrielle » à Palerme en 1961.
Essentiellement coloriste, après 1945 il adopta une construction de l'espace et du volume inspirée du cubisme et de l'époque métaphysique de Chirico. Vers 1950, il revint à la traduction de la lumière, la forme se dissolvant dans la couleur. Dans les années 1966-1967, les éléments de la réalité qui interviennent dans ses compositions ne sont plus que suggérés par quelques traits synthétiques, fragments de paysage, silhouettes de personnages, profils de visages, une main, le bout de la jambe que l'on aperçoit de soi-même étant assis, une bicyclette, etc. Ces quelques éléments indicatifs sont parsemés sur la surface de la toile, sans souci d'un lien logique, selon l'ordonnance d'associations d'idées à laquelle la fantaisie du Chagall de sa première époque avait habitué.

MEloni

Bibliogr. : In : *Peintres contemporains*, Mazenod, Paris, 1964 – *Meloni*, catalogue de l'exposition, Gall. delle Ore, Milan, 1968.
Musées : Florence – Grenoble – Leverkusen – Lissone – Milan – Palerme – Rio de Janeiro – Rome – Turin – Venise.
Ventes Publiques : Milan, 9 avr. 1970 : *Portrait de femme* : **ITL 900 000** – Milan, 15 mars 1973 : *Le Coq de minuit* : **ITL 2 100 000** – Milan, 4 juin 1974 : *Femme sur un divan* 1947 : **ITL 2 400 000** – Rome, 18 mai 1976 : *Imagine* 1956, h/t (60x70) : **ITL 360 000** – Milan, 26 avr 1979 : *Homme dans un intérieur* 1946, isor. (61x51,5) : **ITL 850 000** – Milan, 8 nov. 1984 : *Personnage assis dans un jardin*, h/t (50x60) : **ITL 1 800 000** – Milan, 11 mars 1986 : *Lerici* 1949, h/pan. (38x48) : **ITL 3 200 000** – Milan, 20 oct. 1987 : *Le Coq*, gche/cart. entoilé (51x35) : **ITL 3 000 000** – Milan, 14 déc. 1988 : *Jouet d'enfant* 1965, h/t (81x65) : **ITL 2 400 000** – Milan, 20 mars 1989 : *Paysage* 1966, h/t (82,5x82,5) : **ITL 3 600 000** – Milan, 7 juin 1989 : *Métamorphoses* 1965, h/t (99x80) : **ITL 6 000 000** – Milan, 27 mars 1990 : *Nature morte* 1946, h/t (67x45) : **ITL 5 500 000** – Milan, 27 sep. 1990 : *Coq*, gche/pap./rés. synth. (58x44,5) : **ITL 5 000 000** – Milan, 20 juin 1991 : *Coq* 1950, h/pan. (10x8) : **ITL 2 000 000** – Milan, 14 nov. 1991 : *Nature morte*, h/t (35x50) : **ITL 2 800 000** – Milan, 14 avr. 1992 : *Image* 1963, h/t (70x82) : **ITL 4 000 000** – Milan, 23 juin 1992 : *Venise*, techn. mixte/pap. (47x59) : **ITL 2 500 000** – Milan, 22 nov. 1993 : *Vase de fleurs*, h/pan. (60x30) : **ITL 2 357 000** – Milan, 15 mars 1994 : *Venise* 1951, h/pan. (40x50) : **ITL 6 325 000** – Milan, 23 mai 1996 : *Coq*, temp./pap. (57,5x46) : **ITL 3 335 000** – Milan, 25 nov. 1996 : *Nature morte*, temp. et aquar./pap. (34x47) : **ITL 2 300 000**.

MELONI Giov. Pietro
XVIe siècle. Italien.
Peintre.
Il travailla à Venise et de 1539 à 1570 à Trévise.

MELONI Marco
XVIe siècle. Actif au début du XVIe siècle à Carpi. Italien.
Peintre d'histoire.
On voit de lui au Musée de Modène *La Vierge et plusieurs saints* (1504) à la Galerie Borghèse, à Rome, *Saint Antoine de Padoue*, à la Galerie Corsini, à Rome, *Saint Paul* et *Le pape*.
Ventes Publiques : New York, 10 jan. 1980 : *La Vierge et l'Enfant avec saint Jean Baptiste et saint jérôme*, h/pan. (89x69) : **USD 10 000**.

MELONI Marco
XVIIe siècle. Actif à Modane. Italien.
Sculpteur.
Le Collège Ghisilieri de Pavie nous présente de cet artiste une statue de marbre du *Pape Pie V*.

MELONI Pietro Antonio
Né en 1761 à Imola. Mort en 1836. XVIIIe-XIXe siècles. Italien.
Peintre d'histoire et littérateur.
Fut attaché à la résidence papale du temps de Pie VI. Il fonda une Académie à Ancône.

MELORMUS ou **Melormo**
XIIIe siècle. Actif en Toscane. Italien.
Peintre.
Il peignit en 1212 à Florence des portraits de *Saint François d'Assise en prières*.

MELORT Andries
Né en 1779. Mort en 1849 à La Haye. XIXe siècle. Actif à Dordrecht. Hollandais.
Graveur sur verre.

MÉLOT Christian Roger Ghislain
Né le 27 mars 1955 à Charleroi. XXe siècle. Actif en France. Belge.
Sculpteur de nus, statuettes, peintre de compositions à personnages, figures, fleurs, lithographe.
Il vit et travaille près de Honfleur. Il a fait divers séjours aux Caraïbes, et résidé à Marbella en Espagne, de 1984 à 1989.
Ses lithographies et études de fleurs sont connues au Japon. Il crée des pendentifs en galet, en ambre. Sculpteur, il réalise des « premiers jets » en papier, en treillis métallique, sinon il travaille le plâtre, la terre cuite, rarement le bronze et surtout la pierre en taille directe, notamment la pierre de Caen. Ses statuettes ont longtemps été exclusivement consacrées au corps féminin. Ses représentations évoluaient dans un climat onirique. Puis, une fascination pour le cube a radicalement bouleversé son parcours, consacré à partir de ce moment à ce qu'on peut appeler une célébration de la perfection du cube.
Ventes Publiques : Paris, 29 nov. 1992 : *Étude de femmes*, terre cuite (13,5x25x13) : **FRF 4 500**.

MELOT Egide Hyacinthe
Né le 16 août 1817 à Anvers. Mort le 19 avril 1885 à Schaerbeek près de Bruxelles. XIXe siècle. Éc. flamande.
Sculpteur.
Le Musée d'Anvers conserve de lui le buste de *Napoléon Godecharle*, et celui de Bruxelles, un buste de *Jan Van Eyck*.

MÉLOT Louis Auguste
Mort en 1899. XIXe siècle. Français.
Peintre.
Sociétaire des Artistes Français à Paris, il figura au Salon de ce groupement.

MÉLOTTE Antoine Marie
Né le 5 septembre 1722 à Liège. Mort le 5 octobre 1795 à Liège. XVIIIe siècle. Éc. flamande.
Sculpteur sur bois.
Élève de Cognoulle. Il travailla pour Catherine II de Russie. On lui doit six bas-reliefs représentant des batailles d'Alexandre et recueillis dans la collection du comte Gust. d'Ansembourg à Bruxelles, ainsi que deux statues dans le jubé de Saint-Barthélémy à Liège.

MELOTTE Édouard Auguste
Né au XIXe siècle à Paris. XIXe siècle. Français.
Portraitiste.
Élève de Navez et de Court. Figura au Salon de Paris, de 1835 à 1865.
Musées : Rouen : *Portraits de M. Wilhorgue, de M. Verdrel et d'Eustache Bérat* – *La veillée*.

MELOTTI Fausto
Né en 1901 à Rovereto. Mort en 1986 à Milan (Lombardie). XXe siècle. Italien.
Peintre à la gouache, peintre de technique mixte, sculpteur, décorateur, céramiste. Tendance abstraite.
Il obtint en 1924 son diplôme d'ingénieur en électronique de l'École polytechnique de Milan, en 1928 le diplôme de l'École supérieure de sculpture de l'Académie de Brera, où il fut élève d'Adolphe Wildt. Il se lia étroitement à Fontana lors de ses études artistiques. Il enseigna la sculpture à partir de 1932. Durant la période fasciste il abandonna la sculpture pour la décoration intérieure, la céramique et l'écriture.
Il a participé à des expositions collectives : Triennales de Milan en 1933 et 1936 ; *Abstraction-Création* en 1935 lors d'un séjour à Paris ; *Abstraction italienne, Milan Côme, 1930-1940* à la XXXIIIe Biennale de Venise en 1966. Il a figuré, en 1986, à Paris, à l'exposition du Musée National d'Art Moderne de Paris *Qu'est-ce que la sculpture ?* Il a montré ses œuvres dans des expositions personnelles, notamment en 1935 à la galerie du Milione à Milan qui passa inaperçu, puis, encore à Milan, à la galerie Toninelli en 1967. Dès lors, de nombreuses autres expositions, dont : 1971, Musée de Dortmund ; 1979, Palazzo Reale, Milan ; 1981, Palazzo du Forte di Belvedere, Florence ; 1983, Galerie nationale d'art moderne, Rome ; 1984, Studio d'arte Dabbeni, Lugano ; 1985, Galerie de l'Académie, Venise ; 1985, Galerie Frankfurter Westend, Francfort. Depuis sa mort : 1986, Galerie San Luca, Bologne ; 1986, Biennale de Venise, rétrospective ; 1987, Pavillon d'art contemporain, Milan ; 1990, Galerie Di Meo, Paris ; 1994-1995, IVAM, Valence, rétrospective.
Fontana disait de Melotti qu'il était le plus grand sculpteur ita-

lien, mais ce n'est qu'en 1967, date de sa deuxième exposition à Milan, que l'Italie le découvre pleinement et le célèbre à sa mesure. À Rovereto, sa ville natale, Fausto Melotti côtoie, dans les années vingt, un groupe d'artistes se réclamant du constructivisme. Autour du futuriste Depero, se rassemblent Carlo Belli, théoricien de musique et cousin de Fausto Melotti, et Gino Pollini, architecte. Si ce dernier lance bientôt à Milan un programme visant à faire cohabiter le fonctionnalisme moderne, qu'il introduit en Italie avec le *Gruppo 7*, et l'héritage grécoromain, Fausto Melotti, qui réalise une sculpture figurative, préfère voir dans ce rapprochement des « expressions de pure plastique », prenant garde de tomber dans l'éclectisme. Une grande partie de l'œuvre de Fausto Melotti est en rapport étroit avec l'architecture et son environnement, particulièrement les *Examens de croissance* qu'il présente lors des Triennales de Milan de 1933 et 1936. Pour ces deux manifestations, il collabore à des édifices, telle la Villa-atelier à la Ve Triennale de Milan (1933) conçue par Figgini et Pollini, où deux sculptures s'y insérèrent : l'une de son ami Fontana, l'autre de Melotti intitulée *Fanciullo a cavallo* (Enfant à cheval). À la Ve Triennale de Milan en 1936, Melotti intervient dans la Salle de Cohérence, conçue par un groupe d'architectes (Banfi, Belgioioso, Peressutti, Rogers), il y intègre *I sette savi* (Les Sept Sages) : une série de figures blanches disposées dans certains des axes de la salle. Désireux de créer une forme originale, sa démarche va s'appuyer plus amplement sur la musique, expression impalpable, mais essentielle pour lui (Bach ou Brahms en particulier), et le fait s'orienter vers l'art abstrait. Il regrettait même, paraît-il, d'avoir eu à choisir entre le piano et la sculpture. L'exposition de 1935 montrait la série des *Sculptures abstraites*, des œuvres géométriques obéissant à des lois physiques, intellectuelles – dans la continuation de Van Doesburg – mais surtout harmoniques par la définition d'espace et de temps musicaux. Rythme, ondes sonores, pauses, contrepoints, etc., donnent alors corps au modelé de l'œuvre dans des effets d'ondulation, d'alternances de pleins et de vides, etc. Melotti a sculpté l'argile, le plâtre, le bronze, utilisant du métal vernis ou chromé. On a pu rapprocher son œuvre de celui, imprégné de musique, de Klee. Faire écho aux forces secrètes de la nature et rechercher un équilibre unitaire semblent caractériser les deux desseins. Au même moment, il commence à travailler à la série des *Teatrini*, se présentant sous forme de petites figurines et d'objets en argile ou en plâtre minutieusement disposés dans des espaces à ouverture frontale. À la fin des années trente, une époque particulièrement inventive dans sa vie, Melotti produit énormément d'œuvres en céramique. Il marque une pause durant la guerre, et s'adonne pleinement à l'écriture. Il recommence à sculpter activement, dans les années cinquante : continuant les *Teatrini*, produisant des bas-reliefs en plâtre peint, réalisant des décorations monumentales en céramique (Turin, 1961) et, surtout, ces sculptures légères, aériennes, composées de fils ou de feuilles de cuivre – traces de lignes de couleur dans l'espace – des poids, du tissu, etc. Son œuvre devient de plus en plus lyrique. Féru de poésie et de littérature, il comparait volontiers sa sculpture à la matérialité de la phrase : « La modulation du signe, des plans, la modulation de la couleur, du son, des mots génère la phrase, vie de l'art. La phrase est le concept. Le concept sans le soutien de la modulation de la phrase (...) ne trouve pas la force pour sortir des limbes où il finit par rester abandonné ». ■ C. D.

Bibliogr. : Carlo Belli : préface de l'exposition *Fausto Melotti*, Salle des expositions, Reggio Emilia, 1968 – A.M. Hammacher : *Melotti*, Milan, 1975 – *Melotti, l'acrobata invisible*, catalogue de l'exposition, Padiglione d'Arte Contemporanea, Milan, 1987 – Jole de Sanna : *Le Saut dans le vide de Fausto Melotti*, in : *Art Press*, Paris, n° 160, juil.-août 1991 – in : *L'Art du XXe s.*, Larousse, Paris, 1991 – in : *Dictionnaire de l'art moderne et contemporain*, Hazan, Paris, 1992 – Germano Celant : *Melotti*, catalogue de l'exposition, Centre Julio Gonzales, Valence, 1995.

Ventes Publiques : Milan, 22 mai 1980 : *Eurydice* 1972, sculpt. (61x40x30) : **ITL 2 600 000** – Milan, 9 nov. 1982 : *Char de guerre* 1979, laiton (39x54x15) : **ITL 5 500 000** – Milan, 14 juin 1983 : *Sculpture E* 1969, métal (H. 102,5) : **ITL 6 000 000** – Milan, 12 juin 1984 : *Composition*, plâtre peint. et collage (50x70) : **ITL 2 400 000** – Rome, 6 mai 1986 : *Particolare de : I luoghi deputati* 1976-1978, sculpt. (454x140x45) : **ITL 26 000 000** – Milan, 11 déc. 1986 : *Projet de sculpture* 1934, cr. (30,5x20) : **ITL 1 000 000** – Vienne, 9 avr. 1987 : *Composition*, gche/plâtre (24x21) : **ITL 2 600 000** – Rome, 7 avr. 1988 : *La Fugitive* 1952, céramique blanc-rosé (H. 42) : **ITL 3 500 000** – Milan, 14 mai 1988 : *Étude de sculpture*, détrempe (32x24) : **ITL 1 500 000** – Milan, 8 juin 1988 : *Contrepoint II*, laiton (50,5x50,5x10) : **ITL 17 000 000** – Milan, 20 mars 1989 : *Personnages* 1960, terre-cuite (50x114) : **ITL 21 000 000** – Rome, 17 avr. 1989 : *Cercles* 1953, céramique polychrome émaillée (24x50x4) : **ITL 4 400 000** – Milan, 19 déc. 1989 : *Sculpture n° 24* 1935, bas-relief en gesso incisé et reh. de filins métalliques (90,5x90,5) : **ITL 115 000 000** – Milan, 12 juin 1990 : *Italia 61*, céramique vernissée polychrome iridescente (40x50) : **ITL 1 900 000** – Milan, 13 juin 1990 : *Jonglerie*, céramique vernissée (28,5x27,5) : **ITL 9 500 000** – Milan, 20 juin 1991 : *Sans titre*, sculpt. vibratile en laiton (145x47x20) : **ITL 65 000 000** – Milan, 19 déc. 1991 : *Vase en forme de bouteille*, céramique polychrome (H. 54) : **ITL 11 500 000** – Milan, 23 juin 1992 : *Figures sur le quai* 1931, encre et aquar. (23x24) : **ITL 3 200 000** – Milan, 22 juin 1993 : *Numéro de voltige équestre*, terre-cuite vernie (23x20x11) : **ITL 4 200 000** – Paris, 17 nov. 1993 : *Équilibristes*, sculpt. de laiton (101x12x26) : **FRF 105 000** – Milan, 16 nov. 1993 : *Nu féminin*, céramique vernie (H. 49) : **ITL 5 750 000** – Milan, 15 mars 1994 : *Plaisanterie* 1970, laiton (H. 37) : **ITL 12 075 000** – Milan, 5 mai 1994 : *La Révolution dogmatique* 1969, laiton, tissu (91x36,5x24,5) : **ITL 41 400 000** – Milan, 22 juin 1995 : *Sans titre* 1958, gche/pap. (69x46) : **ITL 3 335 000** – Milan, 19 mars 1996 : *Dames*, céramique polychrome (H. 45) : **ITL 13 800 000** – Venise, 12 mai 1996 : *Cariatide*, céramique polychrome (155x63x90) : **ITL 90 000 000** – Milan, 27 mai 1996 : *Thème et Variations II* 1969-1970, cuivre (70x17x14) : **ITL 20 700 000** – Milan, 25 nov. 1996 : *Composition*, techn. mixte/pap. (31,5x22) : **ITL 1 840 000**.

MELOZZO da Forli, appelé aussi **Marco degli Ambrosio**
Né en 1438 à Forli. Mort le 8 novembre 1494 à Forli. XVe siècle. Italien.
Peintre.

Il fut sans doute l'élève de Piero della Francesca dont il essaie de reprendre l'idéal de grandeur, le goût du monumental, et de faire connaître cet idéal dans les différents centres où il va travailler. Il est peut-être à Rome dès 1465 ou 1470, et peint à l'église San Marco : *Le Rédempteur, Saint Marc Pape, Saint Marc Évangéliste*. Il réussit à atteindre une monumentalité non éloignée de celle de Piero avec les fresques conservées au Vatican et exécutées vers 1475 : *Sixte IV inaugurant la Bibliothèque Vaticane*. Melozzo da Forli est non seulement propagateur des idées de Piero à Rome, même dans un style amoindri, mais il est surtout l'un des artistes qui ont contribué à la rencontre des esthétiques nordiques, italiennes et espagnoles, puisqu'il est employé à Urbin par le duc de Montefeltre à la décoration de son studiolo où Berruguete et sans doute Juste de Gand ont travaillé également. On ne sait pas exactement les œuvres de ce studiolo qui peuvent être effectivement attribuées à Melozzo, mais il peut être l'auteur de la *Rhétorique*, la *Musique* (National Gallery, Londres) et quelques-uns des hommes illustres conservés entre Paris et Urbin. Melozzo a diffusé son art monumental à Lorette où il a peint des voûtes de la chapelle du Trésor pour Girolamo della Rovere, vers 1485. Enfin, son art ne manque pas de force dans le décor plafonnant de la chapelle Feo à San Biagio de Forli. Melozzo da Forli est l'un des derniers peintres à produire un art monumental du type de celui du Quattrocento issu de Piero della Francesca, avant l'orientation vers un classicisme romain.

Bibliogr. : A. Chastel, in : *Dictionnaire de l'Art et des Artistes*, Hazan, Paris, 1967.

MELRE Heinrich ou **der Maler**
XVe siècle. Hollandais.
Peintre.

Travailla pour le duc Jean de Bavière, vers 1421.

MELROSE Andrew W.
Né en 1836. Mort en 1901. XIXe siècle. Américain.
Peintre de paysages, paysages d'eau.

Pendant les années 1870-1880 il travailla à New York et dans le New Jersey. Il voyagea au Proche-Orient et en rapporta quelques paysages.

Ventes Publiques : New York, 10 juin 1976 : *Lac de montagne* 1881, h/t (35,5x61,5) : **USD 800** – New York, 21 avr. 1977 : *Diligence dans un paysage escarpé, Virgini*, h/t (76,2x122) : **USD 6 000** – New York, 25 oct 1979 : *La route de campagne*, h/t (75,6x127) : **USD 4 500** – New York, 19 juin 1981 : *Intérieur de ferme* 1900 (55,9x92,1) : **USD 3 600** – New York, 21 oct. 1983 : *Matin dans les Andes* 1870, h/t (94x182,9) : **USD 4 000** – New York, 20 juin 1985 : *Vue de Rome*, h/t (76,2x127) : **USD 3 500** –

New York, 5 déc. 1986 : *Vue de Washington D. C.*, h/t (38,3x51) : **USD 22 000** – New York, 4 déc. 1987 : *Le Bœuf*, h/pan. (60,5x107) : **USD 26 000** – New York, 17 mars 1988 : *Campement au pied du Mont Shasta*, h/t (100x75) : **USD 4 675** – New York, 28 sep. 1989 : *L'été à Lehigh Valley en Pennsylvanie* 1879, h/t (56x35,5) : **USD 5 500** – New York, 15 mai 1991 : *Lac de montagne après l'orage*, h/t (55,9x91,4) : **USD 4 125** – New York, 28 mai 1992 : *Les falaises*, h/t (30,8x45,7) : **USD 8 800** – Tel-Aviv, 20 oct. 1992 : *Vue de Jérusalem*, h/t (46x81,2) : **USD 11 000** – New York, 31 mars 1993 : *Paysage du Tyrol* 1887, h/t (55,9x68,6) : **USD 1 495** – Tel-Aviv, 14 avr. 1993 : *Le Mont du Temple à Jérusalem*, h/t (76x122) : **USD 18 400** – New York, 3 déc. 1993 : *La limite de la civilisation à Saint Louis (Missouri)*, h/t (77,5x122) : **USD 18 400** – New York, 21 mai 1996 : *Dans les collines du Berkshire*, h/t, une paire (30,5x255,7 et 30,5x25,7) : **USD 3 450**.

MELS René
Né en 1909 à Herent. Mort en 1977 à Kraainem. xxe siècle. Belge.
Peintre, sculpteur, graveur, céramiste, peintre de cartons de vitraux.
Il fut élève de l'Académie des Beaux-Arts de Louvain et de l'École supérieure d'Anvers.
Il fut membre du groupe *Cap d'Encre*. Il expose également avec le groupe *Apport*.
Il peint avec prédilection, des ports, qu'il traduit dans le langage de Singier, Manessier ou Le Moal. Les mâts des bateaux déterminent des lignes entrecroisées, qui découpent l'espace en un quadrillage de plans colorés, dont les valeurs différentes font vibrer les distances.
Bibliogr. : In : *Dictionnaire biographique illustré des artistes en Belgique depuis 1830*, Arto, Bruxelles, 1987.
Ventes Publiques : Lokeren, 9 déc. 1995 : *Composition* 1958, h/t (100x65,5) : **BEF 70 000** – Lokeren, 8 mars 1997 : *Composition*, h/pap./pan. (65x50) : **BEF 14 000**.

MELSEN Marten
Né en 1870 à Bruxelles. Mort en 1947 à Staboek. xxe siècle. Actif durant la Première Guerre mondiale en Angleterre. Belge.
Peintre de figures, genre, paysages, décorateur, aquarelliste.
Il fut élève de l'Académie de Bruxelles sous la direction de Stallaert. Il fut membre du groupe *Als ik kan* à partir de 1883 et membre fondateur de l'*Art contemporain* en 1905.
Il a décoré le plafond du nouvel Opéra d'Anvers en 1907.

Marten Melsen

Bibliogr. : In : *Dictionnaire biographique illustré des artistes en Belgique depuis 1830*, Arto, Bruxelles, 1987.
Musées : Anvers.
Ventes Publiques : Paris, 22 nov. 1946 : *La Dévideuse* : **FRF 4 000** – Anvers, 23 oct. 1973 : *Marché à Putte* : **BEF 220 000** – Breda, 26 avr. 1977 : *Marché à Stabroek*, bois (27x37) : **NLG 4 200** – Anvers, 22 avr. 1980 : *Le jour de la vente*, h/t (66x82) : **BEF 140 000** – Anvers, 29 avr. 1981 : *L'Homme à la rose*, h/t (70x60) : **BEF 120 000** – Anvers, 5 mars 1985 : *Ferme à Stabroek*, h/t (47x56) : **BEF 120 000** – Lokeren, 18 oct. 1986 : *Le Cercle de famille*, aquar. et gche (38,5x48,5) : **BEF 70 000** – Lokeren, 20 mai 1995 : *Kermesse en Flandres*, h/t (50x60) : **BEF 160 000**.

MELSHEIMER Max
Né vers 1809 à Dörrebach. xixe siècle. Allemand.
Peintre de paysages.
Élève de l'Académie de Munich.

MELSTED Engelbrecht
xviie siècle. Actif à Frederiksborg. Danois.
Sculpteur sur bois.

MELTWITZ Hans
Né vers 1460. Mort en 1520. xve-xvie siècles. Allemand.
Sculpteur sur pierre et architecte.
Il mourut avant l'achèvement de son œuvre principale, l'église Wolfgang de Schneeberg. Son art se distingue par sa simplicité et son objectivité.

MELTZER. Voir aussi **MELZER**

MELTZER C.
xixe siècle. Actif à la fin du xixe siècle. Allemand.
Dessinateur et graveur au burin.
Il grava des vues de villes de Bohême.

MELTZER Charles
Né en 1856 à Riga. Mort en 1922 à Genève. xixe-xxe siècles. Actif à Genève. Suisse.
Peintre de paysages.

MELTZER Gunther
Né le 27 mars 1865 à Berlin. xixe siècle. Actif à Brissago sur le lac Majeur. Allemand.
Peintre de paysages.
Élève de l'Académie de Berlin.

MELTZER Johannes
Né à la fin du xixe siècle à Leipzig. xixe-xxe siècles. Actif à Munich. Allemand.
Graveur.
Élève de l'Académie de Karlsruhe de 1899 à 1901.

MELTZER-HAESAERTS Colette
Née en 1946 à Louvain (Brabant). xxe siècle. Belge.
Peintre, sculpteur, graveur, céramiste.
Elle fut élève de la New York City University.
Bibliogr. : In : *Dictionnaire biographique illustré des artistes en Belgique depuis 1830*, Arto, Bruxelles, 1987.
Musées : Berkeley (University of California) – New York (Hunter College).

MELUEN de, comte ou **Melun**. Voir **MELEUN**

MELVIL H.
xixe siècle. Actif à Londres en 1822. Britannique.
Graveur.

MELVILL Antonia, Mrs
Née le 28 novembre 1875 à Berlin. xxe siècle. Active depuis 1894 aux États-Unis. Allemande.
Peintre de portraits.
Elle étudia à Londres sous la direction de W. P. Frith. Elle fut membre de la Société des artistes indépendants, de la Fédération américaine des arts et de la Ligue américaine des artistes professeurs.
Elle se spécialisa dans le portrait.

MELVILLE Alexander
Mort en 1868. xixe siècle. Actif à Londres. Britannique.
Peintre de genre, portraits.
Ventes Publiques : Londres, 16 mars 1973 : *Portrait de la reine Victoria* 1848 : **GBP 350** – Toronto, 30 nov. 1988 : *Portrait du prince Albert*, h/t (72,5x57) : **CAD 2 000**.

MELVILLE Arthur
Né le 10 avril 1855 ou 1858 à East Linton. Mort le 28 août 1904 à Witley. xixe siècle. Britannique.
Peintre de sujets typiques, portraits, paysages, aquarelliste, dessinateur. Orientaliste.
Il fit ses études à la Royal Scottish Academy à Édimbourg et avec J. Cambell Noble, travailla le paysage à Paris et dans les provinces françaises. De retour à Édimbourg, il obtint beaucoup de succès. En 1881, il partit pour l'Égypte, visita les Indes anglaises, la Perse, la Turquie d'Asie et rapporta de ce voyage une ample moisson d'études. Il alla ensuite en Espagne, au Maroc et en Italie. À la fin de sa carrière, il vint s'établir à Londres. Élu associé de la Royal Scottish Academy en 1886, il fut aussi membre de la Royal Scottish Water-Colours Society, associé de la Royal Water-Colours Society de Londres. Il exposa à la Royal Academy à partir de 1878.
Melville produisit d'abord surtout des aquarelles et plus tard travailla surtout à l'huile. Il peignit surtout des sujets orientaux, quelques paysages d'Écosse. On lui doit également quelques bons portraits.

Arthur Melville

Musées : Édimbourg : *Procession mauresque – Veille de Noël –* Aquarelle – Glasgow (Art Gal.) : *L'espion fait prisonnier* – Liverpool : *Ronda Fair – Arrestation d'un rebelle* – Londres (Tate Gal.) : *Andrey et ses chèvres – Nuit bleue à Venise*, aquar. – Melbourne (Nat. Gal. of Victoria) : *Le port de Honfleur*.
Ventes Publiques : Londres, 15 fév. 1924 : *Village des Pyrénées*, dess. : **GBP 29** – Londres, 28 juin 1926 : *Les régates de Henley*, dess. : **GBP 19** – Londres, 15 déc. 1928 : *Combat de taureau*, aquar. : **GBP 189** – Londres, 28 mai 1937 : *La portière rouge*,

dess. : **GBP 52** – Paris, 12 fév. 1945 : *La réception du Doge*, aquar. : **FRF 700** – Londres, 30 nov. 1945 : *Fête du Dasseh au Caire* : **GBP 147** ; *Charmeur de serpents* : **GBP 252** – Londres, 29 mai 1946 : *Santa Maria della Salute*, dess. : **GBP 135** – Paris, 20 juin 1951 : *Le Palais des Doges*, aquar. : **FRF 1 600** – Londres, 19 déc. 1968 : *Paysage*, aquar. : **GBP 80** – Écosse, 25 août 1972 : *Étude de cheval* : **GBP 1 100** – Londres, 14 mai 1976 : *Un berger normand*, h/t (30,5x54,5) : **GBP 200** – Londres, 22 nov 1979 : *Le Bazar turc au Caire* 1881, aquar. (54x37,5) : **GBP 2 400** – Glasgow, 4 juin 1979 : *Banderilleros à cheval* 1890, h/t (35,5x53,5) : **GBP 3 600** – Glasgow, 9 avr. 1981 : *Marché aux oranges, Saragosse* 1892, aquar. : **GBP 3 600** – Glasgow, 19 avr. 1984 : *Le bain turc* 1881, aquar. (76,2x55,2) : **GBP 11 000** – Perth, 27 août 1985 : *Scène de tauromachie, Séville* 1894, aquar. et fus. reh. de gche (40x65) : **GBP 3 000** – Auchtearder, 1er sep. 1987 : *Arabes devant une mosquée*, aquar. (37x28) : **GBP 3 400** – Édimbourg, 22 nov. 1988 : *Étude pour The Old Covenanter*, aquar. et gche (79,4x54,5) : **GBP 3 200** – Perth, 28 août 1989 : *Kurrachee* 1883, aquar. et gche (37x54) : **GBP 11 000** – Édimbourg, 26 avr. 1990 : *Paysage fluvial avec des canards et des saules pleureurs* 1879, aquar. (27,3x44,5) : **GBP 2 420** – Glasgow, 22 nov. 1990 : *La colline rouge*, aquar. (59,7x85) : **GBP 13 200** – Glasgow, 4 déc. 1991 : *Brig O'Turk*, aquar. (60x85) : **GBP 30 800** – Édimbourg, 13 mai 1993 : *Rue du Caire* 1883, aquar. (50,3x35,6) : **GBP 7 150** – Perth, 31 août 1993 : *La porte de justice* 1890, aquar. avec reh. de blanc (54,5x37,5) : **GBP 6 210** – New York, 14 oct. 1993 : *Arabes s'éloignant d'une ville fortifiée*, aquar./pap. (53,4x36,2) : **USD 1 150** – Perth, 30 août 1994 : *Roses*, h/t (25x35,5) : **GBP 2 530** – Perth, 29 août 1995 : *Port méditerranéen* 1892, h/pan. (32x43) : **GBP 5 750** – Glasgow, 16 avr. 1996 : *Le garde maure* 1891, aquar. et reh. de blanc (73x53) : **GBP 5 290** – Perth, 26 août 1996 : *La Mariée et le roi Cophetua*, aquar. et gche (52,5x71) : **GBP 42 200** – Édimbourg, 27 nov. 1996 : *Le Vieil Édimbourg la nuit* 1883, aquar. et gche reh. de gomme arabique (69,8x51,4) : **GBP 12 650** – Londres, 15 avr. 1997 : *Marché de fruits au Caire* 1882, aquar. avec reh. de blanc (51x36) : **GBP 8 625**.

MELVILLE Carl
Né le 29 octobre 1875 à Mitau (nom allemand de Ielgava, Lettonie). xxe siècle. Actif en Allemagne. Letton.
Sculpteur, médailleur.
Il étudia à Berlin, Kassel et Bruxelles, et fut professeur à l'École des Arts industriels d'Erfurt. Il vécut et travailla à Erfurt.
Musées : Erfurt : *Ours dansant*.

MELVILLE Elisa Anne, née **Smallbone**
xixe siècle. Britannique.
Peintre de genre.
Épouse d'Alexander Melville.

MELVILLE Harden S.
xixe siècle. Actif à Londres. Britannique.
Peintre de genre, paysages.
Il exposa de 1837 à 1879.
Ventes Publiques : Londres, 15 oct. 1976 : *Charrette sur une route de campagne*, h/t (60x90) : **GBP 280**.

MELZER Ernst ou **Meltzer**
xviiie siècle. Actif à Berlin. Allemand.
Sculpteur.
Élève de G. Schadow. Il exposa à l'Académie de Berlin un *Mars* copié sur Shadow en 1797, et en 1800 un *Faune assis jouant de la flûte de Pan*.

MELZER Franciscus
Né le 8 novembre 1808 à Anvers. xixe siècle. Belge.
Peintre de genre.
Il fut élève d'Eugène Block.
Ventes Publiques : Paris, 4 déc. 1924 : *Scène d'intérieur* : **FRF 410** – Londres, 21 jan. 1976 : *La déclaration d'amour*, h/pan. (27x33) : **GBP 300** – Paris, 13 juin 1980 : *Le nouveau-né*, h/pan. (46x56,5) : **FRF 24 000** – Paris, 10 mai 1982 : *La tendresse du grand-père*, h/pan. (46x57) : **FRF 18 000** – New York, 27 mai 1983 : *Personnages devant une auberge* 1845, h/pan. (57,8x78,7) : **USD 2 500** – Amsterdam, 20 avr. 1993 : *Le fier chasseur*, h/pan. (54x66) : **NLG 14 375**.

MELZER Johann Daniel
Né en 1753 à Halle. xviiie siècle. Allemand.
Sculpteur.
Élève de Wilh. Christian Meyer. Il était modeleur à la Manufacture de porcelaine de Berlin et sculpteur sur pierre. Il a fait en 1793, le buste de marbre de *Frédéric le Grand* et de *Frédéric Guillaume II*.

MELZER Johann Gottlieb
Né en 1687 en Prusse. Mort en juillet 1726 ou 1727 à Hambourg. xviiie siècle. Allemand.
Peintre de portraits.
Il a fait des portraits à la manière de Kupezky.

MELZER Julius
Né le 21 février 1823 à Burgstein (Bohême). Mort le 8 novembre 1853 à Rome. xixe siècle. Autrichien.
Sculpteur.
Élève et collaborateur de Jos. Cal. Max à Prague. Il alla en 1849 en Italie.

MELZER Ludwig
xixe siècle. Actif à Berlin. Allemand.
Peintre de genre, portraits.
Il fut élève de l'Académie de Berlin. Il séjourna de 1818 à 1825 à Rome où il peignit en 1825 le portrait du prédicateur *R. Rothe*.
Ventes Publiques : Cologne, 15 oct. 1988 : *Portrait d'une jeune femme avec un recueil de poèmes*, h/t (74x61) : **DEM 1 600**.

MELZER Moris ou **Moritz**
Né le 22 décembre 1877 à Albendorf (près de Trautenau, Bohême). Mort en 1966 à Berlin. xxe siècle. Allemand.
Peintre, graveur. Groupe de novembre.
Il fut peintre sur porcelaine, ensuite élève de L.V. Hofmann à Weimar. En 1908, il se rendit à Berlin. Il fut cofondateur de la *Neue Sezession*. Il séjourna à Paris en 1912. A son retour à Berlin, il fonde, avec Georg Tappert, l'École des arts libres et appliqués. Il effectua un voyage à Florence en 1913. Il collabora aux revues expressionnistes *Der Sturm* et *Die Aktion*. Il devint en 1918 un des fondateurs du *Groupe de novembre*, où il exposa. À partir de 1921, il enseigna à l'école Reiman et à l'École municipale des Beaux-Arts de Berlin. En 1933, les nazis le déclarant « artiste dégénéré », plusieurs de ses toiles furent détruites par les nouvelles autorités.
Il appartient à ces peintres dont l'œuvre est dominée par un évangile d'humanitarisme chrétien. Il est d'abord influencé par un expressionnisme marqué de cubisme, avant d'aborder les limites de la figuration par le contraste de couleurs et l'utilisation de lignes obliques qui balayent la surface de l'œuvre. Certaines de ses œuvres contiennent des effets optiques selon leur angle de vue. Il se spécialisa en gravure et dans la technique de la monotypie.

Moi Melzer

Bibliogr. : In : *L'Art du xxe s.*, Larousse, Paris, 1991.
Musées : Berlin (Berlinische Gal.) : *Ville-pont* 1923 – Prague (Gal. Mod.) : *Coureuses – En bateau – Appel – Trois Grâces – Madone sous le portrait – Prière du matin*.

MELZER Wilhelmine
Née le 11 mars 1868 à Breslau (aujourd'hui Wroclaw, en Pologne). xixe-xxe siècles. Allemande.
Peintre de fleurs, intérieurs.
Elle travailla à Vienne, Anvers et Oberlangenau (Glatz).

MELZI Francesco ou **Melzo**
Né en 1493 à Milan. Mort vers 1570 à Milan. xvie siècle. Italien.
Peintre.
Il appartenait à une noble famille et fut l'élève et l'ami de Leonardo da Vinci. Les œuvres très rares attribuées à Francesco Melzi dénotent un grand talent et le reproche le plus sérieux qui pourrait leur être fait, c'est qu'elles sont trop directement inspirées par celles de son illustre maître. Melzi suivit da Vinci à Rome et y vécut à ses côtés de 1513 à 1515. Il était également avec lui à Bologne lorsque Leonardo entra au service de François Ier. Melzi accompagna encore son maître en France et vécut près de da Vinci jusqu'à la mort de l'illustre Florentin. Leonardo lui en marqua sa reconnaissance en lui léguant, par son testament du 23 avril 1519, ses effets personnels et ses manuscrits. Melzi fut à même de fournir à Vasari et à Lomazzo de précieux renseignements pour la vie du maître. On cite de lui un admirable *Portrait de jeune femme*, au Musée de l'Ermitage, et au Musée de l'empereur Frédéric de Berlin une composition *(Vertumne et Pomone)*, qui paraît être celle dont parle Mariette dans son *Abecedario* comme ayant appartenu au duc de Saint-Simon.

La signature qui figurait alors sur le fond du tableau fut effacée dans la suite par un marchand peu scrupuleux afin de pouvoir attribuer l'œuvre à Leonardo da Vinci. Mariette dit que Melzi peignit aussi des miniatures. La Galerie Borghèse à Rome possède également une *Léda* et le Louvre à Paris un buste de *Saint Jean Baptiste*.

Ventes Publiques : Paris, 1843 : *La Collation* : **FRF 9 000** – Paris, 28 oct. 1949 : *Sainte Famille aux cerises*, attr. : **FRF 64 000** – Paris, 2 et 3 déc. 1952 : *Portrait de jeune femme* : **FRF 55 000** – Lucerne, 26 et 30 juin 1962 : *Vierge à l'Enfant* : **CHF 4 900** – Londres, 5 déc. 1969 : *La Vierge et l'Enfant avec sainte Anne et saint Jean Baptiste enfant*, d'après Léonard de Vinci : **GBP 3 500** – New York, 5 juin 1980 : *Christ de profil*, h/pan. (48,5x37) : **USD 5 500** – New York, 15 jan. 1986 : *La Vierge et l'Enfant avec sainte Anne*, h/pan. (160x114,3) : **USD 35 000**.

MEM Étienne

Né en 1886 à Marseille (Bouches-du-Rhône). xxe siècle. Français.

Peintre d'intérieurs, graveur.

Il exposa, à Paris, au Salon des Artistes Français et à la Société des aquafortistes Français, obtenant une mention en 1920.

MEMBERGER Kaspar. Voir **MENBERGER**

MEMBERGER Philipp

Mort en 1584 à Constance. xvie siècle. Actif à Constance. Suisse.

Peintre.

Élève de Tobias Stimmer et père de Kaspar Menberger. Il a peint l'*Adoration des Mages* à Saint-Étienne de Constance, et un portrait de lui-même dans la sacristie de cette église. Le Musée de Karlsruhe possède également : *Vision d'Ézéchiel*.

MEMIN St. Voir **SAINT-MEMIN Charles**

MEMLING Hans ou **Jean** ou **Memlinc, Mamline, Memmelingue, Hemling, Hemmeling**

Né entre 1425 et 1440, à Mëmlingen près de Mayence, ou à Memeline près de Alkmaar, ou à Selingenstadt-am-Main près de Francfort. Mort le 11 août 1494 à Bruges. xve siècle. Éc. flamande.

Peintre de compositions religieuses, portraits.

Comme celle de la plupart des Primitifs flamands, la vie de Memling demeure assez mystérieuse ; une légende faisait de lui un soldat de Charles le Téméraire, échappé à la déroute de Nancy et arrivant blessé, mourant de faim et de froid à l'hôpital Saint-Jean de Bruges, mais il paraît établi que Memling serait né aux environs de Mayence, ou de Francfort, vers 1433, dans une contrée arrosée par la rivière Memling ; il vint à Bruges vers 1467 et il y vécut jusqu'à sa mort, le 11 août 1494. James Weale a démontré par des pièces découvertes dans les archives de Bruges que Hans Memling fut un bourgeois notable de cette ville, à partir de 1465, où il possédait deux maisons, qu'il était marié et père de trois enfants, enfin que, reconnaissant envers sa fille adoptive, il lui prêta de l'argent pour des dépenses d'ordre militaire.

La peinture flamande au moment de la naissance de Memling était encore sous le coup de la grande révolution qu'y avaient apportée Van Eyck et ses héritiers directs : Dirck Bouts, Hugo Van der Gœs et Roger Van der Weyden. La peinture, dans le nord-ouest de l'Europe où les parois des cathédrales gothiques par le développement prodigieux de leurs verrières ne permettaient pas comme en Italie l'utilisation de la fresque, est sortie des manuscrits enluminés et l'on peut avancer avec certitude que les miniaturistes furent les vrais primitifs dans les Flandres et la France du Nord ; leur art, qui avait modestement débuté par des enjolivures traditionnelles et discrètes destinées seulement à tempérer l'austérité des missels et des livres d'heures avait atteint son apogée en dépassant le but qu'ils s'étaient assigné ; peu à peu, partant des marges des livres sacrés, la peinture naissait, elle envahissait les pages qui se couvraient de paysages, de cortèges et de scènes champêtres, le vieux fond or disparaissait progressivement laissant la place à des couleurs plus variées et plus naturelles. À ces maîtres aimables, dont Memling se souviendra quand il peindra la *Châsse de sainte Ursule*, succéda presque sans transition Van Eyck. Avec lui, la peinture atteignit rapidement une indéniable perfection. Van der Weyden, dont Memling a certainement été l'élève, avec qui, en tout cas il a révélé tant d'affinités, apporte des éléments nouveaux à la quasi-perfection qu'ont atteinte les Œuvres de Van Eyck : le sens du drame, la notion du pathétique et le charme de ses portraits de femme ; son action fut prépondérante sur l'École de Bruges qui, après un déclin progressif, devait refleurir une dernière fois et magnifiquement avec Hans Memling, qui connaissait aussi certainement les œuvres de Dirck Bouts et connut personnellement Van der Gœs. C'est dans la première moitié du xve siècle que Bruges atteint son plus haut degré de prospérité ; à cette époque les ducs de Bourgogne y tenaient une cour fastueuse, où les artistes étaient reçus et honorés. Bruges entretenait avec la République de Venise d'étroites relations commerciales et culturelles, mais l'ensablement continu de son port, rendant plus précaires les relations maritimes, allait consommer sa déchéance au profit d'Anvers qui, par la large voie de l'Escaut, communiquait librement avec la mer du Nord. À l'époque où Memling arrive à Bruges, le marasme commence d'y régner et sur ses canaux désertés les cygnes ont remplacé les vaisseaux marchands ; cette ville brillante allait se replier sur elle-même, dans le mystère et la paix de ses couvents, et devenir ce qu'elle demeurera « une ville voilée d'arbres et mirée dans des canaux, sur laquelle fraîchit le vent du Nord et sonnent les carillons... et où tous les jours – dit Rodenbach – ont l'air de la Toussaint ».

L'Hôpital Saint-Jean de Bruges possède plusieurs œuvres capitales de Memling et la plus célèbre sinon la meilleure : *la Châsse de sainte Ursule*, de 1489, qui renferme les reliques de la sainte et évoque en six panneaux sa légende : fille d'un roi de Bretagne, Ursule, escortée des Vierges, ses compagnes, abandonna son pays pour ne pas épouser un prince païen, fit un pèlerinage à Rome et fut massacrée avec ses compagnes à son retour à Cologne. Malgré le charme très réel qui se dégage de l'ensemble de cette œuvre célèbre, il faut bien reconnaître que la facture de ces panneaux n'atteint pas la puissance des autres œuvres de Memling, c'est une miniature exquise, pleine de détails charmants d'un coloris éblouissant, d'une touchante ingénuité, mais l'on ne saurait la mettre en parallèle avec la puissante et large composition de Carpaccio, son cadet de vingt ans qui, lui aussi, à Venise, peignit la *Légende de sainte Ursule* : Memling semble s'être moins soucié de la perfection des détails que de la polychromie d'un ensemble qui donne l'impression voulue d'un merveilleux joyau. Dans ce même Hôpital Saint-Jean se trouve une autre œuvre capitale de Memling : le *Mariage Mystique de sainte Catherine*, de 1479 : la Vierge est au centre de la composition, sur une estrade, dans le fond une colonnade gothique laisse entrevoir un paysage urbain, à droite de la Vierge, saint Jean Baptiste et sainte Catherine, à sa gauche sainte Barbe et le Donateur. « Sainte Catherine, écrit Fromentin, est en longue jupe collante à fond noir, ramagée d'or, avec manches de velours cramoisi ; un petit diadème enferme son front bombé. Un voile transparent comme l'eau ajoute à la blancheur du teint la pâleur d'un tissu impalpable. Rien n'est plus exquis que ce visage enfantin et féminin si finement serré dans sa coiffe d'orfèvrerie et de gaze. » Cette scène magistralement composée est d'une majesté et d'une grâce incomparables, les couleurs enfin d'un inaltérable éclat. Encore à l'Hôpital Saint-Jean une autre œuvre de dimension plus modeste attire l'attention : c'est l'*Adoration des Mages*. La tradition veut que Memling s'y soit lui-même représenté sous les traits du Donateur, un personnage en noir modestement à l'écart, qui contemple sérieusement et sans trop s'étonner la scène assez inattendue qui se déroule devant lui ; autour de la Vierge au visage si pur, deux des Mages vêtus de rouge s'empressent respectueusement, tandis que le troisième, Gaspard, éclatant de jeunesse dans sa tunique noire et or, entre en saluant, tenant d'une main une sorte de ciboire ; il semble que dans cette composition l'artiste ait voulu ménager comme dans un ballet l'entrée de ce prince lointain qui apporte avec son présent tout le parfum de l'Orient. Cette œuvre de proportions assez réduites, où les personnages sont peu nombreux et réunis dans un cadre assez étroit, donne une impression de solidité et d'élégance souveraines. Enfin, toujours dans ce magnifique écrin des œuvres de Memling que constitue l'Hôpital Saint-Jean se trouve le diptyque de la *Vierge à la Pomme*, don de Martin van Nieuwenhoven, bourgmestre de Bruges et directeur de l'Hôpital Saint-Jean. L'un des panneaux nous offre une merveilleuse effigie de la Vierge « elle est peut-être, dit Huysmans, la plus belle Madone que Memling ait jamais peinte ; l'analyse des traits serait nulle, l'on ne pourrait inscrire que des cheveux blonds, de grands yeux baissés, un nez long et droit et une petite bouche, une bouche adorable qui est une fleur un peu fripée, avec les quelques gerçures d'un léger gel. Et au fond je ne sais pas si elle est en chair et en os, car son teint a la blancheur des mœlles de sureau et son corps est fragile comme une tige ». Dans le deuxième panneau et formant un contraste saisissant avec l'autre, Memling nous présente le Donateur Martin van Nieuwenhoven ; à la Vierge presque immatérielle fait face un jeune homme en prière ou plus exactement dans l'attitude de la prière, car ce jeune homme de vingt-trois ans, au regard ardent, à la chevelure abondante, n'a rien d'un mystique, ni d'un ascète, il respire la santé et la joie de vivre ; dans ce magnifique portrait, l'un des chefs-d'œuvres de l'artiste, Memling nous donne la mesure de ce réalisme flamand qui s'est toujours proposé la suggestion intense de l'existence concrète des choses, dans la multiplicité des détails, arrivant ainsi à imposer la présence réelle des objets et des êtres depuis le missel du premier plan jusqu'à la fenêtre entrouverte sur la campagne. À Bruges un autre indiscutable chef-d'œuvre atteste au Musée la souplesse et la variété du talent de Memling, c'est le portrait de *Marie, fille de Guillaume Moreel*, ou la *Sibylle Zambetta* ; ici à l'opposé du portrait précédent, le fond du tableau est dans la tradition de Van Eyck, dénué de tout accessoire concret, le visage de la jeune femme qui occupe presque tout le tableau se détache sur un fond sombre, il est méditatif et maussade, empreint d'une tristesse résignée, un bijou qui luit sur un triangle de velours rouge vient seul atténuer cette austérité et ce mystère.

On voit l'œuvre de Carpaccio à Venise, Masaccio à Florence, Piero della Francesca à Arezzo, comme Memling à Bruges. Toutefois, son œuvre ne se limite pas aux peintures du fonds de Bruges, si riche soit-il. Son œuvre fut dispersé dès son vivant ; ce peintre, cité en 1480, parmi les cent quarante plus riches contribuables de Bruges, recevait des commandes des marchands internationaux de la ville : les du Cellier, Floreins, Moreel, l'Allemand Greverade, l'Anglais sir John Donne of Kidwelly, Portinari le banquier des Médicis. Au style narratif et aimable de la *Châsse de sainte Ursule*, correspondent : *Les sept Joies de Marie*, de l'Ancienne Pinacothèque de Munich, datant environ de 1480, représentation imagée d'histoires se déroulant sur un fond de paysage très détaillé ; les *Passions*, de Turin et de Lübeck, directement inspirées des représentations de Mystères. Dans ces œuvres, il montre le même souci du détail que Van Eyck et Van der Weyden. Il n'atteint peut-être pas à la somptuosité transparente des couleurs de Van Eyck ; son dessin est peut-être moins incisif que celui de Van der Weyden ; ses demi-teintes dans le modelé sont peut-être plus légères, dans le caractère particulier de ses Madones dont le visage attire la caresse, comme dans le *Triptyque Donne*, vers 1468, à la National Gallery ; *Le Mariage mystique de sainte Catherine*, de Bruges, vers 1479, déjà cité avec les œuvres conservées à Bruges ; le *Triptyque de Jacques Floreins*, vers 1489, au Louvre. On peut remarquer que ce qui distingue justement l'œuvre de Memling dans son temps, et tout particulièrement de Van Eyck et de Van der Weyden, est un mélange très juste, très touchant, de noblesse et de douceur ; noblesse des architectures, des tapis, des tentures, qui créent un écrin noble aux personnages ; douceur, on l'a vu, des visages de femmes, rehaussée souvent par la gravité des hommes qui les entourent. Cet équilibre de noblesse et de douceur se retrouve peut-être plus spécialement dans certaines œuvres comme *L'Adoration des Mages* de Bruges : l'autre version de *L'Adoration des Mages*, au Prado ; le grand *Jugement Dernier*, de 1473, de l'église Notre-Dame de Dantzig : le *Saint Benoît*, des Offices. Mais c'est dans les portraits que Memling se montre complètement dégagé de l'influence et de Van Eyck et de Van der Weyden : *Tommaso Portinari et sa femme*, du Metropolitan de New York ; *Martin van Nieuwenhove*, à Bruges ainsi que *Maria Moreel en Sibylle Sambeth*, de 1480 ; *Jean de Candida*, à Anvers. Dans ces portraits, on est sensible à une douceur idéalisée, où se traduit plus la psychologie personnelle du peintre que celle de ses modèles. Dans les dernières années de sa carrière, sous l'influence de nouveau de Van Eyck, dont l'œuvre rayonnait alors dans les Flandres, associée aux influences italiennes qui se généralisaient en Europe, il peignit des œuvres d'une psychologie plus énergique : *L'Annonciation*, de la collection Lehman de New York, vers 1482 ; de même que le *Triptyque de Guillaume Moreel*, du Musée de Bruges, de 1484 ; la *Bethsabée au bain*, de 1485, de Stuttgart, placée devant un fond d'architectures italiennes, d'une écriture volumétrique qui annonce le XVIe siècle. Dans la grande lignée des peintres flamands dits primitifs, Hans Memling occupe une place particulière ; s'il n'a pas la puissance souveraine des Van Eyck, ni le pathétique et la sensualité de Van der Weyden, il possède en propre ce sentiment de l'intimité et de la tristesse résignée qu'il a si profondément extériorisées dans son œuvre ; il est bien le fils spirituel de cette ville des béguinages secrets et des canaux brumeux ; ses portraits féminins semblent en refléter le charme et la mélancolie. ■ Jean Dupuy, J. B.

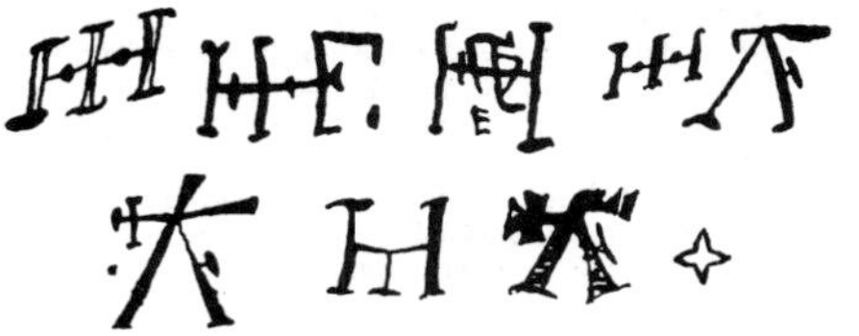

Bibliogr. : J. Weale : *Memlinc*, Bruges, 1901 – K. Voll : *Memlinc, Des Meisters Gemälde*, Stuggart, 1909 – G. Huisman : *Memlinc*, 1923 – G. Bazin : *Memlinc*, Paris, 1939 – P. Lambotte : *H. Memling, le maître de la châsse de sainte Ursule*, Anvers, 1939 – L. Baldas : *Hans Memlinc*, Vienne, 1942 – M. J. Friedlander : *Memling*, Amsterdam, 1950 – J. Lavalleye : *Memlinc à l'Hôpital Saint-Jean*, Bruxelles, 1953 – Dirk De Vos : *Hans Memling*, Albin Michel, Paris, 1994.

Musées : Anvers : *Nicolas di Storzere Spinelli – Le Christ entouré d'anges chantant la gloire de l'Éternel – Anges musiciens chantant la gloire de l'Éternel – Même sujet*, triptyque – *Portrait de Jean de Candida* – Bâle : *Saint Jérôme* – Bergame (Acad. Carrara) : *La Vierge et l'Enfant Jésus* – Berlin : *La Vierge et l'Enfant Jésus – Même sujet – Portrait de vieillard – La Vierge sur un trône, l'Enfant Jésus et un ange* – Bruges : *Triptyque et revers : saint Christophe portant l'Enfant Jésus – Saint Maur – Saint Gilles – Le donateur, ses cinq fils et saint Guillaume – La femme du donateur, ses onze filles et sainte Barbe – Saint Jean Baptiste – Saint Georges – Triptyque de Guillaume Moreel – Annonciation* – Bruges (Hôpital Saint-Jean) : *Déposition de Croix – Mariage mystique de sainte Catherine – La Sibylle Zambetta – Adoration des Mages – La châsse de sainte Ursule – La Vierge à la pomme – Retable d'Adrien Reyns – Retable de Jean Floreins – Diptyque Martin Van Nieuwenhove* – Bruxelles : *Guillaume Moreel, bourgmestre de Bruges et sa femme – Portrait d'homme – Martyre de saint Sébastien – Portrait de Barbara Van Vlaenderbergh* – Budapest : *Crucifiement* – Calais : *La messe de saint Grégoire* – Chantilly : *La Vierge et l'Enfant Jésus apparaissant à Jeanne de France – Le calvaire* – Cologne : *Nativité* – Dijon : *Scènes de la vie du Christ* – Florence : *Portrait d'homme en prière – La Vierge – Saint Benoît* – Francfort-sur-le-Main : *Portrait d'homme* – Gdansk, ancien. Dantzig (Égl. N. D.) : *Jugement dernier* – Genève (Ariana) : *La fille d'Hérodiade recevant la tête de Jean Baptiste – Louis XI pendant son séjour à Bruxelles* – Graz : Marie de Bourgogne – Grenade : *Descente de Croix – Les Saintes Femmes et saint Jean – Madone* – La Haye : *Portrait d'homme* – Lisbonne : *Vierge à l'Enfant* – Londres (Nat. Gal.) : *La Vierge et l'Enfant sur un trône – Même sujet* – Lubeck : *La Passion* – Lugano : *Sainte Véronique* – Madrid : *Triptyque : Adoration des Rois, Nativité, Présentation de Jésus au temple* – Melbourne : *Vierge et Christ mort* – Montréal (Mus. of Fine Arts) : *Portrait d'un jeune homme* – Munich : *Saint Jean Baptiste – Les sept joies de la Vierge* – New York (Metropolitan Mus.) : *Madone avec sainte Catherine et sainte Barbe – Tommaso Portinari et sa femme* – New York (coll. Lehmann) : *Portrait de jeune homme* – Paris (Mus. du Louvre) : *Saint Jean Baptiste – Sainte Marie-Madeleine – La Vierge et l'Enfant Jésus adorés par les donateurs – Mariage mystique de sainte Catherine – Donateur en prière sous la protection de saint Jean – Triptyque : Martyre de saint Sébastien – Résurrection du Christ – L'Ascension – Femme âgée* – Paris (Jacquemart André) : *Allégorie de la Pudeur* – Rome (Palais Doria) : *Le Christ pleuré* – Stockholm : *David avec un enfant* – Strasbourg : *Six tableaux d'autels* – Stuttgart : *Bethsabée au bain* – Turin : *La Passion* – Venise : *Portrait de jeune homme – Vicence : Le Christ sur la Croix avec saints et donateurs* – Vienne : *La Vierge et Jésus – Portement de croix et résurrection du Christ – Tableau d'autel avec saints Jean Baptiste et saint Jean l'Évangéliste* – Vienne (Czernin) : *Présentation au temple* – Vienne (Liechtenst.) : *La Vierge debout et l'Enfant Jésus.*

Ventes Publiques : Paris, 1850 : *L'Adoration des Mages : Saintes Femmes en adoration : Religieux en prière*, autel portatif à trois panneaux : **FRF 13 416** ; *Vie de saint Martin* ; *Vie de saint Bertin*, deux tableaux : **FRF 47 840** – Paris, 1857 : *Saint Sébastien percé de flèches : Le Christ ressuscité : L'Ascension du Christ*, triptyque : **FRF 20 000** – Cologne, 1862 : *Vierge et Enfant* : **FRF 18 975** – Londres, 1864 : *Adoration des Mages* : **FRF 11 389** – Paris, 20 mars 1869 : *Histoire de Troie* : **FRF 15 200** – Londres, 1874 : *Vierge à l'Enfant* : **FRF 34 050** – Londres, 4 juil. 1924 : *La*

Vierge et l'Enfant sur un trône : **GBP 1 837** – Londres, 1er mai 1925 : *Homme priant* : **GBP 1 575** – Londres, 12 fév. 1926 : *Sainte Agnès* : **GBP 225** – Londres, 22 fév. 1929 : *Portrait d'un jeune gentilhomme* : **GBP 997** – Londres, 3 juil. 1929 : *La Vierge et l'Enfant et deux anges faisant de la musique* : **GBP 1 500** – Londres, 28 mai 1937 : *La Vierge de l'Annonciation* : **GBP 1 522** – Londres, 24 juin 1938 : *La Vierge et l'Enfant* : **GBP 6 510** – New York, 25 oct. 1945 : *Portrait de jeune homme* : **USD 21 600** – Londres, 12 déc. 1945 : *L'Annonciation* : **GBP 120** – Londres, 2 juil. 1958 : *La Madone et le Christ enfant* : **GBP 900** – Berne, 16 juin 1960 : *La Madone et le Christ enfant*, à la pointe d'argent : **CHF 40 000** – Londres, 3 juil. 1963 : *Portrait d'une jeune fille* : **GBP 1 800** – Londres, 30 nov 1979 : *Têtes de Juifs et de soldats romains*, h/pan., fragment d'un Ecce Homo (22,5x60,5) : **GBP 25 000** – Londres, 11 déc. 1992 : *La Vierge et l'Enfant sur un trône entouré de deux anges*, h/pan. (68,5x52) : **GBP 187 000** – New York, 12 jan. 1994 : *Deux ventaux d'un triptyque : Saint Jacques le Majeur ; Saint Christophe*, h/pan. (chaque 68,6x22,2) : **USD 90 500**.

MEMMERT Thomas

Né vers 1812 à Nuremberg. xixe siècle. Actif à Munich. Allemand.

Peintre de paysages.

Élève de l'Académie de Munich. Il travailla en Italie en 1837.

MEMMI Lippo, appelé aussi **Filippo di Memmo**

xive siècle. Italien.

Peintre de compositions religieuses, peintre à fresque.

La connaissance exacte de l'identité de cet artiste et de la nature de son œuvre a été obscurcie du fait d'une confusion commise par Vasari, qui appelle Simone Martini du nom de Simone Memmi, il en est résulté quelques erreurs au préjudice de la personnalité de Memmi, qui s'est trouvée absorbée dans celle plus marquante de Simone Martini, dont il fut en réalité le beau-frère et le collaborateur. Lippo Memmi était le fils d'un peintre, Memmo di Filippuccio, établi à San Gimignano au cours des années 1305 et 1306. Son frère, Federico di Memmo, fut peintre aussi. La plus ancienne date intéressant la biographie de Lippo Memmi est l'année 1317 ; c'est celle qui figure au bas de la *Maestà* de San Gimignano. On conjecture, en raison de l'influence de Simone Martini déjà nettement accusée par cette œuvre, que la collaboration entre les deux artistes devait remonter à une époque antérieure à cette date. Simone Martini épousa la sœur de Memmi en 1324 ; il avait alors une quarantaine d'années, si l'on place sa naissance aux environs de 1285. Les deux peintres signèrent ensemble, en 1333, l'*Annonciation*, des Offices de Florence, qui leur fut payée 103 livres 14 sous ; Lippo Memmi, seul, reçut en plus 70 florins pour la dorure des colonnettes. On a remarqué que la manière personnelle de Memmi n'apparaît guère dans l'œuvre et l'on en a conclu que, dans cette collaboration, Simone Martini exerçait une direction absolue. Memmi signait, en 1347, un tableau qui se trouvait encore à l'église Saint-François à Avignon, au xviie siècle. On ne sait pas, d'ailleurs, s'il accompagna Simone Martini à Avignon, avec le frère de celui-ci Donato. Il était, en tout cas, retour d'Avignon ou pas, présent dans sa propre patrie en 1361, et il y exécuta des peintures pour la salle du Conseil du Palais public, avec Giovanni di Benedetto, travail qui fut payé 152 livres. D'après Vasari, Memmi serait mort douze ans après Simone Martini, soit en 1356, ce qui constitue une autre erreur.

Vasari mentionne différents tableaux, aujourd'hui disparus, qu'il attribue à Memmi : à Florence, Ancône, Pise, Arezzo, Pistoia ; toujours d'après lui, Memmi aurait accompagné Simone Martini à Assise et terminé quelques figures de saints dans la Basilique inférieure. Parmi les œuvres qui subsistent, en dehors de la *Maestà* déjà citée, on doit relever quelques Madones, signées de lui seul, la *Madone du peuple* à l'église des Servites à Sienne, vers 1320, la *Vierge de Miséricorde*, du Dôme d'Orvieto ; la *Vierge de San Francisco*, à Osciano, les deux *Madones* du Musée de Berlin, le *Saint Louis et saint François* de la Galerie Communale de Sienne, les trois *Saints* de l'église voisine de San Pellegrino, etc.

Lippo Memmi occupe un rang discret dans l'école siennoise. Son talent, tout de mesure et de goût, est aussi intéressant dans la composition et la façon d'ordonner les sujets. La *Maestà* de San Gimignano est une féerie de couleur. Le coloris siennois illumine et enchante toute l'œuvre. Le gris, le jaune, le brun tranchent sans heurt sur la vigueur des rouges et la profondeur des bleus, coupés de beaux verts, semés de l'or des auréoles ou des broderies. Mais l'épanouissement du coloris ne doit pas laisser oublier les autres mérites de l'œuvre. Sans doute, l'artiste a-t-il emprunté à ses maîtres la composition d'ensemble. Le dais porté par les apôtres fut une innovation de Simone Martini ; Memmi, disposant d'une muraille plus longue, a placé les saints sur deux rangs. Les figures, a-t-on dit, n'expriment ni le recueillement, ni la profondeur de sentiment de ceux de Duccio, ni l'élan de passion de ceux de Simone Martini ; ce sont des expressions tendres et douces, dévotes mais presque indifférentes en présence de la majesté de la Madone et du divin Enfant. La *Vierge de la Miséricorde* est d'une conception remarquable. Le corps droit, allongé plus que ne comporte la nature, peut apparaître purement hiératique. Mais en réalité, toute l'œuvre ne tend-elle pas à exprimer, en la magnifiant, l'ardeur de la prière ? Que l'on compare les visages des anges qui entourent de leur adoration la Madone, à ceux des personnages agenouillés que les plis de son manteau recouvrent comme des ailes protectrices, qui semblent dans le même temps séparer le monde terrestre de la demeure du ciel. Recueillant la prière de tous ces fidèles, le corps droit et aminci par le fait même du manque de proportion, s'élève comme une flamme, aspirant toute la spiritualité de ces âmes en oraison, accentuant encore la concentration de la prière collective par le mouvement des deux longues mains jointes, qui continue en le prolongeant à l'infini celui de toutes les autres mains ; elle est exactement la Vierge de l'intercession. La *Madonna del Popolo* de l'église des Servi à Sienne est un tableau délicat et d'une sensibilité tendre, dans lequel l'élément réaliste nouveau s'efforce, toujours dans la même manière gracieuse et douce, de se dégager des cadres de la tradition. C'est ici le vêtement de l'Enfant, avec sa broderie, qui semble apporter la note un peu profane qui le rapproche de tous les autres enfants. L'originalité de conception se manifeste encore, d'une façon assez curieuse, dans le tableau qui présente, en vis-à-vis, les saints Louis de Toulouse et François d'Assise. Nous n'avons plus affaire ici à l'abbé trônant et majestueux de Simone Martini, en dépit de la chape fleurdelysée, de la mître précieuse et de la crosse dorée, saint Louis est un moine au visage humble et recueilli. Mais saint François est tout entier dans son expression méditative et comme désabusée. Lippo Memmi ne semble-t-il pas avoir voulu lui assigner comme une place prépondérante, la bure du Poverello, en contraste avec la chape brodée, venant encore accentuer la réflexion suggérée par l'expression des visages ?

Musées : Altenburg (Lindenau Mus.) : *La Vierge et l'Enfant*, pan., signé – *Deux ermites*, pan. – Asciano (San Francesco) : *La Vierge et l'Enfant, avec donateur*, pan. – Berlin : *La Vierge et l'Enfant*, pan. – *La Vierge et l'enfant*, pan., signé – Berlin (coll. von Kaufmann) : *La Vierge et l'Enfant*, pan. – Boston (coll. Gartner) : *La Vierge et l'Enfant, avec une religieuse en adoration*, pan. – Cologne : *Le Christ*, pan. – *Apôtres*, pan. – Florence (Gal. des Mus. des Offices) : *L'Annonciation* signé et daté 1333, pan., en collaboration avec Simone Martini – Gloucester (coll. H. Parry) : *Saint Pierre*, pan. – Liechtenstein (Château) : *Sainte Justine*, pan. – Londres (coll. Bensan) : *La Vierge et l'Enfant*, pan. – Londres (coll. Fairfax Murray) : *La Vierge et l'Enfant*, pan. – Montefollonico (San Sigismondo) : *La Vierge et l'Enfant*, pan. – Montepulciano (Conservatioro) : *La Vierge et l'Enfant*, pan. – Munich (Vieille Pina.) : *Assomption*, pan. – Orvieto (Dôme) : *La Vierge de miséricorde*, pan., signé – Palerme (coll. Chiaramonte) : *Saint Pierre, saint Paul*, pan. – Parcieux près Trévoux, France (coll. H. Chalandon) : *Saints*, pan. – Paris (Mus. du Louvre) : *Saint Pierre*, pan. – Rome (Mus. Chrétien) : *Crucifiement et Saints*, pan. – San Gimignano (Palais du Podestat) : *Maestà*, fresque signée et datée de 1317 – San Gimignano (Sant' Agostino) : *La Vierge et saint Michel*, fresque – Sienne (Gal. comm.) : *Saint François*, pan. – *Saint Louis de Toulouse*, pan. – Sienne (Servi) : *La Madone du peuple*, pan. – Sienne (San Domenico, cloître) : *La Vierge, saint Paul et un ange*, fresque – Sienne (San Agostino) : *Le bienheureux Agostino Novello*, pan. – Sienne (San Pellegrino) : *Saint Pierre*, pan. – *Saint Paul*, pan. – *Le bienheureux Andréa Gallerani*, pan.

Ventes Publiques : Londres, 12 fév. 1926 : *La Vierge et l'Enfant* : **GBP 378** – Londres, 17 déc. 1926 : *Pietà* : **GBP 220** – Londres, 6 mai 1929 : *La Vierge et l'Enfant* : **GBP 420** – Paris, 19 mai 1933 : *Le Couronnement de la Vierge*, attr. : **FRF 17 500** – Paris, 12 mai 1938 : *La Vierge, l'Enfant Jésus, saint Jean Baptiste et une sainte*, attr. : **FRF 60 000** – Londres, 19 mai 1961 : *Madone sur le trône avec l'Enfant, des saints et des anges* : **GBP 1 470**.

MEMMI Simone di. Voir **MARTINI Simone**

MEMMINGEN Hans ou **Jan Van**. Voir **HANS Van Memmingen**

MEMMINGER Friedrich Jakob Fr.
Né le 14 juillet 1813 à Mayence. Mort le 7 juillet 1848 à Mayence. XIXe siècle. Allemand.
Sculpteur.
Il étudia à Munich et se rendit à Rome de 1839 à 1842. Il collabora en 1846 à Mayence avec le sculpteur Cornelius Schleidt.

MEMMIUS Johann ou **Memmies**
XVIIe siècle. Allemand.
Médailleur.
Il travailla de 1679 à 1711 à Rostock et de 1705 à 1710 à Stettin.

MEMMO di Filipuccio
XIVe siècle. Italien.
Peintre.
Père de Lippo Memmi, il travailla à Sienne et à San Gimignano. Il a décoré en 1317 avec son fils la salle du Conseil de l'Hôtel de Ville de San Gimignano.

MENA Alonso de. Voir **MENA Y ESCALANTE Alonso**

MENA Bolivar
Né en Équateur. XXe siècle. Équatorien.
Peintre de paysages, figures, scènes typiques.

MENA Felipe Gil de. Voir **GIL de Mena**

MENA Juan Pascual de
Né en 1707 à Villaseca de la Sagra. Mort le 16 avril 1784 à Madrid. XVIIIe siècle. Espagnol.
Sculpteur.
Élève de Dumandré et de Pitué. Il fut en 1762, directeur de l'Académie de S. Fernando, qui conserve de lui un buste en marbre de Charles III. Il exécuta, en outre, la *Fontaine de Neptune* à Madrid et le *Crucifix de la Bonne Mort* pour San Jeronimo el Real. Son art académique est fait de mesure et simplicité.

MENA Pedro de. Voir **MENA Y MEDRANO Pedro**

MENA Y BITORIA Andrea, appelée aussi **Maria de la Encarnacion** (en religion)
Née le 26 janvier 1654 à Grenade. Morte le 28 décembre 1734 à Malaga. XVIIe-XVIIIe siècles. Espagnole.
Sculpteur.
Élève de son père Pedro. Profès en 1672 au couvent des sœurs cisterciennes de Malaga où était sa sœur CLAUDIA (Juana de la Asuncion), née à Grenade le 23 juin 1655, morte à Malaga le 18 avril 1702, sculpteur. Le couvent de Malaga conserve des deux sœurs les statuettes de *Saint Benoît* et de *Saint Bernard*.

MENA Y ESCALANTE Alonso
Né le 20 janvier 1587 à Grenade. Mort le 4 septembre 1646 à Grenade. XVIIe siècle. Espagnol.
Sculpteur.
Il fut pendant quatre ans élève de Andrès de Ocampo à Séville. Plusieurs de ses œuvres se trouvent à la cathédrale de Séville, d'autres sont à Grenade, dont une *Vierge habillant l'Enfant* (San Cecilio), et un *Saint Jacques majeur* ; enfin, un *Cristo de Desamparo* se trouve à San José de Madrid. Très célèbre jusqu'à l'arrivée d'Alonso Cano qui l'éclipsa, son art est d'une simplicité touchante, entre la fougue baroque et la beauté classique.

MENA Y GUTIERREZ Pedro
Mort au XVIIIe siècle à Lucena. XVIIIe siècle. Actif à Lucena. Espagnol.
Sculpteur.

MENA Y MEDRANO Pedro
Né en 1628 à Grenade, où il fut baptisé le 20 août. Mort le 13 octobre 1688 à Malaga. XVIIe siècle. Espagnol.
Sculpteur.
Fils d'Alonso et père d'Andrea et de Claudia. Il fut l'élève le plus remarquable de Cano et a subi après un voyage à Madrid l'influence de l'école castillane. Ses œuvres les plus connues et souvent imitées sont : la *Madeleine* du Prado, *N.-D. des Douleurs* de l'église des Martyrs de Malaga, *Saint François en extase* à Tolède, la *Vierge* de Saint-Dominique à Malaga. Profondément soutenu par la foi, il continua d'ailleurs à travailler après avoir été atteint de la peste en 1679 ; il fit passer cette foi d'ascète dans la plupart de ses œuvres.

MENABUOI Giusto di Giovanni de, dit **Giusto Padovano,** ou **Justus da Padua,** ou **Giusto Fiorentino**
Né dans la première moitié du XIVe siècle à Florence (Toscane). Mort le 22 avril 1393 à Padoue (Vénétie). XIVe siècle. Italien.
Peintre de compositions religieuses, fresques.
Il fut le maître de Giovanni et Antonio de Padova.
Il fut un imitateur de Giotto dont il étudia les œuvres à Padoue. On lui attribue beaucoup de fresques conservées dans cette ville, mais il semble que l'on doive, pour certaines d'entre elles, en attribuer plutôt la paternité à ses élèves. Il a cependant travaillé aux fresques du Santo (*Scènes de la vie de saint Jacques et de saint Philippe* et *Couronnement de la Vierge*), aux Eremitani et au Baptistère (*Scènes de l'Ancien Testament*, le *Paradis*, à la coupole ; *Scènes de la vie du Christ*, aux murs). Le *Couronnement de la Vierge* 1367, qui fit partie de la collection Wallerstein et fut offert par la reine Victoria à la National Gallery, est d'une authenticité indiscutable. En 1370, l'artiste termina les fresques de la chapelle Cortellieri à Padoue. Son art fait de gravité et de lyrisme est finalement plus proche de Stefano Fiorentino que de Giotto lui-même.

MUSÉES : LONDRES (Nat. Gal.) : *Scènes de la vie de la Vierge* 1367, triptyque.
VENTES PUBLIQUES : MILAN, 24 oct. 1989 : *Triptyque avec la Madone de l'Humilité au centre et l'Annonciation et saint Jean Baptiste et saint Christophe sur les panneaux latéraux*, h/bois (51x51,6) : **ITL 350 000 000**.

MENABUONI Giuseppe
Né vers 1708. XVIIIe siècle. Italien.
Dessinateur et graveur au burin.
Élève de T. Redi. Travailla à Florence.

MÉNAGE Nicolas de. Voir **DEMÉNAGE**

MENAGEOT François Guillaume
Né le 9 juillet 1744 à Londres, de parents français. Mort le 4 octobre 1816 à Paris. XVIIIe-XIXe siècles. Français.
Peintre d'histoire, scènes mythologiques, sujets religieux, portraits, dessinateur.
Fils du marchand de tableaux Augustin Menageot, François Guillaume Menageot travaille d'abord avec J. B. Deshays, puis, à la mort de celui-ci en 1765, avec F. Boucher. Il obtient le deuxième Prix de Rome en 1765, le premier Prix en 1766, et suit pendant trois ans l'enseignement de l'École des Élèves Protégés. De 1769 à 1774, il termine sa formation à Rome comme pensionnaire de l'Académie de France durant la fin du directorat de Natoire. Agréé à l'Académie en 1777 comme peintre d'histoire, Menageot en devient membre le 30 décembre 1780, adjoint à Professeur en 1781 et Professeur en 1790. Nommé directeur de l'Académie de France à Rome en 1787, il occupe ce poste avec une grande conscience avant de démissionner à la fin de 1792 en raison des difficultés politiques créées par l'agitation des pensionnaires favorables aux idées révolutionnaires ; mais il juge prudent de rester en Italie et séjourne principalement à Vicence pour ne rentrer en France qu'en 1801, date à laquelle il reprend ses fonctions de professeurs à l'École Nationale de Peinture. Il est nommé Chevalier de la Légion d'honneur en 1804 et élu membre de la Quatrième Classe de l'Institut le 22 avril 1809. Menageot expose régulièrement aux Salons de 1777 à 1785, puis à ceux de 1791, 1802 et 1806. Peintre d'histoire, mais aussi portraitiste et peintre de scènes de mythologie galante, Menageot a été formé à l'école du XVIIIe siècle : c'est un coloriste qui aime la « belle peinture ». Puis il subit l'influence de Vien et joue un rôle important dans le retour à la grande manière de la peinture française durant le dernier quart du XVIIIe siècle. Triomphateur du Salon de 1781 avec *La Mort de Léonard de Vinci dans les bras de François Ier*, il est complètement éclipsé à celui de 1785 par *Le Serment des Horaces* de David. Il se conforme alors plus résolument à la nouvelle esthétique, mais semble peu à l'aise dans la rigueur du néoclassicisme qu'il interprète avec une certaine raideur. Porté par sa nature vers des sujets aimables, et coupé du mouvement davidien qui l'emporte à Paris, il évolue durant son long séjour italien avec une tendance archaïsante empreinte de grâce et de pureté, et où domine le souvenir de Raphaël. À son retour en France, il est comblé d'honneurs et joue un rôle important dans les instances académiques ; mais il ne rencontre plus la faveur du public qui juge ses œuvres désuètes et tombe rapidement dans l'oubli le plus total. Il a réalisé de nombreuses compositions pour des églises, à Saint-Eustache de Paris : *L'Adoration des bergers*, à Saint-Pierre de Douai : *La Justification de Suzanne* et *La Peste de David* (exposés au Salon de 1779), à Villeneuve-sur-Yonne : *L'Adoration des bergers*, à Monte Berico, près de Vicence (Italie) : *La Sainte Famille servie par les anges*, à l'Hôtel-

Dieu de Québec : *La Vierge mettant sainte Thérèse sous la protection de saint Joseph.*

Menageot.

Musées : Amboise : *La mort de Léonard de Vinci,* Salon de 1781 – Angers : *Astyanax arraché des bras d'Andromaque par ordre d'Ulysse,* Salon de 1783 – *Cléopâtre rendant son dernier hommage au tombeau d'Antoine,* Salon de 1785 – Chartres : *Le Sacrifice de Polyxène,* Salon de 1777 – Florence (Pitti) : *Autoportrait* – Montpellier (Mus. Fabre) : *Autoportrait* – Nancy : *Tullie faisant passer son char sur le corps de son père* 1765, Second Prix de Rome – Paris (Mus. du Louvre) : *Portrait du baron de Breteuil* – *Méléagre supplié par sa famille,* Salons de 1791 et 1802 – Paris (École des Beaux-Arts) : *Thomyris faisant plonger la tête de Cyrus dans un vase plein de sang* 1766, Prix de Rome – *L'Étude qui veut arrêter le Temps* 1780, Morceau de réception à l'Académie – Saint-Pétersbourg (Mus. de l'Ermitage) : *La Sainte Famille* – Versailles : *Allégorie à la Naissance du Dauphin* – *Le Mariage d'Eugène de Beauharnais et de la princesse Amélie de Bavière* – Ziedlochovice (Tchécoslovaquie) : *La Continence de Scipion.*

Ventes Publiques : Paris, 21 et 22 fév. 1919 : *Allégorie sur le Mariage,* sépia : **FRF 105** – Paris, 14 et 15 déc. 1922 : *Portrait d'homme* : **FRF 2 920** – Paris, 22 nov. 1923 : *Portrait présumé de Mme Danloux allaitant son fils* : **FRF 36 000** – Paris, 23 mai 1928 : *Tancrède secouru par Herminie,* pierre noire : **FRF 920** – Paris, 14 déc. 1936 : *Deux jeunes femmes assises,* sanguine : **FRF 220** – Paris, 12 mai 1938 : *Portrait d'homme* : **FRF 4 300** – Paris, 28 juin 1948 : *Abraham répudiant Agar,* esquisse : **FRF 5 900** – Lucerne, 22 juin 1968 : *La jeune mère* : **CHF 7 500** – Londres, 12 avr. 1985 : *Autoportrait,* h/t (76,9x63,5) : **GBP 4 200** – Monte-Carlo, 22 fév. 1986 : *Le Martyre de Saint Sébastien,* h/t (135,5x99) : **FRF 200 000** – New York, 24 fév. 1987 : *Autoportrait,* h/t (76,9x63,5) : **USD 8 000** – Londres, 24 nov. 1989 : *Portrait d'Emilie tressant une couronne de fleurs,* h/t (127x94) : **GBP 9 900** – New York, 30 mai 1991 : *Allégorie d'un personnage tentant d'arrêter la marche du temps,* h/t (65x54,5) : **USD 22 000** – New York, 28 mai 1992 : *Le Martyre de saint Sébastien,* h/t (134,6x99,1) : **USD 60 500** – Paris, 28 avr. 1993 : *L'Amitié offrant des guirlandes de fleurs aux trois Grâces* 1810, h/t (109x130,5) : **FRF 68 000** – Londres, 5 juil. 1993 : *Tulia faisant passer son char sur le corps de son père,* encre et craie rouge (16,2x21,8) : **GBP 5 175** – Paris, 16 mars 1994 : *Le sacrifice de Priape,* pierre noire, encre, lav. et reh. de blanc (27,4x41,4) : **FRF 18 500** – Paris, 21 mars 1995 : *L'offrande à Bacchus,* encre et lav. (24,5x19,5) : **FRF 7 000** – Londres, 3 déc. 1997 : *Une dame, présumée Madame Danloux, allaitant son enfant dans un salon,* h/pan. (25,7x19) : **GBP 38 900.**

MENAGEOT Jean Baptiste. Voir l'article **MAURISAN**

MENAGEOT Robert

Né en 1748 à Paris. XVIIIe siècle. Français.

Peintre et graveur à l'eau-forte.

Élève de Boucher pour la peinture, il ne tarda pas à abandonner cet art pour la gravure. Il travailla longtemps à Londres où il produisit ses meilleures planches, d'après Corrège, Le Guide et Lautherbourg. On lui doit aussi quelques gravures originales, et il a peint des vues de l'*Ile de Wight.*

Ventes Publiques : Paris, 5 déc. 1928 : *La jeune mère* : **FRF 2 500.**

MENAICHMOS I

Originaire de Naupaktos. VIe siècle av. J.-C. Vivant en 500 avant Jésus-Christ. Antiquité grecque.

Sculpteur.

Il fit pour Calydon une statue d'Artemis, qui passa ensuite en la possession de Patras.

MENAICHMOS II

Ve siècle avant J.-C. Antiquité grecque.

Sculpteur.

A sculpté des taureaux.

MENALTE Augustin

XVIIe siècle. Espagnol.

Sculpteur.

Il décora les murs du Reliquaire de la cathédrale de Tolède.

MENANCOURT Dominique de

XVIIIe siècle. Actif à Angers vers 1737. Français.

Sculpteur.

MENANDRO Vicente. Voir **MENARDO**

MENANDROS I

Originaire d'Athènes. IIe siècle av. J.-C. Antiquité grecque.

Sculpteur.

MENANDROS II

Antiquité grecque.

Sculpteur.

On a retrouvé de cet artiste grec de l'époque romaine en 1914 une statue mutilée de *Zeus* qui se trouve actuellement au Musée de Conia.

MENANT Julien Michel

Né le 10 août 1880 à Château près de Cluny (Saône-et-Loire). Mort le 22 mai 1915 à Neuville-Saint-Waast (Pas-de-Calais), sur le front. XXe siècle. Français.

Sculpteur.

Il fut élève de Barrias, Coutan et Louis Convers. Il figura, à Paris, au Salon des Artistes Français, où il obtint une mention honorable en 1907, et une médaille en 1913.

MENANT Pierre

XVIIIe siècle. Actif au début du XVIIIe siècle. Français.

Dessinateur et graveur au burin.

Il grava des sujets d'architecture et des sujets de genre. Il fit quelques planches pour des vues du Palais et du Jardin de Versailles.

MÉNARD Alfred

Né à Angers (Maine-et-Loire). XIXe siècle. Français.

Peintre de portraits et d'histoire.

Exposa au Salon de Paris entre 1835 et 1850.

MÉNARD Amédée René

Né le 16 octobre 1806 à Nantes (Loire-Atlantique. Mort le 22 octobre 1879 à Nantes. XIXe siècle. Français.

Sculpteur.

Entra à l'École des Beaux-Arts le 31 mars 1829. Devint l'élève de Ramey. Eut une médaille de troisième classe en 1837. Figura au Salon de Paris, de 1837 à 1852. Les œuvres principales de cet artistes sont les suivantes : *Sainte Anne et la Vierge bénissant l'entrée du pont de Nantes,* groupe colossal en fonte de fer, à Nantes, *Le fronton de Notre-Dame-de-Bon-Port,* composé de quatorze figures colossales en pierre, *David, Jérémie, Daniel, Isaïe et sainte Madeleine,* statues en pierre pour le beffroi de Nantes, *Alain Barbe-Torte, fondateur de la ville de Nantes,* statue en pierre pour la préfecture de Nantes, *Trois statues en pierre,* pour la gare de Nantes ; *Fronton de la nouvelle gendarmerie composé d'un écusson et des génies de l'Ordre et de la Paix, La Force et la Loi,* statues en pierre décorant l'entrée du nouvel hospice de Nantes, *Statue en pierre du roi Gradelon,* placée entre les tours de la cathédrale de Quimper, *Statue de Mgr Graverand,* monument funèbre de la cathédrale de Quimper, *La prière du matin et la prière du soir,* bronze, *M. de Saint-Aignan,* buste en marbre pour la mairie de Nantes, *Baco, maire et défenseur de Nantes en 93,* buste en marbre pour la mairie de Nantes, *L'impératrice Eugénie,* buste en marbre pour la chambre de Commerce de Nantes, *La statue en bronze du contre-amiral Théodore Le Rey,* inaugurée à Pornic en 1855, *Le monument à la mémoire de Billault,* composé de cinq statues en bronze, inauguré à Nantes les 15 septembre 1867.

Musées : Angers : *Le général de Lamoricière* – Montargis : *Haïdée* – Nantes : *Un forban* – *Mercure inventant le caducée.*

MENARD Charles Louis René

Né en 1809 ou 1810 à Nantes (Loire-Atlantique). Mort le 12 novembre 1866 à Paris. XIXe siècle. Français.

Sculpteur.

Père de René Michel et élève de Robinot-Bertrand. Il a exécuté l'autel de Notre-Dame de la Pitié à Sainte-Clément de Nantes et une statue de *Saint Émile* à Saint-Emiliand près d'Autun.

MÉNARD Émile René. Voir **MÉNARD Marie Auguste Émile René**

MENARD François

XVIIIe siècle. Actif à Paris. Français.

Sculpteur.

MENARD François

Né au XIXe siècle à Soisy-sous-Étiolles. XIXe siècle. Français.

Peintre.

Débuta au Salon de Paris en 1869.

MÉNARD Jean

Né au XVIe siècle à Nancy (Meurthe-et-Moselle). XVIe siècle. Français.

Sculpteur.
Il travailla à Rome entre 1573 et 1583.

MÉNARD Louis Nicolas
Né le 19 octobre 1822 à Paris. Mort en 1901 à Paris. XIXe siècle. Français.
Peintre.
Écrivain, érudit, Louis Ménard occupe dans les lettres et dans les sciences une place considérable. Ce merveilleux esprit traita avec une égale supériorité les questions les plus diverses. Comme peintre, il fut élève de Théodore Rousseau et de Troyon. Il vécut un certain temps à Barbizon et y connut les plus illustres maîtres de l'École de 1830 : Millet, Corot, Diaz. Il exposa au Salon de Paris, de 1857 à 1865, des paysages d'une grande sincérité et d'un dessin très sûr. On pourrait lui reprocher une couleur un peu sourde. Ses œuvres méritent de retenir l'attention des amateurs. Indépendamment de ses ouvrages poétiques, de ses études historiques particulièrement sur les peuples de l'Orient, sur les Beaux-Arts, Louis Ménard fit des cours sur l'histoire de l'Art, à l'Hôtel de Ville et à l'École des Arts décoratifs.
VENTES PUBLIQUES : PARIS, 19 jan. 1945 : *Les moissons* : **FRF 2 000**.

MÉNARD Marie Auguste Émile René, dit René
Né le 15 avril 1862 à Paris. Mort le 13 janvier 1930 à Paris. XIXe-XXe siècles. Français.
Peintre de compositions à personnages, sujets mythologiques, portraits, paysages, pastelliste. Symboliste, néoclassique.
Fils de René Joseph Ménard et neveu de Louis Ménard. Il débuta, à Paris, au Salon des Artistes Français de 1883. René Ménard fit partie de la Société Nationale des Beaux-Arts. Il faisait également partie du groupe dit de la « Bande noire », groupé autour de Cottet. Il obtint une médaille de troisième classe en 1889, fut fait chevalier de la Légion d'honneur en 1900 et officier en 1910. Membre de l'Institut.
Il se fit remarquer par des paysages d'une facture très personnelle tant par leur dessin que leur coloration chaude et dorée. Ses tableaux étaient alors de petites dimensions. Il produisait aussi des portraits d'une grande intensité d'expression comme celui de Louis Ménard. Plus tard, sa manière s'élargit et il produisit des œuvres plus importantes, empreintes de charme poétique, comme son exposition du Salon des Artistes Français de 1899, où six toiles : *Harmonie du soir* ; *Terre antique* ; *Vue sur la mer* ; *Lever de lune* ; *Causse Méjean* ; *Mer calme* affirmaient ses qualités de décorateur. Il recréait une antiquité de rêve, recherchant plus l'évocation que la représentation.

E.R. Menard
E.R. Menard

MUSÉES : ANVERS : *À la tombée de la nuit* – BRUXELLES : *La Mère de l'artiste* – HELSINKI : *Causse Méjean* – *Crépuscule* – LUXEMBOURG : *Portrait de Louis Ménard* – MUNICH : *Temps d'orage* – STOCKHOLM : *Solitude* – *Le Fleuve* – *Soleil couchant*.
VENTES PUBLIQUES : PARIS, 26 avr. 1899 : *Les Baigneuses* : **FRF 3 200** – PARIS, 22 mai 1919 : *Aigues-Mortes : les remparts* : **FRF 1 500** – PARIS, 4 et 5 mars 1921 : *Baigneuses* : **FRF 13 200** – PARIS, 26 et 27 fév. 1934 : *Rêverie du soir*, past. : **FRF 4 150** – BRUXELLES, 12 nov. 1937 : *La Nymphe* : **FRF 2 700** – PARIS, 23 juin 1943 : *Coucher de soleil sur la mer* : **FRF 8 500** – PARIS, 16 fév. 1951 : *Le pâtre et le troupeau* : **FRF 17 000** – NEW YORK, 30 oct. 1969 : *Baigneuses* : **USD 150** – BRUXELLES, 24 oct. 1972 : *Baigneuses* : **BEF 40 000** – VERSAILLES, 23 mai 1976 : *Nymphes au soleil levant*, h/t (85x62) : **FRF 4 800** – PARIS, 14 juin 1976 : *Les Bergers, paysage de Provence*, h/t (62,5x85) : **FRF 11 000** – ZURICH, 26 mai 1978 : *Vue du Matterhorn*, h/pap. mar./pan. (49,5x73) : **CHF 5 500** – PARIS, 4 déc 1979 : *Les Trois Grâces*, past. (73x94) : **FRF 15 100** – PARIS, 18 juin 1979 : *L'Automne*, h/t, haut arrondi (190x290) : **FRF 25 000** – LONDRES, 25 nov. 1981 : *Nymphes dans un paysage* vers 1900, h/t (172x137,5) : **GBP 6 000** – PARIS, 6 nov. 1983 : *Les Trois Grâces*, past. (75x96) : **FRF 41 000** – PARIS, 6 avr. 1984 : *Paysage animé*, h/t (72x116) : **FRF 25 000** – PARIS, 28 oct. 1985 : *Troupeau dans la vallée* 1918, past. (60x83) : **FRF 29 000** – ARGENTEUIL, 14 déc. 1986 : *Les Deux Baigneuses*, h/t (48x71) : **FRF 19 500** – ENGHIEN-LES-BAINS, 25 oct. 1987 : *Les Dryades* 1923, past./pap. mar./t. (138x108) : **FRF 170 000** – LA VARENNE-SAINT-HILAIRE, 29 mai 1988 : *Jeune femme au bord du lac*, past. (63x81) : **FRF 23 000** – PARIS, 16 oct. 1988 : *Troupeau près d'une mare*, h/t (26x36) : **FRF 8 500** – CALAIS, 13 nov. 1988 : *Baigneuses* 1922, h/t (74,2x100) : **FRF 27 000** – PARIS, 22 nov. 1988 : *La Plage de l'Ile-Tudy*, aquar. (48x72) : **FRF 5 500** – FONTAINEBLEAU, 26 fév. 1989 : *La Baignade, paysage symboliste*, past./t. (98x125) : **FRF 35 000** – VERSAILLES, 5 mars 1989 : *Les Grands Arbres près de l'étang*, past. (71x89) : **FRF 5 800** – REIMS, 23 avr. 1989 : *Jeune femme au soleil couchant*, h/t (62x85) : **FRF 14 500** – LA VARENNE-SAINT-HILAIRE, 21 mai 1989 : *Scène symboliste*, h/cart. (28x35) : **FRF 4 500** – PARIS, 24 nov. 1989 : *Nymphe au lever du soleil*, h/t (33x24) : **FRF 6 800** – LONDRES, 1er déc. 1989 : *L'enlèvement d'Europe* 1915, past. (68,5x104) : **GBP 13 200** – VERSAILLES, 18 mars 1990 : *Baigneuses face à l'île de Porquerolles*, past./pap. (23x32) : **FRF 8 000** – PARIS, 22 mars 1990 : *Les Astronomes*, past. et mine de pb (149x108) : **FRF 32 000** – PARIS, 24 avr. 1990 : *Les Baigneuses*, h/t (75x101) : **FRF 65 000** – PARIS, 13 juin 1990 : *La Charrette*, past. (46x61) : **FRF 13 500** – PARIS, 20 juin 1990 : *Le pâtre et son troupeau*, h/t : **FRF 11 000** – PARIS, 11 déc. 1991 : *Mare à la lisière d'un bois*, h/t (73x50) : **FRF 6 500** – PARIS, 11 déc. 1992 : *Baigneuse à l'aube dans une crique*, past. (47x65) : **FRF 22 000** – NEW YORK, 17 fév. 1993 : *Nu*, past./t. (134,6x86,4) : **USD 5 463** – REIMS, 20 juin 1993 : *Nu au bord de l'eau*, h/t (61x85) : **FRF 8 000** – NEUILLY, 12 déc. 1993 : *La ronde*, h/t (85x62,5) : **FRF 23 500** – PARIS, 22 mars 1994 : *La baigneuse*, h/t (50x73) : **FRF 14 000** – PARIS, 27 jan. 1995 : *Les Trois Grâces*, past. (68x98) : **FRF 50 000** – NEW YORK, 1er nov. 1995 : *l'Age d'or* 1914, h/t (238,8x301) : **USD 19 550** – PARIS, 10 avr. 1996 : *La Baigneuse*, h/t (62,5x84,5) : **FRF 9 000** – PARIS, 22 nov. 1996 : *Bergers dans la montagne*, h/pan. (37x27) : **FRF 3 500** – PARIS, 1er déc. 1997 : *Coucher de soleil sur les falaises*, cr. et past./t. (88x112) : **FRF 22 000**.

MÉNARD Normand
Né en 1953 à Québec. XXe siècle. Canadien.
Peintre.
MUSÉES : MONTRÉAL : *Le Printemps* 1977.

MENARD Paul
Né en 1780. Mort le 11 octobre 1850 à Vienne. XIXe siècle. Actif à Vienne. Autrichien.
Dessinateur.

MENARD Pierre ou Mesnard
XVIIIe siècle. Actif à Nantes vers 1770. Français.
Peintre.

MÉNARD René Joseph
Né le 20 février 1827 à Paris. Mort le 3 juillet 1887 à Paris. XIXe siècle. Français.
Peintre de scènes mythologiques, paysages animés, pastelliste.
Frère cadet de Louis Ménard. Comme son aîné, il fut surtout écrivain. Ses ouvrages sur l'histoire des Beaux-Arts et particulièrement de la peinture lui valurent une réputation méritée. Il fournit au Grand Dictionnaire Larousse de très remarquables notices sur les artistes peintres et sculpteurs. Pour la peinture, il fut élève de Troyon, de Théodore Rousseau et ce fut comme peintre qu'il commença sa carrière. Il exposa au Salon de Paris d'intéressants paysages jusqu'à la fin de sa vie.

mendrd

VENTES PUBLIQUES : PARIS, 1898 : *Près de l'entrée du pont de Montgeron (paysage)* : **FRF 210** – PARIS, 1899 : *Les Baigneuses* : **FRF 3 200** – PARIS, 1899 : *Jugement de Pâris*, past. : **FRF 440** – PARIS, 1900 : *Crépuscule* : **FRF 1 050** – PARIS, 30 juin et 1er juil. 1941 : *Vaches au pâturage* : **FRF 90** – PARIS, oct. 1945-Juillet 1946 : *Paysages boisés*, deux toiles : **FRF 5 500** ; *Pâtre et troupeau au bord d'une rivière*, past. : **FRF 4 800** – PARIS, 7 nov. 1946 : *La mare aux vaches* : **FRF 5 000** – PARIS, 19 juin 1950 : *Troupeau au pâturage* 1853 : **FRF 2 100** – PARIS, 22 nov. 1950 : *Lavandières* 1856 : **FRF 3 500** – BERNE, 25 nov. 1976 : *Vue d'Interlaken*, h/t (36x50) : **CHF 1 300** – PARIS, 22 juin 1990 : *Colosses de Memnon, Égypte*, h/t (49,5x73) : **FRF 15 000** – PARIS, 27 avr. 1994 : *Paysages* 1856, h/pan. (73x57,5) : **FRF 20 000** – PARIS, 13 mai 1997 : *Les Lavandières*, h/t (65,5x100) : **FRF 50 000**.

MÉNARD Victor Pierre
Né le 8 février 1857 à Nantes (Loire-Atlantique). XIXe siècle. Actif à Paris. Français.

Peintre de paysages et d'intérieurs.
Élève de Guay, G. Lefebvre, Doucet et Merson. Il envoya régulièrement depuis 1894 à la Société des Artistes Français des paysages bretons, des intérieurs et des types populaires, mention en 1923.
Ventes Publiques : Brest, 14 déc. 1980 : *La lecture de la lettre aux grands-parents*, h/t (46x55) : **FRF 7 500**.

MENARDEAU Maurice
Né le 6 février 1897 à Limoges (Haute-Vienne). Mort en 1977. XXe siècle. Français.
Peintre, graveur.
Peintre de marine, il séjourna en Egypte avanr de partir pour l'Extrême-Orient. Il exposa, à Paris, au Salon des Artistes Français à partir de 1925, obtint une mention en 1926 et devint sociétaire du groupement.
Ventes Publiques : Paris, 15 déc. 1948 : *Bateau de pêche* : **FRF 5 800** – Paris, 7 fév. 1951 : *Halte au désert* : **FRF 3 800** – Brest, 16 déc 1979 : *Marché breton*, h/pan. (21x27) : **FRF 4 800** – Brest, 18 mai 1980 : *Fête en Bretagne devant la chapelle*, h/t (65x80) : **FRF 7 600** – Reims, 26 oct. 1986 : *Port de pêche en Bretagne*, h/t (54x65) : **FRF 15 000** – La Varenne-Saint-Hilaire, 29 mai 1988 : *Personnages auprès de la chapelle de Tronoen en Bretagne*, h/t (65x81) : **FRF 7 000** – Versailles, 21 jan. 1990 : *Les deux maisons* 1988, h/t (46x55) : **FRF 15 000** – Paris, 22 juin 1992 : *Rue animée en Égypte* 1937, cr., aquar. et gche (42,5x51,5) : **FRF 7 200**.

MENARDO Vicente
XVIe siècle. Actif à Séville. Espagnol.
Peintre verrier.
Il travailla pour la cathédrale de Séville.

MENAROLA Christoforo
XVIIIe siècle. Actif à Vicence en 1727. Italien.
Peintre d'histoire.
On voit des œuvres de lui dans les églises de Vicence.

MENAROLA Crestano
Mort vers 1640. XVIIe siècle. Actif à Vicence dans la première moitié du XVIIe siècle. Italien.
Peintre et graveur à l'eau-forte.
Élève de Valpato et de Maganza, il imita Michel-Ange et Véronèse. Il grava des sujets religieux. Comme peintre, il a fait des tableaux d'histoire. L'église de Vicence conserve de lui plusieurs tableaux.

MENAROLA Pietro
Né en 1665. Mort en 1700. XVIIe siècle. Italien.
Dessinateur et graveur au burin.
Il grava des sujets religieux.

MENAS
IIe siècle av. J.-C. Antiquité grecque.
Sculpteur.
Il exécuta une statue d'Alexandre.

MENAS ou **Minaeus**
XIe siècle. Actif en l'an mille. Éc. byzantine.
Peintre de miniatures.
A enluminé quelques miniatures dans le ménologe écrit pour l'empereur Basile II.

MENASSADE Emilia, dona
XIXe siècle. Active à Madrid. Espagnole.
Peintre de natures mortes, fleurs et fruits.
Musées : Madrid (Gal. Mod.) : *Fleurs et fruits*.
Ventes Publiques : Monaco, 17 juin 1988 : *Panier de fleurs*, h/pan. (25x33) : **FRF 13 320**.

MENAULT Marie Mathilde
Née au XIXe siècle à Chauvet. XIXe siècle. Française.
Peintre de genre.
Élève de Chaplin et de Mlle Marest. Figura au Salon de Paris de 1876 à 1878.

MENBERGER Kaspar ou **Memberger**
Mort vers 1626 à Constance. XVIe-XVIIe siècles. Actif à la fin du XVIe siècle et au début du XVIIe siècle. Autrichien.
Peintre.
Il fut appelé par l'archevêque Dietrich de Raitenau à Salzbourg. Le Musée de la Résidence de cette ville possède de lui trois *Scènes du déluge*.

MENCAGLIA Giulio ou **Margaglia** (par erreur)
Mort en 1649 à Naples. XVIIe siècle. Actif à Carrare. Italien.
Sculpteur.
Élève de D. Sarti. Les églises de Naples possèdent plusieurs de ses œuvres.

MENCARELLI Angelo
XIXe siècle. Actif à Florence. Italien.
Sculpteur.
Exposa à Milan, Rome, Turin. Le Musée de Sydney conserve de lui : *Jeune fille aux oiseaux*.

MENCIK Vaclav
Né vers 1925. XXe siècle. Tchécoslovaque.
Peintre. Abstrait.
Dans la tradition de l'école de Paris, il travaille dans des accords de gris très sobres.

MENCINA-KRZESZ
Né au XIXe siècle en Autriche-Hongrie. XIXe siècle. Autrichien.
Peintre.
Figura aux Expositions de Paris. Mention honorable à l'Exposition Universelle de 1889. À rapprocher peut-être de CRNCIC (Menci Clemens).

MENCINGER Valentin. Voir **METZINGER**

MENCIO. Voir **SANO di Pietro**

MENCKE Eduard
XIXe siècle. Actif à Berlin. Allemand.
Sculpteur.
Élève de Christian Friedrich Tieck.

MENCOBONI Didier
Né en 1959 à Guingamp (Côtes d'Armor). XXe siècle. Français.
Peintre. Abstrait.
Il a été pensionnaire de l'Académie de France à Rome (Villa Médicis) en 1990-1991. Il a reçu en 1994 une bourse du Fiacre pour un séjour en Islande. Il vit et travaille à Ivry-sur-Seine.
Il figure dans des expositions collectives, dont : 1984, *Ateliers 84*, Arc Musée d'Art Moderne de la Ville de Paris ; 1984, Salon de Montrouge ; 1985, *Une autre collection pour le Musée*, Galeries contemporaines, Musée National d'Art Moderne, Paris ; 1991, *Villa 2*, Académie de France, Rome.
Il montre ses œuvres dans des expositions personnelles, parmi lesquelles : 1983, *Attention peinture fraîche*, galerie d'art contemporain des Musées de Nice ; 1986, galerie Christian Laune, Montpellier ; 1987, galerie Arlogos, Nantes ; 1990, galerie de l'Ancien Collège, Chatellerault ; 1991, 1996, Centre d'art contemporain, Ivry-sur-Seine ; 1992, Musée de Beaux-Arts, Mulhouse ; 1993, École régionale des Beaux-Arts, Rouen ; 1994, École des Beaux-Arts, Quimper ; 1995, galerie Stadler, Paris ; 1997, galerie Éric Dupont, Paris.
Sa peinture est à la fois une évocation du monde organique, ordre et dynamique d'évolution, et une réponse dans la capacité de ce médium à interroger la réalité. Les figures abstraites et colorées, parfois simplement décoratives, évoluent dans un registre formel ouvert en se recomposant sans cesse dans un espace inventé. Didier Mencoboni peint à la fois des grands et des petits formats en disposant ces derniers, soit sous forme de constellation au mur, soit sous forme d'installation par empilement au sol.
Bibliogr. : Philippe Cyroulnik : *Entretien*, catalogue d'exposition, Centre d'art contemporain, Ivry-sur-Seine – Olivier Kaeppelin : *Les marins de Melville*, galerie Stadler, Paris.
Musées : Châteaugiron (FRAC Bretagne) – Dole (FRAC Franche-Comté) – Marseille (FRAC Provence-Alpes-Côte d'Azur) – Nantes (FRAC des Pays de la Loire) – Paris (Mus. d'Art Mod. de la Ville) – Paris (Mus. Nat. d'Art Mod.) – Paris (Fonds Nat. d'Art ontemporain).

MENCONI D.
Italien.
Sculpteur.
Le Musée de Sydney conserve de lui un *Buste en marbre d'Homère*.

MENCONI Stefano
Né au XIXe siècle à Avenza. XIXe siècle. Italien.
Sculpteur.
Élève de l'Académie des Beaux-Arts de Florence.

MENDE Adam ou **Augustin**
XIXe siècle. Suisse.

Peintre de genre et caricaturiste.
Il travaillait à Bâle en 1850.

MENDE Carl Adolf
Né en 1807 à Leipzig. Mort en 1857 à Achim. XIXe siècle. Allemand.
Peintre d'histoire, genre, miniaturiste.
Il exposa à Munich à partir de 1829. Il peignit en 1838 : *Défense d'une maison tyrolienne*.

A Mende

MUSÉES : RIGA : *Un moine montre à ses compatriotes bavarois des reliques*.
VENTES PUBLIQUES : COLOGNE, 14 juin 1976 : *Andreas Hofer* 1840, h/pan. (35x31) : **DEM 1 200** – LONDRES, 8 oct. 1986 : *La Défense d'un village du Tyrol* 1840, h/t (56x63) : **GBP 3 000**.

MENDE Christian
Né à Kitzingen. XIXe siècle. Allemand.
Peintre.
Il travailla de 1816 à 1822 et en 1848 à Francfort-sur-le-Main.

MENDE Karl
Né le 6 mars 1817 à Berlin. Mort le 1er janvier 1853 à Berlin. XIXe siècle. Allemand.
Sculpteur sur bois.
Il fit des reproductions de tableaux.

MENDEL. Voir aussi **MÄNDL**

MENDEL Arthur
Né en 1872 à Bucarest. XXe siècle. Roumain.
Peintre.
MUSÉES : BUCAREST (Mus. Simu) : *La Gardeuse d'oie*.

MENDEL Christoph. Voir **MAENDEL**

MENDEL Franz
Né le 1er juillet 1807 à Mannheim. Mort le 9 décembre 1876 à Mannheim. XIXe siècle. Allemand.
Peintre de portraits, de natures mortes, de théâtre et miniaturiste.
Il exposa des fruits à Mayence de 1844 à 1852.

MENDEL Hans. Voir **MENTELIN**

MENDEL Michaël Bernhard. Voir **MÄNDL**

MENDEL Moses
Né en 1800 en Schleswig. Mort le 26 juin 1831 à Copenhague. XIXe siècle. Danois.
Dessinateur de portraits et lithographe.
Élève de l'Académie de Copenhague. Le portrait qu'il dessina de *Carl de Hesse* fut lithographié en 1828. Lui-même lithographia des portraits de *l'Évêque Adler*, du *Dr J. D. Herholdt* et de *F. Schumacher*.

MENDELSON Marc
Né en 1915 à Londres. XXe siècle. Actif en Angleterre. Belge.
Peintre, peintre de compositions murales. Abstrait.
Il est de mère anglaise et de père bruxellois, et fera par la suite de fréquents séjours en Angleterre. Il fut élève à l'Institut supérieur d'Anvers, où ses parents se fixèrent, sous la direction de G. Van de Woestyne et I. Opsomer. Il est membre fondateur de *La Jeune Peinture belge*, du groupe *Espace*, et du groupe *Apport* qui put prétendre réunir tout ce que le jeune art belge comprenait de valable.
Il participe à de très nombreuses expositions de groupe de la jeune peinture belge, notamment au Carnegie International de Pittsburgh, au Solomon R. Guggenheim Museum de New York, à la *Dokumenta* de Kassel. Il figure à la Biennale de Venise, avec plusieurs œuvres, en 1956. Il montre ses œuvres dans des expositions personnelles, sa première en 1943 en Belgique à Bruxelles, puis notamment, en 1955, au Palais des Beaux-Arts de Bruxelles. Il obtint une mention au prix Carnegie à Pittsburgh, en 1952.
Mendelson est remarquable par son inépuisable productivité, il a besoin de peindre, de représenter des objets, et c'est pourquoi peut-être, il s'accommode mal des expériences abstraites. Il a toutes les facilités en lui, les plus grands moyens de composition. À toutes les époques, et dans tous les pays, il aurait été peintre. C'est « le peintre » de sa génération en Belgique. Il y a un complexe des jeunes peintres belges, ils sont tous influençables, selon tel ou tel peintre de l'École de Paris qui expose dans leur pays. Mendelson n'échappe pas à ce manque de confiance en soi-même. Il a subi tour à tour les influences le plus diverses et les plus déconcertantes, Chirico ou Braque, mais il les a heureusement toujours vus à travers sa propre sensibilité, et recréés à son image. Depuis 1952, il a évolué à une abstraction totale, constituée de formes géométriques très sévères, peintes de tonalités très pâles, voire même, dans une période assez brève, de blancs sur blancs traités en légers reliefs. Vers 1960, il est revenu à une expression plus libre, qui correspond, selon lui, à un « passage du monde marin au monde terrestre ». En ce qui concerne l'accomplissement de l'œuvre de Mendelson, on peut regretter un manque de constance ou de confiance en soi, dans sa perméabilité aux influences dès ses débuts, qui l'a sans doute empêché de s'affirmer avec toute l'autorité dont il était capable. Il tient néanmoins une place importante dans la jeune peinture belge. Mendelson a brossé les décors pour la représentation en Belgique, de *La Machine infernale* de Cocteau. Il a illustré aussi *Les Nuits blanches de Saint-Pétersbourg*, de Dostoïevsky. Dans sa période abstraite, il a réalisé des compositions murales pour le Casino d'Ostende (1952), pour un restaurant connu de Bruxelles et pour la station de métro Parc à Bruxelles (1974).
■ J. B.

Marc Mendelson

M

BIBLIOGR. : J. Séaux : *Marc Mendelson*, Anvers, 1953 – J. Séaux : *Marc Mendelson*, Anvers, 1954 – Michel Seuphor : *Dictionnaire de la peinture abstraite*, Hazan, Paris, 1957 – in : *Peintres contemporains*, Mazenod, Paris, 1964 – in : *Dictionnaire universel de la peinture*, t. IV, Le Robert, Paris, 1975 – in : *Dictionnaire biographique illustré des artistes en Belgique depuis 1830*, Arto, Bruxelles, 1987.
MUSÉES : NEW YORK (Solomon R. Guggenheim Mus.) – PITTSBURGH (Carnegie Permanent coll.) – STOCKHOLM (Mus. Nat.).
VENTES PUBLIQUES : ANVERS, 23-24 avr. 1968 : *Statuettes dans l'atelier* : **BEF 140 000** – ANVERS, 13 cot. 1970 : *Black and magic* : **BEF 25 000** – ANVERS, 23 oct. 1973 : *Nature morte à la cafetière* : **BEF 42 000** – ANVERS, 2 avr. 1974 : *Les Lanternes* 1946 : **BEF 50 000** – ANVERS, 6 avr. 1976 : *Femme au chat*, aquar. (63x50) : **BEF 18 000** – BRUXELLES, 27 oct. 1976 : *Nu accoudé*, h/t (92x60) : **BEF 38 000** – BREDA, 26 avr. 1977 : *Veronica* 1956, h/t (80x65) : **NLG 2 800** – ANVERS, 23 oct. 1984 : *Nature morte aux fruits*, h/t (91x95) : **BEF 90 000** – ANVERS, 23 avr. 1985 : *La grande tellurienne* 1962, h/t (150x195) : **BEF 320 000** – LOKEREN, 28 mai 1988 : *Antagonisme* 1952, h/t (65x100) : **BEF 200 000** – LOKEREN, 8 oct. 1988 : *Arlequin à la mandoline*, h/cart. (45,5x37) : **BEF 36 000** – LOKEREN, 21 mars 1992 : *Magma rouge* 1965, h/t (65x81) : **BEF 220 000** ; *L'immobilité bleue*, aquar. (53x67,5) : **BEF 60 000** – LOKEREN, 9 oct. 1993 : *Des arts* 1950, collage (18,5x26,5) : **BEF 36 000** – LOKEREN, 4 déc. 1993 : *À 5 heures de l'après-midi* 1973, aquar. (55x65) : **BEF 75 000** – LOKEREN, 10 déc. 1994 : *Né de l'espace bleu* 1980, aquar. (56x65,5) : **BEF 95 000** – LOKEREN, 9 déc. 1995 : *Nature morte* 1948, h/t (38x61) : **BEF 110 000**.

MENDELSSOHN Henriette
Née le 31 mars 1856. XIXe siècle. Allemande.
Portraitiste et peintre de genre.
Exposa à Berlin, à partir de 1894.

MENDELSSOHN Maria
Né le 3 mai 1861 à Kreuznach. Mort le 15 décembre 1928 à Darmstadt (Hesse). XIXe-XXe siècles. Allemand.
Graveur de paysages.
Née Cauer, elle était la fille du sculpteur Karl Cauer.

MENDES Albuquerque
XXe siècle. Portugais.
Peintre, peintre de collages. Abstrait-analytique, puis citationniste.
Il se tourna d'abord du côté de la radicalité de la proposition plastique dans l'esprit de la pratique du groupe Support-Surfrace. Il changea ensuite tout aussi « radicalement » de représentation, pour s'illustrer dans une peinture figurative, à base de collages et de citations, s'inspirant ouvertement de l'état de la société portugaise et plus généralement contemporaine.

Bibliogr. : In : *Dictionnaire de l'art moderne et contemporain*, Hazan, Paris, 1992.

MENDES Ruy
XVIe siècle. Portugais.
Peintre.

MENDES DA COSTA Joseph ou **Jozef** ou **Mendez da Costa**
Né en 1863 à Amsterdam. Mort en 1939 à Amsterdam. XIXe-XXe siècles. Hollandais.
Sculpteur.

Après avoir travaillé dans l'atelier de son père, qui était tailleur de pierre, il fut élève de l'École des Arts Décoratifs d'Amsterdam, de 1882 à 1885. Il collabora ensuite pour quelque temps avec le sculpteur Zijl.

De 1898 à 1910, il modela des figurines en grès cérame : femme à son étal au marché ; enfants se rendant à l'école... À partir de 1901, il collabora avec différents architectes, notamment H. P. Berlage, produisant des œuvres monumentales, qui lui ont valu une place dans l'art décoratif du début du siècle ; c'est à ce titre qu'il figurait, au Musée d'Art Moderne de Paris dans la célèbre exposition *Les Sources du XXe siècle*. Il sut rompre avec l'académisme en honneur dans les Salons annuels et officiels de l'époque. Il ne fut pas sensible à la tentative à laquelle on assista de traduire l'impressionnisme en sculpture. Il sut tendre à une plénitude simple de la forme. C'est à juste titre qu'il est comparé pour la Hollande, à ce que furent Minne pour la Belgique, et Maillol pour la France.

Bibliogr. : W. Jos de Gruyter, in : *Nouveau dictionnaire de la sculpture moderne*, Hazan, Paris, 1970.

Ventes Publiques : Amsterdam, 25 juin 1982 : *Buste de femme* 1908, bronze (H. 35) : **NLG 4 400** – Amsterdam, 18 mars 1985 : *Vincent Van Gogh*, bronze (H. 39) : **NLG 12 500** – Amsterdam, 22 mai 1990 : *Un clown* 1901, terre-cuite vernissée sur base de bois (en tout H. 29,5) : **NLG 52 900** – Amsterdam, 12 déc. 1990 : *En partant à l'école*, terre-cuite (H. 15,5) : **NLG 10 925** ; *Portrait de Vincent Van Gogh debout*, bronze (38,5) : **NLG 29 900** – Amsterdam, 22 mai 1991 : *Portrait de Gandhi* 1930, sculpt. de pierre polychrome (H. 34,5) : **NLG 4 600** – Amsterdam, 19 mai 1992 : *Trois jeunes filles*, plâtre (H. 26,5) : **NLG 2 070** – Amsterdam, 4 juin 1997 : *Le Roi David*, terracotta (H. 28) : **NLG 14 991**.

MENDÈS-FRANCE René
Né le 27 juin 1888 à Paris. Mort en 1985. XXe siècle. Français.
Peintre de portraits, paysages, graveur.

À partir de 1920, il exposa, à Paris, au Salon des Indépendants, qu'il abandonnera bientôt pour fonder celui des Surindépendants, dont il restera président de longues années. Lors de la première exposition des Surindépendants, en 1929, il exposait quelques œuvres aux titres significatifs : *Black Birds* ; *Jazz* ; *Grandes Orgues*. On lui doit aussi des portraits, des paysages d'Espagne et de la forêt de Fontainebleau et des évocations historiques. Il fut surtout, en peinture, l'un des promoteurs de l'« Effusionisme ».

Ventes Publiques : Paris, 12 déc. 1946 : *Paysage* : **FRF 3 000** – Paris, 26 avr. 1948 : *L'Oasis du poète* : **FRF 6 700**.

MENDEZ Edouard
Né en Espagne. XXe siècle. Espagnol.
Aquarelliste.

MENDEZ J.
XXe siècle. Espagnol.
Peintre de paysages, natures mortes.

MENDEZ Juan de
XVIIe siècle. Travaillant à Séville en 1627. Espagnol.
Graveur au burin.

Il a gravé des sujets d'architecture.

MENDEZ Leopoldo
Né en 1902 à Mexico. Mort en 1969. XXe siècle. Mexicain.
Peintre, graveur.

À quinze ans, il commença à étudier le dessin et la peinture à l'École d'Art La Esmeralda à Mexico. Il devint plus tard l'élève d'Alfredo Ramos Martinez à l'école de plein air de Chimalistac. En 1932, il devint directeur du ministère de l'Éducation de Mexico. Il fut aussi l'un des fondateurs d'un atelier d'arts graphiques : *Taller de Grafica popular* en 1938. Il a séjourné à New York, invité par la Fondation Guggenheim. En 1948, il effectua un séjour en Europe.

Il a exposé au Salon de Mai de São Paulo, notamment en 1938. Influencé par le travail de Guadalupe Posada, il est considéré comme l'un des meilleurs graveurs (xylographe) de sa génération. Ses scènes de la Révolution, souvent des tout petits formats, furent reproduites dans les grands magazines politiques de Mexico. Il a également exécuté des fresques comme celle de la Maternité de la Sécurité sociale à Mexico (1947).

Bibliogr. : In : *Dictionnaire universel de la peinture*, t. IV, Le Robert, Paris, 1975 – Damian Bayon, Roberto Pontual, in : *La peint. de l'Amérique latine au XXe siècle*, Mengès, Paris, 1990.

Ventes Publiques : New York, 18-19 mai 1993 : *Le fusillé*, grav./pap. linoléum gravé (30,3x41,8) : **USD 1 035**.

MENDEZ Luis Alfredo Lopez
Né le 23 novembre 1901 à Caracas. XXe siècle. Vénézuélien.
Peintre.

Il fut élève de H. Toro.

MENDEZ Manuel Gonzales
Originaire de Cadix. XIXe-XXe siècles. Espagnol.
Peintre de genre, portraits.

Il travailla à Paris où il prit part aux expositions du Salon des Artistes Français ; obtenant une mention honorable en 1889 et une médaille de bronze en 1900, pour les Expositions Universelles. Il fut promu chevalier de la Légion d'honneur en 1898.

Ventes Publiques : Londres, 22 juin 1988 : *Le duel*, h/t (71x82) : **GBP 9 350** – Londres, 17 fév. 1989 : *Cavalier à la pipe* 1884, h/pan. (28x21) : **GBP 1 540** – Londres, 21 juin 1989 : *Portrait d'une fillette avec une ombrelle* 1881, h/t (138x78) : **GBP 7 700** – New York, 22 mai 1991 : *L'avis du maître*, h/t (66x50,8) : **USD 15 400** – Londres, 18 juin 1993 : *Garçonnet en costume marin assis sur un rocher au bord de la mer* 1889, h/t (147,5x93,3) : **GBP 2 070** – New York, 13 oct. 1993 : *Jeune beauté espagnole avec un éventail*, h/t (61x45,7) : **USD 5 750**.

MENDEZ DE HARO SOTOMAYOR Guzman Bernardo Inca
Né à Cordoba. XVIIIe siècle. Espagnol.
Dessinateur.

Il fit des dessins à la plume vers 1790.

MENDEZ Y ANDRÉS José
Né au XIXe siècle à Madrid. XIXe siècle. Actif à Madrid. Espagnol.
Peintre de portraits, de figures et lithographe.

Il fut à Madrid l'élève de A. M. Esquivel, et peignit de nombreux tableaux pour les églises de Madrid.

MENDEZ BRINGA Narciso
Né en 1868 à Madrid. Mort en 1933. XIXe-XXe siècles. Espagnol.
Peintre, dessinateur, illustrateur.

Il a été élève de l'École spéciale de peinture et de gravure de Madrid, où il eut pour professeur les peintres Ribera, et Madrazo y Vera.

Il participe aux Expositions Nationales de 1906 et 1910 à Madrid. Dessinateur célèbre, il collabora à des revues espagnoles et étrangères : américaines, allemandes, et argentines. Ses dessins sont le plus souvent en noir et blanc et célèbre les mœurs de la société de la « Belle Époque ». Sa manière d'illustrer et son style de dessin furent, à la fin des années vingt et dans les années trente, considérés comme démodés.

Bibliogr. : In : *Cien anos de pintura en Espana y Portugal, 1830-1930*, t. VI, Antiqvaria, Madrid, 1991.

MENDEZ-GONZALEZ Manuel. Voir **MENDEZ Manuel Gonzales**

MENDIBURU Remigio
Né en 1931 à Fuenterrabia (Guipuzcoa). XXe siècle. Espagnol.
Sculpteur. Abstrait-informel.

Il a été élève à l'Académie des Beaux-Arts San Fernando de Madrid à partir de 1956, puis à l'Académie des Beaux-Arts San Jorge à Barcelone à partir de 1958. Il voyagea à Paris. Il obtint une bourse de la fondation Juan March de Madrid. En 1966, il est membre fondateur du groupe basque *Gaur* avec Oteiza, Chilida, Basterrechea, Balerdi, Amable Arias, Zumela y Sistiga. Il participe depuis 1959 à des expositions collectives ; est sélectionné pour la Biennale de Venise en 1965 et 1966 ; expose avec le groupe *Gaur* à Bilbao et Vitoria en 1966 ; figure au premier salon de sculpture de Barcelone en 1968 ; Il montre ses œuvres dans des expositions individuelles à Madrid, en 1960, au Salon Aranaz Darras, à Barcelone, San Sebastien en 1965, puis au

Musée de San Telmo en 1983, et régulièrement à Bilbao à la galerie Windsor, etc.
À Paris, jeune, il subit l'influence de l'informel, dont il tente d'en appliquer l'esprit à la sculpture. Il sculpte le métal, le bois et la pierre. Il a réalisé plusieurs sculptures en plein air dans la ville de San Sebastien.
Bibliogr. : In : *Catalogo nacional de arte contemporeano 1990-91, Iberico 2 mil*, Barcelone, 1990.

MENDIETA Ana
xxe siècle. Américaine.
Sculpteur, auteur de performances. Tendance body-art, land-art.
Elle a participé en 1996 à l'exposition *Inside the visible* à la Whitechapel Art Gallery de Londres. Elle montre ses œuvres dans des expositions personnelles à New York à la Lelong Gallery, ainsi que : 1996 Centro Galego de arte contemporanea de Saint-Jacques de Compostelle, Kunsthalle de Düsseldorf, Fondation Tapiès à Barcelone.
De 1972 à 1980, elle a exécuté des performances ou « earth-body sculptures », dans l'Iowa et au Mexique consistant à travailler la terre à l'échelle de son corps, dans lesquelles elle interrogeait sa représentation et ses racines afro-cubaines.
Bibliogr. : Christophe Domino : *Inside the visible – Venez voir les filles*, Beaux-Arts, n° 150, Paris, nov. 1996.
Ventes Publiques : New York, 2 mai 1990 : *Feuille*, techn. mixte/feuille (H. 18) : **USD 5 500**.

MENDIETA Beatriz
Née dans la seconde moitié du xxe siècle à Santa Cruz. xxe siècle. Bolivienne.
Peintre de paysages, paysages animés.
Elle participe, en 1973, à une exposition de groupe au Musée Municipal d'Art Moderne de Paris. Elle fit, en 1970, une exposition particulière au Musée National d'Art de La Paz.
Sa peinture de blocs rocheux, sous des ciels tourmentés, dans un jeu de luminosité contrastée, exalte avec romantisme et solennité les valeurs typiquement boliviennes.
Musées : La Paz (Mus. Nat. d'Art).

MENDIETA Diego de
xvie siècle. Espagnol.
Sculpteur sur pierre.
Il travailla à la Chartreuse de Miraflores en Espagne.

MENDIETA Francisco de
xvie siècle. Espagnol.
Peintre et écrivain d'art.
Le Musée de Bilbao conserve : *Ferdinand II d'Aragon confirme les lois de Biscaye* (1609).

MENDIGUCHIA Francisco Javier de
Né en 1828 à Madrid. Mort en 1891 à Madrid. xixe siècle. Espagnol.
Peintre de figures et de portraits.
Élève de Carlos L. de Ribera. L'église Saint-Sébastien de Madrid conserve plusieurs tableaux d'acteurs peints par cet artiste.

MENDIGUREN Andrès de
xvie siècle. Actif à Vitoria. Espagnol.
Sculpteur.

MENDIVE Manuel
Né en 1944 à La Havane. xxe siècle. Cubain.
Peintre de sujets mythologiques, auteur de performances.
Il a été élève à l'Académie San Alejandro en 1962.
Il participe à des expositions collectives à Cuba et à l'étranger, notamment : 1988, *Singuliers bruts ou naïfs* au Musée d'Art Moderne de la Ville de Paris ; 1997, Treizièmes Ateliers du Fonds régional d'art contemporain des Pays de la Loire, Saint-Nazaire.
Il montre ses œuvres dans des expositions personnelles, dont, en 1994, à Paris à la galerie Le Monde de l'Art. Il a obtenu le prix du Salon National de Dessin en 1965 à Cuba ; le prix collectif du Salon de Mai à Paris en 1967 ; le prix national du concours de Cagnes-sur-Mer en 1970.
À la recherche d'une identité culturelle, il peint les divinités ancestrales des Caraïbes et évoque les liens avec l'Afrique.
Bibliogr. : Divers, dont Alejo Carpentier, in : Catalogue de l'expos. *Cuba – Peintres d'aujourd'hui*, Mus. d'Art Mod. de la Ville, Paris, 1977-78 – Pierre Restany et Giorgio Segato : *Mendive*, Thiene, 1990 – Damian Bayon, Roberto Pontual, in : *La peint. de l'Amérique latine au xxe siècle*, Mengès, Paris, 1990.
Ventes Publiques : Rome, 3 déc. 1990 : *Trois heures du matin* 1987, h/t (117x189) : **ITL 16 100 000** – Rome, 9 déc. 1991 : *Fleur jaune* 1989, h/t (76x102) : **ITL 5 750 000** – New York, 24 fév. 1994 : *Rituels afro-cubains* 1982, feutres de coul./pap. (47,9x32,1) : **USD 2 013**.

MENDIZABAL Domingo de
xviie siècle. Actif à Burgos. Espagnol.
Peintre.

MENDIZABAL Hilario
Né à Eibar (Guipuzcoa). Mort en 1754 à El Ferrol. xviiie siècle. Espagnol.
Sculpteur.

MENDJISKY Maurice
Né en 1889 à Lodz. xxe siècle. Actif en France. Polonais.
Peintre de paysages, portraits, dessinateur.
Il appartint à l'École de Montparnasse. Il est l'auteur de trente-cinq dessins saisissant pour l'album : *Hommage aux combattants martyrs du ghetto de Varsovie* (Monaco, 1955).
Ventes Publiques : Paris, 24 avr. 1929 : *Allée du Bois de Vincennes* : **FRF 70** – Paris, 4 mai 1949 : *Portrait d'homme* 1945 : **FRF 800** – Paris, 26 jan. 1990 : *Maison et paysage*, h/t (65x81) : **FRF 13 000** – Paris, 8 avr. 1990 : *Le Peintre dans son atelier*, h/t (70x55) : **FRF 25 000** – Paris, 29 mai 1991 : *Maisonnettes russes*, h/t (60,5x73,5) : **FRF 9 000** – Paris, 14 avr. 1992 : *Chemin dans la forêt* 1919, h/t (65x50) : **FRF 15 500** – Paris, 26 mars 1995 : *Le jardinier*, h/t (50x65) : **FRF 9 000**.

MENDJISKY Serge
Né en 1929. xxe siècle. Français.
Peintre de paysages, dessinateur. Néo-impressionniste, postimpressionniste.
Il a peint de nombreux paysages du Midi, dans lesquels il renoue avec la technique pointilliste.

S. Mendjisky

Ventes Publiques : Genève, 10 avr. 1973 : *Port de plaisance* : **CHF 2 000** – Paris, 10 juin 1974 : *Paris sous la neige* 1974 : **FRF 7 000** – Toulouse, 6 déc. 1976 : *La Cité*, h/t (73x100) : **FRF 1 000** – Londres, 4 juil. 1980 : *Saint-Paul-de-Vence* 1976, h/t (73,7x100) : **GBP 1 600** – Paris, 14 nov. 1983 : *Brouillard sur Londres*, h/t (81x60) : **FRF 11 000** – Paris, 23 oct. 1985 : *Sous-bois à Saint-Paul*, h/t (60x73) : **FRF 47 000** – Paris, 6 déc. 1986 : *Nuit et brouillard sur Paris* 1986, h/t (81x60) : **FRF 61 000** – Paris, 11 déc. 1987 : *Le Pont-Neuf*, h/t (65x50) : **FRF 67 000** – Versailles, 20 mars 1988 : *Paysage du Midi*, h/t (60x73,5) : **FRF 27 000** – Paris, 15 juin 1988 : *Le printemps au port de Saint-Tropez* 1975, h/t (47x62) : **FRF 31 000** – Paris, 23 juin 1988 : *Paris sous la neige*, h/t (73x54) : **FRF 91 000** – Versailles, 16 oct. 1988 : *Bouquet de fleurs*, h/t (55x38) : **FRF 6 200** – Paris, 27 oct. 1988 : *Chicago, la nuit*, h/t (92x65) : **FRF 90 000** – Paris, 14 déc. 1988 : *Paris sous la neige* 1974, h/t (81x116) : **FRF 131 000** – Paris, 3 mars 1989 : *L'Allée sous les arbres*, h/t (35x24) : **FRF 29 000** – Paris, 11 avr. 1989 : *Le lac*, h/t (81x116) : **FRF 130 000** – Londres, 20 oct. 1989 : *Grand Canal à Venise*, h/t (40x80) : **GBP 4 950** – Le Touquet, 12 nov. 1989 : *Bords de Seine à Paris*, h/t (50x65) : **FRF 97 000** – Paris, 21 mars 1990 : *Paysage de Provence*, h/t (37x60) : **FRF 32 000** – Paris, 26 avr. 1990 : *Paysage*, h/t (47x55) : **FRF 70 000** – Londres, 18 oct. 1990 : *Les Bords du Loup*, h/t (50,2x64,8) : **GBP 2 750** – Paris, 7 nov. 1990 : *Le Pont d'Arcole*, h/t (40x81) : **FRF 38 000** – New York, 13 fév. 1991 : *Paysage campagnard*, h/t (64,8x81,2) : **USD 4 180** – Paris, 8 avr. 1991 : *Tsigane*, h/t (60x81) : **FRF 82 000** – New York, 7 mai 1991 : *Nature morte devant une fenêtre*, h/t (64,8x45,6) : **USD 2 640** – Paris, 22 nov. 1991 : *Pont-Neuf, soleil levant*, h/t (54x73) : **FRF 61 000** – New York, 27 fév. 1992 : *À la hauteur du Petit Bois*, h/t (60,3x81) : **USD 2 420** – Le Touquet, 22 mai 1994 : *La Lagune* 1972, h/pan. (36x53) : **FRF 8 000** – Paris, 28 juin 1996 : *Le Pont des Célestins, Paris*, h/t (65x92) : **FRF 34 000**.

MENDLICK Oscar
Né le 23 juin 1871. Mort en 1963. xxe siècle. Hongrois.
Peintre de genre.
Il étudia à Budapest et épousa Julie Mijnssen.
Il figura au Salon de Paris. Il obtint une mention honorable en 1900 dans le cadre de l'Exposition universelle de Paris.
Musées : Amsterdam : *Capri* – Budapest (Mus. Simu) : *Cimetière sur le rivage – Salamine*.

Ventes Publiques : Amsterdam, 22 mai 1990 : *Littoral* 1905, h/cart. (40x50) : **NLG 4 600** – Amsterdam, 7 déc. 1995 : *Fiat lux* 1961, h/t (135x215) : **NLG 3 540**.

MENDOGNI Francesco
Né en 1526. Mort en 1583. xvie siècle. Actif à Parme. Italien.
Peintre.
A peint la voûte centrale de la cathédrale de Parme.

MENDOLA Francesco
xvie siècle. Actif à Catania en Sicile. Italien.
Sculpteur.
A sculpté une statue de la Vierge à Misterbianco en 1589.

MENDOZA Augustin
xixe siècle. Actif à Séville. Espagnol.
Peintre d'histoire et de portraits, miniaturiste.
Il séjourna à Séville de 1839 à 1841.

MENDOZA Catalina de
Née le 5 février 1542 à Grenade. Morte en 1602. xvie siècle. Espagnole.
Dessinatrice.
Elle était fille du marquis de Mondéjar. Elle fonda le collège des Jésuites d'Alcala de Henares.

MENDOZA Diego
xvie siècle. Actif à Séville en 1570. Espagnol.
Sculpteur.

MENDOZA Esteban Hurtado de
xviie siècle. Actif à Séville vers 1630. Espagnol.
Peintre de sujets religieux.
Chevalier de l'Ordre de Saint Jacques de Compostelle. Ses œuvres se trouvent dans les principaux édifices sévillans.

MENDOZA Juan de
xvie siècle. Travaillant à Séville dans la seconde moitié du xvie siècle. Espagnol.
Sculpteur.

MENDOZA Miguel de
xviiie siècle. Américain.
Peintre.
En 1730 il exécuta plusieurs œuvres à Puebla au Mexique.

MENDOZA Pedro
xvie siècle. Actif à Huesca de 1593 à 1597. Espagnol.
Peintre.

MENDOZA Y GONZALEZ Luis
Mort le 1er avril 1879 à Mérida. xixe siècle. Espagnol.
Peintre.
Il était amiral.

MENDOZA Y MORENO Francisco de Paula
Né en 1812 à Madrid. Mort vers 1885 à Madrid. xixe siècle. Espagnol.
Peintre de figures et de portraits.
Élève de J. Aparicio. Il fut professeur à l'Académie des Beaux-Arts et au Conservatoire de Madrid. Il a exécuté des portraits de rois pour les chambres provinciales de Cadix et de Pampelune ainsi que pour les administrations civiles de Guadalajara et Valladolid.

MENDRAS François
Né en 1962. xxe siècle. Français.
Peintre.
Il vit et travaille à Paris. Il participe à des expositions collectives, parmi lesquelles : 1988, Centre culturel, Cherbourg ; 1988, 1990, Salon de Montrouge ; 1990, Villa Gilet, Lyon ; 1991, Espace Jules Verne, Brétigny ; 1994, galerie Vidal Saint-Phalle, Paris ; 1994, Centre d'art contemporain, Figeac.
Il montre ses œuvres dans des expositions personnelles, dont : 1988, Fondation Cartier, Jouy-en-Josas ; 1989, Espace Jules Verne, Brétigny ; 1991 ; 1992, Le Quai, Mulhouse ; 1993, galerie Eric Dupont, Toulouse ; 1994, galerie Eric Dupont (Salon Découvertes), Paris ; 1995, Espace d'art contemporain C. Lambert, Juvisy-sur-Orge.
François Mendras peint des figures géométriques : cercles, fleurs stylisées, cœurs, bandes ondulantes, et formes d'apparence symbolique. Peintes à la cire sur bois, elles sont de couleurs sourdes sur des fonds noirs, gris ou ocre brun. Philippe Piguet écrit à propos de cette peinture qu'elle se situe dans « l'abandon de l'intention du sujet ». Ce dernier se révélant dans une organisation libre mais aussi rigoureuse des formes et des couleurs.
Musées : Brétigny (Ville) – Paris (FNAC) – Paris (Ville de Paris).

MÈNE Pierre Jules
Né le 26 mars 1810 à Paris. Mort le 21 mai 1879 à Paris. xixe siècle. Français.
Sculpteur de groupes, animaux.
Élève de René Compaire, il figura au Salon de Paris, de 1838 à 1879. Médaille de troisième classe en 1855, de deuxième classe en 1878, de première classe en 1852 et 1861. Il fut fait chevalier de la Légion d'honneur le 2 juillet 1861.
Bibliogr. : Pierre Kjellberg – *Les bronzes du xixe siècle*, Ed. Librairie de l'Amateur, Paris – J. Horswell : *Bronze Sculpture of Les Animaliers, Reference and Price Guide*, Woddbridge, 1971, p. 151.
Musées : La Rochelle : *Cerf broutant – Chien épagneul en arrêt – Levrettes, Lièvre*, bronze – Rouen : *Cerf forcé*.
Ventes Publiques : Paris, 27 mars 1931 : *Deux Chevreuils*, bronze : **FRF 560** – Paris, 7 mars 1932 : *Épagneul*, bronze : **FRF 950** – Paris, 20 juin 1932 : *Taureau de la campagne romaine*, bronze : **FRF 1 000** – Paris, 28 juin 1935 : *Cheval et Jument*, bronze, groupe : **FRF 900** – Paris, 9 mars 1939 : *Valet d'équipage et ses chiens*, bronze : **FRF 1 150** ; *Les Chiens au terrier*, bronze patiné : **FRF 1 000** – Paris, 16 et 17 mai 1939 : *Les Levrettes*, bronze : **FRF 410** – Paris, 9 mai 1940 : *Le Cerf et la vigne*, bronze, groupe : **FRF 700** – Écosse, 28 août 1969 : *Groupe équestre*, bronze patiné : **GBP 1 000** – Londres, 20 mars 1970 : *Groupe équestre*, bronze : **GBP 920** – Londres, 30 avr. 1971 : *L'Accolade*, bronze patiné : **GBP 700** – Londres, 1er nov. 1972 : *L'Accolade*, bronze patiné : **GBP 1 270** – Chartres, 28 oct. 1973 : *La Jument et son poulain*, bronze patiné : **FRF 22 300** – Londres, 27 nov. 1974 : *Cheval à la barrière* 1846 : **GBP 1 200** – Washington D. C., 29 fév. 1976 : *L'Accolade* vers 1860, bronze (H. 33,5, Long. 53,5) : **USD 4 800** – Toulouse, 6 juin 1977 : *Le cheval arabe*, bronze, patine brune (H. 30) : **FRF 8 000** – Londres, 29 nov. 1978 : *L'Accolade* vers 1860, bronze, patine brune (H. 34,4, larg. 53,3) : **GBP 2 700** – Enghien-les-Bains, 2 mars 1980 : *Piqueux au tricorne, au cinq chiens*, bronze, patine médaille (H. 66) : **FRF 92 500** – Bruxelles, 25 nov. 1982 : *Chasse à courre*, bronze patiné (H. 68) : **BEF 260 000** – New York, 17 mai 1983 : *Le Piqueux à cheval et ses limiers* 1869, bronze patine brun foncé (H. 67,5 et L. 70) : **USD 17 500** – Londres, 18 juin 1985 : *Picador à cheval* 1876, bronze, patine brun foncé (H. 72) : **GBP 10 000** – Bourg-en-Bresse, 2 mars 1986 : *Cavalier arabe dit l'oiseleur*, bronze patiné brun rouge (H. 75) : **FRF 80 000** – Lucerne, 25 mars 1988 : *Chien attaché*, bronze (H. 23) : **CHF 2 000** – Paris, 24 avr. 1988 : *Le Cheval à la barrière*, bronze patine brune (L 42, H 29) : **FRF 12 500** ; *Valet de limier* 1879, bronze patine brune (H 47,5) : **FRF 32 000** – New York, 9 juin 1988 : *Jument arabe avec une selle et un fusil*, bronze (H. 27) : **USD 6 600** ; *Groupe de deux lapins*, bronze doré (H. 9,9) : **USD 2 860** – Paris, 17 juin 1988 : *Chasse au faucon*, bronze patiné (H 34) : **FRF 25 000** – Lucerne, 30 sep. 1988 : *Vache allaitant son veau*, sculpt. de fonte (H. 14,5) : **CHF 1 000** – Troyes, 16 oct. 1988 : *Chasseur africain à cheval*, bronze patine brun doré (H. 52) : **FRF 20 000** – Paris, 12 fév. 1989 : *Trois Chiens autour d'un terrier*, bronze à patine dorée pour les chiens et brune pour la terrasse (L. 37,5) : **FRF 17 000** – Troyes, 26 fév. 1989 : *Chien épagneul anglais*, bronze patiné (H. 15, L. 34) : **FRF 8 500** – Paris, 15 mars 1989 : *Cheval à la barrière*, bronze patiné (H. 19,5) : **FRF 7 000** – Paris, 17 avr. 1989 : *Cerf et biche*, bronze patiné (H. 10) : **FRF 11 000** – New York, 24 mai 1989 : *Étalon breton*, bronze (H. 35,6) : **USD 7 700** – Paris, 6 juil. 1989 : *Valet de chien tenant deux griffons écossais*, bronze (H. 52) : **FRF 22 500** – New York, 1er mars 1990 : *Louis XV à la chasse avec deux chiens*, bronze patine dorée, groupe (H. 45,7, L.43,2) : **USD 5 280** – Paris, 19 mars 1990 : *Fauconnier arabe à pied* 1873, bronze (H. 65) : **FRF 21 000** – New York, 22 mai 1990 : *L'Accolade*, bronze, groupe d'une jument et d'un étalon (H. 33,3, L. 54,9) : **USD 8 800** – Paris, 28 oct. 1990 : *L'Accolade*, bronze patine brun foncé (34,5x53) : **FRF 20 000** – Copenhague, 6 mars 1991 : *Cavaliers orientaux*, bronze (H. 70) : **DKK 28 000** – New York, 23 mai 1991 : *L'Accolade, jument et son poulain*, bronze patine brune (H. 34,3) : **USD 7 150** – Cologne, 28 juin 1991 : *Sonneur de chasse à courre* 1869, bronze (H. 69) : **DEM 8 000** – Lokeren, 21 mars 1992 : *Lévrier*, bronze patine verte (26,5x38) : **BEF 55 000** – Charleville-Mézières, 29 nov. 1992 : *Le Picador*, bronze (H. 93) : **FRF 58 000** – New York, 30 oct. 1992 : *Jument arabe et son poulain*, bronze (H. 31,1, L.50,2) : **USD 6 050** – New York, 14 oct. 1993 : *Fauconnier marocain, groupe équestre*, bronze (H. 41) : **USD 3 450** – Calais, 12 déc. 1993 : *Les Deux Amis*, bronze (H. 25, L. 47) : **FRF 22 500** – New York, 3 juin 1994 : *L'Accolade*, bronze (32,4x53,3) : **USD 14 950** – Perth, 30 août

1994 : *Chasseur à cheval de l'époque Louis XV*, bronze (H. 67, l. 74) : **GBP 11 500** – LOKEREN, 10 déc. 1994 : *Chasseur africain à cheval*, bronze (H. 43, L. 35) : **BEF 100 000** – CALAIS, 11 déc. 1994 : *Fauconnier arabe à cheval*, bronze (H. 78, L. 70) : **FRF 48 000** – NEW YORK, 9 juin 1995 : *L'Accolade*, bronze (H. 33) : **USD 16 100** – PERTH, 29 août 1995 : *Étalon debout* 1855, bronze (28x43) : **GBP 4 370** – LOKEREN, 7 oct. 1995 : *Fauconnier à cheval*, bronze (77x73) : **BEF 200 000** – PARIS, 8 nov. 1995 : *Jument normande et son poulain* 1868, bronze (H. 45) : **FRF 98 000** – CALAIS, 7 juil. 1996 : *Cheval attaqué par un loup* 1840, bronze patine brun noir (36x33) : **FRF 29 000** – PERTH, 26 août 1996 : *La Chasse à la perdrix*, bronze (22x41,5) : **GBP 7 590** – LONDRES, 13 nov. 1996 : *Vainqueur à la course*, bronze (34x40) : **GBP 9 200** – PARIS, 29 nov. 1996 : *Pur-sang arabe*, bronze patine brun nuancé (43x49x17,5) : **FRF 28 000** – LOKEREN, 18 mai 1996 : *La Prise du renard, chasse en Écosse* 1861, bronze patine brune (52,5x70) : **BEF 440 000** – LOKEREN, 7 déc. 1996 : *Jument à l'écurie jouant avec un chien*, bronze patine brune (24,2x48) : **BEF 150 000** – PARIS, 17 nov. 1997 : *Fauconnier arabe à cheval*, bronze patine brune (H. 77) : **FRF 38 000** – NEW YORK, 11 avr. 1997 : *Chien de Saint Hubert ; Setter*, bronze patine brune, deux pièces (H. 22,9) : **USD 4 600** – PARIS, 13 mai 1997 : *Groupe de chevaux arabes, dit L'Accolade*, bronze patine brune, épreuve (68x45x24) : **FRF 55 000** – AUCHTERARDER (Écosse), 26 août 1997 : *L'Amazone* 1865, bronze patine brun rouge (26x23,5) : **GBP 7 475** – PARIS, 25 sep. 1997 : *Épagneul à l'arrêt*, bronze patine brune (14,5x34) : **FRF 7 300** – LONDRES, 12 nov. 1997 : *Vainqueur du Derby ou Jockey à cheval* 1863, bronze patine brune (42x42) : **GBP 9 200** – LOKEREN, 6 déc. 1997 : *Jument à l'écurie jouant avec un chien*, bronze patine brune (23,5x47) : **BEF 120 000**.

MÉNÉCRATÈS de Rhodes
IIe siècle avant J.-C. Antiquité grecque.
Sculpteur et architecte.
Il est connu pour être, sans doute, le chef des travaux du grand autel de Pergame, élevé par Eumène II, entre 180 et 160 avant J.C. Le soubassement de ce grand autel est décoré d'une frise qui lui a valu son renom. Le sujet traité est ancien, il remonte à la Grèce la plus archaïque, puisqu'il s'agit du *Combat des Dieux contre les Géants*. Ménécratès et son atelier d'artistes de Pergame, d'Attique, de Rhodes, d'Éphèse ont renouvelé le thème qu'ils ont traité avec non seulement un souci de réalisme, mais aussi d'émotion et même de pathétique. Les Géants n'ont généralement pas l'apparence de démons inhumains, même si quelquefois leur corps se terminent en serpent. L'atelier de sculpteurs placés sous la direction de Ménécratès a mis en scène des forces nouvelles telles que la Nuit ou les Ombres en face des Géants. Ils ont insisté sur la force fantastique développée de part et d'autre des combattants, n'hésitant pas à les montrer parfois de dos, alors que tous leurs muscles travaillaient intensément. Les visages prennent des expressions pathétiques, les têtes sont échevelées ; les draperies soulignent violemment tous les mouvements dramatiques. Ménécratès, qui a sûrement présidé à la composition d'ensemble du grand autel de Pergame, a créé à la fois des épisodes séparés très concentrés, composés pour eux-mêmes et un ensemble très lié. Cette frise est un aspect tout à fait particulier de l'art grec à la fin de son existence, très différent du gracieux art hellénistique et non éloigné de ce que sera parfois l'art romain. ■ A. J.

MENEGATTI Giuseppe
XVIIe siècle. Actif à Ferrare. Italien.
Peintre de sujets religieux.
Élève de Fr. Ferrari. Les églises de Ferrare possèdent plusieurs de ses peintures.

MENEGATTI Pietro
Né le 2 octobre 1809 à Modane. Mort en 1848 à Venise. XIXe siècle. Italien.
Peintre.
Il travailla de 1830 à 1840 à Bassano, puis à Venise. L'église de la Réforme à Venise nous présente de cet artiste : *Saint Bonaventure*.

MENEGHELLO-DINCIÉ Virgilius
Né en 1876 à Split. XXe siècle. Actif à Split. Italien.
Peintre.
Il étudia à Rome, Florence, Venise et Dresde.

MENEGO Domenico. Voir **MENOZZI**

MENEGON Guiseppe
Né le 23 octobre 1745 à Montagnana. Mort le 7 avril 1822 à Montagnana. XVIIIe-XIXe siècles. Italien.
Peintre.
Élève de Cignaroli.

MÉNÉGOZ Pierre Gustave
Né au XIXe siècle à Dijon (Côte-d'Or). XIXe siècle. Français.
Sculpteur.
Élève de Jouffroy. Débuta au Salon de Paris en 1880.

MENEGUZZO Franco
Né en 1924 à Valdago. XXe siècle. Italien.
Sculpteur. Abstrait.
Il a figuré à la IIe Biennale européenne de sculpture de Normandie au Centre d'Art Contemporain de Jouy-sur-Eure en 1984.
Il sculpte des formes lisses en marbre et en bronze, les parties d'un tout suggéré.
BIBLIOGR. : In : Catalogue de la *IIe Biennale européenne de sculpture de Normandie*, Centre d'Art Contemp., Jouy-sur-Eure, 1984.

MENEKRATES. Voir **MÉNÉCRATÈS**

MENELAOS
Ier siècle. Actif durant les premiers temps de l'époque impériale. Antiquité grecque.
Sculpteur.
Probablement identique avec Cossutius Menelaos. Il travailla à Rome à la fin du règne d'Auguste et sous Tibère. Il a signé un groupe de marbre provenant de la villa Ludovisi, qu'a recueilli le Musée des Thermes à Rome, et qui représente sans doute le devoir d'Électre et d'Oreste. On lui attribue parfois également une statue de jeune fille et une statue de jeune homme au Palais Doria à Rome.

MENENDEZ Aldo
Né en 1948 à Cienfuegos. XXe siècle. Cubain.
Peintre.
Il a été élève à l'École d'art plastique de Cienfuegos puis à l'École Nationale d'Art. Il fut responsable du dessin pour la revue *Revolucion y cultura*. Il figure dans des expositions collectives, notamment, en 1978, à *Cuba – Peintres d'aujourd'hui* au Musée d'Art Moderne de la Ville de Paris. Il a obtenu le 3e prix de Dessin au premier Salon international des Jeunes en 1971.
BIBLIOGR. : Divers, dont Alejo Carpentier, in : Catalogue de l'expos. *Cuba – Peintres d'aujourd'hui*, Mus. d'Art Mod. de la Ville, Paris, 1977-78.

MENENDEZ Anna, dona ou **Melendez**
Née en 1714 à Naples. XVIIIe siècle. Espagnole.
Miniaturiste.
Fille de Francesco Antonio Menendez. Elle vint en 1717 à Madrid où pendant un certain nombre d'années, cette artiste peignit sur parchemin vingt-quatre miniatures tirées de la *Vie de Don Quichotte*. On dit qu'elles se trouvent au palais royal. L'Académie royale de San Fernando l'élut membre honoraire en 1759 (Bermudez).

MENENDEZ Clara, dona ou **Melendez**
Née en 1712 à Naples. Morte en 1734 à Madrid. XVIIIe siècle. Espagnole.
Peintre de miniatures.
Fille et élève de Francesco Antonio et sœur d'Anna Menendez et de Luis Melendez.

MENENDEZ Francesco Antonio ou **Melendez**
Né en 1682 à Oviedo. Mort vers 1752. XVIIIe siècle. Espagnol.
Miniaturiste.
Il suivit ses parents à Madrid où il étudia la peinture. En 1699, il quitta cette ville et, après avoir visité Gênes, Milan, Venise et Rome, il arriva à Naples dans le plus complet dénuement. Il s'enrôla dans l'infanterie espagnole. Plus tard, il retourna à Rome, laissant sa femme à Naples. Enfin, avec sa femme et ses enfants, il se fixa à Madrid où il exécuta en miniature le portrait de Philippe V et de sa femme et d'autres membres de la famille royale. Menendez était également auteur et un des fondateurs de l'Académie royale de San Fernando. Le Musée de Budapest conserve de lui : *Saint Jean dans le désert*. Élève de son frère Miguel Jacinto Melendez.

MENENDEZ José Agostino ou **Melendez**
Né en 1724 à Madrid. Mort vers 1800. XVIIIe siècle. Espagnol.
Miniaturiste.
Fils de F.-Antonio Menendez. Il travailla pendant quelque temps à Cadix.

MENENDEZ Y ECHEANDIA Juan
Né en 1812. Mort le 8 octobre 1866. XIXe siècle. Espagnol.
Peintre.

MENENDEZ ENTRIAIGO
XIXe siècle. Actif à Madrid. Espagnol.
Sculpteur.
La Galerie Moderne de Madrid conserve de lui : *Le Meilleur ami* (plâtre).

MENENDEZ PIDAL Luis
Né le 18 août 1861 à Pajares (Asturies)). Mort le 7 février 1932 à Madrid (Castille). XIXe-XXe siècles. Espagnol.
Peintre de figures, portraits, sujets de genre, compositions à personnages, paysages urbains, intérieurs, fresquiste, illustrateur. Académique.
Après avoir terminé ses études de droit à l'Université d'Oviedo, il s'inscrivit à l'École des Beaux-Arts de San Salvador d'Oviedo, puis à l'École supérieure de peinture de Madrid en 1885, où il travailla sous la direction de Alejandro Ferrant. Il obtint une bourse en 1886 pour aller travailler à Rome avec les professeurs Francisco Pradilla et José Villegas. En Italie, il fréquenta également l'Académie Ussi à Florence. Il retourna en Espagne en 1890, compléta sa formation à Madrid, où il vécut, séjournant pendant ses vacances en Asturies. Il passa avec succès l'examen de professorat à l'École supérieure des arts industriels de Madrid. Il fut à l'origine de la création du cours d'art décoratif en peinture. Il succéda ensuite à Raimon de Madrazo à la chaire de Dessin antique et de vêtement de l'École San Fernando à Madrid, poste qu'il occupa jusqu'à sa retraite en 1931.
Il participa à des expositions collectives, régulièrement aux Expositions nationales des Beaux-Arts de Madrid, notamment en 1890 où il obtint une Seconde médaille ; en 1892 à l'Exposition internationale des Beaux-Arts, où il obtint la Première médaille. Il montra ses œuvres dans des expositions individuelles, la première en 1900 à Madrid. Une exposition rétrospective se tint en 1979 au Salon Tioda à Gijon. Il devint membre de l'Académie des Beaux-Arts San Fernando en 1907.
Il a joui comme peintre de mœurs d'une certaine notoriété. Ses portraits d'aristocrates et de notables furent assez célèbres. Mais il fut surtout le peintre de son pays natal, les Asturies, dont il aimait représenter des scènes typiques d'hommes et de femmes dans leurs costumes traditionnels. Les thèmes et la facture de ses compositions hésitent toutefois entre un académisme assez rigide, bien maîtrisé, et une volonté de dépasser parfois le strict esprit d'une représentation « classique » en pratiquant une touche plus légère ou disposant de l'originalité d'un jeu de lumière. Il a également peint les fresques de San Francisco el Grande à Madrid (1917).
Bibliogr. : In : *Cien anos de pintura en Espana y Portugal, 1830-1930*, t. VI, Antiqvaria, Madrid, 1991.
Musées : Madrid (Mus. d'Art Mod.) – Malaga.
Ventes Publiques : Madrid, 24 oct. 1983 : *Meditando*, h/t (42x21) : **ESP 300 000**.

MENERS Francisco
Actif à Séville. Espagnol.
Peintre.

MENÈS
Née en 1926 à Lisbonne. XXe siècle. Portugaise.
Peintre, céramiste.
Elle se forma seule à la peinture. Elle effectua des voyages en Europe et aux États-Unis. Elle commença à exposer à partir de 1954.
Elle eut l'occasion de réaliser des décorations en carreaux de céramique « azulejos », pour le pavillon du Portugal, à l'Exposition universelle de Bruxelles en 1958.
Sa peinture s'apparente, dans un langage moins formulé, à l'intimisme de Bonnard, dans une gamme de couleurs légères et transparentes.
Bibliogr. : In : *Peintres contemporains*, Mazenod, Paris, 1964.

MENESCARDI Giustino ou **Miniscardi**
Né vers 1720 à Milan. Mort vers 1776 à Venise. XVIIIe siècle. Actif à Milan. Italien.
Peintre de scènes mythologiques, sujets religieux, dessinateur.
Il peignit pour la Scola dei Carmini de Venise deux *Martyrs* et la décoration du plafond. C'est de lui qu'est également l'encadrement de *L'Assomption* de Padovanino.
Ventes Publiques : Londres, 25 juin 1969 : *Saint Jean* : **GBP 1 100** – Londres, 28 juin 1979 : *Soldat présentant des trophées à une femme*, pl. et lav. reh. de blanc (41,5x28,5) : **GBP 450** – New York, 5 nov. 1982 : *Esther devant Assuréus*, h/t (45,7x129,5) : **USD 6 000** – Milan, 12 déc. 1988 : *Le jugement de Salomon et Les noces de Saba*, h/t, une paire (chaque 80x95) : **ITL 6 500 000** – Milan, 31 mai 1994 : *Ecce Homo*, cr., pl. et lav. (41,5x21,5) : **ITL 2 300 000** – Paris, 28 juin 1995 : *Circé transformant les compagnons d'Ulysse en pourceaux*, encre brune sur pierre noire (23,3x37,3) : **FRF 8 500**.

MENESES Osorio Francisco
Né en 1630 à Séville. Mort en 1705 à Séville. XVIIe siècle. Espagnol.
Peintre de figures.
Cet artiste était un élève de Murillo, il travailla à Valladolid et fit un retable pour l'église Saint-Martin à Madrid. Certains auteurs disent qu'il fut président de l'Académie des Beaux-Arts à Séville. C'est lui qui termina le tableau des *Fiançailles de sainte Catherine*, qu'Esteban Murillo ne put achever. Le Musée de Séville conserve de lui : *Saint Cyrille d'Alexandrie au concile d'Éphèse* ; et celui de Valladolid : *La Vierge avec l'Enfant Jésus*.
Ventes Publiques : Paris, 1843 : *Présentation de la Vierge au Temple* : **FRF 355** ; *Repos de la Sainte Famille* : **FRF 515** – Paris, 1852 : *Vision d'un saint* : **FRF 300**.

MENESSIER
XVIIIe siècle. Français.
Peintre.

MENESSIER Auguste Dominique. Voir **MENNESSIER**

MENESTHEUS
Actif à l'époque impériale romaine en Italie. Antiquité romaine.
Sculpteur.

MENESTRATOS
Originaire d'Athènes. IVe siècle avant J.-C. Antiquité grecque.
Sculpteur.
On admira ses statues en marbre d'*Heraclès* et d'*Hécate* dans le temple d'Artémis à Éphèse, ainsi que celle de la poétesse *Learchis*.

MÉNESTRIER Edmond
Né à Langres (Haute-Marne). Mort le 6 septembre 1884. XIXe siècle. Français.
Sculpteur.
Élève de Gérôme. Débuta au Salon de Paris en 1880. Le Musée de Langres conserve de lui une *Étude de femme*.

MENET André
Né en 1667 à Nantes (Loire-Atlantique). Mort le 7 février 1709 à Nantes. XVIIe siècle. Français.
Peintre verrier.

MENET Florent
Né en 1872 à Houdeng-Goegnis. XIXe-XXe siècles. Belge.
Peintre de portraits, figures.
Il fut élève, à l'Académie Julian, de Vriendt, Albrecht et J.-P Laurens. Il figura, à Paris, au Salon des Artistes Français et obtint une mention honorable en 1901.
Bibliogr. : In : *Diction. biogr. illustré des artistes en Belgique depuis 1830*, Arto, Bruxelles, 1987.
Musées : Mons.
Ventes Publiques : Londres, 27 fév. 1980 : *Nu couché* 1898, h/t (48x59) : **GBP 420**.

MENET Nicolas
Mort avant 1700. XVIIe siècle. Actif à Nantes. Français.
Peintre verrier.

MÉNÉTRIER Éric
Né le 22 novembre 1958 à Boulogne-Billancourt (Hauts-de-Seine). XXe siècle. Français.
Peintre de compositions animées, animaux, paysages, pastelliste, dessinateur, sculpteur.
Il vit et travaille à Paris.
Il participe à des expositions collectives, régulièrement à Paris : de 1981 à 1985 galerie Flinker ; 1983 *13 Peintres et Sculpteurs* à l'Hôtel de Ville ; 1986 musée de la Seita ; 1993 SAGA (Salon des Arts graphiques actuels) ; 1993 galerie Pierre Brullé ; ainsi que : 1979 Triennale de Nuremberg ; depuis 1980 Salon de Montrouge. Il montre ses œuvres dans des expositions personnelles, à Paris : 1981 galerie Flinker ; 1994, 1995 galerie Pierre Brullé.
Ses peintures des années quatre-vingt-dix se caractérisent par la répétition, de part et d'autre de l'espace vertical de la toile, de

motifs, par exemple, des têtes d'oiseaux au long bec et des feuilles vues à plat. Elles jouent plus sur le traitement formel et différencié des sujets que leur simple association. Poursuivant son inventaire d'un monde « naturel », il réalise aussi des sculptures en bronze, qui présentent un motif érigé sur une fine tige : carapace de tortue, étoile de mer.
Bibliogr. : Anne Philipe, Patrick Miller et Pierre Astier : Catalogue de l'exposition *Eric Ménétrier*, galerie Flinker, Paris, 1984 – Antoine Audouard : Catalogue de l'exposition : *Eric Ménétrier*, Galerie Pierre Brullé, Paris, 1994.
Musées : Paris (FNAC).
Ventes Publiques : Reims, 23 avr. 1989 : *Village sous la neige*, dess. au cr. reh. de blanc (42x58) : **FRF 4 200**.

MENETRIER Ferdinand Léon
Né au XIXe siècle à Paris. XIXe siècle. Français.
Graveur.
Débuta au Salon de Paris en 1878.

MENEZ Maria, pseudonyme de **Ribeiro da Fonseca Ines Maria**
Née en 1926 à Lisbonne. XXe siècle. Portugaise.
Peintre de compositions animées.
Sa première exposition eut lieu en 1954.
Ses œuvres évoquent généralement une certaine nostalgie des fictions enfantines, fantastiques et merveilleuses. Sa peinture met en scène des paysages à l'espace construit et labyrinthique dans une gamme chromatique claire et contrastée.
Bibliogr. : Alexandre Melo, Joao Pinharanda, in : *Arte Contemporanea Portughesa*, Lisbonne, 1986 – in : *L'Art du XXe s.*, Larousse, Paris, 1991.

MENEZES Luiz de Miranda Pereira de, vicomte
Né le 4 avril 1820 à Porto. Mort le 6 mars 1878 à Lisbonne. XIXe siècle. Portugais.
Peintre d'histoire, scènes de genre, portraits. Romantique.
Élève à l'École des Beaux-Arts de Lisbonne, entre 1836 et 1843, il part pour Rome chez Friedrich Overbeck et F. Cavalleri. Il séjourne en France, en Angleterre et rentre au Portugal en 1850. Ses portraits montrent sa connaissance de la peinture anglaise, ayant copié des tableaux de Reynolds et de Lawrence, mais aussi de Winterhalter, alors très à la mode à Paris.
Bibliogr. : Gérald Schurr, in : *Les Petits Maîtres de la peinture 1820-1920, valeur de demain*, Les Éditions de l'Amateur, t. VII, Paris, 1989.
Musées : Lisbonne (Mus. d'Art Contemp.) : *Portrait de femme*.

MENEZES Sebastian de
XVIIIe siècle. Actif à Séville en 1700. Espagnol.
Peintre.

MENG John
Né vers 1794 à Germantown (Philadelphie). Mort en 1854 aux Indes occidentales. XIXe siècle. Américain.
Peintre de portraits.

MENG-TRIMMIS Gustav Adolf von
Né le 6 mai 1865 à Bromberg. XIXe siècle. Actif à Berlin. Allemand.
Peintre de portraits.
Élève de l'Académie de Berlin où il travailla avec Hanke, P. Thumann et Hellgvist et de l'Académie de Paris où il fut l'élève de B. Constant et de J. Lefebvre. L'Hôtel de Ville de Bromberg conserve de lui un *Bismarck* et la Maison du district de Wetzlar un *Hindenbourg*.

MENGANTI Alessandro ou **Mengante, Minganti**
Né en 1531 à Bologne. Mort en 1594 à Bologne. XVIe siècle. Italien.
Sculpteur, dessinateur et orfèvre.
Il subit l'influence de Michel-Ange. On connaît de lui une statue en bronze de *Grégoire III* à l'Hôtel de Ville de Bologne et une *Pietà* à l'église Saint-Roch de cette ville.

MENGARDI Francesco ou **Mingardi**
Mort en 1812 à Belluno. XIXe siècle. Actif à Padoue. Italien.
Peintre et graveur au burin.
Le Palais épiscopal de Rovigo conserve de lui un portrait de *Speroni degli Alvarotti*.

MENGARDI Giovanni Batt.
Né vers 1738 à Padoue. Mort en 1796 à Venise. XVIIIe siècle. Italien.
Peintre et graveur au burin.
Il était le frère de Francesco et l'élève de Tiepolo. Les églises de Padoue possèdent de nombreux tableaux de cet artiste. On trouve en particulier à la cathédrale : le *Martyre de saint Crépin*, le portrait du *Pape Clément III* et des scènes de la vie de *Saint Grégoire Barbarigo*.

MENGARI Carlo
Mort en octobre 1530. XVIe siècle. Actif à Faenza. Italien.
Peintre.
Il a peint en 1516 un *Saint Antoine de Padoue* pour l'église d'Ottavo.

MENGARINI Pietro
Né le 30 juillet 1869 à Rome. Mort le 15 mars 1924. XIXe-XXe siècles. Français.
Peintre. Néo-impressionniste.
Il fut élève de Giulio Rolland, avec qui il peignit la coupole du théâtre de Macerata.
Il introduisit le divisionnisme en Italie. Il reste peu de ses œuvres qu'il a en partie détruites, n'étant presque jamais satisfait de son travail.

MENGARONI Ferrucio
Né en 1876. Mort le 13 mai 1925. XXe siècle. Actif à Pesaro. Italien.
Céramiste.

MENGAU Jean
Né en 1943. XXe siècle. Français.
Peintre.
Il participe régulièrement, à Paris, au Salon Comparaisons. Michel Tapié l'a invité à l'exposition *Espaces abstraits* organisée à Milan en 1969.
Sa peinture est fondée sur le signe qui s'organise en vastes plages abstraites.

MENGAUD Lucien
Né au XIXe siècle à Toulouse (Haute-Garonne). XIXe siècle. Français.
Peintre de genre et de paysages.
Figura au Salon de Paris en 1864 et 1866. Le Musée de Toulouse possède de lui un paysage.

MENGAZZINO. Voir **SANTI Domenico**

MENG CHIN-I. Voir **MENG JINYI**

MENGELATTE François
Né le 11 août 1920 à Lourdes (Htes-Pyrénées). XXe siècle. Français.
Peintre de paysages, compositions à personnages et murales, natures mortes, illustrateur.
Après ses études secondaires, il fit ses études artistiques à Tarbes, auprès d'un ancien conservateur du Musée de Bordeaux en 1938-1939, puis à l'Ecole des Beaux-Arts de Toulouse en 1942-1943. Ensuite, il vint à Paris et travailla à l'Académie libre de la Grande Chaumière et fut élève de l'Atelier André Lhote de 1944 à 1946. Dans ces années et dans les suivantes, il obtint diverses distinctions. Depuis 1946, il a montré ses peintures dans des expositions personnelles, à Paris, Lyon, Toulouse, Tours, Pau, Tarbes, Bordeaux, et. En 1948, il fut nommé professeur de dessin à l'Ecole des Arts de Tarbes, dont il devint directeur en 1975. Il a réalisé des décorations murales dans des édifices publics de Tarbes et de la région. Il a illustré deux ouvrages sur Bernadette de Lourdes.
Il produit une peinture « de tempérament », volontairement anti-intellectuelle. Sauf quelques natures mortes et quelques compositions à personnages, il est essentiellement peintre des paysages pyrénéens, des vues de villages sur fond de montagne. Quels que soient les sujets traités, la couleur est toujours audacieuse et la touche franche, souvent appliquée au couteau.

MENGELBERG Egidius
Né le 8 avril 1770 à Cologne. Mort le 26 octobre 1849 à Cologne. XVIIIe-XIXe siècles. Allemand.
Peintre de portraits.
Élève de l'Académie de Düsseldorf, il travailla à Cologne en 1787, à Elberfeld de 1800 à 1806, puis retourna à Cologne. De 1790 à 1800, il copia les peintures du Musée de Düsseldorf. Le Musée de Cologne conserve de lui : *Portrait de Wallraf*, et celui de Düsseldorf, *Portrait de famille*.

MENGELBERG Otto
Né en 1817 à Düsseldorf. Mort le 28 mai 1890 à Düsseldorf. XIXe siècle. Allemand.

Peintre d'histoire.
Élève de l'Académie de Düsseldorf avec Karl Sohn et Schadow. En 1847, il travailla comme portraitiste à Cologne. Le Musée de Hanovre conserve de lui : *Judith*, et celui d'Helsingfors, *Ecce Homo*. On trouve également une *Lorelei*, exécutée par cet artiste, au château de Berlin.

MENGEOT
XVIIIe siècle. Actif à Metz. Français.
Peintre.

MENGER Johan Philip
Né en 1818 à Utrecht. Mort le 20 septembre 1895 à Utrecht. XIXe siècle. Hollandais.
Médailleur.
Élève de David Van der Kellen et de L. Royer. Il était le père de Johan Philip Mathias, médailleur, né en 1845 à Utrecht et le grand-père de Johan Philip R. médailleur.

MENGER Willem
Né le 15 mai 1806 à Utrecht. Mort le 18 janvier 1860 à Utrecht. XIXe siècle. Hollandais.
Dessinateur.

MENGES Joseph Wilhelm
Né en 1856 à Kaiserslautern. Mort en novembre 1916 à Munich. XIXe-XXe siècles. Actif à Munich. Allemand.
Sculpteur.
Il a exécuté les monuments de *Bismarck* à Kaiserslautern, d'*Alfred Krupp* à Essen et de *Scheffel* à Säckingen.

MENGHI Pietro
XVIIe siècle. Actif à Viadana. Italien.
Peintre.
Il travailla à Mantoue. Le Palais royal de Mantoue possède quatre de ses tableaux à l'huile.

MENGHINI Alain
Né en 1945 à Aubagne (Bouches-du-Rhône). XXe siècle. Français.
Peintre de paysages, paysages urbains, figures, nus, intérieurs, dessinateur. Postimpressionniste.
Il montre ses œuvres dans de très nombreuses expositions personnelles depuis 1968, dont plusieurs au Japon, à Lausanne à la galerie Bellefontaine en 1984 et 1987, à Paris à la galerie Claude Hemery en 1981, 1984 et 1986, au Musée du Luxembourg en 1990.
Dans les années soixante-dix, Menghini a beaucoup peint de paysages urbains de la banlieue parisienne le long de la Seine et les villages du Midi. Plus récemment, les sujets se sont diversifiés, on y voit des figures, des nus, et des portraits. Sa peinture prend ses sources dans l'histoire du postimpressionnisme français illustré, dans le cas de Menghini, par les noms de Vuillard, Bonnard et Marquet. La touche généreuse et non uniforme s'accorde pleinement avec l'emploi d'une palette qui s'est éclaircie au fil des années.

MENGHINI Cosimo
XIXe siècle. Italien.
Dessinateur.
On trouve plusieurs de ses œuvres à Turin, Copenhague et Florence.

MENGHINI Niccolo
Né vers 1610 à Rome. Mort le 5 décembre 1655. XVIIe siècle. Italien.
Sculpteur et architecte.
Fut de 1645 à 1648 le président de l'Académie Saint-Luc à Rome et depuis 1641 membre de la corporation des virtuoses. Ses œuvres, d'inspiration religieuse, se trouvent réparties entre les églises de Rome.

MENGIN
XVIe siècle. Actif à Lunéville. Français.
Peintre de genre.
On cite de lui : *L'Enfer* et *Le Paradis*, au Palais ducal de Nancy.

MENGIN. Voir aussi **MANGIN**

MENGIN Antonio ou **Mangem**
Né en 1690. Mort en octobre 1772 à Lisbonne. XVIIIe siècle. Portugais.
Médailleur et dessinateur de monnaies.

MENGIN Charles Auguste
Né le 5 juillet 1853. Mort le 3 avril 1933. XIXe-XXe siècles. Français.
Sculpteur de portraits, peintre.
Frère jumeau de Paul Eugène. Il fut élève de Gecker et de Cabanel. Il débuta, à Paris, au Salon de Paris en 1876, et continua à y faire des envois jusqu'en 1927 (Salon des Artistes Français). Il y obtint en 1876 une médaille de troisième classe, en 1883 une bourse de voyage, en 1890 une médaille de deuxième classe, en 1900 une médaille d'argent dans le cadre de l'Exposition universelle de Paris. Outre certains musées, la préfecture de Limoges et la Mairie de Choisy-le-Roi abritent de ses œuvres.
Musées : Bergues – Dinant – Ixelles – Manchester.
Ventes Publiques : Paris, 3 et 4 mai 1923 : *Danaé* : **FRF 150**.

MENGIN François. Voir **MANGIN**

MENGIN Nicolas
XVe siècle. Actif à Darney vers 1448. Français.
Peintre verrier.

MENGIN Paul Eugène
Né le 5 juillet 1853 à Paris. XIXe siècle. Français.
Sculpteur d'animaux.
Frère jumeau de Charles Auguste. Élève de Dumont et de Millet. Débuta au Salon en 1873. Sociétaire des Artistes Français depuis 1884 : mention honorable en 1877, médaille de troisième classe en 1885, bourse de voyage en 1875, médaille de bronze à l'Exposition Universelle de 1900. Le Musée de Narbonne possède de lui une *Maternité*.
Ventes Publiques : Los Angeles, 4 mars 1980 : *Vénus et Cupidon au puits*, bronze (H. 148) : **USD 5 500**.

MENGIN-CHEVRON. Voir **CHEVROT Mangin**

MENG JINYI ou **Mêng Chin-I** ou **Meng Kin-I**, surnom : **Litang,** nom de pinceau : **Yunqi Waishi**
Originaire de Yanghu. XVIIe siècle. Vivant à Guilin (province du Guangxi), actif au XVIIe siècle. Chinois.
Peintre d'oiseaux, paysages, fleurs.
Après avoir fait des paysages dans sa jeunesse, il peint surtout des fleurs et des oiseaux. Devenu aveugle avec l'âge, il n'en continue pas moins de peindre jusqu'à sa mort.

MENG KIN-I. Voir **MENG JINYI**

MENGOLD Esther
Née le 25 août 1877 à Bâle. XXe siècle. Suissesse.
Peintre de portraits.
Elle fut élève de Ad. Hölzel. Elle épousa en 1910 le peintre Paul Altherr.
Musées : Bâle – Coire – Le Locle.

MENGONE Domenico
Mort vers 1680 à Naples, jeune. XVIIe siècle. Italien.
Peintre.
Élève de P. Naldini à Rome, il fut peintre du lac de Lugano.

MENGOSSI Pantaleone
Mort en 1497. XVe siècle. Actif à Capri. Italien.
Peintre.
Un tableau d'autel se trouve au Palais ducal de Modène.

MENGOTTI Gaetano
XIXe siècle. Actif à Schio. Italien.
Peintre de genre.
Exposa à Milan, Rome, Turin.

MENGOZZI Girolamo ou **Mingozzi**, dit **Colonna**
Né en 1688 à Ferrare. Mort vers 1766 à Vérone. XVIIIe siècle. Italien.
Peintre.
Élève de Scala et de Ferrari. Il habita longtemps Venise, où il travailla pour les églises et les palais. Devint le 11 juin 1724 membre de l'Académie Saint-Luc à Rome et en 1727 membre de l'Académie de Venise. Ses œuvres figurent dans les églises de Venise et de Brescia.

MENGS Anna Maria, plus tard Mme **Carmona**
Née en 1751 à Dresde. Morte le 29 octobre 1793 à Madrid. XVIIIe siècle. Allemande.
Peintre de miniatures, pastelliste.
Elle était fille et élève de Anton Raphaël. Elle épousa en 1777 le graveur Man. Salvador Carmona à Rome et s'installa avec lui à Madrid. Elle fut dans cette ville membre de l'Académie de San Fernando. Elle travailla également à la Bibliothèque Nationale de Madrid et au château de Raudnitz en Bohême.

MENGS Anton Raphaël
Né le 12 mars 1728 à Aussig en Bohême. Mort le 29 juin 1779 à Rome. XVIIIe siècle. Allemand.

Peintre d'histoire, sujets religieux, portraits, pastelliste, copiste, dessinateur.

Il était le second fils d'Ismaël Mengs, qui fut son premier maître. Devant les progrès rapides de son fils, le père l'envoya à Rome où le jeune homme demeura cinq années, particulièrement occupé par l'étude de la statuaire antique. Il revint à Dresde en 1746, y termina ses études au Musée, fut nommé premier peintre du roi, exécuta un grand nombre de portraits, surtout au pastel, puis repartit pour Rome en 1747. Il s'y convertit au catholicisme, s'y maria et reprit le chemin de Dresde. Il y fut chargé des travaux de décoration de l'église Saint-Jean. Mais des démêlés qu'il eut avec son père le décidèrent à retourner encore en Italie et il revint à Rome en 1752. Il peignit, pour le duc de Northumberland, une copie de l'*École d'Athènes* de Raphaël et, en 1754, fut nommé professeur de l'Académie du Capitole fondée par Benoît XIV. À partir de 1755, il s'y lia avec Winckelmann, à l'élaboration des théories duquel il contribua. En 1761, il acheva de peindre *Le Parnasse*, pour un plafond de la villa Albani. Au cours d'une excursion qu'il fit à Naples, il fut chargé de peindre les portraits de la famille royale et le prince Charles, qui devenu plus tard Charles III d'Espagne, lui manifesta une sympathie qui se traduisit, six années plus tard, par une invitation officielle à venir à Madrid. Mengs s'y rendit en 1761. Il y fut reçu solennellement et se vit attribuer le titre de premier peintre du roi avec un traitement très important. Nommé membre de l'Académie de Madrid, il peignit dans cette ville un grand nombre de tableaux, exerçant à travers l'Académie une véritable dictature sur le goût et l'esthétique du temps. Mais le climat d'Espagne ne convenant pas à sa santé très ébranlée, il revint en Italie en 1769, passa par Florence et se fixa à Rome où il reprit ses travaux inachevés pour le compte du pape Clément XIV. Il les termina en 1773 et fut nommé chevalier de l'Ordre de l'Éperon d'Or. La même année, il repartit pour l'Espagne, mais décidément malade en 1777, il quitta définitivement la cour de Charles III qui lui accorda néanmoins de conserver le titre de premier peintre du roi et les bénéfices pécuniaires qui y étaient attachés. Une fois encore il revint à Rome, mais la mort de sa femme, survenue en 1778, lui enleva toute énergie et il mourut d'une maladie de langueur, l'année suivante. Il connut, de son vivant, la gloire la plus éclatante, on le compara à Raphaël, au Titien, au Corrège... Le temps a fait justice de cet excès d'honneur, mais Raphaël Mengs n'en reste pas moins un bon représentant de l'art allemand du XVIIIe siècle, surtout dans ses portraits. Il en a les qualités et les défauts, le dessin correct, mais froid, l'habileté plus ingénieuse qu'émouvante. On lui doit aussi quelques ouvrages sur l'art, notamment les *Réflexions sur la beauté*, de 1762.

Musées : Amiens : *Un jeune seigneur* – Bamberg : *Latone et ses enfants* – Bergen : *Saint Antoine de Padoue* – Berlin (Kaiser Friedrich Mus.) : *Portrait de l'artiste* – Berlin (Nat. Gal.) : *Portrait d'homme* – Bologne : *Clément XIII* – Brême : *L'artiste* – Brunswick : *Sainte Famille* – Bruxelles : *Michel Angelo Cambiaso* – Budapest : *La Vierge et l'Enfant Jésus* – *Même sujet* – Cologne : *Portrait d'un sculpteur* – Constance : *Mise au tombeau du Christ* – Copenhague : *Portrait de Charles III* – Darmstadt : *Portrait d'homme* – *L'artiste* – Dresde (Gem. Gal.) : *Auguste III de Saxe et de Pologne* – *La Vierge, l'Enfant Jésus et saint Jean* – *Marie-Madeleine* – *Sainte Famille*, copie de Raphaël – *La Madonne della Seddia de Florence*, copie de Raphaël – *Annonciation à saint Joseph* – *Même sujet* – *Madeleine repentante* – *La princesse Maria Antonia* – *L'artiste* – Escurial : *Portraits de Charles III, de sa fille Marie Josèphe et de Marie-Louise, épouse du grand-duc Léopold de Toscane* – Florence : *L'artiste* – Gripsholm : *Clément XIII* – Hambourg : *L'artiste par lui-même* – Hanovre : *Nuit sainte* – Helsinki : *Saint Joseph et l'ange* – Karlsruhe : *Adoration des bergers* – Leipzig : *Deux jeunes filles et des amours* – *Jeune fille au bord de l'eau* – Londres (Nat. Gal.) : *La Vierge, l'Enfant Jésus et saint Jean* – Londres (Bridgewater coll.) : *Portrait de Robert Wood* – Londres (Nat. Portr. Gal.) : *Sir Charles Hanbury Williams* – *Prince James Francis Edward Stuart, chevalier de saint Georges* – Lyon : *Le cardinal Archinto* – Madrid : *Portrait de Marie-Louise de Parme* – *Duc d'Albe* – *Seigneur inconnu* – *Dame inconnue* – *Maria Josefa d'Autriche, fille de François I*[er]*, empereur* – *Charles IV d'Espagne* – *Le même* – *Fernand, roi de Naples, enfant* – *Un infant* – *Deux infants* – *Infante de la maison de Bourbon* – *La reine Marie-Caroline* – *L'infant Antonio Pascal* – *Le fils de Charles VII* – *D. Gabriel enfant* – *Adoration des bergers* – *La Madeleine* – *L'apôtre saint Pierre* – *L'artiste* – *Léopold de Toscane* – *Marie-Louise, grande duchesse de Toscane* – *Charles III* – *Marie-Amélie de Saxe* – *Deux études* – Mannheim (Chat.) : *Portrait d'un garçon* – Mayence : *Sainte Catherine* – Milan (Ambros.) : *Léopold II* – *Clément XIII* – Milan (Brera) : *Domenico Annibal* – Milan (Mus. Poldi Pezzoli) : *Deux miniatures* – Montpellier : *Le duc d'York* – Munich : *Un capucin (Pierre de Viterbo)* – *L'artiste* – Naples : *Ferdinand IV à douze ans* – Nymphenbourg : *Le prince électeur Frédéric Christian de Saxe* – Rome (Borghèse) : Peintures décoratives – Rome (Gal. d'arte Ant.) : *Portrait d'une dame* – Rome (Gal. Barber.) : *Portrait d'une dame* – Saint-Pétersbourg (Mus. de l'Ermitage) : *Annonciation* – *Jean Baptiste prêchant au désert* – *Le Saint Esprit* – *Le Parnasse* – *Persée et Andromède* – *Le jugement de Pâris* – *Deux portraits de l'artiste* – Salzbourg : *Portrait du comte de Campomanes* – Soleure : *Portrait d'Ismaël Mengs* – Stockholm : *Clément XIII* – Stuttgart : *Le Rédempteur* – Toulouse : *L'archange Michel*, d'après le Guide – *Béatrice Conci* – Varsovie (Mus. des Beaux-Arts) : *Portrait d'un homme* – Venise (Gal. dell' Acad.) : *Portrait de Ninckelmann* – Versailles : *Charles III* – *Victor Amédée III de Sardaigne* – *Marie-Antoinette Ferdinande, reine de Sardaigne* – Vienne : *Saint Joseph et l'ange* – *Annonciation* – *L'infante Marie-Thérèse* – *Marie et Jésus* – *L'apôtre saint Pierre* – *L'infante Maria Ludovica* – Vienne (Czernin) : *Auguste et Cléopâtre* – *Sainte Érasme dans les nuages* – Aquarelle – Vienne (Harrach) : *Nativité* – *Saint Christophe portant l'enfant Jésus* – Weimar : *Portrait de l'artiste par lui-même* – Worms (Heylshof) : *Tête de femme* – Würzburg : *Le prince héritier Frédéric à Rheinsberg, jouant de la flûte* – *Le grand duc Ferdinand de Toscane*.

Ventes Publiques : Paris, 1793 : *Sophonisbe* : **FRF 2 002** – Paris, 1810 : *Le Parnasse* : **FRF 1 000** – Manchester, 1843 : *Portrait de l'auteur* : **FRF 1 225** – Paris, 1850 : *Sainte Famille* : **FRF 1 210** – Paris, 1872 : *Portrait de Charles III, roi d'Espagne* : **FRF 820** – Paris, 1882 : *Portrait d'un peintre* : **FRF 700** – Paris, 28 avr. 1900 : *Portrait de dame* : **FRF 650** – Paris, 1[er] avr. 1909 : *Portrait d'une marquise* : **FRF 6 900** – Paris, 3 mars 1919 : *Portrait d'homme* : **FRF 5 200** – Paris, 17 juin 1921 : *Portrait de M. de Rosenberg, esq.* : **FRF 3 800** – Paris, 30 avr. 1924 : *Portrait de jeune femme* : **FRF 2 250** – Londres, 26 avr. 1929 : *Richard Wilson en robe rouge* : **GBP 54** – Paris, 16 mai 1929 : *Étude de buste de femme*, dess. : **FRF 240** – New York, 22 jan. 1931 : *La femme à l'épinette* : **USD 225** – Londres, 27 fév. 1931 : *George Harry, cinquième comte de Stamford* : **GBP 126** – Londres, 2 juil. 1965 : *L'apothéose de saint Eusèbe* : **GBP 550** – Cologne, 13 juin 1970 : *Vierge à l'Enfant*, past. : **DEM 2 500** – Londres, 29 nov. 1974 : *Portrait de Tom Conolly of Castletown* : **GNS 6 500** – Londres, 21 mai 1976 : *Portrait de l'artiste*, h/t (97x77,5) : **GBP 1 600** – Cologne, 11 mai 1977 : *Portrait de Johan Diedrich Heumann* 1754, h/t (72x60) : **DEM 24 000** – Monte-Carlo, 8 déc. 1984 : *Jupiter, Minerve, le Temps et autres personnages*, pierre noire et craie brune (27,5x29,6) : **FRF 23 000** – Londres, 10 juil. 1987 : *Portrait de Maria Josepha d'Autriche*, h/t (46,5x38,2) : **GBP 20 000** – New York, 3 juin 1988 : *Portrait d'un gentilhomme, désigné comme François baron de Halleberg, chambellan de l'électeur palatin, portant l'ordre de St Lazare et la Croix de Malte*, h/t (99x77,5) : **USD 66 000** – Paris, 12 déc. 1988 : *Autoportrait*, h/t (70x55) : **FRF 110 000** – Rome, 13 avr. 1989 : *L'Annonciation*, h/t (99,5x48,5) : **ITL 18 000 000** – Londres, 21 avr. 1989 : *Portrait de l'infant Don Luis Antonio Jaime de Bourbon, en habit gris et portant les ordres de Saint Janvier, Carlos III, le Saint Esprit et la Toison d'or*, h/t (153,5x109) : **GBP 176 000** – Londres, 5 juil. 1989 : *Vierge à l'Enfant avec saint Joseph et saint Jean Baptiste*, h/t (200x136) : **GBP 90 200** – New York, 8 jan. 1991 : *Nu masculin dans un paysage*, craies blanche et noire sur du pap. gris-vert (38x38,5) : **USD 12 100** – Lugano, 1er déc. 1992 : *Autoportrait*, h/pan. (66,5x48) : **CHF 4 800** – Londres, 9 nov. 1994 : *Portrait de Robert Sutton agé de 27 ans, en buste, vêtu d'un vêtement rouge bordé de fourrure*, h/t (62x46,5) : **GBP 31 050** – New York, 12 jan. 1996 : *Portrait de l'électeur Friedrich Christian de Saxe vêtu d'une cape de velours bleu bordée d'hermine tenue par une agrafe de diamant et portant l'ordre polonais de l'Aigle blanc*, h/t (53,5x41,5) : **USD 68 500** – Londres, 5 juil. 1996 : *Portrait de l'infante Maria Ludovica de Borbon, tête et épaules*, h/t (45x33) : **GBP 42 000**.

MENGS Ismael

Né en 1688 à Copenhague. Mort le 26 décembre 1764 à Dresde. XVIIIe siècle. Allemand.

Miniaturiste et portraitiste.

Élève d'un peintre anglais nommé Cooper. Miniaturiste de la cour de Dresde et directeur de l'Académie royale de cette ville. Il fit deux voyages à Rome avec son fils en 1740 et 1747. Il fut peintre du roi de Pologne.

Musées : Dresde : *L'artiste* – *Mater dolorosa* – *Marie-Madeleine*

dans la grotte – Annonciation – Salvator Mundi – Les apôtres Barthélemy, Mathieu, Jacques, Thomas, Mathias, Philippe, Judas, Thadée, Simon, Pierre, André, Jacques le Mineur – Diogène avec sa lanterne – Auguste le Fort – Dame avec son fils – Portrait de l'artiste – Leipzig : *Portrait du marchand Raabe.*
Ventes Publiques : Düsseldorf, 20 juin 1973 : *Autoportrait avec deux enfants* : **DEM 34 000.**

MENGS Juliane Charlotte
Morte en 1789. xviiie siècle. Allemande.
Miniaturiste.
Fille cadette d'Ismael. Elle fut peintre de la cour à Dresde et entra au couvent du Belvédère sous le nom de *Maria Speranda.*

MENGS Theresa Concordia, Mme **Maron**
Née en 1725 à Aussig. Morte le 10 octobre 1808 à Rome. xviiie siècle. Autrichienne.
Portraitiste et miniaturiste.
Fille et élève d'Ismael Mengs ; elle épousa, à Rome, Anton von Maron. Le Musée de Dresde conserve d'elle son portrait et celui de sa sœur Julie, au pastel.

MENGUCCI Domenico
xviie siècle. Actif vers 1660. Italien.
Peintre de paysages.
Il était le fils de Giovanni Francesco et l'élève de Donducci.

MENGUCCI Giovanni Francesco
xviie siècle. Actif à Pesaro vers 1639. Italien.
Peintre de paysages et d'architectures.

MENGUE Jean Marie
Né le 31 décembre 1855 à Bagnères-de-Luchon (Haute-Garonne). Mort le 31 octobre 1949 près de Luchon (Haute-Garonne). xixe-xxe siècles. Français.
Sculpteur.
Il fut élève de Meynier. Il fit des envois au Salon, puis au Salon des Artistes Français, à Paris, de 1876 à 1925, en fut sociétaire à partir de 1894. Il obtint une mention honorable en 1884, une médaille de troisième classe en 1886, de deuxième classe en 1887, une bourse de voyage en 1887, une médaille de bronze en 1889 dans le cadre de l'Exposition Universelle, une médaille de première classe en 1896, une médaille d'argent en 1900 dans le cadre de l'Exposition Universelle. Chevalier de la Légion d'honneur.
Musées : Montpellier : *Icare* – Paris (Jardin du Luxembourg) : *Caïn et Abel.*

MENGUY Frédéric
Né le 28 janvier 1927 à Paris. xxe siècle. Français.
Peintre de compositions animées, figures, paysages, dessinateur, lithographe.
Il commence par suivre à partir de 1948, les cours du soir de dessin de la Ville de Paris, puis entre en 1951 aux cours normaux de préparation au professorat de dessin de la Ville de Paris, devenant en 1953 professeur de dessin, et ce, jusqu'en 1971. En 1963, à l'invitation de la municipalité de Saint-Cyprien, il découvre le Roussillon. Il s'installera près de Perpignan en 1967.
Il participe à des expositions collectives : 1957, et régulièrement, Salon des Indépendants, Paris ; Salon d'automne dont il devient sociétaire en 1967, Paris ; 1962, Salon des Peintres Témoins de leur Temps, Paris ; 1963, et régulièrement, Salon de la Société Nationale des Beaux-Arts, dont il devient membre du Comité, Paris ; de même qu'aux Salons du dessin et de la peinture à l'eau, et Comparaisons.
Il montre ses œuvres dans des expositions personnelles depuis celle de 1957 au Théâtre du Tertre (Montmartre) à Paris, puis : 1965, New York ; 1971, 1974, 1977, 1979, galerie Emmanuel David, Paris ; 1971, Caracas ; 1972, 1975, 1976, 1993, galerie Christiane Vallée, Clermont-Ferrand ; 1973, Genève ; 1983, Abidjan et Libreville ; 1984, rétrospective de ses vingt-cinq ans de peinture et lithographie, Centre Vickers Ronéo, Paris ; 1987, hommage dans le cadre du Salon de la Société Nationale des Beaux-Arts, Paris ; 1994, rétrospective, Palais des Rois de Majorque, Perpignan ; 1997 Paris, *Cheval-Star,* galerie Drouant, et Lyon, galerie Saint-Hubert. Il obtint le Prix de la Critique décerné à la galerie Saint-Placide à Paris en 1968, et le Grand Prix Puvis de Chavannes de la Société Nationale des Beaux-Arts en 1985.
Sa peinture est élégante, mêlant des espaces plus décoratifs et oniriques qu'abstraits, bien qu'exploitant la technique « tachiste », à des silhouettes volontairement floues de clowns, baladins et paladins à cheval ou des figures féminines, femmes-enfants, femmes-fleurs. Coloriste délicat, sa peinture a surtout du charme.

Bibliogr. : E. David : *Menguy,* Arts Graphiques d'Aquitaine, s. d – Pierre Osenat : *Menguy,* Lis 33, Libourne, 1987 – *Menguy,* catalogue de la rétrospective, Palais des Rois de Majorque, Perpignan, 1994.
Musées : Angers (Mus. des Beaux-Arts) : *Groupe de jeunes filles* – Dimona : *Fruits et verrerie orange* – Francfort-sur-le-Main – Ixelles – Mantes-la-Jolie – Orly (Mus. de l'Île-de-France) – Paris (Mus. Nat. d'Art Mod.) – Paris (Cab. des Estampes) – Saint-Cyprien : *Raccomodeur de filets* – Saint-Mandé – Saint-Maur.
Ventes Publiques : Paris, 29 nov. 1984 : *Jeune fille à la robe blanche,* h/t (90x73) : **FRF 11 500** – Versailles, 7 déc. 1986 : *Les Deux hôtesses* 1980, h/t (92x73) : **FRF 22 000** – Versailles, 13 déc. 1987 : *Corbières,* h/t (89x116) : **FRF 18 000** – La Varenne-Saint-Hilaire, 10 mai 1987 : *Trois chevaux en piste* 1980, h/t (73x92) : **FRF 25 000** – Versailles, 20 mars 1988 : *Le Clown rêveur,* h/t (92x73) : **FRF 15 500** – Paris, 21 avr. 1988 : *Paysage,* lav. d'encre de Chine (50x65) : **FRF 1 300** – Versailles, 15 mai 1988 : *Côtes de Corbières,* h/t (46x61) : **FRF 6 300** – Paris, 30 mai 1988 : *Sur la plage,* h/t (54x73) : **FRF 6 000** – Paris, 23 juin 1988 : *Présence discrète,* h/t (89x116) : **FRF 23 600** – Paris, 4-6 juil. 1988 : *Les Arbres roses,* h/t (65x55) : **FRF 7 500** – Versailles, 6 nov. 1988 : *Voiliers rouges,* h/t (92x73) : **FRF 16 100** – Versailles, 18 déc. 1988 : *Chevaux au pré,* h/cart. (92x73) : **FRF 8 400** – Versailles, 11 jan. 1989 : *Pégase,* encre de Chine et aquar. (64,5x49,5) : **FRF 3 200** – Paris, 28 nov. 1989 : *Paysage,* aquar./pap. (50x65) : **FRF 4 000** – Saint-Dié, 17 déc. 1989 : *Fleurs blanches* 1968, h/t (65,5x55) : **FRF 22 000** – Paris, 14 mars 1990 : *Femme au bouquet de fleurs,* h/t (60x74,5) : **FRF 28 000** – Paris, 28 oct. 1990 : *Les Deux clowns en coulisse* 1980, h/t (89x116) : **FRF 50 000** – Paris, 6 fév. 1991 : *Les Baigneuses* 1962, h/t (60x81) : **FRF 19 000** – Paris, 14 avr. 1991 : *Les Fleurs blanches,* h/t (65x54) : **FRF 29 000** – Fontainebleau, 16 juin 1991 : *Les Deux hôtesses* 1980, h/t (91x73) : **FRF 35 000** – Le Touquet, 8 nov. 1992 : *Paysage de Provence,* h/t (46x55) : **FRF 12 000** – Paris, 5 avr. 1995 : *La Course sur la plage,* h/t (60x73) : **FRF 13 000** – Paris, 20 jan. 1997 : *Les Grands Arbres,* h/t (46,5x55) : **FRF 6 000** – Paris, 27 fév. 1997 : *Le Salut des trois chevaux,* h/t (55x46) : **FRF 3 800.**

MENG YONG-GUANG ou **Meng Yong-Kouang** ou **Mêng Yung-Kuang**, surnom : **Yuexin,** nom de pinceau : **Luochisheng**
Originaire de Shanyin, province du Zhejiang. xviie siècle. Actif vers 1600-1650. Chinois.
Peintre.
Peintre de figures et de portraits, il est élève de Sun Kehong (1532-1610). Après avoir servi à la cour impériale sous le règne de l'empereur Qing Shizong (1644-1661), il passe la plus grande partie de sa vie dans la région du Liaodong et comme peintre à la cour de Corée.

MENG YONG-KOUANG. Voir **MENG YONG-GUANG**

MENG YUJIAN ou **Mêng Yü-Chien** ou **Meng Yu-Kien**, de son vrai nom : **Meng Zhen,** surnom : **Jisheng,** nom de pinceau : **Tianze**
Originaire de Wucheng, province du Zhejiang. xive siècle. Actif au début du xive siècle. Chinois.
Peintre.
Peintre de paysages, de fleurs et d'oiseaux, il est connu pour ses œuvres en bleu et vert. Le Pennsylvania Museum de Philadelphie conserve *La Falaise Rouge, trois philosophes dans un bateau.*

MÊNG YUNG-KUANG. Voir **MENG YONG-GUANG**

MENHART Sebastian. Voir **MANHART**

MENHEERE Cornelis Laurensz
xviiie siècle. Actif à Vlissingen au début du xviiie siècle. Hollandais.
Peintre de marines.

MENIA Raffaello. Voir **RINALDI**

MENICHELLA Domenico. Voir **MENIGHELLA**

MENICHINO del Brizio. Voir **AMBROGI Domenico**

MENICO Luca
XVe siècle. Italien.
Peintre.
Il appartint à l'ordre des Dominicains à Pérouse dans la deuxième moitié du XVe siècle.

MENICUS Joh. George ou **Minikus**
Né en 1742. Mort le 4 mai 1802. XVIIIe siècle. Allemand.
Peintre sur porcelaine.
Il travailla à Rheinsberg en 1784 et depuis 1785 à Proskau.

MENIER
XIXe siècle. Actif à Paris. Français.
Portraitiste.
Il figura aux Salons de Paris en 1833 et 1834.

MENIER Georges
Né à Paris. Mort en 1933. XXe siècle. Français.
Peintre de fleurs, intérieurs.
Il exposait, à Paris, au Salon d'Automne. Officier de la Légion d'honneur.
Ses peintures ne manquent pas de qualités sensibles.
Ventes Publiques : Paris, 14 nov. 1927 : *Le Pot de chrysanthèmes* : **FRF 1 550**.

MENIER Louis Adolphe
XIXe siècle. Actif à Lisieux. Français.
Peintre d'intérieurs et de genre.
Figura au Salon de Paris, de 1837 à 1848. Le Musée de Lisieux possède de lui : *Les Orphelines*.

MENIGHELLA Domenico ou **Menighello, Menichella**
XVIe siècle. Actif à Rome. Italien.
Peintre.
Fut un des protégés de Michel-Ange.

MENIN Ernest
Né au XIXe siècle à Paris. XIXe siècle. Français.
Lithographe.
Élève de Bénard, Sociétaire des Artistes Français depuis 1897, il figura au Salon de ce groupement et y obtint une mention honorable à l'Exposition Universelle de 1900.

MENINI Lorenzo
Né vers 1600 à Bologne. XVIIe siècle. Italien.
Peintre d'histoire.
Il accompagna à Naples son maître Gessi.

MENINSKY Bernard
Né le 25 juillet 1891 à Karotopin (Ukraine). Mort le 12 février 1950 à Londres. XXe siècle. Actif en Angleterre, en France, en Espagne. Ukrainien.
Peintre de portraits, paysages.
Sa famille s'installa à Liverpool aussitôt après sa naissance. Il étudia à la Liverpool School of Art, puis travailla à Paris en 1911 et reprit ses études à la Slade School à Londres. Il enseigna à la Westminster School of Art à partir de 1920. Il peignit dans le sud de la France de 1922 à 1937, effectua un séjour à Florence en 1913, un autre en Espagne en 1936.
Il travailla pour Gordon Craig à Florence en 1913, exposa au New English Art Club dès 1914 et avec le *London Group* en 1916. Une exposition rétrospective de ses œuvres fut organisée en 1958.
Peintre de portraits et de paysages, il exécuta aussi quelques natures mortes.
Musées : Londres (Tate Gal.) : *Portrait d'un jeune garçon* 1923 – *Portrait d'une jeune fille*.
Ventes Publiques : Londres, 18 mai 1977 : *Le modèle*, h/t (67x54,5) : **GBP 600** – Londres, 5 mars 1980 : *Mère et enfant*, aquar. et pl. reh. de gche (50x31) : **GBP 660** – Londres, 11 nov. 1981 : *Groupe familial* vers 1949, h/t (109x90) : **GBP 1 100** – Londres, 24 juil. 1985 : *Jeune paysanne*, gche et pl. (57x35,5) : **GBP 1 600** – Londres, 30 avr. 1986 : *Coupe de pommes*, h/t (51x61) : **GBP 1 900** – Londres, 14 oct. 1987 : *Nu couché dans un paysage*, gche et past. (35,5x43) : **GBP 3 000** – Londres, 3 mars 1988 : *Femme au repas*, gche et cr. (36,2x45) : **GBP 2 200** – Londres, 9 juin 1988 : *Nature morte* 1921, h/t (75x50) : **GBP 5 720** – Londres, 29 juil. 1988 : *Jardin anglais*, aquar. (36,2x53,8) : **GBP 880** – Londres, 20 sep. 1990 : *Adam et Eve*, aquar. et encre (30x23,5) : **GBP 1 210** – Londres, 2 mai 1991 : *Femme portant une brassée de fleurs vêtue d'un drapé classique*, gche et encre (56x29) : **GBP 2 420** – Londres, 7 nov. 1991 : *Jeune fille nue assise* 1926, h/t (71x56) : **GBP 4 620** – Londres, 6 mars 1992 : *La sieste espagnole*, h/t (54x67,5) : **GBP 7 920**.

MENIO Hans
XVIIe siècle. Allemand.
Peintre.

MENIPPOS
Antiquité grecque.
Peintre.
Deux peintres sont mentionnés sous ce nom par Diogène Laerce. Ils restent par ailleurs inconnus.

MENISSIER
Né le 27 août 1865. XIXe-XXe siècles. Francais.
Peintre.
Il a peint la coupole de l'église de Saules.

MENJAUD Alexandre
Né en 1773 à Paris. Mort en février 1832 à Paris. XVIIIe-XIXe siècles. Français.
Peintre d'histoire, scènes mythologiques, portraits, dessinateur.
Il fut élève de Regnault. Il figura au Salon de Paris entre 1796 et 1806, et obtint en 1802 le premier prix de Rome. Il eut des médailles en 1806 et 1819.
Musées : Bordeaux : *La duchesse d'Angoulême au lit de mort de l'abbé Edgeworth – Le duc d'Angoulême reçoit chevalier de Saint-Louis un officier blessé à l'attaque du pont de la Drôme* – Compiègne (Palais) : *François Ier tuant un sanglier* – Draguignan : *Anaxagore et Periclès discourant ensemble* – La Fère : *L'avare puni* – Rouen : *Portrait de Mme Menjaud* – Saint-Brieuc : *Les adieux de Girodet à son atelier* – Versailles : *Marie-Louise faisant le portrait de l'empereur – Napoléon, Marie-Louise et le roi de Rome*.
Ventes Publiques : Paris, 1832 : *Henri IV à souper chez Michaud* : **FRF 3 102** – Paris, 16 déc. 1935 : *Portrait de femme assise dans un parc*, dess. : **FRF 330** – Paris, 26 mars 1996 : *Joseph interprétant les rêves du pharaon*, h/t (81x109,5) : **FRF 35 000**.

MENJAUD Jean
Né le 11 février 1926 à Autun (Saône-et-Loire). XXe siècle. Français.
Sculpteur de figures, bustes, sujets religieux, sculpteur de médailles.
Engagé volontaire en 1944 après ses études secondaires, il découvre la sculpture aux Académies de Valenciennes sous la direction de Bottiau. De 1947 à 1954, il est élève à l'École Nationale des Beaux-Arts (atelier Leygue et Niclausse). Il fut sculpteur décorateur à l'O.R.T.F. de 1962 à 1967 avant d'enseigner à l'École de la Chambre de commerce et d'industrie de Paris. Il reçut le Premier Second Grand Prix de Rome en 1953 et fut lauréat de la Casa Vélasquez en 1955.
On lui doit des bas-reliefs (*Saint Éloi forgeant* à Autun ; *Saint Joseph* à Valenciennes), le tympan de l'église de Bouchain, les *Christ* monumentaux des églises de Douzies (Nord) et Sochaux, le *Monument de la Libération* à Langres. Excellent portraitiste, il fit également des bustes, comme celui du *Député Cordonnier* à Lille et des médaillons.

MENJOT DE DAMMARTIN Samuel Edmond Jean Achille
Né au XIXe siècle à Vincennes. XIXe siècle. Français.
Peintre de genre et de paysages.
Élève de J. Lefebvre et de G. Boulanger. Exposa au Salon de Paris, à partir de 1879.

MENK V. K.
Né en 1856. XIXe siècle. Russe.
Paysagiste.
La Galerie Tretiakov, à Moscou, conserve de lui : *La Forêt*.

MENKEN Gottfried
Né le 4 mars 1799 à Brême. Mort le 25 novembre 1838 à Brême. XIXe siècle. Allemand.
Paysagiste, peintre d'animaux, lithographe et graveur.
Fils de Johann Heinrich Menken. Élève de son père. Le Musée de Brême conserve de lui : *Famille de chiens, Paysage, Chevaux et moutons au pâturage, Cosaques*.

MENKEN Johann Heinrich
Né le 19 juillet 1766 à Brême. Mort le 1er janvier 1834 à Brême. XVIIIe-XIXe siècles. Allemand.
Paysagiste, peintre d'animaux et graveur.
Élève de l'Académie de Dresde sous Johann Christian Klengel. En 1818, professeur des Beaux-Arts et en 1824 membre hono-

raire du *Brêmer Kunstverein*. Il a gravé d'après Ruysdael, Berchem, Potter, Wouwerman et il a illustré le *Reinecke Fuchs* de Goethe.

Musées : Brême : *Bétail au pâturage – Paysage et cascade – Moulin près d'Obernenland – Paysage forestier – Cheval blanc.*

MENKES Zygmunt ou **Zugmunt** ou **Sigmuno** ou **Sigmund Joseph**

Né en 1896 à Lvov. Mort en 1986. XXe siècle. Actif depuis 1935 aux États-Unis. Polonais.

Peintre de portraits, figures, sujets religieux, nus, natures mortes, fleurs.

Après avoir travaillé à la restauration d'églises en Pologne, il entra à l'Académie des Beaux-Arts de Cracovie, séjourna à Berlin et vint à Paris en 1923. Il émigra aux États-Unis, s'installa à New York, en 1935, où il exposera par la suite.

Il reçut l'influence du cubisme adoucie à travers Modigliani, mais c'est surtout aux expressionnistes juifs qu'il faut attacher son pessimisme.

menkes

Bibliogr. : Maurice Raynal : *Anthologie de la peinture en France, de 1906 à nos jours*, Montaigne, Paris, 1927 – René Huyghe : *Les Contemporains*, Tisné, Paris, 1949.

Ventes Publiques : Paris, 18 mai 1928 : *Fleurs* : **FRF 2 500** – Paris, 5 mars 1941 : *Le Géranium* : **FRF 300** – Paris, 24 juin 1955 : *Femme mangeant une grenade* : **FRF 7 500** – New York, 24 nov. 1962 : *Portrait de la femme de l'artiste* : **USD 350** – Paris, 7 mars 1968 : *Dolce farniente* : **USD 1 100** – New York, 3 mai 1972 : *Bacchante* : **USD 1 100** – New York, 21 mars 1974 : *Nature morte* : **USD 2 000** – Los Angeles, 12 mars 1979 : *Fleurs des champs*, h/t (81,2x65,5) : **USD 2 000** – Zurich, 6 juin 1984 : *Procession au violoncelle*, h/t (65x92) : **CHF 4 000** – Zurich, 7 juin 1985 : *Noce juive*, h/t (65x92) : **CHF 4 800** – New York, 10 avr. 1987 : *Deux figures*, h/t (65x53,5) : **USD 4 750** – Londres, 24 fév. 1988 : *Femme assise près d'une table*, h/t (81x65) : **GBP 1 870** – Paris, 20 mars 1988 : *Odalisque*, h/t (92x73) : **FRF 15 000** – Tel-Aviv, 26 mai 1988 : *Personnage au chapeau*, h/t (74x61) : **USD 3 850** – Paris, 16 avr. 1989 : *L'Alcôve*, h/t (130x97) : **FRF 35 000** – Tel-Aviv, 2 jan. 1989 : *Vase de fleurs*, gche (59x47,5) : **USD 710** – Zurich, 25 oct. 1989 : *Saint Sébastien*, h/t (55x46) : **CHF 2 000** – Paris, 21 sep. 1989 : *Violoniste*, lav./pap. (23,5x18,5) : **FRF 4 200** – Tel-Aviv, 3 jan. 1990 : *Jeune Fille avec des fleurs*, acryl./pap. (41,5x33,5) : **USD 2 310** ; *Vénus à l'accordéon*, h/t (73x60) : **USD 4 840** – New York, 21 fév. 1990 : *Le Masque souriant*, h/t (81,4x99,7) : **USD 9 350** – Paris, 10 avr. 1990 : *Bouquet au vase bleu*, h/t (73x60) : **FRF 361 000** – Tel-Aviv, 19 juin 1990 : *Joueur de flûte et Personnage*, gche (34x26) : **USD 2 310** – New York, 10 oct. 1990 : *Famille de saltimbanques*, h/t (66,1x81,4) : **USD 10 450** – Paris, 14 avr. 1991 : *Maison à l'orée du bois*, h/t (54x65) : **FRF 28 000** – New York, 12 juin 1991 : *Fille au miroir*, h/t (45,7x35,6) : **USD 3 300** – Amsterdam, 17 sep. 1991 : *Tulipes dans un vase*, h/t (59,5x49,5) : **NLG 3 450** – Calais, 5 avr. 1992 : *Nature morte aux fleurs et au masque*, h/t (82x100) : **FRF 31 000** – New York, 9 mai 1992 : *La Femme de l'artiste avec des coquelicots*, h/t (55,8x45,7) : **USD 4 180** – Paris, 4 avr. 1993 : *Autoportrait à la palette*, h/t (100,5x81) : **FRF 37 000** – New York, 2 nov. 1993 : *Portrait de femme*, h/t (74,3x61,3) : **USD 4 600** – New York, 23 fév. 1994 : *Jeune Hassid entouré de ses professeurs*, h/t (94x76) : **USD 9 775** – Tel-Aviv, 4 avr. 1994 : *Vase de fleurs*, h/t (81x65) : **USD 9 200** – Paris, 26 mars 1995 : *Le Bougeoir*, h/t (73,5x54) : **FRF 5 000** – Tel-Aviv, 11 avr. 1996 : *Jeune Fille assise près d'un vase de fleurs*, h/t (41x33) : **USD 4 025** – New York, 10 oct. 1996 : *Arlequin et Pierrot*, h/t (61,3x46) : **USD 9 200** – Paris, 16 mars 1997 : *Autoportrait à la palette*, h/t (81x65) : **FRF 35 000** – Tel-Aviv, 26 avr. 1997 : *Intérieur d'atelier*, h/t (51x61) : **USD 6 900**.

MENLICH Johann Christian von. Voir **MANNLICH**

MENLIN. Voir **MURNHART Heinrich**

MENN Barthélémy

Né le 20 mai 1815 à Genève. Mort le 13 octobre 1893 à Genève. XIXe siècle. Suisse.

Peintre de figures, paysages animés, paysages, aquarelliste, graveur.

Barthélémy Menn fut d'abord élève du peintre Jean Du Bois, puis de Constantin de Dorcière, de Léonard Lugardon, et ce fut, croit-on, sur le conseil de celui-ci, qu'il vint à Paris, en 1833, travailler avec Ingres. Celui-ci étant nommé directeur de l'École de Rome, Menn, en 1835, alla le rejoindre en Italie. Il visita Venise, Florence, Rome, y exécutant de remarquables copies. Il envoya, en 1837, à l'exposition de Genève : *Salomon présenté à la Sagesse, Pauvre mère, ton fils est mort, Pifferari, Paysans napolitains en tournée à Rome*. Il peignait à la même époque son tableau : *Proscrits de Tibère* qui obtenait la plus flatteuse approbation d'Ingres. En 1838, il était de retour à Paris, exposait au Salon et se liait d'une étroite amitié avec les Corot, Delacroix, Daubigny, Théodore Rousseau ; George Sand le présentait à Chopin. Menn adoptait avec ardeur les doctrines fourriéristes. Comme Jean-François Millet, on le traita de révolutionnaire. Continuant à prendre part au Salon, il y était très remarqué par la critique. Son tableau de 1843, *Les Sirènes*, était considéré comme un des plus remarquables du Salon. Malheureusement, Menn dut retourner à Genève et l'accueil qu'il y reçut fut peu encourageant. Le miêvre Calame et le plus pâle Diday y faisaient la loi. Menn dut, pour vivre, se consacrer à l'enseignement, mais ce ne fut qu'en 1850 qu'il put obtenir un poste de professeur. Menn avait eu pour compagnon d'atelier chez Ingres le peintre Daniel Bovy qui ayant acheté le château de Gruyères en entreprit la restauration. Menn y contribua en peignant, de 1851 à 1857, d'importantes décorations. Il y retrouva fréquemment ses amis de Paris, Corot, Leleux, François, Baron, qui y venaient en villégiature. Corot, notamment, y exécuta plusieurs œuvres. Cependant le public continuait à montrer une complète indifférence pour les œuvres de cet artiste, qui, lassé, cessa de prendre part aux expositions suisses. Il se consacra de plus en plus à l'enseignement et ne peignit plus que pour lui et ses rares amis. C'est de cette période que datent ses œuvres capitales. Du reste, Men se montra d'une extrême sévérité pour les œuvres de la première partie de sa vie et en détruisit un grand nombre, même des tableaux qui, comme *Les Sirènes, Les Proscrits de Tibère*, lui avaient valu de nombreuses approbations. Menn eut comme professeur, une influence considérable sur l'École suisse moderne et l'on cite parmi ses élèves, Frédéric Simon, Barthélémy Bodmer, Gustave de Beaumont, Abraham Hermanjat, le sculpteur Bartholomé, Jean Martin et surtout Ferdinand Hodler. Comme lithographe, on cite notamment de lui cinq planches pour l'*Album de la Suisse romane*. ■ E. Bénézit

Musées : Berne : *Tête d'homme* – Genève (Ariana) : *Paysage*, aquar. – Genève (Rath) : *Paysage d'Italie – L'Auteur – Le Vent, bord de la mer – Près de Culoz – A Coinsins – Vallon dans l'Ain – Bords de rivière – Environs de Coinsins – L'Abreuvoir – Le Repos – Figures et paysage – Le lac* – Une aquarelle – Lausanne : *Paysage*.

Ventes Publiques : Genève, 23 mars 1937 : *Ulysse fuyant les sirènes*, aquar. : **CHF 5 120** – Paris, 8 juin 1942 : *Salomon présenté à la Sagesse* : **FRF 4 500** – Lucerne, 21 et 27 nov. 1961 : *Paysage avec rivière* : **CHF 3 250** – Lucerne, 19 juin 1964 : *La rue du village* : **CHF 4 600** – Berne, 30 mars 1966 : *Paysage près de Genève* : **CHF 15 000** – Berne, 23 nov. 1968 : *Baigneuses* : **CHF 15 000** – Lucerne, 27 nov. 1970 : *Paysage à la cascade* : **CHF 6 000** – Berne, 7 mai 1971 : *Troupeau dans un paysage* : **CHF 8 300** – Berne, 18 nov. 1972 : *La source* : **CHF 37 000** – Zurich, 1er juin 1973 : *Portrait de femme*, past. : **CHF 9 000** – Lucerne, 21 juin 1974 : *Sous-bois* : **CHF 9 000** – Berne, 25 nov. 1976 : *Vue de Genève*, h/t (34x46) : **CHF 9 600** – Zurich, 20 mai 1977 : *rue de village*, h/pan., forme ronde (diam. 8) : **CHF 2 600** – Berne, 3 mai 1979 : *Paysage d'Italie*, past. (42,5x35) : **CHF 7 000** – Zurich, 19 mai 1979 : *Parc avec étang et temple*, h/t, vue ovale (66x98,5) : **CHF 15 000** – Zurich, 10 nov. 1982 : *Paysage fluvial*, h/t (39x54,5) : **CHF 8 000** – Munich, 28 juin 1983 : *Paysage aux rochers* 1874, h/pan. (17x27) : **DEM 4 000** – Zurich, 4 déc. 1985 : *Paysage*, h/t (30x42) : **CHF 25 000** – Genève, 29 nov. 1986 : *Paysage alpestre*, h/t (35x28) : **CHF 7 000** – Zurich, 22 mai 1987 : *Troupeau au bord du lac d'Annecy* 1832, h/pan. (33,5x54) : **CHF 14 000** – Berne, 26 oct. 1988 : *Rivière rocheuse avec deux hommes dans une barque*, h/t (46x38) : **CHF 5 600** – Paris, 4 avr. 1990 : *Bord de rivière* 1890, h/cart. (23,5x33) : **FRF 13 800** – Zurich, 22 juin 1990 : *Paysage boisé*, h/cart. (51,5x38,5) : **CHF 2 000** – Zurich, 9 juin 1993 : *Paysage fluvial*, h/t (16x30) : **CHF 9 775** – Zurich, 30 nov. 1995 : *Route de La Muzaz (Haute Savoie)*, h/t (33,5x40,5) : **CHF 6 900** – Zurich, 25 mars 1996 : *Scène galante*, h/pap./cart. (20,5x29,5) : **CHF 2 760** – Zurich, 5 juin 1996 : *Paysage avec un couple de bergers*, h/t (84,5x119) : **CHF 63 250**.

MENN Charles Louis

Né le 16 mars 1822 à Genève. Mort le 10 mai 1894. XIXe siècle. Français.

Sculpteur.
Élève de Pradier et d'Etex. Exposa au Salon de Paris entre 1852 et 1859. On lui doit trois bustes à l'Athénée de Genève et cinq bustes de poètes au théâtre de cette ville.

MENN Dorothea, née **Schauberg**
Née le 24 octobre 1725. Morte le 24 octobre 1789 à Cologne. XVIIIe siècle. Active à Cologne. Allemande.
Graveur à l'eau-forte et peintre amateur.

MENNA Anton
Né le 20 octobre 1890 à Würzburg. XXe siècle. Allemand.
Peintre.
Il étudia à Karlsruhe et à Berlin. Il a beaucoup peint pour les églises de la région de Wurzbourg.

MENNA Matthäus Joseph
Né le 10 août 1767 à Würzburg. Mort le 2 février 1837 à Würzburg. XVIIIe-XIXe siècles. Allemand.
Peintre de portraits et pastelliste.
Il était le grand-père d'Anton et l'élève de Chr. Fésel.

MENNEL Josef
Né le 19 mai 1851 à Matrei. Mort le 19 juin 1930 à Innsbruck-Witten. XIXe-XXe siècles. Autrichien.
Peintre de figures, portraits, fresquiste, restaurateur.
Il fut élève de Albr. Stainer. Il a peint des fresques dans les églises de la vallée de l'Inn.

MENNELER Caspar
XVIIe siècle. Allemand.
Sculpteur sur bois.
Il travailla à Augsbourg où il épousa en 1601 la fille du peintre El. Schemel. Il a peint les figures qui se trouvent au-dessus des portes de la salle dorée de l'Hôtel de Ville d'Augsbourg.

MENNERET Charles Louis
Né le 22 janvier 1876 à Paris. XXe siècle. Français.
Peintre de paysages.
Il fut élève de D. Royer, Guillemet et Moteley.
Il exposa, à Paris, au Salon des Artistes Français et des Indépendants.
VENTES PUBLIQUES : PARIS, 10 jan. 1945 : *Paysage ensoleillé* : **FRF 1 100.**

MENNESSIER Auguste Dominique
Né en 1803 à Nancy (Meurthe-et-Moselle). Mort en 1890 à Metz (Moselle). XIXe siècle. Français.
Peintre de paysages.
Élève de L. Cogniet, Pioche, Desoria et Hersent. Exposa des paysages au Salon de Paris de 1831 à 1876. On voit de lui au Musée de Metz, *Cheval blanc à l'écurie* et *Monastère en Espagne*, et, au Musée de Nancy, *Bocage*.

A. MENNESSIER 1855

VENTES PUBLIQUES : PARIS, 7 juin 1928 : *La carrière de pierres*, dess. : **FRF 1 150** – PARIS, 10 déc. 1930 : *Paysage animé*, lav. de Chine, deux dess. : **FRF 2 000** – NICE, 24 fév. 1949 : *Paysages boisés avec maisonnettes*, deux lav. : **FRF 3 500.**

MENNET Louis
Né le 11 novembre 1829 à Genève. Mort le 15 mai 1875 à Genève. XIXe siècle. Suisse.
Peintre de marines, aquarelliste.
MUSÉES : GENÈVE (Mus. Ariana) : *La baie des Trépassés*, aquar.
VENTES PUBLIQUES : PARIS, 24 déc. 1924 : *Barque de pêche par gros temps* : **FRF 96** – BERNE, 26 oct. 1988 : *Scène d'un port d'Italie du Sud avec des goélettes*, h/t (86x104) : **CHF 9 000.**

MENNICKEN Hubert
Mort le 3 juillet 1916 à Berlin. XXe siècle. Actif à Berlin. Allemand.
Sculpteur.
Il a exécuté des sujets religieux.

MENNICKX C.
XVIIe siècle. Actif dans la seconde moitié du XVIIe siècle. Allemand.
Dessinateur.

MENNIG Christoph
XIXe siècle. Actif à Cologne. Allemand.
Graveur au burin, peintre de portraits et dessinateur.
Élève de l'Académie de Düsseldorf et père de FRANZ XAVER, dessinateur mort le 15 mars 1881.

MENNING Johann Wenzel
XVIIIe siècle. Actif à Budin (Bohème). Autrichien.
Peintre.

MENNINGHUYSEN Frans
XVIIIe siècle. Hollandais.
Peintre de portraits.
A peint le portrait de H. Van Lochem à l'Hôtel de Ville d'Enschede.

MENNITI Mario. Voir **MINNITI**

MENNIXHOVE Jan Bapt. Van. Voir **MEUNINCXHOVE**

MENNESSONS Jacques, pseudonyme de **Mennessons**
Né le 10 février 1923 à Paris. Mort en 1983 à Paris. XXe siècle. Français.
Peintre, pastelliste, peintre de collages, peintre de cartons de tapisseries, sculpteur, dessinateur, graveur. Abstrait, abstrait-lyrique, puis abstrait-néo-constructiviste.
Il suit des cours d'histoire de l'art à partir de 1946. Il prend contact avec Henri Laurens, et Albert Gleizes dont il devient l'élève pendant deux ans, travaillant dans son atelier. La mort de Gleizes l'oblige à regagner Paris dans des conditions difficiles. Il effectue de nombreux voyages en Allemagne et en Suisse dans les années soixant-dix. À partir de 1971, il commence à s'intéresser au mode d'expression cinématographique et produira des courts métrages.
Il participe à des expositions collectives, dont le Salon des Moins de 30 ans en 1946 et 1947. Il montre ses œuvres dans des expositions personnelles, la première en 1949 à Paris. Il expose également en Allemagne à Hambourg, et régulièrement à Munich dans les années soixante-dix. Une rétrospective de ses œuvres (1953-1983) fut présentée à Paris en 1990 à la galerie Franka Berndt.
De 1951 à 1956, il travaille la sculpture, la peinture, la gravure. L'influence de Gleizes se fait sentir dans le parti pris abstrait de son art. À son retour à Paris, désirant rompre avec sa période gleizienne, il revient à la figuration, tout en travaillant dans une agence d'architecture qui le met en contact avec l'exactitude de la combinaison des plans. Entre 1960 et 1965, il devient abstrait-lyrique, aidé dans ses recherches par une utilisation franche de la couleur. Il aborde par la suite de nouveaux thèmes, ceux de l'évasion (série *Métro pour la lune*) et de l'intériorisation du paysage (série *Autoportrait-paysage*).
Il sculpte en terre cuite, réalise également des petits bas-reliefs en bois peint. Ses voyages en Allemagne et en Suisse alémanique le rapproche, dans son œuvre, de l'art concret : il réalise des assemblages de bois peint, des sculptures incorporables à l'architecture, et des dessins à effet optique. C'est à partir de 1975, que les mathématiques vont régler tous les rapports rythmiques dans son œuvre peint – au travers de la lumière en mouvement – et sculpté – en y intégrant le vide (les séries des *Cibles*, des *Volets*, des *Planeurs*, des *Paravents*).
VENTES PUBLIQUES : PARIS, 5 déc. 1990 : *Composition* 1965, fus. (63,5x49) : **FRF 5 000.**

MENOCAL Armando
XIXe siècle. Espagnol.
Peintre.
Il travaillait aux États-Unis. Il figura aux Expositions de Paris ; mention honorable à l'Exposition Universelle de 1900.
MUSÉES : MADRID : *L'Adieu.*
VENTES PUBLIQUES : LOS ANGELES, 23 juin 1980 : *Le messager* 1890, h/pan. (29x40,6) : **USD 3 600.**

MENODOROS I
Ier siècle avant J.-C. Actif à Delos. Antiquité grecque.
Sculpteur.

MENODOROS II
Ier siècle. Actif à Athènes. Antiquité grecque.
Sculpteur.
Exécuta une copie de l'Éros de Praxitèle, dont l'original fut dérobé par Caligula.

MENOGENES
Antiquité grecque.
Sculpteur.
Exécuta des quadriges en bronze.

MENOLA Domenico. Voir **MINOLA**

MENOPHANTOS
Actif à l'époque impériale romaine. Antiquité grecque.

Sculpteur.
Exécuta une statue d'Aphrodite, qui fut découverte vers 1760 près de Saint-Grégoire à Rome et qui se trouve maintenant au Musée des Thermes. Une statue semblable se trouve au Louvre. Le modèle de ces statues remonterait à environ 300 ans avant J.-C.

MENOU Louis Armand Joseph de
Né au XIXe siècle à Casseuil (Gironde). XIXe siècle. Français.
Sculpteur.
Exposa au Salon de Paris, de 1868 à 1870.
Ventes Publiques : Monte-Carlo, 23 juin 1979 : *Jeune femme rêveuse* vers 1900, marbre blanc, ocre et vert-olive (H. 59,5) : **FRF 11 000**.

MENOZZI Domenico, dit **Menego** et **Vignoletta**
Né le 27 juillet 1777 à Reggio d'Émilie. Mort le 8 décembre 1841 à Milan. XIXe siècle. Italien.
Peintre.

MENOZZI Pietro
Né en 1813 à Parme. Mort en juin 1878. XIXe siècle. Italien.
Graveur au burin et aquarelliste.
Élève de Toschi. Il peignit et dessina des portraits.

MENPES Mortimer L. ou **Mempes**
Né en 1860 en Australie. Mort en 1938. XIXe siècle. Britannique.
Peintre de genre, portraits, paysages, peintre à la gouache, aquarelliste, graveur, dessinateur.
Il fut élève et imitateur de Whistler. Il exposa de 1882 à 1913 à la Société of Painter Etchers de Londres. Il figura au Salon de Paris, et obtint une médaille de bronze en 1900 pour l'Exposition Universelle. Il écrivit aussi des essais.

Cachet de vente

Ventes Publiques : Londres, 13 oct. 1930 : *L'entrée du Grand Canal à Venise*, aquar. : **GBP 21** ; *Tête de Cecil Rhodes*, dess. : **GBP 58** – Londres, 14 mars 1973 : *Le cordonnier* : **GBP 480** – Londres, 11 juin 1976 : *Bazar du Caire*, h/pan. (23,5x17) : **GBP 500** – Londres, 29 nov. 1977 : *Coin de bazar d'Orient*, h/pan. (26x21) : **GBP 720** – New York, 3 mai 1979 : *Un balcon vénitien*, h/pan. (21,5x28) : **USD 2 400** – Londres, 22 mai 1980 : *Le Bazar*, aquar. et gche/cr. noir (39x32) : **GBP 400** – New York, 26 fév. 1982 : *Scène de rue au Japon*, h/cart. (17x26,5) : **USD 4 200** – Londres, 8 juin 1984 : *Chinois regardant une devanture*, h/pan. (17,2x20) : **GBP 2 600** – Londres, 6 fév. 1985 : *Le menuisier*, h/pan. (18x12) : **GBP 1 550** – Londres, 12 juin 1986 : *Jeune Japonaise dans un jardin*, h/pan. (10,2x7,6) : **GBP 1 500** – Londres, 9 juin 1988 : *Enfant sous un porche à Venise*, h/pan. (10x7,5) : **GBP 1 430** – Londres, 25 jan. 1989 : *Rue de l'abricotier fleuri*, aquar. et gche (41x32) : **GBP 1 210** – Londres, 12 mai 1989 : *Portrait d'un homme*, h/cart. (23,7x16,8) : **GBP 15 400** – Sydney, 2 juil. 1990 : *Le Mikado*, h/cart. (46x32) : **AUD 2 800** – Londres, 1er nov. 1990 : *St Marc à Venise*, h/pan. (45,7x66) : **GBP 6 050** – Londres, 5 juin 1991 : *Un artisan japonais*, h/cart. (14,5x10) : **GBP 3 410** – Londres, 25 sep. 1992 : *Le régiment des Cadets de l'Empire à Durbar*, h/cart. (20x25,5) : **GBP 715**.

MENRADT Georg
XVIIIe siècle. Actif à Endingen. Allemand.
Peintre.
Il a peint en 1700 dans l'église de Malterdingen : les *Douze Apôtres*, le *Jugement dernier*, la *Nativité*, la *Cène*, l'*Assomption*, le *Bon Pasteur*.

MENS Gerard
Né le 2 mai 1632 à Anvers. XVIIe siècle. Actif à Anvers. Belge.
Graveur au burin.
Élève de Phil. Fruytier. Il grava en 1661 une *Ascension de saint Joseph*.

MENS Isidore Maria Cornelis Van ou **Isi**
Né en 1890 à Berlicume. Mort en 1985 à Oosterhout. XXe siècle. Belge.
Peintre de paysages, figures, dessinateur, graveur, aquarelliste.
Il fut autodidacte.
Il fit ses études en Hollande et en Belgique. En 1928 il effectua un voyage en Indonésie, séjourna à Bali et devint membre de la « Bataviasche Kunstkring ». Il revint rapidement en Europe.
Bibliogr. : In : *Dict. biogr. illustré des artistes en Belgique depuis 1830*, Arto, Paris, 1987.
Musées : Schaerbeek.
Ventes Publiques : Amsterdam, 24 mars 1980 : *Scène de plage* 1918, h/t (51x62) : **NLG 5 000** – Bruxelles, 27 mars 1990 : *Retour de l'oasis*, h/t (78x60) : **BEF 40 000** – Amsterdam, 5-6 nov. 1991 : *Arabes faisant une pause* 1926, h/t (158x128) : **NLG 3 795** – Bruxelles, 7 oct. 1991 : *La mosquée de Sidi Essid à Tunis*, h/t (50x40) : **BEF 28 000** – Paris, 21 juin 1993 : *Souk el Khemis à Marrakech* 1927, h/t (58,5x48) : **FRF 40 000** – Lokeren, 28 mai 1994 : *Foire au village* 1920, h/pan. (36x59,5) : **BEF 70 000** – Paris, 7 nov. 1994 : *Rue à Constantine* 1938, h/t (75,5x48) : **FRF 12 000** – Amsterdam, 11 avr. 1995 : *Figures sur une place de marché au Maroc* 1930, h/t (78,5x98) : **NLG 3 776** – Paris, 12 juin 1995 : *Mosquée à Tunis* 1932, h/t (49x40) : **FRF 14 000** – Paris, 11 déc. 1995 : *Ghardaïa* 1930, h/t (80x100) : **FRF 25 000** – Paris, 25 juin 1996 : *Jeune Femme au foulard rose* 1933, h/t (47x36,5) : **FRF 8 000** – Singapour, 5 oct. 1996 : *Le Quartier de Pekodjan dans le vieux Jakarta : le pont de Kaliangki* 1929, h/t (80x70) : **USD 46 000** – Paris, 10-11 juin 1997 : *Trois garçons de Bou-Saâda*, h/pan. (32,5x52,5) : **FRF 14 000**.

MENSA Carlos
Né en 1936 à Barcelone (Catalogne). Mort en 1982 à Barcelone. XXe siècle. Espagnol.
Peintre de compositions à personnages. Figuration-fantastique, surréaliste.
Il a participé à des expositions collectives à partir de 1960, notamment au Musée municipal de Mataro, et a montré ses œuvres dans des expositions personnelles en Espagne, en Italie, et au Danemark.
La peinture de Carlos Mensa, réaliste dans sa figuration, louvoie entre une figuration à caractère fantastique et un surréalisme caustique.
Bibliogr. : In : *Catalogo nacional de arte contemporeano 1990-91, Iberico 2 mil*, Barcelone, 1990.
Ventes Publiques : Milan, 24 oct. 1983 : *Portrait de famille* 1967, h/t (98x130) : **ITL 2 000 000**.

MENSAERT G. P.
Né en 1711 à Bruxelles. Mort après 1777 à Bruxelles. XVIIIe siècle. Éc. flamande.
Peintre d'histoire, graveur.
Élève de W.-H. Jansens. Il travailla, en collaboration avec d'autres artistes, à une *Vie de la Vierge*, pour l'église des Jésuites. Historien de l'art, il publia le *Peintre amateur et curieux ou description générale des tableaux dans les Pays-Bas* (Bruxelles, 1736, 2 tomes).

MENSAQUE A. ou **Mensaques**
XIXe siècle.
Peintre de natures mortes.
Il travaillait à Séville en 1863.
Ventes Publiques : Paris, 13 déc. 1989 : *Nature morte aux légumes et poissons*, h/t (80x108) : **FRF 32 000** – Londres, 31 oct. 1996 : *Nature morte aux citrons* 1863, h/t (61x43) : **GBP 3 565**.

MENSCHEL Aloysius
Né en 1782 à Rumburg. XIXe siècle. Allemand.
Paysagiste, portraitiste et restaurateur de tableaux.
Élève de l'Académie de Dresde de 1801 à 1807. Il s'établit à Berlin.

MENSCHIK Franz
Né en 1774. Mort le 25 avril 1819 à Prague. XVIIIe-XIXe siècles. Éc. de Bohême.
Peintre d'histoire.

MENSE Carlo ou **Marto**
Né en 1886 à Rheine (Westphalie). Mort en 1965 à Königswinter-sur-Rhin. XXe siècle. Allemand.
Peintre, graveur.
Il fut élève de P. Jansen à Düsseldorf et de L. Corinth à Berlin. Il travailla à Bonn et à Munich et, à partir de 1925, fut professeur à l'Académie de Breslau.
Il a figuré, en 1913, à l'historique premier Salon d'Automne allemand à Berlin. Il exposa également en 1917 à la galerie Dada à Berlin.
Il fut adepte, dans sa première époque, de l'expressionnisme. Il a

représenté des paysages de la campagne romaine, des études de femmes, des portraits et des natures mortes.

Marto

Ventes Publiques : Hambourg, 7 juin 1969 : *Portrait de femme* :**DEM 7 500** – Cologne, 4 déc. 1970 : *Diana* : **DEM 8 500** – Hambourg, 7 juin 1974 : *Alice Wenglov* 1926 : **DEM 12 000** – Hambourg, 4 juin 1976 : *Paysage escarpé*, gche (39,6x49,3) : **DEM 1 800** – Cologne, 19 mai 1979 : *Paysage montagneux*, h/cart. (64x79) : **DEM 7 500** – Londres, 27 mars 1984 : *Nu dans un intérieur* 1929, h/t (114x83) : **GBP 13 000** – Cologne, 10 déc. 1986 : *Vue de Bad Honnef*, aquar. et craies coul. (39x47) : **DEM 3 500** – Munich, 1er-2 déc. 1992 : *Les salamandres* 1917, aquar. et craie (18x14,5) : **DEM 2 875** – Londres, 23-24 mars 1994 : *Paysage avec des maisons*, aquar. et cr. (22x26,5) : **GBP 4 370** – Londres, 28 juin 1995 : *Vierge à l'Enfant* 1914, h/t (100x71,4) : **GBP 13 800**.

MENSER Fillip
XVIIe siècle. Allemand.
Sculpteur de figures.

MENSER Karl
Né le 19 juillet 1872 à Cologne. Mort en 1929 à Bonn. XIXe-XXe siècles. Allemand.
Sculpteur et peintre.
Il était docteur en médecine. Ses œuvres principales sont : le *Monument de Lacombe* (au Père Lachaise à Paris), Le buste de *Beethoven* (à Bonn), la décoration du Palais de Justice de Cologne, deux groupes (au Musée de Bonn).

MENSES Jan
Né en 1933 à Rotterdam. XXe siècle. Hollandais.
Peintre, technique mixte.
Musées : Montréal (Mus. d'Art Contemp.) : *Série Klippoth no 55* 1964.

MENSHAUSEN Hélène
Née le 20 février 1858 à Francfort-sur-le-Main. Morte en septembre 1904. XIXe siècle. Allemande.
Portraitiste.
Élève de Gussow à Berlin, de C. Duran et de Henner à Paris. Elle s'établit à Berlin.

MENSHAUSEN-LABRIOLA Frieda
Née le 9 décembre 1861 à Stendal. Morte en 1939 à Rome. XIXe siècle. Active à Kassel. Allemande.
Peintre de genre, figures, portraits, natures mortes.
Elle exposa à Dresde en 1890, obtenant une mention honorable, et en 1892. Elle figura à Munich en 1888.
Musées : Halle : *Portrait du Prof. Dr. Muff.*
Ventes Publiques : Berne, 26 oct. 1988 : *Jeune femme au bain*, h/t (65x46) : **CHF 1 800**.

MENSI Francesco
Né vers 1790. Mort en août 1888 à Alexandrie en Égypte. XIXe siècle. Italien.
Peintre.

MENSING Elisabeth
Née le 21 février 1857 à Buckebourg. XIXe siècle. Active à Berlin. Allemande.
Peintre de portraits.
Élève de Hildebrandt et de E. Schurth.

MENSING Jan
Né en 1685 à Haarlem. Mort le 4 décembre 1741 à Haarlem. XVIIIe siècle. Hollandais.
Peintre.
Élève de Jan Van der Vinne ; maître en 1705.

MENSION C. J.
Né en 1882 à Delft. XXe siècle. Hollandais.
Peintre de paysages et de figures.
Élève de F. Helfferich.

MENTA Edouard John ou **Mentha**
Né le 9 mars 1858 à Genève. Mort en 1914. XIXe siècle. Suisse.
Peintre de genre, portraits, paysages.
Élève de Barthélémy Menn, il travailla souvent sur la Riviéra, et fut influencé par les impressionnistes.

Menta

Bibliogr. : Gérald Schurr, in : *Les Petits Maîtres de la peinture 1820-1920, valeur de demain*, Les Éditions de l'Amateur, t. V, Paris, 1981.

Musées : Beauvais (Mus. de l'Oise) : *Le peintre en plein air* – Neuchâtel : *Sainte-Marie, Alpes-Maritimes* – Nice (Mus. Chéret) : Album de trois cent soixante-quatorze croquis sur la Riviéra.
Ventes Publiques : Paris, 27 oct. 1944 : *La femme au perroquet* : **FRF 4 400** – Paris, 15 nov. 1950 : *Le savetier* : **FRF 32 000** – Paris, 8 déc. 1976 : *Jeune fille au bouquet*, h/t (36x28) : **FRF 3 300** – Copenhague, 9 nov. 1977 : *La modiste* 1895, h/t (161x101) : **DKK 34 000** – Roubaix, 29 oct. 1978 : *La marchande de marrons*, h/t (54x37) : **FRF 6 000** – Londres, 20 avr 1979 : *La repasseuse* 1896, h/t (160,2x99,2) : **GBP 1 600** – Londres, 16 mars 1983 : *Le Marchand d'oiseaux*, h/t (77x64,5) : **GBP 6 000** – New York, 2 déc. 1986 : *Vues et scènes de Nice*, aquar. et gche, album de vingt-neuf œuvres (47x30,5) : **USD 4 750** – Londres, 30 mai 1986 : *Deux femmes sur une terrasse regardant Florence*, h/t (98x63) : **GBP 10 000** – Londres, 25 juin 1987 : *Service à volonté*, aquar., gche et cr., album de trente œuvres (47x30) : **GBP 5 200** – Paris, 14 déc. 1990 : *Paysage du Dauphiné* 1882, h/t (45x70) : **FRF 4 800** – New York, 20 fév. 1992 : *La femme au perroquet et aux oiseaux*, h/t (80x64,8) : **USD 14 300** – New York, 28 mai 1992 : *Le petit cuisinier*, h/t (65,1x43,8) : **USD 7 700** – Londres, 16 nov. 1994 : *La repasseuse* 1896, h/t (162x101) : **GBP 15 525** – Zurich, 25 mars 1996 : *Clown avec un singe*, h/t (46x32) : **CHF 6 900**.

MENTEL Hans. Voir **MENTELIN**

MENTELER Franz Joseph
Né le 23 novembre 1777 à Zug. Mort le 14 avril 1833. XIXe siècle. Suisse.
Peintre.

MENTELER Franz Thaddäus I
Né le 19 novembre 1712 à Zug. Mort le 25 avril 1789. XVIIIe siècle. Suisse.
Peintre.
Étudia à Augsbourg et à Vienne.

MENTELER Franz Thaddäus II
Né le 8 décembre 1751 à Zug. Mort le 16 septembre 1794. XVIIIe siècle. Suisse.
Peintre.
Élève de Melon à Strasbourg et de Wyrsch à Besançon. A exécuté des tableaux d'autel.

MENTELER Kaspar Anton
Né en 1783 à Zug. Mort en 1837 à Zug. XIXe siècle. Suisse.
Peintre.
Le Musée de Berne conserve de lui : *Portrait du docteur Wyss.*

MENTELIN Hans ou **Mentel**
Né à Schlettstadt. Mort le 12 décembre 1478. XVe siècle. Suisse.
Enlumineur et imprimeur.
Il fit son apprentissage chez Gutenberg, et exerça à partir de 1460 la profession d'imprimeur à Strasbourg. Il est parfois considéré comme l'inventeur de l'imprimerie.

MENTEN Paulo
Né en 1927. XXe siècle. Brésilien.
Graveur.
Il a étudié la gravure avec Livio Abramo. Il a reçu des prix aux salons d'Art Moderne du Brésil et à la Biennale de São Paulo.

MENTEN Peter
XVIIIe siècle. Actif à Vluyn. Britannique.
Céramiste.
Est l'auteur d'un tableau : le *Sauveur, l'ermite et l'ange* qui passa du Musée de Sigmaringen à celui de Crefeld.

MENTESSI Giuseppe
Né le 29 septembre 1857 à Ferrare (Emilie-Romagne). Mort le 29 mai 1931 à Milan (Lombardie). XIXe-XXe siècles. Italien.
Peintre, graveur.
Il fut élève de l'Athénée de Ferrare, de l'Institut des Beaux-Arts de Parme et de l'Académie Brera de Milan. Professeur à l'Académie de Milan. Il a obtenu une médaille d'argent à Paris en 1900 lors de l'Exposition universelle à Paris.
La critique italienne le classe parmi les représentants de la « Pittura lirica ». En fait, c'est un réaliste donnant volontiers à ses modèles les attitudes du songe.
Musées : Lugano : *Saint François* – Milan (Gall d'Arte Mod.) : *Le Petit Maître* – Rome (Gal. d'Arte Mod.) : Triptyque – Venise (Gal. d'Arte Mod.) : *Vision triste.*
Ventes Publiques : Milan, 25 mai 1978 : *Lenno* 1909, h/pan. (30,5x22,5) : **ITL 1 100 000** – Milan, 6 nov. 1980 : *Paysage lacustre*, h/cart. (35x25) : **ITL 1 400 000** – Milan, 27 mars 1984 : *Tempo di guerra, vana attesa* 1916, past. (85x63) : **ITL 3 500 000** –

Rome, 26 mai 1993 : *Scène historique*, h/t (30x50) : **ITL 1 000 000** – Milan, 26 mars 1996 : *Vue de Lenno sur le lac de Côme* 1912, h/pan. (30,5x23) : **ITL 4 370 000.**

MENTHA Édouard. Voir **MENTA**

MENTION Louis Théodore
Né au XIXe siècle à Mantes (Yvelines). XIXe siècle. Français.
Peintre de paysages.
Élève de Corot. Exposa au Salon de Paris entre 1849 et 1870.

MENTON Frans
Né vers 1550. Mort le 24 mars 1615 à Haarlem probablement. XVIe-XVIIe siècles. Actif à Alkmaar. Hollandais.
Peintre.
Élève de Frans Floris. On cite de lui une *Assomption*, dans l'église des Jésuites d'Anvers. Il a gravé des planches pour l'*Histoire de Loth*.

MENTOR Blasco
Né le 13 novembre 1918 à Barcelone. XXe siècle. Vivant dans le Var. Espagnol.
Peintre de compositions à personnages, figures, nus, peintre de décors de théâtre, décorateur, graveur, dessinateur, illustrateur.
Il se forma en exerçant divers métiers en rapport avec la peinture, a étudié également à l'École des Beaux-Arts de Barcelone. Vers vingt ans, il quitta l'Espagne pour la France, s'installa dans le Var.
Il participe à des expositions collectives, notamment au Salon des Peintres Témoins de leur temps à Paris, et à l'étranger. Il montre ses œuvres dans de nombreuses expositions personnelles, dont : Saint-Denis, en 1985, pour une rétrospective de ses peintures (1935-1982) ; Paris, en 1989, le Salon d'Automne lui rendant hommage ; 1991, au Musée Bourdelle. Il expose aussi en Allemagne, aux États-Unis, en U.R.S.S., au Japon, etc. Il a obtenu plusieurs décorations et récompenses : une médaille d'argent de l'Académie des Beaux-Arts de Barcelone ; un prix de dessin à Paris en 1953 ; déclaré hors concours au prix de la Critique en 1953 ; la médaille Floralies en 1959 à Paris ; le Prix des Peintres Témoins de leur Temps pour l'ensemble de son œuvre en 1966 ; la médaille d'or de la ville de Montrouge en 1967 ; la Grande médaille de Mantes-la-Jolie en 1977.
Il peint dans une gamme de bruns et dans un style sculptural qui évoquent Gromaire, des compositions à personnages, des scènes de foire, de cirque, de carnaval, de la vie quotidienne qui ont tendance à se transformer parfois en une célébration fantastique. Il a décoré la Maison de la culture de La Courneuve, d'une grande composition murale : *La Conquête du Bonheur* (1968). Il a participé à la réalisation de décors de théâtre et conçu des décorations pour des paquebots. Il a réalisé plusieurs éditions de lithographies, dont un album édité par J. M. Barton à New York, et *Les Amours* d'Ovide.

Musées : Mulhouse : *Centaure terrassant un taureau* 1953.
Ventes Publiques : Versailles, 12 mai 1976 : *Tauromachie*, h/t (89x130,5) : **FRF 6 800** – Versailles, 4 déc. 1977 : *L'homme à la pipe*, h/t (91,5x129,5) : **FRF 5 200** – Versailles, 25 nov 1979 : *Jeune femme nue assise* 1967, h/t (81x60) : **FRF 7 200** – Versailles, 16 juin 1983 : *Chevaux de cirque* 1959, h/t (145x114,5) : **FRF 10 000** – Versailles, 19 juin 1985 : *Le guéridon rouge aux fleurs et aux fruits* 1959, h/t (81x65) : **FRF 15 000** – Versailles, 25 mai 1986 : *Grand bouquet de fleurs* 1957, h/cart. mar./t. (100x81) : **FRF 19 000** – Versailles, 25 oct. 1987 : *Nu devant la fenêtre et clown aux fleurs* 1961, h/t (92x73) : **FRF 18 200** – Paris, 19 mars 1988 : *Nature morte aux fruits et aux fleurs*, h/t (81x66) : **FRF 15 000** – Paris, 24 avr. 1988 : *Le peintre et son modèle*, h/t (65x54) : **FRF 14 000** – Paris, 23 juin 1988 : *Village pavoisé le 14 juillet*, h/t (65x81) : **FRF 14 500** – Versailles, 25 sep. 1988 : *Scène de tauromachie* 1957, h/isor. (33x41) : **FRF 10 500** – Versailles, 18 déc. 1988 : *La fête foraine*, h/t (114x146) : **FRF 61 000** – Neuilly, 27 mars 1990 : *Le Clocher*, h/t (54x65) : **FRF 53 000** – Aurillac, 13 avr. 1990 : *Nu au peintre barbu*, h/t (80x116) : **FRF 125 000** – Aubagne, 20 mai 1990 : *Divertissements*, h/t (81x116) : **FRF 155 000** – Paris, 17 oct. 1990 : *Le Concert*, h/t (88,5x116) : **FRF 105 000** – Paris, 30 nov. 1990 : *La Fête des fleurs à Florence*, h/t (46x55) : **FRF 20 000** – Fontainebleau, 16 juin 1991 : *Le pressoir*, h/t (73x92) : **FRF 88 000** – Paris, 16 avr. 1992 : *Nu allongé sur le divan rouge* 1960, h/t (60x73) : **FRF 43 000** – Amsterdam, 26 mai 1993 : *Femme à l'éventail*, h/t (81x65) : **NLG 8 050** – New York, 2 nov. 1993 : *Bouquet de fleurs*, h/t (92x73) : **USD 4 830** – Paris, 22 mars 1994 : *Nu au balcon*, h/t (81x65) : **FRF 31 000** – New York, 30 avr. 1996 : *Femme nue*, h/t (46x38) : **USD 3 450** – Paris, 3 mai 1996 : *Le Cirque* 1994, past./traits de cr. (29,5x41) : **FRF 6 500** – Paris, 28 oct. 1996 : *Satire de la corrida*, h/t (54x65) : **FRF 24 500** – Paris, 12 déc. 1996 : *Nu au balcon*, h/t (81x65) : **FRF 23 000** – Calais, 23 mars 1997 : *Le Bain de soleil*, h/t (55x65) : **FRF 24 300** – Paris, 11 avr. 1997 : *Nature morte aux fraises*, h/t (55x33) : **FRF 4 200.**

MENTZ, Mentzel, Mentzinger. Voir aussi **MENZ, MENZEL** et **MENZINGER**

MENTZ Albrecht
XVe siècle. Actif à Rottweil. Allemand.
Peintre.
Le Musée de Soleure conserve de lui deux tableaux (*Quatre saints* et *Crucifiement*).

MENTZEL Otto Moritz
Né le 6 août 1838 à Dresde. Mort le 27 février 1901 à Prague. XIXe siècle. Allemand.
Sculpteur.
Élève de Hähnel. A séjourné de 1862 à 1864 à Rome et devint de 1874 à 1885 directeur de l'École d'orfèvrerie de Prague. Le Rudolfinum de Prague possède de lui un buste en marbre d'*Em. A Max* et le Musée de Brunswick : un buste de bronze de *Carl Andree*.

MENTZINGER Hans
Né en 1492 à Bâle. Mort en 1550. XVIe siècle. Suisse.
Sculpteur sur pierre.

MENTZUIS Balthasar
XVIe siècle. Travaillant à Nimègue, dans la seconde moitié du XVIe siècle. Hollandais.
Graveur sur bois.

MENU-PICART Joseph Isidore
Né en 1815 à Reims (Marne). Mort en 1892. XIXe siècle. Français.
Peintre.
Le Musée de Reims conserve de cet artiste des esquisses en grisaille.

MENUET Louis
Né en 1689 à Paris. Mort le 28 mai 1755 à Nancy (Meurthe-et-Moselle). XVIIIe siècle. Actif à Nancy. Français.
Sculpteur sur bois.
Il travailla au Palais ducal, à l'Hôtel de l'Intendance et de 1750 à 1752 à la Maison des Comédiens.

MENUGE-CREPEAUX Claude
Né le 2 juillet 1930. XXe siècle. Français.
Peintre de figures, portraits.
Il participe à des expositions collectives : à Paris, au Salon des Indépendants ; en province : dans le Sud de la France, à Soissons, Bergerac et Amiens. Plusieurs récompenses.

MENUISIER Jean Pierre ou **Menusier**
Né le 6 juin 1783 à Metz. XIXe siècle. Français.
Peintre de portraits.
Il fut l'un des meilleurs élèves d'Aubry et d'Isabey. Il travailla à Metz ainsi qu'à Paris. L'abbaye de Nelbeck possède trois tableaux signés de lui : *Napoléon* (1815), *Marie-Louise* (1812) et le *Roi de Rome* (1819).
Ventes Publiques : Paris, 1897 : *Portrait de Napoléon Ier* 1813, miniature : **FRF 160.**

MENUS Alexandre
Né en 1964 à Leningrad. XXe siècle. Russe.
Peintre.
Il fut élève de l'Institut Mukhina. Fondateur du groupe *SVOI* (Les nôtres).
Ventes Publiques : Paris, 8 déc. 1990 : *Fruits-poissons*, h/t (110x150) : **FRF 3 600.**

MENY
XVIIIe siècle. Actif à Nancy. Français.
Sculpteur.
Il fit les bas-reliefs de la façade de l'église Saint-Sébastien de cette ville vers 1731.

MENZ Johann Georg. Voir **MERZ**

MENZ Max von
Né le 1er septembre 1824 à Wasserbourg. Mort le 3 mai 1895 à Munich. XIXe siècle. Allemand.

Peintre d'histoire et graveur.
Élève de l'Académie de Munich. Le Musée National de cette ville possède trois de ses fresques.
VENTES PUBLIQUES : VIENNE, 14 mars 1984 : *Paysage boisé sous un ciel orageux* 1852, h/t (82x110) : **ATS 60 000**.

MENZ Willy
Né le 6 janvier 1890 à Quezaltenango (Guatémala). XXe siècle. Allemand.
Peintre, graveur.
Il fut élève de l'École des Beaux-Arts de Brême, où il devint professeur.

MENZANI Filippo
XVIIe siècle. Actif à Bologne vers 1660. Italien.
Peintre.
Il fut élève et copiste d'Albani.

MENZEL Adolf Friedrich Erdmann von
Né le 8 décembre 1815 à Breslau. Mort le 9 février 1905 à Berlin. XIXe siècle. Allemand.
Peintre d'histoire, genre, portraits, paysages, paysages urbains, intérieurs, aquarelliste, pastelliste, graveur, dessinateur.
Il fut formé par un père lithographe, puis il devint élève de l'Académie de Berlin jusqu'à la mort de son père. Ses tableaux historiques l'ont rendu célèbre ; il était un peintre quasi officiel honoré par l'empereur. Il fut membre des Académies de Berlin en 1853, de Vienne et de Munich, de Dresde, de Bruxelles ; membre du Sénat de l'Académie des Beaux-Arts à Berlin en 1875. Le 8 décembre 1885, à son 70e anniversaire, l'Académie des Beaux-Arts de Berlin fit une exposition de ses œuvres. Il reçut de nombreuses médailles : 1857 Berlin, 1879 Munich, 1883-1888 Vienne, 1893 Chicago, 1894 Anvers. Une rétrospective de son œuvre eut lieu au musée d'Orsay à Paris en 1996.
Cette gloire a pu depuis paraître incompréhensible, surtout aux yeux de ceux qui voient son œuvre plus proche de la probité d'un Meissonier, que des impressionnistes. De taille singulièrement petite, il montra dans l'accomplissement de sa carrière la ténacité et l'esprit de revanche du misanthrope et célibataire endurci qu'il fut toute sa vie. Après des débuts difficiles, il connut le succès par la commande d'une grande série de dessin pour *L'Histoire de Frédéric le Grand* de Kugler, en 1840-1842. Généralement, il peignait des scènes de la vie quotidienne sur de petits formats, des intérieurs ; sa propre chambre, 1847 ; des scènes en extérieur, qui présagent l'impressionnisme, la construction d'une ligne de chemin de fer. Au cours de plusieurs voyages à Paris, en 1855, 1867, 1868, il connut Courbet. De 1867, date un *Dimanche au jardin des Tuileries*, au Musée de Dresde, qui ne peut ne pas évoquer le même sujet traité par Manet. En 1856, il avait peint un *Théâtre du Gymnase*, dans un éclairage artificiel heurté, à la manière de Daumier. Peut-être à la suite de la commande qui avait marqué ses débuts, il vouait une grande admiration à Frédéric le Grand, qui lui fit peindre, en 1850, huit grands tableaux consacrés au souverain, parmi lesquel : *Le concert de flûte*, et *Le repas à Sans-Souci*, tous deux à Berlin, dont les personnages, parmi lesquels on reconnaît Voltaire, sont tous traités comme de véritables portraits. En 1875, il peignit une œuvre qui eut alors un grand retentissement : *Le laminoir*, également à Berlin ; on a voulu y voir une tentative pour magnifier la beauté du monde industriel naissant. La plupart des œuvres de Menzel se trouvent à la Galerie Nationale de Berlin, où sont réunis une quarantaine de tableaux et plusieurs milliers de dessins. L'Association des Artistes berlinois possède son tableau célèbre : *Chodowiekci, dessinant sur un pont de Berlin*.

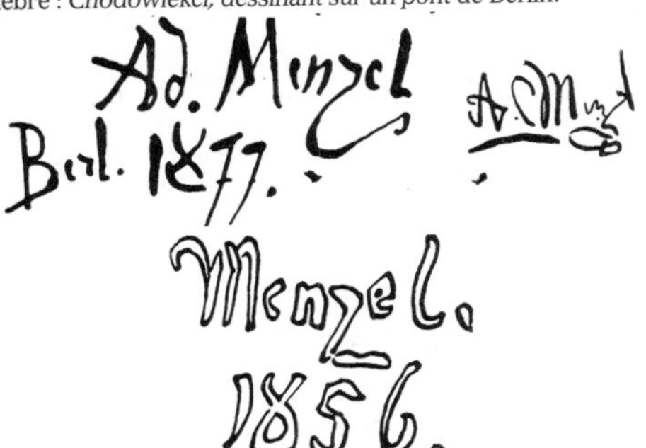

BIBLIOGR. : Elfried Bock : *Adolf Menzel. Verzeichnis seines graphischen Werkes*, Berlin, 1923 ; Alan Wofsy Fine Arts, San Francisco, 1990.
MUSÉES : BERLIN : *Table ronde de Fréderic II à Sans Souci – Concert de flûtes de Frédéric II à Sans Souci – Cyclopes modernes – Le Chemin de Berlin à Potsdam – La chambre au balcon – Couronnement du roi Guillaume à Königsberg en 1861 – Départ de Guillaume pour l'armée le 31 juillet 1870 – Profil d'homme – Policier et dame dans le jardin des Tuileries – Cheval de trait – Homme endormi – Mlle F. Arnold – Discours de Frédéric le Grand à ses généraux avant la bataille de Leuthen – Réunion le soir – La chambre à coucher – Homme reposant – Logement – M. C.-H. Arnold – Faucon se précipitant sur un pigeon – Étude de nuages – Henri VIII dansant avec Anne de Boleyn – Le théâtre du Gymnase – Le souper du bal – Construction avec pâturage – Mur d'atelier – Communs et cour – Mme Clara Schmidt et Knobelsdorff – La cour de justice – Flambeau d'étudiant – Jeune fille – Tête de cheval – Vue sur des maisons – Siegfried von Feuchtwangen et Ludgen von Braunschweig – Vue sur le parc du prince Albert – Jardin du palais du même prince* – Dix esquisses – BRESLAU, nom all. de Wroclaw : *Hommages des États brésiliens à Frédéric le Grand dans la salle du Conseil des princes à Breslau en 1741* – MOSCOU (Gal. Tretiakov) : *Au jardin du Luxembourg – Bohémiens errants* – MUNICH : *Tête d'étude – Chambre avec la sœur du peintre – Intérieur – Concert de salon – Balcon du château impérial de Berlin – Près de Salzbourg – Intérieur d'église – Innsbruck – Église au clair de lune – Fabrique au clair de lune – La pelisse du peintre* – Deux aquarelles – Un pastel – STUTTGART : Une aquarelle – WEIMAR : *Rencontre de Joseph II et de Frédéric le Grand*.
VENTES PUBLIQUES : PARIS, 1875 : *La promenade* : **FRF 6 000** – BERLIN, 1895 : *À sa toilette* : **FRF 1 312** ; *Projets de voyage* : **FRF 9 375** – BERLIN, 1898 : *Fréderic le Grand et la Barberini* : **FRF 18 875** ; *Fête masquée*, aquar. : **FRF 9 625** – NEW YORK, 1898 : *Le coup de l'étrier*, aquar. : **FRF 16 875** – BERLIN, 12 oct. 1899 : *Étude de tête* : **FRF 500** – PARIS, 1899 : *Chevalier blessé*, dess. à la gche : **FRF 4 750** – PARIS, 13 et 14 mars 1919 : *À la Brasserie*, dess. : **FRF 610** ; *Étude d'ouvrier fondeur*, fus. : **FRF 480** – PARIS, 26 mai 1919 : *L'homme à la bague* ; *Une main fermée*, dess. au cr. noir : **FRF 1 200** – PARIS, 8 nov. 1922 : *Tête d'enfant*, cr. : **FRF 150** – BERLIN, 30 mai 1934 : *La recrue* : **DEM 4 600** – PARIS, 29 nov. 1935 : *En wagon*, dess. et lav. de Chine sur trait de pl., reh. de gche : **FRF 6 350** – FRANCFORT-SUR-LE-MAIN, 11 mai 1936 : *Jeune officier* : **DEM 8 100** – PARIS, 30 mars 1955 : *Étude pour la cruche cassée*, cray. : **FRF 128 000** – MUNICH, 17 mai 1966 : *Artilleurs et fantassins traversant un pont*, aquar. et encre sépia : **DEM 6 600** – BERLIN, 4 et 5 avr. 1968 : *Sous la tonnelle*, aquar. et gche : **DEM 36 000** – MUNICH, 11 juin 1970 : *Intérieur d'église*, aquar. et gche : **DEM 9 200** – NEW YORK, 4 nov. 1971 : *Le concert interrompu* : **USD 50 000** – COLOGNE, 7 juin 1972 : *Scène de bal*, gche : **DEM 48 000** – MUNICH, 25 nov. 1976 : *Jeune femme en capeline* 1895, craie et estompe (21x13) : **DEM 9 000** – MUNICH, 24 nov. 1977 : *Portrait de jeune homme* 1893, cr. (21x13) : **DEM 6 200** – HAMBOURG, 3 juin 1978 : *La pâtisserie en plein-air à Kissingen* 1893, gche (18,2x26) : **DEM 156 000** – LONDRES, 10 mai 1979 : *Friedrich pendant son voyage en Italie*, fus. et reh. de blanc/pap. beige (38x24) : **GBP 19 000** – LONDRES, 10 mai 1979 : *Femme avec jumelles* 1853, past. (28x24) : **GBP 14 000** – NEW YORK, 30 oct. 1980 : *La fin de Yom Kippour* 1901, h/cart. (27x18,5) : **USD 32 500** – MUNICH, 13 oct. 1982 : *Portrait de vieille femme*, cr. (20,5x13) : **DEM 22 000** – LONDRES, 25 nov. 1983 : *Portrait d'homme barbu* 1855, h/pap. mar./t. (58,5x46,2) : **GBP 38 000** – COLOGNE, 2 juin 1984 : *Le repas interrompu* 1872, aquar./pap. (28x19) : **DEM 110 000** – LONDRES, 21 juin 1984 : *Homme examinant une bague* 1897, h./cr. (21x13,3) : **GBP 12 000** – NEW YORK, 24 mai 1985 : *Au zoo*, aquar. et gche/pap. bis (22,7x16,2) : **USD 26 000** – BERLIN, 5 déc. 1986 : *Am alten Brunnen in Würzburg*, aquar. et gche/traits craie noire reh. de blanc (20x13) : **DEM 41 000** – HAMBOURG, 13 juin 1987 : *La lecture du journal* 1898, cr. (12,2x16,4) : **DEM 9 000** – MUNICH, 18 mai 1988 : *Étude de perdrix*, past. (12x19) : **DEM 18 700** – LONDRES, 24 juin 1988 :

Une table de jeu 1899, fus. (30x40) : **GBP 9 900** – MUNICH, 29 nov. 1989 : *Étude de bébé* 1873, cr. (21x13) : **DEM 16 500** – NEW YORK, 28 fév. 1990 : *Portrait d'un homme portant la barbe* 1894, cr./pap. (40,6x28) : **USD 28 600** – LONDRES, 5 oct. 1990 : *Étude d'homme*, craie noire/pap./cart. (13x20,4) : **GBP 3 740** – NEW YORK, 24 oct. 1990 : *Portrait d'un vieil homme*, cr./pap. crème (21,4x13) : **USD 24 200** – MUNICH, 12 juin 1991 : *Portrait d'un homme avec des lunettes* 1893, cr. (21x13) : **DEM 30 800** – LONDRES, 21 juin 1991 : *Étude du costume du lieutenant-général Hans Karl von Winterfeld*, fus. avec reh. de blanc/pap./cart. (30,2x24,8) : **GBP 16 500** – MUNICH, 10 déc. 1991 : *Les joueurs de billard*, encre et lav. (17x23,5) : **DEM 28 750** – HEIDELBERG, 11 avr. 1992 : *Homme marchant avec un parapluie sous un bras*, cr. (16x10,2) : **DEM 9 200** – NEW YORK, 27 mai 1992 : *Un prêtre descendant un perron sous un porche baroque* 1884, craie noire/pap. ivoire (31,2x23,5) : **USD 24 200** – MUNICH, 26 mai 1992 : *Étude de la Piazza d'Erbe à Vérone*, cr. et fus. (30,5x23) : **DEM 36 800** – MUNICH, 7 déc. 1993 : *Le temps qui passe* 1848, past. et cr. blanc/pap. brun (29,5x23) : **DEM 351 900** – LONDRES, 17 juin 1994 : *Faucon*, cr./pap. (16,8x11,1) : **GBP 2 875** – LONDRES, 13 oct. 1994 : *Une dame vue de dos* 1888, fus. et lav. gris/pap./cart. (20x12,4) : **GBP 40 000** – NEW YORK, 29 juin 1995 : *Homme marchant sous la pluie vue de dos*, past., fus. et aquar./pap. beige (29,8x17,8) : **USD 29 900** – LONDRES, 9 oct. 1996 : *Le Café indien à Vienne*, h/pap. : **GBP 150 000** – MUNICH, 23 juin 1997 : *Programme de fête pour Ludwig Pietsch* 1889, cr./pap. (30,5x21) : **DEM 33 600**.

MENZEL Antonia

XIXe siècle. Travaillant à Vienne vers 1830. Autrichienne.

Peintre de portraits.

Elle exposa en 1834 un portrait du *Comte Almasy*.

MENZEL Johann Georg ou **Mentzel**

Né en 1675 à Leipzig. Mort le 3 avril 1743 à Leipzig. XVIIIe siècle. Allemand.

Graveur.

Élève d'Andresohn. Travailla à Leipzig. Grava des portraits, en particulier celui de Frédéric IV de Danemark, de la tzarine de Russie Anna Iwanowna, de Frédéric Guillaume Ier de Prusse et d'Auguste II de Pologne. Il fut employé par Philippe d'Orléans et l'impératrice Anne de Russie.

MENZEL Johann Sigismund

Né en 1744. Mort le 25 mai 1810. XIXe siècle. Actif à Warmbrunn. Allemand.

Graveur sur pierre, sur verre, dessinateur, silhouettiste.

Les Musées de Warmbrunn, Stuttgart, Berlin et Kassel possèdent de ses œuvres.

MENZEL Julie

Née le 14 septembre 1863 à Vienne. XIXe siècle. Active à Vienne. Autrichienne.

Peintre de portraits et d'intérieurs.

Élève de Amerling.

MENZEL Karl August David

Né en 1774 à Ende. Mort le 21 mars 1801 à Ende. XVIIIe siècle. Allemand.

Graveur au burin.

Fut un des élèves les plus doués d'Oeser, dont il grava du reste le portrait.

MENZEL Luise

Née le 1er mars 1854 à Leipzig. XIXe siècle. Active à Berlin. Allemande.

Graveur et peintre de céramiques.

Élève de Alex. Kips et propriétaire depuis 1880 d'un atelier pour la peinture sur porcelaine.

MENZIES John

XIXe siècle. Actif à Londres et Hull. Britannique.

Peintre de paysages.

Il travailla à Hull de 1864 à 1892.

MENZIES William

XIXe-XXe siècles. Actif à Londres de 1886 à 1902. Britannique.

Peintre de genre et de portraits.

La Collection Merton à Oxford nous offre sous sa signature : *Portrait d'H. S. Giffard.*

VENTES PUBLIQUES : LONDRES, 12 juin 1985 : *The halloween candle*, h/t (75x62) : **GBP 5 200** – NEW YORK, 29 oct. 1987 : *Before the Masters of the Art* 1887, h/t (91,4x142,2) : **USD 7 000**.

MENZINGER Moritz

Né en 1832 à Karansebes (Hongrie). XIXe siècle. Hongrois.

Paysagiste.

Élève de l'Académie de Vienne. Exposa à Vienne à partir de 1869.

MENZINGER Valentin. Voir **METZINGER**

MENZIO Francesco

Né en 1899 à Tempio Pausania (Sardaigne). Mort en 1979 à Turin (Piémont). XXe siècle. Italien.

Peintre.

En 1912, il s'installa à Turin, où il fut élève de l'Académie Albertine. Il fut le rénovateur de la vie artistique de cette ville. Il voyagea à Paris en 1928 découvrant la peinture fauve et celle de Modigliani. En 1929, il adhéra au *Gruppo dei Sei*. Il devint professeur à l'Académie de Turin après la guerre.

Il montra ses premières expositions personnelles à Milan et Turin à partir de 1921. Il obtint le Premier Prix de Bergame en 1942.

Son œuvre de jeunesse est influencé par Casorati. Son voyage en France le convainc de travailler les aplats de couleurs vives. Menzio évoluera vers un maniement tout en souplesse de la couleur, à tendance abstraite et décorative.

BIBLIOGR. : E. Persico : *I sei di Torino*, Turin, 1929 – A. Galvano : *Francisco Menzio*, Turin, 1971 – in : *Dictionnaire de l'art moderne et contemporain*, Hazan, Paris, 1992.

VENTES PUBLIQUES : MILAN, 6 avr. 1976 : *Fenêtre ouverte* 1922, h/cart. (56x50) : **ITL 2 600 000** – MILAN, 13 déc. 1977 : *Deux têtes*, h/t (54x45) : **ITL 2 700 000** – MILAN, 26 juin 1979 : *Fleurs* 1974, techn. mixte/pap. mar./t. (100x70) : **ITL 3 000 000** – MILAN, 18 déc 1979 : *Nature morte*, h/t (50x70) : **ITL 3 800 000** – LONDRES, 29 mars 1982 : *La robe rose*, h/t (60x49) : **GBP 2 800** – ROME, 5 mai 1983 : *Porticciolo di Alassio con barche*, h/t (50,5x67,5) : **ITL 5 200 000** – ROME, 22 mai 1984 : *Paysage de neige*, techn. mixte (35,5x39) : **ITL 1 800 000** – MILAN, 12 nov. 1985 : *Couple nu*, h/t (71x120) : **ITL 8 500 000** – MILAN, 19 juin 1986 : *Nus couchés*, h/t (21x120) : **ITL 8 500 000** – ROME, 7 mars 1988 : *Paysage romain* vers 1948, h/t (40x50) : **ITL 800 000** – ROME, 21 mars 1989 : *Eva* 1946, h/t/pan. (51,5x41) : **ITL 4 500 000** – MILAN, 7 juin 1989 : *Vue de Alassio* 1947, h/t (45x59) : **ITL 9 000 000** – MILAN, 19 déc. 1991 : *Paysage lacustre*, h/cart. (50x70) : **ITL 6 000 000** ; *Nu endormi* 1955, h/t (60x120) : **ITL 10 000 000** – ROME, 12 mai 1992 : *Nature morte avec un vase de fleurs*, h/t (70x50) : **ITL 7 400 000** – ROME, 30 nov. 1993 : *Nu féminin*, h/t (58,5x85) : **ITL 11 500 000** – MILAN, 12 déc. 1995 : *Jeune fille assise*, temp./pap. entoilé (100x71) : **ITL 9 200 000** – MILAN, 18 mars 1997 : *Le Pays*, h/t (54x73) : **ITL 24 465 000**.

MENZLER Wilhelm

Né le 28 mars 1846 à Kassel. Mort en 1926. XIXe siècle. Actif à Munich. Allemand.

Peintre de genre, portraits, fleurs.

Il fut élève de J. Van Lerins. Il exposa à Vienne à partir de 1891.

MUSÉES : BUDAPEST – SYDNEY (Mus. Saint-Louis).

VENTES PUBLIQUES : PARIS, 16 et 17 mai 1892 : *La rose* : **FRF 700** ; *Portrait d'une dame du XVIe siècle* : **FRF 520** – LOS ANGELES, 9 avr. 1973 : *Portrait de jeune fille* : **USD 1 400** – LONDRES, 30 nov. 1977 : *Portrait de jeune femme*, h/pan. (35x23,5) : **GBP 1 600** – NEW YORK, 30 mai 1980 : *Femme au chapeau à plume* 1885, h/pan. (18,1x15,2) : **USD 1 900** – DÜSSELDORF, 8 déc. 1982 : *Jeune fille à la marguerite au bord d'un lac*, h/t (90x62) : **DEM 14 000** – NEW YORK, 1er mars 1984 : *Rêverie*, h/t (82x56,5) : **USD 2 000** – DÜSSELDORF, 15 oct. 1986 : *Rêverie*, h/t (82x56) : **DEM 7 000** – LONDRES, 16 fév. 1990 : *Dans la roseraie*, h/t (76x51) : **GBP 5 720** – NEW YORK, 26 mai 1992 : *Jeune femme près d'un pied de pivoines* ; *Personnages dans un jardin*, h/pan., recto-verso (32,4x21) : **USD 1 320** – NEW YORK, 16 juil. 1992 : *Le bébé de Tatiana*, h/t (63,5x41,9) : **USD 7 700** – LONDRES, 7 avr. 1993 : *Portrait de jeune fille*, h/pan. (18x14) : **GBP 1 725** – NEW YORK, 22-23 juil. 1993 : *Jeune fille avec des roses* 1894, h/t (34,3x25,4) : **USD 8 050** – NEW YORK, 15 fév. 1994 : *Mélancolie au jardin*, h/t (69,2x48,2) : **USD 25 300** – LONDRES, 17 avr. 1996 : *Jeune femme en velours bleu*, h/pan. (38x24) : **GBP 2 530** – LONDRES, 21 mars 1997 : *L'Arrangement des fleurs*, h/t (95,2x65,5) : **GBP 11 500**.

MENZLER-PEYTON Bertha S.
Née en 1874 à Chicago (Illinois). XXe siècle. Américaine.
Peintre de paysages.
À Paris, elle fut élève de Luc-Olivier Merson, Raphaël Collin, Edmond Aman-Jean. Elle se maria avec Alfred Peyton.
Ventes Publiques : Bolton, 18 nov. 1982 : *Blackie and company*, h/t (76,2x102) : **USD 2 300**.

MENZOCCHI. Voir **MANZOCCHI**

MEO. Voir aussi **BARTOLOMMEO**

MEO di Pero
XIVe siècle. Actif à Sienne. Italien.
Peintre.
Il restaure en 1383 la fresque de la Madone à la porte de la cathédrale de Sienne et peint des animaux pour l'autel de Saint-Antoine.

MEO da Siena
XIVe siècle. Italien.
Peintre.
Son œuvre atteste le triomphe de la peinture de Sienne à Pérouse où son influence fut considérable. On cite de lui d'abord le *Polyptyque* de la Pinacothèque de Pérouse, puis des tableaux religieux à Pérouse même et au Musée Städel de Francfort-sur-le-Main.

MÉON
Né vers 1750 à Reims (Marne). Mort vers 1795 à Paris. XVIIIe siècle. Français.
Peintre de portraits et dessinateur.
Élève de Monthelon. Pensionné par la ville de Reims, il devint professeur de dessin à l'École royale militaire. C'est d'après ses projets que Martinet et Monnet ont établi dix-huit vignettes pour les œuvres complètes de Palissot. Le Musée de Reims nous offre deux de ses portraits.
Ventes Publiques : Paris, 19-22 mai 1919 : *Portrait de fillette ; Garçonnet*, deux dess. cr. de coul. : **FRF 1 820**.

MEONI Vittorio
Né en 1872. XXe siècle. Italien.
Peintre.
Musées : Florence (Gal. d'Art Mod.).

MÉQUIGNON François Guillaume
XVIIIe siècle. Actif à Paris. Français.
Sculpteur.
Membre en 1741 de l'Académie Saint-Luc. Il décora de 1756 à 1760 le château de Cramayel en Brie.

MEQUIGNON Peter
Né en 1768 à Dublin. Mort le 26 septembre 1826 probablement à Londres. XVIIIe-XIXe siècles. Britannique.
Peintre de portraits et d'histoire.
Il fut élève de l'Académie de Londres et travailla à Dublin de 1800 à 1801 et à Belfast en 1802.

MÉQUILLET Gustave
Né au XIXe siècle à Paris. XIXe siècle. Actif de 1860 à 1880. Français.
Peintre de genre, dessinateur.
Il fut élève de Meissonier. Il débuta au Salon de Paris en 1873.
Ventes Publiques : Londres, 17 nov. 1994 : *L'atelier de Meissonier*, cr. et aquar. (29,5x41,9) : **GBP 4 370**.

MER Johann de ou **du Mer**
XVIIe siècle. Travaillant en 1620. Hollandais.
Graveur au burin.
Élève de Hieronymus Wierix. On cite de lui quatorze planches pour *Jésus-Christ et les apôtres*, et un *Petit enfant qui marche*.

MERA Josef de
Né à Villa-Nueva de la Serena. Mort en 1734 à Séville. XVIIIe siècle. Espagnol.
Peintre.
Élève de Barnabé de B. de Ayala. Il y a des œuvres de lui au couvent des Carmélites de Séville.

J S Mera

MERA Pietro, dit **il Fiammingo**
XVIe-XVIIe siècles. Actif probablement à Bruxelles. Éc. flamande.
Peintre de scènes mythologiques, compositions religieuses.
Il vécut longtemps à Venise et travailla pour le cardinal d'Este de 1570 à 1603.
Musées : Florence : *Pan, Syrinx et nymphes* – Naples : *Vénus* – Venise (Acad.) : *Le Christ et les pèlerins d'Emmaüs* – *Le Christ servi par les anges* – Vienne (Liechtenstein) : *Naissance du Christ*.
Ventes Publiques : Rome, 13 avr. 1989 : *Le Christ au jardin des Oliviers*, h/t (91x73) : **ITL 5 000 000** – Londres, 17 avr. 1991 : *Bethsabée au bain* 1601, h/t (30x43) : **GBP 3 080**.

MERALLO Willy
Né en 1936 à La Havane. XXe siècle. Cubain.
Peintre.
Autodidacte, il commence à travailler comme céramiste en 1955. Peintre, il a adopté un style figuratif où le trait apparaît comme griffonné.

MERANO Francesco, dit **il Paggio**
Né en 1619 à Gênes. Mort en 1657, de la peste. XVIIe siècle. Italien.
Peintre.
Il fut page. Élève de Fiasella, dont il adopta le style. L'église Sainte-Anne de Gênes nous présente : *Martyre des carmélites*.

MERANO Giovanni Battista
Né en 1632 à Gênes. Mort en 1698 ou 1700 à Plaisance. XVIIe siècle. Italien.
Peintre d'histoire, compositions religieuses, fresquiste, dessinateur, graveur.
Il fut élève de Valerio Castello, mais s'inspira surtout des œuvres de Corregio qu'il alla étudier à Parme, où il s'est rendu vers 1655-1660, puis vers 1682. Il réussit assez brillamment dans cette ville et y fut employé par le duc.
On cite comme son chef-d'œuvre un *Massacre des Innocents* qu'il peignit pour l'église des Jésuites à Gênes. Il fit de nombreux autres travaux pour des églises et palais sur la côte ligure.
Bibliogr. : In : *Diction. de la peinture italienne*, coll. Essentiels, Larousse, Paris, 1989.
Musées : Darmstadt : Dessins – Gênes (Gal. Nat. di Palazzo Rosso) : Dessins – Worms (Stiftung Kunsthaus Heylshof) : Dessins.
Ventes Publiques : Londres, 14 déc. 1990 : *Fantassins romains chassant un cavalier de leur camp dans les montagnes*, h/t (53x98) : **GBP 7 700**.

MÉRARD Pierre
XVIIIe siècle. Actif à Paris. Français.
Sculpteur.
Élève de Bouchardon. Fut adjoint à professeur à l'Académie de Saint-Luc. Exposa des bustes et des médaillons au Salon de cette compagnie en 1774 et au Louvre de 1795 à 1799. On a de lui, au Musée de Versailles : *Louis-François de Bourbon, prince de Conti*.
Ventes Publiques : Paris, 5 mars 1937 : *Buste en terre cuite d'un officier volontaire de la Garde Nationale de Paris (mars 1790)* : **FRF 5 900**.

MERAULT ou **Mereaud**, famille d'artistes
XVIIIe-XIXe siècles. Français.
Peintres sur porcelaine.
Ils travaillèrent à la Manufacture de Sèvres.

MERBAH Djamel-Eddine
Né le 27 septembre 1949 à Ksar-Challala. XXe siècle. Actif entre 1970 et 1980 et depuis 1988 en Belgique. Algérien.
Peintre. Tendance abstrait-lyrique.
De 1970 à 1980, il vit en Belgique, où il suit, à partir de 1970, les cours de l'Université de Louvain en sciences appliquées et en sciences sociales. Il reprend ensuite ses études artistiques à l'Académie Royale de Bruxelles, puis de Liège. Il effectue entre temps un voyage dans le Sud algérien. Entre 1980 et 1988, il est professeur d'enseignement artistique en Algérie. Il est de nouveau résident en Algérie depuis 1988. Il fut lauréat du Grand Prix d'Algérie en 1982.
Il participe à des expositions collectives à Alger, Sofia, Tunis, Marseille... Il montre ses œuvres dans des expositions personnelles, dont : 1977, 1984, galerie El Mouggar, Alger ; 1978, Maison des Syndicats, Liège ; 1979, Centre culturel, Chênée ; 1980, Galerie des artistes, Alger ; 1986, galerie El Kettani, Alger ; 1988, galerie de l'église Saint-André, Liège ; 1989, galerie Les Chiroux, Liège ; 1991, galerie du Théâtre du Trianon, Liège ; 1991, Centre culturel algérien, Paris.
Sa peinture est vivante, colorée, principalement émotionnelle, animée de vigoureux mouvements de brosse d'où on discerne

des figures puissantes et énigmatiques. Le lyrisme de Merbah frôle l'expressionnisme, au moins dans sa forme.
Musées : Alger (Mus. Nat.).

MERBITY Marguerite Pinès de ou **Merbitz**. Voir **PINÈS DE MERBITY**

MERCADANTE Lorenzo ou **Mercader**
Originaire de Bretagne. xve siècle. Espagnol.
Sculpteur.
Fut à Séville le fondateur d'une École de sculpteurs qui travailla dans le style du gothique flamand du xve siècle.

MERCADE Jorge. Voir **MERCADE-FARRES Jorge**

MERCADE Y FABREGAS Benito
Né le 6 mars 1831 à Gérone. Mort le 10 décembre 1897 à Barcelone. xixe siècle. Espagnol.
Peintre.
Élève de Carlos de Ribera et de Lazerges. Il fut professeur de l'École des Beaux-Arts de Barcelone et exposa au Salon de Paris, médaille en 1866. Son œuvre principale est : le *Cortège funèbre de saint François* au Musée des Arts Modernes de Madrid. Les Musées de Barcelone, de Gerona et de Saragosse possèdent plusieurs autres de ses œuvres.

MERCADE-QUERALT Jaime ou **Jaume**
Né en 1889 à Valls (Terragone). Mort en 1967 à Barcelone. xxe siècle. Espagnol.
Peintre de figures, portraits, paysages, natures mortes. Postimpressionniste.
En 1908, il devint apprenti orfèvre dans un atelier de joaillier à Barcelone, travail dans lequel il excella. Il suivit également des cours de peinture à l'École d'Art de Francisco Gali-Fabra. Il finit par se consacrer entièrement à la peinture et s'installa à Condal en 1916. Il fut nommé professeur en 1919 à l'École des Métiers de la province de Catalogne.
Il figura à des expositions collectives à Pittsburgh aux États-Unis, au Musée d'Art Moderne de la Ville de Paris, aux Biennales hispano-américaines et d'Alexandrie. En 1917, il exposa pour la première fois à Condal aux Galeries Layetanas, exposition qui fut suivie de nombreuses autres. Une rétrospective fut organisée par le Cercle artistique royal de Barcelone en 1967. Il remporta plusieurs prix de peinture.
Son style de peinture s'inscrit dans une évolution qui, d'un académisme aimable et fort bien maîtrisé, s'empare, à son niveau, de certaines préoccupations postimpressionnistes, telle la relation synthétique forme-couleur.
Bibliogr. : In : *Cien anos de pintura en Espana y Portugal, 1830-1930*, t. VI, Antiqvaria, Madrid, 1991.
Musées : Barcelone (Mus. d'Art Mod.) – Madrid (Mus. d'Art Mod.).
Ventes Publiques : Madrid, 20 déc. 1976 : *Portrait de femme* 1938, h/t (61x50) : **ESP 130 000** – Barcelone, 20 juin 1979 : *Nature morte* 1937, h/t (61x53) : **ESP 160 000** – Madrid, 20 mars 1984 : *Portrait de jeune femme* 1938, h/t (61x50) : **ESP 280 000** – Barcelone, 27 mars 1985 : *Poblet* 1935, h/t (70x90) : **ESP 350 000** – Madrid, 10 déc. 1986 : *Cami de Scala Dei* 1961, h/t (73x100) : **ESP 650 000** – Barcelone, 2 avr. 1987 : *Almendros* 1926, h/t (42x65) : **ESP 400 000**.

MERCADER Lorenzo. Voir **MERCADANTE**

MERCADER Saulo
xxe siècle. Actif en France. Espagnol.
Peintre de figures, natures mortes, paysages.
Il participe à des expositions de groupe et montre ses œuvres dans des expositions personnelles, notamment à Paris, galerie Héliette Peyre.

MERCADIE Emmanuel V
Mort en 1897. xixe siècle. Français.
Graveur.
Sociétaire des Artistes Français ; il figura au Salon de ce groupement.

MERCADIER Gustave
Né à Lyon (Rhône). xixe siècle. Français.
Peintre de genre, portraits.
Élève de Bouguereau et de Cabanel. Exposa au Salon de Paris de 1880 à 1893.
Ventes Publiques : Paris, 10 déc. 1996 : *Grand-père, racontenous une histoire*, h/t (41x33) : **FRF 8 000**.

MERCADIER Louis
xixe siècle. Français.
Peintre de portraits.
Exposa au Salon de Paris de 1841 à 1848.

MERCADIER Marc
Né en 1725. xviiie siècle. Français.
Graveur au burin.
Travailla à Paris et grava principalement des vignettes.

MERCALLI Bertramo
xvie siècle. Actif à Vigevano. Italien.
Peintre.
Élève de Gaud. Ferrarri. Il a représenté *Saint Ambroise* dans une de ses toiles qui se trouve à l'Hôtel de Ville de Vigevano.

MERCANDETTI Tommaso
Né le 2 décembre 1758 à Rome. Mort le 11 mai 1821 à Rome. xviiie-xixe siècles. Italien.
Médailleur.
Élève de Girol. Rossi. Il travailla pour la Monnaie des papes.

MERCANTI Gabriele
Morte en 1646. xviie siècle. Italienne.
Peintre, sculpteur et mosaïste.
Elle travailla pour la cathédrale d'Orvieto.

MERCAR Antonio
Né vers 1788 à Madrid. xixe siècle. Espagnol.
Peintre de portraits.
Élève de l'Académie de S. Fernando.

MERCATI Bartolomeo
Mort en 1753. xviiie siècle. Actif à Bologne. Italien.
Peintre.
Élève de Burrini, D. Creti et Crespi. Il a représenté des anges pour la chapelle des Reliques de S. Petronio à Bologne.

MERCATI Giovanni Battista
Né en 1600 à Borgo San Sepolcro. xviie siècle. Italien.
Peintre et graveur à l'eau-forte.
Travailla à Rome entre 1610 et 1637. Il fut peut-être élève de Pietro da Cortona, dont, en tous cas, il copia de près le style dans ses tableaux d'histoire. L'église de Sainte-Claire à San Sepolcro conserve de lui des tableaux représentant des scènes de la vie de la Vierge. A Saint-Laurent on trouve de Mercati un tableau d'autel qui rappelle le style des Carrache. Il a gravé des sujets religieux d'après Pietro da Cortona, Corrège, et d'après ses propres dessins.
Ventes Publiques : Londres, 4 fév. 1982 : *Alcune vedute e prospettive di luoghi dishabitati di Roma*, suite de 50 eaux-fortes (9,5x13) : **GBP 1 200**.

MERCATI Venturino, ou **Venturino di Andrea dei**, appelé aussi **Venturino da Milano**
xve siècle. Italien.
Miniaturiste.
Aux dates de 1473 et 1475, on lit dans les archives de l'Opéra de la cathédrale de Sienne des comptes qui prouvent que l'artiste fut à cette époque-là payé pour l'enluminure de quelques livres du chœur de la cathédrale. Il travailla également pour le monastère Montoliveto de 1472 à 1480.

MERCATOR Gerhard
Né le 5 mars 1512 à Rupelmonde. Mort le 2 décembre 1594 à Duisburg. xvie siècle. Éc. flamande.
Dessinateur.
Son père était de Julich et sa mère de Rupelmonde en Flandres où il naquit. Après avoir travaillé à l'Université de Louvain, d'où il sortit docteur, il se maria à l'âge de vingt-quatre ans et se mit à enseigner les mathématiques et l'astronomie. Ses travaux d'astronomie le firent remarquer par le cardinal Granvelle qui le présenta à Charles Quint. Il exécuta deux globes, l'un en cristal gravé avec un diamant, l'autre en bois peint. Ce fut ce dernier qu'il présenta à l'empereur, à Bruxelles, en 1553. Comme Mercator était un ami personnel d'Ortelius, il attendit que la réputation de ce dernier fût établie avant de publier ses œuvres enluminées richement par lui-même. Son grand atlas, publié en 1594, fut entrepris en collaboration avec Jodocus Hondius. Sa femme qui vécut cependant longtemps, mourut en 1586. Il se remaria, mais fut frappé peu de temps après d'une attaque de paralysie, ce qui ne l'empêcha pas de continuer ses travaux jusqu'à sa mort.

MERCER Andrew
Né en 1775. Mort en 1842. xixe siècle. Britannique.
Peintre de miniatures, dessinateur et écrivain.
Mercer fit d'abord des dessins topographiques et écrivit des

ouvrages de théologie. Il s'adonna ensuite avec succès à la miniature, puis il se fixa à Dunfernshire comme professeur de dessin. Il y introduisit des illustrations dans les magazines locaux et écrivit aussi l'histoire de la ville.

MERCERE Blanche
Née le 17 décembre 1883 à Varsovie. xxe siècle. Française.
Peintre.
Elle fut élève de F. Humbert. Elle exposa, à Paris, au Salon des Artistes Français, à partir de 1910, où elle obtint une médaille en 1914.

MERCEREAU Charles
Né en octobre 1822 à Rochefort. Mort le 27 mars 1864 à Paris. xixe siècle. Français.
Peintre, dessinateur et lithographe.
Élève de l'École Centrale de Rochefort. Il travailla principalement pour les maisons d'éditions. Figura au Salon de 1864. Le Musée de Rochefort conserve de lui deux fusains.
Ventes Publiques : Paris, 6 juil. 1950 : *Vue du port de la Rochelle* 1855 : **FRF 4 200.**

MERCEY Bernard. Voir **L'HOMME DE MERCEY**

MERCEY Frédéric Bourgeois de. Voir **BOURGOIS DE MERCEY**

MERCHETTI Domenico. Voir **MARCHETTI**

MERCHI Gaetano
Né en 1747 à Brescia. Mort le 23 octobre 1823 à Agen. xviiie-xixe siècles. Italien.
Sculpteur de bustes.
Il était autodidacte. Il alla en 1772 à Saint-Pétersbourg appelé par Catherine II. Il vécut de 1777 à 1795 à Paris et de 1795 à 1802 à Madrid, ensuite à Bilbao. Depuis 1812 il travailla à Agen.
Musées : Agen : *Buste de A. Lauzun – Buste de B. Lauzun* – Paris (Mus. des Arts décoratifs) : *Buste de la chanteuse Guimard.*
Ventes Publiques : Londres, 29 juin 1972 : *Madeleine Guimard*, terre cuite : **GNS 320** – Paris, 14 jan. 1976 : *Buste d'homme* 1783, terre cuite : **FRF 1 600** – Rome, 7 mars 1989 : *Buste de jeune femme* 1771, marbre (H. 60) : **ITL 17 000 000.**

MERCHIORI Giovanni. Voir **MARCHIORI**

MERCIA Niccolo di Cecco del. Voir **NICCOLO di CECCO DEL MERCIA**

MERCIÉ Claude Antoine
Né le 28 décembre 1751 à Gray. Mort le 10 avril 1812 à Lyon. xviiie-xixe siècles. Français.
Médailleur, graveur.
Il grava des jetons.

MERCIÉ Fernand Antonin
Né le 12 septembre 1877 à Paris. xxe siècle. Français.
Peintre de paysages.
Fils de Marius Jean Antonin. Élève de Toffano et Delobbe. Figura au Salon des Artistes Français, société dont il est membre depuis 1909. Il y obtint une mention honorable en 1908, médaille d'agent en 1913.

MERCIÉ Marius Jean Antonin
Né le 30 octobre 1845 à Toulouse (Haute-Garonne). Mort le 14 décembre 1916 à Paris. xixe-xxe siècles. Français.
Sculpteur de monuments, groupes, figures, peintre.
Élève de François Jouffroy et d'Alexandre Falguière, il était grand prix de Rome à 23 ans (1868). Il figura au Salon de Paris, obtenant une médaille d'or en 1872 pour son *David* réalisé à Rome, une médaille d'honneur à moins de 30 ans, une autre à l'Exposition Universelle de 1878. Mercié produisit sans relâche et réalisa une longue carrière officielle ; membre de l'Institut, président de la Société des Artistes Français, Grand Officier de la Légion d'honneur. Il mourut septuagénaire.
Son premier succès retentissant fut obtenu avec *Gloria Victis* (1874) placé dans la cour de l'Hôtel de Ville de Paris. Malgré sa tendance à la sensiblerie, son *Tombeau de Louis-Philippe et Marie-Amélie*, exécuté en 1886 pour la chapelle royale de Dreux, est d'un réalisme sobre. Il couvrit la France de ses monuments. On citera le *Tombeau de Michelet* et le *Monument de Thiers*, au cimetière du Père Lachaise, le *Génie des arts*, au Carrousel du Palais du Louvre, le *Monument d'Arago*, à Perpignan, *Quand même*, à Belfort, *Génie pleurant, La Gloire et la Douleur*, monument de P. Baudry, au Père Lachaise, *Tombeau de Cabanel*, à Montpellier, *Guillaume Tell*, à Lausanne, *Jeanne d'Arc*, à Domrémy, le *Général Faidherbe*, à Lille, l'*Amiral Courbet*, à Abbeville, le *Napoléon* de la Colonne Vendôme, le *Monument Gounod*, au Parc Monceau, *Armand Silvestre*, au Cours-la-Reine, *Jeanne d'Arc entend des voix*, etc. Il réalisa, en collaboration avec Falguière, le *Napoléon* de la colonne Vendôme, à Paris. Mercié a peint aussi, notamment *Michel-Ange étudiant l'anatomie* et *Le Sein de Vénus*.

Musées : Dijon : *Dalila* – Lyon : *Reproduction en plâtre du monument de Meissonier* – Paris (ancien Mus. du Luxembourg) : *David – Vénus*, h/t – Toulouse : *Colère d'amour – La Paresse*.
Ventes Publiques : Paris, 1897 : *Gloria victis*, sculpt. : **FRF 1 290** – Paris, 4 déc. 1918 : *Nymphe endormie* : **FRF 6 000** – Paris, 9 fév. 1927 : *Espoir* : **FRF 700** – Paris, 1er juil. 1932 : *Danseuses orientales*, bronze : **FRF 450** – Marseille, 18 déc. 1948 : *Tête de jeune fille*, d'après Fraizia, modèle du sculpteur : **FRF 6 300** – Londres, 3 mars 1976 : *David avec la tête de Goliath* vers 1872, bronze (H. 70) : **GBP 360** – New York, 23 nov. 1977 : *Quand même*, bronze (H. 130,5) : **USD 2 800** – Nice, 28-29 mars 1979 : *Gloria Victis*, bronze, patine médaille (H. 108) : **FRF 9 500** – New York, 19 oct. 1984 : *Nymphe endormie*, h/t (65,5x100,3) : **USD 5 500** – Lokeren, 20 oct. 1984 : *Gloria Victis* 1875, bronze, patine brune (H. 94) : **BEF 220 000** – Londres, 20 juin 1985 : *David* vers 1875, bronze, patine dorée (H. 89,5) : **GBP 4 000** – Londres, 25 sep. 1986 : *Diane chasseresse*, bronze patine brun vert (H. 111) : **GBP 8 000** – New York, 25 mai 1988 : *Gloire aux vaincus*, bronze (H.110) : **USD 17 600** – Paris, 12 fév. 1989 : *David*, bronze à patine brun (H : 112) : **FRF 49 000** – New York, 23 mai 1989 : *Groupe allégorique : Gloria Victis*, bronze (h. 71,7) : **USD 10 450** – New York, 24 oct. 1989 : *Groupe allégorique Gloria Victis*, bronze à patine brun mordoré (H. 108) : **USD 9 350** – New York, 22 mai 1990 : *Groupe allégorique Gloria Victis*, bronze (H. 106,8) : **USD 9 900** – Nantes, 12 avr. 1991 : *Gloria Victis*, bronze (H. 120) : **FRF 75 500** – Lokeren, 23 mai 1992 : *Gloria Victis* 1875, bronze à patine brune (H. 104, l. 60) : **BEF 200 000** – New York, 28 mai 1992 : *Gloria Victis*, bronze (H. 108,6) : **USD 15 400** – New York, 27 mai 1993 : *Gloria Victis*, bronze (H. 141) : **USD 27 600** – Stockholm, 10-12 mai 1993 : *Jeune femme nue debout*, bronze (H. 29) : **SEK 8 200** – New York, 20 juil. 1994 : *Nu allongé*, h/t (61,9x52,1) : **USD 2 070** – New York, 9 déc. 1995 : *David vainqueur*, bronze (H. 58,5) : **BEF 50 000** – New York, 17 jan. 1996 : *Quand même*, bronze (H. 85,1) : **USD 4 025** – Lokeren, 9 mars 1996 : *Jeunes filles*, h/pan. (22x27) : **BEF 28 000** – Paris, 21 mars 1996 : *David vainqueur*, bronze (H. 73) : **FRF 22 500** – Paris, 7 nov. 1997 : *Allégorie de la Fortune*, bronze patine brune (H. 84) : **FRF 14 500.**

MERCIÉ GANTRAGO Charles
Né au xixe siècle à Madrid. xixe siècle. Naturalisé en France. Espagnol.
Sculpteur.
Débuta au Salon en 1881.

MERCIER Antoine et **Jacques le**. Voir **LEMERCIER**

MERCIER Arthur
Né à Orléans. xixe siècle. Français.
Peintre.
Artiste pensionné par la Ville de Paris. Le Musée d'Orléans conserve une toile de lui : *Jeune homme nu*, signée *A. M. 1858.*

MERCIER Charles, major
Né le 9 juin 1834 à Clapham dans le Surrey. xixe siècle. Actif à Manchester. Britannique.
Officier et peintre de portraits.
Il a peint des portraits des notabilités anglaises (Disraëli, lord Napier), et des scènes de l'histoire anglaise. Quelques-unes de ses œuvres se trouvent au Musée de Salford (*Portraits de C. E. Combey*, de *W. U. Massey*, de *Benjamin Long*, de *Thomas Wright* et du *Rev. Hugh Stowell*). Il exposait dès 1863 à la Royal Academy, à Londres.

MERCIER Charles Jean
Né en 1832 à Paris. Mort en 1909. xixe siècle. Français.
Peintre de paysages, marines.
Élève de François Louis Français, il figura au Salon de Paris de 1861 à 1870.

Il fut surtout un disciple de Corot, peignant, dans un premier temps, des paysages aux structures géométriques, découpés sous la lumière, puis s'orienta vers des paysages plus flous, si caractéristiques des nombreux suiveurs de Corot. Il était également restaurateur de tableaux.
Bibliogr. : Gérald Schurr, in : *Les Petits Maîtres de la peinture 1820-1920, valeur de demain,* Les Éditions de l'Amateur, t. VII, Paris, 1989.
Ventes Publiques : Paris, 12 déc. 1990 : *Ciel pommelé sur la vallée* 1899, h./Isorel toilé (25,5x39,5) : **FRF 13 000** – Calais, 5 avr. 1992 : *Bûcherons dans la montagne,* h/pan. (29x42) : **FRF 8 000** – Paris, 28 juin 1996 : *Paysage et ruines,* huit h/t, d'après Hubert Robert (chaque 66x34) : **FRF 31 000**.

MERCIER Charlotte
Morte le 21 février 1762 à Londres, dans une maison de correction. xviiie siècle. Britannique.
Peintre et graveur.
Fille et élève de Philippe Mercier. Elle travailla la peinture et la gravure et paraît avoir joui d'une certaine renommée. Quatre de ses compositions : *Enfance, Jeunesse, Age mûr* et *Vieillesse* furent gravées par Rovenet.
Ventes Publiques : New York, 21 nov. 1980 : *Madeleine de la Bigotière de Perchambault ; Olivier Le Gouidic de Troyon* 1757, deux past. (59,5x48,7) : **USD 18 000**.

MERCIER Claude
Né le 10 septembre 1924. xxe siècle. Français.
Sculpteur.
Il a été élève à l'École des Beaux-Arts de Paris.
Il participe à de nombreux salons parisiens : Salon de Mai, Salon des Réalités Nouvelles, Grands et Jeunes d'Aujourd'hui, Salon Comparaisons. Il montre ses œuvres dans des expositions personnelles à Venise, Paris et en Floride.
Sa sculpture est abstraite et peut se comparer à une sorte de calligraphie dans l'espace. Une calligraphie où les signes nickelés se mêlent en compositions dynamiques et légères. Il utilise le bronze et le maillechort.
Musées : Paris (Mus. d'Art Mod. de la Ville).

MERCIER Dorothy
xviiie siècle. Britannique.
Peintre amateur.
Elle exposa à Londres en 1761 quatre miniatures et trois aquarelles de fleurs. Elle avait épousé Philippe Mercier.

MERCIER Élise
xixe siècle. Belge.
Peintre de fleurs et de natures mortes.
Elle exposa à Bruxelles et à Anvers de 1834 à 1836.
Ventes Publiques : Bruxelles, 24 nov. 1982 : *Corbeille de fleurs,* h/bois (82x61) : **BEF 220 000**.

MERCIER Frédéric
Né le 4 septembre 1898 à Paris. xxe siècle. Français.
Peintre de paysages.
Il a exposé, à Paris, au Salon des Indépendants de 1940 à 1950, et au Salon d'Automne de 1941 à 1944.
Il est attiré par les sujets suivants : bords de rivières, grisailles de Paris et paysages maritimes.

MERCIER Gustave
Né vers 1858. Mort fin 1898 à New York. xixe siècle. Français.
Graveur.
Élève de Gaucherel.

MERCIER Hyacinthe
xixe siècle. Français.
Peintre de portraits et miniaturiste.
Exposa au salon de 1808 et 1810.

MERCIER Jacob
xviiie siècle. Actif à Dresde. Allemand.
Peintre de miniatures.
Mentionné en 1723 et 1724.

MERCIER Jacques
xviie siècle. Actif à Besançon en 1689. Français.
Peintre.

MERCIER Jean Michel
Né le 13 décembre 1786 à Versailles. Mort le 15 décembre 1874 à Paris. xixe siècle. Français.
Peintre d'histoire et de portraits.
Entra dans l'atelier de Regnault à l'École des Beaux-Arts le 3 septembre 1813 ; il avait débuté au Salon l'année précédente. Il y prit part jusqu'en 1837. En 1831, il fut nommé conservateur du Musée d'Angers, poste qu'il conserva jusqu'en 1850. Ce Musée conserve de lui : *Le Mauvais Riche* (Salon de 1822).

MERCIER John Colclough
Né au xixe siècle à Abbeyleix. xixe siècle. Irlandais.
Peintre de portraits.

MERCIER Louis Hippolyte Arthur
Originaire d'Orléans. xixe siècle. Actif dans la seconde moitié du xixe siècle. Français.
Peintre de sujets religieux, paysages.
Il fut élève d'Antigna. L'église du Plessis-Piquet nous offre un *Thomas incrédule.*
Ventes Publiques : Vienne, 18 sept 1979 : *Paysage d'hiver* h/pan. (20x31) : **ATS 22 000** – Cologne, 15 juin 1989 : *Au pâturage,* h/t (46,5x38) : **DEM 2 500**.

MERCIER Louise
Née au xixe siècle à Paris. xixe siècle. Française.
Peintre de genre.
Élève de son père Charles Jean. Elle exposa au Salon de 1879 à 1907 ; mention honorable en 1896.
Ventes Publiques : Paris, 30 juin 1943 : *Héron* : **FRF 220** – Paris, 11 juin 1945 : *Fillette rédigeant ses devoirs* : **FRF 450** – Paris, 1[illegible] nov. 1980 : *Mavrommata, la fille aux yeux noirs, environs d'Athènes* 1882, h/t (73x43) : **FRF 10 500**.

MERCIER M. Adolphe
Né le 31 mai 1882. xxe siècle. Français.
Peintre de paysages, marines.
Il fut élève de J. Adler et P. Montézin. Il expose, à Paris, au Salon des Artistes Français, dont il est sociétaire depuis 1926, et au Salon de l'École française.

MERCIER Michel Louis Victor
Né le 24 mai 1810 à Meulan (Yvelines). Mort vers 1894. xixe siècle. Français.
Sculpteur.
Entra à l'École des Beaux-Arts le 2 avril 1831. Fut l'élève de Pradier. Figura au Salon de 1835 à 1848. Médailles de troisième classe en 1835, de première classe, en 1841. Mercier exécuta pour le jardin du Luxembourg, une statue en marbre de *Sainte Geneviève*. On a de lui, au Musée de Versailles : *Jeanne de Bourbon, reine de France,* buste en marbre ; *Marie de Bourbon abbesse de Saint-Louis de Poissy,* buste en plâtre ; *Philippe d'Artois, comte d'Eu, connétable de France,* statue couchée ; *Isabelle d'Artois,* buste en plâtre ; *Du Guesclin, grand connétable de France,* buste en plâtre ; *Nicolas Braque, trésorier de France* buste en plâtre ; *Charles VI, roi de France,* buste en plâtre ; *Louis de France,* statue couchée ; *Valentine de Milan, duchesse d'Orléans,* statue couchée ; *Pierre de Navarre, comte de Mortain* buste en plâtre ; *Jean d'Ornano, chanoine de Paris,* statue couchée ; *Charles Bureau,* buste en plâtre ; *Renaud d'Ornano, chanoine de Paris,* statue en pierre ; *Charles de la Rivière,* buste en plâtre ; *Louis Sancerre, connétable de France,* buste en plâtre ; *Charles VII, roi de France,* buste en plâtre ; *Marie d'Anjou, reine de France,* buste en plâtre ; *Philippe d'Orléans, comte de Vertus,* buste en plâtre ; *Marie d'Espagne, comtesse d'Étampes,* statue couchée ; *Blanche de Navarre, reine de France,* buste en plâtre ; *Marguerite de France, comtesse de Flandre,* buste en plâtre ; *Guillaume Chanac,* statue couchée ; *Jean II, dit le Bon,* buste en plâtre ; *Jean d'Artois, comte d'Eu,* statue couchée ; *Isabelle de Melun, comtesse d'Eu,* statue couchée ; *Charles V, roi de France,* statue en plâtre ; *Marie-Thérèse-Antoinette-Raphaelle, infante d'Espagne, dauphine de France,* buste en plâtre ; *Louis de Castelan, brigadier des armées du roi,* buste en plâtre ; *Le marquis de Praslin, maréchal des camps,* buste en plâtre ; *Le duc de Beaufort, amiral de France,* buste en plâtre ; *Le comte Exelmans, maréchal de France,* buste en marbre.

MERCIER Paul C.
Né en 1930 à Bouscat. xxe siècle. Français.
Sculpteur, sérigraphe.
Musées : Montréal (Mus. d'Art Contemp.) : *La Japonaise* 1952-1978 – *Synthèse* 1976 – *Incropie en ton de gris* 1976 – *Harmonie sociale* 1976 – *Symphonie structurale* 1976.

MERCIER Philippe
Né en 1689 à Berlin, de parents français. Mort le 18 juillet 1760 à Londres. xviiie siècle. Français.
Peintre de scènes de genre, sujets de sport, portraits.

Il appartenait à une famille réfugiée en Allemagne après la révocation de l'Édit de Nantes et commença ses études à Berlin sous la direction d'Antoine Pesne, peintre du roi de Prusse, puis il voyagea en France et en Italie. Durant son séjour à Paris, on peut penser que les ouvrages de Watteau durent l'impressionner profondément. Il copia ensuite les grands maîtres à Florence, Venise et Rome. Il était de retour en Allemagne en 1720 et à la suite de son mariage avec une jeune fille de Hanovre, il s'établit dans cette ville. Mercier y fut patronné par le prince de Galles Frédéric, fils de George II, qui l'emmena à Londres et l'attacha à sa maison. Mercier peignit plusieurs portraits de la famille royale. Ayant perdu la faveur du prince, il ne paraît pas en avoir beaucoup souffert pécuniairement, car il continua à produire des portraits et des sujets de genre dans la manière de Watteau et de Téniers. Ayant amassé une petite fortune, il alla vivre pendant quelque temps dans une propriété achetée aux environs de Londres. Cependant la vie oisive ne le satisfaisant point, il reprit ses pinceaux, travailla à York où ses tableaux de fêtes champêtres et de sport obtinrent beaucoup de succès, puis il voyagea en Irlande, en Espagne, au Portugal et revint à Londres finir sa carrière. Philippe Mercier a été reproduit par les meilleurs graveurs anglais, Houston, Mac Ardell, Faber. Ses œuvres ont été souvent attribuées à Watteau, au Musée du Louvre, à Paris, dans la collection Lacaze, le charmant petit tableau *Les Conjurés*, fut longtemps attribué à Watteau. ■ E. Bénézit

Bibliogr. : J. Ingamells, R. Raines : *A Catalogue of Paintings, Drawings and Etchings of Philippe Mercier*, The Walpole Society, 46, n° 222, 1976-1978.

Musées : Édimbourg : *Fillette tenant son chat* – Londres (Nat. Gal.) : *Portrait de seigneur* – Londres (Nat. Portrait Gal.) : *Le Prince de Galles avec ses sœurs* – Paris (Mus. du Louvre) : *Les Conjurés – Le prestidigitateur – Jeune homme avec un verre de vin*.

Ventes Publiques : Paris, 1885 : *Portrait de jeune fille* : **FRF 2 050** – Londres, 1896 : *Vue de Clifden ; Frédéric, prince de Galles et trois ladies* : **FRF 6 200** – Londres, 26 fév. 1910 : *Portrait de sir Edward Hales* 1744 : **GBP 744** – Londres, 24 fév. 1922 : *L'ouïe, l'odorat, le goût et la vue* : **GBP 99** – Paris, 4 déc. 1922 : *La jeune femme au chat* : **FRF 5 000** – Londres, 5 déc. 1923 : *Miss Walkinshaw* : **GBP 75** – Paris, 12 juin 1926 : *Portrait présumé de miss Susanna Barnes* : **FRF 10 000** – Paris, 9 juin 1928 : *Portrait de jeune homme* : **FRF 2 400** – Londres, 1er août 1929 : *Les joueurs* : **GBP 210** – Londres, 31 mai 1932 : *Mrs Clementia Walkinshaw* : **GBP 334** – Paris, 15 fév. 1934 : *Le divertissement champêtre* : **FRF 4 550** – Paris, 2 déc. 1938 : *Le panier renversé* : **FRF 5 000** – Paris, 19 juin 1947 : *Le concert sur la terrasse*, École de P. M. : **FRF 25 000** – Paris, 7 juin 1950 : *Jeune femme disposant des fleurs dans un panier*, attr. : **FRF 26 000** – Paris, 26 juin 1951 : *Le concert champêtre ; Halte de troupe*, deux pendants, attribution : **FRF 560 000** – Londres, 28 nov. 1958 : *Homme prenant le thé sur une terrasse* : **GBP 504** – Londres, 25 nov. 1960 : *Portrait d'un soldat* : **GBP 472** – Paris, 28 juin 1962 : *La leçon de musique* : **FRF 70 000** – Versailles, 28 fév. 1965 : *Le donneur de sérénade* : **FRF 15 000** – Londres, 21 juin 1968 : *La partie de musique* : **GBP 1 900** – Londres, 13 mars 1970 : *Jeune fille portant un plateau pour le thé* : **GBP 2 200** – Londres, 22 nov. 1974 : *Élégante compagnie sur une terrasse* : **GBP 29 000** – Paris, 29 nov. 1976 : *Le joueur de sérénade*, h/t (31x24) : **FRF 30 000** – Paris, 7 fév. 1977 : *Le château de cartes*, h/t (73x62) : **FRF 13 000** – Londres, 20 juin 1978 : *Femme assise aux mains croisées*, craie rouge, touches de cr. (17,6x13,6) : **GBP 11 000** – Londres, 22 juin 1979 : *Élégants personnages dans une allée boisée*, h/t (35x29,8) : **GBP 4 000** – Londres, 21 nov. 1984 : *Portrait of a boy* 1740, h/t (127x101,5) : **GBP 38 000** – New York, 6 juin 1985 : *Le concert*, h/t (95x128) : **USD 50 000** – Londres, 12 mars 1986 : *Portrait de Sir Walter Vavasout jeune garçon*, h/t (74,5x62) : **GBP 5 600** – Londres, 24 avr. 1987 : *Damon et Sylvia*, h/t (99x125,8) : **GBP 22 000** – Londres, 18 nov. 1988 : *Les enfants Archbold : le petit garçon en habit brun portant tricorne et jouant du violon à côté d'une petite fille vêtue de rouge avec des fleurs dans les cheveux* 1746, h/t (127x102) : **GBP 33 000** – New York, 11 jan. 1989 : *Fête champêtre*, h/t (81,9x66) : **USD 16 500** – Londres, 14 juil. 1989 : *Paméla*, h/t (101x141,6) : **GBP 14 300** – Londres, 15 nov. 1989 : *Portrait de Sir William Lowther avec sa seconde épouse Catherine Ramsden* 1742, h/t (244x151) : **GBP 28 600** – Paris, 12 déc. 1989 : *Sous un habit de Mezzetin*, t. (101,5x78,5) : **FRF 90 000** – Londres, 11 juil. 1990 : *Portrait d'une dame (Elizabeth Hamilton ?) en robe de carnaval et tenant son masque*, h/t (126x102) : **GBP 19 800** – New York, 11 oct. 1990 : *Jeune garçon dessinant à son secrétaire*, h/t (62x75) : **USD 42 900** – Londres, 14 nov. 1990 : *Pour goûter*, h/t (73x60) : **GBP 12 100** – Londres, 15 nov. 1991 : *Jeune garçon en costume de « folie »*, h/t (76x64) : **GBP 8 250** – New York, 16 jan. 1992 : *Allégorie de la Peinture : jeune femme à son chevalet avec un putto tenant sa palette* 1740, h/t (158,8x153) : **USD 55 000** – Londres, 8 avr. 1992 : *Trois enfants dans un jardin*, h/t (56x67,5) : **GBP 3 080** – Londres, 18 nov. 1992 : *Portrait de l'actrice Peg Woffington de trois-quarts, vêtue d'une robe rose et d'un châle de dentelle noire et coiffée d'un chapeau de paille*, h/t (90x68,5) : **GBP 10 450** – Londres, 13 avr. 1994 : *Comédie italienne*, h/t (104x118) : **GBP 19 550** – Paris, 2 déc. 1994 : *Sous un habit de mezzetin*, h/t (101,5x78,5) : **FRF 72 000** – Londres, 3 avr. 1996 : *La visite d'un ménestrel*, h/t (107,5x79,5) : **GBP 11 500** – Londres, 4 juil. 1997 : *Portrait en buste d'une dame vêtue d'une robe bleue et coiffée d'un foulard lilas dans un paysage*, h/t (76,2x63,2) : **GBP 11 500**.

MERCIER Pierre
xviie siècle. Français.
Sculpteur et architecte.
Décora le portail de l'ancien cloître des Trinitaires et exécuta le retable de l'église Saint-Étienne à Toulouse.

MERCIER Pierre
xviiie siècle. Actif à Nantes entre 1776 et 1781. Français.
Peintre.

MERCIER Pierre
Né le 12 décembre 1912 à Lons-le-Saunier (Jura). Mort en 1992 à Arbois (Jura). xxe siècle. Français.
Peintre, sculpteur.
Il a été élève de Paul Belmondo. Il a réalisé des bustes en cire et a travaillé pour le Musée Grévin de Paris.

MERCIER Ruth
Née en Suisse, de parents français. xixe siècle. Française.
Peintre et aquarelliste.
Figura au Salon des Artistes Français. Mention honorable en 1885, médaille de bronze en 1900 (Exposition Universelle). Elle a exposé également à Londres.

Ventes Publiques : Paris, 1899 : *Le Jardin public de Venise* : **FRF 80** – Londres, 17 oct. 1984 : *Westminster Bridge*, aquar. reh. de gche (41x30,5) : **GBP 850** – Londres, 11 juin 1986 : *Westminster Bridge*, h/cart. (51x33) : **GBP 2 200**.

MERCIER Valérie
Née en 1968. xxe siècle. Française.
Peintre, technique mixte.
Elle vit et travaille à Toulon et Six Fours.
Elle participe à des expositions collectives, dont : 1988, *Autour de Dufy*, Musée de l'Annonciade, Saint-Tropez ; 1989-1990, *Port à port*, Toulon-Naples, exposition itinérante sur la corvette Dupleix ; 1990, Galerie municipale, Castellet ; 1991, *Grands artistes et jeunes talents*, Parc Hôtel, Hyères ; 1993, *Sixième rencontre à la Vague*, Le Rocher, La Garde. Elle montre ses œuvres dans des expositions personnelles : 1993, Galerie municipale d'art contemporain, Toulon.

MERCIER Victor
Né le 26 mars 1833 à Paris. xixe siècle. Vivant à Paris. Français.
Peintre de genre.
Élève de Loubon et Durand-Brager. Figura au Salon de 1857 à 1872. Le Musée de Laval nous offre une *Bagarre de matelots*.

MERCILLO G.
xixe-xxe siècles. Espagnol.
Peintre.

Ventes Publiques : Paris, 6 juil. 1950 : *Le marchand de souvenirs* 1925 : **FRF 11 000** – Paris, 7 fév. 1951 : *L'homme au turban* : **FRF 15 000**.

MERCILLON Jean Le. Voir **LE MERCILLON**

MERCK. Voir aussi **MERK**

MERCK Jacob Fransz Van der
Né vers 1610 à Saint-Gravendeel. Mort en septembre 1664 à Leyde. xviie siècle. Hollandais.
Peintre de genre, portraits.

Il était en 1631 à Delft, en 1636 dans la gilde de La Haye, en 1640 dans la gilde de Dordrecht et de 1658 à 1663 à Leyde.

Musées : Amsterdam : *Portrait de famille* – Berlin : *Portrait de jeune homme* – Haarlem : *Portrait de famille* – Hanovre : *Princesse Henriette de Palatinat, enfant* – La Haye (Mus. mun.) : *Portraits des princes Maurice, Frédéric, Henri et Guillaume II à cheval* – Kiew (Mus. Chanenko) : *Portrait d'un jeune homme* – Leyde : *Claes Hendricksz de Munt, capitaine des arquebusiers – Gerrit Leonardez Van Grottveld, capitaine des arquebusiers – Pieter Van Assendelft, id. – Les régents de Loridanshoffe – Scheldanus Van der Rijt et Van Endegeest* – Oldenbourg : *Portrait du Docteur Heinsius* – Rotterdam : *Portrait* – Utrecht : *Les cinq sens – Johannes Abrahamsz Heydanus – Cornelia Van Schilperoort.*
Ventes Publiques : Belgique, 1900 : *Portrait de jeune homme* : **FRF 325** – Londres, 18 déc. 1931 : *Jeune gentilhomme* : **GBP 63** – Londres, 19 juil. 1946 : *Partie de chasse* : **GBP 120** – Paris, 25 avr. 1951 : *Portrait d'un gentilhomme ; Portrait d'une jeune femme,* deux pendants : **FRF 310 000** – Vienne, 19 mars 1963 : *Intérieur avec une compagnie de gentilshommes* : **ATS 25 000** – Vienne, 10 oct. 1967 : *Portrait de dame de qualité* : **ATS 7 000** – Amsterdam, 26 avr. 1976 : *Scène d'intérieur avec musiciens et danseurs,* h/pan. (62x80) : **NLG 28 000** – Londres, 1er déc. 1978 : *Élégants personnages faisant de la musique dans un intérieur,* h/pan. (61x79) : **GBP 9 000** – Londres, 28 mars 1979 : *Portraits d'un homme et d'une femme en Vénus et Adonis* 1647, h/t (190x224) : **GBP 5 000** – Londres, 24 fév. 1984 : *Soldats pillant un couvent,* h/pan. (47,5x73) : **GBP 1 500** – Paris, 25 avr. 1989 : *Jeune courtisane,* pan. de chêne (30x24,5) : **FRF 28 000** – Londres, 1er mars 1991 : *Petite fille représentée en bergère couronnant son jeune frère d'une guirlande de fleurs,* h/t (107,3x92,3) : **GBP 12 100** – Paris, 8 mars 1995 : *Le jeu de jacquet,* h/pan. (45x56) : **FRF 25 000** – Londres, 3 juil. 1997 : *Nature morte de pêches, raisins, melons et coings sur un entablement de pierre,* h/pan. (43,6x76,6) : **GBP 20 700.**

MERCK Johann Christof. Voir **MERK**

MERCK Johann Michael ou **Merk**
Né le 27 août 1714. Mort le 20 mai 1784 à Rott. XVIIIe siècle. Allemand.
Stucateur.
Fut stucateur du roi de Prusse dont il décora le château de Sans-Souci. Il travailla également au nouveau Palais de Potsdam.

MERCK Johannes. Voir **MERLEEN**

MERCK P.
XVIIe siècle. Hollandais.
Dessinateur.

MERCK Wilhelm
Né le 27 août 1782 à Darmstadt. Mort le 25 novembre 1820 à Darmstadt. XIXe siècle. Allemand.
Peintre.
Il était le fils du conseiller Joh-Heinr. Merck, célèbre par son amitié avec Goethe. Il fut l'élève de Schneeberger et de Joh. Sandhaas. Il a peint des portraits de famille, des vues de Darmstadt et des paysages qui sont restés la propriété de ses descendants.

MERCKAERT Jules
Né en 1872 à Schaerbeek (Bruxelles). Mort en 1924 à Bruxelles. XIXe-XXe siècles. Belge.
Peintre de paysages, marines, fleurs.
Il fut élève de l'Académie des Beaux-Arts de Bruxelles. Il est membre fondateur du cercle *Labeur.*
Bibliogr. : In : *Dictionnaire biographique illustré des artistes en Belgique depuis 1830,* Arto, Bruxelles, 1987.
Ventes Publiques : Bruxelles, 27 mars 1979 : *Lac et marronniers en fleurs,* h/t (70x80) : **BEF 30 000** – Bruxelles, 27 mars 1990 : *Paris,* h/pan. (34x43) : **BEF 50 000** – Bruxelles, 12 juin 1990 : *Vase de fleurs,* h/t (60x50) : **BEF 60 000** – Lokeren, 15 mai 1993 : *Étang à Oudergem,* h/t/pan. (34x43) ; *Vue de la Meuse à Lustin,* h/t/cart. (24x32,5) : **BEF 80 000** ; *Les bords de Marne* 1919, past. (34x43) : **BEF 75 000** – Lokeren, 20 mai 1995 : *Le Déjeuner,* h/pan. (24x32) : **BEF 33 000** – Lokeren, 5 oct. 1996 : *Paysage fluvial* 1911, h/t (55,5x90,5) : **BEF 90 000.**

MERCKEL. Voir **MERKEL** et **MERKLIN**

MERCKEL Joseph. Voir **MERCKER**

MERCKELBACH Pieter ou **Merkelbach**
Né vers 1633. Mort en 1673. XVIIe siècle. Actif à Rotterdam. Hollandais.
Peintre.
Élève de Verlest à Amsterdam.

PvB

MERCKER Joseph ou **Merckel**
XVIe siècle. Suisse.
Ébéniste d'art.
Il a exécuté le très beau plafond de bois de la grande salle du Conseil à Bâle en 1517.

MERCKLÉ. Voir **MERGLÉ**

MERCOLI Bernadino
Né en 1682 à Mugena près de Lugano. Mort en 1746 à Mugena près de Lugano. XVIIIe siècle. Italien.
Peintre et sculpteur.
Élève de Massarotis à Crémone et de Maratti à Rome où il remporta en 1704 le premier prix de l'Académie Saint-Luc.

MERCOLI Jakob
Né en 1745 à Mugena. Mort en 1825. XVIIIe-XIXe siècles. Italien.
Graveur.
Il travailla à Milan.

MERCULIANO Comingio
Né le 29 août 1845 à Naples. XIXe siècle. Actif à Naples. Italien.
Peintre et dessinateur.
Élève de l'École des Beaux-Arts de Naples. Il peignit des paysages et représenta des spécimens de la flore et de la faune des profondeurs de la mer.

MERCULIANO Giacomo ou **Jacques**
Né le 29 septembre 1859 à Naples. XIXe siècle. Naturalisé en France. Italien.
Sculpteur animalier.
Élève de l'Institut des Beaux-Arts de Naples, il débuta dans cette ville vers 1887. Il a également exposé à Palerme et à Paris où il obtint une mention honorable en 1889 (Exposition Universelle). Il a exécuté le buste du marquis de Vareille-Sommières, conservé à l'Université catholique de Lille.

MERCURI Paolo ou **Paul** ou **Mercury**
Né le 20 avril 1804 à Rome, de parents français. Mort le 30 avril 1884 à Bucarest. XIXe siècle. Italien.
Graveur au burin et peintre de portraits.
Il étudia à l'Académie Saint-Luc à Rome, puis vécut à Paris de 1832 à 1847. Il a gravé notamment les *Moissonneurs, Sainte Amélie de Hongrie* et les portraits de *Colomb* et de *Mme de Maintenon.* Il a exposé au Salon à partir de 1847. Il fut professeur à l'École française de Rome.
Ventes Publiques : Paris, 27 et 28 mai 1921 : *Portrait de M. Paul Grand avocat à la Cour Royale de Paris,* cr. : **FRF 140.**

MERCURIO Antonino
XVIIIe siècle. Actif à Palerme dans la seconde moitié du XVIIIe siècle. Italien.
Peintre d'histoire.
Élève de Vito d'Anna. Plusieurs de ses tableaux se trouvent à la cathédrale de Lipari.

MERCURIO Gaetano
XVIIIe siècle. Actif à Palerme. Italien.
Peintre.

MERCURY Paolo ou **Paul**. Voir **MERCURI**

MERDIER François Le. Voir **LE MERDIER**

MÈRE Catherine de la ou **la Mere**. Voir **CATHERINE DE LA MÈRE**

MERE Clément E.
Né vers 1870 à Bayonne (Pyrénées-Atlantiques). XXe siècle. Français.
Peintre, artisan d'art.
Il fut élève de Gérôme.
Musées : Paris (Mus. des Arts Décoratifs).

MERE Gabriel Van der
XVIe siècle. Hollandais.

Peintre.
Travailla à Lyon entre 1529 à 1544.

MERE John Van der. Voir **VANDERMERE John**

MÉRÉ Paul Étienne de
Né le 29 septembre 1820 à Veretz. XIXe siècle. Français.
Peintre.
Il exposa au Salon de Paris de 1866 à 1868.

MERE Perrin ou **Pierre**. Voir **LEMERE**

MEREAU Victor Florent
Né le 13 avril 1892 à Valenciennes. Mort le 28 septembre 1953 à Perpignan (Pyrénées-Orientales). XXe siècle. Français.
Peintre.
Il fut élève de Layraud à Valenciennes et de Cormon à l'École des Beaux-Arts de Paris. Il fut professeur aux Académies de Douai. Il exposa, à Paris, au Salon des Artistes Français, y obtenant une mention en 1921.
Musées : Valenciennes.

MEREAUD. Voir **MERAULT**

MERECHKO ?
XVIIIe siècle. Polonais.
Peintre.
Il travailla pour le prince Joseph Sapicka. Le catalogue de sa collection, fait en 1792, indique plusieurs paysages de sa main.

MERECINUS Petrus A. Voir **MERICA**

MEREDITH John
Né en 1933 à Fergus (Ontario). XXe siècle. Canadien.
Peintre. Abstrait.
Meredith a réellement commencé à peindre vers 1960, alors que l'expressionnisme abstrait est à son apogée. Si dans sa peinture, il reste des traces de cette exubérance picturale qui rappelle la peinture gestuelle, le résultat est plus contrôlé et évoque une iconographie orientale. Cette imagerie à laquelle il est resté fidèle a peut-être un caractère mystique.
Ventes Publiques : Toronto, 18 nov. 1986 : *Courrier* 1967, h/t (150x180) : **CAD 16 000**.

MEREDITH William
Né en 1851 à Manchester. XIXe siècle. Actif à Manchester. Britannique.
Peintre de paysages, marines.
Il fut élève de l'École des Beaux-Arts de Manchester.
Musées : Manchester : *Sur le chemin du retour*.
Ventes Publiques : Chester, 1er juil. 1982 : *The Cockle women of Pen Clawdd, Wales* 1893, h/t (58,5x89) : **GBP 1 100** – Londres, 3 mai 1995 : *Barques de pêche échouées sur une plage à marée basse*, h/t (86x153) : **GBP 1 380**.

MEREK Johannes. Voir **MERHEM**

MEREL Félix Eugène
Né en 1894 à Paris. XXe siècle. Français.
Sculpteur.

MÉRELLE Pierre, dit **Mérelle Fils**
Né en 1713 à Paris. Mort le 7 octobre 1782 à Paris. XVIIIe siècle. Français.
Peintre.
Fils de Pierre Merelle, Membre de l'Académie Saint-Luc. Il exposa des portraits en 1751.
Ventes Publiques : Paris, 22 et 23 mai 1924 : *La joueuse de musette* : **FRF 3 000** – Paris, 17 déc. 1935 : *La Joueuse de musette* : **FRF 1 600**.

MÉRELLE Pierre Paul, dit **Mérelle Père**
XVIIIe siècle. Actif à Paris. Français.
Peintre.
Professeur, conseiller et recteur de l'Académie Saint-Luc. Il exposa dans cette société, de 1751 à 1764, des portraits et des sujets d'histoire.

MÉRELLE René
Né au XXe siècle. XXe siècle. Français.
Sculpteur.
Il est l'auteur du monument commandé par la ville de Meaux *À la gloire des déportés* (1940-1945). Il a exécuté en 1945 un *Henri IV*, exposé, à Paris, au Salon des Indépendants et destiné à la ville de Saint-Germain-en-Laye.

MERELLO Rubaldo
Né en 1872 à Isolato Valtellina. Mort le 31 janvier 1922 à Santa-Margherita. XXe siècle. Italien.
Peintre de paysages, architectures, sculpteur.
Cet artiste a surtout peint des paysages et des aspects du bord de mer.
Musées : Gênes (Gal. d'Art Mod.).
Ventes Publiques : Milan, 9 nov. 1993 : *L'Éternité*, fus. et sanguine/pap. (34x23) : **ITL 1 725 000**.

MERELUS Lusimond
XXe siècle. Haïtien.
Peintre.
Il a figuré à l'exposition : *L'art haïtien dans la collection de Angela Grosse*, au Musée Woodmere Art de Philadelphie, en 1984.
Ventes Publiques : New York, 15 mai 1991 : *La salle de bal*, h/cart. (48x58,5) : **USD 1 760**.

MEREN Joan Van der
XVIIe siècle. Actif dans la première moitié du XVIIe siècle. Hollandais.
Peintre et graveur sur bois.

MERENCIANO Francisco
Né le 3 avril 1885 à Pueblo Nuevo del Mar (Valence). XXe siècle. Actif depuis 1926 en France. Espagnol.
Peintre de portraits, figures, scènes typiques, paysages.
Il fut élève de Sorolla à l'Académie de San Carlos, à Valence. Il étudia ensuite à Madrid et à Paris, où il s'est fixé depuis 1926, non sans accomplir de nombreux voyages en Espagne. Il a aussi parcouru l'Italie.
Il participe à des expositions collectives, dont, à Paris, le Salon de la Société Nationale des Beaux-Arts. Il a également figuré à l'Exposition d'art espagnol de Bordeaux en 1928, à l'Exposition Nationale de Madrid en 1934.
Cet artiste a interprété le folklore et les traditions de Valence. On lui doit encore des portraits, des paysages et de larges thèmes décoratifs.
Musées : Luxembourg : *La Rulla* – Santiago du Chili : *Sortie de la Messe*.

MERENDI Antonio
XVe-XVIe siècles. Actif à Forli à la fin du XVe et au début du XVIe siècle. Italien.
Peintre.

MERENGO Arrigo ou **Enrico** ou **Meiring, Meyeringh, Meyring**
XVIIe siècle. Actif à la fin du XVIIe siècle. Éc. flamande.
Sculpteur.
Il a traité surtout des sujets religieux.

MERENYI Rezso
Né le 19 juillet 1893 à Neusiedl. XXe siècle. Hongrois.
Peintre de paysages, figures, graveur.
Il vécut et travailla à Budapest.

MERESSE Christophe
XVIIe siècle. Belge.
Peintre.
A peint le *Christ sur la croix* pour la chapelle de la Maison Forte à Tournai.

MERESSE Gérard
Né le 19 août 1918 à Chamonix (Haute-Savoie). XXe siècle. Français.
Peintre, dessinateur.
Il suit une formation juridique à La Haye jusqu'à la guerre de 1939. Il fut fait prisonnier, et se réfugia ensuite dans l'Allier. Il fit une première exposition à Vichy en 1951 et exposera ensuite régulièrement au Salon annuel de cette ville. Il montre ses œuvres dans une exposition personnelle en 1959.
Une série de peintures consacrées au thème du *Chantier* le fait remarquer. Il a ensuite aborder l'abstraction avec des dessins à l'encre de Chine.

MERESZ Gyula
Né en 1888 à Cluj. XXe siècle. Roumain.
Peintre de figures, portraits, paysages.
Il fut élève de E. Ballo, J.-P. Laurens et L. Simon. Il travailla jusqu'en 1916 à Cluj et ensuite à Budapest.

MERET Émile Louis
XIXe-XXe siècles. Français.
Peintre de paysages urbains.
Il vécut et travailla à Paris.

Il a peint, avec un « aimable talent » de nombreux paysages parisiens ou des bords de Seine.

Ventes Publiques : Paris, 30 avr. 1919 : *La Seine à Paris* : **FRF 67** – Paris, 12 juin 1926 : *Les Berges de la Seine* : **FRF 340** – Paris, 22 sep. 1950 : *Les Quais devant Notre-Dame* 1901 : **FRF 1 400** – Neuilly, 28 fév. 1984 : *Les quais de Notre-Dame sous la neige*, h/t (66x101) : **FRF 15 500** – Londres, 18 juin 1986 : *Paris, la Place Blanche* 1892, h/t (78,5x129) : **GBP 6 000** – Paris, 25 fév. 1996 : *Paris – les quais et le Bateau-Lavoir* 1903, h/t (38,5x61,5) : **FRF 7 000** – Paris, 23 juin 1997 : *Paris, le pont Louis-Philippe* 1900, h/t (38,5x61) : **FRF 3 000**.

MERETTE de Gand Jan ou **Jehan**
XVIe siècle. Belge.
Peintre.
Travailla pour l'hôpital Comtesse, à Lille, en 1511 et peignit un triptyque avec des épisodes de la *Vie de sainte Catherine*.

MEREUTA Iulian ou **Julian**
Né le 8 octobre 1943 à Balti. XXe siècle. Actif depuis 1978 puis naturalisé en France. Roumain.
Peintre de paysages, figures, peintre à la gouache, technique mixte, aquarelliste, peintre de collages, dessinateur. Nouvelles Figurations.
Il étudia la peinture et le dessin de 1957 à 1960 dans l'atelier de Lola Roth, puis à l'Institut d'Arts Plastiques N. Grigorescu de Bucarest, de 1960 à 1966. Depuis 1978, il vit et travaille à Paris. Il participe à plusieurs expositions de groupe et notamment au Salon des arts graphiques en 1978. Il figure à la section française de la Biennale des Arts Graphiques de Bilbao *Arteder 82*, à une exposition de groupe au Centre culturel de la Villedieu en 1987. Il montre ses œuvres dans une première exposition personnelle à Bucarest en 1974, galerie Galateea. Il expose personnellement en France, *Chevaux/Suite et autres peintures*, à la galerie Édouard Manet, à Genevilliers, en 1987 ; en Allemagne à la galerie Emilia Suciu, Karlsruhe en 1990.
La peinture de Iulian Mereuta s'inscrit dans le renouvellement d'ensemble de la pratique figurative sur toile au cours des années quatre-vingt. D'un métier sûr, se reconnaissant volontiers dans la tradition tout en possédant un style personnel, il compose et retranscrit ses émotions dans des paysages au tons sourds, des ciels chargés, des ruines ou des figures ombrées. À la fin des années quatre-vingt sa peinture a évolué vers des constructions non figuratives où se visualisent des références culturelles dérivées de l'art africain, de Duchamp, Eva Hesse, etc.
Bibliogr. : Ionel Jianou et divers, in : *Les artistes roumains en Occident*, American Romanian Academy of Arts and Sciences, Los Angeles, 1986 – Pascale Cassagnau : *Julian Mereuta – L'espace distributif de la peinture*, in : *Art Press*, Paris, n° 150, sept. 1990.
Musées : Paris (FNAC).

MEREVACHE Pierre. Voir **MERVACHE**

MEREY Macé de. Voir **MACÉ DE MEREY**

MERGAERT Désiré
Né en 1865 à Cortemarck. Mort en janvier 1890 à Bruges. XIXe siècle. Actif à Bruges. Belge.
Peintre d'histoire.
L'église Saint-Laurent d'Anvers possède un tableau de cet artiste.

MERGAUX D.
XIXe siècle. Suisse.
Peintre de paysages de montagne.
Ventes Publiques : Paris, 15 mars 1950 : *Vues des Alpes* 1866, trois toiles : **FRF 3 900**.

MERGEHEN Ludwig
Né le 14 juillet 1884 à Mornhausen. XXe siècle. Allemand.
Sculpteur.
Il vécut et travailla à Francfort-sur-le-Main.

MERGER Maurice
Né en 1904 à Paris. XXe siècle. Français.
Peintre. Polymorphe.
Depuis environ 1965, il expose à Paris, aux Salons des Artistes Français, des Indépendants, d'Automne, etc.
Il semble passer indifféremment de la figuration à l'abstraction.

MERGIER Paul-Louis
Né le 23 août 1891 à Orthez (Pyrénées-Atlantiques). XXe siècle. Français.
Émailleur de natures mortes, figures, paysages, peintre, peintre à la gouache, aquarelliste, pastelliste, écrivain d'art.
Les recherches d'ordre scientifique de sa carrière d'ingénieur l'amenèrent, dès 1920, à étudier les techniques anciennes des émaux sur métal et à découvrir, dans ce domaine, plusieurs procédés nouveaux. C'est vers le même temps qu'il compléta son éducation artistique.
Mergier a exposé, à Paris, au Salon d'Automne, groupement dont il fut sociétaire à partir de 1925, aux Salons des Tuileries, des Indépendants, des Artistes Décorateurs, ainsi qu'aux Expositions internationales de Paris (1937), et de New York (1939).
Traités en pleine pâte, les émaux de P. L. Mergier sont des transpositions d'œuvres exécutées à la gouache, au pastel, à l'aquarelle et à l'huile, car la grande variété des techniques qu'il a imaginées lui permet de traduire en émail tous les modes d'expression de la peinture (ainsi que du dessin). Innovant aussi en matière de technique picturale, cet artiste utilise le plus souvent dans ses œuvres peintes (natures mortes, paysages, figures) un nouveau véhicule, mélange d'huile et de caoutchouc chloré, dont il a découvert et mis au point la formule. P. L. Mergier a étudié dans un ouvrage les principes des beaux-arts dans leurs rapports avec les sciences et a consacré un second volume aux divers procédés de l'émail, et en particulier à ceux qu'il a lui-même créés.
Musées : Paris (Mus. d'Art Mod. de la Ville) : *Tristan et Iseult*.
Ventes Publiques : Paris, oct. 1945-jul. 1946 : *Nature morte* : **FRF 6 000**.

MERGLÉ ou **Mercklé, Merklé,** ou **Merklin**
XIXe siècle. Actif à Strasbourg. Français.
Peintre de genre, de portraits et dessinateur.
Le Musée de Strasbourg conserve son *Portrait de J. F. Kirstein*.

MERGOLINO DA CANTO
XVIIe siècle. Travaillant en Italie, au milieu du XVIIe siècle. Italien.
Graveur au burin.

MERGOLO Francesco Saverio
Mort au début du XIXe siècle. XVIIIe-XIXe siècles. Actif à Monteleone en Calabre. Italien.
Peintre.

MERHEM Johannes ou **Merek**
XVIIIe siècle. Actif à La Haye. Hollandais.
Peintre de vues de villes.
Le Musée de La Haye conserve de lui des vues de La Haye, Rotterdam et Delft.

MERI Carlos de
Mort en 1615 à Saint-Jacques-de-Compostelle. XVIe-XVIIe siècles. Actif en Espagne. Français.
Sculpteur.
Il travailla à partir de 1599, à Saint-Jacques-de-Compostelle. Plusieurs de ses tableaux se trouvent à La Corogne.

MERI Domingo de
XVIIe siècle. Actif à Saint-Jacques-de-Compostelle. Espagnol.
Sculpteur.

MERIADEG, pseudonyme de **Courtet Meriadeg**
Né en 1965. XXe siècle. Français.
Peintre, technique mixte. Groupe Art-Cloche.
Il est autodidacte. Il fut membre du groupe Art cloche fondé en 1981, qui occupa un « squatt » de la rue d'Arcueil à Paris, groupe informel contestataire se réclamant de Dada et de Fluxus. Il participa aux activités et expositions du groupe.
Bibliogr. : In : *Art cloche. Élément pour une rétrospective. Squatt artistique*, catalogue de ventes, Me Pierre Cornette de Saint-Cyr, lundi 30 janvier 1989, Paris.

MERIAN Anna Maria Sibylla. Voir **MERIAN Maria S.**

MERIAN Caspar. Voir **MERIAN Kaspar**

MERIAN Isaak
Mort en 1762. XVIIIe siècle. Actif à Bâle. Suisse.
Peintre.
A subi l'influence de Cazes, à Paris. Fut en 1727 membre de l'Académie de Bâle.

MERIAN Jan ou **Johann Matthäus**
Mort le 4 mai 1716 à Francfort. XVIIIe siècle. Allemand.
Peintre de portraits et miniatures.
Fils de Matthaüs Merian le Jeune. A fait surtout des pastels.

MERIAN Johanna Helena. Voir **GRAFF J. H.**

MERIAN Karl Matthäus
Né en octobre 1705. Mort le 15 janvier 1770. XVIIIe siècle. Actif à Francfort-sur-le-Main. Allemand.
Peintre.
Arrière petit-fils de Mathieu l'Ancien.

MERIAN Kaspar
Né le 18 février 1627 à Francfort-sur-le-Main. Mort le 12 avril 1686 en Hollande. XVIIe siècle. Actif à Francfort-sur-le-Main. Allemand.
Graveur au burin.
Il était le fils de Matthaüs l'Ancien dont il fut l'élève. Il s'installa depuis 1650 à Francfort et grava toute une série de paysages, en particulier au pays de Bade, des marines, des portraits et des perspectives. On cite de lui une suite de planches pour les *Cérémonies de l'élection de l'empereur Léopold*, publiées à Francfort en 1660.

MERIAN Maria Sibylla
Née le 12 avril 1647 à Francfort-sur-le-Main. Morte le 13 janvier 1717 à Amsterdam. XVIIe-XVIIIe siècles. Allemande.
Peintre d'animaux, natures mortes, fleurs et fruits, aquarelliste, miniaturiste, graveur, dessinateur.
Elle était fille du graveur Matthäus Merian et devint par le second mariage de sa mère la belle-fille de J. Moreelse, le peintre de fleurs. Dès son enfance, elle se consacra à la peinture d'insectes, d'oiseaux, de fleurs et acquit une grande habileté d'exécution. En 1665, elle épousa Johann Andreas Graf de Nuremberg, qui était un peintre habile. En 1679, parut le premier volume de son ouvrage sur les insectes, volume dont les planches gravées par elle-même étaient coloriées par elle et sa fille Dorothée. Le second volume parut en 1683 ; en 1685, elle se sépara de son mari et le troisième volume fut publié par sa fille après sa mort. L'ouvrage complet renfermait cent cinquante-cinq gravures finement coloriées et exécutées avec un soin extrême. Chaque gravure fut vendue séparément cinq florins (10 francs) pièce. Après s'être séparée de son mari, elle reprit le nom de Merian et alla se fixer avec sa mère et ses deux filles à Scholss Bosch, couvent Labbadiste de la Frise de l'Ouest. Là, ayant vu une collection d'insectes de l'Amérique du Sud, elle conçut le projet de visiter les Tropiques, en particulier le Surinam (Guyane). En 1698, elle entreprit le voyage emmenant avec elle sa plus jeune fille Dorothée. Elles restèrent deux ans dans la colonie hollandaise, y reproduisant un grand nombre de plantes, d'insectes, d'oiseaux et de fruits. Rentrée à Hambourg, en 1701, elle offrit une partie de sa collection au Musée de la ville, puis se mit à faire un second travail sur les insectes, travail qu'elle intitula : *Metamorphosis Insectorum Surinamensium, etc.* On ignore qui possède actuellement les dessins originaux de cet ouvrage. Afin de le compléter, elle entreprit un second voyage en Amérique, emmenant cette fois sa fille aînée Johanna, alors âgée de trente-quatre ans. Cette dernière resta à Surinam, ayant épousé un commerçant hollandais nommé Johann Hérold. L'Académie des Sciences de Saint-Pétersbourg en possède neuf ou dix volumes.
Musées : Londres (British Mus.) : dessins.
Ventes Publiques : Paris, 1864 : *Fleurs et fruits*, dess. à l'aquar. : **FRF 12** – Paris, 1919-1920 : *Études d'insectes*, deux aquar. : **FRF 400** – Paris, 9 et 10 mars 1927 : *Feuille de fruits et légumes*, aquar. : **FRF 340** – Londres, 1er juil. 1966 : *Nature morte aux fleurs* : **GBP 4 600** – Amsterdam, 21 mars 1977 : *Perroquet sur un fruit*, aquar./parchemin (37,8x30,8) : **NLG 11 000** – Amsterdam, 29 oct 1979 : *Souris grignotant des noix et des fruits*, aquar./parchemin (32,6x27) : **NLG 19 500** – Paris, 6 nov. 1984 : *Vase de fleurs aux insectes sur un entablement*, gche (29x21) : **FRF 205 000** – Milan, 26 nov. 1985 : *Oiseaux*, temp./parchemin, suite de quatre (12,5x18,5) : **ITL 2 700 000** – Amsterdam, 30 nov. 1987 : *Fleurs*, gche, aquar. et craie noire/parchemin (31,6x26) : **NLG 100 000** – New York, 10 jan. 1996 : *Une tulipe perroquet, des primevères, des groseilles et un papillon avec sa chenille et sa larve*, craie noire, gche et aquar./vélin (31,6x26) : **USD 51 750**.

MERIAN Matthäus, l'Ancien
Né le 22 septembre 1593 à Bâle. Mort le 19 juin 1650 à Bad-Schwalbach. XVIIe siècle. Suisse.
Peintre d'histoire, portraits, paysages, graveur, dessinateur.
Il fut quatre ans élève de Dietrich Mayer à Zurich. En 1614, il se rendit à Nancy, où il rencontra Callot. Puis, il alla à Paris et à Stuttgart. En 1617, il fut employé par J. Th. de Bry, lui-même graveur et surtout marchand d'estampes. Il épousa sa fille, en 1618, puis, associé avec son beau-père, il tint à Francfort, une officine florissante, d'où sortirent un grand nombre de gravures, dont de nombreuses vues de villes, dont la fidélité n'excluait pas les qualités artistiques, et qui constituent aujourd'hui une irremplaçable documentation sur le passé de ces villes. Parmi les vues de villes gravées par Matthäus Merian l'Ancien, des planches représentant Heidelberg, Stuttgart, Schwalbach. Il a également gravé des portraits, des sujets d'histoire et de théologie.

Bibliogr. : Lucas Heinrich Wüthrich : *Das Druckgraphische Werk von Matthaeus Merian der Altere*, Baerenteir Verlag, Bâle, 1966.
Musées : Bâle : *Lever de soleil.*
Ventes Publiques : Amsterdam, 18 nov. 1980 : *Paysage fluvial avec maisons, animé de personnages* 1621, gche (13,7x17,8) : **NLG 4 200** – Munich, 29 juin 1982 : *Paysage fluvial* vers 1624-25, pl./trait de cr. (30,5x18,5) : **DEM 10 000** – Berne, 24 juin 1983 : *Hirschjagd im Waldhain* 1620-1624, cuivre original (20x28,5) : **CHF 4 000** – Paris, 16 nov. 1984 : *La Tour de Babel*, pl. et lav. (10,5x14,8) : **FRF 17 000** – Hambourg, 6 juin 1985 : *Pietà*, eaux-forte, d'après Bellange : **DEM 2 600** – New York, 13 jan. 1993 : *Groupe de gentilhommes observant d'un promontoire une chasse au filet de cerfs et sangliers*, sanguine et lav. (17,5x36,5) : **USD 4 400**.

MERIAN Matthäus ou **Matthaeus**, le Jeune
Né le 25 mars 1621 à Bâle. Mort le 25 février 1687 à Francfort. XVIIe siècle. Suisse.
Peintre de portraits, graveur.
Fils du graveur suisse du même nom, il fut élève de J. Van Sandrart qui l'emmena en Hollande en 1640 ; il visita la Flandre, travailla en France avec Lesueur et Vouet, en Italie, avec Sacchi et Maratti, en Angleterre avec Van Dyck ; il était à Nuremberg en 1650 pendant les discussions de la paix et peignit de nombreux portraits ; il continua les affaires de son père à Francfort-sur-le-Main, quand celui-ci mourut subitement, et se maria en 1652. Il alla à Vienne après le couronnement de Léopold Ier, peignit le portrait équestre de l'empereur et fit un grand plan de Francfort en quatre planches réalisées au burin. Il eut pour protecteurs le prince électeur de Brandebourg et le margrave de Baden-Durlach. Ses œuvres sont généralement attribuées à Van Dyck.
Musées : Bâle : *Sibylle Merian, sœur du peintre – Sibylle Merian à 32 ans – Hans-Joachim Muller* – Darmstadt : *L'artiste* – Londres (Nat. Gal.) : *Portrait d'homme* – Stockholm : *Le maréchal de camp Karl-Gustaf Wrangel à 38 ans* – Vienne : *Portrait d'homme.*

MERICA Petrus A. ou **Mericenus, Merecinus, Mericinus** ou **Myricinus**, de son vrai nom : **Pieter Van der Heyden**
XVIe siècle. Actif de 1551 à 1570. Éc. flamande.
Graveur.
Une grande incertitude règne au sujet de cet artiste. Certains auteurs l'identifient avec Pieter Martini, marchand d'Estampes à Anvers ou avec Peter Van der Heyden, cité en 1557 dans la gilde d'Anvers. Il travailla pour l'éditeur anversois H. Cock. On le cite surtout pour des gravures d'après Van Bosch et surtout d'après Breughel l'Ancien ; il a reproduit un grand nombre d'ouvrages de ce dernier. Il a aussi reproduit L. Lombard, Franz Floris. On lui doit aussi des portraits et des vues.

MERICE Arthur
Mort en 1908. XIXe siècle. Français.
Peintre.
Sociétaire des Artistes Français, il figura au Salon de ce groupement.

MERIDA Carlos
Né en 1893 ou 1891 à Quetzaltenango. Mort le 22 décembre 1984 à Mexico. XXe siècle. Actif au Mexique. Guatémaltèque.
Peintre à la gouache, peintre de techniques mixtes,

aquarelliste, peintre de cartons de mosaïques, compositions murales. Surréaliste, puis tendance abstrait-géométrique.

Après des études à l'institut des arts de Guatemala-City, il s'installa au Mexique, à Mexico, et entreprit plusieurs voyages en Europe. À Paris, il travailla avec Modigliani et Van Dongen. Sa découverte des muralistes à son retour au Mexique l'incita à contribuer à la fondation du Syndicat des peintres et sculpteurs. Lors d'un nouveau séjour en Europe, en 1927, il rencontra Klee et Miro. Il enseigna, dans les années quarante, au Collège de Denton au Texas, et travailla au Black Mountain College avec Gropius, Albers et Moholy-Nagy. Dans les années cinquante, avec son retour au Mexique, il participa à différents projets architecturaux et réalisa différentes mosaïques murales à Mexico, puis pour sa ville natale, Guatemala-City, entre 1955 et 1959.

Il exposa à Paris en 1927 et participa, en 1940, à l'Exposition internationale surréaliste à Mexico. Une rétrospective de son œuvre s'est tenue au musée national d'Art moderne de Mexico pour les soixante-dix ans de l'artiste en 1961. Il montra ses œuvres en 1966 à New York, en 1971 à la galerie d'Art mexicain de Mexico.

Il a réalisé de grandes peintures murales dans plusieurs pays d'Amérique centrale et du Sud, notamment à la Bibliothèque nationale de Caracas. Son évolution s'est faite à partir d'une figuration schématique, dans les années vingt, vers une abstraction « biomorphique » et stylisée autour de 1927 s'inspirant de la réalité et du folklore guatémaltèque. Il a ensuite orienté son art vers une abstraction nettement géométrique, et progressivement plus claire et rigoureuse. Carlos Merida est considéré comme un précurseur de l'art abstrait géométrique en Amérique latine. Il a influencé plusieurs artistes dont Mario Carreno et José P. Costigliolo.

CARLOS
MERIDA

Bibliogr. : Catalogue de l'exposition rétrospective : *Carlos Merida*, musée national d'Art moderne, Mexico, 1961 – in : *Peintres contemp.*, Mazenod, Paris, 1964 – Damian Bayon, Roberto Pontual, in : *La Peinture de l'Amérique latine au xxe siècle*, Mengès, Paris, 1990 – in : *L'Art du xxe siècle*, Larousse, Paris, 1991 – in : *Dict. de l'art mod. et contemp.*, Hazan, Paris, 1992.

Musées : Mexico (Inst. Nat. des Beaux-Arts) – Paris (BN) : *Gemelos (Jumeaux)* 1978, sérig.

Ventes Publiques : New York, 17 déc. 1968 : *Los desposioros* : **USD 1 300** – Paris, 11 nov. 1974 : *Les paysans* 1924 : **USD 2 000** – New York, 21 oct. 1976 : *Avril en novembre* 1934, encre de Chine, aquar. et cr. (56x43,5) : **USD 2 000** – New York, 26 mai 1977 : *Tepeuh y la Alborada* 1968, h/t (120,5x89) : **USD 12 000** – New York, 11 mai 1979 : *La mer* 1955, cr. bleu et vert et mine de pb (42,9x29,5) : **USD 2 600** – New York, 17 oct 1979 : *Profil d'une divinité Maya* 1969, techn. mixte (59x42,5) : **USD 12 000** – New York, 11 mai 1979 : *Canto al Maya* 1956, caséïne/parchemin monté/pan. (90x66) : **USD 35 000** – New York, 9 mai 1980 : *La Dama de la Esmeralda* 1979, sérig. coul. (120x80) : **USD 1 400** – New York, 8 mai 1981 : *Composition avec mains et figures*, pl. (26x17,8) : **USD 1 500** – New York, 7 mai 1981 : *La Fugue* 1940, gche/pap. (40,3x33) : **USD 6 500** – New York, 10 juin 1982 : *Maya themes : projection of hunt* 1938, h/t (69,8x91,4) : **USD 18 000** – New York, 24 nov. 1982 : *Cimbra* 1960, bois relief poli (110x70,2) : **USD 7 000** – New York, 13 mai 1983 : *Composition* 1971, gche/pap. (55,9x76,2) : **USD 8 000** – New York, 13 mai 1983 : *La India* 1926, h/t (62x51) : **USD 18 000** – New York, 29 mai 1985 : *Tierra tropical* 1925, aquar. (28x38) : **USD 7 500** – New York, 26 nov. 1985 : *Le retour du Fils Prodigue* 1944, h/t (101x80) : **USD 40 000** – New York, 22 mai 1986 : *Las nueve Musas* 1960, multitechn./pan. (40x87) : **USD 30 000** – New York, 19 nov. 1987 : *Sans titre* 1961, gche/pap. (45,6x33) : **USD 5 000** – New York, 17 mai 1988 : *Sans titre*, gche/pap. (46x21) : **USD 6 050** – New York, 21 nov. 1988 : *Les patriarches* 1977, h/cart. (75x55,5) : **USD 22 000** ; *Les jumeaux* 1969, gche/pap. (27x21) : **USD 6 050** ; *Le huitième ciel* 1961, h/t (81,3x100,3) : **USD 24 200** – New York, 17 mai 1989 : *Discussion* 1960, pétroplastique/pan. (63x47) : **USD 23 100** – New York, 21 nov. 1989 : *Les trois rois* 1958, multitechn./rés. synth. (79x110) : **USD 82 500** – New York, 1er mai 1990 : *Las moradas* 1961, techn. mixte sur rés. synth. (59x73) : **USD 24 200** – New York, 2 mai 1990 : *Scène vaudoue* 1929, h/t (61x51) : **USD 31 900** – New York, 19-20 nov. 1990 : *Fécondité* 1944, h/t (81,5x68,2) : **USD 38 500** ; *Venados* 1968, techn. mixte et feuille d'or/pan. (103x67,2) : **USD 71 500** – New York, 15-16 mai 1991 : *Les adieux* 1978, h/t (79,6x80) : **USD 38 500** – New York, 19 nov. 1991 : *Motif guatémaltèque* 1919, h/t (97,5x71,5) : **USD 60 500** – New York, 25 nov. 1992 : *L'homme et sa mort* 1961, techn. mixte/tissu (56x38,4) : **USD 44 000** – New York, 19-20 mai 1992 : *Composition* 1964, pétroplastique/pan. (59,1x52,1) : **USD 33 000** – New York, 24 nov. 1992 : *Adriana et le labyrinthe* 1975, h/pap. artisanal/rés. synth. (52,7x61) : **USD 30 250** – New York, 18 mai 1993 : *Le matin de la tonte* 1965, techn. mixte/rés. synth. (57x70) : **USD 63 000** – New York, 17 nov. 1994 : *Les astrologues* 1959, techn. mixte/rés. synth. (60,2x44,7) : **USD 75 100** – New York, 21 nov. 1995 : *Variations sur le thème de l'Amour* 1939, gche et graphite/pap. (47x57) : **USD 14 950** – New York, 14-15 mai 1996 : *Sans titre* 1936, h/t (79,4x63,5) : **USD 43 125** – Milan, 20 mai 1996 : *Les Trois Jeunes Filles* 1975, acryl./parchemin mar./pan (80x60) : **ITL 18 975 000** – New York, 25-26 nov. 1996 : *De la série Variations sur un thème maya* 1939, h/t (54x64,8) : **USD 13 800** – New York, 29-30 mai 1997 : *Les Dieux anciens et les vieux mythes* 1945, h/t (111,8x93,3) : **USD 85 000** – New York, 24-25 nov. 1997 : *Cha Xib Ek Xib* 1976, h/t (80x80) : **USD 40 250**.

MERIDA Manuel
xxe siècle. Vénézuélien.
Peintre.

Il fut influencé par le pop art américain, dans les années soixante.

MERIEL-BUSSY André
Né le 11 janvier 1902 à Fougères (Ille-et-Vilaine). xxe siècle. Français.
Peintre de portraits.

Il fut élève de Lucien Simon. Il exposa à Paris, au Salon des Artistes Français à partir de 1926. Il obtint une médaille d'argent la même année.

Il est surtout connu pour ses portraits.

MERIENNE Nancy
Née en 1792 à Genève. Morte en 1860. xixe siècle. Suisse.
Peintre de portraits, aquarelliste et dessinatrice.

Élève de Firmin Massot, voyagea beaucoup séjournant tour à tour à Lausanne, Neuchâtel, Avignon ; Lyon, Marseille, Londres et produisant surtout des portraits à l'huile, à l'aquarelle, au crayon et au pastel. On en cite notamment deux de George Sand, avec qui elle s'était liée à Marseille. Elle a aussi peint des fleurs.

Musées : Genève (Ariana) : *Jeune dame américaine – Suissesse – Jeune femme en blanc – Jeune garçon*, ivoire – *Bouquet de fleurs – Portrait d'homme*, ivoire – *Portrait d'enfant*, aquar. – *Jeune femme assise* – Quatre pastels – Genève (Mus. Rath) : *Portrait d'Alexandre II de Russie – Portrait de l'artiste*.

MÉRIEUX Séverin
Né le 7 avril 1872 à Poitiers (Vienne). xixe-xxe siècles. Français.
Peintre, dessinateur.

Il fut élève de L. O. Merson. Il exposa à Paris, au Salon des Artistes Français, dont il fut membre sociétaire à partir de 1926.

MERIGHI Armando
Né au xixe siècle à Bologne. xixe siècle. Italien.
Peintre et pastelliste.

Il a fait surtout des portraits. Exposa à Turin et Milan.

MERIGHI Francesco
Né en 1690. Mort en 1758. xviiie siècle. Actif à Bologne. Italien.
Peintre.

Maître de Francesca Fantoni. Le Palais Balbi-Durazzo à Gênes conserve de ce peintre *Mort d'Achille*.

MERIGI Michelangelo. Voir **CARAVAGGIO Michelangelo Merisi da**

MERIGLIANO Giovanni ou **Meriliano**. Voir **MARIGLIANO**

MÉRIGNARGUES Marcel
Né le 17 mars 1884 à Nîmes (Gard). xxe siècle. Français.
Sculpteur.

Il fut élève de Mercié. Il exposa à Paris, au Salon des Artistes Français à partir de 1906. Il reçut une médaille en 1926 et 1927.

MERIGOT
xviiie siècle. Français.

Peintre.
Sa biographie est inconnue, mais de ses œuvres figurèrent en juin 1920 à Paris, lors de l'Exposition des « Petits Maîtres du XVIIIe siècle ».
Ventes Publiques : Paris, 7 et 8 mai 1923 : *Les abords de la ville, paysage*, gche : **FRF 1 200** ; *L'extrémité du lac Majeur*, gche : **FRF 1 100**.

MERIGOT J.
XIXe siècle. Actif à Londres au début du XIXe siècle.
Graveur au burin et à l'aquatinte.
Il a gravé d'après Chatelet et Belanger. On cite de lui en particulier : *Promenade* ou *Itinéraire des Jardins d'Ermenonville* et *Promenade des Jardins de Chantilly*.

MÉRIGOT Maximilien Ferdinand
Né en 1822 à Paris. Mort en 1884. XIXe siècle. Français.
Peintre sur porcelaine.
Attaché à la Manufacture Nationale de Sèvres de 1848 à 1872. Le Musée de Sèvres et celui de Château-Thierry possèdent plusieurs de ses œuvres.

FM

MERIGOT Pierre
XVIe siècle. Français.
Graveur.
Il fut « graveur du Roi », graveur de jetons et travailla à Paris de 1568 à 1590.

MERIJON Olivier
Né le 5 juin 1951 à Versailles (Yvelines). XXe siècle. Français.
Peintre de paysages, marines, pastelliste, graveur, dessinateur, illustrateur.
Il s'initia seul à la peinture.
Il participe à divers Salons parisiens : des Indépendants et des Artistes Français dont il est membre sociétaire, de la Société Nationale des Beaux-Arts, d'Automne, de la Peinture à l'eau ainsi qu'à des expositions collectives en France, au Japon, en Arabie Saoudite... Il montre ses œuvres dans des expositions personnelles en France, notamment à Paris.
Merijon use de larges aplats au couteau et de touches plus fines au pinceau, joue des effets de matière pour rendre la lumière et l'atmosphère d'un ciel, de la mer, d'un champ. Ses paysages au cours des années se sont dépouillés.

MERILLON Jean
XVIe siècle. Actif au Mans. Français.
Sculpteur.
Il exécuta une *Assomption* pour le grand autel de Saint-Vincent au Mans. Voir aussi l'article Le Mercillon (Jean).

MERILLON Noël
XVIIe siècle. Actif au Mans. Français.
Sculpteur.
Exécuta un retable pour l'église de Congé-sur-Orne.

MÉRIMÉE Jean François Léonor
Né le 8 septembre 1757 à Broglie. Mort le 27 septembre 1836 à Paris. XVIIIe-XIXe siècles. Français.
Peintre de scènes mythologiques, figures, portraits.
Père du grand écricain français Prosper Mérimée. Il entra à l'École de l'Académie Royale le 2 octobre 1778 et y demeura jusqu'en 1783, tour à tour élève de Doyen et de Vincent. Il y obtint un deuxième prix de peinture. Il partit ensuite pour Rome. On le trouve exposant au Salon de 1791 : *L'Innocence nourrissant un serpent*, au Salon de 1795 : *Une bacchante jouant avec un petit satyre*, à celui de 1798 : *Vertumne et Pomone* et des portraits de famille. Léonor Mérimée fut nommé professeur de dessin à l'École Polytechnique et, en 1807, secrétaire perpétuel de l'École des Beaux-Arts. Il était également chimiste. Plusieurs biographies lui donnent à tort le prénom de Louis.
Les œuvres de Mérimée sont extrêmement rares : il paraît avoir renoncé assez tôt à la peinture et ceux de ses ouvrages que possédait son fils, notamment les *Faunesses*, furent détruits en 1871. En 1802, Mérimée peignit un fond de paysage dans la miniature qu'Augustin fit de Mlle Bianchi, cantatrice à l'Opéra-Bouffe. On cite encore de lui un portrait de Poussin, *La Résurrection d'Hippolyte*, un important groupe familial de la *Famille Lebeuf*, peint en 1797 : *Portrait de de Wailly*. Il publia en 1830 le *Traité de la peinture à l'huile ou des procédés matériels employés dans ce genre de peinture depuis Van Eyck jusqu'à nos jours*.
Musées : Montpellier : *Vertumne et Pomone* – Paris (Mus. du Louvre) : *Diane rendant à Aricie Hippolyte ressuscité par Esculape*, tympan de la voûte de la salle grecque.

MÉRIMÉE Louis J.
Né au XVIIIe siècle à Paris. XVIIIe siècle. Français.
Peintre.
Exposa des sujets religieux et des sujets mythologiques ainsi que des portraits au Salon, de 1791 à 1798.

MÉRIMÉE Prosper
Né le 28 septembre 1803 à Paris. Mort le 23 septembre 1870 à Cannes. XIXe siècle. Français.
Peintre de genre, aquarelliste et écrivain.
Son père, le peintre Léonor Mérimée, qui fut élève de David et de Vincent, avait épousé Anne Moreau, qui peignait aussi fort agréablement et s'était spécialisée dans le portrait d'enfants ; elle savait non seulement obtenir l'immobilité de ses modèles, mais embellir leurs visages et animer leurs yeux en leur racontant des histoires, ce dont elle s'acquittait à merveille, étant la propre petite-fille de Mme Leprince de Beaumont, l'auteur célèbre de la *Belle et la Bête*. De bonne heure Mérimée témoigna de son goût pour le dessin, mais il ne semble pas qu'il soit arrivé de suite à convaincre son père, qui écrivait en 1821 au peintre Fabre de Montpellier, qui succéda à Alfieri dans les bonnes grâces de la comtesse Albany : « J'ai un grand fils de dix-huit ans dont je voudrais bien faire un avocat. Il avait des dispositions pour la peinture au point que sans avoir jamais rien copié, il fait des croquis comme un jeune élève et ne sait pas faire un œil. » Cependant à la maison le jeune écrivain apprend le dessin, la peinture à l'huile et l'aquarelle et il suit les leçons du miniaturiste Rochas. À son École il ne deviendra pas un grand maître, mais toute sa vie avec facilité et avec plaisir il peindra et surtout fera des dessins et des caricatures ; ses lettres sont agrémentées de croquis, à Jenny Dacquin (l'Immortelle Inconnue) il envoie la silhouette d'une Allemande rencontrée sur les bords du Rhin ; un jour J.-B. Rathery, siégeant dans une commission à côté de Mérimée, ramasse avec sa permission l'esquisse d'une grande composition dans le goût des Prix de Rome de l'époque, ayant pour titre : *Dumollard, l'assassin des bonnes poursuivi par les ombres de ses victimes*, mais il a laissé des œuvres plus achevées, parmi lesquelles le manuscrit illustré par lui de la *Chambre Bleue*, qu'il offrit à l'Impératrice ; enfin Augustin Filon cite une copie à l'aquarelle d'un prétendu Vélasquez, dont Mérimée ne put faire accepter l'authenticité par les amateurs de Madrid : « le travail en était très serré, vigoureux, fin et sec : du vrai Mérimée ». Mais il était réservé à Mérimée de servir les arts d'une tout autre manière : les deux grandes qualités qui devaient se manifester de très bonne heure chez lui étaient l'obstination et l'exactitude, jamais il ne s'arrêta à mi-route dans un travail, enfin ce qu'il savait, il le savait à fond ; ces précieuses dispositions qui ne firent que se développer chez lui. Mérimée les mettra au service de ses nouvelles fonctions lorsque, le 27 mai 1834, Thiers, ministre de l'Intérieur et des Travaux Publics, le nomma inspecteur général des Monuments historiques et Antiquités nationales. Cet emploi qui assurait à Mérimée en même temps que la considération, une sécurité financière ardemment souhaitée, s'avérait d'une incontestable utilité ; les grands monuments français et en particulier les églises étaient dans un état de délabrement inquiétant et de tous les coins du pays montaient des cris d'alarme. Le nouveau haut fonctionnaire se met résolument à l'œuvre et dès lors, tout en conservant à sa vie un masque frivole, il va la modifier profondément. Il lit des ouvrages techniques d'achéologie et d'architecture (à laquelle il accordera toujours une primauté sur les autres arts), enfin, le 31 juillet 1834, il part pour sa première tournée d'inspection. Le poste que Mérimée devait occuper presque un quart de siècle avait été créé en 1830 par Guizot, qui inaugura ces tournées d'inspection qui vont devenir le centre de la vie du nouveau titulaire et son activité principale ; de nombreuses lettres à Jenny Dacquin sont l'écho humoristique de ces voyages sérieux : il visite les monuments, se rend compte de leur état, établit le plan des travaux à faire, avec quelque prudence, car sa maxime favorite sera toujours « les réparateurs sont peut-être aussi dangereux que les destructeurs ». Parallèlement Mérimée fait partie des commissions qui, à Paris, dressent la carte monumentale de la France et qui deviendront en 1837 le Comité Historique des Arts et des Monuments. « Ainsi – dit le marquis de Luppé – la monarchie de Juillet (Louis-Philippe et des ministres avisés) avait trouvé peut-être par hasard l'homme qu'il fallait pour sa politique de glorification des monuments français. » Il semble bien que Mérimée ait été cet homme providentiel, dont l'énergie, la ténacité et la compétence surent galvaniser toutes les bonnes volontés et surmonter toutes les difficultés ; sa méthode est pleine de réserve et l'on ne saurait trop lui tenir

rigueur de n'avoir pas toujours su réfréner le zèle de certains de ses collaborateurs. Dans son rapport sur l'Hôtel Jacques-Cœur à Bourges, il précise « qu'il faut restaurer mais ne pas remplacer ce qui a été complètement perdu. » En 1844, à propos des travaux de Notre-Dame de Paris, il écrit : « Par restauration nous entendons la conservation de ce qui est, la reproduction de ce qui a manifestement existé », enfin en 1844 : « Dans une restauration on ne doit rien inventer, lorsque les traces de l'état ancien sont perdues le plus sage est de copier des motifs analogues dans un édifice du même temps et de la même province. » Mais le dynamisme dont faisait preuve la jeune équipe des monuments historiques ne se satisfaisait pas toujours de ces sages préceptes et Viollet-le-Duc ne craindra pas de proclamer que « restaurer, c'est rétablir dans un état complet ce qui peut n'avoir jamais existé à un moment donné ». Il est aisé de concevoir les abus que peut provoquer une telle doctrine ; Viollet-le-Duc ne sut pas toujours les éviter. Mérimée en sa qualité de chef dut couvrir bien des erreurs, mais son œuvre parle encore pour lui. « C'est son caractère, dit le marquis de Luppé qui a sauvé Vézelay en 1840, Saint-Savin en 1841, Vignory en 1843, Laon en 1846, sans compter Notre-Dame du Port à Clermont-Ferrand, les remparts d'Avignon et tant d'autres édifices sacrés ou profanes. Sans lui, nous n'en verrions que des ruines. » Il est infiniment touchant de voir avec quelle sollicitude cet homme d'un scepticisme et d'un athéisme si affichés s'est attendri sur la misère des églises de France. Sa correspondance reflète sa ferme volonté de les secourir. ■ Jean Dupuy

Ventes Publiques : Paris, 30 nov. et 1er déc. 1922 : *La Négresse*, pl. : **FRF 70** – Paris, 26 et 27 mai 1941 : *Cosaque à cheval*, pl. : **FRF 300** – Paris, 4 mai 1942 : *Feuille de croquis*, pl. : **FRF 500** – Paris, 24 fév. 1949 : *Monstre, reptile et monuments*, trois dessins sur la même feuille : **FRF 800** – Paris, 31 jan. 1973 : *Paysage*, gche : **FRF 1 700** – Paris, 26 mars 1980 : *La supplication* 1846, aquar. (20x13) : **FRF 5 500** – Paris, 5 mai 1986 : *Le Gorille*, gche (24,5x17) : **FRF 16 000**.

MERIN Joan Van der ou **Meeren**
xvie siècle. Hollandais.
Peintre et graveur sur bois.
Probablement dans la gilde d'Anvers en 1505.

MERIN CANADA Maria Angeles
Née en 1940 à Madrid (Castille). xxe siècle. Espagnole.
Peintre, graveur.
Elle a participé à l'exposition *De Bonnard à Baselitz – Dix Ans d'acquisition du cabinet des estampes 1978-1988* à la Bibliothèque nationale de Paris en 1992.
Musées : Paris (BN) : *Maison typique* 1979, bois.

MERINGER Orlando
xvie siècle. Actif à Innsbruck.
Peintre de portraits.

MERINO Daniel
Né à Madrid (Castille). xxe siècle. Espagnol.
Peintre.
Il fut élève de l'école des Arts et Métiers et de l'école des beaux-arts de Madrid, puis voyagea en Italie, France, Belgique, Hollande, Allemagne, Autriche, Portugal, et États-Unis.
Il participe à de nombreuses expositions collectives régulièrement à Madrid, notamment au Salon de la Société Nationale des Beaux-Arts, à Barcelone au Salon de Mai, à Grenade, Buenos Aires, Londres, Tokyo, Valparaiso, Téhéran. Il montre ses œuvres dans de très nombreuses expositions personnelles en Espagne, aux États-Unis, en France... Il a reçu de nombreux prix et distinctions.
Il pratique une figuration agitée, dans laquelle un vent puissant semble souffler entraînant les objets (en particulier des pièces d'échecs) dans une danse cahotique.
Musées : Ibiza (Mus. d'Art Contemp.) – Leon (Mus. provincial).

MERINO Ignacio
Né en 1817 ou 1818 au Pérou. Mort en 1876 à Paris. xixe siècle. Péruvien.
Peintre d'histoire, sujets de genre.
Il est considéré comme l'un des plus importants artistes péruviens du xixe siècle. Il fut élève de Monvoisin et de l'École des Beaux-Arts, et ses études en Europe ont fortement influencé son style et le choix des sujets de ses œuvres. Il figura au Salon de Paris de 1850 à 1875.
Ventes Publiques : Paris, 1872 : *Enfants napolitains* : **FRF 140** ; *Le petit modèle endormi* : **FRF 510** – Paris, 1878 : *Cavaliers sur la plage* : **FRF 400** – Paris, 8 juin 1896 : *Jeune Aragonaise* : **FRF 250** – Paris, 19-21 avr. 1926 : *Un hidalgo* : **FRF 1 550** ; *Un turc* : **FRF 1 150** – Paris, 15 mai 1931 : *Le bouquiniste en plein air (Venise)* : **FRF 270** – Paris, 10 déc. 1943 : *Mendiants à la porte d'un couvent espagnol* : **FRF 2 250** – New York, 12 mai 1983 : *La Promenade en barque*, h/t (110,5x162,2) : **USD 13 000** – New York, 18 mai 1994 : *Colon et son fils à La Rabida*, h/t (87,9x149,9) : **USD 27 600** – New York, 25-26 nov. 1996 : *Gitane* 1850, h/t (167x117) : **USD 16 100**.

MERINO Isidoro
Né en 1781 à Adrados. xixe siècle. Espagnol.
Sculpteur sur bois et médailleur.
Il travailla à Madrid.

MERINO Robert
Né le 21 novembre 1907 à Paris. xxe siècle. Français.
Peintre, peintre de décors de théâtre.
Il fut élève de P.-A. Laurens. Il a réalisé également des affiches.

MÉRIOT Camille
Né en 1887. Mort en 1979. xxe siècle. Français.
Peintre, aquarelliste, pastelliste, graveur.
Il fut conservateur du musée de Rochefort-sur-Mer.

MÉRIOT R.
xixe-xxe siècles. Français.
Peintre de compositions animées, paysages.
Ventes Publiques : Londres, 7 avr. 1993 : *Femme de pêcheur au bord de la mer*, h/t (72,5x46) : **GBP 690**.

MÉRIS Silvestre David. Voir **MIRYS**

MERISI Michelangelo ou **Merisio**. Voir **CARAVAGGIO Michelangelo Merisi da**

MÉRITE Édouard Paul
Né le 7 mars 1867 au Neubourg (Eure). Mort le 5 février 1941 à La Jonchère (Rueil-Malmaison, Hauts-de-Seine). xixe-xxe siècles. Français.
Peintre, sculpteur, animalier.
Il fut élève de Emmanuel Frémiet et Barrias. Il était très lié avec Aimé Morot et Gérome. Il participa à plusieurs expéditions d'exploration notamment : en 1898-1899 en Afrique au Soudan ; en 1905 et 1909 dans les régions arctiques, où il accompagnait le duc d'Orléans. Un cap au nord du Groënland porte son nom. À l'époque des grandes chasses, il séjourna à la Cour d'Autriche, où, en 1910, l'empereur le nomma chevalier de l'Ordre de François-Joseph. De 1923 à 1937, il fut professeur de dessin animalier au Museum national d'Histoire naturelle à Paris, où, avant lui, avait exercé Barye.
Il figura à Paris, depuis 1888 au Salon des Artistes Français, dont il fut membre à partir de 1889 ; il reçut une mention honorable en 1890, une médaille de troisième classe en 1896, et comme sculpteur une médaille de troisième classe en 1901.
En 1954, fut dispersée sa collection d'objets ethnographiques. En 1956, le Museum national d'Histoire naturelle à Paris organisa une importante rétrospective de ses peintures, sculptures, dessins. Entre 1956 et 1966, furent dispersées les œuvres de son atelier. En 1994 et 1995, la galerie Dumonteil de Paris présenta un ensemble de ses œuvres au Salon de Mars.
Son œuvre est important. Il se consacra d'abord à la peinture. La plupart de ses sculptures d'animaux furent achetées par l'État, la Ville de Paris, les Musées de Mans, de Roubaix, la Manufacture Nationale de Sèvres. Lorsqu'il s'établit dans sa propriété de La Jonchère, près de Rueil-Malmaison, il y acclimata toutes sortes d'animaux sauvages, qu'il dessinait rapidement en mouvement, puis coloriait à l'aquarelle. Correspondant à travers le monde avec savants et chasseurs, il rédigeait ses observations dans des revues, qui donnèrent lieu, en 1942, à un ouvrage sur *Les Pièges*. Observateur précis et habile sculpteur, son art a aussi une grande valeur documentaire.
Bibliogr. : *Catalogues des ventes de l'atelier Édouard Mérite*, Hôtel Drouot, Paris, 1956-1966 – Jacques Berlioz : Notice sur *Édouard Mérite*, Archives du Museum national d'Histoire naturelle, 7e série, t. V, 1957.
Musées : Évreux – Le Mans – Paris (Mus. d'Orsay) – Paris (Mus. du Petit Palais) – Paris (Mus. des Arts et Traditions populaires) : ensemble de dessins aquarellés sur engins de chasse et appeaux de France – Paris (Mus. Nat. d'Hist. naturelle) : série d'études d'animaux – carnets de voyages – Roubaix.
Ventes Publiques : Paris, 3-4 mai 1923 : *Lièvre assis* : **FRF 420** ; *Compagnie de perdrix dans un champ de neige* : **FRF 310** –

Paris, 23 jan. 1957 : *Lièvre*, aquar. : **FRF 22 000** – Paris, 9 oct. 1957 : *Jeune merle* : **FRF 30 500** ; *Loups* : **FRF 31 500** – Paris, 9 oct. 1958 : *Perdrix et lièvres* : **FRF 35 500** – Paris, 5 juil. 1991 : *Ensemble de quinze dessins*, aquar. et h. à sujets animaliers : **FRF 13 500** – Paris, 25 nov. 1991 : *Le lièvre aux aguets*, h/cart. (27x35) : **FRF 4 500** – Paris, 9 juin 1993 : *La bécassine*, h/cart. (26x34) : **FRF 4 000**.

MERK Eduard
Né le 7 mars 1816 à Munich. Mort le 8 février 1888 à Munich. XIXe siècle. Allemand.
Peintre de genre et d'histoire.
Il a peint des scènes de la vie à la campagne.

E. Merk

Ventes Publiques : Munich, 27 avr. 1978 : *Les trois joueurs de cartes*, h/pan. (21x16) : **DEM 3 800**.

MERK Johann Christof ou **Merck**
Mort après 1726 à Potsdam. XVIIIe siècle. Allemand.
Peintre de portraits, d'animaux et de scènes de chasse.
Il fut entre 1695 et 1717 peintre de la cour à Berlin. Il avait pour mission particulière de peindre grandeur naturelle les grenadiers de Frédéric Guillaume Ier.

MERKADO Nissim
Né le 9 septembre 1935 à Sofia. XXe siècle. Actif depuis 1962 en France et en Israël. Bulgare.
Sculpteur, créateur d'installations.
Il fit des études artistiques à Tel-Aviv jusqu'en 1959, puis à l'école des beaux-arts de Paris à partir de 1962. De 1968 à 1971, il enseigna les arts plastiques à Sèvres.
Il participe à de nombreuses expositions de groupe à Paris : Biennale, Salons de Mai, des Réalités Nouvelles, Comparaisons, Grands et Jeunes d'Aujourd'hui, de la Jeune Sculpture dont il est membre depuis 1969, etc. Depuis 1960, il montre ses œuvres dans des expositions personnelles : 1960, 1961 Tel-Aviv ; 1975 musée Bourdelle à Bruxelles ; 1976 ministère de l'équipement à Paris ; 1981 musée de Sofia ; 1982 Centre culturel de Saint-Quentin-en-Yvelines ; 1987 musée Rodin à Paris ; 1988 Maison de la Culture d'Amiens. Il a reçu en 1969 le prix de la Jeune Sculpture, en 1970 le prix Auguste Rodin, en 1973 le prix Antoine Bourdelle.
Travaillant l'acier, mais aussi le bois, la dalle de verre, colorant ses divers matériaux, il s'inscrit dans la suite de la dynamique des futuristes de 1910. Philosophiquement et plastiquement, il exprime sa préoccupation des éventuelles correspondances, lourdes de significations scientifiques et symboliques à la fois, entre des volumes simples différents : par exemple l'inscription du cube dans la sphère ou encore deux demi-sphères reliées dans et par le cylindre. Il a réalisé des monuments à Bobigny, Rouen, Villetaneuse.
Bibliogr. : Michel Dufet : *Bulletin du musée Bourdelle*, Paris, mai 1975 – in : Catalogue de l'exposition : *Écritures dans la peinture*, Villa Arson, Nice, 1984.

MERKE H.
Né à la fin du XVIIIe siècle à Niederweningen (canton de Zurich). XVIIIe-XIXe siècles. Suisse.
Graveur au burin.
Il travailla à Londres entre 1800 et 1820 et représenta en 1806 la *Vie de lord Nelson*.

MERKEL Carl Gottlieb
Né le 25 décembre 1817 à Leipzig. Mort le 5 juillet 1897 à Wehleiden près de Kassel. XIXe siècle. Allemand.
Peintre d'histoire et dessinateur.
Élève de l'Académie de Dresde. Il continua ses études en 1838 à Munich. S'établit à Leipzig, ensuite à Kassel. On cite de lui : *Le roi Lear* et *Le Christ portant la croix*. Il a d'autre part illustré en 1853 des *Histoires bibliques*.

MERKEL Conrad et **Jacob**. Voir **MERKLIN C.** et **J.**

MERKEL Georg
Né le 5 juin 1881 à Lwow. Mort en 1978. XXe siècle. Actif en Autriche. Polonais.
Peintre de figures, paysages, graveur.
Il fut élève de l'académie de Cracovie, de 1905 à 1908, où il eut pour professeurs J. Mehoffer et J. Falat. Il séjourna à Paris, de 1905 à 1908.
On distingue trois périodes dans son œuvre : la première jusqu'en 1914 où il s'en tint rigoureusement à la forme et qui est caractérisée par la *Jeune Fille à la cruche*, la seconde qui va jusqu'à 1923 et dans laquelle il attacha plus d'importance à la couleur (*Daphnis et Chloé* 1919) ; et enfin la dernière où il essaya de réconcilier la couleur et la forme, comme on l'observe dans le *Jeune Bacchus* de 1929.
Ventes Publiques : Londres, 30 mai 1984 : *Paysage avec deux personnages*, h/t (55,6x68,6) : **GBP 1 100** – Vienne, 9 déc. 1987 : *Couple d'amoureux et colombe*, h/t (91,5x73,5) : **ATS 90 000**.

MERKEL Walther Émil
Né le 12 juillet 1863 à Kassel (Hesse). Mort le 7 décembre 1903 à Wehbiden (Hesse). XIXe siècle. Allemand.
Peintre de portraits, paysages.
Il fut élève de son père Carl Gottlieb. Il a fait le portrait de *Philippe le Magnanime* pour l'aula de l'université de Marbourg en 1891.

MERKEL Wolfang
Né le 12 mars 1883 à Rostock (Mecklembourg-Poméranie). Mort le 2 septembre 1918, dans une ambulance, sur le front, durant la Première Guerre mondiale. XXe siècle. Allemand.
Peintre de portraits, figures.
Il fut élève de L. Schmidt-Reutte, Otto Lauger et Chr. Landenberger.
Musées : Göttingen (Univer.) : *Pasteur en Bretagne*.

MERKELBACH Pieter. Voir **MERCKELBACH**

MERKEN Johannes. Voir **MERLEEN**

MERKER Max
Né le 15 septembre 1861 à Weimar (Thuringe). Mort en 1928 à Weimar. XIXe-XXe siècles. Allemand.
Peintre de portraits, paysages.
Il fut élève de l'école d'art de Weimar. Il exposa à Munich en 1890.
Musées : Halle : *Rome* – Weimar : *Nuit tombante* – *Temple à Agrigente* – *Le Mur du diable près de Blankenbourg* – Zwickau : *Paysage d'automne*.
Ventes Publiques : Munich, 4 juin 1980 : *Vue d'un village* 1888, h/t (75,6x93,5) : **DEM 3 200** – Cologne, 26 oct. 1984 : *Vue de Lübeck* 1887, h/t (76x102) : **DEM 16 000** – Cologne, 24 oct. 1986 : *Paysage de printemps* 1893, h/t (54,5x68) : **DEM 5 000** – Brême, 4 avr. 1987 : *Fillette tricotant dans un jardin*, h/t (63x98) : **DEM 5 800** – Cologne, 23 mars 1990 : *Une allée au printemps* 1895, h/cart. (27,5x35,5) : **DEM 2 200**.

MERKER Paul
Mort en 1823. XIXe siècle. Actif à Brunswick. Allemand.
Sculpteur et médailleur.
Fut en 1806 membre de l'Académie de Berlin.

MERKER Traugott
XIXe siècle. Allemand.
Peintre sur porcelaine.
Il travailla de 1806 à 1820 à la Manufacture de Blankenhain.

MERKH Johann Jakob
XVIIIe siècle. Actif à Ulm de 1730 à 1750. Allemand.
Peintre et écrivain.
Il a peint des aquarelles d'Ulm.

MERKISCH Barthel
XVIe siècle. Actif à Torgau. Allemand.
Relieur.
Fut le relieur du prince électeur Auguste de Saxe.

MERKLÉ. Voir **MERGLÉ**

MERKLEIN Juan Andrés
Originaire de Bohême. Mort le 8 août 1797. XVIIIe siècle. Actif à Saragosse. Espagnol.
Peintre.
Il était directeur de l'École des Beaux-Arts. Il fut le maître de Francisco Bayeu, qui épousa sa fille. Il envoya son gendre travailler auprès de Mengs.
Bibliogr. : Jacques Lassaigne : *La peinture espagnole, de Vélasquez à Picasso*, Skira, Genève, 1952.

MERKLIN. Voir aussi **MERGLÉ**

MERKLIN Conrad et **Jacob** ou **Märklin, Merkel**
XVIe siècle. Actifs à Ulm. Allemands.
Peintres.
Frères ou père et fils. Ils ont tous deux travaillé au cloître de Wengen. Conrad était en rapport avec Dürer. On lui attribue

parfois le grand autel de l'église Saint-Augustin à Ulm, dont six panneaux se trouvent dans la chapelle de Neïthart à la cathédrale de Münster, un septième au Musée de Stuttgart *(Nativité)* et un huitième à celui de Karlsruhe *(le Miracle des hosties)*.

MERKOUROV Serguei
Né en 1881 à Alexandropol (Arménie). Mort en 1952 à Moscou. XXᵉ siècle. Russe-Arménien.
Sculpteur de monuments.
Il fit ses études en Suisse, dans l'atelier de A. Mauer, puis à l'académie des beaux-arts de Munich, où il eut pour professeur Ruhlmann.
À partir de 1926, il exposa avec les membres de l'Association des Artistes de la Russie révolutionnaire.
En 1902, il réalise ses premières sculptures. Il a participé à la réalisation du plan de propagande monumentaliste. On trouve de ses compositions et monuments à Moscou, Erevan, Bakou, et dans d'autres villes.
Bibliogr. : Catalogue de l'exposition : *Paris-Moscou*, Centre Georges Pompidou, Paris, 1979.

MERKURIEFF Ivan
Mort en 1710. XVIIᵉ-XVIIIᵉ siècles. Russe.
Peintre.
Pierre le Grand l'envoya en Italie, où il fit des copies des anciens maîtres. Il travailla pour les églises de Saint-Pétersbourg.

MERLAUB Cecilia
Née le 17 février 1917 à Constantza. XXᵉ siècle. Active depuis 1960 en France. Roumaine.
Peintre, illustratrice, décoratrice, sculpteur, peintre de cartons de mosaïques, céramiques, tapisseries.
Après des études de droit, elle fut élève de l'académie des beaux-arts de Bucarest. Elle vit et travaille à Paris, depuis 1960.
Elle participe à des expositions collectives en Roumanie, France, Italie, Belgique. Sa première exposition personnelle eut lieu en 1945 à Bucarest, en 1970 à Paris.
Elle réalise des icônes sur verre, des illustrations de contes populaires, des mosaïques, des tapisseries. Dans ses œuvres, tour à tour abstraites ou figuratives, on trouve des réminiscences de l'art populaire roumain.
Bibliogr. : Ionel Jianou et divers, in : *Les Artistes roumains en Occident*, American Romanian Academy of Arts and Sciences, Los Angeles, 1986.

MERLE
XVIIIᵉ siècle. Actif à Lyon. Français.
Sculpteur sur bois.
Il sculpta en collaboration avec Joseph Bochard, de Dijon les stalles du chœur de la cathédrale de Nevers.

MERLE Georges Hugues
Né au XIXᵉ siècle à Paris. XIXᵉ siècle. Français.
Peintre de genre.
Élève de son père, il débuta au Salon de Paris en 1876.
Ventes Publiques : Paris, 10-12 déc. 1892 : *Les enfants au papillon* : **FRF 1 800** – Paris, 29 mars 1893 : *La pauvre mère* : **FRF 800** – New York, 13 fév. 1985 : *Couple dans un sous-bois* 1880, h/t (75x51) : **USD 3 500**.

MERLE Hugues
Né le 1ᵉʳ mars 1823. Mort le 16 mars 1881. XIXᵉ siècle. Francais.
Peintre d'histoire, scènes de genre, portraits.
Élève de Léon Cogniet, il figura au Salon de Paris de 1847 à 1880, obtenant des médailles de deuxième classe en 1861 et 1863. Chevalier de la Légion d'honneur en 1866.
Ses compositions ont une allure théâtrale et sont traitées dans un style troubadour.

Bibliogr. : Gérald Schurr, in : *Les Petits Maîtres de la peinture 1820-1920, valeur de demain*, Les Éditions de l'Amateur, t. III, Paris, 1976.
Musées : Amsterdam (Mus. mun.) : *Avant le bain* – Brooklyn – Chicago – Londres (Wallace coll.) : *La lecture de la Bible* – New York (Metropolitan Mus.) : *Amour maternel* – Paris (Mus. du Louvre) : *Une mendiante*.
Ventes Publiques : Paris, 1898 : *Le sommeil du petit frère* : **FRF 1 500** – Londres, 27 jan. 1922 : *Le printemps de la vie* : **GBP 30** – New York, 15 fév. 1934 : *Mère et enfant* : **USD 200** – Paris, 3 fév. 1943 : *La fileuse – Femme allaitant son enfant*, deux pendants : **FRF 7 100** – Londres, 9 oct. 1970 : *L'alphabet* : **GNS 180** – Londres, 28 juil. 1972 : *Mère et enfant* : **GNS 550** – Los Angeles, 8 mars 1976 : *Portrait de jeune fille* 1879 ?, h/t (56x46,5) : **USD 900** – New York, 28 avr. 1977 : *Le galant entretien* 1876, h/t (162,5x117) : **USD 1 700** – Londres, 9 mai 1979 : *Le peintre de la cour* 1872, h/t (117x188) : **GBP 2 400** – New York, 28 mai 1981 : *Les Petits Chasseurs*, h/t (65,5x82) : **USD 4 250** – New York, 19 oct. 1984 : *Le papillon* 1858, h/t (101x81) : **USD 5 000** – Londres, 27 nov. 1985 : *Angelots et gibier*, h/t (64x80,5) : **GBP 7 000** – New York, 27 fév. 1986 : *Frère et sœur* 1862, h/t (56x45,7) : **USD 13 000** – New York, 24 fév. 1987 : *L'Enfant trouvé* 1861, h/t (80,6x100) : **USD 9 500** – New York, 24 mai 1988 : *L'abandonnée* 1872, h/t (66x50) : **USD 5 500** – New York, 23 mai 1989 : *Persuasion silencieuse*, h/t (65,4x42,5) : **USD 16 500** – New York, 23 oct. 1990 : *Réflexions au sujet d'un livre*, h/t (81,3x57,2) : **USD 6 600** – New York, 22 mai 1991 : *Vénus* 1882, h/t (116,8x81,3) : **USD 8 250** – New York, 23 mai 1991 : *Mère et enfant* 1870, h/t (101,6x81,9) : **USD 20 900** – Londres, 25 nov. 1992 : *Abraham banissant Hagar et Ismaël* 1872, h/t (92x53,5) : **GBP 4 950** – Londres, 27 oct. 1993 : *L'heure de la tétée pour les petits chiots*, h/t (80x99) : **GBP 6 095** – New York, 15 fév. 1994 : *Une histoire à la gloire de grand-père*, h/t (38,1x46,3) : **USD 11 500** – New York, 24 mai 1995 : *La pauvre folle* 1871, h/t (154,9x113,7) : **USD 40 250**.

MERLEEN Johannes ou **Merken, Merck**
XVIIIᵉ siècle. Hollandais.
Peintre.
Il habitait probablement La Haye. Cet artiste fit surtout des vues de villes. Le Musée communal de La Haye conserve de lui : *Vue de l'étang de La Haye*.
Ventes Publiques : Londres, 6 mars 1974 : *Scène de rue ; La Haye* 1754 : **GBP 2 200** – Paris, 15 mars 1983 : *Place animée* 1753, h/t (49,5x67) : **FRF 60 000**.

MERLEN Abraham Van
Né en 1579 à Anvers. Mort le 24 juin 1660. XVIIᵉ siècle. Éc. flamande.
Graveur.
Élève de Adr. Collaert vers 1597. Il grava surtout des effigies de saints.

MERLEN Constance Van
Née en 1609 à Anvers. Morte le 10 avril 1655 à Anvers. XVIIᵉ siècle. Éc. flamande.
Enlumineur.
Elle était la fille et l'élève de Jonas.

MERLEN Cornelis Van
Né en 1654. Mort le 10 avril 1723. XVIIᵉ-XVIIIᵉ siècles. Actif à Anvers. Éc. flamande.
Graveur.
Élève de la gilde d'Anvers en 1666. On connaît de lui : *Saint Jean l'Évangéliste, Le père Vilhelmus Ireland, P. Anton Turnes, jésuite*.

MERLEN Johann Baptist
XIXᵉ siècle. Hollandais.
Médailleur.
Il travailla à Bruxelles, Paris et Londres.

MERLEN Jonas Van
Né en 1578 à Anvers. XVIIᵉ siècle. Éc. flamande.
Peintre.
Il était le frère d'Abraham et l'élève de P. Van Overbeke. Il travailla à Amsterdam. Maître de Salomon de Tourbe en 1607.

MERLEN Pierre Jacques
Né en 1662 à Paris. XVIIᵉ siècle. Français.
Peintre.
Il travailla à Paris.

MERLEN Suzanne Marie
Née en 1652 à Anvers. Morte le 5 novembre 1706 à Diest. XVIIᵉ siècle. Éc. flamande.
Enlumineur.

MERLEN Theodorus
XVIᵉ-XVIIᵉ siècles. Éc. flamande.
Graveur.
Il y eut trois graveurs de ce nom : Le premier naquit en 1600 à Amsterdam, le second en 1609 à Anvers et le troisième, fils du second, en 1661. Tous trois gravèrent des scènes religieuses.

MERLEN Thevenin
XVe siècle. Éc. flamande (?).
Peintre-verrier.
Il était actif à Nancy en 1487-1488.

MERLETTE Charles
Né le 14 septembre 1861 à Paris. Mort en juillet 1899 à Paris. XIXe siècle. Français.
Peintre de sujets militaires.
Il fut élève de l'académie Julian, de Bouguereau, Boulanger, Robert-Fleury, Lefebvre et de l'école des beaux-arts. Ses œuvres sont prisées en Amérique.
Ventes Publiques : New York, 24 sep. 1969 : *Aux armes mes enfants !* : **USD 1 500**.

MERLEY Louis
Né le 7 janvier 1815 à Saint-Étienne. Mort le 17 septembre 1883 à Paris. XIXe siècle. Français.
Sculpteur et graveur sur médailles.
Élève de Pradier, David d'Angers et de Galle, entra à l'École des Beaux-Arts le 2 octobre 1838. Prix de Rome en 1843. Débuta au Salon de 1840. Médaillé en 1851 et en 1867 (Exposition Universelle). Chevalier de la Légion d'honneur en 1866. Le Musée de Saint-Étienne conserve de lui : *Fragment de la frise du Parthénon ; Arion sauvé par un dauphin ; Figure académique ; Génie stéphanois ; Médaillon du docteur Escoffier ; La Justice entre la Vérité et la Force ; La Justice protège l'Innocence*. Plusieurs de ses statues se trouvent également au Louvre et à l'Hôtel de Ville de Paris.

MERLI Alessandro
XVIe-XVIIe siècles. Actif à la fin du XVIe siècle et au début du XVIIe siècle. Italien.
Peintre de miniatures.
Il séjourna à Venise de 1590 à 1608.

MERLI Antonio
XVIIe siècle. Italien.
Peintre.
L'église de Notre-Dame du Bon-Secours à Rovigo conserve de lui : *La Madone libère François Benato*.

MERLI Francesco
XVe siècle. Italien.
Peintre.
Il fut considéré à la fin du XVe siècle comme le meilleur peintre de Novara et envoyé à Milan.

MERLI Giovanni
XVIIe siècle. Italien.
Stucateur.
Il était actif dans la seconde moitié du XVIIe siècle.

MERLI Giovanni Antonio ou **Merlo**
XVe siècle. Actif à Novara. Italien.
Peintre.
Il a peint des fresques à sujets religieux.

MERLIANO Giovanni. Voir **MARIGLIANO**

MERLIER Frans de, ou **Franz**
Né le 28 octobre 1878 à Gand (Flandre-Orientale). XXe siècle. Actif et naturalisé aux États-Unis. Belge.
Peintre de compositions murales.
Il fut élève des académies de Bruges, de Gand, et de Bruxelles. Son atelier se trouve à Pocopson (Pennsylvanie).
Il a réalisé des peintures murales pour des théâtres et des hôtels.

MERLIER Pierre
Né le 14 octobre 1931 à Toutry (Côte d'Or). XXe siècle. Français.
Sculpteur.
Il fit ses études artistiques dans les ateliers de l'académie de la Grande Chaumière, à Paris, où il reçut l'influence de Zadkine. Il a commencé à exposer à partir de 1954, dans divers Salons annuels parisiens : 1957, 1962, 1966, 1969 Comparaisons ; 1960, 1962 d'Automne dans la salle de Lorjou ; 1969 de la Société Nationale des Beaux-Arts ainsi que : 1967 exposition *Le Portrait* à Paris ; 1969 Exposition internationale d'Art sacré au musée de Rocamadour. Sa première exposition personnelle eut lieu à Paris, en 1955, puis : 1963, 1966, 1967, 1968, 1970 Paris ; 1967 Lausanne ; 1968 Londres ; 1969 Los Angeles. Il obtint de nombreux prix et distinctions : 1956 prix de la Jeune Sculpture, 1961 bourse de la Fondation de la vocation, 1969 prix Wlérick à Mont-de-Marsan et prix de la Société Nationale des Beaux-Arts.
Parti d'un langage abstrait, il évolua à une statuaire d'esprit néoclassique, alliant une construction néocubiste à une intention expressionniste. La référence aux arts populaires l'a amené dans sa période récente à des personnages caricaturaux, en bois polychromé, avec des insertions de fragments de miroirs ou de métaux, dans lesquels on peut retrouver l'influence du populisme de Lorjou.
Bibliogr. : Denys Chevalier, in : *Nouv. Dict. de la sculpture mod.*, Hazan, Paris, 1970 – Catalogue de l'exposition : *Pierre Merlier*, galerie Mouradian Valloton, Paris, 1970.
Ventes Publiques : Paris, 15 avr. 1991 : *L'opération* 1990, bois taille directe polychrome (130x97) : **FRF 18 000**.

MERLIEUX Louis Parfait
Né le 27 novembre 1796 à Paris. Mort le 8 septembre 1855 à Paris. XIXe siècle. Français.
Statuaire.
Entra à l'École des Beaux-Arts en 1812. Devint l'élève de Roman et de Cartellier. Figura au Salon de 1824 à 1837. On a de lui, à Valenciennes *Buste de Cuvier* (modèle en plâtre) au Musée d'histoire naturelle, *Buste de Latreille, membre de l'Académie des Sciences* (plâtre), et à la Bibliothèque Sainte-Geneviève, le *Buste de Soufflot*. La fontaine de la place de la Concorde nous présente également un groupe *Triton et néréide*.

MERLIN
XIXe siècle. Actif à Rouen. Français.
Peintre.
Figura de 1812 à 1824 au Salon où il envoya des vues de villes françaises.

MERLIN Charles Louis
Né en 1783. XIXe siècle. Actif à Strasbourg. Français.
Peintre de paysages et graveur.
Élève de N. Wocher à Bâle et de Duperreux à Paris.

MERLIN Daniel
Né le 14 avril 1861 à Audigny (Aisne). Mort en 1933 à Paris. XIXe-XXe siècles. Français.
Peintre d'animaux.
Il fut élève de Jean-Paul Laurens. Il exposa à Paris, au Salon des Artistes Français, à partir de 1884.
Il s'est spécialisé dans la peinture de chats.

D Merlin

Ventes Publiques : Paris, oct. 1945-juil. 1946 : *Famille de chats* : **FRF 2 200** – Paris, 30 jan. 1947 : *Jeux de chats* : **FRF 8 500** – Paris, 11 oct. 1948 : *Les petits chats* : **FRF 3 500** – Paris, 10 fév. 1950 : *Chats* : **FRF 3 500** – Versailles, 21 fév. 1982 : *Les chatons à l'assiette de lait*, h/t (38x55) : **FRF 10 500** – New York, 23 mai 1985 : *Pêche interdite*, h/t (46,4x54,6) : **USD 3 500** – Londres, 19 mars 1986 : *Chatons jouant*, h/t (37,5x46) : **GBP 2 800** – Versailles, 21 fév. 1988 : *Les chats au tapis rouge*, h/t (32x46) : **FRF 6 100** – Versailles, 5 mars 1989 : *Chatons à l'assiette de lait*, h/pan. (32,5x41) : **FRF 20 800** – Douai, 2 juil. 1989 : *Un moment d'oubli*, h/t (60x73) : **FRF 17 000** – Bruxelles, 27 mars 1990 : *Chats et fleurs*, h/t (23x28) : **BEF 105 000** – New York, 23 mai 1991 : *Jeux de chatons*, h/t (46,3x55,3) : **USD 18 700** – Londres, 16 juil. 1991 : *L'accident*, h/t (38,1x55,3) : **GBP 6 050** – Amsterdam, 24 sep. 1992 : *Trois, c'est un rassemblement !*, h/t (38x46) : **NLG 4 025** – New York, 30 oct. 1992 : *En famille*, h/t (46,7x55,9) : **USD 7 700** – New York, 20 jan. 1993 : *Jeux de chatons*, h/t (58,4x73) : **USD 3 450** – Édimbourg, 23 mai 1996 : *Chatons jouant auprès d'un vase japonais*, h/t (54,5x38) : **GBP 1 725** – Londres, 31 oct. 1996 : *Chats autour d'un vase chinois*, h/t (54x37) : **GBP 2 185**.

MERLIN Lorenzo. Voir **MERLINI**

MERLIN Nicolas. Voir **MELIN**

MERLIN T.
XIXe siècle. Travaillant en 1885. Français.
Peintre d'architectures.
Le Musée de Reims conserve une aquarelle de lui.

MERLIN Victor Louis
Né à Lille. Mort en 1892 à Paris. XIXe siècle. Français.
Portraitiste.
Élève de Léon Cogniet. Exposa au Salon de 1859 à 1891.

MERLINI Cosimo
XVIIe siècle. Actif dans la première moitié du XVIIe siècle. Italien.

Graveur au burin.
Grava des portraits.

MERLINI Francesco
XVIIe siècle. Actif à Sienne dans la première moitié du XVIIe siècle. Italien.
Graveur au burin.
Grava des sujets religieux et des sujets de genre.

MERLINI Lorenzo ou **Merlin**
Né en 1666. XVIIe siècle. Travaillant encore en 1736. Italien.
Sculpteur.
Il était le frère de Cosimo. Il était aussi architecte.

MERLINI Orazio
XVIe siècle. Italien.
Sculpteur sur bois.
Exécuta une croix en 1599 pour la Compagnie de la Mort à Ferrare.

MERLINI Orlando
Mort le 16 mai 1510 à Gubbio. XVIe siècle. Actif à Pérouse. Italien.
Peintre.
Peintre assez médiocre, qui subit l'influence de Fiorenzo di Lorenzo et de Pinturicchio.

MERLINI Simeone
Originaire de Pise. XIXe siècle. Italien.
Peintre.
Il travailla à Padoue où il exécuta des fresques à Sainte-Sophie.

MERLINI Ventura
XVIe siècle. Italien.
Peintre.
Il était le fils d'Orlando et peignit en 1544 une *Pietà* pour la Chapelle Bentivoglio à S. Maria dei Laici à Gubbio.

MERLO Bartolomeo
XVIe siècle. Travaillant au début du XVIe siècle. Italien.
Graveur sur bois.
Grava des sujets religieux.

MERLO Camillo
Né en 1856 à Turin. Mort en 1931. XIXe-XXe siècles. Italien.
Peintre de paysages.
Ventes Publiques : Milan, 17 déc. 1992 : *Les environs du lac de Viverone* 1901, h/cart. (27x36,5) : **ITL 2 200 000** – Milan, 8 juin 1993 : *Sangone sur Mirafiori* 1920, h/cart. (55x58,5) : **ITL 3 300 000**.

MERLO Giovanni
XIVe-XVIIe siècles (?). Italien.
Graveur au burin.

MERLO Giovanni
XVIIe siècle. Italien.
Sculpteur, peintre.
Il était actif à Vicence. Il sculptait le marbre. Il a peint en 1687 un grand autel et deux autels latéraux pour la Sainte-Trinité à Trente.

MERLO Giovanni Antonio. Voir **MERLI**

MERLO Giraldo de
Mort en 1622. XVIIe siècle. Espagnol.
Sculpteur.
Élève de J. B. Monegro. A travaillé pour les églises de Tolède.

MERLOT
XVIIIe siècle. Actif à Paris. Français.
Peintre.
Travailla de 1788 à 1793. Figura au Salon de 1793 et au Salon de la Place Dauphine en 1788.
Ventes Publiques : Paris, 17 déc. 1948 : *La jeune musicienne* 1791 : **FRF 80 000**.

MERLOT Émile Justin
Né en 1839 à Saint-en-Paysage (Yonne). Mort le 21 décembre 1900 à Montigny-sur-Loing (Seine-et-Marne). XIXe siècle. Français.
Peintre animalier, paysages, peintre céramiste.
Élève d'Eugène Lavieille et d'Henri Harpignies, il figura au Salon de Paris de 1866 à 1899. Médaille de bronze en 1900.
Ses paysages, sous l'effet de la lumière, prennent des contours de plus plus imprécis. Il donna également des modèles de vases au décor impressionniste.
Bibliogr. : Gérald Schurr, in : *Les Petits Maîtres de la peinture 1820-1920, valeur de demain*, Les Éditions de l'Amateur, t. III, Paris, 1976.
Musées : Auxerre – Louviers (Gal. Roussel) : *Vaches au pâturage* – Mont-de-Marsan : *Village du Chenoy* – Tours : *Pâturage en Brie*.
Ventes Publiques : Paris, 5 juil. 1943 : *La route à l'orée du bois*, past. : **FRF 150** – Paris, 2 juin 1950 : *Vaches au pâturage* 1893 : **FRF 5 800** – Paris, 24 nov. 1950 : *Vaches* : **FRF 3 100**.

MERME Charles
Né à Cherbourg. Mort en avril 1869. XIXe siècle. Français.
Peintre de paysages.
Cet artiste était chef de bataillon d'artillerie de marine. Il étudia la peinture avec Marilhat et Rousseau. De 1843 à 1869, il figura au Salon de Paris. On a de lui, au Musée de Troyes : *Matinée de printemps*.

MERMET Aymar
Né le 26 mai 1895 à Tunis, de parents français. XXe siècle. Français.
Peintre, aquarelliste.
Il fut élève de Cormon. Il exposa régulièrement à Paris, au Salon des Artistes Français, obtint une médaille d'argent en 1922.

MERMET Césarine, Mme
Née à Langres (Haute-Marne). XIXe-XXe siècles. Française.
Peintre d'animaux, aquarelliste.
Elle débuta à Paris, au Salon des Artistes Français en 1873.
Elle s'est spécialisée dans la peinture de papillons et pratiqua la peinture sur porcelaine.

MERMET Jeanne Antoinette
Née au XIXe siècle à Langres. XIXe siècle. Française.
Peintre.
Eut pour professeur Brielmann. Débuta au Salon en 1878.

MERMET Peter
XVIIe siècle. Suisse.
Peintre de portraits.
Il fit les portraits de *Jean de Chambrier*, du *Bourgmestre de Neuchâtel* et de sa femme *Suzanne*, née de Merveilleux.

MERMOUD Robert
Né en 1899. XXe siècle. Suisse.
Peintre de natures mortes.
Musées : Aarau (Aargauer Kunsthaus) : *Coin de table* 1926.

MERNIER Dominique. Voir **MESNIER**

MERO Istvan
Né le 5 décembre 1873 à Szent-Janos. XIXe-XXe siècles. Hongrois.
Peintre de figures, paysages.
Il étudia à Budapest avec B. Székely, à Munich avec Kern et Löfftz, à Paris avec Lhermitte. Il vécut et travailla à Budapest. Il obtint en 1913 la petite médaille d'or à Budapest.

MERODACK-JEANNEAU Alexis
Né en 1873. Mort en 1919. XIXe-XXe siècles. Français.
Peintre de compositions animées, paysages, peintre à la gouache, aquarelliste, sculpteur, dessinateur. Fauve.
Merodack-Jeanneau avait une personnalité vive, d'un « seul bloc », intransigeante ; on le vit s'attaquer à tous ceux qui entravaient son art et l'art en général, que ce soient les critiques, experts ou marchands. En réaction contre ce monde mercantile, il ouvrit une galerie rue Le Peletier, où l'on vendait des toiles « directement du producteur au consommateur ». Mais son entreprise fut interrompue par une maladie grave. À son retour, il se considéra plagié, devint encore plus irritable et commit aussi des maladresses, comme celle de s'intituler chef de l'école du Synthétisme alors que cette école était liée avant tout à Gauguin. Il faut aussi lui reconnaître le mérite d'avoir révélé Kandinsky et Archipenko.
Si sa première exposition personnelle en 1899 eut un certain succès, celle de 1902 à son retour d'Espagne, fut beaucoup moins bien accueillie.
Cet artiste demeure assez méconnu bien qu'il ait joué un rôle important dans le monde des arts aux environs de 1900. C'était un vrai fauve, dont les compositions reposaient sur des canevas géométriques soulignés par des couleurs plates et vives et de violents contrastes, des aplats de noirs côtoyant des teintes claires et même des blancs. Son art tendait vers une stylisation de plus en plus prononcée.
Bibliogr. : G. Schurr : *Les Petits Maîtres de la peinture, valeur de demain*, Paris, 1969.

Ventes Publiques : Versailles, 8 juin 1969 : *Péniches en Hollande* : **FRF 3 200** – Paris, 18 juin 1972 : *Route de campagne* : **FRF 1 200** – Versailles, 17 juin 1973 : *Le jardin exotique*, gche : **FRF 1 500** – Versailles, 29 mai 1974 : *Le clown* : **FRF 18 000** – Versailles, 24 oct. 1976 : *Le clown* 1906, h/t (81x65) : **FRF 6 000** – Paris, 15 juin 1979 : *La femme blanche* 1899, past. (44x36) : **FRF 4 000** – Versailles, 30 nov. 1980 : *Au caf' conc'*, h/t (252x93,5) : **FRF 14 000** – Zurich, 9 nov. 1985 : *Le clown*, h/t (80x65) : **CHF 5 000** – Angers, 16 déc. 1986 : *L'Athlète* 1911, plâtre (H. 64) : **FRF 20 100** ; *Jeunesse et folie*, past. et gche, haut arrondi (35x69) : **FRF 18 000** – Paris, 4 mars 1988 : *La locomotive*, aquar. gchée (13x15) : **FRF 2 500** – Paris, 15 fév. 1989 : *Calais : marine*, h/t (24,5x29,5) : **FRF 6 000** – Paris, 22 oct. 1989 : *La Caresse* 1899, past. (42x35) : **FRF 15 000** – Paris, 4 mars 1991 : *Danseuse* 1914, gche (15x13) : **FRF 3 500** – Paris, 11 déc. 1991 : *Intérieur de cabaret* 1899, pierre noire et craie blanche (45x45) : **FRF 3 500** – Paris, 6 fév. 1994 : *Portrait de femme (fond bleu)*, h/t (35x27) : **FRF 9 000** – Paris, 6 nov. 1995 : *Porteuse d'oranges*, h/t (81x64) : **FRF 20 500** – Paris, 14 oct. 1996 : *Attitude de danse* 1913, plâtre, sculpture (H. 185) : **FRF 14 000** – Paris, 19 oct. 1997 : *Autoportrait*, h/pan. (45x45) : **FRF 9 500**.

MÉRODE, comtesse Jean de
xxe siècle. Belge.
Peintre de miniatures.
Elle participa à l'Exposition universelle de Bruxelles, en 1910 avec : *Paysan*.

MÉRODE Karl von, freiherr
Né le 15 juin 1853 à Mödling. Mort le 27 octobre 1909 à Vienne. xixe-xxe siècles. Autrichien.
Peintre de genre, figures, natures mortes.
Élève de l'Académie de Vienne sous Feuerbach, il exposa notamment à Berlin. Il obtint une mention honorable en 1891.
Musées : Vienne : *Scène de la rue*.
Ventes Publiques : Vienne, 16 mars 1971 : *La Marchande des quatre saisons* : **ATS 15 000** – Vienne, 28 nov. 1972 : *Les Commérages* : **ATS 90 000** – Vienne, 20 mars 1973 : *Fraü Sopherl* : **ATS 38 000** – Vienne, 12 mars 1974 : *Scène de marché* : **ATS 45 000** – Vienne, 5 oct. 1976 : *Nature morte*, h/t (50x40) : **ATS 11 000** – Vienne, 10 mai 1977 : *Scène de marché, Vienne*, h/pan. (16x21) : **ATS 32 000** – Paris, 22 fév. 1980 : *Jeune femme au poignard* 1872, h/t, vue ovale (107x78) : **FRF 8 000** – Munich, 11 mars 1987 : *La Lecture du journal*, h/pan. (26,5x21) : **DEM 15 000** – New York, 19 jan. 1994 : *Le Violoniste* 1893, h/pan. (21,6x16,5) : **USD 8 913** – Vienne, 29-30 oct. 1996 : *Dans la forge*, h/pan. (52,5x41,5) : **ATS 92 000**.

MERODIO Mateo
xvie siècle. Espagnol.
Sculpteur.
Il a exécuté des statues pour la chapelle de l'hôpital Le Sangre à Séville (1582). Il travaillait encore dans cette ville en 1585.

MEROLA Mario
Né en 1931 à Montréal (Québec). xxe siècle. Canadien.
Peintre, dessinateur.
Musées : Montréal (Mus. d'Art Contemp.) : *Composition murale* 1964 – *Modulation turquoise jaune* 1978.

MEROLLE Marco Tullio
Né en 1730 à Arpino. xviiie siècle. Italien.
Peintre.
Il étudia à Rome et a exécuté pour l'église Saint-Michel d'Arpino une *Descente de croix, Saint Jean Baptiste*.

MEROLO di Bucchianico
xive siècle. Italien.
Peintre de miniatures.

MÉROT Julien Louis
Né le 14 juin 1876 à Tanville (Orne). xxe siècle. Français.
Sculpteur.
Il fut élève de Barrias, Chaplain, Bottée et J. Coutan. Il fut Grand Prix de Rome en 1905, et Chevalier de la Légion d'honneur.
Il figura à Paris, au Salon des Artistes Français à partir de 1893, reçut une mention honorable en 1901, une médaille de bronze en 1926.

MEROT Patrice
Né le 20 février 1954. xxe siècle. Français.
Peintre de sujets de sport, affichiste.
Il expose souvent à Paris, notamment : 1989, 1990 Salon d'automne ; 1990 Salon des Indépendants, Galerie Romanet. Il montre des ensembles de ses peintures dans des expositions personnelles : 1987, 1989 Aix-en-Provence, Fondation Vasarely ; etc. Il a obtenu diverses distinctions.
Dans une écriture très habile, à caractère moderniste, il traite des sujets de sports divers, chevaux, automobiles, etc. En 1998, il est l'auteur de deux timbres-postes monégasques à l'occasion des Jeux Olympiques d'hiver à Nagano, ainsi que d'une affiche pour les régates d'une catégorie très spéciale de voiliers (Fourtyninus) à Bandol.
Ventes Publiques : Paris, 31 oct. 1990 : *La séparation de la terre et des eaux*, h/t (142x190) : **FRF 6 000** – Paris, 22 nov. 1998 : *Peinture*, h/t (33x24) : **FRF 4 000**.

MEROT DU BARRÉ Louis
Né le 12 août 1805 à Nantes. xixe siècle. Actif à Nantes. Français.
Peintre de paysages et de marines.
On peut voir cinq tableaux de lui au théâtre de Nantes.

MEROU Louis
Né au xixe siècle à Montpellier. xixe siècle. Français.
Peintre.
Figura au Salon des Artistes Français ; mention honorable, 1898.

MEROVÂK
Né vers 1870. xixe-xxe siècles. Français.
Dessinateur de sujets et architectures d'imagination.
Ce visionnaire, appelé « l'homme des cathédrales », qui, selon Philippe Jullian, « vécut des années dans une tour de Notre-Dame », réalisa des dessins minutieux de cathédrales imaginaires.
Bibliogr. : Gérald Schurr, in : *Les Petits Maîtres de la peinture 1820-1920, valeur de demain*, Les Éditions de l'Amateur, t. IV, Paris, 1979.

MERREM D.
xviiie siècle. Actif à Leyde. Éc. flamande.
Graveur.
On connaît de lui des études d'animaux d'après N. Berchem, J. Van d. Merr, Snyders et A. Van der Velde.

MERRETT Walter
xixe-xxe siècles. Britannique.
Sculpteur de bustes.
Il fut actif de 1873 à 1904. Il vécut et travailla à Londres.

MERRIFIELD T.
xxe siècle. Britannique.
Sculpteur de figures, portraits.
Il travailla à Londres de 1815 à 1823.

MERRILD Knud
Né en 1894. Mort en 1954. xxe siècle. Actif aux États-Unis. Danois.
Peintre, technique mixte, sculpteur, designer. Surréaliste.
Il exerçait à Los Angeles, où il appartenait au Groupe des post-surréalistes californiens.
Ventes Publiques : Londres, 22-23 mars 1995 : *Relief* 1936, Assemblage de bois et pap. peint. à l'h. sur rés. synth. (39,5x29,5) : **GBP 12 650**.

MERRILL Frank T.
Né à Boston. xixe siècle. Actif à Boston jusqu'en 1848. Américain.
Peintre et graveur.
Il réalisa l'illustration *Mahagoni Tree* de Thackeray (1887).

MERRILL Hiram Campbell
Né le 25 octobre 1866 à Boston. xixe-xxe siècles. Américain.
Peintre, sculpteur.
Il fut élève de Douglas Volk. Il a pratiqué la sculpture sur bois.
Musées : Pittsburgh (Carnegie Inst.).

MERRILL Hugh J.
Né en 1949 à Olney (Maryland). xxe siècle. Américain.
Graveur.
Il habite à Kansas City dans le Missouri. Il a figuré, à Paris, en 1995, à l'exposition de la Jeune Gravure Contemporaine parmi les invités des États-Unis.
Dans la suite de gravures intitulée *Domaine : Wallenberg* Hugh J. Merrill exprime, au regard de la tentative de sauver les juifs hongrois des camps de concentration nazis à la fin de la Seconde Guerre mondiale son émotion autour des thèmes de la disparition, de la dégénérescence corporelle et des traces du souvenir.

MERRILL Katherine
Née en 1876 à Milwaukee. XXe siècle. Américaine.
Graveur.
Elle fut élève de Brangwyn.

MERRIMAN Helen Bigelow
Née le 14 juillet 1844 à Boston. XIXe siècle. Américaine.
Peintre.
Élève de W. Hunt. Membre de la Fédération Américaine des Arts.

MERRITT Anna Lea
Née le 13 septembre 1844. Morte en 1930. XIXe siècle. Active en Angleterre. Britannique.
Peintre de genre, fleurs, graveur.
Figura aux expositions de Paris où elle obtint une mention honorable en 1889 (Exposition Universelle). La Tate Gallery, à Londres, conserve d'elle : *L'Amour à la porte.*
Ventes Publiques : Londres, 1er fév. 1972 : *La porte étroite* 1894 : **GBP 310** – Londres, 21 sep. 1983 : *Jeune fille au chapeau noir,* h/t (51x40,5) : **GBP 850.**

MERRITT Henry
Né le 8 juin 1822 à Oxford. Mort le 10 juillet 1877 à Londres. XIXe siècle. Britannique.
Peintre, restaurateur de tableaux et écrivain.
Il épousa la peintre Anna Lea Merritt. La Galerie Tate à Londres possède : *Love locked out* ; la Diploma Gallery de cette même ville : *Lady Margaret Hall.*

MERRTICH Hans. Voir **MERTICH**

MERRY Tom
Né vers 1852. Mort en 1902. XIXe siècle. Britannique.
Caricaturiste.
On cite de lui des cartons coloriés pour la *Saint Stephen's Review.*

MERRYMAN
XVIIIe siècle. Actif à Lambeth. Britannique.
Céramiste.

MERS Casparus
Né à La Haye. XVIIe siècle. Hollandais.
Sculpteur et tailleur d'images.
Élève de Rombout Verhulst. Il travailla à La Haye vers 1666.

MERS Claes Van der ou **Meersch**
XVe siècle. Actif à Gand vers 1448. Éc. flamande.
Peintre.
On cite ce peintre comme ayant travaillé, en 1395, à la décoration des appartements du château de Walle, près de Gand. Peut-être convient-il de le rapprocher de l'un des Meersch.

MERSCH Karl
Né le 27 juin 1887 à Elberfeld. Mort le 28 septembre 1916, tombé dans la Somme. XXe siècle. Allemand.
Sculpteur, dessinateur, lithographe.
Il a participé à la Première Guerre mondiale.

MERSCH Passchier et **Philippe**. Voir **MEERSCH**

MERSE SZINYEI. Voir **SZINYEI MERSE Pal**

MERSEBURGER Otto
Né le 18 décembre 1822 à Leipzig. Mort le 14 novembre 1898 à Leipzig. XIXe siècle. Allemand.
Dessinateur et lithographe.
Élève de l'Académie de Munich.

MERSEREAU Paul
Né le 2 décembre 1868 à Dallas (Texas). XIXe-XXe siècles. Américain.
Peintre.
Il fut élève d'Inness. Il fut membre de la Ligue américaine des artistes professeurs.

MERSI Giov. Giacomo
Né en 1646. Mort le 16 février 1716. XVIIIe siècle. Actif à Trente. Italien.
Peintre.

MERSIE-SANTRAGO Charles
Né à Madrid. XIXe siècle. Actif et naturalisé en France. Français.
Sculpteur.
Il débuta au Salon de 1880.

MERSION Madeleine de. Voir **LEMERSION**

MERSON Charles-Olivier
Né le 24 décembre 1822 à Nantes. Mort le 5 mars 1902. XIXe siècle. Français.
Peintre d'histoire et critique d'art.
Élève de L. Cogniet et Drolling. Exposa au Salon de 1845, 1847 et 1850. On a de lui, au Musée de Nantes : *Épisode de la journée des barricades à Paris, le 9 mai 1588.*

MERSON Luc Olivier ou **Olivier-Merson Luc**
Né le 21 mai 1846 à Paris. Mort le 14 novembre 1920. XIXe-XXe siècles. Français.
Peintre d'histoire, sujets allégoriques, compositions murales, peintre de cartons de vitraux, cartons de tapisseries, illustrateur.
Fils du peintre et critique d'art Charles-Olivier Merson, il signe Luc Olivier-Merson. Il fut élève de Charles Chassevent et d'Isidore Pils et remporta le prix de Rome en 1869. Il entra à l'Institut en 1892 et fut nommé professeur à l'École des Beaux-Arts en 1894. Il abandonna ensuite ce poste pour protester contre ce qu'il considérait comme le relâchement des études dans l'art moderne. Chevalier de la Légion d'honneur en 1881, officier en 1900, il fut nommé commandeur en 1920.
Il avait débuté au Salon de Paris en 1867 avec un tableau d'histoire : *Leucothoë et Anaxandre.* Son envoi de 1873 : *Vision, légende du XIVe siècle* lui valut une première médaille. Médaille d'or à l'Exposition Universelle de 1889 et Grand Prix à celle de 1900.
Il aborda plusieurs domaines. En 1875, il exposait un *Saint Michel,* modèle d'une tapisserie exécutée aux Gobelins pour la salle dite des évêques, au Panthéon, dans un style proche des enluminures du Moyen Âge. Il prit part à la décoration du Palais de Justice de Paris avec *Saint Louis à son avènement fait ouvrir les portes des geôles* et *Saint Louis condamne le sire Enguerrand de Coucy,* peints dans un style archaïsant, à la manière des artistes du Quattrocento. Il exécuta la maquette de la mosaïque de l'église du Sacré-Cœur à Paris, des décorations murales à la Sorbonne, des sujets allégoriques : *La Musique, la Poésie, l'Élégie,* à l'Opéra-Comique. Il est l'auteur des billets de 50 francs et de 100 francs pour la Banque de France. Comme illustrateur, on lui doit notamment : *Notre-Dame de Paris,* de Victor Hugo ; *Les Nuits,* de Musset ; *La Jacquerie,* de Mérimée ; *Les Trophées,* de J.-M. de Hérédia. Merson se rangea, dès le début, parmi les défenseurs du classicisme et des théories de l'École.

LUC OLIVIER-MERSON

LUC OLIVIER-MERSON

Bibliogr. : In : *Diction. de la peinture française,* coll. Essentiels, Larousse, Paris, 1989.
Musées : Bordeaux : *Salutation angélique* 1890 – Chantilly : *Marie-Félicie des Ursins, duchesse de Montmorency, et le poète Théophile de Viau – Mlle de Clermont et le comte de Melun* – Lille : *Vision, légende du XIVe siècle – Le loup de Gubbio* 1877 – Mulhouse : *L'arrivée à Bethléem* – Nantes : *Saint François d'Assise prêche aux poissons* 1881 – Paris (Mus. d'Orsay) : *La Famille – La Vérité* 1901 – Roubaix : *La céramique – Le tissage* – Rouen : *Saint Isidore laboureur* – Troyes : *Martyre de saint Edmond.*
Ventes Publiques : Paris, 1882 : *L'arrivée à Bethléem,* esq. : **FRF 850** – Paris, 1891 : *Repos de la Sainte Famille* : **FRF 1 550** – Paris, 1900 : *Le Cid – Polyeucte* : **FRF 1 120** – Paris, 8 mai 1919 : *Repos en Égypte* : **FRF 5 300** – Paris, 19 mai 1930 : *Vive la Justice ! Vive la Liberté !* : **FRF 450** – Paris, oct. 1945-juil. 1946 : *La vérité sortant du puits* : **FRF 6 000** – Paris, 6 avr. 1951 : *Saint Georges* : **FRF 3 200** – Londres, 5 nov. 1969 : *Le repos pendant la fuite en Égypte* : **GBP 1 000** – Londres, 25 nov. 1981 : *La Fuite en Égypte* 1880, h/t (72,5x129,5) : **GBP 12 500** – Paris, 24 avr. 1985 : *La fuite en Egypte,* h/pan. (39,5x61) : **FRF 29 000** – Paris, 15 juin 1987 : *L'or du Rhin,* pl. et lav. reh. de gche blanche (49,5x36) : **FRF 16 000** – Paris, 22 jan. 1988 : *Étude pour la figure de la chimie,* cr. noir, reh. de blanc/pap. (43,5x57,5) : **FRF 4 500** – Paris, 27 avr. 1988 : *Illustration « du Lutrin » de Boileau,* h/t, quatre tableaux en grisaille (chaque 42,5x31) : **FRF 8 500** – Paris, 30 jan. 1989 : *Saint François,* cr. noir et lav. d'aquar. (38,5x53) : **FRF 16 500** – Paris, 20 mars 1989 : *Jeune femme filant la laine,* h/pan. en grisaille (32,5x23,5) : **FRF 7 500** – Paris, 7 avr. 1989 : *La Vierge, l'Enfant Jésus et Saint Jean Baptiste,* h/t (78x40) : **FRF 13 000** – Monaco, 17 juin 1989 : *Le repos pendant la fuite en*

Egypte, h/t (63,5x52,5) : **FRF 77 700** – New York, 24 oct. 1989 : *Étude pour le personnage de la Source à l'Opéra-Comique de Paris*, h/t (46x62) : **USD 12 100** – Londres, 1er déc. 1989 : *Pan et Chimère*, h/pan. (34x67) : **GBP 3 300** – Paris, 7 juil. 1992 : *Joueur de flûte et Visage d'adolescent*, fus. avec reh. de sanguine et de craie blanche (chaque 24x22 env.) : **FRF 4 500** – Paris, 25 nov. 1992 : *La justice et la liberté* 1902, h/pan. (20x47) : **FRF 10 000** – Paris, 25 nov. 1993 : *Les Walkyries*, gche et grisaille (50,5x33) : **FRF 6 000** – New York, 18-19 juil. 1996 : *Orphée et Eurydice*, gche en grisaille, une paire, de forme ovale (34,9x24,8) : **USD 6 900** – Paris, 16 juin 1997 : *Abel et Caïn*, encre et lav. reh. de gche blanche (19,5x30,5) : **FRF 5 000**.

MERSSEMAN Auguste Joseph Marie de
Né en 1808. Mort après 1879. xixe siècle. Éc. flamande.
Peintre de genre, animaux.
Ses œuvres se trouvent à Bruges.
Musées : Bruges : *Vieille femme avec des chats*.
Ventes Publiques : Londres, 10 nov. 1971 : *Scène d'intérieur* : **GBP 380** – Amsterdam, 119 nov. 1985 : *La dentellière* 1861, h/pan. (55,5x48) : **NLG 12 000** – Paris, 12 oct. 1990 : *Jeune femme au chien* 1842, h/pan. (37x30,5) : **FRF 36 000**.

MERST Ismaïl
xviiie siècle.
Peintre de miniatures.

MERTÉ Heinrich
Né le 28 septembre 1838 à Darmstadt. xixe siècle. Allemand.
Peintre de genre.
Élève de l'Académie de Stuttgart. Il travailla plus tard à Munich.

MERTEN Elise, née **Fischer**
Née en 1847 à Moscou. xixe siècle. Active à Berlin. Allemande.
Peintre de portraits, de fleurs et de natures mortes.
Élève de Th. Grosse à Dresde et de K. Gussow à Berlin.

MERTEN J. M.
xviiie siècle.
Graveur à l'eau-forte.

MERTENS
xviiie siècle. Allemand.
Sculpteur.
Il a exécuté en 1780 les autels de l'église des Franciscains à Warendorf en Westphalie.

MERTENS Adrien
Né en 1910 à Anvers. Mort en 1968 aux Baux-de-Provence (Bouches-du-Rhône). xxe siècle. Belge.
Sculpteur.
Sculpteur autodidacte, il fut aussi historien d'art.
Bibliogr. : In : *Dict. biogr. illustré des artistes en Belgique depuis 1830*, Arto, Bruxelles, 1987.

MERTENS Charles
Né en 1865 à Anvers. Mort le 20 février 1919 à Calverey (Angleterre). xixe-xxe siècles. Belge.
Peintre de genre, paysages, marines, décorateur, illustrateur, graveur, dessinateur, peintre de compositions murales.
Il fut élève de Verlat à l'académie des beaux-arts d'Anvers, où il enseigna par la suite ; il fut membre fondateur de *De Dertienen* et de *L'Art contemporain*. Il fut chevalier de l'ordre de Léopold. Il a beaucoup travaillé en Zélande.
Il figura à des expositions à Paris, où il obtint une mention honorable en 1888, une médaille de bronze en 1889 à l'Exposition universelle.
Bibliogr. : In : *Dict. biogr. illustré des artistes en Belgique depuis 1830*, Arto, Bruxelles, 1987.
Musées : Anvers – Bruxelles : *À l'atelier – La Famille zélandaise*.
Ventes Publiques : Bruxelles, 27 oct. 1976 : *Célibataire dans un intérieur* 1884, h/bois (50x60) : **BEF 75 000** – Anvers, 8 mai 1979 : *La marchande de quatre saisons* 1891, h/t (72x92) : **BEF 160 000** – Anvers, 25 oct. 1983 : *Les Cloches*, past. (45x59) : **BEF 50 000**.

MERTENS Christian Heinrich Ludwig
Né le 14 janvier 1821 à Itzehoe. xixe siècle. Danois.
Peintre de paysages et de portraits et miniaturiste.
Il fut élève de l'Institut Städel de Francfort-sur-le-Main. Le Musée de Frederiksborg possède cinq de ses aquarelles et dessins.

MERTENS Cornelis
Mort en 1698 à Anvers. xviie siècle. Belge.
Peintre de natures mortes.
Fut en 1690 doyen de la gilde d'Anvers.

MERTENS Fernande de, appelée aussi Mme **Jean de Mertens**
Née à Bruxelles. xixe siècle. Naturalisée française. Belge.
Peintre.
Figura au Salon des Artistes Français de 1879 à 1900. Mention honorable, 1884 ; sociétaire en 1888. Le Musée de Toulouse conserve d'elle : *L'Esclave*.

MERTENS Friedrich de, chevalier
Né le 21 juin 1828 à Vienne. Mort le 6 janvier 1854 à Salzbourg. xixe siècle. Autrichien.
Peintre de paysages.
Étudia à Munich.

MERTENS Gautier, dit **de Blide** ou **le Joyeux**
xve siècle. Actif à Louvain. Belge.
Peintre de figures.

MERTENS Gust
Né en 1909 à Diest (Louvain). Mort en 1970 à Wemmel. xxe siècle. Belge.
Peintre de compositions animées, portraits, paysages.
Il fut élève des académies de Bruxelles et Molenbeek-Saint-Jean.
Bibliogr. : In : *Dict. biogr. illustré des artistes en Belgique depuis 1830*, Arto, Bruxelles, 1987.
Musées : Diest – Schaerbeek.

MERTENS Hedi
Née en 1893. Morte en 1982. xxe siècle. Suissesse.
Peintre.
Ventes Publiques : Lucerne, 20 nov. 1993 : *Sans titre*, h/t (100x100) : **CHF 4 200**.

MERTENS Hennens
xvie siècle. Éc. flamande.
Peintre.
Élève de Jennyn Van Henegoune (Jean Mabuse), à Anvers, maître en 1509.

MERTENS Jacob
xvie siècle. Actif à Anvers. Belge.
Peintre.
Il est l'auteur d'une *Annonciation* qui se trouve à l'église Sainte-Marie de Cracovie.

MERTENS Jan, appelé aussi **Joannes Martini** ou **Martin d'Anvers**
Mort vers 1509. xve siècle. Éc. flamande.
Peintre, tailleur d'images et graveur sur bois.
Il fut doyen de la gilde d'Anvers en 1473, 1478, 1481 et 1487. De 1478 à 1492, il exécuta d'importants travaux dans l'église Saint-Léonard à Léau, dont une partie seulement subsiste encore.

MERTENS Jan Frans Jozef
xviiie siècle. Éc. flamande.
Peintre de portraits.
Il fut en 1787 et 1788 doyen de la gilde d'Anvers.
Ventes Publiques : Stockholm, 19 avr. 1989 : *Portrait d'homme* 1788, h/t (54x45) : **SEK 4 500** – Londres, 4 juil. 1997 : *Roses, tulipes, narcisses, pois de senteur, coquelicots, primevères, volubilis et autres fleurs dans une urne sculptée sur un entablement dans une niche*, h/t (68,6x49,6) : **GBP 18 400**.

MERTENS Johannes Cornelis ou **Metz**
Né en 1745 ou 1743 à Amsterdam. Mort en 1821 à Amsterdam. xviiie-xixe siècles. Hollandais.
Peintre de portraits et pastelliste.
Élève de A. Elliger et de J.-M. Quinkhard, il travailla à Utrecht en 1820. Le Musée d'Amsterdam conserve deux pastels de lui, et celui de Mulhouse : *Un moine*.
Ventes Publiques : Paris, 3 mai 1943 : *Maisons au bord d'une rivière*, deux toiles : **FRF 1 550**.

MERTENS Léa
Née en 1941 à Saint-Lenaerts. xxe siècle. Belge.
Peintre de cartons de tapisseries.
Elle a obtenu le premier prix du Minitapis mural en 1980.
Elle réalise des œuvres figuratives.
Bibliogr. : In : *Dict. biogr. illustré des artistes en Belgique depuis 1830*, Arto, Bruxelles, 1987.

MERTENS Louis
xixe siècle. Actif à Berlin. Allemand.
Peintre de genre et de paysages.
Élève de l'Académie de Berlin, où il exposa de 1836 à 1842.

MERTENS Nicolas ou **Meertens**
XVIIe siècle. Actif à Bruxelles. Belge.
Peintre verrier.

MERTENS Pierre
Né en 1953 à Anvers. XXe siècle. Belge.
Peintre. Nouvelles Figurations.
Il prend pour support de ses peintures des objets usuels, voitures, aspirateurs, cafetières électriques (...), reproduisant dessus un motif constitué de pantins roses.

MERTENS S. F. L.
XVIIIe siècle. Actif à Middelbourg à la fin du XVIIIe siècle. Éc. flamande.
Peintre.
Un portrait du peintre *Perkois*, signé de cet artiste se trouve au Musée de Zeeuwsch.

MERTENS Stella
Née le 25 novembre 1896 à Bruxelles (Brabant). Morte le 14 mars 1986 à Paris. XXe siècle. Active et naturalisée en France. Belge.
Peintre de portraits, nus, paysages, natures mortes, fleurs.
Elle exposa à Paris, aux Salons d'Automne et des Indépendants, à partir de 1932, aux Salons des Tuileries et des Femmes Artistes à partir de 1934. Le musée Picasso d'Antibes lui a organisé une exposition personnelle en 1961.
Elle a peint des fleurs, des nus et des paysages. Pendant dix ans, elle subit l'influence de Cézanne, puis à travers cette composition invente, vers 1950, sa technique des superpositions. Fractionnant la surface en petites zones géométriques, nées d'une construction cubiste, elle les recouvre successivement de couleurs complémentaires, laissant apparaître en transparence les couleurs initiales. Outre ses nombreux portraits *Éluard – Francis Ponge*, on cite d'elle sa série des *Voyages au pays éternel*.
Musées : Paris (Mus. d'Art Mod. de la Ville) – Paris (Mus. Nat. d'Art Mod.) – San Diego.
Ventes Publiques : Paris, 8 oct. 1989 : *Le compotier* 1952, h/t (92x60) : **FRF 15 500**.

MERTENS Wouter
XVIIe siècle. Actif à Anvers vers 1641. Éc. flamande.
Peintre de natures mortes, fruits.
Musées : Sibiu : *Couronne de fruits*.
Ventes Publiques : Londres, 8 juil. 1983 : *Nature morte aux fruits*, h/t (118,8x181,2) : **GBP 24 000** – Londres, 8 juil. 1992 : *Nature morte d'une guirlande de fruits entourant Bacchus dans un cartouche de pierre (allégorie de l'Abondance)* 1661, h/t (148,6x115,5) : **GBP 22 550** – Paris, 12 juin 1995 : *Nature morte avec grappes de raisin entourant un vidrecome*, h/t (88x75,5) : **FRF 110 000** – Londres, 4 juil. 1997 : *Grappes de raisins dans une corbeille sur une table partiellement drapée*, h/t (83,8x106,3) : **GBP 31 050**.

MERTER Johann Michael
Né vers 1760. Mort en 1789. XVIIIe siècle. Allemand.
Paysagiste et graveur.
Élève de J. Dorner. Il fut peintre de la cour.

MERTICH Hans ou **Merrtich**
Né à Moching (près de Schleissheim). Mort vers 1558. XVIe siècle. Actif à Munich. Allemand.
Peintre de portraits et d'histoire.
L'Association pour l'histoire de Haute-Bavière à Munich possède de lui un *Portrait d'homme*.

MERTIES Colinet de
XVe siècle. Actif à Paris. Français.
Enlumineur.
Il exécuta, en 1454, le livre d'heures pour Jean le Bon, père de Charles V.

MERTIN F. Chr. ou **Martin**
XIXe siècle. Allemand.
Peintre de fleurs et décorateur.
Travailla pour la Manufacture de Fürstenberg à Brunswick.

MERTON Owen
Né le 14 mai 1887 à Christdurch. XXe siècle. Actif aux États-Unis. Néo-Zélandais.
Peintre.
Il fut élève de P. Tudor Hart à Paris. Il vécut et travailla à Flushing.
Musées : Wellington (Nat. Gal.).

MERTZ. Voir aussi **MERZ**

MERTZ Albert
Né en 1920 à Copenhague. XXe siècle. Actif en France. Danois.
Peintre de paysages urbains, natures mortes, peintre de collages.
Il fut élève de l'académie des beaux-arts de Copenhague. De 1962 à 1965, il fut membre du groupe Gronningen, et à partir de 1966 de Den Frie. Il fréquenta aussi par la suite le groupe Linien avec d'autres peintres danois, tels que Kragh-Jacobsen, Blask et R. Winther, tous dévoués à un modernisme accentué. Depuis 1942, il est l'auteur de films expérimentaux et de documentaires et travaille avec le musée national du film. Il a écrit de nombreux ouvrages sur l'art pictural et le cinéma. Il vit en France depuis de nombreuses années.
Il participe à des expositions collectives : depuis 1936 Salon d'Automne de Copenhague, 1973 *Art Danois* aux Galeries nationales du Grand Palais à Paris. Une exposition rétrospective lui a été consacrée à Copenhague, à la galerie Clausen. Il a reçu la médaille Eckersberg en 1964.
Il explore le quotidien, faisant ressortir de sa banalité, l'équivoque, l'insolite.
Bibliogr. : In : Catalogue de l'exposition *Art Danois*, Gal. Nat. du Grand-Palais, Paris, 1973.
Ventes Publiques : Copenhague, 4 mai 1988 : *Passage à niveau* (14x43) : **DKK 11 000** – Copenhague, 10 mai 1989 : *Le miroir familial* 1961 (40x34) : **DKK 6 000** – Copenhague, 30 mai 1990 : *Eté tardif* 1960, h/t (61x85) : **DKK 10 000** – Copenhague, 4 mars 1992 : *Rangée de fenêtres* 1966, h/t : **DKK 4 200**.

MERTZ Johann Baptist
Né en 1810 à Innsbruck. XIXe siècle. Autrichien.
Graveur à l'eau-forte.
Élève de l'Académie de Munich.

MERTZ Johann Cornelius
Né en 1819 à Amsterdam. Mort en 1891. XIXe siècle. Hollandais.
Peintre de genre.
Il fut élève de J. W. Pieneman. Il travailla à partir de 1856 à Bruxelles.
Ventes Publiques : Londres, 8 nov. 1972 : *Le Portrait* : **GBP 850** – Amsterdam, 15 nov. 1976 : *La signature du contrat*, h/pan. (17,8x23,8) : **NLG 3 600** – Amsterdam, 30 oct 1979 : *Mère et enfant dans un intérieur*, h/pan. (60x50) : **NLG 8 000** – Vienne, 22 juin 1983 : *La Lettre d'amour*, h/pan. (27x22) : **ATS 25 000** – Amsterdam, 30 oct. 1990 : *Le cavalier bien-aimé* 1857, h/pan. (53x41) : **NLG 5 750** – Amsterdam, 21 avr. 1993 : *Le Dressage du petit chien de compagnie* 1857, h/t (81x65,5) : **NLG 12 650** – Lokeren, 5 oct. 1996 : *La Lettre* 1862, h/pan. (36,5x28) : **BEF 85 000**.

MERVACHE Pierre ou **Merevache**
XVIe siècle. Actif à Poitiers. Français.
Peintre d'armoiries.
Son fils André, mort en 1578 était peintre de portraits. Ses contemporains l'appelèrent *l'Apelle poitevin*.

MERVEILLEUX Guillaume de
Né en 1803. Mort en 1853 à Neuchâtel. XIXe siècle. Suisse.
Paysagiste.
Le Musée de Neuchâtel conserve de lui : *Gorges de Seyon, Cercleier, les Fahys et les Saars* et quatre études.

MERVELDT Paul von, comte
Né le 27 juin 1871 à Salzkotten. XIXe-XXe siècles. Allemand.
Peintre de portraits, paysages.
Il fut élève de l'académie des beaux-arts de Düsseldorf.

MERVILLE Hennequin de. Voir **HENNEQUIN de Merville**

MERVILLE Karl Georg
Né au Wurtemberg. XVIIIe siècle. Allemand.
Sculpteur.
Il se rendit vers 1779 de Stuttgart à Vienne. Fut chargé en 1780 d'exécuter pour l'église Saint-Michel la *Chute de l'ange* et les *Neuf scènes de la vie de Marie*. En 1782, il fit une statue en bronze de l'*Empereur Léopold II*. On lui attribue également le projet d'un monument de *Catherine II* au Musée de l'art baroque à Vienne.

MERWART Paul
Né en 1855 à Marianowska. Mort le 8 mai 1902 à l'île de la Martinique. XIXe siècle. Polonais.

Peintre de genre, marines, illustrateur.
Élève de l'Académie des Beaux-Arts de Vienne, puis de Graz ; en 1876, il travailla à Munich ; en 1877, à Düsseldorf, enfin à Paris, chez Henri Lehmann. Fixé à Paris, il participa au Salon de 1879 à 1896. En 1902, le gouvernement français l'envoya à l'île de la Martinique pour des études artistiques. Il y périt lors d'un raz-de-marée à Saint-Pierre.

Paul Merwart

Bibliogr. : Gérald Schurr, in : *Les Petits Maîtres de la peinture 1820-1920, valeur de demain*, Les Éditions de l'Amateur, t. III, Paris, 1976.
Musées : Cracovie : *Moïse tuant un Égyptien*.
Ventes Publiques : Paris, 20 nov. 1925 : *Traîneau attaqué par les loups dans les neiges* : **FRF 510** – Paris, 27 juin 1949 : *Traîneau attaqué par les loups* 1893 : **FRF 1 600** – Paris, 22 mars 1990 : *Femmes au bain*, h/t (54,5x45) : **FRF 23 000** – Amsterdam, 22 avr. 1992 : *Une Odalisque* 1887, h/t (160x215) : **NLG 28 750** – Londres, 17 mars 1993 : *Le flirt*, h/t (60x45,5) : **GBP 8 625** – New York, 26 mai 1993 : *Bacchante aux raisins* 1887, h/t (158,1x201) : **USD 17 250**.

MERWIN Antoinette de Forest, Mrs
Née le 27 juillet 1861 à Cleveland. XIXe-XXe siècles. Américaine.
Peintre de paysages, natures mortes.
Elle fut élève de l'Art Student's League de New York, de Courtois et Collin à Paris. Elle obtint une mention honorable à l'Exposition universelle de Paris en 1900.

MÉRY Alfred Émile
Né le 17 avril 1824 à Paris. Mort en 1896. XIXe siècle. Français.
Peintre de genre, intérieurs, animalier, natures mortes.
Élève de J. Beaucé, il débuta au Salon de Paris en 1848, obtenant une médaille en 1868. Ruiné par la guerre de 1870, il a recommencé une carrière et a nouveau exposé, chaque année, de 1873 à 1877.
Il a pris pour sujets les oiseaux, en particulier les moineaux, les frelons, les abeilles, les félins et les singes. Il peut donner une tournure baroque à ses sujets animaliers à la fois par leur bizarrerie et par leur style.
Bibliogr. : Gérald Schurr, in : *Les Petits Maîtres de la peinture 1820-1920, valeur de demain*, Les Éditions de l'Amateur, t. VI, Paris, 1985.
Musées : Angers : *Les exploits d'un macaque* – Dieppe : Aquarelle – Langres : *Singes débouchant une bouteille de vin* – Limoges : Deux gouaches.
Ventes Publiques : Paris, 1892 : *Le cerisier* : **FRF 200** – Paris, 13 juil. 1945 : *Deux chats autour d'un faisan mort*, aquar. gchée : **FRF 500** – Paris, 18 nov. 1949 : *Singerie* : **FRF 2 000** – Paris, 15 nov. 1950 : *Chat et poussins*, aquar. gchée : **FRF 1 100**.

MERY Charles Léon
Né à Bougival (Yvelines). XIXe-XXe siècles. Français.
Peintre de paysages, aquarelliste.
Il fut élève de son père Alfred Méry. Il exposa à Paris, au Salon des Artistes Français de 1878 à 1921.
Musées : Auxerre.
Ventes Publiques : Paris, 21 fév. 1951 : *L'aube et le crépuscule*, deux pendants : **FRF 1 800**.

MERY Eugénie
Née au XIXe siècle à Paris. XIXe siècle. Française.
Peintre.
Elle étudia avec Mme Cavé et M. de Pommayrac. Elle exposa au Salon, en 1869 *Portrait du chat*, et en 1870 *Portrait d'enfant*, ainsi que *Fleurs*, aquarelle, d'après le tableau de Van Daël du Musée du Louvre.

MÉRY Paul Auguste Léon
Né vers 1855 à Bougival (Yvelines). XIXe siècle. Français.
Peintre de sujets allégoriques, paysages.
Fils et élève d'Alfred Méry, il débuta au Salon de Paris en 1878 avec des gouaches.
Certaines de ses toiles montrent des allégories poétiques tirées de légendes germaniques. Il réalisa aussi des décorations dans le style Belle Époque.
Bibliogr. : Gérald Schurr, in : *Les Petits Maîtres de la peinture 1820-1920, valeur de demain*, Les Éditions de l'Amateur, t. III, Paris, 1976.
Musées : Alger : *Sous-bois* – Soissons : Une gouache.
Ventes Publiques : Paris, 5-6 mars 1928 : *Massif de fleurs près d'une mare* : **FRF 230** – Paris, 17-18 nov. 1941 : *Paysage*, aquar. : **FRF 200** – Paris, 2 juil. 1947 : *Le Printemps et l'Automne*, paravent à deux feuilles : **FRF 3 000**.

MERYMAN Richard Summer
Né le 4 avril 1882 à Boston. XXe siècle. Américain.
Peintre.
Il fut élève de Thayer, Tarbell et Benson. Il vécut et travailla à Washington.

MERYON Charles
Né le 23 novembre 1821 à Paris. Mort le 13 février 1868 à Charenton, à l'asile d'aliénés. XIXe siècle. Français.
Graveur de portraits, paysages, paysages urbains, marines, dessinateur.
Fils naturel du médecin anglais Charles Lewis Meryon et de la danseuse Narcisse Chaspaux, qui mourut folle en 1837, Meryon se destina d'abord à la marine. Il entra à l'École navale en 1837, à bord de l'*Orion*, en sortit deux ans plus tard avec le grade d'aspirant et au cours de son premier voyage à bord de l'*Alger* visita Athènes. À Toulon, le peintre Courdouan lui donna des leçons de dessin et d'aquarelle. En 1842, étant enseigne de vaisseau, il s'embarqua à bord du *Rhin* pour un voyage de circumnavigation, qui dura jusqu'en 1846. Au cours de ce long embarquement, Meryon exécuta de nombreux dessins. En 1846, il vint à Paris en congé et tenta de se faire attacher au dépôt des cartes et plans de la marine. Ses efforts furent vains ; il laissa proroger son congé ; on lui en fit l'observation, l'invitant à rejoindre son port ; il donna sa démission, pour « affaires graves », disait-il dans sa lettre au ministre, mais dans le but évident d'embrasser la carrière artistique. Il travailla d'abord la peinture avec Philippe et commença un grand tableau : *Assassinat du capitaine Marion du Frène à la Nouvelle-Zélande, le 2 août 1772*, mais la constatation qu'il était atteint de daltonisme et ne distinguait pas les couleurs le fit renoncer à la peinture. Il envoya le dessin de son tableau au Salon de 1848. Il logeait alors rue Saint-André-des-Arts près de la rue Hautefeuille. Ayant rencontré son voisin, l'excellent graveur Bléry, il devint son élève et en moins de six mois, ayant copié quelques estampes anciennes d'après Philippe de Champaigne, Loutherbourg, A. Van de Velde, Salvator Rosa, Karel Dujardin, Zeeman, sous la direction de l'éminent maître, il acquit la technique qui devait influencer si profondément la gravure moderne.
Meryon choisit pour modèles les points les plus pittoresques de Paris et les traduisit avec une maîtrise géniale. Sa première estampe de ce genre fut *le Petit Pont* et cette œuvre de début compte parmi les meilleures de son œuvre. Il l'envoya au Salon de 1850. En 1852, il exposait : *Le Palais de Justice et le Pont au Change, Saint-Étienne-du-Mont et l'ancienne prison de Montaigu, Tourelle de la rue de la Truanderie, démolie en 1851*, en 1853 : *la Pompe de Notre-Dame à Paris* ; en 1855 : *l'Abside de Notre-Dame*. Ces œuvres capitales lui valurent l'admiration de critiques tels que Théophile Gautier, Paul Mantz, Thoré, Baudelaire, qui écrivit passionnément sur son œuvre, mais ne lui procurèrent que de faibles ressources. Il était malade, d'un caractère difficile et ombrageux. Après un séjour à Bruxelles où le prince d'Arenberg l'avait emmené pour lui faire graver quelques vues, il revint à Paris et donna les signes d'un dérangement cérébral sinon complet, du moins très grave. Il se croyait poursuivi par la police, refusait de quitter son lit, menaçant d'un pistolet les gens qui voulaient l'approcher. Le 12 mai 1858, il fut interné à Charenton. Les soins qu'il y reçut eurent un heureux effet, il put travailler et grava, en 1859, une *Vue des Ruines de Pierrefonds*, d'après un dessin de Violet-le-Duc. Le 25 août de la même année, il quittait l'asile d'aliénés. Il reparut au Salon de 1863 avec *La Rue des Chantres à Paris en 1862, Grande case indigène (Nouvelle-Calédonie), le Grand Châtelet à Paris*, d'après un dessin de Bérard. En 1865, avec *Greniers et habitations à Akaroa (Nouvelle-Zélande)* et *Bains froids*. En 1866, avec *Vue du Pavillon de l'Infante et d'une partie du Louvre vers 1650*, d'après Zeeman, planche qui lui avait été commandée pour la chalcographie du Louvre. En 1867, il exposa encore : *État de la colonie d'Akaroa vers 1845* et quatre vues de Paris, mais on avait dû l'interner à nouveau en octobre 1866. Ainsi que l'a fait remarquer M. Beraldi, deux parts ont été faites de ses eaux-fortes : le grand œuvre qui comprend les pièces sur Paris ; le petit œuvre dans

lequel se classent les études, les vues diverses, les souvenirs de voyages, les portraits. ■ E. Bénézit

Bibliogr. : Loys Delteil, Harold J. L. Wright : *Catalogue raisonné of the etchings of Charles Meryon*, Harold J. L. Wright, Londres-New York, 1924 – Gustave Geffroy : *Charles Meryon*, Floury, Paris – *Catalogue de l'exposition « Charles Meryon »*, Musée de la Marine, Paris, 1968 – André Fermigier : *Meryon le Fou*, Nouvel Observateur, Paris, 11 novembre 1968 – Richard Schneidermann : *Catalogue raisonné of the prints of Charles Meryon*, Garton & Co and Scholar Press, Londres, 1989.

Ventes Publiques : Paris, 1er-2 déc. 1920 : *La Pêche à la baleine*, cr. : **FRF 1 350** – Paris, 7 déc. 1922 : *Marine*, past. : **FRF 1 500** – Paris, 2 juin 1932 : *Bateaux de pêche sous le vent* : **FRF 4 050** – Londres, 6 oct. 1976 : *Le Pont au Change*, eau-forte (13,5x23,5) : **GBP 1 000** – New York, 19 mai 1977 : *La galerie Notre-Dame* 1853, eau-forte (28,5x17,8) : **USD 1 500** – New York, 28 avr 1979 : *Le Ministère de la Marine* 1865, eau-forte et pointe sèche en noir (16,5x14,5) : **USD 7 000** – New York, 19 fév. 1981 : *Le Petit-Pont* 1850, eau-forte (25,5x18,5) : **USD 4 100** – New York, 1er nov. 1983 : *Le Petit-Pont, Paris* 1850, eau-forte en noir (25,9x18,6) : **USD 4 500** – Paris, 22 mai 1985 : *La Morgue* 1854, eau-forte : **FRF 72 000** – New York, 14 mai 1987 : *Tourelle de la rue de la Tixeranderie* 1852, eau-forte (24,6x12,9) : **USD 14 000** – Paris, 25 fév. 1988 : *La Morgue* 1854, eau-forte : **FRF 36 000** – Paris, 6 nov. 1991 : *Le Petit-Pont* 1850, eau-forte (25x19) : **FRF 5 200** – Paris, 21 fév. 1992 : *Saint-Étienne-du-Mont* 1852, eau-forte (24,7x13) : **FRF 3 600** – Munich, 26 mai 1992 : *Le Ministère de la Marine* 1865, eau-forte (16,3x14,3) : **DEM 1 150** – Heidelberg, 3 avr. 1993 : *Le Petit-Pont* 1850, eau-forte (26x19,2) : **DEM 1 200** – Paris, 11 juin 1993 : *Le Pont au Change* 1854, eau-forte (13,7x13,2) : **FRF 48 000** – Paris, 9 mars 1994 : *La Pompe de Notre-Dame* 1852, eau-forte : **FRF 5 000** – Heidelberg, 5-13 avr. 1994 : *Le Petit-Pont* 1850, eau-forte (26x19,2) : **DEM 2 000** – Paris, 3 juin 1994 : *La Morgue à Paris* 1854, eau-forte (23x20,8) : **FRF 14 500** – Heidelberg, 8 avr. 1995 : *La Pompe de Notre-Dame* 1852, eau-forte (17,3x25,3) : **DEM 1 650** – Paris, 13 juin 1996 : *La Pompe de Notre-Dame* 1852, eau-forte (17x25,3) : **FRF 34 000** – Paris, 21 nov. 1996 : *Le Pont-au-Change* 1854, eau-forte (15,4x33) : **FRF 85 500** – Paris, 10 juin 1997 : *Le Pont-au-Change* 1854, eau-forte (15,7x33,5) : **FRF 23 000**.

MERZ, famille d'artistes
XVIIIe-XIXe siècles. Allemands.
Peintres.

Ils travaillèrent à Neunbourg. Johann Georg, mort en 1762, Anton Leonhard, né en 1736, mort le 23 août 1799, Anton, né en 1775, mort en 1819.

MERZ Albert
XXe siècle.
Peintre de compositions, figures.

Il est sans lien de parenté avec les peintres Mario et Gerhard.

Il a montré ses œuvres dans des expositions personnelles à Paris et Cannes en 1988.

Il réunit sur la toile, sans lien apparent, figures et objets, bâclés, mêlant les références et citations. Son travail évoque Polke.

Ventes Publiques : Paris, 14 oct. 1989 : *Sans titre* 1986, acryl. et craie/pap. (100x75) : **FRF 15 000**.

MERZ Franz Xaver ou **März**
XVIIIe siècle. Allemand.
Peintre.

Fils de Joseph Anton, il travaillait à Bogen à la fin du XVIIIe siècle.

MERZ Gerhard
Né en 1947 à Mammendorf (Bavière). XXe siècle. Allemand.
Peintre, créateur d'installations, technique mixte. Abstrait.

Il fut élève de l'école d'arts graphiques de Munich, de 1966 à 1969, puis étudia à l'académie des beaux-arts. Il est professeur à l'académie des beaux-arts de Düsseldorf.

Il participe à de nombreuses expositions personnelles : 1971 Kunstverein de Munich ; 1977, 1982, 1987, 1992 Documenta de Kassel ; 1980 *Art allemand aujourd'hui* au musée d'Art moderne de la Ville de Paris ; 1983 Städtische Galerie im Lembachhaus de Munich ; 1985 Art Gallery of Ontario à Toronto et Nationalgalerie de Berlin ; 1987 *L'Époque, la mode, la morale, la passion : aspects de l'art d'aujourd'hui* au musée national d'Art moderne de Paris et Moderna Museet de Stockholm ; 1988 Institute of Contemporary Art et Museum of Fine Arts de Boston ; 1988, 1993 Kunsthalle de Düsseldorf ; 1991 *Les Couleurs de l'argent* au musée de la Poste à Paris ; 1993 FIAC (Foire Internationale d'Art Contemporain) à Paris. Il montre ses œuvres dans des expositions personnelles : 1971 Kunstverein de Munich ; 1975, 1982 Kunstraum de Munich ; 1979 Cabinet de l'Art actuel à Bremerhaven ; 1980 Van Abbe Museum d'Eindhoven ; 1984 Kunstverein de Kassel ; 1986 Kunstverein de Munich ; 1987 Kunsthalle de Baden-Baden ; 1988 Art Gallery of Ontario à Toronto et musée de Peinture et de Sculpture à Grenoble ; 1989 Museum of Contemporary Art de Chicago ; 1990 Kunstverein de Hanovre ; 1992 County Museum of Art de Los Angeles ; 1994 Kunstsammlung de Düsseldorf.

Il a débuté avec des monochromes dans les années soixante-dix, puis intégré à ce « vide pictural » des photographies sérigraphiées qui introduisait dans son travail la figuration. Depuis 1983, il manifeste dans ses installations sa volonté de tenir compte du lieu où il intervient, de le théâtraliser. Son désir : restituer la lumière pure, créer par la couleur une architecture.

Bibliogr. : In : *L'Art du XXe siècle*, Larousse, Paris, 1991 – Dominique Narran : *Gerhard Merz, archipeintre*, Beaux-Arts, n° 122, Paris, avr. 1994 – Henri François Debailleux : *Merz en blanc*, Libération, Paris, jeudi 24 mars 1994.

Musées : Amiens (FRAC Picardie) : *Sans titre* 1975-76, 7 dess., 1 sérig.

Ventes Publiques : New York, 5 oct. 1990 : *Cranes*, décoration murale avec 5 cranes espacés (360x354,2x17,8) : **USD 18 700** – New York, 14 fév. 1991 : *Sans titre* 1986, sérig./t. dans un cadre de l'artiste (270,5x149,8) : **USD 16 500** – New York, 6 mai 1992 : *Alpiniste* 1985, acryl. et sérig./photo. encadré par l'artiste (305,1x475,3) : **USD 16 500** – New York, 24 fév. 1993 : *S.P.Q.R.* 1987, acryl./t. et cuivre (79,4x330,5x14,6) : **USD 16 500** – Londres, 20 mai 1993 : *Delphes*, sérig./t. peinte en doré (220x225) : **GBP 16 100** – Londres, 30 juin 1994 : *Escalier I* 1987, sérig. et acryl./trois toiles (168x192) : **GBP 9 200** – New York, 3 nov. 1994 : *Adler* 1984, h. et encre sérigraphique/t. et cadre d'acier (deux panneaux 174,6x128,8 et 229,8x129,8) : **USD 23 000**.

MERZ Jacob
Né le 7 août 1783 à Buch (canton de Zurich). Mort en 1807 à Vienne. XVIIIe siècle. Suisse.
Peintre et graveur à l'eau-forte et au burin.

Grava des sujet de genre, des sujets religieux et des portraits dont on trouve des spécimens à Zurich.

Ventes Publiques : Paris, 1881 : *Le livre d'images* : **FRF 160**.

MERZ Johann Georg
XVIIIe siècle. Autrichien.
Modeleur.

Il travaillait la porcelaine à la Manufacture de Vienne.

MERZ Johann Jacob
Mort en 1765. XVIIIe siècle. Actif à Herisau. Suisse.
Peintre de portraits.

MERZ Joseph Anton, ou **Andreas** ou **März**
Né en 1678 ou 1681 à Markt-Oberdorf (Souabe). XVIIIe siècle. Allemand.
Peintre de compositions religieuses, fresquiste.

Il exécuta surtout des fresques et des tableaux d'autels pour les églises des environs de Straubing. Son œuvre principale est la série de fresques *(Glorification de l'ordre des bénédictins)*, qu'il composa pour la chapelle du monastère d'Oberaltaich.

MERZ Karl
Né en 1802. Mort le 20 novembre 1830 à Vienne. XIXe siècle. Autrichien.
Lithographe.

MERZ Karl
Né le 26 février 1869 à Reuthingen. XIXe-XXe siècles. Allemand.

Sculpteur.

Il fut élève de Ruemann. Il vécut et travailla à Tubingen.

MERZ Kaspar Heinrich

Né le 7 mai 1806 à Saint-Gall. Mort le 29 juillet 1875 en Suisse, dans un accident de montagne. XIXe siècle. Suisse.

Graveur au burin.

Élève de J. Lips à Munich et enfin, en 1825, de l'Académie de Munich où il fut élève de Amsler en 1829. Il a gravé des sujets de genre et des sujets religieux, et en particulier : *Le Jugement dernier, La Destruction de Troie, La Destruction de Jérusalem.*

MERZ Mario

Né le 1er janvier 1925 à Milan (Lombardie). XXe siècle. Italien.

Peintre de techniques mixtes, créateur d'installations, sculpteur, dessinateur. Arte povera.

Il fit des études de médecine durant deux années à l'université de Turin, avant la Seconde Guerre mondiale, s'intéressant et pratiquant aussi la poésie concrète. Il fréquente alors, paraît-il, quelque peu l'École des beaux-arts, mais en rejette vite l'enseignement. En 1945, peu de temps avant la chute de Mussolini, il est incarcéré par les fascistes, pour ses activités politiques. À sa sortie de prison, il vient à Paris, où il découvre les œuvres de Dubuffet, Fautrier, Pollock, mais aussi les écrits de Jean-Paul Sartre. En 1959, il rencontre Mariza, également artiste, qui deviendra sa femme. Il vit et travaille à Turin depuis le milieu des années soixante.

Il participe à de très nombreuses expositions collectives : 1968 *Prospect 68* à la Kunsthalle de Düsseldorf ; 1969, 1982 Stedelijk Museum d'Amsterdam ; 1969 *Quand les attitudes deviennent formes* à la Kunsthalle de Berne, au Museum Haus Lange de Krefeld et à l'Institute of Contemporary Art de Londres ; 1970 palais des expositions à Rome ; 1971 Solomon R. Guggenheim Museum de New York ; 1972, 1976, 1978, 1980 Biennale de Venise ; 1972, 1977, 1982, 1992 Documenta de Kassel ; 1981 *Identité italienne. L'Art en Italie depuis 1959* au musée national d'Art moderne de Paris ; 1983 *Ars 83* à l'Art Museum of Atheneum d'Helsinki ; 1985 Biennale de Paris ; 1989 Royal Academy de Londres ; 1990, 1994 FIAC (Foire Internationale d'Art Contemporain) à Paris ; 1994 *The Italian Metamorphosis, 1943-1968* au Guggenheim Museum à New York. Il montre ses œuvres dans de nombreuses expositions personnelles depuis 1954 : 1954, 1962, 1968, 1969, 1971, 1976, de 1978 à 1981, 1984, 1986, 1990 Turin ; 1969, 1976, 1979, 1982, 1983 Rome ; depuis 1970 régulièrement à New York, en particulier en 1970 à la galerie Sonnabend, en 1985 à la galerie Léo Castelli, en 1983, 1984, 1985 et 1989 au Solomon R. Guggenheim Museum ; depuis 1969 à Paris, notamment en 1979 et 1990 à la galerie Durant-Dessert, en 1981 au musée d'Art moderne de la Ville ; 1972 Walker Art Center de Minneapolis ; 1975, 1981 Kunsthalle de Bâle ; depuis 1972 à Londres, en particulier en 1975 à l'Institute of Contemporary Art, en 1980 à la Whitechapel Art Gallery ; 1974, 1977, 1980, 1985, 1988 Milan ; 1978, 1991 Athènes ; 1979 Folkwang Museum d'Essen, Stedelijk Van Abbe Museum d'Eindhoven et Institute of Modern Art de Brisbane ; 1982 Staatsgalerie de Stuttgart, Galleria civica d'Arte moderna de Bologne et Kunstverein de Münster ; 1983 Moderna Museet de Stockholm et The Israel Museum de Jérusalem ; 1984 Institute of Contemporary Art de Boston, Albright Knox Art Gallery de Buffalo et musée Toulouse-Lautrec à Albi ; 1985 Kunsthaus de Zürich et musée d'Art et d'Histoire de Genève ; 1987 Capc (Centre d'Arts plastiques contemporain) de Bordeaux et musée d'Art contemporain de Montréal ; 1988 Institute of Contemporary Art de Nagoya et Louisiana Museum of Modern Art d'Humlebaek ; 1989 Museum of Contemporary Art de Los Angeles, Le Nouveau Musée de Villeurbanne ; 1990 Museo Communale d'Arte Moderna d'Ancône ; 1993 fondation Tapiès à Barcelone. Dans le cadre d'une commande publique, en 1994, il a égrené la suite de Fibonacci en chiffres incandescents, dans des caissons de verre sablé, sur le parcours du tramway de Strasbourg.

Mario Merz, comme beaucoup d'artistes, débute en 1950 par la peinture. Il pratique une figuration expressionniste puis un art informel, et introduit bientôt dans ces toiles des éléments organiques, pensant, dans la mouvance de son époque, qu'il fallait « dépasser Picasso, mais toujours revenait l'idée du réalisme ou du contre-réalisme, de l'abstraction ou de l'anti-abstraction... » (Merz). Le climat de nouvelle liberté créatrice de la fin des années soixante lui permet de se resituer et de dépasser le conflit des genres. Il s'intéresse alors à l'œuvre de Robert Morris et d'Eva Hesse qui usent de matériaux souples et mous (latex, feutre), et rompt lui-même avec la peinture. Il se met à créer, dans la troisième dimension, à partir d'objets de récupération (parapluies, néons, bouteilles, journaux, fil de fer...), ces « étranges choses », et les disperse, au sol, sur les murs : « Je prenais mon imperméable et je le transperçais avec une lampe de néon, corps de lumière traversant un corps opaque » (Merz). Il refuse l'attitude néodadaïste qu'on lui prête, de même que le terme d'assemblage utilisé pour qualifier ses œuvres. Il désire en effet non pas créer des images mais aller au-delà de l'iconographie, en vue de libérer le sentiment de l'art, hors de toute rationalité, en rendant compte de la nature et de son processus incontrôlable. Il prône la volonté de créer un environnement qui permette d'englober la vie, « tout ce qui est là, le vivant et le naturel, l'artificiel et le technologique, le visible et l'invisible, le connu et l'inconnu, l'éternel et l'éphémère, le réel et l'imaginaire, le passé et le présent, le rationnel et l'irrationnel, le primitif et le social... » (Béatrice Parent). Il se lie à cette époque avec les artistes qui constitueront l'arte povera (dont il deviendra aussitôt l'un des représentants), et qui travaillent, comme lui, à partir de « matériaux quotidiens aculturels » et « utilisent un langage métaphorique qui renvoie à la nature, à l'histoire ou à la vie contemporaine » (Robert Atkins). Désormais, il va agencer matières organiques et matières inertes : fruits, arbres, légumes, cire d'abeille, animaux, verre, néon, accumulateurs, métal, linoléum et mettre en scène des figures originales récurrentes, en particulier : l'igloo, la suite de Fibonacci, la table de verre, le crocodile.

Igloo de Giap de 1968 est le symbole de la nouvelle prise de position de Merz. Véritable manifeste, il contient l'œuvre à venir. Ce lieu secret, créé de toutes pièces, porte pour titre une citation du général Giap, le célèbre chef de guerre Viêt-cong, inscrite au néon : « Si l'ennemi se concentre, il perd du terrain. S'il se disperse, il perd sa force. » Par cette sentence – la guerre du Vietnam bat alors son plein –, l'artiste exprime son engagement sur la scène politique et sociale. Ainsi que le souligne Jacques Busse : « Comme l'igloo, la phrase du général Giap est ronde et s'enroule sur elle-même, et sa tactique est comme le dôme, à la fois concave et convexe. » Les éléments renvoient les uns aux autres, la syntaxe circulaire de la phrase à la forme concentrique de l'igloo, la lumière du néon à l'éclat de la neige, métonymie de l'igloo. Cet habitat éphémère, refuge ou abri, devient l'une des figures emblématiques du travail de l'artiste, qui s'identifie au nomade, constamment en déplacement, partout chez lui. Merz, dès lors, décline cette structure formelle. Il en modifie le format, utilise pour la « bâtir » de nouveaux matériaux, une simple armature de fer, des sacs en plastique remplis de terre, plaques de verre, bottes de paille, branchages, pierres, béton, toiles peintes, opte parfois pour les ressources régionales : feuilles d'eucalyptus pour une exposition en Australie, granit local pour celle de Los Angeles. Cette forme privilégiée, expansion du centre vers la périphérie, offre à l'artiste l'espace de création qui lui est nécessaire pour rendre la palpitation de la vie. En 1985, il présente au Kunsthaus de Munich un véritable village constitué de l'igloo de Sydney, celui de Vienne, Copenhague, Paris..., les entourant d'un espace « naturel » inventé, ses propres représentations d'animaux. Depuis la fin des années soixante-dix, il pratique en effet de nouveau la peinture et l'intègre à ses installations.

Cette volonté de mettre en scène son travail, de créer une « invention », un espace mental inédit, se manifeste en particulier en 1971, dans un cadre institutionnel. Lors de l'Exposition internationale du Guggenheim Museum à New York, Merz accapare la rampe ascendante du musée en forme de spirale, jalonnant l'architecture de Frank Lloyd Wright avec des chiffres en néon disposés selon la suite de Fibonacci (progression numérique élaborée au début du XIIIe siècle fondée sur l'observation de la nature, dans laquelle chaque terme est égal à la somme des deux termes qui le précèdent). La spirale (ici l'escalier) et le néon (ici les chiffres) révèlent l'énergie qui circule entre les différents éléments, et permettent de « boucler la boucle ». Quant à la suite numérique, elle symbolise « la prolifération des nombres. Les nombres se reproduisent eux-mêmes comme les hommes, les abeilles ou les lapins. S'ils ne se reproduisaient pas, ils cesseraient d'exister. La série, c'est la vie (...). La raison de mon intérêt pour les nombres tient à ce que les nombres, invention abstraite de l'homme, deviennent concrets dès qu'il s'agit de compter les objets » (Merz). L'idée de spirale, figure récurrente dans son œuvre depuis 1970, se trouve également matérialisée avec la table en verre « une portion de la terre qui s'élève » (id.). Cette

forme de la vie quotidienne « s'est imposée à lui, comme la suite logique de la progression Fibonacci : progression numérique des hommes 1, 2, 3, 5, 8, 13, 21, 34, etc., autour d'une grande table, symbole par excellence de la convivialité, de la présence des hommes parmi les hommes » (Béatrice Parent). Dessus, il place un fragment de nature voué à mourir, des fruits et légumes, éclaire l'installation de chiffres en néon, y associe un plan horizontal constitué de journaux presque aussitôt périmés (nouvelle référence à notre quotidien) qu'il lui arrive de numéroter. Cette forme ondulante, fuyante, qui tourne autour d'elle-même, est reprise par la figure du crocodile (empaillé ou dessiné). Cet animal qui évoque le primitif, l'archaïque (comme l'igloo) entraîne dans sa course (de nouveau) les chiffres en néon, et génère de nouvelles implications.
Merz, mêlant les références historiques, scientifiques, biologiques, est parvenu à partir de formes récurrentes symboliques, mais chaque fois autres, à créer une œuvre universelle déroutante, issue du chaos originel, apte à se renouveler perpétuellement. Germano Celant, le théoricien de l'arte povera, sut en saisir la spécificité : « Par la représentation d'une série d'ensembles incohérents conçus comme un seul fait, Merz voulait exprimer son idée de la perception de la réalité, qui ne dérive pas d'une série d'objets contrastants mais d'une suite d'*impacts* indifférenciés. » Merz, s'étant approprié le monde, lui redonne un nouvel ordre et propose une rencontre entre l'art et la vie, au cœur du primitif. À partir du réel – par le choix de ses matériaux « pauvres » (terre) ou industriels (néons) et de techniques « artisanales » (édification de l'igloo) –, l'artiste construit une expérience directe physique atemporelle. Il implique, au sein de ce lieu d'échanges, le spectateur, l'invitant à décrypter, à méditer sur la nature de l'œuvre d'art, non plus produit de consommation, mais espace d'ouverture « concerné par le présent, la contingence, des événements anhistoriques » (Germano Celant). De cette « manière d'être » naissent la surprise, l'émotion, un instant de poésie « beau comme la rencontre fortuite sur une table de dissection d'un parapluie et d'une machine à coudre » (Lautréamont). ■ Laurence Lehoux

Bibliogr. : Catalogue de l'exposition : *Mario Merz*, Musée d'Art moderne de la Ville, Paris, 1981 – Catalogue de l'exposition : *Mario Merz*, Kunsthalle, Bâle, 1981 – Germano Celant : *Mario Merz*, Mazzotta, Milan, 1983 – in : Catalogue de l'exposition : *Écritures dans la peinture*, Villa Arson, Nice, 1984 – Mario Merz : *Mario Merz, Voglio fare un libro subito*, Kunsthaus, Zurich, 1985 – Denys Zacharopoulos : *Mario Merz, Solitaire/Solidaire*, Artstudio, n° 3, Paris, hiv. 1986-1987 – Béatrice Parent : *Mario Merz : le souffle de la liberté*, Artstudio, n° 13, Paris, été 1989 – Germano Celant : Catalogue de l'exposition *Mario Merz*, Solomon R. Guggenheim Museum, New York, Electa, Milan, 1989 – in : *L'Art du xxe s*, Larousse, Paris, 1991 – in : *Dict. de l'art mod. et contemp.*, Hazan, Paris, 1992 – Didier Semin : *L'Arte povera*, Centre Georges Pompidou, coll. *Jalons*, Paris, 1992.

Musées : Amsterdam (Stedelijk Mus.) – Bordeaux (Capc) : *La Goccia d'acqua* 1987 – Eindhoven – Épinal (Mus. départ. des Vosges) : *Truccioli* 1967-69 – *Che fare ?* 1969 – Lyon (Mus. Saint-Pierre) : *Le Retour des journaux, le jour d'après, quand plus personne n'est intéressé à les lire* 1970-1976 – Montréal (Mus. d'Art Contemp.) : *Macerata* 1974 – *Tavolo* 1978 – New York (Mus. of Mod. Art) : *Luoghi senza strada* 1987 – Otterlo (Kröller-Müller Mus.) : *Vent préhistorique des montagnes gelées* – Paris (Mus. Nat. d'Art Mod.) : *Girasole (Tournesol)* 1960 – *Igloo de Giap* 1968 – *Crocodilus Fibonacci* 1972 – *Tigre* 1981 – *Omaggio a Arcimboldo (Hommage à Arcimboldo)* 1987 – Saint-Étienne (Mus. d'Art Mod.) : *Suite de Fibonacci* 1971.

Ventes Publiques : Milan, 6 nov. 1973 : *La teoria di Fibonacci* : **ITL 850 000** – Milan, 5 déc. 1974 : *Sans titre* : **ITL 900 000** – Milan, 10 mars 1986 : *Sans titre* 1961, temp./cart. entoilé (97x68) : **ITL 13 000 000** – Londres, 26 juin 1986 : *Sans titre* 1976, h., cr. coul., gche, fus. et collage/pap. (76,8x105,4) : **GBP 2 500** – Londres, 29 mars 1988 : *Sans titre* 1984, h. et vernis/t. (249x350) : **GBP 37 900** – Paris, 17 juin 1988 : *La direction et son aspect le plus provocant*, cr. et collage/pap. (78,5x122,5) : **FRF 22 000** – Milan, 20 mars 1989 : *Thème céleste, thème terrestre* 1985, techn. mixte et collage/pap. (220x151) : **ITL 44 000 000** – New York, 9 nov. 1989 : *Branche* 1982, acryl., h., argile, cr. de coul., craie et bois/pap. (88,3x109,2x20,4) : **USD 88 000** – Paris, 18 fév. 1990 : *L'iguane* 1987, épreuve/pap. calque (28x70) : **FRF 30 000** – Londres, 5 avr. 1990 : *Seifenblasende Kuh*, techn. mixte/t. et éclairage néon (260x295) : **GBP 99 000** – Paris, 10 juin 1990 : *Sans titre*, collage et dess. /pap. (75x126) : **FRF 170 000** – Milan, 13 juin 1990 : *Le Sauveur* 1956, h/t (114x100) : **ITL 110 000 000** – Londres, 28 juin 1990 : *Sans titre*, techn. mixte/t. (270x260) : **GBP 55 000** – New York, 1er mai 1991 : *Plusieurs cosses de fèves* 1980, h., acryl., fus. et ruban adhésif/deux feuilles de pap. beige (198,2x148,7) : **USD 46 750** – New York, 13 nov. 1991 : *Numéros pour cônes de pin* 1982, pulvérisation de vernis, craies de coul., argile, cône de pin et collage de pap./pap./cart. (92x142,2) : **USD 36 300** – Milan, 14 nov. 1991 : *La Nature sera toujours la même ?*, temp., cr. et collage/tissu (120x150) : **ITL 34 000 000** – New York, 17 nov. 1992 : *Moved* 1983, tubes métalliques, fils électriques et néon (244x244x21,8) : **USD 143 000** – New York, 5 mai 1993 : *Sans titre* 1988, plantes dans un verre avec des tube de néon sur une boîte de Plexiglas (70,8x74,9x35,3) : **USD 46 000** – New York, 10 nov. 1993 : *Gemme de conifère*, h., vernis à la bombe et fus./t. d'emballage (200x431,8) : **USD 51 750** – Londres, 3 déc. 1993 : *Arbre d'automne* 1958, h/t (71x100) : **GBP 12 650** – Paris, 25 mai 1994 : *Sans titre*, fus./pap. (30x68) : **FRF 7 000** – Milan, 15 mars 1994 : *Sans titre* 1977, vert-de-gris, coquilles d'escargots, argile et fus./t. (177x235) : **ITL 115 000 000** – Londres, 30 juin 1994 : *Maelstrom*, bombage de vernis, acryl., coquillage/t. d'emballage (91,4x116,8) : **GBP 14 950** – New York, 16 nov. 1995 : *Due rite con la spirale di Leonardo Pisano* 1977, h., clous, pierre et cr./pap. cartonné (102,9x72,4) : **USD 20 700** – Paris, 15 déc. 1995 : *Sans titre* 1983, dess. et collage de feuilles d'arbre/pap. (80x124) : **FRF 17 000** – Londres, 23 mai 1996 : *Sans titre*, acryl., coquilles d'escargots, clous, plâtre, peint. à la bombe et tube de néon/t. d'emballage (203x500) : **GBP 31 050** – Londres, 24 oct. 1996 : *Sans titre* 1981, techn. mixte et h/cart. (70x50) : **GBP 6 900** – Londres, 4 déc. 1996 : *Sans titre* 1974, cr. et peint. spray/pap., triptyque (70x210) : **GBP 8 050** – New York, 20 nov. 1996 : *Rosso tavola per pino coni* 1982, techn. mixte/pan. (101,6x81,3) : **USD 13 800** – Londres, 23 oct. 1997 : *Animal dans le brouillard* 1980-1983, craie/t. et structure métallique (162x160 l'ensemble) : **GBP 11 500**.

MERZ Marisa

Née en 1931. xxe siècle. Italienne.

Sculpteur, créatrice d'installations, dessinatrice, pastelliste. Arte povera.

Elle est l'épouse de l'artiste Mario Merz. Elle vit et travaille à Milan.
Elle participe à des expositions collectives : 1968 *Arte Povera+Azione Povera* à Amalfi et Salerne ; 1969 Stedelijk Museum d'Amsterdam et Museum Folkwang d'Essen ; 1970 IIIe Biennale de la Jeune Peinture au Museo civico de Bologne ; 1972, 1976, 1980, 1986, 1988, 1993 Biennale de Venise ; 1977 Galleria civica d'Arte moderna de Turin ; 1981 *Identité italienne : l'art en Italie depuis 1959* au centre Georges Pompidou à Paris ; 1982, 1992 Documenta de Kassel ; 1983 Kölnischer Museum de Cologne ; 1984 Newport Harbor Museum de Los Angeles ; 1985 Institute for Art and Urban Resources de New York et Palacio Velazquez de Madrid ; 1986 Städtische Kunsthalle de Düsseldorf ; 1987 *Turin 1967-1987 : de l'arte povera dans les collections publiques françaises* au musée savoisien de Chambéry ; 1989 Padiglione d'arte contemporanea de Milan et Elac (Espace lyonnais d'art contemporain) à Lyon ; 1992 Nouveau Musée de Villeurbanne ; 1994 *The Italian Metamorphosis, 1943-1968* au Guggenheim Museum à New York. Elle montre ses œuvres dans des expositions personnelles : 1967 galerie Gian Enzo Sperone à Turin ; 1969 Rome ; 1974, 1977 Milan ; 1982 Düsseldorf ; 1994 centre Georges Pompidou à Paris. De 1980 à 1992, elle renonça pratiquement à toute exposition personnelle.
Elle s'inscrit dès ses débuts dans le mouvement de l'arte povera, dont elle est l'unique représentante féminine, montrant pour la première fois, en 1966, son travail au public, dans son atelier, où elle faisait pendre du plafond, de manière aléatoire, des tubes mobiles en aluminium agrafés, stalactites de métal, et circonscrivait un espace intime. Par la suite, elle reprend cette première « installation » dans d'autres lieux, s'adaptant chaque fois à l'environnement, galerie, bar à la mode, plage... Cette volonté de concilier l'œuvre et l'endroit où elle est présentée deviendra une constante de son travail. Ses « créations » dès lors s'inscrivent dans un espace « intime » conçu autour de l'œuvre à accueillir. Prônant la volonté de créer un environnement qui permette d'englober la vie, elle réalise des « lieux-refuge » qui évoquent l'igloo de Mario Merz, mais aussi le Merzbau de Schwitters, aménagé dans la maison de l'artiste, « qui va croître de façon quasi biologique, reflétant de façon intuitive les idées successives de son créateur » (Andrei Boris-Nakov), et qui est voué à une incessante prolifération. Face aux travaux postérieurs de

Marisa Merz, on éprouve ce même sentiment, celui de pénétrer sur le terrain familier de l'artiste, où celle-ci fait circuler des énergies entre les choses et dit son lien avec la nature et le monde.
L'œuvre de Marisa Merz semble échapper à la chronologie, elle ne se déroule pas selon des périodes bien délimitées et définies, mais plutôt selon le hasard, à partir de formes récurrentes. Constitué de fragments, qui, au premier abord, n'ont pas de lien entre eux, il est peut-être plus facile pour appréhender son travail dans toute sa complexité d'en souligner l'unité. Dès ses débuts, celle-ci privilégie certains matériaux à forte valeur métaphorique : le fil de métal (fer, Nylon, cuivre) qu'elle tricote pour produire des formes géométriques primaires (carré ou triangle) ; le sel et la cire, malléables et réagissant aux conditions ambiantes ; des éléments d'ameublement : couverture, table, chaise ou bol ; des objets liés à l'enfance : petits chaussons, berceau ou balançoire ; des végétaux voués à mourir et qui lui permettent de mettre en scène la vie ; et depuis le début des années quatre-vingt la figure humaine, en particulier les têtes. Elle manifeste aussi un goût pour certains gestes élémentaires, primitifs, proches de l'artisanat, élevant le banal au rang de l'art : remplissages, ligatures, tressages, tricotages, qui nécessitent un investissement, une dépense d'énergie physique réelle, surtout lorsque le matériau tricoté est le fer. Elle présente ces éléments qu'elle a manipulés, métamorphosés, au sol et au mur, les unissant par leur proximité spatiale, les « ordonnant » selon une loi interne. Depuis le début des années quatre-vingt, elle intègre à ses installations des éléments plus « artistiques », dessins au crayon ou pastel, des sculptures de têtes en cire, en argile, en plâtre, présentées sur des socles, peintes, recouvertes de feuilles de métal, des poèmes qu'elle écrit elle-même.
Combinant l'organique et l'inorganique, Marisa Merz appréhende le monde avec son expérience de femme, d'artiste, et propose une zone de révélation des échanges. Elle métamorphose le quotidien, invitant à pénétrer dans un univers codé, aux règles mystérieuses. Étrange et secrète, son œuvre puise « à la source des origines enfouies » (Catherine Grenier), renvoyant à notre expérience sensible. ■ Laurence Lehoux

Bibliogr. : In : *Dict. de l'art mod. et contemp.*, Hazan, Paris, 1992 – Didier Semin : *L'Arte povera*, Centre Georges Pompidou, Paris, 1992 – Catalogue de l'exposition : *Marisa Merz*, Éditions du centre Georges Pompidou, coll. *Monographies*, Paris, 1994 – Patricia Brignone : *Marisa Merz*, Art Press, n° 191, Paris, mai 1994.

MERZ Verena
xxe siècle.
Peintre d'animaux, fleurs, technique mixte.
Elle fut élève de l'école des beaux-arts de Paris. Elle a exposé en 1886 à la Foire de Bâle.

MERZALOFF Ivan
Né en 1742. xviiie siècle. Russe.
Graveur au burin.
Il fut, de 1758 à 1767, élève à l'Académie de Saint-Pétersbourg et, de 1767 à 1772, il étudia à Paris chez J. Ph. Lebas et alla ensuite à Rome. Il a peint : *Belle de village*, *Jeunes filles au bain*, et *Le portrait du comte S. G. Tschernyschoff*.

MES ou **Mesch**, famille d'artistes
xviie siècle. Hollandais.
Potiers.
Il étaient actifs à Delft.

MÈS François Constant
Né à Versailles. Mort en 1905. xixe siècle. Français.
Peintre d'histoire, lithographe.
Élève d'Yvon. Débuta au Salon de 1852. Mention honorable en 1892.
Ventes Publiques : Paris, 8 déc. 1941 : *La Cascade*, gche : **FRF 2 550**.

MES Isack de
xviie siècle. Hollandais.
Peintre de genre.
Il fut membre de la gilde de Dordrecht en 1640. La collection v. Niesewand conserve de lui : *Intérieur de cuisine* (1637).

MES-ZAROS Istvan
Né en 1959 à Miskolc. xxe siècle. Hongrois.
Peintre.
Il a exposé avec le Studio des Jeunes Artistes. Il figurait parmi les artistes hongrois présentés à l'Elac (Espace Lyonnais d'Art Contemporain) à Lyon en 1986. Il a également participé à des manifestations en Pologne, Autriche et Allemagne.
Il construit un patchwork de formes, les unes pouvant se superposer aux autres.
Ventes Publiques : Paris, 14 oct. 1991 : *Couleurs de la ville*, acryl./pap. (70x100) : **FRF 4 000**.

MESA Alonso de
Né en 1628 à Madrid. Mort en 1668 à Madrid. xviie siècle. Espagnol.
Peintre d'histoire et de figures.
Élève d'Alonso Cano. Il a peint plusieurs phases de la *Vie de saint François* pour le monastère des Franciscains. D'autres de ses tableaux sont à S. Sébastien de Madrid et au Musée Cerralbo de cette ville.

MESA Antonio
Mort le 12 janvier 1710. xviiie siècle. Espagnol.
Sculpteur.
Exécuta le grand autel de l'église paroissiale de Sainte-Marie de Borja dans la province de Saragosse.

MESA Bartolomé de
xvie siècle. Actif à Séville. Espagnol.
Peintre.
Cet artiste donna une procuration en 1528 et fit son testament en 1553. Peut-être le même que le peintre cité en 1510 et 1511.

MESA Cristobal
xvie siècle. Espagnol.
Peintre.
Travailla, en 1510, à la Collégiale de Séville.

MESA Francisco
xixe siècle. Actif en 1803 à Saragosse. Espagnol.
Sculpteur.
Probablement fils de Tomas.

MESA Francisco de
xve siècle. Espagnol.
Peintre.
Peignit des chars pour la procession de la Fête-Dieu à Séville en 1496. Probablement le même artiste que Francisco de Mesa qui travailla à la cathédrale de Séville en 1508.

MESA Gomez de
xvie siècle. Espagnol.
Peintre.
On le mentionne actif à Séville en 1502.

MESA Gregorio
Né en 1640 à Calatayud. Mort le 17 mars 1710 à Saragosse. xviie-xviiie siècles. Espagnol.
Sculpteur.
Père de Tomas. A acquis sa formation à Toulouse.

MESA Juan de
Mort avant 1512. xve-xvie siècles. Actif à Séville entre 1480 et 1510. Espagnol.
Peintre.

MESA Juan de
Né en 1586 à Cordoue. Mort le 26 novembre 1627 à Séville. xviie siècle. Espagnol.
Sculpteur.
Élève de Montanès de 1606 à 1610. Il fournit des statues en bois peint pour les processions et représentant le plus souvent le Christ. Il laissa de ses œuvres à San Pedro de Vergara, dans les églises du Salvador, San Lorenzo et Santa Isabel à Séville. Il s'attachait à accentuer l'anatomie des corps, l'ampleur des draperies, la passion des sentiments, le pathétique des visages.

MESA Juan de
xviie siècle. Actif à Madrid au début du xviie siècle. Espagnol.
Peintre d'histoire.
Il exécuta, pour Rivadeneira au collège des Jésuites d'Alcala de Henares plusieurs peintures sur la *Vie d'Ignace de Loyola*. Ces œuvres ont été gravées en Flandre.

MESA Martin Alonzo de
xvie siècle. Actif à Séville. Espagnol.
Sculpteur.
L'œuvre de cet artiste comprend plusieurs statues : *La Vierge tenant l'Enfant Jésus*, un *Saint Jean* qui est dans l'église Saint-Paul, à Séville, *Saint Laurent*, *Sainte Femme* (statues peintes à l'huile).

MESA Tomas
Mort le 21 mars 1754. XVIIIe siècle. Actif à Saragosse. Espagnol.
Sculpteur.
Il était le fils de Gregorio.

MESASTRIS Pierantonio. Voir **PIETRO ANTONIO da Foligno**

MESCHINI A.
Italien.
Peintre et graveur à l'eau-forte.
Grava des portraits.

MESCHTSCHANINOFF Oscar. Voir **MIETSCHANINOFF**

MESCHTSCHERIAKOFF Peter
XIXe siècle. Actif au début du XIXe siècle. Russe.
Graveur au burin.
Il grava des portraits d'*Alexandre I91*er, du prince *J. F. Dolgorukij* et de *Pierre III*.

MESCHTSCHERIN Nikolaï Vassiliewitch
Né en 1864 à Moscou. Mort le 22 octobre 1916 près de Moscou. XIXe-XXe siècles. Russe.
Peintre de paysages.
Il traita le paysage russe intime et fut pendant quelque temps pointilliste.
Musées : Moscou (Gal. Tretiakov).

MESDACH Salomon
XVIIe siècle. Hollandais.
Peintre de portraits.
Il était, en 1638, dans la gilde de Middelbourg.
Musées : Amsterdam : *Willem Courten enfant – Jacob Pergens – Anna Boudaen Courten, femme du précédent – Portrait d'homme – Hortensia del Prado – Margarita Courten – Pieter Boudaen Courten – Catharina Fourmenois* – Copenhague : *Portrait d'homme*.
Ventes Publiques : Londres, 16 avr. 1926 : *Portrait de femme* : **GBP 35** – Londres, 2 avr. 1976 : *Portrait d'une dame de qualité*, h/pan. (113x84) : **GBP 3 000**.

MESDAG Hendrik Willem
Né le 23 février 1831 à Groningue. Mort le 10 juillet 1915 à La Haye. XIXe-XXe siècles. Hollandais.
Peintre de paysages, marines, aquarelliste, dessinateur.
Il fut élève de Willem Roelofs et de Laurens Alma Tadema à Bruxelles. Il était déjà classé parmi les bons peintres lorsque, en 1870, il commença à exposer au Salon de Paris et il continua à y prendre part jusqu'en 1877. Il figurait encore avec plusieurs toiles à l'Exposition Universelle de 1878. On le trouve encore au Salon de 1881, 1883, 1885, 1887, 1889 (Exposition Universelle), où une médaille d'or lui fut décernée ; il reçut aussi la Légion d'honneur.
Reprenant la tradition des maîtres hollandais du XVIIe siècle, il s'appliqua à traduire les ciels brumeux de son pays, tout en tenant compte des peintres de Barbizon. Il traduisit avec une poésie intense les aspects divers de la vie des pêcheurs, le mouvement actif des ports de son pays. Mesdag joua un rôle fort intéressant dans l'évolution artistique de son pays. Il fut le défenseur des Maris, de Mauve et des jeunes artistes qui suivirent ces maîtres. Il fonda à La Haye un admirable musée, véritable collection d'artiste.

Bibliogr. : J. Poort : *Hendrik Willem Mesdag, 1831-1915 Oeuvrecatalogus*, Wassenaar, 1990.
Musées : Amsterdam (Rijksmuseum) : *Plage de Scheveningue – Mer calme – Le phare de Scheveningue – Comte Menno David Van Lamberg Stirum – Marie Hermina Heemskerk – La plage* – Une aquarelle – Amsterdam (Mus. mun.) : *Mer calme, soleil couchant – Plage – Mâts en mer – Nuit sur la plage* – Berlin : *Soir d'été près de Scheveningue* – Bruxelles : *Après l'orage* – Bucarest (Mus. Simu) : *Barques à Scheveningue* – Düsseldorf : *Nuit d'été* – Francfort-sur-le-Main : *En danger* – Groningue : *La rentrée de l'ancre – Mer du Nord – Soir sur la mer du Nord* – La Haye (Mus. comm.) : *Sur la côte hollandaise – Mer avec voiles – Ferme – Paysage* – La Haye (Mesdag) : *Plage de Scheveningue, l'hiver – Port de Flessingue – Soir d'été à Scheveningue – En danger – Mer orageuse – Travaux du port d'Enkhuyzen – Soir – Soleil couchant – Nuit avec clair de lune – Mer du Nord – Marine* – *Étude* – Munich : *Jour de novembre sur la Mer du Nord* – Rotterdam : *Lever de soleil sur la côte hollandaise – Mer du Nord, tempête*.
Ventes Publiques : Paris, 1889 : *La Grève* : **FRF 4 840** – Paris, 1892 : *L'arrivée des bateaux pêcheurs* : **FRF 3 200** – Londres, 1899 : *Marine*, aquar. : **FRF 1 425** – Paris, 1899 : *Calme en mer* : **FRF 3 675** – New York, 9 avr. 1909 : *Marine* : **USD 200** – Londres, 4 juil. 1910 : *Le soir à Scheveningue* : **GBP 147** – New York, 14-17 mars 1911 : *Jour d'hiver à Scheveningue* : **USD 1 000** – Paris, 14 avr. 1911 : *Calme plat* : **FRF 4 690** – Londres, 19 mai 1911 : *Retour des bateaux de pêche*, dess. : **GBP 52** – Londres, 11 nov. 1921 : *Tempête en mer*, dess. : **GBP 38** – Londres, 29 avr. 1922 : *L'embouchure de la Scheldt* : **GBP 508** – Londres, 6 avr. 1923 : *Retour des bateaux de pêche* : **GBP 99** – Londres, 9 mai 1924 : *Arrivée des bateaux de pêche*, dess. : **GBP 48** – Londres, 14 nov. 1924 : *Pêche à la crevette*, dess. : **GBP 27** – Paris, 16 et 17 mai 1929 : *Marine*, aquar. : **FRF 1 460** – New York, 30 oct. 1929 : *La flotte de pêche* : **USD 250** – Paris, 15 juin 1931 : *Marine* : **FRF 2 400** – Londres, 16 nov. 1934 : *Bateaux de pêche hollandais rentrant*, dess. : **GBP 13** ; *Flotte de pêche* : **GBP 67** – Paris, 14 mars 1941 : *Les bateaux de pêche* : **FRF 7 000** – Paris, 8 mars 1943 : *Barques de pêche*, pl. et lav. : **FRF 950** – Glasgow, 17 avr. 1946 : *Jour de pluie*, aquar. : **GBP 17** – Paris, 15 nov. 1948 : *La barque de ravitaillement*, aquar. : **FRF 11 500** – Paris, 4 mai 1951 : *Barques de pêcheurs, en mer*, aquar. : **FRF 21 000** – Paris, 20 juin 1951 : *Mer du Nord* 1894 : **FRF 3 200** – Londres, 28 avr. 1967 : *Marine* : **GBP 260** – Amsterdam, 24 avr. 1968 : *Bord de mer* : **NLG 7 600** – Amsterdam, 25 fév. 1969 : *Barques de pêche à Scheveningen* : **NLG 7 600** – Londres, 14 nov. 1973 : *Barques de pêche sur la plage* : **GBP 1 400** – Amsterdam, 26 mars 1974 : *Bateaux sur la plage de Scheveningen* : **NLG 26 000** – Londres, 11 fév. 1976 : *Le départ de la flotille de pêche* 1899, h/t (122x152) : **GBP 8 500** – Lokeren, 1er mai 1976 : *Les barques*, aquar. (41x31) : **BEF 110 000** – Londres, 6 mai 1977 : *Voiliers au large de Scheveningen*, h/t (67,3x47) : **GBP 9 000** – New York, 26 janv 1979 : *Bateaux de pêche au crépuscule* 1908, h/t (49x79,5) : **USD 12 000** – New York, 28 mai 1981 : *Bateaux et pêcheurs sur la plage, hiver* 1899, h/t (140x178) : **USD 10 000** – Amsterdam, 19 mai 1981 : *Bateaux sur la plage*, aquar. (55x37,2) : **NLG 11 500** – New York, 24 mai 1984 : *Voiliers par forte mer* 1879, h/pan. (47,5x78) : **USD 22 000** – Amsterdam, 19 nov. 1985 : *Voiliers au large de la côte*, aquar. gche et craie noire (30x44,5) : **NLG 7 000** – Amsterdam, 14 avr. 1986 : *Bateaux de pêche sur la plage*, aquar. (50x73) : **NLG 31 000** – Amsterdam, 28 mai 1986 : *Le Départ des pêcheurs, Scheveningen*, h/t (113x77) : **NLG 55 000** – Londres, 25 juin 1987 : *Bateaux de pêche par temps forte mer*, aquar. reh. de blanc (50,8x71,7) : **GBP 1 600** – Amsterdam, 16 nov. 1988 : *Steamer rentrant au port par clair de lune*, aquar./pap. (52x38,5) : **NLG 14 950** ; *Le village de Scheveningen près des dunes* 1872, h/t (49,5x78) : **NLG 74 750** – Toronto, 30 nov. 1988 : *Bâteaux de pêche hollandais* 1903, h/t (72,4x92) : **CAD 29 000** – Amsterdam, 10 avr. 1990 : *Personnages sur la grève au retour des pêcheurs*, encre/pap. (11x14,5) : **NLG 3 105** – Amsterdam, 2 mai 1990 : *Le retour des barques de pêche hollandaises*, aquar./pap. (37x27) : **NLG 17 250** – Amsterdam, 5 juin 1990 : *Voiliers en pleine mer*, craie noire/pap. (19,5x14) : **NLG 1 495** – Amsterdam, 11 sep. 1990 : *Bateaux de pêche au clair de lune par mer calme*, h/pan. (34,5x26) : **NLG 10 925** – Amsterdam, 6 nov. 1990 : *Voiliers au large de la côte*, aquar. (25x22,5) : **NLG 14 950** – Amsterdam, 24 avr. 1991 : *Petit matin à Scheveningen*, h/t (48x78,5) : **NLG 69 000** – Paris, 14 juin 1991 : *Le retour de la pêche*, h/pan. (13,5x21,3) : **FRF 13 000** – Amsterdam, 30 oct. 1991 : *Bateaux sur la mer houleuse par mauvais temps*, h/pan., une paire (24,5x32) : **NLG 12 650** – Amsterdam, 14-15 avr. 1992 : *La retour de la flottille de pêche* 1895, h/t (88,5x68,5) : **NLG 172 500** – Amsterdam, 2-3 nov. 1992 : *Marine avec des barques de pêche hollandaises* 1896, h/t (62x83) : **NLG 161 000** – Amsterdam, 21 avr. 1993 : *Flottille de pêche de Scheveningen*, h/t (123x171,5) : **NLG 224 250** – New York, 22-23 juil. 1993 : *Barques de pêche hollandaises*, h/t (40,6x25,4) : **USD 8 338** – Londres, 18 mars 1994 : *Retour des bateaux de pêche*, h/t : **GBP 18 400** – Lokeren, 11 mars 1995 : *Chalutier dans la tempête*, h/t (33x44,5) : **BEF 130 000** – Amsterdam, 11 avr. 1995 : *Barque de pêche hollandaise dans les brisants*, aquar. (30,5x50,5) : **NLG 9 676** – Amsterdam, 7 nov. 1995 : *Barques de pêche à l'ancrage*, h/t (69x87) : **NLG 159 300** – Zurich, 3 avr. 1996 : *Idylle de pêcheurs*, h/t (36x61) : **CHF 4 000** – Amsterdam, 30 oct. 1996 : *Tranquillité, Bomschuitten au coucher de soleil*, h/t

(51,5x40,5) : **NLG 34 596** – AMSTERDAM, 27 oct. 1997 : *Retour de la flottille de pêche sur la plage de Scheveningen*, h/pan. (69,5x110) : **NLG 578 200** ; *Pêcheurs fêtant le retour de la flottille de pêche à Scheveningen*, aquar. (45x71,5) : **NLG 47 200** ; *Bateaux à l'échouage en hiver*, h/t (48,5x77,5) : **NLG 159 300**.

MESDAG Jodocus A. W. Y. Voir **MISDACQ**

MESDAG Taco

Né le 21 septembre 1827 à Groningue. Mort le 4 août 1902 à La Haye. XIXe siècle. Hollandais.

Peintre de paysages, animaux.

Frère du grand peintre de marines Hendrik Willem dont il fut longtemps élève. Il se consacra ensuite à la peinture de paysages. Il fut commissaire général de la Section des Beaux-Arts à l'Exposition internationale de Bruxelles.

MUSÉES : GRONINGUE : *Hiver près de Vries – Monuments druidiques – Berger et moutons – Près de Barbizon* – LA HAYE (Mesdag) : *Bruyère près de Vries* – LA HAYE (Mus. comm.) : *Troupeaux sortant.*

VENTES PUBLIQUES : AMSTERDAM, 11 sep. 1990 : *Clocher d'église au-dessus des dunes au crépuscule*, h/cart. (22,5x38,5) : **NLG 1 495** – AMSTERDAM, 17 sep. 1991 : *Paysanne et bétail sur la lande*, h/t/cart. (41x66) : **NLG 1 495** – AMSTERDAM, 11 fév. 1993 : *Ouvriers extrayant de la tourbe dans un champ*, h/pan. (25,5x38,5) : **NLG 2 185**.

MESDAG VAN CALCOR Gesina

Née le 2 juillet 1851 à Hoogesond. XIXe siècle. Hollandaise.

Peintre de paysages et de fleurs, et graveur.

Élève de l'Académie Minerva à Groningue. Figura aux expositions de Paris où elle obtint une mention honorable en 1889 (Exposition Universelle). Elle a peint des intérieurs, des fleurs et des paysages.

MUSÉES : GRONINGEN : *Fleurs – Jardin – Petit église de Chailly* – LA HAYE (Mesdag) : *Pensées.*

MESDAG VAN HOUTEN Sientze ou **Sina**, Mme

Née le 23 décembre 1834 à Groningue. Morte le 20 mars 1909 à La Haye. XIXe siècle. Hollandaise.

Peintre de portraits, nus, paysages, natures mortes, fleurs et fruits, aquarelliste.

Femme de Hendrik Willem Mesdag, elle ne commença à dessiner qu'en 1870 et prit alors des leçons avec d'Arnaud Gerkens. Elle fit des études de nus et des natures mortes. Puis, frappée par la poésie des bruyères, elle en reproduisit les paysages calmes et simples. Elle figura aux expositions de Paris où elle obtint une médaille de bronze en 1889 (Exposition Universelle).

MUSÉES : AMSTERDAM : *Nature morte* – GRONINGUE : *Fruits – Deux natures mortes* – LA HAYE (Mesdag) : *Sur la bruyère – Trois tableaux de fruits – Beekhingen près d'Arnhem* – deux œuvres – *Sur le Veluwe – Portraits de Mme Bisdom, du colonel del Campo, de M. Toukes, de H. W. Mesdag – Tête de chien – Dans les dunes – Hiver dans un bois – Nature morte – Soir dans un bois de peupliers – Fleurs*, deux œuvres – ROTTERDAM : *Prairie avec bergerie au clair de lune.*

VENTES PUBLIQUES : AMSTERDAM, 10 fév. 1988 : *Paysanne sur un chemin approchant d'une maison*, h/pan. (16x24) : **NLG 1 495** – AMSTERDAM, 16 nov. 1988 : *Paysanne et un enfant se reposant sous un arbre du chemin près des fermes*, h/pan. (81x113) : **NLG 7 475** – AMSTERDAM, 19 sep. 1989 : *Fleurs dans un vase sur un entablement*, h/t (33,5x24,5) : **NLG 1 495** – AMSTERDAM, 10 avr. 1990 : *Portrait de profil de Lotte Croiset Van der Kop*, aquar. avec reh. de blanc (43x34,5) : **NLG 1 265** – AMSTERDAM, 2 mai 1990 : *Nature morte avec une grappe de raisin et des poires avec leur feuillage sur un entablement*, h/pan. (14x23) : **NLG 2 300** – AMSTERDAM, 5 juin 1990 : *Jour gris*, h/pan. (16x24) : **NLG 2 990** – AMSTERDAM, 12 déc. 1990 : *Nature morte de roses et de lis dans un vase de Chine*, h/t/pan. (54x35,5) : **NLG 9 200** – AMSTERDAM, 14-15 avr. 1992 : *Nature morte avec des cerises*, h/pan. (74x45,5) : **NLG 1 150** – AMSTERDAM, 24 sep. 1992 : *Paysanne sur un sentier forestier*, h/t (79x48,5) : **NLG 1 265** – AMSTERDAM, 3 nov. 1992 : *Nature morte avec des roses*, h/t (50x41) : **NLG 3 910** – AMSTERDAM, 14 juin 1994 : *Nature morte de roses dans un vase*, aquar./pap. (38,5x29) : **NLG 2 530** – AMSTERDAM, 30 oct. 1996 : *Potirons* 1899, h/t (61,5x131) : **NLG 17 298** – AMSTERDAM, 19-20 fév. 1997 : *Forêt*, h/pan. (55x32) : **NLG 2 306**.

MESECK Félix

Né le 11 juin 1883 à Dantzig (aujourd'hui Gdansk, en Pologne). Mort en 1955. XXe siècle. Allemand.

Peintre, graveur.

Il fut élève de L. Dettmann. Il travailla à Königsberg, à Berlin et à Weimar.

F. MESECK 21

MUSÉES : KALININGRAD, ancien. Königsberg : *Hommes gais.*

MESEGUER Y ALVAREZ Antonio

Né en 1865 à Murcia. Mort en 1915. XIXe-XXe siècles. Espagnol.

Peintre de scènes de genre.

Il séjourna à Paris. Parallèlement à la peinture, il enseigna l'économie à Murcia, de 1905 à 1914. Il participa à Madrid, au Salon de la Société Nationale des Beaux-Arts, en 1884. Il reçut plusieurs médailles.

Il peignit des scènes typiques de l'Espagne et en particulier de la région de Murcie, dans un style traditionnel.

BIBLIOGR. : In : *Cien anos de pintura en Espana y Portugal, 1830-1930*, t. VI, Antiqvaria, Madrid, 1991.

MESEJEAN

XXe siècle. Argentin.

Artiste. Conceptuel.

Il fut élève de l'Institut di Tella à Buenos Aires.

BIBLIOGR. : Damian Bayon, Roberto Pontual : *La Peinture de l'Amérique latine au XXe s.*, Mengès, Paris, 1990.

MESENS Édouard Léon Théodore

Né le 27 novembre 1903 à Bruxelles (Brabant). Mort le 13 mai 1971 à Bruxelles. XXe siècle. Belge.

Peintre de collages. Surréaliste.

Après des débuts prometteurs dans la composition musicale, il fut surtout poète. Adepte du surréalisme, il entretint la liaison entre le groupe surréaliste de Paris et Bruxelles. Il organisa de nombreuses manifestations surréalistes, notamment en 1934 l'exposition Minotaure, en 1936 l'Exposition internationale du surréalisme avec Penrose à Londres, en 1940 *Surrealism to day* à Londres, en 1945 *Surrealist diversity* à Londres. Il a montré ses œuvres dans des expositions personnelles : 1958 Paris ; 1960, 1965 Milan ; 1959 palais des Beaux-Arts de Bruxelles ; 1963 casino de Knokke-le-Zoute.

Il commença à pratiquer le dessin et le collage en 1924, sans doute influencé par l'œuvre de Max Ernst. À partir de 1954, il consacra une grande part de son activité à la production de collages surréalistes, utilisant des lettres et des inscriptions, des personnages inventés de toutes pièces ou des éléments de l'iconographie surréaliste.

BIBLIOGR. : Catalogue de l'exposition : *E. L. T. Mesens*, Galerie del Naviglio, Milan, 1965 – José Pierre : *Le Surréalisme*, in *Hre gle de la peinture*, Rencontre, Lausanne, 1966 – Suzanne Otlet-Moutov : *Les étapes de l'activité créatrice chez E. L. T. Mesens et l'esprit du collage comme aboutissement d'une pensée*, Le Bulletin des Musées Royaux des Beaux-Arts, Bruxelles, 1973 – in : *Dict. univer. de la peinture*, Le Robert, t.IV, Paris, 1975 – Catalogue de l'exposition : *Le Surréalisme en Belgique*, t. I, Galerie Isy Brachot, Paris, 1986 – in : *Dict. biogr. illustré des artistes en Belgique depuis 1830*, Arto, Bruxelles, 1987 – in : *Dict. de la peinture flamande et hollandaise*, Larousse, Paris, 1989.

MUSÉES : BRUXELLES (Mus. des Beaux-Arts) : *Au bord des mots* 1956.

VENTES PUBLIQUES : PARIS, 18 mars 1972 : *Salut aux alpinistes* : **FRF 5 500** – LONDRES, 13 avr. 1972 : *La Fissure* : **GBP 300** – VERSAILLES, 11 mai 1973 : *Simples V* : **FRF 11 000** – LOKEREN, 13 mars 1976 : *Accélération* 1958, collage (18x20) : **BEF 28 000** – BREDA, 26 avr. 1977 : *Les trop bien cravatés* 1970, col. (41x24) : **NLG 5 600** – ANVERS, 23 avr. 1985 : *Le vide et le plein* 1963, assemblage (75x63) : **BEF 70 000** – MILAN, 8 juin 1988 : *Ophélie III no 20*, techn. mixte (22x28) : **ITL 2 600 000** – LOKEREN, 9 oct. 1993 : *Écho* 1963, h. et collage (28x21) : **BEF 70 000** – LONDRES, 23-24 mars 1994 : *Liber tea for two* 1971, cr., fus. et collage pap./pap. (51,5x35) : **GBP 4 025** – AMSTERDAM, 31 mai 1994 : *Paysage II* 1958, collage et techn. mixte/pap. (40x53) : **NLG 10 350** – PARIS, 27 juin 1994 : *L'Inconnu de la scène* 1964, techn. mixte (21x28) : **FRF 9 000** – LOKEREN, 11 mars 1995 : *Écho* 1963, h. et collage (28x21) : **BEF 44 000** – NEW YORK, 15 nov. 1995 : *Le Fou du roi* 1960, cr. feutre et collage/pap. (22,2x17,8) : **USD 2 530** – AMSTERDAM, 5 juin 1996 : *Les Feux de la rampe II* 1963, collage/pap. (32x40) : **NLG 5 175** – AMSTERDAM, 10 déc. 1996 : *Duck soup sur fond vert* 1961, collage/pap. (24,5x17,5) : **NLG 4 382**.

MESENS Jeanne Hendrix
Née en 1884 à Etterbeck (Bruxelles). xxe siècle. Belge.
Peintre d'intérieurs, paysages, fleurs, aquarelliste, pastelliste.
Elle fit une exposition de ses œuvres à Bruxelles et à Anvers en 1908. Elle présenta une série d'aquarelles au Salon des Indépendants à Paris, en 1909. Elle exposa également au Salon de l'Élan à Bruxelles, en 1911. Elle fut nommée Chevalier de l'ordre de la couronne.
Bibliogr. : In : *Dict. biogr. illustré des artistes en Belgique depuis 1830*, Arto, Bruxelles, 1987.

MESGRINY Claude François Auguste de, marquis ou **Mesgrigny**
Né en 1836 à Paris. Mort en août 1884. xixe siècle. Français.
Peintre de paysages, aquarelliste.
Il fut élève de Lalanne et de Worms. Il débuta au Salon de Paris en 1866.
Musées : Troyes : *Vue des gorges de l'Allier.*
Ventes Publiques : Paris, 1877 : *Paysage au printemps* : **FRF 1 080** – Paris, 7 avr. 1900 : *Bords de l'Oise*, aquar. : **FRF 160** – Paris, 10 mars 1902 : *Pêcheurs sur les bords d'un étang* : **FRF 300** – Paris, 28 mars 1927 : *La Marne à Lagny* : **FRF 2 500** – Paris, 29 juin 1929 : *La rivière de l'Odet à Quimper* : **FRF 750** – Paris, 29 jan. 1932 : *Le lavoir* : **FRF 280** – Londres, 9 oct. 1964 : *Paysage fluvial* : **GBP 400** – New York, 30 oct. 1985 : *Personnages au bord de la rivière*, h/t (35,5x56,5) : **USD 6 500** – New York, 24 fév. 1987 : *Bords de rivière*, h/t (36,1x57,1) : **USD 5 250** – Paris, 12 oct. 1990 : *Paysage au moulin*, h/t (36,5x56,5) : **FRF 40 000** – New York, 21 mai 1991 : *Village au bord d'une rivière*, h/t (36,2x55,9) : **USD 6 600** – New York, 16 fév. 1994 : *Le pêcheur*, h/t (36,8x57,2) : **USD 9 200**.

MESIROV Youri ou **Megirov**
Né en 1933 à Leningrad. xxe siècle. Russe.
Peintre de personnages.
Il fréquenta, de 1949 à 1952, l'École des Arts et d'Artisanat à Doulévo, puis, de 1952 à 1959, l'École des Arts de Leningrad, puis étudia sous la direction de Orechnikov à l'Institut Répine de Leningrad. Il est membre de l'Union des Peintres de l'URSS. Depuis 1979, il expose à Leningrad.
Il pratique une peinture traditionnelle, puisant souvent ses sujets dans le monde du cirque.
Ventes Publiques : Paris, 18 fév. 1991 : *L'arlequin*, h/t (120x96) : **FRF 9 500** – Paris, 23 nov. 1992 : *Paysage de Saint-Petersbourg*, h/t (65x80) : **FRF 6 000**.

MESKENS Johann Franz
xviiie siècle. Actif à Anvers. Belge.
Peintre.

MESKER Theodorus Ludovicus
Né le 1er février 1853 à La Haye. Mort le 28 août 1894 à La Haye. xixe siècle. Hollandais.
Peintre de genre, aquarelliste, graveur, dessinateur.
Il fut élève de son frère J. J. Mesker et de W. Maris.

Th. Mesker

Musées : Groningen : *Le savant* – Haarlem : *Jardin de brasserie* – *Magasin d'objets d'art de Bois* – La Haye (Mus. comm.) : *L'étalage de livres de Blok sur le Grand Marché.*
Ventes Publiques : Amsterdam, 19 sep. 1989 : *Rue de village avec un fleuriste déchargeant une charrette*, h/t (51,5x36) : **NLG 1 150** – Amsterdam, 5-6 nov. 1991 : *Un éventuel client*, h/t (35,5x48,5) : **NLG 4 370** – Amsterdam, 28 oct. 1992 : *Le graveur* 1872, h/t (46x34,5) : **NLG 8 970** – Amsterdam, 21 avr. 1993 : *L'éventaire de livres de David Blok en face du Waag à La Haye* 1877, h/pan. (21,5x28,5) : **NLG 18 400** – Amsterdam, 19 oct. 1993 : *L'heure du thé*, aquar./pap. (30x24,5) : **NLG 5 520** – Londres, 17 juin 1994 : *Un coin de place* 1881, encre, aquar. et gche/pap. (46,4x34,6) : **GBP 2 760**.

MESLÉ Joseph Paul
Né le 25 janvier 1855 à Saint-Servan (Ille-et-Vilaine). Mort le 20 juin 1929 à la Ferté-sous-Jouarre (Seine-et-Marne). xixe-xxe siècles. Français.
Peintre de portraits, paysages.
Il fut élève de Léon Bonnat. Il débuta au Salon de 1880. Il fut membre sociétaire du Salon des Artistes Français à Paris, à partir de 1885. Il reçut une mention honorable en 1884, une médaille de troisième classe en 1886, une médaille de bronze en 1889 à l'Exposition universelle de Paris, une médaille d'argent en 1900.
Musées : Montpellier (Mus. Fabre) : *Lever de lune.*
Ventes Publiques : Paris, 4-5 déc. 1918 : *Maison de pêcheur, clair de lune* : **FRF 110** – Paris, 16-17 déc. 1919 : *Les masures (temps gris)* : **FRF 1 100** – Paris, 29 juin 1927 : *La ferme de Godefroy à Chamigny* : **FRF 1 420** – Paris, 27 avr. 1933 : *Après-midi de printemps* : **FRF 1 050** – Paris, 10 mai 1933 : *Sur la falaise à Villerville, crépuscule* : **FRF 500** – Paris, 20 fév. 1942 : *Le village* : **FRF 1 300** – Paris, 24 mai 1944 : *Gelée blanche*, past. : **FRF 1 000** – Paris, 26 fév. 1947 : *Clair de lune sur le village* : **FRF 2 100** – Paris, 2 juil. 1951 : *Paysage* : **FRF 7 000** – Munich, 6 nov. 1981 : *Clair de lune*, h/t (34x46) : **DEM 5 000** – Reims, 5 mars 1989 : *Attelage tirant une charette dans la brume matinale*, h/t (33x41) : **FRF 13 600** – Reims, 21 avr. 1991 : *Maisons de pêcheurs et meules de foin en Bretagne*, h/t (50x61) : **FRF 5 000** – Paris, 10 avr. 1996 : *Mer au crépuscule*, h/t (38x55) : **FRF 4 100**.

MESLÉ Pierre
Français.
Peintre.
Le Musée de La Roche-sur-Yon conserve de lui le *Portrait de Mme de Laveson de Garnerans.*

MESLE Pierre Le. Voir **LE MESLE**

MESLET René
xviiie siècle. Actif à Angers entre 1751 et 1780. Français.
Peintre.

MESLI Tarik
xxe siècle. Algérien.
Peintre, auteur de performances.
Il a été élève de l'École des Beaux-Arts d'Alger (1985-1993).
Il participe à des expositions collectives, parmi lesquelles : 1989, Biennale internationale, Alger ; 1992, galerie M, Oran ; 1994, Centre culturel algérien, Paris. Il est l'auteur de plusieurs performances, dont : 1988, *Pluie*, École des Beaux-Arts, Alger ; 1992, *Art comme couleur*, Biennale des Jeunes créateurs de l'Europe méditerranéenne, Valence.

MESLIER Étienne
xixe siècle. Français.
Peintre d'histoire.
Exposa au Salon entre 1831 et 1844 et au Luxembourg en 1830. Le Musée d'Angers conserve de lui *Le Christ et la Samaritaine*, et celui de Périgueux, *Henri II et Diane de Poitiers dans la forêt de Fontainebleau* (Salon de 1838).

MESLIN Charles. Voir **MELLIN**

MESLY David
xxe siècle. Français.
Sculpteur.
Ventes Publiques : Paris, 5 juin 1996 : *Silence*, bronze patine brune (H. 26) : **FRF 15 000** – Paris, 30 sep. 1996 : *Sérénité*, bronze cire perdue (H. 30) : **FRF 16 000**.

MESMAKER Jean de
Mort le 9 juillet 1489. xve siècle. Belge.
Sculpteur et architecte.
Il travailla pour l'église Notre-Dame de Calais et pour la ville de Louvain.

MESMER. Voir aussi **MESSMER**

MESMER Gustav
Né en 1865 à Althausen. Mort entre 1940 et 1945 à Munich. xxe siècle. Allemand.
Peintre de paysages, animaux.
Ventes Publiques : Cologne, 23 mars 1990 : *Volailles dans un poulailler*, h/cart. (16x21) : **DEM 2 000**.

MESNAGER Jérôme
Né en 1961. xxe siècle. Français.
Peintre de figures, compositions à personnages, peintre à la gouache.
Il participe à des expositions collectives : 1986 musée central de Tokyo et *Jeunes Artistes d'Europe* à New York ; 1988, 1989 FIAC (Foire Internationale d'Art Contemporain) à Paris ; 1992 SAGA (Salon d'Arts Graphiques Actuels) à Paris. Il a montré une exposition personnelle à Cannes.
Il parcourt le monde imprimant ses silhouettes blanches articulées représentées au pochoir, rencontrées au hasard de quelque rue, sur murs, façades, palissades.
Musées : Paris (Mus. d'Art Mod. de la Ville) – Rodez (Mus. des Beaux-Arts).

Ventes Publiques : Paris, 30 nov. 1987 : *Le triangle d'or* 1987, h/t (92x73) : **FRF 4 000** ; *Un mur*, acryl. et techn. mixte (100x81) : **FRF 9 500** – Paris, 16 juin 1988 : *Sans titre* 1987, acryl. et pan. de signalisation/t. (130x97) : **FRF 10 500** – Paris, 20 nov. 1988 : *Bonhomme blanc*, techn. mixte (60x73,5) : **FRF 5 800** – Paris, 20 mai 1989 : *89, la Révolution* 1989, acryl. et bois /t. (162x130) : **FRF 15 000** – Douai, 2 juil. 1989 : *Personnage* 1987, h/t (55x46) : **FRF 5 900** – Paris, 8 oct. 1989 : *Sans titre* 1987, acryl./palissade bois (97x146) : **FRF 15 000** – Paris, 14 oct. 1989 : *Personnage blanc sur palissade* 1989 (102x44) : **FRF 7 500** – Paris, 12 fév. 1990 : *Construction orageuse* : **FRF 17 000** – Paris, 15 fév. 1990 : *Halte à la démolition* 1989, acryl. et objets/t. (130x97) : **FRF 62 000** – Paris, 31 oct. 1990 : *Avenue de Clichy* 1990, h/t, fer et bois (195x130) : **FRF 45 000** – Douai, 11 nov. 1990 : *Personnage blanc* 1987, gche (57x75) : **FRF 11 000** – Neuilly, 30 juin 1991 : *Révolution, violence et passion* 1988, techn. mixte/t. (162x130) : **FRF 28 000** – Paris, 5 avr. 1992 : *Palissade*, acryl./bois (210x78) : **FRF 14 000** – Paris, 28 sep. 1993 : *Rendez-vous au square, 8 h.* 1988, palissade et acryl./t. (116x96) : **FRF 9 000** – Paris, 21 mars 1994 : *Trois lutteurs* 1990, h. sur palissade de bois (197x97) : **FRF 8 000** – Paris, 10 déc. 1995 : *Personnage aux pinceaux*, acryl./t. et assemblage de bois et pinceaux (73x92) : **FRF 7 600** – Paris, 19 mars 1997 : *Adieu Bercy* 1990, acryl./tôle et manomètre (202x50) : **FRF 6 000**.

MESNAGER René
xviie siècle. Actif à Chartres. Français.
Sculpteur sur bois.
Il exécuta des saints et des anges.

MESNARD A.
xixe siècle. Français.
Paysagiste.
Exposa au Salon de 1833 à 1834.

MESNARD Eugène Edouard. Voir **ADLER-MESNARD**

MESNARD Jules
Né au xixe siècle à Paris. xixe siècle. Français.
Sculpteur.
Exposa au Salon en 1859 et en 1861.

MESNARD Pierre. Voir **MÉNARD**

MESNER Franz. Voir **MESSMER Franz**

MESNIER Dominique ou **Mernier**
Né à la fin du xvie siècle en Lorraine. xvie-xviie siècles. Français.
Peintre.
Travaillait à Rome en 1613.

MESNY Barthélémy, l'Ancien
Né vers 1650 à Nancy. Mort le 16 mars 1724 à Nancy. xviie-xviiie siècles. Français.
Sculpteur.

MESNY Barthélémy, le Jeune
Né vers 1688 à Nancy. Mort le 2 janvier 1756 à Nancy. xviiie siècle. Français.
Sculpteur.
Travailla à l'église Notre-Dame de Nancy et aux bâtiments de l'Intendance. Il fut sculpteur du roi de Pologne Stanislas Ier et exécuta pour lui de nombreuses décorations au château de Lunéville.

MESNY Christophe
xviie siècle. Actif à Nancy vers 1689. Français.
Sculpteur.

MESNY François
xviiie siècle. Actif à Nancy. Français.
Sculpteur.
Cousin de Barthélémy Mesny le Jeune.

MESNY Regnauld ou **Renauld**
Né en 1662 à Nancy. Mort le 26 septembre 1712 à Nancy. xviie-xviiie siècles. Français.
Sculpteur.
Professeur à l'Académie de peinture et sculpture de Nancy. Il travailla surtout à Lunéville pour le duc de Lorraine. Il paraît avoir joui d'une certaine notoriété.

MESNY Renault Sigisbert
xviie siècle. Actif à Nancy. Français.
Sculpteur.
Il était frère de Barthélémy le Jeune et collabora avec lui aux travaux pour le duc Léopold de Lorraine.

MESPLÈS Paul Eugène
Né en 1849 à Paris. xixe siècle. Français.
Peintre et lithographe et graveur.
D'abord dessinateur pour la joaillerie et caricaturiste, il se consacra à l'art après la guerre de 1870. Élève de Gérome, il devint dessinateur au Museum d'histoire naturelle. Il débuta au Salon en 1880 et fut nommé chevalier de la Légion d'honneur en 1896. Mesplès s'était fait connaître par de nombreuses études de danseuses, peintes et lithographiées. Il fut aussi illustrateur et fournit des dessins pour *la Pipe cassée*, de Vadé, le *Théâtre*, de Beaumarchais, *La femme de Sport*, du baron de Vaux. Il a collaboré au *Monde illustré*, à *l'Illustration*, au *Chat noir*, etc.

E. MESPLÈS
P.E. MESPLÈS

Ventes Publiques : Paris, 6 et 8 mai 1896 : *Danseuses*, past. : **FRF 165** – Paris, 15 fév. 1930 : *Danseuse*, dess. : **FRF 160** – Paris, 21 avr. 1943 : *Danseuses* : **FRF 410** – Paris, 14 juin 1944 : *Portrait de femme* : **FRF 450** – Paris, 26 jan. 1945 : *Au Bal des Quat'z Arts* : **FRF 1 000** – Paris, 21 oct. 1946 : *Scène de ballet ou de music-hall : ronde de danseuses autour de Minotaure* : **FRF 3 000** – Paris, 6 déc. 1946 : *Danseuses*, deux past. : **FRF 2 100**.

MESQUE Philippe de Tenremonde
xvie siècle. Actif à Lille. Éc. flamande.
Peintre et décorateur.
Il travailla pour la ville de Lille de 1576 à 1588.

MESQUERO Jaime
xve siècle. Actif à Barcelone. Espagnol.
Peintre.

MESQUIDA Guillermo
Né le 3 avril 1675 à Palma. Mort le 27 novembre 1747 à Palma. xviiie siècle. Espagnol.
Peintre d'histoire.
Fils d'un commerçant de Minorque, il fut élève de Carlo Maratti à Rome. Il imita d'ailleurs assez sensiblement le style de son maître. Après avoir travaillé quelque temps à Venise, il partit pour Bruxelles où il se maria. Revenu en Italie, il travailla à Bologne et à Rome. Il fut dans cette dernière ville professeur de Rosalba Salviani. Il rentra ensuite à Palma. Les églises de Sainte-Eulalie et de Sainte-Gaime à Palma conservent de lui divers tableaux.

MESQUITA Samuel Jessurun de
Né le 6 juin 1868 à Amsterdam. Mort en 1944. xixe-xxe siècles. Hollandais.
Peintre de portraits, animaux, graveur, aquarelliste.
Musées : La Haye (Mus. Kröller-Müller).
Ventes Publiques : Amsterdam, 5-6 fév. 1991 : *Un vautour ; Un singe*, encre et aquar./t./pan., une paire (20x16) : **NLG 1 725** – Amsterdam, 24 avr. 1991 : *Portrait d'une femme portant un chapeau noir et une voilette*, aquar./pap. (51,5x36,5) : **NLG 2 415** – Amsterdam, 8 déc. 1993 : *Portrait d'une dame* 1906, aquar./pap. (56x44) : **NLG 1 725** – Amsterdam, 7 déc. 1995 : *Carnet de croquis*, 13 dess. ou aquar. chaque (23,7x31,5) : **NLG 3 540** – Amsterdam, 18 juin 1996 : *Trois personnages*, encre noire/pap. (29x35) : **NLG 1 035**.

MESSAC Ivan ou **Yvan**
Né le 19 mars 1948 à Caen (Calvados). xxe siècle. Français.
Peintre de compositions à personnages, sujets de sport, graveur, sculpteur, technique mixte. Figuration narrative.
Il vit et travaille à Paris. Il participe à des expositions collectives : 1976 Salon de la Jeune Peinture à Paris ; 1977 *Mythologies quotidiennes* au musée d'Art moderne de la Ville de Paris ; 1979 musée de Lille ; 1980 Biennale de Paris ; 1982 Salon de Montrouge ; 1985 et 1986 Le Génie de la Bastille à Paris ; 1988 Credac à Ivry-sur-Seine ; 1992 *De Bonnard à Baselitz – Dix Ans d'acquisition du cabinet des estampes 1978-1988* à la Bibliothèque nationale de Paris. Il montre ses œuvres dans des expositions personnelles depuis 1976 : 1976, 1989 Bordeaux ; 1980 Le Parvis à Tarbes ; 1987 galerie J. J. Donguy et 1994 galerie 15 à Paris ; 1990 musée régional de Rimouski et musée de Joliette ; 1994 Carré Saint-Vincent d'Orléans. Il a réalisé une sculpture en 1989 pour la place Saint-Quentin à Paris, en 1990 pour le parc de la nature à Laval (Québec).

Sa technique évoque celle de Rancillac et de Fromanger. Il utilise les couleurs pour leur valeur symbolique. Peignant en camaïeu, il souligne certains détails en utilisant une couleur différente. Il a consacré des séries de toiles aux thèmes suivants : la boxe et les enfants chinois. Depuis 1985, il a renoncé à la peinture pour des sculptures légères, en carton. Ses œuvres, totems ou colonnes, sont composées de volumes simples, géométriques, inédits, en équilibre. Il utilise la couleur pour interroger la surface et donner à l'œuvre son unité, posant les problèmes du faux, de l'illusion, lorsque sa sculpture prend l'aspect du marbre, du bois, de l'acier. Depuis peu, les textures et couleurs ne font plus référence à un quelconque matériau, mais possèdent leur individualité propre. Parallèlement il réalise des dessins. ■ L. L.

Bibliogr. : Pierre Tilman : *Messac*, Le Castor Astral, 1987 – Catalogue de l'exposition : *Ivan Messac*, galerie Ek'ymose, Bordeaux, 1989 – Catalogue de l'exposition : *Ivan Messac*, Musée de Rimouski, 1990 – Olivier Kaeppelin : *Ivan Messac*, Art Press, n° 170, Paris, juil. 1992.

Musées : Paris (FNAC) : *La Langue de Ptolémée* 1989.

MESSAGEOT Lucile. Voir **FRANQUE**

MESSAGER Annette

Née le 30 novembre 1943 à Berck-sur-Mer (Pas-de-Calais). XXe siècle. Française.

Auteur d'assemblages, créatrice d'installations, dessinatrice, multimédia. Art sociologique.

Elle fut élève de l'école des arts décoratifs de Paris de 1962 à 1966, puis de l'école des beaux-arts. Elle vit et travaille à Malakoff.

Elle participe à de nombreuses expositions collectives : 1973 *Boltanski, Le Gac, Messager* au musée Rude de Dijon ; 1974 musée des Arts décoratifs de Paris ; 1975 Konsthal de Malmoe et musée d'Ixelles ; 1976 Capc de Bordeaux et Kunsthaus de Stuttgart ; 1988 *L'Art moderne à Marseille – La Collection du musée Cantini* au musée Cantini de Marseille ; 1990 musée départemental de Rochechouart avec Boltanski ; 1993 *L'Envers des choses* au centre Georges Pompidou à Paris.

Elle montre ses œuvres dans des expositions personnelles : 1973, 1989-1990 musée de Peinture et de Sculpture à Grenoble ; 1973 Städtische Galerie im Lembachhaus de Munich ; 1974 musée d'Art moderne de la Ville de Paris ; 1976, 1978 Rheinisches Landesmuseum de Bonn ; 1980 Art Museum de Saint Louis ; 1981 Museum of Modern Art de San Francisco ; 1983 musée des Beaux-Arts de Calais ; 1984 et 1995 musée d'Art moderne de la Ville à Paris ; 1986 galerie d'Art contemporain des musées de Nice ; 1988 Centre d'art contemporain de Castres et Le Consortium de Dijon ; 1989 *Annette Messager : comédie tragédie* au musée de Peinture et de Sculpture de Grenoble ; 1990 Kunstverein de Bonn et musée de La Roche-sur-Yon ; 1991 Centre for Contemporary Visual Art de Toronto et Contemporary Art Gallery de Vancouver ; 1992 Camden Arts Center de Londres, Bristol et Manchester ; 1994 County Museum of Art de Los Angeles, Capc, musée d'Art contemporain de Bordeaux.

Débutant à la fin des années soixante, alors que, sur la scène artistique, l'attitude prime la forme et finalement y supplée, Annette Messager ne choisit pas la peinture ou la sculpture, mais opte pour une mise en situation de matériaux, d'écrits et d'objets disparates de son quotidien. Dans la lignée d'un Boltanski, son compagnon, ou d'un Le Gac, elle mêle les techniques traditionnelles à la photographie mais aussi à la broderie ou la taxidermie, et développe une mythologie personnelle, tissu de souvenirs, désirs, contradictions. Elle ne fabrique nul objet, elle collectionne tout et n'importe quoi et répertorie, classe, inventorie, accumule, catalogue de nombreuses collections comme autant de marques, d'une activité dérisoire certes, mais activité qui est aussi le reflet d'un environnement sociologique. Quelque vingt ans plus tard, s'étant constitué un répertoire de formes récurrentes, elle continue de puiser, avec aisance, dans le fouillis de sa vie affective de femme, pour créer une œuvre qui se renouvelle au cours de ses prospections, de ses expériences, de sa sensibilité.

Femme pratique, femme d'intérieur, truqueuse, colporteuse, bricoleuse, collectionneuse et naturellement artiste, Annette Messager s'est d'abord engagée en tant que femme, évoquant, à partir du quotidien, « des choses de femme », travaux d'aiguille, fiches de cuisine et bricolage, avec le désir de dégager de sa trivialité cet univers, ni triste, ni gai. *Les Tortures volontaires* (1972) montrait soixante-douze photographies de corps de femmes (les visages étant généralement coupés), prêtes à subir toutes les manipulations et opérations, pour être belles, rester en forme, et satisfaire aux désirs stéréotypés des hommes. D'un constat sociologique, en particulier de la condition féminine, elle en est venue au cours des années à « faire des histoires » (Messager) plus intimes à partir de coupures de journaux, photographies, dessins, mais aussi de ses petits riens accumulés dans ses tiroirs, achetés au cours de ses pérégrinations aux puces : animaux en peluche marqués par le temps, robes fanées...

Procédant par série dans une période donnée, elle affirme que c'est un mot qui se fait le déclencheur d'une nouvelle collection : *Ma Collection de proverbes* 1974, *Ma Vie pratique* 1974, *Le Bonheur illustré* 1975-1976, *Mes Clichés* 1976-1977, *Effigie* 1984-1985, *Jardin du Tendre* 1988, *Mes Ouvrages* 1988, *Histoire des robes* 1990-1991... Le langage, emprunté à l'affect, catalyseur de l'œuvre à venir, calligraphié aux crayons de couleurs (souvent directement sur le mur) est présent dans de nombreuses compositions pour ce qu'il libère de sens mais aussi pour sa valeur plastique. Il peut être le seul sujet de l'œuvre – des mots manuscrits sur fonds colorés encadrés pendent au bout d'une ficelle – ou être associé à des images. Il a alors la charge de relier matériellement les photographies ou les objets entre eux (comme une flèche ou un trait pourraient le faire), et d'établir un rythme, invitant le regard à passer d'une image à l'autre, faisant circuler une énergie. Élément de composition à part entière, l'écrit devient le vecteur d'une structure originale, artificielle, qui évoque parfois les mandalas. Des images ou objets, choisis avec soin comme les mots et qui reviennent fréquemment, permettent à l'artiste d'exorciser ses peurs, notamment celle de la mort. En présentant, dans une vitrine, des oiseaux tués par son chat, empaillés et habillés par ses soins de brassières en crochet dans des tons pastels (*Mes Pensionnaires* 1970), Annette Messager montrait la mort mais aussi une manière de « s'arranger » avec elle, de l'intégrer. De même elle avoue s'être guérie de sa peur des araignées et des chauves-souris, en en faisant le sujet des *Chimères*. Pour cette série, elle avait découpé, dans des photos agrandies, des silhouettes de monstres chimériques de mauvais augure, fruit de son imagination, aux teintes sombres, parfois symbolisés par des ciseaux acérés. Puis, elle les mettait en scène de façon très théâtrale, sur le blanc du mur, à la manière de fresques, déployant une cosmogonie fantastique.

Elle utilise, depuis 1971, la photographie qu'elle associe régulièrement à des images préexistantes, des reproductions de plans de films de Hitchcock, de romans feuilletons, d'images populaires et, à partir de 1983, des iconographies médiévales vues à travers le filtre du XIXe siècle, Redon, Moreau, Kubin. Recueillant tout d'abord des images dans les magazines, elle utilise par la suite des clichés, qu'elle prend elle-même, de son entourage. Puis elle agrandit certains détails, découpe dans les instantanés, attire l'attention sur telle partie du corps, encadre les détails de main, paupière, nez, oreille, les accrochant au mur avec des ficelles visibles (*Mes Vœux* 1989), les suspendant au cou des « nounours », en talisman (*Mes Petites Effigies* 1988), les fixant victorieusement au bout de piques (*Les Piques* 1992-1993). Cette manière de prendre, par la photographie, possession des corps, en les morcelant par un gros plan, une prise de vue sélective, se manifeste aussi dans les traitements qu'elle fait subir aux peluches, poupées, ex-votos (morceaux de corps en cire) trouvés aux puces : « Je recolle les yeux – je décolle les oreilles – je coupe des doigts – je déchire un sein – c'est ma loi d'échange – je taille – je mets en pièces – morceaux de choix et bas-morceaux – je démembre – je morcelle – je hais le linéaire – j'épingle – je sèche – j'humidifie – je resèche – je ne crée que des chimères » (Messager). Elle dit elle-même son besoin d'agir, de s'approprier le monde en le métamorphosant, avec délectation et cruauté. Avec *Les Piques* 1992-1993, elle introduit une dynamique dans ses installations et poursuit son acte de « cruauté », embrochant ses petits personnages, images fragmentées et dessins, et clame sa victoire à la manière des enfants.

Dans ses œuvres protéiformes, Annette Messager, pleine d'énergie, mêle quotidien (reproductions de magazines, jouets...) et référence à l'histoire de l'art (Ensor et ses danses macabres dans la série *Mes Trophées*, Ucello et l'iconographie médiévale dans *Les Piques*). Elle touche en cela à l'individuel, dressant un inventaire de ce qui la sensibilise, mais aussi à l'universel, en se faisant témoin de la mémoire collective. Elle dit, et c'est le propre de tout artiste, sa relation au monde, son désir d'en faire l'inventaire, de lui donner un ordre spécifique, une dimension épique avec des moyens originaux, de le métamorphoser pour mieux l'exorciser. Elle en souligne par là-même le chaos, présentant le « monde vu et corrigé » par Annette Messager, dans lequel elle a créé ses propres repères. Elle ne reproduit pas mais « bâtit » à partir du vivant, de l'affectif, un lieu fantasmatique, fantasmagorique et invite le spectateur à contempler la scène de la vie, métaphore de l'existence, proposant une théâtralisation libératrice du quotidien. Entre douceur et cruauté, sorcellerie et grotesque, Annette Messager suscite une inquiétude à partir de notre propre étrangeté.

■ Laurence Lehoux

Bibliogr. : Catherine Lawless : *Entretien avec Annette Messager*, in : Les Cahiers du musée national d'Art moderne, n° 27, Centre Georges Pompidou, Paris, printemps 1989 – Catalogue de l'exposition : *Annette Messager : comédie tragique 1971-1989*, musée de Grenoble, 1989 – Mona Thomas : *Les Ficelles d'Annette*, Beaux-Arts, n° 74, Paris, déc. 1989 – Jean-Michel Foray : *Annette Messager collectionneuse d'histoires*, Art Press, n° 147, Paris, mai 1990 – Mo Gourmelon : *Annette Messager*, Arts Magazine, vol. 65, n° 3, New York, nov. 1990 – in : *L'Art du xxe s*, Larousse, Paris, 1991 – in : *Dict. de l'art mod. et contemp.*, Hazan, Paris, 1992 – Catalogue de l'exposition : *Annette Messager. Telling Tales*, Arnolfini, Bristol, Cornerhouse, Manchester, 1992 – Catalogue de l'exposition : *Annette Messager, Faire parade 1971-1995*, Musée d'Art moderne de la Ville, Paris, 1995.

Musées : Dole (FRAC Franche-Comté) : *Ma collection de proverbe* 1974, tissu brodé – Grenoble (Mus. de Peinture et de Sculpture) : *Mes Travaux d'aiguilles* 1973 – Jérusalem (Isr. Mus.) : *Les Masques* 1992-1993 – Marseille (Mus. Cantini) : *Le Couteau-baiseur* 1984 – Paris (Mus. Nat. d'Art Mod.) : *Variétés – Mes trophées* 1986-1988 – *Mes Petites Effigies* 1988 – Paris (Mus. d'Art Mod. de la Ville) – Rochechouart (Mus. départ. d'Art Contemp.) : *Le Bonheur illustré* 1975-1976.

Ventes Publiques : Londres, 15 oct. 1992 : *Mes Petites Effigies* 1990, huit poupées avec des photos et inscriptions cr. coul. (dim. variables de 15x9 à 33x21,5) : **GBP 4 950** – New York, 10 nov. 1993 : *Mes Petites Effigies* 1988, assemblage mural de dix jouets en peluche et dix photos noir et blanc avec textes cr. coul./pap. (dim. variables) : **USD 12 650** – Paris, 28 avr. 1996 : *Trophée, petites fesses* 1986-1988, fus./photo. (26,1x29,3) ; *Trophée, pied de profil avec oursons* 1986-1988, fus. et past./photo., les deux (44x69) : **FRF 50 000**.

MESSAGER Jean

Mort en 1649 à Paris. xviie siècle. Français.

Graveur.

Grava des sujets religieux.

MESSAGER Jean-Baptiste

Né au xixe siècle à Laval. xixe siècle. Français.

Peintre aquarelliste.

Élève de Picot et de Hubert. Exposa au Salon de 1866 une aquarelle. Il a publié : *La Mayenne pittoresque*, album de trente planches dessinées.

MESSAGER Michel

Né en 1930 à Beaumont-du-Gâtinais (Seine-et-Marne). xxe siècle. Français.

Peintre.

Il a participé à l'exposition *De Bonnard à Baselitz – Dix Ans d'acquisition du cabinet des estampes 1978-1988* à la Bibliothèque nationale de Paris en 1992.

Musées : Paris (BN) : *Le Bol d'or* 1980, litho.

MESSAGIER Jean

Né le 13 juillet 1920 à Paris. xxe siècle. Français.

Peintre, sculpteur, graveur. Abstrait-paysagiste.

Pendant ses études secondaires au collège de Montbéliard, il commença à dessiner et peindre à l'aquarelle, en 1940, dans la campagne franc-comtoise, dont son œuvre en même temps que sa vie sont inséparables. En 1942, il entra à l'École des Arts Décoratifs de Paris, où en deux années il eut pour professeurs Oudot, Brianchon, Legueult, Desnoyer. En 1944, il se maria avec la céramiste Marcelle Baumann et s'installa à Paris. De 1946 à 1948, il voyagea à travers l'Italie et en Algérie. En 1967, il séjourna à Cuba.

Il exposa pour la première fois au Salon des Moins de Trente Ans, à Paris, en 1941 ; il participa ensuite, toujours à Paris : en 1947, 1948 au Salon d'Automne ; 1948 Salon de Mai, dont il deviendra membre du comité en 1960 puis en démissionnera en 1970 ; 1949, 1950, 1951 Salon d'Octobre, dont il fut un des fondateurs ; ainsi qu'irrégulièrement aux Salons des Réalités Nouvelles ; Comparaisons ; 1962 *Sculpteurs d'aujourd'hui* ; 1967 *Peinture informelle* avec Fautrier, Hartung, Mathieu, Riopelle, Tobey et Wols, et *Une Aventure de l'art abstrait* au musée Galliera ; ainsi que hors Paris et à l'étranger : 1955 exposition du Prix Lissone en Italie ; 1959 Kunsthalle de Berne avec Alechinsky, Moser, Tapiès ; 1962 Biennale de Venise ; 1964 Documenta de Kassel ; 1965 Biennale de São Paulo ; 1967 *Dix ans d'art vivant* fondation Maeght à Saint-Paul-de-Vence, *La Peinture française* à l'Exposition internationale de Montréal, *Une Aventure de l'art abstrait* au musée de Nantes ; 1967 avec le Salon de Mai invité à Cuba ; 1992 *De Bonnard à Baselitz – Dix Ans d'acquisitions du Cabinet des Estampes 1978-1988* à la Bibliothèque Nationale de Paris ; 1994 Centre culturel coréen à Paris ; etc. En 1962 il a reçu le Prix Marzotto ; en 1964 et 1967, il a été sélectionné pour le Prix Carnegie à Pittsburgh.

Il montre ses œuvres dans de très nombreuses expositions personnelles : 1945 Montbéliard, Besançon ; 1945, 1955 Paris ; 1954 Palais des Beaux-Arts de Bruxelles ; 1960 New York ; 1962 Tokyo, Turin, Copenhague ; 1963 *Quinze Années de peinture* à Paris ; 1966 *Vingt Années de gravure* à Paris ; 1977 Fondation Maeght de Saint-Paul-de-Vence ; 1981 Galeries Nationales du Grand Palais à Paris ; 1983 Musée de Stockholm ; 1985 Musée d'Art Contemporain de Dunkerque ; 1990 FIAC (Foire Internationale d'Art Contemporain) à Paris, présenté par la galerie Katia Granoff ; 1992 *La Collection du Musée de Montbéliard* ; en 1995 à la Maison des Arts Georges Pompidou à Cajarc Lot : *Jean Messagier. Peintures, sculptures, dessins, 1941-1994* ; musée Fesch d'Ajaccio *Peintures 1947-1952*, et musée de Bastia *Peintures 1951-1956* ; 1996 Montbéliard *Jean Messagier peintures-sculptures*, château des ducs de Wurtemberg ; 1997 Saline Royale d'Arc-et-Senans, *La 5e saison* ; Ornans, *Le Réalisme éclaté*, Musée Gustave Courbet ; Gravelines, *Jean Messagier, œuvre gravé et lithographié*, Musée du dessin et de l'estampe originale ; etc.

Il commença par copier Cézanne, Delacroix, Daumier, Goya. En 1944, il peignit ses premières grandes compositions, réalisa ses premières gravures en 1945. Lors de son séjour en Italie, il copia Piero della Francesca, Giotto, Fra Angelico. De 1947 date *Cortège* première peinture importante dégagée des hésitations et influences des débuts, où apparaissent ce qui deviendra les caractéristiques constantes de son œuvre à venir, fluidité de l'espace, de la lumière et de la couleur, où va se dissoudre la forme reconnaissable au profit de la seule forme de l'émotion. De l'année suivante datent *Le Jour et la Nuit* et *Jeunes Filles dans la vallée* dans lesquelles, outre les caractéristiques précédentes, subsistent des rappels de la réalité, évocations ou souvenirs de formes, partition construite de l'espace que l'on retrouvera jusque dans les peintures des années 1956-1957. Appartenant à cette période, datent, de 1949, *La Vallée enroulée* et plusieurs versions de *La Vallée*. De 1953 datent *Versants printaniers* et *Entre eau et sable*, cette dernière peinture accusant un bref retour aux formes définies des personnages emmêlés se pressant au bord de l'eau.

De 1954 date *Naissance des vallées*, peinture que Messagier considère lui-même comme le tournant décisif dans son évolution ou mieux dans la découverte de son langage spécifique ; en effet, à partir de là, l'émotion ne cherchera plus à se couler dans une forme de compromis, mais la forme sera celle-là même de l'émotion. Si son projet apparaissait clairement au peintre dans la *Naissance des vallées*, il apparaît plus clairement au spectateur dans deux autres peintures de la même année *Avalaison* et *Haute Promenade*, dans lesquelles une matière-couleur impalpable, essuyée jusqu'aux limites de la modulation perceptible, enserrée entre les lignes à peine allusives des quatre horizons, pose l'accord prolongé de la lumière avec la nature. De 1955 à 1956 datent les dernières peintures fondées sur des structures rectilignes et orthogonales : *Franchissement de campagne – À même la mer – D'une rive à l'autre – Promenade* puis à un degré moindre *Traversée de juin – Plaine battante – L'Arrivée au bord du fleuve – Hauteur du printemps – Juillet*, dans lesquelles les droites s'incurvent et le maniement de la brosse passe résolument du seul acte de poser la couleur à l'enregistrement sismographique du geste et de la danse de tout le bras dans un rituel d'appropriation mimétique du brassage des éléments entre ciel et terre. Ce passage du statique au dynamique et, techniquement, du posé au tracé, se ressent jusque dans la formulation des titres des peintures, titres toujours si précis et imagés chez Messagier, ce pour quoi ils sont abondamment cités ici, qui passent alors d'un simple constat : *Le Jour et la nuit* ou bien *La Vallée*, à une indication nette de mouvement : *Franchissement de campagne – D'une rive à l'autre* ou bien *L'Arrivée au bord du*

fleuve. Avec la trace du geste et de la courbe se substituant au remplissage des surfaces orthogonales, le temps s'est frayé sa dimension dans la syntaxe de Messagier, pour en constituer désormais l'une des constantes. À partir de *Après-midi montante – Partage d'avril – À Fleur de juin – Des Matins aux rives – Accès à l'été*, de 1958, Messagier se livrera pleinement à la griserie, nouvellement découverte de ce brassage à grands gestes de la matière picturale, confondu avec le remuement des éléments et le cycle des saisons. C'est peut-être l'époque du plus grand déchaînement de la frénésie gestuelle dans son œuvre, avec en 1959 *Haut Printemps*, en 1960 *Journée de bouvreuils – Printemps – Juin*, en 1961 *Orage de printemps – Juillet de septembre*, en 1963 *L'Entrée des Croisés à Constantinople, d'après Delacroix* peinte pour le Salon de Mai consacré cette année-là à un hommage à Delacroix, *Juin effleuré – Détroit de Sorrente*.
À partir de 1964, les peintures de Messagier sont formées de grandes boucles tracées par de larges essuyages dans les traînées de couleurs fluides, boucles nouées et renouées sur elles-mêmes, mêlées et emmêlées. Clairement conscient du péril de maniérisme que comporte une expression fondée sur un tour de main technique, Messagier veille à ce que son geste, sa gestuelle, ne s'exerce qu'à partir d'une sensation, d'une émotion authentique. Ne pas perdre contact avec l'émotion créatrice est le fond de son problème ; c'est pourquoi apparaissent périodiquement dans son œuvre des peintures, et surtout des aquarelles et des dessins directement branchés sur la réalité, tels déjà *Les Chiens de septembre* de 1962, le *Portrait de Stéphane Mallarmé* de 1965, un *Portrait de Louis XIV* de la même année et un *Triple Portrait* de ses trois fils, et encore de très nombreuses planches, destinées à un album de mycologie, devant lesquelles on s'étonne d'une parfaite exactitude biologique obtenue par et malgré sa technique balayée habituelle.
En tant qu'exemples, que les décennies suivantes ne feront que confirmer, les titres des œuvres des années soixante-dix, dont : *Les Rutileurs d'automne* 1964, *Été chevauché* 1965, *Sacre d'hiver* 1965, *Orage orné* 1965, *Moteur à printemps* 1966, *Portrait de juillet* 1966, *Opéra d'inondation* 1968, *Hiver piétiné* 1968, indiquent clairement que les grandes boucles des peintures de Messagier captent dans leurs entrelacs la vie cachée, le bruissement et les odeurs des vallées et des forêts franc-comtoises, qu'il parcourt d'un appétit toujours nouveau. Avec le recul des années, on s'aperçoit que Messagier constitue une étonnante réussite d'équilibre instable entre graphisme et informel, entre célébration de la nature et abstraction, et peut-être surtout entre virtuosité et profondeur. ■ Jacques Busse

Bibliogr. : Michel Seuphor : *Dict. de la peinture abstraite*, Hazan, Paris, 1957 – *Seize Peintres de l'école de Paris*, Musée de Poche, Paris, 1958 – Pierre Restany : *Messagier, peintre de la nature*, Cimaise, n° 53, Paris, 1961 – Jean Grenier : *Entretiens avec dix-sept peintres non figuratifs*, Calmann-Lévy, Paris, 1963 – Annette Michelson : Catalogue de l'exposition *Choix d'estampes 1945-1966*, Galerie Engelberts, Genève, 1966 – Jean Clarence Lambert : *La Peinture abstraite*, in : *Hre gle de la peinture*, t. XXIII, Rencontre, Lausanne, 1966 – Dora Vallier : *L'Art abstrait*, Livre de poche, Paris, 1967 – Gérald Gassiot-Talabot, in : *Dict. univers. de l'art et des artistes*, Hazan, Paris, 1967 – Jacques Putman : *Messagier*, Grand Larousse encyclopédique, Paris, 1968 – Pierre Cabanne : *Jean Messagier*, L'Œil du temps, Paris, 1969 – Pierre Cabanne, Pierre Restany, in : *L'Avant-Garde au xxe siècle*, André Balland, Paris, 1969 – Rudolf Riester, Charles Estienne, Jacques Putman : *Jean Messagier – Das Graphische Werk, 1944-1970*, Stadthalle, Freiburg-in-Brisgau, 1970, et Kunsthalle, Worpswede, 1971 – in : *Les Muses*, t. X, Grange Batelière, Paris, 1973 – Danièle Alpers : *Les Estampes et les sculptures 1945-1974*, Yves Rivière éditeur et Art et Métiers Graphiques, Paris, 1975 – in : *Dict. univer. de la peinture*, Le Robert, t.IV, Paris, 1975 – in : Catalogue de l'exposition : *Écritures dans la peinture*, Villa Arson, Nice, 1984 – Catalogue de l'exposition : *Jean Messagier*, Musée Toulouse-Lautrec, Albi, 1990 – in : *L'Art du xxe s*, Larousse, Paris, 1991 – in : *Dict. de l'art mod. et contemp.*, Hazan, Paris, 1992 – Charles Estienne, Jean Messagier, Louis Ucciani : *Jean Messagier*, Marval, Paris, 1992 – Jean-Jacques Fernier : *Jean Messagier Magicien d'Imaginaires ou le Réalisme éclaté* et divers, in : Catalogue de l'exposition, Saline d'Arc-et-Senan, Musée Gustave Courbet, Ornans, 1997 – Catalogue de l'exposition *Messagier, Estampes*, Musée de Gravelines, 1997-98.

Musées : Belfort – Besançon – Bruxelles (Bibl. roy.) – Cincinnati – Dijon (Mus. des Beaux-Arts) – Dole – Eilat (Mus. of Mod. Art) – Eindhoven (Stedelijk Van Abbemus.) : *Après-midi montante* 1958 – Genève (Mus. d'Art et d'Hist.) – Grenoble – Humlebaek (Louisiana Mus.) – Jérusalem (Israel Mus.) : *Guêpe d'hiver* 1963 – Marseille (Mus. Cantini) : *Mesdemoiselles Printemps* 1968 – Montbéliard (Mus. des Beaux-Arts) – Montréal (Mus. d'Art Contemp.) : *La Cathédrale* 1960 – New York (Solomon R. Guggenheim Mus.) : *Hauteur du printemps* 1957 – New York (Mus. of Mod. Art) – Paris (Mus. d'Art Mod. de la Ville) – Paris (BN) : *Hommage à l'Himalaya* 1986, pointe sèche et aquat. – Paris (CNAC) – Saint-Étienne (Mus. mun. d'Art) – Séoul (Mus. d'Art Mod.) – Skopje (Mod. Gal.).

Ventes Publiques : Paris, 28 juin 1968 : *Échanges pour une place*, aquar. : **FRF 3 000** – Paris, 8 déc. 1970 : *Les marchés de juin* : **FRF 8 000** – Paris, 18 juin 1971 : *Matinée à trois cœurs* : **FRF 4 500** – Milan, 15 mars 1973 : *Composition* : **ITL 900 000** – Paris, 13 déc. 1974 : *Sacre d'hiver* : **FRF 15 000** – Versailles, 29 fév. 1976 : *Sous un paysage du dimanche*, past. (74x107) : **FRF 1 500** – Paris, 30 mars 1976 : *Les contempleurs*, h/t (112,5x196) : **FRF 7 200** – Milan, 25 oct. 1977 : *Une chaleur autour d'un gel* 1972, h/t (55x104) : **ITL 1 400 000** – Paris, 14 déc 1979 : *Lièvres à sillons* 1964, h/t (191x221) : **FRF 5 000** – Paris, 23 oct. 1981 : *Traversée de juin* 1956, h/t (110x165) : **FRF 14 500** – Paris, 6 nov. 1983 : *Coulisses d'été*, h/t (105x170) : **FRF 10 500** – Genève, 1er nov. 1984 : *Composition*, gche et aquar. (38x63) : **CHF 5 000** – Paris, 6 juin 1985 : *Diagonale gelée* 1975, acryl./t. (110x193) : **FRF 23 000** – Paris, 12 oct. 1986 : *Avez-vous déjà étranglé un paysage ?* 1975, h/t (108x195) : **FRF 17 000** – Paris, 3 déc. 1987 : *Le fou du printemps*, h/t (136x94) : **FRF 28 000** – Paris, 24 avr. 1988 : *Avrilouis XIV* 1966, h/t (195x223) : **FRF 35 000** ; *L'automne* 1965, h/t (192x325) : **FRF 100 000** – Paris, 27 juin 1988 : *Hauts matins* jan. 1958, h/t mar./bois (26x50) : **FRF 10 000** – Paris, 16 oct. 1988 : *De mai à mai* 1970, h/t (107x172) : **FRF 29 000** – Versailles, 23 oct. 1988 : *Les offreurs de cadeaux* 1963, h/t (76x128) : **FRF 39 500** – Paris, 28 oct. 1988 : *Les entrailles de l'été* 1968, h/t (51x100) : **FRF 26 000** – Paris, 20 nov. 1988 : *Été à faucher* 1962-64, h/t (193x221) : **FRF 94 000** – Paris, 12 fév. 1989 : *Sans titre*, acryl./t. (56x84) : **FRF 18 000** – Londres, 23 fév. 1989 : *La route des princes d'Orange* 1964, h/t (105x170) : **GBP 8 580** – Paris, 3 mars 1989 : *Une tache d'or bête sur un paysage*, techn. mixte/pap. mar./t. (74x102) : **FRF 6 000** – Milan, 20 mars 1989 : *Composition* 1960, h/t (60x92) : **ITL 10 000 000** – Paris, 22 mars 1989 : *Portrait de la Terre* 1967, h/t (70x75) : **FRF 62 000** – Paris, 7 avr. 1989 : *Composition* 1959, h/t (48,5x100) : **FRF 42 000** – Paris, 16 avr. 1989 : *Reposoir pour un mois de juin* 1960, h/t (132x191) : **FRF 150 000** – Douai, 2 juil. 1989 : *L'homme printemps* 1976, h/t (30x80) : **FRF 18 000** – Paris, 7 oct. 1989 : *Les grandes élytres* 1963, h/t (191x221) : **FRF 210 000** – Milan, 7 nov. 1989 : *Sans titre* 1947, h/t (60x90) : **ITL 12 000 000** – Copenhague, 22 nov. 1989 : *Mai mouillé* 1965, h/t (57x73) : **DKK 37 000** – Neuilly, 7 fév. 1990 : *Institution mandarine*, h/t (125x195) : **FRF 45 000** – Londres, 22 fév. 1990 : *Orange/vert*, h/t (71x111) : **GBP 10 450** – Paris, 28 mars 1990 : *Été matin* 1959, h/t (91x140) : **FRF 95 000** – Paris, 8 avr. 1990 : *Hiver mécanique* 1965 (195x223) : **FRF 200 000** – Neuilly, 10 mai 1990 : *Les Corbeaux blessés* 1962, h/t (190x220) : **FRF 175 000** – Milan, 12 juin 1990 : *Sous le mufle...*, h/t (127x197) : **ITL 20 000 000** – Paris, 20 juin 1990 : *Frontispice de printemps*, h/t (190x320) : **FRF 400 000** – Paris, 25 juin 1990 : *Embarquement immédiat pour l'été idéal de 1975*, h/t (119x190) : **FRF 80 000** – Douai, 11 nov. 1990 : *Préparatifs pour un matin, juillet 1959*, h/t : **FRF 205 000** – Paris, 9 déc. 1990 : *James Joyce à Paris* 1975, acryl./t. (192x200) : **FRF 95 000** – Paris, 30 mai 1991 : *Les portes de Bourgogne* 1965, h/t (105x170) : **FRF 78 000** – Paris, 2 déc. 1991 : *Rives mobiles* 1957, h/t (193x165) : **FRF 100 000** – Amsterdam, 19 mai 1992 : *Noir de printemps* 1962, h/t (59,5x91,5) : **NLG 11 500** – Paris, 3 fév. 1993 : *Sans titre*, aquar./pap. (76x110) : **FRF 6 000** – Londres, 3 déc. 1993 : *Printemps plissé* 1960, h/t (60x91,7) : **GBP 1 725** – Paris, 8 juil. 1993 : *La grande giboulée* 1966, acryl./t. (44x74) : **FRF 8 500** – PARIS, 29 juin 1994 : *Lisière française* 1967, h/t (108x195) : **FRF 30 000** – PARIS, 6 déc. 1995 : *Lancée en juin* 1960, acryl./t. (60x91,5) : **FRF 11 000** – PARIS, 21 juin 1996 : *Détroit de Sorrente* 1963, acryl./t. (54x73) : **FRF 9 500** – PARIS, 5 oct. 1996 : *Le Doubs décoré par les vols 714 et 822*, acryl. et past./pap. (64x83) : **FRF 30 000** – PARIS, 29 nov. 1996 : *Machine à arrêter une migration de pigeons*, glycérospray/pap. (36,5x51,5) : **FRF 3 500** – LONDRES, 4 déc. 1996 : *Sans titre* 1957, h/t (53x83) : **GBP 1 380** – PARIS, 28 avr. 1997 : *Juin à Corolles*, acryl./t. (90x170) : **FRF 12 500** – PARIS, 20 juin 1997 : *Mars à venir* 1962, h/t (132x191) : **FRF 40 000**.

MESSAGIER Simon
Né le 24 mars 1951 à Paris. XXe siècle. Français.
Peintre de portraits, paysages, animaux, illustrateur, technique mixte.
Il est le fils de Jean Messagier et le frère du poète Matthieu Messagier. Il collabore régulièrement avec Benoît Holliger, enregistrant des disques, écrivant de nombreux articles entomologiques, botaniques et arboricoles, réalisant des livres illustrés. Dans ses livres illustrés, il mêle écrits (souvent des réflexions personnelles sur la peinture) et dessins.
Il participe à des expositions collectives : *L'Art et les champignons* au musée du château de Montbéliard ; 1986 *L'Art en plein jour* à Saint-Dié. Il montre ses œuvres dans des expositions personnelles : 1990 galerie Katia Granoff à Paris ; 1991 Centre d'art contemporain de Montbéliard ; 1994 galerie Larock-Granoff à Paris ; 1995 *Contemplatives* à Belfort ; 1998 Palais-Ducal de Nevers.
Dans quelques-unes des peintures de ses tout débuts, il a traité la couleur à la manière de son père. Ensuite, il travaille généralement la matière en épaisseur, dans des compositions, figuratives ou abstraites, qui rendent compte de ses sensations face à la diversité du monde : « Ne pas montrer la peinture mais les choses. Les choses si différentes dans leur unicité. La diversité est le sang de mon travail, les rejoignances le cœur, l'inconscient les nerfs. » (Simon Messagier).
BIBLIOGR. : Simon Messagier, Benoît Holliger : *Non matière*, L'Orphrydie, 1988.

MESSASTRIS Pierantonio. Voir **PIETRO ANTONIO da Foligno**

MESSCHERT Claes Jansz
XVIIe siècle. Actif à Delft. Hollandais.
Céramiste.
Fonda la fabrique *Van der Paauw* qui dura jusqu'à la fin du XVIIIe siècle. Les Musées de Lyon et des Arts industriels de Vienne possèdent quelques spécimens du travail de cette fabrique.

MESSEG Aharon
Né en 1942. XXe siècle. Israélien.
Peintre de figures, animaux, natures mortes.
VENTES PUBLIQUES : TEL-AVIV, 2 jan. 1989 : *Nature morte à la couronne*, h/t (116x129,5) : **USD 3 300** – TEL-AVIV, 3 jan. 1990 : *Maison et arbres dans un paysage*, h/t (100x100) : **USD 8 800** – TEL-AVIV, 19 juin 1990 : *Oiseaux*, h/t (70x89,5) : **USD 3 080** – TEL-AVIV, 20 juin 1990 : *Petite fille et poupée*, h/t (70x50) : **USD 2 750** – TEL-AVIV, 1er jan. 1991 : *Femme, corbeaux et poissons*, h/t (65,5x73,5) : **USD 3 960** – TEL-AVIV, 12 juin 1991 : *Deux personnages*, h/t (55x47,5) : **USD 3 300** – TEL-AVIV, 6 jan. 1992 : *Oiseaux* 1971, h/t (91,5x115) : **USD 4 840** – TEL-AVIV, 30 juin 1994 : *Paysage*, h/t (116x100,5) : **USD 7 475** – TEL-AVIV, 14 jan. 1996 : *Maison dans un paysage*, h/t (116x120) : **USD 7 130** – TEL-AVIV, 12 jan. 1997 : *Paysage* vers 1990, h/t (120x115) : **USD 8 050**.

MESSEL Oliver
Né en 1904. Mort en 1978. XXe siècle. Britannique.
Peintre, technique mixte, décorateur.
VENTES PUBLIQUES : PARIS, 9 déc. 1981 : *Lady Mendl présentant la haute école de dressage des chevaux le 2 juillet 1938*, gche (76x51) : **FRF 9 500** – NEW YORK, 22 juin 1983 : *Projet de décor pour House of flowers*, aquar. et fus. (36,5x56,2) : **USD 2 000** – LONDRES, 10 mai 1988 : *Dessin du costume du prince pour Cendrillon de Rossini* 1952, aquar., gche, craie grise et peint. (33,7x22,5) : **GBP 1 045** – LONDRES, 9 mars 1990 : *Fillettes aux cornets de glace*, h/t (54,6x49,4) : **GBP 3 300**.

MESSENSEE Jurgen
Né en 1936 ou 1937 à Vienne. XXe siècle. Autrichien.
Peintre. Expressionniste-abstrait.
Il vit et travaille à Vienne.
Il a participé à l'exposition *De Bonnard à Baselitz – Dix Ans d'acquisition du cabinet des estampes 1978-1988* à la Bibliothèque nationale de Paris en 1992 et a montré ses œuvres dans une exposition personnelle en 1987 à Paris, à la galerie Lavignes-Bastille.
Son œuvre évoque celui de De Kooning, par la présence obsédante de corps, disloqués, traités avec violence.
MUSÉES : PARIS (BN).
VENTES PUBLIQUES : VIENNE, 18 juin 1985 : *Sans titre* 1973, techn. mixte/t. (162x130) : **ATS 30 000** – VIENNE, 19 mai 1987 : *Figure* 1967, h/t (152x105) : **ATS 35 000** – LUCERNE, 7 juin 1997 : *Femme fumant* 1987, acryl./t. (100x80) : **CHF 5 500**.

MESSENT Charles
XXe siècle. Britannique.
Peintre.
Il fut membre du Manchester Group fondé en 1946.

MESSENTA Francesco
Né vers 1675, originaire de Lugano. Mort le 30 mars 1745 à Saint-Florian (près de Linz). XVIIIe siècle. Autrichien.
Peintre d'architectures.
Il a composé plusieurs fresques pour le monastère des bénédictins de Lambach et pour des églises de ses environs.

MESSER Daviel
Né en 1912. XXe siècle. Actif en France. Israélien.
Peintre. Expressionniste.
Il vit à Paris depuis 1955.
Il expose en Israël, dans plusieurs salons annuels parisiens, ainsi qu'au Canada, aux États-Unis., en Suisse, Angleterre, au Japon, etc. Il se rattache au courant expressionniste de l'école de Paris.

MESSER Edmund Clarence
Né le 18 février 1842 à Skowhegan. Mort en 1919. XIXe siècle. Actif à Washington. Américain.
Peintre de paysages et de portraits.
Élève de Collin, de Courtois et d'Aimé Morot à Paris. La National Gallery et la Corcoran Gallery de Washington possèdent chacune un tableau de cet artiste.

MESSERER Dietrich Martin Christian
XIXe siècle. Actif à Gostenhof. Allemand.
Peintre.
Il travailla vers 1826 à Nuremberg.

MESSERER Stephan
Né le 19 septembre 1798 à Brême. Mort le 19 janvier 1865 à Brême. XIXe siècle. Allemand.
Paysagiste et dessinateur de portraits.
Travailla à Saint-Pétersbourg vers 1848. Le Musée de Brême conserve de lui un *Paysage de montagne* et vingt-quatre dessins.

MESSERSCHMIDT Franz Xaver
Né le 6 février 1736 à Wiesensteg (près de Geislingen-en-Wurtemberg). Mort le 19 août 1783 à Presbourg. XVIIIe siècle. Allemand.
Sculpteur.
Il fut, en 1752, élève de Matthäus Donner et de Jacob Schletterer à l'Académie de Vienne. Il se rendit en 1765 à Rome, puis à Paris et à Londres. En 1766, il revint à Vienne, où il fut nommé professeur suppléant à l'Académie en 1769. En 1777, il s'installa à Presbourg, où il mena une vie d'ermite. Il n'eut que très peu de rapports avec l'École de Vienne et dut sa notoriété à ses soixante têtes de caractères, qui évoquent les recherches contemporaines de Lavater sur le même sujet. Elles s'inspirent par ailleurs des théories du docteur viennois Mesmer, avec qui Messerschmidt était du reste en rapport.
BIBLIOGR. : Édouard Jaguer : *Poétique de la sculpture*, coll. Le musée de poche, éditions Georges Fall, Paris, 1960.
VENTES PUBLIQUES : LONDRES, 2 avr. 1985 : *Ein Kraftvoller Mann (autoportrait)*, pb et étain (H. 42,5) : **GBP 130 000**.

MESSERSCHMIDT Johann Adam
Mort en 1794 à Presbourg. XVIIIe siècle. Actif à Presbourg depuis 1767. Allemand.
Sculpteur.

Il était le frère de Franz Xaver et fut l'élève du graveur Johann Gottfried Haid à l'Académie de Vienne. C'est lui qui a exécuté les statues du toit du Palais de Presbourg et le Saint Sépulcre dans l'église Sainte-Élisabeth de cette ville.

MESSERSCHMIED Joseph
XVIIIe siècle. Actif à Vienne. Autrichien.
Graveur au burin.
Il fut en 1776 l'élève de Haid.

MESSERSCHMITT Pius Ferdinand
Né le 30 mai 1858 à Bamberg. Mort le 29 octobre 1915 à Sollen (près de Munich). XIXe-XXe siècles. Allemand.
Peintre.
Il étudia de 1888 à 1898 à l'Académie de Munich avec Hackl, Benczur et Lindenschmit. Il a peint des scènes de diligence. Les Musées de Bamberg et de Chemnitz conservent plusieurs de ses tableaux.
Ventes Publiques : Munich, 30 mai 1979 : *Scène de marché en hiver* vers 1900, isor. (33x43) : **DEM 3 900**.

MESSERSMIED Kurt ou **Messerschmied**
Né en 1877 à Berlin. XXe siècle. Allemand.
Peintre de genre, paysages.
Il fut élève de W. Friedrich, M. Schäfer, E. Scheurenberg et F. Kallmorgen.
Ventes Publiques : Cologne, 23 mars 1990 : *L'été dans un jardin*, h/pap. (59x50) : **DEM 1 300**.

MESSEYNE E.
Né en 1858. Mort en 1933. XIXe-XXe siècles. Belge.
Peintre, décorateur.
Il décora l'église Saint-Martin à Courtrai.
Bibliogr. : In : *Dict. biogr. illustré des artistes en Belgique depuis 1830*, Arto, Bruxelles, 1987.
Ventes Publiques : Lokeren, 11 mars 1995 : *Deux figures* 1881, h/t (43x36) : **BEF 33 000**.

MESSIAN Jan Adriaensz
XVIIe siècle. Hollandais.
Peintre de natures mortes, de fruits.
Il travailla à Leyde (1661), Amsterdam (1663) et Dordrecht.

MESSIER Jean L.
XVIIIe siècle. Actif à Paris. Français.
Peintre d'histoire et de portraits.
Exposa au Salon entre 1796 et 1798.

MESSIERI Anna Teresa
XVIIe siècle. Active dans la seconde moitié du XVIIe siècle. Italienne.
Peintre d'histoire.
Elle séjourna à Bologne et fut l'élève de G. Gennari. Elle a surtout reproduit des tableaux.

MESSIEUX Alexis
Né en 1844 à Reims. Mort en 1898. XIXe siècle. Français.
Peintre.
Le Musée de Reims conserve de lui son *Portrait par lui-même*.

MESSIKIAN Jean
Né le 23 janvier 1925 à Marseille (Bouches-du-Rhône). XXe siècle. Français.
Sculpteur, peintre. Abstrait.
De 1941 à 1948, il fut élève de l'École des Beaux-Arts de Marseille, puis de celle de Paris, où il retrouva les Marseillais César et Féraud. Après 1957, il séjourna aux États-Unis, travaillant dans la mécanique. De retour en France en 1967, il travailla de nouveau dans l'automobile, y explorant des nouveaux matériaux et techniques. Il participe à des expositions collectives, dont, en 1973 et 1984, le Salon d'Automne à Paris. Il montre ses travaux dans des expositions personnelles.
Ses sculptures, bien que tendant à l'abstraction, s'inspirent des lignes, volumes et rythmes du corps féminin.

MESSIN Charles. Voir **MELLIN**

MESSIN Jean de
XVIIe siècle. Actif à Mouzon. Français.
Sculpteur sur bois.

MESSINA Antonello da. Voir **ANTONELLO da Messina**

MESSINA Francesco
Né en 1900 à Linguaglossa (Sicile). XXe siècle. Italien.
Sculpteur de sujets mythologiques, figures, portraits, animaux.
À Gênes, il fréquenta l'atelier d'un marbrier et l'enseignement de l'académie Ligustica.
Il concilie dans ses œuvres, souvent en bronze, tradition et modernité, abordant des sujets variés, nus, chevaux. Puisant dans la statuaire grecque et influencé par l'art de Rodin, il s'attache à représenter les corps dans un style vigoureux, en particulier avec sa série de sportifs. Il a également réalisé le monument dédié à Pie XII à Saint Pierre de Rome.
Bibliogr. : In : *Dict. de la sculpture*, Larousse, Paris, 1992.
Musées : Milan (Mus. Messina) – Philadelphie (Mus. of Art) : *Le Lutteur* – Turin (Mus. civico) : *Le Boxeur*.
Ventes Publiques : Milan, 23 mars 1971 : *Cheval*, bronze : **ITL 1 000 000** – Milan, 7 juin 1977 : *Tête d'enfant*, bronze (H. 29) : **ITL 1 000 000** – Milan, 22 mai 1980 : *Ballerine*, bronze (H. 145) : **ITL 8 000 000** – Milan, 21 déc. 1982 : *Minerve*, bronze (H. 75) : **ITL 10 000 000** – Milan, 9 juin 1983 : *Nu couché*, cr. (24,5x32) : **ITL 1 400 000** – Milan, 9 juin 1983 : *Figure* 1980, past. et encre (20x20,5) : **ITL 1 400 000** – Rome, 5 déc. 1983 : *Le Petit Pêcheur* 1929, bronze (136x60) : **ITL 19 000 000** – Milan, 19 déc. 1985 : *Cheval au galop*, bronze (30x52) : **ITL 8 500 000** – Rome, 25 nov. 1986 : *Danseuse* vers 1920, bronze patine brune (H.30) : **ITL 11 500 000** – Milan, 10 mai 1987 : *Nu assis vu de dos*, past./cart. (56x45,5) : **ITL 2 600 000** – Rome, 17 avr. 1989 : *La chute d'Adam* 1932, bronze (62x21x35) : **ITL 21 000 000** – Milan, 7 juin 1989 : *Tête de jeune femme*, bronze (42x38x25) : **ITL 13 000 000** – Milan, 7 nov. 1989 : *Adam et Eve*, bas-relief en métal (39x29,5) : **ITL 6 800 000** – Rome, 28 nov. 1989 : *Italo* 1935, bronze à patine brune (H. 45) : **ITL 20 000 000** – Milan, 24 oct. 1990 : *La gitane*, bronze (H. 59) : **ITL 26 000 000** – Milan, 26 mars 1991 : *Cheval*, bronze (36x48x12) : **ITL 21 000 000** – Milan, 14 nov. 1991 : *Vittoria* 1923, bronze (H. 34) : **ITL 31 000 000** – Rome, 9 déc. 1991 : *Aurélia* 1978, bronze à patine verte (H. 59) : **ITL 23 000 000** – Rome, 14 déc. 1992 : *Narcisse*, bronze à patine verte (26,5x29x14) : **ITL 19 550 000** – Rome, 27 mai 1993 : *Béatrice*, bronze (H. 55) : **ITL 20 000 000** – New York, 29 sep. 1993 : *Nu féminin*, bronze (H. 177,8) : **USD 46 000** – New York, 14 juin 1995 : *Jeune garçon assis*, bronze (H. 25,4) : **USD 4 887** – Milan, 19 mars 1996 : *L'Étalon*, bronze (42x80x38) : **ITL 51 750 000**.

MESSINA Gabriele
XVIIIe siècle. Italien.
Stucateur.
Il était le fils et l'élève de Vincenzo et a surtout travaillé pour les églises.

MESSINA Giacomo
XVIIIe siècle. Italien.
Stucateur.

MESSINA Lillo
Né en 1941 à Messine. XXe siècle. Italien.
Peintre.
Ventes Publiques : Rome, 19 avr. 1994 : *Animaux fantastiques* 1971, h/t (60x50) : **ITL 2 530 000**.

MESSINA Pino da. Voir **PIETRO da Messina**

MESSINA Salvo da. Voir **SALVO da Messina**

MESSINA Vincenzo
XVIIIe siècle. Actif à Trapani (Sicile). Italien.
Stucateur et peintre.
Il était le père de Gabriele et l'élève de Giacomo Serpotta. Il a travaillé pour plusieurs églises de Palerme.

MESSING Alicia
Née à Buenos Aires. XXe siècle. Argentine.
Peintre de compositions à personnages, intérieurs, figures, portraits. Naïf.
Elle peint depuis 1970 environ. Elle expose en Argentine et dans d'autres pays latino-américains. À Paris, elle participe au Salon International d'Art Naïf.
Avec des moyens techniques très appropriés, elle compose des scènes d'un humour certain.

MESSING John
XVIIIe siècle. Actif à Londres. Britannique.
Peintre de paysages.

MESSINI Fernandino
Mort en 1750. XVIIIe siècle. Italien.
Peintre.
La Galerie royale de Florence conserve de lui son *Portrait par lui-même*.

MESSINTA Francesco. Voir **MESSENTA**

MESSKIRCH, Maître de. Voir **MAÎTRES ANONYMES**

MESSMANN Carl Ludwig Ferdinand
Né en 1826 à Copenhague. Mort en 1893. XIXe siècle. Danois.
Peintre de paysages.
Il fréquenta l'Académie de Copenhague, où il exposa de 1850 à 1859. Le Musée de Frederiksborg nous offre sous sa signature une *Vue de Copenhague*.
Ventes Publiques : Londres, 11 oct. 1985 : *Personnages dans un parc, Copenhague* 1855, h/t (41,9x52,1) : **GBP 3 000**.

MESSMER August
Né le 29 juillet 1865 à Lucerne. XIXe-XXe siècles. Suisse.
Peintre.
Il vécut et travailla à Kriens, près de Lucerne.

MESSMER Charles
Né le 28 avril 1893 à Laval. XXe siècle. Suisse.
Illustrateur, peintre.
Il fut élève de H. Bachmann et de E. Renggli. Il vécut et travailla à Kriens près de Lucerne.

MESSMER Franz
Né le 3 octobre 1728 à Antholz. Mort le 19 décembre 1773 à Vienne. XVIIIe siècle. Autrichien.
Peintre de portraits.
Un des bons portraitistes de son temps. En 1765, il était peintre de la cour à Innsbruck. Nommé membre de l'Académie de Vienne en 1767, il a peint les portraits de *Sonnenfels*, de *Joh. von Stirn*, de *Joh. Jacobé*, de *l'Empereur François Ier* et de *Marie-Antoinette*. Schmutzer a gravé d'après lui.

MESSMER Georg. Voir **MESSMER Johann Georg**

MESSMER Johann Georg ou **Mesmer, Mesner**
Né le 22 mars 1715 à Wolfartsweiler. Mort le 22 octobre 1798 à Saulgau. XVIIIe siècle. Suisse.
Peintre.
Il fut exclusivement peintre religieux et composa des fresques et des tableaux d'autels pour les églises du canton de Schwytz.

MESSMER Josef
Né le 7 février 1839 à Oberdorf en Carinthie. Mort le 8 novembre 1886 à Oberdorf. XIXe siècle. Autrichien.
Sculpteur.
Élève de H. Gasser.

MESSMER Josef Anton
Né le 28 mai 1747 à Hohententgen. Mort le 28 janvier 1827 à Saulgau. XVIIIe-XIXe siècles. Suisse.
Peintre.
Fils de Johann Georg. A laissé, comme peintre religieux, une œuvre encore plus considérable que son père dans les églises des cantons de Lucerne et de Schwytz.

MESSNER Joseph
Né en 1746 à Vienne. Mort le 15 septembre 1799 à Vienne. XVIIIe siècle. Autrichien.
Peintre de paysages et graveur.

MESSONET Richard
Né à la fin du XVIe siècle en Lorraine. XVIe-XVIIe siècles. Français.
Peintre.
Travaillait à Rome en 1625.

MESSYS. Voir **METSYS**

MEST Van de. Voir **VANDEMEST**

MESTACH Jean
Né en 1936 à Forest (Anvers). XXe siècle. Belge.
Peintre de portraits, dessinateur, illustrateur, graveur, décorateur.
Il fut élève de l'école de dessin d'Uccle et des académies de Bruxelles et de Molenbeek St Jean.
Bibliogr. : In : *Dict. biogr. illustré des artistes en Belgique depuis 1830*, Arto, Bruxelles, 1987.

MESTDAGH Roberte
Née en 1944 à Bruxelles (Brabant). XXe siècle. Belge.
Sculpteur. Abstrait.
Elle fut élève de l'académie des beaux-arts de Bruxelles, puis étudia à New York dans l'atelier de M. Craig. Elle enseigna à l'université de Berkeley. Elle pratique aussi la photographie.
Elle travailla d'abord la pierre et le bois, avant de s'intéresser au Plexiglas et aux matériaux inoxydables, dans des œuvres abstraites.
Bibliogr. : In : *Dict. biogr. illustré des artistes en Belgique depuis 1830*, Arto, Bruxelles, 1987.

MESTELAN Robert
Né le 9 octobre 1932. XXe siècle. Français.
Peintre de paysages, aquarelliste.
Il vit et travaille dans le Vaucluse. Il a exposé à Paris, en 1986 et 1987, au Salon d'Automne.
Il représente des paysages et des scènes de la vie quotidienne en province.

MESTELAN-PFAEHLER Yvonne Erica
Née en 1937 à Lausanne (Vaud). XXe siècle. Suissesse.
Dessinateur.
Elle fut élève de l'école des arts décoratifs de Genève, puis de l'académie des beaux-arts de Vienne. Elle vint ensuite travailler à Marseille, dans l'atelier de Marguerite Allar.
Elle montre ses œuvres dans des expositions personnelles en France, Allemagne, aux États-Unis, en Suisse.

MESTER Alexander Christoph Samuel
Né en 1816. Mort en 1845 à Dorpat. XIXe siècle. Actif à Dorpat. Estonien.
Peintre de paysages et aquarelliste.
Élève de A. M. Hagen.

MESTER Jeno Eugen
Né le 11 juillet 1882 à Maklar. XXe siècle. Actif au Danemark. Hongrois.
Sculpteur.
Il fut élève de E. Telcs. Il travailla à Budapest de 1906 à 1913 et ensuite à Copenhague.
Musées : Budapest (Mus. des Beaux-Arts) : *Perdu dans ses rêves*.

MESTERHAZY Kalman ou **Koloman**
Né en 1857 à Maria-Theresiopel. Mort le 27 janvier 1898 à Budapest. XIXe siècle. Hongrois.
Peintre de genre et de paysages.
Il fut élève de l'Académie de Budapest.

MESTRAL-COMBREMONT Victor de
Né le 5 juillet 1864 à Payerne (Vaud). Mort en 1952. XIXe-XXe siècles. Suisse.
Peintre de portraits, paysages, pastelliste. Postimpressionniste.
Il fut élève de l'école des beaux-arts de Genève puis de l'académie Julian à Paris, où il eut pour professeurs Benjamin Constant, Dagnan-Bouveret, Flameng et Roll. Il illustra aussi divers ouvrages par des photographies.
Il exposa à Paris, à partir de 1890 au Salon des Artistes Français, en 1900 à l'Exposition internationale, ainsi qu'à Genève, notamment au cabinet des estampes du musée d'Art et d'Histoire.

MESTRALLET André Louis
Né le 16 octobre 1874 à Lyon (Rhône). XIXe-XXe siècles. Français.
Peintre de paysages.
Il fut élève de Bonnat. Il figura à Paris, au Salon des Artistes Français. Il fut membre de cette société à partir de 1904. Il reçut une mention honorable en 1900.
Ventes Publiques : Paris, 20 fév. 1931 : *Bords du Doubs* : **FRF 60**.

MESTRALLET Paul Louis
Né le 22 mai 1886 à Paris. XXe siècle. Français.
Peintre de paysages, natures mortes.
Il exposa à Paris, au Salon des Indépendants à partir de 1909, au Salon des Artistes Français à partir de 1910.
Ventes Publiques : Paris, 4 mai 1951 : *L'Église de Saint-Cassien* : **FRF 1 400**.

MESTRE. Voir aussi **MARCH** et **MARTIN**

MESTRE Vicente
XVIe siècle. Actif à Valence. Espagnol.
Peintre.

MESTRE Y BOSCH Juan
Né en 1826 à Palma de Majorque. XIXe siècle. Espagnol.
Peintre de figures et de portraits.
Élève de Sureda.

MESTRES Apeles
Né en 1854 à Barcelone. XIXe siècle. Espagnol.
Illustrateur et poète.
Il étudia à l'École des Beaux-Arts de Barcelone et illustra *Don Quichotte*, les *Derniers jours de Pompéi*, de Bulwer-Lytton, ainsi que ses propres poèmes.

MESTRES BORRELL Félix
Né en 1872 à Barcelone (Catalogne). Mort en 1933. XIXe-XXe siècles. Espagnol.
Peintre de genre, compositions animées, portraits, paysages, décorateur, peintre de cartons de tapisseries.
Il fut élève d'Antonio Caba et de Claudio Lorenzale, à l'école des beaux-arts La Lonja de Barcelone, où il enseigna la composition décorative et dont il fut nommé, en 1929, directeur. Il étudia aussi à Madrid et Paris.
Il participa à des expositions collectives. En 1915, il montra ses œuvres dans une exposition particulière à Madrid. Il reçut plusieurs distinctions à la Société Nationale des Beaux-Arts : 1897 et 1899 troisième médaille, 1901, 1912 seconde médaille.
Peintre académique, il aborda de nombreux sujets, des scènes de la vie mondaine aux paysages intimes, desquels se dégagent parfois un certain romantisme. À Barcelone, il participa à la décoration de la chapelle du Saint-Sacrement de la paroisse de San Jaime et réalisa des cartons de tapisseries pour l'hôtel de ville.
Bibliogr. : In : *Cien anos de pintura en Espana y Portugal, 1830-1930*, t. VI, Antiqvaria, Madrid, 1991.
Musées : Barcelone.
Ventes Publiques : Barcelone, 27 mars 1985 : *La marchande de fleurs*, h/t (48x37) : **ESP 525 000** – Londres, 7 mai 1986 : *Le Mariage*, h/t (80,5x50,5) : **GBP 1 600** – Londres, 15 nov. 1995 : *La fête de Las caramellas à Barcelone*, h/t (80x49) : **GBP 5 750.**

MESTRES CABANES José
Né en 1898 à Manresa (Catalogne). XXe siècle. Espagnol.
Peintre de compositions animées, intérieurs, paysages, aquarelliste.
Il fut élève de l'école des arts et métiers de sa ville natale et étudia en 1911 la peinture décorative. Puis il étudia la scénographie à Barcelone et travailla avec le célèbre metteur en scène Maurici Vilomara. En 1922, il voyagea à Buenos Aires. À partir de 1927, il enseigna la scénographie et la perspective à l'Institut du théâtre de Barcelone, puis obtint en 1956 la chaire de perspective de l'école des beaux-arts de San Jorge.
En 1927, il participa à une importante exposition consacrée à la peinture décorative, à Barcelone. Comme peintre de chevalet, on put voir de ses œuvres à l'Exposition internationale de Barcelone, où il obtint une médaille d'argent, puis régulièrement, de 1940 à 1950, à Barcelone et Madrid.
Il est surtout connu comme metteur en scène, et participa notamment aux décors de *Lohengrin* et *Parsifal* de Wagner. Sa peinture, à l'huile ou à l'aquarelle, est influencée par ses travaux de scénographe en particulier pour le traitement de la perspective. Dans un esprit romantique, il a représenté de nombreux intérieurs d'églises gothiques et une nature tourmentée, avec un grand souci du détail.
Bibliogr. : In : *Cien anos de pintura en Espana y Portugal, 1830-1930*, t. VI, Antiqvaria, Madrid, 1991.

MESTRES ONO Apeles
Né en 1854 à Barcelone (Catalogne). Mort le 19 juillet 1936 à Barcelone (Catalogne). XIXe-XXe siècles. Espagnol.
Dessinateur, illustrateur.
Il fut élève de l'académie des beaux-arts La Lonja de Barcelone, où il eut pour professeurs Antonio Caba et Luis Rigalt, puis travailla dans l'atelier de Claudio Lorenzale et Ramon Marti Alsina. Il fut aussi poète, comédien et compositeur.
Après ses études, il abandonna la peinture pour se consacrer au dessin, notamment comme dessinateur humoriste dans diverses revues, notamment pour le journal satirique *Esquella de la Torratxa*. Parallèlement, il a illustré de nombreux ouvrages, en particulier *Don Quichotte*. Proche de l'Art nouveau, il privélégie l'aspect décoratif, mêlant la ligne aux formes ondulantes de la nature.
Bibliogr. : In : *Dict. des illustrateurs 1800-1914*, Ides et Calendes, Neuchâtel, 1989 – in : *Cien anos de pintura en Espana y Portugal, 1830-1930*, t. VI, Antiqvaria, Madrid, 1991.

MESTRIES Patrick
XXe siècle. Français.
Peintre, graveur.
Il vit et travaille à Paris.
Il a participé à l'exposition *De Bonnard à Baselitz – Dix Ans d'acquisition du cabinet des estampes 1978-1988* à la Bibliothèque nationale de Paris en 1992.
Musées : Paris (BN) : *D'après Hergé : dame en statue* 1979, deux eaux fortes et aquatintes.

MESTROVIC Ivan
Né le 15 août 1883 à Vrpolje (Croatie). Mort le 17 janvier 1962 à Notre Dame (Indiana). XXe siècle. Actif depuis 1947 et depuis 1954 naturalisé aux États-Unis. Yougoslave.
Sculpteur, peintre, graveur.
Il fut élève d'Ivan Rendié puis étudia à Vienne avec Otto Koenig en 1899, puis à l'académie des beaux-arts de 1900 à 1904. De 1911 à 1913, il voyagea en Italie. Il séjourna aussi à Paris, où il fréquenta l'atelier de Rodin, Bourdelle et Maillol, et en Angleterre. En 1919, il retourna dans son pays natal. Il devint en 1922 recteur de l'académie de Zagreb. Pendant la Seconde Guerre mondiale, il fut emprisonné par les nazis locaux, puis parvint à gagner Rome, s'installa en Suisse de 1943 à 1946 avant de s'établir définitivement aux États-Unis. Il enseigna la sculpture à l'université de Syracuse (New York) puis à l'université de Notre Dame.
Il participa à des expositions collectives : 1903, 1904, 1909 Sécession de Vienne ; 1904 Ire exposition d'art yougoslave à Belgrade ; 1905 Salon d'Automne à Paris ; 1911 Exposition internationale de Rome ; 1919 *Les Artistes yougoslaves* au musée du Petit Palais à Paris ; 1942 Biennale de Venise. Il montra ses œuvres dans de nombreuses expositions personnelles : 1889 Octarice (Yougoslavie) ; 1909 Sécession de Vienne ; 1910 Pavillon d'Art à Zagreb ; 1915 Albert and Victoria Museum de Londres ; 1924 Fine Arts Society de Londres ; 1925 Brooklyn Museum de New York et Art Institute de Chicago ; 1932 Zagreb ; 1933 et 1955 musée du Jeu de Paume à Paris ; 1947 Museum of Modern Art de New York ; 1953 académie d'Art de Vienne ; 1958 université de Syracuse ; 1969 musée Rodin à Paris.
Son œuvre maîtresse est le *Temple de Kosovo* consacré au souvenir de la défaite où sombra le royaume chrétien de Serbie. Toute l'histoire de la Serbie s'y trouve résumée jusqu'à la résurrection dont l'emblème est la statue équestre de *Marko Kraljevic*. Il s'inspira du style expressif du moyen-âge et de la renaissance et atteignit après la guerre mondiale le sommet de son art dans ses productions monumentales, parmi lesquelles : le *Monument au soldat inconnu* sur la colline d'Avala, près de Belgrade, *Reconnaissance de la France – Le Vainqueur* et le *Monument à la gloire de Nin*, à Split. Il fut le premier sculpteur yougoslave à se libérer de l'académisme alors en vigueur. Ses œuvres, en bronze, marbre ou bois, sont puissantes par la plénitude, souvent sensuelle des formes. ■ J. B.
Bibliogr. : In : *Les Muses*, t. X, Grange Batelière, Paris, 1973 – in : *Nouv. Dict. de la sculpture mod.*, Hazan, Paris, 1970 – B. Gagroc : *Ivan Mestrovic*, Zagreb, 1987 – in : *Dict. de la sculpture*, Larousse, Paris, 1992.
Musées : Belgrade (Gal. Nat.) – Bruxelles (Mus. des Beaux-Arts) : *Salomé* – Budapest : *Souci de mère* – Buffalo (Albright Knox Art Gal.) : *Innocence* – Chicago (Art Inst.) : *Mère de l'artiste* – Detroit (Inst. of Arts) : *Plongé dans son rêve* – Édimbourg (Nat. Gal.) : *Portraits de Wickham Steed, de sir Thomas Beecham, de lady Cunard, du Dr Elsie Inglis* – Florence (Mus. des Offices) : *Deux Portraits de l'artiste par lui-même – Le Régent Alexandre de Serbie* – Londres (Tate Gal.) – Londres (Victoria and Albert Mus.) – Montréal (Mus. of Fine Arts) – New York (Brooklyn Mus.) : *L'Archange Gabriel* – Prague (Narodni Gal.) – Rochester (Mem. Art Gal.) : *Jeune Fille au violon* – San Diego : *Mère et enfant* – Split (Mus. Mestrovic) – Zabreb.
Ventes Publiques : Londres, 5 juil. 1962 : *Prince Marko*, bronze : **GBP 300** – Vienne, 23 mars 1966 : *Femme*, bronze : **ATS 25 000** – Vienne, 29 nov. 1967 : *Descente de Croix*, bronze : **ATS 22 000** – Vienne, 18 mars 1970 : *Tête de jeune fille et main*, bronze : **ATS 60 000** – Londres, 29 mars 1973 : *Fraljevic Marko sur son cheval Sorac*, bronze : **GBP 1 000** – Zurich, 11 mai 1978 : *L'archange*, bois relief (72x53) : **CHF 3 200** – Londres, 4 avr 1979 : *Jeune fille au violon*, sculpt. bois (37x30) : **GBP 640** – Londres, 6 déc. 1983 : *Portrait de l'émir Fayçal* 1919, bronze (H. 60) : **GBP 5 500** – Vienne, 10 déc. 1985 : *Dieu et Moïse* 1925, braie brune (68x46,5) : **ATS 20 000** – New York, 26 sep. 1990 : *Crucifix*, bronze à patine brune (H. 37,8) : **USD 3 300** – New York, 27 sep. 1990 : *Mère vouant son enfant à Dieu*, bronze sur socle de bois (H. 24,5) : **USD 5 280.**

MESTROVIÉ Mathilde von
Née le 14 mars 1843 à Gospié en Croatie. XIXe siècle. Active à Vienne. Autrichienne.
Peintre de natures mortes.
Élève de Jos. Schuster.

MESTRUM Paul
Né en 1778 à Cologne. Mort le 18 mai 1825 à Cologne. XIXe siècle. Allemand.
Peintre, graveur au burin.

MESTSCHERSKY Arseny ou **Arsenuis Ivanovitch** ou **Meschtschersky, Metchersky**
Né en 1834 à Tver. Mort en 1902 à Saint-Pétersbourg. XIXe siècle. Russe.
Peintre de paysages, paysages de montagne, dessinateur.
Il fut élève de l'Académie de Saint-Pétersbourg de 1854 à 1857 et de Calames à Genève. Il travailla en 1864 à l'Académie et devint président de la Société des Artistes.
Musées : Moscou (Roumianzeff) : *Paysage – Étude* – Moscou (Gal. Tretiakov) : *L'Hiver* – Saint-Pétersbourg (Mus. russe) : *Glaciers.*
Ventes Publiques : Paris, 1er juil. 1981 : *Enfants au bord du lac* 1874, h/t (82x63) : **FRF 12 000**.

MÉSZÖLY Géza
Né le 18 mai 1844 à Sarbogard. Mort le 12 novembre 1887 à Jobbagyi (près de Nograd). XIXe siècle. Hongrois.
Peintre de paysages.
Élève de l'Académie de Vienne, dont il reçut la médaille d'or pour ses *Chants des roseaux*, puis de celle de Munich. Il fut, à ses débuts, influencé par l'art de Karoly Marko. Parcourant constamment le pays, il a peint la plupart de ses tableaux face à la nature. Il s'est surtout passionné pour les plus beaux paysages de la Hongrie : ceux de la Tisza, du Balaton, de la Grande Plaine. A la manière dessinée, plate des tableaux des années 1870, succèdent les paysages plus déliés, plus centrés sur les effets atmosphériques. C'est ce qui l'apparente à Corot, et à tous les peintres français de plein air. Quinze de ses tableaux se trouvent au Musée des Beaux-Arts de Budapest.
Ventes Publiques : Paris, 1898 : *Scène de ferme* : **FRF 1 000** – Berlin, 12 oct. 1899 : *Paysage* : **FRF 575** – Vienne, 16 mai 1984 : *Paysage au crépuscule* 1874, h/pan. (31x63) : **ATS 70 000**.

MET DE BLES Herri, ou **Henri, Hendrik**. Voir **BLES Hendrik MET de**

MET DE PENNINGEN Chris. Voir **PENNINGEN Chris MET de**

MET DE PENNINGHEN Félix Raphaël. Voir **PENNINGHEN Félix Raphaël MET de**

MET DE PENNINGHEN Michel. Voir **PENNINGHEN Michel MET de**

METALLI Gianni
Né en 1930 à Lugano (Tessin). XXe siècle. Suisse.
Peintre de collages, dessinateur. Abstrait-constructiviste.
Il participe à des expositions collectives depuis 1960 : 1968 Aargauer Kunsthaus de Aarau ; 1969 Mostra internazionale d'Arte de Turin ; 1971 museo civico de Lugano ; 1987 et 1989 Foire internationale d'art de Milan. Il montre ses œuvres dans des expositions personnelles : depuis 1962 à Lugano, ainsi qu'à Locarno, Zurich.
Il agence de façon savante des formes géométriques élémentaires, carré, rectangle, ligne.

METAYER
XVIIIe siècle. Actif à Paris. Français.
Peintre.
Il fut le premier maître de Watteau en 1702.

METAYER Nicole
Née en 1934 à La-Roche-Posay (Vienne). XXe siècle. Française.
Artiste.
Elle vit et travaille à Cordes.
Elle a participé à l'exposition *De Bonnard à Baselitz – Dix Ans d'acquisition du cabinet des estampes 1978-1988* à la Bibliothèque nationale de Paris en 1992.
Elle travaille à partir de photocopies.
Musées : Paris (BN) : *Sandrine* 1976.

METCALF Eliab
Né le 5 février 1785 à Franklin (Massachusetts). Mort le 15 janvier 1834 à La Havane (Cuba). XIXe siècle. Américain.
Peintre de portraits et miniaturiste.
Élève de John R. Smith, Sam. L. Walda et W. Jewett. La société d'histoire de New York possède un portrait peint par cet artiste.
Ventes Publiques : New York, 23 sep. 1981 : *Portrait de William Henry Raymond* 1818, h/t (76,2x63,5) : **USD 2 300**.

METCALF James
Né en 1925 à New York. XXe siècle. Américain.
Sculpteur, graveur.
Il fut élève de l'académie des beaux-arts de Philadelphie, de 1947 à 1948 ; puis de l'école centrale des arts et métiers, à Londres, de 1950 à 1952, où il apprit plus spécialement la forge et l'orfèvrerie, la fonte, la technique de la médaille et la gravure. En 1953, il reçut le prix de la fondation Clark, qui lui permit d'aller étudier les techniques artisanales, d'origine ancienne, du travail du fer, en Espagne, en Italie et en Grèce. Il vint se fixer à Paris, en 1955. Il retourna ensuite aux États-Unis.
Il montra sa première exposition personnelle, à Barcelone, en 1955. En 1957, il reçut le prix de la fondation William et Norma Copley.
Les formes qu'il forge font penser à des surgissements organiques, dont le baroquisme se rapproche de la dernière manière de Lipchitz ; leur apparente abstraction se fonde sur des correspondances à tendance parfois surréaliste. Après soixante, il abandonne le fer, pour le laiton, résistant mieux aux agents naturels et offrant plus de richesses de patine.
Bibliogr. : Denys Chevalier, in : *Nouv. Dict. de la sculpt. mod.*, Hazan, Paris, 1970 – in : *Dict. de l'art mod. et contemp.*, Hazan, Paris, 1992.

METCALF Willard Leroy
Né le 1er juillet 1853 ou 1858 à Lowell (Massachusetts). Mort le 9 mars 1925 à New York. XIXe-XXe siècles. Américain.
Peintre de paysages, marines. Impressionniste.
Ses parents, fermiers dans le Maine, le placèrent en apprentissage chez un graveur sur bois de Boston, puis chez le peintre paysagiste George Loring Brown. En même temps, il suivait des cours au Lowell Institute de Boston. Plus tard, une bourse lui permit d'étudier dans la toute nouvelle école du Museum of Fine Arts de Boston. Passionné de taxidermie et d'ornithologie, ses qualités de dessinateur lui permirent d'accompagner le célèbre anthropologue du Smithsonian Institute, Howard Cushing, dans une expédition dans le Sud-Ouest américain ; ses dessins indiens illustrèrent le rapport de Cushing dans le *Century Magazine*, en 1882-1883. Le prix qui lui fut alloué pour ces dessins paya son voyage en France, où il vécut de 1883 à 1888. À Paris, il étudia à l'Académie Julian sous la direction de Gustave Boulanger et Jules Lefebvre. En France, pendant ses étés, il voyagea en Bretagne et le long de la Seine. En 1884, il arriva à Giverny, que fréquentaient déjà les peintres américains Theodore Wendel et Theodore Robinson, et où il travailla ensuite plus souvent qu'à Paris. En 1887, il voyagea en Tunisie et au Maroc. En 1889, de retour aux États-Unis, il dut reprendre son activité d'illustrateur, puis il enseigna à l'Art Students' League de New York, à la Cooper Union et à la Rhode Island School of Design. En 1903, il se retira dans le Maine, s'isolant volontiers sur les berges du fleuve Damariscotta. À son retour du Maine, il rejoignit le groupe d'artistes qui logeaient à la Florence Griswald House de Old Lyme, où Childe Hassam et lui-même exercèrent une profonde influence sur les autres.
Il figura à Paris, au Salon des Artistes Français, où il obtint une mention honorable en 1888 pour *Le Marché arabe*. Il reçut une autre mention à l'Exposition universelle de Paris en 1900. Sa première exposition personnelle eut lieu en 1905, la suivante, en 1906 à Boston, affirma sa réputation. En 1907, lui fut décernée la médaille d'or de la Corcoran Gallery of Art de Washington, où une exposition rétrospective de son œuvre fut présentée en 1923.
Tout jeune homme, pendant les étés, il allait, en compagnie de son mentor George Loring Brown, peindre des paysages des White Mountains du New Hampshire, qu'il vendait aux clients de la pension où il logeait. Il était si conscient de l'importance du travail en plein air, qu'il inscrivait sous ses premières peintures : « d'après nature ». Au cours de ses séjours à Giverny, si certains de ses paysages étaient redevable de leur richesse de couleurs chatoyantes au contact et à l'influence de Monet, il peignait plus souvent des scènes paysannes dans la tradition des peintres de Barbizon. D'Afrique du Nord, il rapporta des scènes typiques. Après son retour aux États-Unis, il peignait régulièrement des paysages à Old Lyme en Nouvelle-Angleterre, dans le Connecticut, puis, plus tard, dans le Maine. De sa retraite dans le Maine, il rapporta des thèmes qui domineront le reste de son œuvre, à un point tel qu'il désignera cette période du terme de « renaissance ». Il revint ensuite peindre les paysages de la Nouvelle Angleterre qui ont fondé sa renommée, et tout spécialement sa façon, poétiquement romantique et techniquement luministe,

d'interpréter la façade géorgienne de la Florence Griswald House.
Il travaillait généralement sur des formats carrés, par petites touches impressionnistes, si serrées qu'elles ne dissociaient pas les formes. Ses compositions étaient régies par les lignes d'horizon et, soit des diagonales créant la profondeur, soit au contraire des arabesques parcourant la surface plane de la toile comme un motif décoratif « art nouveau ». Peintre des quatre saisons, il est particulièrement connu pour ses paysages d'hiver, dont il excellait à transcrire la froidure, mais savait aussi traduire le renouveau du printemps, la chaleur pesante de l'été.

■ Jacques Busse

Bibliogr. : Divers : Catalogue de l'exposition *Willard Leroy Metcalf : A Retrospective*, Mus. of Fine Arts, Springfield, Massachusetts, 1976 – Catalogue de l'exposition : *Impressionnistes américains*, musée du Petit Palais, Paris, 1982 – Elizabeth de Veer, Richard J. Boyle : *Ombre et lumière : la vie et l'œuvre de Willard L. Metcalf*, New York, 1987 – William H. Gerdts, D. Scott Atkinson, Carole L. Shelby, Jochen Wierich : *Impressions de toujours – Les peintres américains en France 1865-1915*, Mus. Américain de Giverny, Terra Foundation for the Arts, Evanston, 1992.

Musées : Giverny (Mus. Américain Terra Foundation for the Arts) : *L'Epte à Giverny* 1887 – Lexington (University of Kentucky Art Mus.) : *Giverny* 1887 – Mason City, Iowa City (Charles H. MacNider Mus.) : *Les Meules* vers 1888 – New York (Brooklyn Mus.) : *Après-midi d'un début de printemps, Central Park* 1911 – Northampton (Smith College Mus. of Art) : *Saules en mars* 1911.

Ventes Publiques : New York, 15 mai 1946 : *Éveil du printemps* : **USD 900** – New York, 13 mai 1966 : *Central Park au printemps* : **USD 4 000** – New York, 14 mars 1968 : *Paysage de novembre (Vermont)* : **USD 8 000** – New York, 8 déc. 1971 : *Paysage d'été (Vermont)* : **USD 13 000** – New York, 1er juin 1974 : *Scène de bord de mer* : **USD 3 000** – New York, 28 oct. 1976 : *Paysage de printemps* 1910, h/t (66x73,5) : **USD 19 000** – New York, 21 avr. 1977 : *Les jardins de Tivoli*, h/t (74,3x66,5) : **USD 7 000** – New York, 21 avr. 1978 : *Paysage de printemps* 1889, past. (27,3x47) : **USD 3 500** – New York, 20 avr 1979 : *Paysage de neige* 1922, h/t (90,8x90,8) : **USD 47 500** – New York, 29 mai 1981 : *Budding Oak* 1906, h/t (61x61) : **USD 35 000** – New York, 6 déc. 1984 : *The landing place* 1904, h/t (66x73,7) : **USD 135 000** – New York, 30 mai 1985 : *Old woman with child and geese* 1884-1885, h/t (50,8x61) : **USD 31 000** – New York, 4 déc. 1986 : *Marée montante* 1908, h/t (66x73,7) : **USD 100 000** – Bolton, 19 nov. 1987 : *Octobre gris*, h/t (73,5x84) : **USD 160 000** – New York, 24 juin 1988 : *Le Ruisseau*, h/t (28,8x36,5) : **USD 25 300** ; *Santa Fé* 1881, h/t (35x42,5) : **USD 16 500** – New York, 30 sep. 1988 : *Après-midi dans les rues de Biskra* 1887, h/pan. (26,3x41,1) : **USD 82 500** – New York, 1er déc. 1988 : *Arrière-port de Gloucester*, h/t (50,2x59,6) : **USD 308 000** – New York, 24 mai 1989 : *Le Sentier*, h/t (73,7x83,8) : **USD 308 000** – New York, 16 mars 1990 : *Sur la côte du Suffolk* 1885, h/t (27x45,8) : **USD 96 800** – New York, 23 mai 1990 : *Tunis, étude de la lumière* 1887, h/t (70x47,5) : **USD 44 000** – New York, 29 nov. 1990 : *Fin d'automne* 1924, h/t (91,5x99) : **USD 165 000** – New York, 6 déc. 1991 : *Ruisseau ensoleillé à Chester dans le Vermont* 1923, h/t (65,5x63,5) : **USD 77 000** – New York, 3 déc. 1992 : *L'Étang aux nénuphars* 1887, h/t (30,5x38,1) : **USD 126 500** – New York, 4 déc. 1992 : *Le Port d'East-Boothbay* 1904, h/t (66x73,7) : **USD 330 000** – New York, 27 mai 1993 : *Jeune Bretonne*, h/pan. (35,6x27,9) : **USD 24 150** – New York, 1er déc. 1994 : *Le Mois de mai* 1919, h/t (91,4x99,1) : **USD 365 500** – New York, 22 mai 1996 : *Arbres en bourgeons*, h/t (61x61) : **USD 90 500** – New York, 5 juin 1997 : *Gloucester, port de pêche* 1896, h/t (74,3x59) : **USD 552 500** ; *Verts pâturages* 1920, h/t (66x73,7) : **USD 68 500**.

METCALFE Gerald Fenwick

Né en Inde, de parents anglais. XIXe-XXe siècles. Britannique.

Peintre de portraits, peintre de miniatures, dessinateur, aquarelliste, peintre à la gouache.

Il fut actif de 1894 à 1925. Il fut élève de la South Kensington Art School, de la St Johns Wood School et de la Royal Academy de Londres. De 1902 à 1903, il vécut à Chelsea, de 1914 à 1925 à Albury (Surrey).
Il a collaboré à la revue *Punch* et illustré des poèmes de Coleridge et des textes de Stevenson.

Bibliogr. : In : *Dict. des illustrateurs 1800-1914*, Ides et Calendes, Neuchâtel, 1989.

Ventes Publiques : Londres, 25 oct. 1977 : *Pan*, h/t (91,5x196) : **GBP 1 300** – Londres, 13 déc. 1989 : *Pan*, h/t (92x195,5) : **GBP 18 150** – Londres, 3 nov. 1993 : *Vendanges*, aquar. et gche (35x72,5) : **GBP 5 520**.

METCALFE Theophilus

XVIIe siècle. Actif à Londres. Britannique.

Peintre.

Le Trinity College d'Oxford possède de cet artiste un portrait de R. Harri.

METCHERIN N. V.

Né en 1864. XIXe-XXe siècles. Russe.

Peintre de paysages, genre.

Musées : Moscou (Gal. Tretiakov) : *Des Isbas – Sur le champ labouré.*

METCHERSKY Arsenuis I. Voir **MESTSCHERSKY**

METCHNIKOFF Olga, Mme

XIXe-XXe siècles. Russe.

Sculpteur.

Elle fut élève d'Injalbert. Elle figura aux expositions de Paris, reçut une médaille de bronze en 1900 à l'Exposition universelle.

METEIN-GILLIARD Valentine

Née le 7 février 1891 à Genève. Morte en 1969. XXe siècle. Suissesse.

Peintre de paysages, sculpteur, céramiste.

Elle fut élève de son père Eugène Gilliard, du sculpteur J. Vibert et du céramiste E. Mayor.

Musées : Aarau (Aargauer Kunsthaus) : *Les Agaves de Sanary.*

METELLES Gottfried Wilhelm

XVIIe-XVIIIe siècles. Actif à la fin du XVIIe et au début du XVIIIe siècle. Allemand.

Médailleur.

Il séjourna de 1690 à 1711 à Minden et de 1711 à 1724 à Königsberg.

METELLI. Voir aussi **MITELLI**

METELLI Orneore

Né le 2 juin 1872 à Terni (Ombrie). Mort le 20 novembre 1938 à Terni. XIXe-XXe siècles. Italien.

Peintre de compositions animées, figures, paysages. Naïf.

Cordonnier, puis fabricant de chaussures, il était passé maître dans sa profession, recevant des médailles d'argent et d'or pour ses modèles.
En 1911, il fit partie du jury à l'Exposition internationale de la chaussure, à Paris. Il jouait dans l'Orphéon de Terni, lorsqu'en 1922, âgé de cinquante ans, on lui déconseilla le trombone, il commença alors à peindre, faisant parfois figurer une petite botte à côté de sa signature.
Il fit de nombreuses expositions de ses œuvres, environ deux cent cinquante peintures.
Il est considéré comme le meilleur des peintres naïfs italiens. Sur des supports divers, il a surtout décrit l'animation joyeuse et colorée de sa petite ville, les mille figurants de sa comédie quotidienne, dans une architecture urbaine détaillée comme le faisaient les Primitifs ou bien ordonnancée comme dans les enfilades de rues des peintures de Chirico. Il a peint aussi les paysages toscans. Représentant des personnages : carabiniers qui défilent, séminaristes en grappes sur la place du Dôme, foule bigarrée dans les jardins publics, il distribue l'échelle de chacun de ses personnages en fonction de son importance sociale, le capitaine du régiment deux fois plus grand que ses simples soldats, les policiers qui canalisent la foule le long du passage d'une procession nettement plus importants que le commun des mortels. Il s'est peint lui-même grave et solennel dans l'uniforme de l'Orphéon de Terni. Avec beaucoup de bonhomie, il a su dire, en langage simple, les humbles joies du peuple qui se délasse de son travail harassant, laissant parfois poindre l'amorce d'une critique sociale.

■ Jacques Busse

Bibliogr. : Pierre Courthion : *Orneore Metelli, le peintre cordonnier*, Cailler, Genève, 1951 – Jean Wahl : *Orneore Metelli*, in : *Mélanges d'esthétique et de science de l'art*, Nizet, Paris, 1952 – Pierre Courthion : *L'Art indépendant*, Albin Michel, Paris, 1958 – Oto Bihalji-Merin : *Les Peintres naïfs*, Delpire, Paris, s. d – in : *Dict. de l'art mod. et contemp.*, Hazan, Paris, 1992.

Ventes Publiques : Milan, 26 mai 1970 : *Paysage* : **ITL 2 800 000** – Milan, 10 mars 1982 : *Les amants derrière l'église*, h/t (87x57) : **ITL 9 500 000** – Paris, 2 avr. 1997 : *Vins et cuisine*, h/cart. (51x27) : **FRF 24 000**.

METELLINO Giov. Batt.

XVIIe-XVIIIe siècles. Actif à Milan. Italien.

Graveur sur verre.
A créé les coupes aux pieds de dauphin. Plusieurs spécimens de celles-ci se trouvent au Musée de Dresde.

METELLUS G.
XVIIIe siècle. Hollandais.
Dessinateur de portraits.

METEREAU Florimond
Né le 9 juin 1888 à Luçon (Vendée). XXe siècle. Français.
Peintre.
Il fut élève de R. Collin. Il exposa à Paris, au Salon des Artistes Français, dont il est membre sociétaire depuis 1921, et au Salon des Indépendants. Il obtint une médaille d'or à l'Exposition coloniale en 1932.

METEYARD Sidney Harold
Né en 1868. Mort en 1947. XIXe-XXe siècles. Britannique.
Peintre de compositions religieuses, sujets mythologiques, figures, peintre de cartons de vitraux.
Il étudia à l'école d'art de Birmingham sous la direction de E. R. Taylor. Il fut un membre important du groupe de Birmingham, influencé par Burne-Jones et William Morris. Il créa de nombreux vitraux.
Une rétrospective eut lieu à la Southgate Gallery de Londres en avril-mai 1974.
Ses œuvres richement décorées, relèvent du style préraphaélite.
Bibliogr. : Christopher Wood : *Les Nostalgiques de l'Olympe – Peintres classiques victoriens 1860-1914*, Constable and Co, Londres, 1983 – in : *Par la main et l'outil. Le Mouvement des Arts appliqués à Birmingham*, Alan Crawford Éd., 1984.
Ventes Publiques : Londres, 18 avr. 1978 : *Vénus et Mars*, h/t (105,5x110,5) : **GBP 4 500** – Londres, 19 mars 1979 : *Evening*, h/t (175x73,5) : **GBP 10 200** – Londres, 6 oct. 1980 : *Lucifer et ses anges*, aquar. reh. de gche (46x27) : **GBP 3 000** – Londres, 15 juin 1982 : *Eros, love in idleness, or Icarus*, h/t (86,5x105) : **GBP 16 000** – New York, 24 fév. 1983 : *Saint George and the slain dragon* vers 1900, h/t (110x112) : **USD 30 000** – Londres, 27 nov. 1985 : *A Nymph by a Rock Pool* 1912, aquar. et gche : **GBP 7 000** – Londres, 14 fév. 1986 : *Marie-Madeleine*, h/pan. (120x36,8) : **GBP 1 800** – Londres, 18 mars 1987 : *La Nymphe des bois*, h/t (103x48,5) : **GBP 7 000** – Londres, 3 mai 1990 : *Autoportrait à l'âge de vingt ans*, h/t (41x31,5) : **GBP 880** – Londres, 19 juin 1990 : *Vénus et Adonis*, h/t (105,5x110,5) : **GBP 66 000** – Londres, 26 sep. 1990 : *Les divinités des eaux* 1913, aquar. avec reh. de blanc (28x19) : **GBP 3 960** – New York, 16 fév. 1993 : *Le monde des rêves : portrait de Christina Rossetti*, h/t (50,8x76,8) : **USD 9 350** – Londres, 11 juin 1993 : *Saint Georges et le dragon*, h/t (110,5x112,4) : **GBP 102 700** – Londres, 30 mars 1994 : *Vénus et Adonis*, h/t (105,5x110,5) : **USD 106 000** – Londres, 5 juin 1996 : *Autoportrait*, h/t (41x31) : **GBP 2 760**.

METEYARD Thomas Buford
Né le 12 novembre 1865 à Rock Island. Mort en 1928. XIXe-XXe siècles. Américain.
Peintre de paysages, aquarelliste, graveur, illustrateur.
Il passa son enfance à Chicago, puis dans le Massachusetts. Il fut élève de l'Université d'Harvard, où il fut élève en philosophie de William James. Il fut ami avec le poète Bliss Carman, dont il illustrera les poésies. En 1888, il arriva en Angleterre, fréquentant les milieux littéraires et artistiques autour d'Oscar Wilde et Edward Burne-Jones. Fin 1888, il vint à Paris, où il lia amitié avec Edward Munch. De 1890 à 1893, il séjourna régulièrement à Giverny. En 1910, il se maria et se fixa en Angleterre, où il semble avoir travaillé à Fernhust (Sussex).
À la suite de son séjour en France, les influences auxquels il se montra sensible se diversifièrent entre les impressionnistes, les sinuosités décoratives de l'Art nouveau et certains courants postimpressionnistes, en particulier les Nabis. Il peignit de nombreux motifs à Giverny, une série de *Meules* à l'aquarelle, de nombreuses vues de Giverny, dont certaines sous des éclairages de crépuscule et même de clair de lune.
Bibliogr. : William H. Gerdts, D. Scott Atkinson, Carole L. Shelby, Jochen Wierich : *Impressions de toujours – Les peintres américains en France 1865-1915*, Mus. Américain de Giverny, Terra Foundation for the Arts, Evanston, 1992.
Musées : Giverny (Mus. Américain Terra Foundation for the Arts) : *Giverny, Clair de lune* vers 1890.
Ventes Publiques : Lokeren, 20 mars 1993 : *Les brisants à Scitutate dans le Massachusetts*, h/t (55x38) : **BEF 60 000**.

METEZEAU Marie
XVIIe siècle. Actif à Paris. Français.
Miniaturiste.
Élève de Virginia di Vezzo.

METFORD Samuel
Né en 1810 à Glastonbury (Somerset). Mort en 1896 à Weston-super-Mare. XIXe siècle. Américain.
Dessinateur, silhouettiste.
Il travailla en Amérique et en Angleterre.

METGER Hans
XVIe siècle. Allemand.
Peintre.
A composé pour l'Hôtel de Ville de Gustrow : l'*Allégorie de la Justice divine et de la Justice humaine*.

METGER J. J.
XVIIe siècle.
Graveur.
On trouve la signature de cet artiste sur un *Portrait du cardinal Giovanni Nitardo*, dans l'histoire de l'empereur Léopold, de Priorata, publiée en 1672.

METHEY André. Voir **METTHEY**

METHFESSEL Adolfo
Né le 12 mai 1836 à Berne. Mort le 6 novembre 1909 à Berne. XIXe siècle. Actif en Argentine. Suisse.
Peintre de paysages, aquarelliste, dessinateur.
Installé dans les années 1860 à Buenos Aires, Methfessel étudia auprès du naturaliste Burmeister, au Musée d'Histoire Naturelle. Durant la guerre de 1865 avec le Paraguay, il dessina sur le vif de nombreuses scènes de la campagne, qui furent plus tard publiées en lithographies par Pelvilain. Envoyé par le Musée de la Plata comme correspondant au Paraguay et dans les régions du nord-est de l'Argentine, il y réalisa une importante série d'aquarelles et de dessins à la mine de plomb, ainsi que des scènes légères de la vie argentine qui retînrent l'attention.
Ses peintures, d'un métier souvent plus lourd et appliqué, associent souvent le réalisme de paysages austères, telle la forêt argentine, au romantisme de chutes d'eau ou de rapides saisis dans leur puissance dramatique.
Musées : Berne (Mus. d'Art) : *Végétation dans une île de Parano – La tour de Buran avant sa démolition – Environs de Gunten*.
Ventes Publiques : Londres, 10 fév. 1982 : *Las caidas del Arroyo Alsina, rio Yguazu, Argentina*, h/pap. mar. (28x37) : **GBP 1 000** – Berne, 22 oct. 1983 : *Scène de rue, Berne*, aquar. (43x54) : **CHF 2 800** – New York, 27 nov. 1985 : *Vue de la ville d'Assumption, Paraguay* 1966, h/t mar./pan. (37,5x53,3) : **USD 4 500** – New York, 24 nov. 1992 : *Les chutes de Las Escabes dans la province de Tucuman*, h/cart. (28,9x38,7) : **USD 6 600**.

METHION Germaine
Née le 25 avril 1891 à Paris. Morte le 18 septembre 1946 à Royan (Charente-Maritime). XXe siècle. Française.
Peintre de portraits, paysages, marines, fleurs, natures mortes, pastelliste.
Elle fut élève de Ferdinand Humbert.
Elle a participé à Paris, au Salon des Artistes Français jusqu'en 1939. Elle a montré ses œuvres dans une exposition personnelle à Paris, à la galerie de Marsan en 1929.

METHNER Christian Gottlob ou **Maethner**
Né le 9 mai 1720 à Poln. Lissa. Mort le 19 janvier 1772 à Dantzig. XVIIIe siècle. Actif à Dantzig. Polonais.
Peintre de portraits et de miniatures.
Élève de Jacob Wessel. Son chef-d'œuvre est : *Moïse devant le buisson ardent*.

METHODIUS
IXe siècle. Éc. byzantine.
Peintre.
Ce moine de l'Ordre de Saint-Basile, étudia la peinture à Rome. En 863, ayant été envoyé en compagnie de Saint Cyril à la cour du duc Wratislaus de Bulgarie, la légende rapporte qu'il peignit dans le palais ducal un *Jugement dernier* d'un caractère si impressionnant que cette peinture provoqua la conversion du duc au christianisme.

METHORST A. S.
XIXe siècle.
Dessinateur de fleurs et d'oiseaux.
Elle travailla à Vreeland de 1797 à 1820.

METHVEN H. Wallace
Né le 10 septembre 1875 à Philadelphie (Pennsylvanie). XXe siècle. Américain.

Peintre.
Il fut élève de Henry F. Spread et de Laurens à Paris. Il fut membre de l'Association artistique américaine de Paris.

METIUS. Voir aussi **ANTHONIS Adriaensz**

METIUS Dirck
Mort en septembre 1665. XVIIe siècle. Hollandais.
Peintre d'histoire et de portraits.
Ses œuvres se trouvent au Musée Municipal d'Alkmaar et à ceux de Nordingen et d'Amsterdam.

MÉTIVET Lucien Marie François
Né le 19 janvier 1863 à Paris. Mort en 1932 à Paris. XIXe-XXe siècles. Français.
Peintre, dessinateur, illustrateur, aquarelliste.
Il fut élève de l'académie Julian, puis de l'atelier Cormon. L'histoire a surtout retenu son nom pour avoir remporté, en 1895, le premier prix de 1.000 francs du concours pour l'une des premières affiches qui furent tirées, celle pour le lancement du *Napoléon* de Sloane, où Toulouse-Lautrec ne fut classé que quatrième par un jury qui comprenait, il est vrai, Detaille, Gérôme et Vibert.
Il est un des maîtres humoristes contemporains qui ont su manier le crayon du caricaturiste avec une verve toujours égale. Peintre de talent, après des débuts qui promettaient au Salon des Artistes Français où il a exposé de 1889 à 1891, Métivet eut le courage de publier une toile satirique sur *Le Critique* qui lui valut bien des inimités. Ce fut alors qu'il abandonna le pinceau pour le crayon. Il restera un des meilleurs illustrateurs du XIXe siècle. Il a collaboré à tous ou presque tous les journaux illustrés, notamment au *Rire* dont il fut un des meilleurs artistes, à *L'Assiette au beurre*. En 1926, il a illustré *Les Contes drôlatiques* de Balzac, *Clair de lune* de Maupassant. Il fut un des décorateurs de la Taverne à Paris.

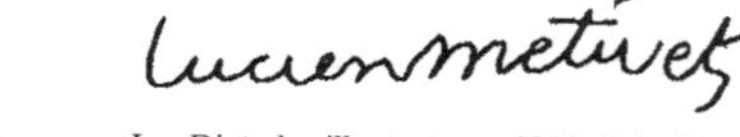

Bibliogr. : In : *Dict. des illustrateurs 1800-1914*, Ides et Calendes, Neuchâtel, 1989.
Musées : Paris (Mus. d'Orsay) : *La collection Chauchard*, caricature – *Le Rire*.
Ventes Publiques : Paris, oct. 1945-juil. 1946 : *Souper fin*, dess. aquarellée sur trait de pl. vendu avec une aquar. de Guibert : **FRF 900** – Londres, 28 nov. 1984 : *Le harem* 1909, h/t (43x54) : **GBP 1 500**.

MÉTIVET Marie
Née au XIXe siècle à Étampes. XIXe siècle. Française.
Peintre de portraits.
Élève de Legrand. Elle exposa au Salon de Paris de 1870 à 1895.

METIVIER Jean Baptiste
Né en 1781 à Rennes. Mort en 1853 à Munich. XIXe siècle. Allemand.
Aquarelliste et architecte.
Il édifia plusieurs monuments à Munich et dessina des vues de cette ville.

METOYEN François
XVIIIe siècle. Français.
Peintre de portraits.
Il fut élève de Vincent. Il exposa au Louvre entre 1793 et 1798.
Ventes Publiques : Paris, 4 et 5 juin 1942 : *Portrait d'un grenadier, an II*, dess. aux cr. de coul. : **FRF 440** – Versailles, 19 mars 1989 : *Jeune femme assise à la partition de musique*, h/t (92x67) : **FRF 70 000**.

METRA Antoine
XVIIIe siècle. Actif à Grenoble en 1779. Français.
Sculpteur-menuisier.

METRA Camille
XXe siècle. Français.
Peintre de figures, pastelliste.
Connu par une œuvre passée en vente publique.
Ventes Publiques : Paris, 13 fév. 1950 : *Femme assise sur un canapé*, past. : **FRF 3 000**.

METRA Giovanni
XVIe siècle. Italien.
Médailleur.

METRADORUS
IIe siècle avant J.-C. Antiquité grecque.
Peintre.
Philosophe et écrivain d'art, il fut actif en Grèce vers 168 avant Jésus-Christ. Il fut également peintre de Lucius-Paulus-Æmilius, conquérant de la Perse et de la Macédoine, et professeur de ses enfants.

METRANA Anna
Originaire de Turin. XVIIIe siècle. Actif vers 1718. Italien.
Portraitiste.
Citée par Orlandi.

METRASS Francisco Augusto
Né le 7 février 1825 à Lisbonne. Mort le 14 février 1861 dans l'île de Madère. XIXe siècle. Portugais.
Peintre d'histoire, figures, paysages animés. Romantique.
Il fit ses études à l'École des Beaux-Arts de Lisbonne de 1836 à 1843. Il partit pour Rome en 1844 et entra dans l'atelier de F. Overbeck puis suivit les cours de Peter von Cornelius. Il séjourna à Paris entre 1847 et 1851, date à laquelle il revint à Lisbonne, où il fut nommé professeur de peinture d'histoire à l'École des Beaux-Arts en 1853.
Ses compositions prennent un caractère tragique, sous des clairs-obscurs fortement marqués.
Bibliogr. : Gérald Schurr, in : *Les Petits Maîtres de la peinture 1820-1920, valeur de demain*, Les Éditions de l'Amateur, t. VII, Paris, 1989.
Musées : Lisbonne (Mus. Nat. d'Art Contemp.) : *Camoens dans la grotte de Macau – Dieu seulement !* 1856.

METREVELI Nougzar
Né en 1953 à Tbilissi. XXe siècle. Russe.
Peintre de compositions.
Il fit ses études à l'académie des arts de Tbilissi. En 1987, il est devenu membre de l'Union des Artistes d'URSS. Il vit et travaille à Tbilissi. Il a de très nombreuses expositions personnelles dans différentes Républiques Soviétiques.
Ventes Publiques : Paris, 17 nov. 1990 : *Composition* 1989, h/t (100x80) : **FRF 3 800**.

METRODOROS d'Athènes
IIe siècle avant J.-C. Antiquité grecque.
Peintre.
Philosophe et peintre, cet artiste fut appelé à Rome par Lucius Æmilius, vainqueur de Persée de Macédoine pour commémorer son triomphe par des tableaux.

METS Pierre de, ou **Pieter**
Né en 1880 à Anvers. Mort en 1965 à Kapellen. XXe siècle. Belge.
Peintre de portraits, de paysages, de natures mortes et de fleurs. Postimpressionniste puis tendance cubiste et expressionniste.
Élève de l'Académie des Beaux-Arts d'Anvers, il est passé d'un art encore influencé par l'impressionnisme pour s'orienter vers le cubisme, avant de s'adonner à l'expressionnisme.
Bibliogr. : In : *Diction. biogr. illustré des Artistes en Belgique depuis 1830*, Arto, Bruxelles, 1987.
Musées : Anvers.

METSCH Johann Friedrich. Voir **METZSCH**

METSERS Hugo
Né en 1902 à St-Nicolas. Mort en 1978 à St-Jansteen (Hollande). XXe siècle. Belge.
Peintre.
Bibliogr. : In : *Dict. biogr. illustré des artistes en Belgique depuis 1830*, Arto, Bruxelles, 1987.

METSU Gabriel ou **Metzu**
Né en janvier 1629 à Leyde. Mort en 1667, enterré à Amsterdam le 24 octobre 1667. XVIIe siècle. Hollandais.
Peintre de scènes mythologiques, sujets religieux, genre, aquarelliste, dessinateur.
Fils du peintre Jacques Metsu qui mourut jeune, il dut avoir pour maîtres sa mère Jacomina Gornyers et peut-être Gérard Dou, bien que sa manière se rapproche davantage de celle de Ter Borch. En 1646, il fut occupé par la création d'une nouvelle gilde de peintres à Leyde et en fut l'un des premiers maîtres, en 1648. Vers 1650 il alla à Amsterdam. Le 12 avril 1658, il épousa Isabelle Wolf d'Enkhuisen et reçut le droit de cité à Amsterdam en 1659. En 1665, il eut pour élève Michel Van Musscher. En 1667, il mourut, probablement à la suite d'une opération.
Metsu est l'un des plus charmants petits maîtres de l'école hol-

landaise et ses œuvres sont d'une admirable sincérité. Peintre de genre, il peint des thèmes que l'on retrouve chez Gérard Dou et Ter Borch : chasseurs, fumeurs, marchés. Ses scènes peuvent être galantes, tel *Le militaire et la jeune femme*, ou touchantes, tel l'*Enfant malade*. Elles constituent toujours une sorte de petite comédie où tous les personnages sont bien liés entre eux. D'ailleurs, Metsu sait rythmer ses compositions faites d'une opposition harmonieuse des pleins et des vides. À partir de 1650, il est à Amsterdam et subit l'influence de Rembrandt et de Vermeer, sans jamais atteindre leur intériorité. Metsu est le peintre de la tranquillité bourgeoise, il ne laisse rien passer de l'attente ou de l'inquiétude qui existe en fait chez Vermeer. Il oppose avec bonheur les blancs bleutés, blancs crémeux aux rouges, jaune, gris perle. Ses tableaux mythologiques, bibliques et ses derniers ouvrages sont plus académiques, exécutés dans des tons froids, selon une facture lisse moins expressive.

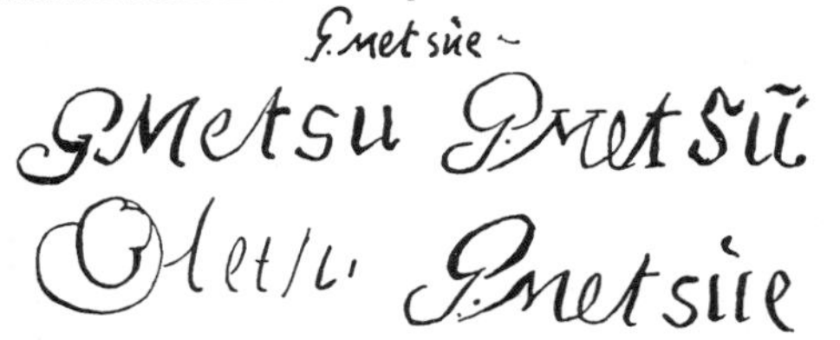

Bibliogr. : Hofsteede de Groot : Catalogue de l'exposition *Gabriel Metsu*, Leyde, 1966.

Musées : Aix : *Le Déjeuner – La leçon de musique – Vieille dame lisant – Loth et ses filles* – Amsterdam : *La marchande de harengs – Le forgeron – Le déjeuner – Le vieux buveur – Vieille femme méditant – Le cadeau du chasseur – Cuisine – L'enfant malade* – Berlin : *La famille de Geelvink – La cuisinière – La malade* – Brunswick : *Hollandaise* – Bruxelles : *La collation* – Cambridge (Fitz William) : *Cavalier auprès d'une dame* – Capstadt : *Famille à table – Vendeuse d'huîtres* – Cheltenham : *Femme à la cruche et homme garnissant sa pipe* – Douai : *Portrait de jeune fille* – Dresde : *Les amoureux déjeunant – Le marchand et la marchande de volailles – La vieille marchande de gibier – Le fumeur – La lettre* – La Fère : *L'écureuse* – Florence : *Scène de famille – La dame et le chasseur* – Genève (Ariana) : *Jeune peintre avec sa femme* – Graz : *Marché aux légumes* – Hambourg : *Le chasseur* – La Haye – Karlsruhe : *Le soupirant et la jeune Frisonne – Le chasseur – Les amateurs de musique – La Justice protégeant la veuve et l'orphelin* – Kassel : *La marchande de volailles – L'aumône – La joueuse de luth* – Leyde : *Jugement de l'empereur Othon* – Londres (Nat. Gal.) : *Le duo – La leçon de musique – L'aubergiste endormie – Vieille femme à la fenêtre* – Londres (coll. Wallace) : *Femme à sa toilette – La vieille poissonnière – Personne surprise écrivant une lettre – Vieille femme endormie – Le cavalier dormant* – Madrid : *Poule morte* – Montpellier : *Marchande hollandaise – L'écrivain – Vieille poissonnière – Maître et serviteur* – Moscou : *Officier et jeune femme* – Munich : *Fête des rois chez des paysans – Cuisinière* – New York : *Société de musique – Visite de l'accouchée* – Paris (Mus. du Louvre) : *Nature morte – La femme adultère – Le marché aux herbes à Amsterdam – Militaire recevant une jeune dame – La leçon de musique – Le chimiste – Hollandaise – Cuisinière – L'amiral Corneille Tromp* – Paris (Petit Palais) : *Dame au piano – Jeune fille devant le miroir* – Philadelphie : *Mandoliniste – Femme causant avec un perroquet – Fenaison* – Prague (Rudolf) : *Marchands de poissons* – Rotterdam : *Un prêtre* – Saint-Pétersbourg (Mus. de l'Ermitage) : *L'enfant prodigue – La malade – Le concert – Le déjeuner – Le repas de famille – Le déjeuner de la Hollandaise – Couturière* – Schleissheim : *Violoniste et chanteuse* – Schwerin : *Le denier de la veuve* – Stockholm : *Partie de jeu* – Strasbourg : *Le riche et Lazare le pauvre* – Venise : *Baiser de Judas* – Vienne : *Noli me tangere – La Dentellière* – Vienne (Czernin) : *Fumeur* – Vienne (Shonborn-Buchheim) : *La lettre interceptée* – Vienne (Liechtenstein) : *Couple d'amoureux*.

Ventes Publiques : Paris, 1742 : *Un homme avec une jeune fille tenant un vidrecome* : **FRF 1 260** – Paris, 1767 : *Une malade assise* : **FRF 6 020** – Paris, 1776 : *Le Marché aux herbes d'Amsterdam* : **FRF 25 800** – Paris, 1810 : *Un militaire recevant une dame* : **FRF 24 000** – Londres, 1840 : *Le corset rouge* : **FRF 13 385** – Paris, 1865 : *La visite de l'accouchée* : **FRF 50 000** ; *La dame au chien* : **FRF 59 000** – Paris, 28 avr. 1874 : *Le peseur d'or* : **FRF 40 000** – Amsterdam, 1881 : *La collation* : **FRF 27 300** – Paris, 1889 : *Intérieur hollandais* : **FRF 64 500** ; *La collation* : **FRF 80 000** – Anvers, 1898 : *L'Artiste et sa femme* : **FRF 31 500** – Munich, 1899 : *Seigneur et dame au clavecin* : **FRF 56 200** – Paris, 1899 : *Paysan assis*, pierre noire et craie : **FRF 200** – Paris, 29 juin 1905 : *Le hacheur de paille* : **FRF 6 000** – Paris, 25-28 mai 1907 : *La lecture* : **FRF 11 600** – Londres, 5 fév. 1910 : *Intérieur* : **GBP 50** – Paris, avr. 1910 : *Femme épluchant des carottes* : **FRF 14 000** ; *La lettre* : **FRF 85 500** – Londres, 14 juil. 1911 : *Poissons sur une table* : **GBP 54** – Paris, 16-19 juin 1919 : *La Cuisinière hollandaise* : **FRF 51 000** – Paris, 31 mars 1920 : *La leçon de musique* : **FRF 10 355** – Paris, 8-10 juin 1920 : *La conversation*, aquar. : **FRF 5 120** – Londres, 10 mai 1922 : *Intérieur avec une femme cousant* : **GBP 50** – Londres, 19 juil. 1922 : *Portrait d'une négresse* : **GBP 285** – Londres, 6 juil. 1923 : *Musique de salon* : **GBP 441** – Paris, 2 juin 1924 : *Le repas du petit chien* : **FRF 280 000** ; *Le message* : **FRF 82 000** – Paris, 22 déc. 1924 : *Le Buveur*, cr. noir et blanc : **FRF 850** – Londres, 22 mai 1925 : *Femme dessinant un buste* : **GBP 2 205** – Paris, 27 et 28 mai 1926 : *Portrait présumé de la mère de l'artiste* : **FRF 75 000** – Londres, 28 juil. 1926 : *Jeune homme écrivant* : **GBP 178** – Londres, 23 mars 1934 : *Deux femmes près d'une table sur une terrasse* : **GBP 126** – Genève, 28 août 1934 : *La lecture de la lettre* : **FRF 9 500** – Genève, 25 mai 1935 : *Portrait de femme* : **FRF 4 100** – New York, 23 jan. 1936 : *Retour de la chasse* : **USD 525** – Londres, 15 mai 1936 : *Marchand de volailles* : **GBP 110** – Londres, 19 avr. 1937 : *Femme nettoyant des poissons* : **GBP 2 800** – Londres, 7 déc. 1950 : *Nature morte* : **FRF 100 000** – New York, 6 déc. 1958 : *Portrait d'un petit chien* : **USD 1 800** – Amsterdam, 25 juin 1959 : *Le notaire* : **NLG 14 000** – Londres, 7 déc. 1960 : *Portrait d'une femme* : **GBP 5 000** – Londres, 26 nov. 1965 : *Nature morte* : **GBP 3 800** – Cologne, 17 nov. 1966 : *Autoportrait* : **DEM 42 000** – Londres, 5 déc. 1969 : *Le fumeur de pipe* : **GBP 3 200** – Londres, 23 mars 1973 : *Portrait présumé de l'artiste* : **GBP 36 000** – Versailles, 20 juin 1974 : *Le jeune savant* : **FRF 85 000** – Londres, 2 juil. 1976 : *Agar chassé par Abraham*, h/t (114x87,5) : **GBP 15 000** – Londres, 12 déc. 1980 : *Autoportrait en chasseur*, h/pan. : **GBP 13 000** – Londres, 6 juil. 1983 : *Jeune femme lisant une lettre*, h/pan. (25,5x20,5) : **GBP 27 000** – New York, 3 juin 1988 : *Portrait d'un homme (l'artiste ?)*, h/pan. (16,5x12,7) : **USD 16 500** – Paris, 22 juin 1990 : *La marchande de poissons*, h/t (30x27) : **FRF 2 000 000** – Amsterdam, 25 nov. 1991 : *Jeune homme assis et endormi*, craie noire (20,5x21,1) : **NLG 55 200** – New York, 19 mai 1994 : *Servante utilisant un mortier*, h/pan. (24,1x20,3) : **USD 19 550** – Amsterdam, 15 nov. 1995 : *Une servante tenant un verre*, craies blanche et noire (42,5x24,6) : **NLG 30 680** – Londres, 3 juil. 1996 : *Une servante écaillant des poissons dans la cour d'une maison*, h/t (32,8x27,2) : **GBP 188 500** – New York, 30 jan. 1997 : *Jeune fille attablée*, h/pan. (23,5x20) : **USD 206 000**.

METSU Jacques ou **Metzu**

Mort le 16 mars 1629 à Leyde. XVIIe siècle. Actif à Belle (Flandre). Hollandais.

Peintre.

Il épousa d'abord Marytje Jansdr., puis à Leyde le 18 avril 1620 Machteld Dircxdr, et enfin, le 10 novembre 1625, Jacomina Garnyers, veuve du peintre Guill. Fremault, qui fut une peintre et eut pour fils Gabriel Metsu. On ne parle pas de ses œuvres.

METSYS. Voir aussi **MASSYS**

METSYS Cornelis ou **Massys**

Né avant 1508 ou 1510 à Anvers. Mort après 1580 à Anvers. XVIe siècle. Éc. flamande.

Peintre de compositions religieuses, scènes de genre, paysages, graveur.

Fils de Quentin Metsys. Il fut maître à Anvers en 1531.

À la suite de Patenier, il fit le même type de paysage panoramique, mais dans une veine plus anecdotique et montrant une plus grande sensibilité à la lumière. Il découpe moins fortement ses formes et travaille dans des tonalités plus claires et plus douces que Patenier. Il se fait, avant P. Brueghel, l'interprète de la vie paysanne avec des œuvres comme le *Retour de l'enfant prodigue*, ou *Paysage aux chasseurs*. En tant que graveur, il a produit un œuvre important d'après les tableaux des maîtres. Il signait *C.M.E.C.M.A.* et *Cor. Mat.*

Musées : Amsterdam : *Parabole de l'enfant prodigue* – Anvers : *Saint Jérôme dans un paysage* – Berlin (Mus. d'État) : *Rue animée de village – Arrivée à Bethléem – Marie et Joseph s'avançant vers la maison* – Dessau : *Paysage aux chasseurs* – Hluboka (Tchécoslovaquie) : *Montée au Calvaire*.

Ventes Publiques : Londres, 23 juin 1937 : *Ville entourée de col-*

lines, dess. : **GBP 24** – Londres, 27 nov. 1963 : *Paysage animé de personnages* : **GBP 2 500** – Londres, 6 juil. 1966 : *Paysage* : **GBP 2 800** – Vienne, 12 mars 1974 : *L'auberge au bord de la forêt*, temp. : **ATS 180 000** – Londres, 28 juil. 1976 : *Scène de chasse*, h/pan. (20x26) : **GBP 10 500** – Londres, 8 avr. 1981 : *Paysage montagneux animé de personnages et vue d'une ville en arrière-plan*, h/pan. (35x52) : **GBP 3 800** – Londres, 11 déc. 1987 : *Paysage montagneux avec un pont de bois et château à l'arrière-plan*, h/pan. (33,3x46,7) : **GBP 17 000** – Paris, 27 juin 1989 : *La Tentation de saint Antoine dans une paysage de montagnes*, pan. de chêne non parqueté (26x32,5) : **FRF 300 000** – Amsterdam, 13 nov. 1995 : *Le Christ et la femme de Samarie et les apôtres sur le chemin de leur périple dans un paysage*, h/pan. (30,9x55,9) : **NLG 48 300**.

METSYS Jan, l'Ancien ou **Matsys** ou **Massys**
XVIe siècle. Éc. flamande.
Peintre.

Probablement frère de Quentin. Maître à Anvers en 1501. Il eut pour élève Stoffel Van Putte en 1504.

METSYS Jan ou **Massys**
Né en 1505 ou 1510 ou 1511 à Anvers. Mort vers 1575 à Anvers, ou avant le 8 octobre 1575 ou avant le 21 juillet 1580. XVIe siècle. Éc. flamande.
Peintre de sujets mythologiques, compositions religieuses, scènes de genre, figures.

Fils de Quentin et élève de Jacob Osket. Il fut maître à Anvers en 1531 et épousa sa cousine Anna Van Tuylt en 1538. Banni comme protestant en 1544, il alla en Italie, travailla à Gênes en 1550 et semble être revenu en 1558 à Anvers où il vivait encore en 1574. Jan Massys eut pour élèves Frans van Tuylt en 1536, Frans de Witte en 1543, Olivier de Cuyper en 1569.

À son retour d'Italie, il fut l'un de ceux qui firent connaître le maniérisme de Primatice en Flandre. Ses nus sont d'une pâleur et d'un manque de vibration qui font penser à du marbre. Le modelé est en général peu accentué et les lignes gracieuses du corps sont soulignées sans exagération. Son érotisme est réservé et souvent teinté d'intentions morales, d'esprit érasmien. Il place le plus souvent ses nus dans de somptueux paysages, telle *Flore* (Stockholm), devant la baie de Naples. À ce sujet, Tolnay soutient que la vue d'Anvers peinte en arrière-plan de *Flore* (Hambourg), serait de la main de P. Brueghel. Ce ne serait pas étonnant, surtout à cette époque, de voir deux peintres ainsi collaborer.

1565
IOANES MASSIIS
PINGEBAT

Bibliogr. : C. Marcenaro : Ancora Jan Massys à Palazzo Bianco, Emporium, Bergame, Sept. 1950 – R. Genaille, in : *Dictionnaire de l'Art et des Artistes*, Paris, Hazan, 1967.

Musées : Anvers : *L'hospitalité refusée à la Vierge et à saint Joseph – Guérison de Tobie – La jeune courtisane – Marie et l'Enfant Jésus* – Augsbourg : *Saint Jérôme* – Boston (Mus. of F. A.) : *Judith présentant la tête d'Holopherne* – Bruxelles : *Suzanne et les vieillards – Loth et ses filles – La Sainte Famille* – Cherbourg : *Paysans belges en fête* – Cognac : *Loth et ses filles* – Douai : *Jésus présenté au peuple par Pilate – Joyeuse compagnie – Guérison de Tobie* – Dresde : *Paysans chez un fermier – Le Christ pleuré* – Gênes : *Caritas* – Hambourg : *Flore* – Karlsruhe : *Élie et la veuve de Sarepta* – Madrid (Prado) : *Le Sauveur – La Vierge* – New York : *Bethsabée* – Paris (Mus. du Louvre) : *Bethsabée – Judith* – Schleissheim : *L'apôtre Paul* – Stockholm : *Flora – Vieillard caressant une jeune femme – Société de musiciens* – Stuttgart : *Bethsabée au bain – Joyeuse compagnie* – Vienne : *Loth et ses filles – Saint Jérôme*.

Ventes Publiques : Paris, 1850 : *Portement de Croix* : **FRF 450** ; *Le Fauconnier* : **FRF 1 000** – Paris, 1886 : *Le savant à l'étude* : **FRF 750** – Paris, 13 nov. 1922 : *La chaste Suzanne et les vieillards* : **FRF 27 000** – New York, 27 mars 1930 : *Madeleine* : **USD 3 000** – Bruxelles, 6 déc. 1937 : *Suzanne et les vieillards* : **BEF 10 000** – Londres, 8 mai 1946 : *La Vierge et saint Joseph : La Fuite en Égypte*, deux panneaux d'autel : **GBP 820** – Londres, 26 juin 1946 : *La Vierge et l'Enfant* : **GBP 190** – Paris, 27 avr. 1950 : *Sainte Famille*, attr. : **FRF 400 000** – Londres, 29 nov. 1957 : *la Madone et l'Enfant* : **GBP 735** – Cologne, 11 nov. 1964 : *Jérôme* : **DEM 14 000** – Paris, 29 mai 1969 : *La chaste Suzanne et les vieillards* : **FRF 158 000** – Versailles, 23 mai 1976 : *Suzanne et les vieillards*, h/pan. (107x138) : **FRF 59 000** – Londres, 14 déc. 1977 : *Suzanne et les vieillards* 1556, h/pan. (129x110) : **GBP 32 000** – Londres, 11 juil 1979 : *La Visitation dans un paysage* 1562, h/pan. (45,5x86,5) : **GBP 10 000** – New York, 9 juin 1983 : *Bethsabée et David*, h/pan. (110x73,5) : **USD 5 250**.

METSYS Quentin ou **Matsys, Massys, Messys, Metzys**, dit **Quentin de Smit, le Herrero** ou **le Maréchal d'Anvers**
Né vers 1466 à Louvain. Mort entre le 13 juillet et le 16 septembre 1530 à Anvers. XVe-XVIe siècles. Éc. flamande.
Peintre d'histoire, compositions religieuses, scènes de genre, portraits.

Avec Memling et son élève Gérard David, l'École de Bruges brille d'un dernier et très vif éclat ; c'est désormais dans une autre ville flamande, à Anvers en Brabant que va s'achever cette grande période de la peinture primitive flamande.

Quentin Metsys naquit très certainement à Louvain, mais il passa sa vie à Anvers. Une aimable tradition veut que Quentin Metsys, fils de forgeron, ait lui-même pratiqué l'art de la ferronnerie et qu'il soit l'auteur du *puits* d'Anvers. Il serait, de plus, devenu peintre par amour : Quentin, en effet, s'était épris de la fille du peintre Van Tuylt, qui ne voulait la donner qu'à un peintre ; le jeune forgeron quitte sa forge, parcourt l'Allemagne et l'Angleterre et grâce à sa ténacité et à d'exceptionnelles dispositions, il devient un peintre de valeur, auquel Van Tuylt n'avait plus de raisons de refuser sa fille. Quentin fit probablement son apprentissage chez le fils de Thierry Bouts ; on sait qu'il fut reçu en 1491 comme maître dans la gilde de Saint-Luc à Anvers et qu'il en fit partie jusqu'à sa mort en 1530.

Au début de sa carrière artistique, Quentin Metsys se consacra presque exclusivement à la peinture religieuse ; plus tard, délaissant la sérénité rêveuse de ses Madones et de ses Christs, il saura, dans ses portraits et ses scènes de genre, extérioriser les passions humaines les plus complexes.

Les peintures du Musée d'Anvers, telles que le *Voile de sainte Véronique*, la *Sainte Face* et la *Madone* sont des œuvres de jeunesse déjà remarquables, dessinées sans dureté, un peu dans la manière de son aîné Thierry Bouts, mais dans la *Madone* du Musée de Berlin, Metsys s'humanise, la Vierge vêtue d'une robe bleue aux manches violettes, caresse son enfant d'un geste charmant et très naturel : elle semble inconsciente de sa vocation miraculeuse et de l'essence de son fils, elle est aussi peu mystique que possible. La plus ancienne œuvre datée de Metsys est la *Légende de sainte Anne* ou *Généalogie de la Vierge* du Musée de Bruxelles, c'est un triptyque : dans le panneau de gauche saint Joachim apprend la naissance de Marie ; celui de droite, le mieux conservé, nous présente la *Mort de sainte Anne*, devant une fenêtre grande ouverte qui laisse pénétrer la lumière à flots et ôte à cette mort toute tristesse ; dans le panneau central, la scène s'ordonne en trois parties très bien équilibrées : au milieu et au premier plan, la Vierge tenant son fils sur ses genoux, sainte Anne est assise auprès d'elle, enfin de chaque côté du groupe principal, un groupe formé, l'un par Marie Salomé, l'autre par Marie Cléophas, entourées de leurs maris et de leurs enfants ; toute cette composition est d'une ordonnance sévère et majestueuse et d'un haut sentiment mystique. Ce remarquable ensemble a malheureusement (à part le panneau de la mort de sainte Anne) subi de fâcheuses réparations qui ont altéré la fraîcheur de ses coloris. Le chef-d'œuvre religieux de Metsys est certainement la *Mise au tombeau* du Musée d'Anvers ; en 1508, la corporation des Menuisiers d'Anvers, désirant faire décorer la chapelle qu'elle possédait à la cathédrale Notre-Dame, demanda à Quentin Metsys un tableau d'autel et les deux panneaux destinés à le couvrir. Du panneau central, J. K. Huysmans dans son livre *de Tout* donne une magistrale description : « Ce panneau, dit-il, dispose les principaux personnages sur le fond du Calvaire, deux croix sont placées et branchent encore les deux larrons ; la troisième, celle du milieu, est vide et deux femmes recueillent à son pied le sang tombé du Christ... à gauche, là où le Golgotha prend fin, Jérusalem apparaît dans la poudre bleuâtre d'un jour clair. Le long de la toile, Jésus est couché sur un suaire au premier plan, à gauche, trois hommes, Nicodème, Joseph d'Arimathie et un inconnu ; au centre, la Sainte Vierge, saint Jean, une femme dont on ignore le nom, à droite Marie Salomé, Marie Cléophas et Marie Magdeleine...

Mais l'image sublimée de la douleur, c'est en la Vierge qu'elle apparaît, une Vierge livide dont les traits délicats et charmants sont, à force d'avoir pleuré, bouffis. » Il est cependant un panneau que Huysmans, subjugué par la scène principale, a volontairement dédaigné, il contient pourtant une des plus exquises effigies féminines que Metsys ait jamais peintes, il représente la *Décollation de saint Jean-Baptiste* ; dans une salle somptueuse, qui nous donne une idée de la vie élégante d'Anvers au XVIe siècle, sur un bout de table recouverte d'une nappe éblouissante, une Salomé très mince dans une longue robe à fleurs qui la moule étroitement, pose en minaudant la tête de saint Jean ; la gracieuse apparition de la jeune femme enlève à cette scène tout caractère d'horreur et la tête de l'infortuné prophète y participe comme un simple accessoire de théâtre. À cette œuvre capitale dans laquelle Quentin Metsys a voulu reprendre à son tour un des thèmes préférés des primitifs flamands, deux œuvres antérieures peuvent se comparer sans dommage : la *Déposition de Croix*, de Thierry Bouts, qui est au Louvre et la *Descente de Croix*, de Roger Van der Weyden, de l'Escorial. Si Metsys n'a pas le sens dramatique de Van der Weyden ni sa sensibilité, s'il n'atteint pas la pieuse sérénité de Thierry Bouts, il montre des qualités éminentes de réalisme et de virilité. Metsys ne s'est pas contenté de faire intervenir des scènes réalistes dans ses compositions historiques ou religieuses ; toute une partie de son œuvre est consacrée à des tableaux, dont certains sont d'âpres caricatures, comme la *Courtisane et le Vieillard*, de la collection Pourtalès, et les *Avares*, de la collection du Palais de Windsor. Ce réalisme et cette précision des détails qui ont toujours été caractéristiques de la peinture flamande après Van Eyck, se retrouvent d'une manière saisissante dans la célèbre toile de Metsys du Musée du Louvre, le *Banquier et sa Femme* ; cette œuvre hallucinante de vérité, où tous les objets donnent l'illusion d'une présence réelle et d'une vie latente qui transfigurent les visages en pleine lumière des deux personnages, c'est une vision précise de la vie privée des contemporains du peintre et l'on y peut saisir un des aspects caractéristiques de ce talent si complexe qui va de la grande peinture religieuse à la *Salomé* du triptyque d'Anvers et aux *Avares* de Windsor. Metsys apporte dans l'exécution de ses portraits la même observation et la même probité ; sa facture y est d'une exceptionnelle vigueur, allant même, comme dans la tête du vieillard si déplaisant du Musée Jacquemart-André, jusqu'aux confins de la caricature. Moins grand sans doute que ses prédécesseurs immédiats, Van der Weyden, Thierry Bouts, Memling et Gérard David, Metsys n'en demeure pas moins un des peintres importants de ce XVIe siècle flamand qui s'épanouira dans l'École d'Anvers ; se détournant peu à peu de la peinture religieuse où s'était si merveilleusement exprimé un Memling, il se sentira de plus en plus attiré par le spectacle de la vie quotidienne si plantureuse et si colorée du grand port de l'Escaut, mais il a écouté la leçon de l'Italie et toute son œuvre en gardera le charme et l'élégance. ■ Jean Dupuy

QVINTE METSYS

SCREEF 1511 8 ''09

Bibliogr. : W. Cohen : *Studien zu Quentin Matsys*, Bonn, 1904 – H. Brising : *Quentin Metsys*, Upsala, 1909 – A. J. J. Delen : *Metsys*, Bruxelles, 1929 – J. de Figueiredo : *Metsys e Portugal*, in *Mélanges Hulin de Loo*, Bruxelles, 1931 – M. J. Friedlander : *Quentin Massys, reflexions on his development*, in *Burlington Magazine, 72*, 1932 – K. G. Boon : *Quentin Massys*, Amsterdam, 1942 – M. J. Friedlander : *Quentin Metsys as a painter of genre*, in *Burlington Magazine*, mai, 1947 – L. Reis Santon : *Le portrait de saint Bernardin de Sienne par Quentin Metsys*, Lisbonne, 1949.

Musées : Anvers : *Saint Christophe – Salvator Mundi et Vierge en prière*, diptyque – *Madeleine – Ensevelissement du Christ – Décollation de saint Jean Baptiste – Saint Jean Baptiste – Saint Jean l'Évangéliste et son Supplice*, triptyque avec revers – *La sainte Face – Peter Gillis – La Vierge embrassant le Christ mort* – Barcelone : *Tête de vieil homme – Triptyque de la Confrérie de Sainte-Anne à Louvain* – Bergame (Acad. Carrara) : *André Cauter, jeune* – Berlin : *La Vierge et l'Enfant Jésus – Madeleine se lamentant* – Besançon : *Tête de saint Jean* – Bruxelles : *La légende de sainte Anne*, triptyque – *Vierge à l'Enfant – La Vierge des sept douleurs* – Budapest : *Lucrèce* – Chicago (Art Inst.) : *Homme à l'œillet* – Coimbre : *Ecce homo* – Damme (Mus. Van Maerlant) : *Marché des compères* – Douai : *Saint Jérôme* – Florence : *L'artiste et sa femme – L'artiste – Saint Jérôme* – Florence (Gal. Corsini) : *Érasme* – Francfort-sur-le-Main : *Portrait d'homme* – Genève (Ariana) : *La consultation* – Graz : *Buste d'une vieille femme* – Lisbonne : *Polyptyque de la Mater Dolorosa* – Londres (Nat. Gal.) : *Salvator Mundi et la Vierge – Femme monstrueuse* – Lyon : *Christ couronné d'épines – Vierge et anges* – Madrid : *Ecce Homo*, triptyque – *Tentation de saint Antoine* – Le Mans : *Saint Jérôme méditant sur une tête de mort* – Nancy : *Les compteurs d'argent* – New York (Metropolitan Mus.) : *L'adoration des Mages – Portrait de femme à la coiffe blanche – Portrait d'homme* – Paris (Mus. du Louvre) : *Le banquier et sa femme – Le Christ bénissant – La Vierge et l'Enfant Jésus – Le Christ mort sur les genoux de la Vierge*, attr. – Paris (Jacquemart André) : *Portrait posthume d'un vieillard* – Poznan : *Vierge à l'Enfant* – Rome (Doria-Pamphily) : *Percepteurs d'impôts – Deux hypocrites* – Rome (Barberini) : *Érasme de Rotterdam – Judith* – Rotterdam (Mus. Boymans van Beuningen) : *La Vierge et l'Enfant* – Saint-Pétersbourg (Mus. de l'Ermitage) : *Vierge triomphante* – Stockholm : *Un pauvre chez son créancier* – Stuttgart : *Madone* – Vienne : *Saint Jérôme, cardinal*.

Ventes Publiques : Paris, 1857 : *La tête du Christ et celle de la Vierge* : **FRF 3 445** – Paris, 1875 : *Sujet religieux* : **FRF 12 000** ; *Portrait du peintre* : **FRF 5 000** – Londres, 10 avr. 1880 : *Portrait de vieille femme* : **FRF 4 000** – Paris, 1889 : *Portrait d'Etienne Gardiner* : **FRF 30 000** – Londres, 1892 : *Louis XI en robe pourpre et spencer noir, orné de pierreries* : **FRF 4 200** – Paris, 1892 : *Le Calvaire* : **FRF 11 300** – Gênes, 1899 : *La Vierge et l'Enfant Jésus* : **FRF 7 600** – Paris, 4-7 avr. 1906 : *La Vierge en adoration* : **FRF 12 000** – Paris, 6 fév. 1908 : *Saint Jérôme en extase* : **FRF 1 620** – Paris, 31 mai et 1er juin 1920 : *La Vierge aux cerises*, attr. : **FRF 38 000** – Londres, 27 juin 1924 : *Vierge et Enfant* : **GBP 4 095** – Londres, 18 juil. 1924 : *Pietà* : **GBP 4 095** – Londres, 18 juil. 1924 : *Un philosophe* : **GBP 892** – Paris, 27 et 28 mai 1926 : *La Vierge tenant l'Enfant Jésus dans ses bras* : **FRF 300 000** ; *Le Sauveur* : **FRF 22 000** – Londres, 8 juil. 1927 : *Un philosophe* : **GBP 735** – Londres, 13 juil. 1928 : *Scènes de la parabole de l'Enfant prodigue* : **GBP 483** – Londres, 27 juin 1930 : *Un Donateur, sa femme et ses enfants* : **GBP 546** – Londres, 18 juil. 1930 : *Vierge et Enfant* : **GBP 945** – Berlin, 20 sep. 1930 : *Deux femmes devant un Christ* : **DEM 45 000** – Genève, 28 août 1934 : *La Sainte Famille* : **CHF 15 500** – Londres, 13 nov. 1959 : *Sainte en prière* : **GBP 1 575** – Londres, 1er avr. 1960 : *Madone et Enfant* : **GBP 3 150** – Londres, 1er avr. 1966 : *Portrait de vieille femme* : **GNS 1 100** – Amsterdam, 9 juin 1977 : *Portrait d'homme*, h/pan. (54x35) : **NLG 40 000** – Londres, 11 juil 1979 : *La Vierge et l'Enfant*, h/t (75x63) : **GBP 9 500** – Londres, 8 juil. 1988 : *La Vierge en prière*, h/pan. (34,7x26n4) : **GBP 264 000**.

METSYS Quentin, le Jeune ou **Massys**
Né en 1543 à Anvers. Mort le 18 avril 1589 à Francfort-sur-le-Main. XVIe siècle. Hollandais.
Peintre.

Fils de Jan Metsys. Il était membre de la gilde d'Anvers en 1574. Il fut actif à Delft. Il se rendit en 1588 à Francfort comme réfugié.

METT Benedik
XVIe siècle. Actif à Prüfening. Suisse.
Miniaturiste.

A enluminé vers 1519 trois antiphonaires pour le monastère de Rheinau, conservés à la Bibliothèque de Zurich.

METTAIS Charles Joseph
XIXe siècle. Actif à Paris. Français.
Peintre de portraits, de genre et illustrateur.

Figura au Salon de 1846, 1847 et 1848.

METTAIS, Le. Voir **LE METTAIS**

METTANG Gottfried
Né en 1760 à Freudenstadt. XVIIIe siècle. Allemand.
Peintre.

De 1770 à 1780 élève de l'École Charles, à Stuttgart, où il s'installa en 1788 pour venir à Paris en 1790.

METTAY, Le. Voir **LE METTAIS**

METTEGANG Florentine Anna F., dite **Flöry**
Née le 25 mai 1865 à Francfort-sur-le-Main (Hesse). XIXe-XXe siècles. Allemande.
Peintre de compositions religieuses.

Elle fut élève de Hasselhorst, F. Kirchbach et F. Fehr.
Elle a exécuté des tableaux d'autel à Ludwigstadt (1897), et à Rämismühle près de Winterhur (1904).

METTEL Johann George
Mort vers 1760 à Nuremberg. XVIIIe siècle. Actif à Gieugen. Allemand.
Graveur.
Il pratiqua la gravure sur argent.

METTEL Nicolaus ou **Mettelj** ou **Mettely**
XVIIIe siècle. Actif à Augsbourg et à Cologne de 1739 à 1772. Allemand.
Graveur au burin.

METTELI V.
XVIIIe siècle. Actif à Utrecht vers 1778. Italien.
Dessinateur et graveur.

METTENEYE Adriaen ou **Metteneve**
Mort en mars 1534. XVIe siècle. Actif à Bruges. Éc. flamande.
Enlumineur.
En 1489, il fut élève de Paul Moerinc ; en 1500, maître de André Baers et en 1531 il reçut seize gros sous pour peinture d'une gravure du *Crucifiement* dans un missel acheté par la gilde de Simon Van der Meulen.

METTENHOVEN Marcel
XXe siècle. Français.
Peintre de paysages.
De son abondante production, on a surtout retenu ses paysages de Bretagne.
Ventes Publiques : Paris, 12 avr. 1929 : *Un coin de Bretagne* : **FRF 200** – Paris, 2 juin 1943 : *La route* 1928 : **FRF 460** – Paris, 29 juin 1945 : *Villas au bord de la Loire* 1929 : **FRF 800** – Paris, 12 mai 1950 : *La chaumière* : **FRF 4 600.**

METTENLEITER Johann Evangelist
Né le 5 juin 1792 à Grosskuchen. Mort le 7 avril 1870 à Munich. XIXe siècle. Allemand.
Graveur au burin.
Élève de son oncle Johann Michael. Il travailla à Munich.
Ventes Publiques : Paris, 28 et 29 nov. 1923 : *La leçon de chant* : **FRF 1 350.**

METTENLEITER Johann Jakob
Né le 9 août 1750 à Grosskuchen. Mort le 25 février 1825 à Saint-Pétersbourg. XVIIIe-XIXe siècles. Allemand.
Peintre et graveur à l'eau-forte et au burin.
Élève de J. G. Zink. Il travailla en Italie, en Hollande et en Russie. Il grava des sujets de genre, des paysages et des portraits. On cite de lui une *Résurrection*, dans la cathédrale d'Augsbourg. Il exécuta également les fresques du Palais des Ingénieurs de Leningrad (*Jugement de Pâris*), celles de l'église Sainte-Catherine dans cette ville et du Pavillon de Vénus dans le parc de Gatschina. On note encore de lui des portraits de saints à l'église catholique Alex. Newskij de Leningrad et le portrait d'*Alexandre Ier* à l'Académie des Sciences.

METTENLEITER Johann Michael
Né le 22 avril 1765 à Grosskuchen. Mort le 19 mars 1853 à Passau. XVIIIe-XIXe siècles. Allemand.
Peintre d'histoire, sujets religieux, scènes de genre, aquarelliste, graveur, illustrateur.
Élève de son père Jakob, de Zink et de Dorner ; il vécut à Munich à partir de 1782. Il grava à l'eau-forte et au burin. Il fut appelé par les contemporains de Chodowiecki bavarois et fut l'illustrateur de très nombreux livres de la fin du XVIIIe siècle.

Ventes Publiques : Berne, 24 juin 1983 : *Arrivée des princes de Bavière à un rendez-vous de chasse*, pl. et lav. (33,7x55) : **CHF 4 200** – Munich, 1er-2 déc. 1992 : *Autour du tombeau des amis* 1826, aquar. (29,5x22) : **DEM 1 058.**

METTER H. de
Hollandais.
Peintre de paysages.

METTERNICH Julius von
XVIIe siècle. Actif à Aussee en Styrie. Autrichien.
Peintre.

METTERNICH-WINNEBURG Clemens Wenzel de, prince
Né en 1773 à Coblence. Mort le 11 juin 1859 à Vienne. XVIIIe-XIXe siècles. Allemand.
Dessinateur et graveur à l'eau-forte.
Grava des animaux.

METTERTEE Gerard
XVe siècle. Actif à Bruges. Éc. flamande.
Sculpteur.
Exécuta en 1434 avec deux autres sculpteurs huit statues des comtes et comtesses de Flandre pour l'Hôtel de Ville de Bruges.

METTHEY André ou **Methey**
Né le 4 juin 1871 à Laignes (Côte d'Or). Mort le 31 mars 1920. XIXe-XXe siècles. Français.
Céramiste.
Sculpteur de formation, il se tourne rapidement vers la céramique.
Il participa aux différents Salons parisiens : de 1903 à 1909 des Artistes Français ; à partir de 1904 d'Automne ; 1905 des Indépendants ; 1911, 1912 des Artistes décorateurs, ainsi qu'en 1902 à l'Exposition de la Libre Esthétique de Bruxelles, 1911 Exposition mondiale de Turin, 1912 Exposition artistique de Munich. Il montra ses œuvres dans des expositions personnelles : 1911 à 1913, 1988 à Paris. Une rétrospective de son œuvre a été organisée en 1921 au musée Galleria à Paris. En 1892, il obtint un prix de sculpture. Il fut décoré de la Légion d'honneur.
Après des essais décevants et de longs déboires, il entra en 1903 sur le chemin du succès avec ses faïences stannifères, plats, assiettes, coupes, vases. Autour de lui, dans son atelier d'Asnières, se groupèrent de nombreux artistes, soucieux de lutter contre le conformisme décoratif d'époque. Ce furent des peintres, Renoir, O. Redon, M. Denis, Matisse, Roussel, Bonnard, Van Dongen, Vuillard, Rouault, Friesz, Valtat, Vlaminck et Derain. Après deux ans, cette collaboration prit fin. André Metthey renonça aux faïences stannifères pour des terres vernissées qui lui permirent plus de richesse, de variété, et de fantaisie dans la forme et le décor. C'est dans cette seconde période qu'André Metthey s'est affirmé comme le rénovateur de la céramique française.
Musées : New York (Metrop. Mus.) – Paris (Mus. du Petit Palais) – Paris (Mus. des Arts déco.) – Paris (Mus. d'Art Mod. de la Ville) – Paris (Mus. Galliéra).
Ventes Publiques : Paris, 24 juin 1992 : *Assiette en grès à décor émaillé* (diam. 20) : **FRF 3 600.**

METTIDORO Mariotto di Francesco
Mort vers 1548. XVIe siècle. Actif à Florence. Italien.
Peintre.

METTINGER Jöris
XVe siècle. Actif à Offenbourg. Suisse.
Peintre.
Il exécuta en 1455 trois tableaux pour l'église de Thun.

METTLER Johannes
Né le 25 avril 1821 à Oberuzwil. Mort le 5 décembre 1863 à Saint-Gall. XIXe siècle. Suisse.
Peintre de genre et de portraits.
Le Musée de Saint-Gall possède de cet artiste un *Portrait de jeune fille*.

METTLER Walter
Né le 14 décembre 1868 à Herisau (canton d'Appenzell). XIXe-XXe siècles. Suisse.
Sculpteur.
Il fut élève de Chapu, de Cavelier, et de Barrias à Paris.
Musées : Aarau : *Jeune Homme tendant son arc* – Bâle : *Porteuse d'eau* – Glaris : *Ève* – Saint-Gall : *Hero* – Zurich : *Fontaine de la porteuse d'eau*.

METTLERKAMP Daniel Christopher
Né en 1774 à Hambourg. Mort le 25 juillet 1850 à Hambourg. XVIIIe-XIXe siècles. Allemand.
Peintre et graveur amateur.
Le Musée de Hambourg conserve de cet artiste : *Forêt de chênes*.

METTLING Louis
Né en 1847 à Dijon (Côte d'Or). Mort en 1904 à Neuilly-sur-Seine (Hauts-de-Seine). XIXe siècle. Français.
Peintre de genre, portraits, fleurs.
On dit qu'il est d'origine anglaise. Il travailla d'abord à Lyon,

puis à Paris dans l'atelier d'Alexandre Cabanel. Il débuta au Salon de Paris en 1872.
On trouve dans son œuvre l'influence des ancien maîtres tels que Velasquez et Rembrandt.
Musées : Amsterdam : *Le cavalier – Tête de jeune fille* – La Haye (Mesdag) : *Portrait – Vieillard – Fillette* – Montréal (Learmont) : *L'un contre l'autre* – Paris (ancien Mus. du Luxembourg) : *Portrait de paysan.*
Ventes Publiques : Paris, 27-28 mai 1892 : *Le récurage* : **FRF 3 700** – Paris, 10-11 mai 1912 : *Portrait de femme* : **FRF 520** – New York, 10 avr. 1930 : *La domestique* : **USD 200** – Paris, 14 mai 1945 : *Pot de fleurs* : **FRF 2 000** – Paris, 15 nov. 1950 : *La jeune liseuse* 1873 : **FRF 2 200** – Londres, 27 juil. 1973 : *Le potier – La lecture de la lettre*, deux h/t : **GNS 1 700** – Paris, 15 mars 1976 : *Portrait de jeune femme à l'écharpe*, h/pan. oval (27,5x25) : **FRF 1 750** – Los Angeles, 17 nov. 1980 : *Le centre d'attention*, h/t (107x157,5) : **USD 6 250** – Paris, 11 déc. 1989 : *Portrait d'homme barbu à la toque de fourrure* 1883, h/t (55x46) : **FRF 3 800** ; *Portrait d'une dame en robe blanche*, h/pan. (37x24,5) : **NLG 2 300.**

METTLING Raoul Edmond
Né le 23 avril 1876 à Neuilly-sur-Seine (Hauts-de-Seine). xxe siècle. Français.
Peintre.
Il a aussi pratiqué la lithographie.

METTON Edouard Louis Auguste
Né le 15 septembre 1856 à Genève. Mort en 1927 à Corsier. xixe siècle. Suisse.
Peintre d'animaux, paysages.
Musées : Genève (Mus. Rath) : *La Dent d'Oche.*
Ventes Publiques : Berne, 25 nov. 1976 : *Troupeau au pâturage*, h/cart. (25x33) : **CHF 1 550** – Berne, 25 oct 1979 : *Paysage idyllique* 1886, h/t (120x174) : **CHF 3 000** – Berne, 2 mai 1986 : *Troupeau à l'abreuvoir*, h/t (67x91) : **CHF 3 500** – Berne, 26 oct. 1988 : *Paysage du Valais avec un torrent*, h/t (30x40,5) : **CHF 700.**

METTREAU Alexandre
xviie siècle. Actif à Nancy dans la seconde moitié du xviie siècle. Français.
Sculpteur.

METUL. Voir **METZSCH Johann Friedrich**

METZ Alois
Né le 27 novembre 1869 à Klein-Steinheim. xixe-xxe siècles. Allemand.
Peintre de portraits, paysages, natures mortes.
Il fut élève de l'école de dessin d'Hanau et à partir de 1888 de l'académie des beaux-arts de Berlin. Il séjourna de 1900 à 1903 à Rome, puis jusqu'en 1923 à Berlin. Il vécut et travailla à Heidelberg.

METZ Anton
xvie siècle. Actif à Breslau. Allemand.
Peintre.
On lui attribue un *Portrait du comte palatin Friedr. Kasimir enfant* qui se trouve au Musée de Spire.

METZ Bernhard
xviiie siècle. Actif à Attendorn près de Munster en Westphalie. Allemand.
Sculpteur.
Frère de Johann Nepomuk, qui fut également stucateur.

METZ Caroline M., née **Martin**
xviiie siècle. Allemande.
Peintre de portraits, de paysages et de fruits.
Sœur de Conrad Metz ; elle suivit sa famille en Angleterre et exposa à la Royal Academy entre 1775 et 1794.
Ventes Publiques : Londres, 8 fév. 1929 : *Thomas Shairps* : **GBP 73.**

METZ Cäsar ou **Caesar**
Né le 9 juillet 1823 à Mayence. Mort le 14 octobre 1895 à Munich. xixe siècle. Allemand.
Paysagiste.
Élève de Heinrich Funk à Francfort. Il travailla successivement dans les Alpes, en Italie, à Paris et à Bruxelles. Il exposa à Munich en 1858. On voit de lui, au Musée de Francfort *Lever de lune sur l'Isar*, et à celui de Munich, *Paysage sous l'orage.*
Ventes Publiques : Munich, 20 oct. 1983 : *Moissonneurs au bord du Chiemsee* 1876, h/t (42x66) : **DEM 6 000.**

METZ Conrad Martin
Né en 1745 ou 1749 à Bonn. Mort le 16 décembre 1827 à Rome. xviiie-xixe siècles. Britannique.
Peintre de sujets religieux, scènes de genre, aquarelliste, graveur, dessinateur.
Il fut élève de Bartolozzi à Londres. Il grava des sujets religieux, d'après des dessins des vieux maîtres italiens. En 1802, il partit pour Rome où il grava le *Jugement dernier* de Michel-Ange dans la Sixtine.
Musées : Cologne (Wall. Richartz Mus.) : trois dessins – Londres (British Mus.) : douze dessins.
Ventes Publiques : Paris, 11 juin 1928 : *Réunion d'officiers anglais dans un intérieur*, aquar. : **FRF 5 000** – Londres, 25 mai 1984 : *Deux jeunes garçon dans un paysage boisé* 1776, h/t (91,5x76,2) : **GBP 4 800** – Londres, 20 nov. 1985 : *Deux jeunes garçons dans un paysage boisé* 1776, h/t (91x75) : **GBP 7 000** – Londres, 17 juil. 1987 : *Portrait d'une dame de qualité* 1770, h/t (91,4x73,7) : **GBP 4 000** – Paris, 25 nov. 1993 : *L'annonce aux bergers*, pl., lav. et reh. de blanc (37x47) : **FRF 3 500.**

METZ Franz
Né à Braunau. Mort le 3 février 1724 au monastère de bénédictins de Prüfening. xviiie siècle. Autrichien.
Peintre de figures et de portraits.
Il fut d'abord moine bénédictin au monastère de Säben dans le sud du Tyrol, où il peignit trente tableaux. La Bibliothèque d'Innsbruck possède de lui un dessin représentant *Madeleine.*

METZ Friederike
xixe siècle. Active à Munich en 1820. Autrichienne.
Peintre de fleurs.

METZ Friedrich
Né le 29 janvier 1820 à Francfort-sur-le-Main. Mort le 3 juin 1901. xixe siècle. Allemand.
Paysagiste.
Élève de Heinrich Funk à Francfort. Parcourut l'Italie et la Grèce. Le Musée de Francfort conserve de lui un *Paysage italien.*

METZ Georges Louis
xxe siècle. Français.
Peintre de paysages, marines, aquarelliste.
Il exposa à Paris, au Salon d'Automne en 1964 et 1965.

METZ Gertrud
Née en 1746 à Bonn. xviiie siècle. Allemande.
Peintre de figures, de fleurs, d'insectes, etc.
Élève de son père, Joh. Martin Metz qu'elle suivit en Angleterre en 1781 et de l'Académie de Dusseldorf. Elle subit aussi l'influence de Rachel Ruysch. La Pinacothèque de Munich conserve d'elle des fleurs et des fruits.

METZ Gustav
Né le 28 octobre 1817 à Brandenburg. Mort le 30 octobre 1853 à Londres. xixe siècle. Allemand.
Peintre de genre, de portraits, d'histoire, illustrateur et sculpteur.
Élève de Rauch à Berlin et de Rietschel et de Bendemann à Dresde. En 1853 il alla à Londres comme portraitiste et y mourut du choléra.
Musées : Berlin (Nat. Gal.) : *Mariage de Tobie* – Hanovre : *Capture du comte Helffenstein* – Leipzig (Mus. des Beaux-Arts) : *Qui n'aime pas le vin, les femmes et les chansons* – Sunderland (Art. Gal.) : *Mort de Rachel.*

METZ Hans
xvie siècle. Actif à Hof. Allemand.
Peintre.
Il a peint en 1580 à Bindlach près de Bayreuth une *Cène.*

METZ Hans
xviiie siècle. Allemand.
Peintre.

METZ Herman
Né le 21 mars 1865 à Kassel. xixe-xxe siècles. Allemand.
Peintre.
Il fut élève des académies des beaux-arts de Kassel et Munich. Il vécut et travailla à Höscht-sur-le-Main.

METZ Johann Dominik de
Né à Gröden. xixe siècle. Autrichien.
Sculpteur sur bois.
Il travailla à Innsbruck vers 1833. La Ferdinandeum d'Innsbruck possède de lui un *Crucifix.*

METZ Johann Martin
Né en 1717 à Bonn. Mort vers 1790 à Cologne probablement. xviiie siècle. Allemand.

Peintre de natures mortes, fleurs et fruits.
Il est le père de Conrad Martin et de Gertrud. Il fut depuis 1740 au service du prince électeur de Bonn, ouvrit en 1771, à Cologne une école privée de peinture et fit ensuite à partir de 1781 plusieurs séjours à Londres. Il a décoré l'appartement particulier du prince électeur au château de Bonn ainsi que les plafonds de Brühl et l'étage mansardé du château du Brühl. On lui doit des vues des châteaux du prince électeur Clément-Auguste.
Musées : Cologne : deux œuvres.
Ventes Publiques : Vienne, 19 sep. 1972 : *Nature morte aux fleurs et aux fruits* : **ATS 220 000** – Cologne, 12 juin 1980 : *Nature morte aux fleurs* 1762, h/t (80x110) : **DEM 17 000** – Paris, 9 déc. 1981 : *Fleurs et nautile entourant un buste en argent* 1782, h/t (68x87) : **FRF 36 000** – Londres, 6 juil. 1984 : *Nature morte aux fleurs avec coquillages et poussins* 1769, h/t (125,7x93,7) : **GBP 6 500** – Paris, 16 déc. 1985 : *Vase fleuri de roses, de pavots et de pivoines posé sur un entablement ; Fleurs des champs, églantines et œillets dans un vase posé sur une stèle* 1788, h/t, une paire (61,5x50,5) : **FRF 120 000** – Paris, 25 mars 1987 : *Vases de fleurs* 1784, h/t, une paire (31x25) : **FRF 53 000** – Amsterdam, 18 mai 1988 : *Roses sauvages, liserons et autres fleurs au pied d'un arbre* 1787 (55x45,5) : **NLG 18 400** – Paris, 15 déc. 1989 : *Vase fleuri*, t. (50,5x61,5) : **FRF 80 000** – Paris, 9 déc. 1994 : *Vase fleuri posé sur un entablement* 1788, h/t (61,5x50,5) : **FRF 59 000**.

METZ Johann Nepomuk. Voir **METZ Bernhard**

METZ Johann Peter
Né en 1780 à Mayence. XIXe siècle. Allemand.
Stucateur, sculpteur et peintre.
Il a exécuté la chaire de l'église des Augustins à Mayence ainsi que celle de l'église Notre-Dame, à Francfort-sur-le-Main.

METZ Johannes Cornelis. Voir **MERTENS J. C.**

METZ Louise
Née en 1865 à Dresde. XIXe-XXe siècles. Allemande.
Peintre.
Elle vécut et travailla dans sa ville natale.

METZ Ludwig
Né le 5 mai 1822 à Mayence. Mort le 17 mai 1886 à Francfort-sur-le-Main. XIXe siècle. Allemand.
Peintre de paysages et architecte.
Frère de Casar et de Friedrich. Élève de F. M. Helsemer. Le Musée Städel de Francfort-sur-le-Main possède plusieurs de ses études.

METZ Maximilien Joseph
XIXe siècle. Actif à Mannheim. Allemand.
Portraitiste et peintre de sujets religieux.
Entre 1817 et 1820, élève de l'Académie de Munich.

METZ Nikolaus
XVIIIe siècle. Allemand.
Sculpteur sur bois.

METZ P.
XIXe siècle. Actif à Gebratshofen, près de Leutkirch. Allemand.
Sculpteur.
A sculpté plusieurs autels pour les églises de Bade et de Wurtemberg.

METZ Sebastian
XVIIIe siècle. Allemand.
Sculpteur.

METZ Yvette
Née en 1938 à Séville (Espagne). XXe siècle. Française.
Peintre de paysages, natures mortes, fleurs.
Elle vit et travaille en Alsace. Elle participe à de nombreux Salons parisiens : d'Automne depuis 1985, des Artistes Français depuis 1988, des Indépendants dont elle est membre sociétaire depuis 1985, de la Société Nationale des Beaux-Arts dont elle est aussi membre sociétaire. Elle montre ses œuvres dans des expositions personnelles à Strasbourg, Paris, et à l'étranger, Japon, États-Unis. Elle a reçu de nombreux prix et distinctions.
Elle pratique une peinture traditionnellement postimpressionniste, toute en modulations, puisant ses sujets dans la nature. Elle allie rigueur de la composition et harmonie des teintes, par petites touches.
Bibliogr. : Véronique Cohn-Gander : *Yvette Metz*, Mutzig, 1991.
Musées : Bourges (Mus. des Beaux-Arts) – Cholet (Mus. des Beaux-Arts).
Ventes Publiques : Entzheim, 16 juin 1994 : *Chez le boulanger*, h/t (80x80) : **FRF 6 500**.

METZACHER Pierre Guillaume
Né en 1815 à Paris. XIXe siècle. Français.
Graveur.
Étudia sans maîtres. Figura au Salon de Paris de 1845 à 1872.

METZEL Franz
XVIIe siècle. Actif à Innsbruck. Autrichien.
Peintre.

METZELAAR Conraad
Né en 1846 à Amsterdam. Mort le 29 juillet 1881 à Amsterdam. XIXe siècle. Hollandais.
Paysagiste.
Élève de Kasparus Karrsen et de P.-F. Greive. Il travailla à Paris. Le Musée des Arts Modernes à La Haye possède un *Portrait de Metzelaar* par Kever.
Musées : Amsterdam (Mus. Impérial) : *Paysage des bords de l'Oise* – Amsterdam (Willet-Holthuysen) : *Atelier de Monsieur Willet au Vésinet*.

METZENER Alfred
Né le 7 décembre 1833 à Niendorf. Mort le 10 janvier 1905 à Zweisimmen en Suisse. XIXe siècle. Allemand.
Paysagiste.
Élève de l'Académie de Munich et de Richard Zimmermann à Berlin de 1862 à 1864. Il composa trente-six illustrations pour la Sicile de Hoffweiler (1869).
Musées : Berlin (Nat. Gal.) : *Castello di Tenno près de Riva* – Düsseldorf : *Paysage du Tyrol – Moulins dans le Sud tyrolien* – Gdansk, ancien. Dantzig (Mus. mun.) : *Paysage de forêt*.
Ventes Publiques : Cologne, 16 juin 1977 : *Paysage alpestre* 1872. ; *h/t* (37x55) : **DEM 4 000**.

METZEROD G.
XIXe siècle. Britannique.
Graveur.

METZGER Andreas
XVIIIe siècle. Actif à Strasbourg XVIIIe siècle. Français.
Graveur au burin.

METZGER Caroline. Voir **MEZGER**

METZGER Christian
Né le 18 juillet 1874 à Simbach sur l'Inn. XIXe-XXe siècles. Allemand.
Sculpteur de monuments.
Il a exécuté le monument de Haller à Berne, le monument aux morts de Platting ainsi que la fontaine qui s'élève devant l'église Waldsassen.

METZGER Christoph
Né à Nuremberg. XVIIe siècle. Actif dans la seconde moitié du XVIIe siècle. Allemand.
Graveur au burin et peintre.
Grava des sujets religieux et des sujets d'histoire.

METZGER Eduard ou **Mezger**
Né le 14 février 1807 à Pappenheim. XIXe siècle. Allemand.
Peintre de paysages, architectures.
Il était architecte.
Ventes Publiques : Londres, 17 mars 1993 : *Paysage de Grèce*, h/t (40x64) : **GBP 4 025**.

METZGER Franz
Né en 1861 à Möhlin (Argovie). XIXe-XXe siècles. Actif en Italie. Suisse.
Sculpteur.
Il étudia à Milan et Florence, où il s'installa.

METZGER Georg
Mort le 30 juillet 1724. XVIIIe siècle. Actif à Forchheim. Allemand.
Peintre.
Il fit en 1687 le portrait de l'évêque *Marquard Sebastian* à l'Hôtel de Ville.

METZGER Georg
Né le 27 octobre 1806 à Schwabach près de Nuremberg. Mort le 31 mai 1858 à Brunswick. XIXe siècle. Allemand.
Graveur sur bois.

METZGER Gustav
Né en 1926 à Nuremberg (Bavière). XXe siècle. Actif depuis 1939 en Angleterre. Allemand.

Peintre, sculpteur, auteur de performances.

Il émigra en Angleterre en 1939, fuyant la menace hitlérienne, et s'installa à Londres de 1942 à 1944, où il fit ses études artistiques. De 1948 à 1949, il étudia à l'école des beaux-arts d'Anvers et s'installa définitivement à Londres en 1958.

Il participe à des expositions collectives : 1960 Londres ; 1961 Stedelijk museum d'Amsterdam ; 1962 et 1974 Institute of Contemporary Arts à Londres ; 1965 université de Cambridge ; 1967 Art Center de Bristol ; 1969 Royal College of Art de Londres ; 1970 *Happening Fluxus* au Kunstverein de Cologne ; 1972 Documenta V de Kassel ; en 1966, il était secrétaire de l'exposition *Destruction in art* organisée à Londres ; 1996 *Life/Live. La scène artistique au Royaume-Uni en 1996*, Musée d'Art Moderne de la Ville de Paris. Il montre ses œuvres dans des expositions personnelles très régulièrement à Londres, depuis 1959.

Jusqu'en 1957, il pratiqua la peinture, puis réalisa des performances, explorant divers processus de destruction de l'œuvre peinte à l'aide d'acides ou de cristaux liquides sur toile de nylon. Son art est étroitement lié à son engagement politique, notamment lorsqu'il s'engage à la fin des années cinquante dans la lutte anti-nucléaire. Au concept de « l'auto destructive art », il adjoint celui de « l'auto-creative art » : l'œuvre par des mécanismes cinétiques « aléatoires » se met en action, en dehors du contrôle de son auteur. Ces concepts sont autant de critiques du système capitaliste et du marché de l'art en particulier. Si, par l'utilisation du cinétisme, il figure dans les réalisations de l'art du mouvement (Frank Popper en parle dans son livre : *Naissance de l'art cinétique*), c'est néanmoins des courants néo-dadaïstes qu'il convient de le rapprocher.

METZGER Hans

Né le 31 mai 1879 à Egenbourg (Bavière). XXe siècle. Allemand.

Peintre de genre, paysages.

Il fut élève de G. V. Heckl. De nombreux tableaux de lui se trouvent dans les édifices publics de Munich.

METZGER J. R.

XVIe siècle. Actif vers 1560.

Graveur sur bois et orfèvre.

METZGER Johann

Né le 1er octobre 1772 à Stauffen (près de Fribourg). Mort le 9 février 1844 à Florence. XVIIIe-XIXe siècles. Allemand.

Graveur au burin, restaurateur et marchand de tableaux.

Élève et pensionnaire de l'Académie de Munich, il travailla ensuite à Florence. Élève de R. Morghen.

METZGER Johann Friedrich

XVIIe siècle. Allemand.

Peintre.

Fils et collaborateur de Johann Simon.

METZGER Johann Georg

XVIIIe siècle. Actif à Seelowitz vers 1745. Yougoslave.

Peintre.

A peint des tableaux d'autel pour les églises de Moravie.

METZGER Johann Hans Simon

Mort en 1629 à Nördlingen. XVIIe siècle. Actif à Nördlingen. Allemand.

Peintre.

A exécuté les décorations de l'église Saint-Georges à Nördlinger.

METZGER Johann Jakob

XVIIe siècle. Vivant vers 1670 à Nuremberg. Hollandais.

Graveur au burin.

Grava des portraits.

METZGER Johann Rudolf. Voir **MEZGER**

METZGER Ulrich Daniel

XVIIIe siècle. Actif à Spire. Allemand.

Peintre sur verre.

METZGER Valentin ou **Valten** ou **Walter**

XVIe siècle. Actif à Dresde. Allemand.

Relieur.

METZINGER

XVIIIe siècle. Allemand.

Peintre.

A peint un *Christ à Emmaüs* (au Musée diocésain de Passau).

METZINGER Jean

Né le 24 juin 1883 à Nantes (Loire-Atlantique). Mort le 1er novembre 1956 à Paris. XXe siècle. Français.

Peintre de figures, paysages, natures mortes, peintre à la gouache, dessinateur, affichiste. Cubiste.

En 1903, il vint se fixer à Paris, alors qu'il se destinait à la médecine. Il y fréquenta principalement les académies de peinture. Mobilisé durant la Première Guerre mondiale, il fut réformé en 1915 et rentra à Paris. En 1917-1918, il séjourna en Touraine, où il retrouva Gris et Lipchitz.

En 1904 et 1910, il participa au Salon d'Automne à Paris. En 1910, il exposa au Salon des Indépendants, un *Portrait d'Apollinaire* et en 1911 dans la fameuse salle 41 du même salon fit partie de ce qui fut la première manifestation du cubisme naissant. La même année il présenta *La Plume jaune* au Salon de la Section d'or et l'année suivante, participa au Salon d'Automne. Il continua d'exposer dans les principaux salons parisiens après la Première Guerre mondiale. En 1952, une importante exposition de l'ensemble de son œuvre fut organisée. Ses œuvres furent montrées en 1964 à Chicago, en 1985 à l'école des beaux-arts de Nantes.

À l'âge de vingt ans, il avait déjà décidé sa vocation et peint sous l'influence des néo-impressionnistes (*Portrait de R. Delaunay* 1906) et de Seurat. Dès 1909, après avoir exposé avec les fauves, il est considéré comme peintre cubiste notamment avec *Portrait d'Apollinaire*. Esprit clair, il écrit en 1912, en collaboration avec Albert Gleizes, *Du Cubisme*, premier ouvrage sur cette nouvelle esthétique en même temps qu'il prend part à la création du mouvement la Section d'Or. En 1913, une étude importante lui est consacrée par Apollinaire dans ses *Peintres cubistes*. Puis c'est la guerre. On voit comme cet artiste a connu jeune et rapidement la notoriété et pourtant il semble que depuis la guerre qui n'interrompit guère son travail puisqu'il fut réformé en 1915, son activité n'a plus rencontré le même écho. Ses meilleures œuvres datées des années précédant 1914, à l'instar des recherches de La Fresnaye, Robert Delaunay et Jacques Villon, tendaient à la représentation de l'univers extérieur, par juxtaposition de facettes colorées traduisant les différents plans d'ombres et de lumière de leur passage des uns aux autres. Avec les peintres de la Section d'or, il fut le plus prêt de concevoir la possibilité d'une abstraction totale : « Si la beauté d'un tableau dépend des seules qualités picturales : ne retenir des choses que certains éléments, ceux qui nous paraissent convenir à notre besoin d'expression puis avec ces éléments construire un nouvel objet, un objet qu'on peut sans subterfuge, adapter à la surface du tableau. Que cet objet ressemble à quelque chose de connu, je le tiens de plus en plus pour inutile. Il me suffit qu'il soit *bien fait*, qu'il y ait parfait accord entre les parties et le tout. » Pourtant avec ces peintres de la Section d'or qui constituèrent le courant que l'on peut dire français du cubisme, il n'alla pas jusqu'au bout de son intuition ; seul d'entre eux, Robert Delaunay sut franchir le pas. Au contraire par un net retour en arrière, Metzinger revint à la description de la réalité, traitée à travers un cubisme stylistique, dans ce qu'il appela un « réalisme constructif ».

Cet artiste sut rester fidèle à ses conceptions premières et s'il semblait s'être retranché du bruit et du public, ce n'était que pour poursuivre plus en avant ses recherches plastiques, s'épurant au long des années, mais toujours strictement dans l'esprit de ce qui fut l'idéal cubiste. ■ Jacques Busse

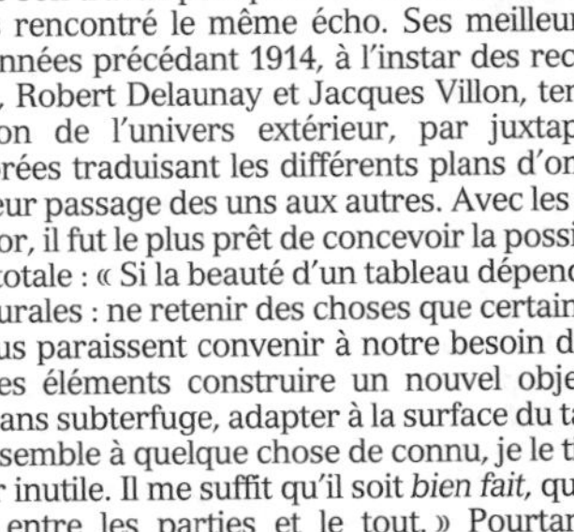

Bibliogr. : Guillaume Apollinaire : *Les Peintres cubistes*, Figuière, Paris, 1913 – Maurice Raynal : *Anthologie de la peinture en France de 1906 à nos jours*, Montaigne, Paris, 1927 – Jacques Lassaigne, in : *Dict. de la peint. mod.*, Hazan, Paris, 1954

– Bernard Dorival : *Les Peintres du xx*e *s.*, Tisné, Paris, 1957 – José Pierre : *Le Cubisme*, in : *Hre gle de la peinture*, t. XIX, Rencontre, Lausanne, 1966 – Jean Metzinger : *Le Cubisme était né. Souvenirs...*, Présence, Paris, 1972 – in : *Les Muses*, Grange Batelière, t. X, Paris, 1973 – in : *Dict. univer. de la peinture*, Le Robert, t.IV, Paris, 1975 – Catalogue de la rétrospective : *Metzinger*, Museum of Art, University of Iowa, A. M. Huntington Gallery, Austin, D. and A. Smart Gallery, Chicago, Carnegie Institute, Pittsburgh, 1985 – in : *L'Art du xx*e *s*, Larousse, Paris, 1991 – in : *Dict. de l'art mod. et contemp.*, Hazan, Paris, 1992.

Musées : Brême (Kunsthalle) : *Nature morte aux melons* 1917 – Bruxelles (Mus. roy. des Beaux-Arts) – Buffalo (Albright Knox Art Gal.) : *Danseuses au café* – Grenoble : *Femme à la guitare* – Londres (Tate Gal.) – Marseille (Mus. Cantini) : *Étude de visage* 1910 – Nantes (Mus des Beaux-Arts) – New Haven (Mus. de la société anonyme) : *Le Port* 1920 – New York (Metrop. Mus.) : *Nature morte* 1917 – New York (Sol. R. Gugg. Mus.) : *Femme à l'éventail* 1913 – *Nature morte* 1916 – Paris (Mus. Nat. d'Art Mod.) : *La Tricoteuse* 1919 – Paris (Mus. d'Art Mod. de la ville) : *L'Oiseau bleu* 1913 – Philadelphie (Mus. of Art) : *Le Goûter* 1911 – *Baigneuses* 1913 – Venise (Peggy Gugg. Mus.) : *Le Coureur cycliste* 1914.

Ventes Publiques : Paris, 21 juin 1920 : *Nature morte* : **FRF 405** – Paris, 7 mai 1926 : *Le Chapeau à la plume d'autruche* : **FRF 3 500** – Paris, 26 mars 1928 : *La Tranche de melon* : **FRF 7 800** – Paris, 15 déc. 1930 : *La Tête de Khmer* : **FRF 1 250** – Londres, 6 mai 1932 : *Une composition* : **GBP 42** – Paris, 15 jan. 1943 : *Coureur cycliste* : **FRF 4 800** – Paris, 9 avr. 1945 : *Le char d'Amphitrite* : **FRF 4 000** – Paris, 20 déc. 1948 : *Nature morte* : **FRF 9 800** – Paris, 27 avr. 1951 : *Nature morte* : **FRF 13 000** – Paris, 27 juin 1955 : *Nature morte* : **FRF 182 000** – Paris, 13 juin 1958 : *Nature morte* : **FRF 800 000** – New York, 15 avr. 1959 : *Abstraction avec roulette* : **USD 1 300** – Londres, 6 déc. 1963 : *Paysage d'été avec voiliers (recto), Nu (verso)* : **GNS 1 300** – New York, 14 oct. 1965 : *Nature morte à la cafetière* : **USD 6 250** – Versailles, 25 juin 1968 : *Jeune femme aux palmes* : **FRF 39 000** – Los Angeles, 20 nov. 1972 : *Nature morte* : **USD 21 000** – Paris, 12 juin 1974 : *Paysage village* : **FRF 123 000** – New York, 26 mai 1976 : *L'Écuyère* vers 1926, h/t (89,2x130,3) : **USD 15 000** – Paris, 6 déc. 1976 : *Le Passage à niveau* 1917, gche (22x16) : **GBP 3 200** – Londres, 30 mars 1977 : *Le chemin de fer* 1917, gche (27x20,5) : **GBP 2 500** – Zurich, 23 nov. 1977 : *Femme au collier* 1911, h/t (73x54) : **CHF 42 000** – Versailles, 8 juin 1977 : *L'aviation* vers 1920-1925, sculpt./peint. (33x46) : **FRF 23 000** – New York, 18 oct 1979 : *Baigneurs à la colombe*, gche/pap. brun (27,3x34,5) : **USD 2 500** – Zurich, 25 mai 1979 : *Village* mai 1920, h/t (91,5x60) : **CHF 27 000** – New York, 18 jan. 1980 : *La maison du garde*, fus. (56,2x43,8) : **USD 1 100** – New York, 5 nov. 1982 : *Nature morte* 1919, h/t (72,5x60,5) : **USD 32 500** – Paris, 24 oct. 1983 : *Le Chat au bol de lait*, past. et gche (31x40) : **FRF 15 500** – New York, 17 nov. 1983 : *Le Trio* 1926-1927, h/t (162,5x114) : **USD 37 000** – New York, 12 nov. 1984 : *Buste de femme*, fus. et cr./pap. (59x45,4) : **USD 11 000** – Enghien-les-Bains, 24 nov. 1985 : *Nature morte cubiste* vers 1920, gche (25,5x20) : **FRF 43 000** – Londres, 3 déc. 1986 : *Paysage cubiste* vers 1912, h/t (73x54) : **GBP 40 000** – Paris, 24 nov. 1987 : *Le Baiser*, gche/t. (29,5x23) : **FRF 45 500** – Paris, 24 nov. 1987 : *Femme lisant*, gche (28x22) : **FRF 47 000** – New York, 18 fév. 1988 : *Femme avec panier* 1912, h/t (63,5x46,4) : **USD 44 000** – Londres, 24 fév. 1988 : *Etude pou le goûter*, cr. bleu/cart. (18,5x15,5) : **GBP 7 700** – Paris, 29 avr. 1988 : *La partie de cartes*, encre et cr. (26,5x20,5) : **FRF 13 000** ; *Le port de La Rochelle* 1920, aquar. (13x17,5) : **FRF 31 000** – La Varenne-Saint-Hilaire, 29 mai 1988 : *Composition cubiste*, aquar. (11,5x15,5) : **FRF 22 500** – Paris, 2 juin 1988 : *Nu à la rose* vers 1925, h/t (56x33) : **FRF 170 000** – Paris, 19 juin 1988 : *Nu couché* 1946, h/t (54x73) : **FRF 350 000** – Paris, 24 juin 1988 : *Étude pour danseurs dans un café* 1912, cr. à la mine de pb (56,5x44) : **FRF 85 000** – Paris, 7 oct. 1988 : *Nature morte à la bouteille et au verre*, h/t (36x28) : **FRF 200 000** – Londres, 19 oct. 1988 : *Femme à la rose*, h/pan. (45x37,8) : **GBP 9 350** – Paris, 20 nov. 1988 : *Hommage à Léger* 1919, h/t (54x73) : **FRF 400 000** – Paris, 12 fév. 1989 : *Composition aux clefs*, encre de Chine et cr. (31,5x24,5) : **FRF 11 000** – Paris, 19 mars 1989 : *La route dominant la rivière*, h/t (46x38) : **FRF 171 000** – Londres, 5 avr. 1989 : *Fête foraine* 1922, h/t (73x100) : **GBP 104 500** – Paris, 8 avr. 1989 : *Clown à la mandoline* 1924, h/t (100x73) : **FRF 1 350 000** – Paris, 12 avr. 1989 : *Nu à la rose* 1925, h/t (56x33) : **FRF 425 000** – New York, 10 mai 1989 : *Nature morte* 1920, h/t (61x50) : **USD 203 500** – Amsterdam, 24 mai 1989 : *Nature morte avec des fruits, un morceau de pain, un géranium, un pichet, un bol, une bouteille de vin et une lettre sur une table en partie masquée par un torchon* 1923, h/t (60x81) : **NLG 207 000** – Londres, 28 juin 1989 : *Joueur de cartes* 1920, h/t (116,5x73) : **GBP 319 000** – New York, 6 oct. 1989 : *Parc Monceau*, h/t (53,4x72,4) : **USD 55 000** – Paris, 21 nov. 1989 : *Femmes nues*, dess. et encre de Chine (31,5x24,5) : **FRF 11 000** – Calais, 26 fév. 1989 : *Le Village*, aquar. (28x22) : **FRF 41 000** – Paris, 19 nov. 1989 : *Écuyère au cirque* 1927, h/t (81x65) : **FRF 850 000** – Paris, 21 nov. 1989 : *Femmes nues*, dess. et encre de Chine (31,5x24,5) : **FRF 11 000** – Paris, 26 nov. 1989 : *Nature morte à la bouteille de Bénédictine*, h/t (36x27,5) : **FRF 300 000** – Paris, 4 fév. 1990 : *Composition avec guitare* 1944, mine de pb/pap. (15x14,5) : **FRF 38 000** – New York, 26 fév. 1990 : *Le port de La Rochelle*, h/t (73,6x99) : **USD 187 000** – Versailles, 25 mars 1990 : *Composition au journal*, aquar. (13x20,5) : **FRF 40 000** – Paris, 30 mars 1990 : *Carnaval de Venise* 1922, h/t (60x81) : **FRF 1 600 000** – Londres, 4 avr. 1990 : *Nature morte avec un vase, des verres et une pipe* 1917, h/t (91,5x44,5) : **GBP 165 000** – New York, 16 mai 1990 : *Nature morte aux poires*, h/t/pan. (116,5x81,3) : **USD 632 500** – Paris, 30 mai 1990 : *Le Chat*, h/t (81x60) : **FRF 750 000** – Divonne-les-Bains, 27 juil. 1990 : *Paysage cubiste* 1917, h/t (92x60) : **FRF 4 800 000** – Paris, 6 oct. 1990 : *Maison close*, pl. (13,5x10) : **FRF 16 000** – New York, 14 nov. 1990 : *Nature morte à la mandoline et au masque*, h/t (60x73) : **USD 104 500** – New York, 15 nov. 1990 : *Femme et roses* 1919, h/t (92,1x65,1) : **USD 154 000** – Londres, 4 déc. 1990 : *Nature morte aux fruits*, h/cart. (33x41) : **GBP 27 500** – New York, 8 mai 1991 : *Femme à la nature morte*, h/t (47x39,3) : **USD 41 250** – New York, 7 nov. 1991 : *Homme assis au chat*, h/t (32x41) : **USD 30 800** – Paris, 17 nov. 1991 : *Paysage aux deux voiliers* vers 1920, h/t (92x60) : **FRF 560 000** – Londres, 25 mars 1992 : *Maison dans un paysage*, h/t (64x49) : **GBP 19 800** – Paris, 9 juil. 1992 : *Nu assis*, mine de pb/pap. (25x20) : **FRF 25 000** – New York, 12 nov. 1992 : *Joueur de cartes* 1920, h/t (116,5x73) : **USD 209 000** – Paris, 6 avr. 1993 : *Nature morte ovale*, cr. noir (16,5x20,5) : **FRF 12 000** – Londres, 23 juin 1993 : *La Femme à la fenêtre (maternité)*, h/t (91,5x64,7) : **GBP 177 500** – New York, 4 nov. 1993 : *Nature morte au cantaloup*, h/t (46x54,9) : **USD 74 000** – Paris, 8 nov. 1993 : *Nature morte aux fruits et au vase*, h/t (388x46) : **FRF 120 000** – Londres, 30 nov. 1993 : *Tête de femme* 1916, h/t (73,6x53,3) : **GBP 135 700** – Stockholm, 30 nov. 1993 : *Composition cubiste, un homme attablé* 1919, cr. (43x27) : **SEK 50 000** – Fontainebleau, 10 avr. 1994 : *Chat jouant à la balle*, h/t (27x35) : **FRF 199 000** – New York, 10 nov. 1994 : *La gare du village* 1924, h/t (64,2x91,4) : **USD 79 500** – Paris, 30 mars 1995 : *Nature morte à l'échiquier, as de trèfle et deux de carreau*, mine de pb/pap. (57,5x77,5) : **FRF 130 000** – New York, 8 nov. 1995 : *Violon et flûte*, h/t (81x60,3) : **USD 90 500** – Paris, 7 déc. 1995 : *Nature morte au compotier, carafe et bouteille*, h/t (66,5x92) : **FRF 750 000** – Amsterdam, 4 juin 1996 : *Nu couché*, h/t (19x33) : **NLG 47 200** – Paris, 5 juin 1996 : *Projet d'affiche pour Crème de Rufisque*, gche/pap. (37x27) : **FRF 30 000** – New York, 13 nov. 1996 : *Tête de jeune fille* vers 1914-1916, h/t (73x60,3) : **USD 140 000** – Londres, 4 déc. 1996 : *Chat au papillon* vers 1940, h/t (38x46) : **GBP 28 750** – Paris, 9 déc. 1996 : *Femme à la fenêtre* vers 1923, h/cart. (33x24) : **FRF 65 000** – Londres, 25 juin 1996 : *Fête galante, trois grâces* 1924, h/t (88x130) : **GBP 43 300** – Paris, 5 juin 1997 : *Femme à l'éventail*, aquar./pap. (25x21) : **FRF 32 000**.

METZINGER Kilian

Né le 19 juin 1806 à Aschaffenburg. Mort le 17 mars 1869 à Munich. xixe siècle. Allemand.

Peintre de paysages et de marines.

Élève de l'Académie de Munich. Le Musée d'Erfurt possède un paysage de lui.

METZINGER Valentin ou **Mencinger, Menzinger, Mötzinger** ou **Mözinger**

Né le 13 février 1702 à Bohinjska Bistrica. Mort le 12 mars 1759 à Laibach. xviiie siècle. Autrichien.

Peintre.

A surtout peint des tableaux d'autel.

METZKE Anton

xviiie siècle. Actif à Breslau. Allemand.

Sculpteur.

METZKER. Voir **METZGER**

METZL Franz. Voir **METZEL**

METZLER Johann Jacob ou **Mezler**

Né le 27 juin 1804 à Furth. Mort le 11 octobre 1839 à Munich. xixe siècle. Allemand.

Peintre de genre et d'histoire.
Élève de P. v. Langers.

METZLER Jörg ou **Mezler**
XVIe siècle. Allemand.
Sculpteur sur pierre.
A travaillé à la chapelle de Wolfgang près de Mergentheim.

METZLER Joseph
XVIIIe siècle. Actif à Cologne. Allemand.
Sculpteur.

METZLER Joseph Anton
XVIIIe siècle. Actif à Constance. Allemand.
Sculpteur sur pierre.
A exécuté en 1726 douze chapiteaux pour l'église de Donaueschingen.

METZLER Kurt Laurenz
Né en 1941. XXe siècle. Suisse.
Sculpteur de figures.
Il utilise le métal.
Ventes Publiques : Zurich, 6 juin 1984 : *Le Général trois étoiles*, bronze (H. 90) : **CHF 14 000** – Zurich, 7 juin 1985 : *Paysage* 1981, fer (H. 144) : **CHF 7 000** – Zurich, 16 oct. 1991 : *Figure debout* 1982, sculpt. métal. (H. 9,5) : **CHF 2 000** – Lucerne, 20 nov. 1993 : *Figure* 1973, métal à patine noire (H. 87) : **CHF 5 500** – Lucerne, 8 juin 1996 : *Promeneuse*, bronze (H. 93) : **CHF 5 500** – Zurich, 12 nov. 1996 : *Le Lecteur de journal* 1988, techn.mixte et collage/pap. (106x78) : **CHF 2 400** – Zurich, 8 avr. 1997 : *En chemin* 1996, bronze (33x18,8x14) : **CHF 1 600**.

METZMACHER Émile Pierre
Né en 1815 à Paris. XIXe siècle. Français.
Peintre de genre, portraits, aquarelliste.
Il fut élève de Boulanger, Gleyre et Willems. Il débuta au Salon de Paris en 1863, obtenant des mentions honorables en 1879 et 1899, pour l'Exposition Universelle.
Ventes Publiques : Paris, 12 et 13 juin 1908 : *À mon tour* : **FRF 800** – Paris, oct. 1945-Juillet 1946 : *La leçon de peinture ; La leçon de broderie*, deux pendants : **FRF 44 000** – Paris, 1er juin 1951 : *Les premiers pas* : **FRF 180 000** – Londres, 24 mars 1982 : *Perrette et le pot au lait* 1887, h/pan. (56x45) : **GBP 7 000** – Johannesburg, 21 juin 1983 : *Jeune fille nettoyant des cuivres*, h/pan. (62x49) : **ZAR 9 000** – Paris, 17 déc. 1987 : *Chacun son tour*, h/pan. (58x42) : **FRF 35 000** – Londres, 23 mars 1988 : *La femme de chambre*, h/pan. (58x42) : **GBP 9 350** – New York, 25 oct. 1989 : *Chasseur guettant une jeune femme trempant ses pieds dans un ruisseau*, h/pan. (60x49,5) : **USD 28 600** – New York, 24 oct. 1990 : *L'artiste et son admiratrice* 1887, h/pan. (57,8x42,5) : **USD 33 000** – New York, 26 mai 1992 : *Un verre de cognac*, aquar./pap. (41,3x33) : **USD 1 650**.

METZMACHER Pierre Guillaume
Né en 1815 à Paris. XIXe siècle. Actif à Paris. Français.
Graveur au burin et miniaturiste.
Autodidacte. Exposa au Salon de Paris, de 1845 à 1872. Il publia en 1843 le *Portefeuille de l'Ornement*.

METZNER Franz
Né le 18 novembre 1870 à Wscherau (près de Plisen). Mort le 24 mars 1919 à Berlin. XIXe-XXe siècles. Allemand.
Sculpteur.
Il vécut de 1892 à 1903 à Berlin, enseigna de 1903 à 1906 à l'école des arts industriels de Vienne, puis revint à Berlin où il s'installa un atelier. On cite de lui : le monument de Stelzhammer à Linz (1908), celui de l'empereur Joseph II à Teplitz (1906-1913), et celui de Lessing à Vienne (1918). Mais son œuvre principale est constituée par les treize sculptures du monument de la bataille des Nations à Lepzig (1906-1913).
Musées : Brunn : *Buste de l'abbesse* 1905 – Prague : *Statue de Rüdiger – Buste d'un homme âgé* – Vienne (Gal. Mod.) : *Mère de l'artiste*.
Ventes Publiques : New York, 26 mai 1994 : *L'affligé*, plâtre (55,9) : **USD 1 955**.

METZNER Samy
Né en 1884 à Bucarest. XXe siècle. Hongrois.
Peintre de paysages.
Il travailla en France.
Musées : Bucarest (Mus. Simu) : *Meule de blé – Vues de Giverny*.

METZOLDT Max
Né le 19 mai 1895 à Berlin. XXe siècle. Allemand.
Peintre d'intérieurs.
Il fut élève de l'académie d'Anvers. Il travailla à Hambourg et depuis 1905 à Laren en Hollande. Il a surtout reproduit des intérieurs.

METZSCH Johann Friedrich ou **Metsch**
Né sans doute en Prusse. Mort en décembre 1766 à Furstenberg. XVIIIe siècle. Allemand.
Peintre sur porcelaine et émailleur.
Il fut le principal représentant de la peinture sur porcelaine à Bayreuth.

METZU. Voir **METSU**

METZYS. Voir **METSYS**

MEUCCI Michelangelo
XIXe-XXe siècles. Italien.
Peintre d'animaux, natures mortes, fleurs et fruits.
Il vécut et travailla à Florence.
Ventes Publiques : Los Angeles, 17 mars 1980 : *Nature morte aux raisins* 1889, h/t (89,5x59,5) : **USD 1 700** – Stockholm, 15 nov. 1988 : *Nature morte de gibier en trompe-l'œil*, h/t, une paire (chaque 48x38) : **SEK 32 000** – Monaco, 21 avr. 1990 : *Oiseaux exotiques sur un grenadier* 1889, h/t (79x53) : **FRF 24 420** – New York, 19 juil. 1990 : *Deux oiseaux dans le lierre couvrant un muret*, h/t (83,9x60,3) : **USD 1 210** – Rome, 4 déc. 1990 : *Fleurs et fruits*, h/t, une paire (98x38) : **ITL 6 000 000** – Rome, 8 avr. 1991 : *Nature morte avec du gibier et une fiasque de vin*, h/t (97x68) : **ITL 1 725 000** – Amsterdam, 17 sep. 1991 : *Oiseaux morts suspendus contre un panneau* 1877, h/cart. (48x38) : **NLG 1 150** – Londres, 4 oct. 1991 : *Composition de pampre de vigne avec des grappes de raisin et des grenades*, h/t (56x43,3) : **GBP 2 970** – Londres, 18 mars 1992 : *Nature morte de tulipes et de lis*, h/t (84x59) : **GBP 3 520** – Bologne, 8-9 juin 1992 : *Oiseaux*, h/pan., une paire (chaque 27x21,5) : **ITL 1 380 000** – New York, 26 mai 1993 : *Oiseaux tropicaux dans un paysage*, h/cart. (85,1x61) : **USD 10 350** – Milan, 22 mars 1994 : *Vase de fleurs*, h/t, une paire (110x65) : **ITL 9 775 000** – Londres, 11 oct. 1995 : *Composition florale* 1889, h/t (114x47) : **GBP 1 610** – Londres, 31 oct. 1996 : *Natures mortes aux oiseaux* 1875, h/cart. ovale, une paire (chaque 45x35) : **GBP 1 150** – Londres, 10 oct. 1996 : *Une bécassine et une volaille pendues à un clou ; Un colvert et un vanneau pendues à un clou* 1876, h/t, une paire, de forme ovale (47x36,2) : **GBP 3 400**.

MEUCCI Vincenzo
Né en 1699 à Florence (Toscane). Mort vers 1766. XVIIIe siècle. Italien.
Peintre d'histoire, sujets allégoriques, portraits, natures mortes, fresquiste, dessinateur.
Il fut élève de Fortini et S. Galeotti à Plaisance et de Giuseppe del Sole à Bologne. On cite encore, à Florence, des fresques à la coupole de l'église S. Lorenzo et une *Histoire d'Achille* (plafond de la Galerie Gerini).
Musées : Florence (Gal. roy.) : *Portrait par lui-même*.
Ventes Publiques : Zurich, 3 nov. 1968 : *Nature morte* : **CHF 10 500** – Milan, 25 nov. 1976 : *Bacchus et Ariane*, h/t (70x55) : **ITL 1 900 000** – Londres, 18 avr. 1994 : *Le Christ dans le jardin des Oliviers*, encre et lav. (27,6x40,2) : **GBP 1 092**.

MEUGNIER Jacques
Né en 1950. XXe siècle. Français.
Peintre de genre, scènes animées, paysages, natures mortes, fleurs. Postimpressionniste.
Ventes Publiques : Paris, 16 nov. 1987 : *Petite fille cueillant des fleurs*, h/t (55x46) : **FRF 16 000** – La Varenne-Saint-Hilaire, 28 fév. 1988 : *La lecture*, h/t (46x38) : **FRF 7 000** – La Varenne-Saint-Hilaire, 29 mai 1988 : *La coupe de fleurs devant la maison*, h/t (61x50) : **FRF 14 500** ; *Dans le jardin fleuri*, h/t (55x46) : **FRF 16 000** – La Varenne-Saint-Hilaire, 23 oct. 1988 : *La cueillette des fleurs au printemps*, h/t (65x81) : **FRF 15 000** – La Varenne-Saint-Hilaire, 21 mai 1989 : *Partie de campagne*, h/t (65x81) : **FRF 29 500** – La Varenne-Saint-Hilaire, 3 déc. 1989 : *Dans le champ des coquelicots*, h/t (60x73) : **FRF 23 000** – Paris, 11 mars 1990 : *La cueillette des coquelicots*, h/t (60,5x73,5) : **FRF 28 000** – La Varenne-Saint-Hilaire, 20 mai 1990 : *Printemps à la campagne*, h/t (60x73) : **FRF 24 000** – Paris, 25 nov. 1990 : *Paysage provençal*, h/t (50x61) : **FRF 35 500** – Paris, 10 juin 1991 : *La terrasse à Bormes-les-mimosas*, h/t (54x65) : **FRF 12 500** – Paris, 28 juin 1991 : *Méditerranée*, h/t (47x55) : **FRF 13 100** – Paris, 5 fév. 1992 : *La Cueillette de fleurs dans le jardin*, h/t (46x38) : **FRF 6 500**.

MEUGNIOT Auguste Philibert
Né le 10 août 1802 à Dieppe (Seine-Maritime). Mort le 22

décembre 1842 à Rouen (Seine-Maritime). XIXe siècle. Français.
Sculpteur sur ivoire.
Élève de L. Ch. Belleteste à Paris. Le Louvre possède de lui un *Vieillard mourant dans son fauteuil.*

MEUKENS Victor
XXe siècle. Belge.
Peintre.

MEULEBROECK Armand Van
Né en 1924 à Anvers. XXe siècle. Belge.
Dessinateur.
Bibliogr. : In : *Dict. biogr. illustré des artistes en Belgique depuis 1830*, Arto, Paris, 1987.

MEULEBROECK Guillaume
XVe siècle. Éc. flamande.
Peintre.
Élève de Quentin Metsys, à Anvers, en 1495.

MEULEMANN Anne
XXe siècle. Belge.
Peintre de paysages, paysages urbains.
Elle expose en Belgique. Elle fractionne ses compositions, alternant zones d'ombre et de lumière.

MEULEMANS Adrian ou **Meulmans**
Né le 24 août 1766 à Dordrecht. Mort le 30 mai 1835 à La Haye. XVIIIe-XIXe siècles. Hollandais.
Peintre de genre, portraits, paysages animés, intérieurs, dessinateur.
Il fut élève à Dordrecht de M. Versteeg, dont il épousa la sœur. Il a peint des pièces d'eau, des scènes nocturnes.
Musées : Amsterdam : *Vieille femme lisant – Cuisine* – Bruxelles : trois dessins – Rotterdam (Mus. Boymans) : *Homme lisant à la chandelle.*
Ventes Publiques : Paris, 1844 : *Jeune lavandière* : **FRF 55** – Amsterdam, 27 févr 1979 : *Jeune fille à la lumière d'une gougie*, h/pan. (29x22,8) : **NLG 3 000** – Londres, 6 juin 1990 : *Personnages dans un paysage gelé*, h/pan. (31x41) : **GBP 5 500** – Lokeren, 9 mars 1996 : *Voiliers à l'ancrage*, h/t (126x200) : **BEF 100 000.**

MEULEMEESTER. Voir aussi **DEMEULEMEESTER**

MEULEMEESTER Emmanuel de
Né en 1958 à Masseik. XXe siècle. Belge.
Peintre.
Il a participé à l'exposition *De Bonnard à Baselitz – Dix Ans d'acquisition du cabinet des estampes 1978-1988* à la Bibliothèque nationale de Paris en 1992.
Musées : Paris (BN) : *Gravures tandem 74 n° 2* 1985.

MEULEMEESTER Joseph Charles de
Né le 23 avril 1771 à Bruges. Mort le 5 novembre 1836 à Rome. XVIIIe-XIXe siècles. Éc. flamande.
Graveur.
Il fut élève de Bervic à Paris et professeur à l'Académie d'Anvers. Partit pour Rome en 1806, pour graver les *Loges* de Raphaël. Il y passa le reste de ses jours. Lorsqu'il mourut, il n'avait donné qu'une dizaine de planches. Pourtant, il avait su se rendre célèbre, rien qu'à l'énoncé de son glorieux projet. Sa bonne ville d'Anvers le suppliait de revenir former des disciples. On lui offrit la somme énorme de 300000 fr., pour la cession de son ouvrage à un éditeur. Après sa mort, une société est constituée pour son achèvement. L'œuvre paraît, avec un texte de Reiffenberg, en 1853, dans l'indifférence la plus totale.

MEULEMEESTER Mathieu François Joseph de
Né le 7 avril 1753 à Anvers. Mort le 21 mars 1787 à Anvers. XVIIIe siècle. Éc. flamande.
Graveur.

MEULEN Adam Frans Van der
Baptisé à Bruxelles le 11 janvier 1632. Mort le 15 octobre 1690 à Paris. XVIIe siècle. Éc. flamande.
Peintre d'histoire, sujets militaires, batailles, paysages animés, marines, dessinateur.
Élève de Peter Snayers, lui-même peintre de batailles, qui lui apprit à dessiner les chevaux et la technique légère et transparente de l'école de Rubens. Il travailla d'abord à Bruxelles. Vers 1665, il fut appelé à Paris, à la fabrique des Gobelins ; depuis 1667, il reçut, outre le logement et le prix de ses œuvres, 6 000 livres de pension ; il était chargé de faire les modèles des tapisseries représentant les hauts faits de la vie de Louis XIV et accompagna le roi dans tous ses voyages et toutes ses guerres. Il se remaria en 1679 avec Catherine de Lobré et en 1681 avec Marie de By, nièce du peintre Le Brun, qui lui donna six enfants. En 1673, il fut membre de l'Académie et en 1686, premier conseiller. Il peignit des peintures murales au château de Versailles et à l'Hôtel des Invalides (Musée d'artillerie). Il eut pour élèves, Martin l'aîné, Martin le jeune, J.-B. le Comte, Duru, Baudewyns, Bonnart, Abr. Genoels, Jr. Huchtenburg, François Duchatel, etc.
Ses tableaux et esquisses, qui reproduisent avec fidélité les compositions des troupes et jusqu'aux costumes de certains personnages, sont des documents précieux. Ils ont été souvent imités par Dominicus Nollot. Parmi ses œuvres principales on peut citer *L'Entrée à Arras* et *L'Entrée à Douai.* Quand il accompagna le roi dans les campagnes de Flandre, 1667, de Franche-Comté, 1668, de Hollande, 1672, il prenait chaque jour les ordres du roi, sur les épisodes que celui-ci désirait voir représenter. Il dessinait sur les lieux, campements, disposition des armées, établissement des sièges, et très souvent le plan des villes, grâce à quoi on possède les vues de soixante dix villes dans leur état ancien, relevées avec une précision étonnante. Ces dessins, préférés par Mariette aux peintures, disparurent en grande partie dans l'incendie de l'atelier de Boulle, où les avait déposés la veuve de Van der Meulen. La Manufacture des Gobelins en conserve quelques-uns. Il a été noté que s'il peignait à la perfection la disposition des armées en campagne, il ne peignit pas à proprement parler de véritables batailles.

A. F. V. MEVLEN. FEC:
1662 BRVXEL!
1660
F. D. M. AM MEVLEN

Musées : Amiens : *Relais de chiens – Paysage avec figures* – Arras : *Passage du Rhin* – Aschaffenbourg : *Combat de cavaliers dans un paysage d'hiver* – Augsbourg : *Transport de bagages à travers le village* – Bâle : *Un État lorrain rendu à Louis XIV* – Berlin (Kais. Fried. Mus.) : *Nancy et Arras* – Besançon : *Portement de Croix – Combat de cavalerie* – Bordeaux : *Portrait d'un maréchal de France* – Bruxelles : *Siège de Tournai* – Budapest : *Combat de cavalerie* – Caen : *Paysage – Préparatifs pour le passage du Rhin – Passage du Rhin – Deux paysages,* École de – Cambrai : *Le charmant Anglais* – Cambridge (Fitzwill. Mus.) : *Siège de Besançon – Paysage côtier – Paysage de forêt avec rivière* – Chartres : *Aqueducs de Maintenon* – Cherbourg : *Choc de cavalerie* – Dessau : *Halte de cavaliers* – Dijon : *Siège de Besançon – Siège de Lille – Passage du Rhin – Louis XIV à cheval* – Douai : *Louis XIV – Entrée de Louis XIV et de Marie-Thérèse à Douai – L'armée de Louis XIV devant Lille* – Dresde : *Départ de Louis XIV pour Vincennes – Son arrivée à Arras* – Dunkerque : *Combat de cavalerie – Esquisse* – Édimbourg : *Une cavalcade* – Épinal : *Attaque d'une ville de Flandre* – La Fère : *La chasse* – Florence : *L'électeur palatin François-Guillaume* – Genève (Rath) : *Combat de cavalerie* – Genève (Ariana) : *Bataille à la lisière d'un bois* – Graz : *Combat de cavalerie* – Grenoble : *Le cortège nuptial de Louis XIV se rendant à Notre-Dame* – Hambourg : *Paysage avec le château de Saint-Germain* – Kassel : *Départ d'une archiduchesse – Arrivée d'un archiduc* – Londres (Nat. Gal.) : *Partie de chasse* – Lyon : *Cavalier allant visiter d'anciennes fortifications – Cavalier en reconnaissance* – Madrid : *Rencontre de cavalerie au bord d'une rivière* – Mannheim (Gal. du Chat.) : *Paysans ivres qui rentrent de la kermesse* – Marseille : *Combat sur les rives du canal de Bruges* – Montpellier : *Halte de cavaliers – Paysage* – Morez : *Siège de Besançon par Louis XIV* – Moscou (Mus. des Beaux-Arts) : *Deux combats de cavalerie* – Munich : *Prise de Dôle – Siège de Tournai – Paysage près de Dinant – Louis XIV attaquant Oudenaarde – Prise de Lille* – Nancy : *L'armée de Louis XIV devant Tournai* – Nantes : *Investissement du Luxembourg – Chasse au taureau dans la forêt de Fontainebleau – Paysage – Chasse royale* – Naples : *Camp* – Narbonne : *Louis XIV – Louis XIV à cheval* – New York (Metrop. Mus.) : *Rencontre de deux troupes de cavaliers* – Nice : *Deux combats de cavalerie* – Orléans : *Prise de Dinant – Siège de Maëstricht* – Paris (Mus. du Louvre) : *l'armée du roi devant Tournai – Arrivée de Louis XIV devant Douai, qu'il fait investir par sa cava-*

lerie – *Entrée de Louis XIV et de Marie-Thérèse à Douai 1657 – Marche de l'armée du roi sur Courtrai – Entrée du roi et de la reine à Arras – Vue de Lille du côté du prieuré de Fives et l'armée du roi – Combat près du canal de Bruges – Vue de Dôle – Passage du Rhin – Arrivée du roi au camp devant Maestricht – Ville et château de Dinant, assiégés et pris en 1675 – Valenciennes prise d'assaut – Vue de Luxembourg du côté des bains de Mansfeld – Vues des châteaux de Fontainebleau et de Vincennes – Bataille à l'entrée d'une forêt – Bataille au passage d'un pont – Convoi militaire – Halte de cavaliers* – Québec (Laval Univ.) : *Scène de camp* – Rennes : *Un convoi en marche – Paysage* – Rouen : *Étude de chevaux* – Roumianzeff : *Querelle de cavaliers – Siège de Gand* – Saint-Pétersbourg (Mus. de l'Ermitage) : *Épisode des guerres civiles en Russie 1650-1651 – Épisode des guerres de Louis XIV en Flandre – Siège d'une ville de Flandre*, trois fois – *Le voyage de Louis XIV – Deux escarmouches de cavalerie* – Schleisheim : *Louis XIV devant Dinant* – Stockholm : *Cavaliers attaqués pendant le passage d'un gué – Escarmouche de cavalerie devant une ferme* – Sibiu : *Voyageurs attaqués par des brigands* – Strasbourg : *Louis XIV devant Bruges* – Toulouse : *Siège de Cambrai* – Tournai : *Paysage entourant un portrait de Louis XIV par Le Brun* – Tours : *Louis XIV à cheval à l'entrée du bois de Vincennes* – Turin : *Deux batailles* – Valenciennes : *Siège de Cambrai* – Versailles : *Siège de Valenciennes – Entrée de Louis XIV et de la reine Marie-Thérèse à Arras – Prise de Cambrai – Prise de Luxembourg – Défaite de l'armée espagnole près du canal de Bruges*, avec Le Brun – *Prise de Salins – Vue de la marche de l'armée du roi sur la ville de Courtrai – Louis XIV reçoit au Louvre les ambassadeurs de treize cantons suisses – Siège de Lille – Prise du fort de Joux – Vue de la ville et du siège d'Audenarde – Prise de Dôle – Château de Versailles – Le château de Saint-Germain, côté de la terrasse – Arrivée de Louis XIV devant Douai – Arrivée de Louis XIV au camp devant Maëstricht – Entrée de Louis XIV et de la reine Marie-Thérèse à Douai* – Deux esquisses – *Prises de Charleroi, Saint-Omer, Courtrai, Besançon, Luxembourg, Ypres – Combat près du canal de Bruges – Bataille du Mont Kassel – Siège de Valenciennes – Vue des châteaux de Versailles, de Fontainebleau et de Vincennes – Reddition de la citadelle de Cambrai* – Versailles (Trianon) : Deux études – Vienne : *Combat de cavaliers* – Vienne (Gal. Harrach) : *Baie avec bateaux* – Vienne (Lichtenstein) : *Combat d'infanterie – Théâtre sur une place – Le marché* – Vire : *Combat de cavalerie – Un jugement au Parlement.*

Ventes Publiques : Paris, 1772 : *Batailles*, deux tableaux, faisant pendants : **FRF 10 000** – Paris, 1869 : *Choc de cavalerie* : **FRF 5 100** – Londres, 1872 : *Paysage avec figures* : **FRF 5 500** – Paris, 1895 : *Le Matin*, aquar. : **FRF 550** – Paris, 1897 : *Une châtelaine en voyage* : **FRF 1 200** – Paris, 1899 : *Louis XIV en carrosse avec son cortège* : **FRF 2 000** – Paris, 30 et 31 mai 1919 : *Bataille en Flandre sous Louis XIV*, dess. à la pl. et au lav. : **FRF 530** – Paris, 26 juin 1928 : *Épisode de la bataille des Flandres* : **FRF 36 000** – Paris, 28 nov. 1928 : *Vue de Vieux-Brisach sur le Rhin*, sanguine : **FRF 3 500** – Londres, 14 déc. 1928 : *Vue de Chantilly* : **GBP 178** – Paris, 4 déc. 1931 : *Le Passage du Rhin 1672* : **FRF 8 000** – Paris, 26 mai 1933 : *Louis XIV au siège de Maëstricht* : **FRF 10 900** – Paris, 19 juin 1934 : *Paysage montagneux animé de cavaliers, figures et animaux* : **FRF 900** – Paris, 14 mai 1936 : *Un aide de camp du maréchal de Turenne* : **FRF 3 500** – Londres, 9 déc. 1937 : *Scène de bataille avec Louis XIV* : **GBP 125** – Paris, 29 mars 1943 : *Les remparts*, aquar. : **FRF 20 000** – Paris, 23 juin 1943 : *Le Roi Louis XIV à la bataille de Bruges* : **FRF 80 000** – Paris, 27 déc. 1944 : *Louis XIV au passage du Rhin (12 juin 1672)* : **FRF 98 000** – New York, 5 juin 1946 : *Combat de cavalerie* : **USD 225** – Paris, 22 mars 1950 : *Études de chevaux*, sanguine : **FRF 24 000** – Paris, 4 mai 1951 : *Les remparts*, aquar. : **FRF 78 000** – Paris, 2 mars 1955 : *Traversée d'un gué* : **FRF 520 000** – Londres, 7 déc. 1960 : *L'embarcation d'un commandant militaire* : **GBP 850** – Vienne, 13 mars 1962 : *Combat équestre entre Impériaux et Suédois pendant la guerre de Trente Ans* : **ATS 60 000** – Londres, 13 nov. 1963 : *Chasse au faucon* : **GBP 1 200** – Londres, 3 nov. 1965 : *Louis XIV en carrosse* : **GBP 2 000** – Paris, le 23 mars 1968 : *Scène de bataille* : **FRF 30 000** – New York, 22 oct. 1970 : *Gentilshommes dans un paysage boisé* : **USD 4 250** – Paris, 23 nov. 1972 : *Épisode de la guerre contre les Turcs* : **FRF 65 000** – Londres, 29 mars 1974 : *Cavaliers se désaltérant à l'extérieur d'une auberge* : **GBP 9 000** – Paris, 2 déc. 1976 : *Combat de cavalerie près d'un pont*, h/pan. (23,5x33) : **FRF 85 000** – Mentmore, 25 mai 1977 : *Louis XIV en carrosse entouré par ses gentilshommes*, h/t (91,5x118) : **GBP 20 000** – Monte-Carlo, 26 nov 1979 : *Officiers à cheval*, pierre noire, forme irrégulière : **FRF 145 000** – Paris, 28 mars 1979 : *Portrait équestre de Louis XIV*, h/t (70,5x58) : **FRF 42 000** – Londres, 21 avr. 1982 : *Louis XIV dirigeant le siège d'une ville*, h/cuivre (55,2x38,7) : **GBP 36 000** – New York, 30 avr. 1982 : *Louis XIV au siège de Dôle en février 1668*, sanguine, pl. et lav. (39,1x56,5) : **USD 3 55** – Paris, 28 nov. 1984 : *Combat de cavaliers*, h/pan. (22x31,2) : **FRF 98 000** – Paris, 22 nov. 1987 : *Louis XIV au siège de Lille, août 1667*, h/t (96,5x127) : **FRF 130 000** – Londres, 22 avr. 1988 : *Caravane de diligences sauvée par une escorte de l'attaque de brigands dans un chemin de forêt* (84x120) : **GBP 33 000** – Milan, 25 oct. 1988 : *L'attaque de la diligence par les brigands*, h/t (84x120) : **ITL 100 000 000** – Paris, 26 juin 1989 : *Le départ de Louis XIV en campagne*, h/t (68x92) : **FRF 260 000** – Stockholm, 15 nov. 1989 : *Combat entre Louis XIV et les troupes hollandaises*, h/t (51x70) : **SEK 31 000** – New York, 12 jan. 1990 : *Groupe de cavaliers se dirigeant vers une ville*, craie noire (22,5x32,6) : **USD 5 500** – Londres, 20 juil. 1990 : *Escarmouche de cavalerie*, h/pan. (14x17,5) : **GBP 4 400** – Monaco, 7 déc. 1990 : *Portraits équestres de Henri de La Tour d'Auvergne, vicomte de Turenne, maréchal de France, et Louis François, duc de Boufflers, maréchal de France*, h/t, une paire (113x146) : **FRF 621 600** – Paris, 22 mars 1991 : *Jeune écuyer à cheval tenant par la bride deux chevaux sellés*, lav. brun (49x45) : **FRF 23 000** – Paris, 8 avr. 1992 : *Bataille dans un paysage*, h/cuivre (16,5x22,5) : **FRF 80 000** – Paris, 26 avr. 1993 : *Troupe de cavalerie dans un paysage*, h/t (80,5x116) : **FRF 140 000** – Londres, 7 déc. 1994 : *Épisode de la guerre contre les Turcs*, h/cuivre (52,3x83,4) : **GBP 95 000** – Londres, 8 déc. 1995 : *Le roi Louis XIV traversant le Rhin près de Lobith le 12 juin 1672*, h/t (66x82,5) : **GBP 21 850** – Paris, 12 déc. 1995 : *Louis XIV devant la ville d'Arras*, cuivre (22x36) : **FRF 95 000** – New York, 2 avr. 1996 : *Scène de port avec des troupes traversant un estuaire*, h/pan. (52,1x36,8) : **USD 8 625** – Monaco, 14 juin 1996 : *Jeune page tenant les rennes d'un cheval qui se cabre ; Officier de cavalerie vu de dos sur un cheval cabré*, h/t, une paire (48,5x39) : **FRF 527 700** – Londres, 13 déc. 1996 : *Embuscade contre un carrosse dans un bois*, h/t (84,2x120) : **GBP 20 700**.

MEULEN Andries ou **Vermeulen**

Né le 23 mars 1763 à Dordrecht. Mort le 5 juillet 1814 à Amsterdam. XVIIIe-XIXe siècles. Hollandais.

Peintre de paysages, marines.

Élève de son père Cornelis, il copia Cuyp et Hobbéma.

Musées : Amsterdam : *Paysage d'hiver* – Copenhague : *Paysage d'hiver* – Francfort-sur-le-Main : *Passage sur la glace – Promenade du dimanche.*

Ventes Publiques : Londres, 9 juil. 1976 : *Paysage d'hiver*, h/t (1447,2x225,9) : **GBP 4 800** – Londres, 30 nov. 1977 : *Paysage d'hiver avec patineurs*, h/t (51x68,5) : **GBP 2 000** – Londres, 5 oct 1979 : *Paysage fluvial boisé*, h/pan. (52,6x67,2) : **GBP 6 000** – New York, 28 mai 1981 : *Patineurs sur une rivière gelée*, h/pan. (39x54) : **USD 13 000** – Amsterdam, 14 nov. 1983 : *Des chasseurs et leurs chiens dans un paysage*, aquar. (20,4x24,9) : **NLG 3 800** – Lyon, 1er juin 1983 : *Troupeau et gardiens dans un paysage champêtre 1796*, h/pan. (59,5x74,5) : **FRF 36 000** – Londres, 6 avr. 1984 : *Paysage d'hiver avec patineurs*, h/t (89x128) : **GBP 12 000** – Londres, 27 fév. 1985 : *Patineurs sur un canal gelé*, h/pan. (56,5x73) : **GBP 6 200** – Londres, 24 juin 1987 : *Paysage d'hiver avec patineurs*, pl. et lav. (30,5x46) : **GBP 1 800** – Amsterdam, 14 nov. 1988 : *Un homme nourrissant ses chevaux près d'une rivière gelée*, encre (24x33,1) : **NLG 2 300** – Amsterdam, 20 juin 1989 : *Paysage d'hiver avec des patineurs sur un canal gelé et des villageois consommant à la buvette près d'un pont*, h/t (22x26,8) : **NLG 19 550** – Londres, 15 déc. 1989 : *Canal gelé avec un paysan dans sa charrette achetant un lapin à un chasseur tandis que d'autres transportent des porcs dans un traineau près d'un moulin à vent*, h/pan. (48x62,5) : **GBP 26 400** – New York, 28 fév. 1990 : *L'Hiver en Hollande*, h/pan. (53,3x71,1) : **USD 19 800** – Amsterdam, 5 juin 1990 : *Frégate hollandaise ancrée dans le bassin du port de Dordrecht avec la cathédrale au fond*, h/pan. (49x62,5) : **NLG 17 250** – New York, 9 oct. 1991 : *Marché de campagne au bord d'un canal gelé avec une tente près d'un moulin et une passerelle 1798*, h/t (85,1x109,9) : **USD 63 800** – Londres, 1er nov. 1991 : *Paysage hivernal avec des patineurs et des joueurs de palet près d'un moulin à vent*, h/pan. (34,9x51,4) : **GBP 12 100** – New York, 21 mai 1992 : *Voyageur conversant avec un berger sur le bord d'une rivière avec des personnages devant un cottage au fond*, h/pan. (27,7x42,9) : **USD 9 350** – Amsterdam, 17 nov. 1993 : *Personnages patinant sur un lac près d'une maison*, h/pan. (59x83) : **NLG 40 250** – New York, 12 jan. 1994 : *Paysage hivernal* *avec des personnages et des traineaux sur un canal gelé et se réunissant devant une auberge* 1799, h/pan. (31,7x40) : **USD 48 300** – AMSTERDAM, 10 mai 1994 : *Personnages patinant sur un lac gelé*, h/pan. (53,5x73) : **NLG 55 200** – LONDRES, 8 juil. 1994 : *Canal gelé avec des patineurs près d'un hameau*, h/t (40,6x53,3) : **GBP 7 820** – PARIS, 31 mars 1995 : *Patineurs sur une rivière gelée*, h/pan. de chêne (19x25,5) : **FRF 80 000** – NEW YORK, 5 oct. 1995 : *Paysage d'hiver avec un traineau à cheval sur une rivière gelée avec des paysans se réchauffant auprès d'un feu devant un moulin* 1798, h/t (86,4x111) : **USD 27 600** – LONDRES, 3 juil. 1996 : *Scène d'hiver avec des patineurs sur un lac*, h/t (60x81) : **GBP 9 775** – PARIS, 18 déc. 1996 : *Patineurs et villageois sur une rivière gelée, près d'un relai de poste*, h/t (63x81) : **FRF 45 000** – LONDRES, 16 avr. 1997 : *Paysage d'hiver avec des patineurs et des chevaux arrêtés devant une auberge*, h/t (62,8x80,8) : **GBP 12 075** – AMSTERDAM, 10 nov. 1997 : *Paysage d'hiver avec un élégant gentilhomme, des enfants se réchauffant les mains, des patineurs*, h/t (68,6x88,6) : **NLG 36 325**.

MEULEN Claes ou **Klass Pietersz Van der**
Né le 10 novembre 1642 à Alkmaar. Mort en 1693 à Alkmaar. XVIIe siècle. Hollandais.
Peintre sur verre.
Membre de la gilde en 1660.

MEULEN Cornelis ou **Vermeulen**
Né vers 1732. Mort en 1813. XVIIIe-XIXe siècles. Actif à Dordrecht. Hollandais.
Peintre.
Il copia les maîtres anciens.

MEULEN Cornelis Van der
XVIIe siècle. Actif à Dordrecht vers 1680. Hollandais.
Peintre de portraits.
Élève de S. Van Hoogstraten.

MEULEN Edmond Van der
Né le 14 juin 1841 à Bruxelles (Brabant). Mort en 1905. XIXe siècle. Belge.
Peintre d'animaux, natures mortes.
Il fut élève à l'Académie des Beaux-Arts de Bruxelles, et de Duyck. Il peignit dans la manière de Joseph Stevens, surtout des chiens.

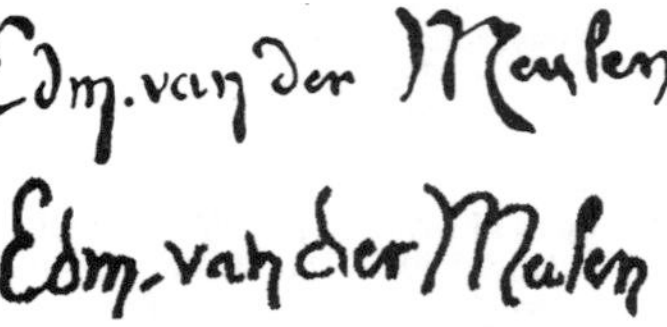

MUSÉES : AMIENS : *Relais de chien* – BRUGES – BRUXELLES : *Bull-dog* – COURTRAI – GAND – LA HAYE (Stedelijk Mus.) : *Cerf attaqué par des chevaux* – LILLE : *Chiens* – LOUVAIN – MONS – TOURNAI : *Le relais de la roche*.
VENTES PUBLIQUES : LONDRES, 23 fév. 1977 : *Chiens à l'office* ; *h/t* (200x150) : **GBP 700** – LOS ANGELES, 23 juin 1980 : *Deux chiens au coin du feu* 1872, h/t (80x109,2) : **USD 1 200** – BRUXELLES, 19 déc. 1989 : *Portrait de deux chiens bassets*, h/t (50x67) : **BEF 150 000** – NEW YORK, 23 mai 1991 : *Deux amis*, h/t (83,2x109,8) : **USD 6 600** – LOKEREN, 12 mars 1994 : *Chiens*, h/t (70x55) : **BEF 48 000** – CALAIS, 11 déc. 1994 : *Deux bassets dans un paysage de neige*, h/t (59x73) : **FRF 12 000** – NEW YORK, 9 juin 1995 : *Chiots têtant leur mère*, h/t (54x73) : **USD 4 600**.

MEULEN Frans Pieter. Voir **TER MEULEN**

MEULEN Gerard Van der ou **Vermeulen**
XVIIe siècle. Actif à Malines. Éc. flamande.
Peintre.
Élève de Henri Faydherbe en 1622.

MEULEN Gillis Van ou **Van der**
XVe siècle. Actif à Bruges. Éc. flamande.
Peintre.
Mentionné le 30 octobre 1468 comme étranger dans la gilde de Bruges.

MEULEN Isaak Van der ou **Vermeulen**
XVIIe siècle. Actif au début du XVIIe siècle. Éc. flamande.
Peintre de natures mortes.
Un *J. Van der Meulen* fut élève de J. Stevens en 1614 à Malines ; un *Isaac Vermeulen* est mentionné dans un inventaire en 1667.

MUSÉES : AMSTERDAM : *Nature morte* – ASCHAFFENBOURG : *Vanités* – COPENHAGUE : *Nature morte* – NANTES : *Nature morte* – PRAGUE (Mostitz) : *Nature morte*.

MEULEN J. F. Van der
XVIIIe siècle. Actif à Londres. Hollandais.
Sculpteur.
Exécuta de 1767 à 1780 des statuettes en terre cuite et des bas reliefs en marbre.

MEULEN Josse ou **Joes Van der**
XVIIIe siècle. Actif à Gand au début du XVIIIe siècle. Éc. flamande.
Peintre.

MEULEN Klass Van der. Voir **MEULEN Claes Van der**

MEULEN Laurens ou **Louris Van der**
Mort le 18 juillet 1711. XVIIIe siècle. Hollandais.
Peintre verrier.
Il était membre de la gilde à Alkmaar en 1695.

MEULEN Laurent Van der
Né en 1645 à Malines. Mort le 26 octobre 1719 à Malines XVIIe-XVIIIe siècles. Belge.
Sculpteur et peintre.
Élève de Pierre Van der Stoek et beau-frère du sculpteur J. L. Faydherbe. Il était à Londres en 1675. Il décora le grand autel de Notre-Dame au-delà de la Dyle à Malines.

MEULEN Lieuwert Van der
XVIIIe siècle. Hollandais.
Dessinateur et graveur de marines.
En 1700, il était dans la gilde d'Alkmaar. En 1706, il était à Haarlem.

MEULEN P. H. L. Van der
Mort après 1820. XIXe siècle. Actif à Amsterdam. Hollandais
Dessinateur et peintre et graveur.
Grava des portraits et en particulier ceux de *Bernard de Saxe Weimar*, d'*Edward Pelleuw*, de *David Mustin* et du *J. J. Nutter*.

MEULEN Pierre Van der
Baptisé à Bruxelles le 28 avril 1638. XVIIe siècle. Hollandais
Peintre et sculpteur.
Frère d'Adam Frans. Il alla à Londres en 1670 et peignit des tableaux de batailles.

MEULEN Pieter Van der
Mort après 1619. XVIIe siècle. Actif à Gand. Éc. flamande.
Peintre.
Il travailla, en 1599, pour l'entrée de l'archiduc Albert et d'Isabelle à Gand.
VENTES PUBLIQUES : AMSTERDAM, 18 nov. 1980 : *Trois cavaliers*, pl. et lav./craie rouge (11,5x21,3) : **NLG 3 200**.

MEULEN R. Van der
XIXe siècle. Travaillant de 1820 à 1826. Hollandais.
Graveur au burin.
Grava en 1824 les *Principales vues des palais et édifices dans les Pays-Bas* ; en 1820 une *Rupture de digue à Gorinchem* et en 1826 la *Nouvelle église luthérienne à Amsterdam*.

MEULEN Sieuwert Van der
Mort le 18 juin 1730 à Alkmaar. XVIIIe siècle. Hollandais.
Dessinateur, graveur à l'eau-forte et au burin et aquarelliste.
Il grava des paysages et des marines. Il devint membre de la gilde à Alkmaar en 1700. Il a gravé en 1705 la *Bataille de Hillesheim* et la *Bataille de l'Adda*. Le Musée Boymans à Rotterdam et le Musée du château à Weimar possèdent de ses aquarelles.

MEULEN Steven Van der ou **Muelen**
XVIe siècle. Actif de 1543 à 1563. Éc. flamande.
Peintre de portraits.
Élève de Willem Van Cleve à Anvers, il devint maître de la gilde de cette ville en 1552. Il s'établit à Londres en 1560 et se fit naturaliser en 1562. On lui attribue les portraits de *John Lumley et de sa femme* (1563).
VENTES PUBLIQUES : LONDRES, 22 juin 1979 : *Portrait of Ralph, 1st Lord Lumley* vers 1560/65, h/pan. (92,7x67,9) : **GBP 6 500** – LONDRES, 13 juil. 1994 : *Portrait d'un gentilhomme, présumé Sir Thomas Dacres de Cheshunt, debout de trois-quarts vêtu d'un gilet vert sous un habit noir à col de fourrure*, h/pan. (92x72) : **GBP 17 250**.

MEULEN V. H. Van der
XIXe siècle. Actif au début du XIXe siècle.
Dessinateur de fleurs.

MEULENAERE Edmond de
Né en 1884 à Uccle (Brabant). Mort en 1963. XXe siècle. Belge.
Peintre de paysages, fleurs.

Ed De Meulenaere

Ventes Publiques : Lokeren, 10 oct. 1987 : *Le Repos au jardin*, h/t (65x80) : **BEF 150 000** – Bruxelles, 12 juin 1990 : *Etang du Moulin Rose à Linkebeek*, h/t (69x89) : **BEF 34 000** – Bruxelles, 9 oct. 1990 : *Fleurs*, h/pan. (60x80) : **BEF 68 000** – Lokeren, 23 mai 1992 : *Barques dans un port*, h/t (65x80) : **BEF 24 000** – Lokeren, 10 déc. 1994 : *Femme dans un intérieur* 1921, h/t (80x64) : **BEF 100 000** – Lokeren, 7 oct. 1995 : *Femme dans un intérieur*, h/pan. (106x84,5) : **BEF 33 000**.

MEULENBERGH Dominique François
Né le 9 juillet 1804 à Bruxelles. Mort le 23 janvier 1865 à Bruxelles. XIXe siècle. Belge.
Peintre de portraits et lithographe.
Élève de Navez. A fait une série de portraits de membres de la maison royale. Il exécuta les lithogravures des *Études anatomiques de l'homme* (1865).

MEULENER Pieter ou **Meulenaer** ou **Molenaer**
Baptisé à Anvers le 18 février 1602. Mort en 1654, enterré à Anvers le 27 novembre 1654. XVIIe siècle. Hollandais.
Peintre d'histoire, batailles, paysages animés.
Il fut maître à Anvers en 1631 et imita Snayers.

P. MEVLENER 1645

Musées : Amsterdam : *Paysage avec figures* – Berlin (Cab. Imp.) : *Bataille de Fleurus* – Brunswick : *Bataille de Fleurus* – Madrid : *Deux combats* – Prague (Nostitz) : *Combat de cavalerie* – Saint-Pétersbourg (Mus. de l'Ermitage) : *Combats de cavalerie* – Sibiu : *Combat de cavalerie* – Stockholm : *Prise de Magdebourg par Tilly*.
Ventes Publiques : Paris, 10 juin 1924 : *Combats de cavaliers à l'orée d'un bois* : **FRF 500** – Paris, 18 mars 1929 : *Choc de cavalerie* : **FRF 4 500** – Paris, 19 déc. 1949 : *L'attaque du convoi ; Choc de cavalerie*, deux pendants : **FRF 140 000** – Paris, 26 juin 1950 : *Vallée rocheuse*, pl. : **FRF 3 000** – Paris, 11 déc. 1969 : *Scène de bataille* : **FRF 7 000** – Cologne, 26 mai 1971 : *Engagement de cavalerie* : **DEM 4 800** – Londres, 12 avr. 1978 : *Engagement de cavalerie*, h/pan. (57,5x87) : **GBP 5 500** – Londres, 10 juil. 1981 : *Entrée triomphale de l'infant Ferdinand d'Espagne à Anvers le 7 vril 1635*, h/pan. (63x112) : **GBP 8 500** – New York, 22 mars 1984 : *La charge de la cavalerie*, h/pan. (57x86,5) : **USD 6 000** – Amsterdam, 18 mai 1988 : *Cavaliers conversant avec des paysans à l'orée d'un bois*, h/pan. (36,5x49,4) : **NLG 18 400** – Londres, 19 mai 1989 : *L'entrée du cardinal infant Ferdinand à Anvers* 1634, h/t (94x141,9) : **GBP 6 600** – Monaco, 16 juin 1989 : *L'entrée triomphale à Anvers du cardinal infant Ferdinand, le 17 avril 1635*, h/pan. (50x79,5) : **FRF 244 200** – New York, 11 oct. 1990 : *Bataille sur la place d'un village avec un vaste paysage au fond* 1646, h/pan. (57x82,5) : **USD 17 600** – Paris, 30 jan. 1991 : *Choc de cavalerie*, h/cuivre (29x47,5) : **FRF 28 000** – New York, 11 avr. 1991 : *Escarmouche de cavalerie*, h/t (56,5x82) : **USD 8 800** – Amsterdam, 2 mai 1991 : *Voyageurs réveillés au son des trompettes dans un paysage* 1651, h/pan. (35x48,5) : **NLG 7 475** – New York, 31 mai 1991 : *Chasseurs buvant devant la taverne* 1651, h/pan. (44,4x65,4) : **USD 9 680** – Londres, 8 juil. 1992 : *Ville assiégée*, h/t (83,8x108,7) : **GBP 11 550** – Amsterdam, 17 nov. 1994 : *L'entrée du cardinal infant d'Espagne Ferdinand à Anvers en 1635*, h/pan. (73,3x104,5) : **NLG 46 000** – Paris, 19 juin 1995 : *Scène de bataille*, h/pan. (26x38,5) : **FRF 35 000** – Amsterdam, 7 mai 1996 : *Élégante compagnie devant le portail d'un manoir avec du bétail se désaltérant au premier plan* 1645, h/pan. (33,8x45,4) : **NLG 16 100** – Londres, 16 avr. 1997 : *Combat de cavalerie au bord d'une rivière*, h/t (70x94) : **GBP 5 750** – Amsterdam, 11 nov. 1997 : *Personnages élégants et paysans avec leurs troupeaux près d'une chaumière*, h/pan. (34x45,3) : **NLG 21 240** – Londres, 3-4 déc. 1997 : *Paysage avec d'élégants personnages à cheval, un carrosse plus loin* 1651, h/pan. (42x72) : **GBP 19 550**.

MEULEPAS Godelieve
Né en 1934 à Anvers. XXe siècle. Belge.
Peintre. Réaliste-poétique.
Il fut élève de l'académie et de l'Institut supérieur d'Anvers.
Bibliogr. : In : *Dict. biogr. illustré des artistes en Belgique depuis 1830*, Arto, Bruxelles, 1987.

MEULEPAS JOE. Voir **PIL**

MEULIEN Charles
XIXe siècle. Actif à Paris. Français.
Peintre d'histoire.
Exposa au Salon en 1831 et en 1833. L'église de Montreuil-sous-Bois possède un *Saint Vincent* de cet artiste.

MEULMANS Adrian. Voir **MEULEMANS**

MEUMANN Friedrich
Né le 16 août 1869 à La Langenberg (Rhénanie). XIXe-XXe siècles. Allemand.
Peintre, graveur.
Il vécut et travailla à Celle.

MEUNIÉ. Voir aussi **LEMEUNIÉ**

MEUNIÉ Jacqueline
XXe siècle. Française.
Peintre.
Cette artiste s'est formée dans les ateliers de Montparnasse. Elle se manifeste régulièrement par des expositions à Paris. Elle suivit rapidement sa voie propre, dans le domaine d'un art essentiellement subjectif et volontaire jusqu'à l'austérité. Coloriste tourmentée, elle poursuit une expérience qui la range dans la catégorie de ces peintres d'un monde intérieur, où tout s'ordonnerait selon les lois du sentiment.

MEUNIER. Voir aussi **LEMEUNIER**

MEUNIER Achille
XIXe siècle. Français.
Peintre de portraits, de paysages et d'intérieurs.
Figura au Salon de Paris de 1831 à 1837.

MEUNIER Anne
Née en 1953 à Paris. XXe siècle. Française.
Peintre, graveur.
Elle a participé à l'exposition *De Bonnard à Baselitz – Dix Ans d'acquisition du cabinet des estampes 1978-1988* à la Bibliothèque nationale de Paris en 1992.
Musées : Paris (BN) : *Le Concerto II* 1979, eau-forte.

MEUNIER Constantin Émile
Né le 12 avril 1831 à Etterbeck (Bruxelles). Mort le 4 avril 1905 à Ixelles. XIXe siècle. Belge.
Sculpteur de figures, peintre, graveur, dessinateur.
Cet artiste fut d'abord élève de son frère aîné, le graveur Jean-Baptiste Meunier, puis, de 1851 à 1857, de l'Académie de Bruxelles, du sculpteur Charles Auguste Fraikin et du peintre François Joseph Navez. Il travailla ensuite la peinture avec Charles de Groux. Ce dernier maître eut une grande influence sur la carrière artistique de Meunier. En 1882, il visitait l'Espagne. En 1887 il fut nommé professeur à l'Académie de Louvain et plus tard à celle de Bruxelles. Une exposition d'ensemble de son œuvre, en 1896, à Paris, consacra sa réputation. Meunier prit part à de nombreuses expositions parisiennes. Comme peintre, il obtint une médaille de bronze en 1889 (Exposition Universelle). Comme sculpteur, il reçut une mention honorable en 1886 ; Grand Prix en 1889 et en 1900, à l'Exposition Universelle. Chevalier en 1875, puis officier de l'Ordre de Léopold, il fut créé chevalier de la Légion d'honneur, en 1889.
Meunier peignit d'abord, à la suite d'un séjour à la Trappe de Westmalle, en 1859, des sujets religieux et historiques et surtout des scènes de la vie du cloître. Dès 1880, Meunier avait terminé sa première œuvre sur l'industrie, première page de son grand poème du travail. Habitant une contrée de charbonnage, profondément ému par la vie des mineurs, des fondeurs, des puddleurs, il les a dépeints, avec la grandeur de vision, l'austérité de forme et de caractère que Jean-François Millet donnait à ses paysans. Son influence a été considérable sur l'art contemporain. À l'époque de l'impressionnisme, il choisit, en fonction du caractère de ce qu'il avait à dire, une gamme sombre, peignant les hommes au travail, leur assujettissement, leur malheur et leurs révoltes où ils recouvrent la dignité qu'on leur dénie, dans les fumées, la suie, la flamme des fours, du pays des mines du Borinage, des cristalleries, des usines.
Sculpteur, il a dressé les solides statures des ouvriers dans la vérité de leur humanité, et travailla surtout le bronze. En 1887, il exécuta le groupe *Le coup de grisou*, retraçant avec éloquence

une catastrophe minière historique, œuvre qui devint rapidement très célèbre. Meunier a couronné sa carrière par une œuvre qui résume la grandeur de sa conception artistique. *La Glorification du Travail*, gigantesque relief, relevé de figures en ronde bosse personnifiant : *Le Semeur, La Mine, La Moisson, Le Port, L'Industrie*, qui ne fut installé sur la place de Trooz, à Bruxelles, qu'en 1930. La maison qu'il habita, à Bruxelles, à partir de 1900, a été transformée en musée, consacré à sa vie et à son œuvre.

Bibliogr. : A. Thiery, E. Van Dievoet : *Catalogue complet des œuvres dessinées, peintes et sculptées de Constantin Meunier*, Leuven, 1909 – L. Christophe : *Constantin Meunier*, Anvers, 1947 – Robert Genaille, in : *Diction. Univers. de l'Art et des Artistes*, Hazan, Paris, 1967 – Micheline Hanotelle : *Paris-Bruxelles : autour de Rodin et Meunier*, ACR, Paris, 1997.

Musées : Anvers : *Martyre de saint Étienne – Le débardeur*, sculpt. – *La moisson*, sculpt. – *Briquetiers*, sculpt. – *Le semeur*, sculpt. – *Amour maternel*, sculpt. – *Ouvriers métallurgistes*, sculpt. – Berlin (Nat. Gal.) : *Le fils prodigue*, sculpt. – *Retour des montagnards*, sculpt. – Bruxelles : *Épisode de la guerre des paysans – Manufacture de tabac à Séville – Mine de charbon sous la neige – Les toits rouges – Figures destinées au Monument du Travail : Maternité, Semeur, Puddleur, Mineur – Ecce homo – Vieux cheval de mine – Le forgeron – L'homme qui boit – Le naufragé – Le mineur – Paysan traçant son sillon – Le tailleur de pierre – Le docker – Le philosophe – Ouvrier travaillant dans une carrière – Mineur avec sa lampe – Marinier à cheval sur un chemin de halage – Lamineur – Buste d'un ouvrier du port* – Copenhague (Glypt.) : Nombreuses statuettes – Courtrai : *Enterrement d'un trappiste* – Dresde (Albert. Mus.) : – *Le puddleur – Le mineur*, Un pastel – Düsseldorf (Mus. mun.) : *Statuettes du faucheur et du laboureur – Le moissonneur – Le laboureur* – Plusieurs petits bronzes – Essen (Folkwang) : *Débardeur*, sculpt. – *Docker*, sculpt. – Gand : *Martyre de saint Étienne* – Genève : *Statues du puddleur et du mineur*, sculpt. – Halle (Mus. mun.) : *Mineur*, sculpt. – Hambourg (Kunsthalle) : *Ouvrière*, sculpt. – Hanovre (Kestnermus.) : *Mineur*, sculpt. – Ixelles : *Muletier à Séville – Garde turc – Intérieur avec jeune fille – L'étang d'Annor – Tête de nonne* – Lausanne : *Le Puddleur* 1890 – *Le Débardeur* 1893 – Leipzig : *Les femmes de mineurs – Buste d'un portefaix*, bronze – Magdebourg (Kais. Friedr. Mus.) : *Débardeur – Moissonneur – Maternité – Cavaliers à l'abreuvoir* – Munich (N. Staatsgal.) : *Buste d'un ouvrier d'usine* – Ostende (Mus. des Beaux-Arts) : *Pêcheur d'Ostende* 1906 – Paris (Mus. d'Orsay) : *Puddleurs au four* 1885 – *Au pays noir – Paysan à la charrue*, sculpt. – Rome (Gal. d'Art Mod.) : *Retour des mineurs*, sculpt. – Sète : *Ouvrier puddleur*, sculpt. – Stockholm (Mus. Nat.) : *Pêcheurs de crabes à cheval*, sculpt. – Ulm (Mus. mun.) : *Statuette du puddleur* – Valenciennes : *Une hercheuse*, sculpt.

Ventes Publiques : Paris, 13 juin 1923 : *Portrait du supérieur de la Trappe de Chimay (Belgique)*, fus. : **FRF 380** – Paris, 13 fév. 1924 : *Le faucheur réparant sa faux*, cr. : **FRF 950** – Paris, 9 déc. 1931 : *Le Forgeron*, fusain et rehauts de blanc : **FRF 910** – Paris, 18 mars 1931 : *Mineur au travail dans la mine*, bronze patine verte et brune : **FRF 2 050** – Bruxelles, 12 nov. 1937 : *Le Mineur* : **FRF 1 900** – Bruxelles, 11 déc. 1937 : *Le pâtre espagnol* : **FRF 1 500** – Paris, oct. 1945-Juillet 1946 : *Mineur*, dess. : **FRF 3 100** – Paris, 26 mars 1947 : *Étude de mineurs*, dess. : **FRF 1 800** – Paris, 6 avr. 1949 : *Fillette* : **FRF 6 800** – Paris, 13 mai 1949 : *Scène de rue* : **FRF 3 400** – Versailles, 13 mars 1966 : *L'enfant prodigue*, bronze patiné : **FRF 13 000** – Berlin, 4 et 5 avr. 1968 : *Le forgeron* : **DEM 7 000** – Cologne, 27 mai 1970 : *Le semeur*, bronze patiné : **DEM 2 800** – Anvers, 12 oct. 1971 : *Maternité*, bronze : **BEF 44 000** – Bruges, 8 juil. 1972 : *Nonnes fleurissant une Vierge* : **BEF 40 000** – Londres, 14 mars 1973 : *Le moissonneur*, bronze : **GBP 600** – Bruxelles, 24 mars 1976 : *Jeunes femmes prêtes à la descente à la mine*, h/t (90x60) : **BEF 75 000** – Lokeren, 6 nov. 1977 : *Le mineur*, bronze (H. 50) : **BEF 44 000** – Lokeren (Belgique), 12 mars 1977 : *Le mineur*, bronze (H. 68) : **BEF 65 000** – Anvers, 18 avr. 1978 : *Guerre des paysans*, h/t (77x101) : **BEF 50 000** – Lokeren, 14 oct. 1978 : *Le mineur au repos*, bronze (H. 38) : **BEF 55 000** – Londres, 29 nov 1979 : *Le mineur*, aquar., cr. et reh. de gche blanche (105x56,5) : **GBP 500** – Bruxelles, 24 oct 1979 : *Paysage : Les wagonnets*, h/bois (40x55) : **BEF 150 000** – Anvers, 9 mai 1979 : *Le débardeur*, bronze (H. 46) : **BEF 85 000** – Londres, 25 mars 1981 : *Les Mineurs*, h/t (59x85) : **GBP 1 200** – Bruxelles, 29 sep. 1982 : *Guitariste espagnol* 1884, aquar. (45x32) : **BEF 95 000** – Cologne, 1er déc. 1982 : *L'Enfant prodigue* 1895, bronze patiné (H. 44) : **DEM 16 000** – Londres, 16 mars 1983 : *Mineur et hercheuse*, h/t (89x59) : **GBP 1 600** – Londres, 14 déc. 1983 : *Maternité* vers 1902, bronze patiné (H. 46) : **GBP 900** – Lokeren, 20 oct. 1984 : *Jeune métallurgiste*, aquar. (35x24,5) : **BEF 80 000** – Londres, 27 nov. 1985 : *Jeune fille au chapeau à plumes*, h/t (135x95) : **GBP 6 000** – Lokeren, 19 oct. 1985 : *Le porteur*, bronze, patine vert foncé (H. 47) : **BEF 85 000** – Paris, 25 avr. 1986 : *La Moisson*, bronze patine médaille, bas-relief (61,5x83) : **FRF 45 000** – Lokeren, 10 oct. 1987 : *Hercheuse*, bronze patine brun-vert (H. 60) : **BEF 110 000** – Paris, 24 mars 1988 : *Tête de puddler*, bronze (18x9,5) : **FRF 3 800** – Lokeren, 28 mai 1988 : *Edmond Picard*, bronze (H. 48,5) : **BEF 85 000** ; *Les meules au crépuscule*, h/t (64x93) : **BEF 130 000** – New York, 24 mai 1989 : *Personnage masculin debout*, bronze (H. 48,2) : **USD 2 860** – Paris, 20 nov. 1990 : *L'ouvrier*, relief de bronze (31x25) : **FRF 6 000** – Paris, 26 jan. 1991 : *Pêcheur de crevettes à Nieuport*, bronze (H. 44) : **FRF 21 000** – Amsterdam, 23 mai 1991 : *Mineur*, bronze (H. 35) : **NLG 3 220** – New York, 27 mai 1993 : *Le marteleur*, bronze (H. 44,5) : **USD 4 600** – Amsterdam, 27-28 mai 1993 : *Le blessé*, bronze (H. 26) : **NLG 6 325** – New York, 19 jan. 1994 : *Homme debout*, bronze (H. 68,6) : **USD 3 680** – Paris, 22 mars 1994 : *Homme debout*, bronze (H. 37) : **FRF 4 200** – New York, 26 mai 1994 : *Maternité*, bronze (H. 64,8) : **USD 6 900** – Lokeren, 28 mai 1994 : *Le repos*, craie noire (38,5x49,5) : **BEF 48 000** – Lokeren, 8 oct. 1994 : *Le Père Damien*, bronze (H. 54) : **BEF 110 000** – New York, 19 jan. 1995 : *Cheval sous l'arche d'un pont* 1893, gche/pap. (50,8x69,2) : **USD 3 680** – Lokeren, 20 mai 1995 : *La rentrée des foins*, h/pan. (38x29) : **BEF 55 000** – New York, 20 juil. 1995 : *Vieux cheval de mine*, bronze (L. 48,3) : **USD 4 485** – Amsterdam, 6 déc. 1995 : *Le faucheur*, bronze (H. 55) : **NLG 9 200** – Lokeren, 9 déc. 1995 : *Industrie*, h/t (50x89) : **BEF 65 000** – Lokeren, 9 mars 1996 : *Le repos*, craie noire (38,5x49,5) : **BEF 38 000**.

MEUNIER Edmond Joseph Charles

Né au xixe siècle à Colombes. xixe siècle. Français.

Graveur.

Élève d'Eugène Meunier. Exposa au Salon de Paris, de 1874 et 1878.

MEUNIER Emmanuel

Français.

Dessinateur.

Connu par ces deux dessins panoramiques passés en ventes publiques.

Ventes Publiques : Paris, 13-15 mai 1929 : *Vue de la ville d'Alais*, dess. : **FRF 5 800** – Paris, 16 et 17 mai 1929 : *Vues de Nîmes*, dess. : **FRF 8 200**.

MEUNIER Georges

Né le 3 novembre 1869 à Paris. Mort en 1934 à Saint-Cloud (Hauts-de-Seine). xixe siècle. Français.

Peintre, graveur, illustrateur.

Il fut élève de l'école des beaux-arts de Paris, où il eut pour professeur Joseph Robert Fleury, puis de l'école des arts décoratifs. Il vécut et travailla à Saint-Cloud.

Il participa à Paris, au Salon des Artistes Français, et de 1909 à 1913 au Salon des humoristes.

Il collabora à *L'Assiette au beurre* et au *Rire*.

Bibliogr. : In : *Dict. des illustrateurs 1800-1914*, Ides et Calendes, Neuchâtel, 1989.

MEUNIER Georgette

Née le 17 octobre 1859 à Bruxelles (Brabant). Morte en 1951. xixe-xxe siècles. Belge.

Peintre de genre, intérieurs, fleurs, natures mortes, aquarelliste, pastelliste, graveur.

Elle fut élève de son père Jean Baptiste Meunier, puis étudia, à Paris, sous la direction d'Alfred Stevens. Elle figura aux expositions de Paris, notamment en 1900 à l'Exposition Universelle où elle reçut une médaille de bronze.

Bibliogr. : In : *Dict. biogr. illustré des artistes en Belgique depuis 1830*, Arto, Bruxelles, 1987.

Musées : Bruxelles : *Souvenirs de bal.*
Ventes Publiques : Amsterdam, 25 avr. 1990 : *Nature morte d'orchidées dans une jardinière*, h/t (80x59) : **NLG 3 220** – Lokeren, 21 mars 1992 : *Vase de chrysanthèmes*, past./t. (78x49) : **BEF 38 000**.

MEUNIER Henri Georges Jean Isidore, dit **Marc Henry**
Né le 25 juillet 1873 à Ixelles (Brabant). Mort le 8 septembre 1922 à Ixelles (Brabant). xixe-xxe siècles. Belge.
Peintre, graveur, illustrateur.
Il est le fils du graveur Jean Baptiste et le neveu du sculpteur Constantin Meunier. Il fut élève de son père puis de l'académie d'Ixelles.
Il exposa pour la première fois en 1890 au Salon de Mons, puis figura au Salon de Paris. Il reçut une médaille de bronze en 1900, à l'Exposition Universelle de Paris.
Il réalisa de nombreuses affiches et cartes postales, ainsi que d'intéressantes eaux-fortes en couleurs.
Bibliogr. : In : *Dict. des illustrateurs 1800-1914*, Ides et Calendes, Neuchâtel, 1989.
Ventes Publiques : New York, 1er nov. 1980 : *Rajah*, affiche litho. en coul. – Paris, 10 juin 1990 : *Femme à la draperie fleurie*, litho. en coul. : **FRF 4 200**.

MEUNIER Henriette Caroline
Née au xixe siècle au Rillay. xixe siècle. Française.
Peintre.
Élève de L. Denos. Figura au Salon de 1866 à 1870 avec des natures mortes.

MEUNIER Jean
xviiie siècle. Actif à Lunéville. Français.
Portraitiste.

MEUNIER Jean Baptiste
Né le 26 juillet 1786 à Orléans (Loiret). Mort le 2 avril 1858. xixe siècle. Français.
Peintre, aquarelliste et miniaturiste, sur porcelaine et sur émail.
Élève de Regnault. Exposa au Salon de Paris en 1817, au Luxembourg de 1830 à 1840 avec des aquarelles représentant des oiseaux. Médaille de troisième classe en 1840.

MEUNIER Jean Baptiste
Né le 28 juillet 1821 à Molenbeek-Saint-Jean. Mort le 6 février 1900 à Bruxelles. xixe siècle. Belge.
Graveur et peintre de genre.
Frère de Constantin Meunier et père de Henri Meunier dit Marc Henry. Élève de Calamatta, il fut professeur à Bruxelles. Figura au Salon de Paris où il obtint des médailles en 1865 et 1868 et une médaille d'or à l'Exposition Universelle en 1889.

MEUNIER Jean François
xviiie siècle. Actif à Grenoble en 1792. Français.
Peintre.

MEUNIER Jean Théophile
Né à Paris. Mort en 1884. xixe siècle. Français.
Paysagiste.
Élève de Van der Burch et de son père. Débuta au Salon de Paris en 1848.

MEUNIER Karl
Né le 14 juillet 1864 à Bruxelles. Mort le 20 mars 1894 à Louvain. xixe siècle. Belge.
Peintre et graveur.
Élève de son père Constantin Meunier et de L. Lenain. Le Musée de Bruxelles conserve de lui : *L'hôpital Saint-Pierre de Louvain.*

MEUNIER Louis ou **Meusnier** ou **Musnier**
xviie siècle. Actif à la fin du xviie siècle. Français.
Peintre et graveur au burin.
Travailla à Paris, en Belgique et en Espagne, et grava des paysages.
Ventes Publiques : Paris, 17 mai 1898 : *Vue du Champ de Mars*, aquar. : **FRF 885** – Paris, 1900 : *Les grandes eaux à Saint-Cloud* : **FRF 3 500** ; *Vue de la cour du Louvre* : **FRF 4 000** – Paris, 7 déc. 1934 : *Vue de la cour du Louvre*, aquar. : **FRF 8 200** – Paris, 15 déc. 1934 : *Aqueduc de Marly*, dess. : **FRF 2 560** – Paris, 23 mars 1971 : *Le château de Saint-Cloud : Les grandes eaux à Saint-Cloud*, deux aquar. : **FRF 33 500**.

MEUNIER Louis
Né à Solesmes. Mort en 1886 à Paris. xixe siècle. Français.
Sculpteur.
Élève de Belloc, Guillaume et Viollet-le-Duc. Débuta au Salon de Paris en 1868. Les œuvres principales de cet artiste sont : *Le docteur Larrey*, buste en marbre, au Ministère des Beaux-Arts, *T. Jouffroy*, buste en marbre, à l'École normale supérieure, *Monge*, buste en marbre, au Musée des Arts et Métiers, *Le docteur Nicolas Lemery*, médaillon en marbre pour l'École de pharmacie, *Le peintre Perrin*, buste en marbre, appartient à l'État, *Saint Michel terrassant le dragon*, groupe en cuivre repoussé surmontant le comble de la chapelle du château de Pierrefonds, *La navigation*, petit groupe en pierre, au Nouveau Louvre, *L'assistance publique* et *La justice de paix*, bas-reliefs en pierre pour la Mairie du XVe arrondissement de Paris.

MEUNIER Louis Eugène
Né au xixe siècle à Sèvres. xixe siècle. Français.
Graveur.
Débuta au Salon de Paris en 1873.

MEUNIER Marc Henry. Voir **MEUNIER Henri**

MEUNIER Martine
Née en 1958 à Luxembourg. xxe siècle. Luxembourgeoise.
Sculpteur, graveur, technique mixte.
Elle a participé à l'exposition *De Bonnard à Baselitz – Dix Ans d'acquisition du cabinet des estampes 1978-1988* à la Bibliothèque nationale de Paris en 1992.
Musées : Paris (BN) : *Empreinte, trace, tracé, signe* 1987.

MEUNIER Michel
xviiie siècle. Actif à Nantes vers 1752. Français.
Peintre.

MEUNIER Nicolas. Voir **MEUSNIER**

MEUNIER Philippe. Voir **MEUSNIER**

MEUNIER Pierre Louis
Né vers 1780 à Alençon (Orne). xixe siècle. Français.
Paysagiste.
Figura au Salon de Paris, de 1801 à 1810. Il obtint une médaille en 1810. On a de lui, au Musée de Cherbourg : *Point de vue d'un site agreste.*
Ventes Publiques : Paris, 5 mars 1997 : *Paysage animé de jeunes femmes ramassant du bois*, t. (23x32) : **FRF 20 000**.

MEUNIER Simone Marie
Née le 14 mars 1890 à Paris. xxe siècle. Française.
Peintre.
Elle exposa à Paris, au Salon des Artistes Français dont elle fut membre sociétaire à partir de 1920. Elle reçut la mention et le prix de Savoie en 1924.

MEUNIER Théophile
Né en 1800 à Paris. Mort en 1884. xixe siècle. Français.
Peintre de paysages, portraits, aquarelliste.
Élève de Jacques Hippolythe Vanderburch, il débuta au Salon de Paris en 1848.
Il peint essentiellement des vues de Paris et des environs.
Bibliogr. : Gérald Schurr, in : *Les Petits Maîtres de la peinture 1820-1920, valeur de demain*, Les Éditions de l'Amateur, t. II, Paris, 1982.
Ventes Publiques : Paris, 10 fév. 1947 : *Source d'eau douce à marée basse* : **FRF 550**.

MEUNIER Victor. Voir **VICTOR-MEUNIER**

MEUNIER Victor Alfred
Né à Saint-Bréa. Mort en 1893. xixe siècle. Français.
Peintre.
Figura au Salon de Paris, de 1869 à 1879, avec des paysages.

MEUNIER-CLISSON Christiane
Née le 29 août 1930. xxe siècle. Française.
Peintre de paysages.
Autodidacte en peinture, elle fit des études musicales. Elle vit et travaille à Aubervilliers.
Elle exposa à Paris, aux Salons des Artistes Français, des Indépendants et d'Automne.

MEUNINCXHOVE Jan Bapt. Van ou **Mennixhove**
Mort en 1703 à Bruges. xviie siècle. Éc. flamande.
Peintre.
Élève de J. Van Oost. Maître de Bruges (1664) et d'Anvers (1677). L'Hôtel de Ville de Bruges nous offre de cet artiste deux *Scènes de la visite de Charles II d'Angleterre à Bruges*, ainsi que plusieurs vues de Bruges. Le Musée de Bergues, conserve également de ce peintre un *Paysage.*

MEURANT Casimir
Né en 1748 à Valenciennes. XVIIIe siècle. Français.
Sculpteur d'ornements.
Élève de Bretel et collaborateur de Denezan. A sculpté les chapiteaux du chœur de la chapelle de l'ancien collège des Jésuites.

MEURANT Emanuel. Voir **MURANT**

MEURANT Georges
Né en 1948 à Etterbeck (Bruxelles). XXe siècle. Belge.
Peintre, graveur. Abstrait-géométrique.
Il est le fils de l'illustratrice Elisabeth Ivanovsky et du poète René Meurant. Il fut élève des académies de Bruxelles et Watermael-Boitsfort. Il enseigne la gravure et la lithographie. Il montre ses œuvres dans des expositions personnelles en Belgique.
Il pratique l'eau forte et l'aquatinte. Après avoir réalisé des scènes quotidiennes, notamment de plage inspirées du pop'art, il s'est tourné vers l'abstraction, bannissant toute forme courbe, pour privilégier le carré et le rectangle. Il utilise des couleurs vives, et les agence de manière à rendre un rythme, créer une harmonie.
Bibliogr. : In : *Dict. biogr. illustré des artistes en Belgique depuis 1830*, Arto, Bruxelles, 1987.

MEURENT Victorine Louise
Née au XIXe siècle à Paris. XIXe siècle. Française.
Peintre.
Figura au Salon de Paris, de 1876 à 1879 avec des portraits.

MEURER Charles Alfred
Né en 1865. Mort en 1955. XIXe-XXe siècles. Actif aux États-Unis. Allemand.
Peintre de paysages, natures mortes.
Né en Allemagne, sa famille émigra aux États-Unis. Il fit ses études à l'école McMicken de Cincinnati et fut invité à participer à l'Exposition industrielle de Cincinnati en 1886. Il atteint la notoriété rapidement et en 1891 il avait assez économisé pour entreprendre un voyage en France où il fut élève de l'école des beaux-arts de Lyon. Il y réalisa un trompe-l'œil *Mon Passeport*, qui obtint la mention honorable en 1893 à l'Exposition universelle de Chicago.

Ventes Publiques : Londres, 22 oct. 1976 : *Nature morte* 1906, h/t (51x76,2) : **GBP 700** – Londres, 14 oct. 1977 : *Nature morte* 1906, h/t (73,6x58,4) : **GBP 750** – New York, 30 nov 1979 : *Nature morte* 1906, h/t (33x49,5) : **USD 1 000** – New York, 4 déc. 1992 : *Moutons dans un paysage enneigé*, h/t (38,8x51,2) : **USD 5 500** – New York, 4 déc. 1992 : *Mon passeport* 1892, h/t (95,1x74,9) : **USD 40 700** – New York, 14 sep. 1995 : *Nature morte avec de la monnaie, un pistolet, des livres et une lettre, une pipe*, h/t (30,5x50,8) : **USD 14 950**.

MEURER Jörg
Mort en 1600. XVIe siècle. Actif à Würzburg. Allemand.
Sculpteur sur bois.
Fut en 1581 maître, puis en 1587 juré de la corporation. Il imita Riemenschneider. De 1590 à 1593 il travailla au grand autel de l'église de Laub.

MEURER Joseph
Né vers 1740 à Munster. Mort en 1817 à Verden. XVIIIe-XIXe siècles. Allemand.
Peintre et graveur.
Fit ses études à Francfort et à Paris. Il a peint des sujets mythologiques, des scènes de la Bible, des incendies, des portraits, des paysages, des natures mortes. Il s'inspira de Rembrandt.

MEURER Moritz
Né le 9 avril 1839 à Waldenbourg. Mort le 3 novembre 1916 à Dresde. XIXe-XXe siècles. Allemand.
Peintre d'histoire et dessinateur.
Élève de l'Académie de Dresde et de Jules Schnorr. Médaillé en 1864. Il enseigna de 1871 à 1883 à l'École des Beaux-Arts de Berlin, séjourna de 1884 à 1915 à Rome et publia en 1909 une *Morphologie comparée de l'ornement et de la plante*.

MEURET Antoine
Né le 10 juillet 1824 à Nantes. XIXe siècle. Actif à Nantes. Français.
Peintre verrier et peintre de fresques.
Élève de P. Delaroche.

MEURET François
Né en mars 1800 à Nantes (Loire-Atlantique). Mort le 15 juillet 1887 à Beaumont-le-Roger (Eure). XIXe siècle. Français.
Peintre de portraits, miniaturiste.
Élève d'Aubry, il fut le peintre de Louis-Philippe et de la famille d'Orléans. Il figura au Salon de Paris, entre 1822 et 1852, obtenant une médaille de deuxième classe en 1827 et une médaille de première classe en 1843. Il fut promu chevalier de la Légion d'honneur en 1864.
Ventes Publiques : Paris, 1880 : *Portrait de jeune fille*, miniature : **FRF 95** – Paris, 18 avr. 1921 : *Portrait de jeune femme à mi-corps*, au miniature : **FRF 805** – Paris, 16 nov. 1923 : *Portrait de femme en buste, corsage rose*, miniature : **FRF 1 050** – Paris, 23 juin 1926 : *Portrait de femme en capeline blanche*, miniature : **FRF 1 500** – Paris, 10 et 11 mai 1929 : *Femme brune*, miniature : **FRF 2 000** – Paris, 6 nov. 1950 : *Femme en robe noire décolletée* 1844 ; *Portrait d'homme*, deux miniatures formant pendants : **FRF 15 500** – Paris, 14 fév. 1951 : *Portrait du comte de Rochemaure*, miniature : **FRF 6 900** – Paris, 10 avr. 1996 : *Faustine Pages, Marquise de Mesgrigny*, miniat. sur ivoire (diam. 11,5) : **FRF 15 000**.

MEURICE Auguste Jean Baptiste
Né le 25 décembre 1819 à Valenciennes (Nord). Mort le 10 octobre 1881 à Valenciennes. XIXe siècle. Français.
Peintre de paysages et décorateur de théâtres.
Il fut l'élève de Roqueplan, Philastre et Camban. Il exécuta plusieurs décorations pour le théâtre de Valenciennes et pour les fêtes publiques.

MEURICE Jean Michel
Né en 1938 à Lille (Nord). XXe siècle. Français.
Peintre, graveur.
Il fut élève de l'Institut d'arts plastiques de Tournai. Il réalise également des films et collabore à des revues. Il vit et travaille à Paris.
Il participe à des expositions collectives : 1961 Alger ; 1964, 1973 Salon des Réalités Nouvelles à Paris ; 1965 Salon de la Jeune Peinture à Paris ; 1965, 1973 Biennale de Paris ; 1972 musée d'Art moderne de Céret ; 1973 musée d'Art et d'Industrie de Saint-Étienne et Biennale de l'estampe d'Épinal ; 1974 *Nouvelle Peinture en France* dans les musées de Saint-Étienne, Chambéry, Lucerne, Aix-La-Chapelle ; 1979 FIAC (Foire Internationale d'Art Contemporain) à Paris ; 1987 Biennale de la gravure européenne à Baden-Baden, musée d'Israël de Jérusalem et musée Cantini à Marseille ; 1988 Biennale de la gravure européenne à Heidelberg ; 1992 *De Bonnard à Baselitz – Dix Ans d'acquisition du cabinet des estampes 1978-1988* à la Bibliothèque nationale de Paris.
Il montre ses œuvres dans des expositions personnelles : 1962 Lille ; 1973 Centre National d'Art Contemporain de Paris ; 1974 Paris et Milan ; 1975 musées de Saint-Étienne et des Sables d'Olonne ; 1977 Kunstmuseum de Wuppertal et fondation Maeght de Saint-Paul-de-Vence ; 1987 musée Picasso à Antibes ; 1992 galerie Baudoin-Lebon à Paris ; 1996 Château d'Arsac à Margaux (Gironde) ; 1998 Paris, galerie Jeanne Bucher.
Avant de connaître les débuts du succès, Meurice peignit dans l'incompréhension, ne montrant que très rarement ses œuvres. Dès cette époque, il travaille sur la couleur : traces de pinceau sur papier (1961), puis vaporisations à la bombe. En 1965, il utilise le papier d'aluminium et aborde les effets de saturation avec les *Kleenex* de 1969-1970. Il présente ensuite des toiles saturées de couleurs, rayées, imprégnées de peinture, chaque rayure de couleurs se diluant sur les suivantes. S'exprimant sur sa production, il en écrit : « Je cherche à peindre la couleur, à la faire vivre de telle manière que la forme ne prenne jamais le dessus. » Alors que Claude Fournet en dit : « Chez Jean Michel Meurice, la ligne est couleur, elle est ligne comme espace de couleur. » On aura compris que le propos pictural de Meurice est avant tout une analyse spécifique de la peinture, proche en cela de tout un courant, communément regroupé autour de Support/Surface. Catherine Millet en écrit : « Partie d'une problématique du geste, cette peinture en a finalement produit la critique ». Par la suite, il prépare les supports de ses œuvres, cartons, panneaux de bois, en traçant des sillons à l'aide d'une gouge, d'un ciseau ou tournevis, par-dessus il applique ses « scarifications », la couleur. Désireux d'entretenir un rapport autre avec l'espace, il utilise des formats originaux, qui épousent la salle d'exposition, les

angles, les coins, et occupe parfois la totalité du mur. Il se refuse à pratiquer une œuvre de décoration ; il cherche à établir une tension, visant à intégrer le mur à l'œuvre. À partir de 1982, soucieux de réintroduire l'arabesque, il introduit le motif de la feuille, à partir de formes naturelles, utilisant un pochoir ou cernant la feuille d'un trait de pinceau, dans une composition rigoureuse qui pourrait se déployer sans limite.

■ L. L., Pierre Faveton

Bibliogr. : *Catalogue de la VIIIe Biennale de Paris*, Paris, 1973 – in : *L'Art du xxe s*, Larousse, Paris, 1991 – Anne Dagbert : *Jean Michel Meurice*, Art Press, no 168, Paris, avr. 1992.
Musées : Paris (BN).
Ventes Publiques : Paris, 13 déc. 1989 : *Tondo 4* 1975, h/t : **FRF 26 000**.

MEURICE Paul, Mme, née **Granger**
Française.
Dessinateur.
Le Musée de Dieppe conserve son *Portrait* au crayon.

MEURICE Pierre
Né le 14 février 1915 à Paris. xxe siècle. Français.
Peintre, illustrateur.
Il participe à de très nombreuses expositions de groupe à Paris et dans les villes de province, où il a obtenu des distinctions.
Poète, il a illustré ses propres ouvrages.

MEURIN Diane de
Née à Paris. xxe siècle. Française.
Peintre de portraits.
Elle fut élève de Desvallières, Maurice Denis et Mac Avoy.
Elle exposa à Paris, aux Salons des Tuileries et des Indépendants à partir de 1934.

MEURIS Emmanuel
Né en 1894 à Liège. Mort en 1969 à Fraipont. xxe siècle. Belge.
Peintre de portraits, paysages, dessinateur, graveur.
Il fut élève d'Auguste Donnay à l'académie royale des beaux-arts de Liège, puis étudia avec Alphonse Caron, son beau-père. Il étudia également l'architecture. Il fut l'un des membres fondateurs du groupe Libre Essor. Il participa à Paris au Salon des Indépendants en 1923, à Bruxelles au Cercle des Beaux-Arts de 1919 à 1961. Il montra ses œuvres, pour la première fois, dans une exposition individuelle en 1918 à Liège. Il a subi l'influence d'A. Donnay et de F. Maréchal. Il a peint surtout des paysages de la vallée de la Vesdre et de l'Ourthe, dans un style pittoresque.

e. meuris

Bibliogr. : In : *Dict. biogr. illustré des artistes en Belgique depuis 1830*, Arto, Bruxelles, 1987.
Musées : Liège (Mus. de l'art wallon) : *La Gleize – Amblève* 1921 – Liège (Cab. des Estampes) : *Aux caves*, dess.
Ventes Publiques : Bruxelles, 25 nov. 1982 : *Intérieur de casino*, gche (43x66) : **BEF 80 000**.

MEURISSE Henri
Né le 9 décembre 1860 à Roubaix (Nord). Mort le 12 mars 1900 à Roubaix. xixe siècle. Français.
Peintre de sujets religieux, sujets de genre, portraits, intérieurs.
Il fit d'abord ses études à Roubaix, puis fut élève, à Paris, de l'École des Beaux-Arts, d'Hébert et de Merson. Il reçut une médaille en 1880 et 1881.
Musées : Roubaix : *Job*.

MEURISSE Jean Marc
Né le 14 avril 1944 à Valenciennes (Nord). xxe siècle. Français.
Peintre de paysages.
Il fut élève de France et Brétrémieux à Valenciennes, puis étudia à l'école des beaux-arts de Paris, de 1965 à 1970. Il fut logiste au concours du prix de Rome en 1966.
Il participe à divers Salons parisiens : des Artistes Français, de la Jeune Peinture. Il montre ses œuvres dans des expositions personnelles, principalement à Valenciennes.
Sa peinture parfois violemment expressive, reste figurative, le paysage étant une source d'émotion privilégiée pour ce peintre du Nord, enseignant maintenant dans le Midi.

MEURISSE Josef
Né en 1868 à Aix-La-Chapelle (Rhénanie-Westphalie). xixe-xxe siècles. Allemand.
Sculpteur, médailleur.
Musées : Aix-la-Chapelle : deux bustes – Mexico : *Buste de Bach*.

MEURISSE Perrine
Née en 1939 à Ans (Liège). xxe siècle. Belge.
Peintre de figures, paysages urbains.
Elle fait baigner les êtres et les choses qu'elle représente dans une atmosphère éthérée.
Bibliogr. : In : *Dict. biogr. illustré des artistes en Belgique depuis 1830*, Arto, Paris, 1987.
Musées : Liège (Mus. d'Art wallon).

MEURISSE Roger
Né en 1953 à Courtrai (Flandre Occidentale). xxe siècle. Belge.
Peintre.
Il fut élève de l'académie des beaux-arts de Gand.
Au cours de sa carrière, il a pratiqué tour à tour la figuration et l'abstraction.
Bibliogr. : In : *Dict. biogr. illustré des artistes en Belgique depuis 1830*, Arto, Paris, 1987.

MEURLING Alexander
Né en 1730. Mort en 1771 à Stockholm. xviiie siècle. Suédois.
Peintre de portraits, pastelliste et miniaturiste.

MEURON Albert de
Né le 13 août 1823 à Neuchâtel. Mort le 20 mars 1897 à Neuchâtel. xixe siècle. Suisse.
Peintre de genre, portraits, paysages, paysages de montagne, cartons de mosaïques.
Fils de Maximilien de Meuron, il travailla d'abord à Düsseldorf, à partir de 1841, avec Stilke, et à l'Académie avec Carl Sohn. En 1845, il vint à Paris dans l'atelier de Ch. Gleyre et en 1846 fut élève de l'École des Beaux-Arts. En 1866, notre artiste, qui s'était marié, visita l'Italie et séjourna à Capri. À la fin de 1878, il se rendit à Venise. Il débuta au Salon de Paris en 1848 avec : *Baigneuses à l'ombre* ; se consacra à l'organisation du Musée de Neuchâtel et ne cessa pas de figurer aux expositions neuchâteloises.
Albert de Meuron fut surtout un peintre de montagnes. Après avoir peint les Alpes, sa sympathie pour Gustave Colin l'amena dans les Pyrénées, et, sous l'influence du brillant peintre du pays basque, Meuron, suivant son expression, y réchauffa sa peinture. Sa dernière œuvre fut le carton de la mosaïque décorant le fronton du Musée de Neuchâtel.
Musées : Bâle : *Les bonnes commères* – Berne : *Chasseurs de chamois au repos* – *Chasseurs aux aguets* – *L'époux mourant* – *Négresse portant des fruits et du blé* – La Chaux-de-Fonds : *Vaches à l'abreuvoir* – Genève (Rath) : *Le matin dans les Alpes* – Neuchâtel : *Pâturage sur le chemin d'Iseltwald au Faulhorn* – *Le col du Bernina* – *La place de Capri* – *La montagne* – *Pâtre changeant d'estivage* – *Souvenir de la Betten-Alp, Oberland bernois* – Deux études et pochades – Soleure : *Le fils mourant*.
Ventes Publiques : Paris, 12 déc. 1936 : *Bergers dans les Alpes bernoises* : **FRF 600** – Genève, 24 avr. 1970 : *Baigneuses* : **CHF 5 000** – Berne, 6 mai 1972 : *Paysage montagneux* : **CHF 4 200** – Lucerne, 17 juin 1977 : *Paysage à la ferme*, h/t (27x41) : **CHF 3 000** – Zurich, 25 mai 1979 : *Baigneuses dans l'ombre* 1848, h/t (73x105) : **CHF 10 000** – Zurich, 3 déc. 1987 : *Vaches à l'ombre d'un arbre*, h/t (52x67,5) : **CHF 4 000** – Paris, 30 nov. 1994 : *Retour de pêche*, h/pan. (31x40) : **FRF 17 000**.

MEURON Emanuel. Voir **MURANT**

MEURON Louis Henri de
Né en 1868 à La Sagne. Mort en 1949 à Marin près de Neuchâtel. xixe-xxe siècles. Suisse.
Peintre de genre, portraits, paysages.
Il fut élève de Landry, d'Auguste Bachelin et de L. O. Merson. Il vécut et travailla à Neuchâtel.
Musées : Neuchâtel : *Le Nuage* – *L'Espérance*.
Ventes Publiques : Berne, 7 mai 1976 : *Vue de Sanary* 1929, h/t (42x56) : **CHF 1 000** – Berne, 1er mai 1980 : *Nature morte au fleurs (recto)* ; *Etude de paysage animé (verso)*, h/t (63x52,5) : **CHF 2 800** – Berne, 12 mai 1990 : *Sanary-sur-mer* 1927, h/t (65x81) : **CHF 3 000** – Zurich, 24 nov. 1993 : *Le trou de Bourgogne (lac de Neuchâtel)*, h/cart. (25x35) : **CHF 1 840** – Zurich, 2 juin 1994 : *Nu féminin*, h/t (55x45) : **CHF 4 830**.

MEURON Maximilien de
Né le 8 septembre 1785 à Corcelles (près de Concise). Mort le 27 février 1868 à Neuchâtel. xixe siècle. Suisse.

Peintre de paysages.

Destiné à la diplomatie, il fut, en 1801, employé au Ministère des Affaires Étrangères à Berlin, mais obtint bientôt l'autorisation de s'adonner à la carrière artistique. Il vint travailler à Paris en 1808 et copia Claude Lorrain au Louvre. En 1810, il était à Rome et y fit de nombreuses études de paysage. A partir de 1816, il se fixa à Neuchâtel, s'y étant marié. Maximilien de Meuron fut un des premiers peintres de montagnes et le premier peut-être qui tenta de traduire l'aspect grandiose de l'Alpe supérieure. Sa fortune et son talent lui donnèrent une grande influence parmi les amateurs d'art. Il en fit le plus noble usage et les vingt dernières années de sa vie furent employées par lui à encourager les artistes et à leur créer un public. Ce fut un des fondateurs der la Société des Amis des Arts et un des créateurs du Musée de Neuchâtel. Il exposa au Salon de Paris et y fut médaillé en 1823 et ses envois à Berlin en 1826 et en 1828 furent fort remarqués.

Musées : Neuchâtel : *Rome ancienne – Rome moderne – Lac de Wallenstadt – Vallée de Nœfels – Le grand chêne – Pont de Corchiano – Le grand Eiger vu de la Wengern-Alp – A la villa d'Este, Tivoli – Au lac de Wallenstadt – Palais des Césars – A Wengern – A Sestra di Levante,* trois fois – *Chapelle et ruine de Vorbourg – A Meyringen – Glacier du Rhône – Environs de Rome, pyramide de Sestuo – Colysée – Tussilages – Dans les bois de Corcelles – Vacher suisse debout – Vacher suisse assis – Cascade de Tivoli – La cascatelle grande à Tivoli – Le Diaz, près de Concise – Portrait du beau-père de l'artiste* – onze études.

Ventes Publiques : Paris, 1865 : *Vue de Schreck Hom et du glacier de Rosenlawé* : **FRF 100** – Genève, 25 nov. 1985 : *Environs du lac des Quatres-Cantons,* h/cart. (41x55) : **CHF 21 000**.

MEURS Cornelis Hubert Van

xviie siècle. Actif à Amsterdam à la fin du xviie siècle. Hollandais.

Graveur.

On cite de lui : *Homme assis à table, Vieillard offrant de l'argent à une jeune fille,* d'après W. v. Mieris, *Un moine,* d'après G. Dou, *Frans Mieris et sa femme,* d'après Mieris, Pendant du précédent.

MEURS Harmen Hermanus

Né en 1891 à Wageningen. Mort en 1964 à Speulde-sur-Putten. xxe siècle. Hollandais.

Peintre de paysages, natures mortes, peintre à la gouache, aquarelliste.

HARMEN
MEURS

Ventes Publiques : Munich, 28 mai 1979 : *Place St-André-des-Arts* 1921, h/t (73x92) : **DEM 22 000** – Amsterdam, 8 déc. 1988 : *Paysage boisé avec un pont enjambant une rivière* 1926, aquar. et craie noire/pap. (59x71) : **NLG 1 610** – Cologne, 20 oct. 1989 : *Sur la terrasse en été en Provence* 1956, h/t (54x65) : **DEM 1 200** – Amsterdam, 18 fév. 1992 : *Poulain* 1961, h/t (65x54) : **NLG 1 150** – Amsterdam, 21 mai 1992 : *Vue de la gare centale d'Amsterdam* 1929, h/t (81x100) : **NLG 17 250** – Amsterdam, 9 déc. 1992 : *Paysage espagnol* 1956, gche/pap. (49,5x69) : **NLG 1 380** – Amsterdam, 10 déc. 1992 : *Bas-Semur (Bourgogne)* 1940, aquar./pap. (72,5x91,5) : **NLG 5 175** – Amsterdam, 27-28 mai 1993 : *Salomé* 1918, h/t (138,5x81) : **NLG 27 600** – Amsterdam, 31 mai 1995 : *Paysage fluvial* 1927, h/t (46x56) : **NLG 2 360** – Amsterdam, 4 juin 1996 : *Scène côtière* 1922, h./étoffe (46x56) : **NLG 1 770** – Amsterdam, 10 déc. 1996 : *Nature morte aux tournesols* 1937, h/t (145x112) : **NLG 6 919**.

MEURS Jacob Van

Né vers 1619 à Arnhem. Mort avant 1680 à Amsterdam. xviie siècle. Hollandais.

Graveur.

Le 15 mai 1654, étant veuf, il épousa Annitje Philips Goulet, et fut la même année poursuivi en justice par Jannitje Jans pour promesse de mariage non tenue et paternité. Il fut bourgeois d'Amsterdam en 1659. Il était actif à Arnheim. Il travailla pour les libraires et grava de nombreux portraits.

MEURS Jacobus Van

Né en 1758. Mort le 1er mai 1824 à Amsterdam. xviiie-xixe siècles. Hollandais.

Peintre de genre, natures mortes, fruits, graveur.

Il grava au burin.

Ventes Publiques : Amsterdam, 8 nov. 1994 : *Nature morte de fruits* 1807, h/pan. (27,5x31) : **NLG 8 510**.

MEURVILLE Sylvie de

xxe siècle. Française.

Sculpteur.

Elle réalise des sculptures très graphiques, composées de blocs de béton qui révèlent son goût pour la matière, d'où émergent quelques tentacules d'acier.

Bibliogr. : Gérard Gassiot-Talabot : *Sylvie de Meurville,* Opus international, n° 134, Paris, aut. 1994.

MEUS Lieven. Voir **MEHUS L.**

MEUSE Éliane de

Née en 1899 à Bruxelles (Brabant). xxe siècle. Belge.

Peintre de portraits, figures, paysages, natures mortes, fleurs.

Élève de G. Van Strydonck, de Richir et de Delville à l'Académie des Beaux-Arts de Bruxelles, elle obtint le prix Godecharle en 1921, qui lui permit de séjourner en Italie. Une rétrospective de son œuvre a été organisée en 1991 à l'hôtel de ville de Bruxelles. Influencée par l'art d'Ensor et de Rik Wouters, elle y ajoute sa touche personnelle.

Bibliogr. : In : *Diction. Biogr. illustré des Artistes en Belgique depuis 1830,* Arto, Bruxelles, 1987 – Paul Caso : *Eliane de Meuse,* Préfilm, Bruxelles, 1991.

Musées : Gand – Tournai.

MEUSE Jane de

xxe siècle. Belge.

Sculpteur.

Elle participa à l'Exposition Universelle de Bruxelles en 1910.

MEUSE Robert Léon de

xixe siècle. Français.

Peintre.

Musées : Digne : *Le vieux moulin* 1914.

MEUSER

Né en 1947 à Essen (Rhénanie-Westphalie). xxe siècle. Allemand.

Sculpteur, créateur d'installations.

Il vit et travaille à Düsseldorf.

Il a participé à l'exposition : *La Sculpture contemporaine après 1970* au musée temporaire de la Fondation Daniel Templon en 1991, à Fréjus.

Dans un esprit minimaliste, il assemble plusieurs éléments en métal.

Ventes Publiques : New York, 13 nov. 1991 : *Sans titre* 1978, vernis sur acier (99,1x50,8) : **USD 3 300** – New York, 5 mai 1993 : *Sans titre,* métal peint. et verre, sculp. murale en trois éléments (276,8x127x43,2) : **USD 13 800**.

MEUSER A. G.

xviiie siècle. Travaillant en Thuringe. Allemand.

Peintre.

MEUSNIER Antoine

xviie siècle. Français.

Peintre.

En 1688 peintre du Roi. Le Musée de Versailles conserve un médaillon de marbre, le représentant et dû à François Fontelle.

MEUSNIER Georges. Voir **KARL-ROBERT**

MEUSNIER Jacques

xvie siècle. Actif à Dreux. Français.

Sculpteur et peintre.

MEUSNIER Louis. Voir **MEUNIER**

MEUSNIER Mathieu. Voir **MATHIEU-MEUSNIER**

MEUSNIER Nicolas ou **Meunier**

Mort après 1709. xviie-xviiie siècles. Actif à Paris. Français.

Sculpteur et fondeur.

Fils d'un sculpteur du roi, Jean Meusnier, il fut le collaborateur d'Henri Meusnier et de Pierre Langlois.

MEUSNIER Philippe ou **Meunier**

Né en 1655 à Paris. Mort le 27 décembre 1734 à Paris. xviie-xviiie siècles. Français.

Peintre d'architectures.

Il étudia d'abord avec Jacques Rousseau, puis alla travailler huit ans à Rome. Il y peignit principalement des intérieurs d'église. De retour à Paris en 1680, il fut employé avec Rousseau à la décoration des palais royaux, principalement à ceux de Versailles et de Marly. En 1689, Louis XIV le chargea de peindre le plafond de la chapelle du palais de Versailles. Le roi lui accorda également un logement au Louvre. Il fut nommé académicien en 1702, conseiller en 1703 et trésorier en 1719. Il convient de noter l'amitié de Meusnier pour Watteau et Pater qui peignirent souvent des figures dans ses paysages. En 1720, il alla à Bruxelles pour y décorer le théâtre Royal. Meusnier étant protestant, eut à souffrir de multiples désagréments et se décida à se rendre à Munich. Il fut fort bien accueilli par l'Électeur de Bavière. Les collections publiques de cet État possèdent de nombreux et beaux dessins de ses projets de décorations pour les édifices du prince. Meusnier ayant abjuré le protestantisme, revint en France en 1725 et y retrouva ses premiers succès. Les œuvres de son fils Philippe lui sont parfois attribuées. On voit de lui, au Musée de Nancy : *Intérieur d'un palais richement décoré* et *Galerie ouverte sur une terrasse.*

Meusnier.

Ventes Publiques : Paris, 27 mars 1919 : *Bassin de la Fontaine de Nîmes : Maison de campagne, Nîmes,* deux dess. à l'encre de Chine : **FRF 950** – Paris, 16 juin 1919 : *Vue de la cascade du Parc de Sceaux ; Vue du château de Sceaux,* deux aquar. : **FRF 23 500** – Paris, 20 mai 1942 : *Le Temple au bord de la rivière* 1718 : **FRF 7 000** – Paris, oct. 1945-Juillet 1946 : *Vue de Notre-Dame de Paris,* aquar. : **FRF 5 000** – Paris, 19 mai 1950 : *La partie de musique,* attr. : **FRF 120 000**.

MEUSNIER Pierre
Né à Château-Thierry (Aisne). XVIIIe siècle. Actif à La Fère-en-Tardenois de 1707 à 1710. Français.
Sculpteur.
On lui attribue les sculptures du portail latéral de l'église de La Fère.

MEUSSEN Dietrich
Originaire de Feldkirch dans le Vorarlberg. XVIIe siècle. Autrichien.
Peintre.
Un tableau d'autel, *Saint Michel,* peint par cet artiste, se trouve à l'église paroissiale de Biberach-a-Riss.

MEUTEL Joh. ou **Meutelm**
Mort le 12 décembre 1478. XVe siècle. Allemand.
Enlumineur et imprimeur.
Il commença par être un excellent enlumineur de Strasbourg « aurarius et miniarius scriba », puis, voyant les progrès et la force de l'imprimerie, il s'adonna à la nouvelle découverte et devint un imprimeur distingué.

MEVEL-ROUSSEL Micheline
Née en 1925 à Thieux (Seine-et-Marne). XXe siècle. Française.
Peintre.
Elle vit et travaille à Paris.
Elle a participé à l'exposition *De Bonnard à Baselitz – Dix Ans d'acquisition du cabinet des estampes 1978-1988* à la Bibliothèque nationale de Paris en 1992.
Musées : Paris (BN) : *Bouquet de roses* 1979, litho.

MEVEN Van
XVIIe siècle. Hollandais.
Peintre.
Le nom de cet artiste est cité dans le catalogue du Musée de Metz (édition de 1876) pour un tableau, *Combat de coqs,* qui lui est attribué, ouvrage dont la manière rappelle celle de Melchior Hondekoeter.

MEVES Andreas ou **Meveus**
Originaire de Dantzig. XVIIe siècle. Actif dans la première moitié du XVIIe siècle. Allemand.
Sculpteur.
Il s'installa en 1637, à Brunswick, puis en 1650 à Magdebourg, où il dirigea les travaux de rénovation de l'église Saint-Ulrich.

MEVES Augustus
Mort en 1818 à Shoreditch. XIXe siècle. Britannique.
Miniaturiste.

MEVES Martino et **Giovanni**
XVIIe siècle. Actifs à Vérone dans la seconde moitié du XVIIe siècle. Italiens.
Peintres.
Ils ont exécuté en commun dans les églises de Vérone et de cette région de nombreux travaux. Ils étaient frères.

MEVEUS Andreas. Voir **MEVES**

MEVIUS. Voir aussi **MOEVIUS**

MEVIUS Hermann
Né en 1820 à Breslau. Mort en 1864. XIXe siècle. Allemand.
Peintre de marines.
Il fut élève de l'Académie de Düsseldorf.
Musées : Brunswick – Linz – Stettin – Wiesbaden.
Ventes Publiques : Cologne, 22 juin 1979 : *Vue de Naples* 1858, h/t (56,5x94) : **DEM 4 000** – Amsterdam, 18 nov. 1980 : *Scène de bord de mer,* pl. et aquar. avec touches de blanc (17,2x24,8) : **NLG 2 200** – Munich, 25 juin 1996 : *Le Port de Hambourg* 1862, h/t (79x122,5) : **DEM 15 600**.

MEVIUS Johann Friedrich. Voir **MOEVIUS**

MEVIUS Johann Georg Ambrosius. Voir **MOEVIUS**

MEWES A.
XVIIIe siècle. Actif au début du XVIIIe siècle. Allemand.
Peintre.

MEWISSEN René
Né en 1913 à Ans (Liège). Mort en 1991. XXe siècle. Belge.
Peintre de paysages.
Il fut élève de l'académie royale des beaux-arts de Liège. Il exposa au Cercle des Beaux-Arts de 1952 à 1988.
Il s'est spécialisé dans les paysages des Fagnes et des Ardennes.

MEXIA Andrés
XVIe siècle. Actif à Séville au début du XVIe siècle. Espagnol.
Peintre.
Il était prêtre et travailla à la cathédrale de Séville entre 1514 et 1522.

MEXIA Francesco
XVIe siècle. Actif à Séville. Espagnol.
Peintre.

MEXIAC Adolfo
Né en 1927 à Esperena (Michoacan). XXe siècle. Mexicain.
Peintre.
Il s'attache à représenter les idéaux de la révolution mexicaine.

MEY Colin Paul. Voir **PAUL-MEY Colin**

MEY Gaston de. Voir **DEMEY Gaston Victor Julien**

MEY Hieronymus Van der. Voir **MY**

MEY Jos de
Né en 1928. XXe siècle. Belge.
Peintre de trompe-l'œil, compositions animées.
Il expose en Belgique.
Il se plaît à multiplier les perspectives, à mêler les références historiques et artistiques.
Ventes Publiques : Lokeren, 28 mai 1994 : *La lande à Waasmunster,* h/t (60x85) : **BEF 28 000**.

MEY Rafaël de ou **May**
XVIe siècle. Actif à Cologne à la fin du XVIe siècle. Allemand.
Graveur au burin.
Il grava des sujets religieux et reproduisit des œuvres de Dürer et de Schongauer.

MEYANE Joseph
Né en 1813 à Niewpoort. XIXe siècle. Britannique.
Peintre.
Élève de Wappers.

MEYBAUM Christoph
XVIIIe siècle. Autrichien.
Peintre.

MEYBURGH Bartholomeus
Né en 1628 à Maaslandsluys. Mort en 1708 ou 1709. XVIIe siècle. Hollandais.
Peintre d'histoire et de portraits.
Fut admis à la confrérie de La Haye en 1661 et fit un voyage en Allemagne en 1684. Il travailla pour la reine d'Angleterre et la reine de Bohême.

B MEYBURG.

MEYBUSCH Anton ou **Meybusk, Meibus**
Né vers 1645. Mort le 1er mai 1702 à Copenhague. XVIIe siècle. Danois.
Médailleur et sculpteur sur pierre.
Il fit ses études à Stockholm et travailla de 1667 à 1670 au Danemark comme médailleur pour Frédéric III. Il vécut de 1685 à

1690 à Paris, où il devint médailleur du roi de France. Il revint en 1690 à Copenhague, où il frappa des médailles commémoratives des grands événements de l'époque.

MEYDEBURG François. Voir **MAGDEBURG**

MEYDING Antonius
XVIIe siècle. Danois.
Sculpteur sur bois.
Il était actif au Danemark en 1620.

MEYENBERG John C.
Né le 4 février 1860 à Tell City (Indiana). XIXe-XXe siècles. Américain.
Sculpteur.
Il fut élève de Thomas S. Noble et de J. Thomas. Il vécut et travailla à Cincinnati (Ohio).

MEYENBURG Viktor von
Né le 25 septembre 1834 à Schaffhouse. Mort le 16 février 1893 à Dresde. XIXe siècle. Suisse.
Sculpteur.
Élève de J. J. Œchslin et de Hugo Hagen. Il décora le Musée provincial de l'École polytechnique à Zurich et exécuta les bustes du peintre *L. Vogel* et du bourgmestre *Hess* qui se trouvent à la Maison des Arts de Zurich.

MEYER. Voir aussi **MAIER, MAYER, MEIER,** etc.

MEYER
XVIIIe siècle. Français.
Peintre de genre.
Exposa au Colisée, en 1776, deux pendants.

MEYER
XVIIIe siècle. Allemand.
Peintre émailleur.

MEYER A.
XVIIIe siècle. Actif à Verden. Allemand.
Sculpteur.
A exécuté l'autel de l'église de Visselhövede en 1771.

MEYER Abel Margaretha Sophia. Voir **FORSMANN**

MEYER Adolf
Né le 21 octobre 1867 à Bâle. Mort en 1940. XIXe-XXe siècles. Suisse.
Sculpteur.
Il fut élève de Reinhold Begas, il subit l'influence de Adolf Hildebrand. Il vécut et travailla à Zollikon, près de Zurich.
Musées : Zurich (Mais. des Arts) : *Hans Spörry – Ferdinand Hodler.*
Ventes Publiques : Zurich, 28 nov. 1978 : *Tête de Ferdinand Hodler* 1918, bronze (H. avec socle 42) : **CHF 2 600**.

MEYER Adolf Campbell
Né en 1866 à Liverpool. Mort en 1919. XIXe-XXe siècles. Britannique.
Peintre de paysages.
Il travailla à Conway.

MEYER Aldert
Né vers 1664. XVIIe siècle. Actif à Amsterdam. Éc. flamande.
Graveur.
Il se maria vers 1688. Il a gravé quatre planches représentant *Les Tuileries.*

MEYER Alfred
Né le 22 juillet 1832 à Paris. Mort en juillet 1904 à Paris. XIXe siècle. Français.
Peintre de genre, peintre émailleur, céramiste.
Élève de François Édouard Picot et d'Émile Lévy, il figura au Salon de Paris à partir de 1864, obtenant une médaille en 1866. De 1858 à 1871, il travailla à la Manufacture de Sèvres. Il fut professeur à l'École Bernard Palissy à Paris et découvrit le procédé technique des anciens émailleurs du Limousin. Il publia en 1895 *L'Art de l'émail à Limoges*. Il peignit également des toiles dans le style troubadour.

Bibliogr. : Gérald Schurr, in : *Les Petits Maîtres de la peinture 1820-1920, valeur de demain,* Les Éditions de l'Amateur, t. III, Paris, 1976.
Musées : Paris (Mus. des Arts déco.) : Émaux – Le Puy-en-Velay (Mus. Crozatier) : Émaux.

MEYER Alfred
Né en 1901. Mort en 1967. XXe siècle. Suisse.
Sculpteur de monuments, figures, nus, portraits, dessinateur.
Musées : Aarau (Aargauer Kunsthaus) : *Le Couple* 1937, dess. – *Nu debout* 1938, dess. – *Nu féminin assis* 1941, bronze – *Buste du Conseiller Émil Nietlibach* 1941, bronze – *Projet de monument aux morts* vers 1950, plâtre.

MEYER Alvin
Né en 1892 dans l'Illinois. XXe siècle. Américain.
Sculpteur.
Il fit ses études sur la Côte Est au Maryland Institute, à l'école de sculpture Rinehart de Baltimore, puis à l'académie des beaux-arts de Philadelphie sous la direction de Charles Grafly. Il obtint le prix de Rome pour l'académie américaine en 1923.
Ventes Publiques : New York, 30 sep. 1988 : *Salomé,* bronze (H. 62,2) : **USD 1 650**.

MEYER André
Né en 1951 à Fleury-sur-Ouche (Côte d'Or). XXe siècle. Français.
Peintre, graveur.
Il vit et travaille à Dijon. Il a participé à l'exposition *De Bonnard à Baselitz – Dix Ans d'acquisition du cabinet des estampes 1978-1988* à la Bibliothèque nationale de Paris en 1992.
Musées : Paris (BN) : *Lavoir* 1981, eau-forte.

MEYER Andreas
Né probablement à Zurich. XVIe siècle. Suisse.
Peintre et graveur.
Il a gravé des vues de villes.

MEYER Anna
Née le 24 octobre 1787 à Zurich. Morte en 1812 à Zurich. XIXe siècle. Suisse.
Peintre de fleurs et de fruits.
Fille du peintre de paysages et graveur Johann Jakob Meyer.

MEYER Anna ou **Nanny**
Née le 15 novembre 1831 à Zurich. Morte en 1918. XIXe-XXe siècles. Suisse.
Peintre de fleurs.
Ses dessins se trouvent à la Maison des Arts de Zurich.
Ventes Publiques : Paris, 30 mars 1984 : *Bouquet de fleurs sur fond de paysage et de ruines,* h/t (130x91) : **FRF 30 000**.

MEYER Anthony Andreas de, ou **Antonij Andréas de** ou **Meijier**
Né le 17 août 1806 à La Haye. Mort en 1867. XIXe siècle. Hollandais.
Peintre de paysages animés, paysages.
Il fut élève de Schelfo qu'il accompagna, en 1836, en France et en Allemagne.
Ventes Publiques : Londres, 20 mars 1981 : *Promeneurs dans un paysage d'hiver,* h/pan. (45x66,5) : **GBP 22 000** – Londres, 9 oct. 1985 : *Patineurs sur une rivière gelée,* h/pan. (36,5x51) : **GBP 4 600** – Amsterdam, 11 sep. 1990 : *Paysage fluvial avec des paysans dans une barque et les voiliers approchant de la ferme,* h/pan. (43x62,5) : **NLG 4 370** – Amsterdam, 6 nov. 1990 : *Paysage hivernal avec de nombreux personnages sur la rivière gelée,* h/t (58x73) : **NLG 21 850** – Londres, 17 nov. 1993 : *Personnages sur un lac gelé* 1841, h/pan. (50x65) : **GBP 11 500** – Amsterdam, 21 avr. 1993 : *Paysage d'hiver avec des patineurs et un traineau à cheval à la poterne d'une ville,* h/pan. (47x64) : **NLG 17 250** – Amsterdam, 8 nov. 1994 : *Navigation au large d'une ville* 1847, h/pan. (48x62,5) : **NLG 4 600**.

MEYER Anton
XVIe siècle. Actif à Rapperswil. Suisse.
Sculpteur.

MEYER August, ou **Clemens August**
Né en 1759 à Bonn. Mort le 16 janvier 1838 à Cologne. XVIIIe-XIXe siècles. Allemand.
Peintre et lithographe.

MEYER August Eduard Nicolaus Claud, dit **Claus-Meyer**
Né le 20 novembre 1856 à Linden, près de Hanovre. Mort le 9 novembre 1919 à Düsseldorf. XIXe-XXe siècles. Allemand.
Peintre de genre.
Élève de Kreling l'École d'Art, à Nuremberg, en 1875-1876. Il continua ses études à l'Académie de Munich et sous Barth Alexander, Wagner, et Löffly. En 1886, membre honoraire de Munich, médaillé à Munich en 1883, à Berlin en 1886, à Paris, à l'Exposition Universelle de 1889, à Anvers en 1894.

Claus·Meyer

Musées : Berlin (Nat. Gal.) : *Les joueurs de dés* – Breslau, nom all. de Wroclaw : *Le document* – Dresde : *Vieux et jeunes chats* – Düsseldorf : *Femmes des Flandres* – *Les gais musiciens* – *Le joueur de flûte* – *Le fumeur* – Hanovre : *A la fenêtre* – Karlsruhe : *École de petits enfants à Uberlingen* – *Détente artistique* – Leipzig : *Intérieur à Édam* – Mannheim : *Femme épluchant les pommes de terre* – Mayence : *Les trois savants* – Munich (Nouv. Pina.) : *Chez les béguines* – *Portraits de Leibniz et d'Otto von Guericke* – Wuppertal : *Le Christ au temple*.

Ventes Publiques : Berlin, 12 oct. 1899 : *Un savant* : **FRF 750** – Paris, 21 fév. 1919 : *La jeune mère*, cr. noir : **FRF 70** – Londres, 28 mars 1923 : *Le marché au fromage*, dess. : **GBP 38** – Cologne, 15 mars 1968 : *Après la messe* : **DEM 2 200** – Cologne, 24 mars 1972 : *La couseuse* : **DEM 3 800** – Copenhague, 22 nov. 1973 : *La partie de cartes* : **DKK 44 500** – Munich, 8 mai 1974 : *La partie de cartes* : **DEM 19 000** – New York, 7 oct. 1977 : *La lecture de la Bible*, h/t (38x29) : **USD 1 000** – Zurich, 30 mai 1979 : *Personnages dans un intérieur*, h/t (59x42,5) : **CHF 3 200** – Zurich, 16 mai 1980 : *L'As de cœur*, h/pan. (61x44) : **CHF 5 000** – Zurich, 7 nov. 1981 : *Personnages dans un intérieur*, h/t (59x42,5) : **CHF 5 500** – Lyon, 18 mars 1987 : *La Partie de dés*, h/t (37x29) : **FRF 19 000** – Cologne, 15 oct. 1988 : *Paysans attablés à l'auberge*, h/pan. (90x69,5) : **DEM 6 500** – Munich, 10 mai 1989 : *Les joueurs de cartes*, h/pan. (23,5x28,5) : **DEM 3 850** – Cologne, 20 oct. 1989 : *Un homme en habit rouge et une femme assis dans une salle d'attente*, h/pan. (41x51) : **DEM 2 000** – Milan, 16 juin 1992 : *Le document*, h/t (49x37,5) : **ITL 5 500 000** – Amsterdam, 18 juin 1997 : *Les Voisins*, h/t, triptyque (101x77 ; 101x56 ; 101x76,5) : **NLG 18 451**.

MEYER Auguste
Né à Paris. XIXe siècle. Français.
Peintre de paysages.
Il fut élève de F. Dubois. Il figura au Salon de Paris, entre 1859 et 1868. Il est peut-être identique à Auguste E. F. MAYER.
Ventes Publiques : Londres, 18 juin 1993 : *Personnages s'embarquant près de la mosquée bleue à Constantinople*, h/t, de forme ovale (53,3x41,2) : **GBP 19 550**.

MEYER Barbara
Née en 1675. XVIIIe siècle. Active à Bâle. Suisse.
Dessinateur amateur.
A fait des études de costumes régionaux.

MEYER Bartold, ou **Bartholomäus**
XVIIe siècle. Danois.
Médailleur.
A séjourné de 1682 à 1694 à Copenhague et fut maître médailleur à Schwerin de 1696 à 1702.

MEYER Bernhard
XVIIe siècle. Actif à Lucerne au début du XVIIe siècle. Suisse.
Sculpteur.

MEYER Bourig
Né en 1630, originaire du Portugal. Mort en 1710 à Francfort-sur-le-Main. XVIIe-XVIIIe siècles. Portugais.
Sculpteur.
Il a exécuté pour la cour de Saxe douze bustes d'empereurs romains en porphyre.

MEYER C. H.
Né à Aurich. Mort en 1834. XIXe siècle. Hollandais.
Peintre de paysages et de vues.
Élève de l'Académie de Berlin.

MEYER Carl Diethelm
Né le 18 janvier 1840 à Baden. Mort le 13 octobre 1884 à Munich. XIXe siècle. Suisse.
Peintre de genre.
Élève de P. Deschwanden à Stans. En 1859, il vint à l'Académie de Munich puis à l'École de peinture du professeur Anschütz. En 1864, après un séjour en Suisse, il vint travailler durant trois années à l'École des Beaux-Arts de Paris. En 1869, il revint à Munich où il fréquenta l'atelier de Ramberg. Il a exposé à Berlin, Munich, Vienne.
Musées : Bâle : *Paysanne de la vallée de Hasli revenant de la fenaison* – *Paysage du Wallis, ses deux enfants et un mulet* – Berne : *Jeune fille de l'Oberland bernois* – *Les deux sœurs*.

MEYER Carl Viktor
Né le 26 juin 1811 à Minden en Westphalie. Mort le 12 novembre 1830. XIXe siècle. Allemand.
Sculpteur.
Élève de Rauch et de Schadow à Berlin. Il a exécuté des bustes de *Goethe* (1827), du *Dr Dräseke*, et de son père, médecin à Minden.

MEYER Carl Wilhelm
XVIIIe-XIXe siècles. Actif à Berlin. Allemand.
Peintre amateur.
A exposé de 1791 à 1806 des paysages à l'Académie de Berlin.

MEYER Carl Wilhelm ou **Vilhelm**
Né le 22 février 1870 à Aalborg. Mort en 1938. XIXe-XXe siècles. Danois.
Peintre de portraits, paysages.
Il fut élève de l'académie de Copenhague.
Ventes Publiques : Copenhague, 21 fév. 1990 : *La cour de l'école* 1904, h/t (41x63) : **DKK 17 000** – Londres, 17 juin 1994 : *L'heure de la toilette* 1909, h/t (81,9x98,1) : **GBP 3 680**.

MEYER Caspar
XVIIIe siècle. Allemand.
Peintre de figures.
Actif en 1704.

MEYER Charles Louis, dit **Meyr**
Né le 14 septembre 1882 à Versailles (Yvelines). Mort en juillet 1980. XXe siècle. Français.
Peintre de compositions religieuses.
Il a participé à Paris, aux Salon des Indépendants, des Artistes décorateurs, et d'Automne. Il s'est spécialisé dans la peinture religieuse monumentale.
Bibliogr. : In : *Dict. ill. des peintres et sculpteurs contemp.*, Ed. 1948.
Ventes Publiques : Paris, 26 oct. 1990 : *La colonnade du parc du château de Versailles*, h/t (100x100) : **FRF 5 100** ; *La Tour d'ivoire* 1937, h/t (140x48) : **FRF 5 000** – Paris, 21 oct. 1992 : *Allégorie aux étoiles* 1971, h/t (81x150) : **FRF 31 000**.

MEYER Christian
Né en 1838 en Allemagne. Mort le 15 avril 1907 à Brooklyn (New York). XIXe siècle. Allemand.
Peintre.

MEYER Christian Gottlieb
Né en 1730 à Dresde. Mort en 1755 à Dresde. XVIIIe siècle. Allemand.
Peintre de portraits.
Peintre de la cour.

MEYER Christophe
Né en 1958 à Colmar (Haut-Rhin). XXe siècle. Français.
Peintre de figures, animaux, dessinateur, technique mixte. Figuratif-narratif, tendance primitiviste.
Il participe à des expositions collectives : 1983 *Corps à corps 2* à Strasbourg ; 1986 *Art Alsace* au musée d'Art contemporain d'Hagueneau, Salon de Montrouge et Centre culturel d'Angers ; 1987 *De l'origine de la peinture* au musée d'Art moderne de Strasbourg ; 1987, 1989 FIAC (Foire Internationale d'Art Contemporain) à Paris ; 1990 Foire de Bâle. Il montre ses œuvres dans des expositions personnelles à Paris, Tokyo, Hambourg, Amsterdam, Sète, New York.
Il peint de façon schématique de gros animaux (ours, bison, mammouth, aigle) et des hommes-loups, dans des compositions monumentales, où toute perspective est abolie. Il s'inspire des peintures rupestres des civilisations anciennes et intègre dans ses toiles des matières brutes, sciure, charbon, paille, goudron (...), et sombres. Au cœur des ténèbres, il introduit matériellement la nature et joue sur la valeur symbolique des matériaux : des copeaux de bois pour un « tronc » humain. À partir de 1985, il développe des scènes de combat, puis réalise des ex-voto vivement colorés, composés d'étoiles, de soleils, mains, poumons, arbres. ■ L. L.
Ventes Publiques : Paris, 13 avr. 1988 : *L'homme tronc en marche* 1987, techn. mixte/t. (221x120,5) : **FRF 12 000** – Paris, 12 fév. 1989 : *Ours maigre embrassant la nuit* 1987, acryl./pap. (141x165) : **FRF 9 500**.

MEYER Claus. Voir **MEYER August Eduard Nicolaus**

MEYER Clemens August. Voir **MEYER August**

MEYER Conrad
Né en 1618 à Zurich. Mort en 1689 à Zurich. XVIIe siècle. Suisse.

Peintre de figures, de portraits, de paysages et graveur. Père de Dietrich le Jeune et de Johannes le Jeune. Élève de son père Dietrich l'Ancien et de son frère Rudolf. Il travailla en Suisse et en Allemagne, notamment à Francfort où il fut disciple de Matthaus Merian. Il étudia les œuvres de Bloemaert et Sandart. Il resta ensuite à Augsbourg, puis en 1643 revint se fixer à Zurich. Il a surtout peint des portraits. Son œuvre comme graveur est considérable, on ne l'estime pas à moins de neuf cent pièces.

Musées : Bâle (Mus. hist.) : *Portrait* – Winterthur : *Deux paysages et deux portraits* – Zurich : *Dix portraits, en particulier celui de son père* – Zurich (Hôtel de Ville) : *Vue de Zurich*.

Ventes Publiques : Paris, 1870 : *Paysage* : **FRF 620** – Paris, 1877 : *L'été ; L'hiver*, deux aquar. : **FRF 2 000** – Paris, 15 mai 1950 : *La fête sur le mail* 1797, lav. d'encre de Chine : **FRF 56 000** – Vienne, 14 juin 1977 : *Les chutes d'eau de Schaffhouse* 1647, h/t (56x88,5) : **ATS 100 000** – Londres, 29 oct. 1986 : *Paysage d'automne ; Paysage d'hiver* 1670, h/t, une paire (48x60) : **GBP 4 500**.

MEYER Conrad
xviie siècle. Actif à Ulm. Allemand.
Peintre.

MEYER Conrad
Né en 1695 à Zurich. Mort en 1766. xviiie siècle. Suisse.
Peintre verrier.
Est représenté au Musée provincial de Zurich.

MEYER Cordt ou **Meier**
Mort après 1702. xviie siècle. Actif à Riga. Éc. balte.
Peintre.
A décoré la cathédrale de Riga.

MEYER Daniel
Mort le 6 février 1602 à Francfort-sur-le-Main. xvie siècle. Actif à Strasbourg. Allemand.
Peintre verrier.
Le Musée historique de Francfort possède cinq de ses vitraux.

MEYER Daniel
Né le 29 mars 1576 à Francfort. Mort le 16 octobre 1630 à Francfort. xviie siècle. Allemand.
Peintre et graveur.
Grava des sujets de genre, des portraits, ainsi que cinquante planches de l'*Architektura*, parue en 1609.

MEYER Daniel
Né en 1908 à Mulhouse (Haut-Rhin). xxe siècle. Français.
Sculpteur, graveur, peintre.
Il travaille et expose à Nancy.
Il a participé à l'exposition *De Bonnard à Baselitz – Dix Ans d'acquisition du cabinet des estampes 1978-1988* à la Bibliothèque nationale de Paris en 1992.
Musées : Paris (BN) : *Autoportrait* 1938, linogravure.

MEYER Dietrich ou **Theodor**, l'Ancien
Né le 26 février 1572 à Eglisau. Mort le 12 décembre 1658 à Zurich. xvie-xviie siècles. Allemand.
Peintre et graveur.
Il fut surtout peintre verrier et s'acquit à ce titre une grande réputation. Il a publié aussi des gravures sur des sujets de genre, des scènes de chasse et des œuvres paysannes. Le Musée de Karlsruhe possède de lui le *Portrait d'un religieux*.

MEYER Dietrich Theodor, le Jeune
Né le 7 octobre 1651 à Zurich. Mort en 1733 à Zurich. xviie-xviiie siècles. Suisse.
Graveur au burin et orfèvre.
Fils de Conrad et père de l'orfèvre Joh. Jakob. Des spécimens de ses travaux d'orfèvrerie se trouvent au Musée provincial et à la Maison des Arts de Zurich.

MEYER Doug
xxe siècle. Américain.
Peintre. Abstrait.
Il a figuré à l'exposition *Smoggy Abstraction : Recent Los Angeles Painting* au Haggerty Museum of Art, Marquette University, en 1996.
Il réalise des toiles de grandes dimensions composées de formes énigmatiques et de citations d'œuvres abstraites.

MEYER E. E.
Né en 1823. Mort en 1867. xixe siècle. Russe.
Peintre de paysages.
Musées : Moscou (Mus. Roumianzeff) : *Les montagnes d'Altais – Vue dans le gouvernement de Paltara*.

MEYER Edgar
Né le 5 septembre 1853 à Innsbruck. Mort le 20 février 1925 à Aldrans (près d'Innsbruck). xixe-xxe siècles. Autrichien.
Peintre de paysages, aquarelliste.
Musées : Berlin (Gal. Nat.) – Innsbruck.
Ventes Publiques : Düsseldorf, 13 nov. 1973 : *Paestum au clair de lune*, aquar. : **DEM 1 000** – Paris, 11 déc. 1991 : *Bois de Tlemcen* 1888, h/t (89,5x41) : **FRF 5 500**.

MEYER Eduard
xixe siècle. Actif à Berlin. Allemand.
Peintre de portraits et lithographe.

MEYER Eduard Lorenz. Voir **MEYER Lorenz Eduard**

MEYER Elias
Né en 1763 à Copenhague. Mort en 1809. xviiie siècle. Danois.
Paysagiste et peintre de fleurs.
Le Musée de Copenhague conserve de lui : *La source de Kirsten Pil*. Il fut membre de l'Académie de Copenhague.
Ventes Publiques : Copenhague, 27 mars 1979 : *Paysage au moulin*, gche et aquar. (41x51) : **DKK 21 000** – Copenhague, 27 mars 1979 : *Paysages, Herregarden Skjoldenaesholm*, deux h/t (61x161) : **DKK 21 000** – Copenhague, 13 juin 1984 : *Paysage boisé de bord de mer*, h/t (57x73) : **DKK 20 000**.

MEYER Elias. Voir aussi **MEYER Friedrich Elias**

MEYER Emil
Né le 5 décembre 1872 à Kassel (Hesse). xixe-xxe siècles. Allemand.
Sculpteur.
Il fut élève de Karl Janssen.

MEYER Émile
Né à Paris. xixe-xxe siècles. Français.
Peintre de genre, portraits.
Il fut élève de Delaunay, Puvis de Chavannes et de Lévy. Il débuta à Paris, au Salon des Artistes Français de 1880 et obtint des mentions honorables en 1891 et à l'Exposition universelle de 1900.
Ventes Publiques : Paris, 1896 : *Un rouage parisien* : **FRF 240** – New York, 20 fév. 1930 : *Cardinal lisant* : **USD 210** – Glasgow, 17 avr. 1946 : *Connaisseur* : **GBP 76** – New York, 28 mai 1981 : *Le Saut de l'obstacle*, h/t (47x56) : **USD 6 500** – New York, 6 juin 1985 : *Comte Potocki à l'hippodrome*, h/t (47x56) : **USD 7 400** – New York, 27 fév. 1986 : *L'École d'équitation*, h/t (101x81,3) : **USD 19 000** – New York, 5 juin 1987 : *Cheval de cirque* 1891, h/cart. (23,2x31,1) : **USD 6 000** – New York, 24 mai 1989 : *Cardinal assistant au dévoilage de son portrait*, h/pan. (62,3x81,9) : **USD 16 500** – Monaco, 16 juin 1990 : *Jeune femme dans un hamac* 1889, h/t (206x270) : **FRF 66 600** – New York, 28 fév. 1991 : *Cendrillon avec ses méchantes sœurs* 1892, h/t (113x125,7) : **USD 19 800** – New York, 16 fév. 1994 : *Le repos des canotiers* 1882, h/t, en forme d'éventail (28,9x58,1) : **USD 9 775** – New York, 16 fév. 1995 : *La source* 1891, h/t (133,4x69,9) : **USD 8 050**.

MEYER Emma Eléonore
Née le 20 août 1859 à Flensbourg. Morte le 8 octobre 1921 à Copenhague. xixe-xxe siècles. Danoise.
Peintre.
Elle fut élève de P. S. Kroyer et de H. Fosd.

MEYER Emmanuel
Né le 7 septembre 1836 à Mulhouse. xixe siècle. Français.
Peintre.
Élève de Zipélius et de Fuchs. Il exposa des sujets de genre au Salon de Paris de 1866 à 1870. On a de lui, au Musée de Mulhouse : *Pont du Ménil, près le Phildt*.

MEYER Emmanuel
Né à Emmenda, de parents français. xixe siècle. Français.
Paysagiste.
Il débuta au Salon de Paris en 1873.

MEYER Ernst
Né le 11 mai 1797 à Altona. Mort le 1er février 1861 à Rome. xixe siècle. Danois.
Peintre de genre, portraits, graveur.
Élève de l'Académie de Copenhague en 1812 et de Cornelius à Munich, en 1810. Il visita Naples et se fixa à Rome. Membre de l'Académie de Copenhague, en 1843.
Musées : Copenhague : *Italienne filant – H. C. Andersen – Vieux*

pêcheur napolitain – L'écrivain public – Deux amis – Petite fille près d'une source – On présente au pasteur un petit garçon – Deux sujets pris à Rome – Soixante figures ou paysages – LEIPZIG : Le peintre Carl Sprosse.
VENTES PUBLIQUES : LONDRES, 18 fév. 1970 : *Personnages autour d'un puits* : **GBP 360** – COPENHAGUE, 7 déc. 1977 : *Voyageurs à la porte d'un monastère*, h/t (48x58) : **DKK 14 000** – COPENHAGUE, 25 août 1982 : *À la porte du monastère* 1837, h/t (54x66) : **DKK 22 000**.

MEYER Ernst
Né le 24 décembre 1863 à Rothenburg. XIXe-XXe siècles. Allemand.
Peintre.
Il fut élève de Chase, Dumond et Turner. Il fut membre du Salmagundi Club.

MEYER Ernst
Né en 1897 à Wuppertal. XXe siècle. Allemand.
Peintre de figures, paysages.
VENTES PUBLIQUES : COLOGNE, 20 oct. 1989 : *L'hiver près de Worpswede* 1932, h/pap. (110x118) : **DEM 2 600** – COPENHAGUE, 6 mars 1991 : *Musiciens romains à un balcon*, h/t (22x24,5) : **DKK 4 200** – COPENHAGUE, 18 nov. 1992 : *Petite fille au panier* 1823, h/t (21x17) : **DKK 4 500** – COPENHAGUE, 14 fév. 1996 : *Paysage côtier avec vue sur le Vésuve*, h/t (22x31) : **DKK 5 200**.

MEYER Ernst
Né en 1899. Mort en 1965. XXe siècle. Suisse.
Peintre de portraits, figures.
MUSÉES : AARAU (Aargauer Kunsthaus) : *Portraits d'hommes* 1922.
VENTES PUBLIQUES : COPENHAGUE, 16 nov. 1994 : *Portrait de la sœur de l'artiste*, h/t (33x26) : **DKK 20 000**.

MEYER Ernst Ludolf
Né le 16 octobre 1848 à Hanovre. XIXe siècle. Allemand.
Peintre de genre.
Étudia à Nuremberg et exposa à Munich en 1893.
VENTES PUBLIQUES : NEW YORK, 24 janv 1979 : *Jeune femme arrangeant des fleurs* 1886, h/t (68,5x56) : **USD 1 600**.

MEYER F. M.
XIXe siècle. Actif vers 1864.
Peintre et graveur.

MEYER Fanny
Née le 28 août 1842 à Brême. XIXe siècle. Active à Brême. Allemande.
Peintre.
Élève de H. Gude.

MEYER Felicia
XXe siècle. Américaine.
Peintre.
Elle est la femme du peintre Reginald Marsh.
Elle participait en 1946 et 1947 aux expositions nationales de la Fondation Carnegie de Pittsburgh.

MEYER Félix
Né en 1653 à Winterthur. Mort le 11 juin 1713 à Wyden. XVIIe-XVIIIe siècles. Suisse.
Peintre et graveur.
D'abord destiné à la prêtrise, Meyer put s'adonner à la carrière artistique. Doué d'une imagination fertile et d'un grand brio d'exécution, il travaillait très vite. On cite de lui sa décoration à fresque de l'Abbaye de Saint-Florian, en Allemagne. M. Roos et G. P. Rugendas peignirent des figures dans ses tableaux. Il a gravé un certain nombre de paysages et vues de Suisse.
MUSÉES : BRESLAU, nom all. de Wroclaw : *Montagnes – Le défilé – Paysage tyrolien – Moulin dans la montagne – Deux vues des Alpes* – READING : *Le Wetterhorn* – VIENNE : *Belvédère – Paysage montagneux avec ruisseau*.
VENTES PUBLIQUES : LONDRES, 14 juin 1984 : *Paysage avec rochers et arbres* 1676, eau-forte (16x11,8) : **GBP 1 500**.

MEYER Ferdinand. Voir **MEYER-WISMAR**

MEYER François de. Voir **MEIJER François de**

MEYER Franz Anton ou **Mayerle**
Né en 1710 à Prague. Mort en 1782. XVIIIe siècle. Autrichien.
Peintre de genre et portraitiste.
Selon Lanzi, il travailla longtemps à Turin, sous le nom de Francesco Antonio Meyerle. Il a également travaillé de longues années durant, à Vercelli. Le Musée Longchamp, de Marseille, conserve deux de ses tableaux.
VENTES PUBLIQUES : PARIS, 14 fév. 1927 : *Le coup de l'étrier*; *Le Passage du convoi*, les deux : **FRF 9 000**.

MEYER Franz Sales
Né le 9 décembre 1849 à Kenzingen. Mort le 6 novembre 1927 à Karlsruhe (Bade-Wurtemberg). XIXe-XXe siècles. Allemand.
Peintre, aquarelliste.
Il fut aussi architecte et critique d'art.

MEYER Frederick
Né en 1872. Mort en 1960. XIXe-XXe siècles. Américain.
Sculpteur.
VENTES PUBLIQUES : NEW YORK, 31 mars 1994 : *Tom Mix*, terre-cuite (H. 109,2) : **USD 1 840**.

MEYER Frederick John
XIXe siècle. Actif à Londres. Britannique.
Peintre de portraits.
Il exposa de 1826 à 1844.
VENTES PUBLIQUES : LONDRES, 10 juil. 1991 : *Les enfants de R. S. Horman, seigneur de Bentworth dans le Hampshire* 1834, h/t (181x133,5) : **GBP 7 920**.

MEYER Fridli ou **Fridolin** ou **Friedrich Hans**
XVIIe siècle. Actif à Lucerne. Suisse.
Peintre.
Il séjourna à Lucerne de 1634 à 1647.

MEYER Friedrich
XVIIIe siècle. Actif à Rostock. Allemand.
Sculpteur.

MEYER Friedrich
Né en 1816 à Berlin. XIXe siècle. Allemand.
Peintre de figures et de portraits, et graveur.
Étudia à Düsseldorf.

MEYER Friedrich ou **Friz**
Mort en 1837. XIXe siècle. Actif à Bâle. Suisse.
Peintre et illustrateur.
Élève de Pet. Birmann.

MEYER Friedrich Elias, l'Ancien
Né en 1723 à Erfurt. Mort le 2 octobre 1785 à Berlin. XVIIIe siècle. Allemand.
Sculpteur et décorateur.
Fils de sculpteur et frère de Wilhelm. Christian, il fit son apprentissage chez le sculpteur Grünbeck de Gotha, se rendit à Weimar, à Berlin et à Dresde et revint travailler à la Manufacture de porcelaine de Berlin. Son travail le plus fameux est un dessus de table de 1772 pour Catherine II.

MEYER Friedrich Elias, le Jeune
Mort en 1790. XVIIIe siècle. Actif à Berlin. Allemand.
Sculpteur.
Fils de Meyer Friedrich Elias M. l'Ancien. Il exposa de 1786 à 1788 à l'Académie de Berlin des figures mythologiques et allégoriques en argile et en plâtre.

MEYER Friedrich Leonhard
Né le 17 juin 1842 à Brunswick. XIXe siècle. Allemand.
Graveur et sculpteur sur bois.
Élève de J. L. Raab.

MEYER Friedrich Rudolf
Né le 29 avril 1807 à Dresde. Mort le 30 novembre 1882 à Dresde. XIXe siècle. Allemand.
Peintre de figures.
Il étudia en 1829-1830 à Rome.

MEYER Friedrich Wilhelm, l'Ancien
Né vers 1770. XVIIIe siècle. Allemand.
Graveur au burin.
Grava des sujets d'histoire et des sujets religieux, ainsi que des portraits de personnalités princières, prussiennes et russes.

MEYER Gaston de
Né en 1929 à Gand. XXe siècle. Belge.
Peintre, dessinateur, aquarelliste de paysages et de portraits.
Il fut élève à l'Académie des Beaux-Arts de Gand et de Malines. La légèreté de ses aquarelles n'exclut pas une certaine fermeté d'exécution. Il marque une préférence pour les portraits d'enfants.
BIBLIOGR. : In : *Diction. biogr. illustré des Artistes en Belgique depuis 1830*, Arto, Bruxelles, 1987.

MEYER Geerd
XVIe siècle. Allemand.
Peintre.
On possède de lui un *Christ au milieu des docteurs* et *Le bon Samaritain*.

MEYER Georg Adolph. Voir **MEYER Adolf**

MEYER Georg Friedrich
Né en février 1645 à Bâle. Mort le 25 décembre 1693 à Bâle. XVIIe siècle. Suisse.
Graveur au burin.
Fils de JaKob Meyer, il fut également ingénieur et topographe.

MEYER Georg Friedrich
Né en 1735 à Strasbourg. Mort le 5 juin 1779 à Ermenonville. XVIIIe siècle. Allemand.
Peintre de portraits, de figures, de paysages et graveur à l'eau-forte.
D'abord élève de Daniel Hien, il vint ensuite à Paris et y travailla sous la direction de Casanova. Il fut emmené par le duc Christian IV à Mannheim où il fréquenta l'Académie. Il a peint des paysages et a gravé de nombreuses planches d'après ses tableaux. Il travailla depuis 1777 pour René de Girardin à Ermenonville où il entra en relation avec Rousseau. Les Musées d'Augsbourg, d'Erlangen, de Mannheim, de Heidelberg, de Munich et de Strasbourg possèdent plusieurs de ses tableaux qui représentent des paysages, des scènes pastorales et des chasses. Le Musée de Karlsruhe possède en particulier un *Paysage du soir* et une *Attaque*.
Ventes Publiques : Vienne, 28 nov. 1972 : *Chasse à courre* : **ATS 120 000**.

MEYER Georges
Né au XIXe siècle à Sèvres. XIXe-XXe siècles. Français.
Peintre.
Il figura au Salon des Artistes Français ; mention honorable en 1895. À rapprocher peut-être de Georges Mayer.
Ventes Publiques : Paris, 30 juin 1943 : *La forge* : **FRF 800** – Londres, 20 juin 1985 : *L'artiste dans son atelier*, h/t (53,5x44,5) : **GBP 1 700**.

MEYER Gillis de
Né le 6 janvier 1790 à Rotterdam. Mort le 23 janvier 1867 à La Haye. XIXe siècle. Hollandais.
Peintre de figures et de portraits à l'huile, sur porcelaine et en miniatures.
Élève de Corn. Bakker et de G.-J. Van den Berg, il fut maître de deux Académies et eut pour élèves W.-H. Schmidt, R. Van Eysden, W. Rekkers, H. Van den Helm. Ses deux fils et son frère, Jakob Meyer, élève de Van Stry, furent aussi peintres.

MEYER Guillaume
XIXe siècle. Français.
Peintre de paysages, architectures.
Il exposa au Salon de Paris, de 1847 à 1848, des vues des monuments d'Espagne et de Venise.
Ventes Publiques : Londres, 5 oct. 1990 : *Une salle arabe de l'Alcazar de Séville* 1846, h/t (58,1x77,5) : **GBP 5 500** – Londres, 17 nov. 1994 : *Un prince arabe avec des dignitaires espagnols dans le palais de l'Alhambra avec Grenade à l'arrière plan* 1848, h/t (97x75,5) : **GBP 20 700**.

MEYER Gustav Adolf. Voir **MEYER Adolf**

MEYER Hans
Né le 26 septembre 1846 à Berlin. Mort le 17 décembre 1919 à Berlin. XIXe-XXe siècles. Allemand.
Peintre et graveur.
Élève de l'Académie de Berlin et, de 1863 à 1871, élève de Mandel. En 1892, membre de l'Académie de Berlin. Membre de la Society of painter etcher, à Londres. En 1877, médaille à Nuremberg, à Berlin en 1886, à Munich en 1891. Participa également aux Salons de Paris. Mention honorable en 1894, médaille d'or à l'Exposition Universelle de 1900. Il fut professeur de 1889 à 1916 à l'Académie de Berlin. Son œuvre principale est une série de gravures : *La danse macabre*.

MEYER Hans de. Voir **MAYER**

MEYER Hans Conrad
Né en 1695 à Zurich. Mort en 1766 à Zurich. XVIIIe siècle. Suisse.
Peintre verrier.
Le Musée provincial de Zurich possède plusieurs œuvres de cet artiste.

MEYER Hans Georg
XVIIe siècle. Actif à Bâle. Suisse.
Peintre.

MEYER Hans Kaspar
Né en 1645. Mort en 1705. XVIIe siècle. Actif à Bâle. Suisse.
Peintre de portraits.

MEYER Hans Rudolf. Voir aussi **MEYER Rudolf**

MEYER Hans Rudolf, dit **Rolf**
Né en 1913. Mort en 1990. XXe siècle. Suisse.
Peintre de figures, paysages, natures mortes.
Ventes Publiques : Zurich, 5 mai 1976 : *Matterhorn* 1956, h/t (80x64) : **CHF 650** – Zurich, 22 juin 1990 : *Armando Spaccanapoli – le nain de Florence*, h/t (160x80) : **CHF 2 600** – Zurich, 13 oct. 1993 : *Nature morte aux bouteilles*, h/t (60x95) : **CHF 5 500**.

MEYER Heidi
Née en 1943. XXe siècle. Suissesse.
Peintre, dessinateur.
Elle a exposé en 1975 à Paris.
À partir de quelques dessins minutieux, parsemés, sur toute la surface de la toile, elle parvient à créer une atmosphère futuriste.

MEYER Heinrich I
XVe siècle. Allemand.
Sculpteur sur bois.
Il était actif à Brunswick.

MEYER Heinrich II
Mort en 1569. XVIe siècle. Suisse.
Peintre verrier.
Il était actif à Zurich.

MEYER Heinrich III, dit **Goethe-Meyer** ou **Kunst-Meyer**
Né le 16 mars 1760 à Zurich. Mort le 11 octobre 1832 à Iéna. XVIIIe-XIXe siècles. Actif aussi en Allemagne. Suisse.
Peintre de scènes mythologiques, sujets de genre, aquarelliste, dessinateur.
Il fut élève de Joh. Casp. Füssli. Il séjourna de 1784 à 1789 à Rome, où il fit la connaissance de Goethe, dont il devint l'ami et le conseiller artistique. Goethe l'appela du reste à Weimar en 1791. Meyer était le représentant de la pure doctrine classique.
Musées : Weimar (Mus. de Goethe) – Zurich : *Ulysse cache son trésor dans la grotte d'Ithaque*.
Ventes Publiques : Londres, 11 oct. 1995 : *Voyageurs arrivant à une auberge* 1789, h/pan. (26x20) : **GBP 4 600**.

MEYER Heinrich IV
Né en 1802 à Zurich. Mort le 25 mars 1877 à Zurich. XIXe siècle. Suisse.
Graveur à l'eau-forte, lithographe et aquarelliste.
Il grava des sujets religieux.

MEYER Heinrich V
Né le 14 avril 1835 à Leipzig. XIXe siècle. Actif en Autriche. Allemand.
Dessinateur.
Il fut actif à Vienne.

MEYER Hendrick I de, ou **Hendrik**, dit l'Ancien ou **Meijer**
Né en 1600 à Rotterdam, d'autres sources donnent 1620, 1637 ou avant. Mort avant 1690, en 1683 ou après. XVIIe siècle. Hollandais.
Peintre d'histoire, sujets militaires.
De par les énormes imprécisions de sa biographie, on a pu penser qu'il s'agissait de deux peintres. Il était actif à Rotterdam vers 1660 et a peint, entre 1637 ou 1641 et 1683, des scènes militaires. En outre, il semble que, aussi bien dans les ouvrages biographiques que dans les ventes publiques ou leurs annuaires, des œuvres de Hendrick I de Meyer aient été attribuées à Hendrick II de Meyer, et réciproquement,.

Musées : Amsterdam (Mus. Nat.) : *Reddition de la ville de Hulst en 1645 – Embarquement de Charles II pour l'Angleterre à Scheveningen en 1660 – Évacuation de Bréda par les troupes espagnoles* – La Haye : *Embarquement de Charles II à Scheveningen* – Het Loo (Château) : *Embarquement de Charles II pour l'Angleterre à Scheveningen en 1660*.
Ventes Publiques : Paris, 9 juin 1943 : *Le camp* : **FRF 80 000** – Paris, oct. 1945-juil. 1946 : *Le siège de Hulst* : **FRF 410 000** – Paris, 15 mai 1949 : *Halte de cavaliers* 1665 : **FRF 100 000** – Paris,

4 juin 1951 : *Engagement de cavalerie sur un pont* 1647 : **FRF 81 500** – STOCKHOLM, 19 mai 1992 : *Engagement de cavalerie*, h/pan. (47x64) : **SEK 34 000** – NEW YORK, 15 mai 1996 : *Engagement de cavalerie* 1653, h/pan. (49,5x66) : **USD 5 750** – L'ISLE-ADAM, 25 fév. 1996 : *Siège de la ville de Hulst en 1645*, h/pan. (93x151) : **FRF 120 000**.

MEYER Hendrick II de ou **Meijer**

Né le 12 mai 1737 à Amsterdam. Mort en 1793 ou 1795 à Londres. XVIIIe siècle. Depuis 1788 actif en Angleterre. Hollandais.

Peintre de genre, paysages animés, marines, dessinateur, peintre à la gouache, aquarelliste, graveur.

En 1769, il faisait partie de la gilde de Haarlem, ville où il fonda une fabrique de tapisseries. En 1775, il alla en Angleterre, avec Wybrand Hendricks, puis revint en Hollande. En 1788, il retourna en Angleterre, où, à partir de 1790, il exposa à la Royal Academy. Le dictionnaire des artistes de Graves le fait, évidemment fautivement, y figurer jusqu'en 1804, toutefois sa date de mort reste incertaine entre 1793 et 1795.

Il convient de le caractériser en tant que peintre de scènes de genre et paysages animés, dans la manière de Cats, d'Éverdingen et d'Isaak Van Ostade. Certains ouvrages biographiques ainsi que des catalogues de ventes publiques, et même de musées, confondent ses œuvres et celles d'Hendrick I de Meyer, alors que ce dernier est caractérisé comme peintre d'histoire et de scènes militaires. ■ J. B.

H. d. Meyer fecit

MUSÉES : AMSTERDAM (Mus. Nat.) : *Port de Dordrecht* – *Forgeron de village au travail* – COPENHAGUE (Mus. Nat.) : *Marine* – DESSAU : *Village avec gué* – *Château* – *Paysage d'hiver* – FRANCFORT-SUR-LE-MAIN (Städel Mus.) : *Cloître en ruines* – HAARLEM (Mus. Franz Hals) : *Le grand marché de Haarlem* – HAMBOURG : *Paysage de plage* – LA HAYE (Mus. Bredius) : *Marché à Haarlem* – *Plage de Scheveningen* – KARLSRUHE : *Paysage de grève* – LEYDE : 7 panneaux Sujets champêtres pour la décoration d'une chambre – ROTTERDAM : *Vue de Berg-op-Zoom* – SAINT-PÉTERSBOURG (Mus. de l'Ermitage) : *deux Paysage de côtes* – VIENNE (Harrach) : *Port avec bateaux*.

VENTES PUBLIQUES : PARIS, 3 juin 1921 : *Ville au bord d'une rivière* : **FRF 1 420** ; *La plage de Scheveningen* : **FRF 1 700** – LONDRES, 4 mai 1922 : *Vue de la Scheldt* : **GBP 52** – LONDRES, 4 juin 1923 : *La plage de Scheveningen* : **GBP 34** – LONDRES, 18 déc. 1925 : *Vue de Dordrecht* : **GBP 94** – PARIS, 9 fév. 1928 : *Le retour de la pêche*, lav. : **FRF 2 750** – LONDRES, 16 mai 1928 : *La plage de Scheveningen* : **GBP 290** – LONDRES, 15 mars 1929 : *Vue de la Dort* : **GBP 120** – PARIS, 31 mars 1943 : *Marine par mer agitée*, pl. et lav. d'encre : **FRF 1 750** ; *Pêcheurs en conversation dans un paysage*, sanguine : **FRF 3 100** – PARIS, 30 mai 1949 : *Marché aux poissons sur une plage* : **FRF 45 000** – PARIS, 7 mars 1951 : *La causerie près du moulin, Le repos du chasseur* 1766, 2 dess. à la pierre noire et au lav. de bistre/ une même feuille : **FRF 5 000** – PARIS, 9 mars 1951 : *Chaumière au bord d'un étang* : **FRF 22 500** – PARIS, 6 juin 1951 : *Paysage avec moulin, effet de pluie* 1772, pl. et lav. : **FRF 5 600** – PARIS, 27 juin 1951 : *Le partage du butin* 1789 : **FRF 16 500** – COLOGNE, 11 nov. 1964 : *Les patineurs* : **DEM 10 000** – LONDRES, 31 oct. 1969 : *Paysages animés de nombreux personnages* : **GNS 900** – LONDRES, 12 nov. 1969 : *Le Moulin à eau* : **GBP 1 100** – NEW YORK, 12 fév. 1970 : *La côte à Scheveningen animée de nombreux personnages* : **USD 4 250** – GENÈVE, 3 juin 1970 : *Bords de rivières* : **CHF 5 000** – COLOGNE, 12 juin 1970 : *Marine* : **DEM 7 000** – LONDRES, 10 nov. 1971 : *Scène champêtre* : **GBP 1 100** – LONDRES, 12 juil. 1972 : *Scène de bord de mer* : **GBP 2 800** – VIENNE, 18 sep. 1973 : *Paysage de Hollande* : **ATS 150 000** – COLOGNE, 6 juin 1973 : *Bord de mer* : **DEM 19 000** – LONDRES, 25 oct. 1974 : *Paysage fluvial* : **GNS 3 500** – PARIS, 6 mai 1976 : *Village et paysans près d'une rivière*, aquar. sur trait de pl. (23,5x30,5) : **FRF 3 800** – COLOGNE, 12 nov. 1976 : *Le retour des pêcheurs, Scheveningen*, h/pan. (59x80) : **DEM 30 000** – AMSTERDAM, 3 avr. 1978 : *Château aux abords d'un village* 1766, pl. et lav./trait de pierre noire (23,5x29,9) : **NLG 2 900** – TOKYO, 15 fév. 1980 : *Paysage de printemps* 1790, h/t (45x61,6) : **JPY 1 400 000** – HANOVRE, 3 oct. 1981 : *Paysage animé* 1644, h/pan. (90x108) : **DEM 30 000** – NEW YORK, 3 juin 1981 : *Paysans dans un paysage boisé*, craie noire et lav./pap. mar./cart. (28x34,7) : **USD 2 000** – AMSTERDAM, 14 mars 1983 : *Cavaliers et pêcheurs sur la plage*, h/pan. (72x104,5) : **NLG 18 500** – AMSTERDAM, 14 nov. 1983 : *Chaumière aux abords d'une ville et paysans sur un pont de pierre* 1778, aquar. (29,9x40) : **NLG 7 600** – AMSTERDAM, 29 mai 1986 : *Dignitaires recevant un bateau de guerre au large de Dordrecht*, h/pan. (91x153,5) : **NLG 75 000** – LONDRES, 4juil. 1986 : *Paysage animé de personnages* 1779, h/pan. (43,5x55) : **GBP 17 000** – LONDRES, 8 avr. 1987 : *Bateaux sur la Maas avec vue de la Grote Kerk de Dordrecht à l'arrière-plan* 1648, h/pan. (58,5x83) : **GBP 55 000** – AMSTERDAM, 14 nov. 1988 : *Bergers gardant leurs troupeaux dans un paysage d'été* 1773, encre et aquar. (26,5x37,5) : **NLG 8 970** – NEW YORK, 11 jan. 1989 : *Joyeux paysans buvant devant la taverne* 1795 ?, h/t (46,3x64) : **USD 16 500** – NEW YORK, 12 oct. 1989 : *Paysan cueillant le raisin de la treille et bavardant devant la maison*, h/t (45,7x63,5) : **USD 15 400** – LYON, 22 oct. 1990 : *Paysage de neige*, h/t (99,5x125,5) : **FRF 195 000** – NEW YORK, 9 jan. 1991 : *Paysage boisé avec des voyageurs*, craie noire et lav. (26,5x31) : **USD 1 650** – AMSTERDAM, 25 nov. 1991 : *Vue d'un château*, craie noire et lav./pap. brun (27,3x36,3) : **NLG 2 300** – NEW YORK, 14 jan. 1992 : *Paysans et bergers près d'une taverne dans un vaste paysage* 1792, gche et aquar. (46,6x63,6) : **USD 11 000** – NEW YORK, 13 jan. 1993 : *Scène rustique avec des paysans près d'un moulin à eau délabré* 1778, encre et aquar. (30,1x39,7) : **USD 9 200** – NEW YORK, 15 jan. 1993 : *Activités des pêcheurs sur la plage de Scheveningen*, h/pan. (88,3x123,2) : **USD 14 950** – PARIS, 25 nov. 1993 : *Château à l'entrée du village* 1766, pl. et lav. de gris (23x29,5) : **FRF 4 200** – NEW YORK, 14 jan. 1994 : *Navigation sur la Meuse avec Dordrecht au fond*, h/pan. (80x111,8) : **USD 51 750** – NEW YORK, 14 jan. 1994 : *La plage de Scheveningen* 1787, h/t (57,2x83,2) : **USD 65 200** – NEW YORK, 12 jan. 1996 : *Paysage de dune avec des personnages sur la grève*, h/pan. (142x91) : **USD 25 300** – LONDRES, 3 juil. 1996 : *Berger près d'une mare bavardant avec une jeune paysanne* 1783, encre et aquar. (22,5x19,4) : **GBP 1 610** – NEW YORK, 2 oct. 1996 : *Navire déchargeant sa cargaison, voyageurs dans un carrosse et villageois rassemblés sur le quai*, h/pan. (55,8x81,3) : **USD 8 625** – AMSTERDAM, 12 nov. 1996 : *La Moisson* 1780, gche (37x55) : **NLG 61 360** – AMSTERDAM, 11 nov. 1997 : *Paysans devant une auberge de campagne* 1792, gche (31,8x26,7) : **NLG 11 800**.

MEYER Henry

Né vers 1782 à Londres. Mort le 28 mai 1847. XIXe siècle. Britannique.

Graveur au pointillé et à l'aquatinte.

Neveu de Hoppner et élève de Bartolozzi. Il fut un des fondateurs de la Society of British Artists et exposa aux Salons de cette association de 1824 à 1831. Il a gravé plus de deux cent cinquante portraits, d'après divers maîtres anglais.

MEYER Herbert

Né le 6 mars 1882 à New York. Mort en 1960. XXe siècle. Américain.

Peintre.

Il fut élève de l'Art Student's League de New York et de Dumond. Il fut membre du Salmagundi Club.

Paysagiste, il possède parfaitement un métier descriptif complet et savoureux à la fois.

VENTES PUBLIQUES : LOS ANGELES, 17 mars 1980 : *Paysage d'hiver*, h/t (61x71) : **USD 1 500** – NEW YORK, 23 sep. 1981 : *Les Chasseurs*, h/t (61x81,3) : **USD 2 200**.

MEYER Hermann

Né le 4 janvier 1878 à Bâle. Mort en 1961. XXe siècle. Suisse.

Peintre de figures, portraits, paysages, sculpteur.

Il fut élève de F. Schider.

On trouve de ses œuvres dans plusieurs églises de Bâle, où il vécut et travailla.

MUSÉES : AARAU (Aargauer Kunsthaus) : *Le Peintre Walter Bär* 1939 – BÂLE.

VENTES PUBLIQUES : LUCERNE, 19 nov. 1977 : *Le lac des Quatre-Cantons*, h/t (42x57) : **CHF 3 600** – BERNE, 12 mai 1990 : *Paysage méditerranéen*, h/t (38x53) : **CHF 800**.

MEYER Hubert

Originaire de Linz. XIXe siècle. Suisse.

Sculpteur sur bois et lithographe.

Il a travaillé de 1848 à 1853 en Suisse, puis en Hollande.

MEYER Isidore

Né au XIXe siècle à Chambéry (Savoie). XIXe siècle. Actif à Châteauroux. Français.

Peintre de paysages, aquarelliste, miniaturiste.

Il fut élève de Tourny. Il exposa au Salon de Paris de 1869 à 1877.

VENTES PUBLIQUES : LONDRES, 17 mars 1993 : *Promenade dans un parc à Châteauroux* 1884, aquar. et gche (25,5x41,5) : **GBP 1 150**.

MEYER Jacob
Mort en 1535 ou 1536. XVIe siècle. Suisse.
Peintre verrier.
Il était actif à Berne.

MEYER Jacob. Voir aussi **MEYER Fridli Hans**

MEYER Jakob
Né le 21 août 1614 à Bâle. Mort le 21 juin 1678 à Bâle. XVIIe siècle. Suisse.
Peintre de paysages amateur, graveur au burin, cartographe.
Père de Georg Friedrich, il pratiqua la peinture et la gravure et l'architecture.

MEYER Jakob. Voir aussi **MEYER Johann Jakob**

MEYER Jan Van
Né vers 1681. Mort après le 28 septembre 1741. XVIIIe siècle. Hollandais.
Peintre.
Il était de la gilde en 1717.

Musées : Amsterdam (Rijksmus.) : *Portrait de Dirk de Raet* – Innsbruck : *Scène d'auberge.*

MEYER Jan ou **Meijer Ian**
Né en 1927 à Rolde, ou à Assen (Drenthe). Mort le 21 mars 1995. XXe siècle. Depuis 1960 actif en France. Hollandais.
Peintre, peintre de techniques mixtes, peintre de compositions murales, cartons de mosaïques, illustrateur. Abstrait lyrique.
Meyer commença à dessiner lors de son internement au camp allemand de Westerbork durant la Seconde Guerre mondiale. En 1944 il rencontra Hendrik Werkman qui lui prodigua encouragements et conseils. Après la guerre, il fit la connaissance du poète Evert Rinsema, l'un des plus anciens membres du groupe De Stijl, qui lui fit découvrir Mondrian et l'introduisit dans le mouvement Dada, actif à cette époque en Hollande. Rinsema le familiarisa également à l'œuvre de Kirchner. Meyer étudia quelque temps à la Rijksacademie d'Amsterdam, puis voyagea à travers l'Europe, s'attardant surtout dans le Sud et s'attachant particulièrement aux paysages d'Italie, de France et d'Espagne. En Italie, il côtoya de nombreux peintres abstraits : Fontana, Saura, Klein, Appel et Corneille. En 1960, Meyer s'installa en France dans un petit village de l'Oise, continuant de voyager, plus particulièrement en Grèce.
Ses œuvres furent exposées à la fin des années quarante avec celles des artistes du groupe De Ploeg ; à partir de 1948, il participa à des expositions collectives : régulièrement à Amsterdam à la Galerie Van Lier et à la Galerie d'Eendt ; au Prix Lissone en Italie. En 1958, Jan Meyer fut sélectionné pour le Grand Prix International de Peinture. Sa première exposition personnelle eut lieu en 1957 à la Galerie Dina Vierny à Paris, puis à Amsterdam, Paris et notamment : 1964 Couper Gallery à Londres ; 1990 galerie Protée à Paris.
Ses séjours à l'étranger furent pour lui une source d'inspiration permanente. Il pratiqua une abstraction gestuelle. Dans les années quarante, le mauve, le noir et le bleu foncé, brisés par des fulgurances jaunes, dominent sa palette. Dans les œuvres des années cinquante, l'influence de Dubuffet se fait nettement sentir. En 1953, il réalise un mural à Amsterdam et plusieurs mosaïques. Au cours de la décennie suivante, Meyer privilégie les effets de matière, superposant largement les traînées de peinture, dispersant fréquemment ses couleurs en éparpillements multiples. Il a réalisé une importante série intitulée *Fleurs pour un tombeau marin.* Il a illustré Federico Garcia Lorca. Des influences contradictoires de son apprentissage, il a trouvé un équilibre à mi-chemin entre l'exubérance expressionniste et la rigueur. Sa peinture, abstraite, se caractérise par des formes sages, traitées dans des pâtes épaisses mais « disciplinées ».

Bibliogr. : Catalogue de la vente Christie's, Amsterdam, 3 sept. 1996.
Musées : La Haye (Gemeentemuseum) – Londres (Tate Gal.) – Paris (Mus. d'Art Mod. de la Ville) – Schiedam (Stedelijk Mus.).
Ventes Publiques : Paris, 29 jan. 1988 : *Souvenir de Sypnos* 1973, h/t (146x115) : **FRF 12 000** – Stockholm, 6 juin 1988 : *Composition* 1961, techn. mixte (60x120) : **SEK 4 200** – Douai, 1er avr. 1990 : *Composition* 1960, h/t (100x75,5) : **FRF 10 000** – Paris, 6 fév. 1991 : *Composition*, h/t (100x81) : **FRF 12 000** – Amsterdam, 12 déc. 1991 : *Sans titre* 1960, h/t (160x134) : **NLG 4 600** – Amsterdam, 27-28 mai 1993 : *Icarus II* 1966, h/t (163x133) : **NLG 6 670** – Amsterdam, 8 déc. 1993 : *Nu* 1965, h/t, dyptique (130,5x97,5) : **NLG 3 450** – Amsterdam, 9 déc. 1993 : *Sans titre* 1965, h/t (70x161) : **NLG 1 840** – Paris, 25 mars 1994 : *Paysage vert* 1977, h/t (81x65,5) : **FRF 5 500** – Paris, 5 déc. 1994 : *La Grèce ou La Naissance d'Aphrodite* 1982, h/t (74x61) : **FRF 4 000** – Amsterdam, 31 mai 1995 : *Sans titre* 1963, h/pan. (65x100) : **NLG 2 124** – Paris, 10 déc. 1995 : *Composition*, acryl./t. (65x81) : **FRF 18 000** – Amsterdam, 3 sep. 1996 : *Rencontre III* 1964, h/t (194,5x130,5) : **NLG 3 459** – Paris, 19 oct. 1997 : *Composition* 1973, acryl./t. (46x38) : **FRF 4 500.**

MEYER Jan C.
Né en 1826 à Bergen. Mort en 1880 à Bergen. XIXe siècle. Norvégien.
Dessinateur.
Le Musée de Bergen possède deux portraits dessinés par cet artiste.

MEYER Jenny Sofie
Née le 16 avril 1866 à Copenhague. Morte le 23 avril 1927 à Copenhague. XIXe-XXe siècles. Danoise.
Peintre sur porcelaine.
Elle fut affectée à partir de 1892 à la manufacture de porcelaine de Copenhague.

MEYER Jeremias ou **Meyers**. Voir **MAJER**

MEYER Joachim ou **Mayer**
XVIe siècle. Français.
Graveur sur bois.
Il était actif à Strasbourg vers 1570. On cite de lui une suite de soixante-deux pièces représentant des combats à l'arme blanche.

MEYER Johann
XVIIe siècle. Actif à Nuremberg vers 1600. Allemand.
Peintre et graveur.
Il était sans doute parent de Dietrich Meyer. Il a peint et gravé surtout des scènes de bataille. On cite également de lui une série des fontaines principales de Rome qui fut publiée en 1600 à Nuremberg.

MEYER Johann
Né en 1614 à Zurich. Mort en 1666. XVIIe siècle. Suisse.
Peintre de fleurs et graveur.
Fils et élève de Dietrich l'Ancien. La Bibliothèque de Zurich possède deux tableaux de cet artiste.

MEYER Johann Crescenz
XVIIIe siècle. Actif à Lucerne de 1770 à 1790. Suisse.
Peintre verrier.

MEYER Johann Daniel
Né à Langenzenn. Mort le 28 octobre 1752 à Nuremberg. XVIIIe siècle. Allemand.
Peintre et graveur à la manière noire.
Il travailla à Nuremberg à partir de 1700 et grava des portraits et des animaux.

MEYER Johann David ou **Mair**
XVIIe siècle. Actif de 1667 à 1686 à Lübeck. Allemand.
Peintre de cartes.

MEYER Johann Friedrich ou **Mayer**
Né en 1680. Mort en 1752 à Dresde. XVIIIe siècle. Actif à Dresde. Allemand.
Peintre émailleur et émailleur.

MEYER Johann Friedrich
Né en 1728 à Dresde. Mort vers 1789 à Potsdam. XVIIIe siècle. Allemand.
Peintre de décors de théâtre et de vues.
Élève de Joachim Christian Schulz et de Giuseppe Galli Bibiena à Dresde. Il travailla pour le théâtre de la cour à Dresde.

MEYER Johann Georg ou **Meyer von Bremen**
Né le 28 octobre 1813 à Brême. Mort le 4 décembre 1886 à Berlin. XIXe siècle. Allemand.
Peintre de genre, portraits, graveur, lithographe.

En 1833, il fut élève de l'Académie de Düsseldorf avec Karl Sohn et Wilhelm Schadow. Membre de l'Académie des Arts à Amsterdam, il obtint une médaille en 1850.

Meyer von Bremen

Musées : Amsterdam (Mus. mun.) : *Le plus jeune frère – La fillette rieuse* – Berlin (Nat. Gal.) : *Petite mère de famille* – Brême : *La fille repentie* – Brooklyn : *Jalousie* – Cincinnati : *La brodeuse* – Gdansk, ancien. Dantzig : *Enfant en prières* – Hanovre : *La joie de grand-père* – New York (Metropolitan Mus.) : *Message d'amour* – Oldenbourg : *Orphelin devant une tombe – Victimes de l'inondation* – Pittsburgh : *La petite sœur.*

Ventes Publiques : New York, 1872 : *Le petit frère* : **FRF 10 260** – Paris, 1880 : *Deux petits enfants couchés* : **FRF 3 780** – New York, 1899 : *Jeune fille lisant* : **FRF 10 000** – New York, 15-16 avr. 1909 : *La jeune plaideuse* : **USD 1 165** – New York, 30-31 oct. 1929 : *Préparatifs de fête* 1880 : **USD 70** – New York, 4-5 fév. 1931 : *Le Retour* 1869 : **USD 120** – New York, 29 oct. 1931 : *Jeune fille lisant* 1885 : **USD 120** – New York, 7-8 déc. 1933 : *L'Anniversaire du petit frère* 1880 : **USD 150** ; *La jeune mère* 1881 : **USD 650** – New York, 23 nov. 1934 : *Paysanne lisant* 1879 : **USD 500** ; *L'heure du repos* : **USD 675** – Paris, 30 oct. 1942 : *Le petit frère* 1855 : **FRF 26 000** – New York, 14 oct. 1943 : *Les préparatifs pour le bal* 1870 : **USD 775** – New York, 17 fév. 1944 : *La leçon de lecture* 1845 : **USD 350** – Paris, 19 mai 1950 : *Jeune fille lisant* 1848 : **FRF 40 000** – New York, 22 mars 1958 : *Siesta* : **USD 650** – New York, 6 nov. 1963 : *Les enfants du cordonnier* : **USD 1 300** – Cologne, 25 avr. 1968 : *Jeunes filles dans un paysage* : **DEM 8 000** – Écosse, 29 août 1969 : *Fillette et garçon près d'un puits* : **GBP 1 600** – New York, 30 avr. 1970 : *Jeune paysanne tricotant dans un paysage* : **USD 2 700** – Los Angeles, 13 nov. 1972 : *Fillette écoutant à la porte* : **USD 4 300** – Londres, 28 fév. 1973 : *Indiscrétion* : **GBP 2 300** – Cologne, 12 nov. 1976 : *La Lettre d'amour* 1882, h/t (76x55,5) : **DEM 7 000** – Londres, 22 juil. 1977 : *En attendant le dîner* 1851, h/t (30,5x23) : **GBP 650** – Zurich, 29 nov. 1978 : *Le conte de grand-mère* 1847, h/pan. (20x15,5) : **CHF 16 800** – New York, 12 oct 1979 : *Le galant entretien* 1880, h/t (72,5x54) : **USD 42 500** – New York, 21 nov. 1980 : *Mère et enfant dans un intérieur* vers 1853, aquar. (16,6x13,2) : **USD 3 250** – New York, 11 fév. 1981 : *La Jeune Dormeuse* 1868, h/t (32x38) : **USD 21 000** – Munich, 28 juin 1983 : *Mère et Enfant,* aquar. et gche (17x13,5) : **DEM 10 000** – New York, 19 oct. 1984 : *Le retour du héros,* h/t (70,5x105,3) : **USD 35 000** – Munich, 5 déc. 1985 : *Liebesgeständnis* 1880, h/t (72x54) : **DEM 85 000** – New York, 28 oct. 1986 : *Fillettes lisant* 1871, h/t (44x34,4) : **USD 18 000** – New York, 25 fév. 1988 : *Près du berceau* 1872, h/t (56,5x43,2) : **USD 37 400** – New York, 24 mai 1989 : *Rendez-vous près de la fontaine* 1872, h/t (66x53,3) : **USD 44 000** – Londres, 22 nov. 1989 : *La jeune tricoteuse* 1853, h/t (24x18) : **GBP 9 900** – New York, 1er mars 1990 : *Fillette en train de lire* 1871, h/t (44,5x34,3) : **USD 33 000** – New York, 22 mai 1990 : *La petite écolière* 1875, h/pan. (22,7x17,8) : **USD 44 000** – New York, 23 oct. 1990 : *Cerises en pendants d'oreilles* 1875, h/t (39,4x29,2) : **USD 49 500** – Londres, 21 juin 1991 : *L'inondation* 1846, h/t (128x168,2) : **GBP 55 000** – New York, 17 oct. 1991 : *Dans les montagnes* 1877, h/t (57,2x41,9) : **USD 57 750** – New York, 20 fév. 1992 : *Le jeune frère* 1855, h/t (43,8x34,3) : **USD 55 000** – New York, 29 oct. 1992 : *Sieste* 1866, h/t (50,8x40) : **USD 42 900** – New York, 29 oct. 1992 : *Jeune bergère pensive* 1867, h/pan. (17,8x14) : **USD 19 800** – Londres, 27 nov. 1992 : *Un bon livre* 1877, h/pan. (15x12) : **GBP 5 280** – New York, 17 fév. 1993 : *Petite fille apprenant le calcul* 1866, h/t (43,2x34,3) : **USD 29 900** – New York, 26 mai 1993 : *Petite fille tricotant* 1851 (19,7x15,9) : **USD 21 850** – Munich, 22 juin 1993 : *Jeune fille lisant* 1848, h/pan. (20x15,5) : **DEM 12 650** – Munich, 7 déc. 1993 : *Inquiétude paternelle* 1850, h/t (69x94,5) : **DEM 23 000** – New York, 16 fév. 1994 : *La vendeuse de lapins* 1876, h/t (64,8x49,5) : **USD 140 000** – New York, 12 oct. 1994 : *La petite écolière* 1875, h/pan. (22,9x17,5) : **USD 34 500** – Londres, 18 nov. 1994 : *Les devoirs* 1849, cr. et aquar. (18x14,5) : **GBP 1 380** – New York, 16 fév. 1995 : *La Toilette du bébé* 1856, h/t (25,4x21) : **USD 13 800** – New York, 23-24 mai 1996 : *Le petit frère dort* 1883, h/t (73,7x54,6) : **USD 145 500** – Londres, 12 juin 1997 : *At the Wayside Shrine,* h/t (54x43) : **GBP 7 475** – New York, 23 oct. 1997 : *La Jeune Porteuse d'eau* 1864, h/t (47x38,1) : **USD 48 875.**

MEYER Johann Heinrich
Né le 16 septembre 1694 à Schaffhouse. xviiie siècle. Suisse.
Peintre.

MEYER Johann Heinrich
Né le 23 mai 1755 à Zurich. Mort le 25 juin 1829 à Zurich. xviiie-xixe siècles. Suisse.
Peintre, dessinateur et graveur à l'eau-forte et au burin.
Père du graveur Heinrich. Grava trois cent quatre-vingt-sept portraits, vignettes et surtout paysages de Suisse. Plusieurs spécimens de son œuvre, se trouvent au Musée de Zurich et au Cabinet des Estampes de Berlin.

MEYER Johann Hermann ou **Mayer**
xviiie siècle. Allemand.
Peintre sur faïence.

MEYER Johann Jakob
Mort en 1728 à Bâle. xviie-xviiie siècles. Actif à Bâle de 1684 à 1685. Suisse.
Peintre de portraits.
Plusieurs de ses œuvres se trouvent dans l'Aula du Musée de Bâle.

MEYER Johann Jakob
Né le 19 avril 1749 à Zurich. Mort le 17 juillet 1829 à Zurich. xviiie-xixe siècles. Suisse.
Peintre et graveur.
Élève de Bullinger, de J.-C. Fuessli et de J. Brand. Il grava des paysages. Il alla à Vienne et travailla beaucoup pour la noblesse hongroise. Plusieurs de ses dessins se trouvent au Musée de Zurich.

Ventes Publiques : Londres, 14 déc. 1936 : *Rivière avec des pêcheurs,* dess. : **GBP 13** – Londres, 11 déc 1979 : *L'intérieur du grand pont nommé Hofbrücke à Lucerne et la vue du Mont Pilate* 1822, aquat. colorée (21x28,1) : **GBP 620.**

MEYER Johann Jakob
Né le 4 mars 1787 à Meilen. Mort le 3 décembre 1858 à Zurich. xixe siècle. Suisse.
Peintre de paysages et graveur au burin.
Élève de Heinrich Füssli. Il publia entre autres livres : *Voyage pittoresque à Heidelberg, orné de dix gravures de M.* (1824).

Ventes Publiques : New York, 23 fév. 1983 : *Bergers dans un paysage alpestre avec vue de Ragaz à l'arrière-plan* 1828, aquar. et cr. (19,6x27,8) : **USD 2 400** – Berne, 22 juin 1984 : *Maison de paysan près de Zurich* 1840, eau-forte coloriée (20,2x27,9) : **CHF 3 800** – Londres, 17 juin 1992 : *Le lac Léman avec une vue de Vevey,* aquar./pap. (41x56) : **GBP 24 200** – Zurich, 8 déc. 1994 : *Vue des Alpes dans la région de Wengen depuis l'Eiger ; Un torrent de montagne* 1840, cr. et aquar., une paire (chaque 58x42,5) : **CHF 23 000** – Zurich, 30 nov. 1995 : *Panorama de Sion* 1815, cr. et aquar./pap. (17x26) : **CHF 3 220.**

MEYER Johann Jakob
Né en 1811 à Regensdorf près Zurich. xixe siècle. Suisse.
Peintre.
A exposé des portraits miniatures à Zurich en 1842 et 1844.

MEYER Johannes, le Jeune
Né en 1655 à Zurich. Mort en 1712. xviie-xviiie siècles. Suisse.
Graveur au burin et peintre.
Fils et élève de Conrad. Il grava des scènes bibliques et militaires, des vues de villes et des portraits.

MEYER Johannes
xviiie siècle. Suisse.
Sculpteur sur bois.

MEYER Johannes
Né le 6 décembre 1783 à Schaffhouse. Mort le 15 juillet 1829 à Schaffhouse. xixe siècle. Suisse.
Peintre de portraits, paysages.

MEYER Johannes. Voir aussi **MEYER Johann**

MEYER Jolaine
xxe siècle.
Peintre.
Elle a montré ses œuvres dans une exposition personnelle en 1990, à la galerie Samy Kinge, à Paris.
Elle structure sa toile en plusieurs plans, faisant alterner figures et zones abstraites, l'unité étant créée par la couleur et le recours systématique au trait. Elle ébauche les contours de silhouettes masculines ou féminines, les opposant à la manière gestuelle des parties non figuratives. Elle a également réalisé des fresques.

MEYER Joseph
Né le 28 avril 1860 à Buron (Lucerne). Mort le 22 mars 1907. xixe siècle. Suisse.

Peintre de portraits, fresques.
Il fut élève de H. Bachmann.

MEYER Joséphine, pour **Marie Joséphine Valérie Constance**
Née le 9 février 1835 à Bruxelles. XIXe siècle. Belge.
Peintre de paysages, lithographe.
Elle a publié une série de douze lithographies représentant des paysages d'après d'anciens maîtres.
VENTES PUBLIQUES : LOKEREN, 9 déc. 1995 : *Le moulin à eau* 1879, h/t (80x65,5) : **BEF 33 000**.

MEYER Jost, dit **Meyer Am Rhyn**
Né le 24 octobre 1834 à Lucerne. Mort le 20 octobre 1898 à Lucerne. XIXe siècle. Suisse.
Peintre de paysages.
Élève de Schirmer et d'Achenbach. La Société des Beaux-Arts de Lucerne possède un tableau de cet artiste.

MEYER Julius
Né le 1er juin 1825 à Luseringen (Hanovre). Mort le 29 septembre 1913 à Brunswick. XIXe-XXe siècles. Allemand.
Sculpteur.
Élève de Wessel et Howaldt. Il séjourna en Amérique de 1849 à 1858, puis à Brunswick. Cette dernière ville possède de lui une statuette de l'*Espiègle*, un *Monument aux morts* au cimetière de garnison et plusieurs têtes au Musée Municipal.

MEYER Julius Diedrich
Né le 15 septembre 1833 à Hambourg. XIXe siècle. Actif à Hambourg. Allemand.
Peintre de paysages et d'animaux.
Élève de Günth et de J. Mart. Gensler. Le Musée de Hambourg possède de cet artiste un *Paysage, villageois avec des vaches*.

MEYER Jürgen
XXe siècle. Allemand.
Peintre.
Élève de Beuys, il s'oppose à son enseignement, adoptant un mode d'expression que la maître juge non valide : la peinture. Il la met en scène, appliquant la pâte en épaisseur, affirmant le travail par les traces laissées par les outils, la violence des gestes. Il utilise généralement une seule couleur, souvent ardente, jouant des variations de tons, des effets de matière.

MEYER Karl, Kaspar et **Konrad**. Voir **MEYER Carl, Caspar** et **Conrad**

MEYER Kunz. Voir **MEYER-WALDECK**

MEYER Kurt. Voir **MEYER-EBERHARDT**

MEYER Lazare
Né au XIXe siècle à Fegersheim (Bas-Rhin). XIXe siècle. Français.
Peintre de figures et de portraits.
Élève de Cabanel, Lévy et Laemlein. Figura au Salon de Paris, de 1870 à 1882, avec des sujets de genre, et des portraits.

MEYER Leodegar
XVIIIe siècle. Actif à Lucerne vers 1750. Suisse.
Peintre verrier.

MEYER Lina
Née le 11 décembre 1842 à Männedorf. XIXe siècle. Active à Zurich. Suisse.
Peintre de fleurs et de paysages.
Élève de J. Stadler.

MEYER Lorenz Eduard, dit **Lorenz Meyer**
Né le 12 juillet 1856 à Singapour. XIXe siècle. Actif à Singapour.
Peintre et graveur.
Plusieurs œuvres de lui se trouvent au Musée d'histoire de Hambourg.

MEYER Louis Johan Hendrick ou **Meijer**
Né le 9 mars 1809 à Amsterdam. Mort le 31 mars 1866 à Utrecht. XIXe siècle. Hollandais.
Peintre d'histoire, portraits, paysages, marines, dessinateur.
Il fut élève de G.-P. Westenberg et de J.-W. Pienerman, vécut en 1827 en France, puis en Hollande, à Deventer, et, en 1841, à Paris ; il exposa au Salon de Paris en 1843 et 1844, fut fait chevalier de la Légion d'honneur en 1847 et obtint une récompense à l'Exposition universelle de 1855.
MUSÉES : AMSTERDAM (Mus. Nat.) : *Portrait de l'artiste – Prise de Palembang par le baron de Kock – La reine des Pays-Bas Anna Paulowna passe en revue la flotte hollandaise – Marine*, quatre fois – AMSTERDAM (Mus. mun.) : *Marine*, quatre fois – DIJON : *Combat entre l'Abeille et l'Alacrity le 11 mai 1811* – DORDRECHT : *Marine* – GRENOBLE : *Barque en Normandie* – LA HAYE (Mus. d'Art Mod.) : *Pêcheurs napolitains – L'épave* – LA HAYE (Pal. roy.) : *La flotte hollandaise commandée par le prince Henri dans la Méditerranée* – LEEUWARDEN : *Marine* – MADRID (Mus. d'Art Mod.) : *Marine* – OLDENBOURG : *Port d'Ostende* – LE PUY-EN-VELAY : *Barques de pêcheurs en Normandie* – LA ROCHELLE : *Bouée devant Étretat* – VERSAILLES (Mus. d'Hist.) : *Débarquement de Napoléon Ier à Fréjus*.
VENTES PUBLIQUES : DORDRECHT, 12 déc. 1972 : *Barque de pêche au large d'une côte escarpée* : **NLG 7 200** – LONDRES, 14 nov. 1973 : *Bord de mer* : **GBP 2 700** – BRUXELLES, 26 mars 1974 : *Voiliers et barques par gros temps* 1856 : **BEF 50 000** – AMSTERDAM, 27 avr. 1976 : *Voiliers et barques en mer*, h/pan. (82x110) : **NLG 16 500** – BRUXELLES, 24 fév. 1976 : *Le retour des pêcheurs* 1832, h/t (96x134) : **BEF 115 000** – LONDRES, 4 mai 1977 : *Bateaux au large de la côte* 1848, h/pan. (40,5x51,5) : **GBP 3 600** – NEW YORK, 12 mai 1978 : *Le sauvetage des naufragés*, h/pan. (40,5x58,5) : **USD 7 750** – LYON, 10 avr 1979 : *Bateaux en mer*, h/pan. (86x130) : **FRF 72 000** – AMSTERDAM, 28 oct. 1980 : *Scène de bord de mer*, h/pan. (23,5x33,5) : **NLG 14 000** – AMSTERDAM, 19 mai 1981 : *Bateaux au large de la côte*, h/pan. (85x131) : **NLG 54 000** – NEW YORK, 28 oct. 1981 : *Paysage d'hiver animé de personnages* 1833, h/pan. (26x34,5) : **USD 4 200** – LONDRES, 21 oct. 1983 : *Pêcheurs et bateaux sur la plage* 1857, h/pan. (45x63,5) : **GBP 6 000** – NEW YORK, 30 oct. 1985 : *Barques de pêche au coucher du soleil* 1858, h/t (44,4x63,8) : **USD 6 000** – NEW YORK, 24 fév. 1987 : *Le Naufrage au large de la côte de Hollande*, h/pan. (66x87,6) : **USD 9 000** – AMSTERDAM, 10 avr. 1990 : *Une frégate toutes voiles dehors au large d'une jetée*, encre, lav. et aquar./pap. (10,5x13,5) : **NLG 4 025** – AMSTERDAM, 10 avr. 1990 : *Canot s'approchant d'un vaisseau à voiles par mauvaise mer*, encre et lav./pap. (10x15,8) : **NLG 1 150** – AMSTERDAM, 30 oct. 1991 : *Steamer hollandais doublant la pointe d'une jetée et des marins dans un canot*, h/pan. (21x32) : **NLG 8 050** – AMSTERDAM, 28 oct. 1992 : *Un caboteur au large des côtes*, h/pan. (18,5x25) : **NLG 3 450** – LONDRES, 7 avr. 1993 : *Personnages sur un quai* 1835, h/pan. (43,5x40) : **GBP 1 495** – AMSTERDAM, 21 avr. 1993 : *Marins dans une barque approchant d'un deux-mâts*, h/pan. (66,5x100,5) : **NLG 57 500** – AMSTERDAM, 20 avr. 1993 : *Une attente vaine*, h/pan. (21x27) : **NLG 1 495** – AMSTERDAM, 21 avr. 1994 : *Paysage côtier avec des marins dans un canot et des pêcheurs hâlant leurs barques sur la grève à l'approche de la tempête*, h/t (47,5x73,5) : **NLG 29 900** – AMSTERDAM, 8 nov. 1994 : *Matelots dans une barque à rames avec un steamer au loin par mer forte*, h/t (57,5x81,5) : **NLG 10 925** – AMSTERDAM, 7 nov. 1995 : *Marine avec des voiliers*, h/pan. (22x31) : **NLG 8 732** – AMSTERDAM, 5 nov. 1996 : *Voyageurs sur un sentier dans un paysage montagneux en Autriche*, h/pan. (68x90) : **NLG 21 240** – AMSTERDAM, 22 avr. 1997 : *Personnages patinant près d'un château*, h/t (49x72) : **NLG 54 280**.

MEYER Louise, Mme **Sieveking**
Née le 4 septembre 1789 à Hambourg. Morte le 24 novembre 1861 à Londres. XIXe siècle. Allemande.
Dessinatrice de portraits.
Un portrait de groupe, exécuté par cette artiste, se trouve au Musée d'histoire de Hambourg.

MEYER Lucas
Mort avant 1782. XVIIIe siècle. Allemand.
Sculpteur d'ornements.
Il travailla en 1747 sous la direction de Nahl pour le château de Sans-Souci et de 1756 à 1773 pour le château de Wilhelmsthal près de Cassel.

MEYER Lucie
XXe siècle. Française.
Sculpteur, technique mixte.
En 1994, la galerie Protée, à Paris, lui a consacré une exposition personnelle.
Elle exploite avec charme des techniques extrêmement diverses, du pur bricolage au bronze traditionnel.

MEYER Ludwig, dit **Meyer de Knonau**
Né le 5 juillet 1705 à Knonau (Canton de Zurich). Mort fin octobre 1785. XVIIIe siècle. Suisse.
Peintre de portraits, de paysages et graveur.
La Maison des Beaux-Arts de Zurich possède plusieurs de ses dessins.

MEYER Ludwig
XIXe siècle. Actif à Berlin de 1813 à 1824. Allemand.
Dessinateur, graveur au burin et lithographe.

MEYER M.
XVIIIe siècle. Suisse.
Paysagiste miniaturiste.

MEYER Marcus ou **Meyers**
Originaire de Hollande. Mort en 1732. XVIIIe siècle. Hollandais.
Peintre et modeleur.
Il séjourna en 1729 et 1730 à Rome.
VENTES PUBLIQUES : AMSTERDAM, 23 avr. 1979 : *Scène de taverne*, h/pan. (31x26,5) : **NLG 2 800**.

MEYER Melchior. Voir **MEIER**

MEYER Nikolaus Heinrich
Né en 1806 à Bâle. Mort le 30 décembre 1893 à Bâle. XIXe siècle. Suisse.
Peintre de panoramas.

MEYER Otto
Né en 1839 à Berlin. XIXe siècle. Allemand.
Peintre de genre et paysagiste.
Élève de Karl Begas. Il travailla à Rome de 1861 à 1863 et il exposa pour la dernière fois à l'Académie de Berlin en 1868.
VENTES PUBLIQUES : LUCERNE, 7 nov. 1985 : *La marchande de fruits* 1863, h/t (99,5x78) : **CHF 7 000**.

MEYER P.
XVIIIe siècle. Actif à la fin du XVIIIe siècle.
Graveur.
Il grava des sujets de genre et des sujets religieux.

MEYER Peter de, l'Ancien ou **Meier**
XVIe-XVIIe siècles. Danois.
Peintre.
Il vint en 1584 au Danemark, travailla à la Kronborg à Copenhague et depuis 1607 à la Friederiksborg. Il peignit en 1596 quelques scènes d'histoire pour la grande salle de la Kronborg.

MEYER Robert
XIXe siècle. Actif à Berlin. Allemand.
Peintre de portraits.
Il fit des envois à l'Académie de Berlin de 1839 à 1844.

MEYER Rudolf
Né le 4 septembre 1803 à Regensdorf près de Zurich. Mort le 9 septembre 1857 à Zurich. XIXe siècle. Suisse.
Peintre de paysages, natures mortes, aquarelliste.
On lui doit surtout des panoramas de villes.
MUSÉES : ZURICH.

MEYER Rudolph Theodor
Né en 1605 à Zurich. Mort en 1638. XVIIe siècle. Allemand.
Peintre d'histoire, de portraits et graveur.
Fils et élève de Dietrich Meyer. Travailla en Allemagne et grava des sujets de genre. Il dessina une *Danse des morts*, qui fut gravée par son frère Conrad. Le Musée de Zurich possède de lui trois tableaux : *Reniement de Jésus par Pierre*, et les portraits de *Meyer Dietrich le Vieux* et d'un *Inconnu*.

MEYER Sal. Voir **MEIJER Salomon**

MEYER Simon Peter
Né le 21 septembre 1727 à Hambourg. Mort le 6 août 1782 à Hambourg. XVIIIe siècle. Allemand.
Médailleur.

MEYER Sophie
Morte le 9 novembre 1921 à Düsseldorf (Rhénanie-Westphalie). XIXe-XXe siècles. Allemande.
Peintre de genre, paysages.
Elle fut élève de W. Sohn. On cite d'elle : *Dernière Rose*.

MEYER Theodor
Mort vers le 31 juillet 1699. XVIIe siècle. Actif à Freiberg. Allemand.
Sculpteur sur bois.
Élève de Johann Heinrich Boehme l'Ancien. Il a travaillé pour les églises de Freiberg.

MEYER Theodor. Voir aussi **MEYER Dietrich**

MEYER Theodor Heinrich
Né le 2 janvier 1847 à Schaffhouse. Mort le 5 mars 1903 à Zurich. XIXe siècle. Suisse.
Sculpteur sur bois.
Élève de Adolf Closs.

MEYER Wilhelm
Né le 14 décembre 1806 à Zurich. Mort le 22 octobre 1848 à Zurich. XIXe siècle. Suisse.
Peintre d'architectures et décorateur.
Élève de S. Quaglio à Munich. Il travailla à Nuremberg, Zurich, Berne, Lucerne, en Italie et en Espagne. La *Marine* du Musée d'Anvers qui lui est attribuée, est en réalité de Wilhelm Emil Meyer-Rhodius.

MEYER Wilhelm. Voir aussi **MAYER Wilhelm**

MEYER Wilhelm Christian
Né en 1726 à Gotha. Mort le 10 décembre 1786 à Berlin. XVIIIe siècle. Allemand.
Sculpteur.
Il fit son apprentissage chez son père Friedrich Elias l'Ancien, puis à Leipzig, Berlin, Potsdam, Halle. En 1757, il travailla à Düsseldorf et à Bonn pour le prince électeur Clemens August. Il se rendit en 1761 à Berlin, où il devint directeur de l'Académie. Il reçut plusieurs commandes de l'impératrice Catherine II de Russie.

MEYER von BREMEN. Voir **MEYER Johann Georg**

MEYER DE HAAN Jacob Isaac
Né le 14 avril 1852 à Amsterdam. Mort le 24 octobre 1895 à Amsterdam. XIXe siècle. Hollandais.
Peintre de genre, portraits, paysages, natures mortes.
Après avoir fait ses études avec P.-Fr. Greive, il fit des débuts très remarqués, dans une manière académique. Venu à Paris, ayant ressenti un appel irrésistible à la suite d'une exposition d'impressionnistes, il rencontra Pissarro, qui lui conseilla de rendre visite à Gauguin, alors retiré à Pont-Aven, où il alla en effet le rejoindre, en 1888, l'aidant discrètement grâce à sa fortune personnelle. Une grande amitié commença entre les deux hommes, qui, en 1889, allèrent se fixer au Pouldu, y restant jusqu'en 1890, discutant et travaillant ensemble. Laval, Filiger, Sérusier les ayant rejoints, ils décorèrent ensemble la salle à manger de l'auberge de Marie Henry, où ils tenaient leurs assises. Pour sa part, Meyer de Haan y contribua avec des *Bretonnes teillant le chanvre*. Il adopta totalement le « synthétisme » de Gauguin, couleur employée pour sa valeur expressive, aplats de couleurs vives cernés d'une ligne en arabesque décorative. Il revint passer l'hiver 1890-1891, à Paris, en compagnie des peintres qui allaient bientôt former le groupe des Nabis. Il regagna ensuite définitivement la Hollande.
BIBLIOGR. : Georges Peillex, in : *Diction. Univers. de l'Art et des Artistes*, Hazan, Paris, 1967.
MUSÉES : AMSTERDAM (Rijksmus.) : *Portrait de Petrus-Franciscus Greive – Vieille femme juive* – OTTERLO (Mus. Kröller-Müller) : *Cour de ferme au Pouldu* 1889 – QUIMPER (Mus. des Beaux-Arts) : *Nature morte*.
VENTES PUBLIQUES : PARIS, 16 mars 1959 : *Cour de ferme au Pouldu* : **FRF 1 360 000** – LONDRES, 30 juin 1969 : *Paysannes broyant du chanvre* : **GBP 26 000** – BREST, 16 mai 1982 : *Fermes aux genêts d'or près du Pouldu en Bretagne* vers 1890, h/t (41x65) : **FRF 112 000** – BREST, 25 mai 1986 : *Portrait de Paul Gauguin*, h/t (46x58) : **FRF 70 000** – PARIS, 3 avr. 1990 : *La Ferme* vers 1889-1990, h/t (92x73) : **FRF 350 000** – PARIS, 13 juin 1990 : *Nurses et enfants au jardin des Tuileries (recto) ; Paysage (verso)*, h/pan. double face (27x35) : **FRF 8 200** – NEW YORK, 11 mai 1993 : *Labeur : paysannes broyant du lin* 1889, fresque montée sur t. (133,4x201,3) : **USD 965 000**.

MEYER DE KNONAU. Voir **MEYER Ludwig**

MEYER AM RHYN Jost. Voir **MEYER Jost**

MEYER DE SCHAUENSEE Sigismond
Né le 18 juillet 1884 à San Benedetto del Tronto. XXe siècle. Actif et naturalisé en Suisse. Italien.
Peintre de portraits, paysages.
Il fut membre de l'Académie de Saint-Luc à Rome.
Ayant étudié à Rome, il se consacra au paysage et au portrait. Il a peint les portraits des papes Benoit XV et Pie X pour une congrégation américaine.
MUSÉES : LUCERNE – ROME (Acad. de Saint-Luc).

MEYER-AMDEN Otto
Né en 1885 à Berne. Mort en 1933 à Zurich. XXe siècle. Suisse.
Peintre de compositions animées, portraits, aquarelliste, pastelliste, graveur, dessinateur.

Après le décès de sa mère, il fut confié tout petit, à un fabricant d'orgues puis à l'orphelinat de Berne. Ensuite, il put faire un apprentissage de dessinateur et lithographe. Il fut ensuite élève de l'École des Arts appliqués de Zurich, puis étudia à Munich et à Stuttgart, où il suivit les cours d'Adolf Hölzel. À cette même époque, il rencontra Baumeister et Schlemmer, dont il subit l'influence. Il fut nommé professeur en 1928, à l'École des Arts appliqués de Zurich. Il vécut et travailla à Amden, à partir de 1912. En 1952, le Kunstmuseum de Bâle organisa une exposition d'ensemble de son œuvre.
Alors qu'un Georg Schmidt écrit qu'il est « le plus important artiste suisse depuis Hodler » et que l'on sait l'admiration que lui vouait Oskar Schlemmer, il faut constater qu'Otto Meyer-Amden reste à peu près inconnu. Dessins, crayons de couleur, aquarelles, huiles, son œuvre paraît être important. La presque totalité en est conservée au domicile du frère de l'artiste, à Laupe, dans la canton de Berne, ainsi qu'au Aargauer Kunsthaus de Aarau. Son art s'est fait le reflet des obsessions qui hantèrent son enfance, absence de la tendresse maternelle, carence affective, angoisses, appréhensions religieuses, trouble du monde des jeunes enfants dans les dortoirs ou dans les classes, orphelins veillés par de suaves anges gardiens, et puis, en contrepartie, mères qui déshabillent leur enfant. Toutes ses œuvres semblent rester au stade de réalisation provisoire, à peine effleurées dans des tonalités tendres, non achevées à l'exemple de leur auteur, demeuré par carence affective entre l'enfance et l'âge adulte. Il existe une nombreuse correspondance entre lui et Schlemmer. ■ J. B.
Bibliogr. : Oskar Schlemmer : *Otto Meyer-Amden aus Leben, Werk und Briefen*, Zurich, 1934 – Walter Kern : *Erinnerungen an Otto Meyer-Amden*, in : Das Werk, janv. 1947 – Hans Hildebrand : *Schlemmer und Meyer-Amden*, in : Das Werk, 1948 – Georg Schmidt : Catalogue de l'exposition *Meyer-Amden*, Kunstmuseum, Bâle, 1952 – Pierre Courthion : *L'Art indépendant*, Albin Michel, Paris, 1958 – in : *Dict. univer. de la peinture*, Le Robert, t. IV, Paris, 1975 – in : *L'Art du xxe s.*, Larousse, Paris, 1991.
Musées : Aarau (Aargauer Kunsthaus) : Plusieurs dizaines de peintures, aquarelles, dessins – Bâle (Mus. des Beaux-Arts) : *Nuit étoilée sur le Walensee* – Zurich (Kunsthaus).
Ventes Publiques : Berne, 25 nov. 1962 : *Personnages assis à l'église* : **CHF 5 500** – Paris, 11 juin 1966 : *Personnages dans la campagne* : **FRF 9 500** – Berne, 20 juin 1973 : *Portrait d'enfant*, aquar. : **CHF 10 200** – Berne, 8 juin 1978 : *La Vaccination* vers 1920, cr. (21,2x13,2) : **CHF 19 000** – Berne, 21 juin 1979 : *Nu rythmique* vers 1920, craie noire et estompe (28x21,6) : **CHF 5 200** – Berne, 26 juin 1981 : *Garçon nu de face* 1918-1920, cr. (27,9x20,2) : **CHF 35 000** – Zurich, 9 nov. 1984 : *Jeune homme debout*, cr. (24x13) : **CHF 9 500** – Zurich, 6 juin 1986 : *Jeune garçon aux bras levés*, cr. (27,3x21,5) : **CHF 11 000** – Zurich, 21 nov. 1987 : *La cuisine*, cr. (21,5x17,2) : **CHF 10 000**.

MEYER-BALL Georg Ludwig
Né le 17 septembre 1854 à Krieschow près de Kottbus. xixe siècle. Allemand.
Peintre de figures et de portraits.
Élève de Dietz, Löfftz et Defregger. Il travailla à Berlin et à Londres.

MEYER-BASEL Carl Theodor
Né le 15 mai 1860 à Bâle. Mort en 1932 à Bâle. xixe-xxe siècles. Suisse.
Peintre de paysages, pastelliste, graveur.
Il fut élève de Raab et de Weinglei. Il séjourna à Munich de 1877 à 1919, puis à Bâle et enfin en Thurgovie. Il a peint très souvent le lac de Constance.
Ventes Publiques : Berne, 18 oct. 1974 : *Paysage fluvial* : **CHF 4 800** – Zurich, 15 nov. 1986 : *Paysage du Valais* 1913, past. (35,8x48) : **CHF 3 000** – Berne, 26 oct. 1988 : *Panorama du lac de Chiem avec les îles*, h/t (77x113) : **CHF 2 400** – Heidelberg, 8 avr. 1995 : *Paysage estival avec un ruisseau dans les champs dans la région de Dachau* 1916, past. (27x35) : **DEM 1 600**.

MEYER-BELART Emil Eugen
Né le 1er mars 1891 à Thayngen (Schaffhouse). Mort en 1940 à Schaffhouse. xxe siècle. Suisse.
Peintre, graveur.
Il fut élève de Hackl et de H. V. Habermann.
Musées : Schaffhouse.
Ventes Publiques : Berne, 12 mai 1984 : *Jeune fille nue dans un paysage* vers 1915, h/t (77x48) : **CHF 3 000** – Lucerne, 3 déc. 1988 : *Jeux d'enfants*, h/t (115x97) : **CHF 3 400** – Zurich, 22 juin 1990 : *La mer* 1928, h/t (87x101) : **CHF 1 400**.

MEYER-BUCHWALD Gustav
Né le 18 août 1881 à Dresde (Saxe). Mort le 14 octobre 1918. xixe-xxe siècles. Allemand.
Peintre de portraits, paysages, natures mortes, sculpteur.
Il fut élève de C. Bantzer, et G. Kuehl. Il pratiqua la sculpture sur bois.
Musées : Dresde (Mus. mun.) : *Portrait du peintre Müller-Gräfe*.

MEYER-CASSEL Hans ou **Meyer Kassel**
Né le 8 mars 1872 à Kassel (Hesse). Mort en 1952. xixe-xxe siècles. Allemand.
Peintre de portraits, paysages, marines, graveur.
Il travailla à Kassel de 1912 à 1915 puis en Amérique.
Ventes Publiques : Munich, 27 nov. 1980 : *La rivière à truites* 1912, past./t. de fus. (67,5x95,5) : **DEM 2 000**.

MEYER-CRAMER Tiarko. Voir **CRAMER Tiarko Meyer**

MEYER-DEYK Tonio
Né le 31 juillet 1875 à Cologne (Rhénanie-Westphalie). xxe siècle. Allemand.
Peintre de portraits, figures, paysages, sculpteur.
Il fut élève de W. V. Ruemann.
Musées : Cologne – Munich.

MEYER-EBERHARDT Kurt
Né le 10 avril 1895 à Leipzig (Saxe). Mort à Munich (Bavière). xxe siècle. Allemand.
Peintre d'animaux, graveur.
Il fut élève de M. Thedy, Th. Hagen, et W. Kleimm à Weimar. Il vécut et travailla à Munich.
Ventes Publiques : Cologne, 23 mars 1990 : *Lièvre dans le sous-bois*, h/t (75,5x100) : **DEM 1 300**.

MEYER-ELBING Oscar Edwin Adalbert
Né le 24 juillet 1866 à Elbing. xixe-xxe siècles. Allemand.
Peintre de portraits.
Il fit un voyage d'étude en Orient de 1889 à 1896, séjourna en Russie de 1901 à 1906, et s'installa à Wiesbaden.
Musées : Luxembourg (Grand Palais) – Mayence – Wiesbaden.

MEYER-ENDRISZ Friedrich. Voir **ENDRISS Friedrich Meyer**

MEYER-HEINE Jacob
Né en 1805. Mort en 1879. xixe siècle. Actif à Paris. Français.
Peintre sur émail.
Il dirigea la peinture sur émail à la Manufacture de Sèvres de 1845 à 1872. Il figura au Salon à partir de 1874. Son œuvre est représentée au Musée des Arts décoratifs de Paris et à celui de la Manufacture de Sèvres.

MEYER-HEINE Théodore
Né au xixe siècle à Paris. xixe siècle. Français.
Graveur.
Élève de A. Lavieille. Il figura au Salon de 1863 à 1879.

MEYER-LAZAR
Né le 4 octobre 1923 à Galatz (Roumanie). xxe siècle. Roumain.
Peintre de paysages. Fantastique.
Peintre latin et juif. Latin par son pays : la campagne roumaine ; juif parce qu'Israël est sa seconde patrie, celle qu'il a choisie. Ce fut en outre en France qu'il reçut sa formation et qu'il trouva ses premiers amis peintres.
Il a montré à Paris ses œuvres dans des expositions personnelles en 1960, et en 1972, au Centre culturel juif.
Ses compositions sont des commentaires lyriques de textes sacrés qui l'inspirent en général. Il a réalisé un ensemble de peintures ayant le soleil pour thème et une importante série inspirée du *Cantique des cantiques*, qui pour lui est un poème d'amour que le créateur nous dédie par la voix du roi Salomon : la femme du Cantique, c'est la terre d'Israël retrouvée, et le bien-aimé est le Juif errant renouant avec sa patrie millénaire : « Peintre céleste, il construit un espace pictural purement imaginaire. Ses aubes, ses crépuscules et ses nocturnes ou ses effets de nuit sont d'ensorcelantes visions atmosphériques ».
Bibliogr. : Henry Bulawko, in : *Annuaire international des Beaux-Arts*.
Musées : Eilat – Ein Harod – Jérusalem – Tel-Aviv.

MEYER-LÜBEN Walter
Né le 8 août 1867 à Königsberg. Mort le 14 septembre 1905 à Tolkewitz. xixe siècle. Allemand.

Peintre de portraits, figures.
Il fut élève de Raab, et de Löfftz à Munich. Il travailla à Berlin, et exposa à Munich en 1893.

MEYER-MAINZ Paul
Né le 1er juillet 1864 à Mayence (Rhénanie-Westphalie). Mort le 27 juin 1909 à Halberstadt. XIXe siècle. Allemand.
Peintre de genre, portraits, intérieurs d'églises.
Il fut élève de Peter Janssen, Eduard von Gebhardt et Bouguereau. Il travailla à Munich où il exposa en 1892-1893. Il obtint une mention honorable à Berlin en 1889, une médaille à Chicago en 1893.
Musées : Mayence (Mus. mun.) – Mayence (Mus. d'archéologie).
Ventes Publiques : Cologne, 18 mars 1989 : *Intérieur d'église baroque avec un enfant de chœur*, h/t (121x69) : **DEM 15 000**.

MEYER-PYRITZ Georg Renatus. Voir **MEYER-STEGLITZ**

MEYER-PYRITZ Immanuel
Né le 16 mars 1902 à Berlin. Mort le 4 novembre 1974 à Berlin. XXe siècle. Allemand.
Peintre, aquarelliste, dessinateur.
Issu d'une famille d'artistes, il s'intéressa très tôt au dessin. Il étudia à la Hochschule für Bildende Kunst de Berlin, sous la direction de Hans Klewer, puis à Munich où il eut pour professeur Hans Hofman. Parallèlement, il étudia l'histoire de l'art et la philologie à l'Université de Munich. Il voyagea ensuite en Italie et en France. Il publia plusieurs ouvrages sur l'histoire de la culture en Poméranie et enseigna l'histoire de l'art. Il vécut et travailla à Berlin.
Il fit sa première exposition en 1932 à Berlin. Il fut fondateur et coordinateur des expositions de l'association des artistes-peintres du Groupe 51. En 1971, il reçut le prix culturel de la Poméranie. Il s'inspira souvent de motifs poméraniens.

MEYER-PYRITZ Martin A. R.
Né le 6 novembre 1870 à Pyritz. XIXe-XXe siècles. Allemand.
Sculpteur de bustes, animaux.
Il fut élève de Breuer et de Herter. Il travailla le bronze.

MEYER-RHODIUS. Voir **MAYER Wilhelm**

MEYER-SCHULTHES Friedrich
Né le 30 août 1792 à Zurich. Mort le 27 juin 1870 à Zurich. XIXe siècle. Suisse.
Peintre de paysages.
La Maison des Beaux-Arts de Munich possède de cet artiste six tableaux et quinze dessins, et le Musée de Berne, le tableau *Jardins de la Villa Pamfili près de Rome*.

MEYER-STEGLITZ Georg Renatus ou **Meyer-Pyritz**
Né le 27 juin 1868 à Pyritz. Mort le 11 octobre 1929 à Berlin. XIXe-XXe siècles. Allemand.
Sculpteur de bustes, monuments.
Il fut élève de Joh. Böse, frère de Martin A. R. Meyer-Pyritz.
Il a exécuté les monuments de l'empereur Guillaume Ier à Ostrowo, de Frédéric II à Diez sur la Lahn, de Bismarck à Spandau et le *Monument aux morts de Saarlouis*.

MEYER-WALDECK Kunz
Né le 3 juillet 1859 à Mitau (nom allemand de Ielgava, Lettonie). Mort en 1953 à Neuburg/Inn. XIXe-XXe siècles. Allemand.
Peintre de compositions animées, genre, figures, portraits, intérieurs, illustrateur.
Il fut élève de l'Académie de Munich avec Strähuber, Raab et Lindenschmit. Il obtint une médaille à Munich en 1894.
Musées : Berlin : *Portrait de P. Heyse* – Brême : *La sieste*.
Ventes Publiques : New York, 12 mai 1978 : *Pêcheurs poussant leur bateau*, h/t (60,5x91) : **USD 3 250** – New York, 28 oct. 1982 : *La mise à l'eau du voilier*, h/t (30,5x46) : **USD 3 750** – New York, 29 fév. 1984 : *Le départ pour la pêche*, h/t (28x42,5) : **USD 1 600** – Munich, 7 déc. 1993 : *Fée avec deux enfants au bord d'un ruisseau*, h/t (84x79) : **DEM 4 600** – New York, 24 mai 1995 : *Pêcheurs échouant leur barque sur la grève*, h/t (30,5x45,7) : **USD 10 925**.

MEYER-WIEGAND Rolf
Né en 1929 à Krefeld (Rhénanie-Westphalie). XXe siècle. Allemand.
Peintre de scènes de genre, portraits.
Ventes Publiques : Cologne, 15 oct. 1988 : *Carnaval à Cologne*, h/pan. (16x20) : **DEM 1 000** – Cologne, 20 oct. 1989 : *Portrait d'une femme en costume régional*, h/pan. (18x13) : **DEM 1 000**.

MEYER-WISMAR Ferdinand
Né le 14 janvier 1833 à Wismar. Mort le 26 mars 1917 à Schwerin. XIXe-XXe siècles. Allemand.
Peintre de genre, de figures et de portraits.
Fit ses études à Dresde et à Munich et travailla de 1858 à 1861 à New York, de 1861 à 1887 à Munich et depuis à Schwerin.
Ventes Publiques : Vienne, 3 et 6 déc. 1963 : *La pose interrompue* : **ATS 32 000** – Berne, 28 avr. 1978 : *L'atelier de l'artiste*, h/t (77x64) : **CHF 17 000** – Londres, 15 juin 1979 : *Paysage d'hiver* 1911, h/t (45x80) : **GBP 1 000** – Londres, 5 oct. 1983 : *Des nouvelles du front* 1873, h/t (47,5x59) : **GBP 4 000** – Londres, 21 mars 1997 : *Un œil critique*, h/t (77,5x63,5) : **GBP 13 225**.

MEYER-ZIMMERMANN Georg
Né le 15 décembre 1814 à Flaach (canton de Zurich). Mort le 4 janvier 1895 à Zurich. XIXe siècle. Suisse.
Peintre de paysages.
Élève de Joh. Wirz et de W. Lindenschmit l'Ancien. Quatre de ses tableaux et plusieurs de ses dessins se trouvent à la Maison des Beaux-Arts de Zurich.

MEYERE Arnould de, ou **Arent**
XVIIe siècle. Actif à Audenarde. Éc. flamande.
Sculpteur sur bois.
A exécuté des confessionnaux pour les églises de Lede et de Wanneghem.

MEYERHEIM Eduard Franz
Né le 10 octobre 1838 à Berlin. Mort le 5 avril 1880 à Marbourg. XIXe siècle. Allemand.
Peintre de genre, aquarelliste.
Il fut élève de son père Friedrich Edouard Meyerheim et de l'Académie de Berlin. Il parcourut l'Allemagne, la Belgique, le Tyrol, l'Italie et la Suisse. Il fut nommé professeur de dessin anatomique à l'Académie de Berlin ; mais, malade, il dut abandonner ce poste en 1878. Il a exposé à Berlin à partir de 1852.
Musées : Berlin (Nat. Gal.) : *Intérieur* – Stettin : *Marbourg* – *Paysanne*.
Ventes Publiques : Cologne, 15 nov. 1972 : *La bonne soupe* : **DEM 6 000** – Stockholm, 28 oct. 1981 : *Vue d'une ville*, h/t (66x96) : **SEK 19 500** – Munich, 21 juin 1994 : *La jeune mère* 1863, h/t (48,5x38) : **DEM 16 675**.

MEYERHEIM Friedrich Edouard
Né le 7 janvier 1808 à Dantzig. Mort le 18 janvier 1879 à Berlin. XIXe siècle. Allemand.
Peintre de genre, animaux, lithographe.
Il fut élève de son père le peintre décorateur Karl Friedrich Meyerheim et de Breysig. En 1830 il se fixa à Berlin où il travailla dans l'atelier de G. Schadow. Ses premiers travaux datent de 1830. En 1837, il fut reçu membre de l'Académie de Berlin et en 1850 membre honoraire de l'Académie de Dresde. Il exposa à Berlin, Dantzig, Dresde, Brême et a obtenu deux médailles d'or en 1848 et 1850.

F E Meyerheim
1845

Musées : Berlin : *Le roi des tireurs* – *La boiteuse de la blanchisserie* – *Jeune mère près de son enfant malade* – *Le premier pas* – *Joueurs de quilles* – *Menzel, jeune* – Breslau, nom all. de Wroclaw : *Famille de chats* – *Famille de chiens* – Hambourg : *Le dîner* – Leipzig : *Grand-mère et petit-fils, un dimanche matin* – Moscou (Roumiantzeff) : *Canards*.
Ventes Publiques : Berlin, 1898 : *Bonjour* : **FRF 5 125** ; *L'enfant malade* : **FRF 5 375** ; *Le chevreau* : **FRF 4 250** ; *Le roi de village* : **FRF 3 609** – Los Angeles, 8 avr. 1973 : *Jeune paysanne, faisant manger son petit garçon* 1871 : **USD 4 750** – Londres, 27 juil. 1973 : *Ville au bord d'une rivière* : **GBP 2 000** – Cologne, 9 mars 1974 : *Joie familiale* : **DEM 9 000** – New York, 15 oct. 1976 : *L'attente*, h/t (30,5x25,5) : **USD 2 300** – Vienne, 19 juin 1979 : *Le petit écolier* 1855, h/t (22,5x17,5) : **ATS 55 000** – Zurich, 15 mai 1982 : *Jeune femme au bouquet de fleurs* 1844, h/t (38x30,5) : **CHF 6 000** – Munich, 16 mars 1983 : *Guten Morgen, lieber Vater*, h/t : **DEM 24 000** – New York, 23 mai 1985 : *Lavandière et enfant au bord de la rivière* 1845, h/t (15x20) : **USD 11 000** – New York, 28 oct. 1987 : *Le Jeu interrompu* 1865, h/t (47,5x39) : **USD 3 500** – Londres, 30 nov. 1990 : *Tâches ménagères* 1859, h/t (46,5x39,7) : **GBP 24 200** – Munich, 27 juin 1995 : *Chasseur se reposant devant le golfe de Dantzig*, h/t (28x39,5) : **DEM 25 300** – New York, 17 jan. 1996 : *Le pantalon déchiré* 1867, h/t (45,1x36,8) : **USD 5 175** – Londres, 21 nov. 1997 : *Les Restes* 1859, h/pan. (43,8x35,2) : **GBP 29 900**.

MEYERHEIM Hermann
Né en 1840. Mort en 1880. XIXe siècle. Actif à Berlin. Allemand.
Peintre de paysages, architectures, marines.
Il est le fils de Karl Friedrich Mayerheim. Il exposa à Berlin à partir de 1864.

H Meyerheim.

Ventes Publiques : Cologne, 24 oct. 1980 : *Vue de Dordrecht*, h/t (68x97) : **DEM 40 000** – New York, 28 oct. 1981 : *Ville au bord d'une rivière animée de personnages*, h/t (68,8x97,1) : **USD 10 000** – New York, 27 mai 1983 : *Ville au bord du fleuve* 1856, h/t (68,2x95,9) : **USD 17 000** – New York, 15 fév. 1985 : *Ville au bord d'une rivière*, h/t (68,6x97,1) : **USD 5 800** – Brême, 20 juin 1987 : *Scène de port*, h/t (34,3x47) : **DEM 4 800** – Londres, 26 fév. 1988 : *Ville au bord d'une rivière avec des personnages*, h/t (34,9x48,2) : **GBP 3 300** – Londres, 25 mars 1988 : *Vue de Rotterdam*, h. (66x95) : **GBP 7 920** – New York, 24 oct. 1989 : *Ville portuaire en pleine activité*, h/t (67,3x95,3) : **USD 16 500** – Cologne, 20 oct. 1989 : *Activités d'une ville portuaire*, h/t (69x96) : **DEM 17 000** – New York, 30 oct. 1992 : *Activités d'une ville portuaire* 1895, h/t (67,9x95,8) : **USD 13 200** – Munich, 6 déc. 1994 : *Vue d'un port de commerce très animé*, h/t (42x58) : **DEM 28 750** – New York, 1er nov. 1995 : *Activités sur un canal d'Amsterdam*, h/t (68,6x96,5) : **USD 31 625** – Londres, 26 mars 1997 : *Scène portuaire*, h/t (66x96) : **GBP 10 350**.

MEYERHEIM Karl Friedrich
Né le 28 octobre 1780 à Dantzig. Mort le 6 août 1837 à Dantzig. XIXe siècle. Allemand.
Peintre, portraitiste et décorateur.
Ses quatre fils furent peintres.

MEYERHEIM Paul Friedrich
Né le 13 juillet 1842 à Berlin. Mort le 4 septembre 1915 à Berlin. XIXe-XXe siècles. Allemand.
Peintre de genre, portraits, animaux, sculpteur, illustrateur, lithographe.
Fils cadet et élève d'Eduard Meyerheim, il travailla à l'Académie de Berlin de 1857 à 1860. Il parcourut l'Allemagne, le Tyrol, la Suisse, la Hollande et la Belgique et travailla également durant quelque temps à Paris. En 1889, il visita l'Espagne et en 1892 l'Égypte. En 1893, il revint se fixer à Berlin. Il était membre de l'Académie de cette ville depuis 1869. Il a exposé à tous les Salons d'Allemagne, obtenant des médailles d'or à Berlin en 1868 et 1872, une deuxième médaille à Munich en 1883 et une première médaille en 1888 ; deux médailles à Paris en 1866 et 1869 (Exposition Universelle) et une médaille à Chicago en 1893. Il sculptait sur bois.

Paul Meyerheim

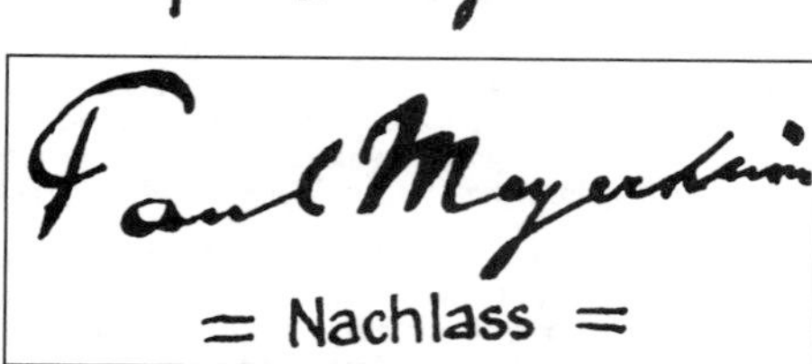

Cachet de vente

Musées : Aix-la-Chapelle : *Les sauvages* – Bautzen : *Lion rugissant* – *Deux tigres* – Berlin (Nat. Gal.) : *Antiquaire d'Amsterdam* – *Ménagerie* – *Prairie avec ruisseau* – Breslau : *Concert d'oiseaux* – *Le baise main* – Dresde : *Ménagerie* – Düsseldorf : *Moulin à eau au Tyrol* – *Carrière près de Lichtental* – Francfort-sur-le-Main (Mus. Städel) : *La lionne jalouse* – Gdansk, ancien. Dantzig : *Forêt de Barbizon* – *Marché aux poissons à Constantinople* – *Famille de singes* – *Chodewiecki dans son atelier* – *Portrait d'Edouard Meyerheim* – Hambourg : *Lion et chien* – *Meule de charbonnier* – Hanovre : *Vieille maison à Interlaken* – Kaliningrad, ancien. Königsberg : *La propriétaire* – Mayence : *Lion à l'abreuvoir* – Munich : *Cortège nuptial dans le Spreewald* – *Ruines de temple à Baalbeck* – Prague (Rudolf) : *Famille de tigres* – Rostock : *Chevaux à l'écurie*.

Ventes Publiques : Paris, 31 jan. 1934 : *Oiseaux de mer* : **FRF 355** ; *Le cygne et le renard* : **FRF 310** – Paris, 8 juil. 1942 : *Lièvres et oiseaux morts sur une nappe blanche* 1878 : **FRF 8 000** – Munich, 29 nov. 1977 : *Singes dans l'atelier* 1876, h/t (87x128) : **DEM 2 650** – Los Angeles, 5 oct. 1981 : *L'Ours polaire*, h/t (48x67,5) : **USD 1 800** – Cologne, 18 mars 1989 : *Scène d'auberge avec des musiciens*, h/pan. (18x22) : **DEM 1 300** – Munich, 31 mai 1990 : *Le repas des lionceaux*, h/t (101x73) : **DEM 31 900** – Londres, 16 nov. 1994 : *Belle famille* 1888, h/pan. (53x70) : **GBP 5 175** – Londres, 17 nov. 1995 : *Nuit de printemps* 1881, h/t (111,9x154,4) : **GBP 7 130**.

MEYERHEIM Paul Wilhelm
XIXe siècle. Actif à Berlin. Allemand.
Peintre de genre, de paysages et d'architectures.
Fils de Wilhelm Alexander Meyerheim. Il exposa à Berlin à partir de 1868.
Ventes Publiques : Munich, 29 nov 1979 : *Le montreur d'ours* 1879, aquar. (21,5x27,5) : **DEM 2 100** – Munich, 20 oct. 1983 : *Vue de la vieille ville de Francfort*, h/t (66x101) : **DEM 9 000**.

MEYERHEIM Robert
Né au XIXe siècle à Dantzig. XIXe siècle. Allemand.
Paysagiste et aquarelliste.
Neveu de Fridrich Edouard Meyerheim, élève de Gude, de l'Académie de Düsseldorf et d'Oswald Achenbach. Il exposa en Allemagne à partir de 1866, et à Londres, où il obtint, en 1878, une médaille d'argent, et en 1894, une grande médaille d'or. Le Musée de Melbourne conserve de lui : *Quand neige et glace ont disparu*.

MEYERHEIM Wilhelm Alexander
Né en 1815 à Dantzig. Mort le 13 janvier 1882 à Berlin. XIXe siècle. Allemand.
Peintre de sujets militaires, scènes de genre, portraits, animaux, paysages, graveur.
Fils de Karl Friedrich Meyerheim, il exposa à Berlin, à partir de 1842.

W Meyerheim

Musées : Berlin : *Cible de tireur* – Erfurt : *Scène enfantine* – Gdansk, ancien. Dantzig : *Paysage d'hiver* – Prague : *A la fontaine*.
Ventes Publiques : New York, 2 avr. 1976 : *Ville au bord d'une rivière* 1870, h/t (69x97) : **USD 6 750** – Londres, 23 fév. 1977 : *Les ramasseurs de fagots* 1851, h/t (51x69) : **GBP 3 200** – Londres, 24 juin 1981 : *Deux Officiers de uhlans avec leur porte-drapeau* 1840, h/t (50,5x57,5) : **GBP 1 700** – Cologne, 28 oct. 1983 : *Scène de port*, h/t (68x97) : **DEM 30 000** – New York, 25 mai 1984 : *Le repos de midi*, h/t (56,5x81,6) : **USD 10 000** – New York, 13 déc. 1985 : *Femme et enfants sur la plage* ; *Une halte*, h/t, une paire (27x34,5) : **USD 7 000** – Lindau, 8 oct. 1986 : *Scène de bord de rivière* 1868, h/t (66x95) : **DEM 45 000** – Lindau, 6 mai 1987 : *Les Joies du patinage*, h/t (48x72) : **DEM 23 000** – New York, 25 mai 1988 : *Les enfants du village construisant le bonhomme de neige* 1853, h/t (39,4x52,7) : **USD 10 450** – Cologne, 18 mars 1989 : *Famille de paysans ramassant du bois en hiver* 1851, h/t (50x68) : **DEM 16 000** – Cologne, 29 juin 1990 : *Piétons se rangeant au passage de la malle-poste dans un village en hiver*, h/t (31x42) : **DEM 10 000** – Amsterdam, 23 avr. 1991 : *Les Vieux Quartiers de Dantzig*, h/t (67x96,5) : **NLG 25 300** – Cologne, 28 juin 1991 : *Bonheur maternel*, h/t (47x38) : **DEM 10 000** – Londres, 4 oct. 1991 : *L'Herbe des lapins*, h/t (68,5x94) : **GBP 1 320** – New York, 20 fév. 1992 : *Transport de foin par barque* 1872, h/t (67,3x97,2) : **USD 16 500** – Londres, 28 oct. 1992 : *Les Jeunes Patineurs* 1854, h/t (26x33) : **GBP 2 860** – New York, 29 oct. 1992 : *Paysans au bord d'une mare gelée* 1870, h/t (63,5x86,4) : **USD 9 350** – New York, 27 mai 1993 : *La Barque du passeur*, h/t/cart. (68,6x96,5) : **USD 10 350** – Rome, 31 mai 1994 : *Militaires à cheval dans une ville* 1838, h/t (30,5x39,5) : **ITL 5 893 000** – Vienne, 29-30 oct. 1996 : *Chasse de la Saint-Hubert, Grünwald* 1865, h/t (68,5x97) : **ATS 218 500**.

MEYERHEINE Jacques. Voir **MEYER-HEINE Jacob**

MEYERHOF Agnès
Née le 2 juin 1858 à Hildesheim. XIXe siècle. Allemande.
Peintre, sculpteur, graveur.
Elle travailla à Francfort-sur-le-Main et fut l'élève de Küsthardt l'Ancien et de J. M. Welsch. La ville de Francfort possède son *Marabout* et son *Étang aux cygnes*.

MEYERHÖFER Wolfgang Joh. W.
XVIIIe siècle. Actif à Ansbach. Allemand.
Peintre faïencier.
Il a travaillé à Ansbach de 1724 à 1739. Plusieurs de ses œuvres se trouvent au Musée Luitpold de Würzburg ainsi qu'au Musée germanique de Nuremberg.

MEYERHOLD
Né en 1874. XIXe-XXe siècles. Russe.
Sculpteur, décorateur.
Dans la période postrévolutionnaire, il fit partie aux côtés de Rodtchenko, Tatline, Lissitsky, etc., des artistes qui consentirent à délaisser leur production d'expression personnelle, pour participer au mouvement « productiviste », appliquant leur talent à la reproduction du mode de vie dans l'architecture moderniste, d'inspiration constructiviste, le théâtre, l'« agitprop », la typographie, les textiles dessinés, l'objet usuel... Pour sa part, Meyerhold réalisa surtout des décors mobiles, qui sont à l'origine de l'art cinétique.

MEYERHUBER Johann Georg ou **Maierhuber**
Né en 1791 à Ansbach. XIXe siècle. Allemand.
Peintre sur émail et sur porcelaine.
Il entra, après avoir été à Strasbourg, à la Manufacture de Nymphenbourg ; lorsqu'il y eut perfectionné les procédés de fabrication de son art, il se retira à Ludwigsbourg.

MEYERHUBER Karl August
Né le 26 octobre 1874 à Karlsruhe (Bade-Wurtemberg). XIXe-XXe siècles. Allemand.
Sculpteur.
Il fut élève de A. Dujardin. Il vécut et travailla à Metz.

MEYERING Albert ou **Meyeringh, Meyrigh**
Né en 1645 à Amsterdam. Mort le 17 juillet 1714 à Amsterdam. XVIIe-XVIIIe siècles. Hollandais.
Peintre de paysages, graveur.
Il fut élève de son père, le décorateur Frederik Meyring. Il travailla entre 1672 et 1687 en Italie. On croit aussi qu'il travailla à Hambourg.
En collaboration avec J. Glauber, il décora la salle à manger du château de Sœtdyk. Comme graveur, on lui doit des sujets de genre, des paysages italiens et des frontispices, réalisés à l'eau-forte. Il s'inspira du Guaspre.

Meÿering f. a.° 1686.

Musées : Berlin (Château) : *Paysages*, deux fois – Berlin (Kaiser Friedrich Mus.) : *Paysage avec nymphes – Paysage avec enfants dansant* – Brunswick : *Paysage avec jeune homme et une troupe de jeunes filles – Paysage avec Mercure* – Budapest : *Château à Bruxelles* – Hambourg : *Paysage du Sud*, deux fois – Riga : *Paysage du Sud*, deux fois – Schwerin : *Paysage avec nymphes et satyres – Paysage de montagne sous la neige* – Stuttgart : *Paysage idéal*.
Ventes Publiques : Amsterdam, 20 avr. 1701 : *Paysage italien* : **FRF 65** – Paris, 1865 : *Paysage* : **FRF 73** – Copenhague, 28 avr. 1981 : *Paysage d'Arcadie*, h/t (44x31) : **DKK 19 000** – Amsterdam, 15 nov. 1983 : *Actéon et les nymphes*, encre brune/pap. bleu (39,1x31,9) : **NLG 3 200** – Londres, 19 juin 1987 : *Mercure et Herse ; Nymphes dans un paysage*, h/t, une paire (42x57,2) : **GBP 11 000** – Amsterdam, 29 nov. 1988 : *Paysage italien avec deux gardiennes de bétail conversant sur un chemin et un monastère au fond*, h/t (64x72,3) : **NLG 7 475** – Londres, 19 mai 1989 : *Paysage fluvial italien avec des paysans*, h/t (56,5x49) : **GBP 2 640** – Paris, 27 juin 1991 : *Jeux d'athlètes dans un paysage antique*, h/t (60x86) : **FRF 74 000** – Londres, 5 juil. 1991 : *Paysage arcadien avec un tombeau*, h/t (42,5x30,8) : **GBP 5 500** – New York, 14 jan. 1994 : *Paysage italien avec des personnages et des animaux*, h/t (134,6x172,1) : **USD 10 350**.

MEYERINGH Berend
XVIIe siècle. Actif de 1656 à 1669 à Rheine (Westphalie). Allemand.
Sculpteur.

MEYERINGH Frederik
Né vers 1806. XIXe siècle. Hollandais.
Peintre.
Il était à Amsterdam en 1831.

MEYERINGH Heinrich. Voir **MERENGO Arrigo**

MEYERLE Franz Anton. Voir **MEYER**

MEYERN-HOHENBERG Louise von
Née le 17 avril 1815 à Cobourg. Morte le 20 février 1865 à Gobourg. XIXe siècle. Allemande.
Portraitiste, peintre de genre et sculpteur.
Elle a peint un portrait de famille du duc Ernst von Cobourg vers 1842.

MEYEROWITZ William
Né le 15 juillet 1889 ou 1898. Mort en 1981. XXe siècle. Actif aux États-Unis. Russe.
Peintre de portraits, natures mortes, peintre de compositions murales, graveur.
Il fut élève de l'Académie nationale de dessin à New York. Il fut membre de la Société des Artistes Indépendants.
Ventes Publiques : New York, 10 juin 1992 : *Nature morte cubiste*, h/t (61x50,8) : **USD 1 760** – New York, 25 sep. 1992 : *Maisons rouges de Rocky Neck*, h/cart. (50,8x61) : **USD 1 320** – New York, 31 mars 1993 : *Quintet*, h/t (43,2x86,4) : **USD 978**.

MEYERS Ferdinand
Né le 20 décembre 1836 à Berbourg. Mort le 20 mars 1858 à Rome. XIXe siècle. Luxembourgeois.
Sculpteur.

MEYERS Isidore
Né le 14 février 1836 à Anvers ou Buggenhout. Mort en 1917 à Bruxelles. XIXe-XXe siècles. Belge.
Peintre de paysages, graveur.
Il fut élève de l'Académie de Termonde, puis professeur dans cette Académie. De 1855 à 1858, il résida à Paris, fréquentant Daubigny et Corot de même que Boulanger à Bruxelles. Il déclencha à Anvers un mouvement de retour à la nature, contre l'enseignement académique. Il travailla successivement à Buggenhout, Anvers et Bruxelles.

Is. Meyers

Musées : Anvers : *L'Escaut à Mariakerke – Chez mon voisin* – Bruxelles : *Matinée d'hiver*.
Ventes Publiques : Lokeren, 13 mars 1976 : *La plage*, h/t (60x100) : **BEF 22 000** – Londres, 20 juin 1980 : *Paysage au moulin*, h/pan. (29,8x39,4) : **GBP 480** – Bruxelles, 19 déc. 1989 : *Paysage*, h/pan. (40x50) : **BEF 28 000** – Bruxelles, 12 juin 1990 : *« Les Dizaux au couchant »*, h/t (50x70) : **BEF 75 000** – Amsterdam, 30 oct. 1991 : *Vaste paysage fluvial avec une ferme au bord de l'eau*, h/t (50x68,5) : **NLG 5 980** – Bruxelles, 7 oct. 1991 : *Paysage animé avec plan d'eau*, h/t (78x117) : **BEF 120 000** – Lokeren, 23 mai 1992 : *Paysage au coucher du soleil*, h/t/pan. (20,4x37) : **BEF 33 000** – Lokeren, 4 déc. 1993 : *Paysage avec un chemin à travers champs*, h/t (30x43) : **BEF 48 000** – Lokeren, 28 mai 1994 : *Paysan dans la cour*, h/t (37x60) : **BEF 75 000** – Lokeren, 8 oct. 1994 : *Jardin fleuri*, h/t (35x44,5) : **BEF 40 000** – Lokeren, 10 déc. 1994 : *Barques sur l'Escaut*, h/pan. (45x68) : **BEF 60 000** – Lokeren, 20 mai 1995 : *Paysan dans sa cour*, h/t (37x60) : **BEF 80 000** – Lokeren, 9 mars 1996 : *Paysage aux moulins*, h/t (47x60) : **BEF 95 000** – Lokeren, 8 mars 1997 : *Matin de novemvre à Buggenhout*, h/t (117x85) : **BEF 140 000**.

MEYERS Jeremias. Voir **MAJER**

MEYERS Marcus. Voir **MEYER Marcus**

MEYERS Margaretha Caecilia
XVIIIe siècle. Allemande.
Peintre et miniaturiste.
Elle travailla de 1709 à 1720 à Düsseldorf. Le Musée National de Bavière possède de cette artiste cinq miniatures.

MEYERSTEIN Benjamin
XIXe siècle. Actif à Paris. Français.
Portraitiste.
Il figura au Salon de 1844 à 1850.

MEYHEN Philippe Van
XVe siècle. Hollandais.
Enlumineur.
Il figure sur les comptes de la gilde de Bruges en 1503.

MEYHÖFER Elisabeth
Née le 3 septembre 1875 à Görlitz. XXe siècle. Allemande.
Peintre, graveur.
Elle fut élève de K. Fehr, Petersen, et W. Spatz. Elle vécut et travailla à Dresde.

MEYLAN Auguste
Né en 1843. XIXe siècle. Suisse.
Dessinateur de caricatures.
Il s'est spécialisé dans les scènes militaires.

MEYLAN Henry
Né le 14 septembre 1895 au Sentier (Vaud). XXe siècle. Suisse.
Peintre, graveur.
Outre la participation régulière au Salon suisse, il exposa également à Paris, aux Salons d'Automne et des Indépendants.
Ventes Publiques : Berne, 12 mai 1990 : *Corrida*, h/t (50x60) : **CHF 1 250**.

MEYLAN Marcel
Né en 1920 à Saint-Imier. XXe siècle. Suisse.
Sculpteur.
Il fit un apprentissage d'orfèvrerie à La Chaux-de-Fonds ; étudia la décoration avec Paul Colin, puis la sculpture avec Zadkine à Paris.
Il participe à de nombreuses expositions collectives de sculpture contemporaine, et notamment à Paris, au Salon des Réalités Nouvelles, en 1961 et 1962. Il montre ses œuvres dans des expositions personnelles : 1958 et 1960 Londres ; 1967 Paris, etc.
Ayant débuté par le travail de la pierre, son désir de formes aériennes lui fit abandonner ce matériau opaque. Il revint au plâtre de 1945 à 1947, puis découvrit le métal et ses possibilités. Représentant des personnages, des animaux ou des objets usuels, il les réduit à leurs lignes de force élémentaires par soudure de tiges métalliques juxtaposées, d'une minceur rappelant Giacometti, signes calligraphiques en trois dimensions. Dans son évolution, autour de 1970, il a donné un prolongement cinétique à des éléments de ses sculptures.
Bibliogr. : Denys Chevalier, in : *Nouveau Dict. de la sculpture mod.*, Hazan, Paris, 1970.

MEYLAN Pedro
Né en 1890 à Buenos Aires. Mort en 1954 à Genève. XIXe-XXe siècles. Suisse.
Sculpteur de bustes.
Il réalisa de nombreux bustes en plâtre.
Musées : Lausanne (Mus. cant. des Beaux-Arts) : *Buste de Hodler* 1913.
Ventes Publiques : Lucerne, 19 mai 1983 : *Buste de Ferdinand Hodler* 1917 ou 1918, bronze patiné (H. 34) : **CHF 4 000** – Berne, 20-21 juin 1996 : *Portrait de Ferdinand Hodler* 1917, plâtre peint. (47,5x21x27) : **CHF 7 000**.

MEYLAND Martin ou **Mayland, Meilandt**
Mort vers 1642. XVIIe siècle. Actif à Königsberg en Franconie. Allemand.
Sculpteur sur bois.
Il travailla à Bamberg, où il exécuta une statue de la Vierge pour l'Institut anglais.

MEYLANDT Lukas
XVIIe siècle. Actif à Stockholm de 1654 à 1668. Suédois.
Sculpteur de figures sur bois.

MEYLENER P.
XVIIe siècle. Actif vers 1645. Hollandais.
Peintre de paysages.

MEYLING H. L. ou **Myling**
XVIIIe-XIXe siècles. Actif de 1784 à 1810. Hollandais.
Graveur au burin.
A gravé des portraits de *Frédéric II*, de l'empereur *Ferdinand II*, du *bourgmestre d'Amsterdam* et plusieurs panoramas de villes.

MEYLING J. ou **Myling**
XIXe siècle. Actif vers 1800. Hollandais.
Graveur au burin.
A gravé quelques vues d'Amsterdam. Il se confond peut-être avec H. L. Meyling.

MEYN Georg
XVIIIe siècle. Actif vers 1700. Allemand.
Peintre.
A peint un tableau d'autel et le plafond de l'église Sainte-Marie de Stettin.

MEYN Georg Ludwig
Né le 18 décembre 1859 à Berlin. Mort le 2 février 1920 à Berlin. XIXe-XXe siècles. Allemand.
Peintre de genre, portraits.
Il fut élève de Knille à l'Académie de Berlin. Il exposa à partir de 1887, et obtint la médaille d'or de l'Académie de Berlin en 1897 et celle de Saint-Louis en 1904.

MEYN Joh. Christian Carsten
Né le 28 août 1810 à Hambourg. Mort le 9 février 1899 à Budelsdorf. XIXe siècle. Allemand.
Dessinateur.
Il dessina des paysages dont les motifs étaient empruntés à la région de Hambourg et à celle de Lubeck.

MEYN S. A. C.
XIXe siècle. Actif à Amsterdam vers 1820. Hollandais.
Peintre de fleurs.

MEYNAERT Maurice ou **Meynart**
Né en 1894 à Bruxelles. Mort en 1976 à Bruxelles. XXe siècle. Belge.
Peintre de compositions animées, figures, portraits, paysages, natures mortes, fruits, aquarelliste, dessinateur, peintre de cartons de tapisseries, décorateur.
Il fut élève des Académies des Beaux-Arts d'Ixelles, Bruxelles, Saint-Josse-ten-Noode. En 1925, il obtint un Prix à l'Exposition Internationale des Arts Décoratifs de Paris. Il fut directeur de l'Académie libre de peinture *La Figure* à Bruxelles.
Il a peint des compositions à personnages d'intention décorative, des natures mortes de fruits très stylisées, des paysages le plus souvent hivernaux.

Meynart

Bibliogr. : In : *Dictionnaire biographique illustré des artistes en Belgique depuis 1830*, Arto, Bruxelles, 1987.
Musées : Schaerbeek.
Ventes Publiques : Bruxelles, 27 mars 1990 : *Portrait de femme*, h/t (61x48) : **BEF 26 000** – Lokeren, 23 mai 1992 : *Paysage avec un étang*, h/t (46x60) : **BEF 48 000** – Lokeren, 9 oct. 1993 : *Nature morte*, aquar. (51x43) : **BEF 48 000** – Lokeren, 10 déc. 1994 : *Nature morte avec un vase de fleurs*, aquar. (44x53) : **BEF 55 000**.

MEYNARD Didier
Né en 1960 à Bar-le-Duc (Meuse). XXe siècle. Français.
Peintre de compositions animées, peintre à la gouache. Nouvelles figurations.
Il a participé à Paris, aux Salons des Indépendants et des Réalités Nouvelles. Il montre ses œuvres dans des expositions personnelles à Paris.
Il travaille par aplats de couleurs délavées, cernant sommairement les formes ébauchées de noir. Puis, il pratique l'abstraction, dans une même harmonie de couleurs.

MEYNARD Jean Claude
Né le 11 octobre 1951 à Paris. XXe siècle. Français.
Peintre de compositions animées, sujets de sport, paysages urbains, intérieurs. Polymorphe.
Autodidacte, il vit et travaille en Espagne et en France.
Il participe à des expositions collectives, notamment à Paris : 1970, 1971 Salon des Artistes Français ; 1971 Salon d'Automne ; 1975 FIAC (Foire internationale d'Art Contemporain) ; 1976 Salon des Indépendants ; 1976, 1977, 1978 Bibliothèque nationale ; 1985 musée Jacquemart-André, ainsi que 1979 Foire de Bologne ; 1982, 1986 Salon de Montrouge ; 1986 musée d'Orange ; 1997 *L'art fractal*, Espace Paul Ricard, Paris. Il montre ses œuvres dans des expositions personnelles : 1976 Institut culturel français de Cologne ; 1977, 1979, 1982, 1983, 1992 galerie Jean-Pierre Lavignes à Paris.
Il s'intéresse à ses débuts au quotidien, en particulier des scènes de ville ou de sport (match de tennis, combat de boxe...), dans lesquelles une forte inspiration hyperréaliste se révèle. Avec les séries nocturnes *Schizophrénie* et *Série noire*, il brouille le réel, remplace les surfaces lisses par un rendu proche de la manière noire en gravure. Ses toiles s'assombrissent et les contours s'atténuent, quelques blancs, bleus, roses électriques, émergent jouant des effets d'ombres et de reflets. Il s'intéresse alors au mouvement, en particulier dans des scènes de jeux (flipper, poker...) dans la série *Games : la Vie en jeu*. Il décompose les gestes des protagonistes, au sein de la même image, en ayant recours à différentes couleurs, pour saisir quelques instants de vie, et inscrire son « histoire » dans la durée. Puis, il aborde avec *Héros dynamiques – Corps et graphiques* des séries moins figuratives, dans lesquelles il s'attache à rendre l'apparition sur la toile d'énergies lumineuses, par des entrelacs, lignes, halos aux

teintes artificielles. Dans *Le Radeau des muses*, la figure réapparaît. Dans les années quatre-vingt-dix, il évolue dans des œuvres organiques, notamment avec la série décorative où il décompose l'espace, *Puzzle*, qui évoque un patchwork, une mosaïque murale, mais aussi une structure cellulaire.
Bibliogr. : Gilles Plazy : Catalogue de l'exposition : *Meynard*, galerie Jean-Pierre Lavignes, Paris, 1979 – Catalogue de l'exposition : *Rétrospective Meynard 1973-1992*, galerie Lavignes-Bastille, Paris, 1992 – Giovanni Lista : catalogue de l'exposition : *Meynard – Scribes et pharaons*, galerie Lavignes-Bastille, Paris, 1994.
Musées : Paris (Mus. Nat. d'Art Mod.) – Paris (FNAC).

MEYNARDIE
xxe siècle. Travaillant à Paris. Français.
Peintre. Naïf.
Il peint surtout des paysages parisiens.
Ventes Publiques : Paris, 12 juin 1950 : *Moulin de la Galette* : **FRF 3 200** ; *Saint-Germain-des-Prés* : **FRF 3 100** ; *Perspective sur la Seine* : **FRF 2 950**.

MEYNECKE
xviiie siècle. Actif en 1776. Allemand.
Peintre miniaturiste.
Il travailla à Dresde et à Saint-Pétersbourg.

MEYNER J. F.
xviiie siècle. Actif vers 1780. Allemand.
Peintre de portraits.
Le Musée des Antiquités de Freiberg en Saxe possède de cet artiste les portraits de *Bergwardein Chr. G. Täusches* et de sa femme ; et au château de Hartenstein près de Zwickau sont conservés les portraits d'un *Comte Schönburg Hartenstein* et de sa femme.

MEYNER Paul
Originaire de Marienberg en Saxe. xviie siècle. Allemand.
Sculpteur sur bois.

MEYNER Walter
Né le 12 février 1867 à Philadelphie (Pennsylvanie). xixe-xxe siècles. Américain.
Peintre.
Il fut élève de l'Académie des beaux-arts de Philadelphie. Il est membre du Salmagundi Club et de la société des Artistes Indépendants.

MEYNIER Charles
Né le 25 novembre 1768 à Paris. Mort le 6 septembre 1832 à Paris. xviiie-xixe siècles. Français.
Peintre d'histoire, scènes mythologiques, sujets religieux, aquarelliste, graveur, dessinateur.
Élève de Vincent, il remporta le prix de Rome en 1789, en même temps que Girodet. Son essor, un moment arrêté par la Révolution, reprit en 1795. Il débuta alors au Salon et continua à y figurer avec succès jusqu'en 1824. Il fut élu membre de l'Institut en 1815, chevalier de la Légion d'honneur en 1822, il devint officier en 1830.
On cite de lui plusieurs grisailles décoratives à la Bourse. On lui doit également la décoration de quatre plafonds au musée du Louvre, qui possède vingt-huit de ses dessins. La chapelle de Saint-Michel à Saint-Mandé possède de cet artiste le *Combat de saint Michel contre le dragon*.
Musées : Amiens : *Le berger Phorbas présentant Œdipe enfant à la reine de Corinthe* – Coutances : Aquarelle – Montpellier : *Timoléon* – Paris (Mus. du Louvre) : *Apothéose de Poussin, de Le Sueur et de Le Brun – Les Nymphes de Parthénope emportant loin de leurs rivages les Pénates, sont conduites par la déesse des Beaux-Arts sur les bords de la Seine, plafond salle 7, Musée Charles X – Médaillons représentant les portraits des grands peintres du siècle de Louis XIV, dans les voussures de la salle V – La France sous les traits de Minerve recevant les hommages des Beaux-Arts – La Terre recevant des empereurs Adrien et Justinien le code des lois romaines dictées par la Nature, la Justice et la Sagesse, plafond de la salle de Mécène* – Rennes : *Alexandre le Grand cédant Campasape à Apelle* – Versailles : *Entrée de Napoléon à Berlin – Le maréchal Ney remet aux soldats du 76e régiment de ligne leurs drapeaux retrouvés dans l'arsenal d'Inspruck – Le cardinal Joseph Fesch – Retour de Napoléon dans l'île de Lobau après la bataille d'Essling* – Versailles (Trianon) : *Saint Louis recevant le viatique*.
Ventes Publiques : Paris, 1814 : *Ulysse sortant d'un nuage*, dess. : **FRF 96** ; *Epaminondas*, dess. au bistre : **FRF 101** – Paris, 1886 : *Apothéose des trois peintres Poussin, Lesueur et Lebrun* : **FRF 95** – Paris, 1900 : *Minerve protectrice des Arts* : **FRF 155** – Paris, 13 et 14 déc. 1926 : *L'empereur Auguste décidant du sort des Ligures*, pl. et lav. reh. : **FRF 110** – Paris, 9 déc. 1938 : *Apollon ; Diane chasseresse ; Mercure ; Euterpe*, quatre compositions décoratives : **FRF 1 800** – Paris, 29 nov. 1948 : *Le Jugement d'Ixion*, attr. : **FRF 3 000** – Londres, 8 juil. 1980 : *Cicéron plaidant la cause de Ligurius*, craie noire et pl. reh. de blanc (60,5x90,8) : **GBP 1 600** – New York, 5 juin 1980 : *Joseph et ses frères*, h/t (46x51,2) : **USD 8 000** – Londres, 24 mars 1982 : *Nymphe et Satyre* 1796, h/t (55x80,5) : **GBP 4 000** – Londres, 22 nov. 1983 : *La Sagesse préservant l'Adolescence des traits de l'Amour* 1810, h/t (242x206) : **GBP 24 000** – Paris, 13 nov. 1985 : *Terpsichore*, pl. lav. gris et gche blanche (38x25,6) : **FRF 8 000** – New York, 12 jan. 1994 : *Orphée entrant aux enfers*, encre et lav. (31,8x39,9) : **USD 7 188** – Paris, 28 sep. 1994 : *Allégorie des bienfaits de l'époque napoléonienne*, pl. et lav. (63x99) : **FRF 19 000** – Paris, 21 mai 1997 : *La Renommée devant Homère*, h/t (29x24,5) : **FRF 52 000** – New York, 21 oct. 1997 : *La Sagesse défendant la Jeunesse contre l'Amour*, h/t (242x206) : **USD 536 000** – New York, 17 oct. 1997 : *Amour adolescent pleurant Psyché qu'il a perdue*, h/t (64,8x81,3) : **USD 35 650**.

MEYNIER Jules Joseph
Né le 4 novembre 1826 à Paris. xixe siècle. Français.
Peintre d'histoire, scènes de genre, portraits, compositions murales.
Il entra à l'École des Beaux-Arts de Paris en 1844 et fut élève de Paul Delaroche, Charles Gleyre et du graveur François Bridoux. Il exposa au Salon de Paris de 1853 à 1903, obtenant des médailles en 1867 et 1877.
Ses coloris brillants et son style ne sont pas sans rappeler ceux des Vénitiens du xvie siècle. Il réalisa des peintures décoratives pour l'église du Bourget.
Bibliogr. : Gérald Schurr, in : *Les Petits Maîtres de la peinture 1820-1920, valeur de demain*, Les Éditions de l'Amateur, t. V, Paris, 1981.
Musées : Avignon : *Premiers Chrétiens – Le bain – Tentation* – Calais : *Chrysanthème et Daria* – Cambrai : *Le Christ endormi dans la barque* – Gray : *Baigneuses* – Tours : *Le satyre et le passant*.

MEYNIER Samuel
Né à Uzès. Mort en 1881 à Paris. xixe siècle. Français.
Sculpteur.
Exposa des bustes et des médaillons au Salon, de 1868 à 1879.

MEYNIER Zoé, née **Coste**
Née le 27 septembre 1805 à Paris. xixe siècle. Française.
Peintre de genre et de portraits.
Fille de J. B. Coste et élève de Regnault. Elle travailla à Nantes et exposa au Salon, de 1831 à 1861.

MEYNIER-SAINT-FAZ Louis Auguste
Né en 1782 à Bruxelles. xixe siècle. Belge.
Peintre dessinateur de vignettes et caricaturiste.
Il étudia à Paris et y travailla longtemps.

MEYNNE Joseph
Né en 1813 à Nieuwpoort. Mort fin octobre 1880 à Bruxelles. xixe siècle. Actif à Anvers. Belge.
Peintre de genre et d'histoire.
Ventes Publiques : Paris, 29 jan. 1932 : *La visite à l'abbesse* : **FRF 1 000**.

MEYR A.
xixe siècle. Actif à Vienne dans la première moitié du xixe siècle. Autrichien.
Peintre, aquarelliste.

MEYRET Louis Alfred
Né au xixe siècle à Metz. xixe siècle. Français.
Peintre de batailles.
Cet artiste était militaire. Il figura au Salon de Paris de 1867 à 1881. Il a peint des sujets de la campagne d'Italie et de la guerre franco-allemande.

MEYRIGH Albert. Voir **MEYERING**

MEYRING E. ou **A.** Voir **MERENGO Arrigo**

MEYRING Frederik. Voir l'article **MEYERING Albert**

MEYRING Vincenz. Voir **MÖHRING**

MEYROVITZ Zvi ou **Mairovich**
Né en 1911 en Pologne. Mort en 1974. xxe siècle. Actif depuis 1934 en Israël. Polonais.

Peintre de paysages, natures mortes.
Il émigra en Palestine en 1934. Il participa à la première exposition *Nouveaux horizons* à Tel-Aviv et remporta le prix Dizengoff à trois reprises.

Ventes Publiques : Tel-Aviv, 16 mai 1983 : *Sans titre* vers 1973, techn. mixte et mine de pb/pap. (51,5x48,5) : **ILS 51 660** – Tel-Aviv, 17 juin 1985 : *Zichron Yaacov*, h/cart. (48x54,5) : **ILS 2 200 000** – Tel-Aviv, 2 jan. 1989 : *Maisons*, h/t (62x40) : **USD 1 760** – Tel-Aviv, 3 jan. 1990 : *Sans titre*, stylo bille (35x35) : **USD 1 430** – New York, 21 fév. 1990 : *Verreries anciennes devant une fenêtre*, h/t (48,7x59,7) : **USD 1 540** – Tel-Aviv, 19 juin 1990 : *Personnage féminin*, h/t (63x39) : **USD 2 970** – Tel-Aviv, 1er jan. 1991 : *Bateaux dans le port d'Haïfa*, h/t (38,5x46,5) : **USD 1 760** – Tel-Aviv, 12 juin 1991 : *Composition*, h/t (61x73) : **USD 1 760** – Tel-Aviv, 26 sep. 1991 : *Nature morte devant une fenêtre*, h/t (49x60) : **USD 4 400** – Tel-Aviv, 6 jan. 1992 : *Boulevard avec des arbres en fleurs de couleurs éclatantes*, stylo bille (98x98) : **USD 12 100** – Tel-Aviv, 20 oct. 1992 : *Paysage du Chamsin*, h/t (65,4x81) : **USD 6 050** – Tel-Aviv, 14 avr. 1993 : *Composition*, h/t (65x81) : **USD 5 750** – Tel-Aviv, 4 oct. 1993 : *Nature morte près d'une fenêtre*, h/t (60x81) : **USD 5 750** – Tel-Aviv, 30 juin 1994 : *Nature morte aux iris bleus*, h/t (61x50) : **USD 5 520** – Tel-Aviv, 14 jan. 1996 : *Jeune fille près d'une fenêtre ensoleillée*, stylo bille (104,5x85,5) : **USD 8 050** – Tel-Aviv, 12 jan. 1997 : *Homme et femme dans un café aux chaises rouges* vers 1935, h/t (51x60) : **USD 4 140** ; *Baie d'Haïfa* vers 1945, h/t (37x45,5) : **USD 3 910**.

MEYROWITZ Jenny Delony Rice
Née le 13 mai 1866 à Washington. XIXe-XXe siècles. Américaine.
Peintre de portraits, miniatures.
Élève de l'Académie de Cincinnati et de Saint Louis, elle a continué ses études à l'Académie Julian à Paris.

MEYS Ferdinand de
XVIIIe siècle. Français.
Miniaturiste.
Il se rendit en 1790 en Russie, puis en 1792 à Boston, pour passer ensuite à Saint-Pétersbourg où il fit les portraits de nombreux membres de la famille impériale. Il se rendit en 1805 à Novgorod et à Riga. Plusieurs œuvres de lui se trouvent au Louvre, et à l'Ermitage de Leningrad.

MEYS Henry ou **Mys**
XIVe-XVe siècles. Actif à Malines de 1374 à 1411. Éc. flamande.
Sculpteur et architecte.
Il édifia la salle aux échevins de Malines.

MEYS Marcel Paul
Né au XIXe siècle à Paris. XIXe siècle. Actif de 1880 à 1901. Français.
Peintre de figures, portraits.
Il fut élève de Delaunay et Puvis de Chavannes. Il débuta au Salon de Paris en 1880 et obtint une bourse de voyage en 1882. Il continua ses envois au Salon des Artistes Français jusqu'en 1901.

Ventes Publiques : Londres, 21 juil. 1976 : *La favorite du harem* 1886, h/t (165x104) : **GBP 550** – Londres, 5 mai 1989 : *Ondine* 1882, h/t (217x110,5) : **GBP 5 720** – New York, 14 oct. 1993 : *La favorite du harem*, h/t (165x106,7) : **USD 32 200**.

MEYSMANS Willy
Né en 1930 à Malines (Anvers). XXe siècle. Belge.
Sculpteur, peintre de cartons de céramiques. Expressionniste.
Il fut élève de l'Académie de Malines et du National Hoger Instituut voor Schone Kunsten d'Anvers, puis étudia à Carrare et en Autriche. Il enseigne à l'Académie des beaux-arts de Louvain. Il participe à des expositions collectives à Munich, Utrecht, Rotterdam, Hilversum, La Haye, Paris, Londres, la Triennale de Bruges, la Biennale d'Anvers, etc. Il montra ses œuvres dans des expositions personnelles en 1955 et 1968.
Il travaille le marbre à Carrare (Italie). Ses sculptures sont expressionnistes. Il réalise des céramiques massives, aux couleurs violemment contrastées.

Bibliogr. : In : *Dict. biogr. illustré des artistes en Belgique depuis 1830*, Arto, Paris, 1987.
Musées : Courtrai – Louvain – Malines.

MEYSSAT Albin Henri John Justin
Né en 1844 à Privas. Mort en 1892. XIXe siècle. Français.
Peintre d'histoire.
Élève de Gérome. Débuta au Salon de 1877.

MEYSSENS Cornelis ou **Mysens**
Né avant 1640 à Anvers. XVIIe siècle. Éc. flamande.
Graveur.
Fils de Johannes Meyssens, maître à Anvers en 1660, il travailla peut-être aussi à Vienne. On lui doit surtout des portraits.

MEYSSENS Johannes
Né le 17 mai 1612 à Bruxelles. Mort le 18 septembre 1670 à Anvers. XVIIe siècle. Actif à Anvers. Éc. flamande.
Peintre, graveur et éditeur.
Élève de Anthonie Van Opstal et de N. Van der Horst, il entra en 1640 dans la gilde d'Anvers. Il résida à Amsterdam durant plusieurs années comme peintre, il fit des portraits en Hollande et copia avec talent Van Dyck. Un nombre considérable d'artistes travaillèrent pour lui. Il a surtout gravé des portraits parmi lesquels il faut noter les *Effigies Imperatorum Domus Austriacae* (quatorze planches) et les *Portraits des souverains, princes et comtes de Hollande* (quarante planches). On le confond quelquefois avec Aart Izaak Mytens.
Ventes Publiques : Gand, 1837 : *Une famille dans un paysage* : **FRF 410**.

MEYSTER Everhard
Né vers 1620 à Utrecht. Mort le 23 décembre 1679 à Utrecht. XVIIe siècle. Hollandais.
Poète et graveur.
Il a surtout gravé l'illustration de ses poèmes.

MEYSTRE Charles
Né en 1925 à Lausanne. XXe siècle. Actif en France. Suisse.
Peintre.
Il fut élève de l'École des arts et métiers de Zurich. Il vint à Paris en 1947 et travailla dans les ateliers d'André Lhote et Fernand Léger, faisant des voyages en Tunisie et Italie. Il vit et travaille à Saint-Germain-en-Laye.
Il a obtenu à plusieurs reprises des bourses d'étude de la Confédération suisse, et en 1953 le prix de Noceto (Lombardie).
S'étant lié avec Édouard Pignon, il subit son influence. Comme lui, il procède le plus souvent par séries consacrées à un thème : les cinéastes, les foules, sur la Tunisie, les chirurgiens, les chantiers, les plages, etc.
Bibliogr. : In : *Peintres contemporain*, Mazenod, Paris, 1964.
Ventes Publiques : Lucerne, 26 nov. 1994 : *Hammamet* 1959, h/t (54x73) : **CHF 2 200**.

MEYT ou **Conrad de Malines**. Voir **MEIT Conrad**

MEYTENS Marten Van. Voir **MYTENS Martin I** et **II**

MEYVIS Aimé Léon
Né le 17 mai 1877 à Saint-Gilles-Waes. Mort en 1932 à East Main. XXe siècle. Belge.
Peintre de figures, paysages.
Il fut élève de l'Académie royale des beaux-arts de La Haye. Il obtint une médaille d'argent de la ville de Paris, et une autre la même année à Enghien-les-Bains. Une de ses œuvres se trouve conservée à la bibliothèque de Sibley Hall, près de Rochester.
Bibliogr. : N : *Dict. biogr. illustré des artistes en Belgique depuis 1830*, Arto, Paris, 1987.
Musées : La Haye (Mus. Mod.).

MEYVOGEL Mattheus ou **Mayvogeal**
XVIIe siècle. Hollandais.
Peintre.
Il était à Rome en 1628.

MEZA Damian de
XVIe siècle. Actif à Séville dans la première moitié du XVIe siècle. Espagnol.
Peintre.
Travailla, en 1520, à la chapelle du cardinal Cervantes.

MEZA Guillermo
Né en 1917 ou 1921 à Mexico. XXe siècle. Mexicain.
Peintre de figures, portraits, paysages.

Ses portraits et personnages sont d'une facture résolument réaliste, tandis que dans ses paysages, il montre plus de liberté poétique, y déformant les arbres dans le sens de l'expression et les personnages se réduisant à des silhouettes intégrées à la construction générale de la composition. On cite de lui : *La Chemise blanche* et *Le Champ de maïs*.
Bibliogr. : In : *Peintres contemp.*, Mazenod, Paris, 1964.
Ventes Publiques : New York, 11 nov. 1974 : *Autoportrait n° 1* vers 1940 : **USD 3 000** – Los Angeles, 19 juin 1979 : *Mujeres en la sombra* 1953, h/t (124,5x83,8) : **USD 3 800** – New York, 9 mai 1980 : *Le chat bleu* 1943, gche (58,4x46) : **USD 3 750** – New York, 8 mai 1981 : *Objets dans l'espace* 1961, h/t (95,2x175,2) : **USD 4 250** – New York, 24 nov. 1982 : *Nu assis* 1953, cr. de coul. (100,4x64,8) : **USD 900** – Los Angeles, 9 fév. 1982 : *Résurrection de Lazare* 1967-1968, past. (66x86,5) : **USD 1 200** – New York, 13 mai 1983 : *Dedalus* 1959, h/t (114,3x144,8) : **USD 1 800** – New York, 30 mai 1985 : *Les yeux*, gche (45,2x38,7) : **USD 1 700** – New York, 21 nov. 1988 : *Arbres*, gche/pap. (45x55,3) : **USD 3 025** – New York, 21 nov. 1989 : *Le portefaix*, gche/pap. (38x46,5) : **USD 5 500** – New York, 1er mai 1990 : *Le journalier* 1942, h/cart. (44,5x38) : **USD 3 300** – New York, 19-20 nov. 1990 : *Figures dorées*, h/t (119,5x179,5) : **USD 19 250** ; *Femme aux tresses* 1941, h/t. d'emballage (90,5x72) : **USD 9 350** – New York, 15-16 mai 1991 : *L'enfant bleu*, h/t. d'emballage (99,6x63,5) : **USD 19 800** – New York, 20 nov. 1991 : *Depuis l'ombre* 1985, h/t (100x80,5) : **USD 7 700** – New York, 23-24 nov. 1993 : *Ève et le serpent* 1984, h/t (100,3x80,7) : **USD 9 200** – New York, 14-15 mai 1996 : *Femmes mexicaines* 1952, h/t (70,2x90,2) : **USD 5 175** – New York, 10 oct. 1996 : *Vaso y pajaro herido*, h/t (70,5x85,7) : **USD 5 462**.

MEZA W. de
xixe siècle. Actif aux États-Unis. Américain.
Peintre.
Figura aux Expositions de Paris. Mention honorable en 1889 (Exposition Universelle).

MEZARIXA Francesco. Voir **MEZZARIXA**

MEZASTRIS Bernardino. Voir **MEZZASTRIS**

MEZASTRIS Pierantonio. Voir **PIETRO ANTONIO da Foligno**

MEZDRICKY Johann
Né en 1762. Mort en 1832. xviiie-xixe siècles. Éc. de Bohême.
Sculpteur.

MEZER Franz et **Michael**
Français.
Céramistes.
Directeurs de la fabrique de faïence fondée à Korzec en Volhynie par le prince Jos. Czartoryski.

MEZEROVA Juliana
Née le 28 février 1893 à Upice. xxe siècle. Tchécoslovaque.
Peintre de compositions, figures, paysages, fleurs.
Elle expose à Prague, Varsovie, Vienne, Bruxelles, en Amérique et figure régulièrement à Paris, aux Salons des Indépendants, d'Automne et des Tuileries.
Ventes Publiques : Paris, 5 déc. 1946 : *Une ruelle de Tanger* 1928 : **FRF 1 000** ; *Pivoines* : **FRF 550**.

MEZEY Jozsef
Né le 11 mai 1823 à Kis-Leta. Mort le 8 septembre 1882 à Promontor. xixe siècle. Autrichien.
Peintre de paysages, de portraits et de figures.
Il a fait des tableaux d'église et a peint les portraits du poète Petöfi et des chefs des combats de la Libération en 1848-49.

MEZEY Lajos ou **Ludwig**
Né en 1820 à Groswardein (Nagyvarad). Mort en 1880 à Groswardein (Nagyvarad). xixe siècle. Hongrois.
Peintre de portraits et de figures.

MEZGER Caroline ou **Metzger**
Née le 19 juin 1787 à Schaffhouse. Morte le 25 septembre 1843 à Schaffhouse. xixe siècle. Suisse.
Aquarelliste et lithographe.
Étudia en 1818 à Zurich. Elle a peint des portraits et des caricatures.

MEZGER Eduard. Voir **METZGER**

MEZGER Johann Conrad
xixe siècle. Actif à Ulm de 1804 à 1825. Allemand.
Dessinateur et ébéniste.

MEZGER Johann Heinrich
Né le 15 mai 1845 à Schaffhouse. Mort le 16 juillet 1891 à Genève. xixe siècle. Suisse.
Peintre, dessinateur, graveur et lithographe.
Élève de Koller.

MEZGER Johann Rudolf ou **Metzger**
Né le 25 janvier 1739 à Schaffhouse. Mort le 17 avril 1768. xviiie siècle. Suisse.
Graveur au burin.
Élève de J. R. Holzhalb.

MEZIANE Meriem
Née en 1930 à Melilla. xxe siècle. Marocaine.
Peintre de compositions à personnages, de paysages animés.
Ayant reçu une formation figurative, Meriem Meziane s'y est fixée pour noter les scènes pittoresques de la vie des villages marocains encore préservés, avant que l'inévitable évolution en ait effacé les traditions.
Bibliogr. : Khalil M'rabet, in : *Peinture et identité – L'expérience marocaine*, L'Harmattan, Rabat et Paris, après 1986.

MEZIÈRE
xviiie siècle. Français.
Peintre.
Élève de Hallé. Exposa de 1782 à 1796, d'abord aux Expositions de la place Dauphine et ensuite à celles du Louvre, plusieurs petits portraits dessinés à la pierre noire, à la pierre d'Italie et à la mine de plomb, notamment celui du violoniste Viotti.

MEZIÈRES
xviiie siècle. Actif à Paris de 1781 à 1789. Français.
Sculpteur d'ornementations.
Il travailla pour les châteaux de Bagatelle, Chantilly, Betz et le Palais Bourbon.

MEZIN Louis
Né en 1954 à Paris. xxe siècle. Français.
Dessinateur, graveur.
Il a participé à l'exposition *De Bonnard à Baselitz – Dix Ans d'acquisition du cabinet des estampes 1978-1988* à la Bibliothèque nationale de Paris en 1992.
Musées : Paris (BN) : *Paysage aux peupliers* 1980, eau-forte.

MEZKONE Silvija
Née en 1942. xxe siècle. Russe-Lettone.
Peintre de compositions à personnages, portraits.
Elle fit ses études à l'Institut des beaux-arts de Vilnius en Lituanie jusqu'en 1970. Elle est membre de l'Union des Artistes de Lettonie. Depuis 1971, elle participe à des expositions nationales et internationales.
De ses toiles se dégage une violence engendrée par des faisceaux de lignes qui animent la composition.

MEZLER Johann Jacob. Voir **METZLER**

MEZLER Jörg. Voir **METZLER**

MEZOGORI Cesare. Voir **MEZZOGORI**

MEZQUITA José Maria Lopez ou **Lopez Mezquita**
Né le 25 avril 1883 à Grenade (Andalousie). Mort en 1953 ou 1954 à Madrid (Castille). xxe siècle. Espagnol.
Peintre de genre, portraits, paysages.
Il fut élève de José Larrocha Gonzalez et de Cecilio Pla à l'École des Beaux-Arts de San Fernando de Madrid. Grâce à une pension que lui octroya l'infante Isabelle de Bourbon, il poursuivit sa formation durant quelques années par des voyages en France, Belgique, Hollande, Angleterre, Italie. En 1925, il fut reçu à l'Académie Royale des Beaux-Arts.
Il participait régulièrement aux Expositions Nationales des Beaux-Arts, obtenant une première médaille en 1901 et 1910, des médailles d'honneur en 1915 et 1924. Il a également figuré au Salon de Paris, obtenant une médaille de troisième classe en 1903 ; à l'Exposition Internationale de Barcelone de 1907, obtenant une deuxième médaille ; à l'Exposition internationale de Munich en 1909, avec une deuxième médaille ; Exposition internationale de Buenos Aires de 1910, avec une première médaille ; Exposition internationale de Bruxelles de 1910 aussi, avec un diplôme de première classe ; de même qu'une première médaille à Barcelone en 1911, une médaille d'argent à San Francisco en 1915.
Il subit l'influence de Zuloaga, mêlant à son instinct de réalisme un sentiment supérieur d'idéal et de mysticisme. Sauf dans les

portraits, par nature plus poussés dans le détail et la ressemblance, il pratiquait, dans les compositions animées, les études de mœurs, et surtout dans les paysages, une facture volontairement sommairement ébauchée, voire totalement elliptique, dont l'audace fait l'intérêt.
Bibliogr. : In : *Cent ans de peinture en Espagne et au Portugal*, Antiquaria, Madrid, 1990.
Musées : Barcelone (Mus. d'Art Mod.) – Lieja – Madrid (Prado) : Plusieurs œuvres.
Ventes Publiques : Madrid, 17 mai 1976 : *Portrait de gitane*, h/t (51x41) : **ESP 135 000** – Madrid, 26 fév. 1980 : *Aldeanas de Avila*, h/t (100x100) : **ESP 425 000** – Madrid, 30 juin 1986 : *Élégantes dans un fiacre*, h/cart. (31x31) : **ESP 275 000**.

MEZQUITA DE PEDRO Joaquin
XIXe siècle. Actif à Valence. Espagnol.
Peintre.

MEZZADRI Antonio
Né à Bologne. XVIIe siècle. Actif vers 1688. Italien.
Peintre de sujets allégoriques, fleurs et fruits.
Il a subi l'influence de P. F. Cittadini.
Ventes Publiques : Milan, 20 mai 1982 : *Vase de fleurs*, h/t (60x75) : **ITL 5 500 000** – Rome, 22 mars 1988 : *Amour couché et vase de fleurs*, h/t (113x92) : **ITL 5 000 000**.

MEZZANI Antonio
XIXe siècle. Actif à Venise vers 1815. Italien.
Graveur au burin.
Il a gravé une série de douze planches : *Silhouettes* d'après Véronèse.

MEZZANOTTE Martin. Voir **MITTNACHT**

MEZZARA Angélique
Née à Paris. Morte en septembre 1868 à Paris. XIXe siècle. Française.
Peintre de portraits, pastelliste.
De 1833 à 1852, elle figura au Salon de Paris.
Ventes Publiques : Monaco, 19 juin 1994 : *Portrait de la Baronne Helène Mallet*, past. (61,5x45,5) : **FRF 72 150**.

MEZZARA Charles
Né au XIXe siècle à Paris. XIXe siècle. Français.
Peintre de portraits et de genre.
Élève de son père. Exposa aux Salons de 1878 à 1885, des portraits. Le Musée de Perpignan conserve de lui : *Rêverie*.

MEZZARA Clémentine
XIXe siècle. Française.
Peintre.
En 1847 et 1848, elle exposa au Salon des aquarelles représentant des fleurs.

MEZZARA Florence, Mme. Voir **KŒCHLIN**

MEZZARA François
Né au XIXe siècle à Paris. XIXe siècle. Français.
Peintre de natures mortes, fleurs et fruits.
Il exposa au Salon de Paris à partir de 1878.
Ventes Publiques : Poitiers, 16 oct. 1994 : *Nature morte aux fleurs et aux fruits*, h/t (100x162) : **FRF 121 000**.

MEZZARA Joseph
Né au XIXe siècle à New York. XIXe siècle. Américain.
Sculpteur.
Élève de Granger et de l'École des Beaux-Arts. Il figura au Salon, de 1852 à 1875, avec des bustes. La Comédie-Française possède de cet artiste un buste d'*A. de Musset*, l'église de Clamart une *Madone* et le Musée de Chambéry un buste de *Pierre Lanfrey*.

MEZZARA S.
XIXe siècle.
Sculpteur.
Le Musée du Havre conserve de lui le buste en plâtre du naturaliste *Lesueur*.

MEZZARIXA Francesco ou **Mezarixa**
Actif à Palerme. Italien.
Peintre sur majolique.

MEZZASTRIS Bernardino ou **Mezastris**
XVIe siècle. Actif à Foligno. Italien.
Peintre.
Fils et élève de Pierantonio Mezzastris.

MEZZERA Rosa
Née en 1791, originaire de Bergame. Morte en 1826 à Rome. XIXe siècle. Italienne.
Peintre de paysages animés, paysages.
Elle étudia à Milan.
Musées : Milan (Gal. Brera).
Ventes Publiques : Paris, 17 mars 1987 : *Paysage de la campagne romaine animé de promeneurs*, h/t, deux peint., l'une datée 1811 (50x62) : **FRF 45 000** – Londres, 1er mars 1991 : *Cadmos visant le dragon avec une flèche*, h/t (49,5x58,7) : **GBP 2 420** – Monaco, 5-6 déc. 1991 : *Paysage romain* 1808, h/t (97x133) : **FRF 122 100**.

MEZZETI Giovanni
XVIIIe siècle. Actif vers 1730. Italien.
Peintre de fresques.
Plusieurs fresques de cet artiste se trouvent dans une chapelle de Sainte-Marie-des-Anges.

MEZZETI Niccola di Zaverio
Né en 1657. XVIIe siècle. Italien.
Peintre.
Travailla à l'église de S. Giacomo à Sienne.

MEZZI Pierre
Né à Chambéry (Savoie). XIXe-XXe siècles. Français.
Peintre.
Il fut élève de Levasseur. Il débuta, à Paris, au Salon de 1879.

MEZZOGORI Cesare ou **Mezogori**
Originaire de Comacchio. XVIIe siècle. Italien.
Peintre.

MHATRO, les frères
XIXe siècle. Actifs en Angleterre. Britanniques.
Sculpteurs.
Ils participèrent aux Expositions de Paris où ils obtinrent une mention honorable en 1900 (Exposition Universelle).

MIACOIEDAFF G. G.
Né en 1835. XIXe siècle. Russe.
Peintre de genre.
Le Musée Roumianzeff, à Moscou, conserve de lui *Le Te Deum*, et le Musée russe à Leningrad *Les nouveaux mariés. Voir aussi MIASSOIEDOFF Grigori.*

MIAGKOFF M. J.
Né en 1799. Mort en 1852. XIXe siècle. Russe.
Peintre d'histoire et de genre.
Le Musée Russe, à Leningrad, conserve de lui *Famille de sauvages en Scheue*, et la Galerie Tretiakov, à Moscou, *Dalila coupant les cheveux à Samson*.

MIAHLE Federico
Né en 1800. Mort en 1868. XIXe siècle. Français.
Peintre de paysages, fleurs, dessinateur.
Il était docteur en sciences. À partir de 1838, il s'établit au Mexique, puis dans la même année à Cuba. En 1850, il devint directeur, durant sept années, de l'Académie San Alejandro à La Havanne. Il retourna en France en 1857. Il semble qu'il soit identifiable avec Pierre Toussaint Frédéric Mialhe.
Ventes Publiques : New York, 19-20 mai 1992 : *Théâtre Tacon*, h/t/rés. synth. (47x81,3) : **USD 10 450**.

MIAKISCHEFF Jwan
XVIIIe siècle. Russe.
Graveur de vignettes.
Élève de P. Picart.

MIALHE Pierre Toussaint Frédéric
Né le 14 avril 1810 à Bordeaux (Gironde). XIXe siècle. Français.
Peintre.
Il fut élève de Picot. Il exposa des vues de pays et de villes au Salon de Paris de 1831 à 1861. Il paraît avoir été professeur de l'Académie de peinture de la Havane, auquel cas il serait identique à Federico Miahle.
Musées : Bordeaux (Mus. des Beaux-Arts) : *Vue prise à Sassenage – Un moulin à eau – Vue prise au sommet du Mont-Bretagne, près de Marseille*.

MIAN Juan
Originaire de Léon. XVIe siècle. Espagnol.
Sculpteur.
A travaillé au chemin de croix du monastère des bénédictins de S. Zoilo à Carrion de los Condes.

MIANI Gaetano
Né en 1920 à Troina (Sicile). XXe siècle. Actif au Brésil. Italien.
Peintre, peintre de compositions murales.
Il étudia à Milan. Il a enseigné la peinture et le dessin au Musée de São Paulo.

Il a participé aux Biennales de São Paulo en 1951, 1953, 1961. Il a aussi exposé à Rio de Janeiro, New York, Washington et Kyoto. Il a décoré des palais et a peint des compositions murales pour des églises au Brésil.
Musées : São Paulo – Washington D. C. (BN).

MIANI H. ou **Annibale** ou **Hieronimo** (?)
Originaire de Venise. xviiie siècle. Italien.
Peintre d'histoire et graveur.
Il travailla à Copenhague, devint en 1738 professeur à l'Académie de cette ville, puis directeur de celle-ci. Il décora le vieux château de Christianborg et grava un portrait de *Frédéric V*, comme prince de la couronne.

MIANI Pietro
xvie siècle. Actif à Cividale. Italien.
Peintre.
Il a peint des fresques dans la chapelle Saint-Blaise de l'église Saint-Pierre de Cividale.

MIARCZYNSKI Aleksandra Alicia
Née le 12 décembre 1923 à Bilgoray. xxe siècle. Active puis naturalisée en France. Polonaise.
Peintre de compositions à personnages, paysages. Expressionniste.
Après ses études secondaires, elle s'initia à la peinture en autodidacte. Elle participe à des expositions collectives, à Paris : depuis 1987 aux Salons d'Automne, des Artistes Français, des Artistes Indépendants, etc. Elle participe aussi à certains prix de peinture organisés par les villes de province.
Sa production est diversifiée. Elle réalise de grandes compositions à personnages, en général féminins, souvent en groupes, exprimant parfois des intentions érotiques ou des scènes d'intérieurs accueillants. Sa peinture semble relever, en partie, de l'art naïf.

MIASSOIEDOFF Grigori, pour **Grigorievitch**, ou **Miasoyedov**
Né en 1834 ou 1835. Mort le 18 décembre 1911 à Saint-Pétersbourg. xixe-xxe siècles. Russe.
Peintre d'histoire, genre, paysages, graveur.
Il fut élève de l'Académie de Saint-Pétersbourg.
Musées : Moscou (Gal. Tretiakov) : *Déjeuner de l'Assemblée des semstwos – Lecture du manifeste du 19 février 1861 – Deux paysages* – Saint-Pétersbourg (Mus. Russe) : *Réception des nouveaux mariés.*
Ventes Publiques : Londres, 14 déc. 1995 : *Le Grand Duc Vladimir recevant l'instruction religieuse* 1882, h/t (145x205) : **GBP 40 000** – Londres, 11-12 juin 1997 : *Les Moissonneurs*, h/t (49x27) : **GBP 6 900**.

MIASSOIEDOFF Piotr Ievgeniewitch
Né en 1867. Mort en 1913 à Saint-Pétersbourg. xixe-xxe siècles. Russe.
Peintre d'histoire.
Il fut élève de l'École des Beaux-Arts de Moscou, où il fut plus tard professeur à partir de 1899.

MIAU Denis
Né le 7 janvier 1951 à Pauillac (Gironde). xxe siècle. Français.
Peintre de paysages, natures mortes. Tendance abstraite.
Il vit et travaille à Albi. Il est professeur de dessin. Il participe, à Paris, aux expositions des Salons d'Automne et des Indépendants. Il a exposé individuellement en 1984 et 1988 à Albi, en 1987 à Saint-Émilion. Il a obtenu plusieurs prix.

MIAULT Henry
Né le 31 décembre 1881 au Breuil-sur-Argenton (Deux-Sèvres). xxe siècle. Français.
Sculpteur, ciseleur.
Il a exposé, à Paris, au Salon des Artistes Français à partir de 1910, où il obtint une médaille en 1910, une autre en 1926. Il a également exposé, à Paris, au Salon des Indépendants, d'Automne et des Tuileries. Il obtint également un Grand Prix à l'exposition des Arts décoratifs en 1925 à Paris. Chevalier de la Légion d'honneur.

MIAZZI
xixe siècle. Italien.
Graveur.

MICA Georg Franziskus. Voir **MIKA**

MICAEL José. Voir **MICHAEL**

MICAELLES Ruggero
Né en 1898 à Florence. Mort en 1976. xxe siècle. Italien.
Peintre de figures, portraits, architectures. Futuriste.
Il fut membre du groupe toscan des futuristes avec Marinetti. D'origine anglo-saxonne, il travailla en Italie et à Paris.
Il participa à des expositions collectives : 1931 première Quadriennale de Rome, 1935 Triennale de Venise, 1936 Biennale de Venise, et prit part à toutes les manifestations futuristes.
Il réalisa des tableaux métaphysiques.
Ventes Publiques : Paris, 4 avr. 1990 : *Portrait de la femme de l'artiste* 1935, h/pan. (69x95) : **FRF 41 000** – Paris, 8 déc. 1995 : *La Veillée* 1951, h/pan. (49x60,5) : **FRF 11 500** – Milan, 20 mai 1996 : *Métaphysique* 1936, h/pan. (37x45) : **ITL 2 070 000**.

MICALI Gaetano
Né en 1830 à Messine. xixe siècle. Italien.
Graveur au burin.
Élève de A. Juvara à Naples. Il a gravé le portrait de *Vinc. Florio* ; *La Fortuna* d'après G. Reni ; la *Sibille Delfica*, d'après Michel Ange. Le Musée National de Palerme possède plusieurs de ses dessins.

MICALI Giuseppe
Né en 1866 à Messine. xixe-xxe siècles. Italien.
Peintre de portraits, aquarelliste.
Il a étudié à Rome et a débuté, vers 1887, à Venise. Il obtint en 1899 une médaille d'argent à Rome.
Ventes Publiques : Milan, 8 juin 1993 : *Chevalier dans un intérieur* 1905, h/t (48x40) : **ITL 3 000 000**.

MIÇAO-KONO. Voir **KONO MIÇAO**

MICARINO. Voir **BECCAFUMI Domenico**

MICAS Jean
Né en 1906 à Garlin (Pyrénées-Atlantiques). xxe siècle. Français.
Peintre de paysages animés, paysages, marines, paysages urbains, natures mortes. Postimpressionniste.
Il fut élève de Georges Desvalières et de Dunoyer de Segonzac. Il est un des fondateurs du Concours annuel des Peintres en plein air.
Il participe à des expositions en Belgique, Allemagne, aux États-Unis. Il a obtenu, à Paris, une médaille d'or au Salon des Artistes Français, groupement dont il est sociétaire et membre du jury. En 1964, une exposition particulière de ses œuvres est organisée aux États-Unis, à Detroit, dans le Michigan.
Il peint, en une gamme colorée généreuse, les paysages de nombreuses contrées de France (Picardie, Normandie, Savoie, Anjou, Provence...), de la région parisienne et les quartiers pittoresques de la capitale.
Ventes Publiques : Paris, 12 nov. 1984 : *La Malle-Poste*, h/t (150x227) : **FRF 10 000** – Morlaix, 29 fév. 1988 : *Saint-Tropez*, h/t (97x130) : **FRF 10 000** – Versailles, 23 sep. 1990 : *Vase de fleurs sur fond jaune* 1959, h/t (53,5x64,5) : **FRF 4 200** – Saint-Jean-Cap-Ferrat, 16 mars 1993 : *Audierne*, h/t (73x92) : **FRF 5 000** – Paris, 5 juin 1996 : *La Malle-Poste* 1953, h/t (24x33) : **FRF 5 500**.

MICAS Jeanne Sarah Nathalie
Née au xixe siècle à Paris. xixe siècle. Française.
Peintre.
Élève de Rosa Bonheur. Elle exposa au Salon, de 1852 à 1865, des natures mortes.

MICAUD
xviiie siècle. Actif à Besançon dans la seconde moitié du xviiie siècle. Français.
Graveur.
Il a surtout gravé des ex-libris.

MICAUD Jacques
xviiie-xixe siècles. Français.
Peintre de fleurs, ornements.
Il travailla à la manufacture de Sèvres, de 1757 à 1810.

MICAUD Pierre Louis
Né en 1776. Mort en 1834. xixe siècle. Actif à Sèvres. Français.
Peintre et doreur.

MICCERUS Henric Johan
xviie siècle. Actif au début du xviie siècle. Hollandais.
Graveur.

MICCHIS Maria
Née au xixe siècle à Milan. xixe siècle. Italienne.

Peintre de genre.
Exposa à Turin, Milan et Venise.

MICELI Leonardo di
XVIIe siècle. Actif à Trapani (Sicile). Italien.
Peintre.
Il a peint en 1604 des fresques dans la chapelle du chœur de S. Nicolo d. Scalzi à Palerme.

MICH Jean
Né en 1871 à Machtum. Mort vers 1919. XIXe-XXe siècles. Actif entre 1903 et 1911 en Chine. Luxembourgeois.
Sculpteur de compositions mythologiques, figures.
Il fut élève de Thomas et de F. Charpentier. De 1903 à 1911, il effectua un séjour en Chine. Il participa aux Expositions de Paris. Il obtint une médaille de troisième classe en 1912.
Il a reçu, en Chine, la commande, à Hanyang, d'un monument à la gloire du vice-roi Chang Chih-Tung, ouvrage interrompu par la révolution. Il réalisa au Luxembourg des sculptures monumentales : *Cérès et Hermès* pour la Caisse d'Épargne de l'État à Luxembourg ; *Monument John Grün* à Mondorf ; tombeaux de *Laurent Menager* et d'*Ernest Derulle* à Luxembourg.
Bibliogr. : In : Catalogue de l'exposition *150 Ans d'Art Luxembourgeois*, Mus. Nat. d'Histoire et d'Art, Luxembourg, 1989.
Musées : Luxembourg (Mus. Nat.).
Ventes Publiques : Paris, 26-27 nov. 1996 : *Tête de Chinois*, bronze (H. 24) : **FRF 5 200**.

MICHA, pseudonyme de **Michel**
XXe siècle. Français.
Peintre de scènes animées, paysages, natures mortes. Postcubiste.
Il a exposé, en 1988, 1995, 1997 à la galerie Vendôme à Paris.

MICHA Maurice Jean
Né en 1890 à Spa (Liège). Mort en 1969. XXe siècle. Belge.
Peintre de genre, figures, portraits, paysages, natures mortes, fresquiste.
Il fut élève de Montald à l'Académie de Bruxelles.

Bibliogr. : In : *Dictionnaire biographique illustré des artistes en Belgique depuis 1830*, Arto, Bruxelles, 1987.
Ventes Publiques : Lokeren, 28 mai 1988 : *Femme au renard*, h/pan. (39x32,5) : **BEF 85 000** – Versailles, 25 mars 1990 : *Le port d'Ibiza*, h/t (65x92) : **FRF 8 500** – Lokeren, 10 oct. 1992 : *Jeune femme*, h/t (70x50) : **BEF 55 000** – Lokeren, 15 mai 1993 : *Le poulet*, h/t (60x70) : **BEF 40 000** – Lokeren, 10 déc. 1994 : *Jeune Femme*, h/t (70x50) : **BEF 36 000** – Lokeren, 8 mars 1997 : *Paysages du Zuider*, h/t (61x70) : **BEF 18 000**.

MICHAE-BECHTEL
XVIIe siècle. Travaillant vers 1663. Hollandais.
Peintre de natures mortes.
Le Musée de Draguignan possède une nature morte qui lui est attribuée.

MICHAEL
XIVe siècle. Actif à Wiener Neustadt. Autrichien.
Sculpteur.

MICHAEL
XVe siècle. Actif à Steyr. Autrichien.
Peintre verrier.
A exécuté en 1493 huit vitraux pour l'église de Zwettl.

MICHAEL
XVIIIe siècle. Actif dans le Wurtemberg vers 1750. Allemand.
Sculpteur et stucateur.

MICHAEL. Voir aussi **MICHEL, MICHELE, MIGUEL**

MICHAEL Gottlob Christian
XVIIIe siècle. Actif à Zittau. Allemand.
Peintre.

MICHAEL Hans
XVIe siècle. Actif à Bernburg. Allemand.
Sculpteur.

MICHAEL Johann Jonas
Mort en 1791. XVIIIe siècle. Allemand.
Peintre de portraits.
Il fut peintre de la cour à Ausbach en 1736, puis se rendit à Munich vers 1742 et Gotha vers 1763. Il fit le portrait de *Ernst August, duc de Saxe-Weimar*, ainsi que ceux du prince électeur de Bavière, *Max Emmanuel*, de *Marie-Anne* épouse de Joseph III et de *Franz von Paula*.

MICHAEL José ou **Micael** ou **Miguel**
Mort en 1649 à Malaga. XVIIe siècle. Espagnol.
Sculpteur.
Il exécuta seize figures en relief sur le dos des stalles du chœur de la cathédrale de Malaga.

MICHAEL Loui
Né en 1933 à Vorbrasse (Jutland). XXe siècle. Danois.
Peintre. Abstrait-lyrique.
Il fut élève de l'Académie des Beaux-Arts de Copenhague. Il est membre du groupe *Groningen* depuis 1966.
Il débuta, à Copenhague, au Salon d'Automne de 1960. Il participe aux expositions suivantes : Exposition d'art graphique nordique à Oslo en 1964 ; *Jeune art danois* en 1965 ; *Art Danois* aux Galeries nationales du Grand Palais, à Paris, en 1973 ; etc.
Rayures, hachures et tournoiements structurent, en rythme soutenu, la peinture d'esprit lyrique de Loui Michael.
Bibliogr. : In : Catalogue de l'exposition *Art Danois*, Gal. nat. du Grand Palais, Paris, 1973.
Musées : Aalborg – Copenhague (Statens Mus. for Kunst) – Nordjyllands (Kunstmuseum) – Odense (Fyns Stifts Kunstmuseum) – Vejle.
Ventes Publiques : Copenhague, 25 nov. 1976 : *Composition* 1973, h/t (80x100) : **DKK 3 200** – Copenhague, 30 mai 1990 : *Scène imaginaire*, relief/bois (123x121) : **DKK 8 500** – Copenhague, 3 juin 1993 : *« Quels œufs pour une poule ? N'importe ! »* 1986, h/bois (122x100) : **DKK 5 000**.

MICHAEL Martin
Originaire de Görlitz. XVIe siècle. Allemand.
Sculpteur.
Il se trouvait en 1577 à Bautzen et exécuta le monument de l'empereur *Rodolphe II*.

MICHAEL Max ou **Mayer Isaac**
Né le 23 mars 1823 à Hambourg. Mort le 24 mars 1891 à Berlin. XIXe siècle. Allemand.
Peintre de genre, portraits.
Il étudia à Hambourg, à Dresde, où il fut élève de Lehmann à Francfort-sur-le-Main, et à Paris chez Couture. Il se rendit en Italie en 1869 et vivra ensuite à Berlin, où il fut nommé professeur à l'Académie en 1875. Il était membre de l'Académie de Naples. Il obtint une médaille à Londres et à Munich en 1876 et une médaille d'or à Berlin en 1880.

Max Michael

Musées : Cologne : Plusieurs études – Hambourg : *Portrait de Julius Oppert*.
Ventes Publiques : Londres, 27 juil. 1973 : *La jeune fille et le papillon* : **GBP 1 800** – New York, 12 oct 1979 : *Soirée familiale* 1865, h/t (61x78,5) : **USD 8 000** – Paris, 9 mai 1994 : *Tête d'enfant* 1857, h/t (29x21) : **FRF 7 200** – Rome, 2 juin 1994 : *Tête d'enfant*, h/t (27,5x19) : **ITL 2 300 000** – Paris, 8 déc. 1995 : *Portrait de jeune fille* 1859, h/t (29x22) : **FRF 9 000**.

MICHAEL Michel
Sans doute originaire d'Augsbourg. XVIe siècle. Actif au début du XVIe siècle. Allemand.
Peintre et sculpteur de figures sur bois.
Il s'est installé en 1510 à Dantzig, d'où il fut banni en qualité de luthérien. Il reçu en 1511 la commande du grand autel de l'église Sainte-Marie de Dantzig, et il y représente plusieurs épisodes de la *Vie de la Vierge*.

MICHAEL Micros, dit aussi **le Petit**
XIe siècle. Actif vers 1000. Éc. byzantine.
Peintre miniaturiste.
Il collabora aux miniatures du *Menologium* écrit pour l'empereur Basile II.

MICHAEL d'Anvers. Voir **AMBÉRES Miguel de**

MICHAEL de Bessenew
XVIe siècle. Éc. de Bohême.
Peintre miniaturiste.
Il écrivit en 1524 les *Constitutiones Fratrum Minorum Ungarial* qu'il décora d'initiales en couleur.

MICHAEL von Bruneck
XVIe siècle. Travaillant en Carinthie. Autrichien.
Sculpteur.

MICHAEL von Freiburg. Voir **PARLER Michaël**

MICHAEL von Wittingau
XVe siècle. Actif vers 1405. Éc. de Bohême.
Peintre.
Profès au monastère de Wittingau.

MICHAËLECHNER, pseudonyme de **Lechner Michaël**
Né le 27 juillet 1949 à Vienne. XXe siècle. Depuis 1976 actif en France. Autrichien.
Peintre, technique mixte, dessinateur. Tendance abstraite.
De 1969 à 1975, il fut élève à la Hochshule für Angewandte Kunst à Vienne. Il a obtenu en 1976-1977 une bourse d'échange franco-autrichienne et s'installa près de Fontainebleau. Depuis 1976, il vit et travaille en France, notamment à Villeneuve-lès-Avignon jusqu'en février 1984. En 1983, il lui a été attribué une bourse de recherche et de création artistique de la Délégation à la création artistique.
Il participe à des expositions collectives, depuis 1980 notamment : 1980, *Les Dessins de la Fondation Maeght*, Saint-Paul-de-Vence ; 1981, Institut français, Stockholm ; 1981, 1982, Salon de Montrouge, Paris ; 1982, *Dessins contemporains français*, Musée de la Seita ; 1984, *Sur invitation*, Musée des arts décoratifs, Paris ; 1984, Première Biennale du dessin, Clermont-Ferrand ; 1987, *Dessins autrichiens dans les collections du Cabinet d'art graphique*, Musée national d'Art Moderne, Paris ; 1988, 1990, Foire internationale d'art contemporain (FIAC), galerie Jeanne-Bucher. Il montre ses œuvres dans des expositions personnelles, dont : 1973, 1975, galerie am Graben, Vienne ; 1977, 1979, 1981, 1984, galerie Lucien Durand, Paris ; 1983, Circa, la Chartreuse, Villeneuve-lès-Avignon ; 1987 *Anatomie d'un regard analogique*, 1989, 1993 *L'Urbanistraction*, galerie Jeanne-Bucher, Paris.
Les œuvres de Michaëlechner fixent d'emblée le regard. Il réalise des dessins rigoureusement composés, mêlant des effets de techniques diverses (crayons de graphite, crayons de couleurs, encre du Japon, aquarelle) qui sont le fruit d'une imagination capricieuse mais contrôlée. L'œil est fortement attiré par cet art sereinement abstrait, peintures ou dessins, proche de l'« art optique » sans en manifester toutefois les ressorts évidents. Le balayage continu de la surface en lignes horizontales, la profondeur née des superpositions et des oppositions de formes, la discrétion chromatique des camaïeux déclinent des « espaces » de sensibilité particuliers. Alain Jouffroy, Pierre Tilman, Bernard Noël, Jacques Leenhardt ont chacun préfacé une de ses expositions.

MICHAELIS Alice, née **Priester**
Née le 5 avril 1875 à Berlin. XXe siècle. Allemande.
Peintre de paysages, intérieurs, natures mortes.
Elle fut élève de Uth, Corinth et Balluschek. Elle travailla à Berlin.

MICHAELIS Arthur
Né le 27 juillet 1864 à Leipzig. XIXe siècle. Actif à Leipzig. Allemand.
Peintre de figures, de paysages.
Il étudia à Leipzig, Munich, Rome et exécuta les peintures murales du Restaurant des artistes à Leipzig.

MICHAELIS Gerrit Jan
Né le 17 avril 1775 à Amsterdam. Mort le 31 octobre 1857 à Haarlem. XIXe siècle. Hollandais.
Peintre de paysages, graveur, dessinateur.
Il fut élève de Juriaan Andriessen et de G.-N. Ritter.
MUSÉES : AMSTERDAM : *Après-midi (paysage) – Le collectionneur Jean Bernard* – HAARLEM : *Paysage près de Vogelenzang.*
VENTES PUBLIQUES : NEW YORK, 12 jan. 1988 : *Paysage avec deux personnages et un moulin à vent*, craie (24,8x38,1) : **USD 2 420** – AMSTERDAM, 12 nov. 1996 : *Jetée en hiver, bateaux à l'ancre*, cr., encre brune et aquar./craie noire (30,9x54,4) : **NLG 3 186**.

MICHAELIS Gottlieb
Mort en novembre 1900 à Berlin. XIXe siècle. Actif à Berlin. Allemand.
Graveur au burin.
Élève de Buchhorn. Il exposa de 1840 à 1864 à l'Académie de Berlin.

MICHAELIS Heinrich
Né le 20 septembre 1837 à Lôssnitz. XIXe siècle. Allemand.
Portraitiste et peintre de genre.
Élève de l'Académie de Dresde, puis de l'Académie d'Anvers. En 1880, il se fixa à Francfort-sur-le-Main.
VENTES PUBLIQUES : LONDRES, 20 juin 1984 : *Aprés la chasse* 1877, h/t (86x126) : **GBP 2 500**.

MICHAELIS Hermann
Mort le 28 avril 1889 à Breslau. XIXe siècle. Actif à Breslau. Allemand.
Sculpteur.

MICHAELIS Johann Wilhelm
Né à Wittenberg. Mort en 1737 à Stargard. XVIIIe siècle. Allemand.
Graveur au burin.
Il grava des portraits. Il était à Francfort en 1700 ; il travailla pour une *Notitia Universitatis Francofertanae.*

MICHAELIS Oskar
Né le 15 mai 1872 à Leipzig-Lindenau. XIXe-XXe siècles. Actif à Munich. Allemand.
Peintre de portraits.
Élève de l'Académie de Leipzig et de Weimar. Il vécut depuis 1898 à Munich et exécuta le portrait du *Comte Zeppelin* qui se trouve à la Galerie Municipale de Nuremberg.

MICHAELSEN Johan Carl Christian
XVIIIe siècle. Actif à Rendsbourg. Norvégien.
Peintre et stucateur.
Il se rendit à Trondijem vers 1770, puis vécut à Bergen de 1780 à 1800. Plusieurs de ses portraits et de ses fresques se trouvent dans les Musées d'Oslo et de Bergen.

MICHAELSON Hans
Né le 17 novembre 1872 à Hettstedt. XXe siècle. Allemand.
Peintre, graveur.
Il fut élève de L. Schmidt-Reute et de Kallmorgen. Il travailla à Berlin.
VENTES PUBLIQUES : AMSTERDAM, 28 oct. 1980 : *Charpentier au bord d'un canal* 1908, h/t (70x100) : **NLG 7 000** – LONDRES, 20 oct. 1989 : *Rue de village* 1912, h/t (40x55) : **GBP 5 500**.

MICHAELSON Meyer
Originaire de Dantzig. XIXe siècle. Allemand.
Peintre de genre et de portraits.
Il étudia à Berlin vers 1830, puis de 1833 à 1836 à Düsseldorf. Il travailla à Königsberg. Il fit le portrait d'*Andreas Stan. v. Hatten*, évêque d'Ermland.

MICHAILESEN Alexandre
Né en 1882 à Bucaore. XXe siècle. Roumain.
Peintre de portraits.
MUSÉES : BUCAREST (Mus. Simu) : *Tête de femme.*

MICHAILESEN Dumitru
Né en 1872 à Bucarest. XXe siècle. Roumain.
Peintre de fleurs.
Il semble devoir être rapproché de Dumitru Mihailescu.
MUSÉES : BUCAREST (Mus. Simu) : *Vase de fleurs.*

MICHAILOFF, pseudonyme de **Tarassiewitsch Ivan**
Né le 20 mars 1860 à Saint-Pétersbourg. XIXe-XXe siècles. Russe.
Peintre de paysages, natures mortes, graveur.
Il fut élève de l'Académie des Beaux-Arts de Saint-Pétersbourg.
MUSÉES : SAINT-PÉTERSBOURG (Mus. Russe) : *Fruits.*

MICHAILOFF Alexander Stepanowitsch
XIXe siècle. Russe.
Peintre de portraits.
Élève de l'Académie de Saint-Pétersbourg de 1839 à 1843. Il a surtout fait des portraits à l'huile et des miniatures.

MICHAILOFF Dimitrij
XVIIIe siècle. Russe.
Peintre décorateur.
Il travailla de 1752 à 1765 dans les châteaux impériaux et dans les théâtres de Saint-Pétersbourg et de ses environs.

MICHAILOFF G. K.
Né en 1814. Mort le 26 juin 1867. XIXe siècle. Russe.
Peintre d'histoire et de genre.
Le Musée Roumianzeff, à Moscou, conserve de lui *Le vœu de la jeune fille*, et la Galerie Tretiakov dans la même ville, un *Laocoon.*

MICHAILOFF M.
XIXe siècle. Russe.
Peintre de genre et portraitiste.
Le Musée Roumianzeff, à Moscou, conserve de lui une *Tête de vieille femme*. Le Musée Russe, à Leningrad, conserve de lui : *Légumes et fruits.*

MICHAILOFF Nikola
Né le 30 janvier 1876 à Schumla. xxe siècle. Actif depuis 1910 en Allemagne. Bulgare.
Peintre de portraits.
Il fut élève des Académies de Munich, Paris et Londres, puis professeur à l'Académie de Sofia. Il travailla à Berlin à partir de 1910.
On lui doit plusieurs portraits, notamment de dirigeants politiques.
Musées : Berlin : *Guillaume II* – Dresde : *Stresemann* – Sofia (Château de) : *Famille du tzar.*

MICHAILOFF Pawel Nikolajewitsch
Né en 1786. Mort le 12 septembre 1840. xixe siècle. Russe.
Peintre de portraits, miniaturiste et dessinateur.
Élève de l'Académie de Saint-Pétersbourg.

MICHAILOWSKI Piotr. Voir **MICHALOVSKI**

MICHAL Pierre
xviie siècle. Actif à Grenoble en 1674. Français.
Sculpteur.

MICHALEK Alexander
Né le 9 mai 1865 à Vienne. xixe-xxe siècles. Autrichien.
Peintre de portraits, illustrateur.
Il travailla à Vienne.

MICHALEK Dominik
Né en 1725. Mort le 22 janvier 1804 à Vienne. xviiie siècle. Autrichien.
Peintre de portraits.

MICHALEK Ludwig
Né le 13 février 1859 à Temesvar. Mort en 1942. xixe-xxe siècles. Autrichien.
Peintre de portraits, paysages, graveur, pastelliste.
Il fut élève de Jos. Roller, L. Jacoby, et de Eisenmenger. Il gravait au burin.
Musées : Vienne (Gal. Mod.) : *Eglise de village – Fernand von Laar* – Vienne (Albertina) : *Portrait de l'artiste – Marie von Ebner-Eschenbach* – Vienne (Mus. Historique) : *Jos. Rank – Grillparzer – Anzengruber.*
Ventes Publiques : Londres, 25 nov. 1992 : *Une salle du Palais de Ringstrasse à Vienne*, aquar. (47x61) : **GBP 2 090**.

MICHALJZEWA Jekaterina Petrowna
Née en 1872 à Saint-Pétersbourg. xxe siècle. Russe.
Graveur.
Il a publié trente-quatre planches chez Rowinskij.

MICHALLON
Né au xviiie siècle. xviiie siècle. Français.
Sculpteur.
Connu sous le nom de Michallon, le Jeune, il était parent de Claude Michallon, peut-être son neveu. Il exposa des bustes de personnages célèbres aux Salons de 1810 à 1833.

MICHALLON Achille Etna ou **Michalon**
Né le 22 octobre 1796 à Paris. Mort le 24 septembre 1822 à Paris. xixe siècle. Français.
Peintre de paysages, lithographe.
Il perdit, très jeune, son père, le sculpteur Claude Michallon. Il travailla avec Alexandre Dunouy, Jean Victor Bertin, Pierre Henri de Valenciennes et David. Dès l'âge de quinze ans, il attira l'attention du prince russe Issoupoff qui le protégea et lui donna une pension. En 1812, âgé de seize ans, il débuta au Salon de Paris, obtenant une médaille de deuxième classe. Cinq ans plus tard, en 1817, il remporta le grand prix de paysage historique qui venait d'être fondé et il partit pensionnaire à l'École de France, à Rome. À son retour à Paris, en 1821, Corot lui demanda ses premières leçons, mais Michallon mourut prématurément, à vingt-six ans.
Il fut l'un des premiers à peindre des paysages « purs », sans prétexte historique ou biblique, pris sur le motif. Il réalisa quelques lithographies de paysages italiens.

Michallon
1822

Bibliogr. : Pierre Miquel : *Le paysage français au xixe siècle, 1824-1874 L'école de la nature*, Maurs, chez l'auteur, 1975 – Gérald Schurr, in : *Les Petits Maîtres de la peinture 1820-1920, valeur de demain*, Les Éditions de l'Amateur, t. II, Paris, 1982.

Musées : Bernard Castle (Bowes Mus.) : *Paysage de ruines* – Chantilly : *Vue de la ville et du golfe de Salerne* – Clamecy : *Paysage près de Tivoli* – Montpellier : *Philoctète dans l'île de Lemnos* – Mulhouse : *La mort d'Adonis* – Orléans : *Esquisse pour la mort de Roland* – Paris (Mus. du Louvre) : *La mort de Roland* 1819 – *Vue des environs de Naples* 1822 – Perpignan : *Vue prise à Rome* – Le Puy-en-Velay : *Copie d'après Ruysdaël* – Rochefort : *Deux paysages.*
Ventes Publiques : Paris, 1822 : *Étude faite en Sicile* : **FRF 1 900** ; *Vue de la vallée et d'une partie de la ville de Tivoli* : **FRF 4 118** – Paris, 23 nov. 1942 : *Le chêne et le roseau* 1816 : **FRF 3 550** – Londres, 2 juil. 1947 : *Paysage animé, Italie* 1819 : **FRF 10 200** – Paris, 8 juin 1951 : *Roland à Roncevaux* : **FRF 3 800** – Londres, 16 oct. 1974 : *Village* : **GBP 900** – Londres, 20 avr 1979 : *Paysans d'Italie* 1820, deux h/t (33x23,5) : **GBP 800** – Monte-Carlo, 8 déc. 1984 : *La route de Cara à Amalfi* 1822, h/t (26x32,5) : **FRF 20 000** – Paris, 17 juin 1985 : *Paysage d'Italie* 1822, pl. et lav. de sépia/trait de cr. (18x27) : **FRF 5 500** – Londres, 29 mai 1985 : *Paysan italiens* 1820, h/t/pap. mar./t. (34,5x24) : **GBP 1 400** – Paris, 11 mars 1988 : *Vue du Forum*, lav. de bistre (14,5x19) : **FRF 4 200** – Paris, 15 juin 1988 : *Le chêne et le roseau* 1811, h/t (43,5x73,5) : **FRF 330 000** – Paris, 1er fév. 1989 : *Paysage aux bergers* 1813, h/t (50x61,5) : **FRF 88 000** – Paris, 9 mars 1990 : *Bergers près de la cascade* 1810, h/t (32x41) : **FRF 36 000** – Paris, 22 juin 1990 : *Vue du Wetterhorn et du passage de la Scheidegg, au canton de Berne*, h/t (44,5x60) : **FRF 190 000** – Monaco, 8 déc. 1990 : *Le repos de l'ermite* 1821, h/pap./t. (21x28) : **FRF 28 860** – Paris, 12 déc. 1995 : *Bergers contemplant les ruines d'un tombeau* 1816, h/t (81x100) : **FRF 470 000**.

MICHALLON Claude
Né en 1751 à Lyon (Rhône). Mort le 11 septembre 1799 à Paris. xviiie siècle. Français.
Sculpteur.
Venu très jeune à Paris, il y fut élève de Bridan. Il obtint le Grand Prix de Rome et se trouvait en Italie au moment de la mort de Drouais. Un concours ayant été organisé pour le monument de ce peintre, Michallon fut choisi pour l'exécuter. Revenu à Paris, il fit quelques décorations pour des fêtes, établit une maquette d'obélisque pour le Pont-Neuf et mourut en tombant d'un échafaudage en travaillant à des bas-reliefs du Théâtre-Français. Il n'a exposé qu'au Salon de 1793. Il a laissé des bustes de *Montaigne* ; *Rousseau* ; *Winckelmann* ; *Gluck* ; *Chamfort* ; *Helvetius* et *Jean Goujon.*
Musées : Paris (Mus. des Monuments français) : *Mausolée de Jean Germain Drouais* – *Figure académique* – Stockholm : *Jean Goujon*, réplique.

MICHALLON René
Né à Lyon (Rhône). xxe siècle. Français.
Peintre de fleurs, dessinateur.

MICHALOWICZ de Urzedow Jean
Mort en 1583 à Lowicz. xvie siècle. Polonais.
Sculpteur et architecte.
Surtout architecte de monuments religieux, il fit aussi beaucoup de sculptures funéraires. Reçu membre de la corporation de Cracovie en 1570. On trouve de ses œuvres un peu partout en Pologne, que ce soit à la cathédrale de Cracovie, où il fit le tombeau de l'évêque Padniewski, ou à la collégiale de Lowicz, pour laquelle il sculpta le tombeau de l'évêque Ucharski. Bien qu'il fut surnommé le « Praxitèle » polonais, il sut, avant tout, répandre, en Pologne, l'art de la renaissance italienne nuancé de maniérisme flamand.

MICHALOWSKI Piotr
Né le 2 juillet 1800 ou 1801 à Cracovie. Mort le 9 juin 1855 à Krzyztoporzyce. xixe siècle. Polonais.
Peintre de sujets militaires, portraits, animalier, aquarelliste, dessinateur.
Descendant d'une riche famille noble des environs de Cracovie, il reçut une formation encyclopédique. Étudiant en sciences à l'Université de Cracovie, puis à celle de Göttingen, il recevait aussi des leçons particulières de dessin et de peinture, d'abord avec les peintres cracoviens Stachowicz et Brodowski. Pendant son séjour à Göttingen, de 1821 à 1832, il fit des voyages d'études à Vienne et en Italie. En 1832, il vint à Paris, surtout afin de compléter sa formation artistique, recevant des conseils de Charlet, avec lequel il se lia ainsi qu'avec Vernet. Outre ses nombreux voyages, il fit deux séjours à Paris, de 1832 à 1835 et de 1846 à 1848. Il passa la plus grande partie du reste de son temps en Galicie, où il réalisa la majeure partie de son œuvre, tout en

occupant des postes administratifs importants dans l'industrie minière et métallurgique.
En 1921, à l'Exposition des Artistes Polonais, organisée par le Salon de la Société Nationale des Beaux-Arts, il était représenté par une dizaine d'œuvres caractéristiques, parmi lesquelles : *Épisode de bataille* ; *Cavalier polonais* ; *Chevaux percherons* ; *En diligence* ; *Chevalier* ; *Voiture attelée*. Il était représenté encore plus abondamment, et notamment avec plusieurs peintures de la série des *Don Quichotte*, à l'Exposition d'Art Polonais du Musée du Grand Palais, à Paris, en 1969.
Lors de son séjour à Paris de 1832 à 1835, attiré par l'épopée napoléonienne, il se consacra à la peinture de batailles, se spécialisant dans la peinture de chevaux : *Napoléon passant les troupes en revue*, au Musée de Varsovie. Ensuite, au cours d'un séjour en Angleterre, à Londres, il découvrit Géricault, dont il copia notamment *Le four à plâtre*. Il s'aperçut que l'on pouvait faire de la peinture de scènes militaires, de chevaux, tout en subordonnant le sujet à la manière picturale et aux valeurs plastiques.
Après sa période de sujets militaires, il se tourna ensuite vers le portrait, prenant ses modèles parmi les gens du peuple, paysans, types de juifs aux visages expressifs. Homme de grande culture, il fut parfois influencé par la technique des maîtres qu'il étudiait, Van Dyck, Velasquez, essentiellement les peintres qui avaient pratiqué la peinture « à frais », et desquels les œuvres conservaient le brio de l'esquisse. À la fin de sa vie, il brossa une série de peintures consacrées à *Don Quichotte*, exécutées à grands coups de pinceau, d'un caractère dramatique fondé sur un clair-obscur quasi-maniériste, qui évoque Magnasco et plus encore Daumier. Malgré de nombreux emprunts culturels, son œuvre conserve un accent personnel et fort. Il domine la peinture polonaise du XIXe siècle, où il représente le romantisme avec une fougue et une force d'expression, qui ne furent comprises qu'à partir de la fin du siècle. ■ J. B.
Bibliogr. : Arnold Rosin, in : *Diction. Univers. de l'Art et des Artistes*, Hazan, Paris, 1967 – *Catalogue de l'Exposition d'Art Polonais*, Musée du Grand Palais, Paris, 1969.
Musées : Cracovie : Quarante et un tableaux à l'huile, cinquante-deux aquarelles, vingt-deux dessins – Varsovie : *Napoléon passant les troupes en revue*, h. – Trente-deux aquarelles et dessins.
Ventes Publiques : Paris, 1860 : *Un maréchal-ferrant*, aquar. : **FRF 210** – Paris, 1863 : *Diligence à quatre chevaux*, aquar. : **FRF 740** – Paris, 19 nov. 1927 : *Paysan tenant un cheval harnaché*, aquar. : **FRF 320** – Paris, 2 avr. 1941 : *Assaut de cavaliers* : **FRF 1 950**.

MICHALS Duane
Née en 1932 à McKeesport (Pennsylvanie). XXe siècle. Américaine.
Graveur.
Elle figurait, en 1985, à l'exposition *Les Vingt ans du Musée à travers sa collection* au Musée d'art contemporain de Montréal.
Musées : Montréal (Mus. d'Art Contemp.) : *A man Dreaming in the city* 1969.

MICHAN Jeanne
XXe siècle. Française.
Peintre, sculpteur.
Femme du sculpteur Cognasse.

MICHANS Francisco. Voir **MILLAN**

MICHAU Raoul
Né le 22 mai 1897 à Tours (Indre-et-Loire). Mort le 28 mai 1981. XXe siècle. Français.
Peintre.
Il fut élève, à Shanghai, du peintre russe Podgoursky. Après un séjour de six années en Chine, il parcourut le monde et revint en France en 1930.
À Paris, il a exposé, assez régulièrement au Salon des Surindépendants et, occasionnellement, à ceux des indépendants, d'Automne et des Tuileries.
On pourrait dire de ce peintre exact de la nature et des objets, mais qu'il se réclame néanmoins du rêve, qu'il cherche à surprendre les instants insolites du réel. *Le Violon*, et le *Campanile* ont été acquis par l'État.
Ventes Publiques : Paris, 30 avr. 1993 : *La bayadère, composition* 1965, collage, lav. d'encre de Chine et gche (36,5x24) : **FRF 4 100**.

MICHAU Raoullet
XVe siècle. Français.
Sculpteur sur bois.
Il a travaillé avec Pierre Pintard aux stalles du chœur de Saint-Pierre à Saumur.

MICHAU Théobald ou **Micho**
Né en 1676 à Tournai. Mort en 1765, enterré à Anvers le 27 octobre. XVIIIe siècle. Éc. flamande.
Peintre de genre, figures, paysages animés, paysages.
Formé chez le peintre de cartons de tapisseries et paysagiste, Luc Achtschellinck, il devint élève de Jan Brueghel de Velours. Il fut maître de la gilde de Bruxelles en 1698, et entra dans la gilde d'Anvers en 1710.
Il peignit des paysages et des sujets gais, anecdotiques, imitant Van Bout, Téniers et Brueghel de Velours.

T Michau   T. Michau

Musées : Aix : *Une plage*, miniature – Anvers : *Personnages dans un paysage de Huysum* – Augsbourg : *Paysage avec fleuve et marché* – Bergame – Brême – Brunswick : *Marché* – Budapest : *Paysage avec fleuves*, deux fois – Caen – Dijon : *Vue d'un port* – *Paysage animé de figures* – Dresde – La Fère – Karlsruhe : *Paysage*, deux fois – Madrid : *Paysage avec fleuves*, deux fois – Nantes : *Paysages et marines* – Rotterdam : *Paysage* – Rouen – Semur-en-Auxois : *Marché aux poissons* – Tournai : *Éplucheuses de légumes* – *Marché* – Vienne (Mus. Impérial) : *Scène de marché* – *Paysage d'hiver*.
Ventes Publiques : Bruxelles, 1765 : *Paysages*, deux pendants : **FRF 590** – Gand, 1844 : *Le départ pour le marché* : **FRF 310** – Paris, 1861 : *Deux paysages avec figures* : **FRF 1 300** – Paris, 1873 : *La récréation des moissonneurs* ; *Les moissonneurs*, deux pendants : **FRF 4 025** – Paris, 8 mars 1897 : *Villageois à l'entrée d'un village* : **FRF 250** – Paris, 28 mai 1897 : *Paysage accidenté* : **FRF 180** – Paris, 30 avr. 1900 : *Berger et animaux* : **FRF 175** – Paris, 30 et 31 mars 1910 : *Les quais d'une ville du Nord* : **FRF 109** – Paris, 10 nov. 1919 : *La moisson* ; *La sortie du troupeau*, les deux : **FRF 900** – Paris, 27 fév. 1921 : *L'Arrivée au château* : **FRF 480** – Paris, 15 fév. 1923 : *Vues des bords de la Meuse animés de nombreux personnages*, deux pan. : **FRF 4 000** – Londres, 4 mars 1927 : *Scène de village* : **GBP 44** – Paris, 16-18 jan. 1928 : *Danses villageoises* : **FRF 5 000** – Londres, 29 juil. 1929 : *Paysage d'hiver* : **GBP 94** – New York, 24 mars 1932 : *Paysage rustique* : **USD 170** – Paris, 20 et 21 avr. 1932 : *La Promenade en voiture* : **FRF 490** – Londres, 29 juin 1934 : *Scène de village* : **GBP 86** – Genève, 28 août 1934 : *Scène paysanne* : **FRF 1 150** – Paris, 23 nov. 1934 : *La fête à l'auberge* ; *Le Marché*, les deux : **FRF 6 450** – Paris, 16 oct. 1940 : *La place publique* : **FRF 12 000** – Paris, 30 juin et 1er juil. 1941 : *Le débarquement du poisson* : **FRF 10 000** – Paris, 20 juil. 1942 : *Convois et troupeaux devant la vieille porte* ; *Le Passage de la rivière*, deux pendants : **FRF 15 500** – Paris, 17 déc. 1942 : *Vue de village* ; *Place de village*, attr. : **FRF 50 000** – Paris, 16 et 17 mai 1945 : *Scènes d'embarquement près d'un village*, deux pendants : **FRF 57 500** – Londres, 3 mai 1946 : *Paysages*, deux pendants : **GBP 110** – Paris, 9 mai 1949 : *Cavaliers aux abords d'un village* ; *Cavaliers dans un paysage boisé*, deux pendants : **FRF 28 100** – Paris, 19 mai 1950 : *L'hiver* : **FRF 95 000** – Paris, 7 déc. 1950 : *La moisson* : **FRF 170 000** – Paris, 6 mars 1951 : *Troupeau et bergers* : **FRF 76 000** – Paris, 28 mars 1955 : *Paysage d'hiver* : **FRF 125 000** – Londres, 14 mai 1958 : *Paysage et rivière* : **GBP 580** – Vienne, 13 sep. 1960 : *Paysage avec auberge* : **ATS 32 000** – Lucerne, 22 juin 1963 : *Bords de rivière* : **CHF 12 500** – Londres, 24 juin 1964 : *Les abords d'un village* ; *Paysage animé de laboureurs*, deux pendants : **GBP 2 700** – Londres, 8 juin 1966 : *Paysage d'hiver animé de personnages* : **GBP 1 400** – New York, 23 fév. 1968 : *Fête villageoise* : **USD 5 500** – Londres, 26 mars 1969 : *Paysage animé de personnages, à l'arrière-plan Anvers* : **USD 3 200** – Vienne, 22 sep. 1970 : *Paysage des Flandres* : **ATS 130 000** – Paris, 29 nov. 1971 : *Le village au bord de l'eau* ; *La place du village*, deux pendants : **FRF 100 000** – Londres, 11 juil. 1973 : *Paysage à la rivière animé de personnages* : **GBP 8 500** – Bruxelles, 26 mars 1974 : *Paysage animé de nombreux personnages* : **BEF 340 000** – Londres, 7 juil. 1976 : *Retour des pêcheurs dans un paysage fluvial*, h/métal (26x37,5) : **GBP 16 000** – Zurich, 20 mai 1977 : *Paysans jouant aux boules devant une auberge*, h/t (54x86) : **CHF 48 000** – Versailles, 28 mai 1978 : *Scène campagnarde*, h/pan. (50x72) : **FRF 16 100** – Londres, 12 déc. 1980 : *Paysans dans un paysage fluvial boisé, se rendant au marché*, h/cuivre (36,9x51,5) :

GBP 50 000 – Amsterdam, 30 nov. 1981 : *Bords de rivière animé de nombreux personnages*, h/pan. (50x58,5) : **NLG 74 000** – Londres, 22 fév. 1984 : *Scène de marché dans un paysage fluvial*, h/pan. (56x72) : **GBP 40 000** – Lyon, 12 mars 1985 : *Passage du gué*, h/cuivre (42x50,5) : **FRF 195 000** – Londres, 2 juil. 1986 : *Les Quatre Saisons*, h/pan., suite de quatre (33x45,5) : **GBP 50 000** – Paris, 21 déc. 1987 : *Le départ pour le marché*, h/pan. (38,5x49) : **FRF 380 000** – Londres, 11 déc. 1987 : *Paysage boisé animé de personnages avec paysans se rendant au marché*, h/cuivre (37x52) : **GBP 65 000** – Milan, 10 juin 1988 : *Scène champêtre au bord d'une rivière*, h/pan. (42x58) : **ITL 29 000 000** – Berne, 26 oct. 1988 : *Jour de foire dans un village de France*, h/t (36x48) : **CHF 37 000** – Paris, 12 déc. 1988 : *Paysage d'hiver*, h/pan. (29x39) : **FRF 210 000** – New York, 11 jan. 1989 : *Vignerons foulant le raisin dans une cuve près de la rivière*, h/pan. (15,6x23) : **USD 8 800** – Londres, 21 avr. 1989 : *La foire aux cochons sur la place d'un village*, h/pan. (55,3x88,7) : **GBP 44 000** – Paris, 27 juin. 1989 : *Voyageurs dans un paysage d'hiver*, pan. de chêne non parqueté (14x20) : **FRF 220 000** – Londres, 7 juil. 1989 : *Le marché d'un village au bord de la rivière*, h/cuivre (43,5x58) : **GBP 66 000** – Monaco, 2 déc. 1989 : *Le retour des pêcheurs*, h/pan. (38x51,5) : **FRF 421 800** – Londres, 11 avr. 1990 : *Paysages animés*, h/pan., une paire (chaque 33x45,5) : **GBP 85 800** – Monaco, 15 juin 1990 : *L'Arrivée au marché ; Le retour du marché*, h/pan., une paire (23,8x31) : **FRF 555 000** – Paris, 22 juin 1990 : *L'Arrivée dans la cour de la ferme ; Le Paysage du lac*, paire de pan. (chacun 26x38) : **FRF 170 000** – Londres, 20 juil. 1990 : *Paysage hollandais avec une charrette sur un chemin, des cavaliers et une diseuse de bonne aventure entourée de paysans avec un moulin au fond*, h/t (64,5x111) : **GBP 27 500** – New York, 11 avr. 1991 : *Paysans sur le chemin du marché ; Paysans se reposant près de la ferme avec des faucheurs à distance*, h/pan., une paire (chaque 48x65) : **USD 52 250** – Stockholm, 29 mai 1991 : *Paysage fluvial avec des personnages et des constructions*, h/t, tondo (diam. 54) : **SEK 18 500** – Beaune, 24 nov. 1991 : *Scène animée*, h/pan. (37x51) : **FRF 253 000** – Londres, 11 déc. 1991 : *Scène de village avec des paysans partant au marché*, h/pan. (35,5x48,5) : **GBP 27 500** – Paris, 24 fév. 1992 : *Scène villageoise*, h/pan. (17x25) : **FRF 150 000** – Londres, 9 déc. 1992 : *Paysage avec des paysans et leur bétail près d'une rivière*, h/pan. (41x52) : **GBP 15 400** – New York, 7 oct. 1993 : *Villageois patinant sur un canal gelé*, h/t (41,2x58) : **USD 12 650** – Monaco, 4 déc. 1993 : *Paysans piétinant des raisins devant une ferme dans un paysage vallonné*, h/pan. (18,5x28) : **FRF 61 050** – Paris, 4 oct. 1994 : *Réjouissances villageoises*, pl. et encre brune (16x28) : **FRF 4 000** – Monaco, 2 déc. 1994 : *Scène de taverne*, h/pan. (27,5x39) : **FRF 49 950** – Paris, 27 mars 1996 : *Scène villageoise*, h/pan. (42x57,5) : **FRF 135 000** – Londres, 17 avr. 1996 : *La moisson dans un paysage fluvial et boisé*, h/pan. (45,5x63,5) : **GBP 17 825** – Paris, 13 juin 1997 : *Le Repos des bergers près d'une cascade dans la campagne flamande*, pan. (40x52) : **FRF 170 000** – Londres, 3 juil. 1997 : *Paysage avec des fermiers déchargeant le fruit de leur travail et bétail s'abreuvant dans un cours d'eau*, h/pan. (44,8x64) : **GBP 45 500** – Londres, 3-4 déc. 1997 : *Un berger, une lavandière et autres personnages près d'un ruisseau*, h/pan. (38x59,7) : **GBP 21 850**.

MICHAUD Auguste François. Voir **MICHAUT**

MICHAUD Claude

Né le 29 octobre 1822 à Paris. XIXe siècle. Français.

Sculpteur.

Élève de Rude. Il exposa au Salon de 1848 à 1857.

MICHAUD Gilbert

Né le 24 avril 1948 à Moirans-en-Montagne (Jura). XXe siècle. Français.

Peintre de paysages, fleurs, paysages animés, lithographe.

Il s'est formé en autodidacte. Il vit et travaille à Beaune (Côte d'Or).

Il figure, à Paris, aux Salons d'Automne, du Dessin et de la Peinture à l'eau. Il participe à des expositions de groupe dans des villes françaises : Strasbourg, Saint-Paul-de-Vence, Béziers, Tours, Châteauneuf-du-Pape, Quiberon, Marseille, Toulon, etc.

Dans une technique très habilement minutieuse et dans des coloris suaves, il figure des fleurs dans des vases ou verreries, des fleurs dans le paysage campagnard ou devant les châteaux de la Loire ou encore un petit Arlequin entre fleurs et papillons. Dans les paysages, il oppose toujours la minutie du premier plan d'herbes folles, roseaux, graminées et fleurs sauvages, aux lointains transparents ou brumeux.

MICHAUD Hippolyte

Né en 1831 à Beaune. Mort le 5 septembre 1886 à Paris. XIXe siècle. Français.

Peintre de genre, de portraits et d'intérieurs.

Élève de A. Devosge et de l'École de Dijon. Débuta au Salon de 1852. On a de lui, au Musée de Dijon : *Le corps meurt et l'esprit reste ; Nature morte ; Portrait de l'artiste par lui-même ; Après le bal ; Les trois âges de la vie ; Portrait de femme ; Tentation* ; au Musée d'Amsterdam : *Public de théâtre ; Les petits amateurs d'art*, et une étude.

Ventes Publiques : Paris, 1887 : *Une liseuse* : **FRF 460** – Paris, 26 fév. 1926 : *Portrait de dame âgée* : **FRF 600** – Versailles, 17 nov. 1985 : *Réunion galante dans le parc d'un palais* 1883, h/t (84x116,5) : **FRF 44 500**.

MICHAUD Léonie

Née le 31 décembre 1873 à Lyon (Rhône). XXe siècle. Française.

Peintre.

Elle fut élève de Lemeunier et de Detaille. Elle figura, à Paris, au Salon des Artistes Français. Elle fut membre de cette société à partir de 1894. Elle y obtint une médaille de troisième classe en 1905.

Musées : Bagnols-sur-Cèze : *Avant le bal.*

MICHAULT Germain

Né en 1752 à Abbeville. Mort vers 1810. XVIIIe-XIXe siècles. Français.

Dessinateur et graveur au burin.

Élève de François Aliamet dont il a imité la technique. Il grava des paysages et des sujets religieux.

MICHAULT Pauline

Née au XIXe siècle à Saint-Saulge (Nièvre). XIXe siècle. Française.

Peintre.

Elle eut Barrias pour professeur. En 1866, elle exposa au Salon *Le neveu de Rameau* et *Tête de jeune fille*, et, en 1868, *Gitane dans sa mansarde.*

Ventes Publiques : Paris, 17 mars 1950 : *Buste de femme nue, au miroir* : **FRF 10 800**.

MICHAULT René

XVIIe siècle. Actif à Paris de 1668 à 1688. Français.

Graveur au burin.

Il composa en 1679 une *Allégorie sur Louis XIV.*

MICHAUT

XVIIIe siècle. Actif à Grenoble en 1781. Français.

Peintre.

Cet artiste travailla à Vienne, puis vint à Grenoble où il se maria.

MICHAUT Angel Alexio

Né le 21 avril 1879 à Paris. XXe siècle. Français.

Peintre, miniaturiste.

Il exposa, à Paris, au Salon des Artistes Français et des Indépendants.

MICHAUT Auguste François ou **Michaud**

Né le 29 septembre 1786 à Paris. Mort en décembre 1879 à Paris. XIXe siècle. Français.

Graveur, médailleur et sculpteur.

Élève de Moitte, Lenot et Galle. Il a exécuté une statue en bronze de l'*Abbé de l'Epée* (devant l'église Saint-Louis de Versailles).

MICHAUT Léopold Agnan

Né au XIXe siècle à Cheu (Yonne). XIXe siècle. Français.

Portraitiste.

Élève de L. Cogniet. Débuta au Salon de 1876.

MICHAUT Thérèse Herminie

Née au XIXe siècle à Priey-Notre-Dame. XIXe siècle. Française.

Paysagiste.

Débuta au Salon de 1878.

MICHAUX Alphonse

Né le 15 décembre 1860 à Bruxelles. XIXe-XXe siècles. Belge.

Graveur en médailles, graveur.

Fils de Robert Michaux.

Bibliogr. : In : *Dictionnaire biographique illustré des artistes en Belgique depuis 1830*, Arto, Bruxelles, 1987.

MICHAUX Édouard Émile

Né à Lyon (Rhône). XIXe-XXe siècles. Français.

Peintre de genre, portraits.

Il fut élève de M. Millet. Il débuta, à Paris, au Salon de 1879.

MICHAUX Henri

Né en 1899 à Namur. Mort le 19 octobre 1984 à Paris. XXe siècle. Actif depuis 1924, puis en 1955 naturalisé en France. Belge.

Peintre à la gouache, aquarelliste, pastelliste, dessinateur, illustrateur. Abstrait-lyrique.

Il interrompit ses études à la Faculté de médecine en 1919, puis s'engagea dans la marine marchande. Il quitta définitivement la Belgique en 1922 et s'installa en 1925 à Paris. Dans les *Quelques renseignements sur cinquante années d'existence*, biographie de quelques pages rédigée par lui-même on peut y lire que c'est la découverte de Lautréamont qui est à l'origine du « sursaut qui déclenche en lui le besoin oublié d'écrire », et principalement les œuvres de Klee, mais aussi d'Ernst et Chirico, qui suscitent son intérêt pour la peinture, alors que, jusqu'en 1925, il la haïssait « comme s'il n'y avait pas encore assez de réalité de cette abominable réalité... Encore vouloir la répéter... » De 1927 à 1936, qui fut la période de ses grands voyages à travers le monde (Équateur, Turquie, Italie, Afrique du Nord, Inde, Indonésie, Uruguay, Argentine), il écrivit une bonne part des textes relatifs aux voyages de son personnage *Plume*, mais ne dessina presque pas, illustrant pourtant lui-même de quelques dessins son texte *Entre Centre et Absence*, publié en 1936 par Matarasso. Pendant la guerre, il s'installa en zone libre dans le Midi. Autres événements significatifs de sa vie, son mariage, et la mort tragique de sa femme en 1948. Avant d'être apprécié et reconnu en tant que dessinateur ou peintre, Michaux est l'un des principaux poètes du XXe siècle, proche des surréalistes sans s'y être jamais inféodé, de qui il paraît risible de préférer l'œuvre graphique à l'œuvre littéraire, paradoxe dont bénéficie parfois Hugo. Défendu par Paulhan puis par Gide, le succès de son œuvre littéraire s'affirmera dans les années cinquante et soixante. Si, dans les dernières années, l'activité graphique a supplanté pour lui l'activité poétique – « Ne voit-on pas que je peins pour laisser là les mots, pour arrêter la démangeaison du comment et du pourquoi ? » –, il avait commencé à dessiner dès l'époque de sa pleine production littéraire.

Il participe à des expositions collectives, notamment, en 1960, à la Biennale de Venise. Il montre ses œuvres dans des expositions personnelles : 1937, première exposition de dessins, à la Librairie-galerie de la Pléiade, au Luxembourg ; 1938, (gouaches), galerie Pierre Loeb, Paris ; 1944, (peintures), galerie de l'Abbaye (Galerie Zack), Paris ; 1944 *Peintures récentes*, 1946, 1951 *Pour mieux connaître Henri Michaux*, galerie Rive Gauche à Paris ; 1948, 1949 *Dernières peintures à l'eau*, 1954 (dessins), 1956 *Parcours – 1939 à 1956*, galerie René Drouin, Paris ; 1956 *Description d'un trouble*, La Hune, Paris ; 1959, rétrospective à Francfort, galerie Daniel Cordier, et 1959, exposition, galerie Daniel Cordier, Paris ; 1962, Musée de Silkeborg (Danemark) ; 1964, Stedelijk Museum, Amsterdam ; 1964 galerie Motte, Genève ; 1965, Musée National d'Art Moderne, Paris ; régulièrement depuis 1967, galerie Le Point Cardinal, Paris. Depuis la rétrospective de 1965 à Paris, nombreuses autres ; 1967, Palazzo Grassi, Venise ; 1969, Musée d'Art et d'Industrie, Saint-Étienne ; 1969, Musée, Wuppertal (Hollande), Musée ; 1971, Palais des Beaux-Arts, Charleroy ; 1971, Musée, Gand ; 1972, Kestner-Gesellschaft, Hanovre ; 1975, Moderna Museet, Stockholm ; 1976, Fondation Maeght, Saint-Paul-de-Vence ; 1976, Musée du XXe siècle, Vienne ; 1976, Musée d'État, Graz ; 1978, Musée National d'Art Moderne, Paris ; 1978, The Solomon R. Guggenheim Museum, New York ; 1978, Musée d'Art Contemporain, Montréal ; 1983, Musée Municipal, Kitayushu ; 1984, Musée de Valence ; 1983, The Seibu Museum of Art, Tokyo ; 1990, 1993, galerie Daniel Lelong, Paris ; 1993 *Henri Michaux, œuvre peint, 1927-1984*, Musée Cantini, Marseille ; 1995, avec Aurélie Nemours, château de Tanlay. Il reçut le Prix Einaudi en 1960 à la Biennale de Venise.

En 1926, apparaissent ses premières peintures à l'huile et dessins, taches et dégoulinades déchiffrées et à peine complétées dans le sens de l'image découverte. En 1927, à la recherche de son langage plastique propre, il exécute de nombreuses feuilles d'écritures hiéroglyphiques et dessins mi-subis, mi-dirigés : *Alphabet* ; *Narration*. Ce sont de nouveau des dessins que l'on peut considérer comme des « remarques » en marge de ses écrits, qui furent exposés à Paris en 1937. Dès 1937, se développent en parallèle ses œuvres d'écrivain et de peintre : gouaches sur fond noir, sur lesquelles explosent les couleurs, s'imposent les signes, les formes, naissent les continents du souvenir, resurgissent les impressions de voyage de *Plume* : *Le noir est ma boule de cristal* ; *Paysages tropicaux* ; *Dragons* ; *Combats* ; *Prince de la nuit*. 1939 : publication du petit recueil *Peintures. Sept poèmes et seize illustrations*, chez Guy Levis Mano (G.L.M.) dans la préface duquel il écrivit : « Le déplacement des activités créatrices est un des plus étranges voyages en soi que l'on puisse faire...

Quand on se met à peindre, on retrouve le monde par une autre fenêtre ». Cette même année, au cours d'un voyage au Brésil, il dessina la série des *Arbres des Tropiques*, qui fut publiée en 1942 par la N.R.F. En 1942, il montra une exposition à Paris de peintures, évocations paysagistes dans une technique délavée, où errent de petites créatures indéterminées, et quelques suggestions de visages de monstres flous. 1943 : illustrations accompagnant *Exorcismes*, un ensemble de textes qui paraît chez Robert J. Godet. 1944 : illustrations accompagnant *Labyrinthes* (Robert J. Godet). 1946 : exposition de gouaches et dessins, avec une importante préface de l'auteur : « Ce n'est donc pas dans la glace qu'il faut se considérer. Hommes regardez-vous dans le papier. » Cette même année parution de *Peintures et dessins* (Le Point du Jour) sous forme de reproductions de ses dessins, mais avec un texte capital, *En pensant au phénomène de la peinture* qui éclaire tout l'œuvre plastique de Michaux. 1948 : exposition à Paris, d'une série de trois cents dessins à la plume sur lavis d'aquarelle, monstres hybrides issus d'une activité graphique automatique ; premières lithographies. 1948-1949, série d'aquarelles, où le rouge domine : *Qu'est-ce qui se répand plus facilement que le sang ?*, exposées à la fin de 1949. 1950-1951 : centaines de pages couvertes de multitudes de petites taches d'encre de Chine, dirigées ou complétées en forme de signes d'êtres en mouvement, que l'on retrouve dans l'album *Mouvements* (Gallimard), dans le texte duquel Michaux se dit : « libéré des mots, ces collants partenaires » ; 1952-1953 : suite des *Mouvements*, dans des gouaches colorées, puis thèmes des *Mêlées* et des *Foules* ; séries de la *Préhistoire*, où surgissent des taches délavées les silhouettes des grands monstres antédiluviens. 1954 : grandes peintures à l'encre : *Ascensions, Pagaille, Éclatement, Course folle* ; continuation de l'approfondissement de la traduction graphique du mouvement, caractéristique constante de l'œuvre graphique de Michaux ; exposition de ces œuvres récentes, à Paris. De 1955 datent les premières œuvres exécutées sous l'influence d'un hallucinogène : la mescaline. Il paraît licite de distinguer désormais la part importante d'œuvres exécutées dans les conditions de ce qu'il a appelé son « expérience démoniaque », et des œuvres, dans différentes techniques, prolongeant les séries et les thèmes abordés précédemment, principalement les *Mouvements* et les *Monstres*. Les œuvres résultants de l'usage d'hallucinogènes se caractérisent, comme la plupart des œuvres d'autres artistes usant de drogues, par le changement d'échelle de la vision, les signes graphiques devenant soudain véritablement microscopiques et exigeant du spectateur en état normal, le plus grand effort d'attention et une accommodation visuelle proche de la myopie. Dans le cas de Michaux, ses œuvres exécutées sous hallucinogènes, semblent la poursuite par des moyens graphiques de la description d'ondes parcourant un espace en cours de solidification : « des signes immédiats d'éclatement, de dévastation, de ravages... ; 1956, exposition, à Paris, des premières œuvres *mescaliniennes* » ; parution de *Misérables miracles* (Éditions du Rocher, Monaco). 1957 : parution de *L'Infini Turbulent* (Mercure de France). 1959 : importante exposition rétrospective, à Francfort ; publication de *Paix dans les Brisements* (Édition Flinker). Il utilise l'acrylique à partir de 1968.

On sait que l'activité graphique de Michaux est apparue à la suite de la découverte des œuvres de Klee et de Ernst. On peut penser que son voyage, en 1933, en Chine et en Extrême-Orient, l'a amené à interroger les rapports signe-signification des idéogrammes chinois, et particulièrement le pouvoir évocateur expressif, de ces signes calligraphiques aux yeux d'un non-lecteur. On remarque une parenté entre ses premiers essais graphiques et les premières peintures de Hans Hartung, qui en étaient contemporaines. Il y a tout lieu de penser qu'il rencontrait Wols. Quant aux œuvres des Américains, Tobey, Kline ou Pollock, elles sont sensiblement postérieures et il ne put en avoir connaissance qu'après la guerre ; de même que pour les Français Soulages ou Mathieu. Il n'en reste pas moins que ce fut à la faveur de l'ensemble de ce courant que son œuvre graphique a pu atteindre l'audience du public, quand l'abstraction lyrique vint compenser la lassitude éprouvée devant la prolifétion tyrannique de l'abstraction géométrique néo-mondrianesque y apportant pour sa part, sur le mode confidentiel, un témoignage graphique sur les monstres qui hantent pour tous l'espace du dedans. ■ Jacques Busse

HM

Bibliogr. : Henri Michaux : *La Nuit remue*, Gallimard, Paris, 1935 – Henri Michaux : *Passages*, Gallimard, Paris, 1938 – Henri Michaux : *Peintures et dessins*, Point du Jour, Paris, 1946 – René Brechon : *Michaux*, coll. *Poètes d'aujourd'hui*, Gallimard, Paris, 1959 – Alain Jouffroy : *Henri Michaux*, coll. *Le Musée de Poche*, Fall, Paris, 1961 – G. Bonnefoi : *Le « Lointain intérieur » d'Henri Michaux*, in : *xxe siècle*, n° 22, Paris, 1963 – *Henri Michaux*, catalogue de l'exposition, Musée National d'Art Moderne, Paris, 1965 – *Cahier de l'Herne*, consacré à Henri Michaux, Paris, 1966 – Jean Grenier : *Un abîme ordonné*, présentation de l'exposition *Henri Michaux*, galerie Le Point Cardinal, Paris, 1967 – in : *Les Muses*, t. X, Grange Batelière, Paris, 1973 – R. Passeron : *Histoire de la peinture surréaliste*, Paris, 1968 – G. Bonnefoi : *Henri Michaux peintre*, Abbaye de Beaulieu, 1976 – in : *Dictionnaire universel de la peinture*, t. IV, Le Robert, Paris, 1976 – in : Catalogue de l'exposition : *Écritures dans la peinture*, Villa Arson, Nice, 1984 – in : *Dictionnaire biographique illustré des artistes en Belgique depuis 1830*, Arto, Bruxelles, 1987 – *Henri Michaux*, Coll. Repères n° 52, Daniel Lelong éditeur, Paris, 1988 – in : *L'Art moderne à Marseille – La Collection du Musée Cantini*, catalogue de l'exposition, Musée Cantini, Marseille, 1988 – *Henri Michaux*, Coll. Repères n° 66, Daniel Lelong éditeur, Paris, 1990 – in : *L'Art du xxe siècle*, Larousse, Paris, 1991 – Henri Michaux : *Face aux verrous*, Gallimard, Paris, 1992 – Henri-Alexis Baatsch : *Henri Michaux, peinture et poésie*, Hazan, Paris, 1992 – in : *Dictionnaire de l'art moderne et contemporain*, Hazan, Paris, 1992 – *Henri Michaux, œuvre peint, 1927-1984*, catalogue d'exposition, Musée Cantini, Marseille, 1993 – Alfred Pacquement, Raymond Bellour : *Henri Michaux, peintures*, Gallimard, Paris, 1993 – Henri Michaux : *Émergences-Résurgences*, Skira, Genève, 1972-1993 – Catalogue de l'exposition *Henri Michaux – Aurélie Nemours*, Château de Tanlay, 1995, bonne documentation.

Musées : Marseille (Mus. Cantini) : *Sans titre* – Montréal (Mus. d'Art Contemp.) : *Meidosems* 1948 – *Sans titre* 1965 – *Sans titre* 1969 – Paris (Mus. Nat. d'Art Mod.) : *Figure jaune, Personnage sur fond sépia* 1948 – Rochechouart (Mus. départ. d'Art Contemp.) : *Sans titre* 1959, dess. encre de Chine – Silkeborg : Ensemble de dessins.

Ventes Publiques : Paris, 17 mars 1961 : *Composition*, encre noire : **FRF 2 250** – Paris, 3 mars 1970 : *Mouvements* : **FRF 18 000** – Paris, 17 déc. 1972 : *Composition*, aquar. : **FRF 3 500** – Paris, 22 juin 1976 : *Écriture*, encre de Chine (70x100) : **FRF 5 000** – Paris, 19 nov. 1976 : *Composition* vers 1958, aquar. (49x62) : **FRF 2 600** – Paris, 2 déc. 1976 : *Composition*, h/pap. (75x56) : **FRF 3 800** – Berne, 19 juin 1980 : *Dessin mescalinien* 1956, pl. (32x24) : **CHF 7 400** – Paris, 26 juin 1980 : *Composition*, aquar. (49x63) : **FRF 4 800** – Paris, 7 nov. 1982 : *Composition noire et blanche*, encre de Chine (74x151) : **FRF 14 500** – Paris, 6 juin 1983 : *Composition abstraite*, peint., encre de Chine (75x161) : **FRF 30 000** – Londres, 28 mars 1984 : *Personnages* 1952, gche (31,5x49,5) : **GBP 3 800** – Londres, 28 mars 1984 : *Taches noires et rouges*, encre rouge et noire/pap. mar./cart. (65x43,5) : **GBP 3 000** – Munich, 14 juin 1985 : *Parcours* 1966, eaux-fortes et aquat., suite de douze : **DEM 4 400** – Paris, 14 avr. 1986 : *Composition* 1974, h. et encre de Chine/pap. (50x60,5) : **FRF 37 000** – Paris, 27 nov. 1987 : *Dessin mescalinien* 1956, dess. à la pl. (32x24) : **FRF 88 000** – Londres, 31 mars 1987 : *Tête*, aquar./pap. (53,3x44,1) : **GBP 4 000** – Londres, 25 fév. 1988 : *Composition*, aquar./pap. (49,5x32,5) : **GBP 3 740** ; *Sans titre*, encre/pap. (74x106,5) : **GBP 7 700** – Paris, 18 mai 1988 : *Mouvements* 1950-51, encre de Chine/pap. (29x19,5) : **FRF 25 000** – Londres, 30 juin 1988 : *Sans titre* 1958, aquar. et encre/pap. (41x54,7) : **GBP 8 800** – Paris, 7 oct. 1988 : *Sans titre* 1961, encre de Chine/pap. (65x143) : **FRF 135 000** – Londres, 20 oct. 1988 : *Six personnages* 1967, h/pap. (56,5x76,5) : **GBP 4 400** – Stockholm, 21 nov. 1988 : *Composition noire et rouge*, détrempe/pap. (43x71) : **SEK 61 000** – Paris, 4 juin 1989 : *Personnages*, acryl./pap. (55x74) : **FRF 100 000** – Londres, 29 juin 1989 : *Sans titre*, aquar. et encre/pap. (39x56) : **GBP 14 300** – Paris, 29 sep. 1989 : *Composition*, h./carton (19x24) : **FRF 23 500** – Paris, 9 oct. 1989 : *Hybris*, bronze à patine noire (90x43,2x33) : **FRF 550 000** – Londres, 26 oct. 1989 : *Sans titre*, encres noire et rouge/pap. (31,5x23) : **GBP 20 900** – Paris, 15 fév. 1990 : *Sans titre*, past. (49x66) : **FRF 160 000** – Londres, 22 fév. 1990 : *Sans titre*, encre/pap. (56x75) : **GBP 15 950** – Paris, 28 mars 1990 : *Graphisme*, encre de Chine (73x100) : **FRF 290 000** – Paris, 21 mai 1990 : *Sans titre* 1974, acryl. et encre de Chine/pap. (75x108) : **FRF 140 000** – Paris, 19 juin 1990 : *Graphisme*, lav. d'encre de Chine (52,5x74,5) : **FRF 70 000** – Bruxelles, 12 juin 1990 : *Composition*, encre de Chine (58x75) : **BEF 120 000** – Paris, 28 oct. 1990 : *Personnages n° 4* 1958, encre de Chine (71x103,5) : **FRF 220 000** – Paris, 29 oct. 1990 : *Sans titre* 1960, encre de Chine/pap. (71x99) : **FRF 255 000** – Amsterdam, 13 déc. 1990 : *Composition*, encre et aquar./pap. (70x100) : **NLG 57 500** – Stockholm, 30 mai 1991 : *Sans titre* 1962, encre (47x59) : **SEK 87 000** – Londres, 17 oct. 1991 : *Aqua masques chinois marrons* 1958, aquar. et past./pap. (49x64) : **GBP 3 300** – Paris, 11 mars 1992 : *Sans titre*, acryl./pap. (55x74) : **FRF 60 000** – Londres, 26 mars 1992 : *Sans titre* 1974, encre, past. et fus./pap. (56x75,5) : **GBP 10 450** – Paris, 3 fév. 1993 : *Sans titre* 1968, encre/pap. (57x76) : **FRF 30 000** – Amsterdam, 26 mai 1993 : *Composition abstraite*, encre de Chine/pap. (63x90) : **NLG 13 800** – Amsterdam, 9 déc. 1993 : *Sans titre*, encre/pap. (69x103,5) : **NLG 21 850** – Paris, 19 mars 1994 : *Sans titre*, h/cart. (19x24) : **FRF 36 000** – Londres, 30 juin 1994 : *La Grande Gueule rouge* 1949, h/t (33x40,5) : **GBP 24 150** – Paris, 12 oct. 1994 : *Styx* 1959, h/t (55x38) : **FRF 75 000** – Londres, 26 oct. 1995 : *Sans titre* 1974, encre noire, past. et fus./pap. (56x75,5) : **GBP 6 900** – Paris, 8 mars 1996 : *Paysage* 1974, h/cart. (13,8x22) : **FRF 32 000** – Milan, 20 mai 1996 : *Sans titre* 1968, acryl./pap. (60x75) : **ITL 18 400 000** – Paris, 10 juin 1996 : *Sans titre*, encre de Chine/pap. (74x107) : **FRF 60 000** – Paris, 1er juil. 1996 : *Sans titre* vers 1980, aquar. et encre/pap. (56,5x75,5) : **FRF 27 000** – Paris, 29 nov. 1996 : *Avril* 1958, acryl. et gche/pap. (49x62) : **FRF 26 000** – Paris, 9 déc. 1996 : *Sans titre* 1971, acryl. encre de Chine et h/pap. (56,5x76,4) : **FRF 47 000**.

MICHAUX John

Né en 1876 à Anvers. Mort en 1956 à Bruxelles. xxe siècle. Belge.

Peintre de figures, paysages animés, marines, peintre à la gouache. Postimpressionniste.

Il fut élève de l'Académie des Beaux-Arts et de l'Institut supérieur d'Anvers sous la direction de Fr. Hens. Il effectua un séjour à Londres durant la Première Guerre mondiale. Il fut membre du groupement artistique *Als ik kan*. Il fut également professeur à l'Institut supérieur colonial d'Anvers.

Son œuvre a subi l'influence de Turner et de Whistler.

JOHN MICHAUX

Bibliogr. : In : *Dictionnaire biographique illustré des artistes en Belgique depuis 1830*, Arto, Bruxelles, 1987.

Musées : Anvers.

Ventes Publiques : Amsterdam, 12 déc. 1990 : *Femme à la terrasse*, h/cart. (30x40,5) : **NLG 4 600** – Lokeren, 9 oct. 1993 : *Le mois d'août à la plage*, h/pan. (23,5x35) : **BEF 75 000** – Lokeren, 28 mai 1994 : *Femme assise dans les dunes*, gche et craie noire (47x62) : **BEF 110 000** – Lokeren, 8 oct. 1994 : *Mer du Nord*, h/pan. (55x74) : **BEF 85 000** – Lokeren, 20 mai 1995 : *Après la pluie*, h/t (45,5x61) : **BEF 90 000** – Amsterdam, 31 mai 1995 : *Rade d'Anvers*, h/t (100x120) : **NLG 7 080** – Amsterdam, 16 avr. 1996 : *Nature morte dans une cuisine avec des fruits, des légumes et des ustensiles*, h/t (84x63) : **NLG 5 900**.

MICHAUX Laurence

xixe siècle. Active à Paris. Française.

Portraitiste.

Elle figura au Salon de 1852.

MICHAUX Robert

Né le 30 juin 1824 à Bruxelles. Mort le 6 juin 1901 à Bruxelles. xixe siècle. Belge.

Graveur et médailleur.

MICHE, pseudonyme de **Segaud Micheline**

Née le 17 janvier 1927 à Genève. xxe siècle. Suisse.

Peintre.

D'abord comédienne, elle s'est mise à peindre, dans un genre naïf, ses souvenirs d'enfance, par besoin d'évasion et de rêve.

MICHEAU

xviiie siècle. Actif à la Rochelle. Français.

Peintre de portraits, aquarelliste et miniaturiste.
Fut en 1778 agréé par l'Académie de La Rochelle.

MICHEAU Édouard Émile, orthographe erronée. Voir **MICHAUX**

MICHEELZEN Dirick. Voir **MICHIELSZON**

MICHEL
Mort en 1496. XVe siècle. Actif à Saint-Gall. Suisse.
Peintre.

MICHEL, dit **le Lorrain**
XVIe siècle. Actif à Bar-le-Duc vers 1549. Français.
Portraitiste.

MICHEL
XVIe siècle. Actif à Nantes. Français.
Peintre.
Peignit, en 1560, les armoiries du roi et de la ville de Nantes.

MICHEL
XVIIIe siècle. Français.
Dessinateur ornemaniste.
Il a publié les *Arabesques à l'usage des artistes*. Il fut également serrurier.

MICHEL
Peut-être originaire de Francfort. XIXe siècle. Allemand.
Peintre de miniatures.

MICHEL. Voir aussi **MICHAEL, MICHELE, MIGUEL**

MICHEL. Voir aussi **ZITTOZ Miguel**

MICHEL, pseudonyme de **Wulff Michel**
Né en 1924 à Stettin (aujourd'hui Szczecin en Pologne). XXe siècle. Allemand.
Peintre, graveur.
Il fut élève de l'École des Beaux-Arts de Hambourg, de 1946 à 1949, y apprenant surtout la typographie et le graphisme. Il vint à Paris, en 1951, participant à plusieurs expositions de groupe, notamment au Salon des Réalités Nouvelles en 1954 et 1957. Il effectua des voyages à travers l'Europe, en Asie Mineure et en Afrique du Nord.
Il montra ses œuvres dans des expositions personnelles dont, celle en 1956, de peintures de petits formats et de collages, à Paris.
L'abstraction de ses peintures, collages et gravures (aquatintes) est fondée sur le travail de belles matières dans des tonalités sombres, à partir de formes simples, organisées sobrement dans l'espace du support.

MICHEL A.
XVIIIe siècle. Actif à Paris dans la première moitié du XVIIIe siècle. Français.
Graveur.
Il grava au burin.

MICHEL A.
XXe siècle. Français.
Peintre de paysages urbains.
Il a peint les paysages de Paris.
Ventes Publiques : Paris, 12 juil. 1945 : *Vue sur la Seine à Paris* : **FRF 700** – Paris, 6 déc. 1976 : *Notre-Dame de Paris* : **FRF 7 500** – Paris, 1er juil. 1992 : *Vue de Paris*, h/t (38,5x55) : **FRF 8 000**.

MICHEL Adèle. Voir **LANGRAND**

MICHEL Alfonso
Né en 1897 à Colima. Mort en 1957. XXe siècle. Mexicain.
Peintre de sujets divers, natures mortes, animalier.
De 1923 à 1930, il voyagea aux États Unis et en Europe où il séjourna. Il participait à des expositions collectives et montrait des ensembles de ses œuvres dans des expositions personnelles. En 1991, une rétrospective de son œuvre fut organisée à l'Institut National des Beaux-Arts, Musée d'Art Moderne de Mexico ; ainsi qu'au Musée d'Art Contemporain de Monterrey.
En 1932, il réalisa, avec Jesus Guerrero Galvan, des peintures murales pour l'Université de Jalisco.
Ventes Publiques : New York, 25 nov. 1992 : *La Coupe*, h/t (48,9x43,9) : **USD 38 500** – New York, 18 mai 1995 : *Nature morte (compotier)* 1955, h/rés. synth. (62,5x58,6) : **USD 48 875** – New York, 14-15 mai 1996 : *Chevaux*, h/t (52,7x80,6) : **USD 18 400**.

MICHEL André
Né à Le Pontet (près d'Avignon, Vaucluse). XXe siècle. Actif au Canada. Français.
Peintre de portraits, paysages, natures mortes.
Entre 1958 et 1960, il est élève à l'École des Beaux-Arts d'Avignon. Il a créé le Musée des Sept-Îles au Canada.
Il participe à des expositions collectives à Londres en 1966, à Milan et Moscou en 1967, aux États-Unis en 1982, 1983, 1984. Il montre ses œuvres dans des expositions personnelles : 1983, aux musées de Ramat-Gan et de Dimona (Israël) ; 1984, à La Havane et Santiago ; 1990, au musée amérindien de Pointe bleue (Canada) et au musée Laurier à Arthabaska (Canada) ; 1991, à la Fondation Paul Ricard à Bendor (France).
Il a débuté, en peinture, par une technique figurative et traditionnelle. Les sujets de sa peinture demeurent classiques : portraits, paysages, natures mortes. Il les interprète, dans une gamme de couleurs ocres, dans une manière où se retrouvent les échos d'une figuration post-cubiste et symbolique.
Bibliogr. : Guy Robert : *Métamorphose*, Broquet.

MICHEL B.
XVIe siècle. Allemand.
Dessinateur.
Musées : Dessau : *Femme couchée nue*.

MICHEL Bernard
Né le 9 janvier 1954 au Maroc. XXe siècle. Français.
Peintre. Abstrait-géométrique.
Après avoir passé son adolescence au Maroc, il fut élève de Zao Wou-Ki à l'École des Arts Décoratifs de Paris, obtenant son diplôme en scénographie en 1980.
Il montre ses réalisations dans des expositions personnelles : 1993 Institut Français de Budapest ; 1994 Saintes ; 1995, 1998, galerie Pierre Brullé à Paris ; etc. L'Assemblée nationale à Paris a commandé une série de peintures pour un salon du Palais Bourbon en 1991.
Scénographe, il collabore à de nombreuses réalisations d'opéras, avec Gilles Aillaud, Eduardo Arroyo, Jean-Paul Chambas. Ses peintures personnelles sont inspirées des motifs géométriques de l'ornementation islamique. Elles sont souvent constituées de figures géometriques qui se répètent, superposées en relief. On cite les séries *Lois – Fragments – Mandorles*.

MICHEL Charles
Né au XIXe siècle à Bercy. XIXe siècle. Français.
Peintre de paysages.
Il fut élève de M. Suisse. Il exposa au Salon de Paris en 1866, 1869 et 1870.
Ventes Publiques : New York, 2 avr 1979 : *La rade de Perros-Guirec, Côtes-du-Nord*, h/cart. (33x40,7) : **USD 1 000** – Amsterdam, 19 oct. 1993 : *Promeneur et son chien dans un paysage vallonné et boisé*, h/pan. (35x42,5) : **NLG 3 220**.

MICHEL Charles
Né le 26 février 1874 à Liège. Mort en 1940. XXe siècle. Belge.
Peintre de figures, portraits, paysages, natures mortes, illustrateur. Orientaliste.
Il fut élève à l'Académie de Liège, et de Benjamin-Constant et Gérôme à Paris.
Il figura, à Paris, au Salon des Artistes Français où il obtint une mention honorable en 1908 et une troisième médaille en 1911.
Bibliogr. : In : *Dictionnaire biographique illustré des artistes en Belgique depuis 1830*, Arto, Bruxelles, 1987.
Musées : Bruxelles – Ixelles – Lièges – Paris (Mus. Carnavalet).
Ventes Publiques : Lokeren, 16 mai 1987 : *Élégante dans un intérieur*, h/pan. (69x42) : **BEF 150 000** – Lokeren, 28 mai 1988 : *Paysage japonais*, h/pan. (32,5x40) : **BEF 55 000** – New York, 23 fév. 1989 : *Promenade au parc* 1909, past. (89x50,6) : **USD 2 420** – Amsterdam, 5 nov. 1996 : *Beauté asiatique*, h/t (136x113) : **NLG 7 670**.

MICHEL Charles Auguste
Né à Paris. XIXe-XXe siècles. Français.
Graveur.
Il fut élève de Lalanne. Il débuta, à Paris, au Salon des Artistes Français de 1880.

MICHEL Charles Henri Hilaire
Né le 15 janvier 1817 à Fins (Somme). Mort en janvier 1905 à Paris. XIXe siècle. Français.
Peintre d'histoire, compositions religieuses, portraits, pastelliste.
En 1843, il entra à l'École des Beaux-Arts de Paris, où il eut comme professeur Jules Dehaussy. Il débuta au Salon de Paris en 1846, obtenant des médailles en 1861, 1865 et 1867.
L'église Notre-Dame-des-Blancs Manteaux à Paris conserve de lui : *Laissez venir les petis enfants à moi*.

Musées : Amiens : *Jésus source de vie – La conversion de saint Augustin* – Dieppe : *La sainte communion.*

MICHEL Claude. Voir **CLODION**

MICHEL Claude

xviiie siècle. Actif à Nancy. Français.

Peintre.

Il ne faut pas le confondre avec le sculpteur Claude Michel connu sous le nom de Clodion.

MICHEL Clémence Louise, dite **Louise**

Née en 1830 ou 1833 à Vroncourt-la-Côte (Haute-Marne). Morte en 1905 à Marseille (Bouches-du-Rhône). xixe siècle. Française.

Dessinateur, illustrateur.

Depuis 1856, elle était institutrice à Paris. Militante révolutionnaire anarchiste, elle prit une part active à la Commune de Paris. Jugée, elle fut condamnée, en 1873, à la déportation à Nouméa. À Nouméa, elle s'intéressa à la population canaque, jusqu'à étudier leur langue. Amnistiée en 1880, elle n'en cessa pas pour autant de poursuivre son combat pour les plus défavorisés.

Si son abondante œuvre littéraire est connue, discours, poésie, romans, et surtout *La Commune, histoire et souvenirs*, on connaît mal son œuvre graphique. En 1885, chez Kéva et C° à Paris, parurent les *Légendes et chants de gestes canaques*, recueillis par elle et qu'elle compléta de quatre illustrations panoramiques en hors-textes dépliants. Son souci y est plus d'informer que de faire œuvre d'artiste. Toutefois, ces vues, dessinées à la plume, et peut-être d'après documents pré-existants reproduits semble-t-il en gravure, sont remarquables par le souci méticuleux du détail, non exempt d'une certaine naïveté de facture, très décelable lorsqu'elle y figure des bateaux sur la baie, mais qui en fait le charme et se prête parfois à en suggérer l'exotisme.

MICHEL Édouard. Voir **MICHEL-LANÇON**

MICHEL Ella Bergmann. Voir **BERGMANN-MICHEL Ella**

MICHEL Émile

Né le 19 juillet 1818 à Metz (Moselle). Mort le 23 mai 1909 à Paris. xixe siècle. Français.

Peintre de scènes de chasse, paysages, paysages d'eau.

Il étudia avec Charles Laurent Maréchal et Auguste Karl Migette. Il exposa à Paris, à partir de 1853, au Salon, puis Salon des Artistes Français. Il reçut une médaille en 1868, une médaille de bronze en 1899, une autre en 1900, pour les Expositions universelles. Il fut nommé membre de l'Institut en 1892, officier de la Légion d'honneur en 1903.

Il eut aussi une activité d'historien de l'art, publiant en 1886 un volume sur les « Musées d'Allemagne », et plus tard une série de monographies sur Rembrandt, Hobbema, Ruysdael et Rubens.

Em. Michel

Em. Michel

Musées : Arras : *Presqu'île de Giens* – Calais : *Le Val Saint-Jean* – Compiègne : *Un torrent à Creveyrieux* – Lille : *Dans la lande* – Metz : *Récolte des olives à Menton – Chasse sur la falaise* – Mulhouse : *Les hêtres de Retournemer – Un étang en Lorraine – La dune de Brédérode* – Nancy (Mus. des Beaux-Arts) : *Nuit d'été* – Nantes (Mus. des Beaux-Arts) : *Bords de l'Orne* – Nice (Mus. Chéret) : *En forêt* – Paris (Mus. d'Orsay) : *Semailles d'automne – Dunes près de Haarlem* – Paris (École des Beaux-Arts) : *L'étang de Villedon*, esquisse pour la décoration de l'Hôtel de Ville – Valenciennes : *Forêt.*

Ventes Publiques : Paris, 13 mai 1897 : *Le moulin* : **FRF 105** – Cologne, 21 oct. 1977 : *Paysage d'été*, h/t (47x63) : **DEM 4 000** – Londres, 13 mars 1997 : *Paysage de rivière paisible*, h/t (85x113) : **GBP 6 670**.

MICHEL Ernest

Né le 30 juillet 1833 à Montpellier (Hérault). Mort le 28 mars 1902 à Montpellier. xixe siècle. Français.

Peintre d'histoire, compositions mythologiques, scènes de genre, portraits, aquarelliste.

Il entra à l'École des Beaux-Arts de Paris en 1851, dans les ateliers de François Édouard Picot et d'Alexandre Cabanel. Il remporta le deuxième prix de Rome en 1856, le premier prix en 1860. Pendant de longues années il fut conservateur du Musée et directeur-professeur de l'École des Beaux-Arts de Montpellier. Il figura au Salon de Paris, de 1859 à 1876. Il obtint diverses distinctions et récompenses : il fut médaillé en 1870, fait chevalier de la Légion d'honneur en 1880.

Ernest Michel

Musées : Angers : *Daphné* – Béziers : *L'heureuse mère* – Montpellier (Mus. Fabre) : *Argus endormi par Mercure – Portrait de l'artiste – La vigne régénérée* – Esquisse – Narbonne : *La fortune et le jeune enfant* – Sète : *La voie lactée* – Valence : *Amphinomus et Anapias sauvant leurs vieux parents.*

Ventes Publiques : Paris, 13-14 déc. 1943 : *L'Heureuse Famille*, aquar. : **FRF 450** – Milan, 22 avr. 1982 : *La marchande de poissons* 1873, h/t (216x115) : **ITL 2 600 000**.

MICHEL François Pierre

xixe siècle. Actif à Paris au début du xixe siècle. Français.

Graveur.

Il réalisa des gravures topographiques.

MICHEL Géo

Né le 3 juin 1885 à Paris. xxe siècle. Français.

Peintre, graveur.

Il fut élève de Cormon. Il exposa, à Paris, au Salon des Artistes Français à partir de 1920, où il obtint une médaille d'or et fut déclaré hors-concours la même année. Il obtint le prix de l'Indochine en 1923. Il pratiquait la gravure à l'eau-forte.

MICHEL Georges

Né le 12 janvier 1763 à Paris. Mort le 7 juin 1843 à Paris. xviiie-xixe siècles. Français.

Peintre de paysages, aquarelliste.

Ce délicat artiste naquit, vécut et mourut pauvre. Il était fils d'un très modeste employé. Il dut à quelques protections de travailler dans l'atelier du peintre Leduc. Mais de bonne heure il sentit l'inanité du paysage fantaisiste et maniéré qui fut toute la technique du xviiie siècle et revenant à l'idée de la nature qui avait été celle de Ruysdael et des grands paysagistes hollandais, il demanda au plein air ses seuls motifs d'inspiration. Il exposa au Salon de 1796 à 1814, travaillant beaucoup et vendant peu. Il ne chercha guère à forcer le succès, vivant inconnu et pauvrement. Le baron d'Ivry, qui lui donnait de quoi vivre, s'était réservé l'ensemble de sa production par un subterfuge d'un goût douteux : il l'avait fait passer pour mort. Georges Michel ne signait pas ses peintures, les datant encore moins, arguant que les anciens ne signaient pas non plus leurs œuvres. On sait peu de chose de sa vie. Il fut marié deux fois, une première fois à seize ans avec une femme du même âge qui mourut fort jeune. Il se remaria en 1827.

Lazare Bruandet, avant de mourir en 1804, lui avait montré la voie, en l'entraînant dans les bois des environs de Paris, à Boulogne, à Meudon, dans les banlieues, dont il sut traduire le caractère nostalgique. Il fut le premier en date des peintres de Montmartre. Ses ciels, bien que peints dans une technique traditionnelle, jouant souvent du contraste des nuages plombés avec au contraire de violentes trouées de lumière, annoncent ceux de Boudin. Il aurait certainement adhéré à l'affirmation de Constable : « Rien n'est laid dans la nature. » Lui-même, pour justifier qu'il ne dépassait guère les banlieues de Paris, déclara : « Celui qui ne peut peindre toute sa vie sur quatre lieues d'espace, n'est qu'un maladroit. »

Ce n'est pas sans raison qu'on a pu dire de lui qu'il fut le père du paysage moderne. Méprisant les sites classiques, ce fut dans les environs de Montmartre et de la plaine Saint-Denis qu'il puisa les sujets de ses tableaux. Il collabora à plusieurs reprises avec Taunay qui peignit des figures dans certains de ses tableaux de paysages. 1812 voit le début de sa seconde manière qui se caractérise par l'accentuation des contrastes. La véritable libération des influences qu'il connut correspond aussi à l'épanouissement de son style dès 1830. Son influence sur plusieurs peintres après 1843 fut particulièrement importante, sur Charles Jacque et Jules Dupré particulièrement.

Bibliogr. : Alfred Sensier : *Étude sur Georges Michel*, Lemerre, Paris, 1873 – Pierre Miquel : *Le paysage français au xixe siècle, 1824-1874 L'école de la nature*, Maurs, chez l'auteur, 1975.

Musées : Amiens : *Grand paysage*, bois – *Paysage*, t. – Bayeux : *Environs de Chartres* – *Paysage* – Béziers : *Un chemin creux* – Brest : *Chasseur* – *Moulin* – Carpentras : *Le moulin* – Chambéry (Mus. des Beaux-Arts) : *Paysage* – *Paysage aux environs de Paris* – Hanovre : *Maison de paysan en forêt* – La Haye (Mesdag) : Deux paysages – *Moulin* – *Trois moulins à Montmartre* – Montréal (coll. Learmont) : *Environs de Paris* – Nantes : *Paysage animé* – *Animaux à l'abreuvoir*, en collaboration avec Taunay – New York (Metropolitan) : *Le vieux château* – Paris (Mus. du Louvre) : *Paysage* – *Aux environs de Montmartre* – *Intérieur de forêt* – Paris (Carnavalet) : *La butte Montmartre et la place Saint-Denis* – Pontoise : *Paysage sous-bois* – Strasbourg : *L'orage*.

Ventes Publiques : Paris, 1791 : *La plaine Saint-Denis, vue de Montmartre* : **FRF 405** – Paris, 1873 : *Chaumière* : **FRF 1 540** ; *Effet d'orage* : **FRF 2 600** – Paris, 1877 : *Chasseur descendant vers la plaine* : **FRF 2 100** – New York, 1895 : *Chemin de Champagne* : **FRF 3 000** ; *L'orage* : **FRF 1 550** – New York, 1898 : *Route dans les bois* : **FRF 6 500** ; *Le moulin de Montmartre* : **FRF 8 550** – Paris, 20 mars 1899 : *Arrivée à Toulon de la duchesse de Chartres ; Embarquement à Toulon de la duchesse de Chartres*, deux gches : **FRF 1 900** – Boston, 1899 : *Paysage* : **FRF 2 150** – Paris, 29 avr. 1899 : *Une forêt* : **FRF 2 000** – New York, 1900 : *Près de Montmartre* : **FRF 2 750** – New York, 11 et 12 mars 1909 : *Ciel orageux (paysage)* : **USD 1 350** – Londres, 30 juin 1910 : *Le moulin* : **GBP 173** – Paris, 25 nov. 1918 : *Montmartre* : **FRF 3 200** – Paris, 6 et 7 mai 1920 : *Moulin* : **FRF 1 000** – Paris, 22 déc. 1920 : *Paysage : effet d'orage* : **FRF 1 800** – Paris, 28 juin 1923 : *Bouquet de chênes sur le coteau* : **FRF 1 020** – Londres, 20 juil. 1923 : *Vue d'une côte* : **GBP 36** – Londres, 29 fév. 1924 : *Vue sur les communs* : **GBP 136** – Londres, 21 nov. 1924 : *Scène de rivière* : **GBP 241** – Paris, 20 mai 1927 : *Les carrières de Montmartre, ciel couvert* : **FRF 7 000** ; *L'orage* : **FRF 6 800** – Paris, 23 et 24 mai 1927 : *Une porte de Paris* : **FRF 8 050** – Paris, 16 fév. 1928 : *Soleil d'orage* : **FRF 2 900** – New York, 20 fév. 1930 : *Paysage, le soir* : **USD 225** – Stockholm, 8 nov. 1934 : *Paysage* : **SEK 825** – Londres, 20 déc. 1935 : *Paysage avec une route à l'arrière-plan* : **GBP 60** – New York, 3 déc. 1936 : *Le Cavalier* : **USD 220** – Paris, 28 fév. 1938 : *La Bourrasque* : **FRF 2 000** ; *Orage sur Montmorency* : **FRF 2 500** – Paris, 10 et 11 mars 1941 : *Pêcheurs au pied des dunes au bord de la mer* : **FRF 1 100** – Paris, 15 déc. 1941 : *Paysage* : **FRF 13 500** – Paris, 10 mai 1944 : *Les deux moulins* 1874 : **FRF 17 000** – Paris, oct. 1945-Juillet 1946 : *Personnages devant un château* : **FRF 14 000** – New York, 18 oct. 1945 : *Paysage* : **USD 475** – New York, 31 jan. 1946 : *L'orage* : **USD 250** – Londres, 26 avr. 1946 : *Paysage* : **GBP 84** – New York, 15 mai 1946 : *Nuages orageux* : **USD 250** ; *Paysage et moulin à vent* : **USD 300** – Paris, 27 mars 1947 : *La plaine, ciel d'orage* : **FRF 30 000** – Paris, 16 juin 1947 : *Campagne sous un ciel orageux* : **FRF 20 100** – Paris, 19 jan. 1949 : *Plaine sous l'orage* : **FRF 21 500** – Paris, 28 oct. 1949 : *Moulin à vent sur une colline* : **FRF 51 000** – Paris, 17 mars 1950 : *Paysage au moulin* : **FRF 27 100** – Paris, 22 mars 1950 : *Barrière de l'Étoile*, dess., reh. de sépia, double face : **FRF 8 000** – Paris, 12 juin 1950 : *Personnages en vue des moulins de Montmartre* : **FRF 30 000** – Paris, 15 nov. 1950 : *Paysage* : **FRF 24 000** – Paris, 4 mai 1951 : *La barrière de Passy à la fin du XVIIIe siècle*, lav. de sépia : **FRF 15 000** – Paris, 6 juin 1951 : *Le village et les moulins* : **FRF 21 500** – Paris, 15 juin 1954 : *La chaumière* : **FRF 126 000** – Paris, 29 jan. 1957 : *Le relais de la diligence* : **FRF 300 000** – Paris, 2 mai 1961 : *Paysage à l'église* : **FRF 2 500** – Londres, 7 juil. 1961 : *Vue étendue sur tout un village* : **GBP 504** – Londres, 7 nov. 1962 : *L'orage* : **GBP 600** – Londres, 19 juin 1963 : *L'orage, la carrière à Montmartre* : **GBP 550** – Paris, 13 déc. 1965 : *Montmartre* : **FRF 27 000** – Paris, 13 déc. 1965 : *Montmartre* : **FRF 27 000** – Londres, 29 nov. 1967 : *La colline ensoleillée* : **GBP 550** – New York, 12 nov. 1970 : *Paysage au moulin* : **USD 4 500** – Londres, 3 déc. 1971 : *Paysage au coup de vent* : **GBP 1 800** – Londres, 1er déc. 1972 : *Sablonnière à Fontenay-aux-Roses* : **GBP 1 500** – New York, 15 fév. 1973 : *Paysage au moulin* : **USD 9 250** – New York, 17 avr. 1974 : *Paysage orageux* : **USD 5 250** – New York, 14 mai 1976 : *Paysage sous la pluie*, h/pap. mar./t. (50x72) : **USD 2 000** – Londres, 3 déc. 1976 : *Chaumières près d'une route*, aquar. et craie noire (35x46) : **GBP 360** – Zurich, 26 mai 1978 : *La plaine, ciel d'orage*, h/t (51,5x70,5) : **CHF 8 000** – Paris, 16 mai 1979 : *L'orage sur la dune*, fus. (28x43) : **FRF 6 300** – Paris, 10 mai 1979 : *La Route (recto) ; La Colline animée (verso)*, aquar. et pierre noire (18x30) : **FRF 42 000** – New York, 26 janv 1979 : *Troupeau dans un paysage*, h/t (50x66) : **USD 10 500** – New York, 28 mai 1981 : *Les Bûcherons*, h/t (63x81) : **USD 9 750** – Paris, 6 juin 1984 : *Paysage aux moulins*, h/t (49x64) : **FRF 28 000** – Paris, 29 nov. 1985 : *Paysage*, fus. et estompe (38x50) : **FRF 6 500** – Zurich, 21 juin 1985 : *Paysage au moulins à vent*, h/t (66x94) : **CHF 12 000** – New York, 26 fév. 1986 : *Études de chariots, chevaux et personnages*, cr., pl. et lav., dess. double face (17,5x29,2) : **USD 2 400** – Paris, 21 déc. 1987 : *Paysage de plaine par temps orageux*, h/t (63x80) : **FRF 75 000** – Paris, 21 déc. 1987 : *Le Moulin*, h/t (46x64) : **FRF 90 000** – Berne, 26 oct. 1988 : *Village au pied d'une colline entouré de paturages avec des personnages en premier plan*, h/t (52x69) : **CHF 4 500** – Paris, 16 mars 1989 : *Paysage*, h/t (49,5x60) : **FRF 16 000** – Londres, 7 juin 1989 : *Moulin à vent dans un paysage nuageux*, h/t (67,5x98) : **GBP 7 150** – Monaco, 17 juin 1989 : *Paysage au moulin*, h/pap./pan. (53x64) : **FRF 16 650** – New York, 25 oct. 1989 : *Vaste paysage sous un ciel d'orage*, h/t/cart. (36,8x61,5) : **USD 12 100** – Paris, 7 déc. 1989 : *Scènes de port*, h/t (48x68) : **FRF 78 000** – New York, 24 oct. 1990 : *Scène nocturne animée de personnages autour d'un feu*, h/t (52,1x69,2) : **USD 8 800** – Amsterdam, 12 déc. 1990 : *Paysage des environs de Paris un jour nuageux*, h/pap./t. (33x45,5) : **NLG 21 850** – Londres, 15 fév. 1991 : *Vaste paysage animé avec un chemin au pied d'un moulin à vent*, h/pan. (43,8x59,7) : **GBP 3 080** – New York, 21 mai 1991 : *Le feu de joie*, h/pap./cart. (50,8x67,8) : **USD 4 400** – Paris, 24 mai 1991 : *Paysage au moulin*, h/pap./t. (42,5x60) : **FRF 20 000** – New York, 30 oct. 1992 : *Avant l'orage*, h/t (96,5x126) : **USD 19 800** – Paris, 31 mars 1993 : *Paysage au moulin*, lav. brun et pierre noire (17x25) : **FRF 4 500** – New York, 13 oct. 1993 : *Personnages sur la grève*, h/t (50,8x86,4) : **USD 7 188** – Amsterdam, 19 oct. 1993 : *Village dans une vallée*, h/t (50x73) : **NLG 12 650** – New York, 11 jan. 1994 : *Un saule (recto) ; Une ferme (verso)*, craie noire, encre et lav. brun et jaune (30x18,5) : **USD 9 775** – Monaco, 20 juin 1994 : *Cheval attelé à une charrette (recto) ; Rue de Paris (verso)*, craie noire, lav. et aquar. (8,5x13) : **FRF 11 100** – Paris, 17 juin 1994 : *Paysage avec des paysans cheminant près d'un village*, pierre noire et cr. de coul. (17x29) : **FRF 13 500** – New York, 24 mai 1995 : *L'approche de l'orage*, h/t (48,3x73,7) : **USD 6 325** – Paris, 21 juin 1995 : *Le coup de soleil*, h/t, d'après J. Van Ruysdael (75x92) : **FRF 13 000** – Paris, 22 nov. 1996 : *Vue du Tréport* 1775, cr. noir et aquar. (21x28,5) : **FRF 4 500**.

MICHEL Georges Charles Prosper

Né à Rouen (Seine-Maritime). XIXe siècle. Français.

Graveur.

Élève de A. Simon, il fit des envois au Salon de Paris, puis au Salon des Artistes Français, de 1879 à 1883.

MICHEL Gustave Frédéric

Né le 19 mars 1851 à Paris. Mort en 1924 à Paris. XIXe-XXe siècles. Français.

Sculpteur de figures, sujets mythologiques, sculpteur en médailles.

Il fut élève de Jouffroy. Il débuta, à Paris, au Salon de 1875. Il y obtint cette même année une médaille de deuxième classe, en 1883 une bourse de voyage, en 1889 une médaille de première classe, en 1889 une médaille d'or à l'Exposition universelle de Paris, en 1896 une médaille d'honneur, en 1897 il fut fait Chevalier de la Légion d'honneur, en 1905, officier, et obtint, en 1900, le Grand Prix à l'Exposition universelle de Paris.

Outre les œuvres dans les musées, on peut les apprécier dans divers lieux publics suivants à Paris : *Circé*, au Square des Batignoles ; *La Pensée* dans le vestibule de l'Opéra-Comique ; *Le France moderne* sur le Pont Alexandre III ; *J. Ferry* au Jardin des Tuileries.

Musées : Lille : *La Forme se libère de la matière* – Nancy : *La Fortune enlevant son fardeau* – Paris (Mus. Galliera) : *Au soir de la vie* – Paris (Mus. du Luxembourg) : *Rêverie*.

Ventes Publiques : Paris, 21 mars 1996 : *La pensée*, sculpt. chryséléphantine, bronze et ivoire (H. 71) : **FRF 80 000**.

MICHEL Hans. Voir **EGNER Hans Michel**

MICHEL Henri François, dit **Marius** ou **Marius-Michel**

Né en 1846. Mort le 13 mai 1925. XIXe-XXe siècles. Actif à Paris. Français.

Relieur d'art.

Il fonda avec son père un atelier en 1876 et devint le relieur le plus réputé de son pays. Il publia en 1878 *Essai sur la décoration extérieure des livres*, en 1880 ; *La Reliure française depuis l'invention de l'imprimerie*, et en 1889 *L'ornement des reliures modernes*.

MICHEL Henri Napoléon

Né au XIXe siècle à Paris. XIXe siècle. Français.

Peintre de genre et de paysages.
Élève de Carolus-Duran. Débuta au Salon de 1877.

MICHEL Jacques
Né en 1936 à Anderlecht (Brabant). XXe siècle. Belge.
Peintre, décorateur, peintre de décors de théâtre.
Il a étudié à l'Académie des Beaux-Arts de Bruxelles. Il décora le Pavillon de la Belgique à l'Exposition universelle de Montréal.
Bibliogr. : In : *Dictionnaire biographique illustré des artistes en Belgique depuis 1830*, Arto, Bruxelles, 1987.

MICHEL Jakob Joh. J.
XVIIIe siècle. Actif vers 1711. Allemand.
Peintre de portraits.
Il a peint les portraits de *Léopold Ier*, de son épouse *Éléonore. Madeleine Thérèse* et du *prince Eugène*. Ils se trouvent à la Fahnenburg de Gerresheim.

MICHEL Jean
XVIe siècle. Actif à Rouen vers 1564. Français.
Peintre d'histoire.
Il peignit une *Passion*, pour l'église Saint-Jean à Rouen, en collaboration avec son père.

MICHEL Jean
XVIIe siècle. Actif à Nancy vers 1608. Français.
Peintre.

MICHEL Jean
Né en 1659 à Luzenac (Ariège). Mort en 1709 à Toulouse. XVIIe-XVIIIe siècles. Français.
Peintre.
Il peignit de 1694 à 1703 pour la ville de Toulouse, deux cent seize portraits. Le Musée de Toulouse possède de lui : les *Noces de Cana* ; *Saint Exupère, évêque de Toulouse* ; *Bacchanale*. Il a également exécuté deux portraits de saintes dans l'église d'Ardenne près de Toulouse.

MICHEL Jean
Né à Genève. XVIIIe siècle. Actif au milieu du XVIIIe siècle. Français.
Graveur au burin.
Il travailla à Avignon et grava des sujets religieux et des portraits.

MICHEL Jean. Voir aussi **MICHIEL**

MICHEL Jean, dit **Marius** ou **Marius-Michel**
Né en 1821. Mort en 1890. XIXe siècle. Français.
Relieur d'art.
Il fut le père d'Henri qui fut plus tard son collaborateur. Il vint en 1838 de Lyon à Paris chez Reiss et ne travailla pour son compte qu'à partir de 1849.

MICHEL Jean Baptiste
Né en 1748 à Paris. Mort en 1804. XVIIIe siècle. Français.
Graveur au burin.
Élève de P. Chenu. Travailla à Paris et à Londres et grava des sujets religieux et des sujets de genre. Il fit en 1761 le portrait de Rousseau.

MICHEL Jean François
XVIIIe siècle. Actif à Nancy vers 1785. Français.
Peintre.
Fils et élève de Claude Michel.

MICHEL Jean Marie
Né le 11 mars 1785. XIXe siècle. Actif à Paris. Français.
Peintre de miniatures et lithographe.

MICHEL Jean Pierre
Né le 20 juillet 1945 à Grenoble (Isère). XXe siècle. Français.
Peintre de paysages, natures mortes, fleurs et fruits, peintre de cartons de tapisseries.
Autodidacte, il a commencé à peindre en 1964. Il a réalisé des décors pour le théâtre et le cinéma. Il est l'auteur d'un livre de poèmes : *Avec un peu de retard, on meurt vivant*, réalisé avec Alain de la Bourdonnaye.
Il a exposé, en 1988, à la galerie H-M à Paris.

MICHEL Joseph
XVIIIe siècle. Actif à Toulon. Français.
Peintre et sculpteur.
Fut en 1788 le dessinateur du duc de Chartres.

MICHEL Joseph Emmanuel
Né le 25 avril 1887 à Munich (Bavière). XXe siècle. Allemand.
Peintre de genre, portraits, intérieurs.
Il fut élève de Raupp, Löfftz et Marr.

MICHEL Jules
Né au XIXe siècle à Fontainebleau. XIXe siècle. Français.
Peintre de genre, et d'histoire.
Élève de Mariet Verdier. Exposa au Salon en 1859 et 1864.
Ventes Publiques : Paris, 5 et 6 mai 1924 : *Profil de jeune femme* : **FRF 120**.

MICHEL Karl
Né le 6 mars 1885 à Leipzig. XXe siècle. Actif à Berlin. Allemand.
Peintre et graveur.
Il étudia à Leipzig chez Kentzsch, Kleukens et à Berlin chez Doepler le Jeune. Il illustra le *Faust* de Goethe paru en 1924 aux éditions du Griffon.

MICHEL Léon Henri
Né à Paris. Mort en 1895. XIXe siècle. Français.
Portraitiste et peintre de natures mortes.
Élève de Jalabert, L. Cogniet et de Monvoisin. Fit des envois au Salon de 1861 à 1889. Le Musée d'Angers conserve de lui : *Printemps*.

MICHEL Louis ou **Michiel**. Voir **MICHIELSEN**

MICHEL Marin Ovide
Né en 1753 à Paris. XVIIIe siècle. Français.
Peintre de paysages et graveur à l'eau-forte.
Élève d'Aliamet. Débuta au Salon de 1799. Le Musée de Darmstadt possède de lui : *Rivage de la mer*.

MICHEL Marius
Né en 1853 à Sète. Mort après 1910. XIXe-XXe siècles. Français.
Peintre de genre, portraits, paysages, architectures, natures mortes.
Il fut élève de Carolus-Duran. Il débuta au Salon de Paris en 1879 et continua à faire des envois au Salon des Artistes Français jusqu'en 1907. Il obtint une mention honorable en 1885, une médaille de troisième classe en 1888, une médaille d'argent à l'Exposition universelle de 1889.
Musées : Nantes : *Funiculi-Funicula* – Sète : *Le portrait de la communiante – Flirt en Hollande*.
Ventes Publiques : Paris, 20 nov. 1925 : *Le petit port de la Roquetta : temps demi-couvert* : **FRF 110** ; *Lavoir sur la Juine (Étampes)* : **FRF 400** – Paris, 4 mars 1926 : *Le paradis terrestre* : **FRF 800** – Paris, 7 mai 1943 : *Nature morte au pichet* : **FRF 400** – Paris, 7 déc. 1949 : *L'embaumeur* : **FRF 7 300** – Paris, 1er juin 1951 : *Arabe* : **FRF 650** – New York, 26 janv 1979 : *L'atelier de l'artiste* 1892, h/t (127x81) : **USD 7 500** – Paris, 23 mars 1990 : *Une cour à Pont-Audemer* 1910, h/t (61x50) : **FRF 7 200**.

MICHEL Marius. Voir aussi **MICHEL Henri François** et **MICHEL Jean**

MICHEL Melchior
Né à Kulmbach. XVIIe siècle. Actif à Hof. Allemand.
Peintre.
Il livra en 1620 une *Allégorie des quatre saisons*.

MICHEL Michel Wulff. Voir **MICHEL,** pseudonyme de **WULFF Michel**

MICHEL Paul
Mort en 1603. XVe siècle. Actif à Würzburg. Allemand.
Sculpteur sur pierre et sur bois.
A peint deux figures de *La Vertu* pour le portail et un *Ecce homo* pour l'intérieur de l'église de l'Université de Würzburg.

MICHEL Pierre I
Né le 27 octobre 1728 au Puy (Haute-Loire). Mort le 15 novembre 1809 à Madrid. XVIIIe siècle. Français.
Sculpteur.
Élève de Bonfils. Il s'installa à partir de 1750 à Madrid et fut le successeur de son frère Robert comme sculpteur à la cour de Charles IV.
Ventes Publiques : Paris, 3 mai 1926 : *Environs de Presles* : **FRF 230**.

MICHEL Pierre
Né le 20 novembre 1894 à Paris. XXe siècle. Français.
Peintre.
Il fut élève de Guillemet. Il exposa, à Paris, au Salon des Artistes Français à partir de 1913.
Ventes Publiques : Paris, 17 mai 1943 : *Coucher de soleil* : **FRF 900** – Paris, 17 oct. 1950 : *La Mare* : **FRF 1 500**.

MICHEL Pierre
Né le 3 décembre 1924 à Porrentruy. XXe siècle. Suisse.

Peintre, peintre de compositions murales.
Il fut élève à l'École des Beaux-Arts de Bâle, entre 1951 et 1957. Il suivit des cours de dessin chez Wieland et de peinture chez M. A. Christ. Son premier conseiller, Nicolet, eut aussi une grande importance dans sa fonction de peintre.
Il fit des expositions à Bâle en 1955, à l'abbatiale de Bellelay en 1961, 1965, 1966 et 1967, à Delémont en 1962, 1969 et 1973, à Neuchâtel en 1964, 1966, et 1970, à Zurich en 1964, 1971 et 1973.
À partir de 1960, il mêla l'utilisation de craies grasses et de peinture dont il fabriquait les couleurs à l'huile. Il exécuta aussi quelques fresques, et depuis 1972, pratique l'émail sur cuivre.

MICHEL Pierre Auguste Albert
Né en 1889 à Laon (Aisne). Mort en 1969 à Paris. XXe siècle. Français.
Peintre de portraits, paysages.
Il fut élève des Beaux-Arts, il fréquenta l'Atelier de Cormon et de Laparra. Il fut également peintre-restaurateur des Musées de France. Chevalier de la Légion d'honneur et de l'ordre des Arts et des Lettres.
Il figura, à Paris, au Salon des Artistes Français, dont il fut sociétaire à partir de 1920.

MICHEL Robert
Né le 8 novembre 1721 au Puy. Mort le 31 janvier 1786 à Madrid. XVIIIe siècle. Français.
Sculpteur.
Cet artiste, qui fut le frère de Pierre I Michel et l'élève de Bonfils au Puy, est peu connu en France. Il se rendit en Espagne vers 1740 et y laissa un grand nombre d'œuvres parmi lesquelles on cite notamment : *Saint Ferdinand* et *Sainte Barbe*, statues en marbre pour l'oratoire de Buen-Retiro, à Madrid ; *Les quatre prophètes*, statues pour l'église de Saint-Millan ; *La Charité et l'Espérance*, pour Santo-Justo ; *Saint Pascal*, pour Santo-Bernardino ; *Saint Philippe de Néri*, pour l'église de ce nom ; *La statue équestre de Philippe V*, pour l'Académie Royale de Saint-Ferdinand ; *La Conception*, pour la cathédrale d'Osmo ; *Le buste de Charles III*, à Vittoria ; *Le tombeau du comte de Gages*, à Pampelune ; *La statue de Dieu le Père* dans la cathédrale de Murcie ; les lions de la *Fontaine de Cybèle*, sur la promenade du Prado, à Madrid. Il fut professeur à l'Académie de San Fernando, à partir de 1752.

MICHEL Robert
Né le 27 février 1897 à Vockenhausen (près d'Eppstein, Taunus). Mort en 1983. XXe siècle. Allemand.
Peintre, technique mixte, peintre de collages. Abstrait-constructiviste.
Libéré de l'armée en 1917, il poursuivit ses études à Weimar, où il commença à exercer son activité de peintre indépendant. Il rencontra à l'Académie des arts de Weimar la femme peintre Ella Bergmann et l'épousa en 1919. C'était l'année de l'ouverture du Bauhaus à Weimar. Ils s'installèrent à Schmelz. S'ils n'en furent pas élèves, il est évident que leur œuvre à tous deux en fut profondément marqué. De 1932 à 1945, il dut interrompre son activité de peintre, proscrite par le régime nazi, pour s'occuper de commerce de poissonnerie et de planification de l'eau. Il vécut à Vockenhausen.
Robert Michel a participé à de nombreuses expositions de groupe, souvent avec sa femme, parmi lesquelles : en 1925 à Nassau et Wiesbaden avec El Lissitsky et Kurt Schwitters (avec lequel il voyagea en Hollande en 1927) ; en 1928 à la *Société Anonyme* aux États-Unis ; en 1932 à l'exposition *Art abstrait* à Francfort. À partir de 1960, il collabora de nouveau avec des galeries de Londres, de Bâle, exposa à *Pionniers du collage* à Leverkusen en 1963, à *Cinquante ans de collages* au Musée de Saint-Etienne et à Paris en 1964, etc. Il a montré également des expositions individuelles de ses collages et dessins peints depuis 1923, à Cologne, puis Berlin, jusqu'aux rétrospectives, de la Waddell Gallery à New York en 1968 (avec des œuvres de sa femme), de Francfort et Düsseldorf en 1971, de Londres en 1972, de la Kunsthalle de Hambourg en 1974.
Robert met surtout en œuvre la technique du collage, en général dans des collages mixtes dont la partie dessinée ou peinte peut être très importante. Graphiste de tempérament, ses compositions sont d'un dessin géométriquement très strict. Il imagine des assemblages de formes abstraites, dans lesquelles cependant on retrouve des correspondances avec le monde des machines, de la mécanique, de la serrurerie, d'autant que son dessin n'est pas sans rapport avec le dessin industriel. Ces poèmes à la quincaillerie ont bizarrement le charme hautain des natures mortes d'un Braque qu'auraient influencé Klee et Kandinsky. ■ J. B.

Bibliogr. : *Ella Bergmann-Michet et Robert Michel*, catalogue de l'exposition, gal. Bargera, Cologne, 1974.
Ventes Publiques : New York, 3 nov. 1978 : *The Black Opa Yale (La serrure noire)* 1927, techn. mixte et collage/pap. mar./cart., monté sur panneau (35x42,5) : **USD 2 000** – Munich, 3 juin 1980 : *Ombre et lumière*, pl. et lav. reh. de blanc et légèrement coloré (28,4x25,8) : **DEM 2 500** – New York, 23 oct. 1980 : *« Rhinoplast-Rekord » : Zwei : Oz. Tu* 1932-1933, techn. mixte/pap. mar./cart. (50,8x55) : **USD 3 750** – New York, 22 mai 1981 : *Schnitt-Bild Foco-Col+Z* 1960, techn. mixte/cart. (54x54,5) : **USD 3 000** – New York, 19 nov. 1986 : *« Rhinoplast-Rekord » : Zwei : Oz. Tu* 1932-1933, aquar. et encres coul. et collage/cart. (50,8x54,8) : **USD 7 000** – Londres, 29 nov. 1989 : *Point d'interrogation*, collage/gche noire/pap. (32,4x21,6) : **GBP 2 420** – New York, 26 fév. 1990 : *Intérieurture Foco-Col* 1957, encre de coul., aquar. et collage/pap. (45,8x46,3) : **USD 10 450** – New York, 7 nov. 1991 : *Levier* 1921, encres de coul. et collage/pap. (29,2x22,8) : **USD 13 200** – Munich, 26 mai 1992 : *Château et sa serrure*, techn. mixte (33x39,5) : **DEM 59 000** – Munich, 1er-2 déc. 1992 : *« Fogra : Paradies »*, techn. mixte (46x49) : **DEM 23 000**.

MICHEL Sigisbert François
Né le 24 septembre 1728 à Nancy. Mort le 21 mai 1811 à Paris. XVIIIe-XIXe siècles. Français.
Sculpteur.
Membre de l'Académie de Saint-Luc il fut appelé par le roi de Prusse pour exécuter des travaux à Berlin. Une *statue de Mars*, qu'il fit pour le château de Sans-Souci, lui causa des désagréments avec le roi, au sujet du prix de laquelle ce dernier lui fit des difficultés. L'artiste revint alors à Paris et ne fit que des œuvres de fantaisie. Il exposa, en 1774, à l'Académie de Saint-Luc et au Salon de la Correspondance, divers sujets et, de 1791 à 1800, il figura au Salon du Louvre. On cite de lui : *L'Amour chauffant un trait au feu de son flambeau* ; *Les trois Grâces* ; *Le Temps faisant un nœud serré par l'Amitié* ; *Un lion portant deux enfants.*
Ventes Publiques : Paris, 1er et 2 déc. 1932 : *Vénus et l'Amour*, terre cuite, petit groupe, attr. : **FRF 35 100** – Paris, 18 mars 1937 : *Vénus debout allaitant l'Amour ; L'amour dérobant à Vénus l'attribut de la folie*, terre cuite, deux petits groupes : **FRF 20 000**.

MICHEL Thomas
Né au XVIIe siècle à Metz. Mort avant 1751. XVIIe-XVIIIe siècles. Français.
Sculpteur.
Il fut le père de Clodion. Il épousa Anne Adam, fille du sculpteur Jacob Sigisbert Adam et il fut sculpteur de Frédéric le Grand à Berlin, où il séjourna depuis 1742. Il s'installa en 1748 à Lille.

MICHEL Victor Augustin
Né le 4 avril 1828 à Morancez. Mort le 28 décembre 1891 à Chartres. XIXe siècle. Français.
Peintre de portraits.
Il fut professeur de dessin au collège de Chartres.
Musées : Chartres.

MICHEL Zakaria
Né en 1706 à Oldenburg (Sopron). XVIIIe siècle. Tchécoslovaque.
Relieur, graveur au burin et illustrateur.

MICHEL Zett
Né en 1963. XXe siècle. Français.
Peintre paysages animés, paysages.
Il est originaire de la Brie. Il participe, à Paris, au Salon des Artistes Français, dont il est sociétaire.
Il peint, en plein air, des paysages animés de souvenirs d'enfance.

MICHEL der Bildhauer. Voir **LANG Michel**

MICHEL de Gand. Voir **LE MAIRE Michel,** dit **de Gand**

MICHEL von Hardt
XVIe siècle. Allemand.
Stucateur.
Il fut au service du duc de Wurtemberg et travailla vers 1550 au château de Heidelberg.

MICHEL de Toulon
XVIIIe siècle. Français.
Peintre.

Le Musée de Versailles possède de cet artiste : *Fêtes données à Toulon au comte d'Artois ; Lancement du Caton, juillet 1777 ; Fêtes données à Toulon au comte de Provence ; Descente à terre et petite guerre, juillet 1777.*

Ventes Publiques : Monte-Carlo, 22 fév. 1986 : *Vue de la rade de Toulon*, gche (33x66) : **FRF 38 000**.

MICHEL da Verona ou **Michele da Verona**
Né vers 1470. Mort entre 1536 et 1544. XVe-XVIe siècles. Travaillant à Vérone vers 1500 ou 1525. Italien.
Peintre d'histoire.

Cet artiste sur lequel on ne possède que des renseignements un peu vagues appartenait à l'École de Domenico Morone. Il travailla quelquefois avec Paolo Morando Cavazzola et la plupart de ses œuvres décèlent l'influence de ce maître. Les dates extrêmes que l'on donne pour ses œuvres vont de 1500 à 1525. On cite notamment de lui une *Crucifixion*, autrefois dans le réfectoire de San Giorgio, à Vérone et maintenant à San Stefano de Milan, portant la date de 1500. A Santa Maria in Vanzo à Padoue se trouve le même sujet avec quelques variantes, daté de 1506. On croit que notre peintre travailla également dans cette ville aux fresques de la Senola del Santo en collaboration de Tiziano. Dans l'église de Santa Chiara, à Vérone, se trouve une fresque de lui, de 1509 ; on voit également de ses œuvres à Santa Maria della Vittoria Newa et à Sant'Anastasia. On considère comme son meilleur ouvrage, un tableau d'autel : *Vierge au trône avec saints*, datée de 1523, dans l'église de Villa di Villa près d'Este. Les paysages formant les fonds de ses tableaux sont fréquemment fort remarquables. On cite encore de lui dans les Musées : à la National Gallery, à Londres, *Entrevue de Coriolan de Volumnie et de Veturie*, et à la Brera de Milan une *Crucifixion*.

Ventes Publiques : Londres, 8 juil. 1938 : *Histoire d'Atlanta et de Méléagre*, six : **GBP 110** – Copenhague, 6 nov 1979 : *Vue d'une ville animée de nombreux personnages*, h/pan. (100x102) : **DKK 132 000**.

MICHEL-ANGE, de son vrai nom **Buonarroti Michelangelo**
Né le 6 mars 1475 à Caprese (près d'Arezzo). Mort le 18 février 1564 à Rome. XVIe siècle. Italien.
Peintre de scènes mythologiques, compositions religieuses, portraits, nus, fresquiste, sculpteur, architecte, ingénieur et poète.

Lors de la naissance de Michel-Ange, son père, Ludovico, fils de Leonardo Buonarroti Simoni, exerçait pour le compte de la République florentine, les fonctions de podestat dans la petite ville fortifiée de Caprese. Peu après sa naissance, la famille revint à Florence. Il perdit sa mère à l'âge de six ans. La situation de sa famille n'était plus florissante alors que les générations antérieures des Buonarroti avaient été riches, puissantes, et avaient fait partie des « Priori » de Florence. En conséquence, le père de Michel-Ange aurait préféré voir celui-ci poursuivre une carrière commerciale plutôt qu'artistique. Michel-Ange était encouragé dans sa vocation par son ami Francesco Granacci. Le désir du garçon s'imposa à la volonté paternelle, et, le 1er avril 1488, âgé de treize ans, il entrait comme apprenti dans l'atelier de Domenico et David Ghirlandaio. Le contrat d'apprentissage le liait pour trois années à ses maîtres. Malgré la fragilité généralisée des *Vies des plus excellents artistes italiens* de Vasari, pour Michel-Ange son témoignage de première main ne semble pas dépourvu de valeur, les faits qu'il rapporte résultant presque toujours de ses conversations avec l'artiste qu'il plaçait au-dessus de tous. Laurent de Médicis ayant ouvert une école de sculpture vers cette époque sous la direction de Bertoldo, ancien aide de Donatello, Michel-Ange y fut admis en 1489. Michel-Ange prit ainsi connaissance de la collection de sculptures antiques mises sous la garde du sculpteur dans les jardins de San Marco. Peu après, le garçon de quatorze ans aurait produit sa première œuvre sculpturale, un masque de faune, copié et complété d'après un débris antique. En 1490, Laurent de Médicis obtint de Ludovico Buonarroti que Michel-Ange entrerait à son service, vivrait dans son palais et qu'un salaire mensuel de cinq ducats lui serait alloué. Le jeune sculpteur vécut dans l'intimité de Laurent le Magnifique jusqu'à la mort de celui-ci en 1492, développant son intelligence au contact de tout ce que Florence contenait d'esprits distingués, dont Poliziano, Marsile Ficin, Benivieni, Landino, Pic de La Mirandole. Entre 1490 et 1492, il produisit son relief d'*Hercule et le Centaure*, et la *Vierge à l'Escalier*. Il avait dix-sept ans quand il revint chez son père, et ce fut dans l'atelier qu'il s'y était aménagé qu'il exécuta une *Statue d'Hercule*, envoyée en France après son acquisition par la famille Strozzi et dont on ignore le sort. On rapporte qu'il sculpta un *Crucifix* en bois pour le prieur de Santo Spirito, qui ensuite lui donna la possibilité de dessiner et faire des études d'après des cadavres disséqués. C'est aussi à cette époque qu'il dut suivre les prédications de Savonarole qui l'impressionnèrent au point de donner une nouvelle orientation religieuse plus dramatique à son œuvre. Pierre II de Médicis aurait maintenu la faveur de Laurent de Médicis au jeune sculpteur, mais Michel-Ange, l'ayant peut-être pressentie, n'attendit pas la chute de Pierre II pour se rendre à Venise, puis à Bologne où il vécut pendant un an. Il exécuta alors trois statuettes pour le tombeau de Saint Dominique, révélant l'influence de Jacopo della Quercia. Le rétablissement de la paix ramena Michel-Ange à Florence en 1495. Le *Cupidon endormi* qu'il exécuta alors, vendu à Rome au cardinal San Giorgio comme un marbre antique par Baldasare de Milan, eut pour conséquence, lorsque la fraude fut découverte, l'appel du jeune artiste par le prélat. Le 25 juin 1496 Michel-Ange arrivait à Rome pour la première fois et, durant les cinq années qu'il y passa, il sculpta notamment pour Jacopo Galli une répétition du *Cupidon endormi*, et sur l'ordre du cardinal Jean de la Grolaye, ambassadeur de Charles VIII, pour la chapelle des rois de France à Saint-Pierre, la célèbre *Pietà* (1498-99) qui marque le début de la production de ses œuvres importantes.

Le retentissement qu'eurent ces œuvres valut à Michel-Ange, à son retour à Florence, en 1501, la commande de l'achèvement de la statue colossale du *David*, qu'avait commencée Simone de Fiesole. Ce *David* est resté emblématique de la sculpture de la jeunesse de Michel-Ange, partie pour sa dimension impressionnante (un peu contradictoire avec l'épisode de Goliath), partie pour la perfection de sa référence à l'Antique et pour sa beauté physique. Il sculpta un *Bacchus ivre* (autour de 1500). Il exécuta aussi douze figures d'apôtres pour l'église de Sainte-Marie des fleurs.

Autour de 1503, il peignit une *Vierge à l'Enfant* pour son ami Angelo Doni. Il s'agit du *Tondo Doni* (Florence, Offices). Du point de vue iconographique (n'omettons pas le célèbre sens caché selon Panofsky), il n'est pas sans intérêt d'analyser que la famille christique en premier plan est séparée par un muret (peu discrètement symbolique) de l'humanité encore soumise à l'ancienne loi païenne, serait-ce son « contenu latent » ? Du point de vue de la maîtrise du dessin, on ne peut qu'admirer la science avec laquelle, partant d'un format rigoureusement circulaire, format éminemment baroque, incitant au mouvement, Michel-Ange traite la position et la dynamique complexes du corps de la Vierge, accroupi sur le sol et s'enroulant en spirale depuis les jambes et cuisses tendues en avant vers la droite, le bassin amorçant un rétablissement inverse qu'accentue le torse, jusqu'aux bras et à la tête franchement renversés à gauche et en arrière pour, un peu accrobatiquement, tendre l'enfant à Joseph presque caché derrière elle, à moins que, dans un renversement du sens, ce soit lui qui tende l'enfant à Marie. On remarque aussi que cette Vierge a l'allure d'une robuste femme aux formes épanouies sinon sensuelles. Peut-être enfin le point de vue le plus intéressant sur cette œuvre concerne-t-il son analyse plastique, on pourrait dire son « contenu manifeste ». Quant au traitement des formes, et ici en précisant : volumes et espace, il est évident que c'est le regard du sculpteur qui prévaut. Quant à la couleur, cette peinture, d'une part peinte à l'huile ce qui ne pose pas les mêmes problèmes de restauration que la fresque, d'autre part bien conservée à l'abri des agressions diverses et discrètement nettoyée et restaurée en 1984-85, renseigne d'origine sur l'étendue du registre chromatique exploité par Michel-Ange. On remarque d'abord la multiplicité des couleurs, le spectre étant complet depuis le rouge, par orangé, jaune et vert, jusqu'au moins au bleu, leur vif éclat limité aux minces zones de lumière atténuée, leur éclaircissement au contraire très étendu sous la pleine lumière et leur modulation assombrie localisée dans les ombres peu développées. La couleur est ici un moyen commode pour distinguer deux vêtements, deux personnages ; elle remplit une fonction de séparation des personnages, des éléments de la composition, chez Michel-Ange peu signalétique du statut des personnages selon la symbolique chrétienne. L'impression donnée par le dessin est confirmée par la couleur, c'est une peinture de sculpteur, la couleur est choisie et utilisée sans recherches d'harmonies délibérées, un peu comme n'importe quoi et n'importe comment, le heurt des diverses teintes produit plutôt une impression acidulée. C'est une peinture claire, comme coloriée, faite pour mettre en évidence la plastique sculpturale. C'est bien l'impression qu'on retirera des fresques de la voûte de la Sixtine, impression de fadeur acidulée encore renforcée par les restaurations des années quatre-vingt, quatre-vingt-dix.

En 1505, Jules II l'appela à Rome. Le pape avait conçu prudemment le projet de faire édifier son tombeau de son vivant. Le plan de Michel-Ange enthousiasma d'abord le pontife. Le monument d'une importance incomparable, visible sur quatre faces et orné d'une quarantaine de statues, devait être élevé au milieu de la basilique Saint-Pierre. Michel-Ange partit pour Carrare afin de surveiller l'extraction des marbres nécessaires à ce travail. Il y passa huit mois. À son retour, Jules II semblait avoir changé d'idée et Michel-Ange obtint à grand-peine le remboursement de ses avances aux marbriers. Plus d'une fois déjà des heurts s'étaient produits entre le pape et son sculpteur. Michel-Ange n'étant plus traité avec la considération des premiers jours et profondément déçu de l'ajournement du travail commencé, se querella avec Jules II et s'enfuit à Florence. Cinq courriers auraient été lancés après lui sans qu'il consentît à revenir sur ses pas et dès son arrivée il écrivit à son illustre commanditaire : « Si vous avez besoin de mes services désormais, vous devrez me faire chercher autre part que dans Rome ». Le Pape s'adressa à la Seigneurie de Florence, demandant que son sculpteur lui fût ramené, promettant qu'il ne lui serait fait aucun tort. Les négociations durèrent cinq mois et ce ne fut que lorsque son ami le gonfalonier Soderini eut fait appel à son patriotisme, lui disant qu'il ne pouvait pas être la cause d'une guerre de la République avec le Saint-Siège, que Michel-Ange consentit à se rendre à Bologne où le pape venait d'entrer en triomphateur. Leur première entrevue eut lieu au mois de novembre 1506. Jules II se montra plein de bienveillance, Michel-Ange sollicita son pardon, ajoutant cependant « qu'il ne croyait pas avoir mérité le traitement qu'il avait subi ». Il ne fut plus question du différend et un bronze du pape destiné à décorer une des portes de l'église de Bologne lui fut commandé. Ce travail demanda deux ans après lesquels Michel-Ange revint à Florence au mois de mars 1508.

C'est aussi vers 1505-1506, donc entre ses séjours à Florence et à Rome qu'il aurait dû réaliser une peinture représentant la *Bataille de Cascina* ou *Guerre de Pise* qui, avec la *Guerre contre le Milanais* dont était chargé Leonardo da Vinci, devait compléter la décoration de la salle du grand Conseil dans le Palazzo della Signoria. L'artiste avait représenté les soldats florentins se baignant surpris par les Pisans, mais il n'acheva pas même le carton, d'ailleurs perdu dans la suite, dont on connaît cependant une copie en grisaille par Aristotile da Sangallo, dans la collection du comte de Leicester, d'après laquelle auraient été gravées certaines parties de l'œuvre par Marc-Antoine Raimondi, Agostino da Venezia et Schiavonetti, qui permettent d'y identifier comme des esquisses qui seront reprises pour la Sixtine. Vers 1508, il peignit la *Mise au tombeau* de Londres, dont la scénographie dansante des personnages qui soutiennent le Christ, bizarrement debout, en accentue l'orientation baroque et la plastique sculpturale.

Ce fut à cette époque que le pape le chargea d'exécuter la décoration de la voûte de la chapelle Sixtine. Raphaël travaillait alors de son côté aux Stanze. On a admis qu'il y eut peut-être une influence de Michel-Ange sur Raphaël. On peut remarquer en effet une parenté entre le traitement anecdotique de la couleur chez Michel-Ange et sa fonction surtout décorative chez Raphaël. Dans son œuvre, Vinci n'avait pas montré pareille carence, peut-être d'avoir étudié la fonction atmosphérique de la couleur chez Masaccio. L'ouvrage de Ch. Heatle Wilson *La vie et les lettres de Michelangelo Buonarroti* contient une documentation qui contredit sur plus d'un point les affirmations de Vasari au sujet des conditions dans lesquelles la décoration de la Sixtine fut exécutée. Vasari mentionne une durée de vingt mois pour son achèvement ; Wilson affirme que, commencée durant l'été de 1508, Michel-Ange ne la terminait qu'au cours de l'automne 1512. L'écrivain anglais conteste également l'affirmation que le peintre n'employa aucun aide. On sait au contraire qu'il fut secondé au moins par : Sebastiano Sangallo qui lui préparait les couleurs, et surtout par la collaboration de Giulio Bugiardini, Francesco Granacci, Jacopo di Sandro II, Giovanni Michi, Bernardino Zacchetti. Quant à Daniele Ricciarelli, son rôle ne consistera plus tard, en 1557, qu'à voiler les nudités du *Jugement dernier*. Le 1er novembre 1509, pour satisfaire l'impatiente curiosité du pontife, les échafauds dissimulant la partie terminée du plafond, furent enlevés. L'enthousiasme fut général. Le sujet choisi, gigantesque, représentait les scènes les plus dramatiques de l'Ancien Testament, depuis la création : *Dieu séparant la lumière des ténèbres* ; *La Création des mondes* ; *La Séparation de la terre et des eaux* ; *La Création de l'homme* ; *la Création de la femme* ; *La Tentation* ; *L'Expulsion du Paradis terrestre* ; *Le Sacrifice de Noé* ; *Le Déluge* ; *L'Ivresse de Noé* ; *Le Serpent d'Airain* ; *L'Histoire d'Esther* ; *L'Histoire de Judith* ; *L'Histoire de Goliath* ; auxquelles s'adjoignaient, sur les rebords de la corniche qui soutient la voûte, les *Ignudi*, ces *Nus* dont la présence est assez inexplicable, sauf à témoigner de nouveau de l'intérêt de Michel-Ange pour la plastique sculpturale de ces jeunes athlètes nus, qui surplombent en retombée les rangées des figures des *Prophètes* et des *Sibylles* que le Moyen Âge considérait aussi comme des annonciatrices du Sauveur. Cet ensemble constitue une véritable somme théologique que Tolnay explique ainsi : « Cette série de fresques nous expose le retour à Dieu de l'âme humaine emprisonnée dans le corps (c'est-à-dire la déificatio ou le ritorno). Ce retour à Dieu n'est que le retour de l'âme à sa propre Source et à son essence première, car selon le néoplatonisme de la Renaissance, Dieu n'est que l'idée de l'homme et non pas un être transcendant ainsi que l'enseignait le Moyen Âge ». Ceci peut expliquer la puissance surnaturelle de ses personnages, véritables « surhommes », campés en de solides volumes, dans des raccourcis étourdissants. Dans cet ensemble colossal des peintures de la voûte (mais est-ce un ensemble ou la juxtaposition de parties ?) se manifeste encore avec la même évidence, et la même force indéniable, l'appartenance de l'art pictural de Michel-Ange à la sculpture. La puissance exceptionnelle du dessin pâtit de la mièvrerie du traitement coloré. Le passage des siècles avait recouvert l'ensemble des tableaux d'une patine qui en avait atténué les couleurs et leur avait conféré un voile brun-doré qui les unifiait, sans nuire au dessin, l'exaltant au contraire par la force du traitement valoriste des volumes. La restauration des années quatre-vingt, certainement responsable de la suppression des repeints à la tempéra « à sec », en a surravivé les couleurs tout en en atténuant la modulation des volumes. Il ne reste en haut de cette voûte qu'une succession d'images coloriées, certes bien lisibles pour les foules qui s'entassent et défilent, mais dont désormais l'aspect de « chromos » ne perpétue que les aspects les moins convaincants de l'art pictural de Michel-Ange.

Léon X, succédant à Jules II en 1513, plus séduit par le talent moins métaphysique de Raphaël, laissa à Michel-Ange plus de temps pour s'occuper du tombeau du pape défunt, bien qu'un nouveau contrat très restrictif lui fût imposé par les Della Rovere, héritiers de Jules II. Si ce tombeau paraît avoir été longtemps considéré par Michel-Ange comme devant être son œuvre capitale, il aura été pour lui une déception à la mesure de l'immensité du projet. Jules II mort, qui avait prudemment voulu voir édifier son tombeau de son vivant, les projets de Bramante pour Saint-Pierre firent écarter celui de son monument, en tout cas de son emplacement au centre de Saint-Pierre. Michel-Ange ne put en réaliser que des fragments. Des vingt-huit statues du projet, il n'en sculpta que trois. Il sculpta, en 1513-1515, le *Moïse*, dont la majesté qui devait dominer l'impressionnant monument, a été reléguée, finalement en 1545, dans la solitude de San Pietro in Vincoli (Saint-Pierre-aux-Liens) avec quelques fragments du projet initial ; les deux statues d'esclaves, commencées en 1513, l'*Esclave rebelle* et l'*Esclave mourant* (terminées entre 1515 et 1516), ont abouti au Louvre ; la *Victoire* au Palazzo Vecchio.

Cependant Léon X interrompit encore le grand travail en lui commandant, en 1516, l'exécution de la façade de San Lorenzo de Florence dont le pontife voulait faire une œuvre magnifique. Cette fois Michel-Ange finit par accepter, déclarant dans une de ses lettres qu'il voulait y réaliser, « aussi bien au point de vue de l'architecture et de la sculpture, le chef-d'œuvre de toute l'Italie ». Cette espérance fut encore déçue : dix années de la vie de Michel-Ange furent gaspillées dans la surveillance de l'extraction des marbres nécessaires au monument. Entre-temps, il réussit à faire, entre 1519 et 1521, une deuxième version du *Christ ressuscité* pour Santa-Maria-sopra-Minerva de Rome. Mais bientôt le chantier pour la façade de San Lorenzo, probablement trop onéreux, fut abandonné et le pape demanda à Michel-Ange de faire les tombeaux et la chapelle funéraire des Médicis à l'intérieur. Après avoir refusé, Michel-Ange accepta d'exécuter les plans en novembre 1520. La construction de la chapelle et des tombeaux se fit entre 1520 et 1527 ; la décoration statuaire entre 1530 et 1534.

Il était occupé à Florence aux travaux du tombeau des Médicis dans l'église de San Lorenzo, lorsque la prise de Rome par le connétable de Bourbon, le 6 mai 1527, provoqua la révolte du parti populaire contre les Médicis et leur fuite de la ville. Michel-Ange compta parmi les plus ardents défenseurs de Florence. Durant le siège que soutint la capitale de la Toscane contre les troupes papales, il fut chargé par la Seigneurie des travaux de fortification. Il fut également chargé de missions, près des gouvernements de villes voisines, notamment à Venise. La chute de la ville sous l'effort combiné des troupes du pape et de celles de Charles Quint fit courir le plus grand péril à Michel-Ange. Il dut se tenir caché à Ferrare jusqu'à ce que Clément VII lui eût accordé son pardon, d'autant que Charles Quint avait restauré un Médicis. Il revint reprendre ses travaux, « le cœur brisé », écrit-il, et sculpta les quatre grandes figures : *La Nuit, L'Aurore, Le Jour* et *Le Crépuscule*, et les deux statues de Laurent et de Julien de Médicis. Contrairement à ce qui s'était passé pour le tombeau de Jules II, il put mener à son accomplissement l'édification de la chapelle et la création des tombeaux et de leur statuaire, constituant sa réalisation la plus achevée en sculpture. Parallèlement il construisit la Bibliothèque Laurentienne de 1524 à 1526, puis de 1530 à 1534 ; en 1530, il aurait peint une *Léda* pour le duc de Ferrare, qui ne fut pas livrée à ce prince et que Michel-Ange légua à son élève Antonio Mini. L'œuvre aurait été vendue à François Ier, puis brûlée avec la majeure partie des tableaux de l'École de Fontainebleau par ordre de M. Des Noyers désireux de plaire à la prude Anne d'Autriche. Le *Bryan's Dictionary* dit que M. Reiset aurait retrouvé le tableau échappé aux flammes et considérablement repeint à la National Gallery. Cette *Léda* perdue serait connue par des copies. De 1532, date sa rencontre avec le jeune noble romain, Tommaso Cavalieri, dont la beauté toucha à l'extrême Michel-Ange qui sembla alors retrouver une seconde jeunesse et écrivit des lettres d'amour et des poèmes. La mort de Ludovico Buonarroti, père de Michel-Ange, en 1534, coïncida avec celle de Clément VII. Le séjour de Florence lui pesait désormais.

Michel-Ange revint à Rome, décidé à reprendre les travaux du monument de Jules II. Le nouveau pape, Paul III s'y opposa. Confirmant l'ancienne commande, il voulut que Michel-Ange terminât la décoration de la Sixtine et le résultat de cet ordre fut la peinture du *Jugement Dernier*, auquel il travailla de 1536 à 1541. S'inspirant du poème de Dante, se souvenant du thème similaire traité par Luca Signorelli au dôme d'Orvieto, la force dramatique du thème (il s'agit du jugement dernier, irrémédiable) amena Michel-Ange à une conception et un traitement très opposés à l'ensemble de sa production picturale. La composition gigantesque se développe dans un climat psychologique et chromatique très sombre, en fait celui de la nuit éternelle. Entre les bas-fonds infernaux et le dieu de justice qui élit ou condamne d'en haut, se presse une humanité presque innombrable, déchirée entre ceux qui tentent désespérément d'échapper au châtiment éternel et ceux auxquels la présence du Christ pourrait remettre leurs péchés, encore que son étonnante attitude vengeresse ne soit guère rassurante. Au tiers de la hauteur, de leurs trompettes, sans ménagements, les anges éveillent les morts. À gauche, donc sur la droite de Dieu, les élus sont lentement aspirés vers le haut. À droite, les réprouvés sont rejetés inexorablement à l'abîme, au fond duquel le Charon du Dante rejette violemment de sa barque les malheureux qui tentent de s'y hisser. Les grappes d'humains, portées par de petits nuages cotoneux se détachent sur le fond bleu-nuit, traitées en camaïeu d'ocres et de bruns rouges. Le parti est aussi simple que dans ses autres œuvres peintes, mais l'effet de clair-obscur des corps relativement clairs contrastant avec le fond sombre entraîne un traitement plus violent de la modulation des volumes. Débarrassé des fadeurs de couleurs mal assorties et non accordées, *Le Jugement dernier* est une immense composition sculpturale que, paradoxalement, seule pouvait permettre la peinture. Toutefois, par rapport à ce que devait être l'original, la copie qu'en fit sur place Marcello Venusti, parfaitement conservée au Musée de Capodimonte, n'ayant pas été exposée aux pollutions de la Sixtine, en donne une perception encore très fidèle. Il est dommage que les restaurateurs de l'original dans les années quatre-vingt-dix n'aient apparemment pas eu l'inspiration de s'y référer, ce qui leur aurait évité bien des erreurs funestes, notamment le bleu quasi-électrique de la voûte céleste qui se trouve projetée en avant des personnages, dont les volumes s'en trouvent écrasés, bien que pourtant moins affadis que ceux du plafond, ainsi que, par voie de conséquence, la modulation, d'ailleurs mal maîtrisée et inefficace, des nuages porteurs, eux aussi rejetés en arrière du bleu maintenant omniprésent, qui initialement constituait, au fond et non devant, « le silence des espaces infinis » de la composition. Entre 1536 et 1538, Michel-Ange avait fait la connaissance de la poétesse Vittoria Colonna qui favorisa son goût pour les Lettres. L'amitié qu'il porta à cette femme pieuse enflamma sa foi qu'il traduisit en d'émouvants poèmes religieux. Il composa des épigrammes, des épitaphes, des madrigaux, des « Stanze », des « Canzoni », des sonnets au nombre de soixante-dix-sept.

Malgré ses soixante-et-onze ans, il dut, sur l'ordre du pape, peindre deux grandes fresques, dans la chapelle Pauline du Vatican : *Le Martyre de saint Pierre* et la *Conversion de saint Paul* (1542-1550). En tant qu'architecte, jusqu'en 1560 se poursuivirent les travaux de la Bibliothèque Laurentienne à Florence ; à Rome, en 1546 il conçut le remaniement de la place du Capitole, et l'entablement de la corniche du Palais Farnèse ; en 1561 le plan de Santa-Maria-degli-Angeli. S'il ne peignait et ne sculptait plus, sur ordre de Paul III, Michel-Ange dut accepter encore la charge de l'achèvement de Saint-Pierre de Rome. Il y consacra les dix-sept dernières années de sa vie, complétant cette partie de son œuvre par la célèbre coupole, dont il ne vit pas l'achèvement, mais dont il poussa suffisamment les travaux pour que ses plans ne pussent plus être modifiés. Vasari et Condivi, l'un et l'autre élèves et biographes de Michel-Ange, déclarent qu'à sa mort plusieurs peintures et sculptures inachevées furent trouvées dans son atelier, ainsi que son immense œuvre dessiné, où il se montre, outre sculpteur et peintre, anatomiste, archéologue, architecte, qui conserve souvent la trace d'œuvres délaissées ou disparues. Jusque dans ses ultimes œuvres peintes, le *Martyre de saint Pierre* et la *Conversion de saint Paul*, s'associent encore les indices du baroque jusqu'au maniérisme, à l'évidence du classicisme inspiré de l'Antique, compromis impressionnant de la puissance et de la grâce qui est la marque même de l'art de Michel-Ange où Jules II savait reconnaître sa « terribilità ».

■ E. Bénézit, J. Busse

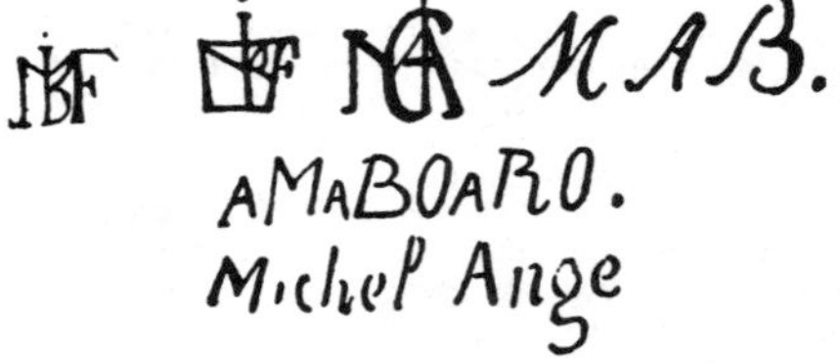

Bibliogr. : Wilson : *Life and works of Michelangelo*, Londres, 1876 – R. Ricci : *Michel-Ange*, Florence, 1902 – Boyer d'Agen : *Michel-Ange : le plafond de la Sixtine, le Jugement dernier*, Paris, 1931-34 – R. Huygue : *Michel-Ange*, Paris, 1937 – M. Brion : *Michel-Ange*, Paris, 1939 – C. Gamba : *La peinture de Michel-Ange*, Paris, 1943 – C. de Tolnay : *Michel-Ange*, Paris, 1951 – Redig de Campos : *Michel-Ange, les fresques de la chapelle Pauline au Vatican*, Milan, 1952 – L. Golsdcheider : *Michel-Ange, peinture, sculpture, architecture*, Paris et Londres, 1953 – J. S. Ackerman : *The architecture of Michelangelo*, Londres, 1961 – Charles de Tolnay : *The complete work of Michelangelo*, 2 vol., Mac-Donald, Londres, 1965 ; Éditions Atlas, Paris, 1975-1976-1983-1986 – Ettore Camesasca & Salvatore Quasimodo : *L'Opera completa di Michelangelo pittore*, Rizzoli Editore, Milan, 1966 ; Ex Libris, Zurich, 1966 ; Flammarion, coll. Les Classiques de l'art, Paris, 1967-1986 – F. Hartt : *Michelangelo, the complete sculpture*, Londres, 1969 – C. de Tolnay : *Michelangelo*, 5 vol., Princeton University Press, 1969-1971 – Umberto Baldini : *L'Opera completa di Michelangelo scultore*, Rizzoli Editore, Milan, 1973 – in : *Diction. Univers. de la Peint.*, vol. 4, Le Robert, Paris, 1975 – in : *Diction. de la Sculpt. occident. du Moyen Âge à nos jours*, Larousse, Paris, 1992 – Eugène Delacroix : *Michel-Ange*, Novetlé, 1996 – L. Goldscheider : *Michelangelo : paintings, sculpture, architecture*, Phaidon Press, 1996 – Paul Joannides : *Michel-Ange et son influence : dessins du Château de Windsor*, Lund Humphries, 1996.

Musées : Florence (Acad. des Beaux-Arts) : *David – Saint Mathieu – Modèle pour un Dieu fluvial – La jeune esclave – L'esclave barbu – L'esclave nommé « Atlante » – L'esclave s'éveillant* – Florence (Bargello) : *Bacchus – Tondo pour B. Pitti – David Apollon – Buste de Brutus* – Florence (Mus. des Offices) : *Sainte Famille*, dite Tondo Doni – Florence (Chapelle Médicis) : *L'Aurore – Le Crépuscule – La Nuit – Le Jour – Laurent de Médicis* –

Julien de Médicis – Vierge – Florence (Palais de la Seigneurie) : La Victoire – Florence (Santa Maria del Fiore) : Pietà – Londres (Nat. Gal.) : Tondo pour Taddeo Taddei – Mise au tombeau vers 1508 – Paris (Mus. du Louvre) : Esclave mourant – Esclave rebelle – Rome (Vatican) : Pietà – Décoration de la chapelle Sixtine – Rome (Chapelle Pauline) : Conversion de saint Paul – Crucifixion de saint Pierre – Rome (Santa Maria Sopra Minerva) : Le Christ ressuscité – Rome (San Pietro in Vincoli) : Moïse, tombeau de Jules II – Saint-Pétersbourg (Mus. de l'Ermitage) : Adolescent accroupi.

Ventes Publiques : Paris, 1793 : *Sainte Famille* : **FRF 2 362** – Londres, 1794 : *Jupiter et Léda* : **FRF 1 860** – Londres, mars 1804 : *La Vierge et saint Jean l'Évangéliste* : **FRF 18 120** – Londres, 1850 : *Esquisse pour le Jugement dernier*, dess. : **FRF 1 617** ; *Étude de tête d'homme*, dess. : **FRF 1 785** ; *Songe de Michel-Ange*, dess. : **FRF 2 520** ; *La Vierge, l'Enfant Jésus et saint Jean*, dess. : **FRF 3 780** – Londres, 1875 : *La chute de Phaéton*, dess. : **FRF 5 000** – Londres, 12 et 13 juin 1933 : *Figure d'homme nu, assis, les bras levés*, étude de la figure placée près du prophète Daniel au plafond de la chapelle Sixtine ; *Deux études d'un pied gauche, une étude d'homme en buste*, sanguine, verso : **FRF 1 450** – Londres, 11 déc. 1934 : *Portrait de l'artiste* : **FRF 205 100** – Londres, 7 déc. 1960 : *La tentation de saint Antoine*, temp. sur pan. : **GBP 13 000** – Londres, 28 avr. 1976 : *Nu d'homme*, dess. double face à la pierre noire (23,3x10) : **GBP 42 000**.

MICHEL-BERNARD d'Arras
XIVe siècle. Actif à la fin du XIVe siècle. Français.
Lissier.

Est connu pour avoir exécuté, en 1387, la tapisserie de la *Bataille de Roosebeke*, pour Philippe le Hardi.

MICHEL-BRANDT Martha
Née en 1879 à Limbourg. XXe siècle. Hollandaise.
Peintre de paysages, fleurs.

Elle fut élève de O. Graf, de Jank et de Weisgerber. Elle vécut et travailla à Munich.

MICHEL-GEORGES-MICHEL. Voir **GEORGES-MICHEL Michel**

MICHEL-HENRY
Né en 1928 à Langres (Haute-Marne). XXe siècle. Français.
Peintre d'intérieurs, paysages, paysages urbains.

Il a été élève à l'École des Beaux-Arts de Paris. Il est sociétaire et membre du comité du Salon d'Automne. Il participe, également, à Paris, au Salon des Terres Latines, Comparaisons, de la Société Nationale des Beaux-Arts, et des Artistes Français dont il a obtenu la médaille d'or en 1977. Il a également figuré à l'exposition *Meubles tableaux* au Centre Georges Pompidou à Paris en 1977.

Surtout paysagiste, il est connu pour une série de peintures sur Amsterdam. Il désire avant tout porter un regard de plaisir sur ce qui l'entoure.

Ventes Publiques : Paris, 29 sep. 1989 : *Les anémones*, h/t (14x22) : **FRF 4 000** – Saint-Jean-Cap-Ferrat, 16 mars 1993 : *Fleurs – bouquet champêtre*, h/t (48x56) : **FRF 17 000** – Londres, 26 oct. 1994 : *Sanary*, h/t (101x73,5) : **GBP 2 185** – Paris, 10 avr. 1996 : *Palmes d'Afrique*, h/t (114x146) : **FRF 12 000**.

MICHEL-LANÇON Édouard
Né le 20 octobre 1854 à Besançon. XIXe siècle. Français.
Peintre et graveur.

Figura au Salon des Artistes Français. Membre de cette société depuis 1896, médaille de troisième classe en 1890 et une mention honorable en 1910, comme lithographe. Le Musée de Besançon possède de lui : *les Obsèques de V. Hugo*.

MICHEL-LEVY Henri
Né en 1845 à Paris. Mort en 1914 à Paris. XIXe-XXe siècles. Français.
Peintre de genre, portraits, paysages, pastelliste.

Il fut élève de Barrias et d'Antoine Vollon.

Il exposa, à Paris, au Salon de 1868 à 1886, obtenant une mention honorable en 1880, une médaille de troisième classe en 1881, et une de bronze en 1889, dans le cadre de l'Exposition universelle de Paris.

Bibliogr. : Gérald Schurr, in : *Les Petits Maîtres de la peinture 1820-1920, valeur de demain*, Les Éditions de l'Amateur, t. IV, Paris, 1979.

Musées : Gray : *Plage du Poulinguen – Village de Moisy* – Honfleur : *Boudin peignant des animaux* – Orléans : *deux tableaux* – Trouville : *Portrait de Mlle Martin à l'âge de quatre ans.*

Ventes Publiques : Paris, 1881 : *Enfants dans la prairie* : **FRF 500** – Paris, 11 juil. 1896 : *La Bouquetière* : **FRF 300** – Paris, 19 nov. 1924 : *La Nourrice* : **FRF 105** – Paris, 25 oct. 1929 : *À Saint-Cloud, dans le parc* : **FRF 260** – Zurich, 25 mai 1979 : *Jeune femme au lit avec son chat*, h/pan. (31,5x41) : **CHF 4 400** – Paris, 20 juin 1991 : *La petite écolière*, past./t. (129x67) : **FRF 75 000** – New York, 22 oct. 1997 : *Sur la plage*, h/t (19,1x24,5) : **USD 13 800**.

MICHEL-MAECKLER, pseudonyme de **Maeckler Joseph Eugène**
Né le 21 octobre 1872 à Strasbourg (Bas-Rhin). Mort le 6 octobre 1925 à Strasbourg. XXe siècle. Français.
Peintre de portraits, paysages, peintre de compositions murales.

Il fut élève de Kaspar Ritter et de L. Schmid-Reutte à Carlsruhe, de Marr, Wagner, Stuck et Feuerstein à Munich. Il vécut à partir de 1910 à Strasbourg. Jusqu'en 1910, il signait ses œuvres Jospeh Eugen Maeckler.

Il a exécuté la décoration murale de l'Hôtel des Bains à Morsbronn-les-Bains.

MICHEL-MALHERBE Ernest Jules
Né au XIXe siècle à Ay dans la Marne. XIXe siècle. Français.
Sculpteur.

Il a fait des envois au Salon de Paris de 1887 à 1910.

MICHEL-PASCAL. Voir **PASCAL François Michel**

MICHEL-THOMAS Alexandre Louis
Né le 16 avril 1830 à Nantes. XIXe siècle. Français.
Sculpteur.

Fils de Louis Michel-Thomas.

MICHEL-THOMAS Louis
Né en 1792 à Poitiers. Mort en février 1856 à Nantes. XIXe siècle. Français.
Sculpteur et restaurateur.

MICHEL-VILLEBRANCHE Alain Marie
Né au XIXe siècle à Saint-Servan. XIXe siècle. Français.
Peintre de genre et de portraits.

Élève de L. Cogniet. Débuta au Salon de 1848.

MICHELA
XVIIIe siècle. Actif vers 1740. Italien.
Peintre de perspectives.

MICHELA Mario
Né au XIXe siècle dans le Piémont. XIXe-XXe siècles. Italien.
Peintre de paysages.

Fixé à Turin, il débuta dans cette ville en 1884.

MICHELANA Arturo. Voir **MICHELENA**

MICHELANGELI Francesco, dit **l'Aquilano**
Né en 1700 à Aquila. Mort le 30 août 1720 à Rome. XVIIIe siècle. Italien.
Peintre d'histoire.

Élève de B. Luti, surtout connu par les copies qu'il fit des œuvres de son maître. Il mourut jeune.

MICHELANGELO
Né vers 1470. Mort à Rome, à l'âge de 50 ans. XVe siècle. Italien.
Sculpteur.

Il a exécuté le tombeau d'Adrien VI à S. Maria dell' Anima à Rome.

MICHELANGELO. Voir aussi **MICHEL-ANGE**

MICHELANGELO ou **Michele**, dit **di Angelo Perugino**
Originaire de Pérouse. XVe siècle. Italien.
Peintre de miniatures.

MICHELANGELO Andrea di. Voir **FERRUCCI Andrea di Michelangelo**

MICHELANGELO di Bastiano. Voir **FERRUCCI Michelangelo di Bastiano**

MICHELANGELO di Pietro
XVe-XVIe siècles. Italien.
Peintre de compositions religieuses.

Il était actif de 1484 à 1525 à Lucques. Il était auparavant connu en tant que « Maître du Tondo de Lathrop ».

Ventes Publiques : New York, 14 oct. 1992 : *Saint évêque debout, peut-être Blaise ou Augustin*, h. et temp./pan. (142,2x40,6) : **USD 16 500**.

MICHELANGELO da Siena. Voir **ANSELMI Michelangelo**

MICHELANGELO di Viviano. Voir l'article **BANDINELLI Bartolommeo**

MICHELAU Anna
Née le 13 décembre 1872 à Königsberg (Kaliningrad, ancienne Prusse-Orientale). xxe siècle. Allemande.
Peintre de paysages, natures mortes, portraits, graveur.
Elle fut élève de l'Académie de Königsberg et de Skarbina à Berlin.

MICHELE del Becca ou **Michele del Becha**
Mort le 6 mai 1517. xve-xvie siècles. Actif à Imota. Italien.
Peintre.

MICHELE di Benedetto da Campione
xvie siècle. Actif à Milan. Italien.
Sculpteur.

MICHELE da Bologna. Voir **LAMBERTI Michele di Matteo da Bologna**

MICHELE da Carona
xve siècle. Actif à Carona. Suisse.
Sculpteur.
Michel travailla à Ancone et à Sinigaglia, et collabora avec Antonio da Corona aux sculptures des portes de la citadelle de cette dernière ville, vers 1496.

MICHELE Fiammingo. Voir **DESUBLEO Michele**

MICHELE da Genova
xve siècle. Actif à Parme. Italien.
Miniaturiste.
Il a subi l'influence de Mantegna.

MICHELE di Giovanni da Milano
xve siècle. Italien.
Sculpteur et architecte.
Il a édifié en 1493 le péristyle du Palais des Anciens à Ancone.

MICHELE di Giovanni Spagnuolo
Mort avant le 27 juin 1510. xve-xvie siècles. Éc. florentine.
Sculpteur sur bois.
Il a sculpté les stalles du chœur de la cathédrale de Pise.

MICHELE di Jacopo dei Carri. Voir **CARRI Michele di Jacopo dei**

MICHELE da Lucca
xve siècle. Actif à Pise en 1467. Italien.
Peintre de fresques.

MICHELE di Matteo da Bergamo. Voir **MICHELE di Matteo da Panzano**

MICHELE di Matteo da Bologna. Voir **LAMBERTI Michele di Matteo da Bologna**

MICHELE di Matteo da Panzano ou **Michele di Matteo da Bergamo**
xve siècle. Italien.
Peintre.
Peut-être à rapprocher du MAÎTRE du Triptyque de Panzano.
Musées : Bologne (Pinacothèque) : *Pietà* 1467 – un triptyque.

MICHELE da Milano
xive siècle. Italien.
Peintre.
Élève de Agnolo Gaddi.

MICHELE da Milano
Né au xve siècle à Milan. xve siècle. Italien.
Sculpteur.
Travailla avec son fils, Alvise di Michele da Milano, aux sculptures du Palais municipal de Jesi, en 1486. Ils exécutèrent, notamment, les tabernacles et une partie de la décoration du portail principal. Ces travaux occupèrent le père et le fils pendant près de quinze ans, Michele Alvise n'ayant quitté Jesi pour se rendre à Ancone qu'en 1500. Se confond sans doute avec Michele di Giovanni da Milano.

MICHELE di Niccolaio
xve siècle. Italien.
Sculpteur.

MICHELE Ongaro, dit **Pannonio**
Mort le 28 juillet 1464. xve siècle. Actif à Ferrare. Italien.
Peintre.
Il a peint des sujets religieux à la cathédrale de Ferrare. Le Musée de Budapest possède une *Cérès* de cet artiste. On lui attribue une *Vierge à l'enfant,* découverte à Ferrare, en 1842.

MICHELE Parrasio. Voir **MICHELI**

MICHELE da Pavia. Voir **BESOZZO Michelino Molinari da**

MICHELE da Piacenza
xve siècle. Actif à Gênes. Italien.
Peintre de paysages et de fresques.

MICHELE di Ridolfo. Voir **GHIRLANDAIO**

MICHELE da Ronco
Né à Milan. xive siècle. Actif à Bergame. Italien.
Peintre.
Il travailla à S. Maria Maggiore de Bergame, de 1375 à 1377.

MICHELE di Ser Memmo
Mort vers 1375. xive siècle. Actif à Sienne. Italien.
Sculpteur, architecte et orfèvre.
Il a dirigé en 1348 la construction de l'Hôtel de Ville de Pistoia et a exécuté une statuette en argent de saint Jean pour l'église Saint-Jean de cette ville.

MICHELE da Siena
xve siècle. Actif à Sienne. Italien.
Sculpteur sur bois.
Il a travaillé en 1433 aux stalles du chœur d'Orvieto.

MICHELE di Simone. Voir **FERRUCCI Michele di Simone**

MICHELE Spagnuolo. Voir **MICHELE di Giovanni Spagnuolo**

MICHELE Tedesco. Voir **TEDESCO**

MICHELE da Verona. Voir **MICHEL da Verona**

MICHELE ZAMBONO di ser Taddeo. Voir **BONO Michele di Taddeo**

MICHELENA Arturo
Né le 16 juin 1863 à Valencia (Carabobo). Mort le 29 juillet 1898 à Caracas. xixe siècle. Vénézuélien.
Peintre.
En 1883, il expose une première fois et présente *La entrega de la bandera* à l'Exposition Nationale du Venezuela à l'Académie des Beaux-Arts de Caracas. Deux ans plus tard, il part à Paris et y est l'élève de J.-P. Laurens de 1885 à 1889. Il figura, à Paris, au Salon des Artistes Français, où il obtint une médaille de deuxième classe en 1887, une médaille d'or en 1889 à l'Exposition universelle. Il repart un an à Caracas, puis revient à Paris pour un nouveau séjour de deux ans. Il participe alors au Salon des Artistes Français et y expose une *Charlotte Corday* qui obtient une médaille d'or ; chevalier de la Légion d'honneur en 1908. Rentré définitivement au pays natal, sa peinture devient alors véritablement vénézuélienne, et son œuvre se transforme bientôt en un symbole populaire et national. Ses portraits : *Bolivar en Carabobo* et *Miranda en la carraca,* comme ses scènes de bataille : *Vuelvan Caras,* impliquent une conscience nationale. Il fut aussi plus intimiste, comme en témoignent ses peintures de genre parmi lesquelles : *Desvan de un Anticuario.* La Ville de New York possède de cet artiste une *Scène de combat.*
Ventes Publiques : Paris, 29 jan. 1931 : *Une scène d'Hernani ; Scène du Roi s'amuse,* les deux : **FRF 600** – New York, 18 nov. 1987 : *El Visitante Siniestro* 1886, h/pan. (36,8x29,2) : **USD 4 000** – New York, 25-26 nov. 1996 : *Guerriers maures* 1880, h/t (69,5x122,9) : **USD 129 000.**

MICHELENA Bernabé
Né en 1888 à Durazno. xxe siècle. Uruguayen.
Sculpteur.
Il fut d'abord l'élève du sculpteur italien Felipe Morelli, à Montevideo. Ayant obtenu une bourse, il put entreprendre un long voyage à travers l'Europe. Il fit un séjour à Paris à partir de 1927, étudiant les œuvres de Rodin, Bourdelle, Maillol et Despiau.
Il montra ses œuvres dans une exposition personnelle lors de son séjour à Paris. En 1930, il remporta le Premier Prix de sculpture, à l'exposition organisée pour la célébration du centenaire de l'indépendance de l'Uruguay ; en 1942, il obtint le Grand Prix du Salon National des Beaux-Arts.
Il travaille le modelage, à partir de l'argile et du plâtre, la taille directe, à partir de la pierre : marbre, granit rouge du pays. Il interprète ses sujets en formes souples, concises et fermes. À

Montevideo, il a réalisé plusieurs monuments, parmi lesquels les compositions pour : *La Maestra* ; *L'Ouvrier* ; le *Groupe équestre de Bernardo O'Higgins*, héros chilien. La part la plus importante de son œuvre consiste en de nombreux bustes, notamment des artistes uruguayens, qui sont ses amis, écrivains, poètes, peintres, sculpteurs. Il a formé de très nombreux élèves. Il fut l'un des artistes qui ouvrirent les premiers les pays de l'Amérique latine à l'art moderne.
Bibliogr. : Maria-Rosa Gonzalez, in : *Nouveau dictionnaire de la sculpture moderne*, Hazan, Paris, 1970 – Damian Bayon, Roberto Pontual : *La Peinture de l'Amérique latine au XXe siècle*, Menges, Paris, 1990.

MICHELET
XVe siècle. Actif à Troyes. Français.
Peintre verrier.

MICHELET Firmin Marcellin
Né le 20 septembre 1875 à Tarbes (Hautes-Pyrénées). XXe siècle. Français.
Sculpteur, sculpteur en médailles.
Il fut élève de Falguière, Mercié et Marqueste.
Il figura, à Paris, au Salon des Artistes Français, dont il fut sociétaire à partir de 1902, où il obtint une mention honorable en 1898, et une médaille de deuxième classe en 1907. Il a également exposé, à Paris, aux Salons d'Automne et des Tuileries.
Il composa des groupes d'anges pour la chapelle commémorative de la bataille de la Marne à Dormans et une statue du *Souvenir* pour le *Monument aux Morts de Fabrezan*.
Musées : Paris (Mus. d'Art Mod.) : *La Sportive* – *Buste de jeune fille* – Toulouse : *Les Parques* – *Jeunesse*.

MICHELET Pieter
Né vers 1648. XVIIe siècle. Actif à La Haye. Hollandais.
Peintre et collectionneur.
Élève de Cornelis Monincx.

MICHELET de Fontaines. Voir **FONTAINES Michelet de**

MICHELETTI Giuseppe
XVIIIe siècle. Actif à Rome. Italien.
Sculpteur.
A exécuté une statue de la colonnade de la place Saint-Pierre à Rome.

MICHELETTI Mario
XXe siècle. Italien.
Peintre de portraits, paysages, marines.
Il vécut et travailla à Turin.
Ventes Publiques : Milan, 6 nov. 1980 : *La bergère*, h/isor. (81x67) : **ITL 1 050 000** – Rome, 19 avr. 1994 : *Barques sur la Seine*, h/cart. (45x50) : **ITL 2 070 000**.

MICHELETTO. Voir **BERTENS Michele**

MICHELEZ Léon Auguste
Né le 7 mai 1830 à Paris. Mort en 1895. XIXe siècle. Français.
Peintre de scènes de genre, paysages animés, paysages, paysages d'eau, animaux.
Il fut élève d'Émile Lambinet et d'Hippolyte Lazerges. Il exposa au Salon de Paris, à partir de 1857.
Il peignit principalement des bords de Seine, des vues de la Sologne et d'Italie.
Ventes Publiques : Paris, 20-21 avr. 1928 : *Moutons au pâturage au bord de la mer* : **FRF 220** – Paris, 28 jan. 1949 : *Lièvre* 1879 : **FRF 900** – Paris, 11 déc. 1995 : *Danseuses au harem* 1880, h/t (73x60) : **FRF 28 000**.

MICHELI ou **Michieli Parrasio**
Né avant 1516. Mort le 18 ou 19 avril 1578 à Venise. XVIe siècle. Italien.
Peintre de scènes mythologiques, compositions religieuses, scènes de genre, portraits, dessinateur.
Il fut élève du Titien, avec qui il était lié d'amitié. Il reçut à plusieurs reprises des commandes pour le palais des Doges. Il se rendit ensuite en 1547 à Rome. En 1563 il peignit pour le palais des Doges le *Doge Lorenzo Priuli en compagnie de dix sénateurs*. Il imita la manière de Véronèse.
Musées : Budapest : *Vénus comme joueuse de luth* – Gênes (Palais Rosso) : *Portrait de dame* – Madrid (Prado) : *Adoration du corps du Christ par le pape Pie V* – *Naissance du prince Ferdinand* – Rome (Colonna) : *Joueuse de luth* – Schwerin : *Concert* – Stuttgart : *Portrait de dame* – Venise (Acad.) : *Saint Marc et saint Vincent* – *Saint Laurent* – *Portrait de Girol. Zane* – Venise (Palais Ducal) : *Portrait de Tommaso Contarini*.
Ventes Publiques : Londres, 27 juin 1969 : *Jeune femme jouant de la mandoline* : **GBP 1 300** – New York, 3 juin 1981 : *Allégorie du Savoir*, craie noire, pl. et lav. (32,1x27,4) : **USD 5 400** – Londres, 13 déc. 1996 : *Deux jeunes filles et un jeune homme faisant de la musique*, h/t (105,7x99,5) : **GBP 12 650**.

MICHELI Alberto
Né en 1870 à Florence (Toscane). XIXe-XXe siècles. Italien.
Peintre de genre, portraits, paysages.
Il était le fils d'un Vincenzo Micheli, peut-être peintre, et fut élève de l'Académie de Florence. Il vécut et travailla à Florence.

MICHELI Andrea de
Né le 1er mai 1861 à Lugano. XIXe siècle. Actif à Lugano. Suisse.
Peintre de genre.
Il travailla à Milan et à Rome. Le Musée de Versailles possède de cet artiste : *Réception de Henri IV au Lido de Venise par le doge Mocénigo le 18 juillet 1574*.

MICHELI Aurelio ou **Karl Aurelius**
XIXe siècle. Actif à Berlin. Allemand.
Sculpteur.
Il fit des envois à l'Académie de Berlin de 1860 à 1870 et séjourna à Rome en 1862 et 1863. La ville de Bamberg possède de cet artiste, des *Bustes d'empereurs*, *Bismarck* et *Moltke*.

MICHELI Filippo
XVIIe siècle. Actif à Camerino (Marche). Italien.
Peintre.
L'église Saint-Bonaventure à Rome possède de cet artiste un grand autel et une *Annonciation* ; et S. M. di Loreto dans cette même ville une *Annonciation* et la *Présentation au temple*.

MICHELI Giacomo
Né en 1824. Mort le 22 février 1848 à Trente. XIXe siècle. Italien.
Peintre.
Élève des Académies de Milan et de Vienne.
Musées : Trente (Mus.) : huit *Nus*.

MICHELI Guglielmo
Né en 1866. Mort en 1926. XIXe-XXe siècles. Italien.
Peintre. Postimpressionniste.
Il fut élève de Giovanni Fattori, appliquant les principes des « Macchiaioli », contemporains des impressionnistes français. À Livourne, il fut le professeur d'Amedeo Modigliani.
Ventes Publiques : Milan, 8 nov. 1983 : *Le Port de Livourne*, h/t (86x160) : **ITL 3 300 000**.

MICHELI Pastorino. Voir **PASTORINO Giovanni Michele Pastorino de**

MICHELI Pietro
Né en 1686, originaire de Sienne. Mort en 1750. XVIIIe siècle. Italien.
Peintre.
Les églises Saint-Jacques et Saint-Philippe à Pavie ont accueilli deux de ses tableaux : *Vierge avec saint Philippe Néri* et *l'Adoration des Mages*.

MICHELIN Félix
Né en 1853 à Montgeron (Essonne). XIXe siècle. Français.
Peintre de paysages et architecte.
Élève de Guadet. Il vécut et travaillait à Paris.

MICHELIN Jean
Né en 1623 à Langres. Mort le 3 mars 1695 à Jersey, où il fut enterré. XVIIe siècle. Français.
Peintre de compositions religieuses, genre, portraits, miniaturiste.
Il entra à l'Académie des Beaux-Arts de Paris, comme peintre d'histoire, le 6 août 1660, en y présentant comme morceau de réception une *Alliance royale*. Il en fut exclu comme protestant, le 10 octobre 1681. Il s'exila à Hanovre, où il fut protégé par Georges-Guillaume de Brunswick-Lüneburg. Il y dirigea une manufacture de tapisseries, et peignit en miniature de nombreux portraits des personnages de la cour de Brunswick. Pendant longtemps, on ignora complètement les tableaux de genre qu'il avait peints. Ce fut Paul Jamot, vers 1933, qui déchiffra sa signature au bas de *La charrette du boulanger*, du Musée de New York. Les mémoires de Loménie de Brienne, publiés par Louis Hourticq, le mentionnent comme « peintre de bamboches », mais aussi comme « fieffé faussaire », qui signait ses productions du nom de Le Nain. Or, s'il imita les peintures des Le Nain, toute-

fois dans un registre mineur, s'attachant au pittoresque des gens de petite condition dans l'exercice de leurs métiers, sans rejoindre aucunement l'émotion éprouvée et traduite par les Le Nain devant la gravité de la condition humaine de leurs contemporains, il semble qu'il ne fit qu'occasionnellement œuvre de faussaire. Il est vrai que les *Soldats dans une auberge*, du Musée du Louvre, comportent la fausse signature : Le Nain 1641. Cependant, si les personnages des premiers plans de ses propres peintures n'offrent pas la gravité austère de ses modèles dans les peintures des Le Nain, les fonds, qui représentent des petites rues tranquilles, du linge qui sèche aux fenêtres des maisons, les habitants affairés à travers la ville, ne manquent pas de la vivacité familière qui caractérise les peintres hollandais de la réalité du XVIIe siècle. ■ J. B.

J Michelin.

Bibliogr. : Paul Jamot : *Communication sur les peintures de Jean Michelin*, Revue de l'Art, Paris, mai 1933 – Paul Jamot, Charles Sterling : *Catalogue de l'exposition « Les peintres de la réalité en France au XVIIe siècle »*, Musée de l'Orangerie, Paris, 1934.

Musées : Amsterdam (Mus. mun.) : *Portrait en miniature de Georges-Guillaume de Brunswick-Lüneburg* – Herrenhausen, près de Hanovre : Quatre portraits en miniature – New York (Metropolitan Mus.) : *La charrette du boulanger* – Paris (Mus. du Louvre) : *Soldats dans une auberge* signé, daté : Le Nain 1641 – *Adoration des Bergers* – Versailles (Grand Trianon) : *Copie de la Madone de la Grotte de Léonard de Vinci*.

Ventes Publiques : Paris, 19 mai 1938 : *Soldats au repos dans une auberge* : **FRF 40 000** – Londres, 12 juin 1968 : *Famille de paysans dans un intérieur* : **GBP 2 000** – Londres, 18 déc. 1972 : *Scène de rue* : **GBP 9 500** – Versailles, 14 mai 1977 : *L'Adoration des Bergers*, h/t (87x117) : **FRF 36 000** – Monte-Carlo, 26 juin 1983 : *Le Marchand de poulets*, h/t (58x72) : **FRF 35 000** – Paris, 14 avr. 1988 : *Le marchand de volailles*, h/t (65x83) : **FRF 100 000** – Paris, 5 déc. 1990 : *L'Adoration des Bergers*, h/t (98x130) : **FRF 110 000** – Monaco, 7 déc. 1991 : *Un repas familial* 1661, h/t (87x116,5) : **FRF 83 250**.

MICHELIN Jules

Né en 1815 à Paris. Mort le 14 juin 1870 à Limoges (Haute-Vienne). XIXe siècle. Français.

Peintre de sujets religieux, paysages, peintre à la gouache, aquarelliste, pastelliste, graveur, dessinateur, lithographe.

Il fut élève de Camille Roqueplan et de Charles Ramelet. Il exposa régulièrement au Salon de Paris, de 1844 à 1870. Il fut Membre de la Société des Aquafortistes de 1862 à 1865.

Il fut le graveur attitré de Corot. Il publia, en 1863, un recueil de douze planches gravées qui représentent des paysages d'Auvergne, de Vichy, Royat, de Montgeron, de la région parisienne, où il allait souvent peindre ou graver sur le motif.

Bibliogr. : Gérald Schurr, in : *Les Petits Maîtres de la peinture 1820-1920, valeur de demain*, Les Éditions de l'Amateur, t. IV, Paris, 1979.

Musées : Perpignan : Une aquarelle et une gouache – Versailles (Mus. Lambinet) : *La Vierge aux rochers*.

Ventes Publiques : Paris, 16-17 mars 1931 : *La maisonnette*, dess. au fus. et au cr. : **FRF 30**.

MICHELINI Domenico

XVIIIe siècle. Italien.

Peintre et restaurateur de portraits.

Il séjourna à Rome de 1729 à 1744 et travailla à l'Académie de Saint-Luc.

Ventes Publiques : Londres, 24 juin 1970 : *Vierge à l'Enfant* : **USD 4 500**.

MICHELINI Giovanni Battista, dit **il Folignate**

XVIIe siècle. Actif à Foligno. Italien.

Peintre.

Il travailla à Gubbio de 1604 à 1655 et fut l'ami de Reni et de Cortona. Ses œuvres, d'inspiration religieuse, se trouvent disséminées entre les différentes églises de Gubbio.

MICHELINO. Voir **Besozzo Michelino Molinari da** et **Poggini Mich.**

MICHELINO Domenico de. Voir **DOMENICO di Michelino**

MICHELINOT

XVIIIe siècle. Français.

Graveur au burin.

Il grava en 1781 des *Vues du Colosseum de Rome.*

MICHELIS Alexander

Né le 25 décembre 1823 à Münster. Mort le 23 janvier 1868 à Weimar. XIXe siècle. Allemand.

Peintre de paysages, graveur, lithographe.

Élève du peintre et graveur Franz Michelis, son père. En 1843, il travaillait à l'École des Beaux-Arts de Düsseldorf et en 1850 était élève de J.-W. Schirmer. En 1863, il fut nommé professeur à l'Académie de Weimar.

Musées : Aix-la-Chapelle : *Paysage de l'Eifel* – Cologne : *Sylphes* – Düsseldorf : *Paysage* – Hanovre : *Paysage de Westphalie.*

MICHELIS F.

XVIIIe siècle. Actif dans la seconde moitié du XVIIIe siècle. Français.

Dessinateur et graveur au burin.

Grava des portraits et des sujets religieux. Peut-être à rapprocher de Franz Michelis.

MICHELIS Frans

Né à Münster. XIXe siècle. Allemand.

Peintre de portraits, d'histoire et lithographe.

Fils de Franz et frère d'Alexander Michelis. Il étudia à Berlin en 1830 et à Düsseldorf.

MICHELIS Franz

XVIIIe siècle. Actif à Münster. Allemand.

Graveur au burin et dessinateur.

Ses gravures reproduisent des œuvres de Baroccio, Poussin et Mengs.

MICHELL Gustav ou **Michel**

Né en 1838 à Munich. XIXe siècle. Allemand.

Peintre de scènes de genre, animaux, marines.

Il travailla à Düsseldorf, Weimar, Francfort-sur-le-Main, Paris et Munich. Il privilégia la représentation des chats.

Musées : Weimar : *Chat aux aguets.*

MICHELLE

XVIIIe siècle. Français.

Peintre.

Des œuvres de lui figuraient à l'Exposition des Petits Maîtres du XVIIIe siècle, Paris 1920. Certaines de ses œuvres furent gravées en couleurs par Jubier.

Ventes Publiques : Paris, 7 et 8 mai 1923 : *Vue de la Nerwa du côté de Wasiostrofe* ; *Vue de la Nerwa*, deux gche : **FRF 11 800**.

MICHELLERIE Cyprien François Hubert de La. Voir **LA MICHELLERIE**

MICHELLINO Antonio. Voir **ANTONIO di Chellino da Pisa Michellino**

MICHELON Auguste

Né en 1827 à Auxerre. Mort en 1872 à Auxerre. XIXe siècle. Français.

Sculpteur.

Le Musée d'Auxerre nous présente plusieurs de ses œuvres et entre autres : *Portrait de femme* ; *Tête de femme* ; *Méditation.*

MICHELOZZO di Bartolommeo

Né en 1396 à Florence. Enterré le 7 octobre 1472 à Florence, à Saint-Marc. XVe siècle. Italien.

Sculpteur et architecte.

De bonne heure son activité d'architecte l'emporta sur celle de sculpteur. Il travailla avec Donatello au tombeau du pape Jean XXII édifié dans le baptistère de Florence, au tombeau de Brancacci à Naples et à celui d'Aragazzi à Montepulciano. Il est avec Brunelleschi la personnalité la plus remarquable de l'architecture de la Renaissance : c'est pourquoi, après la mort de celui-là, il fut désigné pour continuer son œuvre à la cathédrale de Florence. C'est également dans cette ville que se trouvent ses principales réalisations architecturales, dont le couvent des Dominicains de San Marco (après 1437), la chapelle des Médicis à l'Annunziata, le palais des Médicis (Palais Riccardi, 1444-1459), Noviciat de Sainte Marie Novella. Étant architecte et sculpteur, il fit naturellement de la sculpture ornementale : médaillons, frises, guirlandes, mais aussi tabernacles.

MICHELS Gast

Né en 1954 à Echternach (Luxembourg). XXe siècle. Luxembourgeois.

Peintre. Tendance abstraite.

Entre 1974 et 1980, il est élève à l'École supérieure des Beaux-

Arts Saint-Luc à Liège. En 1983, il est résident à la Cité internationale des Arts à Paris.
Il participe à des expositions collectives, parmi lesquelles : 1981-1991, Salon du Cercle artistique, Luxembourg ; 1981-1987, Biennale des Jeunes, Esch-sur-Alzette (Luxembourg) ; 1983, 1988, Ve Quinquennale d'art moderne, Esch-sur-Alzette ; 1985, Festival international de la peinture, Cagnes-sur-Mer ; 1987, *Peinture-Parole*, Centre culturel français, Luxembourg et Maison de la culture, Arlon (Belgique) ; 1989, *L'Europe des créateurs – Utopies 89*, Grand Palais, Paris ; 1990, *La Jeune Peinture contemporaine au Luxembourg*, Moscou ; 1991, *Similitudes et Différences*, Musée Saarland, Saarbrücken ; 1992, *Europe – Espace de Liberté*, Cercle de la Tapisseries des Droits de l'Homme, Aubusson (France).
Il montre ses œuvres dans des expositions personnelles, dont : 1983, galerie Tetra, Wavre (Belgique) ; 1985, galerie municipale, Esch-sur-Alzette ; 1988, 1989, 1991, galerie du Luxembourg, Luxembourg ; 1990, 1992, galerie im Autal, Niedernhausen (Allemagne) ; galerie Ambryo, Louvain ; 1992, galerie de Sao Bento, Lisbonne. Il a obtenu en 1983 le 1er prix de la peinture à la Biennale des Jeunes, Esch-sur-Alzette ; 1987, prix Raville, Luxembourg.
La peinture de Gast Michels fut d'abord une évocation de l'atmosphère vécue dans les forêts de la région de Consdorf, au Luxembourg. Ses pérégrinations l'ont aussi amené à ramasser des morceaux de bois, qu'il peint et présente en mettant en valeur leur sens architectural, primordial : portail, linteau, stèle. Michels s'est ensuite ouvert à la ville, peignant des vues urbaines à partir de fenêtres d'intérieurs. Prenant l'aspect de silhouettes ou de traces, la figure humaine n'est jamais absente. Deux couleurs fondamentales reviennent constamment dans ses œuvres : le jaune et le bleu : « La clé visuelle de la dissociation poétique, la clé du rêve en couleurs » (Pierre Restany). ■ C. D.
Bibliogr. : Pierre Restany : *La Forêt : la vérité dans l'apparence* et textes de Lucien Kayser, Dr. Gerhard Kolberg, in : *Gast Michels*, catalogue de l'exposition, galerie du Luxembourg, Luxembourg, 1991.

MICHELS Janie
Née le 2 février 1920 à Bruxelles. xxe siècle. Active en France. Belge.
Peintre de figures, portraits.
Elle expose, à Paris, au Salon des Tuileries et au Salon d'Automne dont elle est sociétaire, elle a également montré ses œuvres lors d'expositions particulières à Paris en 1946 et 1950, à New York en 1958, puis de nouveau à Paris en 1969.
D'origine belge et hollandaise, à huit ans, parmi les coups de vent de la mer, elle rencontre la peinture à Ostende, nichée dans la barbe de James Ensor. Ce faune l'initie au fabuleux de son atelier où les coquillages côtoient les masques de carnaval, les robes chinoises et les squelettes. Il l'alerte contre le ronron de l'académisme et l'habitue à la vision aigüe. Elle se forme à l'Académie de Bruxelles et suit les cours de Decoord. Dès 1940, Matisse lui transmet le sens du volume par la couleur, et l'exaltation du travail. Elle est son disciple et son modèle. Elle restera fidèle à sa ferveur ensoleillée. Mais la leçon de Rembrandt et de Goya l'empêche de considérer la figure humaine comme un objet égal à une pomme ou un soulier. Elle place le visage au sommet de la hiérarchie, modèle ses énigmes dans une clarté où l'ironie bouscule l'émotion. Portraitiste griffue, elle caresse et mord avec une flexibilité de lanière. De cette même nervosité cinglante, elle zèbre les vêtements ; elle transporte les préceptes de l'art grec, la danse de ses corps et ses draperies, dans la traduction des robes qui parent nos villes, et elle est un des rares peintres capables d'instaurer une mythologie moderne avec nos étoffes, nos véhicules, nos ferronneries. Traversée du souffle des bateaux et des marines, elle produit une œuvre aérée, que baignent les soleils et les fluides dans une mousse de lumière, où l'ironie chatoie et serpente, et qui s'orchestre parfois selon les lois de la grande composition, trop souvent perdues aujourd'hui. Partie à Tahiti et Nouméa en 1970, elle y exécute de nombreux portraits. Quoique excellant dans le portait, on cite particulièrement ceux d'*André Maurois, Maurice Chevalier, Pierre Bertin, Albert Willemetz,* ainsi que les nombreux portraits d'enfants, elle a élargi ses thèmes et peint également, champs de courses et animaux. ■ Paul Guth

MICHELS Karl
Né le 6 mars 1885 à Leipzig (Saxe). xxe siècle. Allemand.
Peintre, graveur, illustrateur.
Il étudia à Leipzig chez Kentzsch, Kleuken et à Berlin chez Doepler le Jeune. Il vécut et travailla à Berlin. Il illustra le *Faust* de Goethe paru en 1924 aux éditions du Griffon.

MICHELSEN Hans
Né en 1789 à Mehlus. Mort le 20 juin 1859 à Christiania (Oslo). xixe siècle. Norvégien.
Sculpteur.
Commença ses études d'art à Stockholm, puis fit le voyage de Rome où il connut Thorvaldsen dont il subit docilement l'influence. Bien qu'il suivît la mode du jour, il ne connut que l'insuccès. Il obtint toutefois une commande d'apôtres pour la cathédrale de Trondhjem, pour lesquels il reçut quelques compliments. Ses autres œuvres sont assez médiocres.
Musées : Oslo : *Athénée – Jésus-Christ,* statuette terre cuite – Projets pour neuf apôtres exécutés pour la cathédrale de Trondhjem – Stockholm : *Deux apôtres,* esquisses – *Oscar Ier (alors prince héritier),* médaillon.

MICHELSON Leo ou **Leiba**
Né le 12 mai 1887 à Riga. Mort en 1978. xxe siècle. Actif puis naturalisé aux États-Unis. Russe.
Peintre de figures, portraits, paysages, sculpteur, graveur.
Dans sa jeunesse, après des études à l'Académie impériale de Saint-Pétersbourg et à l'Université de Dorpat, cet artiste, qui par la suite est devenu citoyen des États-Unis, a fait des séjours à Munich et à Paris, où il a achevé sa formation.
Au cours de son existence errante, il s'est manifesté par des Expositions dans les grandes villes des deux continents, à Berlin, Paris, Lisbonne, à New York ou Baltimore, aussi en URSS. En 1939, sa ville natale, Riga, consacrait sa jeune notoriété par une exposition officielle organisée au Musée National.
Éternel émigrant, éternel étudiant, prenant à ces nations qu'il traversait tour à tour et à leurs écoles artistiques ce qu'elles pouvaient lui offrir, chacune, de nourriture conforme à sa sensibilité profonde, Michelson qui avait débuté sous l'influence de l'art russe, a subi également des contacts avec l'expressionnisme allemand, dont il reste des traces perceptibles en son œuvre, et surtout avec l'école de Paris, cette vaste entité cosmopolite dans le cadre de laquelle on peut lui-même l'inscrire. Depuis les années 1930, inspiré par son étude de la technique du Titien, qu'il connut à merveille, on l'a vu inaugurer dans ses œuvres un procédé bien à lui pour fixer les poudres de couleurs, dont il use en superposant les couches, afin d'atteindre à ce paradoxe, la densité dans la transparence ; il produit par ce moyen dans ses peintures une matière d'une beauté inattendue, pareille à la scintillation, à la vibration colorée de quelque granit étrange, et qui fait l'originalité foncière de son œuvre. En même temps, par la stylisation du trait, Michelson est un remarquable peintre de figures. Il se soutient dans cet ordre d'ouvrages par un métier approfondi et par une connaissance, assez rare de nos jours, des techniques traditionnelles ; ses figures, auxquelles seuls peuvent se comparer certains Picasso de l'époque bleue, atteignent à l'expression d'un pathétique intense, et il réussit à donner à ses natures mortes encore la vie méditative qui est le propre des figures. Dans le paysage, il produit selon la même facture de grandes compositions où le rythme syncopé du dessin se refuse à interrompre la vibration de la lumière. Novateur et héritier tout à la fois, il semble que son œuvre doive se soutenir sur les qualités qui font les grands artistes de tous les temps : une ingénieuse connaissance des ressources traditionnelles, jointe au besoin d'innovation et à cette recherche de l'aventure technique. Michelson grave sur bois : il a illustré par ce procédé, entre autres, les fables de Berachya Hanagdan, poète hébreu du xiie et la Bible.
Musées : Baltimore – Jérusalem – Paris (Mus. d'Art Mod.) – Riga – San Diego de Californie – Tel-Aviv – Toulouse.
Ventes Publiques : New York, 23 mars 1961 : *La Place de la Concorde vue de la terrasse de l'Orangerie* : **USD 1 900.**

MICHELSON Michael Alexander
Né le 2 juin 1815 à Riga. Mort le 16 novembre 1899 à Riga. xixe siècle. Letton.
Peintre de paysages.
Élève de J. K. Baehr.

MICHELUZZI Luciano
xxe siècle. Italien.
Peintre.
Musées : Florence (Gal. d'Art Mod.) : *Portrait.*

MICHELY Charles Louis
Né au xixe siècle à Paris. xixe siècle. Français.
Lithographe.

MICHENET Roland
Mort en mai 1976. XXe siècle. Français.
Peintre, technique mixte, peintre de collages, dessinateur. Figuration narrative.
Il a été élève à l'École des Arts Décoratifs de Paris. Il a montré, à l'âge de vingt ans, ses œuvres dans une exposition personnelle à la galerie Flinker. Il a reçu la même année le prix international du dessin à la Biennale de Darmstadt. En 1969 il montre une seconde exposition de ses œuvres, à la galerie Gervis à Paris.
Il fut un représentant, en France, dans les années soixante, de la « figuration narrative » ou « nouvelle figuration ».

MICHERIUS Cornelis ou **Michrius**
XVIIe siècle. Actif à Bréda. Hollandais.
Peintre.
Élève de Matheus Tervesten à La Haye en 1691.

MICHEROLI Francesco
XVIIIe siècle. Italien.
Peintre.
Il n'est connu que par un tableau de 1711 : *Saint Jean-Baptiste.*

MICHETTI Francesco Paolo
Né le 4 octobre 1851 à Tocco di Casauria. Mort en 1929 à Francavilla al Mare. XIXe-XXe siècles. Italien.
Peintre d'histoire, nus, figures, portraits, paysages animés, pastelliste, peintre de techniques mixtes, graveur, dessinateur.
Il fut élève de Morelli, de Dalbuono et de l'Académie de Naples. Il débuta dans cette ville en 1877. Il a également exposé en Italie, à Turin, et à Milan, et à plusieurs reprises au Salon de Paris. Il obtint deux médailles d'or à Berlin en 1886 et 1891 et à Paris une médaille d'or lors de l'Exposition Universelle de 1900.
Ce fut un des meilleurs peintres italiens du XIXe siècle.

Michetti

BIBLIOGR. : Roberta J.M. Olson : *Dessins italiens 1780-1890,* Catalogue de l'Exposition de la Fédération américaine des Arts, New York, 1980.
MUSÉES : BERLIN (Nat. Gal.) : *La Fille de Jorio* – BUCAREST (Mus. Simu) : *Jeune fille* – CHICAGO (Art Inst.) : *Printemps et amour* – NAPLES (Mus. di s. Martino) : *Procession d'enfants – Jeune Femme – Jeune Paysanne – Le Petit Berger – Études d'animaux* – PHILADELPHIE (Gal. Drexel) : *A travers champs* – ROME (Vatican) : *Le Pape Innocent XI – Odescalchi* – STUTTGART : *Halte de midi* – TRIESTE : *Les Bergers* – VENISE (Gal. d'Art. Mod.) : *Étude de tête* – VIENNE (Liechtenstein) : *Paysages.*
VENTES PUBLIQUES : PARIS, 1875 : *L'Enfant* : **FRF 1 320** – PARIS, 1877 : *Le Retour du potager* : **FRF 2 080** – PARIS, 17-19 mai 1892 : *La noce aux Abruzzes* : **FRF 3 400** – NEW YORK, 1898 : *Idylle au bord de la mer* : **FRF 3 250** ; *Jeune gardeuse de dindons* : **FRF 2 125** ; *Printemps* : **FRF 4 000** – NEW YORK, 6 mai 1925 : *La Rentrée du troupeau à travers bois* : **FRF 6 500** – NEW YORK, 18 avr. 1950 : *Bergère* : **FRF 6 600** – LONDRES, 23 jan. 1963 : *Paysans près de l'Arc de Triomphe de Constantin à Rome* : **GBP 800** – MILAN, 16 mars 1965 : *Après la pluie* : **ITL 1 500 000** – MILAN, 26 nov. 1968 : *Tête de paysanne des Abruzzes,* past. : **ITL 1 500 000** – MILAN, 21 oct. 1969 : *La Bergère* : **ITL 2 400 000** – MILAN, 24 mars 1970 : *Trois petites paysannes chantant* : **ITL 5 000 000** – MILAN, 10 nov. 1970 : *Rose,* temp. : **ITL 1 500 000** – MILAN, 18 mai 1971 : *Repos champêtre* : **ITL 10 000 000** – MILAN, 16 mars 1972 : *Tête de jeune fille,* temp. et past. : **ITL 1 700 000** – MILAN, 12 juin 1973 : *Bergère et troupeau* : **ITL 2 200 000** – LONDRES, 15 mars 1974 : *Jeune Paysanne au panier* 1871 : **GBP 2 600** – MILAN, 28 oct. 1976 : *Tête d'enfant,* temp. (43x35,5) : **ITL 1 300 000** – MILAN, 29 avr. 1977 : *La femme à la faux,* fus. (86x64) : **ITL 1 500 000** – MILAN, 15 mars 1977 : *Portrait de jeune fille,* temp. et fus. (60x50) : **ITL 1 800 000** – MILAN, 25 mai 1978 : *Portrait du Roi Umberto Ier* 1890, h/t (80x50) : **ITL 4 500 000** – MILAN, 5 avr 1979 : *Bergère et troupeau* 1885, h/t (40x49) : **ITL 3 300 000** – BARI, 5 avr. 1981 : *Tête de paysanne* 1896, fus. (50,5x38,5) : **ITL 3 600 000** – MILAN, 8 nov. 1983 : *La Récolte des potirons* 1875, aquar. (34x25) : **ITL 5 500 000** – MILAN, 12 déc. 1983 : *Les Jeunes Bergers,* h/t (36x25,5) : **ITL 32 000 000** – MILAN, 2 avr. 1985 : *Portrait en buste de fillette,* past. (51x33,5) : **ITL 10 000 000** – MILAN, 28 oct. 1986 : *Fillette dans un jardin,* h/pan. (27x36) : **ITL 45 000 000** – ROME, 25 mai 1988 : *Femmes des Abruzzes, en costume régional, de profil* h/t (67x47) : **ITL 6 000 000** – MILAN, 19 oct. 1989 : *Bergères avec leur troupeau,* h/t (37x51) : **ITL 30 000 000** – NEW YORK, 25 oct 1989 : *Petite Fille aux poulets* 1873, h/pan. (26,7x13,3) : **USD 24 300** – MILAN, 6 déc. 1989 : *Au soleil,* h/t/cart. (24,5x38,5) : **ITL 4 500 000** – ROME, 14 déc. 1989 : *L'Aubade* 1878, h/pan. (27x50) : **ITL 109 250 000** – MILAN, 30 mai 1990 : *Bergère et son troupeau,* h/t (48x62) : **ITL 30 000 000** – ROME, 4 déc. 1990 : *Visage de paysanne,* temp./t. (55x43) : **ITL 7 500 000** – MILAN, 12 mars 1991 : *Tête de jeune paysanne,* temp. et past./t. (47x37) : **ITL 4 000 000** – MILAN, 6 juin 1991 : *Prairie au printemps avec de jeunes paysannes,* temp./t. (44,5x30) : **ITL 7 000 000** – NEW YORK, 17 oct. 1991 : *La joie d'être au soleil* 1876, h/t (90,8x64,8) : **USD 38 500** – ROME, 14 nov. 1991 : *Paysage* 1886, past./pap. (28,5x36) : **ITL 1 955 000** ; *Bergère et son troupeau dans un paysage,* techn. mixte (20,5x28,3) : **ITL 3 450 000** – MILAN, 12 déc. 1991 : *Tête de paysan des Abruzzes,* fus. et craie/pap. (51x37) : **ITL 3 600 000** – NEW YORK, 20 fév. 1992 : *Portrait d'un homme barbu avec un chapeau de paille,* past./pap. (53,3x38,1) : **USD 13 200** – ROME, 24 mars 1992 : *Étude de paysage,* past. (27x37,3) : **ITL 2 070 000** – MILAN, 3 déc. 1992 : *Retour des champs,* h/pan. (19x34) : **ITL 56 500 000** – PARIS, 27 mai 1993 : *Étude de nus,* past. (24x32) : **FRF 32 500** – NEW YORK, 13 oct. 1993 : *Autoportrait (Scherzo)* 1877, past./pap. teinté (45,7x28,6) : **USD 35 650** – ROME, 29-30 nov. 1993 : *Paysage animé,* h/t (29,5x46) : **ITL 23 570 000** – PARIS, 5 juil. 1994 : *La Gardienne de moutons* 1878, h/t (23,5x33) : **FRF 28 000** – ROME, 6 déc. 1994 : *Le Cheval du roi Umberto Ier* 1890, h/t (51x30) : **ITL 18 856 000** – MILAN, 23 mai 1996 : *Garçonnet jouant de la flûte,* past./cart. (42x29) : **ITL 8 050 000** – ROME, 4 juin 1996 : *Antichi monili,* temp./pap. (45,5x31,5) : **ITL 1 150 000** – MILAN, 23 oct. 1996 : *Visage de femme,* past./cart. (49x35) : **ITL 10 485 000** – LONDRES, 21 nov. 1996 : *La Contadinella* 1877, h/t (37x26) : **GBP 36 700** – ROME, 11 déc. 1996 : *Mariage dans les Abruzzes* 1876, h/t (90,5x82) : **ITL 186 400 000** – MILAN, 11 mars 1997 : *La Fille de Jorio,* h/t (43x85,5) : **ITL 17 475 000.**

MICHETTI Quintilio
Né le 8 septembre 1849 à Tocco Casauria (Chieti). Mort en 1929. XIXe-XXe siècles. Italien.
Peintre de paysages et graveur.
Frère de Francesco Paolo. Il travailla à Naples.
VENTES PUBLIQUES : NEW YORK, 28 oct. 1981 : *Baigneurs près d'une jetée, Naples* 1874, h/pan. (16x38) : 7.500.

MICHEUX Michel Nicolas
Né en 1688 à Paris. Mort le 28 mai 1733 à Paris. XVIIIe siècle. Français.
Peintre de fleurs, de fruits et illustrateur.
Le 24 décembre 1725, il fut reçu académicien. On voit de lui, au Musée de Bagnères : *Fleurs* et *Joueurs de boules.*
VENTES PUBLIQUES : VERSAILLES, 24 fév. 1980 : *bouquets de fleurs,* peint./bois, deux pendants (25,5x20,5 et 26x20,5) : **FRF 19 000.**

MICHI Giovanni
Originaire de Florence. XVIe siècle. Italien.
Peintre.
Il fut de 1508 à 1510 l'aide de Michel-Ange à la chapelle Sixtine.

MICHIE David Alan Redpath
Né en 1928 à Saint-Raphaël. XXe siècle. Britannique.
Peintre.
Il est le fils de Anne Redpath. Il fut élève au Collège d'art d'Édimbourg de 1947 à 1953, et plus tard conférencier dans les ateliers de peinture et de dessin. Il participa aux expositions de groupe présentant la peinture contemporaine écossaise.
Il peint des paysages et des portraits de caractère, dans une technique franche et une gamme volontiers colorée.
BIBLIOGR. : David Cleghorne Thomson : *David Michie,* in : *Art News and Review,* jan. 1955.
MUSÉES : ABERDEEN (Art Gal. and Industrial Mus.) – DUMFRIES (Gracefield Art Centre) – GLASGOW (Art Gal. and Mus.) – NOTTINGHAMSHIRE (County Council).
VENTES PUBLIQUES : ÉDIMBOURG, 26 avr. 1988 : *Coquelicots et tulipes,* h/t (60x60) : **GBP 990** – PERTH, 1er sep. 1992 : *Scabieuse,* h/t (86,5x102) : **GBP 2 640.**

MICHIE James Coutts
Né le 29 juillet 1861 à Aboyne. Mort en décembre 1919 à Haslemere. XIXe-XXe siècles. Britannique.
Peintre de paysages, portraits.
Il étudia à Édimbourg, à Rome et à Paris chez Carolus-Duran. Il

onda la Société des Arts à Aberdeen. En 1893, il devint membre associé de l'Académie d'Écosse.
Certainement identique au James Coutts Michie, qui obtint une médaille de troisième classe au Salon de Paris de 1898, et une mention à l'Exposition universelle de 1900 (Paris).

J.C. Michie.

Musées : Aberdeen : *Portrait de Dav. Murray* – Liverpool (Gal. Walker) : *Hiver dans le Surrey* – Montréal : *Siffle, et j'irai à toi, mon garçon.*
Ventes Publiques : Londres, 5 juin 1991 : *L'herboriste* 1880, h/t (76x61) : **GBP 1 210.**

MICHIEL
XVIe siècle. Éc. flamande.
Peintre.
Il a restauré en 1535 l'autel Joris de la Grootekerk à La Haye.

MICHIEL Jean ou **Michel**
XVIe siècle. Français.
Sculpteur.
Il a exécuté en 1452 le Saint-Sépulcre de la chapelle de l'hôpital de Tonnerre.

MICHIEL Louis. Voir **Michielsen L.**

MICHIELI Andrea dei, dit **Andrea Vicentino** ou simplement **Vicentino**
Né en 1539 ou 1542 à Venise. Mort en 1614 ou 1617. XVIe-XVIIe siècles. Italien.
Peintre d'histoire, sujets religieux, scènes de genre, dessinateur.
Élève de Palma l'Aîné, il peignit des sujets historiques dans le style de son maître, et collabora à plusieurs travaux représentant des sujets que l'on voit dans la Sala del Gran Consiglio (Salle du Grand Conseil), dans le palais Saint-Marc, et qui sont tirés de l'histoire de la République. Considéré comme l'un des peintres les plus connus de son époque, il fut très habile à manier les couleurs et à inventer et à orner ses sujets. Presque tous ses ouvrages représentent des perspectives ou des figures empruntées à quelque grand maître. Beaucoup de ses tableaux dans les églises de Venise ont noirci. Seuls ceux qui se trouvent dans les galeries sont assez bien conservés. On cite celui conservé à Florence et qui représente *Salomon au moment de son sacre.*
Musées : Augsbourg : *Culture des champs – Les arts et les sciences* – Bruxelles : *Les noces de Cana,* esquisse – Erlangen (Université) : *Guerre – Religion* – Florence (Mus. des Offices) : *La reine de Saba offre ses trésors à Salomon – Banquet de Salomon – Visitation de la Vierge – Une sainte reine* – Florence (Pitti) : *Salomé* – Fontainebleau : *Réception de Henri III à Venise* – Nuremberg (Château) : *Les quatre vertus cardinales* – Schleissheim : *Couronnement de l'empereur* – Venise : *Saint François entre saint Augustin et Mathieu de Bassi, fondateur de l'ordre des Capucins* – Versailles : *Réception de Henri III.*
Ventes Publiques : Paris, 7 fév. 1920 : *Repas d'un doge,* sépia : **FRF 45** – Londres, 13 juil. 1977 : *Bal au palais,* h/t (80x157) : **GBP 2 600** – Milan, 20 mai 1982 : *Page à l'amphore,* h/t (136x96) : **ITL 2 800 000** – Paris, 23 mai 1986 : *Sémiramis,* pl. et lav. de brun/esq. à la pierre noire : **FRF 65 000** – Venise, 29 nov. 1987 : *La Piscina probatica,* h/t (221x340) : **ITL 30 000 000** – Milan, 4 avr. 1989 : *Page,* h/t (153x96) : **ITL 3 000 000** – New York, 13 oct. 1989 : *David victorieux de Goliath avec les armées des Juifs et des Philistins au fond,* h/t (151x217) : **USD 13 200** – Londres, 2 juil. 1991 : *Le pape Clément VIII sur la route de Bologne à Ferrare,* craie noire et encre brune avec lav. (26,3x39,5) : **GBP 7 700.**

MICHIELI G.
Né au XIXe siècle à Venise. XIXe siècle. Italien.
Sculpteur.
Débuta en 1880. Exposa à Turin, Rome, Milan, Venise.

MICHIELI Parrasio. Voir **MICHELI**

MICHIELS August, dit **Gust**
Né le 16 juin 1922 à Sint-Amandsberg/Gand. XXe siècle. Belge.
Peintre de figures, sujets allégoriques, sculpteur, sculpteur de monuments, graveur, céramiste. Symboliste.
Il fut élève des Académies d'Ostende et Gand. Il a obtenu, en 1961, pour sa sculpture, le prix des Amitiés françaises d'Ostende. Il a réalisé plusieurs sculptures monumentales en Belgique, notamment à Langemark et Ostende.
Dans ses créations, il s'inspire surtout de personnages féminins, de la faune et flore marine, et d'évocations allégoriques. Il utilise la technique de la céramique.
Bibliogr. : N. Hostyn : *August Michiels,* MSK, Ostende, 1988.
Musées : Monaco – Ostende.

MICHIELS Guillaume
Né en 1909 à Bruges (Flandre-Occidentale). XXe siècle. Belge.
Peintre de portraits, natures mortes, dessinateur.
Il fut professeur à l'Académie de Bruges.
Dans son œuvre, il a subi l'influence de Flori Van Acker, Alfred Bastien et Jean Delville.
Bibliogr. : In : *Dictionnaire biographique illustré des artistes en Belgique depuis 1830,* Arto, Bruxelles, 1987.

MICHIELS Jean
XVIIe siècle. Belge.
Sculpteur.
Il a exécuté le grand autel pour l'église des Récollets, le portail du cloître de l'église des Carmélites et l'autel de l'église de Sainte-Madeleine à Bruxelles.

MICHIELS Jean
XVIIIe siècle. Éc. flamande.
Sculpteur.

MICHIELS Jean Baptiste P.
Né le 21 juin 1821 à Anvers. Mort le 13 avril 1890 à Anvers. XIXe siècle. Belge.
Graveur au burin.
Élève de L. Corr, il fut professeur à l'Académie royale d'Anvers. Membre du conseil académique de cette ville, il fut surtout le traducteur en gravure des œuvres de ses contemporains.

MICHIELS Jos
Né à Borgerhout (Anvers). XXe siècle. Belge.
Peintre de portraits, paysages, natures mortes, dessinateur, peintre verrier. Postimpressionniste.
Il fut élève des académies de Berchem et d'Anvers ainsi que de l'Institut supérieur. Il fut professeur, puis directeur de l'Académie de Berchem.
Bibliogr. : In : *Dictionnaire biographique illustré des artistes en Belgique depuis 1830,* Arto, Bruxelles, 1987.

MICHIELS Robert
Né en 1933 à La Louvrière (Hainaut). XXe siècle. Belge.
Sculpteur, peintre.
Autodidacte en arts plastiques. Il est également musicien. Il a obtenu le prix Jeune sculpture belge en 1967 ; le prix du Hainaut en 1968 ; le prix de la Biennale de Madrid en 1969.
Il sculpte le métal.
Bibliogr. : In : *Dictionnaire biographique illustré des artistes en Belgique depuis 1830,* Arto, Bruxelles, 1987.
Ventes Publiques : Bruxelles, 13 déc. 1990 : *Le taureau,* fer (H. 55) : **BEF 31 920** ; *Manifestation de grévistes* 1966, fer (38x33) : **BEF 102 600** – Lokeren, 11 mars 1995 : *Le spécimen,* assemblage de métal, sculpt. (H. 94,5, l. 22) : **BEF 55 000.**

MICHIELSEN ou **Michel**
XIXe siècle. Actif à Rotterdam vers 1860. Hollandais.
Lithographe de portraits.

MICHIELSEN Louis ou **Michel** ou **Michiel**
Né au XVIIe siècle probablement à La Haye. XVIIe siècle. Hollandais.
Peintre de fleurs.
Élève de Nik, Wielings et de Simon Verelst, maître à La Haye en 1675.

MICHIELSZON Dirick ou **Micheelzen**
XVIe siècle. Actif à la fin du XVIe siècle.
Dessinateur de marines.

MICHINOBU Ooka
XVIIIe siècle. Japonais.
Peintre, graveur.
Élève de Sukenobu, il travailla au livre illustré, de 1720 à 1730. Mais il fit surtout des portraits de femmes. L'un des meilleurs exemples de son art est un rouleau représentant des scènes de rues et de la vie du quartier des plaisirs. Bien que ce thème soit typique des artistes d'Edo, Michinobu vivant dans la région de Kyoto, s'est essayé à ce sujet, sans doute pour satisfaire un riche client, mais il a conservé le style propre à ses origines. Ce rou-

leau est soutenu par les couleurs brillantes des riches kimonos. Les petites scènes s'enchaînent harmonieusement, présentant le côté naïf de ces courtisanes dont le jeune âge fait penser qu'elles n'ont pas dû choisir ce métier qui leur fut sans doute imposé.
Bibliogr. : R. Lane : *L'estampe japonaise*, Paris, 1962.

MICHIS Maria. Voir **CATTANEO Maria**

MICHIS Pietro
Né le 22 août 1836 à Milan. Mort le 25 novembre 1903 à Milan. XIXe siècle. Italien.
Peintre d'histoire et de genre.
Élève de l'Académie de Milan. Il a exposé à tous les Salons italiens, notamment à Milan, Naples, Turin. Il fut professeur puis directeur de l'Académie de Pavie. Le Musée Brera, à Milan, conserve de cet artiste : *Mariage civil au village* et *Zeuxis choisit le modèle de son Hélène*.
Ventes Publiques : Milan, 17 juin 1981 : *La Leçon*, h/t (51,3x31,7) : **ITL 4 200 000** – Milan, 8 nov. 1983 : *Descrizione del naufragio* 1878, h/t (70x119) : **ITL 17 000 000** – Milan, 18 déc. 1996 : *La Traite des Blanches*, h/t (91,5x135) : **ITL 22 135 000**.

MICHL Ferdinand
Né le 6 décembre 1877 à Prague. XXe siècle. Actif à Vienne. Tchécoslovaque.
Peintre de portraits, de paysages, graveur et sculpteur sur bois.
Il étudia à Prague et à Munich et fit plusieurs séjours à Paris. La Galerie Moderne de Prague possède trois de ses tableaux.

MICHO Théobald. Voir **MICHAU**

MICHOLD Edmund
Né en 1818 à Cologne. XIXe siècle. Allemand.
Peintre de genre.
Il étudia à Düsseldorf et à Munich.

MICHON Antoine
Mort en 1827. XVIIIe-XIXe siècles. Actif à Avignon. Français.
Peintre.
Il fut depuis 1773 membre de la Confrérie des pénitents blancs. Il peignit pour les Franciscains à Fréjus.

MICHON Clémence
Née au XIXe siècle à Paris. XIXe siècle. Française.
Peintre de miniatures.
Élève de Bataille ; elle exposa au Salon de 1868 à 1881.

MICHON Jean Louis
Mort le 6 avril 1760 à Paris. XVIIIe siècle. Français.
Illustrateur.

MICHON Pierre
Mort en 1716 à Paris. XVIIIe siècle. Français.
Relieur.
Il a relié des livres pour Gaston d'Orléans, Colbert, A. Le Roy et de Montreuil.

MICHONZE Grégoire, pseudonyme de **Michonznic**
Né le 22 mars 1902 à Kichinev (Bessarabie). Mort le 29 décembre 1982 à Paris. XXe siècle. Actif depuis 1922 et depuis 1947 naturalisé en France. Russe.
Peintre de compositions animées, figures, nus, paysages, peintre à la gouache, graveur, dessinateur, illustrateur. Tendance surréaliste.
En 1919-1920, il fut élève de l'École des Beaux-Arts de Kichinev ; puis, la Bessarabie ayant été annexée en 1918 par la Roumanie, en 1921 il poursuivit sa formation à l'Académie des Beaux-Arts de Bucarest, où il se lia avec Victor Brauner. Après un voyage par Istanbul et la Grèce, il se fixa en 1922 en France, fréquentant l'École des Beaux-Arts de Paris. Il se lia avec Max Ernst, qui l'introduisit auprès des surréalistes, sans qu'il adhérât au groupe. Justement dans les mêmes franges du surréalisme, il sympathisa avec Francis Gruber. Une profonde amitié le lia avec Soutine ; en 1928, ce fut le début d'une longue amitié avec Henry Miller. En 1931-1932, il s'installa à Cagnes-sur-Mer, puis à Saint-Paul-de-Vence. En 1937-1938, il séjourna aux États-Unis. En 1940, il s'engagea dans l'artillerie et fut fait prisonnier. Il fut libéré fin 1942 et rentra à Paris. Ce ne fut qu'en 1946 qu'il apprit que son père était mort en déportation et que deux de ses frères étaient disparus. En 1948, il séjourna en Angleterre et en Écosse. En 1951, il s'initia à la gravure à l'*Atelier 17* de Stanley William Hayter. En 1954, il alla en Israël, où il retrouva sa mère après trente-deux ans de séparation. En 1955-1956, il séjourna à Londres, puis chez le critique Waldemar-George dans la baie du Mont Saint-Michel. Il retourna en Israël en 1965 pour la mort de sa mère ; puis voyagea en Dordogne et à Amsterdam. En 1967, il acquit un moulin près de Troyes en Champagne, où, cessant à peu près ses errances, sauf pour un séjour à Rome et Venise en 1970 et deux voyages en Israël en 1977 et 1982, il travailla ensuite plusieurs mois par an, le reste du temps à Paris. À Paris, il mena toujours une existence de quartier, de Montparnasse à Saint-Germain, en homme paisible et discret, disponible pour tout et pour tous. Il ne sut pas se faire valoir, ce n'était pas son propos.
Établi en France, s'il a continué d'exposer en Russie ou en Roumanie, son activité ne s'en manifeste pas moins à Paris dans des expositions collectives, d'entre lesquelles : 1924 Salon d'Automne ; 1925, 1926 Salon des Indépendants ; en 1930, de 1934 à 1937, de 1946 à 1949 au Salon des Surindépendants ; 1951, 1965 au Salon de Mai ; 1954 Salon des Peintres Témoins de leur Temps ; 1957 à 1961, 1963 à 1965 Salon Comparaisons ; et dans de nombreuses galeries. En 1964, il participait à l'exposition surréaliste organisée par Patrick Waldberg à la galerie Charpentier ; en 1972 à l'exposition des *80 ans de Henry Miller*, au Centre Culturel Américain ; et au *Cinquantenaire du surréalisme*, au Musée des Arts Décoratifs. En 1960-1961, d'autres sources donnent 1964, il a obtenu le Prix de la Fondation Copley à Chicago.
Il montrait des ensembles de ses peintures dans des expositions personnelles, dont : 1946 Londres, galerie Arcade ; 1947 Londres, galerie Mayor ; 1948 Édimbourg, Institut Français ; Glasgow, galerie McClure ; 1953 Paris, dans un atelier ami ; 1959 Londres, galerie Adams ; 1962 Lausanne, galerie Paul Vallotton ; 1963 Jaffa, galerie Jean Tiroche ; 1972 Londres, galerie Buckingham ; 1974 Tel-Aviv, galerie Givon ; 1978 à Troyes, rétrospective, Centre Culturel ; 1979 à Troyes, fusains et pastels, Centre Culturel ; après sa mort, le Musée d'Art Moderne de Troyes a organisé, en 1985, une grande exposition rétrospective de son œuvre. En 1997 à Paris, la galerie Francis Barlier a pu organiser une importante exposition rétrospective de ce peintre injustement négligé ; en 1998 à Paris, nouvelle exposition rétrospective, galerie Coard.
Pendant sa formation aux Beaux-Arts, l'exécution d'icônes l'initia à la technique de la peinture à l'œuf, et par voie de conséquence aux techniques « maigres » et mates. À partir de 1927-1930, dans une conception qui devenait personnelle, il commença à peindre des figures, portraits et natures mortes, d'un sentiment réaliste et grave, et des compositions aux intentions surréalisantes. Autour de 1935, ses compositions devenaient très complexes, le sentiment d'étrangeté qu'elles dégageaient était sans doute lié à son amitié avec Gruber et à une influence réciproque, alimentée par des références à Grünewald et surtout Jérôme Bosch. Après l'interruption de la captivité, revenu à Paris, pendant l'occupation allemande, il peignit d'abord quelques compositions d'après les dessins faits dans le camp où il était prisonnier, puis de nouveau des natures mortes et des portraits.
Ensuite, son œuvre comportera, outre les très nombreux dessins qui, soit préparatoires, soit pour eux-mêmes, précèdent ou accompagnent tout l'œuvre, d'une part de grandes compositions, peintes à l'essence minérale sur toile absorbante, d'aspect mat comme la fresque, d'une facture assez large, d'autre part des petits formats, peints à l'œuf, aux détails extrêmement fouillés. En 1948, il peignit *Les Rêveurs*, grande composition, à l'habitude complexe en tous points, parmi les personnages de laquelle il situa Baudelaire, Nietzsche, Max Ernst, André Breton, Picasso... et le collectionneur qui avait commandé la peinture. Ses autres compositions n'ont plus comporté de « programme » aussi individualisé, leurs titres ressortiraient presque tous aux deux groupes de *Fête au village et...* ou *Scène animée et...* Elles abondent en de multiples personnages et tous les détails du paysage, du décor, des ustensiles, des vêtements, extrêmement fouillés.
Sa peinture relèverait, selon lui-même, d'un « naturalisme surréel », dont, en tout cas, on peut relever, quant au naturalisme, la technique attentive au détail. Pour le surréel, dans une lumière apparemment sereine, des personnages, des couples ou des groupes errent, le nez en l'air, l'air égaré ou s'affairent en propos divers non sans quelque confusion. Ces scènes sont presque toujours contemporaines, mais, par l'ordonnance de la composition et du décor, par la distribution des personnages, par la

douceur de la lumière qui tamise l'ardeur des couleurs, elles transportent le spectateur du côté de chez Pieter Brueghel.

■ Jacques Busse

Michonze

Bibliogr. : Waldemar-George : Catalogue de l'exposition *Michonze*, Mc Clure Gall., Glasgow, 1948 – Henry Miller : Catalogue de l'exposition *Michonze*, Adams Gall., Londres, 1959 – Patrick Waldberg : Catalogue de l'exposition *Michonze*, Buckingham Gall., Londres, 1972 – in : *Dictionnaire universel de la peinture*, Le Robert, Paris, 1975 – Dominique Daguet : Catalogue de l'exposition *Michonze*, Centre Culturel, Troyes, 1978 – Henri Meschonnic : Catalogue de l'exposition *Michonze*, Mus. d'Art Mod., Troyes, 1985 – Max Fullenbaum, Henry Miller, Patrick Waldberg, divers : *Michonze*, à l'occasion de l'exposition de la galerie Francis Barlier, Paris, 1997, abondante documentation.
Musées : Paris (FNAC) : *La Moisson* vers 1948 – *On joue la rouge* avant 1964.
Ventes Publiques : Versailles, 10 oct. 1976 : *La charrette et les paysans* 1958, h/isor. (21,5x60) : **FRF 2 100** – Tel-Aviv, 16 mai 1983 : *Au bord de l'eau*, temp./pan. (9,5x16,5) : **ILS 43 050** – Paris, 17 juin 1985 : *Femmes sous un arbre* 1958, h/pan. (63x63) : **FRF 22 000** – Paris, 27 nov. 1987 : *Les Amoureux* 1967, h/pap. (46x55) : **FRF 30 000** – Paris, 17 mai 1987 : *Le Déjeuner sur l'herbe* 1959, h/isor. (69x56) : **FRF 21 000** – Paris, 20 mars 1988 : *Scène mythologique* 1951, h/cart. (24x33) : **FRF 26 000** ; *Le joueur de trompette* 1966, h/t (33x46) : **FRF 15 500** ; *Le corsage rouge* 1965, h/t (33x46) : **FRF 70 000** – Tel-Aviv, 25 mai 1988 : *Paysage de campagne* 1969, h/pan. (24x33,5) : **USD 1 100** – Paris, 1er juil. 1988 : *Personnages, couple et animaux*, h/t (147x97) : **FRF 46 000** – Paris, 12 déc. 1988 : *L'arbre fleuri* 1912, h/cart. (19x33) : **FRF 17 000** – Paris, 16 avr. 1989 : *Les Villageoises*, h/t (147x96) : **FRF 62 000** – Paris, 18 juin 1989 : *Scène pastorale*, h/t (33x46) : **FRF 55 500** – Londres, 25 oct. 1989 : *L'Aveugle*, h/t (38x46) : **GBP 4 950** – Tel-Aviv, 3 jan. 1990 : *Paysage rustique* 1955, h/cart. (24x34,5) : **USD 2 420** – Paris, 8 avr. 1990 : *Le peintre aux champs*, h/t (46x32) : **FRF 43 000** – Tel-Aviv, 31 mai 1990 : *Peinture dans le parc* 1931, h/t (46x55) : **USD 8 800** – Tel-Aviv, 1er jan. 1991 : *Personnages dans une ferme* 1969, h/pap./t. (33x46) : **USD 4 620** – Paris, 14 avr. 1991 : *Personnages*, h/t (46x55) : **FRF 36 000** – Tel-Aviv, 12 juin 1991 : *Personnages dans une cour* 1967, h/t (33,5x46) : **USD 3 300** – Tel-Aviv, 6 jan. 1992 : *Nus dans la campagne* 1951, h/pap./cart. (40,5x60,5) : **USD 4 400** – Calais, 13 déc. 1992 : *Les bâtisseurs* 1960, h/pan. (16x49) : **FRF 8 000** – Paris, 6 avr. 1993 : *Scène de rue, les bâtisseurs* 1960, h/isor. (17x51,5) : **FRF 12 000** – Tel-Aviv, 14 avr. 1993 : *Famille* 1967, h/pap./t. (50x72,5) : **USD 9 200** – Paris, 11 juin 1993 : *La rixe* 1965, h/t (27x46) : **FRF 18 000** – Londres, 13 oct. 1993 : *Danseurs et Musiciens* 1971, gche/cart. (68x98,5) : **GBP 920** – Paris, 27 mars 1994 : *La Ferme*, h/pap./t. (39,5x52) : **FRF 13 000** – Paris, 26 juin 1995 : *Danse paysanne* 1962, gche/pap. (28,5x45) : **FRF 5 500** – Paris, 6 nov. 1995 : *La Rixe* 1966, h/t (114x146) : **FRF 80 000** – Paris, 24 mars 1996 : *Scène bretonne* 1960, h/pap./t. (33x46) : **FRF 20 000** – Paris, 10 juin 1996 : *Oiseaux, animaux et humains*, h/t (35x27) : **FRF 7 800** – Calais, 7 juil. 1996 : *Village de Provence* 1968, h/t (33x46) : **FRF 7 500** – Paris, 29 nov. 1996 : *Composition surréaliste*, h/t (81x65) : **FRF 11 500** – Londres, 23 oct. 1996 : *L'infirme dans la voiturette* 1952, h/pan. (33x41) : **GBP 1 725** – Paris, 14 mars 1997 : *Jardin* 1970, h/pap. mar./t. (33x46) : **FRF 12 500**.

MICHOT Clément
XVIIIe siècle. Actif à Bruges. Belge.
Sculpteur.
Le Musée de Bruges possède de cet artiste un *Gladiateur* et un buste de *Saint Paul*.

MICHOTTE Max
Né en 1916 à Haine-Saint-Paul. XXe siècle. Belge.
Peintre, sculpteur. Tendance surréaliste.
Il fut membre du groupe *Rupture* et du *Groupe du Hainaut*.
Bibliogr. : In : *Dictionnaire biographique illustré des artistes en Belgique depuis 1830*, Arto, Bruxelles, 1987.

MICHRIUS Cornelis. Voir **MICHERIUS**

MICHU Benoît
Né en 1610. Mort en 1703 à Paris. XVIIe siècle. Éc. flamande.
Peintre d'histoire et de portraits.
Son fils travailla pour la chapelle de Versailles.

MICHU Benoît
Mort en 1730. XVIIIe siècle. Éc. flamande.
Peintre verrier.
Il travailla à Paris. A peint des verrières de l'église des Invalides.

MICIACENSIS Andréas. Voir **ANDREAS Miciacensis**

MICIER Pedro
Mort en 1659. XVIIe siècle. Espagnol.
Peintre d'histoire.
On croit qu'il était d'origine italienne, mais il travailla à Saragosse, en Espagne, et s'y fit une réputation considérable en travaillant pour diverses églises.

MICIOL Pierre
Né le 19 décembre 1833 à Lyon. Mort en 1905 à Lyon. XIXe siècle. Français.
Peintre d'histoire et graveur au burin.
Élève de l'École des Beaux-Arts de Lyon et de Vibert. Deuxième prix de Rome en 1858. Premier prix en 1860.

MICKA Georg Fr. Voir **MIKA**

MICKA Laurent Jansz. Voir **MICKER**

MICKE
XVIIIe siècle. Actif à Ratisbonne. Allemand.
Peintre de portraits, miniaturiste.

MICKELAIT Karl
Né le 7 septembre 1870 à Berlin. XXe siècle. Allemand.
Dessinateur, illustrateur.
Il fut élève de l'Académie des Beaux-Arts de Berlin. Il vécut et travailla à Berlin.

MICKELBORG Finn
Né en 1932 à Copenhague. XXe siècle. Danois.
Peintre. Abstrait.
Entre 1960 et 1965, il suit les cours du peintre Bamse Kragh Jacobsen. En 1976, il signe le manifeste du 2 février 1976 : *Les Nouveaux Abstraits*. En 1989, il devient président de l'Association des artistes de Groningen. Il a exécuté plusieurs commandes publiques : pour le Palais de Justice à Copenhague ; pour la préfecture d'Aarhus ; pour le Centre de formation de Nakskov, etc.
Il participe à des expositions collectives, parmi lesquelles : 1977, Nordjyllands Kunstmuseum, Aalborg (Danemark) ; 1978, Odense Kunstmuseum, Odense ; 1983, Staten Museum for Kunst, Copenhague ; 1985, Kunstnernes Hus, Oslo ; 1988, *Null-Dimension*, Fulda (Allemagne) ; 1991, Moderna Museet, Stockholm (Suède). Il montre ses œuvres dans des expositions personnelles, dont : 1981, Himmerlands Kunstmusuem, Danemark ; 1984, Sveaborg ; 1988, Sonderjyllands Kunstmuseum, Tonder ; 1991, Maison du Danemark (avec Thomas Bang), Paris ; 1992, Randers Kunstmuseum (avec Thomas Bang), Randers.
Il a obtenu plusieurs bourses attribuées par le Statens Kunstfond et le prix de la culture de la Fédération des syndicats ouvriers DK.
La peinture abstraite de Finn Mickelborg tente de donner, dans un espace rigoureusement architecturé, une représentation de la vitesse : vitesse-couleur, vitesse-lumière.
Bibliogr. : Torben Weirup : *Finn Mickelborg*, catalogue de l'exposition, Maison du Danemark, Paris, 1991.
Musées : Copenhague (Satens Mus. for Kunst) – Copenhague (Cab. des Estampes) – Copenhague (Fond. pour la culture de la commune de Copenhague) – Dunkerque (Mus. d'Art Mod.) – Odense (Kunstmuseum) – Sonderjyllands (Kunstmuseum) – Vejle (Kunstmuseum).
Ventes Publiques : Copenhague, 21-22 mars 1990 : *Energie* 1975, h/t (49x60) : **DKK 5 600** – Copenhague, 30 mai 1990 : *Modulation 3* 1975, h/t (100x120) : **DKK 8 500** – Copenhague, 13-14 fév. 1991 : *Composition* 1989, h/t (81x65) : **DKK 5 000** – Copenhague, 20 mai 1992 : *Composition surréaliste* 1967, h/t (50x120) : **DKK 3 000** – Copenhague, 15 juin 1994 : *Composition – Opus 762* 1985, h/t (125x94) : **DKK 5 000**.

MICKER Jan Christiansz ou **Mikker**
Né en 1598 ou 1600. Mort en 1664, enterré à Amsterdam le 12 avril 1664. XVIIe siècle. Hollandais.
Peintre de compositions religieuses, paysages.
Il se maria le 16 juillet 1626 et eut probablement pour élève J.-B. Weenix.
Musées : Amsterdam : *Jacob et Ésaü – Vue d'Amsterdam à vol d'oiseau* – Gotha : *Passez par la porte étroite* – Vienne : *Martyre de saint Laurent*.
Ventes Publiques : Londres, 11 mai 1938 : *Vue du Rhin* : **GBP 52** – Paris, 4-5 mai 1955 : *Foire animée par une très nombreuse assis-*

tance : **FRF 105 000** – Londres, 5 juil. 1967 : *La Tour de Babel* : **GBP 850** – New York, 8 jan. 1981 : *La Construction de la tour de Babel*, h/pan. (51x65,5) : **USD 8 000** – New York, 13 mars 1985 : *La Tour de Babel*, h/pan. (48,5x63) : **USD 9 250** – Amsterdam, 28 nov. 1989 : *Joseph interprétant les rêves de Pharaon*, h/pan. (39,2x53,1) : **NLG 8 625** – Amsterdam, 22 mai 1990 : *Le retour d'Ésaü*, h/pan., de forme ovale (40x53) : **NLG 5 750** – Stockholm, 10-12 mai 1993 : *Notables assistant à la crucifixion sur le Golgotha*, h/pan. (72x102) : **SEK 24 000**.

MICKER Laurent Jansz ou **Micka**
xviie siècle. Actif à Amsterdam vers 1610. Hollandais.
Graveur au burin et orfèvre.

MICO Antonio
Mort en 1482. xve siècle. Actif à Valence. Espagnol.
Peintre.
A partir de 1469 il s'occupa de décorer les autels de la cathédrale de Valence.

MICO Hans. Voir **MIKO Janos**

MICOCARD
xviiie siècle. Actif à Paris. Français.
Graveur sur bois.
Papillon cite un bois de cet artiste : *Diogène* d'après Parmigianino.

MICOCCHI Giovanni
Né vers 1763 à Rome. Mort le 28 mars 1826 à Rome. xviiie-xixe siècles. Italien.
Peintre.
Élève et aide d'Ant. Cavallucci. Il fut à partir de 1804 membre de la Corporation des Virtuoses.

MICON. Voir **MIKON**

MICONE Nicolas, dit **il Zoppo**
Né en 1650 à Gênes. Mort en 1730. xviie-xviiie siècles. Italien.
Paysagiste.
Élève et imitateur de Tempesta.

MICOTTI Ignazio
Né au xixe siècle à Milan. Mort le 3 mai 1886 à Milan. xixe siècle. Italien.
Sculpteur.
Il exécuta une statue de *Saint Cyrille* dans la cathédrale de Milan.

MICOUIN François
xviie siècle. Actif à Caen. Français.
Sculpteur.
Il travailla en 1681 pour l'hôtel de ville de Caen.

MICOUIN Jean
xviiie siècle. Actif à Caen vers 1705. Français.
Sculpteur.
Fils de François.

MICOVINI ou **Micovius**. Voir **MIKOVINYI**

MICUS Eduard
Né en 1925. xxe siècle. Allemand.
Peintre de techniques mixtes.
Il étudia avec Willi Baumeister. Il vit à Ibiza.
Ventes Publiques : Lucerne, 4 juin 1994 : *Coudrage 259* 1975, acryl. et collage de tissu/t. (130x172) : **CHF 900**.

MIDAL Fabrice
xxe siècle.
Artiste, technique mixte.
Il a participé en 1996 à l'exposition *Les Contes de fées se terminent bien*, au château de Val Freneuse à Sotteville-sous-le-Val, organisée par le FRAC Normandie, aux côtés notamment de Paul MacCarthy, Stephan Balkenhol, Patrick Corillon, Pierre et Gilles, Lawrence Weiner. Il montre ses œuvres dans des expositions personnelles : 1997 galerie Valleix à Paris.
Il réalise des œuvres de petits formats d'une grande fraîcheur, composées d'autocollants aux couleurs vives, qui représentent en général des animaux légendées d'un texte, tracé à la main à la mine de plomb, narration : *Je vais délivrer une princesse, rencontrer le génie de la forêt, tuer le roi, devenir roi*, expression : *Avoir une langue de vipère* ou citations : *Le vent se lève, Il faut tenter de vivre* (P. Valéry).
Bibliogr. : Armelle Pradalier : *Il était une fée... et tout finit par s'arranger*, Beaux-Arts, n° 151, Paris, déc. 1996 – Catalogue de l'exposition : *Les Contes de fées se terminent bien*, Les Impénitents, FRAC Normandie, Rouen, 1996.

MIDART Lorenz Ludwig
Né en 1733 à Dornach. Mort le 19 juillet 1800 à Bâle. xviiie siècle. Suisse.
Peintre d'histoire, portraits, aquarelliste, graveur.
Il travailla à Soleure. Il grava au burin des portraits, des scènes de batailles et des événements contemporains.
Musées : Soleure : trois aquarelles.
Ventes Publiques : Berne, 24 juin 1983 : *Entrée de son Excellence M. le marquis de Vergennes... ; Prestation de serment de son Excellence M. le marquis de Vergennes...* 1778, grav./cuivre, une paire (75x51) : **CHF 3 600** – Zurich, 24 nov. 1993 : *Entrée de son excellence, Mr. le Marquis de Vergennes et de Mrs. les députés du louable corps helvétique dans l'église collégiale de St. Urs et St. Victor à Soleure ; Prestation de serment de Mr. le Marquis de Vergennes dans l'église St. Urs et St. Victor*, eau-forte, une paire (env. 60x51) : **CHF 4 600**.

MIDAVAINE Jacques
Né en 1925 à Tournai. xxe siècle. Belge.
Peintre de paysages, paysages urbains.
Bibliogr. : In : *Dictionnaire biographique illustré des artistes en Belgique depuis 1830*, Arto, Bruxelles, 1987.
Musées : Tournai.

MIDDELBOE Bernard Ulrich
Né le 31 mars 1850 à Ripen. xixe-xxe siècles. Danois.
Peintre de genre, de portraits et de paysages.
Élève de l'Académie de Copenhague de 1867 à 1876 et de Bonnat à Paris de 1877 à 1878. Il fut de 1899 à 1912 le directeur de la Maison danoise de reproduction.

MIDDELBOURG Petrus Van ou **Petrus de Zelandia**. Voir **PIETER Van Middelburg**

MIDDELEER Joseph
Né en 1865 à Ixelles. Mort en 1934 ou 1939 à Assebroek. xixe-xxe siècles. Belge.
Peintre de scènes de genre, figures, paysages, paysages urbains, natures mortes.
Il fut élève de l'Académie de Bruxelles et de Frans Meerts. Il figura au Salon des Rose-Croix en 1894, 1895 et 1897.
Bibliogr. : Gérald Schurr, in : *Les Petits Maîtres de la peinture 1820-1920, valeur de demain*, Les Éditions de l'Amateur, t. II, Paris, 1982 – in : *Dictionnaire biographique illustré des artistes en Belgique depuis 1830*, Arto, Bruxelles, 1987.
Musées : Bruges – Ixelles : *Les fileuses de Bruges* – Tournai.
Ventes Publiques : Lokeren, 5 oct. 1996 : *La Promenade*, h/t (60x42) : **BEF 150 000** – Londres, 21 nov. 1997 : *Patience* 1885, h/t (75x110,5) : **GBP 7 475**.

MIDDELTHUN Julius
Né le 3 juillet 1820 à Kongsberg. Mort le 5 mai 1886 à Oslo. xixe siècle. Norvégien.
Sculpteur.
Étudia à Copenhague dans l'atelier de Bissen. Subit l'influence de Thorvaldsen qu'un séjour de huit ans à Rome ne fit pas disparaître. Mais il conserva sa personnalité. Il produisit beaucoup, notamment des bustes d'accent savoureux. Fut réaliste à la manière de son temps. Sut donner une vie intense aux bustes de Welhaven et de Wergeland. Le Musée d'Oslo conserve de cet artiste les œuvres suivantes : *Bustes en marbre de Joh. Herman, Wessel et de Schweigaard, Garçon tenant un arrosoir, Arachné à Genoux, Minerve, Femme avec une harpe, Homme couché, Génie avec un lys, Vachère, Mineur, Idem, Snarre*.

MIDDENDORF Helmut
Né en 1953 à Dinklage. xxe siècle. Allemand.
Peintre de compositions animées, paysages urbains, peintre de collages. Néo-expressionniste.
De 1971 à 1979, il fut élève de l'école des Beaux-Arts de Berlin, où il eut pour professeur K. H. Hödicke. Il travailla avec Salomé, Luciano Castelli, Rainer Fetting, Bernd Zimmer à Berlin-Kreuzberg sous le nom collectif de *Heftige Malerei* (Peinture violente), puis sous celui de *Moritz Boys*.
Il montre ses œuvres dans des expositions personnelles : depuis 1977 régulièrement à Berlin ; 1981, 1984, 1986, 1990 New York ; 1982, 1988 Milan ; 1982, 1984 galerie Yvon Lambert à Paris ; 1983 musée de Groningen, Kunstverein de Düsseldorf et Staatliche Kunsthalle de Baden-Baden ; 1984 Kunstverein de Braunschweig et Kunsthalle de Winterthur ; 1984, 1986, 1988 Stockholm ; 1985 Rio de Janeiro ; 1987 Kunstmuseum d'Aarhus, Musée des Beaux-Arts de Mulhouse et Neue Galerie d'Aix-la-Chapelle ; 1989 Kunstverein de Kassel et Musée d'Art et d'Histoire de Belfort.

Il s'inscrit dans la mouvance d'Immendorf, Baselitz, Kieffer, et réalise une peinture bâclée, spontanée, qui s'appuie sur la situation historique et politique de l'Allemagne.

Bibliogr. : In : *Groupes, mouvements, tendances de l'art contemporain depuis 1945*, École nationale des beaux-Arts, Paris, 1989 – Catalogue de l'exposiiton : *Middendorf – Collagen*, galerie Folker Skulima, Berlin, 1990.

Ventes Publiques : New York, 16 fév. 1984 : *Atelier* 1979, gche et cr. coul. (61,5x86,5) : **USD 3 500** – New York, 1er nov. 1984 : *Kopfläufen* 1981, h/pap. mar./t. (140x110) : **USD 5 000** – New York, 6 nov. 1985 : *Sans titre* 1984, gche (99,1x69,3) : **USD 2 200** – New York, 6 mai 1986 : *Mysterious painting : Head runner* 1984, acryl./t. (218,5x177,7) : **USD 17 000** – Paris, 27 nov. 1987 : *The Stumble* 1985, acryl./t. (213x180) : **FRF 58 000** – New York, 7 oct. 1987 : *Homme et loup* 1983, aquar./pap. (99,5x70,5) : **USD 3 250** – Paris, 20 mars 1988 : *Grand Rêve* 1979, gche, aquar. et craie grasse (29,5x42) : **FRF 10 000** – Paris, 1er juin 1988 : *Marteau et allumettes* 1983, aquar. (39,5x30) : **FRF 6 000** – Paris, 16 juin 1988 : *Personnage* 1985, h/t (140x108) : **FRF 60 000** – New York, 8 oct. 1988 : *La rue* 1984, h/t (198,2x297,2) : **USD 22 000** – Londres, 29 juin 1989 : *La rue II* 1984, acryl./t. (190x240) : **GBP 8 250** – New York, 5 oct. 1989 : *Sans titre* 1985, acryl./t. (213,5x177,8) : **USD 14 300** – New York, 9 nov. 1989 : *Le jeune homme à la bouteille* 1983, h/t (233,5x183) : **USD 18 700** – Paris, 13 déc. 1989 : *Le marteau et la torche*, aquar. et cr./pap. (29x38,2) : **FRF 21 000** – New York, 21 fév. 1990 : *La chute d'un personnage* 1980, techn. mixte/pap. (61,9x88) : **USD 7 150** – Londres, 22 fév. 1990 : *(Deutscher) Doppel Hamlet* 1986, acryl./t. (180x230) : **GBP 14 300** – New York, 5 oct. 1990 : *The silent green* 1985, h/pan., deux pan. (en tout 190,5x294) : **USD 9 900** – Stockholm, 5-6 déc. 1990 : *Le cracheur de feu*, temp./t. (180x220) : **SEK 80 000** – New York, 14 fév. 1991 : *Vue de Berlin* 1986, h/t (229,8x179,1) : **USD 11 000** – New York, 2 mai 1991 : *Tête lunaire*, h/t (219,7x180,3) : **USD 14 300** – Stockholm, 30 mai 1991 : *Oiseaux de nuit* 1984, h/t (190x270) : **SEK 56 000** – New York, 12 juin 1991 : *Grande fenêtre* 1983, aquar. et fus./pap. (47,6x35,6) : **USD 2 200** – Londres, 17 oct. 1991 : *Sans titre* 1980, gche, past., fus. et aquar./pap. (59,5x85) : **GBP 1 320** – New York, 13 nov. 1991 : *L'incendiaire* 1985, acryl./t. (184,3x256,6) : **USD 11 000** – Munich, 26-27 nov. 1991 : *Tag & Nacht – Kopf – Pinsel – Gestirn* 1980, techn. mixte (62x88) : **DEM 4 830** – New York, 25-26 fév. 1992 : *La rue I* 1982, acryl./tissu (218,4x162,6) : **USD 14 300** – Paris, 16 avr. 1992 : *Le grand rêve* 1979, gche, aquar. et craie (29x41) : **FRF 7 500** – Milan, 5 mai 1994 : *Paranoïa* 1989, acryl./pap. entoilé (140x110) : **ITL 5 750 000** – Londres, 27 oct. 1994 : *Le chanteur rouge* 1981, h/t (175,5x220) : **GBP 5 750** – New York, 3 nov. 1994 : *Phantome O. Paranoïa* 1985, acryl./t. (193x274,4) : **USD 9 775** – Londres, 21 mars 1996 : *Derrière le mur* 1984, peint. à l'eau et polymére synth./t. (241x189,5) : **GBP 4 600** – New York, 20 nov. 1996 : *Caligari II* 1985, acryl./t. (180,3x227,3) : **USD 9 200**.

MIDDENDORP Jeremias
XVIIe siècle. Actif vers 1641. Hollandais.
Peintre.

L'église de Kemmelle, en Flandre, conserve de lui *Naissance du Christ* et un *Christ en Croix*.

MIDDERIGH
XIXe siècle. Actif à Paris de 1848 à 1870. Français.
Graveur au burin.

MIDDIMAN Samuel
Né en 1750. Mort le 18 décembre 1831 à Cirencester. XVIIIe-XIXe siècles. Britannique.
Graveur.

Élève de Byrne puis de Woollett et de Bartolozzi. Il a surtout gravé, avec beaucoup de talent, des paysages d'après Berchem, Gainsborough, Zuccarelli et Hearne. Il exposa en 1781 à la Free Society, de 1773 à 1775 à la Spring Garden et à la Royal Academy de 1780 à 1795. Ses œuvres connurent une grande popularité en Angleterre et sur le continent. Il grava en particulier une série de cinquante-trois planches : *Selected Views in Great Britain* (Londres 1784-1792).

MIDDLEMISS Celia
Née le 8 novembre 1948 à Newcastle-upon-Tyne. XXe siècle. Active en France. Britannique.
Peintre, pastelliste, sculpteur de décors de théâtre. Abstrait.

Elle est née dans le « Border Contry » d'Angleterre à la limite de l'Écosse. Venue en France, elle fut élève à l'École nationale des Beaux-Arts de Paris, de 1971 à 1975 en sculpture et, de 1982 à 1986, en peinture.

Elle figure, depuis 1986 et régulièrement, au Salon des Réalités Nouvelles à Paris ; en 1987 à l'exposition du « Prix Choquet » ; en 1991 et 1992 au Salon de Mantes-la-Jolie ; en 1992 à la IIIe Biennale internationale du pastel à Saint-Quentin ; en 1993 au Salon de Mai à Paris. Elle montre ses œuvres dans des expositions personnelles : en 1989 à *La Galerie*, Paris ; 1992, Maison Mansart, Paris ; 1996 à la galerie de la Maison des Beaux-Arts, Paris.

À l'époque où elle était étudiante en sculpture, elle réalisa les éléments et accessoires en volume de certaines mises en scène, mais abandonna tôt cette activité. Ses peintures et pastels sont traités dans une technique mate pour préserver le velouté des pigments, à la fois délicate et sensuelle. Sur un fond discret et vaporeux qui fait office d'encadrement, se développe le thème central, souvent partagé en deux zones, la supérieure semblant générée par l'inférieure, comme une végétation foisonnante à partir de l'humus fertile. Par petites touches entrecroisées, prolongement logique de l'impressionnisme dans l'abstrait déjà entrevu par Monet dans les *Nymphéas*, Celia Middlemiss tisse les variations sans limites de son thème fondateur. Le choix des entrecroisements de couleurs contrastées détermine l'harmonie générale de chaque nouvelle œuvre, tantôt dans des gammes de profonds tons sourds, tantôt dans la fraîcheur des couleurs les plus vives. Cette sorte de tissage, d'un éclat très oriental, est structurée par la répétition rythmée d'un petit motif constitué de la même combinaison de quelques touches de couleurs, guidant l'itinéraire de l'œil à travers toute la composition. Tout en étant radicalement abstraites, les peintures de Célia Middlemiss, lorsqu'elles libèrent la profusion des couleurs les plus claires font comme ressentir la douceur familière des jardins ou bien, par de savants mélanges de bleus et de verts sonores et les irisations qui en parcourent la surface, évoquent on ne sait quelles profondeurs marines ou célestes. ■ J. B.

MIDDLETON Charles
XVIIIe siècle. Britannique.
Sculpteur.

Il fit des envois à la Société des Artistes de Londres de 1762 à 1772.

MIDDLETON Charles
Mort vers 1818. XIXe siècle. Britannique.
Architecte, dessinateur d'architectures, graveur et écrivain.

Membre de la Society of Artists en 1766 ; il exposa à Londres de 1779 à 1793. Il fut l'architecte de la cour de Georges III.

MIDDLETON Colin
Né en 1910. Mort en 1983 ou 1984. XXe siècle. Irlandais.
Peintre de paysages animés, paysages.

Ventes Publiques : Londres, 12 juin 1981 : *Paysage d'automne, Ballygramey* 1953, h/t (50,8x76,2) : **GBP 1 200** – Londres, 2 nov. 1983 : *William et Mary*, h/t (76x91,5) : **GBP 5 000** – Londres, 15 mars 1985 : *Yellow hill* 1978, aquar. (49,6x50,2) : **GBP 1 800** – Londres, 21 mai 1986 : *July, North down* 1953, h/t (51x76) : **GBP 2 000** – Londres, 4 mars 1987 : *Paysage*, h/t (61x76) : **GBP 2 900** – Dublin, 24 oct. 1988 : *La ferme de Dick à Carnalridge* 1961, h/t (45,8x61) : **IEP 5 500** – Belfast, 28 oct. 1988 : *Prairies bourbeuses*, h/cart. (62,2x62,2) : **GBP 1 650** ; *Paysage rouge à Largymore*, h/cart. (90,8x89,6) : **GBP 13 200** – Belfast, 30 mai 1990 : *Lumière du matin*, h/t (50,8x61) : **GBP 8 800** – Londres, 14 mai 1992 : *Énigme* 1949, h/t (51x76) : **GBP 2 860** – Dublin, 26 mai 1993 : *La corde à linge* 1939, h/t (61x45,7) : **IEP 4 400** – Londres, 2 juin 1995 : *La voie d'une sœur* 1942, h/t (61x46) : **GBP 4 025** – Londres, 16 mai 1996 : *Rivière de montagne* 1954, h/t (45,5x61) : **GBP 9 430** – Londres, 21 mai 1997 : *Dithyrambe sur une bouteille noire* 1945, h/t (61x76) : **GBP 10 350**.

MIDDLETON Horace
Né à la fin du XIXe siècle à Ladywood. XXe siècle. Britannique.
Peintre de portraits, scènes de genre.

Il étudia à Manchester et à Londres et fit des envois à l'Académie royale à partir de 1904.

MIDDLETON I. J. ou **J. J.**
XVIIIe-XIXe siècles. Actif en Angleterre. Américain.
Dessinateur d'architectures.

Il vécut et travailla en Italie.

En 1812, il publia une suite de dessins sur les *Vestiges de la Grèce en Italie*.

MIDDLETON James Godsell
XIXe siècle. Britannique.
Peintre de genre, portraits.

Cet artiste exposa à Londres de 1826 à 1872, notamment à la Royal Academy, à la British Institution et à Suffolk Street.
Musées : Florence (Gal. Pitti) : *Autoportrait*, indiqué au catalogue avec le prénom erroné de « Goodsall ».
Ventes Publiques : New York, 13 fév. 1981 : *La Lettre d'amour*, h/t (90,2x106) : **USD 4 500** – Londres, 18 avr. 1986 : *Portrait de Arthur Vansittart*, h/t (127x101,6) : **GBP 6 500** – Londres, 8 nov. 1995 : *La famille de Sir Henry Lee attendant le retour de Charles II à la restauration*, h/t (110x139,5) : **GBP 4 600** – New York, 12 jan. 1996 : *Portrait de Arthur Vanisttart en uniforme à jaquette rouge à épaulettes et fouragère or, de trois quarts, la main gauche sur la poignée d'une épée et la main droite tenant des gants*, h/t (126,4x102,2) : **USD 12 650**.

MIDDLETON John
Né en 1827 ou 1828 à Norwich. Mort le 11 novembre 1856 à Norwich. XIXe siècle. Britannique.
Peintre de paysages, aquarelliste, graveur, dessinateur.
D'après l'intéressant catalogue du Musée de Norwich (édition de 1909), Middleton fut élève de J. B. Ladbrooke, puis de Henry Bright dont il adopta la manière. Il aimait à peindre les torrents et les avenues plantées d'arbres. D'après *Bryan's Dictionary*, Middleton aurait été élève de J. B. Crome et de Saunart. Middleton fut aussi un charmant aquafortiste. Il exposa à Londres, à la Royal Academy et à Suffolk Street, de 1847 à 1855.
Musées : Londres (Victoria and Albert Mus.) : plusieurs estampes – Norwich (Mus. du Château) : *Rayons de soleil et ombres*, t.
Ventes Publiques : Londres, 17 juin 1927 : *Avenue avec des bohémiens* : **GBP 57** – Londres, 20 nov. 1931 : *La famille Oxenden* : **GBP 94** – Londres, 23 nov. 1966 : *Paysage boisé* : **GBP 320** – Londres, 3 avr. 1968 : *Paysage fluvial boisé* : **GBP 480** – Londres, 12 mars 1969 : *Paysage fluvial* : **GBP 800** – Londres, 20 juil. 1976 : *Gunton Park*, aquar. (31x46,5) : **GBP 650** – Londres, 20 mars 1979 : *The beech forest* 1848, h/t (49x75) : **GBP 5 000** – Londres, 5 juin 1981 : *La Clairière*, h/t (59,6x49,5) : **GBP 2 800** – Londres, 12 juil. 1984 : *Un verger*, aquar./traits de cr. (33x43) : **GBP 3 200** – Londres, 10 juil. 1986 : *Woodland trees* 1855, aquar. reh. de blanc (42,5x34) : **GBP 3 600** – Londres, 19 fév. 1987 : *A lane in Kent*, aquar./traits de cr. (34,5x54) : **GBP 6 800** – Londres, 9 avr. 1992 : *Verger avec une ferme à l'arrière-plan*, aquar. et cr. (33x43) : **GBP 7 920** – Londres, 12 juil. 1995 : *Paysans distribuant du grain aux volailles*, h/t (29x47) : **GBP 4 600** – Londres, 9 juil. 1997 : *Allée en forêt* 1850, h/t (60x108) : **GBP 31 050**.

MIDDLETON Max J.
Né en mai 1944 à Londres. XXe siècle. Britannique.
Peintre, peintre de décors de théâtre.
Il fut élève à la Saint-Martin's Art School de Londres. Il vit à Londres. En 1965, il a voyagé en Italie et en Grèce. En 1969, il a publié un ouvrage consacré aux eaux-fortes : *Etching and Intaglio Printing*. Il est également professeur d'art. En 1966, il a créé des décors pour le London Opera Group et le Greenwich Theatre.
Depuis 1964, il expose dans différents groupements, parmi lesquels : 1964, *Young Contemporaries*, Londres ; 1975, Salon d'Art fantastique de Marly-le-Roi, etc. Il a montré plusieurs expositions personnelles de ses œuvres, à Londres en 1967, 1971, 1973, ainsi qu'à l'Institut national d'éducation populaire à Paris en 1974, et dans une galerie parisienne en 1975.

MIDDLETON Sam
Né en 1927. XXe siècle. Hollandais.
Peintre de scènes et paysages animés, technique mixte, peintre à la gouache, peintre de collages.
Les scènes animées qu'il peint avec des moyens diversifiés mettent en place une sorte de narration foisonnante de détails joyeux. Les fantaisies presque sans limites que lui permet la technique du collage le conduit facilement à la limite de l'abstraction.
Ventes Publiques : Amsterdam, 12 déc. 1990 : *Rythme noir* 1964, techn. mixte/pap. (53x77) : **NLG 2 990** – Amsterdam, 23 mai 1991 : *Solution* 1967, gche et collage/pap. (78x106) : **NLG 4 600** – Amsterdam, 12 déc. 1991 : *Soucis tardifs* 1962, gche et collage de pap./cart. (91x122) : **NLG 12 650** – Amsterdam, 19 mai 1992 : *Composition* 1988, collage et techn. mixte/pap. (52,8x56) : **NLG 3 450** – Amsterdam, 9 déc. 1992 : *Sans titre* 1962, h. et sable/cart. (114,5x53,5) : **NLG 9 200** – Amsterdam, 26 mai 1993 : *Impressions de Hollande* 1974, collage et techn. mixte/pap. (103x73,5) : **NLG 3 450** – Amsterdam, 14 juin 1994 : *Composition abstraite* 1962, gche et collage/pap. (50x37) : **NLG 3 450** – Amsterdam, 5 juin 1996 : *Composition du plaisir de l'été* 1968, techn. mixte/quatre pan. (200x348) : **NLG 5 290**.

MIDDLETON Stanley
Né le 8 juin 1852 à Brooklyn. XIXe siècle. Actif à New York. Américain.
Peintre de portraits.
Il étudia à Paris avec Jacquesson de la Chevreuse, Harpignies, Constant, Dagnan-Bouveret et à l'Académie Julian. Il s'est spécialisé dans les portraits actuellement répartis entre un certain nombre de musées des États-Unis.

MIDDLETON Thomas
Né en 1797 à Fanclure (S. C.). Mort en 1863 à Charleston. XIXe siècle. Américain.
Graveur amateur.

MIDEL J. H.
XVIIe siècle. Actif dans la première moitié du XVIIe siècle. Allemand.
Graveur au burin.
Grava des portraits.

MIDEROS Victor
Né en 1888 en Équateur. XXe siècle. Équatorien.
Peintre, muraliste.
Il fut un des représentants, en Équateur, de la tradition muraliste mexicaine.
Bibliogr. : Damian Bayon, Roberto Pontual : *La Peinture de l'Amérique latine au XXe siècle*, Menges, Paris, 1990.

MIDEY Jean
XIVe siècle. Actif à Dijon. Français.
Sculpteur.

MIDLAINE Brian
Né au XXe siècle en Australie. XXe siècle. Australien.
Peintre de paysages urbains. Expressionniste.
Avec sa femme Mollie Paxton, c'est à Londres qu'il expose ses paysages urbains de facture expressionniste.

MIDO Guillaume ou **Guglielmo, Willem**
Né en 1557 à Fontana la Valle diocèse de Liège (Fontaine Valmont). Mort le 18 juillet 1622 à Rome. XVIe-XVIIe siècles. Éc. flamande.
Artiste.

MIDOLLE Jean
XIXe siècle. Actif à Genève. Suisse.
Calligraphe et peintre de miniatures.
Il publia un *Album du Moyen Âge* (Strasbourg 1834).

MIDORGE Odette
Née en 1909 à Tours (Indre-et-Loire). XXe siècle. Française.
Peintre de fleurs.
Elève de l'Ecole des Beaux-Arts de Tours, elle a régulièrement exposé au Salon des Artistes Français dont elle est sociétaire.

MIDOUW Herkules
XVIe siècle. Allemand.
Sculpteur.
Il travailla en 1571 à l'hôtel de ville de Lübeck. Il se confond probablement avec Claus Midow.

MIDOW Claus ou **Midowen**, dit aussi **Herkules**
Mort en 1602 à Güstrow. XVIe siècle. Allemand.
Sculpteur et architecte.
Il fut l'élève de Philippe Brandin d'Utrecht, le maître de la Renaissance à Mecklembourg. Il a travaillé en 1563 au château de Schwerin et de 1596 à 1598 au château de Güstrow.

MIDOW Hinrich
XVIe siècle. Actif à Gustrow. Allemand.
Sculpteur.
Il serait le fils de Claus et aurait travaillé en 1597 au château de Gustrow.

MIDWOOD William Henry
XIXe siècle. Britannique.
Peintre de genre.
Il était actif de 1867 à 1877.
Ventes Publiques : New York, 2 mai 1979 : *The spinning wheel* 1876, h/t (69,3x89,5) : **USD 5 500** – Londres, 24 mars 1981 : *La Prière du soir* 1875, h/t (71x91,5) : **GBP 1 300** – Londres, 29 mars 1983 : *By a croft* 1876, h/t (71x91,5) : **GBP 3 500** – Londres, 22 fév. 1985 : *Idylle champêtre*, h/t (88,3x67,2) : **GBP 5 000** – Londres, 21 oct. 1986 : *The patchwork quilt* 1876, h/t (71,2x91,4) : **GBP 2 800** – New York, 24 fév. 1987 : *Interlude musical*, h/t (101,6x127) : **USD 5 000** – Londres, 31 mai 1989 : *Scrutant la mer au loin*, h/t (41x32) : **GBP 1 760** – Londres, 2 nov. 1989 : *Départ pour le mar-*

ché, h/t (91,5x71,2) : **GBP 3 300** – Londres, 3 nov. 1989 : *Le ravaudage des filets* 1871, h/t (71x91,5) : **GBP 4 180** – Londres, 21 mars 1990 : *Bavardages entre voisines*, h/t (91,5x72) : **GBP 6 050** – Londres, 14 juin 1991 : *Pensées vagabondes* 1866, h/pan. (20x15) : **GBP 2 200** – Londres, 11 oct. 1991 : *Le centre de l'attention* 1876, h/t (70,5x91,5) : **GBP 7 700** – Stockholm, 19 mai 1992 : *La prière du soir dans une famille paysanne*, h/t (71x91) : **SEK 26 000** – Londres, 7 oct. 1992 : *Foire de village*, h/t (87x127) : **GBP 1 980** – Londres, 13 nov. 1992 : *La babysitter*, h/t (36x46) : **GBP 2 750** – Londres, 3 mars 1993 : *La demande en mariage* 1864, h/t (91,4x71) : **GBP 6 325** – New York, 13 oct. 1993 : *Une heureuse famille* 1870, h/t (91,4x71,1) : **USD 15 525** – New York, 19 jan. 1995 : *Le moment musical* 1877, h/t (71,1x91,4) : **USD 5 750** – Londres, 7 juin 1995 : *New blooms* 1873, h/t (71x91) : **GBP 10 925** – Londres, 5 nov. 1997 : *Viens dans les bras de Papa !* 1869, h/t (71x91) : **GBP 14 375**.

MIDY Arthur
Né en mars 1887 à Saint-Quentin (Aisne). Mort en 1944. xxe siècle. Français.
Peintre de genre, scènes animées, portraits, peintre de compositions murales.
Il fut élève de l'Académie des Beaux-Arts à Paris, de J.-P. Laurens et Benjamin-Constant. Il obtint une médaille d'argent à Paris en 1914.
Il exerça son activité à Paris et au Faouët et exécuta les fresques de l'École nationale du Service de santé de Lyon.
Musées : Le Faouët : *Jour de foire* vers 1914 – *La chapelle Saint-Fiacre*.
Ventes Publiques : Paris, 1er juil. 1924 : *Vieux paysan breton au coin du feu* : **FRF 300** – Lorient, 10-11 oct. 1950 : *Bourrasque* : **FRF 38 000** ; *Saint-Guénolé* : **FRF 19 000** – Zurich, 3 nov 1979 : *Lavoir en Bretagne*, h/t (82x100) : **CHF 3 200** – Douarnenez, 12 août 1983 : *Les Dentellières*, aquar. gchée (43x52) : **FRF 7 600** – Lyon, 18 déc. 1983 : *Marché à Hennebont*, h/t (61x50) : **FRF 14 500** – Brest, 14 déc. 1986 : *Marché à Concarneau*, h/t (47x55) : **FRF 21 000** – Lorient, 5 déc. 1987 : *La Bourrasque*, h/t (64x53) : **FRF 18 500** – Lokeren, 28 mai 1988 : *Vieille ferme*, h/t (61x38) : **BEF 60 000** – Paris, 18 déc. 1989 : *Foire au Faouët*, h/t (50x61) : **FRF 28 000** – New York, 13 oct. 1993 : *Le Palais de Glace* 1906, h/t (117,5x176,5) : **USD 49 450** – Paris, 3 déc. 1993 : *Treboul*, h/pan. (46x55) : **FRF 8 000**.

MIDY Chapelain. Voir **CHAPELAIN-MIDY**

MIDY Charles
xixe siècle. Actif à Paris. Français.
Peintre de scènes de chasse, portraits, aquarelliste.
Il exposa au Salon de Paris de 1845 à 1850.
Ventes Publiques : Paris, 3 avr. 1992 : *Retour de la chasse au Moyen Âge*, aquar. (38x30) : **FRF 5 500**.

MIDY Emmanuel Adolphe
Né le 28 novembre 1797 à Rouen. Mort en 1874. xixe siècle. Français.
Peintre de genre, paysages, intérieurs, lithographe.
Élève de Regnault. Il figura au Salon, en 1835 et 1836, avec des paysages.

MIDY Ernest
Né en 1878 à Mol. Mort en 1938. xxe siècle. Belge.
Peintre de figures, portraits, paysages.
Il a peint des paysages des Campines. Ils évoquent l'œuvre de Théo Verstraete.

Bibliogr. : In : *Dictionnaire biographique illustré des artistes en Belgique depuis 1830*, Arto, Bruxelles, 1987.
Ventes Publiques : Bruxelles, 19 déc. 1989 : *Personnage dans un jardin fleuri* 1900, h/t (100x80) : **BEF 130 000**.

MIDY Eugène Edmond
Né au xixe siècle à Saint-Quentin. xixe siècle. Français.
Peintre d'histoire et lithographe.
Élève de Glaize. Exposa des sujets d'histoire au Salon de 1852 à 1868.

MIDY Louise Aline
Née au xixe siècle à Paris. xixe siècle. Française.
Pastelliste.
Élève de C. Midy et Luminais. Fit des envois au Salon de 1865 à 1880.

MIDY Théophile Adolphe
Né le 5 juillet 1821 à Paris. xixe siècle. Français.
Peintre.
Élève de son père et de L. Cogniet. Figura au Salon à partir de 1841 avec des portraits.

MIEDEMA Simon
Né le 13 juillet 1860 à Harlingen. xxe siècle. Hollandais.
Sculpteur, sculpteur en médailles.
Il fut élève de l'Académie des Beaux-Arts de Rotterdam.
Cet artiste a également peint le plafond de l'église du Paradis à Rotterdam.
Musées : Rotterdam : *La Ciselure et la gravure*.

MIEG Jean
Né le 1er avril 1791 à Mulhouse. Mort le 27 avril 1862 à Mulhouse. xixe siècle. Français.
Peintre de genre, de portraits, de paysages et lithographe.
Il étudia de 1807 à 1812 à Paris chez Meynier, puis en 1814 et en 1818 en Italie. Le Musée des Beaux-Arts de Mulhouse conserve de lui deux *Scènes de marché en Italie*, une académie, une étude et le Musée historique de la même ville *Vues de Mulhouse* et d'*Eschenzweiler*. Engelmann a publié d'après Mieg une série d'excellentes lithographies, intitulée *Manufactures du Haut-Rhin*.

MIEG Peter
Né en 1906 à Lenzburg. xxe siècle. Suisse.
Aquarelliste.
Philosophe à l'Université de Zurich, et compositeur de musique, il a réalisé de nombreuses aquarelles.
Musées : Aarau (Aargauer Kunsthaus) : *Sommerblumen* 1944 – *Spinatfelder bei Bormes* 1955 – *Bauernhof in Südfrankreich*.
Ventes Publiques : Zurich, 7 juin 1980 : *Vase de fleurs au fond rose* 1979, gche (61,5x56,5) : **CHF 3 400** – Zurich, 29 oct. 1983 : *Les Cinq Pommes* 1979, gche (21,5x41) : **CHF 2 400**.

MIEGHEM Eugeen Van
Né le 1er octobre 1875 à Anvers. Mort en 1930 ou 1931 à Anvers. xxe siècle. Belge.
Peintre de paysages urbains, marines, scènes typiques, dessinateur, graveur, pastelliste, lithographe, affichiste.
Il fut élève de l'Académie des Beaux-Arts d'Anvers, où il est devenu par la suite professeur.
Il aima décrire, autour de la mer, du port ou de l'estuaire, la vie grouillante des docks.

Bibliogr. : In : *Dictionnaire biographique illustré des artistes en Belgique depuis 1830*, Arto, Bruxelles, 1987.
Musées : Anvers : *Femme sur le port* – Ixelles.
Ventes Publiques : Anvers, 8 avr. 1976 : *Vue d'un port le soir*, h/pan. (40x55) : **BEF 5 000** – Anvers, 19 oct. 1976 : *Raccommodeuse de sacs*, past. (25x18) : **BEF 4 500** – Anvers, 23 oct 1979 : *Débardeur*, past. (37x28) : **BEF 30 000** – Anvers, 22 avr. 1980 : *Travailleuses au port*, h/cart. (32x43) : **BEF 46 000** – Anvers, 3 avr. 1984 : *Vue d'un port*, past. (55x73) : **BEF 100 000** – Anvers, 3 avr. 1984 : *La rade d'Anvers*, h/t (56x74) : **BEF 90 000** – Lokeren, 22 fév. 1986 : *Sur les quais* vers 1920, h/t (79x107) : **BEF 180 000** – Lokeren, 5 mars 1988 : *Deux émigrants dans un port*, h/cart. (30x40) : **BEF 130 000** – Lokeren, 28 mai 1988 : *Navires à quai*, h/pan. (32,5x49,5) : **BEF 110 000** – Lokeren, 8 oct. 1988 : *Personnage dans un port*, craie noire (16x38) : **BEF 18 000** – Amster-

DAM, 6 nov. 1990 : *Vue des docks d'Anvers*, h/cart. (66x91) : **NLG 6 440** – AMSTERDAM, 14-15 avr. 1992 : *Bateliers*, h/t (70x106) : **NLG 9 200** – LOKEREN, 12 mars 1994 : *Raccommodeuse de sacs*, h/cart. (24x29,5) : **BEF 80 000** – LOKEREN, 7 oct. 1995 : *Femme espagnole*, past. (19,5x25) : **BEF 33 000** – AMSTERDAM, 17-18 déc. 1996 : *Portrait d'un juge*, h/pan. (63,5x78,7) : **NLG 8 260**.

MIEGIL

XVIIIe siècle. Tchécoslovaque.

Peintre.

Neu-Raussnitz possède deux tableaux d'autels de cet artiste : *L'Annonciation* et *Mort de saint Joseph*.

MIEHE Walter

Né le 11 septembre 1883 à Berlin. XXe siècle. Allemand.

Peintre de portraits, compositions à personnages.

Il fut élève de Kampf. Il vécut et travailla à Charlottenbourg.

Il a peint des scènes de la vie mondaine et nocturne de Berlin ainsi que des portraits d'artistes ou de poètes.

MIEKSCH Johann. Voir **MIKSCH**

MIEL Jan ou **Jean**, appelé aussi **Bike, Bicke, Biecke, Biecker,** dit **Cavaliere Giovanni Milo** ou **della Vita** ou **Jamieli** ou **Petit-Jean**

Né en 1599, sans doute près d'Anvers ou à Vlaardingen. Mort le 3 avril 1663 à Turin. XVIIe siècle. Éc. flamande.

Peintre de sujets mythologiques, compositions religieuses, scènes de genre, paysages animés, graveur.

Probablement élève de Daniel Seghers, il était à Rome en 1641 ; il fut l'ami de Pieter Van Laar à Rome ; en 1641, il devint directeur de la Corporation des virtuoses et en 1648 membre de l'Académie de Saint-Luc. Il peignit un *Miracle de saint Antoine de Padoue* (église de Saint-Laurent), un *Saint Sébastien*, pour l'église Sainte-Marie Regina Cœli, vers 1649, des fresques, *Histoire de saint Lamberto*, dans l'église Sainte-Marie dell'anima, *Baptême de Constantin*, dans l'église Saint-Martin ai Monti. En 1654, il dut quitter Rome pour la Lombardie ; il y était revenu en 1656, car le pape Alexandre VII lui paya cinquante couronnes, le 13 octobre, un *Moïse frappant le rocher*. En 1658, il alla à Turin comme peintre de la cour du duc Charles Emmanuel, avec 2000 livres de pension.

Il peignit des figures dans les tableaux de Claude Lorrain et peut-être dans ceux de Jean Both. On lui doit des estampes dans le même genre.

I M . M

MUSÉES : ABBEVILLE : *Marché de chevaux* – ANGERS : *Paysans* – AVIGNON : *Halte – Bergers et troupeaux dans un paysage montagneux* – BERGAME (Acad. Carrara) : *Sujet rustique* – BÉZIERS : *Le repos des champs* – BLOIS : *Bohémiens jouant aux cartes* – BOLOGNE : *Chant et jeu – Le Mendiant – Adoration des bergers – Prêche de saint Jean-Baptiste* – BORDEAUX : *Paysage avec figures* – BOURG : *Intérieur de taverne* – BOURGES : *Les buveurs* – DRESDE : *Berger jouant de la cornemuse – Tireur d'épines* – ÉDIMBOURG (Nat. Gal.) : *Port de mer* – LA FÈRE : *Paysage – Bataille* – FLORENCE : *L'artiste – Paysage – Famille de paysans au repos – Un paysan et un bœuf – Deux bergers, une vache, des chèvres* – GENÈVE (Rath) : *Bataille* – HAMBOURG : *Devant l'auberge – L'enfant prodigue* – LIÈGE : *L'abreuvoir* – LILLE : *Le marchand d'escargots – Le fumeur* – LONDRES (Hampton Court) : *Port de mer* – LUCQUES (Pina.) : *Les joueurs* – MADRID : *Le guitariste – Le cabaret – Le goûter – Arrêt de chasseurs devant une petite auberge – Repos et jeux populaires – Paysage avec personnages – Le barbier du village – Le carnaval à Rome – Paysage avec ruines* – MARSEILLE : *Le repos – Retour des champs* – MILAN (Brera) : *Scènes champêtres – Chasseurs à l'auberge* – MONTAUBAN : *Un savetier* – MONTPELLIER : *Une fontaine d'eau minérale* – NEW YORK (hist. Soc.) : *Halte au cours de la chasse* – PARIS (Mus. du Louvre) : *Le mendiant – Le barbier napolitain – Halte militaire – Le dîner de voyageurs* – ROME (Borghèse) : *Judith implorant l'aide du Seigneur* – ROME (Gal. Naz. d'Arte Antika) : *Marchands de fruits – Charlatans* – ROTTERDAM : *Paysage italien* – ROUEN : *Maraudeurs italiens* – SAINT-PÉTERSBOURG (Mus. de l'Ermitage) : *Le charlatan – Halte de chasseurs*, deux fois – *Les gais paysans – Route dans la campagne de Rome – Site d'Italie* – STOCKHOLM : *Guerriers au repos – Halte de chasseurs – Prédication de saint Jean-Baptiste* – STUTTGART : *Palais au bord de l'eau* – TOURS : *Halte de chasseurs* – TURIN : *Le Duc Charles Emmanuel après la chasse – La curée – La duchesse de Savoie* – VIENNE : *Port de mer* – VIENNE (Acad.) : *Scènes populaires* – VIENNE (Czernin) : *Berger et son chien, au fond, trois chevaliers et ruines* – YPRES : *Campement de bohémiens*.

VENTES PUBLIQUES : PARIS, 1748 : *Saint François distribuant des aumônes à la porte d'un monastère* : **FRF 1 201** – PARIS, 1777 : *La Diseuse de bonne aventure* : **FRF 2 100** – PARIS, 1837 : *Dispute entre gens de mauvaise vie* : **FRF 2 200** – MANCHESTER, 1843 : *Fête dans un village italien* : **FRF 2 425** – PARIS, 1857 : *Halte de chasseurs* : **FRF 1 180** – PARIS, 1869 : *Le Chanteur ambulant* : **FRF 1 100** – LONDRES, 1874 : *Composition d'architecture avec figures et animaux* : **FRF 5 625** – PARIS, 1882 : *L'Hôtellerie* : **FRF 500** – PARIS, 1900 : *Le Carnaval à Rome* : **FRF 400** – PARIS, 24 mars 1920 : *Les Fumeurs* : **FRF 600** – PARIS, 11 avr. 1924 : *Enfants assis à terre*, pierre noire : **FRF 590** – PARIS, 17-18 juin 1925 : *Les Dunes* : **FRF 4 800** – PARIS, 21 mai 1928 : *Le Marchand de gimblettes* : **FRF 6 200** – PARIS, 22 fév. 1934 : *Paysan à cheval*, lav. de bistre : **FRF 110** – LONDRES, 26 juin 1964 : *Le Tricheur* : **GBP 580** – LONDRES, 26 nov. 1965 : *Le Fils prodigue* : **GBP 1 500** – LONDRES, 24 nov. 1967 : *Scène de carnaval* : **GBP 1 600** – LONDRES, 25 juin 1969 : *Autoportrait* : **GBP 1 900** – LONDRES, 7 juil. 1972 : *Musiciens ambulants ; Mendiants italiens* : **GBP 4 000** – PARIS, 18 mars 1980 : *Le marchand de raisin*, h/t (46x57) : **FRF 30 000** – PARIS, 7 déc. 1981 : *Le Départ pour la chasse*, h/t (67x87) : **FRF 45 000** – ROME, 7 juin 1984 : *Scène rustique*, h/t (76x130) : **ITL 40 000 000** – MONTE-CARLO, 21 juin 1986 : *L'Abreuvoir*, h/t (67x83) : **FRF 80 000** – NEW YORK, 15 jan. 1987 : *Paysans festoyant dans une cour*, h/t (73x98,5) : **USD 33 000** – MILAN, 25 oct. 1988 : *Fête dans la cour de la ferme*, h/t (70x95) : **ITL 38 000 000** – NEW YORK, 2 juin 1989 : *Paysans sous les remparts de la forteresse*, h/t (82,5x109) : **USD 33 000** – AMSTERDAM, 13 nov. 1990 : *Voyageurs se reposant devant l'auberge d'un village italien*, h/t (34,3x38,6) : **NLG 36 800** – NEW YORK, 9 oct. 1991 : *Personnages dansant et jouant de la musique sur une place pendant le carnaval*, h/t (59,7x77,5) : **USD 30 800** – PARIS, 26 avr. 1993 : *L'Arracheur de dents sur une place de village*, h/t (43,5x60,5) : **FRF 25 000** – NEW YORK, 7 oct. 1993 : *Paysans jouant de la musique et dansant devant une auberge*, h./pb (15x25,5) : **USD 36 800** – ROME, 23 nov. 1993 : *La Calcara*, h/t (87x163) : **ITL 75 900 000** – PARIS, 8 juin 1994 : *Le Repas des paysans*, h/t/pan. (36x27,5) : **FRF 26 000** – NEW YORK, 11 jan. 1996 : *Chasseurs se reposant au bord de la route avec une vieille femme et un garçon déballant leurs provisions*, h./pb (15,2x26) : **USD 24 150** – PARIS, 10 avr. 1996 : *Le Repos des bergers ; Le Repos des cavaliers*, h/t, une paire (chaque 36,5x48,5) : **FRF 50 000** – LONDRES, 5 juil. 1996 : *Couple élégant prenant un rafraîchissement devant une auberge*, h/t (45,2x59,2) : **GBP 9 000** – LONDRES, 13 déc. 1996 : *Sine Cerere et Baccho friget Venus 1645*, h/t (142,5x162,7) : **GBP 309 500** – ROME, 23 mai 1996 : *Auberge à Campo Vaccino près de Rome*, h/t (68x62) : **ITL 6 900 000** – LONDRES, 4 juil. 1997 : *Paysage boisé avec des paysans se reposant sur un chemin, un lac dans le lointain*, h/t (116,8x174,7) : **GBP 49 900**.

MIELATZ Karl Friedrich Wilhelm

Né le 24 mai 1864 à Breddin (Prov. Brandenb. Kr. Ostprignitz). Mort en 1919. XIXe-XXe siècles. Américain.

Peintre, graveur et lithographe.

Élève de l'École de dessin de Chicago. Il travailla à New York et publia douze *Vues de la ville de New York*.

MIELCARZEWICZ Teofil

XIXe siècle. Actif à Posen. Polonais.

Peintre et graveur au burin.

Le Musée Mielzynski de Posen possède de lui un *Portrait de Kosciusko*.

MIELICH. Voir aussi **MÜLICH**

MIELICH Leopold Alphons

Né le 27 janvier 1863 à Klosterneubourg. Mort le 25 janvier 1929 à Salzbourg. XIXe-XXe siècles. Autrichien.

Peintre de compositions animées, figures, paysages. Orientaliste.

On ne lui connaît pas de maître. Il visita l'Égypte, l'Algérie, la Palestine. Il entreprit en 1901, pour le compte de l'Académie impériale, un voyage dans l'Arabie pétrée. Il en rapporta : *Le Château du calife Amra dans le désert*.

MUSÉES : VIENNE : *Le Château du calife Amra dans le désert – École de benessa*.

VENTES PUBLIQUES : PARIS, 13 oct. 1943 : *Jeune Arabe*, past. : **FRF 280** – LONDRES, 19 mai 1976 : *Les musiciens arabes*, h/pan. (24x17,5) : **GBP 350** – VIENNE, 14 juin 1977 : *Le marchand des* rues, h/pan. (52x32) : **ATS 35 000** – Vienne, 15 mai 1979 : *Marchand arabe*, techn. mixte/pap. (23x17) : **ATS 30 000** – Munich, 14 mars 1985 : *Marchand arabe dans une rue du Caire*, h/pan. (74x59) : **DEM 19 000** – Londres, 24 juin 1987 : *Scène de rue arabe avec un scribe et une esclave*, h/cart. (60,5x52) : **GBP 3 000** – New York, 23 fév. 1989 : *Le marchand d'oranges*, h/pan. (10,8x15,8) : **USD 5 500** – New York, 16 juil. 1992 : *Scène de marché*, h/t (134,6x193) : **USD 14 850** – Londres, 10 fév. 1995 : *Au bord de la route*, h/pan. (45,4x61) : **GBP 3 450**.

MIELNIKOFF Alexandre
Né le 3 mai 1940 à Homecourt (Meurthe-et-Moselle). xxe siècle. Français.
Peintre de portraits, paysages animés, paysages, aquarelliste.
Il est métallographe de formation. Il expose, à Paris, au Salon des Artistes Français.

MIELOT Jehan
Né au xve siècle à Guerschart. xve siècle. Français.
Écrivain et illustrateur.
Il entra en 1448 au service de Philippe le Bon. Il habita à Bruxelles, fut en 1467 le chapelain de Saint-Pierre de Lille et jusqu'en 1472 il travailla pour Charles le Téméraire. Il illustra *Briève compilation des histoires de la Bible* (1463).

MIELZINER Jo
Né le 19 mars 1901 à Paris. xxe siècle. Américain.
Peintre, décorateur.
Élève de Léo Mielziner et de l'Art Students' League de New York. Membre du Salmagundi Club. Se spécialisa dans les décors de théâtre.

MIELZINER Leo
Né le 8 décembre 1869 à New York. xixe siècle. Actif à New York. Américain.
Peintre de portraits.
Élève de l'Académie de Cincinnati, il continua sa formation à Paris, puis à Copenhague chez Kroyer. Les musées de New York et de Boston possèdent plusieurs de ses œuvres.

MIELZYNSKI Seweryn Graf
Né le 21 octobre 1804 à Posen. Mort le 17 décembre 1872 à Miloslaw. xixe siècle. Polonais.
Peintre et architecte.
Étudia à Paris, Berlin, Posen, Florence et Genève. Il a peint des portraits, des paysages et des sujets religieux et il a édifié à Miloslaw une église, une synagogue et un palais.

MIER Alfonso
Né en 1912 à Barcelone. xxe siècle. Espagnol.
Peintre.
Son œuvre se divise selon deux périodes distinctes : jusqu'en 1957, il peignait dans une tradition expressionniste, marquée par l'influence de Picasso. Il évolua ensuite, avec une bonne part de la jeune peinture espagnole, dans le sens de la recherche du pouvoir expressif de matières picturales riches, donnant une dimension en épaisseur à ses peintures, par l'intégration de ciments colorés appliqués sur des surfaces métalliques. Ces matières ne sont pas travaillées pour elles-mêmes, comme chez Tapiès, dans le cadre d'une construction formelle élaborée, mais projetées sur le support dans l'esprit de l'abstraction lyrique, constituant ainsi une intéressante tentative de synthèse entre des courants divergeants.
Bibliogr. : In : *Peintres contemporains*, Mazenod, Paris, 1964.
Musées : Barcelone (Mus. d'Art Contemp.).

MIERANDER Georg Adolph von, baron
Né en 1638. xviie siècle. Allemand.
Dessinateur.
Général prussien, il pratiqua le dessin en amateur. Le cabinet des estampes de Berlin conserve deux de ses dessins.

MIEREVELD Jan Van
Né le 3 mars 1604 à Delft. Mort le 23 janvier 1633 à Delft. xviie siècle. Hollandais.
Peintre de portraits.
Fils et élève de Michiel Van Mierevelt. Voir l'article Pieter Van MIEREVELT.

Ventes Publiques : Londres, 26 jan. 1923 : *Jan Olden Barnveldt* : **GBP 65**.

MIEREVELDT Léopold
Né en 1568 à Delft. xvie siècle. Hollandais.
Peintre.
Élève de Hier Wierix et de Blockland. Il grava des sujets d'histoire.

MIEREVELT Michiel Janszoon Van ou **Miereveldt, Miereveld**
Né le 1er mai 1567 à Delft. Mort le 27 juin 1641 à Delft. xvie-xviie siècles. Éc. flamande.
Peintre de portraits.
Fils de l'orfèvre Jan Michielsen Van Miereveldt, élève de Antonio Blocklandt dit Montfort à Utrecht, à 12 ans, puis de Willem Willemsz et d'un peintre inconnu appelé Augustyn à Delft en 1583. En 1625 il fut membre de la gilde de Saint-Luc à La Haye, étant peintre à la cour des princes d'Orange. Le roi d'Angleterre, Charles Ier, ou plutôt le prince Henri essayèrent de l'attirer à Londres, mais la peste qui y sévit en 1625 l'effraya ; il fut portraitiste de la cour des princes d'Orange-Nassau et reçut de l'archiduc Albert la permission de pratiquer la religion de Mennoni. Il eut pour élèves, outre ses deux fils Pieter et Jan, Paulus Moreelse, P. G. Montfort, Claes Corn. Delff, Pieter Dircksz, Cluyt, Jacobus Delff Willem, Corn Van der Vliet et son frère Hendrik, J.-Van Ravesteyn, Johan Van Nes ; sa fille épousa le graveur Willem Delff. Beaucoup de paysages dans ses portraits furent peints par Jan Martsen de Joge. Il est très difficile de distinguer son œuvre propre des innombrables copies de ses tableaux qu'il laissa faire et signa même parfois de son nom. S'il fut essentiellement peintre de portraits, il fit aussi des compositions historiques et mythologiques, tel le *Jugement de Pâris* (1588, Stockholm). Son style maniériste est fait d'élégance et rappelle celui de Goltzius.

M. MIEREVELD.

M. MIEREVELD.

M. Mierevelt.

M. Mierevelt.

M. mirevelt

M. M. Mireueld

Musées : Abbeville : *Portrait d'un savant* – Amiens : *Ysebrand de Bey, échevin de Leyde* – Amsterdam : *Guillaume Ier d'Orange* – *Philippe Guillaume d'Orange* – *Maurice d'Orange* – *Frédéric, électeur palatin et roi de Bohême* – *Le poète Jacob Cats* – *Le même* – *Johannes Wittenbogaert* – *Johan Van Oldenbarnevelt* – *Paulus Van Beresteyn* – *Vockera Nicolaï Durgsdtite Knohfert* – *Cœcilia Van Beresteyn* – *Henrick Hooft* – *A. Hasselaer* – *Portrait d'homme* – *Portrait de femme* – *Corvina Van Hesenbroeck Van Hofdijk* – *Guillaume Louis de Nassau* – *Jean de Nassau-Siegen* – *Marquis Ambroise de Spinola* – *Syrius de Béthune* – *Sir Horatio Vere* – Anvers : *Frédéric Henri de Nassau, prince d'Orange* – Arras : *Portrait d'homme* – Avignon : *Portrait* – Berlin : *Portraits de Jan Uytenbogaert et d'un jeune homme* – Berne : *Portrait d'homme* – Brunswick : *Le comte et la comtesse de Nassau* – Budapest : *Maurice d'Orange* – Chantilly : *Élisabeth Stuart, reine de Bohême* – *Gilles de Glarges* – *James Rutgerius* – *Hugo Grotius* – Cologne : *Portrait de dame* – *Maurice d'Orange* – Copenhague : *Pieter Cornelis Hooft* – Darmstadt : *Le général Ambrosio, marquis de Spinola* – Dijon : *Portrait de femme* – trois miniatures – Douai : *Portrait d'homme* – Dresde : quatre portraits – Dublin : *Portrait présumé de Lady Castlehaven* – Florence : *Portrait d'homme* – Genève (Ariana) : *Portrait d'un Hollandais* – *Olivier*

Cromwell – GENÈVE (Rath) : deux portraits de femmes – HAARLEM : *Maria Camerling* – *Gillis de Glarge* – HANOVRE : deux portraits de vieilles femmes – LA HAYE : *Guillaume le Taciturne* – *Louise de Coligny en costume de veuve* – *Philippe Guillaume de Nassau* – *Le stathouder Maurice d'Orange* – *Frédéric Henri de Nassau* – *Frédéric Henri de Nassau* – *Frédéric V de Bohême* – LA HAYE (comm.) : *Guillaume le Taciturne* – *Frédéric Henri* – *Amalia Van Sohns* – *Le maire de Delft Jacob Van der Graeff* – *Sa femme Madeleine Van Deresteyn* – *John Van Oldenbarnevelt* – KARLSRUHE : *Portrait présumé de l'artiste* – LIÈGE : *Portrait de faune* – LONDRES (Wallace) : *Dame hollandaise* – LONDRES (Nat. Portrait Gal.) : *Sir Thomas Roe* – *Henry Wriothesley, comte de Southampton* – *Sir Ralph Winwood* – *Elisabeth, reine de Bohême* – *Dudley Carleton, vicomte Dorchester* – *Anne Girrard, Lady Carleton* – *Frédéric V de Bohême* – *Horace Vere, baron de Tilburg* – LYON : *Dame hollandaise* – *Femme d'un bourgmestre* – MADRID : *Portrait de femme* – MAYENCE : *Portrait d'homme* – MILAN (Brera) : *Buckingham* – MONTPELLIER : trois portraits – MOSCOU (Roumianzeff) : deux portraits – MULHOUSE : *Guillaume le Taciturne* – MUNICH : deux portraits d'hommes – NARBONNE : *Dame à la collerette* – NEW YORK : *Jeune femme* – NUREMBERG : *Portrait d'homme* – ORLÉANS : *Anna Van Hussen, de Leyde* – OSLO : *Buste d'homme* – PARIS (Mus. du Louvre) : trois portraits de femmes – *Portrait de Jan von Oldenbarneveld* – LE PUY-EN-VELAY : deux portraits – ROTTERDAM : *Maurice de Nassau* – SAINT-OMER : *Portrait de femme* – SAINT-PÉTERSBOURG (Mus. de l'Ermitage) : quatre portraits – STOCKHOLM : *Jugement de Pâris* 1588 – *Frédéric de Bohême* – *Jan Rutgers* – STUTTGART : *Boudewyn-Ottesen de Man* – TARBES : *Portrait d'homme* – TOULOUSE : *Portrait d'homme* – TROYES : *Portrait d'une dame hollandaise* – *Portrait d'un enfant de la famille d'Orange* – VALENCIENNES : *Portrait de Guillaume de Nassau* – VENISE : *Frédéric de Nassau, prince d'Orange* – VERSAILLES : *Maurice d'Orange* – VIENNE : *Portrait d'homme* – VIENNE (Czernin) : *Portrait d'homme* – VIENNE (Lichtenstein) : deux portraits.

VENTES PUBLIQUES : PARIS, 1854 : *Portrait de femme* : **FRF 570** – PARIS, 1868 : *Portrait d'homme* : **FRF 2 250** – PARIS, 1869 : *Portrait d'homme* : **FRF 1 850** – PARIS, 1873 : *Portrait de jeune femme* : **FRF 6 000** – PARIS, 1881 : *Riche hollandaise* : **FRF 3 000** – LONDRES, 1882 : *Portrait de Gustave Adolphe de Suède* : **FRF 7 930** – PARIS, 4 juin 1891 : *Portrait de Frédéric Henri, prince d'Orange Nassau* : **FRF 2 600** – LONDRES, 1892 : *Portrait de dame en robe noire et fraise* : **FRF 2 860** ; *Portrait de la femme de l'artiste* : **FRF 2 675** – PARIS, 1897 : *Portrait du marquis de Spinola* : **FRF 1 005** – PARIS, 1898 : *Portrait d'homme* : **FRF 9 200** – NEW YORK, 1899 : *Madame Van der Horst* : **FRF 9 000** ; *Sur la rivière Stour dans le Suffolk* : **FRF 7 500** – PARIS, 1900 : *Portrait d'une dame de qualité* : **FRF 10 900** – AMSTERDAM, 26-29 nov. 1901 : *Portrait d'un seigneur et de sa femme* : **FRF 7 350** – PARIS, 7 fév. 1907 : *Portrait d'une dame de qualité* : **FRF 9 000** – PARIS, avr. 1910 : *Jeune Femme en noir* : **FRF 18 000** – LONDRES, 22 juil. 1910 : *Portrait de femme* : **GBP 78** – NEW YORK, 6-7 avr. 1911 : *Portrait de jeune femme* : **USD 2 000** – PARIS, 12 juin 1919 : *Portrait d'homme* : **FRF 25 900** – PARIS, 13 nov. 1920 : *Portrait de femme* : **FRF 3 100** – LONDRES, 24 juil. 1922 : *Femme en noir* : **GBP 44** – PARIS, 16 oct. 1922 : *Portrait d'homme en pourpoint à collerette* : **FRF 1 700** – LONDRES, 2 mars 1923 : *Portrait d'un gentilhomme* : **GBP 94** – LONDRES, 25 fév. 1924 : *Gentilhomme en noir* ; *Femme en robe noire* : **GBP 273** – LONDRES, 18 juil. 1924 : *Lady Buckingham* : **GBP 57** – LONDRES, 22 mai 1925 : *Henri, comte de Nassau*, cr. et sanguine : **GBP 21** – LONDRES, 18 nov. 1927 : *Garçon et Fillette* : **GBP 110** – LONDRES, 3 mai 1929 : *Portrait d'un gentilhomme* : **GBP 283** – PARIS, 15 juin 1931 : *Un officier* : **FRF 5 500** – NEW YORK, 11 déc. 1931 : *Portrait de femme* : **USD 1 400** – NEW YORK, 18 avr. 1934 : *Le Bourgmestre Gerrit Jacob Witsz* : **USD 400** ; *Madame G. J. Witsz* : **USD 400** – BERLIN, 25 juin 1934 : *Portrait d'homme* : **DEM 860** – LONDRES, 16 avr. 1937 : *Comtesse de Gaudemar* : **GBP 168** – NEW YORK, 16 nov. 1945 : *Portrait de femme* : **USD 375** – LONDRES, 3 mai 1946 : *Horace Lord Vere de Tilbury* : **GBP 157** – LONDRES, 3 mai 1946 : *Gentilhomme* ; *Portrait de femme* : **GBP 1 470** – PARIS, 17 juin 1949 : *Portrait d'une dame de qualité* 1623 : **FRF 460 000** – LONDRES, 7 juil. 1967 : *Portrait d'un gentilhomme* : **GBP 450** – LONDRES, 27 nov. 1968 : *Comte Axel Oxenstierna* : **GBP 1 100** – LONDRES, 22 avr. 1977 : *Portrait de vieillard* 1629, h/pan. (71x61) : **GBP 3 800** – VERSAILLES, 23 mai 1978 : *Portrait d'homme au grand chapeau*, h/bois (63,5x48) : **FRF 10 000** – NEW YORK, 12 janv 1979 : *Portrait d'un gentilhomme*, h/pan. (71x57) : **USD 4 250** – NEW YORK, 8 jan. 1981 : *Portrait du roi Frederick V* 1626, h/pan. (63,5x52) : **USD 3 000** – PARIS, 11 oct. 1982 : *Portrait du Cardinal de Richelieu* 1629, h/t (52x67) : **FRF 38 000** – NEW YORK, 19 jan. 1984 : *Portrait présumés de Pieter et Johanna Van Vlier*, h/pan., une paire de forme ovale (71x58) : **USD 13 000** – PARIS, 22 nov. 1985 : *Portrait d'une dame de qualité* ; *Portrait d'un homme de qualité* 1632-1634, h/pan., une paire (109,5x82,5) : **FRF 75 000** – MONTE-CARLO, 20 juin 1987 : *Portrait d'une dame de qualité*, h/pan. (69x56) : **FRF 80 000** – MONACO, 17 juin 1988 : *Portrait de femme*, h/t (198x115) : **FRF 222 000** – AMSTERDAM, 28 nov. 1989 : *Portrait de Johanna Barbara de Lachatel, en buste, portant une robe brodée ornée d'un col de dentelle* 1639, h/pan. (69,7x59,6) : **NLG 18 400** – NEW YORK, 5 avr. 1990 : *Portrait d'un gentilhomme vêtu de noir*, h/pan. (71x57,5) : **USD 6 875** – PARIS, 28 sep. 1990 : *Portrait d'homme à la collerette*, h/pan. (72x55) : **FRF 30 000** – NEW YORK, 11 jan. 1991 : *Portrait d'une dame debout de trois quarts, vêtue d'une robe noire à corselet brun brodé d'or avec une collerette et une coiffe de dentelle blanche et parée de bijoux*, h/pan. (111,7x84,3) : **USD 49 500** – NEW YORK, 14 oct. 1992 : *Portrait de Frederick Henricksz* 1633, h/pan. (69,9x59,1) : **USD 5 500** – LONDRES, 14 juil. 1993 : *Portrait de James Hay, premier Comte de Carlisle, en buste, vêtu d'un habit noir avec un plastron bleu et un large col de dentelle blanche*, h/pan. (63,5x53,5) : **GBP 8 625** – LONDRES, 10 nov. 1993 : *Portrait de Sir Charles Morgan (1574-1642)* : **GBP 7 820** – LONDRES, 6 juil. 1994 : *Portrait de Ewout Van der Dussen bourgmestre de Delft debout de trois quarts en noir avec une fraise blanche et tenant un gant*, h/pan. (103x77,5) : **GBP 10 350** – NEW YORK, 12 jan. 1995 : *Portrait d'une femme agée de quarante-cinq ans tenant une paire de gants* 1624, h/pan. (101,6x76,2) : **USD 12 650** – AMSTERDAM, 13 nov. 1995 : *Portrait de Johan Camerlin debout près d'une table la main posée sur un livre, vêtu d'un costume noir avec une fraise et des poignets blancs* ; *Portrait de Catharina Camerlin debout de trois quarts près d'une table et tenant des gants, vêtue de noir avec une coiffe, une fraise et des poignets de dentelle blanche*, h/pan., une paire (110,5x84 et 109,5x82) : **NLG 207 000** – NEW YORK, 11 jan. 1996 : *Portrait d'un homme barbu* 1629, h/pan. (69,2x55,2) : **USD 54 625** – PARIS, 15 mai 1996 : *Portrait de femme en buste de trois quarts vers la gauche* 1632, peint./bois (69x58) : **FRF 26 000** – LONDRES, 30 oct. 1996 : *Portrait d'une dame de qualité âgée* 1632, h/pan. (69,3x58,4) : **GBP 6 900**.

MIEREVELT Pieter Van

Né le 5 octobre 1596 à Delft. Mort le 11 janvier 1623 à Delft. XVIIe siècle. Hollandais.

Peintre de portraits.

Fils et élève de Michiel J. Van Mierevelt. Il peignit des portraits dans le style de son père et acheva la *Leçon d'anatomie* commencée par celui-ci (Hôpital de Delft). Kramm dit que comme son frère Jan il était faible d'esprit.

MUSÉES : BRUNSWICK : *Portrait de famille* – DELFT (Hôpital) : *Leçon d'anatomie du professeur W. v. d. Weer, dessiné par son père* – DRESDE : *Buste de jeune homme.*

VENTES PUBLIQUES : PARIS, 22 mai 1897 : *Portrait d'homme* : **FRF 300**.

MIERHOP Frans Van ou **Mierop**. Voir **CUYCK Frans Van**

MIERIS Franz Van, l'Aîné

Né le 16 avril 1635 à Leyde. Mort le 12 mars 1681 à Leyde. XVIIe siècle. Hollandais.

Peintre de sujets mythologiques, compositions religieuses, scènes de genre, intérieurs, portraits, natures mortes, dessinateur, graveur.

Fils d'un orfèvre, qui eut vingt-trois enfants, élève du peintre verrier Abr. Toorenvliet, d'Abraham Van den Tempel et de Gérard Dou qui l'appela le « Prince » de ses élèves. Il épousa en 1657 Cuniera Cornelisdz Van Cock et entra le 14 mai 1658 dans la gilde de Leyde. Il eut pour protecteurs Gerard et Silvius Van Vredenburg, Willem Van Heemskerk, père d'un bourgmestre, puis l'archiduc Léopold-Guillaume l'appela à Vienne, mais il n'y alla pas à cause de sa femme qui ne voulut pas quitter son pays ; il eut pour élèves ses deux fils Jan et Willem, Karel de Moor, Ary de Vois et Cornelis Paats.

On crut longtemps qu'il peignit sur fond d'or mais il est certain que la force de son coloris n'est due qu'à un talent remarquable. Un de ses plus beaux tableaux, *Les Cadavres des frères de Witt*, est aujourd'hui perdu. Frans Van Mieris excella à peindre les satins, les soies, les bijoux. Outre les très nombreux portraits de commande qui sortirent de son atelier, et quelques compositions sur des sujets bibliques, il peignit de nombreux personnages en situation : *Joueuse de luth, Femme à la chaufferette,*

Vieillard avec pinte, L'amateur dans l'atelier de l'artiste, etc., se rapprochant plutôt des scènes de genre, et surtout des scènes discrètement galantes : *Jeune femme recevant un message d'amour, Joueuse de luth avec son professeur, Le vieil ermite amoureux, Dame en compagnie de son médecin, Gygès voit la femme de Candaule en train de se coucher, Le repas d'huîtres*, etc., qui perpétuent le succès en même temps que la décadence d'un genre spécifiquement hollandais : la scène d'intérieur, où Vermeer rayonna par la qualité de l'éclairage ténu et l'expression des pensées intérieures de ses personnages, qualités qui se dissolvèrent progressivement dans l'anecdote chez Pieter de Hooch, Ter Borch, et chez les Flamands Téniers.
Pour sa part l'originalité des peintures de Frans Van Mieris l'Ancien, consiste surtout, en plus de l'éclat des coloris signalé déjà, dans la perfection du rendu de certains détails caractéristiques du maniérisme de la peinture de genre : *Les bulles de savon*, du tableau de La Haye, *Homme à une fenêtre, fumant la pipe*, du Musée de Sibiu, *Portrait d'un botaniste*, du Musée de Bordeaux, *L'œuf cassé*, de Saint-Pétersbourg, *L'enfileuse de perles*, de Montpellier, etc.

F. van Mieris. 1676. f F.V Mieris 1678
F V Mieris
F. van Mieris. 1678
F van Mieris fecit Anno 1680

Bibliogr. : C. Hofstede de Groot : *Verzeichnis der Werke Holländische Maler*, 10 vol., Esslingen-Paris, 1907-1928 – Otto Naumann : *Frans Van Mieris*, 1981.

Musées : Abbeville : *Portrait d'un magistrat* – Aix-en-Provence : *Une femme endormie* – Aix-la-Chapelle : *Portrait d'une reine anglaise de la maison des Bourbons* – Ajaccio : *L'heure du déjeuner – Portrait d'homme* – Amiens : *Liseuse* – Amsterdam : *L'oiseau envolé – Joueuse de luth – Fragilité de la vie – Le songe de Jacob – Causerie – La lettre* – Berlin : *Portrait de jeune homme – Jeune dame devant la glace* – Bonn (Mus. provincial) : *Le joueur de violon* – Bordeaux : *Portrait d'un botaniste* – Calais : *Femme à la chaufferette* – Cherbourg : *Un bourgmestre hollandais* – Copenhague : *Le comte U. F. Gyldenloeve – Le soldat joyeux – Portrait d'un peintre – Portrait de femme – Nature morte* – Dresde : *Guerrier – Jeune femme – Jeune femme recevant un message d'amour – Joueuse de luth avec son professeur – Madeleine dans la caverne – Vieille au pot de fleurs – Vieillard avec pinte – Guerrier fumant – Vieux savant à la fenêtre – Drouineur dans une rue de village – L'artiste peignant le portrait d'une dame – L'amateur dans l'atelier de l'artiste – Le marchand drapier – La Poésie* – Florence : *L'artiste*, deux fois – *Le charlatan – Jan Van Mieris, fils de l'artiste – L'artiste, de face – Jeune femme – Le repas – Le vieil ermite amoureux – Les buveurs – L'artiste et sa famille* – Francfort-sur-le-Main : *Portrait de femme* – Genève (Ariana) : *Portrait d'une statuaire du temps* – Glasgow : *La maladie du cœur – La leçon de musique* – Hambourg : *Portrait d'homme* – Hamennstadt : *Portrait d'homme* – Hanovre : *Charles II d'Angleterre* – La Haye : *Les bulles de savon – Florentins Schuyl – Portraits présumés de l'artiste et de sa femme* – Helsinki : *Portrait d'une jeune femme* – Karlsruhe : *Portrait d'homme – Un enfant à la fenêtre* – Kassel : *La vieille épicière* – Leyde : *Maike Van Middelen – Joost Adriaanz Van Musschenbrock* – Londres (Nat. Gal.) : *Une dame en jaquette cramoisie – Le jeune astrologue – Un violoniste – Portrait par lui-même* – Londres (coll. Wallace) : *Vénus, Cupidon et deux amours* – Montpellier : *L'enfileuse de perles* – Munich : *Le déjeuner d'huîtres – L'artiste – Dame en négligé – Guerrier – Dame jouant avec son petit chien – Dame richement vêtue – La botte de cavalier – La femme malade – Garçon battant le tambour – Trompette – Officier dormant à côté de l'hôtelier qui montre une pièce d'or à sa femme – Vieux guerrier à table – Intérieur chez des paysans – Portrait* – Nantes : *Pygmalion et sa statue* – Orléans : *L'artiste* – Paris (Mus. du Louvre) : *Portrait d'homme – Femme à sa toilette – Famille flamande – Le thé* – Rennes : *Willem et Jan Van Mieris* – Rome (Borghèse) : *Un soldat* – Saint-Pétersbourg (Mus. de l'Ermitage) : *Portrait de femme – Lever d'une dame hollandaise – Le déjeuner d'huîtres – L'œuf cassé – Le guitariste – La lettre* – Schwerin : *Portraits de l'artiste et de sa femme – Dame au clavier – Gygès voit la femme de Candaule en train de se coucher* – Sibiu (Mus. Bruckenthal) : *Homme à une fenêtre, fumant la pipe* 1658 – Stockholm : *Portrait d'un marchand* – Turin : *Portrait de l'artiste* – Vienne : *Portrait d'homme – Dame en compagnie de son médecin – Cavalier dans une boutique* – Vienne (Czernin) : *Portrait de femme* – Vienne (Lichtenstein) : *Joueuse de harpe*.

Ventes Publiques : Amsterdam, 1705 : *Une femme buvant et un homme coupant du fromage* : **FRF 1 620** – Paris, 1738 : *Mieris faisant le portrait de sa femme* : **FRF 5 637** ; *Une dame à sa toilette* : **FRF 3 390** – Paris, 1765 : *La correspondance* : **FRF 4 368** – Paris, 1777 : *Une femme écrit sur une table* : **FRF 8 100** – Paris, 1792 : *Bacchanale* : **FRF 7 701** – Paris, 1807 : *L'enfileuse de perles* : **FRF 12 000** – Paris, 1841 : *La musicienne* : **FRF 22 100** – Londres, 1849 : *Le voyageur fatigué* : **FRF 12 355** – Bruxelles, 1851 : *Jeune dame à sa toilette* : **FRF 27 200** – Paris, 1857 : *Jeune femme à sa toilette* : **FRF 19 700** – Londres, 1875 : *Le cavalier amoureux* : **FRF 107 625** – Paris, 1876 : *Le cavalier amoureux* : **FRF 91 800** – Paris, 1881 : *Judith tenant la tête d'Holopherne*, dess. à l'encre de Chine : **FRF 620** – Londres, 1899 : *Femme au rouet* : **FRF 17 680** ; *Un fou* : **FRF 10 400** – Londres, 1899 : *Intérieur de cuisine* : **FRF 6 300** – New York, avr. 1910 : *Portrait de dame* : **USD 2 660** – Londres, 23 avr. 1910 : *Dame et gentilhomme mangeant des huîtres* : **GBP 28** – Paris, 11-12 mars 1918 : *Le jugement de Pâris* : **FRF 2 800** ; *Portrait d'homme* : **FRF 2 700** – Paris, 12 juin 1919 : *Portrait d'une jeune femme* : **FRF 3 900** – Londres, 25 nov. 1921 : *Paysan fumant la pipe* : **GBP 94** – Londres, 24 nov. 1922 : *Assiette d'huîtres* : **GBP 189** – Londres, 21 mars 1924 : *Portrait de femme* : **GBP 199** – Londres, 6 mai 1927 : *Portrait de femme* : **GBP 273** – Londres, 17 mai 1928 : *Le Colporteur* : **GBP 504** – Londres, 26 juil. 1929 : *Anna Maria Schauman* : **GBP 483** – Berlin, 20 sep. 1930 : *L'officier* : **DEM 2 700** – Milan, 30 nov. 1933 : *La visite du médecin* : **ITL 14 000** – Londres, 30 avr. 1937 : *Le violoniste* : **GBP 1 575** – Londres, 28 mai 1937 : *Homme en contemplation* : **GBP 1 176** – Londres, 27 mai 1938 : *Femme en blanc* : **GBP 102** – Paris, 16 fév. 1939 : *La femme au masque* : **FRF 20 000** – Paris, 17 déc. 1942 : *Cléopâtre* : **FRF 65 000** – Paris, 17 mars 1943 : *L'évanouissement* 1660, pierre noire : **FRF 41 000** – Paris, 25 avr. 1951 : *La jeune musicienne* : **FRF 925 000** – New York, 27 mars 1956 : *La leçon* : **USD 750** – Paris, 6 avr. 1957 : *Le dressage d'un petit chien* : **FRF 300 000** – Londres, 26 juin 1957 : *La leçon de musique* : **GBP 800** – Amsterdam, 24 juin 1959 : *Vertumne et Pomone* : **NLG 6 500** – Paris, 14 juin 1960 : *La coquette* : **FRF 11 000** – Paris, 3 avr. 1962 : *Le duo* : **FRF 5 000** – Londres, 27 nov. 1963 : *Soldat assis à la fenêtre* : **GBP 1 100** – Paris, 8 déc. 1964 : *L'enfant aux bulles de savon* : **FRF 7 800** – Londres, 5 juil. 1967 : *Gentilhomme offrant un fruit à une dame* : **GBP 1 200** – Londres, 5 déc. 1969 : *Scène d'intérieur* : **GNS 2 400** – Paris, 14 mars 1972 : *La lettre* : **FRF 110 000** – Paris, 26 mars 1973 : *La joueuse de guitare* : **FRF 33 000** – Londres, 27 mars 1974 : *Homme tenant un verre, à une fenêtre* : **GBP 3 200** – Amsterdam, 26 avr. 1976 : *Scène d'intérieur* 1679, h/pan. (23x18,5) : **NLG 28 000** – Londres, 16 avr. 1980 : *La mort de Lucrèce (?)*, h/pan., haut arrondi (38x26,5) : **GBP 6 500** – Paris, 7 déc. 1981 : *Le Petit Concert*, h/bois (33x26) : **FRF 540 000** – Londres, 11 déc. 1985 : *Autoportrait ; Portrait de la femme de l'artiste* 1661-1662, h/pan., une paire de forme ovale (11,2x8,4) : **GBP 30 000** – Monte-Carlo, 21 juin 1986 : *La Visite du médecin* 1667, h./pan, haut arrondi (44x32) : **FRF 3 200 000** – New York, 14 jan. 1988 : *Vieille femme chantant* 1677, h/pan. (16x11,5) : **USD 49 500** – Berne, 26 oct. 1988 : *Militaire buvant une coupe de vin debout dans une loggia*, h/pan. (25,5x21) : **CHF 2 400** – New York, 10 jan. 1990 : *Portrait de Cornelis de Witt portant une chaîne et une médaille d'or et un chapeau à plume et tenant un verre de vin*, h/pan. (21,5x17,4) : **USD 407 000** – Amsterdam, 22 mai 1990 : *Portrait d'un gentilhomme accoudé à une balustrade*, h/pan. (23x27) : **NLG 40 250** – New York, 31 mai 1990 : *Portrait d'une dame assise de trois quarts vêtue d'une robe mauve à rubans or dans un intérieur* 1673, h/pan. (23x17) : **USD 726 000** – New York, 16 jan. 1992 : *Vieille femme chantant* 1677, h/pan. (16x11,2) : **USD 77 000** – Amsterdam, 10 mai 1994 : *Les mauvaises nouvelles* 1660, craie noire et lav./vélin (22,7x18,3) : **NLG 43 700** – Paris, 28 oct. 1994 : *Tête de garçon*, cr. noir (14x9) : **FRF 125 000** – Amsterdam, 13 nov. 1995 : *Une femme écrivant* *une lettre à la lueur d'une chandelle*, h/pan., en brunaille (18,5x14,8) : **NLG 80 500** – New York, 29 jan. 1997 : *Le Joueur de cartes*, craie noire et lav. gris/vélin (19,3x14,8) : **USD 51 750** – Paris, 13 juin 1997 : *Vanité sous les traits d'une élégante au petit chien et au pli cacheté* 1680, pan. (27x20,5) : **FRF 380 000**.

MIERIS Frans Van, le Jeune

Né le 24 décembre 1689 à Leyde. Mort le 22 octobre 1763 à Leyde. XVIIIe siècle. Hollandais.

Peintre de genre, portraits, graveur.

Élève et imitateur de son père Willem, il mourut non marié ; il fut aussi numismate et historien. Son talent est très inférieur à celui de son père et de son grand-père, dont il imita la manière.

F. V. Mieris Fecit A° 1730.

F.V. Mieris Fecit A° 1733.

F V Mieris Fecit A° 1737

Musées : Amsterdam : *Chez l'apothicaire – L'épicerie – Ermite* – Amsterdam (Backer Stift.) : trois portraits de membres de la famille – Cambridge : *L'homme à la coupe* – Copenhague : *Le père de l'artiste* – Francfort-sur-le-Main : *Le savant* – Gatschina : *Leçon de musique* – Kassel : *Le boulanger – La vieille mercière* – Leyde : *Régents de l'hospice de Sainte-Cécile – Leonard Van Heemskerk – Agnès Chapman – Willem Van Mieris – Catherine de Snakenburg – Portrait de l'artiste avec son père* – Londres (Wallace) : *Vénus au repos* – Milan (Brera) : *Esther suppliant Assuerus de sauver les Juifs* – Oslo : *L'ermite* – Pommersfelden : *Société galante* – Rotterdam : *Le marchand de poisson* – Saint-Pétersbourg (Mus. de l'Ermitage) : *Le déjeuner*.

Ventes Publiques : Paris, 1773 : *Le bain de Diane* : **FRF 820** – Paris, 1870 : *Un homme d'armes* : **FRF 750** – Paris, 17-19 nov. 1919 : *Portrait de femme tenant un livre* : **FRF 7 000** – Paris, 23-25 fév. 1920 : *La servante apitoyée*, cr. : **FRF 1 250** – Londres, 19 avr. 1937 : *Chez le marchand de volailles* : **GBP 110** – Londres, 19 mars 1965 : *Portrait d'une jeune femme au chapeau rouge* : **GNS 480** – Londres, 24 fév. 1967 : *Portrait d'homme ; Portrait de femme* : **GNS 8 500** – Amsterdam, 26 mai 1970 : *Le tentateur* : **NLG 5 400** – Paris, 28 fév. 1973 : *Le philosophe* : **FRF 8 000** – Londres, 27 mars 1974 : *Le marchand de poisson, la marchande de melons* : **GBP 2 600** – Londres, 2 avr. 1976 : *Les mangeurs d'huîtres* 1719, h/pan. (39,5x33,5) : **GBP 3 200** – Amsterdam, 26 avr. 1977 : *Jeune femme dégustant des huîtres* 1714, h/pan. (39x34) : **NLG 21 000** – Londres, 18 avr. 1980 : *Jeune femme nourrissant un perroquet*, h/pan. (42,5x34,3) : **GBP 11 000** – Londres, 21 avr. 1982 : *Couple buvant dans un intérieur* 1712, h/pan. (65x52) : **GBP 6 000** – Londres, 13 avr. 1983 : *Le Marchand de fruits* 1721, h/t (25,5x17) : **GBP 7 000** – Cologne, 22 mai 1986 : *La Marchande d'œufs* 1738, h/pan. (21,7x18,3) : **DEM 58 000** – Paris, 11 mars 1988 : *Portrait de son oncle Jan Van Mieris*, h/pan. (14,5x11,5) : **FRF 22 000** – Paris, 6 juil. 1995 : *La marchande de gaufres* 1739, h/pan. (22x16,5) : **FRF 60 000** – Londres, 30 oct. 1997 : *Portrait d'un gentilhomme vêtu dun peignoir de soie bleue, assis à côté d'une table recouverte d'un tapis*, h/cuivre (49,5x41,3) : **GBP 3 220**.

MIERIS Jan Van

Né le 17 juin 1660 à Leyde. Mort le 17 mars 1690 à Rome. XVIIe siècle. Hollandais.

Peintre d'histoire, sujets mythologiques, scènes de genre, portraits.

Fils aîné et élève de Frans Mieris l'Aîné ; travailla aussi avec Gérard de Lairesse, il entra en 1686 dans la gilde de Leyde, alla en Italie, à Florence, qu'il dut bientôt quitter à cause de sa religion, puis à Rome. On dit que son ardeur au travail provoqua la maladie dont il mourut. La tradition rapporte que désespérant d'égaler le merveilleux fini des œuvres paternelles, il s'adonna à la peinture d'histoire et aux portraits grandeur nature.

Musées : Amsterdam : *Portrait de jeune homme* – Caen : *Femmes* – Hambourg : *Madeleine – Lesbie* – Hanovre : *Badinage* – Londres (coll. Wallace) : *Dame et cavalier* – Saint-Pétersbourg (Mus. de l'Ermitage) : *La boutique du barbier*.

Ventes Publiques : Amsterdam, 1707 : *Personnages dans un intérieur de maison* : **FRF 530** – Paris, 6 fév. 1869 : *Retour de chasse* : **FRF 1 920** – Londres, 20 mai 1938 : *Minerve protégeant les Arts* : **GBP 65** – Londres, 15 août 1945 : *Minerve protégeant les Arts* : **GBP 115** – Paris, 30 mai 1951 : *La femme au perdreau*, attr. : **FRF 43 000** – Cologne, 6 juin 1973 : *Minerve, protectrice des sciences* : **DEM 38 000** – Londres, 3 juil. 1996 : *Portraits de Maria et Agatha Van Heemskerck*, h/pan., une paire (chaque 13x10) : **GBP 14 950** – Londres, 3 juil. 1997 : *Minerve protégeant les Arts* 1685, h/t (80,2x64,2) : **GBP 45 500**.

MIERIS Willem Van

Né le 3 juin 1662 à Leyde. Mort le 27 janvier 1747 à Leyde. XVIIe-XVIIIe siècles. Hollandais.

Peintre de genre, portraits, paysages, intérieurs, natures mortes, graveur.

Le plus jeune fils de Franz Mieris l'Aîné et son élève. Il s'inspira du style paternel et dès l'âge de dix-neuf ans, fit preuve d'un grand talent. Il représenta d'abord des scènes de la vie courante, et particulièrement des intérieurs de boutiques avec leurs marchands et leurs clients. Plus tard la grande vogue de Gérard de Lairesse incita ses patrons à lui commander des paysages ornés de compositions historiques et mythologiques. En 1683, il entra dans la gilde de Leyde, en 1684 épousa Agneta Schapmann, de Leyde, et modela de 1702 à 1704 quatre vases avec bas-reliefs pour son protecteur, de la Court Van der Voort ; Mme Dortmans fut aussi sa protectrice. Il eut pour élève son fils Franz le Jeune qui acheva ses tableaux et H. Van der Myn. Dans sa vieillesse il devint aveugle.

W. van Mieris Fe 1722

W. van Mieris Fe Anno 1733

Musées : Aix : *Nature morte*, attr. – Alais : *La dame au perroquet* – Amsterdam : *Idylle pastorale – Chez la marchande de volailles* – Amsterdam (Backer Stift.) : quatre portraits de membres de la famille – Angers : *Enlèvement des Sabines* – Anvers : *Le marchand de poisson – Vénus et l'Amour* – Bâle : *Marchand de poisson et sa femme* – Bruxelles : *Suzanne surprise par les vieillards* – Budapest : *Punition de l'Amour* – Caen : *Homme vu à mi-corps – Portrait de femme* – Cambridge : *Scène de vente* – Cheltenham : *La Vierge et l'Enfant Jésus* – Chicago : *Mère et enfant* – Copenhague : *Cérès* – Darmstadt : *Vénus et Adonis* – Dresde : *Jeune femme se reposant pendant qu'on lui apporte du vin – Marchand de gibier à la fenêtre – Joyeux buveur à la fenêtre – Le trompette à la fenêtre – Céphale et Procris – L'amour près de Vénus endormie – Bacchus et Ariane – La devineresse – Le prêteur et la cabaretière – La reconnaissance de Preciosa – Vénus et l'Amour devant Pâris – Café de singes – La vieille cuisinière* – Florence : *Madeleine pleurant devant un crucifix* – Gênes : *Scène de famille – Preciosa* – Gotha : *Fillettes et garçons* – Göttingen : *Boutique de marchand* – Hambourg : *Madeleine repentante – Lesbie – Le fumeur* – Hanovre : *Joseph et la femme de Putiphar* – La Haye : *Une boutique d'épicier* – Innsbruck : *Portrait d'homme – Portrait de dame* – Karlsruhe : *Joseph et la femme de Putiphar* – Kassel : *L'échoppe* – Lille : *Le tambour – Jeux d'enfants* – Londres (Nat. Gal.) : *Une boutique de poisson et de volailles* – Londres (Wallace) : *Pâris et Œnone – Récréation musicale – Jeux d'enfants – Le joueur de luth – Joseph et Madame Putiphar – Jeune garçon avec un trombone – Vénus et l'Amour – Vénus au repos – Nymphe et Satyre – Vieille femme vendant des légumes* – Munich : *Femme avec son enfant* – New York : *Cavalier* – Nîmes : *Vénus et l'Amour* – Paris (Mus. du Louvre) : *Les bulles de savon – Le marchand de gibier – La cuisinière* – Pommersfeldern : *Apollon et Daphné – Rinaldo et Armida* – Le Puy-en-Velay : *Bacchante et Satyre* – Rennes : *Dame à sa toilette – Preciosa* – Rome : *Amyntas et Sylvie* – Saint-Pétersbourg (Mus. de l'Ermitage) : *Dame avec un petit oiseau sur la main – Le départ d'Agar – Chasteté de Joseph – Suite d'une nouvelle fâcheuse – Souvenir d'un meilleur temps – L'astronome – Le soldat congédié* – Schwerin : *Lady Backhuysen – Bonheur maternel – Jeune homme* – Stockholm : *Scène dans une chambre à coucher – Vieillard à la cruche de bière – Amnon et Thamar* – Valenciennes : *Pan et Syrène* – Vienne : *Vieillard offrant de l'argent à une femme – Portrait de femme* – Vienne (Liechtenstein) : *Homme embrassant une femme*.

Ventes Publiques : Paris, 1760 : *Intérieur rustique* : **FRF 2 520** – Paris, 1777 : *Un médecin consultant un malade* : **FRF 6 000** – Paris, 1810 : *Intérieur de cuisine* : **FRF 4 590** – Londres, 1817 : *Intérieur hollandais* : **FRF 8 660** – Paris, 1840 : *Diane au bain* : **FRF 7 900** – Paris, 1843 : *Le tambour* : **FRF 6 300** – Paris, 1845 : *Une femme à une fenêtre* : **FRF 8 850** – Paris, 1857 : *La bonne mère* : **FRF 12 300** – Liège, 1863 : *Sujet mythologique* : **FRF 5 600** – Bruxelles, 1865 : *Une mère de famille berce son enfant* : **FRF 7 500** – Paris, 1868 : *La bonne mère* : **FRF 19 900** – Paris, 1869 : *Le jeune malade* : **FRF 8 400** – Paris, 1872 : *Portrait de l'amiral Tromp* : **FRF 8 500** – Paris, 1875 : *Paysage* : **FRF 6 830** ; *La boutique de l'épicier* : **FRF 19 687** – Londres, 1879 : *Le joueur de guitare* : **FRF 12 862** – Londres, 1892 : *La boutique de l'épicier* : **FRF 19 150** – Paris, 1899 : *Femme au rouet* : **FRF 17 680** – Paris, 16-19 juin 1919 : *La jeune mère* : **FRF 10 100** ; *Idylle pastorale* : **FRF 6 500** – Paris, 17-19 nov. 1919 : *Loth et ses filles* : **FRF 5 200** – Paris, 3 juin 1921 : *Périclès et Aspasie* : **FRF 1 500** – Londres, 6 juil. 1923 : *Intérieur paysan* : **GBP 420** – Paris, 5 juin 1924 : *Cléopâtre* : **FRF 4 300** – Londres, 7 mai 1926 : *Le joyeux couple* : **GBP 273** – Londres, 6 mai 1927 : *Magasin de volailles* : **GBP 84** – Paris, 21-22 mai 1928 : *Le repos pendant la fuite en Égypte* : **FRF 5 100** – Paris, 18 juin 1930 : *Céphale et Procris* : **FRF 4 500** – Londres, 12 juin 1931 : *Un apothicaire près de sa vitrine* : **GBP 99** – Paris, 14 déc. 1933 : *Portrait présumé de l'amiral Corneille-Martin Tromp* : **FRF 37 000** – Londres, 10 mai 1935 : *Un philosophe dans son bureau* : **GBP 86** – Paris, 12 juin 1936 : *La grappe de raisins* ; *La marchande de volailles* : **FRF 30 000** – Paris, 5 déc. 1936 : *Le Jugement de Pâris*, cr. noir : **FRF 1 900** – Paris, 30 juin-1er juil. 1941 : *Le Jugement de Pâris* 1696, pierre d'Italie/vélin : **FRF 5 200** – Paris, 30 mars 1942 : *Scène mythologique* : **FRF 21 000** – Paris, 9 juin 1944 : *Vénus et les Amours* 1725 : **FRF 105 000** – New York, 15 nov. 1945 : *La Sainte Famille*, en collaboration avec Franz Van Mieris : **USD 425** – Londres, 13 fév. 1946 : *La boutique de l'apothicaire* : **GBP 1 800** – Nice, 24 fév. 1949 : *Après le jugement de Pâris* : **FRF 35 000** – Paris, 30 mai 1951 : *Tarquin et Lucrèce* 1693 ; *Cléopâtre* 1696, aquar. gchées, pendant : **FRF 81 000** – Paris, 2-3 déc. 1952 : *Chez le médecin* : **FRF 220 000** – Londres, 17 mai 1961 : *Trois jeunes filles jouant à une fenêtre ouverte* : **GBP 1 500** – Londres, 1er nov. 1961 : *Jeune femme vendant des légumes et des poissons* : **GBP 600** – Londres, 27 nov. 1963 : *Couple buvant* : **GBP 500** – Lucerne, 19 juin 1964 : *La Marchande de poisson* ; *La Marchande de gibier* : **CHF 12 000** – Londres, 29 oct. 1965 : *Peintre dans un atelier* : **GBP 1 100** – Paris, 7 déc. 1967 : *Militaire fumant la pipe* : **FRF 10 000** – Londres, 24 juin 1970 : *Jeune servante et enfant près d'une fenêtre* : **GBP 1 600** – Londres, 27 nov. 1973 : *Suzanne et les vieillards*, aquar./parchemin : **GBP 700** – Londres, 2 avr. 1976 : *Groupe familial sur une terrasse* 1728, h/t (86x93) : **GBP 5 500** – Amsterdam, 3 mai 1976 : *La marchande de gibier*, craie noire /pap. bleu (26x22,3) : **NLG 2 900** – Paris, 15 juin 1978 : *Jeune femme faisant son marché*, métal (39x32) : **FRF 66 000** – Paris, 28 mars 1979 : *Vertumne et Pomone* 1693, h/bois (44x36) : **FRF 80 000** – Amsterdam, 18 nov. 1980 : *La marchande de volailles*, craie noire/pap. bleu (26x22,3) : **NLG 2 800** – Paris, 18 nov. 1981 : *Scène de carnaval*, h/t (54x63) : **FRF 87 000** – Londres, 6 juil. 1983 : *Les Marchands de volailles* 1727, h/pan. (39,5x32,5) : **GBP 27 000** – Londres, 11 déc. 1985 : *Le marchand de volailles* 1718, h/pan. (25,5x22) : **GBP 52 000** – Monte-Carlo, 15 juin 1986 : *Jeune garçon achetant des châtaignes à une vieille femme* 1713, h/pan. (45,7x38) : **FRF 190 000** – Londres, 1er avr. 1987 : *Marie Madeleine* 1691 ; *Saint Jérôme* 1691, aquar. et craie noire reh. d'or/parchemin, une paire (10x8 et 8,6x10,1) : **GBP 2 000** – Cologne, 15 oct. 1988 : *Jeune femme à sa fenêtre*, h/pan. (23x18) : **DEM 3 000** – Paris, 12 déc. 1988 : *Jugement de Pâris* 1696, cr. noir : **FRF 32 000** – Amsterdam, 28 nov. 1989 : *Tarquin et Lucrèce*, h/pan. (44,3x38,5) : **NLG 69 000** – New York, 11 jan. 1990 : *Portrait d'un gentilhomme vêtu à l'antique* 1706, h/pan. (25,5x21) : **USD 82 500** – Stockholm, 16 mai 1990 : *Marchande de poisson et son commis devant l'étal*, h/pan. (33x26) : **SEK 15 000** – Amsterdam, 22 mai 1990 : *Autoportrait*, h/t, de forme ovale (92,5x75,5) : **NLG 166 750** – Paris, 22 juin 1990 : *Le Repos de Diane*, pan. de chêne (54,5x45,5) : **FRF 650 000** – Amsterdam, 14 nov. 1990 : *Marchand de poisson et une jeune femme à une fenêtre* 1735, h/t (36x28,5) : **NLG 172 500** – Londres, 12 déc. 1990 : *Romulus et Rémus*, h/t (94x79) : **GBP 15 400** – Stockholm, 29 mai 1991 : *Servantes astiquant des ustensiles ménagers*, h/pan., une paire (chaque 32x26) : **SEK 19 000** – Monaco, 5-6 déc. 1991 : *Portrait présumé du duc d'Ormond en armure* 1705, h./argent, de forme ovale (12,5x10) : **FRF 79 920** – Londres, 13 déc. 1991 : *La Boutique de l'épicier vue au travers d'une baie avec une femme pesant des fruits secs et un jeune garçon prenant un biscuit dans une boîte d'étain* 1732, h/pan. (39,4x32) : **GBP 137 500** – New York, 21 mai 1992 : *Portrait d'un gentilhomme en buste vêtu d'une tunique bleue à jabot de dentelle et drapé dans un manteau de satin rouge* 1688, h/pan. (14x10,5) : **USD 26 400** – Monaco, 18-19 juin 1992 : *La marchande de volailles ; La grappe de raisin* 1707, h/pan., une paire (28,5x24,2 et 28x24) : **FRF 499 500** – Amsterdam, 25 nov. 1992 : *Étude d'homme versant le liquide d'une carafe dans un verre*, craies blanche et bleue (15,2x13,6) : **NLG 7 130** – New York, 20 mai 1993 : *Paysage avec un cavalier dans un vaste paysage*, h/pan. (10,8x12,1) : **USD 14 375** – Amsterdam, 17 nov. 1993 : *Portrait de Dina Bye* 1705, h/pan. (32,5x27) : **NLG 123 050** – Paris, 28 avr. 1994 : *Portrait de jeune femme au chien*, h/pan., de forme ovale (15,2x11,7) : **FRF 28 000** – Londres, 9 déc. 1994 : *Portrait d'un chasseur avec un page et un chien à côté de sa chasse dans un paysage* 1711, h/pan. (31,8x27,3) : **GBP 65 300** – Londres, 11 déc. 1996 : *Vertumne et Pomone* 1725, h/pan. (25,3x21,5) : **GBP 17 250** – Paris, 13 juin 1997 : *Le Repos de Diane et de ses nymphes*, pan. chêne (45,5x58) : **FRF 290 000** ; *Vanité sous les traits de Marie-Madeleine le sein dénudé* 1709, pan. chêne (20,3x15,7) : **FRF 210 000** – Paris, 20 juin 1997 : *L'Amour triomphe de tout* 1696, pierre noire/parchemin (24,5x18) : **FRF 23 000** – Londres, 3 déc. 1997 : *Une chouette sur un perchoir* 1686, h/cuivre (14,6x12) : **GBP 166 500**.

MIERKIN Feodor Alexandrovitch
Né le 14 février 1854 à Saint-Pétersbourg. XIXe siècle. Russe.
Graveur au burin.
Élève de Joh. Eissenhardt.

MIERS E. H.
Mort en 1793 à Londres. XVIIIe siècle. Hollandais.
Peintre de paysages.

MIERS John
XVIIIe-XIXe siècles. Actif à la fin du XVIIIe et au début du XIXe siècle. Britannique.
Silhouettiste.
Il travailla à Leeds et à Londres. La National Gallery d'Édimbourg possède plusieurs de ses œuvres.

MIERSCH Karl
Né le 22 novembre 1894 à Leipzig (Saxe). XXe siècle. Allemand.
Peintre de portraits, intérieurs, paysages.
Il fut élève de l'Académie des Beaux-Arts de Leipzig, ville où il travailla ensuite.

MIERZEJEWSKI Jacek
Né en 1884. Mort en 1925 à Otwock. XXe siècle. Polonais.
Peintre, graveur.
Il fut élève de l'Académie de Cracovie. Il se rendit en 1913 à Paris où il subit l'influence de Picasso.
Musées : Varsovie : *Le Mourant – Portrait de sa femme*.

MIESCHKOFF Grigori
XVIIIe siècle. Actif dans la seconde moitié du XVIIIe siècle. Russe.
Graveur au burin.
A gravé des vues de villes et illustré des livres.

MIESCHKOFF Vassili Nikititch
Né en 1867. XIXe siècle. Russe.
Peintre de genre et de portraits.
Ses œuvres se trouvent à la Galerie Tretiakov de Moscou.

MIESER David
Mort en 1625. XVIIe siècle. Actif à Ravensbourg. Russe.
Peintre.

MIESLER Ernst
Né le 30 septembre 1879 à Lippstadt. XXe siècle. Allemand.
Peintre de paysages, marines, fleurs.
Il travailla à Hösel, près de Düsseldorf.
Il fut élève de G. Hacker.

MIESNIEKS Karlis
Né le 31 janvier 1887 à Livland (Westphalie). XXe siècle. Letton.
Peintre de genre, portraits, paysages.
On cite particulièrement ses portraits.
Musées : Bruxelles – Riga.

MIESS Frigyes Friedrich
Né le 21 août 1854 à Cronstadt. XIXe siècle. Allemand.

Peintre de portraits et de figures.
Il étudia à Vienne et à Munich et séjourna à Rome de 1892 à 1894. Les musées de Budapest et de Bucarest possèdent plusieurs de ses œuvres.

MIESSEN René Gengoux Henri. Voir **BELLOR**

MIESSL Johann
Né le 13 mars 1715 à Radkersbourg. XVIIIe siècle. Actif à Radkersbourg. Éc. de Styrie.
Peintre.
Ses deux fils Johann Michel et Johann furent également peintres.

MIESTCHANINOFF Oscar ou **Meschtschaninoff**
Né le 22 avril 1886 à Vitebsk. XXe siècle. Actif en France. Russe.
Sculpteur.
De 1905 à 1906, il fut élève de l'École des Beaux-Arts à Odessa. À partir de 1907, il travailla à Paris où il fut élève de Mercié et de Jos. Bernard.
À Paris, il fut sociétaire du Salon d'Automne, y fit des envois à partir de 1922, ainsi qu'aux Salons de la Société Nationale des Beaux-Arts et des Indépendants.
Musées : Paris (Mus. d'Art Mod. de la Ville).
Ventes Publiques : Paris, 5 nov. 1936 : *Tête de fillette*, bronze : **FRF 400**.

MIESZ Frigyes Friedrich. Voir **MIESS**

MIESZKOVITCH Jacob
Né à Lemberg. XVIIe siècle. Polonais.
Peintre.
En 1647, il s'installa à Varsovie. Il fut peintre du roi Ladislas IV.

MIETH Christian Wilhelm
XVIIIe siècle. Allemand.
Sculpteur.

MIETH Hugo
Né le 15 janvier 1865 à Reichenberg (Bohême). XIXe-XXe siècles. Allemand.
Peintre de genre, portraits, intérieurs.
Il fut élève de l'Académie de Dresde (Pauwels) et de l'Académie Julian à Paris. Il vécut et travailla à Reichenberg.

Hugo Mieth.

Ventes Publiques : New York, 13 fév. 1985 : *Réflexion*, h/t (44,4x37,5) : **USD 5 500**.

MIETHE Friederike. Voir **O'CONNELL**

MIETHKE-GUTENEGG Otto Maria
Né le 13 mars 1881 à Vienne. Mort le 8 mars 1922 à Vienne. XXe siècle. Autrichien.
Peintre, illustrateur.
Il étudia en 1901-1902 chez Kolo Moser, puis à Munich chez Knirr et séjourna en Angleterre de 1912 à 1918.

MIETSCH Christian Gottlieb. Voir **MIETZSCH**

MIETTE Jean
XVIe siècle. Actif à Limoges. Français.
Peintre et émailleur.

MIETZE Johann Gottlieb
Né en 1746. Mort en 1819. XIXe siècle. Allemand.
Peintre de fleurs et d'ornements.
Il peignit des fleurs à la manière de Meissen.

MIETZSCH Christian Gottlieb ou **Mietsch**
Né en 1742 à Dresde. Mort le 2 janvier 1799 à Dresde. XVIIIe siècle. Allemand.
Peintre d'histoire, de portraits et graveur.
Il fut en 1756 élève de l'Académie de Dresde. Le Musée de cette ville, ainsi que le Cabinet des Estampes de Berlin possèdent plusieurs de ses œuvres.

MIEVILLE, Mlle
Née au XIXe siècle. XIXe siècle. Française.
Peintre.
Elle figura au Salon, de 1831 à 1835, avec des portraits.

MIEVILLE Gabrielle
Née le 3 septembre 1886 à Saint-Imier. XXe siècle. Active à Saint-Imier. Suisse.
Peintre de fleurs et de paysages.
Élève de Ch. L'Eplattenier.

MIÉVILLE Jakob Christoph. Voir **MIVILLE**

MI FEI. Voir **MI FU**

MIFFAULT
XVIIIe siècle. Actif à Angers vers 1773. Français.
Peintre de perspectives.
Le Musée de Saumur conserve de lui une *Vue de Saumur*, signée.

MIFFAULT Jean ou **Meffault**
XVe siècle. Actif à Angers. Français.
Peintre et enlumineur.
Décora, en 1467, un *Livre d'heures* pour la reine Jeanne de Laval.

MIFFLIN J. H.
XIXe siècle. Américain.
Peintre de miniatures.
Exerça son activité à Philadelphie en 1832 et à New York de 1840 à 1842.

MI FOU. Voir **MI FU**

MI FU ou **Mi Fou** ou **Mi Fei**, surnom : **Yuanzhang,** noms de pinceau : **Nangong, Xiangyang Manshi, Haiyue Waishi, Lumen Jushi**
Né en 1051 à Xiangyang (province du Hubei). Mort en 1107 à Huaiyang (province du Jiangxi). XIe siècle. Chinois.
Peintre.
Célèbre lettré, calligraphe, peintre et esthète, Mi Fu est une de ces coruscantes personnalités qui, non seulement, ont exercé sur l'évolution de la peinture chinoise une influence fondamentale, mais plus généralement, ont contribué à modeler les goûts de l'honnête homme chinois. L'importance de son rôle est sans commune mesure avec son œuvre peint proprement dit. Esprit clairvoyant, passionné et tenace, il apporte une nouvelle esthétique et se fait le porte-parole flamboyant d'une conception nouvelle de la nature même de l'activité picturale, à partir de laquelle se développera ultérieurement la peinture des lettrés, le *wenren hua*. Au IXe siècle, l'esthétique lettrée prend conscience de ses fins et Mi Fu se fait son interprète en rappelant qu'en peinture, la pensée créatrice se réalise et s'accomplit à un niveau transcendant, que l'art est affirmation d'un irréductible qui se cherche et qui se veut. En faisant, par son génie divers, de sa personnalité et de sa vie même une œuvre d'art, il incarne l'image éloquente et idéale du peintre lettré. Il naît en 1051 d'une famille de militaires depuis cinq générations, mais son père, Mi Zuo, montre déjà un goût certain pour les travaux de l'esprit et ne reste pas indifférent à l'effervescence d'un siècle prospère en pleine mutation. Néanmoins, c'est à sa mère, dame née Yen, qui avait appartenu à la suite de l'impératrice, que Mi Fu doit son admission dans le fonctionnariat et ses entrées à la cour. Animé d'une farouche volonté d'indépendance, comblé de tous les dons, cet homme, toutefois, fera toujours passer l'intégrité de son originalité avant toute considération carriériste, ce qui explique pourquoi il n'occupera jamais que des postes subalternes et n'obtiendra, dans ce domaine, que des succès brefs et tardifs. A tout cela, il préfère les joies de l'esprit et de l'amitié et fréquente les personnages les plus grands et les plus influents de son temps, Su Dongpo (1036-1101), Huang Tingjian (1047-1105), Li Longmian (1040-1106), Wang Anshi (1021-1086). Convaincu de sa valeur personnelle, il ne prend conseil que de lui-même et se croit l'égal des plus grands, poussant volontiers jusqu'à l'arrogance une insolence trop subtile pour n'être pas préméditée. Son talent, semble-t-il, fera toujours pardonner cet incorrigible excentrique qui n'en connaîtra pas moins certaines des servitudes et des amertumes de la vie officielle. Il servira dans les provinces méridionales du Guangdong, du Guangxi, du Hunan, du Zhejiang, du Anhui et du Jiangsu, avec un intermède sous le règne de l'empereur Huizong, en 1103, comme « maître au vaste savoir » *(taichang boshi)* à la cour des sacrifices impériaux. A cette occasion, il aura accès aux collections impériales, avant d'être nommé, l'année suivante, « maître au vaste savoir » des deux écoles impériales de calligraphie et de peinture. A ce titre, il participe donc au grand inventaire des richesses artistiques de l'Empire, le *Xuanhe yulan* ou l'examen impérial de l'ère Xuanhe. S'il est, par deux fois, démis de ses fonctions, ses bizarreries mêmes le tiennent à l'écart du monde périlleux de la politique et, bien qu'elles lui interdisent tout avancement conséquent, elles lui assurent du moins une certaine immunité. De son propre mariage, naîtront treize enfants, cinq fils dont quatre meurent

prématurément et dont le cinquième, Mi Youren (1086-1165), sera son plus illustre disciple, et huit filles dont il ne pourra marier que deux. Telle est la carrière de ce lettré passionné d'art dont le goût pour les loisirs de l'esprit paraît s'être manifesté très tôt : à six ans, il apprend par cœur cent poèmes par jour. Plus tard, conduit par ses fonctions à de fréquents déplacements, il visite les plus beaux sites d'une terre qui lui est chère, ne manquant jamais, là où il passe, d'accroître sa connaissance de l'art, de découvrir quelque autographe, quelque peinture ou autre objet rare dont il prend note ou dont il fait la matière d'un poème ou d'une peinture. Sa dévotion totale, intransigeante aux valeurs esthétiques apparaît bien être la clé de son génie, le principe unificateur de son activité multiforme comme écrivain et poète, comme collectionneur, comme critique et expert, comme calligraphe et peintre. Ses excentricités, qui fourniront matière à d'innombrables récits anecdotiques, nous éclairent quelque peu. Animé d'une obsession pathologique de la propreté, il cherche à retrouver le souffle vigoureux des grandes heures de l'art chinois et affiche son admiration pour le passé en se singularisant par une mise surannée et en se vêtant à la mode des Tang (618-907). Avec ses longues manches et sa large ceinture, il marque ainsi les distances qu'il entend prendre à l'endroit de son siècle. Nouvellement arrivé, un jour, au poste de province qui vient de lui être affecté, il va, avant toute chose, et revêtu de sa robe de cérémonie, saluer une pierre de forme étrange, en l'appelant *frère aîné*, incongruité qui lui vaut des sanctions administratives, pourvue qu'elle est d'un léger parfum de sacrilège. Mi Fu, cependant, assumera son geste et le commémorera même dans une peinture, lui donnant par là valeur d'exemple. Les rocailles contournées sont en effet dans l'esthétique chinoise les fruits de la création universelle et le miroir de son énergie et de ses rythmes. Par son geste spectaculaire, Mi Fu traduit donc un ordre hiérarchique différent où les relations de l'homme avec le monde l'emportent sur l'artifice des conventions sociales. En ce qui concerne son œuvre écrite, son principal recueil en prose et en vers, le *Shan lin ji*, a malheureusement disparu. Pour ce qui est de la critique et de la théorie esthétique, il laisse par contre deux ouvrages, le *Huashi* consacré à la peinture et le *Shushi* consacré à la calligraphie. Ce faisant, il inaugure un genre nouveau, les *Notes de collectionneur*, qui constituera bientôt toute une branche de la littérature esthétique. Ajoutons-y le *Haiyue tiba*, qui groupe des colophons et inscriptions consacrés à divers autographes et peintures, le *Haiyue mingyan, Mots célèbres de Haiyue*, rassemblant certains jugements portés par lui, le *Yanshi, Histoire de l'encrier*, texte bref en un chapitre, le *Pingzhi tie* ou *Shizhi shuo, Propos sur dix (espèces) de papier*. Lui-même collectionneur acharné, capable à l'occasion de faire des faux ou de voler pour satisfaire sa passion, il recherche toujours l'objet pour ce qu'il est, en dehors de toutes préoccupations d'école mais dans l'intimité d'un contact quasi mystique. Son esprit critique pénétrant s'appuie sur une fantastique érudition, tandis que ses jugements de valeur, relevant de critères très personnels et exigeants, tombent parfois dans l'excès et l'intransigeance partisane, puisque là comme ailleurs, il fait preuve d'une arrogance cassante et péremptoire propre à la mission dont il s'est investi : celle de serviteur et de défenseur d'un absolu esthétique qui ne tolère aucun compromis. C'est ainsi qu'il rejette avec véhémence l'art académique dérivé de Huang Quan (Xe siècle), qu'il mentionne à peine Li Sixun (651-716) et qu'il garde ses distances à l'égard des grands paysagistes nordistes du Xe siècle tels Guan Tong, Fan Kuan et Li Cheng. Rejetant toute virtuosité technique, toutes habiletés apprises, il prise avant tout le naturel, la naïveté et la spontanéité et prône la simplicité d'un Dong Yuan (mort en 962) et d'un Juran (actif 960-980), hommes du sud. Mi Fu est lui-même un homme du sud, d'où sa communion intime avec l'aménité des paysages méridionaux, noyés dans la brume. Au-dessus des siècles, Mi Fu renoue donc, dans sa peinture, avec les deux maîtres précités, réinterprétant toutefois leur art d'une manière tout à fait originale. Il s'agit pour lui de simplifier, d'alléger, bref d'éliminer toute tournure spécifiquement picturale pour en faire une pure écriture et réduire la peinture à un jeu d'encre, sur lequel les exigences de la figuration réaliste ne sont que de peu de poids. La réalité n'est qu'un prétexte à l'extériorisation d'élans intérieurs et rien ne doit venir alourdir et brouiller sur le papier cette « empreinte du cœur » instantanée et immédiate, qui est désormais l'objet unique de l'œuvre peinte. La valeur de cette dernière ne tient qu'à la qualité spirituelle de son inspiration, émanant elle-même, dans sa spontanéité ponctuelle, de l'*être* esthétique. En matière d'art, écrit Mi Fu, il n'est point de création qui ne trouve son ressort dans l'intimité de l'esprit ; une écriture, une peinture, c'est une pensée qui s'incorpore à la soie ou au panier. Tout l'homme passe dans son écriture peinte ou dans sa peinture écrite : les ressauts d'une humeur difficile, les attitudes innées ou acquises, le souci d'échapper aux chemins tracés, jusqu'à transmettre le rythme d'un vouloir profond. Le registre de Mi Fu est étroit et semble se limiter aux vues de montagnes embrumées. Techniquement parlant, sa principale innovation, les *points à la manière de Mi*, est une abréviation audacieuse des procédés d'exécution qui substitue aux contours de larges touches d'encre, servant indifféremment à jeter la silhouette d'une montagne ou le flou d'un feuillage, et laissant le soin aux harmonies à contre-temps d'exprimer les exigences d'une nature difficile et d'une vie quintessenciée. Il est important de souligner que Mi Fu ne se met à peindre qu'à la fin de sa vie ; le témoignage du *Huashi* est formel sur ce point : son œuvre pictural date complètement des sept dernières années de sa vie. Il produit donc assez peu et, soixante ans après sa mort, un critique constate déjà que ses peintures se font rarissimes. Il ne subsiste aujourd'hui aucun original et son art n'est connu que par l'intermédiaire de son fils Mi Youren. Mi n'exercera pas une influence directe importante sur la pratique picturale des artistes ultérieurs, exception faite des points à la manière de Mi, bientôt devenus clichés. Sa véritable influence s'exercera sur les attitudes esthétiques et, à partir de la dynastie Yuan, son appréhension du monde prendra, aux yeux des lettrés, valeur d'exemplarité.

Bibliogr. : James Cahill : *La peinture chinoise*, Genève, 1960 – Nicole Nicolas-Vandier : *Art et sagesse en Chine. Mi Fou, 1051-1107 ; Le Houa-che de Mi Fou, 1051-1106 ou Le carnet d'un connaisseur à l'époque des Song du Nord*, Paris, 1964 – Pierre Ryckmans : *Mi Fou 1051-1107*, in : *Encyclopaedia Universalis*, vol. 10, Paris, 1971.

Musées : New Haven (Yale University) : *Paysage de rivière et d'arbres dans la brume*, rouleau en longueur signé, colophon de l'artiste daté 1104, autres inscriptions, attribution – Pékin (Mus. du Palais) : *Montagnes dans les nuages*, attribution, colophon du peintre – Taipei (Nat. Palace Mus.) : *Pins et montagnes au printemps*, rouleau en hauteur, encre et coul. sur pap., signature et sceau de l'artiste, attribution – Washington D. C. (Freer Gal. of Art) : *Collines couvertes d'herbe apparaissant dans les nuages*, encre sur soie, attribution – *Vallée de rivière dans les montagnes*, encre sur pap., attribution.

MIGARELLA Fabrizio
XVIIe siècle. Actif à Aquila. Espagnol.
Peintre.

MIGER
XIXe siècle. Français.
Peintre d'histoire.

Élève de Prud'hon. Le Musée de Bayeux conserve de lui : *Phrosine et Mélidore*.

Ventes Publiques : Paris, 10-11 juin 1925 : *Portrait d'homme ; Portrait de femme*, deux cr. : **FRF 1 400**.

MIGER Simon Charles
Né le 19 février 1736 à Nemours. Mort le 28 février 1820 à Paris. XVIIIe-XIXe siècles. Français.
Graveur.

Élève de C.-N. Cochin et de J.-G. Wille. Fut agréé à l'Académie le 31 janvier 1778 et reçu académicien le 24 février 1788. Débuta au Salon de 1779.

Bibliogr. : E. Bellier de La Chavignerie : *Biographie et catalogue de l'œuvre du graveur Miger*, Paris 1856.

MIGETTE Auguste Karl Jos. A.
Né le 18 juin 1802 à Trèves. Mort le 30 octobre 1884 à Longeville près de Metz. XIXe siècle. Français.
Peintre.

Il fut aussi professeur de dessin. Les musées de Metz et de Longeville possèdent plusieurs de ses œuvres et de ses collections.

MIGHEL
XVIe siècle. Actif à Grenade. Espagnol.
Sculpteur sur bois.

Il a travaillé à la Curie ecclésiastique et dans deux églises de Grenade.

MIGISHI Kotaro
Né en 1902 à Ishikari (île de Hokkaido). Mort en 1935 à Nagoya. XXe siècle. Japonais.
Peintre.

Il est arrivé en 1919 à Tokyo et se met à peindre en autodidacte. C'est en 1924, qu'il épouse Migishi Setsuko, femme peintre très populaire, et qu'il organise le groupe *Rokujinsha* (Groupe des six) avec Kurata Saburo.
Il expose ses premières œuvres au Salon Chuobijutsu-ten en 1922. En 1923, il envoie *Jeune fille tenant un citron* à la première exposition annuelle du Shunyo-kai, puis trois autres peintures l'année suivante, pour lesquelles il reçoit d'ailleurs le Prix Shunyo-Kai. En 1930, il participe à la création de l'association *Dokuritsu-Bijutsu Kyokai* (Association des artistes indépendants).
Peintre de style occidental, il témoigne dans ses dernières œuvres d'un souci constant pour de nouvelles formes d'expression figuratives et pour de nouvelles textures.

MIGL Arpard, pseudonyme de **Migl de Kasnozy Arpard François**
Né le 23 avril 1863 à Budapest. XIXe siècle. Français.
Portraitiste, peintre de figures et de paysages.
Élève de Tony Robert-Fleury. Figura au Salon des Artistes Français. Médaille de bronze 1900 (Exposition Universelle), mention honorable 1901, médaille en 1926. Il se fit naturaliser français et vécut à Paris. Chevalier de la Légion d'honneur.

MIGLIANICO Andrea
Né à Naples. Mort vers 1705. XVIIe siècle. Italien.
Peintre d'histoire.
Élève de Luca Giordano. Il travailla pour les églises de Naples. On cite de lui une *Descente du Saint-Esprit*, dans l'église des SS. Nunziata.

MIGLIARA Giovanni
Né le 15 octobre 1785 à Alexandrie. Mort le 18 avril 1837 à Milan. XIXe siècle. Italien.
Peintre d'histoire, scènes de genre, architectures, paysages urbains, aquarelliste, décorateur de théâtre.
Il a peint des décors de théâtre, mais fut surtout célèbre par ses tableaux d'architectures. Il fut membre des Académies de Milan, Turin, Naples et Vienne.
Ce sont surtout ses vues de Venise qui le firent connaître ; pourtant, il semble qu'il n'ait connu Venise qu'à travers les peintures de Guardi et de Canaletto. Il ne se contentait pas de refaire des vues à la manière du XVIIIe siècle, il plaçait le long des canaux des monuments pris dans d'autres villes d'Italie, accentuant le caractère gothique de Venise, comme le feront les romantiques pour toutes les vues de villes anciennes ou d'imagination. À la fin de sa carrière, Migliara vint enfin à Venise, mais les peintures qu'il y fit véritablement sur nature ont perdu l'éclat de l'imaginaire.
Bibliogr. : Jacques Lassaigne, in : *Venise*, Skira, Genève, 1956.
Musées : Bergame (Acad. Carrara) : *Place du Panthéon à Rome* – Karlsruhe : *La loggia dei Lanzi* – Madrid : *Prison de François Ier* – Milan (Ambrosiana) : *Intérieur de couvent – Même sujet – La chartreuse de Pavie – L'arc de la paix* – Munich : *San Ambrogia à Milan – Entrée du cloître de San Maurizio à Milan* – Rouen : *Maison au bord de la mer* – Saint-Pétersbourg (Mus. de l'Ermitage) : *Vue d'une ville imaginaire – Même sujet* – Trieste : *Intérieur de couvent – Même sujet.*
Ventes Publiques : Paris, 9 fév. 1928 : *Cour de ferme*, dess. : **FRF 170** – Londres, 29 juin 1962 : *Capriccio* : **GBP 700** – Londres, 26 juin 1963 : *Vue de Venise* : **GBP 3 600** – Londres, 30 juin 1965 : *La piazzetta à Venise* : **GBP 2 500** – Milan, 20 oct. 1970 : *Capriccio* : **ITL 2 000 000** – Milan, 10 nov. 1970 : *Il cantastorie*, temp. : **ITL 850 000** – Milan, 16 mars 1971 : *Intérieur*, aquar. : **ITL 1 400 000** ; *La cuisine du monastère* : **ITL 2 800 000** – Londres, 23 mars 1973 : *Gondoles sur le canal Brenta* : **GBP 7 500** – Milan, 28 oct. 1976 : *Venise*, temp./verre, de forme ronde (diam. 8,5) : **ITL 750 000** – Milan, 15 mars 1977 : *La mort d'Adélaïde C.*, h/pan. (19x15) : **ITL 1 300 000** – Munich, 29 mai 1980 : *Entrée du Palais Brera à Milan* 1829, aquar. (24,5x18) : **DEM 5 200** – New York, 19 mars 1981 : *La Basilique Saint-Pierre de Rome*, h/t (77,5x112) : **USD 11 500** – Milan, 23 mars 1983 : *Intérieur de l'église San Fedele*, dess. (54,5x74) : **ITL 4 800 000** – Londres, 22 juin 1983 : *Vue de Venise*, h/t (55,5x85,5) : **GBP 5 000** – Milan, 7 nov. 1985 : *La filature* 1820-1825, h/t (72,5x94,5) : **ITL 80 000 000** – Milan, 21 avr. 1986 : *Galerie en perspective*, pl. et lav./traits cr. (14x14,1) : **ITL 1 500 000** – Milan, 18 mars 1986 : *Vue de l'Hôpital de Milan*, h/t (34x40) : **ITL 102 000 000** – Milan, 13 oct. 1987 : *Basilique de Saint-Ambroise à Milan*, h/t (58,5x72) : **ITL 90 000 000** – Londres, 23 mars 1988 : *Eglise et montagnes à l'arrière-plan*, h/cart. (23x18) : **GBP 5 720** – Milan, 1er juin 1988 : *Intérieur d'une crypte avec des personnages*, h/t, de forme ronde (diam. 12) : **ITL 8 500 000** – Rome, 14 déc. 1988 : *Moines dans un cloître*, h/pan. (26,3x21) : **ITL 10 500 000** – Milan, 14 mars 1989 : *Architecture fantastique*, h/t (50x72) : **ITL 38 000 000** – Paris, 20 juin 1991 : *Projet pour un temple néoclassique dans un jardin*, encre et lav. (53x79) : **FRF 11 000** – Stockholm, 19 mai 1992 : *Moines dans un couvent*, h/pan. (38x28) : **SEK 22 000** – Rome, 19 nov. 1992 : *Place de la Signorina à Florence*, aquar. avec reh. de blanc (46x65) : **ITL 5 750 000** – Londres, 25 nov. 1992 : *L'accueil des visiteurs dans un monastère* 1829, h/t (56x46) : **GBP 7 150** – Milan, 8 juin 1993 : *Intérieur d'église* 1832, h/t (51,5x77) : **ITL 55 000 000.**

MIGLIARA Theodelinda ou **Teodolinda**
Né en 1816. Mort en 1866. XIXe siècle. Actif à Milan au début du XIXe siècle. Italien.
Peintre d'architectures, intérieurs d'églises, paysages urbains.
Ventes Publiques : Milan, 30 mai 1990 : *Intérieur de la basilique San Lorenzo de Milan*, h/t (59,5x44) : **ITL 42 000 000.**

MIGLIARI Francesco
XIXe siècle. Italien.
Peintre d'ornements et de décorations.
Il peignit entre autres le rideau du théâtre de Ferrare vers 1850.

MIGLIARINI Michele Arcangelo M.
Né vers 1785 à Rome. XIXe siècle. Italien.
Peintre d'histoire et de portraits.
Il obtint en 1801 le prix de l'Académie S. Luca, séjourna de 1810 à 1812 à Moscou et de 1812 à 1820 à Saint-Pétersbourg. Il décora en 1823 le plafond du Palais Borghèse de Florence, en représentant la *Lune et les Heures.*

MIGLIARO Vincenzo
Né le 8 décembre 1858 à Naples. Mort en 1937 ou 1938 à Naples. XIXe-XXe siècles. Italien.
Peintre de genre, figures, portraits, architectures, aquarelliste, graveur, sculpteur.
Il fut élève de l'Académie des Beaux-Arts de Naples sous la direction du sculpteur Stanislao Lista et de Domenico Morelli. Il exposa à Turin, Venise, Naples et à Paris. Il prit part au concours Alinari en 1900.
Il a peint en réaliste des figures de caractère romanesque, des paysages et aussi des toiles de genre telles que : *Sortie de bal.*

Migliaro

Musées : Naples (Mus. d'Art Mod.) : *Scène de Carnaval* – Rome (Mus. d'Art Mod.) : *Devant le miroir.*
Ventes Publiques : New York, 2 avr. 1976 : *Scène de rue*, aquar. (31x19,5) : **USD 350** – Milan, 14 déc. 1976 : *La maison du pêcheur*, h/pan. (28,5x25,5) : **ITL 4 400 000** – Milan, 14 mars 1978 : *Charité*, h/pan. (24x19) : **ITL 2 000 000** – Copenhague, 6 nov 1979 : *Les vendanges* 1895, h/t (240x158) : **DKK 92 000** – Milan, 10 nov. 1982 : *Carnaval*, h/t (90,5x41) : **ITL 22 000 000** – Milan, 23 mars 1983 : *Les Vendanges* 1895, h/t (240x160,5) : **ITL 75 000 000** – Milan, 2 avr. 1985 : *Scène de marché*, h/pan. (29x23) : **ITL 7 500 000** – Rome, 13 mai 1986 : *Nu couché*, pl. (25x38) : **ITL 1 200 000** – Rome, 13 mai 1986 : *Marché aux fruits*, h/t (37x37) : **ITL 7 200 000** – New York, 28 oct. 1987 : *Un jeune garnement*, h/pan. (40,9x31,1) : **USD 7 500** – Milan, 14 mars 1989 : *Marché méridional*, h/pan. (30x23) : **ITL 19 000 000** – Rome, 12 déc. 1989 : *Odalisque*, h/cart. (32,5x40,5) : **ITL 16 500 000** – Monaco, 21 avr. 1990 : *Sur une place napolitaine*, h/pan. (28x22,5) : **FRF 83 250** – Rome, 29 mai 1990 : *Portrait d'une jeune fille*, h/pan. (19x13) : **ITL 11 500 000** – Rome, 4 déc. 1990 : *Etude de têtes*, sanguine, cr. et craie/pap. beige (39x59) : **ITL 2 400 000** – Rome, 16 avr. 1991 : *La Prostituée*, h/cart. (16x20) : **ITL 5 520 000** – Rome, 24 mars 1992 : *Fantasia* 1877, aquar. et temp. (19x27) : **ITL 9 200 000** – Rome, 9 juin 1992 : *Mascarade*, aquar. et temp./pap. (22x17) : **ITL 7 000 000** – Londres, 28 oct. 1992 : *Jeune Paysanne au bord de la mer*, h/t (41x34) : **GBP 14 300** – Rome, 19 nov. 1992 : *Une femme*, h/pan. (20x12) : **ITL 4 830 000** – New York, 20 jan. 1993 : *Le bal du carnaval*, h/pan. (31,1x42,2) : **USD 10 063** – Milan, 22 nov. 1993 : *Luciana*, h/t (25x17,5) : **ITL 41 247 000** – Londres, 18 mars 1994 : *Rupture à Naples*, h/t (61,6x40) : **GBP 14 950** – Rome, 5 déc. 1995 : *Scène de la vie napolitaine*, h/pan. (27x31) : **ITL 30 641 000** – Rome, 23 mai 1996 : *Marché à Naples*, h/bois (26x20) : **ITL 8 625 000** – Rome, 28 nov. 1996 : *Luisella*, h/t (60x39) : **ITL 22 000 000.**

MIGLIAVACCA Innocente
Né à Piacenza. Mort en 1856 à Piacenza. XIXe siècle. Italien.
Graveur au burin.
Élève de Morghen.

MIGLIO Andrea
XIXe siècle. Actif à Novara. Italien.
Peintre.
Il exposa en 1833 à Rome et a peint la chapelle de Saint-Vincent Ferrer à S. Pietro al Rosario de Navara.

MIGLIONICO. Voir **MALINCONICO**

MIGLIORE Martino ou **Megliore**
XVIe siècle. Actif à Naples. Italien.
Sculpteur.
A travaillé pour la cathédrale d'Atri et pour des églises de Salerne et de Naples.

MIGLIORE di Cino
XIVe siècle. Actif à Prato. Italien.
Peintre.
Peut-être à rapprocher du sculpteur Cino, du XIVe siècle.

MIGLIORETTI Pasquale
Né le 17 janvier 1823 à Ossiglia (province de Mantoue). Mort le 17 février 1881 à Milan. XIXe siècle. Italien.
Sculpteur de statues, monuments.
Élève de l'Académie de Milan, où il travailla. Il obtint la médaille d'or à Paris en 1856, une médaille de troisième classe en 1885, pour l'Exposition Universelle.
Il sculpta les monuments de *Cornelius Nepos* à Ostiglia, de *Dante* et des *Martyrs de Belfiore* à Mantoue.
Ventes Publiques : New York, 12 oct. 1994 : *Charlotte Corday*, marbre (H. 137,2) : **USD 167 500**.

MIGLIORI Francesco ou **Meliori**
Né vers 1684. Mort en 1734. XVIIIe siècle. Italien.
Peintre.
Musées : Dresde : *Bacchus et Ariane – Zeus, changé en taureau, enlève Europe – Joseph explique ses songes au Pharaon – Sacrifice d'Abraham – Caïn fuyant après le meurtre d'Abel – Cimon, en prison, allaité par sa fille Pero* – Mayence : *Le Christ apparaissant à Madeleine* – Rovigo : *Noli me tangere – Le Christ et la Samaritaine.*

MIGLIORINI
Originaire de Vicence. XVIIe siècle. Italien.
Peintre.
Il a peint pour l'église des Capucins de Rovigo trois tableaux : *Saint Joachim, Sainte Anna* et *La Vierge présente l'Enfant Jésus à saint Félix.*

MIGNAN
XVIIIe siècle. Actif à Sèvres. Français.
Modeleur.

MIGNANI Anna, épouse de **Grilli Rossi**
Morte après 1832. XIXe siècle. Active à Bologne. Italienne.
Peintre de portraits et d'histoire.
Élève de J. A. Calvi. Elle a peint pour S. Gio. de Celestini un tableau d'autel : le *Miracle de saint Maur.*

MIGNANI Giacomo
Originaire de Bologne. XVIIIe siècle. Italien.
Peintre.
Il a peint douze tableaux représentant la vie de *Saint Fil. Benizzi* pour Sainte Marie de la Consolation à Ferrare.

MIGNARD
XVIIIe siècle. Français.
Peintre de portraits.
Petit-fils ou arrière petit-fils de Nicolas Mignard.
Musées : Avignon : *Portrait de Mme Chaspoul.*

MIGNARD Nicolas, dit **Mignard d'Avignon**
Né le 7 février 1606 à Troyes (Aube). Mort le 20 mars 1668 à Paris. XVIIe siècle. Français.
Peintre d'histoire, compositions religieuses, compositions mythologiques, portraits, natures mortes.
Frère de Pierre Mignard d'Avignon. Il commença ses études dans sa ville natale avec un peintre dont on ne connaît pas le nom, puis alla travailler à Fontainebleau d'après les œuvres du Primatice, du Rosso, de Fréminet, de Nicolo del Abbate et des trésors d'art réunis là par François Ier. Nicolas Mignard se rendit ensuite en Italie et passa deux années à Rome, de 1635 à 1637, copiant particulièrement Albani et Annibal Carracci. À son retour en France, il séjourna à Avignon et s'y étant marié s'y établit avec grand succès, travaillant pour les notables et les couvents. En 1660, cependant, Mazarin l'appela à la Cour de Louis XIV. Nommé académicien le 3 mars 1663, il fut adjoint à professeur puis professeur en 1664, adjoint à recteur le 16 août de la même année.
Nicolas Mignard fut chargé d'importants travaux pour le palais des Tuileries. Il y peignit notamment : *Apollon couronnant les muses de la Poésie, de la Peinture et de la Musique – Mercure présentant la lyre à Apollon – Apollon et Daphné.* Il fut un excellent peintre de portraits et dut sa réussite à son talent dans ce genre. Il faut citer ceux de *Louis XIV* et de *Marie-Thérèse*, et de nombreuses effigies qui ne sont plus connues que par des gravures, en particulier celles d'Antoni Masson. Plusieurs de ses compositions religieuses sont conservées dans des églises d'Avignon et de la région.
Bibliogr. : In : *Diction. de la peinture française*, coll. Essentiels, Larousse, Paris, 1989.
Musées : Aix-en-Provence : *Mars et Vénus* 1658 – Auch : *Portraits de Mlle de Montespan, de Mme de Maintenon et de Mlle de la Vallière* – Avignon : *Saint Bruno dans le désert* 1638 – *Saint Simon Stock* 1644 – *Déploration du Christ* 1655 – *Richelieu – Autoportrait* – Béziers : *Le Christ au roseau* – Blois : *Louis XIV enfant* – Chartres : *Portrait d'homme en armure – Portrait d'homme* – Douai : *La duchesse de Longueville* – Genève (Mus. Rath) : *Une princesse de Bourbon – Jean Petitot* – Lyon : *L'auteur* – Mayence : *L'histoire de la peinture s'appuyant sur le Temps – La Poésie* – Narbonne : *La comtesse de Grignan – Portrait de femme* – Pontoise : *Le prince de la Tour d'Auvergne – Abbé commanditaire de l'Abbaye de Padoue* – Saint-Omer : *Portrait d'un prince en armure* – Turin : *Françoise d'Orléans, femme du duc Charles Emmanuel II de Savoie.*
Ventes Publiques : Londres, 26 juin 1925 : *Le duc de Rohan* : **GBP 210** – New York, 30 jan. 1930 : *Anne d'Autriche* : **USD 550** – Lyon, 28 déc. 1944 : *Flore et les Amours* : **FRF 99 000** – Paris, 1er juin 1949 : *Portrait de Pierre Dupont d'Avignon, peintre du roi*, gche : **FRF 4 100** – Paris, 14 fév. 1962 : *Le Printemps – L'Été – L'Automne – L'Hiver*, quatre h/t : **FRF 27 100** – Monte-Carlo, 8 déc. 1984 : *Portrait de Philippe d'Orléans*, h/t (273x177) : **FRF 1 250 000** – Monte-Carlo, 21 juin 1986 : *Vierge à l'Enfant*, h/t, de forme octogonale (112,5x93,5) : **FRF 440 000** – Paris, 12 déc. 1988 : *Renaud et Armide*, h/t (152x198,5) : **FRF 580 000** – Monaco, 2 déc. 1989 : *Vierge à l'Enfant bénissant saint Jean-Baptiste* 1650, h/t (90x72) : **FRF 610 500** – Paris, 11 déc. 1989 : *Angélique et Medor*, t. (87x75) : **FRF 330 000** – Monaco, 7 déc. 1990 : *Sainte Élisabeth de Hongrie*, h/t (109x90) : **FRF 555 000** – Paris, 25 juin 1991 : *Coings et autres fruits sur un entablement*, h/t (diam. 135) : **FRF 150 000**.

MIGNARD Paul
Né en 1638, 1639 ou 1640 à Avignon. Mort le 15 octobre 1691 à Lyon. XVIIe siècle. Français.
Peintre de portraits et graveur à l'eau-forte.
Fils aîné de Nicolas Mignard d'Avignon, il fut l'élève de son oncle Pierre. Reçu académicien, le 11 juin 1672, sur le portrait de son père, il travailla de 1670 à 1674 pour la cour de Bavière, séjourna assez longtemps en Angleterre, et fut en 1690 peintre ordinaire de la ville de Lyon. Il peignit de nombreux portraits, actuellement perdus, dont on connaît les gravures par Van Schuppen, par Antoine et Marie Masson et d'autres.

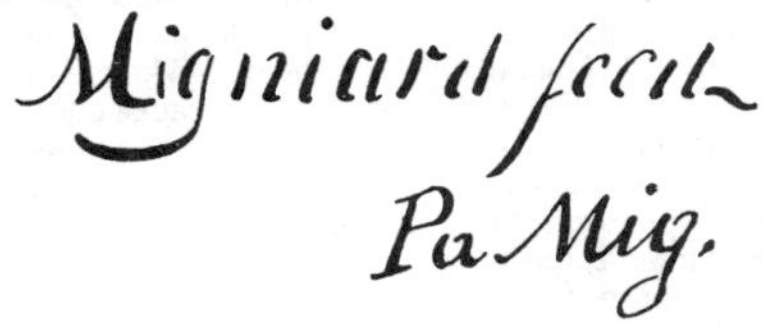

Bibliogr. : M. Audin et E. Vial : *Diction. des artistes Lyonnais*, Lyon, 1919 – Paul Jamot, Charles Sterling : *Catalogue de l'exposition Les peintres de la réalité en France au XVII siècle*, Musée de l'Orangerie, Paris, 1934.
Musées : Chantilly : *Le compositeur Lully* – Lyon : *Anne-Marguerite d'Acigué, épouse de Jean du Plessis de Richelieu – Portrait de Nic. Mignard* – Munich : *Portraits d'un prince de Savoie et d'une princesse* – Schleissheim : *Le prince électeur Ferdinand Marie-Henriette Adélaïde, épouse de Ferdinand Marie et sa fille, Maria Anne Christine Victoire* – Turin : *Christine Paleotti.*

MIGNARD Pierre I, dit **Mignard le Romain**

Né le 17 novembre 1612 à Troyes (Aube). Mort le 13 mai 1695 à Paris. XVIIe siècle. Français.

Peintre d'histoire, portraits, miniatures, compositions murales.

Si l'on en croit l'abbé de Monville, Mignard serait d'origine anglaise. Son père se serait appelé Pierre More. Venu en France, il s'établit à Troyes et ses six enfants ayant été présentés à Henri IV, celui-ci, sur leur bonne mine, leur aurait donné le surnom de Mignard qu'ils conservèrent. Cette assertion est contredite par d'autres documents établissant que le père de Mignard portait ce nom bien avant de rencontrer Henri IV. Pierre Mignard était destiné à être médecin, un de ses frères, Nicolas, étant déjà peintre. Mais devant les dispositions exceptionnelles montrées par l'enfant, son père l'envoya, à douze ans, chez un peintre de Bourges nommé Jean Boucher. Il y resta un an, revint à Troyes, puis partit pour Fontainebleau afin d'y travailler d'après les peintures et les sculptures du château. Deux ans plus tard, rentré à Troyes, il y fut chargé de la décoration de la chapelle du château de Coubert qui appartenait au maréchal de Vitry. Mignard avait alors quinze ans. Grâce à la protection du maréchal, le jeune artiste entra dans l'atelier de Vouet dont il devint bientôt un des élèves favoris au point que le maître voulut le marier avec sa fille. Malgré les avantages qu'il eût pu tirer de cette union, Mignard refusa et partit pour l'Italie au début de 1636. Il y retrouva à Rome un de ses anciens condisciples de l'atelier de Vouet, le peintre du Fresnoy, avec qui il étudia d'après les anciens maîtres, le Corrège, Pierre de Cortone. Les premiers tableaux de Mignard furent l'un : *La famille de M. Hugues de Lionne*, et l'autre le *Portrait de M. Arnaud*. Ces deux tableaux lui valurent l'honneur de faire le portrait du pape Urbain VIII. Mignard passa huit mois à copier les peintures de Carrache dans la galerie Farnèse pour le frère aîné de Richelieu, cardinal de Lyon. En même temps, le jeune artiste peignait de nombreux portraits et quelques tableaux d'histoire dans lesquels on sent l'influence de Carrache. Mignard se rendit ensuite à Venise et de là à Modène sur la demande du grand-duc de Toscane. Son succès comme portraitiste était considérable. Il excellait également dans la peinture des *Vierges* bien que la technique de ces tableaux fût un peu factice. On les désignait sous le nom de *Mignardes*, par allusion aux graces quelque peu factices qu'il y déployait, et qui, dans la suite, resteront la caractéristique de sa manière, notamment dans les portraits, à la fois sensuels et précieux, dont le type sera ensuite souvent imité. Il y avait vingt-deux ans que Mignard était à Rome lorsque le roi le rappela en France. Il rentra au début d'octobre 1657, mais la maladie le contraignit à s'arrêter à Avignon chez son frère Nicolas. Il y resta huit mois, sans pour cela cesser de travailler. Ce fut à cette époque qu'il fit la connaissance de Molière. Rétabli, il partit pour Paris, s'arrêtant quelque temps à Lyon, puis se rendit à Fontainebleau. M. de Lionne l'y présenta à Mazarin qui lui commanda le portrait du roi destiné à être envoyé à l'infante Marie-Thérèse d'Espagne. Mignard le peignit en trois heures. Ce succès lui en valut d'autres. Il prit un logement avec du Fresnoy et de suite les commandes affluèrent. Il exécuta le portrait du duc d'Épernon et reçut de lui la commande de la décoration de l'Hôtel de Longueville qui lui fut payée 40 000 livres. Il devint le peintre quasi officiel de toute la famille royale et de la cour. Une de ses meilleures œuvres de cette époque est son *Portrait de Mme de Montespan et son fils*. Devenu portraitiste à la mode, il peignit aussi, entre autres, les portraits de *Madame de La Vallière, Madame de Maintenon, Madame de Sévigné, Madame de Lafayette, Colbert, Turenne, Bossuet*, laissant ainsi une incomparable chronique en images des grands personnages de son temps. Il exécuta, sur commande de la reine Anne d'Autriche la décoration du dôme du Val-de-Grâce, composition un peu froide et maniérée, qui pourtant eut un grand succès. Mignard, très las, s'en fut se reposer auprès de son frère à Avignon. À son retour, il fut nommé directeur de l'Académie de Saint-Luc. Il refusa d'entrer à l'Académie Royale pour ne pas y occuper un rang inférieur à celui de Le Brun, son rival direct qui en était directeur. Continuant ses travaux il décora le grand salon et la chapelle du château de Saint-Cloud et quelques galeries de Versailles. La rivalité qui depuis longtemps existait entre Mignard et Le Brun se termina par la mort du second qui fut peut-être hâtée par les tracasseries que lui suscita le peintre des Mignardes. Dès lors celui-ci triompha. Il avait alors près de quatre-vingts ans. Protégé par Louvois et par Madame de Maintenon, il fut nommé premier peintre du roi, directeur des Manufactures et se fit octroyer tous les avantages dont avait joui Le Brun. Il fut dans la même séance de l'Académie nommé académicien, professeur, recteur, directeur et chancelier. Mignard travailla jusqu'à la dernière minute. Il venait de faire agréer un dessin pour la décoration des Invalides lorsqu'il mourut. Il avait quatre-vingt-quatre ans.

Il semble bien que la rivalité entre Mignard et Le Brun, tout au moins en ce qui concerne Mignard, fut une rivalité d'appétit de puissance. Mais, en fait, cette rivalité d'apparence était fondée sur une disparité profonde. Le Brun appartenait encore, par l'esprit, à l'art sévère des peintres du règne de Louis XIII, et plus particulièrement à ceux de la transition, Claude Vignon, Simon Vouet. Tandis que Mignard est résolument un artiste de cour, préférant flatter ses modèles (*Madame de Grignan*, du musée Carnavalet), plutôt que scruter et révéler leurs pensées secrètes. Ses décorations murales, rompant totalement avec l'ordonnance guindée de celles de l'école de Le Brun, pour autant que l'on puisse encore en juger d'après la coupole du Val-de-Grâce, seule parvenue jusqu'à nous, projetaient à travers l'espace, les tourbillons éclatants et colorés, annonciateurs au même titre que ses portraits, les grâces mêlées de sensualité, mais aussi les grandes audaces de la peinture du XVIIIe siècle.

Mignard.

Bibliogr. : Le Brun-Dalbanne : *Étude sur Pierre Mignard*, Paris, 1878 – Ch. Mauricheau-Beaupré : *L'Art au XVIIe siècle en France*, Le Prat, Paris, 1946.

Musées : Angers : *La Vierge, l'Enfant Jésus et saint Jean – Portrait d'une dame de la cour de Louis XIV* – Avignon : *Deux enfants caressent un agneau – Le grand dauphin – Portrait de Marie Mancini – Portrait d'homme – Mme de Montespan et son fils représentés sous les traits de Flore et de Zéphyre – L'artiste par lui-même – Tête de jeune homme riant – La Madeleine d'après le Guide*, projet de plafond – *Portrait d'enfant – Tête de femme – Saint Jean l'Évangéliste – La Naissance du Christ – Le vœu du vice légat Frédéric Sforza, mettant la ville d'Avignon sous la protection du bienheureux Pierre de Luxembourg – Le Christ mort, la Vierge, saint Jean et sainte Madeleine* – Bagnères-de-Bigorre : *Portrait d'homme – Mme de Graffigny* – Barnard Castel (Bowes Mus.) : *Mme de Montansier – Princesse espagnole* – Bayeux : *Princesse de la maison royale* – Beaufort : *Portrait de Cl. de Maillé* – Berlin : *Marie Mancini* – Besançon : *Dame de la cour* – Bordeaux : *Louis XIV – Portrait* – Bourg : *La Sainte Famille*, attr. – Bruxelles : *Ninon de Lenclos* – Budapest : *Clion* – Caen : *Vierge et l'Enfant* – Carcassonne : *Vierge, enfant Jésus et saint Jean* – Chantilly : *Molière – Mazarin – Henriette d'Angleterre, duchesse d'Orléans – Louis XIV – Philippe d'Orléans – Marie Anne Christine de Bavière – Henriette de Coligny, comtesse de la Suze* – Chartres : *Molière – Mariage mystique de sainte Catherine* – Château-Gontier : *La Vierge allaitant l'Enfant Jésus* – Cologne (Wallr. Rich.) : *Lothar Franz von Schönborn, prince électeur de Mayence* – Compiègne (Palais) : *Enfant endormi* – Darmstadt : *Louis XIV en Endymion et Louise de la Vallière en Diane avec leur suite* – Dijon : *Portrait de jeune femme – Portrait d'un peintre*, attr. – Dole : *Portrait d'une dame et de son fils* – Douai : *Ecce homo* – Épinal : *Charles V de Lorraine* – deux portraits – *Tête de Christ – Comtesse de Ludre en Madeleine repentante – Vierge en pleurs – Tête de saint Jean-Baptiste* – Florence : *Comtesse de Grignan – Mme de Sévigné* – Gênes (Palais Rosso) : *Dame de la maison Brignole Sale* – Genève (Rath) : *Mme de Montespan* – Graz : *Le réveil dans l'Olympe* – Grenoble : *L'idylle antique et l'idylle moderne – Sainte Cécile* – Hampton Court : *Bethléem – Massacre des Innocents – Portrait de Louis XIV dans sa jeunesse* – Hanovre : *Saint Jean-Baptiste* – Helsinki : *Judith avec la tête d'Holopherne* – Honfleur : *Homme* – Leipzig : *Portrait de femme* – Lille : *La Fortune, allégorie – La Vierge – Jugement de Midas* – Lisbonne (Muse Nac.) : *Isabelle d'Orléans, duchesse de Guise* – Londres (Nat. Gal.) : *Descartes – La marquise de Seignelay – Henriette, duchesse d'Orléans – Louise Renée de Penecourt de Cornouailles, duchesse de Portsmouth* – Madrid : *Prince de la maison de France, enfant – Saint Jean Baptiste, adolescent – Mlle de Fontanges – Marie-Thérèse – La même* – Marseille : *Portrait de dame – Le seigneur de la Vallière et sa fille – Mlle de la Vallière en carmélite – Louis de Bourbon, comte de Vermandois* – Metz : *Villars, jeune* – Minneapolis (Walk. Art Gal.) : *Racine* – Montauban : *La Peinture – Prince de la maison de France* – Montpellier : *Tête de sainte Anne* – Morez : *Mme de Montespan* – Moscou : *Mlle de la Vallière en Flore* –

Munich : *La Vierge et l'Enfant Jésus* – Nancy : *La Vierge et l'Enfant Jésus – Mme Claude des Salles de Malpierre, mère de la Belle de Ludre – Dame avec les attributs de sainte Catherine d'Alexandrie* – Naples : *Tête de prélat* – Narbonne : *Saint Charles Borromée administrant la communion aux pestiférés de Milan – Portrait de femme – Portrait de jeune femme – Portrait d'une reine de France – Portrait de Mme de Grignan* – New York (Histor. Soc.) : *Dame à sa toilette* – Nice : *Catinat* – Niort : *Petite princesse de France* – Paris (Mus. du Louvre) : *La Vierge à la grappe – Jésus et la Samaritaine – Jésus sur le chemin du calvaire – Saint Luc peignant la sainte Vierge – Sainte Cécile chantant – Françoise d'Aubigné – Neptune offrant ses richesses à la France, allégorie – Portraits du grand dauphin, de sa femme et de ses enfants – Mme de Maintenon – Pierre Mignard* – Paris (Carnavalet) : *Mme de Grignan – Mme de Sévigné – Louvois – Cl. Lepelletier* – Paris (comm. Franç.) : *Molière en César* – Pontoise : pastel – Le Puy-en-Velay : *Duchesse de Savoie* – Québec (Gal. Laval) : *Les anges adorent l'enfant Jésus* – Reims : *Marquis de Louvois – Charles Maurice Le Tellier, archevêque de Reims* – Rome (Gal. Corsini) : *La Vierge* – Rouen : *Hercule et Omphale*, d'après Carrache – *Junon suppliant Éole – Ecce homo – Tête de Christ – Mme de Maintenon – Sainte Famille – Deux mains tenant un livre ouvert* – Saint-Pétersbourg (Mus. de l'Ermitage) : *Le retour de Jephté – Magnanimité d'Alexandre le Grand – Mort de Cléopâtre – Mlle de la Vallière – Portrait de femme – Hortense de Mancini, duchesse de Mazarin* – Sibiu : *Le duc Philippe d'Orléans – Liselotte du Palatinat* – Stockholm : *Comte de Toulouse, comme enfant* – Stuttgart : *Sainte Famille avec allégorie des Péchés et de la Rédemption – Vierge et Enfant Jésus* – Toulouse : *Le Christ au roseau – Allégorie* – Troyes : *Portrait d'homme – Sainte Catherine d'Alexandrie – Marquise de Montespan – Anne d'Autriche* – Turin : *Louis XIV – Le dauphin* – Vannes : *Portrait de Louis XIV* – Versailles : *Louis XIV – Anne d'Autriche – Colbert, marquis de Villacerf – Duchesse du Maine – Louis A. de Bourbon, comte de Toulouse – Duc d'Anjou – Marquise de Maintenon – Comtesse de Fouquières, fille de l'artiste* – Versailles (Trianon) : *Trophée aux armes de Louis XIV* – Vienne : *Saint Antoine – Louis XIV* – Ypres : *Louis XIV*.

Ventes Publiques : Paris, 1792 : *Mort d'Adrabate et de Penthée* : **FRF 1 701** – Paris, 1817 : *Portrait de Colbert* : **FRF 3 400** – Paris, 1864 : *Les Trois Grâces* : **FRF 2 500** – Paris, 1872 : *La Madeleine* : **FRF 3 050** – Paris, 1874 : *La Duchesse de Portsmouth* : **FRF 4 000** – Paris, 1882 : *Portrait du cardinal Mazarin* : **FRF 8 920** – Paris, 1887 : *Portrait de jeune princesse* : **FRF 5 550** – Londres, 1895 : *Portrait du grand Colbert* : **FRF 24 100** – Paris, 1896 : *Le Comte de Toulouse* : **FRF 4 005** – Paris, 21 mai 1898 : *Portrait de Molière* : **FRF 3 500** – Munich, 1899 : *Portrait de femme* : **FRF 5 312** – New York, 1900 : *Catherine de Portugal* : **FRF 15 000** – Bruxelles, 1900 : *Portrait de la marquise de Montespan* : **FRF 2 850** – Paris, 18-25 mars 1901 : *Portrait présumé d'Hortense Mancini* : **FRF 3 300** – Paris, 15 avr. 1902 : *Portrait de Mignard et de sa fille* : **FRF 2 040** – New York, 9-10 avr. 1908 : *Portrait de Mme de Graffigny* : **USD 1 950** – Londres, 11 déc. 1909 : *Portrait de Louis XIV* : **GBP 73** – Paris, 26-28 juin 1919 : *Portrait de Catherine Mignard* : **FRF 20 100** ; *Portrait de jeune femme* : **FRF 7 800** – Paris, 6-7 mai 1920 : *Portrait de l'artiste* : **FRF 4 000** – Paris, 29 déc. 1920 : *Portrait d'un gentilhomme en armure* : **FRF 2 100** – Londres, 24 mars 1922 : *La Marquise de Montendre* : **GBP 86** – Londres, 4 mai 1922 : *La Marquise de Sévigné* : **GBP 115** – Paris, 9 juin 1923 : *Portrait d'une dame de la famille du Plessis* : **FRF 5 000** – Londres, 6 juil. 1923 : *Louis XIV en costume de chevalier de Malte* : **GBP 1 522** – Londres, 4 juil. 1924 : *Le Christ et la femme de Samarie* : **GBP 105** – Londres, 18 juil. 1924 : *Portrait de Molière* : **GBP 189** – Londres, 17 mai 1928 : *La duchesse de Bourgogne* : **GBP 315** – Londres, 14 juin 1929 : *Portrait de femme ; Portrait d'enfant* : **GBP 199** – New York, 18 déc. 1929 : *La Marquise de Sévigné* : **USD 360** – Londres, 13 mai 1931 : *Autoportrait* : **GBP 720** – New York, 13 avr. 1935 : *La Reine Marie-Thérèse* : **USD 650** – Versailles, 19 nov. 1961 : *Portrait présumé de Mme de Maintenon avec une élève de Saint-Cyr* : **FRF 8 800** – Versailles, 7 déc. 1969 : *Portrait de Jacques Louis, marquis de Beringhen* : **FRF 55 000** – Londres, 29 nov. 1974 : *Portrait d'Anne Louise de Bourbon, duchesse du Maine* : **GBP 8 000** – Paris, 18 fév. 1977 : *Portrait de Jacques-Louis, marquis de Beringhen*, h/t (140x105) : **FRF 34 500** – Paris, 28 mars 1979 : *Anne Louise Bénédicte de Bourbon, future duchesse du Maine*, h/t, forme ovale (57,5x52) : **FRF 32 000** – Amsterdam, 17 nov. 1980 : *Portrait de jeune homme*, craies noire et blanche (25,6x20,1) : **NLG 2 400** – Londres, 23 juin 1982 : *Cupidon*, h/t (125x94) : **GBP 6 500** – Londres, 13 juil. 1984 : *Portrait de Sir John Chardin*, h/t (87,6x69,2) : **GBP 13 000** – Paris, 25 mars 1985 : *La belle jardinière*, h/cuivre (24,5x16,5) : **FRF 35 000** – Paris, 12 déc. 1988 : *Portrait présumé de Henri-Jules de Bourbon, Prince de Condé, duc d'Enghien*, h/t ovale (99x80) : **FRF 90 000** – New York, 12 jan. 1989 : *Portrait de la Princesse Marguerite Armande de Lorraine, duchesse de Cadaval*, h/t (89x72) : **USD 77 000** – Rome, 7 mars 1989 : *Portrait d'une noble dame avec une flèche et une guirlande de fleurs*, h/t (70x57) : **ITL 26 000 000** – Stockholm, 16 mai 1990 : *Portrait d'une dame*, h/t (76x61) : **SEK 34 000** – New York, 15 jan. 1992 : *Portrait présumé de la fille de l'artiste enfant*, sanguine et craie blanche/pap. teinté (117x134) : **USD 3 850** – Paris, 30 mars 1992 : *Saint François d'Assise*, h/t (42x34) : **FRF 52 000** – Paris, 24 nov. 1995 : *Le Temps coupant les ailes de l'Amour* 1694, h/t (68x54) : **FRF 330 000** – Paris, 14 juin 1996 : *Entourage de sainte Madeleine au désert*, h/pan. (diam. 22,5) : **FRF 25 000** – New York, 31 jan. 1997 : *Fillette jouant de la guitare*, h/t ovale (72,5x50) : **USD 46 000** – New York, 26 fév. 1997 : *Portrait d'un jeune gentilhomme, en buste, portant une veste doublée en bleu et un nœud*, h/t (75x61) : **USD 9 775**.

MIGNARD Pierre II

Né en 1640 à Avignon (Vaucluse). Mort le 10 avril 1725 à Paris. XVIIe-XVIIIe siècles. Français.

Peintre, sculpteur, architecte.

Il fut peintre de Marie-Thérèse d'Autriche, chevalier de l'ordre du Christ et membre de l'Académie d'architecture. Il a établi les plans du chœur et de la coupole de la cathédrale d'Avignon, ceux de la Salle de spectacle de cette ville, de l'autel des Bénédictins de Roquefort, de l'Hôtel Dieu et de l'Hôtel des Galéans d'Avignon, de l'abbaye de Montmajour et de la façade du collège Saint-Nicolas à Paris.

Musées : Avignon : *Autoportrait – Trois têtes*, sculptures.

MIGNATY Giorgio

Né le 23 juin 1824 à Cefalonia. Mort en 1895. XIXe siècle. Italien.

Peintre d'histoire.

Élève de Minardi et de Silvano. Exerça son activité à Florence.

MIGNECO Giuseppe

Né en 1908 à Messine (Sicile). Mort en 1997. XXe siècle. Italien.

Peintre de figures, paysages animés.

Il fut élève de l'Université de Milan, en 1934. En 1937, il devint membre du groupe Corrente, regroupant des peintres figuratifs à tendance expressionnistes. Il est professeur à l'Académie Brera à Milan. Il vit et travaille à Milan.

Il participe à de nombreuses expositions de groupe de la jeune peinture italienne, parmi lesquelles : Biennale de Venise, 1948, 1950, 1952, 1954, 1958 ; Quadriennale de Rome, 1948, 1951, 1955, 1959 ; etc. Il a obtenu le prix Bagutta Spotorno en 1959 ; le prix de La Serra en 1961 à Milan.

Migneco se distingue par un graphisme lyrique exacerbé, souligné par une couleur violente.

Bibliogr. : Luigi D'Eramo : *Migneco. Catalogo generale*, Bonaparte Editrice, Milan, 1986.

Musées : Gallarate – Messine – Palerme.

Ventes Publiques : Milan, 13 nov. 1961 : *Fine della paura* : **ITL 420 000** – Milan, 27 oct. 1964 : *Femme sur la chaise jaune* : **ITL 490 000** – Milan, 27 oct. 1970 : *La Récolte d'oranges* : **ITL 3 200 000** – Milan, 2 déc. 1971 : *Femme assise*, d'après J. Van Ruysdael : **ITL 1 500 000** – Milan, 9 mars 1972 : *Femme à la fontaine* : **ITL 4 600 000** – Milan, 5 mars 1974 : *Paysan sous un arbre* 1955 : **ITL 8 200 000** – Milan, 6 avr. 1976 : *Femme au téléphone* 1966, techn. mixte (49,5x40) : **ITL 1 050 000** – Milan, 9 nov. 1976 : *Les pêcheurs*, h/t (90x70) : **ITL 6 200 000** – Rome, 19 mai 1977 : *Portrait*, h/t (94x74) : **ITL 3 800 000** – Rome, 24 mai 1979 : *Homme accroupi* 1958, h/t (92x73) : **ITL 6 700 000** – Milan, 25 nov. 1980 : *Figure*, techn. mixte/cart. entoilé (48x38) : **ITL 2 600 000** – Rome, 16 nov. 1982 : *Le pêcheur*, pl. (37,5x27,5) : **ITL 1 600 000** – Milan, 8 juin 1982 : *Paysage et chariot* 1952, h/t (70x50) : **ITL 19 000 000** – Milan, 19 avr. 1983 : *Paysan* 1963, past. (70x50) : **ITL 4 100 000** – Rome, 5 mai 1983 : *Bersaglieri in tradotta* 1940, h/t (56x75) : **ITL 13 000 000** – Milan, 26 mars

1985 : *Les marchands d'anguilles* 1949, techn. mixte/pap. mar./isor. (120x100) : **ITL 23 000 000** – MILAN, 28 oct. 1986 : *Le Marchand de marrons* 1955, h/t (80x60) : **ITL 54 000 000** – MILAN, 20 oct. 1987 : *Femme assise* 1961, techn. mixte/pap. mar./t. (57,5x46,5) : **ITL 8 500 000** – ROME, 7 avr. 1988 : *Messine* 1908, h/cart. (40x30) : **ITL 16 000 000** – ROME, 15 nov. 1988 : *Personnage féminin assis* 1961, techn. mixte/pap./t. (57,5x46,5) : **ITL 7 000 000** ; *Barques sur la plage* 1961, h/t (40x50) : **ITL 15 000 000** – MILAN, 14 déc. 1988 : *Le couple* 1967, h/pap. entoilé (64x48) : **ITL 10 500 000** – MILAN, 20 mars 1989 : *Récolte de figues de Barbarie* 1952, h/t (132x98) : **ITL 100 000 000** – ROME, 8 juin 1989 : *Dame,* encre de Chine colorée/pap./t. (28x22,5) : **ITL 3 200 000** – MILAN, 7 nov. 1989 : *Chercheur de grenouilles,* h/cart. (35x25) : **ITL 11 500 000** – ROME, 28 nov. 1989 : *Jeune pêcheur* 1968, h/t (73x60) : **ITL 19 000 000** – MILAN, 19 déc. 1989 : *La vieille* 1972, h/t (46x37,5) : **ITL 22 000 000** – MILAN, 27 mars 1990 : *Les échoppes du port de Riomaggiore* 1952, h/t (60x92) : **ITL 44 000 000** – MILAN, 27 sep. 1990 : *Chasseur,* gche/pap. (50x35) : **ITL 3 000 000** – MILAN, 13 déc. 1990 : *Marchande de poisson,* h/t (50x40) : **ITL 22 000 000** – ROME, 9 avr. 1991 : *Personnage féminin* 1964, encre/pap. (28,5x20) : **ITL 1 200 000** – MILAN, 14 avr. 1992 : *Femme à l'éventail* 1962, h/t (45x34,5) : **ITL 18 000 000** – ROME, 12 mai 1992 : *L'éplucheuse de maïs* 1957, h/t (42x35) : **ITL 21 000 000** – MILAN, 23 juin 1992 : *Pêcheur,* h/t (60x50) : **ITL 36 000 000** – MILAN, 9 nov. 1992 : *Repiquage du riz,* h/t (55x45) : **ITL 28 000 000** – MILAN, 16 nov. 1993 : *Ballerine* 1944, h/pan. (40x50) : **ITL 27 600 000** – ROME, 19 avr. 1994 : *Pêcheurs,* encre et aquar./pap./t. (45,4x29) : **ITL 4 025 000** – MILAN, 5 déc. 1994 : *Pêcheurs vendant leur poisson,* h/t (81,5x100) : **ITL 96 600 000** – MILAN, 22 juin 1995 : *Figure* 1968, h/t (60x80) : **ITL 15 525 000** – MILAN, 28 mai 1996 : *Femme du Sud,* temp./pap./t. (50x40) : **ITL 7 130 000** – MILAN, 10 déc. 1996 : *Les Époux,* temp. entoilé/pap. (49,5x40) : **ITL 9 320 000** – MILAN, 24 nov. 1997 : *Trois personnages* 1956, h/t (65x80) : **ITL 21 850 000**.

MIGNEMI Francesco
XVIIe siècle. Italien.
Peintre de paysages.

La sacristie de la cathédrale de Catane présente une fresque de cet artiste : *Éruption de l'Etna* (1669).

MIGNERET Adrien Jacques Antoine
Né le 2 janvier 1786 à Paris. Mort en 1840 à Paris. XIXe siècle. Français.
Graveur.

Élève de Regnault et de Langlois. Exposa au Salon de 1817 à 1835 et obtint une médaille en 1817.

MIGNET Georges
Né le 8 juin 1864 à Saintes (Charente-Maritime). Mort le 16 février 1935 à Saintes (Charente-Maritime). XIXe-XXe siècles. Français.
Peintre animalier, de paysages.

Il reçut les conseils du peintre bordelais Louis Augustin, qui avait lui-même été le disciple de Corot. Fortuné, il acquit le château du Pinier, près de Beurlay, où il chassait à courre quand il ne peignait pas. Véritable original, il a laissé presque une légende derrière lui.

Surtout peintre des paysages de sa région, il a laissé également de nombreux « portraits » de ses amis les chiens. Devant le paysage, il recherchait surtout les effets mélancoliques des heures brumeuses de l'aube ou du couchant.

MIGNOCCHI Carlo Gaudenzio
Mort le 31 juillet 1716. XVIIIe siècle. Actif à Trente. Italien.
Peintre d'histoire, d'architectures et de portraits.

Ses œuvres se trouvent réparties entre les églises de Trente.

MIGNON Abel Justin
Né le 2 décembre 1861 à Bordeaux (Gironde). XIXe-XXe siècles. Français.
Graveur.

Il fut élève de Gérôme et de Loudet.

Il fut sociétaire, à Paris, du Salon des Artistes Français à partir de 1899, où il exposa régulièrement. Il y obtint une mention honorable en 1887, une bourse de voyage en 1889, une médaille de troisième classe en 1892, une médaille de deuxième classe en 1895, une médaille de première classe en 1900, une médaille d'or dans le cadre de l'Exposition universelle de Paris en 1900, une médaille d'honneur en 1907. Chevalier de la Légion d'honneur en 1908.

Il gravait au burin.

MIGNON Abraham
Né le 21 juin 1640 à Francfort-sur-le-Main. Mort probablement en 1679 à Francfort-sur-le-Main. XVIIe siècle. Allemand.
Peintre d'animaux, natures mortes, fleurs et fruits, aquarelliste.

À sept ans il fut élève de Jacob Morel ou Murel, à Francfort et partit avec lui en Hollande vers 1659 où il eut pour maître à Utrecht Jan Davidsz de Heem. En 1665 il retourna à Francfort ou à Wetzlar et se maria ; en 1669 il était membre de la gilde de Saint-Luc à Utrecht ; en 1676 il était à Francfort.

Dans l'organisation de ses somptueux bouquets, il obtient des effets de surprise étranges, en y faisant vivre, parmi les chardons ou, moins attendus, les champignons, des insectes de toutes sortes, mais aussi des souris et même des serpents.

AB Mignon fec

BIBLIOGR. : Marcel Brion : *La peinture allemande,* Tisné, Paris, 1959.

MUSÉES : AIX : *Nature morte* – ALENÇON : *Vases et fruits* – AMSTERDAM : sept tableaux de fleurs et de fruits – ARRAS : *Fleurs* – AVIGNON : *Fleurs, insectes, etc.* – BERLIN (A. Thiein) : *Oiseaux morts* – BONN : *Plantes* – BRUXELLES : *Fleurs et animaux* – *Coq mort* – COPENHAGUE : *Fleurs* – DRESDE : quinze tableaux – FLORENCE : *Fruits* – FRANCFORT-SUR-LE-MAIN (Stadel) : *Oiseaux morts* – *Fruits* – LA HAYE : *Fleurs et fruits,* trois tableaux – KARLSRUHE : *Fruits et tables de déjeuner,* quatre tableaux – KASSEL : *Fruits,* deux tableaux – LONDRES : *Étude de feuillages et d'oiseaux* – MUNICH : *Fleurs et fruits,* deux tableaux – PARIS (Mus. du Louvre) : *Fleurs et fruits* – *Le nid de pinsons* – ROTTERDAM : *Fleurs* – *Fruits* – SAINT-PÉTERSBOURG (Mus. de l'Ermitage) : *Fleurs et fruits,* quatre tableaux – SCHLEISSHEIM : cinq tableaux – SCHWERIN : trois tableaux – TURIN : *Fleurs, insectes et animaux,* deux tableaux – VIENNE (Liechtenstein) : *Fruits.*

VENTES PUBLIQUES : PARIS, 1760 : *Un vase de fleurs* : **FRF 3 150** – ANVERS, 1862 : *Fruits* : **FRF 1 800** – PARIS, 1868 : *Le coq* : **FRF 6 005** ; *Le nid de chardonneret* : **FRF 2 300** – PARIS, 1873 : *Fruits* : **FRF 3 100** – PARIS, 1882 : *Fleurs* : **FRF 4 900** – PARIS, 1883 : *Le coq* : **FRF 6 000** – PARIS, 1890 : *Fruits* : **FRF 4 050** – PARIS, 8 mai 1900 : *Fruits, oiseaux et insectes* : **FRF 4 600** – PARIS, 28 mars 1908 : *Fruits* : **FRF 3 100** – PARIS, avr. 1910 : *Fruits* : **FRF 2 250** – PARIS, 3 juin 1921 : *La grappe de raisin* : **FRF 500** – PARIS, 14-15 avr. 1924 : *Fleurs et fruits* : **FRF 5 800** – LONDRES, 21 juil. 1924 : *Fleurs dans un vase* : **GBP 99** – PARIS, 13 mai 1927 : *Fruits et insectes* : **FRF 3 200** – NEW YORK, 27 mars 1930 : *Fleurs dans une jardinière ; Fleurs et fruits sur une console,* deux aquar. : **USD 540** – PARIS, 14 déc. 1933 : *Vase de fleurs* : **FRF 6 200** – LONDRES, 13 déc. 1935 : *Nature morte* : **GBP 73** – PARIS, 17 déc. 1935 : *Vase de fleurs* : **FRF 2 200** – LONDRES, 30 oct. 1936 : *Vase de fleurs et insectes* : **GBP 136** – LONDRES, 12 déc. 1946 : *Fleurs dans un vase sculpté* : **GBP 160** – PARIS, 25 avr. 1951 : *La guirlande de fleurs* : **FRF 310 000** – PARIS, 24 mars 1955 : *Le Coq* : **FRF 400 000** – LONDRES, 13 mai 1960 : *Nature morte de fleurs mélangées dans une niche* : **GBP 892** – LONDRES, 21 juin 1961 : *Plantes de forêt avec chardons* : **GBP 800** – LONDRES, 27 nov. 1963 : *Vase de fleurs* : **GBP 5 200** – LONDRES, 4 déc. 1964 : *Nature morte aux fleurs* : **GBP 3 500** – LONDRES, 14 mai 1965 : *Nature morte aux fleurs* : **GBP 4 500** – BRUXELLES, 13 mai 1969 : *Nature morte* : **BEF 920 000** – LONDRES, 16 jan. 1970 : *Nature morte* : **GBP 13 000** – LONDRES, 30 juin 1971 : *Nature morte aux fruits* : **GBP 9 000** – LONDRES, 29 juin 1973 : *Nature morte aux fruits* : **GBP 6 500** – PARIS, 29 nov. 1974 : *Vase de fleurs* : **FRF 352 000** – LONDRES, 2 juil. 1976 : *Guirlande de fleurs et de fruits autour d'une niche,* h/pan. (39,5x61) : **GBP 24 000** – LONDRES, 2 déc. 1977 : *Nature morte aux fruits sur un entablement,* h/t (56x45,7) : **GBP 16 000** – LONDRES, 4 mai 1979 : *Nature morte aux fleurs,* h/pan. (48,3x38,2) : **GBP 19 000** – LONDRES, 8 juil. 1981 : *Corbeille de fruits,* h/pan. (93x73,5) : **GBP 18 000** – MONTE-CARLO, 25 juin 1984 : *Nature morte aux fruits dans un parc,* h/t (62x48) : **FRF 910 000** – NEW YORK, 12 jan. 1989 : *Panier de fruits avec des batraciens et des poissons suspendus par les hameçons,* h/pan. (93x73,5) : **USD 451 000** – LONDRES, 21 avr. 1989 : *Nature morte avec un coq, une perdrix et autres petits oiseaux pendus dans une niche avec des insectes et un escargot,* h/t (88x68) : **GBP 143 000**

– MONACO, 16 juin 1989 : *Composition florale dans un vase sur un entablement*, h/t (52x42,5) : **FRF 2 442 000** – LONDRES, 7 juil. 1989 : *Importante nature morte avec des fleurs, des fruits, des champignons, des insectes, des oiseaux sur des rochers dans un sous-bois*, h/t (101x79,5) : **GBP 176 000** – NEW YORK, 15 jan. 1993 : *Nature morte d'un coq, une perdrix*, h/t (87,9x67,9) : **USD 156 500** – PARIS, 29 mars 1994 : *Poissons et instruments de pêche*, h/t (74,5x61) : **FRF 380 000** – VIENNE, 29-30 oct. 1996 : *Pivoines, roses et œillets dans un vase avec papillon, escargot, guêpe et coccinelle sur un entablement*, h/t (59x49) : **ATS 12 675 000**.

MIGNON Bartholomäus
XVIIIe siècle. Actif à Liège. Allemand.
Sculpteur.
Il travailla en 1730 à l'hôtel de ville d'Aix-la-Chapelle.

MIGNON Gaspard
XVIIe siècle. Français.
Peintre.

MIGNON Jean
XVIe siècle. Français.
Peintre, graveur au burin.
Travailla à Fontainebleau.
BIBLIOGR. : Adam von Bartsch : *Le Peintre graveur*, 21 vol., J. V. Degen, Vienne, 1800-1808 ; Nieukoop, 1970.
VENTES PUBLIQUES : LONDRES, 6 déc. 1983 : *Saint Michel combattant les anges rebelles*, eau-forte, d'après Penni (62,2x44,5) : **GBP 2 400** – PARIS, 22 mai 1985 : *L'Adoration des Rois Mages*, eau-forte : **FRF 40 000**.

MIGNON Jules Albert
Né le 3 mai 1875 à Angers (Maine-et-Loire). XXe siècle. Français.
Peintre, lithographe.
Il fut élève de Gustave Moreau.
Il exposait, à Paris, au Salon de la Société Nationale des Beaux-Arts et au Salon des Artistes Français, dont il fut sociétaire et membre du jury pour la gravure. Il obtint une médaille d'argent en 1922, une d'or en 1926.
VENTES PUBLIQUES : PARIS, oct. 1945-juil. 1946 : *Coupe de fruits* 1934 : **FRF 3 500** – PARIS, 24 nov. 1950 : *Boulevard Arago* 1934 : **FRF 650**.

MIGNON Léon
Né le 9 avril 1847 à Liège. Mort le 30 septembre 1898 à Bruxelles. XIXe siècle. Belge.
Sculpteur de compositions allégoriques, figures, portraits, animaux, sculpteur de monuments, dessinateur.
Il fut élève de l'Académie royale des Beaux-Arts de Liège sous la direction de Drion. De 1872 à 1876, grâce à une bourse de la Fondation Darchis. il séjourna en Italie, à Rome et Florence, en compagnie de son ami Paul de Vigne, sculpteur, avec lequel il partagea un atelier à Paris entre 1876 et 1884. De retour en Belgique, il s'établit à Schaerbeek.
Il a exposé au Cercle des Beaux-Arts de 1892 à 1898.
Mignon occupa une place importante dans l'art belge. Sa carrière fut brève, mais son *Dompteur de taureaux*, à Liège, ou son *Combat de taureaux*, font regretter qu'il n'ait pu mener à bien cet œuvre, qui s'annonçait viril et fort. Il a réalisé de nombreuses sculptures décoratives et monumentales à Liège.

Leon Mignon

MUSÉES : ANVERS : *Vieille Italienne* – BRUXELLES : *Combat de taureaux romains* – BUCAREST (Simu) : *Combat de taureaux romains* – LIÈGE : *Bustes de Piercot, Frère-Orban, Drion, Radouh, personnalités belges – Vieille Italienne – Femme du peuple – M. Wilson – Lady Godiva – Combat de taureaux romains – Bœufs de la campagne romaine – Projet de vase – Le lancier – Jean Fontaine – Dompteur de taureaux – Bœufs au repos – Bison, dromadaire, cheval et leurs conducteurs – Le cocher de Paris – Le fort de la halle – Le père de l'artiste* – esquisses, modèles, projets de décoration – LIÈGE (Mus. de l'Art wallon) : *Taureau de la campagne romaine* – LIÈGE (Hôtel de Ville) : *Portrait de Lambinon et Piercot*.
VENTES PUBLIQUES : WASHINGTON D. C., 12 déc. 1982 : *Combat de taureaux*, bronze patine brun-vert (H. 51) : **USD 3 800** – BRUXELLES, 29 nov. 1983 : *Le Taureau*, bronze (H. 52) : **BEF 54 000** – BRUXELLES, 27 mars 1985 : *Lady Godiva*, bronze (H. 65) : **BEF 130 000** – LOKEREN, 7 oct. 1995 : *Le taureau romain*, terre cuite (H. 46,5, l. 57) : **BEF 75 000**.

MIGNON Lucien
Né le 13 septembre 1865 à Château-Gontier (Mayenne). Mort le 13 mars 1944 à Paris. XIXe-XXe siècles. Français.
Peintre de scènes de genre, nus, portraits, paysages, natures mortes, fleurs et fruits, dessinateur.
Il commença ses études de dessin à Angers avant de venir à l'École des Beaux-Arts de Paris comme élève de Gérôme.
Il figurait, à Paris, aux Salons des Indépendants et de la Société Nationale des Beaux-Arts à partir de 1910. Il obtint le prix Berton en 1920. On lui doit des décorations au ministère des Travaux publics : *Les quatre saisons*.
Artiste sensible, il fut honoré durant de longues années de l'amitié de Renoir, avec lequel il travailla à Cagnes, et auquel il ressemble, au moment de la période dite « ingresque » de Renoir. Il voulait « allier la couleur des impressionnistes au dessin d'Ingres ».

Lucien Mignon

MUSÉES : ANGERS : *Après-midi d'automne* – LAVAL : trois tableaux – PARIS (Mus. du Luxembourg) : *Nature morte* – PARIS (min. des Travaux publics) : *Les quatre saisons*.
VENTES PUBLIQUES : PARIS, 28 mars 1919 : *Nu* : **FRF 380** – PARIS, 21 fév. 1924 : *Jeune femme nue assise sur un divan* : **FRF 800** – PARIS, 22 mars 1926 : *La Mare aux fées (fôret de Fontainebleau)* : **FRF 600** – PARIS, 5 mai 1937 : *Nature morte : fruits et vases de fleurs* : **FRF 180** – PARIS, 20 mars 1944 : *La Coupe de fruits* : **FRF 4 100** – PARIS, 18 oct. 1948 : *Nu assis* : **FRF 5 500** – PARIS, 15 nov. 1950 : *Roses de Nice* : **FRF 2 700** – PARIS, 25 fév. 1954 : *Roses* : **FRF 10 000** – LUCERNE, 28 nov. 1964 : *Nature morte aux pommes* : **CHF 2 500** – PARIS, 9 juin 1969 : *Le Déjeuner de bébé* : **FRF 6 600** – LUCERNE, 26 nov. 1971 : *Bouquet de fleurs* : **CHF 4 200** – GENÈVE, 8 juin 1972 : *Paysage d'Île-de-France* : **CHF 8 000** – PARIS, 18 mai 1973 : *Roses dans un vase* : **FRF 4 200** – PARIS, 10 déc. 1976 : *Mère et enfant*, h/cart. (35x27) : **FRF 3 200** – LONDRES, 9 déc. 1977 : *Roses dans un vase bleu et blanc*, h/t (41x28) : **GBP 1 300** – NEW YORK, 11 oct 1979 : *Scène de plage*, h/t (27x39,3) : **USD 2 500** – PARIS, 19 mars 1984 : *Le bouquet de roses*, h/t (47x39) : **FRF 12 000** – LONDRES, 26 mars 1985 : *Vase de fleurs*, h/t (40x32,4) : **GBP 2 500** – VERSAILLES, 13 déc. 1987 : *Vase de fleurs*, h/t (46x31) : **FRF 18 000** – BAYEUX, 14 juil. 1987 : *Bouquets de fleurs*, h/pap. mar. (46x38) : **FRF 27 000** – LONDRES, 24 fév. 1988 : *Nature morte aux pommes et au verre*, h/t (16,5x30,1) : **GBP 1 100** – PARIS, 23 oct. 1989 : *Portrait de jeune femme*, h/t (41x33) : **FRF 24 000** – VERSAILLES, 29 oct. 1989 : *Bouquet de fleurs*, h/t (27x22) : **FRF 12 000** – CALAIS, 4 mars 1990 : *Vase d'anémones*, h/t (44x33) : **FRF 36 000** – PARIS, 25 juin 1990 : *Nus assis*, h/t (73x60) : **FRF 15 000** – PARIS, 5 juil. 1990 : *Nature morte aux fruits*, h/t (38x46) : **FRF 45 000** – NEUILLY, 11 juin 1991 : *Paysage*, h/t/cart. (28x42) : **FRF 12 000** – LE TOUQUET, 30 mai 1993 : *La ballerine*, h/t (80x60) : **FRF 23 000** – NEW YORK, 24 fév. 1994 : *Vase de fleurs*, h/t (55,9x41,9) : **USD 4 600** – PARIS, 25 mars 1994 : *Nature morte aux pommes et aux raisins*, h/t (22x27) : **FRF 4 000** – CALAIS, 25 juin 1995 : *Nu allongé*, h/t (29x46) : **FRF 7 500** – LONDRES, 11 oct. 1995 : *Nature morte de fleurs* 1918 (65,5x53,5) : **GBP 862**.

MIGNON Marcel Lucien
Né le 9 décembre 1897 à Grez-sur-Loing (Seine-et-Marne). XXe siècle. Français.
Graveur, lithographe.
Il fut élève de Lefebvre et Prado.
Il exposa, à Paris, au Salon des Artistes Français. Il obtint le prix Belin-Dollet en 1929.

MIGNON Remy François
Né le 5 décembre 1678 à Valenciennes. XVIIIe siècle. Actif à Valenciennes. Français.
Peintre.

MIGNOT A. Édouard
Mort en 1903. XIXe siècle. Français.
Graveur.
Sociétaire des Artistes Français, il figura au Salon de ce groupement.

MIGNOT Claude
Né vers 1645 à Troyes. XVIIe siècle. Français.
Sculpteur.
Il a sculpté la statue de *Saint André* au grand portail de la cathédrale de Troyes en 1687.

MIGNOT Daniel
Né à Augsbourg, d'origine française. XVIe siècle. Actif à la fin du XVIe siècle. Allemand.
Graveur.
Il travaillait à Augsbourg vers 1590. Il grava des ornements et fut aussi orfèvre.

MIGNOT Jean
Né vers 1346. Mort en 1410. XIVe-XVe siècles. Français.
Sculpteur et architecte.
Élève de Jean Campanosen. Il fut appelé en 1399 à Milan comme arbitre et revint en France en 1402.

MIGNOT Jean Hacquinot
Né en 1872 à Bruxelles. XXe siècle. Belge.
Peintre, dessinateur.
Bibliogr. : In : *Dictionnaire biographique illustré des artistes en Belgique depuis 1830,* Arto, Bruxelles, 1987.

MIGNOT Jennin
XVe siècle. Travaillant à Bruges en 1468. Éc. flamande.
Peintre.

MIGNOT Louis Remy
Né en 1831 en Caroline du Sud. Mort le 22 septembre 1870 à Brighton. XIXe siècle. Américain.
Peintre de scènes de genre, paysages.
Il travailla à New York et à Londres. En 1859 il fut élu membre de l'Académie Nationale d'Amérique.
Musées : New York (Metrop. Mus.) : plusieurs œuvres – *Washington et La Fayette à Mount Vernon.*
Ventes Publiques : Los Angeles, 22 mai 1972 : *Coucher de soleil* : **USD 1 100** – New York, 18 nov. 1976 : *Paysage au coucher du soleil* 1855, h/t (44,5x79,5) : **USD 5 500** – Los Angeles, 24 juin 1980 : *Paysage au crépuscule,* h/t (76,2x106,6) : **USD 7 000** – New York, 23 avr. 1982 : *Crépuscule sur le Wetterhorn en Suisse,* h/t (52,6x77,5) : **USD 11 000** – New York, 18 mars 1983 : *L'Orénoque, Venezuela* 1857, h/cart. (29x46,2) : **USD 28 000** – Londres, 10 juin 1986 : *Ave Maria : bords de la rivière Guayaquil en Équateur,* h/t (40,5x56) : **GBP 2 200** – New York, 3 déc. 1987 : *Patineurs sur la rivière gelée,* h/t (25,4x32,5) : **USD 13 500** – Amsterdam, 24 avr. 1991 : *Ruines au sommet d'une colline dans un paysage rocheux au couchant,* h/t (81x107) : **NLG 3 680** – New York, 2 déc. 1992 : *Le Jour du départ* 1860, h/t (29,2x51,4) : **USD 6 050** – New York, 4 déc. 1996 : *Scène de patinage en hiver,* h/t (78,1x101,6) : **USD 29 900.**

MIGNOT Marcel Georges
Né le 28 février 1891 à Bruxeuil (Aube). XXe siècle. Français.
Peintre de portraits, paysages, fleurs, fresquiste, peintre de cartons de tapisseries.
Il fut élève de Lucien Simon.
Il exposa, à Paris, au Salon des Artistes Français à partir de 1921, et des Indépendants à partir de 1922.
Il affectionna les portraits féminins et les protraits d'enfants.

MIGNOT Pierre Philippe
Né en 1715 à Paris. Mort le 24 décembre 1770 à Paris. XVIIIe siècle. Français.
Sculpteur.
Élève de Vassé et de Lemoyne, il eut le deuxième prix pour Rome en 1738 et en 1739. Il remporta le premier prix en 1740 sur : *Abigail aux pieds de David.* Le 30 juillet 1757, il fut agréé à l'Académie. Cette même année, il commença à exposer au Salon où il continua à figurer jusqu'en 1765. Le Musée d'Oxford possède de lui une *Vénus endormie* et la Fontaine des Handriettes à Paris, une *Naïade.*

MIGNOT Victor
Né en 1872 à Bruxelles. Mort en 1944 à Paris. XIXe-XXe siècles. Actif en France. Belge.
Peintre de figures, aquarelliste, dessinateur, graveur, illustrateur, affichiste.
Il a créé de nombreuses affiches, dont celles du Théâtre d'ombres *Le Cénacle* en 1895 et de la Foire de Bruxelles en 1896. Il collabora à diverses revues belges et françaises. Il participa aux expositions du groupe *Le Sillon.*
Il a illustré les *Figures de Paris* (Floury édit., 1901). Il s'est spécialisé dans l'affiche avec pour thème le sport et plus précisément le cyclisme, collaborant à la revue *Le Cycliste belge.*

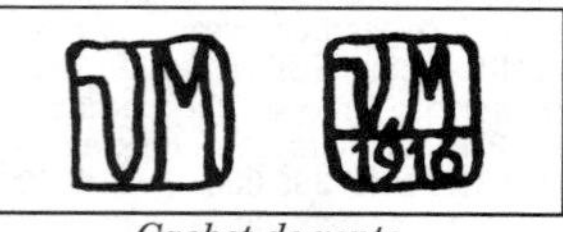

Cachet de vente

Bibliogr. : In : *Dictionnaire biographique illustré des artistes en Belgique depuis 1830,* Arto, Bruxelles, 1987 – in : *Dictionnaire des illustrateurs 1800-1914,* Ides et Calendes, Neuchâtel, 1989.
Ventes Publiques : Lokeren, 10 déc. 1994 : *Couple d'élégants en promenade* 1930, aquar. (30x19,5) : **BEF 28 000.**

MIGNOTTO Giovanni. Voir **MIGNOT Jean**

MIGONNEY Jules ou **Migonnet**
Né en 1876 à Bourg-en-Bresse (Ain). Mort en 1929. XXe siècle. Français.
Peintre de scènes de genre, sujets typiques, figures, nus, portraits, paysages, natures mortes.
Il fut élève d'Eugène Carrière et de Léon Bonnat. Il obtint une bourse d'études pour Alger où il vécut deux ans. Puis, il séjourna à Madrid. Une partie de son œuvre est consacrée à des scènes orientales.
Bibliogr. : Gérald Schurr, in : *Les Petits Maîtres de la peinture 1820-1920, valeur de demain,* Les Éditions de l'Amateur, t. III, Paris, 1976.
Ventes Publiques : Paris, 27 juin 1929 : *Femme aux fruits* : **FRF 550** – Paris, 5 avr. 1993 : *Le Bain maure* 1911, h/t (104x188) : **FRF 170 000** – Chalon-sur-Saône, 16 mai 1993 : *Odalisque,* h/t (58,5x87) : **FRF 18 500.**

MIGOT Georges Albert
Né le 27 février 1891 à Paris. XXe siècle. Français.
Peintre, graveur.
Il était également compositeur de musique. Il fut sociétaire, à Paris, du Salon des Indépendants et du Salon d'Automne. Il gravait sur bois.
Ventes Publiques : Paris, 4 déc. 1944 : *Paysage d'Automne* 1916 : **FRF 600.**

MI GU ou **Mi Kou** ou **Mi Ku**, appelé aussi **Miko**
XXe siècle. Chinois.
Peintre et graveur.

MIGUEL
XVIe siècle. Actif à Séville en 1533. Espagnol.
Sculpteur.
Cet artiste est cité comme travaillant avec le sculpteur German au Palais Municipal. Il a d'autre part exécuté plusieurs statues des portails de la cathédrale de Séville.

MIGUEL, Maître
Mort en 1560 à Saint-Jacques de Compostelle. XVIe siècle. Espagnol.
Sculpteur.
Il a travaillé à la cathédrale de Compostelle.

MIGUEL Cyprien Auguste
Né au XIXe siècle à Paris. XIXe siècle. Français.
Peintre.
Élève de Gigoux. Débuta au Salon de 1879 avec des portraits.

MIGUEL Gil ou **Miquael Egid.**
XIVe-XVe siècles. Actif à Valence à la fin du XIVe et au début du XVe siècle. Espagnol.
Peintre.
Il a travaillé pour la cathédrale de Valence.

MIGUEL José. Voir **MICHAEL**

MIGUEL Juan Antonio
XVIIIe siècle. Espagnol.
Sculpteur.

MIGUEL Martin
Né en 1947 à Nice (Alpes-Maritimes). XXe siècle. Français.
Sculpteur, peintre.
Avec Chacallis, Charvolen, Isnard et Maccaferri, il a fait partie du groupe *70,* groupe vite dissout, et qui a été invité à la Biennale de Paris en 1973.
Après un travail sur les rapports des signes répétés, Miguel a réalisé des *Parallélépipèdes* où alternaient trois couleurs arbitraires appliquées respectivement sur trois matériaux différents, confrontant les effets de pigmentation : couleur qui lisse, qui recouvre, qui teinte, qui s'imprègne, qui reflète. Son travail s'ins-

crit dans tout un courant qui, renouant avec la peinture et l'abstraction, à partir de 1968, a surtout exploité et interrogé la matérialité de cette peinture.

MIGUEL de Cordoba
XVIe siècle. Actif à Plasencia. Espagnol.
Sculpteur sur bois.
On cite de lui une *Statue de saint Martin* pour l'église du même nom à Plaisance.

MIGUEL el Flamenco. Voir **AMBÉRES** et **ZITTOZ**

MIGUEL de Miranda. Voir **MIRANDA**

MIGUEL de Pedro
XIVe siècle. Actif à Valence en 1331. Espagnol.
Peintre.

MIGUEL de Toledo. Voir **TOLEDO Miguel de**

MIGUEL-FAUSTO de Avila. Voir **AVILA**

MIGUEL Y GALVEZ Alejandro
Né en 1835 à Saragosse. XIXe siècle. Espagnol.
Peintre de décorations et de figures.

MIGUEL-NIETO Anselmo
Né en 1881 à Valladolid. Mort en 1964 à Madrid. XXe siècle. Espagnol.
Peintre de compositions animées, figures, nus, portraits.
Il a été élève à l'École des Beaux-Arts de Valladolid sous la direction de José Marti, Monso, et surtout de Luciano Sanchez Santanren. À partir de 1900, il suivit les cours de l'École San Fernando à Madrid.
En 1902, la collectivité de Valladolid lui octroya une bourse pour compléter sa formation à l'étranger : Rome, et Paris de 1903 à 1905, où il s'intéressa à la peinture impressionniste. Il fut de retour en Espagne en 1906, s'installa à Madrid. À partir des années trente, il peignit souvent à Ibiza. Entre 1937 et 1946, au moment de la guerre civile, il partit vivre à Buenos Aires et Santiago du Chili. Il fut de retour en 1947 en Espagne. En 1952, il fut élu à l'Académie de San Fernando à Madrid.
Il participe, à partir de 1901, aux Expositions nationales des Beaux-Arts de Madrid. Il obtint, en 1911, une Première médaille à l'Exposition internationale de Barcelone. Il figura ensuite aux expositions de Buenos Aires en 1910, Saint Louis (Missouri) et Munich en 1913. Il montre ses œuvres dans une exposition personnelle dans les locaux du périodique *La Tribuna*, en 1922, à Buenos Aires.
Il se spécialisa dans les portraits, fréquentant assidûment les cercles littéraires et artistiques de Madrid. Admirateur des maîtres classiques européens aussi bien que des préraphaélites, sa peinture demeure assez conventionnelle tout en accusant des influences impressionniste et symboliste.
Bibliogr. : In : *Cien años de pintura en Espana y Portugal, 1830-1930*, t. VI, Antiqvaria, Madrid, 1991.
Musées : Santiago du Chili (Mus. des Beaux-Arts) : *Portrait du président de la République chilienne, Juan Antonio Rios.*
Ventes Publiques : Madrid, 14 mars 1978 : *« Propical »* 1950, h/t (74x89) : **ESP 180 000** – Madrid, 17 oct 1979 : *En el Palace*, h/t (72x90,5) : **ESP 300 000** – Londres, 23 nov. 1988 : *Nu féminin allongé sur un sofa*, h/t (60,5x100) : **GBP 7 150** – Londres, 19 mars 1993 : *Au café* 1904, h/t (50,5x81) : **GBP 12 075**.

MIGUET François
XXe siècle. Français.
Peintre de portraits, paysages, fleurs, peintre à la gouache, dessinateur, aquarelliste.
Autodidacte. Il a, écrit-il, « fréquenté avec passion les musées et regardé la nature avec autant de passion ».
Il n'a que très rarement montré sa peinture. Néanmoins, en 1988, une exposition de ses œuvres fut organisée par le Syndicat d'initiative de Verneuil-sur-Avre.

MIGUISHI Setsuko
XXe siècle. Active en France. Japonaise.
Peintre.
Cette artiste habite la Bourgogne. Ses œuvres, mi-abstraites, mi-figuratives, révèlent l'influence de Matisse.
Bibliogr. : Pierre Courthion : *Art indépendant*, Albin Michel, Paris, 1958.

MIGURA Ioann Détessovitch
XVIIIe siècle. Russe.
Graveur au burin.
Peut-être s'agit-il de Ilarion, graveur à Kiev.

MIHAESCU Eugène
Né le 24 août 1937 à Bucarest. XXe siècle. Actif en Suisse, puis aux États-Unis. Roumain.
Peintre, dessinateur, illustrateur, pastelliste. Réaliste, figuration-fantastique.
Il fut élève à l'Institut d'arts plastiques N. Grigorescu de Bucarest jusqu'en 1959. Il quitte la Roumanie en 1967 pour s'établir d'abord en Suisse, puis aux États-Unis. Dans ce pays, il collabore en tant que dessinateur à de nombreuses publications, certaines prestigieuses, comme *The New Yorker, The New York Times, Time Magazine*.
Il participe à plusieurs expositions de groupe dans son pays natal puis en Europe, et en Amérique latine. Il montre ses œuvres dans une première exposition à Bucarest en 1965, suivie d'autres en Suisse et à New York (1981, 1984, galerie Saint-Étienne). Il a obtenu, en 1983, le Grand Prix pour la meilleure couverture de l'année attribuée par le Newspaper Guild, et, en 1985, la médaille d'or accordée par l'Art Directors Club de New York.
Les dessins d'actualité d'Eugène Mihaescu participent souvent à la dénonciation de l'oppression et des atteintes à la liberté. Ils sont plus témoignages que caricatures. Sa technique, traditionnelle et maîtrisée, est au service d'un dessin réaliste en noir et blanc qui confine parfois au fantastique absurde des situations kafkaïennnes. Parallèlement à sa production engagée, il exécute des pastels de paysages urbains, en couleurs, avec la ville de New York pour thème.
Bibliogr. : Ionel Jianou et divers, in : *Les artistes roumains en Occident*, American Romanian Academy of Arts and Sciences, Los Angeles, 1986.

MIHAI Paulina
Née le 22 décembre 1949 à Clejani. XXe siècle. Active depuis 1981 en Allemagne. Roumaine.
Peintre. Abstrait.
Elle est diplômée de l'Institut d'arts plastiques N. Grigorescu de Bucarest en 1974 (atelier G. Saru). Entre 1974 et 1976, elle est professeur de dessin, de peinture et de sculpture à l'École d'art de Tulcea. Entre 1976 et 1978, elle travaille comme restaurateur de tableaux au Musée d'art de Bucarest. Elle obtient, en 1975, une bourse de création accordée par l'Union des artistes plastiques de Roumanie. À partir de 1981, elle s'établit à Berlin-Ouest.
Elle participe à des expositions de groupe. Elle montre sa première exposition personnelle en Roumanie en 1975, galerie Simeza à Bucarest. Exposition qui sera suivie d'autres en Roumanie puis en Allemagne et Italie.
Sa peinture à tendance abstraite figure d'abord des éléments de paysages tectoniques. Dans les années quatre-vingt, elle glisse volontiers vers une peinture informelle où le rythme suggéré, ton sur ton, devient essentiel.
Bibliogr. : Ionel Jianou et divers, in : *Les artistes roumains en Occident*, American Romanian Academy of Arts and Sciences, Los Angeles, 1986.

MIHAILESCU Dumitru
Né en 1872. Mort en 1915 à Bucarest. XIXe-XXe siècles. Roumain.
Peintre de paysages.
Voir aussi Dumitru Michailesen.

MIHAÏLOVITCH Milorad Batta
Né en 1923 à Pancevo (près de Belgrade, Serbie). XXe siècle. Actif depuis 1952 en France. Yougoslave-Serbe.
Peintre, peintre à la gouache, graveur. Tendance expressionniste, tendance abstraite-paysagiste ou abstraite-lyrique.
Jusqu'en 1946, il avait fait des études de droit, à la Faculté de Belgrade, qu'il quitta pour entrer à l'Académie des Beaux-Arts de la ville.
Il participe en France à de nombreuses expositions collectives, notamment au Salon des Réalités Nouvelles, à Paris, à partir de 1957, et régulièrement au Salon de Mai. Il montre ses œuvres dans des expositions personnelles à Paris, notamment à la galerie Ariel.
Suivant en cela la tendance générale des artistes d'Europe Centrale et des pays balkaniques, il était attiré par les peintres expressionnistes, et plus particulièrement Van Gogh et Soutine, dont l'influence, à travers les étapes d'une évolution personnelle variée, continuera de se faire sentir au long de son œuvre. Comme un groupe important des jeunes peintres yougoslaves

des années qui suivirent la Seconde Guerre mondiale, Mihaïlovitch put libérer ses tendances expressionnistes dans une sorte de paysagisme abstrait, s'inspirant des paysages rocheux et ravinés de son pays, sans chercher à en saisir la ressemblance superficielle. Dans sa première période parisienne, que d'aucuns voulaient insérer dans la suite du surréalisme, un graphisme nerveux, une gamme colorée très sobre fondée sur des effets de clair-obscur, concrétisaient des visions d'un univers lunaire, dans des balafres de lumière romantiques. Dans une seconde période, l'arrivée de la couleur dans sa peinture y ajoutait un pouvoir expressif supplémentaire et, peut-être, une évocation plus précise du monde réel, qui, dans la période suivante, s'est précisée par l'introduction d'évocations, encore floues, de personnages aux attitudes convulsées, en accord avec la frénésie de l'ensemble des rythmes des compositions. Dans l'abstraction, il évolue alternativement, d'un expressionnisme du clair-obscur à la Daumier, à un expressionnisme chatoyant à la Chagall. Les tornades tourbillonnantes qui emportent les formes embrasées qui peuplent ses peintures, griffées fébrilement de coups de pinceau nerveux, font penser aussi aux périodes de réapparition des mécanismes automatiques dans l'œuvre d'André Masson. À l'occasion de son exposition personnelle de 1993, galerie Ariel, sont apparues des peintures rompant avec la sorte d'abstraction des précédentes. Dans celles-ci sont peintes, avec un évident souci de réalisme, comme des enroulements d'étoffes très ornées. Avec Dado, Omcikous, Velickovic, Batta Mihaïlovitch est l'un des principaux peintres yougoslaves travaillant à Paris. ■ J. B.

Bibliogr. : In : *Dictionnaire universel de la peinture*, Le Robert, Paris, 1975.

Ventes Publiques : Paris, 20 mars 1988 : *Sans titre* 1959, h/t (100x73) : **FRF 7 000** – Neuilly, 20 juin 1988 : *Composition* 1959, gche (90,5x57) : **FRF 6 000** ; *Composition aux taches de couleurs*, h/cart. (65x49) : **FRF 2 500** ; *Composition à la feuille de papier aluminium*, gche et collage/pap. (88x67) : **FRF 4 500** ; *Composition*, h/t (158x76) : **FRF 9 000** ; *Composition en damiers*, h/t (100x81) : **FRF 10 500** – Copenhague, 13-14 fév. 1991 : *Sur un thème Serbe* 1961, h/t (162x130) : **DKK 16 000** – Paris, 24 mars 1996 : *1957*, h/t (161x130) : **FRF 5 500**.

MIHAJLOVIC Georg

Né le 3 février 1875 à Tuzla (Bosnie). Mort le 19 juillet 1919 à Tuzla (Bosnie). XXe siècle. Austro-Hongrois.

Peintre de portraits, paysages.

Il fut élève de Rista Vukonovic à Belgrade et de A. Azbé à Munich.

MIHAJLOVIC Jovan

Né le 1er janvier 1890 à Nis (Serbie). XXe siècle. Yougoslave-Serbe.

Peintre de paysages.

Il fut élève de A. Edvi-Illès à Budapest.

MIHAJLOVIC Milutin

Né en 1884 à Belgrade. XXe siècle. Yougoslave-Serbe.

Peintre de figures, portraits.

Il étudia à Munich et Berlin.

MIHALCEAN Gilles

Né en 1946 à Montréal (Québec). XXe siècle. Canadien.

Sculpteur. Abstrait.

Il figurait, en 1985, à l'exposition *Les Vingt ans du Musée à travers sa collection* au Musée d'Art Contemporain de Montréal.
Il pratique la sculpture depuis 1968. Il a d'abord utilisé des éléments de bois peint qu'il disposait suivant un ordre précis, en général d'apparence anthropomorphique. À partir de 1975, Gilles Mihalcean assemble des objets déjà manufacturés (tees de golf, trombones, épingles à ressort) en des structures qui déjouent leur fonctionnalité première, non sans mettre également en valeur leurs qualités plastiques.

Bibliogr. : In : *Les Vingt ans du Musée à travers sa collection*, catalogue de l'exposition, Musée d'Art Contemporain, Montréal, 1985.

Musées : Montréal (Mus. d'Art Contemp.) : *Cancer* 1969 – *Le Voyage* 1979.

MIHALIK Daniel

Né le 14 décembre 1869 à Tallos. Mort le 16 juin 1910 à Szolnok. XIXe-XXe siècles. Hongrois.

Paysagiste.

Élève de Szekely et Ch. Lotz. Figura au Salon des Artistes Français à Paris ; il obtint une mention honorable en 1900 (Exposition Universelle). Il fonda la colonie d'artistes de Szolnok et le Musée de Budapest possède de cet artiste : *Lac de Platten*.

MIHALIK Julius C.

Né le 26 mars 1874. XXe siècle. Actif aux États-Unis. Hongrois.

Peintre.

Il fut élève de l'Académie des Beaux-Arts de Budapest. Il fut membre de la Fédération américaine des arts.

MIHALOVITS Mikios ou **Nikolaus**

Né le 3 décembre 1888 à Budapest. XXe siècle. Hongrois.

Peintre de figures.

Il fut élève de G. Benczur. Il vécut et travailla à Budapest.

Ventes Publiques : Paris, 13 mars 1989 : *Le marchand d'esclaves*, h/t (80,5x60) : **FRF 3 500** – Amsterdam, 6 nov. 1990 : *Le calin du chat* 1922, h/t (59x48) : **NLG 3 450** – Rome, 13 déc. 1994 : *Le modèle*, h/t (100x71) : **ITL 1 955 000**.

MIHALTZ Pal

Né en 1899. XXe siècle. Hongrois.

Peintre de portraits, paysages, natures mortes, graveur.

Il fut élève de l'École des Beaux-Arts de Budapest, de 1918 à 1922. Il fit ensuite un voyage d'études en Italie. Il fut professeur à l'École des Arts Décoratifs de Budapest à partir de 1946.
Dès 1925, il commença d'exposer. Il a montré ses œuvres dans des expositions particulières : en 1931 et 1944, en 1946 au Musée Ernst, en 1964 et 1966 au Foyer d'étudiants de l'Université technique. Il fut nommé artiste émérite et obtint le prix Munkacsy. Ses portraits sont principalement des autoportraits.

Musées : Budapest (Gal. Nat. hongroise) : plusieurs œuvres.

MIHALY Livia

Née le 31 janvier 1894 à Budapest. XXe siècle. Active depuis 1928 aux États-Unis. Hongroise.

Peintre, graveur.

Elle fut élève de l'Académie de Budapest. Elle vint ensuite à Paris et à Londres et séjourna à partir de 1928 aux États-Unis. Elle fut l'épouse de E. Kadar.

MIHALY Rezso Rudolf

Né le 28 juillet 1889 à Budapest. XXe siècle. Hongrois.

Peintre de paysages.

Il étudia à Berlin et publia en 1916 un livre de contes : *Bariek Kanlandja*.

MIHANOVIC Dragica

Née en 1847 à Jablanac. XIXe siècle. Yougoslave.

Peintre de figures et de portraits.

Élève de G. F. Locatelli. Elle exposa à Agram en 1862.

MIHELIC France

Né le 27 avril 1907 à Virmasah ou Virmase près de Skofia Loka (Slovénie). XXe siècle. Yougoslave.

Peintre, graveur, illustrateur. Réaliste, puis expressionniste, tendance figuration-fantastique.

Il fut élève de l'Académie des Beaux-Arts de Zagreb, d'où il sortit diplômé en 1931. Il fut ensuite professeur de dessin dans des lycées. À partir de 1943, il prit une part active à la lutte des partisans yougoslaves contre l'occupation nazie, mettant ses capacités graphiques au service de la Section de propagande du Front de Libération, faisant d'innombrable dessins, dont certains furent publiés dans le journal *Slovenski porocevalec*. Il vécut à partir de 1945 à Ljubljana. Il fut nommé professeur à l'Académie des Arts appliqués de Ljubljana. Il a réalisé, en 1958, un ensemble décoratif pour le parlement slovène à Ljubljana.
Il participe, à partir de 1932, à de très nombreuses expositions de groupe, parmi lesquelles : expositions de jeunes peintres et graveurs yougoslaves dans différentes villes de Yougoslavie ; 1947, *Peinture et Sculpture des peuples yougoslaves des XIXe et XXe siècles*, Moscou, Cracovie, Prague, Bratislava, Leningrad, Varsovie, Budapest, etc. ; 1951, *L'Art contemporain slovène*, Milan ; 1953, *Graveurs yougoslaves*, São Paulo, Rio de Janeiro ; 1954, XXVIIe Biennale de Venise, et Washington, New York ; 1957, IVe Biennale de São Paulo et Ire Biennale internationale de Tokyo, et Osaka ; 1959, *Art contemporain yougoslave*, Paris, etc. Il montre ses œuvres dans des expositions personnelles : 1939, Ptuj ; 1941, 1942, Ljubljana ; 1955, Paris ; 1958, Rome ; 1959, Zagreb ; 1960, Slovenjgradec ; 1963, Ljubljana ; 1964, Belgrade ; etc.
Il a obtenu de nombreux prix : Lugano en 1954 ; prix Renato Carrain, XXVIIe Biennale de Venise en 1954 ; prix Sabro, pour la gravure IVe Biennale de São Paulo en 1957 ; etc.
Adepte du programme de critique sociale et artistique professé

par le groupe *Zemlja* (Terre), l'œuvre de Mihelic fut d'abord consacrée à la vie des paysans et aux traditions populaires, traitées de façon réaliste. Les horreurs de la guerre et des événements firent évoluer sa technique et sa vision dans une optique résolument expressionniste, à la limite du fantastique : masques grotesques ou terrifiants ou petits monstres évoluant dans un décor de forêt mystérieuse. Sa peinture, aux teintes sourdes, a ensuite tendu vers l'abstraction, toujours à la recherche des forces obscures, profondes liées à l'inconscient. ■ J. B.

Bibliogr. : Melita Stele : *France Mihelic*, catalogue de l'exposition, Salon moderne Galerije, Belgrade, 1964 – in : *Peintres contemporains*, Mazenod, Paris, 1964 – in : *Dictionnaire universel de la peinture*, Le Robert, Paris, 1975.

Musées : Paris (Mus. Nat. d'Art Mod.).

Ventes Publiques : Berne, 27 oct. 1984 : *Scène de carnaval*, aquar. temp. et h./fond de craie (46x65) : **CHF 5 000.**

MIHES Julie

Née le 13 août 1786 à Breslau. Morte le 16 janvier 1855 à Vienne. xixe siècle. Allemande.

Peintre et lithographe.

Elle fit ses études artistiques à Vienne. Elle a lithographié d'après les maîtres anciens italiens notamment A. Carrache et Bellini et d'après Dürer. Elle entra sous le nom de *Marie de Chantal* dans l'ordre des Salésiennes dont elle fut la supérieure de 1843 à 1849. Elle a peint des Vierges pour l'église de Horazdiowitz en Bohême. Le Musée de Silésie à Breslau en possède plusieurs exemplaires.

MIHM ou **Mühm**

xviiie siècle. Actif à Sarrebruck. Allemand.

Sculpteur.

Il a sculpté *Foi et Espérance* pour l'église Saint-Jean de la Sarre et travaillé pour l'église Saint-Louis à Sarrebruck.

MIHRCHAND-PUSAR-I-GANGARAM

xviiie siècle. Indien.

Peintre.

Il a subi fortement l'influence européenne. Plusieurs de ses œuvres se trouvent au Musée de culture populaire de Berlin.

MIJ Hieronymus Van der. Voir **MY**

MIJARES

Actif à Séville. Espagnol.

Sculpteur.

MIJARES José M.

Né en 1921 à La Havane. xxe siècle. Cubain.

Peintre.

Il a effectué des voyages d'études aux États-Unis et au Mexique. Sa peinture a relevé, un temps, de l'abstraction géométrique néoconstructiviste, avant d'interroger la représentation humaine au travers de la figure de l'arlequin.

Ventes Publiques : New York, 13 mai 1983 : *Femme en étain* 1982, h/t (169x123,2) : **USD 5 000** – New York, 26 nov. 1985 : *Femme et maisons*, techn. mixte/t. mar./cart. (41,3x33,7) : **USD 1 600** – New York, 19 mai 1992 : *Bambous*, h/t (45,7x33) : **USD 1 430** – New York, 24 nov. 1992 : *Femme au balcon* 1948, h/t (62,2x46) : **USD 3 575** – New York, 25 nov. 1992 : *Les Arlequins*, h/t (83,8x111,8) : **USD 14 300** – New York, 18 mai 1994 : *Clown* 1950, h/t (40,6x29,2) : **USD 4 312** ; *Au bar* 1954, h/t (72,4x56,5) : **USD 5 750** – New York, 15 nov. 1994 : *Oiseaux*, h/t (94x71,1) : **USD 3 450.**

MIJIC Karol

Né le 7 février 1887 à Bilece (Herzégovine). xxe siècle. Autrichien.

Peintre de figures, paysages, graveur.

Il étudia à Vienne et Munich.

MIJIN Henri Arnauld ou **Hendrik Aarnout** ou **Myin**

Né en 1760 à Anvers. Mort le 5 avril 1826. xviiie-xixe siècles. Éc. flamande.

Peintre de paysages et d'animaux.

Élève et beau-frère d'Ommeganck dont il adopta la manière. Professeur à l'Académie d'Anvers. Sa femme Maria Jacoba Mijin, semble avoir également peint et est souvent confondue avec sa nièce Maria Baesten.

Ventes Publiques : Paris, 23 fév. 1925 : *Le Retour du Marché* : **FRF 3 000** – Londres, 7 juil. 1982 : *Chevaux et troupeau dans un paysage fluvial* 1798, h/pan. (37,5x48) : **GBP 1 600** – Londres, 20 juin 1984 : *Scène rustique* 1791, h/pan. (59x76) : **GBP 5 000.**

MIJN Van der. Voir **MYN**

MIJTENS. Voir **MYTENS**

MIKA Georg Franziskus ou **Micka**

Né à Prague. Mort en 1749. xviiie siècle. Allemand.

Peintre.

Il étudia en Italie. Peintre de la cour à Würzburg, il peignit pour les églises de Bamberg, de Würzburg, de Spire et de Munster.

MIKA MIKOUN

Née à Varsovie. xxe siècle. Active en France. Polonaise.

Sculpteur.

Elle fut élève d'Antoine Bourdelle. Elle a exposé également en Amérique.

Elle a orienté toute son activité dans la conception de masques en terre ou en cuivre émaillés.

MIKES Odon Edmund

Né en 1878 à Grosswarden (Nagyvarad). xxe siècle. Russe.

Peintre de paysages, natures mortes.

Il fut élève de B. Karlovsky de 1895 à 1899 et de von S. Hollosy.

MIKESCH Fritze

Née le 23 février 1853 à Vienne. Morte le 12 mars 1891 à Hietzing (près de Vienne). xixe siècle. Autrichienne.

Peintre de natures mortes.

Elle a exposé à Vienne et à Berlin à partir de 1884.

Musées : Prague (Rudolfinum) : *Nature morte de chasse.*

Ventes Publiques : New York, 25 fév. 1982 : *Nature morte au gibier* 1886, h/t (23x31) : **USD 8 000** – New York, 15 fév. 1994 : *Nature morte avec du gibier et une panoplie de chasseur* 1884, h/pan. (35,8x27,6) : **USD 25 300.**

MIKHAILOV Boris

Né en 1919. xxe siècle. Russe.

Peintre de compositions animées, portraits. Académique.

Il fut élève de l'École des Beaux-Arts de Leningrad. Il fut membre de l'Association des peintres de Leningrad.

Il participe, depuis 1953, à des expositions collectives, parmi lesquelles : 1964, *Les Peintres pour le Peuple*, Leningrad, où il obtient le Premier Prix ; 1968, Salon d'Automne, Leningrad ; 1970, 1990, Salon du Printemps, Leningrad ; 1980, *Les Œuvres des peintres de l'Académie des Beaux-Arts*, Moscou ; 1987, *L'Art soviétique contemporain*, Prague ; 1988, *L'Art de Leningrad*, Berlin. Il montre ses œuvres dans des expositions personnelles : 1983 et 1986 à Leningrad.

Sa peinture est académique et anecdotique.

Bibliogr. : In : Catalogue de la vente *L'École de Leningrad*, Drouot, Paris, 19 nov. 1990.

Musées : Barnaoul (Gal. de peinture) – Moscou (min. de la Culture) – Moscou (Mus. central du théâtre et du cinéma) – Novosibirsk (Mus. de l'Art soviétique Contemp.) – Saint-Pétersbourg (Mus. de l'Acad. des Beaux-Arts) – Saint-Pétersbourg (Mus. d'Hist.).

MIKHAILOV Oleg

Né en 1934 ou 1938. xxe siècle. Russe.

Peintre de paysages animés, paysages. Expressionniste.

Il fut élève de l'École d'Art de V. I. Sourikov de Moscou, à partir de 1953. Il travailla sous la direction de Dimitri Motchalskii. Il a participé à des expositions nationales et internationales.

Sa peinture sort radicalement de la convention habituelle qui a neutralisé la peinture officielle de l'ère stalinienne. Il associe un dessin synthétique, simplificateur au bénéfice d'une composition à la fois stricte et aérée, et une couleur libérée de sa fonction de ressemblance, détachée de la réalité, entièrement tournée vers un maximum d'expression. Certaines de ses peintures sont de toute évidence influencées par l'œuvre d'Edvard Munch.

Ventes Publiques : Paris, 11 avr. 1992 : *Église de village*, h/t (60x73) : **FRF 3 500** – Paris, 17 juin 1992 : *Un dimanche de fête*, h/isor. (70x99) : **FRF 7 000** – Paris, 7 oct. 1992 : *Retour des pêcheurs* 1962, h/cart. (66x98) : **FRF 9 200** – Paris, 16 nov. 1992 : *La Troïka*, h/t (76x83) : **FRF 6 000** – Paris, 20 mars 1993 : *Coucher de soleil sur un lac*, h/t (66x77) : **FRF 6 200** – Paris, 18 oct. 1993 : *Fleurs et fruits*, h/t (73x60) : **FRF 8 000** – Paris, 7 juin 1995 : *Coucher de soleil*, h/t (56x74) : **FRF 11 000.**

MIKHAILOV Vyscheslav
Né en 1945 dans la Province de Rostov. XXe siècle. Russe.
Peintre de compositions à personnages.
Membre de l'Union des Peintres de Leningrad. Il participe à de nombreuses expositions collectives.
Il travaille souvent avec les artistes Lukka et Volosenkov. Sa peinture illustre un univers angoissé.
VENTES PUBLIQUES : PARIS, 8 déc. 1990 : *Léda et le cygne*, techn. mixte/pan. (100x100) : **FRF 8 000**.

MIKHNOV-VOITENKO Evgueni
Né en 1932. Mort en 1988. XXe siècle. Russe.
Peintre, peintre à la gouache. Abstrait-lyrique.
Dans une technique très fluide, il peignait des compositions d'un dessin fouillé et graphique, aux colorations délicates, semblant décrire un univers inventé et pourtant précis. L'abstraction qu'il pratiquait peut être rapprochée de celles de Wols et d'Henri Michaux.
VENTES PUBLIQUES : PARIS, 14 mai 1990 : *Sans titre* 1980, temp./pap. (62x62) : **FRF 8 500**.

MIKINES S. Joensen. Voir **JOENSEN-MIKINES S.**

MIKI Tomio
Né en 1937 ou 1938 à Tokyo. Mort en 1978. XXe siècle. Japonais.
Sculpteur. Tendance conceptuelle.
Il obtint son diplôme de l'École de technologie d'Eisi en 1957.
Il commence à participer aux expositions de peintres indépendants du journal *Yomiuri*, de 1958 à 1963. Il figure également, à partir de 1958, dans diverses manifestations de groupe, tant au Japon qu'à l'étranger, parmi lesquelles : *L'Art japonais contemporain*, à Tokyo, 1964, où il remporte un prix ; *Tendances de la peinture et de la sculpture japonaises contemporaines*, au Musée National d'Art Moderne de Kyoto, 1965 ; Biennale de Tokyo ; *Nouvelle peinture et nouvelle sculpture japonaise*, au Musée d'Art Moderne de New York, en 1965-1966. Il fait, parallèlement, plusieurs expositions particulières à Tokyo.
Son art, proche de l'art conceptuel dans certaines de ses manifestations, est centré autour du thème de l'oreille. Celle-ci, organe le moins réellement intégré à l'anatomie humaine puisqu'il en est presque détaché, devient pour Miki, le symbole de la « dé-communication », symbole qui lui permet de traduire l'absurdité et la futilité d'un monde où la communication est impossible.
BIBLIOGR. : In : *Dictionnaire de l'art moderne et contemporain*, Hazan, Paris, 1992.

MIKIZAWA Setsuko
Née le 4 février 1949 à Hiroshima. XXe siècle. Active en France. Japonaise.
Peintre, dessinateur, céramiste. Postimpressionniste.
Après ses études à l'École supérieure des arts de Kyoto, elle poursuit sa formation à l'École des Beaux-Arts de Paris. Au Japon, elle a travaillé dans l'atelier du maître japonais Tahara. Elle a également étudié les techniques du maître Kusube. Elle vit à Paris et à Ramatuelle.
Elle a obtenu le Premier Prix au concours général des arts nippons et plusieurs autres prix aux expositions générales d'Osaka. Sans se détacher de ses racines orientales, elle sera influencée par la lumière de la Provence. Elle pratique une peinture d'essence impressionniste. Sa céramique relève de la tradition classique japonaise.

MIKJESCHIN Michail Ossipovitch ou **Mikieschin**
Né le 6 février 1836 à Maximowka. Mort en 1896 à Saint-Pétersbourg. XIXe siècle. Russe.
Peintre, sculpteur de monuments.
Il fut l'élève de l'Académie de Saint-Pétersbourg. Il a exécuté les monuments de *Catherine II* à Leningrad, des *Victoires de la flotte de la Mer Noire* à Nikolajeff, et d'*Alexandre II* à Rostoff-sur-le-Don.
MUSÉES : MOSCOU (Gal. Tretiakov) : *Un centurion* – SAINT-PÉTERSBOURG (Mus. russe) : *Monument de Catherine II*, maquette.

MIKKELSEN Lauritz Marin
Né le 25 février 1879 à Erikslund. XXe siècle. Danois.
Peintre.
Il étudia à l'Académie de Copenhague.
VENTES PUBLIQUES : COPENHAGUE, 31 oct. 1974 : *Scène de moisson* : **DKK 7 000** – COPENHAGUE, 7 sep. 1994 : *Moisson*, h/t (82x106) : **DKK 4 000**.

MIKKER Jan Christiansz. Voir **MICKER**

MIKKIADES
Originaire de la ville de Melas. Actif à l'époque archaïque. Antiquité grecque.
Sculpteur.
Fondateur de Chios, on a trouvé sa signature à Délos.

MIKKOLA Kirsi
XXe siècle. Active en Allemagne. Finlandaise.
Sculpteur.
Elle expose à New York et Santa Monica.
Elle met en scène le monde de l'enfance, avec des petites sculptures de plâtre peint aux couleurs kitsch, mimant les jeux des adultes, les luttes entre le bien et le mal.
BIBLIOGR. : Bonnie Clearwater : *Arrêt sur enfance*, Art Press, n° 197, Paris, déc. 1994.

MIKL Josef
Né en 1928 à Vienne. XXe siècle. Autrichien.
Peintre, dessinateur, peintre de cartons de vitraux.
Il fut élève de l'Académie des Beaux-Arts de Vienne de 1948 à 1956. Il fut membre de l'Art club de la Ville, de 1951 à 1955.
Abstraites, ses œuvres se rattachent au néoplasticisme de Mondrian. Il a réalisé des vitraux pour l'église de Salzurg-Parsch en 1956 et des vitraux pour l'église de la Paix à Hiroshima en 1959-1960.
BIBLIOGR. : In : *Peintres contemporains*, Mazenod, Paris, 1964.
MUSÉES : PITTSBURGH (Carnegie Inst. Mus.) – VIENNE (Albertina Mus.).
VENTES PUBLIQUES : VIENNE, 16 sep. 1981 : *Figure couchée* 1950, pl., encre de Chine, cr. coul. et aquar. (29x42,5) : **ATS 16 000** – VIENNE, 15 mai 1984 : *Figure* 1949, fus. (48,3x35,5) : **ATS 32 000** – VIENNE, 10 sep. 1985 : *Sans titre* 1953, mine de pb et cr. de coul. (35x50) : **ATS 25 000**.

MIKLOS. Voir aussi **NICOLAUS**

MIKLOS Gustave
Né le 30 juin 1888 à Budapest. Mort le 15 mars 1967 à Oyonnax. XXe siècle. Actif depuis 1909 en France. Hongrois.
Sculpteur, peintre, dessinateur, décorateur, illustrateur.
Il fut d'abord élève de Ladislas Kimmach. Il fut ensuite élève de l'École royale des arts décoratifs de Budapest, où il apprit également le métier de décorateur qu'il exercera souvent plus tard. En 1909, il vint à Paris, il y fréquenta les académies de peinture sous la direction de Metzinger et Le Fauconnier. Il s'engagea en 1914 dans l'armée française, fut envoyé à Salonique. Au retour de la guerre en 1919, il eut quelques années difficiles à vivre. La rencontre et l'amitié du célèbre couturier Jacques Doucet, amateur d'art, ont des conséquences fructueuses. Doucet lui commande pièces d'orfèvrerie, émaux champlevés, tapis, bijoux et divers objets dont certains sont conservés par le Musée des arts décoratifs à Paris. Il était membre de l'Union des artistes modernes. À partir de 1940, il se consacra à l'enseignement, en tant que professeur de sculpture à l'École nationale des matières plastiques à Oyonnax.
Il exposa à Paris, à son arrivée, au Salon d'Automne, puis après la Première Guerre mondiale au Salon des Indépendants. En 1925, il figura à l'Exposition des arts décoratifs. En 1971, il était représenté à l'exposition consacrée au Monde des arts décoratifs au Minneapolis Institute of Arts, à une autre exposition à Munich en 1972. En 1928, il fait son unique exposition particulière de sculptures. En 1974, on a pu voir à Paris une petite rétrospective de son œuvre.
S'il ne cessera jamais d'être peintre, il découvre la troisième dimension et exécute ses premiers reliefs en 1923 : des panneaux de cuivre montés sur bois. Il y applique les principes d'une schématisation née du cubisme. Ses sculptures témoignent vite d'une volonté d'abstraction des formes, proche des recherches de Gaudier-Brzeska, de Chauvin ou même de Modigliani. Il présentait, en 1925, à l'Exposition des arts décoratifs des reliefs polychromes totalement abstraits, reliefs appliqués sur de simples colonnes de bois. Les bronzes qu'il réalise dans les années vingt représentent la part capitale de son œuvre et on sent en eux la volonté d'exprimer un équilibre entre sensibilité de la figure et sa « synthétisation ». Parfois, il pousse la simplification jusqu'à une sorte de limite comme dans sa *Divinité* en diorite noire. Il collabora souvent avec F. L. Schmied et certaines des réalisations sculptées étaient laquées par Dunand. À son unique exposition de sculptures en 1928, figurent un de ses premiers travaux d'esprit constructiviste, *Sculpture architecturale* et un *Bolide*, interprétation de l'automobile qui traduit une préoccupation qu'il explorera plus avant dans les épures de machines. L'en-

semble de son œuvre, la diversité de ses activités, les illustrations qu'il a laissées, reflètent bien l'esprit décoratif de son temps, et, s'il est mort oublié, l'attention que l'on porte aujourd'hui à l'Exposition de 1925 n'a pas manqué de mettre son œuvre en lumière. ■ J. B.

Bibliogr. : *Miklos*, catalogue de l'exposition, L'Enseigne du cerceau, Paris, 1972 – Jean Selz : *Miklos*, catalogue de l'exposition, galerie L'Enseigne du Cerceau, Paris, 1974 – Catalogue de la vente *Schmied-Miklos-Dunand*, Hôtel Drouot, Paris, 30 avr. 1975 – Catalogue de l'exposition : *Paris-Moscou*, Centre Georges Pompidou, Paris, 1979 – in : *Dictionnaire de l'art moderne et contemporain*, Hazan, Paris, 1992.

Musées : Paris (Mus. des Arts Décoratifs).

Ventes Publiques : Paris, 26 mars 1971 : *Composition au masque*, gche : **FRF 6 300** – Paris, 31 mars 1976 : *Jeune fille debout*, bronze patiné (H. 78) : **FRF 17 500** – Munich, 29 avr. 1976 : *Nijinski*, gche (17,3x11,5) : **DEM 2 600** – Monte-Carlo, 9 oct. 1977 : *Tête de femme africaine se détachant sur une stèle incurvée*, bronze, patine médaille (H. 46) : **FRF 25 000** – New York, 4 déc. 1980 : *Buffle*, bronze (L. 36) : **USD 4 800** – Paris, 3 juil. 1981 : *L'Indigène*, h/pap. (26,5x21) : **FRF 15 500** – Enghien-les-Bains, 28 nov. 1982 : *Les Masques* 1920, gche (60x50) : **FRF 25 000** – Enghien-les-Bains, 11 déc. 1983 : *Figure au verre*, gche polychrome reh. d'or et d'argent poussiéré sur fond à la feuille d'argent (23x16,5) : **FRF 23 000** – Monte-Carlo, 9 oct. 1983 : *Tête de femme stylisée* 1928, bronze doré (H. 65,5) : **FRF 135 000** – Versailles, 12 mai 1985 : *L'homme et son destin* 1929, bronze (H. 70) : **FRF 800 000** – New York, 14 juin 1986 : *Divinité solaire*, bronze poli (H. 51,1) : **USD 35 000** – Paris, 10 déc. 1987 : *L'Homme et la montagne*, gche (27x19) : **FRF 27 000** – Paris, 1er juil. 1987 : *Les Templiers* 1920, gche/fond or et argent (39x15) : **FRF 50 000** – Paris, 27 oct. 1988 : *Femme de profil* 1939, gche et collage (24x15) : **FRF 10 000** – Paris, 18 mai 1989 : *Colombe*, bronze à patine (10,5x10) : **FRF 22 000** – Paris, 22 juin 1989 : *Tête de femme* 1928, bronze à patine noire (H 14) : **FRF 75 000** ; *Totem* vers 1921-1924, gche/pap. mar./t. (150x54) : **FRF 210 000** – Paris, 4 juil. 1991 : *Paysage cubiste*, mine de pb (8,5x8,5) : **FRF 200 000** – Paris, 15 avr. 1992 : *Vitesse contraste de forme*, h/t (93x73) : **FRF 130 000** – Paris, 23 nov. 1992 : *L'homme* 1931, bronze à patine noire cire perdue (H. 55) : **FRF 300 000** – Paris, 21 juin 1993 : *Animal tournant* 1927, bronze (H. 26, diam. 32) : **FRF 60 000** – Paris, 21 oct. 1993 : *Muse endormie*, bronze (H. 16,5, socle 11x11x3) : **FRF 42 000** – Paris, 27 juin 1994 : *Pékinois*, bronze cire perdue (H. 17,5) : **FRF 11 000** – Paris, 10 juil. 1995 : *Composition*, gche (22x21) : **FRF 5 400** – Paris, 17 avr. 1996 : *Sérénité*, bronze (H. 153) : **FRF 40 000**.

MIKLOSI-MUTSCHENBACHER Odon Edmund

Né le 10 septembre 1881 à Szekszard. xxe siècle. Hongrois.

Peintre de figures, paysages.

Il fut élève de Vajda et de Zemplenyi.

MIKO. Voir **MI GU**

MIKO Janos ou **Johann, Jämisch, Jeimsch, Jeinisch, Jenusch** ou **Mico**, dit **Maître Hans Unger**

Mort vers le 24 avril 1478 à Wiener-Neustadt. xve siècle. Hongrois.

Peintre et peintre verrier.

Le Musée de Wiener-Neustadt conserve de lui : *La naissance du Christ*, *Le péché originel*, *Adam et Ève chassés du Paradis*.

MIKOLA Andras

Né le 17 mars 1884 à Nagypeleske. xxe siècle. Grec.

Peintre de paysages.

Il étudia à Budapest et à Paris sous la direction de J.P. Laurens.

Musées : Budapest : *Maisons à Nagybanya – Vue de Taban*.

MIKON

ve siècle avant J.-C. Actif au début du ve siècle avant J.-C. Antiquité grecque.

Peintre d'histoire, sujets mythologiques, compositions à personnages, figures, sculpteur de statues.

Élève de Polygnote, il participa à la décoration du portique « coloré » : la Stoa Poilikê à l'Agora d'Athènes, où on lui attribue une *Bataille de Marathon* et un *Combat des Grecs contre les Amazones*. À la suite de cette représentation, on vit se multiplier les « Amazonomachies » chez les peintres de vases qui imitèrent également ses astuces pour mieux rendre l'espace. Ses contemporains furent particulièrement impressionnés par la vivacité et l'audace avec lesquelles il représenta *Boutès* en ne montrant que son casque et un œil derrière une butte. Il peignit dans le sanctuaire de Thésée, à Athènes, une *Lutte des Centaures et des Lapithes*, la *Visite de Thésée à Amphitrite et à Poséidon*, la *Mort de Thésée* ; dans l'Anakeion, un *Départ des Argonautes*. En tant que sculpteur, on lui attribue une statue de l'Athénien *Callias*. Sa fille, Timaretê, est considérée comme la première peintre et serait l'auteur d'une *Artémis*. Mikon fit si bien avancer les recherches dans le domaine de la grande peinture, que celle-ci tendait alors à dépasser la peinture de céramique.

Bibliogr. : T. Spiteris : *La peinture grecque et étrusque*, Rencontre, Lausanne, 1965 – R. Martin, in : *Dictionnaire de l'Art et des Artistes*, Hazan, Paris, 1967.

MIKON

iiie siècle avant J.-C. Antiquité grecque.

Sculpteur de statues.

Il exécuta deux statues de Hiéron II de Syracuse, une à pied et une à cheval.

MI KOU. Voir **MI GU**

MIKOUN Mika. Voir **MIKA MIKOUN**

MIKOVINYI Samuel

Né en 1700 à Abelfalva. xviiie siècle. Autrichien.

Ingénieur, graveur au burin et cartographe.

Il a gravé des vues de Pest et d'Ofen.

MIKSCH Johann ou **Mieksch**

Né le 19 juillet 1765 à Georgenthal en Bohême. Mort le 24 septembre 1845 à Dresde. xviiie-xixe siècles. Autrichien.

Graveur à l'eau-forte, dessinateur, silhouettiste.

Élève de J. Mattersberger.

MI KU. Voir **MI GU**

MIKULA Ferenc Janos

Né en 1861 à Debrecen. xixe siècle. Actif à Budapest. Hongrois.

Sculpteur.

Élève de Helmer.

MIKULSKA Isidorine

Née au xixe siècle à Paris. xixe siècle. Française.

Peintre.

Élève de Cogniet et de Chaplin. Figura au Salon de 1868 à 1878.

MIKULSKI Joseph

Né en 1850 à Wieliczka. xixe siècle. Polonais.

Peintre.

Étudia à Cracovie et à Vienne. Depuis 1900, professeur à l'École des Beaux-Arts de Cracovie, ville où il décora l'église des Carmélites.

MIKULSKI Kazimierz

Né en 1918 à Cracovie. xxe siècle. Polonais.

Peintre, peintre de compositions murales, de décors de théâtre, illustrateur.

Il fut élève de l'Académie des Beaux-Arts et de l'École des Arts appliqués de Cracovie, de 1938 à 1940. Il fit ensuite, de 1945 à 1946, des études d'art dramatique et de scénographie. Il fut membre des *Jeunes plasticiens modernes*, puis membre du *Groupe de Cracovie*.

Il participe aux expositions de groupe de la jeune peinture polonaise, en Pologne et à l'étranger, et notamment au Salon de Mars de Zakopane. Il montre ses œuvres dans des expositions personnelles en 1959-1960 à Cracovie, Nowa Huta et Wroclaw. Sa peinture est influencée par le courant surréaliste, très actif en Pologne. Son activité théâtrale est également très importante : membre du théâtre expérimental *Cricot II* ; décorateur et directeur artistique du théâtre de marionnettes *Groteska*, avec lequel il remporta le Premier Prix au Festival des théâtres de marionnettes de Varsovie en 1960.

Bibliogr. : In : *Peintres contemporains*, Mazenod, Paris, 1964.

MIKUS Sandor

Né en 1903. xxe siècle. Hongrois.

Peintre. Réaliste-socialiste.

Il a été élève de Pal Patzay. Il partit ensuite en Italie. Il est professeur dans l'enseignement supérieur.

Il a commencé à exposer en 1930. Il participe à de nombreuses expositions de groupe, parmi lesquelles : Biennale de Venise, 1930 et 1960 ; Exposition internationale de Paris, 1937, où il remportera une médaille d'or ; exposition internationale de Bruxelles, 1958. Il montre ses œuvres dans des expositions personnelles en 1932, 1938 et 1961. Il a obtenu le prix Kossuth. Il est nommé *Artiste Éminent*.

Il réalise aussi bien des petites sculptures, que des médailles ou des monuments. Son style le classe parmi les réalistes-socialistes. Parmi ses monuments : *Monument de la République hongroise des Conseils*, Veszprèm, 1955.
Bibliogr. : In : *Hongrie 68*, Pannonia, Budapest, 1968.
Musées : Budapest (Gal. Nat. hongroise) : plusieurs œuvres.

MILA Paul
Né en 1798 à Berlin. xixe siècle. Allemand.
Portraitiste et peintre d'histoire.
Élève de l'Académie de Berlin. Il alla à Rome, puis revint à Berlin où il exposa de 1824 à 1848. Il fit les portraits d'*Henriette Sonntag* (1826), des princes prussiens (1838). Une de ses toiles nous présente : *G. Reni peint Béatrice Cenci en prison*. Le Musée de Dantzig possède de cet artiste une *Annonciation*.

MILA Y FONTANALS Pablo
Né le 26 décembre 1810 à Villafranca del Panadès. Mort le 16 janvier 1883 à Barcelone. xixe siècle. Espagnol.
Peintre de figures et écrivain d'art.
Élève d'Overbeck à Rome. Il fut de 1851 à 1856 professeur à l'École des Beaux-Arts de Barcelone, où il eut, entre autres, pour élève Mariano Fortuny. Avec Lorenzale, il fut le représentant du groupe des « Nazaréens » en Catalogne.

MILAKOWSKI Jozef
Né vers 1800. Mort vers 1850 à Vilna. xixe siècle. Polonais.
Peintre miniaturiste.
Il étudia à l'Université de cette ville. Il fut professeur de dessin.

MILAM Annie, Mrs **Nelson**
Née le 20 novembre 1870 à Homer (Louisiane). xxe siècle. Américaine.
Peintre.
Elle fut élève de John Carlson. Elle fut membre de la Fédération américaine des arts.

MILAN Pedro. Voir **PEDRO Milanes**

MILAN Pierre de. Voir **PIETRO di Martino da Milano**

MILAN Sébastian
xvie siècle. Actif à Séville. Espagnol.
Peintre.

MILANES Martin. Voir l'article **FRANCISCO Florentin**

MILANES Pedro. Voir **PEDRO Milanes**

MILANESE, le, de son vrai nom : **Cesare da Sesto**. Voir **SESTO**

MILANESE Rocco
Né le 11 novembre 1852 à Melicocca (province de Reggio). xixe siècle. Italien.
Sculpteur de statues, figures, nus.
Élève de l'École des Beaux-Arts de Naples et du sculpteur Monteverde à Rome. Exposa à Turin et Naples.
Ventes Publiques : New York, 23 oct. 1997 : *Nu féminin*, marbre (H. 116,8) : **USD 24 150**.

MILANESE Thadeo
xvie siècle. Italien.
Miniaturiste.
Il travailla à Rome pour Léon X.

MILANI Aureliano
Né en 1675 à Bologne. Mort en 1749 à Rome. xviiie siècle. Italien.
Peintre de compositions religieuses, scènes de genre, graveur à l'eau-forte.
Élève de son oncle, Giuli Cesare Milani, de Gennari et de Pasinelli. Il s'inspira des Carrache. On voit de lui dans les églises de Bologne : *Saint Jérôme* à Santa Maria Vita, *Lapidation de saint Étienne* à Santa Maria Mascadella, *Résurrection* à la Pureta. Il grava des sujets religieux.
Ventes Publiques : Paris, 21 mars 1925 : *Scène biblique*, pl. et lav. : **FRF 90** – Paris, 22 mars 1943 : *Scène religieuse*, pl. et lav. : **FRF 560** – Londres, 12 déc. 1973 : *Combat entre Achille et Hector* : **GBP 2 500** – Londres, 25 mars 1977 : *Le Veau d'Or*, h/pan. (38x56) : **GBP 3 000** – Milan, 21 mai 1981 : *L'Adoration des rois mages*, h/t (82x60) : **ITL 8 000 000** – Londres, 20 nov. 1984 : *Hercule et Cacus*, h/t (94x74) : **ITL 5 800 000** – Londres, 1er juil. 1986 : *Trois hommes nus*, pl. et lav. (21,2x30,4) : **GBP 800** – Rome, 27 mai 1986 : *Le Miracle de Saint Benoît*, h/t (102x141) : **ITL 12 500 000** – Paris, 4 mars 1988 : *Paysage avec un château fort*, sanguine ; *Étude pour une scène antique*, cr. gras, double face (22x34) : **FRF 3 800** – Rome, 23 mai 1989 : *Saint Sébastien*, h/t (125x98) : **ITL 18 000 000** – Amelia, 18 mai 1990 : *La Madeleine*, h/t/pan., de forme ovale (40x30) : **ITL 4 500 000** – Londres, 6 juil. 1992 : *Un homme sur son lit de mort tenant un crucifix avec un ange à ses côtés tandis que des démons envahissent la chambre*, craie noire (34,6x48) : **GBP 4 400** – Londres, 3 avr. 1995 : *La flagellation*, encre et lav./craie noire (30,8x24) : **GBP 977** – Milan, 8 juin 1995 : *Le tribut de l'argent*, h/t (62,5x40,5) : **ITL 18 400 000**.

MILANI Francesco. Voir **MELANI**

MILANI Giulio Cesare
Né en 1621 à Bologne. Mort en 1678. xviie siècle. Italien.
Peintre d'histoire.
Élève de Flaminio Torre. On voit de lui, dans les églises de Bologne : *Mariage de la Vierge* à San Giuseppe, *Saint Antoine de Padoue* à Santa Maria del Castello, *Sainte Famille avec saint Jean* aux Servi.

MILANI Giuseppe
Né en 1716 à Parme. Mort en 1798. xviiie siècle. Italien.
Peintre.
Élève de I. Spolverini, il subit l'influence de l'École vénitienne. Il a composé des fresques pour les églises de Rimini et de Parme.

MILANI Giuseppe. Voir aussi **MELANI**

MILANI Giuseppe Maria
Né en 1678 à Pise. xviiie siècle. Italien.
Peintre.
Élève de G. Gabrielli. Il a peint dans le style de Pietro de Cortone et de Ciro Ferri. Les églises de Pise conservent un grand nombre de ses fresques.

MILANI Jacopo
xviie siècle. Actif à Bologne vers 1689. Italien.
Peintre.
Il a décoré le Palais de Novellara.

MILANI Umberto
Né en 1912 à Milan. Mort en 1969 à Milan. xxe siècle. Italien.
Sculpteur, peintre.
Attiré très jeune par la peinture, il se forma à peu près seul, fréquentant les cours du soir de l'Académie de Brera, de 1928 à 1931. Il a collaboré avec des architectes en renom : Baldassari, Zanusco, De Carli.
Il participa à des expositions de groupe importantes, parmi lesquelles la Biennale de Venise, où à deux reprises, en 1958 et 1962, une salle entière lui fut consacrée. Il montra également ses œuvres dans des expositions personnelles : 1943, Côme ; 1944, Milan.
Dans ses débuts, il fut influencé par l'impressionnisme de Medardo Rosso. Puis, en réaction, il se tourna vers l'étude de l'Antiquité, et surtout des Égyptiens, revenant dans ses propres œuvres à une conception plus stricte du volume. Dans cette voie rigoureuse, il fut influencé par les cubistes, entre 1945 et 1949. Encore plus tard, la recherche des plans élémentaires lui fit abandonner progressivement toute attache à la réalité. La surface de ces plans élémentaires est animée d'inscriptions abstraites, d'empreintes ou de « vibrations », qui ont donné leur titre à plusieurs œuvres des années cinquante. Il a mené de pair ses activités de sculpteur et de peintre.
Bibliogr. : Giovanni Garandente, in : *Nouveau diction. de la sculpture moderne*, Hazan, Paris, 1970.
Ventes Publiques : Milan, 16 oct. 1973 : *Palude n° 1* : **ITL 1 700 000** – Milan, 5 avr. 1977 : *Trois éléments* 1963, h. et col./t. (120x150) : **ITL 1 800 000** – Milan, 20 mars 1989 : *Forêt* 1962, h/t (100x100) : **ITL 8 200 000** – Milan, 7 juin 1989 : *Composition*, bronze (60x67) : **ITL 23 000 000** – Milan, 19 déc. 1989 : *Sans titre* 1963, h/rés. synth. (90x75) : **ITL 10 000 000** – Milan, 24 oct. 1990 : *Composition* 1951, temp./pap. entoilé (100x150) : **ITL 8 000 000** – Milan, 14 avr. 1992 : *Composition*, h/t (100x70) : **ITL 7 500 000** – Milan, 9 nov. 1992 : *Composition*, bronze (H. 109) : **ITL 6 200 000** – Milan, 15 déc. 1992 : *Sans titre*, fer (H. 180) : **ITL 7 500 000** – Milan, 25 nov. 1996 : *Macchie rosse* 1961, h/t (120x79) : **ITL 8 050 000**.

MILANO, da, de. Voir au prénom. Voir aussi **MILANI**

MILANO Bramante de. Voir **BRAMANTE de Milano**

MILANTANI Pietro
Né le 29 juin 1514 à Parme. xvie siècle. Italien.

Peintre.
Il travailla en 1545 pour la ville de Parme.

MILANTI Cristoro
XVIIIe siècle. Actif à Trapani (Sicile). Italien.
Sculpteur et stucateur.
Il exécuta dix-huit statues en stuc pour l'église Saint-François d'Assise à Trapani.

MILANTI Giuseppe
XVIIIe siècle. Actif à Trapani. Italien.
Sculpteur sur bois et sur marbre, stucateur.
Ses œuvres se trouvent réparties entre les églises de Parme.

MILASCHEVSKIJ Vladimir Alexeievitch
Né en 1893. XXe siècle. Russe.
Peintre, graveur, illustrateur.
Il vécut et travailla à Moscou.

MILATZ F. A.
Né le 8 mars 1763 à Haarlem. Mort le 17 novembre 1808 à Haarlem. XVIIIe-XIXe siècles. Hollandais.
Dessinateur de paysages, graveur.
Physicien, il pratiqua la gravure et le dessin et fut élève de Paul V. Liender. Il grava environ trente planches. Quelques-unes de celles-ci se trouvent au Musée de Haarlem et au Musée Städel de Francfort.

MILBACHER Louise von
Née le 28 novembre 1845 à Böhmisch-Brod. XIXe siècle. Autrichienne.
Portraitiste et peintre de natures mortes.
Élève de Eisenmerger. Elle travailla à Vienne et y exposa à partir de 1885.
Ventes Publiques : Londres, 19 mars 1980 : *Nature morte aux fleurs et aux fruits* 1886, h/t (50x131) : **GBP 550**.

MILBANKE Mark Richard
Né en 1875 à Londres. Mort le 31 octobre 1927 à Londres. XXe siècle. Britannique.
Peintre de portraits.
Élève de Baschet et Schommer.

MILBERT
XIXe siècle. Français.
Sculpteur.
Exposa au Salon de 1812 à 1814.

MILBERT Jacques Gérard
Né le 18 novembre 1766 à Paris. Mort le 5 juin 1840 à Paris. XVIIIe-XIXe siècles. Français.
Peintre de paysages et graveur au burin.
Il fut élève de Valenciennes. En 1800 il fut désigné pour faire partie comme dessinateur d'une expédition aux terres Australes. Son mauvais état de santé l'ayant obligé à s'arrêter en Île-de-France, il y resta deux ans et réunit pendant ce temps les matériaux d'un ouvrage qu'il publia en France, plus tard. Il partit, en 1815, pour l'Amérique du Nord, chargé de recherches d'histoire naturelle et ne revint qu'après sept ans. Milbert exposa au Salon des paysages et des vues en 1793 et 1812.

MILBOURN John
XVIIIe siècle. Actif à la fin du XVIIIe siècle. Britannique.
Peintre de genre, portraits.
Élève de F. Cotes. Il fut reçu membre de la Société des Arts en 1764. Il exposa à la Royal Academy de 1772 à 1774.

MILBOURNE C.
XVIIIe siècle. Britannique.
Peintre de paysages.
En 1790, il exposa à Londres et s'établit en 1793 à Philadelphie où il fut peintre de décors de théâtre.

MILBOURNE Henri ou **Henry**
Né vers 1778. XIXe siècle. Français.
Peintre de scènes de genre, paysages, paysages d'eau, marines, animaux.
Il exposa à la Royal Academy jusqu'en 1823, puis au Salon de Paris, de 1833 à 1848.
Il peignit de nombreux tableaux représentant des batailles maritimes, des naufrages ou des animaux à la pâture.
Musées : Dunkerque.
Ventes Publiques : Londres, 23 juin 1972 : *Le marché au bétail* : **GNS 1 700** – Londres, 28 fév. 1973 : *Batailles navales*, deux pendants : **GBP 500** – Londres, 26 juin 1981 : *Scène champêtre dans un paysage boisé*, h/t (76,2x63,5) : **GBP 1 500** – Londres, 19 nov. 1986 : *The market place, St. Albans*, h/t (86,5x111,5) : **GBP 8 000** – Amsterdam, 3 mai 1988 : *Paysans et bétail sur le bac, dans un paysage boisé*, h/t (77x112) : **NLG 9 775** – Londres, 12 juil. 1991 : *Foire aux bestiaux dans une importante bourgade*, h/t (122,5x168) : **GBP 5 500** – Calais, 11 déc. 1994 : *Troupeau près de la rivière*, h/t (53x73) : **FRF 8 500**.

MILBURRY
XVIIIe-XIXe siècles. Britannique.
Peintre de paysages animés.
Ventes Publiques : Paris, 1er juin 1949 : *Bergers et leur troupeau sur une colline* 1802 : **FRF 8 000**.

MILCENDEAU Edmond ou **Edouard Charles Théodore**
Né le 18 juillet 1872 à Soullans (Vendée). Mort le 2 avril 1919 à Soullans. XXe siècle. Français.
Peintre de scènes de genre, portraits, paysages, pastelliste.
Il fut élève de Gustave Moreau.
Il figura, à Paris, au Salon des Artistes Indépendants, où il obtint une médaille de bronze en 1900, dans le cadre de l'Exposition Universelle.
Ayant connu Matisse à l'atelier de Gustave Moreau, il évolua un tant soit peu dans l'entourage du fauvisme à ses débuts. Il revint rapidement à la description des scènes et des êtres de son pays natal, la Vendée, et la Bretagne.
Musées : Bruxelles : *Portrait d'Evenepoel* – Bucarest : *Le Barbier de village* – *L'Avare* – Fontenay-le-Comte : *Avant la grêle* – *Les Tricoteuses* – Ixelles : *La Boucherie* – Moscou : *La Remise des fruits* – Nantes : *Les Bretonnes* – *Portrait de l'artiste* – *L'Aieule lorraine* – *Paysan espagnol* – *Marais vendéen* – *La Bourrasque* – Paris (Luxembourg) : *Les Vieux* – *Espagnole avec son enfant*.
Ventes Publiques : Paris, 20 fév. 1920 : *Femme d'Auray revenant du lavoir*, cr. : **FRF 220** – Paris, 3 juin 1927 : *Joueurs en Vendée*, dess. : **FRF 400** – Paris, 9 déc. 1932 : *Buste de paysan vendéen*, cr. noir : **FRF 200** – Paris, 2 mars 1934 : *Le Berceau vendéen* : **FRF 420** – Paris, 30 oct. 1940 : *Veillée en Bretagne* 1890, past. : **FRF 2 000** – Paris, 12 avr. 1943 : *Jeune Bretonne assise*, gche : **FRF 4 600** – Paris, 28 fév. 1949 : *Le Chemineau*, past. : **FRF 14 000** – Paris, 28 juin 1951 : *La Sabotière vendéenne* 1898, cr. noir : **FRF 8 500** – Paris, 22 juin 1976 : *Bretonne*, h/t (75x59) : **FRF 2 500** – Brest, 17 déc. 1978 : *Maison bretonne*, h/t (46x61) : **FRF 4 600** – Paris, 25 juin 1984 : *Intérieur breton, la partie de cartes* 1906, past. (88x130) : **FRF 38 000** – Paris, 19 juin 1984 : *Bretonne et ses filles* 1899, fus. (30,5x23,5) : **FRF 6 800** – Grandville, 3 nov. 1985 : *Femme à la jarre* 1901, cr. (30,5x23) : **FRF 6 700** – La Roche-sur-Yon, 19 déc. 1987 : *Femme corse à la cruche verte* 1910, past. (40x19) : **FRF 18 000** – Paris, 14 déc. 1988 : *Femme devant l'âtre*, gche et past. (35x42) : **FRF 20 000** – Paris, 8 nov. 1989 : *Couple au parapluie*, past. (60x134) : **FRF 29 000** – Paris, 24 jan. 1991 : *Les couturières bretonnes*, cr. noir (9,6x11,8) : **FRF 4 800** – Paris, 4 mars 1991 : *Le gué* 1913, h/t (69x130) : **FRF 17 000** – Paris, 27 mai 1993 : *Deux enfants dans un intérieur* 1899, past. et fus. (31x22) : **FRF 8 500** – Paris, 10 mars 1997 : *Fillette bretonne, Les-Sables-d'Olonne* 1899, fus./pap. (30x23) : **FRF 15 000**.

MILCENT Adolphe
Né à Cambrai. XIXe siècle. Français.
Paysagiste.
Le Musée de Cambrai conserve de lui : *Marais de Féchain*.

MILCENT Philippe Nicolas
XVIIIe siècle. Français.
Dessinateur d'architectures et graveur au burin.

MILCOVITCH Mircea
Né en 1941. XXe siècle. Français.
Sculpteur. Abstrait.
Il a montré une exposition personnelle de ses œuvres, en 1992, au SAGA de Paris, présenté par la galerie espagnole Cegrac, une de ses sculptures en 1996 à la galerie Samagra de Paris.
Ses sculptures se rattachent à l'abstraction internationale issue de l'œuvre de Jean Arp.
Ventes Publiques : Paris, 30 jan. 1989 : *Allégorie, opus 5*, marbre blanc de Carrare et h/bois (83x25) : **FRF 10 000** – Paris, 13 mai 1996 : *Nomade opus*, marbre de Carrare (45x16x6) : **FRF 8 500**.

MILDE Julius
XIXe siècle. Travaillant à Munich vers 1839. Allemand.
Portraitiste.
Élève de Cornelius à Munich. Le Musée de Hambourg, conserve

de lui un *Portrait du pasteur Hüble et de sa femme* ainsi que plusieurs aquarelles (portraits, groupes, vues).

MILDE Karl Friedrich August
Né en 1788 à Görlitz. XIXe siècle. Allemand.
Peintre de portraits et copiste.
Il travailla à Dresde. Le Musée de Görlitz possède de lui un pastel.

MILDE Karl Julius
Né le 16 février 1803 à Hambourg. Mort le 19 novembre 1875 à Lübeck. XIXe siècle. Allemand.
Peintre d'histoire sur verre, lithographe et graveur.
Élève de Suhr et Hardorf à Hambourg, puis de Erwin et Otto Speckter à l'École des Beaux-Arts du Schleswig-Holstein. En 1825, il vint travailler avec Speckter à l'Académie de Vienne, puis, toujours avec Speckter, il alla en Italie. En 1838, il revint se fixer à Lübeck. En dehors de ses tableaux d'histoire, il a peint également des paysages, des marines et a fait de la lithographie.

Ventes Publiques : Hambourg, 10 juin 1982 : *Trois femmes à mi-corps* 1838, h/t (70x53,3) : **DEM 8 200**.

MILDENER Franz
XVIe siècle. Allemand.
Sculpteur.

MILDER Joannes Van ou **Mildert**, dit **den Duyts**
Né à Königsberg. Mort le 21 septembre 1638 à Anvers. XVIIe siècle. Éc. flamande.
Sculpteur.
Élève de Robert Colyns (?), il fut dans la gilde d'Anvers en 1611 ; il fut sculpteur de l'archiduc Albert et se lia d'amitié avec Rubens. Il est souvent confondu avec Cornelis Van Mildert.
Musées : Anvers (Cathédrale) : statue de marbre – *Tombeau de la famille Moys* – Anvers (Église Saint-Georges) : *Statue de la Vierge* – Anvers (Abb. Saint-Michel) : maître-autel et cinq statues de marbre dans le chœur – Bruxelles (Sainte-Gudule) : *Saint Philippe et saint Pierre.*

MILDERT Anthonius. Voir **MÜLLERT**

MILDERT Cornélis Van
Mort en 1667 à Anvers. XVIIe siècle. Hollandais.
Sculpteur.
Il était actif à Amsterdam. Il travailla en 1655 à Anvers, au Palais de l'archiduc Léopold Guillaume et sculpta la statue de *Saint Jacques* pour l'église Saint-Jacques. Toutefois, il est souvent confondu avec Joannes Van Milder.

MILDORFER Joseph Ignaz
Né le 13 octobre 1719 à Innsbruck. Mort après 1756. XVIIIe siècle. Allemand.
Peintre d'histoire.
Fils de Michael Ignaz Mildorfer. En 1751 il était peintre de la duchesse Emmanuele de Sarade. Son œuvre principale est constituée par les fresques de la crypte Marie-Thérèse de l'église des Capucins à Vienne.
Ventes Publiques : Vienne, 15 mars 1977 : *Soldats et gitans dans un paysage*, h/t (27,5x31) : **ATS 45 000**.

MILDORFER Maria Elizabeth
Née en 1713. Morte en 1792. XVIIIe siècle. Allemande.
Miniaturiste.
Fille de Michael Ignaz Mildorfer. Elle vécut longtemps à Rome puis revint se fixer à Innsbruck. Ce fut une miniaturiste de grand talent.

MILDORFER Michael Ignaz ou **Milldorfer, Mühldorfer**
Né le 15 juillet 1690 à Innsbruck. XVIIIe siècle. Allemand.
Peintre.
Il a peint des tableaux religieux. Le Ferdinandeum d'Innsbruck conserve de lui *Incendie de la Résidence* et *Portrait de l'empereur Charles VI.*

MILDORFER Simon
XVIIIe siècle. Actif à Innsbruck. Allemand.
Graveur au burin.

MILDT Franz Carl
Mort le 26 juin 1750. XVIIIe siècle. Actif à Brünn. Autrichien.
Peintre.

MILE, pseudonyme de **Lefebvre Michèle**
Née en 1951. XXe siècle. Française.
Peintre. Groupe Art-Cloche.
Autodidacte.
Elle a fait partie de certaines manifestations de l'art cloche à Paris au début des années quatre-vingt, groupe informel se réclamant de Dada et de Fluxus.
Bibliogr. : In : *Art Cloche. Élément pour une rétrospective. Squatt artistique*, catalogue de ventes, Me Pierre Cornette de Saint-Cyr, lundi 30 janvier 1989, Paris.

MILE N.
XVIIe siècle. Éc. flamande.
Portraitiste.
Brabançon, élève de K. E. Biset.

MILER. Voir aussi **MILLER**

MILER R. Voir **MÜLLER**

MILES Arthur
XIXe siècle. Britannique.
Peintre de portraits.
Il était actif à Londres.
Musées : Londres (Nat. Gal.) : *Portrait.*

MILES Edward
Né vers 1755 à Yarmouth. Mort en 1828 à Philadelphie. XVIIIe-XIXe siècles. Britannique.
Miniaturiste.
Il travailla à Londres, fut miniaturiste de la reine Charlotte et de la duchesse d'York, et exposa à la Royal Academy de 1786 à 1797. Il copia Reynolds. Il se rendit en 1797 à Saint-Pétersbourg et à partir de 1807 s'installa à Philadelphie.

MILES G. H.
XIXe siècle. Actif à Londres. Britannique.
Peintre de miniatures, aquarelliste.
Il fit de 1824 à 1829 des envois à l'Académie royale de Londres.
Musées : Londres (British Mus.) :, 2 aquar.

MILES George Francis, dit **Frank**
Né le 22 avril 1852 à Bingham. Mort le 15 juin 1891 près de Bristol. XIXe siècle. Britannique.
Peintre de genre, de portraits et de paysages.
Après avoir fait ses études artistiques sur le continent, il travailla pendant quelque temps dans le pays de Galles, il se classa comme peintre de portraits et de têtes idéales. Il fit notamment le *Portrait de la princesse de Galles* (depuis la reine Alexandra), et ceux de plusieurs membres de sa famille. George Miles eut beaucoup de succès dans ce genre, bien que ses paysages, dédaignés alors par le public, soient peut-être plus intéressants. De 1874 à 1887 il exposa fréquemment à la Royal Academy de Londres. En 1887 sa santé s'altéra au point qu'il dut être interné à l'Asile de Brislington, près de Bristol.
Musées : Birmingham : *The widow's mite* – *La jeune fille aveugle* – *Le sauvetage* – *Mon second sermon* – *L'attente* – Glasgow : *L'avant-coureur* – *L'ornithologiste* – Hambourg : *Le menuet* – *La jeune fille aveugle* – *Le sauvetage* – *Mon second sermon* – *L'attente* – Leeds : six peintures murales – Liverpool : *Les martyrs de la Solway 1680* – *Lorenzo et Isabelle* – Londres (Victoria and Albert) : *Pizarre au Pérou* – *Le comte Bulwer Lytton* – Londres (Nat. Gal.) : *Portraits de M. Gladstone et de Sir Henri Thompson bart* – Londres (Nat. Portrait Gal.) : *William Wilkie Collins* – *Thomas Carlyle*, portrait inachevé – *Sir Arthur Seymour Sullivan* – une aquarelle – Londres (Tate Gal.) : *Portrait équestre* – *Ophelia* – *La vallée du repos* – *Le chevalier errant* – *Le passage Nord-Ouest* – *Pitié, scène de la Saint-Barthélemy* – *Saint Étienne* – *Le disciple* – *Parle ! Parle !* – Sheffield : *La proposition* – Sydney : *La captive.*
Ventes Publiques : Londres, 28 au 31 mai 1898 : *Le royaliste proscrit* : **FRF 52 500** – Londres, 6 mai 1899 : *L'ordre d'élargissement* : **FRF 13 125** – New York, 11 et 12 mars 1909 : *La petite Mme Gampe* : **USD 6 200** – Londres, 6 mai 1910 : *Coucou* : **GBP 672** – Londres, 24 juin 1910 : *Chill october* 1870 : **GBP 5 040**.

MILES Johann Franz
XVIIe siècle. Allemand.
Peintre.

MILES Leonidas Clint
XIXe siècle. Britannique.
Peintre d'architectures, paysages.

Il exposa de 1860 à 1883 à Londres. Il y eut aussi un Leonidas Clint, qui exposa à la Royal Academy, en 1811 et 1817.
Ventes Publiques : New York, 9 déc. 1982 : *La Tamise au crépuscule*, h/t (61x211) : **USD 1 600**.

MILES Thomas
XVIIIe siècle. Britannique.
Peintre de paysages.
Il séjourna à Londres en 1767.

MILES Thomas Rose
Mort en 1888. XIXe siècle. Britannique.
Peintre de marines animées, marines, paysages portuaires.
Il exposa à l'Académie royale de Londres, de 1877 à 1888.
Musées : Sydney (Gal. Nat.).
Ventes Publiques : Londres, 2 oct. 1973 : *Barques en mer* : **GBP 380** – Londres, 12 fév. 1974 : *Marines* : **GBP 550** – Londres, 28 sep. 1976 : *Bateaux de pêche quittant un port*, h/t (61x105,5) : **GBP 360** – Londres, 6 déc. 1977 : *Bateaux de pêche en mer*, h/t (75,7x125,5) : **GBP 650** – Londres, 2 févr 1979 : *Le Port de Ramsgate, le soir*, h/t (75x125,7) : **GBP 1 400** – New York, 29 mai 1981 : *Bateau par grosse mer*, h/t (49,5x75) : **USD 2 200** – New York, 11 avr. 1984 : *Herring-fishers*, h/t (112x86,5) : **USD 2 600** – Londres, 12 mars 1985 : *Fairwind for the Thames*, h/t (60x107) : **GBP 1 600** – Londres, 16 mai 1986 : *Le Bateau de sauvetage*, h/t (75x125,7) : **GBP 3 000** – Londres, 22 sep. 1988 : *Entrée au port de Portsmouth*, h/t (45,7x61) : **GBP 495** – Chester, 20 juil. 1989 : *La baie de Bertraghbey à Connemara*, h/t (91,5x71) : **GBP 1 870** – Londres, 5 oct. 1989 : *Canot de sauvetage approchant du naufrage*, h/t (61x107) : **GBP 1 430** – Londres, 3 nov. 1989 : *Chalutiers en mer au large de Peel Harbour (Île de Man)*, h/t (76x127) : **GBP 2 090** – Londres, 13 déc. 1989 : *Légère brise à Whitby*, h/t (76x127) : **GBP 3 300** – Londres, 9 fév. 1990 : *La chaloupe des sauveteurs* 1888, h/t (76,2x127) : **GBP 4 620** – Londres, 30 mai 1990 : *Le retour des pêcheurs*, h/t (76x127) : **GBP 7 700** – New York, 21 mai 1991 : *Whitby Lane à marée basse à l'aube*, h/t (61x107) : **USD 2 750** – Londres, 22 nov. 1991 : *Pêcheurs au large des côtes du Kent*, h/t (61x106,7) : **GBP 2 200** – Londres, 16 juil. 1993 : *Après une nuit de tempête*, h/t (131x130,5) : **GBP 5 750** – Amsterdam, 19 avr. 1994 : *La remontée de la pêche*, h/t (55x90) : **NLG 4 600** – Londres, 3 mai 1995 : *Brise matinale à Peel Harbor (Île de Man)*, h/t (61x107) : **GBP 5 290**.

MILES of Northleach J.
XVIIIe-XIXe siècles. Britannique.
Peintre.
Une vente publique mentionne, avec un prix important, une peinture d'un artiste de ce nom, dont on ne trouve pas d'autre trace sous cette orthographe, ni sous des orthographes approchantes. Son lien avec Northleach indiquerait un Anglais.
Ventes Publiques : Londres, 22 juil. 1986 : *The Naming of the animals*, h/t (88x121) : **GBP 27 000**.

MILESI Alessandro
Né le 28 avril 1856 à Venise (Vénétie). Mort en 1945. XIXe-XXe siècles. Italien.
Peintre de genre, portraits.
Il fut élève de l'école des Beaux-Arts de Venise et du peintre Nani.
Il a peint surtout des scènes de genre bien faites pour séduire le grand public : *La Famille du pêcheur*, *Les Régates*. On lui doit aussi des portraits, dont celui de la célèbre actrice *Emma Grammatica*, et du *Cardinal Merry del Val*.

Musées : Le Caire (Gal. roy.) – Munich (Pina.) – Rome (Gal. d'art Mod.) – Vatican (Gal. Vaticane) : *Cardinal Merry del Val*.
Ventes Publiques : Londres, 10 juin 1966 : *Les Préparatifs à la fête de Venise* : **GNS 2 400** – Milan, 10 nov. 1970 : *Vue de Venise* : **ITL 2 400 000** – Buenos Aires, 14 et 15 nov. 1973 : *Bergères dans un paysage* : **ARS 120 000** – Milan, 14 déc. 1976 : *Au soir de la vie*, h/cart. (33,5x43) : **ITL 3 000 000** – Milan, 20 déc. 1977 : *Scène d'intérieur*, h/t (53,5x62,5) : **ITL 3 300 000** – Milan, 5 avr 1979 : *Portrait de jeune femme*, h/t (74x53) : **ITL 5 000 000** – Milan, 10 juin 1981 : *Le Repos des paysans*, h/t (29x25,5) : **ITL 5 000 000** – Milan, 23 mars 1983 : *Les Fileuses*, h/t (49x61) : **ITL 12 500 000** – Milan, 7 nov. 1985 : *La perlaie* 1883, h/t (108x148) : **ITL 85 000 000** – Milan, 28 oct. 1986 : *Le Cadeau de grand-père*, h/pan. (55x43) : **ITL 38 000 000** – Milan, 31 mars 1987 : *La Charrette de foin* 1930, pan. (27x37,5) : **ITL 3 600 000** – Milan, 3 mars 1988 : *Mi-carême*, h/t (46x58) : **ITL 15 000 000** – Milan, 14 mars 1989 : *Résidence montagnarde*, h/cart. (35,5x51) : **ITL 8 500 000** – Milan, 14 juin 1989 : *En guettant le retour du père* 1922, h/cart. (44x29,5) : **ITL 16 000 000** – Milan, 19 oct. 1989 : *Marta Abba dans Comme tu me veux de Pirandello* 1932, h/t (213x121) : **ITL 38 000 000** – Milan, 30 mai 1990 : *Reflets d'or* 1902, h/t (92x53) : **ITL 20 000 000** – Milan, 18 oct. 1990 : *Petit déjeuner*, h/cart. (41x30,5) : **ITL 21 000 000** – Rome, 11 déc. 1990 : *Le passeur*, h/t (35x24) : **ITL 18 400 000** – Rome, 16 avr. 1991 : *Portrait de Gino Gregori* 1908, h/t (56x40,5) : **ITL 5 175 000** – Rome, 28 mai 1991 : *Portrait d'une femme âgée*, h/cart. (18,5x15,5) : **ITL 2 200 000** – Milan, 7 nov. 1991 : *Confidences dans un jardin*, h/cart. (20,5x30) : **ITL 16 500 000** – Milan, 8 juin 1993 : *Paysanne dans un paysage campagnard*, h/cart. (34x46,5) : **ITL 6 000 000** – New York, 12 oct. 1993 : *Mirandolina* 1919, h/t (64,8x76,8) : **USD 25 300** – Milan, 9 nov. 1993 : *Une bonne action* 1916, h/t (93,5x63,5) : **ITL 55 200 000** – Londres, 18 mars 1994 : *Le Retour du pêcheur*, h/t (95,9x129,9) : **GBP 47 700** – Milan, 14 juin 1995 : *Petite fille*, h/pan. (37x28) : **ITL 11 500 000** – Milan, 23 oct. 1996 : *Projet pour une comédie de Goldoni* 1900, h/pan. (40x53,5) : **ITL 12 232 000** – New York, 23 mai 1997 : *La Vendeuse de palourdes, Venise* vers 1880, h/t (91,4x64,8) : **USD 123 500**.

MILET Yves
Né en 1934 à Vierzon (Cher). XXe siècle. Français.
Peintre de compositions animées, dessinateur, graveur, illustrateur, peintre de décors de théâtre, peintre de cartons de vitraux. Figuration-fantastique.
Il s'installa à Paris en 1954, où il a fréquenté, en gravure, l'atelier de Hayter.
Il participe à des expositions collectives, parmi lesquelles : 1960, Salon des Réalités Nouvelles, Paris ; 1960-1963, galerie Raymond Cordier, Paris ; 1964, *Mythologies quotidiennes*, Musée d'Art Moderne de la Ville de Paris ; 1965, 1966, Salon de la Jeune Peinture, Paris ; 1966, 1968, Salon Comparaisons, Paris ; 1969, *L'Art fantastique et le surréalisme*, Château de Culan ; 1974, Biennale de gravure, Musée d'art moderne de la ville de Paris. Il montre ses œuvres dans des expositions personnelles, notamment, en 1964 et 1972, à la galerie La Cour d'Ingres à Paris, à la galerie Paul Bruck (Luxembourg), à la galerie de l'Ermitage en 1982 et 1989.
Il a réalisé des décors de théâtre et des cartons de vitraux et a exécuté des illustrations pour des ouvrages : *Psychopatia sexualis* ; *Das tabu in der Erotic* ; *Amour et fétichisme*, de Roland Villeneuve.
Bibliogr. : Gérard Xuriguera et Josette Méleze : *Yves Milet*, s.e., s.d.
Musées : Dunkerque (Mus. d'Art Contemp.) – Paris (BN) – Roquebrune (Mus. mun. d'Estampes) – Saint-Omer (Mus. de l'Hôtel Sandelain).
Ventes Publiques : Paris, 14 oct. 1989 : *Vaisseau spatial Ucar, projet pour une publicité des piles Ucar*, gche/cart. (62x105) : **FRF 6 500** – Paris, 22 jan. 1990 : *Les Rivages à Mediolanum* 1963 (97x130) : **FRF 9 000** – Paris, 26 sep. 1991 : *Arbre de feu* 1984, h/pap./t. (100x100) : **FRF 6 000** – Paris, 10 fév. 1993 : *Le peintre et ses poissons* 1987, h/t (65x92) : **FRF 4 500** – Paris, 8 juil. 1993 : *L'étang* 1985, h/t (71x130) : **FRF 5 000**.

MILET-MOREAU Iphigénie. Voir **DECAUX Iphigénie**

MILEWSKI
Né le 18 janvier 1959 à Cordoba. XXe siècle. Actif en France. Argentin.
Peintre.

MILHAUD Daniel
XXe siècle.
Sculpteur, céramiste.
Il a exposé au Centre d'action culturel Pablo Neruda.
Il a débord assembler des matériaux en des équilibres précaires. Il a ensuite incisé, de signes, des pièces en céramique qui jouent également sur le plein et le vide du volume, pour aussi également les associer à de la pierre discrètement taillée.

MILHAUSER Johann August ou **Milhausser, Milhäusser**
Né le 17 janvier 1725 à Dresde. Mort en avril 1800 à Dresde. XVIIIe siècle. Allemand.
Peintre, aquarelliste, dessinateur.
Il a peint depuis 1763 des papillons, des insectes et des armoiries de la noblesse impériale.

MILHAZES Béatriz
XXe siècle. Brésilienne.
Peintre.
Elle montre ses œuvres dans des expositions personnelles régulièrement à la galerie Camargo-Vilaça de São Paulo, ainsi qu'à la galerie Edward Thorp de New York.

MILHAZES Zulema
XXe siècle. Brésilienne.
Artiste.
Elle a participé en 1995 à l'exposition *Regard d'Amérique latine* à la galerie Regard à Genève.

MILHEUSER Julius ou **Mulheuser**
Né vers 1611. Mort le 8 janvier 1680. XVIIe siècle. Hollandais.
Graveur au burin.
Il travailla à Amsterdam depuis 1649 et grava surtout des vues de villes.

MILHOMME François Dominique Aimé
Né le 20 août 1758 à Valenciennes. Mort le 24 mai 1823 à Paris. XVIIIe-XIXe siècles. Français.
Sculpteur.
Élève de Gillet à Valenciennes et d'Allegrain à Paris, il eut en 1797 le deuxième grand prix de Rome, et remporta le premier prix en 1800. A cette époque, Milhomme avait quarante-trois ans. C'est le dernier qui concourut dans un âge aussi avancé, car en lui accordant le prix, les professeurs décidèrent, sur la proposition de Chaudet, qu'à l'avenir on n'admettrait plus à aucun concours de l'école, des élèves qui auraient plus de trente ans. De 1810 à 1822, il figura au Salon.
Musées : Aix : *Psyché* – Lille : *Hermaphrodite* – Metz : *Henri III* – Paris (Mus. du Louvre) : *Psyché* – Valenciennes : *Colbert* – *Caius Gracchus prend congé de sa femme* – *Œdipe à Colone* – *Génie de la Marine* – Versailles : *Passage du Rhin* – *Le général Hoche* – Versailles (Château) : *Colbert*.

MILIADIS Stelios
Né en 1881 à Chio. Mort le 2 juin 1965 à Athènes. XXe siècle. De 1905 à 1932 actif en France. Grec.
Peintre de portraits, paysages animés, paysages, marines, natures mortes, fleurs. Postimpressionniste.
Il fut élève de Constantin Volanakis à l'école du Pirée, et, en 1898 et pendant cinq années, de l'Académie des Beaux-Arts de Munich, et notamment de Ludwig von Löfftz, puis, de 1905 à 1909, poursuivit sa formation à l'École des Beaux-Arts de Paris, dans l'atelier de Fernand Cormon. Pendant les deux années suivantes, il fut élève de Fernand Sabatté dans son atelier privé. À partir de 1910 et pendant une quinzaine d'années, il exposa régulièrment au Salon des Artistes Français. Il participa à de nombreuses expositions collectives dans le monde. Après son retour en Grèce, il participa à toutes les expositions panhelléniques d'Athènes, y recevant de nombreuses distinctions. Il exposa individuellement à Athènes et dans d'autres villes grecques.
Il fut un des principaux représentants du postimpressionnisme en Grèce, et sont mentionnées, dans ses œuvres, en particulier la composition harmonieuse et la justesse de la lumière.
Musées : Athènes (Pina. Nat.) – Athènes (Pina. mun.) – Paris (Mus. d'Orsay) : *Le Canal à Pantin* vers 1927 – Rhodes (Gal. d'Art).

MILIAN Raul
Né en 1914 à La Havane. Mort en 1986. XXe siècle. Cubain.
Peintre, graveur.
Après des études de philosophie, il ne vint à la peinture que tardivement, en autodidacte. En 1950, il prit conseil auprès de René Portocarrero. Il a fit partie du groupe dit *des Onze*, bien que plus âgé que les autres membres.
Il n'expose que depuis 1950. Il a figuré, à Paris, au Salon de Mai en 1967. Il montre ses œuvres dans des expositions personnelles, aux États-Unis et au Canada en 1953 ; à La Havane en 1955.
Sa peinture est influencée par le graphisme de la gravure qu'il pratique avec prédilection. Après une période abstraite, il adopta un langage plastique directement perceptible aux masses cubaines, pour mettre son art au service de la révolution cubaine. Sa peinture se rapproche de l'art brut par la spontanéité de la composition et de l'exécution. On y trouve certains traits propres à la peinture enfantine, avec, en plus, un arrière-fond tragique.
Bibliogr. : In : *Peintres contemporains*, Mazenod, Paris, 1964.
Ventes Publiques : New York, 14-15 mai 1996 : *Turbulences en ocre et noir* ; *Courbes*, dess. encre et aquar./pap., une paire (38,4x27,9 et 37,5x27,9) : **USD 2 300**.

MILIANI Michelangelo
Né au XIXe siècle à Fabriano. XIXe siècle. Italien.
Peintre de genre.
Exposa à Turin et Rome. Débuta vers 1880.

MILICEVIC Ksnia
Née en 1942. XXe siècle. Yougoslave.
Peintre, dessinateur. Symboliste.
Après avoir obtenu un diplôme d'architecte urbaniste, elle suivit la section peinture de l'École des Beaux-Arts.
Elle expose régulièrement depuis 1971. Elle travaille fréquemment en Amérique du Sud et expose en France depuis 1976.
Ventes Publiques : Paris, 11 avr. 1988 : *Le Conservateur des oublis*, h/t (80x100) : **FRF 3 800** – Paris, 14 avr. 1991 : *Du côté de Yautepec*, h/t (120x80) : **FRF 11 000** – Paris, 19 jan. 1992 : *Grain d'or* 1990, h/t (61x46) : **FRF 5 000**.

MILICH Abram Adolphe
Né le 24 mars 1884 à Tyszowce (Pologne). Mort le 18 octobre 1964 à Lugano. XXe siècle. Actif en Italie, depuis 1920 actif en France, actif puis naturalisé en 1951 en Suisse. Polonais.
Peintre.
Vers quinze ans il quitta sa famille et alla vivre à Varsovie pour y apprendre la peinture. Il y travailla auprès d'un peintre d'enseignes, puis franchit clandestinement la frontière et partit pour Munich. Il y suivit les cours de l'Académie des Beaux-Arts avec Hakel, Loeftz, Marr, Haerterich et Stück pour professeurs. Avec une bourse de l'Académie de Munich, il alla à Venise, puis Florence, et finalement s'installa à Rome où il acquit une certaine notoriété comme portraitiste. Il y vécut juqu'en 1915. Il s'installa ensuite en France, à Paris en 1920. Avec l'arrivée de la Seconde Guerre mondiale, Milich descendit en zone libre et alla vivre à Saint-Tropez où il utilisa surtout l'aquarelle. Il émigra ensuite en Suisse, à Zurich d'abord, puis à Lugano où il restera jusqu'à la fin de sa vie. En 1951, il effectua un premier voyage en Israël. À son retour d'Israël, il est frappé d'hémiplégie, perdant l'usage de sa main droite.
Il exposa, à partir de 1922, régulièrement au Salon des Indépendants, présentant un *Paysage de Ségovie* à la rétrospective de cette société. Il fut également sociétaire du Salon d'Automne, et figura au Salon des Tuileries avec *Paysage de Saint-Paul du Var* et *Paysage de Six-Fours*. Il a envoyé en 1937 à l'Exposition universelle de Paris des portraits et des natures mortes. Il participa à l'Exposition d'État des artistes polonais à l'étranger : Athènes, Bucarest, Belgrade et Budapest en 1938 ; à l'exposition Franco-Britannique de l'art contemporain avec *Jeune fille* et *Nature morte* à Adélaïde (National Gallery), Melbourne et Sydney ; à l'exposition cantonale du Kunsthaus de Zurich, ainsi qu'à celles du Kunstmuseum de Lucerne et du Kunsthalle de Berne. Il montra ses œuvres dans des expositions particulières notamment en 1951 à Haïfa.
C'est à Paris que se dessina vraiment la carrière de cet artiste sensible et méritant, d'expression franchement moderne mais sachant que l'ordre classique est rejoint par la pureté du style et du goût. Il avait étudié avec beaucoup de rigueur les maîtres anciens, puis fut influencé par Cézanne.

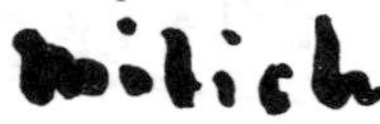

Musées : Antibes – Berne – Genève – Grenoble – Jérusalem (Mus. Bezalel) – Lucerne – Lugano (Mus. Villa Ciani) – Mont-de-Marsan – Paris (Jeu de Paume) – Paris (Mus. Nat. d'Art Mod.) – Paris (Petit Palais) – Saint-Paul-de-Vence – Tel-Aviv – Varsovie.
Ventes Publiques : Paris, 10 déc. 1968 : *Le Golfe de Saint-Tropez* : **FRF 7 000** – Genève, 24 avr. 1970 : *Nature morte aux oranges* : **CHF 14 500** – Versailles, 8 juin 1972 : *Théière et panier de cerises* : **FRF 6 000** – Versailles, 28 oct 1979 : *Théière et panier de cerises*, h/t (54x65) : **FRF 4 300** – Zurich, 31 août 1983 : *Vase de roses*, h/t (55x46) : **CHF 9 000** – Zurich, 2 oct. 1985 : *Portrait de Marianne*, h/t (130x97) : **CHF 6 000** – Paris, 11 déc. 1987 : *Vase de*

tulipes, h/t (65x54) : **FRF 25 000** – Tel-Aviv, 25 mai 1988 : *Venise*, h/t (46x54) : **USD 935** – Zurich, 25 oct. 1989 : *Lugano*, h/t (60x73,5) : **CHF 4 400** – Paris, 8 avr. 1990 : *Les Oliviers*, h/t (65x81) : **FRF 30 000** – Tel-Aviv, 20 juin 1990 : *Femme à la guitare*, aquar. (35,5x25,9) : **USD 1 210** – Zurich, 22 juin 1990 : *Nature morte avec assiette, bouteille et fruits* 1943, h/t (54x65) : **CHF 5 500** – Zurich, 18 oct. 1990 : *Saint-Paul-de-Vence* 1920, h/t (60x73) : **CHF 8 000** – Zurich, 7-8 déc. 1990 : *Gafsa en Algérie* 1926, h/t (54x66,5) : **CHF 6 000** – Zurich, 21 juin 1991 : *Corbeille de fruits* 1949, h/t (39x47) : **CHF 3 400** – Zurich, 16 oct. 1991 : *L'olivier*, h/t (73x60) : **CHF 4 800** – Zurich, 4 déc. 1991 : *Les oranges* 1955, h/cart. (18,8x22,2) : **CHF 800** – Tel-Aviv, 20 oct. 1992 : *Portrait de Madame Mariane Moos de Zürich*, h/t (130x97) : **USD 4 950** – Tel-Aviv, 4 oct. 1993 : *Nature morte de pêches*, h/t (50x65) : **USD 3 220** – Zurich, 13 oct. 1993 : *Deux filles au bord de l'eau* 1945, h/t (45x55) : **CHF 1 900** – Paris, 27 mars 1994 : *Les oliviers en Provence*, h/t (75x73) : **FRF 10 000** – Boulogne-Billancourt, 29 mai 1994 : *Vue de Saint-Tropez*, h/t (73x92) : **FRF 15 000**.

MILICIC Joseph Sibe
Né le 3 avril 1886 à Brusje (île Hvar, Dalmatie). xxe siècle. Austro-Hongrois.
Peintre.
Il vécut et travailla à Belgrade.

MILIEU DES PROVINCES RHÉNANES, Maître du. Voir **MAÎTRES ANONYMES**

MILIONE Vicenzo
xviiie siècle. Actif à Rome. Italien.
Peintre de portraits.
Il a fait en 1796 le portrait du pape *Pie VI*, qui se trouve au Séminaire de Venise.
Musées : Chambéry (Mus. des Beaux-Arts) : *Portrait de Clément XIV*.

MILIORI Francesco di Lorenzo ou **Milliori**
xve siècle. Italien.
Peintre de fresques.
Il a peint une fresque de sainte Catherine à l'hôtel de ville de Sienne.

MILITZ Johann Michael. Voir **MILLITZ**

MILIUS Félix Augustin
Né en 1843 à Marseille (Bouches-du-Rhône). Mort en 1894. xixe siècle. Français.
Peintre de genre, portraits, graveur, illustrateur.
Il fut élève d'Hippolyte Flandrin, de Charles Gleyre, de Léon Gaucherel et d'Edmond Hédouin. Il exposa au Salon de Paris, à partir de 1869.
Il grava d'après Norbert Goeneutte et Eugène Fromentin. Il illustra, en 1884, *Le Neveu de Rameau* de Diderot.
Ventes Publiques : New York, 31 oct. 1980 : *La liseuse*, h/t (98,4x80) : **USD 6 500** – New York, 15 fév. 1985 : *Jeune femme pêchant à la ligne* 1873, h/t (30,5x50,2) : **USD 6 500** – New York, 23 mai 1996 : *Lecture d'après-midi*, h/t (99,7x81,3) : **USD 43 700**.

MILÏUTIN Michail
xviie siècle. Russe.
Peintre d'icônes.
Élève de S. Uschakoff.

MILIVOJEVIC Milica
Née le 29 mars 1889 à Jagodina (Serbie). xxe siècle. Yougoslave-Serbe.
Peintre de portraits, paysages.
Elle étudia à Munich et à Paris.

MILJUS Branko N.
Né le 22 mars 1936 à Dragotinja. xxe siècle. Yougoslave.
Peintre, graveur, illustrateur.
Il a étudié à l'Académie des Beaux-Arts de Belgrade, où il obtint son diplôme, en 1958, en section de peinture, dans l'atelier du professeur N. Gvozsenovic. Il travailla ensuite la gravure, sous la direction de B. Karanovic. Ayant obtenu une bourse du gouvernement français, il fit un voyage d'études à Paris, en 1962-1963. Il participe, surtout en tant que graveur, à de très nombreuses expositions de groupe, nationales et internationales, parmi lesquelles : les Biennales de Ljubljana ; VII Biennale de *Bianco e Nero*, Lugano, 1962 ; Biennales méditerranéennes, Alexandrie, 1964, 1966 ; Biennales de Tokyo, 1964, 1968 ; Biennales de Cracovie, 1966, 1968 ; XXXIIIe Biennale de Venise, 1966 ; Biennale des Jeunes, Paris, 1967. Il a participé également en 1970 au Ier Symposium international de Roudnicenad-Labem (Tchécoslovaquie). Il a obtenu de nombreux prix, entre autres : 1960, le prix de gravure, Salon d'Octobre, Belgrade ; 1961, prix de peinture, exposition de la Lutte de Libération nationale ; 1962, prix de gravure, *Bianco e Nero*, Lugano ; 1963, prix Politica, pour son exposition personnelle à Belgrade ; 1966, prix de l'Union des artistes plastiques de Yougoslavie, IVe exposition de gravure yougoslave, Zagreb ; 1967, 1er prix pour la peinture, exposition des jeunes, Sarajevo ; etc. Il montre ses œuvres dans des expositions personnelles, gravures et peintures : 1959, Belgrade ; 1961, Belgrade, Novi-Sad ; 1962, Club des Étudiants, Paris ; 1963, Musée d'art contemporain, Belgrade, Novi-Sad ; 1964-1965, Lujbljana, Belgrade ; 1966, Belgrade, Prague ; 1967, Graz, Beyrouth ; etc.
Après des débuts dont les réalisations se référaient à une figuration analytique, il adopta le langage symbolique-narratif, hérité, avec des accents divers, du pop art et qui gagna la peinture internationale. Procédant volontiers par images successives ou juxtaposées, il affectionne la disposition en spirale ou en escargot. Les figures symboliques dont il use ont la simplicité des images coloriées des enfants, dont il adopte volontairement l'apparente maladresse et la fraîcheur de tons. Les symboles mêmes, leurs associations entre eux, révèlent la connaissance des automatismes dirigés des surréalistes, et un certain recours au répertoire fantastique. Peintre, graveur, il réalise également des illustrations de livres et des maquettes de reliures.
Bibliogr. : Miodrag B. Protic : *Branko N. Miljus*, Gal. de la Collectivité Graphique, Belgrade, 1968 – Aleksander Bassin : *Branko Miljus*, catalogue de l'exposition, Mala Galerie, Ljubljana, 1969.

MILKIEWICZ K.
xixe siècle. Polonais.
Peintre de miniatures.

MILKOVICS Joannicius
xviiie siècle. Roumain.
Peintre.

MILKOWSKI Antoni
Né en 1935 à Evanston (Illinois). xxe siècle. Vivant à New York. Américain.
Sculpteur.
Fait partie des artistes qui se réfèrent du Minimal art, ou de l'Art du réel. A la suite du néoplasticisme de Mondrian, et dans le refus radical de toute trace de subjectivité, ou de toute possibilité interprétative subjective de l'œuvre, ces artistes recherchent les structures primaires, soit du volume, soit de la couleur, pour en rendre la perception évidente en tant que telles, et non plus en tant que véhicules d'images ou d'équivalences associatives.
Bibliogr. : E. C. Goossen : *Catalogue de l'exposition L'Art du Réel U.S.A. 1948-1968*, Musée du Grand Palais, Paris, 1968.

MILL Richard
Né en 1949 au Québec (Québec). xxe siècle. Canadien.
Peintre. Abstrait-analytique.
Il figurait, en 1985, à l'exposition *Les Vingt ans du Musée à travers sa collection* au Musée d'Art Contemporain de Montréal.
Il commence à peindre en 1970. De suite, il s'engage dans une démarche analytique de la peinture. Surface, plan, marges verticales ou horizontales, et unique couleur noire délimitent étroitement son acte de peindre. À partir de 1975, tout en diversifiant les structures formelles de son dessin, il laisse transpercer la « vie » du geste créateur : traces, effritement des marges et limites, traitement de la couleur. Ce faisant, il glisse imperceptiblement vers un expressionnisme-abstrait dans les années quatre-vingt. Depuis, il est revenu à une « lisibilité » de formes géométriques.
Bibliogr. : In : *Les Vingt ans du Musée à travers sa collection*, catalogue de l'exposition, Musée d'Art Contemporain, Montréal, 1985.
Musées : Montréal (Mus. d'Art Contemp.) : *M II-84* 1977 – *Pavoisé* 1975.

MILLA Israel von der ou **Möllen, Mollen, Müllen**
xvie siècle. Actif à Brême. Allemand.
Sculpteur.
Il séjourna en 1568 à Nuremberg. Le Musée de Brunswick conserve de lui une *Pietà*.

MILLAIS John Everett, Sir
Né le 8 juin 1829 à Southampton. Mort le 13 août 1896 à Londres. xixe siècle. Britannique.
Peintre d'histoire, scènes de genre, portraits, paysages, aquarelliste. Symboliste. Préraphaélite.

Il débuta très jeune. À quatorze ans, il obtint une médaille d'argent et à dix-huit ans, une médaille d'or. À vingt ans, il rompit avec éclat avec l'art académique et devint, avec Ruskin, le promoteur des préraphaélites. Il fut reçu en 1853 à la Royal Academy dont il devint président, en 1896. Il a participé en France aux Expositions Universelles de 1855, 1877 et 1889.
Comme les autres membres de la Confrérie préraphaélite, sa formation avait été purement académique et leur référence à la Renaissance italienne antérieure à Raphaël, si elle leur fit créer un style esthétique, ne les incita pas à dépasser la technique traditionnelle. Lorsqu'il fut le plus jeune étudiant à avoir été reçu aux cours de la Royal Academy, où il se lia avec William Holman Hunt, il peignit des œuvres strictement traditionnelles, comme le *Pizarre capturant l'Inca du Pérou*, de 1846. Ce fut alors surtout un très remarquable portraitiste. On cite notamment de lui un très beau *Portrait de Ruskin*.
Après la fondation du mouvement préraphaélite, en 1848, Millais contribua pour une grande part à cette esthétique morbide des personnes, soulignée par une gamme colorée déliquescente, qui caractérisa l'ensemble de la production du groupe, notamment dans *Lorenzo et Isabella*, de 1849, *Ferdinand et Ariel*, également de 1849, *Le Christ dans la maison de ses parents*, de 1850, et surtout la très célèbre *Ophélie*, de 1852, également à la Tate Gallery, touchante et diaphane figure de la fiancée de Hamlet flottant, noyée, à la surface d'un étang suavement fleuri, sorte de Botticelli postromantique. Pendant une dizaine d'années, il peignit dans l'esprit de l'esthétique préraphaélite. Ensuite, il abandonna progressivement les grands thèmes pour l'anecdote d'une réalité plus quotidienne ou touchante : *L'Ordre d'élargissement*, de 1853, ou *Les Bulles*, de 1886, œuvre qui fut popularisée par sa diffusion par une grande marque de savon. En 1855, Millais, ayant épousé Effie, l'ancienne femme de Ruskin, perdit l'appui de celui-ci. Il continua cependant à jouir de la faveur du public, qui réserva le meilleur accueil à son *Enfance de Raleigh*, de 1870, ainsi qu'à ses illustrations pour les œuvres de Tennyson et de Trollope, parfaites représentations du style victorien.
Son influence a été considérable sur la peinture anglaise contemporaine. D'entre les préraphaélites, groupés sous l'autorité intellectuelle de Ruskin, Dante-Gabriele Rossetti, William Holman Hunt, Edward Burne-Jones, George Frédérick Watts, Millais, sans aller jusqu'à être touché par les découvertes techniques des impressionnistes, se montra le plus peintre du groupe, atteignant, dans certaines œuvres comme *La Mort d'Ophélie*, une qualité plastique et poétique certaine, tandis que l'ensemble des peintres du groupe, attachés avant tout à exprimer des sentiments, se satisfaisaient de recettes académiques.

■ J. B.

Musées : Aberdeen : *Portrait de l'artiste par lui-même* – Birmingham : *Départ des huguenots* – *La jeune fille aveugle* – *Le denier de la veuve* – Egham (près Londres) : *Le Collège Holloway* – *Les princes dans la tour* – *La princesse Élisabeth dans son cachot* – Florence (Mus. des Offices) : *Portrait de l'artiste par lui-même* – Glasgow : *La grande passion* – *Saint Jean-Baptiste* – *Portrait de John Caird* – Hambourg : *Le menuet* – Liverpool : *Lorenzo et Isabelle* – *Rosalinde et Célie* – *Le Martyre de Solway* – *Une bonne intention* – Londres (Nat. Gal.) : *Portraits de Gladstone et de Louise Jopling* – Londres (Tate Gal.) : *Le Christ dans la maison de ses parents* 1850 – *Ophélie* 1852 – *Jeune fille offrant des fleurs à un cavalier* – *Charles Ier dans l'atelier de Van Dyck* – *L'atelier du charpentier* – *L'ordre de libération* – *Vallée du silence* – *Le Brunswickois noir* – *Le cavalier* – *La jeunesse de Raleigh* – *Le passage sud-ouest* – *Soldat de la garde royale* – *Portraits de Tennyson et d'Henry Thompson* – *Portrait équestre de la fille de l'artiste* – *Scène de grâce* – *Martyre de saint Étienne* – *Une chrétienne* – Londres (Nat. Portrait Gal.) : *Portraits de Carlyle, de W. W. Collins et de Sullivan* – Londres (Victoria and Albert Mus.) : *Pizarre capturant l'Inca du Pérou* 1846 – Manchester : *Feuillage d'automne* – *Stella* – *Inondation* – *Moïse demande la victoire* – *Bois de chauffage pour l'hiver* – *Portrait de Fraser* – Melbourne : *Le sauvetage* – *Portrait de Diane Vernon* – Montréal (Mus. des Beaux-Arts) : *L'Été de la Saint-Martin* 1878 – New York (Metrop. Mus.) : *Lucie de Lammermoor* – *Portia* – Paris (Luxembourg) : *Portraits de Mrs Heugh et de Wertheimer* – Sheffield : *La demande* – Stratford-on-Avon : *Portrait de Ronald Gower* – Sydney : *La Prisonnière*.

Ventes Publiques : Londres, 1862 : *Le Noir du Brunswick* : **FRF 20 280** – Londres, 1875 : *Jephtah* : **FRF 99 750** ; *Chill October* : **FRF 81 375** – Londres, 1881 : *Les enfants d'Édouard* : **FRF 99 750** – Londres, 1884 : *Stella*, portrait : **FRF 36 750** ; *Vanena*, portrait : **FRF 34 025** – Londres, 1887 : *Sur les collines* ; *Loin, bien loin*, deux pendants : **FRF 131 200** – Londres, 1888 : *Passage Nord-Ouest* : **FRF 105 000** – Londres, 1897 : *Le royaliste proscrit* : **FRF 52 500** – Londres, 1898 : *L'ordre d'élargissement* : **FRF 134 250** ; *Thé d'après-midi* : **FRF 34 125** – Londres, 1899 : *Rêve d'aurore*, aquar. : **FRF 17 500** – Londres, 1900 : *La jeunesse de Raleigh* : **FRF 136 500** – Londres, 11 nov. 1921 : *Grâce* : **GBP 210** – Londres, 21 juil. 1922 : *Les filles jumelles de Thomas Rolls Hoare* : **GBP 115** – Londres, 17 mai 1923 : *Bonne résolution* : **GBP 236** – Londres, 22 juin 1923 : *La veille de sainte Agnès* : **GBP 1 575** – Paris, 13 nov. 1924 : *Petruccio*, cr. et sanguine : **FRF 500** – Londres, 8 mai 1925 : *Enfance de sainte Thérèse* : **GBP 441** – Londres, 19 juin 1925 : *La petite Nell et son grand-père* : **GBP 304** – Londres, 18 juin 1926 : *Sommeil* : **GBP 840** – Londres, 17 juin 1927 : *La mariée de Lammermoor* : **GBP 399** – New York, 9 avr. 1929 : *Le petit chaperon rouge* : **USD 1 000** – Londres, 10 mai 1929 : *Parfaite félicité* : **GBP 924** – Londres, 26 juil. 1929 : *Réveil* : **GBP 525** ; *Isabelle et Lorenzo* : **GBP 231** – Londres, 28 fév. 1930 : *Un rêve à l'aube*, dess. : **GBP 162** – Londres, 24 nov. 1933 : *Non !* : **GBP 202** – Londres, 15 mars 1935 : *Charlie est mon amour* : **GBP 152** – Londres, 3 avr. 1936 : *Pomone* : **GBP 278** – Conway, 17 oct. 1936 : *Les Huguenots*, aquar. : **GBP 120** – Londres, 19 mars 1937 : *Illustration pour Un Amour perdu*, dess. : **GBP 32** – Paris, oct. 1945-juil. 1946 : *Portrait d'enfant aux cheveux blonds* : **FRF 7 800** – Londres, 26 avr. 1946 : *Paix conclue le jour de la Saint-Barthélémy* : **GBP 2 100** ; *L'enfant du régiment* : **GBP 651** – Londres, 26 avr. 1946 : *Portrait de jeune fille* : **GBP 315** – Paris, 13 fév. 1950 : *La femme au manchon* 1874 : **FRF 60 000** – New York, 12 déc. 1956 : *Pomone* : **USD 700** – Londres, 6 juin 1958 : *Le message de la violette* : **GBP 840** – Londres, 26 juil. 1961 : *La leçon* : **GBP 400** – Londres, 16 juil. 1965 : *Portrait de John Ruskin* : **GBP 24 000** – Londres, 7 juil. 1967 : *Portrait de la femme de l'artiste* : **GBP 5 000** – Londres, 3 avr. 1968 : *Officier blessé entouré par sa famille* : **GBP 11 500** – Londres, 11 mars 1969 : *Le fils de l'artiste sur une balançoire*, aquar. : **GBP 550** – Londres, 21 mars 1969 : *Enfant endormi* : **GBP 9 000** – Londres, 10 juil. 1970 : *Fillette, une lettre à la main* : **GBP 3 000** – Londres, 17 mars 1971 : *Little Miss Muffet* : **GBP 1 800** – Londres, 14 juil. 1972 : *Le Huguenot* : **GBP 30 000** – Londres, 27 mars 1973 : *Mrs Langtry* : **GBP 9 500** – Londres, 9 juil. 1974 : *Le petit chaperon rouge* 1864 : **GBP 11 500** – Londres, 16 juil. 1976 : *Les orphelins* 1885, h/t (94x67,5) : **GBP 4 000** – Londres, 29 juil. 1977 : *Le Couronnement de l'amour* 1875, h/t (127,6x86,7) : **GBP 2 200** – Londres, 20 mars 1979 : *Rétribution* 1854, pl. (19,5x25,5) : **GBP 9 000** – Londres, 19 mars 1979 : *Huguenot*, h/cart., haut arrondi (24x18) : **GBP 33 000** – Londres, 18 mars 1980 : *Le Marquis de Westminster*, techn. mixte (25,5x14) : **GBP 900** – Londres, 24 mars 1981 : *Une soirée*, pl. et lav. (20,3x30,2) : **GBP 3 200** – New York, 27 mai 1982 : *My first sermon*, h/pan. (33x23) : **USD 30 000** – New York, 21 jan. 1983 : *Études de femme portant un panier*, cr. (19x12,4) : **USD 1 800** – Londres, 25 nov. 1983 : *The Proscribed Royalist* 1853, h/t (103x73,5) : **GBP 780 000** – Londres, 29 oct. 1985 : *Odds or evens* 1863, aquar. reh. de blanc (11,8x9,5) : **GBP 6 500** – Londres, 20 juin 1986 : *Portrait de Gracia, fille de Evans Lees* 1875, h/t (107,2x75) : **GBP 120 000** – Londres, 23 juin 1987 : *Ophélie* vers 1865-1866, aquar. reh. de gche (17,5x24,5) : **GBP 68 000** – Londres, 25 jan. 1988 : *Portrait de Mr Gunning la nuit de sa mort* 1852, cr. (16x24,5) : **GBP 1 210** – New York, 24 mai 1989 : *La veille de Noël* 1887, h/t (155x130,8) : **USD 88 000** – New York, 24 oct. 1989 : *La promesse* 1877, h/t (149,8x116,8) : **USD 407 000** – New York, 28 fév. 1990 : *La douce Emma Morland* 1892, h/t (121,3x90,8) : **USD 110 000** – Londres, 25-26 avr. 1990 : *Etude de personnages*, cr. et lav. avec reh. de blanc (12x9) : **GBP 2 200** – New York, 22 mai 1990 : *Portrait de Mariana*, h/pan. (14,6x11,5) : **USD 126 500** – Londres, 19 juin 1990 : *Un huguenot*, h/t arrondie (24x18) : **GBP 225 500** – Londres, 26 sep. 1990 : *Le sac d'une ville*, encre (32,5x47,5) : **GBP 1 100** – Londres, 1er nov. 1990 : *Portrait de Mrs Charles Wertheimer* 1891, h/t (127,6x83,9) : **GBP 22 000** – Londres, 28 nov. 1990 : *La fille du garde-forestier* 1859, h/pan. (24x19) : **GBP 41 800** – Londres, 19 juin 1991 : *Frisson d'octobre* 1870, h/t (141x186,5) : **GBP 407 000** – Londres, 12 juin 1992 : *Portrait de Miss Evelyn Otway* 1880, h/t (123,2x78,7) : **GBP 12 100** – Londres, 12 nov. 1992 : *Portrait de Gracia Lees, fille de T. Evans Lees* 1875, esq., h/t (107x75) : **GBP 110 000** – Londres, 13 nov.

1992 : *Oh ! Comme un doux rêve si longtemps entretenu peut être méchamment, cruellement détruit* 1872, h/t (127x83,9) : **GBP 50 600** – LONDRES, 8-9 juin 1993 : *Le Couronnement de l'amour* 1875, h/t (130x88) : **GBP 67 500** – LONDRES, 2 nov. 1994 : *La Famille Lempriere au douzième coup de minuit* 1847, cr. (33x48) : **GBP 7 130** – LONDRES, 4 nov. 1994 : *Jeunesse*, h/pan. (12,8x21,8) : **GBP 9 775** – LONDRES, 27 mars 1996 : *La Cour du collège à Eton* 1846, aquar. et cr. (22x30,5) : **GBP 8 855** – LONDRES, 5 juin 1996 : *Clarissa* 1887, h/t (147x94) : **GBP 89 500** – LONDRES, 7 juin 1996 : *Conte d'hiver*, aquar. (24,2x34,3) : **GBP 4 600** – LONDRES, 12 mars 1997 : *Fin de chapitre* 1869, aquar. reh. de blanc (22,5x28) : **GBP 6 440** – LONDRES, 14 mars 1997 : *La Fille du fermier*, h/t (45,4x35,2) : **GBP 122 500** – LONDRES, 6 juin 1997 : *Portrait de John Wycliffe Taylor à l'âge de cinq ans* 1864, h/pan. (35,5x26,5) : **GBP 95 000** – AUCHTERARDER (Écosse), 26 août 1997 : *Pins d'Écosse* 1873, h/t (190,5x143,5) : **GBP 91 700** – LONDRES, 5 nov. 1997 : *Pot pourri*, h/pan. (45,5x35) : **GBP 78 500**.

MILLAIS John Guille

Né le 24 mars 1865 à Horsham (Sussex). Mort en 1931. XIXe-XXe siècles. Britannique.

Peintre animalier, illustrateur.

VENTES PUBLIQUES : PERTH, 28 août 1989 : *Coq de bruyère* 1922, h/cart. (60x90) : **GBP 880** – AMSTERDAM, 24 sep. 1992 : *Chatons dans un jardin un soir d'été*, h/t (32,5x41,8) : **NLG 2 070** – LONDRES, 15 mars 1994 : *Oiseaux sauvages aquatiques à Myratic Lake en Islande* 1911, cr. et aquar. (39x50,8) : **GBP 1 840**.

MILLAIS Raoul

Né en 1901. XXe siècle. Britannique.

Peintre de genre, sujets de chasse, animalier, paysages.

VENTES PUBLIQUES : LONDRES, 4 mars 1977 : *Juments et poulains dans un parc*, deux toiles : **GBP 750** – LONDRES, 17 oct. 1980 : *Morning sky* 1935, h/t (50,8x61) : **GBP 600** – NEW YORK, 10 juin 1983 : *Before the start ; They're off*, h/t (20,3x25,4) : **USD 6 500** – NEW YORK, 6 juin 1986 : *Le Départ de la course*, h/t (71,1x101,6) : **USD 9 000** – NEW YORK, 5 juin 1987 : *Chevaux de courses à l'entraînement*, h/t (61x76,2) : **USD 8 000** – LONDRES, 9 juin 1988 : *Promenade en calèche dans un parc*, h/t (25x30) : **GBP 1 210** – LONDRES, 29 juil. 1988 : *Dans la chambre à coucher*, h/t (49,5x60) : **GBP 880** – LONDRES, 8 juin 1989 : *Le Chasseur* 1933, h/t (49,8x60,7) : **GBP 3 080** – LONDRES, 8 mars 1990 : *Juments et Poulains*, h/t (49,4x59,7) : **GBP 5 280** – LONDRES, 26 oct. 1990 : *Piqueur et la meute avec le château de Belvoir à distance* 1948, h/t (61x75) : **GBP 7 700** – LONDRES, 25 jan. 1991 : *Piqueurs et chiens de meute*, h/t (49,5x60) : **GBP 3 300** – LONDRES, 6 juin 1991 : *Rue animée*, h/cart. (19x24) : **GBP 1 210** – LONDRES, 18 déc. 1991 : *Chevaux effrayés par le feu*, h/t (41x51) : **GBP 3 300** – LONDRES, 6 nov. 1992 : *Plein d'ardeur* 1946, h/t (63,5x76) : **GBP 7 150** – LONDRES, 13 nov. 1996 : *Newmarket à l'automne* 1945, h/t (41x46) : **GBP 2 875**.

MILLAIS William Henry

Né en 1814 ou 1828. Mort le 20 mars 1899 à Farnham (Surrey). XXe siècle. Britannique.

Peintre de paysages, aquarelliste.

Frère aîné de Sir John Everett Millais. Il fut d'abord ingénieur ne commençant ses études artistiques qu'à trente-cinq ans.

Il a exposé à la Royal Academy de 1853 à 1889.

VENTES PUBLIQUES : LONDRES, 29 jan. 1980 : *The Trossachs*, aquar. et reh. de blanc (43x61) : **GBP 1 400** – LONDRES, 16 juin 1982 : *Loch Duich*, aquar. reh. de gche (56x101,5) : **GBP 1 500** – LONDRES, 30 avr. 1984 : *Glen Lyon* 1855, aquar. gche reh. de blanc (29,5x38,5) : **GBP 900** – LONDRES, 24 sep. 1987 : *Le Cottage de Stella* 1873, aquar. (36x71) : **GBP 1 700** – LONDRES, 25 jan. 1988 : *La Cabane de chasse* 1866, aquar. (43x58,5) : **GBP 2 200** – LONDRES, 5 juin 1991 : *Ruisseau dans les Highlands* 1858, aquar. avec reh. de gche (35x24,5) : **GBP 880** – LONDRES, 12 mars 1997 : *L'Installation des filets de pêche*, aquar. avec reh. de gche et gomme, haut cintré (28x44) : **GBP 2 415** – LONDRES, 5 nov. 1997 : *Pêche dans une prairie inondée*, h/pan. (30x40,5) : **GBP 8 970**.

MILLAN Francisco

Né en 1778 à Valence. XIXe siècle. Espagnol.

Peintre de fleurs.

MILLAN Juan

XVe siècle. Actif à Tolède. Espagnol.

Sculpteur.

A travaillé pour la cathédrale de Tolède.

MILLAN Pedro

Mort vers 1526. XVIe siècle. Actif à Séville. Espagnol.

Sculpteur.

Il fut le dernier représentant de l'École gothique de sculpture de Séville. Il a surtout exécuté des terres cuites qui se trouvent en grande partie dans la cathédrale de Séville.

MILLAN Sébastian

Mort en 1731 à Séville. XVIIIe siècle. Espagnol.

Peintre de genre et de portraits.

Élève d'Escobar.

MILLAN VELASCO Mariano

Né le 13 avril 1871 à Madrid. XXe siècle. Espagnol.

Peintre, sculpteur, décorateur.

Il fut élève de J. Frances. Père de Paula M. Alosette, peintre et illustrateur. née le 10 mars 1899 à Madrid.

Il a réalisé les sculptures de la Faculté de médecine de Madrid en 1910.

MILLAR Addison Thomas

Né le 4 octobre 1850 ou 1860 à Warren (Ohio). Mort le 8 septembre 1913. XIXe-XXe siècles. Américain.

Peintre de genre, sujets typiques, paysages, graveur.

Élève de Chase, B. Constant et Boldini. Plusieurs de ses tableaux se trouvent au Musée de Detroit.

MUSÉES : DETROIT.

VENTES PUBLIQUES : NEW YORK, 28 avr. 1978 : *Jeune femme dans un champ de fleurs*, h/t (61x45,7) : **USD 2 000** – LOS ANGELES, 23 juin 1980 : *Le Palais du pacha* 1907, h/t (45,7x59,7) : **USD 4 000** – NEW YORK, 19 juin 1981 : *Lecture sous la lampe* 1893, h/pan. (25,4x17,2) : **USD 2 700** – NEW YORK, 26 fév. 1982 : *Arabe fumant le narghilé*, h/t (40,7x30,5) : **USD 2 200** – NEW YORK, 1er juin 1984 : *Le Marchand de tapis*, h/t (54,2x72) : **USD 7 000** – NEW YORK, 8 jan. 1986 : *Le Marchand de tapis*, h/t (56x71,2) : **USD 7 000** – NEW YORK, 25 fév. 1987 : *Le Marchand de tapis* 1907, h/pan. (55,8x71,5) : **USD 6 000** – NEW YORK, 24 oct. 1989 : *Le Marchand de tapis*, h/t (55,9x71,1) : **USD 33 000** – NEW YORK, 14 fév. 1990 : *Rue en Afrique du Nord*, h/t/rés. synth. (61x45,6) : **USD 2 200** – NEW YORK, 15 mai 1991 : *À la porte d'une riche maison arabe*, h/t (45,7x35,6) : **USD 4 400** – NEW YORK, 14 nov. 1991 : *Activités des pêcheurs sur une grève*, h/t (30,5x40,8) : **USD 1 100** – NEW YORK, 18 déc. 1991 : *Un jardin l'été*, h/t (99,7x81,3) : **USD 4 675** – NEW YORK, 10 juin 1992 : *Les Bouleaux argentés*, h/t (45,7x61) : **USD 1 760** – NEW YORK, 29 oct. 1992 : *Le Vase turc*, h/t (46,4x61,6) : **USD 22 000** – NEW YORK, 26 mai 1993 : *Le Marchand de tapis*, h/t (45,7x35,6) : **USD 9 200** – NEW YORK, 13 oct. 1993 : *Échoppe orientale*, h/pan. (20,3x25,4) : **USD 9 775** – NEW YORK, 24 mai 1995 : *Marché arabe*, h/t (45,7x61) : **USD 12 075** – PARIS, 6 nov. 1995 : *Le Marchand de tapis*, h/t (46x61) : **FRF 68 000** – NEW YORK, 30 oct. 1996 : *Voiliers sur une mer calme*, h/t (45,7x76,2) : **USD 3 162** – PARIS, 10-11 avr. 1997 : *Marchand de tapis à Alger ; Aux abords du grand portail*, h/pan., deux pendants (25,5x20 et 26x20,5) : **FRF 40 000**.

MILLAR Harold R.

Né à Dumfries (Écosse). XIXe-XXe siècles. Actif entre 1891 et 1935. Britannique.

Peintre, dessinateur, illustrateur.

Il fut élève à la Birmingham Art School. Il subit l'influence de Daniel Vierge. Il collabora aux magazines illustrés *Scraps* et *Comus*. Il exposa à la Royal Academy à Londres.

Il se spécialisa dans les scènes d'histoire. Il illustra plusieurs ouvrages, parmi lesquels : de Marryat, *Phantom Ship ; Fairy Tales Far and Near*, Cassel éditeur, 1895 ; de L. Tolstoï, *Ivan the Fool*, Walter Scott éditeur, 1895 ; *Book of Dragons*, Harper éditeur, 1900 ; *Nine Unlikely Tales for Children*, Unwin éditeur, 1901 ; de V. Hugo, *Story of Bold Pecopin* ; de Kennedy, *New World Fairy Book*, Dutton éditeur, 1904 ; de R. Kipling, *Puck of Pookk's Hill*, Macmillan éditeur, 1906 ; de E. Nesbit, *La Fée des sables*, Hachette éditeur, 1906 ; *Enchanted Castle*, Unwin éditeur, 1907 ; *Wonderful Garden*, Macmillan, éditeur, 1911 ; de Hakluyt, *Hakluyt's Voyages*, Blackwell éditeur, 1929. Il contribua à d'autres ouvrages. Dans le domaine de la presse, il collabora, entre autres, à : *Judy ; Girl's Own Paper ; Fun, Illustrated Magazine ; Good Words, Idler, Cassel's...*

BIBLIOGR. : In : *Dictionnaire des illustrateurs, 1880-1914*, Ides et Calendes, Neuchâtel, 1989.

MILLAR James

XVIIIe siècle. Actif à Birmingham. Britannique.

Peintre de portraits, d'histoire et de natures mortes.

Il exposa à Londres de 1771 à 1790. Au collège Manchester à Oxford se trouve le portrait de *Jos. Priestley* (1789).

VENTES PUBLIQUES : LONDRES, 24 nov. 1972 : *Portrait d'un gentil-*

homme : **GBP 500** – Londres, 16 juil. 1982 : *Portrait of John Gough of Perry Hall* ; *Portraits of Mary and Eleanor Gough*, deux h/t (132x101,5) : **GBP 5 000** – Chester, 5 mai 1983 : *Pur-sang tenu par son lad* 1787, h/t (48x60) : **GBP 2 000** – Londres, 16 juil. 1986 : *Portrait de John Call*, h/t (126x100,5) : **GBP 2 200**.

MILLARD Charles Stuart

xixe siècle. Britannique.

Paysagiste.

Prit part à diverses expositions entre 1866 et 1889. Le Victoria and Albert Museum, à Londres, conserve cinq aquarelles de lui.

Ventes Publiques : Toronto, 3 mai 1983 : *Artiste peignant près d'une cascade* 1870, aquar. (49,4x32,5) : **CAD 1 200**.

MILLARD Ernest Jean Marie

Né le 29 juillet 1872 à Paris. xxe siècle. Français.

Peintre, aquarelliste.

Il a exposé, à Paris, au Salon des Artistes Français et à l'École Boulle.

MILLARES, pseudonyme de **Millares Sall Manuel** ou **Manolo**

Né le 17 février 1926 à Las Palmas (Îles Canaries). Mort en 1972 à Madrid. xxe siècle. Espagnol.

Peintre. Abstrait-informel, abstrait-matiériste. Groupe El Paso.

Millares fut un artiste autodidacte, parce qu'il n'y avait pas d'écoles spécialisées aux îles Canaries. Peu avant les années cinquante, il prit connaissance des formes d'expression picturale s'opposant aux doctrines officielles et participa, dès lors, lui-même, à l'élaboration d'une nouvelle peinture en Espagne. Cofondateur de la revue *Planas de Poesia* et illustrateur de l'écrivain poète Federico Garcia Lorca, il fonda, en 1950, le groupe artistique *Los arqueros del arte contemporaneo* ou *LADAC*. Il s'établit en 1955 à Madrid. Il prit part, ensuite, avec d'autres artistes dont Saura, Feito, Canogar, Chirino, à la création, en 1957, du groupe *El Paso* qui joua un rôle capital dans la rénovation d'un art espagnol alors embourbé. Le groupe fut dissout en 1960. La notoriété de Millares franchit rapidement les frontières et il fut vite considéré comme un des représentants les plus importants et les plus typiques de la jeune peinture espagnole. Il participa, en 1951, à la Première Biennale Hispano-américaine. Il figura ensuite à de très nombreuses expositions collectives : 1953 et 1957, Biennale de São Paulo ; 1955, Xe Salon de Las Once, Madrid ; 1956 et 1958, Biennale de Venise ; 1960, *Avant Picasso, après Miro*, Solomon R. Guggenheim de New York ; 1960, avec le groupe *El Paso*, galerie l'Attico, Rome ; 1961, *New Spanish Paintings and Culture*, Museum of Modern Art, New York ; 1964, est représenté à la Pittsburgh International Exhibition (Carnegie Institute). Il montra ses œuvres dans une première exposition personnelle en 1945, Circulo Mercantil, à Las Palmas, puis : 1951, première exposition à Madrid ; 1957, Ateneo de Madrid ; 1960, galerie Pierre Matisse, New York ; 1961, première exposition en France, galerie Daniel Cordier, Paris ; 1965, Musée d'Art Moderne, Rio de Janeiro ; 1967, galerie Juna Mordo, Madrid ; 1975, rétrospective, Musée d'Art Contemporain, Madrid ; 1979, Fondation Gulbenkian, Madrid ; 1982, rétrospective, Musée des Augustins, Toulouse.

Aux Canaries, Millares peint d'abord des paysages à l'aquarelle. Impressionné par la lecture du *Manifeste surréaliste*, il fait ensuite quelques essais en ce sens, et on décèle encore la marque de Miro dans la série des *Pictografias Canarias* de 1949 où apparaissent ses penchants archéologiques au travers des signes aborigènes. En 1951, il aborde l'abstraction et expose à la Première Biennale hispano-américaine une toile non-figurative : *Aborigen*. Dès cette époque Millares est en possession de l'alphabet qui caractérise son discours. En 1954, il commence à utiliser dans ses tableaux des matériaux divers : bois, sable, céramique en morceaux, toile de sac. Le souvenir des vieilles momies déchirées et recousues qu'il avait côtoyées au Musée Canarien réapparaît plus nettement en 1956, avec déjà cette dialectique entre vie et mort, entre blanc et noir qui caractérise l'ensemble de son œuvre, et qui sera au cœur même de ses *Homunculos* (Homoncule), longue série commencée en 1958 et poursuivie tout au cours de sa vie ; ces *homuncules*, dont Jose Augusto França écrit qu'ils « représentent bien un autre monde, du côté des ténèbres, dont les cris sont autant de critiques faites à l'œuvre infiniment imparfaite de la lumière ». De ces toiles nouées, tordues, déchirées, goudronnées, ficelées, cousues, et qui laissent une partie du support à nu, et qui parsèment l'espace pictural de vides béants, comme des plaies ouvertes, naît un sentiment violemment tragique où la vie n'est comprise que conflictuelle, lutte constante contre la mort. Et si son thème est toujours l'homme, l'homme momifié, *l'Anthropofauna* ou le *Neanderthalio*, il n'en reste que la dépouille, l'intérieur, les os et la chair en ayant été retirés. Il reste une toile triste qui gît, étripée, où deux couleurs qui n'en sont pas s'affrontent en violences gestuelles. Du matériau informel naît une matière organique. À la fois cri de colère et chant d'espoir, l'œuvre de Millares aura donc été un combat. Peintre de luttes, il a exprimé le conflit entre l'homme et l'abject, entre l'être et sa gangrène. Peut-être faut-il voir, alors, dans l'éclaircissement progressif de ses toiles tout au long des années soixante, dans cet envahissement du blanc, une victoire de la lumière, un hommage à l'espoir, avant qu'il affronte lui-même les ténèbres, peut-être l'angoisse était-elle toujours sous-jacente ? Quoi qu'il en soit, dans cette recherche de l'homme où l'éthique rejoint l'esthétique, Millares aura été plus que peintre, il aura été moraliste. ■ Pierre Faveton, C. D.

Bibliogr. : In : *Peintres contemporains*, Mazenod, Paris, 1964 – Jean-Clarence Lambert : *La Peinture abstraite*, in : *Histoire générale de la peinture*, t. XXIII, Rencontre, Lausanne, 1966 – *Manolo Millares*, catalogue de l'exposition, Museo Espanol de Arte Contemporaneo, Madrid, 1975 – in : *Dictionnaire universel de la peinture*, Le Robert, Paris, 1975 – *Manolo Millares*, Musée des Augustins, Toulouse, 1982 – Jose Augusto Franca : *Millares*, Barcelone, 1984 – Alain Mousseigne : *Manolo Millares : matière et ontologie*, in : *Artstudio* n° 14, Automne, Paris, 1989 – Orlando Franco, in : *Catalogo nacional de arte contemporaneo 1990-91*, Iberico 2 mil, Barcelona, 1990 – in : *L'Art du xxe s.*, Larousse, Paris, 1991 – J.-A. Franca : *Millares*, Paris, 1991 – in : *Dictionnaire de l'art moderne et contemporain*, Hazan, Paris, 1992.

Musées : Barcelone – Bilbao (Mus. de Arte Mod.) – Buenos Aires (Mus. de Arte Mod.) : *Animal de Fondo* – Cuenca (Mus. de Arte Abstracto) – La Haye (Gemeentemuseum) – Houston (Mus. of Fine Arts) – Jérusalem (Israël Mus.) – Las Palmas (Mus. Colon.) – Leverkusen – Londres (Tate Gal.) – Madrid (Mus. d'Art Contemp.) – Minneapolis (Inst. of Art) : *Cuadro 55* – New York (Mus. of Mod. Art) – Nuremberg (Inst. Für Mod. Kunst) – Paris (Mus. Nat. d'Art Mod.) : *Peinture* 1961 – Paris (CNAC) – Rio de Janeiro (Mus. de Arte Mod.) : *Cartel para una Bacanal* – Rotterdam (Mus. Boymans) – Santa Cruz de Teneriffe (Mus. Westerdahl) – Skopje (Mus. d'Art Contemp.) : *Mutilado de Paz 65* – Stockholm (Mod. Mus.).

Ventes Publiques : Paris, 25 mai 1976 : *Composition* 1960, h/t (60x73) : **FRF 24 000** – Madrid, 19 oct. 1976 : *Le patio*, aquar. (66,5x51,5) : **ESP 42 000** – Zurich, 11 mai 1978 : *Peinture 138* 1961, h/t (81x65) : **CHF 26 000** – New York, 16 mai 1980 : *Homunculo* 1965, collage et h/t (139,7x91,5) : **USD 6 500** – New York, 13 mai 1981 : *Carré 198* 1962, t. d'emballage et techn. mixte/t. (100,4x81,4) : **USD 9 750** – New York, 12 nov. 1982 : *Cuadro 196* 1962, acryl./t. d'emballage et ficelle (93x73) : **USD 4 200** – Londres, 24 mars 1983 : *Cuadro 31*, h. et techn. mixte/t. (71x151) : **GBP 3 000** – New York, 7 juin 1984 : *Sans titre* 1961, gche (49,5x69,8) : **USD 850** – Londres, 27 juin 1985 : *Paredon* 1966, gche (45x34) : **GBP 550** – New York, 22 fév. 1986 : *Cuadro* 1963, h/t d'emballage (100,3x82) : **USD 11 000** – Londres, 3 déc. 1987 : *Cuadro 93* 1960, h/t (162x130) : **GBP 47 000** – Londres, 30 juin 1988 : *Cadre* 1960, h/t (100x81) : **GBP 57 200** – Londres, 20 oct. 1988 : *Sans titre* 1962, techn. mixte (44,5x69,5) : **GBP 22 000** – Londres, 25 mai 1989 : *Les quatre généraux*, gche/pap./t., quatre panneaux (chaque 50x64) : **GBP 121 000** – Londres, 29 juin 1989 : *Noir, rouge, blanc* 1961, h/pap. (48,2x69,2) : **GBP 33 000** – New York, 9 nov. 1989 : *Sans titre* 1962, gche/cart. (64,8x50) : **USD 104 500** – Semur-en-Auxois, 4 mars 1990 : *Composition* 1961, encre et aquar. (49,3x39,3) : **FRF 167 000** – Londres, 5 avr. 1990 : *Cadre 1964*, collage de t. d'emballage, corde, ficelle et peint. (100,5x81) : **GBP 176 000** – Londres, 28 juin 1990 : *Cadre 140* 1961, h/toile d'emballage (129x165) : **GBP 187 000** – Londres, 21 mars 1991 : *La libellulle*, gche et encre/pap. (50x65) : **GBP 13 200** – Paris, 30 mai 1991 : *Composition*, techn. mixte/pap. (65x50) : **FRF 140 000** – Londres, 17 oct. 1991 : *Sans titre* 1961, gche, encre et aquar./pap. (50x70) : **GBP 13 750** – Paris, 28 oct. 1992 : *Sans titre* 1963, h/t (73x92) : **FRF 365 000** – Munich,

1er-2 déc. 1992 : *Composition*, affiche en coul. (49,5x64,5) : **DEM 11 500** – Zurich, 24 juin 1993 : *Composition*, affiche en coul. et encre (49,5x64,5) : **CHF 13 000** – New York, 11 nov. 1993 : *Sans titre* 1966, h. et corde sur t. d'emballage (32,4x42,5) : **USD 29 900** – Paris, 25 nov. 1993 : *Humbolt dans l'Orénoque* 1968, h/t (65x80) : **FRF 225 000** – Londres, 30 juin 1994 : *Cadre 44* 1958, h/toile d'emballage (132x100) : **GBP 78 500** – Paris, 29 nov. 1996 : *Cuadro* 1960, acryl./t. (60x73) : **FRF 257 000** – Londres, 6 déc. 1996 : *Sans titre* 1962, aquar. et encre/pap. (99x68,5) : **GBP 8 050**.

MILLAUR Johann ou **Müllbaur**
xviie siècle. Allemand.
Sculpteur sur bois.
Il a sculpté la statue de la *Mère de Dieu* à l'église de Miesbach.

MILLBAUER Johann
xviiie siècle. Actif à Regensbourg. Allemand.
Sculpteur.

MILLDORFER. Voir **MILDORFER**

MILLÉ Jan Baptiste
Né à Bruxelles. xviiie siècle. Éc. flamande.
Peintre de compositions religieuses, portraits, paysages animés.
Élève de Van Helmont ; il entra dans l'Académie de Bruxelles vers 1718. Il a peint des figures dans les paysages de Coppens. L'église Sainte-Gudule de Bruxelles possède de lui une *Résurrection du Christ*, et l'église des Dominicains dans cette même ville une *Sainte Famille*. L'Hôtel de Ville de Bruxelles nous offre une *Marie-Thérèse à cheval*.
Ventes Publiques : New York, 12 oct. 1989 : *Paysage italien avec des personnages sur un chemin*, h/t (64,7x76,7) : **USD 9 350** – New York, 2 oct. 1996 : *Voyageur protégeant une mère et son enfant d'un serpent dans un paysage classique*, h/t (64,8x77,5) : **USD 6 900**.

MILLECAMPS Yves
Né en 1930 à Armentières (Nord). xxe siècle. Français.
Peintre, peintre de cartons de tapisseries, sculpteur, sculpteur en médailles, sérigraphe. Abstrait-géométrique.
Il a été élève de l'École nationale supérieure des Arts décoratifs de Paris. Il vit et travaille à Poissy et Saint-Germain-en-Laye.
Il participe à de très nombreuses expositions collectives, depuis 1960, particulièrement celles présentant la tapisserie contemporaine, parmi lesquelles : 1962, Biennale de tapisserie, Lausanne ; 1969, *Tendances actuelles de la tapisserie*, Maison de la culture, Amiens ; 1970, *Art et Matière* ; Pavillon français de l'Exposition Universelle de Montréal ; 1973, *Trente ans de tapisserie*, Chapelle du Château, Felletin ; 1974, *Tapisseries européennes*, Centre culturel du Languedoc ; 1976, *La Tapisserie d'aujourd'hui*, Musée Ingres, Montauban ; 1978, *Tendances actuelles de la tapisserie française*, Musée municipal de Menton ; 1980, *Tapisserie et Poésie*, Musée d'Art et d'Histoire, Saint-Denis ; 1983, *Tendances de la peinture abstraite*, Centre culturel de La Villedieu. Il participe également aux principaux Salons parisiens : Art Sacré, Mai, Comparaisons, Grands et Jeunes d'Aujourd'hui, Automne, Réalités Nouvelles, Mac 2000 (en 1986 et 1987). Il montre ses œuvres dans des expositions personnelles, dont : 1965, galerie Florence Garnier, Paris ; 1968, 1972, 1976, 1981, 1989, galerie Le Scribe, Montauban ; 1971, 1976, 1981, galerie Jacqueline Storme, Lille ; 1972, 1979, Musée d'Art et d'Histoire, Neuchâtel ; 1985, Galerie Suisse de Paris ; 1994 galerie d'art de l'Hôtel Astra, Paris ; 1996 Nancy, galerie Poirel.
Après sa rencontre avec Jean Lurçat, il compose en 1955 sa première tapisserie réalisée à Aubusson, il en créera plus d'une centaine. Il expose en 1960 des objets de culte au 10e Salon d'Art Sacré. Millecamps a réalisé de nombreuses œuvres dans des lieux publics ou privés : Nouvelle Faculté des Sciences, Rennes ; Nouveau Palais de justice, Lille ; lycée technique, Sevran ; Chambre syndicale de la sidérurgie française ; Université Paris-Dauphine, etc.
Après s'être livré pendant plusieurs années à diverses recherches picturales et plastiques, il exécute sa première œuvre de style abstrait et géométrique en 1963, et continuera dès lors d'approfondir cette forme d'abstraction. En 1966, il abandonne la peinture à l'huile pour la peinture acrylique. En 1967, il expose son premier grand relief inoxydable. Sa peinture, au fil des années, a gagné en linéarité. Elle se compose essentiellement de trames consciencieusement organisées, de vecteurs de flux d'énergie servis par l'emploie de couleurs mates ou dorées. Sa représentation n'est pas sans rapport avec l'univers intérieur du machinisme électronique.
Bibliogr. : Michel Ragon et Michel Seuphor : *L'Art abstrait*, Maeght, Paris, 1974 – Anne Tronche, in : *Opus International* n° 76, Paris, 1980 – Paul-Marie Grand : *La Tapisserie*, Bibl. des Arts, Paris, 1981 – Gérard Xuriguera : *La Sculpture en France depuis 1950*, Arted, Paris, 1982 – Bertrand Visage et Gérard Xuriguera : *Millecamps*, Galerie Suisse de Paris, Paris, 1985 – in : *L'Art du xxe s.*, Larousse, Paris, 1991.
Musées : Cholet – Lille (Mus. des Beaux-Arts) – Neuchâtel (Mus. d'Art et d'Hist.) – Nice – Paris (Mobilier Nat.) – Paris (BN) – Paris (FNAC) – Sofia – Tourcoing (Mus. des Beaux-Arts).
Ventes Publiques : Paris, 16 nov. 1988 : *Thémis*, tapisserie (150x230) : **FRF 31 500** – Douai, 11 nov. 1990 : *Composition SG. 8704* 1989, acryl./t. (40x40) : **FRF 9 000**.

MILLEFIORI Giovanni
Né en 1851 à Girgenti. xixe siècle. Italien.
Médailleur.
Il travailla à Rome et à Milan.

MILLELOTI
xviiie siècle. Polonais.
Peintre.

MILLEN Pierre Henri de, pseudonyme de **Milenkovic**
Né le 21 février 1950 à Belgrade. xxe siècle. Yougoslave-Serbe.
Peintre d'icônes, paysages, marines, natures mortes.
Expert en icônes byzantines, il en a acquis la technique. Il vit et travaille à Belgrade. Il est également de nationalité française.
Il figure, à Paris, au Salon des Artistes Indépendants.
Outre des icônes, il peint également des paysages, des marines et des batailles navales dans un style qui se situe entre symbolisme et postimpressionnisme bien en pâte.

MILLENET Hippolyte
Né le 2 décembre 1802 à Genève. Mort le 29 janvier 1844. xixe siècle. Suisse.
Peintre de paysages et de fleurs.
Élève de Couronne. Le Musée de Zurich possède un de ses tableaux.
Ventes Publiques : Londres, 23 mai 1985 : *Vue du lac de Brienz*, h/t (63x76) : **CHF 8 000**.

MILLER. Voir aussi **MÖLLER** et **MÜLLER**

MILLER Alfred Jacob
Né en 1810 à Baltimore. Mort en 1874 à Baltimore. xixe siècle. Américain.
Peintre de genre, sujets typiques, portraits, animaux, paysages, aquarelliste.
Il vint très tôt au dessin, puis étudia le portrait avec Thomas Sully en 1831-1832. Plus tard il vint en Europe, à Florence et Londres, fréquenta l'École des Beaux-Arts de Paris et l'École anglaise de Rome.
Il rapporta des paysages de ses voyages en Italie, Suisse et Angleterre. De retour à la Nouvelle-Orléans en 1837, il fut engagé comme dessinateur d'une expédition dans l'ouest. Il a alors peint des tableaux représentant des scènes de la vie des Indiens. Il fut un excellent aquarelliste et ses travaux sont considérés comme des documents historiques et sociologiques du Far West. On cite également de lui quelques portraits.

Ventes Publiques : New York, 6 mai 1966 : *Le camp indien*, aquar. et pl. : **USD 15 000** – New York, 24 oct. 1968 : *Le camp des trappeurs* : **USD 45 000** – New York, 21 mai 1970 : *La chasse aux buffles* : **USD 20 000** – New York, 27 oct. 1971 : *Scène de camp Sioux* : **USD 35 000** – New York, 15 jan. 1976 : *Falstaff sur le champ de bataille*, h/t (51x61) : **USD 1 600** – New York, 25 oct 1979 : *Indien poursuivant un voleur de chevaux*, aquar. et cr. (14,6x17,8) : **USD 20 000** – New York, 17 oct. 1980 : *Snake Indians on the look out*, pl. et lav. reh. de blanc (22,9x35,5) : **USD 17 000** – New York, 17 oct. 1980 : *Le trappeur assoiffé* 1850, h/t (61x50,8) : **USD 170 000** – New York, 23 avr. 1981 : *Tir à l'arc*, aquar./pap. mar./cart. (21,5x29,8) : **USD 77 500** – Scottsdate (Arizona), 13 fév. 1982 : *Snake Indians on the look out*, pl. et lav. reh. de blanc (22,9x33,5) : **USD 19 000** – New York, 8 déc. 1983 : *Visit to an*

Indian encampment vers 1837, pl./pap., en grisaille (19,8x29,9) : **USD 15 000** – New York, 8 déc. 1983 : *Sioux indien sur une tombe*, aquar. (24,8x20,3) : **USD 25 000** – New York, 4 avr. 1984 : *Hell-Gate, Sweet Water River, c.* 1839, h/t (107x76,2) : **USD 95 000** – New York, 20 juin 1985 : *Good night Papa*, dess. au lav. (22,9x15,2) : **USD 2 500** – New York, 29 mai 1986 : *Racing at Fort Laramie*, aquar./pap. (19,7x30,5) : **USD 75 000** – New York, 23 juin 1987 : *Days of a real happiness*, pl. et lav. reh. de blanc de Chine/pap. beige (14,5x22,5) : **USD 2 500** – New York, 1er déc. 1988 : *Paysage des Montagnes Rocheuses* 1853, h/t (45,7x60,9) : **USD 137 500** – New York, 14 fév. 1990 : *Vasco Nunez de Balboa*, h/pap. (18,4x12,7) : **USD 2 090** – New York, 24 mai 1990 : *Benjamin Franklin*, h/t (43,1x35,6) : **USD 22 000** – New York, 14 mars 1991 : *Jeune indien s'exerçant au tir à l'arc*, aquar., encre et cr./pap. (13,5x9,5) : **USD 9 350** – New York, 22 mai 1991 : *Falstaff sur le champ de bataille*, h/t (50,6x61,8) : **USD 4 400** – New York, 28 mai 1992 : *Jeune indienne se suspendant à une branche*, h/t (44x35) : **USD 71 500** – New York, 3 déc. 1992 : *Surpris par un grizzly*, aquar./pap. (18,4x26) : **USD 33 000** – New York, 27 mai 1993 : *Éclaireur indien à cheval*, h/t (30,5x25,4) : **USD 112 500** – New York, 2 déc. 1993 : *Profil d'indien Sioux*, aquar./pap. (11,4x9,5) : **USD 19 550** – New York, 17 mars 1994 : *Indiens dans un canoë*, h/t (34,3x50,8) : **USD 189 500** – New York, 25 mai 1995 : *Le trappeur égaré*, aquar. et gche/pap. (21,6x30,5) : **USD 65 750** – New York, 14 mars 1996 : *Antoine*, aquar./pap. (19,1x17,8) : **USD 19 550** – New York, 5 juin 1997 : *Territoire de Wind River*, aquar., gche et cr./pap. (19x27,9) : **USD 85 000**.

MILLER Andreas
Né à Londres. Mort le 5 septembre 1763 à Dublin. XVIIIe siècle. Britannique.
Graveur au burin.
Élève de Faber. Il travailla surtout à Dublin à partir de 1743. Il a gravé des portraits à l'aquatinte avec beaucoup de talent.

MILLER Anton, l'Ancien. Voir **MÖLLER**

MILLER B. Voir **MÜLLER**

MILLER Balint Valentin
XVIIe siècle. Actif à Odenburg (Sopron). Tchécoslovaque.
Sculpteur.

MILLER Barse
XXe siècle. Américain.
Peintre.
Il a participé aux expositions de la Fondation Carnegie de Pittsburgh.

MILLER Burr C.
Né au XIXe siècle aux États-Unis d'Amérique. XIXe siècle. Américain.
Sculpteur.
Participa aux Expositions de Paris ; mention honorable en 1907.

MILLER Carol
Né en 1933. XXe siècle. Mexicain.
Sculpteur de sujets mythologiques, allégoriques, typiques.
Ventes Publiques : New York, 30 mai 1985 : *Tlazolteotl (Aphrodite mexicaine)* 1983, bronze, patine noir et vert (H. 59,7, L. 73,7) : **USD 5 500** – New York, 25 nov. 1986 : *La Course*, bronze patine vert foncé (H. 42) : **USD 3 500** – New York, 17 mai 1989 : *Clytemnestre avec Iphigénie et Oreste – Mère et ses enfants*, bronze (H. 99) : **USD 8 250** – New York, 15-16 mai 1991 : *Quetzalcoatl et Tezcatlipoca – la lutte du bien contre le mal* 1983, bronze à patine verte (H. 68,5) : **USD 9 350** – New York, 20 nov. 1991 : *Mixcoatl et son chien* 1984, bronze à patine vert sombre (H. 59) : **USD 4 400** – New York, 25 nov. 1992 : *Diane, mère de la terre* 1988, bronze à patine verte (H. 68) : **USD 4 620** – New York, 18 mai 1993 : *Cocai, la luciole* 1992, bronze (H. 75,5) : **USD 4 600** – New York, 18 mai 1994 : *Sarabande* 1987, bronze (H. 61,6) : **USD 6 900** – New York, 16 mai 1996 : *Ocelot*, bronze (H. 69) : **USD 5 175**.

MILLER Catherine Mélanie
Morte le 1er novembre 1828 à Paris. XIXe siècle. Française.
Peintre et miniaturiste.
Exposa aux Salons de 1812.

MILLER Charles Henry
Né le 20 mars 1842 à New York. Mort le 23 janvier 1922 à Queens (Long Island). XIXe-XXe siècles. Américain.
Peintre de paysages, graveur.
Venu en Europe pour y faire ses études de médecine, il abandonna cette carrière pour les Beaux-Arts. Il fut élève de l'Académie de Munich, puis du peintre Adolf Lier en 1869. Il repartit ensuite pour l'Amérique et devint membre de l'Académie de New York en 1875.
Musées : Boston – New York.
Ventes Publiques : New York, 16 fév. 1977 : *High Bridge* 1876, h/t (97x147) : **USD 3 250** – New York, 26 sep. 1981 : *Les Rapides du Niagara*, h/t (76,2x101,6) : **USD 2 500** – New York, 24 jan. 1989 : *Les prairies de Long Island à la nouvelle lune*, h/t (45x60) : **USD 1 100** – New York, 25 oct. 1989 : *Navigation au large du rocher de Gibraltar* 1877, h/t (76,1x111,8) : **USD 9 350**.

MILLER Eleazar Hutchinson
Né en 1831 à Shepherdstown (Virginie). Mort le 4 avril 1921 à Washington. XIXe-XXe siècles. Américain.
Peintre de paysages, graveur et illustrateur.
La Corcoran Gall. de Washington possède une de ses aquarelles.

MILLER Eugénie
Née le 22 octobre 1907 à Petrograd. XXe siècle. Active en France. Russe.
Peintre.
Venue de bonne heure en France, elle avait commencé ses études artistiques au Japon et en Russie.
Elle exposa, à Paris, aux Salons des Indépendants et d'Automne entre 1927 et 1929.

MILLER Félix Martin
Né en 1820. XIXe siècle. Actif à Londres. Britannique.
Sculpteur.
Fit des envois à l'Académie royale de 1842 à 1880.
Ventes Publiques : Londres, 25 mars 1981 : *Les Voyageurs* 1846, marbre de Carrare (H. 133) : **GBP 800**.

MILLER Ferdinand I von
Né en 1813 à Fürstenfeldbruck. Mort en 1887 à Munich. XIXe siècle.
Sculpteur.
Ventes Publiques : Munich, 12 déc. 1990 : *Coupe en forme de doigt de la statue « Bavaria » à Munich*, bronze (H. 31) : **DEM 11 000**.

MILLER Ferdinand II von
Né le 8 juin 1842 à Munich. Mort le 18 décembre 1929 à Munich. XIXe-XXe siècles. Allemand.
Sculpteur de statues, monuments.
Élève de Kiss, Windmann et Hähnel. Il fut de 1900 à 1918 le directeur de l'Académie de Munich.
Il a exécuté les statues colossales de *Humboldt*, *Shakespeare* et *Colomb* qui se trouvent dans le parc de Saint-Louis aux États-Unis, le monument de *Louis Ier* au Walhalla, la statue du *Prince régent Luitpold* à Berchssesgaden et la *Fontaine Maximilien* à Bamberg.

MILLER Franklin H. ou **Francis**
Né en 1843. Mort en 1911. XIXe-XXe siècles. Américain.
Peintre de natures mortes.
Élève de Benjamin Champney, ses natures mortes atteinrent une certaine renommée.
Ventes Publiques : New York, 30 sep. 1988 : *Coupe de raisins et de poires*, h/t (31,5x30) : **USD 1 650** – New York, 30 oct. 1996 : *Nature morte de fruits sur un entablement*, h/t (28,3x41,3) : **USD 4 887**.

MILLER Fred
XIXe siècle. Britannique.
Graveur.
Il grava surtout d'après Fragonard et Watteau.

MILLER George B.
XIXe siècle. Irlandais.
Peintre de paysages et aquarelliste.
Élève de Benj. Barker. Il vécut de 1815 à 1819 à Dublin qui conserve dans son Musée plusieurs des dessins à la plume de cet artiste.

MILLER George James Somerton
Mort en août 1876. XIXe siècle. Actif à Londres. Britannique.
Sculpteur.

MILLER George M. ou **Miler**
Mort en 1818. XIXe siècle. Actif à Washington (États-Unis). Américain.
Sculpteur.
Il a exécuté les bustes de *Mme Jérôme Bonaparte*, de *L'évêque Peale* et de *Washington*.

MILLER Godfrey Clive
Né le 20 août 1893 à Wellington (Nouvelle-Zélande). Mort le 5 mai 1964 à Sydney. XXe siècle. Actif depuis 1939 en Australie. Néo-Zélandais.
Peintre, écrivain. Abstrait.
Il étudia d'abord en Nouvelle-Zélande avec Alfred O'Keeffe, puis à la Slade School de Londres. Il voyagea beaucoup en Europe après la guerre de 1914, également en Extrême-Orient. Il s'installa définitivement en Australie en 1939.
Il exposa avec le groupe de *Sydney*, de 1952 à 1955. Une exposition rétrospective de l'œuvre peint de Godfrey C. Miller fut montrée en 1959 à la National Gallery de Victoria.
Il fit usage de nombreuses techniques, le pointillisme aussi bien que le cubisme. *Golgotha* qui est conservée au Musée de Sydney est une peinture composée de fines et discrètes lignes verticales et horizontales, qui, en se coupant et se croisant, forment de petites surfaces carrées, mais irrégulières, jouant sur la valeur des tons et de la lumière. *Triptyque avec personnages* (1950) est une œuvre très représentative de son travail en général : l'étude de la diversité dans l'unité, illustrée aussi par son intérêt pour la composition cellulaire. La forme triptyque est bien adaptée pour exprimer simultanément une loi ou principe, son antithèse et son « renversement », au sens musical du terme. Il fut le pionnier de la peinture abstraite en Australie.
Bibliogr. : J. Henshaw : *J. Godfrey Miller*, Sydney, 1965 – in : *Creating Australia – 200 years of art 1788-1988*, Art Gallery of South Australia, Adelaide, 1988 – in : *Dictionnaire de l'art moderne et contemporain*, Hazan, Paris, 1992.
Musées : Londres (Nat. Gal.) : Triptyque avec personnages 1950 – Sydney : *Golgotha*.
Ventes Publiques : Melbourne, 14 mar 1974 : *Figures* : **AUD 1 800** – Londres, 10 nov. 1976 : *Vierge à l'Enfant*, h/t (36x36) : **GBP 1 500** – Sydney, 4 oct. 1977 : *Objects on a table* 1950, h/t (33,5x57) : **AUD 3 600** – Londres, 27 juin 1979 : *Nature morte*, h/t (45,5x61) : **GBP 1 900** – Melbourne, 26 juil. 1987 : *Crucifixion* 1963, pl. et h/t mar./cart. (45,5x61) : **AUD 70 000**.

MILLER Iris Marie Andrew
Née le 28 mars 1881 à Ada (Oklahoma). XXe siècle. Américaine.
Peintre de portraits.
Elle fut élève de Chase, Mora et Henri Breckenridge. Elle fut membre de la Fédération américaine des arts.
Elle peignit surtout des portraits.

MILLER Jacob Gabriel. Voir **MÜLLER**

MILLER Jakob. Voir **MÜLLER**

MILLER James
XVIIIe-XIXe siècles. Britannique.
Peintre de paysages, aquarelliste.
Il a exposé à l'Académie à Londres de 1773 à 1791.
Musées : Londres (Victoria and Albert Mus.) : *Entrée du parc de Greenwich – Vue du Parc de Saint-James*.
Ventes Publiques : Londres, 13 nov. 1980 : *La Tamise à Millbank*, aquar./trait de cr. (22x34,5) : **GBP 1 100** – Londres, 12 mars 1987 : *Dean's Yard, Westminster*, aquar./traits de cr. reh. de blanc (41x61,5) : **GBP 12 500**.

MILLER James
XXe siècle. Britannique.
Peintre de paysages.
Il exposa, en 1951, au Salon d'Édimbourg.
Il fut remarqué pour ses paysages.

MILLER Johann Adam. Voir **MÜLLER**

MILLER Johann Bartholomäus. Voir **MÜLLER**

MILLER Johann Peter. Voir **MOLITOR**

MILLER Johann Sebastien ou **John**. Voir **MÜLLER**

MILLER John
XVIIIe siècle. Travaillant vers 1760. Britannique.
Graveur de portraits.
Il a gravé un grand nombre de portraits, parmi lesquels on cite *Georges III, Charles Townsend, Charles Churchill*, etc.

MILLER John
Né vers 1750 à Londres. XVIIIe siècle. Britannique.
Peintre de fleurs, graveur, illustrateur.
Membre de la Société des Arts à partir de 1766. De 1770 à 1789, il illustra un grand nombre d'ouvrages, notamment une traduction anglaise de Linné.

MILLER John
Né en 1820 à Londres. Mort en 1871 à Londres. XIXe siècle. Britannique.
Peintre de portraits.
Il exposa à la Royal Academy en 1846 et 1847, alla à Rome et à Florence, et retourna en Angleterre en 1852.
Ventes Publiques : Londres, 17 juin 1980 : *Fresh water for washing* 1878, h/t (49,5x75) : **GBP 650**.

MILLER John
XXe siècle. Britannique.
Peintre.
Exposa en 1951 à l'Exposition d'Édimbourg.

MILLER John
Né en 1911. XXe siècle. Britannique.
Peintre de paysages, paysages urbains, marines.
Il a souvent peint des vues de Venise.
Ventes Publiques : Londres, 21 sep. 1989 : *Venise un après-midi d'avril*, h/t (72,5x104,1) : **GBP 1 210** – Perth, 27 août 1990 : *Cabotage par une journée ensoleillée dans Canavan Bay à Firth of Lorn* 1904, h/t (56x92) : **GBP 3 300** – Amsterdam, 30 oct. 1990 : *Le bac de Dittisham sur la Dart à St Devon*, h/t (55x90) : **NLG 6 325** – Londres, 14 mai 1992 : *La corde de la cloche en Crète*, h/t (51x51) : **GBP 990** – Londres, 27 sep. 1994 : *Santa Maria della Salute à Venise*, h/t (91,5x122) : **GBP 977**.

MILLER Joseph
XIXe siècle. Allemand.
Peintre de genre.
Actif à Munich, il a aussi exposé à Dresde et à Berlin à partir de 1861.
Ventes Publiques : New York, 30 mai 1980 : *La lecture de la Bible* 1880, h/t (81,3x70,5) : **USD 2 000** – Londres, 24 juin 1981 : *Le Carnet de notes* 1872, h/t (71x57) : **GBP 3 800** – New York, 28 oct. 1982 : *Les devoirs* 1873, h/t (73x59,5) : **USD 8 500** – Londres, 20 nov. 1985 : *A view of Raby Castle, County Durham, from the North East* 1827, h/t (101,5x129) : **GBP 7 000** – Copenhague, 28 août 1991 : *Deux enfants quittant leur mère dans la cuisine pour se rendre à l'école* 1861, h/t (61x52) : **DKK 34 000**.

MILLER Joseph Cassian. Voir **MÜLLER**

MILLER Kenneth Hayes
Né le 11 mars 1876 à Oneida (New York). Mort en 1952. XXe siècle. Américain.
Peintre de compositions à personnages, dessinateur, graveur.
Il étudia à l'Art Students League avec Kenyon Cox et à la New York School of Art avec Merrit Chase. Il enseigna à l'Art Students League de New York, de 1911 à 1936, puis de 1943 à 1951, où il eut pour élèves Georges Bellows, Edward Hopper, Reginald Marsh et Isabelle Bishop.
Ses premières œuvres, dans la veine romantique, furent influencées par Albert Pinkham Ryder et Arthur B. Davies. Après l'exposition de l'*Armory Show* de 1913 à laquelle il participa, sa peinture devint plus intellectuelle, s'appuyant sur les procédés de composition de la Renaissance. Il prit pour sujet la femme de New York, saisie surtout dans son activité de vendeuse ou d'acheteuse ; les poses classiques, figées, qu'il lui donne s'associant étrangement à sa mise quotidienne, comme c'est le cas dans le *Salon d'essayage* (1931). Son influence, autant pour la technique que le choix des sujets, fut prépondérante pour ses élèves, mais s'étendit aussi largement, à travers le « village » des peintres de Greenwich, à la « Fourteenth Street School » qui s'attacha à représenter, dans l'esprit du style de l'Ashcan School, la vie de New York entre 1920 et 1930.
Bibliogr. : In : *Dictionnaire universel de la peinture*, Le Robert, Paris, 1975.
Musées : Los Angeles – New York (Metropolitan Mus.) : *Paysage avec figures* 1914 – *Salon d'essayage* 1931 – New York (Whitney Mus. of American Art) : *La Ménagère* 1928 – Washington D. C. (Philipps Memorial Gal.).
Ventes Publiques : Los Angeles, 8 nov. 1977 : *Nu dans un intérieur* 1922, h/t (89x71) : **USD 1 400** – New York, 23 janv 1979 : *Deux baigneuses surprises* 1942/43, h/t (157,5x136) : **USD 1 600** – New York, 26 oct. 1984 : *The shopper* 1930, h/t (76,2x63,5) : **USD 9 500** – New York, 6 déc. 1985 : *La cliente au col de fourrure* 1930, h/t mar./pan. (61x50,8) : **USD 5 500** – New York, 30 sep. 1988 : *Composition avec un personnage* 1926, h/t (86,7x72,9) : **USD 7 700** – New York, 16 mars 1990 : *Le boudoir* 1896, h/t (72,4x48,8) : **USD 7 700** – New York, 9 sep. 1993 : *Paysage* 1927,

h/t (63,5x76,8) : **USD 690** – New York, 12 sep. 1994 : *En attendant l'autobus* 1931, h/rés. synth. (76,2x51,1) : **USD 23 000** – New York, 20 mars 1996 : *Acheteur*, encre/pap. (17,8x12,7) : **USD 747**.

MILLER Konrad. Voir **MÜLLER**

MILLER Konrad von

Né le 26 février 1878 à Munich. xxe siècle. Actif à Munich. Allemand.

Peintre de portraits et de fleurs.

Il étudia à Munich chez Hahn, à Dresde chez Pohle et Bantzer, à Düsseldorf chez Janssen et Gebhardt.

MILLER Kosmas. Voir **MÜLLER**

MILLER Lee Anne

Née le 17 juillet 1938 à Salt Lake City (Utah). xxe siècle. Américaine.

Peintre de paysages oniriques, aquarelliste, graveur. Polymorphe.

En 1960, Lee Anne Miller fut diplômée de l'Université de l'État d'Utah à Logan. En 1961, elle fut élève de l'Académie des Beaux-Arts de Cranbrook à Bloomfield Hills (Michigan) ; en 1962, du Centre d'Art Pratt Graphics de New York ; en 1963, de la Slade School of Art de Londres. Ensuite, elle a mené une importante carrière d'enseignante en art : de 1964 à 1966 à l'Institut d'Art de Cleveland ; 1966-1968, Université d'East-Texas ; 1968-1978, Faculté d'Art de l'Université de Kansas City ; 1978-1981, professeur et présidente de la Faculté d'Art du Wayne State University de Detroit ; depuis 1981 professeur de peinture, et de 1981 à 1991 présidente, de la Faculté de l'École d'Art de la Cooper Union à New York. Au cours de sa carrière d'enseignante, elle a reçu de nombreuses distinctions américaines.

Depuis environ 1960, elle participe à des expositions collectives, d'entre lesquelles : 1967 Musée de Dallas ; 1965, 1974 à 1976 Musée de Springfield ; 1968, 1974 Musée de Springfield, *Aquarelle USA* ; 1976 Kansas City, Nelson Gallery of Art ; 1977 Los Angeles, Women's Building ; 1986 Easthampton (New York), *The Watercolor Show*, Elaine Benson Gallery ; 1995 New York, Houghton Gallery ; etc. Elle expose aussi individuellement : 1971, 1977 Kansas City, University of Missouri ; 1976, Northeastern Illinois University ; 1996 Provo (Utah), Museum of Art.

Elle peint à l'huile, à l'acrylique, à l'aquarelle. Sa technique, toujours fluide, s'accommode particulièrement de l'aquarelle, qui lui permet de noyer ses couleurs chatoyantes et diffuses. Si elle s'inspire de paysages véritablement vus, sa mémoire les « poétise » à sa façon, un peu flous dans une demi-brume, comme si elle les revoyait en rêve.

MILLER Marcus. Voir **MÜLLER**

MILLER Mary, Mrs **W. E. Miller**, née **Backhouse**

xixe siècle. Britannique.

Peintre de figures.

Elle exposa à Londres de 1866 à 1880.

MILLER Mary, épouse **Alexis**. Voir **CAMERON Mary**

MILLER Maxwell Joseph

Né le 23 décembre 1877 à Baltimore (Maryland). xxe siècle. Américain.

Sculpteur.

Il fut élève de Raoul Charles Veriet.

Il participa aux Expositions de Paris, notamment au Salon des Artistes Français, où il obtint une mention honorable en 1902.

Il a réalisé, entre autres, *Orphée et Eurydice* et *Femmes confédérées du Maryland*.

Musées : New York (Metropolitan Mus.) : *Cardinal Gibbons*.

MILLER Melchior. Voir **MÜLLER**

MILLER Michaël. Voir **MÜLLER**

MILLER Mildred Bunting

Née le 21 juin 1892 à Philadelphie (Pennsylvanie). xxe siècle. Américaine.

Peintre de paysages.

Elle se maria à D. Roy. Elle fut élève de Anschutz, Vonnoh et Violet Oakley. Elle fut membre de l'Académie de Philadelphie.

MILLER Minnie M.

xxe siècle. Américain.

Peintre.

Membre de la Fédération Américaine des Arts.

MILLER Patton

Né à Seattle (Washington). xxe siècle. Américain.

Peintre.

Il fut élevé à Hawaï. Il vit et travaille à Southampton (Long Island). Il a exposé, à New York, en 1994 à la Nohra Hame Gallery. Sa peinture, figurative, avait la mer comme thème central lors son exposition à New York en 1994.

MILLER Philipp Heinrich

xixe siècle. Actif à la fin du xixe siècle. Britannique.

Peintre de genre.

Le Musée de Salford conserve de lui : *Travailleurs et travailleuses*.

MILLER Philipp Heinrich. Voir aussi **MÜLLER**

MILLER Richard Emil ou **Edward**

Né le 22 mars 1875 à Saint Louis (Missouri). Mort en 1943. xxe siècle. Depuis 1898 actif aussi en France. Américain.

Peintre de scènes animées, intérieurs, figures, nus, portraits, paysages. Postimpressionniste.

Il fut élève de l'École des Beaux-Arts de Saint Louis. Il collabora au *Saint Louis Post Dispatch*. En 1898, il obtint une bourse et poursuivit ses études à l'Académie Julian à Paris, où il fut élève de Benjamin-Constant et Jean-Paul Laurens. Il restera en France pendant plus de vingt ans. À partir de 1906, il travailla à Saint-Jean-du-Doigt en Bretagne et surtout à Giverny. À Paris, il enseignait à l'Académie Colarossi pendant l'année scolaire, et en classes d'été à Saint-Jean-du-Doigt et Giverny. Il fut membre du Salmagundi Club, de l'Association Artistique Américaine de Paris et du Groupe des Peintres Américains de Paris.

En 1901, il participe pour la première fois au Salon des Artistes Français de Paris, où il reçoit la médaille d'or, une seconde médaille en 1904, la Légion d'honneur en 1906. En 1910, il participe, avec Frieseke, Parker et Rose à l'exposition du « Groupe de Giverny » à New York. Il est nommé chevalier de la Légion d'honneur en 1908.

Sa préférence va aux couleurs pures et vives, brossées, et qui évoquent Bonnard. Ses portraits libèrent une douce sensualité.

Miller

Bibliogr. : William H. Gerdts, D. Scott Atkinson, Carole L. Shelby, Jochen Wierich : *Impressions de toujours – Les peintres américains en France 1865-1915*, Mus. Américain de Giverny, Terra Foundation for the Arts, Evanston, 1992.

Musées : Giverny (Mus. Américain Terra Foundation for the Arts) : *Café de nuit (L'Heure de l'apéritif)* 1906 ? – *Le Bassin* s. d. – Paris (Mus. d'Orsay) – Rome (Gal. d'Art Mod.).

Ventes Publiques : New York, 25 oct 1979 : *La poupée chinoise*, h/t (91,5x76,2) : **USD 19 000** – San Francisco, 17 mars 1982 : *Lady reading holding a parsol*, h/t : **USD 55 000** – New York, 8 déc. 1983 : *Woman sewing*, h/t (65,5x81,9) : **USD 43 000** – New York, 30 mai 1985 : *Café de la Paix* vers 1905, h/t (114,3x146,7) : **USD 250 000** – New York, 29 mai 1986 : *L'Apéritif* vers 1905, h/t (97,2x127,6) : **USD 200 000** – New York, 24 juin 1988 : *Le port*, h/t (59x71,4) : **USD 7 150** – New York, 24 mai 1989 : *La crinoline*, h/t (116,2x80,5) : **USD 55 000** – New York, 28 sep. 1989 : *La femme de l'artiste*, h/pan. (34,9x26,4) : **USD 18 700** – New York, 30 nov. 1989 : *Le salon ensoleillé*, h/pan. (61x55,9) : **USD 220 000** – New York, 23 mai 1990 : *Le thé de l'après-midi*, h/t (86,3x91,5) : **USD 638 000** – New York, 24 mai 1990 : *Nu – le coffret à bijoux*, h/t (146x114,3) : **USD 55 000** – New York, 23 mai 1991 : *Le service à thé japonais*, h/t (99,7x81,3) : **USD 209 000** – Bayeux, 14 juil. 1991 : *La cage ensoleillée*, h/t (100x80,5) : **FRF 1 300 000** – New York, 25 sep. 1991 : *La visite*, h/t (200,7x165,1) : **USD 16 500** – New York, 6 déc. 1991 : *Au café*, h/t (50,2x73,7) : **USD 104 500** – New York, 27 mai 1992 : *Poissons rouges* 1912, h/t (100,3x81,3) : **USD 462 000** – New York, 4 déc. 1992 : *Le collier*, h/t (66,4x71,4) : **USD 220 000** – New York, 27 mai 1993 : *À l'ombre*, h/t (81,3x64,8) : **USD 140 000** – New York, 25 mai 1994 : *Printemps (la fenêtre ouverte)*, h/t (148,6x114,3) : **USD 662 500** – Paris, 3 avr. 1995 : *L'heure du thé*, h/t (80x100) : **FRF 800 000** – New York, 30 nov. 1995 : *L'abri de jardin à Giverny*, h/t (116,8x91,5) : **USD 690 000** – New York, 23 mai 1996 : *Couture*, h/t (91,5x72,4) : **USD 387 500** – Quimper, 10 juil. 1996 : *Soir d'été à Concarneau* 1899, h/t (54x52) : **FRF 103 000**.

MILLER Steve

Né en 1951 à Buffalo (New York). xxe siècle. Américain.

Peintre, technique mixte.

Il a été élève de l'Université de Vermont et de l'École de peinture et de sculpture de Skowhegan. Il vit et travaille à New York.

Il montre ses œuvres dans des expositions personnelles, parmi lesquelles : 1985, galerie Jack Shaiman (État de Washington) ;

plusieurs expositions à la galerie Josh Baer à New York, de même qu'à la galerie S. Bitter Larkin à New York ; 1988, galerie du Génie, Paris ; 1993, A. B. galeries, Paris.
Steve Miller peint des images énigmatiques évoquant les organes du corps humain analysés par les images de synthèse (ordinateur, scanner, échographie, résonance magnétique nucléaire, microscope électronique), et reportées ensuite sur un écran sérigraphique. Ces « portraits » de l'ère technologique avancée, vus de l'intérieur par le médium de la machine, semblent traduire la volonté toute classique d'interroger en profondeur l'âme du modèle (ces derniers acceptent de passer des examens à l'hôpital), mais aussi de manier et comprendre la rupture fondamentale que représente l'image par ordinateur dans l'ordre de la connaissance visuelle et la problématique de l'appropriation du réel par cette image. ■ C. D.
Bibliogr. : In : *Nouvelles technologies – Un art sans modèle ?*, in : *Art Press spécial*, n° 12, Paris, 1991.
Musées : Paris (FNAC) : *Selfportrait* 1993.

MILLER Tobias. Voir **MÜLLER**

MILLER William
Né vers 1740. Mort vers 1810. XVIIIe-XIXe siècles. Britannique.
Peintre d'histoire, portraits.
Il fut le collaborateur de Boydell pour sa *Shakespeare Gallery*.
Ventes Publiques : Paris, 6 avr. 1949 : *Fillette au lapin* : **FRF 9 000**.

MILLER William
Né le 28 mai 1796 à Édimbourg. Mort le 20 janvier 1882 à Sheffield. XIXe siècle. Britannique.
Aquarelliste, graveur.
Il fut élève à Londres du graveur G. Cooke. Il y vécut quelques années puis revint à Millerfield, près d'Édimbourg. Il a surtout gravé d'après Turner. Il fut membre honoraire de la Royal Scottish Academy et exposa souvent des aquarelles aux Salons de cette société.

MILLER William
Né le 3 décembre 1850 à New York. Mort en 1923. XIXe-XXe siècles. Américain.
Sculpteur sur bois.
Il étudia à l'Académie de Karlsruhe de 1871 à 1872.

MILLER William Edwards
XIXe siècle. Britannique.
Peintre de portraits.
Il séjourna de 1873 à 1903 à Londres. Plusieurs tableaux de cet artiste se trouvent à l'Université d'Oxford.
Musées : Londres (Nat. Portraits Gal.) : *Portrait de Rolleston* – Nottingham : *Portrait de sir Chandos Leigh*.
Ventes Publiques : Londres, 13 nov. 1986 : *Portrait d'une fillette assise* 1905, h/t (152x104) : **GBP 3 200** – Londres, 10 mars 1995 : *Le jeune patriote* 1892, h/t (156,3x117,5) : **GBP 6 670** – Londres, 11 oct. 1995 : *Portrait d'un jeune garçon, de trois quarts, vêtu d'un habit de velours pourpre*, h/t (103x78) : **GBP 1 610**.

MILLER William Henry
Né le 25 novembre 1854 à Philadelphie. XIXe siècle. Américain.
Peintre de portraits.
Élève de Eakins. Il travailla à Ardmore (Pa.).

MILLER William Rickarby
Né en 1818. Mort en 1893. XIXe siècle. Américain.
Peintre de paysages animés, paysages urbains, peintre à la gouache, aquarelliste.
Ventes Publiques : New York, 28 oct. 1976 : *La côte à New York* 1893, h/cart. (22x32) : **USD 1 600** – New York, 7 juin 1979 : *Nature morte aux pommes* 1891, h/t (18,4x26,6) : **USD 4 000** – New York, 24 avr. 1981 : *Lac inférieur, Central Park* 1884, aquar. et cr. (23,2x38,8) : **USD 2 800** – New York, 18 mars 1983 : *Hoboken de Union Hill* 1865, aquar., gche et cr. (35,7x28,5) : **USD 2 800** – New York, 7 déc. 1984 : *Across the Hudson to New York* 1858, h/cart., une paire de forme ronde (diam. 25,5) : **USD 24 000** – New York, 31 mai 1985 : *New York from Weehawken* 1860, h/cart., forme ronde (diam. 31) : **USD 11 000** – New York, 28 mai 1987 : *Staten Island Home* 1859, h/t (38x63,4) : **USD 35 000** – New York, 17 mars 1988 : *Route de campagne animée de personnages*, h/cart. (20x15) : **USD 1 650** – New York, 17 mars 1988 : *Le Long du Canal Erié, Little Falls* 1852, aquar. reh. de gche (35x49) : **USD 2 530** – New York, 1er déc. 1989 : *Pommes* 1886, h/cart. (21,3x26,3) : **USD 4 180** – New York, 21 mai 1991 : *Stryckers Bay à Bloomingdale dans l'état de New York* 1869, aquar. avec reh. de gche (38,5x28,6) : **USD 880** – New York, 28 mai 1992 : *Jersey City avec New York à l'horizon vu depuis la canal Bergen* 1854, aquar. et gche/pap. (31,5x50,8) : **USD 14 300** – New York, 24 sep. 1992 : *Le long de la rivière en automne* 1892, aquar./pap. (21x31,1) : **USD 6 875** – New York, 10 mars 1993 : *Maison campagnarde* 1858, h/t (45,7x61) : **USD 12 650** – New York, 12 sep. 1994 : *Staten Island depuis West Hoboken* 1865, aquar., gche et pap. (27,9x45,7) : **USD 2 530** – New York, 20 mars 1996 : *Le bassin du moulin de Sleepy Hollow* 1871, h/cart. (24,1x19,1) : **USD 2 415**.

MILLER Winfried von
Né le 7 avril 1854 à Munich (Bavière). Mort le 21 mai 1925 à Munich (Bavière). XIXe-XXe siècles. Allemand.
Peintre de genre, portraits, paysages.
Il fut élève, à l'Académie des Beaux-Arts de Munich, d'Alexander Wagner. Il a travaillé à Munich et où il a exposé de même qu'à Dresde à partir de 1879.

MILLER Zebedäus. Voir **MÜLLER**

MILLER VON HAUENFELS Erich
Né le 25 février 1889 à Graz (Styrie). XXe siècle. Autrichien.
Peintre de paysages, graveur.
Il fut élève de A. Marussig et de F. Schmutzer.

MILLER-DIFLO Otto
Né le 5 octobre 1878 à Hasberg (Souabe). XXe siècle. Actif à Munich. Allemand.
Peintre de paysages.
Le Musée de Brooklyn et celui de Munich possèdent plusieurs de ses tableaux.

MILLEREAU Georges
XVe siècle. Actif à Nancy. Français.
Peintre verrier.

MILLEREAU Philippe
Mort en 1610 à Paris. XVIIe siècle. Français.
Peintre d'histoire.
Le Musée de Reims conserve de lui : *Vulcain, Vénus et l'Amour*.

MILLERET Bernard
XXe siècle. Français.
Sculpteur.
Ouvrier qui se donna une haute culture, il suivit des cours de dessin après ses heures de travail en usine. Il se destinait à la peinture. Il participe régulièrement, à Paris, au Salon d'Automne.
Musées : Paris (Mus. d'Art Mod.) : *Buste de jeune*.

MILLERIOUX Suzanne
Née en 1918 à Montceau-les-Mines (Saône-et-Loire). XXe siècle. Française.
Peintre. Figuration-onirique.
Elle a été élève, à Paris, à l'Académie de la Grande Chaumière. Elle est sociétaire, à Paris, du Salon des Artistes Français ; a également exposé aux Salons d'Automne, de la Société Nationale des Beaux-Arts, et des Indépendants.

MILLEROR DE ROBLES José
XVIIIe siècle. Espagnol.
Peintre.
Le Musée d'archéologie de Saint-Marc de Léon conserve de lui : *Confirmation de l'ordre de Saint-Jacques par le pape Alexandre III* (1702).

MILLERT Anthonius. Voir **MÜLLERT**

MILLES Carl Vilhelm Emil
Né le 23 juin 1875 à Lagga (près d'Upsal). Mort en 1955 à Lidingö. XXe siècle. Suédois.
Sculpteur de compositions mythologiques, sujets allégoriques, monuments, figures, bustes, animaux.
Après avoir fait ses études à la Tekniska Skolan de Stockholm, il décide, en 1897, de s'en aller au Chili, mais Paris l'attire et le retient pendant huit ans. C'est alors qu'il doit exercer tous les métiers pour vivre, rencontre de nombreux artistes, dont Rodin, Oscar Wilde, et Olga Granner qui deviendra sa femme. Il entre à l'Académie Colarossi. Il prend le chemin du retour vers la Suède, en passant par Munich, qui l'impressionne vivement. Il s'installe ensuite à Lidingö, dans une maison qui deviendra son Musée (Millesgarden), y dressant dans son jardin ses sculptures. Attiré par les États-Unis, il va s'établir à Cranbrook, près de Detroit dans la Michigan, en 1930 ; est nommé professeur à l'Académie des Beaux-Arts de Cranbrook en 1931 ; prend la nationalité

américaine en 1945. Aux États-Unis, on lui demande de nombreuses commandes de monuments. Il s'en retourne en Suède pour y finir ses jours.

Il expose pour la première fois, à Paris, au Salon des Artistes Français en 1899 et reçoit une mention honorable en 1900, et aux États-Unis pour la première fois, en 1931, au Musée d'art de la ville de Saint Louis. Si ses premières œuvres montrent un caractère expressionniste, les sculptures de sa maturité sont d'un classicisme que l'on peut qualifier d'archaïsant, dans l'esprit de celles d'Adolf von Hildebrand, pour la simplification de ses formes. Parmi ses réalisations : *Gustav Vasa*, 1927 ; *Jonas*, 1932 ; *Orphée*, 1936 ; aux États-Unis : *Monument de la paix*, 1936, Saint Paul (Minnesota) ; *L'Homme de la nature*, 1940, Radio City, Time and Life Building, New York. Selon Pierre Volbout, « son art, à la fois sensuel et austère, tourmenté et serein, est animé d'un puissant panthéisme ».

Bibliogr. : Pierre Volboudt, in : *Nouveau dictionnaire de la sculpture moderne*, Hazan, Paris, 1970 – in : *Les Muses*, t. X, Grange Batelière, Paris, 1973 – in : *L'Art du XXe s.*, Larousse, Paris, 1991.

Musées : Bucarest (Mus. Simu) : *Petite fille et chat – La Lutte pour la vie* – Gotenburg : *Buste du peintre Kronberg – Groupe de danseuses* – Lausanne (Mus. canton. des Beaux-Arts) : *Figurine* 1911 – *Cheval au galop* – Lidingö (Millesgarden) : *Pégase* 1949 – Stockholm : *Petit groupe d'éléphants – Buste de l'architecte Ferd. Boberg – Les Ailes – Gustave Vaasa assis* 1927 – *Buste du poète Oscar Levertin – Buste de G. Stridsberg – Tireur à l'arc – Chanteur du soleil.*

Ventes Publiques : New York, 18 mars 1872 : *Jeune fille debout*, bronze : **USD 1 800** – Stockholm, 30 oct 1979 : *Centaure et oiseaux* 1952, bronze, patine verte (H. 63) : **SEK 16 500** – New York, 3 déc. 1982 : *Europa and the Bull*, bronze, patine brun-vert (H. 67) : **USD 14 000** – Copenhague, 12 août 1985 : *Europe et le taureau* 1951, bronze, patine verte (H. 78) : **SEK 430 000** – New York, 5 déc. 1986 : *Europa and the Bull*, bronze patine brun rouge verdâtre (H. 78,8 et L. 62,2) : **USD 150 000** – Stockholm, 6 juin 1988 : *Cheval volant*, bronze (H. 50 L. 88) : **SEK 450 000** – Londres, 16 mars 1989 : *Sanglier*, bronze (H. 25,4) : **GBP 7 700** ; *Europe et le taureau*, bronze (H. 76,3) : **GBP 198 000** – New York, 25 mai 1989 : *Folke Filbyter, groupe équestre*, bronze (h.73,7) : **USD 110 000** – New York, 30 nov. 1989 : *Femme debout*, bronze à patine brun-vert (H. 106,7) : **USD 30 800** – Londres, 27-28 mars 1990 : *Le danseur*, bronze doré (H. 48) : **GBP 99 000** – New York, 16 mai 1990 : *L'ange à la flûte*, bronze à patine verte (H. 25) : **USD 14 300** – New York, 23 mai 1990 : *Jeune élan*, bronze à patine verte (H. 77,4) : **USD 49 500** – New York, 23 oct. 1990 : *Hymne au soleil* 1909, bronze à patine brune (H. 43,5) : **USD 66 000** – Londres, 29 nov. 1990 : *Soleil brillant – Neréïde chevauchant un dauphin*, bronze à patine verte (H. 85) : **GBP 79 200** – New York, 30 nov. 1990 : *Petite patineuse*, bronze (H. 32) : **USD 9 350** – Stockholm, 5-6 déc. 1990 : *Le vol de l'ange*, bronze à patine verte (H. 81) : **SEK 78 000** – New York, 14 mars 1991 : *Jeune femme faisant une révérence*, bronze doré (H. 38) : **USD 4 400** – Stockholm, 30 mai 1991 : *Solglitter – Tête de Méduse*, bronze à patine verte (H. 20) : **SEK 37 000** – New York, 5 déc. 1991 : *Maenad dansant*, bronze à patine verte, relief (H. 71) : **USD 55 000** ; *Baigneuses*, bronze à patine brune (H. 72) : **USD 60 500** – New York, 28 mai 1992 : *Sanglier*, bronze à patine verte (H. 25,7) : **USD 8 800** – Stockholm, 19 mai 1992 : *Poseïdon*, bronze à patine verte (H. 59) : **SEK 60 000** – New York, 24 sep. 1992 : *Étude pour la fontaine de Jonas*, bronze à patine verte (H. 38,1) : **USD 5 500** – New York, 26 mai 1994 : *Les Sœurs*, bronze (H. 83,8) : **USD 54 625** – New York, 30 nov. 1995 : *Europe et le Taureau* 1929, bronze (H. 76,8) : **USD 167 500** – New York, 30 oct. 1996 : *Patineuse*, bronze patine verte (H. 31,8) : **USD 3 220**.

MILLES Ruth

Née en 1873 à Vallentuna. Morte en 1941. XIXe-XXe siècles. Suédoise.

Sculpteur.

Elle travailla à Stockholm et à Paris où elle figura au Salon des Artistes Français.

Ventes Publiques : Paris, 8 nov. 1976 : *Jeune fille assise au bouquet*, bronze patiné (H. 17, Long. 15) : **FRF 2 100** – Lyon, 18 déc. 1983 : *La Gardeuse d'oies*, bronze patine verte (H. 24) : **FRF 9 100** – Stockholm, 4 nov. 1986 : *Jeune fille au panier de fruits*, bronze patiné (H. 26) : **SEK 8 200** – Stockholm, 19 avr. 1989 : *Yvonne, fillette debout*, bronze (H. 25) : **SEK 14 500** – Stockholm, 22 mai 1989 : *Petite fille hollandaise assise, tenant un bouquet*, bronze (H. 17) : **SEK 17 500** – Stockholm, 6 déc. 1989 : *Jeune hollandaise assise les bras croisés*, bronze à patine brune (H. 20) : **SEK 12 000** – Stockholm, 14 nov. 1990 : *Bretonne*, bronze (H. 28) : **SEK 6 500**.

MILLESON Royal Hill

Né le 23 novembre 1849 à Batavia (Ohio). XIXe siècle. Américain.

Peintre de paysages.

Il travailla à Chicago et fut l'élève de G. W. Mose's et de l'Académie des Beaux-Arts de cette ville. Il fut aussi critique d'art.

Ventes Publiques : New York, 31 mars 1993 : *Gallinas Canyon*, h/t (101,6x137,2) : **USD 3 335**.

MILLET Aimé

Né le 28 septembre 1819 à Paris. Mort le 14 janvier 1891. XIXe siècle. Français.

Sculpteur et peintre.

Fils du miniaturiste Frédéric Millet. Entra à l'École des Beaux-Arts le 31 mars 1836. Fut élève de David d'Angers et de Viollet-le-Duc. Débuta au Salon de 1840. Eut une médaille de première classe en 1857. Chevalier de la Légion d'honneur en 1859. On doit à cet artiste *Gay-Lussac*, buste en marbre, à l'Institut de France – *Mercure*, statue en marbre, à la cour du Vieux Louvre ; *La Justice*, statue en pierre, à la mairie du Ier arrondissement ; *Richard, botaniste*, buste en plâtre ; *Apollon entre les Muses de la Danse et de la Musique*, sur la façade de l'Opéra de Paris ; *Phidias*, au Jardin du Luxembourg ; *Cassandre*, au Jardin des Tuileries ; la *Jeunesse effeuillant des roses* et le médaillon d'*Henri Murger* sur sa tombe au cimetière Montmartre ; *Le garde mobile* dans le monument aux morts à Saint-Ouen de Thouberville ; la statue colossale de *Vercingétorix* à Alise-Sainte-Reine (Côte d'Or) ; le monument de *Chateaubriand* à Saint-Malo ; les statues d'*Eg. Quinet* à Bourg et de *G. Sand* à la Châtre ; le tombeau de la *Princesse Christine de Montpensier*, à Séville ; le monument de *don José Rocafuerte*, à Guyaquil ; le monument du général *Vernhet de Laumière*, à la cathédrale de Puebla à Mexico.

Musées : Amiens : *Phidias – La jeunesse effeuillant des roses* – Arras : *Lenglet Émile* – Bourges : *George Sand* – Compiègne : *Madeleine repentante* – Limoges : *Projet de monument à la mémoire de Gay-Lussac – Jules Noriac – Ariane – Vercingétorix – Napolitain tenant un tambour* – Luxembourg : *Ariane – Cassandre* – Versailles : *George Sand.*

MILLET Alexis Joseph

Né en 1790 à Paris. XIXe siècle. Français.

Graveur au burin.

Élève de Testald.

MILLET Antoine

Né au XVIe siècle à Fertans. XVIe siècle. Français.

Sculpteur.

Il fut reçu citoyen de Besançon en 1622 pour avoir fait une statue destinée au clocher de l'église Sainte-Madeleine.

MILLET Clarence

Né le 25 mars 1897 à Hahnville (Louisiane). XXe siècle. Américain.

Peintre.

Il fut élève de l'Art Student's League de New York. Il était membre de la Fédération Américaine des Arts.

MILLET Émile

Mort en 1853. XIXe siècle. Actif à Versailles. Français.

Peintre de paysages et d'intérieurs.

Figura au Salon de 1842 à 1850 avec des vues et des paysages.

Ventes Publiques : Paris, 29 juin 1945 : *La cathédrale d'Orléans*, aquar. : **FRF 720**.

MILLET Eugène Henri

Né à Belleville près de Paris. XIXe siècle. Français.

Peintre.

Élève de Pipart et de Lecoultre. Exposa au Salon des natures mortes et des sujets de genre de 1866 à 1875.

MILLET Francis ou **Frank David**

Né le 3 novembre 1846 à Mattapoisett. Mort le 15 avril 1912. XIXe-XXe siècles. Américain.

Peintre d'histoire, scènes de genre, portraits, compositions murales, médailleur, dessinateur, illustrateur.

Élève de Anvers de Van Lerins et de Keyser, il travailla en Europe et en Amérique avant de suivre, comme reporter, les guerres Turco-Russe et Hispano-Américaine.

Il figura au Salon des Artistes Français à Paris. Médaille argent en 1889 (Exposition Universelle) ; membre du Jury, hors concours en 1900 (E. U.). Chevalier de la Légion d'honneur en

1900 ; associé de l'Academy National de New York en 1882 ; académicien en 1885.
Il est surtout connu pour ses peintures populaires de genre historique comme *Entre deux feux* (Tate Gallery, à Londres) et pour son rôle d'organisateur de la peinture murale à l'exposition de Chicago de 1893. Il participa à la décoration de nombreux bâtiments, telle la Trinity Church de Boston. Il fut considéré comme un chef de file dans le monde artistique et appartint au conseil d'administration du Metropolitan Museum.
Musées : Londres (Tate Gal.) : *Entre deux feux*.
Ventes Publiques : Londres, 5 juil. 1946 : *Piping times of Peace* : **GBP 892** – New York, 12 nov. 1976 : *Le paysan rentrant du fumier*, eau-forte (16,3x13,4) : **USD 3 100** – New York, 2 févr 1979 : *Cour intérieure, Capri*, h/pan. (22,8x36,2) : **USD 2 900** – New York, 1er avr. 1981 : *La Visite de Grand-papa* 1885, h/t (79,4x122,9) : **USD 50 000** – New York, 28 jan. 1982 : *Mère et enfant*, h/pan. (2115,9) : **USD 2 000** – New York, 15 mars 1985 : *Sharing the wine* 1881, h/t (36,5x28) : **USD 2 000** – New York, 14 fév. 1990 : *Arbarc*, cr./pap. (15,5x25,5) : **USD 880** – Montréal, 30 avr. 1990 : *Portrait d'une dame* 1881, h/t (92x66) : **CAD 2 200** – New York, 17 déc. 1990 : *Portrait de femme* 1881, h/t (91,6x66,1) : **USD 1 430** – New York, 18 déc. 1991 : *Portrait de femme* 1881, h/t (91,4x66) : **USD 660** – New York, 20 fév. 1992 : *Soldat turc* 1878, h/t (99,1x73,7) : **USD 17 600** – New York, 28 mai 1992 : *Après la fête* 1888, h/t (51,3x40,9) : **USD 17 600**.

MILLET François
Né en 1851 à Paris. Mort en avril 1917 à Barbizon. xixe-xxe siècles. Français.
Peintre de genre, portraits, paysages animés, animaux, natures mortes, dessinateur.
Élève de son père, Jean-François Millet. Débuta au Salon de 1870.
Musées : Darmstadt : *Paysage idéal* – Guéret : *Une bonne femme à Londennes*.
Ventes Publiques : Paris, 1897 : *La cueillette* : **FRF 330** – New York, 1899 : *Vue prise à Vichy* : **FRF 1 450** – Londres, 1er juil. 1910 : *La maison de Jean-François Millet* : **GBP 15** – Paris, oct. 1945-Juillet 1946 : *Femme gardant ses vaches au bord de la falaise* : **FRF 750** – Paris, 30 déc. 1948 : *Les lavandières* : **FRF 10 000** – Genève, 8 nov. 1969 : *Paysanne tricotant dans un paysage*, past. : **CHF 9 500** – New York, 13 déc. 1985 : *Jeune paysanne assise*, past. et fus. (39x30,6) : **USD 2 000** – Paris, 12 oct. 1990 : *Troupeau à la rivière*, dess. au fus. rehaussé de past. (38x52) : **FRF 18 000** – Londres, 4 oct. 1991 : *Avant le repas*, h/t (50x65,2) : **GBP 4 400** – New York, 29 oct. 1992 : *Vaches dans une verte prairie*, past./pap./t. (27,4x41,4) : **USD 2 420**.

MILLET Frédéric
Né en 1786 à Charlieu. Mort le 20 octobre 1859 à Paris. xixe siècle. Français.
Peintre de portraits, miniatures.
Élève d'Aubry, de Pernot et d'Isabey. Figura au Salon de 1806 à 1859. Médailles de deuxième classe en 1817 et 1824, médaille de première classe en 1827. Millet fut un des bons miniaturistes de son époque.
Musées : Boston – Vienne.
Ventes Publiques : New York, 1897 : *L'Attente* : **FRF 280** – Paris, 8-11 déc. 1920 : *Portrait présumé de J. B. Isabey*, miniature : **FRF 200** – Paris, 23 fév. 1939 : *Portrait d'une miniaturiste dessinant sous la lampe*, miniature : **FRF 300** – Paris, 19 mai 1947 : *Napoléon Ier, empereur* 1813, miniat./ivoire/boîte écaille doublée et cerclée d'or : **FRF 31 000** – Paris, 11 déc. 1996 : *Jeune femme dessinant*, pierre noire, estompe (26,5x20,2) : **FRF 17 000** ; *Portrait de Napoléon Lannes, deuxième duc de Montebello* 1824, miniat. ovale (11,3x8,4) : **FRF 35 000**.

MILLET Fritz Louis Adolphe Guillaume
Né le 10 mai 1816 à Sourdeval (Manche). xixe siècle. Français.
Peintre de genre et d'histoire.
Il entra à l'École des Beaux-Arts le 1er avril 1840. Figura au Salon de 1845 à 1848. L'église de Saint-Saturnin d'Avranches possède de cet artiste un *Saint Roch*.
Musées : Avranches : *Cour intérieure d'un palais en Italie* – *Bethsabée au bain* – Cherbourg : *Portrait*.

MILLET G. Van
Né le 5 avril 1864 à Kansas City. xixe siècle. Américain.
Peintre.
Élève de l'Académie de Munich avec les professeurs Gysis et Löfftz. Le Musée de Kansas City possède plusieurs de ses œuvres.

MILLET H.
xixe siècle. Actif à Bath et à Londres. Britannique.
Peintre et miniaturiste.
Il exposa à l'Académie royale de 1809 à 1817.

MILLET Henri
Né en 1647. Mort le 7 juillet 1683 à Paris. xviie siècle. Français.
Peintre.
Le 27 avril 1680, il fut agréé à l'Académie et n'est pas devenu académicien.

MILLET James
Né le 6 février 1846 à Genève. Mort le 10 avril 1903 à Gryon. xixe siècle. Suisse.
Peintre de paysages et de figures.
Il séjourna à Paris de 1883 à 1896.

MILLET Jany-France
Née le 14 juillet 1926 à Paris. xxe siècle. Française.
Peintre.
Elle est l'arrière petite-fille de Jean-François Millet. Elle fut élève de l'École des Beaux-Arts de Paris. Elle figure dans les Salons institutionnels de Paris et montre des ensembles de ses peintures dans des expositions personnelles.

MILLET Jean-Baptiste
Né en 1831 à Gréville (Manche). Mort en 1906 à Auvers-sur-Oise (Val-d'Oise). xixe siècle. Français.
Peintre de scènes de genre, paysages animés, paysages, aquarelliste, graveur, dessinateur.
Frère de Jean-François Millet, il fut son élève. Plusieurs de ses aquarelles ont figuré à la deuxième exposition impressionniste à la galerie Durand-Ruel à Paris en 1876. Il grava notamment sur bois la *Bergère assise*, d'après J.-F. Millet.
Musées : Liège : *Paysage*, aquar.
Ventes Publiques : Paris, 30 jan. 1919 : *La meule devant la ferme*, aquar. : **FRF 420** – Paris, 15 juin 1931 : *La moisson*, aquar. : **FRF 500** – Paris, 24 jan. 1945 : *Le vieux moulin*, dess. au cr. : **FRF 5 300** ; *Dans les champs*, dess. au fus. : **FRF 6 100** – Paris, 15 nov. 1950 : *L'Heure de la traite*, fus. : **FRF 3 800** – Monaco, 20 fév. 1988 : *Au jardin potager*, pl. et aquar. (22x31,5) : **FRF 13 320** – Paris, 15 mars 1988 : *Paysages*, dix dess. : **FRF 10 300** – Paris, 28 mars 1988 : *Paysage*, dess. à la pl. et lav. (11,5x17,5) : **FRF 9 000** – Paris, 3 mai 1988 : *Deux grandes meules avec une charrette*, pierre noire (21x28) : **FRF 9 000**.

MILLET Jean-Charles
Né le 10 février 1892 à Paris. Mort le 24 décembre 1944 à Dachau, en déportation. xxe siècle. Français.
Peintre de paysages.
Il était petit-fils de Jean-François Millet.
Ventes Publiques : Paris, 26 mars 1945 : *Paysage* : **FRF 1 200** – Paris, 24 nov. 1950 : *Paysage* : **FRF 2 000** – Paris, 26 mars 1990 : *Paysage sous la neige*, h/t (65x91) : **FRF 5 000**.

MILLET Jean François, dit **Francisque** ou **Millé, Milet** ou **Milé**
Né le 27 avril 1642, baptisé à Anvers. Mort en 1679, enterré à Paris le 3 juin 1679 ou 1680. xviie siècle. Éc. flamande.
Peintre de paysages, graveur.
Fils d'un Français, Pierre Millé de Dijon et d'une Flamande. Il fut élève de Laurens Francken, à Anvers. Il vint à Paris avec son maître en 1659 et épousa la sœur de celui-ci. À Paris, il étudia la perspective avec Abraham Genoels et copia les tableaux de Poussin, duquel ses propres œuvres portent l'empreinte. Il voyagea probablement en Hollande et en Angleterre, peignit des tableaux pour la cour de France, pour le président de Bercy, pour l'église Saint-Nicolas du Chardonnet et fit une suite de *Métamorphoses* en vingt-six tableaux pour une collection privée. En 1673, il fut membre de l'Académie. Il mourut subitement à trente-sept ans laissant un fils Jean-François, né en 1666, et un petit-fils Joseph François, né en 1697, appelés tous deux Francisque et dont les œuvres sont difficiles à distinguer des siennes. Son frère Pierre Millet fut peintre. Florent le Comte dit qu'il eut pour élève un graveur, Théodore, dont on ignore le nom de famille.
Musées : Aix : *Paysage* – Avignon : *Jésus et la Samaritaine* – *Paysage* – Berlin : *Paysage italien* – Besançon : *Ville grecque* – Bruxelles : *Paysage d'Italie* – Budapest : *Paysage* – Douai : *Paysage* – Dresde : *Paysage romain avec montagnes* – *Paysage avec tour ronde* – La Fère : *L'offrande* – *Paysage avec animaux* – Francfort-sur-le-Main : *Paysage méridional* – Glasgow : *Paysage pastoral* – Hambourg : *Étude* – *Paysage classique* – Liège : *Paysage montagneux avec figures et animaux* – Mayence : *Pay-*

sage – MILAN (Brera) : *Paysage animé* – MONTPELLIER : Trois paysages – MOSCOU (Roumianzeff) : *Le repos dans la forêt* – MUNICH : *Paysage classique* – Deux paysages italiens – NANTES : *Paysage héroïque* – PARIS (Mus. du Louvre) : Deux paysages – REIMS : *Les animaux à la fontaine* – SAINT-PÉTERSBOURG (Mus. de l'Ermitage) : *Vue d'un port* – SEMUR-EN-AUXOIS : *Paysage* – STRASBOURG : *Paysage avec la fuite en Égypte* – *Marine* – TOULOUSE : *Paysage allégorique* – VIENNE : *Sous-bois*.

VENTES PUBLIQUES : PARIS, 1737 : *Mercure volant dans les airs* : **FRF 420** – PARIS, 1821 : *Paysage historique (Mercure et Battus)* : **FRF 8 000** – PARIS, 1883 : *Mercure enlevant les bœufs d'Argus* : **FRF 1 600** – PARIS, 8-10 juin 1920 : *Les Pèlerins d'Emmaüs*, dess. : **FRF 2 300** ; *Paysage héroïque*, pl. : **FRF 1 600** – PARIS, 17 et 18 mars 1927 : *Paysage montagneux et boisé, avec un lac*, pl. et lav. : **FRF 330** – PARIS, 23 mai 1928 : *Paysage traversé par un cours d'eau*, lav. reh. : **FRF 700** – PARIS, 12 juin 1933 : *L'orage* : **FRF 1 500** – PARIS, 16 avr. 1951 : *Paysages animés*, deux pendants : **FRF 14 000** – VIENNE, 16 sep. 1969 : *Diane dans un paysage* : **ATS 90 000** – LONDRES, 2 juil. 1976 : *Mercure découvrant Hersé*, h/t (75x120,5) : **GBP 18 000** – LONDRES, 20 fév. 1981 : *Paysage boisé, Italie*, h/t (59,7x78,7) : **GBP 1 700** – PARIS, 19 mars 1982 : *Paysage animé de personnages*, pl. et lav. brun et bleu (13,2x21,6) : **FRF 13 200** – PARIS, 1er mars 1983 : *Paysage de fantaisie animé de personnages*, pl. et lav. sur esq. au cr. (16,4x23,8) : **FRF 13 500** – PARIS, 10 oct. 1983 : *Personnages près d'une cascade*, aquar. et pl. (16,8x24) : **FRF 8 500** – LONDRES, 4 avr. 1984 : *Paysage boisé animé*, h/t (115x176) : **GBP 8 000** – PARIS, 14 mars 1986 : *Paysage classique*, h/t (48,5x68) : **FRF 72 000** – NEW YORK, 29 oct. 1987 : *Les Petites Maraudeuses* vers 1865-1866, past./pap. (47,3x34) : **USD 330 000** – NEW YORK, 7 avr. 1988 : *Paysage boisé avec personnage sur une route menant à une maison sur fond de montagnes*, h/t (44,5x59) : **USD 7 700** – PARIS, 26 juin 1990 : *Promeneurs dans la campagne romaine*, h/t (33x48) : **FRF 12 000** – MONACO, 5-6 déc. 1991 : *Paysage arcadien*, h/t (36,5x42) : **FRF 46 620** – LONDRES, 1er avr. 1992 : *Paysage classique avec des personnages près d'une mare*, h/t (30x45) : **GBP 3 300** – LUGANO, 1er déc. 1992 : *Mercure et Hersé*, h/t (67x116) : **CHF 33 000** – NEW YORK, 20 mai 1993 : *Figures devant un monument funéraire romain dans une grotte*, h/t (71,1x56,5) : **USD 13 225** – PARIS, 15 déc. 1993 : *Pâris et Oenone dans un paysage*, h/t (38,5x46,5) : **FRF 38 000** – NEW YORK, 18 mai 1994 : *Vaste paysage à l'italienne avec des lavandières au bord de la rivière et une ville au lointain*, h/t (97,8x130,8) : **USD 40 250** – LONDRES, 3 juil. 1996 : *Paysage classique animé*, h/t (45,5x58) : **GBP 5 520** – REIMS, 21 avr. 1996 : *Villa dans la campagne romaine avec deux femmes près d'une source*, h/t (45,3x58) : **FRF 23 500** – PARIS, 25 juin 1996 : *Personnages se reposant près d'une fontaine dans un paysage classique de la campagne italienne*, h/t (74x93) : **FRF 90 000** – PARIS, 13 déc. 1996 : *Promeneurs dans un paysage*, h/t (64x80,5) : **FRF 32 000**.

MILLET Jean François, dit **Francisque**

Né en 1666 à Paris. Mort le 17 avril 1723 à Paris. XVIIe-XVIIIe siècles. Français.

Peintre de compositions mythologiques, paysages, animaux.

Fils et élève de Jean François I dit Francisque Millet. Le 22 juin 1709, il fut reçu académicien sur son tableau : *La nymphe Syrisix poursuivie par le Dieu Pan*.

MUSÉES : ANGERS : *Paysage* – BORDEAUX : *Paysage* – GRENOBLE : *Paysage* – LE MANS : *Paysage* – TROYES : *Vue de l'hôtel des Invalides, prise des Champs-Élysées au XVIIIe siècle*.

VENTES PUBLIQUES : PARIS, 28 mars 1923 : *Les Dindons près des meules ; soleil couchant*, past. : **FRF 130** – PARIS, 5 fév. 1947 : *Personnages dans un paysage montagneux*, attr. : **FRF 9 000** – NEW YORK, 18 juin 1974 : *Paysage d'Arcadie* 1717 : **USD 5 500** – PARIS, 2 oct. 1985 : *Paysage*, pl. et lav., forme ronde : **FRF 16 500**.

MILLET Jean François

Né le 4 octobre 1814 à Gruchy (près de Gréville). Mort le 20 janvier 1875 à Barbizon (Seine-et-Marne). XIXe siècle. Français.

Peintre de genre, portraits, paysages animés, paysages, pastelliste, graveur, dessinateur.

Fils d'un cultivateur de Gréville, près de Cherbourg, il commença dès son plus jeune âge à dessiner sur les murs de la maison paternelle. M. Langlois, conservateur du Musée de Cherbourg, conseilla à la famille de le faire travailler. Jean-François, tout en continuant à prendre part aux travaux de la ferme, travailla le dessin, sous la direction de Mouchel. On le considéra bientôt comme un enfant prodige. Ses amis obtinrent pour lui une pension annuelle de six cents francs de la ville de Cherbourg afin qu'il pût aller à Paris. Il arriva à Paris en 1838 et à vingt-trois ans lorsqu'il entra dans l'atelier de Paul Delaroche, le professeur fut frappé de trouver chez lui une conception très arrêtée en art. Des luttes terribles se produisirent alors entre le maître et l'élève. Millet avait contre lui tout l'atelier. On l'avait surnommé l'*Homme des bois*. Cependant il fut admis à concourir au Prix de Rome. Sa composition très originale frappa Delaroche, mais le maître ayant donné sa parole en faveur d'un autre candidat, conseilla à Millet de continuer à travailler, lui promettant de faire son possible pour qu'il eût le prix l'année suivante. Millet quitta l'école. Dans ses longues visites au Louvre, il trouva un enseignement beaucoup plus en rapport avec sa vision par l'étude des grands maîtres, Le Sueur, Poussin et Rembrandt. Il reprenait sans s'en douter la théorie formulée par Poussin et Goya. À l'école un seul élève lui fut sympathique, un nommé Marolle, dont il fit le portrait qu'il envoya au Salon de 1840 et que le Jury refusa. Le portrait d'un de ses parents envoyé la même année passa inaperçu. Pour vivre il faisait des pastels dans le genre de Boucher et de Watteau ainsi que de petites toiles sur des sujets empruntés au XVIIIe siècle et qu'il vendait 20 francs. Il fit également des portraits à 5 et 10 francs, qu'il ne signa jamais. Mais la vie lui devint encore plus difficile, car il ne trouvait plus à vendre ses petits tableaux. C'est alors qu'il peignit des enseignes. Dégoûté de Paris, il revint dans son pays natal. Une déception l'y attendait, on commençait à douter de lui. Cependant on lui commanda moyennant 300 francs, le portrait de M. Jaurain, maire de Cherbourg qui venait de mourir à plus de soixante-dix ans, ne lui fournissant pour tout document qu'un portrait de ce dernier lorsqu'il était jeune homme. Le tableau terminé, le Conseil refusa le tableau comme non ressemblant et finit par offrir à Millet la somme de 100 francs. L'artiste refusa et fit cadeau de son œuvre. Cet insuccès enleva les dernières illusions à ses protecteurs. Millet recommença à peindre des enseignes. Celles de : *Au vrai cidre normand*, pour une auberge : *La petite laitière* pour un magasin de nouveautés ; une *Scène de nos campagnes d'Afrique*, pour un saltimbanque ; un *Cheval* pour un vétérinaire, un *Matelot* pour un voilier lui valurent chacune 30 francs. Malgré la nature de ses derniers travaux on lui commanda une *Sainte Barbe enlevée au ciel* qui lui fut payée 300 francs. En 1841 il épousa Mlle Pauline Ono, jeune personne du pays. Le jeune ménage vint s'établir à Paris en 1842, mais Mme Millet mourut le 21 avril 1844. Millet brisé de chagrin retourna près des siens, mais avant de partir il envoya au Salon : *La Laitière* et un pastel : *La Leçon d'équitation*. Cet envoi fut remarqué par Diaz qui en fit de grands éloges. Millet resta un an à Cherbourg où il se remaria avec Mlle Catherine Lemaire. Un séjour qu'il fit au Havre lui fut très profitable pécuniairement ; il y fit un grand nombre de portraits ainsi que quelques tableaux de genre, parmi lesquels : *Enfant dénichant des nids*, une *Veillée prolongée*, une *Couseuse endormie*. On fit de ses œuvres une exposition publique qui obtint un grand succès.

Cependant Millet quitta le Havre et revint à Paris. C'est là qu'il commença véritablement son œuvre. *Saint Jean tourmenté par les femmes*, bien que très estimé de Couture fut refusé au Salon de 1846. En 1847 parut *Œdipe détaché de l'arbre*, œuvre qui commença à soulever les tempêtes de la critique. La Révolution de 1848 arrêtant la vente de toute œuvre d'art fut une phase terrible pour l'artiste et sa famille. Jeanron, un des amis de Millet, lui fit acheter par Ledru-Rollin son tableau *Le Vanneur* (actuellement au Louvre) moyennant 500 francs. Une commande de 1800 francs lui fut également faite de son tableau de : *Faneurs et faneuses se reposant près d'une meule de foin*. Le choléra sévissant à Paris, Millet se retira à Barbizon avec sa famille, sur le conseil de Charles Jacque. Parurent alors successivement le *Semeur*, les *Botteleurs*, 1850, (actuellement au Louvre), les *Glaneuses*, 1857, l'*Angélus*, 1859, la *Tondeuse de moutons*, l'*Homme à la houe*, la *Cardeuse*, la *Bergère*, la *Gardeuse d'oies*, le *Berger au parc*, la *Nuit*. Aux difficultés d'argent se joignirent les heurts de la lutte artistique. Paul de Saint-Victor et Théophile Gautier allèrent jusqu'à l'appeler le « peintre de l'ignoble ». Millet lui-même était conscient de ce que la vision de l'homme qu'il proposait avait de choquant pour l'époque, et disait de lui-même : « Je fais servir le trivial à l'expression du sublime. » Quant à Théophile Gautier, il était de longtemps sensible au génie de Millet et en avait écrit qu'il exprimait « une grandeur et une noblesse rares, sans atténuer en rien sa rusticité ». On sait l'admiration que vouait Van Gogh au dessin synthétique, « essentiel », de Millet, et à la charge sociologique de ses sujets, fusion de l'homme et de son outil, du paysan à la terre. En 1859 son tableau : *La Mort et le Bûcheron* fut refusé au Salon. L'artiste se sentit si découragé qu'il pensa un moment au suicide. En 1860 une convention faite avec Stevens, marchand de tableaux et frère du peintre, lui assura une mensualité de 1000 francs pendant trois ans. Millet s'engageait à livrer tous les tableaux qu'il produirait et qui devaient être réglés à l'expiration du contrat. À la fin de ce traité M. Gavet allouait à l'artiste une mensualité de 1000 francs à valoir sur le prix des dessins qui lui seraient livrés et qui étaient estimés entre 250 et 500 francs. L'exposition de 1867 fut pour Millet le commencement du triomphe ; il y figurait avec neuf toiles importantes, et une première médaille lui fut décernée. En 1868 il fut fait chevalier de la Légion d'honneur. En 1870 la guerre le força à se réfugier à Cherbourg. C'est là qu'il peignit la *Petite église de Gréville*, actuellement au Musée du Louvre. En 1873, M. de Chennevières, directeur des Beaux-Arts lui fit allouer un crédit de 50 000 francs pour qu'il fît une part de la décoration du Panthéon. Mais la mort ne devait pas lui permettre de réaliser cette œuvre. Atteint d'une maladie de poitrine il peignit encore l'*Âne dans la lande* et termina le *Prieuré de Vieuville* et la *Leçon de couture*. Mais les forces lui manquèrent et il s'éteignit le 20 janvier 1875. ■ Marguerite Bénézit

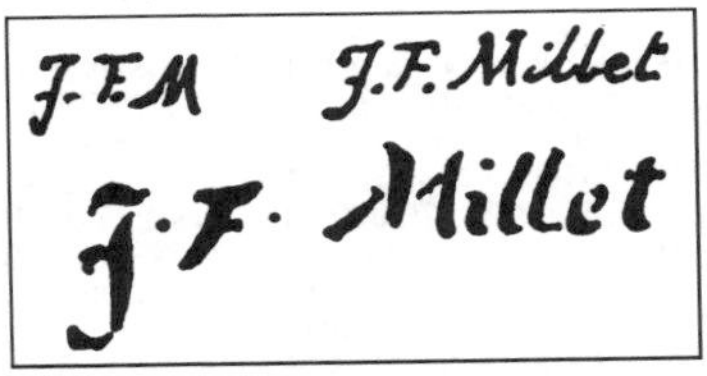

Cachets de vente

Bibliogr. : Alfred Sensier : *La vie et l'œuvre de J.-F. Millet*, Quantin, Paris, 1881 – E. Moreau-Nélaton : *Millet raconté par lui-même*, Paris, 1921 – Maurice Raynal : *De Goya à Gauguin*, Skira, Genève, 1951 – Raymond Cogniat : *Le Romantisme*, in : *Hre Gle de la peint.*, t. XV, Rencontre, Lausanne, 1966 – Lucien Lepoittevin : *Jean-François Millet*, Léonce Laget, Paris, 1971.

Musées : Amsterdam (mun.) : deux œuvres – Berlin : *Soir de novembre* – Berne : *Portrait de M. Wanner, consul suisse au Havre* – Boston (Mus. of Fine Arts) : *Bergère – Le repas des moissonneurs – La Méridienne – Les Planteurs de pommes de terre – L'Été – Le Semeur* – Bourg : *Femme gardant une vache* – Cardiff (Nat. Mus. and Gal.) : *L'Hiver* – Cherbourg : *Moïse – Martyre de saint Étienne – Portrait de Pauline Ono, première femme de l'artiste – L'artiste – Beau-frère de l'artiste – Tante de Mme Millet – Déjeuner sur l'herbe – Petit génie de la peinture – Belle-mère de l'artiste – Bergère – Grand-mère de Mme J.-F. Millet – Homme – Jeune femme au ruban rose – Émile Millet – Mme Maréchau – Beau-frère de l'artiste – Première femme de l'artiste – Portrait – Mme Jayen – Millet – Falaises de Landemer : le grand castel – Jeune fille – Catherine Lemaire – La Justice*, copie de Le Sueur – *Javain, maire de Cherbourg – Jeune femme – Ferme de Tourps – Étude d'homme – Idylle* – Copenhague : *Paysage* – Essen (Folkwang Mus.) : *Troupeau de moutons* – Francfort-sur-le-Main (Stadel) : *Portrait de Louis Courtois* – Glasgow : *La bergerie – Paysans allant au travail* – Hambourg : *Narcisse au fond d'une forêt* – Le Havre : *Portrait de Ch. Langevin* – La Haye (Mesdag) : *Agar et Ismaël – Vieille tour à Barbizon – Femme de pêcheur – Nature morte – L'homme et l'âne – Les meules – Vigneron au repos* – Kassel : Un pastel – *Paysage idéal* – Lille : *La becquée* – Londres (Nat. Gal.) : *Le secret – Murmures – Le Vanneur* – Londres (Vict. and Albert Mus.) : *Bûcherons* – Los Angeles (J. P. Getty Mus.) : *L'Homme à la houe* – Lyon : *Portrait d'un officier de marine* – Marseille : *Maternité* – Montauban : *Paysage* – Montpellier : *Offrande à Pan* – Moscou (Tretiakov) : *Charbonnières* – New York (Metrop.) : *L'Automne – Paysage* – Otterlo (Mus. Kröller-Müller) : *La boulangère – La maison à Gréville* – Paris (Mus. d'Orsay) : *Église de Gréville – Mme Lecourtois, belle-sœur de l'artiste – La couseuse – Le repos des faneurs, esquisse – Portrait de M. Collot – Baigneuses – Paysanne allaitant – Le printemps – Les glaneuses – Brûleuse d'herbes – La lessiveuse – Les batteleurs – Le vanneur – Précaution maternelle – Le fendeur de bois* – Paris (coll. Chauchard) : *Le vanneur – La petite bergère – La tricoteuse – L'angélus – La femme au puits – La bergère gardant ses moutons – La fileuse – Le parc à moutons* – Paris (Petit Palais) : *Portrait de maître* – Reims : Un pastel – Rouen : *Portrait d'un officier de marine* – Saint-Pétersbourg (Mus. de l'Ermitage) : *Ramasseurs de bois* – Stockholm : *Côte de la mer* – Vienne (Gal. du XIXe siècle) : *La Herse – L'Hiver.*

Ventes Publiques : Paris, 1849 : *Les Captives de l'amour* : **FRF 225** – Paris, 1862 : *Berger ramenant son troupeau, effet de soir* : **FRF 3 850** – New York, 1866 : *La Femme au rouet* : **FRF 70 000** – Paris, 1872 : *Clair de lune ; Le Parc des moutons* : **FRF 20 000** – Marseille, 30 avr. 1874 : *L'Automne* : **FRF 13 020** – Paris, 1875 : *Le Battage du sarrazin ; Basse Normandie*, past. : **FRF 13 100** ; *Cour de ferme ; la nuit*, past. : **FRF 14 000** – Paris, 1875 : *Bergère rentrant avec son troupeau, soleil couchant* : **FRF 11 000** ; *La Mer ; Vue des pâturages de Gréville* : **FRF 14 200** ; *Jeune bergère assise sur une roche* : **FRF 13 000** – Vienne, 1875 : *La Mort et le Bûcheron* : **FRF 20 000** – Paris, 1877 : *Les Planteurs de pommes de terre* : **FRF 32 000** – Paris, 1878 : *Le Vanneur* : **FRF 16 605** – Paris, 1881 : *Le Greffeur* : **FRF 133 000** – Paris, 1881 : *L'Angelus* : **FRF 160 000** – New York, 1886 : *La Baratteuse* : **FRF 40 500** – Paris, 1888 : *Les Glaneuses* : **FRF 52 000** – Paris, 1889 : *L'Angelus* : **FRF 553 000** – Paris, 1890 : *L'Attente* : **FRF 200 000** – Paris, 1890 : *Berger gardant son troupeau*, past. : **FRF 29 000** – Le Havre, 1891 : *L'Angelus*, past. : **FRF 106 000** – Paris, 1892 : *Un parc à moutons* : **FRF 100 000** – Paris, 1894 : *La Herse* : **FRF 75 000** – Paris, 1897 : *La Femme au puits*, past. : **FRF 27 000** – Paris, 1898 : *La Gardeuse de dindons* : **FRF 102 500** – Anvers, 1898 : *La Porteuse d'eau* : **FRF 68 000** – New York, fév. 1902 : *Moutons dans la plaine* : **USD 15 000** – New York, 26 fév. 1909 : *La Tonte des moutons* : **USD 27 500** – New York, 15-16 avr. 1909 : *Allant au travail* : **USD 50 000** – Paris, avr. 1910 : *Diane et ses nymphes dormant* : **FRF 20 500** ; *Les Tueurs de porcs* : **FRF 220 500** – Londres, 30 juin 1910 : *La Bergère* : **GBP 1 102** – Londres, 1er juil. 1910 : *Le Bon Samaritain* : **GBP 997** – New York, 13 fév. 1911 : *Printemps ; Daphnis et Chloé* : **USD 5 300** – Paris, 4 déc. 1918 : *L'Émigration* : **FRF 65 000** – Paris, 3 mars 1919 : *Maisons à Barbizon* : **FRF 52 000** – Paris, 16-19 juin 1919 : *La Baratteuse* : **FRF 41 000** – Paris, 20 juin 1919 : *Le Petit Pêcheur ; Les Petites Baigneuses*, past., une paire : **FRF 10 500** – Paris, 1-3 déc. 1919 : *Femme travaillant à la terre*, cr. : **FRF 5 700** – Paris, 6-7 mai 1920 : *Les Tireurs de varech* : **FRF 14 700** ; *Portrait d'homme* : **FRF 7 200** – Paris, 14 mai 1920 : *L'Arc-en-ciel*, past. : **FRF 40 100** ; *L'Hiver*, past. : **FRF 55 100** – Paris, 27 mai 1920 : *La Petite Bergère* : **FRF 29 500** ; *La Mer ; Vue* *des hauteurs de Gréville*, past. : **FRF 25 500** ; *Femme étendant du linge*, aquar. : **FRF 30 500** – PARIS, 30 nov.-2 déc. 1920 : *Les Lavandières*, cr. reh. : **FRF 32 500** ; *Le Départ pour le travail*, cr. : **FRF 15 300** – PARIS, 6 juin 1923 : *Le Calendrier des vieillards* : **FRF 7 800** – LONDRES, 9 mai 1924 : *Le Coup de vent* : **GBP 1 890** – PARIS, 27-28 juin 1924 : *Cérès* : **FRF 9 500** – PARIS, 23 fév. 1925 : *Portrait d'homme en redingote* : **FRF 7 300** – PARIS, 3 déc. 1925 : *Portrait d'homme* : **FRF 9 100** – PARIS, 27 mai 1926 : *La Baigneuse*, fus. : **FRF 24 000** – PARIS, 20 mai 1927 : *Le Vanneur*, cr. noir : **FRF 19 000** – LONDRES, 10 juin 1927 : *Le Dernier Chargement* : **GBP 483** ; *Nymphe endormie et un faune* : **GBP 651** – PARIS, 17-18 juin 1927 : *Le retour des champs*, cr. : **FRF 15 000** – LONDRES, 8 juil. 1927 : *La leçon d'équitation*, past. : **GBP 525** – LONDRES, 22 juil. 1927 : *Femmes ramassant du bois* : **GBP 399** – PARIS, 15 nov. 1928 : *Paysan debout et enfant*, dess. : **FRF 20 100** ; *Le cavalier dans le vent*, dess. : **FRF 17 200** – LONDRES, 19 avr. 1929 : *L'amour vainqueur* : **GBP 651** – PARIS, 3-4 juin 1929 : *Jeune paysanne retour de la moisson*, past. : **FRF 18 000** – PARIS, 17 mai 1930 : *Laveuse*, cr. noir : **FRF 1 150** – LONDRES, 13 nov. 1930 : *Sur la lande*, past. : **GBP 236** – PARIS, 14 déc. 1931 : *Portrait de son fils* : **FRF 10 000** – NEW YORK, 22 avr. 1932 : *Femme paysanne* : **USD 375** – PARIS, 2 juin 1932 : *Maternité*, cr. : **FRF 2 350** ; *Le Rouet*, cr. : **FRF 2 420** – PARIS, 27 avr. 1933 : *La Gardeuse d'oies*, past. : **FRF 13 500** – PARIS, 25 mai 1933 : *Portrait de Mme Roumy* : **FRF 6 400** – PARIS, 25 nov. 1933 : *Mlle Virginie Roumy* : **FRF 8 000** ; *Mlle Catherine Roumy* : **FRF 7 000** – PARIS, 23 mars 1934 : *Souvenir de Franchard*, cr. reh. de blanc : **FRF 2 400** ; *Château de Vauville*, pl. reh. de coul. : **FRF 3 600** ; *La provende des poules*, cr. : **FRF 12 500** ; *La Mer vue des falaises sous Gruchy* : **FRF 8 200** ; *Portrait de Charles F* : **FRF 5 400** ; *Portrait de Auguste F.* : **FRF 3 500** – NEW YORK, 17 mai 1934 : *La blanchisseuse* : **USD 1 250** – NEW YORK, 4 jan. 1935 : *Tête de petit garçon* : **USD 1 800** – PARIS, 9 mars 1935 : *Bûcheron préparant des fagots* : **FRF 14 500** – LONDRES, 12 avr. 1935 : *Une bergère* : **GBP 241** – NEW YORK, 7 nov. 1935 : *Bûcherons* : **USD 2 500** – PARIS, 29 nov. 1935 : *L'enfant au maillot*, fusain rehaussé de blanc et à l'estompe : **FRF 4 200** ; *Les Glaneuses* : **FRF 73 100** ; *Le Semeur*, cr. noir : **FRF 3 700** – PARIS, 4 nov. 1937 : *Amours dansants*, past. : **FRF 4 100** – PARIS, 28 fév. 1938 : *L'Église derrière les arbres* : **FRF 1 430** – PARIS, 6 mars 1940 : *Le laboureur*, pl. : **FRF 1 500** ; *Saint Martin et le Mendiant*, fus. : **FRF 1 650** – PARIS, 15 déc. 1941 : *L'Hiver* : **FRF 81 000** ; *L'Été* : **FRF 81 000** – PARIS, 24 avr. 1942 : *Dessin* : **FRF 18 000** – PARIS, 11 déc. 1942 : *Portrait d'un ami* : **FRF 240 000** ; *Deux paysans revenant des champs*, sépia : **FRF 1 100 000** – PARIS, 4 mars 1943 : *Un grain en pleine mer par un vent frais*, cr. : **FRF 14 000** – PARIS, 12 mars 1943 : *Troupeau de moutons et meule*, cr. noir : **FRF 10 800** – PARIS, 10 nov. 1943 : *L'Offrance à Pan*, fus. : **FRF 4 500** – PARIS, oct. 1945-juil. 1946 : *Femme nue étendue les bras levés*, dess. cr. : **FRF 21 800** ; *Femme nue couchée vue de dos*, dess. cr. : **FRF 23 000** – NEW YORK, 18 oct. 1945 : *Le rescapé* : **USD 450** – NEW YORK, 13 déc. 1945 : *Amants au champ de la moisson* : **USD 950** ; *La fileuse* : **USD 6 750** – NEW YORK, 20 fév. 1946 : *Moutons dans un paysage*, past. : **USD 1 075** – PARIS, 18 nov. 1946 : *Paysanne endormie*, dess. : **FRF 15 100** – PARIS, 31 jan. 1949 : *Saint Jérôme*, sanguine : **FRF 22 000** – PARIS, 17 fév. 1949 : *Paysanne dans la campagne*, fus. : **FRF 16 000** ; *La cour de ferme*, fus. : **FRF 14 500** – PARIS, 11 mars 1949 : *Bergère et son troupeau*, past. : **FRF 36 000** – PARIS, 29 juin 1949 : *Le bouquet de marguerites*, past. : **FRF 310 000** – PARIS, 28 nov. 1949 : *Le jardin de Millet à Barbizon*, fus. : **FRF 21 000** ; *Les chaumières*, dess. à la pl., reh. de past. et d'aquar. : **FRF 15 000** ; *La bergère*, cr. noir : **FRF 8 600** – NEW YORK, 11 jan. 1950 : *La naissance du veau* : **USD 1 700** – STUTTGART, 26 avr. 1950 : *Bergère et troupeau sous bois*, fus. : **DEM 1 300** – PARIS, 5 fév. 1951 : *Les baigneuses*, pl. : **FRF 13 100** – PARIS, 16 fév. 1951 : *L'Amour transi ou l'Hiver* 1864 : **FRF 220 000** – PARIS, 28 mai 1951 : *Portrait de garçonnet*, past. : **FRF 21 100** – NEW YORK, 17 oct. 1956 : *La bergère et son troupeau*, past. : **USD 3 000** – LONDRES, 3 déc. 1958 : *Le jardin d'une ferme*, aquar. : **GBP 650** – PARIS, 18 mars 1959 : *Fileuse auvergnate gardant des chèvres*, past. : **FRF 500 000** – LONDRES, 8 juil. 1959 : *Paysage* : **GBP 800** – PARIS, 4 nov. 1960 : *Nu assis* : **FRF 2 500** – LONDRES, 23 nov. 1960 : *La ferme* : **GBP 750** – LONDRES, 22 mars 1961 : *Le moissonneur*, cr. : **GBP 920** – NEW YORK, 29 nov. 1961 : *La provende des poules* : **USD 8 500** – NEW YORK, 6 nov. 1963 : *La fin de la journée* : **USD 30 000** – LONDRES, 25 fév. 1966 : *Paysage animé de personnages* : **GNS 6 000** – LONDRES, 4 déc. 1968 : *Portrait de M. de Witt* vers 1847 : **GBP 42 000** – TOKYO, 3 oct. 1969 : *La bergère* : **JPY 7 000 000** – LONDRES, 15 avr. 1970 : *Portrait de jeune femme* : **GBP 14 000** – NEW YORK, 5 mai 1971 : *Le briquet*, past. : **USD 36 000** – LONDRES, 27 juin 1972 : *Le cheval du paysan*, past. : **GNS 8 500** – GENÈVE, 7 déc. 1973 : *Le tricot* : **CHF 95 000** – NEW YORK, 12-13 nov. 1974 : *Le retour du laboureur* vers 1863, h/pan. parqueté (44,5x62) : **USD 70 000** – NEW YORK, 15 oct. 1976 : *Le retour du laboureur* vers 1863, h/pan. parqueté (44,5x62) : **USD 65 000** – NEW YORK, 28 avr. 1977 : *Monsieur Ouitre* 1845, h/t (99x80,5) : **USD 90 000** – LONDRES, 29 juin 1978 : *Les glaneuses*, eau-forte/Chine (19,2x25,4) : **GBP 800** – NEW YORK, 28 avr 1979 : *Le départ pour le travail* 1863, eau-forte/Chine volant (38,6x30,6) : **USD 5 800** – PARIS, 4 déc 1979 : *Paysanne brûlant des herbes*, cr. noir reh. de craie blanche (39x26) : **FRF 134 000** – NEW YORK, 21 nov. 1980 : *La bergère et son troupeau* vers 1865/8, past. et fus. (38,4x51,4) : **USD 270 000** – LONDRES, 20 juin 1980 : *L'Immaculée Conception*, h/t (78x45) : **GBP 5 500** – NEW YORK, 29 oct. 1981 : *Paysan répandant le fumier* 1851, h/t (37,5x56) : **USD 250 000** – NEW YORK, 27 fév. 1982 : *Le semeur* vers 1865, past. et craie noire/pap. (36x43) : **USD 300 000** – NEW YORK, 4 mai 1983 : *Le Départ pour le travail* 1863, eau-forte (38,5x30,8) : **USD 14 500** – NEW YORK, 27 mai 1983 : *La Femme au puits*, past. et craie noire (28,5x22,3) : **USD 235 000** – NEW YORK, 15 nov. 1983 : *Portrait de femme (Madame Lefranc)* vers 1841-1842, h/t (81x64,7) : **USD 290 000** – LONDRES, 27 juin 1984 : *Bergère assise sur un rocher*, fus. reh. de craie blanche (37,5x28) : **GBP 82 000** – NEW YORK, 15 nov. 1985 : *Les Glaneuses* 1855-1856, eau-forte (19,1x25,6) : **USD 5 000** – NEW YORK, 24 mai 1985 : *Antoinette Hebert se regardant dans un miroir* vers 1844-1845, h/t (101x81,3) : **USD 550 000** – NEW YORK, 22 mai 1986 : *Bergère et son troupeau au fond de la tour du moulin de Chailly* 1873, h/t (94x119) : **USD 460 000** – PARIS, 16 déc. 1987 : *La Bergère*, dess. cr. (17x24) : **FRF 168 000** – NEW YORK, 24 fév. 1987 : *Gardeuse de vaches* vers 1855-1860, past./pap. (30x45,7) : **USD 290 000** – NEW YORK, 25 fév. 1988 : *La fin de la moisson*, craie grasse noire et encre avec reh. de blanc (16,1x22,6) : **USD 187 000** – PARIS, 18 mars 1988 : *Travaux des champs*, dess. fus. (22x28) : **FRF 166 000** – PARIS, 18 mars 1988 : *Fermière au fagot*, dess. fus., reh. past. (22x32) : **FRF 205 000** – PARIS, 17 juin 1988 : *Le faucheur* ; *Paysage*, dess. à la pl., 1 dess. cr./pap. calque contrecollé (11x18 et 12x11,5) : **FRF 14 000** – PARIS, 22 juin 1988 : *Le gardien de moutons*, cr. noir (33x25) : **FRF 380 000** – PARIS, 5 juil. 1988 : *Paysage*, pl. (11,5x16,2) : **FRF 17 000** – HEIDELBERG, 14 oct. 1988 : *Le départ pour le travail*, eau-forte (38,5x30,7) : **DEM 11 400** – PARIS, 16 déc. 1988 : *Plusieurs études de personnages*, fus./t. : **FRF 250 000** – VERSAILLES, 5 mars 1989 : *Paysage*, dess. à l'encre (10,5x15,5) : **FRF 25 100** – PARIS, 8 avr. 1989 : *Portrait de Mr. Postel*, past. (38.5x30) : **FRF 1 100 000** – NEW YORK, 25 oct. 1989 : *Bûcheron préparant des fagots*, past. (49x34) : **USD 825 000** – MONACO, 3 déc. 1989 : *La laitière normande*, fus. (36x28,5) : **FRF 2 220 000** – NEW YORK, 22 mai 1990 : *Les moissonneurs endormis*, h/t (45,7x38,1) : **USD 770 000** – NEW YORK, 23 mai 1990 : *Couseuse endormie* 1845, h/t (45,7x38) : **USD 797 500** – PARIS, 15 juin 1990 : *La Tondeuse de moutons*, cr. noir/pap. (35x27,3) : **FRF 31 000** – MONACO, 16 juin 1990 : *Le chemin du village au crépuscule*, h/cart. (16x21,8) : **FRF 610 500** – LONDRES, 19 juin 1990 : *Cour de ferme à Gruchy*, cr. (30x44) : **GBP 46 200** – PARIS, 19 juin 1990 : *Trois lavandières*, fus. (22x30) : **FRF 95 000** – ROME, 19 nov. 1990 : *Paysage classique animé*, h/t (96x129) : **ITL 74 750 000** – MONACO, 8 déc. 1990 : *La leçon de tricot (étude de perspective)*, fus. (33x23) : **FRF 277 500** ; *Jeune femme en bleu assise à côté d'un pêcheur à la ligne*, h/t (23x35) : **FRF 1 443 000** – NEW YORK, 28 fév. 1991 : *La provende des poules*, encre et aquar./pap. (39,7x28,2) : **USD 594 000** – BARBIZON, 13 oct. 1991 : *Paysanne coillée d'un haut bonnet normand* 1847, h/pan. (42x32,5) : **FRF 1 100 000** – PARIS, 15 mai 1992 : *Mazeppa*, cr. noir, encre noire, pinceau (20x31) : **FRF 38 000** – NEW YORK, 28 mai 1992 : *Les peupliers*, h/pan. (27,9x18,4) : **USD 176 000** – LONDRES, 27 nov. 1992 : *Paysan appuyé sur sa fourche*, cr. noir /pap. (24,7x37,1) : **GBP 85 800** – LORIENT, 28 nov. 1992 : *Jeune fille allongée dans un sous-bois avec au loin un jeune homme jouant de la flûte de pan*, cr. gras (20x26) : **FRF 149 000** – NEW YORK, 27 mai 1993 : *Bergère tricotant en gardant son troupeau*, cr./pap. (30,5x21,5) : **USD 222 500** – PARIS, 11 juin 1993 : *Les Bêcheurs*, eau-forte (22,4x32,5) : **FRF 25 000** – PARIS, 16 déc. 1993 : *Berger appuyé sur son bâton*, pl. et encre (37,3x24,1) : **FRF 300 000** – MONACO, 20 juin 1994 : *Paysage boisé avec une allée d'arbres à l'horizon*, cr. et encre (11,5x17) : **FRF 28 860** – PARIS, 22 juin 1994 : *La Méridienne*, cr. noir avec reh. de past. (26x39) : **FRF 2 100 000** – LYON, 13 juin 1995 : *Paysage*, pl. aquar. (18x24) : **FRF 220 000** – NEW YORK, 1er nov. 1995 : *L'Été, les glaneuses*, h/t (38,1x29,2) : **USD 3 412 500** – Londres, 15 nov. 1995 : *Portrait de Guillaume Roumy, l'oncle de Pauline Ono*, h/t (65x54) : **GBP 34 500** – New York, 22 mai 1996 : *La Cardeuse*, h/t : **USD 3 412 500** – Londres, 12 juin 1996 : *Petite Bergère assise*, h/t (45x37,5) : **GBP 491 000** – Paris, 13 juin 1996 : *La Grande Bergère* 1862, eau-forte (31,7x23,6) : **FRF 33 500** – New York, 23-24 mai 1996 : *Départ pour le travail*, past. et cr. noir/pap. (54,3x42,2) : **USD 530 000** – Londres, 20 nov. 1996 : *La Barrière*, h/pan. (34,9x26,7) : **GBP 28 750** – Paris, 17 déc. 1996 : *Étude préparatoire pour la Laitière normande*, sanguine (23x17,8) : **FRF 22 500** – Paris, 7 mars 1997 : *La Bouillie* 1861, eau-forte : **FRF 7 000** – New York, 13-14 mai 1997 : *La Baratteuse* vers 1852-1857, craie noire/pap. (48x39) : **USD 305 000** – Paris, 10 juin 1997 : *Les Glaneuses* 1855, eau-forte (19x25,2) : **FRF 48 000**.

MILLET Joseph François, dit **Francisque**
Né en 1697 à La Fère. Mort le 16 juin 1777 à Versailles. XVIIIe siècle. Français.
Peintre de paysages, d'histoire et de portraits.
Le 24 juillet 1733 il fut agréé à l'Académie et fut reçu académicien le 27 novembre 1734. Il figura au Salon de 1737 à 1775. Les tableaux de cet artiste sont nombreux. Son style est gracieux et la plupart de ses paysages sont animés de scènes remplies d'un grand sentiment de poésie. Le Musée de l'Ermitage, à Pétersbourg, conserve de lui : *Paysage historique*.
Ventes Publiques : Paris, 6 fév. 1869 : *Atalante et Hippomène* : **FRF 1 950** ; *Paysage avec l'enlèvement de Déjanire* : **FRF 1 200** – Paris, oct. 1945-Juillet 1946 : *Village au bord d'une rivière*, sanguine : **FRF 1 000**.

MILLET Pierre
Né en 1833 à Gruchy près de Gréville. Mort en novembre 1914 à Gréville. XIXe-XXe siècles. Français.
Sculpteur.
Il était le frère de Jean-Baptiste et de Jean François. Il vécut jusqu'en 1874 en Amérique. Il sculptait en particulier le bois.

MILLET DE MARCILLY Édouard François
Né le 2 octobre 1839 à Paris. XIXe siècle. Français.
Sculpteur.
Élève de son père, de Carrier-Belleuse et Chéret. Il a sculpté le Monument aux morts de Villefranche-sur-Saône. Le Musée de Pau possède de lui deux bronzes représentant les généraux *Bosquet* et *Bourbaki*, et celui de Beaufort, la *Bataille d'Icheriden* et le *Général Bourbaki*.

MILLET DE MARCILLY Édouard Gustave, Louis
Né à Paris, le 11 septembre 1811 ou le 1er mai 1816 selon d'autres sources. Mort en 1885 à Paris. XIXe siècle. Français.
Sculpteur.
Père d'Édouard François. Élève de Lequien. Exposa au Salon, en 1875 et 1877.

MILLETS-DÉRUISSEAUX Jacques
Né vers 1657. Mort le 30 novembre 1725 à Rouen. XVIIe-XVIIIe siècles. Actif à Rouen. Français.
Sculpteur et architecte.
A exécuté le grand autel de l'église Saint-Laurent à Rouen.

MILLIAN Thaddaüs
Né le 14 octobre 1794 à Polna (Bohême). Mort en 1875 en Hongrie. XIXe siècle. Autrichien.
Peintre de paysages.
Musées : Brunn : *Paysage d'hiver*.
Ventes Publiques : Copenhague, 9 nov. 1977 : *Paysage*, h/t (75x102) : **DKK 15 000** – Londres, 3 juin 1983 : *Paysans et chevaux devant une chaumière* 1839, h/t (45x62,2) : **GBP 1 700** – Cologne, 28 juin 1991 : *Vaste paysage fluvial avec une ville au lointain* 1850, h/t (75x102) : **DEM 7 500**.

MILLICH Nicolaes ou **Jan** ou **Millincks, Mullick**
XVIIe siècle. Actif à Bruxelles. Éc. flamande.
Sculpteur et architecte.
Nagler dit qu'il naquit en 1633 et alla en Suède en 1669. Il fit vingt-sept figures de marbre pour Drottningholm et fut au service de la reine veuve Hedwig Éléonore de Suède. Vers 1680 il établit le projet du clocher de l'église des Dominicains à Anvers.

MILLICH Nicolaus
XVIIIe siècle. Allemand.
Dessinateur.
On lui doit une *Vue de Saint-Blasien* (au monastère Saint-Paul en Carinthie).

MILLICHAP Thomas
XIXe siècle. Britannique.
Peintre de portraits, de genre et d'histoire.
Il travailla à Londres de 1813 à 1821.
Ventes Publiques : Londres, 24 juil. 1980 : *Portrait d'Anne Craigie Donnel, à l'âge de six ans*, h/t (125,1x99,7) : **GBP 750**.

MILLIÈRE
XVIIIe siècle. Français.
Dessinateur de vignettes.

MILLIÈRE Maurice
Né le 12 décembre 1871 au Havre (Seine-Maritime). Mort en 1937. XIXe-XXe siècles. Français.
Peintre de genre, scènes typiques, figures, nus, peintre à la gouache, aquarelliste, graveur, dessinateur, lithographe, illustrateur.
Il fut élève de Léon Bonnat à l'École des Beaux-Arts de Paris, ainsi que de l'École des Arts Décoratifs. Il exposait ses peintures au Salon des Artistes Français de Paris ; hors-concours et médaille d'or à l'Exposition Coloniale de 1931 ; il fut fait chevalier de la Légion d'Honneur. Il exposait aussi au Salon des Humoristes à Paris.
Il fut surtout le dessinateur du déshabillé féminin. Il collabora à, entre autres, *La Vie parisienne, Fantasio*. Il a gravé un grand nombre de pointes-sèches en couleurs. Il illustra plusieurs ouvrages de Gypet de Maurice Vaucaire.

Maurice Millière

Ventes Publiques : Paris, 15-16 juin 1923 : *Le Bâton de rouge*, aquar. : **FRF 125** ; *Jeune femme nue*, past. : **FRF 125** – Paris, 9 jan. 1950 : *Jeune indigène pêchant des écrevisses, Guadeloupe* 1924 : **FRF 4 000** – Paris, 1er fév. 1950 : *Femme à la boule de cristal* : **FRF 15 500** – Paris, 25 juin 1951 : *Martiniquaises*, deux aquar. gchées, ensemble : **FRF 3 300** – New York, 22 mai 1986 : *Jeune fille à l'ombrelle*, h/t (81x64) : **USD 9 500** – Paris, 26 nov. 1987 : *Les petits favoris*, eau-forte (57x80) : **FRF 12 100** – Reims, 20 déc. 1987 : *La Femme au chien* 1913, litho., N° E.A. III/V : **FRF 2 800** – Paris, 26 nov. 1987 : *Rita* 1909, pointe-sèche (72,5x55) : **FRF 5 300** – Paris, 20 mai 1988 : *Jeune femme au chapeau noir*, eau-forte (70x55,5) : **FRF 4 500** ; *Danseuse au bouquet de roses*, eau-forte (61x47) : **FRF 4 200** – New York, 25 oct. 1989 : *Jeune élégante dans un grand restaurant de Paris* 1905, h/cart. (49,5x26) : **USD 12 100** – Paris, 1er juin 1990 : *La Bulle de savon*, pointe-sèche, format tondo (diam. 56) : **FRF 5 600** – Paris, 10 juin 1990 : *Devant la glace*, eau-forte en coul. : **FRF 4 300** – Paris, 7 juil. 1992 : *Jeune femme au col de fourrure*, pointe sèche : **FRF 3 500** – Paris, 4 oct. 1995 : *Les bulles de savon*, gche (46x32) : **FRF 3 800**.

MILLIES Jacobus
Né le 9 juillet 1767 à Deventer. Mort le 19 novembre 1813 à Deventer. XVIIIe-XIXe siècles. Hollandais.
Graveur.
Fils d'un prédicateur luthérien, il fut l'élève de C. Brouwer, R. Vinkeles, Ploos Van Amstel et P. Lyonet, il visita la France et l'Espagne, s'installa à Amsterdam en 1785 et fut conservateur de la Bibliothèque royale de La Haye en 1808. Il grava probablement les planches de l'*Anatomie et métamorphoses des insectes*, par P. Lyonet (1832).

MILLIET Louise
Née au XIXe siècle à Sannois. XIXe siècle. Française.
Peintre.
Élève de Paul Milliet et de Blin. Elle débuta au Salon de 1879.

MILLIET Paul
Né le 6 mars 1844 au Mans. Mort vers 1920. XIXe-XXe siècles. Français.
Peintre.
Travailla avec Lugardon et Gleyre. Débuta au Salon de Paris de 1870. Ses principales œuvres sont : *Paphos* (au Musée des Arts Décoratifs de Paris), des peintures allégoriques au foyer du théâtre de Genève, *La Normandie et Nice* (au Palais des Beaux-Arts de la Ville de Paris), cinq décorations de plafond au foyer du théâtre de Rouen, l'*Innocence* (au Musée d'art et d'histoire de Genève).

MILLIGAN J.
XIXe siècle. Britannique.

Sculpteur.
Il séjourna à Londres de 1817 à 1824.

MILLIKEN Robert W.
xxe siècle. Britannique.
Peintre-aquarelliste, animalier, paysages animés, dessinateur.
Il s'est essentiellement consacré aux oiseaux, à leurs migrations et à leur chasse, notamment en Écosse.
Ventes Publiques : Perth, 28 août 1989 : *Affût enterré,* aquar. avec reh. de blanc (63x101) : **GBP 1 155** – Perth, 26 août 1991 : *Poste de guet enterré,* aquar. (63,5x101) : **GBP 880** – Perth, 1er sep. 1992 : *Chasse aux bécasses,* aquar. avec reh. de blanc (48,5x66) : **GBP 825** – Londres, 16 mars 1993 : *Le vol d'une bécasse,* aquar. (36,3x48,6) : **GBP 805** – Perth, 31 août 1993 : *Vol d'oiseaux migrateurs se rassemblant pour le départ,* aquar. avec reh. de blanc (48x61) : **GBP 575** – Glasgow, 1er fév. 1994 : *Un vol de grouses,* aquar. et gche (53x73,5) : **GBP 1 495** – Glasgow, 14 fév. 1995 : *Vol de grouses,* aquar. et gche (54,5x74) : **GBP 920** – Perth, 26 août 1996 : *Vol de perdrix sortant du brouillard dans l'Île de Skye,* aquar. et cr. (44x61,5) : **GBP 1 380**.

MILLIN Denis Armand
Né le 1er juin 1803 à Paris. Mort après 1866. xixe siècle. Français.
Graveur.
Élève de Gérard. Exposa au Salon entre 1846 et 1866. Il grava pour la *Galerie historique* de Versailles.

MILLIN DE GRANDMAISON. Voir **GRANDMAISON**

MILLIN DU PERREUX Alexandre Louis Robert
Né en 1764 à Paris. Mort le 31 avril 1843 à Paris. xviiie-xixe siècles. Français.
Peintre d'histoire, architectures, paysages animés, paysages.
Il fut élève de Jean-François Huet et de Henri de Valenciennes. Il voyagea en Suisse, en Italie et en Espagne, puis il séjourna sept ans dans les Pyrénées. Il exposa au Salon de Paris, de 1793 à 1822. En 1806, il fut décoré de la Légion d'honneur.
Certains des personnages qui animent ses paysages seraient attribués à son ami peintre Jean-Louis Demarne.
Bibliogr. : Gérald Schurr, in : *Les Petits Maîtres de la peinture 1820-1920, valeur de demain,* Les Éditions de l'Amateur, t. VII, Paris, 1989.
Musées : Loches : *Jeanne d'Arc à Loches* 1819 – Orléans (Mus. des Beaux-Arts) : *Vue de l'entrée de la ville de Vaucouleurs* – Pau (Mus. des Beaux-Arts) : *Vue du château royal de Pau où naquit Henri IV* – Tours : *Entrée de Jeanne d'Arc au château de Loches – Le château de la Guerche-sur-Creuse* 1928 – *Maison dite d'Agnès Sorel à Beaulieu-les-Loches* 1829.
Ventes Publiques : Paris, 28 avr. 1900 : *Paysage avec figures* : **FRF 125** – Paris, 18 mars 1929 : *Vue de la maison de Pline sur le lac de Côme* : **FRF 3500** – Versailles, 20 nov. 1983 : *Les Eaux bonnes ; Pont sur la cascade,* h/t, une paire (65x54,5) : **FRF 29 50** – Londres, 16 juin 1993 : *Vue du Mont Saint-Gothard,* h/pan. (32x40,5) : **GBP 1 380**.

MILLINCKS Nicolaes ou **Jan**. Voir **MILLICH**

MILLING Gustav
Né le 20 août 1876 à Vorbruch. xxe siècle. Allemand.
Peintre de paysages, natures mortes.
Il fut élève de l'Académie des Beaux-Arts de Breslau. Il travaillait à Stettin.
Musées : Stettin : *Paysage.*

MILLINGTON, Miss. Voir **MANNIN**, Mrs

MILLINGTON Henry
xviiie siècle. Actif à Londres. Britannique.
Miniaturiste.
Il exposa de 1761 à 1764 à la Free Society.

MILLINGTON James Heath
Né en 1799 à Cork. Mort le 11 août 1872. xixe siècle. Britannique.
Peintre de genre et miniaturiste.
Élève de la Royal Academy, en 1826, il exposa de 1831 à 1870, et y fut nommé, à la fin de sa vie, directeur de l'École de Peinture.

MILLION Daniel
Né le 18 novembre 1948 à Moutiers (Savoie). xxe siècle. Français.
Peintre de portraits, nus, paysages, paysages urbains, marines. Expressionniste.
Il vit et travaille à Ésery. Autodidacte en peinture. Il exerça le métier de traceur en chaudronnerie jusqu'en 1985. Il participe à des expositions collectives régionales où il obtient diverses distinctions, et à Paris au Salon des Indépendants depuis 1991. Il montre des ensembles de ses peintures dans des expositions personnelles, notamment annuellement dans son atelier-galerie La Palette à Ésery.
Ses œuvres se caractérisent par l'utilisation de couleurs pures, travaillées en pleine pâte.
Ventes Publiques : Biot, 25 juil. 1992 : *Paysage d'Ésery,* h/t : **FRF 11 000**.

MILLIOT Anne-Marie
Née en 1936. xxe siècle. Française.
Peintre.
Diplômée de l'École des Beaux-Arts de Dijon en 1959, elle vit et travaille à Paris depuis 1987. Elle participe à des expositions collectives, notamment au Musée des Arts Décoratifs de Paris en 1990 ; ainsi qu'en Suisse, en Belgique.
Elle peint souvent des séries de silhouettes ou de peintures-contours : la série des *Tortues.*
Musées : Paris (FNAC).
Ventes Publiques : Paris, 14 avr. 1991 : *Buste d'homme* 1988, acryl./pap./t., d'après les carnets de dessin de David (100x98) : **FRF 4 000**.

MILLIOTTI Nicolaï, dit **Nicolas**
Né le 16 janvier 1874 à Moscou. xixe-xxe siècles. Russe.
Peintre de portraits.
Il exposait à Berlin, Rome, Venise, aux États-Unis. À Paris, il figura au Salon d'Automne, à partir de 1906.
Ventes Publiques : Paris, 25 mars 1993 : *Portrait de Paul Valéry* 1934, h/t (91,5x73) : **FRF 4 300**.

MILLITZ Johann Michael ou **Militz**
Né en 1725. Mort le 7 novembre 1779 à Vienne. xviiie siècle. Autrichien.
Peintre de portraits.
Élève de Mijtens. Il séjourna à Prague en 1763. Dans la Bibliothèque de l'Université de Lemberg se trouvent deux toiles de cet artiste.
Ventes Publiques : Londres, 31 mai 1935 : *Marie-Antoinette,* past. : **GBP 16**.

MILLMORE Martin. Voir **MILMORE**

MILLNER Karl
Né le 25 mars 1825 à Mindelheim. Mort en 1894 ou 1895 à Munich. xixe siècle. Allemand.
Peintre de paysages animés, paysages, paysages de montagne.
Élève de Julius Lange, il a travaillé à Munich. Il a exposé à partir de 1851.
Musées : Berne : *Pâturage dans les Alpes bernoises* – Munich : *Sur le haut Kampe, en face le lac de Chiem – Face à la chaîne des Alpes – À Munich.*
Ventes Publiques : New York, 14 mai 1976 : *Lac de montagne* 1866, h/t (87x126) : **USD 3 100** – Munich, 26 oct. 1977 : *La route du village,* h/t (38x54) : **DEM 12 500** – New York, 12 oct 1979 : *Paysage alpestre* 1869, h/t (101,5x124,5) : **USD 13 000** – New York, 28 mai 1981 : *Troupeau dans un paysage alpestre* 1869, h/t (108x132) : **USD 6 500** – Munich, 28 juin 1983 : *Paysage montagneux,* h/pan. (27x20,5) : **DEM 6 200** – Londres, 26 nov. 1985 : *Vue panoramique de Munich et de l'Isar* 1866, h/t (60x101) : **GBP 28 000** – New York, 26 fév. 1986 : *Paysage alpestre* 1860, h/t (140,2x167,4) : **USD 9 000** – Londres, 17 mars 1989 : *Vaste paysage alpin avec un lac* 1852, h/t (68,5x88,9) : **GBP 11 000** – New York, 24 oct. 1990 : *Paysage alpin avec un voyageur sur le chemin,* h/t (94x139,1) : **USD 13 200** – New York, 23 mai 1991 : *Paysage alpin avec un lac* 1880, h/t (94,2x116,2) : **USD 7 700** – New York, 26 mai 1993 : *Promenade dans les Hautes Alpes,* h/t, une paire (50,2x37,5) : **USD 11 500** – Heidelberg, 5-13 avr. 1994 : *Le Lac de Garde près de Nago,* h/t (20x44,5) : **DEM 3 400** – New York, 23-24 mai 1996 : *Horn-bei-Lofer, Tyrol,* h/t (95,3x117,5) : **USD 13 800** – Vienne, 29-30 oct. 1996 : *Paysage alpin avec une bergère au premier plan* 1851, h/t (85x109) : **ATS 126 500**.

MILLNER Klaud
Né en 1725. Mort le 3 avril 1790 à Vienne. XVIIIe siècle. Autrichien.
Sculpteur.

MILLNER William Edward
Né en 1849. Mort en 1895. XIXe siècle. Actif à Gainsgorough. Britannique.
Peintre de genre.
Ventes Publiques : Londres, 23 mars 1981 : *La Fin du jour* 1872, h/t (61x85) : **GBP 3 500** – Londres, 26 juil. 1985 : *La Fin du jour* 1872, h/t (62x84) : **GBP 8 500** – Londres, 3 nov. 1993 : *La laitière*, h/t (61x51) : **GBP 4 140** – Londres, 27 mars 1996 : *La fatigue* 1869, h/t (71x53,5) : **GBP 4 140** – Londres, 5 nov. 1997 : *Les Filles du pêcheur ; Les Filles du meunier ; Retirant l'écharde ; Fabriquant une lanterne*, h/pan., quatre panneaux de forme ronde (chaque Diam. 22,5) : **GBP 2 990.**

MILLOCHEAU Joseph Émile
Né le 18 novembre 1856 à Paris. XIXe siècle. Français.
Portraitiste.
Élève de Cabanel, de Feyen-Perri et de Cormon. Exposa au Salon de 1878 à 1899 ; mention honorable en 1882.

MILLON Jacques
XVIe siècle. Actif à Troyes. Français.
Sculpteur de portraits et d'ornements.
Il travailla au buffet d'orgues de Saint-Étienne à Troyes.

MILLON DE MONTHERLANT Frédéric
Né au XIXe siècle à Valdampierre (Oise). XIXe siècle. Français.
Peintre de paysages.
Débuta au Salon en 1868.

MILLOT Adolphe Philippe
Né le 1er mai 1857 à Paris. Mort le 18 décembre 1921 à Paris. XIXe-XXe siècles. Français.
Peintre et lithographe animalier.
Figura au Salon des Artistes Français ; mention honorable en 1891.

MILLOT C.
XVIIIe siècle. Français.
Peintre de portraits.
Membre de l'Académie de Saint-Luc. Exposa à cette Société en 1756.
Il serait l'auteur des portraits du *Duc Christian III de Deux-Ponts* et de sa femme *Caroline* qui furent longtemps attribués à Henri Millot.
Ventes Publiques : Paris, 18 avr. 1991 : *Portrait de Amédée Bretagne, duc de Durfort Duras* 1776, h/pan. (23x16,5) : **FRF 30 000.**

MILLOT Henri
Mort en 1756 ou 1758. XVIIIe siècle. Français.
Peintre de figures, portraits.
Élève de Largillière. Il fit partie de l'Académie de Saint-Luc.
Musées : Schleissheim (Gal.) : *Portrait du duc Gustave Léopold de Deux-Ponts.*
Ventes Publiques : Paris, 28 avr. 1947 (sans indication de prénom) : *Portrait présumé de Louise Emmanuel de Chastillon tenant une lettre*, past. : **FRF 1 500** – Paris, 7 déc. 1976 : *Portrait d'une jeune femme* 1716, h/t (199x108) : **FRF 48 000** – Monaco, 17 juin 1989 : *Portrait d'officier*, h/t, de forme ovale (83x65) : **FRF 33 300** – Bourg-en-Bresse, 24 oct. 1993 : *Bacchus*, h/t (180x145) : **FRF 285 000.**

MILLOT René ou **Milot**
Né en 1744 ou 1749 à Paris. Mort en 1809 à Nevers. XVIIIe siècle. Français.
Sculpteur.
Élève de J. B. Lemoyne. Il eut le premier prix de Rome en 1771, avec *Moïse frappant le rocher* et séjourna à Rome de 1772 à 1777. Le 30 octobre 1784 il fut agréé à l'Académie. Il figura au Salon, où il exposa des sujets de fantaisie, entre 1785 et 1793.

MILLOT DES FONTAINES Jean
XVIIIe siècle. Actif à Nantes vers 1775. Français.
Peintre et dessinateur.
Il dirigea à Nantes une école de peintre et de dessin.

MILLS A. Wallis
Né en 1878 à Lincolnshine. Mort en 1940 à Saint-James. XXe siècle. Britannique.
Dessinateur, illustrateur.
Il fut élève des écoles d'art de South Kensington. Artilleur pendant la première guerre mondiale, il y fut officiellement affecté à des reportages dessinés. Il participait aux expositions de la Royal Academy de Londres.
Il collaborait à de nombreuses publications, dont : *Punch, Strand Magazine, Humourist, The Royal Magazine*, etc. Il a illustré les *Nouvelles* de J. Austen, et, en 1927, le *Red Book of Heroes* de mrs Lang.
Bibliogr. : Marcus Osterwalder, in : *Dict. des illustrateurs 1800-1914*, Ides et Calendes, Neuchâtel, 1989.

MILLS Alfred
Né en 1776. Mort le 7 décembre 1833 à Walworth. XIXe siècle. Britannique.
Graveur sur bois.
Il travailla pour des illustrations de livres d'enfants et pour *Pictures of Grecian History* (1812).

MILLS Clark
Né le 1er décembre 1810 ou 1815 à Onondaga (New York). Mort le 12 janvier 1883 à Washington. XIXe siècle. Américain.
Sculpteur de bustes, statues.
Il fut le père de Théodore Augustus et travailla à Charleston.
Il doit sa gloire à l'une de ses œuvres : la statue équestre de Andrew Jackson, à Washington (1853), première statue équestre réalisée en Amérique et à laquelle Mills, encore peu expérimenté, travailla durant cinq années. Cette statue est animée d'un dynamisme qui fait défaut à ses premiers bustes. La statue de Washington qui fut commandée par le Congrès et érigée en 1860 dans la capitale est moins réussie.
Ventes Publiques : New York, 6 déc. 1991 : *Portrait équestre du Général Jackson*, bronze (H. 61) : **USD 7 700.**

MILLS George
Né en 1792. Mort le 28 janvier 1824 à Birmingham. XIXe siècle. Britannique.
Médailleur.

MILLS J. Harrisson
Né en 1842 à Buffalo. Mort le 24 octobre 1916 à Buffalo. XIXe-XXe siècles. Américain.
Peintre de genre et de portraits, poète.
L'Académie des Beaux-Arts de Buffalo conserve de lui un *Portrait de l'acteur Couldock.*

MILLS John
XIXe siècle. Actif à Londres. Britannique.
Peintre d'histoire, scènes de genre, portraits, graveur au burin.
Ventes Publiques : New York, 4 juin 1993 : *Jeune garçon sur un cheval bai brun*, h/t (61,6x66,7) : **USD 6 900.**

MILLS S. F.
XIXe siècle. Britannique.
Peintre de paysages, d'architectures, de genre et d'intérieurs.
Il fit des envois à l'Académie royale de Londres de 1858 à 1880.
Le Musée Victoria and Albert possède trois de ses tableaux.

MILLS Theodore Augustus
Né en 1839 à Charleston. Mort en décembre 1916 à Pittsburgh. XIXe-XXe siècles. Britannique.
Sculpteur.
Il fut le fils, l'élève et l'aide de Clark.

MILLS Thomas Henry
Né à Hartford (Connecticut). XXe siècle. Américain.
Peintre, graveur.
Il fut élève de Kenyon Cox et William M. Chase. Il était membre de la Fédération Américaine des Arts.

MILLY Dezider
Né le 7 août 1906 à Kyjov. Mort le 1er juillet 1971 à Bratislava. XXe siècle. Tchécoslovaque.
Peintre de compositions à personnages, portraits, paysages. Expressionniste.
De 1926 à 1932, il fit ses études à Prague. Il participe à des expositions collectives de peinture tchécoslovaque : en 1946 à Paris ; en 1954 à Moscou, Budapest, Varsovie. Il a montré des ensembles de peintures dans des expositions personnelles : en 1943 à Bratislava ; 1966 à Presov.
Il se rattache au courant expressionniste, toujours très présent dans les pays balkaniques. Ses compositions à personnages sont assez violemment lyriques ; ses paysages tourmentés ; ses portraits doucement sentimentaux.
Bibliogr. : In : Catalogue de l'exposition *50 ans de peint. tchécosl. 1918-1968*, Mus. tchécosl., 1968.

MILMAN Adolf
Né en 1888. Mort en 1930. XXe siècle. Actif en France. Russe.
Peintre.
Il étudia à l'école d'art de Kiev et dans l'atelier de Mashkov à Moscou. À partir de 1908, il participa à des expositions, notamment *Le Monde de l'Art* et *Le Valet de Carreau* en 1910 dont il était co-organisateur avec Aristarkh Lentulov. Il vécut à Paris à partir de 1921.
Bibliogr. : In : Catalogue de l'exposition *L'Avant-Garde russe dans les collections privées soviétiques de 1904 à 1934*, Palazzo Reale de Milan, 1989.
Ventes Publiques : Londres, 23 mai 1990 : *Nature morte devant un paysage urbain*, h/t (85x110) : **GBP 15 400**.

MILMORE Martin ou **Millmore**
Né en 1844 à Sligo (Irlande). Mort le 21 juillet 1883 à Boston. XIXe siècle. Américain.
Sculpteur.
Frère et élève de Joseph Milmore (né le 6 octobre 1841 à Sligo, mort le 10 janvier 1886 à Genève). Il travailla de 1860 à 1864 sous la direction de Th. Ball et séjourna plus tard à Rome. Il exécuta les bustes de *Pie IX*, d'*Emerson*, de *Webster*, ainsi que le monument aux morts de Boston.

MILN Robert
XVIIIe siècle. Actif à Édimbourg. Britannique.
Graveur.
Il grava des planches sur les antiquités écossaises qui parurent dans un ouvrage de 1710.

MILNE David Brown
Né le 8 janvier 1882 à Bruce County Paisley (Ontario). Mort en 1953 à Bancroft (Toronto, Ontario). XXe siècle. Canadien.
Peintre de paysages, aquarelliste, graveur, illustrateur.
Dès 1904, il quitta son poste d'instituteur exercé dans sa ville natale. Lors d'un bref passage, en 1904, à l'Art Student's League de New York, il fut élève de Frederick Bridgman, Frank Vincent Du Mond. Il travailla alors à New York comme dessinateur publicitaire, tout en fréquentant la *Galerie 291* d'Alfred Stieglitz, ce qui contribua à ce qu'en 1913, il fut représenté à l'exposition de l'Armory Show, avec cinq peintures. Il fit la guerre dans l'armée canadienne, en 1917-1918, en Angleterre et en France. De 1918 à 1928, il fit de nouveau un long séjour aux États-Unis, où il fut membre du New York Water Colour Club et du Philadelphia Water Colour Club. En 1929, il revint définitivement au Canada, où il connut un succès public important. En 1915, il avait obtenu une médaille d'argent lors de l'exposition *Panama-Pacific* à San Francisco. Après sa mort, ses peintures ont figuré régulièrement dans des expositions itinérantes d'artistes canadiens, notamment en 1967 et 1971.
Au moins à ses débuts, sa peinture semble avoir été influencée par le postimpressionnisme d'Ernest Lawson, membre du *Groupe des Huit*, qualifié d'« École de la poubelle ». À la suite de sa participation à la première guerre mondiale, il reçut un certain nombre de commandes concernant la commémoration du conflit. Après son retour au Canada, il ne peignit plus que des paysages intimistes, toujours inspirés d'un impressionnisme heureux, et peut-être aussi de l'éclat matisséen. Il fut surtout peintre à l'aquarelle, technique qui lui permettait de jouer des réserves blanches du papier en tant que zones de lumière forte, les taches de couleurs vives et de noir étant posées très mouillées, ce qui les inscrivait dans un halo. Sa technique à l'huile est nettement inspirée de ses aquarelles. On a pu comparer une telle économie de moyens avec la spiritualité sereine de l'art de l'Extrême-Orient. ■ J. B.
Bibliogr. : In : Catalogue du *Gift from the Douglas M. Duncan Collection and the Milne Duncan Bequest*, Nat. Gall. of Canada, Ottawa, 1971 – in : *Diction. de l'Art Mod. et Contemp.*, Hazan, Paris, 1992.
Musées : Ottawa (Gal. Nat. du Canada) : *Cathédrale d'Arras* 1919 – *Rites d'Automne*.
Ventes Publiques : Toronto, 17 mai 1976 : *Les toits blancs* vers 1914, aquar. (33x44) : **CAD 6 000** – Toronto, 18 mai 1976 : *St. Michael's cathedral*, pointe-sèche (19,5x21) : **CAD 2 100** – Toronto, 19 oct. 1976 : *Paysage boisé* 1945, h/t (24x40) : **CAD 7 000** – Toronto, 27 oct. 1977 : *Maine monument* 1914, h/t (50x55) : **CAD 19 000** – Toronto, 5 nov 1979 : *Scène de café (recto) ; Étude de portrait (verso)*, dess. au lav. (50x35,5) : **CAD 2 000** – New York, 23 mai 1979 : *Black and White, No 1* 1912, aquar. (46x58,5) : **USD 12 000** – Toronto, 5 nov 1979 : *Femme assise dans un intérieur*, h/t (40x30) : **CAD 28 000** – Toronto, 10 nov. 1981 : *Temagami*, h/t (40x50) : **CAD 38 000** – Toronto, 2 mars 1982 : *Nature morte* 1943, aquar. (36,3x 47,5) : **CAD 22 000** – Toronto, 3 mai 1983 : *Nature morte aux fleurs* 1935, h/t (45x55) : **CAD 34 000** – Toronto, 28 mai 1985 : *Une cheminée, vue de ma fenêtre, Palgrave*, h/t (50,6x70,6) : **CAD 30 000** – Toronto, 18 nov. 1986 : *Bay Street la nuit*, aquar. (23,8x37,5) : **CAD 8 000** – Montréal, 19 nov. 1991 : *Calumets* 1945, aquar. (24x33,5) : **CAD 8 500**.

MILNE John Maclaughlan
Né en 1885 ou 1886. Mort en 1957. XXe siècle. Britannique.
Peintre de scènes animées, figures, paysages, natures mortes, fleurs et fruits, aquarelliste, sculpteur.
Ventes Publiques : Perth, 13 avr. 1976 : *Corrie*, h/t (50x60) : **GBP 280** – Perth, 11 avr. 1978 : *Paysage de printemps* 1915, h/t (68,5x88) : **GBP 950** – Perth, 15 avr. 1980 : *A quayside in Normandy* 1931, h/t (74x93) : **GBP 550** – Auchterarder (Écosse), 31 août 1982 : *Paysage à la ferme* 1919, h/t (56x67) : **GBP 1 600** – Auchterarder (Écosse), 30 août 1983 : *Rue de village*, h/t (51x61) : **GBP 1 000** – Perth, 27 août 1985 : *Le jardin des Tuileries*, h/cart. (25x33) : **GBP 3 500** – Glasgow, 11 déc. 1986 : *Jardin du Luxembourg, Paris*, h/cart. (38,2x45,4) : **GBP 6 500** – Auchtearder, 1er sep. 1987 : *The Narrows, Otter ferry, Loch Fyne*, h/t (71x89) : **GBP 11 000** – Édimbourg, 30 août 1988 : *Maisonnettes parmi les arbres*, h/t (51x61) : **GBP 7 700** ; *Fleurs d'été dans un vase de Chine*, h/t (71x58) : **GBP 12 650** – Édimbourg, 22 nov. 1988 : *Femme de pêcheur sur une plage*, h/t (35,5x45,7) : **GBP 8 000** – Glasgow, 7 fév. 1989 : *Saint-Paul en Provence*, h/t/cart. (49x61) : **GBP 9 350** – Perth, 28 août 1989 : *Littoral méditerranéen*, aquar./craie (38x28) : **GBP 2 860** ; *Saint-Monange*, h/t (51x61) : **GBP 4 180** – Édimbourg, 22 nov. 1989 : *Sannox Bay dans l'île d'Arran*, h/t (50,8x61) : **GBP 6 600** – Glasgow, 6 fév. 1990 : *Maisonnettes à Arran*, h/t (51x61) : **GBP 11 000** – Édimbourg, 26 avr. 1990 : *Maison provençale à Saint-Tropez* 1926, h/t cartonnée (50,8x66) : **GBP 6 600** – South Queensferry, 1er mai 1990 : *Les Cullins depuis Morar*, h/cart. (49x60) : **GBP 11 550** – Londres, 24 mai 1990 : *Éveil* 1974, bronze/base d'ardoise (H. 13, L. 26) : **GBP 1 100** – Londres, 7 juin 1990 : *Chardons dans un pichet vert* 1931, h/t (71,5x52,5) : **GBP 9 350** – Perth, 27 août 1990 : *Le Marché de Saint-Tropez*, h/t (30,5x55,5) : **GBP 11 550** – Glasgow, 5 fév. 1991 : *Les îles au large de la côte ouest de l'Écosse*, h/cart. (44x54) : **GBP 5 720** – Édimbourg, 2 mai 1991 : *Dahlias et pommes*, h/t (61x50,8) : **GBP 12 100** – Perth, 26 août 1991 : *Glen Sannox à Arran*, h/cart. (51x60) : **GBP 9 350** – Glasgow, 4 déc. 1991 : *Rue d'un village sur le continent* 1920, h/t (51x61) : **GBP 6 050** – Londres, 6 mars 1992 : *Les maisons blanches d'Arran*, h/t (43x58,5) : **GBP 6 380** – Édimbourg, 19 nov. 1992 : *Le Printemps à High Corrie*, h/t (50,8x61) : **GBP 2 200** – Édimbourg, 23 mars 1993 : *Glen Rosa à Arran*, h/t (71x91) : **GBP 6 325** – Perth, 30 août 1994 : *Tulipes*, h/t (60x51) : **GBP 13 800** – Perth, 29 août 1995 : *Bouquet d'été dans un vase bleu et blanc*, h/t (71x61) : **GBP 10 580** – Édimbourg, 23 mai 1996 : *Pique-nique sur une plage dans le nord de Iona*, h/t (50,8x61) : **GBP 12 650** – Glasgow, 21 août 1996 : *Canotage sur la Tamise, cathédrale Saint-Paul en arrière-plan*, aquar. (25,4x31,8) : **GBP 920** – Londres, 15 avr. 1997 : *Dans les Hébrides*, h/t (46x56) : **GBP 7 820**.

MILNE Joseph
Né vers 1861 à Édimbourg (Écosse). Mort en janvier 1911 à Édimbourg. XIXe-XXe siècles. Britannique.
Peintre de figures, paysages animés, marines.
À partir de 1887, il exposa à la Royal Academy de Londres.
Musées : Londres (Victoria and Albert Mus.) : *Traversant la lande*.
Ventes Publiques : Édimbourg, 30 août 1988 : *Le forestier*, h/t (30,5x46) : **GBP 550** – Glasgow, 7 fév. 1989 : *Gamins pêchant à la ligne* 1883, h/t (25,5x35,5) : **GBP 3 520** – Glasgow, 6 fév. 1990 : *Voiliers à quai* 1897, h/t (35,5x25,5) : **GBP 1 980** – South Queensferry, 1er mai 1990 : *Paysage avec du bétail*, h/t (40,5x61) : **GBP 1 540** – Perth, 27 août 1990 : *La remontée des filets* 1898, h/t (51x77) : **GBP 1 870** – Glasgow, 5 fév. 1991 : *Barques de pêche de Kirkcaldy à quai* 1880, h/t (53x92) : **GBP 1 210** – Édimbourg, 23 mars 1993 : *Bateau à vapeur dans un port*, h/pan. (32x24) : **GBP 747** – Glasgow, 14 fév. 1995 : *Lumière d'après-midi*, h/t (31x46) : **GBP 632** – Glasgow, 16 avr. 1996 : *La Hyne à Buckhaven*, h/cart. (30x45,5) : **GBP 920** – Perth, 26 août 1996 : *Journée ensoleillée à Crail* 1896, h/t (51x77) : **GBP 5 290**.

MILNE Malcolm
Né le 14 octobre 1887 à Cheadle. Mort le 19 août 1954 à Oxford. XXe siècle. Britannique.

Peintre de paysages, natures mortes, fleurs.
Il fut élève de Henry Tonks et à la Slade School of Art de Londres, et de Walter Sickert à la Westminster School of Art. À partir de 1912, il participa aux expositions du New English Art Club.
Musées : Londres (Tate Gal.) : *Muguets* 1927.
Ventes Publiques : Londres, 5 mars 1987 : *Vase de fleurs à la fenêtre* 1924, h/t (74,1x61) : **GBP 4 000** – Londres, 3 mai 1990 : *Nature morte d'un bouquet dans un pichet* 1946, h/t (60x49) : **GBP 1 540**.

MILNE William Watt
Né en 1873. Mort en 1951. xixe-xxe siècles. Britannique.
Peintre de paysages, marines, paysages d'eau animés.
Ventes Publiques : Perth, 24 avr 1979 : *The Bypath*, h/t (26x39) : **GBP 550** – St-Ives, 5 oct. 1987 : *Le Pique-nique au bord de la rivière*, h/t (99x81,5) : **GBP 5 500** – Édimbourg, 30 août 1988 : *Un vent vif*, h/pan. (19x27) : **GBP 1 265** – Glasgow, 7 fév. 1989 : *Bergère près d'un lac*, h/t (66x81,5) : **GBP 7 700** – Perth, 29 août 1989 : *Enfants jouant près d'un bois*, h/t (35,5x30,5) : **GBP 1 430** – Perth, 27 août 1990 : *Bord de mer un jour d'été*, h/t (66x81) : **GBP 6 050** – Londres, 20 sep. 1990 : *Jeunes pêcheurs dans un port* 1939, h/t (24x34,5) : **GBP 2 860** – Londres, 25 jan. 1991 : *Le port* 1899, h/t (24,5x35) : **GBP 1 650** – Perth, 26 août 1991 : *Traversée d'un pont au clair de lune*, h/t (45,5x61) : **GBP 3 960** – Glasgow, 4 déc. 1991 : *Du pain pour les cygnes*, h/t (45x56) : **GBP 1 870** – Perth, 31 août 1993 : *Canotage*, h/t (91,5x91,5) : **GBP 9 775** – Perth, 30 août 1994 : *La mare de la ferme* 1918, h/t (51x61,5) : **GBP 1 955** – Glasgow, 16 avr. 1996 : *Après l'office* 1907, h/t (33x43) : **GBP 2 415**.

MILNER Judy
Née en 1957. xxe siècle. Active depuis 1982 en France. Britannique.
Sculpteur d'assemblages.
À Londres, de 1976 à 1979, elle fut élève de la Hornsey School of Art ; de 1979 à 1982 du Royal College of Art. Depuis 1982, elle s'est fixée à Marseille. Elle participe à des expositions collectives, de 1980 à 1982 à Londres ; depuis 1982 à Marseille et dans la région Sud ; etc.
Elle collecte des objets de rebut ou courants, qu'elle modifie et assemble avec humour.
Musées : Paris (FNAC) : *Trinité* 1987.

MILNER-KITE Joseph. Voir **KITE Joseph Milner**

MILNES Thomas
Originaire du Norfolk. Mort en 1888. xixe siècle. Britannique.
Sculpteur.
Exposa de 1842 à 1866.

MILNET Bernard
xve siècle. Vivant au milieu du xve siècle. Français.
Graveur sur bois.
Il grava des sujets religieux.

MILNIKOVA Véra
Née en 1950. xxe siècle. Russe.
Peintre de compositions animées, figures, paysages, natures mortes.
Elle fut élève de l'Institut Répine à l'Académie des Beaux-Arts de Leningrad (aujourd'hui Saint-Pétersbourg). Elle est membre de l'Association des Peintres de Leningrad.
Elle pratique une peinture directe et saine, dont elle maîtrise la technique.
Musées : Moscou (min. de la Culture) – Saint-Pétersbourg (Mus. Russe).

MILO Frank, pseudonyme de **Raymond Frank Émile**
Né le 11 janvier 1921 à Genève. Mort le 29 mai 1991 à Genève. xxe siècle. Suisse.
Peintre de paysages.
Il exposait surtout en Suisse, à Genève, notamment au Musée Rath, à Bâle, Zurich, Lausanne, etc., obtenant diverses distinctions.
Il peint en général à l'huile, au couteau sur isorel, dans une facture synthétique et directe. Travaillant souvent en France, il a peint des paysages de Provence, des ports de pêche bretons, avec bateaux, barques.

MILO Giovanni, cavaliere. Voir **MIEL Jean**

MILO Jean Émile, pseudonyme de **Van Gindertael Émile Marcel Jean Ghislain**
Né le 15 mai 1906 à Saint-Josse-ten-Noode. Mort en 1993. xxe siècle. Belge.
Peintre. Postcubiste, puis abstrait.
Frère cadet de Roger Van Gindertael, qui fut d'abord peintre avant de devenir historien et critique d'art. Il fut élève de l'Académie de Saint-Josse-ten-Noode, et de Constant Montald à l'Académie des Beaux-Arts de Bruxelles. De 1925 à 1931, il fut sous-directeur de la galerie bruxelloise *Le Centaure*. En 1926, il fit partie du groupe qui emprunta son nom au village de Etikhove, notamment avec les frères Haesaerts, le sculpteur Leplae. En 1946, il devint membre du groupe de la *Jeune Peinture Belge* ; en 1952 membre-fondateur du groupe *Art Abstrait*. En 1953, il fit un voyage d'étude au Congo belge (aujourd'hui Zaïre). Il participa à des expositions collectives, dont : 1932 Bruxelles, avec le groupe de Etikhove ; 1947 au Palais des Beaux-Arts de Bruxelles, l'importante exposition de la Jeune Peinture Belge ; à partir de 1953 à Paris, Salon des Réalités Nouvelles ; 1962 Biennale de Venise, importante participation ; etc. Il montrait des ensembles d'œuvres dans des expositions personnelles, nombreuses à Bruxelles de 1924 à 1951 ; 1953 Paris ; nouvelles expositions à Bruxelles ; 1960 Verviers, rétrospective ; etc.
En contact étroit avec les différents courants de la peinture d'avant-garde, il en reçut des influences diverses. Figuratif jusqu'en 1945, dans le sillage de l'École de Laethem, de Gustave De Smet et Edgard Tytgat, il dépeignait un monde quotidien et heureux. De 1945 à 1950, avec la jeune peinture belge, il subit l'influence de l'École de Paris, puis celle des premiers maîtres de l'abstraction. Dans ses premières œuvres abstraites : la série colorée des *Printemps* ; puis la série des *Hiérophanies*, compositions verticales inspirées des vitraux gothiques ; une série inspirée par les lances des *Batailles* de Paolo Uccello. Le voyage au Congo provoqua la nouvelle évolution des peintures de 1953, sur des rythmes primitifs matérialisés dans une matière-couleur sobre et rugueuse à la fois, utilisant des collages de carton ondulé et papier abrasif. Dans les œuvres suivantes, Milo a abouti à l'éclat souvent heureux d'une sorte d'impressionnisme abstrait. ■ J. B.

milo 41

Bibliogr. : Paul Pochet : *Jean Milo*, Bruxelles,1936 – Paul Haesaerts : *Jean Milo*, Bruxelles, 1943 – Roger Van Gindertael : *Jean Milo*, Signe, Paris, 1953 – Luc Haesaerts : *Jean Milo*, De Sikkel, Anvers, 1954 – Michel Seuphor, in : *Diction. de la peint. abstraite*, Hazan, Paris, 1957 – in : *Peintres contemp.*, Mazenod, Paris, 1964 – André Jocou : *Jean Milo*, Bruxelles, 1983 – in : *Dictionnaire biographique illustré des artistes en Belgique depuis 1830*, Arto, Bruxelles, 1987 – in : *Diction. de l'art mod. et contemp.*, Hazan, Paris, 1992.
Ventes Publiques : Anvers, 13 oct. 1970 : *Hommage à Vermeer de Delft*, aquar. : **BEF 24 000** – Anvers, 27 avr. 1971 : *Sensuels à la recherche d'un peintre de bonne volonté* : **BEF 40 000** – Anvers, 2 avr. 1974 : *Brisé comme verre* 1956 : **BEF 45 000** – Anvers, 6 avr. 1976 : *Nu* 1965, aquar. (40x32) : **BEF 7 000** – Anvers, 19 oct. 1976 : *Sur un thème de poète* 1967, h/t (100x81) : **BEF 110 000** – Anvers, 18 avr. 1978 : *Le printemps se sent en hiver* 1963, h/t (60x78) : **BEF 48 000** – Anvers, 23 oct. 1984 : *Nature morte* 1943, gche (47x67) : **BEF 55 000** – Bruxelles, 3 oct. 1984 : *Promenade avenue Louise* 1945, h/t (64x80) : **BEF 72 000** – Anvers, 22 oct. 1985 : *Le printemps se sent en hiver* 1958, h/t (90x116) : **BEF 300 000** – Lokeren, 28 mai 1988 : *Composition* 1961, aquar. (59x64) : **BEF 33 000** – Amsterdam, 13 déc. 1989 : *La table ronde* 1943, h/t (73x92) : **NLG 7 475** – Paris, 29 juin 1990 : *Retour aux sources* 1956, h/pan. (25x50) : **FRF 17 500** – Lokeren, 10 oct. 1992 : *Jeux d'enfants* 1948, h/pap./t. (55x68) : **BEF 140 000** – Lokeren, 15 mai 1993 : *Paysage avec des gerbes de blé*, gche (46,5x59,5) : **BEF 36 000** – Lokeren, 15 mai 1993 : *La chocolatière* 1946, h/t (64,5x80) : **BEF 260 000** – Lokeren, 28 mai 1994 : *En pleine lumière* 1957, h/t (80x100) : **BEF 130 000** – Lokeren, 20 mai 1995 : *La grande cruche* 1946, h/t (80x100) : **BEF 200 000** – Paris, 24 mars 1996 : *Composition* 1960, h/t (81x100) : **FRF 9 500**.

MILOCCO Antonio
Né à Turin. xviiie siècle. Italien.
Peintre d'histoire.
La plupart de ses œuvres se trouvent dans les églises de Turin, d'Asti, de Fossano et de Racconigi.

MILON Alexis Pierre ou **Alexandre**
Né en 1784 à Rouen. xixe siècle. Français.
Peintre de compositions religieuses, paysages, intérieurs, lithographe.

Élève de David et de Bertin. Il fut également architecte. Il exposa au Salon entre 1808 et 1852. Le Musée de Cambrai conserve de lui un *Intérieur d'église*, et celui de Rome, *Intérieur de Saint-Étienne-du-Mont*.

MILON André
Né au XIXe siècle à Paris. XIXe siècle. Français.
Peintre de paysages et de marines.
Élève de F. Besson. Débuta au Salon en 1878.
VENTES PUBLIQUES : PARIS, 14 fév. 1947 : *Le Havre ; la sortie du port* 1887 : **FRF 3 200**.

MILON F.
XXe siècle. Français.
Peintre de paysages.
VENTES PUBLIQUES : PARIS, 24 fév. 1950 : *Place des Quinconces à Bordeaux* : **FRF 3 200**.

MILON J. Van
XVIe siècle. Hollandais.
Médailleur.

MILON Joseph
Né en 1868 à Gordes (Vaucluse). Mort en 1947 à Aix-en-Provence (Bouches-du-Rhône). XIXe-XXe siècles. Français.
Peintre de scènes de genre, nus, portraits, paysages animés, paysages, animaux, compositions murales, sculpteur, illustrateur.
Il mena une double carrière d'avoué et de peintre. En 1910, il décida de se consacrer uniquement à la peinture. Il fut élève du sculpteur Henri Pontier et des peintres : Honoré Gibert, Joseph Villevieille, puis Alphonse Moutte à l'École des Beaux-Arts de Marseille. Il exposa régulièrement au Salon des Artistes Français de Paris.
Il peignit des compositions murales et illustra, en 1930, le roman de Curet : *Femme morte, chapeau neuf*.
BIBLIOGR. : Gérald Schurr, in : *Les Petits Maîtres de la peinture 1820-1920, valeur de demain*, Les Éditions de l'Amateur, t. VII, Paris, 1989.
MUSÉES : AIX-EN-PROVENCE (Mus. Granet) : *Nu couché*.

MILON Pierre
Né au XVIIe siècle à Damvillers. XVIIe siècle. Français.
Sculpteur.

MILON Simonet
XVe siècle. Français.
Relieur.
Il travailla pour Charles VI et devint en 1401 membre de la Confrérie de Saint-Jean l'Évangéliste.

MILON de Solœ
IIIe siècle avant J.-C. Antiquité grecque.
Peintre.
Élève du sculpteur Phyromachos.

MILONA Francesco
XVIe siècle. Actif à Vizini près de Catania en Sicile. Italien.
Sculpteur.
Il exécuta un *Saint Jean Baptiste* pour l'église du Précurseur à Vizini.

MILONE Antonio
XIXe-XXe siècles. Italien.
Peintre de genre, figures, paysages animés, animalier.
Il était actif à Naples dans la seconde moitié du XIXe siècle.
Il a surtout traité les animaux de ferme.
VENTES PUBLIQUES : MILAN, 21 avr. 1983 : *Le Berger et son frère ; Berger et jeune fille* 1880, h/t, une paire (62x76) : **ITL 4 500 000** – MONTRÉAL, 30 oct. 1989 : *Le Centre de l'attention*, h/t (61x107) : **CAD 1 650** – ROME, 12 déc. 1989 : *Ânes dans l'étable*, h/t (51,5x63,5) : **ITL 4 000 000** – MONACO, 21 avr. 1990 : *Le troupeau dispersé*, h/t (53x79) : **FRF 49 950** – ROME, 16 avr. 1991 : *Retour des pâturages* 1867, h/t (63x92) : **ITL 9 200 000** – ROME, 14 nov. 1991 : *Jeune paysanne avec un âne, une vache et des moutons sur un chemin*, h/t (51x77) : **ITL 6 900 000** ; *Les Deux Curieux*, h/t (102x63) : **ITL 18 400 000** – ROME, 24 mars 1992 : *Bergère et ses animaux ; Le Gué* 1868, h/cart., une paire (30x40) : **ITL 12 650 000** – NEW YORK, 22-23 juil. 1993 : *Animaux de ferme dans un paysage* 1861, h/t, une paire (chaque 53,3x78,7) : **USD 6 900** – ROME, 16 déc. 1993 : *Retour des prés*, h/cart. (30x37,5) : **ITL 2 300 000** – MILAN, 21 déc. 1993 : *Animaux*, h/t (50x70) : **ITL 3 220 000** – ROME, 13 déc. 1994 : *Retour des champs*, h/t (27x42) : **ITL 3 680 000** – PARIS, 20 mars 1996 : *Fillette et son âne* 1869, h/pap. (29.38,5) : **FRF 10 200** – ROME, 23 mai 1996 : *Le Retour du troupeau*, h/t (40x56) : **ITL 4 600 000**.

MILONIDAS
VIe siècle avant J.-C. Antiquité corinthienne.
Peintre de vases.
Le fragment d'un de ses vases est conservé au Louvre.

MILORADOVITCH Sergei Dmitrievitch
Né en 1851. Mort en 1943. XIXe-XXe siècles. Russe.
Peintre de portraits.
Il travaillait à Moscou. Il a figuré au Salon des Artistes Français de Paris, obtenant notamment une médaille de bronze à l'occasion de l'Exposition Universelle de 1900.
MUSÉES : MOSCOU (Gal. Tretiakov).
VENTES PUBLIQUES : LONDRES, 5 oct. 1989 : *Le Patriarche Nikon*, h/t (90,2x125,7) : **GBP 28 600** – LONDRES, 15 juin 1995 : *Dessins d'une série décrivant le Baptême de Rus*, cr. à reh. de blanc, une paire (chaque 20,5x32) : **GBP 1 495**.

MILOSAVLEVITCH. Voir **MILOSAVLJEVIC**

MILOSAVLIEVIC Stevan
Né le 1er octobre 1881 à Opovo. Mort le 9 mai 1926 à Pancevo. XXe siècle. Hongrois.
Peintre de figures, portraits, paysages, illustrateur.
Il fit ses études artistiques à Budapest, ainsi qu'à Munich.

MILOSAVLJEVIC Predrag Pedja ou **Milosavlievitch**
Né en 1908 à Luznice ou Loujnitsé. XXe siècle. Yougoslave-Serbe.
Peintre de paysages urbains, paysages oniriques.
Il est aussi fonctionnaire politique et écrivain, poète. Pendant ses études de droit à Belgrade, il suivait le cours de peinture privé de Jovan Bijelic. Il fut licencié en droit en 1933, et entra en fonction au Ministère des Affaires Étrangères. De 1936 à 1941, il fut en poste à l'Ambassade de Yougoslavie à Paris. Pendant la deuxième guerre mondiale, il quitta Paris pour Madrid, puis, en 1942, pour Londres. Après la guerre, il fut de nouveau nommé à l'Ambassade de la République Fédérative Yougoslave à Paris. En 1947, il se fixa définitivement à Belgrade. En 1950, il abandonna l'administration pour se consacrer complètement à la peinture. À Paris, il a exposé aux Salons des Tuileries et d'Automne ; ainsi qu'à Amsterdam, La Haye, Londres, Rome. En 1946, il était représenté à l'Exposition ouverte au Musée d'Art Moderne de Paris par l'Organisation des Nations Unies (ONU). En 1937, il avait obtenu un Grand Prix à l'occasion de l'Exposition Internationale de Paris.
Dans sa période parisienne, il fut essentiellement peintre des vues de Paris, qu'il découvrait à mesure, et restituait dans une optique réaliste, tout en se souciant, influencé par la peinture française du moment, du travail des matières pigmentaires et du dynamisme du dessin. Revenu en Yougoslavie, il consacra de nombreux paysages à l'étonnante cité de Dubrovnik, alors encore parvenue intacte du passé. En outre, à partir des autres villes de la côte dalmate ou des ruines de la cité antique de Stobi, il en peignit des évocations poétiques, apparentées à l'abstraction-lyrique, dans une technique qu'il élabora à son propre usage, toute de fluidité, de coulées spontanées, les hasards contenus du travail de la matière picturale lui devenant le support de ses imaginations.
BIBLIOGR. : P. P. Milosavljevic : *Entre les trompettes et le silence*, 1958 – in : *Peintres Contemporains*, Mazenod, Paris, 1964 – in : *Diction. Univers. de la Peint.*, Le Robert, Paris, 1975.
MUSÉES : BELGRADE (Mus. d'Art Mod.) : *Ballon de Noé* – LA HAYE – PARIS (Mus. d'Orsay).

MILOT
XVIIe siècle. Actif à Anvers vers 1620. Éc. flamande.
Graveur.
Il paraît avoir travaillé surtout pour des librairies.

MILOT
XIXe siècle. Allemand.
Peintre, miniaturiste.
Il séjourna à Berlin de 1822 à 1826.

MILOT, Mme
XVIIIe siècle. Française.
Sculpteur.
De 1795 à 1799, elle exposa des bustes.

MILOT. Voir aussi **MILLOT**

MILOT René. Voir **MILLOT**

MILOUDI Hossein
Né en 1945 à Essaouira. XXe siècle. Marocain.

Peintre. Abstrait, tendance géométrique.

Ses peintures, d'une facture très aboutie, proposent une solution personnelle quant à la problématique du contenu signifiant dans l'abstraction formelle. À l'intérieur des cases d'une grille géométrique stricte, formée de cercles, rectangles et carrés, il inclut des figures diverses, dont certaines semblent inspirées de symboles ésotériques ou magiques : main de Fatima par exemple, et dont d'autres sont issues de sa seule imagination, emblèmes mystérieux, ou, non sans humour dans ce contexte mystique, pied complet de ses cinq doigts, dont on ne saurait dire s'il serait aussi celui de la même Fatima.

Bibliogr. : Khalil M'rabet, in : *Peinture et identité – L'expérience marocaine*, L'harmattan, Rabat, après 1986.

MILOUX RV

Né en 1958 à Paris. xxe siècle. Français.

Auteur d'installations, peintre de compositions religieuses, figures, paysages, technique mixte.

Il fut élève de l'école des beaux-arts d'Orléans de 1975 à 1979, de l'école des arts appliqués de Paris de 1979 à 1981. Depuis 1981, il enseigne le dessin.

Depuis 1987, il participe à des expositions collectives, régulièrement à Paris : 1987, 1989, 1991 galerie Sparts ; 1988 Espace Cardin ; 1994 Salon Découvertes ; ainsi que 1990 Arinter 90 à Valencia ; 1991 Salon de Montrouge et New York. Il montre ses œuvres dans des expositions personnelles régulièrement à Paris : 1987 Espace Guy Mondineu ; 1992, 1994, 1996 galerie Art & Patrimoine.

Il a travaillé sur le thème du Christ dans les séries *L'Adieu aux piétons* et *L'Homorphelin* constitué d'un train de peintures. Il privilégie les recherches sur la matière, la superposition d'images, les effets de transparence, de brillance.

Bibliogr. : Catalogue de l'exposition : *RV Miloux – L'Homorphelin*, galerie Art & Patrimoine, Paris, 1996.

MILOVANOFF Christian

xxe siècle. Français.

Peintre de natures mortes, technique mixte.

En 1994, le Musée d'Art Moderne de Saint-Étienne a montré un exposition d'un ensemble de ses compositions sur le thème du *Supermarché*.

Il procède par accumulation des emballages ou produits de la grande consommation.

MILOVANOVIC Michael

Né le 24 février 1880 à Ribasevina (près d'Uzice). xxe siècle. Yougoslave.

Peintre de figures, portraits.

Il reçut sa formation artistique à Munich, et se fixa à Uzice.

MILOVANOVIC Milan

Né le 6 octobre 1876 à Krusevac. xxe siècle. Yougoslave.

Peintre de paysages.

Il reçut sa formation artistique à Belgrade, Munich, Paris. Il vécut et travailla à Belgrade, où il devint professeur à l'École des Beaux-Arts.

MILOWSKA Gabriela

Née en 1955. xxe siècle. Polonaise.

Peintre.

Elle eut pour professeur Jan Tarasin à l'Académie des Beaux Arts de Varsovie. Elle figure dans des expositions nationales telles que « Interart 84 » ou « Attention peinture fraiche » à Varsovie. À l'étranger elle est connue en Suisse, participe aux manifestations des Instituts polonais de Stockholm, de Broadway, de Santa Monica. Elle expose également à la galerie « Kosmos » de Essen, à la Maison d'Art Contemporain de R. F. A., à la maison de la Culture et de l'Art Contemporain de Sierpien en Autriche.

MILPURRURRU George

Né en 1934. xxe siècle. Australien.

Peintre, dessinateur. Traditionnel aborigène.

George Milpurrurru est un aborigène du Central Arnhem Land. Le document cité en muséographie représente des chercheurs d'œufs dans les nids d'oies, sur les marais d'Arafura. Ils sont représentés avec du noir et des ocres végétaux ou minéraux sur des écorces.

Bibliogr. : In : *Creating Australia – 200 years of art 1788-1988*, Art Gallery of South Australia, Adelaide, 1988.

Musées : Canberra (Australian Nat. Gal.) : *Chasseurs d'œufs d'oie.*

MILROY Lisa

Née en 1959 à Vancouver. xxe siècle. Active en Angleterre. Canadienne.

Peintre d'architectures, natures mortes.

Elle vit et travaille à Londres. Elle participe à des expositions collectives : 1984 Serpentine Gallery à Londres ; 1986 Biennales de Venise et de Sydney, palais des beaux-arts de Bruxelles ; 1987 musée d'Art moderne d'Oxford ; 1989 musée d'Art de Monclair (New Jersey), musée d'Art contemporain Pierides à Athènes ; 1990 Hayward Gallery de Londres, Museum of contemporary Art de Tokyo ; 1991 Carnegie International de Pittsburgh, musée de la Poste à Paris ; 1992 Fondation Calouste Gulbenkian à Lisbonne ; 1992-1993 Tate Gallery de Londres ; 1995 National Gallery of modern Art d'Édimbourg ; 1996 *New British Painting in the 1990s* au Museum of Modern Art de New York. Elle montre ses œuvres dans des expositions personnelles : 1984, 1986, 1988, 1995 Londres ; 1984 Fondation Cartier à Paris ; 1989, 1992 San Francisco ; 1990 Kunsthalle de Brême ; 1993 galerie Jennifer Flay à Paris ; 1994 Tokyo, Kyoto ; 1995 Hôtel Huger, Cercle d'Art de La Flèche ; 1996 Ikon Gallery à Birmingham et galerie Jennifer Flay à Paris ; 1998 Waddington Galleries, Londres.

Elle peint des façades de bâtiments, maisons japonaises ou immeubles anglais à partir de photographies prises par elle-même, ainsi que des objets flottant sur un fond neutre : des assiettes, des verres, alignés méthodiquement, de la dentelle, des échantillons minéralogiques, traitant tout au même niveau, à la même échelle, dressant un inventaire du monde qui l'entoure.

Bibliogr. : Elisabeth Lebovici : *Lisa Milroy en plan dans le mille*, Libération, n° 4419, Paris, 3 août 1995.

Musées : Dole (FRAC Franche-Comté) : *Mountains* 1993 – *City* 1993 – *Beach* 1993.

Ventes Publiques : New York, 5 oct. 1990 : *Sans titre* 1985, h/t (180,7x218,5) : **USD 12 100** – New York, 27 fév. 1992 : *Sans titre* 1983, h/t (45,7x61) : **USD 1 980** – New York, 17 nov. 1992 : *Sans titre* 1983, h/t (45,7x61) : **USD 1 320** – New York, 3 mai 1994 : *Papillons* 1986, h/t (183,5x221) : **USD 8 625.**

MILS Constantin

Né au xixe siècle à la Flamengrie. xixe siècle. Français.

Peintre.

Élève de Picot. Exposa des portraits au Salon de 1847 et de 1865.

MILSHTEIN Zwy, ou **Israël** ou **Milstein**

Né en 1934 à Kichinev (Bessarabie). xxe siècle. Depuis 1956 actif en France. Russe.

Peintre de compositions à personnages, figures, portraits, intérieurs, natures mortes, graveur. Expressionniste.

Né en URSS, il quitta la Russie en guerre, vécut dans un camp anglais à Chypre, puis à Tel-Aviv depuis 1948, où il fut élève de l'Académie des Beaux-Arts de 1953 à 1956, et condisciple de Mordecaï Ardon, Marcel Janko, Aharon Avni, avant de s'installer à Paris en 1956, ayant obtenu une bourse d'étude. Il s'initia à la gravure dans l'atelier de Jean Delpech.

Il participe à des expositions collectives depuis 1952 à Tel-Aviv ; depuis 1957 à Paris : 1957, 1959, 1960, 1961, 1966 au Salon de la Jeune Peinture ; 1959, 1960 à Grands et Jeunes d'Aujourd'hui ; autour de 1960 à L'École de Paris ; 1961 Peintres russes de l'École de Paris ; 1964 Salon des Indépendants ; 1965 Salon d'Automne, et Biennale de Paris ; en 1970 au Musée d'Art Moderne de la Ville de Paris ; ainsi qu'à New York en 1962 et 1966, au Musée des Beaux-Arts de Lausanne en 1970, à la Foire de Bâle en 1972-1973, à Bruxelles, Londres ; etc.

Il montre ses œuvres dans des expositions personnelles : en 1955, 1959, 1967, 1975 au Musée de Tel-Aviv ; en 1957 galerie Saint-Placide à Paris ; en 1959, 1960, 1963, 1990 galerie Katia Granoff à Paris ; en 1970 au Musée d'Art moderne de la ville de Paris ; en 1975 au musée cantonal des Beaux-Arts de Lausanne ; en 1994 à la galerie Aréa à Paris ; en 1995, au Palais Bénédictine, Fécamp ; en 1997 au Centre d'Art de l'Espace Rachi à Paris.

Son activité de graveur est également importante. En peinture, dans une facture rapide, extrêmement elliptique, une matière pigmentaire fougueuse, par suppressions, modifications successives, repeints, ajouts superposés, il peint, en grands formats, des compositions de multiples personnages aux traits sommairement suggérés, des figures typiques, des scènes d'intérieur, des tables non encore desservies recouvertes d'un vivant désordre, aspects fugitifs d'une humanité jamais insouciante, toujours menacée.

Bibliogr. : Jean Adhémar, Michel Waldberg : *Milshtein graveur*, Le Musée de Poche, Paris, 1974 – Caroline Benzaria : *Zwy Milshtein. Quo Vadis ?*, in : Opus International, n° 121, Paris,

sep., oct. 1990 – Lydia Harambourg : *L'École de Paris 1945-1965*, Ides et Calendes, Neuchâtel, 1993.
Musées : Paris (BN, Cab. des Estampes).
Ventes Publiques : Paris, 20 mars 1988 : *Le peintre*, h/t (73x64) : **FRF 4 000** – Paris, 22 avr. 1988 : *L'ascète*, h/t (81x65) : **FRF 4 300** – Lucerne, 3 déc. 1988 : *Le rêve de Stéphane* 1987, h/t (27x22) : **CHF 1 150** – Berne, 12 mai 1990 : *La maison clandestine* 1988, techn. mixte (50x65) : **CHF 2 800** – Tel-Aviv, 19 juin 1990 : *Tête et figures*, techn. mixte /cart. (54,5x25) : **USD 1 100** – Paris, 30 oct. 1990 : *Le réfugié*, h/t (92x73) : **FRF 19 000** – Lucerne, 24 nov. 1990 : *Le rêve de Suzanne*, h/t (33x19) : **CHF 900** – Paris, 14 avr. 1991 : *Autoportrait*, h/cart. (45,5x38) : **FRF 4 500** – Neuilly, 22 mars 1992 : *Sans titre*, h/t (63x63) : **FRF 6 000** – Lucerne, 23 mai 1992 : *Marine marchande*, h/t (73x100) : **CHF 2 000** – Paris, 4 oct. 1993 : *Galerie de portraits*, techn. mixte/pap. (64x49) : **FRF 3 800** – Paris, 15 nov. 1994 : *Le peintre*, h/t (60x92,5) : **FRF 11 000**.

MILSOM Éva Grace
Née le 8 décembre 1868 à Buffalo (New York). XIXe-XXe siècles. Américaine.
Peintre.
Elle fut élève d'un Bischoff, Théophile à Lausanne ? Elle continua sa formation à Buffalo.

MILSTER Ernst
Né en 1835 à Berlin. XIXe siècle. Allemand.
Pastelliste, dessinateur de portraits et lithographe.
Élève de G. H. G. Feckert. Il fit des envois à l'Académie de 1856 à 1890.

MILTENBERG J. Jacob
XVIIIe siècle. Actif à Londres. Britannique.
Peintre émailleur.
La collection David Weill nous offre le *Portrait d'un théologue*.

MILTNER Rudolf
Né le 10 juillet 1882 à Düsseldorf. XXe siècle. Allemand.
Peintre de paysages, natures mortes.
Il fut élève de Carlos Grethe à l'Académie des Beaux-Arts de Stuttgart. Il se fixa et travailla à Wiesbaden.

MILTON John
XVIIIe siècle. Américain (?).
Peintre de paysages.
Il était actif de 1767 à 1774.
Ventes Publiques : New York, 31 mai 1990 : *Les « Roaring River Cascades » à La Jamaïque*, h/t (63,5x76,2) : **USD 104 500**.

MILTON John
XVIIIe siècle. Britannique.
Peintre de paysages, marines.
Il était le frère de Thomas Milton. Il exposa à la Free Society of Artist, de 1769 à 1771.

MILTON John
Mort le 10 février 1805. XVIIIe siècle. Britannique.
Médailleur, graveur.
Il fut le médailleur du prince de Galles.

MILTON S. F.
Né vers 1870. XIXe-XXe siècles. Américain.
Peintre d'histoire. Naïf.
On connait de lui un tableau représentant *Les Funérailles d'Abraham Lincoln*. Les chevaux empanachés de plumets de deuil traînent le char funèbre, accompagné d'un cortège d'officiers, sabre au clair, sur un fond de troupes militaires anonymes.
Bibliogr. : Oto Bihalji-Merin, in : *Les Peintres naïfs*, Delpire, Paris, s. d.

MILTON Thomas
Né vers 1743. Mort le 27 février 1827 à Bristol. XVIIIe-XIXe siècles. Britannique.
Paysagiste et graveur.
Son grand-oncle était frère du poète Milton. Il fut l'élève de Woollett, séjourna de 1783 à 1786 à Dublin, puis à Londres. Il fut président de la Société des graveurs. Il publia de 1783 à 1786 à Dublin vingt-quatre planches : *Views of Seats in Ireland*. Il composa également une série de gravures pour une édition de Shakespeare.

MILTON William
Mort en 1790 à Lambeth. XVIIIe siècle. Actif à Londres. Britannique.
Graveur et illustrateur.
Il travailla pour les libraires.

MILTON-JENSEN Carl. Voir **JENSEN Milton Carl**

MILTVITZ Bartolomäus ou **Milzewith, Milwitz, Mülwitz**
Né vers 1590 à Dantzig en Poméranie. Mort en 1656 à Dantzig en Poméranie. XVIIe siècle. Polonais.
Peintre.
Il peignit pour les églises. À Sainte-Catherine de Dantzig se trouve son tableau : *Entrée de Jésus-Christ à Jérusalem*. Il signait B. M. W. On a perdu la trace d'une toile fameuse de lui : *Entrée du roi Vladislas IV à Dantzig*.

MILUNOVIC Milo
Né en 1897 à Cetinje (Monténégro). Mort en 1967. XXe siècle. Yougoslave.
Peintre de compositions animées, paysages, natures mortes.
Il passa son enfance en Italie. En 1912 à Florence, il fut élève d'Augusto Giacometti dans une école d'art de la ville. En 1919, il fit le premier de ses nombreux séjours à Paris. En 1937, il fut nommé professeur à l'Académie des Beaux-Arts de Belgrade. En 1949, il enseigna à Prague. En 1958, il fut nommé membre de l'Académie des Beaux-Arts de Serbie. Il a participé aux expositions collectives : en 1928 à la Biennale de Venise, au titre de l'École de Paris ; en 1939 à la Biennale de Venise, au titre yougoslave ; et dont celles d'art yougoslave contemporain en : 1961 à Paris au Musée d'Art Moderne, et à Londres à la Tate Gallery ; en 1962 à Stockholm et Rome. Il montrait aussi des ensembles de ses peintures dans des expositions personnelles : 1928 à Paris ; 1937 plusieurs aux États-Unis ; à partir de 1949 plusieurs à Prague ; 1958 exposition d'ensemble de son œuvre à Belgrade. En 1948 lui fut attribué le Prix de la République Populaire du Monténégro.
Lors de ses premiers séjours à Paris, il fut sensible à l'influence de Cézanne, qui restera déterminante dans la suite de son œuvre. Revenu à Belgrade, il y introduisit le sens d'une peinture constructive, qui le mena lui-même à une phase postcubiste. Autour de 1930, il participa au retour à un néoclassicisme qui caractérisa l'époque de l'entre-deux-guerres en Europe. De 1940 à 1950, dans sa période dite « bleue-verte », il porta l'accent sur l'étude de la lumière et sa transcription par des jeux de transparence des couleurs. Peintre de compositions animées, paysages, natures mortes, il est surtout soucieux de donner une équivalence de l'espace, transcrite sur le plan de la toile par un réseau de lignes griffées. Dans sa dernière période, après 1950, traitant des objets échoués sur les grèves, ou des squelettes d'oiseaux desséchés sur le sable, il retrouve des associations de formes propres aux surréalistes.
Bibliogr. : Dr. Miodrag Kolaric : Catalogue de l'exposition *Milo Milunovic*, Belgrade, 1965 – in : *Diction. Univers. de la Peint.*, Le Robert, Paris, 1975.
Musées : Belgrade (Mus. Nat.) : *Nature morte au violon* 1931.

MILVUS ou **Milyus**. Voir **KYTE Francis**

MILZ Xaver Franz
Né le 8 juin 1765. Mort le 11 mars 1833. XVIIIe-XIXe siècles. Allemand.
Miniaturiste amateur.

MIMAULT Bernard ou **Mimaud, Minant**
XVIIe siècle. Actif à Aix-en-Provence. Français.
Peintre d'histoire, portraits.
Il fut élève de Aloysius Finsonius. Le Musée de Nice possède de sa main le *Portrait d'un Chevalier de la Toison d'or*.

MIMAULT François
Né en 1580 à Parthenay. Mort en 1652 probablement à Aix. XVIIe siècle. Français.
Peintre.
Élève de A. Finsonius. L'église Sainte-Madeleine d'Aix possède son *Baptême du Christ* (1625).

MIMBIELLE F. P.
XVIe siècle. Français.
Peintre émailleur.

MIMBL Mathias
XVIIIe siècle. Actif à Marbourg en Styrie. Allemand.
Peintre.
Il a peint en 1709 deux portraits de l'*Empereur Charles VI* pour l'Hôtel de Ville de Marbourg.

MIMEREL Jacques
Né en 1614 à Amiens. XVIIe siècle. Français.

Sculpteur, médailleur et architecte.
Il travailla à Lyon. Le Musée de cette ville possède de lui un médaillon du peintre *Germain Pantho* et l'église de l'Hôtel-Dieu une statue de la *Vierge*.

MIMNES
VIe siècle avant J.-C. Antiquité grecque.
Peintre.

MIN Jaap
Né en 1914. Mort en 1987. XXe siècle. Hollandais.
Peintre de paysages animés, paysages, natures mortes, fleurs.
Ventes Publiques : Amsterdam, 21 mai 1992 : *Vaches*, h/t (50,5x60,5) : **NLG 7 130** – Amsterdam, 14 sep. 1993 : *Nature morte de fleurs avec du muguet*, h/t (76x60) : **NLG 1 610** – Amsterdam, 8 déc. 1993 : *Nature morte de fleurs dans un vase*, h/t (100x80) : **NLG 8 625** – Amsterdam, 8 déc. 1994 : *Paysage en France*, h/t (36x45) : **NLG 2 530** – Amsterdam, 6 déc. 1995 : *Nature morte avec des fleurs*, h/cart. (62x44) : **NLG 3 220**.

MINAEUS. Voir **MENAS**

MINAKOV Alexeï N.
Né en 1941 à Korcula. XXe siècle. Yougoslave.
Peintre, dessinateur de figures.
De 1956 à 1961, il fut élève de l'École des Arts Appliqués de Zagreb ; de 1962 à 1966 de l'Académie d'Art Plastique de Zagreb. Après avoir enseigné le dessin à Korcula en 1966-67, il arriva à Paris en 1967, où il fut diplômé en peinture en 1970, en dessin en 1975, à l'École des Beaux-Arts de Paris. De 1976 à 1981, il retourna en Yougoslavie ; de 1981 à 1984 revint à Paris. Il a exposé en 1966 à Korcula, 1969 à Zurich, 1973 Paris, 1975 Zagreb, 1978 Korcula, 1980 Zagreb, 1986 Paris, 1987 galerie H-M Paris.
Surtout dessinateur de visages d'expression, il s'inspire de Dürer, Urs Graf.

MINAMI Keiko
Né en 1911 dans la préfecture de Toyama. XXe siècle. Actif aussi en France et aux États-Unis. Japonais.
Graveur.
Il étudia la peinture à l'huile avec Yoshio Mori, la gravure avec Yozo Hamaguchi. Il vint en France en 1953. De 1954 à 1956, il produisit ses propres gravures au Friedländer Print Institute. Depuis 1957, il participe à toutes les Biennales Internationales de l'Estampe de Tokyo ; il figure aussi à l'Exposition d'Art Japonais Contemporain de Tokyo en 1964. Il fait des expositions personnelles à New York, Washington. Il est membre de l'Association Japonaise de Gravure, de l'Association des Artistes Indépendants.
Il grave dans un style richement lyrique.
Musées : New York (Mus. of Mod. Art) – Washington D. C. (Gal. Nat.).

MINAMI Setsuko
Né en 1951. XXe siècle. Japonais.
Peintre. Hyperréaliste.
Il s'est surtout manifesté dans la période où apparut le courant de la peinture hyperréaliste. Il a participé à des expositions collectives : en 1972 à Mexico et Buenos Aires ; en 1974 à l'exposition de l'Art Japonais d'Aujourd'hui, à Monréal et Vancouver.

MIÑANA José Manuel, Frère
Né le 17 octobre 1671 à Valence. Mort le 27 juillet 1730. XVIIe-XVIIIe siècles. Espagnol.
Peintre.
Moine de l'Ordre de la Trinité il fit ses études artistiques à Naples. Il exécuta pour son couvent à Murviedro deux tableaux d'autel. En 1740 il obtint une chaire de rhétorique à Valence et mourut au monastère de Notre-Dame du Bon-Secours.

MINANT B. Voir **MIMAULT Bernard**

MINARDI Tommaso
Né le 4 décembre 1787 à Faenza. Mort le 12 janvier 1871 à Rome. XIXe siècle. Italien.
Peintre et dessinateur.
Tenta de créer un mouvement proprement italien correspondant à l'idéal des « Nazaréens » allemands. Directeur de l'Académie de Pérouse, il fut professeur à l'Académie de Saint-Luc de 1821 à 1858 à Rome. Il a surtout fait des restaurations de tableaux religieux dans diverses églises de Faenza. De nombreux dessins de lui se trouvent à la Pinacothèque de Faenza, aux Offices de Florence et à la Galerie Moderne de Rome.
Ventes Publiques : Milan, 18 mars 1982 : *Scène de l'Antiquité*, pl. et lav. de bistre (28,3x45,2) : **ITL 1 200 000** – Milan, 21 avr. 1986 : *L'Amour filial*, pl. et lav./traits cr. (44x44) : **ITL 1 400 000**.

MINARDI Venturino et **Virginio**
Virginio né en 1864. Venturino mort en 1907 et Virginio mort en 1913. XIXe siècle. Actifs à Faenza. Italiens.
Céramistes.
Ils étaient frères.

MINARTZ Tony, pour **Antoine Guillaume**
Né le 18 avril 1870 ou 1873 à Cannes (Alpes-Maritimes). Mort le 13 décembre 1944 à Cannes. XIXe-XXe siècles. Français.
Peintre de compositions animées, figures, paysages animés, marines, aquarelliste, dessinateur.
Il était autodidacte en peinture. Il exposa dans des expositions collectives de 1896 à 1914, notamment au Salon de la Société Nationale des Beaux-Arts, dont il fut membre associé depuis 1901.
Son œuvre est extrêment abondant, surtout en ce qui concerne les croquis et aquarelles où il se montrait d'une remarquable habileté. L'ensemble de l'œuvre se partage en deux séries principales : la société et la vie parisiennes, et les paysages de la Côte-d'Azur. Sur la Côte-d'Azur, il croquait tout ce qu'il rencontrait entre Saint-Tropez et Cannes, en passant par Nice et Monaco, en poussant même jusqu'à Venise : les quais animés des ports, les voiliers et autres bateaux, les plages et leur agitation joyeuse. Il fut surtout connu pour ses interprétations de la vie parisienne, de la Belle époque aux Années folles de 1930, illustrant avec vivacité les péripéties de la vie mondaine, les fêtes, le casino, le café-concert, le cirque, les spectacles et leurs coulisses, le music-hall, l'Opéra et les ballets, dont il est resté l'un des plus fidèles chroniqueurs.
Ventes Publiques : Paris, 5 juin 1923 : *Une Revue*, la Chanson de la Commère : **FRF 75** – Paris, 19 jan. 1945 : *Paysage*, peint./paravent de trois feuilles : **FRF 1 750** – Paris, 4 nov. 1948 : *French-Cancan* : **FRF 3 000** – Paris, 18 mars 1955 : *La Place Blanche* vers 1900 : **FRF 22 000** – Versailles, 8 avr. 1973 : *Bal au 14 Juillet* : **FRF 1 550** – Paris, 21 nov. 1983 : *Le French-Cancan*, h/pap. (50x40) : **FRF 13 000** – Paris, 27 juin 1986 : *Le Bal Bullier* 1902, h/t (54x65) : **FRF 25 000** – Versailles, 17 avr. 1988 : *Jeune femme sur la terrasse à Nice*, aquar. (39x29) : **FRF 1 600** – Paris, 14 déc. 1988 : *Paysage marin*, h/t (60x81) : **FRF 12 500** – Paris, 13 oct. 1995 : *Le Marché à Aix-en-Provence*, h/pan. (65x50) : **FRF 13 000** – Paris, 25 fév. 1996 : *Le Marché en Provence*, h/t (65x50) : **FRF 9 800** – Calais, 23 mars 1997 : *Fiacre et Élégante*, h/t (50x65) : **FRF 10 000** – Paris, 26 sep. 1997 : *Le Bal*, h/t (46x55) : **FRF 15 000**.

MINASI James Anthony
Mort en 1865. XVIIIe-XIXe siècles. Actif à Londres en 1776. Britannique.
Peintre de portraits et copiste.
Élève de Bartolozzi.

MINASOVITCH Jan Klemens
Né le 24 novembre 1797 à Varsovie. Mort le 3 décembre 1854 à Varsovie. XIXe siècle. Polonais.
Peintre de portraits et d'histoire.
Il fit ses études de peinture à l'Université de Varsovie, étudia ensuite à Paris et à Rome. Il retourna à Varsovie en 1835 et peignit surtout des portraits. Il exposa à Varsovie.

MINASSIAN Leone
Né en 1905 à Constantinople. XXe siècle. Depuis 1920 environ actif, puis naturalisé en Italie. Turc-Arménien.
Peintre. Tendance surréaliste.
Il termina ses études artistiques, de 1924 à 1927, à l'École libre du Nu de l'Académie des Beaux-Arts de Venise. Il participe à d'importantes expositions collectives, dont : la Biennale de Venise en 1930, 1938, 1948, 1950, 1954, 1956 ; la Quadriennale de Rome en 1948, 1955, 1959 ; la Biennale de São Paulo en 1955 ; Documenta de Kassel en 1959. Depuis 1924, il montre des ensembles de peintures dans des expositions personnelles.
En 1924, à l'époque de sa première exposition, sa peinture, bien que respectant une stricte objectivité, manifestait quelque attirance pour des rapprochements insolites d'images, assimilables à l'expression surréaliste, aux frontières de laquelle l'ensemble de son œuvre a continué de se situer.
Bibliogr. : In : *Peintres contemporains*, Mazenod, Paris, 1964.

MINATI Giovanni Antonio
XVIIe siècle. Actif à Pergine dans le sud du Tyrol. Autrichien.

Sculpteur.
Il s'est spécialisé dans les tableaux d'autel.

MINAUX André
Né en 1923 à Paris. Mort le 12 octobre 1986 à Provins (Seine-et-Marne). XXe siècle. Français.
Peintre de compositions à personnages, figures, nus, intérieurs, paysages, marines, pastelliste, graveur, lithographe, illustrateur, sculpteur.
Il fut élève de Maurice Brianchon et Roland Oudot à l'École des Arts Décoratifs de Paris, qu'il fréquenta de 1941 à 1945. En 1945, il fit son service militaire à Avignon, où il découvrit la lumière méditerranéenne et la peinture d'André Marchand, qui s'affranchissait alors de son époque *Force nouvelle* pendant laquelle il avait pratiqué une peinture réaliste et mélancolique. Vers 1948 il débuta son activité de lithographe, qui constituera une grande part de son œuvre. À partir de 1967, il a abordé et pratiqué la sculpture ; et, à partir de 1970, la gravure sur cuivre. Hors de France, il a voyagé en Italie, Espagne, Hollande. Il participait à des expositions collectives, dont : à partir de 1944 au Salon d'Automne ; à partir de 1946 au Salon des Moins de Trente Ans ; à partir de 1948 au Salon des Indépendants ; en 1949 au deuxième Salon de « L'Homme Témoin », avec, entre autres, Lorjou, Rebeyrolle, Bernard Buffet ; il figura aussi plusieurs fois au Salon de Mai et au Salon des Tuileries ; en 1952 il participa à la Biennale de Venise ; de 1954 à 1969 à *L'École de Paris* ; à partir de 1961 au Salon des Peintres Témoins de leur Temps. En 1949, il fut lauréat du Prix de la Critique. Il montrait des ensembles de ses productions dans de nombreuses expositions personnelles, à Paris, dont : en 1948 galerie des Impressions d'art ; 1951 galerie Bernier ; en 1953, puis plusieurs ensuite, galerie Sagot-Le-Garrec avec des lithographies ; notamment en 1960 à la Maison de la Pensée française, avec sa composition *La Noce* accompagnée des études préparatoires ; 1971, puis 1972, 1976, 1977, galerie Maurice Garnier ; 1982 galerie Tendances avec des peintures, et 1985 des pastels ; en 1986 à la Maison de la Culture de Bondy ; ainsi qu'à Londres à partir de 1950 à la Adams gallery, Montréal en 1960 ; New York 1962, 1967 ; Tokyo ; dans les pays d'Amérique du Sud, etc. En 1991, la galerie Sagot-Le-Garrec de Paris a rendu un Hommage à Minaux graveur.
Son activité de graveur fut considérable ; il en pratiquait plusieurs techniques : pointe-sèche, eau-forte, aquatinte, lithographie. Il a illustré des ouvrages littéraires de Cendrars, Barbey d'Aurevilly, Jules Renard, Hemingway, Marguerite Duras, Giono, Hervé Bazin, etc.
En 1943, alors qu'il était à l'École des Art Décoratifs, une exposition de Amédée de La Patellière, au Musée d'Art Moderne de la Ville de Paris, lui révéla que ce qu'il tentait de faire en peinture, l'avait déjà été. Il chercha alors une formulation autonome. En 1949, il adhéra aux principes de retour à la réalité quotidienne, qui caractérisaient le groupe de « L'Homme Témoin », dirigé contre l'abstraction, et patronné par le critique Jean Bouret avec lequel il se lia d'amitié. Il a peint des compositions à personnages et des figures féminines, dont son tempérament le poussait à accentuer l'expression dans le sens de la tristesse, s'attirant le qualificatif de « misérabilisme » qui fut souvent prononcé à l'endroit des peintres du groupe. Il peignait aussi des paysages paisibles et nostalgiques, des natures mortes constituées des objets usuels et humbles. En 1955, au Salon d'Automne, sa grande composition *La Sieste* fut remarquée et le nom de Courbet évoqué à son propos. En 1960, sa grande composition d'une vingtaine de personnages *La Noce*, longuement préparée par de très nombreuses études des différents détails, par sa truculence renouvelait heureusement sa manière. À partir de 1960, le nouveau thème des épaves de barques échouées sur les grèves l'amena à une évolution de sa conception picturale ; peut-être du fait de ne plus être centrée sur la figure humaine mais sur des choses inertes et même en voie de destruction, la déshumanisation du thème narratif entraînant une construction plastique presque abstraite.
Son œuvre, consacrée à la réalité quotidienne, qui s'est refusée à participer aux problèmes plastiques de l'époque, amère dans ses débuts, puis progressivement plus sereine, a contribué, en son temps, à donner une suite à la production de l'École de Paris de l'entre-deux-guerres, caractéristique d'une société en quête d'un confort sans histoires. ■ J. B.

Bibliogr. : Bernard Dorival, in : *Les Peintres du XXe siècle*, Tisné, Paris, 1957 – in : *Peintres contemp.*, Mazenod, Paris, 1964 – Sarane Alexandrian, in : *Diction. Univers. de l'Art et des Artistes*, Hazan, Paris, 1967 – Charles Sorlier : *Minaux lithographe 1948-1973*, A. Sauret, Monte-Carlo, 1974 – Jean Bourte : *Minaux, peintures*, André Sauret, Paris, 1977 – Pierre Mazars : *Catalogue raisonné des gravures*, Sagot-Le-Garrec, Paris, 1978 – Hélène Desmazières, Pierre Mazars : *Minaux graveur*, Paris, 1989, abondante documentation – *Catalogue raisonné de l'œuvre gravé d'André Minaux, 1970-1984*, Sagot-Le-Garrec, Paris, 1991 – Robert Marteau : *Les Secrets du Métier, Minaux, essai*, gal. de la Présidence, Paris, 1992 – Lydia Harambourg : *L'École de Paris 1945-1965*, Ides et Calendes, Neuchâtel, 1993.
Musées : Bruxelles – Colmar : *Les Moissonneurs* 1950 – Londres (Tate Gal.) – Oxford – Paris (Mus. d'Art Mod. de la Ville) – Poitiers.
Ventes Publiques : Paris, 30 avr. 1951 : *Portrait de la marchande de poisson*, fus. : **FRF 2 000** – Paris, 16 mars 1955 : *Les deux homards*, dess. : **FRF 17 100** – Paris, 20 mars 1965 : *Les Barques à Nemours* : **FRF 6 500** – Versailles, 7 déc. 1969 : *Les Arbres dans la forêt* : **FRF 8 000** – Londres, 1er déc. 1972 : *Nature morte aux poissons* : **GNS 450** – Genève, 8 juin 1974 : *Femme debout* : **CHF 4 000** – New York, 8 juin 1977 : *Femme au rateau*, h/t (150x86,5) : **USD 1 100** – Versailles, 14 déc. 1980 : *Arrosoirs et sabots* 1953, h/t (180x114) : **FRF 5 000** – Londres, 28 juin 1983 : *Vase de tournesols* 1956, h/t (100x70) : **GBP 850** – Londres, 28 mai 1986 : *Jeune femme portant une corbeille de fruits*, h/t (178,5x93) : **GBP 2 000** – Paris, 7 déc. 1987 : *Barques à marée basse* 1963, h/t (55x66) : **FRF 6 200** – New York, 13 mai 1988 : *Le Modèle dans l'atelier*, h/t (92x73) : **USD 2 090** – Toronto, 30 nov. 1988 : *Jeune fille avec une cruche*, h/t (129,5x68,5) : **CAD 1 600** – Fontainebleau, 18 nov. 1990 : *Nature morte à la brioche*, h/t (50x61) : **FRF 40 000** – New York, 12 juin 1991 : *La carafe blanche*, h/rés. synth. (64,8x54,6) : **USD 1 760** – Fontainebleau, 16 juin 1991 : *Composition au bouquet*, h/t (81x65) : **FRF 50 000** – Paris, 26 juin 1995 : *Nature morte au poisson et à la balance*, h/t (81x100) : **FRF 9 000** – Paris, 18 nov. 1996 : *Portrait de femme*, techn. mixte (73,5x48,5) : **FRF 3 500** – Paris, 23 juin 1997 : *Intérieur gris* 1948, h/t (60x73,5) : **FRF 4 200** – Paris, 4 nov. 1997 : *Cafetière et tasses*, fus. et past./pap. (120x78) : **FRF 7 000** – Paris, 29 jan. 4988 : *Composition n° 7* 1976, past. (120x80) : **FRF 8 800**.

MINAYA Manuel de
XVIIe siècle. Actif à Valladolid. Espagnol.
Peintre.
Cet artiste jouissait d'une certaine célébrité puisqu'il figure parmi ceux qui travaillèrent, par ordre du duc de Lerme, à l'église Saint-Paul, à côté de Bartolomé Carducho, de Gutierrez, de Juan de Juni et de Pompeyo Léoni. Quoiqu'on ne puisse en apporter des preuves décisives, il semble certain qu'il appartenait à la famille de Diego Valentin Diaz qui portait le nom de Minaya.

MINAZZI Jacques
Mort en 1865. XIXe siècle. Britannique.
Dessinateur.

MINAZZOLI Edward A.
Né le 16 août 1896 à Momo. Mort le 9 juillet 1973. XXe siècle. Actif aux États-Unis. Italien.
Sculpteur de monuments, sujets religieux.
Il fut élève de l'Art Student's League de New York et de l'École des Beaux-Arts de Paris. Il fut membre de l'Association Artistique Américaine de Paris, et de la Fédération Américaine des Arts. Il exposa à Paris, au Salon des Artistes Français, obtenant une mention honorable en 1929.

MINCENTI Johann Georg
XVIIe siècle. Allemand.
Peintre.
Il a exécuté l'autel Saint-Joseph pour l'église de la Croix à Grafenrheinfeld.

MIN CHÊN. Voir **MIN ZHEN**

MINCHÔ, de son vrai nom : **Kitsuzan,** nom familier : **Chô Densu,** noms de pinceau : **Minchô** et **Hasôai**
Né en 1352 à Monobe dans l'île d'Awaji. Mort le 26 septembre 1431 à Kyoto. XIVe-XVe siècles. Actif à Kyoto. Japonais.
Moine-peintre.
Au début du XVe siècle, les grands monastères zen de Kyoto deviennent les centres de la culture chinoise récemment arrivée au Japon. Les moines y mènent une existence raffinée, échangeant des poèmes écrits en chinois et peignant de beaux paysages avec des pavillons élégants où ils se transportent par l'es-

prit, évoquant l'idéal d'une vie solitaire dans un lieu calme et tranquille. La partie supérieure du tableau est souvent réservée à des poèmes de style chinois. Cette forme de rouleau en hauteur, *shigajiku* (rouleau de peinture et de poésie) devient très à la mode : avec Taikô Josetsu, Minchô en est l'un des précurseurs. Entré très jeune au temple zen de Tôfuku-ji à Kyoto, où il restera d'ailleurs jusqu'à sa mort, il joue un rôle important, dans la première moitié du XVe siècle, au moment du passage de la peinture purement religieuse à une peinture d'inspiration proprement laïque à finalité esthétique et du développement de la peinture à l'encre, *suiboku-ga*. Il reste aujourd'hui plusieurs de ses œuvres bouddhiques *(doshaku-ga)*, exécutées d'un trait bien défini, soit en couleurs, soit monochromes rehaussées de légers lavis colorés, tel *Tekkai Sennin* (l'un des huit immortels taoïstes), rouleau en hauteur en couleurs sur papier, conservé au Tôfuku-ji, ou encore *Les Cinq cents ahrats*, rouleau en hauteur en couleurs sur soie, conservé au Musée Nezu de Tokyo. On lui doit aussi plusieurs portraits polychromes et peintures à l'encre de paysages et de fleurs et d'oiseaux, notamment deux œuvres bien connues du genre *shigajiku* (poème et peinture), *Montagnes bleues et nuages blancs*, ainsi que *Chaumière près d'un ruisseau de montagne*, conservées au temple Nanzen-ji de Kyoto.

MINCK Johann ou **Münch, Münck**
XVIIe siècle. Travaillant à Nuremberg. Allemand.
Peintre de portraits.
Il fut le professeur de Johann Andreas Gebhard. Son fils et élève Daniel travailla à Munich de 1670 à 1690 et devint plus tard peintre de la cour. Il l'était encore en 1701.

MINCKELDÉ Karl Jakob Reinhold
Né le 1er juillet 1790 à Goldingen (Courlande). Mort le 18 avril 1858 à Hasenpoth. XIXe siècle. Letton.
Peintre et dessinateur.
Élève de C. A. Senff à Tartu. Il fut professeur de dessin à Jelgawa et a exécuté quatorze vues de Courlande.

MINCKH. Voir aussi **MÜNCKH**

MINCKH Michael
Originaire de Wasserbourg-sur-Inn. XVIe siècle. Allemand.
Peintre.
Il fut en 1546 maître à Munich.

MIND Gottfried ou **Mindt**, dit **le Raphaël des Chats** ou **Gen Katzenraphael**
Né en 1768 à Berne. Mort le 17 novembre 1814 à Berne. XVIIIe-XIXe siècles. Suisse.
Peintre de genre, animalier, aquarelliste, dessinateur, sculpteur sur bois.
Il fut élève de Freudenberger.
Musées : Genève (Mus. Ariana) : Dessins et aquarelles – Neuchâtel : Dessins et aquarelles.
Ventes Publiques : Vienne, 1816 : *Petit chat qui embrasse sa mère*, dess. : **FRF 126** – Londres, 1er nov. 1921 : *Costumes suisses*, cinquante-neuf aquarelles : **GBP 465** – Londres, 16 fév. 1922 : *Livre de dessins sur les animaux* : **GBP 135** – Paris, 16-18 fév. 1931 : *Chats*, aquar. : **FRF 120** – Paris, 30 juin 1972 : *Jeune femme et enfant*, aquar. : **FRF 3 300** – Londres, 2 avr 1979 : *Deux chats jouant*, aquar. (9,8x16) : **GBP 620** – Lucerne, 13 juin 1984 : *Le jeu de la toupie*, aquat. coloriée (14,5x22,7) : **CHF 7 000** – Carcassonne, 27 oct. 1984 : *Les chats musiciens* 1800, h/pan. (15x19) : **CHF 6 500** – Londres, 28 nov. 1985 : *Jeux d'enfants*, aquar., une paire (13x19) : **GBP 1 900** – Londres, 27 nov. 1986 : *Un chat aristocratique*, aquar. (13,5x20) : **GBP 1 900** – Londres, 5 oct. 1990 : *Études de chats*, deux aquar. (9,2x14 et plus petite) : **GBP 3 080** – Zurich, 24 nov. 1993 : *Chatte et ses petits*, aquar./pap. (9,5x11,5) : **CHF 9 200**.

MINDEN Monique de
XXe siècle. Française.
Peintre de compositions à personnages, figures. Expressionniste.
Ses thèmes sont presque toujours d'ordre social ; elle peint la révolte face à une démographie galopante et au problème de la faim dans le monde. Elle use souvent d'un langage plastique nourri de symboles. Ses compositions sont toujours figuratives, d'un style souvent torturé.

MINDERHOUT Hendrich Van, et non **Antoon**, dit **den Groenen Ridder Van Rotterdam**
Né en 1632 à Rotterdam. Mort le 22 juillet 1696 à Anvers. XVIIe siècle. Hollandais.
Peintre d'histoire, paysages, marines, graveur.
Il vécut à Bruges de 1652 à 1672, entra en 1663 dans la gilde de Saint-Luc, épousa en 1664 Marguerite Van den Broecke et en 1672 alla à Anvers ; il s'y remaria en 1673 et eut cinq enfants dont deux fils peintres Anton et Willem.

Musées : Anvers : *Un port du Levant* – Avignon : *Port de mer* – Bergues : *Marine* – Breslau, nom all. de Wroclaw : *Deux ports orientaux* – Bruges : *Vue du bassin de Bruges en 1653* – Bruxelles : *La flotte espagnole devant Mardick* – Douai : *Port de mer* – Dresde : *Port oriental* – Madrid : *Paysage avec hameau, fontaine et rivière* – *Campagne et port de mer* – Oslo : *Port levantin* – Rouen : *Port du Levant* – Saint-Omer : *Port du Levant*.
Ventes Publiques : Paris, 1831 : *Marine* ; *Port de mer*, les deux : **FRF 326** – Paris, 1898 : *Combat naval* : **FRF 12 000** – Paris, 31 mai et 1er juin 1920 : *Marine* : **FRF 7 100** ; *Un port de mer* : **FRF 4 700** – Londres, 4 déc. 1925 : *Port d'Anvers* : **GBP 71** – Londres, 27 juin 1930 : *Une rivière gelée* : **GBP 152** – Paris, 23 nov. 1934 : *Ports orientaux*, les deux : **FRF 1 050** – Paris, 28 fév. 1945 : *Un port oriental*, attr. : **FRF 24 500** – Paris, 27 juin 1951 : *Retour de chasse*, attr. : **FRF 17 000** – Paris, 30 juin 1971 : *Charles II embarquant à Scheveningen* : **GBP 1 000** – Paris, 19 juil. 1974 : *Marine* : **GNS 5 500** – Londres, 2 avr. 1976 : *Paysage fluvial boisé* 1653, h/t (157x206) : **GBP 8 500** – Londres, 7 juil. 1978 : *Scène de port*, h/t (163,7x240,2) : **GBP 6 500** – Londres, 9 mars 1983 : *L'Arrivée du bac* 1689, h/t (102x189) : **GBP 4 800** – Londres, 10 déc. 1986 : *La Bataille navale de Scheveningen*, h/t (157,5x213,5) : **GBP 32 000** – Monaco, 2 déc. 1989 : *Port méditerranéen* 1663, h/t (163x230) : **FRF 1 054 500** – Londres, 26 oct. 1990 : *Capriccio d'un port méditerranéen avec un vaisseau de guerre à l'encrage et des personnages sur le quai*, h/t (84,4x118,7) : **GBP 5 280** – New York, 17 jan. 1992 : *Navigation dans le fort Saint-Philippe vue d'en haut avec Ostende au lointain*, h/t (163,8x231,1) : **USD 49 500** – Londres, 7 juil. 1993 : *Vaste paysage rhénan avec des paysans et des animaux à l'ombre de ruines antiques* 1653, h/t (157,5x206) : **GBP 78 500** – New York, 22 mai 1997 : *Paysage italien avec des tonneliers, des chasseurs et autres personnages près d'un port*, h/t (83,8x113) : **USD 21 850**.

MINDERHOUT Willem Augustine Van
Né le 28 août 1680. Mort en Moravie. XVIIIe siècle. Hollandais.
Peintre.
Fils d'Hendrich Van Minderhout. Il s'était fixé en Moravie le 3 mai 1752.

MINDERICK Jan Van
Né au début du XIVe siècle. XIVe siècle. Éc. flamande.
Peintre.
Il devint citoyen d'Anvers en 1553.

MINDERLEIN Hieronymus
XVIIe siècle. Actif à Ratisbonne vers 1665. Allemand.
Peintre.
Il a peint trois tableaux d'autel pour l'église de Prufening et une *Sainte Catherine* pour Saint-Emmeram à Ratisbonne.

MINDT Gottfried. Voir **MIND**

MINE Philippe Van. Voir **MINNE**

MINEI Filippo
XVIIIe siècle. Italien.
Peintre de grotesques.
Il étudia à Rome et travailla vers 1750 au Palais Reale à Rivoli.

MINEKUNI
Originaire d'Osaka. XIXe siècle. Actif vers 1820. Japonais.
Maître de l'estampe.

MINEL Adèle Sébastien
Né le 15 janvier 1789 à Passy. Mort le 29 mars 1869 à Coutances. XIXe siècle. Français.
Peintre de marines.
Chevalier de la Légion d'honneur. Le Musée de Coutances renferme deux aquarelles de cet artiste.

MINELLA Carlo Bonatto
Né en 1855 à Frassineto. Mort en 1878. XIXe siècle. Italien.
Peintre de figures.

MINELLA Pietro di Tommaso del
Né le 21 décembre 1391 à Sienne. Mort en août 1458. XVe siècle. Italien.
Sculpteur et architecte.
Élève de Giacomo della Quercia. Il exécuta à partir de 1437 des statues pour la Loggia di San Paolo à Sienne, puis les stalles du chœur de la chapelle de l'hôpital et la *Mort d'Absalon* dans le transept de la cathédrale de cette ville.

MINELLI Antonio di Giovanni et **Giovanni d'Antonio**. Voir **BARDI**

MINELLI Pietro Francesco
XVIIe siècle. Actif à Bologne vers 1685. Italien.
Peintre.
Élève de Cignani.

MINENOBU. Voir **KANÔ MINENOBU**

MINER Edward Herbert
Né le 23 janvier 1880 à Shjeridan (New York). XXe siècle. Américain.
Peintre, illustrateur, animalier.
Il était membre du Salmagundi Club. Il appartenait à la Société Nationale de Géographie.
Il peignit des chevaux et des troupeaux.

MINER Fred R.
Né le 28 octobre 1876 à New-London (Connecticut). XXe siècle. Américain.
Peintre de paysages.
Il fut élève de l'Art Student's League de New York. Il était membre de la Société des Artistes Indépendants.

MINERBI Arrigo
Né en 1881 à Ferrare. XXe siècle. Italien.
Peintre.

MINERDORFF F. ou **J.**
XVIIe siècle. Éc. flamande (?).
Peintre d'histoire.
Le Musée de Lille conserve un tableau de lui : *Martyre de saint Pierre de Vérone*, signé : *F. Minerdorff no 1629*.

MINET Louis Émile
Né vers 1855 à Rouen (Seine-Maritime). Mort vers 1920. XIXe-XXe siècles. Français.
Peintre de paysages animés, paysages urbains, natures mortes, fleurs.
Il fut élève d'Edmond Adolphe Rudaux et de Gustave Morin. Il exposa, à Paris, au Salon, à partir de 1876, puis Salon des Artistes Français. Il obtint une mention honorable en 1882. Il fut nommé conservateur du Musée des Beaux-Arts de Rouen.
Il peignit surtout des sujets campagnards, les travaux des paysans, et des vues de la ville de Rouen.

E. Minet

Musées : Bernay : *Intérieur de cour à Vernon* – Blois : *Les foins de Saint-Sabin* – Caen : *Fleurs* – Louviers (Gal. Roussel) : *La Rentrée des champs – La Levée des nasses* – Montpellier (Mus. Fabre) : *Poules* – Rouen (Mus. des Beaux-Arts) : *Chaumière dans un parc – La Rue Saint-Romain à Rouen – La Rue du Bac à Rouen – La Rue Saint-Pierre à Rouen*.
Ventes Publiques : Paris, 18 jan. 1924 : *Gibier, fruits et bibelots* : **FRF 105** – Paris, 9 jan. 1950 : *Pommiers en fleurs* : **FRF 1 800** – Paris, 13 déc. 1976 : *Nature morte aux fleurs* 1877, h/t (115x146) : **FRF 2 400** – Rouen, 5 mars 1978 : *Le retour de la pêche*, h/t (120x90) : **FRF 4 500** – Versailles, 19 oct. 1980 : *Garçonnet couché dans l'herbe*, h/t (46,5x66) : **FRF 5 000** – New York, 24 fév. 1987 : *Nature morte aux fleurs d'été dans un chapeau de paille*, h/t (101,5x73) : **USD 13 000** – New York, 15 fév. 1994 : *Corbeille de fleurs assorties*, h/t (58,5x75,5) : **USD 12 650** – New York, 12 oct. 1994 : *Champ de pavots*, h/t (160x122,9) : **USD 27 600** – New York, 23-24 mai 1996 : *Le Produit de la chasse*, h/t (182,9x142,2) : **USD 26 450** – Calais, 15 déc. 1996 : *Hérons près des rivages fleuris*, h/t (150x105) : **FRF 20 000**.

MINETTE Francis
Né en 1952 à Modave. XXe siècle. Belge.
Peintre, dessinateur. Hyperréaliste.
Il fut élève de l'Académie des Beaux-Arts de Liège, où il obtint le Prix de la Ville en 1978.
Bibliogr. : In : *Dictionnaire biographique illustré des artistes en Belgique depuis 1830*, Arto, Bruxelles, 1987.
Musées : Liège (Mus. d'Art Wallon).

MINETTE J.
XVIIIe siècle. Actif au début du XVIIIe siècle. Hollandais.
Graveur.

MINETTE DE MACAR
Né en 1930 à Liège. XXe siècle. Belge.
Peintre de paysages, décorateur.
Bibliogr. : In : *Dictionnaire biographique illustré des artistes en Belgique depuis 1830*, Arto, Bruxelles, 1987.

MINETTI Fr. Dom.
XVIIIe siècle. Allemand.
Peintre.
A peint les murs et les plafonds de l'église de Buttstädt.

MINETTI Francesco et **Abondio**
XVIIIe siècle. Tchécoslovaques.
Sculpteurs.
Ils sont les auteurs de la décoration en stuc de la chapelle du château de Zerbst.

MINEUR François Édouard
Né au XIXe siècle à Paris. XIXe siècle. Français.
Sculpteur.
Élève de Simon fils et de Fanginet. Il exposa des médaillons au Salon de 1863 et 1868.

MINEUR Michel
Né en 1948 à Charleroi. XXe siècle. Belge.
Peintre, graveur, dessinateur. Conceptuel-paysagiste.
Il fut élève de l'Académie des Beaux-Arts de Mons, et de la Faculté des Beaux-Arts de Belgrade (Yougoslavie).
Sur des cartes routières ou plans de villes, il superpose des évocations brumeuses des paysages et villages correspondants.
Bibliogr. : In : *Dictionnaire biographique illustré des artistes en Belgique depuis 1830*, Arto, Bruxelles, 1987.
Musées : Belgrade (Cab. des Estampes) – Bruxelles (Fonds Nat.) – Bruxelles (Cab. des Estampes) – Ixelles – Liège – Mons – Nuremberg (Cab. des Estampes) – Paris (BN Cab. des Estampes).

MING. Voir **YAN PEI MING**

MINGA Andrea di Marietto del
Né à Florence. Mort le 8 juin 1596 à Florence. XVIe siècle. Italien.
Portraitiste et peintre d'histoire.
Élève de Ghirlandajo et peut-être de Baccio Bandinelli. Le palais Pitti, à Florence, conserve de lui : *Création d'Ève* et *Adam et Ève chassés du Paradis*, qu'il aurait exécuté en collaboration avec Pieri, Ponsi et G. Bologna.

MINGANTI Alessandro. Voir **MENGANTI**

MINGARDI Francesco. Voir **MENGARDI**

MINGARES Sancho ou **Minjares**
XVIe siècle. Actif à Séville vers 1503. Espagnol.
Sculpteur.

MINGAUD Céleste
Née au XIXe siècle à Bordeaux. XIXe siècle. Française.
Peintre.
Elle étudia avec Alaux. En 1865 et 1866, elle exposa au Salon.

MING-CHIEN. Voir **MINGJIAN**

MING-CHUNG. Voir **MINGZHONG**

MINGHE ou **Ming-Ho**, surnom : **Tairu,** nom de pinceau : **Gaosong**
XVIIe siècle. Actif vers 1630. Chinois.
Peintre.
Moine-peintre et poète, il n'est pas mentionné dans les biographies officielles d'artistes mais on connaît de lui un *Paysage*, signé et daté 1632.

MINGHETTI Angelo
Né en 1821 ou 1830. Mort le 5 février 1885 à Bologne. XIXe siècle. Actif à Bologne. Italien.
Céramiste.
Exposa à Turin, Naples et Rome et fonda en 1849 un atelier à Bologne.

MINGHETTI Giovan Battista
XIXe siècle. Actif à Bassano. Italien.
Sculpteur.
Débuta vers 1880 ; exposa à Turin et Venise.

MINGHETTI Prospero
Né le 2 janvier 1786 à Reggio Emilia. Mort à Reggio Emilia. XIXe siècle. Italien.
Peintre de portraits et de sujets religieux, et sculpteur.
Il étudia chez Frulli et peignit plusieurs effigies de saints pour les églises de Reggio.

MING-HO. Voir **MINGHE**

MINGJIAN ou **Ming-Chien** ou **Ming-Kien**, nom de famille : **Wang,** surnom : **Zhiqin,** nom de pinceau : **Jigu**
Originaire de Dantu, province du Jiangsu. XIXe siècle. Actif vers 1820. Chinois.
Peintre.
Moine-peintre auteur de paysages dans les styles de Jing Hao (fin IXe-début Xe siècle), de Guan Tong (fin IXe-début Xe siècle) et de l'école Ma-Xia (vers 1190-1230).

MING-KIEN. Voir **MINGJIAN**

MINGLE Joseph F.
Né le 13 juin 1839 à Philadelphie. Mort le 14 novembre 1903 à Philadelphie. XIXe siècle. Américain.
Peintre de paysages et de marines.

MINGOT Teodosio
Né en 1551 en Catalogne. Mort en 1590. XVIe siècle. Espagnol.
Peintre d'histoire.
Élève de Gaspar Becerra puis de Michel-Ange, à Rome. Après avoir visité l'Italie il revint en Espagne où il travailla pour le compte de Philippe II, au Palais du Prado. La plupart de ses œuvres furent détruites lors de l'incendie de ce monument.

MINGOZZI Girolamo. Voir **MENGOZZI**

MINGRET José
XXe siècle. Français.
Peintre de paysages, décorateur.
Il travaillait à Paris.
Il peignait des panneaux décoratifs et traita souvent le paysage vénitien.
Ventes Publiques : Paris, 31 mai 1943 : *Paysages*, ensemble, sept panneaux décoratifs : **FRF 1 950** – Paris, 26 fév. 1951 : *Venise*, ensemble, trois peintures : **FRF 1 000** – Paris, 19 nov. 1990 : *Vue de Venise* 1934, h/pap. (17x24,5) : **FRF 4 200**.

MING-TCHONG. Voir **MINGZHONG**

MINGUET Alexandre
Né le 21 mars 1937 à Béziers (Hérault). Mort le 9 décembre 1996. XXe siècle. Français.
Peintre de paysages, marines, fleurs, aquarelliste, lithographe.
Après des études de commerce et droit à Paris, et son service militaire, il fréquenta les Académies de Montparnasse à partir de 1959. Il montre ses peintures et ses nombreuses lithographies dans des expositions personnelles à partir de 1964, dans de nombreuses villes de Bretagne, Vendée et Normandie, ainsi que dans les provinces françaises. À Paris, il expose au Salon des Indépendants, dont il est sociétaire depuis 1980. Il s'est fixé en Bretagne, en Normandie et a voyagé et travaillé en Afrique-Centrale. Il peint avec simplicité les paysages où il séjourne et voyage.
Ventes Publiques : Brest, 19 déc. 1976 : *Les bords de l'Aven*, aquar. (56x76) : **FRF 5 000**.

MINGUET André Joseph
Né le 12 mars 1818. Mort le 25 décembre 1860. XIXe siècle. Actif à Anvers. Belge.
Peintre de genre, de natures mortes et d'architectures.
Élève de Wappers. Le Musée d'Anvers conserve de lui : *Intérieur de la cathédrale de Bruges* (des figures sont peintes par son collaborateur Pauwels).

MINGUET Juan
Né en 1737 à Barcelone. XVIIIe siècle. Espagnol.
Graveur au burin.
Il travailla à Madrid.

MINGUET Y IROL Pablo
XVIIIe siècle. Espagnol.
Graveur au burin.
Il grava le titre et plusieurs planches pour l'ouvrage de Rodriguez sur la polygraphie (1737).

MINGUZZI. Voir aussi **MENGUCCI**

MINGUZZI Luciano
Né le 24 mai 1911 à Bologne. XXe siècle. Italien.
Sculpteur de monuments, sujets religieux, figures, groupes, bas-reliefs, dessinateur, illustrateur.
Son père était sculpteur et il se forma d'abord auprès de lui. Il fut élève de l'Académie des Beaux-Arts de Bologne. Une bourse d'étude lui permit un séjour à Paris et à Londres. Il commença à exposer dès 1933. En 1945, encore à Bologne, il fut l'un des fondateurs du groupe *Cronache* (Chroniques). Il s'est fixé à Milan. Il participe à toutes les expositions collectives importantes, nationales et internationales, d'art italien contemporain, à Venise, Rome, São Paulo, Sonsbeek (Hollande), Anvers-Middelheim, Londres, Paris, Kassel, au premier Salon International des Galeries Pilotes en 1963 au Musée Cantonal de Lausanne, etc. Il montre des ensembles d'œuvres dans des expositions personnelles : en 1942, 1952, 1960 à Venise ; 1943, 1956 Rome ; et à Bologne, Milan, Florence, Trieste, Modène, Genève, New York, Ljubljana, Göteborg, Stockholm, Humleback, en 1963 à Amsterdam, etc. En 1943, il obtint le Premier Prix à la Quadriennale de Rome, dont une salle lui fut consacrée. En 1946, il obtint le Prix de l'Angelicum. En 1950, il obtint le Grand Prix de Sculpture ex-aequo de la Biennale de Venise. La même année, il remporta le concours pour la cinquième porte du Dôme de Milan, qu'il ne termina qu'en 1965. En 1951, il remporta le Grand Prix de Sculpture de la Biennale de São Paulo. En 1963 à Londres, il fut distingué au concours pour le *Monument au soldat inconnu*. En 1964, une très importante exposition rétrospective fut consacrée à son œuvre, à Bassano del Grappa. Entre 1970 et 1977, il travailla à la *Porte du Bien et du Mal* à la Basilique Saint-Pierre du Vatican. Il fut nommé professeur à l'Académie de Bréra à Milan.
Il a produit un œuvre graphique important, souvent inspiré de bestiaires fabuleux, empruntés aux poètes Pablo Neruda et Federico Garcia Lorca. En sculpture, il travaille la terre cuite, le bois, la pierre, et surtout le bronze. Ce fut dans cette technique qu'il a exécuté les quatorze panneaux de bronze pour la porte du Dôme de Milan. On distingue deux périodes principales dans son œuvre. La première comprend des œuvres, évoquant des scènes et figures familières, qui, pour être formulées avec une certaine audace qui prenait en compte des influences expressionniste et cubiste, tendant à la pureté d'une simplification elliptique des lignes, n'en respectaient pas moins la réalité, et surtout se fondaient sur une conception traditionnelle classique du volume dans l'espace ; série d'œuvres d'entre lesquelles : 1936 *L'Acrobate chinois*, 1937 le *Monument de la reine Astrid* qui reprend son thème privilégié de la maternité, 1940 *Le Mât de Cocagne*, et qui trouva son aboutissement, entre 1950 et 1955, avec les différentes versions des *Contorsionnistes*. Il déclarait à cette époque avoir besoin de sentir entre ses mains la certitude des volumes, des masses, nécessité plus impérieuse pour lui que la notion d'espace comme fin en soi. Dans la période de transition des années cinquante, il sculpta aussi des formes animales, dont la série des *Galli* (Coqs), et humaines, paniquées et comme enserrées dans des rets, participant d'une expression angoissée traduite dans une technique alors fébrile et rugueuse. Dans la seconde période, conservant la référence à la réalité humaine, il a pris quelque distance avec sa ressemblance exacte, abandonnant la consistance du volume pour une expression spatiale plus aérienne, dont le dynamisme s'approche des « mobiles ». En 1956-57 les *Ombres dans le bois*, en 1958 le *Pas de quatre*, les *Cerfs-volants* et les *Six Personnages*, en 1962-63 le *Vent dans les roseaux*, ainsi que les panneaux de la porte du Dôme de Milan terminés en 1965, sont de bonnes illustrations de cette manière légère de silhouettes dansantes découpées dans l'espace. ■ J. B.
Bibliogr. : Giovanni Carandente, in : *Nouveau diction. de la sculpt. mod.*, Hazan, Paris, 1970 – in : Encyclopédie *Les Muses*, t. X, Grange Batellière, Paris, 1973 – G. Marchiari : *Minguzzi, Porta del Bene et del Male, S.-Pietro in Vaticano*, Bologne, 1981 – in : *Diction. de l'art Mod. et contemp.*, Hazan, Paris, 1992.
Musées : Anvers (Parc mun.) : *Monument de la reine Astrid* 1937.
Ventes Publiques : New York, 21 oct. 1964 : *Deux Ombres*, bronze : **USD 1 000** – Amsterdam, 13 déc. 1966 : *Le Mendiant*, bronze : **NLG 2 700** – Milan, 17 déc. 1970 : *Monstre marin*, aquar. : **ITL 380 000** – Milan, 29 mai 1973 : *Federico Borromeo parmi les pestiférés, Projet de cathédrale, Consécration de l'autel*, bronze, ensemble de trois : **ITL 3 200 000** – Milan, 5 avr. 1977 :

Trasporto dei corpi Santi da S. Bernardino al Duomo, bronze : **ITL 850 000** – Saint-Vincent (Italie), 6 mai 1984 : *Uomini del lager* 1971, fer et bronze (288x620) : **ITL 60 000 000** – Milan, 27 sep. 1990 : *Christ*, bronze (H. 49) : **ITL 4 700 000** – New York, 12 juin 1991 : *Deux ombres*, bronze à patine brune (H. 63,5) : **USD 9 350** – Milan, 21 mai 1992 : *Deux figures assises* 1951, gche/pap. entoilé (66x49) : **ITL 1 700 000** – Milan, 22 juin 1993 : *Étude pour « Hippolyte » n° 2* 1967, bronze (74x42x24) : **ITL 5 200 000** – Londres, 30 juin 1994 : *Les aquilons*, bronze ciré (215x140x50) : **GBP 5 750** – Milan, 5 déc. 1994 : *Enlacements*, bronze (28x18x11) : **ITL 6 670 000** – Milan, 26 oct. 1995 : *Panier de citrons* 1960, h./contre-plaqué (40x30) : **ITL 14 490 000**.

MINGZHONG ou **Ming-Chung** ou **Ming-Tchong**, surnom : **Daheng,** nom de pinceau : **Yinxu**
Originaire de Tongxiang, province du Zhejiang. xviiie siècle. Actif vers 1750-1780. Chinois.
Peintre.
Moine-peintre qui laisse des peintures de paysages dans le style de Ni Zan (1301-1374), dont l'un est conservé au Musée Guimet à Paris, *Chaumière, bambous et grand arbres défeuillés près d'une rivière*, œuvre signée et accompagnée de deux lignes de poésie.

MINHEERE. Voir **HEERE Lukas**

MINHEYMER Jan ou **Johann** ou **Minheimer**
Né en 1810. Mort vers 1860 à Varsovie. xixe siècle. Polonais.
Médailleur et sculpteur.

MINI Antonio
Mort fin 1533 en France. xvie siècle. Actif à Florence. Italien.
Peintre d'histoire et de portraits.
Élève de Michel-Ange. Le grand Florentin lui légua son tableau de *Léda*, qu'il avait peint pendant le siège de Florence. Mini vint en France en 1522 et vendit ce chef-d'œuvre à François Ier. On lui attribue : une *Vierge entourée d'anges* (à la National Gallery de Londres), et une *Vierge avec saint Jean* (à la Galerie académique de Vienne).

MINIATI Bartolommeo ou **Miniato**
Né à Florence. Mort en juillet 1548 à Saint-Germain. xvie siècle. Italien.
Peintre d'histoire et de portraits.
Fut l'un des aides du Rosso à Fontainebleau, où il travailla depuis 1533.

MINIATO Pellegrino
Mort le 4 août 1630 à Bologne. xviie siècle. Italien.
Peintre.
Élève de Ag. Mitelli.

MINIER Suzanne
Née le 5 novembre 1884 à Paris. xxe siècle. Française.
Peintre de genre, paysages animés, fleurs, illustrateur.
Elle fut élève de Ferdinand Humbert. Elle exposa à Paris, au Salon des Artistes Français, 1908 mention honorable, 1909 médaille de troisième classe.
Elle a illustré des ouvrages littéraires.
Ventes Publiques : Paris, 8 mars 1919 : *Dans le square fleuri* : **FRF 60** – Paris, 26 nov. 1924 : *Jeune femme assise dans un parc* : **FRF 275** – Paris, 31 jan. 1929 : *Le Marché aux légumes* : **FRF 600** – Paris, 27 mars 1947 : *La Vendée à Fontenay-le-Comte* : **FRF 2 000** – Paris, 13 mars 1989 : *Le bouquet de violettes*, h/t (65x54) : **FRF 10 000** – New York, 17 jan. 1990 : *Promenade dans la roseraie*, h/t, tondo ovale (88,4x69,9) : **USD 5 500**.

MINIERA Biagio
Né en 1697 à Ascoli. Mort le 28 août 1755. xviiie siècle. Italien.
Peintre d'histoire et d'architectures.
Élève de Maratta, il subit l'influence de G. Reni. Il fit les fresques de l'église de la Madone del Ponte à Ascoli.

MINIKUS Joh. George. Voir **MENICUS**

MINIMAL-ART. Voir par exemple **André Carl, Lewitt Sol, Mac Cracken John, Morris Robert**

MINIMINI MAMARIKA
Né en 1904. Mort en 1972. xxe siècle. Australien.
Peintre, dessinateur. Traditionnel aborigène.
Minimini Mamarika était un aborigène du Groote Eylandt.
Le document cité en muséographie représente le bateau du pêcheur Malay, qui pénétra au xviie siècle dans le Territoire du Nord. Il s'agit d'une peinture traditionnelle aborigène, exécutée avec des ocres naturels sur de l'écorce.
Bibliogr. : In : *Creating Australia – 200 years of art 1788-1988*, Art Gallery of South Australia, Adelaide, 1988.
Musées : Adélaïde (Art Gal. of South Australia) : *Le bateau de Malay* vers 1948.

MININ Serge
Né en 1859. Mort en 1916. xixe-xxe siècles. Russe.
Peintre de natures mortes.
Il fut élève de l'Académie des Beaux-Arts de Saint-Pétersbourg.
Musées : Moscou (Gal. Trétiakov) – Saint-Pétersbourg (Mus. Russe).
Ventes Publiques : Paris, 18 mars 1991 : *Nature morte aux fleurs* 1901, h/t (78x67) : **FRF 6 500**.

MINIO Tiziano
Né en 1517, originaire de Padoue. Mort en 1555. xvie siècle. Italien.
Sculpteur et stucateur.
Il travailla pour Padoue et pour Venise et réalisa les *Scènes de la vie de saint Marc*, destinées à la basilique de ce nom, ainsi que les fonts-baptismaux de cette église.

MINIOT Maurice Robert
Né le 14 janvier 1884 à Paris. xxe siècle. Français.
Peintre.
Il fut élève de Jules Adler. Il exposait à Paris, depuis 1920 au Salon des Artistes Français, dont il était sociétaire, 1926 mention honorable et Prix Marie Bashkirtseff.

MINISCARDI Giustino. Voir **MENESCARDI**

MINISINI Luigi
Né le 22 mai 1817 à San Daniele. Mort en 1901 à Ronchi di Campanile. xixe siècle. Italien.
Sculpteur.
Élève de l'Académie de Venise où il travailla. Il exécuta le monument de l'évêque Bricita pour la cathédrale d'Udine et deux statues colossales d'anges pour l'église Madonna di Rosa à San Vito del Tagliamento.

MINJARES Sancho. Voir **MINGARES**

MINJON Joseph
Né en 1818 à Düsseldorf. xixe siècle. Allemand.
Peintre d'architectures.
Élève de l'Académie de Düsseldorf. Il travailla dans cette ville et exposa à partir de 1841 à Leipzig, Hanovre, Düsseldorf, Dresde et Berlin.

MINKENBERG Heinrich ou **Hein**
Né le 12 mars 1889 à Heinsberg (Palatinat). xxe siècle. Allemand.
Sculpteur de statues, figures, groupes.
Il a sculpté une *Madonne entourée des Apôtres* à l'église Saint-Joseph de Rheydt, ainsi que les figures entourant le portail du gymnase de München-Gladbach.

MINKOWSKI Maurice
Né en 1881 à Varsovie. Mort en 1930. xxe siècle. Polonais.
Peintre de scènes typiques, paysages, peintre à la gouache, aquarelliste.
Il a exposé à Paris, figurant au Salon des Artistes Français, 1908 mention honorable.
Il a surtout dépeint la vie dans les ghettos polonais.
Ventes Publiques : Londres, 10 mars 1976 : *Paysage* 1929, aquar. (45x60,5) : **GBP 240** – Tel-Aviv, 3 jan. 1990 : *Femme dans une synagogue*, gche (96x74,5) : **USD 14 300**.

MINNAERT Frans
Né en 1929 à Idegem. xxe siècle. Belge.
Peintre, graveur. Tendance fantastique.
Il était d'origine flamande. Il fut élève des Académies des Beaux-Arts d'Alost, Gand, et de Bruxelles. Il a exposé dans de nombreuses galeries en Belgique et à l'étranger. Il est devenu directeur de l'École royale des Beaux-Arts d'Anderlecht.
Il emploie des tons de terre, nuances de bruns et d'ocre. Ses personnages silhouettés n'ont pas de visages définis. Son évolution l'a mené, selon les périodes, à une quasi abstraction, à l'expressionnisme, au fantastique.
Bibliogr. : In : *Dictionnaire biographique illustré des artistes en Belgique depuis 1830*, Arto, Bruxelles, 1987.
Musées : Bloemfontein – Bruxelles (Fonds Nat.) – Budva-Yougoslavie – Esh-sur-Alzette – Pretoria.
Ventes Publiques : Anvers, 8 avr. 1976 : *Battement de cœur* 1969, h/pan. (98x67) : **BEF 25 000** – Lokeren, 31 mars 1979 : *Oiseau* 1967, h/t (100x150) : **BEF 40 000**.

MINNAERT Jean
xvie siècle. Belge.

Sculpteur.
A édifié avec Eloi et Lievin Van Beneden la maison de la corporation des pêcheurs à Gand.

MINNE Van
XVIIIe siècle. Français.
Peintre.
Peut-être identique à Minne (Philippe Van), de Lille.

MINNE Frédéric
Né en 1907 à Gand. Mort en 1978 à Gand. XXe siècle. Belge.
Sculpteur.
Fils et élève de Georges Minne.
Bibliogr. : In : *Dictionnaire biographique illustré des artistes en Belgique depuis 1830*, Arto, Bruxelles, 1987.

MINNE Georges, baron
Né le 30 août 1866 à Gand. Mort en 1941 à Laethem-Saint-Martin. XIXe-XXe siècles. Belge.
Sculpteur de figures, groupes, bustes, dessinateur, graveur, illustrateur. Symboliste.
Son père souhaitant qu'il lui succédât, il avait débuté dans des études d'architecture à l'Académie des Beaux-Arts de Gand, qu'il délaissa à l'âge de dix-huit ans pour la sculpture et la gravure. Il fut élève de Jean-Joseph Delvin et Théodore Joseph Canneel à l'Académie des Beaux-Arts de Gand. En 1891, il séjourna à Paris, où l'amitié des poètes symbolistes belges, Verhaeren, Maeterlinck, qu'il avait rencontré dès 1886, et Rodenbach, le conforta dans son choix. En 1890, il fut invité, par le célèbre *Groupe des XX* à exposer ses sculptures à Bruxelles ; mais fut déçu par l'accueil du public. En 1891, lors d'un séjour à Paris, il rencontra Rodin, qui lui prodigua quelques encouragements ; il fit ensuite un séjour à Bruxelles. S'étant marié en 1892, il connut de grandes difficultés matérielles et, tout en poursuivant son œuvre, se livra à des travaux agricoles. En 1896, âgé de trente ans, doutant de ses possibilités, il prit la décision de repartir de rien et s'inscrivit à l'Académie de Bruxelles, où il fut élève de Charles Van der Stappen. Ce fut là, en 1897, qu'il trouva le thème de *L'Adolescent agenouillé*, qu'il devait développer au long de son œuvre. Dès 1898-99, il se fixa dans la communauté d'artistes de Laethem-Saint-Martin, reconnu par les peintres, sculpteurs, écrivains qui formèrent le premier groupe de Laethem comme l'un de leurs principaux animateurs. Autour de 1910, une nouvelle crise de doute l'incita à étudier l'anatomie, aux séances de dissection de l'Université de Gand. Pendant la guerre de 1914-1918, réfugié à Londres, il se consacra au dessin. Il revint ensuite de nouveau à Laethem. Il fut professeur à l'Académie de Gand, et membre de l'Académie Royale de Belgique. En 1929, une exposition rétrospective de son œuvre à Bruxelles eut un retentissement considérable. En 1970, la Picadilly Gallery de Londres a organisé une importante exposition d'ensemble de l'œuvre.
Après un *Christ en croix* de 1885, dès l'âge de vingt ans, en 1886 sa sculpture *Mère pleurant son enfant mort*, et en 1888 la *Mère pleurant ses deux enfants*, dont le réalisme dénotait les influences de Rodin et de la sculpture médiévale, avaient attiré l'attention sur lui, tout en déroutant ses maîtres gantois. À Paris, il ne fut pourtant pas particulièrement attiré par l'aura alors immense de Rodin. Son *Adolescent agenouillé* de 1897 confirma sa sensibilité symboliste, thème qu'il poursuivit au long de sa carrière. S'étant lié intimement avec Maurice Maeterlinck, il a illustré *Les Serres chaudes, Sœur Béatrice, La Princesse Maleine, Trois petits drames pour marionnettes*. Il a réalisé plusieurs monuments publics, d'entre lesquels, en 1898, la *Fontaine aux agenouillés*, dont il existe plusieurs répliques ; la même année, pour la ville de Gand, le *Monument à la mémoire du poète Georges Rodenbach* en marbre. Les œuvres de cette première période, dessins et sculptures, anguleuses, sont d'une inspiration franchement gothique, que ne fera que confirmer l'exposition de Primitifs Flamands à Bruges, en 1902. Très lié alors au mouvement symboliste, ami de Maeterlinck, peut-être le sujet ou tout au moins l'esprit, de ses premières œuvres s'était-il ressenti du côtoiement de *la Princesse Maleine*.
Ce fut à partir de son installation à Laethem, juste avant 1900, parmi les artistes du groupe unis par une même ferveur mystique, qu'il commença de traiter le thème de *La Mère et l'enfant*, dont les lignes plus tendres devaient caractériser les œuvres de sa seconde époque. Il travaillait surtout l'argile, faisant fondre ensuite ses sculptures par ses deux fils, qui avaient appris la technique du bronze. Lors de la guerre de 1914-1918, ses fils étant partis pour le front, il traduisit son angoisse dans une série de nouvelles variations sur le thème de *La Mère et l'enfant*. Alors, de représenter ces adolescents agenouillés et ces femmes simples, vidés de leur enveloppe corporelle et réduits à leur seule âme, devait conduire paradoxalement Minne à des problèmes purement plastiques d'expression par la forme, voire par la force. Depuis 1908, impressionné par l'œuvre de Constantin Meunier, il avait déjà exécuté des sculptures plus réalistes, des torses d'hommes, le *Débardeur* de 1912, manière plus expressive qu'il radicalisa après la guerre, dans ce qu'on peut dire une troisième période, taillant désormais ses figures et groupes dans le marbre ou le granit à peine dégrossis, dont la stature imprécise atteint à la monumentalité, reprenant par exemple, en 1929, le thème du débardeur courbé sous la charge dans le *Grand porteur de reliques*. Dans le thème de *La Mère et l'enfant* qu'il traita encore dans cette période et cette nouvelle manière, souvent sous l'aspect de *Pietà* où les corps de la mère et du Christ mort sont étroitement confondus sous les drapés, on ne sait plus démêler si c'est le sentiment fort de la maternité douloureuse qui le meut ou si le thème lui sert de pur prétexte à résoudre le problème du groupe en sculpture, dans le langage des formes et non plus dans celui de la narration ni de la psychologie.
Minne avait su se détacher de la tradition réaliste et, sans chercher à transférer l'impressionnisme en sculpture, comme le faisait Medardo Rosso en Italie, il introduisit dans ses figures, dans les premiers temps une expression de mélancolie et de recueillement, plus tard de douleur. Ses adolescents frêlement gracieux et songeurs, ses maternités simplement monumentales et émues ou expressivement souffrantes, dont la spiritualité fut mieux comprise dans les pays germaniques, ont exercé une importante influence sur les sculpteurs de son temps, sur Lehmbruck en particulier, de par le symbolisme du thème, même quand dramatique, et la sobriété synthétique des formes. Dans ses époques successives, l'ensemble des sculptures, gravures et dessins de Georges Minne impose leur intériorité recueillie.

■ Jacques Busse

George Minne

Bibliogr. : L. Van Puyvelde : *Georges Minne*, Bruxelles, 1930 – A. De Ridder : *Georges Minne*, Anvers, 1947 – Sarane Alexandrian, in : *Diction. Univers. de l'Art et des Artistes*, Hazan, Paris, 1967 – in : *Encyclopédie Les Muses*, t. X, Grange Batelière, Paris, 1973 – in : *Dictionnaire biographique illustré des artistes en Belgique depuis 1830*, Arto, Bruxelles, 1987 – in : *Diction. de la Sculpture – La Sculpture occidentale du Moyen-Âge à nos jours*, Larousse, Paris, 1992.
Musées : Brême : *Porteur d'outres* – Bruxelles (Mus. roy. des Beaux-Arts) : *Fontaine aux agenouillés*, bronze, réplique – *Le Grand Blessé* 1889-1894 – *Grand porteur de reliques* 1929 – Essen (Folkwang Mus.) : *Fontaine aux agenouillés (avec cinq garçons nus)* 1898, marbre – *Les Lutteurs* – *Porteur de reliques* – *La Religieuse en prière* – Gand : *Fontaine aux agenouillés*, bronze, réplique – *Monument au poète Georges Rodenbach* – Halle : *Mère avec son enfant mourant* – *Garçon à genoux* – Leipzig : *Jeune fille souriante* – Vienne (Mus. Histor.) : *Buste de femme*.
Ventes Publiques : Bruxelles, 21 mai 1951 : *Femme aveugle* 1922, cr. noir : **BEF 2 200** – Anvers, 5 oct. 1965 : *Baigneuse*, bronze : **BEF 70 000** – Anvers, 21 avr. 1970 : *Baigneuse*, bronze : **BEF 100 000** – Amsterdam, 15 nov. 1972 : *Les Lutteurs*, bronze : **NLG 6 800** – Anvers, 23 oct. 1973 : *Mère et enfant*, bronze : **BEF 120 000** – Lokeren, 1er mai 1976 : *Mère et enfant*, bronze (H. 38) : **BEF 130 000** – Breda, 26 avr. 1977 : *Mère et enfant* 1922, bronze (H. 74) : **NLG 11 000** – Lokeren, 29 avr. 1978 : *Portrait de jeune homme*, h/t (55x43) : **BEF 44 000** – Anvers, 9 mai 1979 : *Baigneuse IV* 1928, bronze (H. 35) : **BEF 180 000** – Versailles, 4 juin 1980 : *Rêverie* 1921, mine de pb/bois (44,5x35,2) : **FRF 24 000** – Munich, 30 juin 1981 : *Celui qui se lève* 1908, cr. (18,5x24) : **DEM 6 400** – Lokeren, 24 avr. 1982 : *Le petit porteur de relique* 1897, bronze (H. 67) : **BEF 210 000** – Anvers, 25 oct. 1983 : *Deux adolescents*, bronze (H. 116) : **BEF 480 000** – Anvers, 3 avr. 1984 : *Mère et enfant*, dess. (150x100) : **BEF 320 000** – Lokeren, 20 avr. 1985 : *Mère et enfant* 1920, fus. (34x21) : **BEF 60 000** – Lokeren, 20 avr. 1985 : *Jeune garçon debout II* 1898, bronze, patine brun foncé (H. 26) : **BEF 360 000** – Londres, 28 mai 1986 : *Le Petit Porteur de reliques* 1897, bronze (H. 63,8) : **GBP 6 000** – Lokeren, 5 mars 1988 : *Mère éplorée avec deux enfants*, bronze (H. 66) : **BEF 1 100 000** – Lokeren, 28 mai 1988 : *Solidarité* 1933, bronze (H. 115) : **BEF 1 500 000** ; *Le maçon*,

plâtre (H. 76) : **BEF 330 000** – LOKEREN, 8 oct. 1988 : *Baigneurs*, plâtre (H. 59) : **BEF 300 000** – AMSTERDAM, 24 mai 1989 : *L'adolescent I*, bronze (H. 47) : **NLG 23 000** – LONDRES, 19 oct. 1989 : *L'enfant prodigue*, bronze (H. 58,5) : **GBP 22 000** – AMSTERDAM, 13 déc. 1989 : *Portrait de femme*, plâtre blanc (H. 30) : **NLG 4 830** – AMSTERDAM, 22 mai 1990 : *Tendresse maternelle*, fus./cart. (130x78) : **NLG 69 000** – LONDRES, 16 oct. 1990 : *Oraison*, sculpt. de chêne (H. 44,5) : **GBP 17 600** – AMSTERDAM, 12 déc. 1990 : *Les agenouillés*, bois (H. 42,5) : **NLG 57 500** – LONDRES, 16 oct. 1991 : *Tête de débardeur*, bronze (H. 59,6) : **GBP 6 600** – AMSTERDAM, 11 déc. 1991 : *L'adolescent*, bronze à patine verte (H. 42) : **NLG 16 100** – LONDRES, 25 mars 1992 : *Le petit blessé II* 1898, bronze (H. 26) : **GBP 4 620** – LOKEREN, 21 mars 1992 : *L'orateur*, marbre (H. 42, L. 54) : **BEF 1 500 000** ; *Maternité* 1939, fus. (88x68) : **BEF 360 000** – LOKEREN, 10 oct. 1992 : *Jeune femme* 1926, bronze à patine brune (H. 51, l. 54) : **BEF 260 000** – LOKEREN, 9 oct. 1993 : *Tête d'adolescent*, plâtre (H. 25, l. 16) : **BEF 330 000** – NEW YORK, 4 nov. 1993 : *Adolescente à genoux I* 1925, marbre blanc (H. 71,1) : **USD 37 375** – AMSTERDAM, 9 déc. 1993 : *Baigneuse*, bronze (H. 38,5) : **NLG 10 350** – LONDRES, 23-24 mars 1994 : *Le petit porteur de reliques*, marbre (H. 66,5) : **GBP 29 900** – LOKEREN, 12 mars 1994 : *L'extase maternelle* 1923, bronze à patine brune (H. 38,5, L. 47) : **BEF 480 000** – NEW YORK, 26 mai 1994 : *L'Agenouillé*, plâtre doré (H. 144,8) : **USD 34 500** – LOKEREN, 10 déc. 1994 : *L'enfant prodigue* 1896, bronze (H. 58, L. 21) : **BEF 500 000** – LOKEREN, 11 mars 1995 : *Mère et enfant* 1916, fus. et craie blanche (146x87) : **BEF 500 000** – LOKEREN, 9 mars 1996 : *Mère pleurant en tenant ses deux enfants enlacés*, plâtre (H. 66,5) : **BEF 650 000** – LOKEREN, 7 déc. 1996 : *Mère et enfant*, fus. (30x18) : **BEF 175 000** ; *L'Agenouillé de la fontaine* 1898, bronze patine noire (77,6x31,5) : **BEF 1 000 000** – LOKEREN, 11 oct. 1997 : *Agenouillé devant une fontaine* 1929, plâtre patiné (147x80) : **BEF 950 000**.

MINNE Jean Baptiste
Né en 1734 à Wacken. Mort en 1817 à Wacken. XVIIIe-XIXe siècles. Hollandais.
Peintre d'histoire.
Élève de Gerraerts, il vint achever ses études artistiques à Paris. Il obtint un prix de l'Académie d'Anvers en 1764. L'église de Wacken conserve des tableaux de cet artiste.

MINNE Joris, pour **Georgius Lucianus**
Né en 1897 à Ostende. Mort fin mars 1988 à Anvers. XXe siècle. Belge.
Sculpteur de figures, nus, graveur, aquarelliste, dessinateur, illustrateur. Tendance expressionniste.
Il a vécu depuis 1900 à Anvers. En 1917, il fut élève de l'Académie des Beaux-Arts de Berchem (Anvers). En 1919, il devint membre du groupe *Lumière*. En 1926, il fut co-fondateur de l'Académie libre d'Anvers, devenue depuis l'Institut Supérieur des Arts Décoratifs. En 1927, il devint professeur pour l'illustration du livre et la publicité, à l'École Nationale Supérieure de La Cambre à Bruxelles. Il a montré ses sculptures, pierre et bois, depuis sa participation de 1950 au Middelheim Park d'Anvers, où son *Torse de femme* en bois fut remarqué. En 1970, le Casino d'Ostende organisa une exposition de ses œuvres. En 1958, il devint membre de l'Académie Royale Flamande.
Il commença à graver en 1919. Avec Frans Masereel et quelques autres formant le *Groupe des Cinq* à la suite du groupe *Lumière*, il contribua à remettre en honneur la gravure sur bois dans sa pureté, avec le seul noir et sans hachures. Dès 1925, il fut considéré comme l'un des meilleurs graveurs belges. Il a illustré, entre autres : 1937 *La Besace* de La Fontaine ; 1944 *Barbe-Bleue* de Charles Perrault ; 1948 la *Ballade des pendus* de François Villon. Ensuite, il pratiqua aussi la pointe-sèche et le burin. Ses gravures sont surtout consacrées aux vues de la ville et du port d'Anvers. Il commença à sculpter en 1939. Son style relève d'un expressionnisme aux lignes sobres et puissantes, avec, dans les gravures, un contenu social ou parfois fantastique, évident.
BIBLIOGR. : Fr. Van Den Wijngaert : *Joris Minne*, Anvers, 1954 – in : *Encyclopédie Les Muses*, t. X, Grange Batelière, Paris, 1973 – in : *Dictionnaire biographique illustré des artistes en Belgique depuis 1830*, Arto, Bruxelles, 1987.
MUSÉES : ANVERS (Mus. roy. des Beaux-Arts) : *Grand torse en pierre* 1951 – ANVERS (Middelheim Park) : *Femme rouge* 1954 – LIÈGE (Mus. des Beaux-Arts) : *Femme bleue* 1954.
VENTES PUBLIQUES : ANVERS, 6 avr. 1976 : *Ruelle* 1947, aquar. (64x46) : **GBP 240** – ANVERS, 22 avr. 1980 : *Nu assis*, pierre, relief : **BEF 40 000** – LOKEREN, 8 oct. 1994 : *Fleur épanouie*, cuivre (H. 61) : **BEF 36 000**.

MINNE Marcel
XXe siècle. Belge.
Peintre, graphiste, dessinateur de bandes dessinées.
BIBLIOGR. : In : *Dictionnaire biographique illustré des artistes en Belgique depuis 1830*, Arto, Bruxelles, 1987.

MINNE Philippe Van
XVIIIe siècle. Éc. flamande.
Peintre.
Il fut nommé à Lille en 1762.

MINNEBO Hubert J. A.
Né le 6 février 1940 à Bruges. XXe siècle. Belge.
Sculpteur d'assemblages, peintre, dessinateur. Polymorphe.
Après des études à l'Académie d'Ostende, il vint travailler à l'Académie de la Grande-Chaumière de Paris, puis il fut élève de Octave Landuyt à l'École Normale d'État de Gand. Il travaille et expose dans le cadre des « Aluchromistes Belges ». Il participe à des expositions collectives : 1963 Ostende *Dix ans d'acquisitions* ; 1966 Florence, Exposition Internationale, où il a reçu une médaille d'or ; 1969 Paris, Maison des Quatre Vents ; ainsi que Paris, Biennale des Jeunes ; Anvers-Middelheim, 10e Biennale. Des expositions personnelles lui sont consacrées, dont : 1990 Bruges, Halles du Beffroi *Pour les 50 ans de Hubert Minnebo – Une rétrospective*.
Il avait débuté comme peintre, figuratif, perméable à diverses influences. Sculpteur, il travaille le cuivre repoussé, l'aluminium martelé et soudé, et a créé sa propre fonderie de bronze. D'entre de très nombreuses créations de monuments, statues, en 1982, il est l'auteur d'un considérable monument, de 15 mètres et 3 tonnes et demie, à Jeddah (Arabie Saoudite). Plutôt enclin au gigantisme, il crée cependant de nombreux bijoux. Ses sculptures sont des assemblages de formes emboîtées les unes dans les autres, d'inspiration plutôt abstraite, mais non exclusive de formes anthropomorphiques ou animales, rappelant fréquemment les robots de la science-fiction et des bandes dessinées. Habile praticien pluridisciplinaire, en général chez lui le souci de la narration et de l'image supplante le sens plastique.
BIBLIOGR. : In : *Dictionnaire biographique illustré des artistes en Belgique depuis 1830*, Arto, Bruxelles, 1987 – Fernand Bonneure : *Hubert Minnebo*, Lanno, Tielt, 1988, très abondante documentation – Fernand Bonneure : Catalogue de l'exposition *Pour les 50 ans de Hubert Minnebo – Une rétrospective*, Halles du Beffroi, Bruges, 1990.
MUSÉES : BLANKENBERGE – BRUXELLES (Fonds Nat.) – DUNKERQUE – OSTENDE.
VENTES PUBLIQUES : LOKEREN, 15 oct. 1983 : *Composition à l'auréole*, bronze (H. 54 et l. 18) : **BEF 55 000** – LOKEREN, 5 oct. 1996 : *La Volonté de briser* 1982, bronze (102x46) : **BEF 92 000**.

MINNER Hans
XVe siècle. Actif à Salzbourg. Autrichien.
Peintre de portraits.
Mentionné à propos d'un portrait de l'évêque du lac de Chiem en 1439.

MINNER Herman
Né en 1924. Mort en 1981. XXe siècle. Belge.
Peintre. Expressionniste.
Il fut élève de l'Académie des Beaux-Arts d'Alost. Il obtint le Prix de Rome belge en 1952.
BIBLIOGR. : In : *Dictionnaire biographique illustré des artistes en Belgique depuis 1830*, Arto, Bruxelles, 1987.
VENTES PUBLIQUES : LOKEREN, 6 nov. 1976 : *Clown*, h/t (50x40) : **BEF 26 000** – LOKEREN, 15 mai 1993 : *Jennyfer* 1962, h/t (130x100) : **BEF 95 000** – LOKEREN, 28 mai 1994 : *Un chemin dans les champs*, h/t (68x95) : **BEF 40 000** – LOKEREN, 11 mars 1995 : *Nu*, h/pan. (84x47) : **BEF 65 000** – LOKEREN, 20 mai 1995 : *Nu debout*, h/t (96x54) : **BEF 48 000**.

MINNEX Baudouin
XVe siècle. Actif à Louvain. Belge.
Sculpteur.
A travaillé aux bas-reliefs de l'Hôtel de Ville terminé en 1463.

MINNICH Bernd
Né en 1941 à Hambourg. XXe siècle. Allemand.
Sculpteur d'assemblages, peintre.
Il fut étudiant de l'Université de Hambourg, de l'Académie des Beaux-Arts de Karlsruhe, et à Düsseldorf. Il s'est fixé à Düsseldorf, où il fut l'un des fondateurs du groupe de jeunes artistes allemands le *Düsseldorfer Szene*. Il exposa pour la première fois

en 1972, à la Documenta V de Kassel. Il participe depuis à des expositions collectives, à Düsseldorf et Londres, et : en 1973 à la Biennale de Paris avec la *Düsseldorfer Szene*. Il montre ses créations dans des expositions personnelles, depuis la première en 1973 à Baden-Baden.
Il crée un art du souvenir, avec des boîtes peintes, contenant des paysages reconstruits, de menus objets recueillis comme dans un reliquaire. Il semble, dans ces ex-voto voués à un culte narcissique des petites mythologies individuelles, qu'il s'y agisse d'une mise en forme, théâtrale quoique miniaturisée, d'un univers fantasmatique.

MINNIGERODE Ludwig
Né en 1820 à Darmstadt. Mort en 1850 à Darmstadt. XIXe siècle. Allemand.
Peintre d'histoire, portraits.
Il travailla en 1839 à Düsseldorf avec John, Schadow et Lessing.

MINNIGERODE Ludwig
Né le 12 avril 1847 à Stryi (Galicie). XIXe-XXe siècles. Autrichien.
Peintre d'histoire, scènes de genre, portraits.
Il fut élève de l'Académie des Beaux-Arts de Vienne. Il exposa à Vienne à partir de 1871. En 1876, il obtint une médaille à Philadelphie. Il fut professeur à l'École des Beaux-Arts et à l'École des Arts et Métiers de Vienne.
Ventes Publiques : New York, 19 jan. 1995 : *La mort de Brutus* 1870, h/t (76,2x101,6) : **USD 9 200**.

MINNIGH Willy
Né en 1886 à Liverpool. XXe siècle. Actif en Belgique. Britannique.
Peintre de paysages.
Il fut élève de l'Académie des Beaux-Arts de Bruxelles. Il était aussi architecte.
Bibliogr. : In : *Dictionnaire biographique illustré des artistes en Belgique depuis 1830*, Arto, Bruxelles, 1987.

MINNITI Mario ou **Menniti, Minuti**
Né en 1557 à Syracuse (Sicile). Mort le 1er décembre 1640 à Syracuse. XVIe-XVIIe siècles. Italien.
Peintre de compositions religieuses.
Élève de M. A. da Caravaggio à Messine.
Musées : Messine : *Résurrection du jeune homme de Naïn*.
Ventes Publiques : Milan, 24 oct. 1989 : *Le Christ bafoué*, h/t (182,5x186) : **ITL 36 000 000**.

MINNS Benjamin Edwin
Né en 1864. Mort en 1937. XIXe-XXe siècles. Actif en Australie. Britannique.
Peintre-aquarelliste de genre, scènes et figures typiques, paysages, marines.
Il travaillait à l'aquarelle. Pendant son long séjour en Australie, il peignit des vues et des types d'indigènes.

B.E MINNS

Musées : Sydney.
Ventes Publiques : Sydney, 6 oct. 1976 : *Nonnes entrant dans une église*, aquar./pap. teinté (33x43) : **AUD 420** – Sydney, 2 mars 1981 : *La Pelote de laine*, aquar. (42x34) : **AUD 2 600** – Sydney, 17 oct. 1984 : *Le port de Sydney* 1923, aquar. (26x41) : **AUD 3 000** – Londres, 119 nov. 1985 : *Bullah-Deelah* 1923, aquar. (28,6x37,4) : **GBP 1 000** – Londres, 22 oct. 1986 : *An arborigine lighting a fire ; A traveller resting under blue grum trees* 1929, aquar./traits cr. et touches de gche, une paire (39,5x49,5) : **GBP 5 000** – Sydney, 29 oct. 1987 : *Chinaman's Beach* 1918, aquar. (31,5x46) : **AUD 8 500** – Londres, 1er déc. 1988 : *Le port de Sydney* 1924, aquar. (46,7x65,4) : **GBP 12 100** – Sydney, 20 mars 1989 : *Poussins dans une cour de ferme*, aquar. (18x27) : **AUD 1 100** – Sydney, 2 juil. 1990 : *Narrabeen*, aquar. (20x26) : **AUD 700**.

MINO. Voir **MINUCCIO**

MINO da Fiesole ou **Mino di Giovanni, Mini da Poppio, Mino da Florentia**
Né en 1429 à Poppi. Mort en 1484 à Florence. XVe siècle. Italien.
Sculpteur.
Il fut sans doute élève de Desiderio da Settignano. Ses bustes ont un caractère antique, romain par leur forme de réalisme, tel le buste de Pierre de Médicis (1453). Ses tombeaux sont de type florentin classique, tel celui du comte Hugo à la Badia de Florence, exécuté entre 1471 et 1481. Il a également travaillé à Rome, entre autres, aux panneaux qui constituent la clôture de la chapelle Sixtine. Ses formes graciles, sa recherche des effets décoratifs, l'éloignent de la robustesse, du côté dramatique de Donatello, dont la manière florissait alors en Toscane. Il est souvent confondu avec Mino del Reame, Andrea Bregno et Giovanni Dalmata.
Musées : Berlin (K. F. Mus.) : *Bustes d'une jeune fille, de Niccolo Strozzi et d'Alexo Luca Mini – Tête de garçon – L'Enfant Jésus bénissant* – Florence (Mus. Naz.) : *Deux vierges en relief – Bustes de Rinaldo della Luna, de Giovanni et Piero Medici* – Paris (Mus. du Louvre) : *La Vierge et l'Enfant Jésus*, trois oeuvres – *Madone de la famille Arrighi – Fragment de la décoration du tombeau du pape Pie II – Saint Jean Baptiste – Buste de Diotisalvi Neroni* – Rome (Mus. des Arts Industriels) : *Reliefs de l'autel de Saint-Jérôme* – Washington D. C. : *Astorgio Manfredi – La Charité*.
Ventes Publiques : Paris, 1897 : *La Vierge assise et l'Enfant Jésus*, stuc peint et doré : **FRF 6 000** – Santa Fe (New Mexico), 2 juil. 1985 : *Buste de l'Enfant Jésus*, marbre (H. 21) : **GBP 5 500**.

MINO di Graziano, dit **Mino da Siena**
XIIIe-XIVe siècles. Actif à Sienne de 1289 à 1321. Italien.
Peintre.
Il était le frère du peintre Guido et de Guarneri dit Neri. Il a peint en 1289 dans la Salle du Conseil de l'Hôtel de Ville de Sienne une fresque : *La Vierge et les saints*.

MINO del Reane ou **Dino**
XVe siècle. Italien.
Sculpteur.
Il travailla à Naples et à Rome, entre 1463 et 1464 et entre 1474 et 1477. Il est très difficile de déterminer les œuvres dont il est l'auteur. Son existence même a été contestée.

MINO da Siena. Voir **MINO di Graziano**

MINO da Turrita Jacopo. Voir **TORRITI**

MINOCCI Pierpaolo. Voir la notice **Manzocchi Francesco**

MINOGGIO-ROUSSEL Ysabel
Née le 29 mars 1865 à Argenteuil (Val-d'Oise). XIXe-XXe siècles. Française.
Peintre-aquarelliste de paysages urbains.
Elle peignit des vues de Paris et de Monaco.
Ventes Publiques : Paris, 3-4 déc. 1942 : *Port de pêche, Maisons dans la verdure*, deux aquar., ensemble : **FRF 190**.

MINOLA Domenico ou **Menola**
XVIIIe siècle. Italien.
Stucateur.
Il travailla vers 1727 au monastère d'Ottobeuren.

MINOLI
Né à Avignon. Mort en 1825. XIXe siècle. Français.
Portraitiste.
Le Musée Calvet, à Avignon, conserve de lui le *Portrait de Guillaume Puy*.

MINOLI Paolo
Né en 1942 à Cantu (Côme). XXe siècle. Italien.
Peintre. Néo-constructiviste.
En 1961, il obtint sa maîtrise d'arts plastiques, et à partir de 1964 il enseigna à l'Institut National d'Art de Cantu. Depuis 1979, il est professeur en Science de la Couleur à l'Académie des Beaux-Arts de Brera à Milan. Il participe à des expositions collectives, notamment en 1982 à la 40e, et en 1986 à la 42e Biennale Internationale de Venise. Il montre ses œuvres dans des expositions personnelles nombreuses depuis 1964, à Cantu, Milan, Vérone, Varèse, Mantoue, etc., ainsi qu'en 1987 à la galerie Spectrum de Vienne, en 1988 à la galerie Maerz à Linz et à la galerie Suzanne Bollag à Zurich.
Ses peintures sont construites selon des systèmes de combinatoires linéaires, les lignes peintes souvent complétées de baguettes en relief, issus de l'esprit néo-constructiviste, dans lesquels il fait intervenir sa connaissance des phénomènes de la chromatologie.
Bibliogr. : Luciano Caramel, Giovanni Anzani : Catalogue de l'exposition *Paolo Minoli*, galerie Maerz, Linz, 1988, abondante documentation.

MINOMURA Yoshio
Né en 1941 à Tokyo. XXe siècle. Japonais.
Peintre. Tendance surréaliste.

Il est diplômé du département des Beaux-Arts de l'Université Nihon de Tokyo. Il participe à des expositions collectives, dont : en 1966 et 1969 *Art Japonais Contemporain* à Tokyo, en 1969 l'Exposition Internationale des Jeunes Artistes.

MINON Anthony
Mort le 19 octobre 1949, par suicide. XXe siècle. Français.
Peintre. Tendance surréaliste.
Il s'était fait remarquer pour le caractère morbide de son inspiration, accusant l'influence du surréalisme.

MINOR Anne Rogers
Née le 7 avril 1864 à East Lyme (Connecticut). XIXe-XXe siècles. Américaine.
Peintre.
Elle fut élève, et certainement parente, de Robert Crannel Minor. Elle était membre de la Fédération Américaine des Arts.

MINOR Ferdinand
Né le 31 octobre 1814 à Meiningen. Mort le 19 avril 1883 à Munich. XIXe siècle. Allemand.
Peintre de genre.
Il travailla à Munich à partir de 1836.
Ventes Publiques : New York, 16 fév. 1994 : *Le flirt*, h/t (109,9x91,4) : **USD 27 600**.

MINOR Robert Crannell
Né en 1840 à New York. Mort le 3 août 1904 à Waterford (Connecticut). XIXe siècle. Américain.
Peintre de paysages.
Élève de Diaz à Paris et de Van Lupper à Anvers.
Ventes Publiques : New York, 7 déc. 1933 : *Clair de lune* : **USD 300** – New York, 22 oct. 1937 : *Fin de l'été* : **USD 260** – New York, 14 juin 1977 : *Paysage d'été* 1872, h/t (56x89) : **USD 1 400** – New York, 29 jan. 1981 : *Paysage d'automne*, h/t (139,8x94) : **USD 3 250** – New York, 22 juin 1984 : *Upper Ausable lake* 1893, h/t (66x92,1) : **USD 2 400** – New York, 30 mai 1990 : *Automne*, h/t (138,5x92,9) : **USD 6 600** – New York, 9 sep. 1993 : *Paysage estival*, h/t/cart. (55,9x76,2) : **USD 690** – New York, 15 nov. 1993 : *Près de New London*, h/cart. (30,5x40) : **USD 1 955**.

MINORELLO Francesco
Né en 1624 à Este. Mort le 26 septembre 1657 à Padoue. XVIIe siècle. Italien.
Peintre d'histoire.
Élève de Luca Furari.

MINORELLO Giambattista
XVIIe siècle. Actif à Padoue vers 1640. Italien.
Peintre amateur.
A peint pour les églises de Padoue.

MINORELLO Orsola
XVIIIe siècle. Actif à Padoue. Italien.
Peintre de paysages.

MINOT Blanche
XIXe-XXe siècles. Suissesse (?).
Peintre de natures mortes.
Musées : Bucarest (Mus. Simu).

MINOT Paul Louis
Né le 3 février 1839 à Mézières. XIXe siècle. Français.
Sculpteur.
Il exposa à Paris aux Salons de 1887 à 1888.

MINOTT Joseph Otis
Mort le 14 mai 1909 à Paris. XIXe siècle. Américain.
Peintre de portraits, miniaturiste.
Il travailla à New York, Londres et Paris.

MINOZZI Bernardino
Né en 1699 à Bologne. Mort en 1769. XVIIIe siècle. Italien.
Peintre de paysages, d'architectures, et graveur à l'eau-forte.
Élève de Ferraiuoli et de Cavazzoni. Grava des paysages et des batailles.

MINOZZI Eraclio
Né en décembre 1874 à Vicence. XIXe-XXe siècles. Italien.
Peintre de genre, portraits, illustrateur.
Il fut élève de l'Académie des Beaux-Arts de Venise. Il travailla assez longtemps à Vicence, Paris et Londres.

MINOZZI Innocenzio
Mort en 1817. XIXe siècle. Italien.
Peintre.
Fils de Bernardino Minozzi.

MINS C.
XIXe siècle. Britannique.
Paysagiste.
Il séjourna à Londres de 1835 à 1839.

MINSART Maurice. Voir **MEYNAERT** ou **MEYNART**

MINSHEBER Diederich
XVe siècle.
Sculpteur.

MINSINGER Joseph
XVIe siècle. Autrichien.
Miniaturiste.

MINSINGER Sebastian
Né en 1800 à Munich. Mort en 1864 à Munich. XIXe siècle. Allemand.
Peintre et lithographe.
Il fut en 1821 élève de l'Académie de Munich. Il fournit environ cinq cents lithographies en couleurs pour les *Icônes* de Ledebour (1824-35).

MINSKY Grigoryi Semyonovitch
Né en 1912 à Odessa. XXe siècle. Russe.
Peintre de compositions à personnages, sujets de genre.
Il commença ses études artistiques à l'Institut d'Art d'Odessa dans l'atelier de Volodikin. Plus tard, il fut admis à l'Institut des Beaux-Arts de Kiev où il travailla sous la direction de Shovkunenko. La guerre interrompit ses études qu'il reprit en 1946, obtenant son diplôme en 1947. Il vit et travaille à Kiev. Il devint Membre de l'Union des Artistes en 1950. Il a participé à de nombreuses expositions en Ukraine et dans d'autres états de l'Union. Pendant de nombreuses années, et l'on peut y voir la suite des traumatismes de la guerre, où il s'était engagé volontaire, il a traité le thème *Pendant la guerre, sur la route*.
Musées : Kiev.
Ventes Publiques : Paris, 18 mars 1991 : *Pendant la guerre, sur la route* 1953, h/t (86x124) : **FRF 4 200**.

MIN TCHEN. Voir **MIN ZHEN**

MINTCHINE Abraham
Né le 14 avril 1898 à Kiev. Mort le 25 avril 1931 à La Garde (Var). XXe siècle. Depuis environ 1926 actif en France. Russe.
Peintre, technique mixte, peintre à la gouache, de figures, portraits, scènes animées, paysages, paysages urbains, natures mortes, fleurs, peintre de décors de théâtre.
Il séjourna et exposa à Berlin de 1923 à 1925. Fixé en France, il se lia avec Othon Friesz et peignit avec lui dans les environs de Toulon. À Paris, il exposa aux Salons des Indépendants, d'Automne, des Tuileries. Il montrait également des ensembles d'œuvres dans des expositions personnelles, dont certaines posthumes : 1950 Paris, galerie Zak ; 1969 et 1971 à Bergame, galerie Lorenzelli ; 1970 Milan, galerie San Fedele.
À Berlin, il peignit des œuvres d'inspiration postcubiste, et réalisa des projets de décors et costumes pour le Théâtre juif. Dans sa période française, peignant des figures, des sujets traditionnels, des paysages du Midi et des vues de Paris, il évolua à un expressionnisme atavique, que Waldemar George qualifia de « romantisme de la souffrance morale ».

A. Mintchine

Bibliogr. : Catalogue des expositions *Abraham Mintchine*, gal. Lorenzelli, Bergame, 1969, 1971 – Catalogue de l'exposition *Abraham Mintchine*, galerie San Fedele, Milan, 1970.
Ventes Publiques : Paris, 24 mars 1930 : *Nature morte* : **FRF 480** – Paris, 22-23 déc. 1942 : *La Butte* : **FRF 500** – Paris, 2 mars 1945 : *Vase de fleurs* : **FRF 5 000** – Versailles, 25 nov. 1963 : *Paysage aux rochers* : **FRF 8 200** – Milan, 25 nov. 1965 : *Montmartre* : **ITL 3 000 000** – Bruxelles, 13 mai 1969 : *Paysage à la voie ferrée* : **BEF 70 000** – Genève, 13 juin 1970 : *Oliviers*, gche : **CHF 7 500** – Londres, 9 juil. 1971 : *Nature morte* : **GNS 800** – Versailles, 13 juin 1973 : *Pichet de fleurs sur une table* : **FRF 10 000** – Londres, 25 juin 1976 : *Fleurs dans une cruche*, h/t (59x50) : **GBP 1 700** – Londres, 8 déc. 1977 : *Le gaucho*, h/t (45x31,5) : **GBP 700** – New York, 8 nov 1979 : *Nature morte aux fleurs, violon et oiseau*, h/t (100x81) : **USD 4 200** – Londres, 15 jan. 1981 : *Rue de Paris*, h/t (37x44,8) : **GBP 1 000** – Londres, 4 déc. 1984 : *Nature morte aux pâtisseries* vers 1929-1930, h/t (73x100) : **GBP 2 000** – Londres, 23

oct. 1985 : *La caserne, Toulon* 1929, h/t (65,5x92,5) : **GBP 3 200** – LONDRES, 22 oct. 1986 : *Chasseur avec un aigle*, h/t (92,1x66) : **GBP 6 500** – LONDRES, 25 fév. 1987 : *Le Cycliste à la campagne*, h/t (73x100) : **GBP 6 800** – PARIS, 20 mars 1988 : *Paysage de Galilée (Safed)*, aquar. (28x44) : **FRF 400 000** – PARIS, 16 avr. 1989 : *Nature morte au clairon*, h/t (33x46) : **FRF 40 000** – TEL-AVIV, 30 mai 1989 : *Scène de Paris*, h/t (65x81) : **USD 24 200** – TEL-AVIV, 3 jan. 1990 : *Une rue de Paris*, h/t (92,5x74) : **USD 18 700** – TEL-AVIV, 31 mai 1990 : *Portrait d'un adolescent avec un cacatoes*, h/t (100x65) : **USD 19 250** – TEL-AVIV, 20 juin 1990 : *Périphérie*, h/t (46x61) : **USD 15 400** – LONDRES, 17 oct. 1990 : *Jeune fille au parasol*, h/t (61x46) : **GBP 5 500** – TEL-AVIV, 1er jan. 1991 : *Paysage, figures et animaux*, gche et h/pap./cart. (33x47) : **USD 5 500** – TEL-AVIV, 6 jan. 1992 : *Nature morte avec un poisson*, h. et techn. mixte/pap./t. (42x56,5) : **USD 6 160** – PARIS, 14 avr. 1992 : *Le Moulin de la Galette le 14 juillet 1926*, h/cart. (16x21) : **FRF 13 500** – NEW YORK, 12 juin 1992 : *Paysage de Provence*, h/t (35,6x45,7) : **USD 3 850** – TEL-AVIV, 20 oct. 1992 : *Le pont*, h/t (40x55) : **USD 11 000** – AMSTERDAM, 10 déc. 1992 : *Cirque*, h/t (41,5x24,5) : **NLG 2 875** – TEL-AVIV, 14 avr. 1993 : *Collioure*, h/t (81x65) : **USD 27 600** – PARIS, 4 juil. 1995 : *Paris : promeneurs*, h/t (74x101) : **FRF 40 000** – TEL-AVIV, 11 oct. 1995 : *Le Pont*, h/t (60x72,5) : **USD 6 325** – NEW YORK, 7 nov. 1995 : *Vase de fleurs*, h/t/cart. (68,6x53,5) : **USD 1 725** – TEL-AVIV, 14 jan. 1996 : *Personnages sur une jetée*, h/t (50,5x65) : **USD 10 925** – TEL-AVIV, 23 oct. 1997 : *Jeune fille avec un ange et une poupée d'Arlequin*, h/t (128,3x81,3) : **USD 18 400**.

MINTCHINE Isaac

Né le 13 mai 1900 à Kiev. Mort en 1941, en déportation. XXe siècle. Actif en France. Russe.

Peintre de sujets oniriques, scènes et paysages animés, fleurs, technique mixte, peintre à la gouache, aquarelliste, dessinateur. Naïf-primitif.

Il vécut une enfance misérable. Fixé en France, il a aussi voyagé en Afrique du Nord. Misanthrope, il ne fréquentait que peu ses amis, Soutine, Zadkine, Epstein, et encore moins les acteurs du marché de l'art ; il ne connut donc aucune notoriété dans le temps de sa vie écourtée, et survécut pauvrement. Poète en yiddich, ses écrits ont presque totalement disparu du fait de l'occupation allemande. Ses peintures ont pu être sauvées en grande partie.

Il a surtout produit dans les années trente. Ses peintures illustraient les poèmes qu'il composait antérieurement. L'influence de Chagall est manifeste dans le choix des thèmes, issus du folklore et des contes et légendes d'origine russe et juive, du regret et du rêve. Il s'est aussi inspiré du paysage parisien, de l'histoire de France et de son voyage en Algérie et au Maroc, dont il assimilait le pittoresque des souks bigarrés à celui de son enfance dans le petit peuple russe. Sa technique est maintenue à l'état primitif, hors perspective, dessin sommaire, il cerne nettement les couleurs posées en aplats : « Je pleure à ma manière, je peins à la mienne suivant les larmes et les sanglots de mon âme ». Il n'a guère eu souci, ni les moyens matériels, d'affiner sa technique, impatient d'illustrer rapidement ses impressions du moment et les fables du souvenir.

BIBLIOGR. : Divers : Catalogue de la vente publique *Isaac Mintchine*, Paris, 1er mars 1982.

VENTES PUBLIQUES : PARIS, 15 oct. 1973 : *Le Cheval ailé* : **FRF 5 000** – PARIS, 4 mars 1974 : *Le Pont-Neuf* : **FRF 6 000** – LA VARENNE-SAINT-HILAIRE, 8 nov. 1987 : *Enfant au coq*, aquar. (48x31) : **FRF 24 000** – LA VARENNE-SAINT-HILAIRE, 28 fév. 1988 : *Le jeune garçon et sa monture auprès du sapin*, aquar. (25x32) : **FRF 4 800** ; *Le cinéma des Abbesses*, aquar. (25x32) : **FRF 7 000** ; *Le cheval bleu*, aquar. (25x32) : **FRF 8 000** – PARIS, 20 mars 1988 : *Paysage de Galilée (Safed)*, aquar. (28x44) : **FRF 40 000** – LONDRES, 18 mai 1988 : *Paysage*, h/t (54x65) : **GBP 4 950** – LA VARENNE-SAINT-HILAIRE, 29 mai 1988 : *Scène galante*, aquar. et peint. à l'or (31x23) : **FRF 3 600** – LA VARENNE-SAINT-HILAIRE, 23 oct. 1988 : *Réjouissance sur la plage*, gche et aquar. (72,5x100) : **FRF 11 000** – LA VARENNE-SAINT-HILAIRE, 21 mai 1989 : *Jeunes femmes et animaux*, gche et aquar. (72x100) : **FRF 25 600** – LA VARENNE-SAINT-HILAIRE, 3 déc. 1989 : *L'inspiration d'un poète*, h/t (55x46) : **FRF 28 500** – PARIS, 11 mars 1990 : *Intimité*, h/t (54x65) : **FRF 27 000**.

MINTE Heinrich von der ou **Mint**

Mort en 1775. XVIIIe siècle. Russe.

Peintre de fleurs et de fruits.

Depuis 1767, il fut professeur à l'Académie de Saint-Pétersbourg.

MINTER Charles Frédéric

Né en 1780 à Stettin. Mort le 2 février 1847 à Varsovie. XIXe siècle. Allemand.

Peintre de portraits, miniaturiste et lithographe.

Il fit ses études à Copenhague, alla ensuite en Prusse. En 1814, il peignit, le portrait de *Frédéric Guillaume III*, qui se trouve à l'Hôtel de Ville de Coblence. En 1822, il vint à Varsovie où il fit plusieurs portraits et miniatures, et en particulier le portrait de l'épouse du grand duc Constantin, *Joanna Grudzinska*.

MINTER Lukas. Voir **GMÜNDER**

MINTINCK Adrian

XVIe-XVIIe siècles. Actif à Gröningen de 1597 à 1617. Hollandais.

Graveur et orfèvre.

MINTON

XVIIIe-XIXe siècles. Britannique.

Céramistes.

Famille de céramistes.

MINTON John

Né en 1917 à Great Shelford (Cambridge). Mort en 1957, par suicide. XXe siècle. Britannique.

Peintre de compositions à personnages, portraits, paysages, illustrateur, peintre de décors de théâtre.

Il fut élève de la Saint John's Wood Art School de Londres ; il travailla ensuite à Paris. Peu avant 1940, il fit partie du groupe des néo-romantiques anglais, réunis autour de Graham Sutherland. Il exposa à Londres à partir de 1942, et exposa aussi à New York. De 1948 à son suicide, il fut professeur au Royal College of Art. En 1958, l'Arts Council organisa une exposition commémorative de son œuvre.

Parallèlement à son œuvre peint, il a illustré *L'Île au trésor* de Stevenson, *Le Grand Maulnes* d'Alain Fournier. Sa peinture restait hésitante dans les mêmes recherches plastiques poursuivies par la génération post-cubiste de l'École de Paris.

John Minton

BIBLIOGR. : In : *Peintres contemp.*, Mazenod, Paris, 1964.

MUSÉES : LONDRES (Tate Gal.).

VENTES PUBLIQUES : LONDRES, 6 déc. 1963 : *Portrait d'un étudiant* : **GNS 220** – LONDRES, 11 déc. 1968 : *Jeune homme assis* : **GBP 600** – LONDRES, 10 mars 1972 : *Les Bananiers*, aquar. : **GNS 400** – LONDRES, 14 mars 1973 : *Banana girl*, aquar. : **GBP 620** – LONDRES, 16 mars 1977 : *Paysage au moulin* 1945, h/t (54,5x75) : **GBP 820** – LONDRES, 19 nov. 1980 : *Bastia, la vieille ville* 1947, pl., craies de coul. et lav. (36x26) : **GBP 900** – LONDRES, 17 oct. 1980 : *Arabes dans un intérieur marocain* vers 1952, gche/pap. mar./t. (187x175) : **GBP 850** – LONDRES, 25 juin 1980 : *Portrait de jeune homme assis*, h/t (59,5x49,5) : **GBP 2 400** – LONDRES, 12 juin 1981 : *Pêcheurs de Cornouailles* 1949, h/t (71,2x91,5) : **GBP 1 500** – LONDRES, 30 mars 1983 : *A view through a window in the Tropics*, pl./traces cr. reh. de blanc (20x21) : **GBP 700** – LONDRES, 14 nov. 1984 : *Scène de marché* 1950, aquar. et encre de Chine (28x37) : **GBP 4 200** – LONDRES, 23 mai 1984 : *Street corner of Jamaica* 1951, h/t (76x63,5) : **GBP 12 000** – LONDRES, 13 nov. 1985 : *Figure in an archway* 1956, aquar., pl. et craie jaune (35,5x27) : **GBP 3 000** – LONDRES, 13 juin 1986 : *Portrait de Michael Johnson* 1855, h/t (35,5x25,3) : **GBP 8 000** – LONDRES, 11 nov. 1987 : *Le Canot de pêche*, aquar., gche et collage/pap. (120,5x284,5) : **GBP 12 000** – LONDRES, 3-4 mars 1988 : *Immeubles* 1955, h/pan. (53,7x45) : **GBP 3 300** – LONDRES, 9 juin 1989 : *Runaway Beach à La Jamaïque* 1950, aquar. et encre (25,4x37,5) : **GBP 3 300** – LONDRES, 10 nov. 1989 : *Vue de la rivière depuis Cannon Street* 1946, aquar. et encre sur lav. (26,7x38,2) : **GBP 4 620** – LONDRES, 8 mars 1991 : *Jean Valin à Porto Vecchio* 1947, encre (32x23,5) : **GBP 2 090** – LONDRES, 27 sep. 1991 : *La « Micheline » pour Bastia* 1947, encre (17x16,5) : **GBP 935** – LONDRES, 8 nov. 1991 : *Péniches et entrepôts* 1946, aquar. et gche (25,5x38) : **GBP 4 180** – LONDRES, 14 mai 1992 : *Homme assis*, encre et lav. (38x28) : **GBP 605** – LONDRES, 25 nov. 1993 : *Deux pêcheurs*, h/t (67,5x56) : **GBP 4 830** – LONDRES, 26 oct. 1994 : *Le quartier de Poplar après le Blitz*, cr., aquar., gche et encre (31x41) : **GBP 2 760** ; *Jeunes pêcheurs* 1951, h/t (63,5x76,2) : **GBP 10 350** – LONDRES, 25 oct. 1995 : *Paysage d'été* 1950, aquar., gche, encre et cr. gras (28x38) : **GBP 2 990**.

MINTREP Theodor ou **Mintrop**

Né le 14 avril 1814 à Barkhof. Mort le 30 juin 1870 à Düsseldorf. XIXe siècle. Allemand.

Peintre d'histoire, sujets religieux, scènes de genre, aquarelliste, graveur, illustrateur.
Élève de Sohn à l'Académie de Düsseldorf. Il a exposé, à partir de 1852, à Berlin et Düsseldorf. Ce fut aussi un graveur de talent.
Musées : Cologne (Wall. Rich. Mus.) : *Glorification de la vigne* – Düsseldorf : *Sainte Famille – La sérénade des anges.*
Ventes Publiques : Cologne, 22 mai 1986 : *Septembre* 1847, cr. (26x50) : **DEM 3 600.**

MINUCCI. Voir **MINO di Graziano**

MINUCCIO, dit **Mino, Ser Mino di Simone** et **Maestro Mino**
XIIIe siècle. Italien.
Portraitiste et peintre d'histoire.
On connaît de lui au Palais de Justice de Sienne une fresque représentant *La Vierge et l'Enfant dans une gloire d'anges.* Sans doute père de GALGANO di Minuccio.

MINUJIN Marta
Née en 1943. XXe siècle. Argentine.
Sculpteur, sculpteur d'environnements multimédia. Conceptuel.
En 1965, à l'Institut Torcuato Di Tella de Buenos Aires, fondé en 1958 et dû à une initiative privée qui permit l'éclosion des expressions d'avant-garde en Argentine, en collaboration avec Ruben Santantonin, elle réalisa *La Menesunda* (La Confusion), sorte d'environnement intérieur polymorphe, proposant au public des sensations visuelles ou tactiles : circuit fermé de vidéo, galerie des miroirs, projection de confettis par soufflerie, couloirs aux surfaces molles. En 1966, elle organisa un happening à distance, par le téléphone, le télégraphe, la radio, la télévision, la photographie, depuis Buenos Aires, avec Kaprow à New York, et Vostell à Cologne. En 1967, à New York, elle présenta dans une galerie une cabine téléphonique enregistreuse transmettant à l'utilisateur le souffle de son cœur et les bruits de fonctionnement de ses moindres gestes.
Bibliogr. : Pierre Cabanne, Pierre Restany, in : *L'avant-garde au XXe siècle,* André Balland, Paris, 1969 – Damian Bayon, Roberto Pontual, in : *La peint. de l'Amérique-latine au XXe siècle,* Mengès, Paris, 1990.
Ventes Publiques : New York, 21 nov. 1988 : *Tête* 1983, bronze (H. 40,6) : **USD 8 800** – New York, 2 mai 1990 : *L'extase de l'esclave,* bronze (H. 38) : **USD 7 700.**

MINUTI Mario. Voir **MINNITI**

MINUTILLA Francesco
XVIIe siècle. Actif à Alcamo (Sicile). Italien.
Peintre.

MINUTOLI Alexander
Né en 1807 à Berlin. XIXe siècle. Allemand.
Dessinateur d'architectures, lithographe et archéologue.

MINUTOLI Julius
Né le 30 août 1805 à Berlin. Mort le 5 novembre 1860 près de Chiras. XIXe siècle. Allemand.
Dessinateur d'architectures.
Il était le frère d'Alexander. Comme diplomate, il fut consul général en Espagne en 1853, puis en Perse. Il composa les dessins de son ouvrage : *Choses anciennes et nouvelles d'Espagne* (Berlin, 1849).
Ventes Publiques : Londres, 25 juin 1981 : *Salon au tapis vert* 1859, aquar. et pl. (38x66) : **GBP 1 200.**

MIN ZHEN ou **Min Chên** ou **Min Tchen**, surnom : **Zhengzhai**
Né en 1730, originaire de la province du Jiangxi. Mort après 1788. XVIIIe siècle. Chinois.
Peintre.
Peintre de figures et de paysages, il vit à Hankou, dans la province du Hubei. Il laisse plusieurs œuvres signées, dont une conservée au Musée d'Art de Boston, *Six croquis de personnages,* sous la forme de six feuilles d'album, et une autre au Musée du Palais de Pékin, *Zhong Kui debout.*
Ventes Publiques : New York, 4 déc. 1989 : *L'aveugle,* kakémono, encre/pap. (56,5x30) : **USD 3 080.**

MINZOCCHI Francesco. Voir **MANZOCCHI**

MINZOCCHI Pietro
Né au XVIe siècle à Forli. XVIe siècle. Italien.
Peintre d'histoire.
Fils aîné de Francesco Menzocchi.

MINZOCCHI Sebastiano
Né au XVIe siècle à Forli. XVIe siècle. Italien.
Peintre d'histoire.
Fils cadet de Francesco Menzocchi.

MIO Giovanni de. Voir **FRATINO Giovanni**

MIODRAG Dordevic
Né en 1936. XXe siècle. Actif en Belgique. Yougoslave.
Peintre, dessinateur, sérigraphe.
Il fit ses études à Rome et à Paris.
De la figuration, il évolue en direction d'une abstraction, où il continue d'exploiter des coloris raffinés.
Bibliogr. : In : *Dictionnaire biographique illustré des artistes en Belgique depuis 1830,* Arto, Bruxelles, 1987.

MIODUSZEVSKI Jan Ostoja
Né en 1831 en Podolie. XIXe siècle. Polonais.
Peintre de genre et de portraits.
Étudia à Saint-Pétersbourg et à Paris.

MIOEN Aimée Bellarmina, épouse **Rodenbach**
Née en 1810 ou 1812 à Roulers. Morte en décembre 1883 à Binche. XIXe siècle. Belge.
Peintre animalier, de natures mortes.
Elle était sans doute la fille du peintre B. Mioen, actif à Roulers. Elle fut élève de François-Joseph Navez à l'Académie des Beaux-Arts de Bruxelles.
Bon nombre de ses œuvres sont consacrées au gibier.
Bibliogr. : In : *Dictionnaire biographique illustré des artistes en Belgique depuis 1830,* Arto, Bruxelles, 1987.
Musées : Courtrai : *Volaille et chat.*

MIOEN B.
Né à Cortemarck. Mort en 1851. XIXe siècle. Éc. flamande.
Peintre d'histoire.
Sans doute père d'Aimée. A fait des tableaux d'autel pour l'église de Roulers.

MIO Kozo
Né en 1924 à Nagoya. XXe siècle. Japonais.
Peintre. Tendance hyperréaliste.
En 1947, il obtint son diplôme de l'École des Beaux-Arts de Kyoto, dans le département de peinture japonaise. Ensuite, il figure dans diverses expositions collectives nationales et internationales, notamment : 1969 Xe Biennale de São Paulo. En 1971, il fut invité par la Fédération Américaine des Arts et fit une exposition personnelle à New York.

MIOLA Camillo
Né le 14 octobre 1840 à Naples. Mort en 1919. XIXe siècle. Italien.
Peintre d'histoire, de genre, figures, portraits.
Il fut élève de Domenico Morelli à Naples, de Meissonier à Paris. Il exposait en Italie, à Naples, Turin, Milan, Rome, ainsi qu'à Paris, Dublin, etc. Il fut professeur à l'Institut des Beaux-Arts de Naples.
Ventes Publiques : Rome, 29 oct. 1985 : *La leçon de chant,* h/t (138x75) : **ITL 7 000 000** – Rome, 25 mai 1988 : *Portrait d'homme,* h/t (48x37) : **ITL 3 600 000.**

MIOLEE Adrianus
Né le 2 avril 1879 à Flessingue. Mort en 1961. XXe siècle. Hollandais.
Peintre de paysages, architectures, graveur.
Il fut élève de Hendrik Maarten Krabbès à Haarlem.
Ventes Publiques : Amsterdam, 14 juin 1994 : *Paysanne sur un chemin enneigé,* h/pan. (23x18) : **NLG 1 150.**

MIOLLET Charles
Né en 1825 à Nantes. XIXe siècle. Actif à Nantes. Français.
Sculpteur.
Élève de H. H. Barrême et de Suc. Il a sculpté deux statues pour l'église Saint-Similien.

MION Luigi
Né vers 1843 à Venise. Mort vers 1880. XIXe siècle. Italien.
Peintre de genre, d'intérieurs et d'architectures.
Débuta vers 1872. Il a exposé dans différentes villes d'Italie et à plusieurs reprises à Paris, notamment à l'Exposition universelle de 1878.
Ventes Publiques : Milan, 5 nov. 1981 : *La Rivale* 1867, h/t (35x43) : **ITL 2 600 000** – Londres, 12 juin 1997 : *La Marchande de roses,* h/t (73x52,8) : **GBP 5 175.**

MIONI Domenico et **Martino**. Voir **CANDIDO**

MIOT René

Né à Langres. Mort en 1892 à Langres. XIXe siècle. Français.

Peintre.

Élève de Bonnat. Le Musée de Langres conserve de lui : *Bécasse*, et l'on voit de lui, au Musée de Châlons-sur-Marne, un *Portrait de Corot*.

MIOTTE Jean

Né le 8 septembre 1926 à Paris. XXe siècle. Français.

Peintre, peintre à la gouache, graveur, illustrateur. Abstrait-lyrique.

Il fut élève de l'École des Travaux Publics, de 1944 à 1946 ; puis, à partir de 1947, fréquenta les Académies privées de Montparnasse. Il fait de fréquents voyages en Italie, et aussi en Espagne, Angleterre, Algérie. En 1961, il reçut le Prix de la Fondation Ford, fit un premier voyage aux États-Unis, où il séjourne ensuite presque en permanence. En 1972, il s'installa aussi un atelier à Hambourg. Il participe à des expositions collectives, d'entre lesquelles : depuis 1953 Salon des Réalités Nouvelles à Paris ; 1957 galerie Creuze à Paris *50 ans d'art abstrait* ; 1959 première Biennale de Paris ; 1967 Stedelijk Museum de Schiedam, *Huit peintres de Paris* ; etc. Il montre ses peintures surtout dans des expositions personnelles étonnamment nombreuses, dont quelques-unes : 1957 : la première, Paris galerie Lucien Durand ; 1962 : New York galerie Iolas ; 1963 : Paris galerie Dubourg ; ainsi que Le Havre, Bruxelles, Rome, Stockholm, Lausanne, en Hollande, Copenhague, Bonn, etc. ; jusqu'à 1982 : Hong-Kong ; 1983 : Singapour ; 1986 : Paris Foire Internationale d'Art Contemporain (FIAC) et New York ; 1987 : Paris galerie Olivier Nouvellet et Chicago, Bâle, Hambourg, Gand ; 1988 : New York galerie Gimpel-Weitzenhoffer, Paris galerie Protée, et Copenhague, Nice, Strasbourg ; 1989 : Francfort-sur-le-Main et Lisbonne, Luxembourg, Stockholm, Hambourg, Bruxelles ; 1990 : Paris *Œuvres sur papier 1958-1990* galerie Point rouge, Sochaux Maison de la Culture et Copenhague, Munich, Francfort, Stockholm, Nice ; 1991 : Paris galerie Fabien Boulakia ; 1993 : Dunkerque Musée d'Art Contemporain ; 1994 Châteauroux abbaye des Cordeliers ; 1995 Cologne Chapel Art Center ; 1996 Budapest Palace of Art ; etc.

Il a réalisé des décors de théâtre et de ballets. Graveur, il a illustré d'eaux-fortes *Rivages d'Occident* de Kenneth White en 1994, et *L'Énergie en Principe* de Marcelin Pleynet en 1995.

En 1948-1950, ses premières peintures figuratives sur nature étaient influencées par Matisse, Delaunay, Léger. Il peignit sa première toile abstraite en 1950. Dans une première période, ses peintures étaient solidement architecturées, par plans entrecroisés dans l'espace, dans une optique encore attentive au néo-constructivisme. Après 1956, il est arrivé progressivement à une expression gestuelle contrôlée, analysée par Roger Van Gindertael : « Il sait mener l'acuité de tous contrastes (couleurs, formes, structures et rythmes) à son paroxysme et s'arrêter à l'instant précis où la charge de l'impulsion atteint à l'essentiel... Alors l'équilibre est installé dans la toile, non pas un ordre statique et extérieur, mais l'équilibre frémissant de la vie même. » Les commentaires de son œuvre la rapprochent souvent du jazz, ce que lui-même confirme : « La musique de jazz a été l'une de mes premières passions... Je me sens aujourd'hui encore très proche de cette musique d'improvisation. » Il ajoute, ce qui n'est pas contradictoire : « L'expression chorégraphique me semble être le geste le plus aigu, immédiat... », ce que précise Marcelin Pleynet : « Le geste est spontané où le bras est savant. Le bras est vif et créateur qui obéit et emporte un esprit libre et ouvert. » Encore au sujet de la gestualité dans les peintures de Miotte, Jean-Luc Chalumeau écrit qu'il « conduit chacune de ses aventures plastiques entre deux écueils également dangereux. Le premier : s'arrêter trop tôt, et l'élan serait cassé. Le second : s'arrêter trop tard, et l'élan s'effilocherait dans le bavardage pictural », remarque qui peut laisser supposer que dans l'ensemble d'un œuvre considérable aient pu subsister certaines peintures arrêtées trop tôt ou d'autres trop tard.

Depuis son choix de l'expression abstraite, bien que ayant évolué par périodes, ayant par exemple abandonné la peinture à l'huile pour l'acrylique, et surtout ayant évolué en fonction des couleurs exploitées, en général très sonores, mais aussi parfois sobres et éteintes, en fonction aussi du rôle attribué au noir et au blanc jusqu'à des monochromes de noirs ou de blancs, son œuvre, au travers des périodes et au long de la production des peintures chacune nouvelle, présente une évidente continuité spirituelle et donc technique, sur laquelle il s'explique mieux qu'on ne saurait le faire : « Je tends à deux extrêmes s'apparentant l'un aux tendances zen – l'écriture au paroxysme de la pensée, de la sensation –, l'autre à une spontanéité exubérante et généreuse, la multiplicité de la couleur aux accents riches, vibrants et tranchés, la perte de soi à l'infini. Dans les deux cas, la volonté de se perdre entièrement pour se donner. » Jean-Luc Chalumeau, comme la plupart de ses exégètes, insiste sur la dimension existentielle de l'acte de peindre chez Miotte, évoquant le « paradoxe de cette activité mystérieuse traçant durant une vie des formes ne renvoyant à rien d'identifiable... Car c'est le drame humain qui est l'enjeu tapi au centre de cet art. Un enjeu dont la gravité s'accommode fort bien des séductions d'une élégance et d'une simplicité très françaises dans l'exécution. » ■ Jacques Busse

Bibliogr. : Michel Seuphor, in : *Diction. de la peinture abstraite*, Hazan, Paris, 1957 – Roger Van Gindertael : Catalogue de l'exposition *Jean Miotte*, Galerie Dubourg, Paris, 1963 – Chester Himes : *Miotte*, S.M.I., 1987, bonne documentation – divers : *Miotte*, La Différence, Paris, 1987 – Marcelin Pleynet : *Miotte. Travail sur papier 1960-1965*, Galilée, Paris, 1987 – Jean-Luc Chalumeau : *Jean Miotte. L'Enjeu de la peinture n'est pas figurable*, in : Opus International, n° 117, Paris, janv.-fév. 1990 – Jean-Clarence Lambert : *Un classique de l'abstraction*, in : Cimaise, n° 206-207, Paris, juin 1990 – Michel Bohbot : *Miotte*, E. Navarra, Paris, 1990 – Jean-Clarence Lambert : Catalogue de l'exposition *Miotte, Œuvres de 1958 à 1991*, gal. F. Boulakia, Paris, 1991 – Lydia Harambourg, in : *L'École de Paris 1945-1965*, Ides et Calendes, Neuchâtel, 1993 – Marcelin Pleynet : *En Puisaye, sur Jean Miotte*, R. et L. Dutrou, Paris, 1996.

Musées : Berck-sur-Mer – Berlin (Graphothek) – Châteauroux (Mus. Bertrand) – Cologne (Wallraf-Richartz Mus.) – Cuauhtémoc, Mexique (Culture Center) – Dunkerque – Maasluis, Hollande – Marcq-en-Barœul (Fond. Prouvost) – Mechelen (Culture Center) – Munich (Bayrisches Staatsgemäldesammlung) – New York (Guggenheim Mus.) : *Texas* 1951, gche – New York (Nat. Mus. of Design) – Paris (Mus. Nat. d'Art Mod.) – Paris (FNAC) – Paris (BN, Cab. des Estampes) – Rio de Janeiro (Mus. of Mod. Art) – Roquebrune (Mus. de l'Estampe) – Saint-Omer – Sarrebruck – Singapour (Nat. Mus.).

Ventes Publiques : Paris, 22 juin 1984 : *Incendiaire* 1958, h/t (65x92) : **FRF 27 000** – Paris, 23 oct. 1985 : *Océan* 1958, h/t (101x81) : **FRF 15 000** – Paris, 24 juin 1986 : *Composition*, h/t (113x154) : **FRF 24 000** – Paris, 23 mars 1988 : *Sans titre* 1983, h/t (98x80) : **FRF 14 500** – Paris, 26 oct. 1988 : *Composition*, h/t (65x54) : **FRF 12 000** – Paris, 19 mars 1989 : *Composition* 1984, gche (64x48) : **FRF 7 500** – Paris, 23 jan. 1989 : *Composition*, h/t (162x130) : **FRF 20 000** – Strasbourg, 10 mars. 1989 : *Aquatique*, h/t (130x97) : **FRF 70 000** – Neuilly, 6 juin 1989 : *Composition*, h/t (100x81) : **FRF 38 000** – Douai, 2 juil. 1989 : *Composition* 1986, gche (65x48) : **FRF 10 500** – Neuilly, 7 fév. 1990 : *Provence* : **FRF 71 000** – Paris, 18 fév. 1990 : *Composition*, acryl./t. (100x80) : **FRF 80 000** – Paris, 13 juin 1990 : *Composition*, h/t (116x89) : **FRF 95 000** – Paris, 2 juil. 1990 : *Sans titre*, acryl./t. (100x81) : **FRF 50 000** – Paris, 12 déc. 1990 : *Sans titre*, acryl./t. (162x130) : **FRF 36 000** – Paris, 15 avr. 1991 : *Extase*, acryl./t. (81x65) : **FRF 40 000** – Londres, 17 oct. 1991 : *Sans titre*, h/t (100x80) : **GBP 9 900** – Paris, 3 juil. 1991 : *Vulcano* 1989, acryl./t. (100x80) : **FRF 101 000** – Londres, 15 oct. 1992 : *Détente* 1960, h/t (65x92) : **GBP 2 750** – Paris, 19 mars 1993 : *Composition*, h/t (100x81) : **FRF 20 000** – New York, 10 mai 1993 : *En vérité*, h/t (49,8x65) : **USD 1 150** – Paris, 25 mai 1994 : *Composition*, h/t (92x73) : **FRF 29 000** – Paris, 10 déc. 1995 : *Composition*, acryl./t. (81x65) : **FRF 30 000** – Paris, 13 juin 1996 : *Composition* 1978, acryl./t. (130x97) : **FRF 35 000** – Paris, 1er juil. 1996 : *Composition* 1991, acryl./t. (131x97) : **FRF 43 000**.

MIOTTE Pierre

Né en Bourgogne. XVIIe siècle. Actif au milieu du XVIIe siècle. Français.

Graveur au burin.

Grava des sujets religieux.

MIOZZI Marc Antonio

XVIIe siècle. Actif à Vicence vers 1670. Italien.

Peintre.

MIOZZI Nicolo

XVIIe siècle. Travaillant vers 1670. Italien.

Peintre d'histoire.

Élève de Carpioni. Marc Antonio Miozzi travaillait en même temps que lui.

MIQUAEL Egid. Voir **MIGUEL Gil**

MIQUE Dominique
XVIIIe siècle. Actif à Nancy. Français.
Sculpteur.

MIQUEL François
Né en 1814 à Béziers. Mort en 1860 à Béziers. XIXe siècle. Français.
Peintre de genre.
Le Musée de Béziers conserve de lui : *Halte de gitans*.
VENTES PUBLIQUES : PARIS, 7 et 8 déc. 1923 : *Port sur un canal* : **FRF 380**.

MIR CHAND
XVIIIe siècle. Actif entre 1755 et 1785. Indien.
Peintre.
Il a imité l'art des miniatures persanes du XVIe siècle, mais aussi des peintures européennes. Il lui arrivait fréquemment de reprendre dans le style des miniatures persanes, des œuvres européennes, surtout des portraits. Ce fut le cas du portrait du *Navab Vazir de l'Oudh Shuya ad Daulah*, d'après une peinture anglaise.

MÎR KALÃN
Indien.
Peintre.
A appartenu à l'école Jahangir.

MÎR KALÃN KHAN
XVIIIe siècle. Indien.
Peintre.
Les quelques œuvres que l'on connaît de ce peintre révèlent une influence européenne très marquée.

MIR MUSAVVIR
Originaire de Sultaniyah. XVIe siècle. Actif dans la première moitié du XVIe siècle. Éc. persane.
Peintre.
Participa à la décoration d'un pavillon construit pour Bahram Mirzâ. Fit plusieurs miniatures pour le grand *Shâh-nâme* de Tahmasp. On connaît trop peu d'œuvres signées de lui pour pouvoir définir son style.

MIR SAYYID ALI
XVIe siècle. Actif à Tébriz, sous le règne du Grand Mogol Humayun (1530-1556). Éc. persane.
Enlumineur et poète.
Fils du peintre Mir Musavvir, il fut le fondateur de l'école Akbar aux Indes. Il entra d'abord au service du Schah Tahmasp, puis devint le professeur de l'empereur Humayun. Il peignit, notamment, cent des miniatures illustrant l'ouvrage monumental relatant les aventures de l'Émir Hamzah, qui comporte mille quatre cents dessins ; il en avait reçu commande du Grand Mogol. Il fut l'un de ceux qui introduisirent l'influence perse en Inde. Soixante de ces compositions sont conservées au Musée d'Art et d'Industrie de Vienne ; vingt-cinq autres figurent dans les collections du South Kensington, à Londres. D'autres miniatures sont au Fogg Art Museum, Harvard University et au British Museum.

MIR Y TRINXET Joaquin
Né le 6 janvier 1873 ou 1875 à Barcelone (Catalogne). Mort le 27 avril 1940 ou 1941 à La Geltru (Catalogne). XIXe-XXe siècles. Espagnol.
Peintre de paysages, marines, décorations murales, cartons de vitraux, illustrateur.
Son père lui fit suivre des études en vue d'une carrière commerciale. Il fut élève de l'École des Beaux-Arts de Barcelone. Il fit partie des groupes d'artistes de Barcelone, de 1893 à 1895, peignant des paysages des environs de Barcelone avec Nonell, Pitxot et autres, puis en particulier, à partir de 1897, de celui qui se réunissait au café des *Quatre chats*. Il fit des séjours à Majorque, se fixa un temps dans la région de Tarragone. En 1902 à Majorque, la rencontre du Belge Degouve de Nuncques influença sa propre technique et sa conception de la peinture. En 1909, il fonda le groupe *Les arts et les artistes*. À partir de 1921, il s'installa définitivement à Villanueva y Geltru. En 1899, il reçut une troisième médaille à l'Exposition des Beaux-Arts et des Arts Appliqués de Barcelone ; en 1910 une seconde médaille à l'Exposition nationale des Beaux-Arts ; en 1917 une première médaille à Bruxelles ; en 1930 la médaille d'honneur à l'Exposition nationale des Beaux-Arts. Ses principales expositions personnelles eurent lieu en 1901 et 1909. Il donna des illustrations dans plusieurs revues, et eut l'occasion de quelques travaux de décoration.
Dans ses débuts, et sans doute en liaison avec les discussions aux *Quatre chats*, il traita de sujets sociaux dans quelques peintures. Il publia alors des dessins au fusain de scènes typiques de Barcelone dans la revue *L'Esquella de la Torratxa*. Ensuite il fut exclusivement peintre de paysages. Il peignait souvent dans des harmonies très sourdes et par des couches pigmentaires très épaisses, dans lesquelles il recreusait parfois le dessin, comme on grave dans une plaque de cuivre. Il évolua finalement dans le sens d'un postimpressionnisme instinctif, éclaircissant sa palette avec des couleurs éclatantes, et pratiquant avec brio un dessin de plus en plus elliptique. ■ M. M., J. B.
BIBLIOGR. : In : *Catalogo nacional de arte contemporaneo 1990-91*, Iberico 2 mil, Barcelona, 1990 – in : *Cien Anos de pintura en Espana y Portugal, 1830-1930*, Antiqvaria, t. VI, Barcelone, 1991 – in : *L'Art du XXe siècle*, Larousse, Paris, 1991.
MUSÉES : BARCELONE (Mus. d'Art Mod.) : *Pastorale* – MADRID (Mus. d'Art Mod.) : *Chêne et vaches – Jardin et ermitage – Eaux de Mogueda* – MONTEVIDEO – MONTSERRAT.
VENTES PUBLIQUES : MADRID, 13 déc. 1973 : *Paysage escarpé* : **ESP 1 500 000** – MADRID, 1er avr. 1976 : *Tolède*, h/pan. (12x21) : **ESP 37 000** – BARCELONE, 20 juin 1979 : *Paysage urbain*, h/t (35x43) : **ESP 375 000** – BARCELONE, 26 fév. 1981 : *Paysage*, h/t (45x54) : **ESP 320 000** – NEW YORK, 19 avr. 1984 : *Paysage avec un village à l'arrière-plan*, h/t (46x38) : **USD 4 500** – MADRID, 19 déc. 1985 : *El pozo de la masia*, h/t (105x120) : **ESP 5 300 000** – BARCELONE, 20 mars 1986 : *Port de Llança*, cr. gras (23x33) : **ESP 110 000** – MADRID, 18 déc. 1986 : *Paysage*, h/t (80x97) : **ESP 1 300 000** – BARCELONE, 2 avr. 1987 : *Torrent de Pareis* vers 1902-1904, h/t (101x81) : **ESP 7 200 000** – LONDRES, 22 juin 1988 : *Village à flanc de colline*, h/cart. (22x28) : **GBP 6 600** – LONDRES, 23 nov. 1988 : *Maison à flanc de colline*, h/pan. (24,5x32) : **GBP 13 200** – MADRID, 28 jan. 1992 : *L'infirme*, techn. mixte/pap. (27x37,5) : **ESP 2 240 000**.

MIRA Alfred S.
XXe siècle. Américain.
Peintre.
En 1946 et 1947, il a figuré aux Expositions Internationales de la Fondation Carnegie à Pittsburgh.
VENTES PUBLIQUES : NEW YORK, 25 sep. 1992 : *Vue de Sheridan Square*, h/t (31,1x39,4) : **USD 3 300** – NEW YORK, 3 déc. 1996 : *Quai Malaquar, Paris*, h/t (35,5x43) : **USD 4 370**.

MIRA Salvatore
XIXe siècle. Actif à Palerme. Italien.
Sculpteur.

MIRA Victor
Né en 1949 à Saragosse. XXe siècle. Espagnol.
Peintre. Abstrait-lyrique.
Il montre des ensembles d'œuvres dans de nombreuses expositions personnelles, notamment : en 1979, à Madrid, Munich ; 1980 Barcelone, New York ; 1981 Munich, Oslo ; 1982 Munich, Zurich ; 1983 Vienne, Munich, Dallas Meadows Museum ; 1984 New York, Amsterdam, Barcelone, Saragosse ; 1985 Barcelone ; 1986 Munich, Madrid ; 1987 Genève ; 1988 Madrid, New York ; etc.
Ses peintures, abstraites, matiéristes, comportent des signes symboliques à la façon de celles de Tapies.
BIBLIOGR. : In : *Catalogo nacional de arte contemporaneo*, Iberico 2 mil, Barcelone, 1990.
VENTES PUBLIQUES : MADRID, 25 avr. 1991 : *Filature*, h., acryl. et craie grasse/pap. (109x80) : **ESP 392 000**.

MIRABEL Rodrigo de
Mort vers 1557. XVIe siècle. Espagnol.
Peintre verrier.
Il commença les peintures sur verre du château El Pardo, construit près de Madrid en 1543.

MIRABELLA Nicola
XVIIe siècle. Actif à Nicosia (Sicile). Italien.
Peintre.
Il a travaillé pour les églises de Nicosia.

MIRABELLA Vincenzo
XVIIe siècle. Actif à Palerme à la fin du XVIIe siècle. Italien.
Sculpteur.

MIRABELLO da Salincorno. Voir **SALINCORNO**

MIRABENT Y CATELL José
Né en 1831 à Barcelone. Mort en 1899 à Barcelone. XIXe siècle. Espagnol.

Peintre de portraits, de figures et d'intérieurs.
Participa au Salon de Paris ; il reçut une mention honorable en 1889 à l'Exposition universelle. Le Musée de Madrid conserve de lui : *Sépulcre d'un martyr.*

MIRADORI Luigi ou **Miradoro**, dit **il Genovesino**
Né vers 1600 ou 1605 à Gênes (Ligurie). Mort vers 1655 à Crémone (Piémont). XVIIe siècle. Italien.
Peintre de compositions religieuses, sujets allégoriques.
Il fut actif de 1639 à 1651. Il travailla d'abord à Gênes, puis vint à Crémone et y fut élève de Panfilo Nurolane. Il possède un certain renom surtout à Crémone.
Il peignit des tableaux religieux pour diverses églises de Crémone. On cite de lui un *Saint Jean* à l'église Saint-Clément. Sa technique rappelle celle des peintres caravagesques.
MUSÉES : COMPIÈGNE (Mus. du Château) : *Vierge et l'Enfant avec saint Félix de Cantalice* – CRÉMONE : *Naissance de la Vierge* – *Martyre de saint Paul* – PARME (Gal. Nat.) : *Mise au tombeau* – *Sacrifice aux idoles*, attr. – PLAISANCE : *Sainte famille*, attr.
VENTES PUBLIQUES : LONDRES, 11 juin 1981 : *Saint Joseph avec l'Enfant Jésus*, dess. (38,6x26,7) : **GBP 700** – LONDRES, 6 juil. 1984 : *Portrait d'un jeune garçon*, h/t (122x90,2) : **GBP 18 000** – VENISE, 29 nov. 1987 : *Portrait d'enfant au chapeau à plumes*, h/t (108x75) : **ITL 21 000 000** – MILAN, 5 déc. 1991 : *Vanité*, h/t (75x91) : **ITL 32 000 000**.

MIRAILLET Jean ou **Mirailhet, Miralheti**
Né vers 1394 à Montpellier (Hérault). Mort vers 1457 à Nice (Alpes-Maritimes). XVe siècle. Français.
Peintre de compositions religieuses, compositions murales.
Il est mentionné travaillant en Provence, et à Nice en 1418. On sait qu'en 1432, il peignit un *Retable de l'Annonciation*, pour une église de Marseille. On lui attribue la décoration de la chapelle de la Miséricorde à Nice. Le Musée Masséna, de Nice, conserve de lui une *Vierge de Miséricorde*, destinée à l'origine à la chapelle des Pénitents Noirs de Nice, et que l'on date vers 1440. Ce retable est signé en toutes lettres : *Hox pinxit Johes Miralheti*. Cette *Vierge de Miséricorde*, est placée entre les saints médecins Côme et Damien ; le scabellon illustre la légende de sainte Madeleine. On sait d'autre part qu'en 1440 également, Honorat de Gardanne, marchand à Toulon, lui avait commandé une image de Notre-Dame « vêtue de fin azur », entre saint Jean-Baptiste et saint Honorat. La seule *Vierge de Miséricorde* que l'on connaisse actuellement de lui, peut laisser penser qu'il exerça une influence sur les Bréa.
BIBLIOGR. : Louis Réau : *La peinture française du XIVe siècle au XVIe siècle*, Hypérion, Paris, 1939.
MUSÉES : NICE (Mus. Masséna) : *Vierge de Miséricorde*.

MIRAK
Mort en 1507. XVe siècle. Éc. persane.
Peintre, calligraphe, enlumineur, graveur.
Fut le maître de Behzad. On ne connaît presque rien de sa vie ni de son œuvre, sinon qu'il pratiqua quelques sports dont la lutte et la boxe, et qu'il fut sans doute l'auteur de quelques pages du *Nizami* (1494-1495, British Museum).

MIRAL Liane
Née à Genève. XXe siècle. Suissesse.
Peintre.
Elle fut élève de Ferdinand Hodler. Elle a exposé à Genève, Bâle, Rome, Berlin. À Paris, elle a figuré aux Salons des Artistes Français, des Indépendants et des Tuileries.

MIRALDA Antoni
Né en 1942 à Terrassa (Catalogne). XXe siècle. Actif de 1966 à 1972 en France, depuis 1972 aux États-Unis. Espagnol.
Sculpteur d'assemblages, artiste de performances. Nouveaux-réalistes, pop art.
Il fut élève de l'École du Textile à Barcelone. En 1962, avec une bourse de la ville de Barcelone, il vint à Paris, où il travailla dans la photographie de mode. En 1962, 1965 et 1966, il effectua son service militaire, dont on peut noter qu'il en rapporta des croquis de soldats, qui se retrouveront dans son œuvre à venir. Dans la suite, il partage son temps entre Barcelone, Paris et New York. Il participe à des expositions collectives, parmi lesquelles : dans les années soixante, Salon de Mai, Paris ; 1965, IVe Biennale de Paris. Ses manifestations personnelles ont le plus souvent consisté à la préparation et à la réalisation d'importants événements collectifs et publics, qui ne se tiendront plus qu'exceptionnellement dans des lieux institutionnels, galeries ou musées. Il a montré une exposition de ses œuvres à la galerie de France en 1997.
Dans ses premières années parisiennes, à partir de 1966, il réalisa les nombreuses pièces de la série des *Soldats soldés*, des bataillons de petits soldats en plastique, recouverts d'une couche de peinture uniformément blanche leur conférant un statut caricatural de sculpture plâtreuse, envahissant par collage des mobiliers extrêmement divers : chaises, bancs, tables, armoires, colonnes, statues, jusqu'à atteindre aux dimensions des environnements en faveur à ce moment. Il y montrait une préférence évidente pour les petits soldats qui servent de jouets aux enfants, et leur donnait l'apparence de monuments aux morts de villages, dans un échange réciproque de dérision à partir de leur ressemblance avec les pièces montées pour repas de première communion, dérision qui pouvait aussi viser la pompe militaire du franquisme. De 1967 à 1972, il collabora avec sa femme, Dorothée Selz, à la confection des œuvres comestibles : *Cakes-garages* et *Gâteaux-jardins*, y incluant ensuite des colorants inoffensifs, de teintes acidulées ou fluorescentes. Ces œuvres comestibles et colorées se situaient dans des cérémonies-happenings dont ils définissaient le rituel : 1969 *Le Mémorial* ; 1970 *La Fête en blanc* ; 1971 *La Cérémonie des quatre couleurs*, à Cologne et répétée lors de la Biennale de Paris ; 1971 et 1973 *Les Fêtes de l'école laïque* ; puis à partir de son installation à New York : 1972 *La Sangria* à Broadway ; 1973 *La Performance* à Aspen (Colorado) ; 1974 *La grande Chevauchée* sur la IXe avenue de New York ; 1977 *La Fête pour Léda* à Kassel ; 1978 *Le Montage d'Anvers* ; 1978 *Le Rite des fleurs* en Australie, et *Coca-Cola/Polenta* à Venise ; 1980 *La Mona* de Barcelone ; 1986 *Lune de miel* à New York, Terrassa et Philadelphie ; 1990 *Procession nuptiale* et *Cérémonie de mariage* à New York et Las Vegas ; etc. La préparation de ces célébrations requiert un travail souvent de plusieurs mois dont les épisodes font l'objet de notes, croquis, maquettes, constituant une partie intégrante de l'œuvre. Ainsi en fut-il de *Lune de miel* de 1986, célébrant la rencontre de l'ancien et du nouveau mondes par le mariage de la statue de la liberté de New York avec le monument de Christophe Colomb de Barcelone.
Dans ses périodes successives, l'utilisation par Miralda d'objets et choses diverses prélevés de la réalité quotidienne a pu assimiler son activité aux nouveaux réalismes définis par Pierre Restany. En fait, son activité se renouvelle dans des directions multiples, notamment dans la création des environnements-événements où il s'est entièrement investi depuis les États-Unis jusqu'à ouvrir un restaurant catalan à New York, apparentées aussi selon les cas à Fluxus ou au Pop art. Ce qui unifie les divers aspects de son œuvre, sculptures et rituels, est leur volonté avouée de dérision par la célébration du « kitsch », mais aussi leur dimension sociologique, antimilitariste avec les *Soldats soldés*, anthropologique avec le choix des nourritures caractérisant les cultures. ■ Jacques Busse
BIBLIOGR. : Pierre Restany : *Miralda, une vie d'artiste*, Barcelone, 1982 – in : Catalogue de l'exposition *L'Art moderne à Marseille. La Collection du Musée Cantini*, Mus. Cantini, Marseille, 1988 – in : *L'Art du XXe siècle*, Larousse, Paris, 1991 – in : *Diction. de l'Art Mod. et Contemp.*, Hazan, Paris, 1992.
MUSÉES : MARSEILLE (Mus. Cantini) : *Soldats soldés* 1969.
VENTES PUBLIQUES : PARIS, 5 déc. 1971 : *La Vertu cardinale*, médaillon : **FRF 4 500** – PARIS, 12 mars 1972 : *Soldats soldés*, sculpt. : **FRF 7 000** – PARIS, 14 juin 1973 : *Tableau-table*, polyester et plexiglas : **FRF 4 800** – PARIS, 22 juin 1976 : *Soldats soldés*, Plexiglas, bois et plastique, tryptique (93x185) : **FRF 6 000** – PARIS, 23 mars 1989 : *Soldats soldés* 1968, petits soldats et techn. mixte dans une boîte de Plexiglas (131x98) : **FRF 15 000** – PARIS, 11 mai 1990 : *Les Petits Soldats, soldats de plastique peints*, collés de chaque côté d'un socle (51,5x50,5) : **FRF 10 700** – PARIS, 2 juin 1991 : *Les soldats* 1969, assemblage de soldats en plastique peints et bois (32x32) : **FRF 5 000** – PARIS, 8 oct. 1991 : *Soldats soldés* 1969, herbe et plastique/pan. monté sur châssis (75x94) : **FRF 14 000** – PARIS, 2 juin 1993 : *Soldats, tableau-table*, boîte en Plexiglas (98x132) : **FRF 7 000** – PARIS, 29 nov. 1996 : *Sphère de soldats*, assemblage de soldats en plastique (diam. 35) : **FRF 10 500**.

MIRALLES Enrique
XIXe-XXe siècles. Espagnol.
Peintre de genre, scènes et figures typiques.
Il peint surtout des scènes typiques d'Espagne et des scènes du monde du cirque.
VENTES PUBLIQUES : PARIS, 5 avr. 1945 : *Musiciens espagnols* : **FRF 4 000** – PARIS, 20 déc. 1948 : *La Sérénade des clowns* :

FRF 50 000 – New York, 28 oct. 1981 : *L'Atelier de Madrazo* 1914, h/t (57,8x76,9) : **USD 3 200** – Rome, 17 oct. 1985 : *Les saltimbanques*, h/pan. (41x32) : **ITL 5 500 000** – Londres, 11 fév. 1987 : *Guitariste et tambour*, h/pan. (41,5x32,5) : **GBP 4 000** – Calais, 13 nov. 1988 : *Le réconfort de la servante*, h/t (47x38) : **FRF 25 000** – Reims, 15 mars 1992 : *Les coulisses du cirque*, h/t (46,5x33) : **FRF 20 000** – Paris, 22 juin 1992 : *La chaussure rouge*, h/t (73x50) : **FRF 29 000** – New York, 13 oct. 1993 : *Après le spectacle*, h/cart. (50,2x66) : **USD 5 175** – Paris, 12 mai 1995 : *Fillette à la poupée*, h/métal (39,5x29,5) : **FRF 14 500**.

MIRALLES Obdulio

Né en 1867. Mort le 21 décembre 1894 à Madrid. XIXe siècle. Espagnol.

Peintre de figures.

Élève de M. Arroyo.

MIRALLES DARMANIN José

Né le 5 janvier 1851 à Valence. XIXe siècle. Actif en Seine-et-Oise. Espagnol.

Peintre de genre, de figures et paysagiste.

Figura aux Expositions de Paris ; médaille de bronze en 1900 à l'Exposition universelle de Paris. Le Musée de Barcelone possède plusieurs de ses œuvres.

Ventes Publiques : New York, 1er mai 1946 : *Scène dans une rue de Paris* : **USD 550** – Los Angeles, 17 mars 1980 : *Le galant entretien*, h/t (45,7x29,2) : **USD 2 600** – Londres, 27 nov. 1985 : *Les couturières*, h/t (86x117) : **GBP 10 000** – New York, 28 oct. 1986 : *Un mariage à la campagne*, h/t (58x71) : **USD 5 250**.

MIRALLES Y GALUP Francisco

Né en 1848 à Valence. Mort le 30 octobre 1901. XIXe siècle. Actif aussi en France. Espagnol.

Peintre de scènes de genre, figures, portraits, paysages, paysages urbains, paysages d'eau. Impressionniste.

Il fut élève de Ramon Marti y Alsina à Barcelone. De 1866 à 1893, il vécut à Paris, où il fréquenta Ignacio Zuloaga, Santiago Rusinol, Enrique Granados. Il eut des relations commerciales avec le marchand parisien Goupil, ainsi qu'avec Enrique Gomez, frère du peintre Simon Gomez, qui exporta une grande quantité de ses œuvres en Amérique.

Il figura à diverses expositions collectives, dont : 1855 Valence ; 1866 Nationale des Beaux-Arts, Barcelone ; de 1875 à 1896 Salon, puis Salon des Artistes Français, Paris ; à partir de 1877 Salon Parés, Barcelone. Il obtint une médaille d'argent à Dieppe en 1875, une autre à Angoulème en 1877, une médaille d'or à Montpellier en 1885.

Il peignit de nombreuses scènes de genre de la bourgeoisie du Second Empire, la femme étant un thème central dans toute sa production, en témoignent des œuvres telles que : *Intimité – Dans le parc – La plage de Barcelone – Dans les rues de Longchamps – Vieille Angleterre – Partie de croquet – La sœur de l'artiste jouant de la harpe*. Influencé d'abord par le réalisme de Courbet, il évolua vite vers un style impressionniste, à la manière d'Eugène Boudin, de Bastien Lepage et d'Alfred Stevens.

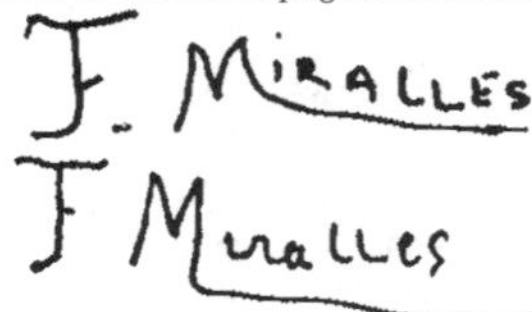

Bibliogr. : In : *Cien Anos de pintura en Espana y Portugal, 1830-1930*, Antiqvaria, t. VI, Madrid, 1991.

Musées : Barcelone (Mus. d'Art Mod.) : *Ramassant des fleurs – Arrangeant un vase de fleurs* – Brest : *La Place Clichy* 1882.

Ventes Publiques : Paris, 21-22 nov. 1922 : *La jeune femme à l'ombrelle* : **FRF 750** – Paris, 5 avr. 1943 : *Portrait de femme en chapeau et en robe bleue* : **FRF 450** – Paris, 30 avr. 1951 : *Portrait d'homme barbu* : **FRF 1 000** – Paris, 27 fév. 1974 : *Plage d'Andalousie* : **FRF 10 500** – New York, 29 mai 1980 : *Paysannes agenouillées au bord d'une route au passage d'un prêtre*, h/t (74x99) : **USD 11 000** – Los Angeles, 22 juin 1981 : *L'Hommage des paysans*, h/t (74x99) : **USD 12 000** – Madrid, 21 mars 1983 : *Jeune élégante sur la plage*, h/pan. (24x18,5) : **ESP 1 100 000** – Madrid, 21 oct. 1985 : *Les pensées vagabondes*, h/t (40x31) : **ESP 2 250 000** – Madrid, 22 avr. 1986 : *Après le bal*, h/t (31x46) : **ESP 600 000** – New York, 29 oct. 1987 : *Le Kiosque à journaux, Paris*, h/pan. (40,6x33) : **USD 46 000** – New York, 22 fév. 1989 : *Promenade en barques*, h/t (73x91,5) : **USD 242 000** – Londres, 21 juin 1989 : *Jeune Napolitaine*, h/t (33x25) : **GBP 8 800** – New York, 24 oct. 1989 : *Le bouquet parfumé*, h/t/rés. synth. (110,2x74,3) : **USD 14 300** – New York, 25 oct. 1989 : *Avenue Foch avec l'Arc de Triomphe*, h/t (31,8x41) : **USD 110 000** – Londres, 22 nov. 1989 : *Fleurs des champs*, h/t (66x82,5) : **GBP 104 500** – Londres, 14 fév. 1990 : *Le dimanche des rameaux* 1888, h/t (61x50) : **GBP 37 400** – New York, 1er mars 1990 : *Dame assise sur une chaise au bord de la mer*, h/t (62x51) : **USD 143 000** – Londres, 6 juin 1990 : *La joueuse de tambourin*, h/pan. (27x15,5) : **GBP 3 300** – Londres, 28 nov. 1990 : *Deux dames à la pêche* 1878, h/pan. (24,5x18) : **GBP 5 500** – New York, 28 fév. 1991 : *Une coupe de champagne*, h/t (55x41) : **USD 8 800** – Rome, 28 mai 1991 : *Le sabotier*, h/t (47x32,5) : **ITL 12 500 000** – New York, 20 fév. 1992 : *Plein air*, h/pan. (29,8x41) : **USD 35 750** – Londres, 29 mai 1992 : *Aux courses*, h/pan. (40,7x31,2) : **GBP 41 800** – New York, 26 mai 1993 : *Jeunes élégantes se promenant dans un jardin public*, h/t (55,9x66) : **USD 37 375** – New York, 26 mai 1994 : *Une journée au parc*, h/t (66x81,3) : **USD 60 250** – Londres, 15 mars 1996 : *Au marché*, h/t (61x50,2) : **GBP 38 900** – New York, 23 mai 1997 : *Scène de rue par temps de pluie* 1891, h/t (61x50,8) : **USD 71 250**.

MIRAMON Marie de La Bouillerie de, comtesse

Née au XIXe siècle à Paris. XIXe siècle. Française.

Sculpteur.

Élève de M. Delorme. En 1868 et 1869, elle figura au Salon avec des bustes.

MIRAMOND Alexis

Né au XIXe siècle à Marseille. XIXe siècle. Français.

Peintre.

Élève de l'École des Beaux-Arts. Exposa au Salon à partir de 1879.

MIRANDA, de. Voir **Carreno de Miranda**, **Garcia de Miranda**, **Rodriguez de Miranda**. Voir aussi au prénom

MIRANDA Francesco

XVe siècle. Travaillant en Sicile. Italien.

Sculpteur sur bois.

Il décora l'entrée sud de la cathédrale de Palerme avec seize reliefs représentant : la *Crucifixion* et la *Résurrection du Christ*, ainsi que l'*Annonciation*.

MIRANDA Marc

Né le 10 janvier 1948 à Casablanca (Maroc). XXe siècle. Français.

Peintre de compositions animées, paysages, natures mortes, fleurs, affichiste. Expressionniste.

En 1960, il arriva à Montpellier. Il y fréquenta l'École des Beaux-Arts en élève libre. Il s'est fixé à Vendargues, à proximité de Montpellier. Il participe aux principaux Salons parisiens : depuis 1986 d'Automne ; depuis 1987 des Artistes Français, dont il est sociétaire ; depuis 1987 de la Société Nationale des Beaux-Arts ; depuis 1988 des Indépendants, dont il est sociétaire. Il participe à de très nombreuses expositions collectives régionales, où il remporte quantité de Prix et distinctions. Il expose individuellement depuis 1983, notamment aux Baux-de-Provence, à Saint-Étienne, Arcachon, Montpellier ; en 1989 au Musée de Frontignan, à Paris, etc.

À partir d'une mise en place arbitraire et elliptique des plans du paysage ou des objets de natures mortes, il peint surtout au couteau par larges aplats de couleurs vives, où violemment les rouges s'opposent aux bleus.

Bibliogr. : Divers : *Marc Miranda*, s.l., s. d.

Ventes Publiques : Paris, 1er mars 1991 : *Automne à Vendargues*, h/t (55x38) : **FRF 8 500** – Reims, 26 avr. 1992 : *Les iris*, h/t (61x46) : **FRF 6 200**.

MIRANDA Miguel de

XVIIe siècle. Actif à Séville dans la première moitié du XVIIe siècle. Espagnol.

Peintre.

Fut admis dans la confrérie du Saint-Christ en mai 1639.

MIRANDA Thomé de Dios

XVIIe siècle. Travaillant à Séville dans la seconde partie du XVIIe siècle. Espagnol.

Graveur.

Il a réalisé, une estampe gravée sur cuivre représentant un aigle couronné les ailes déployées portant au cou les armes des Ponce de León. On cite une autre gravure représentant la *Vierge entourée de fleurs*. Toutes deux sont signées : *Thomé de Dios f. exc. Hispali*.

MIRANDA Y CASELLAS Fernando
Né en 1842 à Valence. Mort en juin 1925 à New York. XIXe-XXe siècles. Espagnol.
Sculpteur.
Élève de J. Piquer.

MIRANDA Y RENDON Manuel
Né à Grazalema (près de Cadix). XIXe siècle. Espagnol.
Peintre de portraits et de figures.
Élève de l'Académie de San Fernando où il travailla de 1833 à 1864. Le Musée du Prado et l'Escurial possèdent plusieurs de ses tableaux.

MIRANDE Henry
Né en 1877 à Nice (Alpes-Maritimes). Mort en 1955 à Paris. XXe siècle. Français.
Peintre, dessinateur humoriste, illustrateur.
Il s'établit à Montmartre, où il travailla en solitaire. Une exposition lui fut consacrée en 1954 à Paris, une seconde à titre posthume en 1957 à Bruxelles.
Il a collaboré à de nombreuses publications, dont : *Le Rire, Fantasio* et à des numéros spéciaux de *L'Assiette au Beurre* (n° 69 *Gosses*, n° 91 *Noël*). Il a illustré : *Chroniques des jours désespérés* de Pierre Mac Orlan, *Le Baiser au lépreux* de François Mauriac.
Bibliogr. : Marcus Osterwalder, in : *Dict. des illustrateurs 1800-1914*, Ides et Calendes, Neuchâtel, 1989.
Musées : Paris (Mus. d'Art Mod. de la Ville).
Ventes Publiques : Paris, 26 fév. 1931 : *Scènes de mœurs*, plusieurs aquar., 26 dess. : **FRF 1 000**.

MIRANDE Raymond
Né le 9 décembre 1932 à Bordeaux (Gironde). XXe siècle. Français.
Peintre, émailleur, peintre de cartons de vitraux. Tendance parfois abstrait-lyrique.
Après des études littéraires et de nombreux voyages, à partir de 1954 il se consacre à l'émaillerie sur cuivre. Il expose à Bordeaux, Paris, Strasbourg et à l'étranger. Il a décoré de ses vitraux de nombreuses églises de Gironde : Collégiale de Saint-Émilion, église Saint-Éloi d'Andernos, église d'Arès, église Saint-Louis de Taussat, église Saint-Pierre de Bassens...
Il puise son inspiration dans le répertoire iconographique chrétien traditionnel : le Buisson ardent, l'Arbre de Vie, l'Annonciation, l'histoire de Saint-Pierre, la résurrection de Lazare, etc., certains thèmes se prêtant plus que d'autres à des variations chromatiques et lumineuses proches de l'abstraction.
Bibliogr. : François Mauriac : *Les Émaux de Raymond Mirande*, in : Jardin des Arts, Paris, sep. 1966 – Catalogue de l'exposition *Mirande*, église de Cayac, Gradignan, 1989.

MIRANDOLA Domenico Maria, de son vrai nom : **Pedruzzi**
Mort en 1612 à Bologne. XVIIe siècle. Italien.
Sculpteur.
Élève de Lodovico Carracci.

MIRANDOLA Francesco degli Amoretti da, et **Francesco della**. Voir **AMOROTTO Francesco de**

MIRAT Paul
Né en 1885 à Pau (Pyrénées-Atlantiques). Mort en 1966. XXe siècle. Français.
Peintre de scènes de genre, paysages, peintre à la gouache, dessinateur, illustrateur, caricaturiste.
Il séjourna au Mexique, à Londres où il fut dessinateur de mode, et revint vivre à Pau. En 1917, il fut nommé instructeur des troupes américaines aux États-Unis. Une exposition lui fut consacrée, à titre posthume, en 1988 au château de Pau.
Il publia des dessins de guerre dans le *Times*, et des caricatures qui relatent la vie quotidienne aux États-Unis dans le *Slatter Times*. Il ne peignit à l'huile et à la gouache qu'après 1930, réalisant des paysages d'Italie et des scènes populaires espagnoles. Il illustra les *Chroniques* de Froissart.
Bibliogr. : Gérald Schurr, in : *Les Petits Maîtres de la peinture 1820-1920, valeur de demain*, Les Éditions de l'Amateur, t. VII, Paris, 1989.

MIRAVALLS Juan
XVe siècle. Actif à Valence. Espagnol.
Peintre.
A travaillé à la cathédrale de Valence.

MIRAVET Miguel
XVe siècle. Espagnol.
Enlumineur.

MIRBECK Nicolas de
Né le 13 avril 1738 à Neuviller (Meurthe-et-Moselle) ou à Charmes-sur-Moselle (Vosges). Mort le 3 octobre 1795 à Rouen (Seine-Maritime). XVIIIe siècle. Français.
Peintre.
Il fut élève de Jean Girardet. Il fut garde du corps de Stanislas Leczinski. Il fut ami intime de Greuze.

MIRBEL Claude
Né le 17 avril 1874 à Paris. XIXe-XXe siècles. Français.
Peintre d'intérieurs, paysages.
Depuis 1909, il exposait à Paris, aux Salons de la Société Nationale des Beaux-Arts et des Artistes Français.

MIRBEL Lizinka Aimée Zoé de, Mme, née **Rue**
Née le 26 juillet 1796 à Cherbourg. Morte le 29 août 1849 à Paris. XIXe siècle. Française.
Miniaturiste.
Fille d'un commissaire de marine sans fortune elle entre comme élève dans l'atelier d'Augustin. Des amis haut placés obtinrent qu'elle fît le portrait du roi *Louis XVIII* ; ce début fut un triomphe : Mlle Rue parut au Salon avec l'effigie royale et le portrait de onze autres grands personnages. Plus tard, Louis XVIII voulut revoir Mlle Rue et la maria, en 1824, au botaniste Mirbel. A partir de cette date elle exposa sous son nom d'épouse. En 1827, elle peignit le portrait de *Charles X*. La Révolution de 1830 ne modifia pas sa fortune et elle trouva à la cour de la famille d'Orléans le même accueil qu'à celle des Bourbons. Le portrait du duc d'Orléans exécuté en 1839 est considéré comme un de ses chefs-d'œuvre, et la famille royale lui en demanda plusieurs répétitions. De 1835 à 1849, Mme de Mirbel fut la première miniaturiste française. Elle fut victime de l'épidémie de choléra de 1849, en pleine force de son talent. Louis XVIII l'avait nommée peintre de la chambre du roi. Elle obtint une médaille de deuxième classe en 1822 et de première classe en 1828 et en 1848.
Musées : Avignon : *Portrait du duc d'Orléans* – Londres (coll. Wallace) : *Portraits de Louis XVIII, de la duchesse de Berry et de Louise de Berry, fille du duc – Deux aquarelles* – Paris (Mus. du Louvre) : *Portraits d'Ingres, du baron Gérard, du président Amy, de Rachel, d'une jeune fille, d'un jeune homme* – Rouen : *Portrait du comte Ilis de Butenval – Portrait d'homme*.
Ventes Publiques : Paris, 1872 : *La duchesse de Berry* : **FRF 450** ; *Walter Scott et Cooper* : **FRF 500** – Paris, 1880 : *Portrait de M. Delécluse*, miniat. inachevée : **FRF 255** – Paris, 1887 : *Portrait d'une dame de la cour du Premier Empire* : **FRF 2 600** – Paris, 4 et 5 fév. 1925 : *Portrait de femme*, miniature : **FRF 900** – Paris, 12 et 13 déc. 1940 : *Portrait de Mérimée*, dess. au cr. reh. de lav. : **FRF 370** – Paris, 18 déc. 1946 : *Jeune femme en robe noire*, miniature : **FRF 6 000**.

MIRE, Le. Voir **LE MIRE**

MIREA Dumitru D.
Né en 1868 à Campulung. XIXe-XXe siècles. Roumain.
Sculpteur de figures, sujets allégoriques.
Il a exposé à Paris, au Salon des Artistes Français, et reçut en 1900 une médaille de bronze à l'occasion de l'Exposition universelle.
Musées : Bucarest (Mus. Simu) : *Tristes pensées – Paysanne de Campulung*.

MIREA George D.
Né en 1852 à Campulung. XIXe siècle. Roumain.
Portraitiste.
Il étudia à Paris avec Carolus-Duran et devint directeur de l'École des Beaux-Arts de Bucarest. Il obtint une médaille d'argent en 1889 à l'Exposition universelle. Le Musée Simu conserve de lui : *Tête de fillette* ; *Portrait de Kretulescu* ; *Un Turc*.

MIREA Ioan
Né le 4 avril 1912 à Rasuceni. XXe siècle. Actif depuis 1965 en France. Roumain.
Peintre, sculpteur. Polymorphe.
Il est autodidacte en peinture et en sculpture. En 1947, il obtint une bourse du gouvernement français, dont il ne put bénéficier qu'en 1965. Il participe à de nombreuses expositions collectives et montre ses œuvres dans des expositions personnelles dans de nombreux pays, obtenant distinctions et prix.

En peinture, il évolue librement de la figuration à l'abstraction lyrique, toujours dans des couleurs vives. Sculpteur sur bois, il a créé les séries des *Tours*, des *Masques* ou bien réalise des assemblages dans le cycle des *Récoltes pour les humbles*.
Bibliogr. : Ionel Jianou et divers, in : *Les artistes roumains en Occident*, American Romanian Academy of Arts and Sciences, Los Angeles, 1986.

MIRECKI Kasimir
Né le 16 mai 1836 à Gênes. Mort en 1911 à Varsovie. XIXe-XXe siècles. Polonais.
Peintre.
Il étudia à Venise, Cracovie et Bruxelles. Il a surtout traité des scènes de genre.

MIRECOURT Adolphe
Né au XIXe siècle. XIXe siècle. Français.
Peintre de paysages.
Figura au Salon de 1834 à 1849. Le Musée de Bar-le-Duc possède de lui une *Chasse au loup* d'après Oudry.
Ventes Publiques : Paris, 11 mai 1931 : *La Famille royale au château de Neuilly ?* : **FRF 4 000**.

MIREJOVSZKY
XIXe siècle. Hongrois.
Peintre.

MIRET
XVIe siècle. Actif à Tarragone. Espagnol.
Sculpteur sur bois.
Il a sculpté un très grand *Crucifix* dans la cathédrale de Tarragone.

MIRETO Nicolo ou **Miretti**
Né en 1375 à Padoue. Mort vers le 14 décembre 1450. XVe siècle. Italien.
Peintre.

MIRETTO ou **Miretti**
XVe siècle. Actif à Padoue. Italien.
Peintre d'histoire et de portraits.
On lui doit une série de fresques dans le salon du palais de la Ragione à Padoue.

MIREVELDT ou **Mirevelt**. Voir **MIEREVELD**

MIRI Ludovico
XVIIIe siècle. Actif à Rome. Italien.
Dessinateur et graveur.
Il a gravé d'après Raphaël.

MIRICENYS Pieter. Voir **HEYDEN P. Van der**

MIRIEL Gilbert Émile Alfred
Né au XIXe siècle à Brest. XIXe siècle. Français.
Peintre.
Débuta au Salon de 1876 avec des paysages.

MIRILIANI Giovanni. Voir **MARIGLIANO**

MIRIS Silvestre de. Voir **MIRYS**

MIRKO, pseudonyme de **Basaldella Mirko**
Né le 28 septembre 1910 à Udine. Mort en 1969 à Cambridge. XXe siècle. Actif depuis 1958 aux États-Unis. Italien.
Sculpteur, peintre. Figuratif, postcubiste, puis abstrait.
Il est le frère du peintre Afro et du sculpteur Dino Basaldella. Après avoir étudié, avec son frère Afro, dans les Écoles des Beaux-Arts de Venise, Florence, où avait étudié leur aîné, et Monza, il reçut, de 1932 à 1934 à Milan, les conseils d'Arturo Martini, qui eut une grande influence sur la partie figurative de son œuvre. Ensuite à Rome, la rencontre du peintre éclectique et empiriste Corrado Cagli renforça l'influence précédente. En 1937, un séjour à Paris, avec Afro, lui fit découvrir les artistes cubistes. À partir de 1946 environ, il évolua à l'abstraction. Il exposa pour la première fois en 1935, à la galerie La Comète à Rome. En 1947, ses sculptures postcubistes furent l'objet d'une exposition à New York, et ses peintures d'une exposition à Rome. En 1954, une salle entière fut consacrée à son œuvre à la Biennale de Venise. En 1955, il remporta le Grand Prix de Sculpture à la Biennale de São Paulo. À partir de 1957-1958, il se fixa aux États-Unis, où il fut nommé directeur du Cabinet des Dessins de l'Université Harvard de Cambridge, et a enseigné au Carpenter Center for Visual Art. En 1965, le château de L'Aquila lui consacra une grande rétrospective *Hommage à Mirko*.
L'influence de Martini, ensuite conjuguée avec celle de Cagli, le conforta dans sa recherche de la pureté essentielle de la forme et dans son recours à l'expression par le symbole, avec des sculptures sur des thèmes généralement mythologiques, référencés au XVe siècle italien : 1935 *Narcisse*, 1936 *Néophyte* et *Pêcheur*. Après la période postcubiste, ses œuvres de la période abstraite, qu'un *Orphée* et plusieurs autres sculptures de la période précédente laissaient déjà présager, ne sont pas exclusives d'un certain expressionnisme : entre 1949 et 1951 les trois grilles en bronze pour le mausolée de la Fosse Ardéatine sur le Forum de Rome, commémorant les martyrs victimes du fascisme, finalement abstraites alors qu'à l'origine conçues comme des bas-reliefs figuratifs. Dans une ultime période, Mirko a alterné les expressions figuratives archaïsantes et abstraites expressionnistes, variant les techniques et les matériaux, plâtres peints, plaques de cuivre, blocs de ciment, pour des sortes d'idoles de la vie moderne, totems modernes dont les symboles sont empruntés au fonds commun de l'ethnologie occidentale : 1954 *Chimère*, 1958 *Totem* et *Figure d'Orient*, 1962 *Guerrier orant*. Mirko eut de nombreuses opportunités de se mesurer avec le problème de l'intégration de la sculpture à l'architecture, notamment pour le *Monument aux morts de Mauthausen* en Autriche, et la *Fontaine* en mosaïque de la Place Benedetto Brion à La Spezia.
La trajectoire de Mirko paraît absolument conforme à une évolution logique : à partir d'une figuration personnalisée, passant par la phase intermédiaire d'une désintégration analytique de la forme dans la période postcubiste, aboutissant à la libération radicale de l'abstraction, pour conclure son œuvre dans une synthèse de ses expériences antérieures. Toutefois, un fil conducteur en relie les phases et les œuvres, que cerne exactement Giovanni Carandente : « Si le mythe apparaît comme un des postulats fondamentaux de son art, ce n'est pas qu'il réponde chez lui à une préoccupation archéologique quelconque, mais bien qu'il est un des éléments nécessaires de cette poétique du surréel qui est la sienne. Aussi certaines de ses œuvres s'apparentent-elles à des idoles ou des totems, qui seraient libérés de tout rappel anthropomorphique. » Il n'y a donc pas eu, dans l'ensemble de l'œuvre fondé sur une pensée authentiquement symboliste, de maniérisme figé sur quelque figure emblématique et stéréotypée, mais bien au contraire la preuve constante d'une pensée plastique en action, manifestée dans une création permanente. ■ Jacques Busse
Bibliogr. : Sarane Alexandrian, in : *Diction. de l'Art et des Artistes*, Hazan, Paris, 1967 – Giovanni Carandente, in : *Nouveau diction. de la sculpt. mod.*, Hazan, Paris, 1970 – in : Encyclopédie *Les Muses*, Grange Batelière, t. XX, Paris, 1973.
Ventes Publiques : New York, 11 déc. 1963 : *Idolo cupo*, bronze : **USD 3 500** – New York, 23 mars 1966 : *Stèle*, marbre blanc : **USD 11 000** – Hambourg, 7 juin 1969 : *Le Coq*, bronze : **DEM 7 000** – Rome, 20 mai 1974 : *Totem* : **ITL 1 500 000** – New York, 22 oct. 1976 : *Lo scaligero*, bronze, patine brune et grise (H. 43) : **USD 800** – New York, 21 oct. 1977 : *Figure debout* 1960, bronze, patine brune et verte (H. 25) : **USD 1 100** – Milan, 19 déc. 1978 : *Composition* 1950, h/cart. entoilé (113,5x78) : **ITL 1 400 000** – Milan, 26 juin 1979 : *Composition* 1950, techn. mixte/t (84x44) : **ITL 1 300 000** – New York, 20 mai 1980 : *Mater Matuta*, bronze (H. 133) : **USD 18 000** – New York, 19 juin 1980 : *Sans titre* 1948, techn. mixte/pap. (72,4x61) : **USD 1 400** – Milan, 6 avr. 1982 : *Paysage*, techn. mixte/cart. entoilé (74x100) : **ITL 4 000 000** – New York, 23 fév. 1984 : *Composition* 1956, bronze, patine brun et or (H. 188) : **USD 8 000** – Rome, 21 mars 1989 : *Masque* 1964, bronze (33x16x14) : **ITL 5 000 000** – Rome, 3 déc. 1991 : *Adolescent au serpent* 1935, bronze (35x24x12) : **ITL 3 500 000** – New York, 27 fév. 1992 : *Composition abstraite* 1953, bronze à patine dorée sur base de bois (H. 22,2) : **USD 4 180** – Rome, 25 mars 1993 : *Le jugement de Salomon*, bronze (H. 67) : **ITL 17 000 000** – New York, 2 nov. 1993 : *Personnage vert* 1956, bronze (H. 26,8) : **USD 1 725** – New York, 24 fév. 1994 : *Personnage* 1955, cuivre (H. 35,6) : **USD 3 738** – Milan, 24 juin 1994 : *Guerrier*, bronze (H. 32) : **ITL 3 910 000** – Rome, 14 nov. 1995 : *Sans titre* 1963, techn. mixte/pap./t (100x75) : **ITL 5 175 000** – Milan, 20 mai 1996 : *Sans titre*, sculpt. (H. 30) : **ITL 4 370 000**.

MIRKOVSZKY Géza
Né le 25 juillet 1855 à Jaszfenyszaru. Mort le 14 novembre 1899 à Budapest. XIXe siècle. Hongrois.
Peintre et architecte.
Élève de Th. v. Hansen et de Karl Lotz. Il travailla de 1886 à 1892 à Berlin où il décora le wagon-salon de l'impératrice d'Allemagne. Il fut un excellent aquarelliste.

MIRKVA Janos ou **Johann**
Né le 18 janvier 1881 à Mor. Mort le 18 février 1927 à Budapest. XXe siècle. Hongrois.
Peintre de figures, paysages.
Il fut élève de Julius Agghazy.

MIRLAND René Henri Félix
Né le 30 mai 1884 à Bailleul (Nord). Mort en 1916 au Champ d'Honneur. XXe siècle. Français.
Peintre, aquarelliste.
À partir de 1903, il fut élève de l'Académie des Beaux-Arts de Valenciennes, et de l'architecte et aquarelliste Constant Moyaux à l'École des Beaux-Arts de Paris. En 1911, il obtint le Premier Grand Prix de Rome d'Architecture. Dans sa très courte carrière, il peignit des aquarelles délicates.
Musées : Valenciennes : aquarelles.

MIRMAN Jane Madeleine
Née à Paris. XIXe-XXe siècles. Française.
Graveur.
Elle exposait à Paris, au Salon des Artistes Français, elle reçut en 1891 une mention honorable.
Elle gravait sur bois.

MIRMONT Renée de
Née à Paris. XIXe-XXe siècles. Française.
Peintre, miniaturiste.
Elle fut élève de Charles Bellay. Elle exposait à Paris, au Salon des Artistes Français, elle reçut en 1900 une médaille de bronze à l'occasion de l'Exposition universelle.

MIRÓ Antoni
Né en 1944 à Alcoi (Alicante). XXe siècle. Espagnol.
Peintre de compositions animées.
Il participe à de nombreuses expositions collectives internationales, recevant distinctions et médailles. Il montre aussi des ensembles de peintures dans des expositions personnelles.
Il traite, souvent par séries, des sujets d'actualité dans un esprit de condamnation, par exemple : 1968-69 *Vietnam*, 1972 *Amérique noire*, 1973 *Le Dollar*, etc.
Bibliogr. : In : *Catalogo nacional de arte contemporaneo 1990-91*, Iberico 2 mil, Barcelona, 1990.

MIRÓ Joachim
Né en 1875. Mort en 1941. XIXe-XXe siècles. Espagnol.
Peintre de scènes animées, scènes typiques, aquarelliste.
Ce Joachim Miro s'est spécialisé dans les scènes animées et les scènes typiques des villes marocaines.

Yoachim Miró

Ventes Publiques : Londres, 21 juin 1989 : *La Charge des rebelles*, h/t (23x29) : **GBP 4 400** – Londres, 22 nov. 1989 : *Dans la casbah*, h/cart. (29,5x21) : **GBP 1 650** – New York, 19 juil. 1990 : *Charge de cavaliers arabes*, h/t (31,8x55,9) : **USD 2 860** – Paris, 11 déc. 1991 : *Scène animée de marché au Maroc*, h/t (27x41) : **FRF 80 000** – Paris, 22 juin 1992 : *Marchand de curiosités au Maroc*, aquar. (26x39) : **FRF 16 200** – Paris, 5 avr. 1993 : *Les Gardes de la médina* 1910, h/t (267x160) : **FRF 77 000** – Londres, 27 oct. 1993 : *Dans une rue d'un village arabe*, h/cart. (29x40) : **GBP 3 450** – Londres, 11 avr. 1995 : *Scène de rue dans une ville arabe*, h/cart. (30x40,5) : **GBP 2 300**.

MIRÓ Joan ou **Miró Ferra**
Né le 20 avril 1893 à Barcelone (Catalogne). Mort le 25 décembre 1983 à Palma-de-Majorque. XXe siècle. Actif depuis 1919 aussi en France. Espagnol.
Peintre, technique mixte, peintre à la gouache, aquarelliste, peintre de compositions murales, graveur, lithographe, peintre de décors de théâtre, sculpteur, céramiste. Figuratif polymorphe, puis tendance surréaliste, puis tendance abstraite.
Joan Miró était fils d'un orfèvre, lui-même fils d'un ébéniste. Alors qu'il avait commencé à dessiner dès l'âge de huit ans, il faisait d'assez mauvaises études à l'école, puis à l'École de Commerce, aussi put-il les abandonner pour entrer, en 1907, à l'École des Beaux-Arts de La Lonja. Pourtant, en 1910, il fut placé comme commis dans un magasin de denrées coloniales, où il tomba malade d'ennui. Il alla se reposer dans une ferme que ses parents venaient d'acheter à Montroig, dans les environs de Tarragone, où il prit conscience de son attachement à la terre catalane, et où il fit dans la suite de fréquents et fructueux séjours. En 1911-1912, il entra à l'École d'Art que tenait l'architecte baroque Francisco Gali, à Barcelone, où il resta trois ans, puis fréquenta l'Académie libre du Cercle Sant Luch, y dessinant d'après modèles nus jusqu'en 1918. Il commençait alors à découvrir la peinture moderne, à Barcelone la galerie Dalmau exposant impressionnistes, fauves et cubistes depuis 1912, Vollard ayant organisé une grande exposition d'art français en 1916, et à peindre lui-même ses premières toiles. En 1915, il décida que l'enseignement traditionnel ne lui apportait pas ce qu'il attendait, et s'installa dans un atelier qu'il partageait avec son ami Ricart. En 1917, il rencontra Picabia. Dès ses premiers travaux personnels, le marchand de tableaux Dalmau, s'y étant intéressé, organisa, en 1918, la première exposition de ses peintures, dont, d'inspirations et d'influences très diverses : le *Portrait de E.C. Ricart* 1917, *Le Chauffeur*, des nus expressionnistes, et le *Potager avec un âne* 1918. En 1919, il entreprit son premier voyage à Paris, où il se fixa plus durablement dès 1920, ne retournant bientôt plus en Espagne que pour l'été. À Paris, il assista à des manifestations Dada, retrouva Picasso, qu'il avait connu à Barcelone, et qui lui fit rencontrer Pierre Reverdy, Max Jacob, Tristan Tzara. En 1921 eut lieu sa première exposition parisienne à la galerie La Licorne, préfacée par Maurice Raynal. Après cette exposition, qui marquait la fin de sa période réaliste poétique, il traversa une crise de doute, dont la fréquentation d'André Masson, Michel Leiris, Jacques Prévert, Henry Miller l'aida à sortir. Le dadaïsme, qui allait bientôt se codifier de manière positive dans le surréalisme, lui apporta confirmation de ses propres convictions instinctives, en ce qui concernait la faillite des valeurs de l'intelligence spéculative et la prééminence des forces de l'intuition. En 1924, il rencontra André Breton, Louis Aragon et Paul Éluard, qui l'accueillirent dans le groupe surréaliste, dont il signa le manifeste. En 1925, Benjamin Péret préfaça son exposition personnelle à la Galerie Pierre (Loeb) de Paris, et il participa à la première exposition d'ensemble des peintres « adoubés » surréalistes du moment, dans la même galerie, et où figuraient des peintures de Paul Klee qui lui firent forte impression. Un an plus tard, il fera partie des artistes montrés en permanence à la Galerie Surréaliste. Il se maria en 1929 et eut un enfant en 1931. En 1930, après sa première exposition personnelle aux États-Unis, il fit une exposition, encore à la galerie Pierre, de ses premiers collages à Paris, préfacée par Aragon, et il s'initia à la lithographie, technique qui devait prendre une énorme importance dans sa production à venir. En 1931 à la galerie Pierre, il montra des « Sculptures-objets ». En 1932, avec le groupe surréaliste, il participa au Salon des Surindépendants, et fit une exposition à New York, à la galerie Pierre Matisse, avec laquelle il resta lié. En 1933, des peintures d'après collages firent l'objet d'une importante exposition à Paris. En 1935-36, l'approche de la guerre civile commençait de l'angoisser, et, de 1936 à 1940, il ne retourna pas en Espagne. Son soutien à l'Espagne républicaine fut sans réserve, en 1937, il créa l'affiche *Aidez l'Espagne*, et composa *Le Faucheur* (550x365 cm) pour le Pavillon de la République Espagnole à l'Exposition universelle de Paris, qui y voisinait donc avec le *Guernica* de Picasso. En 1939, il séjourna à Varengeville, retrouvant Raymond Queneau, Braque, Calder. L'occupation de la France par les armées nazies lui fit reprendre le chemin de l'Espagne, d'abord à Montroig, puis à Palma de Majorque, et, de 1942 à 1944, année de la mort de sa mère, à Barcelone. En 1941 avait eu lieu la première exposition rétrospective de ses œuvres au Museum of Modern Art de New York. À partir de 1944, il commença ses céramiques, en collaboration avec Artigas.
Depuis 1944, il a partagé son temps entre Barcelone et Paris, poursuivant l'élaboration de son œuvre, désormais telle qu'en elle-même. Ce fut aussi à partir de 1944 qu'il commença ses céramiques, en collaboration avec Artigas. En 1947, il effectua son premier séjour aux États-Unis, qui fut suivi d'autres, au cours desquels il exécuta des peintures murales. À partir de 1947 eurent lieu à Paris les expositions importantes de ses œuvres à la galerie Maeght. En 1954, il reçut le Prix de Gravure à la Biennale de Venise, le Prix de Peinture ayant été attribué à Max Ernst et celui de Sculpture à Jean Arp. En 1960, la Fondation Guggenheim de New York lui décerna son Grand Prix. En 1974, les Galeries Nationales du Grand Palais à Paris, pour son quatre-vingtième anniversaire, organisèrent une grande exposition rétrospective de son œuvre, le Musée d'Art Moderne de la Ville montrant l'ensemble de l'œuvre gravé. Depuis 1975, une Fondation Miro construite par Luis Sert à Montjuich près de Barcelone, conserve une importante collection de ses œuvres. En

1983, Nuremberg organisa la première exposition posthume de Miro ; en 1990, la Fondation Maeght de Saint-Paul de Vence a montré pendant l'été une rétrospective *Miro,* en 1993 la Fondation Miro de Barcelone pour le centenaire de sa naissance.
Ses premières peintures, dès 1915, puis surtout à partir du moment où il quitta tout enseignement pour travailler dans son atelier, étaient marquées d'influences diverses, parfois contradictoires, d'abord par Van Gogh, Matisse et les fauves, puis par Gauguin et les expressionnistes, par Cézanne, enfin teintées d'un peu de cubisme en réaction contre sa propension à privilégier la couleur. Après la première exposition de ces peintures en 1918, dites parfois de sa période de « fauvisme catalan », qui se prolongea jusqu'au *Nu au miroir* de 1919, caractéristique de l'empreinte cubiste, la manière de Miro changea notablement, et donna lieu aux œuvres que l'on dit de sa période « détailliste » ou « précisionniste », de 1919-1920 à 1923, résultant d'un réalisme minutieux dans les moindres détails des pierres d'un mur ou des feuilles des arbres, aux coloris légers et délicats, dont le *Paysage de Montroig* de 1919, resté dans la collection de l'artiste, qui n'est pas sans rappeler les délicieuses descriptions de villes des Primitifs italiens, et dont on retrouve aussi la fraîcheur chez ces primitifs contemporains que l'on dit naïfs. Ces peintures, peut-être du fait de ce qu'il avait vu lors de son premier séjour à Paris en 1919, tout en restant pour un temps encore respectueuses de la réalité, accusaient de nouveau l'influence stylistique d'origine cubiste, surtout dans le dessin devenu plus sec, anguleux, la composition par plans découpés, tandis que la couleur restait vive et claire, depuis l'*Autoportrait* de 1919, toute la série de natures mortes de 1920, dont *La Table au lapin, La Ferme* de 1922, et encore *L'Épi de blé* de 1923. *La Ferme* de 1922, à laquelle il avait travaillé neuf mois, et qui fut acquise par Hemingway, marquait la fin de son époque réaliste poétique. Après la période de doute du moment qui précédait de peu son ralliement au surréalisme, pendant l'été 1923, au cours d'un séjour à Montroig, il peignit les toiles qui s'avérèrent décisives pour le développement de toute la suite de son œuvre : *Terre labourée* et ce *Paysage catalan,* qui est aussi appelé *Le Chasseur,* et, en 1924-25, le célèbre *Carnaval d'Arlequin.* Dans un espace pictural libéré de la troisième dimension, personnages, animaux, végétations, réduits à des signes simples : œil, flammèche, pied, cône, etc., s'empruntent et échangent leurs attributs, tout en se répartissant sur la toile selon une logique bidimentionnelle.
Dès lors, à partir de son adhésion au surréalisme, il était en possession de tous les éléments qui caractériseront l'originalité de son œuvre, au travers de caractères évolutifs circonstanciels secondaires. Après les quelques peintures de 1924, presque réduites, par ascèse réflexive sur l'évolution de sa propre pensée, à un dessin sans couleurs : *L'Ermitage, Le Renversement,* son monde imaginaire est désormais constitué, comme l'écrit Frank Elgar : « capricieux, cocasse, de larves, de madrépores, d'amibes remuantes, de longs et sinueux filaments, de lignes vagabondes terminées par des sortes de bilboquets ou de cerfs-volants... Lunules rouge sang ou d'un bleu électrique, masses noires mollement répandues, protoplasmes portant leur noyau comme une cible, silhouettes puériles, peinturlurées avec une négligence affectée, placentas velus, emmêlés dans leurs cordons... » Ainsi la couleur fit-elle sa réapparition glorieuse et joyeuse avec *Le Carnaval d'Arlequin* de 1924-1925, et *La Naissance du monde* de 1925. En 1926-27, quittant les espaces en apesanteur pour retrouver la notion de sol, il peignit à Montroig la série des *Paysages imaginaires* ; en 1927 *Main attrapant un oiseau, Chien aboyant à la lune,* dans lequel un drolatique signe-chien par terre aboie en direction du signe-lune en l'air, de même que dans d'autres, ce sont un signe-serpent, un signe-coq, un signe-lapin qui instaurent ce que Patrick Waldberg a appelé le « Miromonde ». En 1928, à la suite d'un voyage en Hollande, au cours duquel il admira Vermeer et les petits maîtres peintres d'intérieurs, dont il rapporta des reproductions en cartes postales, il peignit la série des *Intérieurs hollandais,* interprétations en folie des modèles : l'*Intérieur III* par exemple abritant la scène péri-mythologique d'une femme accouchant d'une chèvre, les objets sages et rangés des modèles originaux soudain transformés en taches violemment colorées, dont la signification n'est plus indiquée que par quelques traits caricaturaux, et projetés dans tous les sens à travers l'espace. La facilité avec laquelle il venait de réaliser quelques-uns de ses plus beaux chefs-d'œuvre l'incita alors à une période de réflexion sur son art. Il tenta de se passer de ce qui lui semblait faire le prestige de ses peintures : le dessin facile et élégant, la couleur vive et légère ; sans doute pour répondre aux critiques de Breton dirigées contre sa picturalité, il déclara vouloir « assassiner la peinture ». En 1928, il peignit *La Danseuse espagnole,* d'un surréalisme plus laborieux, une série de *Portraits imaginaires* d'après des tableaux de maîtres, dont *La Reine Louise de Prusse* d'après un moteur allemand Diesel, *La Fornarina* d'après Raphaël, réduite à quelques taches. En 1933, de nouveau en réaction contre ses facilités antérieures, il grava ses premières eaux-fortes, et surtout commença ses premiers collages de papiers et d'objets ; il entreprit la série de grandes peintures exécutées à partir de collages de diverses vignettes découpées dans des catalogues, procédé déjà utilisé par Max Ernst, mais avec un résultat totalement différent en raison de la différence de leurs mondes intérieurs. Continuant de rechercher le point de départ de ses imaginations dans un prétexte préalable et fortuit, tache similaire à celles d'humidité sur les murs préconisées par Léonard de Vinci, salissure, etc., il lui parut salutaire qu'il s'intéressât aux techniques les plus diverses : pastel, peinture sur papier de verre, aquarelle, gouache, peinture à l'œuf, peinture sur bois dont les accidents des veines et nœuds induisent la suite du processus, peinture sur cuivre, etc., expérimentations presque hasardeuses où risquait de s'exténuer sa verve. La série de peintures de 1935-1936, dites « peintures sauvages », préparées par de nombreuses études, nus dessinés à l'Académie de la Grande-Chaumière, aquarelles, gouaches, exécutées sur cuivre ou masonite, personnages terrifiés dans des décors naturels mais tragiques, reflète l'inquiétude où le plonge l'approche de la guerre civile espagnole : *Homme et femme devant un tas d'excréments* de 1936. En 1937, il créa l'affiche *Aidez l'Espagne* où un personnage brandit un poing énorme, et peignit *Le Faucheur,* dont un bras levait une faucille, l'autre tendant le poing vers le ciel, une grande composition pour l'Exposition universelle de Paris, symbolisant le drame du peuple espagnol. De 1938 à 1940, comme transgressant son inquiétude, il réalisa des œuvres d'une parfaite maîtrise de ses moyens, qui s'épanouirent avec les *Constellations,* ballet endiablé autour des personnages, créatures indéterminées mais cependant sexuées, de la lune, d'étoiles, d'oiseaux, de papillons, dont les premières, vingt-deux gouaches pour illustrer un texte de Breton, furent commencées en 1940 à Varengeville. Lors de son retour en Espagne pendant l'occupation de la France, il poursuivit la série des *Constellations.* De 1942 à 1944, à Barcelone, il ne fit à peu près que des peintures sur papier. Revenu en France après ces deux années de réflexion, alors qu'il se faisait initier à la céramique, il peignit, en 1944 et 1946, la série des grandes « peintures lentes » : *Femmes et oiseau dans la nuit* ou bien en 1949 *Femmes et oiseau au clair de lune,* compositions d'évidence moins assujetties à l'inspiration spontanée, plus contrôlées et élaborées, plus complètes, plus somptueuses, et la série des « peintures spontanées » : *Composition avec cordes* de 1950, faites au contraire de taches, éclaboussures et matériaux divers, qui préparait la série des « peintures bâclées » de 1960. Pendant ces années, en 1947, aux États-Unis, il exécuta une peinture murale pour l'Hôtel Plaza de Cincinnati ; et en 1950 une nouvelle pour l'Université de Harvard ; en 1957, à Paris, il exécuta les deux murs de céramique du Palais de l'UNESCO. En 1961-1962, continuant de rompre avec sa facilité naturelle, il peignit une série de grandes compositions monumentales très austères, constituées du déroulement d'une seule ligne sur un fond monochrome : *Bleus I, II et III* 1961 ; *Peintures murales I, II et III* 1962 sur fond orange. En 1973, avec les *Sobreteixims,* Miro, dans toute la juvénilité de ses quatre-vingts ans, faisait encore presque scandale : sur des toiles de jute étaient fixés des balais et des seaux, des cordes, des écheveaux de laines, une paire de ciseaux, intégrés par quelques touches de peinture. En 1974, poursuivant le thème des monochromes de 1961-1962, le triptyque de *L'Espoir du condamné à mort,* n'était plus constitué que d'une arabesque noire sur fond blanc.
Miro fut aussi sculpteur tout au long de sa vie, depuis que, dès 1912, son maître Gali le sensibilisa à la forme volumétrique, et qu'en outre il était là condisciple du futur céramiste-sculpteur Artigas, avec lequel il devait ensuite souvent collaborer. À Paris, dans sa période surréaliste, sacrifiant aux usages alors en faveur dans le groupe, il réalisa des « objets poétiques », notamment dans l'été 1932. Ce ne fut qu'en 1944 qu'il débuta vraiment son activité de sculpteur, avec ses premières céramiques en collaboration avec Artigas dont la pratique chinoise du « grand feu » conférait un éclat exceptionnel aux couleurs, ainsi qu'avec ses premiers bronzes, fondus entre 1944 et 1950. Il prit l'habitude de collecter toutes sortes d'objets, avec lesquels il créait ensuite des

sculptures d'assemblages dans l'esprit de celles de Picasso, telles que celle *Homme et Femme* de 1956-1961, confectionnées d'éléments de bois et de fer, ensuite tirées en terre cuite ou moulées en plâtre ou fondues en bronze. Dans la suite, à partir de 1967, il fut sans doute plus attentif au choix des objets constitutifs de ses assemblages, qu'il voulait populaires et usuels. Par exemple, il y eut, à partir de *La Fourche* de 1967, une série de sculptures très différentes, les *Femme et oiseau* en bronze peint, dans lesquelles réapparaissait la fourche initiale, une cuiller devint le détail essentiel de l'*Horloge du vent*. Tant qu'il réalisa ses sculptures en bronze, tantôt il les gardait dans leur état brut de démoulage, tantôt les faisait soigneusement polir. Peut-être eut-il conscience de ce qu'il y avait de contradictoire à peindre le bronze, ses sculptures monumentales de la dernière période sont souvent réalisées en résine synthétique, sur laquelle se justifient ses grands aplats de couleurs ponctués des signes graphiques d'origines archaïques qui marquent tout son œuvre, ainsi de celles qui composent le *Labyrinthe* de la Fondation Maeght à Saint-Paul-de-Vence, et, en 1978, du *Monument* du Parvis de La Défense à Paris. Toujours en marge de l'œuvre peint et des peintures murales, outre son œuvre sculpté, il a eu une immense activité de graveur, de lithographe, d'illustrateur d'ouvrages de Georges Hugnet, Breton, René Char, Éluard, dont en 1950 les soixante quinze lithographies du *Parler seul* de Tzara, en 1972 celles du *Miroir de l'homme par les bêtes* d'André Frénaud, activité dont seuls les catalogues raisonnés cités en bibliographie peuvent donner une idée. Il eut quelques occasions d'aborder le décor scénique : en 1926, en collaboration avec Max Ernst, il créa les décors et costumes pour le ballet *Roméo et Juliette* de la compagnie des Ballets Russes de Serge de Diaghilev, ce qui leur attira les foudres de Breton ; en 1931, il conçut les décors et costumes de *Jeux d'enfants* pour les Ballets Russes de Monte-Carlo. Les nombreuses facettes de l'œuvre de Miro convergent sur son appartenance au surréalisme, mais à quel surréalisme, la question restant en suspens tant, faute d'un jugement clair sur ce que pouvait être une peinture surréaliste, André Breton y a mêlé les individualités les plus dissemblables. Si Miro sacrifia d'enthousiasme aux processus de l'automatisme, s'il préféra les domaines de l'onirique à la réalité, ce fut pour déboucher bien plus dans le merveilleux que dans le fantastique, et c'est l'humour poétique et drôle qui règne le plus souvent dans ses créations plutôt que l'humour noir cher aux surréalistes. Contrairement à presque tous les surréalistes, sauf Max Ernst le surréaliste le plus attentif aux faits plastiques, dans ses peintures les valeurs picturales précèdent la signification. La disposition des taches colorées sur la surface, selon les époques foisonnantes ou raréfiées, plus ou moins vives, plus ou moins dispersées ou au contraire coordonnées, précèdent le sens qu'il va leur conférer dans un second temps : « C'est la matière qui décide. Je prépare un fond, en nettoyant, par exemple, mes brosses sur la toile. Renverser un peu d'essence conviendrait aussi bien... Le peintre travaille comme le poète : le mot vient d'abord, la pensée ensuite. » Miro peint comme un enfant à l'aube du monde. Comme un enfant, il barbouille des « bonshommes », et peu soucieux de ressemblance se réjouit de ses trouvailles : « Mes personnages ont subi la même simplification que les couleurs. Simplifiés comme ils sont, ils sont plus humains et plus vivants que s'ils étaient représentés avec tous les détails... Je trouve mes titres au fur et à mesure que je travaille. Et comme je mets un titre, cela devient encore plus vivant... » Dans un temps saturé des démonstrations parcellaires des professionnels de l'avant-garde, unique, inclassable et innocent, il a retrouvé la fraîcheur des sources mêmes de l'expression par l'image, celle qui pousse irrésistiblement l'enfant à dessiner. Son œuvre, remarquable par son unité, des constantes reconnaissables dans les périodes distinctes les renvoyant les unes aux autres, est isolé dans le contexte de son temps. Ce que le surréalisme a pu apporter à Miro ? peut-être un encouragement à laisser libre cours à son imaginaire poétique,au sujet duquel il déclara : « Je ne fais aucune distinction entre peinture et poésie », dans une tonalité ludique mais qui n'appartient qu'à lui. Ce que Miro a apporté au surréalisme ? Sans préméditation, presque malgré lui : lui-même tel qu'en son œuvre, dans leur angélique évidence. Trop typé, trop personnel, son œuvre n'a pas suscité de continuateurs directs ; et pourtant, malgré sa simplicité apparente, l'influence de l'œuvre de Miro fut aussi étendue que diffuse, et, après que Alexandre Calder l'eut investie dans, en y incluant le mouvement, les quatre dimensions de ses propres œuvres, elle toucha, dans l'immédiat après-guerre à New York, la nouvelle école américaine en train de se découvrir et tout spécialement Arshile Gorky et Jackson Pollock sensibles à son recours à la dictée de l'inconscient, puis à Paris les jeunes peintres de Cobra séduits par la spontanéité primitive de son inspiration, et en Espagne Antoni Tapies convaincu de la vertu mystique ou magique du signe graphique. Sans l'avoir beaucoup recherché, Miro, par des chemins qui n'étaient qu'à lui, est devenu l'un des peintres majeurs de son temps, et surtout l'un des plus irremplaçables. ■ Jacques Busse

Joan Miró.

Miró

Miró

Joan Miró

Miró

Bibliogr. : André Breton, in : *Le Surréalisme et la Peinture*, Nouvelle Revue Française, Paris, 1928 – Salvador Dali : *Joan Miro*, L'Amic de les Arts, Sitges, 1928 – divers : Numéro spécial de la revue *Cahiers d'Art*, Paris, 1934 – J. Johnson Sweeney : Catalogue de l'exposition *Joan Miro*, Museum. of Modern Art, New York, 1941 – C. Greenberg : *Joan Miro*, New York, 1948 – Frank Elgar, in : *Diction. de la peint. mod.*, Hazan, Paris, 1954 – Jacques Prévert, J. Ribemont-Dessaignes : Catalogue de l'exposition *Joan Miro*, galerie Maeght, Paris, 1956 – Jacques Dupin : *Joan Miro, sa vie, son œuvre*, Paris, 1962 – Frank Elgar, in : *Diction. Universel de l'Art et des Artistes*, Hazan, Paris, 1967 – Jacques Dupin : Catalogue de l'exposition *Joan Miro*, Galerie Maeght, Paris, 1967 – Michel Chilo : Catalogue de l'exposition *Joan Miro*, Galerie Maeght, Paris, 1972 – divers : numéro spécial de la revue *xxe siècle*, Paris, 1972 – Alain Jouffroy, Joan Teixidor : *Les Sculptures de Miro*, Maeght, Paris, 1973 – José Pierre, José Corredor-Matheos : *Céramiques de Miro et Artigas*, Maeght, Paris, 1973 – Catalogue de l'exposition rétrospective *Joan Miro*, Galerie Nationale du Grand Palais, Mus. d'Art Moderne de la Ville, Paris, 1974 – in : *Diction. Univers. de la Peinture*, Le Robert, Paris, 1975 – Fernand Mourlot, Michel Leiris, divers : *Miro lithographe*, 6 vol., Maeght, Paris, 1975-1982 – R. Queneau, P. Éluard, R. Desnos, T. Tzara, R. Char, J. Dupin, M. Leiris, A. Frénaud, J. Prévert, G. Ribemont-Dessaignes : *Poétique de Miro*, Opus International n° 58, numéro spécial, Paris, fév. 1976 – Jacques Dupin, Michel Leiris : *Joan Miro*, Repères n° 5, Daniel Lelong, Paris, 1983 – Jacques Dupin, Ariane Lelong : *Miro graveur*, plusieurs volumes, Gal. Lelong, Paris, 1984.. – J.-C. Bailly : *Joan Miro*, Repères n° 22, Daniel Lelong, Paris, 1985 – Jacques Dupin : *Joan Miro*, Repères n° 38, Daniel Lelong, Paris, 1987 – Patrick Cramer : *Joan Miro. Les livres illustrés*, P. Cramer, Genève, 1989 – José Corredor-Matheos, G. Picazo : *Miro's Posters*, Cercle d'Art, Paris, 1989 – G. Raillardin : *Cien Anos de pintura en Espana y Portugal, 1830-1930*, Antiqvaria, t. VI, Barcelone, 1991 – in : *Diction. de la Sculpture – La Sculpture occidentale du Moyen Âge à nos jours*, Larousse, Paris, 1992 – Jacques Dupin : *Miro*, Flammarion, Paris, 1993 – Robert Lubar, divers : Catalogue de l'exposition *Miro*, L. De Luca, Milan, 1993.

Musées : Bâle (Kunstmus.) : *Personnages et chien devant le soleil* 1949 – Baltimore (Mus. of Art) : *Personnages attirés par les formes d'une montagne* 1936 – Barcelone-Montjuic (Fond. Joan Miro) : *Portrait de petite fille* 1918 – *Homme et femme devant un tas d'excréments* 1936 – plus de 100 peintures, les sculptures, l'ensemble de l'œuvre graphique – Buffalo (Albright-Knox Art Gal.) : *Le Carnaval d'Arlequin* 1924-1925 – Chicago (Art Inst.) : *Portrait de Juanita Obrador* 1918 – Düsseldorf (Kunstsamml. Nordrhein-Westfalen) : *Nu au miroir* 1919 – Eindhoven (Van Abbemus.) : *Composition avec cordes* 1950 – Essen (Folkwang

Mus.) : *Portrait de V. Nubiola* 1917 – GRENOBLE (Mus. des Beaux-Arts) : *Figure avec un rectangle blanc* 1928 – HARTFORD (Wadsworth Atheneum) : *Roméo et Juliette* 1925 – IOWA CITY (Université) : *Une goutte de rosée tombant de l'aile d'un oiseau réveille Rosalie endormie à l'ombre d'une toile d'araignée* 1939 – LONDRES (Tate Gal.) : *Femmes et oiseau au clair de lune* 1949 – MADRID (Mus. du Prado) : *Libellule aux ailerons rouges à la poursuite d'un serpent glissant en spirale vers l'étoile comète* 1951 – MADRID (Mus. d'Art Contemp.) – MARSEILLE (Mus. Cantini) : *Peinture* 1930 – NEW HAVEN (Société Anonyme Mus., Yale University) : *Le Renversement* 1924 – NEW YORK (Mus. of Mod. Art) : *Paysage catalan (Le Chasseur)* 1923-1924 – *La Naissance du monde* 1925 – *Personnage lançant une pierre à un oiseau* 1926 – *Intérieur hollandais I* 1928 – *Portrait d'une dame en 1820, d'après Constable* 1929 – *Composition* 1933 – *Le Bel Oiseau déchiffrant l'inconnu au couple d'amoureux* 1941 – NEW YORK (Solomon R. Guggenheim Mus.) : *Terre labourée* 1923-1924 – *Composition (Abstraction)* 1925 – *Paysage (Le Lièvre)* 1927 – *Peinture* 1953 – *Portique* 1956, sculpt. – PARIS (Mus. Nat. d'Art Mod.) : *La Sieste* 1925 – *La Course de taureaux* 1945 – *Triptyque composé de Bleu I* – *Bleu II* – *Bleu III* 1961 – *Femme* 1978 – PARIS (Palais de l'UNESCO) : *Mur du soleil* – *Mur de la lune* – PHILADELPHIE (Mus. of Art) : *L'Ermitage* 1924 – *Nu* 1926 – *Chien aboyant à la lune* 1926 – *Personnage en présence de la nature* 1935 – LES SABLES D'OLONNE (Mus. Sainte-Croix) : *lithographies* – SAINT-CYPRIEN (Mus. Desnoyer) : sculptures – SAINT-LOUIS (Art Mus.) : *Nu debout* 1918 – SAINT-PAUL-DE-VENCE (Fond. Maeght) : *Labyrinthe et jardin*, sculpt. – nombreuses autres œuvres – STOCKHOLM (Mod. Mus.) : *Le Potager à l'âne* 1918 – VENISE (Fond. Peggy Guggenheim) : *Intérieur hollandais II* 1928 – VILLENEUVE-D'ASCQ (Mus. d'Art Mod.) : trois peintures – une gouache – deux dessins – WASHINGTON D. C. (Nat. Gal.) : *La Ferme* 1921-1922.

VENTES PUBLIQUES : PARIS, 26 fév. 1927 : *Fantaisie surréaliste* : **FRF 700** – PARIS, 12 avr. 1933 : *Les Deux Sœurs jumelles* : **FRF 1 000** – PARIS, 5 nov. 1942 : *Compositions surréalistes*, pan./t, ensemble : **FRF 13 500** – PARIS, 24 avr. 1947 : *Nu*, dess. : **FRF 7 800** – PARIS, 23 fév. 1949 : *Personnages*, aquar. : **FRF 22 000** – PARIS, 21 juin 1950 : *Ville d'Espagne* 1916 : **FRF 90 000** – LONDRES, 14 déc. 1955 : *Tout se termina en queue de poisson* : **GBP 110** – PARIS, 11 déc. 1958 : *Femmes, oiseaux, étoile* : **FRF 680 000** – NEW YORK, 15 avr. 1959 : *Abstraction*, temp./cart. : **USD 7 500** – PARIS, 25 juin 1959 : *Figure devant la lune*, aquar. : **FRF 880 000** – LONDRES, 1er juil. 1959 : *Composition sans titre* : **GBP 3 800** – PARIS, 16 juin 1961 : *L'Espoir* 1946 : **FRF 75 000** – MILAN, 26 mars 1962 : *Homme regardant la lune*, aquar. : **ITL 4 500 000** – NEW YORK, 30 oct. 1963 : *Peinture* : **USD 35 000** – NEW YORK, 23-24 mars 1966 : *Autoportrait II* : **USD 85 000** ; *Personnage*, céramique et métal : **USD 6 000** – GENÈVE, 28 juin 1968 : *Personnages*, past. : **CHF 55 000** – MILAN, 27 oct. 1970 : *Personnages*, techn. mixte/cart. : **ITL 13 000 000** – PARIS, 18 nov. 1972 : *Femme*, bronze : **FRF 36 000** – LONDRES, 28 nov. 1972 : *Vase de fleurs et papillon*, temp. : **GNS 55 000** – NEW YORK, 3 mai 1973 : *Paysage poétique* : **USD 120 000** – MILAN, 4 juin 1974 : *Femme de nuit* 1967 : **ITL 110 000 000** – GENÈVE, 7 juin 1974 : *Tête et Ombre* 1926 : **CHF 780 000** – LONDRES, 27 avr. 1976 : *Les Coquillages* 1969, aquat. (77x112) : **GBP 1 200** – NEW YORK, 21 oct. 1976 : *Femme* 1937, cr. (26,5x21) : **USD 3 500** – MILAN, 9 nov. 1976 : *Femme et Oiseau* 1960, h/t de jute (49x41) : **ITL 38 000 000** – VERSAILLES, 5 déc. 1976 : *Le Soleil noir*, aquar. et encre de Chine (24,5x32) : **FRF 37 000** – NEW YORK, 19 mai 1981 : *Le Cirque* 1925, h/t (73x92) : **USD 140 000** – NEW YORK, 12 nov. 1985 : *Le corps de ma brune...* 1925, h/t (130x96) : **USD 700 000** – NEW YORK, 22 fév. 1985 : *Femme étoile* 1942, past./aquar. et trait de fus. (63,3x48) : **USD 64 000** – LONDRES, 26 mars 1985 : *Femme et oiseau* 1972, bronze (H. 67) : **GBP 106 000** – NEW YORK, 18 nov. 1986 : *Femme dans la nuit* 1945, h/t (130x195) : **USD 2 300 000** – MILAN, 20 oct. 1987 : *Personnage* 1935, gche/pap. (37x30,5) : **ITL 215 000 000** – LONDRES, 24 fév. 1988 : *Composition*, aquar. et encre (27x72) : **GBP 8 580** – PARIS, 18 mars 1988 : *Composition, sans titre*, h/t (54,8x81) : **FRF 760 000** – PARIS, 19 mars 1988 : *Composition*, litho. coul. : **FRF 19 000** – MILAN, 24 mars 1988 : *Figure devant la lune* 1942, gche/pap. (64x47) : **ITL 77 000 000** – LONDRES, 29 mars 1988 : *Composition*, h., gche, past./cart. (31x51) : **GBP 71 500** ; *Personnage et Oiseau II* 1969, aquar. et encre/pap. (43x55,4) : **GBP 49 500** – NEW YORK, 11 mai 1988 : *Femme et Oiseau*, bronze cire perdue (H. 86,3) : **USD 176 000** – NEW YORK, 12 mai 1988 : *Composition*, h/fibro-ciment (27x27) : **USD 286 000** ; *L'Oiseau lunaire* 1964, aquar. et encre/pap. (28,2x35,8) : **USD 52 800** ; *Personnages, Oiseaux* 1976, cr. et gche/pap. (28,3x38,1) : **USD 52 800** – TEL-AVIV, 25 mai 1988 : *Composition* 1972, litho. coul. (33x26) : **USD 1 760** – MILAN, 8 juin 1988 : *Composition au visage*, past./pap. noir (32x25) : **ITL 26 000 000** – LONDRES, 28 juin 1988 : *Paysage à Montroig* 1916, h/t (36x42) : **GBP 247 500** ; *Papier collé* 1929, collage pap./velours (71,1x106) : **GBP 176 000** – NEW YORK, 6 oct. 1988 : *Composition* 1960, gche/pap./cart. (47,7x58) : **USD 60 500** – LONDRES, 19 oct. 1988 : *Composition* 1976, gche/cart. (38,5x50,5) : **GBP 17 050** – NEW YORK, 12 nov. 1988 : *Femme et oiseau devant le soleil* 1942, gche et encre/pap./cart. (32x41,5) : **USD 275 000** – PARIS, 18 nov. 1988 : *Elément marin*, peint./ciment : **FRF 4 050 000** – PARIS, 20 nov. 1988 : *Dessin* 1924, cr./isor. peint. (24x32,5) : **FRF 2 570 000** – PARIS, 23 jan. 1989 : *Femme* 1975, gche/pap. (41x41) : **FRF 635 000** – VERSAILLES, 19 mars 1989 : *1935*, aquar. et encre (38x30) : **FRF 2 700 000** – PARIS, 8 avr. 1989 : *Composition aux visages* 1959, h/t (73x54) : **FRF 2 100 000** – PARIS, 9 avr. 1989 : *Femme et Oiseaux* 1967, h/pap. de verre, contreposé /cart. (203x60) : **FRF 1 420 000** – NEW YORK, 10 mai 1989 : *Composition* 1966, h/cart. (27,3x20,3) : **USD 495 000** ; *Tête de femme* 1970, bronze (H. 144) : **USD 374 000** – MILAN, 6 juin 1989 : *Chien* 1974, fus./pap. bleu (49x63) : **ITL 47 000 000** – PARIS, 17 juin 1989 : *Personnages ou les Amoureux* 1934, past. et cr./pap. (108x72) : **FRF 14 100 000** ; *Tête de jeune fille* 1931, h/t (16x22) : **FRF 900 000** – LONDRES, 27 juin 1989 : *Peinture* 1927, h., détrempe et cr./t. (130x195) : **GBP 1 210 000** – NEW YORK, 13 nov. 1989 : *Le Fermier et son épouse* 1936, gche/cart. (58x42) : **USD 2 695 000** – NEW YORK, 15 nov. 1989 : *Femme*, bronze à patine noire (H. 31,7) : **USD 121 000** ; *Femme et oiseau devant le soleil* 1944, h/t (45,7x35) : **USD 1 375 000** ; *L'oiseau au plumage déployé vole vers l'arbre argenté* 1953, h/t (89,5x116,2) : **USD 9 350 000** – LONDRES, 28 nov. 1989 : *La Fumée* 1937, h/rés. synth. (125x91) : **GBP 638 000** – LONDRES, 29 nov. 1989 : *Peinture-Objet*, h/pan. avec du bois, une brosse et une pince à linge (45,7x29) : **GBP 473 000** – ROME, 6 déc. 1989 : *La Ruisselante lunaire* 1976, litho. coul. (157x118) : **ITL 31 050 000** – TEL-AVIV, 3 jan. 1990 : *L'Adorateur du soleil* 1969, aquat. coul. (106x68) : **USD 14 850** – NEW YORK, 26 fév. 1990 : *Personnage* 1949, gche et craie noire (33x24,8) : **USD 55 000** – SYDNEY, 26 mars 1990 : *Composition en rouge*, litho. (63x58) : **AUD 2 600** – LONDRES, 4 avr. 1990 : *Danseuse espagnole*, gche (26,8x20,3) : **GBP 63 800** ; *Personnage* 1968, gche/pap. artisanal (27,5x37,6) : **GBP 126 500** – PARIS, 25 mars 1990 : *Composition*, aquar. et gche (35x31) : **FRF 600 000** – NEW YORK, 16 mai 1990 : *Quatre personnages* 1938, aquar., gche, fus. et past./pap. noir (49,8x65,1) : **USD 495 000** ; *Les Frères Fratellini* 1927, h/t (130,3x97,5) : **USD 5 500 000** – NEW YORK, 17 mai 1990 : *Personnages oiseaux*, h/t (162x316,5) : **USD 4 070 000** – TEL-AVIV, 20 juin 1990 : *Le caissier*, eau-forte coul. (90x69) : **USD 22 000** – NEW YORK, 3 oct. 1990 : *Coq* 1970, bronze à patine brune (51,7) : **USD 203 500** – PARIS, 27 oct. 1990 : *Composition* 1960, aquar. et fus./pap. (44,5x56,8) : **FRF 300 000** – NEW YORK, 14 nov. 1990 : *Femmes et oiseau dans la nuit* 1945, gche, past. et encre/t. (29,2x50,2) : **USD 880 000** ; *Les échelles en roues de feu traversant l'azur* 1953, h/t (116,2x89,4) : **USD 7 150 000** – PARIS, 26 nov. 1990 : *Femme* 1949, bronze patine noire (H. 22,8) : **FRF 900 000** – PARIS, 28 nov. 1990 : *Personnage* 1950, aquar./pap. (27x22) : **FRF 2 700 000** – LONDRES, 4 déc. 1990 : *Le Couple* 1934, encre, cr. et collage/pap. sablé (36,5x23,2) : **GBP 77 000** ; *Lettres et chiffres attirés par une étincelle* 1968, h/t (146x115) : **GBP 209 000** – COMPIÈGNE, 3 fév. 1991 : *Femme* 1931, h/bois (33x23,8) : **FRF 450 000** – LONDRES, 20 mars 1991 : *Personnage et oiseau dans la nuit* 1970, gche et past. (89x58,5) : **GBP 363 000** – PARIS, 28 mars 1991 : *Personnage devant le soleil* 1942, aquar./pap. (50x66) : **FRF 650 000** – NEW YORK, 7 mai 1991 : *Femmes et cerf-volant parmi les constellations*, h/t d'emballage (81,5x60) : **USD 1 540 000** – PARIS, 25 mai 1991 : *Femmes et Oiseaux* 1970, techn. mixte/pap. calque (75x114) : **FRF 960 000** – MONACO, 11 oct. 1991 : *Jeux d'enfants* 1932, cr. coul. et gche/pap./cart., projets de costumes (30x46) : **FRF 444 000** – HEIDELBERG, 12 oct. 1991 : *Le Grand Ordonnateur* 1969, aquat. coul. (99x59,5) : **DEM 28 500** – NEW YORK, 6 nov. 1991 : *Personnage*, rés. synth. peinte (H. 190) : **USD 418 000** – NEW YORK, 7 nov. 1991 : *Personnage et Oiseaux* 1980, h. et cr./t. (95x60) : **USD 104 500** – LONDRES, 3 déc. 1991 : *Personnage*, gche, craie grasse et encre/pap. (55x69) : **GBP 85 800** ; *Peinture* 1927, h., temp. et cr./t. (130x195) : **GBP 352 000** – NEW YORK, 11 mai 1992 : *Ballets russes de Monte Carlo, New York, 1933-1934* 1933, gche/pap., maquette pour programme (31,8x25) : **USD 165 000** – NEW YORK, 12 mai 1992 : *Composition à la lune bleue* 1949, h/t (44,8x35) :

USD 572 000 – New York, 14 mai 1992 : *Projet pour un monument de Los Angeles*, bronze peint (H. 49,2) : **USD 269 500** – Lokeren, 23 mai 1992 : *Miro* 1971, litho. coul. (56x76,5) : **BEF 160 000** – Munich, 26 mai 1992 : *Hommage à Josep-Luis Sert* 1972, litho. coul. (75x58) : **DEM 4 370** – Londres, 29 juin 1992 : *Femme, Oiseaux, Étoile I* 1967, h/t (80x54) : **GBP 132 000** – Londres, 1er déc. 1992 : *La Caresse d'un oiseau*, bronze peint (H. 315) : **GBP 407 000** – Honfleur, 1er jan. 1993 : *Époque des monstres* 1935, h/cart. (76x65) : **FRF 600 000** – Heidelberg, 3 avr. 1993 : *Chez le roi de Pologne (Ubu Roi)*, litho. coul. (41,2x64,7) : **DEM 7 200** – New York, 11 mai 1993 : *Personnage* 1974, rés. synth. peinte (H. 374) : **USD 442 500** – Londres, 21 juin 1993 : *Femmes devant le soleil* 1942, gche, aquar. et cr./pap. (64x47,9) : **GBP 172 500** – Paris, 21 oct. 1993 : *Sans titre* 1927, h/t (19x24) : **FRF 255 000** – New York, 2 nov. 1993 : *Composition* 1926, h/t (73,7x91,5) : **USD 563 500** – New York, 3 nov. 1993 : *Femme et Cerf-volant parmi les constellations*, h/t d'emballage (81,6x60) : **USD 1 487 500** – Londres, 30 nov. 1993 : *Personnage et Oiseau* 1974, bronze (109x49x48) : **GBP 78 500** – Lokeren, 12 mars 1994 : *Famille d'oiseleurs* 1955, litho. coul. (69x55) : **BEF 75 000** – New York, 11 mai 1994 : *Les flammes du soleil rendent hystérique la fleur du désert* 1938, h. et temp./cart. (48,3x63,5) : **USD 1 267 500** – Londres, 27 juin 1994 : *Personnages, oiseaux, étoiles* 1946, h/t (73x92) : **GBP 1 871 500** – New York, 8 nov. 1994 : *Femme dans la nuit* 1945, h/t (130,2x194) : **USD 3 027 500** – Paris, 13 fév. 1995 : *Le chien aboyant à la lune* 1952, litho. coul. (36x54) : **FRF 68 000** – Lokeren, 20 mai 1995 : *Composition*, litho. coul. (56x76) : **BEF 110 000** – New York, 7 nov. 1995 : *Figures devant un volcan* 1935, temp./rés. synth. (40x29,8) : **USD 2 202 500** – Londres, 27 nov. 1995 : *Les flammes du soleil rendent hystérique la fleur du désert*, h. et temp./cart. (48,3x63,5) : **GBP 573 500** – Paris, 7 déc. 1995 : *Sans titre* 1930, cr. gras/pap. (62x45,5) : **FRF 160 000** – Tel-Aviv, 14 jan. 1996 : *Variant II*, litho. coul. (80,5x61) : **USD 2 760** – Paris, 19 mars 1996 : *Sobreteixim n° 9* 1973, peint., découpage et assemblage/corde (185x200) : **FRF 860 000** – Londres, 24 juin 1996 : *Trois Femmes* 1935, h. et sable/cart. (106x75) : **GBP 2 451 500** – New York, 12-13 nov. 1996 : *Personnages et oiseaux devant le soleil* 1952, gche et encre/graphite/pap. préparé (50,2x65,4) : **USD 800 000** ; *Personnage* 1936, encre d'Inde/pap. (32,1x40,6) : **USD 25 875** – Paris, 22 nov. 1996 : *Demoiselle à bascule* 1969, aquat. et carborundum (48x58) : **FRF 19 000** – Londres, 2-3 déc. 1996 : *L'Oiseau* 1970, bronze patine brune/base concrète (H. 60,5) : **GBP 38 900** ; *Personnage, oiseau, étoile dans un paysage* 1978, h/t (115x88) : **GBP 353 500** – Londres, 4 déc. 1996 : *Femme et Oiseau VI/X* 1960, h/t d'emballage (54x42) : **GBP 100 500** – Paris, 10 déc. 1996 : *L'Enfance d'Ubu* 1975, litho. coul. (32,5x50,2) : **FRF 4 000** – Paris, 20 mars 1997 : *Le Penseur*, litho. (64x50) : **FRF 9 000** – Paris, 28 avr. 1997 : *Signature*, cr./pap. (35,5x50) : **FRF 7 500** ; *20.VI.71* 1971, encre de Chine/pap. (35,4x49,5) : **FRF 54 000**.

MIRO Pedro

xve siècle. Actif à Valence. Espagnol.

Peintre.

MIRO I LLEO Gaspar

Né en 1859 à Vilanova i La Geltru (Catalogne). Mort en 1930 à Paris. xixe-xxe siècles. Actif depuis 1902 en France. Espagnol.

Peintre de paysages urbains animés.

Après avoir fréquenté des ateliers d'artistes privés, il fut élève de l'École des Beaux-Arts de La Lonja, à Barcelone. En 1886 et 1887, il vint achever sa formation à Paris. À son retour en Espagne, il fut nommé professeur de dessin et peinture à l'École des Arts et Métiers de Vilanova i La Geltru, poste qu'il quitta peu après pour se consacrer totalement à la peinture. Entre 1899 et 1903, il exposa plusieurs fois à la Salle Parès. En 1902, il décida de s'établir à Paris et, en 1904, ses peintures furent exposées pour la première fois à l'Hôtel Drouot, où elles furent encore montrées plusieurs fois dans la suite. En 1914, à cause de la guerre, il s'installa avec sa famille à Lyon. Ensuite, il voyagea en Belgique et Italie. En 1927, il revint se fixer à Vilanova i La Geltru, tout en faisant des séjours à Paris, où il mourut.

Dans ses débuts, il peignait des tableaux de fleurs sur des fonds noirs. Lors de son premier séjour à Paris, il se spécialisa dans le genre de la nature morte. Quand il fut établi définitivement à Paris, il se spécialisa totalement dans les vues de la capitale française, les Champs-Élysées, la Place de la Bastille, la Seine et Notre-Dame, le Jardin du Luxembourg. Dans cette longue période de parisienne, il pratiqua une sorte de technique chromatique postimpressionniste, les touches de couleurs constituant en même temps le dessin, avec une virtuosité elliptique qui atteint à une audace peu commune dans certains paysages urbains plus ou moins imaginaires ou bien inspirés de vues de Bruxelles et de Venise. ■ J. B.

Bibliogr. : In : *Cien Anos de pintura en Espana y Portugal, 1830-1930*, Antiqvaria, t. VI, Barcelone, 1991.

Ventes Publiques : Londres, 15 fév. 1990 : *La Seine et Notre-Dame ; Scène de rue à Paris*, h/pan. et h/cart., une paire (chaque 24x33) : **GBP 7 480** – Londres, 4 oct. 1991 : *L'Île de la Cité à Paris*, h/pan. (21,2x27) : **USD 1 870** – Londres, 12 fév. 1993 : *La Seine et Notre-Dame ; Rue de Paris*, h/t et h/cart., une paire (chaque 24x33) : **GBP 2 090** – Paris, 15 déc. 1994 : *Animation sur les quais près de Notre-Dame*, h/pan. (24x33) : **FRF 11 500**.

MIROGLIO Jean Jacques

Né le 19 février 1727 à Genève. xviiie siècle. Suisse.

Peintre, miniaturiste sur émail.

Membre de l'Académie de Saint-Luc. Il figura au Salon de cette compagnie en 1776. La Bibliothèque de Genève possède de lui une *Vue de Genève*.

MIROGLIO Pyramus Louis

Né le 17 novembre 1789 à Genève. Mort le 4 novembre 1865. xixe siècle. Suisse.

Paysagiste.

MIROLI Girolamo. Voir **MIRUOLI**

MIRON Antoine. Voir **MIROÙ**

MIRON Y DUQUE Alvaro

Né à Jerez de la Frontera (Cadix). Mort le 12 mars 1876 à Jerez de la Frontera. xixe siècle. Espagnol.

Peintre de figures, paysages, marines.

MIRON-SIMA. Voir **SIMA MIRON**

MIRONENKO Sergueï et **Vladimir**

Frères jumeaux nés en 1959. xxe siècle. Russes.

Peintres de compositions à personnages, figures, technique mixte.

Ils vivent et travaillent à Moscou dans une collectivité d'artistes. Dans le contexte social de la *perestroïka* et du « dégel » (glasnost) consécutifs à la prise du pouvoir par Gorbatchev, Sergueï et Vladimir Mironenko inscrivent leur activité picturale dans une mise à l'épreuve, par provocations délibérées, des libertés nouvellement octroyées.

Bibliogr. : In : *Les Cahiers du Musée national d'art Moderne*, n° 26, Paris, hiver 1988.

MIRONI Francesco

Né à Reggio. xixe siècle. Italien.

Peintre de genre.

Exposa à Turin et Milan.

MIRONOV Léonid

Né en 1930 à Léningrad. xxe siècle. Russe.

Peintre de compositions à personnages, paysages. Postimpressionniste.

Il étudia à l'École des Arts de Léningrad, puis à l'Académie des Beaux-Arts et à l'Institut Répine sous la direction de R. R. Frenta. Depuis 1958 il participe à de nombreuses expositions nationales. À partir d'un dessin synthétique, il ose des couleurs audacieusement transposées.

Musées : Kiev (Mus. de la ville) – Moscou (min. de la Culture) – Saint-Pétersbourg (Mus. Acad. des Beaux-Arts) – Saint-Pétersbourg (Mus. d'Hist.).

Ventes Publiques : Paris, 18 fév. 1991 : *La place du Palais*, h/t (48x59) : **FRF 5 100** – Paris, 24 sep. 1991 : *La promenade du matin*, h/t (105x73) : **FRF 4 500**.

MIROPOLSKY Leonty ou **Miròpolisky**. Voir **MITROPOLISKY**

MIROSLAV

xiie-xiiie siècles. Allemand.

Enlumineur.

Moine bohémien qui enlumina avec des ornements et des figures une copie du fameux Glossaire connu comme le *Mater Verborum* et assemblé en 920 pour Salomon, évêque de Constance. Cette copie fut écrite en 1102 ou en 1202 par Vacerado. C'est un vocabulaire hébreu, grec et latin. L'ouvrage fut donné au Musée national de Prague par le comte Kolowrat-Krakowsky. Le style des enluminures est celui de l'art allemand à la fin du xiie siècle.

MIROU Antoine ou **Mirón, Miróv, Miruleus**
Né avant 1586 à Frankenthal. Mort après 1661 à Frankenthal. XVIIe siècle. Éc. flamande.
Peintre de sujets mythologiques, compositions religieuses, paysages animés, paysages.
Ses paysages rappellent ceux de Gillis de Coninxloo, dont il fut peut-être l'élève.

Musées : Amsterdam : *Paysage boisé* – Berlin (Mus. Nat.) : *Paysage de forêt avec ermitage* – Copenhague : *Paysage* – Gotha : *Paysage avec chasseur et cheval blanc* – Madrid : *Paysage avec Abraham et Agar* – Magdebourg : *Paysage* – Orléans : *Paysage animé* – Pommersfelden : *Paysage de fleuve* – Prague : *Paysage boisé avec chasseurs* – Saint-Pétersbourg : *Port*, attr. – Schleissheim : *Tentation du Christ* – Stuttgart : *Adoration des mages* – Vienne (Mus. Impérial) : *Deux paysages* – *Chute de Saül* – Vienne (Gal. Harrach) : *Paysage de forêt* – Vienne (Gal. Schonborn) : *Paysage de forêt.*
Ventes Publiques : Bruxelles, 12 mars 1951 : *Paysage flamand* 1607 : **BEF 24 000** – Londres, 28 nov. 1962 : *Partie de chasse dans un paysage* : **GBP 800** – Londres, 8 déc. 1965 : *Paysage montagneux* : **GBP 1 000** – Bruxelles, 13 mai 1969 : *Paysage fluvial* : **BEF 150 000** – Londres, 24 mars 1976 : *Cavaliers dans un paysage escarpé*, h/métal (18,5x24) : **GBP 10 700** – Londres, 13 déc. 1978 : *Chasseurs dans une forêt*, métal (25,5x34,5) : **GBP 24 000** – New York, 12 janv 1979 : *Paysage animé de personnages avec un château au bord d'une rivière*, métal (24x36) : **USD 26 000** – New York, 21 jan. 1982 : *Paysage fluvial boisé animé de paysans dans une barque*, h/métal (18,5x26) : **USD 29 000** – Amsterdam, 25 avr. 1983 : *Paysage montagneux animé de personnages*, pl. et lav. de bleu (18,2x27,2) : **NLG 28 000** – Vienne, 14 mars 1984 : *Paysage boisé animé der personnages* 1601, h/cuivre (15,5x20) : **ATS 600 000** – Londres, 28 fév. 1990 : *Village sur les bords de la rivière*, h/cuivre (15,5x23) : **GBP 37 400** – Paris, 9 avr. 1990 : *Tobie et l'Ange dans un paysage*, h/t (62x91,5) : **FRF 580 000** – Londres, 9 avr. 1990 : *Paysage boisé avec un homme donnant la sérénade à une femme en se promenant sur le chemin, au fond scène de canotage sur la rivière*, h/cuivre (25x34) : **GBP 28 600** – New York, 30 mai 1991 : *Chasseurs dans un paysage boisé*, h/cuivre (18,5x23) : **USD 33 000** – New York, 8 oct. 1993 : *Orphée charmant les animaux*, h/pan. (52,1x66,7) : **USD 40 250** – Londres, 9 déc. 1994 : *Paysage boisé avec Atalante et Méléagre*, h/cuivre (33,6x52) : **GBP 27 600** – Paris, 8 mars 1995 : *Paysage boisé avec scène champêtre*, h/cuivre (34x52) : **FRF 230 000** – New York, 12 jan. 1996 : *Vaste paysage avec Mercure et Hersé*, h/cuivre (33x49,5) : **USD 23 000** – Londres, 5 juil. 1996 : *Vaste paysage fluvial et boisé avec un gentilhomme donnant la sérénade à une dame*, h/cuivre (18,4x23,5) : **GBP 38 000** – Rome, 28 nov. 1996 : *Voyageurs se reposant dans un bois*, h/cuivre (55x72) : **ITL 40 000 000** – Paris, 13 juin 1997 : *L'Appel de Saint Pierre*, cuivre (17,2x22,2) : **FRF 200 000** – Paris, 4 nov. 1997 : *Paysage de montagne*, cuivre (19x24,5) : **FRF 126 000**.

MIROWSKY Wenzel. Voir **MYROWSKY**

MIRRI Sabina
Née en 1957 à Rome. XXe siècle. Italienne.
Peintre de figures, portraits, groupes, intérieurs, paysages animés, pastelliste, aquarelliste.
Elle participe à des expositions collectives, notamment à la nouvelle Biennale de Paris, en 1985. Elle expose aussi individuellement : 1976 à Rome, 1977 Florence ; 1980, 1983 Rome ; 1984 New York ; etc.
Sous des dehors d'une bonne peinture robustement post-cézannienne, ses compositions de personnages manifestent d'étranges énigmes.
Ventes Publiques : Paris, 13 avr. 1988 : *Il Pino de Capri* 1983, past./t (202x149) : **FRF 9 000** – Paris, 12 fév. 1989 : *Sans titre* 1985, past./pap. (185x178) : **FRF 12 200** – New York, 7 mai 1990 : *Le repos du guerrier* 1984, aquar., gche et craies/pap. teinté (85x75,5) : **USD 1 320**.

MIRSALIS Albert
Né le 8 février 1824 à Wolfenbuttel. Mort le 28 juin 1909 à Wolfenbuttel. XIXe siècle. Allemand.
Peintre de portraits.
Il étudia à Brunswick et à Düsseldorf. Le Musée patriotique de Brunswick nous présente plusieurs de ses œuvres.

MIRTELLO Nardo
XVe siècle. Actif en Sicile. Italien.
Sculpteur sur bois.
La cathédrale de Syracuse contient plusieurs sièges exécutés par cet artiste et représentant la *Naissance du Christ, Saint Antoine de Padoue* et *l'Annonciation*.

MIRUOLI Girolamo ou **Miróli**
XVIe siècle. Italien.
Peintre d'histoire et de fresques.
Élève de Pellegrino Tibaldi. Les églises de Bologne conservent de lui de nombreuses fresques. Il a exécuté en particulier les fresques du tombeau de Lod. Gozzadini à S. M. dei Servi de Bologne vers 1570. Il travailla également à Parme et à Modène où il fut appointé par le duc de Modène puis peintre de la cour.

MIRUS Lina
Née en 1838 à Weimar. Morte en 1878 à Weimar. XIXe siècle. Allemande.
Peintre de fleurs.
Le Musée de Weimar possède un tableau de cette artiste.

MIRVAULT Césarine Henriette Flore. Voir **DAVIN**

MIRVILLI. Voir **MERVILLE Karl Georg**

MIRY Jules
Né en 1857 à Gand. Mort en 1922. XIXe-XXe siècles. Belge.
Peintre de paysages.
Il fut élève de l'Académie des Beaux-Arts de Gand.
Bibliogr. : In : *Dictionnaire biographique illustré des artistes en Belgique depuis 1830*, Arto, Bruxelles, 1987.

MIRY TRINXET Joaquin
XIXe siècle. Actif à Madrid. Espagnol.
Peintre de paysages et de genre.
La Galerie Moderne de Madrid conserve de lui : *Jardin de l'Ermitage.*

MIRYS Silvestre David ou **Méris, Myrs**
Né en 1742 en Pologne, de parents français. Mort le 23 novembre 1810 en France. XVIIIe-XIXe siècles. Français.
Peintre d'histoire, portraits, peintre à la gouache, peintre de miniatures, graveur au burin.
Il était le fils de Silvestre de Mirys. Il vint à Paris en 1769 et étudia chez Vien de 1771 à 1775. Il représenta des scènes de l'histoire romaine pour les enfants du duc d'Orléans et peignit le portrait de Mme de Genlis.
Ventes Publiques : Paris, 4 déc. 1931 : *Monument élevé en signe de reconnaissance aux eaux de Spa par les enfants de Mme la duchesse d'Orléans*, gche : **FRF 17 550**.

MIRYS Silvestre de, ou **Miris** ou **Auguste** selon d'autres sources
Né vers 1700 en France. Mort entre 1788 et 1793 à Bialystok (Pologne). XVIIIe siècle. Français.
Portraitiste et peintre d'histoire.
Son père s'était rendu en France avec Jacques II d'Angleterre (1633-1701) en 1688. Mirys entra comme élève à l'Académie de Paris et y obtint la médaille en or. Il séjourna quelque temps à Rome. De Rome il se rendit à Varsovie, chez le prince Jablonovski, mais il dut quitter cette ville à cause d'une aventure et il se cacha à Dantzig. Quelque temps après il fut invité par le comte Branicski. Le Palais de Varsovie et celui de Bialystok conservèrent plusieurs tableaux d'histoire de ce peintre.
Musées : Cracovie (Mus. Nat.) : *K. Wegierski* – Lemberg (Lubomirski Mus.) : *Eleonore Sulkowska* – Posen (Mielzynski Mus.) : *Portrait de l'artiste par lui-même* – Varsovie (Mus. Nat.) : *Suzanne Poltz, femme du peintre de la cour.*

MIRZA GHULAM
XIe siècle. Éc. hindoue.
Peintre.
Il appartient à la période de transition qui sépare l'école d'Akbar de celle de Jahangir.

MIRZAEV Amisher
Né en 1948 à Tashkent. XXe siècle. Russe.
Peintre de paysages.
Il commença ses études artistiques de 1964 à 1968 à l'École des Beaux-Arts de Tashkent et les poursuivit de 1968 à 1974 à l'Institut Sourikov de Moscou. Il reçut le titre de Peintre du Peuple.
Sa peinture mêle les techniques européennes aux coloris chauds des tapis de sa région orientale.
Musées : Moscou (Gal. Tretiakov) – Moscou (min. de la Culture) – Och (Mus. d'Art) – Tachkent (Mus. d'Art).
Ventes Publiques : Paris, 23 avr. 1993 : *Le Chemin longeant le*

bord de la mer, h/t (79,8x79,9) : **FRF 6 200** – Paris, 13 déc. 1993 : *La Ville de Gourzouf ensoleillée*, h/t (80x80) : **FRF 5 000** – Paris, 3 oct. 1994 : *Le Printemps*, h/t (90,5x99) : **FRF 8 000** – Paris, 9 oct. 1995 : *Parmi les arbres*, h/t (79,5x79,5) : **FRF 7 900**.

MIS Johann
Né en 1900. XXe siècle. Allemand.
Peintre de scènes animées. Naïf.
Travailleur de la mine, ce fut à l'âge de cinquante ans qu'il commença à s'inspirer de son activité professionnelle dans des petits tableaux qui, pour être simplifiés, n'en sont pas moins vivants.
Bibliogr. : Oto Bihalji-Merin, in : *Les Peintres naïfs*, Delpire, Paris, s.d.

MISA MARTIN Alonso de
XVIe-XVIIe siècles. Actif à Séville. Espagnol.
Sculpteur.
Le 17 octobre 1595, il reçut et accepta la commande d'une statue de Notre-Dame ayant son fils dans les bras, dont la dimension était fixée à sept palmes et demie (huit avec le piédestal), entièrement dorée et peinte à la pointe du pinceau, à la manière d'un Saint Jean, placé à Séville dans la chapelle du Saint-Nom de Jésus. Dans la commande se trouve aussi un tabernacle à quatre portes sur chacune desquelles serait sculpté un sujet différent.

MISBACH
XVIIIe-XIXe siècles. Français.
Dessinateur de paysages urbains.
Père de Constant Misbach, sa biographie nous est inconnue. Il réalisa des vues de Paris.
Ventes Publiques : Paris, 21 et 22 fév. 1919 : *La route traversant le village*, sépia : **FRF 100** – Paris, 31 mars 1924 : *Bâtiments aux portes de Paris*, deux dess. sépia : **FRF 4 300** ; *Église*, sépia : **FRF 2 000** – Paris, 13-15 mai 1929 : *Barrière des « Bons Hommes » ou de Passy : Barrière de Clichy*, deux dess. : **FRF 16 500** – Paris, 4 juin 1947 : *La barrière de la Lunette* 1797, sépia : **FRF 1 100** – Paris, 17 nov. 1950 : *Barrière du Roule : Barrière Saint-Denis : Barrière d'Enfer : Barrière Sainte-Marie* 1797, quatre dess. pl. et lav. de sépia : **FRF 17 500** – Paris, 27 juin 1997 : *Paysage de montagne animé de personnages*, pl., lav. brun (27x36) : **FRF 4 000**.

MISBACH Constant
Né en 1808 à Paris. Mort après 1850. XIXe siècle. Français.
Peintre d'histoire.
Élève de son père. Exposa des sujets d'histoire au Salon de 1831 à 1850.
Ventes Publiques : Paris, 21 déc. 1949 : *Vue de Bagneux*, lavis de sépia : **FRF 1 150** – Paris, 13 nov. 1996 : *La Barbière de La Villette*, pl., encre noire et lav. brun (9x15) : **FRF 5 500**.

MISCHKIND Alexandre
Né en 1862 à Kiev. Mort en 1936 à Roubaix (Nord). XIXe-XXe siècles. Depuis 1882 actif en France. Russe.
Peintre de portraits, dessinateur, photographe.
Venu de Russie, diplômé de l'École des beaux-arts de Moscou, il s'installe à Roubaix en 1882. Dès 1895, il ouvre un studio de photographie, tandis que peu de temps après son arrivée, il participe régulièrement au Salon de Paris, jusqu'en 1930.
Portraitiste, aussi bien en peinture qu'en photographie, il pratique les deux arts sans qu'aucun des deux ne nuise à l'autre, mais l'un et l'autre se complètent, l'analyse s'ajoutant à la synthèse. Ses fusains notamment, montrent un approfondissement dans le rendu psychologique du caractère des personnages.
Musées : Roubaix (Mus. des Beaux-Arts) : *Saint Jean*.

MISCHKIND Françoise
Née en 1936. XXe siècle. Française.
Peintre, pastelliste.
Petite-fille du peintre et photographe Alexandre Mischkind, elle poursuit sa carrière de pastelliste.

MISCHKIND Marie Olga
Née en 1945. XXe siècle. Française.
Peintre miniaturiste.
Petite-fille d'Alexandre Mischkind, peintre et photographe de portraits, elle est poète et miniaturiste.

MISCHKIND Raphaël
Né le 7 août 1894 à Roubaix (Nord). Mort le 7 août 1984 à Saint-Tropez (Var). XXe siècle. Français.
Peintre de paysages animés, pastelliste et photographe.
Fils d'Alexandre Mischkind, comme son père il fut également peintre et photographe, mais ausi auteur d'essais sur Maurice quentin de Latour, Chardin, Rembrandt et d'une étude sur le pastel.

MISCHKIND Serge
Né en 1906. Mort en 1975. XXe siècle. Français.
Peintre, miniaturiste et photographe.
Également peintre et photographe, comme son père Alexandre Mischkind, il fut plus particulièrement miniaturiste.

MISCHKINE Olga
Née le 11 avril 1910 à Roubaix (Nord). Morte le 10 mars 1985 à Paris. XXe siècle. Française.
Peintre de figures, nus, paysages et marines animés, fleurs, peintre à la gouache, pastelliste.
Fille du portraitiste Alexandre Mischkind, à la fois peintre et photographe, elle a préféré rétablir une orthographe de son patronyme plus proche de l'origine russe. Elle fut élève de l'École des Beaux-Arts de Lille. Elle-même fut d'abord une actrice de cinéma renommée, sous le pseudonyme d'Olga Lord, fut la compagne de Jean Dehelly, vedette du cinéma muet, et ne reprit la peinture que lorsqu'elle eut arrêté sa carrière.
Elle traitait des sujets divers avec un dessin vigoureux et des couleurs volontaires souvent sensuellement empâtées.
Ventes Publiques : Versailles, 29 fév. 1976 : *À l'ombre du massif de fleurs*, h/t (92x73) : **FRF 4 100** – Versailles, 12 mars 1978 : *La maison aux lupins*, h/t (73x92) : **FRF 5 800** – La Varenne-Saint-Hilaire, 20 mai 1990 : *La table sous les ombrages*, h/t (65x54) : **FRF 23 000** – La Varenne-Saint-Hilaire, 16 juin 1990 : *Promenade sur la croisette*, gche (47x64) : **FRF 7 000** – Paris, 29 mai 1991 : *La table fleurie*, h/t (50x65) : **FRF 14 000**.

MISCHKOVITZ Georg
Né le 20 avril 1799 à Laibach. XIXe siècle. Actif à Laibach. Autrichien.
Peintre de figures.
Élève de A. Herrlein et de Pototschnig.

MISCIROLI Tommaso ou **Missiroli**
Né en 1636 à Faenza. Mort en 1699. XVIIe siècle. Italien.
Peintre d'histoire.
Il fut surnommé le peintre paysan. On ne lui connaît pas de maître. La Pinacothèque de Faenza possède de lui le *Martyre de sainte Cécile*.

MISDACQ Jodocus A. W. Y. ou **Mesdag**
XVIe siècle. Hollandais.
Peintre.

MISE Jérolim
Né en 1890 à Spalato. XXe siècle. Yougoslave.
Peintre de portraits, paysages.
Il était actif à Agram. Il fut aussi critique d'art.

MISEL Lukas. Voir **MISLEY**

MISEREY Albert Ernest
Né le 31 juillet 1862 à Ménilles (Eure). XIXe-XXe siècles. Français.
Sculpteur de figures, statuettes allégoriques.
Il fut élève de Eugène Émile Thomas et Charles Gauthier. Il exposait à Paris, au Salon des Artistes Français. Il reçut en 1894 une médaille de troisième classe, en 1901 une médaille de deuxième classe, en 1910 une médaille de première classe.
Musées : Bordeaux : *La Source*, marbre blanc, statuette – La Roche-sur-Yon : *Une Mauresque*.

MISERIA Juan de La. Voir **LA MISERIA**

MISEROTTI Domenico
XVIIIe siècle. Actif vers 1750. Italien.
Graveur.
Il grava d'après les tableaux de la galerie du grand duc de Toscane.

MISHENKO Porfiriy Matveyevitch
Né en 1918 près de Kiev. XXe siècle. Russe.
Peintre de compositions à personnages, scènes animées.
Il vit et travaille à Kiev. Après une jeunesse laborieuse, il commença ses études artistiques à l'Institut d'Art de Dnepropetrovsk, mais la guerre vint les interrompre. Ce n'est qu'en 1946 qu'il les reprendra à l'Institut des Beaux-Arts de Kiev dans les ateliers de Kostetsky, de Grigoriev et de Trohimenko.
Membre de l'Union des Artistes il a participé à de nombreuses expositions.
Dans la technique traditionnelle narrative de l'académisme du

XIXe siècle, il représente des scènes d'ouvriers, paysans, marins au travail.
MUSÉES : KIEV.
VENTES PUBLIQUES : PARIS, 18 mars 1991 : *Les pêcheurs* 1958, h/t (100x150) : **FRF 13 500**.

MISIOWSKI Antoni
XVIIIe siècle. Actif au milieu du XVIIIe siècle. Polonais.
Peintre.
Membre de la confrérie des peintres de Cracovie. On possède plusieurs portraits signés de lui et exécutés entre 1739 et 1743.

MISIZANETTI Joseph
XIXe siècle. Actif en Italie. Italien.
Peintre et graveur.
Il participa aux expositions de Paris et reçut une médaille de bronze en 1900 à l'Exposition Universelle.

MISKIN ou **Miskina**
Indien.
Peintre.
Appartient à l'école Akbar. Il a représenté surtout des paysages.

MISKOVITS Mozes
Né en 1798 dans le Banat. Mort après 1865 à Budapest. XIXe siècle. Actif à Budapest. Hongrois.
Graveur au burin.

MISLEY Lukas ou **Mischle, Misel, Misle, Mislei** ou **Misli**
Né vers 1670. Mort en 1727 probablement à Laibach. XVIIe-XVIIIe siècles. Autrichien.
Sculpteur.
C'est dans son atelier que travaillèrent les sculpteurs italiens : Angelo Pozzo, Jacopo Contieri et Francesco Robba, son gendre. Il travailla pour les églises de Laibach.

MISONNE Eudore
Né en 1891 à Gilly. XXe siècle. Belge.
Peintre de figures, portraits, paysages.
Il fut élève de l'Académie des Beaux-Arts de Mons. En 1920, il devint docteur en droit.
BIBLIOGR. : In : *Dictionnaire biographique illustré des artistes en Belgique depuis 1830*, Arto, Bruxelles, 1987.
MUSÉES : TOURNAI.

MISPAGEL Carl
Né le 1er avril 1856 à Hanovre. XIXe siècle. Actif à Berlin. Allemand.
Graveur.
Élève de l'Académie de Karlsruhe.

MISRAKI Joseph
Né le 17 mars 1895 à Mahalla Kobra. XXe siècle. Égyptien.
Peintre de compositions animées, figures, nus, portraits, intérieurs, paysages.
Il exposait aussi à Paris, au Salon d'Automne, dont il était sociétaire depuis 1919.
Il a peint des paysages d'Égypte. Il a aussi beaucoup peint en France, des vues de Paris et de ses quais, des paysages d'Île-de-France, de Bretagne, de Provence.
VENTES PUBLIQUES : PARIS, 5-6 juin 1925 : *Le Matin à Mehella* : **FRF 90** ; *Le Pont de la Tournelle* : **FRF 100** – PARIS, 30 nov. 1949 : *La Seine, à Paris* 1920 : **FRF 2 800** – LONDRES, 21 oct. 1988 : *La guinguette au bord de l'eau* 1920, h/t (73,5x92,5) : **GBP 4 180** – PARIS, 5 nov. 1993 : *Le port* 1920, h/t (60x73) : **FRF 3 500**.

MISSA Edmond
Né le 16 mai 1893 à Paris. Mort le 18 avril 1970 à Paris. XXe siècle. Français.
Peintre de paysages urbains. Postimpressionniste.
Il exposait régulièrement à Paris, au Salon des Artistes Indépendants, qui lui consacra une exposition posthume en 1972. Il avait reçu de nombreux Prix et médailles, dont celle des Arts et Lettres.
Il a surtout peint le paysage du vieux Paris typique.

MISSAKIAN Berge A.
Né en 1933 à Alexandrie. XXe siècle. Actif depuis 1962 au Canada. Égyptien-Arménien.
Peintre de compositions à personnages, figures, paysages, natures mortes, dessinateur. Cubo-expressionniste.
Il fit des études universitaires à Beyrouth jusqu'en 1954, puis à New York, avant de s'établir à Montréal. De 1963 à 1967, il entreprit des études artistiques à Montréal, les poursuivit, de 1968 à 1971, à Colorado Springs, puis, de 1973 à 1976, de nouveau à Montréal.
Depuis 1977, il se consacre entièrement à la peinture. Il participe à des expositions depuis 1979, à Montréal, Toronto, et dans de nombreuses villes du Canada, ainsi qu'à Vienne, Munich, New York, etc.
Il traite les sujets les plus divers, d'entre lesquels dominent les groupes de musiciens de jazz et les natures mortes. Les appartenances stylistiques, les influences reconnaissables sont également variées : le dessin, alerte, spontané, souvent un peu relâché, procède d'un expressionnisme, que confirme un chromatisme généreux et enjoué, et qui se teinte, surtout dans les natures mortes, d'accents post-cubistes.
BIBLIOGR. : Louis Bruens : *Qui donc est Missakian ?*, Édit. La Palette, Ste-Agathe-des-Monts, Québec, 1992.
MUSÉES : LE CAIRE (Mus. d'Art Mod.) – YEREVAN (Mus. des Beaux-Arts).

MISSANT André Robert
Né le 29 août 1908 à Croix (Nord). Mort le 21 février 1977 à Roubaix (Nord). XXe siècle. Français.
Peintre de compositions religieuses, nus, portraits, natures mortes, dessinateur, sculpteur.
Il fut élève de l'École des Beaux-Arts de Roubaix. Depuis 1936, il vécut et travailla dans un logement du centre de Roubaix. Il a participé à des expositions collectives dans la région de Lille-Roubaix-Tourcoing. Il montrait aussi son travail dans des expositions personnelles : 1943 Lille, Roubaix. 1968 château de Montbéliard. 1969, 1974 Roubaix. Deux expositions rétrospectives lui ont été consacrées, en 1986 au Musée de Roubaix, en 1987 à Croix.
Son œuvre de portraitiste est considérable. Il a peint de nombreuses compositions religieuses, parmi lesquelles : une *Descente de croix* de cinq mètre sur trois métres, actuellement dans l'église Saint-Martin de Roubaix. Il peignit aussi des natures mortes, d'entre lesquelles celle intitulée *Les Arts* rappelle par sa facture large, grasse, sensuelle, le toucher pictural caractéristique d'Othon Friesz dans sa deuxième manière. On retrouve d'ailleurs cette facture enlevée, dans la lignée du « fa presto » du Tintoret, dans la *Descente de Croix* de l'église Saint-Martin.
BIBLIOGR. : Divers : Catalogue de l'exposition rétrospective *André Missant*, Musée de Roubaix, 1986 – divers : Catalogue de l'exposition rétrospective *André Missant*, Croix, 1987.
MUSÉES : ROUBAIX : plusieurs peintures – *Portrait en buste de Maxence Vandermeersch*, sculpt.

MISSBACH Paul
Né vers 1859. Mort le 1er octobre 1912 à Freiberg (Saxe). XIXe-XXe siècles. Allemand.
Peintre de genre, de paysages.
Élève de l'Académie de Dresde avec H. Prele, L. Pohle et G. Kuehl.

MISSEROLE Émilie Louise Marie, Mme
Née au XIXe siècle à Paris. XIXe siècle. Française.
Peintre de miniatures, peintre sur émail.
Élève de D. de Cool et Mlle Dubois-Davesnes. Elle débuta au Salon de 1877.

MISSFELDT. Voir **MISZFELDT**

MISSINGHAM Hal
Né en 1888. XXe siècle. Australien.
Peintre-aquarelliste de paysages.
Il fut directeur de le Galerie Nationale de Sydney.
Il a traité à l'aquarelle des aspects dramatiques de l'Australie méridionale et de l'intérieur.

MISSIRIAN
XXe siècle. Syrien-Arménien.
Peintre de paysages.
En 1945 à Paris, il a figuré au Salon des Artistes Libres Arméniens.
De Syrie, il a rapporté un ensemble de peintures.

MISSIROLI Tommaso. Voir **MISCIROLI**

MISSOFFE Jean-Pierre
Né le 11 février 1918 à Toulon (Var). XXe siècle. Français.
Peintre de paysages, marines. Tendance abstraite.
Il a vécu en Bretagne et ne l'a jamais tout à fait quittée. Il participe à des expositions collectives, dont à Paris le Salon Comparaisons et le Salon d'Automne dont il est sociétaire. Il participe à des expositions collectives, en province, en particulier dans le

Finistère et au Centre d'Art de Marcq-en-Barœul, ainsi qu'à l'étranger. En 1971, il articula les peintures d'une exposition personnelle autour de thèmes de la poésie de Paul Valéry, entre autres *La mer, la mer toujours recommencée*, qu'acheta la Ville de Paris.
Marquée par les paysages marins et la campagne bretonne, sa peinture, d'abord figurative, a évolué vers des formes traduisant par équivalences les paysages auxquels il reste attaché. Cette évolution s'est concrétisée dans les peintures sur les thèmes de Valéry. Une suite de variations sur les saisons a confirmé cette tendance qui se poursuit par des recherches sur une possibilité d'art sacré.

MISSOLI Antonio
XVIIe siècle. Actif à Ferrare. Italien.
Peintre.
Il a composé deux tableaux à San-Francesco à Corregio.

MISSON Charles
XVIe-XVIIe siècles. Actif à Namur entre 1595 et 1616. Belge.
Peintre.

MISTI-MIFLIEZ Ferdinand
Né à Paris. XIXe-XXe siècles. Français.
Lithographe.
Il fut élève d'Edmond Lechevallier-Chevignard à l'École des Arts Décoratifs de Paris. Il exposait au Salon des Artistes Français, reçut en 1907 une mention honorable.

MISZEVSKI Julius
Né en 1790 à Vilna. Mort en 1826 à Rome. XIXe siècle. Polonais.
Paysagiste et graveur.
Il fit ses études à Vilna, puis se rendit à Rome. A Subiaco, aux environs de Rome, faisant un paysage, il tomba d'un rocher et se tua.

MISZFELDT Friedrich
Né le 2 octobre 1874 à Kiel. XIXe-XXe siècles. Allemand.
Peintre de figures, paysages, animalier, illustrateur.
Il fut élève de Robert Pötzelberger, Carlos Grethe sans doute à Stuttgart, de Karl de Kalckreuth sans doute à Weimar. À Paris, il travailla avec Jules Lefebvre et Tony Robert-Fleury. Il devint professeur à l'École des Beaux-Arts de Kiel.

MISZFELDT Heinrich
Né le 20 décembre 1872 à Kiel. XIXe-XXe siècles. Allemand.
Sculpteur de figures, groupes.
Il fut élève de Peter Schnorr, Gerhard Janensch, Ernst Herter, Peter Breuer.
Musées : Brême : *Joueurs de boules.*

MITA G.
XIXe-XXe siècles. Français.
Peintre de paysages, paysages d'eau. Postimpressionniste.
On doit s'étonner que ce paysagiste longtemps présent dans les ventes publiques, en ait ensuite disparu.
Il a surtout travaillé sur les paysages de l'Eure, les bords de rivières et de la Seine.
Ventes Publiques : Paris, 23 déc. 1918 : *Le Chemineau* : **FRF 550** – Paris, 20 mai 1920 : *La Meule* : **FRF 750** ; *Bords de la Seine* : **FRF 380** – Paris, 24-26 avr. 1929 : *Chaumières à Bouafles (Eure)* : **FRF 820** – Paris, 23 juin 1943 : *Crépuscule aux environs de Port-Morin* : **FRF 2 300** – Paris, 4 mai 1951 : *Les Voiliers* : **FRF 5 200** ; *La Route de Bouafles (Eure)* : **FRF 4 000** – Paris, 10 mai 1994 : *Matinée d'été au bord de la Doucelirre (Nièvre)* 1903, h/t (60x81) : **FRF 30 000** – New York, 19 jan. 1995 : *Paysannes sur un chemin* 1905, h/t (61x80,6) : **USD 9 200.**

MITA Vincenzo de, dit **il Foggiano**
XVIIIe siècle. Actif à Foggio. Italien.
Peintre.
Élève de Fr. de Mura. L'église S. Nicola alla Carita à Naples possède de lui une *Nativité* et une *Visitation.*

MITAINE Raymond
Né en 1947 en Côte-d'Or. XXe siècle. Français.
Peintre, technique mixte, dessinateur. Abstrait-informel.
Professeur agrégé de littérature française. Il peint depuis l'âge de 14 ans. En 1991 à Paris, la galerie François Mitaine a présenté son exposition personnelle *Jérusalem « Murs ».*
Il dessine des croquis sur nature, peint des lavis et aquarelles en préparation aux peintures à venir. À la suite d'un voyage à Jérusalem, en 1987, il a peint une série de toiles inspirées du Mur des Lamentations. Il en décrit lui-même le principe : « Les bandeaux tendus qui enserrent le cœur de l'œuvre imposent à l'œil la planéité du tableau. Mieux qu'une technique propre à l'art moderne cette dense platitude exalte la lumière et la profondeur du centre. » Sa peinture, construite par zones, faite d'effleurements du pinceau, de coulures orientées de couleurs suavement mêlées, de linéaments de matières pigmentaire déposés, peut être rattachée au courant abstrait de la peinture de champs.
Bibliogr. : In : Beaux-Arts Magazine, n° 79, Paris, mai 1990 – Claude Bouyeure : *Raymond Mitaine*, in : Opus International, n° 122, Paris, nov.-déc. 1990 – Claude Bouyeure : même texte, in Catalogue de l'exposition *Jérusalem « Murs »*, Galerie François Mitaine, Paris, 1991.
Ventes Publiques : Paris, 18 oct. 1990 : *Sans titre*, techn. mixte/pap. (93,5x148,5) : **FRF 10 000** – Paris, 17 juin 1991 : *Composition*, h/t (25x25) : **FRF 4 000.**

MITALY C.
XIXe siècle. Allemand.
Peintre de genre.
Le Musée de Cologne conserve de cet artiste une scène de genre, peinte à Venise.

MITAN James
Né le 13 février 1776 à Londres. Mort le 16 août 1822. XIXe siècle. Britannique.
Graveur et architecte.
Élève de Agar, Chuseman et de la Royal Academy. Ce fut un habile graveur qui produisit beaucoup de vignettes. A la fin de sa vie il devint architecte.

MITAN Samuel
XVIIIe siècle. Britannique.
Graveur.
Frère et élève de James Mitan.

MITARSKI Wilhelm
Mort le 29 novembre 1923 à Cracovie. XIXe-XXe siècles. Polonais.
Peintre de paysages.
Il étudia à Paris. Il était aussi critique d'art.

MITATA Lucas
XVIe siècle. Actif à Madrid. Espagnol.
Sculpteur.
Exécuta des statues décoratives pour l'entrée d'Anne d'Autriche, épouse de Philippe II, dans la ville de Madrid.

MITCHELL Arthur
Né le 5 février 1864 à Gillespie (Illinois). XIXe-XXe siècles. Américain.
Peintre de paysages.
Il fut élève de l'École des Beaux-Arts de Saint-Louis, où il a vécu et travaillé.

MITCHELL Curtis
XXe siècle. Américain.
Sculpteur, créateur d'installations, multimédia.
Il a montré ses œuvres dans une exposition personnelle en 1992 à New York.
Il utilise des objets de consommation flambants neufs, mais aussi grilles d'égouts, morceaux de trottoirs et autres matériaux de rebuts. Il pratique un art de l'assemblage, non exempt d'humour.
Bibliogr. : Lois Nesbitt : *Curtis Mitchell*, in Art Forum, vol. XXXI, n° 1, New York, sept. 92.

MITCHELL Denis
Né en 1912. Mort en 1993. XXe siècle. Britannique.
Sculpteur.
Ventes Publiques : Londres, 30 mars 1983 : *Clowance*, alu. (H. 190,5) : **GBP 650** – Londres, 10 nov. 1989 : *Cordoba n° 5* 1971, bronze à patine verte (L. 75,6) : **GBP 1 870** – Londres, 24 mai 1990 : *Widdon 2* 1965, bronze sur base d'ardoise (H. 59) : **GBP 1 760** – Londres, 25 nov. 1993 : *Zawn* 1958, bronze (H. 37) : **GBP 828** – Londres, 25 mai 1994 : *Paphos* 1974, bronze poli (H. 29) : **GBP 1 725** – Londres, 26 oct. 1994 : *Botallack*, bronze (L. 79) : **GBP 2 760** – Londres, 25 oct. 1995 : *Selena*, cuivre poli (H. 16) : **GBP 1 035** – Londres, 23 oct. 1996 : *Probus* 1971, bronze patine verte (L. 102) : **GBP 3 220.**

MITCHELL Edward
Né vers 1831. Mort le 17 avril 1872. XIXe siècle. Actif à Londres. Britannique.
Sculpteur.

MITCHELL Fred
Né en 1923 à Meridian (Mississipi). XXe siècle. Américain.
Peintre. Abstrait.
En 1942-43, il fut élève du Carnegie Institute de Pittsburgh ; de 1946 à 1948 de la Cranbrook Academy of Art. Grâce à une bourse, il travailla ensuite, de 1948 à 1950, dans des Académies de Rome. Il a fait d'importants voyages en Europe. Il participe à de nombreuses expositions collectives, dont : 1954 *Jeunes peintres américains* au Guggenheim Museum de New York ; 1955 *Avant-garde* au Walker Art Center de Minneapolis. En 1953 et 1960, il a montré des ensembles d'œuvres dans des expositions personnelles à New York. De 1955 à 1959, il a enseigné à la Cranbrook Academy of Art.
Bibliogr. : Michel Seuphor, in : *Diction. de la Peint. Abstraite*, Hazan, Paris, 1957 – Bernard Dorival, sous la direction de, in : *Peintres contemp.*, Mazenod, Paris, 1964.

MITCHELL George Bertrand
Né le 18 avril 1874 à East Bridgewater (Massachusetts). XIXe-XXe siècles. Américain.
Peintre.
Il fut élève de l'École des Beaux-Arts de Paris, ainsi que de Jean-Paul Laurens et Benjamin-Constant. Aux États-Unis, il fut membre du Salmagundi Club.

MITCHELL Gurnsey
Né le 1er octobre 1854 à Rochester (New York). Mort le 1er avril 1921 à Rochester. XIXe-XXe siècles. Actif aussi en France. Américain.
Sculpteur.
Il vécut vingt-et-un ans à Paris. Il y exposa au Salon des Artistes Français, et reçut une mention honorable en 1890.

MITCHELL Jeffry
Né en 1958 à Seattle (Washington). XXe siècle. Américain.
Graveur.
Il vit et travaille à Seattle.
Il a figuré, à Paris, en 1995, à l'exposition de la Jeune Gravure Contemporaine parmi les invités des États-Unis.
Ses gravures sont des représentations humoristiques de scènes ubuesques.

MITCHELL Joan
Née le 21 février 1926 à Chicago (Illinois). Morte le 30 octobre 1992 à Paris. XXe siècle. Active depuis 1955 en France. Américaine.
Peintre, pastelliste, graveur. Expressionniste-abstrait.
Elle est élève du Smith College de Northampton (Massachusetts), de 1942 à 1944, de l'Art Institute de Chicago, de 1944 à 1947, où elle a pour professeurs Robert von Neumann et Louis Ritman. En 1945 et 1946, elle passe ses vacances au Mexique, où elle rencontre les peintres muralistes Orozco et Siqueiros. Elle travaille dans l'atelier de Hans Hofmann, à New York, en 1947, et découvre à cette époque l'œuvre d'Arshile Gorky et de Jackson Pollock. En 1948-1949, ayant obtenu une bourse, elle séjourne en Europe, notamment en France, puis revient à New York, où elle poursuit sa formation dans des universités. Elle fréquente alors l'avant-garde new yorkaise, et fait la connaissance de De Kooning et de Franz Kline. À partir de 1955, elle partage son temps entre les États-Unis et la France. De 1955 à 1979, elle vit avec le peintre canadien Riopelle. En 1968, elle s'installe dans le village de Vétheuil (Val-d'Oise) souvent peint par Monet. Certains voient, dans le choix de ce lieu, une prédilection pour l'œuvre du peintre des nymphéas, ce dont elle se défend vigoureusement, se sentant plus proche de Cézanne et Van Gogh.
Elle a participé à de nombreuses expositions collectives : 1950, 1957, 1958, 1962, 1968 Art Institute de Chicago ; depuis 1951 régulièrement au Whitney Museum of American Art de New York ; 1955 Walker Art Center de Minneapolis ; 1956, 1962, 1968, 1971 Museum of Modern Art de New York ; 1957 *Artists of the New York School : Second Generation*, Jewish Museum de New York ; 1957, 1959, 1975 Corcoran Gallery of Art de Washington ; 1958 Biennale de Venise ; 1958, 1961, 1970, 1972 Carnegie Institute de Pittsburgh ; 1959 Documenta de Kassel et Biennale de São Paulo ; 1960 musée des Arts décoratifs de Paris ; 1961 Salon de Mai à Paris et Guggenheim Museum de New York ; 1966 Salon des Réalités Nouvelles à Paris, National Museum of Modern Art de Tokyo ; 1967, 1968 fondation Maeght à Saint-Paul-de-Vence ; 1993 *Azur*, fondation Cartier à Jouy-en-Josas.
À partir de 1950, elle a montré ses œuvres dans de nombreuses expositions personnelles : 1952 New Gallery à New York ; de 1953 à 1965 régulièrement à la Stable Gallery à New York ; 1960 première exposition à Paris et Milan ; à partir de 1967 régulièrement à la galerie Fournier à Paris ; 1968, 1971, 1972 Martha Jackson Gallery à New York ; 1972 Everson Museum of Art de Syracuse ; 1974, 1992, 1993 Whitney Museum of American Art de New York ; 1982 musée d'Art moderne de la Ville de Paris ; 1988 rétrospective itinérante : Corcoran Gallery of Art de Washington, Museum of Art de San Francisco, Albright Knox Art Gallery de Buffalo et Museum of Contemporary Art de La Jolla ; expositions posthumes : 1994 galerie nationale du Jeu de Paume à Paris et musée des Beaux-Arts de Nantes. Elle a reçu de nombreux prix et distinctions : 1961 prix Lissone ; 1988 Commandeur des Arts et des Lettres (France) ; 1989 Prix National de Peinture (France) ; 1991 Grand Prix de Peinture de la Ville de Paris.
Dès son plus jeune âge, elle s'intéresse à la peinture et la pratique : « à cinq, six ans, Van Gogh était déjà mon peintre préféré ». Tout au long de sa vie, il restera le peintre le plus proche de sa sensibilité. Débutant avec des nus, des paysages et des natures mortes influencés par Cézanne, Kandinsky et Matisse, elle évolue dans des œuvres abstraites structurées, proches des compositions plastiques de Vieira da Silva, fractionnant l'espace en petits plans anguleux dans une gamme de tons éteints. Au début des années cinquante, au contact des avant-gardes new yorkaises, elle trouve son langage pictural propre, un expressionnisme abstrait, apparenté à l'Action Painting américain, d'une vigueur qui rappelle De Kooning, et où alternent des accents tragiques et des espoirs de bonheur. Dans les premières œuvres significatives de cette époque, entrelacs, zigzags, traits grossiers, nerveux et spontanés, dans des tons rompus – rouges, bleus, verts saturés et noirs – traversent la toile, dans une danse désordonnée, prennent vie sur un fond blanc décoloré, évoquant quelque calligraphie improvisée. Mitchell laisse le pinceau circuler librement, porteur de toutes les impulsions et énergies. Quelques années plus tard, alors qu'elle s'installe à Paris (vers 1958), le mouvement perd en souplesse, la touche se fait plus grossière, la matière plus épaisse, l'espace plus chargé. « Brouillonnes », ses toiles apparaissent plus tourmentées. Des empâtements lourds, des coulures, des traînées, des couches superposées de peinture, occupent frénétiquement la surface jusqu'à l'épuisement, dans une dynamique circulaire engendrée par le fait qu'au cours de son travail l'artiste fait tourner le tableau. Dans les années soixante, elle introduit une nouvelle donnée en fragmentant ses toiles en polyptyques, et renforce ainsi l'aspect déjà monumental de ses formats pour un « paysage à perte de vue ». Cela lui permet de rendre compte de l'immensité du monde qu'elle intériorise, s'approprie, et surtout d'unir, dans un même regard, des espaces parallèles, des fragments d'harmonie. Simultanément, alors que sa palette s'éclaircit, sa manière de répandre la peinture évolue. La concentration des couleurs dans des plages de formes oblongues ou ébauches de rectangles, plus consistantes, en suspension (comme dans *The Sky is blue, the grass is green* de 1972 ou *Barge péniche* de 1975) se substitue à l'éparpillement antérieur de la facture. Cette manière d'occuper l'espace évoque la structure récurrente de Rothko « aux formes ramassées les unes contre les autres en rectangles de couleurs diffuses, disposés horizontalement, (...) sur toute la largeur de toiles en hauteur » (Busse) sans toutefois en posséder la luminosité et le raffinement (tel n'est pas son propos), ni la valeur métaphysique. Joan Mitchell reste fidèle au réel, elle travaille au rythme des saisons, par phases, se laisse envahir, dans une lente maturation, par une atmosphère, un paysage, une odeur, qu'elle exploite ensuite jusqu'à ce que la toile « cesse de lui poser des questions » (Mitchell). À partir du milieu des années soixante-dix, elle travaille surtout par séries : *Tilleuls* (1978), *La Grande Vallée* (1983-1984), *Lille* (1986), *Champs* (1990), évoquant, dans ses titres, la nature ou des lieux, et parfois la musique *Quatuors for Betsy Jolas* (1976), *Two pianos* (1980), *Chords* (Accords) (1980, 1986-1987). Dès lors, elle fait alterner champs colorés et coups de pinceau locaux, accumulant la couleur jusqu'à ce que le fond disparaisse totalement ou, au contraire, incluant le blanc de la toile comme élément de composition. Elle laisse éclater les couleurs, renonçant à les casser comme elle le faisait auparavant. Elle utilise les pigments purs, qu'elle broie à la main : rouges, jaunes et bleus éclatants, verts, oranges et violets, et toujours le blanc et le noir qui donnent sa force à l'ensemble. Elle les applique avec vigueur au couteau, à la

brosse, au pinceau, jouant des effets de texture. Poursuivant son œuvre monumental, tout en tension, jusqu'à sa mort, elle a néanmoins expérimenté, dans ses dernières années, un espace moindre avec le format du tondo, peut-être pour réduire l'effort que nécessitaient les grands formats (elle a subi deux opérations de la hanche, en 1985 et 1989). Sans rupture, réinterprétant au cours des années des manières plus anciennes, Joan Mitchell s'est attachée à rendre le chaos de l'existence, la violence des sentiments dans une grande intensité lumineuse.
Abordant l'art dans les années soixante, Joan Mitchell bénéficie aussitôt des recherches poursuivies par les représentants de l'Expressionnisme abstrait, qui avaient mis de longues années avant d'en arriver là – ce qui la classe dans la catégorie de la seconde génération de l'école de New York et la hérisse. Bien naturellement influencée par eux, dans telle toile on reconnaît le « push-pull » de Hofmann, le geste de De Kooning, dans telle autre le trait de Franz Kline, ici Pollock, là Gottlieb, et fidèle, dès ses débuts, à leur attachement au geste, à la matière picturale et à la spontanéité créatrice, son œuvre n'en a pas moins évolué, dans des topographies personnelles, au caractère intemporel, d'une indéniable unité. Au cours des années, elle s'est libérée des contraintes grâce à une plus grande maîtrise de son matériau, se jetant à corps perdu – de manière très physique – dans la peinture, pour laisser son « humeur » du moment (sa relation au monde) se révéler, les touches et les couleurs s'épanouir et dire par les contrastes les plus osés la fusion du geste, de l'espace et de la couleur. Reprenant inlassablement les mêmes gestes, éclaboussant, balayant la toile, l'envahissant de touches, faisceaux, formes compactes, gerbes, sa vie fut une lutte avec la matière, construisant jour après jour, une œuvre en perpétuel renouvellement qu'elle concevait comme un poème. Peindre fut pour elle, comme elle le reconnut elle-même, une manière de se sentir vivre, une nécessité intérieure : « si ce n'est pas senti, cela n'existe pas. »
■ Laurence Lehoux

Joan Mitchell

Bibliogr. : Michel Seuphor, in : *Dict. de la peint. abstraite*, Hazan, Paris, 1957 – in : *Catalogue du premier salon international des Galeries pilotes du Monde*, Musée cantonal, Lausanne, 1963 – Bernard Dorival, sous la direction de... : *Peintres contemp.*, Mazenod, Paris, 1964 – in : *Dict. univers. de la peinture*, Le Robert, t. IV, Paris, 1975 – Catherine Flohic : *Joan Mitchell*, Eighty, n° 23, Paris, 1988 – Judith E. Bernstock : *Joan Mitchell*, Hudson Hills Press, New York, 1988 – Claude Bouyeure : *Joan Mitchell, champs*, Opus International, n° 121, Paris, sept.-oct. 1990 – in : *Dict. de l'art mod. et contemp.*, Hazan, Paris, 1992 – Yves Michaud : *Joan Mitchell – Une Américaine à Vétheuil*, Beaux-Arts, n° 101, Paris, mai 1992 – Michel Waldberg : *Joan Mitchell*, La Différence, Paris, 1992 – Catherine Flohic : *Joan Mitchell*, Ninety, n° 10, Paris, 1993 – Catalogue de l'exposition : *Joan Mitchell*, Galerie nationale du Jeu de Paume, Paris, Musée des Beaux-Arts, Nantes, 1994 – Philippe Dagen : *La Danse au dessus du vide*, Le Monde, Paris, 26-27 juin 1994 – Catherine Francblin : *Joan Mitchell*, Art Press, n° 194, Paris, sept. 94.

Musées : Bâle (Kunsthalle) – Buffalo (Albright Knox Art Gal.) : *George went swimming at Barnes Hole but it got too cold* 1957 – Caen (Mus. des Beaux-Arts) : *Champs* 1990 – Chicago (Art Inst.) – Marseille (Mus. Cantini) : *Sans Titre* 1983-1984 – Minneapolis (Walker Art Center) – New York (Mus. of Mod. Art) : *Ladybug* 1957 – *Taillade* 1990 – New York (Whitney Mus.) – Paris (Mus. Nat. d'Art Mod.) : *Peinture* 1956-1957 – *Sylvie's Sunday* 1976 – *The goodbye Door* 1980 – Paris (Mus. d'Art Mod. de la Ville) – Paris (FNAC) : *La Grande Vallée V* 1983 – Paris (Fond. Cartier) : *La Grande Vallée VI* 1983 – Rouen (FRAC) : *La Grande Vallée IX* 1983 – Washington D. C. (Phillips Gal. Mus.).

Ventes Publiques : Milan, 15 nov. 1961 : *Composition* : **ITL 260 000** – New York, 14 avr. 1965 : *Neige* : **USD 4 250** – New York, 11 mai 1967 : *Composition* : **USD 500** – Paris, 5 mars 1972 : *Composition* : **FRF 3 500** – New York, 14 déc. 1976 : *Sans titre* 1956, h/t (188x188) : **USD 9 000** – New York, 20 oct. 1977 : *Composition* 1962, h/t (146x114,3) : **USD 7 500** – New York, 19 oct 1979 : *Sans titre*, h/t (32,4x29,8) : **USD 2 600** – New York, 5 mai 1982 : *Water Gate* 1960, h/t (218,5x213,5) : **USD 20 000** – New York, 9 nov. 1983 : *Le quatorze Juillet* vers 1956, h/t (125,7x280,7) : **USD 47 000** – New York, 2 mai 1985 : *No room at the end* 1977, h/t (280,5x355,5) : **USD 27 500** – New York, 11 nov. 1986 : *Sea Keep* 1960-1961, h/t (190,5x165) : **USD 56 000** – Paris, 14 oct. 1987 : *Sans titre*, past. (60x40) : **FRF 46 500** – New York, 20 fév. 1988 : *Mon paysage I*, h/t (195x129,5) : **USD 143 000** ; *Sans titre*, h/t, triptyque (99,9x194,4) : **USD 63 800** – Londres, 30 juin 1988 : *Sans titre*, h/t (72,5x54) : **GBP 24 200** – New York, 8 oct. 1988 : *Cythère*, h/t (130x162) : **USD 126 500** – New York, 3 mai 1989 : *Parasol* 1977, triptyque h/t (100,3x243,7) : **USD 165 000** – New York, 5 oct. 1989 : *Sans titre*, h/t (91,5x88,8) : **USD 82 500** – Paris, 9 oct. 1989 : *La grande vallée* 1984, h/t (260x260) : **FRF 1 780 000** – New York, 8 nov. 1989 : *Sans titre*, h/t (188x179) : **USD 506 000** – Paris, 15 fév. 1990 : *Composition* 1971, h/t (200x186) : **FRF 2 500 000** – Paris, 18 juin 1990 : *Composition* 1960, h/t (200x200) : **FRF 800 000** – Paris, 20 juin 1990 : *Composition* 1963, h/t (51x53) : **FRF 320 000** – New York, 5 oct. 1990 : *Sans titre*, h/t (259,7x199,4) : **USD 220 000** – Londres, 18 oct. 1990 : *Sans titre*, h/t (67,5x84,5) : **GBP 39 600** – New York, 7 nov. 1990 : *Vera Cruz*, h/t (237,5x199,7) : **USD 374 000** – New York, 2 mai 1991 : *Saint Martin la Garenne V* 1987, h/t, diptyque (81x129,8) : **USD 82 500** – New York, 3 oct. 1991 : *Sans titre* 1961, h/t (94x91,5) : **USD 49 500** – Londres, 17 oct. 1991 : *Composition n° 117* 1958, h/t (64x54) : **GBP 16 500** – New York, 12 nov. 1991 : *Grande vallée n° XII* 1986, h/t (280x200) : **USD 176 000** – New York, 5 mai 1992 : *Après-midi*, h/t (259,7x160) : **USD 187 000** – New York, 7 mai 1992 : *Cyprès*, past./pap. (48,9x70,5) : **USD 13 200** – Paris, 21 mai 1992 : *Canada* 1974, h/t, diptyque (100x146) : **FRF 260 000** – New York, 19 nov. 1992 : *Sans titre* 1984, h/t (54,9x45,7) : **USD 26 400** – New York, 4 mai 1993 : *Sans titre* 1974, h/t (61x50,2) : **USD 36 800** – Copenhague, 3 nov. 1993 : *Accord II* 1986, h/t (162x97) : **DKK 600 000** – New York, 10 nov. 1993 : *Aquarium* 1964, h/t en quatre pan. (161,3x482,6) : **USD 255 500** – Londres, 26 mai 1994 : *Dyptique* 1987, h/t (61x100,3) : **GBP 17 250** – Paris, 13 juin 1994 : *Lille V* 1987, h/t, diptyque (196x260) : **FRF 472 000** – Copenhague, 7 juin 1995 : *Composition* 1980, past./pap. (40x58) : **DKK 70 000** – New York, 14 nov. 1995 : *Vera Cruz*, h/t (235,5x200) : **USD 288 500** – Paris, 22 nov. 1995 : *Saint Martin la Garenne VII*, h/t, diptyque (81x120) : **FRF 230 000** – New York, 5 mai 1996 : *Berges d'une rivière II* 1981, litho. en coul. (108x82,5) : **USD 1 495** – New York, 7 mai 1996 : *Au capitaine du port* 1957, h/t (193x299,7) : **USD 464 500** – New York, 19 nov. 1996 : *Sans titre* 1956, h/pap. (50,5x40,6) : **USD 9 200** – New York, 21 nov. 1996 : *Sans titre* vers 1959, past. gras coul. et craies et mines de pb/pap. (34,9x41,6) : **USD 16 100** – New York, 19 nov. 1996 : *Sans titre* 1960, h/t (111,8x114,3) : **USD 134 500** – New York, 20 nov. 1996 : *Sans titre* 1977, past./pap. (78,7x57,2) : **USD 17 250** ; *Cythère* 1965, h/t (130,8x162,6) : **USD 162 000** – New York, 8 mai 1997 : *Composition* vers 1962-1963, h/t (75x75) : **USD 112 500** – New York, 7 mai 1997 : *Tournesols* 1990-1991, h/t, diptyque (280x400) : **USD 552 500**.

MITCHELL John
Né en 1791. Mort en 1852. XIXe siècle. Britannique.
Graveur.
Il travailla à Édimbourg.

MITCHELL John Ames
Né en 1845 à New York. XIXe siècle. Américain.
Peintre, graveur et architecte.
Il étudia à Paris avec Boulanger, Jules Lefebvre, A. Maignan et Brunet-Debaines.

MITCHELL John Campbell
Né en 1862 ou 1865 à Campbeltown. Mort le 15 février 1922 à Édimbourg (Écosse). XIXe-XXe siècles. Britannique.
Peintre de scènes animées, paysages, marines.
Il travailla à Corstorphine, près d'Édimbourg.
Il peignit essentiellement les paysages typiques d'Écosse.

Musées : Munich (Pina.) : *Marais en Écosse*.

Ventes Publiques : Londres, 12 nov. 1976 : *Paysage* 1907, h/t (51x61) : **GBP 150** – Auchterarder (Écosse), 1er sep. 1981 : *Les Collines d'Appin depuis Barcaldine* 1913, h/t (30,5x35,5) : **GBP 550** – Édimbourg, 30 août 1988 : *Près du moulin de Kintallen à Ledaig* 1914, h/t (38x46) : **GBP 1 760** – Glasgow, 7 fév. 1989 : *Un matin brumeux* 1898, h/t (46x76) : **GBP 1 100** – Londres, 12 mai 1989 : *La baie de Findhorn* 1919, h/t (36,2x46,2) : **GBP 1 265** – Perth, 29 août 1989 : *Débarquement de la pêche*, h/cart. (31x36) : **GBP 1 430** – Glasgow, 5 fév. 1991 : *Paysage* 1905, h/cart. (31x35,5) : **GBP 880** – South Queensferry, 23 avr. 1991 : *Dans les collines de Kintyre* 1905, h/t (56x65,5) : **GBP 770** – Édimbourg, 28 avr. 1992 : *La route d'Appin*, h/t (38x46) : **GBP 1 650** – Glasgow, 1er fév. 1994 : *Les collines d'Appin depuis Barcaldine* 1912, h/t (29x34) : **GBP 1 380** – Perth, 26 août 1996 : *Marée basse*, h/t (50,5x61) : **GBP 1 265**.

MITCHELL Laura M.D.
Née le 12 janvier 1883 à Halifax. xxe siècle. Active aux États-Unis. Canadienne.
Peintre, miniaturiste.
Elle travaillait à Alhambra (Californie).

MITCHELL Michael
Né à Dublin. Mort le 23 août 1750 à Dublin. xviiie siècle. Irlandais.
Peintre de portraits et restaurateur de tableaux.
Le Steevens' Hospital possède de lui un *Portrait de Griselda Steevens*.

MITCHELL Philip
Né en 1814 à Devonport. Mort en 1896. xixe siècle. Britannique.
Peintre de paysages, marines.
Il travailla à Falmouth et à Plymouth.
Ventes Publiques : Londres, 3 fév. 1976 : *Plymouth* 1880, aquar. et reh. de blanc (37x63,5) : **GBP 170** – Londres, 13 déc. 1983 : *Goar on the Rhine : logging* 1863, aquar. et cr. reh. de blanc (42x75,5) : **GBP 1 400** – Londres, 8 fév. 1991 : *Le port de Sébastopol* 1868, aquar. (31,8x60) : **GBP 440**.

MITCHELL Robert
Né en 1820. Mort le 19 mai 1873. xixe siècle. Britannique.
Graveur à la manière noire.
Il grava notamment d'après Landseer.

MITCHELL Thomas
Né en 1735. Mort en 1790. xviiie siècle. Britannique.
Peintre de marines, batailles, dessinateur.
Il était actif à la fin du xviiie siècle et exposa à la Royal Academy, de 1774 à 1789.
Musées : Londres (British Mus.) : seize dessins à la plume.
Ventes Publiques : Londres, 17 mai 1935 : *Voiliers et bateaux de guerre à Plymouth* : **GBP 36** – Londres, 18 nov. 1970 : *Bataille navale au large de l'île de Man* : **GBP 700** – Londres, 9 juil. 1980 : *Sir John Freke, Mady Freke and Mr. Jefferies of Blarney in a wooded landscape* 1757, h/t (121x154) : **GBP 2 800** – Londres, 14 mars 1990 : *Vue de la rivière Boyne animée de cavaliers avec leurs montures près de la statue de Guillaume III au premier plan et l'obélisque de Boyne au fond* 1757, h/t (103x169) : **GBP 67 100**.

MITCHELL Thomas John
Né le 22 février 1875 à Rochester (New York). xxe siècle. Américain.
Peintre de paysages.
Il fut élève de l'École d'Art de Rochester. Il fut membre du Salmagundi Club.

MITCHELL William Frederick, dit **Mitchell de Maryport**
Né vers 1845. Mort en 1914. xixe-xxe siècles. Britannique.
Peintre de marines, aquarelliste.
Ventes Publiques : Londres, 25 sep. 1980 : *H.M.S. Vernon at sea*, aquar. reh. de blanc/trait de cr. (35x49,5) : **GBP 520** – Londres, 21 juin 1983 : *Le Sherwood sous l'orage* 1892, h/t (79x122) : **GBP 1 800** – Londres, 5 juin 1985 : *H. M. S Alert and Discovery in the Arctic expedition of 1865-1866-1875*, aquar. reh. de blanc (48,5x72) : **GBP 2 200** – Londres, 5 oct. 1989 : *Embarcation au large du phare de Eddystone par mer houleuse* 1884, h/t (51x76) : **GBP 462** – Londres, 30 mai 1990 : *Le Vaisseau Arethusa, 50 canons* 1876, aquar. avec reh. de blanc (49x73) : **GBP 1 760** – Londres, 20 jan. 1993 : *Le Trois-mâts Grampus* 1876, aquar. et reh. de blanc (24,5x34,5) : **GBP 2 750** – New York, 3 juin 1994 : *Grand Voilier à quatre mâts au large du Cap* 1898, h/t (50,8x76,2) : **USD 3 737** – Londres, 20 juil. 1994 : *Navigation au crépuscule*, aquar. avec reh. de blanc (35,5x53,5) : **GBP 943** – Londres, 10 mars 1995 : *Averse sur Red Pike* 1885, h/t (61,6x91,5) : **GBP 2 070** – Londres, 29 mars 1996 : *Friar's Crag à Derwentwater* 1893, h/t (50,8x76,3) : **GBP 1 035** – Londres, 30 mai 1996 : *Voile et Vapeur* 1894, aquar. avec reh. de blanc, une paire (chaque 16x24) : **FRF 2 070**.

MITCHY Dimiter Buyukliiski
Né en 1943. xxe siècle. Bulgare.
Peintre de natures mortes.
Il est diplômé de l'Académie des Arts de Sofia. Il participe à de nombreuses expositions collectives internationales. Des expositions personnelles lui ont été organisées, outre la Bulgarie, en Pologne, aux États-Unis.
L'étrangeté de sa peinture provient de ce que, pour représenter des assemblages peu vraisemblables d'objets indifférents, étrangers au réel quotidien, dénués d'intérêt intrinsèque, il passe par une technique synthétisante ultra-réaliste, telle celle d'un Rohner par exemple qui aboutit de même façon à l'insolite à force de minutie géométrisante qui dépersonnalise toute velléité de vérité. Dans la pratique de cette technique académique sur des objets qui ne le sont pas, Mitchy se singularise par la justesse du traitement des « passages » entre les ombres propres et les ombres portées. ■ M. M., J. B.
Ventes Publiques : Londres, 26 oct. 1989 : *Composition II* 1986, h/t (110x130) : **GBP 6 600** – Londres, 22 fév. 1990 : *Composition I*, h/t (110x130) : **GBP 4 400** – Londres, 25 mars 1993 : *Composition II* 1986, h/t (110x130) : **GBP 1 207**.

MITELLI Agostino ou **Metelli** ou **Mittelli**
Né en 1609 à Battedizo (près de Bologne). Mort le 2 août 1660 à Madrid. xviie siècle. Italien.
Peintre de figures, architectures, compositions murales, dessinateur, graveur à l'eau-forte.
Il commença son éducation à Bologne à l'Académie des Carracci, étudia la perspective et l'architecture avec Falcetta et enfin la peinture avec Miniati et Dentone. Il paraît avoir été l'aide du dernier, avec qui il visita Parme en 1627, et peignit des décorations pour le théâtre de Bologne. Après la mort de Dentone, Mitelli devint l'aide ou l'associé de Michelangelo Colonna avec qui il travailla jusqu'à sa mort. De cette collaboration résultèrent plusieurs décorations importantes, dans lesquelles Mitelli peignit tantôt les figures, tantôt l'achitecture, mais ce fut surtout à ce dernier genre qu'il s'attacha. Parmi les travaux des deux artistes on cite les peintures du palais archiépiscopal de Ravenne ; celle de la chapelle del Rosario au palais Caprara et diverses décorations à Parme, à Modène et à Gênes. Philippe IV les invita à venir à la Cour d'Espagne, et ils y peignirent notamment l'Histoire de Pandore dans le grand salon du Palais Royal à Madrid. Mitelli a produit d'intéressantes eaux-fortes d'ornements, d'achitectures et de frises. On en catalogue soixante-douze.
Ventes Publiques : Londres, 28 nov. 1945 : *Histoire de Judith*, pl. : **GBP 32** – Paris, 6 mars 1986 : *Projet d'architecture*, pl., encre et lav. (47x24) : **FRF 10 000** – New York, 10 jan. 1995 : *Décoration murale*, encre brune et lav. bleu et rose, projet (31,7x24) : **USD 2 990** – Londres, 16-17 avr. 1997 : *Intérieur d'église, autel et pendentif*, pl. et encre brune et lav. sur traces de craie rouge, projet (42x27,3) : **GBP 460**.

MITELLI Giuseppe Maria ou **Metelli**
Né en 1634 à Bologne. Mort en 1718. xviie-xviiie siècles. Italien.
Peintre d'histoire, compositions religieuses, scènes de genre, figures, paysages animés, dessinateur, graveur.
Fils et élève d'Agostino Mitelli. Il étudia aussi sous la direction de Flaminio Torre. G.-M. Mitelli peignit surtout la peinture d'histoire et l'on voit plusieurs de ses œuvres dans les églises de Bologne, notamment à Santa Maria della Vita un *Saint Riniero*, aux Cappuccini, *Christ au jardin des Oliviers* et une *Pietà* à l'Annunciata. G.-M. Mitelli est surtout resté comme graveur. Il a produit près de cent quatre-vingt pièces connues, d'après ses dessins et ceux des divers maîtres. On cite notamment dans son œuvre gravé : *Les cris de Bologne*, quarante et une eaux-fortes, d'après Annibale Carracci.

Bibliogr. : R. Roli, in : *La Peinture bolognèse 1650-1800*, Dol Cignaniai Gandolfi, Bologne, 1977.
Ventes Publiques : Londres, 3 juil. 1980 : *Le marchand d'images religieuses et de rosaires*, pl./traces de craie rouge (27,5x19,4) : **GBP 1 700** – Londres, 12 déc. 1985 : *Torpet Iners*, craie rouge, pl. et lav. (16,8x12,5) : **GBP 600** – Rome, 10 mai 1988 : *Paysage de rivière avec ruines et personnages*, h/t (92x161) : **ITL 8 500 000** – Londres, 2 juil. 1990 : *Homme brisant une statue avec un marteau*, craie rouge (23,9x19,4) : **GBP 3 740** – Milan, 13 mai 1993 : *Mendiant*, sanguine/pap. blanc (27x18,9) : **ITL 1 300 000** – Londres, 5 juil. 1993 : *Un homme portant une hotte sur son dos*, craie rouge (37,9x28,1) : **GBP 1 150** – Londres, 3-4 déc. 1997 : *La Tentation de Saint Antoine*, h/t (125,5x86,5) : **GBP 89 500**.

MITFORD Bertram Osbaldeston
Né en 1777. Mort en 1842. xixe siècle. Britannique.
Dessinateur et lithographe.

MITHL Sebastian
XVIIIe siècle. Allemand.
Peintre.
L'église de Rinchnach conserve de lui : *Nativité* et *Crucifiement*.

MITI-ZANETTI Giuseppe
Né en 1859 ou 1864 à Venise. Mort en 1929 ou 1946 à Milan. XIXe-XXe siècles. Italien.
Peintre de paysages urbains, architectures, graveur.
Autodidacte en peinture. Il figura aux expositions de Paris ; obtenant une médaille de bronze en 1889, pour l'Exposition Universelle.
Il s'est spécialisé dans les vues de Venise.
Musées : Florence (Gal. d'Art Mod.) – Paris (Mus. d'Orsay) – Prague (Rudolfinum Mus.).
Ventes Publiques : Milan, 14 mars 1978 : *Paysage alpestre* 1927, h/t (113x99) : **ITL 1 600 000** – Milan, 6 nov. 1980 : *La Lagune*, h/t (46x81,5) : **ITL 4 000 000** – Milan, 8 nov. 1983 : *Maisons au bord d'un lac*, h/t (76x138) : **ITL 4 500 000** – Monaco, 21 avr. 1990 : *Vue de Venise*, h/t (60x90) : **FRF 144 300** – Rome, 11 déc. 1990 : *Venise au soleil couchant*, h/cart. (38x25) : **ITL 2 070 000** – Rome, 24 mars 1992 : *Les bords de la Brenta* 1926, h/t (102x120) : **ITL 18 400 000** – Rome, 31 mai 1994 : *Voiliers sur la lagune*, h/t (30x50) : **ITL 6 482 000** – Milan, 25 oct. 1995 : *Paysage lacustre*, h/t (46x81,5) : **ITL 11 500 000** – Rome, 2 déc. 1997 : *Maisons sur la lagune* ; *Bateaux sur la lagune*, h/t, une paire (25x47,5 et 26x47) : **ITL 16 100 000**.

MITNACH Martin. Voir **MITTNACHT**

MITOIRE
XIXe siècle. Actif en Russie. Français.
Peintre de portraits, lithographe.
Membre de l'Académie de Saint-Pétersbourg en 1813.
Musées : Moscou (Mus. des Beaux-Arts) : *Portrait de la barone Campenhausen* – Rouen : *Portrait de Butenval* – Saint-Pétersbourg : *Portrait de F. Schtschedrina – Alexandre Ier rend visite à un paysan*.
Ventes Publiques : Paris, 27 mai 1988 : *Portrait d'un jeune homme dans un parc*, h/t (63,5x53) : **FRF 26 000**.

MITORAJ Igor
Né en 1944. XXe siècle. Français.
Sculpteur de figures, bustes. Tendance surréaliste.
Il a participé en 1995 à la FIAC (Foire internationale d'Art contemporain) à Paris, présentée par la galerie J.G.M. En 1994, cette même galerie a montré une exposition personnelle de ses sculptures, à Paris.
Il s'inspire de la statuaire antique, mais les interventions, destructions, craquelures, qu'il fait subir à ses propres sculptures, têtes et bustes, les orientent vers un surréalisme proche de la vision métaphysique de De Chirico.
Ventes Publiques : Paris, 23 mai 1984 : *Tête endormie*, bronze doré (24x16x20) : **FRF 12 000** – Paris, 6 déc. 1986 : *Petite Grecque* 1984, bronze patine antique (H. 29 et L. 24) : **FRF 25 000** – Paris, 24 mars 1988 : *Torse*, bronze (H. 38) : **FRF 26 000** – Paris, 16 oct. 1988 : *Torse* 1978, bronze à patine dorée (40x47x6) : **FRF 38 000** – Paris, 18 mai 1989 : *Asclepios* 1988, bronze patine dorée (H. 36) : **FRF 6 000** – Paris, 19 mars 1990 : *Torse d'homme*, bronze/socle de marbre blanc (H. 38) : **FRF 6 200** – Paris, 12 fév. 1991 : *Torse d'homme*, bronze (H. 38) : **FRF 5 500** – Paris, 23 mars 1991 : *Buste d'homme*, bronze (H. 38) : **FRF 8 000** – Paris, 3 fév. 1992 : *Mains liées enserrant une tige*, bronze (18,8x112,5x19) : **FRF 5 000** – Paris, 14 mai 1992 : *Visage bandé*, bronze (H. 32) : **FRF 16 000** – Paris, 6 fév. 1994 : *Le Grépol* 1978, bronze (30x21) : **FRF 7 000** – Paris, 24 mars 1995 : *Torse aux bandelettes*, bronze (H. 38,5) : **FRF 6 300** – Paris, 19 nov. 1995 : *Torse*, bronze (H. 37) : **FRF 10 000** – Paris, 29 nov. 1996 : *Centurion*, bronze patine bleue (H. 20) : **FRF 8 500**.

MITOURITCH Petr Vassilievitch ou **Miturich Piotr**
Né en 1887 à Saint-Pétersbourg. Mort en 1956 à Moscou. XXe siècle. Russe.
Peintre, graveur, illustrateur, graphiste. Abstrait-constructiviste, puis figuratif.
De 1899 à 1905, il fut élève de l'École militaire de Pskov. De 1906 à 1909, il fut élève de l'Institut d'Art de Kiev ; de 1909 à 1915 de l'Académie des Arts de Saint-Pétersbourg, tout en terminant ses études d'ingénieur militaire. Bien qu'envoyé au front pendant la guerre, il commença à participer à des expositions collectives, dès 1915 à Moscou, et de 1915 à 1918 avec le *Monde de l'Art* à Saint-Pétersbourg. En 1922, il participait à la *Reste Russische Kunstaustellung* de Berlin. À partir de 1923, il se fixa à Moscou. De 1923 à 1930, il enseigna art graphique et architecture dans les ateliers Vhutemas. En 1925-29, il fut membre de la *Société des quatre arts* de Moscou, avec Koustnetsov, Lebedev, Petrov-Vodkine. En 1979, il était représenté à l'exposition *Paris-Moscou* du Centre Georges Pompidou de Paris.
En 1920, il se lia avec le poète Velimir Khlebnikov, dont il illustra graphiquement les couvertures des œuvres, et duquel il épousa la sœur Véra. Dès 1904, il était intéressé à la mécanique et à la technologie en relation avec la nature ; dans les années vingt, il créa des appareils techniques, les *Volnovoï* (Ondulateurs), utilisant la biomécanique, ainsi que des constructions « graphiques-spatiales », mettant en relation volume et espace. Après 1930, il revint à la figuration avec des portraits et des paysages.
Bibliogr. : In : Catalogue de l'exposition *L'Art russe des Scythes à nos jours*, Galerie Nationales du Grand Palais, Paris, 1967 – in : *L'Art du XXe siècle*, Larousse, Paris, 1991.
Musées : Moscou (Gal. Tretiakov) : *Portrait de famille ou Véra Khlebnikov-Mitouritch*, grav. ou dess. reh.

MITRECEY Maurice
Né en 1869 à Paris. Mort en 1894 à Florence. XIXe siècle. Français.
Peintre d'histoire.
Élève de l'Académie Julian et de J. Lefebvre, grand premier Prix de Rome en 1893. Le Musée de Saint-Brieuc conserve de lui : *Job et ses amis*.

MITREUTER Heinrich Ditlev
Né en 1818 à Copenhague. XIXe siècle. Danois.
Peintre de portraits, miniaturiste, dessinateur et lithographe.
Il fréquenta l'Académie de Copenhague en 1831. Il exerça depuis 1836 son talent de portraitiste à Moscou.
Ventes Publiques : Paris, 13 mars 1985 : *Trakti-bistrot russe* 1838, aquar. encre de Chine et lav. (22x30) : **FRF 11 000**.

MITRICI Ion
Né le 20 avril 1927 à Chisinau-Cris. XXe siècle. Actif depuis 1971 en Italie. Roumain.
Peintre, sculpteur, peintre de décors de théâtre, graphiste, décorateur.
En 1954, il fut diplômé de l'Institut d'Arts Plastiques N. Grigorescu de Bucarest. Depuis 1959, il était membre de l'Union des Artistes Plasticiens de Roumanie. Il a participé à de nombreuses expositions collectives, à Bucarest, Moscou, Bruxelles, Prague, La Havane, Varsovie, Helsinki, Berlin, São Paulo, etc. Depuis son arrivée en Italie, il a eu plusieurs expositions personnelles à Rome, Paris, Milan, Spoleto, Lausanne. En Roumanie, il a obtenu en 1959 la médaille du Travail ; en 1966 le premier Prix de Graphisme publicitaire. En Italie, il est membre de l'Accadémia dell'Arti dell'Incisione, et a reçu en 1942 un Prix National d'Art à Milan.
Il fut le scénographe permanent du Théâtre de la Jeunesse de Bucarest, où il a réalisé décors et costumes de plus de cinquante pièces classiques et modernes. En Italie, il exerce les activités les plus diverses, notamment dans le graphisme publicitaire, l'architecture et la décoration d'intérieur.
Bibliogr. : Ionel Jianou et divers, in : *Les artistes roumains en Occident*, American Romanian Academy of Arts and Sciences, Los Angeles, 1986.

MITROCHIN Dmitri Issidorovitch. Voir **MITROKHINE**

MITROFANOFF France
Née le 21 janvier 1942 à Vendôme (Loir-et-Cher). XXe siècle. Française.
Peintre. Tendance abstraite.
Elle commença vraiment à peindre peu avant 1970, écoutant d'abord surtout les conseils de Jean Clerté, puis bientôt suivant résolument les voies qu'elle se trace à elle-même. Elle participe à de nombreuses expositions collectives, d'entre lesquelles, à Paris : 1971 *Mai de Bagnolet* ; depuis 1972 le Salon des Réalités Nouvelles ; 1974, 1975, 1976, 1977 sélectionnée pour le Prix de la Ville de Vitry, 1976 Salon Comparaisons, 1977 *Les autoportraits*, puis *La boîte noire* à la Galerie Le soleil dans la tête, sélectionnée au Prix Victor Choquet où elle reçut une médaille ; 1977 *Lyrisme et Géométrie* à la Maison de la Culture des Hauts de Belleville ; 1980 à 1987 Salon Grands et Jeunes d'Aujourd'hui ; depuis 1988 Salon de Mai ; 1992 *Hommage à Georges Pérec* à Montreuil. Elle participe aussi à des manifestations en province et à l'étranger : 1976 sélectionnée pour les Prix Européens de Peinture à

Ostende, où lui fut attribuée une médaille, *Peinture française* au Japon, Maison de la Culture de Saint-Étienne ; 1978 Maison de la Culture de Chalon-sur-Saône ; 1988 *Artistes français à Prague* ; 1991 *Le monde de Follain, Artistes et Vestiges* au Musée de Saint-Lô, etc. Elle montre les réalisations de ses périodes successives dans des expositions personnelles : 1972 Centre culturel de Bagnolet ; 1973 *Atelier Jacob* Paris ; 1975 Galerie Le soleil dans la tête Paris ; 1978 Maison de la Culture Amiens, Galerie Le soleil dans la tête ; 1979 Centre Culturel de Corbeil-Essonne ; 1981 Galerie *Expression* Strasbourg ; 1981, 1988, présentée à la FIAC (Foire Internationale d'Art Contemporain) par la Galerie Erval Paris, 1983, 1985, 1990, 1992 Galerie Erval Paris ; 1984 Zurich et Montréal ; 1990 Le Mans ; 1992 Genève ; 1994 galerie C. Lustman Paris, série des *Herbiers* ; 1996 galerie Le Troisième Œil, Paris, série *Au-delà du mur* ; etc.

Elle a réalisé des décorations monumentales pour des groupes scolaires ou lycées à Étouvies (Amiens), Paris rue Cambrai, Paris rue Pierre Gourdault, Arpajon, et la Fontaine Pierre Lescot au Jardin des Halles.

Dans ses tout débuts, partageant l'admiration que vouait Clerté à Alechinsky, elle en fut quelque peu influencée, créant à son tour un monde de petits monstres narquois, nettement plus guillerets que ceux assez sarcastiques d'Aléchinsky. Puis, ayant décidé de ne plus écouter qu'elle-même, comme beaucoup de peintres des générations récentes, elle procède par périodes ou plutôt par séries ou par thèmes, qu'elle exploite jusqu'à épuisement. Poursuivant plus ou moins fidèlement la production de ses petits monstres, elle commença à leur confectionner des cadres ornés, si l'on peut dire, de vilaines créatures reptiliennes aux nez proéminents et aux yeux globuleux d'idiots. Puis, évacuant la peinture du cadre, elle confectionna, autour de 1978, des sortes de bas-reliefs en matière indéterminée de couleur brune sombre, où s'engluent des bataillons de ces bestioles peu amènes, qui d'ailleurs se prolongèrent en foules hargneuses et guerrières.

Il est loisible d'estimer que c'est à partir de 1986-1987 que France Mitrofanoff est entrée résolument dans les thèmes les plus consistants en même temps que les plus personnels de son travail. Avec ce qu'elle a intitulé les *Villes*, et peut-être en contestation humoristique du métier de son mari, l'architecte Vladimir Mitrofanoff, elle a imaginé des imbrications, savantes et chaotiques, d'éléments de constructions bouleversés, comme après quelque cataclysme de nature inconnue, bombardement ou tremblement de terre, non plus un *Nu descendant l'escalier*, mais des escaliers descendant l'escalier. Contredisant la panique de ces catastrophes architectoniques en série, elle les a peintes des couleurs les plus pimpantes, des couleurs de fête en outre constellées d'un feu d'artifice de giclures bariolées. La période suivante des *Chantiers* témoigne d'un moment crucial de son évolution. Deux séries y cohabitent : les « Collages » de plusieurs études de détails sur une même toile, qui rappellent encore les chambardements précédents, et les compositions intégrales qui constituent le nouveau thème proprement dit. Il semble qu'avec ce thème, elle entre en gravité, dans les deux sens du terme. La couleur en est presque intégralement évacuée, au seul profit du noir et du blanc avec tous les gris intermédiaires. Si l'on y trouve encore des obliques, ce ne sont plus les obliques de la dynamique de l'effondrement, mais les obliques statiques d'appui de l'orthogonalité dominante des verticales et des horizontales, répétant l'universel symbole de la croix. Des chantiers, ils évoquent, certes, les échafaudages de l'entreprise en cours, mais bien plus les palissades qui les cernent et les dissimulent, laissant soupçonner que s'y trame plus une entreprise de destruction qu'un espoir de bâtir. Ces *Chantiers*, désolés ou nostalgiques, seraient-ils lourds de la métaphore d'un monde où l'homme qui a cru le construire s'aperçoit trop tard qu'il ne fait que le ruiner ?

■ Jacques Busse

Bibliogr. : Jacques Leenhardt : Présentation de l'exposition *France Mitrofanoff*, Galerie Le Soleil dans la tête, Paris, 1978 – Marie-Odile Andrade : *Chantiers*, in : Catalogue de l'exposition *Mitrofanoff « Chantiers »*, Galerie Erval, Paris, 1992 – Jean-Luc Chalumeau : Catalogue de l'exposition *France Mitrofanoff – Au-delà du mur*, Galerie Le Troisième Œil, Paris, 1996.

Ventes Publiques : Paris, 16 fév. 1989 : *Composition*, fus. et gche (118x77,5) : **FRF 4 000**.

MITROKHINE Dimitri Issidorovitch

Né le 27 mai 1883 à Jejsk ou Eisk. Mort en 1973 à Moscou. XXe siècle. Russe.

Peintre, aquarelliste, graveur, illustrateur, céramiste.

De 1902 à 1904, il fut élève de l'École de Peinture, Sculpture, Architecture de Moscou ; en 1905 de l'Institut Stroganoff. De 1904 à 1908, il travailla dans des ateliers de poterie et d'émail. En 1905-1906, à Paris, il travailla à l'Académie de la Grande-Chaumière. À son retour, il s'installa à Saint-Pétersbourg. En 1916, il fut membre du groupe du *Mir Isskustwa* (Le Monde de l'Art). De 1924 à 1930, il enseigna aux Ateliers Vhutein de Léningrad. En 1979, il était représenté à l'exposition *Paris-Moscou* du Centre Georges Pompidou de Paris.

Il a illustré les contes de Chemnitzer, de Hauff, les œuvres de Régnier, de Coleridge, de Gogol. Il gravait des paysages et natures mortes dans une optique strictement réaliste, tendant jusqu'à la fidélité du trompe-l'œil. Peintre, il a traité les vues de Léningrad.

Bibliogr. : In : Catalogue de l'exposition *L'Art russe des Scythes à nos jours*, Galerie Nationale du Grand Palais, Paris, 1967.

Musées : Moscou (Mus. Pouchkine) : *Léningrad, le pont de la Bourse* 1925, aquar. – *Léningrad, du côté de Pétrograd* 1928, aquar. – Saint-Pétersbourg (Mus. Russe) : *Le Vendeur de fruits* 1926, xylogr. – *Le Facteur* 1929, xylogr. coul.

MITROPOLISKY Leonty Ssemionovitch ou **Mirópolisky** ou **Mirópolsky**

Né en 1759. Mort le 15 août 1819. XVIIIe-XIXe siècles. Russe.

Peintre de portraits.

L'Académie de Leningrad possède un des portraits qu'il a peints, celui de *Gawriil Kosloff*. Le Musée russe de Leningrad conserve de lui les portraits du *Prince Wiasemsky* et de son épouse, ainsi que celui du *Grand-Duc Constantin, frère de l'empereur Alexandre Ier*.

MITSCHERLICH Frieda

Née le 6 avril 1880 à Berlin. XXe siècle. Allemande.

Sculpteur.

Elle travailla à Munich. Gerhard Janensch a sculpté son buste, conservé à la Galerie Nationale de Berlin.

MITSCHKE COLLANDE Constantin von

Né le 19 septembre 1884 à Collande (Silésie). XXe siècle. Allemand.

Peintre de compositions animées, figures, portraits, lithographe, sculpteur.

Il fut élève de Robert Sterl à l'Académie des Beaux-Arts de Dresde, et de Adolphe Gusman. En 1911-1912, à Paris, il fut élève de Maurice Denis et Fernand Léger. Il vécut longtemps en Italie.

Musées : Dresde (Mus. mun.) : *Famille* 1919.

Ventes Publiques : Amsterdam, 11 sep. 1990 : *Conversation dans un parc* 1926, h/t (135x118) : **NLG 9 200**.

MITSUAKI TOSA. Voir **TOSA MITSUAKI**

MITSUKORE. Voir **IJÛ**

MITSUMOCHI TOSA. Voir **TOSA MITSUMOCHI**

MITSUMOTO TOSA. Voir **TOSA MITSUMOTO**

MITSUNAGA, de son vrai nom : **Tokiwa Mitsunaga**

XIIe siècle. Actif entre les années 1158 et 1179. Japonais.

Peintre.

La fin du XIe siècle, voit, au Japon, le déclin des Fujiwara qui, depuis le Xe siècle, gouvernent le pays comme régents tandis que les empereurs vivent retirés dans un monastère *(insei)*. Ces derniers cherchent à reprendre le pouvoir politique et les monastères où ils résident deviennent alors de brillantes cours. C'est dans l'une d'elles que travaille Mitsunaga, au temple de Saishôko-in, à Kyoto, fondé par un empereur mécène, Go-Shirakawa, qui, après avoir régné de 1155 à 1158, meurt en 1192. Grand amateur d'art et soucieux de renouer avec les traditions anciennes, Go-Shirakawa charge un artiste de représenter, en une série de rouleaux enluminés, les cérémonies de cour dès longtemps oubliées. Ainsi sont créés les soixante rouleaux intitulés le *Nenjû gyôji e-maki*, les *Cérémonies annuelles de la cour*, dont l'auteur serait Tokiwa Mitsunaga. Tous ces rouleaux, ont malheureusement été détruits en 1661, dans l'incendie du palais impérial, mais il subsiste les copies de dix-sept d'entre eux, qui constituent une documentation inestimable pour l'étude de la fin du XIIe siècle puisqu'y figurent aussi bien les festivités de la cour, dans les édifices impériaux, que des fêtes plus populaires des monastères et des sanctuaires *shintô* de la capitale, dans les rues animées. Les caractéristiques de style et de composition, transmises par ces copies, sont très proches de celles d'une œuvre de la même époque, le *Ban Dainagon e-kotoba*, que certains attri-

buent aussi à Mitsunaga. De fait, on retrouve dans ce dernier rouleau, qui illustre l'intrigue pour le pouvoir de différents clans aristocratiques au IXe siècle, la même ingéniosité de composition, la même exactitude et le même mouvement. Toutes les scènes se déroulent de façon continue sur six mètres et les deux cent vingt-sept personnages qui les animent sont traités d'un pinceau délicat et marqués d'expression personnalisée. Les lignes minces et souples à l'encre de Chine impriment un mouvement rythmé, mis en valeur par des couleurs vives habilement disposées. En 1173, Mitsunaga travaille également aux peintures murales du palais annexe au temple Saishôko-in, œuvre dédiée à Go-Shirakawa et à son épouse, avec comme collaborateur Fujiwara Takanobu (1142-1205), rénovateur célèbre de l'art du portrait. Takanobu est d'ailleurs chargé de représenter les visages des courtisans participant aux cortèges, tandis que Mitsunaga, peintre professionnel, exécute tout le reste de la composition. A l'époque Edo (1639-1867), les artistes de cour Tosa, désireux de montrer que leur ascendance, dans l'atelier impérial, remontait au XIIe siècle, s'annexeront Mitsunaga en en faisant un Tosa Mitsunaga. On sait maintenant, de façon certaine, que les Tosa n'apparaîtront que beaucoup plus tard et des études de textes très poussées ont permis au professeur Fukui Takayoshi de restituer à cet artiste son véritable nom : Tokiwa Mitsunaga.
Bibliogr. : Terukazu Akiyama : *La peinture japonaise*, Genève, 1961 – Madeleine Paul-David : *Mitsunaga, Tokiwa*, in : *Encyclopaedia Universalis*, vol. 11, Paris, 1971.

MITSUNOBU, surnom : **Hasegawa,** noms de pinceau : **Baihôken** et **Shôsuiken,** appelé aussi : **Eishun**
Originaire d'Osaka. XVIIIe siècle. Actif vers 1730-1760. Japonais.
Illustrateur.

MITSUNOBU KANO. Voir **KANO MITSUNOBU**

MITSUNOBU TOSA. Voir **TOSA MITSUNOBU**

MITSUNORI TOSA. Voir **TOSA MITSUNORI**

MITSUOKI TOSA. Voir **TOSA MITSUOKI**

MITSUSHIGE TOSA. Voir **TOSA MITSUSHIGE**

MITSUTANI Kunishiro
Né en 1874 dans la préfecture d'Okayama. Mort en 1936. XIXe-XXe siècles. Japonais.
Peintre de genre, aquarelliste. Style occidental.
Il vécut à Tokyo, où il étudia sous la direction de Koyama Shotaro. En 1900, il participa aux expositions du Meiji Bijutsukan. Il participa aussi au Salon des Artistes Français de Paris, reçut en 1900 une mention honorable à l'Exposition universelle. Entre 1911 et 1914 il voyagea à deux reprises en Europe. Il fut membre du Taiheiyo Gakai, où il enseigna. Il est également membre de l'Académie Impériale des Beaux-Arts. Il fit partie du jury du Bunten, et reçut en 1932 le Prix de la Culture du journal Asahi.
Ventes Publiques : New York, 16 oct. 1990 : *Éventaires de magasins de poteries dans une rue*, aquar./pap./cart. (32,7x49,2) : **USD 12 100** ; *Femme présentant une épée et une casquette d'officier*, h/t (80,2x137) : **USD 110 000**.

MITSUUSHI Kei
Né en 1948. Disparu vers 1991 à Paris. XXe siècle. Actif depuis 1969 en France. Japonais.
Dessinateur de figures, portraits.
En 1996 à Paris, la galerie J.-J. Dutko a montré une exposition d'ensemble de ses dessins.
Il ne dessine pas par le contour, mais au contraire par le volume à partir de l'intérieur, lumière et ombre allant progressivement se perdre vers l'arrière invisible.

MITSUYOSHI TOSA. Voir **TOSA MITSUYOSHI**

MITTAG Carl
XIXe siècle. Actif à Berlin. Allemand.
Dessinateur de portraits et lithographe.

MITTAG Heinrich
Né en 1859 à Hanovre. XIXe siècle. Allemand.
Peintre de figures et de natures mortes.
Élève de Hermann Schaper, il décora les plafonds de l'Hôtel de Ville de Hildesheim.

MITTAY Martin
Né en Suisse. XIXe-XXe siècles. Suisse.
Peintre.

MITTE Albrecht
XVIIe siècle. Actif à Hambourg. Allemand.
Sculpteur.

MITTELLI. Voir **MITELLI**

MITTENDORF Abraham
Né le 29 janvier 1767 à Genève. Mort le 26 novembre 1811. XVIIIe-XIXe siècles. Suisse.
Peintre sur émail.
Élève de J. Fallery et de Isaac D. Troll.

MITTENHOFF Albert Frédéric Alexandre
Né au XIXe siècle à Montpellier. XIXe siècle. Français.
Peintre.
Débuta au Salon de 1879.
Ventes Publiques : Paris, 8 déc. 1923 : *Moralines (Manche)* : **FRF 150**.

MITTERER Hermann Josef
Né le 8 octobre 1764 à Osterhofen. Mort le 28 avril 1829 à Munich. XVIIIe-XIXe siècles. Allemand.
Dessinateur, lithographe et écrivain.

MITTERER Josef
Né le 2 avril 1880 à Munich. XXe siècle. Allemand.
Sculpteur.

MITTERHOFER Leopold
XVIIIe-XIXe siècles. Actif à Krems. Autrichien.
Peintre de compositions religieuses.

MITTERLECHNER Franz
Né vers 1830. XIXe siècle. Autrichien.
Sculpteur.
Il travailla à Vienne et fut élève de l'Académie de cette ville. On lui doit cinq statues allégoriques à la gare du Nord de Vienne.

MITTERMAYER Christoph
Mort en 1609 à Munich. XVIe siècle. Allemand.
Peintre.
Il devint maître à Munich en 1585.

MITTERMAYR Michael
Né en 1758 à Munich. Mort en 1812 à Munich. XVIIIe-XIXe siècles. Allemand.
Peintre d'architectures et graveur au burin.
Élève de C. A. von Lespilliez. Il grava d'après Cuvilliés pour le Vitruve bavarois.

MITTERNACHT Martin. Voir **MITTNACHT**

MITTERNACHT Michael
Né en 1700 à Bamberg. XVIIIe siècle. Allemand.
Peintre.
Il fit ses études à Vienne et travailla à Bamberg où il exécuta des fresques.

MITTERPOCH Gioachimo
XIXe siècle. Italien.
Graveur.

MITTERWURZER Johann
XVIIIe siècle. Autrichien.
Peintre.
Il travailla à Brixen, dans le sud du Tyrol après 1750 et composa plusieurs tableaux d'autels.

MITTEY Joseph
Né en 1853 à Vix (Côte-d'Or). XIXe-XXe siècles. Français.
Peintre de figures, fleurs, animalier, céramiste.
Il fut élève de Georges Jeannin, Justin Lequien, Édouard Hugot, André Trin. Il exposait à Paris, où il débuta en 1877 au Salon des Artistes Français.
Musées : Winterthur : *Femme et baby* 1880.
Ventes Publiques : Londres, 4 oct. 1991 : *Études d'oiseaux exotiques* 1877, h/t (57x70) : **GBP 9 900**.

MITTICA Salvatore
Né en 1609 à Messine. Mort en 1665 à Messine. XVIe-XVIIe siècles. Italien.
Peintre.
Élève de Antonio Catalani et de Alibrandi.

MITTING G.
XVIIIe siècle. Actif à Strasbourg vers 1762. Français.
Peintre de portraits.

MITTNACHT Martin ou **Mitternacht, Mezzanotte**
XVIIe siècle. Autrichien.
Peintre et graveur au burin.
Il fut le peintre de l'archiduc Maximilien et de l'archiduc Leopold

à Innsbruck. Il se rendit en 1613 aux Pays-Bas, mais revint en 1614 à Innsbruck. Il a surtout fait des copies de portraits des membres de la famille de Habsbourg.

MITTOFF Antoine
Né à Stara-Zagora. XIXe-XXe siècles. Bulgare.
Peintre de portraits.
Il fut élève de l'Académie des Beaux-Arts de Turin. Il exposa à Paris, au Salon des Artistes Français, il reçut une médaille de bronze en 1900 à l'occasion de l'Exposition universelle.
Musées : Sofia (Mus. Nat.) : deux peintures.

MITURICH Piotr. Voir **MITOURITCH Petr**

MIVILLE Jakob Christoph ou par erreur **Miéville**
Né le 18 novembre 1786 à Bâle. Mort le 29 juin 1836 à Bâle. XIXe siècle. Suisse.
Paysagiste.
Élève de Peter Birmann, à Bâle, et de Johan Jakob Huber à Zurich. Il alla à Rome, de 1805 à 1807 et y travailla sous l'influence de Koch. De 1809 à 1816, il vécut en Russie, appelé dans ce pays par les promesses d'un grand seigneur. Il visita la Crimée, le Caucase et en rapporta de nombreuses études dont plus tard il fit des tableaux. Miville était en 1816 de retour à Bâle où il fut en 1827 nommé professeur de dessin. Les Musées de Bâle et de Zurich possèdent une assez belle collection de ses dessins et de ses esquisses.
Ventes Publiques : Berne, 8 mai 1982 : *Paysage escarpé*, h/cart. (10x16,5) : **CHF 6 000**.

MI WANZHONG ou **Mi Wan-Chung** ou **Mi Wantchong**, surnom : **Zhongzhao,** nom de pinceau : **Youshi**
Né en 1570, originaire de la province du Shenxi. Mort en 1628. XVIe-XVIIe siècles. Chinois.
Peintre de paysages, fleurs.
Calligraphe fameux, il obtient le titre de licencié *jinshi* aux examens triennaux de la capitale en 1595. Il fait des paysages dans le style de Ni Zan (1301-1374) et des fleurs dans celui de Chen Shun (1485-1544). Comme son ancêtre Mi Fu (1051-1107), il aime collectionner des pierres aux formes étranges, d'où son nom de pinceau Youshi, l'ami des pierres.
Musées : Chicago (Art Inst.) : *Vue de rivière avec bâtiments et arbres entre les rochers* signé et daté 1621, couleurs légères – Osaka (mun. Mus.) : *Paysage*, rouleau en longueur, encre sur pap.
Ventes Publiques : New York, 26 nov. 1990 : *Calligraphie*, encre/pap., éventail (19x56,5) : **USD 2 200**.

MIX Florence
Née en 1881 à Hatford (Connecticut). Morte en 1922 à Glenwood. XXe siècle. Américaine.
Peintre de portraits, paysages.
Elle travailla à New York.

MIXILLE Jean Marie ou **Mixelle**
XVIIIe siècle. Actif à Paris dans la seconde moitié du XVIIIe siècle. Français.
Graveur au burin.
Il gravait à la manière du lavis et en couleurs. Il grava des sujets de genre d'après Baudouin et Boilly.

MIYAGAWA Chôki
XVIIIe siècle. Actif entre 1715 et 1750. Japonais.
Peintre.
Disciple doué de Miyagawa Chôshun (1683-1753), il est connu pour ses représentations de jolies femmes. *Voir aussi CHÔKI Miyagawa.*

MIYAGAWA Chôshun. Voir **CHÔSHUN MIYAGAWA**

MIYAJIMA Tatsuo
Né le 16 janvier 1957 à Tokyo. XXe siècle. Japonais.
Artiste d'installations, auteur de performances.
Il montre ses œuvres dans des expositions personnelles : 1996 galerie Froment et Putman et Fondation Cartier à Paris. Par son art, il rend compte de la frénésie de la vie contemporaine, faisant des installations d'éléments électroniques et de compteurs digitaux qui suggèrent un effet de vibration et d'agitation.
Bibliogr. : In : catalogue de l'Exposition : *Les Magiciens de la terre*, Centre Georges Pompidou, Paris, 1989 – Annick Bureaud : *Tatsuo Miyajima*, Art Press, n° 215, Paris, juil.-août 1996.
Musées : Paris (FNAC) : *Counter Circle n° 5* 1993.
Ventes Publiques : Londres, 15 oct. 1992 : *Harmonie opposée*, lampe à diode, IC, fil électrique et pan. d'alu. (chaque 11x26x2) : **GBP 3 300** – New York, 24 fév. 1993 : *Harmonie opposée* 1990, lampe à diode, IC, fil électrique et pan. d'alu. (26x11,7x3,2) : **USD 4 950** – Londres, 1er déc. 1994 : *Harmonie opposée 70036/94242* 1990, lampe à diode, IC, fil électrique sur pan. d'alu. (chaque 11x26x3,5) : **GBP 4 600**.

MIYAMA Morinosuke
Né en 1944 à Chiba (Tokyo). XXe siècle. Japonais.
Peintre.
En 1967, il fut diplômé en dessin de l'École des Beaux-Arts de Tama (Tokyo). Depuis 1966, il participe à des expositions collectives, dont le Festival International des Jouets à Tokyo, où il reçut le Prix du Maire de la ville. En 1969, il fit une exposition personnelle à Tokyo. Ses peintures figuratives sont teintées de touches naïves.

MIYAMOTO. Voir **MUSASHI**

MIYAO Shigeo
Né en 1902 à Tokyo. XXe siècle. Japonais.
Graveur, dessinateur.
Après avoir étudié la bande dessinée avec Ippei Okamoto, et s'être fait connaître dans cette technique, il se consacra à la gravure sur bois. Dans les années trente, il participa, avec entre autres Masahide Asahi, au lancement du périodique *Hanga* (Gravure). Il effectuait également des recherches sur les arts locaux. Il était membre de l'Association Japonaise de Gravure.

MIYASHITA Tokio
Né en 1930 à Tokyo. XXe siècle. Japonais.
Graveur.
En 1947, il étudia la gravure sur bois avec Un'ichi Hiratsuka ; en 1950 la gravure sur cuivre avec Jun'ichiro Sekino. En 1957, il reçut un Prix au Salon Shunyokai de Tokyo. Depuis 1960, il participe régulièrement à la Biennale Internationale de l'Estampe de Tokyo, où, en 1964, il reçut le Prix du Ministère de l'Éducation. En 1965, il figura à la Biennale Internationale de Gravure de Ljubljana ; en 1967 à la Biennale de São Paulo et à la Biennale de Gravure de Lugano. Il est membre de l'Association Japonaise de Gravure.

MIYASSAKA Masao
Né en 1911 à Tokyo. XXe siècle. Actif depuis 1965 en France. Japonais.
Peintre de portraits.
Il montre ses œuvres dans des expositions personnelles, à Tokyo, Osaka, Kokkaido, et, en 1972, à Paris.
Il concilie l'arabesque matisséenne avec la tradition de l'estampe japonaise.

MIYAWAKI Aiko
XXe siècle. Japonaise.
Sculpteur. Abstrait.
Dans les années quatre-vingt, quatre-vingt-dix, elle a exposé, installé, ses œuvres en plein air, d'abord à Ichinomiya, puis en France, aux États-Unis, et en 1991-1992 à la Fondation Miro de Barcelone.
Elle était d'abord peintre. Elle tentait alors d'investir les trois dimensions de l'espace sur les supports bidimentionnels de la peinture. Elle renonça à la peinture en 1968, pour poursuivre différemment son projet d'investissement de l'espace. Dans la série des *Utsurohi*, avec de fines tiges métalliques elle crée ce qu'elle appelle des « dessins en l'air », qui envahissent de leurs courbes aériennes les lieux de leur installation, et dont les éléments, soleil, pluie, vent, modifient subtilement positions et formes.
Bibliogr. : Anatxu Zabalbeascoa : *Aiko Miyawaki*, in Art Press n° 166, Paris, fév. 1992.

MIYAZAKI Manpei
Né en 1928 à Shizuoka. XXe siècle. Japonais.
Peintre. Abstrait-géométrique.
Il est diplômé de l'École des Beaux-Arts de Kyoto. En 1966-1967, il fit un séjour à New York. Il participe à de nombreuses expositions collectives, dont : en 1965 au Musée National d'Art Moderne de Kyoto ; en 1968 à New York, à San Francisco *Art Nouveau Géométrique* et Oakland ; en 1970 au Musée Cantonal de Lausanne *3e Salon International des Galeries Pilotes* ; etc. Il montre des ensembles de ses œuvres dans de nombreuses expositions personnelles.
Comme de nombreux Japonais dans les années soixante, il pratique une abstraction géométrique, dont l'extrême simplicité des formes l'apparente à la fois au minimalisme américain et à une tradition japonaise de la symbolique des formes et des couleurs.
Bibliogr. : In : Catalogue du *3e Salon International des Galeries Pilotes*, Musée Cantonal, Lausanne, 1970.
Musées : New York (Mus. of Mod. Art).

MI YEOU-JEN. Voir **MI YOUREN**

MI YOUREN ou **Mi Yu-Jên** ou **Mi Yeou-Jen**, appelé aussi **Huer,** surnom : **Yuanhui**
Né en 1086. Mort en 1165. XIIe siècle. Chinois.
Peintre de paysages.
L'absence d'œuvres originales du grand peintre Mi Fu (1051-1107) donne à celles de son fils et disciple, Mi Youren, un relief particulier. Peintre prolifique, celui-ci continue l'œuvre de son père avec beaucoup de fidélité, mais sans doute un moindre génie. Fonctionnaire lettré, lui aussi, il est vice-président du Bureau de la Guerre. Les critiques chinois établissent une relation entre Dong Yuan et Juran, maîtres du Xe siècle dont les leçons étaient tombées un moment en déshérence, et le style des deux Mi. Et de fait, les paysages de Mi Youren sont exécutés au pinceau et l'on y trouve un écho lointain des techniques tachistes des deux peintres précités, devenues, avec Mi Fu, les « points à la manière de Mi », simple jeu de taches d'encre qui se substituent aux contours et suggèrent indifféremment la silhouette d'une montagne ou la touffe d'un feuillage. Mi Youren utilise une encre très humide et ses montagnes et ses arbres ont quelque chose d'arbitraire, caractérisés par un aspect flou que l'on rencontre dans plusieurs de ses œuvres, notamment dans l'une des plus étranges, *Montagnes dans les nuages* (Musée d'Osaka), où les montagnes noyées d'ombre surgissent parmi des bancs de brume qui partent à la dérive.
Musées : Cleveland : *Brume à la dérive entre les montagnes au bord d'une rivière*, encre et coul. légères sur soie, rouleau en longueur, poème du peintre daté 1130, colophon de Wang De (XVIIe siècle), sans doute une copie – Osaka (mun. Mus.) : *Montagnes dans les nuages*, encre sur pap., rouleau en hauteur, inscription datée 1134 – Pékin (Mus. du Palais) : *Longue chaîne de montagnes dont les sommets émergent des brumes et des nuages*, encre sur pap., rouleau en longueur – Shanghai : *Nuages blancs sur les rivières Xiao et Xiang*, encre sur pap., rouleau en longueur signé, inscriptions de l'empereur Qing Qianlong, long colophon de l'artiste – Taipei (Nat. Palace Mus.) : *Montagnes dans les nuages et la brume*, encre sur pap., rouleau en longueur, attribution – Washington D. C. (Freer Gal. of Art) : *Montagnes du pays de Chu par une claire journée d'automne*, encre sur pap., rouleau en longueur, signature et sceaux de Mi Youren.

MI YU-JÊN. Voir **MI YOUREN**

MIZUFUNE Rokushu
Né en 1912 dans la préfecture de Hiroshima. XXe siècle. Japonais.
Sculpteur, graveur. Abstrait.
En 1936, il sortit diplômé en sculpture de l'Université des Beaux-Arts de Tokyo. Il poursuivit cette activité, en pratiquant parallèlement la gravure sur bois. Il expose ses sculptures dans les Salons organisés par le Ministère de l'Éducation et par l'Académie des Beaux-Arts. Graveur, il fut l'un des co-fondateurs, en 1937, de l'Association pour la Formation à la Gravure. À partir de 1960, il participe aux Biennales Internationales de l'Estampe de Tokyo. Il montre ses œuvres dans quelques expositions personnelles. Il est membre de l'Association Japonaise de Gravure. Ses gravures abstraites sont hautes en couleur.

MIZUI Yasuo
Né le 30 mai 1925 à Kyoto. XXe siècle. Actif depuis 1953 aussi en France. Japonais.
Sculpteur. Abstrait.
En 1947, il était étudiant à l'École Supérieure des Sciences de Kobé ; et en 1953 à l'Université des Beaux-Arts de Tokyo. Venu à Paris en 1953, il y fut élève de l'École des Beaux-Arts jusqu'en 1958, recevant les conseils de Alfred Janniot, Marcel Gimond, Apelles Fénosa. Il participe à de nombreux symposiums de sculpture, en Yougoslavie, Autriche, Israël, à Grenoble, au Japon, en Tchécoslovaquie. En 1966, il a participé à l'importante exposition *Sculpture de l'École de Paris* à Francfort-sur-le-Main. Il travailla d'abord le bois et le bronze dans des œuvres d'inspiration organique aux formes nerveuses et baroques. Il évolua à une abstraction plus dépouillée, à destination monumentale, par exemple, en 1968, avec *Le Jet d'eau pétrifié* de la Faculté de Droit de Bordeaux.
Bibliogr. : Denys Chevalier, in : *Nouveau Distion. de la Sculpt. Mod.*, Hazan, Paris, 1970.

MIZUNO Rochô, noms de pinceau : **Seisenkan, Hanrinsai, Chôkôsai, Chôkyûsai**
Né en 1748. XVIIIe siècle. Japonais.
Peintre.
Disciple de Kitao Shigenaga, il est l'auteur de peintures et d'illustrations de livres, entre 1793 et 1830.

MIZUNO Toshikata. Voir **TOSHIKATA MIZUNO**

MIZUTANI Emiko
Née en 1934 à Tokyo. XXe siècle. Japonaise.
Sculpteur, céramiste. Abstrait.
Elle fut élève de l'Université des Beaux-Arts de Tokyo. De 1951 à 1956, elle bénéficia d'une bourse d'études pour les États-Unis ; de 1956 à 1961, elle poursuivit sa formation à l'Art Students' League de New York. En 1964-1965, à Kyoto et Arita, elle étudia les techniques de la céramique. Elle produit des panneaux muraux abstraits en céramique.

MJA, MJE. Pour les patronymes commençant par ces lettres, voir **MIA, MIE**

MKRTITSCH. Voir **MEGRDITSCH**

MLACKI Dariusz
Né le 27 juillet 1963. XXe siècle. Polonais.
Peintre de compositions, d'affiches.
Il étudie à l'Académie des Beaux-Arts dont il sort diplômé.

MLADENOV Petre
Né en 1887 à Sofia. XXe siècle. Bulgare.
Peintre-aquarelliste de compositions animées. Post-cézannien.
Il traite des sujets à tonalité poétique, selon une technique cézanienne, dans une gamme de tons profonds.
Bibliogr. : In : *Peintres contemporains*, Mazenod, Paris, 1964.

MLODNICKI Karl
Né en 1836. XIXe siècle. Actif à Lemberg. Polonais.
Peintre de genre.
Élève de Maskowski, Piloty et Schwind. Il travailla à Paris de 1861 à 1863.

MLYNARCIK Alex
Né en 1934 à Zilina. XXe siècle. Tchécoslovaque.
Sculpteur d'assemblages, artiste de happenings, créateur d'environnements.
De 1959 à 1965, il fut élève, d'abord de l'École des Beaux-Arts de Bratislava, puis de l'Académie des Beaux-Arts de Prague. À Paris, il fut particulièrement actif lors du soulèvement contestataire des étudiants à la Sorbonne, en mai 1968.
De 1964 à 1966, il réalisa des sortes de retables, dorés et surmontés de cierges, consacrés, par des inscriptions et des figurines obtenues par moulage de mannequins de mode, à la critique sociale du culte de la femme-objet. En 1965, avec Filko, il organisa à Bratislava deux sortes de happenings, dits « happsoc », prenant pour objet des éléments de l'environnement quotidien, recouvrant un fait social contestable. Ses interventions, désignées, en référence au troskysme, en tant que « manifestations permanentes », consistent en appropriation physique et psychologique d'un lieu, d'un moment, des activités humaines qui s'y déroulent. En 1967, il fut amené à susciter par des graffitis l'intervention du public. En 1968-1969, il réalisa *Le Flirt de mademoiselle Pogany*, une accumulation d'œufs en plastique dans un hommage dérisoire à Brancusi. En 1969, sa *Donation à la VIe Biennale de Paris* était constituée d'une accumulation d'objets symbolisant l'environnement social de toutes les contrées du monde, résumant synthétiquement les réalités de notre temps. Dans les happenings de Mlynarcik, la critique sociale incluse tente de se matérialiser dans des créations relevant encore de raisonnements plastiques.
Bibliogr. : Raoul-Jean Moulin, in : *Nouveau Diction. de la Sculpt. Mod.*, Hazan, Paris, 1970.

MNASILAOS de Paros. Voir **ARKESILAOS III**

MNISZECH Hélène. Voir **LUBOMIRSKA**

MNISZECH Maria Josefa ou **Mniszek**
XVIIIe siècle. Polonaise.
Peintre de fleurs et graveur au burin.

MNISZEK Andrzej Jerzy de, comte
Né en 1823 à Wisniowiec. Mort en 1905 à Paris. XIXe siècle. Depuis 1854 actif en France. Polonais.
Peintre de portraits, compositions à personnages, scènes typiques, natures mortes.
Il s'installa à Paris, en 1854, dans une somptueuse demeure de la rue Daru, où il apporta sa collection célèbre de tableaux anciens

et objets d'art provenant du château familial en Pologne. Cette collection fut en partie dispersée par son fils dans une vente du 9 avril 1902. Il fut élève de Jean Gigoux. En 1894, il reçut une médaille de bronze pour un triptyque à sujets japonais, qui figurait à l'Exposition Nationale de Lwow.
À Paris, il fut le portraitiste des membres de l'aristocratie polonaise et des artistes immigrés. Il y exposait rarement ses œuvres, celles-ci étant des commandes privées. En 1878, année de l'Exposition universelle de Paris, dont le Japon fut une des vedettes, Mniszek commença à peindre des sujets japonais. Il peignit aussi quelques natures mortes d'objets japonais.
Musées : Besançon : *Portrait de Jean Gigoux* – Lille (Mus. des Beaux-Arts) : *Nature morte.*
Ventes Publiques : Paris, 14 mars 1941 : *Portrait d'homme* 1896 : **FRF 2 200** – Paris, 3 avr. 1950 : *Natures mortes japonaises* 1894 et 1898, deux pendants, ensemble : **FRF 16 400** – Londres, 24 mars 1982 : *Amuseurs Manzai* 1878, h/pan., une paire : **GBP 10 000** – Paris, 1er fév. 1989 : *Scène japonaise* 1879, h/pan. (250x133) : **FRF 1 150 000** – Londres, 19 juin 1991 : *Un page* 1862, h/pan. (142x62) : **GBP 5 500.**

MOALLE Loys
Né à Péronne. xve siècle. Actif vers 1475. Français.
Peintre d'histoire.
Il travaillait à Valenciennes en 1510.

MOBERG Maurice
Né en 1923 à Stockholm. xxe siècle. Suédois.
Peintre.
Il fut élève de l'Académie Libre de Stockholm. Il commença à peindre en 1945. Il expose individuellement : en 1950, 1952, 1955 à Stockholm ; en 1951 à Montauban ; en 1955 à Paris.

MOBERG Pierre
Né en 1911 à Paris. xxe siècle. Français.
Peintre de paysages, paysages urbains, fleurs. Post-impressionniste.
Il expose à Paris, dans diverses villes de France, au Moyen-Orient, dans de nombreux pays étrangers. En 1959 lui fut attribué le Prix Daguerre ; en 1960 il reçut la médaille d'or de la Ville de Paris.
Peintre de paysages parisiens, souvent noyés de brume, il travaille aussi en Touraine.

MÖBIUS Ernst
Né le 10 février 1871 à Erlau (près de Rochlitz). xixe-xxe siècles. Allemand.
Peintre de paysages, paysages urbains.
De 1887 à 1889, il fut élève de l'Académie des Beaux-Arts de Leipzig, où il a vécu. Il a surtout représenté des vues de Leipzig et de ses environs.

MÖBIUS Karl
Né le 20 mai 1876 à Borna (près de Leipzig). xxe siècle. Allemand.
Sculpteur de monuments, figures.
Il étudia à Dresde et Berlin. À Berlin, on voit de lui le *Lanceur de javelot*, et à Oldenburg le *Monument aux travailleurs*.

MOCCHI Francesco et **Orazio**. Voir **MOCHI**

MOCCHI Lorenzo di Francesco Ciglia
Né en 1468. Mort en 1512. xve-xvie siècles. Italien.
Médailleur.

MOCCIO
xive siècle. Italien.
Sculpteur et architecte.
Il travailla à la reconstruction de la cathédrale de Sienne et à la cathédrale de Florence.

MOCCIONE, il. Voir **LYN Giovanni**

MOCET Guillermo
xve siècle. Espagnol.
Sculpteur.

MOCETO. Voir **MOCETTO Girolamo**

MOCETTI Pietro. Voir **MAZZETTI Pietro**

MOCETTO Girolamo ou **Moceto, Mozetto**
Né vers 1458 à Vérone. Mort vers 1531. xve-xvie siècles. Italien.
Peintre et graveur au burin.
On sait peu de choses sur cet artiste qui nous paraîtrait mériter une étude spéciale. La date de naissance que nous indiquons est hypothétique, les peintures connues du maître ne sont pas datées ; mais par la date de ses gravures, 1490 à 1514, on possède une indication certaine d'au moins une partie de sa période de travail. Il étudia à Venise, fut peut-être élève de Giovanni Bellini qui l'employa comme collaborateur, ou plus exactement comme ouvrier. Vasari mentionne une peinture, *Le Christ mort*, à l'église de San Francesco della Vigna, à Venise, qui, bien que signée par Bellini, était considérée comme l'œuvre de Mocetto. On cite encore de lui à Venise un grand vitrail à l'église Santi Giovani Paolo, à SS. Nozario e Celso, à Vérone, une *Vierge au trône*, à la Galerie de Modène, un *Portrait de jeune homme* (ces deux dernières œuvres signées), à la National Gallery à Londres, deux versions du *Massacre des Innocents*, dont une signée. Mocetto, comme graveur, occupe une place plus considérable et paraît avoir bénéficié dans ce genre de l'influence de Mantegna et de Bellini, dont il reproduisit les dessins. Ses estampes possèdent des qualités de style qui les placent parmi les plus curieuses de l'école italienne des xve et xvie siècles.

HERoM

Musées : Londres (Nat. Gal.) : *Massacre des Innocents à Béethléem* – Modène : *Portrait de jeune homme* – Paris (Mus. Jacq. André) : *Plafond encyclopédique composé de vingt-cinq panneaux peints en grisaille*, attr. – Pavie (Mus. Malaspina) : *Bataille des Amalécites* – Richmond : *Triomphe d'un empereur romain* – Vicence : *Madone à l'enfant Jésus.*
Ventes Publiques : Londres, 26 juin 1925 : *Saint Antoine et saint Jean* : **GBP 78** – Paris, 23 mai 1928 : *Anges musiciens*, lav. reh. : **FRF 5 800** – Milan, 12-13 mars 1963 : *Les forges de Vulcain* : **ITL 800 000.**

MOCH Daniel. Voir **MAUCH**

MOCHAERT Anthonius
xvie siècle. Actif à Bruxelles en 1554. Éc. flamande.
Tailleur d'images.

MO CHE-LONG. Voir **MO SHILONG**

MOCHET Pierre
xve siècle. Actif à Genève. Suisse.
Sculpteur sur bois.
A sculpté les stalles du chœur de la cathédrale de Saint-Jean de Maurienne (1498).

MOCHETTI Alessandro
Né vers 1760 à Rome. Mort vers 1812. xviiie-xixe siècles. Italien.
Graveur au burin.
Élève de Volpato. Il grava des sujets religieux.

MOCHI Francesco ou **Mocchi**
Né le 29 juillet 1580 à Montevarchi (près de Florence). Mort le 6 février 1654 à Rome. xviie siècle. Italien.
Sculpteur et médailleur.
Fils du sculpteur Orazio Mochi. Entre 1605 et 1608, il travailla pour la cathédrale d'Orvieto où il fit une *Annonciation* dont les statues sont de véritables œuvres baroques. Il alla à Rome une première fois, vers 1610, et sculpta pour Sainte-Marie-Majeure, un *Saint Mathieu*. C'est à Plaisance qu'il resta le plus longtemps, il y exécuta deux statues équestres représentant *Ranuccio Farnèse* et *Alexandre Farnèse*. La première s'inspira de Donatello et Verrochio, la seconde allia la puissance au mouvement, faisant penser à l'art de Bernin. Ces deux statues furent placées Piazza dei Cavalli à Plaisance. Il revint à Rome en 1629 où il termina une *Sainte Marthe*, commencée en 1610-1612. Enfin, entre 1629 et 1640, il s'inspira des Niobides antiques pour faire une *Sainte Véronique* destinée à une niche ménagée dans un pilier de la coupole de Saint-Pierre. Sa manière baroque annonce celle du Bernin qui dépassa cet art trop souvent mélodramatique. Le Bernin et l'Algarde se montrèrent hostiles à Mochi, dont la fin de la vie fut ainsi assombrie.
Bibliogr. : L. Benoist, in : *Dictionnaire de l'Art et des Artistes*, Paris, 1967.

MOCHI Giovanni
xixe siècle. Italien.
Paysagiste.
La Galerie antique et moderne de Prato conserve de lui : *Vue d'une rue alpestre ; La députation toscane présentant à Victor-Emmanuel l'acte d'annexion.*
Ventes Publiques : Londres, 30 nov. 1977 : *La promenade dans le parc* 1874, h/pan. (41x31) : **GBP 1 150.**

MOCHI Orazio ou **Mocchi**
Mort le 20 mai 1625. XVIIe siècle. Italien.
Sculpteur.
Élève de Giovanni Caccini. A fait le projet du groupe de pierre : *Jeu de Saccomazzone* aux Jardins Boboli à Florence. Des répliques en bronze de ce groupe se trouvent au Musée de Grenoble, au Musée du Louvre à Paris et au Palais Liechtenstein de Vienne.
Ventes Publiques : Londres, 3 mai 1977 : *Le jeu de Sacco Mazzone*, bronze patiné (H. 36,5, larg. 45) : **GBP 4 000**.

MOCHINGER Hans
XVIe siècle. Actif à Ratisbonne au début du XVIe siècle. Allemand.
Peintre.

MOCHIS Corrado de. Voir **CORRADO da Colonia**

MOCK
XIXe siècle. Actif vers 1840. Hollandais.
Dessinateur.
Élève de Sande Bakhuyzen.

MOCK Fritz
Né le 13 septembre 1867 à Boblingen. Mort en 1919 à Bâle. XIXe-XXe siècles. Suisse.
Peintre de portraits, paysages, graveur.
Il fut élève de Heinrich Heim, Karl Raupp et Franz von Lenbach à Munich. À partir de 1894, il se fixa à Bâle.

MOCK J.
XIXe siècle. Hollandais.
Graveur amateur.
Il grava d'après Schmidt, Rembrandt et Potter.

MOCK J. J.
Né en 1776. Mort en 1824. XIXe siècle. Suisse.
Dessinateur.
Il a dessiné des vues topographiques de Suisse et travailla d'abord à Herisau, puis à Saint-Gall.

MOCK Jean Samuel
Né en 1687 en Saxe. Mort vers 1737 à Varsovie. XVIIIe siècle. Polonais.
Peintre.
Il fut peintre à la cour des deux rois polonais, Auguste, électeurs de Saxe. Les reproductions des fêtes de la cour à Dresde se trouvent au Cabinet des Estampes de Varsovie.

MOCK Johann
XVIIe siècle. Actif à Strasbourg de 1619 à 1679. Français.
Peintre.

MOCK Johann Christian
XVIIIe siècle. Actif à Dresde. Allemand.
Peintre.
Le Château de Dresde conserve deux tableaux de ce peintre : *Le Camp de Czerniakow* et l'*Entrée d'Auguste III à Varsovie*.

MOCK Johann Heinrich ou **Mocke**
Né en 1696. Mort le 9 avril 1746 à Dresde. XVIIIe siècle. Allemand.
Peintre et dessinateur.
La Bibliothèque de l'Université de Varsovie garde un dessin de cet artiste : *La Porte triomphale pour Auguste III à Varsovie*.

MOCKAERT Jacob
Né en 1649 à Dordrecht. Mort vers 1747. XVIIe-XVIIIe siècles. Hollandais.
Peintre de portraits et marchand.
Élève de Nicolaas Maes.

MÖCKEL Christoph
XVIIIe siècle. Actif à Rastadt. Allemand.
Sculpteur.
Il a exécuté le crucifix du grand autel de l'église du château à Rastadt.

MÖCKEL Julius
Né le 6 juillet 1801 à Bautzen. Mort le 4 février 1863 à Dresde. XIXe siècle. Allemand.
Dessinateur de paysages.
Depuis 1816 élève de l'Académie de Dresde et de Johann David Schubert. Il fit un recueil des églises de Saxe et exposa souvent à Dresde.

MOCORONA Juan de
XVIe siècle. Actif à Séville vers 1536. Espagnol.
Sculpteur.

MOCQUART Jacques
XVIe siècle. Actif à Nantes à la fin du XVIe siècle. Français.
Peintre et peintre verrier.

MOCQUET L.
XVIIe siècle. Vivant à Chartres à la fin du XVIIe siècle. Français.
Éditeur.

MOCQUOT Magdeleine Henriette
XXe siècle. Française.
Sculpteur.
Elle participe à des expositions collectives, notamment à Paris au Salon des Artistes Français, dont elle a obtenu la médaille d'or en 1969. Elle a aussi exposé, en 1966 à la Maison de la Culture d'Amiens, à l'Ateneo de Santander, en Australie ; en 1970, 1971, 1972 à Versailles. Elle a montré des ensembles de ses œuvres dans des expositions personnelles : en 1944 à Paris ; en 1964 à la Maison Française de New York. En 1967, elle a obtenu le deuxième Prix du concours d'Arezzo. Depuis 1960, elle a collaboré à la Revue de la Monnaie, au Bulletin de la Société de Psychopathologie de l'Expression, à la Revue des Sciences de Sens (Yonne).

MOCRIDGE M.
XIXe siècle. Allemand.
Dessinateur.

MO Dafeng
Né en 1957 à Shanghai. XXe siècle. Actif aux États-Unis. Chinois.
Peintre de paysages.
Il fut élevé dans un milieu artistique, son père était directeur de l'Académie d'Art de Hangzhou, il fit ses études à l'Institut d'Art P.L.A. Il expose régulièrement aux États-Unis où il réside.
Il peint principalement des paysages du sud de la Chine.
Ventes Publiques : Hong Kong, 28 sep. 1992 : *Pont de pierre par un matin brumeux* 1989, h/t (76,2x81,3) : **HKD 46 200**.

MODALULPHE
IXe siècle. Actif en France. Français.
Peintre.

MODANINO. Voir **MASSIMO Giambattista**

MODDE Maximilian
Né le 13 avril 1862 à Magdebourg. XIXe-XXe siècles. Allemand.
Peintre de genre, portraits, architectures.
Il travaillait à Berlin. Il fut aussi critique d'art.

MODEL Jean-Louis
XXe siècle. Français.
Peintre de paysages, aquarelliste, affichiste.
Habitant Cagnes-sur-Mer, il en peint surtout les paysages.
Ventes Publiques : Paris, 9 déc. 1946 : *Lac de montagne en Suisse* : **FRF 19 900**.

MODELL Elisabeth
Née le 4 septembre 1820 à Vienne. Morte le 5 octobre 1865 à Vienne. XIXe siècle. Autrichienne.
Peintre de genre et de portraits.
Élève de H. Zimmermann et de Fr. Schilder.
Ventes Publiques : Vienne, 16 mars 1971 : *Nature morte aux roses et aux fruits* : **ATS 18 000** – Berne, 3 mai 1979 : *Enfants jouant* 1862, h/t (65x49) : **CHF 2 700**.

MODENA Martino di Giorgio da. Voir **MARTINO di Giorgio da Modena**

MODERAT D'OTÉMAR Marie Adolphe Édouard. Voir **OTÉMAR**

MODERATI Alessio
XVIIIe siècle. Italien.
Peintre d'ornements.

MODERATI Francesco
Né vers 1680 à Milan. XVIIIe siècle. Italien.
Sculpteur et stucateur.
Élève d'Angelo et de Rossi. Il a exécuté plusieurs statues à l'intérieur de Saint-Pierre de Rome.

MODERNO
XVe-XVIe siècles. Italien.
Orfèvre.
Pseudonyme d'un orfèvre ayant vécu à la fin du XVe et au début

du XVIe siècle à Rome. Le musée Jacquemart-André, à Paris, possède de cet artiste les plaquettes de bronze suivantes : *Le Crucifiement ; Hercule vainqueur d'Antée ; David vainqueur de Goliath ; Centaure enlevant une femme ; Charge de cavaliers romains ; Le Christ mort soutenu par la Vierge et saint Jean.*

MODERSOHN Heinrich

Né le 26 décembre 1855 à Lippstadt. Mort le 31 août 1903 à Honnef. XIXe siècle. Allemand.

Peintre de portraits, paysages.

Il travailla à Düsseldorf.

MODERSOHN Otto

Né le 22 février 1865 à Soest. Mort en 1943 à Fischerhude. XIXe-XXe siècles. Allemand.

Peintre de paysages, paysages animés, fleurs. Expressionniste. Groupe de Worpswede.

Fils d'un architecte, de 1888 à 1893 il fut élève des Académies des Beaux-Arts de Düsseldorf, Munich, Karlsruhe. En 1893-1894, il fut élève de Eugen Bracht à l'Académie de Berlin. Il fut l'un des peintres, et l'un des animateurs du groupe, qui se retirèrent à Worpswede, au bord de la Mer du Nord, pour y retrouver le contact avec la nature. Il y épousa Paula Becker en 1901. Le poète Rainer Maria Rilke y séjourna aussi, accompagnant sa femme, le sculpteur Clara Westhoff.

Les peintres de Worpswede travaillaient dans le sens d'une sorte de christianisme panthéiste, dans des œuvres alliant le religieux et le social. L'œuvre d'Otto Modersohn est empreint du postromantisme de Böcklin et d'un symbolisme rustique.

O Modersohn

Bibliogr. : Marcel Brion, in : *La Peinture Allemande*, Tisné, Paris, 1959.

Musées : Brême : *Route près de Münster – L'Automne dans le marais* – Breslau, nom all. de Wroclaw : *Tempête sur le Teufelsmoor* – Dresde : *La vieille maison* – Hanovre : *Paysage de marais* – Munich : *Paysage de marais.*

Ventes Publiques : Hambourg, 18 nov. 1967 : *Rue de village* : **DEM 3 300** – Hambourg, 5 juin 1971 : *Paysage à la chaumière* : **DEM 7 200** – Cologne, 19 oct. 1973 : *La Noce* : **DEM 15 000** – Cologne, 3 déc. 1976 : *Paysage à Worpswede* 1939, h/t (61x85) : **DEM 16 000** – Brême, 8 oct. 1977 : *Au soir de la vie* 1895, h/t (68x92) : **DEM 33 000** – Cologne, 5 déc 1979 : *Paysage orageux* vers 1885, h/t (80,5x135) : **DEM 50 000** – Brême, 31 oct. 1981 : *Scènes champêtres*, h/t, une paire (75x91) : **DEM 42 000** – Cologne, 4 juin 1983 : *Chèvres au bord d'un canal*, temp./t. (64x80) : **DEM 44 000** – Hambourg, 4 juin 1983 : *Paysage à la chaumière, Worpswede* 1898, h/t (67x93) : **DEM 50 000** – Bielefeld, 29 sep. 1984 : *Couple d'amoureux dans un paysage au crépuscule* vers 1900, fus. et sanguine (20x29,4) : **DEM 3 400** – Hambourg, 5 déc. 1985 : *Paysage d'hiver* 1892, h/t (50,6x85,6) : **DEM 46 000** – Brême, 18 oct. 1986 : *Paysage à la chaumière*, h/cart. (39,5x58,4) : **DEM 40 000** – Brême, 4 avr. 1987 : *Lever de lune*, h/t (62x85,5) : **DEM 64 000** – Munich, 8 juin 1988 : *Paysage de marais avec une cabane, le soir*, h/t (55x78) : **DEM 55 000** – Munich, 13 déc. 1989 : *Journée d'été au bord de la rivière* 1908, h/cart. (40,5x58) : **DEM 53 900** – Munich, 31 mai 1990 : *La maison dans la lande*, h/t (51x61) : **DEM 38 500** – New York, 7 mai 1991 : *Paysage* 1925, h/t (50,8x70,5) : **USD 17 600** – Berlin, 30 mai 1991 : *Cyclamen* 1925, h/cart. (58x40) : **DEM 36 630** – Berlin, 29 mai 1992 : *La lune se levant sur la lande*, h/t (78x109) : **DEM 50 850** – Londres, 13 oct. 1994 : *Printemps sur la Wümme à Fischerhude*, h/t (64,4x80,6) : **GBP 14 950** – Londres, 11 oct. 1995 : *Chemin à travers champs* 1938, h/t cartonnée (50x60) : **GBP 9 200** – Amsterdam, 5 juin 1996 : *Cyclamen* 1925, h/cart. (58x40) : **NLG 23 000**.

MODERSOHN-BECKER Paula

Née le 8 février 1876 à Dresde. Morte le 22 novembre 1907 à Worpswede. XXe siècle. Allemande.

Peintre de compositions à personnages, figures, paysages, natures mortes, aquarelliste, pastelliste. Expressionniste. Groupe de Worpswede.

Après avoir passé son enfance à Dresde, elle vint, en 1888, à Brême. Elle termina ses études d'institutrice, puis commença à étudier la peinture. De 1892 à 1896, Paula Becker fut élève des Écoles d'Art ou ateliers privés de Brême, en 1892 de Londres, et, de 1896 à 1898 de Berlin. En 1898, elle fit un premier séjour à Worpswede, village de la mer du Nord, attirée par l'admiration qu'elle vouait aux peintres du groupe qui s'y étaient fixés, Fritz Mackensen, Heinrich Vogeler et Otto Modersohn. Elle y revint en 1899, où elle se fit l'élève de Mackensen, parce qu'il traitait surtout la figure humaine. Elle partageait alors avec les peintres du groupe l'intérêt pour le postromantisme de Böcklin et le mysticisme de Hans von Marées. Le poète Rainer Maria Rilke venait aussi à Worpswede avec sa femme sculpteur, Clara Westhoff, et devint un ami intime de Paula Becker, qui peindra son portrait en 1906. En 1900, insatisfaite par l'enseignement de Mackensen, qu'elle trouvait trop près de la nature, et d'une façon générale n'appréciant plus l'esprit peinture de genre des artistes du groupe, elle vint étudier à Paris, où elle devait revenir à trois reprises, fréquentant l'Académie Colarossi et l'École des Beaux-Arts, et visitant surtout les expositions de peinture nouvelle. À Paris, elle rencontra Emil Nolde. La découverte de la peinture de Cézanne l'influença fortement dans sa propre évolution, la menant à une construction plastique plus stricte. En 1901, elle revint à Worpswede et épousa Otto Modersohn. Des dissensions s'élevaient entre eux, concernant leurs œuvres respectives, Paula Modersohn-Becker s'éloignant toujours plus de l'esthétique naturaliste du groupe. Elle fit la découverte des œuvres de Van Gogh, Edvard Munch et Max Klinger. En 1903, de nouveau à Paris, à sa demande elle rencontra Maurice Denis, Édouard Vuillard, Pierre Bonnard, dont l'attachement à l'œuvre de Gauguin eut une nouvelle répercussion sur ses propres œuvres. En 1906, les divergences avec Otto Modersohn s'étant aggravées, elle repartit pour Paris, où elle vit l'exposition rétrospective de Gauguin organisée au Salon d'Automne. Otto Modersohn vint la retrouver à Paris ; ils exposèrent ensemble à Brême, elle-même y montrant quelques-unes de ses œuvres les plus abouties, pourtant à peine remarquées. Revenue à Worpswede, elle mourut subitement au printemps de 1907, trois semaines après avoir mis au monde une petite fille. Ce fut lors de sa mort que Rainer Maria Rilke écrivit le *Requiem pour une amie*. La femme et l'artiste furent admirées ; le sculpteur et architecte Hoetger fit don à la ville de Brême de la collection des peintures de Paula Modersohn-Becker qu'il avait réunie. En 1997, le Lenbachhaus de Munich lui a consacré une rétrospective.

Sa première manière fut conditionnée par le réalisme symboliste qui, au tournant des siècles, caractérisait le climat psychologique du groupe de Worpswede. Dans cette période, elle prenait ses thèmes dans le milieu des paysans de la région, dépeignant leur rudesse rustique avec un naturalisme tempéré de lyrisme. Sa découverte de Cézanne, et le contexte parisien du début de siècle, l'incitèrent à se dégager de l'emprise symboliste. Elle synthétisa la forme, simplifia la couleur, conférant une plus grande importance aux valeurs proprement plastiques de ses peintures, dont la monumentalité présageait jusqu'à la prochaine mutation cubiste. En accord avec sa découverte de l'œuvre de Munch, l'expression discrètement méditative dont sont empreints les personnages de son œuvre, jeunes mères allaitant, enfants, vieillards, témoigne de sa réflexion sur la vie et la mort. Dans sa dernière manière, que l'on peut dire de sa brève maturité, par ses œuvres influencées de façon très caractéristique par le hiératisme et l'exotisme de Gauguin, elle se situe à l'orée de l'expressionnisme allemand, par son dessin synthétique aux formes colorées simplifiées, cernées d'un lourd trait noir, et par son exploitation de la couleur, en aplats à peine modulés, dans le sens de ses possibilités d'expression symbolique indépendamment de sa fonction préalable d'imitation de la réalité. À l'exemple de Gauguin, elle organisa les figures qu'elle peignait, souvent d'après les personnages de son entourage, voire elle-même, en grandes compositions disposées décorativement. Leur regard intérieur et triste trahit sa propre nature, que l'on sait avoir été inquiète et passionnée, ce qui avait attiré l'amitié de Rilke. Si Paula Modersohn-Becker disparut avant la création de *Die Brücke*, qui allait regrouper tout ce qui constituait le courant spécifique de l'expressionnisme allemand et préparait les nouvelles perspectives du *Blaue Reiter*, elle en fut l'un des précurseurs, ayant contribué à introduire en Allemagne la connaissance des découvertes techniques, plastiques, expressives des néo-impressionnismes français, de Van Gogh, à Gauguin et Cézanne, annonciateurs du fauvisme et du cubisme.

■ Jacques Busse

Bibliogr. : C. Stoermer : *Paula Modersohn-Becker. Katalog ihrer Werke*, Worpswede, 1913 – Gustav Pauli : *Paula Modersohn-Becker*, Kurt Wolff Verl., Leipzig, 1919 – Marcel Brion, in : *La Peinture Allemande*, Tisné, Paris, 1959 – Michel Ragon, in : *L'Expressionnisme*, Rencontre, Lausanne, 1966 – in : *Diction. Univers. de l'Art et des Artistes*, Hazan, Paris, 1967 – Wolfgang

Werner : *Paula Modersohn-Becker. Gemälde, Zeichnungen, Oeuvreverzeichnis der Graphik*, U. Voigt, Brême, 1968.

Musées : Bâle (Kunsthalle) : *Autoportrait* 1906 – Brême (Kunsthalle) : *Autoportrait* vers 1898 – *Autoportrait* 1903 – *Nature morte* 1903-1904 – *Nature morte aux hyacinthes* vers 1904 – *Paysannes de Worpswede* 1904-1905 – *Nature morte aux pommes et aux bananes* 1905 – *Petit paysan assis sur une chaise* 1905 – *Tournesols* 1907 – *et autres œuvres : Mère allaitant son enfant* – *Enfant avec un chat* – *Études d'enfants devant un bocal de poissons rouges* – plusieurs natures mortes – Brême (Roselias und Paula Modersohn-Becker Haus) : *Mère et enfant* 1906 – Cologne (Wallraf-Richartz Mus.) : *La petite sœur aveugle* 1907 – Dortmund (Ostwall Mus.) : *Mère et enfant* 1906-1907 – Essen (Folkwang Mus.) : *Autoportrait au camélia* 1907 – Francfort-sur-le-Main (Kunstmus.) : *Jeune fille avec une couronne dans les cheveux* – Hambourg (Kunsthalle) : *Paysanne avec enfant* – *Vieille paysanne* 1903 – *Portrait de Clara Rilke-Westhoff* 1905 – Hanovre (Landesmus.) : *Garçon au chat* – *La Mère* vers 1903 – *Nature morte à la lampe* vers 1904 – La Haye (Mus. mun.) : *Jeune fille avec enfant* 1904 – *Autopotrait avec chapeau et écharpe* 1906-1907 – Mannheim (Kunsthalle) : *Fillette au collier vert* vers 1904 – Münster : *La jeune malade* 1901 – Oldenburg (Landesmus.) : *Enfant nu* 1906-1907 – Stuttgart (Staatsgal.) : *L'Enfant dans le bois de bouleaux* 1904.

Ventes Publiques : Stuttgart, 3-4 mai 1962 : *Vieille de l'hospice avec chèvre* : **DEM 16 500** – Cologne, 27 nov. 1965 : *Portrait en buste de jeune fille* : **DEM 21 000** – New York, 19 nov. 1969 : *Paysage avec enfants* : **USD 5 250** – Amsterdam, 13 oct. 1971 : *Portrait de jeune femme*, past. et aquar. : **NLG 3 200** – Berne, 16 juin 1972 : *Portrait de jeune paysanne* : **CHF 34 000** – Hambourg, 7 juin 1974 : *La Voiture d'enfant* 1904 : **DEM 70 000** – New York, 18 mars 1976 : *Portrait de vieille femme* avant 1900, fus. (62x41,2) : **USD 3 500** – Hambourg, 4 juin 1976 : *Paysanne au grand nez*, eau-forte et aquat. : **DEM 2 800** – Hambourg, 4 juin 1977 : *Paysage avec une vache noire*, h/cart. (53x39,8) : **DEM 26 000** – Munich, 26 mai 1978 : *La gardeuse d'oies* vers 1899, eau-forte et aquar. en brun : **DEM 6 200** – Hanovre, 11 mars 1978 : *Portrait de jeune femme*, past. (42x34) : **DEM 8 500** – Cologne, 19 mai 1979 : *Deux jeunes paysannes assises*, eau-forte, brun/Chine, trois états (14x10 ; 16,2x11,4 ; 22x17) : **DEM 24 000** – Cologne, 19 mai 1979 : *Vieille femme assise*, cr. (35x24) : **DEM 7 000** – Berlin, 24 avr. 1980 : *L'usine au toit rouge* 1900, h/cart. (37,5x53) : **DEM 48 000** – Hambourg, 13 juin 1981 : *Tête de fillette* après 1900, h/cart. mar./pan. (27,5x29,5) : **DEM 58 000** – Cologne, 1er déc. 1982 : *Nu assis*, eau-forte et aquat. en noir (19x14,5) : **DEM 2 800** – Munich, 25 nov. 1983 : *Femme et Oie* 1902, eau-forte : **DEM 4 800** – Hambourg, 10 juin 1983 : *Portrait de jeune fille en blouse rose* 1901, h/cart. (55,4x40,2) : **DEM 46 000** – Hambourg, 9 juin 1984 : *Autoportrait* vers 1902-1903, craies de coul. (27,4x25,4) : **DEM 30 000** – Cologne, 5 juin 1985 : *Paysage d'automne*, temp. (45,7x58,5) : **DEM 48 000** – Brême, 18 oct. 1986 : *Tête de fillette* vers 1897, h/cart. (35x50) : **DEM 95 000** – Hambourg, 13 juin 1987 : *Die Gänsemagd*, eau-forte et aquat. : **DEM 8 500** – Brême, 20 juin 1987 : *Jeune bergère et ses moutons*, h/cart. mar./t (55,4x73,2) : **DEM 130 000** – Munich, 8 juin 1988 : *Nu féminin debout*, h/t (39,5x19) : **DEM 220 000** – Munich, 7 juin 1989 : *Mère et enfant* 1924, h/cart. (72,5x54,5) : **DEM 264 000** – Munich, 13 déc. 1989 : *Tête d'une paysanne âgée*, h/t/pan. (24x21,5) : **DEM 71 500** – New York, 12 nov. 1992 : *Tête de femme*, fus./pap. (26x20) : **USD 7 700** – Munich, 1er-2 déc. 1992 : *Tête d'une paysanne de profil gauche*, fus. (20x19,5) : **DEM 6 900** – Londres, 1er déc. 1993 : *Groupe avec une mère et ses enfants* 1902, temp./cart. (46x70) : **GBP 20 700** – Londres, 9 oct. 1996 : *Tête de fillette* vers 1903, h/cart./pan. (36,8x37,2) : **GBP 41 100**.

MODESTO

Né en 1442. XVe siècle. Actif à Vérone. Italien.

Sculpteur.

Il travailla en 1488 avec Beltramo de Valsolda au Palais du Conseil de Vérone, et décora plusieurs chapelles de la cathédrale de cette ville.

MODESTUS

IXe siècle. Allemand.

Miniaturiste.

Il fut moine au couvent de Fulda.

MODI Ustad

XVIIe siècle. Actif dans la première moitié du XVIIe siècle. Indien.

Peintre.

Peintre de l'école de Jahangir.

MODIGLIANI Amedeo

Né le 12 juillet 1884 à Livourne. Mort le 24 janvier 1920 à Paris. XXe siècle. Actif depuis 1906 en France. Italien.

Peintre de figures, nus, portraits, sculpteur, dessinateur.

De famille bourgeoise d'origine juive par son père, Amedeo Modigliani était le frère d'Eugène Modigliani, qui devait devenir un leader du parti socialiste italien, avant le fascisme. Il fut d'emblée de santé fragile, en 1895 frappé d'une pleurésie, en 1898 de typhoïde avec complications pulmonaires. À Livourne, il fut élève de Guglielmo Micheli, lui-même élève de Giovanni Fattori, un des « Macchiaioli », puis, en 1902, ne fit guère plus que s'inscrire à l'École des Beaux-Arts de Florence. Après Florence, il traversa Rome en 1903, et Venise, où on le voyait surtout dans les musées. Dès 1901, il fut atteint de tuberculose. Ce fut à partir de ce moment qu'il devint un lecteur enragé de Dante, rêvant à la Vie Nouvelle, lisant aussi Leopardi, Carducci, D'Annunzio, et les philosophes Spinoza et Nietzsche. En 1906, il se fixa à Paris, rue Caulaincourt, rien ne paraissait annoncer en lui une éclatante carrière aux artistes qui travaillaient déjà dans leurs ateliers de Montmartre, Picasso, Braque ou Derain, quand il vint à son tour s'installer aux alentours de ce qu'on nommait alors « le maquis », aujourd'hui l'avenue Junot. Peintre dont les ouvrages ne fixaient pas immédiatement l'attention des découvreurs d'alors, le Livournais s'imposait, mais fortement, rien que par son prestige physique, l'éclat de son regard et la rare noblesse de ses façons, et encore par de ces vertus intellectuelles semblant le désigner aussi bien pour être poète que peintre. Mieux peut-être ? Ainsi le purent penser plusieurs qui l'écoutaient avec plaisir, sans pouvoir accorder trop de prix à des œuvres de moindre éclat présentées, d'ailleurs avec modestie, dans le plus banal des ateliers. Celui qu'après sa mort, André Salmon put peindre aux couleurs du *Vagabond de Montparnasse* n'était donc, encore sur la Butte, qu'un très beau jeune homme italien, un garçon de bonne bourgeoisie dont bien peu soupçonnèrent qu'il montrerait d'authentiques façons de prince dans le désordre et la pauvreté, jusque dans la misère. Estimé de tout ce qui comptait à Montmartre en 1906, Modigliani n'était familier d'aucun des cénacles de ce sommet parisien. Peut-être même ne le vit-on jamais à l'atelier de Picasso, dans le fameux « Bateau-Lavoir ». S'est-on étonné alors du goût que prit soudain un Modigliani lettré, au verbe rare, pour la société de Maurice Utrillo, ce grand instinctif dont il n'est même pas cruel d'écrire qu'il manquait plutôt de conversation ? L'innocence d'Utrillo exerçait-elle une certaine sorte de fascination sur l'esprit de Modigliani ardent et riche de connaissances ? Il faut bien dire ce qui fut. Avec Utrillo, Modigliani commença de dangereusement hanter les cabarets de la Butte. On le vit ivre au bras de celui que les gamins du quartier, ceux qu'on a appelés « les p'tits Poulbots », ne nommaient jamais autrement que « Litrillo ». Il y eut plus grave. Les hauteurs de Montmartre connurent en ce temps les redoutables entreprises d'une sorte de Club des Haschichins, funeste création pseudo-baudelairienne d'écrivains sans œuvre et de rapins fainéants. Modigliani se livra à la volupté des songes permis par la drogue. En outre, il continua de boire. Et sa transformation, on oserait dire sa métamorphose s'opéra. Modigliani, dont par ailleurs les ressources premières, dont il avait été prodigue, s'épuisaient, commença par perdre son souci de correction bourgeoise. On le vit bientôt vêtu de cet habit de velours qui serait le sien jusqu'à la fin de sa vie, un costume de prolétaire mais porté avec tant de noblesse ! Est-ce parce que le désordre commençait d'y régner qu'il n'ouvrit plus son atelier à personne ? On le vit par les rues de Montmartre donner des signes d'étrange agitation.

André Salmon a pu, étudiant naguère la vie d'Amedeo Modigliani, parler de quelque chose qui se peut comparer à un pacte avec le diable ; on ne traite de ces choses qu'avec trouble. C'est un fait que du jour où le peintre venu de Livourne sans en apporter même la promesse d'une révélation, se livra au pire désordre extérieur, il se transfigura, du jour au lendemain, en un artiste de talent, d'une authentique et rare personnalité. En 1907, il rencontra le docteur Paul Alexandre, qui l'hébergea et devint son premier collectionneur et son ami. Nul ne douta plus de son rayonnant avenir. On négligera donc, comme il fit lui-même, les vaines tentatives de Modigliani à Montmartre pour s'attacher désormais à l'homme exceptionnel qu'il allait révéler, dans les plus dramatiques conditions d'existence, sur l'autre colline parisienne : à Montparnasse. La première toile remarquée fut tout de même peinte à Montmartre en 1909, ce fut aussi la dernière à dater de là : *Le Joueur de violoncelle*. C'est à Montparnasse que Modigliani, continuant de peindre, commença à sculpter. Il y fréquenta les artistes, Soutine, Chagall, Pascin, Kisling, dont ceux qui logeaient et travaillaient dans le bâtiment de Vaugirard nommé « La Ruche ». En 1909, alors qu'il s'installa Cité Falguière, il y connut Brancusi, qui l'encouragea à sculpter, activité qu'il ne devait pratiquer pourtant que jusqu'en 1913. En 1914, un marchand le comprit qui le voulut sauver. Mais c'était Léopold Zborowski, poète avant d'être marchand, demeuré rêveur, joueur de surcroît. Un autre collectionneur et marchand, Paul Guillaume, ne fut guère plus efficace pour le soustraire à sa misère physiologique et matérielle. De 1914 à 1916, il entretint une orageuse liaison avec la journaliste anglaise Béatrice Hastings. En 1917, il rencontra, à l'Académie Colarossi, Jeanne Hébuterne, qui devint son modèle et sa compagne. En 1918 leur naquit une petite fille, Jeanne Modigliani. En 1918-1919, il séjourna à Nice, avec les Survage. En janvier 1920, malade, gisant dans le froid sur un grabat, à ses côtés Jeanne de nouveau enceinte, tiré de là par l'amitié vigilante des peintres Kisling et du Chilien Ortiz de Zarate, Amedeo Modigliani s'en fut mourir à l'Hôpital de la Charité, ses derniers mots auraient été : « Cara Italia ! » Son frère, le député socialiste, télégraphia : « Enterrez-le comme un prince ». Quand il fut mort, celle qui l'avait su bien aimer, Jeanne Hébuterne, petit peintre de vingt ans, se donna volontairement la plus sanglante des morts, se jetant par la fenêtre du cinquième étage le jour de son enterrement.

Il a participé lui-même à des expositions collectives, dont à Paris : en 1908 avec *La Juive* et trois peintures, et en 1910 au Salon des Indépendants ; 1912 Salon d'Automne avec des sculptures. Encore en 1922, sa participation posthume à la XIIIe Bienale Veneziana ne connut en Italie qu'un fiasco, au propos duquel le critique Giovanni Scheiwiller cita Baudelaire : « Nous savons que nous serons compris d'un petit nombre, mais cela nous suffit. »

En 1917-1918, la galerie Berthe Weill avait organisé sa première exposition personnelle à l'instigation de Zborowski, mais certains des nus durent être retirés de l'exposition, sur ordre du commissaire de police, pour cause d'« immoralité », quand il ne s'agissait que de sensualité. Le 25 décembre 1918, Paul Guillaume exposa dans sa galerie plusieurs de ses peintures, en compagnie de Matisse, Picasso, Derain. Les expositions personnelles suivantes, nombreuses, ne furent que posthumes : 1922 Paris, galerie Bernheim-Jeune ; 1925 et 1927 Paris, galerie Bing ; 1931 Paris, galerie Marcel Benhelm ; 1933 Bruxelles, Palais des Beaux-Arts ; 1934 Bâle, Kunsthalle ; 1944 New York, American-British Art Center ; 1945 et 1949 Paris, galerie de France ; 1947 Londres, galerie Gimpels Fils ; 1951 Cleveland, Museum of Art, et New York, Museum of Modern Art ; 1958 Marseille, Musée Cantini, Milan, Palazzo Reale, et Paris, galerie Charpentier ; 1959 Chicago, Arts Club, Cincinnati, Art Museum, et Rome, Galleria Nazionale d'Arte Moderna ; 1960 Atlanta, Art Association ; 1961 Boston, Museum of Fine Arts ; 1963 et 1966 New York, Perls Galleries ; 1968 Kyoto, Musée National d'Art Moderne ; 1970 Paris, Musée Jacquemart-André ; 1980 Liège, Musée Saint-Georges, et Tokyo, Salle des Arts ; 1981 Paris, Musée d'Art Moderne de la Ville, exposition d'ensemble de son œuvre sculpté ; 1991 Düsseldorf, Kunstsammlung Nordrhein-Westkalen ; 1993-1994 Venise, Palazzo Grassi, et Londres, Royal Academy, exposition de 430 dessins de la collection Paul Alexandre, exposition qui poursuivit son périple à Tokyo, Tel-Aviv, Montréal, jusqu'au Musée des Beaux-Arts de Rouen en 1996.

On l'avait connu à Livourne peintre de petits portraits, selon l'influence première de l'impressionnisme. À son arrivée à Paris, ce furent Steinlen, Toulouse-Lautrec et l'époque bleue de Picasso qui marquèrent d'abord ses nouvelles expérimentations. Il est à remarquer au passage que Modigliani, dès ses tout premiers débuts, a toujours presqu'exclusivement privilégié la figure humaine, ce qui ne fera que se confirmer ensuite. Après ses errances de Montmartre, tant pédestres que picturales, Après des figures du monde de la rue, du spectacle, du cirque, ressortissant plutôt au courant expressionniste européen, *Le Joueur de violoncelle* de 1909 présentait soudain une solidité de construction et une hardiesse, fort raisonnée, des couleurs, que personne alors n'attendait de lui. Sans avoir eu part aucune aux brûlantes discussions du Bateau-Lavoir, Modigliani avait subi superficiellement l'influence du cubisme, révélé par Picasso et Braque dès 1906. Il avait surtout été sensible à l'influence de l'art nègre, dont la connaissance avait aussi contribué à l'élaboration du cubisme. Le miracle est que, du cubisme analytique dont la froide rigueur put décourager, et que de l'art nègre dont la transposition européenne n'aboutit si souvent qu'à la grimace, Modigliani a extrait le signe de la grâce.

Il semble que Modigliani ait toujours été attiré par la sculpture. Sans doute les encouragements amicaux de Brancusi, depuis 1909, ont-ils contribué à le conforter dans cette voie, et son exemple le pousser encore plus dans le sens d'une simplification synthétique de la ligne et de la forme, déjà présente dans ses dessins et peintures. En 1910, il se lia avec Archipenko et Lipchitz. C'est par leur témoignage que l'on sait qu'il détestait le modelage de la glaise, qu'il appelait « la boue », technique à laquelle il attribuait la décadence de la sculpture, qu'il ne pratiquait que la taille directe, du bois pour deux sculptures qui subsistent, et surtout de la pierre pour toutes les autres, à l'exception de quelques bronzes qui lui sont attribués et dont on ne comprend pas à partir de quel original autre que modelage ils auraient été fondus. Il se référait aux primitifs, des Cyclades, africains ou khmers, romans et gothiques des cathédrales, apparentait ses propres sculptures de têtes à des statues-colonnes adossées à l'architecture, n'en travaillait donc que rarement l'arrière. Jusqu'en 1912, ses sculptures sont comme de hauts cylindres incluant une tête presque démesurément allongée, qu'identifient les rares accidents, peu prononcés en relief ou en creux, du front sous la chevelure, du menton surplombant le cou, du nez, des yeux et arcades sourcilières, de la bouche. Un petit groupe d'œuvres assez différentes sont en général considérées comme les dernières qu'il exécuta en 1913. Celles-ci semblent redevables au cubisme de leur caractère justement cubique, et non plus cylindrique ; les formes générales auparavant allongées sont raccourcies et ramassées, les détails aplatis. La pauvreté, la maladie, l'épuisement, sont probablement causes de son abandon de la sculpture, qu'il vendait encore moins que sa peinture, ce qui peut être regretté d'autant qu'il y semblait plus apte à des renouvellements en profondeur, que dans sa peinture, une fois définie dans son style. Pendant sa période consacrée à la sculpture, il ne peignit qu'une trentaine de toiles. Toutefois on peut penser que son travail en sculpture, influencé par la pureté des archaïques et la simplicité des nègres, se répercuta après 1913 dans sa peinture.

Tel qu'à partir de ce moment en lui-même révélé, il devait ensuite accomplir dans son unité la totalité de son œuvre, jusqu'aux dernières années qui en virent l'épanouissement, sans doute favorisé par l'apaisement relatif que lui procura la sollicitude de Jeanne Hébuterne. Les premières peintures qu'il réalisa, après les années de sculpture, furent d'abord marquées d'un bref retour au pointillisme néo-impressionniste, puis par un renforcement de l'empreinte du cubisme postcézannien dans la composition rigoureuse des plans et du volume, avec la série de portraits de ses amis artistes et amis de Montparnasse : 1915 *Henri Laurens, Juan Gris* ; 1916 *Jacques Lipchitz et sa femme, Chaïm Soutine, Léopold Survage, Paul Guillaume, Max Jacob, Béatrice Hastings au corsage à carreaux*. D'autres portraits suivront encore : 1917 *Mademoiselle Modigliani* ; 1918 *Léon Bakst, Léopold Zborowski, Le Gosse du concierge, Adolescent* ; 1919 *Mademoiselle Lunia Czechowska, Madame Zborowska, La Femme de l'artiste*. On trouve aussi de ces portraits dans la longue suite de ses dessins, dont la plupart furent exécutés hors de l'atelier, dans la rue, au café, où il essayait de les vendre pour subsister, et parfois quand l'artiste donnait les signes de la plus redoutable nervosité, tout en témoignant de son extraordinaire lucidité, en dépit de tout : 1918 *Portrait du peintre gitan Fabiano de Castro, André Salmon* ; 1919 *La Femme de l'artiste* ; 1920 *L'Écrivain Lada, Le Compositeur Mario*.

Avant tout, Modigliani demeurera comme l'un des grands peintres de la femme au XXe siècle. La plupart des nus ont été également peints à partir de 1915-1916, les nus antérieurs étant presque tous des dessins. Le plus souvent, c'est dans le peuple qu'il choisit, parmi les non-professionnelles, des modèles : une habituée d'un café de Montparnasse ou la petite bonne du restaurant de pauvres où il prend ses méchants repas. Or rien n'est à la fois d'une expression si fidèle de la femme choisie et d'une modulation si hautaine, si aristocratique, ainsi, pour ne citer que quelques peintures, auxquelles préludaient de très nombreux dessins : 1917 *La Bouquetière, Dame blonde appuyée, Nu endormi* ; 1918 *Nu blond, Jeune Femme, Maria* ; 1919 *Nu rose, Nu couché, Nu sur le divan, Femme à l'éventail* ; 1920 *Jeune Femme en chemise, Nu couché*. Les modèles traités par Modigliani sont d'abord constitués d'un dessin elliptique jusqu'à la plus extrême tension de la ligne ; les traits, secs, synthétiques, traçant l'arête du nez, l'arc des sourcils, les paupières ouvertes sur l'absence de pupilles, comme d'une statue, la dentelle des lèvres, la courbe des seins, l'évasement du bassin, le surgissement des cuisses, traits réduits à leur moindre signe, et soumis à la pureté de l'ovale du visage ou à l'arabesque du corps. La couleur est redevable de son efficacité évidente, à l'apport cézannien ; les tons locaux des figures ou des nus, ocres roses et bruns, du vêtement discret et du décor souvent réduit à la simplicité d'un fond, respectent l'original, bien que transposés dans le sens de leur meilleure expressivité, et traités en aplats dont de faibles modulations amorcent l'indication du volume. Il fut souvent remarqué que ses modèles féminins, au visage étiré sur un long cou gracile, souvent penché légèrement sur le côté, à la beauté fragile et mélancolique, rappelaient les Vierges de Sienne, dont il épinglait les reproductions sur son mur. À ce titre, il fut qualifié de « Peintre des Douleurs ». À partir de 1917, la plupart des nus furent posés par Jeanne Hébuterne et Luna Czechowska. L'allongement élégant et maniériste des formes y est encore accentué, dans un éclaircissement de la gamme colorée.

Peu d'artistes auront suscité autant de biographies à eux consacrées, dont la bibliographie qui figure à la suite de cette notice ne donne qu'une sélection. On doit reconnaître que sa vie d'« artiste maudit » a par trop contribué à cette floraison, et que trop de ces biographies privilégient l'aventure humaine sur l'œuvre, elle-même traitée souvent par l'anecdote. Il convient de rétablir la relativité de cette primauté accordée à son existence certes émouvante, et ne pas perdre de vue qu'en dépit de tout, il a beaucoup produit, en peintures et en dessins, et que exceptionnelles y sont les œuvres qui ne témoignent pas de la maîtrise parfaite de son art. Les relations sur son comportement sont d'ailleurs contradictoires ; certains insistent sur la persistance de sa curiosité intellectuelle ; Charles Albert Cingria déclara : « Il ne cessait pas d'être un gentilhomme ». Si l'homme fut fragile, l'artiste ne montre guère de défaillances. Son succès même, d'ailleurs posthume, joue peut-être aussi contre le jugement porté sur son œuvre, comme si le succès auprès du public était fatalement l'indice de quelque complaisance. Modigliani n'a certes rien révolutionné dans l'histoire de la peinture et de la sculpture de son temps. Pourtant, il a été un des artistes les plus marquants de ce que, le premier, André Warnod voulut définir en tant qu'École de Paris, en traitant de ces artistes étrangers qui, non sans enrichir le fonds commun d'apports particuliers plus ou moins marqués de leur sentiment national d'origine, ont dû une part de leur évolution, de leur cristallisation à une sorte d'universalisme français. Modigliani ne fit rien que fonder sur la découverte du cubisme et de l'art nègre, un art qui serait proprement le sien, et qui, sans que son charme en fût amoindri, se figea quelque peu dans un certain maniérisme de l'allongement systématique des formes. L'indéniable grâce de la plupart des peintures de Modigliani lui a valu des louanges en porte-à-faux ; d'aucuns ont voulu y remédier en attirant l'attention sur la gravité émue exprimée par des peintures moins promues. L'intention est louable, mais le jugement reste quand même cantonné dans l'image et le psychologique. Dans la peinture de Modigliani, avant l'image, avant le psychologique et l'anecdote, frivole ou grave, il y a la peinture, son style pictural. Il n'est ni aisé, ni très licite de tenter de définir en quoi consiste le style d'un artiste, de tenter de couler du visible dans des mots. Concernant Modigliani, à partir de la plénitude atteinte, le style est si fort qu'il incite à plagier Buffon en disant que le style est l'œuvre même. Indépendamment du sujet peint, de sa psychologie révélée, ce qui unifie la totalité des modèles c'est leur traitement pictural. En ce sens, Modigliani se situait de plein droit dans la modernité postcézannienne qui privilégiait le « fait plastique » sur le « motif ». Le motif, c'est toujours un homme, une femme, un corps, non méprisés ni même négligés en tant qu'êtres individuels, mais subordonnés à leur mutation en peinture. En ce sens, les modèles de Modigliani appartiennent au courant moderne de la peinture pure, quand le style supplante le sujet. ■ André Salmon, Jacques Busse

Bibliogr. : André Salmon : *Modigliani, sa vie, son œuvre*, Quatre chemins, Paris, 1926 – Alfred Basler : *Modigliani*, Paris, 1931 – G. di San Lazzaro : *Modigliani, Peintures*, Paris, 1947 – Maurice Raynal : *Modigliani*, Skira, Genève, 1951 – A. Ceroni : *Amedeo Modigliani peintre*, Milione, Milan, 1958 – Claude Roy : *Modigliani*, Skira, Genève, 1958 – Jeanne Modigliani : *Modigliani, sans légende*, Gründ, Paris, 1961 – Alfred Werner : *Modigliani, le sculpteur*, Skira, Genève, 1952 – A. Ceroni : *Amedeo Modigliani, dessins et sculptures*, Milione, Milan, 1965 – A. Werner : *Amedeo Modigliani*, Cercle d'Art, Paris, 1968 – J. Lanthemann, Nello Ponente : *Modigliani 1884-1920. Catalogue raisonné. Sa vie, son œuvre complet, son art*, Graficas Conda, Barcelone, 1970 – Ambrogio Ceroni, Leone Piccioni : *Les Peintures de Modigliani*, Flammarion, Paris, 1972 – in : *Diction. Universel de la Peint.*, Le Robert, Paris, 1975 – Christian Parisot : *Modigliani. Catalogue raisonné. Peintures, Dessins, Aquarelles*, 3 vol., Graphis Arte, Livourne, 1990 – in : *L'Art du xxe siècle*, Larousse, Paris, 1991 – in : *Diction. de la Sculpture – La Sculpture occidentale du Moyen-Âge à nos jours*, Larousse, Paris, 1992 – Catalogue de l'exposition *Amedeo Modigliani. Œuvres 1906-1914*, Albin Michel, Paris, 1996.

Musées : Anvers (Mus. des Beaux-Arts) : *Nu accroupi* – Bâle (Gal. Beyeler) : *Portrait de Béatrice Hastings* 1916 – Buffalo (Albright-Knox Art Gal.) : *La Servante* 1919 – *Deux femmes* – Chicago (Art Inst.) : *Madame Pompadour* 1915 – *Portraits de Jacques Lipchitz et de sa femme* 1916-1917 – *Femme au collier* 1917 – Cincinnati : *Kisling* 1915-1916 – Cologne (Mus. Ludwig) : *L'Algérienne Almaïsa* 1917 – Copenhague (Statens Mus. for Kunst) : *Autoportrait en Pierrot* 1915 – *Alice* 1916 – Detroit : *Portrait de femme* – Düsseldorf (Nordrhein-Westfalen Kunstsammlung) : *Kisling* 1915-1916 – *Portrait de Max Jacob* 1916 – Helsinki (Athen. Taidemus.) : *Portrait de Léopold Survage* 1917 – Indianapolis : *Le Garçon à la veste bleue* 1919 – Londres (Tate Gal.) : *Tête* vers 1912, sculpt. – *Le Petit Paysan* 1917-1918 – *Portrait de jeune fille* 1917 – Londres (Inst. Courtauld) : *Nu assis* vers 1917 – Los Angeles (County Mus.) : *Frank Haviland* 1914 – Merion (Barnes Foundat.) : *Béatrice Hastings à la toque* 1916 – *Nu couché de dos* 1917 – *Jeune Fille assise* 1918 – *Portrait de Jeanne Hébuterne assise de profil* 1918 – *Hanka Zborowska* 1919 – Milan (Gal. d'Arte Mod.) : *Portrait de Paul Guillaume* 1915 – Moscou (Mus. Pouchkine) : *Portrait de femme* – *Portrait de Blaise Cendrars* 1919, dess. – New York (Metropolitan Mus.) : *Femme italienne* – *Jeanne Hébuterne en chemise* 1918 – New York (Mus. of Mod. Art) : *Cariatide* vers 1913-1914, sculpt. – *Nu assis* 1914 – *Les Mariés* 1915 – *Hanka Zborowska* 1917 – *Femme accoudée* 1918 – *Grand nu couché* 1918-1919 – *Mario* 1919-1920 – New York (Solomon R. Guggenheim Mus.) : *Tête* vers 1912, sculpt. – *Nu couché, les mains derrière la tête* 1917 – *L'Étudiant* 1917 – *Le Garçon à la veste bleue* 1918 – *Portrait de Jeanne Hébuterne devant une commode* 1919 – *Le Maillot jaune* 1919 – Paris (Mus. Nat. d'Art Mod.) : *Tête ou Cariatide* 1913, sculpt. – *Lolotte* 1917 – *Portrait de Madame Haydn* vers 1917 – Paris (Mus. d'Art Mod. de la Ville) : *Femme aux yeux bleus* – *Femme aux boucles d'oreilles, Lunia Czecowska à l'éventail* 1919 – Paris (Mus. de l'Orangerie) : *Fille rousse* 1915 – *Antonia* 1915 – *Femme au ruban de velours* 1915 – *Portrait de Paul Guillaume* 1915 – *Le jeune apprenti* 1917-1918 – Paris (Mus. des Arts et Traditions populaires) : *Portrait de jeune femme en cheveux* 1910-1912 – Rome (Gal. d'Arte Mod.) : *La Femme à la collerette, Madame Zborowska* 1917 – São Paulo (Mus. de Arte) : *Diego Rivera* 1914-1915 – *Portrait de Léopold Zborowski* 1917 – *Renée* 1917 – *Portrait de Madame G. Van Muyden* 1917 – Troyes (Mus. d'Art Mod., coll. P. Lévy) : *Tête de femme* – Washington D. C. (Nat. Gal.) : *Cariatide* vers 1912 – *Soutine* 1916 – *Bohémienne à l'enfant* 1919 – Zurich (Kunsthaus) : *La Servante* 1916.

Ventes Publiques : Paris, 19 mai 1920 : *Femme assise et accoudée* : **FRF 1 950** – Paris, 25 mars 1921 : *Portrait de Mr Chéron* : **FRF 4 100** – Paris, 2 mars 1925 : *Le Modèle* : **FRF 12 200** – Paris, 23 avr. 1925 : *Nu couché* : **FRF 1 850** – Paris, 14 fév. 1927 : *La Femme au collier* : **FRF 28 000** ; *Le Corsage vert* : **FRF 28 000** – Paris, 17 mars 1928 : *Portrait de femme* : **FRF 30 200** – Paris, 14 juin 1928 : *Jeune fille à la cravate noire* : **FRF 65 100** – Paris, 27 fév. 1932 : *La Femme au collier* : **FRF 10 500** ; *La Femme aux yeux verts* : **FRF 15 500** ; *La femme au chapeau* : **FRF 9 800** ; *La Jeune Servante* : **FRF 25 000** – New York, 29 avr. 1937 : *Cariatide*, dess. : **USD 200** – Paris, 3 juin 1937 : *Le Poète* : **FRF 20 000** ;

Femme assise les mains croisées : **FRF 21 500** ; *Fillette assise* : **FRF 45 000** ; *Nu au coussin blanc* : **FRF 43 000** – Paris, 2 mars 1939 : *Nu blond* : **FRF 112 000** – Paris, 4 déc. 1941 : *La Femme au camée* 1917 : **FRF 200 000** – New York, 16 mars 1944 : *La femme au collier* vers 1916, h/t (65x50) : **USD 1 700** – New York, 1er mai 1946 : *Portrait de femme* : **USD 3 300** – Paris, 23 déc. 1946 : *Portrait de Madame Zborowska* : **FRF 220 000** – Paris, 30 mai 1947 : *La jeune Suédoise* : **FRF 200 000** ; *Nu rose couché* 1917 : **FRF 527 000** – Paris, 23 fév. 1949 : *Portrait de Soutine assis*, dess. : **FRF 46 000** – New York, 22 nov. 1949 : *Le grand Nu* 1918 : **USD 12 500** – Bruxelles, 11 mars 1950 : *Portrait de Chéron* : **BEF 51 000** – Paris, 23 mai 1957 : *Portrait de femme*, lav. : **FRF 1 010 000** – New York, 19 nov. 1958 : *Madame A. Eyraud-Vaillant* : **USD 65 000** – Paris, 18 mars 1959 : *Portrait de Kisling*, dess. : **FRF 1 000 000** – Londres, 1er juil. 1959 : *Portrait de Béatrice Hastings, assise sur fond rouge*, h/cart. : **GBP 12 000** – Paris, 16 juin 1959 : *Portrait de Béatrice Hastings* 1916-1917 : **FRF 9 500 000** – New York, 26 oct. 1960 : *Garçon en habit vert* : **USD 57 500** – Paris, 13 mars 1961 : *Portrait de Paul Guillaume*, dess. au cr. : **FRF 7 200** – Londres, 11 avr. 1962 : *L'Homme au verre de vin* : **GBP 37 000** – Paris, 25 nov. 1965 : *La Fille du peuple* : **FRF 1 200 000** – Paris, 24 nov. 1967 : *Cariatide*, past. et sanguine : **FRF 80 000** – New York, 3 avr. 1968 : *Portrait de Madame C. D.* : **USD 92 000** – Tokyo, 27 mai 1969 : *Portrait d'un jeune paysan* : **JPY 51 000 000** – Londres, 1er juil. 1970 : *Portrait de Léopold Zborowsky* : **GBP 85 000** – Londres, 6 juil. 1971 : *Portrait de Thora Klinckowsstrom* : **GNS 105 000** – Versailles, 18 mars 1973 : *Tête*, bronze : **FRF 70 000** – Londres, 3 juil. 1974 : *Jeanne Hébuterne* 1916-1917 : **GBP 95 000** – New York, 18 mars 1976 : *Nu d'homme* 1917, cr./pap. mar./cart. (43x26,4) : **USD 7 500** – Londres, 6 avr. 1976 : *La Femme au collier* vers 1916, h/t (65x50) : **GBP 95 000** – Paris, 2 déc. 1976 : *Tête de femme*, bronze patine verte (H. 23) : **FRF 21 000** – Londres, 28 juin 1977 : *La femme au collier* vers 1917, h/t (65x50) : **GBP 72 000** – Versailles, 22 juin 1977 : *Tête de jeune fille*, bronze (H. 55,5) : **FRF 31 500** – Munich, 28 mai 1979 : *Portrait de Jean Cocteau* 1917, cr. (40,5x20) : **DEM 44 000** – New York, 17 mai 1979 : *Cariatide*, aquar. et cr./pap. mar./cart. (62,2x43,5) : **USD 67 500** – Londres, 4 juil 1979 : *Portrait de Mme Zborowska* 1919, h/t (45x28,5) : **GBP 100 000** – Londres, 4 déc 1979 : *Tête de femme*, granit (H. 41) : **GBP 4 400** – New York, 22 mai 1981 : *Portrait de Constantin Brancusi* 1909, cr. noir (18,5x11) : **USD 30 000** – Paris, 22 mai 1981 : *Portrait de femme*, bronze patine verte (H. 25) : **FRF 23 000** – Londres, 30 juin 1982 : *Totote de la Gaîté* 1917, h/t (73x54) : **GBP 330 000** – New York, 19 mai 1983 : *Cariatide au fond violet* 1914, aquar., gche et cr. (64,3x49) : **USD 130 000** – New York, 14 nov. 1984 : *Cariatide* vers 1913-1914, cr. bleu et mine de pb (56x45,5) : **USD 55 000** – New York, 13 nov. 1984 : *Jeune homme aux cheveux roux* 1919, h/t (100,5x65,2) : **USD 1 750 000** – Paris, 19 juin 1985 : *Portrait de femme au chapeau*, pl. et lav. d'encre de Chine aquar. (40x26,5) : **FRF 340 000** – New York, 12 nov. 1985 : *La blonde aux boucles d'oreilles* vers 1918-1919, h/t (46x30,2) : **USD 480 000** – Rambouillet, 20 oct. 1985 : *Tête*, bronze, patine brun-vert, cire perdue (H. 72) : **FRF 183 000** – Londres, 23 juin 1986 : *Jeanne Hébuterne (au foulard)* 1919, h/t (92x54) : **GBP 1 800 000** – Paris, 20 nov. 1987 : *Femme à la cravate noire* 1917, h/t (65x50) : **FRF 34 000 000** ; *Nu assis sur un divan, ou La belle Romaine* 1917, h/t (I00x65) : **FRF 41 000 000** ; *Béatrice* vers 1916-1917, dess. cr. (40x25) : **FRF 1 400 000** – Paris, 24 nov. 1987 : *Portrait de femme*, dess. (40x24) : **FRF 118 000** – Paris, 10 déc. 1987 : *Portrait de Mademoiselle Terrasse* 1916, dess. mine de pb (34x26) : **FRF 110 000** – Paris, 20 nov. 1987 : *Nu assis sur un divan ou la Belle Romaine* 1917, h/t (100x65) : **FRF 41 000 000** – Paris, 1er fév. 1988 : *Tête de femme* 1911-1912, bronze cire perdue, patine brune (H. 47) : **FRF 320 000** – New York, 18 fév. 1988 : *Danseuse* 1908, encre/pap. Japon (35,2x26,7) : **USD 7 700** ; *Buste de femme* 1914, cr./pap. (51x44,8) : **USD 30 800** – Paris, 15 mars 1988 : *Portrait de Hanka Zborowska* vers 1917, cr. (38x24) : **FRF 520 000** – Londres, 30 mars 1988 : *Tête de Cariatide*, cr. bleu (42x17) : **GBP 44 000** – New York, 11 mai 1988 : *Tête de femme aux cheveux rouges*, h/pan. (35x27) : **USD 495 000** – New York, 6 oct. 1988 : *Femme nue*, cr./pap. (43,8x25,4) : **USD 11 000** – Paris, 19 oct. 1988 : *Portrait de Szborowski*, dess. à la mine de pb (25x19) : **FRF 175 000** – New York, 12 nov. 1988 : *Angèle*, cr./pap. (42,5x24,5) : **USD 44 000** – Londres, 29 nov. 1988 : *Béatrice Hastings* 1915, h/t (35x27) : **GBP 638 000** – Paris, 16 déc. 1988 : *Femme au grand chapeau*, cr. (40x24,5) : **FRF 400 000** – Londres, 3 avr. 1989 : *Jeune fille à la chemise rayée* 1917, h/t (92x60) : **GBP 2 750 000** – Paris, 9 avr. 1989 : *Tête de femme* 1911-1912, bronze à la cire perdue, patine brune (50x17x24) : **FRF 850 000** – New York, 9 mai 1989 : *Portrait de Madame Zborowska* 1918, h/t (55x46) : **USD 3 080 000** – Paris, 17 juin 1989 : *Portrait du fils du peintre Micheli* 1899, fus. (47x33) : **FRF 750 000** – Londres, 28 nov. 1989 : *Fillette au tablier noir* 1918, h/t (92,5x60,5) : **GBP 5 060 000** – Rome, 6 déc. 1989 : *Homme en prière*, cr./pap. (41,5x25,5) : **ITL 46 000 000** – Paris, 7 déc. 1989 : *Tête de femme*, bronze (H. 49) : **FRF 989 474** – Paris, 25 mars 1990 : *La Belle Épicière* 1918, h/t (100x65) : **FRF 63 000 000** – Londres, 3 avr. 1990 : *Tête de Cariatide*, cr. bleu/pap. (42x17) : **GBP 82 500** ; *Portrait de Leopold szborowski* 1917, h/t (40x32) : **GBP 462 000** – New York, 16 mai 1990 : *Bergerie*, cr. avec traces de craie blanche/pap./cart. (43,5x27,4) : **USD 27 500** – New York, 17 mai 1990 : *Garçon à la veste bleue* 1918, h/t (92,2x61) : **USD 11 550 000** – Paris, 16 juin 1990 : *Tête de femme*, bronze à patine brune (49,5x17x23) : **FRF 800 000** – Lyon, 28 oct 1990 : *Figure hiératique*, bronze à patine brune (71x30x22) : **FRF 830 000** – New York, 14 nov. 1990 : *Jeune femme rousse à la collerette*, h/t (35,2x27) : **USD 528 000** – Rome, 13 mai 1991 : *Femme*, fus./pap. (43x25) : **ITL 46 000 000** – Lugano, 12 oct. 1991 : *Le pélerin, Charles Douglas*, cr./pap. (42,5x24,5) : **CHF 70 000** – Londres, 24 mars 1992 : *Nu couché* 1917, cr./pap./pan. (27,3x34,6) : **GBP 15 400** – Paris, 24 mai 1992 : *Tête de femme*, bronze (H. 50,5) : **FRF 650 000** – Rome, 25 mai 1992 : *Les amoureux*, cr./pap. (35x25,5) : **ITL 69 000 000** – New York, 11 nov. 1992 : *Tête de jeune fille*, h/t (33x26) : **USD 308 000** – Londres, 1er déc. 1992 : *Tête de jeune fille*, bronze (H. 56) : **GBP 29 700** – Londres, 21 juin 1993 : *Tête de jeune fille* 1916, h/t (66x51) : **GBP 2 861 500** – Londres, 22 juin 1993 : *Jeune fille à la rose* 1916, h/t (65x46) : **GBP 1 486 500** – Londres, 29 nov. 1993 : *Portrait de Picasso* 1915, h/pap./cart. (34,2x26,3) : **GBP 551 500** – Paris, 10 mars 1994 : *Tête de femme à la frange*, bronze (H. 50,5) : **FRF 250 000** – Londres, 28 juin 1994 : *Tête de femme*, h/cart./pan. (56x45,3) : **GBP 441 500** – New York, 8 nov. 1994 : *Portrait de Jeanne Hébuterne* 1919, h/t (92,1x54) : **USD 5 942 500** – Milan, 27 avr. 1995 : *Figure féminine*, cr./pap. (30,5x19) : **ITL 48 300 000** – New York, 9 mai 1995 : *Tête de femme*, pierre (H. 49,5) : **USD 1 047 500** – Tel-Aviv, 12 oct. 1995 : *Tête de femme à la frange*, bronze cire perdue (H. 51) : **USD 107 000** – New York, 7 nov. 1995 : *Portrait du sculpteur Pscar Miestchaninoff* 1916, h/t (81x60) : **USD 9 352 500** – Paris, 13 déc. 1995 : *Portrait de Lipchitz*, mine de pb (48x31,5) : **FRF 155 000** – New York, 1er mai 1996 : *Jeanne Hébuterne au chapeau et au collier* 1917, h/t (64,8x54) : **FRF 3 522 500** – Londres, 25 juin 1996 : *Homme assis appuyé sur une canne* 1918, h/t (126x75) : **GBP 2 091 500** – Paris, 28 nov. 1996 : *Portrait de Luna Czechowska*, h/t : **FRF 9 976 860** – New York, 13 nov. 1996 : *Portrait de Paul Guillaume* 1916, h/pan./bois parqueté (56x40,5) : **USD 3 412 500** – New York, 13-14 mai 1997 : *Les Mariés* vers 1915-1917, cr./pap. (41,7x25,5) : **USD 82 250** – New York, 13 mai 1997 : *Jeanne Hébuterne au chapeau* vers 1919, h/t (93x53) : **USD 9 572 500** ; *Le Fils du concierge* 1918, h/t (92,4x60) : **USD 5 502 500** – Paris, 23 mai 1997 : *Tête de cariatide* 1911-1912, bronze à patine brun vert (H. 57) : **FRF 188 000** – Paris, 17 juin 1997 : *Tête de femme* 1914, cr. et encre de Chine (34x32,5) : **FRF 300 000** – Londres, 25 juin 1997 : *Portrait de Paul Guillaume*, cr./pap. (42x25) : **GBP 14 950**.

MODIGLIANI Corinna

Née à Rome. xixe-xxe siècles. Italienne.

Peintre de figures.

Elle fut élève de Pietro Vanni. Dans les derniers temps du xixe siècle, elle exposait à Rome, Saint-Pétersbourg, Turin et Paris. En 1900, elle prit part au Concours Alinari, avec *La Madone des anges*.

Ventes Publiques : Rome, 26 mai 1993 : *Les sœurs*, h/t (89x135) : **ITL 9 500 000** – Rome, 31 mai 1994 : *Portrait de jeune fille* 1912, h/cart. (37x26) : **ITL 1 768 000**.

MODIGLIANI Gianfrancesco, appelé aussi **Francesco da Forli**

Né à Forli. xviie siècle. Actif vers 1600. Italien.

Peintre d'histoire.

On croit que cet artiste, appelé quelquefois Francesco da Forli, fut élève de Pontormo. On cite parmi ses ouvrages une *Descente de croix*, et des fresques à l'église de Santa Lucia, à Urbin, et des sujets de l'Ancien et du Nouveau Testament aux Observanti et à l'église de Santa Maria del Rosario à Forli.

MODIGLIANI Jeanne

Née en novembre 1918 à Nice (Alpes-Maritimes). Morte en 1984. xxe siècle. Française.

Peintre, peintre à la gouache, aquarelliste, pastelliste. Figuratif, puis abstrait.

Elle était la fille de Amedeo Modigliani et de Jeanne Hébuterne. Modigliani devait mourir le 24 janvier 1920 et Jeanne Hébuterne se suicider le lendemain. De 1920 à 1938, elle fut élevée à Florence, où elle fit des études de philosophie et d'histoire de l'art. De 1939 à 1962, elle revint en France, où elle prit part à la Résistance à l'occupant allemand, fut emprisonnée et s'évada ; elle fut décorée de la Croix de Guerre. Elle reprit des études de lettres et d'esthétique ; eut ensuite une activité de journaliste, de critique d'art. En 1961, elle publia aux Éditions Gründ : *Modigliani sans légende*. En 1963, elle commença à peindre : « J'ai lutté quarante ans pour ne pas succomber à cette tentation, puis la peinture a vaincu. » De 1963 à 1984, elle a exposé à Rome, Paris, Luxembourg, Jérusalem, etc.

Elle a peint des figures, puis a évolué à une certaine abstraction-informelle, tempérée de souvenirs visuels. Elle en disait elle-même : « Je ne suis pas une vraie abstraite, il y a toujours quelque chose que j'ai vu. » Claude Roy, évoquant ses « paysages intérieurs », écrit qu'elle est « le peintre, modeste mais exact, d'un certain espace du dedans, une sensibilité à mi-voix qui se fait couleurs à voix haute. »

Bibliogr. : Catalogue de la vente *180 œuvres de Jeanne Modigliani, 1918-1984*, Paris, 20 juin 1988.

Ventes Publiques : Paris, 15 fév. 1988 : *Composition*, past. (25x39) : **FRF 4 300** – Versailles, 24 sep. 1989 : *Visages*, dess. (48x63) : **FRF 3 400** – Paris, 22 nov. 1990 : *Composition abstraite*, gche (31x38) : **FRF 3 000** – Paris, 1er juil. 1992 : *Composition*, h/t (50x100) : **FRF 21 000**.

MODIGLIANI Livio
XVIe siècle. Actif à Forli. Italien.
Peintre.

Il était le père de Gianfrancesco Madigliani. On cite de lui un *Saint Valérien* à la Pinacothèque de Mercuriale.

MODL Natalie von
Morte le 13 juin 1850 à Kalisch. XIXe siècle. Allemande.
Peintre de genre et de portraits.

Élève de E. von Gebhart. Elle travailla au monastère de Ribnitz (Mecklembourg).

MODLER Johann Baptist
Né en 1700. Mort le 11 novembre 1774 à Kösslarn. XVIIIe siècle. Allemand.
Stucateur.

MODOLO Bartolommeo ou **Modulo**
XVIIIe siècle. Actif à Venise. Italien.
Sculpteur.

MODONINO Giov. Batt.
Mort en 1656 à Naples. XVIIe siècle. Actif à Modène. Italien.
Peintre.

MODORATI Giuseppe
XIXe siècle. Actif à Milan. Italien.
Peintre d'histoire et de genre.

Débuta vers 1880. Il a exposé à Turin, Milan et Rome.

MODREGO Marcelo
Né en 1912 à Lerida (Espagne). Mort en 1997. XXe siècle. Français.
Peintre. Art-brut.

Sa peinture est spontanée et évoque parfois l'art-brut. Sur la toile, c'est une bousculade de symboles, de bêtes, de signes, de têtes, d'arabesques et de volutes, le tout très coloré.

MODROW Philipp
Né le 8 mai 1882 à Francfort-sur-le-Main. Mort le 6 décembre 1925 à Davos. XXe siècle. Actif aussi en Suisse. Allemand.
Sculpteur de monuments.

Il fut élève de Emil Cauer le Jeune à Berlin. En 1923, il exécuta le *Monument de Spengler* à Davos.

MODULO Bartolommeo. Voir **MODOLO**

MODZELEWSKI Andrzei
XVIIe siècle. Polonais.
Sculpteur sur bois.

MOE Louis Maria Niels Peder Halling
Né le 20 avril 1859. XIXe-XXe siècles. Norvégien.
Peintre, graveur.

Il a surtout fait œuvre de graveur.

MOE Niels
Né le 14 juillet 1792 à Kongsborg en Norvège. Mort le 2 mars 1854 à Odense. XIXe siècle. Norvégien.
Peintre de portraits.

Il fit les portraits des rois *Frédéric VI*, *Frédéric VII* et *Christian VIII*. Ce dernier portrait se trouve au Musée de Frederiksborg.

Ventes Publiques : Copenhague, 24 jan. 1984 : *Paysage boisé à la cascade* 1818, h/t (51x66) : **DKK 23 000** – Londres, 20 mars 1985 : *Portrait de Frédérick VI du Danemark* 1824, h/t (72x48,5) : **GBP 1 400**.

MOE Sigurd
Né le 21 octobre 1860 à Stavanger. Mort le 13 février 1917 à Sauda (près de Stavanger). XIXe-XXe siècles. Norvégien.
Peintre de paysages.

Il fut élève de Johan Jakob Bennetter à Stavanger, puis des Académies des Beaux-Arts de Munich et Karlsruhe.

MOE. Pour les patronymes commençant par ces lettres, voir aussi **MÖ** et **MO**

MOEBIUS, pseudonyme de **Giraud Jean**
Né le 8 mai 1938 à Fontenay-sous-Bois (Val-de-Marne). XXe siècle. Français.
Dessinateur de bandes dessinées, illustrateur.

Il entre à l'École des Arts Appliqués dès l'âge de 16 ans. Très jeune il débute dans des revues enfantines : *Fripounet, Marisette, Ames Vaillantes* et *Cœurs Vaillants*. À partir de 1963, il dessine dans Pilote *Fort Navajo* de la saga *Blueberry* et dans le même temps il publiera, sous le pseudonyme de Moebius, de courtes histoires dans Hara-Kiri. Parallèlement il travaille pour le cinéma. Il participe aussi à des campagnes publicitaires pour de grandes sociétés. En 1981, il est couronné par le Grand Prix de la ville d'Angoulême.

Ventes Publiques : Paris, 30 mars 1994 : *Dessin en coul. pour la pièce de théâtre « Les Olympiennes » de Claude Confortes* (29,7x21) : **FRF 4 000**.

MOECHSELKIRCHEL Gabriel
XVe siècle. Actif à Munich vers 1470. Allemand.
Peintre d'histoire.

On cite de lui : *Le Christ portant sa croix*, et *Crucifixion*, à Schleissheim.

MOEDEN Swibertus
XVIIe siècle. Actif à Mayence. Allemand.
Graveur, peintre.

On cite de lui une *Sainte Cécile* à Lichtenau (1662).

MOEGLICH Andreas Léonard
Né en 1742 à Nuremberg. Mort en 1810. XVIIIe-XIXe siècles. Allemand.
Dessinateur et graveur au burin.

Élève de Preissler et d'Ihle. Le Cabinet des estampes de Berlin possède de lui neuf de ses silhouettes et le Musée de Nuremberg cent soixante-douze de ses dessins.

MOEGLICH Cr.
XVIIIe siècle. Actif au milieu du XVIIIe siècle. Allemand.
Graveur à l'eau-forte.

MOEGLICH Philipp Ludwig
Né vers 1779 à Nuremberg. Mort le 24 novembre 1829 à Hambourg. XIXe siècle. Allemand.
Peintre.

Il était également chanteur. Il a exposé en 1829 un *Homme avec son chien, regardant à la fenêtre*.

MOEHSNANG Egbert
Né en 1927 à Amberg. XXe siècle. Actif depuis 1950 aussi en Suisse. Allemand.
Peintre, graveur, illustrateur. Abstrait-paysagiste.

Depuis 1950, il vit à Berne et y expose régulièrement depuis 1956. Il expose aussi à Zurich et Paris. Il participe aux rencontres consacrées à l'estampe. Son travail relève d'un paysagisme-abstrait assez subtil.

MOELART Jakob
Né en 1649 à Dordrecht. Mort vers 1727. XVIIe-XVIIIe siècles. Hollandais.
Peintre d'histoire, portraits, et collectionneur d'art.

Il fut élève de Nicolas Moos et acquit la réputation d'un excellent peintre d'histoire et de portraits. Houbraken cite avec éloges plusieurs de ses ouvrages, notamment *Moïse frappant le rocher*.

MOELDER C. de
XVIIe siècle. Britannique.
Graveur d'ornements.

MOELEN Jan Van der
Né à Anvers. XVIIe siècle. Éc. flamande.
Peintre de natures mortes.
Il séjourna à Rome de 1643 à 1648 et peignit surtout des natures mortes au gibier.

MOELINGEN Gert Van
XVIIIe siècle. Actif à La Haye en 1753. Hollandais.
Graveur.

MOELINGEN Gysbert Van
XVIIIe siècle. Actif à Utrecht dans la seconde moitié du XVIIIe siècle. Hollandais.
Médailleur.

MOELLER Kristen
Née en 1947 à Washington. XXe siècle. Américaine.
Peintre de compositions animées, sérigraphe.
Entre 1965 et 1970, elle fut élève de la Syracuse University, État de New York. Depuis 1971, elle participe à des expositions collectives, surtout à Washington.
Sa peinture s'est alors située en dehors des grands mouvements contemporains américains, aux antipodes de l'art conceptuel, mais très éloignée aussi de l'hyperréalisme. Elle décrit, avec minutie et souvent avec luxe, un monde imaginaire, édénique dans la bonne intelligence que les animaux entretiennent avec l'humanité, volontiers orientaliste, un orientalisme « made in Katmandou », assez caractéristique d'une culture ou anticulture, post-psychédélique.

MOELLER Louis Charles. Voir **MÖLLER**

MOELLER Otto Friedrich Theodor ou **Fiodor von** ou **Moller**
Né le 30 mai 1812 à Kronstadt. Mort le 21 juillet 1874 à Saint-Pétersbourg. XIXe siècle. Russe.
Peintre d'histoire, scènes de genre, portraits.
D'abord officier, il se voua à la peinture à partir de 1835. Il commença ses études à Saint-Pétersbourg et fit plusieurs séjours en Italie. La peinture *Le baiser* le rendit célèbre, mais ses grandes compositions historiques de l'époque ultérieure restent froides.

MOELLER Reinhold von ou **Moller**
Né le 11 avril 1847 à Sommerpahlen (Estonie). Mort le 13 septembre 1918. XIXe-XXe siècles. Allemand.
Paysagiste.
Il fit ses études à l'Académie de Munich et de Vienne et voyagea en Europe et en Asie. Il a exposé à Munich, Düsseldorf et Berlin, à partir de 1876. Le Musée municipal de Riga conserve de lui *Motif de Hollande*.

MOELLON Louise, orthographe erronée. Voir **MOILLON**

MOEN B.
Né à Cortenark. Mort en 1851. XIXe siècle. Éc. flamande.
Peintre d'histoire.

MOENAERT Martin
XVIIe siècle. Éc. flamande.
Sculpteur sur bois.
Il a sculpté les stalles de Saint Jacques et la chaire de Sainte Anne, à Bruges.

MOENAERT Roland ou **Moynard**
D'origine allemande. Mort fin 1650 ou en 1651 à Angers. XVIIe siècle. Allemand.
Sculpteur.
Il a sculpté, en collaboration avec M. A. Charpentier et Plouvier, une *Adoration des Rois Mages* pour Notre-Dame de Sous-Terre d'Angers.

MOENCH Charles Victoire Frédéric, dit **Munich**
Né le 10 avril 1784 à Paris. Mort en 1867 à Paris. XIXe siècle. Français.
Peintre d'histoire, portraits, paysages, compositions murales.
Fils de Simon Frédéric Moench, il fut élève de Girodet. il figura au Salon, de 1810 à 1861, et reçut une médaille de deuxième classe en 1812.
Exécuta les peintures en décors de la galerie de Diane à Fontainebleau et fit la restauration des peintures de la chapelle du palais de Versailles.
Ventes Publiques : Paris, 8 juin 1951 : *L'amour et la fidélité* 1827 : **FRF 30 000** – Paris, 16 déc. 1987 : *Allégorie de l'Aurore*, h/t (174x215) : **FRF 270 000** – Londres, 7 juin 1989 : *Le roi Candaule et Gygès près du lit de la reine* 1846, h/t (59x71) : **GBP 3 300**.

MOENCH Simon Frédéric, dit **Munich**
Né en 1746 à Stuttgart. Mort le 21 avril 1837 à Paris. XVIIIe-XIXe siècles. Français.
Peintre de décorations de théâtre, peintre de paysages.
Il décora de ses peintures les châteaux de la Malmaison et de Fontainebleau ; dans ce dernier, il peignit le plafond de la galerie de Diane.

MOENE Willem
Né vers 1622. XVIIe siècle. Actif à Amsterdam. Hollandais.
Sculpteur.
Il travailla, en 1654, pour le comte et la comtesse d'Arundel. Il pratiqua la sculpture sur chêne.

MOENNICH Paul
Né le 10 septembre 1855 à Drüsewitz (près de Mecklenbourg, dans le Tessin). XIXe siècle. Allemand.
Peintre de genre, portraits, dessinateur.
Élève de G. Graef et de Friedrich Fehr. Le Musée de Rostock, l'Université et l'église du couvent de cette ville ainsi que le château de Neustrelitz conservent des œuvres de cet artiste.

MOENS E. H.
Né à Middelbourg. XVIIe siècle. Hollandais.
Peintre.
Il accompagna Abraham Genoels le Jeune à Rome, où il fut admis dans la Société des peintres étrangers en 1674.

MOENS Gaspard ou **Moons**
Né en 1698 à Anvers. Mort le 22 décembre 1762 à Anvers. XVIIIe siècle. Éc. flamande.
Sculpteur et architecte.
Élève de J. Veiremans et de J. P. Van Baurscheit. Il décora l'église Saint-André d'Anvers d'une statue de *Saint Cornélius*.

MOENS Jacques ou **Mucx** ou **Mux**, dit **Yserman**
XVe siècle. Actif à Louvain dans la seconde moitié du XVe siècle. Éc. flamande.
Peintre de figures.
Il travailla en 1468 dans l'Hôtel de Bourgogne à Bruges.

MOENS Jacques
XVIIe siècle. Actif à Gand. Éc. flamande.
Peintre de paysages.

MOENS Ludovicus Adriaen Frans. Voir **MOONS**

MOENS Marcel
Né le 5 mai 1892 à Malines. Mort le 12 juin 1964 à Bruxelles. XXe siècle. Belge.
Peintre.

MOËR Jean Baptiste Van
Né le 17 décembre 1819 à Bruxelles. Mort le 6 décembre 1884 à Bruxelles. XIXe siècle. Belge.
Peintre d'architectures, paysages, paysages urbains, aquarelliste.
Il fut élève de François Bossuet à Bruxelles et de Léon Bonnat à Paris. Il voyagea en France, en Normandie en particulier, ainsi qu'en Italie, Égypte et Syrie.
Il peignit des décorations murales pour le Palais Royal et l'hôtel de ville de Bruxelles. Ses vues de la capitale belge sont d'une valeur documentaire précieuse.
Bibliogr. : Gérald Schurr, in : *Les Petits Maîtres de la peinture 1820-1920, valeur de demain*, Les Éditions de l'Amateur, t. VII, Paris, 1989.
Musées : Amiens (Mus. de Picardie) : *Intérieur d'atelier* – Bruxelles (Mus. des Beaux-Arts) : *Le baptistère de l'église Saint-Marc à Venise* – *Vue de Bruxelles en 1868* – *Intérieur de l'église Santa Maria, à Belem*.
Ventes Publiques : Paris, 17 mai 1929 : *Intérieur flamand*, en collaboration avec Florent Willems : **FRF 1 900** – Paris, 25 oct. 1946 : *Ruines du palais de Dioclétien à Spalato* : **FRF 5 800** – Paris, 27 oct. 1950 : *Peintre dans un intérieur Renaissance* : **FRF 12 800** – Londres, 11 fév. 1959 : *Venise, vue de la lagune sur la Douane et Santa Maria della Salute* : **GBP 400** – Bruxelles, 13 mai 1969 : *Démolition de l'ancien couvent des Récollets* : **BEF 50 000** – Londres, 23 juil. 1971 : *La cathédrale de Saint-Michel de Gand* : **GNS 1 000** – Bruxelles, 5 oct. 1976 : *Vue de Venise avec le monument Colleoni* 1877, h/t (67x85) : **BEF 70 000** – Londres, 11 fév. 1977 : *Scène de port méditerranéen*, h/t

(65x122) : **GBP 2 600** – Berne, 25 oct 1979 : *Vue de Venise*, h/t (76x94) : **CHF 6 000** – Londres, 26 nov. 1982 : *Le Pont des Soupirs, Venise* 1883, h/t (189x79) : **GBP 4 500** – Londres, 21 oct. 1983 : *Le Pont des Soupirs, Venise* 1883, h/t (189x79) : **GBP 2 500** – Reims, 25 mai 1986 : *Ruines romaines à Split*, h/t (85x110) : **FRF 32 000** – Lyon, 27 avr. 1989 : *Venise : le Grand Canal et la place Saint-Marc*, h/t (121x96) : **FRF 65 000** – Monaco, 8 déc. 1990 : *Le Grand Canal à Venise*, h/t (120x97) : **FRF 111 000** – Londres, 16 mars 1994 : *Figures sur une route longeant un canal* 1880, h/pan. (32x71) : **GBP 3 680** – Calais, 23 mars 1997 : *Village méditerranéen*, h/t (73x100) : **FRF 56 000**.

MOERE Jan Van den
Mort en 1515. XVe-XVIe siècles. Actif à Bruges. Éc. flamande.
Miniaturiste.
Membre de la gilde des enlumineurs de Bruges en 1485.

MOERE Nicolas Van der
XIVe siècle. Actif à Anvers en 1397. Éc. flamande.
Peintre.

MOERENHOUT Joseph Jodocus
Né le 3 mai 1801 à Eckeren (près d'Anvers). Mort le 11 juin 1875 à Anvers. XIXe siècle. Éc. flamande.
Peintre de figures, paysages, graveur.
Élève de Verpoorten, de l'Académie d'Anvers et d'Horace Vernet. En 1824, nous trouvons cet artiste à La Haye, puis à Paris ; en 1831, de nouveau à La Haye ; enfin plus tard à Anvers. Il collabora avec Schelfhout.
Musées : Amsterdam : *Écurie – Avant-poste de cosaques – Courses de chevaux* – La Haye (comm.) : *Courses à Scheveningen en 1846* – Munich : *Dame à cheval allant à la chasse au faucon – Paysage d'hiver hollandais.*
Ventes Publiques : Paris, 1850 : *La Curée* : **FRF 2 680** – Rotterdam, 1891 : *Courses de bagues* : **FRF 155** – La Haye, 26 avr. 1950 : *Chez le forgeron* : **NLG 1 200** – Londres, 7 mai 1971 : *Le Port d'Anvers* : **GBP 240** – Cologne, 6 juin 1973 : *Chez le forgeron* : **DEM 7 500** – Londres, 20 juil. 1977 : *La cour du forgeron*, h/pan. (53,5x71) : **GBP 3 100** – Londres, 19 mars 1980 : *La partie de chasse* 1859, h/t (37,5x51) : **GBP 3 000** – Amsterdam, 11 mai 1982 : *Le repos des chasseurs* 1836, h/pan. (59x77,5) : **NLG 27 000** – Amsterdam, 15 mars 1983 : *Chasseurs dans un paysage montagneux* 1871, h/t (32,5x43,5) : **NLG 8 400** – Londres, 19 juin 1985 : *Personnages devant une taverne* 1874, h/t (65x81) : **GBP 5 800** – Stockholm, 15 nov. 1988 : *Chevaux et chien près d'une construction en hiver*, h. (29x27) : **SEK 8 000** – Amsterdam, 25 avr. 1990 : *Fermier et ses chevaux dans une écurie*, h/pan. (27,5x37,5) : **NLG 4 830** – Amsterdam, 30 oct. 1991 : *La Foire aux chevaux à Anvers* 1863, h/t (88x117) : **NLG 20 700** – Amsterdam, 11 fév. 1993 : *Paysage italien avec des paysans bavardant près d'un puits*, h/pan. (21,5x29,5) : **NLG 2 300** – Amsterdam, 19 oct. 1993 : *Militaire faisant halte devant une auberge* 1840, h/pan. (58x73) : **NLG 32 200** – Amsterdam, 8 nov. 1994 : *Chasse au faucon*, h/pan. (66,5x80,5) : **NLG 9 200** – Lokeren, 11 mars 1995 : *Rivière au clair de lune*, h/pan. (41,3x84) : **BEF 170 000** – Amsterdam, 18 juin 1996 : *Scène de bataille*, h/t (50x77,5) : **NLG 2 760** – Vienne, 29-30 oct. 1996 : *Le Seller devant l'écurie*, h/pan. (23x30,5) : **ATS 69 000** – Amsterdam, 27 oct. 1997 : *Un élégant cavalier avec son cheval et trois chiens*, h/t (99x65) : **NLG 7 670**.

MOERINE Pol
XVe siècle. Éc. flamande.
Enlumineur.

MOERING Gergen. Voir **MEHRING**

MOERING Vincenz. Voir **MÖHRING**

MOERKERCKE Jean ou **Jean Baptiste Van**
Né à Courtrai. Mort en 1689 à Rome. XVIIe siècle. Éc. flamande.
Peintre de natures mortes, restaurateur.
Il fut membre de la corporation des peintres de Gand et restaura quelques peintures dans l'hôtel de ville de Courtrai.
Ventes Publiques : New York, 5 juin 1980 : *Allégories de la Vie Active et de la Vie Contemplative* 1666, h/t, une paire (117x96) : **USD 11 000** – Monaco, 18-19 juin 1992 : *Nature morte aux instruments de musique*, h/t (81x103,5) : **FRF 333 000**.

MOERL Joseph ou **Mörl**
Mort en 1735. XVIIIe siècle. Actif à Munich. Allemand.
Graveur au burin.
Il grava des portraits, des sujets religieux et des motifs d'architecture.

MOERMAN Albert Édouard
Né en 1808. Mort le 28 janvier 1856. XIXe siècle. Actif à Gand. Belge.
Peintre de paysages animés, paysages.
Élève de P. F. de Noter.
Musées : Courtrai : *Matinée d'hiver* – Le Havre : *Scène d'hiver.*
Ventes Publiques : Paris, 7 nov. 1927 : *Paysage d'hiver*, lav. de sépia : **FRF 270** – Bruxelles, 4 mars 1977 : *Paysage d'hiver avec patineurs*, h/t (56x82) : **BEF 300 000** – Londres, 20 juin 1980 : *La course de patinage*, h/pan. (53,2x81,2) : **GBP 3 200** – Londres, 6 fév. 1987 : *Paysans dans un paysage d'hiver*, h/t (26,5x31) : **GBP 3 800** – Amsterdam, 2 mai 1990 : *Chasseurs dans un paysage boisé en hiver au crépuscule*, h/t (59,5x85,5) : **NLG 36 800** – Amsterdam, 28 oct. 1992 : *Paysans bavardant sur un canal gelé avec des patineurs et un moulin au loin* 1838, h/t (44x54) : **NLG 28 750** – Lokeren, 9 déc. 1995 : *Une grange avec son toit de chaume enneigé*, h/pan. (56,5x72) : **BEF 450 000** – Londres, 21 nov. 1997 : *Paysage d'hiver avec des personnages sur une rivière gelée* 1838, h/t (42x54) : **GBP 10 925**.

MOERMAN Alfred
Né en 1887 à Deinze. XXe siècle. Belge.
Peintre. Postimpressionniste.
Il fut élève d'Albert Saverys à l'Institut Supérieur des Beaux-Arts d'Anvers.
Il peignit de nombreux paysages de la Lys.
Bibliogr. : In : *Dictionnaire biographique illustré des artistes en Belgique depuis 1830*, Arto, Bruxelles, 1987.

MOERMAN Jan Lodewijk
Né en 1850. Mort le 6 décembre 1896 à Berchem. XIXe siècle. Belge.
Peintre de genre, intérieurs.
Il fut élève de Piet J. Van der Ouderaa à l'Académie des Beaux-Arts d'Anvers.
Il peignit des scènes d'intérieurs d'auberges.
Ventes Publiques : Paris, 26-27 mai 1941 : *Le Sommelier* 1887 : **FRF 320** ; *Intérieur d'une courette* : **FRF 320** – Londres, 6 mai 1981 : *Dans la salle d'attente* 1891, h/pan. (28x21,5) : **GBP 1 000** – Lokeren, 22 fév. 1986 : *La Partie de cartes*, h/pan. (23x31) : **BEF 210 000** – Lokeren, 8 oct. 1988 : *Au café* 1896, h/pan. (32,5x23,7) : **BEF 45 000** – Londres, 17 nov. 1993 : *Scène de café* 1890, h/pan. (19x24) : **GBP 2 300** – Amsterdam, 27 oct. 1997 : *Le Jacquet* 1891, h/pan. (27x21,5) : **NLG 8 850**.

MOERMANS Jacques ou **Nicolas Moermans** (par erreur)
Né le 1er mai 1602 à Anvers. Mort le 21 octobre 1653. XVIIe siècle. Éc. flamande.
Peintre, graveur et marchand.
Mentionné en 1622 dans les registres de la gilde à Anvers comme élève de Rubens, il épousa, en 1626, Maria Schut et fut maître en 1630. A la mort de Rubens, il fut chargé de la vente de ses gravures. Plus tard, il s'installa marchand à Anvers et comme graveur il travailla depuis 1631 pour le marchand Anton Gœtkuit à Paris. Il se noya accidentellement dans le canal d'Anvers.

MOERS Anna de, Mme, née **Hauët**
Née au XIXe siècle à Fontainebleau. XIXe siècle. Française.
Peintre.
Élève de Camino. Elle exposa au Salon, en 1878 et 1879, des portraits en miniature.

MOERTERE Gheerrolf Van den. Voir **MOORTELE**

MOES Walburga Wilhelmina, dite **Wally**
Née le 16 novembre 1856 à Amsterdam. Morte le 6 novembre 1918 à Laren. XIXe-XXe siècles. Hollandaise.
Peintre de genre, portraits.
Elle fut élève d'August Allebé. Depuis 1892, elle travaillait à Laren.
Musées : Amsterdam (Stedelijk Mus.) : *Femme d'intérieur* – Rotterdam : *L'Heure du repos.*
Ventes Publiques : Amsterdam, 24 mars 1980 : *Mère et enfant dans un intérieur*, h/t (68x55) : **NLG 7 000** – Cologne, 21 mai 1984 : *Le déjeuner des enfants* 1888, h/t (78x105) : **DEM 5 500** – Amsterdam, 30 oct. 1990 : *La leçon de tricot*, h/t (57x43,5) : **NLG 28 750** – Amsterdam, 21 avr. 1993 : *Le potager* 1889, aquar. et gche/pap. (43,5x34) : **NLG 2 760**.

MOESCH Mathäus
XVIe siècle. Actif à Berne vers 1500. Suisse.
Peintre.

Il fut chargé de l'exécution d'une grande peinture à l'église de Valangin.

MOESCHAL Jacques
Né en 1913 à Uccle. XXe siècle. Belge.
Sculpteur, architecte. Abstrait-géométrique.
Il fut élève de l'Académie des Beaux-Arts de Bruxelles, dont il devint professeur de sculpture.
Il travaille à l'échelle architecturale. Il est, entre autres, auteur de la flèche du Pavillon du Génie civil à l'Exposition Universelle de Bruxelles de 1958 ; ainsi que du Signal de Grand-Bigard, également à Bruxelles.
Bibliogr. : In : *Dictionnaire biographique illustré des artistes en Belgique depuis 1830*, Arto, Bruxelles, 1987.

MOESCHLIN Walter J.
Né en 1902 à Bâle. Mort en 1961. XXe siècle. Suisse.
Peintre de compositions animées, figures, nus, peintre de compositions murales.
Il fut élève de l'École des Arts et Métiers de Bâle, où il a vécu. Il fit des séjours d'études à Paris, Berlin, dans le Midi de la France, en Italie. De 1920 à 1922, il fit un long séjour aux Indes néerlandaises. il fit partie du *Groupe 33*.
Il eut l'occasion de peindre une décoration murale dans une maison particulière, construite près de Toulon par Le Corbusier.

W. J. Moeschlin 1946

Bibliogr. : In : *Peintres Contemporains*, Mazenod, Paris, 1964.
Musées : Bâle – Sarrebruck.
Ventes Publiques : Lucerne, 4 juin 1994 : *Nu verdâtre* 1946, h/rés. synth. (80,5x55,5) : **CHF 3 200**.

MOESELAGEN Jean A.
Né le 30 mai 1827 à Goch (près de Clève). XIXe siècle. Allemand.
Peintre de genre.
Il fit ses études à Dusseldorf et à Anvers. Le Musée Municipal de Rostock conserve de lui *Devant le miroir*.

MOESMAN Johannes Antonius
Né en 1859 à Utrecht. XIXe siècle. Hollandais.
Lithographe.
Élève de Jos. Hoevenaar. Il dessina des portraits et des ex-libris.

MOESMAN Johannes Hendrikus ou **Jan Hendrik**
Né en 1909 à Utrecht. Mort en 1988. XXe siècle. Hollandais.
Peintre de compositions animées, nus, aquarelliste, dessinateur, graveur. Surréaliste.
Il a travaillé longtemps en solitaire. Son œuvre ne fut connue qu'à partir de 1960.
Entre 1930 et 1935-1940, il a reconstitué à son propre usage un surréalisme fondé sur sa propre imagination onirique à forte implication érotique, et sur une technique précise et maîtrisée, sans doute redevable à l'exemple de Magritte.
Bibliogr. : José Pierre, in : *Le Surréalisme*, Rencontre, Lausanne, 1966 – in : Catalogue de l'exposition *Les Années trente en Europe. Le temps menaçant*, musée d'Art moderne de la ville, Paris, 1997.
Musées : Utrecht (Centraal Mus.) : *Rencontre* 1932.
Ventes Publiques : Amsterdam, 10 avr. 1989 : *Cœurs transpercés*, h/t (40x48,5) : **NLG 4 600** – Paris, 27 nov. 1989 : *Bovidés et ovinés au pâturage*, h/pan. (17,5x22,5) : **FRF 3 800** – Amsterdam, 9 déc. 1992 : *Nu féminin debout* 1929, craies de coul. et cr./pap. (54,5x29,5) : **NLG 2 875** – Amsterdam, 10 déc. 1992 : *Personnage et cheval* 1929, aquar./pap. (56x102) : **NLG 5 175** – Amsterdam, 31 mai 1995 : *Danger de pénétrer* 1972, h/pan. (105,5x55) : **NLG 35 400**.

MOESS Sigismund
XVIIe siècle. Allemand.
Sculpteur sur bois.
Il a sculpté l'autel de Hammersdorf en Transylvanie qui est conservé au Musée de Klausenbourg.

MOESSMER Eduard ou **Mössmer**
Né en 1814 à Vienne. Mort le 4 janvier 1838 à Vienne. XIXe siècle. Autrichien.
Portraitiste et peintre de genre.
Fils de Joseph. Il fut élève de l'Académie de Vienne. Le Musée de cette ville conserve de lui *Portrait de F. Gawet à 70 ans*.

MOESSMER Johann
XVIIIe siècle. Autrichien.
Graveur au burin.

MOESSMER Joseph ou **Mössmer**
Né le 20 mars 1780 à Vienne. Mort le 22 juin 1845 à Vienne. XIXe siècle. Autrichien.
Peintre de paysages, lithographe et graveur.
Fils de Johann M. Élève de Moliter. Il fut reçu membre de l'Académie de Vienne en 1815 et la même année il fut nommé professeur de paysage. Il a exposé à Vienne à partir de 1810. Il a peint et gravé des paysages, des marines, des vues de villes et de montagnes.
Musées : Graz (Mus. Provinc.) : *Aspect du Prater de Vienne* – Prague (Rudolfinum Mus.) : *Paysage, le soir* – *Ruines d'un château* – Vienne : *Paysage montagneux et boisé* – Vienne (coll. Czernin) : *Ville maritime* – *Forêt* – *Petit paysage de montagnes* – gravures.
Ventes Publiques : Vienne, 15 sep. 1982 : *Vue du château de Seebenstein*, h/t (53x77) : **ATS 50 000** – Vienne, 4 déc. 1986 : *Le Vieux Pont de bois de Nussdorf*, h/pan. (30x37,5) : **ATS 55 000**.

MOESSMER Raimund ou **Mössmer**
Né en 1813 à Vienne. Mort le 9 mars 1874 à Vienne. XIXe siècle. Autrichien.
Paysagiste.
Fils de Joseph.
Ventes Publiques : Munich, 29 mai 1980 : *Vue du Traunsee* 1861, cart. mar./t. (35x59) : **DEM 7 200** – Vienne, 22 juin 1983 : *Vue de Gmunden* 1861, h/t (34,5x58,5) : **ATS 90 000** – Vienne, 19 mars 1986 : *Vue de Mödling*, h/t (26x37) : **ATS 45 000**.

MOEST Friedrich ou **Karl Friedrich**
Né le 26 mars 1838 à Gernsbach. XIXe siècle. Allemand.
Sculpteur.
Père de Hermann M. Il fut élève de Des Coudres et de Schirmer. Il sculpta des monuments, des bustes, et des monuments aux Morts pour de nombreuses villes d'Allemagne.

MOEST Hermann
Né le 5 décembre 1868 à Karlsruhe. Mort en 1945. XIXe-XXe siècles. Allemand.
Peintre de compositions animées, figures, dessinateur, illustrateur.
Il était le fils du sculpteur Friedrich Moest, et reçut ses conseils. Il paracheva ses études artistiques à Karlsruhe et Munich.
Ventes Publiques : Londres, 28 nov. 1990 : *Séduction*, cr. et craie noire (25x16) : **GBP 1 980**.

MOEST Josef
Né le 13 janvier 1873 à Cologne. Mort le 25 mai 1914 à Rath-Heumar. XIXe-XXe siècles. Allemand.
Sculpteur de statues religieuses.
Il était fils du sculpteur Richard Moest.
Musées : Aix-la-Chapelle (Mus. Suermondt) : *Saint Martin*.

MOEST Richard
Né le 20 février 1841 à Horb (Wurtemberg). Mort le 1er août 1906 à Cologne. XIXe siècle. Allemand.
Sculpteur.
Élève de J. N. Meintel, de A. Kreling et de P. Lenz. Il a sculpté les bas-reliefs pour deux autels de la cathédrale de Berlin.

MOETTE Charles
XIXe siècle. Français.
Dessinateur et graveur à l'eau-forte.
Il a illustré *L'Art de nager*, de Thévenot.

MOETWIL Jean-Maris
Né en 1940 à Bruxelles. XXe siècle. Belge.
Peintre. Polymorphe.
Il est autodidacte de formation.
Après une période abstraite géométrique, il peint des scènes du Far-West américain.
Bibliogr. : In : *Dictionnaire biographique illustré des artistes en Belgique depuis 1830*, Arto, Bruxelles, 1987.

MOEUSE Jan de
XVIe siècle. Actif à Liège. Éc. flamande.
Peintre d'histoire.

MOEVIUS. Voir aussi **MEVIUS**

MOEVIUS Georg ou **Johann Friedrich**
Né le 27 novembre 1727 à Worms. Mort le 24 janvier 1799 à Francfort-sur-le-Main. XVIIIe siècle. Allemand.
Paysagiste.
Fils de Johann Georg Ambrosius M. Il fut également commerçant d'art.

MOEVIUS Johann Georg Ambrosius
Né en 1710 à Augsbourg. Mort en 1770 à Amsterdam. XVIIIe siècle. Hollandais.
Peintre de batailles et de portraits.
Il était à Francfort-sur-le-Main en 1734.

MOEVIUS Johann Jacob
Né en 1767 à Francfort-sur-le-Main. Mort le 7 juin 1836 à Francfort-sur-le-Main. XVIIIe-XIXe siècles. Allemand.
Paysagiste.
Fils de Georg Friedrich M.

MOEYART Claes Cornelisz. Voir **MOEYART Nicolaes Cornelisz**

MOEYART Jan Cornelisz
Né vers 1603. XVIIe siècle. Hollandais.
Peintre.
Frère de Nicolaes C. Moeyart. Il était actif à Amsterdam. Il se maria en 1635.

MOEYART Nicolaes Cornelisz, parfois **Claes Cornelisz** ou **Moijart** ou **Mooyaert** ou **Moyaert**
Né en 1590 ou 1592 ou 1600 peut-être à Amsterdam. Mort en 1655. XVIIe siècle. Hollandais.
Peintre d'histoire, sujets mythologiques, compositions religieuses, scènes de genre, portraits, paysages, graveur.
En 1618, membre de la Chambre de rhétorique *In chef de bloyende* à Amsterdam, il entra en 1630 dans la Gilde, alla en Italie, étudia les œuvres d'Elsheimer et en 1636 orna de tableaux, représentant la vie de Marie de Médicis et d'Henri IV, un arc de triomphe pour la venue de cette reine à Amsterdam. Il eut pour élèves Salomon Koninck, Nicolas Berchem, Van der Does l'Ancien, J. B. Weenix, P. Potter.
Moeyart présente cette particularité qu'il fut avec Gerard Hondthorst un des peintres qui, comme Rembrandt, s'appliquèrent aux jeux de la lumière et des ombres. Moeyart possède de plus avec l'illustre peintre de Leyde la similitude d'une facture large et grasse.

CL Moeyaert fc

Musées : Amsterdam : *Régents et régentes de l'hospice des vieillards en 1640 – L'élu des trois – Rencontre de Jacob et de Rachel – L'hôte indigne* – Berlin : *Ruth et Booz – Bacchanale* – Brunswick : *Vocation de saint Mathieu* – Budapest : *Joseph et ses frères* – Caen : *Continence de Scipion* – Chambéry (Mus. des Beaux-Arts) : *Paysage nocturne – La Parabole de l'ouvrier de la onzième heure* – La Haye : *Antiochus chez l'augure – Hersé et Mercure* – Karlsruhe : *Le Christ bénissant les enfants* – Nuremberg : *Le printemps* – Oslo : *Baigneuses* – Saint-Pétersbourg (Mus. de l'Ermitage) : *Clélie fuyant le camp de Porsenna – Entrevue d'Abraham et de Melchisédech* – Schleisheim : *Pierre délivré de prison* – Stockholm : *Saint Jean prêchant au désert – L'ange Raphaël quitte la famille Tobie* – Vienne (Lichtenstein) : *Marché aux chevaux – Marché aux bœufs.*
Ventes Publiques : Gand, 1837 : *Histoire de Joseph* : **FRF 65** – Paris, 1888 : *Sujet mythologico-fantastique* : **FRF 1 500** – Paris, 19 sep. 1892 : *Vue d'un parc* : **FRF 230** – Londres, 27 juin 1930 : *Le prophète Élie refusant les dons du roi Naaman* : **GBP 63** – Londres, 2 juil. 1976 : *Le sacrifice*, h/t (100,3x132) : **GBP 2 000** – Londres, 29 juin 1979 : *L'expulsion de Agar*, h/pan. (37,4x48,2) : **GBP 7 000** – New York, 4 juin 1980 : *Le sacrifice de Noé* 1628, h/pan. (79,5x128,5) : **USD 14 000** – Amsterdam, 15 mai 1984 : *Jacob et son troupeau au puits* 1629, h/pan. (28,5x42,5) : **NLG 25 000** – Monaco, 17 juin 1988 : *Bergers dans un paysage* 1640, h/pan. (48x50) : **FRF 55 500** – Milan, 25 oct. 1988 : *Nabuchodonosor guéri de la folie*, h/pan. (47x80) : **ITL 42 000 000** – New York, 11 jan. 1989 : *L'adoration du veau d'or* 1641, h/t (99x124,5) : **USD 35 200** – Monaco, 16 juin 1989 : *Scène paysanne*, h/t (102x122) : **FRF 77 700** – Monaco, 7 déc. 1990 : *Maison au bord de la rivière* 1665, h/pan. (36,5x78,5) : **FRF 44 400** – Londres, 5 juil. 1991 : *Le Christ sur la route d'Emmaüs*, h/pan. (38,3x61,8) : **GBP 3 300** – Londres, 1er nov. 1991 : *Jeune berger jouant de la cornemuse près de son troupeau à côté de ruines dans une clairière*, h/pan. (31,5x45,7) : **GBP 8 800** – New York, 13 jan. 1993 : *Le Christ éloigné de Pilate*, craie noire et lav. brun (40,8x30,2) : **USD 1 610** – Londres, 27 oct. 1993 : *Paysage classique avec Mercure et Argus*, h/pan. (54x70,5) : **GBP 1 840** – Amsterdam, 10 mai 1994 : *Judas restituant les pièces d'argent*, encre et lav. (16,9x25,9) : **NLG 5 750** – Amsterdam, 16 nov. 1994 : *Eliezer apportant des présents aux parents de Rebecca*, h/pan. (55,5x74) : **NLG 14 950** – Amsterdam, 7 mai 1997 : *L'Édification de la croix ; La Résurrection*, h/pan., une paire (chaque 49,3x38,2) : **NLG 18 461**.

MOFFAT J. Fred
XIXe siècle. Britannique.
Peintre de genre, graveur.
Il a gravé un *Portrait de Robert Burns*.
Ventes Publiques : Londres, 7 oct. 1992 : *Bavardages dans la rue du village* 1882, h/t (91x61) : **GBP 715**.

MOFFETT Ross E.
Né le 18 février 1888 à Clearfield (Idaho ou Iowa ?). XXe siècle. Américain.
Peintre de paysages animés. Figuratif, puis abstrait-géométrique.
Il fut élève de Charles W. Hawthorne, de l'Art Students' League de New York, et de l'Art Institute de Chicago. En 1921, il obtint une mention honorable du Carnegie Institute de Pittsburgh ; en 1927 une médaille d'or de l'Art Institute de Chicago ; en 1931 une première médaille à San Francisco.
Pendant environ un demi-siècle, il vécut et travailla à Provincetown, peignant les plages, les ports et leur animation. Sous l'influence de ses amis du groupe des American Abstract Artists, parmi lesquels Otto Karl Knaths, il aborda l'abstraction géométrique.
Musées : Philadelphie (Acad. des Beaux-Arts).
Ventes Publiques : Bolton, 20 nov. 1984 : *Personnages sur la plage*, h/t (100x126,3) : **USD 1 600** – New York, 28 sep. 1989 : *Composition abstraite*, h/cart. (35,5x50,2) : **USD 1 870**.

MOFFITT John M.
Né en 1837 en Angleterre. Mort en 1887 à New York. XIXe siècle. Américain.
Sculpteur.
Il a exécuté des autels pour les principales églises de New York. On cite de lui à l'entrée du cimetière de Greenwood à Brooklyn *Les quatre âges de la vie*.

MOGALLI Cosimo
XVIIIe siècle. Actif à Florence vers 1720. Italien.
Graveur.

MOGALLI Giovanni Maria
Né en 1667 à Florence. Mort en 1730. XVIIe-XVIIIe siècles. Italien.
Dessinateur et graveur au burin.
Élève du sculpteur Gio. Batt. Foggini. Il grava des sujets religieux, des sujets d'histoire et de mœurs et des portraits, particulièrement pour le Museo Fiorentino (en collaboration avec Antonio Lorenzini). On lui doit aussi une partie des planches pour un ouvrage d'antiquités étrusques publié à Florence, par Thomas Dempster en 1724. Il signait ses ouvrages *C. M. sculpt.* ou *C. M. S.*

MOGALLI Niccolo
Né le 6 décembre 1723. XVIIIe siècle. Italien.
Peintre et graveur au burin.
Fils de Cosimo Mogalli. Élève de F. Conti et de Picchianti. Vers 1750 il se rendit à Rome où il fut employé à la gravure des dessins de Casanova pour l'ouvrage *Monumenti da Giovanni Winkelmann.* Roma 1767. Il grava aussi en collaboration de sa sœur Térésa Mogalli diverses planches pour le *Museo Fiorentino* et le *Cabinetto di Portici*.

MOGALLI Térésa
XVIIIe siècle. Italienne.
Graveur au burin.
Sœur de Niccolo. Élève de T. Vercrys et de G.-D. Picchianti.

MOGAMI Hisayuki
Né en 1936 à Yokosuka (préfecture de Kanagawa). XXe siècle. Japonais.
Sculpteur.
En 1960, il obtint son diplôme de sculpture de l'Université des Beaux-Arts de Tokyo. Il commença aussitôt à exposer au Salon de l'Association d'Art Moderne, dont il devint membre en 1962, et dont il reçut le Prix en 1967. Il figure dans des expositions collectives, dont : en 1963 au Musée National d'Art Moderne de

Tokyo, *Nouvelle Génération de Sculpteurs Japonais* ; en 1964 au Musée National d'Art Moderne de Kyoto, *Tendances de la Peinture et de la Sculpture Japonaises Contemporaines*. Il montre également des ensembles de ses œuvres dans des expositions personnelles à Tokyo.

MOGAS Locotenent Petrescu
Né en 1872 à Bucarest. XIXe-XXe siècles. Roumain.
Peintre de miniatures, portraits.
Musées : Bucarest (Mus. Simu) : *Portrait du prince Charles.*

MOGATÓN Luis de ou **Mongaston** ou **Mongatón**
XVIIe siècle. Espagnol.
Peintre.
Il a exécuté pour la cathédrale de Léon un *Jugement Dernier* et d'autres peintures pour l'église S. Marina de cette ville.

MÖGELIN Else
Née le 20 avril 1889 à Berlin. XXe siècle. Allemande.
Peintre, graveur.
Elle fut élève d'Alfred Mohrbutter à l'Académie des Arts Décoratifs de Charlottenburg. Elle fut active à Weimar.

MOGENA Giorgio
Né à Fassa (Trente). XVIIe siècle. Italien.
Sculpteur sur bois.
Il a décoré de ses statues le maître-autel de l'église de Pieve Tesino et il a sculpté l'autel appelé *Altar austriaco* dans l'église de Fiera di Primiero.

MOGER Rafaël
XVe siècle. Espagnol.
Peintre de compositions religieuses.
À partir de 1468, il collabora avec Pedro Nisard à l'exécution d'un autel pour la confrérie Saint-Georges de Palma de Majorque, dont le fond du retable et la prédelle représentent la conquête de Palma sur les Maures en 1229.
Musées : Palma (Mus. diocésain) : *Retable de saint Georges.*

MOGFORD John
Né le 15 octobre 1821 à Londres. Mort le 2 novembre 1885. XIXe siècle. Britannique.
Peintre de paysages, marines, aquarelliste.
Il était fils d'un peintre originaire du Devon et fut élève des écoles de Somerset House et de la Royal Academy. A 21 ans, il épousa la fille du peintre Danby. De 1845 jusqu'à sa mort, Mogford prit une part active aux expositions londoniennes, à la Royal Academy, à la British Institution, à Suffolk Street, au Royal Institut. Il fut associé en 1866 et membre de cette Société en 1867. Il fut également membre de l'Institute of Painters in Oil Colours. Mogford peignit avec talent particulièrement des vues des côtes d'Angleterre.
Musées : Londres (Victoria and Albert) : trois aquarelles – Melbourne : *Watergate Bay* – Sunderland : *Le Château de Culzean* – Sydney : *Traversant la Bar* – une aquarelle.
Ventes Publiques : Londres, 3 juil. 1925 : *Scènes de la côte*, dess. : **GBP 17** – Paris, 24 jan. 1945 : *La Cathédrale d'Albi*, aquar. : **FRF 2 700** – Paris, 5 mai 1949 : *Le Portail de la cathédrale de Chartres*, aquar. : **FRF 5 000** – Londres, 15 juil. 1976 : *Scarborough* 1866, aquar. et reh. de gche (24x51) : **GBP 480** – Londres, 2 févr 1979 : *Pêcheurs dans un paysage*, h/t (45,7x76,2) : **GBP 1 000** – Londres, 11 mars 1980 : *Hastings* 1879, aquar. et cr. (25x35,2) : **GBP 520** – Londres, 15 mai 1984 : *Marée basse à la tombée du jour* 1867, aquar. et gche (43x76) : **GBP 700** – Londres, 18 juin 1985 : *Wind off shore : Lion Rock and Kynance Cove, Cornwall* 1863, aquar. reh. de gche (30,8x51,4) : **GBP 2 000** – Londres, 28 oct. 1986 : *The Reculvets, Kent*, aquar. reh. de blanc (32,5x52) : **GBP 2 600** – Londres, 26 jan. 1987 : *Tantallon Castle and the Bass Rock, Scotland* 1874, aquar./traits de cr. (30,5x61,5) : **GBP 1 200** – New York, 12 oct. 1989 : *Sur le vif : jeune garçon avec un chien Newfoundland et un chat*, h/t (122x101) : **USD 9 900** – Londres, 21 mars 1990 : *Maison galloise à Porthmadog près de Carnarvon* 1859, h/t (46x76) : **GBP 3 080** – Londres, 25-26 avr. 1990 : *Mer dangereuse* 1870, aquar. (20x37) : **GBP 990** – Londres, 13 juin 1990 : *Un lac tranquille* 1855, h/t (41x66) : **GBP 770** – New York, 16 oct. 1991 : *Paysage avec un lac de montagne* 1876, aquar. avec reh. de blanc/cart. (26x52,7) : **USD 1 100** – Londres, 3 nov. 1993 : *Le Château de Dunstanburgh dans le Northumberland*, aquar. et gche (42,5x77,5) : **GBP 2 875** – St. Asaph (Angleterre), 2 juin 1994 : *La Côte de l'Essex*, aquar. (30x45,5) : **GBP 2 760** – Londres, 5-6 juin 1996 : *Ventmor, île de Wight* 1853, h/t (55,8x92,1) : **GBP 1 840** ; *Tempête à Seaton Cliffs, Devon* 1868-1870, aquar. (44,5x76) : **GBP 2 990**.

MOGFORD Thomas
Né le 1er mai 1809 à Exeter. Mort en 1868 à Guernesey. XIXe siècle. Britannique.
Peintre d'histoire, scènes de genre, portraits, animaux.
Élève de John Gendall. Il passa la première partie de sa vie à Exeter. Il exposa quelquefois à la Royal Academy entre 1838 et 1854.
Musées : Dublin : *Portrait du sculpteur Foley* – *Portrait de E. H. Baily* – Nottingham : une aquarelle.
Ventes Publiques : Londres, 30 sep. 1986 : *Cheval dans un parc* 1836, h/t (62,2x76,2) : **GBP 2 800** – Londres, 8 avr. 1992 : *Portrait de Malcolm Lewin, Esq.*, h/t (90x70) : **GBP 3 520** – Paris, 6 avr. 1994 : *Cheval*, h/t (63,5x76,5) : **FRF 25 000**.

MOGGI Ferdinando
XVIIIe siècle. Actif vers 1750. Italien.
Peintre d'architectures et graveur à l'eau-forte.

MOGGIANI Giuliano. Voir **MOZANI**

MOGGIOLI Umberto
Né le 24 juin 1886 à Trente. Mort le 26 janvier 1919 à Rome. XXe siècle. Italien.
Peintre de figures, nus, paysages animés, paysages, natures mortes, fleurs. Postimpressionniste.
Il fut élève de l'Académie des Beaux-Arts de Venise. Il participait à des expositions collectives et montrait des ensembles de peintures dans des expositions personnelles. À titre posthume, en 1948, la Biennale de Venise lui consacra une exposition pérospective.
Vincenzo Costantini le comptait parmi les représentants de la *Pittura lirica*. Il a peint le plus souvent des paysages ensoleillés animés de figures. Il recherchait les effets de la vive lumière tamisée par le feuillage. Il a subi l'influence des peintres français, de Pierre Bonnard en particulier.
Musées : Rome (Mus. Nat.) : *La petite maison dans le parc* – *Le Lys rouge* – Rome (Gal. d'Art Mod.) : *La Femme au soleil* – Trente – Venise (Gal. d'Art Mod.) : *Idylle printanière* – Vicence (Gal. d'Art Mod.).
Ventes Publiques : Milan, 10 déc. 1980 : *Enfant sur un pont*, h/t (200x100) : **ITL 8 500 000** – Milan, 10 juin 1981 : *Venise*, aquar. et reh. de blanc (43,5x63) : **ITL 1 600 000** – Milan, 18 déc. 1984 : *Burano di primavera* 1914, h/t (77x172) : **ITL 20 000 000** – Milan, 18 mars 1986 : *Le Grand Canal à Venise*, aquar. (42x63) : **ITL 3 300 000** – Milan, 27 mars 1990 : *À la villa Strohlfern* 1918, h/t (70x85) : **ITL 40 000 000** – Milan, 14 avr. 1992 : *Nu féminin* 1917, h/t (100x75,5) : **ITL 36 000 000**.

MOGILEVSKIJ Alexander ou **Mogilewsky**
Né en 1888 à Mariupol. XXe siècle. Russe.
Peintre de compositions animées, figures, graveur.
Il acquit sa formation à Munich, puis voyagea en Italie et à Paris. En 1920, il se fixa à Moscou.
Son œuvre est influencée par Hans von Marées et par Henri Matisse.
Musées : Saint-Pétersbourg (Mus. Russe) – Stettin.
Ventes Publiques : Munich, 28 nov. 1980 : *Nature morte aux fleurs et aux fruits* vers 1910, h/cart. (39,5x50) : **DEM 12 000**.

MOGK. Voir aussi **MOCK**

MOGK Johannes ou **Heinrich Johannes** ou **Heino Johannes**
Né le 19 avril 1868 à Dresde. Mort en novembre 1921 à Dresde. XIXe-XXe siècles. Allemand.
Peintre de compositions religieuses, genre, portraits, paysages, lithographe.
Il fut élève de l'Académie des Beaux-Arts de Dresde. Il poursuivit sa formation à Munich et à Paris. Il a exécuté la peinture d'autel de l'église de Raschau en Saxe.
Musées : Dresde (Mus. Municip.) : portraits.

MOGLIA Antonio
Né le 25 août 1765. XVIIIe siècle. Italien.
Sculpteur.
L'Ambrosiana de Milan conserve de sa main un *Tigre*.

MOGLIA Domenico
Né le 26 septembre 1780 à Crémone. Mort après 1862. XIXe siècle. Italien.
Sculpteur d'ornements et sculpteur sur bois.
Élève de F. Rodi. Il exécuta les ornements de l'*Arc de la Paix* à Milan.

MOGLIA Lorenzo
Né le 5 mai 1763 à Rome. XVIIIe siècle. Italien.

Sculpteur.
Il eut en 1783 un prix de l'Académie Saint-Luc.

MOGLIA Ugo William
Né en 1906 à Zurich. xxe siècle. Suisse.
Peintre de paysages, paysages de montagne.
Il fut élève de l'École d'Art de Lugano. À l'âge de dix-neuf ans, il a entrepris un long périple en Afrique et en Amérique latine. De 1927 à 1929, il a séjourné en Argentine, puis est revenu se fixer à Lugano. Il a récolté bon nombre de distinctions régionales.
On cite surtout ses paysages de la pampa argentine et de l'embouchure du Rio de la Plata.

MOGNIAT-DUCLOS Bertrand
Né en 1903 à Sedan (Ardennes). Mort en 1987. xxe siècle. Français.
Peintre de genre, figures, nus, paysages animés, natures mortes, dessinateur.
Il se fixa tôt à Paris. Il fit de fréquents séjours en Italie, notamment à Venise. Il a peint aussi des paysages parisiens et dans plusieurs régions de France. Il a participé à de nombreux Salons et expositions collectives en France et à l'étranger, entre 1926 et les années cinquante. Il a également exposé à titre personnel dans des galeries parisiennes, en 1930, 1940, 1948, et jusqu'en 1955, surtout à la galerie Katia Granoff.
Il a beaucoup travaillé en compagnie d'Amédée de La Patellière, et en a gardé le sens d'une construction ferme des volumes et de l'équilibre de la composition. René Huyghe le situe dans l'esprit et la sensibilité de la génération qui comprend entre autres La Patellière, Charles Dufresne, Gromaire. On a pu dire encore qu'il anime ses paysages de personnages pensifs. De l'ensemble de ses peintures se dégage un sentiment de calme.
Bibliogr. : Catalogue de la vente *Mogniat-Duclos*, Paris, 15 nov. 1991.
Ventes Publiques : Versailles, 6 nov. 1988 : *Paysage du Loiret*, h/t (46x65) : **FRF 6 500** – Paris, 28 nov. 1988 : *Sieste champêtre*, h/cart. (53x73) : **FRF 4 200** – Versailles, 11 jan. 1989 : *Paysage du Velay*, h/t (61x46) : **FRF 6 200** – Paris, 3 mars 1989 : *Le jardin du Luxembourg*, h/cart. (64x79) : **FRF 6 200** ; *Femme à la lyre*, h/t (60x72,5) : **FRF 7 000** ; *La cueillette des fruits* 1943, h/t (38x55) : **FRF 4 500** – Soissons, 17 juin 1990 : *Les trois Vénitiennes*, h/t (162x130) : **FRF 47 700** ; *Enfants de Venise*, h/t (73x91) : **FRF 30 000**.

MOGRAS de. Voir **DAUBERTAN Charles**

MOGROBEJO Y ABASOLO Nemesio de
Né le 25 mars 1875 à Bilbao. Mort le 6 avril 1910 à Graz. xixe-xxe siècles. Espagnol.
Sculpteur de figures.
Il fut élève à Paris des Académies Julian et Colarossi. Son œuvre témoigne de l'influence de Rodin.

MOGUILEVSKY. Voir aussi **MOGILEVSKY**

MOGUILEVSKY Youri
Né en 1925 à Moscou. xxe siècle. Russe.
Peintre, lithographe.
En 1967, il figurait à l'exposition *L'Art Russe des Scythes à nos jours*, dans les Galeries Nationales du Grand Palais à Paris.
Il y exposait une lithographie de 1969, représentant un *Portrait de V. Maiakovski*, d'une facture moderne, en lumières et ombres violemment découpées.

MOHALYI Yolanda
Née en 1909. Morte en 1978. xxe siècle. Active depuis 1931 au Brésil. Hongroise.
Peintre. Abstrait-lyrique.
Elle fut élève de l'École des Beaux-Arts de Budapest. Depuis 1931 fixée à São Paulo, elle y obtient : en 1937 une médaille d'or, en 1960 le premier Prix Leirner. Elle expose à São Paulo, dans des villes d'Argentine, et à Buenos Aires.
Elle n'évolua d'une période figurative à l'abstraction que vers 1955.
Bibliogr. : Damian Bayon, Roberto Pontual, in : *La peint. de l'Amérique latine au xxe siècle*, Mengès, Paris, 1990.
Ventes Publiques : São Paulo, 29 nov. 1983 : *Autoportrait*, h/t (41x33) : **BRL 4 700 000** – New York, 21 nov. 1988 : *Abstraction* 1970, h/t (109,2x75,6) : **USD 3 410**.

MOHAMED IBN ZEYAN ou **Mahamud Ibn Zeiyan**
xie siècle. Espagnol.
Sculpteur sur ivoire.
Le Musée de Burgos conserve de lui une cassette datée de 1026.

MOHAMEDI Nasreen
Née en 1937 à Karachi. xxe siècle. Indienne.
Peintre, peintre de collages, dessinatrice. Abstrait.
Elle fut élève de la Saint Martin's School of Art de Londres. En 1958, elle revient en Inde. De 1961 à 1963, elle vit et travaille à Paris, grâce à une bourse du gouvernement français. Puis elle s'installe à Bombay, séjournant de temps en temps à Barhain et au Koweit où réside sa famille. Elle enseigne à la faculté des Beaux-Arts de l'université de Baroda. Elle vit et travaille à Dehli.
Elle participe à des expositions collectives notamment : 1975, 1978 Triennales en Inde. Elle montre ses œuvres dans des expositions personnelles régulièrement en Inde.
Elle décline dans ses œuvres abstraites, peintures ou dessins, une figure géométrique, un signe, obtenant un rythme, une écriture dynamique, invitant à la méditation.
Bibliogr. : Catalogue de l'exposition : *Artistes indiens en France*, Centre National des Arts Plastiques, Paris, 1985.

MOHAMMED. Voir **SULTAN MOHAMMED** et **CHEIKH MOHAMMED**

MOHAMMED Ali
xviie siècle. Actif au début du xviie siècle. Éc. persane.
Peintre de miniatures.
Ce peintre de l'école d'Ispahan favorisée par le Shah Abbas Ier, peignit des personnages aux poses maniérées et coiffés selon une mode venue de Bokhara. Le Louvre conserve quatre de ses dessins, en grisaille à rehauts d'or. Sans doute identique à Mohammedi ibn Mirza Ali et à Cheikh Mohammed.

MOHAMMED IBN ES-SERRADCH
xiie siècle. Espagnol.
Sculpteur sur ivoire.
Il travailla en Espagne. Le Musée archéologique de Madrid possède de lui un écrin orné d'inscrustations d'ivoire provenant de San Isidora de Léon.

MOHAMMEDI IBN MIRZA Ali, dit **Ustad Mohammedi Harewi**
Né à Hérat. xvie siècle. Actif au milieu du xvie siècle. Éc. persane.
Miniaturiste.
Élève de Behzâd et Sultan Mohammed. Il préféra des motifs de genre dessinés au pinceau sur des feuilles isolées.
Musées : Boston : *Portrait par lui-même* – Paris (BN) : *Excursion en montagne* – Paris (Mus. du Louvre) : *Vie champêtre* – Saint-Pétersbourg (BN) : *Danseur grotesque*.

MOHAND
Né le 24 janvier 1960 à Alger. xxe siècle. Français.
Peintre, technique mixte.
Il est diplômé des Écoles des Beaux-Ars d'Alger (1983) et de Paris (1987). De 1989 à 1991, il séjourne de nouveau en Algérie. Il participe à des expositions collectives, parmi lesquelles : 1982, *Dix ans de peinture algérienne*, Musée national des Beaux-Arts, Alger ; 1985, *Arts-Créations : Jeune génération*, Centre culturel algérien, Paris ; 1986, Cité international des arts, Paris ; 1987, *Hommage à Picasso*, Musée national des Beaux-Arts, Alger ; 1988, *Paris-Stockholm*, exposition itinérante : Paris, Syrie, Égypte, Irak, Turquie, Algérie, Tunisie. Il montre ses œuvres dans des expositions personnelles, dont : 1983, Centre culturel de la Wilaya, Alger ; 1985, galerie Georges Bernanos, Paris ; 1987, Cité internationale des Arts, Paris ; 1988, galerie E. Dinet, Paris ; 1992, Centre culturel algérien, Paris.
Sa peinture est d'esprit figuratif. Elle associe des images et des factures diverses, dans une construction plane proche de l'abstraction.

MOHASSESS
Né en 1930. xxe siècle. Actif en Italie. Iranien.
Peintre.
Il a étudié à Rome. Il a participé à la Biennale de Venise en 1956 et 1958 ; à celles de São Paulo et Paris en 1962. En groupes ou personnellement il expose à Rome, Florence, Milan, Paris, Téhéran, Beyrouth.

MOHEDANO Antonio
Né vers 1560 à Lucena. Mort en 1625 à Lucena. xvie-xviie siècles. Espagnol.
Peintre.
Élève de Pablo de Cespèdes. Il se consacra surtout à la peinture à fresque et acquit dans ce genre une réputation considérable. Mohedano paraît avoir traité un peu tous les genres et parti-

culièrement les fruits et les ornements. Pachero le considère comme l'artiste ayant introduit en Espagne les innovations de Giovanni da Udine et de Raphaël dans les Loges du Vatican. Mohedano peignit de belles fresques à l'Alhambra de Grenade, au Couvent de San Francisco de Séville, ces dernières en collaboration avec Alonso Vasquez. Il exécuta aussi de remarquables peintures pour le même établissement religieux. Notre peintre finit sa carrière à Lucena et y peignit le tableau du maître-autel de la cathédrale. Ce fut aussi un poète distingué.

A Mohedano

MOHER Dietrich
Né en 1924 à Düsseldorf. XXe siècle. Allemand.
Sculpteur.
Il fut élève de l'école des Beaux-Arts de Karlsruhe. Il vint en 1951 à Paris, où il travailla à l'académie de la Grande Chaumière.
Il participe à des exposiitons collectives de sculpture en Allemagne et en France. Il montre des expositions personnelles à Paris et Nice.
Depuis 1959, il découpe des feuilles de laiton, qu'il assemble ensuite en sortes d'alvéoles, dont le réseau reconstitue soit une réalité librment interprétée, soit une création abstraite. Ses œuvres peuvent être considérées comme procédant d'un artisanat.
Bibliogr. : Denys Chevalier, in : *Nouv. Dict. de la sculpture mod.*, Hazan, Paris, 1970.

MOHL Hansen Kristian
Né le 20 février 1876 à Ibsker. XIXe-XXe siècles. Danois.
Peintre de paysages.
Il fut élève de l'Académie des Beaux-Arts de Copenhague.
Musées : Aalborg – Copenhague.

MOHLITZ Philippe
Né le 7 mars 1941 à Bordeaux (Gironde). XXe siècle. Français.
Graveur de compositions animées. Art fantastique.
À partir de 1965, il fut élève de l'atelier de Jean Delpech, avec Yves Doaré, François Houtin. En 1971, il obtint le Prix Florence Gould, et devint pensionnaire de la Casa Velasquez à Madrid. Il commence à participer à des expositions collectives, à Paris galerie Fontaine, en 1972. Comme souvent les graveurs de multiples, il fait de très nombreuses expositions personnelles, depuis 1971 à Avignon, puis à Paris, Bordeaux, dans d'autres villes françaises, en Allemagne, Belgique, aux États-Unis, en Suède, Norvège, au Japon, etc., en 1987 à Beyrouth où il fit un séjour, et depuis 1990 à la galerie Michèle Broutta de Paris.
Comme Doaré, Houtin, Desmazières, son œuvre se situe dans le courant de l'art fantastique. Sa technique cisèle le détail jusqu'à l'infinitésimal. Il crée un monde inquiétant qui associe l'obsessionnel onirique à l'événement actuel, souvent tempérés de quelque humour. Dans *Le Déjeuner interrompu*, il reprend les personnages et le décor du *Déjeuner sur l'herbe* de Manet, mais perturbés par l'arrivée d'un avion. Un souvenir de Redon est peut-être présent dans *Exil*, où un œil géant scrute la carcasse vermoulue d'un navire. Dans *L'Ange*, deux jeunes nonnes croient voir un messager de Dieu dans la personne d'un parachutiste emmêlé dans ses sangles et accroché à un arbre.
Bibliogr. : Reinhold Keersten : *Mohlitz. Oeuvre-catalogue of the Copper-engravings 1965-1976*, New York, 1977.
Musées : Paris (FRAC, Fonds région. d'Île-de-France) : *Sieste en Égypte* 1984, grav. – *Duel Porte X* 1985, grav. – *L'Apprenti foudroyé* 1987, grav. – *Le Douanier assoupi* 1987, grav.
Ventes Publiques : Paris, 5 fév. 1982 : *Le pendu* 1968, burin : **FRF 8 300**.

MOHN Ernst Fürchtegott
Né le 10 janvier 1835 à Pieschen (près de Dresde). Mort le 13 mai 1912 à Leipzig. XIXe-XXe siècles. Allemand.
Graveur et peintre.
Élève de Hübner à l'Académie de Dresde et du graveur L. Gruner. Il fut nommé professeur de l'Académie de Dresde en 1884.

MOHN Gottlob Samuel
Né le 4 décembre 1789 à Weissenfels. Mort le 2 novembre 1825 à Laxenburg. XIXe siècle. Autrichien.
Peintre sur verre et sur porcelaine.
Il étudia d'abord chez son père Samuel M. Il fit ses études à Leipzig et à Dresde et travailla ensuite à Vienne pour la cour impériale. Il a décoré de ses peintures les fenêtres de plusieurs châteaux, églises et monuments commémoratifs d'Autriche.

MOHN Ludwig
Né le 3 août 1797 à Halle. Mort le 19 janvier 1857 à Vienne. XIXe siècle. Autrichien.
Peintre de paysages et graveur à l'eau-forte.

MOHN Paul ou **Viktor Paul**
Né le 17 novembre 1842 à Meissen (Saxe-Anhalt). Mort le 17 février 1911 à Berlin. XIXe-XXe siècles. Allemand.
Peintre de genre et paysagiste.
Élève de Ludwig Richter et de l'Académie de Dresde. Il acheva ses études artistiques en Italie. Il exécuta les peintures murales du théâtre de la cour à Dresde. Nommé directeur de l'Académie royale des Beaux-Arts à Berlin. Le Musée de cette ville conserve de lui : *Matinée de printemps, le dimanche, près de Dresde*. Le Musée Municipal de Bautzen possède de cet artiste de nombreuses illustrations de contes de fées et de récits d'aventures.

P. Mohn. 1875

Ventes Publiques : Munich, 28 nov 1979 : *Paysage boisé*, aquar./trait de pl. (23x33,5) : **DEM 5 600**.

MOHN Samuel et non **Sigismund**
Né le 16 avril 1761 à Niederklobikau (Saxe). Mort le 26 juillet 1815 à Dresde. XVIIIe-XIXe siècles. Allemand.
Peintre sur verre et sur porcelaine.
Père de Gottlob Samuel M. Il mena d'abord une vie vagabonde, puis se fixa à Dresde. Il débuta par la peinture sur porcelaine et se spécialisa par la suite dans la peinture sur verre où il excella dans les portraits et les vues panoramiques de villes.

MOHOLY-NAGY Laszlo ou **Ladislas**
Né le 20 juillet 1895 à Bacsbarsod ou Bacs-Borsod. Mort en 1946 à Chicago (Illinois). XXe siècle. Actif depuis 1937 aux États-Unis. Hongrois.
Peintre de techniques mixtes, peintre de collages, sculpteur de techniques mixtes, dessinateur, peintre de décors de théâtre, graphiste. Abstrait-constructiviste.
Il avait commencé des études de droit qui furent interrompues par la Première Guerre mondiale, où, mobilisé en 1914 dans l'armée austro-hongroise, il fut grièvement blessé en 1917 sur le front russe. Il commença à dessiner et peindre pendant sa convalescence à l'hôpital d'Odessa, puis à Szeged. En 1918, il termina son doctorat en droit à Budapest, et décida de se consacrer entièrement à l'art. Il devint cofondateur, en 1919, du groupe d'avant-garde *MA* (Aujourd'hui), formé autour du poète hongrois Lajos Kassak à Budapest, et en dirigea la revue du même nom, s'intéressant aux mouvements artistiques les plus avancés et aux débuts de l'abstraction. S'il quitta la Hongrie en 1919, il ne rompit pas les amarres, et y revint à plusieurs reprises. En 1919-1920, il séjourna à Vienne, entrant en contact avec le groupe Dada. En 1921, à Düsseldorf, il rencontra El Lissitzky, qui fut sans doute l'artiste qui eut sur lui le plus d'influence, l'informant sur les constructivistes russes, le suprématisme de Malevitch, et sur sa propre doctrine *proun*, dont Moholy-Nagy fut de ce fait l'introducteur en Allemagne. De 1921 à 1923, il se fixa à Berlin, où il se lia avec Van Doesburg, Kurt Schwitters. En 1921 aussi, il rencontra Lucia Schulz qu'il épousa, et qui lui fit découvrir les capacités d'expression par la photographie, dont il deviendra un des plus importants créateurs. En 1922, la galerie Der Sturm lui consacra une exposition personnelle à Berlin ; il participa au congrès des Dadaïstes et Constructivistes organisé par Van Doesburg, Schwitters et Arp à Weimar ; avec Lajos Kassak, il publia en 1922 à Vienne le *Buch neuer Künstler* (Livre des nouveaux artistes). À partir de 1923, à l'instigation de Walter Gropius, il se chargea de l'atelier du métal et du Cours préliminaire du Bauhaus, où il succédait à Johannes Itten, dont Gropius réprouvait l'illuminisme hindouiste, le côté « mage », à Weimar, puis en 1925 à Dessau. Au Bauhaus, l'activité de Moholy-Nagy fut prépondérante et diverse ; outre la direction des deux ateliers, à partir de 1925, il fut éditeur, avec Gropius, des publications du Bauhaus, les *Bauhausbücher*, dont il fut lui-même l'auteur de plusieurs ouvrages concernant ses recherches de matériaux nouveaux aussi bien dans les arts appliqués que dans l'expression libre, et dont il assurait la mise en pages. À ce titre, il fut conduit à imaginer un nouveau style typographique et de mise en pages, qui se répandit à travers le monde. Sous les pressions politiques du parti nazi, il quitta le Bauhaus en 1928 ; entreprit de nombreux voyages, en Hongrie, Suisse, Finlande, Norvège, France, Grèce, Italie. À Berlin, il eut

une activité importante dans la publicité, la typographie, et travailla aux décors de l'Opéra Kroll et du théâtre Piscator, notamment pour *Les Contes d'Hoffmann* et *Le Marchand de Venise*. En 1929, il fit un séjour à Marseille, dont il laissa des témoignages écrits, photographiques et filmiques. Entre 1932 et 1936, à l'occasion de plusieurs séjours à Paris, il participa aux activités du groupe *Abstraction-Création*. En 1934, il émigra à Amsterdam. En 1935-1936, il passa deux années à Londres, où il publia plusieurs volumes de photographies documentaires. En 1937, appelé par l'Association of Arts and Industries, il accepta de créer le New Bauhaus de Chicago, où, entre autres, enseigna Archipenko. En 1938, à la fermeture du New Bauhaus, il fonda sa propre School of Design, devenue Institute of Design en 1944, intégré cinq ans plus tard à l'Institut de Technologie de l'Illinois. Au programme de l'ancien Bauhaus, dont il conservait l'esprit, Moholy-Nagy avait ajouté des cours de physiologie, d'anthropologie, de sciences naturelles et d'épistémologie ou plutôt d'« intellectual integration », destinés à élargir l'horizon des élèves et à leur éviter les pièges des formations spécialisées. Par son école, il eut une influence considérable, surtout dans le domaine de la création industrielle, aux États-Unis d'abord, mais dont les méthodes et le contenu de l'enseignement servirent aussi de référence au groupe MADI de Buenos Aires et au Groupe de Recherche d'Art Visuel (GRAV) de Paris. En 1946, peu avant sa mort, il publia encore à New York *The New Vision*. Atteint de leucémie, il mourut à Chicago en 1946. L'année suivante, fut publié à Chicago *Vision in Motion*, qui constitue la somme de ses expériences et de ses conceptions artistiques.

Il a participé à de nombreuses expositions collectives : à Budapest à partir de 1918 ; notamment à l'Exposition des Arts Décoratifs de Paris en 1930. En 1978, l'exposition *Abstraction Création 1931-1936*, aux musées de Munster et d'Art Moderne de la Ville de Paris, rappelait sa participation aux manifestations du groupe historique. En 1980, le Musée d'Art et d'Industrie de Saint-Étienne, et le Musée d'Art Moderne de la Ville de Paris l'incluaient dans l'exposition *L'Art en Hongrie 1905-1930 – Art et Révolution*. Après sa première exposition personnelle de Berlin en 1922, d'autres lui furent consacrées : en 1967 au Stedelijk Van Abbe Museum d'Eindhoven, et au Von der Heydt Museum de Wuppertal ; en 1968 à la Marlborough Gallery de Londres ; en 1969 au Museum of Contemporary Art de Chicago, et au Solomon R. Guggenheim de New York ; en 1974 exposition rétrospective au Kunstverein du Wurtemberg de Stuttgart ; en 1976-1977 Centre de Création Industrielle du Centre Beaubourg de Paris ; en 1991 exposition rétrospective de plus de deux cents de ses œuvres dans leurs diverses techniques aux Musée d'Art Moderne de Valencia, Fredericianum Museum de Kassel, Musée Cantini de Marseille ; 1995 un ensemble de cent quatre-vingt-dix photogrammes au Centre Georges Pompidou à Paris.

Lorsqu'il commença à dessiner et peindre, des portraits et des paysages expressionnistes, dans les couleurs vives qui caractériseront toute sa production future, il s'intéressa aussitôt au cubisme et aux débuts de l'abstraction. À Berlin, en 1921, Van Doesburg et El Lissitzky le firent évoluer dans la voie des constructivistes russes et des applications de procédés d'origine industrielle. Venant de Hongrie, pays à dominante agricole, il fut impressionné par le paysage urbain et industriel allemand. Son répertoire de formes abstraites se fonda durablement sur des éléments mécaniques, roues et roulements à billes, fils électriques et courroies de transmission, machines à vapeur, locomotives, grues, routes, ponts métalliques, etc., qu'on retrouve déjà dans ses assemblages composites et qu'on retrouvera dans ses collages dadaïstes. À ce moment, 1921, et à ce titre, sa peinture, *La Grande Roue*, encore peinte traditionnellement sur toile avec des pinceaux, mais n'utilisant que des couleurs pures et composée comme un collage, donc dans laquelle la technique n'étant pas entièrement novatrice, selon Adorno, ne constitue pas une mutation avant-gardiste du style, est toutefois caractéristique de son passage de la figuration naturelle à une iconographie du monde industriel qui présage son ralliement à l'abstraction constructiviste ; tandis que, d'autre part, certaines de ses réalisations témoignaient de ses intentions d'utiliser des matériaux nouveaux dans des formes nouvelles. Il est bien évident que les diverses réalisations de Moholy-Nagy sont alors contemporaines et comparables à celles de Francis Picabia ou Kurt Schwitters, et c'est par son exceptionnelle boulimie technologique que son œuvre propre trouvera son identité dans sa diversité. Pour son exposition à la galerie Der Sturm de Berlin en 1922, il exposa ensemble des tableaux d'assemblages d'objets en relief ou de papiers collés, et surtout des constructions en trois dimensions constituées de plaques de verre de transparences différentes, opposées à des éléments de fer, de nickel, d'aluminium ou de bois. Au même moment, ayant découvert les ressources de la photographie, il réalisa des Photomontages, des Photogrammes, et poursuivit ses exploitations de matériaux industriels.

Pendant ses années au Bauhaus, dans la diversité de sa production, il réalisa des peintures, aux formes géométriques pures, sur des supports de galalithe, d'aluminium et de matériaux divers. Son intérêt se fixait sur le rôle de la lumière dans les réalisations artistiques. Dans le projet de représenter des « systèmes de forces physiques », dès 1922, il produisait des reliefs en verre, zinc, bois, métal chromé, dont les transparences ou surfaces polies faisaient circuler les rayons et reflets lumineux. Dans ce sens, il créa, au Bauhaus, son *Licht-Raum Modulator* ou *Lichtrequisit* (Modulateur espace-lumière), d'aspect technologique complexe, aux structures transparentes en verre, et en plastique et métal, utilisant le mouvement électrique et la lumière artificielle par cent quarante ampoules électriques projetant des images colorées changeantes sur les parois environnantes, destiné à matérialiser l'énergie de la lumière dans sa relation à l'espace et au temps, et qu'il présenta à l'Exposition des Arts Décoratifs de 1930, à Paris. Si ces constructions de Moholy-Nagy doivent beaucoup aux premières réalisations lumino-cinétiques des constructivistes russes, il les poussa sensiblement plus loin, et il apparaît avec une évidence qui ne fut pas toujours volontiers reconnue que les réalisations ultérieures dans cette direction lui doivent à peu près tout. Dépassant le seul stade de l'investigation scientifique, pendant ses cinq années passées au Bauhaus, il conforta sa pensée que l'art doit avant tout être un agent de communication sociale, auquel doivent participer tous les moyens visuels. Le nouvel ordre formel de l'art, « forme idéologique », « architecture spirituelle », doit jouer un rôle moteur dans l'avènement d'une société équilibrée. Ses recherches de l'utilisation de matériaux nouveaux, de la forme plastique dégagée de toute sensibilité décorative, de la participation de l'art à la vie sociale, s'intégraient parfaitement dans la recherche d'un classicisme moderne, caractéristique de l'esprit du Bauhaus. L'évolution de la situation politique allemande entraîna le début de la persécution contre le Bauhaus, considéré comme un repaire de révolutionnaires, au lieu d'y voir qu'au contraire s'y élaborait une doctrine très autoritaire du fonctionnalisme, qui aurait pu très facilement être récupérée par un pouvoir fort. Alors que toutes les histoires de l'art moderne font une large place à Moholy-Nagy, Lajos Nemeth, dans son ouvrage consacré, en 1969, à l'art moderne hongrois, et publié alors par les très officielles éditions Corvina de Budapest, n'y fait qu'à peine allusion. Il peut sembler que c'est à partir du moment où les régimes révolutionnaires se figeaient dans les structures de leurs bureaucraties, qu'ils étaient amenés à se défier de tous les processus de contestation et de remise en cause, qu'ils soient politiques, philosophiques, esthétiques, et même, cela s'est vu, scientifiques.

À Londres, en 1935-1936, il commença la construction de ses premières peintures-sculptures ou peintures-objets, qu'il appela *Space modulators* (modulateurs d'espace), suite logique de sa recherche d'un art dynamique, dont il avait formulé les principes dès son manifeste de 1922. À partir de 1940, il créa des sculptures en plexiglas, complété d'autres matériaux, dont les formes élégamment courbes, immatérialement transparentes, et toujours traversées de projections lumineuses, s'écartaient de la rigueur constructiviste, mieux respectée dans les œuvres peintes qu'il continuait de produire.

Au long d'une vie cosmopolite, Moholy-Nagy a exploré et exploité, souvent simultanément, les techniques les plus diverses de l'expression plastique et visuelle : peinture, collage, volume, décor de théâtre, graphisme, typographie, photographie, film, physique de la lumière et des couleurs. Activiste des avant-gardes, pour lui l'expérimentation des techniques conditionnait et garantissait l'appartenance de sa démarche à la modernité, tout en restant esthétiquement attaché, à travers tout son œuvre, aux principes fondateurs du néoconstructivisme. Les œuvres elles-mêmes, souvent réalisées avec des moyens improvisés, peuvent paraître plus démonstratives que plastiques ; à l'inverse, le foisonnement de ses idées fut loin d'avoir été épuisé, et leurs prolongements restèrent longtemps fertiles. Historiquement, il fut l'un des tout premiers à utiliser lumière et mouvement dans la création artistique, l'un des précurseurs du lumino-cinétisme. C'est la lumière, « convoyeur d'énergie », qui relie et unifie les multiples aspects de son œuvre. Aussi bien dans son activité d'enseignant que par son œuvre propre, il a observé ce principe inhérent au constructivisme des origines, que l'art est avant tout un moyen de communication sociale. S'étendant à l'industrie, à l'architecture et à l'objet quotidien, pour Moholy-Nagy, « le constructivisme c'est le socialisme du regard ».

■ Jacques Busse

Moholy Nagy

Bibliogr. : L. Moholy-Nagy : *Malerei, Fotografie, Film*, Bauhausbücher, Munich, 1925 – L. Moholy-Nagy : *Vom Material zur Architektur*, Bauhausbücher, Munich, 1929 – S. Giedion : *L. Moholy-Nagy*, Zurich, 1937 – L. Moholy-Nagy : *The New Vision*, New York, 1946 – L. Moholy-Nagy : *Vision in Motion*, Chicago, 1947 – Sibyl Moholy-Nagy : *Moholy-Nagy's Biography*, Harper, New York, 1950 – Ludvik Soucek : *Moholy-Nagy*, Bratislava, 1965 – Catalogue de l'exposition *Moholy-Nagy*, Stedelijk Van Abbe Mus., Eindhoven, et Von der Heydt Mus., Wuppertal, 1967 – Richard Kostelanetz : *Moholy-Nagy*, A. Lane, Londres, 1974 – Andreas Hans : *Moholy-Nagy : photographies, photogrammes*, Le Chêne, Paris, 1979 – Irène Charlotte Lusk : *Laszlo Moholy-Nagy : Fotomontagen und Collagen 1922-1943*, Annabas, Giessen, 1980 – Krisztina Passuth : *Moholy-Nagy*, Flammarion, Paris, 1984 – divers, et écrits de L. Moholy-Nagy : Catalogue de l'exposition rétrospective *Laszlo Moholy-Nagy*, Mus. Cantini, Marseille, Flammarion, Paris, 1991 – in : *L'Art du xxe siècle*, Larousse, Paris, 1991 – in : *Diction. de la Sculpture – La Sculpture occidentale du Moyen-Âge à nos jours*, Larousse, Paris, 1992.

Musées : Budapest (Gal. Nat. Hongroise) : *Paysage, Taban* 1919, cr./pap. – *La Vieille* 1919, cr./pap. – *Portrait de Ferenc Weszelovszky* 1919, encre/pap. – plusieurs autres œuvres – Cambridge, Massachusetts (Busch-Reisinger Mus.) : *Composition 19* 1919 – *Licht-Raum Modulator* 1922-1930 – *A 18* 1927 – Detroit (Inst. of Art) – Düsseldorf (Kunstmus.) : *A7* 1922 – Eindhoven (Stedelijk Van Abbe Mus.) : *La Grande roue* 1920-1921 – Essen (Mus. Folkwang) – Hanovre – Londres (Victoria and Albert Mus.) : *Jalousie* 1925-1927, photoplastique – Lugano (coll. Thyssen-Bornemisza) : *La Grande Voie Ferrée* 1920-1921 – Montréal (Mus. d'Art Contemp.) : *Sans titre* 1920-1939, 12 photos noir-blanc – *Sans titre* 1922, grav./bois – *Sans titre* 1922-1926, 10 photogrammes – *Sans titre* 1925-1927, 10 photomontages – Munich (Bayerische Staatsgemäldesammlung) : *Double ruban* 1946, plexiglas – Munich (Kunst Kabinett Klihm) : *Paysage avec maisons* 1919 – New York (Mus. of Mod. Art) : *Construction en nickel* 1921 – *Space Modulator L3* 1936 – New York (Solomon R. Guggenheim Mus.) : *AXL* 1927 – *Composition abstraite* 1941 – *Composition abstraite* 1942 – Paris (Mus. Nat. d'Art Mod.) : *Composition A.XX* 1924.

Ventes Publiques : Stuttgart, 3-4 mai 1962 : *Q I 1923* : **DEM 24 000** – New York, 6 avr. 1967 : *Sil-3* 1933, h. et gche : **USD 2 400** – Berne, 12 juin 1969 : *Composition abstraite*, dess. à la pl. et aquar. : **CHF 15 000** – New York, 11 nov. 1970 : *Ch. Beata II* : **USD 21 000** – Hambourg, 10 juin 1972 : *Construction*, aquar. : **DEM 44 000** – Milan, 16 oct. 1973 : *The Ovals* : **ITL 22 000 000** – Londres, 13 nov. 1974 : *Composition* 1918-19 : **GBP 24 000** – New York, 26 mai 1976 : *TP 1* 1942, h./lignes ciselées et placage bleu (62x155) : **USD 14 000** – New York, 27 mai 1976 : *Globe bleu* 1924, cr. et aquar. (23,5x31,8) : **USD 2 500** – Hambourg, 4 juin 1976 : *Construction* 1923, litho. : **DEM 4 000** – Londres, 27 avr. 1977 : *Forme géométrique*, litho. (47,8x25,3) : **GBP 1 300** – Londres, 29 mars 1977 : *Light painting*, lignes gravées et h./deux feuilles de cellul. montées/bois (51x51) : **GBP 26 000** – Hambourg, 9 juin 1979 : *Construction* 1923, litho. en coul. : **DEM 9 000** – Hambourg, 9 juin 1979 : *Figure assise* vers 1916, craie (40,9x21) : **DEM 7 000** – Munich, 27 nov 1979 : *Composition abstraite*, aquar./trait de cr. (30,5x23) : **DEM 10 000** – New York, 9 nov 1979 : *Modulateur spatial* 1943/1945, h./plexiglass incisé/pan. (91,4x61) : **USD 14 000** – Londres, 30 juin 1981 : *AM7 26* 1926, h/t (75,5x95,5) : **GBP 46 000** – Berne, 26 juin 1981 : *Six Constructions* 1923, litho., suite de six (60,5x44) : **CHF 48 000** – Hambourg, 10 juin 1983 : *Composition* vers 1922, grav./bois : **DEM 7 000** – Londres, 6 déc. 1983 : *A 20* 1927, h/t (80x95,5) : **GBP 40 000** – Londres, 26 juin 1984 : *Composition* 1941, cr. de coul. et pl. (19,5x27,5) : **GBP 1 150** – Berne, 20 juin 1985 : *Composition avec segments de cercles et lignes*, collage et aquar./esq. au cr. et encre de Chine (28,5x26) : **CHF 122 000** – Londres, 23 oct. 1985 : *Composition géométrique*, gche et cr. (44x33) : **GBP 4 800** – New York, 14 mai 1986 : *Wire curve* 1941, plexiglas/chrome et alu. (50,5x78,2x8,6) : **USD 30 000** – Londres, 3 déc. 1986 : *K 15* 1923, gche et collage (45,7x58,5) : **GBP 25 000** – Milan, 9 nov. 1987 : *CH X* 1939, h/t (67x97) : **ITL 190 000 000** – New York, 6 oct. 1988 : *Composition* 1940, craie grasse et cr./pap. (22x15) : **USD 4 400** – Londres, 5 avr. 1989 : *CH X* 1939, h/t (30x38) : **GBP 55 000** – Londres, 25 oct. 1989 : *Paysage*, aquar. et encre (24,5x32,5) : **GBP 6 600** – New York, 26 fév. 1990 : *Sans titre*, gche, aquar. et encre avec collages de pap. découpé/cart. (30x26) : **USD 30 800** – Paris, 25 juin 1990 : *Sans titre*, past. (28x21) : **FRF 65 000** – New York, 14 nov. 1990 : *Composition expressionniste* 1946, h./plexiglass incisé (22x21,6) : **USD 34 100** – New York, 15 nov. 1990 : *Cleuk 2* 1945, h/t (96,5x76,1) : **USD 82 500** – New York, 6 nov. 1991 : *Construction Al 6*, h./alu. (60x50,2) : **USD 88 000** – Munich, 26 mai 1992 : *Composition* 1940, craies de coul. (31,5x24) : **DEM 18 400** – Londres, 21 juin 1993 : *Sans titre* 1942, gche, cr. et h/pap. (45,7x36,5) : **GBP 7 475** – New York, 9 nov. 1994 : *Composition*, gche, aquar., cr., encre de Chine et collage/pap. noir (61,6x45,4) : **USD 41 400** – New York, 10 nov. 1994 : *Leu I* 1945, h/t (127x127,3) : **USD 206 000** – New York, 9 nov. 1995 : *Composition avec une croix rouge*, gche, aquar., cr. et collage/pap. (48,9x36,8) : **USD 35 650** – Londres, 9 oct. 1996 : *Construction* 1923, litho. coul. (38,5x30) : **GBP 20 700** – New York, 12 nov. 1996 : *Trois Ovales* 1946, gche, cr. et encre noire/pap. (36,2x45,1) : **USD 9 200**.

MOHOR Charlotte

xxe siècle. Hollandaise.

Peintre de miniatures.

On cite d'elle un *Portrait de dame* sur ivoire.

MOHR Alexandre Carl Adrian

Né le 4 juillet 1892 à Frankenburg (Hesse). Mort le 8 février 1974 à Athènes. xxe siècle. Actif en Grèce. Allemand.

Peintre de compositions mythologiques, portraits, paysages, aquarelliste, peintre à la gouache.

Après la Première Guerre mondiale, il fut élève de l'académie de Stuttgart. De 1926 à 1931, il se fixa à Paris, où il connut Max Jacob, Despiau. En 1932, il se fixa à Athènes, continuant à séjourner fréquemment en France et en Allemagne.

Il eut une exposition personnelle à Paris en 1927, 1937 ; à Athènes en 1932, 1934, 1938, 1958, 1962 ; à Cologne en 1933 ; Sarrebruck en 1950 ; à Coblence en 1961 ; à Düsseldorf en 1964.

Malgré ses relations parisiennes, il resta à l'écart des courants modernes, se référant à Courbet. Homme du nord, il s'est révélé dans la lumière méditerranéenne. Il a surtout peint des compositions mythologiques gréco-romaines, souvent à l'aquarelle ou à la gouache, notamment sur le thème des *Métamorphoses* d'Ovide. Il fut également un portraitiste à succès et encore paysagiste des côtes de la Grèce.

MOHR Christian

Né le 15 avril 1823 à Andernach. Mort le 13 septembre 1888 à Cologne. xixe siècle. Allemand.

Sculpteur et écrivain d'art.

Il a sculpté les quatre évangélistes et cinquante-neuf anges sur le portail sud de la cathédrale de Cologne et plusieurs statues d'empereurs sur l'hôtel de ville de la même ville. L'église Saint-Jean-Baptiste d'Aix-la-Chapelle possède de lui sept statues de saints.

MOHR Claus

Né le 9 février 1869 à Lutzhorn (Schleswig-Holstein). xixe-xxe siècles. Allemand.

Sculpteur.

Il fut élève de J. Grünenwald de Herterich et A. V. Donndorf.

Musées : Marbach (Mus. Schiller) : onze bas-reliefs d'après les œuvres de Schiller – Stuttgart : *Bain de soleil*, bronze.

MOHR Dietrich

Né à Düsseldorf (Rhénanie-Westphalie). xxe siècle. Actif depuis 1951 en France. Allemand.

Sculpteur, dessinateur, aquarelliste. Abstrait.

Il étudia à Krefeld, Bâle, à l'école des Beaux-Arts de Karlsruhe, puis dans l'atelier de Zadkine à l'académie de la Grande Chaumière à Paris, où il vit et travaille depuis 1951.

Il a exposé en 1991 à Saarlouis.

Il compose des œuvres sculpturales lyriques, aux titres poétiques : *Rencontre délicate, Le Vent d'Ouest, Fleur intérieure*. Il utilise des matériaux divers, les assemble dans des formes abstraites, qui jouent de la tension entre lignes horizontales et verticales.

Bibliogr. : Catalogue de l'exposition : *Dietrich Mohr*, Saarbruck, 1991.

MOHR Georg ou **Johann Georg**
Né le 6 mai 1864 à Francfort-sur-le-Main (Hesse). XIXe-XXe siècles. Allemand.
Peintre de paysages, graveur, lithographe, sculpteur.
Il fut élève de l'Institut Städel.
Ventes Publiques : Munich, 4 juin 1981 : *Paysage boisé* 1834, cr. et lav. (24,5x33) : **DEM 1 300**.

MOHR Hugo Lous
Né le 27 septembre 1889 à Madal. XXe siècle. Norvégien.
Peintre de figures, portraits, paysages.
Il passa plusieurs années à Paris et y subit l'influence de Derain. Il a consacré une grande part de son activité à l'art religieux mural. On cite son triptyque pour la communauté de l'église Saint-Jean à Bergen.
Musées : Bergen – Drontheim – Oslo – Stockholm.

MOHR Johann Georg
Né vers 1656. Mort le 7 juin 1726 à Hallein. XVIIe-XVIIIe siècles. Autrichien.
Sculpteur.
Il a décoré de nombreuses églises dans la province de Salzbourg de statues et de crucifix.

MOHR Johann Georg Paul
Né en 1808 à Bordesholm (Holstein). Mort le 7 septembre 1843 à Munich. XIXe siècle. Danois.
Peintre de paysages, marines.
Élève de l'Académie de Copenhague. Il travailla surtout à Munich. Le Musée Royal de Copenhague et la Kunsthalle de Hambourg *(Vallée du Tyrol italien)* possèdent des peintures de cet artiste.
Ventes Publiques : Cologne, 25 juin 1987 : *Scène de bord de mer* 1841, h/t (82x119) : **DEM 19 000**.

MOHR Johann Rudolf
XVIIIe siècle. Allemand.
Peintre.
Il a peint au plafond de l'église de Nusplingen *Décapitation de sainte Catherine entourée d'anges*.

MOHR Johann Ulrich
XVIIIe siècle. Autrichien.
Sculpteur.
Il travailla à la Manufacture de porcelaine de Vienne et sculpta des figures de genre.

MOHR Johannes Matthäus
Né le 30 mai 1831 à Francfort-sur-le-Main. Mort le 5 mars 1903 à Rudolstadt. XIXe siècle. Allemand.
Sculpteur.
Élève de l'Institut Städel. Il travailla vers 1850 à la Manufacture de porcelaine de Nymphenbourg.

MOHR Karl
XXe siècle. Allemand.
Peintre de paysages.
Ventes Publiques : Cologne, 15 oct. 1988 : *Paysage fluvial avec des barques et des pêcheurs*, h/t (50x72) : **DEM 1 200** – Cologne, 18 mars 1989 : *La moisson*, h/t (61x77) : **DEM 1 100** – Amsterdam, 2 nov. 1992 : *La chasse au renard*, h/t (69x79) : **NLG 3 450**.

MOHR Manfred
Né le 8 juin 1938 à Pforzheim (Bade-Wurtemberg). XXe siècle. Depuis 1963 actif en France. Allemand.
Peintre, dessinateur. Abstrait-géométrique, « computer art ».
Il expose depuis 1968 en France. Mohr a souvent participé aux expositions collectives du « computer art », le courant d'art par ordinateur. En 1971, le musée d'Art moderne de la Ville de Paris lui consacre une exposition particulière. Il expose ensuite à Amsterdam en 1972, puis à Paris en 1974, 1975, en 1998, avec Véra Molnar, galerie Lahumière.
Mohr fait partie de ces artistes qui, pour créer, passent par l'intermédiaire d'un ordinateur programmant, mais agissant au moyen d'une « mécanique ». Plastiquement les dessins de Mohr sont très riches, jouant à la fois sur des effets d'éparpillement et des structures très affirmées.
Musées : Montréal (Mus. d'Art Contemp.) : *White noise* 1972, encre de Chine – *P-244-G* 1978-1979, acryl./t. – Paris (BN).

MOHR Max
Né le 3 octobre 1962 à Francfort-sur-le-Main. XXe siècle. Allemand.
Sculpteur.
Il vit et travaille à Cologne. Il participe à des expositions collectives depuis 1987 : 1991, 1993 Kunstverein de Francfort ; 1992 Goethe Institut de Rome ; 1993 Villa Arson de Nice, Kunsteverein de Ludwigsburg ; 1994 University Art Museum de Santa Barbara (Californie) ; 1994, 1995 Museum für Modern Kunst à Francfort ; 1995 Foire de Cologne ; 1995 galerie Gilles Peyroulet à Paris ; 1995, 1996 Art-Concept à Nice. Il montre ses œuvres dans des expositions personnelles : 1988 Düsseldorf ; depuis 1989 régulièrement aux galeries Luis Campana de Francfort et Cologne ; 1992 Museum für Modern Kunst à Francfort ; 1993 Leuven ; 1994 galerie Gilles Peyroulet à Paris ; 1995 New York ; 1996 Art-Concept à Nice.
Il réalise des objets évoquant des prothèses, des formes en tissu réalisées à partir de lingerie trouvée aux Puces, aux multiples recoins. Ses sculptures organiques, étranges car hybrides, évoquent la science fiction, le milieu médical et créent un malaise.
Bibliogr. : Frank Perrin : *Max Mohr*, Blocnotes, n° 13.

MOHR Willum. Voir **MOOR**

MOHR-PIEPENHAGEN Charlotte von
Née en 1828. Morte le 3 janvier 1902 à Prague. XIXe siècle. Allemande.
Paysagiste.
Fille et élève d'August Piepenhagen. Elle a exposé à Berlin à partir de 1886.

MOHRBUTTER Alfred
Né le 10 décembre 1867 à Celle. Mort le 21 mai 1916 à Neubabelsberg. XIXe-XXe siècles. Allemand.
Peintre, pastelliste, graveur.
Il fut élève de L. V. Kalcreuth à Weimar puis de G. Ferrier et de Bouguereau à Paris. De 1904 à 1910, il fut professeur de l'académie des arts décoratifs de Charlottenburg.
Musées : Hambourg (Kunsthalle) : *Intérieur de l'église d'Allermöhe* – Krefeld : *Mes Cousines anglaises* – *Une Aveugle* – *Portrait d'une dame*.
Ventes Publiques : Londres, 25 mars 1987 : *Le Duo* 1901, past. (83x120) : **GBP 10 500**.

MOHRENSCHILDT Hugo Oskar von
Né le 8 juillet 1818 à Matthäi (Estonie). Mort le 24 décembre 1899 à Rome. XIXe siècle. Allemand.
Paysagiste.
Élève de l'Académie de Saint-Pétersbourg.

MOHRENSCHILDT Robert Wilhelm
Né en 1792 en Estonie. Mort le 9 septembre 1849. XIXe siècle. Allemand.
Peintre.

MOHRENSCHILDT Woldemar Andreas Konstantin
Né le 3 juin ou juillet 1823 en Estonie. XIXe siècle. Allemand.
Peintre d'histoire et de portraits.
Élève de l'Académie de Saint-Pétersbourg. Il travailla à Rome et à Lindau. On cite de lui le portrait de *Woldemar von Löwenstern*.

MOHRHAGEN Bernhard ou **Carl Wilhelm Bernhard**
Né en 1813 à Itzehoe. Mort le 28 août 1877 à Itzehoe. XIXe siècle. Allemand.
Peintre de portraits, de genre et de paysages.
Élève de l'Académie de Copenhague. Il travailla dans cette ville, à Hambourg, en Suisse et en Italie.
Musées : Hambourg (Kunsthalle) : *Bateau avec paysans sur le Lac de Côme* – *Intérieur* – Magdebourg (Kaiser-Friedrich-Museum) : *Nature morte au bord du Lac de Côme*.
Ventes Publiques : Lucerne, 6 nov. 1981 : *Jeune Femme à la fenêtre* 1844, h/cart. (21x23,5) : **CHF 4 200**.

MOHRIEN Achille
Né à Paris. XXe siècle. Français.
Peintre de paysages, natures mortes.
Il a exposé à Paris, au Salon des Indépendants, à partir de 1906. On cite en particulier ses *Effets de neige*.

MÖHRING Vincenz ou **Mähring** ou **Mehring** ou **Meyring** ou **Moering**
Né le 5 juin 1718 à Alsleben (près de Königshofen). Mort le 8 avril 1777 à Spire. XVIIIe siècle. Allemand.
Sculpteur.
Il épousa à Spire la veuve du sculpteur Johann Georg Linck, mère du sculpteur Konrad Linck. Il a orné de ses sculptures les églises de Aschaffenburg, de Frauenalb, de Kirrweiler et de Spire.

MOHRMANN John Henry
Né en 1857. Mort en 1916. XIXe-XXe siècles. Canadien.
Peintre de marines.
VENTES PUBLIQUES : NEW YORK, 18 nov. 1977 : *Le Saint Andrew en mer* 1899, h/t (59,2x100,3) : **USD 2 100** – BRÊME, 21 juin 1980 : *Le Hero au large de la côte* 1896, h/t (60,5x100) : **DEM 7 500** – LONDRES, 6 oct. 1982 : *Voiliers au large de la côte* 1908, 2 h/t (60x100,5) : **GBP 2 200** – LONDRES, 31 mai 1989 : *Le steamer Laurel Branch* 1899, h/t (60x100) : **GBP 1 980** – NEW YORK, 7 juin 1991 : *Le steamer Rhone* 1901, h/t (59,7x100,3) : **USD 4 950** – LONDRES, 20 jan. 1993 : *L'embarcation Kilmeny*, h/t (60x99) : **GBP 2 875** – NEW YORK, 4 juin 1993 : *Le trois-mâts Highland Glen dans la Manche* 1893, h/t (58,4x99,1) : **USD 7 475**.

MÔHYÛ. Voir **FUYÔ**

MOIA Angelo
XIXe siècle. Italien.
Peintre d'architectures et de théâtres.
Frère de Frederico M. Il travailla à Turin.

MOIA Frederico ou **Federico** ou **Moja** ou **Moya**
Né le 20 octobre 1802 à Milan. Mort le 29 mars 1885 à Dolo. XIXe siècle. Italien.
Peintre de paysages, architectures, intérieurs d'églises.
Fils de Giuseppe Moia. Élève de Migliara à l'Académie des Beaux-Arts de Milan.
MUSÉES : FLORENCE : *Chapelle du rosaire à Saint-Jean, Saint-Paul à Venise* – SALZBOURG : *Intérieur de la cathédrale de Milan* – VIENNE : *Intérieur de Saint-Marc à Venise.*
VENTES PUBLIQUES : MILAN, 18 mai 1971 : *Les vêpres* : **ITL 600 000** – MILAN, 10 nov. 1977 : *Intérieur d'église, Venise* 1876, h/t (78x68) : **ITL 3 000 000** – MILAN, 6 nov. 1980 : *Paysage au lac*, h/t (41x60) : **ITL 3 300 000** – MILAN, 10 juin 1981 : *Vue de Venise en hiver* 1858, h/t (48x68) : **ITL 14 000 000** – MILAN, 16 déc. 1982 : *Intérieur d'église, Venise* 1843, h/cart. (69,5x56) : **ITL 7 500 000** – MILAN, 12 déc. 1983 : *Milano, piazza del Duomo* 1825, h/t (26x75) : **ITL 25 000 000** – MILAN, 4 juin 1985 : *Intérieur de la Chiesa dei Frari à Venise* 1855, h/t (93x76) : **ITL 7 500 000** – MILAN, 18 déc. 1986 : *Venise sous la neige*, h/pan. (74x55) : **ITL 17 000 000** – LONDRES, 27 nov. 1987 : *Vue de Lugano* 1843, h/t (56x76) : **GBP 6 500** – LONDRES, 7 juin 1989 : *Dans une ville* 1874, h/t (74x58) : **GBP 3 080** – MILAN, 21 déc. 1993 : *Le Grand Canal à Venise*, h/t (143x222) : **ITL 66 700 000** – NEW YORK, 26 mai 1994 : *Place Saint-Marc à Venise* 1854, h/t (99,7x74,9) : **USD 24 150** – PARIS, 8 juin 1994 : *Les barricades de 1830 sur la place de l'Hôtel de Ville* 1833, h/t (19x24,5) : **FRF 14 500** – MILAN, 20 déc. 1994 : *Le Grand Canal à Venise*, aquar./pap. (22x30) : **ITL 13 800 000** – LONDRES, 14 juin 1995 : *Deux vues du Palais des Doges à Venise*, h/t (chaque 50x75) : **GBP 18 400** – PARIS, 25 juin 1996 : *Le Départ de la procession à l'intérieur de l'église Saint-Étienne-du-Mont* 1883, h/t (118x89) : **FRF 70 000**.

MOIA Giovanni ou **Giovanni Antonio**
Né au XVIIIe siècle à Cortemaggiore. XVIIIe siècle. Italien.
Peintre.
Élève de G.-B. Tagliasacchi. Il travailla à Plaisance en 1764.

MOIA Giuseppe
XIXe siècle. Actif au début du XIXe siècle. Italien.
Peintre.
Père de Frederico M. Il peignit des architectures, des paysages, des fleurs et des figures.

MOIA Luigi ou **Ludovico**
XIXe siècle. Italien.
Peintre.
Frère de Frederico. Il fit ses études à l'Académie de Milan et fut élève de Migliara. Séjourna à Paris, en Normandie et en Bourgogne. De 1845 à 1875, il fut professeur à l'Académie de Venise.

MOIBANUS Johannes
Né le 27 février 1527 à Breslau. Mort en 1562 à Augsbourg. XVIe siècle. Allemand.
Peintre de portraits.
Il fut aussi médecin.

MOIETTI Nicola
Né au XVIe siècle à Caravaggio. XVIe siècle. Italien.
Peintre.
Il a décoré de peintures les églises et bâtiments de sa ville natale.

MOIETTI Vincenzo ou **Moietta**
Né à Caravaggio. XVe-XVIe siècles. Italien.
Peintre.
Il travailla à Milan vers 1500. Il a décoré d'ornements la chapelle du Saint-Sacrement de l'église de Caravaggio.

MOIGNARD Pierre
Né en 1961 à Tébessa (Algérie). XXe siècle. Français.
Peintre de figures, nus.
Il fit ses études à l'école des Beaux-Arts de Saint-Étienne. Il est cofondateur de la galerie R.C. des Fossés à Saint-Étienne, où il a exposé dès 1983. Il participe à des expositions collectives, parmi lesquelles : 1985, M.C.C., Saint-Étienne ; 1987, *Vincent Corpet, Marc Desgrandchamps, Pierre Moignard*, Centre Georges Pompidou, Paris ; 1989, Tokyo et Berlin ; 1990, *Bakakaï*, Paris ; 1991, *Correspondances*, Musée d'Art Moderne, Saint-Étienne ; 1992, *Les Pictographes*, Musée des Sables-d'Olonne ; 1992, *Le Sens figuré* collections du Fonds Régional d'Île de France, Montréal. Il montre ses œuvres dans des expositions personnelles : 1993, Palais des Congrès de Paris ; 1995, 1997, galerie Nathalie Obadia, Paris.
Il utilise un graphisme simple, elliptique et primitif, un registre coloré franc et frais, souvent confortés d'une structure géométrique qui organise ses toiles, tout en affirmant clairement ses références à Picasso et Matisse. Dans les années quatre-vingt-dix, il a réalisé sur fonds monochromes, des autoportraits et des représentations de nus mi-homme, mi-femme, semble-t-il asexuées, dont les membres et les parties du corps sont vus de différentes faces, mais comme reconstitués dans un même temps.
BIBLIOGR. : In : catalogue de l'exposition *Vincent Corpet, Marc Desgrandchamps, Pierre Moignard*, galeries contemporaines, Musée national d'Art moderne, Paris, sept.-nov. 1987 – Dominique Baqué : *Pierre Moignard*, in : *Art Press*, Paris, mai 1995.

MOIGNIEZ Jules ou **Moignez**
Né en 1835 à Senlis (Oise). Mort le 29 mai 1894 à Saint-Martin-du-Tertre (Seine-et-Oise). XIXe siècle. Français.
Sculpteur d'animaux.
Élève de Cornoléra ; il débuta au Salon de Paris en 1855. Le château de Compiègne conserve de lui *Chien d'arrêt avec faisan* (bronze).
VENTES PUBLIQUES : LONDRES, 6 mars 1969 : *Le Héron*, bronze : **GBP 410** – ÉCOSSE, 27 août 1970 : *Le Pur-sang*, bronze : **GBP 700** – VERSAILLES, 16 déc. 1973 : *Cheval et jockey avant la course*, bronze : **FRF 5 200** – WASHINGTON D. C., 5 déc. 1976 : *Héron*, bronze (H. 56) : **USD 1 050** – ENGHIEN-LES-BAINS, 25 mai 1977 : *Sanglier attaqué par des chiens*, bronze, patine claire (H. 31) : **FRF 9 100** – ENGHIEN-LES-BAINS, 7 mars 1982 : *Le héron*, bronze patine mordorée (56x26x32) : **FRF 14 800** – LONDRES, 17 mars 1983 : *Hibou aux ailes déployées* vers 1870, bronze patine brune (H. 84) : **GBP 1 700** – LONDRES, 5 juil. 1985 : *Cheval de course avec son jockey*, bronze, patine brun clair (H. 34) : **GBP 3 600** – RAMBOUILLET, 27 juil. 1986 : *Braque de Weimar débusquant un faisan* 1855, bronze patine brune nuancée verte (H. 89) : **FRF 62 000** – PARIS, 7 déc. 1987 : *L'Accolade*, bronze (H. 44) : **FRF 13 000** – BARCELONE, 15 déc. 1987 : *Le Piqueur et ses chiens*, bronze patiné (H. 62) : **ESP 800 000** – PARIS, 26 fév. 1988 : *Combat de coq et de dindon*, bronze à patine brune (H. 22, L. 26,5) : **FRF 4 800** – PARIS, 18 avr. 1988 : *Couple de lièvres*, bronze patine brune (10x11) : **FRF 3 100** – NEW YORK, 9 juin 1988 : *Groupe de moutons*, bronze (H. 29,2) : **USD 1 320** – STOCKHOLM, 15 nov. 1988 : *Héron*, bronze (H. 54) : **SEK 9 000** – NEW YORK, 23 fév. 1989 : *Épagneul King Charles*, bronze (H. 38,1) : **USD 11 000** – NEW YORK, 24 mai 1989 : *Jument et chien*, métal blanc (H. 45, L. 58,5) : **USD 4 620** – PARIS, 19 mars 1990 : *Pur sang*, bronze (H. 30, L. 40) : **FRF 12 000** – NEW YORK, 24 oct. 1990 : *Chèvres des montagnes*, h/t (H. 37) : **USD 1 870** – STOCKHOLM, 14 nov. 1990 : *Faisans*, bronze (H. 12,5) : **SEK 4 100** – NEW YORK, 27 mai 1992 : *Retour au pesage*, bronze (H. 33) : **USD 4 950** – PARIS, 29 juin 1993 : *Cheval*, bronze (32,5x10,5x35) : **FRF 6 500** – PERTH, 30 août 1994 : *Cerf, biche et faon*, bronze (H. 24) : **GBP 2 070** – NEW YORK, 9 juin 1995 : *Setter rapportant un faisan* 1927, bronze (H. 40,6) : **USD 4 887** – PARIS, 8 nov. 1995 : *Jument pur-sang sellée*, bronze (H. 29) : **FRF 31 000** – NEW YORK, 12 avr. 1996 : *Le Prince Albert sur son cheval préféré*, bronze (H. 41,9) : **USD 9 775** – CALAIS, 15 déc. 1996 : *Avant la course* vers 1890, bronze (H. 29, l. 40) : **FRF 23 000** – LOKEREN, 8 mars 1997 : *Coq attaquant une belette*, bronze (H. 155) : **BEF 100 000** – NEW YORK, 11 avr. 1997 : *Retriever et faisan*, bronze patine brun or (H. 58,4) : **USD 4 600** – LONDRES, 12 nov. 1997 : *Little Agnès, pur-sang, debout*, bronze patine brune (29,5x32) : **GBP 4 370**.

MOIJART Nicolaes Cornelisz. Voir **MOEYART Nicolaes Cornelisz**

MOILE. Voir **MOYLE**

MOILLIET Louis René

Né le 6 novembre 1880 à Berne. Mort en 1962 à La Tour-de-Peilz (Vaud). XXe siècle. Suisse.

Peintre de compositions animées, scènes typiques, paysages, aquarelliste, peintre de cartons de vitraux.

Alors qu'il était encore adolescent, il connut Paul Klee, avec lequel il faisait de la musique et commençait à dessiner. Il poursuivit ensuite sa formation artistique en Allemagne. De 1901 à 1903, il fut élève de Fritz Mackensen, dans la communauté artistique de Worpswede, sur la mer du Nord, où se prolongeait un symbolisme réaliste proche des Nazaréens. En 1904, il fut élève du comte von Kalckreuth, à l'académie des Beaux-Arts de Stuttgart. Il fut aussi élève d'Emil Nolde, à l'école des Beaux-Arts de Weimar. En 1907-1908, il fit un séjour à Rome, ainsi que des voyages méditerranéens, en Provence, Sicile et Tunisie. En 1911-1912, Klee lui fait rencontrer, à Munich, Kandinsky et Macke. Ce fut en 1939, qu'il se fixa à La Tour-de-Peilz, près de Vevey, sur le lac Léman, où il termina sa vie.

En 1913, Moilliet exposa au premier Erbstsalon (Salon d'Automne) de Berlin. Après avoir participé aux expositions du Blaue Reiter en Allemagne, il figura dans des expositions collectives en Suisse et dans quelques autres pays.

En 1907, il débuta avec des décorations des Hallen de Pfullingen, sous la direction d'Adolf Hölzel. Il s'installa à Gunten sur le lac de Thoune, en 1910, d'où datent ses premières peintures à l'huile. En 1911, il rencontra August Macke, Kandinsky et les artistes du Blaue Reiter, à Munich, et ce fut lui qui leur présenta Paul Klee. En avril 1914, il retourna en Tunisie, en compagnie de Macke et de Paul Klee. On sait que ce voyage fut déterminant dans l'évolution de Klee. Il apparaît qu'il le fut également pour Moilliet et l'on peut supposer qu'il se produisit, entre les trois camarades de voyage et de travail, une communauté d'émotion et de réflexion, et une réciprocité d'influence. Pendant ce voyage, de même que Paul Klee, Moilliet travailla presque exclusivement à l'aquarelle. L'influence de Delaunay est assez vive dans les peintures de cette époque : décomposition cubo-futuriste des plans traités par les tons purs du prisme ; et il est notable que l'on retrouve, à ce même moment, également cette influence de Delaunay, dans les aquarelles de Kairouan par Paul Klee. De 1919 à 1939, Moilliet fit de fréquents séjours dans les pays du sud, continuant à pratiquer de préférence l'aquarelle, restant fidèle à la manière élaborée en commun avec Macke et Klee en 1914 et sans connaître les poétiques développements de l'œuvre de Klee. Il parcourut ainsi l'Afrique du Nord, l'Espagne et le Midi de la France. À partir de 1930, il composa des cartons de vitraux, à Lucerne, pour la Lukaskirche ; et à Winterhur pour la Zwinglikirche. ■ J. B.

Moilliet

Bibliogr. : In : *Peintres contemp.*, Mazenod, Paris, 1964 – Raoul Jean Moulin : *Dict. univer. de l'art et des artistes*, Hazan, Paris, 1967 – in : *Les Muses*, t. X, Grange Batelière, Paris, 1973 – in : *L'Art du XXe s.*, Larousse, Paris, 1991.

Musées : Aarau (Aargauer Kunsthaus) : *Ferme en Bretagne* 1927 – *Palmen in Nordspanien* 1935 – Bâle (Kunstmus.) : *Au cirque* 1913-1915 – Berne : *Variété* – Lucerne – Winterhur – Zurich (Kunsthaus).

Ventes Publiques : Berne, 10 mai 1963 : *Château Oudaïa, Maroc*, aquar. et cr. : **CHF 5 800** – Berne, 29 mai 1964 : *Paysage espagnol*, aquar. : **CHF 4 500** – Berne, 16 juin 1967 : *Paysage boisé* : **CHF 4 400** – Berne, 12 juin 1969 : *Paysage tunisien, Sidi-Bou Saïd*, aquar. : **CHF 4 500** – Berne, 11 juin 1971 : *Samarsa, Tunisie*, aquar. : **CHF 19 000** – Berne, 21 juin 1973 : *Homme portant un fardeau, dans un village*, aquar. : **CHF 9 400** – Berne, 10 juin 1976 : *Le Jardin au bord du lac de Thoun* 1919, aquar. (23,7x28,5) : **CHF 10 000** – Berne, 10 juin 1978 : *La maison du Dr Jaeggi à Tunis* 1920, aquar. (21,3x26,5) : **CHF 6 000** – Zurich, 26 mai 1978 : *Couple d'amoureux* 1910, h/t (91x70) : **CHF 12 000** – Zurich, 1er nov. 1980 : *La fabrique de ciment en Tunisie II* 1928, aquar./trait de cr. (23x27,5) : **CHF 14 000** – Berne, 26 juin 1982 : *Mallorca, 1926*, aquar. (23,7x30,4) : **CHF 10 000** – Berne, 24 juin 1983 : *Maisons de bains à Tunis* 1938, aquar. (34,5x41) : **CHF 5 500** – Zurich, 30 nov. 1984 : *Paysage à l'église, Worbswede* 1903, h/cart. (29,5x39) : **CHF 17 000** – Zurich, 7 juin 1985 : *Maison à Kairouan* 1928, aquar. (34,4x39) : **CHF 5 500** – Zurich, 7 juin 1986 : *Paysage* 1917, gche (23,9x31,5) : **CHF 9 500** – Berne, 19 juin 1987 : *Les Toits d'Andraitx*, aquar. (22,8x28,2) : **CHF 5 800** – Cologne, 20 oct. 1989 : *Port méditerranéen*, h/t (34,5x47) : **DEM 2 000** – Zurich, 21 juin 1991 : *Maison de campagne à Mandachgut* 1917, aquar. (22,5x21,1) : **CHF 4 600** – Lucerne, 26 nov. 1994 : *Paysage avec un village et des arbres*, aquar./pap./cart. (27,6x19) : **CHF 2 300** – Zurich, 12 juin 1995 : *Maisons du sud de la France* 1932, aquar./pap. (38x44) : **CHF 6 325** – Berne, 20-21 juin 1996 : *Marabout, Maroc* 1921, aquar. (24x27,6) : **CHF 10 600**.

MOILLON Isaac

Né le 8 juillet 1614 à Paris. Mort le 26 mai 1673 à Paris. XVIIe siècle. Français.

Peintre d'histoire et portraitiste.

Élève de son père Nicolas Moillon. Reçu académicien le 14 avril 1663 et nommé « peintre ordinaire du roi ». Il exécuta des modèles pour des Gobelins, et il grava le portrait d'*Eustache de la Salle*.

MOILLON Louise ou **Louyse**

Née en 1610 à Paris, en 1609 ou 1616 selon d'autres sources. Morte en 1674 ou 1696 à Paris, ou après 1674 à Paris selon certains. XVIIe siècle. Française.

Peintre de compositions animées, natures mortes, fruits. Caravagesque.

D'une famille protestante, habitant Paris, à la fin du XVIe siècle, fille du peintre Nicolas Moillon, dont elle reçut certainement ses premiers conseils, et sœur d'Isaac Moillon, également peintre. Sa vie est très mal connue et prête encore à des conjectures. Louise Moillon se maria avec Étienne Girardot de Chancourt, bourgeois de Paris.

On pense qu'elle fut élève de son beau-père François Garnier, qui pratiquait, au début du siècle, une peinture de natures mortes de fruits selon une formule en vogue : composition décorative mais sévèrement ordonnée, description précise de la réalité sans recherche du trompe-l'œil, couleur largement suggérée et cependant subordonnée au violent contraste d'un éclairage caravagesque. Pratiquaient alors également ce genre particulier, les peintres d'origine hollandaise qui constituaient en majorité l'Académie de Saint-Germain-des-Prés, où ils avaient apporté cette philosophie de la vie silencieuse spécifiquement hollandaise, et parmi lesquels on pense que séjourna Baugin, attendant son admission dans la Confrérie de Paris. Jacques Linard, contemporain de Louise Moillon, peignit également les mêmes sujets dans une optique similaire. Tous ces peintres de natures mortes qui travaillaient en France, sont à rapprocher de leurs homologues éloignés, Sébastien Stoskopff en Alsace, l'Italien Baschenis, l'Allemand Georg Flegel ; ils se distinguent entre eux surtout en fonction des prolongements spirituels que comportent leurs peintures, selon qu'elles se cantonnent dans une observation attentive de la réalité à des fins décoratives, ou bien qu'elles s'enchaînent avec une méditation sur la fragilité de la réalité, prenant alors le titre générique de *Vanités*, et recourant le plus souvent à des objets à forte charge symbolique : crâne de mort, crucifix, etc.

Actuellement, on lui attribue environ vingt-cinq natures mortes, le plus souvent signées et datées de 1629 à 1682. Depuis la *Nature morte de pêches*, de 1629, et la *Marchande de fruits et légumes*, de 1630, au Louvre, jusqu'aux dernières œuvres, sa manière ne changea pratiquement pas, et ceci en dépit de la considérable évolution de l'écriture picturale qui s'exerça sur la peinture française au cours du siècle. Elle continua à peindre les mêmes arrangements de fruits, pêches, raisins, etc., selon la formule établie, n'y adjoignant que rarement des personnages, en sorte que ses dernières œuvres, telles les deux natures mortes de Toulouse, paraissent archaïques dans le contexte de l'époque où elles furent peintes. Les dates de ces deux peintures de Toulouse, respectivement 1672 et 1674, furent longtemps mal lues 1632 et 1634. Autre fait plus important : les quatre natures mortes du Musée de Grenoble, ainsi que d'autres natures mortes figurant dans divers musées, dont le Rijksmuseum d'Amsterdam, dont le style se rapprochait de celui des natures mortes de Grenoble, ont été longtemps attribuées à Louise Moillon, mais sont aujourd'hui restituées à l'Allemand Georg Flegel, par identification des objets et par la précision du rendu du détail, très différent de la facture relativement sommaire de Louise Moillon. En conclusion, Louise Moillon fut un très beau peintre de natures mortes décoratives à la façon du début du XVIIe siècle, empreintes d'une gravité caravagesque, sans aller jusqu'à la méditation des *Vanités*, attardé jusqu'à la fin du siècle. ■ Jacques Busse

Bibliogr. : Louis Gonse : *Les chefs-d'œuvre des Musées de*

France, Paris, 1900 – Roschach : *Catalogue du Musée de Toulouse*, 1908 – Paul Jamot, Charles Sterling : *Catalogue de l'exposition Les peintres de la réalité en France au XVIIe siècle*, Musée de l'Orangerie, Paris, 1934 – Michel Laclotte, in : *Diction. Univers. de l'Art et des Artistes*, Hazan, Paris, 1967.
Musées : Oranienburg (Château) : *Morceau de fruit* – Paris (Mus. du Louvre) : *Marchande de fruits et légumes* 1630 – Toulouse (Mus. des Augustins) : *Fruits* 1672, deux pendants – *Fruits* 1674, deux pendants.
Ventes Publiques : Paris, 11 mars 1949 : *Pommes sur un plat d'argent ; Citrons et courgettes dans un compotier*, deux pendants : **FRF 52 000** – Londres, 2 juil. 1958 : *Nature morte*, sur métal : **GBP 1 600** – Londres, 22 fév. 1961 : *Nature morte, pêches et raisins* : **GBP 3 700** – Paris, 25 juin 1963 : *Corbeille de pêches et de raisins* : **FRF 30 000** – Paris, 10 juin 1964 : *Le panier de fruits* : **FRF 14 500** – Amsterdam, 25 nov. 1969 : *Nature morte* : **NLG 8 800** – Londres, 25 nov. 1970 : *Nature morte aux cerises, aux fraises et aux groseilles* : **GBP 30 000** – Londres, 24 mars 1971 : *Nature morte aux fraises* : **GBP 6 800** – Paris, 28 nov. 1972 : *Nature morte* : **FRF 115 000** – New York, 6 déc. 1973 : *Nature morte aux fruits* : **USD 120 000** – Londres, 8 juil. 1977 : *Nature morte aux pêches et aux raisins* 1634, h/pan. (48,3x63,5) : **GBP 90 000** – Paris, 28 mars 1979 : *Coupe de pêches, prunes et raisins*, h/t (49x58) : **FRF 140 000** – Zurich, 8 nov. 1984 : *Panier de fruits*, h/pan. (52x63,5) : **CHF 42 000** – Bar-le-Duc, 9 fév. 1986 : *Corbeille d'abricots sur un entablement* 1635, h/bois (48,5x65) : **FRF 2 000 000** ; *Figues, corbeille de quetsches et plat de mûres sur un entablement*, h/bois (49x65) : **FRF 1 450 000** – Bar-le-Duc, 9 fév. 1986 : *Corbeille d'abricots sur un entablement* 1635, h/pan. (48,5x65) : **FRF 2 000 000** – Paris, 14 déc. 1987 : *Nature morte de raisins, grenades et oranges*, h/pan. (41x51) : **FRF 600 000** – Paris, 14 déc. 1987 : *Nature morte de raisins, grenades et orange*, h/pan. (41x51) : **FRF 600 000** – Paris, 24 juin 1988 : *Plat de pêches et raisins sur un entablement*, h/pan. (48x64) : **FRF 300 000** – Paris, 27 juin 1989 : *Corbeille de pêches sur une table sur laquelle sont posés des coings et des prunes*, h/t (66x84) : **FRF 610 000** – Londres, 5 juil. 1989 : *Nature morte de pêches et raisin dans une coupe de porcelaine chinoise bleue et blanche* 1634, h/pan. (50x65,5) : **GBP 242 000** – Londres, 13 déc. 1991 : *Pêches et raisin dans une coupe de porcelaine de Chine bleue et blanche sur un entablement* 1634, h/pan. (48,8x64,2) : **GBP 209 000** – Paris, 10 avr. 1992 : *La marchande de fruits*, h/pan. (96,5x125,5) : **FRF 2 200 000** – New York, 16 mai 1996 : *Nature morte de pêches dans une coupe de faïence bleue et blanche avec une grappe de raisin et des prunes posées sur une table*, h/pan. (47,9x64,1) : **USD 63 000**.

MOILLON Nicolas
Né dans la seconde moitié du XVIe siècle à Paris. Mort en 1627 à Paris. XVIe-XVIIe siècles. Français.
Peintre et graveur à l'eau-forte.
Il fut le père de Louise Moillon et d'Isaac Moillon, tous deux peintres. Il est souvent qualifié de peintre de paysages, parce que l'on connaît de lui, en effet, trois *Paysages du Tyrol* gravés, signés et datés de 1613. On ne connaît qu'une seule peinture de sa main : le *Portrait d'Eustache de la Salle*, du Musée de Reims, qui semble indiquer une éducation italienne, la technique et la couleur évoquant l'école lombarde du XVIe siècle. En 1619, il figurait sur les listes de l'Académie de Saint-Luc.
Bibliogr. : Dr Wurzbach : *Niederländisches Künstlerlexikon*, 1910 – Paul Jamot, Charles Sterling : *Catalogue de l'exposition Les peintres de la réalité en France au XVIIe siècle*, Musée de l'Orangerie, Paris, 1934.
Musées : Reims (Mus. des Beaux-Arts) : *Portrait d'Eustache de la Salle* 1613.

MOINE Antonin Marie
Né le 30 juin 1796 à Saint-Étienne. Mort le 18 mars 1849 à Paris, par suicide. XIXe siècle. Français.
Sculpteur, peintre de portraits, lithographe.
Le 13 septembre 1817, il entra à l'École des Beaux-Arts et devint l'élève de Girodet et de Gros. Il figura au Salon, de 1831 à 1848, avec des sculptures et des portraits au pastel. Le Musée de Colmar possède de lui une gouache *Torrent coulant entre des rochers*. Il est l'auteur de nombreuses statuettes, du type de la *Dame au fauteuil*, *Esméralda* ou des *Grognards*. Thiers apprécia son œuvre du temps où il était critique d'art, il ne l'oublia pas ensuite et lui commanda le buste de la *Reine Marie-Amélie* (1833). Ses sculptures sont d'un style gracieux et minutieux.
Musées : Châlons-sur-Marne : *La princesse Marie d'Orléans* – Dunkerque : *Combat de démons sur un cheval ailé* – Paris (Mus. du Louvre) : *Buste de Fragonard* – Paris (Mus. Carnavalet) : *La reine Marie-Amélie* – Rouen : *Kobolds en voyage* – Saint-Étienne : *L'artiste*, peint. – Versailles : *Charles de Valois, comte d'Alençon*.

MOINET-WILDER Mary
Née en 1942 à Miami. XXe siècle. Active en Belgique. Américaine.
Peintre.
Elle fut élève de l'académie de Watermael-Boitsfort. Elle est aussi enseignante.
Bibliogr. : In : *Dict. biogr. ill. des artistes en Belgique depuis 1830*, Arto, Bruxelles, 1987.

MÖINICHEN Claus von
Mort le 1er janvier 1710 à Copenhague. XVIIIe siècle. Danois.
Peintre et dessinateur.
Il a exécuté dix peintures de batailles pour le château de Frederiksborg, et deux sujets mythologiques *Vénus* et *Apollon avec Naïades et Tritons* pour la cour et il a dessiné aussi des portraits.

MOIR John
Né vers 1776 à Peterhead (Écosse). Mort le 25 février 1857. XIXe siècle. Britannique.
Portraitiste et paysagiste.
Il fit ses études en Écosse et en Italie et travailla à Édimbourg de 1808 à 1843.

MOIRA Eduardo de, de son vrai nom : **Lobo de Moura**
Né en octobre 1817 à Villa Nova de Foscôa. Mort le 2 janvier 1887 à Londres. XIXe siècle. Portugais.
Peintre de portraits, miniatures.
Père de Giraldo Eduardo M. On cite de lui le portrait de la *Princesse Victoria de Hesse-Battenberg*.
Ventes Publiques : Paris, 21 oct. 1936 : *Me Mocquart chef de cabinet de l'Empereur Napoléon III, Mme Mocquart et sa fille*, trois miniatures : **FRF 1 180**.

MOIRA Giraldo Eduardo ou **Gerald Edward**, de son vrai nom : **Lobo de Moura**
Né le 26 janvier 1867 à Londres. Mort le 2 août 1959 à Northwood. XIXe-XXe siècles. Britannique.
Peintre.
Fils d'Eduardo de M. et élève de J. W. Waterhouse. Il expose à la Royal Academy de Londres. Il a décoré de fresques de nombreux bâtiments de villes anglaises et surtout de Londres.
Musées : Londres (Tate Gal.) : *Jour de lessive* 1938, aquar.

MOIRAS Jean
Né le 7 décembre 1945 à Chamalières (Puy-de-Dôme). XXe siècle. Français.
Peintre. Abstrait, puis figuratif onirique.
Il fut élève de l'École des beaux-arts de Paris. Il expose à Paris, dans des villes de France, à l'étranger.
Après une période d'abstraction très architecturée et fortement colorée, il tend à un réalisme intemporel, nourri par l'ambiguïté du souvenir des lieux et des êtres.

MOIRET Odön ou **Edmund**
Né le 2 mars 1883 à Budapest. XXe siècle. Hongrois.
Sculpteur.
Il fit ses études à Budapest, Vienne et Bruxelles.
Musées : Budapest : bas reliefs, plaquettes, esquisses.

MOIRIGNOT Edmond
Né le 21 octobre 1913 à Paris. XXe siècle. Français.
Sculpteur de bustes, figures, monuments, dessinateur.
Il fut élève de Jean Boucher à l'académie des Beaux-Arts de Paris, puis il fit de nombreux voyages. Durant la Seconde Guerre mondiale, à laquelle il participa, il fut fait prisonnier.
Il exposa à Paris, aux Salons d'Automne, des Tuileries, de la Société Nationale des Beaux-Arts, de la Jeune Sculpture, puis à Comparaisons et Peintres Témoins de leur temps. Il montra ses œuvres dans plusieurs galeries parisiennes, en 1950, 1959, 1963, 1964, 1965, 1968, 1970.
Il a exécuté les *Buste de V. Sardou* à Marly-le-Roi, *Buste de Gaston Couté* à Meung-sur-Loire et un *Duc de Morny* à Deauville.
Musées : Alger : *Buste de M. Margerie*.
Ventes Publiques : Paris, 11 déc. 1987 : *Femme debout*, bronze (H. 37) : **FRF 6 000** – Paris, 24 juin 1988 : *L'Éphèbe*, bronze patiné (H. 44,5) : **FRF 16 000** – Versailles, 23 oct. 1988 : *Fillette au paté*, bronze à cire perdue patine noire (H. 19,5) : **FRF 8 200** ; *Rudolf Noureev et Margot Fonteyn dans le Lac des cygnes*, bronze à patine noire (H. 62) : **FRF 10 000** – Strasbourg, 29 nov. 1989 :

L'éveil, bronze (H. 58) : **FRF 20 000** – La Varenne-Saint-Hilaire, 12 mars 1989 : *Michelle*, épreuve en bronze (H. 51) : **FRF 16 000** – La Varenne-Saint-Hilaire, 21 mai 1989 : *La vague*, bronze à patine bleue nuancée de brun (L 46) : **FRF 15 000** – Paris, 4 mars 1991 : *Léda et le cygne*, terre cuite (H. 21) : **FRF 4 000**.

MOIRIN Jean-Yves
Né en 1948 à l'Île-Bouchard (Indre-et-Loire). xxe siècle. Français.
Peintre, dessinateur, pastelliste, graveur. Abstrait.
Il étudia les arts plastiques à l'Université de Paris I, jusqu'à l'obtention de l'agrégation d'arts plastiques, devenant, à Bourges, professeur de lycée, et intervenant à l'École des Beaux-Arts ; puis, en 1996, nommé inspecteur pédagogique régional des enseignements artistiques de l'Éducation Nationale.
Il participe à des expositions collectives : 1982 Maison de la Culture de Bourges ; 1992 Musée des Beaux-Arts de Libourne ; depuis 1992, régulièrement au Salon des Réalités Nouvelles à Paris ; etc. En 1996, la galerie des Trois Maries à Orléans a organisé une exposition individuelle de ses œuvres.
Ses œuvres répondent à une composition très précise, architecturée mathématiquement. À partir de formes géométriques, il construit des espaces abstraits, s'attachant, par le contraste des plages sobrement chromatiques et par des effets opposés d'empâtement et de transparence, à recréer une équivalence de profondeur.
Bibliogr. : *Jean Yves Moirin*, Repères, Centre culturel municipal, Saint-Pierre des-Corps.

MOIS Roland de
Mort vers 1590 probablement à Saragosse. xvie siècle. Éc. flamande.
Peintre.
Le palais des ducs de Villahermosa conserve dix portraits de famille peints par cet artiste. Il a exécuté la peinture du maître-autel de l'église de l'Immaculée Conception à Tafalla. On cite de lui également le *Portrait de saint Pierre d'Arnuès*.

MOISAND Marcel Emmanuel
Né en 1874 à Nogent-sur-Marne (Val-de-Marne). Mort en octobre 1903 à Nice (Alpes-Maritimes). xixe-xxe siècles. Français.
Peintre, aquarelliste.
Il fut élève de Moyaux.
Musées : Angers.
Ventes Publiques : Londres, 5 oct. 1990 : *Jeune femme disant au revoir*, h/pan. (34,8x26,8) : **GBP 3 080** – New York, 26 oct. 1990 : *Étude d'un lévrier*, h/pan. (14x22,9) : **USD 7 150** – Paris, 17 déc. 1990 : *Scène de chasse*, h/t (72x49) : **FRF 32 000** – Paris, 25 mars 1991 : *« Lofky »* 1902, h/t (32,5x41) : **FRF 5 800**.

MOÏSE Gustave
Né en 1879 à Rouen (Seine-Maritime). xxe siècle. Français.
Peintre de compositions animées, sujets de sport, animaux.
Il est né dans une famille de peintres-verriers. Il fut élève de l'école des Beaux-Arts de Rouen. Il a surtout peint à Dieppe.
Il exposa, à Paris, aux Salons des Artistes Français et d'Automne.
Les courses de chevaux sont un de ses sujets favoris et il a étudié particulièrement le galop forcé du pur-sang.
Musées : Dieppe (Hôtel de Ville) : *Bombardement de Dieppe, 21 mai 1940*.
Ventes Publiques : Paris, 19 nov. 1995 : *La Seine*, h/t (33x46) : **FRF 5 000**.

MOISE Theodore Sydney
Né en 1806 à Charleston. Mort en 1883. xixe siècle. Américain.
Portraitiste.
Le Musée Métropolitain de New York possède de lui le *Portrait de Henry Clay*.

MOISELET Gabriel
Né le 5 novembre 1885 à Puy-en-Velay (Haute-Loire). Mort en 1961. xxe siècle. Français.
Peintre de figures, paysages.
Il fut élève de Louis Olivier Merson et R. Collin.
Il exposa à Paris, au Salon des Artistes Français, où il reçut une médaille en 1924 et 1926, et au Salon des Indépendants.
Il procède par petites touches nerveuses de tons contrastés, un peu comme Guillaumin.
Ventes Publiques : Londres, 22 mars 1983 : *La Récolte des pommes*, h/t (168x196) : **GBP 2 800** – Londres, 8 mai 1985 : *La Récolte des pommes*, h/t (168x196) : **GBP 3 000**.

MOISÉS FERNANDEZ DE VILLASANTE Julio ou **Moisés Julio**
Né le 9 janvier 1890, ou 1888 à Tortosa (Catalogne). Mort le 22 juin, ou juillet, 1968 à Torrelavega-Santander. xxe siècle. Espagnol.
Peintre de nus, portraits, paysages, natures mortes. Académique.
Il fut élève de l'École des Beaux-Arts de Cadix. De 1912 à 1922, il résida à Barcelone. À partir de 1922, il se fixa à Madrid, où il fonda une académie libre. Il fit de nombreux voyages en Europe, et séjourna en Argentine, Uruguay et Brésil. Il fut nommé professeur à l'École des Beaux-Arts de San Fernando de Madrid.
Il participa à des expositions collectives : 1912 Exposition Nationale des Beaux-Arts de Madrid troisième médaille, 1915 deuxième médaille, 1917 achat de l'État, 1920 première médaille, à l'Exposition internationale de Peinture, Dessin et Gravure de 1929. Il reçut encore diverses distinctions. Il avait montré une exposition personnelle de portraits en 1914 à Barcelone. En 1950, sa ville natale lui rendit hommage en organisant une exposition de son travail.
Dans ses pemières années à Cadix, il décora le Grand Théâtre et plusieurs églises. Il eut une production abondante. Il peignit surtout des portraits féminins de personnalités de l'époque, ainsi qu'un *Portrait du roi Alphonse XIII* en 1928. Il a réalisé de nombreux portraits de gitans.
Il s'est spécialisé dans la peinture de figures isolées, figées, sur fond de paysages, d'intérieurs, ou neutre. Hommes ou femmes de différents milieux, baignent dans une lumière particulière, participent de l'atmosphère éthérée. ■ J. B.
Bibliogr. : In : *Cien Anos de pintura en Espana y Portugal, 1830-1930*, Antiquaria, t. VI, Barcelone, 1991.
Musées : Barcelone (Mus. d'Art Mod.) – Buenos Aires – Cadix – Madrid (Mus. d'Art Mod.) – Santa Fe.
Ventes Publiques : Paris, 6 juil. 1950 : *Jeune Femme à la coupe de fruits, Madrid* 1934 : **FRF 42 000** – Madrid, 15 mars 1978 : *Vase de fleurs* 1941, h/t (55x50,5) : **ESP 75 000**.

MOISSEIEFF Andrei
xixe siècle. Russe.
Graveur.
Élève de l'Académie de Saint-Pétersbourg. Il a gravé, en collaboration avec Skotnikoff, les illustrations du *Livre de l'élection du tsar Michael Feodorovitch*.

MOISSEIEFF Piotr
xixe siècle. Russe.
Peintre de panoramas.
Élève de l'Académie de Moscou. La Galerie Trétiakov de Moscou conserve une peinture de cet artiste.

MOISSEN Johann. Voir **MOLTZAN**

MOISSENET Louis
Mort en 1900. xixe siècle. Français.
Peintre de marines et de paysages.
Sociétaire des Artistes Français ; il figura au Salon de cette Société. Le Musée de Cherbourg possède de lui : *Escadre au mouillage*.

MOISSET Marthe
Née à Beauvais (Oise). xxe siècle. Française.
Peintre d'intérieurs, fleurs.
Elle fut membre associé de la Société Nationale des Beaux-Arts, à Paris, à partir de 1903.
Ventes Publiques : Paris, 9 fév. 1927 : *Intérieur* : **FRF 600** ; *Géraniums dans un vase de cuivre* : **FRF 280** – Paris, 18-19 mai 1942 : *Fleurs* : **FRF 6 000**.

MOISSET Maurice
Né le 7 octobre 1860 à Paris. Mort en 1946. xixe-xxe siècles. Français.
Peintre de scènes de genre, paysages.
Il fut élève d'Émile Dameron et de Jules Lefebvre. Il figura à Paris, au Salon des Artistes Français, dont il fut membre sociétaire à partir de 1888. Il reçut une mention honorable en 1894, une médaille de troisième classe en 1901, une médaille de deuxième classe en 1907. Il fut chevalier de la Légion d'honneur.
Ventes Publiques : Paris, 30 déc. 1925 : *Le retour du troupeau le soir* : **FRF 200** – Paris, 26 fév. 1947 : *Le Golfe* : **FRF 850** – Paris, 6 juil. 1951 : *Village* : **FRF 700** – Dijon, 17 mars 1974 : *Retour des*

pêcheurs à Cabourg, h/t (50x73) : **FRF 3 600** – VERSAILLES, 14 oct 1979 : *Bords de rivière en été*, h/t (50x73) : **FRF 4 600** – VIENNE, 22 juin 1983 : *Paysage aux champs*, h/t (27x40,5) : **ATS 25 000** – VIENNE, 4 déc. 1986 : *Paysage de printemps*, h/t (46x72) : **ATS 45 000** – GIEN, 26 juin 1988 : *Moulin de Dennemont*, h/t (55x75) : **FRF 7 500** – PARIS, 4-6 juil. 1988 : *Paysage breton*, h/t (50x73) : **FRF 2 600** – PARIS, 12 oct. 1988 : *Paysage à l'étang*, h/cart. (45x71) : **FRF 2 500** – PARIS, 9 déc. 1988 : *Bretonnes au bord de mer*, h/pan. (15x23) : **FRF 4 000** – REIMS, 11 juin 1989 : *Les bords de l'étang*, h/pan. (71x45) : **FRF 8 000**.

MOISSET Raymond

Né le 21 mai 1906 à Paris. Mort le 15 avril 1994. XXe siècle. Français.

Peintre, peintre à la gouache. Expressionniste, puis abstrait.

Autodidacte, il fréquenta dès son adolescence les académies montmartroises et s'initia aux différentes techniques à l'École des Arts Appliqués. À partir de 1934, il se consacra entièrement à la peinture, travaillant en solitaire. Il rencontra en 1936 Tal-Coat, Francis Tailleux et Francis Gruber qui restera son ami jusqu'à sa mort en 1948. Il a rencontré en 1950 Michel Seuphor. Il vécut et travailla à Paris.

En 1934, il exposa à la Galerie Carmine rue de Seine. En 1939, il montra ses œuvres avec Guignebert et Loewer. Il a participé à divers Salons parisiens : de 1934 à 1939 des Tuileries ; de 1935 à 1939 des Indépendants ; 1939, 1944, 1945 d'Automne ; dès sa fondation en 1945 jusqu'en 1969 de Mai ; depuis 1957 des Réalités Nouvelles, qui lui a rendu un hommage posthume en 1995 ; ainsi qu'à d'autres expositions collectives : en 1955 au Prix Lissone à Milan ; en 1963-1964 à la Biennale de Tokyo ; en 1969 au Musée d'Art et d'Industrie de Saint-Étienne ; en 1985 aux musées d'Art contemporain de Dunkerque, Châteauroux, Montbéliard, Besançon, Saint-Nazaire ; 1987 Fonds départemental d'Art contemporain du Val-de-Marne. Il montre ses œuvres dans des expositions personnelles, régulièrement à Paris, depuis 1946.

Avec Tal-Coat, Humblot, Rohner, etc, il forma le groupe Forces Nouvelles, en réaction contre l'intellectualisme de l'art de ce temps. Ces peintres s'appliquèrent à trouver l'émotion de l'humble réalité des choses, à travers Georges de La Tour, les Le Nain ou Chardin. Sa peinture dans les années quarante est encore fidèle à la stricte réalité, tend cependant vers une science de la composition volontaire et ordonnancée. En 1950, sans qu'il soit question d'abstraction, le sujet étant reconnaissable sous l'élaboration de l'œuvre, il participe des mêmes recherches plastiques que les Pignon ou Lagrange, cherchant à dégager un rythme de l'univers qu'il traduit. Puis, dans son évolution ultérieure, il s'est détaché progressivement de l'apparence de la réalité, n'en conservant que le climat affectif, les rythmes tendant à une harmonie cosmique du paysage avec les grandes forces élémentaires, la traduction d'une lumière toujours plus éclatante, s'approchant beaucoup plus d'une rythmique à la façon de Messagier, que de ce paysagisme informel que l'on a nommé « nuagisme ». Il a illustré plusieurs livres.

moisset

BIBLIOGR. : Michel Seuphor : *Dict. de la peint. abstraite*, Hazan, Paris, 1957 – Bernard Dorival, in : *Peintres contemp.*, Mazenod, Paris, 1964 – Catalogue de l'exposition : *Moisset*, galerie Jacques Barbier, Paris, 1989.

MUSÉES : CRÉTEIL (Mus. d'Art Contemp. du Val de Marne) – DJAKARTA (Mus. Nat.) – DUNKERKQUE – LILLE – PARIS (Mus. Nat. d'Art Mod.) – PARIS (Mus. d'Art Mod. de la Ville) – SAINT-ÉTIENNE.

VENTES PUBLIQUES : PARIS, 8 déc. 1987 : *Le Mistral est pur* 1964, h/t (81x100,5) : **FRF 5 000** – PARIS, 24 avr. 1988 : *Sans titre* 1976, h/t (89x116) : **FRF 7 000** – PARIS, 20 mars 1988 : *Sans titre* 1977, h/t (89x116) : **FRF 5 000** – PARIS, 12 juin 1988 : *Le Cirque*, h/t (81x100) : **FRF 15 000** – PARIS, 3 mars 1989 : *Un conglomérat minéral* 1958, h/t (92x73) : **FRF 4 500** – PARIS, 19 jan. 1990 : *Composition, deux figures*, h/t (96x116) : **FRF 25 000** – DOUAI, 1er avr. 1990 : *Fantasmagorie* 1958, h/t (97x130) : **FRF 30 000** – PARIS, 21 juin 1990 : *Composition aux nus* 1967, h/t (120x146) : **FRF 20 000** – PARIS, 31 oct. 1990 : *Composition chromatique* 1957, h/t (59,5x91,5) : **FRF 21 000** – PARIS, 29 avr. 1991 : *À table* 1945, h/t (91x117) : **FRF 8 200** – NEUILLY, 20 oct. 1991 : *Le Couple* 1946, gche (30x39) : **FRF 5 500** – PARIS, 17 déc. 1993 : *Prélude à un matin* 1962, h/t (105x130) : **FRF 4 500**.

MOISSON Raymond

Né vers 1865. Mort en 1898. XIXe siècle. Français.

Paysagiste.

Sociétaire des Artistes Français ; il figura au Salon de ce groupement.

MUSÉES : CARPENTRAS : *La Méditerranée provençale – Les Martigues : Provence* – NARBONNE : *Lever de Lune*.

MOISSON DESROCHES Élise

Née à Rodez (Aveyron). XXe siècle. Française.

Peintre de genre, portraits.

Elle fut élève de Couture, Carrier et Mme Emeric. De 1961 à 1969, elle figura, à Paris, au Salon des Artistes Français.

MUSÉES : SAINT-ÉTIENNE : *Portrait*.

MOISY Alexandre ou **Claude Alexandre**

Né en 1763 à Paris. Mort vers 1827. XVIIIe-XIXe siècles. Français.

Graveur d'architectures et d'ornements.

Exposa au Salon en 1827. On lui doit deux cent soixante-dix planches pour les *Annales des Arts et Manufactures*.

MOITHEY P., dit **l'Aîné**

XVIIe siècle. Actif dans la seconde moitié du XVIIe siècle. Français.

Graveur d'ornements.

Il exécuta des gravures pour des ouvrages d'archéologie, de géographie, ainsi que quelques portraits.

MOITHEY Pierre Joseph, dit **le Fils**

XIXe siècle. Actif à Paris en 1815. Français.

Graveur en taille-douce.

Il grava des sujets religieux et une *Description de l'Égypte*.

MOITROUX Alfred

Né en 1886 à Binche (Hainaut). XXe siècle. Belge.

Peintre de figures, portraits, paysages, aquarelliste, graveur.

Il fut élève des académies des Beaux-Arts de Mons et Bruxelles.

BIBLIOGR. : In : *Dict. biogr. ill. des artistes en Belgique depuis 1830*, Arto, Bruxelles, 1987.

VENTES PUBLIQUES : BRUXELLES, 28 sep. 1976 : *Allégorie* 1921, h/t (100x80) : **BEF 18 000** – LONDRES, 7 juin 1989 : *Le masque* 1922, h/cart. (58x48) : **GBP 1 320** – LOKEREN, 10 déc. 1994 : *Cariatide* 1922, h/pan. (36x31) : **BEF 26 000**.

MOITTE Alexandre

Né le 15 septembre 1750 à Paris. Mort le 15 février 1828 à Paris. XVIIIe-XIXe siècles. Français.

Peintre de genre, lithographe et portraitiste.

Fils et élève de Pierre Étienne Moitte. Il exposa au Salon de 1810. Professeur de dessin aux écoles de cavalerie de Saint-Germain-en-Laye, de Fontainebleau et de l'École gratuite de Paris. Membre correspondant de l'Institut. Cet artiste ne prit part qu'au Salon de 1810. L'Ermitage, à Leningrad, conserve de lui : *La famille du rémouleur*.

VENTES PUBLIQUES : PARIS, 28 nov. 1928 : *Stèle ornée de guirlandes de fleurs et de deux portraits de femme*, dess. : **FRF 1 100** ; *Les deux amies*, dess. : **FRF 3 900** – PARIS, 28 nov. 1941 : *Portrait de Louis XVII*, cr. de coul. et blanc : **FRF 75 100** – PARIS, 4 juin 1947 : *Jeune femme devant une cheminée*, aquar. : **FRF 1 600** – PARIS, 22 mars 1950 : *Jeune femme* 1786, aquar. : **FRF 22 000** – PARIS, 16 juin 1950 : *La Déclaration d'amour* ; *Mère et Enfant au jardin*, mine de pb, deux pendants : **FRF 35 000** ; *Le couple* 1766, pierre noire : **FRF 15 500** – PARIS, 21 mars 1952 : *Portrait de jeune femme*, pierre noire reh. de coul. : **FRF 710 000**.

MOITTE Angélique ou **Rose Angélique**

XVIIIe siècle. Active à Paris à la fin du XVIIIe siècle. Française.

Graveur au burin.

Fille et élève de Pierre Étienne Moitte, elle grava des sujets de genre d'après Debucourt, Greuze et J.-B. Lallemand.

VENTES PUBLIQUES : PARIS, 7-8 juin 1928 : *La lingère*, pl. : **FRF 350**.

MOITTE Auguste ou **François Auguste**

Né en 1748 à Paris. Mort vers 1790 à Paris. XVIIIe siècle. Français.

Graveur.

Élève de son père Pierre Étienne Moitte. Il a gravé surtout les tableaux de Greuze.

MOITTE Élisabeth Mélanie

XVIIIe siècle. Française.

Graveur de figures.

Fille de Pierre Étienne Moitte. Elle pratiqua la gravure au burin, au pointillé et à la manière du crayon.
Ventes Publiques : Paris, 5 déc. 1928 : *Étude d'enfants* : **FRF 140.**

MOITTE Jean Guillaume
Né le 11 novembre 1746 à Paris. Mort le 2 mai 1810 à Paris. XVIIIe-XIXe siècles. Français.
Sculpteur de bustes, statues, groupes, monuments, bas-reliefs, dessinateur.
Fils de Pierre Étienne M. Élève de Pigalle. En 1768, il remporta le premier prix de sculpture sur le sujet : *David portant triomphant la tête de Goliath*. Figura au Salon de 1783 à 1814. Il devint membre de l'Institut en 1795. Chevalier de la Légion d'honneur. On doit à cet artiste le fronton du Panthéon qui fut détruit à la rentrée des Bourbons et qui représentait la *Patrie récompensant les Vertus civiques et les Vertus guerrières*, L'un des frontons de la cour du vieux Louvre, un grand bas-relief au vestibule du Luxembourg, représentant *La France entourée des Vertus appelant ses enfants à sa défense*, les bas-reliefs de la colonne de Boulogne, les bas-reliefs et les sphynx du château de l'Isle-Adam, les deux statues colossales de la *Bretagne* et de la *Normandie*, pour la barrière de Bons-Hommes, la statue de *Jean-Jacques Rousseau*, placée sur la terrasse des Tuileries, la statue équestre en bronze, du *Général Bonaparte*.
Musées : Besançon : *L'Amour et l'Amitié* – Paris (Mus. du Louvre) : *Statuette de Minerve* – Toulouse : *Buste de Bélisaire* – Versailles : *Statue de Custine*.
Ventes Publiques : Paris, 7-8 mai 1923 : *La peinture*, cr. : **FRF 650** – Paris, 22 mars 1928 : *Portrait de fillette*, mine de pb : **FRF 720** – Paris, 27-29 mai 1929 : *Projets de frises*, deux dess. : **FRF 1 400** – Paris, 29 oct. 1936 : *Feuille d'études*, pl. et lav. de bistre : **FRF 320** – Paris, 7 mars 1951 : *L'hyménée*, pl. et lav. : **FRF 1 100** – Monte-Carlo, 26 nov 1979 : *Aiguière*, dess. (56,5x44,5) : **FRF 40 000** – Monte-Carlo, 5 mars 1984 : *Deux cariatides*, pl. et lav. reh. de blanc (42x28,5) : **FRF 24 000** – Monte-Carlo, 22 fév. 1986 : *Projet de diamantaire*, pl. et encre brune et lav. (42,5x31,5) : **FRF 95 000** – New York, 26 oct. 1990 : *Projet d'une urne d'argent*, cr. et encre/pap. (53,3x35,6) : **USD 8 250** – New York, 14 jan. 1992 : *Projets pour trois urnes d'argent*, encre et lav. (15,2x42,5) : **USD 4 950** – Paris, 23 oct. 1992 : *Personnages au pied d'un vase monumental*, pl. et lav. (18,4x14,9) : **FRF 6 500** – New York, 12 jan. 1995 : *Clio la muse de l'Histoire*, encre et lav. (34,1x57,6) : **USD 1 150** – New York, 10 jan. 1996 : *Dessin d'un candélabre*, craie noire, encre et lav. (53x32,7) : **USD 10 350.**

MOITTE Pierre Étienne
Né le 1er janvier 1722 à Paris. Mort le 4 septembre 1780 à Paris. XVIIIe siècle. Français.
Peintre et graveur au burin.
Élève de Beaumont. Reçu académicien le 22 juin 1771. A partir de 1761, il fut graveur du roi et figura au Salon jusqu'en 1779. On peut le citer comme un des premiers graveurs de l'École élégiaque. Le Musée d'Amiens conserve de lui : *La Cuisinière*. Il grava des tableaux de A. del Sarto, du Corrège, de Greuze, et de Boucher.
Ventes Publiques : Paris, 1812 : *Les Quatre Saisons*, pl. et encre de Chine : **FRF 62** – Paris, 9 déc. 1938 : *Un chef d'esclaves*, mine de pb : **FRF 35** – Paris, 20 déc. 1950 : *Études de jeunes femmes*, pierre noire, deux pendants, vendus avec deux dessins attribués à Watteau de Lille : **FRF 22 000.**

MOITURIER Pierre Antoine le. Voir **LE MOITURIER**

MOJA Federico. Voir **MOIA Frederico**

MOJAIEV Aleksei
Né en 1918. XXe siècle. Russe.
Peintre de figures, portraits.
Il fréquenta l'académie des Beaux-Arts de Leningrad (Institut Répine) et fut élève de Iosiff Brodski. Il fut membre de l'Association des Peintres de Leningrad.
À partir de 1945, il fut présent dans de nombreuses expositions à Moscou et à Leningrad. À l'étranger, il a participé à deux expositions, en 1978 à Prague *50 Chefs-d'œuvre des musées Russes* et en 1988 à Tokyo *L'Art contemporain à Leningrad*. Il a montré ses œuvres dans des expositions personnelles en 1984 et 1989 à Leningrad.
Il oscille entre réalisme et postimpressionnisme, privilégiant la couleur et la lumière.
Musées : Kiev (Mus. d'Art soviét. Contemp.) – Moscou (min. de la Culture) – Saint-Pétersbourg (Mus. des Beaux-Arts) – Saint-Pétersbourg (Mus. d'Hist.).
Ventes Publiques : Paris, 11 juin 1990 : *Premier sommeil* 1953, h/t (53x69) : **FRF 13 000.**

MOJART
Mort vers 1730 à Hambourg. XVIIIe siècle. Allemand.
Peintre.
Sur le côté sud de l'ancienne cathédrale, il a exécuté un *Christ en Croix*.

MOJARTH Christoph
XVIe siècle. Allemand.
Peintre.
La collection du château de Heidelberg conserve de lui *La bataille de Frédéric II contre les Turcs*.

MOJETTA Vincenzo
Né à Carravaggio. XVe siècle. Italien.
Peintre d'histoire.
Il travaillait à Milan vers 1500.

MOJONG, pseudonyme de **Ho Mojong**
Née en 1929 à Shanghai. XXe siècle. Active et naturalisée en France. Chinoise.
Peintre, graveur.
Chinoise d'origine brésilienne, elle vit et travaille à Paris.
Elle a participé en 1992 à l'exposition *De Bonnard à Baselitz – Dix Ans d'enrichissements du cabinet des estampes 1978-1988* à la Bibliothèque nationale à Paris.
Musées : Paris (BN) : *Saouls* 1982, eau-forte.

MOKADY Moshe
Né en 1902 en Pologne. Mort en 1975. XXe siècle. Actif depuis 1920 en Palestine, puis Israël. Polonais.
Peintre de portraits, paysages, natures mortes. Tendance postcubiste.
Il émigra de Pologne en Israël en 1920 et s'installa à Haïfa. Il vit et travaille à Tel-Aviv.
Son changement de vie influença immédiatement sur son style de peinture, il fut bouleversé par la chaleur des couleurs méditerranéennes qui enrichirent sa palette. Par le biais de reproductions, il eut connaissance des travaux des cubistes et son travail en fut également influencé. On cite surtout ses portraits, d'une facture libre, mais qui ne négligent point la ressemblance.

mokady.

Bibliogr. : G. Tadmor – *Moshe Mokady*, Jérusalem, 1984.
Ventes Publiques : Paris, 24 mars 1976 : *Portrait d'enfant*, h/t (61x50) : **FRF 2 000** – Tel-Aviv, 3 mai 1980 : *Figure*, h/t. mar./cart. (41,5x27) : **ILS 40 000** – New York, 17 mai 1984 : *Deux jeunes garçons*, h/t (91,5x66) : **USD 4 500** – Tel-Aviv, 17 juin 1985 : *Peinture* 1954, h/t (72x59,5) : **ILS 2 600 000** – Tel-Aviv, 2 jan. 1989 : *Nature morte*, h/t (65x80,5) : **USD 4 620** – Tel-Aviv, 19 juin 1990 : *Personnage féminin*, h/cart. (49,5x35,5) : **USD 15 950** – Tel-Aviv, 20 juin 1990 : *Paysage aux environs de Jérusalem*, h/t (58,5x71) : **USD 11 550** – Tel-Aviv, 1er jan. 1991 : *Personnage féminin*, h/pap. (49,5x36,5) : **USD 6 600** ; *Peinture*, h/t (73x100) : **USD 11 000** – Tel-Aviv, 12 juin 1991 : *Personnages et bateaux dans une baie*, h/cart. (45x60) : **USD 5 720** – Tel-Aviv, 6 jan. 1992 : *Intérieur*, h/t/cart. (36x46) : **USD 5 060** – Tel-Aviv, 14 avr. 1993 : *Nature morte avec un chevalet*, h/t (75,5x60) : **USD 46 000** – Tel-Aviv, 4 oct. 1993 : *Portrait d'homme*, h/t (55x41) : **USD 20 700** – New York, 2 nov. 1993 : *Formes* 1954, h/cart. (37,5x50,5) : **USD 1 840** – Tel-Aviv, 25 sep. 1994 : *Portrait de Yehuda Goor* 1926, h/t (88x77) : **USD 34 500** – Tel-Aviv, 12 oct. 1995 : *Vue de Haïfa*, h/t (65x54) : **USD 74 000** – New York, 7 nov. 1995 : *Portrait d'un jeune garçon*, h/pap./cart. (25,3x22,8) : **USD 3 680** – Tel-Aviv, 14 jan. 1996 : *Sans titre*, h/cart. (44,5x59,5) : **USD 4 370** – Tel-Aviv, 14 jan. 1996 : *Vue depuis la fenêtre*, h/t (65,5x53) : **USD 111 250** – Tel-Aviv, 30 sep. 1996 : *Personnage*, h/t (100x81) : **USD 18 400** – Tel-Aviv, 24 avr. 1997 : *Homme et Jeune Garçon* 1941, h/t (99x80) : **USD 8 500** – Tel-Aviv, 23 oct. 1997 : *Trois enfants jouant à la poupée*, h/t (51x65) : **USD 10 925** – Tel-Aviv, 12 jan. 1997 : *Autoportrait* 1920-1925, h/t (97,5x65) : **USD 51 850** ; *Paysage et personnages* vers 1955, h/pap./t. (35,5x46) : **USD 6 440** – Tel-Aviv, 25 oct. 1997 : *Portrait d'une jeune dame en robe verte* vers 1923, h/t (46,2x38,2) : **USD 41 400.**

MOKE
xxe siècle. Zaïrois.
Peintre de compositions animées. Populiste traditionnel.
Autodidacte, en 1996 à Charleroi, il a participé à une exposition de *7 artistes zaïrois*, Palais des Beaux-Arts.
Il a commencé à peindre des scènes animées typiques, pour les bars, échoppes et lieux publics, ayant souvent une fonction publicitaire. Progressivement, il a donné à son travail un autre statut libérant ses œuvres de ce contexte urbain, adoptant des supports plus traditionnels comme des panneaux de bois ou de la toile. Il décrit la vie quotidienne, dans un style pittoresque et plein d'humour, traitant les divers aspects de la cité.
Bibliogr. : In : *Dict. de l'art mod. et contemp.*, Hazan, Paris, 1992.

MOKE Jan
Mort en 1504. xve siècle. Actif à Bruges. Éc. flamande.
Enlumineur.

MOKHTAR Jaafer
xxe siècle. Algérien.
Peintre.
Il fit ses études entre 1978 et 1982 à l'école des Beaux-Arts d'Alger. Entre 1979 et 1984, il a réalisé des fresques en Algérie.

MÔKI. Voir **KANGAN**

MOKRANI Abdelouahab
Né le 6 janvier 1956 à Taher (près de Jijel). xxe siècle. Algérien.
Peintre, technique mixte, graveur.
Il a été élève à l'École des Beaux-Arts d'Alger de 1971 à 1974, puis à l'École des Beaux-Arts de Paris de 1976 à 1982. Il a été pensionnaire de la Villa Abdeltif d'Alger (1987-1989) et de la Cité internationale des Arts de Paris (1992-1993).
Il participe à des expositions collectives, parmi lesquelles : 1980, gravures à l'eau-forte et gravures sur bois, École des Beaux-Arts, Paris ; 1984, galerie du Centre culturel de la Wilaya, Alger ; 1986, *Algérie : peintures des années 80*, Centre national des Arts Plastiques, Paris ; 1986, *Six manières d'être artiste*, galerie M'hamed Issiakhem, Alger ; 1987, *Peintres alégériens : 25 ans après*, galerie M'hamed Issiakhem, Alger ; 1988, *Papiers peints*, galerie M'hamed Issiakhem, Alger ; 1993, Exposition universelle, Séville ; 1993, Cité internationale des arts, Paris. Il montre ses œuvres dans des expositions personnelles : 1981, galerie du Centre culturel de la Wilaya, Alger ; 1982, Centre socio-culturel Gérard Philippe, Le Plessis-Robinson ; 1992, Centre culturel français, Alger ; 1993, galerie Bernanos, Paris ; 1994, *Université de Paris X*, Nanterre (Paris) ; 1995, Centre culturel algérien, Paris.
Ses petits formats suggèrent un univers intimiste d'une facture longuement travaillée, où les couleurs ocres et douces s'alimentent de figures corporelles.

MOKRITZKI Apollon
Né en 1811. Mort en 1871. xixe siècle. Russe.
Peintre d'histoire et portraitiste.
La Galerie Tretiakov, de Moscou, conserve de cet artiste une copie du tableau de Feodotoff *L'arrivée du fiancé* et le Musée russe de Leningrad, *Portrait de l'artiste par lui-même*.

MOKROV Nicolas
Né en 1926 dans la région de Vladimir. xxe siècle. Russe.
Peintre de scènes et paysages animés.
En 1949, il fréquente l'École des Beaux-Arts de Vladimir. En 1965, il devient membre de l'Union des Peintres de la Russie. Il vit à Vladimir et depuis 1952 participe à toutes les expositions locales et nationales. Il expose également à l'étranger : Belgique, Canada, Espagne, États-Unis, Italie et Japon. Une exposition personnelle lui fut dédiée à Vladimir en 1983.

N Мокров

Ventes Publiques : Clamecy, 8 déc. 1991 : *Scène de marché à Vladimir* 1962, h/cart. : **FRF 10 000** – Neuilly, 2 juin 1992 : *Au village de Gorokhovets : le foin*, h/t (60x80) : **FRF 3 500** – Paris, 6 fév. 1994 : *Paysage d'hiver*, h/cart. (45,8x61) : **FRF 5 000** ; *La datcha parmi les arbres*, h/pan. (50x61) : **FRF 4 000**.

MOKUAN, nom de religion : **Reien,** nom de pinceau : **Mokuan**
Mort vers 1329 en Chine. xive siècle. Japonais.
Moine-peintre.
Dans la première moitié du xive siècle, se développe et progresse au Japon un style pictural entièrement nouveau et venu de Chine, la peinture monochrome, étroitement lié à la secte zen. Et ce, grâce aux efforts de quelques moines peintres, vivant dans des monastères zen, parmi lesquels Mokuan Reien. On sait que Mokuan va en Chine entre 1326 et 1329 et qu'il y meurt ; certains pensent même que ce n'est qu'en 1333 qu'il part en Chine et qu'avant d'y mourir, il passe dix ans au monastère zen de Liutong, à Hangzhou, là où le peintre chinois Muqi avait ouvert une école vers le milieu du xiiie siècle. Les Chinois auraient alors prisé Mokuan comme la réincarnation de Muqi. Cela prouve en tous cas qu'il est extrêmement apprécié pour son talent, dans son pays et sur le continent, et les œuvres de lui qui subsistent de nos jours sont dignes de sa renommée. L'un de ses sujets favoris est le personnage de Hotei (en chinois : Budai), sorte de personnage surnaturel, incarnation du Bouddha Maitreya.
Musées : Atami (Art Mus.) : *Budai*, rouleau en hauteur, encre sur pap., inscription de Liaoan Qingyu – Tokyo (Maeda Ikutokukai Foundation) : *Les quatre dormeurs*, rouleau en hauteur, encre sur pap. – Washington D. C. (Freer Gal.) : *Kannon au rocher*, rouleau en hauteur, coul. sur soie, attribution.

MOKUBEI, de son vrai nom : **Aoki Yasoachi,** surnom : **Seirai,** nom familier : **Kiya Sahê,** noms de pinceau : **Kukurin, Mokubei, Rôbei, Kokikan, Teiunrô** et **Hyakurokusanjin**
Né en 1767 à Kyoto. Mort en 1833 à Kyoto. xviiie-xixe siècles. Japonais.
Peintre et potier.
Amateur d'art éclairé, potier autant que peintre, Mokubei est le type même du lettré esthète avant que d'être artiste, évoluant dans une élite intellectuelle éprise de culture chinoise. Fils aîné d'un patron de maison galante (ou de restaurant) de Kyoto, il est attiré très tôt par les lettres et, dès l'âge de quinze ans, il quitte la maison paternelle. Il étudie alors les antiquités, notamment les bronzes, avec Kôfuyô (mort en 1784), graveur de sceau renommé, grand lettré et connaisseur d'art, ami du peintre Ikeno Taiga (1723-1776). Une rencontre plus déterminante encore, pour ce jeune étudiant doué, est celle de Kimaru Kenkadô (1736-1802), l'un des hommes les plus cultivés de la région du Kansai (Kyoto-Osaka), dont la résidence à Osaka est le lieu de réunion de l'élite intellectuelle et artistique. C'est chez lui que, vers 1796, Mokubei découvre et lit une histoire de la céramique chinoise, le *Yinwei bishu* de Zhu Yan, qui est pour lui une véritable révélation qui décide de sa carrière. Il en fera même une traduction, commencée en 1804, reprise en 1827 et publiée deux ans après sa mort, le *Tôsetsu* (en chinois : *Taoshuo*), *Commentaires sur la céramique*. Nanti d'une connaissance théorique approfondie, il passe à la pratique, vers l'âge de trente ans, sous la direction du potier Okuda Eisen, connu pour ses copies de porcelaines Ming et ses imitations de Swatow, très appréciées au Japon. Lui-même acquiert bientôt une célébrité certaine, que des commandes princières portent à son comble après 1805, quand il est appelé à travailler pour les Maeda de Kanazawa. De cette époque date une série de céladons fameux, de traditions très différentes. L'incendie du château de Kanazawa, en 1808, oblige Mokubei à fermer ses fours et à rentrer à Kyoto, retour qui amorce un tournant dans sa carrière artistique, dès lors qu'il se tourne de plus en plus vers la peinture. Ses pièces ne sont pas véritablement novatrices mais elles traduisent l'atmosphère d'une époque, sous ses aspects les plus variés, et font donc de Mokubei l'un des meilleurs potiers de Kyoto au xixe siècle. Quant à sa peinture, elle n'est pas le fruit d'une formation professionnelle mais de ses goûts de dilettante averti côtoyant des peintres Nanga, auxquels il emprunte des principes esthétiques. Ces derniers, toutefois, prennent avec lui un tour très particulier puisqu'aussi bien le peintre et le céramiste ne font qu'un chez cet artiste. Il semble qu'avec le temps, son talent de peintre ait quelque peu éclipsé celui de céramiste bien que les œuvres parvenues jusqu'à nous soient relativement rares. La plus ancienne qui nous est connue date de 1798, puis il faut attendre treize ans pour la suivante et encore une dizaine d'années pour voir ce génie pictural parvenir à maturité, sous l'influence probable du paysagiste chinois Jiang Dalai à qui il rend visite à Nagasaki en 1822. Le thème du paysage a une prédominance absolue dans son œuvre ainsi que le format étroit, tout en hauteur. On peut voir dans ses compositions une certaine influence de l'art céramique, par sa façon de traiter toute la profondeur avec la même intensité, en une succession de temps forts tous également intenses, comme dans un décor de bol, preuve d'une grande ori-

ginalité et d'une modernité certaine. La sobriété de sa palette n'est pas le moindre charme de ses paysages qui sont soit tout à fait monochromes, soit légèrement rehaussés de brun et d'indigo, harmonie qui rappelle, elle aussi, un décor de céramique. Dans *Lever de soleil à Uji* (Musée National de Tokyo), l'une de ses compositions favorites, l'alliance de l'indigo, du brun ocre, avec de légers lavis d'encre très mouillée, traduit parfaitement cette fraîcheur matinale, tout en contrebalançant fort heureusement une certaine dramatisation des formes due à la vigueur de son pinceau. Il semble que son amateurisme aille de pair avec son sens de la liberté créative qui, au lieu de l'enfermer dans les limites étroites de recettes d'école, le pousse toujours vers de nouvelles expériences, loin de toute orthodoxie. Ses paysages, souvent transfigurés par une inspiration plus chinoise que ceux des autres tenants du Nanga et par son goût de la recherche, permettent de dire, avec le grand peintre lettré Tanomura Chikuden (1777-1835), qu'il apporte au mouvement Nanga « une étrange saveur et des idées inhabituelles ».

Bibliogr. : Terukazu Akiyama : *La peinture japonaise*, Genève, 1961 – C. Kozyreff : *Mokubei, Aoki*, in : *Encyclopaedia Universalis, vol. 11*, Paris, 1971 – James Cahill : *Scholar painters of Japan : Nanga School*, New York, 1972 – Yoshino Yonezawa et Chu Yoshizawa : *Japanese Painting in the Literati Style*, New York-Tokyo 1974.

Musées : Ohara (Art Mus.) : *Lever de soleil à Uji* vers 1824, rouleau en hauteur, encre et coul. sur pap. – *Chrysanthèmes et rochers* daté 1825, rouleau en hauteur, encre et coul. sur pap. – Tokyo (Nat. Mus.) : *Lever de soleil à Uji* daté 1824, rouleau en hauteur, encre et coul. sur pap. – Toyama (Art Mus.) : *Nuages au pied de la montagne* vers 1820-1830, rouleau en hauteur, encre et coul. sur pap.

MOKUJIKI SHONIN, de son vrai nom : **Mokujiki Gogyô Myôman**
Né en 1718 dans la préfecture de Yamanashi. Mort en 1810. XVIIIe-XIXe siècles. Japonais.
Sculpteur.
Comme le sculpteur Enku, mort en 1695, il est considéré comme un moine et comme un sculpteur peu orthodoxes, artiste et religieux proche du peuple. Ayant reçu à l'âge de quarante-cinq ans le *mokujiki-kai*, ou commandement de ne manger qu'une nourriture végétarienne non cuite, il fait le vœu de parcourir tout son pays en pèlerinage. Il va voyager en effet dans toutes les provinces, des plus septentrionales, à Hokkaido, aux plus méridionales, à Kyûshû, le long de chemins où il laissera une œuvre aussi dispersée qu'abondante, après 1780 et sa rencontre avec un Bouddha sculpté par Enku, au temple Otagongen à Hokkaido, qui détermine sa vocation. Son œuvre se caractérise par une liberté et une rudesse proches de la nature et chargée de sincérité : sortie du peuple, elle s'adresse au peuple que Mokujiki côtoie chaque jour, au cours de ses pérégrinations. Le thème du Bouddha souriant caractérise cette production, Bouddha qui deviendra, avec le temps, une manière d'autoportrait, taillé à même le tronc d'arbre au ciseau et à la hache.

MOKWA Marian
Né en 1889. Mort en 1986. XXe siècle. Polonais.
Peintre de compositions animées, marines.
Il étudia successivement aux académies des Beaux-Arts de Nuremberg, Munich et Berlin jusqu'en 1914. Après 1918, installé à Gdynia, il crée la galerie de la mer, qui sera détruite par les Allemands en 1939, y exposant ses « cycles historiques ». Ses tableaux sont exposés dans les principaux musées de Pologne. Il est considéré comme le plus grand peintre contemporain de marines en Pologne et son style est à l'origine du courant réaliste polonais.

Ventes Publiques : Paris, 29 mai 1991 : *Construction du Soldek* 1953, h/pan. (96x77) : **FRF 14 000** ; *Port de pêche de Gdynia* 1958, h/pan. (145x220) : **FRF 17 000**.

MOL Adolphe Léonard de
Né en 1834 à Bruxelles. XIXe siècle. Belge.
Peintre sur porcelaine et faïence et graveur.
Élève de Navez et de Calamatta.

MOL Anton Cassian. Voir **MOLL**

MOL Arnold de
XVe siècle. Actif à Bruges. Éc. flamande.
Peintre et miniaturiste.
Enlumineur dans les gildes de Saint-Jean et Saint-Lucas, à Bruges, en 1456 ; il eut pour élèves Pierre Casenbroot en 1453, Henri Wyllemsone en 1460, Obin Wallins en 1462, Pierre Riquaert en 1464, Michel Walin en 1467, Alart de Maest en 1468 et Jean de Verwere en 1474.

MOL Balthasar Ferdinand. Voir **MOLL**

MOL Gilles de. Voir **LE MOL**

MOL Jan Bapt.
XVIIe siècle. Hollandais.
Peintre de natures mortes.

MOL Jean Baptiste ou **Mold** ou **Molder**
Né vers 1630 à Bruxelles. XVIIe siècle. Éc. flamande.
Peintre et graveur.
Imitateur de Rembrandt. Un certain nombre d'estampes lui sont attribuées. Un Juan Van Mol est aussi cité en Espagne vers la même époque où il fut élève d'Ignacio Iriate. Il peignit à Séville en 1675 la décoration de sept grands arcs et deux petits, dans les jardins de l'Alcazar, signés *Juhan Mol*. On lui attribue également des vues de Séville. En 1713 il habitait le quartier de San Pedro. Il ne paraît pas impossible qu'il s'agisse du même artiste.

MOL Juan Van. Voir l'article **MOL Jean Baptiste**

MOL Pieter ou **Pierre Van**
Né en 1599 à Anvers. Mort le 18 avril 1650 à Paris. XVIIe siècle. Éc. flamande.
Peintre d'histoire et de portraits.
Élève de Siger Van de Grave en 1611 ou selon d'autres auteurs d'Arthur Wolfaert. Travailla aussi avec Rubens dont il imita la manière. Fut maître de la gilde d'Anvers en 1623. En 1631 il vint à Paris, y épousa en 1640, Anna Van der Burch et fut « peintre ordinaire de la Reine ». En 1640, fut un des fondateurs de l'Académie et en 1648 fut à l'Académie un des « anciens ». Bien que sa couleur soit moins harmonieuse que celle de son illustre maître, ses contours plus durs, Pieter Van Mol est un des continuateurs de Rubens les plus intéressants.

MPL 1615

Musées : Anvers : *Adoration des Mages* – Berlin : *Isaac bénit son fils Jacob* – Besançon : *Vénus implorant Jupiter* – Cherbourg : *Les apprêts de la sépulture du Christ* – Dijon : *Tête de jeune homme* – Lille : *Descente de croix* – Marseille : *Adoration des bergers* – Orléans : *Diogène cherchant un homme* – Paris (Mus. du Louvre) : *Descente de Croix* – *Portrait de jeune homme* – Reims : *Descente de Croix* – Rouen : *Générosité de Scipion l'Africain* – *Tête de vieillard*.

Ventes Publiques : Paris, 1791 : *Diogène* : **FRF 4 761** – Paris, 1846 : *Mort de saint François d'Assise* : **FRF 915** – Paris, 21 mars 1900 : *Le Christ en croix* : **FRF 880** – Paris, 3 juil. 1942 : *Saint François recevant l'imposition des mains*, attr. : **FRF 3 000** – Lucerne, 23 et 26 nov. 1962 : *La mise au tombeau* : **CHF 5 500** – New York, 30 jan. 1997 : *Diogène cherchant un homme intègre avec sa lanterne*, h/pan. (75,9x83,2) : **USD 420 500**.

MOL Pieter Van
Né le 3 août 1906 à Malderen. Mort le 24 octobre 1988 à Heidelberg (Bade-Wurtemberg). XXe siècle. Actif aussi en France. Belge.
Peintre de compositions animées, figures, portraits, paysages, marines, fleurs, aquarelliste.
Il fut élève de l'académie des Beaux-Arts de Malines, où il eut pour professeurs Guillaume Rosier et Gustave Van de Woestijne, de l'académie Saint-Joss-ten-Noode où il étudia la sculpture avec Gustave Fontaine, puis de celle d'Etterbeek, où il suivit les cours de peinture de Phillipot. En 1959, il vint à Paris, puis séjourna en Arles et à Fontvieille. De 1962 à 1968, il fit de fréquents séjours à Londres, en Allemagne ou en Autriche. À partir de 1960, il suivit régulièrement le séminaire *Die Schule des Sehens* chez Oskar Kokoschka. Il participa à des expositions collectives : 1961, 1962 Aix-en-Provence ; 1967 Marseille ; 1969 Heidelberg, 1988 Londerzeel, 1989 Buggenhout. Il montre ses œuvres dans de nombreuses expositions personnelles : 1961, 1962, 1963, 1967 Arles ; 1962 Saint-Rémy-de-Provence ; 1966, 1967 Marseille ; 1976 Hambourg ; 1976, 1979, 1980, 1981, 1985, 1987 Heidelberg ; 1979 Mainz. Il a reçu plusieurs prix et distinctions. Il a réalisé de nombreuses peintures et aquarelles du sud de la France. Il s'attache à rendre les contours, les masses, à saisir l'ensemble du paysage par touches rapides et efficaces, sans fioriture, privilégiant les effets de luminosité.

Musées : Arles (Mus. Réattu).

MOL Pieter Laurens
Né en 1946 à Breda. xxe siècle. Hollandais.
Sculpteur, auteur d'assemblages.
Après avoir appris la menuiserie-ébénisterie, il étudia la photographie à l'académie Saint-Joost de Breda.
Il participe à des expositions collectives : 1976 Kunstmuseum de Lucerne ; 1978, 1988 Biennale de Venise ; 1985 Stedelijk Museum d'Amsterdam ; 1986 Biennale de Sydney ; 1987 Tate Gallery de Londres, musée Boymans Van Beuningen de Rotterdam, musée d'Art contemporain de Montréal. Il montre ses œuvres dans des expositions personnelles : 1977 Stedelijk Museum d'Amsterdam ; 1981 Kunsthalle de Bâle ; 1985 Kunstverein de Bremerhaven ; 1986, 1987 Amsterdam ; 1987 Konsthall de Malmö ; 1988 Kunstverein d'Hambourg et musée des Beaux-Arts de Valence ; 1989 Edimbourg et Oslo ; 1993 Institute for contemporary Art d'Amsterdam et Van Abbemuseum d'Eindhoven.
Il aborde la scène artistique, dans les années soixante-dix, en pratiquant le body-art, l'art de mettre en scène son corps et sa personne. Il réalise ensuite photos et sculptures, et s'intéresse à l'assemblage d'objets divers, mêlant éléments industriels et naturels. Il interroge l'histoire de l'art et celle de l'image, propose une rencontre entre nature et culture.
Bibliogr. : Divers : Catalogue de l'exposition *Pieter Laurens Mol*, Mus., Valence, 1988 – in : *L'Art du xxe s.*, Larousse, Paris, 1991 – Annie Jourdan : *Pieter Laurens Mol*, Art Press, n° 180, Paris, mai 1993.
Musées : Paris (FNAC) : *Eventide (Ouverture)* 1988.
Ventes Publiques : Amsterdam, 9 déc. 1993 : *3 fleurs-icare* 1986, pb, peint. et verre (88x55) : **NLG 11 500** – Amsterdam, 7 déc. 1995 : *Sans titre* 1983, techn. mixte/cart. (31x49,5) : **NLG 2 950.**

MOL Robertus de
Mort vers 1680. xviie siècle. Éc. flamande.
Peintre et graveur.
Fils de Peter Van Mol. Il a peint à l'Académie de Saint-Luc de Rome *Portrait de Charles II d'Espagne*.

MOL Wouter ou **Wanterus**
Né le 21 mars 1786 à Haarlem. Mort le 30 août 1857 à Haarlem. xixe siècle. Hollandais.
Peintre d'histoire et de genre, portraitiste.
Élève de H. Van Bruxelles et en 1808 de David à Paris, il vécut ensuite à Haarlem.
Musées : Amsterdam : *Le sculpteur Paulus Joseph Gabriel* – Haarlem : *Jan David Zocher architecte et jardinier.*

MOLA Antonio
Mort après 1532. xvie siècle. Actif à Rezolo (Mantoue). Italien.
Sculpteur sur bois et d'ornements, et fondeur.
Il travailla en collaboration avec son frère Paolo au portail de l'église San Andrea de Mantoue.

MOLA Filippo
Né au xixe siècle. xixe siècle. Italien.
Peintre de genre, dessinateur et sculpteur.
Exposa à Naples et à Rome de 1877 à 1883.

MOLA Francesco. Voir **MOLA Pier Francesco**

MOLA Giovanni Battista
Né vers 1588 à Coldre (près de Côme). Mort le 23 janvier 1665 à Rome. xviie siècle. Allemand.
Peintre et architecte.
Père de Pier Francesco. Il s'établit à Rome comme architecte du pape en 1634.

MOLA Giovanni Battista. Voir aussi **MOLE Jean Baptiste**

MOLA Ippolito
Né à Coldre (près de Côme). xvie-xviie siècles. Italien.
Sculpteur.
Il travailla en 1613 pour Santa Maria Maggiore de Rome.

MOLA Jean Baptiste. Voir **MOLE Jean Baptiste**

MOLA Paolo
Mort en 1545. xvie siècle. Actif à Rezolo (Mantoue). Italien.
Sculpteur d'ornements et sur bois et fondeur.
Collabora avec son frère Antonio M.

MOLA Pier Francesco ou **Pietro Francesco**
Né en 1612 à Coldrerio. Mort en 1666 à Rome. xviie siècle. Italien.
Peintre de sujets mythologiques, compositions religieuses, graveur.
Fils de l'architecte Giov. Batt. M., il fut placé fort jeune sous la direction de Prospero Orsi, puis de Giuseppe Cesari d'Arpino, à Rome. Son père l'ayant emmené à Rome, Pietro Francesco y devint élève de Francesco Albani. Il alla ensuite travailler à Venise les maîtres coloristes. Il y rencontra son homonyme le bisontin Jean Baptiste Mollo qui italianisa son nom en celui de Mola. Ils y exécutèrent ensemble une copie de Paolo Veronese. Pietro se rendit à Rome, en 1647, en pleine possession de son talent. Le pape Innocent X l'accueillit fort bien et lui confia d'importants travaux notamment à l'église del Gesu, et ces œuvres établirent sa réputation. Le pape Alexandre VII lui continua la même protection et le fit travailler pour le palais de Monte Cavallo. Francesco Mola fut également protégé par la reine Christine de Suède. Il fut président de l'Académie de Saint-Luc à Rome.
Les œuvres de ce maître sont nombreuses et intéressantes. On cite notamment de lui *Saint Jean dans le désert* et *Saint Paul ermite* à l'église de Santa Maria della Vita à Milan. Mola nous paraît surtout avoir subi l'influence de Guercino dans les jeux d'ombre et de lumière. Il a gravé avec talent et ses dessins sont fort intéressants. Avec Sacchi et Testa, qu'il avait rencontré à Lucques en 1637, Mola représente à Rome le courant vénitien, qui unit le classicisme de la composition avec une lumière chaude, héritée de Giorgione. Mola n'a encore donné lieu à aucune étude d'ensemble.
Bibliogr. : Pierre Rosenberg, in : *Catalogue de l'exposition Le Caravage et la peinture italienne du xviie siècle*, Musée du Louvre, Paris, 1965.
Musées : Arezzo : *Deux femmes* – Avignon : *Paysage* – Berlin (Kaiser Friedrich Mus.) : *Mercure et Argus dans un paysage* – Brunswick : *Bergers et bergères* – Chicago : *Homère dictant* – Copenhague : *Baptême du Christ* – Darmstadt : *Agar au désert* – Dresde : *Héro et Léandre* – La Fère : *Sainte Famille* – Florence : *L'artiste* – Glasgow : *Saint Jean prêchant* – Lille : *Polyphème* – Londres (Nat. Gal.) : *Saint Jean prêchant dans le désert* – *Le repos* – Londres (Acad.) : *Paysage avec le Christ* – Mayence : *Amour endormi* – Milan (Brera) : *Tête de saint Jean enfant* – *Saint Jean-Baptiste dans le désert* – Montpellier : *Saint Jean-Baptiste prêchant dans le désert* – *Sainte Famille* – *Laban cherchant ses idoles* – Moscou (Roumianzeff) : *Homère dictant ses poèmes* – Nancy : *Fuite en Égypte* – Nantes : *Paysage* – *Paysage animé* – Naples : *Vision de saint Romuald* – Oslo : *Saint François d'Assise en prière* – Paris (Mus. du Louvre) : *Prédication de saint Jean-Baptiste* – *Vision de saint Bruno* – Parme : *Paysage de montagnes* – Reims : *La nymphe Echo* – Rome (Acad. st Luc) : *Vieille femme au rouet* – Rome (Barberini) : *Vieille Femme* – *Saint Jérôme* – Rome (Borghèse) : *Le Pape Paul V* – *Saint Pierre délivré de prison* – *Tête de jeune homme* – Rome (Mus. Capitol) : *Endymion et Séléné* – *Esther et Ahasver* – *Nathan devant le roi David* – *Damnation d'Agar* – Rome (Colonna) : *Caïn après le meurtre d'Abel* – *Rébecca et Eléazar* – *Agar et Ismaël* – Rome (Corsini) : *Homère jouant de la lyre* – Rome (Doria Pamphili) : *Vision de saint Bruno* – *Tête de jeune femme* – Rome (Gal. Spada) : *Bacchus* – Rome (Vatican) : *Saint Jérôme avec paysage* – Rouen : *Paysage d'Italie* – Saint-Pétersbourg (Mus. de l'Ermitage) : *Entrevue de Jacob et de Rachel* – *Repos en Égypte* – *Jacob, Rachel et Léa* – Sarajota (Floride) : *Le Prophète Élie et la veuve* – Schleissheim : *Damnation d'Agar* – *Enlèvement d'Europe* – Stuttgart : *Prédication de saint Jean-Baptiste* – Venise (Gal. Nat.) : *Sacrifice de Diane* – Vienne (Gal. Harrach) : *Repos en Égypte*.
Ventes Publiques : Paris, 1756 : *Le Départ des filles de Jethro* : **FRF 780** – Paris, 1784 : *Jupiter métamorphosé en cygne et Léda* : **FRF 1 401** – Paris, 1793 : *Prédication de saint Jean-Baptiste* : **FRF 6 500** – Paris, 1852 : *La Fuite en Égypte* : **FRF 185** – Londres, 23 avr. 1929 : *Le Repos en Égypte*, pl. : **GBP 17** – Londres, 11 juil. 1930 : *Herminie cherchant refuge chez les bergers* : **GBP 68** – Londres, 6 mars 1946 : *Diane et Actéon*, pl. et sépia : **GBP 26** – Paris, 14 juin 1955 : *Le Peintre poursuivi par les Furies*, pl. et lavis de sépia : **FRF 10 100** – Milan, 15 mai 1962 : *Paesaggio con San Girolamo ed eremiti* : **ITL 700 000** – Milan, 11 mai 1966 : *Saint Jérôme dans le désert* : **ITL 1 500 000** – Londres, 3 déc. 1969 : *Saint Jérôme* : **GBP 3 800** – Milan, 16 déc. 1971 : *Saint Jérôme* : **ITL 7 000 000** – Londres, 23 mars 1973 : *L'Enlèvement d'Europe* : **GNS 14 000** – Londres, 28 mars 1974 : *Joseph racontant ses rêves* : **GBP 2 400** – Londres, 30 mars 1976 : *L'ange apparaissant à Agar et Ismaël*, craie rouge, pl. et lav. (20,7x33,6) : **GBP 1 500** – Londres, 2 avr. 1976 : *Saint Jérôme dans le désert*, h/t (63,5x49,5) : **GBP 3 800** – Milan, 17 mai 1977 : *Le Repos pendant la fuite en Égypte*, h/t (77x61) : **ITL 10 500 000** – Londres, 24 juin 1980 :

Diane et Actéon, pl. et lav. (20,2x27,4) : **GBP 3 400** – Londres, 7 juil. 1981 : *Latone changeant les paysans en crapauds*, pl. et lav. (13,6x18,8) : **GBP 1 900** – New York, 18 jan. 1984 : *Jeune garçon allongé vu de dos*, craies noire et rouge (21,4x36,6) : **USD 15 500** – Londres, 4 avr. 1984 : *Allégorie*, h/t (120x92) : **GBP 3 200** – Londres, 4 juil. 1985 : *Hermione parmi les bergers*, pl. et lav. (16,5x25,2) : **GBP 3 200** – Milan, 26 nov. 1985 : *La converssion de saint Paul*, h/t (68x99) : **ITL 35 000 000** – Milan, 4 déc. 1986 : *La Vision de Saint Jérôme*, pl. et lav./traces craie rouge (29,5x18,5) : **ITL 8 500 000** – Londres, 10 déc. 1986 : *Homme jouant de la viole de gambe*, h/t (225x142) : **GBP 60 000** – New York, 14 jan. 1987 : *Endymion*, pl. et lav. (18,8x24,5) : **USD 3 000** – Stockholm, 29 avr. 1988 : *Paysage de ruines antiques avec personnages*, h/t (48x38) : **SEK 6 700** – New York, 12 jan. 1989 : *Saint Jean Baptiste*, h/t (42x32) : **USD 26 400** – Rome, 23 mai 1989 : *Paysage avec saint Jérôme*, h/t (93,5x83) : **ITL 6 200 000** – Londres, 8 déc. 1989 : *Tancrède baptisant Clorinda*, h/t (132,7x206) : **GBP 15 400** – Rome, 8 avr. 1991 : *Jeune femme (Vénus ?) se baignant dans un ruisseau sous l'œil d'un putto*, h/t (49x66) : **ITL 18 400 000** – Londres, 2 juil. 1991 : *Deux études de sainte Cécile (recto) ; Étude d'une Vierge à l'Enfant (verso)*, craie noire, encre et lav. (18,6x25,4) : **GBP 99 000** – New York, 17 jan. 1992 : *Aaron le grand prêtre des Israélites tenant un encensoir*, h/t (94,6x70,5) : **USD 66 000** – Lugano, 16 mai 1992 : *Vierge à l'Enfant avec saint Jean*, h/t (73,7x58,4) : **CHF 42 000** – Paris, 1er avr. 1993 : *Saint Barnabé prêchant à Milan*, pierre noire, encre et lav., reh. de blanc (26,3x20) : **FRF 32 000** – Monaco, 20 juin 1994 : *Le Songe de Joseph*, craie noire (15,4x15,1) : **FRF 22 200** – Londres, 9 déc. 1994 : *Saint François*, h./marbre de Carrare (38x27,5) : **GBP 51 000** – Rome, 21 nov. 1995 : *Madeleine endormie*, h/t (122,5x93,5) : **ITL 32 998 000** – New York, 12 jan. 1996 : *Flore et Bacchus enfant dans un paysage boisé*, h/t (46x40) : **USD 36 800** – Rome, 29 oct. 1996 : *Agar et l'ange dans un paysage*, h/t (26x33,5) : **ITL 12 232 000**.

MOLA Pier Francesco. Voir aussi **PANCALDI Pier Francesco**

MOLA Vincenzo

XVe-XVIe siècles. Actif à Rezolo (Mantoue). Italien.

Sculpteur sur bois.

Père d'Antonio et de Paolo.

MOLAEB Jamil

Né en 1948 à Baïssour (Chouf). XXe siècle. Actif aux États-Unis. Libanais.

Peintre de paysages, peintre à la gouache, sculpteur.

Il fut élève de l'Institut des beaux-arts de l'université libanaise, puis, grâce à une bourse, de l'École nationale des beaux-arts d'Alger. Il s'installa ensuite à New York.

Il a participé à plusieurs expositions collectives : 1966, 1967, 1968, 1974 salons du musée Sursock à Beyrouth ; 1968, 1984 galerie de l'Association des artistes, peintres et sculpteurs libanais ; 1978, 1980 ministère du tourisme de Beyrouth ; 1989 *Liban – Le Regard des peintres – 200 ans de peinture libanaise*, à l'Institut du monde arabe de Paris. Il montre ses œuvres dans des expositions personnelles régulièrement à Beyrouth, ainsi qu'en 1984 aux États-Unis. Il a reçu le IIIe prix de sculpture au VIIe Salon du musée Sursock.

Bibliogr. : In : Catalogue de l'exposition *Liban – Le regard des peintres, 200 ans de peinture libanaise*, Institut du monde Arabe, Paris, 1989.

MOLAIN Antoine ou **Mollain**

XVIe siècle. Actif à Beauvais de 1571 à 1582. Français.

Sculpteur sur bois.

MOLANUS Mattheus

Né en 1590 à Middelburg. Mort en 1645 à Anvers. XVIIe siècle. Hollandais.

Peintre de paysages animés, paysages.

Doyen de la gilde Saint-Luc de Middelbourg en 1626. Il fut influencé par Jan Brueghel. Ses œuvres sont souvent sous le nom de Schneebrueghel.

M. Molanus 1635.

Musées : Dresde : *Village* – La Haye-Stuen : *Paysage d'hiver* – Prague (Rudolfinum) – Vienne (Mus. Nat.) – Vienne (Mus. de Schönborn) – Vienne (Gal. Harrach).

Ventes Publiques : Amsterdam, 18 avr. 1950 : *Scène d'hiver* : **NLG 2 000** – Amsterdam, 20 nov. 1973 : *Paysage au petit pont ; Bateaux dans une baie*, deux peint. : **NLG 40 000** – New York, 15 mars 1979 : *Paysage fluvial boisé*, h/cuivre (14x19,5) : **USD 32 000** – Vienne, 19 mai 1981 : *Troupeau aux abords d'un village*, h/pan. (35,5x53,2) : **ATS 150 000** – Londres, 8 déc. 1993 : *Les remparts d'une ville avec une barque passant sous un pont*, h/pan. (14,9x23) : **GBP 4 600** – Amsterdam, 7 mai 1996 : *Paysage avec une rivière rocheuse et des voyageurs et des mendiants près d'une arche en ruine au sommet d'une colline*, h/cuivre/pan. (14,2x19,7) : **NLG 36 800** – New York, 16 mai 1996 : *Village et personnages au bord d'une rivière*, h/pan. (40,6x50,8) : **USD 24 150**.

MOLARD Ida. Voir **ERICSON-MOLARD**

MOLARD Jacques

XVIIIe siècle. Actif à Grenoble. Français.

Peintre.

MOLARINHO José Arnaldo Nogueira

Né en 1828 à Guimarães. Mort le 15 janvier 1907 à Porto. XIXe-XXe siècles. Portugais.

Médailleur.

MOLARSKY Maurice

Né le 25 mai 1885 à Kiev. Mort en 1950. XXe siècle. Actif aux États-Unis. Russe.

Peintre de portraits, natures mortes.

Il étudia à Philadelphie, en France et en Angleterre. Il fut membre de la Ligue américaine des artistes professeurs. Il obtint en 1926, une médaille d'argent à Philadelphie.

Ventes Publiques : New York, 7 avr. 1982 : *Avant le bal* 1919, h/cart. (69,5x56) : **USD 1 500** – New York, 30 mai 1990 : *Au café*, h/t (62,3x45,5) : **USD 2 750**.

MOLART Michel. Voir **MOLLART**

MOLAS SABARTÉ Juan

Né en 1887 à Tarragone (Catalogne). XXe siècle. Espagnol.

Dessinateur.

Il fut élève de l'école des Beaux-Arts de Barcelone et Valence. Il enseigna le dessin.

Il a participé à la Ve exposition des Beaux-Arts de Barcelone en 1907, à Saragosse en 1908, à l'Exposition espagnole de Mexico en 1910, et reçut plusieurs médailles.

Il a réalisé de nombreux dessins et enluminé des diplômes et parchemins.

Bibliogr. : In : *Cien Anos de pintura en Espana y Portugal, 1830-1930*, Antiquaria, t. VI, Barcelone, 1991.

MÖLCK. Voir **MÖLK**

MOLD Jean Baptiste et **Juan Van**. Voir **MOL**

MOLDAVSKY Konstantin

Né en 1813. Mort le 16 juin 1855. XIXe siècle. Russe.

Peintre d'histoire et dessinateur.

La Galerie Tretiakov à Moscou conserve de cet artiste un *Portrait du comte Th. P. Tolstoï*.

MOLDER Jean de

XVIe siècle. Actif à Anvers en 1513. Éc. flamande.

Sculpteur sur bois.

Le Musée de Cluny, à Paris, possède de lui un *Retable en bois*.

MOLDOVAN Béla

Né en 1885 à Munkacs. XXe siècle. Hongrois.

Peintre de figures, peintre de cartons de tapisseries.

Il fit ses études à Budapest. Il dessina de nombreux tapis.

MOLDOVAN Kurt

Né en 1918. Mort en 1977. XXe siècle. Autrichien.

Dessinateur, graveur. Tendance fantastique.

Dans ses lithographies en couleur, il décrit un univers démoniaque avec une sensualité panthéiste, évoquant le reflet de Goya, de Rops ou d'Ensor.

Ventes Publiques : Vienne, 18 mars 1981 : *Alice au pays des Merveilles*, litho., suite de vingt-quatre : **ATS 10 000** – Vienne, 16 sep. 1981 : *Opération* 1956, pl. (20x20,5) : **ATS 12 000** – Vienne, 25 mai 1982 : *Wurstprater, 1975*, aquar. (31x46) : **ATS 25 000** – Vienne, 10 sep. 1985 : *Ballett ; Eine Munie erscheint* 1955, pl. et encre de Chine, deux dessins (21x29,7) : **ATS 20 000** – Vienne, 9 sep. 1986 : *Burgenland*, aquar. (31x46,5) : **ATS 40 000** – Vienne, 19 mai 1987 : *Cortes in Mexico* 1967, pl. et encre de Chine (32,3x47,5) : **ATS 25 000** – Vienne, 9 déc. 1987 : *Maison dans un paysage*, aquar. (30,2x46) : **ATS 45 000**.

MOLE Jean Baptiste ou **Giovanni Battista** ou **Mola, Molla, Mollo, Molly**, dit **da Francia**

Né en 1616 à Besançon. Mort en 1661 à Rome. XVIIe siècle. Français.

Peintre d'histoire, compositions religieuses, scènes de genre, paysages, graveur, dessinateur.

Il vint d'abord à Paris et y fut élève de Simon Vouet. S'étant rendu en Italie il y rencontra son homonyme Pietro Francesco Mola et exécuta avec lui, à Venise, une copie de Paolo Veronese pour le cardinal Bichi. Ce fut peut-être sur les conseils de son collaborateur, Francesco, que Giovanni Battista alla à Rome travailler sous la direction d'Albani, en 1650. Il adopta le style de ce maître, mais en y ajoutant plus de force et un coloris plus éclatant. Le Palais Salviati, à Rome, possède quatre de ses meilleurs paysages, la Galerie Rimiccini, à Florence, un *Repos en Égypte* très apprécié. Il a gravé à l'eau-forte des sujets historiques et religieux.

Musées : Bergame (Acad. Carrara) : *Sainte Marie-Madeleine* – Liège : *Saint Bruno en extase* – *Saint François recevant les stigmates* – Rome (Borghèse) : *Paysages* – Stockholm : *Saint Jérôme* – Vienne (coll. Czernin) : *Sainte Famille*.

Ventes Publiques : Paris, 1776 : *Paysage mêlé de ruines*, dess. au lav. : **FRF 78** – Paris, 1868 : *La Bacchante* : **FRF 150** – Paris, 21 jan. 1924 : *Repas de moines dans un paysage*, lav. de sépia : **FRF 315** – Paris, 21 mai 1927 : *Cavalier dans un paysage accidenté* : **FRF 500**.

MOLE John Henry

Né en 1814 à Alnwick. Mort le 13 décembre 1886. xixe siècle. Britannique.

Peintre de genre, animaux, paysages, miniaturiste, aquarelliste, dessinateur.

Il se forma sans maître. Jusqu'à l'âge de 21 ans, il fut employé dans l'étude d'un homme de loi de New castle-on-Tyne, mais ayant acquis un talent suffisant de peintre en miniatures, il embrassa la carrière artistique, produisant aussi de jolis paysages à l'aquarelle.

À partir de 1845, il exposa à la New Water-Colours Society, dont, deux ans plus tard, il devenait associé, puis membre en 1848, et vice-président en 1884. Il exposa également à la Royal Academy, à la British Institution, à Suffolk Street. À partir de 1847, il abandonna la miniature et vint s'établir à Londres.

Musées : Blackburn – Londres (Mus. Victoria and Albert) – Sunderland – Sydney.

Ventes Publiques : Londres, 9 déc. 1921 : *La vallée de Crucis Abbey*, dess. : **GBP 52** – Londres, 9 juin 1922 : *Près de Bickleigh*, dess. : **GBP 32** – Londres, 6 avr. 1923 : *Ramasseurs de goémon*, dess. : **GBP 53** – Londres, 28 mai 1923 : *Leçons à la maison*, dess. : **GBP 50** – Londres, 23 nov. 1923 : *Le Pont Saint-Michel*, dess. : **GBP 48** – Londres, 8 mai 1925 : *Feu d'hiver*, dess. : **GBP 42** – Londres, 18 mai 1925 : *Moisson sur la côte*, dess. : **GBP 39** – Londres, 22 jan. 1926 : *Jeunes pêcheurs*, dess. : **GBP 35** – Londres, 25 nov. 1927 : *Retour du village*, dess. : **GBP 22** – Londres, 13 avr. 1928 : *Une heure de loisirs*, dess. : **GBP 78** – Londres, 22 juin 1928 : *Cueillette des mûres*, dess. : **GBP 26** – Londres, 10 juin 1929 : *Départ pour le service*, dess. : **GBP 39** – Londres, 26 juin 1931 : *Chaumière du Devonshire*, dess. : **GBP 16** – Londres, 28 nov. 1933 : *Ullswater*, aquar. : **GBP 18** – Londres, 7 déc. 1945 : *Jeunes glorieuses*, dess. : **GBP 21** – Londres, 22 mars 1946 : *Château de Warkworth*, dess. : **GBP 18** – Londres, 12 déc. 1972 : *Le Mont Saint-Michel*, aquar. : **GNS 380** – Londres, 1er oct. 1973 : *Enfants dans un paysage*, aquar. : **GNS 500** – Londres, 1er avr. 1976 : *Berger et son chien au bord de la route* 1855, gche (33,5x51,5) : **GBP 160** – Londres, 25 janv 1979 : *Whitecliff* 1866, aquar. et reh. de blanc (26,5x55) : **GBP 520** – Londres, 24 mars 1981 : *La Vie du pêcheur* 1851, aquar. et reh. de blanc (66x104) : **GBP 1 800** – Londres, 23 nov. 1982 : *La vie des pêcheurs* 1851, h/t reh. de gche (66x105) : **GBP 1 800** – Londres, 10 mai 1983 : *Waiting for the ferry* 1856, aquar. reh. de blanc (42,5x58,5) : **GBP 1 100** – Londres, 29 oct. 1985 : *Prawn-fishing* 1864, aquar. reh. de blanc (50,4x102,2) : **GBP 6 000** – Chester, 10 juil. 1986 : *Jeune pêcheur à la ligne près d'un moulin* 1883, h/t (44x60) : **GBP 3 500** – Londres, 26 jan. 1987 : *Rainham, Essex* 1885, aquar./traits de cr. reh. de gche (23x36) : **GBP 1 600** – Londres, 25 jan. 1989 : *Famille de pêcheurs sur la grève* 1861, aquar. (21,5x47,5) : **GBP 3 300** – Londres, 31 jan. 1990 : *La vie dans les Highlands*, aquar. et gche (20x29) : **GBP 1 265** – Londres, 8 fév. 1991 : *Près du pont de Tummel dans le Perthshire* 1858, aquar. avec reh. de blanc (19,3x29,9) : **GBP 1 045** – Londres, 19 déc. 1991 : *À Peter Tavy au sud du Devon*, cr. et aquar. (17,2x24,8) : **GBP 1 430** – Londres, 3 juin 1992 : *Un sentier à flanc de colline* 1860, aquar. avec reh. de blanc (47x68) : **GBP 2 970** – Londres, 13 nov. 1992 : *Fille de pêcheur* 1857, aquar. avec reh. de blanc (36,2x28,2) : **GBP 880** – Perth, 31 août 1993 : *Les environs de Lochinver* 1859, aquar. et gche (17,5x53) : **GBP 2 070** – Londres, 25 mars 1994 : *Près de Bettws-y-Coed en Galles du Nord* 1879, cr. et aquar. (46,6x68,5) : **GBP 2 645** – Édimbourg, 23 mai 1996 : *La provende des canards* 1873, aquar. et gche (28,5x44,5) : **GBP 1 610**.

MOLEA-SUCIU Octavia

Née en 1938 à Bucarest. xxe siècle. Depuis 1977 active en Hollande. Roumaine.

Peintre de compositions animées, religieuses, mythologiques, sculpteur. Naïf fantastique.

Elle fut élève de l'Institut d'Arts plastiques de Bucarest. Avant de s'établir en Hollande, elle résida de 1974 à 1977 en République Fédérale Allemande.

Elle participe à de nombreuses expositions collectives : en Roumanie, République Fédérale Allemande, France, Belgique. Elle expose, à Paris, au Salon international d'art naïf. Elle a montré ses œuvres dans des expositions personnelles : 1969, 1973 Bucarest ; 1978, 1980, 1984 Aix-la-Chapelle ; 1980 Maastricht ; 1981, 1983 Stuttgart ; 1982 Genève ; 1985 Bruxelles.

Après avoir pratiqué un expressionnisme abstrait, elle s'est tournée vers la figuration, dans des compositions sur verre, naïves et riches en symboles. Ces peintures simples, sur des fonds souvent dorés, ont pour source les arts populaires. Elle a ensuite réalisé des assemblages de bois, intégrant comme motifs structurels, des clous, chaînes, charnières, verrous.

Bibliogr. : Ionel Jianou et divers, in : *Les Artistes roumains en Occident*, American Romanian Academy of Arts and Sciences, Los Angeles, 1986.

MOLEAU Calixte Désiré

Né le 26 mai 1841 à Cerdon (Loiret). xixe siècle. Français.

Sculpteur.

Élève de Bonnassieux, Dumont et Delorme. Membre de l'Institut. Le Musée d'Orléans conserve de lui : *La Charité*.

MOLENAAR Frans

Né le 25 mars 1821 à Amsterdam. Mort le 12 mars 1886 à Amsterdam. xixe siècle. Hollandais.

Graveur au burin et à l'eau-forte.

Il grava des illustrations et des portraits pour des almanachs.

MOLENAAR Johannes Petrus

Né en 1914. xxe siècle. Hollandais.

Peintre de marines.

Ventes Publiques : Amsterdam, 19 oct. 1993 : *Cargo dans le port de Rotterdam*, h/t (25,5x43,5) : **NLG 1 380**.

MOLENAER A.

xviie siècle. Hollandais.

Peintre.

On cite de lui *Tête d'oriental*, imitée de Rembrandt.

MOLENAER Bartholomeus, Bartolomaeus

Mort au début de septembre 1650 à Haarlem. xviie siècle. Hollandais.

Peintre de genre, intérieurs.

Frère de Jan Miense. En 1640, il était dans la gilde de Haarlem. Il peignit des paysans et des intérieurs d'école dans le genre de A. Van Ostade.

Musées : Coblence : *Salle d'école* – Mannheim : *École de village avec maîtresse* – Saint-Pétersbourg (Mus. de l'Ermitage) : *Intérieur rustique*.

Ventes Publiques : Cologne, 26 nov. 1970 : *Scène de cabaret* : **DEM 11 500** – Vienne, 19 sep. 1972 : *Scène de taverne* : **ATS 75 000** – Cologne, 14 juin 1976 : *Scène de cabaret*, h/pan. (40,5x39) : **DEM 10 000** – Vienne, 13 mars 1979 : *L'école du village*, h/pan. (38x55) : **ATS 150 000** – Monte-Carlo, 13 juin 1982 : *Scènes d'intérieurs de cuisine*, 2 h/pan. : **FRF 30 000** – Paris, 10 mai 1984 : *Le repas des villageois*, h/bois (33,5x44) : **FRF 34 000** – Monaco, 17 juin 1988 : *Le Conteur d'histoires*, h/t (35,5x37) : **FRF 33 300** – Amsterdam, 22 nov. 1989 : *Paysans à la taverne*, h/pan. (32,5x37) : **NLG 8 050** – Amsterdam, 22 mai 1990 : *Paysans chantant dans une taverne*, h/pan. (36x28) : **NLG 19 550** – Londres, 20 juil. 1990 : *Paysans chantant dans une taverne*, h/pan. (21,3x16,3) : **GBP 3 080** – Paris, 18 avr. 1991 : *Intérieur de tisserand*, h/pan. (26x26) : **FRF 50 000** – Londres, 30 oct. 1991 : *Famille de paysans disant ses actions de grâces*, h/pan. (37,5x30) : **GBP 2 640** – Paris, 27 nov. 1992 : *Scène d'intérieur*, h/pan. de chêne (44x36,5) : **FRF 33 000** – Amsterdam, 17 nov. 1994 : *Guérisseur soignant le pied d'un paysan dans une auberge*, h/pan. (24x36,3) : **NLG 9 200** – Amsterdam, 9 mai 1995 : *Paysans s'amu-*

sant dans une taverne, h/pan. (39,5x55) : **NLG 15 340** – LONDRES, 13 déc. 1996 : *Scène de taverne*, h/pan. (21,2x16,2) : **GBP 3 450** – AMSTERDAM, 11 nov. 1997 : *Paysans dans une taverne*, h/pan. (39x55,1) : **NLG 11 800**.

MOLENAER Claes. Voir **MOLENAER Klaes**

MOLENAER Cornelis, dit **de Scheele Neel** ou **Strabo** ou **Neel de Scheeler** ou **Corneille le Louche**

Né vers 1540 à Anvers. Mort en 1589 à Anvers probablement. XVIe siècle. Éc. flamande.

Peintre.

Élève de son beau-père, un peintre inconnu. Il fut maître à Anvers en 1564 et eut pour élève Jan Nazel. Il peignait les fonds des tableaux des autres peintres pour un thaler par jour et les paysages des tableaux de Gillis Cougnet. Il s'adonna à la boisson et mourut dans la misère. Dans ses propres œuvres, il traite avec habileté et pittoresque les feuillages, dans un coloris agréable.

CM

MUSÉES : BERLIN : *Paysage de forêt – Le Bon Samaritain* – BORDEAUX : *Paysage* – BOURG : *Intérieur d'une tabagie* – CHÂTEAUROUX : *La tireuse de cartes* – GENÈVE (Ariana) : *Les patineurs* – MADRID (Prado) : trois marines – MONTPELLIER : *Effet de neige* – MOSCOU (Roumianzeff) : *Le patinage*.

VENTES PUBLIQUES : PARIS, 1777 : *Vue des environs de Rome* : **FRF 190** – PARIS, 1862 : *Scène d'hiver, patineurs* : **FRF 250** – COLOGNE, 1862 : *La blanchisserie près du moulin* : **FRF 506** – PARIS, 1879 : *Canal glacé et figures* : **FRF 800** – LOS ANGELES, 17 mars 1980 : *Adam et Ève au paradis*, h/pan. (26,5x40,5) : **USD 5 000** – NEW YORK, 8 jan. 1981 : *Adam et Ève au paradis*, h/pan. (26,5x40) : **USD 8 750**.

MOLENAER E.

XVIIe siècle. Travaillant vers 1647. Hollandais.

Peintre.

Le comte Belgiosioso conserve de lui un paysage.

MOLENAER Jan Jacobsz

Né en 1654 à Haarlem. XVIIe siècle. Hollandais.

Peintre de genre.

Il faisait partie de la gilde d'Haarlem en 1684.

VENTES PUBLIQUES : PARIS, 27 juin 1989 : *Rixe dans une auberge*, pan. de chêne non parqueté (45,5x36) : **FRF 190 000** – AMSTERDAM, 22 mai 1990 : *Paysans buvant*, h/pan. (24x20) : **NLG 9 775** – AMSTERDAM, 12 juin 1990 : *Distractions paysannes dans une taverne*, h/pan. (24,8x21,2) : **NLG 3 450** – AMSTERDAM, 2 mai 1991 : *Le bénédicité*, h/pan. (16x13,5) : **NLG 4 600**.

MOLENAER Jan Miense ou **Johannes** ou **Molinaer**

Né vers 1610 probablement à Haarlem. Mort le 15 septembre 1668 à Haarlem. XVIIe siècle. Hollandais.

Peintre de genre, portraits, intérieurs, graveur.

Il fut élève de Frans Hals, comme le fut Judith Leyster, qu'il épousa le 1er juillet 1636 à Haarlem. L'année de son mariage il s'installa à Amsterdam où il resta jusqu'en 1648, date à laquelle il acheta une maison à Heemstede, près Haarlem. Enfin il revint à Haarlem en 1657. On distingue deux périodes dans sa vie : avant et après son séjour à Amsterdam. A ses débuts, ses œuvres se distinguent parfois difficilement de celles de sa femme et montrent une influence de Frans Hals. Il en est ainsi pour les *Enfants* (1629) et *Sérénade* (1629). Un peu plus tard, certaines de ses peintures deviennent plus lisses, tel l'*Atelier du peintre* (1631) ou les *Cinq Sens* (1637). Durant son séjour à Amsterdam il fit de nombreux portraits mondains dont celui de la *Famille Van Loon*. Il traite aussi avec rapidité quelques scènes de genre. Dans l'ensemble, Molenaer est un artiste assez éclectique qui aime à traiter des scènes vivantes et animées.

Molenaer Molenaer
J. Moleaer. 1659

MUSÉES : ABBEVILLE : *Le Bénédicité* – AIX : *Querelle de ménage – Femme jouant du flageolet* – AMSTERDAM : *Jeune femme au clavecin – La prière avant le repas* – ANVERS : *Le tir à la perche* – ARRAS : *Intérieur de cabaret* – BERGAME (Acad. Carrara) : *Jeune paysan fumant la pipe* – BERLIN : *Le chanteur forain – L'auberge de village – L'atelier du peintre* – BONN : *Danse villageoise – Couple de paysans dansant dans une rue de village* – BOURGES : *L'aumône – Le bénédicité* – BRUNSWICK : *Un dentiste – Mangeur d'huîtres – Danseur* – BRUXELLES : *Deux intérieurs rustiques – La partie de cartes* – BUDAPEST : *Auberge de la Demi-lune à Haarlem – La main chaude – Intérieur de cabaret* – COLOGNE : *Chambre de paysan* – CONSTANCE : *Paysans buvant* – COPENHAGUE : *La femme jalouse – Le roi boit – Gaîté de paysans – Paysans dans une auberge* – DARMSTADT : *Joueurs aux cartes* – DOUAI : *Intérieur de maison rustique* – DRESDE : *Paysans chantant et violoniste – Violoniste chez des paysans – Paysans buvant* – DUBLIN : *Paysan faisant danser un chat et un chien* – ÉPINAL : *Jeune garçon égratigné par un chat* – FRANCFORT-SUR-LE-MAIN : *Le verre vide* – GENÈVE (Ariana) : *un concert* – GENÈVE (Rath) : *Intérieur de cabaret – Noce de village* – GLASGOW : *Les Musiciens* – HAARLEM : *Noce flamande* – LA HAYE : *Le Toucher – La Vue – L'Ouïe – L'Odorat – Le Goût – Grande fête dans une auberge* – KALININGRAD, ancien. Königsberg : *Intérieur de forge* – KARLSRUHE : *Noce paysanne* – LEIPZIG : *Paysans buvant – Réunion de paysans* – LILLE : *Scène de carnaval – Blanchisserie* – LIVERPOOL : *Fête villageoise* – LONDRES (N. Gal.) : *Passe-temps musical* – LYON : *Taverne – Le bon ménage* – MAYENCE : *Réunion à l'auberge* – Même sujet – *Le bénédicité* – NANTES : *Buveurs attablés dans un cabaret* – NEUCHÂTEL : *Repas flamand en 1632* – PARIS (Mus. du Louvre) : *Homme accordant son luth* – POITIERS : *Paysage d'hiver – Joueurs et buveurs – Scène paysanne* – ROTTERDAM : *Joyeuse compagnie – Joueur de clarinette* – SAINT-PÉTERSBOURG (Mus. de l'Ermitage) : *Famille de paysans* – SCHLEISHEIM : *Réunion de paysans à l'auberge* – SCHWERIN : *Réunion musicale – Paysans buvant – Fille chantant – Réunion joyeuse* – STOCKHOLM : *Bamboche dans une ville – Noce villageoise* – STRASBOURG : *Entretien de libertins* – STUTTGART : *Paysans dansant – Paysan fumant et buvant – Paysans comptant de l'argent avec son fils – Opération au pied – École de village* – VALENCIENNES : *Une noce en Hollande* – VIENNE : *Paysans faisant de la musique* – VIENNE (Liechtenstein) : *Intérieur de paysans – Fête des rois – Réunion de paysans – Réunion – Homme embrassant une femme* – WORMS : *Une femme et trois hommes à table*.

VENTES PUBLIQUES : PARIS, 1860 : *Intérieur de cabaret* : **FRF 430** – PARIS, 12 avr. 1868 : *La Main chaude* : **FRF 1 800** – PARIS, 1875 : *Kermesse flamande* : **FRF 2 850** – PARIS, 1884 : *Le Concert au cabaret* : **FRF 1 950** – PARIS, 1891 : *Le Concert burlesque* : **FRF 3 350** – MUNICH, 1899 : *Joyeuse Compagnie à l'auberge* : **FRF 14 370** – VIENNE, 1900 : *Fête villageoise* : **FRF 2 500** – PARIS, 30 avr. 1900 : *Brelan d'as* : **FRF 5 000** – LONDRES, 23 avr. 1910 : *Jeune homme jouant du violon* : **GBP 1 155** – LONDRES, 9 mai 1910 : *Paysans jouant* : **GBP 44** – PARIS, 2 déc. 1918 : *Réunion de musiciens et musiciennes dans un intérieur* : **FRF 1 450** – PARIS, 17-18 oct. 1919 : *Le Jeu du pied chaud* : **FRF 1 550** – LONDRES, 23 juin 1922 : *Intérieur* : **GBP 63** – LONDRES, 15 déc. 1922 : *Leçon de danse* : **GBP 105** – PARIS, 22 nov. 1923 : *Le Loqueteux* : **FRF 4 000** – PARIS, 5 juin 1924 : *Intérieur de cabaret* : **FRF 5 800** – PARIS, 7 mars 1925 : *Le Colin-Maillard interrompu* : **FRF 17 600** – LONDRES, 4 mai 1925 : *Extérieur d'une taverne* : **GBP 168** – PARIS, 14 déc. 1925 : *Paysan fumant et buvant* : **FRF 2 050** – LONDRES, 26 fév. 1926 : *Femme à sa toilette* : **GBP 435** – PARIS, 17 juil. 1926 : *Intérieur avec personnages* : **FRF 9 000** – LONDRES, 25 juin 1928 : *Une taverne* : **GBP 194** – LONDRES, 25 juin 1929 : *La Fête de saint Nicolas* : **GBP 136** – LONDRES, 17 juil. 1929 : *Les Cinq Sens* : **GBP 460** – PARIS, 15-16 nov. 1933 : *La Servante courtisée* : **FRF 5 200** – STOCKHOLM, 13 déc. 1933 : *Danseuses* : **DKK 1 100** – BERLIN, 25 juin 1934 : *Scène d'intérieur paysan hollandais* : **DEM 2 150** – PARIS, 18 nov. 1935 : *La Rentrée des Pêcheurs* : **FRF 2 500** – PARIS, 7 juin 1937 : *Le Colin-Maillard interrompu* : **FRF 10 000** – PARIS, 23 nov. 1942 : *Le Cabaret au bord de l'eau* : **FRF 71 000** – PARIS, 17-18 déc. 1942 : *Les Bohémiens* : **FRF 20 000** – PARIS, 27 déc. 1944 : *La Partie de cartes* : **FRF 197 000** – LONDRES, 5 avr. 1946 : *Intérieur paysan* : **GBP 336** – PARIS, 25 mai 1949 : *Le roi boit* : **FRF 140 000** – AMSTERDAM, 21 mars 1950 : *Noce villageoise* : **NLG 1 400** – AMSTERDAM, 11 juil. 1950 : *Joueuse de guitare 1635* : **NLG 1 700** – BRUXELLES, 4 déc. 1950 : *Fumeurs et Joueurs de cartes dans un intérieur* : **BEF 3 400** – AMSTERDAM, 13 mars 1951 : *Fête de famille dans un intérieur rustique* : **NLG 1 400** – PARIS, 25 avr. 1951 : *Intérieur d'auberge* : **FRF 53 500** – PARIS, 25 avr. 1951 : *Les Jeunes Musiciens* : **FRF 122 000** – PARIS, 25 juin 1951 : *Scène de cabaret* : **FRF 33 000** – PARIS, 5 déc. 1951 : *Trio musical* : **FRF 270 000** – LONDRES, 27 nov. 1959 : *Intérieur avec des joueurs de cartes près d'un feu* : **GBP 1 365** – LONDRES, 19 oct. 1960 : *Scène de village avec un couple élégant dans le fond* : **GBP 480** – LONDRES, 25 jan.

1961 : *Groupe d'enfants dans un intérieur* : **GBP 880** – LUCERNE, 21-27 nov. 1961 : *Le Joueur de flûte* : **CHF 6 600** – LONDRES, 3 juil. 1963 : *Intérieur avec paysans attablés* : **GBP 550** – NEW YORK, 25 mars 1964 : *Enfants jouant avec un chien* : **USD 1 600** – LONDRES, 23 juil. 1965 : *L'Heure de musique* : **GNS 750** – PARIS, 26 nov. 1967 : *Le Jeu de la savate* : **FRF 11 500** – LONDRES, 13 déc. 1968 : *La Partie de cartes* : **GNS 2 800** – LONDRES, 5 déc. 1969 : *La Visite attendue* : **GNS 3 500** – PARIS, 26 mai 1972 : *Le Jeu du canard* : **FRF 32 000** – LONDRES, 23 mars 1973 : *Paysans festoyant dans un intérieur* : **GNS 4 000** – COLOGNE, 14 nov. 1974 : *Pêcheurs sur la grève* : **DEM 27 000** – AMSTERDAM, 28 avr. 1976 : *Couple dansant dans une auberge*, h/pan. (68x55) : **NLG 34 000** – AMSTERDAM, 3 mai 1976 : *Étude de têtes de garçon et de fille*, pierre noire/pap. bleu (16,8x25,2) : **NLG 1 900** – AMSTERDAM, 26 avr. 1977 : *Jeune homme au verre de vin*, h/pan. (28,5x23,5) : **NLG 30 000** – AMSTERDAM, 24 avr. 1978 : *Scène de cabaret*, h/pan. (47,5x63,7) : **NLG 30 000** – LONDRES, 29 juin 1979 : *Jeunes paysans dans un intérieur s'amusant avec un chien et un chat*, h/t (89x116,8) : **GBP 11 000** – AMSTERDAM, 18 nov. 1980 : *Étude de têtes*, craie noire reh. de blanc/pap. bleu (16,8x25,2) : **NLG 4 200** – ZURICH, 15 mai 1981 : *Scène de taverne*, h/pan. (39,5x55,5) : **CHF 44 000** – LONDRES, 8 juil. 1983 : *Jeunes paysans festoyant dans un intérieur*, h/t (88,5x115) : **GBP 17 000** – LONDRES, 26 juin 1985 : *Le bordel*, eau-forte (15,6x18,6) : **GBP 1 300** – AMSTERDAM, 29 avr. 1985 : *Scène de taverne*, h/t (95,5x82) : **NLG 52 000** – PARIS, 4 mars 1988 : *Groupe de paysans buvant*, dess., cr., reh. de blanc/pap. (27x42) : **FRF 6 500** – AMSTERDAM, 29 nov. 1988 : *Scène galante à l'intérieur d'une taverne*, h/pan. (49x58,4) : **NLG 24 850** – NEW YORK, 11 jan. 1989 : *Paysans buvant et fumant à la taverne*, h/pan. (47,5x50,2) : **USD 39 600** – NEW YORK, 12 jan. 1989 : *Intérieur de taverne*, h/pan. (30x37) : **USD 15 400** – PARIS, 14 juin 1989 : *Joueurs de cartes dans un cabaret*, pan. parqueté (59,5x84) : **FRF 95 000** – LONDRES, 5 juil. 1989 : *Duo de musiciens dans un riche intérieur*, h/pan. (43,5x51,5) : **GBP 209 000** – COPENHAGUE, 25 oct. 1989 : *Rixe dans une taverne*, techn. mixte (26x24) : **DKK 10 000** – LONDRES, 27 oct. 1989 : *Paysans festoyant à l'intérieur d'une auberge tandis qu'un moine mendiant se présente à la porte*, h/pan. (41,5x53,7) : **GBP 19 250** – PARIS, 8 déc. 1989 : *Le chirurgien du village*, h/pan. (66x52,5) : **FRF 90 000** – PARIS, 14 déc. 1989 : *Scène d'intérieur ; le Bénédicité*, pan. de chêne non parqueté (36x30) : **FRF 31 000** – NEW YORK, 17 jan. 1990 : *Enfants dans un intérieur*, h/pan. (29,9x39,5) : **USD 3 300** – NEW YORK, 4 avr. 1990 : *Paysans récitant le Bénédicité avant le repas*, h/pan. (28x22,3) : **USD 6 600** – LONDRES, 11 avr. 1990 : *Paysans dansant dans une salle de ferme*, h/pan. (44,5x57) : **GBP 20 900** – AMSTERDAM, 12 juin 1990 : *Tablée de paysans dans une auberge*, h/pan. (74,5x104) : **NLG 25 300** – STOCKHOLM, 14 nov. 1990 : *Joueurs de cartes dans un intérieur*, h/pan. (29x28) : **SEK 12 500** – ROME, 19 nov. 1990 : *Le bal à l'auberge*, h/pan. (47x37) : **ITL 34 500 000** – STOCKHOLM, 29 mai 1991 : *Intérieur avec une famille réunie pour le repas*, h/pan. (34x29) : **SEK 25 000** – NEW YORK, 9 oct. 1991 : *Joueurs de cartes dans une taverne*, h/pan. (34,9x33) : **USD 7 150** – PARIS, 18 déc. 1991 : *Scène de beuverie à l'intérieur d'une auberge*, h/pan. (30x29) : **FRF 32 000** – NEW YORK, 16 jan. 1992 : *Intérieur avec une dame assise devant une épinette, une autre chantant et une fillette les écoutant avec une porte entrouverte sur un paysage au fond* 1634, h/pan. (50,8x34,8) : **USD 286 000** – PARIS, 11 avr. 1992 : *La maîtresse d'école*, h/pan. (25x32) : **FRF 30 000** – LONDRES, 15 avr. 1992 : *Intérieur de taverne avec un paysan lutinant une servante sous le regard amusé de ses compagnons*, h/pan. (36,2x46,7) : **GBP 9 000** – PARIS, 26 juin 1992 : *L'Arracheur de dents*, h/pan. (diam. 27) : **FRF 55 000** – MONACO, 4 déc. 1992 : *Scène d'hiver aux portes d'un village*, h/pan. (33,5x29,5) : **FRF 105 450** – PARIS, 26 avr. 1993 : *Scène de cabaret*, h/pan. de chêne (55,5x67) : **FRF 76 000** – LONDRES, 25 fév. 1994 : *Pêcheurs se partageant leur prise sur la plage*, h/t (66x90,9) : **GBP 5 750** – PARIS, 29 mars 1994 : *Intérieur de taverne avec une joyeuse compagnie*, h/pan. (36,5x49,5) : **FRF 150 000** – AMSTERDAM, 17 nov. 1994 : *Paysans s'amusant dans une taverne*, h/pan. (29,4x24) : **NLG 9 200** – NEW YORK, 11 jan. 1995 : *Paysan assis et portant un toast dans une auberge avec d'autres villageois fumant et parlant*, h/pan. (43,8x37,2) : **USD 11 500** – AMSTERDAM, 9 mai 1995 : *Jeune paysan tenant une chope et une pipe assis près de la cheminée*, h/pan. (52x43) : **NLG 63 720** – LONDRES, 5 juil. 1995 : *Jeune garçon au bonnet de fourrure tenant un chien et fillette avec un chat avec un autre garçon faisant des gestes et riant*, h/t (82x68,5) : **GBP 28 750** – PARIS, 8 déc. 1995 : *Le Chirurgien*, h/pan. (32,5x26,6) : **FRF 15 000** – AMSTERDAM, 7 mai 1996 : *Le roi boit*, h/pan. (30,9x26,3) : **NLG 7 475** – LONDRES, 11 déc. 1996 : *Intérieur paysan avec des personnages autour d'une table et un garçon remplissant une cruche d'un tonnelet*, h/t (111x145) : **GBP 20 700** – NEW YORK, 3 oct. 1996 : *Intérieur de cuisine avec des paysans fumant*, h/pan. (27x25,7) : **USD 2 587** – AMSTERDAM, 7 mai 1997 : *Paysans et diseuse de bonne aventure devant une auberge*, h/pan. (39,5x55,2) : **NLG 46 128** – PARIS, 11 mars 1997 : *Fête villageoise au bord de l'eau*, pan. (67,5x93) : **FRF 72 000** – LONDRES, 16 avr. 1997 : *Deux paysans fumant la pipe à table*, h/pan. (6,6x11,4) : **GBP 3 220** – PARIS, 27 juin 1997 : *Scène d'intérieur d'auberge*, pan. chêne (49x45,5) : **FRF 42 000** – AMSTERDAM, 11 nov. 1997 : *Un rustre courtisant une jeune fille dans une taverne, avec derrière eux une joyeuse compagnie chantant autour d'une table*, h/pan. (43,3x61,2) : **NLG 23 064** ; *Couple dansant dans une taverne avec à leur côté une femme jouant du violon, des rustres faisant de la musique plus loin*, h/pan. (62,5x56,4) : **NLG 29 983** – LONDRES, 30 oct. 1997 : *Intérieur de taverne avec certains personnages se reposant près d'un feu et d'autres mangeant et buvant en arrière-plan* 1637, h/t (81,4x102,5) : **GBP 82 900** – LONDRES, 3 déc. 1997 : *Une jeune femme jouant du luth avec un jeune homme chantant dans un intérieur* 1635, h/pan. (42,3x31,2) : **GBP 54 300**.

MOLENAER Judith. Voir **LEYSTER Judith**

MOLENAER Klaes ou **Nicolaes**

Né avant 1630 à Paris ou à Haarlem. Mort en 1676, enterré à Paris le 31 décembre 1676. XVIIe siècle. Hollandais.

Peintre de genre, paysages.

On pensa pendant un certain temps que Klaes Molenaer était le frère de Jan Miense Molenaer, et même que Jan Miense aurait orné et animé quelques-uns de ses paysages. Aujourd'hui, on est à peu près assuré qu'il n'y avait aucun lien de parenté entre eux, bien que certains documents établissent qu'ils furent en relation. En 1651, il était déjà inscrit dans la gilde de Haarlem.

Ses œuvres de jeunesse accusent une influence de Jan Van Goyen. Ensuite, il s'inspira de la manière de Jacob Van Ruysdael, surtout dans le traitement des eaux et des bois. Il cherchait surtout ses thèmes dans la nature, aimant à peindre les rivages des fleuves, les rivages de la mer aussi avec les longues plages désertes. Lorsqu'il peint des paysages d'hiver, c'est alors un peu Isaac Van Ostade qu'il rappelle. On lui donne pour élève N. Piémont et il semble, par analogies de styles, qu'il aurait formé Thomas Heeremans.

K. molenaer

BIBLIOGR. : *Encyclopédie des Arts Les Muses*, Grange Batelière, Paris, 1973.

MUSÉES : ABBEVILLE : *Vieux rempart de ville* – AMIENS : *Paysage avec figures* – BRÊME : *Paysage d'hiver* – *Rivière* – BRUNSWICK : deux paysages de fleuve – CHÂTEAU-GONTIER : *La main chaude* – COLOGNE : *Paysage avec fleuve* – DOUAI : *Paysage* – GENÈVE (Ariana) : *Hiver* – LE HAVRE : *Patineurs* – KASSEL : *La blanchisserie* – LEIPZIG : *Paysage d'hiver* – MAYENCE : *Paysage d'hiver* – *Faucheurs et faucheuses* – NOTTINGHAM : *Rivière, bateaux et personnages* – *Patineurs* – OSLO : *Paysage hollandais, l'hiver* – ROTTERDAM : *Blanchisserie* – *Plage* – SAINT-PÉTERSBOURG (Mus. de l'Ermitage) : *Paysage d'hiver* – SCHLEISHEIM : *Chanteurs ambulants* – SCHWERIN : *Paysage d'hiver* – *Auberge* – STOCKHOLM : *Hiver en Hollande* – *Côte hollandaise avec phare* – *Même sujet* – STOCKHOLM (Université) : *Paysans dansant* – *Paysans musiciens* – STUTTGART : *Kermesse paysanne* – *Paysage* – VIENNE (Liechtenstein) : trois paysages – *Paysage d'hiver*.

VENTES PUBLIQUES : GAND, 1837 : *Paysage* : **FRF 580** – PARIS, 1843 : *Effet d'hiver* : **FRF 360** – PARIS, 1859 : *Vue de Hollande* : **FRF 950** – PARIS, 1886 : *L'hiver en Hollande* : **FRF 430** – PARIS, 1892 : *Fête de village* : **FRF 600** – AMSTERDAM, 1897 : *Le mois de novembre* : **FRF 336** – AMSTERDAM, 13 juin 1921 : *Le chemin du village* : **FRF 1 000** – LONDRES, 22 fév. 1924 : *Paysage de sous-bois en hiver* : **GBP 58** – PARIS, 17-18 juin 1924 : *Bords de rivière* : **FRF 6 000** ; *Le village au bord de l'eau* : **FRF 3 300** – PARIS, 8 mai 1925 : *Une fête de village* : **FRF 4 000** – LONDRES, 7 mai 1926 : *Fête de village* : **GBP 262** – LONDRES, 19 nov. 1926 : *Village sur une rivière gelée* : **GBP 94** – PARIS, 12 mars 1927 : *Les Patineurs* : **FRF 8 000** – NEW YORK, 11 déc. 1930 : *Paysage d'octobre* : **USD 450** – PARIS, 13 mai 1931 : *Vue de Hollande, effet de neige* : **FRF 650** – PARIS, 8 déc. 1931 : *Les Amusements de l'hiver* : **FRF 5 000** – PARIS, 26 fév. 1934 : *Paysannes étendant du linge* : **FRF 2 100** – BERLIN, 25 juin 1934 : *Paysanne rhénan* : **DEM 925** – PARIS, 18 nov. 1935 : *La Plage de Scheveningen* : **FRF 900** – PARIS, 8 mars 1937 : *Les Plaisirs de l'Hiver* : **FRF 1 080** – PARIS, 5 nov.

1941 : *Traîneaux et patineurs sur une rivière glacée* : **FRF 42 000** – Paris, 15 juin 1942 : *La Place de Scheveningen* : **FRF 82 000** – Paris, 23 nov. 1942 : *La halte à l'auberge* : **FRF 71 000** – Paris, 10 fév. 1943 : *L'hiver* : **FRF 50 000** – Paris, 24 mai 1944 : *Patineurs près d'une tour* : **FRF 7 200** – Paris, 6 déc. 1944 : *Paysage d'hiver* : **FRF 35 000** – New York, 20 fév. 1946 : *Scène de rivière* : **USD 350** – Paris, 12 juin 1950 : *Paysans devant une auberge de village* : **FRF 70 100** – Lucerne, 17 juin 1950 : *Vue de village au bord d'une rivière* : **CHF 1 800** – Stockholm, 11 oct. 1950 : *Fête villageoise* 1660 : **SEK 3 050** – Amsterdam, 21 nov. 1950 : *Amusements d'hiver* : **NLG 675** – Paris, 11 déc. 1950 : *Scène d'hiver* : **FRF 65 000** – Amsterdam, 12 déc. 1950 : *Hiver* : **NLG 650** – Paris, 30 mai 1951 : *Le chemin du village* 1652 : **FRF 250 000** – Lucerne, 11 juin 1951 : *Patineurs* : **CHF 2 250** – Paris, 5 déc. 1951 : *Paysage d'hiver* : **FRF 400 000** – New York, 12 mars 1956 : *Scène d'hiver* : **USD 700** – Londres, 24 juin 1959 : *Paysage sous la tempête* : **GBP 320** – Lucerne, 23-26 nov. 1962 : *Paysage avec maison paysanne près d'une rivière* : **CHF 4 800** – Londres, 18 nov. 1964 : *Patineurs sur un canal gelé* : **GBP 950** – Lucerne, 4 déc. 1965 : *Paysage avec canal et moulin à vent* : **CHF 21 000** – Lucerne, 25 juin 1966 : *Paysage à la rivière animé de personnages* : **CHF 27 000** – Vienne, 14 mars 1967 : *Paysage de Hollande* : **ATS 70 000** – Munich, 6 juin 1968 : *Bord de mer animé de pêcheurs* : **DEM 17 000** – Berlin, 30 oct. 1969 : *Scène de canal* : **DEM 12 000** – Vienne, 30 nov. 1971 : *Hiver en Hollande* : **ATS 130 000** – Amsterdam, 14 nov. 1972 : *Egmond aan Zee* : **NLG 35 000** – Vienne, 4 déc. 1973 : *Pêcheurs sur la plage* : **ATS 280 000** – Londres, 29 mars 1974 : *Paysage d'hiver avec patineurs* : **GNS 26 000** – Paris, 29 nov. 1976 : *Réjouissances villageoises* 1651, h/pan. (52x67,5) : **FRF 62 000** – Amsterdam, 31 oct. 1977 : *Paysage d'hiver animé de nombreux personnages*, h/t (88,5x113) : **NLG 88 000** – Londres, 11 juil 1979 : *Paysage d'hiver animé de nombreux personnages* 1660, h/t (64x88,5) : **GBP 26 000** – New York, 8 jan. 1981 : *Paysage animé de personnages*, h/pan. (47x63,5) : **USD 20 000** – New York, 20 jan. 1983 : *Paysage d'hiver animé de personnages*, h/pan. (66x89) : **USD 40 000** – Londres, 13 déc. 1985 : *Fête champêtre*, h/pan. (58,5x81,3) : **GBP 13 000** – Londres, 23 mai 1986 : *Fête villageoise*, h/pan. (58,5x81,3) : **GBP 11 000** – Londres, 10 juil. 1987 : *Paysage d'hiver animé de personnages*, h/pan. (59x83) : **GBP 11 000** – Paris, 13 juin 1988 : *Les blanchisseries d'Overveen à Haarlem* 1657, h/pan. (58x83) : **FRF 60 000** – New York, 21 oct. 1988 : *Paysage avec des personnages dans des barques sur un canal longeant une ville*, h/pan. (59,5x82,5) : **USD 4 400** – Amsterdam, 29 nov. 1988 : *La foire au village près du canal*, h/pan. (47,3x63,5) : **NLG 36 800** – Amsterdam, 20 juin 1989 : *Paysage d'hiver avec de nombreux patineurs et des traîneaux sur le canal gelé près du village*, h/t (77,5x98,5) : **NLG 178 250** – Londres, 21 juil. 1989 : *Paysage d'hiver avec des voyageurs sous les remparts d'une ville*, h/pan. (40,6x37,9) : **GBP 11 550** – Milan, 24 oct. 1989 : *Fête dans un village des Flandres*, h/t (109x153) : **ITL 75 000 000** – New York, 11 jan. 1990 : *Paysage d'hiver avec des patineurs et des luges sur un canal gelé et des villageois devant l'auberge*, h/t (69x93,5) : **USD 57 750** – Paris, 22 juin 1990 : *Paysage à la rivière et au château*, h/pan. de chêne (31x43,5) : **FRF 190 000** – Paris, 28 sep. 1990 : *Paysage au pont*, h/t (53x69) : **FRF 35 000** – Amsterdam, 13 nov. 1990 : *Pêcheurs sur le bord d'une rivière au pied d'un vieux manoir*, h/pan. (28x28) : **NLG 14 950** – Londres, 14 déc. 1990 : *Les lavandières des faubourgs de Haarlem*, h/pan. (63,5x47,3) : **GBP 8 250** – Amsterdam, 2 mai 1991 : *Paysage avec des paysans se reposant près d'un torrent*, h/pan. (25,5x40,5) : **NLG 13 800** – Amsterdam, 14 nov. 1991 : *Voyageurs se reposant près d'une auberge au bord d'un fleuve avec des baigneurs sous un pont*, h/t (89,5x113,5) : **NLG 34 500** – Amsterdam, 7 mai 1992 : *Paysage d'hiver avec des patineurs sur le canal gelé dans un village*, h/t (48,8x64) : **NLG 9 775** – New York, 15 oct. 1992 : *Patineurs sur un canal sous le mur d'enceinte d'une ville*, h/t (72,1x62,9) : **USD 12 650** – Amsterdam, 10 nov. 1992 : *Voyageurs sur un chemin dans les dunes* 1652, h/pan. (44x61) : **NLG 14 950** – Londres, 23 avr. 1993 : *Paysage d'hiver avec de nombreux patineurs et traîneaux à cheval sur la rivière gelée à proximité d'un village*, h/t (61x84) : **GBP 34 500** – Paris, 26 avr. 1993 : *Paysage de rivière près d'une forteresse*, h/pan. de chêne (30,5x44) : **FRF 42 000** – Amsterdam, 6 mai 1993 : *Foire de village avec le marché aux cochons*, h/pan. (46x63,5) : **NLG 13 800** – New York, 20 mai 1993 : *Paysage avec une maison au bord d'une rivière et une barque passant sous un pont et deux pêcheurs sur la berge opposée*, h/pan. (31,8x24,1) : **USD 20 700** – Paris, 30 juin 1993 : *Paysage d'hiver avec des patineurs*, h/pan. de chêne (26x21) : **FRF 20 000** – Amsterdam, 10 mai 1994 : *Pêcheurs au bord d'un étang avec un cottage* 1657, h/t (49x66) : **NLG 26 450** – Londres, 9 déc. 1994 : *Canal gelé avec des paysans déchargeant un traîneau devant une maison*, h/pan. (50,4x39,5) : **GBP 14 950** – New York, 11 jan. 1995 : *Couple élégant et autres citadins sur une rivière gelée sous les remparts d'une ville*, h/pan. (29,5x37,2) : **USD 19 550** – Toulouse, 4 juin 1996 : *Paysage d'hiver*, h/pan. (60x83) : **FRF 148 000** – Londres, 3 juil. 1996 : *Paysage fluvial avec des personnages devant une auberge*, h/pan. (48x64,5) : **GBP 6 325** – Londres, 30 oct. 1996 : *Personnages patinant sous les remparts dans un paysage d'hiver*, h/pan. (59x83,5) : **GBP 17 250** – New York, 31 jan. 1997 : *Paysage d'hiver avec cavalier et paysans sur le chemin du village*, h/pan. (55,9x45,1) : **USD 12 650** – Amsterdam, 10 nov. 1997 : *Paysans tuant le taureau dans un village*, h/t (49,8x62) : **NLG 10 378** ; *Un élégant voyageur sur un cheval gris et des paysans sur une charrette tirée par des chevaux faisant une pause près d'une auberge dans un village*, h/t (85x119,5) : **NLG 32 289**.

MOLENAT Auguste Cyprien

Né à Rodez (Aveyron). xixe siècle. Français.

Peintre et miniaturiste.

Il exposa au Salon de 1859 à 1879. Il a peint le portrait de l'impératrice Eugénie.

MOLENBEKE Eustache

xve siècle. Actif à Louvain en 1437. Éc. flamande.

Sculpteur.

Il exécuta les clefs de voûte dans le chœur de la Collégiale de Saint-Pierre de Louvain.

MOLENBEKE Jean Van

xve siècle. Actif à Louvain de 1432 à 1433. Éc. flamande.

Peintre.

Il a peint pour le couvent de Val-Duc un tableau d'autel, maintenant détruit.

MOLENCHON ou **Molinchon**

xviiie-xixe siècles. Actif à Paris. Français.

Peintre et dessinateur.

Élève de l'Académie Royale. Il fit des dessins pour le Musée Napoléon.

MOLENKAMP Nico

Né en 1920. xxe siècle. Hollandais.

Peintre de figures, peintre à la gouache.

Ventes Publiques : Amsterdam, 10 déc. 1992 : *Ballerine* 1952, h/cart. (60x45) : **NLG 3 220** – Amsterdam, 27-28 mai 1993 : *Masques*, gche/pap. (86x79) : **NLG 3 220** – Amsterdam, 4-5 juin 1996 : *Schietschijf* 1984, h/t (190x180) : **NLG 11 800** ; *Tête de bois*, h/t (100x90) : **NLG 8 050**.

MOLENYSER Cornelis

xviie siècle. Actif à La Haye de 1629 à 1637. Hollandais.

Peintre.

Un Jacob Molenyser était dans la gilde de La Haye en 1577.

MOLES Arnaud de. Voir **DESMOLES Arnaud**

MOLES Francisco

Né à Ségovie (Castille-Léon). xixe-xxe siècles. Espagnol.

Peintre de genre. Traditionnel.

Il s'est attaché à représenter les coutumes et les mœurs castillanes, en particulier de la région de Ségovie, dans un style pittoresque. On cite de lui : deux *Processions* et *L'Antiquaire*.

Bibliogr. : In : *Cien Anos de pintura en Espana y Portugal, 1830-1930*, Antiquaria, t. VI, Barcelone, 1991.

MOLES Pascal Pierre

Né en 1741 à Valence. Mort le 26 octobre 1797 à Barcelone. xviiie siècle. Espagnol.

Peintre et graveur au burin.

Il fit ses études à Madrid, puis à Paris, où il fut élève de N.-G. Dupuis. Il figura au Salon en 1755. Il grava des allégories et des sujets religieux.

MOLESI Giovanni Evangelista

xviie siècle. Actif à Faenza. Italien.

Peintre.

Élève de Ferrau Fenzoni. Il décora les églises de Faenza de ses peintures.

MOLESLO Pedro Pablo. Voir **MONTAÑA**

MOLET Salvador

Né en 1773 à Barcelone. Mort le 13 novembre 1836 à Barcelone. xviiie-xixe siècles. Espagnol.

Peintre de fleurs.
Élève de l'Académie de Valence.
Musées : Valence (Mus. prov.) : neuf peintures de Fleurs.
Ventes Publiques : New York, 2 juin 1989 : *Nature morte de fleurs dans une urne d'argent sur un entablement drapé,* h/t (122x85) : **USD 99 000**.

MOLEUX Y. André
Né le 5 avril 1906 à Saint-Jean-Cap-Ferrat (Alpes-Maritimes). XXe siècle. Français.
Peintre de compositions animées, portraits, paysages. Tendance fauve.
Il exposa à Paris, aux Salons de la Société Nationale des Beaux-Arts, des Indépendants, d'Automne et dans de grandes galeries parisiennes.
De tendance fauviste, ce peintre aime les belles harmonies de couleurs chaudes ou éclatantes.
Musées : Paris (Mus. d'Art Mod. de la Ville).

MOLFENTER Hans
Né en 1884 à Ulm (Bade-Wurtemberg). XXe siècle. Allemand.
Peintre de figures, animaux, paysages, dessinateur.
Il fut élève de l'académie des Beaux-Arts de Stuttgart.
Musées : Stuttgart : *Oriental – Écurie d'éléphants.*

MOLGAARD Johannes
Né le 5 mai 1854 à Tondern. Mort le 11 octobre 1927 à Copenhague. XXe siècle. Danois.
Sculpteur de bustes.
Il fut élève de l'académie des Beaux-Arts de Berlin et de celle de Copenhague.
Il sculpta les bustes de *H. A. Kruger* et de *Richtsens* maire de Tondern.
Musées : Frederiksborg : *Joh. Clausen – Joseph Michaelsen.*

MOLHEM Aart Van
Né vers 1526. XVIe siècle. Actif à Bruxelles. Éc. flamande.
Tailleur d'images.

MOLHER Gustave Jean Louis
Né le 8 mai 1836 à Paris. XIXe siècle. Français.
Peintre de genre, portraits, animaux.
Il fut élève de L. Cogniet et de Barye. Il exposa au salon de 1857 à 1880 et représenta avant tout des chiens.
Musées : Bourges : *Chien griffon* – Clamecy : *Chien et Lapin.*

MOLI Clemente. Voir **MOLLI**

MOLI Manuel
Né en 1936 à La Portella (Catalogne). XXe siècle. Espagnol.
Peintre. Tendance fantastique.
Il expose depuis 1959. En 1968, il a montré ses peintures au musée de Mataro, et, à partir de 1973, à Barcelone.

MOLIERE JETOT Ernest Charles. Voir **JETOT**

MOLIGNY C. D.
XVIIIe siècle. Actif à Paris vers 1760. Français.
Graveur.
Il grava d'après Cochin.

MOLIJN Pieter de. Voir **MOLYN**

MOLIN Adam Bernard de
Né vers 1676 à Reval. XVIIIe siècle. Hollandais.
Peintre.
Il s'établit à Amsterdam où il épousa en 1694 Elis. V. d. Voorst. On cite de lui un *Portrait d'homme.*

MOLIN Auguste de
Né en 1821. Mort en 1890. XIXe siècle. Actif aussi en France. Suisse.
Peintre de scènes de chasse, paysages.
Il fut élève de Victor Chavet. Il prit part, à Paris, au Salon, entre 1850 et 1872 ; à la première exposition impressionniste chez Nadar en 1874.
Il peignit principalement des chasses à courres et des vues de l'Île-de-France.
Bibliogr. : Gérald Schurr, in : *Les Petits Maîtres de la peinture 1820-1920, valeur de demain,* Les Éditions de l'Amateur, t. IV, Paris, 1979.
Musées : Neuchâtel – Rochefort.
Ventes Publiques : Paris, 16 déc. 1991 : *Départ pour la chasse,* h/pan. (11x15) : **FRF 5 200** – Amsterdam, 20 avr. 1993 : *Départ de la chasse,* h/t (29x49) : **NLG 5 750** – New York, 9 juin 1995 : *Aux courses* 1874, h/pan. (33,7x54) : **USD 28 750**.

MOLIN Benoît Hermogaste
Né le 14 mars 1810 à Chambéry (Savoie). Mort le 17 février 1894. XIXe siècle. Depuis 1834 naturalisé en France. Suisse.
Peintre d'histoire, scènes de genre, portraits, paysages, paysages urbains, animaux.
Il fut élève de l'École des Beaux Arts de Paris, dans l'atelier du baron Gros, à partir de 1831. Il fut conservateur du Musée des Beaux-Arts de Chambéry, depuis 1950. Il exposa au Salon de Paris, à partir de 1833, obtenant une troisième médaille en 1837.
Musées : Le Caire – Chambéry (Mus. des Beaux-Arts) : *Portrait du baron Gariod – Le baiser rendu, Judas et Satan – Portrait de Joseph de Maistre – Portrait du marquis Joseph Costa de Beauregard – Académie masculine – Baigneuse* – Turin (Palais roy.) : *Sainte Thérèse.*

MOLIN Brita
Née en 1919 à Skara. XXe siècle. Suédoise.
Peintre, graveur.
Elle a participé en 1992 à l'exposition *De Bonnard à Baselitz – Dix Ans d'enrichissements du cabinet des estampes 1978-1988* à la Bibliothèque nationale à Paris.
Musées : Paris (BN) : *Endymion* 1975, pointe-sèche.

MOLIN C. Gunnar
Né à Stockholm. XXe siècle. Actif aux États-Unis. Suédois.
Peintre, sculpteur, graveur.
Il fut élève de l'Art Students' League de New York. Il est membre de la Ligue américaine des artistes professeurs.

MOLIN Domenico ou **Molino**
XVIe siècle. Actif à Venise en 1562. Italien.
Peintre.
Il est chargé avec le Tintoret de l'exécution de tableaux pour la librairie de Saint-Marc à Venise.

MOLIN Hjalmar
Né le 23 février 1868. XIXe-XXe siècles. Suédois.
Peintre de paysages, aquarelliste, graveur d'architectures.
Il est le fils de Johann Peter M. Il peignit et grava des motifs de Suède, d'Espagne et d'Italie.

MOLIN Johann Peter
Né le 17 mars 1814 à Göteborg. Mort le 27 juillet 1873 à Ekudden (près Vaxholm). XIXe siècle. Suédois.
Sculpteur, médailleur et peintre.
Père de Hjalmar M. Il fit ses études à Copenhague, Paris et Rome. Il a sculpté de nombreuses statues pour des villes de Suède.
Musées : Göteborg : *Triton ornant une fontaine* – Stockholm (Mus. Nat.) : *Bacchante endormie – Statue et buste d'Oskar Ier – Buste de la reine Louise – Ingeborg – Jeune pâtre assis.*

MOLIN Oreste da
Né le 19 mai 1856 à Venise. Mort le 17 décembre 1921 à Venise. XIXe-XXe siècles. Italien.
Peintre de genre, sculpteur.
Il exposa à Milan en 1881 *Le Dernier Souvenir de famille* et *Les Peintres sont fous,* toiles qui plurent par leurs beaux coloris. *Une Partie de cartes* fut exposée la même année à Venise. En 1883, on admira de lui à Rome *La Bonne Fille.* En 1887, il exposa à Venise *Souviens-toi de moi* (buste de femme d'une facture excellente) et *Fontaine sur la montagne* œuvre d'un intérêt véritable, à Milan *Art et Amour.* Il obtint une mention honorable en 1903.
Place de Venise, les statues *Galilée en prison* et *Mort de Pétrarque,* et ses autres monuments élevés à des hommes illustres attestent un talent réel d'observateur. On cite encore comme étant ses meilleures œuvres : *Étude d'après nature – Les Bien Nourris – Les Mal Nourris – Tristitia.*
Bibliogr. : In : *Dict. de la sculpture,* Larousse, Paris, 1992.
Ventes Publiques : Milan, 14 déc. 1978 : *Scène galante* 1894, h/t (147x113) : **ITL 2 800 000** – New York, 28 mai 1982 : *Les jeunes amoureux,* h/t (64,8x91,5) : **USD 5 500** – Vienne, 18 jan. 1984 : *Enfants mangeant du raisin d'après Murillo,* h/t (45x36) : **ATS 35 000**.

MOLIN Pieter de. Voir **MOLYN**

MOLIN Verner
Né en 1907. Mort en 1980. XXe siècle. Suédois.
Peintre de paysages.
Ventes Publiques : Stockholm, 9 déc. 1986 : *Composition* 1952, temp. (64x80) : **SEK 13 000** – Stockholm, 22 mai 1989 : *Soleil sur Hallberget,* h/pan. (46x54) : **SEK 4 500**.

MOLINA Antonio
Né en 1928. XXe siècle. Actif et naturalisé aux États-Unis. Cubain.

Peintre, graveur.
Il vit et travaille à Porto Rico.
Il a participé en 1992 à l'exposition *De Bonnard à Baselitz – Dix Ans d'enrichissements du cabinet des estampes 1978-1988* à la Bibliothèque nationale à Paris.
Musées : Paris (BN) : *Ronde* 1976, litho.

MOLINA Fernando de
xve siècle. Espagnol.
Peintre.
On le mentionne actif à Séville en 1480.

MOLINA Juan de
xve siècle. Espagnol.
Sculpteur.
En 1470, il a sculpté le portail richement orné dans le transept nord de la cathédrale d'Oviedo.

MOLINA Juan de la Cruz
xviiie siècle. Actif à Cordoue au début du xviiie siècle. Espagnol.
Peintre.
Il était prêtre. On cite de lui une peinture religieuse dans l'église du couvent S. Marta.

MOLINA Manuel de
Né en 1614 à Jaen. Mort en 1677 à Jaen. xviie siècle. Espagnol.
Peintre d'histoire, portraits.
Il fit ses études à Rome. De retour en Espagne, il entra dans le couvent des capucins de Jaen qui conserve des peintures de lui. Il peignait dans la manière de Seb. Martinez.

MOLINA Manuel de
Né en 1628 à Madrid. xviie siècle. Espagnol.
Peintre d'histoire, sujets religieux.
Élève de Eug. Caxes. On cite de lui un crucifix dans le Collège de S. Isabel de Madrid.

MOLINA Miguel
Né en 1963 à Madrid. xxe siècle. Actif en France. Espagnol.
Peintre. Tendance conceptuelle.
Il figure à des expositions collectives, dont : 1991, Salon de Montrouge ; 1997, *Philippe Lepeut, Miguel-Angel Molina, Gwen Rouvillois*, Centre d'art contemporain, Rueil-Malmaison.
Il montre ses œuvres dans des expositions personnelles : 1989, *L'Amour violent*, galerie Emilio Navarro, Madrid ; 1990, *Androginaria*, L'Aire du Verseau, Paris ; 1991, *Objectif rencontre*, L'Aire du Verseau, Paris ; 1994, galerie Emilio Navarro, Madrid.
Les interrogations de cet artiste se situent dans le prolongement d'une approche matérialiste de l'art. Ce sont les limites du tableau qui intéressent principalement Molina, l'œuvre comme expérience dans l'espace et le temps : la véritable troisième dimension de la peinture ?

MOLINA CAMPOS Florencio
Né en 1891. Mort en 1959. xxe siècle. Argentin.
Peintre de compositions animées, scènes de genre, peintre à la gouache.
Le futur général Peron, alors colonel, ministre du travail, posséda une série de gouaches de Molina Campos, qui décoraient son appartement de fonction dans les années quarante.
Ses peintures ressemblent à des bandes dessinées humoristiques, dont les personnages seraient des marionnettes.
Ventes Publiques : New York, 24 nov. 1982 : *Radeau sur la rivière*, aquar. (31,5x48,5) : **USD 2 100** – New York, 22 mai 1986 : *El gaucho* 1948, h/isor. (38x48,2) : **USD 2 500** – New York, 17 mai 1989 : *Mate bajo el Ombu* 1943, h/t/cart. (40,6x50,5) : **USD 10 450** – New York, 21 nov. 1989 : *Les gardiens de troupeaux ou Comme les gauchos n° 2* 1944, h/t cartonnée (44,6x50,6) : **USD 9 900** – New York, 1er mai 1990 : *Le déménagement*, gche/pap. (32,5x50,5) : **USD 9 350** – New York, 20-21 nov. 1990 : *L'abri de campagne, n° 3* 1944, h/t cartonnée (40,5x50,7) : **USD 8 800** – New York, 15 mai 1991 : *Promenade* 1936, gche/pap. bleu/cart. (32,5x50) : **USD 5 500** – New York, 25 nov. 1992 : *La procession* 1942, h/t/cart. (40,1x50,4) : **USD 7 150** – New York, 18 mai 1993 : *L'épicerie* 1932, gche et fus./pap./cart. (31,5x48,3) : **USD 9 200** – Paris, 26 mars 1995 : *Se m'hace que esta en pedo* 1930, gche/pap. Canson (31x47,5) : **FRF 14 000** ; *Con la China en Anca* 1931, gche/pap. Canson (30,5x47,5) : **FRF 13 500** – New York, 21 nov. 1995 : *Le grand chemin*, gche/pap. fort (34,5x51,4) : **USD 6 900** – New York, 16 mai 1996 : *Joueur de guitare sous un arbre tropical*, gche/pap./cart. (32,7x50,2) : **USD 8 625** – New York, 25-26 nov. 1996 : *Sans titre* vers 1940, h/t (34x49,8) : **USD 10 925** – New York, 24-25 nov. 1997 : *Gee Whiz... !* 1947, gche/pan. (30x43,8) : **USD 13 800**.

MOLINA Y MENDOZA Jacinto de
xviie siècle. Actif à Séville. Espagnol.
Peintre.
La Collégiale de Sainte Cécile et le Musée des Beaux-Arts de Grenade conservent des peintures de cet artiste.

MOLINA Y SANDOVAL Fernando
xviie-xviiie siècles. Actif à Cordoue. Espagnol.
Peintre et écrivain.
Il a décoré l'autel Saint-Ferdinand dans la cathédrale de Cordoue.

MOLINA Y ZALDIVAR Gaspar, marquis de Urena
Né le 9 octobre 1741 à Cadix. Mort le 3 décembre 1806 à Isla de Léon. xviiie siècle. Espagnol.
Peintre d'histoire, fleurs.
Élève de l'Académie de Madrid.

MOLINARD Paul
xxe siècle. Français.
Peintre de marines.
Ventes Publiques : Paris, 17-18 juin 1927 : *Bateaux sur la grève à Yport (Seine-Maritime)* : **FRF 600**.

MOLINARETTO. Voir **PIANE Giovanni Maria dalle**

MOLINARI Aleksander Ludwik
Né en 1795 à Blonie (près de Varsovie). Mort en 1868 à Varsovie. xixe siècle. Polonais.
Peintre et lithographe.
Élève de l'Académie de Varsovie. Il continua ses études à Munich et à Paris. Le Musée de Poznan conserve de lui des peintures d'histoire et de genre.

MOLINARI Alexander
Né le 5 janvier 1772 à Berlin. Mort le 20 janvier 1831 à Dresde. xviiie-xixe siècles. Allemand.
Portraitiste et graveur au burin.
Il fit ses études en Allemagne, mais visita Saint-Pétersbourg. En 1817, il vint à Varsovie et y resta quelques années ; il quitta Varsovie pour se rendre à Dresde. Pendant son séjour à Varsovie, il fit les portraits suivants : *L'empereur Alexandre Ier, Prince Joseph Zaïonczek, Sophie Hauke*, née *Lafontaine, Général Ignace Blumer, Auguste, comte Potocki, Prince Joseph Poniatowski, Napoléon Ier, W. Brunwejs*. Le Musée de Pozsnan conserve de lui : *Portrait du peintre* et *Portrait du grand-duc Constantin*.

MOLINARI Antonio
Né à Pesaro. Mort en 1648 à Vérone. xviie siècle. Italien.
Peintre.
Élève de S. Cantarini.

MOLINARI Antonio ou **Mulinari**
Né en 1665 à Venise. Mort en 1728 ou 1734. xviie-xviiie siècles. Italien.
Peintre d'histoire, sujets mythologiques, compositions religieuses, dessinateur.
Élève de son père Giov. Batt. Molinari et d'Ant. Zanchi.
Musées : Dresde : *Psyché regardant l'Amour endormi* – Graz : *Salomon entraîné par ses femmes vers l'idolâtrie* – Kassel : *La femme adultère devant le Christ* – Venise (San Pantaleone) : *Multiplication des pains* – Vienne : *Jésus devant Caïphe*.
Ventes Publiques : Paris, 26-27 mai 1919 : *Vénus et Adonis*, dess. pl. : **FRF 450** – Rome, 28 mai 1980 : *Faune et nymphe*, h/t (108x131) : **ITL 2 600 000** – New York, 19 jan. 1984 : *Bérénice coupant sa chevelure*, h/t (115,5x143,5) : **USD 5 250** – Paris, 4 mars 1988 : *Le sacrifice d'Abraham*, pl. et lav. sépia (42,5x29) : **FRF 3 800** – New York, 11 jan. 1989 : *Adam et Ève*, h/t (120,5x150) : **USD 37 400** – New York, 5 avr. 1990 : *L'enlèvement de Proserpine*, h/t (129,5x146) : **USD 33 000** – Londres, 11 déc. 1991 : *Bérénice ; Sophonisbé ; Cornelia ; Artémise*, h/t, ensemble de quatre (90x152,5 et 89x152 et 91x153,5 et 83,7x148,5) : **GBP 63 800** – New York, 16 jan. 1992 : *Suzanne et les vieillards*, h/t (125,1x125,1) : **USD 28 600** – New York, 17 jan. 1992 : *Saint Sébastien*, h/t (104,1x96,5) : **USD 15 400** – Londres, 1er avr. 1992 : *David avec la tête de Goliath devant Saul*, h/t (114x178) : **GBP 16 500** – Milan, 3 déc. 1992 : *Joseph expliquant les rêves de Pharaon*, h/t (75,5x126,5) : **ITL 8 500 000** – Paris, 19 mai 1995 : *Suzanne et les vieillards*, h/t (125x125) : **FRF 69 000** – Venise, 22 juin 1997 : *La Reine Artémise délayant dans une potion les cendres de son mari Mausole ; Sophonisbé réceptionant le poi-*

son que Masinissa lui envoya pour ne pas être prisonnière des Romains, h/t, une paire (chaque 83,5x146,5) : **ITL 75 000 000**.

MOLINARI Carlo
XVIIIe siècle. Actif à Gênes. Italien.
Peintre d'architectures et de décorations.
Fils de Giovanni Luca M. avec lequel il a travaillé dans l'église de Madonna delle Lagrime de Treviglio.

MOLINARI Ferdinando
XVIIIe siècle. Actif à Ferrare. Italien.
Graveur au burin.
On cite de lui une miniature sur ivoire représentant un *Homme âgé*.

MOLINARI Giacomo de' ou **de'Molinari**
Né à Carona (près de Lugano). XVe siècle. Italien.
Sculpteur.
Il séjourna vers 1500 à Savone et à Gênes. On lui attribue la croix en marbre du Poggio della Tagliata à Savone.

MOLINARI Giovanni Angelo
XVIe siècle. Actif à Savone. Italien.
Sculpteur.
Il a signé avec Ant. M. Aprile un contrat au sujet de la chaire de la cathédrale de Savone.

MOLINARI Giovanni Battista
Né en 1638 à Venise. Mort après 1682 à Venise. XVIIe siècle. Italien.
Peintre d'histoire.
Élève de Vecchia. Le Musée de Kassel conserve de lui *Le Christ et la femme adultère*, et celui de Dresde, *Ivresse de Noé*.

MOLINARI Giovanni Domenico
Né le 19 juillet 1721 à Caresana (près de Vercelli). Mort le 9 avril 1793 à Turin. XVIIIe siècle. Italien.
Peintre d'histoire et de portraits.
Élève de Claudio Beaumont. Il a décoré de peintures et de fresques de nombreuses églises de Turin et a laissé des œuvres dans plusieurs villes de l'Italie du Nord.

MOLINARI Giovanni Luca
Né à Gênes. XVIIIe siècle. Italien.
Peintre d'architectures et d'ornements.
Il exécuta vers 1740 en collaboration avec son fils Carlo, dans l'église Madona delle Lagrime à Treviglio, les fresques de la coupole.

MOLINARI Giovanni Maria
Né le 19 février 1550 à Parme. Mort avant le 26 janvier 1623. XVIe-XVIIe siècles. Italien.
Sculpteur, stucateur.
Il a orné de ses statues la cathédrale de Parme et d'autres églises de cette ville.

MOLINARI Giuseppe
XIXe siècle. Italien.
Sculpteur.
Élève de S. Varni. Il a sculpté des statues pour l'Auberge des Pauvres et le cimetière de Gênes.

MOLINARI Guido
Né au XIXe siècle à Rome. XIXe siècle. Italien.
Peintre de genre, portraits.
Débuta vers 1883. Il a exposé à Rome.

MOLINARI Guido
Né en 1933 à Montréal (Québec). XXe siècle. Canadien.
Peintre. Abstrait-automatiste, néoplasticiste puis minimaliste.
Dès l'âge de quinze ans, il suit les cours du soir à l'École des Beaux Arts de Montréal et trois ans plus tard, étudie au Montreal Museum of Fine Arts, sous la direction de Marian Scott puis de Gordon Webber, deux peintres abstraits. En 1953, il est le fondateur et le directeur de la Galerie l'Actuelle, première galerie, au Canada, à se consacrer exclusivement à l'art non-figuratif.
Il participe à des expositions de groupe au musée d'Art moderne et au musée Guggenheim de New York ; à l'exposition *Canada – Art d'aujourd'hui* à la galerie nationale du Canada ; à Rome ; Lausanne et Bruxelles ; en 1968 à la Biennale de Venise. À partir de 1956, il montre ses œuvres dans des expositions personnelles à l'Art Gallery de Vancouver, à l'université du Saskatchewan, etc. Il a obtenu le premier prix *Ile Winnipeg Show* et le prix Borduas en 1980.
Jusqu'en 1956, influencé par les Automatistes, autour d'Alfred Pellan, il a pratiqué une peinture abstraite, fondée sur le geste spontané et la recherche des hasards, qu'on peut rapprocher de certaines formes d'abstraction lyrique. Sa peinture, aux tonalités intenses, était appliquée généreusement, à grands coups de couteau. Ensuite intéressé par les affirmations des « plasticiens de Montréal », il en arrive lui-même à une abstraction géométrique, peignant, dans un premier temps, des formes géométriques rectilignes, le plus souvent noires sur fond blanc, comme *Angle noir* (1956). Par la suite, il peint des séries systématiques de bandes parallèles colorées, passant des tonalités vives de *Mutation rythmique n° 9* (1965), aux tons clairs de *Trapèze* (1977), puis à des valeurs sombres, tellement proches les unes des autres qu'il devient difficile de les distinguer, notamment dans sa série *Quantificateur* de 1979. Il faut aussi voir dans son œuvre l'influence des peintres américains : Newman et Kelly et aussi Gene Davis. On peut également le rattacher au courant du Minimal Art américain, qui se donne pour objet de revenir à la seule perception de structures primaires, absolument libres de toute correspondance sensible.
BIBLIOGR. : Catalogue du *IIIe Salon International des Galeries Pilotes*, Musée cantonnal, Lausanne, 1970 – Dennis Read : *A concise history of canadian painting*, Oxford university press, Toronto, 1988 – in : *L'Art du XXe siècle*, Larousse, Paris, 1991 – in : *Dict. de l'art mod. et contemp.*, Hazan, Paris, 1992.
MUSÉES : MONTRÉAL (Mus. d'Art Contemp.) : *Sans titre* 1954 – *Noir/Blanc* 1956-1957, 11 sérig. – *Rectangles rouges* 1961 – *Jaune* 1963 – *Octalité* 1964 – *Bi-ocre* 1965, sérig. – *Bi-bleu* 1965, sérig. – *Mutation quadri-violet* 1966 – *Configuration N° 7* 1967 – *Parallèle rouge noir* 1967 – *Structure* 1970 – *Quantificateur 17* 1979 – MONTRÉAL (Mus. des Beaux-Arts) : *Étude pour Angle noir* 1956 – OTTAWA (Nat. Gal. of Canada) : *Angle noir* 1956 – *Mutation rythmique n° 9* 1965 – *Dyad brown-blue* – *Dyad orange-green* – *Dyad green-red* – *Trapèze* 1977 – VANCOUVER (Art Gal.) : *Hommage à Jauran* 1961.
VENTES PUBLIQUES : MONTRÉAL, 20 oct. 1987 : *Sans titre* 1968, h/t (153x61) : **CAD 10 000**.

MOLINARI Jacob Gabriel. Voir **MÜLLER**

MOLINARI Louis
Né le 22 décembre 1932 à Paris. XXe siècle. Français.
Sculpteur de figures, portraits.
Il vit et travaille à Sainte-Geneviève-des-Bois.
Il commença ses expositions à Juvisy en 1953 et participa au Salon de la Jeune Sculpture à Paris, en 1966, 1967, 1969. Il fit quelques expositions particulières à Paris, en 1968, Salsomaggiore en 1970, 1971 et 1972, à Vérone en 1972, à Milan en 1972 et 1974.
Il réalisa quelques sculptures monumentales, entre autres, pour la base aérienne et la chapelle Romilly-sur-Seine (1955-1956), l'école Jean Macé de Sainte-Geneviève-des-Bois (1969). Il exécuta également une sculpture pour l'école maternelle de Sainte-Geneviève-des-Bois et une sculpture monumentale : *Spirale* à Bagnolet en 1974. Il travaille principalement le bronze, y associant parfois quelque autre matériau (bois, onyx). Outre ses figures, il invente des formes dynamiques plus abstraites : « je voudrais faire apparaître l'étrange assemblage de la matière vivante liée impérativement à ses servitudes et de l'esprit impalpable, qui échappe à toute mesure, à tout contrôle, qui fait l'homme depuis des millénaires ».
VENTES PUBLIQUES : LONDRES, 6 déc. 1984 : *Sans titre* 1969, bronze (40x18x16) : **GBP 1 100** – LONDRES, 28 mai 1986 : *Mémoire* 1972, bronze (60x60x10) : **GBP 800**.

MOLINARI Mario
Né en 1930 à Coazze. XXe siècle. Italien.
Sculpteur de compositions animées.
Il vit et travaille à Turin.
Il réalise des compositions en cuivre.

MOLINARI Stefano. Voir **MULINARI**

MOLINARI da Besozzo Leonardo et **Michelino**. Voir **BESOZZO**

MOLINARIO Francesco Antonio
XVIIe siècle. Actif à Naples au début du XVIIe siècle. Italien.
Sculpteur.
Une *Madone* de lui se trouve dans l'église de S. Vito à Castroreale (Sicile).

MOLINARO Biagio
Né en 1825 à Trani. Mort le 28 mai 1868 à Naples. XIXe siècle. Italien.

Peintre d'histoire et de genre.
Élève de C. Angelini et de Michele de Napoli. Ses très nombreuses peintures se trouvent dans les églises et palais de Naples et de ses environs.

MOLINAROLO Jacob Gabriel. Voir **MÜLLER**

MOLINARY Alexander. Voir **MOLINARI**

MOLINARY Andrew
Né en 1847 à Gibraltar. Mort le 11 septembre 1915 à New-Orléans. XIXe-XXe siècles. Américain.
Portraitiste.

MOLINARY Marie Seebold
Née en 1876 à La Nouvelle-Orléans. XXe siècle. Américaine.
Peintre.
Elle fut élève de W. Chase et de Andrew Molinary.
Musées : La Nouvelle-Orléans (Mus. Delgado).

MOLINCHON. Voir **MOLENCHON**

MOLINE Alfred de ou **Molins, Molint**
XIXe siècle. Français.
Peintre de sujets de chasse.
Connu par les annuaires de ventes publiques. Peut-être identiques à de Molins et A. de Molint.

Ventes Publiques : Paris, 2 mars 1951 : *Chasse à courre* : **FRF 10 000** – Paris, 27 juin 1951 : *Rendez-vous de chasse à courre* : **FRF 9 800** ; *Chasse à courre* : **FRF 5 000** – Versailles, 16 juin 1984 : *Veneurs et meute dans un sous-bois*, h/t (35x55) : **FRF 14 000** – New York, 6 juin 1985 : *Le départ pour la chasse* 1874, h/pan. (34,5x54,5) : **USD 9 750** – New York, 21 mai 1986 : *Calèche et promeneurs dans un parc* 1875, h/t (35,6x55,5) : **USD 11 000** – New York, 4 juin 1987 : *Rendez-vous de chasse* 1875, h/t (70x109) : **USD 29 000** – Paris, 24 mai 1991 : *L'amazone*, h/t (32,3x40,5) : **FRF 23 000** – Le Touquet, 10 nov. 1991 : *Amazone dans une allée cavalière*, h/t (32x41) : **FRF 25 000** – Paris, 19 mai 1995 : *Chasse à courre : la meute* 1876, h/t (116x61) : **FRF 11 000** – Calais, 25 juin 1995 : *Le sonneur*, h/t (25x23) : **FRF 9 000**.

MOLINE Daniel
XXe siècle.
Peintre de compositions animées.
Il montre ses œuvres dans des expositions personnelles. Il trouve ses sources dans la peinture de l'Orient.

MOLINEDO
Né à Copenhague. Mort probablement en Espagne. XVIIIe siècle. Danois.
Peintre.
Il alla en Russie, retourna à Copenhague en 1780, et de là se rendit en Espagne.

MOLINERI Giovanni Antonio ou **Antonino** ou **Mollineri** ou **Mulinari**, dit **il Carraccino**
Né en 1577 à Savigliano (Piémont). Mort en 1645. XVIIe siècle. Italien.
Peintre et graveur à l'eau-forte.
Professeur de J. Claret à Rome. La Pinacothèque de Turin conserve de lui *Portrait de deux bénédictins, Martyre de saint Paul, Martyre de saint Barthélémy*.
Ventes Publiques : Fossona, 7-8 sep. 1996 : *Le Comte et la Comtesse de Savogliano* 1630 et 1631, h/t, une paire (chaque 130x100) : **ITL 45 000 000**.

MOLINERO Anita
Née en 1953 à Bordeaux (Gironde). XXe siècle. Française.
Sculpteur, auteur d'assemblages.
Elle fut élève de l'école des Beaux-Arts de Marseille. Elle est professeur à l'école des Beaux-Arts de Poitiers. En 1989, elle a reçu une bourse de recherche du ministère de la culture et a séjourné en Espagne.
Elle montre ses œuvres dans des expositions à Toulouse, Montpellier, au CAPC de Bordeaux en 1981, au musée Sainte-Croix de Poitiers en 1985, à l'école municipale d'arts platiques de Châtellerault.
Modelant le plâtre dans des feuilles de plastique ou de plomb à ses débuts, elle a ensuite utilisé du carton ondulé, imbibé de colle et d'eau, pour saisir la forme, relever l'empreinte d'objets courants : bouteilles, seaux, bassines, boîtes. L'Arte povera et les œuvres de Morris ou Oldenburg ont influencés son travail.
Musées : Paris (FNAC) : *Sans titre* 1992.

MOLINERO José Ramon
XXe siècle. Brésilien.
Sculpteur.
Il expose surtout au Brésil.
Il réalise des sortes de totems aux implications psycho-religieuses.

MOLINEUX
XIXe siècle. Américain.
Graveur au burin.
On cite de lui des vues et les portraits de *Joh. Ferd. Oberlin* et de *Louise Schepler*.

MOLING Dominicus ou **Molling, Molin, Moliny, Mola, Molla**
Né le 28 août 1691 à Moling (près de Wengen, Tyrol). Mort le 27 mai 1761. XVIIIe siècle. Autrichien.
Sculpteur de statues.
Il travailla d'abord chez son cousin Johann Moling, puis chez Balth. Permoser à Salzbourg. Il sculpta des statues d'autel en marbre et en bois dans un style prérococo et, vers la fin de sa carrière, nuancé de classique. Ses œuvres se trouvent dans les églises du Tyrol et surtout à Innsbruck.
Musées : Innsbruck (Mus. du Ferdinandeum) : *Sainte Madeleine – Les quatre éléments* – deux reliefs de genre sur ivoire.

MOLINI Filippo
XVIIe siècle. Italien.
Peintre de sujets religieux.
L'église du séminaire de Benshein conserve une *Assomption* de cet artiste.

MOLINIER, dite **Muchet**
Née le 31 octobre 1895 à Albine (Tarn). XXe siècle. Française.
Peintre. Naïf.
Totalement naïve, sa peinture est anecdotique.

MOLINIER Pierre
Né en 1900 à Angers (Maine-et-Loire). Mort en 1976 à Bordeaux (Gironde). XXe siècle. Français.
Peintre de figures, nus, portraits, peintre de collages, technique mixte. Tendance surréaliste.
Trois de ses œuvres ont été présentées en 1996 à l'exposition collective *Performance sexuelle dans la photographie* au Guggenheim Museum de New York. André Breton a préfacé la première exposition personnelle de ses œuvres dans les années cinquante. Après sa mort, des expositions personnelles de ses œuvres ont été organisées : 1996 galeries Wooster Gardens puis Ubu à New York. Raymond Borde lui a consacré un film de court-métrage.
Il débuta avec des paysages et portraits conventionnels, puis évolua pour exprimer ce qu'il y avait de plus intime en lui, d'inconscient, réalisant notamment dans les années trente des peintures avec son sperme, ainsi que des visions fantastiques hantées de formes tentaculaires, d'hermaphrodites, des scènes religieuses, notamment crucifixion au Christ bissexué emmaillоté dans un filet de pêche. Il ne donna sa pleine mesure qu'autour de l'année 1950. Vers 1960, il privilégia ses propres photographies, se choisissant comme modèle, travesti, masqué, en corset, dans des poses érotiques ou utilisant des mannequins hermaphrodites. Retouchant, découpant, rephotographiant ses clichés, il réalisa des collages et des photomontages, qui jouent des effets d'illusion, à l'aide de miroirs. Son œuvre au caractère fortement sexuel et exhibitionniste, qui choqua par son rejet des valeurs conventionnelles, se rattache au surréalisme, mouvement dont il fut proche vers 1950.
Bibliogr. : José Pierre : *Le Surréalisme*, in *Hre gén. de la peinture*, t. XXI, Rencontre, Lausanne, 1966 – in : *Dict. de l'art mod. et contemp.*, Hazan, Paris, 1992 – Tessa De – Carlo : *The Artist exposed – Molinier*, The Wall Street Journal, New York, 22 nov. 1996 – Pierre Bourgeade : *Le Mystère Molinier, Pierre Molinier et ses ami(es*, Édit. Voix Richard Meier, Paris, 1997.
Ventes Publiques : Bordeaux, 25 mai 1978 : *Rue de Montmartre* 1929, h/t (164x198) : **FRF 16 500** – Paris, 27 oct. 1980 : *Le réveil de l'ange*, mine de pb (21,5x16) : **FRF 5 500** – Paris, 21 nov. 1983 : *Eunazus*, h/t (49x61) : **FRF 17 000** – Paris, 6 déc. 1985 : *Composition*, photomontage : **FRF 5 500** – Paris, 4 déc. 1986 : *Eunazus* vers 1951, h/t (52x65) : **FRF 52 000** – Paris, 24 mars 1988 : *Mensonge*, h/isor. (24,5x30,5) : **FRF 15 000** – Paris, 12 fév. 1990 : *Courbe et croisillons en sous terre*, h/pap. (24x32) : **FRF 12 500** – Paris, 18 fév. 1990 : *Le grand combat* 1951, h/t (210x140) : **FRF 280 000** – Paris, 10 juin 1990 : *Holocauste*, h/pap./t. (38x55) :

FRF 126 000 – PARIS, 7 déc. 1990 : *Femme nue au bouquet de tulipes sur fond de paysage* 1950, h/pan. (97x130) : **FRF 65 000** – PARIS, 26 mars 1995 : *Érotica*, h/t (46x61) : **FRF 20 000**.

MOLINO Antonio
Né le 6 mai 1808 à Vasto (Abruzzes). Mort après 1839 à Naples peu. XIXe siècle. Italien.
Sculpteur.
Élève de l'Académie de Naples. L'église del Carmine à Vasto possède de cet artiste une statue de *Madone* en bois.

MOLINO Filippo
Né le 10 octobre 1804 à Vasto (Abruzzes). XIXe siècle. Italien.
Peintre, dessinateur et lithographe.
Il a dessiné pour des revues napolitaines. L'église San Pietro de Vasto conserve de lui une *Madone du Rosaire*.

MOLINS de
XIXe siècle. Actif probablement en France. Français.
Peintre de sujets de chasse et de paysages.
Voir A. de Moline.
VENTES PUBLIQUES : PARIS, 20 juin 1927 : *Le Parc de Saint-Cloud* : **FRF 1 600** – PARIS, 26 jan. 1929 : *L'avenue du Bois de Boulogne* : **FRF 2 200** – PARIS, 18 mars 1938 : *Chasse à courre en forêt* : **FRF 360** – PARIS, oct. 1945-juil. 1946 : *Chiens cherchant la piste* : **FRF 3 000**.

MOLINS Camilita
Née à Barcelone (Catalogne). XXe siècle. Active en France. Espagnole.
Peintre de figures.
Elle est la fille du peintre E. Molins Balleste. Elle fut élève de l'École nationale des beaux-arts de Paris. Elle a peint surtout des figures féminines.

MOLINS Jaime, l'Ancien
Mort le 2 mars 1761 à Valence. XVIIIe siècle. Espagnol.
Sculpteur.
Il a sculpté des autels dans les églises de Valence, de Requena et de Denia.

MOLINS Jaime, le Jeune
Mort en mars 1782. XVIIIe siècle. Espagnol.
Sculpteur.
Il a sculpté à Valence les statues de la façade de N.-D. del Templete et le maître-autel de la collégiale La Presentacion.

MOLINS BALLESTE Enrique
Né en 1893 à Barcelone (Catalogne). XXe siècle. Actif en France. Espagnol.
Sculpteur.
Il fut élève de l'école des Beaux-Arts de Barcelone. Il s'est fixé à Paris. Il a beaucoup travaillé le bois.

MOLINT A. de
XIXe siècle.
Peintre de sujets de chasse.
Voir A. de Moline.
VENTES PUBLIQUES : LONDRES, 1er août 1930 : *Chassé par les chiens* : **GBP 42**.

MOLITOR, comtesse
Née à Nancy (Meurthe-et-Moselle). XIXe-XXe siècles. Française.
Peintre.
Elle fut élève de Popelin. Elle figura à Paris, au Salon des Artistes Français, à partir de 1879. Elle s'est spécialisée dans la peinture sur émail.

MOLITOR Franciszek Ignacy
Mort en avril 1794. XVIIIe siècle. Actif à Cracovie. Polonais.
Peintre de sujets religieux.
A l'église de Mogila se trouvent ses œuvres : *Saint Joseph ; Saint Bernard, saint Florian, saint Benedicte*, signées et datées 1761 et 1762. L'église des Missions de Cracovie conserve de lui un *Saint Vincent de Paul*.

MOLITOR Franz ou **Molitir**
Né en 1741. Mort le 7 février 1821 à Prague. XVIIIe-XIXe siècles. Tchécoslovaque.
Peintre.

MOLITOR Franz ou **Molitir**
Né le 17 août 1857 à Capellen (près de Coblence). Mort en juillet 1929 à Oberlahnstein. XIXe-XXe siècles. Allemand.
Peintre de sujets religieux, scènes de genre, portraits, natures mortes.
Fils de Peter Molitor et élève de K. Sohn, P. Jansen et E. von Gebhardt à Düsseldorf.
VENTES PUBLIQUES : LOS ANGELES, 16 mars 1981 : *La Découverte* 1892, h/pan. (53,5x33) : **USD 3 800** – NEW YORK, 16 déc. 1983 : *Spiel-Differenzen*, h/t (32,5x41) : **USD 1 300**.

MOLITOR Franziskus
Mort le 25 juillet 1713 à Trèves. XVIIIe siècle. Allemand.
Peintre d'histoire, dessinateur.
Peintre de la cour du prince Électeur de Trèves. Il a exécuté en 1711 deux dessins pour illustrer l'oraison funèbre de l'empereur.

MOLITOR Friedrich
XIXe siècle. Actif à Düsseldorf. Allemand.
Peintre d'histoire.

MOLITOR I.
XVIIIe siècle. Actif dans la seconde moitié du XVIIIe siècle. Allemand.
Graveur sur bois.
Il travailla de 1772 jusque vers 1800 à Cologne.

MOLITOR Jacob Benignus
XVIIIe siècle. Actif à Bamberg en 1753. Allemand.
Peintre de miniatures.

MOLITOR Johan Peter ou **Miller** ou **Muller**
Né en 1702 à Schadeck s. Lahn près Coblentz. Mort le 3 avril 1756 à Cracovie. XVIIIe siècle. Allemand.
Peintre d'histoire, scènes de genre, portraits, fresquiste.
Il fit ses études à Bonn, à Berlin et à Dresde ; en 1734, il s'installa à Prague où il exécuta plusieurs tableaux d'histoire, des portraits et des tableaux de genre. Puis il vint à Cracovie. Il excella dans la peinture de fresques.
MUSÉES : BRESLAU, nom all. de Wroclaw : *Joyeuse compagnie dans un jardin – Même sujet – Course en traîneau – Même sujet – Auberge de village – Soir de fête* – CRACOVIE : *Portrait par lui-même* – PRAGUE (Rudolfinum) : *Allégorie du Printemps*.

MOLITOR Johann Michael
XVIIe siècle. Actif à Dillingen à la fin du XVIIe siècle. Allemand.
Peintre.
Il travailla dans l'église de Lutzingen en 1691.

MOLITOR Johann Oswald
Né en 1742 à Bamberg. Mort vers 1783. XVIIIe siècle. Allemand.
Peintre d'histoire, portraits, miniatures.

MOLITOR Joseph ou **Jozsef**
Mort après 1837. XIXe siècle. Actif à Odenburg. Autrichien.
Peintre.
Il fit ses études à Vienne de 1804 à 1810. Il fut également professeur de dessins.

MOLITOR Kaspar
XVIIIe siècle. Actif à Trèves. Allemand.
Peintre.
Il travailla vers 1745 dans le palais de Kesselstadt à Trèves. Probablement fils ou parent de Franziskus.

MOLITOR Marthe
Née en 1904 à Saint-Germain-sur-Ille (Ille-et-Vilaine). XXe siècle. Active en Belgique. Française.
Peintre de portraits, paysages, marines, dessinatrice, aquarelliste, illustratrice. Polymorphe.
Elle fit ses études à l'école des Beaux-Arts de Rennes, puis à l'académie de la Grande Chaumière à Paris. Elle fit de nombreux voyages en Afrique, s'intéressant aux coutumes de ce continent. Elle pratique la figuration et l'abstraction.

MOLITOR Martin von
Né le 20 février 1759 à Vienne. Mort le 16 avril 1812 à Vienne. XVIIIe-XIXe siècles. Autrichien.
Peintre de paysages et d'animaux, et graveur à l'eau-forte.
Élève de Christian Brand à l'Académie de Vienne. Il grava des paysages animés de figures. Il fut reçu membre de l'Académie de Vienne en 1784. Il a surtout exposé dans cette ville. Le Musée de peintures de Prague et le Musée de l'Académie de Vienne possèdent des œuvres de cet artiste.
VENTES PUBLIQUES : VIENNE, 19 juin 1979 : *Scène de bord de rivière* 1785, h/pan. (30,5x37,5) : **ATS 180 000**.

MOLITOR Mathieu
Né le 23 mai 1873 à Piecklissem (Rhénanie). Mort le 23 décembre 1929 à Leipzig (Saxe). XIXe-XXe siècles. Allemand.

Sculpteur.
Il fut élève de l'académie des Beaux-Arts de Weimar.
Ses sculptures se trouvent surtout à Leipzig, où il décora de statues des places publiques, l'université et des écoles diverses.
Musées : Weimar : *Portrait de femme.*
Ventes Publiques : Montréal, 7 déc. 1995 : *L'Amazone blessée*, bronze (H. 19,5) : **CAD 1 000**.

MOLITOR Michael
Né vers 1720 à Mayence. xviiie siècle. Allemand.
Miniaturiste.
Il s'installa à Vienne en 1734 en qualité d'élève de l'Académie.

MOLITOR Otto
Né le 2 avril 1734 à Gaya (Moravie). xviiie siècle. Autrichien.
Sculpteur et graveur.
Élève de Zenisek.

MOLITOR Peter
Né le 19 septembre 1821 à Coblence. Mort le 15 mai 1898 à Oberlahnstein. xixe siècle. Allemand.
Portraitiste et peintre d'histoire.
Père de Franz et élève de W. Schadow et K. Sohn à l'Académie de Düsseldorf. Il s'est surtout consacré à la décoration d'églises.

MOLITOR Peter Franz
Originaire de Bohême. xviiie siècle. Autrichien.
Peintre d'histoire et portraitiste.
Il a peint les fresques du plafond de l'église Sainte-Barbe de Cracovie représentant les actions apostoliques de la Compagnie de Jésus. Le Musée National de Cracovie conserve de lui *Amour et tête de mort.*

MOLITOR Salomon
xvie siècle. Actif à la fin du xvie siècle. Allemand.
Graveur au burin.
Il grava des sujets religieux. On cite de lui un *Christ aux outrages.*

MOLITOR Stephan
Né le 22 septembre 1642 à Schlichten (Hesse). xviie siècle. Autrichien.
Peintre.
Il fut frère au couvent de Heiligenkreuz et il a peint pour ce monastère trente-huit peintures à l'huile représentant des scènes de la *Vie de saint Bernard.*

MOLITOR Theodor ou **Dietrich**
Né en 1650 à Cochem-sur-la-Moselle. Mort le 9 février 1713 à Ehrenbreitstein. xviie-xviiie siècles. Allemand.
Peintre et sculpteur.
Père de Franziskus M. et peintre de la cour de l'électeur de Trèves. Ses peintures et sculptures se trouvent dans de nombreuses églises de Trèves et de l'évêché de Trèves.

MOLITOR VON MUHLFELD Joseph
Né en 1856 au château de Westheim (près d'Augsbourg). Mort le 26 juin 1890 à Munich. xixe siècle. Allemand.
Peintre de genre.
Élève de Lindenschmit. Il a exposé à Vienne et à Dresde.

MÖLK Josef Adam von ou **Mölck** ou **Mölckh**
Né vers 1714 à Vienne. Mort le 18 février 1794 à Vienne. xviiie siècle. Autrichien.
Peintre de sujets religieux, compositions murales.
Fils de Mathias Mölk.
Il orna de ses peintures quarante-quatre églises et châteaux en Bavière, en Wurtemberg, en Tyrol, en Styrie, en Basse-Autriche et aussi à Vienne.
Il subit d'abord l'influence de A. Pozzo, et plus tard celle des Vénitiens. Ses peintures sont caractérisées par une grande richesse d'invention, mais révèlent des faiblesses dans la composition et dans l'exécution.
Ventes Publiques : Vienne, 22 juin 1976 : *Scène biblique* 1770, h/métal (49x66) : **ATS 180 000** – Paris, 13 avr. 1992 : *La crucifixion*, h/t (32x23) : **FRF 8 000**.

MÖLK Martin ou **Melkh, Melckh, Mölckh**
Mort le 6 avril 1719 à Salzbourg. xviiie siècle. Autrichien.
Peintre, dessinateur de sujets religieux, paysages.
Il dessina le modèle d'une gravure au burin illustrant un sermon d'Abraham, à S. Clara et une vue du Mönchsberg près Salzbourg.

MÖLK Mathias ou **Mölkh**
xviiie siècle. Actif à Vienne. Autrichien.
Peintre.
Père de Josef Adam. Il a orné d'une peinture le maître-autel de l'église de Waidhofen a. d. Thaya. L'église Saint-Léopold à Vienne possède de lui : *Saint Antoine de Padoue et saint Florian.*

MOLKENBOER Antoon
xixe siècle. Hollandais.
Peintre et dessinateur.
Frère de Theo M. Il exécuta des affiches et des programmes et grava plusieurs portraits.

MOLKENBOER Theo
Né en 1871 à Amsterdam. Mort le 1er décembre 1920 à Lugano. xixe-xxe siècles. Hollandais.
Peintre de portraits, dessinateur, graveur.
Il fut le fils et l'élève de W. B. G. Molkenboer. Il travailla à Amsterdam.
Musées : Haarlem (Mus. Lakenhal) : *Portrait de Doken Bots* – Leyde (Mus. épiscopal) : *Portrait de J. J. Graaf.*

MOLKENBOER W. B. G.
Né le 8 juin 1844 à Leyde. Mort en décembre 1915 à Amsterdam. xixe-xxe siècles. Hollandais.
Sculpteur et dessinateur.
Père de Theo et d'Antoon M. Il travailla chez Veneman à Bois-le-Duc, puis à Munich, Anvers et Louvain. Le Musée Lakenhal de Leyde conserve de lui le modèle d'un buste de *P. Van der Werff.*

MOLKNECHT Dominique. Voir **MAHLKNECHT**

MOLL Anton
Né vers 1806 à Reutte (Tyrol). xixe siècle. Autrichien.
Peintre.
Il fit ses études à l'Académie de Munich.

MOLL Anton Cassian ou **Mol**
Né le 12 août 1722 à Innsbruck. Mort le 6 décembre 1757 à Vienne. xviiie siècle. Autrichien.
Médailleur.
Fils de Nikolaus M. et élève de Matth. Donner. Il grava de nombreuses médailles représentant les membres de la famille impériale d'Autriche.

MOLL Balthasar Ferdinand ou **Mol**
Né le 4 janvier 1717 à Innsbruck. Mort le 3 mars 1785 à Vienne. xviiie siècle. Autrichien.
Sculpteur.
Élève de son père Nikolaus M., puis de Matth. Donner. Professeur à l'Académie. Il fut le véritable successeur artistique de Raphaël Donner. Il exécuta plus de vingt cercueils d'apparat dans la crypte des Capucins de Vienne pour les membres de la famille impériale, surtout le double sarcophage impérial de Franz Ier et de Marie-Thérèse, un des spécimens les plus caractéristiques du rococo autrichien. Il décora de nombreuses églises, palais et châteaux d'Autriche de ses statues, crucifix et bas-reliefs. Il collabora à la décoration sculpturale de l'Arc de Triomphe d'Innsbruck.

MOLL Carl
Né le 23 avril 1861 à Vienne. Mort en 1945 à Vienne. xixe-xxe siècles. Autrichien.
Peintre de paysages, natures mortes, graveur. Post-impressionniste.
Il fut élève de l'académie des Beaux-Arts de Vienne et de Emil Jacob Schindler, sur qui il publia une monographie en 1930. En 1895, il épousa la veuve de son maître. Il fut un des fondateurs de la Sécession à Vienne et ami de Klimt. Il fut également directeur artistique de la galerie Miethke, qui exposait alors l'avant-garde : Gauguin, Monet, Van Gogh, Picasso et Munch. Il abandonna alors la direction de la Sécession de Vienne, activité jugée incompatible avec cette nouvelle fonction de directeur. En 1917, il se lia d'amitié avec Kokoschka et Anton Kolig, et prit part à leurs activités.
Il participa neuf fois aux expositions du mouvement Sécession, dont il fut le troisième président (1900-1901) et ouvrit les portes du XVIe Salon des Impressionnistes français en 1903. Il exposa au Salon de Paris et reçut une médaille d'argent à l'Exposition universelle de Paris.
D'abord naturaliste sous l'influence de Schindler, il devint par la suite le représentant d'un impressionnisme très coloré. Il a également réalisé des gravures sur bois, en couleurs, ayant pour thème la ville de Vienne, consacrant une série aux demeures de Beethoven.

Bibliogr. : In : *Dict. de la peinture all. et d'Europe centrale*, Larousse, Paris, 1990 – in : *L'Art du xxe s.*, Larousse, Paris, 1991.
Musées : Dresde : *Avant le festin* – Munich : *Soleil d'hiver* – Nuremberg (Städt. Kunstsamml.) : *Le Petit Déjeuner* 1906 – Vienne (Österr. Gal.) : *Beim Eichelhof in Nussdorf* – Vienne (hist. Mus.) : *Sur la terrasse* 1903 – *Vue de Mödling* vers 1940.
Ventes Publiques : Vienne, 18 mars 1969 : *Nature morte aux pommes* : **ATS 50 000** – Vienne, 22 sep. 1970 : *Les jardins du Belvédère* : **ATS 800 000** – Vienne, 28 nov. 1972 : *Nature morte aux tulipes et aux citrons* : **ATS 130 000** – Vienne, 21 sep. 1973 : *Scène de marché* : **ATS 120 000** – Vienne, 28 mai 1974 : *Scène de port* : **ATS 55 000** – Vienne, 22 juin 1976 : *Scène de marché*, h/pan. (29,5x23,5) : **ATS 60 000** – Vienne, 17 juin 1977 : *L'église de Heiligenstadt*, h/t (60x60) : **ATS 100 000** – Vienne, 16 mars 1979 : *Waidhofen an der Ybbs*, h/pan. (34,5x35) : **ATS 200 000** – Vienne, 13 juin 1980 : *Die Kronesvilla*, dess. à la pl. aquarellé (21x21) : **ATS 30 000** – Cologne, 5 déc. 1981 : *Nature morte* vers 1917, h/t (80x70) : **DEM 24 000** – Vienne, 14 sep. 1982 : *Beethoven Häuser*, suite de 12 grav./bois : **ATS 25 000** – New York, 16 déc. 1983 : *Un parc, Vienne*, h/t (60x60) : **USD 9 000** – Vienne, 10 déc. 1985 : *Wien, Augartenbrücke*, h/pan. (26,5x35,5) : **ATS 230 000** – Vienne, 2 déc. 1986 : *La Fabrique de café* 1900, h/t (95x85) : **ATS 650 000** – Vienne, 19 mai 1987 : *L'église Saint Michael à Heiligenstadt*, grav./bois en coul. (61x50,5) : **ATS 16 000** – Vienne, 9 déc. 1987 : *Vue du Parlement, Vienne*, h/t (60x60) : **ATS 500 000** – Londres, 10 fév. 1988 : *Vue depuis l'atelier de l'artiste à Vienne* 1897, h/t (190x150) : **GBP 22 000** ; *Un parc sous la neige*, h/t (100x100) : **GBP 93 500** – Los Angeles, 9 juin 1988 : *Vallée enneigée au soleil couchant*, h/t (42x85) : **USD 5 500** – Londres, 20 oct. 1989 : *La baie du Vieux Nice*, h/cart. (34,5x35,6) : **GBP 8 800** – Londres, 28 nov. 1990 : *Nature morte de gibier et de fruits parmi de la vaisselle d'argent et de porcelaine* 1895, h/t (137x112) : **GBP 13 200** – Londres, 9 oct. 1996 : *Repos sur la Au*, h/t (59,5x59,5) : **GBP 38 900**.

MOLL Daniel
Mort le 5 avril 1672 à Ulm. xviie siècle. Allemand.
Sculpteur.
Père de Samuel M.

MOLL Dietrich ou **Dirk**
Né à Lübeck. Mort le 20 mai 1622 à Copenhague. xviie siècle. Danois.
Peintre.
Il a été peintre de la cour à Copenhague. Il a décoré les châteaux royaux et surtout celui de Frederiksborg.

MOLL Evert
Né en 1878 à Voorburg. Mort en 1955. xixe-xxe siècles. Hollandais.
Peintre de paysages, marines, graveur à l'eau-forte.
Il travailla à Londres, Paris et Dordrecht. Son œuvre montre l'influence qu'eurent sur lui W. Maris et A. Roelof.

Evert Moll

Ventes Publiques : Londres, 19 avr. 1978 : *Vue du port d'Amsterdam*, h/t (91x123) : **GBP 1 700** – Amsterdam, 17 sep. 1980 : *Le Pont Alexandre III, Paris*, h/t (79x109,5) : **NLG 3 200** – San Francisco, 21 juin 1984 : *Le port de Rotterdam*, h/t (72x95) : **USD 1 500** – Lokeren, 22 fév. 1986 : *Scène de port*, h/t (61x100) : **BEF 160 000** – Amsterdam, 5 nov. 1996 : *Barques de pêche dans le port de Scheveningen*, h/t (60x100) : **NLG 4 720** – Amsterdam, 19-20 fév. 1997 : *De tweede binnenhaven, Scheveningen*, h/t (60,5x101) : **NLG 2 998** – Amsterdam, 27 oct. 1997 : *Le Port de Rotterdam avec la maison blanche en arrière-plan*, h/t (48,5x65,5) : **NLG 8 260**.

MOLL J. G.
xixe siècle. Actif à Cologne de 1834 à 1836. Allemand.
Peintre de genre.

MOLL Josef
Né à Stockach (Tyrol). xixe siècle. Autrichien.
Peintre.
Il fut élève de l'Académie de Munich en 1823.

MOLL Margarete
Née le 2 août 1884 à Mulhouse (Haut-Rhin). Morte en 1977. xxe siècle. Française.
Sculpteur de figures, bustes, peintre.
Elle fut la femme de Oskar Moll. Elle fit ses études chez Corinth et fut influencée par A. Gaul. Elle s'établit à Breslau.
Elle sculpta des figures, des bustes, et y exprima surtout la grâce et la souplesse du corps humain.
Ventes Publiques : Londres, 16 mars 1982 : *Femme au panier de fruits*, bronze poli (H. 70,5) : **GBP 5 000** – Munich, 2 juin 1986 : *Couple d'amoureux*, bronze (27x13x9) : **DEM 3 420**.

MOLL Nikolaus
Né le 5 mars 1676 à Blumeneck (Autriche). Mort le 20 avril 1754 à Innsbruck. xviiie siècle. Autrichien.
Sculpteur.
Probablement élève de Permoser à Salzbourg. Il se fixa à Innsbruck. Il sculpta dans le Landhaus d'Innsbruck plusieurs statues de dieux, d'empereurs et de ducs et travailla à la façade de l'église de Wilten près Innsbruck. Dans l'église Saint-Jacques de la même ville, il exécuta une chaire richement ornée en style baroque.

MOLL Oskar
Né le 21 juillet 1875 à Brieg. Mort en 1947 à Berlin. xxe siècle. Allemand.
Peintre de paysages.
Il fut le mari de Margarete Moll et élève de Corinth et de Matisse à Paris. Il fut l'un des fondateurs de l'école Matisse et fut directeur de l'académie de Breslau.
On put voir de ses œuvres en 1994 à l'exposition *Chefs-d'œuvre du Belvédère de Vienne* au musée Marmottan à Paris.
D'abord impressionniste, il pencha plus tard vers la couleur pure et l'abstraction.

Oskar Moll

Bibliogr. : Siegfried et Dorothea Salzmann : *Oskar Moll. Leben und Werk*, Munich, 1975.
Musées : Vienne (Mus. du Belvédère).
Ventes Publiques : Munich, 25 mai 1976 : *Nature morte* 1940, h/t (80x70) : **DEM 5 000** – Heidelberg, 13 oct 1979 : *Paysage avec maisons* 1916, aquar. (32,5x38,5) : **DEM 2 200** – Munich, 2 déc. 1980 : *Nature morte au buste et éventail* 1941, h/t (99,5x72) : **DEM 30 000** – Cologne, 30 mai 1981 : *La Rue du village* vers 1919, temp. (57,8x49,5) : **DEM 8 500** – Cologne, 5 juin 1982 : *Composition* 1931, h/t (95x78) : **DEM 27 000** – Cologne, 8 déc. 1984 : *Wölfesgrund-Brücke* 1941, aquar. et gche (65x50) : **DEM 11 000** – Londres, 29 mars 1984 : *Terrasse avec fleurs* 1918, h/t (110x100) : **GBP 10 000** – Cologne, 5 juin 1985 : *Paysage boisé*, temp. (48x57) : **DEM 7 500** – Londres, 24 juin 1986 : *Königsallee, Berlin, Brücke mit Häusern* 1918, h/t (120,5x100,3) : **GBP 28 000** – Munich, 26 oct. 1988 : *Paysage aux ruines rouges au clair de lune* 1934, h/t (93x72,5) : **DEM 57 200** – Londres, 29 nov. 1988 : *Le coq*, h/t (64,5x58,5) : **GBP 13 200** – Munich, 13 déc. 1989 : *Feuilles de citrouille près d'un lac*, h/t (100x72) : **DEM 88 000** – Londres, 29 juin 1994 : *Portrait de I. M.*, h/t (100x81) : **GBP 20 700** – Heidelberg, 15 oct. 1994 : *Trois voiliers dans la lumière du matin* 1945, temp. (49x68) : **DEM 3 300**.

MOLL Samuel
xviie siècle. Actif à Ulm de 1660 à 1685. Allemand.
Sculpteur et architecte.

MOLL Vigil
Né à Uberlingen. xvie siècle. Actif dans la seconde moitié du xvie siècle. Allemand.
Sculpteur.
Il sculpta en 1589 un grand bas-relief de la Vierge pour l'église de Salem. Le Musée Prov. de Karlsruhe conserve de lui deux bas-reliefs *Présentation de la Vierge*, et l'Institut Städel de Francfort-sur-le-Main un haut-relief appartenant au même cycle.

MOLL W. F.
xviie siècle. Actif dans la seconde moitié du xviie siècle. Allemand.
Sculpteur sur ivoire.
Le Musée des Beaux-Arts de Vienne conserve de lui un ivoire représentant un Amour dormant sur une tête de mort.

MOLL VON BLUMENECK Johann Nikolaus ou **Blumenögg**
Né le 1er avril 1709 à Innsbruck. Mort le 2 octobre 1743 à Vienne. xviiie siècle. Autrichien.

Sculpteur.
Fils de Nikolaus. Il fut influencé par R. Donner et demeure un des représentants les plus éminents de la sculpture baroque. Il exécuta dans la cathédrale Saint-Étienne de Vienne le buste du cardinal Kollonitsch et le beau groupe sur le sarcophage de Charles VI dans la crypte des Capucins à Vienne.

MOLLA Dominicus. Voir **MOLING**

MOLLA Vincente
XIXe siècle. Espagnol.
Portraitiste.
Le Musée de Valence conserve de cet artiste *Portrait de Munoz Degrain.*

MOLLAIN Antoine. Voir **MOLAIN**

MOLLARD Amélie Marie Caroline
Née à Grenoble (Isère). XIXe-XXe siècles. Française.
Peintre de portraits.
Elle fut élève de C. Isbert. Elle débuta à Paris, au Salon des Artistes Français, en 1879.

MOLLARD Auguste
Né au XIXe siècle à Grenoble. XIXe siècle. Français.
Peintre sur émail.
Il figura au Salon de 1865 et 1874.

MOLLARD Johannes
XIXe siècle. Français.
Peintre de miniatures.
Il figura au Salon à partir de 1843.

MOLLARD Joseph Gabriel Hippolyte
Né à Grenoble. Mort en 1888. XIXe siècle. Français.
Peintre de paysages, graveur et dessinateur.
Élève de Blanc-Fontaine. Il débuta au Salon de 1873. Officier de la Légion d'honneur.

MOLLART Michel ou **Molard** ou **Molart**
Né le 11 juin 1641 à Dieppe. Mort en 1713 à Dieppe. XVIIe-XVIIIe siècles. Français.
Sculpteur sur ivoire, médailleur.
Cet artiste, dont le Musée de Dieppe conserve plusieurs médailles d'ivoire, fut appelé à Paris avec son compatriote Jean Mauger, par le ministre Louvois pour y retracer sous la direction de l'abbé Bignon et de l'Académie des Inscriptions et Belles-Lettres, les effigies des rois *Louis XIII* et *Louis XIV* et les principaux événements de leurs règnes d'après les coins conservés au musée monétaire de Paris. Ils furent logés au Louvre.

MOLLBACK Christian Juel Frijs
Né le 27 novembre 1853 à Copenhague. Mort le 6 juillet 1921. XIXe-XXe siècles. Danois.
Peintre de fleurs, décorateur.
Il fut élève de Gyllich. Il travailla à la décoration du théâtre royal de Copenhague sous la direction de Carl Lund.
Ventes Publiques : Londres, 28 nov. 1984 : *Natures mortes aux fleurs d'été* 1883, h/t, une paire (25,5x19) : **GBP 2 100** – Copenhague, 12 nov. 1986 : *Nature morte aux fleurs* 1875, h/t (94x81) : **DKK 45 000** – Londres, 25 mars 1987 : *Vase de fleurs et fruits sur une table* 1875, h/t, haut arrondi (91x79) : **GBP 12 000**.

MOLLE Jean Marie
Né en 1947 à Ans (Liège). XXe siècle. Belge.
Peintre.
Il fut élève de l'académie des Beaux-Arts de Mons, où il eut pour professeur Gustave Camus. Il est professeur à l'académie des Beaux-Arts de Tournai.
Il a reçu de nombreux prix et distinctions.
Il pratique une peinture violente, qui se veut subversive.
Bibliogr. : In : *Dict. biogr. ill. des artistes en Belgique depuis 1830*, Arto, Bruxelles, 1987.

MOLLEJA Y ESPINOZA José
Né le 7 septembre 1900 à Écija (Andalousie). XXe siècle. Espagnol.
Peintre de figures, paysages.
Il fut élève d'Heliodoro Guillen-Pedemont et de Manuel Gonzalez Santos.
Il participa aux Expositions des Beaux-Arts de Séville, en 1921 avec *L'Espagne moderne ; Rosaire ; Le Village et l'amandier ;* l'année suivante avec *La Petite Fille blonde ; Le Soir ; La Carrière de pierre et la source.*
Bibliogr. : In : *Cien Anos de pintura en Espana y Portugal, 1830-1930*, Antiquaria, t. VI, Barcelone, 1991.

MOLLEMBECK Otto
XVIIe siècle. Actif à Lübeck en 1612. Allemand.
Dessinateur.
La Collection de gravures de Berlin conserve de lui un dessin à la plume représentant un sujet mythologique.

MÖLLEN Hans von
XVIIe siècle. Actif au début du XVIIe siècle. Allemand.
Sculpteur.
Il sculpta un portrait du duc *Georg-Friedrich de Prusse* en 1600.

MOLLEN Israel von der. Voir **MILLA**

MOLLENHAUER Ernst
Né le 27 août 1892. XXe siècle. Allemand.
Peintre de figures, paysages.
Il fut élève de l'académie de Königsberg. Il fit un voyage à New York.

MOLLENHOFF Rolf
Né en 1939 à Chemnitz (Saxe). XXe siècle. Allemand.
Peintre.
Ventes Publiques : Munich, 1er-2 déc. 1992 : *Sans titre* 1991, h/t (120x100) : **DEM 4 830**.

MOLLER Adam
Mort avant 1531. XVIe siècle. Actif à Leipzig. Allemand.
Sculpteur.
Il a sculpté en 1527 un calvaire pour la Porte de Grimma à Leipzig.

MÖLLER Adolf
Né le 11 mars 1866 à Utersen. XIXe-XXe siècles. Allemand.
Peintre, illustrateur.
Il vécut et travailla à Altona.

MÖLLER Aenderly
Né le 13 février 1863 à Hambourg. XIXe-XXe siècles. Allemand.
Peintre de genre, paysages.
Musées : Altona – Berlin (Mus. Nat.) – Hambourg (Kunsthalle).

MÖLLER Agnès. Voir **SLOTT-MÖLLER A.**

MOLLER Alexis Bernhard Thorvald
Né le 22 juillet 1879 à Saint-Pétersbourg. XXe siècle. Russe.
Sculpteur de bustes.
Il fut élève de l'académie de Copenhague. Il exécuta le buste de *Kjoerbolling* dans le zoo de cette ville.

MOLLER Andreas
Né le 30 novembre 1684 à Copenhague. Mort en 1758 ou 1752 à Berlin. XVIIIe siècle. Danois.
Peintre d'histoire et de portraits.
Il était à Vienne en 1724 et en 1737, année où il fit les portraits de *Charles VI* et de *Marie-Thérèse.* Il peignit aussi pour le château de Frederiksborg une série de portraits *Les Beautés italiennes.*
Musées : Dresde : *Portrait de Maurice de Saxe* – Frederiksborg : *Portrait de Frederik V* – Kassel (Mus. prov.) : *Portraits en miniature du landgrave Carl de Hesse, de Pierre le Grand et d'Auguste II.*
Ventes Publiques : Paris, 11 déc. 1919 : *Le jeune amateur d'huîtres* : **FRF 2 200** – Copenhague, 12 avr. 1972 : *Portrait de Frederik V* : **DKK 7 400** – Copenhague, 2 mai 1984 : *Portrait de la princesse Charlotte Amalie, fille de Frederik IV* 1740, h/t (76x63) : **DKK 22 000**.

MÖLLER Anton ou **Moller, Miller, Müller**, dit **le Vieux**
Né vers 1563 à Königsberg. Mort en janvier 1611 à Dantzig. XVIe-XVIIe siècles. Allemand.
Peintre.
Il fit ses études en Hollande et en Italie. A la Bourse de Dantzig, se trouve son œuvre *Le jugement dernier.* On voit aussi quelques-unes de ses peintures dans les églises et à l'hôtel de ville de Dantzig.

MÖLLER Anton, dit **le Jeune**
Né début octobre 1592 à Dantzig. XVIIe siècle. Allemand.
Peintre.
Fils de Anton Möller dit le Vieux. Il s'établit après la mort de son père en Italie où il peignit des fresques dans le couvent du Monte Oliveto Maggiore près de Pérouse.

MOLLER Balthasar
XVIe siècle. Allemand.
Sculpteur.
On lui attribue la statue du *Christ en prière* sur l'autel de l'église de Gruppenhagen.

MÖLLER Bendix
Né à Husum. XVIIe siècle. Allemand.
Portraitiste.
Il décora l'église Notre-Dames de Hadersleben d'un *Ecce homo.*

MÖLLER Carl Henrik Koch
Né le 2 septembre 1845 à Skelskr. Mort en 1920. XIXe-XXe siècles. Danois.
Peintre de paysages, fleurs.
Il fut élève de l'académie des Beaux-Arts de Copenhague. Il obtint des prix en 1880 et 1881, mais peignit par la suite des paysages de forêts d'un style monotone et de moindre valeur.

Carl Möller

VENTES PUBLIQUES : STOCKHOLM, 29 avr. 1988 : *Fleurs sauvages* 1881, h/t (46x34) : **SEK 14 500**.

MÖLLER Cord Michael
Né en 1706. Mort en 1772. XVIIIe siècle. Actif à Hambourg. Allemand.
Peintre de paysages sur faïence.
Élève de Sonnin. Il peignit des paysages et des ornements sur des poêles de faïence conservés au Musée des Arts Décoratifs de Hambourg.

MÖLLER Edmund
Né le 8 août 1885 à Neustadt-an-der-Heide (Bavière). XXe siècle. Allemand.
Sculpteur de bustes, figures.
Il fit ses études à Düsseldorf, à Dresde, où il vécut et travailla, et à Rome.
MUSÉES : DRESDE (Albertinum Mus.) : *Buste de Max Liebermann – Deux Hommes – Tête de Saint Jean* – DRESDE (Mus. mun.) : *Peter Suseck* – LEIPZIG (Mus. mun.) : *Femme en deuil.*

MOLLER Fiodor. Voir **MOELLER Otto Friedrich Theodor**

MOLLER Frederik ou **Johan Frederik**
Né le 20 août 1797 à Helsingor. Mort le 14 octobre 1871 à Copenhague. XIXe siècle. Danois.
Portraitiste.
On cite de lui des portraits, des peintures de genre et un paysage d'hiver.

MOLLER Gunnar
XXe siècle. Danois.
Peintre de paysages.
VENTES PUBLIQUES : COPENHAGUE, 25 sep. 1986 : *Paysage de ciel* 1980, h/t (162x136) : **DKK 18 000** – COPENHAGUE, 4 mars 1992 : *Lumière sur un fjord*, h/t (130x90) : **DKK 14 000** – COPENHAGUE, 20 mai 1992 : *Composition* 1976, h/t (81x100) : **DKK 3 500** – COPENHAGUE, 2-3 déc. 1992 : *Composition* 1986, h/t : **DKK 10 500** – COPENHAGUE, 10 mars 1993 : *Grande maison* 1986, h/t (195x200) : **DKK 10 000** – COPENHAGUE, 6 sep. 1993 : *Composition* 1986, h/t (135x185) : **DKK 16 000** – COPENHAGUE, 15 juin 1994 : *Paysage romantique – Niagara* 1981, h/t (130x135) : **DKK 15 000**.

MOLLER Hans ou **Molner** ou **Müller**
Né à Urssal. XVe-XVIe siècles. Allemand.
Peintre, miniaturiste.
Il vécut à Leipzig de 1487 à 1528. On lui attribue l'exécution des modèles pour les costumes de la cour de Dresde ainsi que les miniatures qui ornent le missel de Jean de Constant.

MÖLLER Hans ou **Müller**
Mort le 24 août 1615. XVIIe siècle. Actif à Dantzig. Allemand.
Peintre de portraits.
Il appartenait à la corporation des peintres et portraitistes de Dantzig.

MÖLLER Harald. Voir **SLOTT-MÖLLER H.**

MÖLLER Heinrich
Né le 25 novembre 1868 à Dresde (Saxe). XIXe-XXe siècles. Allemand.
Peintre de paysages.
Il est le fils du sculpteur Heinrich H. C. Möller. Il fut élève de P. Baum. Il a vécu et exposé dans cette ville.

MÖLLER Heinrich Hermann Christian
Né le 20 août 1835 à Altona. Mort le 11 septembre 1929 à Linda (près Freiberg). XIXe-XXe siècles. Allemand.
Sculpteur.
Élève de Joh. Schilling à Dresde. Il décora de sculptures de genre de nombreuses villes d'Allemagne et exécuta des monuments commémoratifs.

MÖLLER Hermann
Né le 13 août 1870 à Langewiesen. XIXe-XXe siècles. Allemand.
Sculpteur de monuments.
Il exécuta des monuments aux morts dans plusieurs villes d'Allemagne.

MOLLER Holger
Né le 19 août 1864 à Copenhague. XIXe-XXe siècles. Danois.
Peintre de paysages.
Il exposa de 1886 à 1908 à Charlottenborg.
MUSÉES : COPENHAGUE (Mus. roy.) : *Devant la chaumière.*

MOLLER Jeannette, née **Holmlund**
Née le 5 janvier 1825 à Stockholm. Morte le 25 mars 1872 à Düsseldorf. XIXe siècle. Norvégienne.
Peintre de genre et de portraits.
Femme du peintre de marines Nils Bjornson Möller. Elle a exposé à Berlin, en 1864 et à Paris en 1867 (Exposition Universelle).

MÖLLER Jens Peter
Né le 5 octobre 1783 à Faaborg. Mort le 29 septembre 1854 à Copenhague. XIXe siècle. Danois.
Peintre de paysages, graveur à l'eau-forte.
Il entra comme élève à l'Académie de Copenhague en 1809 puis fut envoyé à Paris avec une pension du roi de Danemark pour y étudier la restauration des tableaux. Möller profita de son séjour dans la capitale française pour travailler d'après les paysagistes classiques et surtout d'après Claude Lorrain. Il était de retour à Copenhague en 1815. En 1826 il fut nommé professeur à l'Académie, conservateur de la Galerie royale et en 1834 directeur de la Galerie du comte de Molke. Möller voyagea en Allemagne, en Suisse, dans le Tyrol, en Norvège.
MUSÉES : COPENHAGUE (Gal. roy.) : *Paysage dans les environs de Paris – Paysage d'hiver près de Gentofte* – COPENHAGUE (Mus. Thorwaldsen).
VENTES PUBLIQUES : COPENHAGUE, 27 mars 1979 : *Le Pont-Neuf, Paris ; Le Pont des Arts et le Palais des Quatre Nations, Paris*, deux h/t (40x52) : **DKK 39 000** – COPENHAGUE, 16 août 1983 : *Paysage de Berchtesgaden* 1838, h/t (63x83) : **DKK 22 000** – COPENHAGUE, 23 mars 1988 : *Paysage de la région de Hedeland avec des personnages* 1835 (48x68) : **DKK 10 000** – COPENHAGUE, 5 avr. 1989 : *Troncs flottant sur la rivière et la forteresse de Carlstein au loin*, h/t (65x84) : **DKK 14 000** – COPENHAGUE, 25 oct. 1989 : *Le parc de Sorgenfri*, h/t (39x49) : **DKK 46 000** – COPENHAGUE, 21 fév. 1990 : *Près des hautes falaises*, h/t (67x87) : **DKK 7 500** – COPENHAGUE, 5 mai 1993 : *La forteresse de Carlsstein et l'église de Brunngratz près de Salzbourg*, h/t (65x84) : **DKK 10 500** – LONDRES, 14 juin 1995 : *Le confluent de la Nahe et du Rhin à Bingen*, h/t (64x83) : **GBP 2 990**.

MOLLER Jeppe
Né en 1939 à Copenhague. XXe siècle. Danois.
Graveur.
Il a participé en 1992 à l'exposition *De Bonnard à Baselitz – Dix Ans d'enrichissements du cabinet des estampes 1978-1988* à la Bibliothèque nationale à Paris.
Il pratique la gravure sur bois.
MUSÉES : PARIS (BN) : *Autoportrait* 1981.

MOLLER Johan Frederik. Voir **MOLLER Frederik**

MÖLLER Johann Jakob
Né à Augsbourg. XVIIe-XVIIIe siècles. Allemand.
Graveur au burin.
Il travailla à Brunswick. Il peut être identifié à un certain J. Jakob Müller. On cite de cet artiste le *Portrait du duc Rodolphe-Auguste et de son épouse.*

MOLLER Johann Peter Christoffer
Né en 1829 à Copenhague. XIXe siècle. Danois.
Peintre de paysages.
Il exposa de 1851 à 1854 des paysages du Seeland.

MOLLER Johannes
XIXe siècle.
Portraitiste en miniatures.
Il figura au Salon de 1844 à 1847. Peut-être identifiable à Johannes Ludwig Heinrich.
VENTES PUBLIQUES : PARIS, 24-25 mai 1939 : *Portrait d'officier, en rouge, décoré de la croix de Saint-André* : **FRF 1 200**.

MÖLLER Johannes Ludwig Heinrich
Né le 8 septembre 1814 à Lübeck. Mort le 31 octobre 1885 à Londres. XIXe siècle. Allemand.
Peintre de portraits, peintre de miniatures.
Étudia à Copenhague. Il voyagea à Paris, en Suède, en Russie et se fixa à Londres. Il peignit des portraits en miniature de monarques et de personnalités diverses et fut l'un des plus éminents miniaturistes de son époque.

MOLLER Jorgen Henrik
Né le 21 novembre 1822 à Randers. Mort le 9 octobre 1884 près de Trollhättan (Suède). XIXe siècle. Danois.
Peintre.
Élève de Hetsch à Copenhague. Il voyagea en Allemagne et en Suisse et exposa à Karlsruhe jusqu'en 1863. Le Musée de Winterthur conserve deux peintures de cet artiste.

MÖLLER Karl Heinrich
Né le 22 décembre 1802 à Berlin. Mort le 21 avril 1882 à Berlin. XIXe siècle. Allemand.
Sculpteur.
Élève et assistant de Rauch. Il a sculpté pour le château de Potsdam un *Bacchus avec panthère*, *Arion sur le dauphin*, *Amour domptant un lion*. Le Musée National de Berlin conserve de lui *Enfant avec un terre-neuve*.

MOLLER Knud Max
Né le 4 octobre 1879 à Copenhague. XXe siècle. Danois.
Sculpteur d'animaux.
Il fut élève de l'académie des Beaux-Arts de Copenhague. Il a exposé à Charlottenborg, à partir de 1910.

MÖLLER Louis Charles ou **Moeller**
Né le 5 août 1855 à New York. Mort en 1930 à Munich (Bavière). XIXe-XXe siècles. Actif aussi en Allemagne. Américain.
Peintre de genre, intérieurs.
Il fut élève de la National Academy de New York. Il poursuivit sa formation à Munich, avec Hugo Diez et Frank Duveneck. Il revint aux États-Unis en 1870, mais séjourna encore en Allemagne.
À partir de son retour aux États-Unis, il a peint des intérieurs de style typiquement américain, mais curieusement parfois vides de leurs occupants.
Musées : Washington D. C. (Mus. Corcoran).
Ventes Publiques : New York, 14 mars 1968 : *Personnages visitant une maison* : **USD 3 250** – New York, 20 avr. 1972 : *La Partie de cartes* : **USD 3 500** – New York, 10 mai 1974 : *Veille Dame assise dans un intérieur* : **USD 3 900** – New York, 10 juin 1976 : *La lecture*, h/pan. (23x17,8) : **USD 1 500** – New York, 28 jan. 1977 : *Les avocats*, h/t (51x66) : **USD 1 800** – Los Angeles, 15 oct 1979 : *Commérages*, h/t (46x61) : **USD 7 000** – New York, 19 juin 1981 : *La Discussion*, h/t (45,8x61) : **USD 12 500** – New York, 3 juin 1983 : *Le Luthier*, h/t (40,8x30,6) : **USD 26 000** – New York, 5 déc. 1985 : *La conversation*, h/t (63,4x76,2) : **USD 29 000** – Bolton, 15 mai 1986 : *La Partie d'échecs*, h/t (46x61,3) : **USD 21 000** – New York, 4 déc. 1987 : *Les Joueurs d'échecs*, h/t (46x61) : **USD 35 000** – New York, 17 mars 1988 : *Le Billet doux*, h/t (25x20) : **USD 8 250** – New York, 26 mai 1988 : *Maréchal-ferrant*, h/t (46,5x62) : **USD 16 500** – New York, 1er Déc. 1988 : *La conversation*, h/t (45,7x61) : **USD 27 500** – New York, 25 mai 1989 : *Conversation à l'heure du thé*, h/pap./t. (38,1x65,1) : **USD 16 500** – New York, 26 sep. 1990 : *Le thé à point* 1899, h/t (45,7x61) : **USD 22 000** – New York, 27 sep. 1990 : *Une partie difficile*, h/t (46x61) : **USD 11 000** – New York, 17 déc. 1990 : *Les géographes*, h/t (20,3x25,4) : **USD 4 620** – New York, 14 mars 1991 : *Humilité*, h/t (47,5x61) : **USD 14 300** – New York, 12 avr. 1991 : *Un moment de repos*, h/t (40,6x30,5) : **USD 16 500** – New York, 12 mars 1992 : *Un homme exposant son opinion*, h/t (30,5x40,5) : **USD 7 700** – New York, 3 déc. 1992 : *Les critiques d'art*, h/t (30,5x25,4) : **USD 22 000** – New York, 23 sep. 1993 : *Le petit bouquet*, h/t (45,7x61) : **USD 10 350** – New York, 3 déc. 1993 : *Les connaisseurs*, h/t (76,5x106,7) : **USD 29 900** – New York, 17 mars 1994 : *L'inventaire du coffre*, h/t (27,9x33) : **USD 13 800** – New York, 14 mars 1996 : *La conversation* 1899, h/t (45,7x61) : **USD 26 450** – New York, 27 sep. 1996 : *Le Toast*, h/t (45,8x61) : **USD 20 700** – New York, 23 avr. 1997 : *Avant la chasse*, h/t (46,1x61,5) : **USD 11 500** – New York, 7 oct. 1997 : *La Discussion* 1899, h/t (45,7x61) : **USD 13 800**.

MOLLER Lutje ou **Möller**
Né en Slesvig. XVe siècle. Actif à la fin du XVe siècle. Allemand.
Sculpteur sur bois.
On conserve de lui dans l'église de Oldensworth (Slesvig) un *Saint Georges*.

MÖLLER Martin
XVIe siècle. Actif à Dresde. Allemand.
Sculpteur.
Il a sculpté pour l'ancienne église Saint-Jean à Zittau une chaire aujourd'hui disparue.

MÖLLER Michael
XVIIe siècle. Allemand.
Médailleur.
Il travailla en Slesvig en 1644, à Lunebourg en 1654 et à Stade de 1658 à 1674. On cite de lui des médailles représentant la *Prise de Brunswick*.

MOLLER Mogens
Né en 1934. XXe siècle. Danois.
Sculpteur, peintre.
Il vit et travaille à Copenhague.
Il participe à des expositions collectives : 1967 Louisiana Museum de Humlebaek ; 1978 Biennale de Venise ; 1991 Centre d'Art contemporain de Corbeil-Essonnes et Centre d'art d'Ivry-sur-Seine. Il montre ses œuvres dans des expositions personnelles : 1986 Copenhague, 1988 Konsthal de Malmö, 1990 Kunstmuseum de Randers.
Il a réalisé de nombreuses commandes publiques.
Bibliogr. : *Questions de sens – Huit Artistes danois*, Centre d'Art contemporain, Corbeil-Essonnes, Centre d'art, Ivry-sur-Seine, 1991.
Musées : Aalborg (Nordjyllands Mus.) – Copenhague (Mus. Nat. des Beaux-Arts) – Stockholm (Mus. d'Art Mod.).

MOLLER Nils Björnson
Né le 10 juillet 1827 à Drammen. Mort le 5 décembre 1887 à Düsseldorf. XIXe siècle. Norvégien.
Peintre de paysages, marines.
Élève des académies de Copenhague et de Düsseldorf, il a exposé à Berlin, Vienne, Düsseldorf, à partir de 1860, et a obtenu une médaille à Vienne en 1873.
Il s'est spécialisé dans la reproduction des paysages des Alpes et des fiords de Norvège.
Ventes Publiques : Stockholm, 25 avr. 1984 : *Vue d'un fjord*, h/t (82x123) : **SEK 44 000**.

MOLLER Olivia Holm, ou **Hilm**
Née le 5 novembre 1875 près de Grenaa. XXe siècle. Danoise.
Peintre.
Élève de l'Académie des Beaux-Arts de Copenhague. Elle a exposé à Charlottenborg à partir de 1908 et fut influencée par Edvard Munch.
Ventes Publiques : Copenhague, 15 mars 1978 : *Hommage à Orozco, Mexico* 1950, h/t (130x270) : **DKK 6 300** – Copenhague, 11 oct 1979 : *Couple de danseurs*, h/t (63x72) : **DKK 7 000**.

MÖLLER Otto
Né le 20 juillet 1883 à Schmiedefeld (Thuringe). Mort en 1964 à Berlin. XXe siècle. Allemand.
Peintre de figures, portraits, paysages, aquarelliste, dessinateur, graveur. Expressionniste.
Frère puîné de Rudolf Möller. Il fut lui aussi élève de Lovis Corinth, puis membre du *Novembergruppe*, avec lequel il exposa de 1919 à 1931.
Outre la peinture, il pratiqua la gravure à l'eau-forte.
Ventes Publiques : Munich, 15 sep. 1983 : *Jeunes femmes dans une loge* 1942, h/cart. (34x40) : **DEM 5 000** – Munich, 26 mai 1992 : *Cascade* 1919, aquar. sur cr. (50x37) : **DEM 3 450**.

MOLLER Otto Friedrich Theodor ou **Fiodor von**. Voir **MOELLER**

MOLLER Peter Nicolai
Né le 15 décembre 1838 à Kolding. XIXe siècle. Danois.
Peintre.
Élève de l'Académie de Copenhague. Il a exécuté plusieurs peintures de sujets religieux pour des églises danoises. Il était sourd-muet.

MOLLER Rasmine Caroline
Née le 17 avril 1827 à Rude (près de Holsteinborg). Morte le 2 mai 1883 à Copenhague. XIXe siècle. Danoise.
Paysagiste.
Élève de C. L. Petersen, H. Buntzen et Kjeldrup.

MÖLLER Regina
XXe siècle.

Artiste.
Elle a participé en 1996 à l'exposition *Les Contes de fées se terminent bien*, au château de Val Freneuse à Sotteville-sous-le-Val, aux côtés notamment de Paul MacCarthy, Stephan Balkenhol, Patrick Corillon, Pierre et Gilles, Lawrence Weiner.
Bibliogr. : Catalogue de l'exposition : *Les Contes de fées se terminent bien*, Les Impénitents, FRAC Normandie, Rouen, 1996.

MOLLER Reinhard G.
Né le 26 août 1855 à Ruhla (Thuringe). Mort le 23 juillet 1912 à Sonneberg. XIXe-XXe siècles.
Sculpteur.

MÖLLER Reinhold von. Voir **MOELLER**

MÖLLER Rudolf
Né le 12 février 1881 à Schmiedefeld (Thuringe). Mort en 1967 à Lörrach. XXe siècle. Allemand.
Peintre de compositions à personnages, figures, portraits, paysages animés, paysages, natures mortes, peintre à la gouache, aquarelliste, peintre de collages, graveur, lithographe, dessinateur. Expressionniste.
Frère de Otto Möller. De 1905 à 1907, il fut élève de l'Académie des Beaux-Arts de Berlin ; puis, en 1907, de Lovis Corinth. En 1916, il épousa Herta Falk, qui fut souvent son modèle, et qui mourra en 1945. En 1916 également, il devint professeur au Lycée de Berlin, plus tard directeur d'études pour peinture et histoire de l'art. De 1919 à 1931, il fut membre du *Novembergruppe*, et participa à toutes les expositions du groupe. En 1940, il vint à Dresde, et sous la pression des nazis quitta son poste d'enseignant et abandonna presque tout son œuvre. En 1943, il alla à Steinen/Wiesental. Après la mort de sa femme, il se fixa définitivement à Lörrach.
Outre la peinture, dans ses diverses techniques et jusqu'au collage, Rudolf Möller pratiqua la gravure sur bois et à l'eau-forte, la lithographie. Il a laissé d'innombrables dessins et esquisses, au crayon, à l'encre, à la craie, à l'aquarelle ou la gouache, etc., dans lesquels on reconnaît parfois les projets de peintures à venir ; tous les thèmes y sont abordés au fil des jours, des rencontres, et si nombreux sont consacrés à l'histoire sainte, on peut remarquer aussi la fréquence du thème de l'amour physique. La figure humaine domine dans l'œuvre de Rudolf Möller, parfois dans des compositions religieuses autour des évangiles. Son style s'est diversifié, à partir d'un expressionnisme dominant, au point qu'il aborda l'abstraction, dans quelques compositions géométriques et surtout dans ses collages.
L'activité artistique de Rudolf Möller s'est essentiellement épanouie dans le contexte du *Novembergruppe*, fondé au lendemain de la Première Guerre mondiale à Berlin, avec, entre autres, Ludwig Meidner, Max Pechstein, Walter Gropius, Oskar Schlemmer, Lyonel Feininger, Wassily Kandinsky, Paul Klee, Johannes Itten ; cette liste des membres du groupe de Berlin montre l'étroitesse de ses liens avec le Bauhaus de Weimar. L'objectif du groupe fut clairement défini par Ludwig Meidner, en tant que : « Socialisme, c'est-à-dire loyauté, liberté, fraternité, pour que règne l'ordre divin dans le monde. », objectif auquel Rudolf Möller s'est conformé dans sa vie et son œuvre.
■ Jacques Busse
Bibliogr. : Martin Van Britsom : *Rudolf Möller. November Gruppe*, Amsterdam, 1989, considérable étude tirée à 20 exemplaires.

MÖLLER Sigurd
Né en 1895. Mort en 1984. XXe siècle. Suédois.
Peintre de paysages, natures mortes.
Ventes Publiques : Stockholm, 22 mai 1989 : *Nature morte de fruits dans un intérieur avec un miroir* 1954, h/t (73x60) : **SEK 6 000** – Stockholm, 6 déc. 1989 : *Littoral rocheux*, h/t (65x80) : **SEK 5 500**.

MOLLER Th. A.
Né en 1812. Mort en 1875. XIXe siècle. Russe (?).
Peintre d'histoire, de genre et de portraits.
On voit de cet artiste au Musée russe, à Leningrad, *Saint Jean l'Évangéliste prêchant dans l'île de Patmos*, au Musée Roumianzeff, à Moscou, *Jeune fille endormie* et à la Galerie Tretiakov dans la même ville, *Portrait de N. V. Gogol* et *Portrait du peintre Th. A. Brouny*.

MÖLLER Thorvald Christian Benjamin
Né le 25 mai 1842 près d'Helsingor. Mort en 1925. XIXe-XXe siècles. Danois.
Peintre de marines.
D'abord marin, il fit ses études chez C. Neumann. Il a exposé à Hambourg, Amsterdam et à Stockholm.
Ventes Publiques : Stockholm, 14 nov. 1990 : *Marine avec des embarcations à voiles au large de Kronborg* 1874, h/t (45x58) : **SEK 12 500**.

MOLLER-JENSEN Jens
Né le 23 mars 1869 près de Skanderborg. XIXe-XXe siècles. Danois.
Peintre, architecte.
Il fit ses études à l'académie des beaux-arts de Copenhague et en Italie.
Il décora de fresques l'hôtel de ville de Copenhague et fut le fondateur de l'école Model-Bohave, où il préconisa le vieux style national, s'opposant à l'imitation trop impersonnelle d'autres styles.

MÖLLERBERG Nils
Né le 9 juillet 1892 à Ekestad. Mort en 1954. XXe siècle. Suédois.
Sculpteur de bustes, statues.
Il exposa dans les pays scandinaves.
On cite *La Jeunesse* ; *Le Boxeur* ; *Maternité*.
Musées : Malmö – Stockholm.
Ventes Publiques : Göteborg, 13 avr. 1983 : *Galathée*, bronze patiné (H. 60) : **SEK 6 500** – Stockholm, 6 juin 1988 : *Morgon, femme debout*, bronze (H. 97) : **SEK 58 000** – Stockholm, 15 nov. 1988 : *La jeune porteuse d'eau agenouillée*, bronze doré (H. 48) : **SEK 36 000** – Göteborg, 18 mai 1989 : *Jeune femme nue dénouant sa sandale* 1938, bronze (H. 43) : **SEK 35 000** – Stockholm, 6 déc. 1989 : *Sigyn, nu féminin debout élevant une coupe à bout de bras*, bronze à patine dorée (H. 46,5) : **SEK 24 000** – Stockholm, 14 juin 1990 : *« Ymninghetshorn » – nu assis*, bronze (H. 28) : **SEK 18 000** – Stockholm, 19 mai 1992 : *Galathée*, bronze à patine dorée (H. 60) : **SEK 20 000**.

MOLLET André
Français.
Dessinateur et graveur à l'eau-forte.
Jardinier du roi de Suède.

MOLLET Ernest
Né le 7 décembre 1831 à Vouziers (Loir-et-Cher). Mort en 1902. XIXe siècle. Français.
Peintre de genre, de portraits et de paysages.
Élève de Couture et d'Eugène Lavieille. Il exposa au Salon de 1864 à 1887 avec des portraits.

MOLLET Mathieu
XVIe siècle. Actif à Lille en 1523. Éc. flamande.
Sculpteur sur bois.

MOLLI Clemente ou **Moli**
Mort vers 1678 à Venise (?). XVIIe siècle. Actif à Bologne. Italien.
Sculpteur, architecte et peintre.
Il subit l'influence de Bellini. Il séjourna en Pologne en 1644. Ses œuvres se trouvent dans les églises de Bologne, de Ravenne, de Venise et de Varsovie, ville où il a sculpté la statue du roi *Sigismond III*.

MOLLICA Achille
XIXe siècle. Actif à Naples. Italien.
Peintre de genre et sur faïence.
Fils de Giovanni Molicca. Il débuta vers 1875 et exposa à Naples, Milan, Turin, Rome et Londres. Le Musée San Martino de Naples, conserve de lui une peinture sur céramique.
Ventes Publiques : Londres, 3 oct 1979 : *Jeune fille au tambourin* 1880, h/t (61x45) : **GBP 550** – New York, 24 fév. 1987 : *La Boutique de l'antiquaire* 1877, h/t (76,7x59,4) : **USD 15 000**.

MOLLICA Emanuele
XIXe siècle. Actif à Naples. Italien.
Peintre de genre.
Élève d'Angelini. On cite de lui *Bannissement d'Agar* et *Scène de la vie de saint Pancrace*.

MOLLICA Francesco
XVIIe siècle. Actif à Naples dans la seconde moitié du XVIIe siècle. Italien.
Sculpteur sur bois.
Élève de M. Naccherino. Il a sculpté, à Naples, dans l'église Gesu Nuovo, un Calvaire, et, dans l'église Saint-Grégoire l'Arménien, on lui attribue les statues de la *Vierge* et de *Saint Jean*.

MOLLICA Matteo
XVIIe siècle. Actif à Naples dans la première moitié du XVIIe siècle. Italien.

Sculpteur sur bois.
Il sculpta de nombreux reliquaires, une *Pietà* et des ornements d'autels dans les églises de Naples.

MOLLIEN Adèle D., comtesse
XIXe siècle. Française.
Pastelliste de portraits.
Familière de la famille royale, on lui doit quelques portraits d'un intérêt historique.
Ventes Publiques : Paris, 4 déc. 1931 : *Portrait de Mme de Malet gouvernante des princes d'Orléans, fils du roi Louis-Philippe*, past. : **FRF 1 800** ; *Portrait de la comtesse de Montjoye*, past. : **FRF 2 800** – Paris, 27 mai 1993 : *La Comtesse de Montjoye* 1835, past. (37x32,5) : **FRF 13 000**.

MOLLIERE
XVIIIe siècle. Actif à Orléans de 1786 à 1797. Français.
Sculpteur.
Il a sculpté les ornements du portail principal de la cathédrale d'Orléans.

MOLLIET Clémence, Mme
Née à Castelnau-de-Médoc (Gironde). XIXe siècle. Française.
Peintre de paysages.
Elle eut pour professeur Baudit, Auguin et Lalanne. Elle débuta au Salon de 1880. Le Musée de Périgueux conserve d'elle *Les bords de la Seine à Chatou*.

MOLLINAROLO Jacob Gabriel. Voir **MULLER Jacob Gabriel**

MOLLINERI Giovanni Antonio ou **Antonino**. Voir **MOLINERI**

MOLLING Dominicus. Voir **MOLING**

MOLLINGER Gerrit Alexander Godart Filip
Né le 8 mars 1836 à Utrecht. Mort le 14 septembre 1867 à Utrecht. XIXe siècle. Hollandais.
Peintre de genre, paysagiste et graveur.
Élève de L.-G.-C. Mollinger, de W.-B. Stoof et de W. Rollofs. Le Musée d'Utrecht conserve de lui *Loir* et *Paysage belge*. Il prit part à l'Exposition universelle de Londres en 1862 et à celles de la Royal Scottish Academy.
Ventes Publiques : Amsterdam, 1886 : *Paysage d'été* : **FRF 420** – Los Angeles, 15 oct 1979 : *Pastorale*, h/t (24x45) : **USD 3 250** – Londres, 23 fév. 1983 : *La Corvée d'eau*, h/t (43x63) : **GBP 900** – New York, 13 fév. 1985 : *Pastorale, Hollande*, h/t (24x44,5) : **USD 2 500**.

MOLLINGER Louis Gerard Constant
Né le 25 novembre 1825 à Utrecht. Mort le 13 septembre 1860 à Utrecht. XIXe siècle. Hollandais.
Peintre de portraits, d'histoire et de genre.
Élève de W.-B. Stoof et de Ary Scheffer. Le Musée d'Utrecht conserve de lui *Le rinçage des bouteilles*.

MOLLO Jean Baptiste ou **Giovanni**. Voir **MOLE**

MOLLO Salvatore
XVIIIe siècle. Actif à Naples. Italien.
Peintre.
Il a peint dans une chapelle de l'église Gesu Nuovo à Naples les fresques du plafond.

MOLLOY Joseph
Né en 1798 à Belfast. Mort en 1877 à Belfast. XIXe siècle. Irlandais.
Paysagiste.
Il a peint une suite de quarante tableaux représentant des aspects de Belfast.

MOLLWEIDE Werner
Né le 11 juin 1889 à Strasbourg. XXe siècle. Allemand.
Peintre de figures, paysages.
Il fut élève de Lothar von Seebach. Il a travaillé à Ludwigshafen.

MOLMENTI Pompeo ou **Prospero**
Né en novembre 1819 à Motta di Livenza. Mort en 1894 à Venise. XIXe siècle. Italien.
Peintre d'histoire, de genre et de portraits.
Élève de l'Académie des Beaux-Arts de Venise. Il a participé à tous les grands salons italiens. Chevalier de l'Ordre de la Couronne d'Italie. Les églises de Malo, de Palmanova, de Fontanelle et de Vidor, ainsi que le Musée de Bassano, conservent des peintures de cet artiste.

MOLNAR Adèle
XIXe siècle. Hongroise.
Paysagiste.
Fille de Josef Molnar.

MOLNAR Antal ou **Anton**
XVIIIe siècle. Actif à Budapest. Hongrois.
Graveur.
Le Musée de Jaszberény conserve de lui deux feuilles représentant le cor d'ivoire de Level richement orné.

MOLNAR Béla
Né le 17 décembre 1863 à Straasbourg-en-Transylvanie. XIXe-XXe siècles. Hongrois.
Peintre de paysages, peintre de décors de théâtre.
Il fit ses études à Budapest.

MOLNAR C. Pal
Né le 28 avril 1894 à Battonya. XXe siècle. Hongrois.
Peintre de genre, figures, dessinateur, graveur.
Il fit ses études à Budapest. Il réalisa des scènes de famille, de rues et des nus.
Musées : Budapest.
Ventes Publiques : Lokeren, 15 mai 1993 : *Jeux dans les vagues*, encre (30x22) : **BEF 36 000**.

MOLNAR Dani ou **Daniel**
Né le 26 juin 1854 à Makkfalva. Mort le 24 août 1914 à Makkfalva. XIXe-XXe siècles. Hongrois.
Sculpteur d'animaux.
Il exécuta surtout des terres cuites.

MOLNAR Farkas ou **François** ou **Wolfgang**
Né en 1897 à Pecs. Mort en 1945. XXe siècle. Hongrois.
Peintre, graphiste, architecte.
Il fut élève de l'Université technique, et de l'Académie des Beaux-Arts de Budapest. Entre 1921 et 1925, il fut élève de Walter Gropius au Bauhaus de Weimar.
À partir de 1927, il collabora à des projets architecturaux pour Budapest. Sans avoir vraiment fait partie du groupe *MA*, ses projets et typographies ont été reproduits dans la revue. Plus théoricien que plasticien, il a publié *Les Mouvements exploratoires des yeux* dans *Sciences de l'art* en 1964. En accord avec un grand nombre de participants du Bauhaus, il a mis l'accent sur l'intervention du temps dans les arts plastiques, notamment par l'intermédiaire des mouvements.
Bibliogr. : Frank Popper : *Naissance de l'art cinétique*, Gauthier-Villars, Paris, 1967.
Musées : Pécs (Mus. Janus Pannonius) : *Orvieto* 1921 – *Paysage urbain en Italie, II (Orvieto)* 1921, litho. – *Paysage urbain en Italie, IV (Orvieto)*, litho.
Ventes Publiques : Paris, 12 mai 1993 : *Dada* 1917, bois gravé (17x16) : **FRF 8 000**.

MOLNAR Géza
Né en 1856 à Budapest. XIXe siècle. Hongrois.
Peintre.
Élève de son père Josef Molnar. Il peignit des scènes de rue et des architectures.

MOLNAR Gyula ou **Julius**
Né en 1882 à Nagykörös. XXe siècle. Hongrois.
Sculpteur de bustes, figures.
Il fit ses études à Budapest, Munich et Paris. On cite de lui le buste du *Prince Ferenc Ràkoczi II* et une *Sainte Barbe*.

MOLNAR Janos. Voir **PENTELEI-MOLNAR Janos**

MOLNAR Josef ou **Jozsef**
Né le 21 mars 1821 à Zsambek. Mort le 6 février 1899 à Budapest. XIXe siècle. Hongrois.
Paysagiste, peintre d'histoire et de genre.
Il travailla à Venise, Rome, Munich et Paris, puis se fixa à Budapest. Il peignit des paysages, surtout des Carpathes et des sujets religieux. On cite de lui *Persécution des chrétiens* et *La reprise d'Ofen*. Le Musée des Beaux-Arts de Budapest conserve de lui *Dezsö sauve le roi Charles Robert*.
Ventes Publiques : Londres, 22 fév. 1995 : *Nature morte de roses*, h/cart. (63x50) : **GBP 690** – Londres, 14 juin 1995 : *Moïse conduisant les Juifs hors d'Égypte* 1861, h/t (155x200) : **GBP 18 400**.

MOLNAR Soma ou **Samuel**
XIXe siècle. Hongrois.
Peintre.
Il a décoré l'intérieur de la cathédrale d'Erlau en 1856.

MOLNAR Tibor
Né en 1897 à Budapest. XXe siècle. Hongrois.
Peintre de figures, paysages.

MOLNAR Véra
Née en 1924 à Budapest. XXe siècle. Depuis 1947 active, puis naturalisée en France. Hongroise.
Peintre, dessinateur. Abstrait-géométrique, « computer art ».
Elle fut élève de l'école des beaux-arts de Budapest. En 1960, elle est co-fondateur du groupe GRAV (Groupe de recherche d'art visuel), du groupe Art et Informatique à l'Institut d'esthétique des sciences de l'art à Paris I, et est membre du CREIAV (Centre de recherche expérimentale et informatique des arts visuels). Elle vit et travaille à Paris, se faisant naturaliser.
Elle a participé en 1986 à l'exposition *Art construit – Tendances actuelles en France et en Suède* à Paris. Elle montre ses œuvres dans des expositions personnelles à Londres, Berlin, Bonn, Malmö, Budapest, Caen, Paris, notamment en 1998, avec Manfred Mohr, galerie Lahumière.
Depuis 1946, elle pratique une abstraction géométrique. À partir de 1968, elle utilise l'ordinateur qu'elle programme et qui réalise des dessins, se substituant ainsi à la main de l'artiste. Connu sous le nom de « computer art », cet art de l'informatique n'est pas exceptionnel et l'usage de l'ordinateur a tenté de nombreux artistes.
Musées : Paris (BN) : *1 % de désordre* 1974, sérig.

MOLNÉ Hector
Né en 1935 ou 1937 à Camagüey. XXe siècle. Cubain.
Peintre de compositions animées, scènes typiques.
Il commença ses études à l'École d'Arts Plastiques ; il obtint une bourse pour venir poursuivre ses études à Paris à l'Académie de la Grande-Chaumière. Il vit habituellement à Miami. Individuellement ou en groupe, il participe à de nombreuses expositions, tant aux États-Unis, qu'en Europe, dans les pays scandinaves et en Amérique centrale.
Il peint avec fougue les scènes tumultueuses et bariolées de la vie et des fêtes populaires cubaines.
Ventes Publiques : New York, 16 nov. 1994 : *La conga cubaine* 1989, h/t (86,7x106,4) : **USD 12 650** – New York, 14-15 mai 1996 : *Danseurs de guaracha* 1994, h/t (90,8x104,1) : **USD 19 550** – New York, 25-26 nov. 1996 : *Camagüey* 1989, h/t (61,6x91,1) : **USD 9 200**.

MOLNÉ Luis Vidal
Né le 27 septembre 1907 à Barcelone (Catalogne). Mort en 1970 à Monaco. XXe siècle. Espagnol.
Peintre de compositions animées, figures, natures mortes, illustrateur.
Il fut élève de l'école des beaux-arts de sa ville natale, il vint en France en 1939 et se fixa dans le Midi.
Il a montré des expositions dans le Midi de La France, à Paris, en Suède, à Monte-Carlo, Nice, Londres, ainsi qu'aux États-Unis et en Italie.
La fécondité est la première qualité de cet artiste. Sa facilité à peindre fait penser à la virtuosité d'un Clavé et aussi au provençal André Marchand semblant vouloir mettre parfois, sans penser à mal, Picasso à la portée de tous. André Farcy parle à son propos d'expressionnisme ibérique. Il a illustré de très nombreux ouvrages, parmi lesquels : *Le Prince Jaffard* de G. Duhamel, *Contes extraordinaires* de E. A. Poe, *Parallèlement* de Verlaine, etc. Il a réalisé une céramique murale à la gare de Monaco.
Bibliogr. : In : *Cien Anos de pintura en Espana y Portugal, 1830-1930*, Antiquaria, t. VI, Barcelone, 1991.
Ventes Publiques : Versailles, 14 mars 1976 : *Visage*, gche (47x29,5) : **FRF 1 500** – Versailles, 24 oct. 1976 : *Nature morte*, h/t (65x100) : **FRF 1 700** – Paris, 21 mai 1979 : *Petite fille*, h/t (35x24) : **FRF 5 000** – Stockholm, 6 juin 1988 : *Femmes dans un jardin devant une maison* 1951, h/t (59x72) : **SEK 7 500** – Paris, 23 juin 1988 : *Nature morte*, h/t (65x81) : **FRF 21 000** – Aix-les-Bains, 24 juin 1990 : *Le poisson bleu*, h/t (65x81) : **FRF 132 000** – Versailles, 8 juil. 1990 : *Suzanne et les vieillards*, gche et lav./pap. bleu (22x30) : **FRF 10 000** – Paris, 8 avr. 1991 : *Nature morte au poisson*, h/t (65x100) : **FRF 8 500** – New York, 24 fév. 1994 : *Sans titre*, h/t (38,1x46,4) : **USD 1 725** – Paris, 21 mars 1994 : *Espagnole à l'éventail*, h/t (81x54) : **FRF 10 000**.

MOLNER Blas
Né à Valence. Mort après 1810. XIXe siècle. Espagnol.
Sculpteur.
Il fut directeur de la classe de sculpture à l'Académie des Beaux-Arts de Séville en 1810. On conserve de lui, à Séville, au Musée de peinture, une *Statue de saint Jean-Baptiste*, grandeur naturelle, adossée à un panneau de bois.

MOLNER Hans. Voir **MOLLER**

MOLOCH, pseudonyme de **Colomb B.**
Né en 1849 à Paris. Mort le 5 mai 1909 à Paris. XIXe siècle. Français.
Dessinateur, illustrateur, caricaturiste.
Il travailla, dès 1870, pour *L'Assiette au beurre* et autres hebdomadaires humoristiques parisiens. On cite de lui : *Les Automédons ; Les Fils de Cerbère ; Paris dans les caves ; Les Prêtres ; Les silhouettes*.

MOLODYKH Macha
Née en 1973 à Saint-Pétersbourg. XXe siècle. Russe.
Peintre de paysages, natures mortes.
Elle fit ses études à l'École des Arts de V. A. Serov et à l'Institut Répine de Saint-Pétersbourg.
Elle pratique une technique aisée, grassement sensuelle.
Musées : Saint Petersbourg (Mus. du Théâtre).
Ventes Publiques : Paris, 18 fév. 1991 : *Escaliers devant la maison*, h/t (60x46) : **FRF 4 500** – Paris, 13 mars 1992 : *Nature morte à la pomme rouge*, h/t (63x80) : **FRF 5 000** – Paris, 23 nov. 1992 : *Nature morte à la tasse de thé*, h/t (54,2x64,4) : **FRF 5 000** – Paris, 27 mars 1994 : *Après le spectacle*, h/t (73,5x79,5) : **FRF 4 800**.

MOLODZINSKI Kazimierz ou **Kasimir**
Né à Cracovie. Mort le 28 janvier 1795 à Cracovie. XVIIIe siècle. Polonais.
Peintre.
Il peignit pour plusieurs églises de Cracovie. Son œuvre *Sainte Anne caressant l'enfant Jésus* se trouve dans la galerie de M. Zielinski, à Cracovie.

MOLOSSO Euclide et **Giovan Battista**. Voir **TROTTI**

MOLOSSOS
IVe siècle avant J.-C. Actif à Thurium au premier tiers du IVe siècle avant Jésus-Christ. Antiquité grecque.
Médailleur.
Ses drachmes sont signées Molossos ou de Ms ; le revers représente un taureau fonçant en avant et la face montre la tête d'Athéna.

MOLOSTVOFF Boris
Né à Kazan. XXe siècle. Russe.
Sculpteur.
Il fut élève de Bouchard et Landowski. Il exposa à Paris, aux Salons des Indépendants, des Artistes Français et d'Automne.

MOLS Florent
Né en 1815. XIXe siècle. Belge.
Peintre de genre, paysages.
Père de Robert Mols, il fut élève de F. de Brackeleer. Actif à Anvers, il exposa, à partir de 1840, des vues d'Orient.
Ventes Publiques : Bruxelles, 25 nov. 1982 : *Paysage arabe* 1858, h/t (80x130) : **BEF 350 000** – New York, 30 oct. 1985 : *Vue du Nil* 1857, h/t (79,3x150,5) : **USD 5 000**.

MOLS Niels Pedersen ou **Pedersen-Mols Niels**
Né le 27 mars 1859 à Grumstrup. Mort en 1921. XIXe-XXe siècles. Danois.
Peintre de genre, figures, paysages animés, paysages.
Il participa au Salon de Paris, et obtint en 1900 la médaille de bronze pour l'Exposition universelle.
Musées : Aalborg – Anvers – Copenhague : *Récolte de navets – Vaches* – Goteborg – Lubeck.
Ventes Publiques : Copenhague, 2 oct. 1976 : *Le Bac* 1919, h/t (105x131) : **DKK 18 500** – Copenhague, 24 nov 1979 : *Le repos des laboureurs* 1892, h/t (68x130) : **DKK 22 500** – Copenhague, 19 jan. 1983 : *Paysanne et troupeau dans un champ* 1917, h/t (100x145) : **DKK 17 500** – Copenhague, 16 avr. 1985 : *Femme et enfant dans un intérieur écoutant un homme jouant de la flûte* 1883, h/t (60x70) : **DKK 80 000** – Copenhague, 21 fév. 1990 : *Vieil homme*, h/t (50x38) : **DKK 7 000** – Stockholm, 16 mai 1990 : *Prairies vallonnées* 1988, h/t, une paire (28x43 et 30x47) : **SEK 10 500** – Copenhague, 29 août 1990 : *Paysan et ses vaches dans un paysage* 1918, h/t (71x99) : **DKK 15 200** – Copenhague, 6 mars 1991 : *Vaches dans une prairie près de la mer* 1918, h/t (33x49) : **DKK 8 000** – Copenhague, 1er mai 1991 : *Famille de pêcheurs sur la grève* 1891, h/t (66x80) : **DKK 17 000** – Copenhague, 15 nov. 1993 : *Le vieux forgeron* 1885, h/t (48x40) : **DKK 4 500** – Copenhague, 7 sep. 1994 : *Le vieux Ell avec son troupeau de vaches* 1917, h/t (52x71) : **DKK 14 000** – Copenhague, 17 mai 1995 : *Jeune gardienne de vaches* 1913, h/t (41x59) : **DKK 4 000** – New York, 18-19 juil. 1996 : *En attendant son cavalier* 1887, h/t (60,3x71,1) : **USD 1 725**.

MOLS Robert Charles Gustave Laurens
Né le 22 juin 1848 à Anvers. Mort le 8 août 1903 à Anvers. XIXe siècle. Belge.
Peintre d'architectures, paysages, paysages urbains, paysages d'eau, marines, natures mortes, graveur, dessinateur.
Il fut élève de l'Académie d'Anvers, ayant déjà obtenu à l'âge de treize ans de nombreux prix. En 1886, il vint à Paris et y fut élève de Jean-François Millet et de Jules Dupré. Il exposa dès 1863 à Anvers, puis régulièrement au Salon de Paris, à partir de 1873. Ses œuvres, très remarquées, furent à plusieurs reprises achetées par le Gouvernement français. De nombreuses récompenses lui furent décernées et il obtint, notamment, la croix de l'Ordre de Léopold en 1879, et en 1900, celle de chevalier de la Légion d'honneur.
On cite de lui : *Le Vieux Port de Marseille – Le Président Carnot passant la revue de la flotte française, à Boulogne*. Dessinateur et brillant coloriste, il a su rendre à merveille les grands horizons, les multiples aspects de la mer. Il fut aussi peintre de panoramas et il faut citer dans ce genre ceux de *Venise*, de *Paris vu du sommet du Louvre* et d'*Anvers*. Ce dernier lui fut commandé par sa ville natale.

Robert Mols 1876

Robert Mols

Musées : Anvers : *Fleurs – La rade d'Anvers en 1870 – Quai de l'arsenal du sud à Anvers, en 1870* – Prague : *Vue de Rouen* – Sète : *Port de Sète – Naufrage – Port de Bordeaux – Bateaux de pêche*.
Ventes Publiques : Paris, 1875 : *Rade d'Anvers* : **FRF 16 750** – Paris, 1877 : *Le Pont-Louis-Philippe à Paris* : **FRF 3 550** – Paris, 14-16 fév. 1921 : *Le quai du Louvre* : **FRF 320** – Paris, 9 mai 1925 : *Le Port d'Anvers* : **FRF 820** – Paris, 1er mars 1944 : *La sortie du port* : **FRF 5 500** – Paris, 3 mars 1950 : *Port hollandais* : **FRF 9 000** – Paris, 15 mars 1976 : *Le port*, h/t (37x52) : **FRF 2 050** – Paris, 10 juil 1979 : *Le port*, h/pan. (14x23,5) : **FRF 5 000** – Lokeren, 25 fév. 1984 : *Le port de Rotterdam*, h/pan. (13x35) : **BEF 80 000** – Paris, 10 déc. 1985 : *Le Quai du Louvre vu de la galerie d'Apollon*, h/t (240x412) : **FRF 341 000** – Paris, 7 avr. 1987 : *Vue du port d'Anvers*, h/t (101x191) : **FRF 78 000** – Neuilly, 22 nov. 1988 : *Le canal ombragé*, h/t (55x95) : **FRF 20 000** – Londres, 16 fév. 1990 : *Port de mer* 1886, h/t (45,2x95) : **USD 3 520** – Amsterdam, 24 avr. 1991 : *Port de Dordrecht*, h/t (98x198) : **NLG 46 000** – Amsterdam, 5-6 nov. 1991 : *Vue de Duinkerken*, h/t (44x93) : **NLG 32 200** – Londres, 25 nov. 1992 : *Le quai du Louvre à Paris* 1877, h/t (128x198) : **GBP 56 100** – Paris, 11 déc. 1992 : *Gondole à Venise*, h/t (20,5x37,5) : **FRF 10 500** – Amsterdam, 19 avr. 1994 : *Voiliers par mer calme*, h/t (88x108) : **NLG 11 270** – Paris, 15 déc. 1995 : *Paris : la Seine et l'île Saint-louis, vues du quai Henri IV*, h/t (115x163,5) : **FRF 150 000** – Lokeren, 9 mars 1996 : *Départ de l'expédition antarctique belge*, h/pan. (27x46) : **BEF 150 000**.

MOLSDORF
Peintre.
Il a été mentionné dans l'Annuaire des ventes publiques de M. Francis Spar.
Ventes Publiques : Paris, 23 fév. 1951 : *La danse dans le parc (composition entourée de guirlandes de fleurs)* : **FRF 31 000**.

MOLSTED Christian Ferdinand Andreas
Né le 15 octobre 1862 à Dragor. Mort en 1930. XIXe-XXe siècles. Danois.
Peintre de marines.
Il fut élève de l'académie de Copenhague. Il fit des voyages à Paris et à Londres. Il peignit surtout des batailles navales.

Chr Molsted

Musées : Frederiksborg : *Willemoes près de Sjaelland Odde* 1908 – *Sur la frégate de Niels Juel dans la bataille navale du 9 mai 1864*.
Ventes Publiques : Copenhague, 18 avr. 1950 : *Bataille d'Heligoland, 9 mai 1864, à bord de la frégate amirale* 1916 : **DKK 9 900** – Copenhague, 4 oct. 1972 : *Le petit port de pêche* : **DKK 17 000** – Copenhague, 25 mai 1973 : *Bateaux et barques de pêche* : **DKK 8 600** – Copenhague, 16 mars 1976 : *Barque par grosse mer* 1906, h/t (118x168) : **DKK 9 600** – Copenhague, 25 avr 1979 : *Engagement naval* 1896 ; *Le retour du bateau de guerre*, deux h/t (37x55) : **DKK 14 500** – Copenhague, 25 août 1982 : *Scène de bord de mer* 1893, h/t (120x192) : **DKK 23 000** – New York, 31 oct. 1985 : *Scène de bataille navale* 1916, h/t (119,5x180,3) : **USD 13 500** – Copenhague, 20 mars 1986 : *Bateau de guerre danois en mer* 1896, h/t (38x55) : **DKK 25 000** – Copenhague, 17 nov. 1987 : *Les Bateaux-écoles Falken et Gladan au port* 1919, h/t (118x100) : **DKK 115 000** – Londres, 24 mars 1988 : *Le canot de sauvetage de Löngstrup sortant par tempête* 1885-1886, h/t (63,5x94,5) : **GBP 6 600** – Stockholm, 15 nov. 1989 : *Barque de sauvetage dans les vagues déferlantes sur la côte de Jyllands*, h/t (63x94) : **SEK 62 000** – Copenhague, 25 oct. 1989 : *Barques sur un rivage*, h/t (22x53) : **DKK 5 000** – Copenhague, 18 nov. 1992 : *Barque de sauvetage rentrant au port* 1886, h/t (36x57) : **DKK 5 000**.

MOLTEDO
XIXe siècle. Actif au début du XIXe siècle. Italien.
Médailleur.
Il travailla à Paris en 1826.

MOLTEDO Luigi
XIXe siècle. Actif à Naples dans la première moitié du XIXe siècle. Italien.
Sculpteur sur bois.
Il sculpta surtout des crèches et de petits animaux.

MOLTENI Giuseppe ou **Moltini**
Né le 23 octobre 1800 à Affort (près de Milan). Mort le 11 janvier 1867 à Affort. XIXe siècle. Italien.
Peintre d'histoire, de genre, de portraits.
Élève de l'Académie de Milan. Il travailla dans cette ville et à Rome et fut conservateur de la Pinacothèque Brera. Il séjourna à Vienne vers 1838 et y a peint les portraits de *Ferdinand Ier* et de *Metternich*. Ce fut surtout un très habile restaurateur de tableaux.
Musées : Leipzig : *Mendiante à la porte d'une église* – Milan (Brera) : *Portrait du peintre V. Sala* – Milan (Mus. Poldi Pezzoli) : *Portrait de G. Poldi-Pezzoli* – Parme : *Vieillard tendant à une fillette le buste de Marie-Louise de Parme* – Vienne : *Dame au confessionnal*.
Ventes Publiques : Milan, 18 déc. 1986 : *La Confession* 1838, h/t (173x141) : **ITL 25 000 000**.

MOLTENINOV Konstantin
Né en 1921 à Penza. XXe siècle. Russe.
Peintre de portraits, animaux, paysages.
Il étudia à l'académie des beaux-arts de Léningrad et fut l'élève de Frentz à l'Institut Répine. Il devint membre de l'Union des Peintres d'URSS.
Musées : Donetz (Mus. des Beaux-Arts) – Moscou (Mus. de la Révol.) – Saint-Pétersbourg (Mus. de la Ville) – Saint-Pétersbourg (Mus. de la Marine).
Ventes Publiques : Paris, 4 mars 1991 : *Au bord de la mer*, h/t (59x72) : **FRF 3 500** – Paris, 26 avr. 1991 : *Sur la plage*, h/t (26x46) : **FRF 5 000**.

MOLTER August Adolf Eduard
Né en 1806 à Hambourg. XIXe siècle. Allemand.
Peintre de paysages et de genre.
Élève de l'Académie de Munich.

MOLTI Martin
XVIIe siècle. Actif à Mauerkirchen (Bavière). Allemand.
Sculpteur sur bois.
Il a sculpté en 1674 un grand crucifix pour l'église de Reut.

MOLTINI Giuseppe. Voir **MOLTENI**

MOLTINO Francis
Né en 1818. Mort en 1872. XIXe siècle. Britannique.
Peintre de paysages urbains, architectures, paysages d'eau, marines.
Ventes Publiques : Londres, 6 juin 1984 : *Bateaux de guerre à l'ancre*, h/t (76x127) : **GBP 1 300** – Londres, 1er oct. 1986 : *Le Port de Londres*, h/t (76x127) : **GBP 2 000** – Londres, 15 juin 1988 : *La Tamise vers Saint-Paul*, h/t (76x127) : **GBP 2 090** – New York, 29 oct. 1992 : *L'Abbaye de Westminster et le Parlement vus depuis la Tamise*, h/t (61x107,2) : **USD 2 750** – Londres, 12 mai 1993 : *Sur le Grand Canal à Venise*, h/t (70,5x90,5) : **GBP 2 645** – Penrith, Cumbria, 13 sep. 1994 : *La Tamise à Westminster avec des*

barques à voiles, h/t (34x31) : **GBP 575** – LONDRES, 30 mai 1996 : *Revue de la flotte ; Navire royal et vaisseaux de guerre quittant Portsmouth*, h/cart., une paire (chaque 30,5x43) : **GBP 1 035**.

MOLTKE Harald Viggo, comte
Né le 14 décembre 1871 à Elseneur. XIXe-XXe siècles. Danois.
Peintre de genre, portraits.
Il fut élève de l'académie des beaux-arts de Copenhague de 1889 à 1893.
VENTES PUBLIQUES : COPENHAGUE, 5 avr. 1989 : *Randonnée à skis au Groenland*, past. (112x128) : **DKK 4 000** – COPENHAGUE, 25 oct. 1989 : *Paysage du Groenland avec des personnages au premier plan*, h/t (40x50) : **DKK 4 800**.

MOLTO Y LLUCH Antonio
Né en 1841 à Altea. Mort en 1901 à Grenade. XIXe siècle. Espagnol.
Peintre et sculpteur.
Il fit ses études à Valence et à Rome. Ses sculptures se trouvent dans l'église San Francisco el Grande à Madrid et sur le monument funéraire de R. Narbaez à Loja.

MOLTRAI, orthographe erronée. Voir **MOLTENI**

MOLTSCHANOFF Grigori
XVIIIe siècle. Russe.
Peintre de portraits et de décorations.
Il travailla de 1752 à 1767 à Saint-Pétersbourg et dans les châteaux des environs de cette ville comme peintre de plafonds et de théâtres. Le Musée Russe de Leningrad conserve de lui trois portraits de princesses de la famille impériale, ainsi que *Pierre le Grand, enfant*.

MOLTZAN Johann ou **Moltsan** ou **Moltsahn** ou **Moissen** ou **Meissen**
XVIIe siècle. Actif à Hambourg. Allemand.
Sculpteur sur bois.
On lui attribue l'abat-voix et le portillon de la chaire dans l'église Saint-Jacques de Hambourg.

MOLTZHEIM Johannes ou **Molzheim**
Né en 1771 à Strasbourg. Mort le 21 février 1835 à Saint-Gall. XVIIIe-XIXe siècles. Suisse.
Peintre de portraits et de paysages.
Élève de Kamm. Il travailla d'abord à Strasbourg et se fixa dès 1825 à Saint-Gall.

MOLU Christophe ou **Motu**
XVIe siècle. Actif à Troyes dans la première moitié du XVIe siècle. Français.
Sculpteur sur pierre et sur bois.
Il a sculpté à Troyes, une *Madone* pour l'église Saint-Nicolas et un bas-relief en bois représentant le *Martyre de saint Étienne* pour l'église Saint-Étienne.

MOLUCON Alphonse, orthographe erronée. Voir **MONLUÇON**

MOLVENTER Johann ou **Malventer** ou **Molvenster**
XVIe-XVIIe siècles. Allemand.
Médailleur.
Il travailla à Fribourg, Ensisheim et à la cour de Prague.

MOLVIG Jon
Né en 1923. Mort en 1970. XXe siècle. Australien.
Peintre.
Il pratique une peinture expressionniste, à la pâte épaisse.
BIBLIOGR. : In : *Creating Australia – 200 years of art 1788-1988*, Art Gallery of South Australia, Adelaïde, 1988.
VENTES PUBLIQUES : SYDNEY, 6 oct. 1976 : *Mrs Dyason* 1960, h/cart. (170x107) : **AUD 1 100**.

MOLYN Anthony de
Mort avant 1703. XVIIe siècle. Actif à Haarlem. Hollandais.
Paysagiste.
Le Musée de l'Ermitage à Leningrad conserve de lui un *Paysage d'hiver*.

VENTES PUBLIQUES : PARIS, 25 mai 1949 : *La route de village* 1654 : **FRF 160 000** – PARIS, 16 juin 1967 : *La route du village* : **FRF 7 600**.

MOLYN D.
XVIIe siècle. Hollandais.
Peintre.
On cite de lui une *Vue de plage* et *Famille de bohémiens*.

MOLYN Hans ou **Jean** ou **Molyns**
XVIe siècle. Actif à Anvers. Éc. flamande.
Graveur sur bois et imprimeur.
Élève de W. Lijfrinck. Il fut membre de la gilde de 1532 à 1558.

MOLYN Jacob
Mort le 2 mars 1649 à Delft. XVIIe siècle. Hollandais.
Peintre.

MOLYN Jan
Né vers 1620 à Delft. XVIIe siècle. Hollandais.
Peintre.
Le Musée de Riga consrve de lui *Le père de famille*.

MOLYN Jan de ou **du Molyn**
XVIIe siècle. Actif à Rotterdam. Hollandais.
Peintre.
Il entra dans la corporation de Saint-Luc à Leyde en 1649.

MOLYN Petrus Marius
Né le 9 juillet 1819 à Rotterdam. Mort le 2 avril 1849 à Anvers. XIXe siècle. Belge.
Peintre de genre, graveur au burin, lithographe.
Élève de Jan Hendrick Van Grootvelt et de F. de Brackeleer.

MUSÉES : AMSTERDAM (Mus. Stedelijk) – ROTTERDAM : *Jacques Callot chez les Bohémiens*.
VENTES PUBLIQUES : AMSTERDAM, 27 avr. 1976 : *La partie de cartes*, h/pan. (24,3x20) : **NLG 11 000**.

MOLYN Pieter, l'Ancien
Né le 6 avril 1595 probablement à Londres. Mort en 1661, enterré à Haarlem le 23 mars 1661. XVIIe siècle. Hollandais.
Peintre de genre, paysages, dessinateur, graveur.
Il était peut-être élève de Frans Hals, car on le trouve dans le célèbre tableau de l'atelier de Frans Hals ; maître à Haarlem, en 1616, membre des arquebusiers en 1624, il épousa la même année Meyken Gerards ; il alla probablement en Norvège. Il eut pour élèves Alart Van Everdingen, Christian de Hulst et en 1655 Jan Nose et Gérard Terboch.
Ses paysages rappellent ceux de Jan van Goyen. On l'a longtemps considéré comme le père de Pieter Mulier le Jeune dit Cavaliere Tempesta. Un *Pieter de Molyn*, de Delft, se remaria à Amsterdam en 1627 ; un *Pieter Molyn* était en 1649 avec Jan de Molyn dans la gilde de Leyde. À la suite de Van Goyen, il est l'un des maîtres qui définissent le mieux le paysage typiquement hollandais. Il réussit à rendre l'unité de ton et de lumière que laissaient présager les œuvres de Van Goyen, mais Molyn met moins de souplesse dans son métier. Il est encore assez précieux dans le rendu des feuillages, cependant l'ensemble reste sobre et animé de figures. En dehors de ces paysages, il peignit des scènes de genre, combats de cavalerie, incendies, paysages nocturnes.

MUSÉES : ABBEVILLE : *Moissonneurs* – AIX : *Paysage, effet du soir* – AMIENS : *Marine, grande tempête* – AMSTERDAM : *Le relai* – *La brise* – BERLIN : *Le ravin* – *Le soir sur la dune* – *Paysage avec vallée* – BONN : *Rue de village* – *Paysage de montagne* – BRÊME : *Dunes* – BRUNSWICK : *Hauteur sablonneuse avec groupe d'arbres* – BRUXELLES : *Intérieur de ville, fête de nuit* – BUDAPEST : *Agar chassée par Abraham* – COLOGNE : *Scène au bord de la mer* – DRESDE : *Au bord de la mer* – LA FÈRE : *Paysage* – FLORENCE : *Paysage* – GENÈVE (Ariana) : *Grande fête sur un canal gelé* – HAARLEM : *Pillage d'un village* – HANOVRE : *Attaque de brigands* – LA HAYE : *Marine* – LEIPZIG : *Dunes* – *Paysage hollandais* – LEYDE : *Combat de cavalerie* – MAYENCE : *Village hollandais* – READING : *Paysage avec personnages* – SAINT-PÉTERSBOURG (Mus. de l'Ermitage) : *Marine* – STOCKHOLM : *Paysage avec figures* – VENISE : *Patineurs sur la glace*.
VENTES PUBLIQUES : PARIS, 1873 : *Paysage* : **FRF 300** – PARIS, 9-11 avr. 1902 : *La vieille tour* : **FRF 500** – PARIS, 21 avr. 1910 : *Paysage traversé par un cours d'eau* : **FRF 520** – PARIS, 3 fév. 1912 : *La Place de l'Église* : **FRF 455** – PARIS, 17 juin 1919 : *Villageois près d'un village*, dess. à la pierre noire : **FRF 170** – PARIS, 26 mars 1920 : *Bateaux en détresse* : **FRF 1 400** – PARIS, 11-12 fév. 1921 : *Paysage de Hollande*, dess. : **FRF 2 020** – PARIS, 15 fév. 1923 : *Le*

vieil arbre : **FRF 1 975** – PARIS, 22 nov. 1923 : *Les Bergers* : **FRF 2 500** – PARIS, 6 déc. 1924 : *La plage de Scheveningen* : **FRF 3 500** – PARIS, 23 mai 1927 : *Le chemin de la ferme* : **FRF 3 000** – LONDRES, 27 jan. 1928 : *Paysage avec des personnages*, fus. : **GBP 16** – PARIS, 25 mars 1935 : *Les abords de la ferme* : **FRF 3 000** – LONDRES, 12 mars 1937 : *Scène de rivière*, dess. : **GBP 29** – PARIS, 26 mai 1937 : *Pasteur et troupeau dans un paysage*, pierre noire : **FRF 520** – PARIS, 24 juin 1942 : *Le Chemin*, pierre noire et lav. : **FRF 2 800** – PARIS, 7 déc. 1949 : *Paysage d'hiver* 1659 : **FRF 50 000** – PARIS, 1er déc. 1950 : *Le chemin du village* 1652 : **FRF 41 000** – PARIS, 9 mars 1951 : *Le buisson* 1654, pierre noire : **FRF 23 500** – HAMBOURG, 29 mars 1951 : *Convoi sur une route de campagne* 1650 : **DEM 2 500** – PARIS, 4 mai 1951 : *Chaumières au tournant d'un chemin*, pierre noire et lav. : **FRF 25 000** – PARIS, 5 déc. 1951 : *Le chasseur* : **FRF 400 000** – LONDRES, 13 mars 1963 : *Paysan sur une route escarpée* : **GBP 850** – COLOGNE, 15 avr. 1964 : *Bord de mer à Scheveningen* : **DEM 10 000** – LONDRES, 24 mars 1965 : *Paysage au moulin à vent* : **GBP 1 250** – AMSTERDAM, 11 avr. 1967 : *Paysage d'été* : **NLG 15 000** – AMSTERDAM, 26 mai 1970 : *Paysage d'été* : **NLG 8 800** – AMSTERDAM, 14 nov. 1972 : *Les dunes* : **NLG 26 000** – PARIS, 8 déc. 1976 : *Le chevrier*, h/pan. (58x84) : **FRF 16 000** – LONDRES, 28 mars 1979 : *Paysage fluvial avec un bac*, h/pan. (58x82) : **GBP 7 500** – AMSTERDAM, 18 nov. 1980 : *Personnages près d'une chaumière* 1655, craie noire et lav. (19x27,5) : **NLG 30 000** – LONDRES, 7 avr. 1981 : *Scène de moisson* 1655, craie noire et lav. (15,2x19,9) : **GBP 3 000** – LONDRES, 23 juin 1982 : *Paysage d'hiver à la rivière gelée avec chaumières* 1657, h/pan. (43,5x74,5) : **GBP 25 000** – LONDRES, 6 juil. 1983 : *Paysans agenouillés devant un calvaire dans un paysage*, h/pan. (31x35,5) : **GBP 10 000** – AMSTERDAM, 26 nov. 1984 : *Traîneaux et patineurs sur la glace* 1655, craie noire et lav. de gris (14,6x19,2) : **NLG 130 000** – LONDRES, 30 oct. 1985 : *Gardien et son troupeau sur un chemin de campagne*, h/pan. (28,5x36,5) : **GBP 3 500** – LONDRES, 20 avr. 1988 : *Personnages sur la dune*, h/pan. (40x61) : **USD 18 150** – PARIS, 12 déc. 1988 : *Paysage*, cr. noir et encre de Chine (15x19,5) : **FRF 52 000** – NEW YORK, 11 jan. 1989 : *Le guet-apens*, h/pan. (36,5x53,5) : **USD 28 600** – LONDRES, 21 juil. 1989 : *Paysage avec des paysans gravissant une dune*, h/pan. (32x49,5) : **GBP 5 720** – STOCKHOLM, 15 nov. 1989 : *Naufrage sur une côte rocheuse*, h/t (120x172) : **SEK 55 000** – NEW YORK, 5 avr. 1990 : *Voyageurs sur un chemin de campagne avec une ferme à l'arrière-plan*, h/pan. (35x52) : **USD 7 700** – STOCKHOLM, 16 mai 1990 : *Naufrage sur une côte rocheuse*, h/pan. (31x44) : **SEK 65 000** – LONDRES, 1er mars 1991 : *Paysage boisé avec des paysans et une carriole à cheval sur un chemin*, h/pan. (40x60,6) : **GBP 14 300** – NEW YORK, 10 oct. 1991 : *Paysage de dunes avec des personnages sur un tertre et un bouquet d'arbres*, h/pan. (31,5x50) : **USD 12 100** – AMSTERDAM, 25 nov. 1991 : *Chasseurs dans un paysage montagneux avec un château en ruines sur le versant opposé* 1654, craie noire (14,7x19,3) : **NLG 9 200** – PARIS, 18 déc. 1991 : *Paysans au repos près de leur ferme*, aquar. et cr. (diam. 21) : **FRF 14 000** – AMSTERDAM, 6 mai 1993 : *Paysan faisant halte au pied d'un chêne avec une vallée à l'arrière-plan*, h/pan. (40,5x58) : **NLG 92 000** – LONDRES, 9 juil. 1993 : *Village en hiver avec des paysans, des enfants et un traîneau à cheval sur un canal gelé*, h/pan. (38,2x59,7) : **GBP 89 500** – AMSTERDAM, 17 nov. 1993 : *Scène hivernale avec des personnages sur une rivière gelée* 1656, craie noire et lav. (14,6x19,4) : **NLG 39 100** – LONDRES, 6 juil. 1994 : *Paysage avec des personnages sur un chemin près d'une maison*, h/pan. (36,2x49) : **GBP 87 300** – PARIS, 28 oct. 1994 : *Scène d'hiver avec patineurs sur une rivière gelée*, cr. noir et lav. gris (15x20) : **FRF 140 000** – LONDRES, 5 avr. 1995 : *Paysage vallonné avec des paysans*, h/pan. (37,5x33) : **GBP 8 050** – NEW YORK, 19 mai 1995 : *Paysage avec un chemin passant près d'une chaumière*, h/pan. (36,2x48,9) : **USD 23 000** – PARIS, 7 juin 1995 : *Dans un paysage vallonné, groupe de personnages arrêté au bord d'un chemin*, pierre noire et lav. gris (14,7x19,6) : **FRF 25 000** – AMSTERDAM, 15 nov. 1995 : *Paysage d'hiver avec des patineurs sur une rivière près d'un village*, craie noire et lav. (18,2x29,5) : **NLG 31 860** – AMSTERDAM, 12 nov. 1996 : *Voyageurs près d'un arbre dans un paysage de dunes*, craie noire et lav. gris (19,8x15,1) : **NLG 24 780** – LONDRES, 16 avr. 1997 : *Paysage de dunes avec des personnages*, h/pan. (50,8x41,6) : **GBP 19 550** ; *Paysage boisé avec des personnages conversant à côté d'un cottage* 1637, h/pan. (33x46) : **GBP 8 970** – AMSTERDAM, 11 nov. 1997 : *Paysan près d'un arbre dans un paysage* 1635, craie noire et cire (19,5x15,2) : **NLG 11 210**.

MOLYN Pieter, le Jeune, appellation erronée. Voir **MULIER Pieter**, le Jeune

MOLZAHN Johannes

Né le 21 mai 1892 à Duisbourg (Rhénanie-Westphalie). Mort en 1965 à Munich (Bavière). XXe siècle. Actif depuis 1938 et depuis 1949 naturalisé aux États-Unis. Allemand.

Peintre, graveur.

Il fit ses études à Weimar, Berlin et Berne. Il fréquenta Otto Meyer-Amden, Oskar Schlemmer, Johannes Itten, et Willi Baumeister. Il participa aux activités du Novembergruppe, à partir de 1919. Il fut nommé professeur, en 1923, à l'école des Arts décoratifs de Magdebourg, puis en 1928 à l'académie de Breslau. Considéré comme « Artiste dégénéré », il émigre aux États-Unis en 1938, s'installe à Seattle, puis à New York et enseigne, à partir de 1948, à la School of Design de Chicago. Il retourne en Allemagne en 1959.

Il exposa en 1917, 1919, 1922 à Berlin à la galerie Der Sturm. Il participa, à New York, à l'exposition de la Société anonyme en 1922, et à celle de la collection Katherine Dreier au Brooklyn Museum.

Il appartient aux champions d'un art nouveau, s'approche de l'abstraction vers 1920 pour aboutir à une conception monumentale de la peinture qui admet quelques éléments d'ordre figuratif. Ce fut pendant sa mobilisation, de 1915 à 1917, qu'il subit l'influence des futuristes italiens ainsi que des peintres du Blaue Reiter, notamment celle de Campendonck. L'influence futuriste s'est manifestée dans son œuvre jusqu'en 1935, après quoi il semble qu'il soit revenu à un art plus académique, illustrant des thèmes moraux et religieux. Il s'intéressa aussi à la typographie.

BIBLIOGR. : José Pierre : *Le Futurisme et le dadaïsme*, in : *Hre gén. de la peinture*, t. XX, Rencontre, Lausanne, 1966 – in : *L'Art du XXe s.*, Larousse, Paris, 1991.

MUSÉES : DUISBOURG (Wilhelm Lehmbruck Mus.) : *Der Idee Bewegung Kampf* 1919 – *Steigen* 1922-1923 – ESSEN (Folkwang Mus.) : *Le Dieu des aviateurs* – *Constellation de la Vierge* – NEW HAVEN : *Phénomène* vers 1919 – RATISBONNE (Ostdeutsche Gal.) : *Ikarus* 1931 – WEIMAR : *Cavalier dans le chaos* – YALE (Univer. Art Gal.) : *Immateriels Figures*.

VENTES PUBLIQUES : COLOGNE, 1er déc. 1971 : *Étoile scintillante* : **DEM 7 000** – MUNICH, 28 mai 1976 : *Opus XXXIV*, grav./bois (35,5x29,5) : **DEM 1 200** – MUNICH, 25 nov. 1983 : *Mysterium* 1920, grav./bois aquarellée : **DEM 4 200** – COLOGNE, 4 déc. 1985 : *Zum Thema Schiff* 1919-1920, aquar. (34x28,4) : **DEM 12 000** – HAMBOURG, 13 juin 1987 : *Hertwig gewidmet* 1919, grav./bois : **DEM 2 600** – MUNICH, 7 juin 1989 : *Figuration abstraite* 1927, aquar. (26x24,5) : **DEM 44 000 000**.

MOLZHEIM Johannes. Voir **MOLTZHEIM**

MOMAL Jacques François

Né en 1754 à Lewarde (près de Douai). Mort le 22 septembre 1832 à Valenciennes. XVIIIe-XIXe siècles. Français.

Peintre d'histoire, sujets mythologiques, compositions religieuses, sujets allégoriques, portraits, graveur, dessinateur.

Il étudia à Paris, dans l'atelier de Paul Duranceau, et devint peintre du roi et de l'École des Beaux-Arts. En 1785, il fut nommé professeur à l'École de Valenciennes et exerça cette fonction jusqu'à sa mort.

J F Momal.

MUSÉES : DOUAI : *A.-J. Mellez, maire de Douai* – VALENCIENNES : *Adam et Ève avant le péché* – *Adam et Ève, après le péché* – *Portrait de Mme de Saint-Romain* – *Union de la Poésie et de la Musique* – *Le Temps dévoilant la Vérité*.

VENTES PUBLIQUES : PARIS, 27 nov. 1919 : *Frère et sœur*, dess. : **FRF 280** ; *Portrait d'homme* : **FRF 175** – LONDRES, 24 oct. 1984 : *Le mariage de Bacchus et Arianne*, h/t (38x51,5) : **GBP 950** – PARIS, 30 juin 1989 : *Les noces de Bacchus et d'Ariane*, h/t (40x52) : **FRF 14 000** – PARIS, 6 avr. 1990 : *Didon et Enée* 1823, h/t (97x114) : **FRF 21 500**.

MOMBASILIO ou **Montbagillo**

XVIIe siècle. Actif à Turin de 1672 à 1675. Italien.

Portraitiste.

Le château de Venaria Reale conserve de lui deux peintures de chasse et *Marie de Savoie, reine du Portugal et Jeanne d'Estrade à cheval*.

MOMBELLO Luca ou **Mombelli**

Né en 1518 ou 1520 à Orzivecchi. XVIe siècle. Actif à Brescia. Italien.

Peintre de compositions religieuses.
Élève et assistant de Bonvicino et F. Ricchini. Il a peint des tableaux pour les églises de Brescia.
Musées : Bergame (Acad. Carrara) : *Le Rédempteur – Madeleine* – Brescia (Gal. Tosi) : *Présentation au Temple.*
Ventes Publiques : Milan, 12 et 13 mars 1963 : *Nativité* : **ITL 1 000 000** – Milan, 2 déc. 1993 : *Noli me tangere*, h/t (66x73) : **ITL 14 375 000.**

MOMBERGER Wilhelm ou **William**
Né en 1829 en Allemagne. xixe siècle. Américain.
Paysagiste et illustrateur.
Il se fixa aux États-Unis en 1848.

MOMBRU FERRER Joaquin
Né en 1892 à Barcelone (Catalogne). xxe siècle. Espagnol.
Peintre de paysages.
Il a participé à plusieurs concours artistiques de Barcelone et aux expositions de la Société Nationale des Beaux-Arts de 1942 à 1944.
Il a restauré de nombreux tableaux anciens.
Bibliogr. : In : *Cien Anos de pintura en Espana y Portugal, 1830-1930*, Antiquaria, t. VI, Barcelone, 1991.

MOMBUR Jean Ossaye
Né en 1850 à Ennezat (Puy-de-Dôme). Mort en 1896. xixe siècle. Français.
Sculpteur.
Élève de Dumont et Bonnasieux. Débuta au Salon de 1878. Le Musée de Sète conserve de lui le buste de *Marmontel*, celui de Clermont-Ferrand, *L'enfant prodigue* et *Tobie guérissant son père*, et le Musée Mandet, à Riom, *Le baiser familial.*

MOMDJIAN Garabed A.
Né le 7 août 1922 à Constantinople. xxe siècle. Actif depuis 1928 en France. Turc-Arménien.
Peintre de paysages.
Il appartient à une famille d'origine arménienne, réfugiée en Grèce puis établie en France dès 1928.
Il a participé à l'exposition des peintres arméniens à Paris, en 1946.
La critique cite ses paysages et ses aspects sentimentaux des faubourgs parisiens.
Ventes Publiques : Paris, 13 mars 1950 : *Banlieue* : **FRF 500.**

MOMEN Karl
Né en 1935. xxe siècle. Suédois.
Peintre.
Ventes Publiques : Stockholm, 30 mai 1991 : *Composition* 1990, h/t (101x101) : **SEK 30 000** – Stockholm, 30 nov. 1993 : *Composition* 1989, h/t (122x199) : **SEK 42 000.**

MOMIER Henri
Né en 1805. Mort en 1877. xixe siècle. Britannique.
Peintre de portraits.
Mentionné par le Art Prices Current.
Ventes Publiques : Londres, 14 mars 1924 : *Lady Boyd* : **GBP 609.**

MOMMAERTS Géo
Né en 1923 à Dieghem. xxe siècle. Belge.
Peintre de paysages urbains, marines.
Il fut élève de l'académie des beaux-arts de Bruxelles, où il enseigne depuis plusieurs années.
Il a reçu le prix Godecharle en 1947.
Bibliogr. : In : *Dict. biogr. ill. des artistes en Belgique depuis 1830*, Arto, Bruxelles, 1987.
Musées : Bruxelles (Cab. des Estampes) – Ixelles – La Louvière – Ostende – Rome (Acad. belg.).

MOMMERENCY B. ou **Montmorancy** ou **Mommorency**
xviiie siècle. Actif au milieu du xviiie siècle. Hollandais.
Peintre de portraits.
Élève et assistant de H. Rigaud. Le Musée d'Amsterdam conserve de lui *Pieter Parker.*

MOMMERS Hendrik ou **Momers**
Né vers 1623 à Haarlem. Mort en 1693, enterré à Amsterdam le 21 décembre 1693. xviie siècle. Hollandais.
Peintre de genre, animaux, paysages animés, paysages.
En 1647 dans la gilde d'Haarlem. En 1665 il s'installa à Amsterdam, visita l'Italie et travailla à Rome.
On trouve souvent ses œuvres sous le nom d'Albert Cuyp. Il a aussi imité Berchem. Il a peint de nombreux paysages d'Italie avec des figures de paysans, des bestiaux et presque toujours un âne. On lui doit aussi des marchés aux herbes et des ports. Il signait souvent des initiales H. M.

Hen· Mommers:

Musées : Amiens : *Un marché en Italie* – Amsterdam : *Intérieur rustique* – Aschaffenbourg : *Marché aux légumes à Rome* – Berlin : *Paysage avec bergers – Lévrier* – Bordeaux : *Paysage avec figures* – Boston : *Paysage le matin et le soir* – Bruxelles : *Un marché italien* – Budapest : *Place à Rome – L'Abreuvoir – Marchande de légumes* – Darmstadt : *Le berger* – Douai : *Un marché italien* – Emden : *Halte pendant la chasse au faucon* – Épinal : *Marché à l'entrée d'un village* – La Fère : *Paysage* – Fribourg : *Marché italien* – Gdansk, ancien. Dantzig : *Scène de marché italien* – Glasgow : *Heure de la traite* – Gotha : *Le marchand de légumes – Soir d'automne* – Graz : *Vaches avec berger et cavalier*, attr. – Hanovre : *Paysage* – Le Havre : *Femme trayant une vache* – Innsbruck : *Servantes à la fontaine* – Leipzig : *Paysage avec troupeau* – Munich : *Paysage avec animaux* – Preston : *Ruines avec décor animé* – Rotterdam : *Paysage montagneux* – Saint-Pétersbourg (Mus. de l'Ermitage) : *Deux vues de villes italiennes* – Schleisheim : *Troupeau reposant* – Stockholm : *Villageois italiens au repos – Bergères, moutons et chèvres* – Stuttgart : *Paysage avec troupeau et bergers* – Vienne (Liechtenstein) : *Deux paysages romains.*
Ventes Publiques : Paris, 1831 : *Paysage pastoral* : **FRF 601** – Paris, 1838 : *Chèvres et moutons paissant dans une prairie* : **FRF 410** – Bruxelles, 1865 : *Paysage animé* : **FRF 1 125** – Paris, 1882 : *Halte de cavaliers* : **FRF 1 000** – Paris, 16 mars 1897 : *Paysage et animaux* : **FRF 750** – Paris, 25-28 mai 1907 : *Le coup de l'étrier* : **FRF 580** – Paris, 28 fév. 1919 : *Animaux au bord d'une rivière* : **FRF 170** – Paris, 15 fév. 1923 : *Scène paysanne* : **FRF 1 200** – Londres, 9 déc. 1927 : *Scène villageoise* : **GBP 47** – Londres, 22 déc. 1927 : *Deux scènes de marché* : **GBP 63** – Londres, 23 jan. 1946 : *Marché aux légumes* : **GBP 52** – Paris, 22 nov. 1948 : *Paysans dans la campagne* : **FRF 20 000** – Paris, 9 mars 1951 : *Anier en conversation avec deux bergères* : **FRF 75 000** – Londres, 25 jan. 1961 : *Paysage avec nombreux personnages dans des ruines* : **GBP 500** – Londres, 10 fév. 1965 : *Paysage boisé* : **GBP 340** – Vienne, 30 mai 1967 : *Bergères et troupeau* : **ATS 38 000** – Paris, 3 déc. 1969 : *Vue du Pont-Neuf à Paris* : **FRF 43 000** – Londres, 25 nov. 1970 : *Paysans dans un paysage d'Italie* : **GBP 2 500** – New York, 6 déc. 1973 : *Bergers et paysans dans des paysages*, formant pendants : **USD 15 500** – Vienne, 18 sept 1979 : *Marché aux légumes*, h/t (67x84) : **ATS 80 000** – Rome, 28 avr. 1981 : *Scènes de marché romain*, h/t, une paire (61,5x74) : **ITL 15 500 000** – New York, 7 juin 1984 : *Famille de paysans dans un paysage*, h/t (66,5x59) : **USD 12 000** – Paris, 22 nov. 1985 : *Scène de marché en italie*, h/t (72x103) : **FRF 29 000** – Munich, 4 juin 1987 : *Scène de marché dans une ville d'Italie*, h/t (42x44) : **DEM 15 000** – Paris, 30 jan. 1989 : *Cour de ferme avec paysanne tirant de l'eau au puits ; Couple de paysans dans une écurie*, deux h/pan., formant pendants (57,5x87 et 57x86,5) : **FRF 72 000** – Londres, 5 juil. 1989 : *Paysanne revenant du marché*, h/pan. (42x42) : **GBP 5 500** – Londres, 28 fév. 1990 : *Paysage italien animé*, h/t (62x77,5) : **GBP 6 160** – New York, 10 oct. 1990 : *Paysannes près du gué dans un paysage*, h/t (69,8x81,9) : **USD 12 100** – Amsterdam, 14 nov. 1990 : *Bergers et leurs bêtes dans un paysage italien*, h/t (65x58) : **NLG 20 700** – Londres, 13 sep. 1991 : *Jeune paysan gardant du bétail sous un arbre avec la ferme à distance dans un vaste paysage*, h/pan. (48,6x64,5) : **GBP 3 520** – Londres, 1er nov. 1991 : *Femme achetant des légumes près d'un portique en ruines*, h/pan. (47x63,5) : **GBP 4 620** – New York, 22 mai 1992 : *Paysans avec des animaux faisant halte sous deux arbres*, h/t (71,1x61) : **USD 27 500** – Londres, 21 avr. 1993 : *Paysage italien avec des bergers et bergères se reposant près d'un puits*, h/t (66x91,5) : **GBP 6 900** – Londres, 23 avr. 1993 : *Paysan au marché à côté de ruines romaines*, h/t (63,5x76,3) : **GBP 5 980** – Stockholm, 10-12 mai 1993 : *Paysage italien avec une dame faisant son marché*, h/pan. (58x71) : **SEK 52 000** – Amsterdam, 16 nov. 1993 : *Paysans vendant leurs légumes dans un paysage italien*, h/pan. (47,5x63) : **NLG 40 250** – Londres, 8 déc. 1995 : *Couple de berger discutant avec un cheminot parmi leurs animaux*, h/t (68x56,5) : **GBP 10 580** – New York, 12 jan. 1996 : *Paysage italien côtier avec des bergers et leurs animaux*, h/t (69x81,6) : **USD 19 550.**

MOMMSEN Luise Amalie Johanna
Née le 19 mai 1859 à Oldenburg. xixe siècle. Allemande.

Portraitiste et peintre de natures mortes.
Élève de A. Burger et de E. Joors. Elle travailla à Francfort-sur-le-Main.

MOMO Girolamo. Voir **MAGAGNI**

MOMPER de, généalogie de la famille
XVIe-XVIIe siècles. Éc. flamande.

Jan I,
première moitié du XVIe *siècle*

Jod, ou Josse I le vieux,
né vers 1516, *mort en* 1559.

Bartholomaeus,
né vers 1535.

Jan II, XVIe *siècle* — Jod, ou Josse II le jeune, *né vers* 1564, *mort en* 1635.

Fils de Jan II : Frans, *né en* 1603, *mort en* 1660 ; Phil. II, *mort en* 1675.

Fils de Jod II : Gaspard, XVIIe ; Phil. I, *mort en* 1634.

MOMPER Bartholomaeus de
Né en 1535 probablement à Bruges. XVIe siècle. Éc. flamande.
Peintre de genre, graveur.
Élève de son père Jodocus I Momper et père de Jan II Momper et de Jodocus II Momper. Maître à Anvers en 1554, il fut marchand et éditeur à Anvers. On cite de lui la gravure à l'eau-forte *Fête flamande*.

MOMPER Bartholomaeus, le Jeune
XVIe siècle. Actif à la fin du XVIe siècle. Éc. flamande.
Peintre.
Il a été maître de la corporation d'Anvers en 1597.

MOMPER Frans ou **François de**
Né le 17 octobre 1603 à Anvers. Mort en 1660 à Anvers. XVIIe siècle. Éc. flamande.
Peintre de paysages.
Il paraît probable qu'il était fils de Jan de Momper II et frère de Philip de Momper II. Il fut maître à Anvers en 1629, et vécut longtemps à La Haye ; en 1647 il était à Haarlem, en 1648 à Amsterdam où il se maria en 1649. Il travailla selon la manière de Van Goyen.

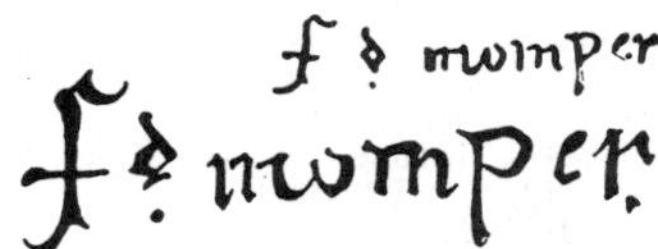

Musées : Aix-la-Chapelle : *Maisons villageoises isolées* – Amsterdam : *La cour du faucon à Nimègue* – Berlin : *Vue d'Amsterdam* – Copenhague : *Vue du Campo Vaccino à Rome* – *Paysage d'hiver* – *Paysage d'hiver à La Haye* – La Haye (Mus. comm.) : *Vue du Binenhof à La Haye* – *Le Vyverterg* – Innsbruck : *Paysage d'hiver* – Kassel : *Village sur un fleuve* – Prague (Novak) : *Paysage d'hiver*.
Ventes Publiques : Londres, 7 mai 1923 : *Vue de Rotterdam* : **GBP 44** – Londres, 4 juil. 1927 : *Scène de rivière* : **GBP 60** – Londres, 27 juil. 1928 : *Paysage* : **GBP 120** – Londres, 22 mars 1929 : *Église de village* : **GBP 199** – Londres, 19 juin 1931 : *Scène sur une rivière gelée* : **GBP 78** – Londres, 17 fév. 1936 : *Paysage de collines* : **GBP 75** – Londres, 31 mars 1939 : *Carnaval dans une ville flamande* : **GBP 25** – Paris, 5 mai 1944 : *La Messe sous la grotte*, attr. : **FRF 2 700** – Londres, 18 jan. 1946 : *Scène de rivière avec pêcheurs* : **GBP 147** – Amsterdam, 3 juil. 1951 : *Paysage d'hiver* : **NLG 1 150** – Paris, 10 juin 1954 : *Paysage d'hiver* : **FRF 280 000** – Paris, 1er avr. 1965 : *Paysage d'hiver* : **FRF 125 000** – New York, 24 sep. 1969 : *Parc d'un château animé de personnages* : **USD 4 750** – Bruxelles, 16 mars 1971 : *Paysage montagneux avec château* : **BEF 150 000** – Amsterdam, 22 mai 1973 : *Paysage escarpé* : **NLG 28 000** – Londres, 2 juil. 1976 : *Paysage d'hiver animé de personnages*, h/t (47x69) : **GBP 20 000** – Londres, 12 juil. 1978 : *Les abords d'un village un jour de fête*, h/pan. (84x113) : **GBP 19 000** – Londres, 12 déc 1979 : *Paysage d'hiver animé de personnages*, h/pan. (39x60) : **GBP 39 000** – Paris, 29 oct. 1980 : *Paysage traversé par une rivière*, pl., encre brune et lav. (14x19,5) : **FRF 11 500** – Paris, 26 fév. 1982 : *Paysage de neige*, h/pan. (50x90) : **FRF 62 000** – New York, 6 juin 1984 : *Le retour des vendangeurs*, h/t (77,5x122) : **USD 15 000** – L'Isle-Adam, 24 mars 1985 : *Voyageurs en diligence à la sortie d'un village*, h/pan. : **FRF 100 000** – Paris, 9 déc. 1988 : *Paysage vallonné animé de voyageurs*, peint./pan. (43x72) : **FRF 140 000** – Londres, 23 mars 1990 : *Vaste paysage boisé avec des chasseurs près d'une ferme*, h/t (64x149,5) : **GBP 15 400** – Paris, 9 avr. 1990 : *Une rue d'un village flamand*, h/pan. (44x94) : **FRF 410 000** – Londres, 11 avr. 1990 : *Paysage d'hiver dans les Flandres*, h/pan. (40x64,5) : **GBP 35 200** – Londres, 18 mai 1990 : *Scène de moisson près d'un village*, h/pan. (44x94) : **GBP 9 020** – Amsterdam, 12 juin 1990 : *Incendie d'une ville la nuit*, h/pan. (38,5x50,5) : **NLG 34 500** – Londres, 12 déc. 1990 : *Un village en hiver*, h/pan. (40,5x56,5) : **GBP 24 200** – New York, 16 jan. 1992 : *Voyageurs sur un chemin dans un paysage montagneux*, h/pan. (61,6x102,8) : **USD 11 000** – Londres, 17 avr. 1996 : *Ville avec une maison en flammes au clair de lune*, h/pan. (76,6x118) : **GBP 6 900** – Paris, 10 déc. 1996 : *Paysage hivernal*, h/pan. (53,5x77) : **FRF 180 000** – Amsterdam, 6 mai 1997 : *L'Île de Tibre à Rome*, h/pan. (49,5x45) : **NLG 22 420** – Amsterdam, 11 nov. 1997 : *Vue orientale de Scheveningen avec des voyageurs en avant plan* vers 1645-1650, h/pan. (77x119) : **NLG 57 660**.

MOMPER Gaspard de
XVIIe siècle. Éc. flamande.
Peintre.
Fils de Jodocus II de Momper.

MOMPER Jan I ou **Annekyn** ou **Hans**
XVIe siècle. Éc. flamande.
Peintre.
Père de Jodocus ou Josse I de Momper. Il fut en 1512 élève de Adr. Braern et en 1516 celui de Willem Jansyns à Bruges.

MOMPER Jan II de
XVIe siècle. Éc. flamande.
Peintre de paysages animés.
Père de Frans de Momper.
Ventes Publiques : Amsterdam, 28 nov. 1989 : *Voyageurs sur un sentier longeant une rivière au clair de lune*, h/cuivre (10,5x16,2) : **NLG 9 200** – Milan, 29 nov. 1994 : *Paysage animé*, h/t (72x97) : **ITL 18 400 000** – Londres, 24 fév. 1995 : *Paysage fluvial avec un château en flammes au clair de lune*, h/cuivre (10,8x16,3) : **GBP 2 875**.

MOMPER Jan de, ou **Giovanni**
Né en 1614 à Anvers. Mort après 1688 à Rome. XVIIe siècle. Hollandais.
Peintre de genre, paysages animés.
Bibliogr. : Roberto Longhi : *Monsu X, un olandese in Barocco*, in : Paragone, 1954.
Ventes Publiques : Paris, 24 mars 1997 : *Couple de paysans dans la campagne italienne*, h/t (31x49) : **FRF 38 000**.

MOMPER Jodocus ou **Josse I de**, l'Ancien
Né vers 1516 probablement à Bruges. Mort le 16 novembre 1559 à Anvers. XVIe siècle. Éc. flamande.
Peintre.
Il était dans la gilde d'Anvers en 1530 et fut citoyen en 1535. Père de Bartholomaeus de Momper et grand-père de Jodocus II le Jeune de Momper.
Ventes Publiques : Paris, 1er mars 1943 : *Les muletiers ; L'âne tombé*, attr. : **FRF 15 500** – Paris, 17 mars 1947 : *Personnages dans des paysages montagneux*, deux toiles formant pendants, attr. : **FRF 20 000**.

MOMPER Jodocus ou **Josse II de,** ou **Encore Joos, Joost, Joeys**, le Jeune
Né en 1564 à Anvers. Mort le 5 février 1635 à Anvers. XVIe-XVIIe siècles. Éc. flamande.
Peintre de paysages, graveur.
Fils du peintre Batholomaeus de Momper. Il voyagea longtemps en Italie et en Suisse, entra en 1581 dans la gilde d'Anvers, alors que son père en était doyen. En 1590 il épousa Elisabeth Gobyn et en 1611 fut directeur de la gilde. Sur la fin de sa vie il s'adonna à la boisson. Il peignit des paysages ornés par son fils Philips, par H. Van Bâlen. Jan Brueghel l'Ancien. L. Franchois, Franz Francken le Jeune, Ambr. Franken, Jéron. Franken, Joris Paludaen, H. Snellinck l'Ancien, Jul. Téniers, T. Verchacht, S. Vranex, etc., et fit de nombreuses peintures murales dans les salons de

réception, en particulier chez l'amateur Philips Van Valchenisse. En 1584, à l'occasion de l'entrée solennelle de l'Archiduc Ernest d'Autriche à Anvers, il participa à la décoration de la ville avec Tobie Verhaecht et Adam von Noort qui passent pour être les maîtres de Rubens.

Joos de Momper fut surtout le peintre de paysages, dans la suite de Patenier et Brueghel. A ses débuts, il préféra les sites agréables, puis se consacra à la représentation de sites grandioses montagneux. de Momper s'attacha, avant tout, à rendre la profondeur, abaissant progressivement le regard vers le fond, où se loge généralement une vallée. Cette succession de plans est soulignée par un jeu de lumière faisant varier les couleurs du premier plan au dernier. Ses couleurs sont légères et, si quelques bruns viennent colorer les montagnes en avant, ils sont allégés par des gris ; ensuite viennent les blonds et les verts clairs pour aboutir aux bleus légers du fond. Quelques petits personnages peuplent ces paysages sans nuire au côté imposant de l'ensemble, comme le montre la *Délivrance miraculeuse de l'empereur Maximilien Ier* (Anvers), tableau qui pourrait tout aussi bien s'intituler *Paysage de montagne*, sans que ce soit choquant. On reconnaît la manière de Momper à quelques traits caractéristiques, dont la façon de souligner d'une ligne claire les escarpements des montagnes. Dans les lointains, il indique les touffes d'arbres au moyen de touches pointillées de couleur jaune. On connaît de Momper quatre paysages, qui sont à part dans son œuvre, et dont le caractère fantastique le classe dans la lignée de J. Bosch. Il s'agit des *Saisons*, paysages anthropomorphes, quelque peu effrayants, et qui ne sont pas sans rappeler Arcimboldo. L'art de Momper se situe au moment où le maniérisme fait place à l'observation directe de la nature. Il montre une grande sensibilité à la lumière et à l'espace.

M:

1618.

Bibliogr. : H. G. Tornell : *Joos de Momper*, 1931 – J. Lassaigne et L. Delevoy : *La peinture flamande de Jérôme Bosch à Rubens*, Skira, Genève, 1958 – Klaus Ertz : *Josse de Momper der Jüngere : 1564-1635. Die Gemälde mit kritischem Oeuvrekatalog*, Luca Verlag, Freren, 1986.

Musées : Amsterdam : *Paysage alpestre*, plusieurs oeuvres – Anvers : *Délivrance miraculeuse de l'empereur Maximilien Ier* – *Le Parnasse* – Aschaffenbourg : *Paysage alpestre en été* – *Ermitage* – Augsbourg : *Paysage alpestre* – Bamberg : *Paysage au bord d'un fleuve* – Berlin : *Paysage de montagne avec trois cavaliers* – Bordeaux : *Paysage*, trois oeuvres – Brunswick : *Paysage*, plusieurs oeuvres – *Les Quatre saisons* – Bruxelles (Hospices civils) : *Saint Jean à Patmos* – Budapest : *Grotte, lieu de pèlerinage* – Châlons-sur-Marne : *Paysage d'hiver* – Chambéry (Mus. des Beaux-Arts) : *Paysage* – Chartres : *Prédication de saint Jean-Baptiste* – Cologne : *Paysage montagneux* – *Noli me tangere* – Copenhague : *Route vers le lieu du supplice* – *Paysage montagneux. Hiver* – *Lac entre montagnes* – Darmstadt : *Paysage* – Douai : *Grotte près d'Assise* – *Paysage*, trois oeuvres avec figures de Michau – Dresde : *Paysage de montagne*, cinq oeuvres – *Paysage montagneux avec quatre chevaliers et deux mendiants* – *Vallée en arc-en-ciel* – *La ville dans la vallée* – *Paysage d'hiver* – Dunkerque : *Pèlerins dans la montagne* – Elberfeld : *Paysage* – Göttingen : *Paysage avec lac* – Graz : *Paysages de montagnes* – *Paysage avec troupeau de moutons* – Grenoble : *Paysage animé* – Hambourg : *Paysage avec collines* – *Paysage d'hiver* – Hanovre : *Paysage montagneux* – La Haye (Mus. Bredius) : *Ville en hiver* – Kassel : *La Tour de Babel* – *Paysage alpestre* – *Une baie* – Lille : *Vue des Alpes* – Lyon : *Chapelle dans une grotte* – Madrid : *Paysage*, douze oeuvres – Mayence : *Paysage* – Moscou (Roumianzeff) : *Cascade* – *Bohémiens dans la montagne* – Munich : *Paysage à vol d'oiseau* – *Vue de l'Escaut devant Anvers* – Munster : *Petit paysage rocheux* – Nancy : *Caravane de muletiers* – *Le torrent* – Nantes : *Marine*, plusieurs oeuvres – *Paysage montagneux*, deux oeuvres – Nuremberg : *Vue d'Anvers* – Oldenbourg : *Haute montagne avec vallée traversée par un fleuve* – Orléans : *Effet de neige* – Oslo : *Paysage* – Paris (Mus. du Louvre) : *Paysage montagneux* – Poznan : *Paysage de montagne* – Prague : *Paysage de montagne* – Rome : *Paysage de montagne* – Saint-Omer : *Paysage alpestre* – Saint-Pétersbourg : *Paysage*, trois oeuvres – Sibiu : *Paysage*, deux oeuvres – Stockholm : *Grand Paysage avec la Sainte Famille*, en collaboration avec Hend. Van Bâlen – *Paysage alpestre* – Stuttgart : *Paysage avec rochers* – Tournai :*Petit paysage*, deux oeuvres – Turin : *Paysage de montagne* – Utrecht : *Paysage avec grotte* – Valenciennes : *Marché aux bestiaux dans un village italien* – Vienne : *Paysage*, deux oeuvres – Vienne (Gal. Harrach) : *Paysage montueux* – Vienne (Liechtenstein) : *Paysage*, plusieurs oeuvres – Würzburg : *Vaste paysage montagneux* – *Paysage avec rochers et château-fort* – Ypres :*Paysage*, deux oeuvres.

Ventes Publiques : Paris, 1776 : *Prêtre célébrant la messe dans une grotte*, figures de Breughel de Velours : **FRF 606** – Valenciennes, 1899 : *Paysage animé* : **FRF 480** – Paris, 5 juin 1899 : *Paysage* : **FRF 625** – Londres, 18 oct. 1909 : *Paysage* : **GBP 7** – Londres, 11 fév. 1911 : *Paysage boisé* : **GBP 11** – Paris, 11-13 nov. 1912 : *Cavaliers sur une route* : **FRF 3 805** – Paris, 17-18 mars 1927 : *Rivière et ville dans une vallée rocheuse*, pl. et aquar. : **FRF 320** – Paris, 28 nov. 1928 : *Paysage montagneux avec figures sous un hangar*, dess. : **FRF 1 350** – Londres, 19 déc. 1930 : *Paysage montagneux* : **GBP 89** – Paris, 26 fév. 1931 : *La Halte au bord du chemin* : **FRF 1 800** – Londres, 13 fév. 1935 : *Bohémiens dans un paysage* : **GBP 45** – Paris, 1er juil. 1942 : *Office religieux au pied de la montagne*, attr. : **FRF 25 000** – Paris, 6 déc. 1946 : *Vue d'une ville*, attr. à Jodocus. et Frans de Momper : **FRF 80 000** – Paris, 20 déc. 1946 : *Mercure et Argus*, École des de M. : **FRF 52 000** – Paris, 20 fév. 1950 : *Les Muletiers*, attr. : **FRF 60 500** – Cologne, 29 mars 1950 : *Personnages et animaux dans un paysage de montagne* vers 1630 : **DEM 3 300** – Paris, 16 juin 1950 : *Paysage montagneux : au premier plan, la Clémence d'Alexandre*, figures attribuables à H. Van Bâlen : **FRF 30 000** – Paris, 19 juin 1950 : *Cavaliers sur un chemin montant* : **FRF 45 000** – Cologne, 28 juin 1950 : *Paysage de montagne* : **DEM 3 600** – Amsterdam, 21 nov. 1950 : *Paysage montagneux avec personnages* : **NLG 1 050** – Bruxelles, 4 déc. 1950 : *Paysage fluvial* : **BEF 5 000** – Londres, 2 fév. 1951 : *Paysage montagneux avec lac et personnages* : **GBP 75** – Bruxelles, 16 fév. 1951 : *Paysage montagneux* : **BEF 4 600** – Paris, 21 fév. 1951 : *Cavaliers dans un paysage montagneux*, attr. : **FRF 192 000** – Paris, 25 avr. 1951 : *Vue présumée des environs d'Anvers, scène d'hiver* : **FRF 370 000** – Amsterdam, 3 juil. 1951 : *Le Jugement de Pâris* : **NLG 1 100** – Paris, 1er juin 1956 : *Le Printemps, L'Été, L'Automne, L'Hiver*, ensemble : **FRF 3 600 000** – New York, 17 oct. 1956 : *Paysage avec figures* : **USD 575** – Londres, 30 juil. 1958 : *Paysage hivernal* : **GBP 240** – Paris, 3 déc. 1959 : *Paysage de montagne* : **FRF 930 000** – Paris, 17 fév. 1960 : *La Route de montagne* : **FRF 13 500** – Londres, 23 mars 1960 : *Paysage avec une rivière rocailleuse* : **GBP 1 250** – Londres, 11 juil. 1962 : *Paysage montagneux animé de personnages* : **GBP 580** – Londres, 27 nov. 1963 : *Paysage montagneux avec voyageurs* : **GBP 3 600** – Paris, 9 juin 1964 : *Paysage d'hiver ; Le départ pour la chasse* : **FRF 78 000** – Paris, 5 avr. 1965 : *Vue d'une ville au bord d'une rivière* : **FRF 35 000** – Londres, 14 fév. 1968 : *Paysage animé* : **GBP 4 300** – Londres, 27 juin 1969 : *Paysage fluvial boisé* : **GNS 11 000** – Londres, 27 nov. 1970 : *Paysage d'hiver* : **GNS 8 000** – Londres, 14 mai 1971 : *Paysage d'hiver* : **GNS 6 500** – New York, 18 mai 1972 : *Paysage à la chaumière* : **USD 21 000** – Cologne, 6 juin 1973 : *Paysage fluvial animé de personnages* : **DEM 120 000** – Londres, 29 mars 1974 : *Voyageurs dans un paysage d'hiver* : **GNS 29 000** – Vienne, 16 mars 1976 : *Paysage montagneux avec Marie-Madeleine en prière*, h/pan. (45x75) : **ATS 400 000** – Amsterdam, 9 juin 1977 : *Paysage montagneux*, h/pan. (81x136) : **NLG 130 000** – Londres, 29 juin 1979 : *Paysage d'hiver animé de personnages*, h/pan. (71,2x102,8) : **GBP 80 000** – Amsterdam, 17 nov. 1980 : *Vue d'un village*, pl. et lav. (23,8x35,1) : **NLG 14 000** – Amsterdam, 16 nov. 1981 : *Paysage montagneux avec une ville fortifiée à l'arrière-plan*, pl. et lav. (19,2x27,9) : **NLG 4 200** – Londres, 10 déc. 1982 : *Voyageurs dans un paysage d'hiver*, h/pan. (47x83,8) : **GBP 15 000** – Amsterdam, 15 nov. 1983 : *Paysage fluvial montagneux*, pl. et lav. (22x34) : **NLG 9 200** – Lyon, 6 déc. 1983 : *Cavaliers dans un paysage*, h/bois (70x106) : **FRF 830 000** – Londres, 11 déc. 1985 : *Voyageurs et pèlerins dans une vallée de montagne*, h/t (192x294) : **GBP 170 000** – Paris, 15-16 déc. 1986 : *Paysage d'hiver animé de promeneurs et de patineurs sur un canal gelé*, h/pan., personnages de Jan Brueghel le Jeune (65,3x104,5) : **FRF 850 000** – Londres, 11 déc. 1987 : *Village en hiver avec patineurs sur une rivière gelée près d'une tour*, h/t (84,7x142,9) : **GBP 60 000** – New York, 3 juin 1988 : *Paysage rocheux avec des personnages se reposant dans une grotte*, h/pan. (48,5x77) : **USD 16 500** – New York, 3 juin 1988 : *Paysage de rivière traversant une ville avec des personnages sur le chemin*, h/t (89,5x162,5) : **USD 40 700** – Cologne, 15 oct. 1988 : *Paysage de montagne avec un lac et des personnages dans une charrette attelée au premier plan*, h/pan.

(46x63) : **DEM 18 000** – Amsterdam, 14 nov. 1988 : *Vaste paysage rhénan avec un bateau hâlé par des chevaux sur le fleuve*, encre (18,5x28,3) : **NLG 43 700** – Copenhague, 5 avr. 1989 : *Vaste paysage montagneux surplombant une rivière avec des personnages et du bétail*, h/t (54x95) : **DKK 520 000** – New York, 2 juin 1989 : *Voyageurs dans un vaste paysage montagneux*, h/pan. (45,7x74,9) : **USD 176 000** – Paris, 27 juin 1989 : *Paysage de la campagne flamande sous la neige*, pan. de chêne (50x83) : **FRF 3 350 000** – Amsterdam, 22 nov. 1989 : *Une charrette sur un sentier boisé en hiver près d'un village*, en collaboration avec Jan Breughel le Jeune ; *Troupeau de vaches passant le gué près d'une ferme en été*, h/pan., une paire (chaque 46x75) : **NLG 2 012 500** – Paris, 12 déc. 1989 : *Paysage de neige au moulin*, pan. de chêne (53,5x75,5) : **FRF 2 550 000** – New York, 11 jan. 1990 : *Village flamand en hiver avec des paysans et une carriole et d'autres avec deux cochons sur un chemin gelé*, h/pan. (66x54,5) : **USD 77 000** – Londres, 23 mars 1990 : *Vaste paysage alpin avec la Madeleine repentante au premier plan*, h/pan. (44,7x74,5) : **GBP 22 000** – Paris, 9 avr. 1990 : *Paysage de montagne avec ermite*, h/pan. (55x95,5) : **FRF 350 000** – Londres, 12 déc. 1990 : *Paysage d'hiver avec des voyageurs approchant d'une ville*, h/pan. (45x68,5) : **GBP 77 000** – Paris, 22 juin 1990 : *Paysage fantastique aux pins et aux collines*, h/pan. de chêne (145x142,5) : **FRF 1 150 000** – Madrid, 29 oct. 1991 : *Paysage montagneux avec un ermitage*, h/t (199x277) : **ESP 52 640 000** – New York, 16 jan. 1992 : *La légende de Guillaume Tell dans un vaste paysage alpin*, h/t (109,2x165,1) : **USD 88 000** – Paris, 13 mai 1992 : *Paysage de la vallée du Rhin*, h/pan., en collaboration avec Jan Brueghel II (43x72,5) : **FRF 200 000** – Lokeren, 23 mai 1992 : *Paysage montagneux*, h/t (133x190) : **BEF 220 000** – Paris, 15 déc. 1993 : *Berger conduisant son troupeau dans un paysage de lac*, h/pan. de chêne, en collaboration avec Jan Brueghel le Jeune pour les personnages (48x74,5) : **FRF 590 000** – Paris, 20 déc. 1994 : *Paysage de prairie et ruisseau près d'un village*, h/pan. de chêne, en collaboration avec Jan Brueghel le Jeune (45x74,5) : **FRF 1 150 000** – Lille, 19 fév. 1995 : *Paysage d'hiver avec villageois et cavalier*, h/pan. (40x57) : **FRF 480 000** – Londres, 6 déc. 1995 : *Paysage avec des moissonneurs*, h/pan. de chêne (82x144) : **GBP 793 500** – New York, 12 jan. 1996 : *Paysage d'hiver avec des patineurs sur un canal gelé*, h/pan. (43,8x72,7) : **USD 299 500** – Paris, 14 juin 1996 : *Paysage fluvial et montagneux, village et paysans*, h/pan. (54x100) : **FRF 400 000** – Paris, 25 juin 1996 : *Conversion de saint Paul sur le chemin de Damas*, h/t (92x152) : **FRF 110 000** – Londres, 13 déc. 1996 : *Vaste paysage de montagne et rivière avec un couple élégant et un pêcheur*, h/t (96,9x193,4) : **GBP 32 200** – Amsterdam, 11 nov. 1997 : *Paysage de montagne avec un pont*, pl., encre brune et cire, de forme ovale (18,6x25,9) : **NLG 7 080** – Amsterdam, 10 nov. 1997 : *Voyageurs sur un chemin près d'un pont dans un paysage montagneux*, h/pan., fragment, en collaboration avec Jan Breughel I (40x29,6) : **NLG 24 217** – Amsterdam, 11 nov. 1997 : *Cavaliers et voyageurs dans un vaste paysage montagneux avec une rivière*, h/t (88,5x123,7) : **NLG 53 100** – Londres, 4 juil. 1997 : *Vaste paysage fluvial avec des cavaliers sur un chemin près d'un cottage à flanc de coteau*, h/pan. (56,5x89,5) : **GBP 34 500** – New York, 17 oct. 1997 : *Paysage fluvial avec un fort*, h/pan. (48,3x92,7) : **USD 34 500** – Londres, 31 oct. 1997 : *Paysage de montagne avec des pèlerins dans une chapelle*, h/pan. (54,9x83,5) : **GBP 8 050** – Londres, 3-4 déc. 1997 : *Vue panoramique d'un paysage de montagne avec des chasseurs tirant sur un bouquetin* 1631, h/pan. (49,5x74,6) : **GBP 67 500**.

MOMPER Josse de
Né en 1710 à Belluno. xviiie siècle. Italien.
Dessinateur et graveur au burin.

Il grava des sujets de genre et des sujets religieux.

MOMPER Philips I de
Né en 1598. Mort en 1634. xviie siècle. Actif à Anvers. Éc. flamande.
Peintre de paysages animés.

Fils de Jodocus de Momper II. En 1624, il fut maître à Anvers. Il travailla avec son père dont il animait les paysages de figures.
Ventes Publiques : New York, 11 jan. 1989 : *Pèlerins arrivant à une chapelle troglodyte dans un vaste paysage montagneux*, h/pan. (72,5x141) : **USD 26 400** – Londres, 8 juil. 1992 : *Vaste paysage avec des paysans récoltant des fruits*, h/pan. (75x104,6) : **GBP 44 000** – New York, 12 jan. 1994 : *Ville sur une rivière (Trévise ?), avec différentes embarcations et des citadins sur le chemin*, h/pan. (50x94) : **USD 34 500** – Paris, 16 déc. 1997 : *Foire de village en bordure d'un canal*, pan. (75x105) : **FFR 300 000**.

MOMPER Philips II de
Mort en 1675 à Amsterdam. xviie siècle. Actif à Anvers. Éc. flamande.
Peintre.

Fils de Jan II de Momper. Il séjourna à Rome de 1634 à 1636.

MOMPER Pieter de
Né vers 1607. xviie siècle. Actif à Anvers. Éc. flamande.
Peintre.

MOMPO Manuel Hernandez
Né en 1927 à Valence. xxe siècle. Espagnol.
Peintre.

Il fut élève de l'école des beaux-arts de Valence, puis séjourna à Paris. Il voyagea, en 1954-1955, en Italie et Hollande, avant de se fixer à Madrid. De 1974 à 1983, il vécut à Majorque.
Il participe à des expositions collectives, notamment en 1968 à la Biennale de Venise. Il montre ses œuvres dans de nombreuses expositions personnelles, régulièrement en Espagne, ainsi qu'à l'étranger. Il a reçu en 1968 le prix Unesco de la Biennale de Venise.
Figuratif à ses débuts, il pratiqua ensuite une peinture marquée par l'expressionnisme abstrait, appliquant sur des fonds maculés des lettres, des graffitis, des taches et ébauches de formes, dans une gamme de tons délavés. Le réel est sa référence, à partir d'une anecdote humoristique, il crée une œuvre naïve et gaie. Il concilie une imagerie figurative et poétique avec des éléments d'abstraction, souvent produits par des effets de superposition, dans l'esprit parfois de Paul Klee.
Bibliogr. : In : *Peintres contemporains*, Mazenod, Paris, 1964 – in : *Catalogue nat. d'Art contemp.*, Iberico 2 mil, Barcelone, 1990 – in : *L'Art du xxe s.*, Larousse, Paris, 1991.
Musées : Caracas (Mus. des Beaux-Arts) – Göteborg (Mus. d'Art Mod.) – Londres (British Mus.) – Madrid – Paris (Mus. d'Art Mod. de la Ville) – Séville (Mus. d'Art Contemp.) – Valence (Mus. des Beaux-Arts) – Winterhur.
Ventes Publiques : New York, 13 mai 1983 : *Forma emergente* 1981, acryl./t. (120x120) : **USD 2 000** – New York, 30 mai 1985 : *Signo estatico* 1981, acryl./t. (119,4x119,4) : **USD 2 600** – Rome, 3 déc. 1990 : *Rues d'un village en fête*, h/t (81x130) : **ITL 41 400 000** – Madrid, 13 déc. 1990 : *Jardinier avec des feuilles* 1959, h/t (81x65) : **ESP 2 464 000** – Madrid, 18 juin 1991 : *Sans titre* 1962, aquar., gche et past. (25x18) : **ESP 336 000** – Madrid, 28 nov. 1991 : *Sans titre* 1983, past., aquar. et cr. (40x50) : **ESP 588 000** – Madrid, 28 avr. 1992 : *Voisins se parlant dans la rue* 1978, h/t (130x105) : **ESP 3 000 000** – New York, 10 nov. 1992 : *Deux musiciens* 1957, h/t (71x89) : **USD 8 800** – Madrid, 10 juin 1993 : *Sans titre* 1974, techn. mixte/t/pan. (26,5x21,5) : **ESP 402 500** – New York, 29 sep. 1993 : *Sans titre* 1966, h/t (54x65,4) : **USD 6 325**.

MOMPOU DENCAUSSE Joseph
Né le 9 février 1888 à Barcelone (Catalogne). Mort en 1968 ou 1969. xxe siècle. Actif en France. Espagnol.
Peintre de portraits, paysages, natures mortes, illustrateur. Tendance fauve.

Il fut élève de Joaquin Torres Canosa, puis voyagea en France, Autriche, Angleterre et dans le reste de l'Europe. Il travailla ensuite à Paris.
Il fit sa première exposition en 1906 à Barcelone. Il exposa, à Paris, aux Salons d'Automne et des Tuileries. Il montra ses œuvres régulièrement à Barcelone, Madrid et Paris, ainsi que dans différentes villes des États-Unis.
Spécialisé dans la peinture de paysages, il exalta la couleur, dans un style simplifié, adoptant des coloris souvent arbitraires. D'une touche rapide, il trace les contours, prend des libertés avec les conventions figuratives traditionnelles. Il réalisa aussi quelques portraits et natures mortes.
Bibliogr. : In : *Cien Anos de pintura en Espana y Portugal, 1830-1930*, Antiqvaria, t. VI, Barcelone, 1991.
Musées : Barcelone (Mus. des Beaux-Arts) – Paris (Mus. du Luxembourg) – Tolède.
Ventes Publiques : Barcelone, 21 juin 1979 : *Paysage*, h/t (60x50) : **ESP 300 000** – Barcelone, 5 mai 1981 : *Castersol* 1940, h/t (50x60,5) : **ESP 175 000** – Barcelone, 23 mai 1984 : *Madrid, el Museo del Prado* 1964, h/t : **RSP 260 000** – Barcelone, 29 mai 1985 : *Galeria de Sitges* 1966, h/t (64x80) : **ESP 310 000** – Londres, 29 mai 1992 : *Barcelona : la rambla* 1944, h/t (59,7x72,4) : **USD 9 020**.

MONA Domenico ou **Monna** ou **Moni** ou **Monio**
Né vers 1550 à Ferrare. Mort à Parme. xvie siècle. Italien.
Peintre d'histoire.

Élève de Giuseppe Mazzuoli. Ce fut un artiste fécond servi par une imagination vive et une extrême facilité de travail. Ses œuvres sont nombreuses dans les églises de Ferrare. On cite parmi ses meilleurs ouvrages : *La Naissance de la Vierge* et *La Naissance du Christ,* à Santa Maria in Vado. Cependant ses œuvres sont très inégales et on en fournit la raison dans l'exaltation de son caractère et certaines crises qui confinaient à la folie. Ce fut dans une de celles-ci qu'il tua un des serviteurs du cardinal Aldobrandini, crime qui l'obligea à se réfugier à Modène. La cathédrale de Parme possède de lui un *Enlèvement au ciel de sainte Madeleine.*

MONACA Ambrogio della ou **Monica**

Né au XVIe siècle à Cava (près de Salerne). XVIe siècle. Italien.

Sculpteur sur marbre.

Les églises de Naples et de Cava possèdent de nombreuses statues et autels sculptés par cet artiste.

MONACELLI Domenico

XIXe siècle. Italien.

Peintre.

Il a peint à fresque des scènes de la *Vie de sainte Barbe* dans l'église Sainte-Barbe et Saint-Thomas à Rome et une *Mort de saint Joseph* dans l'église N.-D. in Monticelli de la même ville.

MONACELLO Antonio del

Né à Noto (Sicile). XVIe siècle. Italien.

Sculpteur sur bois.

Il a sculpté pour l'église S. Maria d. Pieta un groupe *Saint Sépulcre,* comprenant quatorze statues et une *Pietà.*

MONACHESI Francesco

Né en 1817 à Macerata (Marches). XIXe siècle. Italien.

Peintre de genre et dessinateur.

Fils de Nicola Monachesi. Élève de Minardi à Rome. Il travailla à Macerata et à Philadelphie.

MONACHESI Nicola

Né en 1795 à Tolentino. Mort en 1851 à Philadelphie. XIXe siècle. Italien.

Peintre d'histoire, de portraits et de décorations.

Élève de G. Landi à l'Académie Saint-Luc à Rome. Il se fixa en 1831 à Philadelphie. Il a peint dans cette ville les fresques de la cathédrale, des églises Sainte-Marie, Saint-Joseph, Saint-Augustin et Saint-Philippe et celles qui ornent la Bourse.

MONACHESI Sante

Né en 1910 ou 1913 à Macerata (Marches). Mort en 1991 à Rome (Latium). XXe siècle. Italien.

Peintre de figures, paysages urbains, paysages d'eau, marines, natures mortes, fleurs.

MONACHESI

MONACHESI

Musées : Rome (Gal. d'Art Mod.).

Ventes Publiques : Rome, 29 mars 1976 : *Figure dans un paysage,* h/t (70x90) : **ITL 1 050 000** – Rome, 19 mai 1977 : *Les murs* 1950, h/t (50x50) : **ITL 1 500 000** – Milan, 25 nov. 1980 : *Paris,* h/t (70x50) : **ITL 1 200 000** – Milan, 16 juin 1981 : *Nouvelle Aéropeinture* 1952, techn. mixte/t (70x50) : **ITL 700 000** – Rome, 22 mai 1984 : *Les toits de Rome,* h/t (27x40) : **ITL 2 400 000** – Milan, 11 mars 1986 : *Paris,* h/t (70x102) : **ITL 4 000 000** – Rome, 15 nov. 1988 : *Rue de Paris,* h/t (50x60) : **ITL 2 800 000** – Milan, 14 déc. 1988 : *Marins,* h/t (97x70) : **ITL 3 800 000** – Rome, 17 avr. 1989 : *Paysage de montagne* 1963, h/t (60x80) : **ITL 3 600 000** – Rome, 28 nov. 1989 : *Nature morte* 1976, h/t (40x50) : **ITL 2 600 000** – Milan, 19 déc. 1989 : *Nature morte avec des fruits* 1940, h/t (50x60) : **ITL 8 500 000** – Rome, 10 avr. 1990 : *Nature morte avec un poisson, des fleurs et une cafetière,* h/t (60x80) : **ITL 5 000 000** – Milan, 24 oct. 1990 : *Le pont Cavour à Rome,* h/t (50x61) : **ITL 4 500 000** – Milan, 13 déc. 1990 : *Maisons de Paris,* h/t (60x50) : **ITL 5 000 000** – Milan, 26 mars 1991 : *L'homme lunaire* 1947, h/t (50x60) : **ITL 3 800 000** – Milan, 14 nov. 1991 : *Marines avec des barques,* h/t (33x50) : **ITL 2 000 000** – Rome, 3 déc. 1991 : *Nature morte de la réalité poétique* 1946, h/t (50x61) : **ITL 4 500 000** – Milan, 14 avr. 1992 : *Paysage,* h/t (60xc50) : **ITL 4 200 000** – Rome, 12 mai 1992 : *Venise* 1970, h/t (80x100) : **ITL 14 500 000** – Rome, 19 nov. 1992 : *Contre-jour romain* 1950, h/t (100x70) : **ITL 14 500 000** – Rome, 25 mars 1993 : *Vue de Acitrezza,* h/t (60x80) : **ITL 6 000 000** – Rome, 8 nov. 1994 : *Nature morte aux légumes* 1945, h/t (50x61) : **ITL 27 600 000** – Rome, 28 mars 1995 : *Paysage à Macerata* 1943, h/t (50x61) : **ITL 23 000 000** – Milan, 25 nov. 1996 : *Vase de fleurs,* h/t (70x50) : **ITL 2 760 000.**

MONACHI Georg P. Voir **PECHAM Georg**

MONACI Antonio. Voir **MOTA Antonio**

MONACI Domenico. Voir l'article **IMBERCIADORI Orazio**

MONACO Carlo, appellation erronée. Voir **MONALDI Carlo**

MONACO Crisanto de

Né le 27 mars 1870 à Naples (Campanie). XIXe-XXe siècles. Italien.

Peintre de genre.

Il fit ses premiers essais à l'Institut des beaux-arts de Naples ; il obtint le premier prix de peinture à l'huile, le premier prix de dessin, et exposa à partir de 1888.

On cite comme les meilleurs de ses travaux : *Celui qui convient* et *Après cinquante ans.*

Ventes Publiques : Rome, 5 déc. 1995 : *La distribution de grain dans la grange* 1928, h/t (130x160) : **ITL 9 428 000.**

MONACO Francesco

XVIIIe siècle. Actif à Belluno de 1750 à 1792. Italien.

Graveur au burin.

MONACO Lorenzo, il. Voir **LORENZO Monaco**

MONACO Pietro ou **Monego**

Né en 1707 ou 1710 à Belluno. XVIIIe siècle. Italien.

Graveur au burin.

Il travailla à Venise de 1735 à 1775. Il grava de nombreux portraits de princes, d'évêques et d'autres personnages.

MONACO Pietro et **Walter da.** Voir **MONICH**

MONACO dell'Isola d'Oro, il ou appelé aussi **Monaco delle Isole d'Oro**

Né vers 1346 à Gênes. Mort en 1408. XIVe-XVe siècles. Italien.

Peintre de miniatures.

Il était moine, et vécut à l'Abbaye de Saint-Honorat (îles de Lérins), dite de l'Ile d'Oro et en devint plus tard le bibliothécaire. Poète et historien, on rapporte qu'il écrivit plusieurs ouvrages, embellis de miniatures, qui furent offerts à la reine d'Aragon. Un *Livre d'Heures,* conservé à Aix-en-Provence, aurait été enluminé par lui.

MONAHAN Hugh

Né en 1914. Mort en 1970. XXe siècle. Britannique.

Peintre d'animaux.

Ventes Publiques : Écosse, 24 août 1976 : *Oiseaux en plein vol au-dessus des vagues* 1948, h/t (49,5x75) : **GBP 200** – Londres, 15 mars 1994 : *Vol d'oies sauvages au-dessus de la Solway* 1931, h/t (39,7x50,2) : **GBP 632** – Édimbourg, 9 juin 1994 : *Vol de canards au-dessus de la baie à Holyhead* 1950, h/t (50,8x76,2) : **GBP 2 070** – Londres, 22 nov. 1995 : *Pigeon à l'aube quittant des champs inondés* 1942, h/t (40,5x51) : **GBP 977.**

MONALDI

XIXe siècle. Italien.

Graveur au burin.

MONALDI Bernardino

XVIe-XVIIe siècles. Actif à Florence de 1588 à 1607. Italien.

Peintre d'histoire.

Élève de Santi di Tito. On cite de lui des peintures d'autel au Carmel et à S. Pier Maggiore de Florence.

MONALDI Carlo

Né vers 1690 à Rome. Mort en septembre 1760 à Rome. XVIIIe siècle. Italien.

Sculpteur.

Il fut membre de l'Académie de Saint-Luc. A Rome, il a sculpté un *Saint François d'Assise* et un *Saint Gaëtan* dans l'église Saint-Pierre, *La Magnificence* et *L'Abondance* à Saint-Jean de Latran, ainsi que des statues et des bas-reliefs dans diverses autres églises de cette ville.

MONALDI Giacopo

Né en 1730 à Rome. Mort après 1797 à Varsovie. XVIIIe siècle. Italien.

Sculpteur.

Il entra en 1768 au service du roi Stanislas-Auguste de Pologne. Il a sculpté deux bustes de portraits et d'allégories dans le château de Varsovie et des figures tombales dans diverses églises polonaises.

MONALDI L.
XVIIe-XVIIIe siècles. Italien.
Peintre.
Élève de Locatelli.

MONALDI Paolo
Né en 1710. Mort en 1779. XVIIIe siècle. Actif vers 1760. Italien.
Peintre de genre.
Élève d'Andrea Locatelli.
Musées : Stockholm : *Paysans musiciens – Paysans près d'une citerne.*
Ventes Publiques : Londres, 26 juin 1964 : *Groupe de paysans dansant et s'amusant* : **GNS 450** – Copenhague, 24 nov. 1977 : *Scène champêtre avec musiciens*, h/t (47x71) : **DKK 35 000** – Rome, 4 avr 1979 : *Paysages animés*, h/t, une paire (chaque 36x29,5) : **ITL 6 500 000** – Londres, 24 avr. 1981 : *Narcisse et Écho*, h/t (72,7x59,6) : **GBP 4 000** – New York, 18 jan. 1984 : *Paysans festoyant dans la Campagne Romaine*, h/pan., une paire de forme ovale (38,1x48,2) : **USD 22 000** – Paris, 25 mars 1985 : *Fête villageoise*, h/t (72,5x57) : **FRF 60 000** – Rome, 2 juin 1987 : *Fête champêtre*, h/t (43x59) : **ITL 20 000 000** – Milan, 21 avr. 1988 : *Fête campagnarde près de Rome*, h/t (49,2x65) : **ITL 42 000 000** – New York, 12 oct. 1989 : *Paysans dans une cour de ferme*, h/t (87,6x107,3) : **USD 9 900** – Paris, 20 nov. 1989 : *Le Carnaval de Fécamp* 1906, h/t (50x61) : **FRF 13 750** – New York, 5 avr. 1990 : *Paysage italien avec une famille de paysans passant sous une arche*, h/t (59x97,5) : **USD 17 600** – Londres, 19 avr. 1991 : *Paysan jouant de la mandoline pour sa famille sous un arbre*, h/t (31,5x49,2) : **GBP 5 500** – Paris, 26 juin 1991 : *Herminie chez les bergers*, h/t/bois (33,7x65) : **FRF 25 000** – Rome, 19 nov. 1991 : *Repas paysan ; L'aumône*, h/t, une paire (chaque 64x49) : **ITL 22 000 000** ; *Fête paysanne avec des danseurs de tarentelle ; Scène populaire avec le jeu de colin-maillard*, h/t, une paire (chaque 245x350) : **ITL 400 000 000** – Londres, 28 oct. 1992 : *Paysages avec des paysans faisant la pause*, h/t, une paire (54,7x33,8) : **GBP 13 200** – Londres, 20 avr. 1994 : *Distractions paysannes*, h/t, une paire (chaque 37,5x30) : **GBP 16 100** – Rome, 31 mai 1994 : *Danse paysanne dans une cour dans un paysage lacustre*, h/t (48x52) : **ITL 18 856 000** – Milan, 28 nov. 1995 : *La pause du repas*, h/t, une paire (chaque 27x32) : **ITL 71 300 000** – Paris, 11 avr. 1996 : *Le repas à l'auberge*, h/t (33,5x46) : **FRF 40 000** – Londres, 3 juil. 1996 : *Rome, l'arc de Drusus à la porte de Sebastiano avec d'élégants personnages et un mendiant ; Rome, élégante compagnie au forum*, h/t, une paire (chaque 30,5x23,5) : **GBP 25 300** – Londres, 1er nov. 1996 : *Bergers et bergère conversant avec un moine*, h/t (43,3x34,3) : **GBP 4 140.**

MONAMI Pierre
Né en 1814 à Spa. Mort en 1857 à Rome. XIXe siècle. Belge.
Peintre de paysages.
Il travailla à Rome.
Ventes Publiques : Londres, 17 mai 1991 : *Le Forum romain avec le Capitole* 1845, h/t (37x58) : **GBP 9 680** – Londres, 27 nov. 1992 : *Le Forum à Rome* 1844, h/t (37,5x57,8) : **GBP 6 600** – Londres, 17 juin 1994 : *Un port méridional ; Paysage italien avec des ruines grecques* 1850, h/t (38,7x51,4) : **GBP 2 990.**

MONAMY Peter
Né entre 1670 et 1689 à Jersey. Mort en 1749 à Westminster. XVIIIe siècle. Britannique.
Peintre d'histoire, marines, aquarelliste.
Cet intéressant artiste appartenait à la forte race normande établie dans les îles de la Manche. Ses parents étaient pauvres, il alla très jeune chercher fortune à Londres et fut d'abord apprenti d'un peintre en bâtiments dont la boutique était située sur le pont de Londres. Plus tard, il s'adonna à la peinture artistique et fut, croit-on, élève de Willem Van de Velde le Jeune.
Il est certain qu'il s'inspira des merveilleux peintres de marines hollandaises, et certains de ses tableaux leur ont été attribués, notamment *Embarquement de Charles II pour l'Angleterre après la Restauration*, du Musée de Dublin, que l'on crut longtemps de Willem van de Velde l'Ancien. Monamy fut de son temps considéré à Londres comme un excellent peintre.
Musées : Bristol : *Bateaux en mer – Broad Guay, à Bristol* – Dublin : *Embarquement de Charles II retournant en Angleterre après la Restauration* – La Haye (Bredius) : *Naufrage* – Londres (Victoria and Albert Mus.) : *Les docks de Londres – Marine* – une aquarelle.
Ventes Publiques : Londres, 7 avr. 1922 : *Guerriers se retirant de la côte* : **GBP 57** – Londres, 2 mars 1928 : *Bateaux à la mer* : **GBP 168** – Londres, 1er fév. 1929 : *Guerriers s'éloignant de la côte dans une barque* : **GBP 315** – Londres, 11 déc. 1929 : *La bataille navale de Porto Bello* : **GBP 280** – Londres, 4 juil. 1930 : *Marins et bateaux en vue de la côte* : **GBP 136** – Londres, 24 juin 1931 : *Bataille navale entre le Lion bateau anglais et l'Élisabeth bateau français* : **GBP 700** ; *Bataille navale contre un galion espagnol* : **GBP 560** – New York, 18 avr. 1933 : *Salve navale* : **USD 800** – Londres, 5 avr. 1935 : *Bateaux de guerre au calme* : **GBP 115** – Londres, 8 mai 1936 : *Bateaux dans une rafale* : **GBP 75** – Londres, 20 nov. 1936 : *Bateaux de guerre à l'ancre* : **GBP 152** – Londres, 12 mars 1937 : *Capture du bateau espagnol Glorioso*, dess. : **GBP 50** – Londres, 9 juil. 1937 : *Le Victory et autres bateaux de guerre* : **GBP 94** – Londres, 14 déc. 1945 : *Vaisseaux de guerre à l'embouchure d'une rivière* : **GBP 131** ; *Bateaux de guerre au calme en vue de la côte* : **GBP 84** – Londres, 1er fév. 1946 : *Bateaux de guerre et petits équipages* : **GBP 90** – Londres, 1er fév. 1950 : *L'arrivée en Angleterre du roi George II 1727* : **GBP 360** – Londres, 2 oct. 1950 : *Navires et voiliers sur mer calme* : **GBP 210** – Londres, 29 juin 1951 : *Navire de guerre en plein combat* : **GBP 241** – Londres, 14 juin 1961 : *La bataille de Camperdown* : **GBP 1 000** – Londres, 7 mars 1962 : *Bateaux de guerre à l'ancre et d'autres naviguant* : **GBP 540** – Londres, 13 nov. 1963 : *Bateau de guerre anglais par brise légère* : **GBP 950** – Londres, 3 juil. 1964 : *Marine* : **GNS 1 700** – Londres, 22 nov. 1967 : *Bateaux amarrés, coucher de soleil* : **GBP 2 600** – Londres, 15 nov. 1968 : *Bateau de guerre près de la côte, saluant* : **GNS 2 800** – Londres, 18 nov. 1970 : *Marine* : **GBP 1 100** – Londres, 17 nov. 1971 : *Bateaux à l'ancre* : **GBP 3 600** – Londres, 17 mars 1972 : *Bateaux et voiliers par mer calme* : **GNS 14 000** – Londres, 28 nov. 1973 : *Bateaux de guerre en mer* : **GBP 2 500** – Londres, 20 mars 1974 : *Bateaux devant un port* : **GBP 2 500** – Londres, 14 juil. 1976 : *Bateaux à l'ancre*, h/t (74x145) : **GBP 3 400** – Londres, 18 juil 1979 : *Bateaux au large de Venise*, h/t (71x90) : **GBP 4 800** – Londres, 26 juin 1981 : *Navire de guerre anglais saluant au canon*, h/t (34,3x45,7) : **GBP 13 000** – New York, 21 jan. 1983 : *Le Château de Douvres et le port*, pl. et lav. (39,4x57,3) : **USD 1 600** – Londres, 15 juil. 1983 : *Bateau de guerre anglais et autres vaisseaux en mer*, h/t (66x127) : **GBP 14 000** – Londres, 26 avr. 1985 : *Un yacht royal et autres bâtiments au large de Southampton*, h/t (87x125,7) : **GBP 12 000** – Londres, 18 avr. 1986 : *The Morning Gun*, h/t (96,5x144,7) : **GBP 24 000** – Londres, 20 nov. 1987 : *Le navire royal Peregrine arrivant dans l'estuaire de la Tamise avec le roi George Ier à bord* 1724, h/t (99x152,4) : **GBP 26 000** – Londres, 22 sep. 1988 : *La revue de la flotte avec le Royal George en tête*, h/t (110,5x98) : **GBP 15 400** – Londres, 14 juil. 1989 : *La salve matinale : frégate et bateaux de pêche dans un estuaire*, h/t (49,5x63,5) : **GBP 6 600** – Cologne, 20 oct. 1989 : *Marine*, h/t (52x124) : **DEM 4 500** – Londres, 20 avr. 1990 : *Bâtiment à trois ponts par mer calme*, h/t (30,5x24,8) : **GBP 9 900** – Londres, 10 avr. 1991 : *Panorama de Greenwich depuis la rive nord de la Tamise avec la navigation au premier plan*, h/t (85x150) : **GBP 6 600** – Paris, 18 déc. 1991 : *Vaisseaux sur une mer calme*, h/t (34,5x43) : **FRF 41 000** – Londres, 20 nov. 1992 : *Le bâtiment de guerre Royal William tirant une salve d'honneur*, h/t (61,2x76,8) : **GBP 30 800** – Londres, 10 nov. 1993 : *Vaisseau de guerre anglais au large des côtes avec d'autres embarcations*, h/t (42x72,5) : **GBP 20 700** – Londres, 13 juil. 1994 : *Navigation par mer calme*, h/t (54x70) : **GBP 21 850** – Londres, 12 nov. 1997 : *Le Coup de canon du matin*, h/t (62x74,5) : **GBP 14 950** – Londres, 29 mai 1997 : *L'Escadre corsaire The Royal Family commandée par le capitaine George Walker sur le King George*, h/t (60x71) : **GBP 9 200.**

MONANNI ou **Monanno** ou **Morando**
Né à Florence. Mort vers 1652 à Rome. XVIIe siècle. Italien.
Peintre d'histoire.
Élève de Cristoforo Allori. Il s'établit à Rome et y fut membre de l'Académie de Saint-Luc. On cite de lui un *Baptême du Christ*, dans l'église de San Giovanni Decollato, à Rome. Les Offices de Florence conservent de lui deux natures mortes représentant des sujets de cuisine et *Laboratoire d'alchimiste*.

MONANTEUIL Jean Jacques François
Né le 11 juillet 1785 à Mortagne (Orne). Mort le 10 juin 1860 au Mans (Sarthe). XIXe siècle. Français.
Peintre de scènes de genre, portraits, paysages, dessinateur.

Il fut élève de Girodet. Il voyagea dans les Flandres et en Bretagne. En 1828, il s'établit à Alençon, où il fut professeur de l'École des Beaux-Arts jusqu'en 1843. Il s'établit au Mans en 1851. Il figura au Salon de Paris, de 1812 à 1827.
Il aida son maître dans l'exécution des peintures qu'il fit au Palais de Compiègne. Il réalisa de nombreux portraits au crayon.
Bibliogr. : Gérald Schurr, in : *Les Petits Maîtres de la peinture 1820-1920, valeur de demain,* Les Éditions de l'Amateur, t. V, Paris, 1981.
Musées : Alençon : *Tête de nègre – Le vieux chicard* – Lisieux : *Vue du Mont Saint-Michel* – Le Mans (Hôtel de Tessé) : *Deux jeunes filles égarées – Le vieux maître d'école – Jeune Bretonne – Ouvrier – Un paysan breton – Le Père et la Mère de l'artiste – Le portrait de l'artiste – Deux petites mendiantes.*
Ventes Publiques : Paris, 1880 : *Portrait de Poussin,* cr. noir et estampe, d'après le tableau conservé au musée du Louvre : **FRF 510**.

MONANU Pierre, appellation erronée. Voir **MONAMI**

MONARD Jules
Né en 1873 à Genève. XIXe-XXe siècles. Suisse.
Peintre de portraits, décorateur.
Il fut élève de A. Crespin, de A. Blanc-Garin et de l'académie des beaux-arts de Bruxelles. Il s'établit à Genève en 1902.

MONARD Louis de
Né le 21 ou le 31 janvier 1873 à Autun (Saône-et-Loire). Mort le 15 juillet 1939 à Paris. XIXe-XXe siècles. Français.
Sculpteur de bustes, animaux, monuments, peintre d'animaux, paysages.
Il fut initié à la peinture par deux disciples d'Ingres, Philibert Mariller et Eugène Froment. Il s'installa à Paris, en 1897.
Il exposa pour la première fois, en 1900, à Lyon, une aquarelle. Il participa aux divers salons parisiens : des Artistes Français de 1902 à 1904, de la Société Nationale des Beaux-Arts de 1905 à 1939, dont il deviendra membre sociétaire en 1909, des Artistes Animaliers Français de 1913 à 1939, ainsi qu'à l'étranger : 1904 Saint Louis, 1905 Berlin et Prague, 1913 Buenos Aires, Liège et Gand, 1915 Madrid et San Francisco, 1917 Barcelone, 1926 Genève, 1928 Le Caire, 1937 Toronto. Depuis sa mort, il a été représenté dans de nombreuses expositions consacrées à la sculpture : Museum d'Histoire naturelle de Paris en 1976-1977, musées de Bernay et de Vernon en 1987-1988, musée de Melun. Il reçut le prix Puvis de Chavannes en 1933. Il a montré ses œuvres dans une exposition personnelle en 1936 à la Société Nationale des Beaux-Arts à Paris. Le musée d'Autun en 1973 et la Société Nationale des Beaux-Arts de Paris en 1981 lui ont rendu hommage après sa mort.
Il s'est spécialisé dans la sculpture de bustes d'artistes, d'hommes politiques, et surtout de groupes d'animaux. Jusqu'en 1906, il représente principalement des chevaux, puis s'intéresse aux chiens et aux oiseaux de proie, il découvre ensuite les caprinse et en 1918 les chevreaux. Son groupe *Jeunes Boucs luttant* figurait sur la terrasse du musée du Luxembourg, à Paris. On lui doit aussi, à Paris, le monument *Aux aviateurs morts* pour la patrie de la chapelle des Invalides, un *Étalon breton* pour le Museum d'Histoire naturelle, *Les Vautours* pour le square des Batignolles. Il a également pratiqué la peinture d'animaux, de paysages et de portraits.
Bibliogr. : Jacques Thomas : *Le Sculpteur Louis de Monard 1873-1939,* Bulletin de la Société d'Histoire de l'art français, Paris, 1983 – Gérald Schurr : *Les Petits Maîtres de la peinture,* L'Amateur, Paris, 1985.
Musées : Amiens : *Lionne dévorant sa proie* vers 1898 – *Femme à la coupe* vers 1929 – Autun : *Jument au caveçon* 1904 – *Projet de monument au général Foch* 1931 – Bois-le-Roi : *Irish Terrier étranglant un lapin* 1905 – Cahors – Dijon : *Cheval* vers 1904 – *Cheval sauvage* 1922 – Paris (BN) : *Buste de forain* 1928 – Paris (Mus. du Luxembourg) : *Jeunes Boucs luttant* – Paris (Mus. d'Orsay) – Paris (Mus. du Petit Palais) : *Henry IV à Ivry* – Sèvres (Manufacture) – Vannes : *L'Effraie* 1925 – Vernon : *Panthère* vers 1898 – *Petit Cheval cabré.*
Ventes Publiques : Paris, 19 mai 1982 : *Coupe aux trois rapaces,* fonte d'argent (H. 22,5) : **FRF 10 500** – Londres, 20 mars 1986 : *Terrier et crabe* vers 1910, bronze patine brune (H. 25,5) : **GBP 2 400** – New York, 24 mai 1989 : *Étalon cabré tenu par son lad,* bronze (H. 58,4) : **USD 3 520** – Paris, 8 nov. 1995 : *Étalon cabré retenu par un homme,* bronze (H. 59) : **FRF 45 000**.

MONARD Pierre
XVIe siècle. Actif à Lyon en 1548. Français.
Peintre d'histoire et d'ornements.

MONARI Carlo
Né vers 1832. Mort en 1918 à Bologne. XIXe-XXe siècles. Italien.
Sculpteur.
Débuta vers 1881. Exposa à Paris, Milan, Turin, Bologne. Il a sculpté pour la Chartreuse de Bologne des monuments funèbres, des bustes et des bas-reliefs.

MONARI Cristoforo. Voir **MUNARI Cristoforo**

MONARI Giacomo
Né en 1684 à Bologne. Mort en 1769. XVIIIe siècle. Italien.
Peintre de décorations.
Élève de Ferd. Galli-Bibbiena. Il a exécuté des décors de théâtre à Munich.

MONASTÈRE DES ÉCOSSAIS DE VIENNE, Maître du. Voir **MAÎTRES ANONYMES**

MONASTERIO Angel
Né en 1777 à Santo Domingo de la Calzada. XIXe siècle. Espagnol.
Sculpteur.
Élève et membre de l'Académie de Madrid qui conserve plusieurs œuvres de lui.

MONASTERIO Antonio
Mort le 21 juillet 1983. XXe siècle. Actif en France. Espagnol.
Peintre.
Il a exposé à Strasbourg, où il vit et travaille.
Il affirme avoir découvert la quatrième dimension, et refuse tout effet de perspective et de symétrie dans ses œuvres spontanées, nées de « l'extase » (Monasterio).

MONASTERIO Luiz Ortiz
Né en 1906 à Mexico. XXe siècle. Mexicain.
Peintre de compositions animées, figures, technique mixte, sculpteur.
Il fut élève de l'académie San Carlos de Mexico. Il fit ensuite deux séjours en Californie, en 1925-1926 et 1928-1929. Il revint se fixer à Mexico, où il devint professeur en 1931.
À partir de 1940, il a participé à de nombreuses expositions internationales.
Il travaille l'argile, la pierre, le bronze ou d'autres métaux fondus. D'une grande culture artistique, il a fait passer dans ses œuvres propres, des souvenirs de l'Antiquité, des Égyptiens et, avant tout, de la mythologie des Mayas, tout en sachant les interpréter librement, trouvant des combinaisons de formes aux franges de l'abstraction, quand même souvent inspirés du corps humain. Il eut l'occasion de réaliser de nombreuses commandes monumentales : *L'Appel de la révolution* 1932 ; *L'Esclave* 1933 ; des statues ; des reliefs ; dans des matériaux divers à Mexico, Chapultepec, Puebla, Jalapa, jusqu'à un *Relief* en métal, pour l'auditorium national de Mexico.
Bibliogr. : Maria-Rosa Gonzalez, in : *Nouv. Dict. de la sculpt. mod.,* Hazan, Paris, 1970.
Ventes Publiques : New York, 20 nov. 1991 : *Vendeurs de fleurs* 1931, gche, aquar. et cr./pap./cart. (54,5x76,7) : **USD 7 700** – New York, 19-20 mai 1992 : *Couple III* 1981, bronze à patine verte (H. 34) : **USD 8 800**.

MONASTERIO Pedro
Né en 1767 à Güemes. XVIIIe siècle. Espagnol.
Sculpteur.
Élève de l'Académie de Madrid.

MONASTERIO Rafael
Né le 20 novembre 1884 à Barquisimeto (Lara). XXe siècle. Vénézuélien.
Peintre.
Il vint à Caracas, à l'âge de vingt-deux ans, où il étudia à l'académie des beaux-arts, dirigée alors par A. Herrera Toro. Il travailla aussi à Barcelone, en 1910. Il fut professeur à Caracas.
On peut voir ses toiles dans les manifestations picturales internationales, aussi bien aux Amériques qu'en Europe. Ainsi a-t-il obtenu une médaille à Paris en 1937 à l'Exposition internationale, un prix officiel au Venezuela en 1941.

MONASTERIO Y CUETO Antonio de
XVIIIe siècle. Actif à Güemes dans la première moitié du XVIIIe siècle. Espagnol.
Sculpteur.
Il a sculpté la statue de saint Michel sur la façade du château de Zubieta à Liquieto.

MONASTIRSKI André
XXe siècle. Russe.
Auteur de performances.
Il travailla, comme Beuys, avec de la graisse.
Bibliogr. : Olga Sviblova : *Beuys front de l'est*, Art Press, n° 194, Paris, sept. 1994.

MONAT Van
XVIIIe-XIXe siècles (?).
Artiste.
Mentionné sans aucun renseignement biographique dans l'Annuaire des Ventes Publiques de Francis Spar.
Ventes Publiques : Paris, 25 mai 1950 : *La Mère attentive* : **FRF 78 000.**

MONAT Pierre
Né en 1948 à Montréal (Québec). XXe siècle. Canadien.
Peintre.
Musées : Montréal (Mus. d'Art Contemp.) : *Sans titre* 1978.

MONATTI Nicolo
XVIIIe siècle. Italien.
Paysagiste.
Le Musée des Offices, à Florence, possède de lui une peinture.

MONAVILLE François, appellation erronée. Voir **MONNAVILLE François**

MONAY Pierre
Né en 1896 à Nancy (Meurthe-et-Moselle). Mort en 1974 à Morges. XXe siècle. Suisse.
Peintre de figures, paysages, natures mortes, aquarelliste. Postcézannien.
Il fut élève de l'École d'Art de Lausanne et reçut les conseils de Rodolphe Théophile Bosshard. De 1925 à 1943, il a vécu et travaillé en France, à Aix-en-Provence, « sur les traces de Cézanne » a dit la critique suisse. Au moment de la guerre, il revint en Suisse, s'installant à Marges, où il ouvrit une galerie d'art.
Musées : Lausanne (Fond. pour l'Art et la Culture) – Morges (Mus. Alexis Forel).

MONBAIL Émilien de
Né en 1812. XIXe siècle. Français.
Dessinateur de paysages.
Il a travaillé en Poitou, en Béarn et en Espagne.

MONBAIT C. N.
XIXe siècle. Actif au début du XIXe siècle. Français.
Miniaturiste.

MONBARD
XVIIe siècle. Actif à Paris dans la seconde moitié du XVIIe siècle. Français.
Graveur au burin.

MONBET Ely
Né en Bretagne. Mort en 1915 au front. XXe siècle. Français.
Sculpteur et ébéniste.
Il travailla à Caurel (Côtes-du-Nord).

MONBLOND Charles
Né au XIXe siècle à Paris. XIXe siècle. Français.
Peintre de fleurs et de natures mortes.
Élève de M. Ch. Polisch. Figura au Salon de 1866 à 1870.

MONCADA Piero
Né en 1932 à Palerme (Sicile). XXe siècle. Italien.
Peintre.
Ventes Publiques : Milan, 20 mars 1989 : *Danse carioca* 1985, h/t (95x95) : **ITL 1 200 000.**

MONCASSIN Henri Raphaël
Né le 3 avril 1883 à Toulouse (Haute-Garonne). XXe siècle. Français.
Sculpteur de portraits, bustes, monuments.
Il fut élève d'Antonin Mercié. Il obtint le second Prix de Rome, pour *Cérès enseignant l'architecture*. En 1908, grâce à une bourse, il voyagea à travers l'Italie.
Il exposa à Paris, au Salon des Artistes Français, à partir de 1905. En 1911, *La Jeunesse* est remarquée au Salon des Artistes Français et achetée par le musée du Petit Palais. On lui doit aussi de nombreux monuments aux morts de la Première Guerre mondiale. On a pu préférer de son œuvre les très nombreux bustes d'enfants, où il a excellé. De nombreux portraits de personnalités lui furent commandés par la suite.
Musées : Paris (Mus. du Petit Palais).

MONCAYO Nicolas
XVIIIe siècle. Espagnol.
Médailleur.
Il travailla dans les Monnaies de Méjico et de Potosi.

MONCE. Voir **DELAMONCE**

MONCEAU Clovis Antoine ou **Aignan**
Né le 29 novembre 1827 à Orléans. XIXe siècle. Français.
Sculpteur.
Élève de Dantan aîné et de l'École des Beaux-Arts. Il figura au Salon de Paris, avec des figures en terre cuite, en 1859 et 1861. Il exécuta pour la cathédrale d'Orléans les quatorze stations du chemin de la Croix, bas-reliefs en pierre. Ce travail lui valut le prix Robichon, en 1874. Le Musée d'Orléans conserve de lui les portraits de *Lazerges* et de *Salesses* (médaillons).

MONCEAU Mathilde de
Née en 1877. Morte en 1952. XXe siècle. Belge.
Peintre de paysages, fleurs.
Elle fut élève de De Witte à l'académie royale des beaux-arts de Liège.
Elle commença à peindre en 1905, sous l'influence de Géo Bernier. Elle voyagea en Italie, à Majorque et en Argentine.
Elle participa à des expositions collectives : à partir de 1913 Salon de Printemps, Salon de la Société Nationale des Beaux-Arts de Bruxelles ; de 1929 à 1951 Cercle des Beaux-Arts de Bruxelles. Elle reçut une médaille de bronze à l'Exposition triennale.
Musées : Liège (Mus. de l'Art wallon) : *La Meuse. Temps rose en février* 1946.

MONCEAU Maximiliano de, ou **Massimiliano**
XVIe siècle. Italien.
Miniaturiste.
Élève de Massarelli. Il travailla à Rome.

MONCEL Alphonse Emmanuel de, appelé aussi **Moncel de Perrin**
Né le 7 septembre 1866 à Paris. XIXe-XXe siècles. Français.
Sculpteur de bustes, compositions mythologiques, médailleur.
Il fut élève de Thomas et de Mercié.
Il exposa à Paris, au Salon des Artistes Français à partir de 1888 ; il reçut une mention honorable en 1889, une médaille de deuxième classe et une bourse de voyage en 1895. Il fut chevalier de la Légion d'honneur.
Il a sculpté deux hauts-reliefs pour le Petit Palais, représentant *Vénus et Junon*.
Musées : Le Mans (Hôtel de Tessé) : *Buste d'Alexandre Dumas* – Paris (Mus. du Petit Palais) : *Le Lierre – Vers l'amour – Énigme*.
Ventes Publiques : Paris, 16 avr. 1984 : *La porteuse d'eau* 1897, bronze, patine brune (H. 46) : **USD 3 500.**

MONCERDA Enrique. Voir **MONSERDA Y VIDA**

MONCERET Jean Pierre ou **Monseret**
Né le 10 mai 1813 à Luc-sur-Orbien (Aude). Mort le 23 décembre 1888 à Montpellier. XIXe siècle. Français.
Peintre de genre et de portraits.
Musées : Aix : *Le général Rostolan recevant le titre de citoyen romain* – Draguignan : *Mercier Lacombe* – Montpellier : *Portrait du professeur Jaumes* – Narbonne : *Portraits de Paul Tournal, du général Espéronnier, et de l'artiste – Le triomphe de Galathée – Portrait de M. E. A. Hérail – Portrait de M. Alfred Chaber.*

MONCERET Pascal ou **Monseret**
Né le 22 mai 1817 à Luc-sur-Orbien (Aude). Mort le 23 juillet 1890 à Narbonne (Aude). XIXe siècle. Français.
Portraitiste.
Frère de J.-P. Monceret. Le Musée de Narbonne conserve de lui son *Portrait par lui-même* et celui de *M. Alcide Cartault*.

MONCHABLON Édouard ou **André J. Édouard**
Né le 11 novembre 1879 à Paris. Mort le 13 décembre 1914 à Bénodet (Sud-Finistère). XXe siècle. Français.
Peintre d'histoire, portraits, paysages.
Il est le fils de Xavier Alphonse Monchablon. Il reçut le prix de Rome en 1903.
Il exposa à Paris, au Salon des Artistes Français. Il obtint une médaille de troisième classe en 1904.
Musées : Pau : *Vue d'Orvieto*.

MONCHABLON Jean Ferdinand ou **Ferdinand Jean,** dit **Jan**

Né en 1854 ou 1855 à Châtillon-sur-Saône (Vosges). Mort en 1904 ou 1905 à Châtillon-sur-Saône. XIXe-XXe siècles. Français.

Peintre d'histoire, compositions mythologiques, paysages animés, paysages, paysages d'eau.

Il est le fils d'un médecin de province. Il fut élève d'Alexandre Cabanel et de Jean-Paul Laurens. Ce fut au cours d'un séjour aux Pays-Bas qu'il changea son prénom de Jean en Jan. Il exposa au Salon des Artistes Français de Paris, de 1881 à 1890. L'indication de médailles d'argent aux Expositions universelles de 1889 et 1900, de même que la Légion d'honneur en 1905, alors qu'il est mort en 1904, semblent provenir d'une confusion avec un autre Monchablon. Il délaissa vite les sujets historiques et mythologiques pour les paysages. Le catalogue de son œuvre compte 264 tableaux.

JAN-MONCHABLON-

Musées : Amiens (Mus. de Picardie) : *Les avoines* – Arras : *La Roche verte* – Chambéry (Mus. des Beaux-Arts) : *Paysage* – Nancy (Mus. des Beaux-Arts) : *Campagne lorraine en automne* – Nantes (Mus. des Beaux-Arts) : *Les avoines.*

Ventes Publiques : Paris, 21 avr. 1920 : *Bords de la Saône* : **FRF 700** ; *Environs de Châtillon (matin)* : **FRF 800** ; *Les blés à Châtillon* : **FRF 900** – New York, 31 oct. 1929 : *Paysage* : **USD 725** – New York, 15 jan. 1937 : *Bergère et son troupeau* : **USD 660** – New York, 13 fév. 1958 : *La Saône à Lironcourt (Vosges)* : **USD 700** – New York, 22 jan. 1969 : *Les moissonneurs* : **USD 1 200** – Londres, 8 nov. 1972 : *Pont sur la Saône à Monthureux (Vosges)* : **GBP 900** – Paris, 22 mars 1976 : *Champ près de Fresnes (Haute-Marne),* h/t (54x73) : **FRF 7 000** – New York, 12 mai 1978 : *La route du village* 1889, h/t (25x35) : **USD 1 900** – Los Angeles, 23 juin 1980 : *Vallée à Enfouvelle,* h/t (28x38) : **USD 1 600** – New York, 27 mai 1982 : *La Seine près de Grignoncourt,* h/t (47x62) : **USD 4 800** – Londres, 22 juin 1983 : *Paysage de printemps,* h/t (58x80) : **GBP 2 600** – Londres, 27 nov. 1985 : *Paysage d'été,* h/t (46x61,5) : **GBP 3 200** – New York, 2 déc. 1986 : *Champs près de Fresnes,* h/t (54x73,5) : **USD 9 500** – New York, 28 oct. 1987 : *Le Repos dans les champs* 1887, h/t (38x55,9) : **USD 32 000** – New York, 24 oct. 1989 : *Le printemps à Amiens,* h/t (38,1x55,9) : **USD 30 800** – New York, 25 oct. 1989 : *Vieux pont à Monthureux dans les Vosges,* h/pan. (33x45,7) : **USD 11 000** – Paris, 3 avr. 1992 : *Arbre à l'automne,* h/pan. (24x18) : **FRF 3 900** – New York, 28 mai 1992 : *Le pâturage* 1888, h/t (91,4x124,5) : **USD 57 750** – New York, 27 mai 1993 : *Les bords de l'Apance* 1985, h/t (25,1x37,8) : **USD 12 075** – New York, 13 oct. 1993 : *La Saône à Lironcourt (Vosges)* 1897, h/t (73,7x100,3) : **USD 21 850** – New York, 15 fév. 1994 : *Cueillette de fleurs des champs dans une prairie* 1887, h/t (90,8x125,7) : **USD 48 300** – Paris, 15 fév. 1995 : *Sous-bois, les feuilles mortes,* h/t (33x46) : **FRF 8 000** – New York, 16 fév. 1995 : *L'Apance dans le Vallon d'Enfonvelle,* h/pan. (38,1x55,9) : **USD 11 500.**

MONCHABLON Xavier Alphonse ou **Alphonse**

Né le 12 juin 1835 à Avillers (Vosges). Mort en 1907. XIXe siècle. Français.

Peintre d'histoire, de portraits et de décorations.

Père d'Édouard Monchablon. Il entra à l'École des Beaux-Arts le 7 octobre 1856, fut l'élève de S. Cornu et de Gleyre, et débuta au Salon de 1866. Il eut le deuxième prix de Rome en 1862 et le premier prix en 1863 avec *Joseph reconnu par ses frères* et obtint des médailles en 1869, 1874, et 1889 à l'Exposition universelle de Paris. Chevalier de la Légion d'honneur en 1897, il obtint une médaille d'argent en 1900 à l'Exposition universelle de Paris. Il a décoré plusieurs églises de Paris de ses peintures.

Musées : Amiens : *Les funérailles de Moïse* – Bucarest (Mus. Simu) : *Nu* – Châlons-sur-Marne : *Jeanne d'Arc* – Épinal : *Victor Hugo en exil* – *Stanislas* – *Le docteur Jacquemin* – *Mlle Jacquemin* – *Le président Boulay* – *Véturie suppliant son fils Coriolan de lever le siège de Rome* – *Portrait d'Émile Lagarde* – Paris (Mus. du Petit Palais) : *L'Assomption* – Valenciennes : *Portrait d'Ernest Hiolle* – Versailles : *Portrait de L. J. Buffet.*

Ventes Publiques : Richmond, 1899 : *Dans les champs* 1887 : **FRF 3 650** – Richmond, 5 avr. 1943 : *La Sainte Famille et saint Jean,* sans indication de prénom : **FRF 4 000** – Richmond, oct. 1945-juil. 1946 : *Jeanne d'Arc et Pierre l'Ermite* : **FRF 1 400** – Londres, 20 mars 1985 : *Matin-Midi-Soir* 1896, h/t, trois toiles (90x70 et deux de 98x130,1) : **GBP 3 200.**

MONCHANIN Louis

Né au XIXe siècle à Paris. XIXe siècle. Français.

Sculpteur d'animaux.

Élève de Legendre-Héral. Il exposa au Salon, de 1853 à 1866, des figures d'animaux.

MÖNCHARDT Johann Jakob ou **Mönhardt**

XVIIe siècle. Actif à Vichnagora-en-Carniole. Autrichien.

Peintre.

Il décora les autels des églises de Rakitna et de Muljava en Carniole.

MONCHATRE François

Né le 5 août 1928 à Coulonge-sur-L'Autize (Deux-Sèvres). XXe siècle. Français.

Peintre, sculpteur.

Il expose depuis 1968, participant à Paris, aux Salons Comparaisons, Grands et Jeunes d'Aujourd'hui.

Son activité est double : fabrication d'objets (sorte de totems, mâts de Cocagne qui évoquent, sur un mode humoristique, les techniques et leur excès) et peintures. Ses peintures sont mystérieuses ou poétiques ; on cite les *Arbres* et les *Papillons.* Les titres de ses objets évoquent la teneur du langage : *Monuments funéraires* – *Automaboules* – *OPNI* (Objets Peints Non Identifiés).

MONCHAUX Cathy de

XXe siècle. Britannique.

Sculpteur.

Elle a exposé en 1990 à Londres.

Elle présente généralement ses sculptures fixées au mur. Mêlant les matériaux, plomb, velours, tuyaux, vis, boulons, marbre, elle construit des formes non identifiables, qui évoquent le mécanique.

Bibliogr. : Martin Mc Geown : *Cathy de Monchaux,* Art press, n° 150, Paris, sept. 1990.

MONCHI Sebastiano ou **Monchy** ou **Monci** ou **Mongi**

Né à Bologne. Mort vers 1706 à Bologne. XVIIe siècle. Italien.

Peintre d'architectures et de théâtres.

Il travailla à Modène, à Heidelberg et à Vienne. L'Oratoire de la Mort à Gênes conserve de lui des grisailles.

MONCHIO Leonardo de. Voir **LEONARDO da Monchio**

MONCHIUS Daniel

XVIe siècle. Éc. flamande.

Sculpteur sur bois.

L'église de Dalhem près de Liège conserve de lui une statue de *Madone.*

MONCHOVET Tony

XIXe siècle. Français.

Peintre.

Il figura au Salon de Paris, en 1846, 1847 et 1848, avec des portraits.

MONCHY François de

XVIe siècle. Français.

Sculpteur.

Il travailla à Lille de 1552 à 1572.

MONCHY Martin de ou **Mouchy**

Né en 1746 à Paris. XVIIIe siècle. Français.

Graveur au burin.

Élève d'Aliame, il grava des sujets de genre et des paysages d'après Monnet et Van Goyen.

MONCHY Sebastiano. Voir **MONCHI**

MONCHY Thomas

XVIe siècle. Actif à Amiens en 1584. Français.

Sculpteur et architecte.

MONCI Sebastiano. Voir **MONCHI**

MONCIATTI Maurice

XXe siècle. Français.

Peintre, technique mixte.

Ventes Publiques : Paris, 9 avr. 1989 : *Sans titre,* h/t (100x100) : **FRF 5 000** – Paris, 18 juin 1989 : *Contrade II,* techn. mixte/t (80x80) : **FRF 6 500** – Paris, 8 oct. 1989 : *Composition,* techn. mixte/t (80x100) : **FRF 5 000** – Les Andelys, 19 nov. 1989 : *Métamorphose I,* techn. mixte (80x80) : **FRF 3 000** – Paris, 10 juin 1990 : *Norma,* techn. mixte/t (100x100) : **FRF 5 000** – Paris, 28 oct. 1990 : *Les erreurs de la création,* techn. mixte/t (97x130) : **FRF 13 000** – Paris, 7 fév. 1991 : *Perspective inachevée II,* techn. mixte/t (130x97) : **FRF 10 000** – Paris, 17 nov. 1991 : *Composi-*

tion, techn. mixte/t (97x130) : **FRF 4 500** – PARIS, 5 avr. 1992 : *Traces d'elfes*, techn. mixte/t (97x130) : **FRF 3 500**.

MONCIATTO Francesco di Domenico, dit **Monciatto**
XVe siècle. Actif à Florence. Italien.
Sculpteur sur bois et architecte.
Il a sculpté les stalles de S. Miniato de Florence en collaboration avec Giov. di Dom. da Gaiuole. Présente des coïncidences avec Valdambrino (Francesco di).

MONCIORE Giovanni. Voir **MARCHIORI Giovanni**

MONCORNET Balthasar
Né vers 1600 à Rouen. Mort le 11 août 1668 à Paris. XVIIe siècle. Français.
Peintre, graveur au burin et marchand d'estampes.
Moncornet habita surtout à Paris. Il demeurait au faubourg Saint-Marcel, rue des Goblins (sic). Après sa mort, sa femme continua le commerce de gravures et demeura rue Saint-Jacques en face Saint-Yves. Père de Jean Moncornet qui continua aussi son commerce. Voir aussi Thomas Balthazar Moncornet.
Son œuvre est considérable et comprend des pièces de tous les genres ; ses portraits, particulièrement, sont d'un dessin très sûr et d'un trait caractéristique.

MONCORNET Jean
Né le 16 juillet 1642 à Paris. Mort le 15 avril 1716 à Paris. XVIIe-XVIIIe siècles. Français.
Graveur au burin et marchand d'estampes.
Fils et successeur de Balthasar Moncornet.

MONCORNET Martin ou **Mathurin**
Baptisé à Paris le 29 mars 1644. XVIIe siècle. Français.
Peintre de portraits.
Il était probablement de la famille des Moncornet. On cite de lui les portraits d'*Amador J.-B. Vignerod*, de l'*Abbé de Richelieu* et du *Comte d'Egmont*.

MONCORNET Thomas Balthazar
XVIIe siècle. Français.
Peintre d'histoire, de portraits, de décorations, graveur au burin.
Il n'est peut-être pas identique à Balthasar Moncornet. Il était actif dans la première moitié du XVIIe siècle. Il travailla à Toulouse et à Rome. Il a décoré de ses peintures la chapelle Notre-Dames-de-Grâce près de Bruguières.

MONCOURT Aimé Marie Jules Siffait de
Né à Abbeville (Somme). Mort après 1889 à Bayonne (Basses-Pyrénées). XIXe siècle. Français.
Peintre d'histoire.
MUSÉES : AMIENS : *Reddition de Calais en 1347*.

MONCOURT Albert de, ou **Albert Siffait de**
Né le 17 décembre 1858 à Nantua (Ain). XIXe siècle. Français.
Peintre de genre, paysages.
Élève de H. Lehmann et de L.-O. Merson. Il figura au Salon des Artistes Français de 1887 à 1928. Il reçut une mention honorable en 1889, une médaille de bronze en 1900 à l'Exposition universelle. Il a figuré également au Salon des Tuileries.

A. de Moncourt

MONCOURT Henri de
Né au XIXe siècle à Amiens (Somme). XIXe siècle. Français.
Sculpteur.
Élève de Millet et Fagel. Il figura au Salon des Artistes Français ; il reçut une mention honorable.

MONCYS Antanas
Né le 8 juin 1921 à Monciai. XXe siècle. Actif en France. Russe-Lituanien.
Sculpteur, peintre, peintre de collages, dessinateur.
Il fit des études d'architecture en Lituanie, fut élève de l'école des beaux-arts de Fribourg, puis obtint une bourse qui lui permit d'étudier à Paris, sous la direction d'O. Zadkine. Il a dirigé divers ateliers de sculpture.
Il participe à des expositions collectives, notamment en 1958 à l'Exposition universelle de Bruxelles, et à divers salons parisiens : d'Automne, des Réalités Nouvelles, de Mai, de la Jeune Sculpture. Il montre ses œuvres dans des expositions personnelles.
Il utilise le fer, le bronze, le bois, s'adaptant chaque fois aux contraintes spécifiques du matériau choisi. Silhouettes humaines ou figures abstraites, il opte pour le dépouillement des formes. Il a réalisé plusieurs ouvrages publics : sculptures pour l'église Saint-Marcel de Laon, chimères pour la cathédrale de Metz, sculptures pour le monastère franciscain de Kennebunkport (Maine).
MUSÉES : SOISSONS – VILNIUS.

MONCZER Hans. Voir **MÜNZER**

MOND Helen Savier D.
Née le 31 août 1872 à Portland (Oregon). XIXe-XXe siècles. Américaine.
Peintre de miniatures.
Elle fut élève de R. Brandegee et de son mari à New York, puis de Collin et Merson à Paris.

MONDAN Eugène Antoine Gaspard
Né à Valence (Drôme). Mort le 24 août 1867 à Valence (Drôme). XIXe siècle. Français.
Peintre d'histoire et portraitiste.
Élève de Gros. Il figura au Salon, de 1839 à 1848, avec des portraits religieux. Le Musée de Valence conserve de lui : *Portrait de Delacroix, maire de Valence* ; *Portrait de Marie Tissonier* ; *Chœur des Capucins de la place Barberini à Rome* ; *Portrait de S. A. F. de Sucy*.

MONDAN Pierre
Né le 30 janvier 1900 à Lyon (Rhône). XXe siècle. Français.
Peintre.
Il a participé à Paris, aux Salons d'Automne, de la Société Nationale des Beaux-Arts et des Indépendants. Il exposa à Lyon à partir de 1941, à Paris en 1956, 1961, 1966, 1970, à Montpellier et aux États-Unis. Il a reçu le prix Velasquez.

MONDELET
XIXe siècle. Français.
Peintre.
Figura au Salon de Paris, en 1831 et 1833, avec des intérieurs d'églises.
VENTES PUBLIQUES : PARIS, 6 juin 1951 : *Vue de Paris : le Val-de-Grâce et la rue de l'Abbé-de-l'Épée* : **FRF 16 000**.

MONDELLA Galeazzo ou **Mandella**
XVIe siècle. Actif à Vérone vers 1500. Italien.
Graveur sur pierre, dessinateur.
A Paris, le Louvre conserve de lui deux cartons (*Ivresse* et *Triomphe de Bacchus*), et la Bibliothèque nationale, *Calcédon*. Il fut aussi tailleur de gemmes.

MONDELLI Filippo
Mort en mai 1754 à Rome. XVIIIe siècle. Italien.
Peintre.
L'église San Carlo di Catinari de Rome conserve de lui deux fresques *(Scènes de la vie de saint Paul)* et une décoration de coupole représentant des groupes d'anges.

MONDET E. J. Glairon. Voir **GLAIRON-MONDET**

MONDET Marie
Née au XIXe siècle à Paris. XIXe siècle. Française.
Peintre.

MONDI D.
XVIe siècle. Italien.
Médailleur.
On conserve de lui une médaille représentant *Camillo di Baldassare Castiglione*, datée de 1561.

MONDIEU J. G. Étienne. Voir **MONDINEU**

MONDINEN E.
Né en 1872. XIXe-XXe siècles. Français.
Peintre d'animaux, intérieurs.
MUSÉES : BRISTOL : *Combat entre un ours et des chiens en Gascogne*.
VENTES PUBLIQUES : PARIS, 10 juil. 1950 : *Intérieur de cuisine rustique* : **FRF 600**.

MONDINEU Denis Jean Marie Philippe
Né le 13 novembre 1942 à Agen (Lot-et-Garonne). XXe siècle. Français.
Peintre, graveur.
Il fut élève de l'école Boulle, puis de l'école des beaux-arts de Paris. Il reçut le premier prix de Rome pour la gravure en 1966, et séjourna à la Villa Médicis de 1967 à 1970.

MONDINEU Jean Étienne, dit **Gaspard** ou **Mondieu**
Né le 27 janvier 1872 à Houeilles (Lot-et-Garonne). Mort le 28 juillet 1940 à Houeilles. XIXe-XXe siècles. Français.
Peintre de genre, paysages.

Il fut élève de Benjamin-Constant, Jean Paul Laurens, et Albert Maignan.

Il figura, à Paris, au Salon des Artistes Français, dont il fut membre sociétaire à partir de 1902. Il reçut une mention honorable en 1897, une médaille de troisième classe en 1900, un bourse de voyages en 1901, une médaille de deuxième classe en 1908. Il fut fait chevalier de la Légion d'honneur.

Musées : Agen – Bristol.

MONDINI Antonio

XVIIe siècle. Actif à Milan dans la première moitié du XVIIe siècle. Italien.

Peintre.

Élève de Pier Fr. Mazzuchelli. L'église San Vittore à Varèse conserve de lui deux fresques et deux peintures.

MONDINI Domenico

Né en 1752 à Vérone. Mort le 8 août 1817. XVIIIe-XIXe siècles. Italien.

Peintre.

Élève de Giandomenico Cignaroli (?). Dans l'église de Valeggio près de Vérone se trouve une *Transfiguration du Christ* exécutée par cet artiste.

MONDINI Fulgenzio

Né vers 1625 à Bologne. Mort en 1664 à Florence. XVIIe siècle. Italien.

Peintre d'histoire.

Il travailla avec succès dans les églises de Bologne vers 1658. Ce fut un des meilleurs élèves de Guercino et le plus brillant avenir lui paraissait réservé lorsqu'il mourut prématurément. On cite notamment de lui à l'église de l'Annunziata, à Bologne, *L'ange apparaissant à saint Joseph* et le *Repos en Égypte* ; l'église San Antonio dans la même ville conserve aussi des fresques de lui ; une série de fresques ornant une chapelle à l'église S. Petronio.

MONDINI Giuseppe

XVIIIe siècle. Actif à Ferrare en 1750. Italien.

Peintre.

MONDINO Aldo

Né en 1938 à Turin (Piémont). XXe siècle. Italien.

Peintre de figures. Polymorphe.

Il fréquenta l'atelier 17 de Hayter à Paris, puis travailla avec Tancredi.

Il a participé au SAGA (Salon d'Art Graphique Actuel) à Paris, en 1992.

Il puise ses sources d'inspiration et ses modes d'expression, dans les différents mouvements modernes et contemporains. Il s'amuse de l'histoire de l'art, combinant les styles, au sein d'une même œuvre, surréalisme, cubisme, art conceptuel, Arte Povera, pop art, mais aussi la met en abyme.

Bibliogr. : Gérard Gassiot-Talabot : *Neuf Artistes à Milan aujourd'hui*, Opus international, n° 119, Paris, mai-juin 1990 – in : *Dict. de l'art mod. et contemp.*, Hazan, Paris, 1992.

Ventes Publiques : Milan, 7 juin 1989 : *Souvenir* 1973, acryl./t (60x45) : **ITL 1 300 000** – Milan, 19 déc. 1989 : *Numéro d'artiste* 1964, techn. mixte/rés. synth. (139x99) : **ITL 3 000 000** – Milan, 13 juin 1990 : *La mandoline de Malindi – Kenia* 1989, bois peint (H. 108) : **ITL 7 500 000** – Milan, 13 déc. 1990 : *Sans titre*, h. et collage/t (119,5x80) : **ITL 2 200 000** – Milan, 20 juin 1991 : *Liber*, h/t (180x130) : **ITL 7 000 000** – Milan, 6 avr. 1993 : *Parnasse*, acryl. et collage/t (80x80) : **ITL 1 600 000** – Rome, 14 nov. 1995 : *Sans titre* 1962, h/t (100x70) : **ITL 4 025 000** – Milan, 20 mai 1996 : *Iberia* 1978, acryl. et temp./t (81,5x65,5) : **ITL 2 300 000** – Milan, 23 mai 1996 : *Passe-partout gris* 1965, collage et gche/pap. (99x70) : **ITL 1 035 000**.

MONDINO Sigismondo. Voir **SCARCELLA Sigismondo**

MONDO Domenico

Né en 1717 ou 1723 à Capodrise. Mort le 10 janvier 1806. XVIIIe siècle. Actif à Naples. Italien.

Peintre de compositions religieuses, fresquiste.

Élève de Fr. Solimena. Il a été de 1789 à 1805, directeur de l'Académie de peinture de Naples. Il décora de peintures et de fresques plusieurs églises de Naples ainsi que le château de Caserta.

Ventes Publiques : Paris, 24 juin 1929 : *Sainte Madeleine en méditation*, dess. : **FRF 245** ; *La Sainte Cène*, dess. : **FRF 130** – Rome, 28 avr. 1981 : *La Vierge et l'Enfant*, h/t (63x75) : **ITL 3 800 000** – Milan, 24 nov. 1983 : *Scène de bataille*, pl. et lav. (48x34) : **ITL 1 800 000** – Rome, 26 oct. 1983 : *Marie Madeleine*, h/t (100x74) : **ITL 2 800 000** – Rome, 16 mai 1986 : *Vierge à l'Enfant avec deux anges*, h/t (140x98) : **ITL 10 000 000** – Milan, 12 déc. 1988 : *Le songe d'Enée*, h/t (102x126) : **ITL 35 000 000** – Rome, 19 nov. 1991 : *Madeleine repentante*, h/t (100x74) : **ITL 6 500 000** – Milan, 13 mai 1993 : *Projet pour un plafond*, cr., pl. et craie (43,7x22,2) : **ITL 2 800 000** – Rome, 21 nov. 1995 : *Agar et l'Ange*, h/t (96,3x124,5) : **ITL 25 927 000** – Rome, 28 nov. 1996 : *Désespoir autour du Christ mort*, h./ardoise (51x52) : **ITL 8 000 000** – Londres, 16-17 avr. 1997 : *La Madonne en majesté (recto)*, pl. et encres noire et brune et lav. brun ; *Études de modèle assis (verso)*, pointe du pinceau et encre brune et lav. gris et craie noire (19x16) : **GBP 667**.

MONDRAL Charles

XIXe-XXe siècles. Actif en France. Polonais.

Peintre.

Ce peintre, qui a travaillé à Paris, présentait un portrait de son compatriote le peintre Constantin Brandel, à l'exposition des Artistes polonais organisée en 1921, par le Salon de la Société Nationale des Beaux-Arts.

MONDRANT

XVIIe siècle. Français.

Médailleur.

Il grava en 1691 une médaille de Louis XIV.

MONDRAVILLA Alonzo de ou **Mondravila**

XVIIe siècle. Actif à Valladolid. Espagnol.

Sculpteur.

Il exécuta de très beaux écus d'armes comprenant des personnages pour la façade de l'église de Palencia. Il compte aussi parmi les artistes qui travaillèrent ensemble à la décoration des immeubles que le roi Philippe II avait acquis du comte de Miranda.

MONDRIAAN Frits

Né le 16 avril 1853 à La Haye. Mort en 1932. XIXe-XXe siècles. Hollandais.

Peintre d'intérieurs, paysages.

Il fut élève de W. Maris et oncle de Piet Mondrian.

Musées : Prague (Mus. de Rudolfinuim) : *Idylle dans la forêt*.

Ventes Publiques : New York, 7 oct. 1977 : *Chaumière au bord d'une rivière*, h/t (39,5x55) : **USD 1 700** – Amsterdam, 20 mai 1980 : *Pêcheur au bord d'un étang*, h/t (53x73) : **NLG 3 000** – Amsterdam, 10 fév. 1988 : *Hêtres dans la forêt de La Haye*, h/t (28,5x38) : **NLG 1 092** – Amsterdam, 5-6 nov. 1991 : *Un étang en forêt* 1925, h/t (48,5x58) : **NLG 1 495** – New York, 15 oct. 1993 : *Personnage sur un chemin boisé*, h/t (45x59,6) : **USD 2 300** – Amsterdam, 19 avr. 1994 : *Le soir à Clingendael*, h/t (41x61) : **NLG 2 300** – Amsterdam, 11 avr. 1995 : *Une ferme au bord de l'eau*, h/pan. (36x24) : **NLG 2 832**.

MONDRIAN Piet de son vrai nom **Pieter Cornelis Mondriaan**

Né le 7 mars 1872 à Amersfoort. Mort le 1er février 1944 à New York. XIXe-XXe siècles. Hollandais.

Peintre. Abstrait néo-plasticiste.

Mondrian était né dans une famille d'un calvinisme rigoureux. Son père, instituteur, le destinait à l'enseignement. Après avoir obtenu deux certificats d'enseignement du dessin dans les écoles publiques, il entra, en 1892, à l'académie d'Amsterdam où il fut un élève appliqué. Pour gagner quelque argent, il donnait des leçons, vendait des copies de peintures des musées, faisait des travaux de dessins industriels. Il se lia avec Jan Sluyters, puis avec Simon Maris, qu'il accompagna en Espagne, en 1901. Passionné par les questions religieuses, il commença de s'intéresser à la théosophie. En 1909, il adhéra à la Société de Théosophie, dont les principes lui fournirent la base de sa propre doctrine plastique. Déjà membre de plusieurs sociétés artistiques d'Amsterdam, il devint, en 1911, membre du comité du Cercle d'art moderne d'Amsterdam qui organisa des expositions avec participation des fauves et des cubistes. La guerre le surprit en Hollande où il passa quatre ans, successivement à Domburg, Scheveningen, Amsterdam, La Haye, où il rencontra le peintre Bart Van der Leck et enfin à Laren, où il connut l'écrivain théosophe Schoenmaekers, qui eurent tous deux une importante influence sur le développement de ses propres idées, le premier par ses recherches sur les couleurs pures posées en aplats, le second par ses théories sur une « mystique rationnelle ». En 1915, il fit la connaissance de Théo Van Doesburg, qui adhéra totalement, du moins pour un certain temps, à ses idées, et le poussa, malgré les réticences de Mondrian, qui jugeait que les choses n'étaient pas suffisamment mûries, à fonder le groupe et la revue De Stilj dont le premier numéro parut en octobre 1917. De 1917 à 1924, Mondrian consacra une grande part de son activité à la rédaction, pour la revue, de longs essais qui définissaient les buts du néo-plasticisme, parmi lesquels en 1919-1920 : *Réalisation naturelle et réalité abstraite*. En 1919, il revint à Paris, où il était à la fois complètement méconnu, tandis que sa réputation ne cessait de s'étendre à travers le monde. En 1920, il publia *Le Néo-Plasticisme*, exposé doctrinal de l'ensemble de ses théories plastiques et philosophiques, qui fut publié en allemand pour les éditions du Bauhaus, en 1925, et qu'il continua de compléter par les articles donnés à des revues d'avant-garde parisienne. Sa propre vie était soumise à la même rigueur, on a souvent décrit les ateliers qu'il habita, où tout était rangé et nettoyé comme une clinique ; la seule fleur qu'on y vit jamais était une fleur artificielle en pot, peinte en blanc tant il avait horreur du vert. Solitaire, sans faille, il s'amusait pourtant aux publications légères, et il avait une vraie passion pour d'interminables scènes de danse. En septembre 1938, les bruits de guerre l'incitèrent à quitter Paris pour Londres, puis en septembre 1940, pour New York, où son installation fut facilitée par les amis et admirateurs qu'il avait. New York eut sur lui, à l'âge de soixante-huit ans, un effet revigorant ; il y connut d'ailleurs des jours plus heureux et matériellement plus aisés.

En 1909, il exposa avec Spoor et Sluyters, au Stedelijk Museum d'Amsterdam, sans grand retentissement. Il exposa, durant son premier séjour à Paris, ses peintures influencées par le cubisme au Salon des Indépendants. En 1925, une exposition à Paris du groupe de Stijl passa complètement inaperçue. En 1926, Katherine S. Dreier introduisit son œuvre aux États-Unis, par les expositions itinérantes de la Société Anonyme qu'elle dirigeait avec Marcel Duchamp et Man Ray. En 1930, il participa au mouvement Cercle et Carré créé par Michel Seuphor, et en 1931, aux activités du groupe Abstraction-Création. On put voir plusieurs de ses œuvres, à Paris, en 1993 à l'exposition *La Beauté exacte – De Van Gogh à Mondrian* au musée d' Art moderne de la Ville de Paris, en 1994 à l'exposition *Kandinsky, Mondrian : deux chemins vers l'abstraction* à la fondation La Caixa de Barcelone. Il fit sa première exposition personnelle, à New York en 1942. La gloire avait attendu sa mort pour se manifester. Des expositions rétrospectives de son œuvre furent aussitôt organisées : 1945 Museum of Modern Art de New York ; 1946 Stedelijk Museum d'Amsterdam ; 1947 Kunsthalle de Berne ; 1955 Gemeentemuseum de La Haye, Kunsthaus de Zurich et Whitechapel Gallery de Londres ; 1956 Biennale de Venise, Rome et Milan ; 1969 musée de l'Orangerie à Paris ; 1987 Seibu Museum of Art de Tokyo, Museum of Art de Miyagi, Museum of Modern Art de Shiga, Art Museum de Fukuoka ; 1988, 1994 Gemeentemuseum de La Haye.

À ses débuts, il peignait en plein air dans la campagne, des prés avec des vaches, des barques sur le rivage, des vues des polders. En 1903, il fit un premier séjour dans le Brabant hollandais, peignant des arbres et des moulins se découpant sur des ciels brumeux, dans une gamme sourde et des éclairages crépusculaires. En 1905-1907, il peignit une série de toiles consacrées à la ferme de Duivendrecht. En 1907-1908, il consacra de nombreuses peintures au thème des bords du Gien. Sa gamme s'est progressivement affinée avec l'emploi de mauves et de gris délicats. En 1908, au cours d'un premier séjour à Domburg, sur l'île de Walcheren, il rencontra Toorop, qui le convainquit à la pratique du divisionnisme et des couleurs claires. Dans les séries qu'il consacra, de 1908 à 1911, aux *Dunes* et à la *Tour-phare de Westkapelle*, les tons violacés font place aux bleus et roses clairs, à une lumière dorée ; sa technique qui se cherche à travers le divisionnisme et l'emploi des couleurs pures aboutit à des résultats divers, dont certains s'apparentent au pré-fauvisme d'un Manguin ou d'un Valtat. En décembre 1911, il partit une première fois pour Paris, où il resta jusqu'en 1914. Arrivés au point où se pose la question de la dette des expressionnistes allemands envers le fauvisme ou celle des futuristes italiens, puis des constructivistes russes envers les mêmes cubistes, il est préférable de laisser Michel Seuphor, témoin non soupçonnable en ce qui concerne Mondrian : « Il avait eu quarante ans en mars 1912, lorsqu'il venait d'arriver à Paris. Année cruciale, car c'est en 1912 que le grand peintre en lui se manifeste au contact du cubisme. Sans ce contact, Mondrian serait resté un peintre d'importance locale... D'un peintre hollandais subissant courants et contre-courants, cherchant sa voie fiévreusement depuis vingt ans, le cubisme en a fait un peintre d'importance mondiale. » Donc, à Paris, sous l'influence immédiatement reçue des cubistes, il commença la célèbre série des *Arbres*, thème déjà longuement traité dans ses époques précédentes au long de laquelle on constate le développement de l'abstraction croissante à partir du thème de base de l'arbre, puis de 1912 à 1914, du thème des échafaudages ou du thème des cathédrales. Toutefois indubitablement influencé par le cubisme, il le poussa à ses ultimes conséquences, à l'abstraction radicale. Ayant constaté que les œuvres cubistes, malgré leur audace, restaient ancrées à des valeurs plastiques du passé et en particulier fondées sur la représentation de l'objet, lui poussa la désintégration de l'objet jusqu'à sa destruction totale, débouchant dans un domaine de la peinture où ne subsistent plus que des éléments purement plastiques, lignes, couleurs, proportions et rythmes sans aucun rappel de la réalité objective. Progressivement, dans les œuvres de la première période parisienne, les lignes sont réduites peu à peu aux seuls traits horizontaux et verticaux, les couleurs tendant à se réduire aux seules trois fondamentales : rouge, jaune, bleu. Parallèlement à l'approfondissement de ses idées concernant le rapport de la plastique avec une philosophie mystique de l'existence, il poursuivait dans ses peintures son lent travail de désobjectivation de la forme, sur les thèmes de la mer et des façades, aboutissant en 1915 à la série des toiles construites sur des petits traits horizontaux et verticaux, qu'Alfred Barr devait plus tard justement désigner par le terme de néo-plasticisme proprement dit. De 1917 à 1919, les peintures de Mondrian étaient la mise en application de ce qu'il nommait les « plans de couleurs », flottant dans l'espace de la toile dans une première phase pour s'organiser en damiers, en 1919, répondant à la poursuite de ses réflexions critiques sur le cubisme et à sa recherche du néo-plasticisme : « L'intention du cubisme était d'exprimer le volume. Ainsi était maintenu l'espace tridimensionnel, c'est-à-dire l'espace naturel. Le cubisme restait donc un mode d'expression fondamentalement naturaliste. Cette volonté des cubistes de représenter des volumes dans l'espace était contraire à ma conception de l'abstraction qui est fondée sur la croyance que ledit espace doit être détruit. C'est ainsi, pour aboutir à la destruction du volume, que j'en vins à l'usage des plans. » À partir de 1921, son langage plastique était à peu près définitivement établi : les plans de couleurs, rectangulaires et limités aux trois couleurs primaires : rouge, jaune, bleu (pour les physiciens, les trois primaires sont : rouge, vert, bleu), et à ce qu'il appelait les non-couleurs : blanc, gris, noir, sont reliés entre eux par des lignes noires. En 1922, le centre de ses peintures restait presque vide, consacré au blanc, les plans de couleurs se serrant contre les bords. Michel Seuphor a dit des œuvres de Mondrian qu'elles requéraient « la contemplation de l'esprit plus que le plaisir de l'œil ». En effet, avec leurs moyens ascétiques, c'est la notion pythagoricienne de rapports qu'elles mettent en action, le rapport étant un déséquilibre maîtrisé, générateur de dynamique, dialectique, symbole de la vie dans sa fusion de l'espace et du temps. Le fanatisme de Mondrian lui faisait concevoir le néo-plasticisme comme une étape de la négation de l'art, et de son intégration dans un nouveau mode de vie, il faut bien le dire extrêmement autoritaire : « la plastique de l'équilibre peut préparer la plénitude de l'humanité et devenir la fin de l'art. Partiellement l'art a déjà commencé sa propre destruction... Un art nouveau, une toute nouvelle manière de créer, qui montre avec clarté les lois nouvelles sur lesquelles la nouvelle réalité doit être édifiée. Afin que le monde ancien puisse disparaître et un monde nouveau apparaître, une notion à usage universel a dû être définie. Cette notion doit maintenant s'ancrer dans le sentiment et dans l'entendement humains ». À partir de 1925, son influence fut de plus en plus déterminante sur la définition des principes du Bauhaus, tout spécialement en ce qui concernait la fusion de l'art dans le cadre de vie et le cadre de vie lui-même se définissant par sa fonction dans une nouvelle discipline de vie. De Gropius à Mies Van der Rohe et Saarinen, le courant le plus important peut-être de l'architecture du siècle aura été directement influencé par les théories de Mondrian et auparavant, dès les années vingt, Le Corbusier avait exprimé son admiration pour Mondrian et sa propre poétique de l'angle droit était dans la parfaite ligne du néo-plasticisme. Outre les membres du groupe, essentiellement Vantongerloo et Van Doesburg, il eut quelques disciples, dont le français Jean Gorin. Il exerça même une influence, très momentanée mais directe, même si pas très bien assimilée, sur Fernand Léger, pour sa série des décorations murales. Ses œuvres, à partir de cette époque, se succèdent selon une rigoureuse logique et une évolution à la vérité très lente, constituant l'époque de sa pleine maturité. En 1925, il donna des épaisseurs différentes aux lignes noires qui relient ou séparent les rectangles colorées. En 1926, il peignit la première des toiles, en forme de losange. En 1928, les rectangles devinrent beaucoup plus grands. De 1929 à 1931, il peignit la série de toiles comportant de grands rectangles rouges. À partir de 1932, il utilisa parfois des lignes doubles. De 1935, date une série de toiles en hauteur, divisées par deux verticales parallèles. En 1936 et 1937, les lignes se multiplient et le tableau ne comporte souvent plus qu'un seul plan coloré. Cette période est parfois qualifiée de « tragique » ; c'est le règne absolu de la seule proportion et, à ce sujet, on s'étonne qu'aucune étude précise n'ait été consacrée à l'étude des proportions qu'utilisa Mondrian au long de son œuvre et qui sont certainement strictement calculées. Les bandes noires y sont de nouveau de largeur uniforme, et certaines toiles de cette série seront terminées à New York, où il reprit dès son arrivée en 1940 les toiles commencées à Londres et même certaines peintures de l'époque « tragique », auxquelles il ajouta des carrés et des lignes de couleurs allégeant la sévérité du réseau de lignes noires divisant la surface blanche. Sans transgresser les principes fondamentaux du néo-plasticisme, verticales et horizontales, trois couleurs primaires et trois non-couleurs, il réussit à en dégager des œuvres totalement différentes de toutes celles qu'il avait peintes dans sa seconde période parisienne. Il supprima assez rapidement totalement le noir, qui constituait les bandes reliant les surfaces, et ces lignes y sont désormais colorées, puis bientôt fragmentées en bandes successivement de plusieurs couleurs, et jusqu'à être constituées de la succession précipitée de petits carrés de couleurs alternées. Ces dernières peintures soudain égayées de la suppression du noir et de la succession joyeusement rythmée de la multitude de petits rectangles aux trois couleurs vives, traduisaient à la fois sa joie de la découverte de New York, de l'accueil plus favorable qu'il y avait connu pour la première fois de sa vie et de sa passion toujours vivace pour la danse : *New York City* 1942, *Broadway Boogie Boogie* 1942-1943, *Victory Boogie Boogie* 1943-1944. Elles étaient aussi son adieu à la vie, la dernière citée resta inachevée.

Il est difficile de définir dans quelle mesure ce sont les œuvres des artistes créateurs qui transforment l'aspect du monde dans lequel elles surgissent ou bien au contraire ce sont les impératifs formels d'un moment d'une civilisation qui conditionnent la genèse de l'œuvre des créateurs. Il est sans doute réaliste de penser qu'entre les deux s'établissent des rapports dialectiques de réciprocité. Cubisme et futurisme ont reçu une impulsion certaine du monde de la machine, et, en retour, ont entraîné des transformations en chaîne de l'aspect du cadre de vie, impératives au moins pour le premier tiers du siècle. Si, par l'intermédiaire de l'architecture, le néo-plasticisme de Mondrian a donné de son visage au second tiers du siècle, son esthétique ne fut pas le fait non plus d'une génération spontanée et on a écrit que, même sans l'existence de Mondrian, le Bauhaus n'en aurait pas moins abouti aux mêmes résultats. Le début du troisième tiers de ce siècle enregistre normalement les secousses traduisant le sentiment d'une lassitude envers l'esthétique fonctionnaliste héritée de Mondrian et du Bauhaus. Une époque si nettement existentielle que celle-ci se cabre devant les impératifs platoniciens exprimés sans détours par Mondrian : « 1° La surface de la matière sera lisse et brillante, ce qui diminue en outre la lourdeur de la matière. Nous trouvons ici l'art néo-plastique en accord avec l'hygiène qui exige également des surfaces facilement nettoyables. 2° La couleur naturelle de la matière doit, elle aussi, disparaître, et autant que cela sera possible, sous une couche de couleur pure ou de non-couleur. 3° Non seulement la matière, en tant que moyen plastique, sera dénaturalisée, mais aussi la composition architecturale. Par une opposition neutralisante et annihilante, la structure naturelle sera réduite à rien. Et l'homme ? Rien en lui-même, il ne sera qu'une partie du tout, et c'est alors qu'ayant perdu la vanité de sa mesquine et petite individualité, il sera heureux dans cet Éden qu'il aura créé. »

Propagée de son vivant par le groupe de ses familiers, qui constituèrent Cercle et Carré et Abstraction-Création, d'abord en Hollande même, puis dans l'Allemagne du Bauhaus, à Paris, en Amérique du Sud et aux États-Unis, l'influence de l'œuvre de Mondrian devint véritablement considérable après sa mort, dans tous les domaines qui constituent ce que l'on appelle actuellement « l'environnement ». Au lendemain de la guerre, en France, l'ensemble des artistes qui se réclamaient plus ou moins de son exemple, se regroupa dans le Salon des Réalités Nouvelles. La perpétuation de la stricte doctrine du néo-plasticisme s'avéra à peu près impossible dans la rigueur de ses principes, dont les systèmes combinatoires étaient limités, mais son esprit de rigueur continua d'animer le considérable courant de l'abstraction géométrique, qui, à son tour, n'a pas fini d'engendrer les variantes de l'art optique, en deux ou trois dimensions, cinétique ou non ou le minimal art américain. Doctrine d'architecture spirituelle de l'espace, le néo-plasticisme trouva son meilleur terrain d'épanouissement dans la construction de l'espace bâti et vécu.

■ Jacques Busse

PIET MONDRIAAN

Bibliogr. : K. S. Dreier : *Modern Art*, New York, 1923 – A. Barr : *Cubism and Abstract Art*, Museum of Modern Art, New York, 1936 – Catalogue de l'exposition : *Art of this century*, Museum of Modern Art, New York, 1942 – Michel Seuphor : *L'Art abstrait, ses origines, ses premiers maîtres*, Maeght, Paris, 1949 – Hitchcock : *Painting toward architecture*, New York, 1948 – Catalogue de l'exposition : *Mondrian*, Galerie Sidney Janis, New York, 1951 – Michel Seuphor, in : *Dict. de la peint. mod.*, Hazan, Paris, 1954 – Catalogues des expositions rétrospectives *Mondrian*, Musées de La Haye, Zurich, Londres, 1955 – Michel Seuphor : *Piet Mondrian*, Flammarion, Paris, 1956 – Herbert Read : *Hre de la peint. mod.*, Somogy, Paris, 1960 – Michel Seuphor : *Le Style et le cri*, Seuil, Paris, 1965 – Michel Seuphor, in : *Dict. univer. de l'art et des artistes*, Hazan, Paris, 1967 – Michel Seuphor : Catalogue de l'exposition rétrospective *Mondrian*, Musée de l'Orangerie, Paris, 1969 – in : *Les Muses*, Grange Batelière, t. X, Paris, 1973 – Michel Butor : *Mondrian*, coll. *Tout l'Œuvre peint*, Flammarion, Paris, 1976 – Catalogue de l'exposition *Mondrian de la figuration à l'abstraction : œuvres du Haages Gementemuseum*, éditions Maeght, Saint-Paul-de-Vence, 1985 – Serge Lemoine : *Mondrian et De Stilj*, Hazan, Paris, 1987 – Jacques Meuris : *Mondrian*, Casterman, Paris, 1991 – in : *L'Art du xx*[e] *s.*, Larousse, Paris, 1991 – in : *Dict. de l'art mod. et contemp.*, Hazan, Paris, 1992 – Bernard Henry Levy : *Mondrian*, La Différence, Paris, 1992 – Sophie Curtil : *New York City I – Mondrian*, Cercle d'art, Paris, 1992 – John Milner : *Mondrian*, Phaidon, Londres, 1992 – Catalogue de l'exposition *Art, Pays-Bas, XX*[e] *Siècle – La Beauté exacte, de Van Gogh à Mondrian*, Musée d'Art Moderne de la Ville, Paris, 1993 – Catalogue de l'exposition : *Mondrian*, Gemeentemuseum, La Haye, 1994 – Éric de Chassey : *10 Fois Mondrian*, Beaux-Arts, n° 130, Paris, janv. 1995 – J. M. Joosten, R. P. Welsh : *Piet Mondrian. Catalogue raisonné*, deux vol., Abrams, New York, 1997.

Musées : Amsterdam (Stedelijk Mus.) : *Composition dans l'ovale* 1913 – *Composition avec rouge, noir, bleu, jaune et gris* 1920 – *Composition avec rouge, noir, jaune, bleu* 1922 – Dallas (Mus. of Art) : *Place de la Concorde* 1938-1939 – Düsseldorf (Kunstsammlung Nordrhein-Westfalen) : *Composition avec bleu et jaune* 1936 – Eindhoven (Stedelijk Van Abbemuseum) : *Composition, plans colorés aux contours gris* 1918 – Fort Worth (Kimbell Art Mus.) : *Composition VII* 1914 – La Haye (Gemeentemus.) : *Ferme à Nistelrode*, vers 1904 – *Dévotion* 1908 – *L'Arbre rouge* 1908 – *L'Arbre argenté* 1912 – *Pommier en fleurs* 1912 – *Nature morte au pot de gingembre* 1912 – *Composition ovale* 1913 – *Composition dans le damier, couleurs claires* 1919 – *Composition avec rouge, jaune, bleu et noir* 1921 – Jérusalem (Isr. Mus.) : *Composition* 1920 – New York (Mus. of Mod. Art) : *Moulin au bord de l'eau* 1900 – *Jetée et Océan* 1911 – *Composition ovale avec couleurs claires* 1913 – *Façade bleue IX* 1914 – *Broadway Boogie Boogie* 1942-1943 – New York (Gug. Mus.) : *Composition n° VII* 1913 – *Composition VIII* 1914 – *Composition* 1916 – *Composition II* 1922 – Otterlo (Rijksmus. Kröller-Mus.) : *Composition en bleu, gris et rose* 1913 – *Composition + et – n° X* 1922 – *Composition en bleu B* 1917 – Paris (Mus. Nat. d'Art Mod.) : *Composition II avec rouge et bleu* 1937 – *New York city I* 1942 – Saint-Étienne (Mus. d'Art et d'Industrie) – Utica (Munson-Williams Proctor Inst.) : *Arbre* vers 1911 – Zurich (Kunsthaus) : : *Composition I avec bleu et jaune* 1922.

Ventes Publiques : Paris, 16 juin 1955 : *Maison de campagne* : **FRF 72 000** – New York, 2 mai 1956 : *Paysage à Montmorency* : **USD 425** – Berne, 27 nov. 1959 : *Haystacks* : **CHF 9 600** – Cologne, 3 déc. 1960 : *Arbres au bord de la rivière Gien*, aquar. : **DEM 3 200** – Londres, 28 juin 1961 : *Étude d'arbre*, h/cart. : **GBP 2 100** – New York, 21 mars 1962 : *Kerktoren, Zoutelande*

(Isle of Walcheren) : **USD 47 000** – New York, 23 mars 1966 : *Composition en rouge, bleu et jaune* : **USD 60 000** – Londres, 3 juil. 1968 : *Paysage aux meules* : **GBP 2 500** – Hambourg, 7 juin 1969 : *Paysage*, aquar. : **DEM 24 000** – Londres, 2 déc. 1971 : *Paysage de neige* : **GBP 2 600** – Los Angeles, 8 mai 1972 : *Rue de village*, aquar. : **USD 1 800** – Amsterdam, 16 mai 1972 : *Nature morte aux pommes* : **NLG 25 000** – Londres, 5 déc. 1973 : *Paysage*, aquar. et reh. de gche : **GBP 3 200** – New York, 2 mai 1974 : *Arbre* vers 1909-1910 : **USD 32 000** – Hambourg, 4 juin 1976 : *La chaumière* vers 1899, h/t (30,4x26,5) : **DEM 9 500** – New York, 18 mars 1976 : *Chrysanthème dans un verre* vers 1907, cr. et aquar. (30x23) : **USD 17 000** – Amsterdam, 26 avr. 1977 : *Maisons au bord de l'eau*, h/t (84,5x106) : **NLG 60 000** – Londres, 4 avr 1979 : *Perspective géométrique, Salon de Mme B. à Dresde* 1926, pl. et lav. avec gche noire et blanche (17x21) : **GBP 4 200** – New York, 16 mai 1979 : *Chrysanthème* vers 1900, aquar. reh. de blanc (26x15) : **USD 20 000** – Londres, 4 déc 1979 : *Composition* 1927, h/t (50x35) : **GBP 130 000** – New York, 20 mai 1981 : *Iris* entre 1908 et 1924 : **USD 46 000** – Londres, 30 juin 1982 : *Champ bordé d'arbres* vers 1907-1908, fus. et lav. gris (73x95,5) : **GBP 8 000** – Londres, 30 mars 1982 : *Composition II en gris-bleu*, h/t (79,5x63,5) : **GBP 600 000** – Londres, 27 juin 1983 : *Composition en rouge, bleu et jaune* 1930, h/t (51x51) : **GBP 1 400 000** – New York, 15 nov. 1984 : *Chrysanthemun* 1908, aquar. sur traces de cr. (31,7x23,5) : **USD 31 000** – New York, 14 nov. 1985 : *Pier en oceaan* 1914, encre de Chine, fus. et gche blanche/pap. mar./cart. (50,5x63,2) : **USD 175 000** – New York, 16 mai 1985 : *Paysage* vers 1911, h/t (50x68,5) : **USD 35 000** – New York, 18 nov. 1986 : *Composition in a square with red corner Picture n° 3* 1937-1938, h/t diagonale (149,2) : **USD 4 600 000** – Amsterdam, 28 sep. 1987 : *Chrysanthème blanc sur fond bleu* vers 1906, gche et aquar. (28,5x18,7) : **NLG 105 000** – Londres, 30 mars 1987 : *Tableau n° I* 1921, complété en 1925 (h/t (75,3x65) : **GBP 1 200 000** – New York, 12 nov. 1988 : *Moulin à vent dans la vallée de la Gein* 1908, fus./pap./cart. (70x81,5) : **USD 159 500** ; *Étude de rose*, cr./pap. (26,3x17,2) : **USD 41 250** ; *Une rose*, aquar./pap. (24x19) : **USD 27 500** – Londres, 29 nov. 1988 : *Moulin à vent au bord de la Gein*, h/t (100x125) : **GBP 165 000** – Amsterdam, 8 déc. 1988 : *Moulin français au bord de la Gein*, h/t (30x41) : **NLG 92 000** – Amsterdam, 10 avr. 1989 : *Lente idylle*, h/t (73,5x62) : **NLG 287 500** – New York, 10 mai 1989 : *Le moulin* 1906, h/t (74,6x96,5) : **USD 605 000** – Londres, 26 juin 1989 : *Composition C avec du rouge et du gris* 1932, h/t (50,2x50,4) : **GBP 3 190 000** – New York, 6 oct. 1989 : *Canal à la rencontre de Clecqstraat et de Kostrenoren Vaart à Amsterdam* 1898, h/t (80,6x69,2) : **USD 55 000** – New York, 15 nov. 1989 : *Façade bleue, composition IX*, h/t/rés. synth. (95,2x67,6) : **USD 2 420 000** ; *Façade en ocre et gris* 1913, h/t (64x94) : **USD 9 625 000** – Amsterdam, 13 déc. 1989 : *Arbres se reflétant dans la Gein*, aquar./pap. (50x63,5) : **NLG 1 495 000** ; *Le « moulin français » au bord de la Gein*, h/t/pan. (48x45,8) : **NLG 218 500** – Londres, 2 avr. 1990 : *Composition avec rouge, jaune et bleu* 1927, h/t dans un cadre peint en blanc par l'artiste (39,6x36,8) : **GBP 1 760 000** – New York, 15 mai 1990 : *Tableau losangique II* 1925, h/t dans un cadre de l'artiste (114,5) : **USD 8 800 000** – New York, 16 mai 1990 : *Composition en noir et blanc avec un carré bleu* 1935, h/t (72x72) : **USD 6 875 000** – Amsterdam, 22 mai 1990 : *Paysage au clair de lune* vers 1907, h/cart. (63,5x76) : **NLG 414 000** ; *Les fermières étendant la lessive au bord de la rivière* vers 1902, aquar./pap. (48x59) : **NLG 287 500** – Londres, 25 juin 1990 : *Composition I – noir, jaune et bleu* 1927, h/t dans un cadre original peint par l'artiste (en tout : 74,5x55,5) : **GBP 1 870 000** – New York, 2 oct. 1990 : *Portrait de femme* 1899, fus./pap. (51,8x41) : **USD 8 800** – New York, 14 nov. 1990 : *Composition avec bleu et jaune* 1931, h/t (50x50) : **USD 3 080 000** – Amsterdam, 12 déc. 1990 : *Paysage au soleil couchant*, h/t (40,5x49,5) : **NLG 161 000** – Amsterdam, 13 déc. 1990 : *Chrysanthème*, aquar./pap. (29x19) : **NLG 94 300** – Amsterdam, 22 mai 1991 : *Paysage de nuit*, h/t (35x50,2) : **NLG 78 200** – Amsterdam, 11 déc. 1991 : *La Gein avec un arbre solitaire*, h/pap. fort/cart. (64x74) : **NLG 172 500** – New York, 12 mai 1992 : *Composition en rouge, gris, bleu et jaune* 1922, h/t (54x53,4) : **USD 2 585 000** – New York, 13-14 mai 1992 : *Chrysanthème bleu*, aquar. et gche/pap. (30,5x22,9) : **USD 132 000** – Londres, 1er déc. 1992 : *Fermier revenant des champs*, aquar. et fus./pap. (39,7x58,4) : **GBP 24 200** – Amsterdam, 10 déc. 1992 : *L'ancien moulin à eau de Oele au clair de lune*, h/cart. (59x73) : **NLG 28 750** – New York, 2 nov. 1993 : *Composition avec bleu, rouge et jaune* 1930, h/t (72x54) : **USD 3 522 500** – Amsterdam, 8 déc. 1993 : *Un chrysanthème*, aquar./pap. (29x19) : **NLG 115 000** – New York, 11 mai 1994 : *Composition VIII*, h/t (74,9x67,9) : **USD 5 612 500** – Amsterdam, 7 déc. 1995 : *Bateau sur un fleuve*, h/t/cart. (33x43) : **NLG 18 880** – New York, 30 avr. 1996 : *Église de Zoutelande* 1910, h/t (88,9x61) : **USD 1 872 500** – New York, 12 nov. 1996 : *Composition* 1939-1942, h/t (72,7x65,4) : **USD 5 502 500** – Amsterdam, 10 déc. 1996 : *Les Environs de Arnhem* vers 1901, fus., gche et aquar./pap. (46x65) : **NLG 184 512** – Amsterdam, 2 déc. 1997 : *Rose blanche* vers 1920-1925, aquar. et past. avec reh. de blanc/pap. (27,5x18) : **NLG 196 044** – New York, 14 mai 1997 : *Composition III* 1929, h/t (50,3x50,3) : **USD 4 182 500** – Amsterdam, 4 juin 1997 : *Ferme au bord de l'eau cachée par neuf grands arbres* vers 1905-1907, aquar. reh. de blanc/pap. (53,5x74) : **NLG 184 512** – Amsterdam, 1er déc. 1997 : *Paysage de nuit* vers 1908, h/t (35,5x50,2) : **NLG 100 300**.

MONDRY Luc
Né en 1939 à Ixelles (Brabant). xxe siècle. Belge.
Peintre, aquarelliste. Abstrait.

Il fut élève de l'académie Saint Luc de Bruxelles, où il enseigna par la suite, et travailla dans l'atelier de Gaston Bernard. Comparant les possibilités artistiques de sa main droite avec celles de la main gauche, il en vint à s'intéresser à l'art informel, aux dessins d'enfants handicapés, puis aux acivités de Michel Thévoz et à l'art brut. Depuis 1972, il montre ses œuvres dans des expositions. Dans les années quatre-vingt-dix, il réalise de grandes aquarelles, pures et spontanées, à l'équilibre juste, composées de rectangles, de carrés et de bandes colorées, qui obéissent au jeu de l'asymétrie et du hasard.

Bibliogr. : In : *Dict. biogr. ill. des artistes en Belgique depuis 1830*, Arto, Bruxelles, 1987.

MONDSZAJN. Voir **MONDZAIN**

MONDT Jacob
xvie siècle. Actif à Delft vers 1540. Hollandais.
Peintre.

Maître pendant trois ans d'Augustin Joorisz Verburcht, de Delft.

MONDT Jan Abraham
Né le 5 mars 1859 à La Haye. xixe siècle. Hollandais.
Paysagiste.

Élève de G. J. Rœrmeester.

MONDT Johannes. Voir **MONT Jan, Hans** ou **Johannes**

MONDZAIN Simon François Stanislas, pseudonyme de **Mondszajn**
Né le 15 octobre 1890 à Chelm ou Lublin. Mort en décembre 1979 à Paris. xxe siècle. Actif et naturalisé en France. Polonais.
Peintre de paysages, natures mortes, pastelliste, illustrateur, décorateur.

Il fut élève de Pankiéwitch à l'académie impériale et royale de Cracovie ; il vint à Paris et travailla seul au Louvre, puis suivit les conseils de Derain. Il débuta en 1913 à Paris, au Salon des Indépendants, il devint membre sociétaire du Salon d'Automne en 1920, exposant aussi au Salon des Tuileries. Il a figuré dans de nombreuses expositions officielles : expositions de l'expansion française, Copenhague, Carnegie Institute de Pittsburgh en 1923, Prague en 1932, Le Caire. On cite de cet artiste : *Portrait du poète Paul Aechiman ; Saint François d'Assise ; Le Guitariste* et des vues d'Alger, où il s'est fixé. En 1937, Mondzain avait peint le grand panneau de la Kabylie pour le pavillon de l'Algérie, à l'Exposition universelle. Il a illustré *Je me suis joué la comédie ou la mort métaphysique* de M. Sauvage.

Musées : Limoges : *Place du gouvernement à Alger* – Mannheim : *Rue de la Seyne* – Nantes : *Soliès-Ville* – Paris : *Marine d'Alger* – La Réunion : *Le Bouquet*.

Ventes Publiques : Paris, 20-21 déc. 1926 : *Village au bord de la mer* : **FRF 550** – Paris, 29 déc. 1927 : *La femme au foulard rouge*, past. : **FRF 2 000** – Paris, 16 mars 1929 : *Nature morte aux fruits* : **FRF 2 000** – Paris, oct. 1945-juil. 1946 : *Paysage* : **FRF 1 000** – Paris, 28 déc. 1949 : *Maison algérienne* : **FRF 1 000** – Paris, 14 fév. 1951 : *Sanary* 1921 : **FRF 5 100** – ZURICH, 19 juil. 1984 : *La rade*, h/t (72x90) : **CHF 5 000** – VERSAILLES, 19 oct. 1986 : *La Rade*, h/t (72x90) : **FRF 17 500** – PARIS, 20 mars 1988 : *Paysage* 1923, h/t (54x65) : **FRF 11 000** – PARIS, 20 mars 1988 : *Paysage* 1923, h/t (54x65) : **FRF 11 000** – PARIS, 6 mai 1988 : *Nature morte* 1952, h/t (33x48) : **FRF 4 800** – PARIS, 30 mai 1988 : *La Koutoubia*, h/t (33x41) : **FRF 3 500** – PARIS, 16 avr. 1989 : *Paysages de Provence* 1923, h/t (66x81) : **FRF 51 000** – PARIS, 8 avr. 1990 : *Port d'Alger*, h/t (46x55) : **FRF 40 000** – PARIS, 27 avr. 1990 : *L'Amirauté à Alger* 1933, h/t (65x81) : **FRF 42 000** – PARIS, 14 avr. 1991 : *Le port d'Alger*, h/t (66x82) : **FRF 57 000** – PARIS, 20 mai 1992 : *La Baie d'Alger*, h/t (61x73) : **FRF 30 000** – PARIS, 6 oct. 1993 : *Portrait de jeune fille*, h/t (65x54) : **FRF 7 100** – PARIS, 16 nov. 1995 : *Baya* 1929, past./pap. (75x50) : **FRF 6 000** – PARIS, 19 juin 1996 : *L'Arbre dans la cour* 1914, h/t (73x54) : **FRF 22 000** – PARIS, 16 mars 1997 : *Nature morte aux pommes* 1957, h/t (33x46) : **FRF 5 800**.

MONE Jehan
Né vers la fin du XVe siècle à Metz. Mort en 1548 à Malines probablement. XVe-XVIe siècles. Éc. flamande.
Sculpteur.
En 1533, il fit l'autel Saint-Martin, à Hal, ou Halle pour l'empereur Charles Quint ; en 1536, il était à Malines et travailla pour une chapelle de Bruxelles. Quand Dürer arriva à Anvers, Mone y travaillait, et en 1539 il vint à Lutange, près de Diedenhoven. Il est le premier sculpteur de la Renaissance sur le sol flamand. Ses nombreuses sculptures furent longtemps attribuées à d'autres maîtres flamands ou français. Ses tombeaux, tel celui de *Guillaume de Croÿ* à Enghien dans le Hainaut, sont majestueux, mettent en œuvre des pierres luxueuses : marbre, albâtre ; ils font ressortir des vêtements recherchés, et donnent plusieurs exemples d'ornements sculptés : médaillons, colonettes, statuettes, etc. Mone travaille le marbre avec une grande délicatesse, ses compositions sont élégantes et laissent voir sa connaissance de la Renaissance italienne.
BIBLIOGR. : R. Genaille, in : *Dictionnaire de l'Art et des Artistes*, Hazan, Paris, 1967.

MONE di Guido
XIVe siècle. Actif à Pise de 1311 à 1346. Italien.
Peintre.

MONE da Pisa. Voir **SORDO Giovanni del**

MONEGO Pietro. Voir **MONACO Pietro**

MONEGRO Juan Bautista
Né à Tolède. Mort le 8 février 1621 à Tolède. XVIIe siècle. Espagnol.
Sculpteur et architecte.
Élève de A. Berruguete. Il a sculpté la statue colossale de Saint-Laurent, les quatre évangélistes et six rois de l'Ancien Testament, tous dans l'Escurial. Il exécuta également des bustes, des monuments funéraires et des statues dans les églises de Madrid, de Mohernando et de Tolède.

MONELLE ou **Monel** ou **Morel**
XVIIIe siècle. Actif de 1742 à 1745. Français.
Miniaturiste.

MONENS Jan de
XVIIe siècle.
Portraitiste.
Le Musée de Versailles renferme un tableau signé : *Jan de Monensf, 1687*, représentant une petite princesse et deux petits princes, dont l'un porte les armes de la maison d'Autriche.

MONERI Giovanni
Né en 1637 à Visone. Mort en 1714. XVIIe-XVIIIe siècles. Italien.
Peintre d'histoire.
Élève de Romanelli à Rome. On cite de lui une *Assomption* ; dans la cathédrale d'Acqui, et une *Présentation au temple* ; dans l'église des Capucins.

MONERO Bernardo
XVIe siècle. Actif à Saragosse. Espagnol.
Sculpteur.
Il a exécuté le monument funéraire de l'évêque Ferdinand d'Aragon dans la vieille cathédrale de Saragosse.

MONES Andrea ou **Giovanni Andrea**
Né vers 1739 à Casalmaggiore. Mort le 17 mars 1803 à Mantoue. XVIIIe siècle. Italien.
Peintre de décorations et architecte.
Élève de Fr. Chiozzi et de P. Pozzo. Il a peint dans le Palais ducal de Mantoue et décoré le plafond de l'église S. Andrea ainsi que le théâtre de Casalmaggiore.

MONESTERIO Pedro
XVIIe siècle. Espagnol.
Sculpteur.
Il a sculpté le portail nord de la cathédrale de Ségovie en 1620.

MONET
XVIIe siècle. Français.
Miniaturiste.
Élève de Chauveau. Il fut actif à Paris vers 1655.

MONET Claude
Né le 14 novembre 1840 à Paris. Mort le 6 décembre 1926 à Giverny (Eure). XIXe-XXe siècles. Français.
Peintre de paysages, figures. Impressionniste.
Dès 1845, ses parents se fixèrent au Havre. À l'âge de quinze ans, il exécutait des caricatures et des portraits de personnes de son entourage. En 1856, il rencontra Eugène Boudin, qui l'orienta définitivement sur la pratique en « plein air ». En 1858-1859, n'ayant pu obtenir une bourse municipale, il partit cependant pour Paris, s'inscrivant à l'Académie libre Suisse (du nom, semble-t-il, du propriétaire), où il rencontra Pissarro, qui l'introduisit dans quelques milieux littéraires et artistiques. En 1861, tiré au sort pour le service militaire, il s'enrôla dans les chasseurs d'Afrique. Il fut très impressionné par l'Algérie, jusqu'à son rapatriement au Havre pour maladie en 1862. Pendant qu'il peignait pendant l'été avec Boudin, il rencontra Jongkind, avec qui il se lia durablement. La somme du rachat des années de service restantes ayant été payée, il revint à Paris, fréquentant l'atelier de Charles Gleyre, où il connut Frédéric Bazille et Auguste Renoir, avec lesquels il alla peindre en forêt de Fontainebleau. En 1863, leur petit groupe s'enthousiasma pour *Le déjeuner sur l'herbe* exposé par Manet au Salon des Refusés.
En 1865, il exposa pour la première fois au Salon avec *L'embouchure de la Seine à Honfleur*. Dans l'été, il séjourna à Chailly-en-Bière, où il peignit esquisses et fragments de son propre *Déjeuner sur l'herbe*, qui resta inachevé, Courbet de passage l'ayant découragé de le continuer. En 1866, il peignit *La femme à la robe verte*, influencée par Courbet, pour qui posa son amie Camille, et qui fut acceptée au Salon. À l'automne de cette même année, il revint en Normandie, où il peignit la *Terrasse à Sainte-Adresse*. En 1867 naquit son fils Jean. Le collectionneur havrais Gaudibert lui ayant acheté quelques peintures, il loua, en 1869, une maison à Saint-Michel près de Bougival et non loin de Renoir, tous deux peignant en même temps *La Grenouillère*. Accepté au Salon en 1868, il y fut refusé en 1869 et 1870. En 1870, Monet épousa Camille. Lors de la déclaration de guerre, il alla à Londres avec Pissarro, qui lui fit connaître le marchand Paul Durand-Ruel, et où tous deux découvrirent Constable et Turner. En 1871, il apprit la mort de son père. Revenant en France, il s'arrêta en Hollande, où il peignit à Zaandam. Arrivé à Paris, Manet l'aida à trouver une maison à Argenteuil. En 1872, de passage au Havre, il y peignit une vue du port, qui deviendra *Impression, soleil levant*. La même année, il rencontra Gustave Caillebotte, peintre amateur et riche collectionneur, qui commença à l'aider financièrement. À Argenteuil, en 1873, il s'aménagea une barque-atelier, pour peindre à partir de la Seine.
En 1874, ayant fondé la *Société anonyme des artistes peintres, sculpteurs et graveurs*, Cézanne, Degas, Monet, Pissarro, Berthe Morisot, Sisley, Renoir et quelques autres, exposèrent ensemble dans les salons du photographe Nadar. Ce fut là qu'un critique en veine d'ironie, à partir de la vue du port du Havre nouvellement intitulée *Impression, soleil levant* initia le terme infâmant d'impressionnisme. Si le public partagea en général son hilarité, les principaux intéressés décidèrent de s'approprier l'appellation, qui les incita à fonder leur mouvement en idées et dans les faits. Jusque-là, à partir de principes encore flous, les amis n'avaient décidé de se grouper dans cette société anonyme que pour se démarquer de l'académisme officiel ; dans la suite, ils allaient préciser les principes qui les rapprochaient : l'impressionnisme était né. De 1875 à 1878, Monet peignit surtout à Argenteuil, s'intéressant aux phénomènes chromatiques analysés par le physicien et chimiste Chevreul dans son ouvrage sur les « contrastes simultanés ». En 1877, à Paris, il avait peint la série, brève mais capitale, sur la *Gare Saint-Lazare*, la première des séries qui allaient bientôt constituer l'essentiel de son œuvre. Dans l'été 1877, il fut reçu par le banquier Ernest Hoschedé dans son château de Montgeron, qui lui acheta plusieurs peintures. Claude Monet fut aussitôt amoureux d'Alice, la femme du banquier. En 1878, il dut quitter la maison d'Argenteuil, pour fuir de

nouveau ses créanciers. Les Monet s'installèrent à Paris, où Camille mit au monde leur second enfant, Michel. Le banquier Hoschedé fit alors faillite. À l'automne 1878, les Monet et les Hoschedé vinrent vivre ensemble à Vétheuil, où, en 1879, Camille mourut après une longue maladie. Dans l'hiver, la Seine avait gelé et Monet en peignit la débâcle. En 1880, il exposa pour la dernière fois au Salon. En 1881, après être retourné peindre sur la côte normande, il s'installa à Poissy avec Alice Hoschedé et leurs enfants, deux Monet, six Hoschedé. En 1883, il peignit au Havre et à Étretat. La galerie Durand-Ruel lui organisa une exposition personnelle d'une cinquantaine de peintures. Il quitta Poissy pour une petite maison à Giverny. Étant allé en Ligurie avec Renoir, il resta seul à Bordighéra et en rapporta une cinquantaine de paysages. En 1886, il fit un court voyage en Hollande pour y peindre les champs de tulipes. En 1888, il fit un séjour de travail sur la Côte d'Azur, en 1889 un autre dans la Creuse. Ce fut aussi le début de la relation de Monet avec le journaliste Gustave Geffroy, qui publia un long article sur la petite maison de Giverny, décrivant sa collection de peintures de ses amis et aussi de Delacroix, Corot, et la collection d'estampes japonaises, d'où l'on peut déduire la fin de ses démêlés avec les créanciers.

En 1889, douze ans après la courte série de la *Gare Saint-Lazare*, il peignit, dans la campagne de Giverny, la série des *Meules*, première série officielle des séries qui se succéderont pendant trente-cinq ans. En 1890, il put acquérir la maison et la propriété de Giverny et fit creuser le bassin où il fit pousser les nymphéas. le banquier Hoschedé étant mort en 1891, Monet put épouser Alice. À la fin de 1891, il retourna peindre à Londres. Puis, ayant loué une pièce faisant face à la cathédrale de Rouen, il débuta la série du même titre qu'il poursuivit, dans un autre local cette fois de côté, jusqu'en 1894 (en 1895, la galerie Durand-Ruel réunit vingt de la trentaine de variations peintes ; en 1990, après Boston et Chicago, la Royal Academy de Londres présenta qutre-vingts tableaux des séries des meules, des peupliers et des cathédrales ; en 1994, le Musée de Rouen put encore réunir dix-sept versions de la cathédrale). En 1895, hors séries, il voyagea et peignit dans les environs d'Oslo. En 1899 et pendant trois années de suite, il fit des séjours au *Savoy Hôtel* de Londres, d'où il peignait la série des *Vues de la Tamise*. Dans les premières années du siècle, à la suite d'une maladie, la vue de Monet baissa sensiblement, sans fonder l'assertion malveillante selon laquelle cette baisse de la vue aurait expliqué l'aspect « brouillé » de la vision impressionniste, d'une part bien antérieur à cette maladie, d'autre part, à des degrés divers, généralisé chez tous les peintres qui furent impressionnistes. En 1908, il fit un séjour de peinture à Venise. Depuis plusieurs années, il avait débuté son « cycle secret » des *Nymphéas* du bassin de Giverny, dont il était lui-même le jardinier metteur en scène, avant d'en être le peintre-interprète. En 1911 mourut sa deuxième épouse Alice, puis son fils aîné Jean, qui était devenu le mari de Blanche Hoschedé. Celle-ci, doublement belle-fille de Monet, resta auprès de lui durant la Première Guerre mondiale. Georges Clémenceau, le premier ministre de la guerre et de l'après-guerre, qui lui vouait une grande admiration, l'incitait à entreprendre les immenses peintures des *Nymphéas*, dont certaines étaient destinées à un pavillon du futur Musée Rodin, mais qui finalement aboutiront à l'Orangerie des Tuileries, spécialement réaménagée à cet effet selon les directives de Monet à partir de 1921. Les peintures ne furent mises en place que le 5 décembre 1926, après sa mort, et ouvertes au public le 22 mai 1927. Pour peindre en peu d'années la cinquantaine de peintures, dont les dimensions moyennes sont de deux sur cinq mètres, formant, diptyques et triptyques, en tout environ quatorze compositions, Monet, octogénaire, fit construire dans le jardin de Giverny un nouvel atelier de douze mètres de largeur sur vingt-trois mètres de longueur, dans lequel il travaillait sur des chevalets roulants. Sa vue ayant continué de baisser, Monet accepta l'opération d'un œil en 1923, ce qui permit un recouvrement partiel de la vue. En 1924 et 1925, il travaillait encore aux grands panneaux des *Nymphéas*, qui constituent l'aboutissement de son œuvre et un des points de départ de la peinture du vingtième siècle.

Dans son ensemble, la biographie factuelle de Monet, mise à part l'épisode du double ménage avec Camille et Alice, consiste essentiellement en une suite de voyages à la quête de motifs nouveaux. Mais, tandis qu'il poursuivait son œuvre jusqu'après 1920 dans le vingtième siècle, ses compagnons de la route impressionniste disparaissaient : Manet en 1883, Van Gogh en 1890, Sisley en 1899, Toulouse-Lautrec en 1901, Pissarro et Gauguin en 1903, Cézanne en 1906, Degas en 1917, « arrivé, oui, mais dans quel état ! » selon ses propres termes, Renoir en 1919 mais impotent depuis plusieurs années. Monet est donc le seul impressionniste à avoir produit une part importante de son œuvre, pratiquement tout le cycle des *Nymphéas*, dans le vingtième siècle, au long duquel il imprégnera la descendance diversifiée de l'abstraction lyrique, de l'abstraction informelle, du paysagisme-abstrait, de l'« action-painting ».

Sans reprendre, dans le détail des thèmes et des séries, la chronologie de l'œuvre de Claude Monet, déjà mentionnée au cours de la chronologie de sa vie, il est possible d'en qualifier plusieurs périodes stylistiques. Bien que Boudin l'eût très tôt initié à la peinture de plein air, et outre son admiration passionnée pour Delacroix, ce fut, entre autres naturalismes, le réalisme de Courbet, revu en éclaircissement de la lumière à l'exemple de Manet, qui influença le plus une première période, marquée, au gré de ses errances, par la *Cour de ferme en Normandie* de 1863-1864, *La Pointe de la Hève ; Le Phare de l'Hospice ; Le chantier de petits navires près de Honfleur ; Bord de la mer à Sainte-Adresse ;* toutes de 1864 ; *L'Embouchure de la Seine à Honfleur ; Le Pavé de Chailly ; Un chêne au Bas-Bréau* de 1865, paysages auxquels on peut adjoindre *La femme à la robe verte* de 1866 dans laquelle se conjuguent à leur apogée les influences de Corot et de Courbet. Mais en 1865 avait été peintes les esquisses et les parties du *Déjeuner sur l'herbe*, resté inachevé, qui présagent de la suite de l'œuvre, par la touche éclatée, par la dissociation du « ton local » des réalistes, et par l'éparpillement des flaques de lumière au travers du feuillage et de leurs ombres portées. La teinte des choses est composée pour part du ton local, auquel s'ajoutent la couleur de la lumière du moment et les reflets des objets colorés environnants.

Il est licite de voir dans le *Déjeuner sur l'herbe* l'acte initial de l'impressionnisme, même si, par doute ou déception, les peintures suivantes paraissent en régression technique, notamment quelques paysages urbains de Paris et *La femme à la robe verte* et jusqu'au *Déjeuner* de 1868, influencé par Manet. Si les *Femmes au jardin* de 1866-1867 appartient encore dans son ensemble à la première période naturaliste, toutefois le traitement nettement coloré des ombres, sans recours au noir, annonce aussi la transition amorcée, que confirme *Terrasse à Sainte-Adresse* également de 1866. Dans ces années, Monet, Sisley, Pissarro, Cézanne se connaissent, se rencontrent, échangent des idées, et surtout Monet peint en compagnie de Renoir. Ils font évoluer leur peinture sur des intuitions, aucune règle définie ne les guide, ils savent contre quoi ils agissent, mais pas encore bien pour quoi.

Avec *La rivière (Au bord de l'eau : Bennecourt)* de 1868, apparaît dans l'œuvre de Monet le thème des reflets sur l'eau, de l'image de la réalité du paysage inversée, inversée jusqu'au reflet en bas de la peinture du ciel lui-même lieu de l'instabilité de la course des nuages, de l'image reflétée dissociée par le clapot, de la réalité telle qu'en ses apparences fugitives mais authentiques, et non plus selon la recomposition figée des réalistes. Ce thème, un des thèmes fondateurs de son œuvre et de « son » impressionnisme, auquel s'ajoutera le thème également dissolvant de la brume, domine dans les peintures de 1868 à 1875, même si des peintures, telle la *Grosse mer à Étretat*, reviennent encore à Manet, : *La Grenouillère* de 1869, que peignit simultanément Renoir ; *La Tamise et le Parlement* de 1870-1871 ; la série hollandaise de 1871 avec *Maisons au bord de la Zaan, La Zaan à Zaandam* ; et enfin *Impression, soleil levant* de 1872, immédiatement consécutif à sa découverte de la peinture de Turner, qui lui apportait l'exemple d'une dissolution de la forme par des effets de brume provoquant surtout une diffraction de la couleur locale. Suivirent dans la logique du mûrissement de l'intuition impressionniste : *Régates à Argenteuil ; Le bassin d'Argenteuil* de 1872 ; *Les barques, régates à Argenteuil ; Coucher de soleil sur la Seine* de 1874. Il ne peignait dans cette période toutefois pas que des sujets aquatiques : *Le déjeuner* avec son fils Jean dans le jardin d'Argenteuil ; *Coquelicots à Argenteuil ; La femme à l'ombrelle* toutes de 1873, qui sont presque les dernières peintures comportant des personnages, mettent en pratique, bien que sans reflets sur l'eau, les principes désormais établis de la dissociation du ton local en ses divers éléments constitutifs et de ce fait la dissolution progressive de l'image anecdotique en un fait pictural pour lui-même, consistant en taches de couleurs presqu'indépendantes de leur support causal.

Se souvenant sans doute de *Pluie, vapeur et vitesse*, le paysage de Turner que traverse un train, Monet, en 1876-1877, peignit la série des *Gare Saint-Lazare,* où il accapara les fumées des locomotives en tant qu'élément supplémentaire de brouillage des pistes visuelles, en même temps que, distant des musées et des académismes, il arrimait la peinture dans le monde moderne. À la suite de cette première série, pendant quelques années encore, Monet appliqua sa vision dissolvante à des sujets divers : au tumulte enfumé de la *Gare Saint-Lazare* succéda le tumulte chromatique des rues Montorgueil et Saint-Denis pavoisées pour la fête du 30 juin, le *Champ de coquelicots près de Vétheuil* de 1878, dont la technique de brouillage présageait le pointillisme de Seurat ; *La route à Vétheuil, l'hiver* de 1879, dont la neige reproduit la dissociation prismatique de la lumière par ses cristaux ; *Vétheuil dans le brouillard* de 1879-1880, qui conjugue reflet et brouillard ; *Lavacourt, soleil et neige* de 1881 ; les paysages de Varengeville de 1882, avec lesquels il réintroduisait le thème de la mer dans la nouvelle perception impressionniste, qu'il développa dans les paysages de la mer à Étretat de 1883, 1885 et 1886, parfois considérés comme une deuxième série, bien que les points de vue soient divers. Ce qu'on peut cependant retenir d'Étretat en tant que motif, c'est que Monet devient non pas indifférent au choix de ses motifs, mais de plus en plus sélectif, ne les choisissant plus en fonction d'un éventuel « pittoresque », mais en raison de leur « picturalité », c'est-à-dire de leur adéquation à son approche spécifique du thème. Cette instabilité de la mer, porteuse de l'écoulement du temps que Monet veut capter dans la peinture, il la retrouva, somptueusement amplifiée par les tempêtes à Belle-île : *Tempête, côtes de Belle-Île* de 1886, puis, sous une tout autre lumière, à Antibes, Juan-les-Pins en 1888, dans lesquels l'application du divisionnisme des touches violemment colorées supplée au calme de surface de la Méditerranée.

Avec les *Meules* de 1889-1891, commença véritablement la période des séries, qui se succédèrent ou se chevauchèrent, sans interruptions autres que quelques intermèdes, durant les trente-cinq dernières années de Monet. Pour la première fois, il intégra au titre de chaque variation du thème *Meules,* l'heure et la saison, marquant en ceci que le motif répétitif, et au demeurant sans grand intérêt en soi, n'était plus que le support-prétexte d'une atmosphère, qui devenait le véritable sujet. Dans sa quête du temps qui s'écoule et fuit, Monet, après avoir autrefois tenté de capter le mouvement, du vent, des vagues, dans la peinture, remplaçait désormais le tableau par la série, épuisant dans ces sortes de polyptyques la totalité des aspects possibles du motif, démontrant ainsi son peu de réalité stable, en même temps que s'interrogeant sur la crédibilité de l'acte perceptif. À propos d'un même thème négligeable, la pratique picturale, se déplaçant radicalement par rapport aux objectifs narratifs de la tradition, consistait dès lors à développer et multiplier des symphonies d'harmonies colorées, plus rien que pour elles-mêmes. La série contemporaine des *Peupliers,* achevée en 1891, plus matériellement structurée par l'architecture verticale des arbres et horizontale de la surface de l'eau, palliait ce trop de réalité en exploitant de nouveau l'ambiguïté perceptive du reflet inversé, occupant parfois une plus grande surface de la peinture que les vrais peupliers. De 1892 à 1894, Monet développa la série de la *Cathédrale de Rouen,* réduisant la façade gothique au rôle de piège à éclairages, à propos desquels il faut se rendre compte que jamais dans le concret de la réalité ces éclairages ponctuels n'atteignirent à l'intensité colorée et émotionnelle que leur conférait abstraitement Monet. La réalité de la cathédrale n'est plus que porteuse d'un instant privilégié, que le spectateur voudra partager, s'approchant de la peinture pour tenter de retrouver l'architecture de la façade à travers le flou brumeux, puis s'en éloignant, comprenant que là n'est pas le sujet, pour mieux se laisser envahir par la symphonie colorée dans la plénitude de ses « correspondances ». Suivit la série des *Bras de Seine près de Giverny* et des *Matins sur la Seine* de 1896-1898, dont certaines des variations sur le reflet atteignent à l'informel. À partir des dernières années du siècle, Monet commença la série du bassin aux *Nymphéas,* qu'il poursuivit jusqu'à ses dernières heures, remplaçant progressivement, et inéluctablement dans la ligne de sa logique picturale, la réalité du motif par la réalité du tableau. Le jardin de Monet est en fait le jardin des peintures de Monet, de même que le bassin aux nymphéas est le bassin des peintures de *Nymphéas,* puisque Monet n'a jamais franchi le pas de se passer totalement de motif, dans le sens de motivation. En 1904, la série des *Nymphéas* fut interrompue par la série des *Vues de la Tamise,* qui, en marge des *Nymphéas* et sur un tout autre thème, atteint des sommets vertigineux dans l'effacement du motif réel, pour lequel il s'est pourtant transporté à Londres, au profit du double flamboiement de la brume londonienne captant et diffractant les rayons intensément rouges, orangés, jaunes du soleil couchant, réverbérés par la surface du fleuve. Enfin, dans les derniers *Nymphéas,* les fleurs émergeant de l'étang qui reflète le feuillage inversé, ne sont plus que le prétexte à un déploiement, jusque-là inouï, d'un ensemble, sans horizon, sans haut ni bas, de touches frémissantes de couleurs qui recréent une lumière toute intérieure, jeu de reflets qui reflète l'état d'âme ponctuel de Monet, dans lequel à son tour le spectateur projettera le sien.

Comme pour Vinci, la peinture est pour Monet « una cosa mentale », l'œuvre n'est pas subie comme une inspiration irrésistible, elle est pensée avant que d'être agie. Lorsque, à partir de 1890 environ, il n'a presque plus peint que par séries, revenant infatigablement pendant des mois sur le même motif, et le peignant chaque fois différemment parce qu'il n'est jamais deux fois le même dans le même moment, il manifeste que, pour lui, ce motif n'est plus le sujet (ou l'objet) de la peinture, puisqu'il n'a plus d'identité stable, permanente, mais que c'est désormais la peinture en soi qui est devenue son propre objet, dont le motif n'est plus que le support, le prétexte, presque l'alibi. L'objet de la peinture est devenu l'acte de peindre lui-même, non plus seulement dans l'espace de la toile, mais à chaque fois renouvelé dans la dimension du temps, où se dissolvent dans le changement incessant de la lumière, les apparences de la réalité. L'acte de peindre, pour Monet, dépasse largement les limites du domaine relatif de l'esthétique, pour aborder la question ontologique fondamentale du degré de crédibilité du regard sur les apparences, du degré de réalité de la réalité. Au cours des années, la peinture de Monet s'est de plus en plus identifiée, non au miroir des peintres de la Renaissance qui copie la réalité dans sa matérialité, mais à la surface d'un étang qui la reflète avec la consistance d'un souvenir, qui n'est plutôt que souvenir d'un instant à jamais enfui, d'une clarté à jamais éteinte, et qui de plus est, comme au travers de la « camera oscura » de la Renaissance, inversé. C'est par tout ce qu'elle refuse de montrer que la peinture de Monet donne à voir, présageant la déclaration de Paul Klee : « L'art ne rend pas le visible, il rend visible ». En accord avec Constable, qui disait : « Je n'ai jamais rien vu de laid », Monet a démontré que tout ce qu'éclaire la lumière est suceptible des mêmes féeries, qu'il n'est pas besoin de représentations grandioses, quand le moindre fragment de la réalité la plus humble, le plus modeste nymphéa, est apte à recevoir et réfléchir le soleil tout entier. Quand de Monet Cézanne disait : « Ce n'est qu'un œil », qu'il tempérait par « mais quel œil ! », assuré de sa propre « petite sensation », sur laquelle devait, peu après sa mort, se fonder le cubisme, il ne s'apercevait pas que l'œil de Monet voyait encore plus loin que le sien, et qu'à partir du regard de Monet, et déjà de son vivant, allait commencer de se développer au long du siècle l'immense aventure de l'art abstrait. Cézanne percevait bien que le cas de Monet concernait l'œil, mais il se trompait d'œil. La révolution qu'initiait le regard de Monet sur le monde, résultait de ce qu'il le regardait désormais avec son troisième œil, celui du front, tandis qu'il clignait des deux autres, pour mieux voir ce qu'il y a derrière les apparences.

■ Jacques Busse

Bibliogr. : Arsène Alexandre : *Claude Monet*, Bernheim jeune, Paris, 1921 – Gustave Geffroy : *Claude Monet, sa vie, son temps, son œuvre*, Crès, Paris, 1922 – Marc Elder : *À Giverny, chez Claude Monet*, Bernheim, Paris, 1924 – Léon Werth : *Monet*, Paris, 1928 – Ch. Léger : *Claude Monet*, Crès, Paris, 1930 – Pierre Francastel : *Monet*, Paris, 1939 – Georges Besson : *Monet*, Braun, Paris, 1951 – D. Rouart, Léon Degand : *Monet*, Skira, Genève, 1958 – J.-P. Hoshedé : *Claude Monet, ce mal connu*, Cailler, Genève, 1960 – Yvon Taillandier : *Monet*, Flammarion, Paris, 1963 – W. Seitz : *Monet*, Nouvelles Édit. Françaises, Paris, 1966 – Raymond Cogniat : *Monet*, Flammarion, 1969 – Paul Hayes-Tucker : *Monet, le Triomphe de la lumière*, Flammarion, Paris, 1990 – Sandro Sproccati : *Monet*, avec préface de Jacques Busse : *Le troisième œil*, Gründ, Paris, 1992 – Marianne Alphant : *Claude Monet – une vie dans le paysage*, Hazan, Paris, 1993 – J. Busse, in : *L'Impressionnisme : une dialectique du regard*, Ides et Calendes, Neuchâtel, 1996 – G. Néret, sous la direction de... : *Monet : catalogue raisonné*, Benedikt Taschen, nov. 1996 – J. Pissaro : *Monet et la Méditerranée*, Rizzoli, Milan, 1997 – C. Rachman : *Monet : Art and Ideas*, Phaidon, Londres, 1997.

Musées : Aix-la-Chapelle : *Dégel* – Alger : *Les rochers de Belle-Île* – Amsterdam (Stedelijk Mus.) : *La corniche de Monaco* 1884 – Bâle : *Effet de neige – Le petit port de mer* – Berlin (Neue Nationalgal.) : *L'église Saint-Germain-L'Auxerrois* 1866 – *Les villas au bord de l'eau, Argenteuil* 1870-1875 – *Prairie à Bezons ou L'Été* 1874 – *Vétheuil sur Seine* 1880 – Boston (Mus. of Fine Arts) : *Mistral, cap d'Antibes* 1888 – *Meule (coucher de soleil)* 1890-1891 – *La cathédrale de Rouen* 1892-1894 – *Bras de Seine près de Giverny* 1896 – *Bassin aux nymphéas, le pont japonais* 1899-1900 – Brême (Kunsthalle) : *Camille ou la femme à la robe verte* 1866 – *Le parc* – Bucarest (Mus. Simu) : *Portrait de Camille – Barques à Honfleur* – Cambridge : *La cabane de douaniers à Varengeville ou maison du pêcheur* 1896-1897 – Cardiff (Nat. Mus. of Wales) : *La cathédrale de Rouen* 1892-1894 – *Crépuscule, San-Giorgio-Maggiore, Venise* 1908 – Chicago (Art Inst.) : *La plage de Sainte-Adresse* 1867 – *La rivière (Au bord de l'eau : Bennecourt)* 1868 – Colmar : *La Creuse, soleil couchant* 1889 – Cologne (Wallraf-Richartz Mus.) : *La Seine* 1884-1885 – Dijon (Mus. des Beaux-Arts) : *Étretat* – Dresde : *Le bocal de pêches – Berge de la Seine près de Liancourt* – Épinal : *Paysage de la Creuse* 1889 – Francfort-sur-le-Main (Mus. Städel) : *Le déjeuner sur l'herbe* 1865, esquisse – Hambourg : *Fruits* – La Haye (Stedelijk Mus.) : *Filets de pêcheurs à Pourville* 1882 – Liège : *Le bassin du commerce au Havre* – Londres (Nat. Gal.) : *Lavacourt (?), hiver* 1881 – *L'inondation* 1896 – Londres (Tate Gal.) : *La plage de Trouville* 1870 – *Dans le parc* vers 1878 – *Les peupliers au bord de l'Epte* 1890 – *La Seine à Port-Villez* 1894 – *Bassin aux nymphéas, le pont japonais* 1899-1900 – Lyon (Mus. des Beaux-Arts) : *Le Printemps* 1882 – Mannheim (Kunsthalle) : *Une rue de village en Normandie* 1867 – Merion (Barnes Foundat.) : *Camille Monet brodant* 1875 – Moscou (Mus. Pouchkine) : *Le déjeuner sur l'herbe* 1865, esquisse – *Le Boulevard des Capucines* 1873 – *Rochers de Belle-Île* 1886 – *Les meules* 1889-1891 – Munich (Neue Staatsgal.) : *Le pont d'Argenteuil* 1874 – Nantes (Mus. des Beaux-Arts) – New York (Metropolitan Mus.) : *Terrasse à Sainte-Adresse* 1866 – *La Grenouillère* 1869 – *Vétheuil en été* 1880 – *La Manneporte, Étretat* 1883 – *La Manneporte, Étretat* 1886 – *La cabane de douaniers à Varengeville ou maison du pêcheur* 1896-1897 – Oslo : *Temps pluvieux près d'Étretat* – Otterlo (Mus. Kröller-Müller) : *Le bateau-atelier* vers 1874 – Paris (Mus. d'Orsay) : *Les carrières Saint-Denis – Portrait de Madame Gaudibert* vers 1867 – *Le déjeuner sur l'herbe* 1865, deux pan. – *La charrette, route sous la neige à Honfleur* 1867 – *Grosse mer à Étretat* 1868-1869 – *Train passant dans la campagne* 1870-1871 – *Portrait de Madame Monet* vers 1871 – *Champs de tulipes* 1872 – *Régates à Argenteuil* 1872 – *Le déjeuner* 1873-1874 – *Les barques, régates à Argenteuil* 1873-1874 – *Les coquelicots* 1873 – *Le pont du chemin-de-fer à Argenteuil* vers 1873 – *Le pont d'Argenteuil* 1874 – *Le bassin d'Argenteuil* 1875 – *Les déchargeurs de charbon* 1875 – *Le jardin des Tuileries* 1876 – *La gare Saint-Lazare* 1877 – *Chrysanthèmes* 1878 – *La Seine à Vétheuil, effet de soleil après la pluie* 1879 – *Les glaçons* 1879-1880 – *Étretat* 1883 – *Les Villas à Bordighera* 1884 – *Tempête, côtes de Belle-Île* 1886 – *Essai de figure en plein air* 1888, deux peintures du même titre – *La cathédrale de Rouen* 1892-1894, plusieurs variations – *Londres, le Parlement, trouée de soleil dans le brouillard* 1904 – *Étretat : la Manneporte, reflets sur l'eau* – Paris (Mus. Marmottan) : *Impression, soleil levant* 1872 – *Les Tuileries* 1876 – *Nymphéas* 1915 – un considérable ensemble de peintures, surtout de l'époque de Giverny et jusqu'aux derniers Nymphéas – Paris (Orangerie des Tuileries) : *Cycle des Nymphéas* 1914-1918, puis 1920-1926 – Paris (Mus. du Petit-Palais) : *Coucher de soleil à Argenteuil* après 1872 – Philadelphie (Mus. of Art) : *Coucher de soleil sur la Seine* 1874 – *Vue d'Amsterdam, la Tour de Westerkerk* vers 1880 – Pittsburgh (Carnegie Mus.) : *Bassin aux nymphéas, Giverny* 1919 – *Nymphéas* 1920-1921 – Raleigh, North Carolina : *Matin sur la Seine* 1897 – Rotterdam (Mus. Boymans-Van Beuningen) : *Printemps à Vétheuil* 1878-1881 – *La maison du pêcheur à Varengeville* 1882 – Rouen : *La cathédrale de Rouen* 1894 – Saint-Pétersbourg (Mus. de l'Ermitage) : *Champ de coquelicots* vers 1880 – Santa Barbara : *Le Pont de Waterloo* 1900 – Stuttgart (Nationalgal.) : *Champs au printemps* 1887 – Tokyo (Mus. d'Art Occident.) : *Matin sur la Seine* 1898 – Tournai (Mus. des Beaux-Arts) : *La pointe du Cap Martin* 1884 – Vienne (Kunsthistorischesmus.) : *Pêcheurs sur la Seine* 1882 – Washington D. C. (Nat. Gal. of Art) : *Les promeneurs* 1865, esquisse – *Le déjeuner sur l'herbe – Nature morte* vers 1876 – *Bords de la Seine, Vétheuil* 1880 – Williamstown : *L'aiguille et la falaise d'Aval, Étretat* 1885 – Zurich (Kunsthaus) : *Le bassin aux nymphéas avec iris* 1915.

Ventes Publiques : Paris, 1873 : *Nature morte* : **FRF 780** – Paris, 1887 : *Le Printemps* : **FRF 1 800** – Paris, 1892 : *La Seine à Rouen* : **FRF 9 200** – Paris, 1897 : *Le Pont d'Argenteuil* : **FRF 21 500** – Paris, 3-5 mai 1902 : *La Débâcle* : **FRF 25 000** – Paris, 31 mai 1906 : *La Cathédrale* : **FRF 20 000** ; *La Seine à Vernon* : **FRF 18 000** – Londres, 3 juin 1910 : *Effet de neige* : **GBP 504** – Paris, 9-11 déc. 1912 : *Les Bords de la Seine à Argenteuil* : **FRF 27 000** – Paris, 1er mars 1920 : *Les Berges de la Seine à Lavacourt (neige)* : **FRF 30 000** – Paris, 14 mai 1920 : *L'Aiguille d'Étretat* : **FRF 79 000** – Paris, 8 mai 1924 : *Plage et falaise de Sainte-Adresse* : **FRF 60 100** – Paris, 6 nov. 1924 : *Le Rocher du Lion à Belle-Île* : **FRF 52 000** ; *Falaises à Étretat* : **FRF 61 000** – Londres, 24 juil. 1925 : *Rochers au Tréport* : **GBP 483** ; *Bordighera* : **GBP 882** – Paris, 26 juin 1926 : *La Route près de la ferme de Saint-Siméon à Honfleur* : **FRF 146 000** – Londres, 29 avr. 1927 : *La Falaise à Fécamp* : **GBP 1 522** – Paris, 20 mai 1927 : *Les Glaçons sur la Seine à Bougival* : **FRF 125 000** – Paris, 16-17 juin 1927 : *Fleurs dans un vase* : **FRF 280 000** – Deauville, 8 déc. 1928 : *Les Bateaux à Argenteuil* : **FRF 481 000** – Paris, 3-4 juin 1929 : *Bras de Seine près de Giverny* : **FRF 265 000** ; *L'Inondation* : **FRF 203 000** ; *Nature morte* : **FRF 281 000** – New York, 10 avr. 1930 : *Brume du matin* : **USD 2 600** – Paris, 2 juin 1932 : *Le Cap-Martin* : **FRF 57 000** – Paris, 9 juin 1932 : *Paysage d'hiver* : **FRF 60 000** ; *La Seine à Argenteuil* : **FRF 80 000** – Paris, 15 déc. 1932 : *Les Pins parasols, Cap d'Antibes* : **FRF 111 000** ; *Antibes vue des jardins de La Sales* : **FRF 205 000** ; *Les Filets, parc de Pourville* : **FRF 122 000** – New York, 26 oct. 1933 : *Le Fleuve aux saules* : **USD 3 700** ; *Au bord de la Seine* : **USD 6 500** ; *La Cathédrale de Rouen* : **USD 7 100** – Londres, 22 juin 1934 : *Le Pont de Charing Cross* : **GBP 126** – Paris, 15 juin 1938 : *L'Arbre en boule, Argenteuil* 1876 : **FRF 100 000** – Paris, 18 fév. 1939 : *Meulettes* : **FRF 100 000** ; *Nymphéas* : **FRF 63 000** ; *La Cathédrale rose* : **FRF 172 000** – Paris, 16 fév. 1942 : *Vase de fleurs* : **FRF 610 000** – Paris, 11 déc. 1942 : *Belle-Île, la tempête* 1886 : **FRF 530 000** – Paris, 3 fév. 1944 : *Giverny, le bassin des nymphéas* : **FRF 550 000** – Paris, 8 fév. 1945 : *La Falaise près d'Étretat* : **FRF 910 000** – New York, 24 jan. 1946 : *La Seine à Bougival* : **USD 11 000** – Paris, 20 mars 1950 : *Pont sur la Tamise* 1903 : **FRF 675 000** – Genève, 17 mai 1951 : *Le Fiacre* : **CHF 18 000** – Paris, 23 mai 1951 : *Les pommiers* 1881 : **FRF 1 650 000** ; *La Baie d'Antibes* 1888 : **FRF 1 600 000** – Londres, 14 déc. 1955 : *Vue de Lavacourt* : **GBP 3 000** – Paris, 14 juin 1957 : *Paysage de printemps à Giverny* 1894 : **FRF 8 200 000** ; *Antibes, vue des jardins de La Sales* 1888 : **FRF 17 500 000** – New York, 7 nov. 1957 : *Le Bassin aux nymphéas, Giverny* : **USD 35 000** ; *Femmes dans un jardin* : **USD 92 500** – Londres, 26 mars 1958 : *Chemin de fer* : **GBP 9 000** – Versailles, 16 mars 1959 : *Argenteuil* 1876 : **FRF 22 200 000** ; *Lavacourt* 1878 : **FRF 20 000 000** – Paris, 23 juin 1960 : *Rouen, les chalands sous la neige* 1874, h/t (56x73) : **FRF 147 000** – Londres, 23 nov. 1960 : *Le Bassin des nymphéas, Giverny* : **GBP 18 000** – Londres, 11 juin 1963 : *Le Pont du chemin de fer à Argenteuil* : **GBP 77 000** – Paris, 23 mars 1965 : *Vue de Vétheuil* 1881, h/t (63,5x80) : **FRF 205 000** – Paris, 15 juin 1965 : *Sur la falaise, Madame Monet et son fils Jean* : **FRF 2 520 000** – Paris, 9 mars 1967 : *Un pont à Londres*, past. : **FRF 31 000** – Londres, 1er déc. 1967 : *La Terrasse à Sainte-Adresse* : **GNS 560 000** – New York, 9 oct. 1968 : *Portrait de Madame Camille Monet* : **USD 500 000** – Londres, 30 juin 1970 : *Bord de Seine à Argenteuil* : **GNS 240 000** – Paris, 4 déc. 1972 :

Remorqueur, effet de brume : **FRF 30 000** – Paris, 5 juin 1974 : *Paysage à Giverny, effet de neige* 1878 : **FRF 400 000** – Londres, 1er juil. 1974 : *Les Bords de la Seine à Argenteuil* : **GNS 185 000** – Londres, 6 avr. 1976 : *Le Bateau de pêche* vers 1864-1866, past. (20x34) : **GBP 4 800** – Londres, 28 juin 1976 : *Neige à Amsterdam* 1874, h/t (56x73) : **GBP 55 000** – Zurich, 25 nov. 1977 : *La Seine près de Giverny* vers 1894, h/t (54x81,5) : **CHF 260 000** – Londres, 5 déc 1979 : *Maisons près de la mer* vers 1865, fus. (18x26) : **GBP 1 800** – New York, 6 nov 1979 : *Nymphéas* vers 1919, h/t (132x201) : **USD 650 000** – Paris, 21 nov. 1980 : *Cour de ferme en Normandie*, past. (28x22) : **FRF 84 000** – New York, 5 nov. 1981 : *Les Bateaux à Argenteuil* 1875, h/t (54x65) : **USD 1 300 000** – Versailles, 8 juin 1983 : *Les Enfants Hoschédé : Jacques, Suzanne, Blanche et Germaine*, past./t. (54x73) : **FRF 900 000** – New York, 18 mai 1983 : *Nymphéas* vers 1897-1898, h/t (130x152) : **USD 2 400 000** – New York, 16 mai 1984 : *Touques, petit port près d'Honfleur* 1865, cr./pap. mar./cart. (21x33,3) : **USD 34 000** – New York, 15 mai 1984 : *Cathédrale de Rouen, le portail* 1894, h/t (100x65) : **USD 2 300 000** – Londres, 26 mars 1985 : *Nuages*, past. (25x39) : **GBP 41 000** – New York, 12 nov. 1985 : *Meule, soleil dans la brume* 1891, h/t (60x100,5) : **USD 2 000 000** – Fontainebleau, 25 mai 1986 : *La Gare d'Argenteuil* 1872, h/t (48x71) : **FRF 2 200 000** – Paris, 26 juin 1986 : *Camille et Jean Monet au jardin d'Argenteuil* 1873, h/t (131x97) : **FRF 9 800 000** – Londres, 2 déc. 1986 : *Le Palais Dario, Venise* 1908, h/t (81x66) : **GBP 1 600 000** – Paris, 2 déc. 1987 : *Vue prise à Rouelles* 1858, h/t (46x65) : **FRF 850 000** – New York, 12 nov. 1987 : *Le Pont de Waterloo* vers 1900-1904, past./pap. (31x48) : **USD 125 000** – New York, 10 nov. 1987 : *Les Nymphéas* 1914-1917, h/t (130x150) : **USD 3 000 000** – Londres, 28 juin 1988 : *Dans la prairie* 1876, h/t (60x82) : **GBP 14 300 000** ; *Petites îles de Port-Villez* 1883, h/t (65,6x93) : **GBP 1 210 000** – New York, 14 nov. 1988 : *La plage à Trouville* 1870, h/t (47,6x74) : **USD 9 800 000** – Paris, 20 nov. 1988 : *Champs à Etretat* 1885, h/t (65x81) : **FRF 8 800 000** – Paris, 24 nov. 1988 : *La Seine à Lavacourt* vers 1879, h/t (44x60) : **FRF 3 560 000** – Londres, 29 nov. 1988 : *Nymphéas* 1908, h/t (92x89) : **GBP 5 720 000** – Calais, 26 fév. 1989 : *Nymphéas*, h/t (23x49) : **FRF 300 000** – Enghien-les-Bains, 18 mars 1989 : *Charing Cross Bridge à la hauteur du parlement* 1899, h/t (65x81) : **FRF 33 000 000** – Milan, 20 mars 1989 : *La Seine à Port-Villez*, h/pap./cart. (16,5x23) : **ITL 200 000 000** – Londres, 4 avr. 1989 : *Santa Maria della Salute et le Grand Canal à Venise* 1908, h/t (72x91) : **GBP 6 710 000** – Paris, 8 avr. 1989 : *Amsterdam* 1874, h/t (50x68) : **FRF 11 400 000** – New York, 9 mai 1989 : *Maison de campagne sur les bords de la Zaan (Hollande)* 1871, h/t (54x74) : **USD 11 000 000** ; *Alice Hoschedé au jardin* 1881, h/t (81x65) : **USD 8 800 000** – New York, 10 mai 1989 : *Le Parlement au coucher du soleil* 1904, h/t (82x92,8) : **USD 14 300 000** – Paris, 17 juin 1989 : *Sous-bois, effet de soleil* 1878 (55x45,5) : **FRF 4 600 000** – Paris, 19 juin 1989 : *Le train de Jenfosse* 1884, h/t (60x81) : **FRF 15 100 000** – Londres, 26 juin 1989 : *Camille et Jean Monet au jardin d'Argenteuil* 1873, h/t (131x97) : **GBP 3 850 000** – Londres, 27 juin 1989 : *Le pont routier d'Argenteuil* 1874, h/t (54x73) : **GBP 3 190 000** – New York, 18 oct. 1989 : *La berge à Argenteuil* 1877, h/t (60,4x73,4) : **USD 6 600 000** ; *Bords de Seine, un coin de berge* 1881, h/t (82x60) : **USD 3 740 000** ; *Meules, effet de neige le matin* 1891, h/t (65x100) : **USD 8 525 000** – New York, 14 nov. 1989 : *Nymphéas* 1907, h/t (100,3x100,3) : **USD 11 550 000** ; *Le Grand Canal* 1908, h/t (73x92) : **USD 11 550 000** ; *Parlement au soleil couchant* 1902, h/t (81x92) : **USD 9 900 000** – Londres, 28 nov. 1989 : *La berge au Petit Gennevilliers* 1875, h/t (61x80) : **GBP 3 190 000** ; *Le bassin aux nymphéas*, h/t (100x200) : **GBP 5 720 000** – Londres, 3 avr. 1990 : *La promenade d'Argenteuil*, h/t (53x73) : **GBP 2 860 000** – New York, 16 mai 1990 : *Waterloo Bridge*, past./pap./cart. (29,2x46,4) : **USD 330 000** – New York, 17 mai 1990 : *Le Grand Canal* 1908, h/t (81,2x92,4) : **USD 9 900 000** – Bayeux, 4 juin 1990 : *Impressions roses et bleues, meule* 1891, h/t (73x92) : **FRF 28 100 000** – Londres, 25 juin 1990 : *A travers les arbres, Île de la Grande Jatte* 1878, h/t (54x65) : **GBP 2 310 000** – New York, 13 nov. 1990 : *Nymphéas* 1907, h/t (106,7x73) : **USD 9 460 000** – New York, 8 mai 1991 : *Les Meules*, cr./pap. (25,5x18,2) : **USD 165 000** – Londres, 25 juin 1991 : *Fleurs à Vétheuil* 1880, h/t (60x75) : **GBP 1 320 000** – New York, 6 nov. 1991 : *Chemin* 1886, h/t (66x81) : **USD 770 000** – New York, 13 mai 1992 : *Paysage à Port-Villez* 1883, h/t (64,8x81,3) : **USD 825 000** – Londres, 29 juin 1992 : *Charing Crosse Bridge, la Tamise* 1903, h/t (73x100) : **GBP 2 145 000** – New York, 11 nov. 1992 : *Le Bassin aux nymphéas* 1919, h/t (100x200) : **USD 12 100 000** – Londres, 30 nov. 1992 : *Fin d'après-midi à Vétheuil* 1880, h/t (73x100) : **GBP 1 100 000** – New York, 11 mai 1993 : *La Débacle* 1881, h/t (61x99,7) : **USD 2 202 500** – New York, 12 mai 1993 : *La Jetée du Havre*, h/t (147x226) : **USD 9 682 000** – Londres, 22 juin 1993 : *Femme à l'ombrelle* 1890, cr. noir et grattage (30,5x23,5) : **GBP 353 500** – New York, 3 nov. 1993 : *La Seine en crue à Vétheuil* 1881, h/t (64,8x81,3) : **USD 1 652 500** – Paris, 25 mars 1994 : *Sous-bois, effets de soleil (Île de la Jatte)*, h/t (56x46) : **FRF 2 300 000** – New York, 10 mai 1994 : *Le Palais da Mula à Venise* 1908, h/t (63,5x90) : **USD 4 182 500** – New York, 11 mai 1994 : *Un chasseur et son chien sur une barque, caricature*, past./pap. bleu/cart. (58,4x45,7) : **USD 17 250** – Londres, 28 juin 1994 : *Peupliers au bord de l'Epte, effet du soir* 1891, h/t (100x65) : **GBP 4 841 500** – New York, 9 nov. 1994 : *Chrysanthèmes* 1878, h/t (53,5x61,5) : **USD 2 037 500** ; *Nymphéas* 1907, h/t (diam. 79,5) : **USD 3 302 500** – New York, 9 mai 1995 : *Vue de l'église de Vernon* 1883, h/t (64,8x80) : **USD 3 742 500** – New York, 7 nov. 1995 : *Nymphéas* 1908, h/t (100x81,3) : **USD 5 062 500** – New York, 8 nov. 1995 : *Vue de Rouen* 1872, h/t (54x73,3) : **USD 4 512 500** – Londres, 27 nov. 1995 : *Matinée sur la Seine* 1896, h/t (71x90) : **GBP 1 013 500** – Paris, 13 déc. 1995 : *Les Glaçons sur la Seine à Port-Villez* 1893, h/t (73x92) : **FRF 4 800 000** – New York, 1er mai 1996 : *Les Meules à Giverny, effet du matin* 1889, h/t (65,1x92,1) : **USD 7 152 500** – Paris, 16 oct. 1996 : *Vaches à l'étable*, cr. noir (24x47) : **FRF 60 000** – New York, 13 nov. 1996 : *Le Jardin de l'artiste à Vétheuil* 1881, h/t (100,5x82) : **USD 13 202 500** ; *Nymphéas* vers 1905, h/t (89x101) : **USD 13 202 500** – Londres, 2 déc. 1996 : *Le Petit Bras de Mousseaux* 1878, h/t (60x81) : **GBP 529 500** – New York, 14 nov. 1996 : *Le Fort d'Antibes* 1888, h/t, esquisse (59,9x80,2) : **USD 299 500** – New York, 13 nov. 1996 : *Train dans la neige à Argenteuil* 1875, h/t (60x81,5) : **USD 1 432 500** – New York, 12 mai 1997 : *Iris mauves* 1914-1917, h/t (200x100,3) : **USD 3 852 500** – New York, 14 mai 1997 : *La Seine à Argenteuil* 1875, h/t (59,8x79,8) : **USD 8 362 500** ; *Coin du bassin aux nymphéas* 1918, h/t (131,5x88,5) : **USD 6 712 500** – Londres, 24 juin 1997 : *Coin d'étang à Montgeron* 1876, h/t (58,5x81,2) : **GBP 441 500** – New York, 11 nov. 1997 : *Waterloo Bridge, soleil voilé* 1903, h/t (65,1x100,7) : **USD 8 252 000**.

MONETA Antonello della, ou plus exactement **Grifo** ou **Griffo**

xve siècle. Actif à Venise de 1454 à 1484. Italien.

Médailleur.

MONETA Giovanni Battista

Né en 1530 à Bergame. xvie siècle. Actif à Bergame. Italien.

Portraitiste.

Cet artiste est considéré comme le meilleur élève de G.-B. Moroni. L'Académie de Carrara, à Bergame, conserve de lui : *Portrait d'homme* et *Portrait de Criforo de Novate*.

MONETA Girolamo

xixe-xxe siècles. Italien.

Sculpteur de bustes.

Il débuta vers 1875. Il a exposé à Naples, Milan, Venise.

Musées : Trieste (Mus. Revoltella).

MONETA Nicola

xixe siècle. Actif à Rome dans la seconde moitié du xixe siècle. Italien.

Graveur au burin.

Il collabora à la suite de gravures *Les fresques de Raphaël au Vatican* et il a gravé les portraits de plusieurs cardinaux.

MONETA Tommaso

xvie siècle. Actif à Rome de 1588 à 1592. Italien.

Peintre et graveur au burin.

MONEY Fred

Né en 1882 à Sassay (Loir-et-Cher). Mort en 1956. xxe siècle. Français.

Peintre de paysages animés, paysages, aquarelliste, dessinateur, illustrateur, affichiste. Postimpressionniste.

Il fut élève de Rochegrosse à l'École des Beaux-Arts de Paris. Il participa à Paris, au Salon des Artistes Français, dont il devint membre sociétaire, et où il reçut une médaille d'or puis fut hors-concours. On lui a également attribué une médaille d'argent à l'Exposition internationale de 1937, et le Premier Grand Prix des Paysagistes Français en 1952.

Influencé par les impressionnistes, ami de Renoir, il fut surtout peintre de paysages : Bretagne, Cotentin et Midi de la France. La

SNCF l'a choisi pour la réalisation des affiches des plages de l'Atlantique. En outre, il a illustré toutes les œuvres d'Alexandre Dumas et des œuvres d'Alphonse Daudet, de Pierre Louÿs et d'Anatole France. La délicatesse de sa touche et la fraîcheur de sa palette, animée par un travail approfondi sur la lumière, font de son œuvre un bel exemple de l'art impressionniste.
Ventes Publiques : Paris, 6 juil. 1990 : *Chaumière à Grémonville* 1922, h/t (89x116) : **FRF 15 500** – Versailles, 8 juil. 1990 : *Bateaux dans l'estuaire*, gche (45x37) : **FRF 15 000** – Paris, 27 fév. 1997 : *Le Port*, h/t (38x46) : **FRF 4 000**.

MONFALCONE Eugène D.
Mort en septembre 1922. XIXe-XXe siècles. Actif aux États-Unis. Italien.
Peintre de décorations.
On cite de lui deux fresques : *Le Federal Reserve Bank* et *La Maison du gouverneur à Richmond*.

MONFALLET Adolphe François. Voir **MONTFALLET**

MONFERRATO Paolo, dit **Calcagnini**
XVIe siècle. Actif à Ferrare de 1583 à 1598. Italien.
Peintre.

MONFLAR
XVIIe siècle. Actif à Bordeaux en 1660. Français.
Sculpteur sur bois.

MONFORT
Né en 1721 à Marseille. Mort en 1785. XVIIIe siècle. Français.
Peintre, dessinateur.
Musées : Rouen : *Tête de femme*, dessin.

MONFORT Jorge
XVe siècle. Espagnol.
Peintre.
Il collabora avec Juan Pérez au maître-autel de la cathédrale de Valence, en 1440.

MONFORT Manuel
XVIIIe siècle. Actif à Valence. Espagnol.
Graveur au burin.
Il a été, en 1753, un des fondateurs de l'Académie Sainte-Barbe à Valence et devint en 1775 professeur à l'Académie San Carlos de cette ville.

MONFORT Octavianus
XVIIe siècle. Italien.
Peintre à la gouache, aquarelliste de natures mortes.
Il pratiquait une technique peu usitée de peinture à la tempera sur parchemin.
Ventes Publiques : Milan, 20 mai 1982 : *L'Enfant Jésus dans une guirlande de fleurs*, temp./parchemin (26x34,5) : **ITL 11 000 000** – Milan, 25 fév. 1986 : *Nature morte aux fruits et aux fleurs*, temp./parchemin (48x67) : **ITL 34 000 000** – Milan, 27 oct. 1987 : *Nature morte aux fruits et oiseaux*, temp./parchemin (24,7x36,3) : **ITL 13 000 000** – Milan, 4 avr. 1989 : *Nature morte avec une corbeille de fruits et des oiseaux*, détrempe/parchemin (24,7x36,3) : **ITL 15 000 000** – Milan, 12 juin 1989 : *Nature morte avec une corbeille de fruits et des oiseaux*, détrempe/parchemin avec application d'eau-forte aquarellée (24,7x36,3) : **ITL 18 000 000** – Rome, 8 mai 1990 : *Coupe de fruits*, temp./parchemin (35x49,5) : **ITL 30 000 000** – Rome, 28 avr. 1992 : *Nature morte de poissons et de fruits*, temp./parchemin (35x50) : **ITL 28 000 000** – Milan, 13 mai 1993 : *Nature morte aux fruits et fleurs dans une bassine de cuivre*, temp./parchemin (36x50) : **ITL 34 000 000**.

MONFREID Georges Daniel de, dit **Daniel**
Né le 14 mars 1856 à Paris. Mort le 26 novembre 1929, accidentellement. XIXe-XXe siècles. Français.
Peintre de figures, nus, paysages, marines, natures mortes, fleurs et fruits.
Cet artiste dont l'œuvre est peu étendue aura surtout forcé les mémoires par son intimité avec Paul Gauguin. Il entretint une importante correspondance avec le solitaire de Tahiti qu'il avait tout d'abord accueilli à Paris dans son atelier de la Cité des Artistes du boulevard Arago à Montparnasse. Pola Gauguin, dans *Paul Gauguin mon père* écrit : « ...Daniel Monfreid, un peintre qu'il (Gauguin) avait rencontré chez Schuffenecker. *Le capitaine*, comme on appelait Monfreid dans le cercle, était une nature ardente et active, avec des talents variés, qu'il utilisait en petit, tantôt comme patron d'une goélette, avec laquelle il faisait des croisières en Méditerranée, tantôt comme peintre et comme paysan dans une ferme qu'il possédait dans les Pyrénées. » Quant aux services rendus à Paul Gauguin, le mémorialiste filial nous dit : « Il avait une joie particulière à arranger les affaires des autres » ; en effet, après qu'il l'eut hébergé, plus tard, il établit et entretint le lien, surtout par leur correspondance ininterrompue, entre Gauguin à Tahiti et le monde et le marché de l'art parisiens. Il exposa à Paris, en 1899 avec le Groupe Impressionniste et Synthétiste au Café Volpini et participa au Salon d'Automne. ■ A. S.
Musées : Béziers : *Nu* – *Vue de village de Prais de Balaguer* – Paris (Mus. d'Art Mod. de la Ville) – Paris (Mus. du Louvre).
Ventes Publiques : Paris, 9 déc. 1968 : *Nature morte à la potiche et au paysage de Gauguin* : **FRF 21 500** – Paris, 29 nov. 1970 : *Jeune fille nue, vue de dos* : **FRF 11 500** – Paris, 31 mai 1972 : *Nu au châle rouge* : **FRF 15 000** – Genève, 1er juil. 1973 : *Nature morte* : **CHF 46 000** – Versailles, 19 nov. 1973 : *Jeune femme au châle écossais*, past. : **FRF 7 100** – Paris, 2 déc. 1976 : *Paysage maritime* 1891, h/t (50x65) : **FRF 6 000** – Versailles, 22 juin 1977 : *Femme assise dans l'intérieur aux tableaux de Gauguin* 1921, h/cart. (79,5x60) : **FRF 8 000** – New York, 2 mai 1979 : *Paysage escarpé*, h/t (72,4x54) : **USD 1 800** – Versailles, 8 nov. 1981 : *Portrait de la femme de l'artiste* vers 1898, h/pap. peint mar./t (118x88) : **FRF 20 000** – New York, 18 mai 1983 : *Conversation dans l'atelier*, h/t (75x55,5) : **USD 9 000** – New York, 7 juin 1984 : *Portrait de la belle-fille de l'artiste* 1905, past./pap. mar./cart. (74,6x54,9) : **USD 2 000** – Londres, 26 juin 1985 : *Nature morte aux oranges* 1903, h/cart. (60x73) : **GBP 6 800** – Enghien-les-Bains, 15 mars 1987 : *Le Bouquet de roses* 1909, h/pan. (61x48) : **FRF 38 000** – Londres, 19 oct. 1988 : *Les meules de foin à St-Clément* 1889, h/t (49,5x66) : **GBP 17 600** – Paris, 10 avr. 1989 : *Le cheval blanc* 1911, h/t (141,5x94) : **FRF 850 000** – Londres, 24 mai 1989 : *Anémones*, h/t (54x65) : **GBP 6 600** – Londres, 16 oct. 1991 : *Nature morte aux oranges* 1903, h/cart. (58,5x82) : **GBP 5 280** – New York, 19 jan. 1994 : *Nature morte avec des pensées et un livre* 1887, h/t (46,4x38,1) : **USD 2 875** – Paris, 29 juin 1994 : *Portrait de Gustave le Rouge à l'eau-forte de Gauguin « Mallarmé au corbeau »* 1896, h/t (48,5x65) : **FRF 140 000** – Paris, 19 oct. 1997 : *Printemps en Provence*, h/t (60x73) : **FRF 18 000**.

MONGARDI Caterina
Morte en 1672. XVIIe siècle. Active à Bologne. Italienne.
Peintre.
Élève de Elisabetta Sirani. Elle a peint le tableau d'autel de l'église dei Olivetani d'Imola représentant *Saint Bernard Tolomei*.

MONGARDINI Pietro di Giovenale, dit **Venale**
XVIe siècle. Actif à Imola. Italien.
Peintre de grotesques et stucateur.
Il travailla à Rome au Vatican, et décora en 1560 les appartements du cardinal d'Urbino.

MONGATON Luis de ou **Mongaston**. Voir **MOGATON**

MONGAY-MUNOZ Dina
Née le 5 novembre 1910 à Buenos Aires. XXe siècle. Argentine.
Peintre de nus, paysages, fleurs.
Elle vint à Paris, en 1926, et travailla sous la direction de Roger Laurens et Fernand Sabatté. Elle remporta de nombreuses récompenses, tant à Paris, que dans son pays natal.

MONGE Juan
XVIe siècle. Actif à Séville et à Mosairte, cité en 1533. Espagnol.
Peintre.

MONGE Jules
Né le 25 décembre 1855 à Château-Gombert (Bouches-du-Rhône). XIXe-XXe siècles. Français.
Peintre de genre, portraits.
Il fut élève de Cabanel, Édouard Detaille, et Saintpierre.
Il exposa à Paris, au Salon des Artistes Français, dont il devint membre sociétaire à partir de 1908. Il reçut une mention honorable en 1881, une médaille de troisième classe en 1911 et le prix Marie Bashkirsteff, une médaille d'or en 1923.

Jules Monge

Ventes Publiques : Paris, 11 fév. 1919 : *Allant au rendez-vous de chasse* : **FRF 45** – Paris, 27 nov. 1944 : *Effet de neige* : **FRF 700** –

Paris, 20 nov. 1991 : *Pékin – la place Tien-An-Men*, h/pan. (15,5x24) : **FRF 4 200** – Calais, 13 déc. 1992 : *La partie de cartes* 1888, h/t (46x38) : **FRF 12 000** – Paris, 20 oct. 1997 : *Paysage en Dauphiné* 1924, h/t (34x46,5) : **FRF 5 500**.

MONGE Luis ou **Monje**
Né en 1925. XXe siècle. Colombien.
Peintre de paysages.
Ventes Publiques : New York, 17 mai 1989 : *La jungle amazonienne* 1977, h/t (127x172) : **USD 18 700** – New York, 20 nov. 1991 : *Sève tropicale* 1975, h/t (127x165) : **USD 16 500** – New York, 18-19 mai 1992 : *Jungle* 1981, h/t (170x130) : **USD 11 000** – New York, 25 nov. 1992 : *Un héron dans un bras de rivière amazonienne* 1976, h/t (134x121) : **USD 14 300** – New York, 23-24 nov. 1993 : *Jungle et palmiers* 1973, h/t (100x130) : **USD 9 200**.

MONGEAU Jean Guy
Né en 1931 à Montréal (Québec). XXe siècle. Canadien.
Peintre.
Musées : Montréal (Mus. d'Art Contemp.) : *Synergie* 1962, émail sur masonite.

MONGENDRE François
XVIIe siècle. Actif au Mans. Français.
Peintre de compositions religieuses.
L'église de Saint-Vincent-des-Prés au Mans possède de lui, une *Assomption* et l'église de Meurcé, une *Nativité de la Vierge* et une *Élévation de la Croix*.
Ventes Publiques : Versailles, 19 juin 1983 : *Moïse sauvé des eaux*, h/t (78x150) : **FRF 17 000** – Paris, 18 déc. 1987 : *Moïse sauvé des eaux*, h/t (76x150) : **FRF 38 000**.

MONGENDRE Nicolas
XVIIe siècle. Actif au Mans de 1661 à 1692. Français.
Sculpteur sur bois et architecte.
Il travailla pour les églises du Mans, de Verneuil-Le-Chétif, de Dangeul et de Meurcé.

MONGEROUX M. de
XVIIIe siècle. Vivant à Paris vers 1760. Français.
Dessinateur et graveur à l'eau-forte.
Il grava des paysages.

MONGERS Cornelis Marinus Willem
Né le 20 janvier 1806 à Doesburg. XIXe siècle. Hollandais.
Peintre de portraits et de paysages.
Élève de Schœmayer, de Doyer, de Heymaus et de Van der Worp.

MONGEZ Angélique ou **Marie Joséphine Angélique**, Mme, née **Lavol**
Née le 1er mai 1775 à Conflans-l'Archevêque (près de Paris). Morte le 20 février 1855 à Paris. XIXe siècle. Française.
Peintre d'histoire, portraitiste et graveur.
Élève de David et Regnault. De 1802 à 1827, elle figura au Salon. En 1804, elle eut une médaille de première classe. On doit notamment à cet artiste un grand *Portrait de Napoléon Ier* pour la ville de Toulouse.
Musées : Angers : *Les sept chefs thébains – Mars et Vénus* – Paris (Mus. Carnavalet) : *Portrait de Ledru-Rollin* – Tours : *Louis XVIII*.

MONGHINI Antonio
XVIIIe siècle. Actif à Ravenne dans la seconde moitié du XVIIIe siècle. Italien.
Peintre d'histoire, de genre et d'animaux.
Élève de Lapiccola.

MONGI Sebastiano. Voir **MONCHI**

MONGILLAT Jeanine
Née à Paris. XXe siècle. Française.
Peintre, peintre de collages, sculpteur, auteur d'assemblages.
Elle fut élève de l'école des beaux-arts de Paris, de 1951 à 1956. Elle vit et travaille à Paris et Gorbio (Alpes-Maritimes). Elle est la femme du peintre indien Sayed Haider Raza.
Elle participe à des expositions collectives, notamment à Paris : de 1958 à 1963 Salon de la Jeune Peinture ; 1959 Biennale ; de 1962 à 1973 Salon des Réalités Nouvelles ; 1962, 1963, 1986, 1988, 1993 Salon Comparaisons ; de 1962 à 1974 Salon Grands et Jeunes d'Aujourd'hui ; 1976 *Boîtes*, ARC, musée d'Art moderne de la Ville ; 1982 Figuration Critique ; 1982, 1983, 1986, 1987 Salon de Mai ; 1984 FIAC (Foire Internationale d'Art contemporain) ; 1990 Centre Georges Pompidou ; 1994, 1995 Salon Contemporaines ; ainsi que : 1963 Munich ; de 1966 à 1974 Biennale de Menton ; 1980 musée des Ponchettes à Nice ; 1987 Centre culturel Jean Arp à Clamart ; 1991 Festival du livre d'art à Cagnes-sur-Mer. Elle montre ses œuvres dans des expositions personnelles depuis 1962 : 1967 Saint-Paul-de-Vence ; 1968 Bombay ; depuis 1975 régulièrement à la galerie l'Œil de Bœuf à Paris ; 1980, 1983 Stavanger (Norvège).
Dans les années soixante-dix, elle réalisait des assemblages, à partir d'objets « pauvres » (ficelles, chaussures, boutons...), chargés affectivement, ainsi que de grands collages. Dans les années quatre-vingt-dix, elle a réalisé une série d'encres aux couleurs vives, pleines de hasards et de naïvetés, ainsi que des sculptures en papier de danseuses, proches de l'art brut.
Bibliogr. : Catalogue de l'exposition *Jeanine Mongillat*, galerie l'Œil de Bœuf, Paris, 1988.
Musées : New Dehli (Nat. Gal. of Mod. Art) – Paris (BN) – Paris (Mus. d'Art Mod. de la Ville).

MONGIN Antoine Pierre
Né en 1761 ou 1762 à Paris. Mort le 18 mai 1827 à Versailles (Yvelines). XVIIIe-XIXe siècles. Français.
Peintre d'histoire, compositions mythologiques, batailles, scènes de genre, paysages, animaux, peintre à la gouache, aquarelliste, graveur.
Il étudia à l'Académie des Beaux-Arts de Paris. Il figura au Salon de Paris, de 1791 à 1824.

Mongin f
Mongin

Musées : Compiègne (Palais) : *Fin d'une tourmente sur le Saint-Gothard* – Lille : *Tombeau de Diane de Poitiers – Figures de Datailly* – Marseille : *Bénédiction des troupeaux partant pour les Alpes* – Schwerin : huit paysages et deux scènes de genre – Versailles : *Bivouac de l'empereur près du château d'Ebersberg le 4 mai 1809 – Passage de l'armée de réserve dans les défilés d'Albaredo près du fort de Bard*.
Ventes Publiques : Paris, 12 avr. 1920 : *La rencontre dans le parc*, aquar. : **FRF 1 920** – Paris, 7-8 juin 1928 : *Le Jardin des Tuileries*, gche : **FRF 14 500** – Paris, 15 mars 1943 : *Deux baigneuses surprises par des chasseurs ; Les trois baigneuses*, deux gches, formant pendants : **FRF 15 900** – Paris, 12 juin 1953 : *Jeune Femme assise dans un parc ; Dessinateur assis dans un parc*, deux gches : **FRF 360 000** – Paris, 3 déc. 1965 : *Le dessinateur dans le parc ; Vue d'un parc avec kiosque*, deux gches, formant pendants : **FRF 28 000** – Paris, 4 nov. 1970 : *Vue présumée du parc de Saint-Cloud*, gche : **FRF 14 100** – Paris, 2 juin 1976 : *La découverte du satyre*, gche et aquar. (57x65) : **FRF 6 000** – Londres, 21 juil. 1976 : *Troupes de la révolution au repos* 1800, h/t (37x44) : **GBP 600** – Paris, 3 déc. 1980 : *Deux baigneuses surprises par des chasseurs ; Trois baigneuses nues au clair de lune*, deux gches marouflées/t (chaque 63x90,5) : **FRF 26 000** – New York, 30 avr. 1982 : *Le parc* 1792, gche/pap. mar. (38x54) : **USD 4 750** – Monte-Carlo, 26 juin 1983 : *Robinson Crusoé dans son campement ; Robinson Crusoé découvrant les traces de Vendredi*, gche, une paire (31x39) : **FRF 50 000** – Londres, 4 avr. 1984 : *Jeune fille au bord d'une rivière aux abords d'une ville*, h/t (98x130) : **GBP 8 000** – Monte-Carlo, 22 fév. 1986 : *Robinson Crusoé découvrant les traces de Vendredi ; Robinson Crusoé dans son campement*, gche, une paire (31x39) : **FRF 65 000** – Paris, 22 nov. 1988 : *Vue de Château-Thierry*, gche (39x55) : **FRF 14 000** – New York, 12 jan. 1990 : *Paysage avec des constructions classiques et une femme se baignant dans un lac* 1795, gche (29,4x38,5) : **USD 12 100** – Paris, 18 déc. 1991 : *Vue d'une église au bord de l'eau et de personnages se promenant*, gche (35x52) : **FRF 16 000** – Paris, 16 mars 1994 : *Paysage au moulin à eau avec un cavalier faisant une chute de cheval* 1798, gche collée/t (62x89) : **FRF 25 000** – Paris, 3 juin 1996 : *Le Repos du joueur de vielle*, h/t (74x60) : **FRF 45 000**.

MONGIN Augustin
Né le 28 avril 1843 à Paris. Mort le 15 avril 1911 à Châtillon-sous-Bagneux. XIXe siècle. Français.
Peintre et graveur à l'eau-forte.
Élève de Gaucherel. Il débuta au Salon de 1874, obtint une médaille de troisième classe en 1876. Sociétaire des Artistes

Français depuis 1887 ; médaille de troisième classe en 1876, de deuxième classe en 1885, médaille d'argent en 1889 à l'Exposition universelle. Chevalier de la Légion d'honneur, membre du Jury hors concours en 1900 à l'Exposition universelle, médaille d'honneur la même année.

MONGIN Jacques
Né au XVe siècle à Auxonne. XVe siècle. Français.
Peintre verrier.
Travailla à Dôle de 1421 à 1440.

MONGIN Marguerite Thérèse de Launay
Née en 1736 à Paris. XVIIIe siècle. Française.
Graveur au burin.
Elle grava des sujets mythologiques et des sujets de genre.

MONGINOT Charles
Né le 24 septembre 1825 à Brienne-Napoléon, aujourd'hui Brienne-le-Château (Aube). Mort le 16 septembre 1900 à Dienville (Aube). XIXe siècle. Français.
Peintre de genre, portraits, animaux, natures mortes, décorations, graveur.
Père de Charlotte Monginot, il vivait et travaillait à Paris, ayant maison et atelier à Dienville, où il passait l'été. Il travailla avec Couture et débuta au Salon de 1850. Il reçut une médaille en 1864 et 1899. Ses natures mortes sont d'un réalisme sincère, non académique.

Musées : Anvers : *Trophée de chasse* – Aurillac : *La Redevance* – Carcassonne : *Convoitise* – Chartres : *Le tabac du riche* – *Le tabac du pauvre* – Louviers (Gal. Roussel) : *Un fureteur* – Metz : *Après la chasse* – Mulhouse : *Chats* – Nancy : *Printemps* – Narbonne : *Un puits rustique* – Nice : *Un déjeuner* – Paris (Mus. du Petit Palais) : *Nature morte* – Poitiers : *Après la chasse* – Semur-en-Auxois : *Le corbeau voulant imiter l'aigle* – Tours : *Un braconnier* – Troyes : *La dîme*.
Ventes Publiques : Paris, 1890 : *Le déjeuner de bébé* : **FRF 200** – Paris, 1891 : *La boîte à surprise* : **FRF 500** – Paris, 1892 : *Nature morte* : **FRF 900** – Paris, 26 avr. 1923 : *La parade* : **FRF 200** – Paris, 26 et 27 mai 1924 : *Les deux singes* : **FRF 260** – Paris, 6 fév. 1925 : *Singes mangeant des fruits* : **FRF 315** – Paris, 25 avr. 1949 : *Nature morte* : **FRF 4 100** – Paris, 6 juil. 1950 : *Après la chasse* : **FRF 9 000** – Paris, 18 mai 1951 : *Les pigeons* : **FRF 2 300** – Paris, 15 juin 1951 : *Retour de chasse : dans le parc* : **FRF 8 500** – Lyon, 2 déc. 1980 : *Singe cuisinier*, h/t (81x60) : **FRF 16 500** – Londres, 9 oct. 1985 : *Nature morte aux roses et à l'éventail*, h/t (97x62,5) : **GBP 2 400** – Milan, 18 déc. 1986 : *Portrait de jeune fille au perroquet*, temp./t. (145x99) : **ITL 6 500 000** – Paris, 29 juin 1988 : *Le fauconnier*, h/pan. (32x24) : **FRF 20 000** – Versailles, 24 sep. 1989 : *Nature morte aux fleurs*, h/t (60x73) : **FRF 15 000** – Troyes, 19 nov. 1989 : *La plumeuse de volailles*, h/t (61x50) : **FRF 18 500** – New York, 28 fév. 1990 : *Pierrot au jardin*, h/t (205,1x120,7) : **USD 63 250** – New York, 22 mai 1990 : *Chatons jouant avec les cordes d'une harpe*, h/t (200x123,9) : **USD 19 800** – Paris, 12 juin 1990 : *Le Chat dans l'atelier de l'artiste*, h/pan. (24x34) : **FRF 20 000** – New York, 15 oct. 1993 : *Jeune garçon portant un plateau de fruits* 1870, h/t (96,5x38,8) : **USD 6 325** – New York, 18-19 juil. 1996 : *Le petit clown affamé*, h/t (66x54) : **USD 3 795**.

MONGINOT Charlotte
Née le 18 décembre 1872 à Paris. XIXe-XXe siècles. Française.
Sculpteur, peintre.
Elle est la fille du peintre Charles Monginot. Elle fut élève de Puech, Raoul Verlet et Marqueste.
Elle exposa à Paris, au Salon des Artistes Français. Elle reçut une mention honorable en 1895 et une médaille de troisième classe en 1910.
Musées : Gray : *Titan foudroyé* – Paris (Mus. Galliera) : *Pauvre Amour* – Troyes : *Victoire*.

MONGINOT François Antoine
XIXe siècle. Français.
Peintre.
Il exposa au Salon de Paris des sujets de fleurs de 1822 à 1850.

Ventes Publiques : Paris, 19 mars 1937 : *Corbeille de fleurs*, peint. sur porcelaine : **FRF 430**.

MONGODIN Victor
Né en 1819 à Vire (Calvados). XIXe siècle. Français.
Peintre de genre, portraits, paysages.
Élève de Rudder et de l'École des Beaux-Arts. Il figura au Salon de Paris avec des sujets de genre de 1846 à 1878.
Ventes Publiques : Paris, 12 mars 1941 : *Le Guitariste* : **FRF 400** – Paris, oct. 1945-juil. 1946 : *La Lecture* ; *La Couture*, ensemble : **FRF 6 000** – Paris, 22 sep. 1950 : *La Dînette* : **FRF 2 000** – Paris, 12 déc. 1991 : *La leçon* 1866, h/pan. (16x21,5) : **FRF 12 500**.

MONGRAIN Claude
Né en 1948 à Shawinigan (Québec). XXe siècle. Canadien.
Sculpteur. Abstrait.
Son œuvre est, avant tout, un mode d'assemblage de diverses structures sur lesquelles l'artiste a pratiqué le minimum d'interventions, se préoccupant surtout des problèmes de tension et d'équilibre. Claude Mongrain considère ses sculptures comme des « situations » qui, en conséquence, sont susceptibles d'être changées, d'être altérées sous l'effet de forces extérieures.
Bibliogr. : In : *Les Vingt Ans du Musée à travers sa collection*, catalogue de l'exposition, Musée d'Art contemporain, Montréal, 1985.
Musées : Montréal (Mus. d'Art Contemp.) : *Construction : Gisant* 1979, béton armé blanc.

MONGRELL MUNOZ Bartolomé
Né en 1880 ou 1882 à Valence. Mort le 3 mars 1938. XIXe-XXe siècles. Espagnol.
Peintre de genre, portraits, aquarelliste.
Il fut élève de l'académie des beaux-arts de Valence et eut pour professeur Ignacio Pinazo. Il s'installa à Madrid dans les années vingt.
Il exposa à l'Académie royale de San Carlos de Valence, ainsi que dans de nombreuses expositions nationales et régionales. Il obtint une mention honorifique à l'Exposition nationale des beaux-arts de Madrid en 1904, une seconde médaille à l'Exposition artistique de la Jeunesse de Valence.
Il s'est spécialisé dans les scènes typiques de sa région natale, d'un style académique, au chromatisme lumineux. Il a également réalisé des affiches.
Bibliogr. : In : *Cien Anos de pintura en Espana y Portugal, 1830-1930*, Antiqvaria, t. VI, Barcelone, 1991.
Musées : Valence (Acad. de San Carlos) : *Portrait de l'artiste par lui-même*.
Ventes Publiques : Londres, 1er oct. 1980 : *Paysage boisé animé de personnages*, h/t (80x96) : **GBP 800**.

MONGRELL Y TORRENT José
Né en 1870 ou 1874 à Valence. Mort en 1937 à Barcelone (Catalogne). XIXe-XXe siècles. Espagnol.
Peintre de genre, figures, portraits, animaux, paysages, marines, peintre de cartons de mosaïques, de compositions murales.
Il fut élève de l'académie des beaux-arts de Valence, et eut pour professeurs Ignacio Pinazo et J. Sorolla.
Il participa à de nombreuses expositions nationales et régionales, obtenant une médaille à l'Exposition nationale de 1904, une médaille d'or à l'Exposition internationale de Barcelone en 1911.
Abordant des sujets variés, il fut influencé par des styles divers, que l'on retrouve dans ses peintures tour à tour académiques, naturalistes, postimpressionnistes ou ses affiches symbolistes. Il privilégia néanmoins une peinture régionaliste, lumineuse en particulier dans les nombreuses scènes de plage.
Bibliogr. : In : *Cien Anos de pintura en Espana y Portugal, 1830-1930*, Antiqvaria, t. VI, Barcelone, 1991.
Musées : Barcelone – Madrid.
Ventes Publiques : Madrid, 4 jan. 1978 : *Intimité*, h/t (70x69) : **ESP 480 000** – Barcelone, 28 fév. 1980 : *Après le bain*, h/t (90x74,5) : **ESP 625 000** – Londres, 22 juin 1988 : *Fruits de la vigne*, h/t (77x58) : **GBP 16 500** ; *Femmes sur la plage de Cullera à Valence*, h/cart. (22x28,5) : **GBP 1 320** – Londres, 21 juin 1989 : *Le débarquement du poisson*, h/t (73x88,5) : **GBP 85 800** – Londres, 15 fév. 1990 : *Couple de pêcheurs sur la grève*, h/t (90x78) : **GBP 82 500**.

MONGROLLE Bénédicte
Née en 1955 à Paris. XXe siècle. Française.
Dessinateur, graveur.

Elle vit et travaille à Paris.
Elle a participé en 1992 à l'exposition *De Bonnard à Baselitz – Dix Ans d'enrichissements du cabinet des estampes 1978-1988* à la Bibliothèque nationale à Paris.
Musées : Paris (BN, Cab. des Estampes) : *Apertura n° 1* 1983, pointe sèche.

MÖNHARDT Johann Jakob. Voir **MÖNCHARDT**

MONHEIM Luc
Né en 1941 à Anvers. xxe siècle. Belge.
Peintre, sculpteur.
Il fut élève de l'académie des beaux-arts d'Anvers. Il a réalisé plusieurs films.
Il réalise des assemblages surprenants, fruit d'une riche imagination.
Bibliogr. : In : *Dict. biogr. ill. des artistes en Belgique depuis 1830*, Arto, Bruxelles, 1987.

MONI Domenico. Voir **MONA**

MONI Izaac de
Né vers 1704 à Breda. Mort avant le 17 avril 1784. xviiie siècle. Hollandais.
Peintre.
En 1728, il était dans la gilde de Leyde ; en 1772, il était à Breda.

MONI Louis de ou **Demonie**
Né en 1698 à Breda. Mort le 15 septembre 1771 à Leyde. xviiie siècle. Hollandais.
Peintre de genre, portraits.
Il fut tout d'abord élève de Van Kessel, de Biset, puis de Philip Van Dyck à La Haye ; il devint membre de l'Académie de La Haye en 1721. Il alla à Kassel avec Ph. Van Dyck, puis en 1750 à Leyde. Il peignit des portraits et des tableaux de genre dans le goût des Mieris et Gérard Dou.

Musées : Amsterdam : *La Bouquetière* – Cambridge : *Marchand et marchande de poissons* – La Haye : *Femme dans un intérieur* – Karlsruhe : *La Marchande de poissons – La Délivrance de l'oiseau menacé par le chat* – Leyde : *La Dentellière* – Lille : *Le Goûter* – Paris (Mus. du Louvre) : *Scène de famille* – Rotterdam : *La Marchande de poissons* – Saint-Pétersbourg : *La Marchande de marée – Le Bon Vivant* – Vienne (Mus. nat.) : *Une fille de cuisine* – Vienne (coll. Stummer) : *La Cuisinière à la fenêtre.*
Ventes Publiques : Paris, 1773 : *La Récureuse* : **FRF 860** – Poitiers, 1863 : *Cuisine hollandaise* : **FRF 480** – Poitiers, 1890 : *La Ménagère* : **FRF 1 750** – Poitiers, 1891 : *Un savant à l'étude* : **FRF 620** – Londres, 24 juin 1927 : *Pêcheur d'or* : **GBP 29** – Londres, 15 avr. 1929 : *Petite fille tenant une boîte de bonbons* : **GBP 84** – Londres, 19-22 juin 1931 : *Scène d'intérieur* : **GBP 29** – Paris, 27 juin 1935 : *La Marchande de légumes* : **FRF 2 000** – Paris, 9 mars 1951 : *Chagrin d'enfant* : **FRF 45 000** – Londres, 6 avr. 1977 : *La jeune fille et le masque*, h/pan. (28,5x24,5) : **GBP 4 400** – New York, 12 janv 1979 : *Couple dans l'embrasure d'une porte*, h/pan. (22x16,5) : **USD 5 250** – Londres, 8 avr. 1981 : *Les Bulles de savon*, h/pan. (23,5x18) : **GBP 3 500** – Londres, 13 juil. 1983 : *Une servante à sa fenêtre*, h/t (34,5x26) : **GBP 6 300** – Londres, 10 déc. 1986 : *Jeune homme buvant à une fenêtre*, h/pan. (39x31,5) : **GBP 8 000** – Londres, 23 mars 1990 : *Couple de jeunes gens jouant au jeu de l'oie* 1743, h/pan. (26,3x21,6) : **GBP 17 600** – New York, 1er juin 1990 : *Homme ivre à une fenêtre tenant un verre*, h/pan. (39,5x30,5) : **USD 11 000** – Londres, 30 oct. 1996 : *Femme à une fenêtre tenant un chaudron*, h/pan. (43,5x33,6) : **GBP 6 210** – Amsterdam, 10 nov. 1997 : *Homme d'étude, de trois quarts, assis à son bureau dans un intérieur*, h/pan. (26x21,2) : **NLG 7 495**.

MONI Paul ou **Monnj** ou **Mony**
Né vers 1617. Mort le 17 novembre 1700 à Spital-sur-Drave. xviie siècle. Autrichien.
Peintre.
Il décora de plusieurs peintures l'église de Spital-sur-Drave.

MONIC Daniel
Né en 1948 à Dijon (Côte-d'Or). xxe siècle. Actif en Belgique. Français.
Peintre de compositions animées. Fantastique.
Il décrit un monde visionnaire.
Bibliogr. : In : *Dict. biogr. ill. des artistes en Belgique depuis 1830*, Arto, Bruxelles, 1987.

Ventes Publiques : Lokeren, 6 déc. 1997 : *Couple*, bronze poli (24x35) : **BEF 55 000**.

MONICA Ambrogio della. Voir **MONACA**

MONICA Gennaro della
Né en 1837 à Teramo (Abruzzes). xixe siècle. Italien.
Peintre.
Commença ses études artistiques à quatorze ans, à l'Académie des Beaux-Arts de Naples. Son premier travail obtint l'approbation des amateurs et lui valut de suite une renommée universelle. A vingt ans, son *Jésus conduit au calvaire* lui mérita les éloges de la critique. L'artiste se mit alors à voyager ; visita la Suisse, l'Italie entière ; et se fixa à Florence pour sept ans. On cite parmi ses principales œuvres : *Le Juif errant* ; *Ferrucio à Gavinana* ; *Salvator Rosa au milieu des brigands*. Ce dernier tableau fut acquis par le roi Victor-Emmanuel. Beaucoup d'églises possèdent des sujets religieux de della Monica, surtout dans les Abbruzzes : *Saint André et saint Gaétan, Descente de croix* (église de Mosciano Sant'Angelo) ; *Ezzelino da Romano écoutant saint Antoine* ; *Saint Antoine bénissant les champs* ; *Moïse sauvé des eaux*. Il fit aussi, pour le Palais de Justice de Teramo, *Brutus condamnant ses fils*, et deux tableaux de genre *Le chasseur et la caille*, exposé à Turin en 1884, en même temps qu'un *Coucher de soleil* bien réussi. Le Musée de Salford conserve de lui un *Portrait de Garibaldi*.

MONICA Tommaso della
Né à Naples. Mort en 1601. xvie siècle. Italien.
Sculpteur.
Il orna de ses sculptures plusieurs églises de Naples où il exécuta des chaires et des fonts baptismaux.

MONICH Enrico
xve siècle. Actif au début du xve siècle. Allemand.
Sculpteur.
Il a sculpté avec Walter Monich un *Géant* pour la cathédrale de Milan.

MONICH Peter
xive siècle. Actif à Francfort-sur-le-Main en 1382. Allemand.
Peintre.

MONICH Pietro ou **da Monaco**
xve siècle. Actif vers 1400. Allemand.
Sculpteur.
Il fut maître de l'École des sculpteurs et a sculpté une statue d'ange pour la cathédrale de Milan.

MONICH Walter ou **Walter da Monaco, Gualtiero di Giovanni**
xve siècle. Allemand.
Sculpteur.
Actif au début du xve siècle, il travailla à la cathédrale de Milan et y a sculpté une statue de prophète. Il faut peut-être l'identifier à Gualtiero di Alemagna.

MONICX. Voir **MONINCKX**

MONIE
xviie-xviiie siècles. Actif à Paris. Français.
Médailleur.
On cite de lui la médaille de *Charles Dommey*.

MONIEN Julius
Né le 13 décembre 1842 à Königsberg. Mort en janvier 1897 à Königsberg. xixe siècle. Allemand.
Paysagiste.
Élève de Rosenfelder et Behrendsen, à l'École des Beaux-Arts de Königsberg. Il a exposé à partir de 1872, à Berlin et Hanovre. Le Musée de Breslau conserve de lui un *Paysage forestier*.

MONIER
Né à Montbrison. xviie siècle. Français.
Sculpteur sur bois.

MONIER. Voir aussi **MOSNIER**

MONIER Émile Adolphe
Né le 10 juillet 1883 à Paris. xxe siècle. Français.
Sculpteur, graveur, médailleur.
Il fut élève de Ponscarne. Il a reçu une médaille en 1924.
Musées : Troyes.
Ventes Publiques : Paris, 6 juin 1984 : *Koumbo* 1930, marbre noir granité (H. 65) : **FRF 10 500**.

MONIER DE LA SIZERANNE Max
Né à Tain (Drôme). Mort en 1907. xixe siècle. Français.

Paysagiste.
De 1857 à 1878, il figura au Salon de Paris avec des paysages et des esquisses de voyages à Rome, à Naples et dans le Midi de la France. Le Musée de Marseille conserve de lui *L'ancien port d'Arles*.

Max. monier de la Sizeranne. 1866

MONIES David
Né le 3 juin 1812 à Copenhague. Mort le 29 avril 1894 à Copenhague. XIXe siècle. Danois.
Peintre de genre, portraits, lithographe.
Élève de l'Académie de Copenhague et de J. L. Lund.
Musées : Copenhague (Mus. d'Art) : *Personnages prenant le café dans la verdure* – Frederiksborg : *Retour du guerrier*.
Ventes Publiques : Copenhague, 18 mars 1980 : *Mère et enfants dans un intérieur*, h/t (52x58) : **DKK 12 500** – Londres, 24 juin 1981 : *Le Petit Docteur* 1849, h/t (38x41) : **GBP 4 000** – Londres, 16 juin 1982 : *Scène familiale dans un intérieur* 1851, h/t (52,5x62) : **GBP 3 500** – Londres, 25 nov. 1983 : *A toast to the young bugler*, h/t (131x176,5) : **GBP 12 000** – Copenhague, 27 fév. 1985 : *Le Galant Entretien*, h/t (62x48) : **DKK 110 000** – Copenhague, 16 avr. 1986 : *Le Galant Entretien* 1844, h/t (48x36) : **DKK 38 000** – Londres, 24 mars 1988 : *Le chasseur*, h/t (53,5x49) : **GBP 13 200** – Stockholm, 15 nov. 1988 : *Portrait d'une dame en robe rose et châle de velours noir* 1847, h. (76x63) : **SEK 25 000** – Copenhague, 25 oct. 1989 : *L'allumeur de pipes* 1874, h/t (29x23) : **DKK 6 500** – Copenhague, 21 fév. 1990 : *Portrait d'une jeune fille avec un châle noir* 1839, h/t (29x23) : **DKK 6 800** – Londres, 27-28 mars 1990 : *Le jour du loyer*, h/t (51x69) : **GBP 7 700** – Copenhague, 29 août 1990 : *Portrait de l'actrice Erhardine Adolphine Hansen*, h/t (123x94) : **DKK 9 000** – Copenhague, 6 déc. 1990 : *Jeune fille revenant de l'église avec un vieil homme* 1858, h/t (97x82) : **DKK 30 000** – Copenhague, 28 août 1991 : *Portrait du Grand Duc Frederic d'Oldenbourg* 1839, h/t (20x17) : **DKK 19 000** – Stockholm, 10-12 mai 1993 : *Le petit malade*, h/t (80x86) : **SEK 14 500** – Copenhague, 8 fév. 1995 : *Portrait d'homme*, h/t (35x30) : **DKK 4 700** – New York, 12 avr. 1996 : *Le chasseur*, h/t (53,3x48,9) : **USD 7 475**.

MÖNIG Anton
Né au XIXe siècle à Essen. XIXe siècle. Allemand.
Peintre de panoramas.
Élève de W. Shadow à Düsseldorf. Il travailla dans cette ville et à Cologne.

MONIGHETTI Ippolito ou **Ippolit**
Né le 5 janvier 1819 à Moscou. Mort le 10 mai 1878 à Moscou. XIXe siècle. Russe.
Peintre et architecte.
Fils de l'architecte Antonio M., originaire de Biasco (Tessin), la Galerie Tretiakov, à Moscou, conserve de cet artiste : *A Pompéi*.

MONINCKX Cornelis ou **Monincks** ou **Monnickx**
Né vers 1623. Enterré à La Haye le 17 novembre 1666. XVIIe siècle.
Peintre de genre.
Fils de Sybert Moninckx. Houbraken dit qu'il alla à Rome à treize ans, mais doit confondre avec son frère Pieter, d'après le Dr von Wurzbach. En 1640, il était dans la gilde de La Haye et en 1647 il épousa Maria Terborch ; en 1652, il eut un procès au cours duquel il fut soupçonné de faux monnayage. En 1653, il travailla au château Honselaersdyk ; il fit l'esquisse du tombeau de l'amiral Wassenaer-Obdam, tombeau exécuté par le sculpteur B. Eggers.
Ventes Publiques : Paris, 9 déc 1979 : *Tabagie en plein air*, cr./vélin (19x25) : **FRF 16 500**.

MONINCKX Jan ou **Jehan** ou **Moninks** ou **Moninkx** ou **Moniks**
XVIIe siècle. Actif à La Haye en 1673. Hollandais.
Peintre.

MONINCKX Maria ou **Machtelt** ou **Monincks**
XVIIe siècle. Hollandaise.
Peintre de fleurs.
Sœur de Sybert M. et femme de Paulus I Dinant.

MONINCKX Pieter ou **Monincks** ou **Monnicx** ou **Monnix**
Né vers 1605 à La Haye. Mort après 1672. XVIIe siècle. Hollandais.
Peintre de paysages, architectures, natures mortes.
Fils de Sybert Cornelisz Moninckx, il dut aller à Rome au service du pape. En 1639, il était dans la gilde de La Haye. Il épousa la veuve Judith Nieulandt en 1647, deux ans plus tard, déjà veuf, il était dans la misère. En 1656, il fut, avec son frère, Cornelis, un des fondateurs de la Confrérie de La Haye. Il y vivait encore en 1672. On cite, en 1682, un Pieter Monincx, peintre verrier à La Haye, peut-être le même artiste. Le château de Kronborg près d'Helsingor conserve de lui *Amour dormant avec tête de mort et sablier*.
Ventes Publiques : Amsterdam, 18 nov. 1980 : *Homme attaquant une femme*, craie noire/parchemin (31,8x26,7) : **NLG 4 000** – Londres, 16 avr. 1997 : *Nature morte d'oiseaux divers, d'un nid, de lièvres, d'un panier et d'insectes, le tout sur un entablement*, h/t (56,3x93,4) : **GBP 10 925**.

MONINCKX Sybert Cornelisz
Mort le 22 avril 1635 à La Haye. XVIIe siècle. Hollandais.
Peintre de paysages.
Père de Cornelis et Pieter Moninckx. En 1605, il entra dans la gilde de La Haye, il eut pour élèves Matheus Müller, W. J. Van Brederde, H. Sonniius, Reynier, Rasenbourg.

MONINOT Bernard
Né le 15 mai 1949 à Le Fay (Saône-et-Loire). XXe siècle. Français.
Dessinateur, peintre, graveur. Hyperréaliste, puis tendance conceptuelle.
Il est le fils du sculpteur Robert Moninot et du peintre Yvonne Cruat. Il fut élève de l'école des beaux-arts de Paris de 1967 à 1973. En 1969, il participe à une expédition scientifique dirigé par Haroun Tazieff sur l'Etna en Sicile puis, en 1981 et 1991, séjourne en Inde. En 1994, il est nommé professeur à l'école des beaux-arts de Nantes. Il vit et travaille au Pré-Saint-Gervais (Paris) et à Frontenay (Jura).
Depuis 1969, il participe à de nombreuses expositions collectives, représentant les tendances les plus jeunes de la peinture contemporaine, notamment : 1971 *L'Image en question* et *Une Figuration autre* dans divers centres culturels, VIIe Biennale de Paris ; 1972 Salon Grands et Jeunes d'Aujourd'hui et VIIIe Biennale à Paris, IVe Biennale de Ravenne ; 1977 *Mythologies quotidiennes* au musée d'Art moderne de la ville de Paris ; 1978 Documenta VI de Kassel ; 1986 abbaye de Meymac ; 1991 Triennale de New Dehli... Il montre ses œuvres dans des expositions personnelles : 1970 Prieuré de Vivoin dans la Sarthe avec une présentation de J.-J. Levêque ; 1972 Maison de la culture d'Amiens avec une présentation de Bernard Noël ; 1974 musée d'Art et d'Industrie de Saint-Étienne ; 1976 galerie Karl Flinker à Paris ; 1978 musée de l'Abbaye Sainte-Croix aux Sables-d'Olonne ; 1979 fondation Maeght à Saint-Paul-de-Vence ; 1980 musée d'Art moderne de la ville de Paris ; à partir de 1987 galerie Montenay à Paris ; 1990 centre d'Art contemporain de Montbéliard ; 1994 Maison d'art contemporain de Chaillioux de Fresnes ; 1996 galerie nationale du Jeu de Paume à Paris.
Le succès dans les années soixante-dix de Moninot, alors encore très jeune, coïncide avec celui des hyperréalistes qu'ils soient Espagnols ou Américains en attendant peut-être qu'on y associe les « réalistes-socialistes » d'U.R.S.S. Il faut cependant se défier de ces assimilations hâtives. La technique de Moninot est en effet alors toute de minutie, mais s'il piège la réalité dans son exact reflet, dans les séries des *Vitrines* et *Serres* notamment où il place, sous verre, des trompe-l'œil, c'est pour mieux accuser l'étonnement du regard, faussement innocent, qu'il pose sur les choses. Quand les Espagnols de l'hyperréalisme guettent le délitement insidieux de notre cadre de vie, les murs qui se fissurent, le lavabo qui s'encrasse, Moninot accepte au contraire notre paysage urbain dans toute sa modernité, se faisant ainsi le continuateur des Américains Ben Shahn et surtout Edward Hopper, accusant le dépaysement croissant de l'être-homme dans son univers mécanisé, aseptisé, lui-même se réduisant progressivement à des comportements-réflexes. Dans les années quatre-vingt, il s'éloigne de l'hyperréalisme et commence à travailler à des œuvres plus ésotériques. Il adopte comme support le verre, pour sa transparence, qui invite à regarder au-delà. Dessus, il inscrit aux graphites, pigments ou noirs de fumée, la coupe d'objets familiers fabriqués par lui-même (roue, pelote, fil de fer), éléments d'architecture ou structures géométriques, inspirés de la Renaissance, éclairés de manière à obtenir des ombres intéressantes. À partir des *Baies sombres* de 1986-1987, il use d'une technique en plusieurs étapes, originale et violente. Il reporte en creux, au cutter, le dessin, ou par la suite la photographie, d'ombres déployées sur une matrice en carton y inscri-

vant des sillons dans lesquels il « dépose » des matières (graphite, silice, pigments colorés), puis, d'un coup de marteau, transfère les pigments de la matrice sur la plaque de verre recouverte d'enduit transparent et de vernis, fixant ainsi le dessin sur son nouveau support parfois coloré. Ensuite, il enserre l'œuvre dans un cadre de métal qui sera présenté détaché du mur pour en rendre visible l'ombre du dessin reproduit. Selon ce même procédé de décrochement, il présente, fixées au mur mais détachées de celui-ci, des sculptures, figures abstraites constituées de pastilles en plastique ou émail et cordes de piano et l'ombre de celle-ci. Privilégiant les effets d'ombre et de lumière, de transparence et d'opacité, de matité et de brillance, il travaille sur l'image et son double, explorant au cours des années diverses techniques ainsi avec *Belvédère* de 1994-1996, il pratique une gravure directe réalisée sur papier carbone.
Détaché de l'hyperréalisme de ses débuts, où il calquait avec minutie le réel, s'appuyant sur une représentation neutre « photographique », Moninot, ayant évolué dans des œuvres plus poétiques, continue de mettre en scène la figure de double, présentant une image ou sculpture et sa reproduction constituée par l'ombre projetée. Évoquant le cosmos, mais aussi l'Inde et ses jardins, ses claustras traversés par la lumière, il poursuit un travail original, où l'œuvre cesse d'être unique, elle s'inscrit ici et ailleurs, est sa présence et son ombre. Travaillant désormais sur cet entre-deux infime où se situe l'œuvre, entre présence et absence, entre ténèbres et lumière, artiste-astronome, Moninot interroge l'espace au travers des multiples faisceaux qui le tissent. ■ Laurence Lehoux, J. B.
Bibliogr. : Catalogue de l'exposition : *Bernard Moninot*, Maison de la culture, Amiens, 1972 – Catalogue de l'exposition : *Bernard Moninot*, Musée d'Art et d'Industrie, Saint-Étienne, 1974 – Jean Luc Chalumeau : *Bernard Moninot. Réinventer aujourd'hui la modernité*, Opus International, n° 110, Paris, sept. oct. 1988 – in : *L'Art du xxe s.*, Larousse, Paris, 1991 – in : *Dict. de l'art mod. et contemp.*, Hazan, Paris, 1992 – Catalogue de l'exposition : *Bernard Moninot*, Galerie nationale du Jeu de Paume, Paris, 1997.
Musées : Amiens (FRAC) : *Flammes solaires* 1983-1984 – *Ricochets* 1989 – Chicago (Art Inst.) : *Nighthawks* 1942 – Grenoble (Mus. de peint. et de sculpt.) : *Construction n° 2* – Marseille (Mus. Cantini) : *Vitrine* 1971-1972 – Paris (FNAC) – Paris (CNAC) – Paris (BN) : *Chambre noire* 1979, eau-forte – Rotterdam (Mus. Boymans-Van Beuningen) : *Travaux* 1974.
Ventes Publiques : Paris, 17 juin 1985 : *Réflection n° 2* 1973, h./assemblages de bois, Plexiglas, miroir, etc. (153x273) : **FRF 51 000** – Paris, 22 nov. 1987 : *Construction oblique* 1974, encre de Chine (75x105) : **FRF 19 000** – Paris, 26 oct. 1988 : *Construction oblique*, mine de pb et découpage/pap. (75x105) : **FRF 19 000** – Paris, 7 oct. 1996 : *Sans titre*, pigment bleu fixé sous verre (14,5x40,5) : **FRF 8 000**.

MONINOT Robert
Né le 26 octobre 1922. xxe siècle. Français.
Sculpteur de portraits.
Il avait étudié les techniques propres au travail du fer entre 1939 et 1941, dans une école professionnelle. Il fut professeur de sculpture au lycée Pilote de Sèvres.
Il participa à Paris, aux Salons d'Automne, de la Jeune Sculpture, d'Art sacré. Il fit des expositions à Paris, en 1962, 1966, 1968, 1970.
Il fit ses premiers masques et portraits du monde paysan en 1942. Il a commencé à modeler le métal, à partir de 1956. Soucieux de volumes tendus, ennemi de tout baroquisme, il s'est créé une technique utilisant des coquilles d'acier de fabrication industrielle, qu'il remodèle, découpe et soude avec précision. Ses sculptures, en particulier certaines *Têtes de mort*, se caractérisent par le poli de leurs surfaces arrondies. Ses compositions sont faites d'oppositions de formes pleines et lisses à des structures aiguës et acérées.

MONIO Domenico. Voir **MONA**

MONIQUET Philippe
Né en 1932 à Liège. xxe siècle. Belge.
Peintre.
Il réalise des œuvres pleines de naïveté.
Bibliogr. : In : *Dict. biogr. ill. des artistes en Belgique depuis 1830*, Arto, Bruxelles, 1987.

MONJE Paula
Née en 1849 à Düsseldorf. Morte le 4 mai 1919 à Düsseldorf. xixe-xxe siècles. Allemande.
Peintre de genre, portraits.
Élève de Gebhardt et Soh. Elle a exposé, à partir de 1878, à Berlin et Munich. Le Musée National de Berlin conserve d'elle *Fête populaire au* xvie *siècle* et *Patricienne*, celui de Stettin, *Matin de dimanche en Hollande*.

MONJO Hernandez. Voir **HERNANDEZ-MONJO Francisco**

MONJOL Pedro
xvie siècle. Travaillant à Valladolid. Espagnol.
Sculpteur.
Élève de Froment.

MONK M. C.
xviiie siècle. Actif vers 1780. Britannique.
Portraitiste et miniaturiste.

MONK William
Né en 1863 à Chester. Mort en 1937. xixe-xxe siècles. Britannique.
Dessinateur, graveur de paysages urbains.
Il a réalisé de nombreuses vues de Londres et utilisé en particulier la technique de l'eau-forte.
Musées : Londres (Vict. and Alb. Mus.) : *Londres, cité lugubre* datées de 1896 à 1902, eaux-fortes, série de six pièces variées.
Ventes Publiques : Londres, 28 avr. 1926 : *Stocks Exchange de New York*, aquar. : **GBP 13** – Londres, 29 fév. 1984 : *Une fête à Londonderry*, aquar. sur traits de cr. (17x24,5) : **GBP 1 100**.

MONKHOUSE Cosmo ou **William Cosmo**
Né en 1840. Mort le 21 juillet 1901 à Skegness. xixe siècle. Britannique.
Paysagiste et écrivain d'art amateur.

MONKIEWITSCH Lienhardt von
Né en 1941 à Steterburg. xxe siècle. Allemand.
Peintre.
Il vit à Brauschweig, où il a fait ses études.
Sa participation à la Biennale de Venise en 1971 auprès des hyperréalistes, sa présence à l'exposition de groupe *Hyperréalistes américains, Réalistes européens* au Centre national d'art contemporain à Paris, en 1974 le font rapidement classer parmi ces réalistes européens. Il expose en Allemagne depuis 1970.
Certes sa peinture est fidèle à une certaine « lisibilité de l'image », certes est réaliste, sa manière de dessiner plinthes et plancher, mais là semble s'arrêter l'analogie. Il serait plus juste de le définir comme peintre d'espaces, espaces ouverts, jamais achevés, qui pour être réalistes, n'en entretiennent pas moins des rapports avec les rêveries surréelles.

MONKOWICKI Marc
Né en 1926 à Paris. xxe siècle. Français.
Peintre de figures, paysages, marines.
Il fut élève de l'école des beaux-arts de Paris.
Il a participé à divers salons parisiens : Comparaisons, de la Marine, d'Automne, des Indépendants, de la Société Nationale des Beaux-Arts, des Artistes Français. Il montre ses œuvres dans des expositions personnelles.
Il travaille la matière, jouant des constrastes de couleurs et d'épaisseurs.

MONKS John Austin Sands
Né le 7 novembre 1850 à Cold-Spring-on-Hudson. Mort en mars 1917 à Chicago. xixe-xxe siècles. Américain.
Peintre de paysages et d'animaux, graveur.
Élève de Geo. N. Chase et de G. Inness. Il travailla à Boston dont le Musée conserve de lui *Moutons*. Il a surtout peint des moutons.

MONKSWELL Robert Porrett Collier, Lord. Voir **COLLIER Robert Porrett,** Sir

MONLEON Y TORRES Raphael ou **Rafael**
Né en 1843 ou 1847 à Valence. Mort le 24 novembre 1900 à Madrid. xixe siècle. Espagnol.
Peintre de marines, illustrateur.
Élève de C. de Haes et de R. Montesino. Il fit ses études artistiques à Madrid et obtint dans cette ville une médaille en 1871. Il a participé à quelques expositions allemandes, notamment à Vienne en 1882 et à Munich en 1883.
Musées : Madrid : *Naufrage sur les côtes des Artrones – Port de Laredo – Temps calme dans le port de Valence*.
Ventes Publiques : Madrid, 24 avr. 1986 : *Le Port de Valence*, h/t (56x95) : **ESP 300 000** – Londres, 3 juin 1987 : *Le City of New York, Liverpool* 1888, h/t (81x150) : **GBP 14 000** – Londres, 30 mai

1990 : *Le City of New York dans le port de Liverpool* 1888, h/t (81x150) : **GBP 17 600**.

MONLUÇON Alphonse ou **Moluçon**
Né vers 1882. Mort en août 1903. XIXe-XXe siècles. Français.
Peintre de fleurs, peintre de compositions murales, graveur.
Il participa à Paris, au Salon des Artistes Français, dont il fut membre sociétaire.

MONNA Andrea della
XVIe siècle. Actif à Sienne de 1540 à 1595. Italien.
Stucateur.
Il décora plusieurs églises et chapelles de Sienne d'ornements et de statues.

MONNA Domenico. Voir **MONA**

MONNA Raffaello della
XVIe siècle. Actif à Sienne dans la seconde moitié du XVIe siècle. Italien.
Sculpteur.
Frère d'Andrea della Monna. Il fut comme lui stucateur.

MONNAC Adeline Jeanne, Mme, née **Jacquet**
Née au XIXe siècle à Lunéville. XIXe siècle. Française.
Peintre.
Élève de Cobus. Elle figura au Salon de Paris en 1868, avec deux sujets d'après le Titien.

MONNART Simon
XVe siècle. Éc. flamande.
Sculpteur sur bois.
On cite de lui un *Diptyque* pour la salle des échevins de Tournai.

MONNAUD Émile, dit **Saint-Marc**
Né en 1804 à Paris. XIXe siècle. Français.
Peintre.
Ventes Publiques : Paris, 28 avr. 1900 : *Le tigre* : **FRF 100** – Paris, 1900 : *Tigre couché*, dess. au cr. et au past. : **FRF 500**.

MONNAVILLE François, dit **Jeugt** ou **Monaville** (par erreur)
Né à Bruxelles. Mort après 1674. XVIIe siècle. Éc. flamande.
Peintre d'histoire et de portraits.
Il travailla à Rome, notamment vers 1674, pour le prince Odeschalchi ; il fit partie de l'Académie de Saint-Luc, et servit de parrain à Abr. Genoels. Thiboust grava d'après lui *Christ mort avec la Vierge et sainte Madeleine*.

MONNECOVE Gaston, le Sergeant de
Né le 10 mars 1836 à Saint-Omer. XIXe siècle. Français.
Peintre de paysages.
Élève de J. Palizzi. Figura au Salon de Paris, de 1865 à 1881, avec des paysages. Le Musée de Saint-Omer conserve de lui *Étang en forêt* (scène de chasse).

MONNEGRO Juan Bautista. Voir **MONEGRO**

MONNERET Jean
Né le 27 novembre 1922 à Chalon-sur-Saône (Saône-et-Loire). XXe siècle. Français.
Peintre de paysages, marines, aquarelliste, peintre de décorations, de cartons de mosaïques.
Il fut élève de l'École des Beaux-Arts de Lille, puis de celle de Paris. Il reçut une bourse de voyage de l'État en 1957. De 1974 à 1988, il enseigna le dessin à l'École des Arts Appliqués de Paris, où il vit et travaille. Il a écrit plusieurs ouvrages sur l'art, en particulier l'histoire du Salon des Indépendants, dont il est président depuis 1977.
Il participe à différents Salons parisiens : depuis 1953 des Indépendants dont il est président depuis 1977, 1960 d'Automne dont il est membre sociétaire, ainsi qu'à des expositions collectives : en 1975 au Musée Pouchkine de Moscou et au Musée de l'Hermitage à Léningrad, ainsi qu'à Genève, Cannes, Houston, Miami, Tokyo, etc.
Il montre ses œuvres dans des expositions personnelles : 1957 Cannes, depuis 1958 régulièrement à Paris ; 1962 Genève ; 1964, 1966, 1968, 1970, 1972, 1974, 1976 New York ; 1982 Los Angeles et Miami ; 1989, 1990, 1992 Tokyo ; 1997 Paris, rétrospective dans le cadre du Salon des Indépendants. Il a reçu le Grand Prix Puvis de Chavannes de la Société Nationale des Beaux-Arts en 1964, une médaille d'or au Salon des Artistes Français. Il est chevalier de la Légion d'honneur, de l'Ordre national du mérite, des Arts et des Lettres.
En 1933, il réalisa ses premières aquarelles. De 1941 à 1950, il se spécialisa dans les paysages urbains traditionnels, puis s'attacha dans les années cinquante à décrire les sites des grands chantiers de construction, barrages, routes, voies de chemin de fer. Depuis 1971, attiré par la modernité, il privilégie la représentation de vues caractéristiques de métropoles : la Défense, Manhattan, de machines futuristes : véhicules spatiaux. Il exécuta des décorations murales, pour les lycées de Châtellerault, Bourges, des mosaïques au lycée de Fontenay-sous-Bois, et des panneaux gravés au lycée de Beauvais, au Collège d'Enseignement Secondaire de Lille.
Musées : Lille (Mus. des Beaux-Arts) – Paris (Mus. d'Art Mod. de la Ville) – Paris (Mus. de la Marine) – Paris (Mus. Carnavalet) – Paris (BN) : *Marche pour la survie* 1980, litho.
Ventes Publiques : Paris, 14 déc. 1988 : *Cavaliers au château*, h/t (61x73) : **FRF 7 500** – Paris, 26 jan. 1990 : *Le Vert-Galant*, aquar. (50x64) : **FRF 9 000** – Paris, 4 nov. 1992 : *Bateau de pêche* 1967, h/t (73x92) : **FRF 11 000** – Paris, 29 nov. 1994 : *New York* 1966, h/t (133x95) : **FRF 16 000** – Paris, 10 fév. 1995 : *Rotterdam*, h/t (173x130) : **FRF 16 600**.

MONNERET SCILLE Mireille ou **Scille Monneret**
Née le 24 juin 1930 à Vouglans (Jura). XXe siècle. Française.
Peintre de portraits, paysages, natures mortes, fleurs. Postimpressionniste.
Elle fut élève de l'école des beuax-arts de Besançon. Elle vit et travaille dans la Drôme.
Elle participe à des expositions collectives : Salon des Indépendants, dont elle est membre sociétaire, à Paris, musées de Hyères, Nice, Cannes, Toulon, Nancy, Valence... Elle montre ses œuvres depuis 1966 dans des expositions personnelles, principalement dans le Jura et la Drôme.
Des paysages réalistes, impressionnistes, puis naïfs, elle a évolué dans des peintures d'atmosphère, privilégiant les ciels, l'eau, les forêts. Elle a réalisé quelques portraits.

MONNERON Myriam de
Née le 30 novembre 1910 à Paris. XXe siècle. Française.
Graveur, peintre de miniatures.
Elle exposa à Paris, au Salon des Artistes Français, dont elle devint membre sociétaire. Elle fut lauréate de l'Institut.

MONNERON Sibylle de
Née le 12 novembre 1948 à Paris. XXe siècle. Française.
Peintre, sculpteur.
Elle participe à des Salons parisiens, dont elle est sociétaire, ainsi qu'à des expositions de groupe en Île-de-France, province, à l'étranger. Elle reçut diverses distinctions, dont le prix Émile Bernard.
En peinture, figurative, elle peut recourir au symbole. Sa sculpture est essentiellement animalière.

MONNET
XVIIIe siècle. Travaillant à Roanne vers 1700. Français.
Peintre de paysages.
Le Musée de Roanne conserve de cet artiste, sur lequel les renseignements font défaut jusqu'ici, une importante *Vue de Roanne* peinte, très probablement d'après nature, vers 1700. La facture en est grossière.
Musées : Roanne : *Vue de Roanne*.

MONNET Charles
Né le 10 janvier 1732 à Paris. Mort après 1808. XVIIIe siècle. Français.
Peintre d'histoire, sujets mythologiques, compositions religieuses, portraits, paysages, compositions décoratives, dessinateur, illustrateur.
Il fit de brillantes études aux écoles de l'Académie Royale sous la direction de Restout. Il obtint le Premier Prix de peinture avec *Nabuchodonosor faisant crever les yeux à Sédicias et faisant massacrer ses enfants*. Deux ans plus tard, il était agréé à l'Académie et débutait à ses expositions la même année (1767) avec trois tableaux : *Saint Augustin écrivant ses confessions* ; *Jésus Christ expirant sur la croix*, cette dernière œuvre exécutée pour la cathédrale de Metz ; et l'*Amour*. On le trouve exposant encore en 1767 ; en 1771, il envoyait le tableau commandé par le duc de Vauguyon : *Le Dauphin et la Dauphine occupés de l'éducation de leurs enfants et partageant les soins du duc de Vauguyon et de l'ancien évêque de Limoges, présents à cette instruction*. Il exposait au même Salon : *L'Amour lançant ses traits* ; *L'Amour caressant une colombe* ; *Un enfant en Pierrot* ; l'esquisse d'un plafond *L'Amour chassant la nuit* et plusieurs dessins pour l'illustration de *Télémaque*. On le voit encore au Salon de 1773 avec *Borée et*

Orithyée, pour la salle à manger de Trianon et *Zéphire et Flore* et plusieurs dessins ; et à ceux de 1775 et de 1781 avec des dessins, *Vénus sortant du bain* et des portraits. Monnet figure sur la liste des agréés qui ne furent pas nommés académiciens, mais on voit dans les mémoires de Wille qu'en 1790, alors que les règlements de l'Académie Royale paraissaient devoir être modifés, il était du nombre des délégués envoyés par la Compagnie, près de l'Assemblée Nationale. À la fin de sa vie, il fut nommé professeur de dessin à l'École de Saint-Cyr.
Monnet fut très employé comme illustrateur et compte parmi les meilleures vignettistes de son époque ; il convient de citer notamment les dessins qu'il fournit pour la remarquable édition des *Fables de La Fontaine*, publiée par Fessard, texte gravé en taille-douce, et dédiée aux fils du dauphin. Il a fourni les dessins pour plusieurs gravures relatant les scènes de la Révolution.
Musées : Nancy : *Samson surpris par les Philistins* – Perpignan : *Le Portrait du maréchal de Mailly*.
Ventes Publiques : Paris, 1879 : *Portrait de Fénelon*, dess. à l'encre de Chine reh. de blanc : **FRF 135** – Paris, 1880 : *Trois dessins pour Ver-vert* ; *de Gresset*, encre de Chine : **FRF 1 400** – Paris, 1896 : *La consultation*, pl. et sépia : **FRF 1 300** – Paris, 12 mai 1920 : *Pierre G., de Montpellier*, encre de Chine : **FRF 120** – Paris, 22 nov. 1920 : *Couronnement de Napoléon Ier, empereur des Français, le 11 Frimaire, an XIII* ; *Napoléon, empereur des Français distribue les étoiles de la Légion d'honneur dans le Temple des Invalides le 26 Messidor an XII*, deux sépias : **FRF 4 000** – Paris, 21-22 nov. 1922 : *La Bergère*, lav. sépia : **FRF 300** – Paris, 28 nov. 1928 : *Le Peuple de Paris sortant des Invalides les canons et les fusils pour la prise de la Bastille le 14 juillet 1789*, dess. : **FRF 4 200** – Paris, 10-11 déc. 1928 : *Sujet tiré de l'Histoire ancienne*, dess. aquarellé : **FRF 2 050** – Paris, 20 et 21 avr. 1932 : *Le peuple envahit les Tuileries*, pl. et lav. de Chine : **FRF 160** – Paris, 20 avr. 1932 : *La Toilette de Psyché*, dess. à la pl. et à l'aquar. reh. de gche : **FRF 1 720** – Paris, 28 nov. 1941 : *Le Sommeil du guerrier*, mine de pb : **FRF 2 000** – Paris, oct. 1945-juil. 1946 : *Vénus et l'Amour*, cr. : **FRF 11 000** – Paris, 5 juin 1985 : *Homme vu de profil coiffé d'un bonnet* 1755, sanguine, forme ronde (diam. 24) : **FRF 6 500** – Paris, 13 déc. 1991 : *Je n'ai vu que l'appât, il avait vu le piège* 1774, pl. et lav. gris avec reh. de blanc (13,8x8,8) : **FRF 4 000** – Paris, 18 nov. 1994 : *Hommage républicain à Isis*, pl. et aquar. (26,5x39,5) : **FRF 6 000**.

MONNET François
Né le 19 mai 1822 à Tournus (Saône-et-Loire). Mort le 13 octobre 1879 à Tournus (Saône-et-Loire). xixe siècle. Français.
Peintre d'histoire et de portraits.
Le Musée de Tournus conserve de lui son *Portrait par lui-même* et *Vision de Balaam*.

MONNET Gianni
Né en 1912 à Turin (Piémont). Mort en 1958 à Turin (Piémont). xxe siècle. Italien.
Peintre. Abstrait-géométrique.
Il fut co-fondateur avec Murani et Dorfles du mouvement pour l'Art concret à Milan, en 1949, dont l'objet s'apparentait au néoplasticisme des continuateurs de Mondrian, et plus généralement à l'abstraction géométrique. Il vit et travaille à Milan.
Il a participé à Paris, à partir de 1949, au Salon des Réalités Nouvelles, dont il fut membre ; en 1951 à l'exposition *Arte astratta e concreta in Italia* au musée d'Art moderne de Rome. Il montra ses œuvres dans des expositions personnelles à Lugano en 1947, Milan en 1949, 1950, 1958.
Ses compositions abstraites, dans leur rigueur géométrique, retrouvent parfois l'ascèse d'un Malevitch ou bien se rapprochent de l'animation heureuse des peintures de Herbin.
Bibliogr. : Michel Seuphor : *Dict. de la peint. abstraite*, Hazan, Paris, 1957 – in : *L'Art du xxe s.*, Larousse, Paris, 1991.

MONNET Hugo Jean
Né vers 1669. Mort le 16 septembre 1729 à Porrentruy. xviie-xviiie siècles. Suisse.
Sculpteur.
Il exécuta en 1717 un autel dans l'abbaye de Lützel à Blotzheim.

MONNET-LAVERPILIÈRE Estelle, Mme
Née au xixe siècle à Saint-Dizier. xixe siècle. Française.
Peintre de fleurs et de fruits.
Élève de Saint-Jean, de Jules Cogniet et Alex Couder. Elle figura aux Salons de 1861 et 1863.

MONNEUZE Claude
Né à Reims. Mort en 1700. xviie siècle. Français.
Peintre d'histoire.
Fils de Jehan Monneuze l'aîné. Il fut reçu maître en 1685. Le Musée de Reims conserve de lui *Vulcain présentant aux dieux une grille qu'il a forgée*.

MONNEUZE Jehan ou **Jean**, l'Aîné
Mort après 1625. xviie siècle. Actif à Reims. Français.
Peintre.
Père de Claude Monneuze. Il peignit des décorations pour l'Hôtel de Ville de Reims et exécuta plusieurs portraits de magistrats municipaux.

MONNEUZE Nicolas
Mort en 1593. xvie siècle. Français.
Peintre.
Il a peint un panneau pour l'Hôtel de Ville de Reims représentant la *Légende de Romulus et Rémus*.

MONNI Jean
Né vers 1540. xvie siècle. Français.
Peintre et graveur sur bois.

MONNICKE Martin
xviie siècle. Danois.
Peintre.
On cite de lui trois portraits peints pour le château de Frederiksborg.

MONNICKENDAM Martin
Né le 25 février 1874 à Amsterdam. Mort en 1943. xixe-xxe siècles. Hollandais.
Peintre de figures, portraits, intérieurs, animaux, paysages, natures mortes, graveur.
Il fit ses études à Amsterdam, puis à Paris.
Il peignit des intérieurs de théâtres, de salles de concert, d'églises. Outre ses peintures, il a réalisé des eaux-fortes et des lithographies.
Musées : Amsterdam (Mus. Nat.) : *Vendeuse de fruits* – *Vues de Paris*.
Ventes Publiques : Amsterdam, 24 mars 1982 : *Représentation théâtrale* 1905, h/t (104x88,5) : **NLG 4 400** – Amsterdam, 19 sep. 1989 : *Nature morte avec un ananas, des bananes, une aubergine et autres fruits d'automne* 1906, past./pap. (96,5x70,5) : **NLG 1 840** – Amsterdam, 2 mai 1990 : *Près pour un tour en voilier* 1928, h/cart. (60x40) : **NLG 2 530** – Amsterdam, 30 oct. 1990 : *Nature morte d'un ananas, une pomme et une orange dans une assiette, une poire* 1930, h/t (55,5x41,5) : **NLG 3 450** – Amsterdam, 14 sep. 1993 : *Au théâtre* 1913, h/pan. (24,5x20) : **NLG 3 680** – Amsterdam, 16 avr. 1996 : *Partie d'échecs entre Aljechin et Euwe en face de la Ronde de nuit de Rembrandt* 1935, craie noire avec reh. de blanc (43x40) : **NLG 2 478**.

MONNICKS ou **Monnix**
Né en 1606 à Bois-le-Duc. Mort en 1686 à Bois-le-Duc. xviie siècle. Hollandais.
Peintre d'architectures et de genre.
La biographie de cet artiste est assez obscure. On ignore qui fut son premier maître. Il alla, paraît-il, fort jeune en Italie où s'écoula la majeure partie de sa carrière. Il fut protégé par le pape Urbain VIII qui lui fit exécuter de nombreux tableaux de vues de Rome. Il excellait aussi dans les scènes d'intérieur et dans les motifs d'architecture. On croit qu'il ne rentra en Hollande que vers 1676.

MONNICKX ou **Monnicx**. Voir **MONINCKX**

MONNIER. Voir aussi **MONIER** ou **MOSNIER**

MONNIER Antoine
xixe siècle. Français.
Aquafortiste.
Il publia à Paris sur 21 feuilles : *Eaux-fortes et rêves creux* ; *Sonnets excentriques* ; *Le Haschisch Ève et ses incarnations* ; *Sonnets et eaux-fortes réalistes* (1878).

MONNIER Charles
Né en 1837 à Odessa. Mort en décembre 1875. xixe siècle. Suisse.
Peintre de paysages.
Élève de B. Menn et influencé par Corot. Il travailla à Rome, Paris et en Grèce.
Ventes Publiques : Paris, 29 juin 1988 : *Sous-bois* 1872, h/t (92x126) : **FRF 5 500** – Genève, 19 jan. 1990 : *Près de Roskof* 1873, h/t (46x61) : **CHF 3 400**.

MONNIER Claire Lise
Née en 1894 à Genève. xxe siècle. Suisse.

Peintre.
Elle fut élève de Maurice Denis. Elle a exposé à Genève, en 1943, des œuvres réalisées depuis 1941 et s'inspirant des cruautés de l'époque.
Musées : Bich – Genève (Mus. d'Art et d'Hist.).

MONNIER France X.
Née vers 1831 à Belfort. Morte le 5 avril 1912 à Detroit. xixe-xxe siècles. Américaine.
Sculpteur.
Elle travailla à New York à partir de 1862, puis dans l'État de Michigan.

MONNIER Henri Bonaventure ou **Bonaventura**
Né à Paris, le 6 juin 1799 selon Laffont et Bonpiani et non le 5 ou 8 juin 1805. Mort à Paris, le 3 janvier 1877 à Paris selon Laffont et Bompiani et non en juin. xixe siècle. Français.
Peintre, aquarelliste, lithographe, dessinateur, caricaturiste.
Henri Monnier aurait lui-même falsifié sa date de naissance, par plaisanterie ou pour se rajeunir... Fils d'un fonctionnaire du Ministère des Finances. Il fut d'abord placé chez un notaire et entra ensuite dans l'administration au Ministère de la Justice où il devint « le mystificateur », pensant surtout à faire des farces. Balzac devenu son ami le dépeint dans *Les Employés* sous le nom de Bixiou. Il quitte le Ministère pour entrer dans l'atelier de Girodet qu'il quitta bientôt pour entrer dans celui de Gros. Son esprit rapin fut peu goûté du maître qu'il fut obligé de quitter avec une réputation détestable. C'est alors qu'il commença sa série de lithographies coloriées de scènes de mœurs. Vers 1821, il débuta par des costumes de théâtre et portraits d'acteurs : la suite *Postillons et cochers* est datée de 1825. Vers 1827 il fit un voyage à Londres en compagnie d'Eugène Lami. Les planches du *Voyage à Londres* portent la date de la même année, 1827. *Les Grisettes* sont de 1828. La même année il illustra les *Fables de la Fontaine* et les *Chansons de Béranger. Boutades* sont de 1830 et *Distractions* de 1832 (dédiées à son ami Cruikshank, dont il semble avoir subi l'influence dans son dessin. *Les Industriels* sont de 1842. Il n'exposa qu'une seule fois, au Salon de 1831 trois portraits à la sépia. Il fut fait chevalier de la Légion d'honneur. Il dessina toute sa vie et ses dessins datés de 1860 sont parmi les meilleurs.
En 1830 le voici écrivain. C'est lui qui fit le premier compte rendu du Salon dans la *Revue des Deux-Mondes*. Il joue aussi en société des scènes de plusieurs personnages, où il obtient un grand succès, ce qui le décida à publier ses *Scènes populaires* d'où sortiront plus tard *M. Prud'homme* et ses comédies les plus connues, dont André Gide publia dans la suite un choix, à la *Nouvelle Revue Française*. D'auteur, il devint acteur et débuta avec grand succès dans *Sa famille improvisée* puis il promène en province, en compagnie de sa femme (Caroline Sindel), les types qu'ils avaient créés. Il joua avec succès à l'Odéon : *Grandeur et Décadence de M. Prud'homme*. Il fit représenter une pièce en vers : *Peintres et Bourgeois* qui n'obtint aucun succès.
Le dessinateur et l'auteur des *Scènes populaires* sont inséparables. Henri Monnier aura laissé un témoignage, partialement féroce il est vrai mais cependant pris sur le vif, sur les mœurs et la psychologie des petites gens de son temps, du portier au petit bourgeois, qui, en général, restent totalement ignorés des auteurs ou chroniqueurs en quête de personnages plus gratifiants. ■ E. Bénézit

VENTE
HENRY MONNIER

Cachet de vente

Bibliogr. : A. Marie : *Henry Monnier*, Floury, Paris, 1931.
Musées : Bayeux : *Madame Prud'homme – Monsieur Prud'homme – Le Secret de Polichinelle* – Clamecy : *Paysanne lisant une lettre*, dess. – Dijon : *Un mariage de convenance*, peint. – Lille : *Portrait d'homme* – Pontoise : *Tête d'homme à profil à droite – Tête d'homme profil à gauche – Tête ronde profil à gauche* – Rochefort : *Le Juge, l'Huître et les Plaideurs – Portrait*.
Ventes Publiques : Paris, 1872 : *Le char de l'État navigue sur un volcan*, dess. : **FRF 200** – Paris, 1892 : *Diseurs de rien*, aquar. : **FRF 300** – Paris, 1899 : *Portrait d'une famille*, sépia : **FRF 200** – Paris, 1899 : *Duo de cuisinières*, aquar. : **FRF 300** ; *Un Monsieur satisfait*, pl. et aquar. : **FRF 415** – Paris, 1900 : *Une assemblée*, aquar. : **FRF 270** ; *Les diseurs de rien*, aquar. : **FRF 500** – Paris, avr. 1910 : *Promenade publique à Amsterdam*, aquar. : **FRF 640** – Paris, 4 déc. 1918 : *Madame Desjardins*, dess. : **FRF 320** – Paris, 16-19 juin 1919 : *Je maintiens mon dire, si Bonaparte avait voulu rester lieutenant d'artillerie, il serait encore sur le trône, c'est l'ambition qui l'a perdu et pas aut' chose*, dess. aquarellé : **FRF 1 020** – Paris, 26 nov. 1919 : *M. Prud'homme*, pl. : **FRF 400** – Paris, 8 déc. 1919 : *Une famille*, aquar. : **FRF 200** – Paris, 2-4 juin 1920 : *Les Forçats à Toulon*, aquar. : **FRF 430** – Paris, 30 nov.-2 déc. 1920 : *Son portrait par lui-même dans quatre rôles*, quatre aq. : **FRF 1 020** ; *Avocats et plaideuses au bas de l'escalier de la salle des Pas-Perdus*, aquar. : **FRF 900** – Paris, 26 oct. 1922 : *Monsieur Prud'homme, le char de l'État navigue sur un volcan*, aquar. : **FRF 530** – Paris, 25 juin 1927 : *Réunion de personnages dans un jardin*, aquar. : **FRF 3 130** – Paris, 29 juin 1927 : *Le Banc d'œuvre*, aquar. : **FRF 3 200** – Paris, 19 nov. 1927 : *Réunion de capacités*, encre de Chine : **FRF 1 600** – Paris, 31 mai 1928 : *En Soirée*, lav. d'aquar. : **FRF 1 630** – Paris, 10 déc. 1928 : *L'Entretien après le thé*, aquar. : **FRF 4 000** – Paris, 6 juin 1929 : *Joseph Prud'homme*, gche : **FRF 6 100** – Paris, 8 juin 1929 : *Monsieur Prud'homme*, dess. : **FRF 26 000** ; *Communiqué officiel*, aquar. : **FRF 16 000** ; *Diseurs de rien*, aquar. : **FRF 20 500** ; *Un guet-apens*, dess. : **FRF 10 000** ; *Otez l'homme de la société, vous l'isolez*, aquar. : **FRF 18 600** ; *Les Solliciteurs*, dess. : **FRF 10 000** ; *M. et Mme Adolphe*, dess. : **FRF 11 500** ; *Le Salon d'attente*, dess. : **FRF 10 200** ; *Anglaise revêtue d'un carrick*, aquar. : **FRF 800** – Paris, 15 déc. 1930 : *Profil de vieux pêcheur*, aquar. : **FRF 1 160** – Paris, 8 juin 1931 : *Oui, je l'ai dit et je le dis encore, ce sabre fut le plus beau jour de ma vie !*, aquar. reh. de gche : **FRF 4 100** – Paris, 25 juin 1931 : *Portrait de femme* : **FRF 310** – Paris, 28 fév. 1936 : *La femme au rouet*, aquar. : **FRF 2 600** – Paris, 28 fév. 1938 : *Une matrone*, cr., pl. et aquar. : **FRF 560** ; *Paludier du Bourg-de-Batz*, pl. et aquar. : **FRF 190** – Paris, 22 nov. 1940 : *La Salle d'attente*, lav. d'encre de Chine, reh. de gche et d'aquar. : **FRF 7 000** – Paris, 24 juin 1942 : *Les Précieuses ridicules* 1871, aquar. : **FRF 4 100** ; *Les Solliciteurs* 1872, pl. aquarellée : **FRF 3 000** ; *Monsieur Prud'homme*, gche : **FRF 2 800** – Paris, 3 fév. 1944 : *Le Paludier* 1855, aquar. : **FRF 3 000** – Paris, 9 mars 1944 : *La Danse au son de la guitare*, aquar. : **FRF 4 900** – Paris, 14 juin 1944 : *Acteur en costume de Iago* 1856, aquar. : **FRF 4 000** – Paris, 24 jan. 1945 : *Fin de soirée*, aquar. : **FRF 2 900** ; *La femme à la pèlerine*, aquar. : **FRF 5 100** ; *L'enfant malade*, aquar. : **FRF 5 000** – Paris, oct. 1945-juil. 1946 : *Maître d'école et ses élèves en promenade* 1864, aquar. : **FRF 6 000** ; *Monsieur Prud'homme*, lav. d'encre de Chine : **FRF 7 700** – Paris, 18 oct. 1946 : *Cinq personnages assis*, aquar. : **FRF 2 100** ; *Conversation* 1874, pl., lav., reh. de blanc : **FRF 5 900** ; *Type pris à l'hospice de Niort* 1836, cr., reh. d'aquar. : **FRF 2 500** – Paris, 30 jan. 1947 : *Dans le Salon*, dess. : **FRF 14 500** – Paris, 17 nov. 1948 : *Présentation mondaine*, pl. et aquar. : **FRF 17 500** ; *L'homme à la houppelande* 1862, dess. reh. : **FRF 6 000** – Paris, 17 fév. 1949 : *La lecture du journal* 1865, aquar. reh. : **FRF 30 800** ; *La lecture du mémoire* 1871, aquar. : **FRF 30 000** ; *Réception* 1870, aquar. : **FRF 16 500** – Paris, 9 juin 1949 : *La sortie des écoliers de l'orphelinat d'Amsterdam* 1864, aquar. : **FRF 27 100** ; *La fuite de l'Amour* 1828, aquar. gchée : **FRF 25 000** ; *Grande réunion de famille* 1869, aquar. : **FRF 18 500** – Paris, 1er fév. 1950 : *Cabinet particulier*, aquar. : **FRF 12 000** – Paris, 24 fév. 1950 : *La lecture du testament* 1854, aquar. : **FRF 30 000** – Paris, 21 avr. 1950 : *La paysanne* 1864, cr. reh. : **FRF 2 000** – Paris, 10 mai 1950 : *Réunion de famille*, aquar. : **FRF 8 200** – Paris, 27 avr. 1951 : *Promeneurs*, aquar. : **FRF 9 100** – Paris, 30 avr. 1951 : *La lecture de la lettre* 1869, aquar. : **FRF 8 000** – Paris, 5 juil. 1951 : *Le promeneur à la canne, Lyon* 1896, aquar. : **FRF 7 000** ; *Joseph Prud'homme* 1872, cr. noir : **FRF 4 000** – Paris, 19 nov. 1954 : *Leçon de musique*, aquar. : **FRF 19 000** – Paris, 10 mars 1970 : *Les orphelins d'Amsterdam*, aquar. : **FRF 8 200** – Versailles, 5 déc. 1971 : *Le char de l'Etat navigue sur un volcan*, aquar. : **FRF 5 800** – Paris, 26 nov. 1976 : *La Lettre* 1845, aquar. gchée, vernie (32x21) : **FRF 3 800** – Paris, 19 mars 1979 : *La promenade des orphelins hollandais* 1864, dess. gouaché (22,5x29,5) : **FRF 5 100** – Paris, 28 juin 1982 : *Chez un photographe* 1871, aquar. (20x13) : **FRF 15 000** – Paris, 27 mai 1987 : *La Sortie des enfants* 1858, aquar. (19,5x22,5) : **FRF 17 500** – Paris, 17 juin 1988 : *Le Salon d'attente* 1869, aquar. (14x24) : **FRF 15 500** – Paris, 5 juil. 1988 : *La Bourgeoise* 1863, dess. cr. noir et pl. (23x15,5) : **FRF 3 200** – Paris, 7 nov. 1990 : *Portrait de Flaubert* 1862, cr. : **FRF 4 500** – Paris, 3 fév. 1992 : *Le Cachot*, lav. et aquar. (21,5x31,3) : **FRF 8 000** – Paris, 29 juin 1993 : *Un guet-apens* 1872, pl., aquar.

avec reh. de gche blanche (21x24) : **FRF 8 200** – PARIS, 3 avr. 1996 : *Portrait de Prudhomme* 1870, aquar. (30x22,5) : **FRF 5 000** – PARIS, 21 juin 1996 : *Portrait d'homme en cape* 1837, cr. noir et aquar. (38x25,5) : **FRF 4 200** – PARIS, 10 déc. 1996 : *Portrait d'élégant*, aquar. et cr./pap. (41,5x29,2) : **FRF 11 000**.

MONNIER Hippolyte Désiré
Né le 24 janvier 1788 à Lons-le-Saunier (Jura). Mort le 6 octobre 1867 à Domblans (Jura). XIXe siècle. Français.
Peintre, aquarelliste.

MONNIER Jacques ou **Mounier**
XVe siècle. Actif à Avignon de 1486 à 1497. Français.
Peintre.

MONNIER Louis Gabriel
Né le 11 octobre 1733 à Besançon. Mort le 28 février 1804 à Dijon. XVIIIe siècle. Français.
Graveur au burin et médailleur.
Élève de Durand, grava des vignettes et des fronstispices.

MONNIER Paul
XXe siècle. Suisse.
Peintre.
Il a fait partie avec Chavas et Berette de l'école genevoise des Pâques qui se réclamait d'Alexandre Cingria.

MONNIER Philippe
Né à Lons-le-Saunier. Mort le 19 décembre 1838 à Saint-Martin-le-Vinon (Isère). XIXe siècle. Français.
Peintre de miniatures et de paysages.

MONNIER Pierre
Né en 1870 à Rouen. XIXe siècle. Français.
Peintre de genre.
Élève de Lebel et Zacharie. Le Musée de Rouen conserve de lui : *Chez les petites sœurs des pauvres, à Rouen*.

MONNIER Richard
Né le 8 mars 1951 à Paris. XXe siècle. Français.
Sculpteur, auteur d'assemblages.
Il fut élève de l'école des beaux-arts de Luminy, puis suivit l'enseignement d'artistes du mouvement Support-Surface. Il enseigna à partir de 1983 à l'académie des beaux-arts de Grenoble, où il vit et travaille.
Il participe à des expositions collectives depuis 1973 : 1973 Grasse ; 1974 Perpignan ; 1975 musée des Beaux-Arts de Marseille, Salon de Mai à Paris ; 1977 Neue Galerie d'Aix-la-Chapelle, Centre municipal des expositions de Martigues ; 1979, 1985, 1988, 1989, 1990, 1993 galerie Arlogos de Nantes ; 1980 Rheinisches Landesmuseum de Bonn ; 1981 P.S.1 New York ; 1981 Ateliers 81/82 de l'ARC à Paris ; 1982 Centre culturel de Brétigny-sur-Orge ; 1984 Centre culturel d'Albi ; 1985 Maison de la culture de Grenoble ; 1986 Berlin ; 1990 Fondation Cartier de Jouy-en-Josas ; 1991 Charlottenborg de Copenhague, Kunstverein d'Hambourg, Institut français de Fribourg, musée des Beaux-Arts de Mulhouse ; 1992 musée des Beaux-Arts de Nantes. Il montre ses œuvres dans des expositions personnelles : 1979, 1985, 1987, 1991 galerie Arlogos de Nantes ; 1979 Marseille ; 1980, 1982, 1990 Montpellier ; 1987 CREDAC d'Ivry-sur-Seine ; 1988 musée Ziem de Martigues ; 1989 musée d'Art contemporain Saint-Pierre de Lyon ; 1992 Fonds Régional d'Art Contemporain du Limousin à Limoges ; 1996 Carré des arts à Paris.
Il utilise des matériaux divers (flotteurs, galets, cartons, verre, sable...), les manipule, en explore la résistance, les combine, à la recherche d'un équilibre, dans des œuvres sculpturales. Il s'attache « au processus d'apparition de la forme » (Monnier), au « moment ultime » où l'œuvre se fait, créant à partir de la structure interne du matériau des formes étranges, inachevées, souvent métaphores du monde végétal. Pour un certain nombre d'œuvres, il refuse de passer au stade de la réalisation, se contentant de rendre compte de son travail par des croquis.
BIBLIOGR. : Catalogue de l'exposition : *L'Art moderne à Marseille – La Collection du musée Cantini*, Musée Cantini, Marseille, 1988 – Françoise Bataillon : *Richard Monnier*, Beaux-Arts, n° 19, Paris, juin 1991 – Didier Arnaudet : *Richard Monnier*, Art Press, n° 173, Paris, oct. 1992 – Catalogue de l'exposition : *Richard Monnier 77-92*, Fonds Régional d'art contemporain Limousin, Limoges, 1992.
MUSÉES : MARSEILLE (Mus. Cantini) : *Maintenance n° 10* 1985 – MARTIGUES (Mus. Ziem) – PARIS (FNAC) : *Cube Tors* 1994.

MONNIER DE LA SIZERANNE Max. Voir **MONIER DE LA SIZERANNE**

MONNIES David. Voir **MONIES**

MONNIK Lorenzo
XVIIe siècle.
Peintre de genre et graveur.

MONNIKS. Voir **MONINCKX**

MONNIN Ernest
XIXe siècle. Actif à Paris. Français.
Graveur.
Il grava des vignettes et les gravures pour l'ouvrage de Silvio Pellico *Mes prisons*, en 1844.

MONNIN Marc Antoine Claude
Né le 12 juin 1806 à Paris. XIXe siècle. Français.
Graveur.
Élève de l'École des Beaux-Arts. Il fut élève de Leroux et figura au Salon de Paris de 1861 à 1864.

MONNINGTON Walter Thomas
Né le 20 octobre 1902 à Londres. Mort en 1976. XXe siècle. Britannique.
Peintre de compositions murales.
Il fut élève de la Slade School de Londres, où il fut professeur à partir de 1949, puis de l'école de Rome de 1923 à 1926. Il épousa Winifred Knights, peintre également.
Il exécuta les décorations murales du Stephen's Hall à Westminster et de la nouvelle Council House de Bristol.
MUSÉES : LONDRES (Tate Gal.) : *Allégorie* 1924.
VENTES PUBLIQUES : LONDRES, 2 mai 1991 : *Idylle campagnarde*, h/t (52x42) : **GBP 1 485**.

MONNINI Alvaro
Né en 1922 à Florence (Toscane). XXe siècle. Italien.
Peintre. Abstrait.
Il fut élève de l'académie des beaux-arts de Florence. Il participa à la fondation du groupe *Arte d'Oggi*.
Il participa à de nombreuses expositions de groupe, en Italie et à l'étranger.
BIBLIOGR. : Michel Seuphor : *Dict. de la peinture abstraite*, Hazan, Paris, 1957.

MONNIX. Voir **MONINCKX** et **MONNICKS**

MONNOIER. Voir **MONNOYER** et **MONOIER**

MONNOT Cécile
Née le 6 février 1885 à Paris. XXe siècle. Française.
Peintre, illustratrice.
Elle fut élève de Luc Olivier Merson et Émile Renard. Elle exposa à Paris, aux Salons des Artistes Français et des Femmes Peintres.
On cite ses illustrations d'*Ivanhoé* de Walter Scott.

MONNOT Daniel
Né vers 1628 à Beaume-les-Dames. XVIIe siècle. Français.
Sculpteur.
Fils de Jean Monnot.

MONNOT Étienne
Né à Noël-Cerneux. Mort après 1690. XVIIe siècle. Français.
Sculpteur sur bois.
Travailla aux églises de Beaume, d'Orchamps et de Besançon où il se fixa définitivement. Il est père du sculpteur Pierre Étienne Monnot.

MONNOT François Alexandre
Né le 12 avril 1710 à Rome. Mort le 8 août 1727 à Kassel. XVIIIe siècle. Français.
Sculpteur.
Fils de Pierre Étienne Monnot.

MONNOT Jean
Né à Noël-Cerneux. XVIIe siècle. Travaillant de 1628 à 1634. Français.
Sculpteur sur bois.
Il travailla aux sculptures de l'église de Beaume-les-Dames. Il signait d'un compas accompagné d'une croix de Lorraine et des lettres *J. M. L. F.*

MONNOT Johann Claudius ou **Mono**
XVIIIe siècle. Actif vers 1700. Allemand.
Peintre.
Il peignit des tableaux d'autel pour les églises d'Amberg et de Waldassen.

MONNOT Martin Claude. Voir **MONOT Martin Claude**

MONNOT Maurice Louis
Né le 22 octobre 1869 à Paris. XIXe-XXe siècles. Français.
Peintre d'intérieurs, natures mortes.
Il fut élève de Joseph Bail. Il exposa à Paris, aux Salons des Artistes Français à partir de 1906, des Indépendants à partir de 1913. Il obtint de nombreuses récompenses à Paris et en province. Il est reconnu pour ses effets de cuivres dans ses natures mortes et ses intérieurs.

M-Monnot

Ventes Publiques : Paris, 11 fév. 1919 : *Coin de cuisine* : **FRF 330** – Paris, 4 déc. 1922 : *Intérieur de cuisine* : **FRF 325** – Paris, 18 fév. 1942 : *Le chaudron* : **FRF 370** – Paris, 1er mars 1944 : *Le jour des cuivres* : **FRF 4 100** – Paris, 7 oct. 1946 : *Cuivre et fleurs* : **FRF 4 000** – Paris, 24 nov. 1950 : *Nature morte* 1918 : **FRF 4 200** – Paris, 7 mai 1951 : *Nature morte* : **FRF 5 000** – Versailles, 19 oct. 1980 : *Le retour du marché*, h/t (65x50) : **FRF 7 800** – Paris, 8 nov. 1989 : *Nature morte aux cuivres et radis* 1909, h/t (65x92) : **FRF 12 000** – Berne, 12 mai 1990 : *Nature morte avec des ustensiles de cuisine et un tabouret* 1912, h/pan. (21,5x14,7) : **CHF 3 800** – Amsterdam, 5 juin 1990 : *Nature morte avec des pêches dans un panier et une passoire de cuivre sur un entablement de pierre* 1909, h/t (38x46) : **NLG 3 450** – Paris, 10 déc. 1990 : *Nature morte* 1912, h/t/pan. (46,5x38) : **FRF 4 500**.

MONNOT Pierre Étienne ou **Monot**
Né le 11 août 1657 à Orchamps-Vennes. Mort le 24 août 1733 à Rome. XVIIe-XVIIIe siècles. Français.
Sculpteur.
Fils d'Étienne Monnot, élève de Jean Dubois à Dijon. S'étant fixé à Rome, en 1687, ses succès furent rapides. En 1690, il fut chargé d'exécuter le tombeau du pape Innocent XI, érigé dans la basilique de Saint-Pierre entre 1697 et 1700. Il fit ensuite les statues de *Saint Pierre* et de *Saint Paul* pour l'église Saint-Jean-de-Latran et deux *Renommées*, pour le tombeau de Grégoire XV. A Kassel, il exécuta de nombreuses sculptures de l'Orangerie, dont le *Marmorbad* ou Bains de marbre, à Poligny cinq bas-reliefs. Le Musée Provincial de Kassel conserve de lui les bustes du landgrave *Charles*, de son épouse *Marie-Amélie* et du landgrave *Guillaume VIII*.

MONNOYER Antoine, dit **Baptiste Monnoyer le Jeune**
Né en 1670 à Paris. Mort en 1747 à Saint-Germain-en-Laye. XVIIe-XVIIIe siècles. Français.
Peintre de fleurs.
Élève de son père Jean Baptiste Monnoyer, il fut agréé à l'Académie le 28 avril 1703 et devint académicien le 25 octobre 1704.
Musées : Bayeux : *Fleurs* – Stockholm.
Ventes Publiques : New York, 1er mai 1930 : *Vase de fleurs* : **USD 750** – New York, 9 jan. 1980 : *Nature morte aux fleurs*, h/t (92,5x68,5) : **USD 5 250** – Londres, 13 juil. 1983 : *Nature morte aux fleurs, aux fruits et oiseaux* 1734, h/t mar./cart. (87,5x117) : **GBP 16 500** – Londres, 11 déc. 1986 : *Fleurs dans une urne sur un entablement de pierre*, h/t (78,4x62,6) : **GBP 14 000** – Paris, 11 déc. 1989 : *Bouquet de fleurs dans un vase*, t. (11x92) : **FRF 235 000** – New York, 17 jan. 1992 : *Nature morte d'une importante composition florale dans une urne sculptée*, h/t (134,6x96,8) : **USD 33 000** – Monaco, 18-19 juin 1992 : *Bouquet de fleurs*, h/t (56x47) : **FRF 77 700** – New York, 14 oct. 1992 : *Tulipes, pivoines, narcisses, volubilis et autres fleurs dans une urne sculptée*, h/t (134,6x96,8) : **USD 19 800** – Paris, 26 avr. 1993 : *Bouquet de fleurs dans un vase de bronze sur un entablement*, h/t (93x72) : **FRF 100 000** – Paris, 31 jan. 1994 : *Vase de fleurs*, h/t (63,5x48,5) : **FRF 75 000** – Londres, 21 oct. 1994 : *Fleurs dans un vase de verre sur un entablement*, h/t (74,5x63) : **GBP 14 375**.

MONNOYER Baptiste
Mort le 18 mai 1714 à Rome. XVIIIe siècle. Français.
Peintre d'histoire.
Second fils de Jean Baptiste Monnoyer, dont il fut l'élève, ainsi que de Jean Baptiste Corneille le Jeune. Il se rendit en Italie et se fit religieux dominicain à Rome. Il peignit de grands tableaux dans les couvents de son ordre. On cite de lui notamment, à l'église SS. Domenico e Sisto, trois lunettes (*Visitation*, *Nativité*, *Présentation au Temple*).

MONNOYER Georges. Voir **MONOIER**

MONNOYER Jean Baptiste, dit **Baptiste Monnoyer l'Ancien**
Né le 19 juillet 1636 à Lille. Mort le 16 février 1699 à Londres. XVIIe siècle. Actif aussi en Angleterre. Français.
Peintre de fleurs, graveur à l'eau-forte.
Il commença ses études artistiques à Anvers, où il fut surtout sensible à l'exemple de Davidsz de Heem. Après quelques essais de peinture d'histoire, Monnoyer se consacra à la peinture de fleurs et de fruits, « petit genre » dans lequel il allait connaître les plus grands succès. Vers 1655, il vint à Paris. Il y travailla à l'Hôtel Lambert, à l'Hôtel Lauzun ; il fut appelé à Vaux-le-Vicomte. Lebrun l'employa à la décoration de nombreux châteaux royaux : Vincennes, Saint-Cloud, Versailles, le Grand Trianon, Marly. En conséquence de ces succès, il fut reçu à l'Académie le 14 avril 1663 ; il devait être nommé conseiller le 1er juillet 1679. Curieusement, il n'exposa qu'une seule fois au Salon, en 1673, et sous le nom discret de Baptiste. Malgré ses succès parisiens, il accepta la proposition de Lord Montagu, alors ambassadeur d'Angleterre, de partir pour Londres, vers 1685. Il y décora Montagu House, le château royal de Kensington, pour la reine Marie II et pour la reine Anne. Sa réussite y fut au moins aussi importante qu'en France. Il eut à décorer un nombre considérable de demeures des personnages de la haute société, et il passa en Angleterre les vingt dernières années de sa vie. Quand il était encore en France, il donna des cartons de tapisseries pour la Manufacture des Gobelins. Il collabora parfois, pour les éléments de natures mortes, à de grandes compositions décoratives. Il a aussi gravé un certain nombre de planches de vases de fleurs. De sa formation en Flandre, il garda la somptuosité d'une couleur comme émaillée. Son sens décoratif venait plutôt des exemples italiens largement répandus à travers l'Europe. C'était, dans le genre de la nature morte et surtout de la nature morte de fleurs, exactement l'art qui convenait à la cour, dont le ton était donné et contrôlé par Le Brun. Les fleurs et les fruits s'y ordonnent avec les éléments d'une mise en scène fastueuse, voire pompeuse : vases antiques, objets précieux, riches tentures lourdement drapées, parfois devant un fond d'architecture. Dans les *Fleurs, fruits et objet d'art*, du Musée Fabre de Montpellier, peinture de 1665, la nature morte est disposée devant une tapisserie qui s'ouvre sur un paysage. Selon les époques de sa carrière, Monnoyer introduisit dans ses compositions des figures d'enfants, ainsi que des animaux. Que ce soit pour ces êtres vivants, pour d'éventuels paysages ou pour des architectures, il n'avait aucun souci de faire naturel ; l'époque n'était d'ailleurs pas au sentiment de la nature ; la grâce et le faste étaient son propos. Il eut de nombreux imitateurs, notamment son fils Antoine, son autre fils Baptiste ayant surtout peint des compositions religieuses en Italie. ■ J. B.

Bibliogr. : In : *Encyclopédie des Arts Les Muses*, Grange Batelière, Paris, 1973.

Musées : Amiens : *Fleurs* – Arras : *Fleurs dans un vase* – *Fleurs dans une cruche* – Avignon : *Vase de fleurs* – Bayeux : *Fleurs* – Besançon : *Fleurs* – Brest : *Fleurs dans un vase d'or* – Compiègne (Palais) : *Vases de fleurs*, trois œuvres – Dijon : *Fleurs* – La Fère : *Fleurs* – Genève (Mus. Ariana) : *Vases de fleurs sur une table* – Genève (Mus. Rath) : *Fleurs et fruits* – Grenoble : *Vase de fleurs* – Karlsruhe : *Nature morte avec fleurs* – Langres : *Fleurs*, deux œuvres – Lille : *Fleurs, oiseaux* – *Fleurs et perroquets* – *Vase de fleurs* – *Fleurs*, trois œuvres – Lyon : *Couronne de fleurs* – *Vase de fleurs et perroquet* – *Fleurs dans un vase* – *Fleurs dans un vase de verre* – *Fleurs*, – deux œuvres – Le Mans : *Fleurs et fruits posés sur une balustrade* – *Fleurs et fruits* – Montpellier : *Fleurs, fruits et objets* – *Corbeille remplie de fleurs* – *Fleurs* – Munich : *Roses dans un vase, sur un guéridon* – Nancy : *Fleurs et tapis* – Nantes : *Couronne de fleurs autour d'un buste de Jésus adolescent* – Narbonne : *Fleurs* – Niort : *Vase de fleurs* – Orléans : *Tulipes, boules de neige, jasmins et étoffe rouge frangée d'or* – *Œillets, roses, coquelicots et étoffe brune avec effilé doré* – Paris (Mus. du Louvre) : *Vase d'or avec des fleurs et perroquet rouge* – *Vase d'or avec des fleurs* – *Fruits, vase de porcelaine et tapis* – *Fleurs* – *Vase orné de fleurs* – Rennes : *Vase de fleurs entouré de guirlandes* – *Fleurs et fruits* – *Vase avec fleurs et fruits* – Rouen : *Enfants jouant avec des fleurs* – *fleurs*, Plusieurs tableaux – Saint-Pétersbourg (Mus. de l'Ermitage) : *Fleurs* – Toulon : *Corbeilles et vase de fleurs* – Toulouse : *Fleurs* – Tours : *Fleurs dans un vase d'albâtre* – *Fleurs, masque, tambour, luth, etc.* – *Vase de fleurs* – *Autre vase sur un piédestal* – Valenciennes : *Vases d'or et d'argent avec des fleurs* – *Annonciation*, Monnoyer et Lafosse – Versailles (Trianon) : *Plusieurs vases et corbeilles de fleurs* – *Aiguière d'or avec fleurs et fruits* – Vire : *Corbeille de fleurs* – Ypres : *Vase de fleurs*.

Ventes Publiques : Paris, 1779 : *Vase rempli de fleurs* : **FRF 400** – Paris, 1864 : *Grand vase de fleurs ; Vase de fleurs*, les deux : **FRF 1 440** – Paris, 1873 : *Vase de fleurs* : **FRF 1 720** – Paris, 1891 : *Corbeille de fleurs* : **FRF 2 850** – Berlin, 1900 : *Deux tableaux* : **FRF 1 160** – Paris, 27 avr. 1900 : *Fleurs* : **FRF 410** – Paris, 15-18 avr. 1901 : *Le dressoir* : **FRF 4 600** – Paris, 15 juin 1911 : *Vase de fleurs* : **FRF 3 000** – Paris, 7 déc. 1918 : *Vase de fleurs* : **FRF 1 420** – Paris, 21 juin 1920 : *Vase de fleurs et fleurs coupées* : **FRF 1 550** – Paris, 8 nov. 1922 : *Roses et pivoines* : **FRF 740** – Londres, 4 mai 1923 : *Vase de fleurs* : **GBP 115** – Londres, 15 juin 1923 : *Fleurs dans un paysage* : **GBP 126** – Paris, 7 déc. 1923 : *Fleurs dans un panier* : **FRF 2 655** – Londres, 21 déc. 1923 : *Fleurs dans un vase sculpté* : **GBP 168** – Londres, 25 juil. 1924 : *Scènes de terrasse avec des fleurs*, deux œuvres : **GBP 94** – Londres, 22 juin 1925 : *Fleurs dans des vases sculptés* : **GBP 152** – Paris, 30 mai 1927 : *Fruits et gibier* : **FRF 6 200** – Londres, 8 juil. 1927 : *Fleurs dans des vases*, deux œuvres : **GBP 378** – Londres, 18 juil. 1928 : *Vase de fleurs* : **GBP 415** – Paris, 30 mai 1930 : *Vase de fleurs* : **FRF 9 200** – New York, 11 déc. 1930 : *Fleurs et fruits* : **USD 900** – New York, 2 avr. 1931 : *Vase de fleurs* : **USD 450** – Paris, 13 fév. 1939 : *Tulipes, roses, dahlias, iris, œillets dans un vase sur un entablement de pierre* : **FRF 6 100** – Paris, 3 déc. 1941 : *Vase de fleurs* : **FRF 12 000** – Paris, 11 mars 1942 : *Vases de fleurs*, deux pendants : **FRF 110 000** – Paris, 11 juin 1942 : *Vase entouré de guirlandes de fleurs* : **FRF 30 100** – Paris, 16 déc. 1942 : *Vases de fleurs*, deux pendants : **FRF 145 000** – Paris, 10 fév. 1943 : *La jardinière de fleurs* : **FRF 40 000** – Paris, oct. 1945-juil. 1946 : *Dahlias, oeillets, lilas, tulipes, liserons et lys dans un vase placé devant un paysage*, attr. : **FRF 82 000** – Glasgow, 26 oct. 1945 : *Vase de fleurs* : **GBP 104** – Londres, 8 mars 1946 : *Panier de fleurs* : **GBP 283** ; *Fleurs dans un vase* : **GBP 199** – Londres, 5 avr. 1946 : *Fleurs dans un vase sculpté* : **GBP 336** – Londres, 12 juil. 1946 : *Fleurs dans une tasse* : **GBP 304** – Paris, 12 mai 1950 : *Le vase de fleurs* 1677 : **FRF 275 000** – Londres, 8 déc. 1950 : *Fleurs dans un vase de verre* : **GBP 378** – Londres, 25 avr. 1951 : *Fleurs d'été et de printemps dans un panier* : **GBP 480** – Londres, 29 fév. 1956 : *Fleurs de Printemps* : **GBP 900** – Paris, 21 mai 1957 : *Vase de fleurs* : **FRF 1 000 000** – Londres, 30 oct. 1957 : *Fleurs d'été et tulipes* : **GBP 1 150** – Paris, 10 déc. 1959 : *Le peintre et sa seconde femme* : **FRF 1 200 000** – Paris, 24 juin 1960 : *Vase de fleurs sur un entablement* : **FRF 4 300** – Londres, 7 déc. 1960 : *Fleurs d'été avec lys* : **GBP 2 250** – Londres, 19 juil. 1961 : *Nature morte aux fleurs d'été* : **GBP 600** – Londres, 10 juil. 1963 : *Nature morte aux fleurs d'été*, une paire : **GBP 2 400** – Versailles, 13 mai 1964 : *Fleurs dans un vase de cristal* : **FRF 16 000** – Londres, 30 juin 1965 : *Bouquet de fleurs* : **GBP 1 800** – Londres, 24 nov. 1967 : *Bouquet de fleurs sur un entablement* : **GNS 2 500** – Londres, 21 juin 1968 : *Nature morte aux fleurs* : **GNS 3 200** – Copenhague, 7 nov. 1969 : *Nature morte aux fleurs* : **DKK 27 000** – Londres, 24 juin 1970 : *Natures mortes aux fleurs*, deux pendants : **GBP 2 600** – Versailles, 24 mai 1972 : *Vases de fleurs sur un entablement* : **FRF 50 500** – Paris, 7 nov. 1973 : *Portrait de l'artiste et de sa seconde femme Marie Pétré* : **FRF 35 000** – Londres, 28 juin 1974 : *Natures mortes aux fleurs*, h/t, deux pendants : **GNS 22 000** – Londres, 2 déc. 1977 : *Nature morte aux fleurs*, h/t (99x130,2) : **GBP 13 000** – Londres, 12 oct 1979 : *Nature morte aux fleurs*, h/t (112x87) : **GBP 13 000** – Monte-Carlo, 26 oct. 1981 : *Bouquet de roses, tulipes et pivoines*, h/t (60x48,5) : **FRF 90 000** – Londres, 2 déc. 1983 : *Nature morte aux fleurs*, h/t, une paire (89,5x70,5) : **GBP 70 000** – Londres, 13 déc. 1985 : *Panier de fleurs*, h/t (139,7x109,8) : **GBP 90 000** – Saint-Étienne, 25 nov. 1986 : *Bouquet de fleurs dans un vase sculpté*, h/t (69x59) : **FRF 145 000** – Londres, 9 avr. 1986 : *Vase de fleurs sur un entablement*, h/t, une paire (73,5x62) : **GBP 110 000** – Monte-Carlo, 7 déc. 1987 : *Nature morte aux fleurs dans un panier sur une corniche*, h/t (83,5x105,5) : **FRF 400 000** – New York, 14 jan. 1988 : *Nature morte avec un panier de fleurs*, h/t (40,5x50) : **USD 46 200** – New York, 15 jan. 1988 : *Nature morte d'un bouquet de fleurs d'été dans une urne de bronze sur une console de pierre*, h/t (87,5x70,5) : **USD 38 500** – Paris, 27 mai 1988 : *Vases de fleurs sur des entablements de pierre*, h/t, une paire (chaque 73x60) : **FRF 320 000** – Londres, 8 juil. 1988 : *Mélange de fleurs dans un panier posé sur la base d'une colonne dans un parc*, h/t (112,5x87,5) : **GBP 24 200** – Monaco, 3 déc. 1988 : *Nature morte d'un bouquet composé de fleurs d'été dans un vase de verre sur une corniche*, h/t (76,5x63) : **FRF 462 000** – New York, 12 jan. 1989 : *Nature morte d'une grande composition florale dans un vase de cristal sur un entablement*, h/t (88x68,5) : **USD 132 000** – Paris, 27 nov. 1989 : *Bouquets de fleurs dans des vases en bronze doré*, h/t ronde, une paire (diam. 72) : **FRF 420 000** – Paris, 14 déc. 1989 : *Bouquet de fleurs*, h/t (41x33) : **FRF 145 000** – Londres, 15 déc. 1989 : *Composition florale de fleurs de printemps sur un entablement*, h/t (76,8x63,5) : **GBP 18 700** – New York, 10 jan. 1990 : *Composition florale dans un vase de cristal sur un entablement*, h/t (108x86,3) : **USD 154 000** – Rome, 8 mars 1990 : *Paniers de fleurs*, h/t/pan., une paire (chaque diam. 43) : **ITL 32 000 000** – Paris, 9 avr. 1990 : *Corbeille de fleurs sur des entablements*, h/t, une paire (chaque 50x66) : **FRF 900 000** – Paris, 22 juin 1990 : *Bouquet de fleurs dans un vase translucide*, h/t (46x55) : **FRF 250 000** – Londres, 6 juil. 1990 : *Composition florale dans une urne sur un entablement de pierre*, h/t (91,5x71,3) : **GBP 22 000** – New York, 11 oct. 1990 : *Nature morte d'une composition florale dans une urne sculptée*, h/t (75x59) : **USD 20 900** – Londres, 24 mai 1991 : *Pivoines, oeillets, pavots, seringa et autres dans une urne de bronze sur un entablement*, h/t (63,3x76,2) : **GBP 55 000** – Paris, 14 déc. 1992 : *Corbeille de fleurs sur un entablement*, h/t (59,5x75) : **FRF 170 000** – Paris, 26 avr. 1993 : *Corbeille de fleurs*, h/t (68x82) : **FRF 98 000** – Paris, 23 juin 1993 : *Bouquet de fleurs dans un vase en bronze doré sur fond d'architecture avec des fruits posés sur les marches* 1665, h/t (210x160) : **FRF 1 850 000** – New York, 14 jan. 1994 : *Fleurs dans un vase sculpté sur un entablement de marbre*, h/t (125,7x99,7) : **USD 51 750** – Paris, 29 mars 1994 : *Vase de fleurs sur un entablement*, h/t (42x34) : **FRF 185 000** – Londres, 10 juin 1994 : *Fleurs dans une urne de terre cuite sculptée et des éléments architecturaux* 1696, h/t (111,5x143,8) : **GBP 155 500** – Monaco, 19 juin 1994 : *Bouquet de fleurs*, h/t (73x58) : **FRF 133 200** – New York, 12 jan. 1995 : *Composition florale dans une vasque sur un entablement de pierre devant un paysage*, h/t (186,7x156,2) : **USD 255 500** – Rome, 14 nov. 1995 : *Vase de fleurs*, h/t (diam. 83) : **ITL 31 050 000** – New York, 16 mai 1996 : *Fleurs dans un vase de verre sur un entablement de marbre*, h/t (64,1x54,6) : **USD 43 125** – Paris, 25 juin 1996 : *Bouquets de fleurs sur un entablement*, h/t, une paire (40x32,5) : **FRF 155 000** – Paris, 9 déc. 1996 : *Composition dans un vase sur un entablement de pierre*, h/t (65x81,5) : **FRF 80 000** – Londres, 3-4 déc. 1997 : *Nature morte de roses, œillets, lilas, soucis, bleuets, convulvulus, un lys et autres fleurs dans une urne dorée sur un piedestal sculpté dans une niche de pierre*, h/t (114x124) : **GBP 111 500**.

MONNUS

IIIe siècle. Travaillant vers le IIIe siècle après Jésus-Christ. Antiquité romaine.

Mosaïste.

Le Musée Provincial de Trèves conserve de lui un grand dallage en mosaïque représentant des poètes et les Muses.

MONO Johann Claudius. Voir **MONNOT**

MONOD Ambroise

Né le 8 mars 1938 à Paris. XXe siècle. Français.

Sculpteur d'assemblages, technique mixte, animalier. Récup art.

Ambroise Monod n'a pas de formation artistique, ses études de théologie de futur pasteur ayant accaparé alors tout son labeur. Il passa les dix-huit premières années de sa vie au Sénégal, où il fut attentif au soin qu'ont les Africains de ne rien gaspiller, et à leur art de bricoler quantité d'objets avec les restes et déchets récupérés. Lui-même récupéra alors à son compte leur soin et leur art. En 1967, aumonier universitaire protestant à Strasbourg, il en a propagé, avec l'esprit, la méthode, en fait implicitement critique de la société de consommation, dans ces ateliers de créativité qui précédaient les remises en cause de mai 1968, puis l'a portée sur les fonts baptismaux, lorsqu'il a déposé, en 1976 à l'Institut national de la propriété industrielle, l'appellation Récup art, afin d'éviter sa récupération par l'Établissement. Depuis, récupérant du temps de la nuit, il s'investit dans le jeu d'une production considérable qu'il expose régulièrement, entre autres : de 1969 à 1983 à Strasbourg ; en 1991 à Aix-les-Bains, au Creusot, etc. ; en 1992 Paris librairie Combescot et autres lieux, dans plusieurs villes de province ; 1993 Paris librairie Combescot, UNESCO et autres lieux, dans plusieurs villes de province ; 1994 Paris galerie Graphes, et Lille, Roubaix ; 1995 Paris galerie Graphes ; etc.

Le matériau ne coûte rien, lui-même ne compte guère son temps ni son travail, qui ne sont pas ce qui compte pour lui, peu soucieux de cultiver sa « cote », heureux de faire des heureux à bon compte. Ambroise Monod ne fait pas semblant d'ignorer la peinture d'Arcimboldo, ni que Picasso a fait une tête de taureau avec un guidon et une selle de bicyclette, que César, en phase avec les Nouveaux Réalistes, s'est fait connaître avec des animaux fabuleux générés par l'assemblage des rebuts métalliques de l'usine de Villetaneuse où il était toléré. Il est quelque chose comme le « dandy des gadoues » de Michel Tournier ; il passe ses loisirs à fouiller les décharges publiques, d'où il rapporte ses butins à l'atelier. Il n'a guère de préférences, on peut penser qu'il se les interdit, ce ne serait plus la règle du jeu du récup art. Rien ne doit être négligé, méprisé ; tout doit être réintégré dans la réalité vécue ; ce pasteur est le rédempteur des rebuts, des ordures. Il serait faux de dire qu'il n'a pas une préférence pour les déchets métalliques, vieilles boîtes de conserve, outils et ustensiles détériorés, pièces mécaniques hors d'usage, matériels agricoles obsolètes, instruments aratoires déglingués, plus appropriés à sa technicité de forgeron soudeur. Il découpe, il tord, il a brase et soude, il assemble tout avec tout et n'importe quoi et moins que rien, et surtout ensemble les « choses » qui n'auraient eu aucune chance de se rencontrer dans leur utilisation originelle. Avec la légèreté de l'humour rose et rosse, à distance du noir sérieux surréaliste, il divague pourtant dans le domaine de la rencontre du parapluie et de la machine à coudre. Au bout de ses assemblages contre nature, Ambroise Monod est quand même plutôt un figuratif, presque exclusivement animalier, on pourrait dire surtout « volatilier ». Mais, si déjà de la faune terrestre il privilégie l'oiseau-lyre, le poisson-chat, le crapaud-buffle, on voit très bien qu'il franchit aisément les limites de la décence jusqu'à créer le « gentignol, l'engoulepluie ou le corlaid ». ■ J. B.

MONOD Lucien Hector
XIXe siècle. Actif à la fin du XIXe siècle. Français.
Peintre de paysages et de portraits, dessinateur et lithographe.

Il exposa dès 1891 au Salon, puis à la Société Nationale des Beaux-Arts.

MONOGRAMMISTE, Maître anonyme connu par un monogramme ou des initiales. Voir listes à la fin de chaque lettre

MONOIER Georges ou **Monnoyer** ou **Monnoïer**
XVIe siècle. Actif à Lille. Éc. flamande.
Sculpteur.

La cathédrale de Saint-Omer possède de lui le bas-relief en marbre *Les trois jeunes gens dans la fournaise*.

MONORI ou **Monoré**
XVIe siècle. Français.
Peintre verrier.

En 1529 il était prieur à l'abbaye de Cerfroy près de Soissons.

MONORY Jacques
Né le 25 juin 1924 à Paris. XXe siècle. Français.
Peintre, illustrateur, artiste de performances, sculpteur. Figuration narrative.

Il fut élève de l'école des arts appliqués de Paris. Il travailla ensuite comme metteur en pages dans l'édition, peignant en solitaire pendant quelques années. Il est l'auteur de plusieurs films, de romans-photos, de romans policiers et textes variés. Il vit et travaille à Cachan.

Il participe à de nombreuses expositions de groupe à Paris : 1962 *Donner à voir* à la galerie Zunini ; depuis 1963 Salon de Mai ; depuis 1964 régulièrement à l'ARC au musée d'Art moderne de la ville (1964 *Mythologies quotidiennes* organisée par Gérald Gassiot-Talabot, 1966 *Schèmes 66*, 1969 *Distances*, 1974 *Pour mémoires*, 1975 *La Boîte*, 1977 *Mythologies quotidiennes II*, 1979 *Nouvelles Tendances de l'art en France*, 1982 *Aléa*) ; 1965 Salon de la Jeune Peinture ; 1966 *Zoom 1* à la galerie B. Mommaton ; 1967 *La Bande dessinée et la figuration narrative* et 1968 *European today* au musée des Arts décoratifs ; 1972 *Douze Ans d'art contemporain en France* aux galeries nationales du Grand Palais ; depuis 1977 au centre Georges Pompidou (1977 *Guillotine et peinture*, 1979 *De la nature étrange de l'argent*, 1981 *Autoportraits photographiques* et 1985 *Les Immatériaux*) ; ainsi qu'en province et à l'étranger : 1967 Pavillon français de l'Exposition internationale de Montréal et Museo civico de Bologne ; 1968 et 1993 fondation Maeght de Saint-Paul-de-Vence ; 1968 Jewish Museum de New York, The Smithsonian Institution de Washington, Museum of Contemporary Art de Chicago et Art Institute de Dayton ; 1969 musées de Bâle, Karlsruhe, Wuppertal, Francfort ; 1970 et 1975 palais des Beaux-Arts de Bruxelles ; 1971 exposition itinérante du CNAC (Centre National d'Art Contemporain) ; 1974 et 1982 Entrepôt Laisné à Bordeaux ; 1974 musée d'Art moderne d'Helsinki ; 1980 et 1992 ELAC (Espace Lyonnais d'Art Contemporain) de Lyon ; 1982 musée de Séoul ; 1983 musée d'Art et d'Industrie de Saint-Étienne ; 1984 musée d'Art moderne de Bologne ; 1986 Biennale de Venise ; 1989 Centre de la Vieille Charité de Marseille et Kunsthalle de Berlin ; 1994 musée de Clermont-Ferrand.

Pendant sa première période, il ne montra ses œuvres que dans deux expositions personnelles à Paris, en 1955 et 1959, et une à Lausanne en 1958. Depuis, il a eu de nombreuses expositions personnelles, parmi lesquelles à Paris : 1971 et 1984 à l'ARC au musée d'Art moderne de la Ville ; 1974 au CNAC (Centre National d'Art Contemporain) ; de 1976 à 1981 régulièrement à la galerie Maeght ; depuis 1987 régulièrement à la galerie Lelong ; ainsi qu'en province et à l'étranger : 1966, 1968, 1973 Milan ; 1967 et 1969 Turin ; 1969 Rome et Bologne ; 1971 palais des Beaux-Arts de Bruxelles ; 1972 Stedelijk Museum d'Amsterdam, musée d'Art et d'Industrie de Saint-Étienne et Neue Galerie d'Aix-La-Chapelle ; 1975 Louisiana Museum d'Humlebaek ; 1977 Kunsthalle d'Hambourg ; 1982 musée des Beaux-Arts de Pau et galerie Sigma à Bordeaux ; 1984 Fuji Television Gallery à Tokyo ; 1988 centre de l'Ancienne Poste à Calais et musée Saint-Roch d'Issoudun ; 1992 Exposition universelle de Séville ; 1996 Théâtre de Cherbourg.

Il a réalisé plusieurs commandes publiques : 1969 peinture murale à Hérouville ; 1982 miroirs et peintures à l'U.E.R. de Rouen ; 1986 peinture sur métal, néons et miroirs à la cité des Sciences et de l'Industrie à La Villette ; 1987 peinture sur panneau à la station du R.E.R. du musée d'Orsay à Paris.

Ses premières œuvres relèvent de l'abstraction informelle. De matières épaisses et travaillées en préciosité surgissaient des évocations érotico-surréalistes. L'apparition en Europe des premières œuvres du pop art américain lui révèle le sens dans lequel il allait désormais s'exprimer. Monory choisit de renier sa première époque, détruit tous les tableaux antérieurs à 1962, intitulés *Sans Titre*. Dans une mutation soudaine, il retrouve la figuration et la narration, donne des titres à ses toiles (*Meurtre – Mesure – Image incurable – Opéra glacé – Technicolor – Ciels – Peinture à vendre – Jardinage – La Terrasse – Noir Énigme*...), et pour bien marquer la résolution de son choix, il adopte la figuration la plus proche de la réalité. Dès lors, il met en scène, à partir de documents photographiques divers en noir et blanc (clichés pris par lui-même, coupures de presse, reproductions de plans de films), des bribes de sa vie et de celle de ses proches, des faits divers ou de société hors contexte, réunissant, dans une même œuvre, diverses images toutes faites, aux références multiples. La technique de la représentation photographique, accentuée encore par l'imitation d'accidents de cadrage ou de surexposition, confère la force de la réalité à ses imaginations obsessionnelles. Le procédé poétique de Monory rappelle aussi la technique de l'image fixe, utilisée au cinéma, qui consiste à arrêter de temps en temps le déroulement de l'action qui reste soudain figée pendant quelques secondes sur une image fixe, lui conférant évidemment une dimension exceptionnelle. Il emprunte au Septième Art son procédé lui-même, qui consiste à assembler une succession de séquences d'une même scène pour établir le mouvement, un rythme, montrer un instant dans sa durée. Copiant le réel par l'intermédiaire de la photographie, il atteint à un grand réalisme, ce qu'il revendique : « Je suis un peintre réaliste, aucun dessin ne peut rendre la vérité d'un geste, d'une attitude telle que la capte la photo. Si j'invente ce sera banal ; la réalité est beaucoup plus forte. »

Mais, en réduisant sa palette à une seule couleur, généralement un bleu électrique qui confère à la toile une atmosphère magique, hors du temps, il opère une mise à distance : la réalité a perdu ses couleurs et l'ensemble de l'œuvre est neutralisé, car traité de manière uniforme. À plusieurs reprises, il a remplacé le bleu par du jaune ou du rose (une fois le vert !) ; en optant à deux reprises pour une trichromie électrisée avec les séries *Technicolor* et *Toxique*, il se souvient de son travail d'imprimeur, de même lorsqu'il applique soigneusement la peinture au rendu mat, obtenant une reproduction standardisée, un stéréotype. À part ces deux séries, il se tient aux contraintes qu'il s'est imposées : recours à la reproduction de photographies et à la monochromie, détournant par là même la créativité du peintre et le pouvoir de la couleur. À partir de ce traitement systématique, Monory dresse successivement, et méthodiquement, le constat de ses obsessions personnelles, où la mort violente ou insidieuse tient souvent le premier rôle, dans des suites consacrées aux désirs de meurtre, à l'oppression ressentie dans les habitats urbains, à l'angoisse morbide d'une végétation envahissante (*Jungles de velours*). La mort rôde dans les couloirs déserts d'hôtels anonymes, dans l'espace clos d'une salle de bains, dont le miroir porte la trace de l'impact des balles ou bien, au bord d'un trottoir, l'emplacement où il s'est passé « quelque chose » étant marqué d'une flèche comme sur les photographies d'enquêtes policières, ailleurs des croix barrent certains éléments, niant leur existence. Procédant par thèmes, qui s'étendent parfois sur plusieurs années – chaque œuvre étant répertoriée par une suite de chiffres administratifs – il fait entrer dans son travail le peintre (une série de 1985 porte ce titre et dans chaque œuvre une photographie d'un singe semble désigner le peintre qui mime le réel), sa femme, son fils (*Antoine* 1972), ses amis (*Hommage à Annette Messager*), les peintres qu'il admire (*Hommage à C. D. Friedrich* 1976), « les rues de Paris, mais aussi la guerre du Viêtnam, les rues de La Havane, New York, les femmes, les animaux dans les zoos, les enfants, les criminels, les fous, les couples, les solitaires, mais aussi les icebergs, la forêt vierge, les nuages, les autoroutes, les appartements de haut standing, les avions, les flics, les champs de tirs et les champs de marguerites » (Alain Jouffroy). Il peint le monde moderne et sa violence, corrélant vie intime et civilisation avec la peinture, mais aussi avec des objets réels, ainsi fixe-t-il sur la toile un pinceau, un revolver, une cible de tir percée, des morceaux de Plexiglas, des miroirs (qui renvoient le spectateur à sa propre angoisse), des mots, des chiffres, des mesures.

Chez Monory, ces images fixes désignent ou dénoncent des moments exceptionnels, où Gérald Gassiot-Talabot discerne sans peine « la révélation autobiographique, la mise en action du phénomène de catharsis, l'exorcisation prononcée contre les monstres intimes, le violent impact sexuel du meurtre... » Refusant de peindre de jolies scènes, il vise, à travers ses fantasmes, à un langage immédiatement accessible par tous, rendant compte d'un quotidien intériorisé. Il intervient sur le réel, mêlant le plaisir « de déglinguer l'information et le spectacle, avec le plaisir de peindre » (Monory). Cette très personnelle dialectique de l'image et de la réalité, ce jeu de la mort et du hasard assura à Monory une place à part dans la jeune peinture française des années soixante-dix. ■ Laurence Lehoux, J. B.

Bibliogr. : Présentation de l'exposition Monory : Alain Jouffroy : *Un Peintre de la surprise quotidienne*, et José Pierre : *Monory ou la roulette russe*, Galerie Legendre, Paris, 1965 – Gérald Gassiot-Talabot, in : *Bande dessinée et figuration narrative*, Musée des Arts décoratifs, Paris, 1966 – Gérald Gassiot-Talabot : Catalogue de l'exposition *Monory*, Galerie Mommaton, Paris, 1967 – Gérald Gassiot-Talabot, in : *Depuis 45 – Art et contestation*, La Connaissance, Bruxelles, 1968 – P. Comte, in *Opus International*, Paris, avr. 1969 – Gérald Gassiot-Talabot : *Les Jungles de velours de Monory*, in *Opus International*, Paris, juin 1971 – Pierre Gaudibert, Alain Jouffroy : *Monory – Monographie*, Georges Fall, Paris, 1972 – Jean François Lyotard, in : *Figurations, 1960-73*, 10/18, Paris, 1973 – Alain Jouffroy : *Monory – Les Premiers Numéros du catalogue mondial des images incurables*, Centre National d'Art Contemporain, Paris, 1974 – Jean Christophe Bailly : *Monory – Monographie*, Maeght, Paris, 1979 – Jacques Monory : *Diamondback*, Bourgois, Paris, 1979 – in : *Écritures dans la peinture*, Centre National des Arts plastiques, t. I, Villa Arson, Nice, avr.-juin 1984 – Jacques Monory : *Toxique*, Galerie Lelong, coll. *Repères*, n° 11, Paris, 1984 – Jean François Lyotard : *L'Assassinat de l'expérience par la peinture, Monory*, coll. *Le Mot et la forme*, Castor Astral, Bordeaux, 1984 – in : *La Collection du musée national d'Art moderne*, Centre Georges Pompidou, Paris, 1986 – in : Catherine Millet : *L'Art contemporain en France*, Flammarion, Paris, 1987 – Marcelin Pleynet : *La Voleuse*, Galerie Lelong, coll. Repères, n° 40, Paris, 1987 – *Monory*, Galerie Lelong, Paris, 1991 – in : *L'Art du xxe s.*, Larousse, Paris, 1991 – France Huser : *Les Apocalypses de Monory*, Nouvel Observateur, n° 127, Paris, 7-13 mars 1991 – Jacques Monory : *Eldorado*, Bourgois, Paris, 1991 – in : *Dict. de l'art mod. et contemp.*, Hazan, Paris, 1992 – Pierre Tilman : *Monory – Monographie*, Frédéric Loeb, Paris, 1992 – *Entretien de Jacques Monory avec Gassiot-Talabot et Jean Claude Chalumeau*, in : *Opus International*, n° 134, Paris, aut. 1994.

Musées : Aix-la-Chapelle (Neue Gal.) : *Hypersensitive* – Alger – Amsterdam (Stedelijk Mus.) : *Velvet Jungle n° 10/2* – Fukuoka (Mus. d'Art Mod.) : *Toxique n° 1 – n° 2* 1982 – Grenoble (Mus. des Beaux-Arts) : *Meurtre n° 2* 1968 – La Havane (Mus. d'Art Mod.) : *Après la pluie* – Humlebaek (Louisiana Mus.) : *Meurtre n° 10/1* – Issoudun (Mus. Saint-Roch) : *La Voleuse n° 5* 1986 – Liège (Mus. d'Art Mod.) : *Opéra glacé n° 3* 1975 – Marseille (Mus. Cantini) : *For all that we see or seem is a dream* – Nîmes (Mus. d'Art Contemp.) : *Death Valley n° 10 avec soleil de minuit* – Paris (Mus. Nat. d'Art Mod.) : *Meurtre n° 10/2 – Meurtre n° 20/1* 1968 – Paris (Mus. d'Art Mod. de la Ville) : *Six heures du matin, elle – Jungle de velours n° 3* 1971 – *Toxique n° 26* 1983 – *Mélancolie n° 2/2 – Métacrime n° 11* – Paris (BN) : *Tetanic Toxic* 1984, litho. – Pau (Mus. des Beaux-Arts) : *La Fin de Mme Gardénia* – Rotterdam (Boymans Van Beuningen Mus.) : *N. Y. n° 8* – Saint-Étienne : *Meurtre n° 1 – Adriana n° 2* – Séoul : *Dimanche matin* 1966 – Tokyo (Mus. Hara) : *J'ai vécu une autre vie* 1969.

Ventes Publiques : Milan, 10 déc. 1970 : *Étude pour le meurtre*, monochrome bleu : **ITL 350 000** – Milan, 2 déc. 1971 : *Meurtre n° 3* : **ITL 750 000** – Paris, 12 mars 1972 : *Situation n° 9718...29* : **FRF 6 000** – Paris, 6 avr. 1973 : *Claude, le 9 mai 21h05* 1972 : **FRF 9 000** – Paris, 31 mai 1978 : *Dreamtiger, n° 3* 1972, h/t (145,5x114) : **FRF 11 500** – Paris, 27 oct. 1980 : *Velvet jungle n° 14* 1971, acryl./t. (204x304) : **FRF 25 000** – Paris, 26 avr. 1982 : *Douce, meurtre n° V* 1965, acryl./t. (110x68) : **FRF 23 500** – Paris, 25 oct. 1982 : *La révolution impossible* 1966, acryl./t. et pan. en relief (142x165x4) : **FRF 21 000** – Paris, 22 avr. 1983 : *Étude pour meurtre n° 317/0* 1968, acryl./t. (120x81,5) : **FRF 31 000** – Paris, 6 juin 1985 : *Meurtre n° 7* 1968, acryl./t. (144x112) : **FRF 32 000** – Paris, 4 déc. 1986 : *Peinture à vendre n° 17 A*, h. et techn. mixte/t. (163x125) : **FRF 33 000** – Paris, 3 déc. 1987 : *Meurtre n° 9*, acryl./t. (162x130) : **FRF 30 000** – Paris, 12 oct. 1987 : *Étude pour meurtre* 1968, h/t (121x81) : **FRF 57 000** – Paris, 20 mars 1988 : *Image incurable n° 8 bis* 1973, acryl./t. (114x162) : **FRF 28 000** – Milan, 8 juin 1988 : *Meurtre n° 18* 1968, h/t (130x130) : **ITL 13 000 000** – Paris, 27 juin 1988 : *Hôpital psychiatrique* 1974, h/t (114,5x162,5) : **FRF 45 000** – Versailles, 23 oct. 1988 : *Membre n° 9 (Portrait de Camille Adam)* 1968 (162x130) : **FRF 66 000** – Paris, 28 oct. 1989 : *Antoine n° 10* 1975, acryl./t. (114x163) : **FRF 36 000** – Paris, 8 nov. 1989 : *Opéra glacé n° 9* 1975 (195x228) : **FRF 300 000** – Paris, 15 fév. 1990 : *Opéra glacé n° 11*, h/t (194x260) : **FRF 280 000** – Paris, 18 juin 1990 : *Image incurable n° 8 bis* 1973, acryl./t. (114x162) : **FRF 100 000** – Paris, 26 oct. 1990 : *Jungle de velours n° 10/1* 1971, acryl./t. (195x322) : **FRF 160 000** – Paris, 2 juin 1991 : *Peinture à vendre n° 22* 1987, h/t (116x89) : **FRF 60 000** – Versailles, 27 oct. 1991 : *D'un œil bleu* 1966 (73x92) : **FRF 63 000** – Paris, 20 mai 1992 : *Opéra glacé n° 9* 1975 (196x230) : **FRF 76 000** – Paris, 14 oct. 1993 : *Image incurable n° 13* 1974 (114x162) : **FRF 55 000** – Paris, 4 mars 1994 : *Brr...moi* 1964, h/t (130x92) : **FRF 30 000** – Londres, 26 mai 1994 : *Jungle de velours n° 10/1* 1970, acryl./t. (195x324) : **GBP 9 200** – Paris, 5 oct. 1996 : *Image incurable n° 15, lauréate concours félin* 1974, acryl./t. (114x162) : **GBP 45 000** – Paris, 29 nov. 1996 : *La Terrasse n° 10* 1989, techn. mixte/t. (150x160) : **FRF 34 000** – Paris, 8 déc. 1996 : *La Terrasse n° 14* 1989, h/t (92x73) : **FRF 18 000**.

MONOSILIO Salvatore

Né à Messine. Mort le 5 octobre 1776 à Rome. xviiie siècle. Italien.

Peintre.

Élève de Sébast. Conca à Rome. Il se fixa dans cette ville et y fit de nombreux travaux, notamment pour S. Paolino della Regola, SS. Quaranta, St Paul-hors-les-Murs, La Trinité des Missions et la basilique Saint-Pierre.

MONOT. Voir aussi **MONNOT**

MONOT Martin Claude ou **Monnot**

Né en 1733 à Paris. Mort en 1808 à Paris. xviiie siècle. Français.

Sculpteur.

Petit-fils de Pierre Étienne. Il remporta le premier prix de sculpture en 1760. Le 28 janvier 1769, il fut agréé à l'Académie et le 28 août 1779 il fut reçu académicien. Cet artiste était premier sculpteur du comte d'Artois. Il figura au Salon, de 1769 et de 1798. On a de cet artiste au Musée du Louvre *Le Génie du printemps*, figure en marbre ; *Hercule* ; *Enfant jouant avec ses pieds*, et au Musée de Versailles ; *Abraham Duquesne*, statue en marbre bustes de la famille de Ségur. Le Musée des Sciences Naturelles de Kassel conserve de lui le buste de *Frédéric II de Hesse*.

MONOT Pierre Étienne. Voir **MONNOT**

MONOTTI Giovanni

Mort après 1812. xixe siècle. Italien.

Peintre de paysages et d'architectures.

Élève de son père Vincenzo Monotti et, à Rome, de Labruzzi. Il travailla à Pérouse, Gualdo, Gubbio, Macerata, Sanseverino et Sienne.

MONOTTI Vincenzo
Né en 1734 à Pérouse. Mort en 1792 probablement à Pérouse. XVIIIe siècle. Italien.
Peintre.
Élève d'Appiani et Capriozzi à Rome. Il peignit des fresques dans la cathédrale de Pérouse, à l'Université, et dans certaines églises de la même ville.

MONOYER. Voir **MONNOYER**

MONPELLIER. Voir **MONTPELLIER**

MONPEO Joan
XVIIe siècle. Actif à Barcelone. Espagnol.
Sculpteur sur bois.
Il a sculpté l'autel de l'église de Terrasse en 1699.

MONPEUR
XVIIIe siècle. Français.
Pastelliste.
Le Musée Municipal d'Aix-la-Chapelle conserve de cet artiste *Portrait de Jos. Crummel et de son épouse*.

MONRAD Vitus
Né le 28 juillet 1738 à Aagerup. Mort le 9 février 1789 à Vejle. XVIIIe siècle. Danois.
Sculpteur.
Élève de l'Académie de Copenhague.

MONREAL Andrés
Né à Santiago du Chili. XXe siècle. Chilien.
Peintre de figures et de groupes. Réaliste-magique.
Il commença à exposer à titre individuel en 1958 à la Wittenbon Gallery de New York, puis à Santiago, Madrid, Hambourg, Ibiza, Bordeaux, Paris (Galerie Mag en 1990 et 1992, Galerie Bernheim Jeune en 1993 et 1995), et de nouveau New York (Barnard-Biderman, 1992-93-94). Il figura également dans divers salons (Figuration Critique, Grands et Jeunes d'Aujourd'hui), à la Royal Academy de Londres, à l'Arco de Madrid.
Dans ses portraits, ses scènes de rue ou d'intérieur, on retrouve clairement une inspiration propre à la culture sud-américaine, mais cette sorte de folklore populaire est transposé dans un espace irréel où le temps semble s'être arrêté, et où des personnages figés nous lancent des regards à la fois rêveurs et inquiétants.
Bibliogr. : Catalogue de l'exposition *Andrés Monreal*, Galerie Bernheim-Jeune, Paris, 1995.
Ventes Publiques : New York, 30 mai 1984 : *Sin remordimentos* 1978, h/t (71,1x89,5) : **USD 2 000** – New York, 26 nov. 1985 : *La Gauloise* 1982, h/t (90x72,2) : **USD 4 000** – New York, 2 mai 1990 : *Mes pompes (hommage à Van Gogh)* 1988, acryl./t. (65x49,5) : **USD 2 200** – Paris, 24 oct. 1993 : *Commentaires sur une bataille*, h/t (65x50,5) : **FRF 31 500** – New York, 24 fév. 1995 : *Concert*, h/t (91,4x61) : **USD 1 725**.

MONREAL Antonio de
XVIIe siècle. Actif à Madrid de 1610 à 1627. Espagnol.
Peintre.
Il a peint des tableaux d'autel pour les églises La Trinidad Calzada et Santa Catalina de Sena, à Madrid.

MONREALESE. Voir **NOVELLI Pietro Giovanni**

MONRO Charles C. Binning
XIXe siècle. Britannique.
Paysagiste.
Il exposa à Londres de 1874 à 1890.

MONRO Henry
Né le 30 août 1791 à Londres. Mort le 5 mars 1814. XIXe siècle. Britannique.
Peintre de genre et de portraits.
Il était fils du célèbre peintre amateur anglais le docteur Monro et entra comme élève aux Écoles de l'Académie. Il exposa à la Royal Academy et à la British Institution à partir de 1811 des tableaux d'histoire, notamment la *Disgrâce de Wolsey*, œuvres pleines de promesses ; une mort prématurée empêcha la complète réalisation de son talent. La National Portrait Gallery à Londres conserve de lui le portrait de *Thomas Hearne*.
Ventes Publiques : Londres, 19 nov. 1986 : *Othello, Desdémone et Iago*, h/t (125x100) : **GBP 5 200**.

MONRO J. C.
Mort en octobre 1889. XIXe siècle. Britannique.
Peintre de genre.
Il exposa à Londres de 1866 à 1873.

MONRO Thomas
Né en 1759 à Londres. Mort le 15 mai 1833 à Bushey. XVIIIe-XIXe siècles. Britannique.
Peintre.
Père de Henry Monro et élève de J. Laporte ; il subit l'influence de Gainsborough. Mécène d'art et médecin.

MONROY Paul. Voir **LECUIT**

MONROY Y AGUILERA Antonio Maria
Mort entre 1820 et 1823 à Cordoue. XIXe siècle. Espagnol.
Peintre de figures et sculpteur.
Père de Diego Monroy.

MONROY Y AGUILERA Diego
Né en 1790 à Baena. Mort en août 1856 à Cordoue. XIXe siècle. Espagnol.
Peintre et miniaturiste.
Fils et élève d'Antonio Maria Monroy. Directeur de l'Académie de Cordoue. Il décora un certain nombre d'églises de ses peintures.

MONS Andries Van
XVIIe siècle. Actif à La Haye. Hollandais.
Sculpteur.
Il a sculpté des armoiries au fronton du Ministère de la Guerre à Rotterdam.

MONS Émile Auguste
Né au XIXe siècle à Paris. XIXe siècle. Français.
Graveur.
Élève de Chapon. Il figura au Salon en 1876.

MONS Nicolas Van
Né en 1706 à Bruxelles. Mort le 13 septembre 1772 à Bruxelles. XVIIIe siècle. Éc. flamande.
Sculpteur.
Il a sculpté le maître-autel et les portails de l'église des Béguines à Bruxelles.

MONSALDY Antoine Maxime ou **Monsaldi**
Né en 1768 à Paris. Mort en 1816. XVIIIe-XIXe siècles. Français.
Dessinateur, graveur à l'eau-forte et au pointillé.
Ce très intéressant artiste sur lequel on possède peu de renseignements, entra à l'École de l'Académie royale le 5 mars 1787, protégé par Cochin. Il y fut élève de Peyron et y demeura jusqu'en 1791. Il alla en Italie. Nagler dit qu'il travaillait à Rome au début du XIXe siècle. On le voit exécutant six planches sur les Salons de l'An VIII et de l'An XI. Son séjour dans la Ville Éternelle se place-t-il avant ou après ces pièces ? Nous pencherions pour la première supposition. Ce qui est certain c'est qu'il était à Paris sous le Premier Empire et qu'il y exécuta d'après Isabey de remarquables portraits au pointillé, imprimés en noir et en couleur, d'une exécution délicate et extrêmement recherché aujourd'hui, notamment : *L'Impératrice Joséphine, son voile passant sur le front* ; *La reine Hortense* ; *Marie-Louise* ; *Mme Dugazon*. On cite encore de lui : *Lady Hamilton*, d'après Romney ; *Isabey*, d'après Singry ; *Fouché*. Monsaldy nous paraît avoir été bien vu à la cour impériale. Nous trouvons dans son œuvre trois pièces présentées à l'impératrice (*Jenner, Onuphre, Scussy, De la Rochefoucault Liancourt, introducteur de la vaccine en France*). On cite encore de lui *Mlle Gavaudan* pour la *Galerie théâtrale*, des vues, etc.
Monsaldy par la délicatesse de son talent se rapproche des jolis graveurs en couleur anglais et ce titre lui mériterait une étude beaucoup plus complète que ne le comporte les limites de cet ouvrage.

MONSALDY Félicie. Voir **FOURNIER**

MONSANTO Antonio Edmundo
Né en 1890 à Caracas. Mort en 1947. XXe siècle. Vénézuélien.
Peintre.
Il fut élève de Herrera Toro et de l'Académie des Beaux-Arts. Il fut membre fondateur du cercle des Beaux-Arts. Directeur de l'École d'Arts Plastiques de 1936 à sa mort.

MONSANTO Carlos Enrique
Né en 1919 à Caracas. XXe siècle. Vénézuélien.
Peintre.
Il étudia à l'École d'Arts plastiques de Caracas. Il fut professeur de dessin à l'École d'Arts plastiques de Caracas. Il participe à plusieurs expositions dans sa ville natale.

MONSANTO Ludovic Mentès
Né au XIXe siècle à Altona. XIXe siècle. Français.
Peintre.
Élève de Cabanel et de l'École des Beaux-Arts. Il figura au Salon de Paris de 1865 à 1878.

MONSANTO COCKING Bernardo
Né en 1896 à Caracas. XXe siècle. Vénézuélien.
Peintre.
Il fut élève d'Antonio Edmundo Mosanto et de Rafaél Monasterio.

MONSEGUR Alexandre
Né le 7 avril 1849 à Belfort. XIXe siècle. Français.
Sculpteur.
Élève de Gérôme et de Millet. Il figura au Salon, de 1876 à 1880, avec des médaillons.

MONSERDA Y VIDAL Enrique
Né à Barcelone (Catalogne). XIXe-XXe siècles. Espagnol.
Peintre de figures.
Il exposa à Barcelone de 1877 à 1915. Une de ses peintures se trouve dans l'église de Mataro.

MONSERET Jean Pierre et **Pascal**. Voir **MONCERET Jean Pierre** et **Pascal**

MONSERRAT Y PORTELLA José
Né à Hospitalet (Catalogne). XXe siècle. Espagnol.
Sculpteur.
Il exposa de 1879 à 1912.
Musées : Madrid (Gal. Mod.) : *Laveuse – Amour et travail.*

MONSERRAT Y VARGAS Juan de Dios
Né le 20 janvier 1820 à Cordoue. Mort le 18 avril 1865 à Cordoue. XIXe siècle. Espagnol.
Portraitiste.
Élève de D. Monroy.

MONSFELD Josef
Peintre.
Mentionné dans les annuaires de ventes publiques, peut-être orthographe erronée d'un autre artiste.
Ventes Publiques : Paris, 24 mai 1944 : *Nature morte aux trophées de chasse* : **FRF 10 000.**

MONSIAUX Nicolas André ou **Monsiau**
Né en 1754 à Paris. Mort le 31 mai 1837 à Paris. XVIIIe-XIXe siècles. Français.
Peintre d'histoire, illustrateur.
Élève de Peyron, il fut agréé à l'Académie le 30 juin 1787 et reçu académicien le 3 octobre 1789. Il figura au Salon de 1787 à 1833. Il illustra *Galatée* de Florian, *La Mort d'Abel* de Gessner, les *Œuvres poissardes* de Vadé.

Monsiau.

Musées : Amiens : *Philoctète dans l'île de Lemnos* – Angoulême : *Aria et Poetus* – Calais : *Le duc E. de Croy* – Clamecy : *Saint Louis octroyant une charte* – Lille : *Fulvie découvrant à Cicéron la conspiration de Catilina* – Marseille : *Une scène du IVe acte d'Iphigénie en Aulide* – Moscou (Mus. des Beaux-Arts) : *Socrate chez Aspasie* – Orléans : *Madeleine dans le désert* – Rouen : *Alexandre et Diogène* – Versailles : *La Consulta de la République cisalpine, réunie à Lyon, décerne la présidence au premier consul Bonaparte, le 26 janvier 1802 – Louis XVI, accompagné du maréchal de Castries, ministre de la marine, donne des instructions à M. de la Peyrouse pour son voyage autour du monde.*
Ventes Publiques : Paris, 1810 : *Jeune personne enlevée à l'étude par les plaisirs* : **FRF 500** – Paris, 1882 : *Louis XVIII et le prince de Condé* : **FRF 395** – Paris, 1896 : *L'Impératrice Joséphine visitant le salon de 1808*, dess. à la sépia : **FRF 900** – Paris, 28 déc. 1922 : *Portrait de Vincent ; peintre d'histoire*, cr. : **FRF 80** – Paris, 20 juin 1927 : *Apothéose de S. A. R. Mgr le duc de Berry*, pierre noire reh. : **FRF 480** – Paris, 14 déc. 1936 : *Colette et Colin*, dess. à l'encre de Chine : **FRF 1 600** – Paris, 7 juil. 1942 : *Portrait du peintre Pierre Bouillon élève de l'artiste* 1789 : **FRF 9 000** – Paris, 19 juin 1947 : *Projet de monument* : **FRF 650** – Versailles, 8 avr. 1951 : *Voyage sentimental*, sept dessins pour l'illustration de l'ouvrage de Laurence Sterne : **FRF 456 000** – Paris, 24 juin 1955 : *La Folie conduisant l'Amour* : **FRF 85 000** – Paris, 7 déc. 1973 : *Le serment de fidélité* : **FRF 6 000** – Londres, 18 oct. 1978 : *Le serment de fidélité*, h/t (54x44) : **GBP 850** – Paris, 11 mars 1985 : *Socrate et Alcibiade chez Aspasie*, pl. et lav. de bistre (17x24,2) : **FRF 6 500** – Monte-Carlo, 21 juin 1986 : *Zeuxis choisissant ses modèles* 1797, h/t (95,5x128,5) : **FRF 860 000** – Paris, 16 déc. 1987 : *La Mort de Raphaël*, pl. et lav. brun (32,1x27,2) : **FRF 45 000** – Monte-Carlo, 20 juin 1987 : *Le Mariage d'Aria et Pœtus* 1801, h/t (64x81) : **FRF 180 000** – Monaco, 7 déc. 1990 : *Tête d'homme barbu tournée vers sa gauche*, craies noire et blanche/pap. brun (11,5x11,5) : **FRF 7 770** – Monaco, 21 juin 1991 : *Portrait du peintre Pierre Bouillon, élève de l'artiste*, h/t (45x37) : **FRF 77 700** – New York, 13 jan. 1993 : *Zeuxis choisissant son modèle parmi les plus belles jeunes filles de Croton*, encre et lav. avec reh. de blanc (39,5x53) : **USD 24 150** – Londres, 21 nov. 1996 : *Socrate et Alcibiade visitant Aspasia*, craie noire, pl., encre et past. bruns (22,1x28,7) : **GBP 2 300** – Paris, 2 avr. 1997 : *Ullysse de retour dans son palais, après avoir tué les amants de Pénélope, ordonne aux femmes de sa suite d'emporter leurs corps* 1791, h/t (97x244) : **FRF 530 000.**

MONSIGNORI, appellation erronée. Voir **BONSIGNORI**

MONSORNO Johann Maria
Né en 1768. Mort en 1836 à Vienne. XVIIIe-XIXe siècles. Autrichien.
Miniaturiste.
Le Musée Körner à Dresde conserve de lui un *Portrait d'Antonie Adamberger*, fiancée de Th. Körner, et le Musée pour l'Art et l'Industrie à Vienne un *Portrait de Guillaume roi de Wurtemberg.*
Ventes Publiques : Vienne, 21 mai 1987 : *Garten zum Jägermayer am Freinberg*, aquar. et pl. (21x27) : **ATS 30 000.**

MONSTED Peder Mork
Né le 10 décembre 1859 près de Grenaa. Mort en 1941. XIXe-XXe siècles. Danois.
Peintre de portraits, paysages.
Il fut élève de l'Académie de Copenhague. Il fit des voyages en Italie, en Suisse et à Paris. Il exposa à Charlottenborg.
Il est surtout connu par ses peintures de paysages enneigés et de forêts.

P. Mönsted
Peder Mönsted

Musées : Aalborg – Bautzen.
Ventes Publiques : Copenhague, 17 fév. 1950 : *Paysage de printemps* 1901 : **DKK 5 200** – Copenhague, 21 sep. 1950 : *Le Château de Charlottenlund* 1914 : **DKK 3 200** – Copenhague, 6 oct. 1950 : *Paysage* 1909 : **DKK 2 100** – Copenhague, 23 jan. 1951 : *Paysage d'été, la rivière* 1907 : **DKK 4 300** – Copenhague, 5 mars 1951 : *Promenade sous-bois en automne* 1893 : **DKK 4 800** – Copenhague, 5 avr. 1951 : *Paysage d'hiver* 1929 : **DKK 8 700** – Copenhague, 20 oct. 1959 : *Paysage sous la neige* : **DKK 10 700** – Copenhague, 12 sep. 1960 : *Jeune femme et enfant* : **DKK 11 000** – Copenhague, 29-30 sep. 1965 : *Fillette devant la chaumière* : **DKK 14 000** – Copenhague, 10 fév. 1966 : *Ferme au Danemark* : **DKK 24 000** – Copenhague, 13 oct. 1967 : *Paysans devant une chaumière* : **DKK 9 600** – Copenhague, 14 nov. 1968 : *Paysage enneigé* : **DKK 17 900** – Copenhague, 8 mai 1969 : *La cour de ferme* : **DKK 12 600** – Copenhague, 7 déc. 1971 : *Les Lavandières de Syracuse* : **DKK 9 100** – Copenhague, 6 déc. 1972 : *Paysage d'été* : **DKK 15 500** – Copenhague, 10 mai 1973 : *Paysage montagneux* : **DKK 29 000** – Copenhague, 6 fév. 1974 : *Paysage au cour d'eau ; 1908* : **DKK 180 00** – Copenhague, 31 août 1976 : *Bord du lac Léman* 1887, h/t (96x67) : **DKK 10 500** – Copenhague, 27 sep. 1977 : *Deux enfants dans un jardin fleuri* 1925, h/t (40x66) : **DKK 30 000** – Copenhague, 25 avr 1979 : *Paysage à l'étang* 1901, h/t (83x121) : **DKK 43 000** – Londres, 19 juin 1981 : *Jeune Fille dans une cour de ferme* 1904, h/t (68,5x38) : **GBP 22 000** – Copenhague, 24 mars 1983 : *Jeunes filles dans un jardin fleuri* 1922, h/t (62x46) : **DKK 41 500** – Londres, 28 nov. 1986 : *Biches au bord d'un ruisseau sous bois* 1899, h/t (106,7x179) : **GBP 9 500** – Londres, 25 mars 1987 : *Paysage de l'Engadine en hiver* 1914, h/t (120x200) : **GBP 45 000** – Londres, 24 mars 1988 : *Chemin longeant un lac*, h/t (49,5x68,5) : **GBP 5 500** – Londres, 24 juin 1988 : *Paysage boisé en hiver* 1914, h/t (81x123) : **GBP 41 800** – Stockholm, 15 nov. 1988 : *Maison au bord du lac avec une femme portant un bébé et un garçonnet arrosant le jardin*, h. (50x70) : **SEK 230 000** – Londres, 16 mars 1989 : *Paysage d'hiver avec des sapins couverts de neige dans la vallée de Saint-Moritz* 1930, h/t (142x201,3) : **GBP 74 800** – Copenhague, 5 avr. 1989 : *Paysage*

côtier avec une petite jetée 1915, h/t (40x67) : **DKK 38 000** – Stockholm, 19 avr. 1989 : *Vieille femme assise sur un banc dans un jardin fleuri*, h/t (61x40) : **SEK 125 000** – New York, 23 mai 1989 : *Idylle d'été* 1897, h/t (46,7x45,1) : **USD 154 000** – Copenhague, 25 oct. 1989 : *Jeune enfant avec deux femmes âgées tricotant devant une vieille chaumière* 1890, h/t (44x61) : **DKK 82 000** – Stockholm, 15 nov. 1989 : *Paysage d'été avec un lac entouré de montagnes* 1930, h/t (70x100) : **SEK 140 000** – Londres, 22 nov. 1989 : *Près du puits* 1920, h/t (69x95,5) : **GBP 14 300** – Londres, 16 fév. 1990 : *Lavandières en Italie* 1906, h/t (46,5x32,7) : **GBP 14 300** – New York, 28 fév. 1990 : *Barques amarrées au bord d'un étang* 1919, h/t (71,1x97,8) : **USD 23 100** – Copenhague, 21 fév. 1990 : *Mère et ses enfants se promenant sur un chemin forestier près de Sorgenfri* 1886, h/t (68x125) : **DKK 100 000** – Londres, 27-28 mars 1990 : *Pêche à la ligne depuis une barque* 1910, h/t (68x99) : **GBP 26 400** – Londres, 29 mars 1990 : *Le long d'un ruisseau un jour d'été* 1909, h/t (167,5x122) : **GBP 38 500** – Copenhague, 25-26 avr. 1990 : *Jeune fille tricotant sous un arbre fleuri dans le jardin d'une maison campagnarde* 1921, h/t (50x70) : **DKK 140 000** – Stockholm, 16 mai 1990 : *Prairie avec des chevaux en été* 1920, h/t (50x36) : **SEK 35 000** – New York, 23 oct. 1990 : *Enfants distribuant la nourriture des veaux* 1931, h/t (70,5x101) : **USD 20 900** – Stockholm, 14 nov. 1990 : *Intérieur avec une fillette faisant de la dentelle au crochet* 1905, h/t (79x55) : **SEK 200 000** – Copenhague, 6 mars 1991 : *Jeune fille trayant des vaches dans le jardin de la ferme* 1915, h/t (74x54) : **DKK 49 000** – Londres, 17 mai 1991 : *La mare du village à Ramlose* 1892, h/t (112x173) : **GBP 30 800** – Stockholm, 29 mai 1991 : *Fillette assise à l'ombre d'une maison en été* 1914, h/t (34x60) : **SEK 75 000** – New York, 17 oct. 1991 : *Paysage d'automne avec un ruisseau* 1903, h/t (53,3x83,8) : **USD 14 850** – New York, 20 fév. 1992 : *Le lac Léman* 1887, h/t (94,6x67,3) : **USD 22 000** – Amsterdam, 14-15 avr. 1992 : *Iris* 1898, h/t/pan. (54x31) : **NLG 4 140** – Londres, 22 mai 1992 : *Biches dans un sous-bois en hiver* 1912, h/t (98x68,5) : **GBP 16 500** – Copenhague, 6 mai 1992 : *Un canal en Allemagne* 1914, h/t (55x72) : **DKK 65 000** – Londres, 25 nov. 1992 : *Les arbres dépouillés d'une forêt en hiver* 1916, h/t (112x170) : **GBP 16 500** – Copenhague, 18 nov. 1992 : *Soleil couchant sur un lac de forêt* 1895, h/t (69x116) : **DKK 36 000** – Copenhague, 5 mai 1993 : *Sur les berges d'un lac en été* 1901, h/t (78x140) : **DKK 62 000** – Copenhague, 15 nov. 1993 : *Sur les berges de la Knudsso près de Silkeborg* 1930, h/t (41x62) : **DKK 20 000** – Stockholm, 30 nov. 1993 : *Paysage d'hiver avec un traîneau attelé d'un cheval sortant d'une cour d'habitation* 1927, h/t (35x45) : **SEK 27 000** – Londres, 18 mars 1994 : *La bergère* 1912, h/t (120x200) : **GBP 42 200** – New York, 12 oct. 1994 : *Cerf dans le parc de Dyrehaven près de Copenhague* 1903, h/t (60,3x74,9) : **USD 29 900** – Copenhague, 17 mai 1995 : *Arbre fruitier en fleurs près d'une maison à toit de chaume* 1890, h/t (42x33) : **DKK 23 500** – Paris, 24 nov. 1995 : *Canons sur les remparts de Monaco* 1907, h/cart. (38x51) : **FRF 22 000** – Copenhague, 14 fév. 1996 : *Bosquets fleuris dans le nord de l'Italie* 1920, h/t (42x70) : **DKK 55 000** – Londres, 15 mars 1996 : *Enfants avec un traîneau dans un paysage d'hiver* 1914, h/t (80x119,5) : **GBP 31 050** – New York, 23-24 mai 1996 : *Woodland Glade, Dyrehaven* 1917, h/t (117,5x197,5) : **USD 31 050** – Londres, 21 nov. 1996 : *Le Lac Riesser avec le sommet du Zug en arrière-plan* 1913, h/t (72,5x101) : **GBP 9 200** – Copenhague, 3-5 déc. 1997 : *Le Caire, pyramides en arrière-plan* 1893, h/t (32,5x21,5) : **DKK 16 000** – Londres, 21 mars 1997 : *Un chemin boisé près d'une rivière* 1899, h/t (69,2x115,5) : **GBP 18 975** – Amsterdam, 22 avr. 1997 : *Un ruisseau de forêt* 1895, h/t (85x55) : **NLG 17 700** – Copenhague, 10-12 sep. 1997 : *Paysage de Saeby Skov* 1913, h/t (81,5x123,5) : **DKK 100 000** – Copenhague, 21 mai 1997 : *Garçon lisant et petite fille devant une maison paysanne au toit de chaume avec en premier plan des tulipes* 1925 (40x66) : **DKK 48 000** – Londres, 21 nov. 1997 : *Après-midi de printemps* 1891, h/t (117,3x83,8) : **GBP 28 750** – Londres, 21 nov. 1997 : *Sur les berges du Nil* 1893, h/t (78,8x52,7) : **GBP 10 350** – New York, 23 oct. 1997 : *Paysage fluvial* 1900, h/t (69,2x114,9) : **USD 57 500**.

MONSTRELET DE ROCHECHOUART, Maître du. Voir **MAÎTRES ANONYMES**

MONSU Desiderio. Voir **BARRA Didier** et **NOME François de**

MONT, pseudonyme de Mme **Montse-Sanchez**
Née en 1957 à Sabadell (Barcelone). XXe siècle. Espagnole.
Sculpteur, céramiste. Abstrait.

Elle participe à des expositions et prix collectifs : 1987 Madrid, obtenant le 1er Prix au Concours national d'arts plastiques de Torrejon de Ardoz ; 1988 Musée de Vallauris, XIe Biennale Internationale de Céramique d'Art ; et Barcelone, obtenant le 1er Prix au IIIe Prix de Céramique d'Esplugnes. Elle montre ses œuvres dans des expositions personnelles : 1985 Académie des Beaux-Arts de Sabadell ; 1986 Barcelone, Fondation J. Guasch ; et Andorre, Salles d'Art Pyrénées.
Elle crée des sculptures, constituées de formes géométriques simples ou complexes solidairement associées, dont les surfaces sont parfois animées de multiples graphismes répétitifs.

MONT Claire, Mme, née **Chassant**
Née à Paris. XIXe siècle. Française.
Peintre de portraits.

Élève de Dieu, P. Flandrin et de Mme D. de Cool. Elle exposa au Salon de 1861 à 1880.

MONT Deodat ou **Dieudonné Van der**. Voir **DELMONT**

MONT Jan, Hans ou **Johannes** ou **Monte** ou **Mondt**
Né au XVIe siècle à Gand. XVIe siècle. Éc. flamande.
Sculpteur, peintre et architecte.

Élève de Jean de Bologne. Il travailla à Vienne pour l'empereur Maximilien II et pour Rudolf II. Il travailla aussi à Innsbruck et à Prague et dut mourir en Turquie.

MONT Miquel
Né en 1963 à Barcelone. XXe siècle. Actif en France. Espagnol.
Peintre. Abstrait.

Il vit et travaille à Paris.
Il participe à des expositions collectives : 1986 Salon de Tardor à Barcelone ; 1990 Salon de Montrouge ; 1992 Foire internationale d'art contemporain de Madrid ; 1993 Contemporary Art Gallery d'Ontario ; 1994 Centre d'art contemporain de Rueil-Malmaison ; 1996 *Peinture ? Peintures !* au CREDAC d'Ivry-sur-Seine, *Abstrakt/Real* au Museum Moderner Kunst de Vienne ; 1997 *Abstraction/Abstractions – Géométries provisoires* au musée d'Art moderne de Saint-Étienne. Il montre ses œuvres dans des expositions personnelles : 1991 Espacio Santiago Corbal de Pontevedra ; 1991, 1995 galerie Carles Poy à Barcelone ; 1995 galerie Le Sous-Sol à Paris.
Il travaille sur la matière, emprisonnant la peinture sous la forme de gouttes, pastilles, lanières, par superposition de couches épaisses dans un cadre, la matière devenant son propre support.
Bibliogr. : Catalogue de l'exposition : *Peinture ? Peintures !*, CREDAC, Ivry-sur-Seine, 1996 – Éric Suchère : *Miquel Mont – Peinture ? Peintures !*, Beaux-Arts, n° 143, Paris, mars 1996 – in : *Abstraction/Abstractions – Géométries provisoires*, catalogue d'exposition, Musée d'Art moderne, Saint-Étienne, 1997.

MONTABERT Jacques N. P. de. Voir **PAILLOT DE MONTABERT J. N.**

MONTADER Pierre Marie Alfred
Né à Oran (Algérie). XIXe-XXe siècles. Français.
Peintre de paysages.

Il se fixa à Paris et exposa au Salon de 1881 à 1925.

MONTADOR Jean Gabriel
Né en novembre 1947 à Ferryville (Tunisie). XXe siècle. Français.
Peintre de paysages, marines, natures mortes, aquarelliste, pastelliste, lithographe. Réaliste, trompe-l'œil.

Autodidacte. Il est peintre officiel de la Marine.
Il participe à des expositions collectives, dont : à Paris au musée de la Marine, au Salon d'Automne, au Salon des Indépendants, au Château-musée de Dieppe, au Musée des Beaux-Arts de Rouen, au Musée des Terre-Neuvas à Fécamp. Il a montré ses œuvres dans une exposition personnelle à la galerie municipale de Rochefort-sur-Mer, à la Maison de Tahiti à Paris en 1995. Il a réalisé la couverture du catalogue du 14e Festival du cinéma américain de Deauville.
Il joint au réalisme de sa représentation, grâce à sa bonne maîtrise de la technique du trompe-l'œil, une note magique très personnelle tirant vers un surréalisme ironique.
Musées : Dieppe : *Marine*.

MONTAG Carl
Né en 1880 à Winterthur (Zurich). XXe siècle. Actif en France. Suisse.
Peintre de paysages, natures mortes.

Il fut élève de Knirr à Munich. Il se fixa à Paris en 1903.
Musées : Winterthur.

MONTAGNA Bartolommeo
Né vers 1450 à Orzinuovi. Mort le 11 octobre 1523 à Vicence. XVe-XVIe siècles. Italien.
Peintre d'histoire.
De nombreux biographes, sur la foi de Vasari, en font un élève de Mantegna, mais le fait est contesté par la critique moderne. Il aurait fait son apprentissage dans le milieu des Bellini, avant de se fixer à Vicence. On le voit travaillant pour son compte à Vicence à partir de 1483. *La Vierge, l'Enfant Jésus et plusieurs saints* de l'Académie Carrara, à Bergame, est de 1487. En 1490, il jouissait à Vicence d'une grande notoriété et il y est désigné comme : « celeberimus pictor », ce qui paraît impliquer qu'il avait déjà exécuté plusieurs des tableaux conservés dans cette ville, notamment *La Vierge entre sainte Monique et sainte Marie-Madeleine* (à la Galerie de Vicence) et *La Vierge et l'Enfant Jésus entre saint Antoine et saint Jean Baptiste* (à l'église de San Giovanni Ilarione). A cette date de 1490, on croit qu'il visita Padoue, où l'on voit de lui à l'église de Santa Maria in Vanzo une *Vierge et l'Enfant Jésus entre plusieurs saints et saintes*. En 1493, il était à Vérone et y commençait une série de fresques empruntées à la vie des saints dans l'oratoire de San Biagio. En 1496, Bartolommeo était de retour à Vicence et décorait la chapelle des Squarzi dans l'église San Michele dont le tableau d'autel est dans la Brera à Milan. En 1500 il peignait la Pietà du Musée de Berlin, pour la basilique de Monte Berico. En 1502, la Vierge à la cathédrale de Vicence. On ne dit pas qu'il fit de nouveaux voyages, mais jusqu'à l'époque de sa mort il paraît avoir été employé à de nombreux travaux. Son fils Benedetto, que plusieurs biographes font son frère, l'aida dans ses travaux. Il aime les volumes solidement taillés et solidement implantés. Son art paraît attardé par rapport aux recherches du début du XVIe siècle. Les Musées de Paris, de Bayonne, de Londres, de Cambridge, de Florence et de Berlin conservent de nombreux dessins de cet artiste.

OPVS.·····MON TAGNA

Musées : Amsterdam (Mus. Nat.) : *Madone avec l'Enfant* – Belluno (Mus. mun.) : *Deux Madones avec l'Enfant* – Bergame (Acad. Carrara) : *La Vierge, Jésus et plusieurs saints* – *La Vierge et l'Enfant* – *Saint Jérôme* – *Saint Sébastien et saint Roch* – Berlin : *La Vierge sur un trône, l'Enfant Jésus et deux saints* – *Le Christ ressuscité et Madeleine* – Brême : *Tête et mains d'une Madone en prière* – Glasgow : *La Vierge et l'Enfant Jésus sur un trône* – Londres (Nat. Gal.) : *La Vierge et l'Enfant* – deux œuvres – Milan (gal. Brera) : *La Vierge avec l'Enfant et des saints* – *Saint Jérôme* – Milan (Poldi Pezzoli) : *Saint Jérôme* – *Saint Paul* – New York (Metropolitan Mus.) : *Sainte Justine et Madone avec l'Enfant* – Paris (Mus. du Louvre) : *Ecce Homo* – *Trois enfants exécutant un concert* – Strasbourg : *Adoration de l'Enfant Jésus* – Venise : *Jésus entre saint Roch et saint Sébastien* – *Madone avec saint Sébastien et saint Jérôme* – Vérone (Mus. mun.) : *Madone avec l'Enfant* – Vicence (Mus. mun.) : *Madone avec l'Enfant et saint Jean* – *Madone avec l'Enfant* – *Madone avec quatre saints* – *Nativité* – *Madone avec saint Jean et saint Jérôme* – *Christ portant la croix* – *Madone* – *Sainte Famille* – *Madone avec l'Enfant et saint Jean enfant* – Worcester (Mus. Art.) : *Madone avec l'Enfant.*
Ventes Publiques : Paris, 1868 : *Madone et Enfant* : **FRF 510** – Londres, 1873 : *Oriental assis dans un paysage* : **FRF 1 275** – Paris, 1898 : *Madone et Enfant* : **FRF 1 280** – Paris, 3 juin 1920 : *La Vierge et l'Enfant* : **FRF 11 000** – Londres, 8 mai 1929 : *La Vierge adorant l'Enfant* : **GBP 1 050** – Paris, 19 mai 1933 : *La Vierge au missel* : **FRF 8 000** – Londres, 31 mai 1935 : *La Vierge et l'Enfant* : **GBP 120** – Londres, 6 mars 1946 : *La Vierge et l'Enfant avec un donateur* : **GBP 8 200** – New York, 5 juin 1946 : *La tentation de saint Antoine* : **USD 700** – Amsterdam, 13 mars 1951 : *Saint Jérôme en méditation* : **NLG 1 400** – Milan, 15 mai 1962 : *Madona col Bambino*, temp. sur bois : **ITL 8 000 000** – Londres, 29 nov. 1963 : *La Sainte Famille* : **GNS 1 900** – Londres, 6 juil. 1966 : *Saint Bartholomé ; Saint Augustin*, deux pendants : **GBP 12 000** – Londres, 12 juil. 1972 : *La Vierge et l'Enfant* : **GBP 5 500** – New York, 4 juin 1980 : *Vierge à l'Enfant* 1495, h/pan. (84x68,5) : **USD 52 000**.

MONTAGNA Benedetto
Né vers 1481. Mort avant le 4 avril 1558. XVIe siècle. Actif à Vicence. Italien.
Peintre de sujets religieux, scènes de genre, graveur au burin.
Fils de Bartolommeo Montagna, dont il fut l'élève et très probablement l'aide ; maître dans la corporation de Vicence en 1490. Il ne paraît avoir signé ses ouvrages qu'après 1523, date de la mort de son père.
On voit de lui à la cathédrale de Vicence, *La Vierge et l'Enfant Jésus entre deux saints* et *La Trinité avec la Vierge et saint Jean Baptiste*. Comme graveur, Benedetto Montagna possède une œuvre importante ; Bartsch catalogue trente-cinq pièces de lui, sujets religieux, sujets de genre. Certaines sont signées *Benedeto. Montegna*, d'autres des initiales *B. M.*
Bibliogr. : Adam von Bartsch : *Le Peintre graveur*, 21 vol., J. V. Degen, Vienne, 1800-1808 / Nieukoop, 1970.
Musées : Milan (Gal. Brera) : *La Vierge, Jésus et saints* – Modane (Gal.) : *La Vierge et l'Enfant Jésus* 1548 – Stuttgart : *Mariage de sainte Catherine.*
Ventes Publiques : Berne, 20 juin 1980 : *La famille du satyre* vers 1512/20, grav./cuivre : **CHF 3 800** – Munich, 28 nov. 1985 : *La Vierge et l'Enfant* vers 1502, grav./cuivre : **DEM 12 000**.

MONTAGNA Filippo
Mort avant 1521. XVIe siècle. Italien.
Peintre.
Fils de Bartolommeo Montagna.

MONTAGNA Jacopo di Paride. Voir **MONTAGNANA Jacopo di Paride Parisati da**

MONTAGNA Léopold von
XVIIIe siècle. Actif à Vienne. Autrichien.
Portraitiste.
La salle des audiences du monastère Saint-Florian, près de Linz conserve de lui le portrait de l'empereur *Joseph II* (1774).

MONTAGNA Marco Tullio
Né à Velletri. XVIIe siècle. Italien.
Peintre.
Élève de Federigo Zuccaro. Ce fut un habile peintre à l'huile et à fresque. On cite de lui le plafond de l'église Santa Cecilia, et un tableau d'autel à San Niccolo in Carare. Dans l'église des Sts Cosme et Damien à Rome, il a peint les fresques du plafond.

MONTAGNA Matthäus. Voir **PLATTEMONTAGNE Mathieu**

MONTAGNA Paolo
Mort avant 1521. XVIe siècle. Italien.
Peintre.
Fils de Bartolommeo Montagna.

MONTAGNA Rinaldo della, dit **il Montagna** ou **Renaud de la Montagne**
Mort vers 1644 à Padoue. XVIIe siècle. Hollandais.
Peintre de marines.
Il vint jeune en Italie et travailla à Bologne, Florence, Padoue, Rome et Venise. Le Musée de Montpellier conserve de lui : *Marine* et *Tempête sur la mer*. Il a peint pour l'église Santa Maria Maggiore à Bergame une grande représentation du *Déluge* en collaboration avec Pietro Liberi.

MONTAGNAC Pierre Paul
Né le 9 mai 1883 à Saint-Denis (Seine-Saint-Denis). Mort en 1961 à Paris. XXe siècle. Français.
Peintre de compositions animées, nus, paysages, peintre à la gouache, peintre de cartons de tapisseries, dessinateur, aquarelliste, décorateur.
Jeune, il tint à se limiter à l'enseignement des académies libres, Carrière et Grande Chaumière à Paris. Rapidement, il comprit que pour pouvoir peindre à sa guise, il était utile de consacrer une part de son activité aux arts décoratifs, où il se fit un nom envié et c'est à ce titre qu'il sera longtemps président du Salon des Artistes décorateurs, représentant du style Art Déco 1930. Il a fait édité des meubles de ce style. Il a également aménagé en 1931 les appartements de luxe sur les paquebots *Atlantique*, *Normandie* et *Pasteur*. Comme peintre, il offre le rare exemple d'un artiste resté toujours fidèle au même Salon, ici le Salon d'Automne, dont il fut président à partir de 1947. Il avait obtenu une bourse de voyage pour son envoi à ce salon en 1920. Il a été nommé vice-président du comité de l'Exposition nationale de Paris pour l'art et les embellissements de la vie qui eut lieu en 1954. Chevalier de la Légion d'honneur, officier en 1938.
À la fin de sa vie, il donna plus de temps à la peinture, produisant des scènes de cirque, complexes et naïves à la fois, et des paysages sereins. Il a réalisé de nombreux cartons de tapisseries tissées aux Gobelins, parmi lesquelles : *La Vie heureuse*.
Ventes Publiques : Paris, 18 mai 1945 : *Crépuscule des dieux* : **FRF 500** – Los Angeles, 12 mars 1979 : *Deux jeunes filles promenant un lévrier* 1920, h/t (115x150,5) : **USD 1 000**.

MONTAGNANA Jacopo di Paride Parisati da
Né entre 1440 et 1443 à Montagnana (Padoue). Mort en 1508. xve siècle. Italien.
Peintre d'histoire.
Élève de Giovanni Bellini, suivant Vasari. Entra dans la corporation des peintres de Padoue en 1469. En 1475, il peignit des fresques dans le palais municipal de Cividale. L'année suivante il décorait de fresques la chapelle des Gallamelata dans la cathédrale de Padoue, en collaboration de Calzetta, Matteo del Pozzo et Agnolo Poto. Il exécuta d'autres peintures, plus tard, dans le même monument. En 1490, on le trouve décorant le Palais municipal de Bellune, œuvre dont il n'existe plus que des fragments. Au Palais épiscopal de la même ville, on voit encore plusieurs fresques du maître ; certaines portent la date de 1495. On cite encore, de 1497, des fresques à Santa Maria di Mont Ortone, près de Padoue. On attribue quelquefois ses œuvres à Mantegna. L'Académie Carrara, à Bergame, conserve de lui : *Saint Antoine de Padoue*.

MONTAGNANA Luigi da, dit **Lamberti**
xvie siècle. Actif à Ferrare vers 1500. Italien.
Sculpteur.
On cite de lui au cimetière de Ferrare le monument Gruamonti.

MONTAGNANI Pietro Paolo
Né en 1740 à Rome. xviiie siècle. Italien.
Graveur au burin et éditeur.
Il grava des vues de Sicile et de Malte.

MONTAGNÉ Agricol Louis
Né le 19 août 1879 à Avignon (Vaucluse). Mort le 12 février 1960 à Paris. xxe siècle. Français.
Peintre de genre, paysages, aquarelliste, décorateur. Postimpressionniste.
Il fut élève, en 1895, de Paul Sain, puis de Cormon à Paris. Il obtint une bourse de voyage en 1911. Il fut membre, à Paris, du comité du jury et du Salon d'Automne. De 1945 à 1959, il fut conservateur du Musée de Villeneuve-lès-Avignon.
Il exposa, à Paris, au Salon d'Automne dès 1901 avec une *Vue du pont du Gard*, acquise par l'État. Déclaré hors-concours en 1911. Il montra ses œuvres à plusieurs reprises dans les galeries Georges Petit et Cambacéres à Paris. Une rétrospective de son œuvre fut présentée à Amsterdam en 1930. Lauréat de l'Institut. Chevalier de la Légion d'honneur, il fut nommé officier en 1932. Il réalisa avec Paul Sain deux panneaux pour le buffet de la gare de Lyon à Paris. Il participa à la décoration du paquebot *Bernardin-de-Saint-Pierre*.

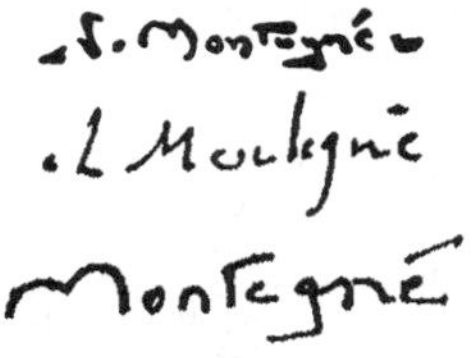

Musées : Avignon : *Le Fort Saint-André et la plaine de Villeneuve-lès-Avignon, au soleil couchant* 1907 – *Sous-bois en Provence*.
Ventes Publiques : Paris, 16 mars 1925 : *Pont du Gard, aqueduc romain* : **FRF 380** – Paris, 17-18 juin 1927 : *La Cour du Palais Vieux à Florence* : **FRF 350** – Paris, 16-17 mai 1939 : *La Route* : **FRF 350** – Paris, 7 mai 1943 : *Le Pont-Neuf* : **FRF 3 700** – Paris, 20 mars 1944 : *Maisons provençales au bord du Rhône ; Bords du Rhône à Pont-Avignon* : **FRF 4 800** – Paris, 4 nov. 1946 : *Vue de Sospel (Alpes-Maritimes)* : **FRF 10 500** – Paris, 27 juin 1949 : *Paysage*, aquar. : **FRF 5 400** – Paris, 20 fév. 1950 : *Intérieur*, aquar. : **FRF 15 100** – Paris, 5 déc. 1969 : *Enfant au bord de la rivière* : **FRF 3 000** – Zurich, 29 nov. 1973 : *Les Jardins d'Albert Ier et le casino municipal, Nice* : **CHF 3 800** – Paris, 19 nov. 1976 : *Matin, bords du Rhône à Avignon* 1920, h/t (46x61) : **FRF 1 900** – Londres, 26 nov. 1986 : *Lavandières dans un paysage d'automne*, h/t (155x195) : **GBP 13 000** – Neuilly, 1er mars 1988 : *Statuette de Mercure tenant une flûte de Pan*, bronze patiné : **FRF 5 000** – Paris, 15 juin 1988 : *Bord de mer à l'escalier monumental*, h/t (168x222) : **FRF 37 000** – Versailles, 25 sep. 1988 : *Paysage*, aquar. (43,5x61) : **FRF 4 800** – Paris, 16 jan. 1989 : *Paysage de Provence*, h/t (78x115) : **FRF 30 000** – Paris, 5 avr. 1990 : *Bassin dans un parc*, h/t (66x93) : **FRF 33 000** – Paris, 13 juin 1990 : *Les Angles en automne*, h/t (65x100) : **FRF 66 500** – Versailles, 23 sep. 1990 : *Rue de village*, aquar. (26x37) : **FRF 4 000** – Paris, 19 nov. 1990 : *Vue du midi de la France*, aquar. (45,5x62) : **FRF 15 000** – Paris, 29 nov. 1990 : *Bord de l'Isle de la Barthelasse*, h/pan. (25x34) : **FRF 9 000** – Paris, 4 mars 1991 : *Rue de village*, h/cart. (31x22) : **FRF 4 000** – Paris, 28 juin 1991 : *Paysage au pommier*, h/t (65x80) : **FRF 32 000** – Paris, 9 déc. 1991 : *Paysage de montagne*, h/pan. (24x35) : **FRF 6 000** – Paris, 13 déc. 1991 : *La Carrière route d'Aramon*, h/t (46,5x62) : **FRF 16 000** – Paris, 15 mai 1996 : *Le Chemin des Oliviers, environs d'Avignon*, h/t (33x46) : **FRF 5 300** – Paris, 2 juin 1997 : *Le Pont d'Avignon*, aquar. (60x64) : **FRF 6 200**.

MONTAGNE Émile Pierre de La. Voir **LA MONTAGNE**

MONTAGNÉ Louis. Voir **MONTAGNÉ Agricol Louis**

MONTAGNE Matthäus et **Nicol.** Voir **PLATTEMONTAGNE**

MONTAGNE Pierre, Marius ou **Marie**
Né le 4 septembre 1828 à Toulon (Var). Mort le 17 janvier 1879 à Toulon (Var). xixe siècle. Français.
Sculpteur de statues, groupes.
Après avoir étudié pendant plusieurs années dans l'atelier de sculpture du port de Toulon. Il vint ensuite à Paris et fut élève de Rude. Il débuta au Salon de 1850 et continua à y prendre part jusqu'en 1875. Il fut médaillé en 1867 et en 1869.
Il fut chargé de la décoration du Grand Théâtre de Toulon ; les modèles de six statues qu'il y sculpta, figurent au Musée de cette ville. On cite de lui : *Mgr Chalucet, évêque de Toulon*, statue en pierre pour la ville de Toulon, *Delambre*, buste en marbre pour le Conservatoire des Arts et Métiers, *Le Bailli de Suffren*, statue en bronze inaugurée à Saint-Tropez en 1866.
Musées : Grenoble : *Jeune mère conduisant son enfant au bain*, marbre – Toulon : *Chloé à la fontaine*, marbre – *Mercure s'apprêtant à trancher la tête d'Argus*.
Ventes Publiques : Paris, 31 jan. 1934 : *Mercure au repos*, bronze : **FRF 505** – Londres, 6 nov. 1986 : *Mercure* 1867, patine brun rouge (H. 69) : **GBP 1 800** – New York, 18-19 juil. 1996 : *Mercure*, marbre (H. 68,6) : **USD 8 050**.

MONTAGNY Clément, l'Ancien
Né le 10 janvier 1730. xviiie siècle. Français.
Graveur au burin.
Fils de Jean Montagny et frère de Fleury Montagny.

MONTAGNY Clément, le Jeune
Né le 28 juin 1756 à Saint-Étienne. Mort en 1810 à Saint-Étienne. xviiie-xixe siècles. Français.
Graveur.
Fils et élève de Philibert Montagny.

MONTAGNY Élie Honoré
Né à Paris. Mort en 1864 à Paris. xixe siècle. Français.
Peintre d'histoire, compositions mythologiques, dessinateur.
Fils de Fleury Montagny, il fut élève de Jacques Louis David. Il séjourna en Sicile, à Rome et à Naples, où il fut peintre de la reine Caroline. Il figura au Salon de Paris, de 1819 à 1824.
Musées : Besançon : *Apollon remet son char à Phaéton*.
Ventes Publiques : New York, 26 oct. 1990 : *Hercule*, encre et lav./pap. (36,8x52,1) : **USD 4 400**.

MONTAGNY Étienne ou **Montagni**
Né le 17 juin 1816 à Saint-Étienne (Loire). Mort en 1895. xixe siècle. Français.
Peintre et sculpteur.
Le 9 octobre 1839, il entra à l'École des Beaux-Arts. Ses maîtres furent Rude et David. Débuta au Salon de 1848. Médailles en 1849, 1853, 1855, 1857 et 1867. Chevalier de la Légion d'honneur, 1867. On cite notamment de lui : *Saint Louis, roi de France*, statue en marbre, à l'église Saint-Louis-d'Antin ; *La Vierge et l'Enfant Jésus*, statue en marbre, à l'église Saint-Étienne ; *Psyché surprenant l'Amour endormi*, marbre au palais de Fontainebleau ; *Saint François d'Assise*, statue en marbre, à l'église Saint-Louis-d'Antin ; *Le génie de la Fortune*, groupe en pierre, sur la place Napoléon III, au palais du Louvre ; *Le Christ en croix*, dans l'église Saint-Germain-des-Prés, à Paris.
Musées : Langres : *Louis Messidor Lebon Petitot* – Mulhouse : *M. B. Fournegron* – Saint-Étienne : *Le jour* – *La nuit* – *L'enfant prodigue* – *Portraits de M. Royet, de Mgr Lyonnet, de Félix Benoît, de Benoît Fournegron*.

MONTAGNY Fleury
Né le 4 février 1760 à Saint-Étienne. Mort en 1836 à Marseille. xviiie-xixe siècles. Français.

Graveur et médailleur.
Fils et élève de Jean Montagny. et frère de Clément Montagny. l'Ancien et de Philibert Montagny. Cet artiste fit partie avec Dupré, Dumarest, Galley, Galle, du comité auquel furent confiés les travaux de gravures, sculptures et ciselures dans la manufacture d'armes que créa le gouvernement.

MONTAGNY Jean Pierre
Né le 31 juillet 1789 à Saint-Étienne. Mort en 1862 à Belleville. XIXe siècle. Français.
Médailleur et sculpteur.
Fils et élève de Clément Montagny le Jeune, de son oncle Fleury et de Cartellier.

MONTAGNY Philibert
Né le 10 avril 1732. XVIIIe siècle. Français.
Graveur au burin.
Fils de Jean et frère de Clément Montagny l'Ancien.

MONTAGNY Pierre Antoine ou **Montagni**
XVIIIe-XIXe siècles. Actif de 1790 à 1816. Français.
Médailleur.

MONTAGU Domenico ou **Montaigu**
Né en France. Mort vers 1750 à Rome. XVIIIe siècle. Italien.
Graveur au burin.
Il grava des sujets d'architecture. Il a été influencé par G. B. Piranesi.

MONTAGU BARSTOW. Voir **BARSTOW Montagu** et **ORCZY Emma de**

MONTAGUE Alfred
Né en 1832. Mort en 1883. XIXe siècle. Actif à Londres. Britannique.
Peintre de paysages, marines.
Ce peintre, membre de la Society of British Artist, exposa à la Royal Academy, à la British Institution et surtout à Suffolk Street, de 1832 à 1883.

Musées : Salford : *Bateau naufragé en feu*.
Ventes Publiques : Londres, 8 fév. 1946 : *Rotterdam* : **GBP 77** – Londres, 20 nov. 1973 : *Les patineurs* : **GBP 4 800** – Londres, 25 oct. 1977 : *Bateaux de pêche au large de Dordrecht* 1866, h/t (72x119) : **GBP 800** – Londres, 25 mai 1979 : *Scène d'estuaire* 1877, h/t (33,7x59) : **GBP 3 200** – Londres, 29 mars 1984 : *Bateaux par forte mer* 1867, h/t (28,5x49) : **GBP 1 600** – Londres, 12 avr. 1985 : *Vue de Rotterdam ; Vue de Rouen* 1880, h/cart., une paire (34x24) : **GBP 1 500** – Londres, 14 fév. 1986 : *Après l'orage* 1862, h/t (61,5x101,2) : **GBP 2 200** – Londres, 15 juin 1988 : *Accostage par mer agitée* 1872, h/t (30,5x61) : **GBP 1 980** – Londres, 22 sep. 1988 : *Bateaux de pêche dans la tempête au large des côtes* 1879, h/t (35,5x61) : **GBP 1 540** – Londres, 2 juin 1989 : *Les petits glaneurs*, h/t (100,3x139,8) : **GBP 4 180** – Londres, 3 nov. 1989 : *Bateaux de pêche dans une mer houleuse* 1867, h/t (82,5x103) : **GBP 6 820** – Copenhague, 25-26 avr. 1990 : *Paysage fluvial anglais avec des maisons*, h/t (41x61) : **DKK 16 000** – Londres, 26 sep. 1990 : *L'entrée du port d'Harfleur*, h/t (46x61) : **GBP 2 200** – New York, 21 mai 1991 : *La place du marché ; Le canal* 1870, h/t, une paire (chaque 41,1x30,5) : **USD 3 850** – Londres, 5 juin 1991 : *Patinage sur un canal gelé* 1861, h/t (61x107) : **GBP 5 280** – New York, 22-23 juil. 1993 : *Bateaux* 1866, h/t (49,5x40,6) : **USD 2 875** – Londres, 3 mai 1995 : *Barques de pêche sur une mer houleuse*, h/t (46x76) : **GBP 4 600**.

MONTAGUE Harriette Lee Taliaferro, Mrs **Jeffry**
XIXe siècle. Américaine.
Portraitiste.
Elle fit ses études à New York, à Munich et à Paris et s'établit à Richmond (Virginia). Le Musée de cette ville et celui de Washington conservent des portraits exécutés par elle.

MONTAGUE J.
XVIIIe siècle. Actif à Londres en 1797. Britannique.
Miniaturiste.

MONTAIGNE William John
Mort en 1902 à Stevenage. XIXe siècle. Britannique.
Peintre d'histoire, sujets de genre.
Il fut élève des Écoles de la Royal Academy en même temps que sir John Millais. Ce fut un fidèle exposant à la Royale Academy, à la British Institution et à Suffolk Street de 1839 à 1889.
Ventes Publiques : Londres, 13 fév. 1991 : *Souvenirs* 1864, h/pan. (35,5x25,5) : **GBP 1 485** – Londres, 30 mars 1994 : *Souvenirs* 1864, h/pan. (35,5x25,5) : **GBP 1 955**.

MONTAIGNE de Venise. Voir **PLATTEMONTAGNE Mathieu de**

MONTAIGNIER Jules ou **Montaigner** ou **Monteigner**
Né en 1836 à Dompierre-sur-Nièvre (Nièvre). Mort en 1907 à Dompierre-sur-Nièvre. XIXe siècle. Français.
Peintre de paysages, de genre et de portraits.
Élève de Gleyre. Il figura au Salon de Paris à partir de 1864.

MONTAIGNIER Louis
XIXe siècle. Français.
Peintre.
De 1824 à 1842, il exposa, au Salon de Paris, des paysages et des vues.

MONTAIGU Domenico. Voir **MONTAGU**

MONTAIGU Louis
Né le 12 mai 1905 à Richemont (Moselle). Mort le 19 mars 1988. XXe siècle. Français.
Peintre de compositions à personnages, portraits, marines, graveur. Postimpressionniste.
Il suivit les cours de l'École des Beaux-Arts de Nancy, où il fut élève de Victor Prouvé. Il se fixa à Berck en 1928. Il effectua de nombreux séjours en Angleterre. Il participa aux Salons des Artistes Lorrains, des Artistes Mosellans en 1930 et, en 1931, des Artistes Français, à Paris. Il fut sociétaire, à partir de 1936, du Salon des Artistes Indépendants. Il obtint la médaille d'argent de la Ville de Berck.
Il aima peindre Berck et ses environs.
Musées : Berck – Metz – Montreuil-sur-Mer – Le Touquet.

MONTALBA A. R.
XIXe siècle. Actif à Londres de 1847 à 1884. Britannique.
Peintre de genre.
Père de Clara, Hilda, Henrietta et Ellen Montalba.

MONTALBA Clara
Née en 1842 à Cheltenham, d'origine espagnole. Morte le 13 août 1929 à Venise. XIXe-XXe siècles. Britannique.
Peintre de paysages animés, paysages, marines, aquarelliste, dessinatrice.
Fille de A. R. Montalba. Elle fut élève d'Isabey, à Paris.
Membre de la Royal Society of Painters in Water-Colours ; elle participa aux expositions de Paris. Mention honorable en 1889 (Exposition Universelle).
Elle peignit beaucoup à Venise.
Musées : Anvers – Bruxelles – Leeds – Norwich.
Ventes Publiques : Londres, 16 fév. 1923 : *Pêcheurs*, dess. : **GBP 25** – Londres, 14 déc. 1925 : *Pont de la Paglia à Venise*, dess. : **GBP 26** – Londres, 13 mai 1927 : *Bateaux hollandais toutes voiles dehors* : **GBP 47** – Londres, 29 juin 1976 : *La place Saint-Marc à Venise* 1910, h/pan. (79,5x24) : **GBP 400** – Londres, 17 juin 1980 : *San Giorgio, Venise* 1893, h/pan. (63x79) : **GBP 850** – Londres, 1er nov. 1990 : *Venise* 1887, aquar. (15,8x28) : **GBP 880** – Londres, 19 déc. 1991 : *Vendeurs d'oranges au bord d'une route de village*, h/pan. (21x31) : **GBP 1 430**.

MONTALBA Ellen
XIXe-XXe siècles. Active à Londres et à Venise de 1872 à 1902. Britannique.
Peintre de genre et portraitiste.
Fille de A. R. Montalba.
Ventes Publiques : Londres, 14 juin 1979 : *Jeunes filles au puits, Venise*, h/t (79x115) : **GBP 900**.

MONTALBA Henrietta Skerret
Morte le 20 septembre 1893. XIXe siècle. Britannique.
Peintre de genre et portraitiste.
Fille de A. R. Montalba et élève de l'École de South Kensington.

MONTALBA Hilda
XIXe-XXe siècles. Britannique.
Peintre de genre, paysages.
Fille de A. R. Montalba, cette artiste qui appartenait à une famille d'artistes travailla à Londres et à Venise de 1876 à 1902.
Elle exposa à Londres à partir de 1873, notamment à la Royal Academy, à Suffolk Street.
Musées : Norwich : *Promenade du matin* – Sheffield : *Garçon déchargeant une barque de marché vénitien*.

Ventes Publiques : Londres, 2 nov. 1989 : *La lagune vénitienne*, h/t (56,5x92,1) : **GBP 1 045**.

MONTALBO Bartolomé. Voir **MONTALVO**

MONTALD Constant

Né le 4 décembre 1862 à Gand (Flandre-Orientale). Mort en 1944 à Woluwe-Saint-Lambert. XIXe-XXe siècles. Belge.

Peintre de sujets allégoriques, scènes de genre, portraits, paysages, natures mortes, peintre de compositions murales, peintre de cartons de mosaïques, dessinateur, illustrateur.

Il fut élève de l'Académie des Beaux-Arts de Gand. Très jeune encore, en encouragement à ses dons, sa ville natale lui octroya quelques bourses d'études qui lui permirent de travailler à Paris (1885-1886). Ayant obtenu le prix de Rome en 1886, sa ville, décidément favorable, le reçut en triomphe. Il voyagea longuement : Italie, Grèce, Turquie, et Égypte. Il devint professeur d'art mural à l'Académie des Beaux-Arts de Bruxelles en 1896. Il fut un ami d'Émile Verhaeren. Membre de l'Académie royale de Belgique. Il a fait partie en 1890 du cercle « Pour l'art », animé par Delville, et destiné à régénérer l'art monumental. Dès 1896, il avait participé aux Salons de « l'Art Idéaliste ». Il fut membre fondateur de « L'Art monumental » en 1920. En 1982, un ensemble d'œuvres fut montré à Woluwe-Saint-Lambert.

Il a peint de nombreuses vastes compositions, notamment : *Sous l'arbre sacré* au Palais du Cinquantenaire ; *La Fontaine de l'inspiration* pour l'Union coloniale à Bruxelles ; *Le Commerce et l'Industrie* à la Banque d'Outremer, et un *Saint François d'Assise*, pour l'église française de Rougimont. On lui doit aussi quelques toiles de chevalet, des portraits, tel celui d'*Émile Verhaeren*, et des paysages de neige, apaisés et d'un beau métier, dans l'esprit de Brueghel.

Bibliogr. : M.A. Pierson : *Le Peintre belge Constant Montald*, 1930 – G. Van Herreweghe : *Le Peintre idéaliste Constant Montald*, Gand, 1954 – in : *Dictionnaire biographique illustré des artistes en Belgique depuis 1830*, Arto, Bruxelles, 1987.

Musées : Bruxelles : *Nu féminin*, sculpt. – Gand – Liège : *Apollon et les Muses*.

Ventes Publiques : Bruxelles, 27 oct. 1976 : *Gerbes de blé et ciel d'orage*, h/cart. (70x89) : **BEF 12 000** – Londres, 3 déc. 1976 : *L'aveugle* 1916, gche (42x90) : **GBP 850** – Monte-Carlo, 9 oct. 1977 : *Femme à la rose*, h/t (55x44) : **FRF 5 800** – Anvers, 8 mai 1979 : *Parc* 1917, gche (70x90) : **BEF 48 000** – Anvers, 8 mai 1979 : *Joie de printemps* 1927, h/t (103x176) : **BEF 150 000** – Bruxelles, 25 fév. 1981 : *Nymphe au bain* 1928, h/t (145x75) : **BEF 130 000** – Anvers, 3 avr. 1984 : *Vue de Woluwe-Saint-Lambert* 1917, gche (67x87) : **BEF 130 000** – Bruxelles, 13 déc. 1984 : *Couple* 1920, h/pan. (89x70) : **BEF 240 000** – Lokeren, 19 oct. 1985 : *Les charrettes de foin* 1933, techn. mixte (42x60) : **BEF 80 000** – Anvers, 22 avr. 1986 : *Jeune femme* 1912, gche (90x71) : **BEF 140 000** – Anvers, 7 avr. 1987 : *Nu de dos*, past. (90x30) : **BEF 70 000** – Lokeren, 28 mai 1988 : *Le mur du jardin* 1915, gche (66,5x86,5) : **BEF 100 000** – Lokeren, 8 oct. 1988 : *Vieux village sous la neige*, h/t (71x90) : **BEF 220 000** – Londres, 19 oct. 1989 : *L'aveugle* 1916, gche/pap. (80x97,1) : **GBP 14 300** – Bruxelles, 27 mars 1990 : *Paysage fleuri*, h/t (72x90) : **BEF 700 000** – Bruxelles, 12 juin 1990 : *Scène symboliste*, h/t (150x200) : **BEF 200 000** – Liège, 11 déc. 1991 : *Nature morte aux roses*, h/pan. (41,5x34) : **BEF 80 000** – Lokeren, 10 oct. 1992 : *Paysage d'hiver* 1924, h/t (69,5x90) : **BEF 700 000** – Amsterdam, 3 nov. 1992 : *Nature morte de fleurs* 1943, h/t (88x70) : **NLG 2 990** – Londres, 21 juin 1993 : *Jeune fille et sa dame de compagnie* 1915, gche/cart. (71x89) : **GBP 11 500** – Amsterdam, 8 déc. 1994 : *Rue sous la neige* 1916, gche/pap. (70x90) : **NLG 8 625** – Lokeren, 10 déc. 1994 : *Nature morte* 1908, h/t (65x92) : **BEF 70 000** – Lokeren, 9 mars 1996 : *Magnolia*, h/pan. (58x85) : **BEF 220 000**.

MONTALEGRE Johann Daniel de

Né en septembre 1689. Mort le 31 mars 1768 à Zittau. XVIIIe siècle. Actif à Zittau. Allemand.

Peintre de panoramas, dessinateur et graveur au burin.

Fils de Joseph de Montalegre. Il fonda à Zittau une école de dessin. On cite de lui la suite d'estampes représentant *La ville de Zittau avant et après l'incendie*.

MONTALEGRE Joseph de ou **Montaligre**

Né à Prague. XVIIIe siècle. Actif dans la première moitié du XVIIIe siècle. Allemand.

Graveur au burin.

Père de Johann Daniel Montalegre. Il s'établit à Francfort-sur-le-Main, puis à Nuremberg et grava des batailles et des portraits.

MONTALEMBERT Roger de

Né le 1er septembre 1896 à Lyon (Rhône). XXe siècle. Français.

Peintre, aquarelliste.

MONTALI Dedalo

Né en 1908 à Cagliari (Sardaigne). XXe siècle. Italien.

Peintre.

Il participe à de nombreuses expositions internationales. Il a figuré, à Paris, en 1977, à l'exposition *Meubles tableaux* au Centre Georges Pompidou. Il a obtenu le Premier Prix de la Critique en 1975.

MONTALLIER Pierre

Né vers 1643. Mort le 15 octobre 1697. XVIIe siècle. Français.

Peintre de sujets religieux, scènes de genre.

Peintre ordinaire du Roy. Il est entré à l'Académie Saint-Luc en 1676.

Il subit l'influence de Le Nain et de Sébastien Bourdon. Le Musée de l'Ermitage, à Saint-Pétersbourg, conserve *Les Œuvres de Miséricorde*, seul tableau signé de lui. Il n'est pas impossible que certaines des œuvres tardives de Mathieu Le Nain ne lui soient, un jour, attribuées.

Musées : Saint-Pétersbourg (Mus. de l'Ermitage) : *Les Œuvres de Miséricorde*.

Ventes Publiques : New York, 31 mai 1989 : *Paysan debout servant de l'eau à une femme assise*, h/t (35,5x28) : **USD 8 800**.

MONTALTI. Voir **DANEDI Giuseppe**

MONTALTI Pietro. Voir **FIORI Filippo**

MONTALVO Bartolomé

Né en 1769 à San Garcia. Mort le 11 août 1846 à Madrid. XVIIIe-XIXe siècles. Espagnol.

Peintre de natures mortes, de paysages et de portraits.

Élève de Zacarias Gonzalez Velasquez et peintre du roi Ferdinand VII. Le Musée du Prado, à Madrid, conserve de lui quatre toiles représentant du gibier mort, des poissons, des comestibles. A l'Escurial se trouvent vingt-huit paysages et marines de cet artiste.

Ventes Publiques : Versailles, 20 nov. 1983 : *Paysanne offrant des poulets*, h/bois, de forme ronde (diam. 86) : **FRF 37 000**.

MONTAN Anders

Né le 13 février 1846 à Malmö. Mort le 14 mai 1917 à Düsseldorf. XIXe-XXe siècles. Suédois.

Peintre de genre, intérieurs, lithographe.

Il travailla à Copenhague et à Stockholm, puis se fixa à Düsseldorf en 1879. Il exposa à Berlin, Munich, Düsseldorf et Vienne. On cite de lui des intérieurs à la lueur des bougies.

Ventes Publiques : Copenhague, 3 juin 1976 : *Intérieur* 1892, h/t (81x66) : **DKK 9 000** – Cologne, 16 juin 1977 : *Le postillon* 1894, h/t (66x56) : **DEM 4 000** – Lucerne, 3 juin 1978 : *La forge* 1895, h/t (51x42) : **CHF 1 900** – New York, 25 jan. 1980 : *Au coin du feu*, h./mar./cart. (49,5x44,5) : **USD 1 000** – Stockholm, 27 oct. 1981 : *Intérieur*, h/pan. (49x39) : **SEK 10 000** – Stockholm, 24 avr. 1984 : *Intérieur de cuisine*, h/t (58x67) : **SEK 12 500** – Stockholm, 27 avr. 1988 : *Servante travaillant dans une cuisine de campagne*, h/t (26x20) : **SEK 7 500** – Stockholm, 19 avr. 1989 : *Une cave* 1897, h/pan. (32x42) : **SEK 5 000** – Stockholm, 15 nov. 1989 : *Intérieur de forge*, h/pan. (20x31) : **SEK 11 000** – Stockholm, 16 mai 1990 : *Intérieur de grange*, h/t (42x50) : **SEK 25 000** – New York, 18-19 juil. 1996 : *Dans la cuisine avec un panier de légumes* 1887, h/t (54,6x44,5) : **USD 747**.

MONTAÑA Pablo

Né en 1775 à Barcelone. Mort le 14 octobre 1802 à Olot. XVIIIe siècle. Espagnol.

Peintre.

Fils de Pedro Pablo Montaña avec lequel il exécuta plusieurs tableaux d'autel dans des églises de Catalogne. Le Musée Provincial de Barcelone possède des peintures de cet artiste.

MONTAÑA Pedro Pablo ou **Pere Paul**

Né à Barcelone. Mort le 26 novembre 1803 à Barcelone. XVIIIe siècle. Espagnol.

Peintre de figures.
Élève de Franc. Tramulles. Il a peint en collaboration avec son fils Pablo des tableaux d'autel pour plusieurs églises en Catalogne. Le Musée de Vich conserve des peintures de cet artiste.

MONTANARI Agostino
XVIe siècle. Actif à Gênes vers 1595. Italien.
Peintre.
Frère de Giovanni Battista Montanari et élève de A. Lomi. Il exécuta avec son frère des tableaux d'autel dans l'église S. Siro à Gênes.

MONTANARI Antonio
XVIIIe siècle. Actif à Bologne vers 1770. Italien.
Peintre de décorations et de perspectives.
Il a décoré de ses peintures plusieurs palais et le couvent des Servites à Bologne.

MONTANARI Dante
Né le 19 juillet 1896 à Porto San Elpidio. XXe siècle. Italien.
Peintre.
Autodidacte, il s'est consacré à la peinture après la Première Guerre mondiale. La critique italienne le classe parmi les néo-classiques. Carlo Carra et Vincenzo Costantini ont consacré des études à l'artiste.
Il y a, chez cet artiste, un souci de pureté, une simplicité des coloris en accord avec la précision du dessin, une économie des formes, comme dans le tableau *Matin* figurant une femme nue faisant la toilette d'un enfant nu.
Musées : Berlin – Gêne – Ottawa – Rome (Gal. d'Art Mod.) – San Francisco.
Ventes Publiques : Milan, 10 mars 1982 : *Deux amies* 1928, 2 h/t (101x85) : **ITL 7 000 000.**

MONTANARI Francesco
Né en 1750 à Lugo. Mort en 1786 à Pesaro (?). XVIIIe siècle. Italien.
Peintre d'histoire et de portraits.
Élève de Gandolfi et de Cignaroli ; il travailla dans plusieurs villes italiennes. On cite de lui des peintures et des fresques dans les églises de Lugo.

MONTANARI Giovanni Battista
XVIe siècle. Actif à Gênes vers 1595. Italien.
Peintre.
Frère d'Agostino Montanari avec lequel il collabora.

MONTANARI Girolamo
Mort en 1776. XVIIIe siècle. Actif à Bologne. Italien.
Peintre.
Élève et imitateur de Giovanni Viani. On cite des peintures de cet artiste dans les églises de Bologne et dans la cathédrale d'Imola *(Scène de martyre).*

MONTANARI Giuseppe
XVIIIe siècle. Actif à Bologne. Italien.
Peintre de sujets religieux.
L'église San Lorenzo in Palispermo à Rome possède de lui une *Sainte Brigitte.*

MONTANARI Giuseppe
Né en 1889 à Osimo. Mort en 1970 à Varese. XXe siècle. Italien.
Peintre de genre.

GMontanari

Ventes Publiques : Zurich, 9 nov. 1985 : *La diseuse de bonne aventure* 1925, h/pan. (110x100) : **CHF 7 500** – Milan, 7 juin 1989 : *La marchande de fruits,* h/pan. (156,5x122) : **ITL 30 000 000** – Milan, 30 mai 1990 : *Portrait d'une petite fille tenant un chat blanc,* h/pan. (50x40) : **ITL 3 400 000** – Berne, 12 mai 1990 : *Mère en train de faire manger son petit garçon,* h/pan. (60x50) : **CHF 1 300** – Milan, 6 juin 1991 : *Portrait d'un petit garçon avec un chien,* h/pan. (50x40) : **ITL 1 500 000** – Milan, 7 nov. 1991 : *Sonate à Vénus,* h/pan. (119x159) : **ITL 19 000 000.**

MONTANARI Lorenzo
XVIIe siècle. Actif à Reggio Emilia. Italien.
Peintre.
Il exécuta en 1635 le projet pour la façade et le vestibule de l'église S. Maria d. Ghiara à Reggio.

MONTANARINI Luigi
Né en 1906 à Florence. XXe siècle. Italien.
Peintre de figures, fleurs.
Étudia à Florence.
Musées : Aarau (Aargauer Kunsthaus) : *Composition n° 16* 1959.
Ventes Publiques : Rome, 7 avr. 1988 : *Les Modèles* 1944, h/t (45,5x38,5) : **ITL 3 200 000** – Rome, 15 nov. 1988 : *Toilette* 1940, h/t (90x118) : **ITL 9 000 000** – Rome, 28 nov. 1989 : *Nouvelles variations n° 34* 1974, h/t (80x60) : **ITL 2 400 000** – Rome, 10 avr. 1990 : *Modèle* 1948, temp./pap. (75x49,5) : **ITL 5 000 000** – Milan, 9 nov. 1992 : *Composition* 1960, techn. mixte/cart./t. (59x80) : **ITL 1 000 000** – Rome, 25 mars 1993 : *Vase de fleurs des champs* 1945, h/cart. (52,5x34) : **ITL 3 000 000** – Rome, 19 avr. 1994 : *Variations* 1960, h/t (50x70) : **ITL 2 875 000** – Venise, 7-8 oct. 1996 : *Nu* 1938, h/pap./cart., étude (68x46) : **ITL 2 300 000.**

MONTANDON Roger
Né en 1918 à Saint-Imier. XXe siècle. Suisse.
Peintre.
Il a étudié les Lettres à l'Université de Genève. Il fut secrétaire de rédaction du périodique *Labyrinthe* et collaborateur de diverses publications littéraires et artistiques. Il se consacre entièrement à la peinture depuis 1956.
Il a participé, en 1960, à l'Exposition de *l'École de Paris.* Il a montré ses œuvres dans des expositions personnelles, notamment en 1957 à Lausanne.

MONTANÉ Roger
Né le 21 février 1916 à Bordeaux (Gironde). XXe siècle. Français.
Peintre de compositions à personnages, illustrateur.
Il suivit les cours du soir de l'École des Beaux-Arts de Toulouse en 1938, possédant déjà une pratique personnelle du dessin et de la peinture acquise auparavant. Il ne put se consacrer exclusivement à la peinture qu'à l'âge de trente ans. Il se fixa à Paris, en 1945, et obtint une bourse d'État en 1947. À partir de 1948, il eut l'occasion d'effectuer de nombreux voyages : Japon, États-Unis, Hollande, Iran, etc. En 1981 il devient président de la Fondation Taylor, en 1982 il est co-fondateur du *Groupe 109.*
Il participe à de nombreuses expositions de groupe notamment aux Salons des Indépendants, d'Automne (dont il devint membre du comité, puis président en 1966), de Mai dans les années d'après-guerre, des Peintres Témoins de leur Temps, etc. Il montre ses œuvres dans des expositions personnelles, à Paris, en 1949 à la galerie Berri, en 1952, en 1955 avec François Desnoyer, en 1958, en 1961 à la Maison de la Pensée française ; à Vienne à l'Institut français en 1949 ; à Londres en 1956 ; à Lausanne en 1957 ; à Tokyo au Musée Bridgestone en 1958 ; à Lyon en 1964 ; à Chicago en 1964 ; à New York en 1965 ; etc. Il obtint le prix Béthouard en 1948 ; le prix de l'Académie des Beaux-Arts en 1975 ; Chevalier du Mérite de la République italienne.
Il pratique une figuration robuste, caractérisée par une pâte brune, aux tonalités chaudes. Volontiers peintre de compositions à personnages, il a réalisé une décoration murale pour le Lycée de Toulouse en 1957. Il a illustré *Les Jeunes Filles* de Montherlant.

Montane

Bibliogr. : Bernard Dorival, sous la direction de... : *Peintres Contemporains,* Mazenod, Paris, 1964.
Musées : Albi – Grenoble – Narbonne (Mus. d'Art et d'Hist.) : *Les Platanes* – *Le Déjeuner des vendangeurs* – Paris (Mus. d'Art Mod.) – Rodez – Sète – Tokyo (Mus. Bridgestone) – Toulouse – Wellington.
Ventes Publiques : Versailles, 8 fév. 1976 : *Le gros bateau bleu de Saint-Cyprien,* h/t (65x54) : **FRF 1 400** – Paris, 8 nov. 1989 : *Le « tragheto »,* h/t (96x146) : **FRF 20 000** – Paris, 11 mars 1992 : *La Chaussée (Aveyron),* h/t (60x73) : **FRF 3 200** – Paris, 28 sep. 1992 : *Les toits de Collioure,* h/t (60x73) : **FRF 6 000.**

MONTANER Francisco ou **Muntaner**
Né en 1743 à Palma. Mort en 1805 à Madrid. XVIIIe siècle. Espagnol.
Graveur au burin et peintre.
Il grava des portraits et des sujets religieux.

MONTANER José ou **Muntaner**
Né à Palma. Mort le 17 septembre 1788 à Madrid. XVIIIe siècle. Espagnol.
Graveur au burin.
Frère de Francisco et fils de Lorenzo I.

MONTANER Juan I ou **Muntaner**
Mort en 1730 à Rome. XVIIIe siècle. Espagnol.
Peintre.
Père de Lorenzo et de Juan II Montaner. Il fit ses études à Rome.

MONTANER Juan II ou **Muntaner**
Né vers 1716 à Rome. Mort le 27 mars 1774 à Palma. XVIIIe siècle. Espagnol.
Peintre.
Fils de Juan I.

MONTANER Juan III ou **Muntaner**
Né vers 1750 à Palma. Mort le 12 juin 1802 à Lluchmayor. XVIIIe siècle. Espagnol.
Peintre de sujets religieux, figures, portraits, graveur au burin.
Il a été l'un des fondateurs de l'Académie des Beaux-Arts de Palma en 1778. On cite de lui des œuvres d'inspiration religieuse.

MONTANER Juan IV ou **Muntaner**
Mort après 1781 à Palma. XVIIIe siècle. Espagnol.
Peintre, graveur au burin.
Fils de Lorenzo I Montaner. Il a été vicaire à Palma.

MONTANER Lorenzo I ou **Muntaner**
Né à Rome. Mort le 18 avril 1768 à Palma. XVIIIe siècle. Espagnol.
Graveur au burin.
Il grava des sujets religieux.

MONTANER Lorenzo II ou **Lorenzo Maria** ou **Muntaner**
Mort le 5 octobre 1848 à Palma. XIXe siècle. Espagnol.
Graveur au burin (amateur).
Fils de José Montaner.

MONTANER Miguel ou **Muntaner**
XIXe siècle. Actif vers 1830. Espagnol.
Peintre et graveur au burin.
Fils de Juan III Montaner.

MONTANES Bernardino
Né en 1825 à Saragosse. Mort le 6 janvier 1893 à Saragosse. XIXe siècle. Espagnol.
Peintre de figures et de portraits.
Élève de F. Llovet et de F. de Madrazo. Il décora de ses peintures plusieurs églises et bâtiments de Saragosse. La Galerie Moderne de Madrid conserve de lui : *Le roi Gundemoro*.

MONTANEZ Alonso Martinez, appellation erronée. Voir **MARTINEZ Alfonso**

MONTANEZ Juan Martinez ou **Montanes**
Né en 1568 à Alcala la Real. Mort le 18 juin 1649 à Séville. XVIe-XVIIe siècles. Espagnol.
Peintre, sculpteur et architecte.
Élève de Pablo de Rojas à Grenade, il s'installa à Séville. Auteur de sculptures polychromes religieuses, il se ne spécialisa pas dans les œuvres destinées à des « pasos », mais créa des sculptures pour des couvents et des églises. Il fit peu d'œuvre profanes, à l'exception d'un buste de *Philippe IV*. Le plus souvent, il faisait peindre ses sculptures par d'autres artistes, comme Pacheco, tout en les surveillant étroitement. Il lui arrivait, d'autre part, de concevoir les architectures de ses retables. Son activité s'est essentiellement déroulée à Séville. C'est là qu'il fit un *Saint Christophe* pour l'église du Divino Salvador en 1597, *L'Enfant Jésus* de la Sacramental pour la paroisse du Sagrario en 1605. A partir de cette date il sculpta de grands retables, dont celui du couvent de Santo Domingo de Portacoeli (1505-1509), celui du maître-autel de San Isidoro del Campo (1609-1612) à Santiponce, et celui de Saint Jean Baptiste au couvent de Santa Maria del Socorro (1610-20) à Séville. De 1620 à 1630, il cessa de travailler sans que l'on sache pourquoi, et lorsqu'il recommença à sculpter, son art s'affermit dans le style baroque. De 1628 à 1631, il fit l'*Immaculée Conception* dite la *Cieguecita* en raison de ses yeux baissés, dans une expression de douceur, de réserve. Au couvent de San Leandro, il exécuta, entre 1632-33, le retable de Saint Jean Baptiste. Enfin, de 1638 date sa statue de *Saint Bruno*. L'art de Montanez appartient à la première période du baroque qui reste encore attaché à l'art de la Renaissance. Ceci est surtout sensible à travers des bas-reliefs comme celui du retable de San Isidoro del Campo, représentant une *Adoration des Rois* : l'arrière-plan semble appartenir à l'art de la Renaissance, tandis que les figures sont davantage baroques. Par contre, *Saint Jérôme*, de ce même retable, est une figure aux effets pathétiques violents, d'un baroque typiquement espagnol, fait d'une foi ardente.

Bibliogr. : Y. Bottineau, in : *Dictionnaire de l'Art et des Artistes*, Hazan, Paris, 1967.
Musées : Séville : *Saint Dominique de Guzman pénitent – Saint Bruno – Saint Jean Baptiste – La Vierge dite des cavernes*.

MONTANGERAND Mireille
Née le 12 mai 1914 à Saint-Maurice-en-Rivière (Saône-et-Loire). XXe siècle. Française.
Peintre de compositions à personnages, figures, natures mortes, fleurs.
Elle a suivi les cours de l'École des Beaux-Arts de Nice (1936-1937) et d'une école dépendante de la Ville de Paris (1937-1938). Elle est membre du Comité du Salon des Indépendants à Paris. Elle dirige la galerie Blaise Saint-Maurice à Paris.
Elle participe à diverses expositions de groupe, notamment, à Paris, au Salon de la Société Nationale des Beaux-Arts.
Elle pratique une peinture robuste – natures mortes, fleurs, portraits et compositions à personnages – nourrie d'une pâte généreuse.
Musées : Paris (Fonds de la Ville de Paris) – Poitiers : *Rue Saint-Rustique*.

MONTANI. Voir aussi **MONTANO**

MONTANI Andrès
Né à Minas. XXe siècle. Uruguayen.
Peintre.
En 1953, il fit partie du groupe *Taller El Molino*, dirigé par le peintre Alceu Ribeiro. Il expose en Uruguay, au Brésil et à Madrid.

MONTANI Carlo Guiseppe
Né en 1868 à Saluzzo. Mort en 1936 à Rome. XIXe-XXe siècles. Italien.
Peintre de paysages, caricaturiste.
Il fut également critique d'art. Il exposa à Rome en 1919.
La Galerie de l'Art moderne à Rome conserve des peintures de cet artiste.
Ventes Publiques : Rome, 12 déc. 1989 : *Arbres en fleurs*, h/pan. (34x43,5) : **ITL 1 500 000** – Rome, 4 déc. 1990 : *Campagne romaine*, h/pan. (36,5x55) : **ITL 2 800 000** – Paris, 20 juin 1991 : *Projet d'un Casino avec dôme, élévation de la façade principale*, encre et lav. (28x47,5) : **FRF 5 000** – Rome, 26 mai 1993 : *Arbuste fleuri*, h/pan. (25,5x35) : **ITL 1 900 000**.

MONTANI Giuseppe ou **Gioseffo** ou **Montano**
Né en 1641 à Pesaro. Mort le 10 avril 1719 à Rome. XVIIe-XVIIIe siècles. Italien.
Paysagiste, restaurateur de tableaux et écrivain.
Il travailla à Venise. Son *Histoire des peintres de Pesaro* est détruite.
Ventes Publiques : Londres, 13 juil. 1977 : *Autoportrait*, h/pan. (23x17) : **GBP 1 400**.

MONTANI Tommaso
XVIe-XVIIe siècles. Actif à Naples de 1599 à 1645. Italien.
Sculpteur.
Il a décoré diverses églises de Naples de ses statues et autels.

MONTANIER Francis Etienne
Né le 18 novembre 1895 à Lyon (Rhône). Mort le 12 novembre 1974 à Paris. XXe siècle. Français.
Peintre d'intérieurs, paysages, natures mortes, fleurs, dessinateur, graveur.
Il commença ses études artistiques à Lyon, en 1912, qui furent interrompues, de 1915 à 1920, par la guerre, à laquelle il prit part. Il reprit ensuite ses études à Lyon, travaillant en même temps comme peintre-verrier et comme orfèvre. Ayant obtenu le Prix de Paris, il s'établit la même année dans la capitale pour se consacrer pleinement à la peinture et la gravure. Il fut élève de Ernest Laurent. En 1924, il remporta le Prix de Rome de gravure, qui lui permit un long séjour à Rome, où il se consacra principalement à la peinture. Derain lui céda son atelier près du parc Montsouris à Paris. Il se lia avec Georges Braque. Il est de nouveau mobilisé lors de la Seconde Guerre mondiale. Sa famille fit don en 1993 d'une quinzaine de ses toiles, couvrant la période 1945-1974, à la ville de Meudon.
Il figura, à Paris, au Salon des Artistes Français, à partir de 1924, y obtenant une médaille de bronze. Il participa, en outre, aux principaux Salons annuels et à des expositions de groupe, en France et à l'étranger : Salon de Mai de 1949 à 1958 ; Salon d'Art Sacré en 1953 et 1955 ; Biennale de Puteaux en 1961 et 1969 ; Salon Comparaisons en 1970 ; de même qu'aux expositions de

La Haye et New York en 1947, de Varsovie en 1948, de São Paulo en 1951, de Londres en 1954, de Berlin en 1950 et 1963. Il montra ses œuvres dans une première exposition personnelle, à Paris, en 1939 à la galerie Jeanne Castel, puis de nouveau à Paris en 1943, 1945, 1948, 1954, 1959, 1961, 1965, 1967 ; au Luxembourg en 1963, 1969, 1971, 1973 ; à Nantes en 1931 ; à Buenos Aires en 1959 ; à Tokyo en 1973. Juste avant sa mort, le Musée du Havre a présenté en octobre 1974 la première grande rétrospective de son œuvre : *35 ans de peinture*. Parmi les expositions posthumes : 1976, Musée d'État de Luxembourg ; 1978, Musée d'Art Moderne de la Ville de Paris ; 1979, le Musée d'Art et d'Histoire de Saint-Denis ; 1994, Musée de Dieppe.

Parti de la figuration, avec des paysages, des natures mortes, et des nus, il évolua plus nettement, après la Seconde Guerre mondiale, dans le sens d'une abstraction sensible et harmonieuse. Au lieu de copier les formes et les couleurs, il s'efforça de les transposer par des équivalences dans une manière solide et ferme. Toujours en rapport avec la réalité du visible, ses thèmes se diversifièrent et se précisèrent au fil des années : falaises, mer, arbre, chèvres (1950), quelques scènes religieuses (dans les années soixante), envols d'oiseaux (1964-1974). Il peignit habituellement à l'huile, pratiqua la gravure (eau-forte et burin) et le dessin. Il a exécuté, en 1934, une *Nativité* pour l'église de Corbonod (Ain) selon la technique de la fresque qu'il avait apprise en Italie.

Bibliogr. : Bernard Dorival, sous la direction de... : *Peintres contemporains*, Mazenod, Paris, 1964 – J. E. Muller : *L'Art Moderne*, 1963 – in : *L'Art du xxe siècle*, Larousse, Paris, 1967 – *Art et Non-Art*, Somogy, Paris, 1970 – Frank Elgar : *La Peinture moderne abstraite*, Hazan, Paris, 1965.

Musées : Épinal – Grenoble – Le Havre – Luxembourg – Lyon – Nancy – Paris (Mus. Nat. d'Art Mod.) : *Neige dans la vallée* – Paris (Mus. d'Art Mod. de la Ville) – Saint-Denis – Santiago du Chili (Mus. mun. d'Art Mod.) – Tourcoing.

Ventes Publiques : Paris, 18 mai 1945 : *Fleurs* : **FRF 5 000** – Paris, 16 juin 1950 : *Nature morte* : **FRF 4 300** – Paris, 15 mars 1988 : *Les jumelles* 1925, h/t (116x63) : **FRF 380 000** – Paris, 20 mai 1992 : *Barque à voiles violette et barques de pêche* 1949, h/bois (113x146) : **FRF 8 000**.

MONTANINI Giovanni Battista
xviie siècle. Actif à Pérouse. Italien.
Sculpteur sur bois.
Il a sculpté les stalles de la Confrérie dans l'église SS. Simon et Florent à Pérouse.

MONTANINI Martino di Bartolommeo, dit **Martino da Firenze**
Mort en décembre 1562. xvie siècle. Italien.
Sculpteur.
Élève, neveu et assistant de Giovanni Montorsoli. Il a sculpté les statues de *Saint Paul* et de *Saint Jean Baptiste* dans la cathédrale de Messine.

Ventes Publiques : Londres, 8 déc. 1971 : *Saint Paul; Saint Jacques*, deux pendants : **GBP 3 500**.

MONTANINI Pietro, dit **Petruccio Perugino**
Né en 1626 à Pérouse. Mort en 1689. xviie siècle. Italien.
Peintre d'histoire, sujets mythologiques, compositions religieuses, paysages animés, paysages, dessinateur.
Il fut d'abord élève de Ciro Feri et travailla la peinture d'histoire. Plus tard, s'étant adonné au paysage, il devint disciple de Salvator Rosa. On trouve surtout ses œuvres dans sa ville natale. Le Musée de la cathédrale de Pérouse conserve trente-quatre petits paysages de cet artiste.

Ventes Publiques : Paris, 1776 : *Sainte sur un nuage*, dess. à la sanguine lavée : **FRF 172** – Paris, 17 mars 1947 : *Bacchanale dans un paysage montagneux*, attr. : **FRF 2 100** – Londres, 24 juin 1970 : *Soldats et bergers dans un paysage* : **GBP 500** – Milan, 5 avr. 1973 : *Paysage fluvial* : **ITL 650 000** – Milan, 18 oct. 1977 : *Moine dans un paysage*, h/t (51x62) : **ITL 1 000 000** – Rome, 28 avr. 1981 : *Cavaliers dans un paysage*, h/t (120x173) : **ITL 6 500 000** – Rome, 12 nov. 1986 : *Paysage fluvial animé de personnages*, h/t (150x208) : **ITL 12 000 000** – Londres, 17 juin 1988 : *Paysage boisé avec des voleurs et des pêcheurs*, h/t (68,3x90,2) : **GBP 4 400** – Rome, 13 avr. 1989 : *Paysage rocheux avec des personnages au bord d'un torrent*, h/t (73x97) : **ITL 8 500 000** – Rome, 23 mai 1989 : *Paysage fluviale avec des constructions et des personnages*, h/t (205x259) : **ITL 24 000 000** – Rome, 8 avr. 1991 : *Paysage avec des baigneurs*, h/t (74x155) : **ITL 3 450 000** – New York, 3 oct. 1996 : *La Tentation du Christ*, h/t (74,3x61,6) : **USD 2 415**.

MONTANINO Antonio
xviie siècle. Actif à Brescia en 1663. Italien.
Sculpteur.

MONTANNES Juan M., appellation erronée. Voir **MONTANEZ Juan Martinez**

MONTANO, il. Voir **MARCA Giovanni Battista della**

MONTANO Giovanni Battista ou **Montani**, dit aussi **Giovani Battista Milanese**
Né en 1534 à Milan. Mort en 1621 à Rome. xvie-xviie siècles. Italien.
Sculpteur sur bois, architecte, dessinateur et orfèvre.
Influencé par Prosp. Scavezzi. Il s'installa à Rome sous Grégoire XIII. Il a exécuté de nombreuses sculptures sur bois et des projets pour des autels, tabernacles et tombeaux.

MONTANO Juan ou **Montani**
xvie siècle. Travaillant à Séville en 1581. Espagnol.
Sculpteur.
« Demande l'autorisation de faire passer avec lui son domestique, avec lequel il a pris l'engagement écrit de le former et le préparer à l'examen. » Il a sculpté les stalles dans la cathédrale de Mejico.

MONTANO da Arezzo
xiiie-xive siècles. Travaillait à la fin du xiiie siècle et au commencement du xive siècle. Italien.
Peintre.
En 1305, il peignit deux chapelles du Castel Nuovo ; en 1306, deux autres chapelles du Nuovo à Naples. C'était le favori du roi Robert, qui l'anoblit en 1310. La chapelle du Monastère de Monte-Vergine, près d'Avellino, possède une peinture de la *Vierge*, attribuée à cet artiste, et l'on trouve dans le dortoir dei Giovannetti du Seminario Urbano, à Naples, un portrait d'évêque de sa main.

MONTANT Pierre
Né en 1941 à Genève. xxe siècle. Suisse.
Peintre.
En 1971, fait sa première exposition personnelle à Genève. En 1972, le Musée des Beaux-Arts de Lausanne organise une exposition particulière de ses œuvres. Expose à New York en 1973, de nouveau à Genève en 1974. Sa peinture se rapproche de l'abstraction, avec de nombreuses références à la réalité. Il travaille à New York et à Boissano en Italie.

MONTANUS d'Arezzo. Voir **MONTANO da Arezzo**

MONTARAN de, baronne
xixe siècle. Française.
Peintre de paysages et de marines, et copiste.
Le Musée de Caen conserve de cette artiste de nombreuses vues de Normandie et de Venise et quelques copies d'après Gudin.

MONTARGIS Édouard
Né au xixe siècle à Paris. xixe siècle. Français.
Peintre.
Il travailla avec Allongé. Il débuta au Salon de Paris de 1878.

MONTARLOT Paul
Né au xixe siècle à Châlons-sur-Marne (Marne). xixe siècle. Français.
Aquafortiste et graveur au burin.
Élève de Martial Potémont. Il débuta au Salon de 1873 et travailla à Meaux de 1870 à 1880. On cite de lui une suite de gravures à l'eau-forte *Châteaudun après l'incendie*.

MONTASSIER Henri
Né le 27 juin 1880 à Courlon (Yonne). xxe siècle. Français.
Peintre de genre.
Il fut élève de Luc-Olivier Merson. Essentiellement peintre de paysages, il a aussi travaillé en Afrique du Nord.
Sociétaire puis hors-concours du Salon des Artistes Français, où il a débuté en 1907. Il a obtenu une médaille d'argent en 1920, d'or en 1923.

Musées : Dijon.

Ventes Publiques : Paris, 2 juin 1943 : *La Mosquée des Sept Jours à Kairouan* : **FRF 2 100** – Paris, 30 mars 1949 : *La Mosquée des Sept Dômes à Kairouan* : **FRF 8 000** – New York, 24 fév. 1987 : *Nu couché* 1912, h/t (121,9x203,2) : **USD 16 000** – Paris, 14 juin 1991 : *Au bord de l'étang*, h/t (60x81) : **FRF 45 000** – Paris, 29 juin 1992 : *La visite*, h/t (65x54) : **FRF 4 000** – Paris, 12 juil. 1995 : *Modèle allongé*, h/t (92x73) : **FRF 8 500**.

MONTAUDOUIN Denis
xvie siècle. Actif à Chartres. Français.

Sculpteur sur bois.
Il exécuta en collaboration avec Jacques Bourdon les stalles de la cathédrale de Chartres.

MONTAUT Ernest
Né en 1879. Mort en 1909 ou 1936. XXe siècle. Français.
Peintre, aquarelliste, graveur, dessinateur, illustrateur, affichiste.
Il se spécialisa dans l'illustration de moyens de lomotion modernes, comme l'avion et l'automobile. Il créa notamment des affiches publicitaires pour des courses automobiles et des marques de pneus.
Bibliogr. : Gérald Schurr, in : *Les Petits Maîtres de la peinture 1820-1920, valeur de demain*, Les Éditions de l'Amateur, t. III, Paris, 1976.
Ventes Publiques : Paris, 8 oct. 1975 : *Brasier et Lorraine Dietrich à la lutte*, aquar. (90x40) : **FRF 5 000** ; *La Séduction de la marque victorieuse Brasier*, aquar. (90x40) : **FRF 5 200** – Paris, 3 déc. 1985 : *Elégante au volant*, gche, fus. et sanguine (72x63) : **FRF 43 000**.

MONTAUT Gabriel Xavier de, dit **Montaut d'Oléron**
Né en 1798 à Oléron. Mort après 1852. XIXe siècle. Français.
Peintre de portraits, graveur, illustrateur.
Élève de Couché fils. Il figura au Salon de Paris de 1833 à 1841. Il dessina et grava deux cents portraits pour la *Biographie des Contemporains*, d'Arnaud et les illustrations pour *Les Modes parisiennes*.
Ventes Publiques : Paris, 20 déc. 1993 : *Portrait de femme*, h/t (62x51) : **FRF 5 500**.

MONTAUT Henri de ou **de Hem** ou **Monta** ou **Hy**
Né en 1825 à Paris. Mort en 1890 ou 1897. XIXe siècle. Français.
Dessinateur, illustrateur.
Il est le fils de Gabriel de Montaut. Il collabora au *Journal pour Rire* et fut surtout collaborateur de la *Vie Parisienne*. Il y publia les *Études sur la toilette*, qui eurent leur heure de succès. Il illustra des textes classiques, notamment *Les Contes* de Perrault en 1865. On cite aussi une composition : *Comment elles mangent les asperges* qui fit sensation. Il fonda le journal l'*Art et la Mode* et publia plusieurs albums : *Œuvres de différents pays, Sujets d'enfants*.
Ventes Publiques : Paris, 14 nov. 1984 : *Le foyer des artistes sous Napoléon III*, gche (21x32) : **FRF 10 000**.

MONTAUT Philippe de
Né en 1945. XXe siècle. Français.
Peintre.
Il fut élève de l'École des Beaux-Arts de Paris. En 1967, il abandonna la peinture traditionnelle pour des matériaux plastiques, utilisés en tons francs. Il s'intéresse aux multiples, qu'il obtient avec la sérigraphie, parfois utilisée sur du Plexiglas. Il exécute également des reliefs intégrés à l'architecture.

MONTAUTI Antonio ou **Montauto**
Mort vers 1740. XVIIIe siècle. Actif à Florence. Italien.
Sculpteur, médailleur et architecte.
Élève de G. Piamontini. On cite de lui plusieurs statues à Florence et dans les églises de Rome. Il a sculpté notamment un *Saint Benoît* à Saint-Pierre de Rome.

MONTBACH Sandor de, ou **Alexander**
Né en 1852 à Budapest. XIXe siècle. Actif à Klausenburg. Hongrois.
Peintre.
Il fit ses études à Munich. On cite de lui des paysages et des portraits.

MONTBAGILLO. Voir **MOMBASILIO**

MONTBARD. Voir **LOYE Charles Auguste**

MONTCASSIN J.-L
Né en 1913. XXe siècle. Français.
Peintre de paysages, natures mortes, fleurs, décorateur.
Il fut élève à l'Ecole des Beaux-Arts de Paris, sous la direction de Jonas. Peintre, il s'intéresse également à la restauration des objets d'art et a créé une école de restauration à Châteaurenard-de-Provence. Il a réalisé plusieurs décorations, notamment pour des châteaux aux environs de Paris, Tours, Poitiers, Nantes.
Ses œuvres sont traitées en larges touches à la fois épaisses et fluides, ses couleurs sont éclatantes. Dans ses paysages, il laisse une large place aux ciels ruisselants de lumière. Parmi ses thèmes, il montre une prédilection pour des constructions étranges, sorte de *Tour de Babel*.
Ventes Publiques : Paris, 3 oct. 1988 : *Le rideau rouge* 1970, h/pan. (67x78) : **FRF 3 400**.

MONTCHENU-LAVIROTTE Jane Daniéla de, Mme
Née à Paris. XIXe-XXe siècles. Française.
Portraitiste et peintre de décorations.
Élève, à Lyon, de Miciol et Tollet, et, à Paris, de L.-O. Merson, R. Collin, Marcel Baschet, Schommer et H. Royer. Sociétaire des Artistes Français depuis 1899. Elle expose à Lyon depuis 1888, à Paris depuis 1890, des fruits, des fleurs, des figures et des portraits (huile, gouache et pastel). Elle a obtenu à Paris, une mention honorable en 1899 et une troisième médaille en 1910 avec *Portrait de femme* et *Portrait de l'auteur*.

MONTCORNET. Voir **MONCORNET**

MONTE, del. Voir aussi **DELMONT** et **DUMONT**

MONTE Artus del. Voir **DU MONT Artus**

MONTE Biagio
XVIIe siècle. Actif à Naples. Italien.
Sculpteur et fondeur.
Il exécuta en collaboration avec Orazio Scoppa la grille de cuivre de la chapelle du Trésor de la cathédrale de Naples.

MONTE Gennaro ou **Monti**
XVIIe siècle. Actif à Naples dans la seconde moitié du XVIIe siècle. Italien.
Sculpteur et orfèvre.
Il a exécuté plusieurs statues ainsi que des bas-reliefs pour la cathédrale et diverses églises de Naples.

MONTE Giovanni de
XVIe siècle. Actif à Venise. Italien.
Peintre.
Il séjourna à la cour de Sigismond Auguste de Pologne en 1557.

MONTE Giuseppe del
Né en 1721 à Monte Baroccio. Mort en 1799 à Urbino. XVIIIe siècle. Italien.
Peintre.
Élève de Seb. Ciccarini.

MONTE Jakob de
Mort en mars 1593 à Graz. XVIe siècle. Autrichien.
Peintre de portraits.
La cathédrale de Graz possède de cet artiste un ex-voto avec les portraits de l'archiduc *Charles II et de sa famille*.

MONTE Johannes. Voir **MONT Jan, Hans** ou **Johannes**

MONTE M. G. dal
Né en 1907 en Italie. XXe siècle. Italien.
Peintre. Abstrait.
Ses premières peintures abstraites datent de 1925. En 1931 il était à Berlin, où il collabora à la revue *Der Sturm*. En 1947 il figura au premier Salon des Réalités Nouvelles à Paris. Il séjourna ensuite dans plusieurs villes, à Paris, Prague, Genève. Il participa également aux recherches futuristes, nouant des contacts avec de nombreux artistes de l'avant-garde européenne.

MONTE del Fora
Né en 1448. Mort en 1529. XVe-XVIe siècles. Italien.
Peintre et miniaturiste.
Fils du sculpteur Giovanni di Miniato dit Fora, et frère de Gherardo del Fora. Il est un des plus importants miniaturistes de l'école florentine. On cite de lui des portraits et des paysages qui montrent qu'il subit l'influence de Ghirlandajo et de la peinture hollandaise.

MONTE del Fora Gherardo
XVe siècle. Actif à Florence. Italien.
Miniaturiste.
Fils de Giovanni Monte del Fora di Miniato dit Fora. Il travailla en collaboration avec son frère et compte parmi les plus importants miniaturistes de l'école florentine.

MONTE del Fora Giovanni, ou **Nanni di Miniato** ou **Monte di Giovanni**, dit **Fora**
XVe siècle. Italien.
Sculpteur.
Actif à Florence. Père des deux frères Monte del Fora.

MONTE LIMA Grauben do. Voir **GRAUBEN DO MONTE LIMA**

MONTE Y MARISCAL Joseph
XVIIe siècle. Actif à Séville. Espagnol.

Peintre.
Cet artiste épousa une jeune fille qui fut dotée par divers personnages et possédait une fortune personnelle, le 19 avril 1639. Il peignit une chapelle pour le couvent du Carmel et représenta dans ce travail plusieurs personnages bibliques, et fut payé en 1639. Thieme-Becker mentionne un Monte Mariscal de Séville au XVIe siècle, qui aurait peint l'*Histoire d'Esther* pour la chapelle de N. S. de la Soledad à Séville.

MONTE RUBIANO Giovanni da. Voir **GIOVANNI da Monte Rubbiano**

MONTE VARCHI Bazzante da
XVIIe siècle. Italien.
Miniaturiste.
Artiste qui enlumina plusieurs livres dont quelques-uns à Florence, comme l'*Antiphonaire pour les vespres*, qui est d'une très grande beauté. A Pérouse, on trouve des travaux exécutés par lui dans sa jeunesse.

MONTEALEGRE Samuel
Né en 1940 en Colombie. XXe siècle. Actif depuis 1966 en Italie. Colombien.
Peintre.
Il est fixé à Rome depuis 1966. Il figure à des expositions collectives en Amérique du Sud depuis 1958, parmi lesquelles : 1959, *Pintores Contemporaneos*, Université de Bogota ; 1965, *3 Pintores colombianos*, Centre des Beaux-Arts Oscar d'Empaire, Maracaibe, Venezuela ; 1974, Biennale internationale d'art graphique, Florence ; 1974, Salon des Réalités Nouvelles, Paris. En Italie, il participe à diverses expositions collectives, il est d'autre part invité à la Biennale de Venise en 1972 et à celle de Paris en 1975. Il montre ses œuvres dans des expositions particulières : 1960, Sociedad Economica de Amigos del Paîs, Bogota ; 1961, Biblioteca Nacional, Bogota ; 1965, Centre des Beaux-Arts Oscar d'Empaire, Maracaibe, Venezula ; 1975, galerie Qui Arte contemporanea, Rome.
Son travail s'inscrit dans le contexte d'une abstraction post-minimale caractérisée par une volonté de grand dépouillement. Dès 1966-1967, il réalise les premiers papiers pliés, avant tout, réflexion sur la ligne. Son travail postérieur est également une approche analytique de la réalité picturale. Un texte de Montealegre donne bien l'esprit de son activité : « L'imperceptibilité de l'écart entre plusieurs lignes, entre une coupure et un pliage, entre un pliage, une coupure et des lignes, entre plusieurs papiers, est une douce invitation à connaître à fond, réfléchir, à observer attentivement la réalité, à en découvrir la réalité. »
Bibliogr. : In : *9e Biennale de Paris*, catalogue de l'exposition, Paris, 1975.
Musées : Barranquilla (Mus. d'Art Mod.) – Bolivar (Mus. d'Art Mod.) – Cali (Mus. La Tertulia) – Maracaibe (Mus. d'Empaire).

MONTEAN Louis de
XVIIIe siècle. Actif à Paris vers 1740. Français.
Sculpteur.

MONTEAN Nicolas ou **Montéant**
XVIIe-XVIIIe siècles. Actif à Paris de 1688 à 1723. Français.
Sculpteur.
Collaborateur de P. Bourdict, R. Charpentier, A. L. Solignon.

MONTEDURO Amleto
Né le 31 mars 1933 à Sannicola (Lecce). XXe siècle. Italien.
Peintre.
Il a montré ses œuvres dans une première exposition en Australie en 1961. Il expose ensuite en Italie, surtout à Rome et Milan, et à New York.
Il est un peintre de la mer et des fonds sous-marins.

MONTEE J.
XVIIIe siècle. Actif dans la seconde moitié du XVIIIe siècle. Hollandais.
Peintre.
L'église de Kouderkerk et l'asile des vieillards à Leyde possèdent de cet artiste un tableau.

MONTEFIORE Edouard Lévy
Né en 1820 aux îles Barbades. Mort le 22 octobre 1894 à Sydney. XIXe siècle. Britannique.
Peintre et graveur.
Élève de Lalanne à Paris. Il publia à Paris un certain nombre d'eaux-fortes originales, des reproductions de dessins d'après Fromentin et peignit des aquarelles. Montefiore voyagea, et nous trouvons dans son œuvre la marque de son passage en Espagne, au Japon, en Australie. Il résida à Sydney et le Musée de cette ville conserve de lui un tableau à l'huile : *Bohémienne espagnole*, des aquarelles et plusieurs de ses eaux-fortes. Il est également représenté au Victoria and Albert Museum par des eaux-fortes. Il prit part, de 1872 à 1877, à des expositions particulières à Londres.

MONTEFORTE Edoardo ou **Eduardo**
Né le 6 mars 1849 à Polla (Province de Salerne). Mort en 1932 ou 1933. XIXe-XXe siècles. Italien.
Peintre de figures, paysages animés, paysages, marines.
Élève de G. Smargiassi et de A. Carrillo, Il a exposé à Naples, Milan, Turin.
On cite de lui des paysages du Vésuve.
Ventes Publiques : Milan, 19 juin 1979 : *Pêcheurs ; Chevaux à l'abreuvoir* 1883, deux h/t (40x62) : **ITL 3 000 000** – Milan, 24 mars 1982 : *Paysage*, h/pan. (39x52) : **ITL 2 200 000** – Rome, 25 mai 1988 : *Pêcheurs*, h/cart. (15x16) : **ITL 1 000 000** – Rome, 24 mars 1992 : *Femme sur un âne dans la baie de Naples*, h/pan. (13x17) : **ITL 3 450 000** – Milan, 8 juin 1993 : *L'hiver à la campagne* 1887, h/t (41x72) : **ITL 11 500 000** – Rome, 29-30 nov. 1993 : *Village de montagne*, h/t (38x30) : **ITL 1 768 000** – Rome, 13 déc. 1994 : *Pêcheurs sur la grève*, h/pan. (23x13) : **ITL 2 530 000** – Rome, 2 déc. 1997 : *Canal aux canards*, h/t (85x130) : **ITL 34 500 000**.

MONTEFUSCO Vincenzo
Né en 1852 à Cava dei Tirreni. Mort en 1912 à Rome. XIXe-XXe siècles. Italien.
Peintre de genre, paysages.
Élève de Morelli à Naples. Il a travaillé pour la maison Goupil de Paris.
Musées : Rome (Mus. de l'Art Mod.).
Ventes Publiques : Milan, 19 mars 1981 : *Barques au large de Naples*, h/pan. (30x39,5) : **ITL 2 600 000** – Rome, 29-30 nov. 1993 : *Quartier populaire avec le Vésuve au fond*, h/cart. (27x22) : **ITL 2 121 000** – Rome, 31 mai 1994 : *L'Écrivain public*, h/pan. (28x16,5) : **ITL 3 771 000** – Rome, 6 déc. 1994 : *Paysans dans un paysage*, h/t (27x22,5) : **ITL 2 828 000** – Milan, 18 déc. 1996 : *Jeune Marchande de fruits*, h/pan. (45x30) : **ITL 9 902 000**.

MONTEGANI Angelo
Né vers 1894. XXe siècle. Italien.
Sculpteur.
Au cimetière monumental de Milan, on peut voir plusieurs monuments exécutés par ce sculpteur.

MONTEGUT Jeanne de
Née au XIXe siècle à Beaumont. XIXe siècle. Française.
Sculpteur.
Élève de Franchesci. Elle débuta au Salon de 1880. Le Musée d'Angoulême conserve d'elle le buste de *M. Albéric Second*.

MONTEGUT Louis
Né en 1855 à Nîmes (Gard). XIXe siècle. Français.
Dessinateur et illustrateur.
Il dessina pour *La Chronique Parisienne*.

Montégut

MONTEIGNIER Jules. Voir **MONTAIGNIER**

MONTEIL, pseudonyme de **Jacque Louis**
Né en 1897 à Paris. XXe siècle. Français.
Peintre, graveur.
Petit-fils du peintre barbizonnais Charles Jacque. Il étudia auprès de son père, Frédéric Jacque et s'associa avec Maximilien Luce qui encouragea sa vocation et l'aida.
Il exposa, à Paris, au Salon des Artistes anciens combattants, au Salon des Échanges, ainsi qu'aux Salons de la Société Nationale des Beaux-Arts, d'Automne et des Artistes Indépendants dont il fut membre du comité. Il figura à l'Exposition internationale de Paris en 1937 et à plusieurs expositions de groupe.
Son œuvre se compose de natures mortes, de fleurs et de nus. Parmi les tableaux achetés par l'État, se trouvent : *L'Église d'Arbonne* (1934) ; *Nature morte* (1937) ; *La Blessée* (1940).

MONTEIL Jacques
Né en 1800 à Saint-Ambroise (Gard). XIXe siècle. Français.
Peintre de portraits, d'histoire et de genre.
Élève de Girodet. Le Musée de Bagnols (Gard) conserve de lui *Portrait de M. Léon Allègre* et *Portrait de M. Gensoul Bruno, ancien maire de Bagnols*.

MONTEIL L. J.
xxe siècle. Français.
Peintre de scènes de genre.
Ventes Publiques : Paris, 11 avr. 1927 : *Dancing* : **FRF 390** – Paris, 17 et 18 nov. 1943 : *Le bar* : **FRF 400**.

MONTEILH Étienne
xviie siècle. Actif de 1603 à 1628. Français.
Peintre.
Père de Jean Monteilh.

MONTEILH Jean
xviie siècle. Actif à Angoulême au milieu du xviie siècle. Français.
Portraitiste et peintre de décorations.
Fils d'Étienne et père de Nicolas Monteilh.

MONTEILH Louis, Ferdinand
Né le 27 mai 1791 à Angoulême. Mort le 9 mai 1869 à Angoulême. xixe siècle. Français.
Graveur sur pierre, médailleur.
Sourd-muet, influencé par G. B. Nini. Il tailla des médaillons à l'effigie de Louis XVI, Marie-Antoinette, Franklin et Turgot et fut aussi tailleur de gemmes.

MONTEILH Nicolas
Né le 17 janvier 1642 à Angoulême. Mort le 29 avril 1713. xviie-xviiie siècles. Français.
Peintre.
Fils de Jean Monteilh. Le Musée d'Angoulême possède de lui le portrait de *Jean de Montalembert de Cers*.

MONTEIRO Joaquim et **Vicente do Rego**. Voir **REGO MONTEIRO**

MONTEIRO DE CARVALHO Joanna Ignacia, dite **Joanna do Salitre**
xviiie siècle. Active à Lisbonne vers 1770. Portugaise.
Peintre de portraits et de figures.
Élève d'André II Gonçalves. On cite parmi ses œuvres deux peintures dans le Vieux Conseil à Lisbonne et le château Œiras.

MONTEIRO DA CRUZ André
Né vers 1770. Mort après 1843. xviiie-xixe siècles. Actif à Lisbonne. Portugais.
Paysagiste et peintre de natures mortes.
Élève de G. Raposo. On cite de lui une fresque dans le château d'Ajuda.

MONTEIX René
Né en 1908 en Auvergne. xxe siècle. Français.
Peintre de paysages.
Il figure dans des expositions collectives parisiennes : Salon des Artistes Français, Salon des Surindépendants, à la Société Nationale des Beaux-Arts. Il montre ses œuvres dans des expositions particulières en France, notamment à Paris en 1963, à Hyères et Toulon, à Nice en 1979.
Musées : Dimona – Genève (Mus. du Petit Palais) – Genève (Mus. de l'Athénée) – Paris (Mus. d'Art Mod. de la Ville).

MONTELATICI Antonio
Né en 1691. Mort en 1739. xviiie siècle. Actif à Pistoie. Italien.
Peintre et prêtre.
Élève et assistant de Francesco Montelatici.

MONTELATICI Francesco ou **Montelaticci**, dit **Cecco Bravo**
Né vers 1600 à Florence. Mort en 1661 à Innsbruck. xviie siècle. Italien.
Peintre de genre.
Il fut élève de Jan Bilivert, mais s'inspira surtout de Domenico Cresti. Collaborateur de Giovanni de San Giovanni, il poursuivit, après la mort de celui-ci, avec Volterra et Furini, la tradition florentine des grandes décorations à fresque, maintenue, au début du siècle, par Poccetti. On cite parmi ses œuvres à Florence, *La chute de Lucifer* et à l'église San Simone un *Saint Nicolo Vescovo*. L'archiduc Ferdinand l'appela à Innsbruck et l'attacha à sa cour. Son surnom lui venait, paraît-il, de son caractère querelleur.
Bibliogr. : *Catalogue de l'exposition « Le cabinet d'un grand amateur P. J. Mariette »*, Paris, 1967.
Ventes Publiques : Amsterdam, 17 nov. 1980 : *Tête de jeune homme*, sanguine (25x20) : **NLG 7 000** – Milan, 30 nov. 1982 : *Étude pour un David et Goliath (recto) ; Étude de putto (verso)*, sanguine (26,4x21,2) : **ITL 2 400 000** – Londres, 2 juil. 1984 : *Cinq figures allégoriques dans un paysage*, pl. et lav./traces de craie noire (30,2x42,2) : **GBP 2 900** – Londres, 8 avr. 1986 : *Ange debout*, sanguine (26,4x19,1) : **GBP 4 000** – New York, 5 juin 1986 : *Bethsabée et David*, h/t (109x129,5) : **USD 32 000** – Londres, 6 juil. 1987 : *Homme nu assis*, sanguine et touches de reh. de blanc (27,5x38) : **GBP 3 200** – New York, 11 jan. 1989 : *Cimon et Pero ou La charité romaine*, h/t (114,4x192,9) : **USD 33 000** – New York, 11 oct. 1990 : *Nu féminin représentant Omphale, reine de Lydie*, h/t (87,5x73,5) : **USD 23 100** – Londres, 2 juil. 1991 : *Nu debout tenant une baguette*, craie rouge (40,8x26,7) : **GBP 11 000** – Londres, 3 juil. 1991 : *La charité romaine*, h/t (114,5x149,5) : **GBP 13 200** – Londres, 1er avr. 1992 : *Judith et Holopherne*, h/t (167x123,5) : **GBP 4 950** – New York, 21 mai 1992 : *Allégorie de l'Autome ; Allégorie de l'Été*, h/t, une paire (95,8x145,4 et 97,8x147,3) : **USD 71 500** – Monaco, 20 juin 1994 : *Sainte Brigitte de Suède debout avec une couronne et un sceptre à ses pieds*, craies noire, rouge et blanche (25,2x14,8) : **FRF 44 400** – New York, 12 jan. 1995 : *Deux femmes priant et deux hommes près d'une colonne*, craie rouge (12,6x19,8) : **USD 1 725** – Londres, 2 juil. 1996 : *Étude d'un nu masculin aux mains serrées et deux silhouettes de nus*, sanguine et craie blanche (18,7x10,9) : **GBP 5 520** – Rome, 9 déc. 1997 : *Repos pendant la fuite en Égypte*, h/t (101,2x147,5) : **ITL 71 300 000** – Venise, 9 mars 1997 : *L'Enlèvement d'Hélène*, h/t (203x119,5) : **ITL 22 000 000**.

MONTELEONE Adriano di
xviie siècle. Actif à Pérouse au début du xviie siècle. Italien.
Peintre.
Il séjourna à Rome en 1604.

MONTELIER Jules Alexandre. Voir **MONTHELIER**

MONTELLA Nicola
xvie-xviie siècles. Actif à Naples. Italien.
Sculpteur sur bois.
Il décora plusieurs églises de Naples de ses sculptures (stalles, chaires, tabernacles et autels).

MONTELLA Tommaso
xviie siècle. Actif à Messine au début du xviie siècle. Italien.
Peintre.
L'église de l'Annonciation de Messine conserve de lui une *Annonciation* (1608).

MONTELLI Primo
Né le 11 octobre 1831 à San Severino Marche. Mort le 16 janvier 1899. xixe siècle. Italien.
Sculpteur sur bois.
Élève de Ven. Bigioli. Il exécuta le buffet d'orgues dans l'église de S. Severino Marche.

MONTELUPO Baccio ou **Bartolommeo da**, dit **Sinibaldi**
Né en 1469 à Montelupo (près de Florence). Mort vers 1535 à Lucques. xve-xvie siècles. Italien.
Sculpteur et architecte.
Père de Raffaele da Montelupo. Ses débuts se situent dans le naturalisme du Quattrocento ; plus tard, il devint un des représentants les plus éminents de la Renaissance. Il a créé un nouveau style de crucifix. Ses œuvres se trouvent dans les églises d'Arezzo, de Bologne et de Venise. Le Musée Jacquemart-André, à Paris, possède de lui une *Statuette d'Évangéliste*.

MONTELUPO Raffaele da, dit **Sinibaldi**
Né en 1505 (?). Mort en décembre 1566 à Orvieto. xvie siècle. Italien.
Sculpteur, stucateur et architecte.
Fils de Baccio da Montelupo. Il travailla à Loreto, à Florence et à Rome ; il fut collaborateur de Michel-Ange. Ses sculptures se trouvent à Alcala de Henares, à Coca, à Florence, à Loreto, à Lucques, à Orvieto et à Pescia. À Rome, il exécuta *Léon X assis* dans l'église Santa Maria Sopra Minerva, *La Madone*, *La Sibylle* et *Le Prophète* du tombeau de Jules II dans l'église San Pietro in Vincoli et la statue de *L'archange Saint Michel* du château Saint-Ange.

MONTEMAGGIORE Franco
Né à Palerme (Sicile). xxe siècle. Italien.
Sculpteur de figures, illustrateur.
Il a étudié à l'Institut d'Art de l'État de Palerme et à l'École des Beaux-Arts de la ville.
Il participe à de très nombreuses expositions collectives et montre ses œuvres dans des expositions personnelles, dont celle en 1991 à la Chambre de commerce italienne de Paris.

Il réalise une sculpture de figures mêlant différentes sources, classique et moderne.
Ventes Publiques : Paris, 12 oct. 1992 : *Maternité III – l'étreinte*, bronze (788x40x63) : **FRF 5 000**.

MONTEMAN Y CUSENS Lorenzo
Né en Sicile. Mort vers 1760 à Almeida. xviiie siècle. Espagnol.
Sculpteur et graveur.
Il fit son éducation à Rome, puis passa en Espagne et s'établit à Salamanque et s'y créa une renommée comme graveur. Il y décora notamment des tabatières. Accusé de fabrication de fausse monnaie, puis d'impiété par le Saint-Office, il s'enfuit au Portugal, où il acheva sa vie.

MONTEMAYOR Francisco de
xvie-xviie siècles. Actif à Séville et à Madridet xviie siècle. Espagnol.
Peintre.
Il exécuta à Madrid l'autel de l'église Saint-Augustin en 1604.

MONTEMAYOR Juan de
xvie siècle. Actif à Séville vers 1534. Espagnol.
Peintre.

MONTEMAZZO Antonio ou **Montemezzo**
Né le 11 décembre 1841 à San Paolo di Piane (près de Trévise), d'origine italienne. Mort le 11 septembre 1898 à Munich. xixe siècle. Allemand.
Peintre de genre, animalier, paysages animés.
Il vint très jeune à Munich, Berlin, Vienne.
Ventes Publiques : Paris, 18 juin 1930 : *Fermière soignant ses oies* : **FRF 1 100** – Londres, 11 fév. 1976 : *Coq et Poules*, h/pan. (12,5x18,5) : **GBP 400** – Londres, 20 mars 1981 : *Chevaux dans un paysage* 1874, h/t (34,2x58,4) : **GBP 3 400** – Vienne, 19 juin 1985 : *Scène de marché*, h/pan. (30x40) : **ATS 170 000** – Cologne, 24 oct. 1986 : *Chasseur et laboureur dans un paysage*, h/pan. (22x33) : **DEM 16 500** – Paris, 18 mars 1988 : *La Sculpture*, h./r (99x153,5) : **FRF 80 000** – Londres, 19 juin 1992 : *Les Petites Gardeuses d'oies* 1879, h/t (67x132) : **GBP 19 800** – Heidelberg, 15 oct. 1994 : *Le Retour du bétail*, h/cart. (37,5x52,5) : **DEM 5 300** – Londres, 12 juin 1996 : *Scène pastorale*, h/pan. (36x67) : **GBP 13 225** – Londres, 21 nov. 1996 : *L'Heure du repas*, h/t (30,7x59) : **GBP 12 650**.

MONTEMEZZANO Francesco
Né vers 1540 à Vérone. Mort après 1602. xvie siècle. Italien.
Peintre de sujets mythologiques, compositions religieuses, portraits, fresquiste.
Élève de Paul Véronèse. On voit de lui, à Venise : *Victoire de saint Jean d'Acre en 1258* et une fresque conçue en triptyque, au Palais ducal. D'autres œuvres de cet artiste sont conservées à Fontanelle, à Ronco, à Roverchiara et à Vérone.
Musées : Berlin (Kaiser Friedrich Mus.) : *Déploration du Christ mort* – Dresde (Gal. de Peinture) : *Léda*, attr. – Venise : *Vénus et deux amours*.
Ventes Publiques : Paris, 8 mars 1937 : *Portrait de jeune homme* : **FRF 720** – Cologne, 4 mai 1937 : *L'Enlèvement d'Europe* : **DEM 6 000** – Londres, 7 juil. 1981 : *Le Baptême*, craie noire, pl. et lav. (55,3x39,1) : **GBP 950** – Milan, 21 avr. 1986 : *Portrait d'une dame de qualité*, h/t (130x99) : **ITL 21 000 000** – Rome, 23 mai 1989 : *Hercule et les Hespérides*, h/t (162x172) : **ITL 30 500 000** – Milan, 27 mars 1990 : *Portrait d'une dame noble avec un petit chien*, h/t (134x97) : **ITL 18 000 000** – New York, 31 mai 1990 : *Portrait d'une dame en robe d'apparat et portant un collier et des pendants d'oreilles de perles*, h/t (57,2x47) : **USD 6 050** – Milan, 21 mai 1991 : *La Madeleine*, h/t (134x100,5) : **ITL 9 605 000** – Milan, 16 mars 1994 : *L'Enlèvement de Proserpine*, h/t/pan. (24,5x33) : **ITL 7 470 000**.

MONTEN
xviiie siècle. Actif à Solingen. Allemand.
Portraitiste.
On cite de lui trois peintures se trouvant dans une collection particulière à Solingen.

MONTEN Heinrich Maria Dietrich
Né le 18 septembre 1799 à Düsseldorf. Mort le 13 septembre 1843 à Munich. xixe siècle. Allemand.
Peintre d'histoire, batailles, scènes de genre, lithographe, graveur à l'eau-forte.
Il travailla d'abord comme étudiant en science à Bonn, en 1816, puis fut, en 1821, élève de P. Hess à l'Académie de Düsseldorf. Il travailla ensuite à Munich, en Autriche, en Saxe, en Prusse, en Hollande et en Italie.

Musées : Berlin (Mus. Nat.) : *Finis Poloniae* – Gdansk, ancien. Dantzig (Mus. municipal) : *Mort de Gustave-Adolphe, près de Lützen* – *Dragons bavarois attaquant des paysans tyroliens* – Hanovre (Mus. provincial) : *Mort de Gustave-Adolphe* – *Scène de la campagne de Russie* – Leipzig : *Transport de blessés en 1813* – Munich (Mus. de la Résidence) : *Engagement près de Sarrebruck* – Munich (Mus. de l'Armée) : *Chevau-légers prenant une tranchée* – *Messe au front* – *Les chevau-légers pendant une revue* – *Chevau-légers* – Munich (Alte Pina.) : *Napoléon Ier et sa suite* – Nuremberg (Mus. germanique) : *Battue de Maximilien Ier de Bavière* – Wiesbade : *Mort du duc de Brunswick, près de Quatre-bras*.
Ventes Publiques : Londres, 3 oct 1979 : *Le saut de l'obstacle* 1840, h/cart. (30x38) : **GBP 2 000** – Munich, 27 juin 1995 : *Un camp de l'infanterie autrichienne*, aquar./pap. (19x23,5) : **DEM 1 380**.

MONTENARD Frédéric
Né le 21 mai 1849 à Paris. Mort le 11 février 1926 à Besse (Var). xixe-xxe siècles. Français.
Peintre de sujets religieux, scènes de genre, figures, paysages, paysages d'eau, marines, aquarelliste, pastelliste, peintre de compositions murales, graveur, dessinateur, illustrateur.
Descendant d'une ancienne famille provençale, petit-neveu du sculpteur Giraud, du Luc, il fut élève de Dubufe et de Puvis de Chavannes. Lors de la guerre franco-allemande, il prit part aux campagnes de la Loire et de l'est comme sous-lieutenant des mobiles du Var et fut nommé lieutenant après la bataille de Villersexel.
Il exposa, à Paris, au Salon, à partir de 1872, puis au Salon de la Société Nationale des Beaux-Arts, dont il fut l'un des fondateurs en 1890. Il obtint une mention honorable en 1880, une troisième médaille en 1884, une deuxième médaille en 1888, une médaille d'or à l'Exposition Universelle de 1889. Il fut promu chevalier de la Légion d'honneur en 1890.
Il réalisa plusieurs commandes, notamment : *Impressions champêtres* pour l'Amphithéâtre de minéralogie de la Sorbonne ; *Le Bassin des Tuileries*, panorama pour l'Hôtel de Ville de Paris ; *Marseille colonie grecque*, pour le Conservatoire de musique de Marseille ; un ensemble de panneaux pour la Société des Agriculteurs de France ; un ensemble de panneaux sur la *Vie de sainte Marie-Madeleine* à la Chapelle de la Sainte-Beaume (Var) ; des peintures murales pour le Musée de Toulon. On cite encore de lui : *Paysage en Provence* – *Falaise au bord de la mer*. En 1922, parut une édition de *Mireille*, de Mistral, illustrée de nombreuses gravures en couleurs de sa main.

Musées : Marseille : *La Poussière* – Niort : *Le village de Six Fours, près de Toulon* – Paris (anc. mus. du Luxembourg) : *La Corrèze, transport de guerre, quittant le port de Toulon* – *Un lieu de pélerinage* – Paris (Mus. du Petit Palais) : *Aux arênes d'Arles* – La Rochelle : *Cimetière en Provence au bord de la mer* – Sydney : *La Vendange en Provence* – Toulon : *Environs de Toulon* – *Le Port marchand de Toulon* – Tourcoing : *Arrivage d'oranges*.
Ventes Publiques : Paris, 1895 : *Illustration pour Tartarin de Tarascon*, aquar. : **FRF 92** – Paris, 31 juin 1906 : *Joueurs de boules* : **FRF 750** – Paris, 30 juin 1921 : *Les joueurs de boules* : **FRF 575** – Paris, 20 fév. 1942 : *Gare de Saint-Quenis en automne* : **FRF 1 900** – Paris, 4 déc. 1944 : *Paysage aux cyprès*, past. : **FRF 2 800** – Paris, 8 juin 1951 : *Paysage* 1879 : **FRF 5 800** – Londres, 11 mai 1984 : *Voilier à l'ancre au large de la côte méditerranéenne* 1898, h/t (127,7x214,8) : **GBP 4 000** – Aubagne, 21 avr. 1985 : *Au puits*, h/t (75x83) : **FRF 27 000** – Paris, 11 avr. 1989 : *Faune dans un paysage*, h/t (112x81) : **FRF 9 000** – Neuilly, 27 mars 1990 : *Barques en Méditerranée*, h/t : **FRF 3 600** – Calais, 26 mai 1991 : *Voilier au large des côtes* 1883, h/t (74x54) :

FRF 17 000 – Paris, 27 nov. 1991 : *Pêcheur en Méditerranée*, h/t (51x81) : **FRF 15 000** – Paris, 12 déc. 1991 : *L'arrière-port de La Rochelle* 1885, h/t (38x58) : **FRF 13 000** – Neuilly, 23 fév. 1992 : *Vue sur la rade de Toulon*, h/t (41x69) : **FRF 21 100** – Paris, 21 déc. 1993 : *La jetée*, h/t (48x46) : **FRF 10 000** – Paris, 22 nov. 1994 : *Route au soleil en Provence*, h/t (65x54) : **FRF 14 000**.

MONTENAT J.
Né au début du XVIIe siècle. XVIIe siècle. Français.
Peintre et graveur sur bois.
Il grava d'après les dessins de Simon Vouet.

MONTENAULT de
XVIIIe siècle. Actif à Paris au milieu du XVIIIe siècle. Français.
Dessinateur et graveur au burin.

MONTENEGRO Gonzalo de. Voir **GONZALO de Montenegro**

MONTENEGRO Juan
Mort le 24 mars 1869. XIXe siècle. Actif à Madrid. Espagnol.
Portraitiste et miniaturiste.
L'Académie San Fernando de Madrid conserve des peintures de cet artiste.

MONTENEGRO Roberto
Né le 19 février 1885 à Guadalajara. Mort en octobre 1968 à Patzcuaro (Michigan). XXe siècle. Actif en Espagne. Mexicain.
Peintre de figures, portraits, décorations murales, illustrateur.
Il commença ses études artistiques en 1904 avec Félix Bernardelli et l'année suivante fut admis à l'Académie San Carlos où il travailla avec Fabrès, Ruelas, Gedovius et Izaguirre. Ayant obtenu une bourse d'études, il vint se former également à Madrid sous la direction de Ricardo Baroaj et à Rome. Il travailla également aux Académies Colarossi (1906-1910) et de la Grande Chaumière (1911-1919). À Paris, il entra en relation avec Picasso, Gris, Braque et Jean Cocteau. Durant la Première Guerre mondiale, il résida en Espagne. Au Mexique, il a organisé, en 1934, le Musée d'Art populaire dont il fut le directeur pendant plusieurs années.
Attiré par le style Art nouveau, il fut également l'un des propagateurs de l'art populaire et du folklore mexicain. Il décora de ses compositions murales plusieurs édifices publics. Il est aussi connu comme l'illustrateur de *La Lampe d'Aladin*.
Bibliogr. : Damian Bayon, Roberto Pontual, in : *La peinture de l'Amérique latine au XXe siècle*, Mengès, Paris, 1990 – in : *Cien anos de pintura en Espana y Portugal*, t. VI, Antiqvaria, Madrid, 1991.
Ventes Publiques : New York, 26 mai 1977 : *Femme de Tehuantepec*, isor. (59,5x44,5) : **USD 3 750** – New York, 11 mai 1979 : *Fillette assise*, h/t (75,6x66) : **USD 6 000** – New York, 7 mai 1981 : *Scène tropicale* vers 1935, h/cart. (22,8x30,5) : **USD 12 000** – New York, 16 déc. 1983 : *Nijinsky dans Les Sylphides* 1913, encre de Chine et gche (31,8x23,2) : **USD 2 000** – New York, 28 nov. 1984 : *Le jaguar* 1967, h/t (50,2x60,4) : **USD 1 800** – New York, 30 mai 1985 : *Obrero*, h/t (50,2x50,2) : **USD 2 000** – New York, 21 nov. 1989 : *Portrait du photographe Hoyningen-Huene*, h/t (66x56,8) : **USD 22 000** – New York, 1er mai 1990 : *Masque*, h/pan. (66x51) : **USD 9 900** – New York, 20-21 nov. 1990 : *Nature morte aux masques et aux fruits*, h/t (60x50) : **USD 12 100** – New York, 25 nov. 1992 : *La panthère noire* 1964, h/t (50,2x50,2) : **USD 11 000** – New York, 18 mai 1993 : *Nature morte aux fruits* 1965, h/t (105,5x151) : **USD 34 500** – New York, 18-19 mai 1993 : *Autoportrait* 1961, h/t (70,5x70,5) : **USD 46 000** – New York, 18 mai 1994 : *Petite fille avec une poupée*, h/t (54,2x44) : **USD 27 600** – New York, 17 mai 1995 : *L'homme de Veracruz* 1940, h/t/rés. synth. (99,2x73,7) : **USD 29 900** – New York, 14-15 mai 1996 : *Femme à la fenêtre*, h/t (79,4x69,8) : **USD 8 050**.

MONTENEGRO CAPELL José
Mort le 11 mars 1929 à Jerez (Andalousie). XIXe-XXe siècles. Espagnol.
Peintre de paysages urbains, scènes typiques.
Peu d'informations biographiques sont connues sur cet artiste. Il séjourna à Séville, Jerez, Cadix, à Rome, Paris et Londres, menant une vie de bohème.
Le principal thème de ses peintures est le paysage urbain, des villes dans lesquelles il a vécu. Il s'agit principalement de représentations de la vie des cités andalouses, rues ou cours intérieures, à l'architecture typique. Son imagination l'autorisa également à peindre des scènes orientalistes dans les alcazars de Séville et de Jerez de la Frontera. Son style, plutôt académique à ses débuts, s'accompagne souvent d'une utilisation fine de la couleur.
Bibliogr. : In : *Cien anos de pintura en Espana y Portugal*, t. VI, Antiqvaria, Madrid, 1991.
Ventes Publiques : Londres, 17 fév. 1989 : *Patio d'un palais oriental* 1899, h/t (43,7x31,1) : **GBP 3 300** – Londres, 22 nov. 1989 : *Enfants de chœur dans le jardin de l'église* 1901, h/t (71x31) : **GBP 1 650** – Londres, 15 fév. 1990 : *Une cour de l'Alhambra* 1901, h/t (44x25) : **GBP 1 870** – Paris, 9 déc. 1996 : *Le Patio du palais mauresque* 1889, h/t (63x40,5) : **FRF 32 000**.

MONTENERI Alessandro
XIXe siècle. Actif dans la seconde moitié du XIXe siècle. Italien.
Sculpteur sur bois.
Il travailla pour le Vatican, le Quirinal et pour plusieurs églises à Loreto, à Mantoue, à Pérouse et à Urbino.

MONTEPULCIANO de. Voir au prénom

MONTEPULCIANO Domenico de. Voir **PIETRO di Domenico de Montepulciano**

MONTERASIO Giovanni
Né vers 1572 à Rome. Mort en mars 1627. XVIe-XVIIe siècles. Actif à Mantoue. Italien.
Peintre.
Il travailla pour la Palais de la Favorite près de Mantoue.

MONTERO Lorenzo
Né en 1656 à Séville. Mort en 1710 à Madrid. XVIIe-XVIIIe siècles. Espagnol.
Peintre d'architectures, de paysages, de fleurs et de fruits, aquarelliste.
Montero fut surtout un aquarelliste et il montra dans ce genre un mérite consommé. Ses peintures à l'huile sont extrêmement rares : on cite notamment son portrait de *Philippe V* au couvent de Paular, daté de 1701. En 1684, il exécuta de nombreux travaux au Palais du Buen Retiro. On mentionne également ses décorations dans la chapelle de Sainte-Marthe, église Saint-Jérôme à Madrid.

MONTERO Luis
Né vers 1830. Mort en 1868. XIXe siècle. Péruvien.
Peintre.
Élève d'Ign. Merino et de M. Fortuny. Le Musée de Lima conserve de lui *Funérailles d'Atahualpa* et la Bibliothèque Nationale de cette ville *La Liberté*.

MONTERO DE RAXAS Juan de ou **Roxas**
Né en 1613 à Madrid. Mort en 1683 à Madrid. XVIIe siècle. Espagnol.
Peintre de compositions religieuses.
Il fut élève de Pedro de las Cuevas à Madrid, puis il poursuivit ses études à Rome, copia et imita le Caravage.
De retour en Espagne, il travailla principalement pour des églises et des couvents de la région madrilène. On cite de lui une *Assomption*, à l'église d'Atocha ; *Apparition de l'ange à saint Joseph*, à San Juan de Alarcon ; *Destruction de l'armée de Pharaon*, à la sacristie du couvent de la Merced.
Bibliogr. : In : *Dictionnaire de la peinture espagnole et portugaise du Moyen Âge à nos jours*, coll. Essentiels, Larousse, Paris, 1989.
Musées : Rouen (Mus. des Beaux-Arts) : *La mort d'Abel* – Tarbes (Mus. du Jardin Massey) : *Ivresse de Noé*.

MONTERO ARBIZA Antonio
Né à Cervera Apuna. Mort en septembre 1882 à Saragosse. XIXe siècle. Espagnol.
Peintre de figures et de paysages.
Élève de A. Pescador et de E. Lopez de Plano.

MONTERO Y CALVO Arturo
Né en 1854 à Valladolid. Mort en 1890 à Madrid. XIXe siècle. Espagnol.
Peintre d'histoire, de figures, de portraits et de genre.
Élève de F. Madrazo. La Galerie Moderne de Madrid conserve de cet artiste *Rinconese et Cortadille* et *Néron devant le cadavre de sa mère Agrippine*.

MONTEROSSI Cristoforo
Né à Vicence. XVIe-XVIIe siècles. Italien.
Sculpteur.
Ses nombreuses sculptures se trouvent dans les églises et chapelles de Naples, de Nola, de Lucera et de Gênes.

MONTEROSSI Gian Domenico
XVIIe siècle. Actif dans la première moitié du XVIIe siècle. Italien.

Sculpteur.
Il a sculpté des statues pour l'église Saint-Michel de Monte Gargano.

MONTEROSSO Antonio
XVIIe siècle. Italien.
Peintre.
On cite de lui des sujets d'histoire et des peintures représentant des fleurs et des chevaux.

MONTERROSSO DA COSTA Manuel Mauricio
Né en 1880 à Pedronello. XXe siècle. Portugais.
Caricaturiste.
Ce médecin collabora à la revue *A Parodia*.

MONTES Fernando
Né en 1930 à La Paz. XXe siècle. Bolivien.
Peintre.
Il expose depuis 1956 à La Paz, São Paulo, Madrid, Londres, New York, Washington et Amsterdam.
Sa peinture, exprime la grandeur et l'éternité du peuple indien, représentant des personnages comme effacés par l'érosion et ressemblant à d'énormes masses de pierre. Il est considéré comme l'un des peintres boliviens les plus importants du XXe siècle.
Bibliogr. : In : *Peintres boliviens contemporains*, catalogue de l'exposition, Musée d'Art Moderne de la Ville de Paris, Paris, 1973.

MONTES Gabriel de
XVIe siècle. Actif à Madrid. Espagnol.
Peintre.
Il collabora à l'autel de l'église S. Andrés à Madrid.

MONTES José Cecilio
Né vers 1833 à Icod (Iles Canaries). Mort le 3 avril 1872 à Icod. XIXe siècle. Espagnol.
Peintre.
Il fit ses études à l'École des Beaux-Arts de Santa-Cruz-de-Tenerife.

MONTES DE OCA José. Voir **MONTESDOCA**

MONTESANTI Giuseppe ou **Montessanti**
Né à Mantoue. Mort en 1779 à Rome. XVIIIe siècle. Italien.
Peintre.
Élève de Ag. Masucci. Il a exécuté une peinture d'autel pour San Pietro in Vincoli et pour Santa Maria in Via à Rome.

MONTESDOCA José
Né en 1660 à Séville. Mort en 1748 à Séville. XVIIe-XVIIIe siècles. Espagnol.
Sculpteur.
Élève de Pedro Roldan. On cite de lui une statue de *Saint Joseph* dans l'église San Isidoro de Séville.

MONTESINOS Francisco
XVIIIe siècle. Actif à Lorca de 1755 à 1779. Espagnol.
Graveur au burin.
Il a gravé des sujets religieux.

MONTESINOS Y AUSINA Rafael
XIXe siècle. Actif à Valence. Espagnol.
Peintre de paysages et de figures.
Fils et élève de Rafael Montesinos y Ramiro. Il exposa de 1864 à 1884.
Ventes Publiques : New York, 26 nov. 1985 : *Colibris et orchidées du Mexique* vers 1875, aquar. et cr., soixantes aquarelles (41x29) : **USD 35 000**.

MONTESINOS Y RAMIRO Rafael
Né en novembre 1811 à Valence. Mort en juillet 1877 à Valence. XIXe siècle. Espagnol.
Peintre de paysages, de figures et de portraits.
Père de Montesinos y Ausina et élève de B. Lopez et de J. Perez. Il a été le peintre d'Isabelle II. Il a peint un plafond dans le Palais Royal de Madrid et plusieurs peintures conservées dans le Musée Provincial de Valence.

MONTESORO Domenico
Né à Naples. Mort le 9 septembre 1701. XVIIe siècle. Italien.
Peintre.
L'église Santa Maria Regina Coeli de Naples conserve de lui un *Ange gardien* et *Saint Michel*.

MONTESQUIOU Charles Eugène Anatole de, marquis
Né en 1855 à Paris. Mort en 1921 à Menton (Alpes-Maritimes). XIXe-XXe siècles. Français.
Peintre de paysages, aquarelliste, pastelliste.
Il exposa au Salon de Paris, à partir de 1864. Il fut surtout connu comme poète et écrivain, ayant rédigé entre autres des essais sur Gustave Moreau, Gallé, Whistler, Monticelli.
Ventes Publiques : Paris, 28 fév. 1996 : *Paysage au couchant*, past. (6,5x14) : **FRF 8 000**.

MONTESSUY Jean François
Né en 1804 à Lyon (Rhône). Mort en 1876 à Lyon. XIXe siècle. Actif en Italie. Français.
Peintre de scènes de genre, portraits, intérieurs, compositions murales.
Il fut élève de Louis Hersent, d'Ingres et de l'École des Beaux-Arts de Lyon. Il séjourna à Rome, de 1847 à 1858. Il figura au Salon de Paris, de 1844 à 1861, obtenant une médaille en 1849 et 1857.
Il collabora aux décorations de l'église Notre-Dame de Lorette à Paris. Il peignit de nombreuses petites scènes de la vie quotidienne en Italie.
Bibliogr. : Gérald Schurr, in : *Les Petits Maîtres de la peinture 1820-1920, valeur de demain*, Les Éditions de l'Amateur, t. III, Paris, 1976.
Musées : Angers : *Une devineresse prédisant la papauté à Sixte Quint* – Lyon (Mus. des Beaux-Arts) : *Une fête chez des paysans de Cerbara – La Madone des Grâces à Cerbara*.
Ventes Publiques : Monte-Carlo, 29 nov. 1986 : *Visite du Pape Grégoire XVI au couvent des révérends Pères Bénédictins de Subiaco près de Rome* 1843, h/t (126x141) : **FRF 140 000**.

MONTET Désiré Cl.
Né au XIXe siècle à Baudoncourt (Haute-Saône). XIXe siècle. Français.
Graveur sur bois.
Il figura au salon des Artistes Français ; mention honorable en 1887, médaille de troisième classe en 1894, médaille de deuxième classe en 1901.

MONTET Émile
Né au XIXe siècle à Baudoncourt (Haute-Saône). XIXe siècle. Français.
Graveur sur bois.
Figura au Salon des Artistes Français. Mention honorable 1895.

MONTET Maurice
Né en 1905 à Roanne (Loire). XXe siècle. Français.
Peintre.
D'abord ferronnier dans le village de Thizy, s'il avait dessiné de tout temps, la peinture devint son activité principale surtout à partir de la fin de la Seconde Guerre mondiale.
Il participa, à Paris, au Salon des Indépendants en 1937. Il figura, ensuite, à partir de 1944, dans plusieurs groupes, en province et à Paris, où il a obtenu diverses récompenses.
Il peint les foules, les gares, les ports, les attelages, les scènes de la rue et de la « zone ». Il a rapporté des peintures des différentes provinces françaises : Corse, en 1954 ; des paysages de mines de Merlebach, en 1956 ; Provence, en 1957-1958 ; Paris, où il peignait avec prédilection des vues de Montmartre : Pigalle, la Place du Tertre, et des paysages de banlieue, notamment de Joinville-le-Pont, où il affectionnait le café *Chez Gégène*.
Bibliogr. : Michel Aulas : *L'Inconnu de Thizy*, Civier, Villefranche-en-Beaujolais, 1959 – Dominique & Joël : *Maurice Montet peintre populiste*, Charline/Alban, Roannne, 1980.

MONTEVAGO H. C.
Né en 1929 à Catane (près de Naples). XXe siècle. Italien.
Peintre, graveur.
Il se destine, à ses débuts, au théâtre. Après la Seconde Guerre mondiale, il réalise des mises en scène et commence à pratiquer la peinture.
Il montre ses œuvres dans de très nombreuses expositions collectives et personnelles principalement en Italie et dans le sud de la France.
Sa peinture se nourrit de visions imaginaires et surréelles.

MONTEVARCHI Francesco da
Né à Montevarchi. XVIe siècle. Italien.
Peintre.
Élève et assistant de Vasari pour l'exécution des décorations à l'occasion du mariage de François de Médicis à Florence en 1565.

MONTEVARCHI Roberto da
Né vers 1460 à Montevarchi. XVe siècle. Italien.

Peintre.
Élève et aide du Pérugin. Il y a des œuvres de lui à Pérouse et à Borgo San Sepolcro.

MONTEVECCHI Ambrogio
XVe-XVIe siècles. Italien.
Sculpteur.
Il travailla à la cathédrale de Milan de 1476 à 1524. La cathédrale de Plaisance possède les restes d'un autel exécuté par cet artiste.

MONTEVERDE Domenico
Né en 1833 à Lugano. Mort en 1861 à Montevideo. XIXe siècle. Suisse.
Peintre de décorations et de décors de théâtre.
Frère de Luigi Monteverde.

MONTEVERDE Francesco
Né le 19 juillet 1765 à Brescia. Mort vers 1815. XVIIIe-XIXe siècles. Actif à Voltri. Italien.
Peintre de genre et paysagiste.
Élève de G. Canepa.

MONTEVERDE Giulio
Né le 8 octobre 1837 à Bistagne. Mort le 3 octobre 1917 à Rome. XIXe-XXe siècles. Italien.
Sculpteur.
Un des maîtres les plus éminents de l'École italienne. Il fit ses études à l'Académie des Beaux-Arts de Rome, où dans la suite, il devint professeur. On lui doit de nombreux ouvrages qui firent sensation lors de leur apparition, notamment : *Jenner expérimentant le vaccin*, exposé à Paris en 1878 (Exposition Universelle) Musée de Gênes, qui valut une médaille d'honneur à l'artiste ; *Le génie de Franklin ; Le monument de Victor-Emmanuel*, au Panthéon, à Rome ; *Idéalisme et matérialisme*, groupe qui parut à l'Exposition de 1900, à Paris. Giulio fut nommé sénateur en 1889. Il fut membre correspondant de l'Institut de France et officier de la Légion d'honneur en 1878. Le Musée de Gênes conserve de cet artiste *Enfants jouant avec un chat*, et celui de Boston, *Le jeune Colomb*.
Ventes Publiques : New York, 13 mars 1984 : *Le jeune Christophe Colomb*, bronze, patine brun foncé (H. 57,5) : **USD 1 600** – Milan, 11 déc. 1986 : *Il penserio* 1906, terre cuite (H. 31) : **ITL 2 800 000**.

MONTEVERDE Luca. Voir **MONVERDE**

MONTEVERDE Luigi, dit **le Raphaël des Raisins**
Né le 10 septembre 1843 à Lugano. XIXe siècle. Suisse.
Peintre de genre, portraits, natures mortes, fruits.
Il fut d'abord apprenti de son frère aîné, le peintre Domenico Monteverde et en 1854 voyagea avec lui dans l'Amérique du Sud. Ce ne fut qu'en 1871 qu'il commença ses études sérieuses à l'Académie des Beaux-Arts de Milan et dans l'atelier de Bazaghi-Callaneo. Il acquit une maîtrise dans la peinture des fruits qui lui valut le surnom de « Raphaël des raisins ». Il obtint une médaille de bronze en 1878 (Exposition Universelle).
Musées : Bâle : *Raisins pendants d'un mur* – Berne : *Trois grains de raisin* – Genève (Mus. Rath) : *Qu'est-ce que cela signifie ?* – Lausanne : *Raisins* – Lugano : *Le courrier arrive* – *Étude de tête* – Prague : *Raisins*.
Ventes Publiques : Paris, 17 mai 1897 : *L'Enfant au coq* : **FRF 2 700** – Zurich, 12 nov. 1976 : *Enfants jouant dans un jardin* 1888, h/t (25x33) : **CHF 4 000** – Lucerne, 3 juin 1987 : *Jeune femme dans un intérieur* 1881, h/t (36,5x25) : **CHF 10 000**.

MONTEYNE Roland
Né en 1932 à Lauwe (Belgique). XXe siècle. Belge.
Peintre, sculpteur, dessinateur, illustrateur. Figuration fantastique.
Autodidacte. Il figure à des expositions d'ensemble : au *Forum 1963* à Gand, à la Biennale des Jeunes à Paris, à la Biennale de Middelheim à Anvers, et à la *Vlaamse Fantastiek* en 1969 et 1971 à également à Anvers. Il illustre *Pest over Vlaanderen* de L. Jageneau en 1968. Il installe une fonderie complète pour la fonte du bronze en cire perdue en 1970.
Sa carrière commence en 1959. Il fait de nombreuses œuvres en noir et blanc, et des sculptures monumentales en métal, intégrées à l'architecture. Certaines de ses œuvres monumentales se trouvent à Anvers, Osaka, Kinshasa, Cannes... Attaché à l'esprit surréaliste et au bouddhisme, Monteyne réalise des sculptures aux formes sensuelles qui font penser aux statues hindoues.
Bibliogr. : In : *Dictionnaire biographique illustré des artistes en Belgique depuis 1830*, Arto, Bruxelles, 1987.
Ventes Publiques : Anvers, 17 oct. 1978 : *Femme-oiseau* 1976, bronze (H. 33) : **BEF 22 000** – Lokeren, 8 mars 1997 : *Jonge en beminnelijke moeder*, bronze (57x59) : **BEF 130 000**.

MONTÉZIN Pierre Eugène
Né le 16 octobre 1874 à Paris. Mort en juillet 1946 à Moëlan (Finistère). XIXe-XXe siècles. Français.
Peintre de paysages animés, paysages, paysages urbains, peintre à la gouache, pastelliste. Postimpressionniste.
Son père, qui était dessinateur de dentelles, le fit entrer dans un atelier de décoration, où il se destina vite à la décoration murale. Puis, très influencé par les théories impressionnistes, il fit ses débuts dans la carrière artistique. Il se lia, vers 1903, avec Quost qui lui fit travailler le dessin et lui donna le goût de la peinture. Il s'engagea en 1914 pour la durée de la guerre. À son retour, il reprend la peinture. Il vécut un an à Dreux et à Moret où il passera désormais ses vacances. Chevalier de la Légion d'honneur en 1923. Il fut élu membre de l'Académie des Beaux-Arts au fauteuil de Vuillard en 1940.
En 1893, il avait fait un premier envoi au Salon des Artistes Français, mais refusé, et ainsi pendant dix ans, il ne fut reçu qu'en 1903. Il expose après la Première Guerre mondiale au Salon des Artistes Français. Il a remporté des médailles de troisième et deuxième classe en 1907 et 1910 ; obtint le prix Rosa Bonheur en 1920 ; fut nommé sociétaire hors-concours, membre du Comité et du Jury au Salon des Artiste Français, après en avoir reçu la médaille d'honneur.
La peinture de Montézin connut un large succès. Sa technique, lointain héritage de l'impressionnisme, séduit par sa virtuosité.

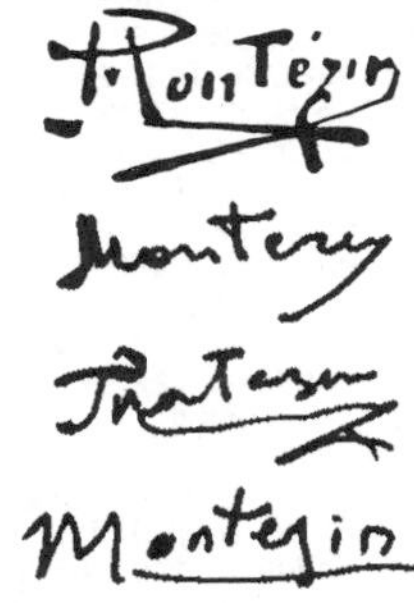

Bibliogr. : In : *Dictionnaire universel de la peinture*, Le Robert, Paris, 1975.
Musées : Mannheim (Kunsthalle) : *Fleurs* – Paris (Mus. d'Art Mod. de la Ville) : *La Fenaison en Normandie* 1940 – Paris (Mus. du Petit Palais) : *Les Peupliers*.
Ventes Publiques : Paris, 26-27 mars 1920 : *La Clairière* : **FRF 1 200** – Paris, 26 mai 1920 : *L'Étang fleuri* : **FRF 1 550** – Paris, 8 mai 1942 : *La Fenaison à Veneux* : **FRF 40 100** – Paris, 20 juin 1944 : *Fleurs des champs* : **FRF 121 000** – Paris, 27 fév. 1946 : *Bords de Seine*, gche : **FRF 26 000** – Paris, 22 juin 1949 : *Neige, Monthulet, près de Dreux* : **FRF 120 000** – Paris, 14 fév. 1951 : *La Fenaison* : **FRF 87 000** – Paris, 23 juin 1961 : *La Fenaison* : **FRF 7 100** – Versailles, 15 mars 1967 : *Au bord de l'eau, un dimanche*, past. reh. de gche : **FRF 7 800** – Versailles, 25 juin 1968 : *La Barque*, gche et past. : **FRF 13 700** – Londres, 12 déc. 1969 : *Paysage de neige*, gche/pap. mar. /t. : **GNS 3 400** – Paris, 24 nov. 1972 : *Paysage aux nénuphars*, past. et gche : **FRF 17 000** – Paris, 14 mars 1974 : *La Terrasse du Negresco sur la Croisette* : **FRF 63 500** – Paris, 22 mars 1976 : *Arbres en fleurs*, gche (36x53,5) : **FRF 2 200** – Versailles, 24 oct. 1976 : *Lavandières au bord de l'étang*, h/t (125x163) : **FRF 70 000** – Paris, 29 juin 1977 : *Scène de baignade*, h/t (60x64) : **FRF 26 500** – Paris, 12 déc 1979 : *Les Pêcheurs*, gche (58x71) : **FRF 20 000** – Paris, 19 juin 1979 : *Au bord de l'eau*, h/t (112x147) : **FRF 45 000** – Paris, 17 juin 1981 : *Cavaliers au bois*, h/t (65x92) : **FRF 76 000** – Enghien-les-Bains, 18 déc. 1983 : *Canotiers sur la rivière*, aquar. (62x38) : **FRF 47 000** – Neuilly, 22 mars 1983 : *Péniche sur la Seine par temps de neige*, h/t (60x74) : **FRF 92 000** – Paris, 23 oct. 1985 : *Balade dans la forêt*, gche (22,5x20,5) : **FRF 15 000** – New York, 20 nov. 1986 : *Le Pique-nique*, h/t (122,2x160,3) : **USD 25 000** – Paris, 23 nov. 1987 : *Bords de rivière*, past. (40x64) : **FRF 55 000** – New York, 12 nov. 1987 : *Fenaison à Mizy*, h/t (132x142) : **USD 90 000** – Calais, 2 fév. 1988 : *Troupeau dans un pré au bord*

de la rivière, h/t (73x92) : **FRF 150 000** – New York, 18 fév. 1988 : *Les Halles : le marché aux légumes*, h/t (59x72,4) : **USD 35 200** – Londres, 24 fév. 1988 : *Sur le pont de Moret*, h/t (60x92) : **GBP 16 500** – Paris, 8 juin 1988 : *Le troupeau s'abreuvant*, h/t (41x66) : **FRF 63 500** – Versailles, 15 juin 1988 : *Porte fleurie*, h/t (73x60) : **FRF 103 000** – Paris, 22 juin 1988 : *Au bord de l'étang au printemps*, h/t (55x55) : **FRF 105 000** – Paris, 23 juin 1988 : *Bord de rivière*, gche (30,5x52,5) : **FRF 25 000** – Paris, 24 juin 1988 : *Fenaison*, h/t (73x92) : **FRF 135 000** ; *Pont de Bessé*, h/t (60x73) : **FRF 130 000** – Londres, 28 juin 1988 : *La fenaison au bord de la rivière*, h/t (137x140) : **GBP 22 000** – Londres, 29 juin 1988 : *Venise* 1935, h/t (73x60) : **GBP 20 900** – Grandville, 16-17 juil. 1988 : *Paysage à la rivière*, h/t (56x56) : **FRF 85 000** – Versailles, 25 sep. 1988 : *Animation devant l'église du village*, h/cart. (46x55) : **FRF 60 000** – Cologne, 15 oct. 1988 : *Journée de printemps au bord de la rivière*, h/t (21,5x27) : **DEM 4 800** – Londres, 21 oct. 1988 : *Crocq dans la Creuse*, aquar. et gche/pap. (16,3x19) : **GBP 1 430** ; *Rue Fontaine*, h/t (46,6x54,3) : **GBP 12 100** – Versailles, 23 oct. 1988 : *Ruisseau dans la prairie en été*, h/pap. (35,5x55) : **FRF 45 000** – Calais, 13 nov. 1988 : *La carriole*, gche (31x27) : **FRF 26 000** – Paris, 24 nov. 1988 : *L'allée cavalière*, h/t (61x75) : **FRF 262 000** – La Varenne-Saint-Hilaire, 18 déc. 1988 : *Le marché aux fleurs de Nice* 1930, h/pap. épais/t. (65x81) : **FRF 462 000** – Paris, 19 mars 1989 : *Cavaliers au bois de Boulogne*, gche (29x37) : **FRF 43 000** – Londres, 5 avr. 1989 : *La Croisette à Cannes*, h/t (73x92,5) : **GBP 79 200** – Paris, 8 avr. 1989 : *Voiliers sur la Seine*, h/pan. (60x73) : **FRF 660 000** – New York, 11 mai 1989 : *Dans la campagne*, h/t (59,7x73,3) : **USD 24 200** – Le Touquet, 14 mai 1989 : *Troupeau au bord de la rivière*, h/t (41x66) : **FRF 100 000** – Londres, 24 mai 1989 : *Le bouquet à la fenêtre*, h/t (65x54) : **GBP 9 680** – Paris, 9 juin 1989 : *Le potager à Veneux*, h/t (54x73) : **FRF 655 000** – Paris, 19 juin 1989 : *Clairière dans la forêt*, h/t (22x27) : **FRF 32 000** – New York, 6 oct. 1989 : *La Croisette à Cannes*, h/t (60x73) : **USD 60 500** – Paris, 8 nov. 1989 : *La propriété de famille*, trois gches dans un même cadre (70x66) : **FRF 77 000** – Paris, 22 nov. 1989 : *Effets de pluie, Automne*, h/t (54x73) : **FRF 190 000** – Londres, 28 nov. 1989 : *Bouquet de fleurs et assiette de cerises*, h/t (59x74) : **GBP 28 600** – Amsterdam, 13 déc. 1989 : *La rue Fontaine à Paris*, h/t (46,6x54,3) : **NLG 48 300** – Paris, 24 mars 1990 : *Madame Montézin dans son jardin*, h/pap./t. (93x76) : **FRF 1 200 000** – Londres, 4 avr. 1990 : *Paysage de campagne*, h/t (73x92) : **GBP 44 000** – Nice, 21 avr. 1990 : *Les Parterres fleuris de la promenade des Anglais*, h/t/pan. (73x92) : **FRF 400 000** – Grandville, 29 avr. 1990 : *Les dindons*, h/cart. (105x97) : **FRF 350 000** – Paris, 4 mai 1990 : *Les Grands Peupliers*, h/t (74x73) : **FRF 230 000** – New York, 2 oct. 1990 : *Premières fleurs*, h/t (60,3x73,7) : **USD 30 800** – New York, 15 nov. 1990 : *Sur l'eau*, h/t (89,5x130,2) : **USD 165 000** – Paris, 27 nov. 1990 : *Fenaison*, h/t (46x55) : **FRF 80 000** – New York, 9 mai 1991 : *Paysage d'été*, h/t (74,8x70) : **USD 55 000** – Londres, 25 mars 1992 : *Bords de Seine, les peupliers*, h/t (100x81) : **GBP 15 400** – Calais, 5 avr. 1992 : *Fenaison*, h/t (55x73) : **FRF 90 000** – New York, 14 mai 1992 : *Bouquet de fleurs*, h/t (114,9x87,6) : **USD 21 450** – Calais, 14 mars 1993 : *La Baignade*, h/cart./t. (34x40) : **FRF 19 000** – New York, 13 mai 1993 : *Printemps à Saint-Mammès*, h/t (55,2x73) : **USD 27 600** – Paris, 5 nov. 1993 : *Péniches sur la rivière à Saint-Mammes*, h/t (60x73) : **FRF 70 000** – Paris, 22 mars 1994 : *Promenade au bord de l'eau*, h/t (54x65) : **FRF 78 000** – New York, 12 mai 1994 : *Cannes, la Croisette*, h/t (60x73) : **USD 36 800** – Londres, 29 juin 1994 : *Géraniums*, h/t (90x69) : **GBP 25 300** – Amiens, 16 oct. 1994 : *Villeneuve*, h/t (61x75) : **FRF 100 000** – Lucerne, 26 nov. 1994 : *Champ de blé à Chomery*, h/t (46x76) : **CHF 11 000** – Reims, 29 oct. 1995 : *Paysage au ruisseau et au troupeau*, h/t (73x93) : **FRF 46 000** – Paris, 7 juin 1996 : *Dégel au village*, h/t (65x82) : **FRF 64 000** – Calais, 7 juil. 1996 : *Maisons au bord de la rivière*, gche (26x18) : **FRF 5 000** – Paris, 24 nov. 1996 : *Le Cours d'eau sous les arbres*, gche/pap. (17,5x22) : **FRF 5 500** – Londres, 25 juin 1996 : *Le Hallage*, h/t (54x73) : **GBP 12 650** – Paris, 23 fév. 1997 : *Vase de lilas et fleurs des champs*, h/t (75x60) : **FRF 30 000** – Paris, 21 mars 1997 : *Voilier*, h/pap./t. (37x60) : **FRF 60 000** – Londres, 19 mars 1997 : *À la plage* 1920, h. et gche sur craie noire/cart. : **GBP 1 035** – Paris, 23 mai 1997 : *Bords de Seine ensoleillés*, h/t (48,5x74) : **FRF 60 000** – Paris, 6 juin 1997 : *Le Loing à Saint-Mammes*, h/t (31x70) : **FRF 40 000** – Calais, 6 juil. 1997 : *La Fenaison*, h/t (54x72) : **FRF 55 000**.

MONTEZUMA Pedro de, comte de Tula
Mort vers 1670. XVIIe siècle. Actif à Madrid. Espagnol.
Peintre amateur.

MONTFALLET Adolphe François ou **Monfallet**
Né en 1816 à Bordeaux (Gironde). Mort en 1900. XIXe siècle. Français.
Peintre d'histoire, scènes de genre, intérieurs.

Il fut élève de Michel Drolling, de François Édouard Picot et d'Adolphe Yvon. Il pratiqua à la fois la peinture et la danse, appartenant au corps de ballet de l'Opéra de Paris. Il figura, à Paris, de 1850 à 1882, au Salon, puis Salon des Artistes Français, dont il fut sociétaire.

Bibliogr. : Gérald Schurr, in : *Les Petits Maîtres de la peinture 1820-1920, valeur de demain*, Les Éditions de l'Amateur, t. IV, Paris, 1979.

Musées : Bordeaux (Mus. des Beaux-Arts) : *Entrée de la princesse Éléonore à Bordeaux* – Reims (Mus. des Beaux-Arts) : *Un après-midi sous Louis XV.*

Ventes Publiques : Paris, 4 mars 1925 : *Le Bretteur* : **FRF 400** – Paris, 16 fév. 1927 : *Le repas champêtre* : **FRF 3 400** – Londres, 22 jan. 1971 : *Le grand escalier de l'Opéra de Paris* : **GNS 600** – Paris, 15 mars 1976 : *Fumeur de pipe d'écume*, h/pan. (23,5x17,5) : **FRF 4 000** – Cologne, 12 juin 1980 : *Scène de parc*, h/pan. (44,5x62) : **DEM 5 000** – Amsterdam, 15 avr. 1985 : *La fin du jeu*, h/pan. (33x40) : **NLG 8 800** – Londres, 25 mars 1988 : *Le petit écolier* ; *Le jeune page*, h/pan., deux pendants (27x21) : **GBP 3 300** – New York, 24 oct. 1989 : *Saltimbanques dans la cour du palais*, h/pan. (48,2x63,5) : **USD 36 300** – Stockholm, 10-12 mai 1993 : *Intérieur avec des comédiens*, h/pan. (37x51) : **SEK 26 000** – Amsterdam, 21 avr. 1994 : *Élégante compagnie dans un parc*, h/pan. (40,5x60) : **NLG 8 625** – Paris, 21 mars 1996 : *La partie de dés*, h/pan. (32x24,5) : **FRF 13 000**.

MONTFERRAND Horace
XIXe siècle. Français.
Peintre de genre.

De 1839 à 1864, il exposa au Salon.

Ventes Publiques : Paris, 15 déc. 1950 : *La fenaison* 1839 : **FRF 19 000**.

MONTFLORIT Francisco de ou **Muntflorit**
XIVe siècle. Espagnol.
Sculpteur.

Il exécuta en 1318 une statue de la *Vierge* pour l'église S. Agueda à Barcelone et une statue de la reine *Blanche d'Aragon*.

MONTFOORT Anthonie Van. Voir **BLOCKLAND**

MONTFOORT Pieter Gerritsz
Né en 1580 à Delft. Mort après 1620. XVIIe siècle. Hollandais.
Peintre et collectionneur.

Élève de Mich. Mierevelt.

MONTFORD Horace
Mort en 1912 ? XIXe-XXe siècles. Actif à Londres. Britannique.
Sculpteur.

Cet artiste fut un exposant assidu à la Royal Academy à partir de 1870. On trouve aussi son nom quelquefois dans les catalogues des Expositions de Suffolk Street. Le Musée de Nottingham conserve un bas-relief de cet artiste *(Naissance de Vénus)* et la National Portrait Gallery, à Londres, les bustes de *Ch.-R. Darwin* (terre cuite) et de *John Milton*.

MONTFORD Paul Raphael
Né le 1er novembre 1868 à Londres. Mort en 1938. XIXe-XXe siècles. Britannique.
Sculpteur.

Il fut élève à l'Académie royale de Londres. Il travailla à Londres et à Glasgow.

Ventes Publiques : Londres, 23 juin 1983 : *Allégorie de l'Été* vers 1910, bronze patine vert brun (H. 72) : **GBP 800**.

MONTFORT Antoine Alphonse
Né le 3 avril 1802 à Paris. Mort le 28 septembre 1884 à Paris. XIXe siècle. Français.
Peintre de sujets typiques, portraits, paysages, animaux, aquarelliste, dessinateur. Orientaliste.

Il fut élève du baron Gros et d'Horace Vernet. Il étudia à l'École des Beaux-Arts de Paris, à partir de 1821. Il reçut également les conseils de Géricault. En 1827, il embarqua un an comme professeur de dessin sur la frégate « La Victorieuse », visitant l'Égypte et la Syrie. En 1837, il séjourna au Liban et en Palestine. Il débuta au Salon de Paris, en 1835. Il obtint une médaille de troisième classe en 1837, une autre en 1863.
Il a peint surtout des vues d'Orient, notamment de la Syrie, d'une sobriété nouvelle. Il est célèbre pour ses grands cèdres du Liban.

Bibliogr. : Gérald Schurr, in : *Les Petits Maîtres de la peinture 1820-1920, valeur de demain,* Les Éditions de l'Amateur, t. VII, Paris, 1989.
Musées : Paris (Mus. du Louvre, Cab. des Dessins) : neuf-cent seize dessins – Versailles : *Les adieux de Napoléon à la garde de Fontainebleau,* copie d'après H. Vernet.
Ventes Publiques : Paris, 1885 : *Campement arabe dans le désert, près de la Mer Noire* : **FRF 1 350** ; *Chouaman (cheval arabe)* : **FRF 330** ; *Vue prise à Great Sanghalle,* aquar. : **FRF 405** ; *Chevaux à l'écurie,* aquar. : **FRF 505** – Paris, 7 mars 1988 : *Halte de cavaliers au pied des remparts,* aquar. (26x33) : **FRF 36 000** – New York, 24 oct. 1989 : *Au point d'eau* 1845, h/t (68x92) : **USD 8 800** – Paris, 3 juil. 1991 : *Le mirage* 1854, h/t (114x100) : **FRF 29 000** – Paris, 22 avr. 1994 : *Départ pour la chasse au faucon sur la montagne du Liban* 1867, h/t (67x92) : **FRF 720 000** – Paris, 5 déc. 1994 : *Un arabe réveille ses compagnons en leur montrant le lever du soleil* 1834, h/t (114x100) : **FRF 260 000** – Paris, 13 mars 1995 : *Portrait de Grec,* aquar. (27x21) : **FRF 14 000** – Londres, 31 oct. 1996 : *Soldat grec assis* 1827, cr. et aquar. (30x24) : **GBP 2 415**.

MONTFORT Ernest de
Né au XIXe siècle à Vignan. XIXe siècle. Français.
Portraitiste.
Élève de Boucoiran. Il débuta au Salon de 1877.

MONTFORT Guy de
XXe siècle. Français.
Peintre de genre.
Ventes Publiques : Paris, 16 fév. 1951 : *Scène de cabaret* : **FRF 5 000**.

MONTFORT Jean de
XVIe-XVIIe siècles. Actif à Bruxelles. Éc. flamande.
Sculpteur et médailleur.
Il vécut à Bruxelles de 1595 à 1649 où il était médailleur royal. Il a gravé des médailles de rois, ducs et princes de son époque et entretenait des relations avec les hommes les plus importants de son temps. Son portrait, peint par Van Dyck se trouve aux Offices de Florence.

MONTFORT DE MARGUERIE V. de, Mlle
XIXe siècle. Active à Paris. Française.
Portraitiste et peintre de genre.
Elle figura au Salon de 1836 à 1839. Le Musée de Versailles conserve d'elle : *Portrait de Houchard, général de brigade.*

MONTFREID. Voir **MONFREID**

MONTFRIED Georges Daniel de. Voir **MONFREID**

MONTGOBERT Jacques
XVIIe siècle. Français.
Peintre.
Élève de l'Académie Royale de Paris. Il remporta le premier prix avec sa *Création d'Adam et Ève,* en 1674.

MONTGOMERY Alfred
Né en 1857. Mort en 1922 à Los Angeles. XIXe-XXe siècles. Américain.
Peintre de genre.
On cite de lui des scènes de la vie des paysans américains.

MONTGOMERY Robert
XVIIIe siècle. Actif à New York en 1783. Américain.
Graveur au burin.

MONTGOMERY Robert
Né en 1839 à Anvers. Mort le 4 juillet 1893 à Anvers. XIXe siècle. Belge.
Peintre de marines.

MONTGOMMERIE L. C.
Né en 1881. XXe siècle. Américain.
Graveur de paysages.
Il gravait à l'eau-forte.

MONTHEILLET Pierre
Né en 1923 à Lyon (Rhône). XXe siècle. Français.
Peintre, peintre à la gouache, peintre de décors de théâtre. Tendance abstrait-lyrique.
Il fit ses études à la Faculté de Lettres de Lyon, avant de se consacrer à la peinture, tout en menant, à Lyon, un métier d'expert en tableaux du XIXe siècle, particulièrement des paysagistes lyonnais. Il a exécuté les décors pour une pièce, représentée dans un théâtre à Lyon, en 1956.
Il expose depuis 1949, dans de nombreuses manifestations collectives, notamment à la Biennale de Menton, où il obtint un prix en 1955 ; avec le groupe *50 ans de peinture abstraite,* Paris, 1958 ; *L'École de Paris,* Galerie Charpentier, 1962 ; *Douze peintres de Lyon,* Musée de Charleroi, 1963 ; *D'après le paysage,* galerie Kaganovitch, 1968 aux côtés de Zao Wou-ki et Messagier. Il participe, à Paris aux Salons, des Réalités Nouvelles régulièrement depuis 1948, de Mai de 1951 à 1955, Comparaisons de 1957 à 1964. Il expose également en Amérique du Sud, aux Éats-Unis, en Allemagne, Belgique, Italie, Luxembourg, Suède, Suisse, etc. Il montre ses œuvres dans des expositions personnelles : Lyon, à de nombreuses reprises depuis 1945 ; Vence, 1956, 1960 ; Pérouges, 1959 ; à Auvernier-Neuchâtel, 1961 ; à Francfort, galerie Oevermann, 1983 ; à Paris, 1955, 1959, 1962, et 1990 à la galerie Étienne de Causans.
Ses premières œuvres participent d'une figuration aimable aux accents expressionnistes. Il s'est ensuite orienté vers une abstraction fondée sur une construction postcubiste de l'espace qu'il a développée dans le sens d'une abstraction lyrique. Les paysages demeurent le thème dominant de sa peinture.
Bibliogr. : Michel Seuphor : *Dictionnaire de la peinture abstraite,* Hazan, Paris, 1957 – Benoît Giraud : *Pierre Montheillet, maître lyonnais du paysage abstrait,* Le Musée de Lyon, Lyon, 1993.
Musées : Lyon (Mus. des Beaux-Arts) – Messine – Neuchâtel – Paris (Mus. Nat. d'Art Mod.) – Paris (Mus. d'Art Mod. de la Ville) – Paris (CNAC) – Saint-Étienne.

MONTHELIER Jules Alexandre ou **Monthellier, Montelier**
Né le 6 août 1804 à Paris. Mort en 1883. XIXe siècle. Français.
Peintre de paysages et d'architectures, lithographe.
Élève de Bouton. Il figura au Salon, de 1822 à 1847 ; médaille de deuxième classe en 1824 (section de la peinture).

MONTHIÈRES Léon de
Né au XIXe siècle à Abbeville (Somme). XIXe siècle. Français.
Sculpteur.
Il figura au Salon des Artistes Français ; mention honorable en 1898.

MONTHOLON François Richard de
Né le 23 juin 1856 à Paris. XIXe-XXe siècles. Français.
Peintre de paysages animés, paysages, paysages d'eau, pastelliste.
Cet artiste, né sans bras et avec une seule jambe, fut élève de Louis-Émile Dardoize, de Gustave Boulanger et de Jules Lefebvre à l'École des Beaux-Arts de Paris. Il exposa, à Paris, à partir de 1879, au Salon, puis Salon des Artistes Français. Il reçut une médaille de troisième classe en 1891, une mention honorable en 1900, pour l'Exposition Universelle. Il obtint le Prix Morlot en 1908.
Son œuvre intitulée *Dans les dunes près de Boulogne* décore le tribunal de Vannes.
Musées : Abbeville : *Paysage* – Avignon (Mus. Calvet) : *Derniers beaux jours* – Caen : *Paysage* – Compiègne : *La fosse aux braves* – Hyères : *Paysage* – Troyes : *Paysage pris à Curo (Corse)* – Valence : *Chemin des Murais.*
Ventes Publiques : Paris, 1er juil. 1924 : *Bords de rivière* : **FRF 180** ; *Jardin au printemps,* past. : **FRF 380** – Londres, 8 mars 1926 : *Le troupeau de dindons* : **GBP 3** – Paris, 13 juin 1947 : *Paysage* : **FRF 1 000** – Paris, 29 jan. 1951 : *Moutons au pâturage* : **FRF 3 800** – Paris, 22 jan. 1991 : *Pêcheur en barque,* h/t (54x73) : **FRF 3 500**.

MONTHOLON-GALTIE Élise de, Mme
Née au XIXe siècle à Paris. XIXe siècle. Française.
Peintre.
Élève de Lecorf et de Berthon. De 1865 à 1878, elle exposa au Salon de Paris.

MONTHUCHON de
XVIIIe siècle. Français.
Graveur au burin.
Le Cabinet d'estampes de Coblence possède de cet artiste *Vue du Pont volant à Coblence.*

MONTHYON
XIXe siècle. Français.
Peintre de portraits, peintre de miniatures.
Peut-être faut-il chercher cet artiste sous une autre orthographe. Ainsi mentionné lors d'une vente publique.
Ventes Publiques : Paris, 29 jan. 1945 : *Portraits de femme* 1822, deux miniatures : **FRF 38 500**.

MONTI
Née le 29 juillet 1919 à Lyon. XXe siècle. Française.
Peintre.
Avant de peindre elle était modiste. Sa peinture est naïve.

MONTI Alessandro
XVIIe siècle. Italien.
Miniaturiste.
Probablement père d'Antonio Maria Monti.

MONTI Antonio de
Né vers 1538. Mort vers 1588 à Rome. XVIe siècle. Italien.
Portraitiste.
Il fut protégé par Grégoire XIII.

MONTI Antonio Maria
XVIIe siècle. Actif à Bologne vers 1680. Italien.
Peintre miniaturiste et graveur à l'eau-forte.
Probablement fils d'Alessandro Monti. La Bibliothèque Nationale des Beaux-Arts de Berlin possède six feuillets de cet artiste représentant des branchages entrelacés.

MONTI Carlo
Mort le 18 juin 1725 à Rome. XVIIIe siècle. Italien.
Peintre.
Son portrait fut dessiné par Ghezzi. Il fut aussi restaurateur de tableaux.

MONTI Cesare
Né le 2 mars 1891 à Brescia (Lombardie). Mort en 1959 à Côme (Lombardie). XXe siècle. Italien.
Peintre de genre, figures, paysages.
Autodidacte. Parmi ses réalisations : *La Danseuse et son enfant* et *Rue de Village*.
Musées : Rome (Gal. d'Art Mod.).
Ventes Publiques : Milan, 20 nov. 1973 : *Le Parc* : **ITL 500 000** – Milan, 10 nov. 1977 : *La danseuse et son enfant* 1936, h/t (128x91) : **ITL 1 500 000** – Rome, 9 avr. 1991 : *Vase de fleurs* 1938, h/t (80x60) : **ITL 4 000 000** – Milan, 25 oct. 1994 : *Dahlias* 1944, h/pan. (70x50) : **ITL 1 150 000**.

MONTI Charles ou **Karl**
XVIIe siècle. Français.
Peintre décorateur.
Il fut invité à Cracovie, où il a peint les fresques de l'église Sainte-Anne (*Douze Sibylles* et *Scènes de la légende de saint Pierre et saint Jean Baptiste*). Il est peut-être identique à Carlo Monti.

MONTI Claudio
Né à Ravenne. XVIIIe siècle. Italien.
Sculpteur.
Élève de la Bréra de Milan et de l'Académie Saint-Luc de Rome. Il a décoré de bas-reliefs l'Arc de la Paix de Milan, l'église d'Albino et le château de S. Leucio, près de Caserta.

MONTI Domenico
XIXe siècle. Actif à Sienne. Italien.
Peintre et restaurateur de tableaux.

MONTI Eleonora
Née le 20 juillet 1727. Morte après 1767 à Brescia. XVIIIe siècle. Italienne.
Portraitiste.
Fille de Francesco Monti.

MONTI Enea
XIXe siècle. Actif à Rome. Italien.
Peintre de genre, paysages animés, architectures, aquarelliste.
Il fut élève de l'Académie Saint-Luc à Rome.
Musées : Rome (Mus. de l'Art Mod.) : peintures.
Ventes Publiques : Rome, 23 mai 1996 : *Scène de genre dans une impasse*, aquar./pap. (64x35) : **ITL 2 300 000**.

MONTI Federico
XIXe siècle. Italien.
Sculpteur.
Il exécuta plusieurs monuments et statues funéraires à Bologne.

MONTI Francesco, dit **le Brescianino des Batailles**
Né en 1646 à Brescia. Mort en 1712 à Parme. XVIIe-XVIIIe siècles. Italien.
Peintre de compositions religieuses, sujets militaires, batailles.
Élève de Ricchi et de Jacques Courtois. Il travailla pour plusieurs villes d'Italie, puis se fixa à Parme et y fonda une école.
Musées : Bordeaux : *Deux enfants se disputant*, attribution – Château-Thierry : *La toilette de Minerve*.
Ventes Publiques : Paris, 15 juin 1920 : *Allégorie des Arts*, en collaboration avec Giuseppe Orsoni : **FRF 2 000** – Milan, 4 déc. 1980 : *Scène de bataille*, h/t (190x267) : **ITL 8 000 000** – Londres, 23 juin 1982 : *Choc de cavalerie*, h/t (43x64) : **GBP 1 300** – Londres, 5 juil. 1984 : *Achille traînant le corps d'Hector*, h/t (56x73) : **GBP 6 000** – Londres, 9 déc. 1986 : *Marie-Madeleine dans le désert*, craies noire et blanche/fond préparé bleu (34,4x23,5) : **GBP 1 000** – Rome, 12 nov. 1986 : *Scène de bataille*, h/t (99x112) : **ITL 7 500 000** – Milan, 17 déc. 1987 : *Scènes de bataille*, h/t, une paire (74x97) : **ITL 18 000 000** – New York, 13 oct. 1989 : *L'extase de saint Benoît*, h/pap./t., grisaille (42,5x28) : **USD 3 300** – Milan, 24 oct. 1989 : *Champ de bataille*, h/t (40x74) : **ITL 11 000 000** – Rome, 27 nov. 1989 : *Engagement entre les cavaleries chrétienne et turque*, h/t (56x98) : **ITL 29 900 000** – Rome, 8 mars 1990 : *Engagement de cavalerie près d'un pont-levis*, h/t (86x107) : **ITL 15 000 000** – Milan, 30 mai 1991 : *Bataille*, h/t (91x127) : **ITL 26 000 000** – New York, 9 oct. 1991 : *Le festin de Belshazzar*, h/t (75,6x99,9) : **USD 18 700** – Londres, 30 oct. 1991 : *Engagement de cavalerie*, h/t, une paire (chaque 90,5x149,5) : **GBP 46 200** – Milan, 28 mai 1992 : *La reddition d'une ville orientale fortifiée*, h/t (93x134) : **ITL 25 000 000** – Rome, 22 nov. 1994 : *Après la bataille*, h/t (86x110) : **ITL 16 100 000**.

MONTI Francesco, dit **il Bolognese**
Né en 1683 ou 1685 à Bologne. Mort le 14 avril 1768 à Bergame. XVIIIe siècle. Italien.
Peintre de scènes mythologiques, compositions religieuses, portraits, dessinateur.
Il eut pour maître Giovanni Gioseff dal Sole. Il fut protégé par le comte Ranuzzi, puis travailla pour la Cour de Turin. Les églises de Bologne conservent plusieurs de ses ouvrages. L'église San Domenico de Modène possède *Mort de saint Pierre martyr* et la cathédrale de Parme une *Visitation*.
Musées : Florence (Gal. roy.) : *Portrait de l'artiste par lui-même*.
Ventes Publiques : Milan, 18 oct. 1977 : *La Sainte Trinité et saints personnages*, h/t (179x132) : **ITL 6 000 000** – Milan, 4 déc. 1980 : *Christ et la Samaritaine*, pierre noire reh. de blanc (42,7x29,8) : **ITL 3 200 000** – Milan, 24 nov. 1983 : *Étude de guerrier*, cr. (44,3x30,2) : **ITL 3 400 000** – Londres, 2 juil. 1985 : *Académie d'homme*, sanguine (31,7x44,8) : **GBP 2 200** – Milan, 26 nov. 1985 : *Allégorie de la Justice ; Allégorie de la Tempérance*, h/pan., une paire (28x22) : **ITL 11 000 000** – Monte-Carlo, 20 juin 1987 : *Le Banquet d'Esther et Assuérus*, h/pap. brun mar./t., esquisse en grisaille (41,5x56) : **FRF 120 000** – New York, 14 jan. 1988 : *Volumnie et Véturie suppliant Coriolan*, h/t (40,5x58) : **USD 9 900** – New York, 7 avr. 1988 : *Martyre d'un saint*, h/t (40x30,5) : **USD 3 025** – Milan, 12 déc. 1988 : *Télémaque abordant dans l'île de Calypso*, h/t (196x298) : **ITL 52 000 000** – New York, 10 jan. 1991 : *Scène biblique*, h/pap./t., grisaille (64,5x43,5) : **USD 15 400** – Londres, 6 juil. 1992 : *Étude d'homme assis tenant une perche*, craie noire et lav. avec reh. de blanc/pap. beige (34,5x21,3) : **GBP 1 320** – Rome, 26 nov. 1992 : *Le voyage*, h/t (51x61) : **ITL 10 000 000** – Londres, 22 avr. 1994 : *Le triomphe de David*, h/t, sommet arrondi (117,8x97,8) : **GBP 16 100**.

MONTI Gaetano
Né le 13 mars 1776 à Ravenne. Mort le 27 mai 1847 à Milan. XIXe siècle. Italien.
Sculpteur de figures, bustes.
Père de Rafaello Monti, il fut élève et cousin de Giovanni Monti. Ses sculptures se trouvent dans les églises de Brescia, Milan, Ravenne et Varèse.
Musées : Montpellier : *Portrait de l'abbé Bary* – Prague (Rudolfinum) : *Buste de l'empereur François Ier*.
Ventes Publiques : New York, 16 fév. 1994 : *Buste de jeune homme à l'antique*, marbre blanc (H. 69,2) : **USD 1 150**.

MONTI Gennaro. Voir **MONTE**

MONTI Giacomo
Né au XVIIe siècle (?) à Orta près de Milan. XVIIe siècle. Italien.
Peintre.
Peut-être identique à Giovanni Giacomo Monti. On cite de lui les fresques du Calvaire d'Orta.

MONTI Giovanni ou **Giovanni Battista**
XVIIIe siècle. Actif à Rome. Italien.
Sculpteur.

Oncle et maître de Gaetano Monti, il fut membre de l'Académie Saint-Luc à Rome. Il a collaboré aux ornements plastiques du palais Borghèse.

MONTI Giovanni
Né le 22 avril 1779 à Maiano di Romagna (près de Fusignano). Mort le 25 ou 26 novembre 1844 à Rome. XIXe siècle. Italien.
Peintre de paysages, architectures, aquarelliste, peintre de décorations.
Élève de Gius. Santi, il travailla longtemps à Rome.
Musées : Ferrare (Athénée) : deux peintures.
Ventes Publiques : Rome, 12 déc. 1989 : *Vue de l'arc de Titus et du Colisée*, aquar./pap. (44,5x25) : **ITL 1 000 000**.

MONTI Giovanni Battista
Né vers 1610 à Gênes. Mort en 1657 à Gênes, de la peste. XVIIe siècle. Italien.
Peintre d'histoire, portraits.
Fils d'un pauvre mendiant, il fut remarqué par un noble génois pour les curieux dessins qu'il traçait sur les murailles. Son protecteur le confia à Luciano Borzone et les progrès de Monti confirmèrent les espérances qu'il avait fait concevoir. Il devint bon peintre d'histoire et de portraits. Il mourut en pleine force de son talent.

MONTI Giovanni Battista
Né le 20 décembre 1797 à Gênes. Mort le 12 décembre 1823 à Gênes. XIXe siècle. Italien.
Peintre d'histoire, portraits.
Il fut élève de l'Académie Ligustica à Gênes et de l'Académie Saint-Luc à Rome.

MONTI Giovanni Giacomo
Né en 1620 à Bologne. Mort le 15 octobre 1692 à Bologne. XVIIe siècle. Italien.
Peintre de batailles, d'architectures et d'ornements.
Il fit des travaux dans la villa du duc de Modène et exécuta de nombreuses peintures dans des palais et églises des environs de Bologne.

MONTI Innocentio Cristoforo
Né vers 1644 à Imola. XVIIe siècle. Italien.
Peintre d'histoire et de genre.
Il étudia avec Cignani, travailla à Mirandole en 1690, puis se rendit en Allemagne et en Pologne. En 1713, il peignit pour l'église Sainte-Anne à Cracovie ; il décora aussi la chapelle de Sainte-Catherine d'un *Saint Joseph* et d'un *Saint Pierre en prison*.

MONTI Jean
Né le 6 mars 1885 à Montmédy (Meuse). Mort durant la Première Guerre mondiale (1914-1918). XXe siècle. Français.
Peintre de paysages.
Élève de Cormon et de R. Collin. Exposait au Salon des Artistes Français.

MONTI Jean. Voir aussi **MONTRICHARD Jean de**

MONTI Karl. Voir **MONTI Charles**

MONTI Luigi
Mort en 1897. XIXe siècle. Italien.
Sculpteur.
Il a sculpté le monument de Grégoire XVI dans la basilique Saint-Pierre de Rome.

MONTI Niccolo ou **Nicolas**
Né le 28 août 1780 à Pistoie. Mort en 1854. XIXe siècle. Italien.
Peintre d'histoire, de portraits et d'ornements, et écrivain d'art.
Il fit ses études à Florence. Il s'y établit et peignit notamment un plafond au Palais Pitti. Il décora aussi d'une fresque la cathédrale de Pistoie. En 1818 il se rendit en Pologne, invité par Paul Cieszkovski pour y décorer son palais et l'église. Il y séjourna deux ans et pendant ce temps il peignit à fresque cinq pièces au palais et trois plafonds dont un représente *La naissance de Jupiter*, un autre *Zéphir enlevant Psyché*. S'étant rendu à Varsovie il fut présenté au ministre de l'Instruction publique qui lui donna un atelier dans son palais en lui commandant un *Portrait de l'empereur et roi Alexandre Ier*. On connaît de lui les portraits de *Joseph Cieszkovski*, sénateur ; de *Jean Kanty comte de Rivière Zaluski*, de *Paul Cieszkovski*, de *Vincent comte Poletylo*. Il signa ses œuvres *Monti, Nicola Monti di Pistoia* ; sur les œuvres qu'il trouva les meilleurs il ajouta la lettre *E.* (initiale d'un nom, Eléonore, prénom d'une femme qu'il aimait). Il fit un voyage à Moscou et Saint-Pétersbourg.
Ventes Publiques : Londres, 20 nov. 1984 : *L'Enfer de Dante, chant V : la rencontre de Paolo et Francesca* 1810, h/t (121x168) : **ITL 12 500 000** – Milan, 17 déc. 1987 : *Michel-Ange sculptant le « Moïse »*, h/t (98x74) : **ITL 12 000 000**.

MONTI Nicola
Né à Ascoli Piceno. Mort le 19 décembre 1795 à Ascoli Piceno. XVIIIe siècle. Italien.
Peintre d'histoire et portraitiste.
Élève de B. Miniera et, à Rome, de P. Batoni. Ses peintures se trouvent dans les églises d'Ascoli, de Fermo et à Pérouse.

MONTI Pietro Ambrogio ou **il Fra Monti**
XVe siècle. Actif à Milan. Italien.
Sculpteur.
Il sculpta un des portraits de l'Hôpital Central à Milan.

MONTI Rafaello
Né en 1818 à Iseo. Mort le 16 octobre 1881 à Londres. XIXe siècle. Italien.
Sculpteur.
Élève de son père le sculpteur Gaetano Monti. Il débuta fort jeune et obtint une médaille d'or à Milan avec son groupe *Alexandre domptant Bucéphale*. De 1838 à 1842 il résida à Vienne. En 1848, il vint en Angleterre et eut obtient un succès considérable avec une *Statue voilée*, exécutée pour le duc de Devonshire. Les événements de 1848 le ramenèrent à Milan, où il fut un des chefs de la garde nationale. Après la guerre il revint à Londres. Il exposa à la Royal Academy de 1853 à 1860. Le Musée de Birmingham conserve de lui une copie en marbre de la *Vénus de Médicis*.
Ventes Publiques : Londres, 22 sep. 1966 : *Ève*, marbre : **GNS 800**.

MONTI Rolando
Né en 1906 à Cortone. XXe siècle. Italien.
Peintre.
La Galerie d'Art Moderne à Rome conserve de ses œuvres.

MONTICELLI Adolphe Joseph Thomas
Né le 16 octobre 1824 à Marseille (Bouches-du-Rhône). Mort le 29 juin 1886 à Marseille. XIXe siècle. Français.
Peintre de compositions animées, sujets religieux, scènes de genre, figures, portraits, paysages, natures mortes.
Monticelli avait vingt-deux ans lorsqu'il entra dans l'atelier Paul Delaroche à Paris. Ses débuts dans le commerce de la droguerie avaient dessillé les yeux de ses parents : leur fils serait peintre, puisqu'il n'aspirait qu'à cela. Ce n'était pas que les trois années passées à l'École Municipale de Dessin de Marseille lui eussent valu un brillant palmarès, mais la paresse du jeune homme pour ce qui n'était pas la peinture triompha. Le Louvre fut son véritable maître. Il y fréquente assidûment, copie Rembrandt, Véronèse, Giorgione, rencontre Delacroix, pour lequel il ne cessa d'avoir une admiration constante. En 1849 il revient à Marseille où il réside jusqu'en 1863, puis, à la fin de cette année, repart pour Paris qu'il ne quittera qu'au moment du siège, en 1870.
Quinze ans à Paris, quinze ans à Marseille. Ce partage égal de sa vie d'artiste permet, mieux qu'un fractionnement minutieux, de marquer les phases de son évolution. Celle-ci ne fut qu'une longue patience au service d'une investigation insatiable de « la couleur ». Il en fait, comme l'a dit Boissy, le moyen matériel de son évasion spirituelle, la matière de sa création. Une période « romantique » qui prend fin vers 1860, ne révèle qu'un dessin assez correct, une facture prudente, un emploi généralisé des jaunes, des brun-rouge étendus en glacis sur une préparation bitumeuse ; certaines petites compositions échappent quelquefois à cette monotonie par l'éclaircissement de la palette, le jeu vif des tons purs. Leur fréquence augmente pour atteindre, vers 1860 à une technique progressée, la forme se modèle, la recherche de la matière s'affirme.
Ce sont, irisations perlées, les vrais débuts du style monticellien. Scènes du Décaméron, fêtes à Saint-Cloud, joie de vivre, liesse, luxe, plaisirs. Il y emploie les ressources d'une palette dont il ne cesse d'enrichir les artifices aux jeux ravissants d'une élégance voluptueuse où se complait sa nature de dandy. Sa peinture plaît, se vend. L'Empereur lui achète deux toiles. Des collectionneurs anglais – les Coats de Glasgow, notamment – le « suivent » et acquièrent nombre de ses productions. C'est le succès. Delacroix avoue sa surprise et son admiration. « Il s'élevait autour de Monticelli comme une rumeur d'attente parmi les peintres. » Lui ne se soucie guère des critiques, qu'il ne visite pas, non plus que

de la clientèle, car il ne vend qu'aux marchands, pas plus qu'il n'envoie au Salon. Il n'a aucune ambition. L'argent qu'il gagne suffit à lui assurer l'existence qu'il aime. Il s'habille avec recherche, est friand de bonne cuisine et de jolies filles. Son peu de goût pour l'intrigue l'éloigne des honneurs distinctifs. Il nourrit pour l'Impératrice, dont quelques-unes de ses Dames figurent l'apparence, un amour à la Ruy Blas qui satisfait son complexe sentimental. Survient la guerre, les premières défaites, la chute du régime, l'imminence du siège. La Fête brillante éteint ses lampions. Aux tourbillons fastueux de cette fin d'Empire vont succéder les tristesses des lendemains d'épreuves. Monticelli quitte Romainville où il habitait et prend la route. Il la fait à pied jusqu'à Marseille où il arrive en 1871, après quelques semaines passées à Salon. Monticelli a maintenant quarante-sept ans. Il laisse derrière lui des tableaux scintillants que la répétition des motifs raffinés n'a pas réduit au procédé, mais néanmoins oblitérés du goût du temps, de la mode Napoléon III.
C'est seulement à Marseille, dans l'isolement où l'incompréhension des amateurs et l'absence de tout foyer intellectuel vont le confiner, que Monticelli va se retrouver. Marseille, bazar tumultueux et sordide où la splendeur de certains crépuscules lui ouvrira les portes de l'Orient tout proche, Marseille qu'il refuse de quitter, la paix revenue, malgré les sollicitations de ses amis parisiens, le reprendra jusqu'à son heure suprême. Il y avait un unique logement, composé d'une petite pièce meublée d'un lit bas, d'un chevalet et de deux chaises. Par la seule fenêtre, voilée d'un rideau rouge à ramages, la chambre baignait dans une lumière pourpre dont il se réjouissait. Bienveillant, sans amertume, sans haine, d'une probité farouche, sans faste, d'humeur populaire et simple, la fréquentation de quelques commerçants, amis de la table et buveurs rituels d'absinthe, fut l'ordinaire dont il sut se contenter.
L'Opéra et la Pantomine italienne, très en vogue alors, lui donnaient chaque soir les clefs d'un univers protéiforme. Il n'en manquait jamais une représentation. « Toute musique le rendait fou, mais surtout celle des tziganes qui le bouleversaient d'enthousiasme. Au dernier coup d'archet, il partait en hâte, rentrait dans son grenier, allumait tout ce qu'il pouvait rassembler de chandelles et peignait tant que duraient ses forces » (Paul Guigou). C'est en effet un point d'importance première que les « correspondances » musico-picturales dans l'œuvre de Monticelli, durant la période de Marseille. Il aurait pu dire avec Théophile Gautier : « J'entendais le bruit des couleurs, des sons verts, bleus, jaunes m'arrivaient par ondes parfaitement distinctes. » Pour lui le son devenait la lumière et les couleurs étaient lumière et mélodie. Le choc synesthésique, dont parle Baudelaire, devenait un état permanent chez le peintre (ce « climat musical » fera toujours défaut aux innombrables plagiats de ses œuvres). Son intuition de visionnaire lui divulgue le symbole secret des couleurs, ses poupées vêtues de sortilèges, sur les ailes de son imagination, fulgurent à travers le temps immobile. Sa famille ancestrale, les Vénitiens, parmi lesquels il affirmait avoir vécu dans des vies antérieures, lui dispense sa faconde sensorielle. Il y ajoute la magie. Dès son retour à Marseille, en 1871, il dépose la virtuosité devant une discipline limitée à une trichromie grise, jaune et violette, puis, vers 1875, la couleur ruisselle à force. À l'encontre de l'opinion commune il use rarement du couteau à peindre. Il emploie des brosses courtes, dures, essuie au chiffon, étale avec le doigt. Cernes isolants, oppositions complémentaires, hachures en majeur sur fonds neutres, pointillés criblant des gris de soutien, sa technique innove, pressent, renouvelle. Le milieu dans lequel il vit l'isole, créant l'ambiance propice à l'éclosion ininterrompue de ses découvertes. Les rousseurs des panneaux d'acajou, les blondeurs des noyers jouent à nu parmi les empâtements. Fleurs, portraits, natures mortes, scènes d'opéra, toutes œuvres de moyens formats, jalonnent une production fervente. La lumière latine, lave dorée où ses paysages figent, c'est la lumière monticellienne. Ses portraits semblent brûler d'une étrange fièvre. « Je peins trois tons au-dessus... » disait-il. C'est une lumière nouvelle qui fascinera Van Gogh. Son impressionnisme conserve la forme, à l'encontre de beaucoup d'autres qui la dispersent en la pulvérisant. « Pour donner à la lumière par la seule couleur toute une nouvelle progéniture, qui dépassa jamais Monticelli ? » (G. Boissy). L'œuvre de Monticelli est considérable. Les chefs-d'œuvre y foisonnent, mais les dieux n'habitent pas toujours ceux-là même qu'ils ont élus. Il y a du déchet. Toutefois il n'est pas un seul de ses tableaux qui ne comporte en quelque endroit un phénomène exquis, une visitation à rêver.

■ Charles Garibaldi

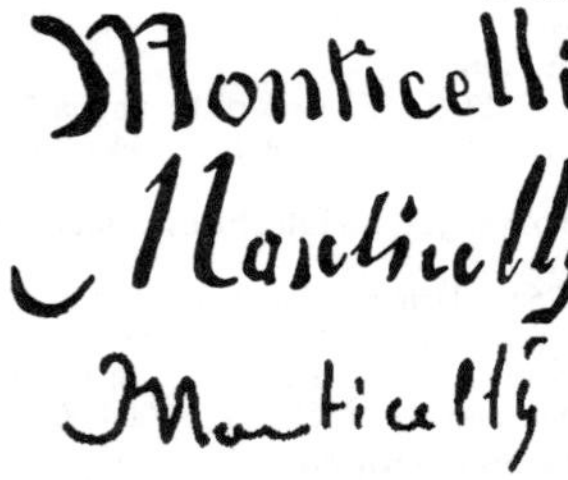

Bibliogr. : Paul Guigou : *Adolphe Monticelli*, Boussod, Valadon, Paris, 1890 – Frank Elgar, in : *Diction. de la peint. mod.*, Hazan, Paris, 1954 – André M. Alauzen, Pierre Ripert : *Monticelli. Sa vie, son œuvre*, Bibliothèque des Arts, Lausanne-Paris, 1969 – Sauveur Stammegna : *Catalogue des Œuvres de Monticelli*, 2 vol., Vence, 1981-1986 – Charles et Mario Garibaldi : *Adolphe Monticelli*, Skira, Genève, 1991.

Musées : Aix-en-Provence : *Femmes dans un parc – Paysage – Tête de reître* – Alger : *Femme au chien* – Amsterdam (Mus. Nat.) : *Jésus et les petits enfants – Promontoire éclairé par le soleil – À l'autel – Dame en tailleur – Dames et messieurs en plein air – Société dans un parc – Paysage* – Amsterdam (Mus. Stedelijk) : *Repos dans la forêt* – Anvers : *Personnage dans un parc – Port de Marseille* – Baltimore : *Chemin à travers bois – Allégorie* – Esquisse pour un tableau – *Allégorie – Matinée printanière – Allégorie – Coucher de soleil – Portrait de Monticelli* – Boston : *Scène de Don Quichotte – Scène sur la terrasse – Paysage* – Bowes : *Paysage* – Bruxelles : *Automne* – Bucarest (Mus. Simu) : *Scène de parc* – Bucarest (Mus. Toma Stelian) : *Portrait de femme* – Buffalo : *Portrait de Mad. Rosenthal* – Cardiff: *Les gambades* – Dijon : *Le départ pour la chasse* – Édimbourg : *Campement de bohémiens – La fête – Jardin d'amour – Fête sous bois – Fête dans le jardin – Dans la grotte* – Francfort-sur-le-Main : Peinture – *Scène dans un parc* – Glasgow : *Adoration des Mages – Fête dans le jardin – Cortège nuptial* – Grasse : *Scène de parc* – La Haye (Mus. mun.) : *Scène de parc – Paysage* – La Haye (Mus. Mesdag) : *Fête de nuit – Marine* – Ixelles : *Marine* – Lille : *Scène du Décaméron – Paysage* – Londres : *La charrette de foin* – Lyon : *Portrait de Mme René – Scène de parc – La baignade* – Manchester : *Joyeux sous-bois – Dames sur la terrasse* – Marseille (Mus. des Beaux-Arts) : *Femmes aux cygnes – Oiseaux aquatiques – Portrait de Madame Pascal – Turcs à la mosquée* – Marseille (Mus. du vieux Marseille) : *Portrait de M. Vincent Torcat* – Marseille (Mus. Cantini) : *Grande scène à personnages – Personnages avec Méphisto – Cavaliers et personnages – Paysage provençal – Paysage d'automne* – deux œuvres – *Portrait d'enfant – Portrait d'homme – Portrait de femme – Portrait de M. Kahn* – Marseille (Mus. Grobet-Labadie) : *Bouquet de fleurs – Les saltimbanques – Fête en Espagne – Faust et Marguerite – Esquisse – La Mousson – Paysage avec personnages – Deux femmes nues – Deux amours* – Marseille (École des Beaux-Arts) : *Académie* – Marseille (Église d'Allauch) : *Le Ciel* – Milan : *Adoration des Mages* – Minneapolis : *Scène de parc* – Montréal : *Fête dans le jardin – Une fête intime – Fête champêtre – Danses dans un jardin – La charrette à âne* – Moscou (Mus. Pouchkine) : *Paysage* – Mulhouse : *La toilette du bal – Le perroquet* – New York : *Dames de qualité – Le festin – La cour de la Princesse* – Paris (Mus. du Louvre) : *Baigneuses – Promenade au crépuscule – Sérénade – Nature morte – Réunion dans un parc – Portrait de Mme Teissier – Femmes dans un bois* – Paris (Mus. des Arts Décoratifs) : *Femmes dans un bois – Scène de parc* – Paris (Petit Palais) : *Réunion dans un parc au temps des Valois* – Philadelphie (Pennsylvanie Mus. of art C. Wiltach) : *Une partie de bateau* – Philadelphie (The J. Gal. Johnson Art coll.) : *Mascarade – Nymphes au bain* – Pittsburgh : *Fontaine de jeunesse* – Rome : *Le retour* – Rotterdam : *Les oursins* – Roubaix : *Gilles séducteur – Dame Louis XIII* – Saint-Louis : *L'arrivée des invités – L'île de Cythère – Paysage avec personnages* – Sète : *Réunion au château* – Stockholm : *Dame à l'éventail – Paysage d'automne – Promeneurs avec chien – Scène de parc avec paons – Scène de parc* – Strasbourg : *Scène de parc* – Toulon : *Psyché distribuant à ses sœurs les bijoux qu'elle a reçu de l'Amour* – Wassenaar : *Fleurs – Le petit chien – Portrait du grand-père – Portrait de femme – Groupe de femmes* – Worcester : *Confidences – Bords de rivière*.

Ventes Publiques : Paris, 1891 : *Femmes vénitiennes au bord de la mer* : **FRF 8 550** – Paris, 1892 : *La Fête d'Isis* : **FRF 10 000** ; *Jardin d'amour* : **FRF 4 700** ; *La fête* : **FRF 5 000** – Londres, 1895 : *Ombre et Lumière* : **FRF 9 190** – Marseille, 1900 : *Enfant jouant dans un pré* : **FRF 5 200** – Paris, 1900 : *Pompéi* : **FRF 11 500** ; *Gilles séducteur* : **FRF 9 500** ; *Entrée de Charles Quint* : **FRF 5 000** ; *La causerie*, dessin : **FRF 1 650** – Paris, 27 mai 1905 : *Fête antique* : **FRF 1 525** – New York, 11-12 mars 1909 : *Paysage* : **USD 1 090** ; *Le Triomphe de Flore* : **USD 2 000** – Londres, 3 juin 1910 : *Concert sous les arbres* : **GBP 57** ; *Fête champêtre* : **GBP 105** ; *Jardin d'amour* : **GBP 598** ; *Groupe de figures près d'un cloître* : **GBP 262** – Londres, 30 juin 1910 : *La Fête* : **GBP 819** ; *Trois femmes en rouge, blanc et vert* : **GBP 147** ; *La Fontaine* : **GBP 241** – New York, 25 et 26 jan. 1911 : *Intérieur* : **USD 550** – Londres, 29 avr. 1911 : *Fête dans un parc* : **GBP 525** – Paris, 22 juin 1911 : *Fête d'après-midi* : **FRF 1 200** – Paris, 9-11 déc. 1912 : *Portrait d'homme* : **FRF 1 150** – Paris, 5-7 déc. 1918 : *Le Jardin des Amours* : **FRF 17 000** – Paris, 6-7 mai 1920 : *L'Assemblée au jardin* : **FRF 27 000** – Paris, 20-22 mai 1920 : *Serment d'amour* : **FRF 15 150** – Paris, 4 juin 1923 : *Le Billet doux* : **FRF 8 200** – Paris, 5 juin 1923 : *Galante Vesprée* : **FRF 6 100** – Paris, 25 juin 1923 : *Le Concert* : **FRF 20 000** ; *Réunion dans un parc* : **FRF 19 500** – Londres, 21 déc. 1923 : *Visite à la Princesse* : **GBP 173** – Paris, 30 mai 1924 : *La Terrasse d'un parc* : **FRF 20 000** – Londres, 11 juil. 1924 : *La Lisière d'une forêt* : **GBP 178** – Londres, 2 juil. 1926 : *Al fresco* : **GBP 231** – Londres, 29 avr. 1927 : *Fête champêtre* : **GBP 735** – Paris, 30 mai 1927 : *Promenade dans le parc* : **FRF 17 100** – Londres, 10 juin 1927 : *Automne dans les champs* : **GBP 262** ; *La Statue* : **GBP 283** ; *Les Petites Femmes Rouges* : **GBP 294** – Paris, 16-17 juin 1927 : *La Visite au château* : **FRF 14 600** – Londres, 8 juil. 1927 : *Fête d'Isis* : **GBP 735** – Paris, 1er mars 1928 : *Le Cortège nuptial* : **FRF 10 000** – Paris, 17 mars 1928 : *Le Repos dans la campagne* : **FRF 29 500** – Paris, 4 avr. 1928 : *Épisode d'une chasse au faucon* : **FRF 10 100** – Paris, 16 mai 1929 : *Portrait d'homme du Second Empire* : **FRF 15 000** ; *Portrait d'une dame du Second Empire* : **FRF 32 000** – Paris, 30 mai 1929 : *La Collation dans le Parc* ; *Promenade en forêt*, les deux : **FRF 48 000** – New York, 15 nov. 1929 : *Halte dans le désert* : **USD 800** – Paris, 17 mai 1930 : *Réunion dans un parc* : **FRF 12 000** – Paris, 11 mai 1931 : *Portrait de Mlle Lagorio* : **FRF 6 800** – Paris, 14 déc. 1931 : *Sérénade* : **FRF 8 000** ; *Jet d'eau* : **FRF 9 100** ; *L'Embarquement* : **FRF 16 500** – Paris, 12 mai 1932 : *Portrait de l'artiste par lui-même* : **FRF 15 100** – Paris, 2 juin 1932 : *Réception dans un parc* : **FRF 53 000** – Paris, 2 juin 1933 : *La Châtelaine* : **FRF 17 200** – New York, 26 oct. 1933 : *Dolce Farniente* : **USD 925** ; *Diane et ses nymphes se baignant* : **USD 2 100** – Paris, 19 juin 1934 : *Jeune Enfant au chien* : **FRF 15 000** – Paris, 9 mars 1935 : *Le Bal costumé* : **FRF 13 000** – Londres, 12 avr. 1935 : *Femmes dans une clairière* : **GBP 409** ; *Scène sur la pente de la colline Decameron* : **GBP 420** – Paris, 7 juin 1935 : *Réunion de personnages à l'entrée d'une grotte* : **FRF 10 000** ; *Pêcheurs en barque, près de la côte, en Provence* : **FRF 8 100** – Lucerne, 2 sept. 1935 : *Portrait de la mère de l'artiste* : **CHF 1 000** – New York, 7 nov. 1935 : *Garden-party* : **USD 650** – New York, 15 nov. 1935 : *Fête champêtre* : **USD 425** – Londres, 20 mars 1936 : *Dans le jardin* : **GBP 210** – Paris, 23 avr. 1937 : *La charrette de foin* : **FRF 5 200** – Londres, 28 mai 1937 : *Nature morte* : **GBP 315** – Londres, 25 fév. 1938 : *Fête champêtre* : **GBP 210** – Paris, 11 juil. 1941 : *Réunion dans la clairière* : **FRF 6 800** – Paris, 15 déc. 1941 : *La Promenade dans le parc* : **FRF 73 000** – Paris, 1er juil. 1942 : *Conversation au pied d'une vasque* : **FRF 71 000** – Paris, 27 jan. 1943 : *Conversation dans le parc* : **FRF 240 000** – Paris, 29 mars 1943 : *Les Deux Jeunes Femmes à l'ombrelle* : **FRF 83 000** ; *Les Baigneuses* : **FRF 70 100** – Paris, 15 déc. 1943 : *Femme debout près d'un guéridon* : **FRF 50 000** – Paris, 8 fév. 1945 : *Jeunes Femmes dans un parc* : **FRF 150 000** ; *Jeunes femmes jouant au volant* : **FRF 170 000** – Paris, 28 mai 1945 : *Cavaliers arabes* : **FRF 75 000** ; *Réunion dans un parc* : **FRF 46 200** – Londres, 3 août 1945 : *Souvenir d'Écosse* : **GBP 147** ; *A la fontaine* : **GBP 178** – New York, 13 déc. 1945 : *Scène de jardin* : **USD 450** – New York, 24 janv. 1946 : *Concert* : **USD 450** ; *Fête de Bacchus* : **USD 1 000** – Glasgow, 17 avr. 1946 : *Rassemblement des moissonneurs* : **GBP 225** – Paris, oct.1945-juil. 1946 : *La Charrette* : **FRF 70 000** ; *Laveuse sous bois* : **FRF 72 000** – Marseille, 21 mars 1947 : *Le déjeuner des petits chiens* 1880 : **FRF 215 000** – Paris, 23 avr. 1947 : *Paysanne, la Fileuse* : **FRF 108 000** – Paris, 25 juin 1947 : *La Calanque* : **FRF 82 000** ; *Paysage en Provence* : **FRF 55 000** – Marseille, 18 déc. 1948 : *Portrait d'enfant* : **FRF 345 000** ; *Faust, Méphisto et Marguerite* : **FRF 310 000** ; *Jeune Fille au panier* : **FRF 265 000** ; *Bord d'un étang* : **FRF 135 000** – Paris, 30 mai 1949 : *Réunion dans un parc* : **FRF 300 000** ; *La Promenade* : **FRF 200 000** ; *L'Amazone* : **FRF 185 000** – Genève, 5 nov. 1949 : *Personnages dans un parc* : **CHF 2 000** – Alexandrie, 16 déc. 1949 : *Réunion galante dans un parc* : **GBP 230** – Avignon, 4 avr. 1950 : *La Tousque* : **FRF 215 000** – Genève, 6 mai 1950 : *Fête galante* : **CHF 2 500** – Paris, 12 mai 1950 : *Femmes au perroquet* : **FRF 251 000** ; *Faust et Méphisto* : **FRF 200 000** – Paris, 21 déc. 1950 : *Le Pont sur l'Huveaume (Haute-Provence)* : **FRF 105 000** – New York, 14 fév. 1951 : *Jeunes Femmes dans un parc* 1865 : **USD 300** – Genève, 10 mars 1951 : *Fêtes galantes* : **CHF 3 800** ; *Jeunes Femmes dans un parc* : **CHF 1 200** – Paris, 30 avr. 1951 : *Paysage de Provence* : **FRF 90 000** – Genève, 17 mai 1951 : *Scène dans un parc* : **CHF 13 000** ; *Après-midi d'été* : **CHF 13 000** – Paris, 20 juin 1951 : *Les Derviches* : **FRF 115 000** ; *Le Seigneur et la Dame* : **FRF 85 000** – Paris, 27 juin 1951 : *Femmes près d'un temple, dans un parc* : **FRF 250 000** ; *Personnages, esquisse* : **FRF 100 000** – Paris, 7-8 déc. 1954 : *Le Bal Mabille* : **FRF 990 000** – Versailles, 7 juin 1956 : *Femmes nues dans un parc* : **FRF 445 000** – Paris, 21 mai 1957 : *Les Révérences* : **FRF 1 230 000** – New York, 13 fév. 1958 : *Groupe de femmes* : **USD 1 200** – Paris, 4 juin 1958 : *Réunion dans un parc* : **FRF 700 000** – New York, 14 janv. 1959 : *Réception dans le parc* : **USD 3 250** – Londres, 20 fév. 1959 : *Hommes et Femmes autour d'une fontaine* : **GBP 441** – Paris, 11 juin 1959 : *Le Déjeuner champêtre* : **FRF 1 650 000** – New York, 27 avr. 1960 : *Femmes sur une terrasse* : **USD 5 300** – Londres, 20 mai 1960 : *La Charrette à âne* : **GBP 787** – Paris, 24 juin 1960 : *Portrait d'un artiste* : **FRF 5 000** – New York, 10 mai 1961 : *Baigneuse* : **USD 3 500** – Paris, 21 juin 1961 : *Cavaliers arabes* : **FRF 10 800** – Londres, 7 juil. 1961 : *Groupe de femmes et musicien dans un paysage* : **GBP 1 187** – Paris, 29 juin 1962 : *Le Théâtre* : **FRF 21 600** – Versailles, 13 mars 1963 : *Paysage en Provence* : **FRF 50 000** – Nice, 21 avr. 1965 : *Les Oiseaux aquatiques* : **FRF 83 000** – Londres, 3 juil. 1968 : *Vase de fleurs* : **GBP 16 000** – Versailles, 29 nov. 1970 : *Les baigneuses du pont de l'Arc* : **FRF 60 000** – Versailles, 28 nov. 1971 : *Le Triomphe de Vénus* : **FRF 95 000** – Marseille, 26 fév. 1972 : *Portrait*, pastel : **FRF 6 000** – Londres, 28 juin 1972 : *Fleurs dans un vase* : **GBP 15 000** – Genève, 1er juil. 1973 : *Vase de fleurs* : **CHF 170 000** – Paris, 21 mars 1974 : *Réunion dans un parc* : **FRF 65 000** – Versailles, 28 mars 1976 : *Divertissement dans le parc*, h/p (44,5x62) : **FRF 22 000** – Paris, 16 déc. 1987 : *Personnage d'opéra*, h/p (36,5x48) : **FRF 55 000** – New York, 25 avr. 1988 : *Homme dans un couloir*, h/p (37,5x29,2) : **USD 5 280** – PARIS, 12 juin 1988 : *Elégantes debout*, h/p (35x22,5) : **FRF 59 000** – Londres, 28 juin 1988 : *Fruits sur un tapis*, h/p (46x61) : **GBP 22 000** – Berne, 26 oct. 1988 : *Deux femmes dans un paysage boisé*, h/p (27x21) : **CHF 900** – Paris, 10 nov. 1988 : *Promeneuses dans un parc*, h/p (46x33) : **FRF 78 000** – New York, 23 mai 1989 : *La procession*, h/p (48,2x80) : **USD 11 000** – Londres, 20 juin 1989 : *Femmes au bois*, h/t (92x75) : **GBP 20 900** – Marseille, 25 juin 1989 : *Scène de parc, les cavaliers et le chien*, h/bois (44x64) : **FRF 237 000** – New York, 24 oct. 1989 : *L'homme à la cravate en X*, h/t/p (66x52,4) : **USD 27 500** – Marseille, 28 oct. 1989 : *Le cavalier avec des personnages et des chiens*, h/p (41x65) : **FRF 394 000** – Monaco, 3 déc. 1989 : *Les cavaliers*, h/p (18,5x46) : **FRF 177 600** – Paris, 21 mars 1990 : *Scène de parc*, h/p (46,5x62,5) : **FRF 300 000** – Londres, 28 mars 1990 : *Conversation dans le parc*, h/p (45x37) : **GBP 34 100** – Londres, 3 avr. 1990 : *Bouquet de fleurs*, h/p (52x38) : **GBP 253 000** – Amsterdam, 25 avr. 1990 : *Scène galante dans un parc*, h/p (42,5x56) : **NLG 100 050** – New York, 22 mai 1990 : *Les cadeaux au nouveau-né*, h/p (44,5x64,2) : **USD 18 700** – New York, 23 mai 1990 : *Confidences*, h/p (62,2x57,2) : **USD 74 250** – Monaco, 16 juin 1990 : *Jété de fleurs*, h/métal (32,5x41) : **FRF 466 200** – Avignon, 17 juin 1990 : *Bouquet de fleurs*, h/p (62x46) : **FRF 1 300 000** – Paris, 5 juil. 1990 : *Adoration des rois mages*, h/p (47x71) : **FRF 195 000** – Paris, 6 oct. 1990 : *La conversation galante*, h/p (27,5x47) : **FRF 240 000** – Londres, 28 nov. 1990 : *Un verger en Provence*, h/p (30x49) : **GBP 49 500** – New York, 22 mai 1991 : *Le port de Cassis* 1876, h/p (44,5x60,3) : **USD 55 000** – Amsterdam, 5-6 nov. 1991 : *Rencontre dans un parc*, h/p (32x46,5) : **NLG 48 300** – Monaco, 6 déc. 1991 : *Une fête d'après-midi*, h/p (48,5x77,5) : **FRF 166 500** – Amsterdam, 22 avr. 1992 : *Jeune fille à la fontaine*, h/p (59x41) : **NLG 82 800** – Paris, 22 juin 1992 : *L'offrande*, h/p (44,5x64) : **FRF 220 000** – Londres, 29 juin 1992 : *Grande nature morte au pichet*, h/p (44,5x64,7) : **GBP 319 000** –

Londres, 1er déc. 1992 : *Nature morte avec des fleurs des champs mélangées à des fleurs cultivées*, h/p (68,5x48) : **GBP 99 000** – Le Touquet, 30 mai 1993 : *Faust donnant l'aubade à Marguerite en présence de Méphistophélès*, h/p (48x67) : **FRF 167 000** – New York, 16 fév. 1994 : *Personnages élégants dans un parc*, h/p (26x41,9) : **USD 13 800** – Paris, 27 mars 1994 : *Jeunes filles et cavaliers dans un parc*, h/p (45x62) : **FRF 250 000** – Paris, 22 juin 1994 : *La danse*, h/bois (38,5x84) : **FRF 20 000** – Paris, 15 déc. 1994 : *Fillette au ruban rose*, h/p (60x40) : **FRF 29 500** – Reims, 18 juin 1995 : *Repos dans la clairière*, h/t (40,6x32,5) : **FRF 47 500** – New York, 20 juil. 1995 : *Danse dans le sous-bois*, h/p (20,3x40,6) : **USD 4 312** – Marseille, 12 nov. 1995 : *L'entrée du port de Marseille*, h/t (137x232) : **FRF 390 000** – Londres, 15 mars 1996 : *Rendez-vous sous la vasque fleurie*, h/p (47x64,2) : **GBP 25 300** – New York, 18-19 juil. 1996 : *La fête*, h/p (25,4x16,5) : **USD 10 925** – Londres, 21 nov. 1996 : *La Visite à la princesse*, h/p (45,7x74,9) : **GBP 18 400**.

MONTICELLI Andrea
Né en 1640 à Bologne. Mort en 1716. xviie-xviiie siècles. Italien.
Peintre de fleurs, marines, paysages, natures mortes, architectures.
Il fut élève d'Agostino Motelli et fut surtout un remarquable peintre de natures mortes.

MONTICELLI Angelo
Né en 1778 à Milan. Mort le 17 août 1837 à Milan. xixe siècle. Italien.
Peintre.
Élève d'Appiani. Il a peint des fresques dans le Palais Royal de Milan et des rideaux de théâtre pour la Scala de Milan.

MONTICELLI Angelo Michele
Né en 1678 à Bologne. Mort en 1749 à Rome. xviiie siècle. Italien.
Peintre de paysages.
Père de Giuseppe Monticelli et élève de Franceschini et de Domenico Maria Viani.

MONTICELLI Giacomo
xviie-xviiie siècles. Italien.
Peintre.
Fils d'Andrea Monticelli.

MONTICELLI Giovanni
Né en 1662. Mort en 1716. xviie-xviiie siècles. Italien.
Peintre.
Ce peintre mentionné chez Zani n'est pas identique à Giovanni Monticelli de Ferrare.

MONTICELLI Giovanni
xviiie siècle. Actif à Ferrare. Italien.
Peintre.
Élève de Gir. Donini. La Pinacothèque de Ferrare conserve de lui deux paysages représentant les *Environs de Rome*.

MONTICELLI Giuseppe
Né à Bologne. Mort en 1783. xviiie siècle. Italien.
Peintre d'histoire, de genre et de paysages.
Fils et élève d'Angelo Michele Monticelli. Il travailla entre 1722 et 1750.

MONTICELLI Michelangelo
Né en 1670 à Bologne. Mort en 1748. xviie-xviiie siècles. Italien.
Peintre de paysages et de batailles.
Élève de M. A. Franceschini et de Domenico Maria. Viani. Il devint aveugle.

MONTICELLI Teodoro ou **Giuseppe Teodoro**
Né en 1680. Mort en 1739. xviiie siècle. Italien.
Peintre.
Fils d'Andrea Monticelli.

MONTICONE Giuseppe
Né en 1773 à Turin. Mort le 29 janvier 1837 à Turin. xviiie-xixe siècles. Italien.
Portraitiste et peintre d'histoire.
Élève de Pécheux. Il travailla à Rome et à Turin.

MONTIEL José
xvie siècle. Actif à Madrid à la fin du xvie siècle. Espagnol.
Peintre.
On cite de lui, à l'Escurial, *Triomphe de David*.

MONTIGNEUL Émile
xixe siècle. Français.
Graveur sur bois.
Cet artiste occupe une place distinguée parmi les graveurs sur bois vers 1840-1850. Son œuvre est considérable. Il signait d'un monogramme *M* rappelant celui de Meissonnier.

MONTIGNY de ou **Demontigny**
xviiie siècle. Français.
Dessinateur et graveur au burin.
Il s'agit possiblement de Louise de Daulceur, née de Montigny, ou de Claude Antoine Littrey de Montigny. On cite de cet artiste *Cahier de plusieurs fruits*.

MONTIGNY Adrien
xvie siècle. Actif à la fin du xvie siècle. Français.
Miniaturiste.
On cite de lui une *Vue du château d'Héverlé*.

MONTIGNY Jenny
Née en 1875 à Gand (Flandre-Orientale). Morte en 1937 ou 1946 à Deurle. xxe siècle. Belge.
Peintre de scènes de genre, portraits, paysages, natures mortes, pastelliste. Postimpressionniste.
Elle fut élève de l'Académie des Beaux-Arts d'Anvers et de son oncle Émile Claus. Elle s'établit à Deurle. Elle peignit surtout les jeux d'enfants, les sorties d'écoles.

J. Montigny

Bibliogr. : In : *Dictionnaire biographique illustré des artistes en Belgique depuis 1830*, Arto, Bruxelles, 1987.
Musées : Gand – Saint-Josse-Ten-Nood.
Ventes Publiques : Anvers, 6 avr. 1976 : *À la lessive* 1898, h/t (97x85) : **BEF 230 000** – Lokeren, 14 oct. 1978 : *Fillette avec chèvre*, h/t (51x77) : **BEF 150 000** – Anvers, 28 oct. 1980 : *Roses*, h/t (40x47) : **BEF 40 000** – Anvers, 28 oct. 1980 : *Roses*, h/t (40x47) : **BEF 40 000** – Lokeren, 20 oct. 1984 : *Un jour d'été*, h/t (110x150) : **BEF 800 000** – Lokeren, 21 fév. 1987 : *Nature morte aux iris*, h/t (50x58) : **BEF 300 000** – Lokeren, 28 mai 1994 : *Le repas du soir* 1912, craie noire (18,7x34) : **BEF 42 000** – Lokeren, 20 mai 1995 : *Mère et ses deux enfants dans un jardin d'agrément*, h/t (40x50) : **BEF 1 100 000** – Lokeren, 9 mars 1996 : *Enfants dans la neige*, h/t (55x60) : **BEF 1 550 000** – Lokeren, 18 mai 1996 : *Maltebrugge* 1895, h/t (34,5x24) : **BEF 77 000** – Londres, 19 nov. 1997 : *Deux fillettes dans un jardin fleuri*, h/t (49x59) : **GBP 21 850**.

MONTIGNY Jules Léon
Né en 1847 à Bruxelles. Mort en février 1899 à Tervueren. xixe siècle. Belge.
Peintre de scènes de genre, paysages animés, paysages, animaux.
Peintre de l'École de Tervueren, le Barbizon belge, il subit l'influence d'Hippolyte Boulenger. Il anima souvent ses paysages d'animaux, surtout de chevaux.

Jules Montigny

Musées : Bruxelles (Mus. des Beaux-Arts) : *En hiver* – Liège : *Soir d'automne après la pluie* – Louvain : *L'attelage*.
Ventes Publiques : Paris, 6 nov. 1935 : *Cour de ferme* : **FRF 145** – Nice, 28 mai 1975 : *Retour des champs*, h/t (60x90) : **FRF 3 800** – Paris, 13 mai 1976 : *Paysage à la mare*, h/t (22x27) : **FRF 2 200** – Londres, 28 nov. 1980 : *Bûcheron dans un paysage*, h/t (80,6x128,3) : **GBP 6 000** – Londres, 6 mai 1981 : *La Moisson*, h/t (59x77) : **GBP 950** – Lokeren, 5 mars 1988 : *Paysage estival avec des vaches* (60x80) : **BEF 170 000** – Lokeren, 28 mai 1988 : *Laboureur* 1893, h/t (39x55,5) : **BEF 65 000** – Bruxelles, 12 juin 1990 : *Paysage*, h/t (60x85) : **BEF 140 000** – Lokeren, 10 oct. 1992 : *Vaches dans un paysage* 1893, h/t (40x56) : **BEF 55 000** – Lokeren, 8 oct. 1994 : *Paysage estival avec des vaches*, h/pan. (23,5x40) : **BEF 48 000** – Lokeren, 8 mars 1997 : *Paysage avec des vaches*, h/t (45x35) : **BEF 17 000** – Lokeren, 6 déc. 1997 : *Paysage d'été avec des vaches*, h/t (58,5x83) : **BEF 155 000**.

MONTIGNY Lucas de. Voir **LUCAS de Montigny**

MONTIGONE Jean-Louis
Né en 1955 à Cannes (Alpes-Maritimes). xxe siècle. Français.
Peintre, dessinateur.
Il a suivi des études en photographie à l'École d'art et d'architec-

ture de Marseille-Lumigny. Il a ensuite intégré l'École nationale des Beaux-Arts de Paris. Il vit et travaille à Marseille.
Il participe depuis les années soixante-dix à des expositions parmi lesquelles : 1979, Centre culturel français ; 1980, Maison des arts André-Malraux, Créteil ; 1980, galerie Athanor, Marseille ; 1981, Salon des Indépendants, Paris ; 1981, Salon de Mai, Paris ; 1981, galerie de l'Ancienne Poste, Calais ; 1982, *Du cubisme à nos jours*, Musée Cantini.
Le dessin conservé par le Musée Cantini de Marseille rappelle l'univers surréaliste et poétisé des machines.
Bibliogr. : In : *Cantini 84*, catalogue de l'exposition, Musée Cantini, Marseille, 1984.
Musées : Marseille (Mus. Cantini) : *Sans titre* 1980.

MONTILLA Y MELGAR Manuel
Né le 4 février 1816 à Puente Genil. Mort le 11 mai 1864 à Zamoanga de Mindenao (Philippines). XIXe siècle. Espagnol.
Peintre.

MONTIN Guglielmo
Né le 3 mars 1680 à Bassano. Mort après 1745. XVIIIe siècle. Italien.
Sculpteur.
Surtout portraitiste, il préféra le marbre polychrome. Ses sculptures se trouvent dans les églises de Bassano, de Ferrare, de Fiesso, de Borgo, Valsugana et d'Asiago. Le Musée de Bassano conserve de lui le tombeau d'Andrea Ronzoni.

MONTINGO Antonio
XVIIe siècle. Actif à Windsor en 1678. Britannique.
Peintre de fleurs.

MONTINI Ansano
Né en 1684. Mort en 1753. XVIIIe siècle. Actif à Sienne. Italien.
Sculpteur et stucateur.
Fils du sculpteur sur bois Pietro d'Austo Montini.

MONTINI Antonio
XVIIe-XVIIIe siècles. Actif à Florence. Italien.
Sculpteur sur bois.
Il a sculpté en collaboration avec Luca Boncinelli un siège d'évêque richement orné et deux statues en bois (*Saint Jean Baptiste* et *Saint Cantianus*) pour la Collégiale de Cantiano en 1705.

MONTINI Giovanni
XVIIe siècle. Actif à Florence vers 1676. Italien.
Peintre.
Il a exécuté des peintures pour des églises de Florence. Les Offices conservent des dessins de cet artiste.

MONTINI Pietro d'Austo
Né en 1654. Mort en 1729. XVIIe-XVIIIe siècles. Actif à Sienne. Italien.
Sculpteur sur bois.

MONTINI Tullio
Né en 1878 à Vérone. XXe siècle. Italien.
Sculpteur.
Élève de C. Poli et de R. Cristani. Ses sculptures se trouvent sur des places publiques et au cimetière monumental de Vérone. Le Musée Municipal de cette ville possède de lui *Tête de femme*.

MONTION Jeanne
Née au XIXe siècle à Paris. XIXe siècle. Française.
Portraitiste.
Élève de Donzel et de Levasseur. Elle débuta au Salon de 1877.

MONTIS Guy
XXe siècle. Français.
Peintre de paysages.

MONTIUS E.
XIXe siècle. Actif dans la première moitié du XIXe siècle. Belge.
Lithographe.
On cite de lui les portraits de *L. J. A. de Potter* et d'*Et. Const. Baron de Gerlache*. Il a exécuté les illustrations de *Monuments de l'Ile de Rhodes*, de Rottier.

MONTIVEL Francisco
XVIe siècle. Travaillant à Séville vers 1534. Espagnol.
Sculpteur.

MONTIZAMBERT Béatrice
Née le 24 février 1874. XXe siècle. Américaine.
Peintre.
Elle fit ses études à Dresde, Berlin, Munich, Londres et New York.

MONTIZON Flore et **Thérèse Justine Frère de**. Voir **FRÈRE DE MONTIZON Flore** et **Thérèse**

MONTJOYE
XVIIIe siècle. Actif à Paris entre 1769 et 1795. Français.
Peintre de portraits.
Il exposa à la place Dauphine de 1769 à 1773, puis au Salon de la Correspondance en 1787 et à celui de l'Académie en 1793.
Ventes Publiques : Paris, 26 déc. 1923 : *Portrait de jeune femme portant des fleurs*, past. : **FRF 820** – Paris, 14 et 15 juin 1927 : *Portrait d'homme ; Portrait de jeune femme*, deux past. : **FRF 2 500** – Paris, 8 juin 1928 : *Portrait d'homme tenant un livre ; Portrait de femme à l'éventail*, deux past. : **FRF 4 560** – Paris, 13 juil. 1942 : *Portrait d'homme en habit bleu*, past. : **FRF 2 700**.

MONTJOYE Jules Joseph
XIXe siècle. Français.
Peintre d'histoire et portraitiste.
Il exposa au Salon de Paris, en 1835, *Portrait de M. Montjoye*, en 1839, *Jésus tenté par le diable*, et en 1842, son propre portrait. Le Musée de Versailles conserve de lui *Portrait de François de Vendôme de Bourbon*, et celui de Châteauroux, *le général Buonaparte*, d'après Gros.

MONTLAUR Guy de
Né en 1918 à Biarritz (Pyrénées-Atlantiques). Mort en 1977 à Paris. XXe siècle. Français.
Peintre. Cubiste, expressioniste-abstrait.
Il fit des études de philosophie de 1934 à 1938, à la Sorbonne (il s'intéressa plus particulièrement à Schopenhauer, dont l'idéalisme n'est pas sans parenté avec les conceptions de Mondrian sur l'art) et se forma en même temps à l'Académie Julian, où il étudia la peinture avec Jean Souvebie. Il fit la guerre dans les armées françaises puis britanniques, et participa au débarquement de Normandie avec le Quatrième Commando franco-britannique. Cette expérience militaire ne fut d'ailleurs pas sans incidence sur sa peinture : il y découvrit, à l'occasion de diverses opérations de jour et de nuit, des couleurs qu'il n'avait jamais vues jusque-là. Deux fois blessé, il se lia d'amitié durant sa convalescence avec Gino Severini, qui l'incita à poursuivre des études artistiques à New York, ce qu'il fit de 1947 à 1949. De retour à Paris, la Galerie Lucienne-Léonce Rosenberg lui consacra sa première grande exposition personnelle, dont une des œuvres fit l'objet d'une acquisition du Musée d'Art Moderne de la Ville de Paris. De 1950 à 1958, il a figuré au Salon des Réalités Nouvelles, à Paris, qui joua un rôle capital dans le développement de l'abstraction ; il s'en détachera d'ailleurs, estimant qu'il aura dégénéré vers une « abstraction mécanique ». Dans ses dernières années, il alimenta son art à la fréquentation de Verlaine, Baudelaire, Valéry ou Bach, influences dont les titres de ses compositions portent souvent témoignage.
Dans les toiles de Montlaur peintes à New York entre 1947 et 1949, on retrouve les leçons des cubistes de la Section d'Or (Gleizes, Metzinger, Gris, Léger, Duchamp), et l'influence de Severini dans la discipline stricte de la forme et de la couleur. Durant ce séjour américain, il fut aussi certainement en contact avec les œuvres de l'Ecole new-yorkaise de l'expressionnisme abstrait. L'affirmation de son style se fit en direction d'une abstraction passionnée et introspective, avec des compositions à tendance décorative géométrique, les surfaces vivement colorées résultant de l'entrecroisement de droites avec des arabesques élégantes.

MONTLEVAULT, pseudonyme de **Joly Charles**
Né vers 1835 à Lyon (Rhône). Mort en 1897 à Lyon. XIXe siècle. Français.
Peintre de genre, paysages, paysages portuaires.
Commis dans une maison de soieries, celle-ci l'envoya en Algérie et en Turquie d'Asie d'où il rapporta un assez grand nombre de vues et scènes d'Orient. Il peignit également des paysages, des ports de la mer du Nord à la Méditerranée, et des scènes d'intérieur.
Musées : Lyon (Mus. des Beaux-Arts) : *Paysage*.
Ventes Publiques : Paris, 20 fév. 1931 : *Coin de village* : **FRF 125** ; *Rue de village* : **FRF 130** ; *Village du Doubs* : **FRF 210** – Lyon, 28 avr. 1980 : *Paysage en bord de rivière*, h/t (34,5x41,5) : **FRF 8 200** – Lyon, 12 mars 1985 : *Vue d'un port nordique animé de bateaux et de personnages* 1881, h/pan. (26x40) : **FRF 20 000** – Paris, 9 juin 1995 : *Mosquée à Trébizonde*, h/cart. (27x22) : **FRF 5 500**.

MONTLUARD
XIXe siècle. Français.

Peintre de paysages et pastelliste.
Ventes Publiques : Paris, 18 nov. 1948 : *Le port de Marseille* 1888, past. : **FRF 700**.

MONTMARTRE Jehan de. Voir **JEHAN de Montmartre**

MONTMEROT A.
XXe siècle. Français.
Peintre de paysages.
Ventes Publiques : Paris, oct.1945-juil. 1946 : *Paysage (effet de neige)* : **FRF 1 750** ; *Le Printemps en Morvan* : **FRF 2 500**.

MONTMIRAIL de, marquis
XVIIIe siècle. Français.
Dessinateur et graveur.
Il grava des paysages d'après ses dessins et d'après ceux d'Albert. Ses estampes sont datées de 1720 à 1740.

MONTMORANCY. Voir **MOMMERENCY**

MONTMORILLON Louis Albert
Né en 1794 à Erlangen. Mort le 30 avril 1854 à Stuttgart. XIXe siècle. Allemand.
Dessinateur, lithographe et graveur.
Le Musée Municipal de Munich conserve des dessins et des lithographies de cet artiste.

MONTOBIO Guillaume
Né en 1883 à Gand (Flandre-Orientale). Mort en 1962. XXe siècle. Belge.
Peintre de paysages, marines. Postimpressionniste.
Il fut élève de l'Académie des Beaux-Arts de Gand sous la direction de L. Tytgadt. Il a fréquenté les peintres de la deuxième génération de Laethem-Saint-Martin.
Bibliogr. : In : *Dictionnaire biographique illustré des artistes en Belgique depuis 1830*, Arto, Bruxelles, 1987.
Ventes Publiques : Lokeren, 8 oct. 1988 : *Paysage de neige*, h/t (50x65) : **BEF 55 000** – Amsterdam, 12 déc. 1991 : *Bord de la Lys*, h/t (50x65) : **NLG 6 900** – Lokeren, 21 mars 1992 : *Champ moissonné avec des gerbes de blé entassées*, h/t (35x50) : **BEF 48 000** – Lokeren, 9 oct. 1993 : *Ferme avec des pommiers fleuris*, h/t (45x60) : **BEF 48 000** – Lokeren, 28 mai 1994 : *Une allée en automne*, h/t (75x105) : **USD 60 000** – Lokeren, 8 oct. 1994 : *Paysage de rivière*, h/t (90x100) : **BEF 190 000** – Lokeren, 18 mai 1996 : *Paysage estival*, h/t (80x90) : **BEF 130 000**.

MONTOLIN Vincente
XVIIIe siècle. Espagnol.
Peintre sur porcelaine.
Il travailla en 1783 à la Manufacture d'Alcora.

MONTOLIU Luis
XVe siècle. Actif à Tortosa dans la seconde moitié du XVe siècle. Espagnol.
Peintre.
Fils et collaborateur de son père Valentin.

MONTOLIU Mateo
XVe siècle. Actif à Castellon de la Plana à la fin du XVe siècle. Espagnol.
Peintre.
Fils de Valentin Montolin.

MONTOLIU Valentin
XVe siècle. Actif de 1433 à 1469 en Catalogne. Espagnol.
Peintre de compositions religieuses. Gothique international.
Il travailla à Tarragone en 1439 et à San Mateo en 1448. Il fut le fondateur et le représentant le plus éminent de la peinture du XVe siècle en Espagne orientale.
On cite de lui des tableaux d'autel dans les églises de Cati, de Villafranca del Cid, de la Mata de Morella, et dans la cathédrale d'Ibiza, œuvres qui accusent un dynamisme accru.

MONTORFANO, da ou **de**. Voir au prénom

MONTORFANO Battista. Voir la notice **Montorfano Giovanni Donato**

MONTORFANO Giovanni Donato
Né en 1440 à Montorfano près de Côme. Mort en 1510. XVe-XVIe siècles. Italien.
Peintre.
On croit qu'il fut élève de Foppa. Il travailla dans le Castello de Milan en 1452 et à Savone en 1470. On croit également qu'il est le même artiste que le Battista Montorfano qui aida ce maître dans des travaux dans le Castello de Porta Giova à Milan, de 1467 à 1476. En 1495 il peignit dans le réfectoire du couvent de Santa Maria delle Grazia, à Milan, la *Crucifixion* qui fait face à la *Cène* de Léonard de Vinci. Crowe et Covalcaselle lui attribuent les fresques de l'église Santa Maria della Rosa ainsi que la *Légende saint Antoine* à l'église de San Pietro in Gessete.
Musées : Brescia (Mus. mun.) : *Saint Georges combattant le dragon*.

MONTORIO Domenico
Mort le 19 octobre 1719. XVIIIe siècle. Italien.
Peintre.
Il fut membre de la corporation des peintres à Naples. On cite de lui un *Saint Nicolas* et un *Saint Onuphre* à Naples.

MONTORSELLI Dionisio
Né en 1653 à Aquila. Mort en 1690. XVIIe siècle. Italien.
Peintre.
Membre de l'Académie Saint-Luc à Rome. Il fut influencé par Pietro da Cortona et par Guido Reni. Il décora de ses peintures et fresques diverses églises de Sienne.

MONTORSOLI Giovanni Angelo ou **Montorsi**, dit **Angelo di Michel d'Angelo da Poggibonsi**
Né en 1507 (?) à Montorsoli près de Florence. Mort le 31 août 1563 à Florence. XVIe siècle. Italien.
Sculpteur sur marbre et sur bois, stucateur et architecte.
Il a été l'assistant de Michel-Ange à Rome et entra dans l'ordre des Servites, en 1531. Mais cela ne l'empêche pas beaucoup de voyager, au gré des commandes. Tout d'abord, à Florence, il refait les portraits votifs des Médicis pour remplacer ceux détruits en 1528 à l'Annunziata, où il sculpte également une statue d'*Alexandre de Médicis*, un *Moïse* et un *Saint Paul*. En même temps, il travaille pour le Pape Clément VII, à la restauration d'antiques et en particulier au *Laocoon*. On le retrouve en 1536 à Naples à la construction du monument *Sannazar*. L'année suivante, il est à Volterra où il exécute le tombeau de *Mauro Maffei* dans la cathédrale. Entre 1539 et 1543, il travaille à Gênes pour l'église San Matteo, au tombeau d'*Andrea Doria*, et sculpte une *Pietà*. En tant qu'architecte, il est à Messine en 1547, pour les travaux de la cathédrale. Dans cette même ville, il est l'auteur des deux plus somptueuses fontaines : celle d'*Orion* (1547-1550) et celle de *Neptune* (1551-1557). Enfin, à Bologne, entre 1558 et 1561, il exécute le maître-autel de Santa Maria dei Servi, avant d'aller terminer ses jours à Florence.
Bibliogr. : L. Benoist, in : *Dictionnaire de l'Art et des Artistes*, Hazan, Paris, 1967.

MONTOY Arthur
Né au XIXe siècle à Beaume. XIXe siècle. Français.
Peintre.
Élève de Brunet Debaines. Il figura au Salon de Paris de 1877 et 1878 avec des sujets d'architecture.

MONTOYA E.
XIXe siècle. Espagnol.
Peintre de genre.
Ventes Publiques : Paris, 26 oct. 1949 : *La joyeuse auberge* 1894 ; *La danse dans le patio* 1890, deux pendants : **FRF 7 100**.

MONTOYA Emmanuel
Né aux États-Unis, d'origine mexicaine. XXe siècle. Américain.
Artiste, auteur d'installations, multimédia.
Il a montré une exposition personnelle de ses œuvres en 1995 à la galerie The Lab à San Francisco.
Son installation *Le Retour des langues perdues* était une dénonciation des discriminations dont il estime que les enfants hispanophones sont l'objet dans le système d'éducation américain.

MONTOYA Gustavo
Né en 1905 ou 1925 au Mexique. XXe siècle. Mexicain.
Ventes Publiques : Los Angeles, 10 mars 1976 : *Fillette au jouet* 1966, h/t (61,5x46) : **USD 1 500** – New York, 12 oct. 1978 : *Enfants mexicains sur la place du village*, h/t (51x61) : **USD 1 000** – New York, 2 mai 1979 : *Fillette en bleu*, h/t (61x45,8) : **USD 1 100** – New York, 13 mai 1983 : *La Veuve noire* 1981, h/isor. (80x59,7) : **USD 7 000** – New York, 25 nov. 1986 : *La Leçon de musique*, h/t (56x50,1) : **USD 2 600** – New York, 21 nov. 1988 : *Enfant mexicain* 1967, h/t (61x46) : **USD 3 520** ; *Portrait d'une fillette*, h/t (46x38) : **USD 4 950** – New York, 17 mai 1989 : *Petit Mexicain* 1967, h/t (61x46) : **USD 7 150** – New York, 20 nov. 1989 : *Petite Mexicaine*

assise, h/t (66x42) : **USD 5 500** – New York, 21 nov. 1989 : *Les Petites Musiciennes* 1966, h/t (51x61) : **USD 6 050** – New York, 1er mai 1990 : *Petite Fille en bleu*, h/t (56,5x46,3) : **USD 4 400** – New York, 15 mai 1991 : *Petit Garçon et Petite Fille en bleu* 1959, h/t (55,5x45,6) : **USD 4 950** – New York, 19 mai 1992 : *Petite Fille en bleu avec un chien* 1973, h/t (62,3x47,3) : **USD 2 750** – New York, 12 juin 1992 : *Petite Fille à la guitare* 1966, h/t (55,2x45,1) : **USD 4 125** – New York, 30 juin 1993 : *Petit Garçon à la tranche de pastèque*, h/t (55,9x45,7) : **USD 4 600** – New York, 21 nov. 1995 : *Petite Fille à l'ombrelle*, h/t (55,5x45,7) : **USD 1 495** – New York, 28 mai 1997 : *Enfant au carrousel* ; *Petite Fille à la guitare*, h/t, deux pendants (55x5x45,4) : **USD 9 200**.

MONTOYA Pedro de
xviie siècle. Espagnol.
Peintre de portraits.
Membre de l'ordre des Augustins. Il travaillait vers 1600 à Séville et à Grenade où le Palais archiépiscopal conserve six portraits d'évêques.

MONTPANCIER de. Voir **NICOLET**

MONTPELLIER ou **Monpellier**
xviiie-xixe siècles. Français.
Sculpteur.
Élève de Lemoine. Il exposa au Salon de Paris en 1798. Il exécuta six bas-reliefs représentant des trophées sur l'Arc de Triomphe du Carrousel.

MONTPELLIER Albertine
xixe siècle. Française.
Peintre.
Elle exposa des portraits au Salon de Paris en 1868 et 1870.

MONTPELLIER Jean. Voir **DUBRUSK**

MONTPERCHER. Voir **MAUPERCHÉ**

MONTPETIT André
Né en 1943 à Montréal (Québec). xxe siècle. Canadien.
Peintre.
Il peut y avoir confusion avec Guy Montpetit.

MONTPETIT Armand Vincent de
Né le 13 décembre 1713 à Mâcon. Mort le 30 avril 1800 à Paris. xviiie siècle. Français.
Peintre de portraits, écrivain.
Il étudia d'abord la jurisprudence et la mécanique. Ayant perdu sa fortune, il tira parti de son ingéniosité et inventa diverses machines. Il exécuta notamment un genre de peinture à l'huile fixée sur une glace d'après une méthode qui lui était propre. Ce procédé qu'il dénommait éludorique eut du succès et il fut chargé de peindre plusieurs portraits du roi « au fixé » (pour : au fixé sous verre). En 1793 le gouvernement lui décerna une récompense de 8000 francs pour ses diverses inventions. Il exposa à l'Académie Saint-Luc en 1774 : *Portrait de la reine dans une rose* ; *Portrait de Madame Louise de France en habit de carmélite* ; *Tableau allégorique représentant des fleurs dans un vase où se voient les portraits d'Henri IV, de Mgr le duc et de Madame la duchesse de Chartres et de Mgr le duc de Valois*, ainsi qu'un certain nombre de portraits, peints à la manière éludorique. Il prit part aussi à l'Exposition du Colisée en 1778 avec plusieurs portraits.
Musées : Rotterdam (Musée Boymans) : *Portrait d'un petit garçon*, miniat.
Ventes Publiques : Paris, 28 et 29 mars 1873 : *Portrait de jeune femme* : **FRF 1 150** ; *Portrait de femme* : **FRF 2 700** – Paris, 1895 : *Portrait du roi Louis XV*, peint. éludorique sous verre : **FRF 720** – Paris, 22-24 fév. 1923 : *Le Départ pour la promenade* ; *La Halte à l'auberge*, deux dess. : **FRF 820** – Paris, 30 nov.-1er déc. 1923 : *Portrait de jeune femme*, miniature : **FRF 780** – Paris, 28 nov. 1941 : *Bouquet allégorique relatif à la famille royale de France* : **FRF 4 000** – Paris, 5 avr. 1965 : *Portrait présumé de Louis XV* : **FRF 9 000** – Versailles, 14 mai 1968 : *Portrait de jeune femme en buste* : **FRF 3 800** – Versailles, 16 avr. 1972 : *Bouquet de fleurs symbolisant le mariage de Louis XVI et de Marie-Antoinette* : **FRF 3 600** – Paris, 8 déc. 1982 : *Une jeune mère et ses deux enfants* 1755, h/cuivre (82x69) : **FRF 20 100** – Paris, 20 oct. 1983 : *Portrait de Madame Victoire de France* 1787, h/t (49x41) : **FRF 26 000**.

MONTPETIT Guy
Né en 1938 à Montréal. xxe siècle. Canadien.
Peintre.
Il fut élève à l'École des Beaux-Arts de Montréal.
Vers 1962, il pratiquait une peinture tachiste. Après un séjour parisien, en 1964 et 1965, où il avait fréquenté l'Atelier 17 de W. Hayter, mais aussi la Sorbonne, il entreprit, à partir de 1966, de poser la couleur en aplats. Vinrent ensuite les allusions aux systèmes mécaniques, bielles, rouages, engrenages, tableaux dont les titres renvoient, comme chez Duchamp, à une toute autre réalité : *Sex-Machines* ; *Hommage aux patriotes québecois* ; *Amour* ; *Love Trips* ; *Ambigües*. On perçoit dans ses machines un sens ludique mêlé à un érotisme évident et vital.
Musées : Montréal (Mus. d'Art Contemp.) : *Sex Machine – série E-1* 1970.
Ventes Publiques : Montréal, 25 nov. 1986 : *Série V n° 2* 1971, acryl./t. (178x122) : **CAD 6 000**.

MONTPEZAT Henri de. Voir **AINECY Henry d'**

MONTRESOR Francesco
Né à Vérone. xixe siècle. Actif dans la première moitié du xixe siècle. Italien.
Sculpteur.
Élève de Tenerani. On cite de lui le buste de *Grégoire XVI* dans la Pinacothèque d'Ascoli Pic.

MONTREUIL Jean. Voir **DEMONTREUIL**

MONTRICHARD Jean de, dit **Monti Jean**
Né en 1885 à Montmédy (Meuse). Mort en 1915, pour la France. xxe siècle. Français.
Peintre de paysages, figures.

MONTRICHER Jean de
Né le 6 avril 1937 à Marseille (Bouches-du-Rhône). xxe siècle. Français.
Peintre de sujets divers. Tendance fantastique.
De formation autodidacte, il expose ses œuvres à partir de 1965, dans divers salons et galeries en France et à l'étranger.
Sa première manière est proche des surréalistes, avec une recherche des effets de couleur. À partir des années 80, il travaille sur le mouvement et la troisième dimension, à travers des compositions dont les couleurs sont souvent violemment contrastées.

MONTUCCIO da Pisa
xve siècle. Italien.
Miniaturiste.
Le Musée Correr de Venise possède de lui *Prélats romains en costume pontifical*.

MONTULAY François ou **Pierre François**
xviiie siècle. Actif à Paris de 1754 à 1785. Français.
Graveur au burin.
Fils du graveur Marin M.

MONTULAY Marin
Mort vers 1754. xviiie siècle. Français.
Graveur.
Père de François M.

MONTVAL ou **Mont-Val**
xixe siècle. Actif au début du xixe siècle. Français.
Miniaturiste.
Élève de Pennequin. Il était sourd-muet. Il exposa à Paris en 1806 et résida à Stockholm de 1808 à 1810.

MONTVERT Luca
Né en 1491 à Udine. Mort en 1529. xvie siècle. Italien.
Peintre.
Cet artiste, élève de Pellegrino, est cité pour avoir peint des bannières pour les églises. Il exécuta aussi un tableau d'autel pour Santa Maria della Grazia à Udine.

MONTVIGNIER Louis
xixe siècle. Actif à Paris. Français.
Peintre de vues et de paysages.
Il figura au Salon de Paris de 1824 à 1842. Le Musée de Cherbourg conserve de lui *Vue d'un monastère*.

MONTVIOL ou **Montriol**
xviiie siècle. Français.
Peintre de miniatures.
Il exposa au Salon de Paris de 1793 à 1795.
Ventes Publiques : Paris, 18 avr. 1921 : *Portrait d'homme à mi-corps*, miniature : **FRF 1 430**.

MONTVIOLET
xviiie siècle. Britannique.
Miniaturiste.
On cite de lui le portrait de *Lady Pitt* (1790).

MONTYEL Francisco
XVIe siècle. Actif à Séville. Espagnol.
Sculpteur.
Il fut payé, en 1539, pour avoir exécuté deux clefs de voûte dans l'Hôtel de Ville de Séville.

MONTZAIGLE DE SAINT-PIERRE Edgard de
Né à Angoulême (Charente). XIXe-XXe siècles. Français.
Peintre d'histoire, de genre, paysages, peintre à la gouache.
Il fut élève de Jean Béraud. Il figura, à Paris, au Salon des Artistes Français. Il obtint une médaille de bronze en 1900 dans le cadre de l'Exposition universelle à Paris.
Musées : Angoulême : *Bal.*
Ventes Publiques : Paris, 1895 : *La Confidence* : **FRF 430** – Paris, 2 fév. 1900 : *Sortie du théâtre*, aquar. : **FRF 165** – Paris, 20 et 21 nov. 1941 : *La Loge*, gche : **FRF 340** – Londres, 4 nov. 1977 : *Salomé avec la tête de saint Jean Baptiste*, h/pan. (58,3x44,4) : **GBP 750** – Londres, 14 févr 1979 : *Salomé avec la tête de saint Jean Baptiste*, h/pan. (58x45,5) : **GBP 580** – New York, 24 mai 1984 : *La Loge*, h/pan. (43,33,5) : **USD 2 500** – Monte-Carlo, 30 nov. 1986 : *La Parisienne*, h/pan. (24,5x17,5) : **FRF 15 000** – Paris, 25 nov. 1987 : *Odalisque*, aquar. (33x19) : **FRF 3 000** – Londres, 25 juin 1987 : *Élégante sur une route*, past. (55x48,3) : **GBP 1 150** – New York, 23 mai 1989 : *Elégantes devant l'Opéra de Paris* 1890, aq. et gche/pp (55,5x35) : **USD 8 800** – New York, 23 mai 1997 : *Entracte de matinée à l'Opéra de Paris* 1894, gche et h/pap. (54,9x36,8) : **USD 31 050**.

MONVAERNI
XVe siècle. Actif à Limoges. Français.
Émailleur.
A rapprocher peut-être des LIMOSIN.
Ventes Publiques : Paris, 1889 : *Grand triptyque*, peint. en émaux coul. et reh. de dorure : **FRF 15 000** – Paris, 19 mai 1933 : *Plaque en émail*, émaux coul., avec légers reh. de dorure : **FRF 10 200**.

MONVEL BOUTET DE. Voir **BOUTET DE MONVEL**

MONVERDE Luca ou **Monteverde**
Né vers 1500 à Udine. Mort entre le 12 août 1525 et le 21 janvier 1526. XVIe siècle. Italien.
Peintre.
Élève de Pellegrino da S. Daniele. Il a peint pour le maître-autel de S.. Maria d. Grazie d'Udine *Madone avec l'Enfant, saint Roch, saint Gervais, saint Protais et saint Sébastien.*

MONVERT César Henri
Né en 1784. Mort en 1848. XIXe siècle. Actif à Neuchâtel. Suisse.
Dessinateur.

MONVERT Charles Henri
Né le 28 février 1948 à Neuilly-sur-Seine (Hauts-de-Seine). XXe siècle. Français.
Peintre. Abstrait-analytique.
Il a étudié à l'École des Beaux-Arts de Paris (1975-1980), dans les ateliers de Chauvenet, Etienne-Martin, César et Pierre Faure. Il a obtenu plusieurs bourses, notamment en 1987 et 1992 du Fiacre, de la Villa Arson en 1991. Il vit et travaille à Paris.
Il a participé, à Paris, à divers Salons : 1978, 1979, 1980, Salon de la Jeune Peinture ; 1983, 1984, 1985, 1986, 1987, 1990, 1991, Salon Grands et Jeunes d'aujourd'hui, Paris ; 1987, 1988, 1989, 1990, galerie Nicole Ferry, Paris ; 1988, galerie Montenay, Paris ; 1990, 1994, Salon des Réalités Nouvelles, Paris ; 1992, Salon Comparaisons, Paris ; 1995, galerie Regards, Paris. Il montre ses œuvres dans des expositions personnelles : 1985, Espace du Bateau-Lavoir, Paris ; 1986, chapelle de la Salpétrière, Paris ; 1988, galerie Nicole Ferry, Paris ; 1992, galerie Barbier-Beltz, Paris ; 1992, Maison d'Art contemporain, Chaillioux, Fresnes ; 1994, *Radicalement, le tableau*, Centre d'art contemporain, Hérouville-Saint-Clair ; 1995, *Tableaux vivants*, Centre d'art contemporain, Saint-Priest.
Ses tableaux, d'esprit minimaliste, sont le produit du déplacement d'une trame couleur-forme ou grille. Celle-ci épuise, en séries, les possibilités de l'espace, des couleurs et des formes. Parmi les séries réalisées : *Terre de Sienne*, 1990-1991 ; *La Couleur et son nom*, 1989-1990 ; *La Couleur seule*, 1993-1994. L'emploi d'abord de couleurs rouge et jaune sur fond blanc, qui n'est pas sans évoquer Mondrian, puis l'utilisation systématique du rapport noir/blanc (positif/négatif) inscrit la démarche de Charles-Henri Monvert dans une critique constructive de l'art abstrait-géométrique ou plus précisément abstrait-analytique.
Bibliogr. : Jean-Luc Chalumeau : *Entretien*, in : *Opus* n° 103, Paris, 1987 – Pascale Cassagnau, in : *Art Press* n° 174, Paris, 1992 – Catherine Strasser : *Radicalement, le tableau*, catalogue de l'exposition, Hérouville Saint-Clair, 1994 – Philippe Pigues : *Tableaux vivants*, catalogue de l'exposition, Centre d'art contemporain, Saint-Priest, 1995.
Musées : Genève (Mus. d'Art Contemp.) – Paris (FNAC) – Saint-Priest (Centre d'art Contemp.).

MONVOISIN Bruno
Né le 5 septembre 1953 à Paris. XXe siècle. Français.
Peintre. Figuration-onirique, tendance surréaliste.
Autodidacte. Il participe à des expositions de groupe tels les Salons d'Automne et Artistes Français à Paris, et montre ses œuvres dans des expositions personnelles, principalement à la galerie Vendôme à Paris et à Saint-Louis en L'Isle.
Ainsi que l'écrit Marcel Julian, Bruno Monvoisin « peint des objets qui, assemblés, ont une âme ». À ces objets, aubergine, candélabre, fleur de menthe, bonbons soigneusement et minutieusement représentés, il leur imprime un anthropomorphisme singulier et plein d'humour.

MONVOISIN Domenica, Mme, née **Festa**
Née au XIXe siècle à Rome. Morte le 11 juin 1881 à Paris. XIXe siècle. Française.
Peintre de portraits, fleurs, peintre de miniatures.
Élève de son père Felice Festa et femme de Raymond Monvoisin. Elle débuta au Salon de 1831, obtint des médailles de troisième classe en 1841, 1857, 1861 et 1863.
Musées : Bordeaux : *Mlle Blanche Monvoisin*, miniature – *La même* – *Nature morte*, miniature – *Une prêtresse d'Ischia*, miniature – *Portrait de femme*, miniature – *Portrait d'enfant*, miniature.

MONVOISIN Éléonore
XIXe siècle. Française.
Peintre de portraits.
Elle figura au Salon de Paris en 1824 avec deux *Portraits.*

MONVOISIN Gaston Raymond Ernest
Né au XIXe siècle à Bordeaux (Gironde). XIXe siècle. Français.
Graveur sur bois.
Élève de Trichon. Il débuta au Salon de Paris en 1880.

MONVOISIN Henry
XIXe siècle. Français.
Peintre.
Peut-être faut-il voir dans cette œuvre passée en vente publique, une erreur d'attribution quant au prénom.
Ventes Publiques : Paris, 1er avr. 1942 : *Fileuse napolitaine dans la campagne* 1826 : **FRF 1 050**.

MONVOISIN Pierre, dit **l'Aîné**
Né à Bordeaux (Gironde). XIXe siècle. Français.
Peintre de genre, lithographe et éditeur d'estampes.
Il vint à Paris et s'établit au passage Delorme. Dès 1824, il produit des œuvres. Il figura au Salon de Paris en 1831, 1833 et 1836 avec des lithographies. Il peut y avoir confusion avec Raymond Auguste Quinsac, ou Pierre Raymond Jacques Monvoisin.
Musées : Semur-en-Auxois : *Ruines gothiques.*

MONVOISIN Raymond Auguste Quinsac ou **Pierre Raymond Jacques** ou **R. P. J.**
Né le 3 août 1794 à Bordeaux (Gironde). Mort le 26 mars 1870 à Boulogne-sur-Seine (Hauts-de-Seine). XIXe siècle. De 1842 à 1853 actif au Pérou et au Chili. Français.
Peintre d'histoire, portraitiste et lithographe.
Il commença ses études avec Lacour à Bordeaux. Le 9 mars 1816, il entra à l'École des Beaux-Arts dans l'atelier de P. Guérin. En 1820, il obtint le deuxième prix de Rome. Cependant l'Académie ayant considéré le mérite de l'œuvre demanda au gouvernement d'accorder à l'artiste trois années de pension à Rome. En 1831, il eut une médaille de première classe. À son sujet on lit, dans Bellier de la Chavignerie, ce qui suit : « Un excès d'amour-propre brisa la carrière de Monvoisin. En refusant de modifier son tableau de la *Bataille de Denain*, exposé au Salon de 1836, il s'aliéna les bonnes grâces de M. de Cailleux, directeur général des Musées sous le règne de Louis-Philippe. Ce puissant personnage lui suscita tous les désagréments possibles. Porté sept fois pour la décoration, sept fois cette proposition fut rejetée. Enfin fatigué d'une telle lutte, découragé de tant d'injustices, cet artiste songea à quitter la France. En 1842, il se rendit à Valparaiso

emportant dix-huit de ses tableaux, parmi lesquels se trouvait la fameuse *Séance du 9 thermidor*. Après le départ de Monvoisin l'administration retira du Musée du Luxembourg les tableaux qu'il y avait et les envoya dans les dépôts de l'État, aussi la génération actuelle ne connaît-elle aucune des grandes compositions de ce peintre. On ignore les travaux qu'il a dû exécuter pendant les dix années qu'il a passées à l'étranger, on sait seulement qu'il a organisé une École de peinture au Pérou et qu'au Chili une galerie porte son nom. De retour à Paris en 1853, Monvoisin recommença à exposer au Salon. » Monvoisin a produit quelques lithographies.

R.° Q: monvoisin.

Musées : Amiens : *Jeanne la Folle* – Angers : *Portrait d'homme* – Bordeaux : *Jésus guérissant un possédé* – *Bataille de Denain* – *Mme Monvoisin* – *Mlle Monvoisin enfant* – Montpellier : *La mort de Charles IX* – Nancy : *Derniers moments du poète Gilbert à l'Hôtel-Dieu* – Semur-en-Auxois : *Le songe* – Étude académique – Toulon : Esquisse – Versailles : *Comte Paul Gremer, lieutenant général* – *Oudinot* – *Beaurepaire* – *Maréchal de camp Dampierre* – *Chilpéric II* – *Clovis III* – *Clotaire II* – *Lothaire* – *Gauthier de Châtillon* – *Duc Anne-Jules de Noailles* – *Jean Lavardin de Beaumanoir* – *Trivula*, portrait équestre – *Xaintrailles* – *Gyé* – *Childebert, surnommé le Juste*.

Ventes Publiques : Paris, 2-4 juin 1920 : *Le repos de Diane ; Le bain de Diane*, deux mines de pb : **FRF 660** – Paris, 23 avr. 1928 : *Le Repos de Diane ; Le Bain de Diane*, deux dess. : **FRF 1 000** – Versailles, 2 mai 1976 : *Scènes de théâtre : Tartuffe et la princesse de Clèves*, deux h/t : **FRF 3 800** – Rio de Janeiro, 31 mars 1984 : *Paysage*, h/t : **BRL 36 000 000** – Londres, 20 nov. 1986 : *Une jeune paysanne* 1827, h/t (104,2x82,5) : **GBP 3 800** – New York, 24 oct. 1989 : *Callirhoé* 1823, h/t (196,2x261) : **USD 55 000**.

MONY Adolphe Stéphane ou **Stephane**

Né le 23 mars 1831 à Paris. Mort en 1909 à Paris. XIXe siècle. Français.

Sculpteur.

Élève de Guitton et Bartholdi. Il débuta au Salon de Paris en 1877 ; mention honorable en 1892.

MONZA Nolfo ou **Troso da**. Voir **TROSO da Monza**

MONZE

XVIIIe siècle. Actif en 1779. Français.

Médailleur.

MONZIES Louis

Né le 29 mai 1849 à Montauban (Tarn-et-Garonne). XIXe siècle. Français.

Graveur à l'eau-forte et peintre d'histoire.

Élève de Pils et de Gaucherel. Il débuta au Salon de Paris en 1876. Sociétaire des Artistes Français depuis 1884 ; médaille de troisième classe en 1876, médaille de troisième classe en 1880, médaille d'argent à l'Exposition Universelle de 1889. Le Musée de Montauban conserve une peinture de lui *Scène d'intérieur sous Louis XV*, et celui du Mans, *Église de la Ferté-Bernard* et *Intérieur de l'église de la Ferté-Bernard*.

Ventes Publiques : Londres, 14 nov. 1973 : *Le jeu de bilboquet* : **GBP 600**.

MONZIMET Charles ou **Monzinut**

XXe siècle. Français.

Peintre.

Il a participé, à Paris, au Salon de 1901.

Musées : Calais : *La Chasse au faucon*.

MONZINI Gelindo

XIXe siècle. Actif à Milan de 1877 à 1889. Italien.

Sculpteur.

Il exposa à Naples, Turin, Milan et Rome. Le Musée de Sydney conserve de lui un buste en marbre.

MONZON Rafael Juan

XVIe siècle. Actif à Huesca. Espagnol.

Peintre.

Il a peint en 1571 les panneaux du maître-autel de l'église de Yéqueda (Prov. de Huesca).

MOODY Fannie, Mrs **Gilbert King**

Née le 10 mai 1861 à Londres. Morte en 1897. XIXe siècle. Britannique.

Peintre d'animaux, dessinatrice.

Elle fut élève de Nettleship.

Ventes Publiques : Londres, 28 juin 1977 : *A protest*, h/t (70x55) : **GBP 650** – Londres, 9 oct 1979 : *Out of the kennel*, h/t (64x48) : **GBP 500** – Londres, 17 déc. 1986 : *A battle for the standard*, h/t (49x72) : **GBP 4 800** – Londres, 15 jan. 1991 : *Les chiots de Jack Russell avec un chaton*, h/cart. (38,1x52,1) : **GBP 1 760** – Londres, 11 juin 1993 : *Les meilleurs amis*, h/cart. (37,7x53) : **GBP 2 760** – Londres, 10 mars 1995 : *Pékinois*, craies coul. (62,3x80) : **GBP 2 760** – Londres, 7 juin 1996 : *Moment critique* 1894, h/cart. (27,4x38,1) : **GBP 8 970** – Londres, 13 mars 1997 : *Moment critique*, h/pan. (61x48,2) : **GBP 4 500**.

MOODY Thomas Wollaston ou **Fr. Thomas**

Né en 1824. Mort le 10 août 1886 à Londres. XIXe siècle. Britannique.

Peintre et critique d'art.

Père de Fannie M. Cet artiste fut surtout un remarquable instructeur. Nommé professeur au Victoria and Albert Museum, il s'y occupa avec beaucoup d'autorité à l'enseignement des arts décoratifs. Cependant, de 1850 à 1877, il exposa des figures à la Royal Academy, à la British Institution et à Suffolk Street.

MOOG Hermann

Né le 29 janvier 1901 à Gelsenkirchen (Rhénanie-Westphalie). Mort le 25 mars 1974 à Haltern. XXe siècle. Allemand.

Peintre, graveur. Expressionniste.

Après ses études classiques, il fut élève de l'École des Arts Décoratifs de Essen, puis de 1921 à 1923, de l'Académie de Düsseldorf. Vers 1929, il connut et subit l'influence du peintre berlinois Johann Walter Kurau. En 1946, il se fixa définitivement à Holtwick à la limite de la région du Hohe Mark. En 1948, il fonda l'école de peinture pour enfants de Marl. Il fut ensuite appelé à enseigner au lycée et au collège technique de Halter. Des trois voyages en Espagne, en 1954, 1955, 1959, il rapporta bon nombre de paysages.

Tout son œuvre se rattache au courant de l'expressionnisme allemand des années 1910. Une grande part de ses peintures et gravures sur bois traduisent le climat très particulier de la campagne du Hohe Mark. En 1956, un voyage au Japon lui inspira surtout un grand nombre de peintures d'après les jardins traditionnels japonais.

Bibliogr. : Jupp Moog : *Hermann Moog*, Ruth Moog, Haltern, 1975.

MOOG Jupp

Né en 1905. XXe siècle. Allemand.

Peintre de paysages. Expressionniste.

Frère de Hermann Moog, il fit des études d'architecture, notamment en France. Il a toujours exercé cette activité, soit comme architecte de l'administration de Marl, soit ensuite comme architecte privé. Il s'est formé seul à la peinture, profitant certainement de l'exemple de son frère.

Une importante exposition de ses peintures lui a été consacrée en 1975 à Marl.

Ses paysages, fortement cernés, sont également marqués par le courant expressionniste allemand.

MOOJAERT. Voir **MOEYAERT**

MOOK Friedrich Wilhelm

Né le 14 mars 1888 à Francfort-sur-le-Main (Hesse). XXe siècle. Allemand.

Peintre de portraits, paysages, animalier, graveur.

Il fut élève de J. H. Limpert et de l'Académie des Beaux-Arts de Karlsruhe.

Musées : Francfort-sur-le-Main (Gal. Städel) : *Portrait* – *Paysage avec chêne* – *Fleurs*.

MOOL, Van

Hollandais.

Peintre.

Probablement Peeter Van Mol. Connu pour une œuvre passée en vente publique.

Ventes Publiques : Paris, 25 juin 1945 : *Danaé* : **FRF 10 000**.

MOOLENYZER W. A.

XIXe siècle. Actif au milieu du XIXe siècle. Hollandais.

Lithographe.

On cite de lui le portrait de *G. Ernst*.

MOOLEYSER Willem
XVIIe siècle. Actif à Rotterdam. Hollandais.
Graveur sur verre.

MOON
XIXe siècle. Actif vers 1850. Britannique.
Graveur sur acier.
On cite de lui un certain nombre de portraits de personnalités russes.

MOON Henry George
Né en 1857. Mort en 1905. XIXe siècle. Actif à Londres. Britannique.
Peintre de paysages, fleurs.

HG Moon

Ventes Publiques : Londres, 13 nov. 1992 : *Roses de Noël et forsythia dans un vase de verre* 1895, h/t (59,8x50,8) : **GBP 1 650**.

MOON Jeremy
Né en 1934 dans le Cheshire (ou Chester). XXe siècle. Britannique.
Peintre. Abstrait-géométrique.
Après des études à Cambridge, il fut élève de la Central School of Art de Londres, en 1961.
Depuis 1962, il participe à de nombreuses expositions de groupe, notamment au *London Group*, en 1963 ; *Contemporary British Painting and Sculpture* à l'Albright-Knox Gallery, Buffalo (États-Unis) ; *London. The new Scene*, Walker Art Center (États-Unis), et exposition circulante en Suède, 1965 ; *London Under Forty*, Milan, 1966 ; Biennale de Paris, et *Recent British Painting*, exposition de la collection Stuyvesant, Tate Gallery, Londres, 1967 ; *Britische Kunst Heute*, Kunstverein, Hambourg, 1968 ; etc. Il montre ses œuvres dans des expositions personnelles : Londres 1963, 1965, 1966, 1968 ; Stuttgart, 1967 ; etc.
Dans le prolongement de l'abstraction géométrique, ses œuvres s'apparentent au parti pris des structures primaires de l'art minimal américain. Par des quadrillages stricts, il divise la surface de ses peintures en réseaux de carrés ou de losanges, mettant en évidence la perception de couleurs, de surfaces et de proportions simples.

MOON Michael
Né le 9 novembre 1937 à Édimbourg (Écosse). XXe siècle. Britannique.
Peintre. Abstrait.
Entre 1958 et 1962, il fut élève à la Chelsea School of Art de Londres et, de 1962 à 1963, à la Royal School of Art de Londres. Il expose en 1969, 1970 et 1972 aux Waddington Galleries à Londres.
On observe chez lui, comme beaucoup de peintres anglais contemporains, et en particulier chez Alan Green, la juxtaposition de la fidélité à un système et de la liberté de choix, exprimée par la brisure de la composition ou par le non achèvement de la toile. Ses harmonieuses juxtapositions de bandes parallèles, en dégradés colorés, doivent beaucoup à l'art minimal américain dont elles donnent une interprétation assouplie et délicate.
Bibliogr. : In : *La Peinture anglaise d'aujourd'hui*, catalogue d'exposition, Mus. d'Art Moderne de la Ville de Paris, Paris, 1973.

MOON Robert E.
Né en 1941 à Oregon. XXe siècle. Américain.
Peintre, graveur.
Il a été élève au San Francisco Art Institute jusqu'en 1970. Il enseigne ensuite à l'Université de Californie à Berkeley.
À partir de 1966, il participe à quelques expositions collectives, principalement à San Francisco, dont celle en 1971 intitulée *Fantastic Landscape* qui a attiré l'attention sur cette génération d'artistes née des phénomènes hippies et psychédéliques des années soixante. Il montre ses œuvres dans des expositions collectives, notamment en 1971 au Musée d'Oakland.
Moon contribue à un renouveau de l'art fantastique qui s'est manifesté dans les années soixante-dix sur la Côte Ouest des États-Unis. Il décrivait un univers imaginaire calme et idyllique, où l'influence des philosophies orientales était évidente.

MOONEN Adolphe
Né en 1905 à Huy. Mort en 1966. XXe siècle. Belge.
Peintre.
Bibliogr. : In : *Dictionnaire biographique illustré des artistes en Belgique depuis 1830*, Arto, Bruxelles, 1987.

MOONEY Edward L.
Né en 1813 à New York. Mort en 1887 à New York. XIXe siècle. Américain.
Portraitiste.
Élève de H. Inman et de W. Page. Le City Hall de New York possède de lui des portraits des maires de cette ville.

MOON Guhn Zung
Né en 1945 à Busan. XXe siècle. Coréen.
Peintre. Abstrait.
Il est diplômé de l'Université des Beaux-Arts de Séoul et du Royal College of Art de Londres. Depuis 1978, il participe à des expositions collectives, à Séoul, au Japon, en 1980 à Paris, à Londres en 1984, à Paris en 1986 au Centre Culturel Coréen. En 1983, il a fait une exposition personnelle à Séoul.
Il pratique une abstraction constituée de sous-ensembles de signes graphiques, assez spontanés à la manière de Klee, disposés sur un fond de toile commun.

MOONINX ou **Moonix**. Voir **MONINCKX**

MOONS Arnold ou **Aerd** ou **Moens**
XVe siècle. Actif à Bruxelles vers 1469. Belge.
Tailleur d'images.
Il entra dans la confrérie de Saint-Éloi en 1447.

MOONS Fr. ou **Moens**
XVIe siècle. Actif à Middelbourg. Hollandais.
Peintre.
Il alla à Rome en 1675 avec Abraham Genoels et y prit le surnom de Vlucht.

MOONS Gaspard. Voir **MOENS**

MOONS Hans ou **Jean** ou **Moens**
XVIe siècle. Actif à Bruges. Éc. flamande.
Peintre.

MOONS Louis, Adrien, François ou **Ludovicus Adriaen Frans** ou **Moens**
Né le 11 mai 1769 à Anvers. Mort le 25 décembre 1844 à Anvers. XVIIIe-XIXe siècles. Belge.
Peintre de portraits et d'histoire.
D'abord élève de A. B. de Quertenmont dans sa ville natale, il se rendit ensuite à Düsseldorf pour étudier les vieux maîtres allemands. De 1798 à 1805, il résida à Dresde. Après un séjour à Saint-Pétersbourg, il revint à Anvers où il fut nommé membre de l'Académie. De 1820 à 1823, il voyagea en Italie et revint à Anvers en visitant la Suisse, Munich et Stuttgart. On cite de lui un tableau *Les Disciples d'Emmaüs* à l'église Saint-Jacques d'Anvers.

MOON SEUP SHIN. Voir **SHIM MOON SEUP**

MOON Shin
Né en 1923 à Masan. XXe siècle. Sud-Coréen.
Sculpteur.
Dans des bois rares et durs, il creuse des volumes qui, par des renflements alternés avec des rétrécissements, rappellent le mouvement de l'eau des cascades.
Ventes Publiques : Paris, 2 avr. 1990 : *Totem*, bois de palissandre (H. 49,5) : **FRF 6 900**.

MOOR A. de
XVIIe siècle. Allemand.
Peintre.
Le Musée de Peintures de Mayence conserve de lui *Jésus portant la Croix*. A rapprocher de Anton de Moor Van Dashorst, connu sous le nom d'Antonis MOR.

MOOR Carel de, ou **Karel de**
Né le 25 février 1656 à Leyde. Mort le 16 février 1738 à Varmond. XVIIe-XVIIIe siècles. Hollandais.
Peintre de genre et de portraits et graveur.
Fils d'un peintre et marchand, élève de Gérard Dou, d'Abr. Van den Tempel, de Fr. Mieris et de Godfried Schalken ; en 1683 dans la gilde de Leyde ; il épousa Hildegonda de Wael et Louise-Jeanne Molenschot. Il peignit, à l'Hôtel de Ville de Leyde, un *Brutus condamnant ses deux fils*, œuvre d'un grand caractère. Le grand-duc de Toscane lui demanda son portrait pour le Musée des Offices et l'artiste l'envoya en 1702. Il peignit pour les ambassadeurs impériaux les portraits du prince Eugène de Savoie et du duc de Marlborough, œuvres qui lui valurent des lettres de

noblesse. On cite parmi ses meilleurs ouvrages un groupe à l'Hôtel de Ville de La Haye représentant les *Magistrats et les échevins de cette ville en 1719*. Carel de Moor a gravé avec grand talent quelques portraits.

C. De Moor f.
C.D.Moor
A° 1692

Musées : Aix : *Jeune femme courtisée* – Amsterdam : *l'artiste* – Angers : *Jardinière* – *Partie de plaisir* – Anvers : *La jeune dame au bouquet* – Aschaffenborg : *Joseph interprétant les songes* – Brest : *La partie de cartes* – Chartres : *L'enfant à l'oiseau* – Florence : *L'artiste* – Grenoble : *Le baron Van Wassenaer* – La Haye (comm.) : *Les membres de la magistrature de La Haye en 1717* – Karlsruhe : *Marchande de poissons* – Leyde : *Les maîtres plombeurs du Lakenhal à Leyde 1692* – *Le jugement de Brutus* – *Portrait d'homme* – New York : *Le bourgmestre de Leyde et sa femme* – Paris (Mus. du Louvre) : *Famille hollandaise* – Saintes : *Portrait de femme* – Saint-Pétersbourg (Mus. de l'Ermitage) : *Ecce Homo* – *Un ermite* – Stockholm : *Un homme cherchant à embrasser une femme* – Turin : *Pyrame et Thisbé*.

Ventes Publiques : Paris, 1773 : *Jeune dame appuyée sur un panier de fleurs* : **FRF 1 386** – Paris, 1843 : *Louis XIV et les états généraux de Hollande* : **FRF 1 700** – Paris, 1846 : *Partie de musique* : **FRF 2 700** – Paris, 1889 : *Portrait du roi Édouard VI d'Angleterre* : **FRF 9 200** ; *Portrait d'un seigneur* : **FRF 3 400** – Londres, 1899 : *Portrait d'un gentilhomme avec sa femme et ses enfants* : **FRF 19 500** – Londres, 12 mars 1917 : *Femme en robe rouge*, dess. : **GBP 50** – Londres, 16 juin 1923 : *Portrait de femme en corsage rouge* : **FRF 880** – Londres, 12 et 13 juin 1925 : *Portrait d'un bourgeois et de sa femme* : **FRF 3 500** – Londres, 5 juil. 1929 : *Gentilhomme dans sa bibliothèque* : **GBP 105** – Londres, 21 nov. 1930 : *Dame sur une terrasse* : **GBP 15** – Londres, 20 mai 1938 : *Dame et gentilhomme dans un jardin* : **GBP 47** – Londres, 18 nov. 1938 : *Jeune garçon en noir* : **GBP 37** – Bruxelles, 4 déc. 1950 : *Portrait d'un seigneur et de sa dame 1684* : **BEF 4 200** – Paris, 9 mars 1951 : *La joueuse de luth* : **FRF 42 000** – Paris, 20 nov. 1953 : *Portrait de garçonnet* : **FRF 21 000** – Paris, 9 déc. 1968 : *La joueuse de luth* : **FRF 5 600** – Londres, 11 juil. 1973 : *Portrait d'une dame de qualité* : **GBP 680** – Londres, 12 avr. 1978 : *Portrait d'une dame de qualité*, h/pan. (19x15) : **GBP 3 000** – Londres, 20 oct. 1982 : *Jeune garçon avec des chiots dans un paysage*, h/pan. (19x24) : **GBP 8 800** – Londres, 12 avr. 1985 : *Un homme lisant et un autre buvant dans une taverne* 1696, h/pan. (26,7x20,3) : **GBP 10 000** – Londres, 8 avr. 1987 : *Léda et le Cygne*, h/t (121,5x151,5) : **GBP 38 000** – New York, 7 avr. 1988 : *Portrait d'une femme assise dans un parc*, h/t (52x44) : **USD 8 250** – New York, 7 avr. 1989 : *Portrait d'une jeune femme assise dans un encadrement de fenêtre*, h/pan. (27x23) : **USD 6 600** – Londres, 19 mai 1989 : *Portrait d'une dame vêtue de blanc et portant une brassée de fleurs, debout de trois-quart* 1716, h/t (128,3x106,8) : **GBP 3 080** – New York, 10 oct. 1990 : *Portrait de l'artiste en buste vêtu d'un habit pourpre et d'une chemise blanche*, h/cuivre (11,1x8,2) : **USD 4 620** – Paris, 31 jan. 1991 : *Portrait d'une jeune femme tenant des fruits*, h/t (127,5x107) : **FRF 52 000** – Londres, 23 avr. 1993 : *Trois petits paysans en train de manger*, h/t (138,5x105,4) : **GBP 6 900** – Paris, 28 juin 1993 : *Portrait de famille*, h/t (134x183,5) : **FRF 160 000**.

MOOR Carel, Isaak ou **Karel, Isaak de**
Né en 1695 à Leyde. XVIIIe siècle. Hollandais.
Peintre de genre, portraitiste et graveur à l'eau-forte.
Fils de Carel de Moor. Il travailla à Leyde et à Paris. La salle du Sénat de Leyde conserve de lui trois portraits de professeurs et le Musée d'Amsterdam, *Pêcheur à la ligne*.
Ventes Publiques : Londres, 2 juil. 1986 : *Le Repos pendant la fuite en Égypte*, h/pan. (19x27) : **GBP 13 000**.

MOOR Dimitri, pseudonyme de **Orlov Dimitri Stakhevitch**
Né le 22 octobre 1883 à Novotcherkassk. Mort en 1946 à Mocou. XXe siècle. Russe.
Dessinateur, illustrateur, affichiste.
Il prit part à la révolution de 1905. Il fit son apprentissage, à partir de 1910, dans l'atelier de P. Keline. Il fit partie du groupe *Octobre* en 1928. De 1922 à 1930, il enseigna au Vhutemas à Moscou. Il devint, en 1932, président de l'Union des travailleurs du manifeste révolutionnaire (ORRP).
Il participa à de nombreuses expositions, dont celles, en 1925 des Arts décoratifs à Paris, en 1927 des Affiches révolutionnaires à Berlin, en 1930 des Arts graphiques, de l'Affiche et du Livre à Dantzig. Il était représenté, en 1979, à l'exposition *Paris-Moscou* au Centre Georges Pompidou à Paris.
Il se spécialisa dans le dessin satirique et politique. Après sa collaboration (1909-1917) à la revue *Boudilnik*, il illustra les journaux les *Izvestia* à partir de 1919 et la *Pravda* à partir de 1920, ainsi que la revue *Krasnoarmeets* à partir de 1922. Il fut un des fondateurs de la revue satirique le *Krokodil*, et de la revue *Bow* en 1920, et le directeur artistique et illustrateur des revues *Bezbojnik* et *Bezbojnik ou stanka*. Il fut surtout l'un des plus grands créateurs d'affiches politiques ou sociales de son époque avec notamment *Mort à l'impérialisme mondial*, 1919 ; *À l'aide*, 1922. Ses réalisations en noir et blanc, avec une utilisation parcimonieuse de taches de couleur rouge, s'apparentent, dans leur esprit à l'Art nouveau. Vers la fin de sa vie, il illustra des livres, dont, en 1934, ceux de Saltykov-Chtchedrine, puis *Le Feu* (1938) d'Henri Barbusse, et *Le Chant de la bataille d'Igor* (1944).
Bibliogr. : R. Kaufman : *D. Moor*, Moscou, 1937 – M. Yoffe : *Dimitri Stakhevitch Moor*, Moscou-Léningrad, 1948 – D. Moor : *Je suis bolchevique*, Moscou, 1967 – M. Yoffe : *Dix esquisses sur les artistes-auteurs de dessins satiriques*, Moscou, 1971 – in : *Les Muses* t. X, Grange Batelière, Paris, 1973 – in : *Paris-Moscou*, catalogue de l'exposition, Centre Georges Pompidou, Paris, 1979.

MOOR Henrik
Né le 22 décembre 1876 à Prague. XXe siècle. Allemand.
Peintre de portraits, paysages, sujets d'architectures.
Il fit ses études à Londres et à Munich et s'établit à Fürstenfeldbruck près de Munich.
Musées : Munich (Mus. mun.) : *Portrait du peintre Fritz Baer*.

MOOR J. de
XVIIe siècle. Hollandais.
Peintre.
Il a peint *Joueurs de quilles dans un paysage avec ruines*, daté de 1659.

MOOR James
XVIIIe siècle. Actif dans la première moitié du XVIIIe siècle. Britannique.
Graveur au burin.
Il grava des portraits et des sujets religieux.

MOOR Jean Baptiste. Voir **VANMOUR Jean Baptiste**

MOOR Léopold
Né en 1876. Mort en 1966 à Forest. XXe siècle. Belge.
Peintre.

MOOR Louis de
Né en 1907 à Molenbeek-St-Jean. XXe siècle. Belge.
Peintre de paysages urbains.
Élève à l'école de dessin et des Arts Décoratifs de Molenbeek-St-Jean, il peint dans des tonalités sourdes et graves les rues nocturnes et désertes de Bruxelles, Andenne ou Liège, sous des éclairages variés.
Bibliogr. : In : *Diction. Biogr. illustré des Artistes en Belgique depuis 1830*, Arto, Bruxelles, 1987.

MOOR Pieter Cornelis de
Né le 28 mai 1866 à Rotterdam. XIXe-XXe siècles. Hollandais.
Peintre de figures, paysages, fleurs, lithographe.
Il fit ses études à Anvers et à Amsterdam.
Musées : Rotterdam (Mus. Boymans) : *Les Prêtres*.
Ventes Publiques : Amsterdam, 16 nov. 1988 : *La nymphe des bois près d'une mare*, h/t (15,5x19,5) : **NLG 920** – Amsterdam, 30 oct. 1990 : *Une sirène*, h/pan. (34x30) : **NLG 4 830** – Amsterdam, 22 mai 1991 : *Fantaisie*, h/pan. (27x21) : **NLG 862**.

MOOR Willum ou **Moer** ou **Mohr**
Mort en 1618. XVIIe siècle. Actif à Copenhague. Danois.
Sculpteur sur bois.
Il termina après la mort de Creus les sculptures du château de Rosenborg.

MOOR Van Dashorst Anton. Voir **MOR Antonis**

MOORE A. B.
XIXe siècle. Actif vers 1850. Américain.

Peintre.
Le Musée National à Washington possède de lui *Portrait de J. M. Stanley*.

MOORE A. Harvey
Mort le 16 août 1905. XIXe siècle. Britannique.
Peintre de paysages et marines.
Le Musée de Manchester possède un tableau de cet artiste.

MOORE Albert Joseph
Né en 1841 à York. Mort en 1892 ou 1893 à Londres. XIXe siècle. Britannique.
Peintre de compositions religieuses, sujets allégoriques, figures, portraits, paysages, peintre de compositions murales, cartons de vitraux, peintre à la gouache, aquarelliste, pastelliste, dessinateur, illustrateur, décorateur.
Il est le fils du portraitiste William Moore et frère cadet de John Collingham et de Henry Moore. Ses aînés et son père cultivèrent avec soin ses remarquables dispositions pour le dessin ; activité qu'il exploita dès 1855, lorsque Mrs Moore, devenue veuve, se fixa à Londres. Il suivit pendant quelques mois les cours de la Royal Academy de Londres, mais l'enseignement poncif qu'on y donnait convenait mal à ses aspirations enthousiastes, à son besoin d'interprétations personnelles. Ce fut vers la nature qu'il porta ses études. Il voyagea en Écosse et dans le nord de la France exécutant de nombreux croquis. En 1862, il passa plusieurs mois à Rome, puis il visita le Nord de la France. À partir de 1883, sa santé fortement ébranlée lui rendit le travail plus difficile, mais il travailla presque jusqu'à ses derniers instants. En 1884, il fut élu associé de la Royal Society of Painters in Water Colours, mais son caractère indépendant, la liberté avec laquelle il formulait ses critiques ne lui permirent pas d'obtenir d'autres honneurs officiels.
Il figura à diverses expositions collectives : à partir de 1857, Royal Academy de Londres ; à partir de 1877, Grosvenor Gallery ; 1888, Musée de Birmingham.
Au début de sa carrière, il donna libre cours à son imagination en consacrant une part de son temps à l'art décoratif. Son talent original fut employé par divers architectes pour la partie décorative de leurs travaux. C'est ainsi qu'il fournit notamment des dessins de papiers peints, de vitraux. Parmi ses œuvres peintes, on mentionne : *La Sulamite*. Il reçut fréquemment des commandes de peintures murales pour de riches demeures aristocratiques et édifices publics notamment à Coombe Abbey, au Queen's Theatre.

Albert Moore

Musées : Birmingham : *Les Rêves – Le Christ* – Glasgow : *Lecture à haute voix* – Liverpool : *Nuit d'été – La Sulamite – Coquillages* – Londres (Victoria and Albert Mus.) : plusieurs aquarelles – Londres (Tate Gal.) : *Fleurs (allégorie)*.
Ventes Publiques : Paris, 1892 : *Portrait de la reine Élisabeth* : **FRF 4 700** – Londres, 29 juin 1910 : *Follow my Leader* : **GBP 388** – Londres, 2 mai 1924 : *Rêverie* : **GBP 661** – Londres, 11 juil. 1934 : *Le milieu de l'été* : **GBP 130** – Londres, 17 juin 1970 : *La sieste* : **GBP 1 400** – Londres, 9 avr. 1974 : *Portrait de jeune fille* : **GBP 6 200** – Londres, 6 déc. 1977 : *Anémones*, h/t (43,5x14,5) : **GBP 3 200** – Londres, 14 déc 1979 : *Battledore and Shuttlecock*, craies noire et blanche/pap. brun (15,5x29,3) : **GBP 1 900** – Londres, 1er oct 1979 : *A garden* 1869, h/t (173x85) : **GBP 22 000** – Londres, 29 fév. 1980 : *La fontaine*, h/t (29,2x10,7) : **GBP 6 000** ; *Anémones*, h/t (44,4x15,2) : **GBP 8 500** – Londres, 23 juin 1981 : *Visage dans une assemblée*, aquar. et reh. de blanc/pap. (38x25,5) : **GBP 5 200** – Édimbourg, 30 nov. 1982 : *Day dreams* 1874, h/t (22,8x14,7) : **GBP 4 000** – Londres, 1er mars 1983 : *Baigneuse*, craies noire, blanche et de coul./pap. brun-orange (44,5x20) : **GBP 650** – Londres, 22 juin 1984 : *Étude de figure drapée et fleurs*, h/t (39,4x55,8) : **GBP 7 500** – Londres, 10 oct. 1985 : *An idyll*, craie noires et aquar. (82,5x73) : **GBP 10 000** – Londres, 17 juin 1986 : *Musk*, h/t (68,5x50) : **GBP 140 000** – Londres, 25 mars 1988 : *Argent*, h/t (119,5x63,5) : **GBP 308 000** – Londres, 21 juin 1989 : *Le cueilleur de pommes*, past. (24x10) : **GBP 7 480** – Los Angeles-San Francisco, 7 fév. 1990 : *Un chêne dans une prairie fleurie*, h/cart. (61x76) : **USD 9 350** – New York, 28 fév. 1990 : *La robe brodée* 1881, h/t (33,7x13) : **USD 231 000** – New York, 23 mai 1990 : *L'éventail d'or*, h/t/cart. (38,1x14,6) : **USD 154 000** – Londres, 19 juin 1990 : *La lectrice*, h/t/cart. (86x30,5) : **GBP 132 000** ; *La fin du roman*, h/t/cart. (86x30,5) : **GBP 137 500** – New York, 23 oct. 1990 : *Grenats*, h/t (39,4x13,3) : **USD 121 000** – Londres, 28 nov. 1990 : *La chambre jaune*, aquar. et gche (38,5x15) : **GBP 18 700** – Londres, 25 oct. 1991 : *Roses*, past. (97,8x38) : **GBP 44 000** – New York, 29 oct. 1992 : *La baignade*, past./pap. (38,1x15,2) : **USD 25 300** – Londres, 13 nov. 1992 : *Ellen Terry dans le rôle de Portia*, h/t (29,2x23,2) : **GBP 11 000** – New York, 18 fév. 1993 : *Les coquillages de la mer* 1875, h/t (79,5x36) : **USD 220 000** – Londres, 8-9 juin 1993 : *Rêveries*, h/t (26x19,5) : **USD 51 000** – Londres, 2 nov. 1994 : *Étude de tête de femme*, cr. et craie noire/pap. chamois (23,5x14,5) : **GBP 1 380** – Londres, 6 nov. 1995 : *Camarades*, h/t (43x23,5) : **GBP 98 300** – New York, 23-24 mai 1996 : *Roses*, past. (97,8x38,1) : **USD 40 250** – Londres, 5 juin 1996 : *Jeune Femme à Toga*, craies noire et blanche/pap. brun (32,5x14) : **GBP 5 980** – Londres, 7 juin 1996 : *Ellen Terry en Portia*, h/t (29,2x23,2) : **GBP 25 300** – New York, 12 fév. 1997 : *La Fin de l'histoire*, h/t (87,6x33) : **USD 189 500** – New York, 23 mai 1997 : *Un quatuor, hommage d'un artiste peintre à la musique* 1868, h/t (61x88,3) : **USD 662 500** – Londres, 5 nov. 1997 : *Modèle enveloppé d'une étoffe*, h/t, étude (23x14,5) : **GBP 16 100**.

MOORE Alex. Poole
Mort le 11 juillet 1806. XVIIIe siècle. Britannique.
Dessinateur d'architectures.
Il exposa à partir de 1793.

MOORE Arthur W.
Né le 9 novembre 1840 à Nottingham. Mort le 15 avril 1913 à Rochester (New York). XIXe-XXe siècles. Britannique.
Peintre.
Il travailla à New York.

MOORE Barlow
Né en 1834. Mort en 1897. XIXe siècle. Actif de 1863 à 1890. Britannique.
Peintre de marines.
Ventes Publiques : Torquay, 13 juin 1978 : *Les régates*, h/t (80x128) : **GBP 1 250** – Londres, 9 mai 1980 : *Bateaux au large de Douvres*, h/t (48,9x74,3) : **GBP 1 100** – New York, 4 juin 1993 : *Yacht en course au large des falaises de Needles*, h/t (60,3x92,1) : **USD 6 900** – New York, 3 juin 1994 : *Au large de Gibraltar* 1896, h/t (61x101,6) : **USD 6 900**.

MOORE Benson Bond
Né le 13 août 1882 à Washington D.C. XXe siècle. Américain.
Peintre, graveur.
Il fut élève de l'École d'Art Corcoran à Washington. Membre de la Ligue américaine des artistes professeurs, et de la Fédération américaine des arts.
Principalement paysagiste, ses gravures figurent dans de nombreux musées américains.

MOORE Charles
XVIIIe siècle. Britannique.
Portraitiste et peintre d'histoire.
Il exposa à Londres de 1768 à 1773.

MOORE Charles
Né en 1800. Mort en 1883. XIXe siècle. Britannique.
Dessinateur d'architectures.
Il fut en 1822 membre de la Société des aquarellistes.

MOORE Charles H.
Né en 1840. XIXe siècle. Américain.
Peintre et aquafortiste.
Le Musée de la Bibliothèque Nationale à New York possède de lui une *Étude de paysage*.

MOORE Christopher
Né en 1790 à Dublin. Mort le 17 mars 1863 à Dublin. XIXe siècle. Actif à Londres. Britannique.
Sculpteur.
Cet artiste, membre de la Royal Hibernian Academie, exposa à Londres, de 1821 à 1860, de nombreux ouvrages à la Royal Academy. Il exposa également mais avec moins d'assiduité, à la British Institution et à Suffolk Street.
Musées : Dublin : *Thomas Ashorne – Richard Lalor Scheil – Thomas Moore – George Frederick William, comte de Carlisle – Buste de John Doyle* – Londres (Nat. Portrait Gal.) : *Thomas Moore*, buste.

MOORE Claude T. Stanfield
Né le 10 juin 1853 à Nottingham. Mort le 2 avril 1901. XIXe siècle. Britannique.
Peintre de paysages, marines, graveur.

Il a peint de nombreuses vues de la Tamise.
Musées : Nottingham.
Ventes Publiques : Paris, 5 mai 1944 : *Marine* : **FRF 550** – Paris, 24 mai 1944 : *Effet de brouillard sur la Tamise ; Effet de soleil sur la Tamise*, deux pendants : **FRF 4 300** – Paris, oct. 1945-juil. 1946 : *Sur la Tamise* : **FRF 4 600** – Londres, 9 juil. 1974 : *Bords de la Tamise* 1877 : **GBP 950** – Londres, 20 mars 1979 : *Le Parlement de Londres* 1884, h/t (75x110,5) : **GBP 2 600** – Londres, 29 mars 1983 : *Vue de Westminster et du Parlement* 1885, h/t (76x112) : **GBP 12 000** – Londres, 14 fév. 1986 : *Westminster vue de la Tamise* 1877, h/t (61x91,5) : **GBP 8 500** – New York, 29 oct. 1987 : *Les Bâtiments du Parlement depuis la Tamise* 1886, h/t (61x91,5) : **USD 25 000** – Londres, 26 sep. 1990 : *Le Parlement vu depuis la Tamise* 1897, h/t (51x76,5) : **GBP 3 080** – Londres, 22 mai 1991 : *Vaisseaux dans le bassin de Hasting près des docks de la Compagnie des Indes occidentales* 1851, h/t (51x76) : **GBP 3 300** – Londres, 11 oct. 1991 : *Vue du château de Windsor*, h/t (33x48,2) : **GBP 990** – Londres, 20 mai 1992 : *Le port d'Aberdeen* 1876, h/t (30,5x45,5) : **GBP 4 400** – Londres, 2 nov. 1994 : *Le Parlement vu depuis les berges de la Tamise* 1884, h/t (76,5x112) : **GBP 10 350** – Londres, 4 nov. 1994 : *Le bassin de Londres le soir* 1896, h/t (76,2x50,8) : **GBP 6 325** – Londres, 6 nov. 1996 : *Frégate au large de Shoeburyness* 1883, h/t (51x76,5) : **GBP 4 600** – Londres, 7 nov. 1997 : *La Tamise vue de Blackwell Landing Stage* 1876, h/t (30,5x45,7) : **GBP 5 750**.

MOORE David

Né en 1943 en Irlande. xxe siècle. Actif depuis 1966 en Australie. Irlandais.

Sculpteur d'installations.

Bibliogr. : In : *Creating Australia – 200 years of art 1788-1988*, Art Gallery of South Australia, Adelaïde, 1988.
Musées : Montréal (Mus. d'Art Contemp.) : *Irlande* 1983, sculpt. installation.

MOORE Edwin

Né en 1813 à Birmingham. Mort en 1893 à York. xixe siècle. Britannique.

Aquarelliste.

Fils de William Moore. Il fut professeur de peinture et de dessin à York. Bien que ses œuvres fussent estimées, E. Moore fut toujours éclipsé par ses frères. La Galerie Walker à Liverpool conserve de lui deux dessins à la plume.

MOORE Edwin Augustus

Né le 24 août 1858 à Hartford (Connecticut). Mort en 1925. xixe siècle. Américain.

Peintre d'animaux, paysages, natures mortes.

Fils de Nelson A. Moore, il fut son élève. Il s'établit à Kensington.
Ventes Publiques : New York, 10 juin 1992 : *Vache passant le gué d'un ruisseau* 1893, h/t (61x76,2) : **USD 2 860** – New York, 24 sep. 1992 : *Nature morte de fruits avec un vase de fleurs*, h/t (30,5x45,7) : **USD 4 400** – New York, 21 mai 1996 : *Attaque du panier du chat* 1885, h/t (76x60,2) : **USD 1 725**.

MOORE Francis, John. Voir **MOORE John Francis**

MOORE Frank Montague

Né en 1877 à Taunton (Somersetshire, Angleterre). xxe siècle. Américain.

Peintre.

Il fut élève de H. W. Ranger ; membre du Salmagundi Club et de la Fédération américaine des arts. Une de ses œuvres *Old Quarry in Moonlight*, figure à l'Académie des Arts d'Honolulu.
Ventes Publiques : New York, 30 mai 1990 : *Noank Cove, à Carmel*, h/cart. (61x76,3) : **USD 2 200**.

MOORE George, Belton

Né en 1805. Mort en novembre 1875. xixe siècle. Britannique.

Peintre de paysages et d'architectures.

Élève de Pugin. Cet artiste fut professeur de dessin à l'University College de Londres et à la Royal military Academy. Il exposa, de 1830 à 1870, des paysages à la Royal Academy, à la British Institution et à Suffolk Street. On lui doit des ouvrages sur la perspective et sur les couleurs.
Ventes Publiques : Londres, 12 nov. 1923 : *Statue de Charles Ier à Charing Cross*, aquar. : **GBP 85** – Londres, 29 nov. 1973 : *London Bridge*, aquar. : **GBP 650** – Londres, 16 mars 1978 : *Fish Street Hill with the monument* 1830, aquar. et pl. (54x37) : **GBP 800**.

MOORE Harry Humphrey

Né en 1844 à New York. Mort le 2 janvier 1926 à Paris. xixe-xxe siècles. Américain.

Peintre de genre, figures, scènes et paysages typiques. Orientaliste.

Dans les années soixante-dix, il fit des voyages en Espagne, au Maroc, où il resta deux ans, à Rome, au Japon et s'établit finalement à Paris. Toutefois son œuvre n'est pas intégralement consacré aux sujets orientalistes. Il figura aux Expositions de Paris ; obtenant une médaille de bronze en 1889, pour l'Exposition Universelle.
Ventes Publiques : Los Angeles, 9 juin 1976 : *Le camp gitan* 1871, h/t (120x160) : **USD 1 000** – New York, 23 sep. 1981 : *Un garde marocain* 1876, h/t (50,8x30,5) : **USD 9 000** – Londres, 24 fév. 1982 : *La maison de thé* 1885, h/t (68x103) : **GBP 2 600** – Londres, 30 mai 1984 : *La maison de thé japonaise* 1885, h/t (68x103) : **GBP 1 900** – New York, 22 mai 1985 : *Un garde marocain* 1876, h/t (50,8x30,5) : **USD 20 000** – Paris, 10 juin 1990 : *Enfants et sauterelles*, h/t (61x45,5) : **FRF 17 000** – Paris, 1er juil. 1992 : *Élégante aux roses*, h/t (79x61) : **FRF 30 000** – New York, 4 mai 1993 : *Rue de la Nouvelle Orléans*, h/pan. (21,6x15,3) : **USD 1 380** – New York, 14 oct. 1993 : *La citadelle du Caire ; Le Nil* 1912, aquar./pap., une paire (25,1x62,8) : **USD 6 900** – Londres, 18 mars 1994 : *Les meilleurs amis*, h/t (81,5x64) : **GBP 17 250** – Paris, 22 avr. 1996 : *Enfants aux sauterelles*, h/t (61x45,5) : **FRF 32 000** – Fontenay-le-Comte, 17 juin 1996 : *La jeune bergère*, h/t : **FRF 47 500**.

MOORE Henry

Né le 7 mars 1831 à York. Mort le 22 juin 1895 à Margate. xixe siècle. Britannique.

Peintre de paysages, marines, intérieurs, aquarelliste, graveur.

Fils et élève du peintre de portraits William Moore et frère d'Albert Moore. Il vint à Londres en 1853 et étudia aux Écoles de la Royal Academy, mais, comme son frère, il supporta difficilement l'enseignement officiel. Il exposa à Londres à partir de 1853 et continua à figurer très fréquemment à la Royal Academy, à Suffolk Street, à la British Institution, à la Grosvenor Gallery. Il fut nommé associé à la Royal Academy en 1885 et académicien en 1892. Il fut aussi membre de la Royal Water-Colours Society.

Il peignit d'abord des intérieurs, puis voyagea, visitant la France, la Suisse, l'Irlande, et enfin adopta dans les années 1870 le genre dans lequel il devait triompher : la peinture de la mer sous ses divers aspects et ses différents éclairages. À l'annonce d'une forte tempête il pouvait traverser toute l'Angleterre pour l'observer et enrichir son inspiration. Henry Moore est considéré comme l'un des plus grands peintres de marines anglais.
Musées : Birmingham : *Le paquebot de Newhaven – L'été en Cornouailles – By Stress of weather driven – Abandonné – Dans le Moray Firth* – Blakburn : *Mauvais temps sur la Méditerranée* – Bristol : *By Stress of weather driven – Éclaircie dans les nuages* – Glasgow : *Raz de marée à Saint-Albans* – Liverpool : *Lancement d'un canot de sauvetage – Marine* – Londres (Victoria and Albert Mus.) : Quatre aquarelles – Londres (Tate Gal.) : *Mer agitée*.
Ventes Publiques : Londres, 21 avr. 1894 : *Au large de Poole Dorsetshire* : **FRF 5 381** – Londres, 1899 : *Falaises au bord de la mer* : **FRF 7 350** – Londres, 18 déc. 1909 : *Marine* : **GBP 12** – Londres, 4 avr. 1910 : *Fowey Cornwall* : **GBP 27** – Londres, 15 juil. 1910 : *Marine* 1889 : **GBP 15** – Londres, 4 fév. 1911 : *Après l'orage* : **GBP 14** – Londres, 22 avr. 1911 : *Récolte de l'orge* : **GBP 9** – Londres, 9 déc. 1921 : *Matinée ensoleillée après la pluie*, dess. : **GBP 120** – Londres, 30 juin 1922 : *Une mer calme* : **GBP 157** – Londres, 16 mai 1924 : *Hove-to for a Pilot* : **GBP 315** – Londres, 14 juil. 1924 : *Retour des bateaux de pêche* : **GBP 84** – Londres, 1er déc. 1925 : *Retour des bateaux* : **GBP 120** – Londres, 25 nov. 1928 : *La baie de Gerran* : **GBP 199** – Londres, 28 mars 1930 : *Brillante matinée* : **GBP 71** – Londres, 19 juil. 1935 : *Arc-en-ciel*, dess. : **GBP 16** – Londres, 15 juin 1936 : *Belle matinée après la pluie*, dess. : **GBP 29** – Londres, 5 mars 1971 : *Cavalier sur la plage* : **GNS 220** – Londres, 20 juin 1972 : *La charrette de foin* : **GBP 600** – Londres, 20 nov. 1973 : *Paysage alpestre* : **GBP 720** – Londres, 27 avr. 1976 : *Les ramasseurs de goëmon* 1880, h/t (20x44) : **GBP 260** – Londres, 28 jan. 1977 : *Paysage au ciel nuageux* 1870, h/t (97x181,5) : **GBP 950** – Londres, 1er oct 1979 : *Pêcheurs ramenant leurs filets* 1874, h/t (60x100) : **GBP 3 200** – Londres, 19 juin 1984 : *Morning glow* 1873-1874, h/t (100x214,5) : **GBP 4 000** – Londres, 22 sep. 1988 : *La pleine mer*, h/t (51x76) : **GBP 605** – Londres, 31 mai 1989 : *Au large des côtes de Cumberland* 1874, h/t (31,5x55) : **GBP 1 320** – Londres, 31 jan. 1990 : *Retour de pêche* 1876, aquar. (25,5x35) : **GBP 3 190** – Londres, 9 fév. 1990 : *Une prairie en Suisse au mois de juin* 1856, h/t (36,2x54,6) : **GBP 9 900** – Londres, 26 sep. 1990 : *Ombre et soleil*

1889, h/t (107x183) : **GBP 8 800** – Londres, 8 fév. 1991 : *Paysage alpin* 1856, h/t (28x38) : **GBP 1 320** – New York, 29 oct. 1992 : *Clair de lune en été* 1876, h/t (137,8x91,1) : **USD 3 025** – Londres, 12 nov. 1992 : *Figures traversant les dunes de sable de Cardigan Bay* 1868, h/t (42x66) : **GBP 4 180** – Londres, 3 mars 1993 : *Été* 1856, h/t (28x38) : **GBP 4 945** – Londres, 2 nov. 1994 : *Le Mont Blanc depuis Servoz* 1856, h/t (61,5x92) : **GBP 8 625** – Copenhague, 8 fév. 1995 : *Paysage champêtre avec un bouvier et ses vaches* 1862, h/t (39x67) : **DKK 6 500** – Londres, 6 nov. 1995 : *L'arrivée d'un grain à marée basse* 1867, h/t (40x65,4) : **GBP 13 225** – Londres, 6 nov. 1996 : *Monsalde-on-the-Wye, Derbyshire* 1851, h/t (56x77,5) : **GBP 2 750** – Londres, 12 mars 1997 : *Percée dans les nuages* 1875, h/t (42x82,5) : **GBP 8 970** – Londres, 5 nov. 1997 : *Pêche aux moules, côte Nord du Pays de Galles* 1872-1873, h/t (41,5x79) : **GBP 3 220**.

MOORE Henry

Né le 3 juin 1898 à Castleford (Yorkshire). Mort le 31 août 1986 à Much Hadham (près de Londres). xxe siècle. Britannique.

Sculpteur, dessinateur, dessinateur de cartons de tapisseries, graveur. Abstrait.

Henry Moore était le septième enfant de Raymond Spencer Moore et de Mary Moore. Son arrière-grand-père paternel était originaire d'Irlande, mais son père et son grand-père naquirent dans le Lincolnshire, où pendant deux ou trois générations, ils travaillèrent la terre ou descendirent dans la mine. Le père de Moore était lui-même mineur. À l'âge de douze ans, Moore obtint une bourse d'études pour la Grammar School de Castleford, où il fut soutenu et encouragé pendant toutes ses études par le professeur de dessin. Moore se destinait à l'enseignement. En 1916, il était entré en fonction dans son ancienne école primaire. Mais en février 1917, il s'engagea dans l'armée. Il partit pour le front français au début de l'année 1917. En novembre de la même année, il fut gazé au cours de la bataille de Cambrai. Versé aux services de l'arrière, il revint en Angleterre où il devint moniteur d'éducation physique de l'armée. Démobilisé en février 1919, il obtint une bourse d'ancien combattant pour la School of Art de Leeds où il passa deux ans. Il s'inscrivit ensuite aux cours du Royal College of Art de Londres, où on lui accorda en 1925 une bourse de voyage. Il put ainsi visiter Rome, Florence, Venise, Ravenne et Paris où il rencontra lors de voyages réguliers, Picasso en 1937, ainsi que Giacometti, Ernst, Éluard et Breton. À son retour de son premier voyage d'études, Moore fut nommé professeur de sculpture au Royal College of Art où il enseigna deux jours par semaine jusqu'en 1931, et parallèlement à la Chelsea School of Art jusqu'en 1939. Durant la guerre, il fut nommé artiste aux armées (1940 à 1942). Il rencontra Brancusi en 1945 à Paris. Henri Moore va connaître un immense succès après la guerre. Au début des années soixante-dix, il créa une fondation, qui porte son nom, destinée à encourager l'intérêt public pour la sculpture et la sienne en particulier. Elle possède à Much Hadham, le village où résidait l'artiste, une bibliothèque, un centre d'archives et une collection de dessins, estampes, maquettes et œuvres sculptées de l'artiste. La Fondation est très active dans le domaine du mécénat culturel.

En 1936, il participa aux manifestations surréalistes de Londres et New York. Il figura à des expositions collectives : 1948 XXIVe Biennale de Venise, 1953 IIe Biennale de São Paulo, 1996 *Un Siècle de sculpture anglaise* à la Galerie nationale du Jeu de Paume à Paris. Il fit sa première exposition particulière, à Londres, à la galerie Waren, en 1928, puis exposa, toujours à Londres, aux Leicester Galleries de 1931 à 1946. Il fit également des expositions rétrospectives au Temple Newsam de Leeds en 1941 ; au Musée d'Art Moderne de New York en 1946 ; à l'Art Institute de Chicago, au Museum of Art de San Francisco en 1947 ; aux State Galleries d'Australie en 1947-1948 ; à la City Art Gallery de Wakefield, à la City Art Gallery de Manchester et au Musée National d'Art Moderne de Paris en 1949 ; à la Tate Gallery de Londres en 1968 ; au Musée Rodin en 1971 ; à Florence en 1972 ; à Zurich en 1976 ; à l'Orangerie des Tuileries à Paris en 1977 ; à la Bibliothèque nationale de Paris, pour ses gravures, en 1977. Durant l'été 1992, un ensemble des sculptures monumentales d'Henry Moore a été montré sur les pelouses et en fonction du paysage du Parc de Bagatelle, près de Paris. En 1996, le Musée des Beaux-Arts de Nantes a organisé l'exposition *Henry Moore. L'Expression première. Dessins, Plâtres et Taille Directe*.

En 1948, il obtint le Prix International de Sculpture de la XXIVe Biennale de Venise, et en 1953 à la IIe Biennale de São Paulo. Moore fut également membre du Comité de la Tate Gallery de 1941 à 1948, puis de la Royal Fine Art Commission. Il devint ensuite membre associé honoraire du Royal Institute of British Architects, en 1948 membre correspondant de l'Académie royale flamande des Sciences, des Arts et des Lettres de Belgique, en 1972 membre associé de l'Académie française des Beaux-Arts, en 1984 il recut les insignes de Commandeur de la Légion d'honneur.

Henry Moore a exécuté plusieurs commandes officielles, parmi lesquelles : en 1928, une sculpture pour l'entrée du métro de Saint-James ; en 1943-1944, une *Madone à l'Enfant* pour l'église Saint-Mathew de Northampton ; en 1945-1946, un monument commémoratif pour le parc de Dartington Hall dans le sud du Devonshire ; en 1947-1948, *Trois personnages debout* pour la Municipalité de Londres ; en 1948-1949, *Un groupe de famille* en bronze pour la New Modern Secondary School de Stevanage ; en 1953, une *Figure drapée couchée* pour le Time and Life Building de Londres ; en 1958 une *Figure couchée* pour l'UNESCO.

L'artiste est le premier à admettre les influences qui contribuèrent au début à la formation de son art, quoique ce soient des influences de conception primordiale et non des influences ou des exercices de style. C'est surtout à travers le thème de la mère à l'enfant, qu'il a traité pendant près de soixante ans que l'on peut, le mieux, percevoir l'évolution de sa pratique sculpturale : de l'association centripète mère-enfant à partir de 1922, à une articulation centrifuge des figures à la fin de sa vie. Le sculpteur a appris à se connaître en présence de l'art préhistorique, la sculpture archaïque, égyptienne, africaine (il a lu l'essai sur l'art africain de Roger Fry paru en 1920), mexicaine (la première *Figure couchée* date de 1929, elle s'inspire du Chac-Mool, divinité aztèque de la pluie et de la fécondité) et à travers l'œuvre saxonne et romane des églises anglaises. Il est tenté un cours moment par le cubisme, il l'abandonne dans les années trente. La fréquentation, en 1933, du groupe avant-gardiste *Unit One* (Barbara Hepworth, Ben Nicholson, Paul Nash), le conduit à l'abstraction de 1931 à 1938 : *Four piece composition* ; *Reclining figure* (Figure allongée), 1934 ; *Two forms*, 1934. Moore collabore également en 1937 à la revue *Circle*, publiée par le groupe *7 and 5* qui réunissait des artistes séduits par les idées de Gabo, de Mondrian et de Gropius. On retrouve cette tendance à l'abstraction dans les « figures à cordes » comme *Tête*, 1938 ; *Corbeille d'oiseau*, 1939. Le surréalisme l'attire également, transparaissant plus dans ses dessins que dans ses sculptures : *Foule regardant un objet empaqueté*, 1942. En fait, dès la fin des années trente, il fait cohabiter figuration et abstraction. Dans un manifeste publié par Herbert Read en 1934, Moore définit sa position : « La beauté dans le sens de la Grèce classique ou de la Renaissance n'est pas ce que je poursuis. Il existe une différence fonctionnelle entre la beauté de l'expression et la puissance de l'expression. La première vise à plaire, la seconde à une vitalité spirituelle qui est pour moi plus émouvante et plus profonde. » Dans l'ensemble, son œuvre reste fidèle à une conception humaniste qui s'exprime dans un langage tantôt figuratif, tantôt abstrait ou encore mixte. La nature et l'homme son étroitement liés dans son art, lui-même l'explique ainsi : « La figure humaine est ce qui m'intéresse le plus profondément ; toutefois c'est en étudiant dans la nature les cailloux, les roches, les os, les arbres, les plantes que j'ai découvert les principes de formes et de rythmes. » Dans la tradition de la sculpture classique, le corps féminin a été le thème dominant de tout son œuvre. Le plus souvent, ces corps féminins sont allongés : « Des trois positions (debout, assis, couché), la figure couchée est celle qui donne le plus de liberté, comme composition et dans l'espace... Une figure couchée peut s'étendre sur n'importe quelle surface, elle est libre et stable en même temps. Elle correspond à ma conviction que la sculpture devrait durer pour l'éternité. » L'œuvre de Moore consiste surtout en des sculptures taillées directement dans la pierre ou sur le bois, technique prônée en Angleterre à l'époque par Epstein et Gaudier-Brzeska. Il a aussi exécuté de nombreux bronzes, et expérimenté avec le ciment et la terre cuite. Pour chaque nouvelle technique abordée, il « se soumet d'abord à la matière employée » et on ne peut mieux expliquer son œuvre qu'en citant ses propres mots : « L'expression sculpturale complète est la forme dans toute sa plénitude spatiale. Ce n'est que lorsque le sculpteur comprend sa matière, connaît ses possibilités et sa structure organique, qu'il est possible de remplacer, sans franchir ses limitations, le bloc inerte par une composition qui possède une pleine vie formelle, avec des masses de grandeur et de coupe variées conçues dans leur plénitude dans l'espace, s'appuyant et se tendant, se poussant et s'opposant – composition qui est statique en ce que le centre de gravité reste dans la base et ne semble pas tomber ni quitter sa base – mais qui possède quand même une tension dynamique entre ses membres constituants... » Une des constantes dans l'œuvre de Moore, et qui contribue à son individualisation, est le concept et la présence de vides dans ses volumes, non de creux seulement, mais de trous. Des trous qui donnent au couple forme-vide une identité d'importance égale au couple forme-plein : « Le premier trou creusé dans une pierre fut pour moi une révélation... Un trou peut avoir autant d'importance pour la forme que la masse solide. » Des trous, encore, au travers desquels se voit ce qu'il y a derrière la sculpture, des trous qui annexent l'environnement, le paysage à la sculpture. Suivant de nouveaux schémas de perception liés à une approche moderne entre l'artiste et son œuvre, de même qu'entre l'œuvre et son environnement, ses réalisations se destineront à s'intégrer au plein air, naturel et urbain. Ainsi, grâce au moulage en bronze, qu'il pratique quasi exclusivement après 1945, il réalise, des grandes figures monumentales, telles celles du début des années soixante : *Reclining Figure* (Figure allongée) ; *Arch-leg* (L'arche) ; *Knife Edge* (Fil du couteau) ; *Large Two Forms* (Deux grandes formes) ; *Sheep piece* et les célèbres *Roi et Reine*, 1952-1953, figures hiératiques assises sur un banc. Son œuvre dessiné est très importante. Il a notamment réalisé, pendant la guerre, les quatre-vingt-deux dessins, *Shelter book* (1940), sur les abris londoniens, ainsi que ceux figurant l'intérieur des mines désaffectées où avait travaillé son père (1942). D'autre part, son œuvre gravé comporte près de quatre cents pièces comprenant des lithographies et des gravures en taille douce avec en particulier la série *Elephant-Kull* réalisée d'après les cavités d'un crâne d'éléphant. Il a également fait des cartons de tapisseries et, à de rares occasions, des dessins pour tissus qui conservent une qualité à la fois archaïque et moderne, et toujours un principe structural.

L'œuvre de Moore a ainsi atteint l'âge mûr de sa création à travers trente années de lente évolution et de labeur soutenu, dont la puissance de travail est peu commune même dans les annales de l'histoire de l'art. Il a contribué, en formant de nombreux artistes dont Anthony Caro et Philip King, au rétablissement d'une tradition artistique en Grande-Bretagne, qui avait presque entièrement disparu depuis le milieu du XIXe siècle. Il est longtemps demeuré une figure incontournable pour plusieurs générations de sculpteurs anglais. ■ Frank McEwen, C. D.

Moore

Moore

BIBLIOGR. : Herbert Read : *Henri Moore. Sculptures and Drawings*, 3 vol., Lund & Humphries & Zwemmer / Curt Valenti / Clarke Irwin, Londres, 1944-1946-1949 – Frank McEwen, in : *Dictionnaire de la peinture moderne*, Hazan, Paris, 1954 – Herbert Read : *Henri Moore. Vol 1 : Sculpture and Drawings 1921-1948*, Lund & Humphries & Zwemmer / Curt Valenti / Clarke Irwin, Londres, 1957 – Alan Bownes : *Henry Moore : Sculpture and Drawing*, 4 vol., Lund Humphries, Londres, 1965-1988 – Philip James : *Henry Moore on Sculpture*, ouvrage qui rassemble les écrits de Moore, 1966 – Michael Middleton, in : *Diction. universel de l'art et des artistes*, Hazan, Paris, 1967 – I. Jianou : *Henry Moore*, Arted, Paris, 1968 – Michael Middleton, in : *Dictionnaire de la sculpture moderne*, Hazan, Paris, 1970 – R. Melville : *Henry Moore. Sculptures et dessins 1921-1969*, Bruxelles, 1971 – G. Cramer, A. Grant, D. Mitchinson : *Henry Moore. Catalogue of Graphic Work*, 2 vol., vol. 1 : 1931-1972 ; vol. 2 1973-1975, Gérald Cramer éditeur, Genève, 1973-1976 – in : *Les Muses* t. X, Grange Batelière, Paris, 1973 – in : *Dictionnaire universel de la peinture*, Le Robert, Paris, 1975 – K. Clark : *Henry Moore. Drawings*, Londres, 1977 – *Henry Moore, sculpture et desssins*, catalogue de l'exposition, Orangerie des Tuileries, Réunion des Musées Nationaux, Paris, 1977 – *Henry Moore Drawings*, catalogue, Londres, 1978 – P. Cramer, A. Grant, D. Mitchinson : *Henry Moore. Catalogue of Graphic Work*, 2 vol., Vol. 3 : 1976-1979 ; vol. 4 : 1980-1984, Patrick Cramer éditeur, Genève, 1980-1986 – A. Bownes : *Henri Moore at 85, some recent sculptures ans drawings*, Tate Gall., Londres, 1982 – D. Mitchinson : *Henry Moore*, Cercle d'art, Paris, 1984 – H. Russol : *Henry Moore, Sculpture*, Edition Cercle d'art, Paris, 1984 – R. Berthoud : *Life of Henry Moore*, Londres, 1986 – Herbert Read : *Henri Moore : Complete Sculpture. Vol 2 : Sculpture 1949-1954*, Lund & Humphries & Zwemmer / Curt Valenti / Clarke Irwin, Londres, 1986 – A. Garrould : *Moore, dessins*, Paris, 1988 – Herbert Read : *Henri Moore : Complete Sculpture. Vol 1 : Sculpture 1921-1948*, Lund & Humphries & Zwemmer / Curt Valenti / Clarke Irwin, Londres, 1988 – Marc Le Bot : *Henry Moore : les sculptures-paysages*, in : *Artstudio* n° 10, Paris, automne 1988 – *Henry Moore*, Royal Academy of Arts, Londres, 1988 – in : *L'Art du XXe s.*, Larousse, Paris, 1991 – Caroline Benzaria : *Henry Moore – Les formes du dedans et du dehors*, in : *Opus international* n° 129, Paris, automne 1992 – in : *Dictionnaire de l'art moderne et contemporain*, Hazan, Paris, 1992 – David Mitchinson : *Henry Moore*, Albin Michel, Paris, 1992 – in : *Dictionnaire de la sculpture*, Larousse, Paris, 1992 – A. Garrould : *Henry Moore : Catalogue raisonné des dessins 1916-1929*, vol. 1, Lund Humphries, 1997.

MUSÉES : ABERDEEN (Art Gal.) – ADELAÏDE (Adelaïde Gal.) – AMSTERDAM (Stedelijk Mus.) – ANVERS (Middleheim Park) : *Le Roi et la Reine* 1952-1953 – ATLANTA (Art Mus.) – BÂLE (Fond. Hoffmann La Roche) – BALTIMORE – BASEL (Kunstmus.) – BERLIN (Gal. des 20 Jahrhunderts) – BIRMINGHAM (City Mus. and Art Gal.) – BOSTON (Mus. of Fine Arts) – BRUXELLES (Mus. roy. des Beaux-Arts) – BUFFALO (Albright Knox Art Gal.) : *Figure au repos* 1935-1936 – CAMBRIDGE (Université de Harvard) – CHICAGO (Art Inst.) – COLOGNE (Ville de) – DARTINGTON (Dartington Hall) – FRIBOURG (Université) – HANOVRE – KARLSRUHE (Kunstahlle) – LEEDS (City Art Gal.) : *Figure au repos* 1929 – LONDRES (Tate Gal.) : *Reclining figure* 1934 – *La Grande figure couchée* 1938 – LONDRES (British Council) – LONDRES (Contemporary Art Society) – LONDRES (Victoria and Albert Mus.) – MANCHESTER (City Art Gal.) : *Mère et enfant* 1924-1925 – MANNHEIM (Städtische Kunsthalle) – MELBOURNE (Nat. Gal. of Victoria) – MEXICO (The Experimental Mus.) – MINNEAPOLIS (Inst. of Arts) – MONTRÉAL (Mus. d'Art Contemp.) : *Upright Motive n° 5* 1955-56 – *Reclining figure* 1957 – *Small head* 1953 – MONTRÉAL (Mus. des Beaux-Arts) : *La Parze* 1957-1958 – MUCH ADHAM (Fond. Henry Moore) – MUNICH (Staatliche Bayerische Kunstsammlungen) – NEW HAVEN (Yale University Art Gal.) – NEW YORK (Solomon R. Guggenheim Mus.) : *Figure debout* – NEW YORK (Mus. of Mod. Art) : *Two forms* 1934 – *La Mariée* 1939-1940 – *Groupe familial* 1949 – NORTHAMPTON (Église Saint-Mathew) – NORTHAMPTON, États-Unis (Smith College Mus. of Art) – OSLO (Kunsternes) – OTTAWA (Nat. Gal. of Canada) – OXFORD (Worcester coll.) – PARIS (Mus. Nat. d'Art Mod.) – PARIS (siège de l'UNESCO) – PHILADELPHIE (Mus. of Art) – PITTSBURGH (Carnegie Inst.) – RIO DE JANEIRO (Mus. de Arte Mod.) – SAINT LOUIS (City Art Mus.) – STUTTGART (Staatsgalerie) – TEL-AVIV – TOLEDO – TORONTO (Art Gal.) – WAKEFIELD (City Art Gal.) – WASHINGTON D. C. (Phillips Memorial Gal.) – WUPPERTAL (Ville de) – ZURICH (Kunsthaus).

VENTES PUBLIQUES : STUTTGART, 22 jan. 1958 : *Objets sculpturaux*, coul. : **DEM 3 200** – NEW YORK, 18 mai 1960 : *Personnages féminins*, pl. et lav. : **USD 450** – NEW YORK, 25 oct. 1961 : *Internal et external forms (Maternity)*, bronze : **USD 17 000** – NEW YORK, 13 oct. 1965 : *Nu assis*, bronze patiné à six exemplaires : **USD 41 000** – NEW YORK, 23 mars 1966 : *Femme assise*, bronze patiné : **USD 47 500** – GENÈVE, 15 nov. 1968 : *Composition*, aquar. : **CHF 14 500** – LONDRES, 20 mars 1970 : *Figures assises*, gche, cr., aquar. : **GNS 6 000** – MILAN, 9 mars 1971 : *Drawings for sculpture*, aquar. : **ITL 4 000 000** – LONDRES, 13 juil. 1973 : *Family Group*, bronze : **GNS 38 000** – ROME, 5 déc. 1973 : *Projet pour une sculpture*, gche : **ITL 3 600 000** – NEW YORK, 18 mars 1976 : *Figures dans un intérieur* 1938, fus. et lav. (36,8x54) : **USD 5 500** – COLOGNE, 21 mai 1976 : *Deux Figures couchées*, litho. (46x33) : **DEM 2 600** – NEW YORK, 26 mai 1976 : *Internal and external forms* 1952-1953, bronze patine verte (H. 200,6) : **USD 120 000** – NEW YORK, 19 oct. 1977 : *Girl seated against square wall* 1957/8, bronze patine vert-noire (H. 104,1) : **USD 50 000** – NEW YORK, 15 févr 1979 : *Standing and reclining figures* 1950, litho. en coul. (29,5x24) : **USD 1 300** – LONDRES, 14 mars 1979 : *Drawing for metal sculpture* 1938, craies de coul. et aquar. (38x54,5) : **GBP 6 800** – NEW YORK, 17 mai 1979 : *Quatre figures assises* 1944, aquar., mine de pb, cr. et lav. reh. de blanc (32,8x55,2) : **USD 25 000** – NEW YORK, 17 mai 1979 : *Working model for two piece reclining figure : points* 1969/70, bronze, patine brun-or (larg. 122, haut. avec socle 78,2) : **USD 115 000** – LONDRES, 1er déc. 1982 : *Drawings for sculpture* 1937, craie de coul., pl. et aquar./deux feuilles (26x40,5) : **GBP 9 500** – LONDRES, 1er déc. 1982 : *Draped figures in a shelter* 1941, aquar., craie de coul. et pl. reh. de gche blanche (21,7x54,6) : **GBP 36 000** – NEW YORK, 20 mai 1982 : *Figure couchée* 1945-1946, bois d'orme (L. 190,5) : **USD 1 150 000** – LONDRES, 7 déc. 1983 : *Woman knitting and other figures studies (recto)*, pl. et encre de Chine sur traits cr., craies de coul. et lav. d'aquar. ; *Studies for sculpture (verso)*, pl. sur lav. d'aquar. (29,3x24,2) : **GBP 30 000** – NEW YORK, 17 nov. 1983 : *Family group* 1945, gche, cr. et encre de Chine (49x39) : **USD 310 000** – LONDRES, 6 déc. 1984 : *Standing figures* 1949, colographie coul. (37,7x47,3) : **GBP 4 000** – NEW YORK, 15 mai 1984 : *Reclining figure* 1967-1970, bronze, patine brune (L. 343) : **USD 600 000** – NEW YORK, 13 nov. 1985 : *Seated figure* 1948, aquar. et cr. de coul./trait de cr. (55,5x58,5) : **USD 75 000** – NEW YORK, 13 nov. 1985 : *Reclining figure* 1957, bronze, patine brun-vert (L. 70) : **USD 310 000** – NEW YORK, 18 nov. 1986 : *Reclining figure (Festival)* vers 1951, bronze patine verte (L. 237) : **USD 1 600 000** – LONDRES, 25 juin 1986 : *Nu couché* vers 1928, h. et traces de cr. cire vert/pap. (33x46) : **GBP 17 000** – LONDRES, 1er juil. 1987 : *Coal-Miners* 1942, lav. brun, pl., cr. cire de coul. et craie (30,8x55,6) : **GBP 39 000** – LONDRES, 1er déc. 1987 : *Figure on steps : working model for draped seated woman* 1956, bronze (H. 64,8) : **GBP 225 000** – NEW YORK, 18 fév. 1988 : *Maquette pour trois personnages debout*, bronze (H. 25,5) : **USD 82 500** – LONDRES, 30 mars 1988 : *Jeune femme faisant la lecture à une autre couchée* 1947, cr., craie grasse blanche, aquar., lav. et encre noire (8,5x12) : **GBP 5 060** – LONDRES, 29 juin 1988 : *Personnage allongé* 1945, bronze (L. 15,2) : **GBP 68 200** – NEW YORK, 6 oct. 1988 : *Personnage debout la tête pointée* 1983, bronze (H. 21,2) : **USD 9 680** – LONDRES, 19 oct. 1988 : *Grande fille assise*, fus., craies et encre (43,7x30,7) : **GBP 11 550** – LONDRES, 21 oct. 1988 : *Petite Tête*, bronze (H. 12,7) : **GBP 3 080** – NEW YORK, 12 nov. 1988 : *Groupe familial assis* 1944, aquar. et cr. gras/pap. (11,6x17,8) : **USD 44 000** – LONDRES, 29 nov. 1988 : *Études pour trois personnages debout* 1946, aquar., gche, encre et reh. blancs/pap. (36,8x26,1) : **GBP 49 500** ; *Deux femmes baignant un enfant* 1946, cr. gras et encre avec des reh. blancs/pap. (17,2x25,1) : **GBP 19 800** – LONDRES, 30 nov. 1988 : *Petite maquette n° 2 pour personnage allongé*, bronze (L. 23) : **GBP 44 000** ; *Personnage allongé n° 6* 1954, bronze (L. 21,5) : **GBP 82 500** ; *Maquette pour un personnage assis appuyé contre un mur incurvé* 1956, bronze (H.16,5, L. 26) : **GBP 192 500** ; *Personnage allongé sur un socle en forme de coin* 1977, argent et marbre (L. du sujet 13., de la base 15,5) : **GBP 11 000** – MILAN, 14 déc. 1988 : *Tête carrée* 1960, bronze (H. 29) : **ITL 33 000 000** – PARIS, 9 avr. 1989 : *Family Group* 1947 (H. 39) : **FRF 3 600 000** – NEW YORK, 10 mai 1989 : *Personnage couché* 1931, bronze (H. 43,2) : **USD 385 000** – LONDRES, 26 juin 1989 : *Family Group* 1946, bronze (h. 43,9) : **GBP 990 000** – NEW YORK, 15 nov. 1989 : *Mère et enfant*, bronze patine verte et cordelette (H. 47) : **USD 330 000** ; *Family Group*, bronze patine brune (H. 13,3) : **USD 495 000** – PARIS, 29 mars 1990 : *Family Group* 1948, gche, aquar. et fus. (50,5x35) : **FRF 230 000** – LONDRES, 4 avr. 1990 : *Vierge à l'Enfant* 1943, terre cuite (H. 19) : **GBP 176 000** – NEW YORK, 15 mai 1990 : *Modèle de travail pour le Nu allongé du Palais de l'UNESCO à Paris*, bronze patine brune et verte/cuivre repoussé (144,8x243,9x132,7) : **USD 4 070 000** – NEW YORK, 17 mai 1990 : *Formes enchevêtrées et allongées*, marbre du Travertin (L. 792,5) : **USD 2 420 000** – LONDRES, 24 mai 1990 : *Figure debout n° 3*, bronze (H. 21) : **GBP 61 600** – LONDRES, 25 juin 1990 : *Figure assise (la Reine)*, plâtre peint. (H. 109,9x54,2x55) : **GBP 275 000** – ROME, 3 déc. 1990 : *Mouton*, bronze (19x24x11,3) : **ITL 31 050 000** – LONDRES, 4 déc. 1990 : *Figure allongée* 1957, bronze (L. 70) : **GBP 165 000** – NEW YORK, 7 mai 1991 : *Femme allongée n° 2* 1980, bronze patine brun clair (L. 29) : **USD 132 000** – LONDRES, 7 juin 1991 : *Femme assise*, cr. et encre (25,5x17,5) : **GBP 7 480** – PARIS, 15 juin 1991 : *Maquette pour Figure allongée n° 4* 1952, bronze (9x16) : **FRF 230 000** – NEW YORK, 6 nov. 1991 : *Le Guerrier de Goslar* 1973, bronze patine brune (L. 249) : **USD 825 000** – LONDRES, 2 déc. 1991 : *Figure assise* 1949, plâtre (H. 24,8) : **GBP 154 000** – PARIS, 16 déc. 1991 : *Femmes assises*, cr. (26,5x17,8) : **FRF 80 000** – LONDRES, 25 mars 1992 : *Deux Figures allongées* 1946, cr., aquar., gche, encre et craies grasses (25x35,5) : **GBP 27 500** – LUGANO, 28 mars 1992 : *Figure debout* 1960, bronze (H. 26) : **CHF 31 000** – NEW YORK, 14 mai 1992 : *Tête et Balle* 1934, albâtre de Cumberland (L. 50,2) : **USD 93 500** – LONDRES, 1er juil. 1992 : *Maquette pour figure allongée n° 7*, bronze (L. 20) : **GBP 30 800** – PARIS, 28 oct. 1992 : *Maquette pour personnage allongé* 1975, bronze (11,4x28) : **FRF 340 000** – NEW YORK, 10 nov. 1992 : *Figure assise contre un mur courbe*, bronze patine brune (L. 88,3) : **USD 440 000** – NEW YORK, 11 nov. 1992 : *Mère et enfant, les pieds croisés*, bronze patine brune (H. 21) : **USD 165 000** – LONDRES, 30 nov. 1992 : *Mère et enfant* 1932, ciment gravé et poli (H. 19,1) : **GBP 137 500** – NEW YORK, 11 mai 1993 : *Modèle de travail pour Ovale avec des points*, bronze (H. 111,8) : **USD 222 500** – LONDRES, 29 nov. 1993 : *Exemplaire de travail pour Pièces de serrure* 1962, bronze (H. 106,5) : **GBP 287 500** – NEW YORK, 11 mai 1994 : *Dessin d'abri* 1941, craies grasses, encre et lav. (17,7x25,4) : **USD 11 500** ; *Festival, figure allongée*, bronze (L. 244) : **USD 2 037 500** – LONDRES, 29 nov. 1994 : *Trois Femmes et un enfant* 1944, aquar., encre, craie grasse et past./pap. (37x48) : **GBP 65 300** – NEW YORK, 9 mai 1995 : *Modèle de travail pour Sheep Piece* 1971, bronze (H. 102,2) : **USD 332 500** – NEW YORK, 7 nov. 1995 : *Mère et enfant, groupe assis*, bronze (242,5x112x134,3) : **USD 1 432 500** – NEW YORK, 1er mai 1996 : *Figure debout : le fil du couteau* 1961, bronze (H. 284,5) : **USD 1 267 500** ; *Groupe familial* 1944, bronze (h. 15) : **USD 217 000** – LUCERNE, 8 juin 1996 : *Mère et enfant* 1983, litho. coul. (54,5x75) : **CHF 4 000** – LONDRES, 26 juin 1996 : *Maquette pour Figure assise le long d'un mur incurvé* 1956, bronze (H. 16,5, L. 27) : **GBP 84 000** – NEW YORK, 12-13 nov. 1996 : *Figure allongée (Festival)* 1951, bronze patine verte (L. 236,9) : **USD 1 927 000** ; *Figures rouges debout* vers 1944, aquar., past. et encre d'Inde/pap. (42,6x31,8) : **USD 74 000** – LONDRES, 3 déc. 1996 : *Maquette pour Ovale avec points* 1968, bronze poli (H. 16,5) : **GBP 10 350** ; *Working model for sheep piece* 1971, bronze (L. 142) : **GBP 221 500** – LONDRES, 4 déc. 1996 : *Figure allongée n° 3* 1952, bronze (L. 21) : **GBP 41 500** – LONDRES, 23 oct. 1996 : *Deux personnages* 1943, fus., cr., pl., encre, lav. et craie/pap. (14x14,5) : **GBP 10 580** – NEW YORK, 9 oct. 1996 : *Modèle assis* 1932-1934, bronze (H.14) : **USD 28 750** – LONDRES, 25 juin 1996 : *Petite maquette n° 1 pour modèle allongé* 1950, bronze (L. 24) : **GBP 54 300** – NEW YORK, 13 nov. 1996 : *Reclining figure : Angles* 1979, bronze patine verte (229,8x141x156,8) : **USD 2 642 500** – PARIS, 28 avr. 1997 : *Figure de trois-quarts anguleuse* 1980, bronze patine vert nuancé (H. 17) : **FRF 70 000** – NEW YORK, 12 mai 1997 : *Personnage allongé* 1957, bronze, maquette (L. 21,2) : **USD 74 000** – LONDRES, 19 mars 1997 : *Études de personnages (recto) ; Neuf têtes (verso)* 1949, past. gras blanc, craie, cr. et aquar. (29,2x24) : **GBP 18 400** – NEW YORK, 13-14 mai 1997 : *Reclining figure : Bone skirt* 1978, marbre travertine (L. 175) : **USD 2 202 500** – NEW YORK, 14 mai 1997 : *Torse pointu* 1969, bronze (H. 66) : **USD 101 500** – NEW YORK, 15 mai 1997 : *Working model for Reclining mother and child* 1974-1975, bronze patine brune (L. 67,2) : **USD 783 500** – LONDRES, 30 mai 1997 : *La Madone de Northampton* 1943, craie noire, brosse et lav. gris, pl. et encre noire et cr. avec reh. de blanc (19x15,8) : **GBP 14 950** – LONDRES, 23 juin 1997 : *Draped seated figure against a curved wall* 1956-1957, bronze patine brune (H. 23) : **GBP 150 000** – LONDRES, 25 juin 1997 : *Mère drapée assise sur le sol et enfant* 1980, bronze (L. 20,8) : **GBP 32 200**.

MOORE Isaac W.

XIXe siècle. Actif à Philadelphie de 1831 à 1833. Américain.

Graveur au burin.

MOORE J. Marchmont

XIXe siècle. Américain.

Peintre de genre et aquarelliste.

Le Musée John Soane à Londres possède une aquarelle de cet artiste.

MOORE James

XVIIIe siècle. Britannique.

Graveur.

Membre de la Free Society of Artists en 1763. Il grava d'après Van Loo.

MOORE James

XVIIIe siècle. Actif à Londres de 1766 à 1776. Britannique.

Sculpteur.

MOORE James

Né en 1762. Mort le 11 mai 1799 à Londres. XVIIIe siècle. Britannique.

Peintre d'architectures, perspectives, aquarelliste, dessinateur.

Il fut élève de George Robertson. Il était critique d'architectures.
MUSÉES : LONDRES (Mus. Ashmolean) : plus de cinquante aquarelles et esquisses.

MOORE James

Né en 1819. Mort le 28 octobre 1883 à Belfast. XIXe siècle. Britannique.

Peintre de paysages.

Il fut aussi médecin.
Ventes Publiques : Londres, 17 juin 1980 : *Vue d'un estuaire*, h/pan. (20x33) : **GBP 700**.

MOORE Jennie
XIXe-XXe siècles. Active à Londres. Britannique.
Peintre de genre.
Elle exposa à Londres à partir de 1877. Le Musée de Norwich conserve d'elle une aquarelle.

MOORE John
XVIIIe siècle. Actif dans la seconde moitié du XVIIIe siècle. Britannique.
Sculpteur.
Il est peut-être le fils de John Francis. Il fut élève de Hodgson.

MOORE John Drummond Mc Pherson
Né en 1888 en Nouvelle Galles du Sud. XXe siècle. Australien.
Peintre de paysages, aquarelliste.
Ventes Publiques : Sydney, 6 oct. 1976 : *Killara* 1921, h/t (51x61) : **AUD 350** – Sydney, 20 mars 1989 : *Au travers des broussailles*, h/t (51x61) : **AUD 2 800**.

MOORE John J.
Né en 1941 à Saint Louis (Missouri). XXe siècle. Américain.
Peintre.
On parle d'hyperréalisme à son propos, mais ses natures mortes semblent plus figées que véritablement réalistes.
Ventes Publiques : New York, 12 juin 1991 : *Nature morte aux bouchons rouge et bleu 2* 1974, h/t (55,9x71,1) : **USD 1 650**.

MOORE John Callington ou **Collingham**, dit **Moore de Ipswich**
Né en 1829 à Gainsborough. Mort le 10 juillet 1880 à Londres. XIXe siècle. Britannique.
Peintre de genre, portraits, paysages, marines, aquarelliste.
Fils de William Moore, il fut élève de la Royal Academy de Londres. Il vécut longtemps en Italie. Un annuaire de vente publique mentionne un John MOORE of Ipswich, peintre de marines, dont les dates correspondent avec celles de John Callington MOORE. Il peignit un grand nombre de vues de Florence, Rome, et des environs.
Musées : Londres (Victoria and Albert Mus.) : deux aquarelles.
Ventes Publiques : Londres, 14 déc. 1976 : *Voiliers en mer*, h/t (44x63,5) : **GBP 320** – Londres, 13 oct. 1978 : *Bateaux de pêche par grosse mer*, h/pan. (17,8x27,3) : **GBP 600** – Londres, 2 févr 1979 : *Voiliers au large de Gorleston*, h/t (123,2x197,6) : **GBP 2 800** – Londres, 21 juin 1983 : *Vue de Harwich*, h/t (51x76) : **GBP 4 000** – Londres, 27 sep. 1989 : *Clair de lune sur Aldeburgh Beach*, h/pan. (28x38) : **GBP 2 310** – Londres, 28 fév. 1990 : *Paysage côtier par mer mauvaise avec des personnages sur la jetée et des voiliers au large*, h/pan. (26,5x48) : **GBP 2 860** – Londres, 30 mai 1990 : *Embarcation hollandaise par mer houleuse*, h/pan. (39x49,5) : **GBP 2 750** – Londres, 22 nov. 1990 : *Portrait d'une petite fille, sans doute Rosalie, fille de Guillaume Coster* 1875, cr. et aquar. (73,1x40,7) : **GBP 1 760** – Londres, 20 mai 1992 : *Naufrage*, h/pan. (31,5x38) : **GBP 440** – Londres, 13 nov. 1992 : *Le château de Mont Orgueil à Jersey*, h/t (23,5x50,7) : **GBP 3 960** – Londres, 20 jan. 1993 : *L'envoi des voiles*, h/t (35,5x45,5) : **GBP 862** – Londres, 11 mai 1994 : *La rivière à Beccles* ; *La jetée de Felixstowe*, h/cart., une paire (chaque 17,5x25) : **GBP 1 495**.

MOORE John Francis
Né à Hanovre. Mort le 21 janvier 1809 à Londres. XVIIIe siècle. Britannique.
Sculpteur.
Il a sculpté le monument funéraire pour Will. Beckford dans le Guildhall à Londres et le tombeau du comte Ligonnier dans l'abbaye de Westminster.
Ventes Publiques : Londres, 2 avr. 1985 : *The Earl of Bessborough*, marbre blanc (H. 67) : **GBP 1 500**.

MOORE Joseph
Né le 17 février 1817 à Birmingham. Mort en 1892 à Birmingham. XIXe siècle. Britannique.
Médailleur.
Élève de H. Follet Osler et de Sam. Lines. Il travailla pour James Taylor et la Monnaie de Birmingham.

MOORE Mary
XVIIe siècle. Britannique.
Peintre de portraits.
Cette artiste est mentionnée par Walpole.

MOORE Mathilde
Née au XIXe siècle à Boulogne-sur-Seine (Seine). XIXe siècle. Française.
Peintre.
Élève de Fantin-Latour et de Mlle Burat. Elle débuta au Salon de Paris en 1878.
Ventes Publiques : Paris, 19 jan. 1945 : *Le vase de fleurs* 1882, aquar. : **FRF 850**.

MOORE Morris
XIXe siècle. Britannique.
Peintre d'histoire et portraitiste.
Elle travailla en Italie et, en 1851, à Pérouse et expose à Londres de 1843 à 1844.
Ventes Publiques : New York, 25 jan. 1980 : *Portrait de famille* 1844, h/cuivre (76,5x54) : **USD 1 900**.

MOORE Nelson Augustus
Né en 1824 dans le Connecticut. Mort en 1902. XIXe siècle. Américain.
Peintre.
Élève de T. S. Cummings et de D. Huntington.
Ventes Publiques : New York, 21 oct. 1983 : *Pâturages en été* 1890, h/t (63,5x101,5) : **USD 1 300** – New York, 23 avr. 1997 : *Chemin du parc Gazebo* 1897, h/t (25,4x43,8) : **USD 2 530**.

MOORE Samuel
XVIIe-XVIIIe siècles. Actif de 1680 à 1720. Britannique.
Dessinateur et graveur amateur.
On le cite comme ayant occupé une situation dans les douanes anglaises. Ses estampes sont d'un aspect peu agréable, préparées à l'eau-forte et terminées au burin. On cite de lui, notamment, le *Couronnement de Guillaume III et de la reine Mary*, dont on croit qu'il fit également le dessin.

MOORE Thomas Cooper
Né en 1827 à Nottingham. Mort en 1901. XIXe siècle. Britannique.
Paysagiste.
Le Musée de Nottingham conserve des aquarelles de cet artiste.

MOORE Thomas Sturge
Né le 4 mars 1870 à Petersfield (Hampshire). Mort en 1944. XXe siècle. Britannique.
Dessinateur, graveur.
Il s'est formé à la gravure sur bois à la Lambeth School of Art auprès de Charles Roberts. Il fut un collaborateur des célèbres Private Presses et membre de la Society of Twelfe. Il fut également poète.
Il exposa à la Royal Scottish Academy.
Il collabora dans la presse à *The Dial* et *Jugend*. Il illustra les livres suivants : *The Centaur* (1899), *The Bacchante* (1899) de Maurice de Guérin ; *Some fruit of Solitude* (1901) de W. Penn ; *Peau d'âne* (1902) de Charles Perrault. Il est l'auteur et l'illustrateur de *The Vine dressers and Other Poems* (1899) ; *Aphrodite Against Artemis* (1901) ; *Absalom* (1903) ; *Danae* (1903) ; *The Little School* (1905) ; *Poems Marianne* (1911) ; *The Sicilian Idyll and Judith* (1911) ; *The Sea is Kind* (1914) ; *The Little School Enlarged* (1917) ; *The Powers of the Air* (1920) ; *Tragic Mothers* (1920) ; *Judas* (1923).
Bibliogr. : In : *Dictionnaire des illustrateurs*, Ides et Calendes, Neuchâtel, 1989.

MOORE William
Né en 1790 à Birmingham. Mort en 1851. XIXe siècle. Britannique.
Peintre de portraits.
Cet artiste, aussi habile pastelliste aquarelliste que peintre à l'huile, se créa une grande réputation dans sa ville natale. Sa renommée s'est étendue depuis grâce au remarquable talent de ses fils, Henry, Albert et Edwin Moore, dont il fit l'éducation. Ce fut, du reste, à cette éducation qu'il consacra le meilleur de sa vie.

MOORE William
Né en 1817. Mort en avril 1909. XIXe siècle. Britannique.
Paysagiste.
Fils de William Moore (né en 1790).

MOORE of Ipswich John. Voir **MOORE John Callington**

MOORE of Rome Jacob ou **James**. Voir **MORE Jacob**

MOORE-JONES H.
XIXe-XXe siècles. Australien.
Peintre.

Il vécut et travailla à Sydney.
Cet artiste prit part aux expositions de la Royal Art Society of New South Wales, notamment en 1903, où lui fut acheté le tableau *Le Plus Vieil Indigène australien*.
Musées : Sydney : *Le Plus Vieil Indigène australien*.

MOORE-PARK Carton
Né en 1877. Mort en 1956 à New York. xxe siècle. Actif depuis 1910 aux États-Unis. Britannique.
Peintre de portraits, figures, animalier, dessinateur, illustrateur, lithographe.
Il fut élève de la Glasgow School of Art, dans l'atelier de Francis Newbery. Il fut également écrivain.
Son style fut influencé par la gravure sur bois japonaise. Il se spécialisa dans les sujets d'animaux. Aux États-Unis, il illustra plusieurs livres pour enfants, dont il était l'auteur.
Bibliogr. : In : *Dict. des illustrateurs 1800-1914*, Ides et Calendes, Neuchâtel, 1989.
Ventes Publiques : New York, 24 juin 1988 : *Jeune élégante avec son lévrier*, h/t (112,2x74,3) : **USD 2 860**.

MOORHOUSE Charlotte. Voir **LELEU**

MOORIAEN Jan Baptiste
xviiie siècle. Actif à Anvers vers 1750. Éc. flamande.
Sculpteur.

MOORMANS Franz
Né en 1831 à Rotterdam. Mort en 1893. xixe siècle. Hollandais.
Peintre de scènes de genre, portraits.
Il fut élève de l'Académie d'Anvers et professeur à l'Académie d'Amsterdam. Il figura dans diverses expositions notamment au Salon des Artistes Français de Paris, où il fut médaillé en 1889, pour l'Exposition Universelle.

Franz Moormans

Musées : Montréal : *Le cadeau de noces* – Rouen (Mus. des Beaux-Arts) : *Au cabaret*.
Ventes Publiques : Paris, 21 jan. 1928 : *L'arrivée du cortège nuptial dans la salle de festin* : **FRF 1 400** – Paris, 8 déc. 1949 : *Gentilhomme dans un intérieur Renaissance* 1882 : **FRF 16 500** – Vienne, 13 mars 1962 : *La fête dans le parc* : **ATS 14 000** – Londres, 29 nov. 1973 : *La dissertation* : **GNS 480** – Londres, 19 mai 1976 : *Scène de taverne* 1865, h/t (26x33) : **GBP 850** – New York, 14 oct. 1978 : *Le cadeau* 1881, h/pan. (26x22) : **USD 1 400** – Londres, 20 avr 1979 : *Une histoire passionnante* 1856 ?, h/pan. (70,4x90,7) : **GBP 3 800** – Versailles, 28 juin 1981 : *L'heureuse famille* 1867, h/pan. (46x37) : **FRF 12 500** – Paris, 27 avr. 1983 : *La Partie de dominos* 1889, h/t (96x130) : **FRF 22 000** – Londres, 19 juin 1985 : *Au coin du feu*, h/pan. (72x92) : **GBP 2 500** – Calais, 10 déc. 1989 : *La leçon de musique*, h/pan. (38x48) : **FRF 22 000** – New York, 19 jan. 1994 : *Le Toast* 1888, h/t (50,8x65,4) : **USD 4 250**.

MOORREES Christian Willem ou **Moorees**
Né le 5 juin 1801 à Nimègue. xixe siècle. Hollandais.
Peintre de portraits et de chevaux et graveur.
Élève de H. F. Wertz et de Jordanus Hoorn. Il a peint en 1819 à San Francisco les portraits en miniature du *Pasteur Isaac de Fremery*.

MOORS
xviiie siècle. Actif à Hasselt. Éc. flamande.
Peintre.
Dans l'église Saint-Quentin de Hasselt se trouve *Les disciples d'Emmaüs* peints par cet artiste.

MOORTEL. Voir **MORTEL**

MOORTELE Gheerrolf Van den ou **Moortere** ou **Moertere** ou **Moortelle** ou **Mortele**
xve siècle. Actif à Gand. Éc. flamande.
Peintre.
Élève de Daniel de Rycke. Il fut maître dans la gilde de Gand en 1453. En 1460-1461, on le cite travaillant au tableau d'autel de l'église d'Everghem-lez-Gand en collaboration avec Liéven Van den Bossche.

MOORTELE Thérèse Van de
Née à Paris, de parents belges. xxe siècle. Belge.
Peintre, illustrateur, aquarelliste. Figuration-onirique.
Autodidacte. Elle a passé son enfance et son adolescence dans le Poitou. Elle s'est d'abord spécialisée dans la connaissance de l'enluminure de manuscrits, l'héraldique, les blasons, et les fresques sur bois, étudiant les techniques héritées des Anciens. Elle participe à des expositions collectives : Salon des Indépendants, Paris ; Salon d'Art Sacré, Paris. Elle montre ses œuvres dans des expositions personnelles : 1954, galerie Goya, Bruxelles ; 1955, galerie Astrid, Bruxelles ; 1969, galerie de l'Abbaye, Bruxelles ; 1978, galerie Expression, Le Havre ; 1979, galerie Melusine, Poitiers ; 1980, Alliance française, Abu Dhabi ; 1985, galerie d'Art d'Orly ; 1988, Alliance française, Hong Kong ; 1991, galerie Herouet, Paris.
Parallèlement à ses recherches d'ordre historique, elle a réalisé des aquarelles sur le motif. Depuis 1977, elle peint à l'huile des architectures monumentales – images de gloires déchues ? –, solitaires, illustrant un univers onirique où les escaliers, les couloirs et les baies ajourées mènent l'imaginaire.

MOORTGAR Achiel Jan Frans
Né en 1881 à Saint-Gilles-lez-Termonde (Flandre-Orientale). Mort en 1957 à Saint-Gilles-lez-Termonde. xxe siècle. Belge.
Sculpteur.
Bibliogr. : In : *Dictionnaire biographique illustré des artistes en Belgique depuis 1830*, Arto, Bruxelles, 1987.

MOORTGAT Gérard
Né en 1908 à Melsele Waes. xxe siècle. Belge.
Peintre de compositions à personnages, intérieurs d'églises, paysages, natures mortes.
Il fut élève de Saint-Luc et d'Henri Logelain. Il fut également professeur d'arts décoratifs.
Bibliogr. : In : *Dictionnaire biographique illustré des artistes en Belgique depuis 1830*, Arto, Bruxelles, 1987.
Musées : Malines – Schaerbeek.

MOOS. Voir aussi **MUOS** ou **MUOSS**

MOOS Adolf ou **Emil Adolf von**
Né en 1879 à Altstetten (près de Zurich). xxe siècle. Suisse.
Sculpteur sur bois, peintre.
Frère de Paul Moos. Il fut élève de l'École des Arts Décoratifs de Zurich.

MOOS Balthasar
xviie siècle. Autrichien.
Sculpteur.
Travailla au monastère d'Admont de 1642 à 1643.

MOOS Beny von
Né en 1944 à Lucerne. xxe siècle. Suisse.
Peintre.
Invité à la Biennale de Paris en 1971, il y présentait des photographies le mettant en scène dans des atours le rapprochant de l'androgynie. Curieusement, alors que le mouvement suisse des travestis était largement représenté à la Biennale de Paris en 1975, il n'en faisait pas partie.

MOOS Carl
Né en 1878 à Munich. xxe siècle. Allemand.
Peintre, dessinateur d'affiches, graveur, lithographe.
Fils et élève de Franz Moos. Il gravait sur bois.

MOOS Franz ou **K. Joh. F.**
Né en 1854 à Zug. xixe siècle. Suisse.
Peintre d'histoire, portraitiste et illustrateur.
Père de Carl Moos. Élève de X. Zürcher. L'Hôpital cantonal de Zurich possède de lui le *Portrait de M. Letter*.

MOOS Friedrich. Voir **SCHAUTA Friedrich**

MOOS Joseph von
Né le 12 janvier 1859 à Lucerne. xixe siècle. Suisse.
Aquafortiste et mosaïste.
Il fit ses études à Munich chez Löfftz et à Paris à l'Académie Julian et devint directeur de l'École des Arts Décoratifs de Lucerne. Il décora diverses églises, temples et écoles de Suisse de ses mosaïques et peintures.

MOOS Kaspar ou **Johann Kaspar** ou **Muos**
Né le 21 avril 1774 à Zug. Mort le 21 août 1835. xviiie-xixe siècles. Suisse.
Portraitiste et peintre d'histoire.
Père de Wilhelm Moos. Il fit ses études à Rome et à Turin. Ses peintures se trouvent dans plusieurs églises du canton de Zug et en Suisse. Le Musée Provincial de Zurich possède de lui *Bustes d'un homme et d'une femme du canton de Zug*.

MOOS Leo von
Né en 1872 à Mondsee. XIXe-XXe siècles. Actif à Salzbourg. Autrichien.
Sculpteur.
Il fit ses études à Innsbruck et à Vienne. Il a sculpté plusieurs statues de *Jahn* et de *Bismarck* pour des villes autrichiennes.

MOOS Ludwig
Né le 8 janvier 1890 à Ulm (Bade-Wurtemberg). XXe siècle. Allemand.
Peintre de portraits, paysages.
Il fut élève de Jank, Herteridh et Cissarz.
Musées : Ulm : *Vue du haut du Heiligenberg.*

MOOS Max von
Né en 1903 à Lucerne. Mort en 1979 à Lucerne. XXe siècle. Suisse.
Peintre de compositions animées, technique mixte. Tendance surréaliste.
Ses peintures, aux sujets très divers, procèdent de la juxtaposition d'éléments hétérogènes, que rien ne prédisposait à se rencontrer autrement que sur une œuvre d'imagination, ce qui les apparente au surréalisme. La facture en est, comme c'est de règle dans la figuration de ce qui n'existe pas dans la réalité, soigneusement descriptive, tout en présentant des qualités proprement picturales : un dessin synthétique, des couleurs étranges mais harmonieuses entre elles, un rendu matériel sensuel.

max von moos

Bibliogr. : Hans-Jörg Heusser : *Max von Moos 1903-1979*, Harlekin Verlag, Lucerne, 1982.
Musées : Aarau (Aargauer Kunsthaus) : *Nornen* 1964.
Ventes Publiques : Lucerne, 22 mai 1980 : *Composition*, craies de coul. (43,5x57,5) : **CHF 2 600** – Zurich, 16 mai 1980 : *La guerra distrutta* 1951, h/cart. (80x95,5) : **CHF 22 0000** – Lucerne, 9 nov. 1981 : *Nature morte abstraite*, craies coul. (67x43) : **CHF 2 200** – Lucerne, 13 nov. 1982 : *Castor et Pollux*, temp. (40x58) : **CHF 34 000** – Lucerne, 19 mai 1983 : *Gespensterreigen* 1956, h/isor. (90x127) : **CHF 38 000** – Zurich, 30 nov. 1984 : *Sans titre* 1963, tem. et h/isor. (45x62) : **CHF 45 000** – Lucerne, 8 nov. 1984 : *Autoportrait*, craie/pap. mar./cart. (40x58) : **CHF 3 200** – Zurich, 29 nov. 1985 : *Sans titre* vers 1954, techn. mixte/cart. (41x59) : **CHF 36 000** – Lucerne, 7 juin 1986 : *Ecce Homo* 1962, h/isor. (100x61) : **CHF 9 500** – Zurich, 7 oct. 1987 : *Poissons*, temp./cart. (14,5x19,5) : **CHF 7 000** – Lucerne, 30 sep. 1988 : *Petit dragon* 1930, h/cart. (15x20) : **CHF 4 100** – Zurich, 18 oct. 1990 : *Personnage à quatre mains* 1951, fus. (46,8x36) : **CHF 3 000** – Zurich, 7-8 déc. 1990 : *Evolution cosmique* 1960, temp. et h. sur rés. synth. (121x82,5) : **CHF 11 000** – Lucerne, 24 nov. 1990 : *Saurien au clair de lune*, h. et temp./rés. synth. (60x82) : **CHF 22 000** ; *Une ronde de nuit* 1953, temp./rés. synth. (91x121) : **CHF 64 000** – Lucerne, 25 mai 1991 : *Flamme* 1962, h. et techn. mixte/rés. synth. (151x91) : **CHF 12 000** – Lucerne, 23 mai 1992 : *Sans titre* 1949, encre/pap. chamois (59,5x42,5) : **CHF 1 600** ; *Sans titre* 1941, encre, temp. et h/pap./cart. (42x57) : **CHF 22 000** – Lucerne, 21 nov. 1992 : *Ami intime* 1943, temp./cart. (36,5x48) : **CHF 12 000** – Lucerne, 15 mai 1993 : *Dictateur*, temp./cart. (43x53) : **CHF 14 500** ; *Trio* 1968, encre, temp. et h/pap./cart. (46x64,5) : **CHF 25 000** – Lucerne, 20 nov. 1993 : *Sans titre*, temp., h. et encre/cart. (35x40) : **CHF 16 500** – Lucerne, 26 nov. 1994 : *Le Déroulement d'une fable*, temp./rés. synth. (60,5x124,5) : **CHF 7 000** – Zurich, 12 juin 1995 : *Sans titre* 1936, temp. et h/cart. (42,5x60) : **CHF 25 300** – Lucerne, 8 juin 1996 : *Sans titre*, temp./rés. synth. (29,5x42) : **CHF 8 700** – Lucerne, 23 nov. 1996 : *Sans titre* vers 1931, temp. et h/cart. (35x40) : **CHF 6 000** – Zurich, 10 déc. 1996 : *Sans titre* 1965, temp./Pavatex (30x20) : **CHF 4 025** – Lucerne, 7 juin 1997 : *Dialogue chez Hadès* 1968, temp. et h./contreplaqué (38,5x65,5) : **CHF 14 500**.

MOOS Paul ou **Johann Jakob Paul**
Né le 21 septembre 1882 à Altstetten (près de Zurich). XXe siècle. Suisse.
Graveur, illustrateur, aquarelliste.
Frère d'Adolph Moos. Il gravait sur bois.

MOOS Rudolf von
Né le 8 décembre 1858 à Lucerne. Mort le 22 mars 1885 à Samaden. XIXe siècle. Suisse.
Paysagiste.

MOOS Wilhelm
Né le 1er décembre 1807 à Zug. Mort le 25 juillet 1847 à Zug. XIXe siècle. Suisse.
Peintre d'histoire et dessinateur.
Fils et élève de Kaspar Moos. Dans la chapelle de Mittenägeri se trouve la peinture de sa main *Chr. Iten et ses fidèles avant la bataille du Gubel.*

MOOSBRUGGER
Né à Schwarzenbergen. XVIIIe siècle. Allemand.
Peintre.
Il a décoré trois autels à Bächen (Bade).

MOOSBRUGGER Fidel
XVIIIe siècle. Suisse.
Sculpteur et stucateur.
Il exécuta les autels latéraux de l'abbatiale de Saint-Gall.

MOOSBRUGGER Friedrich ou **Mosbrugger**
Né le 19 septembre 1804 à Constance. Mort le 17 octobre 1830 à Saint-Pétersbourg. XIXe siècle. Allemand.
Paysagiste, portraitiste, peintre de genre et lithographe.
Fils aîné et élève de Wendelin Moosbrugger. Il fut reçu à l'Académie de Munich en 1821. En 1827 et 1828, il travailla en Italie, notamment à Rome et à Naples. En 1829, il revint en Allemagne et s'établit à Karlsruhe. L'année suivante, il partit pour Saint-Pétersbourg dans cette ville, presque dès son arrivée.
Musées : Constance : *Portrait d'homme* – Karlsruhe (Kunsthalle) : *Le studio de l'artiste à Rome – Chanteur de rue à Naples* – Ulm : *Wilhelm et Marie von Lonsheim.*
Ventes Publiques : Zurich, 26 mai 1978 : *Jeune fille au chapeau de paille* 1825, h/t (152x112) : **CHF 11 500**.

MOOSBRUGGER Jean Jacques
Né à Au (Vorarlberg). XVIIIe siècle. Suisse.
Sculpteur et stucateur.
Il exécuta les autels latéraux à Fribourg (Suisse).

MOOSBRUGGER Josef ou **Mosbrugger**
Né le 10 mars 1810 à Constance. Mort le 13 octobre 1869 à Constance. XIXe siècle. Allemand.
Peintre de paysages et de figures.
Frère cadet de Friedrich Moosbrugger. Il travailla à l'Académie de Munich où il se fixa. Il a exposé à Karlsruhe, à Munich, à Berlin et à Paris en 1855. Le Musée Wesenberg à Constance conserve des paysages du lac de Constance.

MOOSBRUGGER Joseph, dit **Mariani**
Né le 29 novembre 1829 à Fribourg. Mort en 1869 en Espagne. XIXe siècle. Suisse.
Peintre de genre, de portraits, d'architectures, d'histoire, illustrateur, graveur sur bois, et lithographe.
Élève de Gleyre. Il collabora au *Monde Illustré* et aux *Illustrated News*. Le Musée Cantonal de Fribourg conserve des dessins de cet artiste.

MOOSBRUGGER Joseph Simon
Né à Schoppernau (Vorarlberg). XVIIIe-XIXe siècles. Autrichien.
Sculpteur sur bois et architecte.
Il exécuta le maître-autel et le buffet d'orgues dans l'abbatiale de Saint-Gall.

MOOSBRUGGER Wendelin ou **Mosbrugger**
Né le 28 mars 1760 à Rehmen près Au (Vorarlberg). Mort le 20 août 1849 à Aarau. XVIIIe-XIXe siècles. Autrichien.
Portraitiste.
Père de Friedrich et de Josef Moosbrugger. Élève de l'Académie de Mannheim. Il séjourna à Karlsruhe, Vienne, Stuttgart, Rastatt et se fixa en Suisse.
Musées : Constance : *Bourgeoise de Constance* – Mannheim (Mus. du Château) : *Couple de Mannheim* – Ulm : *Deux portraits de famille et d'enfants.*

MOOSDORF Gustav ou **Mossdorf**
Né le 29 juin 1831 à Altenburg. Mort le 6 février 1907 à Lucerne. XIXe siècle. Suisse.
Peintre et architecte.
Il fit ses études à Munich et à Dresde.

MOOT Jan
XVIIe siècle. Actif à La Haye en 1674. Hollandais.
Peintre.

MOOY Cornelis Pietersz de
Mort le 17 avril 1693 à Rotterdam. XVIIe siècle. Hollandais.
Dessinateur de marines.
Il se maria le 12 février 1656. On cite de lui une série de *Navires* conservés à Caen (Hôtel de Ville), à Mayence, ces derniers laissant supposer l'existence d'un second peintre du même nom.

Musées : Amsterdam – Kassel – Rotterdam.
Ventes Publiques : Londres, 13 nov. 1981 : *Voiliers par forte mer* 1691, h/pan., grisaille (36,8x48,9) : **GBP 1 870** – Cologne, 9 mai 1983 : *Marine*, h/pan., en grisaille (46,5x63) : **DEM 22 000** – Londres, 5 juin 1985 : *Le Sara Maria*, aquar. et pl. (44x57) : **GBP 1 600** – Amsterdam, 29 mai 1986 : *Bateaux à l'entrée du port de Tripoli*, h/pan. (58,8x82,5) : **NLG 24 000** – New York, 15 jan. 1987 : *Bateaux hollandais par forte mer* 1655, h/pan. (16x20) : **USD 22 000**.

MOOY Jaap
Né en 1915 à Bergen. Mort en 1987. xxe siècle. Hollandais.
Peintre, peintre à la gouache, sculpteur.
Il fut d'abord mousse, faisant plusieurs tours du monde. Il commença ensuite des études à l'École navale, qu'il abandonna pour la peinture.
Il exécuta ensuite des reliefs, en bois et papier, qui le conduisirent à la sculpture, à partir de 1956. Travaillant presque exclusivement le métal, les œuvres de sa première période étaient constituées de formes très élaborées présentant des allusions anthropomorphiques. Dans une deuxième période, à partir de pièces de carrosseries d'automobiles, il s'inspira de formes végétales. Après 1965, en peinture et en sculpture, il aboutit à des constructions d'une stricte géométrie, rappelant les variations sur des structures primaires des tenants de l'art minimal américain, multipliant d'infinies variantes à partir d'éléments simples, comme, par exemple, le triangle.
Bibliogr. : Dolf Weilling, in : *Dictionnaire de la sculpture moderne*, Hazan, Paris, 1970.
Ventes Publiques : Amsterdam, 12 déc. 1990 : *Animal* 1951, gche/pap. (50x64) : **NLG 5 060** – Amsterdam, 19 mai 1992 : *Composition*, fer, relief mural (21x12,5) : **NLG 1 495** – Amsterdam, 31 mai 1994 : *Observateur*, fer soudé (H. 58,5) : **NLG 7 475** – Amsterdam, 10 déc. 1996 : *La Princesse de verre*, assemblage de cheveux, décorations de Noël et fourchette dans une boîte de bois (30x53) : **NLG 5 189**.

MOOYAERT Nicolaes Cornelisz. Voir **MOEYART Nicolaes Cornelisz**

MOOYMAN Théo
Né en 1938 à Amsterdam. xxe siècle. Hollandais.
Peintre, dessinateur.
Il a étudié à l'Académie de La Haye de 1956 à 1960. En 1964, il a été l'élève de Hayter. Il a exposé en 1974 au Gemeentemuseum de La Haye. Ses peintures et dessins, assez fascinants, semblent des variations sur les formes, parfois figuratives, qui se désagrègent.

MOPOCY Jean de
Né à Orthez. xvie siècle. Actif au début du xvie siècle. Français.
Peintre.

MOPP. Voir **OPPENHEIMER Max**

MOPPER C.
xviie siècle. Actif dans la première moitié du xviie siècle. Hollandais.
Peintre et graveur à l'eau-forte.
Il grava des sujets mythologiques. On cite de lui *Satyre et nymphe* et *Les Géants attaquant l'Olympe*.

MOPPES Maurice Van
Né le 6 juillet 1904 à Paris. Mort le 14 avril 1957 à Antibes (Alpes-Maritimes). xxe siècle. Français.
Peintre de portraits, paysages, dessinateur, illustrateur, peintre de décors de théâtre.
Jeune, il commença à dessiner pour des revues et débuta la peinture en 1952.
Il exposa, à Paris, aux Salons de l'Araignée de 1926 à 1930, des Artistes Français à Londres en 1943 et 1945, à la Nouvelle-Orléans en 1948, à New York en 1949, à Philadelphie en 1954 et dans divers galeries parisiennes.
Il collabora à *Adam* ; *Vogue* ; Le *Figaro Littéraire* ; *Les Annales* ; *Fémina* ; *L'Officiel de la Couture* ; etc. et à divers journaux et magazines des États-Unis, d'Angleterre et d'Italie. Il a publié un recueil de lithographies en couleurs : *Paris*. Il exécuta des décors et costumes pour les théâtres du Vieux-Colombier, de l'Œuvre, de la Renaissance et pour Bobino. Il a réalisé de nombreux portraits de personnalités parisiennes. Parmi ses livres illustrés : *La Conversion d'Alceste* de G. Courteline ; *Trois hommes dans un bateau* de J. K. Jérôme ; *Candide* de Voltaire ; *Les Carnets de Marie-Chantal* de J. Chazot, etc.

MOQUIN
xixe siècle. Actif au début du xixe siècle. Autrichien.
Peintre de tapisseries.

MOR Antonis ou **Anthonis** ou **Anthony** ou **Moor Van Dashorst**, dit aussi **Antonio Moro**
Né vers 1517 à Utrecht. Mort vers 1575 ou 1576 à Anvers. xvie siècle. Éc. flamande.
Peintre d'histoire, portraits.
Il fut élève de Jan Van Scorel ; Van Mander dit qu'il alla en Espagne en 1552 et que Charles Quint l'envoya en Portugal faire le portrait de la fiancée de son fils Philippe ; mais le mariage de Marie de Portugal eut lieu en 1543 et la princesse mourut en 1545 ; si Mor est allé en Portugal, il faut donc que ce soit en 1542. Il est probable qu'il avait déjà épousé une veuve nommée Metgen ; en 1544, il était à Utrecht et peignit le *Portrait des chanoines Cornelis Van Horn et Anthonis Taests*. En 1547 il était dans la gilde d'Anvers ; en 1549, il était à Bruxelles quand Philippe II y vint, c'est alors qu'il peignit le *Portrait de Granvelle*. Mor exécuta le portrait d'*Élisabeth*, veuve du roi de France. Il travailla pour Charles Quint, Granvelle, les seigneurs de Berghe et de Molambais, etc. Il alla à Rome, au palais du cardinal de Santa Flora, de 1550 à 1551, et en 1552 alla au Portugal et en Espagne, comme le dit Van Mander. En 1553, il alla en Angleterre faire le portrait de *Marie Tudor*, fiancée à Philippe II, y resta jusqu'en 1554, et fit de nombreux portraits à la cour. En 1554 ou 1555, revenu à Utrecht, il acheta une maison et y resta jusqu'en 1559. Il peignit un portrait de *Philippe II* (disparu en 1608 dans l'incendie du Prado). On suppose qu'en 1559, il alla en France faire le portrait d'*Élisabeth de Valois* que Philippe II voulait épouser après la mort de Marie Tudor. La même année, il accompagna Philippe II en Espagne, mais dit-on, l'affection du roi lui attira tant d'envieux qu'il quitta brusquement Madrid et malgré les innombrables messages du roi retourna dans les Pays-Bas. Cette histoire paraît un peu extraordinaire, mais il est certain qu'en 1560 Mor était à Utrecht ; en 1567, il alla à Bruxelles où se trouvait le duc d'Albe, l'accompagna à Anvers où il demeurait encore en 1572 et fit le portrait de la maîtresse du duc. Il eut plusieurs enfants, fut allié avec le peintre Antoine Van Blocklandt et l'ami d'Henry Goltzius. Il eut pour élèves Konrad Schot en 1549, Wylen Van Wynberghen et Joachim Beukelaer en 1572. Christophe d'Utrecht l'accompagna en Portugal, mais probablement sans être son élève, étant son aîné de quatorze ans. International dans sa vie de cour, il l'est également dans son art. Ainsi, réussit-il à concilier une technique analytique hollandaise à une dignité espagnole et à une composition italienne. On peut cependant distinguer ses portraits de cour, d'apparat, assez hautains, bien que loin d'être idéalisés, et ses derniers portraits plus intimes, tels ceux de *Jean Lecoq* et *Jean van Scorel*. Il eut davantage d'influence en Espagne qu'aux Pays-Bas, notamment sur Coello, mais aussi sur Velasquez. Au château du Prado (Madrid) se trouvaient quarane-six portraits de Mor dont : *L'empereur Maximilien ; Sa femme Marie ; Jean infant de Portugal ; Louis, infant de Portugal, duc de Béja ; Marie infante de Portugal ; Jeanne Dormer, femme du duc de Feria ; Marie, reine, veuve de Hongrie ; Léonore, reine veuve de France ; Une Anglaise appelée Marguerite ; Le duc Olfoch (?), fils du roi de Danemark.*

Musées : Aix-la-Chapelle : *Portrait de Margot Halseber* – Angers : *Tête d'étude* – Bâle : *Portrait d'un inconnu* – Berlin : *Les chanoines Cornelis Horn et Antonis Toets* – Besançon : *Simon Renard – Jeanne Lullier, femme Renard* – Brunswick : *Jean Schoreel* – Bruxelles : *Hubert Goltzius – Le Duc d'Albe – Portrait du musicien Jean Lecoq* – Budapest : *Philippe II – Marie Tudor – Portrait d'homme* – Dijon : *Portrait d'homme* – Dresde : *Deux portraits d'hommes – Buste d'un chanoine d'Utrecht* – Florence : *L'artiste – Camille Gross* – La Haye : *Un orfèvre – Portrait d'homme* – Karlsruhe : *Deux portraits* – Kassel : *Guillaume Ier d'Orange – Portraits présumés de Don Carlos, infant d'Espagne et de sa femme* – Lille : *Portrait de femme* – Londres (Nat. Gal.) : *Portrait d'homme* – Londres (Nat. Portrait Gal.) : *Sir Thomas Gresham* – Madrid : *Le bouffon Pejeron – Marie Tudor – Dona Catalina, sœur de Charles Quint – Marie d'Autriche, fille de*

Charles Quint – Maximilien II – Jeanne d'Autriche fille de Charles Quint – Philippe II, jeune – Plusieurs portraits de femmes – PARIS (Mus. du Louvre) : *Portrait d'homme – La main de Charles Quint – Portrait présumé de Louis del Rio, maître des requêtes au Conseil privé du Brabant en 1578 – Portrait présumé de la femme de Louis del Rio – Édouard VI d'Angleterre – Le Nain du cardinal Granvelle* – PARIS (Jacquemart-André) : *Portrait de Marguerite de Parme* – PARME : *Alexandre Farnèse à 12 ans* – SAINT-PÉTERSBOURG (Mus. de l'Ermitage) : *Sir Thomas Gresham – Lady Gresham – Portrait d'homme* – STUTTGART : *Portrait d'homme* – VENISE : *Portrait de femme* – VIENNE : *Le Cardinal de Granvelle – Anne d'Espagne – Portrait de femme – Un chevalier de Malte – Deux portraits de jeunes hommes – Marguerite de Parme* – VIENNE (Czernin) : *Portrait d'homme* – VIENNE (Liechtenstein) : *Portrait d'homme.*

VENTES PUBLIQUES : PARIS, 6 fév. 1865 : *Femme tenant un éventail* : **FRF 8 000** – PARIS, 7 mai 1926 : *Elizabeth de Valois* : **GBP 11 025** – PARIS, 28 juil. 1926 : *Marie d'Autriche* : **GBP 252** – PARIS, 6 juil. 1927 : *Portrait de gentilhomme* : **GBP 850** – PARIS, 17 mai 1928 : *E. P. duc de Savoie* : **GBP 3 990** – PARIS, 15 juin 1928 : *Marguerite de Valois* : **GBP 1 050** – NEW YORK, 18 déc. 1929 : *Portrait de femme* : **USD 2 100** – LONDRES, 18 juil. 1930 : *Portrait d'un gentilhomme* : **GBP 840** – NEW YORK, 11 déc. 1930 : *Femme et son petit chien* : **USD 850** – NEW YORK, 2 avr. 1931 : *Portrait d'une femme de la cour* : **USD 3 500** – PARIS, 29 mai 1941 : *Portrait d'une dame de qualité* : **FRF 310 000** – NEW YORK, 28 mars 1946 : *Gentilhomme (duc de Parme)* : **USD 5 000** – PARIS, 12 déc. 1949 : *Femme et enfant à l'arc* : **FRF 75 000** – NEW YORK, 20 déc. 1949 : *Portrait de femme* : **USD 2 000** – PARIS, 18 jan. 1950 : *Portrait de jeune femme* : **FRF 181 000** – NEW YORK, 2 mars 1950 : *Femme en bonnet blanc* : **USD 1 000** – PARIS, 25 avr. 1951 : *Portrait de Jacob de Moor* : **FRF 490 000** – LONDRES, 23 mai 1951 : *Jeune garçon attablé lisant un livre* : **GBP 340** – LUCERNE, 11 juin 1951 : *Portrait d'une dame de qualité* : **CHF 5 000** – PARIS, 14 juin 1957 : *Portrait présumé d'Antonio del Rio* : **FRF 1 050 000** – LUCERNE, 28 nov. 1959 : *Portrait en buste de trois-quarts d'une dame noble* : **CHF 5 000** – LUCERNE, 21-27 nov. 1961 : *Portrait d'une aristocrate* : **CHF 36 000** – LONDRES, 22 mai 1963 : *Portrait d'un aristocrate* : **GBP 1 800** – LONDRES, 8 déc. 1965 : *Portrait de la reine Marie Tudor* : **GBP 11 000** – LONDRES, 26 nov. 1971 : *Portrait d'Elisabeth de Valois* : **GNS 5 000** – LUCERNE, 16 nov. 1974 : *Portrait d'une dame de qualité* : **CHF 70 000** – AMSTERDAM, 9 juin 1977 : *Portrait d'Antonio Perez* 1567, h/pan. (56x49) : **NLG 48 000** – LONDRES, 29 juin 1979 : *Portrait d'un gentilhomme âgé de quarante-quatre ans* 1559, h/pan. (112x82,5) : **GBP 16 000** – BRUXELLES, 21 mai 1981 : *Portrait d'homme*, h/bois (43x32) : **BEF 220 000** – NEW YORK, 15 jan. 1985 : *Portrait d'un gentilhomme*, h/pan. (111,7x82,5) : **USD 28 000** – LONDRES, 8 juil. 1987 : *Portrait d'un aristocrate en armure*, h/t (54x39,5) : **GBP 20 000** – LONDRES, 8 juil. 1994 : *Portrait d'Elisabeth de Valois, reine d'Espagne vêtue d'une robe de satin rouge brodée de perles avec une main gantée posée sur une table*, h/t (116x96) : **GBP 84 000** – LONDRES, 1996 : *Portrait d'un gentilhomme de vingt-huit ans portant un gilet noir à manches rouges* 1563, h/t/pan. (99,2x74) : **GBP 16 100**.

MOR Philips ou **Moor** ou **Moro Van Dashorst**
Mort en 1578, probablement dans une expédition en Afrique. XVIe siècle. Hollandais.
Peintre.
Fils d'Antonis Mor. Il fut chanoine d'Oudmunster à Utrecht et peintre du chapitre. En 1559, il reçut l'autorisation d'aller pour ses études en Espagne et il est probable qu'il accompagna son père auprès de Philippe II. Il dut disparaître en Afrique pendant une expédition du roi Sébastien de Portugal.

MOR Therese von
Née à Klagenfurt. XIXe siècle. Active à Vienne. Autrichienne.
Peintre de portraits, de genre et de paysages.
Elle fit ses études à Vienne chez Karger, à Munich chez Herterich et Schmid-Reutte et à Paris chez Simon.

MORA
Actif à Bordeaux. Français.
Sculpteur.
Le Musée de Rochefort conserve de lui : *L'Astronomie.*

MORA Agustin, dit **el Pastor**
Né vers 1828 à Campofrio. XIXe siècle. Espagnol.
Peintre de figures et de portraits.
Élève de J. Astorga et professeur à l'École des Beaux-Arts de Salamanque.

MORA Alonso de
XVIe siècle. Actif à Séville. Espagnol.
Sculpteur.
Il fit des statues pour la chapelle de Saint-Clément de la cathédrale de Séville ; probablement le même artiste que Alonso Moro cité en 1594.

MORA Alphonse
Né en 1891 à Anvers. XXe siècle. Belge.
Peintre de paysages, paysages urbains, graveur, lithographe.
Il fut élève de l'Institut supérieur d'Anvers.

BIBLIOGR. : In : *Dictionnaire biographique illustré des artistes en Belgique depuis 1830*, Arto, Bruxelles, 1987.

MORA Angelo
Né le 4 juillet 1769 à Crémone. XVIIIe siècle. Italien.
Peintre d'ornements.

MORA Benedetto
Né au début du XVIIIe siècle à Venise ou à Rome. XVIIIe siècle. Italien.
Peintre.
Il a peint *Saint Vincent Ferrer* dans l'église de Saint-Clément de Brescia.

MORA Bernardo
Né en 1614 à Porreras (Palma de Majorque). Mort le 26 janvier 1684 à Grenade. XVIIe siècle. Espagnol.
Sculpteur.
Père de Diego et de José Mora. Il épousa en 1641 une fille du sculpteur Cecilio Lopez, qui était aussi une nièce d'Alonso de Mena. A la mort de ce dernier, il prit la direction de son atelier. Il exécuta en 1659 un *Ecce Homo* et en 1672 un *Saint Bartholomé* et un *Saint Michel* pour l'archevêque de Grenade.

MORA Diego
Né en 1658 à Grenade. Mort le 16 janvier 1729 à Grenade. XVIIe-XVIIIe siècles. Espagnol.
Sculpteur.
Fils de Bernardo Mora. On cite de lui dans le couvent del Angel un *S. Ramon Nonata*, un *S. Pedro Nolasco*, un *Ecce Homo* et une *Mater Dolorosa*, ainsi qu'un *Saint Grégoire* dans la cathédrale, tous à Grenade. Son art se situe entre la tradition d'Alonso Cano et le baroque du XVIIIe siècle.

MORA Diego de
Mort en 1535. XVIe siècle. Espagnol.
Peintre.
Il accompagna Pizarre au Pérou et dessina le portrait de l'empereur *Atahualpa.*

MORA Domingo
Né en Catalogne. Mort le 24 juillet 1911 à San Francisco (Californie). XXe siècle. Espagnol.
Sculpteur.
Père de Joseph Jacinto et de Francis Luis Mora. Il fit ses études à Barcelone et à Madrid et travailla à Montevideo où il a sculpté des œuvres pour la Bourse ; le Musée de cette ville possède des sculptures de cet artiste.

MORA Fabrizio
XVIe siècle. Actif à Messine. Italien.
Sculpteur.
Il a sculpté en 1593 un haut-relief pour le portail principal du Palais Royal.

MORA Francis Luis
Né le 27 juillet 1874 à Montevideo (Uruguay). Mort en 1940 ou 1960. XXe siècle. Américain.
Peintre d'histoire, scènes de genre, portraits, aquarelliste, graveur.
Il fut élève de l'École d'Art de Boston, de l'Art Students League de New York et de son père le sculpteur espagnol Domingo Mora.
Il fut membre du Salmagundi Club et membre de la Fédération américaine des arts. Il obtint de nombreuses récompenses dont plusieurs attribuées par le Salmagundi Club et le prix Carnegie en 1931. Il est bien représenté dans les musées américains.

Ventes Publiques : New York, 21 nov. 1945 : *Sur la plage* : **USD 500** – Paris, 19 avr. 1968 : *Portrait de Patty Mora* : **USD 1 500** – Londres, 12 mai 1974 : *Les Joueurs de cartes* : **GNS 420** – New York, 28 oct. 1976 : *La Robe blanche*, h/t (76,2x63) : **USD 5 500** – New York, 21 avr. 1977 : *Jeune femme dans un hamac*, h/t mar./isor. (37x40,5) : **USD 3 000** – Los Angeles, 18 juin 1979 : *The retiring champion* 1932, h/t (91,5x101,6) : **USD 3 000** – New York, 1er avr. 1981 : *Portrait de la première femme de l'artiste*, h/t (82,6x64,8) : **USD 5 500** – New York, 3 juin 1982 : *Tauromachie*, h/cart. (13,8x23,3) : **USD 2 000** – New York, 3 juin 1983 : *New Americans*, h/t (102,4x91,5) : **USD 8 000** – New York, 21 sep. 1984 : *Paysans cueillant des fruits*, aquar. et gche (14,9x25,6) : **USD 900** – New York, 5 déc. 1985 : *Spanish souvenir*, h/t (92x122) : **USD 7 000** – New York, 5 déc. 1986 : *Betty et Rosemary*, aquar./pap. (30x45,7) : **USD 6 000** – New York, 29 mai 1987 : *Mercedes* 1909, h/t (76,5x63,8) : **USD 14 000** – New York, 28 sep. 1989 : *Les Trapèzistes*, h/t (120x89,5) : **USD 30 800** – New York, 24 jan. 1990 : *Les Collines au loin*, aquar./pap./cart. (50,8x35,6) : **USD 2 310** – New York, 14 fév. 1990 : *Arleqin guitariste*, h/t (66x54) : **USD 4 180** – New York, 18 déc. 1991 : *Notre ère chrétienne*, h/t (243,8x182,9) : **USD 1 045** – New York, 10 juin 1992 : *Nu avec un châle espagnol*, h/cart. (40x29,8) : **USD 3 080** – New York, 23 sep. 1992 : *Juan et Juanita*, h/t (76,5x63,7) : **USD 6 600** – New York, 3 déc. 1992 : *Fête familiale à Triana, Andalousie* 1908, h/t (63,5x76,2) : **USD 9 900** – New York, 11 mars 1993 : *À la plage* 1912, h/pan. (29,9x40,7) : **USD 10 925** – New York, 12 sep. 1994 : *Torero attendant son tour*, aquar./pap./cart. (55,9x455,7) : **USD 1 495** – New York, 23 mai 1996 : *La Porte de l'école*, h/t (121,9x91,4) : **USD 9 200** – New York, 30 oct. 1996 : *Portrait de John Taylor Arms jeune garçon*, h/t (76,5x63,8) : **USD 6 325** – New York, 4 déc. 1996 : *A l'ombre de la grand-voile*, h/pan. (18,7x23,5) : **USD 11 500** – New York, 27 sep. 1996 : *Service religieux à Notre-Dame après la victoire de la Grande Guerre*, h/t (107x74,2) : **USD 16 100** – New York, 23 avr. 1997 : *Paysans se relaxant dans un paysage montagneux*, h/t (40,5x91,5) : **USD 2 760**.

MORA Geronimo
Né vers 1540. Mort en 1599. XVIe siècle. Espagnol.
Peintre.
Élève d'A. S. Coello. Philippe III lui fit peindre des fresques au Prado.

MORA Jeronimo ou **Geronimo**
Né à Saragosse. XVIIe siècle. Actif dans la première moitié du XVIIe siècle. Espagnol.
Peintre, et poète.
Élève de A. Sanchez Coello et assistant de Fed. Zuccaro. Il exécuta des peintures dans l'Escurial, au Prado et dans le couvent des Dominicains à Valence.

MORA Joan
Né en 1944 à Barcelone (Catalogne). XXe siècle. Espagnol.
Sculpteur.
Il participe à des expositions collectives, parmi lesquelles : 1978, IVe Biennale de sculpture de Budapest ; 1986, Salon d'art Artur Ramon, Barcelone ; 1987, *La Génération des années soixante*, galerie Barcelona, Barcelone. Il montre ses œuvres dans des expositions personelles, dont : 1980, 1981, 1982, 1986, galerie Étienne de Causans ; 1988, Salon d'Art Artur Ramon, Barcelone. Il a obtenu, en 1964, le Premier Prix de la sculpture de l'Institut français de Barcelone et le Grand Prix de la Ve Biennale de Valparaiso.
La sculpture de Joan Mora reproduit à l'identique dans un chromatisme uniformisant la forme d'objets du quotidien : parapluie, siphon, etc.
Bibliogr. : In : *Catalogo nacional de arte contemporaneo 1990-1991*, Iberico 2 mil, Barcelone, 1990.

MORA José
Né en 1642 à Baza. Mort le 25 octobre 1724 à Grenade. XVIIe-XVIIIe siècles. Espagnol.
Sculpteur.
Fils de Bernardo Mora. Il est le plus important de la famille et exécuta de nombreuses statues et crucifix à Grenade, Jaen, Baza, Cordoba et dans d'autres villes espagnoles. A partir de 1666, il alla quelquefois à Madrid où il exécuta, entre autres, une *Purisima* pour la cathédrale de San Isidro. Bien qu'il ait été nommé sculpteur de Charles II, il retourna à Grenade en 1680 et se replia sur lui-même, ne prenant pas la suite de son père, à la mort de celui-ci, mais travaillant seul chez lui, enfermé en une douce folie. Ses œuvres inégales sont le reflet de sa foi pathétique et sont empreintes d'un lyrisme tragique dont témoignent la *Dolorosa* du couvent de las Maravillas de Madrid, le *Christ de Miséricorde* de San José, *Saint Bruno* de la chartreuse de Grenade.

MORA Joseph Jacinto
Né le 22 octobre 1876 à Montevideo. XXe siècle. Actif à Mountain View (Californie). Américain.
Sculpteur, illustrateur et écrivain.
Élève de son père Domingo Mora, J. Decamp et J. C. Bechwith. Sculpta des œuvres de genre, des monuments commémoratifs, notamment le *Monument de Cervantes*, à San Francisco.

MORA Juan de
XVIe siècle. Actif à Tolède vers 1500. Espagnol.
Miniaturiste.
Il a enluminé en 1509 un psautier de la cathédrale de Tolède.

MORA Juan de
XVIIe siècle. Espagnol.
Sculpteur.
On lui attribue les sculptures de l'autel N.-S. de los Reyes dans la cathédrale de Malaga.

MORA Lola
Née le 7 novembre 1866 à San Joaquin de Trancas (Tucuman). Morte le 7 juin 1936 à Buenos Aires. XIXe-XXe siècles. Active en Italie. Argentine.
Peintre, sculpteur de sujets allégoriques, mythologiques, compositions à personnages, figures, portraits, sculpteur de monuments. Néoclassique.
Elle étudia, en Argentine, auprès de Santiago Falcucci, à partir de 1887. Elle poursuivit sa formation à Rome, en 1897, avec le peintre Paolo Michetti et les sculpteurs Barbella et Monteverde. Elle retourna définitivement en Argentine en 1902.
Elle expose pour la première fois en 1894. Elle a envoyé un *Autoportrait*, en peinture, à l'Exposition Universelle de Paris en 1899 qui lui valut une médaille d'or.
Elle est une des grandes figures féminines de la sculpture argentine, son œuvre est vaste. Durant son séjour en Italie elle exécuta des bustes d'hommes célèbres. En Argentine, elle a réalisé de nombreux monuments, dont : *Las Nereidas*, un fontaine à Buenos Aires, 1903 ; des monuments pour le Congrès national en 1906 ; un monument à la gloire du *Président Nicolas Avellaneda* en 1913, etc. Elle a également réalisé des monuments pour la ville de Tucuman, et remporté des concours internationaux : le monument à la reine Victoria à Melbourne en Australie en 1902, le monument pour le tsar Alexandre Ier à Saint-Pétersbourg en 1904.
Bibliogr. : Oscar Felix Haedo : *Lola Mora*, Eudeba, Buenos Aires, 1974 – *Lola Mora*, coll. : *Pintores Argentinos del Siglo XX*, Centro Editor de Ameria Latina, Buenos Aires, 1981.

MORA Luis. Voir **MORA Francis Luis**

MORA Y GUINART José de
XVIIe siècle. Actif à Madrid. Espagnol.
Sculpteur.
Il a exécuté en 1674-1675 dix anges pour les autels latéraux de l'église de l'Hôpital de Montserrat.

MORACE Ernest
Né en 1766 à Stuttgart. Mort vers 1806 ou 1808. XVIIIe siècle. Allemand.
Graveur au burin.
Élève de J.-G. Muller. Il grava des sujets de genre.

MORACE Karl Friedrich
Né en 1766 ou 1767 à Naples. Mort en 1820. XVIIIe-XIXe siècles. Allemand.
Graveur.
Il fit ses études à Stuttgart sous la direction de Johann Gotthard von Muller. En 1790, il produisit ses premiers ouvrages. En 1792, il voyagea en Italie. Il collabora notamment à *La Galerie de Florence* et au *Musée Français*. On cite surtout de lui des portraits.

MORACH Otto
Né le 2 août 1887 à Gretzenbach. Mort en 1973. XXe siècle. Suisse.
Peintre de portraits, paysages, natures mortes, peintre d'affiches, graveur.

Il fit ses études à Berne, Paris et Munich.
Musées : Aarau (Aargauer Kunsthaus) : *Bergsee* 1913 – Berne : *Portrait d'un écrivain russe* – Otlen – Soleure – Zurich.
Ventes Publiques : Zurich, 26 mai 1978 : *Autoportrait* vers 1913, h. et temp./t. (45x38,5) : **CHF 10 000** – Zurich, 30 mai 1979 : *Les bâtisseurs* vers 1914, h/t (110x74,5) : **CHF 20 000** – Zurich, 21 mars 1986 : *Une rue de Paris* vers 1931, h/t (60x73) : **CHF 8 000** – Lucerne, 24 nov. 1990 : *Cathédrale* 1919, gche/pap. (48x33) : **CHF 13 000** – Zurich, 25 mars 1996 : *Le Vieillard, souvenir de Chagall* 1916, h/t (90x80) : **CHF 69 000** – Berne, 20-21 juin 1996 : *Viaduc du chemin de fer à Rümlingen* 1913, cr. (19,5x26,8) : **CHF 3 700.**

MORACZYNSKI Jan
Né vers 1816. xixe siècle. Polonais.
Peintre de genre.
Il fit ses études à Vienne. Le Musée de Cracovie conserve de lui un *Portrait d'homme*, peint en 1836. Il exposa à Berlin en 1839 et s'établit à Lemberg en 1841.

MORAD Arthur ou **Morard**
Né en 1882 à Corcelles. Mort en 1950. xxe siècle. Suisse.
Peintre de paysages, figures.
Il fit ses études à Genève de 1902 à 1905.
Musées : Aarau (Aargauer Kunsthaus) : *La Colline de Monthoux.*

MORADAS
xixe-xxe siècles. Espagnol.
Peintre.
L'orthographe du nom de cet artiste est douteuse.
Ventes Publiques : Paris, 27 mars 1950 : *Le Guitariste et l'écrivain public*, deux pendants : **FRF 14 500.**

MORADEI Arturo
Né en 1840 à Florence. Mort en 1901 à Ravenne. xixe siècle. Actif à Florence. Italien.
Peintre de genre.
Il fut professeur à l'Académie de Ravenne. Le Musée de peintures de Philadelphie possède de lui *En allant au marché et en classe*, et l'Académie de Ravenne, *Craintes d'une mère*.
Ventes Publiques : Milan, 6 nov. 1980 : *Paysanne* 1880, h/t (100x81) : **ITL 6 000 000** – New York, 24 mai 1985 : *Le retour*, h/pan. (35,5x28) : **USD 2 500** – Rome, 11 déc. 1996 : *Portrait de femme*, h/t (47x37) : **ITL 5 592.**

MORAES Alfredo de
Né le 19 septembre 1872 à Lisbonne. xxe siècle. Portugais.
Aquarelliste.
Musées : Lisbonne (Mus. d'Art Contemp.) : *plusieurs aquarelles.*

MORAES Cristovao de ou **Morais**
xvie siècle. Actif au Portugal. Espagnol.
Peintre de sujets religieux, portraits.
Il travailla pour la cour royale à Lisbonne, de 1554 à 1571.
On lui attribue le portrait du *Roi Sébastien*, dans le couvent des Descalzas Reales à Madrid, ainsi que le retable du maître-autel du couvent de la Conception à Lisbonne. On décèle dans la précision de ses portraits l'influence du maître espagnol Alonso Sanchez Coello.
Bibliogr. : In : *Dictionnaire de la peinture espagnole et portugaise du Moyen-Âge à nos jours*, coll. Essentiels, Larousse, Paris, 1989.
Musées : Lisbonne (Mus. d'art ancien).

MORAGA Juan ou **Giovanni de**
xvie siècle. Espagnol.
Peintre.
Il séjourna à Rome de 1556 à 1561 et a peint des sujets religieux pour la résidence des Pères Jésuites à Rome.

MORAGAS Y TORRAS Tomas
Né en 1837 à Gerona. Mort le 20 octobre 1906 à Barcelone. xixe siècle. Espagnol.
Peintre de figures, portraits, paysages, peintre à la gouache, aquarelliste.
Il fit ses études à Rome et excella dans l'aquarelle.
Ventes Publiques : Londres, 3 nov. 1977 : *Le jugement d'un assassin dans une ville arabe*, h/t (67,2x96,5) : **GBP 4 000** – Zurich, 1er juin 1983 : *Scène de rue* 1878, h/t (69x52) : **CHF 5 000** – New York, 22 mai 1985 : *Devant un café arabe* 1892, h/t (55,9x82) : **USD 48 000** – New York, 24 mai 1989 : *Une élégante admiratrice* 1874, aquar. et gche (49,8x35,8) : **USD 8 800.**

MORAGE Y RICART Miguel
Né à Barcelone. Mort le 12 juin 1916 à Barcelone. xxe siècle. Espagnol.
Peintre de théâtres.
Élève de J. Planella.

MORAGUES Pedro ou **Pere**
Mort entre le 27 mars 1387 et le 18 juin 1388. xive siècle. Actif à Saragosse et Barcelone. Espagnol.
Sculpteur et orfèvre.
Il exécuta le tombeau de Lope de Luna, archevêque de Saragosse, dans la cathédrale de cette ville.

MORAHAN Eugène
Né le 29 août 1869 à Brooklyn. xixe-xxe siècles. Américain.
Sculpteur.
Il fut élève de Saint-Gaudens. Il a exécuté dans le Carrole Park à Brooklyn un monument aux soldats et marins, et à Newport (Rhode Island) une fontaine décorative.

MORAIN Pierre
Né le 21 janvier 1821 à Morannes. xixe siècle. Français.
Portraitiste et peintre de figures.
Il entra à l'École des Beaux-Arts le 19 octobre 1848. Élève de Couture. Il figura au Salon de Paris de 1849 à 1857. Le Musée d'Angers possède de lui une *Étude de tête*.
Ventes Publiques : Paris, 24 mai 1945 (sans indication de prénom) : *Nature morte au chaudron* ; *Nature morte à la cruche*, deux pendants : **FRF 2 100.**

MORAINE Louis Pierre René de. Voir **DEMORAINE**

MORAIRA MAESE Andres de
xvie siècle. Actif à Séville. Espagnol.
Peintre.

MORAIS Crisaldo d'Assuncao
Né le 3 novembre 1932 à Recife-Pe (Pernambouc). xxe siècle. Brésilien.
Peintre.
Peintre faisant partie de la très riche école naïve brésilienne.
Il a participé à la 1re Foire des Arts Plastiques à São Paulo en 1968 ; au 5e Salon d'Art Contemporain de Campimas en 1969 ; etc. Il a obtenu, dans certaines expositions de groupes auxquelles il a participé, diverses récompenses. Il a montré ses œuvres dans des expositions personnelles à São Paulo en 1968, 1970 ; à Paris en 1970.
Il compose des scènes riches en couleurs, où se mêlent personnages de la Bible (en version noire) avec ceux du *Candomblé*, branche brésilienne du Vaudou.
Bibliogr. : Anatole Jakovsky : *Crisaldo Morais*, catalogue de l'exposition, galerie Antoinette, Paris, 1970.

MORAIS Cristovao do. Voir **MORAES**

MORAL Henri, Auguste Alban
Né le 10 mars 1840 à Lille (Nord). Mort en 1889 à Armentières (Nord). xixe siècle. Français.
Peintre d'animaux et de genre.
Il travailla avec Hurtrel, Souchon et Colas. Il débuta au Salon de Paris en 1876. Le Musée de Lille conserve une étude de cet artiste.

MORAL Jacob. Voir **MARREL**

MORAL BARTOLOME
xvie siècle. Actif à Valladolid. Espagnol.
Sculpteur.
Cet artiste, dont on ne possède pas d'œuvres, devait cependant avoir du talent puisque le sculpteur Giralte accepta de faire deux statues dans une œuvre qui lui était confiée.

MORALE da Fermo
Né à Fermo. xvie siècle. Actif dans la première moitié du xvie siècle. Italien.
Peintre et stucateur.
Il fit ses études à Rome chez Vinc. Pagani. Il a exécuté à Saint-François de Fermo une *Visitation* et à l'église de Casavecchia un tableau d'autel *(Descente de Croix)*.

MORALÈS Alonzo
xviie siècle. Actif à Séville dans la première partie du xviie siècle. Espagnol.
Peintre.
Il fit des travaux pour la cathédrale de Séville.

MORALÈS André de (?)
xvie siècle. Travaillant à Séville en 1539. Espagnol.
Peintre.

MORALES Antonio
xvie siècle. Travaillant en Castille. Espagnol.
Peintre.

MORALES Antonio ou **Anton de**
Né vers 1559. Mort après 1625. XVIe-XVIIe siècles. Espagnol.
Sculpteur.
Cet artiste prit part à l'exécution des monuments funèbres érigés à l'Escurial ; il fit des modèles de statues en cire, de concert avec Miquel Ange et Léoni. Peut-être était-il le fils de Morales, surnommé le divin.

MORALES Armando
Né en 1927 à Granada (Nicaragua). XXe siècle. Actif depuis 1960 aux États-Unis, depuis 1980 actif en France, puis en Angleterre. Nicaraguayen.
Peintre de figures, paysages animés, paysages, lithographe.
Il a suivi les cours de l'École des Beaux-Arts de Managua de 1948 à 1953. Il s'est rendu aux États-Unis, en 1957, grâce à une bourse de l'American Council of Education, où il s'établit pendant plusieurs années à partir de 1960. Il y reçut une autre bourse en 1958, cette fois-ci de la Guggenheim Memorial Foundation de New York. Il a effectué en 1959 un voyage au Brésil et au Pérou. Il étudia, à New York, la gravure au Pratt Center. Il enseigna en 1972 à la Cooper Union. En 1982, il devient délégué adjoint du Nicaragua à l'Unesco.
Il montre pour la première fois, en 1959, ses œuvres dans une exposition personnelle à l'Institut d'Art contemporain de Lima (Pérou), puis : 1967, Musée des Beaux-Arts, Caracas ; 1973, 1976, 1978, Lee Ault Gallery, New York ; 1984, 1986, 1991, 1992 galerie Claude Bernard, Paris ; 1990, Musée Ruffino Tamayo, Mexico. Il a obtenu en 1954 le prix Joaquim Diaz del Villar à la IIe Biennale Hispano-américaine d'art de La Havane, un prix en 1956 à l'exposition *Gulf-Caribbean* au Museum of Fine Arts de Houston, le prix J. L. Hudson, en 1964, au Carnegie International de Pittsburgh.
Prenant d'abord ses sources dans une abstraction issue de Tapiès, son œuvre a ensuite évolué, au milieu des années soixante, vers une figuration de type métaphysique avant de s'adoucir dans un paysagisme délicat. Sa peinture fait ressortir, dans une gamme colorée en tons pastels ou, plus récemment, par de vifs contrastes, la présence en demi-teinte de figures dans des espaces naturels, comme la forêt tropicale ou des intérieurs.

MORALES

Bibliogr. : B. Dorival, sous la direction de... : *Peintres contemporains*, Mazenod, Paris, 1964 – Damian Bayon, Roberto Pontual, in : *La peint. de l'Amérique-latine au XXe siècle*, Mengès, Paris, 1990 – in : *Dictionnaire de l'art moderne et contemporain*, Hazan, Paris, 1992.
Musées : Washington D. C. (Mus. d'Art Mod. de l'Amérique latine).
Ventes Publiques : New York, 17 oct 1979 : *Mannequins* 1968, techn. mixte/t. (162,5x130,8) : **USD 5 500** – New York, 6 nov. 1980 : *Peinture abstraite* 1964, techn. mixte collage/t. (151,7x122) : **USD 2 250** – New York, 29 mai 1984 : *Figure assise* 1968, h/t (162x130) : **USD 9 500** – New York, 26 nov. 1985 : *Homme à cheval* 1976, lav. fus. et craie blanche (57,5x60) : **USD 2 100** – New York, 30 mai 1985 : *Nature morte aux poires* 1975, h/t (66x81,2) : **USD 5 000** – New York, 25 nov. 1986 : *Prunes et poires II* 1981, h/t (127x101,5) : **USD 16 000** – New York, 19 mai 1987 : *Trois femmes sur la plage* 1983, h/t (59,7x72,4) : **USD 14 000** – New York, 17 avr. 1988 : *Nu*, h/t (127,5x101,5) : **USD 25 300** – New York, 21 nov. 1988 : *Sans titre* 1966, techn. mixte/t. (81,5x66,2) : **USD 2 475** – New York, 17 mai 1989 : *Sans titre* 1971, h/t (162x130,3) : **USD 34 100** – New York, 20 nov. 1989 : *Nature morte aux poires* 1987, acryl./t. (60x50) : **USD 22 000** – New York, 21 nov. 1989 : *Scène lacustre IV* 1978, h/t (82,5x103) : **USD 66 000** – New York, 1er mai 1990 : *Arbre VI* 1977, h. et craie grasse/t. (102x81,5) : **USD 35 200** – New York, 19-20 nov. 1990 : *Figure* 1970, h/t (167,7x167,7) : **USD 45 100** ; *Phonographe III* 1974, h. et craie grasse/tissu (101,5x127,5) : **USD 52 800** – New York, 15-16 mai 1991 : *Deux personnages à l'observatoire astronomique* 1981, h/t avec vernis (101x81) : **USD 52 800** – New York, 20 nov. 1991 : *Femmes à un aiguillage de chemin de fer* 1986, h/pap. fort (70,5x56,5) : **USD 22 000** – New York, 18-19 mai 1992 : *Forêt tropicale I (Jungle)* 1985, h/t (162x130) : **USD 176 000** – New York, 23 nov. 1992 : *Forêt tropicale* 1989, h/t (161,9x130,2) : **USD 231 000** – New York, 24 nov. 1992 : *Le Cirque* 1981, cire vernie et h/t (147,8x183) : **USD 220 000** – New York, 18 mai 1993 : *Nu* 1970, craie grasse vernie et h/t (167,7x167,7) : **USD 129 000** – New York, 18-19 mai 1993 : *Trois nus et une voiture à cheval* 1985, h/t (161,8x129,9) : **USD 376 500** – New York, 22-23 nov. 1993 : *Le sommeil de l'aube* 1983, past./pap. (48,9x60,6) : **USD 28 750** – New York, 18 mai 1994 : *Femme quittant une pièce I*, h. et vernis gras/t. (127,7x109,2) : **USD 123 500** – New York, 20 nov. 1995 : *Deux femmes devant le miroir* 1982, h. et cire vernie/t. (99,6x80,6) : **USD 200 500** – New York, 15 mai 1996 : *Nature morte aux pommes, poire, bouteille, entonnoir et mesure à lait* 1989, vernis à la cire et h/t (162x130,2) : **USD 343 500** – New York, 25-26 nov. 1996 : *Femme entrant dans un miroir II* 1982, h/t (127x101,6) : **USD 244 500** – New York, 26-27 nov. 1996 : *Trois Baigneuses* 1993, h. et vernis à la cire/t. (60x73) : **USD 211 500** – New York, 28 mai 1997 : *Deux Nus, un fiacre* 1989, vernis à la cire et h/t (201x162,5) : **USD 354 500** – New York, 29-30 mai 1997 : *Deux Nus et un fruit* 1981, h/t (101,9x81,3) : **USD 200 500** – New York, 24-25 nov. 1997 : *Scène lacustre IV* 1978, h. et cire d'abeille/t. (82,5x103) : **USD 211 500**.

MORALES Cristobal de
XVIe siècle. Travaillant à Séville dans la première moitié du XVIe siècle. Espagnol.
Peintre.
Peignit en 1509 l'écu d'albâtre sculpté par Pedro Trillo, et placé sur la porte d'un monument public, et participa à la peinture des arcs de triomphe élevés pour la réception des personnes royales. Probablement le même artiste que le peintre Cristobal Morales, cité à Séville en 1520 et 1542. Le Musée de Séville possède de lui une *Mise au tombeau*.

MORALES Cristobal Perez
Né en 1554 à Badajoz. XVIe siècle. Espagnol.
Peintre.
Fils de Luis de Morales. Il collabora avec son père à l'exécution d'un autel à Higuera de Frenegal.

MORALES Dario ou **Morales Lopez**
Né en 1944 à Cartagena. Mort en 1988. XXe siècle. Colombien.
Sculpteur de figures, nus, peintre, graveur, dessinateur. Réaliste.
Il a surtout exposé à Bogota.
Surtout sculpteur, il traite essentiellement le nu féminin, qu'avec une pointe d'humour il situe volontiers dans des situations familières, sur une chaise longue, dans son tub, avec son sculpteur. En peinture, se consacrant encore au nu, sa figuration est réaliste, très soigneusement dessinée, ses thèmes, à l'occasion, sont empreints de sensualité érotique.
Ventes Publiques : New York, 17 oct 1979 : *Nu sur une chaise* 1971, cr. (106x73,7) : **USD 8 000** – New York, 30 mai 1984 : *Anna Maria dormant* 1977, aquar. et cr./pap. mar./isor. (74,3x94) : **USD 10 000** – New York, 29 mai 1984 : *Nu sur une chaise longue vue de dos* 1973, cr. (124,6x175,3) : **USD 16 000** – New York, 29 mai 1984 : *Nu sur un fauteuil à bascule* 1972, h/t (162,6x89) : **USD 45 000** – Paris, 6 déc. 1985 : *femme au fauteuil*, past. (107x74) : **FRF 120 000** – New York, 21 mai 1986 : *Femme dans une chaise longue* 1980, bronze patine brun vert (H. 32 et l. 32) : **USD 13 500** – New York, 21 mai 1986 : *Nu couché* 1979, cr. et craie blanche/pap. mar./cart. (39x30,6) : **USD 6 000** – New York, 25 nov. 1986 : *Femme nue* 1979, h/t (193x127,5) : **USD 75 000** – New York, 19 mai 1987 : *Nu couché* 1986, h/t (130x195) : **USD 50 000** – New York, 21 nov. 1988 : *Nu* 1980, bronze (L. 70) : **USD 38 500** – New York, 17 mai 1989 : *nu féminin* 1982, past./pap. (150x100) : **USD 33 000** – New York, 20 nov. 1989 : *Nu étendu au drap rejeté* 1976, techn. mixte/pap. (108x75) : **USD 24 750** – New York, 1er mai 1990 : *Femme dans le fauteuil à bascule* 1982, bronze à patine dorée (L. 22) : **USD 17 600** – New York, 15-16 mai 1991 : *Nu* 1982, sanguine/pap. (150x100) : **USD 60 500** – New York, 20 nov. 1991 : *Nu allongé* 1981, cr./pap. fort (31x37,2) : **USD 8 800** – New York, 18-19 mai 1992 : *Femme se baignant dans un tub* 1980, bronze à patine verte (H. 19, L. 35,7, prof. 38,6) : **USD 30 800** – New York, 24 nov. 1992 : *Entrée dans la baignoire* 1982, bronze à patine dorée (H. 44,5, L. 50,2, prof. 57,1) : **USD 49 500** – New York, 18 mai 1993 : *L'artiste et son modèle* 1982, bronze (102x80x64) : **USD 55 200** – New York, 23-24 nov. 1993 : *Femme nue* 1986, h/t (195x129,5) : **USD 51 750** – New York, 25-26 nov. 1996 : *Nu* 1982, sanguine et cr./pap. (149,9x100) : **USD 37 375** – New York, 24-25 nov. 1997 : *Le Bain* 1982, bronze patine brun doré (44,5x57,1x49,5) : **USD 40 250**.

MORALES Diego
XVIIe siècle. Espagnol.

Peintre.
On cite de lui le portrait d'un *Saint évêque* se trouvant autrefois dans l'église de Chueca.

MORALES Eduardo
Né vers 1868. Mort en 1938. XIXe-XXe siècles. Cubain.
Peintre de paysages, paysages animés.
Il combattit pour l'indépendance de Cuba contre les Espagnols et sous le commandement de Antonio Maceo. Après la guerre, il suivit les cours de l'Académie San Alejandro, puis celle de San Fernando à Madrid. Ses peintures sont souvent des évocations de Cuba durant l'époque coloniale. Il peignit de nombreux paysages.
Ventes Publiques : New York, 7 mai 1981 : *Galant à Cuba* 1911, h/t (60,2x80) : **USD 9 500** – New York, 31 mai 1984 : *La promenade* 1917, h/t (46,4x36,2) : **USD 1 200** – New York, 20-21 nov. 1990 : *La charrette (paysage cubain)* 1917, h/t (30,5x35,5) : **USD 8 800** – New York, 19 mai 1992 : *Le cabriolet* 1905, h/t (42,7x61) : **USD 5 500** – New York, 25 nov. 1992 : *La calèche* 1912, h/t (59x79) : **USD 6 600** – New York, 23-24 nov. 1993 : *Les palmiers* 1919, h/t (50,3x35,5) : **USD 2 875** – New York, 18 mai 1995 : *Palmiers* 1917, h/t (50,2x35,6) : **USD 6 612** – New York, 14-15 mai 1996 : *Paysage au canoë* 1918, h/t (66x55,9) : **USD 7 475**.

MORALES Francesco de
XVIe siècle. Actif à Séville. Espagnol.
Peintre.
Cité entre 1520 et 1541.

MORALES Francisco de
Né en 1660 à Terceira (Açores). Mort en 1720. XVIIe-XVIIIe siècles. Espagnol.
Peintre.
Élève et ami de Palomino. Il collabora avec Alexo Fernan. Il voyagea probablement en Italie, car on cite de ses ouvrages à Padoue. La Chartreuse de Grenade possède de lui des peintures d'inspiration religieuse.

MORALES Hernando de
XVIe siècle. Espagnol.
Sculpteur.
Il travailla à l'Alcazar de Séville en 1542.

MORALES Juan Bautista
XVIIe siècle. Actif à Madrid de 1600 à 1615. Espagnol.
Graveur au burin.

MORALES Lucas de
XVIIe siècle. Travaillant en 1630. Espagnol.
Peintre.

MORALES Luis de, dit **el Divino** ou **le Divin**
Né vers 1509 à Badajoz. Mort le 9 mai 1586 à Badajoz. XVIe siècle. Espagnol.
Peintre de compositions religieuses, dessinateur.
On ne connaît pas son maître, peut-être Peter de Kempener, mais il forma son style par l'étude approfondie de Michel-Ange et de Léonard de Vinci. Cet artiste ne fit guère que des tableaux religieux, d'autant qu'il était l'intime de l'ascète Pedro de Alcantara ; il ne faut pas le juger sur toutes les œuvres qui lui sont attribuées, car on a mis à son compte beaucoup de médiocrités ; son dessin était très pur, ses compositions harmonieuses et tout ce qu'on peut lui reprocher, c'est quelque excès dans les détails et parfois une certaine faiblesse de coloris ; deux de ses meilleures œuvres, une *Immaculée Conception* et une *Vierge à l'Enfant*, peintes pour Badajoz, sont aujourd'hui au Musée de Valladolid. Il a peint surtout des têtes de Christ couronnées d'épines et de nombreuses variantes de la *Vierge à l'Enfant*, généralement sur bois ou sur cuivre. Ses œuvres authentiques sont très rares. Philippe II l'écarta des honneurs officiels, après avoir refusé le tableau d'épreuve, un *Christ portant sa Croix*. Son style est composite, on y retrouve des influences allemande, flamande comme dans un *Saint Étienne* conservé à Valladolid. Certaines œuvres tendent au réalisme, ainsi de l'*Ecce Homo* et de la *Pietà* de l'Académie Royale San Fernando à Madrid, du *Christ en Croix* du Prado. Quant à ses nombreuses *Vierges à l'Enfant*, la technique, comme le thème, en est inspirée des Italiens de la Renaissance tardive, avec le traitement des volumes par un clair-obscur estompé imité du « sfumato » du Vinci, avec un étirement maniériste des lignes générales dans la manière du Parmigiano. Dans les meilleurs moments, son maniérisme tend à la gravité tragique du Gréco, sans l'intériorité de la pensée.
Bibliogr. : In : *Encyclopédie des Arts Les Muses*, Grange Batelière, Paris, 1973.
Musées : Aix-la-Chapelle : *Ecce Homo* – Bâle : *Marie et Jean – Christ avec la Croix* – Berlin : *Vierge et Enfant Jésus* – Dresde : *Buste de l'homme de douleur avec la corde au cou* – Dublin : *Saint Jérôme dans le désert* – Épinal : *Tête de Christ avec couronne d'épines* – La Fère : *Ecce Homo* – Londres (Nat. Gal.) : *Vierge et Enfant Jésus* – Madrid (Prado) : *Ecce Homo – La Vierge des douleurs – Présentation de l'Enfant Dieu au temple – La Vierge caressant son fils – Le Sauveur – Vierge et Enfant Jésus – Le Christ entre les deux pêcheurs, allégorie* – Narbonne : *Ecce Homo* – Nice : *Saint Antoine de Padoue* – Paris (Mus. du Louvre) : *Christ portant la croix* – Porto : *Ecce Homo* – Saint-Pétersbourg (Mus. de l'Ermitage) : *Vierge et Enfant Jésus – Mère de douleur* – Stuttgart : *L'homme de douleurs* – Tolède : *Le Christ* – Valladolid : *Immaculée Conception – Vierge à l'Enfant – Saint Étienne* – Vire : *Christ portant sa Croix*.
Ventes Publiques : Londres, 1849 : *Ecce Homo* : **FRF 2 750** – Paris, 1852 : *La voie des douleurs* : **FRF 24 000** – Londres, 1853 : *Portant sa Croix* : **FRF 3 000** – Paris, 1890 : *La Vierge et l'Enfant Jésus* : **FRF 1 020** – Paris, 23 déc. 1908 : *Le Christ portant la Croix* : **FRF 115** – Paris, 15 mars 1923 : *Jésus-Christ portant sa Croix* : **FRF 1 820** – Berlin, 20 sep. 1930 : *La Vierge et l'Enfant* : **DEM 3 800** – Paris, 7 juin 1955 : *Le Christ à la colonne* : **FRF 150 000** – New York, 10 jan. 1980 : *Ecce Homo*, h/pan. (71x52,7) : **USD 110 000** – New York, 10 juin 1983 : *Le Christ aux outrages*, h/pan. (46,5x31) : **USD 22 000** – New York, 17 jan. 1985 : *Le Christ attaché à une colonne avec Saint Pierre repentant*, h/pan. (71x53) : **USD 45 000** – New York, 11 jan. 1989 : *Ecce Homo*, h/pan. (47x36,9) : **USD 15 400** – Londres, 28 fév. 1990 : *Le Christ assis*, h/pan. (61,5x45,5) : **GBP 2 640** – Berne, 12 mai 1990 : *Ecce Homo*, h/cuivre (24,5x19) : **CHF 900** – Londres, 1er avr. 1992 : *Le Christ portant sa Croix*, h./ardoise (80,5x56) : **GBP 33 000** – Madrid, 19 mai 1992 : *Pietà*, h/pan. (57x41) : **ESP 23 000 000** – Londres, 9 déc. 1994 : *Pietà*, h/pan. (41,3x30) : **GBP 89 500** – New York, 24 avr. 1995 : *Le Christ des douleurs*, h/pan. (39,4x28,6) : **USD 4 025** – Londres, 5 juil. 1996 : *Le Christ des douleurs*, h/pan. (37,2x27,7) : **GBP 10 000**.

MORALES Luisa
Née en 1654 à Cordoue. XVIIe siècle. Espagnole.
Aquafortiste.
Fille de J. Valdès Leal. Elle travailla à Séville en 1671 et 1672.

MORALES Manuel de
XVIIe siècle. Travaillant à Séville en 1635. Espagnol.
Sculpteur.
Il fut chargé de 1630 à 1639 de l'exécution de diverses statues à Séville, Arazena et Lora.

MORALES Martin de
XVIe siècle. Actif à Séville. Espagnol.
Peintre.

MORALES Melchior de
XVIe siècle. Actif à Séville en 1547. Espagnol.
Sculpteur.
Des notes qui concernent cet artiste, il ressort qu'il fit surtout des moulures. Il exécuta en collaboration avec Hernando Morales des travaux à l'Alcazar de Séville.

MORALES Rodolfo
Né en 1925 à Ocotlan (province de Oaxaca). XXe siècle. Mexicain.
Peintre de compositions à personnages, compositions religieuses, figures. Symboliste.
Il s'installa à Mexico en 1948 et commença ses études à l'Académie San Carlos l'année suivante. Il fut encouragé dans son travail par Rufino Tamayo. Il a participé à de nombreuses expositions, tant à Mexico qu'en Europe. Ses peintures furent mises à l'honneur lors de l'inauguration de l'exposition : *Mythes et magie en Amérique – les années 1980*, au Musée d'Art Contemporain de Monterrey au Mexique, en 1991.

RODOLFO MORALES

Bibliogr. : In : Catalogue de vente Sotheby's, New York, 18 mai 1995.
Ventes Publiques : New York, 2 mai 1990 : *Travail matinal avec des fleurs*, h/t (206x224) : **USD 33 000** – New York, 19-20 nov. 1990 : *La Cène*, h/t (200x300) : **USD 25 300** – New York, 20 nov. 1991 : *L'Espérance*, h/t (79x99) : **USD 26 400** – New York, 18-19 mai 1992 : *La Patrie d'abord*, h/t (80x100) : **USD 13 200** – New York, 24 nov. 1992 : *Sans titre*, h/t (120,6x150) : **USD 30 800** –

New York, 22-23 nov. 1993 : *Pietà* 1989, h. et sable/t. (181,9x229,2) : **USD 57 500** – New York, 18 mai 1994 : *Les endormis* 1987, h/t (148,3x217,7) : **USD 74 000** – New York, 18 mai 1995 : *Femme de Ocotlan*, h/t (140x140) : **USD 40 250**.

MORALES Tomas de
xvie siècle. Actif à Grenade. Espagnol.
Sculpteur.
Élève de Diego de Siloe. Il a sculpté en 1560 le maître-autel de l'église S. Miguel à Grenade.

MORALES Y GONZALEZ Francisco
Né vers 1845 à Grenade. xixe siècle. Espagnol.
Sculpteur.
Élève de Miguel Marin. Les églises et l'Université de Grenade conservent des peintures de cet artiste.

MORALES LOPEZ Dario. Voir **MORALES Dario**

MORALES SORIANO Bernardo
Né le 17 mars 1822 à Elche. Mort le 1er novembre 1898 à Valence. xixe siècle. Espagnol.
Peintre de figures.
Il décora plusieurs églises de Valence de ses peintures.

MORALEZ Geronimo
xvie siècle. Actif à Séville en 1542. Espagnol.
Sculpteur.

MORALEZ Pedro de
xvie siècle. Travaillant à Valladolid, vers le milieu du xvie siècle. Espagnol.
Peintre.

MORALIS Yannis
Né en 1916 à Arta. xxe siècle. Grec.
Peintre, peintre de cartons de mosaïques, peintre de décors de théâtre, illustrateur. Postcubiste.
Il fut élève, de 1931 à 1936, de l'École des Beaux-Arts d'Athènes, puis, de 1937 à 1939, de l'École des Beaux-Arts et de l'École des Arts et Métiers de Paris. Il poursuivit également sa formation en Italie. Il fut nommé, en 1947, professeur à l'École des Beaux-Arts d'Athènes, où il acquit une certaine influence sur la jeune génération. Il fut vice-président du groupe *Armos* et devint membre de l'Institut international des Arts et Lettres de Genève.
Il participe à de très nombreuses expositions d'art grec contemporain, notamment en Grèce, et à l'étranger : Toronto, Belgrade, New York. Il a figuré à la Biennale de Venise en 1959 et 1963.
Il pratique un réalisme synthétique, d'inspiration postcubiste, mais s'appuyant sur la tradition hellénistique. Il a réalisé un bas-relief pour l'hôtel Hilton d'Athènes en 1960.
Bibliogr. : B. Dorival, sous la direction de... : *Peintres contemporains*, Mazenod, Paris, 1964 – in : *Dictionnaire universel de la peinture*, Le Robert, Paris, 1975.
Musées : Athènes – Chypre – New York – Turin.

MORALT Ludwig
Né en 1815 à Munich. Mort le 24 décembre 1888 à Reichenhall. xixe siècle. Allemand.
Peintre d'histoire.
Élève de Schlotthauer, Cornelius et de H. Hess. Il a peint un *Saint Wolfgang* et *Saint Emmeran* pour la cathédrale de Ratisbonne, trois tableaux d'autel pour la crypte de Inning et les fresques de la cathédrale de Gran (Hongrie).

MORALT Willy
Né le 1er décembre 1884 ou 1885 à Munich (Bavière). Mort en 1947 ou 1957 à Munich. xxe siècle. Allemand.
Peintre de genre, paysages.
Il fut élève de K. Raupp. Il s'appliqua à représenter des scènes romantiques, plagiats, en vérité, des œuvres de son grand oncle Spitzweg.

W Moralt.

Ventes Publiques : Paris, 21 sep. 1948 : *Paysage animé* : **FRF 10 000** – Cologne, 15 mars 1968 : *Paysage d'été* : **DEM 3 600** – Cologne, 12 juin 1970 : *Paysage* : **DEM 3 500** – Londres, 18 oct. 1972 : *Pèlerinage* : **GBP 700** – Cologne, 27 juin 1974 : *Paysage romantique* : **DEM 13 000** – Londres, 19 mai 1976 : *Personnages à l'entrée d'un château*, h/pan. (38x56) : **GBP 2 800** – Zurich, 20 mai 1977 : *L'amateur de cactus*, h/pan. (30,5x21) : **CHF 9 500** – Vienne, 19 juin 1979 : *Dimanche à la campagne*, h/pan. (38x56) : **ATS 200 000** – Munich, 27 nov. 1981 : *L'Arrivée de la diligence*, h/pan. (28x55) : **DEM 21 000** – Munich, 22 juin 1983 : *Les Sentinelles*, h/pan. (26x39) : **DEM 27 000** – Munich, 18 sep. 1985 : *Besuch beim Klausner*, h/pan. (39x25,5) : **DEM 20 000** – Munich, 14 mai 1986 : *Lenggries im Isartal*, gche (38x55) : **DEM 6 000** – Cologne, 20 nov. 1986 : *L'Amateur de cactus*, h/pan. (30x21) : **DEM 15 000** – Munich, 23 sep. 1987 : *Le Starnbergersee*, gche/pap. mar./cart. (30,5x43,5) : **DEM 7 000** – Munich, 18 mai 1988 : *Diligence et garde près d'une ville*, h/t (27x38) : **DEM 35 200** – Amsterdam, 6 nov. 1990 : *Le Solitaire*, h/pap./t. (37x54) : **NLG 24 150** – Londres, 15 fév. 1991 : *Voyageurs sur un chemin menant à une ville*, h/pan. (26,5x37,5) : **GBP 9 900** – Munich, 10 déc. 1991 : *Excursion par une journée ensoleillée* 1941, h/pan. (28x38) : **DEM 29 900** – Munich, 1er-2 déc. 1992 : *Ville de montagne au bord d'un lac*, aquar. (34x53,5) : **DEM 2 990** – Munich, 7 déc. 1993 : *Excursion d'un jour d'été*, h/pap./pan. (27,5x38) : **DEM 25 300** – Munich, 27 juin 1995 : *La diligence à l'orée d'un bois*, h/pan. (38x55) : **DEM 31 050** – Londres, 11 oct. 1995 : *Vers une rencontre*, h/cart. (45,7x25,5) : **GBP 9 430** – Munich, 3 déc. 1996 : *Chiemsee, vue sur Hochfelln et Hochgern*, h/cart./bois (36,5x50,5) : **DEM 24 000**.

MORAN Bartolomé
xviie siècle. Espagnol.
Peintre.
Il fut administrateur de l'Académie de Séville en 1661.

MORAN Diego, appellation erronée. Voir **MORAN Santiago**

MORAN Edward
Né le 19 août 1829 à Bolton (Angleterre). Mort le 9 juin 1901 à New York. xixe siècle. Américain.
Peintre d'histoire, scènes de genre, paysages animés, paysages, marines.
Cet artiste quitta fort jeune l'Angleterre pour l'Amérique et commença ses études artistiques à Philadelphie. Plus tard, il revint travailler pendant plusieurs années aux écoles de la Royal Academy. Il séjourna aussi à Paris. À partir de 1877, il s'établit à New York et ne tarda pas à y prendre une place importante parmi les peintres. Il s'exerça dans tous les genres, mais fut essentiellement un peintre de marines, courses, batailles, naufrages, etc.

E. Moran

Musées : Minneapolis (Gal. Walker) : *Rafale sur la Manche*.
Ventes Publiques : New York, 30 jan. 1930 : *Marine* : **USD 235** ; *Le Naufrage du Cumberland* : **USD 300** – Paris, 23 déc. 1949 : *Glaneuse* : **FRF 3 900** – New York, 17 nov. 1966 : *Le Port de New York par clair de lune* : **USD 800** – New York, 24 oct. 1968 : *Marine* : **USD 3 600** – New York, 22 oct. 1969 : *Marine* : **USD 3 500** – New York, 15 avr. 1970 : *Côte rocheuse, Maine* : **USD 3 000** – New York, 15 sep. 1971 : *Le Retour des pêcheurs* : **USD 5 000** – New York, 20 avr. 1972 : *Voiliers et barques au large de la côte* : **USD 4 000** – New York, 28 sep. 1973 : *Jeune garçon et son chien regardant la mer* : **USD 4 000** – New York, 11 nov. 1974 : *Le Retour des pêcheurs* : **USD 6 750** – New York, 18 nov. 1976 : *Voilier en mer*, h/t (56x40,5) : **USD 1 500** – New York, 29 avr. 1977 : *La bouée*, h/t (66x112) : **USD 2 300** – New York, 23 mai 1979 : *Le calme après la tempête* 1866, h/t (103,5x161,5) : **USD 26 000** – New York, 19 juin 1981 : *Blaying on the rocks* 1868, h/t (38,1x63,5) : **USD 14 000** – Londres, 14 juil. 1983 : *Le Pique-nique près du château de Windsor* 1863, h/t (104x162,5) : **GBP 15 000** – New York, 30 mai 1985 : *L'arrivée de l'« Isère » dans la baie de New York* 1885, h/t (47x80) : **USD 18 500** – New York, 29 mai 1986 : *The Madeline victory over the Countess of Dufferin, third America's Cup challenger, August 11, 1876*, h/t (61x106,7) : **USD 60 000** – New York, 17 mars 1988 : *Bateaux en mer*, h/t (32,5x27,5) : **USD 2 310** – New York, 24 juin 1988 : *Les Sauveteurs en mer* 1859, h/t (75x112,5) : **USD 10 450** – New York, 24 jan. 1989 : *La Distribution de nourriture aux oies*, h/t (45,8x60) : **USD 11 000** – New York, 24 mai 1989 : *Embarcations au large d'un port*, h/t (55,9x91,4) : **USD 31 900** – New York, 28 sep. 1989 : *Petit Matin en mer* 1873, h/t (45x73) : **USD 35 200** – New York, 30 nov. 1989 : *L'Été*, h/t (36,2x55,9) : **USD 34 100** – New York, 16 mars 1990 : *Autour du phare*, h/t (46,4x91,5) : **USD 28 600** – New York, 17 déc. 1990 : *Le Fort Hamilton dans le port de New York*, h/cart. (23,5x42) : **USD 5 500** – New York, 14 mars 1991 : *Demi-jour*, h/t/pan. (26,5x44) : **USD 3 850** – New York, 25 sep. 1991 : *La Pêche aux moules* 1883, h/t (55,9x87,6) : **USD 9 900** – New York, 5

déc. 1991 : *Le Port de pêche à Orient Bay, Long Island* 1876, h/t (76,8x57,8) : **USD 19 800** – Londres, 20 mai 1992 : *Une frégate au soleil couchant* 1877, h/t (84x85) : **GBP 4 180** – New York, 27 mai 1992 : *Voiliers en mer au soleil couchant* 1876, h/t (76,2x127) : **USD 31 900** – New York, 4 déc. 1992 : *Les Jeunes Marins à Rockaway Beach*, h/t (69,8x104,9) : **USD 26 400** – New York, 27 mai 1993 : *Le Naufrage* 1866, h/t (104,1x162,6) : **USD 63 000** – New York, 3 déc. 1993 : *Victoire de la Madeleine sur la Comtesse de Dufferin au cours de la troisième America Cup le 11 août 1976* 1876, h/t (61x106,7) : **USD 156 500** – New York, 28 sep. 1995 : *Scène de port*, h/t (39,4x30,5) : **USD 9 775** – New York, 4 déc. 1996 : *Affrontement entre l'Ironclad, le Merrimac et le Chesapeake*, h/pan. (33x25) : **USD 19 550** – New York, 27 sep. 1996 : *En pleine mer*, h/t (25,4x45,7) : **USD 8 970**.

MORAN John
xviiie siècle. Actif à Dublin en 1763. Irlandais.
Portraitiste.

MORAN John
Né au xixe siècle dans le comté de Mayo (Irlande). Mort le 1er mars 1901 à Dalhey. xixe siècle. Irlandais.
Graveur.
Il fit ses études à Londres, à Paris, chez Carolus Duran, et à Rome. Il figura au Salon des Artistes Français, à Paris ; mention honorable en 1881.

MORAN John Leon
Né le 4 octobre 1864 à Philadelphie (Pennsylvanie). Mort en 1941. xixe-xxe siècles. Américain.
Peintre de genre, marines.
Fils et élève d'Edward Moran. Il continua ses études aux Académies de Londres et de Paris et s'établit à New York en 1883. Médaille d'or en 1893 de l'Art Club de Philadelphie.
Ventes Publiques : Londres, 21 nov. 1925 : *Une histoire intéressante*, dess. : **GBP 26** – New York, 14 mai 1976 : *La ramasseuse de moules*, h/t (76x46) : **USD 750** – San Francisco, 21 jan. 1981 : *Gitans* 1883, h/t (76,2x122,5) : **USD 8 000** – New York, 4 avr. 1984 : *An interesting story* 1899, h/t (30,5x40,5) : **USD 1 500** – New York, 30 sep. 1988 : *Fillette dans un pré* 1881, aquar. et cr./cart. (30,2x46,3) : **USD 2 200** – New York, 30 mai 1990 : *Le joueur de mandoline* 1884, h/pan. (14,6x10,1) : **USD 1 540** – New York, 31 mars 1993 : *Fidèles se rendant à l'église en traineau* ; *Arc-en-ciel dans un paysage montagneux*, h/t, une paire (22,9x37,5 et 22,9x36,2) : **USD 1 840**.

MORAN Juan de, ou **Bartolomé Juan**
xvie siècle. Actif à Tolède vers 1500. Espagnol.
Sculpteur sur bois.
Il travailla en 1503-1504 au tabernacle du maître-autel de la cathédrale de Tolède.

MORAN Mary Nimmo
Née en 1842 à Strath-Avon (Écosse). Morte le 24 septembre 1899. xixe siècle. Américaine.
Peintre et aquafortiste.
Femme et élève de Thomas M.

MORAN Paul Nimmo
Né à Los Angeles. Mort le 26 mai 1907. xxe siècle. Américain.
Peintre.
Fils de Thomas et de Mary Nimmo Moran, il fit ses études à Paris.
Ventes Publiques : San Francisco, 21 jan. 1981 : *Sieste* 1892, h/t (51x40,5) : **USD 5 000**.

MORAN Pedro
xvie siècle. Actif à Madrid. Espagnol.
Miniaturiste.
Il travailla de 1532 à 1539 pour Isabelle du Portugal, épouse de Charles V.

MORAN Percy ou **Edward Percy**
Né le 29 juillet 1862 à Philadelphie (Pennsylvanie). Mort en 1935. xixe-xxe siècles. Américain.
Peintre d'histoire, scènes de genre, graveur.
Fils et élève d'Edward Moran. Il continua ses études à New York, Londres et Paris.
Musées : Minneapolis (Art Walker Mus.) : deux peintures.
Ventes Publiques : New York, 22 jan. 1972 : *The Eric canal* : **USD 1 600** – New York, 30 jan. 1976 : *Paix, Liberté et Justice*, h/t (101,5x77) : **USD 2 000** – Paris, 8 déc. 1978 : *Les semeuses*, h/t (15x30) : **FRF 11 600** – Los Angeles, 18 juin 1979 : *Making peace*, h/t (96,5x57,8) : **USD 4 750** – New York, 1er avr. 1981 : *La Tea Party de Boston*, h/t (76,2x101,6) : **USD 8 500** – New York, 15 mars 1985 : *Ivy* 1894, h/t (71,3x56,5) : **USD 1 900** – New York, 29 mai 1987 : *Homeward bound*, h/t (39,5x50) : **USD 6 500** – New York, 24 jan. 1989 : *Promenade au printemps*, h/t (45x35) : **USD 1 760** – New York, 18 déc. 1991 : *Bavardages dans le jardin*, h/t (61x46,4) : **USD 7 975** – New York, 15 avr. 1992 : *Au fort Ticonderoga le 10 mai 1775*, h/t (71,1x55,9) : **USD 2 640** – New York, 31 mars 1993 : *Le menuet*, h/t/rés. synth. (55,2x88,9) : **USD 3 220** – New York, 4 mai 1993 : *L'attente dans le jardin*, h/t (76,2x51,2) : **USD 2 530** – New York, 9 sep. 1993 : *Le départ de George Washington*, h/t/cart. (50,8x35,6) : **USD 2 875** – New York, 21 mai 1996 : *Sur la plage de Easthampton* 1916, h/t (37x51,2) : **USD 14 950**.

MORAN Peter
Né le 4 mars 1841 à Bolton (Angleterre). Mort le 10 novembre 1914 à Philadelphie. xixe-xxe siècles. Américain.
Peintre de genre, peintre animalier, paysages, graveur.
Il fut l'élève de ses frères Edward et Thomas Moran. On lui doit aussi des eaux-fortes.
Musées : Baltimore (Inst. Peabody) : une peinture représentant un animal.
Ventes Publiques : New York, 24 avr. 1981 : *Village de Jemez, Nouveau Mexique* 1881, h/t (48,3x76,2) : **USD 28 000** – New York, 27 jan. 1984 : *Troupeau à l'abreuvoir*, h/t mar./pan. (38,1x76,2) : **USD 2 800** – New York, 26 mai 1988 : *La charrette de foin*, h/t (41,6x81,4) : **USD 13 200** – New York, 21 mai 1991 : *Vaches au pâturage*, h/t (31,1x41,2) : **USD 1 760** – New York, 25 sep. 1992 : *Vaches sur une plage*, h/cart. en grisaille (31,1x69,2) : **USD 1 650** – New York, 21 mai 1996 : *Pêcheurs le matin*, h/t (71x106,8) : **USD 5 175**.

MORAN Santiago, l'Ancien
Mort avant le 7 septembre 1629. xvie-xviie siècles. Actif à Madrid de 1597 à 1611. Espagnol.
Peintre.
Il est souvent confondu avec son fils du même nom.

MORAN Santiago, le Jeune
Mort le 7 janvier 1663 à Valladolid. xviie siècle. Actif à Madrid. Espagnol.
Peintre d'histoire et de paysages.
Cet artiste se distingua autant dans la figure que dans le paysage. Ses œuvres ont été parfois attribuées à Francesco Albani et à Guercino et on ne peut lui faire un plus bel éloge. Il a fourni des dessins d'une suite des neuf muses pour l'ouvrage de Quevedo, édition de 1670.

MORAN Thomas Sidney
Né le 12 janvier 1837 à Bolton (Angleterre). Mort le 25 août 1926 à Santa Barbara (Californie). xixe-xxe siècles. Actif aux États-Unis. Britannique.
Peintre de figures, scènes typiques, paysages, paysages animés, aquarelliste, graveur, lithographe.
Peintre, aquarelliste, et graveur sur bois et à l'eau-forte, il fut élève de son frère Edward Moran. Il voyagea en France, en Angleterre, en Italie, se rendit sur le continent américain et s'établit à New York. Il effectua, en 1871, son premier voyage à l'Ouest de la région du Yellowstone avec une mission de l'Institut géologique des États-Unis.
Il est un des maîtres principaux de l'École d'Hudson et fut influencé par Turner. En 1873, il accompagna le Major John Wesley dans le Grand Canyon (Colorado) qui devint une de ses sources préférées d'inspiration. On lui doit également des vues du Yellowstone, des Yosemites, de Zion, de la chaîne de Teton... Les paysages de Thomas Moran sont fortement marqués par un esprit romantique et idéaliste. Il transforme la vision de la beauté sauvage, des formes et des forces naturelles alliées aux intempéries..., en un élan presque surnaturel, mais raisonné. Fervent soutien aux premières initiatives de création de parcs naturels, on lui doit la prise de conscience par les Américains du souci de préserver ce fabuleux héritage.
Bibliogr. : Carol Clark : *Thomas Moran : Watercolors of the American West*, Austin, Texas, 1980.
Musées : Minneapolis (Gal. d'Art Walker) : *Venise au coucher du soleil* – *Le Palais des Doges* – Washington D. C. (Mus. du Capitol) : *Le Canyon de Yellowstone* – *Le Canyon du Colorado*.
Ventes Publiques : New York, 9 avr. 1929 : *Mt. Tamalpis* : **USD 250** – New York, 14 déc. 1933 : *Nuits arabes* : **USD 800** – New York, 3 déc. 1936 : *Yellowstone Park* : **USD 1 500** – New York, 4 mars 1937 : *Rapides de Whirlpool* : **USD 800** – Paris, 3 déc. 1957 : *Pavillon dans un parc près d'un étang*, gche :

FRF 850 000 – LONDRES, 8 juil. 1966 : *Le Grand Canal, Venise* : **GNS 1 600** – NEW YORK, 22 oct. 1969 : *Montauk Point, Long Island* : **USD 3 750** – NEW YORK, 7 avr. 1971 : *The Mountain of the Holy Cross, Colorado* : **USD 110 000** – LONDRES, 31 mai 1972 : *The hot springs, Yellowstone National Park*, aquar. et gche : **GBP 7 000** – NEW YORK, 16 oct. 1974 : *Green river country* 1914 : **USD 45 000** – NEW YORK, 30 jan. 1976 : *Paysage boisé en automne*, h/pan. (35,5x31) : **USD 1 500** – NEW YORK, 21 avr. 1977 : *The Sentinal, Yosemite Valley*, aquar. (12x9) : **USD 2 300** – NEW YORK, 27 oct. 1977 : *Bord de mer, Monterey* 1912, h/t (76,2x102,2) : **USD 77 500** – NEW YORK, 25 oct 1979 : *Sinbad and the Roc* 1897, aquar. (44,5x70) : **USD 31 000** – NEW YORK, 24 oct 1979 : *Venise* 1902, h/t (51x76,5) : **USD 25 000** – NEW YORK, 24 sep. 1980 : *The gate of Venice* 1888, eau-forte et roulette (54,9x88,9) : **USD 1 700** – LOS ANGELES, 17 mars 1980 : *Hances cabin under the red limestone*, pl. et lav. monchrome/pap. mar./cart. (16x21,5) : **USD 8 000** – NEW YORK, 26 juin 1981 : *Illustrations pour Sinbad le Marin* 1903, fus., cr. et craie blanche (51,2x76,5) : **USD 8 000** – NEW YORK, 23 avr. 1981 : *Le Lac de Yellowstone* vers 1874, aquar./pap. (23,5x47,6) : **USD 95 000** – LOS ANGELES, 2 fév. 1982 : *The Castle of San Juan d'Ulloa, Vera Cruz* 1884, eau-forte en brun (29,8x25,8) : **USD 2 500** – NEW YORK, 8 déc. 1983 : *Le Grand Canyon* 1917, h/t (50,8x76,2) : **USD 280 000** – NEW YORK, 1er juin 1984 : *Castle Butte, Green River, Wyoming* 1900, aquar. (49,5x38,5) : **USD 150 000** – NEW YORK, 30 mai 1985 : *In Southern Utah* 1902, aquar./pap. mar./cart. (34,5x50,5) : **USD 70 000** – WASHINGTON D. C., 9 mars 1986 : *Paysage de Long Island*, fus. reh. de blanc (28x45) : **USD 2 000** – NEW YORK, 29 mai 1986 : *Afterglow, Green river, Wyoming* 1918, h/t (50,8x76,9) : **USD 200 000** – NEW YORK, 4 déc. 1987 : *Les Pêcheurs d'huîtres* 1868, aquar. et gche/pap. (14,5x23,5) : **USD 9 000** – NEW YORK, 3 mars 1988 : *Paysage avec rivière*, h/t (20x25) : **USD 17 600** – NEW YORK, 1er Déc. 1988 : *Le Grand Canyon du Colorado* 1922, h/t (52x41,3) : **USD 93 500** – NEW YORK, 24 mai 1989 : *Soleil couchant en plein océan* 1904, h/t (76,2x101,5) : **USD 148 500** – NEW YORK, 30 nov. 1989 : *Soleil couchant après la tempête* 1901, h/t (76,2x101,6) : **USD 187 000** – NEW YORK, 1er déc. 1989 : *Tula l'ancienne capitale du Mexique* 1908, h/t (50,8x76,8) : **USD 154 000** – NEW YORK, 23 mai 1990 : *Le Grand Canyon* 1897, h/pan. (33,3x50,4) : **USD 99 000** – NEW YORK, 24 mai 1990 : *Une source dans le sud de l'Utah* 1906, h/t (50,8x76,2) : **USD 60 500** – NEW YORK, 26 sep. 1990 : *Terre de sortilèges* 1920, h/t (40,6x50,8) : **USD 26 400** – NEW YORK, 29 nov. 1990 : *Le Grand Canyon* 1904, h/t (76,2x152,4) : **USD 1 045 000** – NEW YORK, 30 nov. 1990 : *Brouillard sur le Grand Canyon* 1914, h/t (68,5x56) : **USD 385 000** – NEW YORK, 22 mai 1991 : *Côte rocheuse dans le Monterey* 1912, h/t (76,2x101,5) : **USD 121 000** ; *La piste des Roches rouges* 1913, h/t (51x76,5) : **USD 220 000** – NEW YORK, 6 déc. 1991 : *La Chaîne de Teton* 1899, h/t (107x76) : **USD 572 000** – NEW YORK, 28 mai 1992 : *Devil's Den au clair de lune* 1873, aquar. et gche (32,5x25) : **USD 66 000** – NEW YORK, 3 déc. 1992 : *Castle Butte et Green River dans le Wyoming* 1900, aquar./pap. (50,2x39,4) : **USD 264 000** – NEW YORK, 11 mars 1993 : *Au pied de la muraille rouge, Grand Canyon d'Arizona* 1917, h/t (25,4x30,3) : **USD 85 000** – NEW YORK, 27 mai 1993 : *Iceberg dans l'Atlantique* 1909, h/t (76,8x114,9) : **USD 222 500** – NEW YORK, 23 sep. 1993 : *Le Grand Canal à Venise* 1903, h/t (50,8x40,6) : **USD 48 300** – NEW YORK, 2 déc. 1993 : *Grand Canyon* 1912, h/t (76,2x63,5) : **USD 387 500** – NEW YORK, 1er déc. 1994 : *Près de Fort Wingate au Nouveau Mexique* 1915, h/cart. (17,8x25,4) : **USD 118 000** – NEW YORK, 30 nov. 1995 : *Sur la piste Berry dans le Grand Canyon* 1903, h/t (50,8x76,3) : **USD 332 500** – PARIS, 28 fév. 1996 : *Paysage boisé*, aquar. (12,5x20,5) : **FRF 10 000** – NEW YORK, 22 mai 1996 : *Le Lac de Yellowstone* 1874, aquar./pap. (25,4x34,9) : **USD 96 000** – NEW YORK, 26 sep. 1996 : *Scène vénitienne* 1902, h/t (50,8x76,2) : **USD 118 000** – NEW YORK, 27 sep. 1996 : *Marine au clair de lune* 1891, h/t (35,5x69) : **USD 48 300** – NEW YORK, 6 juin 1997 : *Marine au clair de lune* 1902, h/t (76,2x101,6) : **USD 46 000**.

MORANA Pietro

XVIe siècle. Actif à Palerme. Italien.

Sculpteur.

L'église S. Cita de Palerme conserve de lui un bénitier daté de 1541.

MORANCÉ Charles

XIXe-XXe siècles. Travaillant au Mans (Sarthe). Français.

Peintre de portraits.

L'Hôtel de Tessé au Mans conserve plusieurs portraits de sa main.

MORAND

XVIIIe siècle. Actif à Paris en 1782. Français.

Sculpteur de portraits.

Il a exécuté des œuvres en cire, en ivoire et en biscuit.

MORAND Albert

Né à Paris. XIXe-XXe siècles. Français.

Peintre d'intérieurs.

Associé, à Paris, du Salon de la Société Nationale des Beaux-Arts à partir de 1896.

VENTES PUBLIQUES : PARIS, 1er juin 1950 : *La Prison Saint-Lazare*, aquar. : **FRF 200**.

MORAND Benoît ou **Maurent**

Né vers 1639. Mort le 7 octobre 1689 à Besançon (Doubs). XVIIe siècle. Français.

Sculpteur.

Père de Hugues Morand.

MORAND Céneri Louis Édouard

Né en 1852 à Ferrières-la-Verrerie (Orne). Mort en 1917. XIXe-XXe siècles. Français.

Peintre de paysages animés, paysages, natures mortes, dessinateur.

Il débuta, à Paris, au Salon de 1880. En 1900, il s'établit définitivement à Moulins-la-Marche, dans l'Orne.

VENTES PUBLIQUES : PARIS, 21 oct. 1985 : *Le verger* 1895, h/t (116x162,5) : **FRF 19 000** – PARIS, 28 mars 1988 : *Le verger*, h/t (116x162,5) : **FRF 15 000**.

MORAND Conrad. Voir **MORANDT**

MORAND Eugène

Né le 17 mars 1855 à Saint-Pétersbourg. XIXe siècle. Français.

Peintre.

Fut directeur de l'École des Arts Décoratifs à Paris. Chevalier de la Légion d'honneur.

VENTES PUBLIQUES : PARIS, 11-13 juin 1923 : *Maquette pour un décor de Izeyl*, aquar. gchée : **FRF 125** – PARIS, 16 fév. 1927 : *Le baptistère*, aquar. : **FRF 120**.

MORAND Guillemette

Née le 1er juin 1913 à Paris. XXe siècle. Française.

Peintre.

Elle a exposé, à Paris, au Salon d'Automne, au Salon des Tuileries, au Salon de la Société Nationale des Beaux-Arts. Elle a participé à l'exposition de l'Art français contemporain, au Musée du Luxembourg. Elle a exécuté des décorations murales pour le lycée J. Ferry. Ses envois au Salon annuel des Femmes peintres sont des plus remarqués et elle fut invitée au Salon de Mai en 1949. Elle a obtenu le prix Robert Antral en 1946.

MUSÉES : PARIS (Mus. d'Art Mod.) : *La Toilette*.

VENTES PUBLIQUES : PARIS, 17 et 18 nov. 1943 : *Vase de renoncules* : **FRF 160** – PARIS, 24 nov. 1950 : *Saint-Paul-de-Vence* : **FRF 9 000** – VERSAILLES, 17 avr. 1988 : *Nature morte*, h/t (22x27) : **FRF 1 550** – VERSAILLES, 10 déc. 1989 : *Nature morte à la coupe de fruits*, h/t (50x61) : **FRF 4 000**.

MORAND Hugues Melchior

Né vers 1660. Mort le 11 août 1725 à Besançon (Doubs). XVIIe-XVIIIe siècles. Français.

Sculpteur et graveur.

Fils et élève de Benoît Morand. Il travailla à l'Hôtel de Ville de Besançon, où il exécuta les armoiries du portail.

MORAND Jean, Antoine

Né à Briançon (Hautes-Alpes). Exécuté à Lyon le 27 janvier 1795. XVIIIe siècle. Français.

Peintre de perspectives et architecte.

Élève de Servandoni et de Soufflot.

MORANDI Antonio

Né à Pieve Tesino. Mort le 16 octobre 1652 à Trente. XVIIe siècle. Italien.

Graveur au burin et sur bois.

Il grava des représentations d'animaux. Il entra dans l'ordre des Franciscains.

MORANDI Giorgio

Né le 20 juillet 1890 à Bologne (Émilie-Romagne). Mort le 18 juin 1964 à Bologne. XXe siècle. Italien.

Peintre de paysages, natures mortes, aquarelliste, dessinateur, graveur.

Étrange personnalité que ce peintre retiré presque toute sa vie à Bologne, qui n'est presque jamais sorti de son pays et n'est jamais venu en France, alors que par tempérament, il avait bien des affinités avec la peinture française. Giorgio Morandi avait fait ses études à l'École des Beaux-Arts de Bologne, entre 1907 et 1913 et c'est en 1909, qu'il vit pour la première fois des reproductions de tableaux de Cézanne. L'année suivante, à la Biennale de Venise, il découvrit des toiles de Renoir, tandis qu'en 1911, il vit des peintures de Monet à Rome, où, en 1914, à l'exposition de la Secession, il fut impressionné par des gravures de Matisse et des aquarelles de Cézanne. Toutes ses découvertes modernes furent contrebalancées par d'autres, tournées vers le passé, mais tout aussi importantes pour son art : ce furent les peintures de Giotto, Masaccio et Ucello à Florence, qu'il vit en 1910. Il ne resta toutefois pas insensible aux recherches futuristes des artistes de son pays, il rencontra Boccioni et Carra en 1914. Après une interruption de plus d'un an, aux environs de 1915, date à laquelle Morandi s'engagea dans l'armée puis tomba gravement malade, est réformé, et détruisit quelques unes de ses peintures. Il fut nommé, après la Première Guerre mondiale, professeur de dessin dans une école de Bologne. Il enseigna ensuite, de 1930 à 1956, à l'Académie des Beaux-Arts de Bologne, occupant une chaire de gravure. Un centre d'études Girogio Morandi a été créé au Musée de Bologne.

Avec les artistes futuristes, il participa à quelques expositions, à Berlin en 1921, et à Florence en 1922. Il représenta l'Italie à la Biennale de Venise en 1928, 1930, 1948, et 1966 avec une vaste rétrospective, de même qu'à la Biennale de São Paulo en 1953. Bien qu'isolé, il participa à des expositions sur l'art moderne italien à Rome, en 1939, la Quadriennale lui consacra une exposition particulière, à New York, en 1949, Paris et Londres en 1950. Il exposa pour la première fois en 1914 dans les salles de l'hôtel Baglioni à Bologne.

Il fit aussi des expositions particulières : 1945, Florence ; 1949, Bruxelles ; 1954, La Haye ; 1954, Londres ; 1956, Winterthur ; 1957, New York ; 1962, Siegen ; 1963, Genève. Plusieurs rétrospectives posthumes, dont : 1965, Édimbourg et Berne ; 1966, Bologne ; 1967, New York ; 1968, Paris ; 1971, Paris ; 1973, Milan ; 1977, Sasso Marconi ; 1978, Ferrare et Francfort ; 1980, Cologne ; 1981, Haus der Kunst de Munich, et San Francisco ; 1981, New York et Des Moines ; 1982, Nimègue et Innsbruck ; 1990, Musée Pouchkine de Moscou et Bologne ; 1991, Londres ; 1993, Sarrebruck et Dresde ; 1996, Fondation Dina Vierny-Musée Maillol, Paris. Il reçut un prix en 1948 à la Biennale de Venise, un autre, pour la gravure, en 1953, à la Biennale de São Paulo.

S'il réalise, entre 1911 et 1913, ses premiers paysages, il marque très tôt une prédilection pour les natures mortes. En 1914, il en compose une qui montre déjà l'orientation de ses recherches. Il s'agit de définir les objets eux-mêmes et les rapports qui existent entre eux, avec notre œil, et dans l'espace. Ainsi dans cette nature morte de 1914, les livres et la cruche s'interpénètrent pour ne former qu'un seul volume. Les couleurs sont volontairement limitées à des gris et beiges, le style reste attaché au cubisme et rappelle Braque. Morandi se trouve attiré par la *Pittura Metafisica*, représenté par De Chirico, Carra et De Pisis, auxquels il se joint momentanément, entre 1918 et 1920, participant à la revue *Valori Plastici*. Alors que son style devient plus uniforme, ses volumes sont polis, doux. Les objets semblent absolument lisses, aussi irréels que les arrière-plans avec lesquels ils se confondent ou desquels ils sortent, laissant une empreinte vide. Il invente des objets, des rapports illogiques, sous une lumière froide et figée. C'est l'époque de ses *Natures mortes au mannequin* et *Natures mortes métaphysiques*, qui ne sont pas sans faire penser à Magritte. Mais cette sorte de jeu stylistique ne correspond pas exactement à la sensibilité de Morandi et, en 1920, il abandonne ce style et recherche sa vraie personnalité, parfois difficilement. Mais il gardera ce goût de la contemplation de la vie des objets. Il peint à nouveau d'après nature, presque aussi laborieusement que lorsqu'il fait des portraits (son œuvre ne comprend que deux autoportraits) ou des *Baigneuses*, très rares dans son œuvre vouée à la nature morte. Il crée à cette époque, la *Nature morte en noir*, qui peut définir, alors, son art. Les objets aux formes étranges, mais réelles, sont regroupés pour constituer un tout. Il peut ainsi « lier » jusqu'à douze ou quatorze éléments distincts sur une table. Morandi recherche toujours l'unité et les moindres variations de points de vue, de tons et d'éclairage ont une extrême importance dans son art. Il s'attache à l'objet et ses compositions s'effectuent en deux temps, le premier, sur le plan réel, consiste à placer les objets sur une table, le second, sur le plan fictif, consiste à traduire cette composition sur une toile. Il lui arrive aussi de peindre les objets eux-mêmes, selon des schémas géométriques. C'est aussi en 1920, qu'il recommence à graver (il s'était initié à la gravure en 1912). Il abandonne dans ses gravures la monochromie, ouvre sa figuration à des paysages urbains. Orientant ses recherches vers une géométrisation plus grande, il introduit, de plus en plus, à partir de 1945, des formes cubiques, donnant une rigueur nouvelle à son art. Cette rigueur se retrouve dans les quelques paysages qu'il compose. Et vers la fin de sa vie, dans les années soixante, il atteint une telle pureté d'expression, surtout à travers ses aquarelles, que l'on pense irrésistiblement à des peintures chinoises comme les *Six Kakis* de Mou-k'i. L'ascétisme et la rigueur donnent à l'œuvre de Morandi un caractère exceptionnel dans son isolement, comme hors du temps. « Son miracle, écrit J. Leymarie, est d'avoir su réaliser, sur un registre intime et délicat, l'équilibre difficile entre l'effusion du réel et le contrôle de la raison, entre l'objectivité qui se dérobe et la subjectivité qui se presse ». ■ Jacques Busse

Bibliogr. : Giorgio De Chirico : *Giorgo Morandi*, Florence, 1922 – G. Scheiwiller : *Giorgio Morandi*, Turin – G. Scheiwiller : *L'Art italien moderne*, Paris, 1930 – A. Beccaria : *Morandi*, Milan, 1939 – C. Brandi : *Giorgio Morandi*, Florence, 1942 – G. Marchiori : G. Morandi, Gênes, 1945 – C. Gnudi : *Giorgio Morandi*, Florence, 1946 – G. Raimondi : *Le stampe di Giorgio Morandi*, Proporzioni II, Florence, 1948 – M. Ramous : *I disegni di Giorgio Morandi*, Bologne, 1949 – S. Solmi : *Giorgio Morandi*, Milan, 1949 – Jacques Lassaigne : *Histoire de la peinture moderne*, Skira, Genève, 1950 – F. Arcangeli : *Morandi*, Milan, 1950 – Lionello Venturi : *La Peinture italienne, du Caravage à Modigliani*, Skira, Genève, 1952 – Lamberto Vitali : *L'Opera grafica di Giorgio Morandi*, Einaudi Editore, Turin, 1964 – M. Valsecchi : *Morandi*, Milan, 1964 – J. Leymarie : *Gli acquarelli di Morandi*, Bologne, 1968 – Francesco Arcangeli : *Giorgio Morandi*, Milione, Milan, 1968 – Cesare Brandi : *Morandi lungo il cammino*, Rizzoli, Milan, 1970 – *Morandi*, catalogue de l'exposition, Musée National d'Art Moderne, Paris, 1971 – in : *Les Muses* t. X, Grange Batelière, Paris, 1973 – in : *Dictionnaire universel de la peinture*, Le Robert, Paris, 1975 – Lamberto Vitali : *Morandi, catalogo generale di Dipinti*, 2 vol., Electra, Milan, 1977-1983 – Efrem Tavoni : *Morandi disegni. Catalogue raisonné*, 2 vol., La Casa dell'Arte, Bologne, 1981-1984 – *Fleurs de Giorgio Morandi*, Herscher, Paris, 1985 – Divers : *Morandi e il suo tempo*, Edition Mazzota, Milan, 1985 – in : *L'Art moderne à Marseille – La Collection du Musée Cantini*, Catalogue de l'exposition, Musée Cantini, Centre de la Vieille Charité, Marseille, 1988 – Marilena Pasquali : *Morandi, Acquerelli Catalogo generale*, Milan, 1991 – in : *L'Art du XXe s.*, Larousse, Paris, 1991 – in : *Dictionnaire de l'art moderne et contemporain*, Hazan, Paris, 1992 – Catalogue de la vente *Peintures, Dessins, Aquarelles et Gravures de Giorgio Morandi. Collection du Morat Institute for Art and Art Research*, Londres, nov.-déc. 1995, bonne documentation.

Musées : Bologne (Gal. d'Arte Mod.) : *Nature morte* 1960 – Düsseldorf (Kunstsammlung Nordrhein Westfalen) : *Nature morte* 1951 – Édimbourg (Scottish Nat. Gal. of Mod. Art) : *Nature morte* 1956 – Florence : *Paysage* – Hambourg (Kunsthalle) : *Nature morte* 1957 – La Haye (Haags Gemeentemuseum) : *Nature morte* 1954 – Londres (Tate Gal.) – Munich (Neue Pina.) – New York (Mus. of Mod. Art) : *Nature morte* 1916 – *Nature morte* 1938 – Paris (Mus. Nat. d'Art Mod.) : *Nature morte* 1914 – Rome (Gal. Naz. d'Arte Mod.) : *Nature morte* 1932 – Saint-Pétersbourg (Mus. de l'Ermitage) : *Nature morte métaphysique* 1918 – Turin (Mus. Civico di Torino) : *Paysage* 1935 – Winterthur (Kunstmuseum) : *Paysage* – *Nature morte* 1961.

Ventes Publiques : New York, 27 avr. 1960 : *Vase de fleurs* : **USD 4 000** – Milan, 21-23 nov. 1962 1964 : *Paesaggio* : **ITL 5 600 000** – Genève, 27 nov. 1965 : *Nature morte à la cafetière* : **CHF 59 000** – Milan, 7 nov. 1967 : *Nature morte* : **ITL 10 500 000** – Berne, 19 juin 1970 : *Nature morte*, aquar. :

CHF 62 000 – Milan, 10 déc. 1970 : *Nature morte* : **ITL 21 000 000** – Berne, 16 juin 1972 : *Nature morte avec bouteilles et corbeilles*, aquar. : **CHF 72 000** – Paris, 12 juin 1974 : *Nature morte* : **FRF 205 000** – Londres, 2 juil. 1974 : *Nature morte* 1954 : **GNS 23 000** – Rome, 18 mai 1976 : *Nature morte* 1947, h/t (25x47) : **ITL 32 000 000** – Berne, 10 juin 1976 : *Nature morte* 1930, eau-forte : **CHF 12 000** – Londres, 1er juil. 1976 : *Nature morte* 1958, cr. (19x27,5) : **GBP 750** – Rome, 19 mai 1977 : *Maison de campagne*, h/t (40x35) : **ITL 22 000 000** – Los Angeles, 19 sep. 1978 : *Nature morte* 1931, eau-forte (24,2x34) : **USD 5 250** – Rome, 23 mai 1978 : *Nature morte*, mine de pb (32x24) : **ITL 3 000 000** – Milan, 19 déc 1979 : *Grande nature morte avec lampe à droite* 1928, eau-forte (34,4x25,2) : **ITL 8 000 000** – New York, 8 nov 1979 : *Nature morte* 1961, cr. (23,8x33) : **USD 6 800** – New York, 17 mai 1979 : *Nature morte* vers 1958, aquar. et cr. (16,5x21) : **USD 7 500** – Rome, 13 nov 1979 : *Nature morte aux six objets* vers 1929, h/t (30x61) : **ITL 101 000 000** – Rome, 11 juin 1981 : *Nature morte* 1947, cr. (36x25) : **ITL 19 000 000** – Milan, 25 nov. 1982 : *Carafe et verres* 1963, aquar./cart. entoilé (21x15,5) : **ITL 24 000 000** – Hambourg, 10 juin 1983 : *Nature morte à la lampe à pétrole* 1930, eau-forte : **DEM 42 000** – Milan, 19 avr. 1983 : *Nature morte* 1953, cr. (22x28) : **ITL 14 000 000** – Londres, 7 déc. 1983 : *Natura morta con vaso*, aquar./traits cr. (20,5x29,5) : **GBP 21 000** – New York, 15 nov. 1983 : *Nature morte* vers 1952, h/t (34,1x45,7) : **USD 150 000** – New York, 15 mai 1985 : *Nature morte*, aquar. et cr. (24,8x32,8) : **USD 30 000** – Londres, 2 déc. 1986 : *Nature morte* 1946, h/t (27,5x47) : **GBP 140 000** – Paris, 13 mai 1987 : *Nature morte* 1929, h/t (61x64,5) : **USD 700 000** – Rome, 7 avr. 1988 : *Paysage près de Bologne* 1929, eau-forte (24,7x30,2) : **ITL 7 000 000** – Milan, 14 mai 1988 : *Nature morte* 1960, cr. (16,5x20) : **ITL 8 000 000** – Milan, 8 juin 1988 : *Nature morte* 1960, h/t (30x40) : **ITL 315 000 000** – Londres, 28 juin 1988 : *Nature morte* 1959, h/t (25,5x40,5) : **GBP 209 000** – Rome, 15 nov. 1988 : *Nature morte avec une bouteille et un pichet* 1915, eau-forte (15,4x12,5) : **ITL 20 000 000** – Londres, 29 nov. 1988 : *Nature morte* 1943, h/t (30,5x42) : **GBP 275 000** – Rome, 21 mars 1989 : *Nature morte* 1945, h/t (27x32) : **ITL 650 000 000** – New York, 9 mai 1989 : *Nature morte* 1952, h/t (29,8x39,4) : **USD 550 000** – Milan, 6 juin 1989 : *Nature morte* 1950, h/t (30,5x46,5) : **ITL 730 000 000** – Londres, 27 juin 1989 : *Nature morte* 1939, h/t (32x56,5) : **GBP 737 000** – Rome, 6 déc. 1989 : *Autoportrait* 1924, h/t (47x41) : **ITL 1 092 500 000** – Londres, 2 avr. 1990 : *Nature morte* 1941, h/t (35,5x43) : **GBP 495 000** – Rome, 10 avr. 1990 : *Paysage* 1940, h/t (35x52) : **ITL 590 000 000** – New York, 16 mai 1990 : *Nature morte* 1938, h/t (40,6x53,3) : **USD 1 485 000** – New York, 17 mai 1990 : *Cour de la rue Fondazza*, h/t (66x39) : **USD 660 000** – Milan, 12 juin 1990 : *Nature morte avec bouteille et vases* 1950, h/t (38x45,5) : **ITL 800 000 000** – Milan, 24 oct. 1990 : *Nature morte* 1960, h/t (25,5x35,5) : **ITL 550 000 000** – New York, 14 nov. 1990 : *Nature morte* 1949, h/t (30,5x43,2) : **USD 550 000** – Rome, 3 déc. 1990 : *Nature morte avec le panier à pain* 1921, eau-forte (11,8x15,4) : **ITL 74 750 000** ; *Nature morte*, h/t (40x48) : **ITL 632 500 000** – Rome, 9 avr. 1991 : *Nature morte avec différents ustensiles sur une table* 1942, eau-forte (26,8x27) : **ITL 51 000 000** – New York, 8 mai 1991 : *Nature morte* 1953, h/t (35,5x41) : **USD 605 000** – Milan, 20 juin 1991 : *Grande nature morte avec une lampe à droite* 1928, eau-forte (25,2x34,9) : **ITL 86 000 000** – Londres, 24 juin 1991 : *Nature morte* 1939, h/t (23x25) : **GBP 275 000** – Lugano, 12 oct. 1991 : *Nature morte avec un torchon à gauche* 1927, eau-forte (24,9x35,8) : **CHF 110 000** ; *Grande Nature morte à la lampe à pétrole* 1930, eau-forte (30,5x36,2) : **CHF 115 000** – New York, 5 nov. 1991 : *Nature morte* 1960, h/t (30x45) : **USD 385 000** – Rome, 9 déc. 1991 : *Paysage* 1942, h/t (48,5x53) : **ITL 517 500 000** – Milan, 14 avr. 1992 : *Nature morte* 1946, h/t (33,5x49,5) : **ITL 560 000 000** – New York, 11 nov. 1992 : *Nature morte*, h/t (28,7x39,4) : **USD 297 000** – Londres, 30 nov. 1992 : *Nature morte* 1953, h/t (30x43) : **GBP 231 000** – Milan, 20 mai 1993 : *Paysage* 1963, aquar. (21,5x31) : **ITL 82 000 000** – Londres, 13 oct. 1993 : *Nature morte* 1953, cr. (19,2x28,2) : **GBP 7 475** – New York, 9 mai 1994 : *Nature morte* 1959, aquar./pap./t. (16,8x21,6) : **USD 27 600** – New York, 10 mai 1994 : *Nature morte* 1957, h/t (30,5x30,5) : **USD 365 500** – New York, 9 nov. 1994 : *Nature morte* 1952, h/t (33,2x45) : **USD 497 500** – Londres, 28 nov. 1995 : *Nature morte*, h/t (39x25) : **GBP 227 000** – Milan, 12 déc. 1995 : *Nature morte* 1929, h/t (39x53) : **ITL 1 656 000 000** – Milan, 12 mars 1996 : *Grande Nature morte avec la lampe à pétrole* 1930, eau-forte/cuivre (30,5x36,2) : **ITL 104 650 000** – New York, 2 mai 1996 : *Nature morte* 1952, h/t (40x45,7) : **USD 530 500** – Milan, 25 nov. 1996 : *Grande Nature morte ronde avec une bouteille et trois objets* 1964, eau-forte (25,8x32,5) : **ITL 63 250 000** – Milan, 10 déc. 1996 : *Nature morte* 1945, h/t (30x35) : **ITL 512 600 000** – New York, 14 nov. 1996 : *Nature morte* 1952, cr./pap. (16x22,8) : **USD 24 150** – New York, 14 mai 1997 : *Nature morte* 1950, h/t (30,2x46,4) : **USD 332 500** – Milan, 19 mai 1997 : *Nature morte* 1944-1945, h/t (27x32) : **ITL 433 300 000** – Milan, 11 mars 1997 : *Fleurs* 1950, h/t (33,5x24,5) : **ITL 372 800 000**.

MORANDI Giovanni Antonio

xvie siècle. Actif à Crémone. Italien.

Peintre.

Élève de B. Campi. Il travailla sous sa direction dans le Palais Gonzaga à Guastalla. Peut-être identique à M. A. Mainardi.

MORANDI Giovanni Maria ou **Morando**

Né en 1622 à Florence. Mort en 1717 à Rome. xviie-xviiie siècles. Italien.

Peintre d'histoire et de portraits, graveur à l'eau-forte.

Après avoir étudié sous la direction de Giovanni Bilivert, il séjourna à Venise et vint enfin s'établir à Rome. D'importants travaux lui furent confiés dans les églises de la Ville Éternelle, notamment à Santa Maria del Popolo, où il peignit la *Visitation de la Vierge à sainte Elisabeth*, et à La Pace, *La Mort de la Vierge*, tableau considéré comme son chef-d'œuvre. Appelé à Vienne par l'empereur Léopold Ier, il y exécuta plusieurs portraits de la famille de ce souverain ainsi que ceux des principaux personnages de la cour. Ses effigies sont fort estimées.

Musées : Florence : *La Visitation* – *L'artiste* – Rome (Borghèse) : *Le sommeil de la Vierge*.

MORANDI Olivier

xve siècle. Actif à Avignon vers 1492. Français.

Peintre.

MORANDI-MANZOLINI Anna

Né en 1716 à Bologne. Mort en 1774 à Bologne. xviiie siècle. Italien.

Sculpteur et peintre d'histoire.

Femme de Giovanni Manzolini. Elle exécuta en cire les bustes de son mari et d'Erc. Isolani.

MORANDINI Francesco, dit **il Poppi**

Né en 1544 à Poppi. Mort en 1597 probablement à Florence. xvie siècle. Italien.

Peintre de compositions religieuses, portraits.

Il fut élève de Vasari dont il imita le style. L'auteur de la *Vie des peintres*, cite de lui : dans les églises de Florence : à San Michelino, une *Immaculée Conception*, et à San Nicolo, une *Visitation*.

Musées : Chambéry : *Allégorie de la Foi* – Florence : *Les trois Grâces* – Florence (Acad.) : *Christ en Croix* – Prato : *Tobie et l'ange* – *Jésus en Croix* – Vienne : *Mort de saint Pierre martyr* – *Charité* – *Expulsion du Temple*.

Ventes Publiques : Lucerne, 28 nov. 1964 : *Portrait d'une princesse* : **CHF 9 500** – Londres, 11 juin 1969 : *Portrait de dame de qualité* : **GBP 650** – Milan, 12 juin 1989 : *Joseph et la femme de Putiphar*, h/t (71x56) : **ITL 54 000 000** – New York, 11 jan. 1991 : *Vierge à l'Enfant avec saint Jean Baptiste entouré de sainte Anne et de saint Michel Archange*, h/pan. (126,4x98,4) : **USD 110 000**.

MORANDIS Gino

Né en 1915 à Venise. xxe siècle. Italien.

Peintre.

Il fut élève des Académies des Beaux-Arts de Venise et de Bologne. Après la Seconde Guerre mondiale, il adhéra au groupe d'avant-garde *Mouvement spatial* et exposa avec le groupe, à Venise, en 1953. Il est professeur à l'Académie des Beaux-Arts de Venise. Il a commencé à exposer en 1935, dans de nombreuses manifestations de groupe, notamment : Biennale de Venise, 1938, 1948, 1950, 1952, 1954, 1956, 1958, 1962 ; Quadriennale de Rome, 1935, 1951, 1955, 1959 ; Exposition internationale de la Fondation Carnegie, Pittsburgh, 1955. Il obtint le prix Michetti, Francavilla al Mare, 1962.

Le manifeste de l'exposition *Mouvement spatial*, dû à A. G. Ambrosini, mettait l'accent sur la nécessité, pour la peinture et l'art en général, d'étudier de nouveaux moyens d'expression, adaptés à l'évolution des techniques et de la vie contemporaine. Dans ses propres œuvres, il procède par plans déterminant la profondeur de l'espace, matérialisés dans des tonalités rendues mystérieuses par des effets de transparence.

Bibliogr. : B. Dorival, sous la direction de... : *Peintres contemporains*, Mazenod, Paris, 1964.

Musées : Plaisance – Rome – Varsovie – Venise.

MORANDO. Voir aussi **MONANNI**

MORANDO Pietro
XVIIe siècle. Actif à Vérone. Italien.
Sculpteur sur bois.
Il a sculpté vingt bas-reliefs représentant la *Vie de saint Jean Baptiste* et vingt-neuf statues représentant des empereurs romains et des philosophes dans l'église S. Pierre Martyr à Murano.

MORANDT Conrad ou **Morand** ou **Morant**, dit **Schweblin**
Né vers 1510 à Bâle. Mort entre 1561 et 1573 à Strasbourg. XVIe siècle. Allemand.
Peintre et dessinateur pour la gravure sur bois.
Il s'établit à Strasbourg en 1544. Il exécuta les dessins pour les gravures *Panorama de Strasbourg* et *Vue de la façade de la cathédrale*.

MORANI Alessandro
Né le 14 août 1859 à Rome. XIXe siècle. Italien.
Peintre de paysages et de marines.
Il exposa à Rome, Turin, Munich, Berlin et Vienne à partir de 1883.

MORANI Domenico
XIXe siècle. Italien.
Sculpteur.
Frère de Vincenzo et de Francesco Morani. On cite de lui le buste du compositeur *Vinc. Bellini* à l'Institut S. Pietro a Majella de Naples.

MORANI Fortunato
Mort en 1844. XIXe siècle. Italien.
Sculpteur sur bois et peintre.
Père de Vincenzo Morani.

MORANI Francesco ou **Morano**
XIXe siècle. Italien.
Sculpteur sur bois, décorateur et architecte.
Frère de Domenico et de Vincenzo Morani.

MORANI Vincenzo
Né le 12 juillet 1809 à Polisteno près Reggio Calabria. Mort en 1870 à Rome. XIXe siècle. Italien.
Peintre d'histoire et portraitiste.
Fils de Fortunato Morani. Il fit ses études à Naples chez C. Angelini et C. Guerra. Il fut influencé par Overbeck et travailla surtout pour la cour de Naples et le couvent bénédictin de Trinità della Cava.
VENTES PUBLIQUES : ROME, 21 mars 1985 : *La Sainte Famille* 1855, h/t (136x107) : **ITL 3 200 000**.

MORANO
XXe siècle. Français.
Peintre.
Il a figuré, en 1990, dans une exposition collective à la galerie Vendôme Rive gauche à Paris, où il présentait une série de peintures intitulée *Les Murs de la Mémoire* et exécutée en trompe-l'œil.

MORANT Adam
XVe siècle. Actif à Paris. Français.
Sculpteur et fondeur.
Fils et assistant de son père Jean Morant.

MORANT Conrad. Voir **MORANDT**

MORANT Jean
XVe siècle. Actif à Paris. Français.
Sculpteur et fondeur.
Il a fondu des statues tombales pour l'abbaye de Saint-Denis et l'église de Cléry.

MORANTE Antonio
Né vers 1527. XVIe siècle. Espagnol.
Sculpteur.
Il a sculpté en 1575 une statue du *Christ à la colonne* pour S. Zoilo à Carion de los Condes (qu'on attribue aussi à Miguel de Espinosa).

MORANTE Pedro Diaz. Voir **DIAZ Y MORANTE Pedro**

MORANZONE Andrea
Mort vers 1412. XVe siècle. Actif à Venise. Italien.
Sculpteur sur bois.
Père de Caterino, et de Matteo Moranzone. Il a sculpté dans la cathédrale de Gemona un panneau d'autel contenant trente-trois bas-reliefs représentant des scènes de la Bible.

MORANZONE Caterino
Mort vers 1430. XVe siècle. Italien.
Sculpteur sur bois.
Fils d'Andrea. Il a sculpté un crucifix en 1404. Le Musée Correr à Venise conserve de lui un autel sculpté sur bois.

MORANZONE Francesco
Mort vers 1471. XVe siècle. Italien.
Sculpteur sur bois.
Fils de Matteo. Il a sculpté en collaboration avec Mich. Giambono un panneau pour l'église Sainte-Agnès de Venise.

MORANZONE Gaspare ou **Gasparino**
Mort en 1472. XVe siècle. Italien.
Sculpteur.
Il exécuta des autels et des statues dans les églises de Venise.

MORANZONE Jacopo, l'Ancien
XVe siècle. Italien.
Sculpteur sur bois et peintre.
Fils de Caterino Moranzone. L'Académie de Venise conserve de lui cinq panneaux d'un tableau d'autel. L'église S. Anastasia à Vérone, possède de cet artiste un tableau d'autel.

MORANZONE Jacopo, le Jeune
XVe-XVIe siècles. Italien.
Sculpteur sur bois.
Fils de Matteo Moranzone. Il a sculpté, en collaboration avec Pellegrino da Udine, en 1500, un panneau dans la cathédrale d'Udine.

MORANZONE Pietro Francesco. Voir **MORAZZONE**

MORARD Arthur. Voir **MORAD**

MORAS Ferdinand
Né en 1821. Mort en 1908. XIXe siècle. Allemand.
Lithographe.
Il fit ses études à Elberfeld et s'établit à Philadelphie.

MORAS Paul Albert
XXe siècle. Français.
Peintre, illustrateur.
Il exposa, à Paris, au Salon des Indépendants depuis 1923. Il a illustré *La Patience de Grisélidis* de Rémy de Gourmont.

MORAS Walter
Né en 1850 ou 1856. Mort en 1925. XIXe-XXe siècles. Actif à Berlin. Allemand.
Peintre de paysages, marines.
Il fut élève de Hermann Eschke. Il a exposé à Berlin de 1876 à 1910.

W. Moras

VENTES PUBLIQUES : COLOGNE, 26 mars 1971 : *Hiver* 1917 : **DEM 2 800** – COLOGNE, 29 mars 1974 : *La rue du village* : **DEM 3 000** – COLOGNE, 26 mars 1976 : *Paysage de neige*, h/t (81x121) : **DEM 2 000** – COLOGNE, 17 mars 1978 : *Paysage d'automne*, h/t (80x120) : **DEM 4 000** – COLOGNE, 29 juin 1984 : *Paysage fluvial au printemps*, h/t (67x97) : **DEM 5 300** – LONDRES, 8 oct. 1986 : *Une forêt en hiver*, h/t (79x119) : **GBP 2 500** – STOCKHOLM, 15 nov. 1988 : *Littoral rocheux*, h. (39x27) : **SEK 13 000** – LONDRES, 16 fév. 1990 : *Soir d'été près de Stavanger*, h/t (81x131,5) : **GBP 1 540**.

MORASCH Christian Gottfried
Né en 1749 à Dresde. Mort en 1815 à Dresde. XVIIIe-XIXe siècles. Allemand.
Peintre sur émail, graveur au burin et éditeur.
Il grava surtout des architectures et des perspectives ainsi que des croquis de costumes populaires.

MORAT Jean. Voir **MORAX**

MORAT M.
XIXe siècle. Actif à Stühlingen en 1820. Allemand.
Peintre de paysages.

MORATA Alonso de
XVIIe siècle. Actif à Tolède vers 1600. Espagnol.
Miniaturiste.
Il enlumina un psautier pour la cathédrale de Tolède.

MORATA Antonio
Mort en décembre 1868. XIXe siècle. Actif à Valence. Espagnol.
Peintre de figures et de portraits.

MORATA Juan
XVe siècle. Actif à Valence. Espagnol.
Miniaturiste.
Il enlumina un psautier pour la cathédrale de Valence.

MORATH Christian Gottfried, appellation erronée. Voir **MORASCH Christian Gottfried**

MORATI Francesco ou **Morato**. Voir **MARATTA**

MORATILLA Felipe
Né en 1827 à Madrid. XIXe siècle. Espagnol.
Sculpteur.
La Galerie Moderne de Madrid conserve de cet artiste : *Hermès et Bacchus* (bronze), *Faune* (plâtre), *Nymphe dans le feuillage* (marbre), *La Foi, l'Espérance et la Charité* (bronze), *Pêcheur napolitain* (bronze). Le Palais d'Espagne à Rome conserve de lui un buste de *Léon XIII*, et l'Académie de Saint-Ferdinand un buste de *Pascual Colomer*.

MORATTA Francesco ou **Moratti**. Voir **MARATTA**

MORAULUS Petrus Nicolai
XIXe siècle. Actif à Bruges. Belge.
Peintre.

MORAUX Georges
Né le 20 avril 1881 à Besançon (Doubs). Mort le 19 décembre 1958 à Chaumont (Haute-Marne). XXe siècle. Français.
Peintre de paysages, portraits, natures mortes, fleurs. Académique.
Il fut élève de Félix Giacomotti à l'École des Beaux-Arts de Besançon de 1897 à 1901. Il eut une carrière d'enseignant des écoles et lycées et notamment Robert Antral comme élève. Il était sociétaire du Salon des Artistes Français depuis 1932 et participa à de nombreuses expositions collectives en province. Ses œuvres témoignent d'une minutieuse observation de la nature, des personnages et des choses.

MORAVA Mateusz ou **Mariej** ou **Mathias** ou **Morawa**
XVIIe siècle. Vivant vers 1650. Polonais.
Peintre d'histoire et graveur à l'eau-forte.
Quelques dessins et gravures de lui représentant des scènes de la *Passion* et des saints se trouvent dans la collection du comte Sternberg-Manderschied. Il signa : *Mathias Morava Polaco Pictor.*

MORAVOV Alexandre Victor
Né en 1878 à Velikaïa Motovvilovka (région de Kiev). Mort en 1951 à Moscou. XXe siècle. Russe.
Peintre.
Entre 1897 et 1902, il étudia à l'École d'art N. Mourachko à Kiev, à l'Institut de peinture, de sculpture et d'architecture de Moscou. En 1904, il devint membre de la Société des peintres ambulants, en 1923 de l'Association des artistes de la Russie révolutionnaire. De 1902 à 1913, il enseigna à l'École d'art auprès de l'Association de typolithographie I. D. à Moscou, et de 1918 à 1922 dans les Ateliers nationaux d'art libres de Tver. Il fut membre de l'Académie des arts d'U.R.S.S.
Il était représenté à l'exposition *Paris-Moscou* au Centre Georges Pompidou à Paris en 1979.
Bibliogr. : I. Pikoulev ; *A. V. Moravov*, Moscou, 1950 – *A. V. Moravov – Œuvres choisies*, Moscou, 1961 – in : *Paris-Moscou*, catalogue de l'exposition, Centre Georges Pompidou, Paris, 1979.
Musées : Moscou (Mus. Historique) : *Les Exilés de décembre* – Moscou (Mus. Central de la Révolution d'U.R.S.S.) : *Session du Comité des pauvres* 1923.

MORAVUS Matthias. Voir **MATTHIAS**

MORAWE Ferdinand ou **Christian Ferdinand**
Né le 27 février 1865 à Breslau (aujourd'hui Wroclaw en Pologne). XIXe-XXe siècles. Allemand.
Peintre, relieur.
Il fut élève de l'Académie de Breslau. Il vécut et travailla à Berlin. Il est connu pour des fresques à Berlin.

MORAWEK Ignaz
XVIIIe siècle. Actif à Ungerisch-Hradisch. Autrichien.
Sculpteur.
Il décora de ses sculptures les églises de Hluck, Unter-Dubnian, Ungarisch-Hradisch et Brzezolup en Moravie.

MORAWETZ Gabriela
Née en 1952. XXe siècle. Active en France. Vénézuélienne.
Peintre de compositions à personnages.
Elle réalise une peinture de facture classique ayant pour principal thème la vie nocturne peuplée de personnages ou d'animaux.
Bibliogr. : Damian Bayon, Roberto Pontual, in : *La peint. de l'Amérique latine au XXe siècle*, Mengès, Paris, 1990.

MORAWSKA, Mme
Née dans la seconde moitié du XXe siècle en Pologne. XXe siècle. Polonaise.
Peintre.
Ce peintre, qui a travaillé à Paris, envoyait *Coin de Paris* à l'Exposition des artistes polonais organisée par le Salon de la Société Nationale des Beaux-Arts.

MORAWSKI Félix
Né en 1818 à Rzeszow. XIXe siècle. Polonais.
Peintre.
Élève de Maszkowski à Lemberg et de l'Académie de Vienne.

MORAX Jean ou **Morat**
Né le 16 septembre 1869 à Morges (Vaud). Mort en 1939. XIXe-XXe siècles. Suisse.
Peintre de portraits, paysages, natures mortes, illustrateur, décorateur.
Il fut élève de Castres à Genève et de Luc-Olivier Merson, B. Constant et J.-P. Laurens à Paris. Peintre, il a également illustré des livres, réalisé des projets pour des affiches et des décors de théâtre.
Musées : Zurich (Mus. Nat.) : diverses fresques.
Ventes Publiques : Berne, 25 nov. 1976 : *Nature morte aux fleurs*, h/t (54x65) : **CHF 3 900**.

MORAXH Christian Gottfried
Né en 1749 à Dresde. Mort en 1813. XVIIIe-XIXe siècles. Allemand.
Peintre, portraitiste, miniaturiste et graveur à l'eau-forte.
Il grava des paysages.

MORAZZONE ou **Moranzone, Marazzone**, de son vrai nom : **Pier Francesco Mazzucchelli,** dit **Cavaliere**
Né en 1573 à Morazzone (près de Varèse). Mort en 1626 à Morazzone. XVIe-XVIIe siècles. Italien.
Peintre de compositions religieuses, fresques.
Il se rendit, très jeune encore, à Rome, où il étudia surtout l'art de Ventura Salimbeni et, à travers lui, les maniéristes romains, le Baroche et le cavalier d'Arpin. Il y peignit une *Assomption*, à l'église Santa Maria, et une *Adoration des Mages*, à l'église de San Silvestro, sous cette première influence. Il semble qu'il fit alors un séjour à Venise, qui expliquerait la nouvelle influence sur son œuvre des peintres vénitiens et particulièrement du Tintoret et du Titien. Ensuite, l'influence de Gaudenzio Ferrari le marqua profondément, comme on le constate dans les fresques qu'il peignit pour la chapelle de *La montée au calvaire*, au Sacro Monte de Varallo, de 1602 à 1605. Entre 1610 et 1620, il eut une activité intense. Tout en continuant à peindre des tableaux d'église, de nombreuses esquisses, il peignit de nombreuses fresques, à Côme, où il peignit, à l'église San Giovanni, un Saint Michel terrassant le dragon ; Varèse ; à la chapelle de la Bonne Mort de San Gaudenzio, de Novare, 1620 ; à Milan, où il peignit dans sa nouvelle manière, une *Adoration des Mages*, à l'église Sant'Antonio Abate, et où il fut l'ami du cardinal Federico Borromeo et du peintre Procaccini, avec lequel il collabora ; enfin à Turin, où il était au service du duc de Savoie. Il reçut la commande des fresques de la coupole du dôme de Plaisance, qu'il ne put achever, interrompu par la mort, et qui furent achevées par le Guerchin.
Dans l'école lombarde du XVIIe siècle, Morazzone tient une place à part, par son goût des contrastes très prononcés, de la traduction du mouvement dramatique, par son sens de la mise en scène pathétique, qui révèle une sensibilité inquiète.
Bibliogr. : Gian Alberto dell'Acqua, in : *Catalogue de l'exposition Le Caravage et la peinture italienne du XVIIe siècle*, Musée du Louvre, Paris, 1965.
Musées : Berlin (Kaiser-Friedrich-Museum) : *Le rêve de saint Joseph* – Bruxelles : *Saint Sébastien avec anges* – Crémone : *Saint Pierre et saint Paul* – Florence (Mus. des Offices) : *Persée et Andromède* – *Portrait de lui-même* – Dessins – Graz : *Saint Aquilin* – Madrid (Prado) : *Lucrèce* – Milan (Brera) : *Les ermites Paul et*

Antoine – Jésus et la Samaritaine – Madone avec saint Georges – MILAN (Mus. Poldi Pezzoli) : *Couronnement de la Vierge* – MILAN (Mus. mun. du château Sforza) : *La Pentecôte* – NOVARA : *Annonciation* – PARME : *Glorification de saint Laurent* – PAVIE (Mus. mun.) : *Adoration des Mages* – SAINT-PÉTERSBOURG (Mus. de l'Ermitage) : *Vision de saint Grégoire* – VICENCE (Mus. mun.) : *Saint Georges*.

VENTES PUBLIQUES : PARIS, 1865 : *Jésus au jardin des Oliviers* : **FRF 1 010** – MILAN, 29 oct. 1964 : *Jésus et la Samaritaine près d'un puits* : **ITL 1 200 000** – MILAN, 10 mai 1966 : *Le Banquet* : **ITL 1 400 000** – ROME, 27 mars 1980 : *Vénus et Amour enchaînant Mercure*, h/t (174x152) : **ITL 31 000 000** – MILAN, 27 nov. 1984 : *Etude de femme endormie*, pl. et lav. reh. de blanc (23,2x25,9) : **ITL 1 600 000** – LONDRES, 8 déc. 1987 : *Les noces de Cana*, craie noire et lav. brun reh. de blanc (36,3x84) : **GBP 35 000** – LONDRES, 13 déc. 1996 : *Agonie au jardin des Oliviers*, h/t (111x85,5) : **GBP 78 500**.

MORAZZONE. Voir aussi **MORANZONE**

MORBELLI Angelo

Né en 1853 à Alessandria (Piémont). Mort en 1919 à Milan. XIXe-XXe siècles. Italien.

Peintre de genre, portraits, paysages. Néo-impressionniste.

Il commença sa formation à Milan, puis, de 1867 à 1876, fréquenta l'Académie de Brera. Il fut influencé par Segantini. Dès 1874 il figura à l'exposition annuelle de Brera.

Dans les années 1880, il fut attiré par des scènes de la vie ordinaire de la campagne : le fendeur de bois, retour à l'étable, et de la ville : la gare de Milan... ; les hospices de vieillards montrant le déclin inéluctable eurent aussi sa prédilection. À la fin de sa vie, il se consacra presque exclusiment aux paysages de campagne ou de montagne.

MORBELLI

A Morbelli

MUSÉES : FLORENCE (Mus. d'Art Mod.) – MILAN (Mus. d'Art Mod.) – ROME (Mus. d'Art Mod.).

VENTES PUBLIQUES : MILAN, 10 avr. 1969 : *Portrait d'un vieil homme* : **ITL 800 000** – MILAN, 10 nov. 1970 : *La sieste* : **ITL 1 900 000** – MILAN, 16 mars 1971 : *La Terrasse sur le lac* : **ITL 1 600 000** – MILAN, 28 mai 1974 : *Marine* : **ITL 750 000** – MILAN, 14 déc. 1976 : *Marine*, h/pan. (22x35,5) : **ITL 1 100 000** – MILAN, 20 déc. 1977 : *Paysage alpestre* 1907, h/pan. (32x45) : **ITL 5 000 000** – NEW YORK, 26 janv 1979 : *Femmes à la rizière* 1901, h/t (180,5x129,5) : **USD 57 500** – LONDRES, 27 nov. 1981 : *Alba Domenicale* 1890, h/t (75x112) : **GBP 52 000** – MILAN, 22 avr. 1982 : *Nu couché*, past. (38x62,5) : **ITL 8 000 000** – MILAN, 29 mai 1984 : *L'enlèvement*, h/t (87x120) : **ITL 22 000 000** – MILAN, 7 nov. 1985 : *La falaise d'Albissola*, h/t (30,5x45) : **ITL 22 000 000** – MILAN, 29 mai 1986 : *Sogno e realità* 1905, fus./pap., triptyque (110x79 et 112x74 et 110x79) : **ITL 120 000 000** – MILAN, 18 déc. 1986 : *Vue de Bellagio*, h/pan. (34x49) : **ITL 70 000 000** – LONDRES, 23 juin 1987 : *Un village du Monferrato* 1911, h/t (83x73,5) : **GBP 20 000** – ROME, 25 mai 1988 : *Paysage alpestre*, h/pan. (29,5x39) : **ITL 24 000 000** – MILAN, 19 oct. 1989 : *Paysage de collines*, h/t (30,5x40,5) : **ITL 36 000 000** – MILAN, 6 déc. 1989 : *Au bord de la mer* 1907, h/t (25x40) : **ITL 38 000 000** – MILAN, 18 oct. 1990 : *Les toits d'un village de montagne et le clocher*, h/t (30x45) : **ITL 85 000 000** – MILAN, 5 déc. 1990 : *Portrait d'une jeune femme en costume régional* 1885, h/t (101x70,5) : **ITL 124 000 000** – LONDRES, 21 juin 1991 : *Paysage de Monferrato* 1911, h/t (83x73,5) : **GBP 19 800** – MILAN, 16 juin 1992 : *La Fille malade*, h/t (124x190) : **ITL 76 000 000** – MILAN, 21 déc. 1993 : *Lecture dans le jardin*, h/t (45x35) : **ITL 89 700 000** – MILAN, 22 mars 1994 : *La première messe à Burano* 1918, h/t (63,5x101) : **ITL 287 500 000** – MILAN, 25 oct. 1994 : *Vieilles tricotant des chaussettes* 1902, cr. et past./pap./t. (59x100) : **ITL 96 600 000** – NEW YORK, 24 mai 1995 : *Dans les rizières* 1901, h/t (182,9x130,2) : **USD 2 202 500** – MILAN, 14 juin 1995 : *Le Télégramme*, h/t (90x140) : **ITL 408 250 000** – LONDRES, 15 mars 1996 : *Fragilina* 1899, h/t (128,2x92) : **GBP 661 500** – MILAN, 26 mars 1996 : *Le Canal de Mazzorbo* 1910, h/t (30x54) : **ITL 143 750 000** – LONDRES, 12 juin 1996 : *Femme élégante sur le Lac Majeur* 1915, h/t (58x103) : **GBP 441 500** – MILAN, 25 mars 1997 : *Vieilles chaussettes* 1902, cr. et past./cart./t. (59x100) : **ITL 128 150 000**.

MORBIDUCCI Publio

Né en 1889. XXe siècle. Italien.

Sculpteur.

Il obtint une médaille pour sa *Fecondita*.

MUSÉES : FLORENCE (Gal. d'Art Mod.).

MORBIOLI Beato Lodovico

Né en 1433 à Bologne. Mort en 1485. XVe siècle. Italien.

Sculpteur sur bois et ivoire.

Il sculpta des statues de saints.

MORBLANT Charles ou **Morbland**

Né au XIXe siècle à Vitry-sur-Seine (Seine). XIXe siècle. Français.

Sculpteur.

Élève de Leroux. Il exposa au Salon de Paris de 1875 à 1886.

MORCH Aksel Richard Hjalmar

Né le 19 novembre 1883 à Copenhague. XXe siècle. Danois.

Peintre.

Il fit ses études à l'Académie de Copenhague et exposa dans la même ville à partir de 1915.

MORCH Claudius ou **Claus**

Né en 1759 à Copenhague. Mort le 26 septembre 1813 à Copenhague. XVIIIe-XIXe siècles. Danois.

Peintre.

Élève de l'Académie de Copenhague. Il reçut la médaille d'or en 1789 pour *Fratricide de Caïn*.

MORCHAIN Paul Bernard

Né le 27 décembre 1876 à Rochefort-sur-Mer (Charente-Maritime). Mort en 1939. XXe siècle. Français.

Peintre de figures, portraits, paysages, marines, aquarelliste.

Cet artiste délicat et qui très jeune manifesta un goût marqué pour l'art pictural, travailla sans maître. Venu à Paris, il y débuta au Salon des Artistes Français en 1906. En 1909, il obtint une mention honorable, des médailles d'argent en 1913 et d'or en 1920. Il a su traduire avec charme tout le pittoresque spécial des côtes de la Manche, de la Bretagne ou de la Charente.

Paul Morchain

MUSÉES : ROCHEFORT-SUR-MER : *Retour de pêche à Boulogne* – VINCENNES (Mus. de la Guerre) : *Péniche sanitaire sur la Meuse*.

VENTES PUBLIQUES : PARIS, 14 mars 1932 : *Le Bac* : **FRF 230** – PARIS, 26 oct. 1942 : *Marine* : **FRF 1 100** – PARIS, 23 avr. 1945 : *Marine* : **FRF 2 800** – PARIS, 3 mars 1947 : *Bateaux en mer ; Bateaux au port*, deux aquar. : **FRF 1 800** – RAMBOUILLET, 23 fév. 1986 : *Le Passage à Landevennec*, h/t (73x92) : **FRF 27 000** – PARIS, 17 fév. 1988 : *Paysage à la rivière (Vendée)* 1876, h/t (60x81) : **FRF 13 000** – PARIS, 30 mai 1988 : *Le retour des pêcheurs*, h/t (60x82) : **FRF 14 500** – PARIS, 7 juin 1988 : *Retour de pêche*, h/t (81x100) : **FRF 15 000** – CALAIS, 13 nov. 1988 : *Le port de Boulogne*, h/t (50x61) : **FRF 15 100** – VERSAILLES, 21 jan. 1990 : *Le village*, h/cart. (26,5x34,5) : **FRF 4 000** – PARIS, 4 mars 1990 : *Voiliers dans la brume*, h/t (40x50) : **FRF 5 300** – LONDRES, 6 juin 1990 : *Débarcadère sur la Charente*, h/t (155x180) : **GBP 2 200** – REIMS, 21 oct. 1990 : *Le départ des pêcheurs*, h/t (81x60) : **FRF 30 000** – REIMS, 15 mars 1992 : *Arrivée des pêcheurs*, h/t (65x50) : **FRF 16 000** – NEW YORK, 24 fév. 1994 : *Le soir en Bretagne*, h/t (59,7x81,3) : **USD 1 380** – PARIS, 16 déc. 1994 : *Accordéoniste sur la jetée*, peint./t. (60x81) : **FRF 11 000**.

MORCILLO RAYA Gabriel

Né le 18 février 1887 à Grenade (Andalousie). Mort le 22 décembre 1973 à Grenade. XXe siècle. Espagnol.

Peintre de compositions à personnages, figures, portraits, sujets typiques, natures mortes.

En 1906, il a été élève à l'École des Arts industriels avec le professeur Miguel Vico. En 1910, il reçut une bourse de la Ville de Grenade, et partit étudier à Madrid sous la direction de Cecilio Pla. Il est nommé en 1925 directeur de la Résidence des peintres de l'Alhambra, puis, en 1927, professeur de peinture décorative à l'École des Arts et Métiers de Grenade. De 1955 à 1960, il séjourna à Madrid et peignit de nombreuses figures et portraits de la haute bourgeoise madrilène, dont Franco.

En 1910, il figura à une exposition collective à l'Académie royale de Grenade. En 1972, fut organisée une exposition rétrospective de ses œuvres à l'Hôpital royal de Grenade.

Gabriel Morcillo Raya est parvenu à une certaine maîtrise du dessin, pour lequel il avait reçu des récompenses durant ses années d'étude. Il appréciait les œuvres romantiques et pleines de folklore gitan du peintre Acosta y Mezquita, et d'une façon général les orientalistes espagnols, dont on retrouve les thèmes déclinés dans sa peinture. Il eut, en tant que professeur, une réelle influence sur de nombreux peintres de Grenade.
Bibliogr. : In : *Cien anos de pintura en Espana y Portugal*, t. VI, Antiqvaria, Madrid, 1991.
Ventes Publiques : Madrid, 30 oct 1979 : *Le porteur d'eau*, h/t (114x68) : **ESP 600 000** – Madrid, 24 oct. 1983 : *Dia de la Cruz*, h/t (130x116) : **ESP 1 100 000** – Madrid, 6 mars 1986 : *Une jeune Maure*, past. (28x23) : **ESP 200 000** – New York, 21 mai 1987 : *Oriental tenant un poignard*, h/t (106,7x92,7) : **USD 36 000** – Londres, 22 juin 1988 : *Gitans dans un intérieur* 1912, h/t (136x99) : **GBP 9 900** – Londres, 23 nov. 1988 : *Le marchand de fruits* 1918, h/t (101x74,5) : **GBP 7 700** – Londres, 14 fév. 1990 : *Musiciens orientaux* 1925, h/t (98x125) : **GBP 26 400** – New York, 17 oct. 1991 : *Le fez rouge* 1923, h/t (84,5x72,4) : **USD 22 000** – Londres, 17 nov. 1993 : *Joueur de mandoline* 1923, h/pan. (104x77) : **GBP 4 600** – Londres, 16 mars 1994 : *Gitanes dans un intérieur* 1912, h/t (136x99) : **GBP 5 750**.

MÖRCK Carl Fredrik
Né en 1721. Mort en 1764. XVIIIe siècle. Actif à Stockholm. Suédois.
Portraitiste.
Élève de Lafrensen l'aîné. On cite de lui des portraits des rois de Suède. Le Musée Nordique de Stockholm conserve de cet artiste quatorze miniatures de rois et régents de Suède.

MÖRCK Jacob
Né en 1748. Mort le 17 avril 1787 à Stockholm. XVIIIe siècle. Suédois.
Peintre.
Élève de L. Bolander. Il a été en 1776 peintre du théâtre de Stockholm.

MORCOM J. Herbert. Voir **MARCOM**

MORDANT Daniel, Charles, Marie
Né vers 1853 à Quimper (Finistère). Mort le 30 janvier 1914. XIXe-XXe siècles. Français.
Graveur à l'eau-forte et peintre.
Élève de Lehat et de Waltner. Il figura au Salon des Artistes Français ; médaille de troisième classe en 1883, mention honorable en 1889 (Exposition Universelle), médaille d'or en 1900 (Exposition Universelle). Il a gravé souvent *La République*, d'après le bas-relief de Dalou.
Ventes Publiques : Paris, 6 fév. 1950 : *Paysages*, cinq peintures : **FRF 850** ; *Nature morte aux poivrons* : **FRF 500**.

MORDANT Raphaël
Né en 1895 à Welkenraedt. XXe siècle. Belge.
Peintre de portraits, paysages, natures mortes, fleurs, graveur.
Il fut élève aux Académies des Beaux-Arts de Saint-Gilles et de Schaerbeek. Il fut également élève d'A. Danse et de Privat Livemont. Il gravait à l'eau-forte.
Bibliogr. : In : *Dictionnaire biographique illustré des artistes en Belgique depuis 1830*, Arto, Bruxelles, 1987.
Musées : Schaerbeek – Verviers.
Ventes Publiques : Bruxelles, 21 nov 1979 : *La recureuse* 1930, h/t (158x112) : **BEF 48 000** – Bruxelles, 27 mars 1990 : *Le panier de pensées* 1941, h/t (50x60) : **BEF 32 000** – Amsterdam, 3 nov. 1992 : *Putto avec des cerises* 1845, h/t (35,5x43,5) : **NLG 1 035**.

MORDASEWICZ Casimir
Né à Minsk. XIXe-XXe siècles. Russe.
Peintre de portraits.
Il fut élève de l'Académie des Beaux-Arts de Saint-Pétersbourg. Il figura aux Expositions de Paris. Il obtint une mention honorable en 1900 dans le cadre de l'Exposition Universelle de Paris.

MORDAUNT Frederick
Né en 1801. XIXe siècle. Britannique.
Peintre de portraits et de genre.
Élève de l'Académie Royale. Il exposa de 1842 à 1845.

MORDECAI Joseph
Né le 24 décembre 1860 à Londres. XIXe-XXe siècles. Britannique.
Peintre de genre, portraits.
Il fit ses études aux écoles de la Royal Academy à Londres et commença à exposer à cet institut à partir de 1881.
On le considère surtout comme un bon peintre de portraits.
Musées : Leeds : *La Malédiction du ménestrel*.
Ventes Publiques : Londres, 12 mai 1993 : *Portrait d'une dame*, h/t (76x63) : **GBP 782**.

MORDECAÏ ARDON. Voir **ARDON**

MORDELL Florian Van. Voir **MÜRTEL Floris Van der**

MORDOVIN Kyrill
Né en 1934 à Moscou. XXe siècle. Russe.
Peintre de paysages.
Il fut élève de Pasakovic de 1950 à 1957. Il est membre de l'Union des artistes soviétiques depuis 1960. Il a montré une exposition personnelle à Moscou en 1985.
Musées : Moscou (Mus. Tretiakov).
Ventes Publiques : Paris, 14 mai 1990 : *Verey en hiver* 1990, h/t (35x50) : **FRF 3 000**.

MORDT Gustav Adolph
Né le 24 mars 1826 à Oslo. Mort le 2 juillet 1856 à Oslo. XIXe siècle. Norvégien.
Peintre de paysages.
Il travailla à Düsseldorf et à Oslo. Fauché par la mort avant que son talent ait atteint sa maturité, ses tableaux se distinguent par le goût prononcé de leur auteur pour les phénomènes de la nature qui ne sont pas toujours accompagnés d'autant d'observation scrupuleuse qu'il conviendrait. Ses œuvres consistent plus souvent en des plans dégradés qu'en des formes réelles.

C Mordt

Musées : Oslo : *Paysage de Finmark – Coucher de soleil* – Deux études – Stockholm : *Site forestier (Telemarken)*.
Ventes Publiques : Paris, 25 juin 1951 : *Paysage au clair de lune* 1847 : **FRF 7 000** – Cologne, 21 oct. 1977 : *Vue d'un fjord* 1853. ; *h/t* (38,5x53) : **DEM 2 700** – Lucerne, 19 mai 1983 : *Paysage montagneux sous un ciel orageux* 1853, h/t (58x91) : **CHF 10 000** – Londres, 23 mars 1988 : *Torrent de montagne*, h/t (92x80) : **GBP 8 250** – New York, 23 mai 1990 : *Un été norvégien* 1953, h/t (38x51) : **USD 5 500** – Copenhague, 28 août 1991 : *Clair de lune sur un lac boisé à Telemarken* 1851, h/t (14,5x19,5) : **DKK 5 000** – Copenhague, 17 mai 1995 : *Paysage* 1847, h/t (199x27) : **DKK 4 400**.

MORDVINOFF
XXe siècle. Français.
Peintre.
Dans une exposition personnelle, à Paris, en 1971, il a montré des œuvres, s'appuyant, dans l'esprit du pop art européen, sur les techniques de découpage cinématographique. Il mêle, dans cette technique de figuration narrative directement lisible, les éléments caractéristiques de l'univers moderne et les symboles clairs de l'érotisme publicitaire, tel que le propage l'affiche.

MORDVINOFF Alexandre, comte
Né en 1800. Mort en 1858. XIXe siècle. Russe.
Peintre de paysages.
Musées : Moscou (Gal. Tretiakov) : *La Place Saint-Marc, à Venise* – Moscou (Mus. Roumianzeff) : *Effet de soleil sur la mer* – Saint-Pétersbourg : *Vue de Venise*.
Ventes Publiques : Amsterdam, 23 avr. 1991 : *L'Université de Tirana en Albanie*, h/t (66,5x88) : **NLG 9 430**.

MORDVINOFF Nicolas
Né en 1911 à Saint-Pétersbourg (Russie). Mort en 1973 à Hampton (New Jersey). XXe siècle. Actif depuis 1946 aux États-Unis. Russe.
Peintre, graveur, illustrateur. Pop'art.
Il arriva à Paris enfant et y fit ses études. Ensuite, il fréquenta l'Académie Moderne de Léger et Ozenfant. Agé de vingt-deux ans, il partit pour Tahiti, où il vécut treize années, peignant et gravant. En 1942, il commença à illustrer des livres américains, ce qui l'amena à s'installer aux États-Unis à partir de 1946. En 1952, il reçut la Caldecott Médaille. Il a exposé plusieurs fois à New York et une fois à Paris en 1971.
Ses peintures s'appuyant sur les techniques de découpage cinématographique, se rattachent au pop'art. Dans ce style de figuration narrative directement lisible mais toutefois plastiquement composé avec rigueur, il mêle les éléments caractéristiques de l'univers moderne, qu'il dénonce avec une violence contenue, et les symboles clairs de l'érotisme publicitaire, tel que le propage l'affiche.
■ J. B.

MORE Anne Gabrielle
Née en 1768. Morte en 1845. XVIIIe-XIXe siècles. Active à Genève. Suisse.
Portraitiste.
Le Musée de Versailles conserve d'elle : *Portrait de Turenne*.

MORE Anthonis. Voir **MOR**

MORE Christofle
XVIe siècle. Actif à Montreuil-Bellay au début du XVIe siècle. Français.
Peintre verrier.

MORÉ Gottlob
Né le 3 octobre 1866 à Berlin. XIXe-XXe siècles. Allemand.
Peintre d'histoire, paysages.
Il fut élève des Académies de Berlin, de Dresde, de Munich et de Vienne. Il a peint la fresque l'*Humanisme* dans le hall du lycée de Berlin-Steglitz.

MORE Herman
XXe siècle. Américain.
Peintre.
Conservateur du Whitney Museum.

MORE Jacob ou **James**, dit **Moore of Rome**
Né vers 1740 à Édimbourg. Mort le 1er octobre 1793 à Rome. XVIIIe siècle. Britannique.
Peintre de scènes mythologiques, portraits, paysages, aquarelliste.
Cet artiste fit ses études dans sa ville natale. Grand admirateur de Claude Lorrain, il s'inspira de cet illustre maître. En 1773, il alla en Italie et y acheva sa carrière. Il fut protégé par le prince Borghèse et jouit de son vivant d'une notable réputation. Il s'était fixé à Rome. Il appartint à la Society of Artists de Londres et y exposa à partir de 1771. Il prit part également aux expositions de la Royal Academy à partir de 1784.
Musées : Florence (Gal. roy.) : *Autoportrait* – Rome (Villa Borghèse) : *Vallée de Tempé* – *Métamorphose de Daphné*.
Ventes Publiques : Paris, 26 mars 1923 : *Le philosophe* : **FRF 330** – Londres, 7 juil. 1967 : *Les cascades de Terni* : **GNS 650** – Londres, 14 nov. 1972 : *Paysage d'Italie*, aquar. : **GNS 320** – Londres, 22 juin 1979 : *Guerrier secouru dans un paysage boisé*, h/t (61,5x79) : **GBP 750** – New York, 11 oct. 1985 : *Vue de la Villa Madame* ; *La grotte de Neptune à Tivoli* ; *Les cascades de Tivoli*, aquar. et lav., trois aquarelles (une de 30,5x50,2 et 2 de 45,1x36,7) : **USD 1 800** – Londres, 15 nov. 1989 : *Les chutes de la Clyde à Cora Lynn*, h/t (87,5x113) : **GBP 37 400** – Londres, 10 avr. 1992 : *L'éruption de l'Etna avec les pieux frères de Catane* 1787, h/t (150,5x203,8) : **GBP 22 000** – Édimbourg, 13 mai 1993 : *La villa de Mécène à Tivoli* 1777, aquar. (50,8x71,2) : **GBP 1 540**.

MORE Johann Caspar
Né à Zurich. XVIIe siècle. Actif vers 1694. Suisse.
Graveur.
Il travailla pour les libraires.

MORE Mary
XVIIe siècle. Britannique.
Portraitiste amateur.
On cite d'elle le portrait de *Thomas Cromwell* conservé dans l'Oxford Library.

MORE Octavie
XIXe siècle. Française.
Peintre.
Elle exposa des portraits aux Salons de Paris en 1831, 1834 et 1840.

MORE P. de
XVIIIe siècle. Actif en 1793. Britannique.
Graveur et sculpteur.
Il fit un mausolée de marbre pour l'évêque de Dunkeld en Écosse.

MORE CORS Mariano
Né le 7 mai 1899 à Gijon (Asturies). Mort le 15 juillet 1974 à Oviedo (Asturies). XXe siècle. Espagnol.
Peintre de sujets divers.
Il a été élève de l'École San Fernando de Madrid, où il fut élève de Cecilio Plà. Il voyagea en France et en Italie. Il fut, à Madrid, professeur à l'École des métiers d'art et des arts appliqués.
Il figura à plusieurs Expositions nationales des Beaux-Arts à Madrid. Il participa également, en 1955, au Salon de la Toison à Madrid. En 1977, une exposition rétrospective de ses œuvres fut montrée au Musée de Gijon, puis au Cercle des Beaux-Arts de Madrid.
Il a surtout peint des personnages de la région des Asturies en costumes traditionnels. Il a décoré l'escalier de la Banque espagnole de crédit à Gijon.
Bibliogr. : In : *Cien anos de pintura en Espana y Portugal*, t. VI, Antiqvaria, Madrid, 1991.

MOREAL DE BREVANS Alphonse
Né le 14 mars 1823 à Arbois (Jura). Mort le 1er janvier 1890 à Paris. XIXe siècle. Français.
Peintre de portraits.
Élève de M. Picot. Il figura au Salon de Paris, de 1848 à 1867.

MOREAU
XVIIe siècle. Français.
Peintre.
Il fut payé en 1690 pour l'exécution des portraits de *Louis III de Bourbon* et du *Grand Condé*, destinés au château de Chantilly.

MOREAU, Mlle, plus tard Mme **de Clédat**
XVIIIe siècle. Active à Paris. Française.
Pastelliste et peintre de chevaux.
Fille de l'historiographe Jacob. N. Moreau et élève de Greuze. Elle travailla pour la cour et exposa de 1768 à 1770.

MOREAU, Mme, née **Bertrand**
XIXe siècle. Française.
Peintre.
Exposa des paysages au Salon de Paris, de 1847 à 1849.

MOREAU Achille
XIXe siècle. Français.
Dessinateur et graveur.
Cet artiste, élève de Jazet, compte parmi les bons graveurs de la période de 1825 à 1840. Il figura au Salon de Pais, de 1827 à 1833. (Le dictionnaire de Bellier de la Chavignerie et A. Auvray le fait figurer deux fois sous la désignation de Moreau, sans prénom, et de A. Moreau.) Ses ouvrages sont datés de 1825 à 1842 et comprennent des sujets de genre et d'actualité, comme *Allégorie au Sacre de Charles X* et *Prise du Trocadéro*. Achille Moreau compte également parmi les graveurs de la légende napoléonienne, notamment avec *Napoléon au bivouac*, d'après Gautherat et *Les Adieux de Fontainebleau*. Il a également produit des pièces dans le genre de Debucourt d'après Vernet : *Cheval attaqué par des loups*, *Jument avec son poulain*, etc. Il privilégia la gravure à la manière noire.

MOREAU Adolphe Ferdinand
Né le 7 octobre 1827 à Paris. Mort le 4 juillet 1882 à Paris. XIXe siècle. Français.
Aquarelliste, graveur et critique d'art.
Élève de Tasson, de Aug. Bonheur, de Camille Roqueplan et de Cassagne. Il débuta au Salon de Paris en 1849.

MOREAU Adrien
Né le 18 avril 1843 à Troyes (Aube). Mort le 22 février 1906 à Paris. XIXe siècle. Français.
Peintre d'histoire, sujets allégoriques, scènes de genre, aquarelliste, pastelliste, graveur, dessinateur, illustrateur.
Il fut élève d'Isidore Pils. Il exposa, à Paris, à partir de 1868, au Salon, puis Salon des Artistes Français. Il obtint une médaille de deuxième classe en 1876 ; une médaille d'argent en 1889, une autre en 1900, pour les Expositions Universelles. Il fut promu chevalier de la Légion d'honneur en 1892.
Il a illustré, en 1893, *Candide* de Voltaire ; et, en 1899, *Le secret de Saint Louis* de E. Moreau.

ADRIEN MOREAU

Musées : Carcassonne : *Le soir* – Nantes (Mus. des Beaux-Arts) : *Propos galants* – *La marchande de coco* – *Le goûter champêtre* – Troyes : *Dans le parc*.
Ventes Publiques : Paris, 1877 : *La sortie du bal* : **FRF 2 150** – Paris, 1881 : *L'attente* : **FRF 1 040** – New York, 6 jan. 1911 : *Mascarade* : **USD 1 025** – Paris, 25 nov. 1918 : *Œdipe et le Sphinx* : **FRF 25 500** – Paris, 18-19 mars 1927 : *Petit baigneur étendu sur l'herbe*, past. : **FRF 1 100** – Paris, 23 déc. 1942 : *Homme et garçonnet en costume Louis XIII*, pl. ; *La lecture du billet*, pl. et lav. : **FRF 650** – New York, 20 fév. 1946 : *Réunion pour un mariage* : **USD 1 500** – Paris, 26 fév. 1947 : *La promenade sur la terrasse*, aquar. : **FRF 1 500** – Paris, 9 avr. 1951 : *Rêverie* 1903 :

FRF 12 800 – LONDRES, 2 fév. 1966 : *Les acteurs ambulants* : **GBP 230** – PARIS, 15 mars 1974 : *Jeune fille lisant*, dans un jardin : **GNS 1 000** – NEW YORK, 15 oct. 1976 : *Portrait de Melle G. Lebrasseur*, h/pan., de forme ovale (17x13) : **USD 400** – PARIS, 17 oct. 1978 : *Les joyeux drilles* 1875, h/t (81x66,5) : **FRF 25 000** – LONDRES, 26 nov. 1980 : *Couple d'amoureux dans un champ de blé* 1875, h/pan. (41x61) : **GBP 2 000** – PORTLAND, 7 nov. 1981 : *Chasseurs dans une barque*, h/pan. (71,2x91,5) : **USD 4 500** – MADRID, 21 mars 1983 : *Napoléon recevant l'impératrice Marie-Louise*, h/t (80x103) : **ESP 850 000** – NEW YORK, 23 mai 1985 : *Le galant entretien au bord de la rivière*, h/t (66x81,3) : **USD 20 000** – LONDRES, 19 juin 1986 : *Vue d'une ville industrielle*, past. (57x49,5) : **GBP 1 400** – NEW YORK, 21 mai 1987 : *Le Bac* 1884, h/t (129x201,3) : **USD 115 000** – NEW YORK, 23 fév. 1989 : *Collation dans le jardin*, h/t (81x100,3) : **USD 28 600** – PARIS, 19 juin 1989 : *Le moulin*, h/t (45x81) : **FRF 13 000** – NEW YORK, 17 jan. 1990 : *Une rue en Espagne*, h/cart. (14x20,3) : **USD 1 320** – LONDRES, 28 nov. 1990 : *L'élégant prétendant* 1877, h/t (57x78) : **GBP 6 600** – PARIS, 13 mars 1991 : *Jeune femme cousant assise sur une chaise paillée* 1877, h/t (26x20) : **FRF 6 800** – NEW YORK, 22 mai 1991 : *La fête de Mai* 1885, h/t (99,1x149,9) : **USD 82 500** – NEW YORK, 27 mai 1992 : *Un après midi d'été au bord de la rivière*, h/pan. (19,4x21,9) : **USD 7 700** – NEW YORK, 17 fév. 1993 : *Le bac* 1884, h/t (128,9x201,3) : **USD 48 875** – NEW YORK, 24 mai 1995 : *Soupirant venant faire sa cour*, h/t (64,8x50,8) : **USD 13 800** – LONDRES, 21 nov. 1996 : *Les Noces d'argent* 1879, h/t (92,7x132) : **GBP 45 500** – LONDRES, 22 nov. 1996 : *Tranquillité*, h/pan. (21,6x15,8) : **GBP 3 220** – NEW YORK, 24 oct. 1996 : *Passant la charrue*, h/t (116,8x167,6) : **USD 46 000**.

MOREAU Aimé
XXe siècle. Français.
Peintre.
VENTES PUBLIQUES : PARIS, 25 juin 1951 : *Nature morte* : **FRF 5 200** – PARIS, 19 avr. 1989 : *Portrait d'une jeune femme en robe du soir* 1911, t. (200x91) : **FRF 67 000**.

MOREAU André
Né dans la première moitié du XVIe siècle à Bar-le-Duc. XVIe siècle. Français.
Peintre d'histoire.
Il travailla pour le prieuré de Bar où il peignit *Le Crucifiement*.

MOREAU Angélique
XIXe siècle. Active à Paris. Française.
Peintre en miniatures.
Elle figura au Salon de Paris en 1831 et 1834.

MOREAU Antoine
XVIe siècle. Actif à Troyes de 1527 à 1557. Français.
Peintre.

MOREAU Auguste
Né en 1834 à Dijon (Côte-d'Or). Mort en 1917. XIXe-XXe siècles. Français.
Sculpteur de groupes, figures.
Il fut élève de Mathurin Moreau. Il débuta au Salon de Paris en 1861 et continua à prendre une part active jusqu'en 1910 au Salon des Artistes Français, groupement artistique, dont il fut sociétaire. Il figura au Salon de 1910 avec *Saint Jean* et *Le Message*, statuette en marbre.
VENTES PUBLIQUES : LONDRES, 8 juin 1971 : *La Source* ; *Chanson du printemps*, bronzes : **GNS 600** – NANTERRE, 20 mars 1990 : *Le printemps*, marbre (H. 81) : **FRF 192 500** – PARIS, 11 déc. 1991 : *Le marchand d'esclaves*, terre-cuite (H. 71) : **FRF 15 500** – LOKEREN, 21 mars 1992 : *Fadette* 1885, bronze à patine brune (H. 20, l.10) : **BEF 36 000** – PARIS, 1er juil. 1992 : *Le char de l'aurore*, bronze (H. 80) : **FRF 29 500** – LOKEREN, 10 oct. 1992 : *Billet de logement*, bronze (H. 42, l. 14) : **BEF 55 000** – ZURICH, 13 oct. 1994 : *Femme dans le vent*, bronze (H. 80) : **CHF 5 000** – AVIGNON, 26 mars 1995 : *Pêcheuse de crevettes*, bronze (H. 65) : **FRF 25 000** – LOKEREN, 9 déc. 1995 : *Naissance de la perle*, bronze (H. 66) : **BEF 115 000** – LOKEREN, 9 mars 1996 : *L'Aurore*, bronze (H. 81) : **BEF 135 000** – LOKEREN, 8 mars 1997 : *L'Aurore*, bronze (78,5x32) : **BEF 100 000**.

MOREAU Auguste Louis. Voir **MOREAU Louis Auguste**

MOREAU Camille, Mme, née **Nélaton**
Née en 1840 à Paris. Morte en 1897 à Paris. XIXe siècle. Française.
Peintre de genre et céramiste.
Mère d'Étienne Moreau-Nélaton. Élève de J. Nélaton et A. Bonheur. Elle débuta au Salon de Paris en 1865. Le Musée de Château-Thierry conserve d'elle une *Vue du château de Nesles-en-Tardenois*.

MOREAU Charles
Né en 1762 à Rimancour près-Neufchâteau. Mort en 1810 à Paris. XVIIIe-XIXe siècles. Français.
Peintre d'histoire, décorateur.
Élève de J. L. David, il séjourna quatre fois à Rome. Il exposa au Salon de Paris de 1797 à 1810. Architecte et peintre, il refit les décorations intérieures du Théâtre Français en 1799.

MOREAU Charles
Né le 12 février 1830 à Château-Renard (Loiret). XIXe siècle. Français.
Peintre de genre.
Il fut élève d'Ary Scheffer et de Dupuis. Il exposa au Salon de Paris, de 1848 à 1881.
VENTES PUBLIQUES : LONDRES, 12 juil. 1946 : *Petit garçon mangeant son porridge* : **GBP 99** – LONDRES, 2 nov. 1973 : *Trois générations* : **GNS 800** – PARIS, 30 mars 1979 : *Jeune femme au livre*, past. (47x32) : **FRF 5 200** – NEW YORK, 27 mai 1982 : *Interlude musical*, h/pan. marqueté (73x59) : **USD 13 000** – LONDRES, 25 nov. 1992 : *La lecture du carnet de notes*, h/t (59x72) : **GBP 3 520** – NEW YORK, 16 fév. 1995 : *Le château de cartes*, h/t (73,7x60,3) : **USD 13 800**.

MOREAU Clément
Né en 1801. XIXe siècle. Actif à Paris. Français.
Peintre en miniatures et lithographe.
Élève d'Ingres et de Baron.

MOREAU Edme
Né à Châlons. XVIIe siècle. Actif à Paris de 1617 à 1660. Français.
Graveur au burin.
Il grava des portraits et autres sujets d'après ses propres dessins et ceux de St-Igny.

MOREAU Edme Augustin Jean. Voir **MOREAU-VAUTHIER Augustin**

MOREAU Édouard, Jean Baptiste
Né le 18 décembre 1825 à Sedan (Ardennes). Mort le 4 décembre 1878 à Paris. XIXe siècle. Français.
Peintre de miniatures et dessinateur.
Élève de l'École des Beaux-Arts et de H. Lehmann. Il figura au Salon de Paris de 1848 à 1875 par des gouaches et des miniatures sur vélin représentant généralement des sujets historiques.
VENTES PUBLIQUES : PARIS, 1875 : *Un tournoi au Moyen Age*, peint sur éventail : **FRF 405**.

MOREAU Eugène
Né au XIXe siècle à Château-Gontier (Mayenne). XIXe siècle. Français.
Peintre.
Élève de Drolling. Il exposa des dessins au Salon de Paris en 1861 et 1863. Le Musée de Château-Gontier conserve *Portrait du peintre par lui-même*.

MOREAU Fabien
XXe siècle. Français.
Peintre.
Il a participé, en 1994, à l'exposition *Avis de tempête* au Fonds régional d'art contemporain Provence-Alpes-Côte-d'Azur à Marseille, où il présentait des images de la société contemporaine.
BIBLIOGR. : Jean Yves Jouannais : *Avis de tempête*, Art Press, n° 197, Paris, déc. 1994.

MOREAU Félix
Né le 22 septembre 1864 à Mons (Hainaut). XIXe-XXe siècles. Belge.
Peintre de portraits.
BIBLIOGR. : In : *Dictionnaire biographique illustré des artistes en Belgique depuis 1830*, Arto, Bruxelles, 1987.

MOREAU François ou **François-Moreau**, dit **Hippolyte**
Né en 1832 à Dijon (Côte-d'Or). Mort peut-être 1917 ou 1927. XIXe siècle. Français.
Sculpteur de statues, figures mythologiques, allégoriques.
Il eut pour maître Jouffroy. Au Salon de Paris de 1859 il envoya *Saint Jean Baptiste* (statue en plâtre) et en 1861, *Saint Jean Bap-*

tiste (statue en fonte), et *La Muse Euterpe* (statue en plâtre). Mention honorable en 1859. Médaille de troisième classe en 1877, de bronze en 1900 (Exposition Universelle).

Musées : Dijon (Mus. des Beaux-Arts) : *Un buveur – Le Printemps.*

Ventes Publiques : Neuilly-sur-Seine, 23 nov. 1978 : *Hébé et Galatée*, bronze patiné : **FRF 5 500** – Paris, 29 mai 1979 : *Trois amours tenant une guirlande de roses*, marbre : **FRF 30 000** – Londres, 18 juin 1982 : *Jeune femme tenant une branche de gui* vers 1890, bronze patiné (H. 111) : **GBP 3 100** – Washington D. C., 4 mars 1984 : *Le rêve* vers 1900, bronze, patine brun or (H. 32) : **USD 3 400** – Madrid, 23 oct. 1985 : *Le réveil*, bronze (H. 82) : **ESP 500 000** – Nancy, 4 mai 1986 : *Allégorie de l'Automne*, bronze (H. 45) : **FRF 9 500** – Paris, 11 mars 1988 : *Dans l'Azur* (H. 58,5) : **FRF 4 200** – Paris, 24 avr. 1988 : *Le rêve*, bronze patine brune (H 52) : **FRF 8 000** ; *La captive*, bronze patine brune (H 78) : **FRF 16 100** – Lokeren, 10 oct. 1992 : *Cupidon*, bronze à patine brune (H. 35, l. 12,5) : **BEF 30 000** – Boulogne-sur-Seine, 12 mars 1995 : *Jeune fille aux oiseaux*, bronze (H. 53) : **FRF 8 500** – New York, 20 juil. 1995 : *Dame avec des fleurs*, marbre (H. 69,2) : **USD 2 587** – Lokeren, 7 oct. 1995 : *Rêve d'été*, bronze (H. 60, l. 34) : **BEF 140 000** – Lokeren, 8 mars 1997 : *Le Printemps*, bronze (68x28,5) : **BEF 170 000** – Paris, 10 mars 1997 : *La Captive*, bronze : **FRF 6 100**.

MOREAU François

Né à la fin du XIXe siècle à Fourchambault (Nièvre). XXe siècle. Français.

Peintre d'intérieurs.

Il exposa, à Paris, au Salon de la Société Nationale des Beaux-Arts.

MOREAU François Clément

Né le 17 octobre 1831 à Paris. Mort le 12 juin 1865 à Paris. XIXe siècle. Français.

Sculpteur.

Le 4 avril 1850, il entra à l'École des Beaux-Arts. Il eut pour maîtres Pradier, Simard et Mathurin Moreau. En 1865, il obtint une médaille. Il figura au Salon, de 1853 à 1865, avec des bustes et des sujets de fantaisie.

MOREAU Friedrich de, baron

Né en 1814 à Paris. Mort le 2 juin 1885 à Bozen. XIXe siècle. Autrichien.

Peintre et sculpteur amateur.

Il peignit des scènes de chasse, dessina et modela des chevaux et des chiens.

MOREAU Gaston Auguste, dit **Gaston-Moreau**

Né le 17 février 1885 à Paris. XXe siècle. Français.

Peintre de paysages, marines.

Il est le neveu du statuaire Mathurin Moreau dont il exécuta le portrait. Il exposa, à Paris, au Salon des Indépendants à partir de 1911 et au Salon de la Société Nationale des Beaux-Arts depuis 1926.

Musées : Clamart (Hôtel de ville) : une œuvre représentant le Vieux Clamart.

MOREAU Gilles

XVe siècle. Actif à Écaussines. Éc. flamande.

Sculpteur.

Il exécuta en collaboration avec son frère Guillaume Moreau et Colart Caignet des sculptures dans l'église Saint-Waudru de Mons.

MOREAU Guillaume

XVe siècle. Actif à Écaussines. Éc. flamande.

Sculpteur.

Frère de Gilles M.

MOREAU Gustave

Né le 6 avril 1826 à Paris. Mort le 18 avril 1898 à Paris. XIXe siècle. Français.

Peintre d'histoire, compositions animées, scènes mythologiques, sujets religieux, peintre à la gouache, aquarelliste, pastelliste, dessinateur, illustrateur.

Fils d'un architecte il entra à l'École des Beaux-Arts en 1846 dans l'atelier de Picot. Toutefois, le véritable maître qu'il se choisit, fut Chassériau, qu'il rencontra en 1848, avec qui il travailla un certain temps, et pour qui il conserva une grande admiration, peignant, en 1865, *Le jeune homme et la mort*, en souvenir de lui. Il fit un séjour en Italie, en 1857-1859, y admirant surtout Benozzo Gozzoli, Michel-Ange et Carpaccio. Dans Carpaccio il retrouva ces accords colorés glauques et précieux, qu'il recherchait lui-même. Si son *Œdipe et le Sphinx*, qu'il présenta au Salon de 1864, lui valut les foudres de la critique officielle, il lui attira, en contrepartie, des amitiés dans les milieux littéraires, avec Huysmans, Villiers de l'Isle-Adam, Jean Lorrain.

Son premier envoi au Salon datait de 1852, où il exposa une *Pietà*. En 1853, son tableau *Le Cantique des Cantiques* fut acheté par l'État (Musée de Dijon). En 1864 donc, son tableau *Œdipe et le Sphinx* provoqua de nombreux remous. Parurent ensuite au Salon : en 1865 *Le jeune homme* et la *Mort* (à la mémoire de Chassériau) et peut-être *Jason*, en 1866 *Orphée* et *Diomède dévoré par ses chevaux*, en 1869 *Prométhée* et *Jupiter et Europe*, en 1876 *Hercule et l'hydre de Lerne* et *Salomé*. À l'exposition de 1878, il exposa à nouveau *Salomé*, plusieurs aquarelles, *Jacob et l'Ange, David, Moïse exposé sur le Nil, Le Sphinx divin*. À propos du *Phaéton* qu'il présenta au même salon, Odilon Redon écrivit : « Ce maître n'a point quitté, depuis son début, les légendes de l'Antiquité païenne et les présente sans cesse sous un jour nouveau. C'est que sa vision est moderne, essentiellement et profondément moderne. » En 1888, il fut nommé membre de l'Institut à la mort d'Élie Delaunay, à qui il succéda comme professeur à l'École des Beaux-Arts. Gustave Moreau fut médaillé en 1864, 1865, 1869 et 1878 (Exposition Universelle) ; il fut fait chevalier de la Légion d'honneur en 1875 et officier en 1883. À sa mort, il légua à l'État son hôtel et les peintures et dessins se trouvant dans son atelier afin d'en faire un musée. Cette donation comprend la partie peut-être la plus curieuse de son œuvre (des tableaux ébauchés, des estampes et près de 18.000 dessins). C'est pour l'étude de son œuvre un champ d'investigation du plus haut intérêt. Une exposition rétrospective de son œuvre (peintures et dessins) a été présentée au musée du Louvre en 1961. En 1998, les Galeries Nationales du Grand Palais à Paris, l'Art Institute de Chicago, le Metropolitan Museum de New York, ont présenté une nouvelle exposition d'ensemble de son œuvre.

L'exotisme rutilant de ses compositions, avait l'une de ses sources dans l'œuvre de Delacroix, et partageait avec celui-ci une tendance à privilégier le thème littéraire aux dépens de l'organisation plastique de la composition. Dans cet esprit d'une peinture résolument littéraire, délibérément irréelle, recherchant le merveilleux, si ce n'est le fantastique, il connut son plus grand succès avec l'aquarelle *L'Apparition*, au Salon de 1876, dans laquelle il traitait le thème de Salomé, qu'il reprit souvent. Cet esthétisme « fin de siècle », la panoplie des accessoires symbolistes qu'il étalait avec profusion, sa mythologie panthéiste, le firent presque unanimement considérer comme un petit maniériste, complètement subordonné aux déliquescences d'époque, tandis que ces mêmes particularités lui valaient tout d'abord l'intérêt des symbolistes, Redon étant sans doute le peintre le plus proche de lui, puis, dans la suite, la faveur des surréalistes, qui appréciaient en lui l'étrangeté d'un climat composite, où s'exprimaient, dans la somptuosité d'étoffes rares et l'éclat morbide de la profusion de bijoux recherchés, la nostalgie d'une Antiquité de fable alliée à un romantisme décadent. Encore plus proche de nous, l'un des courants de l'abstraction informelle, fondé sur le pouvoir d'expression de la matière picturale, s'alimenta aux visions de ce peintre, dont quelques déclarations montrent clairement qu'il était parfaitement conscient des prolongements possibles de sa démarche, quand lui-même ne parvenait pas à une exploration complète des domaines entrevus, ses grandes compositions étant, à l'exception de *Jupiter et Sémélé*, de 1896, demeurées toutes inachevées : *Les licornes, Les Argonautes* : « Je ne crois ni à ce que je touche, ni à ce que je vois. Je ne crois qu'à ce que je ne vois pas et uniquement à ce que je sens. Mon cerveau, ma raison me semblent éphémères et d'une réalité douteuse ; mon sentiment intérieur seul me paraît éternel et incontestablement certain. »

Gustave Moreau forma de nombreux élèves et eut sur la peinture moderne une influence considérable, puisque c'est de son atelier que sortirent certains des jeunes artistes qui constitueront le groupe des « Fauves » : Matisse, Georges Rouault, Marquet, Manguin, Camoin, ainsi que d'autres peintres ayant suivi des voies différentes : Desvallières, Flandrin, Simon Bussy, Piot, Sérusier, Charles Milcendeau. L'exposition du Louvre, en 1961, répondait aux nombreuses manifestations d'intérêt pour le peintre du Sphinx, de la Chimère, de Salomé, le plus souvent mal compris comme maniériste d'un fantastique de pacotille, mais dont il faut aller découvrir le pouvoir visionnaire dans ses illustrations des « Fables » de La Fontaine, de 1881-1885, et surtout dans la profusion d'aquarelles et d'esquisses conservées dans son ancien hôtel particulier. L'un des témoignages troublants de l'ambiguïté de cet œuvre à part, est fourni par la constatation qu'il connut une fortune officielle comblée d'honneurs, tandis qu'il suscitait par son enseignement le premier mouvement pictural vraiment révolutionnaire du siècle, et que son œuvre même allait connaître des prolongements divers dans le surréalisme et l'abstraction informelle, prolongements dont il n'y a pas lieu de s'étonner si l'on prête attention à ceux de ses propos qui nous sont parvenus, tel celui-ci rapporté par son élève Desvallières : « Qu'importe la nature en soi ! Elle n'est pour l'artiste qu'une occasion de s'exprimer... L'art est la poursuite acharnée par la seule plastique de l'expression du sentiment intérieur. »

■ Jacques Busse

Gustave Moreau –

Gustave Moreau

Bibliogr. : Raymond Cogniat, in : *Diction. de la peint. mod.*, Hazan, Paris, 1954 – Frank Elgar, in : *Diction. Univers. de l'Art et des Artistes*, Hazan, Paris, 1967 – Jean Paladilhe, José Pierre : *Gustave Moreau*, Hazan, Paris, 1971 – Paul Bittler, Pierre-Louis Mathieu : *Catalogue des peintures, aquarelles et dessins de Gustave Moreau*, Éditions de la Réunion des musées nationaux, Paris, 1983 – Pierre-Louis Mathieu : *Gustave Moreau. Sa vie, son œuvre. Catalogue raisonné de l'œuvre gravé*, Office du Livre, Fribourg, 1976 / Phaidon Press, Oxford, 1977 / Seuil, Paris, 1984 – Pierre-Louis Mathieu : *Tout l'œuvre peint de Gustave Moreau*, Flammarion, Paris, 1991.

Musées : Bourg : *Moïse sauvé des eaux – Les Athéniens livrés au Minotaure* – Dijon : *Le cantique des cantiques* – Francfort-sur-le-Main : *Pietà* – Lille : *Érigone* – New York (Metrop. Mus.) : *Œdipe et le Sphinx* 1864 – Paris (Art Mod.) : *Jason – Orphée – Enlèvement d'Europe – Le Calvaire – Venise – Bethsabée – Salomé – L'Amour et les Muses – Les plaintes du poète – Samson et Dalila – La Péri – Œdipe et le Sphinx – Pietà – Leda*, miniature – *Galatée* – Paris (Mus. Gustave Moreau) : La plus grande partie de l'œuvre.

Ventes Publiques : Paris, 6 avr. 1877 : *Saint Sébastien secouru par les saintes femmes* : **FRF 2 000** – Paris, 1881 : *Enlèvement de Déjanire* : **FRF 4 350** ; *La source troublée* : **FRF 4 000** – Paris, 1895 : *Sapho* : **FRF 4 700** – Paris, 1895 : *La naissance de Vénus* : **FRF 8 800** – Paris, 2 et 3 mars 1896 : *Le Poète et la sainte* : **FRF 5 200** – Paris, 1898 : *Héraut d'armes à cheval* : **FRF 6 800** – Paris, 12-15 avr. 1899 : *La naissance d'Aphrodite*, aquar. : **FRF 3 500** – Paris, 11 juin 1900 : *Jacob et l'ange* : **FRF 53 000** – Paris, 27 juin 1900 : *Salomé* : **FRF 11 500** – Paris, 27 mai 1905 : *L'éducation d'Achille* : **FRF 6 700** – Paris, 14 mai 1920 : *Le jeune homme et la mort* : **FRF 81 000** ; *Salomé*, aquar. : **FRF 6 700** – Paris, 4 et 5 mars 1921 : *Orphée*, aquar. : **FRF 8 200** – Paris, 5 et 6 mars 1923 : *Le Cantique des Cantiques*, aquar. : **FRF 10 400** – Paris, 7 déc. 1923 : *Déesse au rocher*, aquar. : **FRF 5 200** – Paris, 7-9 avr. 1924 : *Sainte Élisabeth*, aquar. : **FRF 7 850** – Paris, 27 juin 1924 : *Hélène*, aquar., reh. de gche : **FRF 6 000** – Paris, 21 jan. 1928 : *Les Athéniens présentant au Minotaure le tribut annuel des sept garçons et des sept filles* : **FRF 2 520** – Paris, 3 et 4 juin 1929 : *Le soir et la douleur*, aquar. : **FRF 51 000** ; *Un chanteur indien*, aquar. : **FRF 19 000** – Paris, 26 fév. 1934 : *L'enfant prodigue*, aquar. : **FRF 610** – Paris, 29 nov. 1935 : *La Femme et la chimère*, gche : **FRF 10 300** ; *Le Lion amoureux*, gche : **FRF 8 000** – Paris, 24 mars 1939 : *Sapho*, aquar. : **FRF 9 520** – Paris, 8 mai 1942 : *Orphée*, aquar. gchée : **FRF 30 000** – Paris, 27 jan. 1943 : *Roger délivrant Angélique* : **FRF 40 000** – Paris, oct. 1945-juil. 1946 : *Salomé* : **FRF 20 000** ; *Cheval sauvage au bord des flots* : **FRF 16 000** – Paris, 8 juin 1949 : *Le Christ en Croix* Noël 1892 : **FRF 36 000** – Paris, 9 juin 1949 : *Étude pour le taureau dans l'Enlèvement d'Europe* 1869, cr. : **FRF 8 500** – Paris, 28 nov. 1949 : *La fée*, aquar. gchée : **FRF 40 000** – Paris, 21 juin 1950 : *L'âge d'argent* : **FRF 44 000** – Paris, 7 juin 1951 : *Galatée* : **FRF 107 000** – Paris, 15 juin 1954 : *Jugement de Pâris* : **FRF 120 000** – Paris, 21 juin 1960 : *L'Ibis rose*, aquar. : **FRF 15 500** – Paris, 1er juil. 1960 : *Saint Sébastien* : **FRF 2 800** – Londres, 7 juil. 1960 : *Crépuscule*, aquar. et gche : **GBP 750** – Londres, 22 mars 1961 : *Salomé dansant, le roi Hérode assis à l'arrière-plan*, aquar. : **GBP 950** – Londres, 7 nov. 1962 : *Oreste et les Érynnies* : **GBP 8 000** – Paris, 29 avr. 1963 : *Le poète persan*, aquar. : **FRF 32 500** – Paris, 16 juin 1964 : *Le char d'Apollon* : **FRF 35 000** – Londres, 1er déc. 1967 : *Saint Sébastien* : **GNS 3 600** – Londres, 3 juil. 1968 : *Le héraut d'armes*, aquar. reh. de gche : **GBP 4 000** – Paris, 10 mars 1969 : *Orphée*, aquar. gchée : **FRF 67 000** – Londres, 2 juil. 1969 : *Salomé*, gche et h/pap./bois : **GBP 9 500** – Londres, 16 avr. 1970 : *La libellule*, gche et aquar. : **GBP 5 400** – New York, 10 mars 1971 : *Salomé dansant devant Hérode* : **USD 95 000** – Paris, 17 mars 1971 : *Rêve d'Orient*, aquar. gchée : **FRF 185 000** – Paris, 16 mars 1972 : *Desdémone* : **FRF 300 000** – Paris, 4 déc. 1972 : *La femme à la licorne*, aquar. : **FRF 160 000** – New York, 2 mai 1973 : *Le poète et la sainte*, aquar. : **USD 45 000** – Paris, 29 nov. 1974 : *La naissance de Vénus* : **FRF 176 000** – Paris, 14 juin 1976 : *Femme emportée dans les nuées*, aquar. et encre de Chine (9,5x12) : **FRF 2 500** – Londres, 19 avr. 1978 : *L'Apparition* vers 1876, h/t (33x23) : **GBP 20 000** – Londres, 5 déc 1979 : *Danse de Salomé*, aquar. et pl. (31x23,5) : **GBP 30 000** – Londres, 28 nov 1979 : *Saint Sébastien et l'ange* vers 1876, h/t (80x40) : **GBP 80 000** – Londres, 23 juin 1981 : *Le Héraut d'armes* vers 1878, aquar. et reh. de gche/pap. (63x34) : **GBP 50 000** – Paris, 6 déc. 1982 : *Le centaure Nessus*, croquis à la pl./pap. végétal (22,5x19,7) : **FRF 170 000** – Paris, 22 mars 1982 : *Jeune Thrace portant la tête d'Orphée*, h/pan. parqueté (50,4x33,5) : **FRF 1 880 000** – Londres, 23 juin 1983 : *Costume de Sapho*, cr. reh. d'aquar. (30,5x20,3) : **GBP 11 000** – Enghien-les-Bains, 23 oct. 1983 : *Le Christ au mont des Oliviers*, aquar. et gche (21x22,5) : **FRF 172 500** – Londres, 21 juin 1983 : *Desdemone* vers 1875-1878, h/pan. (68x39,5) : **GBP 160 000** – New York, 23 mai 1985 : *L'Enlèvement de Ganymède* 1886, aquar. past. et gche/pap. (59x46) : **USD 130 000** – Paris, 28 nov. 1986 : *Sainte Marguerite* 1873, h/t (41x21) : **FRF 450 000** – Osaka, 11 déc. 1987 : *Jésus au jardin des Oliviers*, aquar./pap. (20,5x22) : **JPY 14 000 000** – Paris, 23 mars 1988 : *Salomé (contemplant la tête de saint Jean Baptiste* vers 1876, h/t (31x23) : **FRF 1 400 000** – New York, 22 fév. 1989 : *La fiancée de la nuit ou Le cantique des cantiques*, h/pan. (35,5x27,5) : **USD 726 000** – Londres, 20 juin 1989 : *Orphée charmant les fauves*, h/pan. (27x21) : **GBP 220 000** – New York, 24 oct. 1989 : *Le poète et la sirène*, h/t (97x62) : **USD 2 750 000** – Londres, 1er déc. 1989 : *L'apparition*, h/t (32,5x22,5) : **GBP 605 000** – Monaco, 3 déc. 1989 : *Hercule et la biche aux pieds d'airain*, h/pan. (23x18) : **FRF 1 100 000** – Versailles, 18 mars 1990 : *La chasse au faucon* 1852, h/pan. (27,3x19,5) : **FRF 160 000** – Paris, 20 mars 1990 : *Les Péris et l'éléphant sacré ou le lac sacré* vers 1885, aquar. gchée (57x43,5) : **FRF 4 700 000** – Monaco, 15 juin 1990 : *Œdipe et le Sphinx* 1864, pl. (28,2x18,5) : **FRF 222 000** – Londres, 19 juin 1990 : *L'ibis rose* 1894, aquar. et gche (36x24) : **GBP 302 500** – New York, 23 oct. 1990 : *Chasse au faucon* 1852, h/pan. (27,3x19,7) : **USD 33 000** – New York, 17 oct. 1991 : *Le lion amoureux*, aquar. et gche/pap. (37,1x23,8) : **USD 550 000** – Paris, 23 nov. 1992 : *Diomède dévoré par ses chevaux* 1866, aquar./pap./cart. (19x17) : **FRF 590 000** – Paris, 24 nov. 1992 : *Le Jeune Homme et la Mort*, aquar. (26x14) : **FRF 1 750 000** – Compiègne, 27 juin 1993 : *Hercule et les oiseaux du lac Stymphale* 1865, h/pan. (31,5x23,5) : **FRF 435 000** – Paris, 16 déc. 1993 : *Hercule et la biche aux pieds d'airain*, aquar. (33x23) : **FRF 670 000** – New York, 26 mai 1994 : *Hercule et la biche aux pieds d'airain*, aquar./pap. (33x22,9) : **USD 156 500** – Paris, 7 avr. 1995 : *La chimère* 1856, mine de pb (25x20) : **FRF 380 000** – New York, 24 mai 1995 : *Le songe d'un habitant de Mongolie*, aquar., gche et encre/pap. (26x22,2) : **USD 354 500** – Paris, 20 juin 1995 : *Pasiphaé* 1867, aquar. (25x18) : **FRF 820 000** – Paris, 7 déc. 1995 : *Le Jeune Homme et la Mort*, aquar. (26x14) : **FRF 1 000 000** – New York, 23-24 mai 1996 : *L'Enlèvement de Ganymède* 1886, aquar., past. et gche/pap. (59,7x45,7) : **USD 316 500** – Paris, 18 juin 1997 : *Vers le soir* 1893, aquar. (33x19,3) : **FRF 720 000**.

MOREAU Henri C.

Né le 8 septembre 1908 à Sens (Yonne). xxe siècle. Français.

Architecte, décorateur.

Surtout architecte réputé, ses travaux de décoration, vitraux, etc., ont également retenu l'attention du public.

MOREAU Henri Jean

Né le 9 janvier 1890 à Libourne (Gironde). Mort en juillet 1956 à Bossugan (Gironde). xxe siècle. Français.

Sculpteur de bustes, figures, sculpteur de monuments, sculpteur en médailles.

Il a été élève de l'École des Beaux-Arts de Paris. Il participa à la Première Guerre mondiale. En 1928, il partit pour la Maroc et s'établit à Rabat où il enseigna le dessin et entra dans l'ad-

ministration des monuments historiques. En 1954, il revint en France, dans le libournais.
Il a réalisé plusieurs bustes, vus de profil, en terre cuite ou en marbre : *Monsieur Roquette-Buisson* (1925) ; *Monsieur G. Combrouze* (1926) ; *Monsieur Princeteau* (1935) ; *Monsieur Gabriel-Yves Vandet*, un mécanicien aviateur mort à Alger ; *L'Abbé Bergey* ; et des médaillons de plâtre. Son œuvre la plus réussie est le monument aux morts de la guerre 1914-1918 de Libourne (1926). Il se compose d'un groupe principal et de quatre bas-reliefs qui ornent chaque côté du socle. Au Maroc, il réalisa de nombreuses œuvres en bois ou en terre cuite représentant des Arabes et des Juifs marocains, des statues en pierre ou en bois pour des églises (*La Vierge des Cèdres* pour l'église d'Ifrane), le monument aux morts des élèves du lycée Gourreau à Rabat. L'œuvre sculptée de Henri-Jean Moreau relève, dans son ensemble, de la tradition académique française. Elle a su néanmoins évoluer et s'épanouir au Maroc.
Bibliogr. : J. F. Fournier : *Le Sculpteur libournais Henri-Jean Moreau*, in : *Revue historique et archéologique du libournais et de la vallée de la Dordogne*, Arts graphiques d'Aquitaine, Libourne, 1982.
Musées : Libourne : *buste de Monsieur Princeteau* 1935, plâtre – *Monsieur Gabriel-Yves Vandet*, bronze.

MOREAU Hippolyte François
Né à Paris. XIXe-XXe siècles. Français.
Sculpteur.
Il fut élève de Robert frères (?). Il exposa au Salon des Artistes Français de Paris, entre 1889 et 1917 ; obtenant une mention honorable en 1888, une médaille de troisième classe en 1889.

MOREAU Hippolyte. Voir **MOREAU François** ou **François-Moreau**

MOREAU J.
XVIIe siècle. Actif au début du XVIIe siècle. Français.
Graveur au burin.
Il grava des allégories.

MOREAU Jacques
Né à Lyon. Mort le 9 septembre 1459 à Angers. XVe siècle. Français.
Sculpteur.
Il paraît avoir joui d'une grande réputation. Il est l'auteur des sculptures du tombeau de René d'Anjou à l'église Saint-Maurice d'Angers. Peut-être doit-on lui attribuer également le tombeau du duc de Bourbon à Souvigny. Il travailla à Avignon, Béziers, Montpellier, Rodez et Toulouse.

MOREAU Jacques
Né le 31 mars 1943 à Paris. XXe siècle. Français.
Peintre de portraits, figures, compositions à personnages.
Il a suivi les cours de l'École nationale des Beaux-Arts de Paris de 1960 à 1967 sous la direction de Legueult.
Il participe à des expositions collectives parisiennes : 1969, Salon d'Automne ; 1969, 1971, Salon de la Jeune Peinture ; 1986, Salon de Mai.
Jacques Moreau alterne, dans ses peintures aux traits appuyés, des portraits au regard vide et angoissé, et des scènes de genre, où la femme nue, tout offerte, scrutée par des êtres étranges, semble être le point de fuite de ses obsessions.
Musées : Paris (CNAC).

MOREAU Jean ou **Jehan**, dit **Morelli**
XVe siècle. Actif à Angers vers 1415. Français.
Peintre verrier et miniaturiste.
Il enlumina en 1455 une *Archilogesophie* et un *Pétrarque* pour Charles d'Orléans.

MOREAU Jean
XVIIIe siècle. Actif à Angers vers 1775. Français.
Peintre.

MOREAU Jean
XXe siècle. Français.
Peintre.
Il a exposé, à Paris, au Salon des Indépendants et dans les galeries parisiennes.
Ventes Publiques : Paris, 24 nov. 1950 : *Ferme et champs* 1942 : FRF 250.

MOREAU Jean, Baptiste, Louis, Joseph
Né en 1797 à Dijon (Côte-d'Or). Mort en 1855 à Dijon. XIXe siècle. Français.
Sculpteur.
Père de Mathurin Moreau. Élève de l'École des Beaux-Arts de Dijon.
Musées : Dijon (Mus. des Beaux-Arts) : *La mort d'Épaminondas*, bas-relief en marbre – *Mars et Vénus*, groupe en terre-cuite.

MOREAU Jean-Jacques
Né en 1899 à Saint-Quentin (Aisne). Mort en 1927 à Cannes (Alpes-Maritimes). XXe siècle. Français.
Peintre de figures, nus, portraits, paysages, dessinateur.
Jean-Jacques Moreau est mort d'une septicémie à l'âge de vingt-huit ans. Ayant dû interrompre ses études musicales, pour cause de santé, il étudia la peinture dans les ateliers parisiens et au Louvre. Il effectua un séjour en Italie en 1922, notamment à Florence, où il approfondit son intérêt pour la peinture d'Ucello.
Son œuvre ne fut portée que récemment à la connaissance du grand public. Une exposition rétrospective de ses œuvres fut organisée au Musée de Troyes en 1992.
Il fut le disciple et l'ami de Roger de La Fresnaye. Jacques Villon disait de lui qu'il dessinait admirablement, « comme Ingres ». Les paysages et les portraits féminins de Jean-Jacques Moreau sont rigoureusement construits. Il ne cherchait pas l'effet gracieux ou expressif, mais un sens renouvelé de la mesure classique.
Bibliogr. : *Jean-Jacques Moreau*, catalogue de l'exposition, Musée d'Art Moderne, Troyes, 1992 – in : *Dictionnaire de l'art moderne et contemporain*, Hazan, Paris, 1992.

MOREAU Jean Michel, dit **Moreau le Jeune**
Né le 26 mars 1741 à Paris. Mort le 30 novembre 1814 à Paris. XVIIIe-XIXe siècles. Français.
Peintre d'histoire, genre, portraits, paysages, aquarelliste, graveur, dessinateur.
Frère de Louis Gabriel Moreau. Contrairement à ce que l'on constate pour un grand nombre d'artistes habiles, Jean-Michel Moreau montra une extrême difficulté de travail au début de ses études artistiques. Ses camarades d'atelier chez Louis Joseph le Lorrain l'avaient pour cela surnommé « Le Bœuf ». Le maître avait sans doute d'autres idées sur la valeur du jeune Moreau, car partant pour Pétersbourg, en 1758, il emmena son élève avec lui. Jean-Michel l'y aida dans ses travaux, qui consistèrent surtout en décorations théâtrales. Entre-temps, il était professeur à l'Académie des Beaux-Arts. Le Lorrain étant mort en 1760, Moreau, âgé à peine de dix-neuf ans ne fut pas dans les conditions voulues pour succéder à son maître et il revint en France. Ce voyage l'avait sans doute dégoûté de la peinture, car il l'abandonna pour l'étude de la gravure dans l'atelier de Lebas, Moreau le Jeune, ainsi qu'on l'appelait pour le distinguer de son aîné, fut par excellence le dessinateur et le graveur des jolies vignettes, des fines gravures de mode auxquelles, par l'ingéniosité de la composition, par l'exactitude des détails et des costumes, il sut donner le caractère de véritables « gravures de mœurs », s'il est permis d'employer cette forme. Ce ne fut qu'en 1759 qu'il s'affirma avec toute sa maîtrise dans l'importante aquarelle : *Louis XV passant la revue des régiments des Gardes Françaises, des Suisses dans la plaine des Sablons*. L'œuvre, gravée par Lebas, valut à Moreau, en 1770, la place de dessinateur des menus plaisirs du roi. Comme successeur de Cochin, en 1790, il fut plus tard dessinateur du Cabinet du Roi. En 1780, *Le Sacre de Louis XVI*, gravé par lui d'après son dessin, le faisait agréer à l'Académie et le 25 avril 1789, il était nommé académicien. Moreau exposa au Salon, de 1781 à 1810, un nombre considérable de dessins. Une médaille de première classe lui fut décernée à ce dernier Salon. Il avait pris part à l'Exposition de la Jeunesse, place Dauphine, en 1761 ; il figura également au Salon de la Correspondance en 1783. L'œuvre de Moreau est considérable et comprend plus de deux mille dessins, dont la plupart furent gravés. Son carnet de dessins, qu'il tint à jour à partir de 1763, est intégralement conservé au Louvre. En 1785, Moreau visita l'Italie et il revint de ce voyage avec une conception très différente. L'influence de David et de Vien lui fit abandonner sa première manière fine et spirituelle pour adopter une part de la raideur et de la froideur conventionnelle des deux novateurs. Les dernières productions de Moreau sont très inférieures aux premières. En 1793, Moreau fit partie de la Commission pour les Arts et fut nommé, en 1797, professeur à l'École centrale. Moreau le Jeune a illustré les principaux classiques : Ovide, Molière, La Fontaine, Regnard, Corneille, Voltaire, Rousseau, Marmontel, Gresset, Restif de la Bretonne, l'Ancien et le Nouveau Testaments, le Voyage d'Anacharsis, l'Iliade, Juvénal, Genes, les actes des

Apôtres, Montesquieu, les figures de l'Histoire de France, les Évangiles, Thucydide, Théocrite, etc., etc. Il convient d'y ajouter l'illustration des chansons de Laborde et surtout la suite d'estampes pour servir à l'histoire des mœurs et du costume dans le XVIIIe siècle, qu'il exécuta, en 1777 et en 1783, pour le *Monument du Costume*. Malgré cet énorme labeur, Moreau à soixante-douze ans était pauvre, et, en 1814, il l'écrivait à l'éditeur Renouard. Louis XVIII lui rendit, lors de la première restauration, sa place de dessinateur du cabinet du roi. Moreau avait marié une de ses filles à Carle Vernet. Les Musées du Louvre, de Bayeux, de Pontoise, de Rouen, entre autres, conservent des dessins de lui. Le Musée de Beaufort possède de lui : *Les Incas*.

J.M. moreau le jeune

Bibliogr. : G. Schefer : *Moreau le Jeune*, Paris, 1915 – Emmanuel Bocher : *Jean-Michel Moreau le Jeune*, Paris, 1982.

Ventes Publiques : Paris, 1870 : *La petite loge*, dess. : **FRF 1 700** ; *Le souper fin*, dess. : **FRF 1 950** – Paris, 1880 : *L'Inondation de l'amour*, dess. au bistre : **FRF 3 000** ; *La provocation*, dess. au bistre : **FRF 4 000** ; *Premiers essais aérostatiques en 1783 par Charles et Robert*, sépia : **FRF 5 900** ; *Le lever*, dess. au bistre sur trait de pl., 1778 : **FRF 12 000** – Paris, 1890 : *La scène du bosquet* : **FRF 2 450** ; *La scène du duo* : **FRF 1 900** – Berlin, 1891 : Dix dessins vendus avec quatre dessins de Freudeberg : **FRF 150 000** – Berlin, 1897 : *Petite fille endormie*, deux dess. lavés d'encre de Chine sur trait de pl. : **FRF 7 200** ; *La revue du roi à la plaine des Sablons*, dess. à l'encre de Chine sur trait de pl., 1769 : **FRF 29 000** – Berlin, 1899 : *Les délices de la maternité*, dess. : **FRF 31 000** – Berlin, 19 avr. 1899 : *C'est un fils, Monsieur !*, dess. à la sépia : **FRF 21 500** ; *La petite toilette*, dess. à la sépia : **FRF 22 000** – Berlin, 16-19 juin 1919 : *Le Gâteau des Rois*, pl. : **FRF 9 000** ; *La Promenade au bois*, pl. et lav. : **FRF 4 800** – Berlin, 18 mai 1921 : *Buste de jeune femme*, dess. : **FRF 7 650** – Berlin, 25 mars 1925 : *Réjouissances du peuple près de la pyramide d'illumination, élevée sur l'Esplanade de la Porte de Mars, et distribution de vivres, fontaines de vin, sous les ordres de M. M. du conseil de la ville, à Reims, le 27 août 1765*, pl. et lav. de Chine : **FRF 34 500** – Londres, 18 déc. 1925 : *Illustration de La Nouvelle Héloïse*, dess. : **GBP 71** – Londres, 12 fév. 1926 : *Illustrations de l'Histoire des modes et des costumes* : **GBP 141** – Paris, 28 nov. 1928 : *Dessin de la vignette pour les À propos de société* : **FRF 15 000** – Paris, 13-15 mai 1929 : *Portraits de Françoise, fille de l'artiste*, deux dess. : **FRF 150 000** ; *Fêtes à l'Être suprême, jardin des Tuileries ; Fêtes à l'Être suprême, Champ-de-Mars*, deux dess. : **FRF 30 000** ; *Portrait de femme*, dess. : **FRF 62 000** – New York, 11 déc. 1930 : *L'Attente* : **USD 450** – Paris, 25 juin 1931 : *Les Vendanges*, pl. et lav. : **FRF 1 900** – Paris, 8 juin 1933 : *Un officier du régiment Condé-Cavalerie*, dess. aux cr. de coul. reh. d'aquar. : **FRF 4 500** – Paris, 25 mai 1934 : *Le Festin royal*, lav. reh., première idée : **FRF 10 500** ; *Mort d'Adonis*, sépia : **FRF 1 900** – Londres, 4 déc. 1935 : *Place Louis XV (place de la Concorde)*, pl. : **GBP 90** – Paris, 14 mai 1936 : *Jeune femme marchant*, pierre d'Italie : **FRF 2 550** – Paris, 14 déc. 1936 : *Jeune femme à sa toilette*, pl. et lav. de Chine : **FRF 14 000** – Londres, 24 juin 1938 : *La Provocation*, dess. : **GBP 399** ; *La sortie de l'Opéra*, dess. : **GBP 882** ; *Couronnement de Voltaire*, dess. : **GBP 231** ; *Mme Papillon de la Ferté*, dess. : **GBP 157** ; *Enfant endormi*, dess. : **GBP 246** – Paris, 9 mars 1939 : *La Place Louis XV, à Paris*, pl. et lav. de Chine : **FRF 5 450** – Paris, 22 nov. 1940 : *Portrait de jeune femme* : **FRF 1 205** – Paris, 11 fév. 1942 : *Étude présumée de Catherine Françoise Moreau, enfant*, pierre noire, reh. de blanc : **FRF 5 600** – Paris, 5 mars 1943 : *Marie-Antoinette en robe de cour*, sépia : **FRF 27 100** – Paris, 8 fév. 1945 : *La foire de Gonesse*, pierre noire et sanguine : **FRF 200 000** – Paris, oct. 1945-juil. 1946 : *Incendie de Troie et Mort de Priam*, lav. : **FRF 10 800** – New York, 27 mars 1946 : *Paysage*, encre de Chine : **GBP 24** – Paris, 27 oct. 1948 : *L'Avènement de Louis XVI et de Marie-Antoinette*, aquar. : **FRF 25 000** – Paris, 15 nov. 1948 : *La Promenade au bord du ruisseau*, aquar. : **FRF 13 000** – Paris, 16 déc. 1949 : *Couple galant dans un parc en automne 1784*, gche : **FRF 16 000** – Paris, 22 mars 1950 : *Marie-Antoinette*, pl. et sanguine, frontispice : **FRF 10 000** – Paris, 9 mars 1951 : *Saint Louis rendant la justice sous le chêne de Vincennes*, pl. et lav. d'encre de Chine : **FRF 21 000** – Paris, 4 fév. 1954 : *L'indiscrète*, mine de pb : **FRF 10 000** – Londres, 20 nov. 1957 : *Paysage*, aquar. et gche : **GBP 450** – Londres, 10 juin 1959 : *N'ayez pas peur, ma bonne amie !*, pl. et lav. brun : **GBP 7 000** ; *La sortie de l'Opéra*, pl. et lav. brun : **GBP 2 500** – Paris, 21 avr. 1977 : *Allégorie de Marie-Antoinette* 1779, pl. et lav. de bistre avec reh. de gche blanche : **FRF 9 300** – Londres, 10 juil 1979 : *Portrait de Louise Gresset*, pierre noire, pl. et lav. (19,3x15,7) : **GBP 1 600** – Paris, 22 mai 1980 : *La Cinquantaine*, grav. avant le titre : **FRF 6 200** – Paris, 24 jan. 1981 : *Louis XVI prête le Serment du Royaume dans la basilique de Reims* 1775, pl. et lav. (37x49,5) : **FRF 139 000** – Paris, 22 mars 1983 : *Vue de l'arrivée de la reine Marie-Antoinette*, lav. d'encre de Chine (24,5x44,3) : **FRF 145 000** – Londres, 12 avr. 1983 : *Bateaux à quai* 1796, gche (22,5x35,7) : **GBP 720** – Versailles, 22 juil. 1984 : *Sultane à sa toilette*, h/cuivre (49x38,5) : **FRF 25 000** – Londres, 10 avr. 1985 : *N'ayez pas peur, ma bonne amie* 1775, pl. et lav. brun (27x21,9) : **GBP 90 000** – Paris, 19 juin 1986 : *Vasque aux Amours* 1769, pl. et lav. encre de Chine (13,5x18,5) : **FRF 5 000** – Paris, 6 mai 1987 : *Lion au repos* 1776, lav. brun reh. de blanc/croquis à la pierre noire/pap. beige (26x29) : **FRF 520 000** – Paris, 6 mai 1987 : *Paysage à l'orée d'un bois*, gche et aquar./pap. (21,8x29) : **FRF 72 000** – Paris, 10 nov. 1988 : *Étude de trois personnages, deux femmes et un homme*, cr. et aquar. (22x31,5) : **FRF 38 000** – Paris, 16 mars 1990 : *Un commissaire du Directoire exécutif*, aquar. et gche/cr. noir (29,5x19) : **FRF 80 000** – Paris, 11 déc. 1991 : *Bassin dans un parc avec des promeneurs*, encre et aquar. (16,5x36,5) : **FRF 12 000** – Paris, 5 nov. 1993 : *Diane et Endymion*, encre noire et lav. sur traits de pierre noire (40x54,8) : **FRF 240 000** – Paris, 3 déc. 1993 : *La Justice avec le portrait de Gustave III*, encre de Chine et lav. brun, de forme ovale (20x17) : **FRF 16 000** – Paris, 22 mai 1994 : *Arrivée d'Esculape sous la forme d'un serpent à Rome* 1768, pl. et lav. brun (10x45) : **FRF 62 000** – New York, 10 jan. 1995 : *Jeune femme élégante jouant de la harpe*, encre et lav. brun sur craie noire (20x14,2) : **USD 13 225** – Paris, 23 juin 1995 : *La déclaration de la grossesse*, encre brune, lav. de sépia, aquar. et gche (26,5x21,5) : **FRF 38 000** – Londres, 2 juil. 1996 : *Combat de cavaliers* 1767, craie noire, encre et lav. (14,5x21,5) : **GBP 3 220** – Londres, 2 juil. 1997 : *Neptune et Cérès* 1779, pl. et encre noire et lav. brun (8,5x16,5) : **GBP 4 600**.

MOREAU John

XIXe siècle. Actif à Dublin au début du XIXe siècle. Irlandais.

Paysagiste.

Il travailla à Dublin de 1809 à 1838 et à Londres de 1810 à 1811.

MOREAU Karl Ritter von

Né en 1758. Mort en 1841. XVIIIe-XIXe siècles. Actif à Vienne. Autrichien.

Peintre et architecte.

D'abord architecte, il se tourna plus tard vers la peinture et exposa à Vienne de 1834 à 1836 des peintures d'histoire (*Œdipe, Atala, Ulysse et Nausicaa*).

MOREAU Léonie

XVIIIe siècle. Actif probablement au XVIIIe siècle. Français.

Miniaturiste.

Ventes Publiques : Paris, 17 déc. 1927 : *Portrait de Mme Récamier ; Portrait de Mme de Pompadour ; Portrait de Marie-Antoinette*, trois miniatures : **FRF 700**.

MOREAU Louis

Né vers 1712 à Paris. XVIIIe siècle. Français.

Graveur au burin.

Il grava des portraits, des sujets religieux, des ornements.

MOREAU Louis

Né le 15 avril 1883 à Châteauroux (Indre). XXe siècle. Français.

Peintre, graveur, aquarelliste.

Il exposa, à Paris, au Salon des Indépendants à partir de 1900, ainsi qu'au groupe des graveurs sur bois du *Nouvel Essor*. Il illustra *Les Satires* de Juvénal et les *Physionomies végétales* d'E. Reclus.

Ventes Publiques : Paris, 5 mars 1951 : *Ville sous la neige* : **FRF 3 500**.

MOREAU Louis Auguste ou **Auguste Louis**

Né le 23 avril 1855 à Paris. Mort le 18 octobre 1919 à Paris. XIXe-XXe siècles. Français.

Sculpteur.

Il fut élève de Mathurin Moreau, A. Millet, A. Dumont et Thomas. Il figura au Salon des Artistes Français de Paris. Membre de cette Société depuis 1878, il obtint une médaille de troisième classe en 1877, une médaille de bronze en 1900 (Exposition Universelle).

Musées : Gray : *Une relique* – Rochefort : *Esclave – Colbert – Krohm, capitaine de vaisseau – Fronton de la chapelle du lycée – Angle de la porte d'entrée du lycée – Maquette d'une statue de la ville de Rochefort – Ganesa, fils de Siva et de Parvatî* – Toulon : *La source tarie, allégorie.*

Ventes Publiques : Londres, 26 jan. 1978 : *Buste de jeune fille*, bronze (H. 53) : **GBP 620** – New York, 1er mars 1980 : *Enée et Didon*, bronze, patine brun rouge (H. 136) : **USD 12 500** – Londres, 25 nov. 1982 : *Persée et Andromède* vers 1890, bronze patine brune (H. 96) : **GBP 3 300** – New York, 13 déc. 1983 : *Le Char d'Aurore*, bronze patiné (H. 33) : **USD 3 400** – Londres, 8 nov. 1984 : *Salambô*, bronze doré (H. 73,5) : **GBP 5 000** – Londres, 12 juin 1986 : *Diane* vers 1900, bronze patine brune (H. 54) : **GBP 1 000**.

MOREAU Louis François

Né au xixe siècle à Dammartin (Seine-et-Marne). xixe siècle. Français.

Peintre.

Élève de M. Monginot. Il débuta au Salon de Paris avec des natures mortes en 1869.

MOREAU Louis Gabriel, dit **Moreau l'Aîné**

Né en 1740 à Paris. Mort en 1806, mort dans son logement du Palais national des Arts et des Sciences à Paris. xviiie siècle. Français.

Peintre de genre, paysages animés, paysages, marines, peintre à la gouache, aquarelliste, graveur, dessinateur.

Le père de l'artiste qui était perruquier se fit plus tard manufacturier de faïence et il mit Louis Gabriel, qu'on a coutume d'appeler Moreau l'Aîné pour le distinguer de son frère Jean-Michel, en apprentissage chez le peintre d'architectures Pierre de Machy. Moreau l'Aîné hérita donc à l'atelier du goût traditionnel de son maître pour les paysages composés ornés de monuments ; mais de Machy était par surcroît peintre de vues de Paris et des environs, et il ouvrait par là une voie précieuse à son élève. Moreau l'Aîné devait en effet devenir l'un des meilleurs peintres de l'Île-de-France. Mais il ne se contente pas des procédés coutumiers de son maître ; la gamme rousse des continuateurs de Patel ne lui suffit pas ; il regarde la nature avec plus de sincérité ; les prés, les verdures et les ciels gris de notre pays n'auront pas de plus fidèle interprète. Cela parut alors une nouveauté si grande, que les vues pleines de fraîcheur de Moreau l'Aîné firent dire qu'il peignait trop d'« épinards ».

Louis Moreau envoya pour la première fois, en 1761, à l'Exposition de la Jeunesse, quelques dessins. En 1764, année de sa réception, il montra à l'Exposition de Saint-Luc deux paysages dont un avec architecture. Il devint du reste plus tard officier de cette Académie. Louis Moreau épousa, en 1770, Marie-Catherine Villeminot, qui fut marraine de sa nièce, fille de Moreau le Jeune et future femme de Carle Vernet. Quelques années plus tard, en 1774, Louis Moreau parut à nouveau au Salon de l'Académie de Saint-Luc, transporté à l'hôtel Jabach, avec différents paysages, un *Orage* et une *Vue du château de Madrid dans le bois de Boulogne*, qu'on suppose être l'aquarelle du Musée de Rouen. L'exposition du Colisée, en 1776, ne fut qu'une sorte de Salon posthume de l'Académie de Saint-Luc. Aussi Moreau l'Aîné finit par se décider à solliciter les suffrages des membres de l'Académie royale où son frère cadet s'était fait agréer en 1780. Mais Louis Moreau se présenta en vain en 1787 et en 1788. Aussi quand Jean-Michel Moreau fut reçu académicien, il fit décider l'élection de seize nouveaux associés libres. Cette décision n'eut pas d'effet, la Révolution ayant, en 1791, ouvert les galeries du Louvre à tous les talents. Moreau l'Aîné figura successivement aux Salons de 1793 avec deux paysages, de 1795 avec des gouaches, de 1796 avec des tableaux à l'huile, de 1799 avec quatre toiles et quatre gouaches. La dernière exposition à laquelle il prit part fut celle de 1804 : il avait envoyé une *Vue prise dans le parc de Saint-Cloud*, des *Ruines du monastère de Montmartre*, une *Vue de la maison indienne du Petit bourg* et une *Vue de Paris prise des Champs-Élysées*.

Louis Moreau qui n'avait guère connu la gloire de son temps fut vite oublié. Seul ou à peu près, son frère défendait sa mémoire, et il faisait graver par Élise Saugrain quelques paysages. Janinet, lui aussi, se fit l'interprète du peintre. Mais ce sont là la plupart du temps des travaux de praticiens qui ne valent pas les croquis faits sur le cuivre par Moreau l'Aîné lui-même. Il est en effet l'auteur de quatre séries de six petits paysages, mises en vente chez le marchand Naudet et d'assez nombreuses eaux-fortes de petite dimension. Il s'y montre l'un des meilleurs graveurs originaux de son temps, à côté de Gabriel de Saint-Aubin, de Fragonard et de Parrocel. Des ruines, des ponts, de grands arbres, des escaliers forment les motifs ordinaires de ces petites pièces traitées d'une pointe libre. Il faut citer parmi elles le *Grand Escalier*, la *Chaumière*, les *Ruines et peupliers au bord de l'eau*. L'entrée au Louvre, en 1872, de la *Vue prise aux environs de Paris*, achetée à la vente Étienne Arago, ramena l'attention sur Louis Moreau. On s'aperçut vite de la rare qualité de cette œuvre où la justesse de l'observation et la fraîcheur de la vision sont alliées. On prononça de suite les noms de Corot et de Chintreuil. Et, en effet, Louis Moreau est dans une certaine mesure un précurseur des maîtres de 1840. Le Louvre a acquis en outre la *Vue des coteaux de Meudon, prise du parc de Saint-Cloud*. Mais les peintures de l'artiste sont rares : une d'elles passait en 1912 à la vente Franc-Lamy. Les gouaches sont très recherchées : plusieurs faisaient partie de la collection J. Doucet ; d'autres appartiennent aux collections Paume et David Weill. ■ Tristan Leclerc

Bibliogr. : Georges Wildenstein : *Louis Moreau, Un peintre de paysage au xviiie siècle*, Beaux-Arts, Paris, 1923 – P. Prouté : *Catalogue de l'œuvre gravé de Louis Moreau l'aîné*, Prouté, Paris, 1956.

Musées : Chartres : *Campagne autour de Rome* – Compiègne : *La Pêche* – Paris (Mus. du Louvre) : *Environs de Paris – Côteaux de Meudon vus de Saint-Cloud – L'Hortensia – Vue du château de Vincennes* – Rouen : deux paysages.

Ventes Publiques : Paris, 1872 : *Paysage des environs de Vincennes*, dess. : **FRF 2050** – Paris, 1890 : *Cabane au bord de l'eau* : **FRF 3 200** – Paris, 1897 : *Entrée d'un parc ; Intérieur d'un parc*, deux gches : **FRF 9 000** – Paris, 1899 : *Le Jardin chinois*, aquar. : **FRF 820** – Paris, 8 avr. 1919 : *Vue du château de Valençay*, gche : **FRF 12 500** – Paris, 8 mars 1920 : *Vue de la démolition de l'abbaye de Montmartre* : **FRF 9 000** – Paris, 6-7 mai 1920 : *La maison de campagne* : **FRF 83 000** – Paris, 21-22 juin 1920 : *Le déjeuner champêtre* : **FRF 22 100** – Paris, 29 nov. 1920 : *Vue de la Terrasse de Saint-Germain ; Entrée de la Forêt de Saint-Germain*, deux aquar. gchées : **FRF 14 000** – Paris, 6-8 déc. 1920 : *Le Parc* : **FRF 8000** – Paris, 4 mai 1921 : *Cour de ferme ; La Passerelle*, deux gches : **FRF 28 000** – Paris, 21-22 nov. 1922 : *L'Étang*, aquar. : **FRF 3100** – Londres, 24 nov. 1922 : *Personnages dans un jardin*, gche : **GBP 420** ; *Paysage avec une chute d'eau ; Paysage avec un cavalier*, deux gches : **GBP 73** ; *Avenue*, gche : **GBP 220** – Paris, 25 nov. 1924 : *On y court plus d'un danger* : **FRF 91 000** – Paris, 25 mars 1925 : *Paysage, habitations rustiques et personnages*, aquar. : **FRF 5 000** – Paris, 10 déc. 1926 : *La Démolition de la Bastille* : **FRF 67 000** – Paris, 20 juin 1927 : *Abords et entrée d'un parc*, gche : **FRF 100 000** ; *La grande cascade*, gche : **FRF 72 000** ; *Incendie dans un port*, gche : **FRF 35 000** ; *Coin de parc avec portique, chapelle*, aquar. : **FRF 51 000** – Paris, 9 juin 1928 : *Marine et pêcheurs*, aquar. : **FRF 12 000** – Paris, 13-15 mai 1929 : *Le parc de Saint-Cloud*, gche : **FRF 265 000** ; *Pavillon au bord d'une rivière*, gche : **FRF 112 000** ; *La cascade*, gche : **FRF 170 000** ; *Bord de rivière*, dess. : **FRF 95 000** ; *Paysage ; Intérieur de cour*, deux aquar. : **FRF 110 000** – New York, 11 déc. 1930 : *Scène de rivière*, encre de Chine : **USD 150** – Paris, 28 mai 1931 : *Le moulin*, gche : **FRF 32 000** ; *La Ferme au bord de l'eau*, gche : **FRF 11 700** ; *Coucher de soleil*, aquar. gchée : **FRF 6 200** ; *Paysage avec château et cours d'eau*, gche : **FRF 26 000** ; *Le Petit Torrent ; Le Moulin à eau*, deux gches : **FRF 14 000** ; *Le Chêne et le roseau*, gche : **FRF 7 000** ; *La Cascatelle*, gche : **FRF 25 000** ; *Paysage avec maison rustique au bord d'un étang* : **FRF 10 000** – Paris, 25 mai 1932 : *L'auberge*, lav. de Chine : **FRF 2 300** – Paris, 1er-2 déc. 1932 : *L'escarpolette*, gche : **FRF 136 000** ; *La promenade dans le parc ; L'Heure du bain*, deux gches : **FRF 38 100** – Paris, 7 déc. 1934 : *L'Étang aux cygnes*, gche : **FRF 4 300** – Londres, 27 mai 1935 : *Vaste Paysage*, gche : **GBP 42** – Paris, 30 nov. 1936 : *Le Parc* : **FRF 30 000** – Paris, 18 mars 1937 : *Le Matin* : **FRF 14 700** – Paris, 9 juin 1937 : *La cascade*, gche : **FRF 42 000** ; *La métairie*, gche : **FRF 9 000** – Londres, 22 juil. 1937 : *Fête de nuit devant un palais*, dess. en collaboration avec Moreau le Jeune : **GBP 460** ; *Deux Scènes de parc* : **GBP 640** – Paris, 2 déc. 1937 : *Le Matin ; Le Soir*, deux dess. : **FRF 7 000** – Paris, 15 juin 1938 : *Terrasse* : **FRF 23 600** ; *Chaumière* : **FRF 15 600** – Paris, 16-17 juin 1941 : *Le Pavillon de pierre ; Le Château*, gche, pendants : **FRF 21 100** – Paris, 27 juin 1941 : *La Chaumière*, aquar. gchée : **FRF 20 500** ; *Le Ruisseau*, gche : **FRF 13 000** – Paris, 3 juil. 1941 : *Paysage* : **FRF 41 000** – Paris, 20 nov. 1941 : *Escalier dans un parc*, gche : **FRF 160 000** – Paris, 28 nov. 1941 : *Le Hameau*, gche : **FRF 70 000** – Paris, 30 mars 1942 : *Le Grand Phare*, gche : **FRF 45 500** ; *Paysage animé*, gche :

FRF 20 000 – Paris, 5 fév. 1943 : *La métairie au bord de l'eau*, gche : **FRF 80 000** – Paris, 17 mars 1943 : *La vallée*, aquar. : **FRF 80 000** – Paris, 4 déc. 1944 : *Le grand phare*, gche : **FRF 40 000** – Paris, 8 fév. 1945 : *La chaumière*, aquar. gchée : **FRF 67 000** – Paris, oct. 1945-juil. 1946 : *Paysage*, gche : **FRF 31 000** – Paris, 18 déc. 1946 : *Escalier dans un parc*, gche : **FRF 450 000** – Paris, 16 juin 1950 : *Les Pêcheurs*, gche : **FRF 18 000** – Paris, 29 nov. 1950 : *La roche* : **FRF 240 000** ; *Paysage à la maisonnette*, gche : **FRF 42 000** – Paris, 9 mars 1951 : *L'oiseau envolé* : **FRF 680 000** – Paris, 27 avr. 1951 : *Temple dans un parc* : **FRF 1 510 000** – Paris, 9 juin 1953 : *La terrasse de Saint-Cloud* : **FRF 1 120 000** – Paris, 19 mars 1958 : *La danseuse*, pierre noire reh. de blanc : **FRF 240 000** – New York, 23 mai 1959 : *Paysage de parc avec personnages*, gche : **USD 3 600** – Londres, 10 juin 1959 : *Cours d'eau et ruines*, gche : **GBP 1 020** – Paris, 6 avr. 1960 : *Bords de rivière*, gche : **FRF 3 100** – Paris, 20 juin 1961 : *Le torrent*, aquar. et gche : **FRF 10 000** – Versailles, 25 nov. 1962 : *Paysage à la maisonnette*, gche : **FRF 6 000** – Paris, 4 déc. 1963 : *Vue du château de Valançay prise des terrasses* ; *Même vue prise d'en dessous des terrasses*, deux gches, formant pendants : **FRF 48 000** – Londres, 11 mars 1964 : *L'approche de l'orage*, gche : **GBP 1 200** – Londres, 26-27 mars 1969 : *Le jeu de colin-maillard* ; *Personnages dans un paysage*, deux pendants : **GBP 2 400** ; *Paysages*, deux gches : **GBP 800** – New York, 21 oct. 1970 : *Paysage à l'étang*, gche : **USD 1 900** – Paris, 25 nov. 1971 : *La ferme au bord d'une rivière* : **FRF 47 000** – Versailles, 19 nov. 1972 : *La promenade dans le parc*, gche : **FRF 28 000** – Londres, 20 mars 1973 : *Chasseurs dans un paysage*, gche : **GNS 1 300** – Paris, 2 déc. 1976 : *Sérénade dans un parc*, h/pan. (27x33,5) : **FRF 125 000** – Enghien-les-Bains, 20 nov. 1977 : *Vues sur un parc*, deux dess. à la mine de pb : **FRF 5 000** – Paris, 24 jan. 1980 : *Paysage à la rivière animé de personnages*, pl. et lav. (26x39) : **FRF 12 500** – Londres, 24 juin 1980 : *Paysage fluvial* 1767, aquar. (21,6x38,8) : **GBP 1 200** – Londres, 7 juil. 1981 : *Jardiniers dans le parc d'un château*, gche (32,5x46,8) : **GBP 5 500** – Londres, 18 nov. 1982 : *Personnages dans un parc*, lav./trait de craie noir, deux dessins (12,3x16,8) : **GBP 950** – Paris, 6 juil. 1983 : *Paysage au moulin*, aquar. gchée sur traits cr. (22,5x35) : **FRF 83 000** – Paris, 10 déc. 1984 : *La terrasse de saint-Cloud*, h/pap. mar./t. (36x55) : **FRF 72 000** – Londres, 2 juil. 1985 : *Elégants personnages faisant de la musique dans un parc* 1775, gche (25,1x20,4) : **GBP 15 000** – Monte-Carlo, 29 nov. 1986 : *Vue présumée de l'entrée des Champs-Élysées* 1795, gche (19,6x30,2) : **FRF 150 000** – Paris, 12 déc. 1989 : *La promenade galante dans un parc*, h/pan. (23,5x30,5) : **FRF 150 000** – Monaco, 15 juin 1990 : *Paysage avec un couple près d'une rivière*, h/pap./pan. (16,5x26,5) : **FRF 49 950** – Londres, 2 juil. 1990 : *Paysages animés*, gche/craie, une paire (chaque 13x21,7) : **GBP 4 620** – Paris, 7 nov. 1990 : *Pêcheurs et lavandières*, gche (diam. 16,5) : **FRF 17 000** – Paris, 12 déc. 1990 : *Paysage animé de personnages*, gche (20,5x31,6) : **FRF 50 000** – New York, 22 mai 1992 : *Les Parcs Monceau et Cours-la-Reine à Paris*, h/cuivre, une paire (chaque 8,3x40,6) : **USD 96 250** – Paris, 26 juin 1992 : *Paysage avec un pêcheur au bord d'une rivière*, h/t (70x102) : **FRF 170 000** – New York, 13 jan. 1993 : *Marines*, encre et lav., une paire (19,4x32,7) : **USD 3 450** – Monaco, 4 déc. 1993 : *Renaud et Armide dans le jardin enchanté*, h/pan. (20x38,2) : **FRF 42 180** – Paris, 17 juin 1994 : *Chaumière entourée de saules près d'une rivière*, aquar. et gche/vélin (18,9x27,8) : **FRF 96 000** – Paris, 19 déc. 1994 : *Personnages sous la treille d'un parc*, aquar. (15x20,5) : **FRF 11 000** – New York, 10 jan. 1996 : *Le Château de Vincennes vu depuis Montreuil*, gche (27x41) : **USD 44 850** – Paris, 3 juin 1996 : *Pêcheurs près de ruines au bord de l'eau*, pl. et encres brune et noire, lav. brun (23x37) : **FRF 18 000** – Paris, 13 nov. 1996 : *Ferme avec vue sur un étang*, gche (16x45) : **FRF 36 000** – Londres, 12 déc. 1996 : *Paysage de rivière avec une maison sur un pont et une lavandière* ; *Vaste paysage fluvial avec des voyageurs*, aquar., gche avec reh. de blanc, une paire (11,9x15,5) : **GBP 920** – Londres, 31 oct. 1997 : *Paysage montagneux avec un gros rocher, un berger, une bergère et leur troupeau*, h/pan. (30,8x39,4) : **GBP 2 875**.

MOREAU Luc Albert

Né le 9 décembre 1882 à Paris. Mort en 1948 à Paris, au printemps 1948. xxe siècle. Français.

Peintre, graveur, illustrateur, lithographe.

Fils de famille bourgeoise, on le destinait à la basoche. Il abandonna vite l'étude d'avoué où il s'ennuyait pour s'inscrire à cette académie de la Palette où il reçut les leçons de Charles Guérin, Desvallières et Laprade, mais où, surtout, se forma un certain esprit qui doit beaucoup à l'élève lui-même et à plusieurs de ses camarades, dont A. Dunoyer de Segonzac. C'était aussi le temps des réunions tour à tour artistiques, littéraires et sportives chez le couturier Poiret, grand protecteur de l'Art nouveau. Est-ce pour « faire sérieux » devant sa famille que le jeune peintre suivit aussi les cours de l'École des Langues orientales avec assez de zèle pour traduire en malgache les *Fables* de La Fontaine ? Luc-Albert Moreau, né vigoureux, passionné de sport en sa jeunesse, ne put vivre après la guerre de 1914-1918 qu'il fit héroïquement, que de l'existence douloureuse des grands blessés.

Luc-Albert Moreau avait débuté, modestement, en 1908, au Salon de la Société Nationale des Beaux-Arts à Paris. C'est en 1909 qu'il exposa pour la première fois au Salon des Indépendants, où il fut remarqué par Octave Mirbeau. À son retour de guerre, il exposa régulièrement au Salon d'Automne, participant à de nombreuses expositions à l'étranger. Il y représentait l'école de Paris, notamment à Berlin, Munich, Moscou, Amsterdam, New York, etc. Il exposa ses estampes et ses livres illustrés à la Bibliothèque nationale à Paris en 1949.

C'est un des représentants du néo-réalisme de l'entre-deux-guerres. Il a été inspiré par les combats de boxe et les jeux du cirque, dans une lumière d'enchantement dont il sut surprendre, saisir, analyser tous les effets. Ce peintre a signé aussi de très émouvantes effigies féminines dans un esprit baudelairien. Cet artiste qui fut traversé de cinquante éclats d'obus avait rapporté de la ligne de feu les croquis d'après lesquels il exécuta des gravures et, en 1923, sa grande toile : *Soldats dans la tranchée*. Un dessin nerveux cernant des formes massives, une palette aux tons assourdis et une certaine spontanéité d'exécution donnent à son œuvre un tour très personnel. Parmi ses œuvres principales, outre le grand tableau de la guerre susmentionné : *Les Nymphes de la Seine* (1912) ; *L'Après-midi* (1913) ; *Segonzac au travail* ; *Le Clown musical* ; *La Loge de Grock* ; *Claudia* ; *La Femme au collier* ; *Maya* ; *Les Amies* ; *L'Enfant blonde*. Toutes les œuvres inspirées par la femme à Luc-Albert Moreau ont permis à la critique du temps de déceler un certain esprit baudelairien. L'œuvre du graveur demeure comme un exemple. On y trouve des traductions graphiques des *Fleurs du mal*, des scènes de cirque et de ring ; des compositions parfois féeriques, de précieux témoignages de sensibilité, tels que : *La Maison de Colette* ; *La Maison natale de Colette*. Mentionnons encore un très fin, très perspicace *Portrait de Francis Carco*. Ami des écrivains, ce peintre lettré a été un des grands illustrateurs de la première moitié du xxe siècle : *Les Chimères*, de Gérard de Nerval ; *Futile*, de F. Bernouard ; *Chansons aigres-douces* ; *L'Amour vénal* de Francis Carco ; *Les Feux de la Saint-Jean* de R. Allard ; *Ouvert la nuit* de Paul Morand ; *Virgine* de J. de Lacretelle ; *La Naissance du jour* de Colette. Il a publié une *Physiologie de la boxe*. Des œuvres de Luc-Albert Moreau furent acquises pour l'ancien Musée du Luxembourg et pour la Bibliothèque Doucet. L'œuvre de Luc-Albert Moreau est relativement brève mais importante. Il est extrêmement délicat de se prononcer sur une apparente discrétion dans la production de l'artiste. Cependant, ceux qui l'ont bien connu penseront qu'il y avait, en Luc-Albert Moreau, par fortune mis à l'abri des plus tyranniques nécessités, beaucoup des vertus de l'amateur, au sens le meilleur qui se peut donner à ce mot. S'il faut cependant le classer parmi les artistes professionnels, on l'apercevra alors tourmenté de scrupules, de spéculations constructives bien capables de retarder le développement d'une œuvre, alors même que Luc-Albert Moreau possédait nombre de ces dons de spontanéité qui lui permirent de saisir la beauté du « fait » dans son instant même. L'ombre de Cézanne fut toujours présente à son atelier.

■ André Salmon, C. D.

Luc Albert Moreau
Luc Albert Moreau

Bibliogr. : Francis Carco : *Chansons aigres-douces*, avec dessins de L.-A. Moreau, Paris, 1913 – C. R. Marx : *Luc-Albert Moreau* – Maison de la pensée française : *Luc-Albert Moreau 1889 – 1948*, Imp. Kossuth, Paris, 1954 – *Luc-Albert Moreau, estampes et livres illustrés*, catalogue de l'exposition, Bibliothèque nationale, Paris, 1949 – in : *Les Muses* t. X, Grange Batelière, Paris, 1973 – in : *Dictionnaire universel de la peinture*, Le Robert, Paris, 1975.

Musées : Épinal (Mus. dép. des Vosges) : *Nature morte à l'éventail* 1923 – Paris (Mus. des deux guerres mondiales) : *Soldat au* *repos dans la tranchée* – PARIS (Mus. d'Art Mod. de la Ville de Paris) : *Au front – Contre-attaque – La Relève – Knock out* – PARIS (Mus. Nat. d'Art Mod.) : *Portrait de Grock* 1925 – *Boxeur knock out* 1927 – *La Chambre des voisines* 1928 – *Une relève en 1914-1918* 1936 – VINCENNES (Mus. de la Guerre) : *Soldat au repos dans la tranchée.*

VENTES PUBLIQUES : PARIS, 12 oct. 1922 : *Étude de femme nue, fus.* : **FRF 100** – PARIS, 14 fév. 1927 : *Tête de femme*, cr. : **FRF 620** – PARIS, 17 nov. 1932 : *Les Amandes* : **FRF 950** – PARIS, 6 déc. 1933 : *Le Joueur* : **FRF 450** – PARIS, 4 mars 1943 : *Vase de fleurs* 1927 : **FRF 14 000** – PARIS, 23 juin 1950 : *Au coin de la rue*, cr. noir : **FRF 500** – PARIS, 9 jan. 1974 : *Dunoyer de Segonzac à son chevalet* 1927 : **FRF 4 200** – MUNICH, 1er juin 1987 : *Le Boxeur à terre* 1924, h/t (96,7x130,5) : **DEM 10 000** – PARIS, 21 avr. 1988 : *La Belle et la Bête*, h/t (55x46) : **FRF 9 500** – VERSAILLES, 16 oct. 1988 : *André Dunoyer de Segonzac à son chevalet* 1927, h/t (73x92) : **FRF 8 000** – PARIS, 13 déc. 1989 : *Georges au travail*, h/t (73x92) : **FRF 32 000** – PARIS, 3 déc. 1992 : *Femme au châle*, h/t (81,5x55) : **FRF 18 500**.

MOREAU Ludovic

Né le 23 mars 1915 en Seine-et-Marne. XXe siècle. Français.

Peintre de compositions animées, paysages urbains. Naïf.

Il étudia le dessin et la peinture de 1930 à 1933. Il exerça la profession de décorateur. Il expose ses peintures depuis 1970, notamment au Salon International d'Art Naïf à Paris. Il figure également, à Paris, aux Salons d'Automne, des Artistes Français, des Indépendants, et Comparaisons. En réaction contre la morosité ambiante, il peint des scènes claires et joyeuses.

MOREAU Marie, Eugénie

Née au XIXe siècle à Paris. XIXe siècle. Française.

Peintre.

Elle figura au Salon de Paris, de 1878 à 1880, avec des éventails à la gouache et des portraits en miniature.

MOREAU Mathurin

Né le 18 novembre 1822 à Dijon (Côte-d'Or). Mort le 14 février 1912 à Paris. XIXe-XXe siècles. Français.

Sculpteur de monuments, groupes, figures.

Fils et élève de Jean Baptiste Louis Joseph Moreau. Le 8 avril 1841, il entra à l'École des Beaux-Arts de Paris et travailla avec Ramey et A. Dumont. Il obtint le deuxième prix de Rome en 1842. Il débuta au Salon de Paris en 1848, y recevant diverses récompenses : médaille de deuxième classe en 1855 (Exposition Universelle), de première classe en 1859, rappel de médaille en 1861 et 1863, médaille de deuxième classe en 1867 (Exposition Universelle), de première classe en 1878, médaille d'or en 1889 (Exposition Universelle), médaille d'honneur en 1897 et membre du Jury, hors concours en 1900 (Exposition Universelle). Chevalier de la Légion d'honneur en 1865, il fut promu officier en 1885. À la fin de sa carrière, Mathurin Moreau fut maire du XXe arrondissement de Paris.

Mathurin Moreau occupa une place distinguée parmi les sculpteurs français. Il faut citer parmi ses principaux ouvrages : *Monument de Pierre Joigneaux* (Salon de 1897), groupe en marbre érigé à Beaune, *Statue en marbre du président Carnot*, pour le monument érigé à Dijon, *Statue en bronze de Marguerite d'Anjou*, érigée à Angers (1901), *Statue en bronze de Gramme* pour son tombeau au Père-Lachaise.

MUSÉES : ANGERS : *Une fileuse* – DIJON : *L'Élégie – Exilé et son fils – Diomède enlevant le Palladium – La Fée aux fleurs – M. Thévenot – Ismaël* – PARIS (Art Mod.) : *Une fileuse.*

VENTES PUBLIQUES : PARIS, 21 oct. 1936 : *La Source* : **FRF 1 150** – VERSAILLES, 20 mars 1977 : *Jeune femme se désaltérant à une fontaine*, bronze, patine brune et verte : **FRF 10 800** – PARIS, 19 juin 1979 : *La Source*, bronze, patine médaille (H. 70) : **FRF 9 700** – PARIS, 22 nov. 1982 : *Vénus et l'Amour*, bronze : **FRF 22 500** – LONDRES, 23 juin 1983 : *La Bienfaisance* vers 1890, bronze patine brun foncé (H. 94) : **GBP 2 800** – ENGHIEN-LES-BAINS, 24 mars 1985 : *Orphée*, bronze, patine médaille (H. 98) : **FRF 76 000** – LONDRES, 6 nov. 1986 : *L'Avenir* vers 1880, bronze patiné (H. 100) : **GBP 3 800** – PARIS, 24 avr. 1988 : *La Science et l'Industrie*, bronze à deux patines brun et argent (H 86) : **FRF 18 000** ; *Baigneuse et chien*, bronze patine médaille (H 81) : **FRF 17 000** – BRIVE-LA-GAILLARDE, 24 avr. 1988 : *Fée aux fleurs*, bronze patiné (H 67,5) : **FRF 5 100** – PARIS, 29 avr. 1988 : *Tête de jeune enfant*, bronze patine brune (H 14) : **FRF 1 000** – NEW YORK, 25 mai 1988 : *Vénus et Cupidon*, bronze (H. 67,3) : **USD 2 860** – PARIS, 8 juin 1988 : *L'Amour désaltérant Vénus*, marbre blanc, taille directe (H 78) : **FRF 31 000** – REIMS, 23 oct. 1988 : *La fileuse*, bronze patiné (H. 73) : **FRF 28 100** – PARIS, 6 avr. 1990 : *L'Aurore*, bronze (H. 57,5) : **FRF 18 000** – MONTRÉAL, 19 nov. 1991 : *Les glaneuses*, bronze (H. 83,8) : **CAD 12 500** – POITIERS, 20 mars 1993 : *Libellule*, bronze (H. 85) : **FRF 65 000** – NEW YORK, 12 oct. 1994 : *Mère et enfant*, marbre (H. 73,7) : **USD 11 500** – NEW YORK, 20 juil. 1995 : *Vénus et Cupidon*, bronze (H. 63,5) : **USD 5 462** – LOKEREN, 9 déc. 1995 : *L'Immortalité*, bronze (H. 83) : **BEF 150 000** – PARIS, 19 fév. 1996 : *La Source*, bronze (H. 75) : **FRF 40 100** – LOKEREN, 7 déc. 1996 : *La Source* vers 1880, bronze patine brune (74x31) : **BEF 250 000** – LOKEREN, 8 mars 1997 : *Jeune Fille à la vasque*, bronze (60,5x28) : **BEF 120 000** – NEW YORK, 23 mai 1997 : *La Récolteuse*, marbre (H. 68,6) : **USD 14 950** – PARIS, 27 oct. 1997 : *Jeune enfant lisant*, bronze patine dorée, épreuve (H. 61) : **FRF 7 000** – LOKEREN, 11 oct. 1997 : *Fillette lisant*, bronze patine dorée (60x23) : **BEF 100 000** – LOKEREN, 6 déc. 1997 : *Amour questionneur*, bronze patine brune (68,2x33,5) : **BEF 170 000** – NEW YORK, 23 oct. 1997 : *Mère et enfant*, bronze patine brune (H. 104,1) : **USD 16 100**.

MOREAU Max Léon

Né le 2 septembre 1902 à Soignies (Hainaut). Mort le 7 septembre 1992 à Grenade. XXe siècle. Actif depuis 1965 en Espagne. Belge.

Peintre de genre, figures, portraits, natures mortes, aquarelliste.

Il reçut de son père, le peintre Henry Moreau, une formation pratique qu'il compléta par une étude approfondie des maîtres, Hals, Vélasquez, au Musée royal des Beaux-Arts de Bruxelles. En 1929, le premier de ses cinq séjours en Tunisie fut un véritable « éblouissement ». La découverte d'une nouvelle lumière sera marquante pour sa peinture. Il passa la Deuxième Guerre mondiale en France. En 1947, il partit trois ans à Marrakech. De 1950 à 1965, il résida en France, tout en voyageant beaucoup, Bahamas, États-Unis, Portugal, Espagne. En 1965, avec son épouse, il s'établit à Grenade, dans un « carmen de l'Albayzin ». Réputé bon vivant, il a aussi écrit des poèmes, des pièces de théâtre et composé de la musique.

Il a exposé à Tunis, Alger, Casablanca, Bruxelles, Arlon, Charleroi, Anvers, Luxembourg, Paris, plusieurs villes de France, New York, Milwaukee, Palm Beach, Madrid, Marbella, Grenade, etc. Après sa mort, une rétrospective de son œuvre a été organisée à Grenade en 1996.

Sa peinture a d'abord subi ses attaches flamandes. Dès 1919, il pratiqua l'art du portrait dans le monde du théâtre à Bruxelles et, dans les années vingt, à la Comédie Française. En Espagne, sa peinture s'est diversifiée et éclaircie en laissant également apparaître un dessin nerveux. Max Moreau est surtout connu pour la précision de ses portraits de célébrités : *Jules Romains* ; *Bernanos* ; *Paul Robert* ; *Le Maréchal Juin* ; *Michel Simon* ; *Antony Quinn*, parmi des milliers d'autres. En tant que peintre de genre, il montre les gens du peuple dans leurs travaux quotidiens, entourés d'une multitude d'objets, de fruits, de poissons, alliant dans la même composition la peinture de figures et celle de natures mortes : *Les fumeurs de kif, Le marchand de pastèques, le Savetier.*

BIBLIOGR. : In : *Dictionnaire universel de la peinture*, Le Robert, Paris, 1975 – Max Moreau : *La Obra de Max Moreau*, 80 reproductions, Anel, Grenade, 1977 – Pierre Lapalus : *Catalogue raisonné de l'œuvre*, en préparation.

MUSÉES : GRENADE (Mus. Max Moreau) – LUXEMBOURG : *Le nègre au manteau bleu* – NÎMES : *Portrait de l'acteur Dorival* – TOURNAI : *Portrait de Félia*, aquar. – TUNIS (Mus. d'Art Mod.) : *Portrait* 1930.

VENTES PUBLIQUES : BRUXELLES, 19 mars 1980 : *Paysage nord-africain et marchand d'oranges* 1938, h/t (113x163) : **BEF 36 000** – ENGHIEN-LES-BAINS, 21 oct. 1984 : *Le vieux musicien*, h/t (180x80) : **FRF 29 000** – PARIS, 2 avr. 1990 : *Portrait de femme à l'éventail* 1921, h/pan. (27x36) : **FRF 10 000** – LOKEREN, 9 oct. 1993 : *Le marchand d'épices*, h/t (100x80) : **BEF 38 000** – LOKEREN, 4 déc. 1993 : *Le marchand de pastèques* 1938, h/t (130x96) : **BEF 65 000** – PARIS, 22 mars 1994 : *Le grand marché*, h/t (65x50) : **FRF 20 000** – LONDRES, 16 nov. 1994 : *Melons, pastèques !* 1938, h/t (129x95) : **GBP 10 925** – PARIS, 13 mars 1995 : *Le joueur de tambourin* 1930, h/t (81x60) : **FRF 13 000** – LONDRES, 22 nov. 1996 : *Femmes lavant des vêtements dans un cours d'eau*, h/t (61x81,2) : **GBP 7 820** – PARIS, 10-11 juin 1997 : *Femmes dans leur intérieur*, h/t (92x76) : **FRF 32 500**.

MOREAU Nicolas

Né vers 1820 à Paris. XIXe siècle. Français.

Peintre de scènes de chasse, animaux, dessinateur.

Il fut élève de François Édouard Picot et de Jules Dupré. Il exposa au Salon de Paris, de 1844 à 1883. Il peignit surtout des chasses à courre.
Ventes Publiques : Paris, 3 mars 1920 : *Chevaux de halage* : **FRF 350** – Paris, 5 juin 1931 : *La chasse à courre* : **FRF 150** – Paris, 8 mai 1942 : *Piqueur au repos* : **FRF 2 800** ; *Retour de chasse* : **FRF 2 600** ; *Le relai de chasse* : **FRF 3 500** – Paris, 1er fév. 1945 : *La chasse au sanglier* 1883 : **FRF 12 100** ; *Course d'obstacles* : **FRF 7 800** – New York, 15 oct. 1976 : *Chasse au sanglier* 1883 ; *Chasse à courre*, deux h/t marouflées (68,5x98) : **USD 1 200** – Senlis, 11 nov. 1984 : *Scène de chasse*, h/t (98x130) : **FRF 36 000** – Paris, 12 oct. 1990 : *Chasse à courre*, h/t (65x100) : **FRF 50 000**.

MOREAU Nikolaus
Né en 1805 à Vienne. Mort le 25 février 1834 à Vienne. XIXe siècle. Autrichien.
Peintre de genre, portraits, animaux.
Il fit ses études artistiques à Vienne et exposa dans cette ville.
Musées : Vienne (Mus. des Beaux-Arts) : *Un vétéran autrichien – Marchand de figurines de plâtre – Trois soldats autrichiens dans une auberge.*

MOREAU Paul Charles Chocarne. Voir **CHOCARNE-MOREAU**

MOREAU Perrin. Voir **MOREL Perrin**

MOREAU Pierre
XVIIe siècle. Actif à Grenoble en 1616. Français.
Sculpteur.

MOREAU Pierre
Mort en 1762 à Paris. XVIIIe siècle. Français.
Graveur au burin et architecte.
Il grava des sujets d'architecture.

MOREAU René
XVIIe siècle. Français.
Sculpteur sur bois.
Il travailla en 1687 à l'église de Martigne-Briant, dans le Poitou, à Mauléon, et, en Anjou, à l'église de Brissac, en 1693.

MOREAU René, Nicolas
Né au XIXe siècle à Nantes (Loire-Atlantique). XIXe siècle. Français.
Peintre.
Élève de Cabat. Il figura au Salon de Paris, de 1841 à 1852, avec des paysages.
Ventes Publiques : Paris, 1er juin 1950 : *Troupeau en forêt* 1865 : **FRF 7 500**.

MOREAU Robert
Né vers 1500 à Paris. XVIe siècle. Français.
Sculpteur.
Il se fixa à Anvers où il acquit droit de cité en 1532-1533 et devint membre de la gilde de Saint-Luc.

MOREAU Serge Henri
Né le 17 juillet 1892 à Saint-Mihiel (Meuse). XXe siècle. Français.
Peintre, lithographe.
Il fut élève de Cormon et de J.-P. Laurens. Il vécut et travailla à Paris.
Il a exposé, à Paris, au Salon d'Automne à partir de 1919, à la Société Nationale des Beaux-Arts depuis 1920, au Salon des Indépendants à partir de 1922. Il est un des fondateurs du Salon des Tuileries.
Parmi ses œuvres : *Les Fortifs et la zone* est une suite de quarante planches.
Ventes Publiques : Paris, 20 oct. 1920 : *La Maison à Basculot* : **FRF 145** ; *Nu au manteau vert* : **FRF 226** ; *Château de Chambord* : **FRF 122**.

MOREAU Thérèse
XXe siècle. Française.
Peintre.
Ventes Publiques : Paris, oct. 1945-juil. 1946 : *Jeune mère tenant son bébé sur ses genoux dans un paysage* : **FRF 5 000**.

MOREAU DE TOURS Georges
Né en 1848 à Ivry-sur-Seine (Val-de-Marne). Mort le 12 janvier 1901 à Bois-le-Roi (Seine-et-Marne). XIXe siècle. Français.
Peintre de sujets militaires, scènes de genre, portraits, illustrateur.
Il fut élève de Louis Marguerie et d'Alexandre Cabanel. Il exposa au Salon de Paris, entre 1864 et 1896. Il obtint une seconde médaille en 1879, fut promu chevalier de la Légion d'honneur en 1892.

Musées : Bayeux : *Maternité* – Le Mans : *Blanche de Castille* – Mulhouse : *Le drapeau* – Nantes (Mus. des Beaux-Arts) : *Une stigmatisée au Moyen Âge* – Nice (Mus. Chéret) : *Jésus et la femme adultère* – Paris (Mus. du Petit Palais) : *La famille – Le Mariage – Le Sacrifice à la Patrie* – Périgueux : *Conversation galante* – Reims (Mus. des Beaux-Arts) : *Les fascinés de la Charité* – Rochefort-sur-Mer : *Inquiétude – Le repos du soir – Jeune Napolitaine* – Saint-Brieuc : *Douleur* – Saintes : *Cigale* – Tours : *Un égyptologue* – Trieste : *Épisode de la guerre de 1870.*
Ventes Publiques : Paris, 22 nov. 1936 : *Le Phaëton* : **FRF 280** – Paris, 29 nov. 1937 : *Le Sacre du chevalier, L'évanouissement*, deux esquisses en grisaille : **FRF 330** – Paris, 6 juil. 1950 : *L'heureuse mère* 1884 : **FRF 4 100** – New York, 12 mai 1978 : *La Vestale* 1878, h/t (114x171) : **USD 1 000** – Paris, 3 avr. 1996 : *Pierre le Grand chez Madame de Maintenon*, h/t/cart. (72x58) : **FRF 4 000**.

MOREAU DESCHANVRES Auguste
Né en 1838 à Saint-Saulve (près de Valenciennes, Nord). Mort en 1913 à Saint-Saulve. XIXe siècle. Français.
Peintre de scènes de genre, portraits, intérieurs, paysages animés.
Il fut élève de l'Académie de Valenciennes et de Julien Potier. Il figura, à Paris, au Salon, puis Salon des Artistes Français, de 1873 à 1908.
Il travaille d'après nature, réalisant divers croquis pris sur le vif, notamment des scènes d'intérieurs, au sein de sa vie de famille. Il est célèbre pour sa toile intitulée : *Les Habitués du Café de Paris à Valenciennes*, souvent reproduite.
Bibliogr. : Gérald Schurr, in : *Les Petits Maîtres de la peinture 1820-1920, valeur de demain*, Les Éditions de l'Amateur, t. VII, Paris, 1989.
Musées : Lille : *Portrait du chansonnier Desrousseaux* – Reims (Mus. des Beaux-Arts) : *Le conseil du frère.*
Ventes Publiques : Paris, 12 juin 1988 : *La cour de ferme* 1880, h/t (60x46) : **FRF 20 000**.

MOREAU-FICATIER Rosa, Mme
Née au XIXe siècle à Troyes (Aube). XXe siècle. Française.
Peintre.
Elle débuta, à Paris, au Salon des éventails en 1875.

MOREAU-MESSY Jacques
Né le 13 février 1903 au Blanc (Indre). XXe siècle. Français.
Peintre.
Il fut élève, à Paris, de Cormon, E. Renard et P. Laurens.
Il a exposé, à Paris, au Salon des Artistes Français, dont il fut sociétaire à partir de 1927, au Salon de la Société Nationale des Beaux-Arts et aux Salons des Indépendants et d'Automne.

MOREAU-NELATON Adolphe Étienne Auguste ou **Étienne**
Né le 21 décembre 1859 à Fère-en-Tardenois ou Paris. Mort le 25 avril 1927 à Fère-en-Tardenois ou Paris. XIXe-XXe siècles. Français.
Peintre de portraits, paysages, lithographe, affichiste, céramiste, illustrateur.
Etienne Moreau-Nelaton, fils de l'aquarelliste Adolphe Moreau et du peintre Camille Moreau-Nélaton, qui avait suivi de bonnes études secondaires, et faisait partie, à l'École Normale, d'une étonnante promotion qui comprenait le futur prélat Baudrillard, le futur philosophe Bergson, et le futur homme politique, Jean Jaurès, découvrit la peinture, à partir de 1871, par Harpignies, puis se perfectionna dans l'Atelier d'Albert Maignant. Son activité fut alors entièrement consacrée à l'art, tant sur le plan de la documentation historique (d'où les catalogues raisonnés qu'il nous a laissés) que sur celui de la création : peinture céramique, gravure, témoignent d'une sensibilité de vision, d'une dextérité et d'un modernisme tout à fait dignes des plus célèbres de ses contemporains. Tout ceux qui visitent le Musée du Jeu de Paume peuvent lire, sur le fronton d'une des salles, le nom de Moreau-Nelaton, surtout connu pour l'extraordinaire donation qu'il a

faite à l'État, et qui comprenait des pièces considérables comme : *Le Déjeuner sur l'Herbe* de Manet ; *L'Hommage à Delacroix* de Fantin-Latour ; *L'Entrée des Croisées dans Jérusalem* et *Le Prisonnier de Chillon* de Delacroix, enfin de très célèbres Corot, comme la *Cathédrale de Chartres*. La collection d'Étienne Moreau-Nelaton, surtout riche en impressionnistes (elle comprenait trente Corot, quatre Manet, plusieurs Monet, Sisley, Pissaro, Berthe Morisot) était le fait d'un esprit clairvoyant mais également créateur. En effet, attentif au phénomène artistique de son temps (Moreau-Nelaton est l'auteur d'ouvrages de grande érudition consacrés à Corot, Delacroix, Millet, Manet, Jongkind, Daubigny, Fantin-Latour, qu'il est impossible d'ignorer quand on s'intéresse à ces artistes), il fut aussi un artiste complet.
Après avoir exposé, à Paris, au Salon des Artistes Français, il fit partie de la Société Nationale des Beaux-Arts, à partir de sa fondation, en 1890. Il avait montré des ensembles de ses œuvres, en 1885, puis en 1902. En 1898, le Salon de la Société Art dans Tout, dont il fut cofondateur exposa ses céramiques. Plusieurs expositions rétrospectives lui ont été consacrées : en 1928, en 1971, et, en 1991, fut organisée au Grand Palais une exposition à la fois de sa collection et de ses œuvres. Il obtint une médaille de bronze en 1900 lors de l'Exposition Universelle de Paris et fut nommé chevalier de la Légion d'honneur en 1907.
Dans une forme très personnelle, il a traduit le charme mélancolique de certains aspects de la nature. Il est l'auteur et l'illustrateur de : *Notre-Dame de Val-Joyeux*, 1900 ; *Le Peau-Rouge*, 1902 ; *Les Douze coups de minuit*, 1903 ; *Chantegrive*, 1906 ; *Histoire de Fère-en-Tardenois*, 1911 ; *Mon bon ami Henriet*, 1914 ; *Le Roman de Corot*, 1914, etc.

E Moreau-Nélaton
E Moreau-Nélaton

Bibliogr. : In : *Dictionnaire des illustrateurs*, Ides et Calendes, Neuchâtel, 1989.
Musées : Chateau-Thierry : *Le Clocher de Fère-en-Tardenois* – *Poteries en terre de Coincy décorées par l'artiste* – Paris (Ancien Mus. du Luxembourg) : *Harfleur* – Stuttgart : *Paris, vue des tours Notre-Dame*.
Ventes Publiques : Paris, 1er mai 1899 : *Vue de la Fère* : **FRF 150** – Paris, 19 mai 1926 : *Étretat* : **FRF 190** – Paris, 3 déc. 1942 : *Village au bord d'une rivière* : **FRF 1 500** – Paris, 31 jan. 1947 : *Intérieur* : **FRF 1 200** – Paris, 26 avr. 1950 : *Bord de rivière* 1892 : **FRF 1 100** – Paris, 18 juin 1951 : *Paris, l'île de la Cité* 1898 : **FRF 1 600** – New York, 12 juin 1991 : *Coin de rue*, h/t (46,7x55,2) : **USD 990**.

MOREAU-NERET Adrien
Né le 13 novembre 1860 à Paris. Mort en 1940. XIXe-XXe siècles. Français.
Peintre de sujets allégoriques, scènes de genre, portraits, aquarelliste, pastelliste, décorateur.
Il fut élève de Luc-Olivier Merson, Léon Galland et Albert Maignan. Il fut, à Paris, sociétaire du Salon des Artistes Français à partir de 1888, où il exposa régulièrement. Il y obtint en mention honorable en 1894, une médaille de troisième classe en 1899, une médaille de bronze en 1900 dans le cadre de l'Exposition Universelle de Paris, et de deuxième classe en 1903. Il peignit des panneaux décoratifs pour des édifices parisiens, dont : le Crillon, le Palais d'Orsay, l'Hôtel du Louvre, l'Université de la Sorbonne, la mairie du Xe arrondissement.
Bibliogr. : Gérald Schurr, in : *Les Petits Maîtres de la peinture 1820-1920, valeur de demain*, Les Éditions de l'Amateur, t. VI, Paris, 1985.
Musées : Digne : *Vénus et les colombes* – Gray : *La Lecture au jardin d'Oriallaï* – Nancy : *Goûter d'enfants* – Paris (Mus. d'Orsay) : *Portrait d'Eugène Feuillâtre* – Tours : *Harmonie d'automne*.
Ventes Publiques : Paris, 7 fév. 1949 : *Narcisse*, aquar. : **FRF 400** – Paris, 7 juil. 1992 : *Portrait de femme à la blouse rayée*, h/t (80x65) : **FRF 3 800** – Paris, 23 mars 1993 : *L'ondine*, aquar. (49x69) : **FRF 5 800** – Paris, 25 juin 1993 : *Jeune femme symboliste*, aquar. et past. (49,5x28) : **FRF 7 800**.

MOREAU-SAUVE Edmond
Né à Paris. XIXe-XXe siècles. Français.
Sculpteur.
Il figura, à Paris, au Salon des Artistes Français, où il obtint une mention honorable en 1908.

MOREAU-VAUTHIER Augustin ou **Edme, Augustin, Jean**
Né le 8 mai 1831 à Paris. Mort le 17 janvier 1893 à Paris. XIXe siècle. Français.
Sculpteur sur ivoire.
Élève de A. Toussaint. Il figura au Salon de 1857 à 1864. Il eut des médailles en 1865, 1875 et 1878.
Musées : Beaufort : *Mlle Yvonne Bonnemère* – Caen : *Baigneuse* – Dieppe : *Buste du peintre Jugelet* – Paris (Petit-Palais) : *Bacchante* – Paris (Mus. d'Art Mod.) : *Le petit buveur*, marbre.
Ventes Publiques : Londres, 23 oct. 1978 : *Cupidon*, bronze (H. 35,5) : **GBP 310** – Londres, 17 juin 1986 : *Nu assis sur un coquillage*, bronze (H. 72) : **GBP 2 500** – Lokeren, 8 mars 1997 : *L'Abondance* 1878, bronze (130x49) : **BEF 260 000**.

MOREAU-VAUTHIER Paul
Né le 26 novembre 1871. Mort en 1936. XIXe-XXe siècles. Français.
Sculpteur de monuments.
Il fut élève de son père et de Thomas. Il figura, à Paris, au Salon des Artistes Français, où il exposa à partir de 1895. Il y obtint une mention honorable en 1898, d'argent en 1900 dans le cadre de l'Exposition universelle de Paris, de deuxième classe en 1907, et une médaille d'or en 1928. Chevalier de la Légion d'honneur en 1910, puis officier, au titre de la guerre.
Il exécuta plusieurs monuments aux Morts, dont le monument du *Mur* au cimetière du Père-Lachaise à Paris.
Musées : Beaufort : *Cuirassier tué*.
Ventes Publiques : Paris, 6 avr. 1990 : *Jeune femme au mouchoir* ; *Jeune femme à l'enfant*, deux statuettes de bronze (H. 18x16,5) : **FRF 5 000** – Paris, 27 avr. 1990 : *Tirailleur sénégalais* ; *Africaine portant un panier sur la tête*, bronze cire perdue (H. 21 et 20) : **FRF 13 000**.

MOREAUX Arnold Louis
Né à Paris. XIXe-XXe siècles. Français.
Peintre.
Il figura, à Paris, au Salon des Artistes Français, où il obtint une mention honorable en 1903.

MOREAUX Auguste ou **Louis Auguste**
Né le 7 mars 1817 à Rocroy (Ardennes). Mort le 30 octobre 1877 à Rio de Janeiro. XIXe siècle. Français.
Peintre d'histoire, portraits.
Frère et élève de René Moreaux. Il exposa des portraits au Salon de Paris en 1836 et 1837, et son *Faust*, en 1838. Il s'établit en 1838 au Brésil.

MOREAUX Charles Florent Léon
Né le 7 mars 1815 à Rocroy. XIXe siècle. Français.
Peintre d'histoire et portraitiste.
Frère et élève de René. De 1837 à 1869, il figura au Salon avec des portraits et quelques sujets de genre. On a de lui, au Musée de Versailles : *La prise de Trèves le 9 août 1794, Portrait de Jean-René Moreaux, général en chef de l'armée de Moselle*.
Ventes Publiques : Paris, 14 mai 1873 : *Pietà* : **FRF 2 850** ; *Le Bon Samaritain* : **FRF 2 600** – Paris, 25 mai 1932 : *Une vente aux enchères de tableaux à l'ancien Hôtel des Ventes de la rue du Bouloi* : **FRF 1 630** – Paris, oct. 1945-juil. 1946 : *Le Tasse dans sa prison* 1869 : **FRF 1 500**.

MOREAUX Jean
Né en 1938 à Lyon (Rhône). XXe siècle. Français.
Peintre de compositions animées. Tendance fantastique.
Il fut élève de l'École des Arts Décoratifs de Grenoble, de l'École des Beaux-Arts de Paris, de la Rijksakademie d'Amsterdam. Il participe à des expositions collectives depuis 1963, à Paris, Amsterdam, Anvers, Bruxelles, Düsseldorf, Lausanne, Turin, Bologne, Grenoble, dont notamment : en 1971 Paris, Salon Comparaisons ; 1972 Biennale de Menton ; 1973 Triennale de Milan ; 1978 Paris, Salon Figuration Critique ; 1981 Paris, Salon de la Jeune Peinture ; 1982 Paris, Salon de Mai ; etc. Il montre des ensembles de ses compositions dans des expositions personnelles depuis 1964, notamment : à Grenoble, Amsterdam, Bruxelles, Anvers, Gand, 1971 Paris galerie Rive Gauche et Grenoble Maison de la Culture, Milan, Rome, 1979 Paris galerie Rive Gauche, Copenhague, Munich, New York, etc.
Ses peintures semblent être issues de collages préalables d'éléments de personnages, d'êtres hybrides, de décors hétéroclites,

aboutissant à une métamorphose généralisée, à des rencontres incongrues, dans des scènes ou plutôt des mises en scène, où se côtoient le fantastique, l'érotique et quand même l'humour.
Bibliogr. : Catalogue de la vente *J. Moreaux*, Salle Drouot, Paris, 15 mars 1993.
Ventes Publiques : Paris, 15 mars 1993 : *Raies au mur* 1986, acryl./t. (146x114) : **FRF 4 800** ; *Klux kalm et voluptence (catalogue)* 1988, acryl./t. (160x100) : **FRF 11 000**.

MOREAUX Mia
Née le 5 mai 1950 à Ostende (Flandre-Occidentale). xxe siècle. Belge.
Peintre de figures, animalier.
Elle fut élève de l'Académie des Beaux-Arts d'Ostende.
Elle peignait à l'huile et selon la technique indienne du batik.
Musées : Ostende (Mus. des Beaux-Arts) : *Portrait de G. Sorel.*

MOREAUX René ou **François**, dit **René l'Aîné**
Né le 3 janvier 1807 à Rocroy. Mort le 26 octobre 1860 à Rio de Janeiro. xixe siècle. Français.
Peintre de portraits.
Élève de Couvelet et de Gros. Il figura au Salon de Paris en 1836 et 1837. Il émigra au Brésil en 1837.

MOREDA Diego de
Né le 21 mars 1546. xvie siècle. Actif à Séville. Espagnol.
Peintre.

MOREELS Jacob. Voir **MARREL**

MOREELS Maurus, l'Ancien
Né vers 1550 à Malines. Mort le 5 octobre 1631 à Malines. xvie-xviie siècles. Éc. flamande.
Peintre.
Maître, à Malines en 1580. Le Musée de Malines conserve de lui : *Les quatre saisons.*

MOREELS Maurus, le Jeune
Né en 1585 à Malines. Mort le 6 décembre 1647 à Malines. xviie siècle. Éc. flamande.
Peintre.
Fils de Maurus Moreels l'Ancien. Élève de Pieter Stevens. L'église Sainte-Catherine, à Malines, possède de lui une *Adoration des mages.*

MOREELSE Paulus ou **Morelse** ou **Moreelszen** ou **Morillo** ou **Murillio**
Né en 1571 à Utrecht. Mort avant le 19 mars 1638 à Utrecht. xvie-xviie siècles. Hollandais.
Peintre d'histoire, portraits, paysages animés.
Élève de Blomaert et de M. Mierevelt à Delft, maître à Utrecht en 1596, il alla en Italie sans doute avant 1602 et fut directeur de la gilde d'Utrecht en 1611, 1612, 1615 et 1619. En 1616, il alla à Amsterdam et épousa Antonia Van Wyntershoven ; il eut deux fils et trois filles dont une épousa le sculpteur W.-J. Colyn de Nole. En 1625, il fut membre du Conseil, trésorier et échevin d'Utrecht et en 1627 vendit au Conseil deux tableaux qui furent offerts à la princesse Amalia de Solms pour son mariage avec Frédéric d'Orange. Il eut pour élèves Wallem Ignagel, D. Van Lecuven, Jan Camp, N. Dirhout, W. Verburch, J. Feyt et D. Van Baburen en 1611 ; P. Van der Poe et B. Sael en 1612 ; W. Rede et Joest de Man en 1613 ; Nic. Hormanoz Van Royen en 1614 ; Egbert Aelbertsen, Jacob Willemtz, Gelis de Ryck en 1615 ; Gerrit Claesz Van Ryck, W. Gerritsz Kist, Isaak Jaussen Hasselt, Jan Slooth, Henricus Modens et Veth, Corn. de Ry en 1619 ; Willem Van Rennevelt, Pieterl Pyl, Jan Terbuch Van Bueren, Ryck Van Bemmel, Pieter Poortengen, Felicks Knyff et Jan Toenissen en 1624.
Il fut architecte et fit des portraits dans un style qui rappelle parfois le maniérisme d'Utrecht. Ses couleurs peuvent être douceâtres, surtout pour les portraits d'enfants. Il peignit également des nus dans des paysages.

Musées : Aix-la-Chapelle : *Portrait d'une petite fille* – Amsterdam : *L'artiste – La compagnie du capitaine Jacob Hong et du lieutenant Maming Florisz Cloeck en 1616 – Maria Van Utrecht – La petite princesse – La belle bergère – Anthonie Van Utenhove – Comtesse Ursula de Solms – Vanitas* – Aschaffenbourg : *Vierge et Enfant Jésus* – Berlin : *Jeune femme – L'empereur Galba* – Bonn : *Portrait d'une petite fille* – Brunswick : *Duc Christian de Brunswick* – Bruxelles : *Portrait de femme* – Budapest : *Portrait de dame* – Cologne : *Portrait de dame* – Copenhague : *Portrait de femme* – Dublin : *Portrait en pied d'un enfant* – Düsseldorf : *Double portrait* – Édimbourg : *La fille du Grec* – Hanovre : *Portrait du maître* – La Haye : *L'artiste – Portrait de femme* – Karlsruhe : *Buste de vieillard* – Leyde : *Groupe d'une famille* – Lille : *Petite fille – Fleurs, perroquet et mésange* – Metz : *Jeune femme – Jeune homme* – Narbonne : *Grande dame allemande* – Rome (Mus. Corsini) : *Homme* – Rotterdam : *Jeune femme – Vertumne et Pomone* – Saint-Pétersbourg (Mus. de l'Ermitage) : *Marie de Rohan, duchesse de Chevreuse en Vénus – Jeune femme – La grotte de Vénus* – Schleisheim : *Bergère blonde* – Schwerin : *Un berger – Six portraits* – Stockholm : *Homme au chapeau noir* – Stuttgart : *Vénus et Adonis* – Utrecht : *Marguerite Van Dompselaer, femme de Jean Van Mansvelt – Vieillard et jeune garçon* – Valenciennes : *Guillaume-Louis de Nassau* – Vienne (Acad.) : *Jeune femme* – Worcester (Mass.) : *Jeune femme.*
Ventes Publiques : Paris, 1870 : *Portrait d'un gentilhomme* : **FRF 2 995** – Paris, 1881 : *Portrait d'un gentilhomme* : **FRF 2 200** – Paris, 1890 : *Portrait de femme* : **FRF 4 600** – Paris, 1898 : *Portrait de Maria Allewyn, née Schunrmon* : **FRF 17 325** ; *Portrait de Dirck Allewyn* : **FRF 17 850** – Paris, 30 avr. 1900 : *Portrait de jeune fille de qualité* : **FRF 7 800** – Paris, 21 avr. 1910 : *Portrait de jeune femme* : **FRF 7 800** – New York, 6 et 7 avr. 1911 : *Portrait du poète hollandais Jacob Cats* : **USD 1 200** – Paris, 3 juin 1920 : *Portrait de la duchesse Hedwig de Brunswick, épouse de Casimir de Nassau et ses trois enfants* : **FRF 5 400** – Londres, 28 juil. 1922 : *Petit garçon en manteau marron* : **GBP 65** – Londres, 2 mars 1923 : *Elizabeth de Brabant* : **GBP 147** – Londres, 27 juil. 1923 : *Femme en noir* : **GBP 54** – Paris, 2 juin 1924 : *Portrait de jeune fille en sainte Agnès* : **FRF 10 000** – Londres, 25 juil. 1924 : *Femme en robe noire* : **GBP 168** – Londres, 1er mai 1925 : *Les deux sœurs* : **GBP 99** – Paris, 22 mai 1925 : *Portrait de la princesse Hedwig de Brunswick et ses trois enfants* : **FRF 6 700** – Londres, 14 mars 1927 : *Femme en bleu* : **GBP 136** – Paris, 9 mai 1927 : *Jeune femme portant une corbeille de raisins* : **FRF 33 000** – Londres, 11 mai 1928 : *Petit garçon portant un panier de fruits* : **GBP 630** – Paris, 12 mai 1928 : *Portrait de femme à col de dentelle* : **FRF 1 500** – Londres, 29 juin 1928 : *Jeune femme en robe mauve* : **GBP 441** – Londres, 22 fév. 1929 : *Portrait de femme* : **GBP 199** – Londres, 27 nov. 1929 : *Femme en noir* : **GBP 660** – New York, 1er mai 1930 : *Bartholomeus Van Segwaert* : **USD 1 550** – Londres, 12 juin 1931 : *Le marquis de Spinola ; La Marquise de Spinola*, les deux : **GBP 1 522** – Londres, 16 nov. 1934 : *Comtesse d'Arkel d'Amerzode* : **GBP 252** – New York, 12 avr. 1935 : *La Bergère* : **USD 450** – Londres, 13 déc. 1935 : *Portrait de femme, peut-être Elizabeth de Bohême* : **GBP 110** – New York, 14 jan. 1938 : *Femme à l'éventail* : **USD 325** – Paris, 7 juin 1955 : *Portrait d'une jeune fille* : **FRF 125 000** – Londres, 4 déc. 1964 : *Le triomphe de Mordoché* : **GNS 3 000** – Londres, 28 oct. 1966 : *Portrait de Marie de Rohan en bergère* : **GNS 2 000** – Munich, 22 mai 1969 : *Portrait d'un jeune aristocrate* : **DEM 16 000** – Amsterdam, 26 mai 1970 : *Le roi David* : **NLG 12 000** – Londres, 13 nov. 1973 : *Deux jeunes filles* : **GNS 5 000** – Londres, 8 juil. 1977 : *Portrait d'un gentilhomme*, h/t (196,8x125,7) : **GBP 5 000** – New York, 11 janv 1979 : *Portrait de fillette*, h/pan. (76x62) : **USD 16 000** – Amsterdam, 18 mai 1981 : *La Jolie Bergère* 1622, h/t (71x58,5) : **NLG 90 000** – Monte-Carlo, 8 déc. 1984 : *Portrait de gentilhomme* 1618, h/pan. (119,5x94,5) : **FRF 50 000** – Paris, 24 fév. 1987 : *Portrait d'une vieille femme*, h/pan. (71x54) : **FRF 62 000** – New York, 3 juin 1988 : *Allégorie (de la fécondité ?), Femme nourrissant un couple de pigeons du lait de son sein* 1628, h/t (82x67) : **USD 49 500** – Paris, 30 jan. 1989 : *Portrait de femme à la collerette de dentelle*, h/pan. (70x59) : **FRF 56 000** – Londres, 8 déc. 1989 : *Une bergère découvrant son sein*, h/t (72,5x59) : **GBP 26 400** – New York, 11 oct. 1990 : *Portrait d'une jeune femme* 1623, h/pan. (112,5x79,5) : **USD 8 800** – Londres, 5 juil. 1991 : *Couple d'amoureux* 1629, h/pan. (62x62,2) : **GBP 154 000** – Londres, 3 avr. 1992 : *Officier d'une Guilde portant un étendard* 1635, h/pan. (81,3x64,8) : **GBP 8 250** – New York, 22 mai 1992 : *Portrait d'une jeune femme* 1623, h/pan. (112,4x79,4) : **USD 17 600** – Londres, 20 avr. 1994 : *Portrait d'une jeune femme de trois-quarts tenant une montre* 1636, h/t (112x86,5) : **GBP 21 275** – Amsterdam, 13 nov. 1995 : *Portrait d'une dame en buste, vêtue d'une robe de soie noire à col de dentelle blanche garnie d'un nœud et de perles noires avec un anneau au bout d'un cordon au cou* 1625, h/pan. (66,8x55,6) : **NLG 270 250** – Londres, 3 juil. 1997 : *Une bergère*, h/t (72,5x59,3) : **GBP 23 000**.

MOREELSE Willem
Mort le 23 octobre 1666 à Utrecht. XVIIe siècle. Hollandais.
Peintre.
Il fut inspecteur de la gilde d'Utrecht de 1655 à 1664.

MOREEN, pseudonyme de **Dineur Marc**
Né le 8 juin 1881 à Landrecies (Nord). XXe siècle. Français.
Peintre, graveur.
Il exposa, à Paris, à partir de 1911. Il devint sociétaire, à Paris, du Salon des Artistes Français. On lui doit des ouvrages de décoration dans le style japonais.

MOREH Mordecaï
Né le 15 novembre 1937 à Bagdad. XXe siècle. Actif depuis 1951 en Israël, depuis 1962 actif en France. Irakien.
Graveur animalier, de figures, peintre.
Mordecaï Moreh a quitté l'Irak en 1951 pour Israël, où il a commencé ses études artistiques à l'Académie des Beaux-Arts « Bezabel » de Jérusalem (1955-1959). En 1960, il obtint une bourse du gouvernement italien qui lui permit de séjourner deux ans à Florence et de poursuivre sa formation à l'Académie des Beaux-Arts (1960-1962). En 1962, une nouvelle bourse allouée par l'America Israel Cultural Foundation lui permit de s'établir à Paris, où il suivit pendant cinq années l'enseignement des Beaux-Arts (1962-1967). Il vit et travaille à Paris.
Il participe à de nombreuses expositions de groupe depuis 1965 à Paris, Tel-Aviv, Haïfa, New York, Leipzig, Ottawa, Toronto, etc. Il figure également aux Biennales de Paris (1966), Ljubljana (1967, 1969, 1971), Bradford, Buenos Aires, Tokyo, São Paulo, Fredrikstad, Frechen, Miami, Segovia, Heidelberg, Vienne, Amsterdam, etc. Il montre ses œuvres dans des expositions personnelles : 1969, Amsterdam, galerie Ina Broerse ; 1976, Foire internationale d'art, Bâle ; 1971, 1983, 1986, Pucker Safral Gallery, Boston ; 1972, Kurpfälizsches Museum (rétrospective 1960-1972) ; 1973, Gutenberg Museum (rétrospective 1960-1973), Mayence ; 1976, galerie l'Angle Aigu, Bruxelles ; 1981, Museum of Moderne Art, Haïfa ; 1974, Israël Museum (rétrospective 1958-1973), Jérusalem ; 1978, galerie Pierre Belfond, Paris ; 1980, 1981, 1985, galerie Michèle Broutta, Paris.
Il connaît toutes les techniques de l'estampe, celle qu'il maîtrise le plus est la pointe-sèche, son trait est vif, sa figuration réaliste. Il est le dompteur d'un bestiaire issu des mythes, des contes et des proverbes. Les gravures de Moreh semblent exprimer le fantastique, parfois l'atroce, pour dénoncer le grotesque. Moreh traite ce thème dans la descendance de l'expressionnisme.

MOREIRA RATO. Voir **RATO José Moreira**

MOREIRAS Juan de
XVIIe siècle. Actif à Saint-Jacques-de-Compostelle. Espagnol.
Sculpteur.
Il a sculpté en 1615 un *Christ à la colonne* et un *Ecce Homo* pour la Chapelle de la Croix à Saint-Jacques-de-Compostelle et en 1631 huit figures pour l'autel dans l'église de Campano.

MOREJON Pedro de
XVIIe siècle. Actif à Séville. Espagnol.
Peintre.
Il fut admis dans la corporation des Frères de la doctrine chrétienne en 1643.

MOREL
XVIIe siècle. Actif à Marseille. Français.
Sculpteur.
Il fut chargé en 1665 de l'exécution du buste de *Louis XIV* pour la façade de l'Hôtel de Ville de Marseille.

MOREL
XVIIIe siècle. Actif au début du XVIIIe siècle. Français.
Sculpteur.
Il travailla en 1708 aux décorations de la chapelle du château de Versailles.

MOREL
XIXe siècle. Travaillant en 1848. Français.
Sculpteur.
Le Musée de Metz conserve de lui un *Médaillon du général Desaix*.

MOREL. Voir aussi **MONELLE**

MOREL Antoine Alexandre
Né en 1765 à Paris. Mort le 2 juillet 1829 à Paris. XVIIIe-XIXe siècles. Français.
Graveur au burin et dessinateur.
Élève de Jean Massard le père, d'Ingauf et de David. Il grava des sujets mythologiques. Exposa au Salon de 1800 à 1824 ; médaille de deuxième classe en 1808, de première classe en 1827.
Ventes Publiques : Paris, 18 mars 1982 : *Portrait de Ferdinand Berthoud* vers 1810, cr. (31x23,5) : **FRF 10 000**.

MOREL Arthur Pierre
Né au XIXe siècle à Paris. XIXe siècle. Français.
Peintre de genre et de perspectives.
Élève de Pils. Il exposa au Salon de 1880 à 1890.

MOREL Caspar Johannes
Né en 1798. Mort en 1861. XIXe siècle. Hollandais.
Peintre de marines.
Ventes Publiques : Londres, 2 oct. 1981 : *Bateaux de pêche par forte mer ; Scène de port animé de personnages* 1855, h/t, une paire (chaque 31x40) : **GBP 6 000** – Londres, 3 juin 1983 : *Voiliers près de la jetée* 1826, h/t (35,6x42) : **GBP 1 000** – Londres, 26 fév. 1988 : *Yacht royal et vaisseaux hollandais au large d'une jetée* 1826, h/pan. (36,2x42) : **GBP 1 540** – Amsterdam, 10 fév. 1988 : *Goélettes approchant d'une jetée par mer houleuse*, h/pan. (38x51,5) : **NLG 8 050** – Amsterdam, 30 oct. 1990 : *Barque de pêche doublant la jetée parmi d'autres embarcations*, h/t (61x84) : **NLG 6 325** – Amsterdam, 14-15 avr. 1992 : *Un soir sur l'Escaut* 1858, h/pan. (65,5x93,5) : **NLG 19 550** – Amsterdam, 19 oct. 1993 : *Bâtiment de la marine royale hollandaise au large d'une jetée avec des marins dans un canot rejoignant le bord* 1851, h/t (78x104) : **NLG 16 100** – Londres, 30 mai 1996 : *Navire royal hollandais* 1851, h/t (77,5x104) : **GBP 6 325**.

MOREL Charles
Né en 1861. Mort le 27 juillet 1908 à Paris. XIXe siècle. Français.
Peintre et dessinateur.
Élève de Detaille.

MOREL Edmond
Né au XIXe siècle à Arras. XIXe siècle. Français.
Peintre.
Élève de Désiré Dubois. Il débuta au Salon de 1880 avec des dessins représentant des paysages.

MOREL Étienne
XIVe siècle. Actif à Lyon de 1358 à 1363. Français.
Sculpteur.

MOREL Eugène
XVIIIe-XIXe siècles. Actif à Paris de 1799 à 1825. Français.
Médailleur.
Il grava une médaille de *Napoléon et Marie-Louise*.

MOREL François, appelé aussi **Francesco Morelli**
Né vers 1768 en Franche-Comté. Mort après 1830. XVIIIe-XIXe siècles. Français.
Graveur au burin.
Élève de Volpato. Il travailla en Italie et surtout à Rome, grava des sujets religieux et des paysages, d'après Cl. Lorrain, Carrache, P. Hackert.

MOREL Gaston Marie Lucien
Né à Rouen (Seine-Maritime). XIXe-XXe siècles. Français.
Peintre, lithographe, dessinateur.
Il exposait à Paris, ayant débuté au Salon de 1879. Il était professeur à l'École des Beaux-Arts de Rouen.

MOREL Henriette
XXe siècle. Française.
Peintre.
Elle travailla à Lyon.

MOREL Izak Vaerzon
Né en 1803 à Amsterdam. Mort le 20 février 1876 à Gorkum. XIXe siècle. Hollandais.
Peintre.
Élève de Jan Willem Pieneman. Le Musée d'Amsterdam conserve de lui un tableau de fleurs. Probablement ancêtre de Willem Morel.
Ventes Publiques : New York, 9 juin 1987 : *Natures mortes aux fruits et aux huîtres*, h/t, une paire (47x58,5) : **USD 7 750**.

MOREL Jacques
Né vers 1395 à Lyon ou à Avignon. Mort en 1459 à Angers. XVe siècle. Français.
Sculpteur.
Son père était sculpteur avignonnais. De 1418 à 1425, il fut maître d'œuvre à la cathédrale Saint-Jean de Lyon, où il sculpta

le tombeau du cardinal de Saluces (détruit en 1562). Charles Ier, duc de Bourbon, lui commanda, pour lui et son épouse Agnès de Bourgogne, un mausolée exécuté entre 1448 et 1453, dans la chapelle neuve de la basilique de Souvigny. Si les niches sont vidées des quarante-quatre pleurants et des anges agenouillés qui y prenaient place, les gisants subsistent, bien que mutilés. Jacques Morel conserve la densité des corps sculptés avec vigueur et leur donne un caractère apaisé. Son art est moins dramatique que celui de Sluter, dont il fut l'un des meilleurs disciples. On cite de lui le portail méridional de la cathédrale de Rodez et le tombeau d'*Agnès Sorel* (Loches). Il mourut avant d'avoir achevé le tombeau du roi *René* dans la cathédrale Saint-Maurice d'Angers.
Bibliogr. : L. Benoist, in : *Dictionnaire de l'Art et des Artistes*, Hazan, Paris, 1967.

MOREL Jacques ou **Morez**
xviiie siècle. Actif à Besançon de 1717 à 1732. Français.
Sculpteur sur bois.
Il a sculpté en 1726 une chaire pour l'église de Longwy et travailla en 1732 pour l'église Saint-Jean-Baptiste à Besançon.

MOREL Jan Baptiste ou **Jean Baptiste,** quelquefois appelé par erreur **Nicolas**
Né le 26 octobre 1662 à Anvers, d'autres sources donnent Liège. Mort en 1732 ou 1754 probablement à Bruxelles, d'autres sources donnent Liège. xviie-xviiie siècles. Éc. flamande.
Peintre de natures mortes, fleurs.
Cet artiste aurait appartenu à une famille de peintres liégeois qui, d'après Siret, occupait une certaine place au xviiie siècle. Le même auteur cite également Jean-Pierre Morel, mort en 1739, et Jean-Pierre Morel, né en 1702 et mort en 1764. Jan Baptiste Morel fut élève de Nic. Van Verendael ; il épousa, en 1689, Maria Lomboy ; alla à Bruxelles et y était dans la gilde en 1699. Revenu à Anvers en 1712, il était de nouveau à Bruxelles en 1729. Il travailla pour Clément de Bavière, gouverneur des Pays-Bas.
Musées : Boulogne-sur-Mer – Chartres : *Fleurs* – Lille.
Ventes Publiques : Paris, 15 juin 1942 : *Fleurs et Fruits*, deux pendants : **FRF 50 000** – Paris, 1873 : *Fleurs* : **FRF 1 500** – Londres, 14 juil. 1972 : *Natures mortes aux fleurs*, deux pendants : **GNS 10 000** – Londres, 20 avr. 1977 : *Nature morte aux fleurs*, h/t (75x86,5) : **GBP 11 000** – New York, 7 nov. 1985 : *Nature morte aux fleurs*, h/t (107,5x76) : **USD 8 000** – New York, 17 jan. 1985 : *Nature morte aux fleurs*, h/t mar./pan. (41,5x31) : **USD 4 500** – Londres, 19 fév. 1986 : *Nature morte aux fleurs*, h/t (166,5x115,5) : **GBP 9 000** – Londres, 24 juil. 1987 : *Nature morte à la guirlande de fleurs*, h/t (109,5x78,7) : **GBP 5 000** – New York, 20 mai 1993 : *Nature morte de grandes compositions florales dans une urne sur un entablement de pierre*, h/t, une paire (56,8x41,3) : **USD 28 750** – Londres, 18 oct. 1995 : *Nature morte de fleurs dans des vases*, h/t, une paire (chaque 162x118) : **GBP 23 000**.

MOREL Jan Evert
Né le 8 février 1777 à Amsterdam. Mort le 6 avril 1808 à Amsterdam. xviiie siècle. Hollandais.
Peintre de paysages animés, paysages, natures mortes, fleurs et fruits.
Il fut élève de Jacob Linthorst, de Vroost Van Groenendoelen et de Dirck Van der Aa à La Haye.
Musées : Amsterdam : un tableau de fruits et de fleurs.
Ventes Publiques : Paris, 21 fév. 1925 : *Le chemin creux* : **FRF 560** – Londres, 13 oct. 1967 : *Paysage boisé* : **GNS 280** – Versailles, 24 nov. 1968 : *Vase de fleurs* : **FRF 13 500** – Londres, 5 oct. 1969 : *Paysage boisé* : **GBP 380** – Londres, 10 nov. 1971 : *Paysage boisé* : **GBP 480** – Londres, 19 jan. 1973 : *Paysage fluvial* : **GNS 1 400** – Londres, 23 juil. 1976 : *Paysage fluvial*, h/pan. (23x38) : **GBP 850** – Londres, 11 fév. 1977 : *Paysage boisé animé de personnages*, h/pan. (48x59) : **GBP 2 300** – Los Angeles, 15 oct 1979 : *Cavaliers dans un paysage boisé*, h/pan. (32x27,5) : **USD 2 900** – Monte-Carlo, 26 oct. 1981 : *Bouquet de roses, soucis et fuchsias dans un vase ; Nature morte de pêches et raisins sur un entablement*, h/pan., une paire (chaque 37,5x28,5) : **FRF 58 000** – Londres, 15 juin 1983 : *Nature morte aux fleurs d'été*, h/t (53x42) : **GBP 17 500** – Londres, 7 fév. 1986 : *Paysans et troupeau dans un paysage fluvial boisé*, h/pan. (37x54) : **GBP 3 000** – Paris, 14 mars 1988 : *Nature morte aux pêches et au raisin*, h/pan. (37,5x29,5) : **FRF 122 000** – Paris, 9 avr. 1990 : *Nature morte aux fruits avec une tête de putto*, h/pan. (43x54,5) : **FRF 70 000** – New York, 11 oct. 1990 : *Nature morte de fleurs et fruits sur un entablement avec des insectes et un nid*, h/pan. (106x78) : **USD 27 500** – Amsterdam, 2 nov. 1992 : *Figures dans un vaste paysage*, h/pan. (35x51) : **NLG 5 750** – Londres, 1er nov. 1996 : *Roses jaunes, roses et blanches et autres fleurs dans un vase*, h/pan. (37,2x28,9) : **GBP 5 175**.

MOREL Jan Evert
Né en 1835. Mort en 1905. xixe-xxe siècles. Hollandais.
Peintre de genre, paysages animés.
Il est possible qu'il soit un descendant du précédent. Il s'est totalement investi dans le genre toujours plaisant du paysage typique animé.
Ventes Publiques : New York, 12 oct 1979 : *Paysage d'hiver avec patineurs* 1858, h/pan. (34,5x49,5) : **USD 10 500** – Londres, 14 jan. 1981 : *Troupeau au pâturage ; Paysage à la ferme*, h/pan., une paire (25,5x30) : **GBP 4 400** – Londres, 17 juil. 1984 : *Paysage boisé animé de personnages*, h/pan., une paire (20x17) : **GBP 1 500** – New York, 31 oct. 1985 : *La ferme* 1857, h/t (64,8x94) : **USD 4 500** – Amsterdam, 28 mai 1986 : *Paysage boisé animé de personnages*, h/t (29x39) : **NLG 7 000** – Londres, 6 mai 1987 : *Paysage boisé animé de paysans et troupeau*, h/t (48x67) : **GBP 3 000** – Amsterdam, 30 août 1988 : *Voyageurs conversant sur un chemin sinueux dans un paysage boisé, un château en ruines à l'arrière-plan* 1885, h/pan. (20,5x15,5) : **NLG 2 530** – Amsterdam, 16 nov. 1988 : *Paysage avec un couple bavardant sous un arbre près d'une mare, un troupeau au fond*, h/pan. (30,5x38,5) : **NLG 6 900** – Londres, 5 mai 1989 : *Paysage boisé animé*, h/pan., une paire (chaque 20,5x15) : **GBP 1 980** – Amsterdam, 25 avr. 1990 : *Paysage boisé avec des pêcheurs*, h/pan. (35x51) : **NLG 14 950** – Amsterdam, 6 nov. 1990 : *Paysage estival avec une charrette de foin*, h/pan. (27,5x38,5) : **NLG 3 680** – Amsterdam, 23 avr. 1991 : *Paysage d'hiver animé*, h/t (40,7x56) : **NLG 15 000** – Amsterdam, 14-15 avr. 1992 : *Paysage montagneux avec des figures le long d'une rivière*, h/t (54x63,5) : **NLG 2 530** – Amsterdam, 28 oct. 1992 : *Villageois chez l'épicier d'une bourgade hollandaise*, h/pan. (18,5x25,5) : **NLG 2 070** – New York, 29 oct. 1992 : *Sur un chemin de campagne*, h/t (65,1x90,2) : **USD 8 800** – Amsterdam, 19 oct. 1993 : *Rivière boisée avec des voyageurs sur le chemin*, h/pan. (25,5x36,5) : **NLG 7 475** – New York, 16 fév. 1994 : *Paysans sur un chemin de campagne*, h/t/cart. (74,9x101,6) : **USD 13 800** – Londres, 16 mars 1994 : *Paysage animé*, h/t (28x37,5) : **GBP 2 530** – Amsterdam, 8 nov. 1994 : *Paysage estival animé*, h/pan. (16x20,7) : **NLG 8 280** – Amsterdam, 16 avr. 1996 : *Bavardages sur un canal gelé*, h/t (40x55) : **NLG 17 700** – Amsterdam, 5 nov. 1996 : *Voyageurs dans un paysage boisé vers 1880*, h/t (47x64) : **NLG 30 540**.

MOREL Jean Baptiste. Voir **MOREL Jan Baptiste**

MOREL Jean Paul ou **Moret**
xviiie siècle. Actif à Paris de 1759 à 1773. Français.
Portraitiste.

MOREL Jean Pierre
Né en 1702. Mort le 12 juin 1764. xviiie siècle. Éc. flamande.
Peintre de fleurs.
Il était actif à Liège.

MOREL Jean René
Mort le 23 octobre 1739. xviiie siècle. Éc. flamande.
Peintre de fleurs.
Il était actif à Liège.

MOREL Jehan
xve siècle. Actif à Tournai dans la première moitié du xve siècle. Éc. flamande.
Peintre.
Il travailla pour la cathédrale de Tournai et fit les projets pour quatre statues d'anges du maître-autel.

MOREL Louis Fernand
Né le 30 novembre 1887 à Essoyes (Aube). xxe siècle. Français.
Sculpteur.
Il fut élève d'Injalbert. Il travailla surtout à Troyes.
Il exposa, à partir de 1906, au Salon des Artistes Français à Paris, dont il fut sociétaire par la suite. Il y obtint une médaille d'argent en 1921.
Musées : Troyes : *Diane*, plâtre original – *Tête d'enfant*, marbre – *Masque d'éphèbe*, bronze.

MOREL Louise
Née le 18 décembre 1898 à Grenoble (Isère). Morte le 27 novembre 1974. xxe siècle. Française.
Peintre de portraits, paysages, paysages animés,

natures mortes, dessinateur, graveur, illustrateur, aquarelliste, pastelliste. Postimpressionniste.

Elle suivit les cours de l'École des arts industriels de Grenoble. Elle enseigna plus tard le dessin à l'École des Beaux-Arts de Grenoble, où elle donna les premiers cours d'après modèles vivants ou sur site. Elle épousa en 1920 le peintre Marcel Sahut, président du groupe artistique de *L'Effort* qui bousculait les habitudes traditionnelles régionales en matière d'exposition de peinture. Louise Morel en deviendra la Secrétaire. Elle effectua des voyages en Espagne, en Tunisie en 1946, et en Mauritanie à trois reprises.

Entre 1919 et 1936, elle figura aux Salons de Grenoble animés par le groupe de *L'Effort*. Elle participa ensuite, à Paris, aux Salons des Tuileries, des Indépendants, d'Automne, et des Femmes artistes modernes. Elle envoya des paysages à l'Exposition universelle de Paris en 1937. Elle figura à l'exposition *150 ans de peinture dauphinoise* au château de la Condamine, mairie de Corenc en 1980. Elle montra ses œuvres dans des expositions personnelles, notamment à Paris et à Dakar. En 1959, une exposition rétrospective lui fut consacrée à la Chambre de Commerce de Grenoble.

Son œuvre est variée, de même que les techniques utilisées : peinture à l'huile, dessin à la plume, au crayon, à la sanguine, aquarelle, pastel, gravure. Louise Morel a illustré de bois gravés ses poèmes ainsi que le texte *Voyageurs de l'Île fermée* d'Henri Petio (Daniel Rops). Elle s'attacha particulièrement à représenter des paysages.

Bibliogr. : Maurice Wantellet : *Deux siècles et plus de peinture dauphinoise*, Maurice Wantellet, Grenoble, 1987.

MOREL Michel

XVe siècle. Actif à Lille au début du XVe siècle. Français.

Peintre.

Il travailla pour la cour de Bourgogne de 1425 à 1431. En 1425, il peignit des amoiries pour les obsèques de Jean de Bavière.

MOREL Nicolas ou **Morell**. Voir **MOREL Jan Baptiste**

MOREL P.

XIXe siècle. Français.

Peintre de vues, aquarelliste.

Musées : Genève (Mus. Ariana) : Une aquarelle.

MOREL Perrin ou **Maurel** ou **Moreau** ou **Morelli**

XIVe siècle. Actif à Lyon. Français.

Sculpteur et architecte.

Il séjourna à Lyon de 1384 à 1390 et collabora à la construction du chœur du couvent des Célestins à Avignon.

MOREL S.

XIXe siècle. Français.

Lithographe.

On cite de lui à Dijon, deux portraits exécutés d'après les dessins de l'artiste.

MOREL Théophile

XIXe siècle. Français.

Peintre.

Il figura au Salon de Paris avec des portraits en 1845, 1846 et 1848.

MOREL Willem F. A. I., dit **Vaarzon Morel**

Né le 9 août 1868 à Zutphen. XXe siècle. Actif en France. Hollandais.

Peintre, graveur, lithographe.

Il fit ses études à Haarlem et à l'Académie d'Amsterdam. Il travailla à Haarlem, Arnhiem, Oosterbeek et Veere.

Musées : La Haye (Mus. Mesdag) : *Au bois*.

Ventes Publiques : Amsterdam, 19 sep. 1989 : *Printemps dans une rue de Veere en Zeeland* 1911, h/t (56x86) : **NLG 3 680** – Amsterdam, 13 déc. 1989 : *Confidences de deux femmes élégantes*, h/t (59x47) : **NLG 13 800** – Amsterdam, 25 avr. 1990 : *La ronde*, past. (32x25) : **NLG 5 750** – Amsterdam, 24 avr. 1991 : *Personnages élégants sur la place du marché à Middelburg*, cr. et aquar. avec reh. de blanc/pap. (31x49) : **NLG 4 830**.

MOREL D'ARLEUX Louis Marie Joseph

Né le 27 janvier 1755 à Abbeville. Mort le 6 avril 1827 à Paris. XVIIIe-XIXe siècles. Français.

Paysagiste, dessinateur et aquafortiste.

Élève de Doyen et de Vien. Il peignit des vues d'Italie, et il grava des illustrations pour des livres, des vignettes et des modèles de costumes.

MOREL DE BOUCLE SAINT-DENIS Philippe, dit **Morel**

Né en 1897 à Gand (Flandre-Orientale). Mort en 1965. XXe siècle. Belge.

Peintre de figures, portraits, natures mortes. Expressionniste, puis tendance abstrait-lyrique.

Il fut élève de l'Académie de Gand, de Delvin et de G. Minne, puis de Léon Desmet. Il évolue à partir de 1945 vers l'abstraction lyrique.

Bibliogr. : In : *Dictionnaire biographique illustré des artistes en Belgique depuis 1830*, Arto, Bruxelles, 1987.

Musées : Gand.

MOREL DE SAINT-DOMINGUE

XIXe siècle. Français.

Peintre.

Il exposa des paysages au Salon de Paris en 1814, 1817 et 1819.

MOREL-COSGROVE Stanley. Voir **COSGROVE Stanley Morel**

MOREL-FATIO Antoine Léon

Né le 17 janvier 1810 à Rouen (Seine-Maritime). Mort le 2 mars 1871 à Paris. XIXe siècle. Français.

Peintre d'histoire, sujets typiques, paysages, paysages d'eau, marines, dessinateur.

On ne connaît pas son maître. En 1854, il fit partie de l'expédition de Crimée. Il succomba à une attaque d'apoplexie sur la terrasse du Louvre. Il exposa au Salon de Paris, à partir de 1833.

Il obtint de nombreuses distinctions honorifiques, dont une médaille de troisième classe en 1837, une médaille de deuxième classe en 1843, une autre en 1848. Il fut fait chevalier de la Légion d'honneur en 1846, promu officier en 1866. Il fut nommé, à la fin de sa carrière, conservateur du Musée de la Marine et des collections ethnographiques du Louvre. Il fut aussi maire d'un arrondissement de Paris.

Doué d'un talent facile, plus susceptible de se manifester dans le domaine de l'imagerie que dans celui de l'art vrai, il obtint du succès auprès du grand public. On cite de lui : *Combat à l'abordage, le 3 oct. 1808*, *Vue d'Alger pendant l'attaque de l'amiral Duperré le 3 juillet 1830*, bombardement dont il aurait été témoin.

MOREL-FATIO

MOREL-FATIO

Musées : Alger : *Tempête dans le port d'Alger* – Arras : *L'Île de la Tortue* – Bagnères-de-Bigorres : *La plage* – *Le village* – Bucarest (Mus. Simu) : *Marine* – Caen : *Naufrage* – Cherbourg : *Visite du prince président à l'escadre française à Cherbourg (septembre 1850)* – Dieppe : *Port de Rochefort-sur-Mer* – Le Havre : *Pirates pris à l'abordage* – Mulhouse : *Frégate anglaise* – *Marine* – Reims (Mus. des Beaux-Arts) : *Étretat, la porte d'Aval* – Rouen (Mus. des Beaux-Arts) : *Incendie de la « Gorgone » – Le combat du « Vengeur » – Le signal* – Toulon : *Le prince président à Toulon le 27 avril 1852* – Versailles : *Combat naval dans la baie d'Alger – Attaque d'Alger par mer.*

Ventes Publiques : Paris, 1887 : *Effet de tempête* : **FRF 1 256** – Paris, 1891 : *Gibraltar* : **FRF 900** – Paris, 16 juin 1925 : *Barques de pêche par mer agitée* : **FRF 320** – Paris, 20 avr. 1950 : *La chasse aux phoques* : **FRF 4 600** – Paris, 10 mars 1971 : *Le roi Louis-Philippe quitte le Tréport* : **FRF 7 000** – Rambouillet, 20 oct. 1985 : *Retour de pêche* 1862, h/t (51x61) : **FRF 24 500** – Paris, 11 avr. 1989 : *Le retour des pêcheurs*, h/t (56x44) : **FRF 38 000** – La Rochelle, 23 mai 1992 : *Combat naval entre le vaisseau « Les Droits de l'Homme » et les bâtiments anglais « Infatigable » et « Amazone » le 13 janvier 1797*, h/t (45x61) : **FRF 107 000** – Paris, 13 mars 1995 : *Vue de Sainte-Hélène*, cr. et gche blanche (23x34) : **FRF 3 800** – Londres, 17 nov. 1995 : *La corne d'Or avec les mosquées Suleimaniye et Fatih à Constantinople*, h/t (46,3x123,2) : **GBP 166 500** – Paris, 27 oct. 1995 : *Marine*, h/t (40x62) : **FRF 16 000**.

MOREL-LADEUIL Léonard

Né en 1820 à Clermont-Ferrand. Mort le 15 mars 1888 à Boulogne-sur-Mer. XIXe siècle. Français.

Sculpteur et ciseleur.

Élève et assistant de Antoine Vechte. Il débuta au Salon de 1853. Il obtint une médaille de troisième classe en 1874. Chevalier de la Légion d'honneur en 1878. Des œuvres de cet artiste se trouvent dans le Musée des Arts Décoratifs de Paris.

Bibliogr. : *L'œuvre de Morel-Ladeuil, sculpteur-ciseleur*, Paris, 1904.

MOREL-LAMY Félix
Né au XIXe siècle à Braine (Aisne). XIXe siècle. Français.
Peintre.
Élève de Corot, Collin et St-Marcel. Il figura au Salon de Paris, de 1857 à 1880, avec des sujets de genre et des portraits.
Ventes Publiques : Paris, 9 mars 1978 : *Bords de Seine*, h/t (35x65) : **FRF 6 200**.

MOREL-RETZ Louis Pierre Gabriel Bernard, dit **Stop**
Né le 3 juin 1825 à Dijon. Mort le 5 septembre 1899 à Dijon. XIXe siècle. Français.
Peintre de genre, portraitiste, aquarelliste, caricaturiste et graveur.
Élève de Gleyre. Il figura au Salon de 1857, 1864 et 1865, particulièrement avec des aquarelles. Morel-Retz, vers la même époque, publiait des eaux-fortes chez Cadart, notamment un *Marché italien* (1865). Mais peut-être parce que l'art véritable ne lui donnait pas de résultats suffisants à son gré, il s'adonna surtout à la caricature et sous le pseudonyme de Stop prit une place parmi les humoristes de la fin du second Empire et de la troisième République. Stop fit, notamment, les *Salons Comiques* dans lesquels ses plaisanteries sur les plus illustres maîtres ne furent pas toujours heureuses. Il publia, en outre, les suites *Bêtes et gens*, *Ces Messieurs* et *Nos Excellences*.

MORELI Juan Bautista. Voir **MORELLI Giovanni Bautista**

MORELL Gerhard
Né en 1710 à Copenhague. Mort le 28 mai 1771. XVIIIe siècle. Danois.
Peintre.
Il fut inspecteur d'art du gouvernement danois et travailla comme expert. Il fut aussi connu comme peintre.

MORELL Heinrich
XVIIe siècle. Actif dans la seconde moitié du XVIIe siècle. Suisse.
Sculpteur sur bois.
Il travailla à Lucerne de 1679 à 1690. On cite de lui un *Christ sur le Mont des Oliviers*.

MORELL Nicolas. Voir **MOREL Jan Baptiste**

MORELL MACIAS Josep
Né le 26 novembre 1899 à Barcelone (Catalogne). Mort le 25 juillet 1949 à Barcelone. XXe siècle. Espagnol.
Peintre de sujets divers, affichiste.
À Séville, il étudia à l'École des Beaux-Arts de Santa Isabel de Hungria, où il fut élève de Manuel Gonzales Santos. Il fut professeur auxiliaire à l'École des Arts et Métiers de Barcelone.
Il figura en 1932 à une exposition collective commune à Paris et Barcelone où il reçut une troisième médaille, en 1933 à l'Exposition de Barcelone où il obtint une médaille d'or, de même qu'à celle de Malaga en 1936.
Il est surtout connu pour ses affiches qui possèdent un graphisme élégant, aéré, rappelant le style Art nouveau européen.
Bibliogr. : In : *Cien anos de pintura en Espana y Portugal*, t. VI, Antiqvaria, Madrid, 1991.

MORELL Y ORLANDIS Fausto
Mort en 1880 à Palma de Majorque. XIXe siècle. Espagnol.
Peintre de figures et de portraits.
Professeur à l'Académie de Palma. Il peignit des sujets religieux. L'Hôtel de Ville de Palma possède de lui *Hannibal*.

MORELLA Marjorie, pseudonyme de **Exelmans Marjorie**
Né en 1938 à Tessenderlo. XXe siècle. Belge.
Peintre. Expressionniste.
Autodidacte. Elle a obtenu le prix de peinture d'Afrique en 1966.
Bibliogr. : In : *Dictionnaire biographique illustré des artistes en Belgique depuis 1830*, Arto, Bruxelles, 1987.

MORELLE James
XIXe-XXe siècles. Actif vers 1900. Britannique.
Peintre animalier.
Ventes Publiques : Stockholm, 15 nov. 1989 : *Deux jeunes chiots observant une tortue*, h/t (55x75) : **SEK 28 000**.

MORELLET Christophe
Né en 1950 à Clisson (Loire-Atlantique). XXe siècle. Français.
Artiste technique mixte. Tendance land-art, « process art ».
Il vit et travaille à Montpellier et à Saint-Pierre-des-Champs (Corbières). Depuis 1986, il participe à des manifestations collectives, dont : 1989 Clisson 6e *Ateliers internationaux des pays de la Loire – Les Grâces de la nature* ; 1991 Paris *La Lumière et la ville*, Espace Art Défense ; 1992 Naples *Blanc, bleu, noir – Abstraction en Méditerranée*, Institut Français ; 1995 *Jardins de sculptures au château de Taurines*. Il se manifeste individuellement : 1993, château de Taurines, et Prieuré Saint-Saturnin de Chevreuse ; 1996 Demigny, Espace d'art contemporain. Il a pu réaliser plusieurs commandes publiques, notamment, en collaboration avec François Morellet, pour le Carrefour Flandres-Dunkerque de Montpellier. En 1991-92, il a été lauréat du programme de résidence d'art et de création *Racine*, à l'Institut Français de Naples.
Les interventions de Christophe Morellet sont de toutes sortes, ce qui rend son activité artistique inclassable. Il est particulièrement sensible aux phénomènes d'érosion, qu'il piste et enregistre par des constats photographiques : *Fouilles*, *Cône d'érosion*, etc. Souvent proche du « land-art », il crée un artefact grossi du sillon de la charrue : *Sillon* ; pour une commande publique il programme la taille et l'entretien d'une haie : *Saignées*, etc. Son installation dans les Corbières, cultivateur et éleveur, l'a rendu particulièrement réceptif aux phénomènes naturels que, comme un judoka, il canalise et détourne, qu'il s'agisse de capter les rayons du soleil pour reprojeter le reflet de sa trajectoire sur un mur-écran : *Meneaux*, ou qu'il s'agisse de solliciter la puissance du courant d'un ruisseau pour plaquer une feuille de plastique contre des bambous et afin que le ruisseau crée ainsi de lui-même sa propre retenue d'eau : *Affinité*. ■ J. B.
Bibliogr. : Christian Besson : Catalogue de l'exposition *Christophe Morellet*, Espace d'art contemporain, Demigny, Côte-d'Or, 1996, bonne documentation.

MORELLET François
Né le 30 avril 1926 à Cholet (Maine-et-Loire). XXe siècle. Français.
Peintre, sculpteur, créateur d'installations. Abstrait, cinétique. Groupe de recherche d'art visuel (GRAV).
Ancien élève de l'École des langues orientales, à Paris, en 1945, Morellet n'a pas suivi le cursus traditionnel des Écoles des Beaux-Arts. Jusqu'en 1975, il partage son temps entre la peinture et sa profession d'industriel du jouet, date à laquelle il choisit de se consacrer exclusivement à l'art.
Dès 1952, Morellet figure à l'exposition *Abstractions*, galerie Bourlaouën à Nantes, aux côtés de Arnal, Dmitrienko, Kelly, Mavignier, Yougerman ; en 1958, première participation au Salon des Réalités Nouvelles à Paris ; en 1960, il figure à l'importante exposition organisée par Max Bill, *Konkrete Kunst*, à Zurich. Dans les années soixante, il prend part aux principales manifestations consacrées à l'art lumino-cinétique, notamment à celles du *Groupe de Recherche d'Art Visuel* (GRAV) : à l'exposition *Mouvement* à Stockholm en 1961, à la Biennale de Paris en 1963, à *Documenta III* à Kassel en 1964, à *Lumière et Mouvement* au Musée d'Art Moderne de Paris en 1967, etc.
Il montre ses œuvres dans des expositions personnelles, parmi lesquelles : 1950, galerie Creuze, Paris ; 1958, galerie Colette Allendy, Paris ; 1960, Cologne ; 1971, Stedelijk Van Abbemuseum, Eindhoven, C.N.A.C., Paris (Centre National d'Art Contemporain) ; 1972, Musée de Peinture et de sculpture, Grenoble ; 1973-1974, et 1974-1975, expositions itinérantes organisées par le C.N.A.C., Paris ; 1977, Nationalgalerie, Berlin ; 1977, Musée d'Art Moderne de la Ville de Paris ; 1980, Musée des Beaux-Arts, Toulon ; 1982, Musée de Chambéry ; 1985, The Brooklyn Museum, New York ; 1986, Galeries contemporaines, Musée National d'Art Moderne, Paris, puis Stedelijk Museum, Amsterdam ; 1986, *François Morellet*, Le Consortium, Dijon ; 1989, 1993, galerie Liliane et Michel Durand-Dessert ; 1989, *F. Morellet – Regards sur l'œuvre 1957-1989*, Innsbruck, Vienne ; 1991, *Dessins des années 40 et 50 – Tableaux blancs des années quatre-vingt*, Musée de Peinture et de Sculpture, Grenoble ; 1991-1992, *Dessins et études préparatoires 1947-1961*, Fondation pour l'art concret, Reutlingen, et Cabinet d'art graphique, Musée d'art moderne de Paris ; 1995, *François Morellet, « Ordres et Cahots »*, Le Capitou, Fréjus, et à la Maison pour l'art construit et concret de Zurich ; 1997, *François Morellet, peintre amateur 1945-1968*, Musée des Beaux-Arts d'Angers ; 1998, *L'Armor relais de l'art Morellet*, Musée des Beaux-Arts de Rennes. Il a obtenu, en France, le Prix National de sculpture en 1986.
Il a réalisé plusieurs commandes publiques, parmi lesquelles : Bielefeld 1973-1974 ; École supérieure de l'Armée allemande, Hambourg, 1977 ; Centre culturel de Compiègne, 1979 ; sculpture, Springerplatz, Bochum, 1979-1980 ; Médiathèque,

Nantes, 1981-1984 ; Complexe sportif, Mably (Loire), 1985 ; Mur peint, rue Balkanska, Belgrade, 1984 ; Grande halle de la Villette, Paris, 1984-1985 ; Abbaye du Bec Helloin, Brionne (Eure), 1985-1986, *La Défonce*, Fonds national d'art contemporain, La Défense, 1991 ; etc.
Il fait, à partir de 1946, ses débuts dans la peinture figurative, pour se rapprocher, vers 1948, du cubo-fauvisme des peintres du groupe de *L'Échelle* comprenant, entre autres, Jacques Busse. Dès 1950, sous l'influence de Dmitrienko et des expériences débridées de François Arnal, il aborde l'abstraction. Il l'oriente rapidement vers un épurement radical, géométrique, dont il trouve les sources visuelles aussi bien chez les néo-plasticistes hollandais, les constructivistes russes, que d'après les motifs décoratifs de l'Alhambra de Grenade. Il rencontre également certains de ses représentants comme Max Bill au Brésil et Joseph Albers en Suisse. En rupture avec les pratiques de l'École de Paris, et dans la lignée d'un Van Doesburg, Morellet dissocie la conception de l'œuvre de sa réalisation. Il entend maîtriser cette dernière afin de réduire au minimum l'intervention de sa créativité et de sa sensibilité. D'où le fréquent recours à des surfaces blanches, « all-over », mais nettement définies, le tracé de lignes noires ou l'utilisation contrastée et restrictive des trois couleurs de base : bleu, jaune, rouge. Quant à la conception abstraite et géométrique de l'œuvre (formes simples, lignes, carrés, triangles...), Morellet la soumet à sa notion originale de système et vide du même coup ses réalisations de tout contenu expressif. Ses systèmes, d'où provient son « procédé de création-fabrication », sont à la fois un ensemble de règles organisées – par exemple la répétition d'un même module, telle la toile blanche de 80 cm x 80 cm, divisée en seize carrés égaux (1953) – et une attitude en matière d'art : « l'artiste accepte de prendre une distance avec ce qu'il fait, il ne s'identifie plus à son œuvre, il la laisse se développer indépendamment de lui, sous le contrôle du spectateur. » Dans la logique de cette recherche de répartition systématique d'un motif (par superposition, fragmentation, juxtaposition...), constitutif finalement d'une trame, il étudie des grilles, à partir de 1956, constituées de séries de lignes se coupant par exemple selon des angles de 25, 45, puis 75 degrés. Ses premières structures dans l'espace datent de 1962, notamment ses *Sphères-trames*, de différentes dimensions, matérialisées dans l'espace par un réseau tridimensionnel orthogonal de tubes d'aluminium. Cofondateur, en 1960, du *Groupe de recherche d'art visuel* (*GRAV*) jusqu'à sa dissolution en 1968, Morellet fut également l'un des organisateurs du mouvement international d'art cinétique *Nouvelle tendance*. Le *GRAV* insiste dans ses manifestes théoriques sur les refus de la conception individualiste de l'art, de la subjectivité de l'artiste, des références culturelles et esthétiques traditionnelles, se prononce pour l'instabilité de l'œuvre et la participation du public. Dès 1963, Morellet introduit dans ses réalisations des interventions lumineuses : tubes de néon ou ampoules. Possédant les qualités de précision, de netteté et d'impersonnalité des lignes des tableaux, leur programmation d'allumage provoque en outre des chocs visuels rythmiques. Lors de manifestations personnelles ou collectives importantes, il a pu réaliser des « environnements » lumino-cinétiques, expérimentant, à partir de 1967, l'effet de trames déformantes selon l'incidence visuelle du spectateur en mouvement. Cependant, Morellet se défend d'être associé, dans les années soixante, à « cette perversion du systématique : l'op'art-cinétisme ». La réalité de son art est autre, on s'en aperçoit au fil des années, elle se nourrit de sa capacité « iconoclaste ». Ainsi, dès 1958, dans ses combinatoires à base de formes diverses, il recourt parfois à une synthèse de programmation et d'intervention du hasard selon la loi des grands nombres. Dans cet esprit, il réalise, en 1961, une répartition aléatoire de 40.000 carrés de deux couleurs, selon l'alternance des chiffres pairs et impairs relevés en suivant l'ordre d'un annuaire du téléphone. En utilisant le hasard de cette manière, Morellet continue de « parodier » le principe même de composition picturale, traditionnelle ou constructiviste, mettant également à jour les déterminations de ce qu'on appelle le goût artistique. Il détache plus encore son abstraction géométrique d'un référent spirituel pour n'en montrer qu'une mécanique. Il en explore cependant toutes les possibilités. C'est ainsi qu'après les contraintes de la géométrie, Morellet, dans les années soixante-dix, s'intéresse « à la géométrie des contraintes », et plus particulièrement à celle qui définit à la fois l'œuvre et l'espace qui l'environne : les tableaux sont alors basculés, penchés, re-situés dans l'espace mur-sol. Les trames s'évadent de leur espace habituel pour se répandre sur les murs, les fenêtres, etc., sous forme de rubans adhésifs. L'architecture fonctionnaliste moderne constitue une aire d'application idéale et un rival de poids pour l'application de son système. Dès 1971, Morellet définit son fameux principe de « désintégration architecturale » : les lignes de l'œuvre et de l'architecture devant mutuellement se « casser ». Prenant conscience des possibilités non orthodoxes de l'abstraction géométrique ainsi définie par Morellet, nous sommes, dès lors, moins surpris d'en découvrir la réserve d'humour. À partir de 1983, Morellet commence à utiliser des éléments naturels, branchages et morceaux de bois, qu'il intègre à ses réalisations (la série des *Géométree*), brouillant les perspectives de la froide géométrie. Ailleurs, certaines œuvres, constituées à partir d'un format appelé traditionnellement « paysage » et, d'un autre, « marine », ont pu prendre, par exemple, les titres de *Falaise et mer* ou *Marée basse* ou *Marée haute...*, selon la façon dont il dispose l'élément « paysage » par rapport à l'élément « marine ». De même, une autre série dont chaque pièce est également constituée de deux rectangles évoque par le titre des œuvres et par leurs dispositions, les différentes positions de l'amour : *À la missionnaire* ; *En levrette* ; *À croupeton...*
François Morellet est un des rares artistes français, à la suite de la première génération des abstraits européens, à s'être intéressé à l'art abstrait géométrique dans sa composante la plus rigoureuse, que l'on aura coutume de désigner aux États-Unis, à la fin des années cinquante, par les termes de « Hard Edge ». Associé le plus souvent, en Europe, à l'art cinétique, Morellet est considéré, par certains, comme ayant même anticipé les propositions radicales des futurs représentants américains de l'art minimal et conceptuel. ■ Christophe Dorny

Bibliogr. : Frank Popper : *Naissance de l'art cinétique*, Gauthier-Villars, Paris, 1967 – Gérald Gassiot-Talabot : *Morellet et l'objet*, in : *Opus international*, Paris, avr. 1969 – Frank Popper, in : *Nouveau dictionnaire de la sculpture moderne*, Hazan, Paris, 1970 – *Morellet*, catalogue de l'exposition, Centre National d'Art Contemporain, Paris, 1971 – in : *Les Muses* t. X, Grange Batelière, Paris, 1973 – in : *Dictionnaire universel de la peinture*, Le Robert, Paris, 1975 – in : *Aspects historiques du constructivisme et de l'art concret*, catalogue de l'exposition, Musée d'art moderne de la Ville de Paris, Paris, 1977 – *François Morellet*, catalogue de l'exposition, Musée de Toulon, 1980 – *François Morellet*, catalogue de l'exposition, Musée Savoisien, Chambéry, 1982 – *François Morellet, Géométré*, FRAC, des Pays de Loire, Fontevraud, 1985 – *Morellet*, catalogue de l'exposition, Musée National d'Art Moderne, Centre Georges Pompidou, Paris, 1986 – Serge Lemoine : *François Morellet*, très importante documentation, Waser Verlag, Zurich, 1986 – in : *L'Art moderne à Marseille – La Collection du Musée Cantini*, Catalogue de l'exposition, Musée Cantini, Centre de la Vieille Charité, Marseille, 1988 – in : *L'Art du xx*[e] *s.*, Larousse, Paris, 1991 – in : *Dictionnaire de l'art moderne et contemporain*, Hazan, Paris, 1992 – in : *Dictionnaire de la sculpture*, Larousse, Paris, 1992.

Musées : Aarau (Aargauer Kunsthaus) – Amiens (FRAC Picardie) : *Géométrie N° 80* 1984 – Amsterdam (Stedelijk Mus.) – Angers (Mus. des Beaux-Arts) – Arles (Mus. Réattu) – Berlin (Nationalgalerie) – Berne (Kunstmuseum) – Birmingham (City Art Gal.) – Bochum – Bonn (Städtisches Mus.) – Bordeaux (Mus. des Beaux-Arts) – Buffalo (Albright-Knox Gal.) – Cholet (Mus. des Arts) – Dijon (FRAC Bourgogne) – Düsseldorf (Städtische Kunstsammlung) – Eindhoven (Stedelijk Van Abbemuseum) – Essen (Folkwang Mus.) – Gand – Gelsenkirchen (Städtische Kunstsammlung) – Grenoble (Mus. de Peinture et de Sculpture) – Le Havre (Mus. des Beaux-Arts) – La Haye (Gemeentemuseum) – Helsinki – Kiel (Kunsthalle) – Leverkusen (Städtisches Mus.) – Lodz – Londres (Tate Gal.) – Londres (Victoria and Albert Mus.) – Marseille (Mus. Cantini) – Mönchengladbach (Städtisches Mus.) – Montréal (Mus. des Beaux-Arts) – Nantes (Mus. des Beaux-Arts) – Otterlo (Rijksmuseum Kröller-Müller) – Paris (Mus. Nat. d'Art Mod.) – Paris (Mus. d'Art Mod. de la Ville) – Paris (BN) – Paris (FNAC) – Paris (FRAC, Île-de-France) – Parme (Inst. d'Hist. de l'Art) – Pécs (Mus. Janus Pannonius) – Poitiers (FRAC, Poitou-Charente) – Ravenne (Mus. Nat.) – Recklinghausen (Städtische Kunsthalle) – Rotterdam (Mus. Boymans-Van Beuningen) – Saintes (Mus. des Beaux-Arts) – Southampton (City Art Gal.) – Stockholm (Mod. Mus.) – Strasbourg (Mus. Château des Rohan) – Stuttgart (Staatsgalerie) – Toulon (Mus. d'Art et d'Archéologie) – Toulouse (FRAC, Espace d'art Mod. et Contemp.) : *Cercles brisés* 1993 – Tübingen (Kunsthalle) – Winterthur (Mus. d'Art et d'Hist.) – Wroclaw – Wuppertal (Mus. Von-der-Heydt) – Zagreb – Zurich (Kunsthaus).

Ventes Publiques : Milan, 6 nov. 1973 : *Trois trames de tiret 0°, 60°, 120°* : **ITL 800 000** – Milan, 13 juin 1978 : *+ 1° – 1°* 1971, fils métal./pan. noir (100x100) : **ITL 1 100 000** – Milan, 7 nov. 1978 : *5 grillages superposés blanc sur blanc* 1970, fils de fer/bois, forme ronde (diam. 105) : **ITL 1 100 000** – Milan, 26 mai 1986 : *0° 45°* 1961, grillage rouge et bleu/pan. (60x60) : **ITL 5 200 000** – Versailles, 15 juin 1986 : *Deux simples trames 0-5°* 1974, encre de Chine/bois (80x80) : **FRF 18 500** – Paris, 9 oct. 1989 : *Géométrée N° 87*, branche et acryl./t. (130x130) : **FRF 180 000** – Milan, 19 déc. 1989 : *Du violet au violet – carrés réguliers pivotés sur le côté* 1970, acryl./t. (80x80) : **ITL 15 000 000** – Milan, 13 juin 1990 : *60 – 90 – 1970*, h/pan. (80x80) : **ITL 13 500 000** – Milan, 23 oct. 1990 : *Sans titre* 1970, acryl./pan. (80x80) : **ITL 13 500 000** – Paris, 5 fév. 1991 : *Du violet au violet, trames, carrés réguliers pivotés sur le côté* 1970, acryl./pan. (80x80) : **FRF 25 000** – Londres, 26 mars 1992 : *Trames 1°2°* 1959, h/pan. (80,4x80,4) : **GBP 10 450** – Amsterdam, 19 mai 1992 : *Superposition* 1980, superposition sur un tableau de 25x25 d'une feuille de pb de même dimension inclinée à 5°sur cart. (25x25) : **NLG 6 325** – Paris, 21 mai 1992 : *Géométrie n° 56* 1984, dess. et branche d'arbre/pan. (46x38) : **FRF 20 000** – Amsterdam, 9 déc. 1992 : *Quatre rythmes indifférents formant une croix* 1972, tubes de néon/bois peint. (80x80) : **NLG 7 130** – Lucerne, 20 nov. 1993 : *Géométrie n° 105 ou 7 carrés au hasard* 1986, acryl. et bambous/bois (80x80) : **CHF 3 000** – Paris, 25 mars 1994 : *Géométrée numéro 13* 1983, acryl. et bois/pan. (62x81) : **FRF 29 000** – Londres, 26 mai 1994 : *Deux trames de lignes parallèles avec cinq interférences* 1974, acryl./cart. (80x80) : **GBP 4 830** – Londres, 21 mars 1996 : *Seule droite traversant 2 carrés dans 2 plans différents* 1978, h/t montée sur bois en deux parties (chaque 40x40x2) : **GBP 6 900** – Amsterdam, 5 juin 1996 : *Composition géométrique*, acryl./pan. de bois, diptyque (chaque panneau 43x79) : **NLG 6 900** – Londres, 29 mai 1997 : *Steel Life n° 2* 1987, acier et acryl./t./pan. (140x133) : **GBP 8 050** – Lucerne, 7 juin 1997 : *Grillage mouvant* 1965, dix tubulures de métal chromé mues par une chaîne avec moteur électrique (110x110) : **CHF 4 200**.

MORELLI Bartolommeo, dit **il Pianoro**

Né vers 1629 à Pianoro. Mort le 23 octobre 1703 à Bologne. XVIIe siècle. Italien.

Peintre d'histoire.

Élève, à Bologne, de Francesco Albani. Il prit rang parmi les bons peintres bolonais et peignit l'histoire avec succès, surtout à fresque. On cite des ouvrages de lui dans l'église de San Bartolommeo di Porta, dans celle du Buon Gesu et notamment une *Sainte Thérèse* dans l'église de la Madonna delle Grazie.

Ventes Publiques : Londres, 24 juil. 1925 : *Novice* : **GBP 94**.

MORELLI Domenico

Né le 4 août 1823 ou 1826 à Naples. Mort le 13 août 1901 à Naples. XIXe siècle. Italien.

Peintre d'histoire, scènes de genre, portraits.

D'abord destiné à la prêtrise, il fut apprenti dans une fabrique d'instruments de précision, puis entra comme élève à l'Académie des Beaux-Arts de Naples. Ayant obtenu un premier prix, il alla poursuivre ses études à Rome. Il fut nommé président de l'Académie des Beaux-Arts de Naples, et, en 1886, le gouvernement italien le faisait sénateur.

Il obtint une médaille d'or à l'Exposition Universelle de Paris en 1900.

Morelli se fit une réputation considérable comme peintre d'histoire. Dans l'entourage des peintres italiens du XIXe siècle groupés sous le vocable générique de « macchiaioli », qui constituent le pendant italien de l'impressionnisme, il aurait pu prendre une place importante que son tempérament autorisait, si son goût pour l'anecdote dramatique, qui lui valut justement son grand succès, ne l'eût conduit à un nouvel académisme. C'était un habile dessinateur, possédant beaucoup de verve et de science de composition.

Musées : Bucarest (Mus. Revoltella) : *Prédiction de Mahomet – Bataille* – Florence (Gal. d'Art Mod.) : *L'Enterrement de saint François – Portrait de Giacomo Tofano* – Rome (Mus. d'Art Mod.) : *Tentation de saint Antoine – Le comte Lara avec son page – Le Tasse – Le Christ dans le désert – Portrait de Teresa Maglione*.

Ventes Publiques : Paris, 1898 : *Femme assise*, dess. : **FRF 375** – Paris, 9 déc. 1949 : *jeune fille dans un parc* 1856 : **FRF 5 000** – Milan, 8 nov. 1967 : *le peintre et son modèle* : **ITL 950 000** – Milan, 1er déc. 1970 : *la confession* : **ITL 1 100 000** – Milan, 16 mars 1972 : *Le bon Samaritain* : **ITL 1 200 000** – Milan, 6 nov. 1973 : *Eleonor d'Este et Torquato Tasso* : **ITL 4 800 000** – Milan, 14 déc. 1976 : *Tête d'arabe*, h/t (15x12,5) : **ITL 260 000** – Milan, 29 avr. 1977 : *Portrait de vieillard* ; h/t (56x40) : **ITL 1 300 000** – Milan, 16 juin 1980 : *Christophe Colomb à Salamanque*, h/t (77x63) : **ITL 4 500 000** – Milan, 10 juin 1981 : *Études de scènes religieuses*, fus., deux dessins (chaque 160x132) : **ITL 2 800 000** – Rome, 1er déc. 1982 : *Jésus dans le désert* vers 1895, h/t (51x127,5) : **ITL 6 000 000** – Rome, 6 juin 1984 : *Jésus dans le désert*, h/t (50x123) : **ITL 4 500 000** – Rome, 21 mars 1985 : *Les prophéties de Jérémie*, h/t (39x55) : **ITL 4 200 000** – Rome, 13 mai 1986 : *I Vespri Siciliani* 1860, h/t (264x185) : **ITL 68 000 000** – Rome, 25 mai 1988 : *Le repos*, h/t (23,5x37,5) : **ITL 11 500 000** – Rome, 12 déc. 1989 : *Personnage féminin*, fus. et céruse/pap. beige (40x30) : **ITL 1 000 000** – Milan, 6 déc. 1989 : *Les anges amoureux*, aquar./pap. (22x25) : **ITL 3 000 000** – Rome, 14 déc. 1989 : *Vierge à l'Enfant*, aquar. (29x24) : **ITL 2 990 000** – New York, 28 fév. 1991 : *Un marché arabe*, aquar./pap./cart. (21,6x29,1) : **USD 5 500** – Rome, 10 déc. 1991 : *Arabe*, encre/pap. (25x18) : **ITL 1 300 000** – Bologne, 8-9 juin 1992 : *Oriental assis méditant ; Oriental debout*, encre (36x25,5 et 50,5x32,5) : **ITL 4 025 000** – Milan, 29 oct. 1992 : *La Déposition*, h/t (51x35,5) : **ITL 7 500 000** – Rome, 26 mai 1993 : *Le ménestrel à la parade*, h/t (22x42) : **ITL 8 500 000** – Milan, 25 oct. 1994 : *Jeune femme allongée*, h/pan. (16x25,5) : **ITL 18 400 000** – Paris, 6 nov. 1995 : *Odalisque à l'oiseau rose*, h/t (46x60) : **FRF 42 000**.

MORELLI Enzo. Voir **MORELLI Vincenzo**

MORELLI Francesco

XVIe siècle. Actif à Florence. Italien.

Peintre.

Il séjourna à Rome de 1582 à 1584 et y fut le maître de Giovanni Baglione.

MORELLI Francesco. Voir aussi **MOREL François**

MORELLI Fulgenzio

Mort après 1639 à Ascoli Piceno (?). XVIIe siècle. Actif à Florence. Italien.

Sculpteur et architecte.

Père de Lazzaro Morelli. On cite de lui un autel dans la cathédrale d'Ascoli Piceno et deux portails dans l'église S. Onofrio.

MORELLI Giacomo

XIXe siècle. Actif dans la première moitié du XIXe siècle. Italien.

Mosaïste.

Ses œuvres se trouvent à Londres, Paris et Saint-Pétersbourg.

MORELLI Giovanni

Né à Brescia. XIXe siècle. Actif dans la première moitié du XIXe siècle. Italien.

Mosaïste.

Élève de Giacomo Raffaelli à Milan. Il eut un prix pour une mosaïque représentant *Saint Jérôme*.

MORELLI Giovanni Bautista ou **Moreli**

Né à Rome. Mort après 1665 à Madrid. XVIIe siècle. Italien.

Sculpteur.

Il travailla à Paris, de 1659 à 1661 à Valence, puis à Madrid où il fut sculpteur de la cour.

MORELLI Gusztav

Né le 15 février 1848 à Budapest. Mort le 21 mars 1909 à Budapest. XIXe siècle. Hongrois.

Graveur sur bois.

Il grava pour des illustrés, des éditions de classiques hongrois et des livres de géographie.

MORELLI Jean

XVe siècle. Actif à Avignon vers 1481. Français.

Peintre.

MORELLI Jean. Voir aussi **MOREAU Jean** ou **Jehan**

MORELLI Lazzaro

Né le 30 octobre 1608 à Ascoli Piceno. Mort le 8 septembre 1690 à Rome. XVIIe siècle. Italien.

Sculpteur et stucateur.

Fils et élève de Fulgenzio Morelli. Il continua ses études à Rome chez Duquesnoy, Algardi et Bernini et fut en 1654 membre de l'Académie Saint-Luc. Il collabora sous la direction de Bernini aux statues des colonnades de Saint-Pierre de Rome, et sculpta l'ange « che tiene la frusta » sur le Pont Saint-Ange. Il sculpta la *Bénignité* au tombeau de Clément X.

MORELLI Michele

XVIIIe siècle. Actif à la fin du XVIIIe siècle. Italien.

Peintre.
Il a exécuté des peintures d'autel dans les églises San Pellegrino et Santa Maria di Piazza d'Ancône.

MORELLI Nicola
Né à Ancône. XVIIe siècle. Actif dans la seconde moitié du XVIIe siècle. Italien.
Peintre de sujets allégoriques, portraits.
Ant. Rossi a gravé à Rome en 1703 six planches représentant des *Allégories des Arts* d'après les originaux de cet artiste.

MORELLI Nicola
Né en 1799 à Rome. Mort le 11 février 1838 à Rome. XIXe siècle. Italien.
Graveur sur pierre.
Il fut surtout connu comme tailleur de gemmes.
Musées : Vienne (Mus. des Beaux-Arts) : *Méduse – L'Amour et Psyché – François Ier d'Autriche – Alexandre-le-Grand*, gemmes.

MORELLI Paolo
Mort en 1719 à Rome. XVIIIe siècle. Italien.
Sculpteur.
Il a sculpté une statue de saint dans les colonnades de saint Pierre et plusieurs statues dans l'église S. Maria Maddalena.

MORELLI Perrin. Voir **MOREL**

MORELLI Vincenzo, dit Enzo
Né en 1896 à Bagnacavallo (Émilie-Romagne). Mort en 1976 à Bogliaco. XXe siècle. Italien.
Peintre de figures, paysages.
Il étudia à Milan.
Ventes Publiques : Milan, 16 juin 1992 : *Assise* 1925, h/pan. (29,5x21,5) : **ITL 5 000 000** – Milan, 20 déc. 1994 : *Les arcades de S. Chiara à Assise* 1925, h./contre-plaqué (51x57,5) : **ITL 3 450 000** – Milan, 12 déc. 1995 : *Paysage* 1936, gche/pap. (31,5x41) : **ITL 1 150 000**.

MORELLI Y SANCHEZ Gil Victor
Né le 19 septembre 1860 à La Corogne (Galice). XIXe-XXe siècles. Espagnol.
Peintre de sujets militaires, figures, portraits.
Il fut élève de J. Serra.
Musées : Madrid (Mus. d'artillerie) – Madrid (min. de la guerre).

MORELLO Angelo
XXe siècle. Italien.
Peintre, dessinateur.
Il a participé en 1992 à l'exposition *De Bonnard à Baselitz – Dix Ans d'enrichissements du cabinet des estampes 1979-1988* à la Bibliothèque nationale à Paris.
Musées : Paris (BN) : *Personnages* 1977.

MORELLO Leonardo
XVIIIe siècle. Italien.
Peintre.
Il a peint des fresques dans l'église S. Laurent de Trapani.

MORELLO Nunzio
XIXe siècle. Actif à Palerme. Italien.
Sculpteur.
Il a exécuté des statues sur des places publiques de Palerme et dans diverses églises de cette ville.

MORELLON LA CAVE François. Voir **LA CAVE François Morellon de**

MORELSE Paulus. Voir **MOREELSE**

MOREN Andres
XVIe siècle. Actif à Séville. Espagnol.
Peintre.
Cité en 1555 dans les archives de Séville.

MORENA Martin
XVIIe siècle. Actif à Séville vers 1652. Espagnol.
Sculpteur.

MORENELLO Andrea di. Voir **MORINELLO**

MORENI Mattia
Né le 12 novembre 1920 à Pavie (Lombardie). XXe siècle. Italien.
Peintre, sculpteur.
Il fut élève de l'académie des beaux-arts Albertina de Turin. Après un séjour de dix ans à Paris, il redécouvre la Romagne et s'y installe dans une ancienne ferme.
Sa carrière est principalement italienne. Il participe à de nombreuses expositions de groupes de peinture italienne contemporaine, parmi lesquelles : 1948, 1950, 1952, 1954, 1956, 1960 Biennale de Venise ; 1948, 1951, 1955, 1959, 1973 Quadriennale de Rome ; 1951, 1953, 1959 Biennale de São Paulo ; 1955, 1959 Documenta de Kassel. Il montre ses œuvres dans de nombreuses expositions personnelles : 1946, 1962, 1969, 1972 Turin ; 1947, 1949, 1966, 1969, 1972 Milan ; 1954, 1955, 1956, 1957, 1960 (...) 1990 Paris ; 1958, 1961 Cologne ; 1960 Institute of Contemporary Art de Londres ; 1962, 1969, 1974 Rome ; 1965 musée de Bologne ; 1975 pinacothèque de Ravenne. Il a obtenu de nombreux prix : 1947 prix Asti, 1953 prix Lissone, 1954 prix de la municipalité de La Spezia, 1956 prix Perugina de la XXVIIIe Biennale de Venise, 1957 premier prix Morgans Paint de Rimini, 1960 prix Giulio Einaudi de la XXXe Biennale de Venise.
Les œuvres de ses débuts furent influencées par l'expressionnisme post-cubiste de Picasso et le synthétisme à tendance abstraite de Magnelli, tendant elles-mêmes à une synthèse de l'abstraction et de rappels de la réalité. À partir de 1953, il trouva la formulation plastique correspondant au contenu expressif qu'il entend communiquer : une gestuelle paroxystique est chargée d'exprimer les réactions d'angoisse de l'être au monde ; quelques formes symboliques, croix, tables, inscriptions, situent la réalité concrète par rapport au flux fuyant de la conscience angoissée. Moreni est un exemple caractéristique de la génération d'artistes abstraits, chez lesquels les signes graphiques se transformèrent en signes déchiffrables. Il exprime lui-même ce passage : « J'ai commencé à peindre en hurlant en 1953 avec des figurations (hommes-soleils-barrières-buissons), réincarnant les signes du langage de mes maîtres informels ». Le lien avec la campagne et plus particulièrement la Romagne avec la terre, son rythme, sa chaleur, ses produits, n'est certainement pas étranger à la genèse de la longue série des *Pastèques* qu'il peint ensuite pendant plus de dix ans. Usant des signes plastiques nés effectivement du geste, les pastèques semblent, aussi, prétextes à peinture : « ...pour moi peindre des pastèques est une façon comme une autre pour peindre tout ». Comme écrit Dino Buzzati : « Les pastèques avec une splendide décision, sans sous-entendus, deviennent d'énormes fables tantôt pénibles, tantôt insouciantes, tantôt délirantes ». Voué semble-t-il aux séries, Moreni ne peint plus dans les années soixante-dix, et dit-il, pour longtemps que des sexes de femme. En 1983, son travail évolue. Il aborde différents cycles aux couleurs violentes, dans une manière « moche » comme il aime dire lui-même. Il réalise en particulier une série d'autoportraits, où il se représente défiguré, l'air stupide.
Bibliogr. : Bernard Dorival, sous la direction de : *Peintres contemp.*, Mazenod, Paris, 1964 – in : *Les Muses*, n° X, Grange Batelière, Paris, 1973 – Catalogue de l'exposition *Moreni*, Pinacothèque municipale, Ravenne, 1975 – Emmanuel Dayde : *Mattia Moreni*, Artension, Rouen, 1990.
Musées : Asti – Bologne – Milan – Rome – São Paulo – La Spezia – Spolete – Trieste – Turin.
Ventes Publiques : Milan, 15 nov. 1961 : *Composition n° 18* : **ITL 330 000** – Cologne, 14 juin 1966 : *Composition* : **DEM 3 000** – Milan, 10 déc. 1970 : *Composition (Moulin rouge)* : **ITL 950 000** – Milan, 23 mars 1971 : *Chasse interdite (Moulin rouge)* : **ITL 1 400 000** – Milan, 29 mai 1973 : *Encora un'immagine lanciata* : **ITL 3 300 000** – Rome, 26 nov. 1974 : *L'Incendie au port* : **ITL 950 000** – Munich, 26 nov. 1974 : *Le angurie non ci sarano piu* : **DEM 4 500** – Zurich, 22 nov. 1978 : *Un arbre* 1957, h/t (114x146) : **CHF 3 400** – Zurich, 24 oct 1979 : *Una vacca aperta* 1957, h/t (150x150) : **CHF 5 500** – Milan, 16 juin 1981 : *Moulin-Rouge* 1961, h/t (150x150) : **ITL 4 500 000** – Saint-Vincent (Italie), 6 mai 1984 : *Paysage vallonné* 1955, h/t (110x150) : **ITL 4 000 000** – Milan, 12 nov. 1985 : *Le calbane vecchie* 1969, h/t (132,5x101) : **ITL 4 000 000** – Rome, 25 nov. 1986 : *Una nuvola* 1956, h/t (140x120) : **ITL 9 000 000** – Milan, 16 déc. 1987 : *Barca* 1952, h/t (137x70) : **ITL 20 000 000** – Milan, 24 mars 1988 : *Antibes* 1951 (60x73) : **ITL 12 500 000** – Rome, 17 avr. 1989 : *Antibes* 1951, h/t (60x73) : **ITL 18 000 000** – Milan, 7 nov. 1989 : *Le calbane vecchie* 1947, h/t (71x64) : **ITL 7 500 000** – Milan, 12 juin 1990 : *Composition* 1951, h/t (66x81) : **ITL 32 000 000** – Rome, 9 déc. 1991 : *Antibes* 1951, h/t (100x150) : **ITL 25 300 000** – Milan, 12 oct. 1993 : *Ciel d'orage* 1957, h/pan. (diam. 150) : **ITL 75 900 000** – Rome, 30 nov. 1993 : *Bateaux sur la plage* 1951, h/t (64x64) : **ITL 9 775 000** – Milan, 5 mai 1994 : *Moulin Rouge* 1964, h/t (137x160) : **ITL 50 600 000** – Rome, 14 nov. 1995 : *Moulin Rouge* 1963, h/t (162x130) : **ITL 33 350 000** – Milan, 27 mai 1996 : *Un anguria sull'argine come un tramonto* 1966, h/t (181x200) : **ITL 64 400 000**.

MORENO
XVIᵉ siècle. Travaillant à Valladolid. Espagnol.
Peintre et doreur.

MORENO Agnaldo
Né en 1968. XXᵉ siècle. Brésilien.
Peintre de figures, natures mortes.
Il est autodidacte en peinture.
Il montre ses œuvres dans des expositions personnelles : 1990 au Brésil, 1992 Paris, 1994 Meaux, 1995 São Paulo et Paris.
Influencé par David et Ingres, il en a subi l'influence. Il cultive dans ses compositions rétrogrades l'art du flou, plongeant ses personnages dans une atmosphère intemporelle.

MORENO Cristobal
XVIᵉ siècle. Actif à Séville entre 1542 et 1550. Espagnol.
Peintre.

MORENO David
XXᵉ siècle.
Peintre, technique mixte.
Il a exposé en 1994 à New York.

MORENO Diego
XVIᵉ siècle. Travaillant à Séville en 1534. Espagnol.
Peintre.

MORENO Enrique
Né en 1847 à Madrid. Mort début août 1882 à Guadalajara. XIXᵉ siècle. Espagnol.
Peintre d'histoire.
Élève de C. Esquivel.

MORENO Joseph ou **José**
Né vers 1642 à Burgos. Mort en 1674 à Burgos. XVIIᵉ siècle. Espagnol.
Peintre.
Élève de Francisco de Solis. Moreno excella surtout dans la peinture des vierges. Ses madones sont particulièrement remarquables ; d'après le dictionnaire de Bryan, il aurait travaillé en Angleterre où le roi Charles II l'aurait nommé peintre de la cour. Le Musée Provincial de Saragosse et le Palais de Justice de Madrid possèdent des peintures de cet artiste.

JMoreno.

MORENO Juan
XVᵉ siècle. Actif à Valence de 1414 à 1443. Espagnol.
Peintre et dessinateur.
Il a réalisé des dessins de motifs pour tapis.

MORENO Juan
XVIIᵉ siècle. Espagnol.
Peintre.
On cite de lui une *Adoration des Mages*.

MORENO Juan Joseph
XVIIIᵉ siècle. Travaillant à Séville en 1746. Espagnol.
Peintre de portraits.
Il fit le portrait du roi Ferdinand VI lors de son avènement.

MORENO Lorenzo
XVIᵉ siècle. Actif à Gênes vers 1544. Italien.
Peintre de sujets religieux, fresquiste.
Membre de l'ordre des Carmes. Auteur d'une *Assomption* au couvent del Carmine à Gênes et d'une *Madone avec saint Jean-Baptiste*, conservée à l'Académie de la même ville.

MORENO Maria
XXᵉ siècle. Espagnole.
Peintre.
Elle vit et travaille à Madrid.
Aux côtés de Antonio Lopez Garcia, elle participa dans les années cinquante à l'important retour au « réel quotidien », qui se manifestera dans la jeune peinture espagnole. La réalité est traitée par ces peintres en fonction de son potentiel d'émerveillement, de sa complexité et des réactions de nostalgie qu'elle inspire.
Bibliogr. : Juan Manuel Bonet : *Réalisme magique ? Réalisme quotidien ?*, Chroniques de l'art vivant, Paris, fév. 1971.

MORENO Martin
XVIIᵉ siècle. Actif à Séville de 1629 à 1660. Espagnol.
Sculpteur sur bois et architecte.
Il travailla pour plusieurs églises de Séville où il sculpta des autels.

MORENO Matias
Né en 1840 à Madrid. XIXᵉ siècle. Espagnol.
Peintre de genre, de portraits et de paysages.
Élève de F. de Madrazo. La Galerie Moderne de Madrid conserve de cet artiste : *L'épreuve* et *Les deux songes*.
Ventes Publiques : Londres, 18 fév. 1983 : *Jeune femme arrangeant des fleurs* 1882, h/t (66x42,5) : **GBP 1 900** – New York, 23 mai 1985 : *Une biche entourée de loups* 1869, h/pan. (31,8x40) : **USD 8 000**.

MORENO Michel
Né en 1945 à Saint-Étienne-de-Rouvray (Seine-Maritime). XXᵉ siècle. Français.
Peintre, peintre à la gouache. Abstrait-géométrique.
Depuis 1965, il vit et travaille à Paris.
Il participe à des expositions collectives, régulièrement à Paris depuis 1972. Il montre ses œuvres dans des expositions personnelles : 1967, 1972, 1973 Paris.
Pratiquant un expressionnisme sombre à ses débuts, il évolua dans des œuvres moins tourmentées, en particulier de nombreuses marines, abstractisantes. Sa technique s'affirme et il adopte la mise en aplats des formes et des couleurs pratiquée par les cubistes. Lui-même analyse ainsi sa technique : « le but est d'atteindre le point où la lumière se crée, celui où les couleurs naissent et vont se confondre pour devenir lumière. Je peins de plage en plage, de couleur en couleur, avec la même intensité ; les couleurs s'entremêlent, les formes aussi. J'exprime l'intensité de la vie, qui est lumière à travers les choses ».

M-Moreno

Musées : Genève (Mus. du Petit Palais).
Ventes Publiques : Paris, 13 déc. 1985 : *Pierrot au violon*, gche (75x52) : **FRF 15 000** – Paris, 12 fév. 1988 : *Nus sur la plage, composition*, gche/cart. (41x31) : **FRF 3 600** – Paris, 23 juin 1988 : *Composition au syntho-chromisme homme et femme*, h/t (81x65) : **FRF 15 500** – Paris, 16 déc. 1988 : *Étude composition syntho-chromiste : Les Danseurs de tango*, gche (39,5x31) : **FRF 4 500** – Paris, 20 fév. 1989 : *Composition, syntho-chromisme : Les Danseurs*, gche (41x32) : **FRF 5 200** – Paris, 3 mars 1989 : *Jazz Danse*, h/t (46x39) : **FRF 5 300** – Paris, 12 avr. 1989 : *Tireuse de cartes*, h/t (125x95) : **FRF 39 000** – Paris, 8 oct. 1989 : *Syntho-chromisme*, gche/cart. (46x33) : **FRF 7 000** – Paris, 22 oct. 1989 : *Composition rythme coloré*, h/t (81x65) : **FRF 21 000** – Les Andelys, 19 nov. 1989 : *Syntho-chromisme, composition*, gche/pap. (33x24) : **FRF 3 000** – Versailles, 10 déc. 1989 : *composition syntho-chromiste, Les Danseurs*, h/t (81x65) : **FRF 27 000** – Paris, 18 déc. 1989 : *composition O. Guruma*, h/t (81x65) : **FRF 15 000** – Paris, 26 jan. 1990 : *Composition* (33x23,5) : **FRF 5 500** – Paris, 26 avr. 1990 : *Le Chant de la liberté*, h/t (100x81) : **FRF 42 000** – Paris, 30 mai 1990 : *Sur les chemins de la liberté*, h/t (73x60) : **FRF 20 000** – Paris, 6 fév. 1991 : *Jazz*, h/t (92x73) : **FRF 15 500** – Paris, 17 nov. 1991 : *Composition*, h/t (61x50) : **FRF 12 500** – Paris, 11 mars 1992 : *Bacchanale*, h/t (65x54) : **FRF 10 000** – Paris, 21 nov. 1993 : *Le Carnaval*, h/t (65x54) : **FRF 5 300**.

MORENO Pedro
XVIᵉ siècle. Actif à Séville vers 1533. Espagnol.
Peintre.
Un peintre ayant même nom et même prénom est également cité à Séville en 1592.

MORENO Rodrigo
XVIᵉ siècle. Actif à Grenade. Espagnol.
Sculpteur.
On cite de lui un crucifix pour l'Escurial.

MORENO ADRIENEGA Antonio
XVIIIᵉ siècle. Espagnol.
Peintre.
Il a peint avant 1750 un ex-voto dans l'église S. Marina de Cordoue.

MORENO ANGUITA Juan
Né le 13 décembre 1816 à Canete de las Torres. Mort le 15 octobre 1887 à Cordoue. XIXᵉ siècle. Espagnol.
Peintre, sculpteur et écrivain.

MORENO Y CARBONERO Jose
Né en 1858 ou 1860 à Malaga (Andalousie). Mort en 1942 à Madrid (Castille). XIXᵉ-XXᵉ siècles. Espagnol.

Peintre d'histoire, compositions animées, figures, portraits, paysages, marines, illustrateur.

Il fut élève de Bernardo Ferrandiz y Badenes, avec qui il séjourna au Maroc en 1873, puis de l'Académie des Beaux-Arts de Malaga (d'autres sources disent Madrid). Il séjourna à Paris, en 1976, et fréquenta l'atelier de Gérome, puis résida en Italie, à Rome. En 1982, il fut professeur de l'École des Beaux-Arts San Fernando puis de l'Académie des Beaux-Arts de Madrid. On sait surtout de lui que, professeur à Madrid, il eut pour élève, en 1921, Salvador Dali, et que Picasso, jeune, dont le père était également professeur de peinture, l'avait sans doute aussi rencontré autour de 1900.

Il participa aux Expositions nationales à Madrid, notamment en 1878 où il reçut une médaille de seconde classe pour son œuvre *Quichotte*. Il reçut une première médaille d'or en 1872 au lycée de Malaga.

Il a réalisé une peinture au style symboliste pour l'église de San Francisco el Grande de Madrid. Académique dans ses peintures d'histoire et portraits, sa facture est plus libre dans ses paysages.

Bibliogr. : In : *Cien Anos de pintura en Espana y Portugal, 1830-1930*, Antiqvaria, t. VI, Barcelone, 1991.

Musées : Berlin : *Une aventure de Gil Blas*.

Ventes Publiques : Madrid, 18 mai 1976 : *Don Quichotte et Sancho Pança*, h/t (24x46) : **ESP 260 000** – Madrid, 24 oct. 1978 : *Maison à Grenade* 1924, h/t (34x50) : **ESP 85 000** – Londres, 26 nov. 1982 : *La fuente de Malaga* 1897, h/t (195x298,5) : **GBP 7 500** – Madrid, 24 fév. 1987 : *Bergère avec son troupeau*, h/t (52x35) : **ESP 650 000** – Londres, 23 nov. 1988 : *La locomotive*, h/t (22x30) : **GBP 1 650** ; *Don Quichotte et Sancho Pancha* 1935, h/t (61x98) : **GBP 4 400** – New York, 30 oct. 1992 : *Procession religieuse* 1898, h/pan. (25,4x40) : **USD 22 000** – Londres, 17 mars 1995 : *Ca d'Oro à Venise*, h/t (49,5x40,5) : **GBP 10 925** – Londres, 31 oct. 1996 : *Don Quichotte*, h/pan. (11x30,5) : **GBP 2 760**.

MORENO Y FUENTES Jose

Né en 1835 à Cadix. Mort en 1892 à Cadix. XIXe siècle. Espagnol.

Peintre d'histoire et de portraits.

MORENO GIMENO Manuel

Né le 23 juillet 1900 à Valence. Mort le 26 janvier 1981. XXe siècle. Espagnol.

Peintre de paysages, portraits, décorateur.

À partir de 1941, il enseigna le dessin à l'école des beaux-arts San Carlos de Valence. Il a beaucoup voyagé, notamment en France, Angleterre, Flandres et Afrique du Nord.

Il a fréquemment exposé notamment au musée d'Art moderne et au musée du Peuple espagnol de Madrid, au Kunsthaus de Zurich, au musée des Beaux-Arts de Valence. Il obtint divers prix, notamment : en 1923 le premier prix du Cercle des beaux-arts, en 1941 le premier prix national de peinture à fresque, en 1945 la troisième médaille de l'Exposition nationale des beaux-arts de Madrid.

Outre ses paysages sereins, dominés par les verts et bleus, il a réalisé des portraits académiques de personnages célèbres. Il a également peint des figures en costumes typiques, dans une facture plus libre, proche parfois de l'impressionnisme.

Bibliogr. : In : *Cien Anos de pintura en Espana y Portugal, 1830-1930*, Antiqvaria, t. VI, Barcelone, 1991.

Musées : Valence (Mus. des Beaux-Arts) : *Els Cirialots del Corpus*.

MORENO DE GUZMAN Juan

XVIe siècle. Actif à Séville. Espagnol.

Peintre.

MORENO MEYERHOFF Pedro

Né en 1954 à Barcelone (Catalogne). XXe siècle. Espagnol.

Peintre de figures, portraits, paysages, intérieurs, dessinateur. Intimiste.

Il participe à des expositions collectives régulièrement à Barcelone depuis 1980, et à Madrid. Il montre ses œuvres dans des expositions personnelles, à Madrid, Barcelone, Paris.

Artiste réaliste, il réalise des œuvres d'une grande sobriété, décrivant les êtres dans leur environnement familier, le poissonnier à son étal, l'ouvrier à l'usine. Il a aussi rendu l'âme des quartiers de Barcelone.

Bibliogr. : In : *Catalogo nacional de arte contemporaneo*, Iberico 2mil, Barcelone, 1990.

MORENO PINCAS. Voir **PINCAS MORENO**

MORENO TEJADA Juan

XVIIIe-XIXe siècles. Actif à Madrid de 1780 à 1810. Espagnol.

Peintre de portraits, paysages, graveur, illustrateur.

Il grava au burin des illustrations pour l'édition de Don Quichotte de l'Académie Espagnole, des portraits et des vues, ainsi que des planches dans « La Conquête du Mexique », publiée à Madrid, en 1783.

Ventes Publiques : New York, 17 oct. 1991 : *Marché mexicain*, h/t (43,2x73) : **USD 17 600**.

MORENO VILLA José

Né en 1887 à Malaga (Andalousie). Mort en 1960 à Mexico. XXe siècle. Espagnol.

Peintre de natures mortes, paysages, pastelliste. Tendance surréaliste.

Ses œuvres empreintes de poésie furent influencées par le surréalisme. Il opta pour une composition libre et une utilisation originale des couleurs. Il écrivit également des œuvres poétiques et fit des conférences, où il exposa ses théories esthétiques.

Musées : Madrid (Mus. espagnol d'Art Contemp.) : *Nature morte* 1927 – *Composition avec assiette et cerf* 1935.

MORER Arnaldo de

XVe siècle. Actif à Valence. Espagnol.

Peintre verrier.

Il a peint les vitraux de l'église de S. Pedro et ceux de la Grande Chapelle dans la cathédrale de Valence.

MORERA Sebastian

Mort le 6 janvier 1788 à Séville. XVIIIe siècle. Espagnol.

Sculpteur.

A l'École des Beaux-Arts de Séville se trouve une statuette de *Saint Jean-Baptiste*, portant l'indication *Copié par Sébastien Morera, année 1782*. L'œuvre copiée indique que l'original devait être excellent.

MORERA Y GALICIA Jaime

Né en 1854 à Lerida (Catalogne). Mort le 23 avril 1927 à Madrid (Castille). XIXe-XXe siècles. Espagnol.

Peintre de genre, portraits, architectures, intérieurs, paysages, marines. Tendance impressionniste.

Il fut élève de l'académie de San Fernando de Madrid, où il eut pour professeur Carlos de Haes. De 1874 à 1877, il fit un séjour d'études à Rome, puis voyagea en France et en Belgique. Il travailla à Madrid.

Il participa à de nombreuses expositions collectives, notamment à Paris, Barcelone. Il obtint une médaille de deuxième classe en 1878 à l'exposition de la Société Nationale des Beaux-Arts de Madrid, la première médaille en 1892 de l'Exposition internationale de Madrid. Il montra sa première exposition personnelle en 1890 au Cercle des beaux-arts de Madrid.

Il adopta les sujets impressionnistes, réalisant notamment de nombreux paysages de Normandie et Bretagne, au cours des diverses saisons. Il adopta une gamme chromatique réduite et s'attacha, d'une touche alerte, à saisir, dans des compositions simples, l'intensité lumineuse de la neige, du scintillement des eaux.

Bibliogr. : In : *Cien Años de pintura en España y Portugal, 1830-1930*, Antiqvaria, t. VI, Barcelone, 1991.

Musées : Madrid (Gal. Mod.) : *Paysage de Normandie – Rivage de Waht – Marine*.

Ventes Publiques : Londres, 27 nov. 1985 : *Plages en Bretagne*, h/t (64x112) : **GBP 4 000**.

MORÈRE René

Né le 16 mai 1907 à Paris. Mort le 26 décembre 1942 à Castillon (Ariège). XXe siècle. Français.

Peintre de genre, intérieurs, paysages, graveur.

Une rétrospective si peu encombrée de l'œuvre de Morère dans une galerie parisienne, en 1945, fut une révélation. On a pu également voir ses œuvres en 1963 à la galerie Vendôme à Paris et en 1981 au musée Goya de Castres.

Disparu avant la maturité, ayant pour poursuivre son œuvre lutté contre le mal qui devait triompher de son énergie, cet artiste promettait de prendre rang parmi les plus originaux de son temps. Peintre lettré, il fut plus expressionniste qu'obsédé d'intellectualisme. Il a laissé des toiles d'un coloris puissant, d'une pâte violente, qui rendait les scènes de la vie quotidienne et parisienne : *Scène dans un café* (1932), *Sous-bois à Etréchy avec deux amoureux* (1932). Ses gravures sont souvent comme des illustrations du drame de l'amour aux frontières de la mort.

■ A. S.

Bibliogr. : Catalogue de l'exposition : *René Morère*, Galerie Vendôme, Paris, 1963 – Catalogue de l'exposition : *René Morère*, Musée Goya, Castres, 1981.
Ventes Publiques : Paris, 18 mars 1974 : *Après la baignade* 1934 : **FRF 4 000** – Paris, 26 juin 1986 : *Portrait de femme*, h/t (55x38) : **FRF 45 000** – Paris, 30 mai 1988 : *Portrait de femme*, h/t (41x33) : **FRF 10 000** – Paris, 12 juil. 1988 : *Portrait de femme*, aquar. et h/t (41x33) : **FRF 9 000** – Paris, 28 nov. 1988 : *Portrait d'homme*, h/t (41x33) : **FRF 14 000** – Paris, 16 nov. 1990 : *Rochebelle à Fontainebleau*, h/t (32x32) : **FRF 10 000** – Paris, 14 déc. 1990 : *Études de nus*, deux dess. au cr. (25x37 et 28x39) : **FRF 6 000** – Paris, 18 juin 1993 : *Nu debout près d'un divan sur fond jaune* 1936, h/t (92x73) : **FRF 40 000** – Paris, 16 oct. 1996 : *Jeune Femme à la fourrure* 1934, h/t (56x38) : **FRF 8 500** – Paris, 27 oct. 1997 : *À la terrasse du café* 1936, h/t (46x65) : **FRF 12 500** ; *Jeté de fleurs* 1937, h/t (51x62) : **FRF 7 000**.

MOREROD Albert
Né le 18 septembre 1871 à Ollon-Saint-Triphon (Vaud). XIXe-XXe siècles. Suisse.
Peintre de genre, portraits, paysages.
Il fit ses études à Genève, Paris, Lyon.

MOREROD Édouard
Né en 1879 à Aigle (Vaud). Mort fin juillet 1919 à Lausanne (Vaud). XXe siècle. Suisse.
Peintre de paysages, figures, portraits.
Il fit ses études à Lausanne, Neuchâtel et Paris (chez Steinlen) et voyagea en Espagne et au Maroc.
Ventes Publiques : Zurich, 15 mars 1951 : *Gitane* : **CHF 650** – Zurich, 2 juin 1994 : *Bazar*, fus. et aquar./pap. (48,5x59,5) : **CHF 1 035**.

MORES Jakob ou **Mörs**, dit **l'Ancien**
Né vers 1540. Mort peu avant 1612. XVIe-XVIIe siècles. Actif à Hambourg. Allemand.
Graveur, dessinateur.
Il travailla pour le Conseil de Hambourg, le roi de Danemark et les ducs de Schleswig-Holstein. On cite de lui la gravure sur cuivre *Portrait du comte H. von Rantzau* et les illustrations pour la Bible, gravées sur bois.

MORESCALCHI B.
XIXe siècle. Italien.
Graveur en médailles.
La Galerie d'Art Moderne à Florence conserve une de ses médailles.

MORESCHI Ferrante
XVIe siècle. Actif à Plaisance. Italien.
Peintre et stucateur.
Il travailla dans la Sala Regia et dans les Chambres des Suisses au Vatican.

MORESINI Simone. Voir **FORNARI**

MORET Alfred
Né à Tours. Mort en 1913. XIXe-XXe siècles. Français.
Sculpteur et médailleur.
Il exposa au Salon de 1877 à 1892 des bustes et des médaillons.

MORET Henry
Né le 12 décembre 1856 à Cherbourg. Mort le 5 mai 1913 à Paris. XIXe-XXe siècles. Français.
Peintre de paysages, paysages portuaires, marines, peintre à la gouache, aquarelliste, dessinateur.
Bien que Normand d'origine, Moret, qui vécut et travailla presque toujours en Bretagne, demeurera dans l'histoire de l'impressionnisme essentiellement comme l'interprète du paysage breton, de ses beautés tendres ou tragiques, qu'il a su délicatement exprimer. Il travailla d'abord à Paris avec Carolles et J. P. Laurens, mais épris d'art libre, après avoir débuté au Salon de 1880, il s'évada rapidement de la formule académique pour vivre et peindre, selon ses vœux, en pleine nature. Il fit alors partie de cette pléiade de jeunes artistes réunie autour de Gauguin à Pont-Aven. Par la suite il allait parcourir la côte morbihannaise, allant d'Ouessant à Belle-Ile et de Belle-Ile à Groix, observant les types locaux, gens de mer, paysans, sardiniers, et traduisant leur pittoresque univers en d'innombrables esquisses et études. Il finit par s'installer à Douëlan, et dès lors le paysage maritime le posséda entièrement.
Moret a rendu tous les aspects de la mer multiforme, apaisée ou furieuse, les limpidités de perle des matins sur l'océan, les passages des voiles rouges de sardiniers au lointain des crépuscules, toujours dans une manière libre et moelleuse où se décèle l'influence de Claude Monet. Épigone de l'impressionnisme, l'histoire le situera à sa juste place d'un disciple de talent dans la suite du maître de Giverny. Solitaire, éloigné de Paris, ignorant l'ambition, il eut surtout contre lui son excessive et sympathique modestie, et son désintéressement qui contribuèrent à faire méconnaître, dans une certaine mesure, cette œuvre dont les amateurs ont pourtant distingué la probité et le charme et qui court la chance de grandir encore en vieillissant.
■ Marguerite Bénézit

Henry Moret
H. Moret

Bibliogr. : Catalogue de l'exposition *Henry Moret*, Paris, Durand-Ruel, 1973 – *Les Muses*, Grange Batelière, Paris, 1973.
Musées : Quimper (Mus. des Beaux-Arts) : *Paysage breton* vers 1889-1990 – Reims : *Port-Lamatte*.
Ventes Publiques : Paris, 7 juil. 1921 : *Chaumière en Bretagne, effet de neige* : **FRF 500** ; *Départ pour l'École* : **FRF 820** – Paris, 10 mai 1926 : *Falaises de Clohars* : **FRF 2 700** ; *Les Falaises par gros temps* : **FRF 3 460** – Paris, 18 mars 1938 : *Marine, côte bretonne* : **FRF 440** – Paris, 16-17 mai 1939 : *Le Moulin d'Egmond (Hollande)* : **FRF 650** ; *Paysage du Finistère* : **FRF 500** – Londres, 11 jan. 1940 : *Ouessant, jour de calme* : **GBP 42** – Paris, 23 mai 1941 : *Les Rochers au bord de la mer* 1912 : **FRF 1 010** – Paris, 2 juin 1943 : *Les Récifs* : **FRF 8 000** – Paris, 10 déc. 1943 : *Chemin dans la lande* : **FRF 13 000** – Paris, 31 mars 1944 : *Gros Temps à Douelan* : **FRF 24 000** – Paris, 10 mai 1944 : *Matinée de calme en Bretagne* : **FRF 17 100** – New York, 31 jan. 1946 : *Falaises d'Étretat* : **USD 425** – Paris, 20 juin 1947 : *La Chaussée de Kerveller-Ouessant* 1901 : **FRF 20 000** – Paris, 20 déc. 1948 : *Port du Havre à marée basse* : **FRF 5 800** – Paris, 17 mars 1950 : *Les Rochers au soleil levant* : **FRF 11 200** – Paris, 21 juin 1950 : *Arrivée de bateaux à Douelan* 1911 : **FRF 17 000** – Paris, 25 oct. 1950 : *Une ferme près de Pont-Aven* : **FRF 21 000** – Paris, 20 déc. 1950 : *Brume du matin à Douelan, Finistère* 1908 : **FRF 17 500** – Paris, 2 mars 1951 : *Un chemin en Clohars* 1901 : **FRF 15 000** ; *La Baie de la Torche* 1910 : **FRF 15 000** – Paris, 27 avr. 1951 : *La Brume à Douëlan, Finistère* : **FRF 20 000** – Paris, 10 juin 1955 : *Le Bateau de sauvetage* : **FRF 130 000** – Paris, 1er déc. 1959 : *Pen March, Finistère* 1909 : **FRF 250 000** – Paris, 23 juin 1960 : *Les Glénans* : **FRF 5 000** – Paris, 21 juin 1961 : *La Pointe de Pen March* : **FRF 7 100** – Paris, 8 fév. 1962 : *Le Dalmani, Finistère* : **FRF 12 200** – Paris, 6 déc. 1963 : *Arbres au bord d'une rivière* : **FRF 13 500** – Londres, 31 mars 1965 : *Le Sémaphore, côtes du Finistère* : **GBP 1 400** – New York, 6 avr. 1967 : *Temps brumeux, Bretagne* : **USD 4 500** – Paris, 5 déc. 1968 : *Temps brumeux, Brizellec, Finistère* : **FRF 37 000** – Versailles, 7 déc. 1969 : *Baie de Porstall, Finistère* : **FRF 40 000** – Angers, 10 juin 1970 : *Paysannes dans un champ de blé au Pouldu* : **FRF 42 400** – Londres, 21 avr. 1971 : *Paysage de montagne* : **GBP 2 700** – Los Angeles, 20 nov. 1972 : *Bord de mer, Finistère* : **USD 7 000** – Genève, 1er juil. 1973 : *Ramasseur de goémon* : **CHF 34 000** – Paris, 13 mars 1974 : *Rivière de Belon* : **FRF 33 000** – Londres, 3 avr. 1974 : *Effet de neige, Finistère* 1910 : **GBP 4 200** – Versailles, 24 oct. 1976 : *Les Pêcheurs* vers 1900, h/t (50x61) : **FRF 20 000** – Brest, 18 déc. 1977 : *Belle-Ile – La Côte sauvage*, h/t (60x73) : **FRF 36 000** – Brest, 16 déc 1979 : *Les champs à Ouessant*, h/t (46x61) : **FRF 62 000** – New York, 26 fév. 1981 : *La Pointe de Lervily* 1906, h/t (38,7x55,4) : **USD 12 000** – Paris, 21 oct. 1983 : *La Barque de pêche*, fus. (13x18) : **FRF 14 000** – Paris, 21 oct. 1983 : *Côte rocheuse, Bretagne*, aquar. sur traits fus. (23,5x32) : **FRF 32 000** – Verrière-le-Buisson, 9 déc. 1984 : *Paysage à l'océan*, h/t (81x117) : **FRF 890 000** – Londres, 25 juin 1985 : *Une lande en Bretagne* 1898, h/t (60x74) : **GPB 32 000** – Paris, 19 nov. 1986 : *Rivière de Merrien*, h/t (65x81) : **FRF 310 000** – Paris, 19 mars 1986 : *Breton et Bretonne aux champs* 1893, h/t (30x54) : **FRF 261 500** – New York, 13 mai 1987 : *Le Raz de Lien, Finistère* 1911, h/t (59x70,2) : **USD 80 000** – New York, 18 fév. 1988 : *Falaise à Ouessant* 1895, h/t (60x73) : **USD 60 500** – Paris, 22 juin 1988 : *Neige à Doëlan (Finistère)* 1898, h/t (73x93) : **FRF 750 000** – Londres, 19 oct. 1988 : *La Nuit à Doëlan dans le Finistère* 1909, h/t (33,3x46,1) : **GBP 18 700** – Londres, 21 oct. 1988 : *Sur la montagne St Givene*, h/t (33x45,7) : **GBP 8 800** – New York, 16 fév.

1989 : *Jour de brume à Dielette dans la Manche* 1912, h/t (50,8x61,5) : **USD 46 200** – LONDRES, 5 avr. 1989 : *Ouessant un jour de calme* 1905, h/t (93x74) : **GBP 154 000** – NEW YORK, 11 mai 1989 : *Matinée d'été en Bretagne* 1900, h/t (60x81) : **USD 126 500** – PARIS, 22 juin 1989 : *Landes de Benzec, baie de Douarnenez* 1911, h/t (60x72) : **FRF 600 000** – NEW YORK, 6 oct. 1989 : *La baie du Hespant* 1902, h/t (60,3x92) : **USD 85 250** – NEW YORK, 15 nov. 1989 : *Saint-Thomas dans le Finistère* 1907, h/t (89,8x116,8) : **USD 165 000** – PARIS, 23 nov. 1989 : *Bord de mer et bateaux à voile* 1896, aquar. (26x34) : **FRF 43 000** – NEW YORK, 26 fév. 1990 : *Plage de Raguenez dans le Finistère* 1902, h/t (38x61) : **USD 71 500** – LONDRES, 3 avr. 1990 : *Bretonne au bord de la rivière* 1899, h/t (55x65,5) : **GBP 71 500** – TROYES, 23 juin 1990 : *Voiliers dans la baie, Bretagne* 1898, h/t (73x60) : **FRF 515 000** – NEW YORK, 2 oct. 1990 : *Port-Eudy dans l'Île de Groix*, h/t (54,6x65,4) : **USD 71 500** – LORIENT, 9 juin 1991 : *Le Battage du blé à la ferme* 1894, h/t (61x52,5) : **FRF 830 000** – PARIS, 28 nov. 1991 : *Pont-Aven* 1902, h/t (61x50) : **FRF 275 000** – LONDRES, 3 déc. 1991 : *Le Moulin de Riec dans le Finistère* 1909, h/t (73x92) : **GBP 49 500** – NEW YORK, 25 fév. 1992 : *La mer en Bretagne*, h/t (54x64,2) : **USD 46 200** – CALAIS, 5 avr. 1992 : *Sieste au bord de la falaise*, h/t (13x47) : **FRF 68 000** – LORIENT, 28 nov. 1992 : *Bord de mer à Larmor-Plage* 1891, h/t (56x82) : **FRF 225 000** – CALAIS, 14 mars 1993 : *Barques dans un estuaire en Bretagne*, aquar. (23x30) : **FRF 19 500** – PARIS, 14 juin 1993 : *Genêts en fleur sur la falaise*, h/t (54x65) : **FRF 212 000** – LONDRES, 23 juin 1993 : *Basse mer sur une côte de Bretagne* 1907, h/t (54,5x65,5) : **GBP 47 700** – PARIS, 15 nov. 1994 : *Jeunes Bretonnes dans la lande*, h/t (84x115) : **FRF 692 000** – ZURICH, 7 avr. 1995 : *La Brume* 1906, h/t (50x61) : **CHF 30 000** – DOUARNENEZ, 22 juil. 1995 : *Vue de Ouessant, Le Pern* 1903, h/t (55x73) : **FRF 136 000** – NEW YORK, 8 nov. 1995 : *Les Falaises roses, la Côte de l'Enfer* 1897, h/t (73x92,5) : **USD 26 450** – CALAIS, 24 mars 1996 : *La Côte de Clohars* 1894, h/t (53x48) : **FRF 270 000** – CALAIS, 7 juil. 1996 : *Côte de Bretagne*, h/t (46x55) : **FRF 160 000** – NEW YORK, 13 nov. 1996 : *Un chemin en Clohars, Finistère* 1901, h/t (54,9x73) : **USD 59 700** – PARIS, 28 nov. 1996 : *Gavres, enfants au bord de l'eau*, h/t (48,5x65) : **FRF 90 000** – LONDRES, 4 déc. 1996 : *Les Falaises au bord de l'eau* 1895, h/t (73x60) : **GBP 29 900** – NEW YORK, 14 nov. 1996 : *Rivière de Belon, Finistère* 1909, h/t (59,7x80,7) : **USD 48 300** – PARIS, 24 mars 1997 : *Bord de rivière aux peupliers*, h/t (81x60) : **FRF 112 000** – PARIS, 14 mai 1997 : *Lande bretonne, femme cousant* 1891, h/t (57x83) : **FRF 366 000** – NEW YORK, 14 mai 1997 : *Mer calme à l'Île de Groix* 1896, h/t (54,6x66) : **USD 51 750** – LONDRES, 25 juin 1997 : *La Rade de Lorient* 1892, h/t (65x50) : **GBP 36 700**.

MORET Jean Baptiste. Voir **MORRET**

MORET Jean Paul. Voir **MOREL**

MORET Karl

Né en 1744. Mort le 21 mars 1771 à Vienne. XVIIIe siècle. Autrichien.

Peintre de fleurs.

MORET Léon

Né le 4 juillet 1890 à Annecy (Haute-Savoie). Mort le 22 novembre 1973 à Grenoble (Isère). XXe siècle. Français.

Peintre de paysages, dessinateur, aquarelliste.

Médecin et géologue, il fut doyen de la Société des Sciences de Grenoble et membre de l'Institut.

Il réalisa de très nombreux paysages à l'aquarelle de la région d'Annecy et de Grenoble et publia des dessins dans des ouvrages scientifiques.

BIBLIOGR. : Maurice Wantellet : *Deux Siècles de peinture dauphinoise*, Maurice Wantellet, Grenoble, 1987.

MORET-SAINT-HILAIRE Charles

Mort en 1849. XIXe siècle. Français.

Peintre de vues.

De 1845 à 1847, il exposa au Salon de Paris des vues prises en Normandie, dans le Dauphiné et le Lyonnais.

MORET-SARTROUVILLE Victor Auguste

Né en 1794 à Dieppe. XIXe siècle. Français.

Peintre.

Élève de David, de Gros et de Noël. Il exposa divers sujets au Salon de Paris, de 1831 à 1846.

MORETEAU Julien Louis

Né le 18 novembre 1886 à Bordeaux (Gironde). XXe siècle. Français.

Peintre de paysages.

Il fut élève de Charles Fouqueray. Il exposa à Paris, au Salon des Artistes Français, dont il fut membre sociétaire et hors-concours à partir de 1922. Il obtint une médaille d'argent en 1924, une médaille d'or en 1926.

On cite de lui : *Négresse aux amulettes*.

MUSÉES : LA ROCHELLE : *Paysage*.

MORETH J. ou **Morette**

XVIIIe-XIXe siècles. Français.

Peintre de paysages, peintre à la gouache, aquarelliste, dessinateur.

Élève de Casanova, il exposa au Salon de Paris des paysages en 1796. Le Musée de Narbonne conserve un paysage daté 1806 qui nous paraît pouvoir être de cet artiste.

VENTES PUBLIQUES : PARIS, 20 mars 1924 : *Bords de rivière avec maisons*, pierre noire : **FRF 130** – PARIS, 13 fév. 1941 : *La Grotte d'Apollon*, pl. et lav. d'aquar., Attr. : **FRF 8 100** – PARIS, 18 oct. 1946 : *Paysage, bords de rivière*, gche : **FRF 2 000** – PARIS, 18 juin 1947 : *La Pagode* 1796 ; *Les Ruines* 1810, gches, pendants : **FRF 42 000** – PARIS, 29 nov. 1948 : *Vues de parc*, aquar. gchées, pendant : **FRF 56 000** – PARIS, 27 mai 1949 : *L'Allée ombreuse*, aquar. gchée, Attr. : **FRF 80 000** – PARIS, 27 avr. 1951 : *Le Passage du gué* ; *La Pergola*, gches, pendant, Attr., : **FRF 170 000** – MORLAIX, 25 avr. 1988 : *Le Coche d'eau* ; *La Diligence* 1816, gches, pendant (chaque 51x69,5) : **FRF 41 000** – PARIS, 25 avr. 1989 : *Vue du parc avec pagode sur un pont de pierre* 1796, gche (31,5x46,5) : **FRF 33 000** – PARIS, 7 juil. 1992 : *Paysage au torrent*, gche (22x30) : **FRF 20 000** – PARIS, 29 jan. 1997 : *Bac traversant une rivière* ; *La Malle-poste*, gches, pendant (43,5x58,5) : **FRF 32 500**.

MORETI Joseph Pasqualini ou **Pasquale** ou **Pascalin** ou **Moretti**, dit **Joseph Pascalin**

Né vers 1700. Mort le 17 janvier 1758 à Munich. XVIIIe siècle. Allemand.

Peintre de scènes de chasse, portraits, peintre de compositions murales, décorateur.

Il fit ses études à Paris et a été peintre de la cour de Bavière. On cite de lui des portraits de rois et de princes, des scènes de chasse.

Son chef-d'œuvre reste la décoration de plusieurs salons du château de Nymphenbourg.

MUSÉES : MUNICH : *Chasse au sanglier*.

MORETO Cristoforo. Voir **MORETTI**

MORETO Jacinto

Né vers 1701 à Vich. Mort en 1759 à Solsona. XVIIIe siècle. Espagnol.

Sculpteur.

Il sculpta des statues pour les couvents des Dominicains et des Clarisses de Vich et des bas-reliefs pour un couvent de Solsona.

MORETO Juan de ou **Moretti**

Né à Florence. Mort avant 1551. XVIe siècle. Actif à Saragosse. Espagnol.

Sculpteur.

Père de Pedro Moreto. Il sculpta de nombreux autels et stalles pour les églises de Saragosse, de Jaca, de Tarazona et de Sallent. Il était aussi architecte.

MORETO Niccolo. Voir **MIRETO**

MORETO Pedro

XVIe siècle. Espagnol.

Sculpteur.

Fils de Juan de Moreto. Il collabora avec son père à l'autel de la chapelle Saint-Bernard dans la cathédrale de Saragosse.

MORETTE J. Voir **MORETH**

MORETTE Jean Baptiste. Voir **MORRET**

MORETTI. Voir aussi **MORETTO**

MORETTI Alberto

Né en 1922 à Carmignano. XXe siècle. Italien.

Peintre, peintre de collages. Abstrait.

Il vit et travaille à Florence.

Il participa à de nombreuses expositions de groupe. Il montra ses œuvres dans des expositions personnelles à partir de 1947. Il obtint un second prix au Centre international des arts et du costume à Venise en 1954.

Après des études littéraires, à l'université de Florence, il commença à peindre en 1947, dans l'esprit d'une abstraction

rigoureuse. Vers 1960, il évolua vers une expression informelle. Il pratiqua ensuite la technique du collage, ce qui le conduisit à des assemblages insolites, dans la suite du mouvement Dada. Il a également réalisé des livres d'artiste.
Bibliogr. : Bernard Dorival, sous la direction de : *Peintres contemp.*, Mazenod, Paris, 1964.
Musées : Haïfa – New York – Paris (BN) – Rio de Janeiro – Rome – São Paulo.

MORETTI Antonio
xviiie siècle. Actif à Trévise dans la seconde moitié du xviiie siècle. Italien.
Peintre de portraits.
Par la suite, il se fit ordonner prêtre et renonça à l'art.

MORETTI Bartolommeo
Né à Bologne. Mort en 1703. xviie siècle. Italien.
Peintre.
Prêtre à Saint-Philippe-Néri de Bologne. Neveu et élève de Pasinelli.

MORETTI C.
xviiie siècle. Italien.
Graveur d'architectures.
Il était actif à Rome à la fin du xviiie siècle.

MORETTI Cristoforo ou **Moreto** ou **Moretto**, dit **Rivello**
Né au xve siècle à Crémone. xve siècle. Italien.
Peintre de sujets religieux, peintre de décorations murales.
Cet artiste florissait dans sa ville natale. D'après Lomazzo, il décora le palais ducal de Milan, en collaboration avec Bembo, et y exécuta notamment une *Passion*, qui produisit une sensation considérable. On cite aussi au Musée Poldi Pezzoli de Milan, une *Vierge entourée de saints*, signée Christophorus de Moretis de Cremona.

MORETTI Egidio
xviie siècle. Italien.
Sculpteur.
Il travailla à la façade de Saint-Pierre de Rome et il a sculpté un ange de l'autel de la chapelle Paolina dans l'église Santa Maria Maggiore à Rome.

MORETTI Francesco
Né le 26 août 1833 à Pérouse. Mort le 25 avril 1917 à Pérouse. xixe-xxe siècles. Italien.
Peintre d'histoire, portraits, peintre verrier.
Élève de l'Académie de Pérouse. Il a participé à tous les Salons italiens et a souvent exposé à l'étranger, notamment à Londres. Chevalier de l'Ordre de la Couronne d'Italie. Il a peint les vitraux pour la cathédrale de Todi, S. Domenico de Pérouse et des églises d'Arezzo, Assise, Corona, Capoue, Lorette, Naples, Orvieto et Turin.

MORETTI Giangiacomo
Né le 13 novembre 1843 à Split. xixe siècle. Actif à Milan. Italien.
Peintre de genre.

MORETTI Giovanni. Voir **MORETO Juan de**

MORETTI Giovanni Battista
xviiie siècle. Actif à Venise vers 1775. Italien.
Peintre d'architectures et de vues.
Il exécuta en 1748 les décorations et le rideau pour le théâtre S. Samuele de Venise.

MORETTI Giuseppe
Né à Venise. xviiie siècle. Actif dans la seconde moitié du xviiie siècle. Italien.
Peintre d'architectures, de vues et de perspectives.
Élève et imitateur de Canaletto. On lui attribue certaines peintures de moindre valeur de Canaletto.
Ventes Publiques : Londres, 12 déc. 1996 : *Deux intérieurs d'église*, craie noire, pl. et encre noire, lav. brun et gris, une paire (45,5x63) : **GBP 1 495**.

MORETTI Giuseppe Maria
Né en 1659 à Bologne. Mort le 18 mars 1746 à Bologne. xviie-xviiie siècles. Italien.
Peintre, graveur sur bois.
Il travailla à Venise. Le Musée de cette ville conserve de lui : *Architecture imaginaire*.

MORETTI Irene, plus tard Mme **Caselli**
Née le 3 mai 1835. xixe siècle. Italienne.
Peintre verrier.
Mère de Lodovico Caselli et sœur de Francesco Moretti.

MORETTI Juan de. Voir **MORETO**

MORETTI Lucien Philippe
Né en 1922. xxe siècle. Français.
Peintre de compositions animées, figures, paysages.
Il s'est fréquemment inspiré de l'univers du cirque et des gens du voyage.
Ventes Publiques : Versailles, 26 nov. 1978 : *Montmartre en fête*, gche (56x75,5) : **FRF 6 500** – Versailles, 7 juin 1978 : *La Crémaillère à Montmartre*, h/t (54x65) : **FRF 20 500** – Versailles, 18 mars 1979 : *Sur la place*, gche/pap. Japon nacré (56x77) : **FRF 6 500** – Versailles, 13 juin 1979 : *Intermède sur la Butte Montmartre*, h/t (60x73) : **FRF 21 200** – Versailles, 3 juin 1981 : *Mariages*, h/t (59,5x73) : **FRF 40 000** – Versailles, 20 mars 1983 : *Le Petit Pianiste du conservatoire*, aquar. et cr. coul./pap. Japon (55x72) : **FRF 7 800** – Versailles, 13 juin 1984 : *La Kermesse*, h/t (81x100) : **FRF 54 000** – Versailles, 12 juin 1985 : *La lettre à Elise*, h/t (54x65) : **FRF 47 000** – Versailles, 7 déc. 1986 : *L'Enfant au violon*, h/t (54,5x45,5) : **FRF 60 500** – Rambouillet, 11 oct. 1987 : *La Fête*, aquar. et gche/pap. mar./cart. (56x76) : **FRF 35 000** – Versailles, 15 juin 1988 : *La joie du cirque ou Le clown au chien tourneur de cartes* 1986, h/t (72,5x91,5) : **FRF 90 000** – Paris, 23 juin 1988 : *Gitanes et mariniers*, encre de Chine et gche/pap. japon (56x76,5) : **FRF 14 500** – L'Isle-Adam, 25 sep. 1988 : *Paix sur la terre pour tous les enfants du monde*, h/t (27x22) : **FRF 21 000** – Paris, 19 oct. 1988 : *Autoportrait dans l'atelier*, peint. à l'essence/t. (73x60) : **FRF 19 000** – Paris, 14 déc. 1988 : *Portrait de jeune garçon* 1957, lav. d'encre/t. (46x38) : **FRF 3 200** – Versailles, 18 déc. 1988 : *Arlequin et jeunes musiciens*, gche (54x74) : **FRF 62 000** – Paris, 3 mars 1989 : *Portrait de jeune garçon* 1957, lav. d'encre/t. (46x38) : **FRF 3 200** – Paris, 10 avr. 1989 : *Plage*, h/t (72,5x91,5) : **FRF 45 000** – Versailles, 29 oct. 1989 : *Venise, marché au poisson*, h/pan. (38x46) : **FRF 14 000** – Paris, 22 oct. 1989 : *Jeune fille au balcon*, aquar. et encre de Chine (48,5x42) : **FRF 45 000** – Le Havre, 18 nov. 1989 : *Le rayon vert*, h/t (25x34) : **FRF 100 500** – Versailles, 21 jan. 1990 : *Les Musiciens*, mine de pb/pap. (31x54) : **FRF 7 000** – La Varenne-Saint-Hilaire, 20 mai 1990 : *Le mariage*, aquar. : **FRF 50 000** – Paris, 13 juin 1990 : *Le Cirque improvisé*, h/pap. (50x65) : **FRF 110 000** – Gien, 24 juin 1990 : *Pacific circus mondial*, gche et encre/pap. japon (55x77) : **FRF 230 000** – Paris, 2 déc. 1991 : *La lionne et le petit rat*, h/t (46x38) : **FRF 85 000** – Versailles, 16 fév. 1992 : *La petite gitane à la robe jaune*, h/t (73x60) : **FRF 136 000** – New York, 9 mai 1992 : *Jeune fille à sa toilette*, h/t (27x22) : **USD 1 650** – Paris, 6 juil. 1992 : *Première leçon*, h/t (38x46) : **FRF 77 000** – Honfleur, 11 avr. 1993 : *Les Demoiselles d'Étretat*, h/t (73x92) : **FRF 147 000** – New York, 23 fév. 1994 : *Thérèse*, h/t (72,3x91,4) : **USD 4 600** – Honfleur, 3 avr. 1994 : *La Colombe sauvée*, h/t (46x55) : **FRF 77 000** – Calais, 3 juil. 1994 : *Thérèse la fleuriste de la rue des Abbesses*, h/t (73x92) : **FRF 33 000** – Paris, 30 nov. 1994 : *Autour du peintre*, h/t (46x55) : **FRF 41 000** – Paris, 10 juil. 1995 : *La Crémaillère à Montmartre*, sanguine avec reh. de past. et gche (56x76) : **FRF 12 200** – Calais, 24 mars 1996 : *Terrasse de café*, aquar. (45x54) : **FRF 12 000** – Amsterdam, 4 juin 1996 : *La Crémaillère à Montmartre*, h/t (54x65) : **NLG 18 290** – Paris, 23 juin 1997 : *La Petite Fille au piano*, sanguine/t. (35x27) : **FRF 15 000**.

MORETTI Luigi
Né le 21 juin 1884 à Venise. xxe siècle. Italien.
Peintre de paysages.
Il exposa régulièrement à Paris, au Salon des Artistes Français à partir de 1911, des Indépendants, de la Société Nationale des Beaux-Arts. Travaillant souvent à Paris, on lui doit des scènes parisiennes. Il est cependant surtout apprécié pour ses vues de Venise.
Ventes Publiques : Paris, 17 déc. 1931 : *Le pont du Rialto à Venise* : **FRF 50** – Paris, 17 déc. 1943 : *Le palais des Doges à Venise* : **FRF 600** – Paris, 18 juin 1945 : *Place Saint-Marc à Venise* 1930 : **FRF 3 000** – Paris, 14 nov. 1946 : *La lagune devant Venise* : **FRF 2 600** – Paris, 23 mars 1994 : *Venise* 1929, h/t (73x92) : **FRF 6 600** – Calais, 25 juin 1995 : *Venise – le palais des doges* 1951, h/t (60x73) : **FRF 9 500**.

MORETTI Marco Azio
xve-xvie siècles. Actif à Bologne de 1495 à 1509. Italien.
Graveur sur pierre.
Il fut aussi et avant tout tailleur de gemmes.

MORETTI Nicolo
Né à Venise. XVIe siècle. Actif dans la seconde moitié du XVIe siècle. Italien.
Peintre.
Il peignit en 1648 et 1649 un blason et un tableau d'autel pour le château Saint-Ange à Rome.

MORETTI Porfirio
Né au XVIIe siècle à Venise. XVIIe siècle. Italien.
Peintre.
Il travailla surtout pour des églises et séjourna à Vicence et à Padoue.

MORETTI Raymond
Né en 1931 à Nice (Alpes-Maritimes). XXe siècle. Français.
Peintre, dessinateur, peintre à la gouache, sculpteur.
Il vit et travaille à Courbevoie.
Il a participé en 1992 à l'exposition *De Bonnard à Baselitz – Dix Ans d'enrichissements du cabinet des estampes 1979-1988* à la Bibliothèque nationale à Paris.
Après une production résolument figurative, il a entrepris vers 1970, une gigantesque construction qu'il montra en particulier à Paris en 1971, assemblage d'éléments très divers y compris de ses propres peintures, en croissance interrompue. Des critiques, parmi lesquels Jean Jacques Lévêque ont signalé le manque de cohérence interne de cette sorte d'« environnement » baroque, tandis que d'autres y ont vu un objet à l'image du gigantisme dévorant du monde mécanique moderne.
Bibliogr. : André Parinaud : *Le Monstre de Moretti, le sphynx de l'avenir* et Roger Garudy : *Moretti marche au futur*, Galerie des Arts, Paris, 1971.
Musées : Paris (BN) : *Matinée d'ivresse* vers 1986.
Ventes Publiques : Avon, 4 avr. 1976 : *Composition aux personnages et à l'oiseau* 1958, aquar., encre rouge et encre de Chine (46,5x61,5) : **FRF 2 000** – Versailles, 23 mars 1980 : *Composition* 1971, gche (102x68,5) : **FRF 10 000** – Londres, 28 mai 1986 : *Musiciens de jazz* 1959, gche, cr. noir et de coul. (101x73) : **GBP 1 000** – Paris, 25 nov. 1987 : *Éloge de la folie* 1963, h/t (300x200) : **FRF 100 000** – Paris, 22 mars 1989 : *clown* 1955, h/t (170x50) : **FRF 190 000** – Paris, 22 nov. 1990 : *Projet d'une Nativité à Montmartre*, h/t (33,5x41) : **FRF 9 500** – Paris, 9 juil. 1992 : *Composition*, techn. mixte/pap. (103x73) : **FRF 13 000**.

MORETTI Tito
Né le 5 septembre 1840. XIXe siècle. Italien.
Peintre verrier et miniaturiste.
Frère, élève et collaborateur de Francesco Moretti. On cite de lui des albums contenant des vues d'Ombrie.

MORETTI di Lorenzo
XVe siècle. Italien.
Sculpteur et architecte.
Actif à Venise, il exécuta en 1470 le portail et les fenêtres de la façade de l'église Saint-Michel à Murano.

MORETTI-FOGGIA Mario
Né en 1882 à Mantoue (Lombardie). Mort en 1954 à Macugnaga (Lombardie). XXe siècle. Italien.
Peintre de figures, animaux, paysages, aquarelliste.
Il a peint de nombreux paysages de sa région natale.
Ventes Publiques : Milan, 5 avr 1979 : *Vue de Bordighera*, h/pan. (50x40) : **ITL 1 300 000** – Milan, 23 mars 1983 : *Femme au chapeau*, h/t (48x31) : **ITL 2 600 000** – Milan, 2 avr. 1985 : *Chevaux à l'abreuvoir*, h/t (67x85) : **ITL 4 000 000** – Milan, 14 juin 1989 : *En vue de Damas* 1910, h/pan. (59x103,5) : **ITL 20 000 000** – Milan, 21 nov. 1990 : *L'Été* 1934, aquar./pap./cart. (47,5x36) : **ITL 1 200 000** – Milan, 19 mars 1992 : *Cour de ferme près de Mantoue*, h/pan. (50x39,5) : **ITL 6 000 000** – Milan, 21 déc. 1993 : *Paysage montagneux*, h/pan. (69,5x51,5) : **ITL 4 140 000** – Milan, 8 juin 1993 : *Chalets à Macugnaga*, h/pan. (54,5x75) : **ITL 6 000 000** – Milan, 8 juin 1994 : *Sentier à Macugnaga*, h/pan. (71x91) : **ITL 10 925 000** – Rome, 13 déc. 1995 : *Le Mont Rose*, h./contre-plaqué (80x60) : **ITL 8 050 000** – Milan, 19 déc. 1995 : *Chalets de montagne à Macugnaga*, h/t (82,5x96) : **ITL 14 950 000** – Milan, 23 oct. 1996 : *Orage à la montagne, Pecetto* 1926, h/pan. (47x63) : **ITL 9 902 000** – Milan, 18 déc. 1996 : *Blanchisseuse au soleil*, h/pan. (80,5x61,5) : **ITL 12 232 000**.

MORETTI-LARESE Eugenio
Né en 1822. Mort en 1874. XIXe siècle. Actif à Venise. Italien.
Peintre de genre.
Le Musée Revoltella, à Venise, conserve de lui *Le Titien et Irène de Spilimbergo* et *Une mendiante*. La Pinacothèque de Trévise possède de cet artiste *Mort de Dante* et *Bédouin*.

MORETTI-LARESE Lorenzo
Né en 1807 à Venise. Mort en 1885. XIXe siècle. Italien.
Sculpteur.
Le Musée de Venise conserve de lui un *Buste de Sebastiano del Piombo*.

MORETTO Alessandro, de son vrai nom : **Alessandro Bonvicino**
Né vers 1498 à Rovato (près de Brescia). Mort entre le 9 et le 22 décembre 1554 à Rovato. XVIe siècle. Italien.
Peintre.
Fils de Pietro Moretto. Il fut élève d'abord de Ferramola, avec lequel il collabora à la décoration du chœur de la cathédrale de Brescia, en 1518. Lanzi dit qu'il fut élève également de l'École de Titien et, en effet, on trouve une grande influence de ce maître dans différentes toiles de Bonvicino. Raphaël aussi l'influença au point de le faire changer de manière. Pour d'autres auteurs, il subit d'abord l'influence de Romanino. Il semble qu'il retrouva bientôt son originalité. Il préfère un coloris gris argenté, et plus tard nuancé de jaune. C'est un des principaux représentants de la Renaissance en Italie du Nord. D'après Lanzi, il fut très heureux dans ses portraits et l'historien des peintres italiens préfère ses peintures à l'huile à ses fresques. Ses œuvres religieuses sont plus monotones que ses portraits pour lesquels il réussit à faire jouer les étoffes précieuses. Moretto fut le professeur du grand portraitiste Giovanni-Battista Moroni. La plupart de ses tableaux d'autel se trouvent dans les églises de Brescia et des environs ainsi qu'à la Pinacothèque de cette ville.

ALES·MORETTVS
PRIX: F I
MDXLI.

Musées : Berlin (Mus. Nat.) : *La Vierge et Élisabeth avec l'Enfant* – Bonn (Mus. prov.) : *Madone et Enfant* – Bordeaux : *La Vierge et l'Enfant Jésus* – Brescia (Pina.) : *Saint Nicolas de Bari présentant les Enfants à la Vierge – Cène à Emmaüs* – Budapest : *Saint Roch* – Dublin (Mus. Nat.) : *Deux panneaux d'autel* – Florence (Gal. Nat.) : *La mort d'Adonis – La descente du Seigneur aux limbes* – Gênes (Palazzo Rosso) : *Le professeur* – Kassel : *Adoration des bergers* – Londres : *Portrait d'un noble italien – Saint Bernardin de Sienne – Le comte Martinengo – La Vierge et l'Enfant avec des saints* – Marseille (Mus. des Beaux-Arts) : *Saint Sébastien* – Milan (Ambrosiana) : *Le martyre de saint Pierre de Vérone* – Milan (Brera) : *Panneau d'un polyptyque* – Munich : *Portrait d'un ecclésiastique avec barrette* – Naples : *Ecce homo* – Paris (Mus. du Louvre) : *Saint Bernardin de Sienne et saint Louis, évêque de Toulouse – Saint Bonaventure et saint Antoine de Padoue* – Paris (mus. Jacquemart André) : *Portrait d'homme* – Rome (Gal. Borghèse) : Peinture de la voûte de la cinquième salle de la Galerie – Rome (Vatican) : *La Madone avec saint Jérôme et saint Barthélémy* – Saint-Pétersbourg (Mus. de l'Ermitage) : *La Foi – Portrait d'homme* – Stockholm : *La Sainte Vierge rend visite à sainte Élisabeth*, copie d'après A. M. – Venise (Gal. Nat.) : *Saint Pierre, apôtre – Saint Jean-Baptiste* – Vienne (Mus. des Beaux-Arts) : *Saint Justine avec un donateur*.
Ventes Publiques : Paris, 1859 : *Saint Bernardin de Sienne et divers saints* : **FRF 14 435** – Paris, 18 déc. 1920 : *Portrait d'homme, vêtu de noir, la main sur la poitrine*, attr. : **FRF 9 500** – Londres, 2 mars 1923 : *Saint Jérôme dans sa cellule* : **GBP 84** – Londres, 15 juil. 1927 : *La Nativité de la Vierge* : **GBP 147** – New York, 4 mars 1938 : *Patricien lisant un livre* : **USD 650** – Paris, 3 déc. 1941 : *Saint Étienne* : **FRF 40 000** – Lucerne, 22 juin 1963 : *Le Roi David jouant de la harpe* : **CHF 26 000** – Londres, le 28 mai 1965 : *La Visitation* : **GNS 4 200** – Cologne, 28 mars 1969 : *Vierge à l'Enfant* : **DEM 70 000** – Londres, 25 mars 1977 : *La Vierge et l'Enfant avec saint-Augustin et saint-Laurent*, h/t haut arrondi (154,8x100,3) : **GBP 9 500**.

MORETTO Antonio Orazio
Né en 1773 en Allemagne. Mort le 6 août 1833 à Häggenswil (Canton de Saint-Gall). XVIIIe-XIXe siècles. Suisse.
Peintre de portraits, de paysages, de décorations de théâtre et de miniatures.
Il fit ses études à Stuttgart et Munich. S'établit ensuite à Zurich et à Saint-Gall. Les églises de Saint-Gall et de Häggenswil possèdent des tableaux d'autel de cet artiste. Le Musée de Saint-Gall conserve de lui *Lavater mourant entouré de sa famille*.

MORETTO Emma
Née au XIXᵉ siècle à Venise. XIXᵉ siècle. Italienne.
Peintre de paysages.
Elle exposa à Naples, Turin, Milan.

MORETTO Faustino
Né à Breno. Mort en 1668. XVIIᵉ siècle. Italien.
Peintre d'architectures.
Il travailla à Venise et à Brescia. Il a peint le plafond de l'église S. Pietro de Murano.

MORETTO Francesco
XVIIᵉ siècle. Actif à Brescia. Italien.
Sculpteur sur bois.
Frère peut-être de Tommaso Moretto.

MORETTO Gioseffo ou **Giuseppe**
Né à Portogruaro. XVIᵉ siècle. Italien.
Peintre.
Collaborateur de son beau-père, Pomponio Amalteo. On cite, à S. Vito, un tableau d'autel signé : *Inchoavit Pomponius Amalteus, perfecit Joseph Morelius, anno 1588*, ainsi que des tableaux d'autel à S. Giovanni de Casarsa et à S. Gottardo de Belgrado.

MORETTO Giovanni Giacomo, dit **Bonvicino**
XVᵉ-XVIᵉ siècles. Italien.
Peintre.
Il travailla à Brescia de 1486 à 1505.

MORETTO Marco. Voir **SANDELLI Marco**

MORETTO Pietro ou **Moretti**
XVᵉ siècle. Actif à Brescia à la fin du XVᵉ siècle. Italien.
Peintre.
Frère de Giovanni Giacomo et père d'Alessandro Moretto. Il travailla à Brescia de 1496 à 1498.

MORETTO Quintilia, née **Amalteo**
XVIᵉ siècle. Italienne.
Peintre.
Fille de Pomponio Amalteo et femme de Gioseffo Moretto.

MORETTO Tommaso
XVIIᵉ siècle. Actif à Brescia vers 1600. Italien.
Sculpteur sur bois.
Peut-être frère de Francesco. Il a sculpté d'après les plans de P. M. Bagnadore, les stalles dans la chapelle du Saint-Sacrement de l'église Saint-Jean l'Évangéliste de Brescia.

MORETTO da Torano
XVIᵉ siècle. Italien.
Sculpteur.
Il exécuta des sculptures à la façade de l'église S. Maria presso S. Celso de Milan en collaboration avec Francesco Marchetti et Mariano Vitale.

MOREU Marcel
Né en 1918 à Marseille (Bouches-du-Rhône). XXᵉ siècle. Français.
Peintre.
Encouragé par Pressmane, il commença à peindre en 1945. Il voyagea à Florence en 1949 et 1953.
Il exposa un *Charnier* en 1946 à Saint-Denis. Il a montré ses œuvres dans une exposition personnelle en 1971, à Aix-en-Provence.
Il réalisa ses premières peintures abstraites à Blidah (Algérie) en 1955-1956, par aplats de couleurs vives. En 1967, il réalisa une série de peintures à partir de personnages morbides, constitués de leurs viscères mis à nu. En 1970-1971, une nouvelle période abstraite s'amorce, constituée de formes harmonieuses s'entre-croisant dans des accords colorés mineurs.

MOREU René
Né le 11 novembre 1920 à Nice (Alpes-Maritimes). XXᵉ siècle. Français.
Peintre, illustrateur.
Il suivit des cours de dessin à Marseille, en 1936. En 1942, il fréquenta l'académie de la Grande Chaumière à Paris. En 1944, il se lia avec le peintre Jacques Doucet. Il vit et travaille en Picardie depuis 1958, année où il se lia avec R.-E. Gillet.
Il participa à des expositions collectives : 1964 Salon d'Automne ; 1967, 1968, 1969 Salon de Mai ; 1968 Centre artistique de l'Oise... Il montra ses œuvres dans des expositions personnelles, à Paris, en 1959, 1960, 1963, 1967, etc.
À partir de 1950, il eut une activité importante dans le livre et l'imagerie. Sa manière s'affirma alors dans une matière-couleur travaillée en épaisseur à base de tons de terre. Les formes abstraites, calmement enchevêtrées entre elles, évoquent par leurs tons de bruns, les lichens et les mousses des sous-bois.

MOREU GISBERT Carlos
Né en 1881 à Motril (Andalousie). Mort en 1936. XXᵉ siècle. Espagnol.
Peintre de genre, figures, paysages, dessinateur.
Il étudia le dessin à Grenade, puis à l'école des beaux-arts San Fernando de Barcelone. Il séjourna en Argentine.
Il participa à de nombreuses expositions, notamment : 1897, 1902, 1905 Exposition des beaux-arts de Grenade ; 1904 Exposition nationale des beaux-arts de Madrid, où il obtient une mention honorifique.
Il réalisa de nombreuses caricatures au crayon ou à la peinture à l'huile. Ses œuvres à la palette réduite restent académiques.
Bibliogr. : In : *Cien Anos de pintura en Espana y Portugal, 1830-1930*, Antiqvaria, t. VI, Barcelone, 1991.

MOREY Guillermo
XIVᵉ siècle. Espagnol.
Sculpteur.
Il a sculpté la Puerta de los Apostoles de la cathédrale de Gerona et termina l'œuvre de son frère Pedro à la cathédrale de Palma de Majorque. Il était aussi architecte.

MOREY Jaime
Né vers 1750 à Palma de Majorque. XVIIIᵉ siècle. Espagnol.
Peintre d'histoire.
On ne dit pas où il fit ses études ni quel fut son maître. On cite de lui des tableaux d'autel et des fresques à l'église de Santa Eulalia de Palma, mais il est surtout noté pour une importante composition de quarante-quatre palmes carrées, comprenant *Jésus entouré de saints*, que l'on exposait durant la Semaine Sainte et que l'on nommait *Le Voile du Temple*.

MOREY Pedro ou **Pere**
Mort le 29 janvier 1394 à Palma de Majorque. XIVᵉ siècle. Espagnol.
Sculpteur et architecte.
Il commença en 1388 l'exécution des riches sculptures de la Puerta del Mirador de la cathédrale de Palma de Majorque.

MOREY Virgile
XIXᵉ siècle. Français.
Sculpteur.
Élève d'Hippolyte Moreau. Il exposa au Salon de Paris de 1883 à 1895.

MOREZ Jacques. Voir **MOREL**

MORF Friedhold
Né en 1901. Mort en 1960. XXᵉ siècle. Suisse.
Dessinateur.
Il s'est spécialisé dans la technique de l'encre de Chine.
Musées : Aarau (Aargauer Kunsthaus) : *Village du Tessin* 1941 – *Paysage avec village* 1953.

MORF Johann Kaspar
XVIIᵉ siècle. Actif à Zurich entre 1680 et 1695. Suisse.
Graveur au burin.
Grava des portraits et des sujets religieux.

MORFF Gottlob Wilhelm
Né en 1771 à Stuttgart. Mort le 5 avril 1857 à Stuttgart. XVIIIᵉ-XIXᵉ siècles. Allemand.
Portraitiste.
Fils du peintre Johan Jakob Morff. Élève de Hetsch à Karlsruhe. Il fut peintre de la cour du roi Friedrich de Wurtemberg. Il a surtout exposé à Stuttgart. On cite de lui les portraits de *Uhland, Haug, J. Ammon* et *M. A. Weickardt*.

MORFF Johan Jakob
Né vers 1736. Mort le 28 décembre 1802 à Stuttgart. XVIIIᵉ siècle. Allemand.
Peintre de décorations et de théâtres.
Il a peint le plafond de la Salle de l'Hôtel de Ville de Heilbronn *(Allégorie de la Justice)*.

MORFIN Robert Étienne
Né en 1955 à Vienne (Isère). XXᵉ siècle. Français.
Peintre de portraits, paysages, marines, pastelliste, aquarelliste.
Il a exposé dans divers salons de nombreuses villes de province, où il a reçu plusieurs prix.
Pendant plusieurs années, sa palette fut réduite à des camaïeux

de bleus, par la suite elle s'est enrichie de couleurs chaudes des jaunes, rouges, oranges ainsi que des verts. Il peint des paysages vaporeux, imprégnés de mélancolie.

MORGAN Alexander Converse
Né le 1er juillet 1849 à Sandusky (Oklahoma). XIXe siècle. Américain.
Peintre.
Membre du Salmagundi Club.

MORGAN Alfred
Mort après 1904. XIXe-XXe siècles. Britannique.
Peintre de genre, animaux, paysages, fleurs.
Il exposa à Londres de 1862 à 1902, notamment à la Royal Academy, à la British Institution et à Suffolk Street.
Musées : Londres (Victoria and Albert Mus.) : *Chat et pigeons morts – Partie des ruines de l'abbaye de Whitey.*
Ventes Publiques : Londres, 14 juin 1977 : *La visite royale* 1897, h/t (39x50) : **GBP 600** – Londres, 25 nov. 1983 : *One of the People – Gladstone in an omnibus* 1885, h/t (79,3x108) : **GBP 65 000** – Londres, 3 nov. 1989 : *Roses, narcisses et autres fleurs printanières dans un vase*, h/t (46x35,5) : **GBP 6 600** – Londres, 19 juin 1990 : *Le trajet de l'omnibus de Piccadilly Circus : Mr Gladstone parmi les voyageurs* 1885, h/t (81x110,5) : **GBP 99 000**.

MORGAN Arthur C.
Né à Riverton Plantation (Louisiane). XXe siècle. Américain.
Peintre, sculpteur de figures, bustes.
Il fut élève de Borglum et Korbel. Il fut membre de la Société américaine des arts. Il sculpta de nombreux bustes et se plut à représenter les héros de romans célèbres comme *Thaïs* et *Don Quichotte*.

MORGAN Cole
Né en 1950. XXe siècle. Hollandais.
Peintre de collages, auteur d'assemblages, technique mixte. Abstrait.
Diplômé des beaux-arts à l'université du Nouveau Mexique, il fréquenta le Centre d'art graphique à Florence et enseigna le dessin et la peinture à Dublin, en 1974-1975.
Il participe à de nombreuses expositions collectives aux Pays-Bas, États-Unis, en Pologne, Belgique, Suisse, Espagne, France, Allemagne. Il montre ses œuvres dans des expositions personnelles : 1977, 1979, 1985, 1987 La Haye ; 1980 Cologne ; 1989, 1991 Amsterdam ; 1991 Anvers ; 1992 Lille.
À partir de cartons et papiers divers, il réalise des collages, sur un fond coloré uni, aux formes primitives, invitant à la méditation.
Bibliogr. : Jane Planson : *Cole Morgan ou le No Man's Land cultivé*, Artension, n° 30, Rouen, 1991-1992.
Ventes Publiques : Amsterdam, 8 déc. 1993 : *Yachts* 1986, techn. mixte/pap. (76x56) : **NLG 2 185** – Amsterdam, 31 mai 1994 : *Un jockey* 1986, collage et techn. mixte/pap. (33x49) : **NLG 2 300** – Amsterdam, 7 déc. 1994 : *SH* 1987, h/t (100x100) : **NLG 4 370** – Amsterdam, 2-3 juin 1997 : *Sorc start*, gche et encre/pap. (100x70) : **NLG 5 664**.

MORGAN Edith
Née à Cambridge. XXe siècle. Britannique.
Peintre de portraits.
Elle fut élève de M. Edwing Scott. Elle participa à Paris, au Salon des Artistes Français, et reçut une mention honorable en 1908.

MORGAN Emmylou
Née le 10 septembre 1891 à Albany (New York). XXe siècle. Américaine.
Peintre.
Élève d'Urquhart Wilcox. Membre de la Ligue américaine des artistes professeurs. Ses œuvres figurent à la Galerie Albright de Buffalo et à New York.

MORGAN Evelyn de, Mrs, née **Pickering**
Née en 1855. Morte le 2 mai 1919 à Londres. XIXe-XXe siècles. Britannique.
Peintre de scènes mythologiques, sujets religieux, figures, dessinateur.
Cette artiste débuta dans les expositions londoniennes en 1887, notamment à la Grosvenor Gallery et à la New Gallery ; elle exposait trois ouvrages à ce dernier groupement en 1910. Épigone du préraphaélisme.
Musées : Liverpool : *La Vie et la Pensée.*
Ventes Publiques : Londres, 14 mars 1908 : *L'Annonciation* : **GBP 44** – Londres, 18 nov. 1970 : *Cérès, Proserpine et Pluton* : **GBP 450** – Londres, 17 mars 1971 : *Déjanire* : **GBP 3 700** – Londres, 20 juin 1972 : *Clytie* : **GBP 800** – Londres, 15 juin 1973 : *Tobie et l'ange* : **GNS 750** – Londres, 18 avr. 1978 : *L'Ange de la Mort*, h/t (89x112) : **GBP 1 200** – Londres, 11 déc 1979 : *The sleepinh earth and wakening moon*, h/t (44x34) : **GBP 4 200** – New York, 28 oct. 1982 : *L'ange et le serpent*, h/t (123,5x146) : **USD 14 500** – Londres, 25 nov. 1983 : *The Search Light*, h/t (64,2x112,4) : **GBP 11 000** – Londres, 18 juin 1985 : *Ruth et Noémie* 1880, h/t (94,5x60,5) : **GBP 15 000** – New York, 29 oct. 1987 : *Ruth et Noémie*, h/t (94,6x60,3) : **USD 20 000** – Londres, 21 nov. 1989 : *La couronne de gloire* 1896, h/t (105x53,5) : **GBP 143 000** – Londres, 25 oct. 1991 : *Clytie*, h/t (104x44,5) : **GBP 99 000** – New York, 13 oct. 1993 : *La Terre endormie et la Lune veillant*, h/t (46,4x36,8) : **USD 19 550** – Londres, 25 mars 1994 : *Hero guidant Léandre avec une torche* 1885, gche/pap./pan. (58x29) : **GBP 8 625** – Londres, 10 mars 1995 : *Étude de draperie*, craie noire et reh. de blanc/pap. gris, une paire (52,8x39,3) : **GBP 1 495**.

MORGAN Franklin Townsend
Né le 27 décembre 1883 à Brooklyn (New York). XXe siècle. Américain.
Peintre, graveur, illustrateur.
Il fut élève de Bridgman et Carlsen.

MORGAN Frederick, Mrs. Voir **HAVERS Alice**

MORGAN Frederik, dit **Fred**
Né vers 1847 ou 1856. Mort en avril 1927. XIXe-XXe siècles. Britannique.
Peintre de genre, figures, natures mortes, dessinateur.
Il fut membre de la Society of Painters in Oil Colours. Il prit une part active aux expositions londoniennes à partir de 1865, notamment à la Royal Academy.

Fred Morgan

Bibliogr. : In *Royal Academy Pictures*, Cassell, 1895.
Musées : Leeds : *Marguerites* – Liverpool : *Le Colporteur* – Sheffield : *Glaneurs.*
Ventes Publiques : Paris, 25 jan. 1896 : *Staedy* : **FRF 1 846** – Londres, 21 nov. 1921 : *Les Glaneuses*, dess. : **GBP 14** – Londres, 28 mai 1923 : *L'Anniversaire de la mère*, dess. : **GBP 15** – Londres, 5 juin 1924 : *Églantines*, dess. : **GBP 21** – Londres, 15 mars 1935 : *Hunt the slipper* : **GBP 67** – Londres, 20 mai 1970 : *Orage d'été* : **GBP 400** – Londres, 2 nov. 1971 : *La Visite de grand-mère* : **GBP 300** – Londres, 16 mars 1973 : *Charité* : **GNS 1 700** – Londres, 9 juil. 1974 : *Colin-Maillard* : **GBP 1 350** – New York, 15 oct. 1976 : *Les Soldats de grand-père*, h/t (91x117) : **USD 2 800** – Londres, 14 fév. 1978 : *Round the Mulberry bush*, reh. de gche (29x43) : **GBP 750** – Londres, 26 oct 1979 : *Fillette tenant un canard*, h/t (71,2x52) : **GBP 700** – Londres, 16 oct. 1981 : *La Cueillette de pommes*, h/t (91,4x61) : **GBP 5 500** – Portland, 5 nov. 1983 : *Spring idyll*, h/t (107x167,5) : **USD 20 000** – Chester, 4 oct. 1985 : *The favoured swain*, aquar. reh. de gche (38x66,5) : **GBP 2 200** – Londres, 1er oct. 1986 : *Jeune paysanne nourrissant des veaux*, h/t (81x56) : **GBP 4 000** – Londres, 6 mai 1987 : *The piggyback ride*, aquar. et cr. reh. de blanc (56,5x36) : **GBP 2 800** – New York, 25 fév. 1988 : *Compagnons de jeu*, h/t (64,5x90,1) : **USD 38 500** – Londres, 15 juin 1988 : *Sans mère*, h/t (81x56) : **GBP 4 180** – Toronto, 30 nov. 1988 : *Prête pour aller au lit* 1878, h/t (49,5x59,5) : **CAD 4 500** – New York, 23 fév. 1989 : *La Pause de midi* 1878, h/t (108x184,1) : **USD 28 600** – New York, 24 mai 1989 : *Les Jolies Filles du pensionnat* 1877, h/t (118,1x178,4) : **USD 55 000** – Londres, 2 juin 1989 : *Maman chérie*, h/t (81x56) : **GBP 9 900** – New York, 25 oct. 1989 : *La Couronne de fleurs*, h/t (91,4x61,6) : **USD 26 400** – Londres, 13 déc. 1989 : *La Leçon de badminton*, h/t (75x49,5) : **GBP 12 100** – Londres, 13 juin 1990 : *Petite Fille costumée en insecte pour le bal* 1916, h/t/cart. (45x28) : **GBP 2 750** – Londres, 1er nov. 1990 : *Distribution de pain aux canards près de la mare*, h/t (40,7x48,2) : **GBP 13 200** – New York, 22 mai 1991 : *Le Chaton préféré*, h/t (96,5x62,9) : **USD 79 750** – New York, 17 oct. 1991 : *La Charrette de fleurs*, h/t (96,5x71,1) : **USD 88 000** – Londres, 25 oct. 1991 : *Chez les cygnes*, h/t (118,7x84,5) : **GBP 15 400** – New York, 19 fév. 1992 : *La Cueillette des fleurs sauvages*, aquar. et gche/pap. (57,2x38,1) : **USD 12 100** – New York, 29 oct. 1992 : *À cheval*, h/t (128,9x97,2) : **USD 71 500** – Londres, 12 nov. 1992 : *Le premier anniversaire*, h/t (114x147) : **GBP 55 000** – New York, 26 mai 1993 : *L'Anniversaire de grand-*

père, h/t (66,7x47,3) : **USD 26 450** – Londres, 30 mars 1994 : *Les Belles Collégiennes* 1877, h/t (116x182) : **GBP 38 900** – Londres, 29 mars 1995 : *Tête de petite fille*, aquar. et gche (20x23) : **GBP 920** – New York, 1er nov. 1995 : *Les Meilleurs Amis*, h/t (76,2x55,9) : **USD 17 250** – Londres, 6 nov. 1996 : *Oranges et Citrons*, h/t (83x127) : **GBP 155 500** – Paris, 30 oct. 1996 : *La Marchande d'oranges avec sa petite sœur*, h/t (91,5x59) : **FRF 265 000** – Londres, 12-14 mars 1997 : *La Marchande d'oranges*, h/t (91,5x59) : **GBP 45 500** ; *Camarade de jeu* 1881, h/t (91,5x61,4) : **GBP 98 300**.

MORGAN George T.
Né en 1845 à Birmingham. XIXe siècle. Américain.
Sculpteur et médailleur.
Élève de l'Académie de Birmingham et de Londres. Assistant de Wm. Barber et de Charles E. Barber à la Monnaie de Philadelphie.

MORGAN Georgia Weston
Née en Virginie. XXe siècle. Américaine.
Peintre, décorateur, peintre de compositions murales.
Elle fut élève de Daniel Garber, de l'Art Student's League de New York, puis à Paris, de l'école nationale des beaux-arts et de l'académie Julian.
Elle fit surtout de la décoration murale.

MORGAN Henry
XIXe siècle. Actif à Cork. Irlandais.
Paysagiste amateur.
On publia en 1849 à Exeter une suite de lithographies d'après ses œuvres.

MORGAN Jane
Née en 1832 à Cork. Morte le 4 avril 1899 à Livingston (U.S.A.). XIXe siècle. Américaine.
Peintre et sculpteur.
Élève de R. R. Scanlan et de J. R. Kirk. Elle séjourna à Rome de 1855 à 1866 et s'établit en Amérique.
Ventes Publiques : Londres, 8 nov. 1974 : *L'usurier* 1898 : **GNS 350** – Londres, 16 avr. 1980 : *« Is that all ? »* 1898, h/t (130x196) : **GBP 700**.

MORGAN Jean Jacques ou **Morgand**
Né en 1756 à Francières (Somme). Mort le 24 octobre 1798 à Paris. XVIIIe siècle. Français.
Sculpteur.
Il travailla d'abord à Amiens, chez Vimeux, puis à l'Académie de cette ville. Venu à Paris, il entra d'abord chez le sculpteur ornemaniste Lemaire et ensuite il devint l'élève de Dejoux. Il exposa au Salon en 1791, 1793 et 1794. Pour les appartements du général Bonaparte, il exécuta huit statues représentant les vertus civiles et militaires. On doit à Morgan les bustes de *Voiture* et de *Charles Lameth*, l'une des quatre faces de la fontaine des Innocents et les trois figures de la *Foi*, *l'Espérance* et la *Charité*, qui décorent la chaire de l'église Saint-Sulpice.

MORGAN John
Mort en janvier 1797 à Dublin. XVIIIe siècle. Irlandais.
Sculpteur.
Fils de Richard Morgan.

MORGAN John
Né en 1823 à Londres. Mort en 1886 à Hastings. XIXe siècle. Britannique.
Peintre de genre.
Il exposa très fréquemment à Londres de 1852 à 1868, particulièrement à Suffolk Street et à la Royal Academy. On le cite plus rarement à la British Institution. Il fut membre de la Society of British Artists.
Musées : Liverpool.
Ventes Publiques : Londres, 18 fév. 1970 : *L'école du village* : **GBP 680** – Londres, 2 juil. 1971 : *Enfants tirant une corde* : **GBP 1 900** – Londres, 29 juin 1976 : *Enfants jouant aux osselets* 1863, h/t (25,5x20) : **GBP 700** – Londres, 25 mai 1979 : *Le jeu de cache-cache*, h/t (90,2x59,7) : **GBP 2 200** – Londres, 23 juin 1981 : *L'Habillage du bébé*, h/t (91x71) : **GBP 4 200** – Londres, 19 oct. 1983 : *La Salle de classe* 1876, h/t (71x91) : **GBP 7 500** – Londres, 12 avr. 1985 : *Darby and Joan*, h/t (91x70) : **GBP 2 800** – Londres, 16 mai 1986 : *Kiss me*, h/pan. (89x68,5) : **GBP 11 000** – New York, 25 fév. 1988 : *Le jeu*, h/t (91,5x61,5) : **USD 12 100** – Londres, 13 déc. 1989 : *L'habillage du bébé*, h/t (92,5x72) : **GBP 22 000** – Stockholm, 16 mai 1990 : *Jeune femme avec ses enfants interrogée par un soldat*, h/t (92x73) : **SEK 31 000** – Stockholm, 14 nov. 1990 : *Mal de dents, petite fille dans un fauteuil avec un bandeau autour de la tête*, h/t (35x30) : **SEK 35 000** – Londres, 9 juin 1994 : *Arrachage d'une dent*, h/t (35,5x28) : **GBP 3 220** – Ludlow (Shropshire), 29 sep. 1994 : *Les ennuis*, h/t (25,5x20) : **GBP 3 680** – Londres, 29 mars 1996 : *Hue !*, h/t (59,1x90,2) : **GBP 6 325** – Londres, 6 nov. 1996 : *Hue !*, h/t (91,5x71,5) : **GBP 27 600** – Londres, 5 juin 1997 : *Lecture à Mère*, h/pan. (25,4x19,1) : **GBP 3 450** – Londres, 5 nov. 1997 : *Hue !*, h/t (61x91) : **GBP 14 950**.

MORGAN Josef ou **Belohlarvek-Morgan**
Né en 1839 à Trautenau. Mort le 10 mars 1898 à Vienne. XIXe siècle. Autrichien.
Peintre de portraits.
Il appartenait à la diplomatie, mais son goût pour la peinture le décida à abandonner la « carrière » pour se consacrer à l'art. Il fut élève de Gustave Ricard à Paris et peignit avec talent l'histoire et surtout le portrait. En 1863, il peignit une *Jeanne d'Arc*, qui fut fort appréciée.
Ventes Publiques : Newcastle (Angleterre), 8 mai 1945 : *Intérieur* : **GBP 36** – Paris, 7 juin 1951 : *Portrait de fillette* : **FRF 40 000**.

MORGAN Louis
Né en 1814. Mort en 1852. XIXe siècle. Américain.
Paysagiste.

MORGAN Mary Deneale
Née en 1868. Morte en 1948. XIXe-XXe siècles. Américaine.
Peintre de paysages.
Ventes Publiques : Los Angeles-San Francisco, 12 juil. 1990 : *Après-midi lumineux*, h/cart. (46x61) : **USD 3 300** – Los Angeles-San Francisco, 10 oct. 1990 : *Cyprès de Monterey sur la côte californienne*, h/cart. (35,5x46) : **USD 2 200**.

MORGAN Matthew ou **Matt Somerville**
Né en 1839 à Londres. Mort en 1890 à New York. XIXe siècle. Américain.
Peintre de genre et de décorations, lithographe et caricaturiste.
Il collabora à plusieurs revues humoristiques. Il exposa à New York une série de panoramas de batailles de la Guerre de Sécession.

MORGAN Richard
Mort le 21 avril 1765. XVIIIe siècle. Irlandais.
Sculpteur.
Père de John Morgan.

MORGAN Sylvanus
Né en 1620. Mort en 1696. XVIIe siècle. Britannique.
Peintre.
Il peignit des armes et des ornements et publia des ouvrages d'héraldique.

MORGAN Tony
Né en 1938 à Pickwell. XXe siècle. Britannique.
Sculpteur.
Il séjourna en Italie, de 1958 à 1961, puis en France de 1962 à 1967.
Il a figuré à des expositions de groupe : 1965, 1968 à Paris ; 1967-1968 Grands et Jeunes d'Aujourd'hui au musée d'Art moderne de la ville de Paris ; 1966 *Huit Sculpteurs anglais* à la Kunsthalle de Berne ; 1967 Biennale de San Marino. Il a également figuré à la Foire artistique de Cologne. Il a montré ses œuvres dans des expositions personnelles à Paris et Krefeld.
Parti d'une abstraction géométrique, il s'est orienté dans le sens des recherches de structures primaires du Minimal Art américain. Quelques éléments répétitifs simples, généralement en aluminium, provoquent une prise de conscience de l'espace qu'ils occupent sans aucune possibilité de référence à des significations psychologiques.

MORGAN William
Né en 1826 à Londres. Mort en 1900. XIXe siècle. Américain.
Peintre de genre, animaux.
Il fut élève et membre de l'Académie Nationale de New York.
Ventes Publiques : New York, 5 déc. 1980 : *Joie maternelle* 1876, h/t (117,5x91,4) : **USD 3 800** – Chicago, 4 juin 1981 : *Mère et Enfant*, h/t (76x63,5) : **USD 14 000** – Newmarket (Angleterre), 29 avr. 1988 : *Chevaux de race alezan et bai, avec leurs jockeys, sur le champ de course* 1881, h/t (76,5x127) : **GBP 1 540** – New York, 18 déc. 1991 : *La visite*, h/t (61x87) : **USD 3 080** – New York, 28 sep. 1995 : *Le livre d'images*, h/t (63,8x76,8) : **USD 3 220**.

MORGAN William Frend de
Né en 1832 à Londres. Mort le 15 janvier 1917. XIXe-XXe siècles. Britannique.
Peintre et céramiste.
Mari d'Evelyne M. Élève de la Royal Academy ; d'abord peintre, puis céramiste et fondateur d'un atelier de céramique. Le Victoria and Albert Musqeum de Londres conserve des œuvres de cet artiste.

MORGAN William James
Mort en août 1856 à Cork. XIXe siècle. Irlandais.
Paysagiste.

MORGAN-RUSSELL. Voir **RUSSELL Morgan**

MORGAN-SNELL
Née le 30 juillet 1920 à São Paulo. XXe siècle. Active en France. Brésilienne.
Peintre, sculpteur, graveur.
À la fin des années quarante, elle vient en France, où elle s'installe. Sa première exposition à Rio de Janeiro a lieu en 1946.
Elle dessine dès sa jeunesse et commence à peindre en 1939. Elle fait de nombreux portraits de personnalités brésiliennes. En France, elle est suffisamment connue pour obtenir la commande d'une grande décoration de l'église de la Trinité à Paris. C'est en 1966 que sont inaugurées les deux peintures murales dans la chapelle de la Vierge de cette église. Elle donne souvent à sa peinture des effets de tempera. Sa façon de gonfler les muscles de ses personnages, de les présenter selon des raccourcis amplifiés, fait rapprocher son œuvre de celles de certains artistes de la Renaissance.
Ventes Publiques : Paris, 29 avr. 1994 : *La guerre des Centaures* 1970, techn. mixte/pap. (74x53) : **FRF 8 500**.

MORGAND Cécile, Mme
Née à Paris. XIXe-XXe siècles. Française.
Peintre.
Elle participa à Paris, au Salon des Artistes Français, dont elle devint membre sociétaire à partir de 1901. Elle obtint une mention honorable en 1902.

MORGANTI Bartolommeo, plus exactement **Bartolommeo di Matteo Marescalchi,** appelé aussi **Bartolommeo da Fano, Bartolommeo Presciutti**
Né à Fano. Mort après le 6 novembre 1536. XVIe siècle. Italien.
Peintre de sujets religieux.
Père de Giovanni Francesco et de Pompeo. Il décora diverses églises de Fano de ses peintures. Lanzi nous apprend qu'en collaboration avec son fils Pompeo, cet artiste peignit pour l'église Saint-Michel à Fano un tableau daté de 1534 : *La Résurrection de Lazare* ; et remarque combien peu les deux peintres avaient pris part au progrès et à la réforme qui caractérise les artistes de leur époque. L'œuvre est exécutée dans le style gothique du milieu du siècle précédent.

MORGANTI Giovanni Francesco
XVIe siècle. Italien.
Peintre.
Fils de Bartolommeo Morganti, actif dans la seconde moitié du XVIe siècle, il peignit des fresques et des tableaux d'autel à Fano.

MORGANTI Giuseppe
XVIIIe siècle. Italien.
Peintre.
Il était actif à Pistoia dans la première moitié du XVIIIe siècle. On cite de lui quatre scènes de la légende de *Saint Pellegrino Laziosi* dans Santa Maria de' Servi de Ferrare.

MORGANTI Michelanglo
XVIe siècle. Italien.
Peintre.
Fils de Pompeo Morganti. Il travailla dans la seconde moitié du XVIe siècle à Fano et à Rimini. On cite de lui deux crucifix et deux peintures représentant *Saint Michel*.

MORGANTI Ottavio
Mort avant le 24 avril 1602. XVIe siècle. Italien.
Peintre de sujets religieux, portraits, sculpteur.
Fils de Pompeo Morganti. Il exécuta diverses peintures et sculptures pour les églises de Fano. On cite de lui un portrait de *Clément VIII*.

MORGANTI Pompeo, appelé aussi **Pompeo di Bartolommeo Marescalchi, Pompeo da Fano, Pompeo Presciutti**
Mort avant le 20 mars 1569. XVIe siècle. Italien.
Peintre d'histoire, enlumineur.
Fils de Bartolommeo Morganti. Père de Michelangelo et Ottavio Morganti. Il exécuta des peintures, des dorures, des blasons et des fresques dans les églises et palais de Fano. Après la mort de son père, avec qui il collabora (notamment à une *Résurrection de Lazare*), il s'affranchit de son ancien manière pour adopter le style de son époque. Il fut le premier maître de Taddeo Zucchero.
Musées : Milan (Pinac. Brera) : *La Vierge, l'Enfant Jésus, saint Paul et saint André*.

MORGARI Luigi
Né en 1857 à Turin (Piémont). Mort en 1935. XIXe-XXe siècles. Italien.
Peintre de compositions religieuses, fresquiste.
Il étudia à l'académie Albertine de Turin. Il obtint la médaille d'argent au concours de Léon XIII pour la *Sainte Famille*. Il prit part au concours Alinari en 1900 avec son tableau *Mère divine*. Il décora plusieurs églises, le sanctuaire de Rho, l'église de Bussana, le dôme de Bobbio, et aussi des monuments laïques en grand nombre, principalement le grand escalier de la municipalité de Turin, l'hôtel d'Europe, la voûte de l'escalier de la banque de Naples, etc.
Ventes Publiques : Milan, 6 déc. 1989 : *Allégorie de la poésie*, h/t (125x205) : **ITL 19 000 000**.

MORGARI Paolo Emilio
Né en 1815. Mort en 1882. XIXe siècle. Actif à Turin. Italien.
Peintre de sujets religieux, fresquiste.
Fils de Giuseppe M. et élève de G. B. Biscarra. Il peignit des fresques à la basilique Mauriziana à Turin, à la cathédrale de Santhia et dans les églises de Carru, Fassani et Mondovi.
Musées : Chambéry (Mus. des Beaux-Arts) : *Groupe d'anges*.

MORGARI Pietro
Né en 1843 ou 1852 à Turin (Piémont). Mort en 1885 à Londres. XIXe siècle. Italien.
Peintre de genre, portraits, animaux, paysages.
Il fut élève de l'Académie des Beaux-Arts de Turin.
Ventes Publiques : Londres, 4 mai 1973 : *Chien* : **GNS 550** – Milan, 14 déc. 1978 : *Portrait de jeune femme* 1880, h/t (149x104) : **ITL 1 200 000** – Milan, 30 oct. 1984 : *E poi a poco a poco si formo questo grande mondo* 1880, h/t mar./pan. (65x48) : **ITL 2 400 000** – Milan, 23 mars 1988 : *Après la chasse* 1881, h/t (150x200) : **ITL 37 000** – Londres, 28 oct. 1992 : *Gamine* 1876, h/t (50,5x39,5) : **GBP 1 540**.

MORGARI Rodolfo
Né en 1827 à Turin. Mort en 1909. XIXe siècle. Italien.
Peintre d'histoire, sujets religieux, genre, fresquiste.
Il décora de fresques l'église S. Carlo, l'Hôtel de Ville, l'hôpital Mauriziano et le Palais dell'Ordine Mauriziano à Turin.
Musées : Prato (Gal. antique et Mod.) : *Raphaël mourant*.
Ventes Publiques : Milan, 20 nov. 1973 : *La fontaine d'amour* : **ITL 500 000** – Londres, 28 nov. 1986 : *La Promenade du matin*, h/t (168x84) : **GBP 8 000** – Milan, 21 déc. 1993 : *Maternité* 1889, h/cart. (49x37,5) : **ITL 2 645 000** – New York, 2 avr. 1996 : *Le lever* 1881, h/pan. (32,7x46) : **USD 6 325** – New York, 18-19 juil. 1996 : *À la fontaine* 1880, h/t (100,3x76,2) : **USD 1 725**.

MORGEN Joan Georg
XVIIIe siècle. Autrichien.
Portraitiste.
On cite de lui à Pöggstall deux portraits de la famille von Stoiber.

MORGENROTH Johann Martin
Né à Unter-Siemenau près Cobourg. Mort en 1859 à Mannheim. XIXe siècle. Allemand.
Miniaturiste.
Il fit ses études à Karlsruhe. Les Musées de Leipzig, Mannheim et Stuttgart conservent des œuvres de cet artiste.

MORGENSCHÖN, appellation erronée. Voir **WAGENSCHOEN**

MORGENSTERN Adolf
Né le 5 mai 1892 à Leipzig (Saxe). Mort le 15 ou 16 avril 1928. XXe siècle. Allemand.
Peintre de nus, paysages.
Il fut élève de l'académie des beaux-arts de Leipzig.

MORGENSTERN Andreas
XVIe siècle. Actif à Budweis. Autrichien.
Sculpteur.

Il sculpta de 1516 à 1525 le maître-autel de l'église du couvent de Zwettl dont le panneau central, représentant *L'Assomption*, est conservé dans l'église d'Adamsthal en Moravie.

MORGENSTERN Christian Ernst Bernhard
Né le 29 septembre 1805 à Hambourg. Mort le 27 février 1867 à Munich. XIXe siècle. Allemand.
Peintre de paysages, graveur à l'eau-forte.
Fils du portraitiste et miniaturiste Johann-Heinrich Morgenstern, il travailla d'abord avec le peintre de panoramas Sühr qu'il accompagna en Allemagne et en Russie de 1818 à 1822. En 1824, il devint l'élève de Siegfried Bendixen à Hambourg. En 1827, il fit un voyage d'études en Norvège et en 1828 il suivit les cours de l'Académie de Copenhague. En 1829, il vint travailler à Munich. Il voyagea ensuite en France, en Alsace et en Italie. En 1842, il fut reçu membre de l'Académie de Munich. Il a exposé, à partir de 1825, à Berlin, Munich, Hambourg, Leipzig, Cologne. Comme graveur, on lui doit des planches de paysages et des scènes de genre assez agréables.
Musées : Breslau, nom all. de Wroclaw : *Paysage, le matin* – Darmstadt : *Vallée de l'Isar en amont de Munich* – Francfort-sur-le-Main : *Lever de lune sur mer* – Hanovre : *Château Schwaneck et vallée de l'Isar* – Karlsruhe : *Vallée de l'Ammor le soir* – Leipzig : *Jour d'avril au lac de Starnberg* – Munich : *En Alsace – Tempête en mer – Nuit de lune à Partenkirchen* – Stuttgart : *Paysage avec lune.*
Ventes Publiques : Munich, 21 sep. 1978 : *Voilier au clair de lune*, h/pan. (35,5x29) : **DEM 8 000** – Munich, 27 nov. 1980 : *La vallée de l'Isar* 1851, cart. mar./t. (23,5x33,8) : **DKK 27 000** – Lucerne, 12 nov. 1982 : *Paysage au lac*, h/t (68,5x88) : **CHF 58 000** – Munich, 24 nov. 1983 : *Paysage montagneux* 1828, h/t (128x100) : **DEM 21 000** – Göteborg, 9 avr. 1986 : *Paysage au clair de lune*, h/t (55x71) : **SEK 25 000** – Munich, 4 juin 1987 : *Vue du lac de Brienz* vers 1830, gche et h/pap. (29x37) : **DEM 45 000** – Munich, 10 mai 1989 : *Étude de plantes*, cr. (21x28) : **DEM 1 870.**

MORGENSTERN Ernst ou **Friedrich Ernst**
Né le 17 janvier 1853 à Francfort-sur-le-Main. Mort le 26 mai 1919 à Francfort-sur-le-Main. XIXe-XXe siècles. Allemand.
Peintre de paysages, marines.
Fils et élève de Karl Morgenstern. Il a exposé, à partir de 1880, à Francfort, Munich, Dresde. Il peignit de préférence des paysages de la mer du Nord et des lagunes de Venise.
Musées : Francfort-sur-le-Main (Mus. Historique) : *Vieilles Maisons dans la Schäfergasse* – Francfort-sur-le-Main (Mus. mun.) : *L'Ile de Walcheren* – Francfort-sur-le-Main (Mus. Staedel) : *Village de pêcheurs en Écosse.*
Ventes Publiques : New York, 13 mai 1978 : *Scène de bord de mer* 1879, h/t (51x75) : **USD 6 500** – Londres, 5 oct 1979 : *Vue d'une ville au bord d'un fleuve* 1903, h/t (26x40,6) : **GBP 1 900** – Londres, 19 juin 1981 : *Barques de pêche dans un estuaire* 1911, h/t (90x120) : **GBP 1 700** – Munich, 28 nov. 1985 : *Vue de Venise* 1890, cr. (27x35,5) : **DEM 1 700** – Cologne, 22 mai 1986 : *La Côte de Hollande* 1889, h/t (32x46,5) : **DEM 5 000** – Cologne, 18 mars 1989 : *Panorama d'une vallée*, h/t (41x59) : **DEM 3 000** – Vienne, 29-30 oct. 1996 : *Pêcheurs dans la baie de Naples*, h/t (22x35,5) : **ATS 97 750.**

MORGENSTERN Friedrich Wilhelm Christoph
Né le 14 février 1736 à Rudolstadt. Mort le 27 octobre 1789 à Rudolstadt. XVIIIe siècle. Allemand.
Peintre.
Fils de Johann-Christoph Morgenstern. Il fit ses études à Berlin. Il succéda à son père dans ses fonctions de peintre de la cour à Rudolstadt. Les châteaux de Rudolstadt et de Schwarzburg possèdent plusieurs portraits de princes et princesses exécutés par cet artiste.
Ventes Publiques : Paris, 26 oct. 1977 : *Les musiciens ambulants* 1775, h/pan. (29x33,5) : **FRF 25 500.**

MORGENSTERN Gerhard
Né le 19 août 1881 à Fingen. XXe siècle. Allemand.
Peintre de portraits, paysages.
Il ne fut élève d'aucune école. Il fut aussi architecte.

MORGENSTERN Johann Christoph
Né le 11 août 1697 à Altenbourg. Mort le 6 octobre 1767 à Rudolstadt. XVIIIe siècle. Allemand.
Peintre.
Peintre de la cour de Rudolstadt, père de Friedrich-Wilhelm-Christoph et de Johann-Ludwig-Ernst Morgenstern. Il fit deux mille huit cent vingt-trois portraits dont quatre-vingt onze de *Sophie Albertine*, sœur du prince Johann-Friedrich de Rudolstadt.

MORGENSTERN Johann Friedrich
Né le 8 octobre 1777 à Francfort-sur-le-Main. Mort le 21 janvier 1844 à Francfort-sur-le-Main. XIXe siècle. Allemand.
Peintre, graveur à l'eau-forte et lithographe.
Élève de son père Johann Ludwig Ernst Morgenstern à Francfort et de Christian Klengel à Dresde. Le Musée de Francfort conserve de lui : *Le vieux quai du Main à Francfort.* Il grava des sujets de genre.
Ventes Publiques : Cologne, 30 mars 1979 : *Le Chiemsee au crépuscule*, h/t (58x89) : **DEM 12 000.**

MORGENSTERN Johann Heinrich
Mort en 1813 à Hambourg. XIXe siècle. Allemand.
Miniaturiste.
Père de Christian Morgenstern.

MORGENSTERN Johann Ludwig Ernst
Né le 22 septembre 1738 à Rudolstadt. Mort le 13 novembre 1819 à Francfort-sur-le-Main. XVIIIe-XIXe siècles. Allemand.
Peintre d'architectures, intérieurs d'églises, graveur, dessinateur.
Fils de Johann-Christoph et père de Johann-Friedrich Morgenstern. En 1768, il vint à Hambourg, et en 1770 se fixa à Francfort. Il grava à l'eau-forte.
Musées : Darmstadt : *Trois intérieurs d'églises* – Francfort-sur-le-Main : *Cour de ferme – Deux intérieurs d'églises* – Mayence : *Intérieur d'église* – Stuttgart : *Intérieur d'église.*
Ventes Publiques : Paris, 1858 : *Intérieur de la cathédrale de Mayence*, dess. à la pl. colorié : **FRF 28** – Paris, 1891 : *Intérieur d'église* : **FRF 420** – Paris, 31 mai 1899 : *Intérieur d'église* : **FRF 300** – Paris, 6 déc. 1935 : *Intérieurs d'église*, deux toiles : **FRF 500** – Londres, 29 oct. 1976 : *Intérieur d'église* 1806, h/pan. (37x29) : **GBP 1 200** – Cologne, 11 juin 1979 : *Intérieur d'église à Rotterdam*, h/pan. (36,5x29) : **DEM 19 000** – Londres, 7 avr. 1982 : *Intérieur d'église*, h/cuivre (35,5x47) : **GBP 1 500** – Munich, 28 nov. 1985 : *Intérieur d'église*, pl. et lav. (44x51,5) : **DEM 1 700** – Londres, 5 juil. 1991 : *La nef d'une église gothique avec un office se déroulant dans une chapelle* 1788, h/métal (45,5x40,5) : **GBP 11 000** – Paris, 11 avr. 1992 : *La salle des gardes ; Les veilleurs endormis*, cuivre, une paire (chaque 11x15) : **FRF 35 000** – Londres, 8 juil. 1992 : *Intérieur d'église avec des figures*, h/cuivre (24,6x19,5) : **GBP 5 500** – Heidelberg, 5-13 avr. 1994 : *Intérieur d'église éclairé par le soleil avec des fidèles ; Intérieur d'église éclairé d'un rayon de lune entrant par la baie de gauche* 1806, aquar. et encre, une paire (chaque 28,3x22,5) : **DEM 16 500.**

MORGENSTERN Karl Ernst
Né le 25 octobre 1811 à Francfort-sur-le-Main. Mort le 10 janvier 1893 à Francfort-sur-le-Main. XIXe siècle. Allemand.
Peintre de paysages, paysages d'eau, paysages de montagne, aquarelliste, dessinateur.
Fils de Johann Friedrich et père d'Ernst. Il s'établit à Munich et subit l'infuence de Christian Morgenstern et de Rottmann. Il fit des voyages en Italie et peignit de préférence des paysages italiens.
On cite de lui surtout des aquarelles d'après nature, rappelant la manière de Corot.
Musées : Berlin – Francfort-sur-le-Main (Mus. Staedel) : *Le Golfe de Villefranche près de Nice – Golfe de Naples – Baies – Venise – Le Pont du Diable – Tivoli – Chute d'eau à Tivoli* – Hambourg – Munich – Riga.
Ventes Publiques : Munich, 2 déc. 1971 : *Vue de Venise* : **DEM 1 600** – Cologne, 13 juil. 1973 : *La chaumière* : **DEM 4 200** – New York, 9 déc. 1974 : *Le lac de Côme* 1851 : **USD 3 200** – Munich, 30 mai 1979 : *Paysage d'Italie* 1875, aquar. (31,5x47) : **DEM 2 900** – Londres, 18 jan. 1980 : *Paysage montagneux* 1877, h/t (47x35) : **GBP 1 400** – Munich, 26 nov. 1981 : *Caub*, cr. (27x39) : **DEM 2 500** – Los Angeles, 28 juin 1982 : *Vue d'une ville au bord d'un lac* 1864, h/t (31,5x51,5) : **USD 1 600** – Munich, 4 mai 1983 : *Bord de mer, Italie*, h/t : **DEM 12 500** – Munich, 28 nov. 1985 : *Paysage de Suisse* 1856, cr. (17x26) : **DEM 1 700** – Cologne, 21 nov. 1985 : *Vue du Walchensee*, aquar. (19x34,5) : **DEM 4 600** – Paris, 4 juin 1986 : *Village de pêcheurs* 1839, h/t (40,5x60) : **FRF 33 000** – Heidelberg, 17 oct. 1987 : *Vue de Francfort-sur-le-Main* 1865, h/t (29x43) : **DEM 29 000.**

MORGENSTERN Karl Ernst
Né le 14 septembre 1847 à Munich. Mort le 9 septembre 1928 à Wolfshau. XIXe-XXe siècles. Allemand.

Peintre de paysages.
Son père Christian Morgenstern fut son maître. Il fit un voyage d'étude dans le Tyrol, la Suisse et l'Allemagne du Nord, la Hollande et la Belgique. En 1885, il fut nommé professeur à l'école des Beaux-Arts de Breslau. Il a exposé à partir de 1870, à Munich, Vienne, Dresde et Berlin.
Musées : Breslau, nom all. de Wroclaw : *Forêt de hêtres – Paysages en hiver.*
Ventes Publiques : Munich, 20 mars 1968 : *Paysage alpestre* : **DEM 6 000** – Cologne, 22 oct. 1971 : *Village au bord d'un lac* : **DEM 2 600** – Zurich, 30 oct. 1982 : *Paysage fluvial,* h/t (21,2x31) : **CHF 4 000** – Londres, 26 nov. 1986 : *Vue de Wolfsau, Riesengebirge,* h/t (170x250) : **GBP 4 200.**

MORGENSTERN Willibald Wolf. Voir **RUDINOFF**

MORGENSTJERNE-MUNTHE Gerhard Arij Ludwig. Voir **MUNTHE**

MORGENSZTERN Chana ou **Morgenstern**
Née le 1er décembre 1913. xxe siècle. Active depuis 1939 en France. Polonaise.
Peintre. Naïf.
Autodidacte, elle a à peu près toujours peint.
Elle participe aux divers Salons parisiens : d'Automne, Comparaisons, des Artistes Français, des Indépendants...
Sa peinture se réfère à l'art que l'on dit « naïf ».
Musées : Jérusalem (Mus. d'Israël).
Ventes Publiques : Paris, 20 mars 1988 : *Un mariage juif* 1972, h/t (65x50) : **FRF 10 000.**

MORGENTHALER Ernst
Né en 1887 à Ursenbach (Berne). Mort en 1962 à Zurich. xxe siècle. Suisse.
Peintre de compositions animées, figures, portraits, intérieurs, paysages, natures mortes, peintre à la gouache, aquarelliste.
Après des débuts dans une carrière commerciale, il commença son activité artistique à l'âge de vingt-cinq ans, en donnant des dessins satiriques à la revue *Der Nebelspater.* Il fut ensuite élève de Cuno Amiet à la Oschwand. Il se rendit encore chez Paul Klee, à Munich, de qui il reçut une influence décisive, mais de courte durée, pour revenir à une figuration expressive. Il voyagea dans le Midi de la France, en Italie, au Maroc, et séjourna longuement à Paris.
Une grande rétrospective de son œuvre fut présentée en 1957 à la Kunsthalle de Berne. Une part importante de son œuvre est consacrée à la présence de l'homme : portraits, maternités, groupes d'ouvriers, scènes d'exode, depuis la *IIIe Classe* de 1927 aux *Ouvriers* de 1945, aux *Réfugiés* de 1956. Son importance fut grande dans la peinture suisse de l'entre-deux-guerres.

EM

Bibliogr. : Gotthard Jedlicka : *Ernst Morgenthaler,* Quatre Chemins, Paris, 1933 – René Wehrli : *Ernst Morgenthaler,* éditions du Griffon, La Neuville, 1953 – Bernard Dorival, sous la direction de : *Peintres contemp.,* Mazenod, Paris, 1964.
Musées : Aarau (Aargauer Kunsthaus) : *Le Mois de mai, le mois de mai est là* 1912 – *Famille* 1925 – *Faubourg* – Berne : *Paysage d'hiver* – Zurich : *Portrait de femme.*
Ventes Publiques : Berne, 12 juin 1969 : *Vue de la fenêtre,* h. et temp. : **CHF 3 400** – Zurich, 3 nov. 1972 : *Paysage de Heerbrugg* : **CHF 12 000** – Zurich, 29 nov. 1973 : *Soirée d'automne* : **CHF 16 000** – Zurich, 16 mai 1974 : *Paysage* 1943 : **CHF 15 000** – Lucerne, 25 juin 1976 : *Bord de lac* 1924, h/t (102,5x80,5) : **CHF 13 500** – Zurich, 20 mai 1977 : *Devant la porte,* h/t (100x80) : **CHF 8 500** – Berne, 10 juin 1978 : *Paysage d'été au bord du lac de Zurich* 1922, h/cart. (55x94,5) : **CHF 10 200** – Zurich, 24 oct 1979 : *Paysage* 1934, h/t (50x73) : **CHF 7 000** – Zurich, 28 oct. 1981 : *Paysage d'hiver* 1938, h/t (101x120) : **CHF 17 000** – Zurich, 29 oct. 1983 : *Portrait Prof. W.* 1946, temp. (120,5x100) : **CHF 3 200** – Zurich, 9 nov. 1983 : *Paysage du Limatt* 1944, h/t (88x144) : **CHF 17 000** – Zurich, 21 juin 1985 : *Les joueurs d'échecs* 1957, h/cart. (50x64,5) : **CHF 7 500** – Zurich, 21 nov. 1986 : *Paysage du Limmattal* 1942, h/t (120x120) : **CHF 24 000** – Zurich, 22 mai 1987 : *Le Chemin de campagne* 1934, temp. (50x65) : **CHF 5 300** – Berne, 26 oct. 1988 : *Nature morte de fruits avec une cruche et un gobelet* 1949, aquar. (30x36) : **CHF 750** – Berne, 12 mai 1990 : *Fenaison,* h/cart. (38x45,5) : **CHF 3 400** – Zurich, 16 oct. 1991 : *Le Stockhorn,* h/cart. (44x52) : **CHF 2 600** – Zurich, 4 juin 1992 : *Le Lac de Zurich,* h/bois (33x44) : **CHF 5 650** – Lucerne, 15 mai 1993 : *Maisons de Genève,* h/cart. (23,5x30) : **CHF 1 400** – Zurich, 24 nov. 1993 : *recto : Autour de la table ; verso : Portrait de femme* 1924, h/t (70x81) : **CHF 32 200** – Zurich, 30 nov. 1995 : *Paysage de printemps avec un poirier en fleurs* 1947, h/t (69x80) : **CHF 6 900** – Zurich, 25 mars 1996 : *Vaches dans un pré II* 1941, h/t (80x100) : **CHF 9 775** – Zurich, 5 juin 1996 : *Paysage au promeneur et au chien* 1944, h/t (73x51) : **CHF 7 475.**

MORGENTHALER Johann Christoph
xviie siècle. Actif à Zolgingen. Suisse.
Peintre.
On cite de lui un dessin *(Peintre devant son chevalet)* se trouvant dans la collection d'estampes de l'École Polytechnique de Zurich.

MORGESE Domenico
xixe siècle. Italien.
Graveur au burin.
Il travailla à Naples.

MORGHEN Aloysio ou **Luigi**
xixe siècle. Actif au début du xixe siècle. Italien.
Graveur au burin.
Il grava le portrait de *Jacopo Sannazaro* dans la *Vie de G. Sannazaro,* de Colangelo.

MORGHEN Antonio
Né en 1788. Mort en 1853. xixe siècle. Italien.
Peintre et graveur au burin.
Fils de Rafaello Morghen. Bien qu'il soit surtout désigné comme graveur, il fut également peintre. La Galerie antique et moderne de Prato conserve de lui un important paysage animé : *Effet de neige dans la campagne avec trois cavaliers parmi lesquels Napoléon Ier.*

MORGHEN Filippo
Né en 1730 à Florence. Mort probablement après 1807. xviiie siècle. Italien.
Dessinateur et graveur.
Frère cadet de Giovanni Elia et père de Rafaello, Guglielmo et Antonio Morghen. Il étudia durant sept années à Rome, puis alla à Naples avant 1757, croyons-nous, où il fut graveur et marchand d'estampes. Il fut nommé graveur du roi des Deux-Siciles. On ne donne pas la date de sa mort, mais celle-ci nous paraît postérieure à 1807 : nous trouvons cette année-là quinze planches de lui publiées dans l'ouvrage de Wilkins : *Antiquités of Magna Græcia.* On lui doit aussi des planches, d'après ses dessins pour les antiquités d'Herculanum et de nombreuses planches de paysages des environs de Naples.

MORGHEN Giovanni Elia ou **Gionaella**
Né en 1721 à Florence. xviiie siècle. Travaillait encore vers 1789. Italien.
Peintre, dessinateur et graveur au burin.
Frère de Filippo Morghen ; élève de A. Feroci, et de D. Feretti. Il fit, en 1751, pour le marquis Gerini, une partie des gravures de *Pitture del Salone Imperiale del Palazzo di Firenze.* En 1767, il publia les planches des antiquités de Pœstum, d'après Antonio Joli. En 1789, on le cite encore pour une planche de la *Bible de Raphaël.* Il signait ses planches : G. M. R. d. ; Gio Morg. R. dis. ou d'un monogramme. La cathédrale d'Empoli possède de lui une peinture *L'Annonciation.*
Ventes Publiques : Londres, 12 déc. 1996 : *Murals from Herculaneum,* lav. gris, dix-sept pièces (23,5x10,1 et moins) : **GBP 1 380.**

MORGHEN Giuseppe
xixe siècle. Italien.
Graveur au burin.
Il a gravé des planches pour le Musée du Vatican.

MORGHEN Guglielmo
Né probablement à Naples. xviiie siècle. Italien.
Graveur au burin.
Fils de Filippo et second frère de Rafaello Morghen. Il est probable qu'il dut aider celui-ci dans ses travaux. On cite notamment de lui un *Portrait de Napoléon,* d'après Wicar, et un *Portrait de Championnet.*

MORGHEN Rafaello
Né le 19 juin 1758 à Naples. Mort le 8 avril 1833 à Florence. xviiie-xixe siècles. Italien.
Graveur.
Fils de Filippo, Rafaello montra dès son enfance des dispositions

extraordinaires. Il fut élève de son père et de son oncle, Giovanni Elia. À douze ans c'était déjà un habile graveur. En consultant le catalogue de l'œuvre du maître par son élève Palmerini, on peut suivre pas à pas la marche des travaux de notre artiste. À vingt ans, il avait déjà produit trente-cinq planches, réalisées au burin et à l'eau-forte. Son père le plaça alors sous la direction de Volpato, qui avait ouvert une école de gravure à Rome. Rafaello devint bientôt son élève favori, son collaborateur, et en 1781, il épousait la fille unique de son maître, Domenica Volpato. Il exposa au Salon de 1812 à Paris sa *Transfiguration*. Présenté à Napoléon Ier, il lui proposa la création d'une école de gravure à Paris, sous sa direction, mais, sur l'avis de Denon, le projet n'eut pas de suite. Il fut professeur à l'Académie de Florence et membre correspondant de l'Institut de France.
L'œuvre catalogué de R. Morghen comprend deux cents cinquante-six planches un peu dans tous les genres, et particulièrement des reproductions des grands maîtres italiens de la Renaissance italienne. Il convient de citer, notamment, *La Cène*, d'après Léonard de Vinci, *La Transfiguration*, d'après Raphaël, *La Madone della Sedia*, d'après le même, les portraits de *Raphaël*, de la *Fornarina*, de *Léonard de Vinci*, de *Canova*, du *Dante*, de *Pétrarque*, de l'*Arioste*, du *Tasse*, de *lord Byron*, de *Napoléon*, de *Michel Ange*, *Napoléon passant le Grand Saint-Bernard*, d'après David, *Portrait du duc de Moncade*, d'après Van Dyck. Il fut, de son temps considéré comme l'un des plus grands graveurs ayant existé, mais la postérité l'a remis à son plan : c'est un artiste habile, mais froid et peu coloriste.

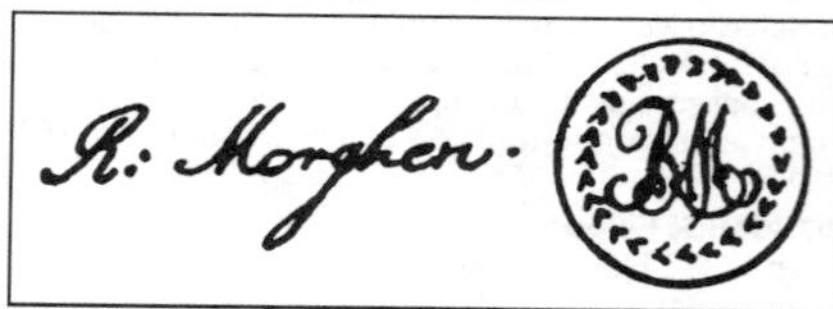

Cachets de vente

Musées : Caen : *Le Char de l'Aurore* – Rome (Istituto Naziolale per la grafica).
Ventes Publiques : Monaco, 20 juin 1994 : *Pie VI visitant les travaux d'assèchement des marais pontains, d'après la peinture de Abraham L.R. Ducros*, grav. aquarellée (27,6x38,4) : **FRF 19 980**.

MORGNER Wilhelm
Né le 27 janvier 1891 à Soest. Mort en août 1917 à Langemarck. xxe siècle. Allemand.
Peintre, graveur.
Il fut élève de Tappert à Worpswede.
Il a laissé environ deux cent trente-quatre peintures et mille huit cents planches gravées.
Musées : Berlin (Gal. Nat.) – Essen (Folkwang Mus.).
Ventes Publiques : Cologne, 5 déc. 1969 : *Paysage aux maisons rouges* : **DEM 12 000** – Cologne, 21 mai 1977 : *Le tailleur de pierres* 1912, grav./bois (37x57) : **DEM 2 700** – Munich, 28 mai 1979 : *Les fantômes* 1914, aquar. (23,4x28,5) : **DEM 3 400** – Londres, 2 déc. 1980 : *Paysage avec maison et soleil* 1912, pl. (50x68,5) : **GBP 900** – Cologne, 5 déc. 1981 : *L'Entrée à Jérusalem* 1912, h/t (65x85) : **DEM 11 000** – Lucerne, 12 nov. 1982 : *La ronde*, h/pan. (52x35) : **CHF 22 000** – Londres, 4 déc. 1984 : *Paysage* 1911, fus. (27x36,5) : **GBP 600** – Hambourg, 8 juin 1985 : *Passion* 1913, grav./bois aquar./Japon mince, suite de six : **DEM 13 500** – Heidelberg, 15-16 oct. 1993 : *Paysage avec un soleil rayonnant* 1912, bois gravé (24x36,4) : **DEM 2 150** – Heidelberg, 5-13 avr. 1994 : *La cène et le Mont des Oliviers* 1913, bois gravé (13,3x16,5) : **DEM 3 000**.

MORGUES Henri de
Né en 1718. Mort en 1792. xviiie siècle. Actif à Königsberg. Allemand.
Portraitiste de miniatures amateur.
Il fut fonctionnaire du margrave Charles de Prusse.

MORGUES Jacques de. Voir **LE MOYNE Jacques**

MORHAGEN Bernhard. Voir **MOHRHAGEN**

MORI. Voir aussi **MORO**

MORI Alexis
Né à Nice (Alpes-Maritimes). xxe siècle. Français.
Peintre de genre, compositions animées, paysages urbains, sculpteur. Naïf.
Il participe à des expositions collectives : 1976 Biennale de Menton, 1977 Salon d'Automne à Paris, 1978 *Naïfs de Provence et d'Allemagne* au musée Cantini de Marseille et dans de nombreux Salons de province. Il montre ses œuvres dans des expositions personnelles à Innsbruck, Paris, Vienne, Nice, New York, Florence.
Ses thèmes touchent à l'universel, dans des compositions aux couleurs chaudes, riches en matières.

MORI Camillo
Né en 1896 à Valparaiso. xxe siècle. Chilien.
Peintre. Tendance surréaliste.
Il fit de nombreux séjours en France et aux États-Unis. Il résida à New York vers 1940.
Il participa à Paris, au Salon des Indépendants en 1929-1930, et à l'exposition organisée, au musée d'Art moderne de la Ville, par l'Organisation des Nations Unies en 1946.
D'un réalisme romantique à ses débuts, il passa à un réalisme constructif influencé par le cubisme. Puis ses compositions devinrent de plus en plus insolites, mêlant l'imaginaire au réel et insistant surtout sur les valeurs oniriques. Il procède par de vastes taches de couleur organisées en rythme simple.
Bibliogr. : P. Volboudt, in : *Dict. de l'Art et des Artistes*, Hazan, Paris, 1967.

MORI Ferdinando
Né vers 1775. xixe siècle. Actif à Naples. Italien.
Dessinateur et graveur au burin.
Élève de de Piranesi. Il travailla à Naples et grava d'après Thorwaldsen.

MORI Francesco
xvie siècle. Actif à Viadana en 1547. Italien.
Peintre.

MORI Neno
xxe siècle. Italien.
Peintre de paysages.
Il obtint, en 1946, le troisième prix de peinture Burano.

MORI IL TARTARO, pseudonyme de **Sandrini Corrado**
Né en 1917 à Stresa (Lombardie). xxe siècle. Actif depuis 1970 en France. Italien.
Peintre, sculpteur, graveur.
Il vit et travaille à Paris.
Il a participé en 1992 à l'exposition *De Bonnard à Baselitz – Dix Ans d'enrichissements du cabinet des estampes 1979-1988* à la Bibliothèque nationale à Paris.
Musées : Paris (BN) : *Chiaro di luna* 1987 – *Sole di mattina* 1988.

MORIA Blanche Adèle
Née le 7 mai 1859 à Paris. Morte en 1927. xixe-xxe siècles. Française.
Sculpteur, médailleur.
Elle fut élève de Chapu, Chaplin et de Mercié.
Elle exposa à Paris, au Salon des Artistes Français, dont elle fut membre sociétaire à partir de 1887. Elle reçut une mention honorable en 1892, une médaille de bronze en 1900 à l'Exposition universelle, une médaille de troisième classe en 1909.
Musées : Gray : *Tête de femme* – Nantes (Mus. des Beaux-Arts) : *Vers l'infini*, haut-relief.

MORIAN Wilhelm
Né au xviie siècle à Bruxelles. xviie siècle. Éc. flamande.
Peintre.
Il a peint le tableau d'autel pour l'ancienne église des Carmélites de Munich, vers 1668.

MORIANI Giuseppe ou **Muriani**
xviiie siècle. Actif à Florence. Italien.
Peintre d'églises.
Élève d'An. Giusti. Il fut à partir de 1729 peintre à la Manufacture des Gobelins.

MORIAU Jean. Voir **MARIAU**

MORIAUD Eugène
Né le 10 octobre 1864 à Genève. xixe-xxe siècles. Suisse.
Peintre de paysages.
Peintre amateur, il fut élève de J. Hébert.

MORICAND Conrad
Né le 17 janvier 1887. Mort le 31 août 1954 à Paris. xxe siècle. Actif en France. Suisse.
Dessinateur, illustrateur.
Il ressemblait à un Indien blanc et se croyait le dernier des Mohi-

cans. Il est venu tôt à Paris, où il recevait Picasso, Max Jacob, Henri Michaux, des écrivains, des acteurs. Il passait son temps à la Bibliothèque Nationale, où il étudiait des écrits ésotériques et l'astrologie. En 1928, il a publié *Miroir de l'astrologie*.
D'une part, il dessinait tous ses amis. En 1919, il a illustré *Mœurs de la famille Poivre* d'André Salmon. Surtout il a produit de nombreux dessins érotiques, qui horrifiaient même Henry Miller : « Ils étaient pervers, sadiques, sacrilèges... flagellations, tortures médiévales, démembrements, orgies coprophagiques... Le tout exécuté d'une main délicate, sensible, propre à grossir encore l'élément dégoûtant du sujet traité ».
Bibliogr. : Henry Miller, in : *Un Diable au paradis*, Buchet-Chastel, Paris, 1956 – Anaïs Nin, in : *Journal 2, 1934-1939*, Stock, Paris, 1970.

MORICCI Giuseppe
Né en 1806. Mort vers 1879-1880. XIXe siècle. Actif à Florence. Italien.
Peintre de genre, aquarelliste.
Musées : Arezzo : *La Madone de Cimabue* – Prato : *La lettre du volontaire – Deux amoureux consultant un astrologue – Marché à Florence*.
Ventes Publiques : Milan, 31 mars 1987 : *Épisode de l'histoire antique à Florence* 1830, aquar. (42x62) : **ITL 2 400 000** – Rome, 29-30 nov. 1993 : *Campement militaire*, aquar./pap. (17x35) : **ITL 1 179 000**.

MORICE Georges
Né le 12 novembre 1899 à Paris. XXe siècle. Français.
Sculpteur.
Il fut élève de Coutan. Il exposa à Paris, au Salon des Artistes Français, dont il fut membre sociétaire à partir de 1923.

MORICE Jean Claude
Né le 7 avril 1939 à Authon-du-Perche (Eure-et-Loir). XXe siècle. Français.
Peintre, technique mixte. Tendance abstraite.
Il vit et travaille à Mainvilliers.
Il participe à de nombreuses expositions collectives dans divers centres culturels ainsi que : 1976 Salon Comparaisons à Paris ; 1980 Maison de la culture de Grenoble ; 1980-1981 Salon de Mai à Paris ; 1982-1983 Salon des Réalités Nouvelles à Paris ; 1983 musée municipal de Vendôme... Il montre ses œuvres dans des expositions personnelles : 1971 Centre culturel à Chartres ; 1973, 1983, 1986 Paris ; 1980 Rouen.
Il explore l'espace, puisant la structure et la composition de ses tableaux, qui tendent à l'abstraction, dans les cartes de géographie, de diverses époques, les relevés météorologiques et topographiques. Cartographe inlassable, il inscrit sur du tissu coloré par empreintes acryliques, annotations au pastel, les signes ou traces d'un monde imaginé, aux formes primitives.

MORICE Léon
Né le 25 janvier 1868 à Angers (Maine-et-Loire). XIXe-XXe siècles. Français.
Sculpteur.
Il fut élève de Brunclair et de F. Charpentier.
Il exposa à Paris, au Salon des Artistes Français. Il reçut une mention honorable en 1910 et une médaille d'argent en 1914.

MORICE Léopold
Né en 1846 à Nîmes (Gard). Mort début juillet 1920 à Paris. XIXe-XXe siècles. Français.
Sculpteur de compositions religieuses, statues, bustes.
Il fut élève de Jouffroy. Il débuta à Paris, au Salon des Artistes Français de 1868. Il eut des médailles en 1875, en 1878 à l'Exposition universelle de Paris ; en 1900 une médaille d'argent à l'Exposition universelle de Paris. Il fut chevalier de la Légion d'honneur en 1883.
On lui doit : *La Vierge et l'enfant Jésus*, groupe pour l'église d'Aimargues, *Le Christ adoré par des anges* bas-relief pour la porte principale de l'église Saint-Étienne à Tours, et la statue colossale de la *République* sur la place de la République à Paris.
Musées : Valence : *Buste du général Championnet*.

MORICE Pascale
Née à Rouen (Seine-Maritime). XXe siècle. Française.
Sculpteur.
Elle a obtenu le prix Bourdelle en 1977, à Paris, où elle vit et travaille.

MORICE Philbert
Né en 1782 à Vire. Mort en 1855. XIXe siècle. Français.
Peintre.
Le Musée de Vire conserve de lui deux dessins à la plume.

MORICOURT Léon
Né en 1830 à Douai. XIXe siècle. Français.
Peintre de genre.
Il eut pour maîtres Drolling, Biennoury et Gleyre. Il figura au Salon de Paris avec des sujets de genre, de 1859 à 1908.

MORIE Jean Alfred
Né au XIXe siècle à Paris. XIXe siècle. Français.
Peintre.
Élève de Rémond. Il figura au Salon avec des paysages de 1870 à 1874.

MORI EIKO
Né en 1947 à Kanagawa. XXe siècle. Actif depuis 1976 en France. Japonais.
Peintre, graveur.
Il vit et travaille à Paris.
Il a participé en 1992 à l'exposition *De Bonnard à Baselitz – Dix Ans d'enrichissements du cabinet des estampes 1979-1988* à la Bibliothèque nationale à Paris.
Musées : Paris (BN).

MORIEL Y GARCIA Antonio
Né le 26 septembre 1827 à Osuna. XIXe siècle. Espagnol.
Peintre de figures et de portraits.
Élève de M. Rodriguez de Guzman. Plus tard, il fut médecin à Madrid.

MORIER Pierre David ou **David** ou **Morrier**
Né vers 1705 à Berne. Mort en 1770. XVIIIe siècle. Actif en Angleterre. Suisse.
Peintre de batailles, portraits, animaux.
Les biographes sont loin d'être d'accord sur les dates de naissance et de mort de cet artiste ; nous serions tentés d'adopter celles du *Dictionnaire des Artistes Suisses*, du Dr Ch. Brun, dont la documentation nous paraît toujours puisée aux sources les plus sérieuses (1736-1786). D'autre part, l'ouvrage de Samuel Redgrave : *A Dictionary of Artists of the English School*, et après lui le *Bryan's Dictionary of Painters*, le font naître en 1705 et mourir en janvier 1770. Il aurait même été enterré à Saint-Jame's Clerkenwell, aux frais de la Society of Artists dont il faisait partie. La précision de ces détails leur donne de fortes présomptions de réalité. D'après l'ouvrage du Dr Brun, il serait venu à Londres à cinq ans et demi, soit vers 1741 ou 42 ; Redgrave dit 1743. Les deux ouvrages anglais sont dans l'erreur en affirmant que David Morier fit d'après nature les portraits des rois George Ier et George II ; admettons celui du dernier, mais George Ier étant mort en 1727, si son effigie par Morier existe, ce ne peut être qu'un portrait posthume. Redgrave dit que Morier, présenté à Guillaume-Auguste, duc de Cumberland, obtint de ce prince une pension de 200 livres sterling. Il peignit des chiens, des chevaux, des batailles, des portraits. De 1760 à 1768, nous le voyons exposer quatre portraits à la Society of Artists. Faut-il attribuer à la mort de son protecteur (1765) la situation désespérée dans laquelle il se trouvait en 1769, enfermé à la prison pour dettes, sans espoir d'en être relâché, dit Redgrave. David Morier était cousin germain du littérateur Jacques Morier qui fut ambassadeur en Perse.
Ventes Publiques : Londres, 6 déc. 1926 : *Portrait équestre de Frederick prince de Galles* : **GBP 283** ; *Portrait équestre du duc de Gloucester* : **GBP 220** ; *Portrait équestre du duc de Cumberland* : **GBP 136** – Londres, 12 mars 1986 : *Augustus, duc de Cumberland avec son aide de camp et un serviteur écossais*, h/t (125x99) : **GBP 6 000** – Londres, 24 avr. 1987 : *Portrait équestre du roi George III*, h/t (168,3x168,3) : **GBP 35 000** – Londres, 14 nov. 1990 : *Portrait équestre d'un officier du 4e régiment de cavalerie*, h/t (124,5x100,5) : **GBP 7 480** – Londres, 1er mars 1991 : *Portrait équestre du roi Frédéric le Grand portant l'ordre de l'Aigle Noir*, h/t (127,6x102,2) : **GBP 5 720** – Londres, 10 nov. 1993 : *Portrait équestre de George II*, h/t (124,5x99,5) : **GBP 32 200**.

MORIES ou **Moriez**
Né vers 1760. Mort vers 1812 à Saint-Germain-en-Laye (Yvelines). XVIIIe-XIXe siècles. Français.
Portraitiste et peintre d'histoire.
De 1793 à 1799, élève de David. Il dessina en 1794 le *Dauphin en prison*.

MORIGGIA Giovanni
Né en 1796 à Caravaggio. Mort en 1878 à Caravaggio. XIXe siècle. Italien.

Peintre.
Élève de Diotti. Il peignit des fresques dans les églises de Caravaggio.

MORIGGL Josef
Né vers 1841 à Nauders. Mort le 28 octobre 1908 à Innsbruck. XIXe siècle. Autrichien.
Sculpteur.
Élève de M. Stolz, O. J. Entres et de Petz. Professeur à l'École des Arts Décoratifs d'Innsbruck.

MORIGI Michelangelo. Voir **CARAVAGGIO Michelangelo Merisi da**

MORIGNOT Edmond. Voir **MOIRIGNOT Edmond**

MORIGUCHI Kunihiko
Né le 18 février 1941 à Kyoto. XXe siècle. Japonais.
Peintre. Abstrait-minimaliste.
Il fut élève de l'école des arts décoratifs de Paris, et de celle des beaux-arts de Kyoto. Il fut l'ami de Balthus.
En 1986, il présentait une série d'œuvres blanches et bleu cobalt *Réflexions mathématiques sur la pureté de l'eau de source*, en 1997 *Les vingt-quatre saisons de Kunihiko Moriguchi*, à la galerie Jeanne Bucher, à Paris.
Des traits réguliers traversent la toile, de leur agencement émergent des formes géométriques : carrés, triangles, trapèzes. Ses œuvres silencieuses sont d'une telle précision qu'elles semblent avoir été réalisées à l'ordinateur, pourtant Moriguchi n'utilise que des techniques de création ancestrale, fabriquant lui-même son papier, et utilisant un mélange de riz et de farine comme apprêt.

MORI HIDEO
Né en 1935. XXe siècle. Japonais.
Peintre.
Il appartient à la Société Ichiyô-kai depuis 1969.
En 1970 et 1973, il participe aux Salons de la JAFA à Marseille, Munich, New York, Boston et Pékin ; en 1974, il figure à la XIe Exposition internationale d'art du Japon, à Tokyo, ainsi qu'à l'Exposition d'art japonais d'aujourd'hui au Canada.
Il pratique la peinture acrylique sur toile, dans un style teinté de surréalisme.

MORII Ferdinand
XVIIIe siècle. Actif en 1744. Autrichien.
Peintre.
On cite de lui un tableau d'autel à Spitz représentant *l'Enlèvement au ciel de saint Nicolas*.

MORIKAGE. Voir **KUSUMI MORIKAGE**

MORIKAWA Sobun
Né au XIXe siècle à Tokyo. XIXe siècle. Japonais.
Peintre sur soie.
Il figura aux Expositions de Paris. Médaille de bronze en 1900 (Exposition Universelle).

MÖRIKE Eduard
Né le 8 septembre 1804 à Ludwigsburg. Mort le 4 juin 1875 à Stuttgart. XIXe siècle. Allemand.
Poète et peintre amateur.
Il illustra lui-même ses manuscrits. La Bibliothèque provinciale de Stuttgart possède un volume contenant des dessins et miniatures de cet artiste.

MÖRIKOFER Johann Melchior
Né le 17 novembre 1706 à Frauenfeld. Mort le 7 novembre 1761 à Berne. XVIIIe siècle. Suisse.
Médailleur et graveur de monnaies.
Il grava des médailles, des sceaux, des tampons et des monnaies.

MORI KOSEI
XIXe-XXe siècles. Japonais.
Sculpteur.
Il figura aux expositions de Paris, où il reçut une médaille de bronze à l'Exposition universelle en 1900.
Il pratiqua la sculpture sur bois.

MORIKUNI Narabayashi ou **Naramura** ou **Narawara** (?) ou **Kosoken**
Né en 1779. Mort le 12 août 1848 à Osaka. XIXe siècle. Japonais.
Dessinateur et peintre.
Élève de Kano Tanzan à Osaka. Insignifiant comme peintre, il est surtout connu comme dessinateur de modèles pour la gravure sur bois.

MORILHAN Antoine
XVIIIe siècle. Actif à Lyon en 1750. Français.
Sculpteur sur bois.

MORILLARD ou **Mourillard**, famille d'artistes
XVIe siècle. Actifs à Lyon vers la fin du XVIe siècle. Français.
Peintres.

MORILLAS Cecilia. Voir **SOBRINO**

MORILLO Paulus. Voir **MOREELSE**

MORILLO FERRADAS José
Né le 25 septembre 1853 à Cadix (Andalousie). Mort le 3 janvier 1920 à Cadix (Andalousie). XIXe-XXe siècles. Espagnol.
Peintre d'histoire, compositions animées, genre, figures.
Il fut élève de l'école des beaux-arts de Cadix et du peintre Ramon Rodriguez Barcaza. Puis, il partit étudier à Paris, où il résida six ans, travaillant dans l'atelier de Léon Bonnat et Francisco Domingo Marques. De retour en Espagne, il enseigna à l'école des beaux-arts de Cadix.
Il participa à de nombreuses expositions, notamment en 1894 au Cercle des Beaux-Arts de Madrid.
Dans ses œuvres réalistes, la lumière tient une place essentielle. Son style, qui poursuit la tradition, évoque la peinture flamande, mais surtout, dans ses tonalités, le choix des sujets et leur traitement minutieux, les toiles de Jean-Louis Ernest Meissonier.
Bibliogr. : In : *Cien Años de pintura en España y Portugal, 1830-1930*, Antiqvaria, t. VI, Madrid, 1991.
Ventes Publiques : Londres, 21 juin 1989 : *La répétition*, h/pan. (41x32,5) : **GBP 5 500**.

MORILLON Alfred
Mort en 1886. XIXe siècle. Français.
Peintre de paysages.
Ventes Publiques : Paris, 27 jan. 1943 : *Paysage d'automne* : **FRF 3 400**.

MORILLON Antoine
Né vers 1522 à Louvain. Mort le 9 octobre 1556 à Louvain. XVIe siècle. Éc. flamande.
Écrivain, médailleur et peintre.
Il fut bibliothécaire du cardinal Granvelle et fit en 1550 un voyage à Rome. Il illustra ses manuscrits. Les Bibliothèques de Besançon et de Tournai conservent des œuvres illustrées par cet artiste.

MORILLON Étienne
Né en 1884. Mort en 1949. XXe siècle. Français.
Peintre de natures mortes.
Probablement le même artiste duquel on vit une exposition à Lyon en 1945.
Ses natures mortes classiques n'ignorent pas la leçon de Cézanne.
Ventes Publiques : Paris, 4 mars 1943 : *Nature morte aux poires* 1920 : **FRF 400** ; *Nature morte : citron, oranges et poivrons* 1918 : **FRF 350**.

MORILLON Léonard
Né en 1756. Mort le 5 novembre 1784 à Paris. XVIIIe siècle. Français.
Peintre.

MORILLON Octave
Né en 1878. XXe siècle. Français.
Peintre, aquarelliste.
Il fit des voyages en qualité d'officier de marine et s'établit d'abord à Tahiti, puis à Tahaa et à Raïetea.

MORI MANABU
Né en 1925 dans la préfecture de Saitama. XXe siècle. Japonais.
Graveur, dessinateur.
Après être entré dans le département d'art graphique du collège des Arts et Métiers de Tokyo, il se tourne vers l'architecture et obtient son diplôme en 1944.
Il participe aux manifestations de l'Association des artistes indépendants, de l'académie japonaise de Gravure et d'Art moderne, où il reçoit un prix en 1957. En 1957, 1960 et 1962, il est représenté à la Biennale internationale de l'Estampe de Tokyo, où il est honoré du prix du ministère de l'éducation. Hors du Japon, il fait partie de plusieurs expositions de gravure itinérantes.
Il pratique la gravure sur bois, le dessin, le frottage.

MORI MITSUKO ou **Mitsouko**
Née en 1944 à Ashikaga. XXe siècle. Active depuis 1970 en France. Japonaise.

Peintre, dessinateur, graveur. Abstrait-géométrique.
Elle fut élève en 1968 de l'école des beaux-arts de Tokyo, en 1970 de l'Institut des Hautes-Études de Tokyo, puis reçut une bourse du gouvernement français en 1970-1972, étudiant à l'école d'art et architecture de Marseille-Luminy puis à l'école des beaux-arts de Paris, où elle vit et travaille. En 1993, elle rejoint le mouvement MADI.
Elle participe à des expositions collectives depuis 1968 : 1968, 1969 Metropolitan Museum de Tokyo ; 1975 musée de Toulon ; 1975-1986 Salon de Mai à Paris ; 1980, 1983, 1987, 1988, 1989, 1990, 1991 Grands et Jeunes d'Aujourd'hui à Paris ; 1981,1983, et suivants Salon des Réalités Nouvelles à Paris ; 1985 Biennale internationale de la gravure de Ljubljana ; 1986 Centre culturel de Châlon-sur-Saône ; 1989, 1991 Centre d'Art contemporain de la ville de Rouen ; 1992 Centre culturel de Cologne ; 1993 Triennale égyptienne internationale de gravure au musée d'Art graphique contemporain du Caire. Elle montre ses œuvres dans des expositions personnelles : depuis 1969 à Tokyo ; 1981, 1995 Paris ; 1981, 1985 Amsterdam ; 1987, 1989, 1992 Yokohama ; 1989, 1993 Kassel ; 1993 Nagoya.
Son travail évoque le travail de Frank Stella, dans sa période minimaliste. Comme lui, à ses débuts, elle privilégie la géométrisation des formes, applique la couleur par aplats, utilise des *shaped canevas* (formats découpés). Le pentagone occupe une place privilégiée dans son œuvre, et, depuis quelque temps, elle a abandonné les couleurs éclatantes pour une gamme plus austère du noir au blanc. Elle agence ses formes selon des principes mathématiques, notamment le nombre d'or.
Bibliogr. : Catalogue de l'exposition : *Mitsuko Mori*, Galerie Vision Osterberg, Kassel, 1993.
Musées : Cholet – Couvin (Mus. du petit format) – Cracovie – Lvov – Maubeuge – Paris (Mus. d'Art Mod. de la Ville) – Paris (BN) : *Bleu 84* 1984 – Utrecht (Mus. mun.) – Wroclaw.

MORIMURA IICHI
Né en 1926 dans la préfecture de Gumma. xxe siècle. Japonais.
Graveur, dessinateur.
Après des cours à l'université de l'éducation de Tokyo, il devient professeur d'art, métier qu'il ne cessera d'exercer. De 1948 à 1956, il expose ses gravures sur cuivre, lithographies et dessins aux Salons de l'Association *Shunyokai*, où il remporte un prix en 1955. Depuis 1952, ses œuvres figurent aussi au Salon des Indépendants et depuis 1957 à la Biennale internationale de l'estampe de Tokyo. Il appartient au groupe *Han* (gravure) et organise tous les ans une exposition personnelle.
Son style traduit une préoccupation pour l'imaginaire et le subconscient.

MORIN
xvie siècle. Travaillant à Séville en 1534. Espagnol.
Sculpteur.

MORIN
Né en 1754. xviiie siècle. Français.
Peintre sur porcelaine.
Il travailla à Sèvres de 1754 à 1784.

MORIN Adolphe
Né en juillet 1841 à Stenay. xixe siècle. Français.
Peintre.
Élève de Gleyre, de Lucy et de Pils. Il exposa au Salon de Paris, de 1868 à 1870 des sujets de genre.

MORIN Andres
xvie siècle. Actif à Séville de 1548 à 1566. Espagnol.
Peintre.
Il peignit des tableaux d'autel, pour plusieurs églises de Séville, d'Ecija et de Gibraléon.

MORIN Antoine Léon
Né au xixe siècle à Paris. xixe siècle. Français.
Peintre.
Il exposa au Salon des natures mortes en 1865 et 1870.

MORIN Charles Camille
Né le 19 juin 1846 à Paris. Mort le 8 janvier 1919 à Courbevoie. xixe-xxe siècles. Français.
Peintre.
Dans le sillage de l'École de Barbizon, il a peint des paysages de l'Ile-de-France, de Bretagne et du Midi. Exposant aux Artistes français : Salons de 1889, 1890, 1891 (*La Marne au Perreux*, actuellement au Musée de Carpentras), 1893, 1894, 1895. Sociétaire en 1897 et 1898. De 1888 à 1890 publia des chroniques et des comptes rendus dans le *Journal des Artistes*, certains sous la signature de Camille Mirón. Inventa un système de maquettes reproduisant le mouvement des personnages, pour la peinture en atelier sans modèles.
Ventes Publiques : Vienne, 14 sep. 1983 : *Petite ville au bord de la rivière*, h/t (33x47) : **ATS 32 000**.

MORIN Edmond
Né le 26 mars 1824 au Havre (Seine-Maritime). Mort le 18 août 1882 à Sceaux (Hauts-de-Seine). xixe siècle. Français.
Peintre de genre, paysages, aquarelliste, graveur, illustrateur.
En 1846, il fut élève de Charles Gleyre à l'École des Beaux-Arts de Paris. S'étant marié en 1849, il dut travailler chez Charles Philipon, pour lequel il composa des affiches d'almanachs et des albums pour enfants. De 1850 à 1857, il vécut à Londres, où il fut initié par sir John Gilbert au dessin sur bois et collabora au *London Illustrated News*. De retour à Paris, il exposa au salon et travailla pour *Le Monde illustré* qui venait d'être créé, à *L'Illustration*, au *Magasin Pittoresque* à *La Vie Parisienne* et à un certain nombre d'autres périodiques. Il mourut neurasthénique à l'âge de 58 ans.
Il commença par peindre des paysages de l'Ile-de-France, Normandie, Jura et vues de Paris, puis, séduit par l'esprit sarcastique de l'humour anglais, il s'était spécialisé dans le dessin humoristique des évènements d'actualité et des faits divers. Il continua dans cette voie de la caricature, dessinée selon un graphisme élégant et raffiné, ce qui est très rare dans ce domaine. Il a exécuté un nombre important d'illustrations par lesquelles il fixa avec esprit les aspects de la vie mondaine de 1860 à 1880.

Cachet de vente

Bibliogr. : Gérald Schurr, in : *Les Petits Maîtres de la peinture 1820-1920, valeur de demain*, Les Éditions de l'Amateur, t. VII, Paris, 1989.
Musées : Le Havre : *Le marché aux fleurs de la Madeleine*.
Ventes Publiques : Paris, 1899 : *La mère d'Edmond Morin*, dess. : **FRF 287** ; *Autoportrait*, dess. : **FRF 288** – Paris, 20 mai 1920 : *Les régates*, aquar. : **FRF 720** ; *Hyde-Park*, gche aquarellée : **FRF 1 000** – Paris, 1er mars 1943 : *Un paysage à Cernay* 1875, aquar. gchée : **FRF 1 000** – Paris, 17 nov. 1948 : *la place de l'opéra*, aquar. : **FRF 27 000** – Heidelberg, 5 mai 1979 : *Joyeuse compagnie dans un jardin* 1858, aquar. (60x90) : **DEM 2 200** – Monaco, 8 déc. 1990 : *La place de l'Opéra* 1882, aquar. (38,5x49,5) : **FRF 66 600** – Londres, 14 juin 1996 : *La course de traineaux* 1877, h/t (160x107) : **GBP 5 750**.

MORIN Edmond Armand
Né le 13 octobre 1824 à Saint-Pierre-sur-Dives (Calvados). xixe siècle. Français.
Peintre de natures mortes et architecte.
Élève de Garnaud. Il travailla à Paris.

MORIN Eugénie, Mme **Parmentier**
Née au xixe siècle à Rouen. Morte en 1875. xixe siècle. Française.
Peintre de figures, portraits, miniaturiste, aquarelliste.
Elle étudia avec son père Gustave Morin et de Belloc. En 1864, elle eut une médaille. Elle figura au Salon de Paris avec des portraits en miniatures, de 1859 à 1867.
Musées : Paris (Mus. d'Orsay) : *Portrait de l'artiste*.
Ventes Publiques : Paris, 18 nov. 1994 : *Scène de plage : jeunes femmes et fillette*, aquar. (17,5x20) : **FRF 6 500**.

MORIN Eulalie, Mme, née **Cornillaud**
Née le 27 mai 1765 à Nantes (Loire-Atlantique). Morte le 3 juin 1837. xviiie-xixe siècles. Française.
Peintre de portraits.
Élève de Lethiers. Elle fréquenta la princesse Elisa Bonaparte et ses filles, auxquelles elle enseigna son art.
De 1798 à 1800, elle figura au Salon de Paris avec des portraits.
Musées : Versailles : *Mme Récamier*.

MORIN Fernand
Né à la fin du xixe siècle à Saint-Aubin de Baubigné (Deux-Sèvres). xixe-xxe siècles. Français.
Peintre.

Surtout peintre de paysages, il expose au Salon des Indépendants depuis 1906.
Ventes Publiques : Paris, 19 déc. 1941 : *Portrait du peintre Van Gogh* : **FRF 380**.

MORIN Georges
Né le 30 avril 1874 à Berlin. XIXe-XXe siècles. Allemand.
Sculpteur de statues, médailleur.
Il fit ses études à Berlin, à Paris et en Italie.
On cite de lui des statues sur des places publiques à Berlin et Posen.

MORIN Guillaume
Mort avant 1692. XVIIe siècle. Actif à Nantes. Français.
Sculpteur.

MORIN Gustave François
Né le 18 avril 1809 à Rouen. Mort le 15 février 1886 à Rouen. XIXe siècle. Français.
Peintre de genre et d'histoire.
Père d'Eugénie Morin. Élève de L. Cogniet. Il figura au Salon de 1833 à 1869. Il devint directeur de l'Académie de dessin et de peinture de Rouen et conservateur du Musée. En 1863, Chevalier de la Légion d'honneur.
Musées : Le Havre : *Le Titien préparant ses couleurs – La prière* – Rouen : *Fête de bienfaisance – Jeune dame offrant de l'eau bénite à un cavalier – Routiers – La Saint-Vivien au XVIIe siècle – Scène d'intérieur, les aigrefins – Les buveurs de cidre – Vieux maître vénitien du XVIe siècle – Cavalier et dame – L'Arioste lisant des fragments du Roland furieux.*
Ventes Publiques : Londres, 19 juin 1981 : *Femmes de pêcheurs sur la plage*, h/t (70,5x93,5) : **GBP 950**.

MORIN Henry
Né le 21 janvier 1873 à Strasbourg (Bas-Rhin). Mort le 4 janvier 1961 à Versailles (Yvelines). XIXe-XXe siècles. Français.
Illustrateur, peintre de cartons de vitraux.
Il fut élève de l'école des beaux-arts de Paris. Il vécut et travailla près de Cassel (Nord).
Il illustra de nombreux livres pour enfants, parmi lesquels : les *Contes de fées* de madame d'Aulnoy et du prince de Beaumont, *Alice au pays des Merveilles* de Lewis Caroll, *Don Quichotte* de Cervantès, *Les Lettres de mon moulin* d'Alphonse Daudet, les *Contes* de Grimm... Il réalisa également de nombreux dessins de vitraux, notamment pour la cathédrale du Mans. Il fut l'un des principaux collaborateurs de la revue *Mon Journal* de 1897 à 1927. Ses œuvres harmonieuses, respirant le bonheur tranquille sont à l'image de sa vie familiale.
Bibliogr. : In : *Dict. des illustrateurs 1800-1914*, Ides et Calendes, Neuchâtel, 1989.

MORIN J. F.
XIXe siècle. Actif à New York de 1810 à 1831. Américain.
Graveur au burin.
Il grava des ex-libris et des cartes d'affaires.

MORIN Jean
XVIe siècle. Actif à Angers. Français.
Peintre.
Il travailla en 1565 aux préparatifs de l'entrée du roi à Angers.

MORIN Jean
Né vers 1605 à Paris. Mort le 6 juin 1650 à Paris. XVIIe siècle. Français.
Peintre et graveur.
Élève de Philippe de Champaigne. Il fit d'abord de la peinture, puis s'adonna à la gravure, art dans lequel il acquit une grande supériorité. Usant à la fois de l'eau-forte et du burin, il obtint de très agréables effets. Ses portraits, pour lesquels il s'inspira du style de Van Dyck, sont remarquables. Il a gravé aussi un nombre important des ouvrages de son maître. On cite de lui : *Crucifix avec Marie Madeleine, Résurrection du Christ, Le miracle de la Pentecôte*, les portraits de l'imprimeur *Antoine Vitré* et de l'*Abbé de Saint-Cyran*. Il fut l'un des premiers graveurs français à avoir gravé des paysages à l'eau-forte.
Ventes Publiques : Londres, 29 juin 1977 : *Tête de mort*, grav./cuivre, d'après Philippe de Champaigne (32x31,5) : **GBP 3 200**.

MORIN Jean
Mort le 22 mai 1916 à Douaumont, pour la France. XXe siècle. Français.
Dessinateur humoriste.

MORIN Jean Alexis Joseph. Voir **MORIN-JEAN**

MORIN Jean Paul
Né en 1943 à Déville-lès-Rouen (Seine-Maritime). XXe siècle. Français.
Peintre, graveur.
Il vit et travaille à Élancourt.
Il a participé en 1992 à l'exposition *De Bonnard à Baselitz – Dix Ans d'enrichissements du cabinet des estampes 1979-1988* à la Bibliothèque nationale à Paris.
Musées : Paris (BN).

MORIN Jorj ou **Georges**
Né le 4 octobre 1910 à Cholet (Maine-et-Loire). XXe siècle. Français.
Peintre, dessinateur, graveur, peintre de cartons de tapisseries, mosaïques. Abstrait.
Graphiste, il étudia la lithographie, la gravure et la peinture. Travaillant à Nantes, il se lia avec les peintres de la ville : Noury, Le Ricolais, Ferrand...
Il participa aux expositions du groupe nantais des *Amis de l'art*, ainsi qu'à diverses manifestations à Paris : 1953 IIe Salon d'Art sacré au musée d'Art moderne, 1964 Salon de Mai. Il montre ses œuvres dans des expositions personnelles, notamment : 1964, 1966 galerie Synthèse à Paris ; 1965 galerie L'Œil écoute à Lyon ; 1975 musée des Beaux-Arts et musée des Arts décoratifs de Nantes ; 1985, 1988, 1989, 1991 galerie Galarté à Paris ; 1991-1992 musée Jean Lurçat d'Angers.
Il recherche un nouvel espace allant du paysage abstrait à une peinture de signes. Depuis 1962, il réalise des mosaïques. Il a également mis au point un système de gravures-collages à projeter qui permet d'obtenir une certaine monumentalité. Il a illustré des poèmes inédits de Paul Fort, *Du Sang des martyrs* de Daniel Rops.
Bibliogr. : Lydia Harambourg : *L'École de Paris 1945-1965 – Dictionnaire des peintres*, Ides et Calendes, Neuchâtel, 1993.
Musées : Nantes – Rennes – Les Sables-d'Olonne.

MORIN Louis ou **Loys**
Né le 5 août 1855 à Paris. Mort en 1938 à Migennes (Yonne). XIXe-XXe siècles. Français.
Peintre de paysages urbains, aquarelliste, peintre de compositions murales, dessinateur, illustrateur, décorateur.
Il exposa au Salon des Humoristes, dont il était le fondateur.
Dessinateur de talent, il a collaboré à la plupart des journaux humoristiques et a illustré de nombreux ouvrages pour enfants et bibliophiles, ainsi que ses propres œuvres : *Le Cabaret de Puits-sans-vin – Les Amours de Gilles – L'Enfant prodigue*. On lui doit également des caricatures, les silhouettes pour le théâtre d'ombres du Chat noir et de nombreuses décorations murales ; il avait entre autre décoré les coupoles des magasins du Printemps qui furent détruites dans un incendie. Ses œuvres se caractérisent par la minutie du style, dans des compositions denses et alertes, très riches en détails. Il se fit apprécier également pour ses scènes de Venise et de Montmartre.
Bibliogr. : In : *Dict. des illustrateurs 1800-1914*, Ides et Calendes, Neuchâtel, 1989.
Ventes Publiques : Paris, 16 oct. 1923 : *Bal Gavarni* : **FRF 130** – Paris, 7 mars 1932 : *Groupe de femmes à crinoline*, aquar. : **FRF 40** – Paris, 24 avr. 1942 : *Jeux d'enfants et Fête champêtre*, huit pan. décoratifs : **FRF 3 100** – Paris, 16 juin 1943 : *Cavaliers et amazones à Londres*, mine de pb, encre de Chine et gche : **FRF 2 000** – Paris, 12 mai 1944 : *Bacchanale* : **FRF 750** – Paris, oct. 1945-juil. 1946 : *Vive l'Empereur*, aquar. : **FRF 1 100** – Paris, 2 juil. 1947 : *Le curieux* : **FRF 2 050** – Londres, 6 juin 1979 : *Costume d'Odalisque* 1920, aquar., cr., gche, or et argent (35,5x21,5) : **GBP 2 000** – Versailles, 22 avr. 1990 : *Bouquet de fleurs*, h/t (61x50) : **FRF 8 000**.

MORIN Louis Henri Ismaël
Né à Lisieux. XIXe siècle. Français.
Sculpteur.
Il exposa au Salon de 1878 à 1884 et en 1890. Le Musée de Vire conserve de lui : *Le poète Charles Varin* (terre cuite).

MORIN Lucien
Né en 1918 à Montréal (Québec). XXe siècle. Canadien.
Peintre.
Musées : Montréal (Mus. d'Art Contemp.) : *Sans titre – Mandragore* 1961.

MORIN Madeleine, Mme
Née au XIXe siècle à Vermenton (Yonne). XIXe siècle. Française.
Peintre de genre.
En 1869 et 1870, elle exposa au Salon de Paris des sujets rustiques.

MORIN Madeleine
Née en 1938 à Barrhead. XXe siècle. Canadienne.

Peintre, dessinateur.
Elle vit et travaille à Montréal.
Elle a participé en 1992 à l'exposition *De Bonnard à Baselitz – Dix Ans d'enrichissements du cabinet des estampes 1979-1988* à la Bibliothèque nationale à Paris.
Musées : Paris (BN) : *La Chanteuse réaliste* 1984, grav. sur bois.

MORIN Marie Élisabeth, Mme
Née au XIXe siècle à Paris. XIXe siècle. Française.
Peintre.
Élève de Mlle Burat. Elle exposa au Salon, de 1874 à 1877, des portraits en miniature.

MORIN Mary
XXe siècle. Française.
Peintre de paysages, fleurs.
Elle semble affectionner les sites de la Bourgogne.

MORIN Pierre Alexandre
Né au XIXe siècle à Honfleur. XIXe siècle. Français.
Peintre.
Il travailla avec Coignet et Couture. Il exposa au Salon de Paris de 1865, 1866 et 1870.

MORIN Ran
XXe siècle.
Créateur d'environnements.
Elle a exposé en 1994 à la galerie Horace Richter de Tel-Aviv un *Oranger suspendu*, mêlant le naturel et l'artificiel.

MORIN Robert
Né au XVIe siècle à Rouen. XVIe siècle. Français.
Peintre.
Il peignit, en 1506, un pavillon dans le château Gaillon, pour le cardinal d'Amboise.

MORIN Sven Nilsson
Né en 1747 à Gnosjö. Mort le 4 décembre 1813 à Gnosjö. XVIIIe-XIXe siècles. Suédois.
Sculpteur sur bois et peintre.
Il sculpta surtout des chaires dans des églises suédoises.

MORIN Vitalis
Né le 29 mai 1867 à Cholet (Maine-et-Loire). Mort en 1936 à Cholet. XIXe-XXe siècles. Français.
Peintre de scènes de genre, paysages, paysages d'eau, marines, aquarelliste, dessinateur.
Il commença ses études artistiques à Angers avec Jules-Joseph Dauban. À partir de 1889, il fut élève d'Auguste Constantin à Paris, il se fixa définitivement dans cette ville en 1895. Il exposa régulièrement au Salon des Artistes Français de Paris.
Il peignit d'abord des vues de la pittoresque capitale de l'Anjou, les bords de la Loire qu'il reproduisit par des aquarelles et des dessins à la plume. Il se consacra par la suite principalement aux sujets bretons.
Musées : Cholet : *Le Phare du Paon à l'île de Bréhat* – Nevers – Saint-Nazaire.
Ventes Publiques : Paris, 2 juil. 1951 : *Vue de Bretagne* : **FRF 1 400** – Berne, 26 oct. 1988 : *La Seine à Paris*, h/t (54x65) : **CHF 900**.

MORIN DE LA RIPVIÈRE Pierre, sieur
XVIIe siècle. Actif à Nantes au début du XVIIe siècle. Français.
Peintre et peintre verrier.

MORIN-JEAN, pseudonyme de **Morin Jean Alexis Joseph**
Né le 9 mai 1877 à Paris. Mort en 1940. XXe siècle. Français.
Peintre de paysages animés, paysages, natures mortes, fleurs, graveur, illustrateur.
Il suivit des études de Droit et fut élève de l'École du Louvre. Archéologue, il visita la Grèce, l'Italie et toute l'Europe. Il se consacra aux arts à partir de 1911.
Il exposa à Paris, aux Salons d'Automne, des Indépendants, et des Tuileries. Il fut lauréat de l'Institut de France.
Il illustra *Le Dessin des animaux en Grèce*, dont il est l'auteur, le *Manuel du graveur sur bois*, *Salammbô* de Flaubert et d'autres ouvrages.
Musées : Paris (Mus. d'Art Mod.).
Ventes Publiques : Paris, 15 fév. 1930 : *Rue ensoleillée* : **FRF 100** ; *Pommiers en fleurs* : **FRF 200**.

MORINA Giulio
Né en 1555 ou 1560 à Bologne (Emilie-Romagne). Mort en 1609. XVIe-XVIIe siècles. Italien.
Peintre de sujets religieux, aquarelliste, dessinateur.
Élève de Lorenzo Sabbatini ; il étudia aussi les œuvres de Carracci. On trouve plusieurs de ses ouvrages dans les églises de Bologne, notamment une *Crucifixion* à San-Sebastiano e Rocco, une *Visitation* à San-Uomobono, et une *Présentation au Temple* à l'église des Servites.
Musées : Bologne (Mus. della Santa) : aquarelles.
Ventes Publiques : New York, 12 jan. 1994 : *Trois saints agenouillés : Saint François, un diacre et un Évêque*, encre et craie (23,3x19,6) : **USD 5 175**.

MORINAS Jan
XVIIe siècle. Hollandais.
Peintre.
En 1682, il fut membre de l'Académie de dessin de La Haye.

MORINCK Hans
Mort à l'automne 1616 à Constance. XVIIe siècle. Allemand.
Sculpteur.
Il paraît influencé par l'École hollandaise et Michel-Ange. Il sculpta plusieurs autels, bas-reliefs et épitaphes dans les églises de Constance et dans l'abbaye de Petershausen.

MORINELLO Andrea di
Né vers 1490 à Valdi Bisagno. XVIe siècle. Italien.
Peintre d'histoire.
Élève de Ludovico Brea. D'après Soprani, l'église de San Martino di Albaro contenait de lui un tableau d'autel daté de 1516.

MÖRING. Voir **MÖHRING**

MORINI Fortunato
Né au XIXe siècle à Ancône. XIXe siècle. Italien.
Peintre.
Il fit ses études à Pérouse et à Rome. Il décora de ses peintures le plafond du théâtre, la gare, et le Palazzo della Provincia à Ancône.

MORINI Giovanni
XVIIe siècle. Actif dans la région de Crémone au début du XVIIe siècle. Italien.
Peintre.
Il travailla à Viadana en 1611. Le Musée Doria-Pamphili à Rome conserve de lui *Rédempteur* et *Madone*. Le Musée de Tours conserve un *Portrait d'homme*, d'un Giovanni Battista Morini.

MORINIÈRE. Voir **LA MORINIÈRE**

MORINOBU. Voir **KANÔ TANNYÛ**

MORIO Andrea ou **Meurius**
Né au XVIIe siècle à Brunswick. XVIIe siècle. Allemand.
Sculpteur.
Il travailla en 1650 pour l'intérieur de l'église Saint-Ulrich à Magdebourg.

MORION Jacques
Né vers 1862. Mort en 1904 près de Chambéry (Savoie). XIXe siècle. Français.
Peintre de portraits, paysages.
Il fut conservateur du musée de Chambéry.
Musées : Chambéry : *Portait de Mme Delgrange* – *Le Vieux Pont* – *Fin d'été en Savoie*.

MORIOT Alexis Alphonse
XIXe-XXe siècles. Français.
Peintre de paysages.
Musées : Langres.

MORIOT Élise Marguerite
Née au XIXe siècle à Sèvres. XIXe siècle. Française.
Miniaturiste et portraitiste.
Élève du peintre sur porcelaine François Adolphe Moriot. Elle exposa des émaux au Salon de Paris, de 1865 à 1877.

MORIOT François Adolphe
Né en 1817. XIXe siècle. Français.
Peintre sur porcelaine.
Il travailla à Sèvres.

MORIOT Jean Nicolas
Né le 26 mai 1800 à Nancy (Meurthe-et-Moselle). XIXe siècle. Actif à Paris. Français.
Graveur à la manière noire.

MORIOT Nicolas Marie
Né le 6 janvier 1788 à Versailles. Mort en 1852. XIXe siècle. Français.

Miniaturiste.
Élève de Soiron père. Il travailla à Sèvres de 1828 à 1848.
Ventes Publiques : Paris, 11 avr. 1951 : *Jeune fille et chien*, miniature : **FRF 7 200.**

MORIS François
XVIe siècle. Actif à Gray en 1568. Français.
Sculpteur.

MORIS Henri
XVIe siècle. Actif à Bruxelles. Éc. flamande.
Sculpteur et architecte.
On cite de lui le projet pour le jubé de sainte Gudule de Bruxelles.

MORIS Louis Marie ou **Morise**
Né en 1818 à Paris. XIXe siècle. Français.
Sculpteur.
Élève de Lequien et de Pradier ; il exposa au Salon de Paris, entre 1857 et 1869. On cite de lui une statue grandeur nature le représentant sur le tombeau familial au cimetière du Père Lachaise à Paris.
Ventes Publiques : New York, 28 mai 1992 : *Napoléon à cheval*, bronze à patine dorée (H. 63,5) : **USD 7 700.**

MORIS R.
Mort très jeune. XVIIIe siècle. Actif au début du XVIIIe siècle. Hollandais.
Peintre.
Élève de G. Schalken.

MORISE Max
Né le 5 avril 1900 à Paris. XXe siècle. Français.
Peintre, dessinateur.
Il connut Roger Vitrac au régiment, en 1920, et collabora à sa revue *L'Aventure* en 1921. Il collabora ensuite à la revue *Littérature*. Il figure dans la célèbre peinture de Max Ernst de 1922 *Le Rendez-Vous des amis*. En 1924, il donna un dessin pour le premier numéro de la revue *La Révolution surréaliste* ainsi qu'un de ses textes *Les Yeux enchantés*, réflexions sur les possibilités d'une peinture surréaliste.
Bibliogr. : In : catalogue de l'exposition *Dada*, Mus. nat. d'Art mod., Paris, 1966 – José Pierre : *Le Surréalisme*, in : *Histoire générale de la peinture*, t. XXI, Rencontre, Lausanne, 1966.

MORISI Giuseppe Antonio
XVIIIe siècle. Actif à la fin du XVIIIe siècle. Italien.
Peintre, doreur et stucateur.
Il travailla surtout dans des églises de Bade et de Wurtemberg.

MORISON C. ou **Morrison**
XVIIIe siècle. Actif à Londres. Britannique.
Graveur au burin.
Il grava des fleurs et des fruits.

MORISON Douglas
Né en 1810 à Tottenham. Mort en 1847. XIXe siècle. Britannique.
Peintre de paysages, aquarelliste et lithographe.
Élève de F. Taylor ; il a exposé de 1836 à 1846, à la Royal Academy, à Suffolk Street et à la Water-Colours Society. Il devint associé de celle-ci en 1843. On cite de lui des vues de palais ducaux et de terrains de chasse de Saxe Cobourg-Gotha.

MORI SOSEN, de son vrai nom : **Mori Shushô,** surnom : **Shukuga,** nom familier : **Hanaya Hachibê,** noms de pinceau : **Sosen, Jokansai, Reimeian** et **Reibyôan**
Né en 1749 à Nagasaki. Mort en 1821 à Osaka. XVIIIe-XIXe siècles. Japonais.
Peintre.
Après avoir étudié le style des Kanô avec Yamamoto Jobunsai, il se tourne plutôt vers celui de l'école Maruyama Shijô. Il est bien connu pour ses peintures d'animaux et particulièrement ses représentations de singes, hautement appréciées par'kyo (1733-1795).
Ventes Publiques : Londres, 9 nov. 1983 : *Singe et son petit*, encre et coul./soie, kakemono (33,5x40) : **GBP 1 400** – New York, 16 avr. 1988 : *Guenon avec son petit*, encre et coul./soie, makemono (44,5x63,8) : **USD 5 500** – New York, 25 mai 1988 : *Plage de sable*, h/cart. (17,9x25) : **USD 49 500.**

MORISOT Auguste
Né en 1857 à Seurre (Côte-d'Or). Mort en 1951 à Bruxelles. XIXe-XXe siècles. Français.
Peintre de figures, portraits, paysages, dessinateur, aquarelliste, ornemaniste, décorateur.
Élève à l'École des Beaux-Arts de Lyon, il fut envoyé, en 1886, en mission au Venezuela par le ministère de l'Instruction publique. Il partit avec l'explorateur Chavanjon afin de retrouver les sources de l'Orénoque, tenant un journal illustré de très nombreux dessins, relevés topographiques, paysages. Autant d'informations qui servirent à Jules Verne lorsqu'il écrivit *Le Superbe Orénoque*. Revenu à Lyon, il fut professeur à l'École des Beaux-Arts pendant près de cinquante ans. Il travailla à la décoration de l'hôtel de Mme Neyron de Champollon à Lyon et à son manoir de Saint-Point près de Pontarlier. Il y réalisa les luminaires, les vitraux, les ferronneries, les boiseries, les meubles.
Très marqué par son expédition au Venezuela, sur les rives de l'Orénoque, au sein de la forêt tropicale, envoûté par la civilisation indienne, il découvre un sens du divin et sa peinture, tout d'abord proche de l'école de Barbizon, devint plus mystique, plus symboliste.
Bibliogr. : Gérald Schurr, in : *Les Petits Maîtres de la peinture 1820-1920, valeur de demain*, Les Éditions de l'Amateur, t. II, Paris, 1982.

MORISOT Aymon
Né à Toulouse. XVIIe siècle. Français.
Sculpteur.
Il travailla à l'Arsenal de Toulon.

MORISOT Berthe Marie Pauline, plus tard Mme **Eugène Manet**
Née le 14 janvier 1841 à Bourges. Morte le 2 mars 1895 à Paris. XIXe siècle. Française.
Peintre de figures, portraits, paysages, aquarelliste, graveur, lithographe. Impressionniste.
Née à Bourges le 14 janvier 1841, elle était la troisième fille du préfet du Cher, homme fort cultivé, nourri d'antique et d'idées solides puisque, préfet de la Haute-Vienne en 1848, il donna sa démission par fidélité à la monarchie. Berthe Morisot prit, avec ses deux sœurs, ses premières leçons de dessin à Bourges chez un Monsieur Chocarne, qui était « du Salon » et déniait à Delacroix tout talent. Un véritable artiste de Lyon, Guichard, succéda à Chocarne ; mais bien vite il comprit que, seul, le Louvre pouvait être de quelque intérêt à sa jeune élève. Ce fut lui qui, en 1962, la présenta à Corot, avec qui elle travailla jusqu'en 1868, ce qui influença particulièrement ses premiers paysages. Berthe fut vite assez habile pour envoyer au Salon, en 1865, deux toiles, *Étude* et *Nature morte*, qui la firent remarquer par la critique. En 1867, la *Vue de Paris prise des hauteurs du Trocadéro, en aval du Pont d'Iéna*, toile aujourd'hui dans le legs Doucet à Orsay, acheva de la faire connaître au public. Les demoiselles Morisot ne tardèrent pas à rencontrer Fantin-Latour et, en 1868, Manet, Manet après Corot, qui leur avait déjà donné son encouragement. Ce sera Manet qui éveillera chez l'artiste sa vocation définitive. Manet prit Berthe Morisot comme modèle pour son *Balcon* exposé en 1869, également aujourd'hui à Orsay. Au cours des séances de pose, elle prit notion de ce modernisme que l'étude trop scrupuleuse de Corot n'avait pas encore révélé ; elle prit aussi l'habitude du trait de mœurs et, peut-être, de ce que Roger Marx a appelé le « dandysme féminin ». Mais Manet n'eut pas sur Berthe Morisot la même influence que sur Eva Gonzalès ; avec elle il n'était pas question de surajouter une personnalité à une autre, elle garde toujours sa liberté. Puvis de Chavannes eut aussi son influence, notamment dans l'éclaircissement de la palette et la toile de 1871, un *Portrait de Madame Pontillon*, montre comment cet éclaircissement vint par l'intermédiaire du pastel.
C'est à partir de 1873 que Berthe Morisot développe la peinture de plein air. Jusqu'ici intimiste, elle s'échappe du portrait fixe pour célébrer les *Roses trémières*, les *Paysages de Bougival*, une *Femme cousant assise sur un banc*, toile du musée de Pau. On a pu suggérer que Berthe Morisot avait alors contribué à convaincre Manet de peindre en plein air. Par les thèmes de plein air et par la technique, Berthe Morisot a rejoint les impressionnistes, avec lesquels elle participe à leur première exposition chez Nadar en 1874, où elle exposait *Le Berceau* (Orsay), peut-être sa peinture la plus connue en raison du thème qui traverse toute son œuvre. Elle participera à toutes les expositions du groupe, sauf à celle de 1877. En 1875, au cours d'un voyage en Angleterre, où elle vit les peintures de Constable et de Turner que Monet et Pissarro avaient vues en 1871, elle peignit quelques marines dans l'île de Wight. À ce moment, sa facture s'est totalement libérée dans le sens d'un traitement des thèmes plus suggestif que réaliste : *En barque* 1879. Toutefois, elle poursuit la

peinture des thèmes intimistes qui caractériseront la continuité de son œuvre : *Jeune femme se poudrant* de 1877 (Orsay), *Derrière la jalousie* de 1878. En 1877, elle a épousé le frère de Manet, Eugène. En 1880, lors de la cinquième exposition des impressionnistes, Monet et Renoir s'étant abstenus, elle y fit figure de vedette, surtout en tant que peintre impressionniste de figures. L'influence de l'Italie, qu'elle visite en 1881 et 1882, lui apporte les tons orangés, qui domineront dans ses toiles, rendus par un poudroiement dans lequel consiste alors sa conception de l'impressionnisme.

Après la mort de Manet en 1883, Berthe Morisot fut plus sensible à la peinture de Renoir, alors dans sa période « ingresque ». S'en suivit un dessin plus soucieux du volume et une matière plus près du concret. De 1885 à 1895, Berthe Morisot peindra beaucoup à Cimiez près de Nice, puis en Touraine. Dans ces années, elle produisit des aquarelles et, de 1888 à 1890, quelques gravures. Dans la dernière période, le rythme continu de la touche, véhiculant un coloris moins direct, plus profond, plus mystérieux, semble transposer secrètement la tristesse de l'artiste qui a perdu, à ce moment, son mari. La spiritualité des œuvres finales monte comme un « petit cri pathétique », dans les aquarelles et les marines peintes à Portrieux pendant l'été de 1894. Quand Berthe Morisot meurt le 2 mars 1895, elle a laissé derrière elle une œuvre importante, très singulière bien qu'en accord avec les principes fondateurs des impressionnistes. D'entre ceux-ci, elle partage avec Renoir d'avoir privilégié la peinture de figures et, dans cette catégorie, elle s'est tout naturellement investie dans les sujets féminins, la vie familière, la maternité, l'attention portée aux enfants. Paul Valéry, admirateur de Degas qu'il connut, et, dans l'entourage des impressionnistes, ayant épousé, en 1900, une nièce de Berthe Morisot, a défini l'apparente évidence de l'activité créatrice du peintre qui « fut de vivre sa peinture et de peindre sa vie, comme si ce lui fût une fonction naturelle et nécessaire ». ■ Jean Bouret, J. Busse

Berthe Morisot

Berthe Morisot

Berthe Morisot

Cachet de vente

Bibliogr. : Berthe Morisot : *Correspondance avec sa famille et ses amis*, présentée par Denis Rouart, Quatre chemins, Paris, 1950 – M.-L. Bataille, G. Wildenstein : *Berthe Morisot. Catalogue des peintures, pastels et aquarelles*, Beaux-Arts, Paris, 1961 – in : *Diction. Univers. de la Peint.*, vol. 5, Le Robert, Paris, 1975.

Musées : Alger : *La Musique* – Avignon (Mus. Calvet) : *Baigneuses* – Bagnols-sur-Cèze : *L'Entrée du port* – Brooklyn : *Portraits de Mme Boursier et de sa fille* – Chicago (Art Inst.) : *Jeune Femme de dos à sa toilette* – *Tête de petite fille brune*, past. – *La Natte*, past. – *Jeune fille au manteau vert*, aquar. – *Jeune Fille assise*, aquar. – *Femme et enfant sur un balcon*, aquar. – Copenhague : *Nourrice et bébé* – *Au jardin des Tuileries*, aquar. – Dublin : *Le Corsage noir* – Grasse : *La Cueillette des oranges* – Ixelles : *Intérieur de cottage* – Londres (Nat. Gal.) : *Jour d'été* – Lyon : *Paysanne niçoise* – Montpellier : *Jeune femme près d'une fenêtre* – New York (Buffalo Fine Art Acad.) : *Femme cousant* – New York (Metropolitan Mus.) : *Jeune femme assise avenue du Bois*, aquar. – New York (Nat. Gal.) : *Reines-marguerites* – Oslo : *Le Quai de Bougival* – Paris (Mus. d'Orsay) : *Le Berceau* – *La Chasse aux papillons* – *Dans les blés* – *Jeune Femme au bal* – *Jeune femme se poudrant* – *Les Enfants de Gabriel Thomas* – *L'Hortensia* – *Portrait de Mme Pontillon*, past. – *Jeune Femme et un enfant sur un banc*, aquar. – Paris (Mus. Marmottan) : *Percher de blanchisseuses* – *Au bal* – Paris (Petit Palais) : *La Fleur aux cheveux* – *Sur la pelouse*, past. – Pau : *Jeune femme cousant dans un jardin* – Sète : *Portrait de Jeannie Gobillard*, aquar. – Stockholm : *Sur le sofa*, aquar. – *Plage de Nice* – Deux aquarelles – Toledo : *Dans le jardin de Maurecourt* – Toulouse : *Sur le banc* – Washington D. C. (Nat. Gal.) : *Jeunes Femmes à leur toilette* – *Portrait de Mme Morisot et de sa fille Mme Pontillon*.

Ventes Publiques : Paris, 1894 : *Jeune Femme au bal* : **FRF 4 500** – Paris, 29 mai 1897 : *Le Déjeuner sur l'herbe* : **FRF 1 100** – Paris, 29 avr. 1899 : *Mlle Monet* : **FRF 3 900** – Paris, 1er mai 1899 : *Devant la glace* : **FRF 8 200** – Paris, 1899 : *La Question au miroir* : **FRF 10 100** – Paris, 1899 : *Femme cousant* : **FRF 3 200** ; *Bateaux* : **FRF 2 250** – Paris, 9-10 mai 1900 : *Mélancolie* : **FRF 8 000** – Paris, 3 mai 1902 : *Femme à l'éventail* : **FRF 5 200** – Paris, 8-9 mai 1905 : *La Petite Cigale* : **FRF 11 200** – Paris, 31 mai-1er juin 1906 : *La Toilette* : **FRF 18 000** – Paris, 4 mars 1907 : *Jeune Fille au corsage rouge* : **FRF 14 000** – Paris, 9-11 déc. 1912 : *Sur la terrasse* : **FRF 17 000** – Paris, 24 fév. 1919 : *Nature morte* : **FRF 10 100** – Paris, 2-4 juin 1920 : *Jeune Femme accoudée et assise*, past. : **FRF 6 100** – Paris, 29 avr. 1921 : *Le Lac* : **FRF 3 300** – Paris, 7 déc. 1923 : *Dans le parc* : **FRF 8 100** – Paris, 16 juin 1926 : *Étude de femme*, past. : **FRF 28 500** – Paris, 27 avr. 1929 : *Le Port* : **FRF 16 500** – Paris, 12 juin 1929 : *Jeune Mère et son enfant* : **FRF 60 000** – Paris, 15 déc. 1932 : *Portrait de jeune femme* : **FRF 54 000** – Paris, 27-28 oct. 1933 : *La Nourrice*, past. et gche : **FRF 16 000** – New York, 14 nov. 1934 : *La Fenaison* : **USD 250** – Paris, 5 juin 1936 : *Sous la vérandah* : **FRF 63 500** – Paris, 17 juin 1938 : *Sur la plage* 1886 : **FRF 60 100** ; *Le Repos* : **FRF 90 000** – Paris, 2 mars 1939 : *Rêverie au bord de l'eau* : **FRF 26 000** – Paris, 8 nov. 1940 : *La Collation* : **FRF 26 000** – Paris, 5 déc. 1941 : *Au bois de Boulogne*, aquar. : **FRF 13 000** – Paris, 11 déc. 1942 : *Portrait de Mlle Samby*, cr. coul. : **FRF 26 000** – Paris, 8 fév. 1945 : *Jeune Fille en barque* : **FRF 550 000** – Paris, 24 avr. 1947 : *Prunes* : **FRF 58 000** – Paris, 30 mai 1949 : *Deux Femmes au jardin*, aquar. : **FRF 50 000** ; *Fillette jouant au ballon*, aquar. : **FRF 40 000** – Paris, 20 mars 1950 : *Jeune Femme*, cr. coul. et past. : **FRF 300 000** – Paris, 21 juin 1950 : *Les Jardins du Luxembourg* ; *Le Rouge-gorge*, aquar./t., deux esquisses forme éventail : **FRF 70 000** ; *Deux Femmes assises*, cr. noir : **FRF 19 500** – New York, 14 fév. 1951 : *Rêverie au bord de l'eau* : **USD 1 600** ; *Jeune Fille dans un parc*, aquar. : **USD 650** – Genève, 10 mars 1951 : *Petite Fille et sa bonne* 1883, aquar. : **CHF 1 200** – Paris, 23 mai 1951 : *Jeune Femme et petite fille assises au jardin* : **FRF 1 550 000** ; *La Cueillette des cerises*, aquar. : **FRF 350 000** – Milan, 27 mars 1953 : *La Couturière* : **ITL 2 900 000** – Paris, 5-6 juin 1956 : *Jeune Femme debout*, sanguine : **FRF 470 000** ; *Portrait d'enfant*, past. : **FRF 335 000** – Londres, 4 juil. 1956 : *Jeune fille au chapeau* : **GBP 3 400** – Paris, 3 déc. 1957 : *Femme dans la cour d'une ferme*, gche : **FRF 1 410 000** – New York, 19 nov. 1958 : *La mare aux oies* : **USD 31 000** – New York, 14 jan. 1959 : *Jeanne Foumanoir avec le petit chien Colas* : **USD 25 000** – Londres, 6 mai 1959 : *Jeune fille étendue sur un canapé* : **GBP 4 500** – Paris, 1er déc. 1959 : *Portrait de jeune femme à la violette*, past. : **FRF 1 400 000** – Londres, 9 déc. 1960 : *Cimiez*, past. : **GBP 1 575** – Paris, 9 déc. 1960 : *Madame Paul Valéry, enfant*, fusain et craie : **FRF 6 500** – Paris, 17 avr. 1961 : *Jeune fille au lit se coiffant*, craie : **FRF 3 800** – Londres, 6 déc. 1961 : *Le Lac du bois de Boulogne, bateaux et cygnes* : **GBP 5 800** – Londres, 11 avr. 1962 : *Nice, vue de Cimiez, peint à la villa Ratti à Cimiez*, past. : **GBP 1 400** – Paris, 24 juin 1963 : *Paysage*, aquar. : **FRF 12 000** ; *La nourrice Angèle allaitant Julie Manet* : **FRF 125 000** – Londres, 1er juil. 1964 : *Miss Reynolds et Julie Manet* : **GBP 12 000** – Versailles, 2 juin 1965 : *Nice, vue de Cimiez prise de la villa Ratti*, past. : **FRF 32 500** – Londres, 23 juin 1965 : *Fillette au jardin, la hotte* : **GBP 14 500** ; Tête de Julie, bronze : **GBP 900** – Versailles, 14 mai 1966 : *Nice, vue de Cimiez*, past. : **FRF 30 000** – Paris, 17 juin 1966 : *Mézy en automne* : **FRF 65 000** – Paris, 20 juin 1968 : *Le Port de Fécamp* : **FRF 620 000** – Londres, 2 juil. 1969 : *Enfant au lit*, past. : **GBP 4 200** – New York, 15 oct. 1969 : *Fillette en mauve* : **USD 52 500** – Genève, 12 juin 1970 : *Mère et Enfant* : **CHF 198 000** – Londres, 14 oct. 1970 : *Julie Manet jouant du violon* : **GBP 31 000** – Genève, 2 juil. 1971 : *Fillette sur un banc*, past. : **CHF 58 000** – Londres, 1er déc. 1971 : *La Chèvre Colette* : **GBP 16 500** – Londres, 27 juin 1972 : *Couture près de la fenêtre*, aquar. : **GNS 2 400** – Londres, 4 déc. 1973 : *Jeune Fille à l'ombrelle* : **GBP 20 000** – Genève, 6 juin 1974 : *Toilette de nuit* : **CHF 616 000** – Munich, 29 mai 1976 : *Paysage du Midi* vers 1870, aquar. et gche (16,5x24) : **DEM 3 800** – Londres, 28 juin 1976 : *Le bateau à vapeur* 1875, h/t (32x45) : **GBP 24 000** – New York, 11 mai 1977 : *La cage* 1885, h/t (50,5x37,7) : **USD 27 500** – Londres, 27 juin 1978 : *Jeune femme en robe noire* 1876, aquar. et cr. (12,7x8) : **GBP 21 000** – New York, 8 nov 1979 : *Jeune fille debout*, cr. (21,5x16,5) : **USD 2 600** – Paris, 22 mars 1979 : *Nourrice et* *bébé*, past. (60x45) : **FRF 70 000** – Versailles, 2 déc 1979 : *L'artiste et sa fille (Julie Manet)* 1882, h/t (73x60) : **FRF 240 000** – New York, 5 nov. 1981 : *Portrait de petite fille* 1892, h/t (47,7x42,1) : **USD 55 000** – New York, 21 mai 1981 : *Marthe Givaudan* 1892, past./t. (65x54,2) : **USD 50 000** – Londres, 30 juin 1982 : *Le Cerf-volant* vers 1888, cr. et aquar. : **GBP 4 400** – New York, 17 mai 1983 : *Avant le théâtre* vers 1875, h/t (57,2x30,8) : **USD 230 000** – New York, 16 nov. 1984 : *Jeanne Pontillon au chapeau* 1893, past. (50,7x44,8) : **USD 40 000** – New York, 15 nov. 1984 : *Tête d'enfant*, sanguine/pap. mar./pap. (45,1x33,6) : **USD 15 000** – New York, 13 nov. 1985 : *Femme rousse à sa toilette* vers 1887, craie de coul. (48x47) : **USD 55 000** – New York, 18 oct. 1985 : *L'allée des Poteaux, au Bois de Boulogne* 1889, aquar. et traces de cr./pap. mar./cart. (25,1x22,2) : **USD 6 750** – New York, 24 avr. 1985 : *Le repos* 1879, h/t (73,5x59,5) : **USD 390 000** – Londres, 2 déc. 1986 : *Julie Manet et Jeannie Gobillard au piano* 1887-1888, craie rouge et cr. gras (58,5x54,5) : **GBP 55 000** – New York, 19 nov. 1986 : *La Leçon de couture* 1884, h/t (59,1x71,1) : **USD 580 000** – New York, 12 mai 1987 : *Sous le pommier* 1890, h/t (69,2x50) : **USD 420 000** – New York, 12 mai 1988 : *Portrait de Alice Gamby, nièce de l'artiste*, sanguine/pap. (51,4x32,4) : **USD 41 800** – Paris, 20 nov. 1988 : *Nice vu de Cimiez* 1888, aquar. (22x29) : **FRF 100 000** – Calais, 26 fév. 1989 : *Vue de Nice*, aquar. (21x29) : **FRF 152 000** – New York, 10 mai 1989 : *La leçon au jardin* 1886, h/t (60,3x73) : **USD 990 000** – New York, 27 oct. 1989 : *Fillette au volant* 1888, past./pap. gris (54x41) : **USD 308 000** – New York, 26 fév. 1990 : *Etude pour la jatte de lait*, cr. de coul. sur pap. d'emballage (24,8x18) : **USD 53 900** – New York, 16 mai 1990 : *Bassin du port de Fécamp* 1874, past./pap. (32x39,7) : **USD 198 000** – New York, 17 mai 1990 : *Julie Manet à la perruche* 1890, h/t (83,8x55,3) : **USD 1 045 000** – Rambouillet, 10 juin 1990 : *En barque sur le lac*, h/t (41x33) : **FRF 2 500 000** – Londres, 25 juin 1990 : *Jeune femme se levant, Melle Euphrasie* 1886, h/t (67,9x64,8) : **GBP 495 000** – Londres, 25 juin 1991 : *Étude pour « Le bain »* 1886, past./pap. bleu (57x68) : **GBP 71 500** – New York, 7 nov. 1991 : *Enfant au lit* 1884, past./pap. bleu (30,5x40,5) : **USD 44 000** – New York, 14 mai 1992 : *Nu couché* 1891, past./pap. rose/cart. (45,7x61) : **USD 30 800** ; *Vénus demandant des armes à Vulcain*, h/t, d'après Boucher (114x138,1) : **USD 110 000** – Londres, 22 juin 1993 : *Le bain* 1894, h/t (54x65,5) : **GBP 144 500** – New York, 10 mai 1994 : *Fillette à la perruche (Jeanne Bonnet)* 1888, h/t (51x69) : **USD 167 500** – Paris, 18 nov. 1994 : *Nu de dos* 1889, pointe-sèche (14x10) : **FRF 8 000** – Paris, 20 mars 1995 : *La Cueillette des pommes*, mine de pb (32,5x21) : **FRF 23 000** – New York, 9 mai 1995 : *Le thé*, h/t (59,7x73) : **USD 1 267 500** – New York, 7 nov. 1995 : *Dame à l'ombrelle* 1881, h/t (92x72,5) : **USD 794 500** – New York, 1er mai 1996 : *Jeune Femme et enfant avenue du Bois* 1894, h/t (61x50,2) : **USD 277 500** – Paris, 28 juin 1996 : *Cygnes sur le lac*, h/t (33x41) : **FRF 135 000** – New York, 14 mai 1997 : *Après le déjeuner* 1881, h/t (80,7x100) : **USD 3 577 500** – Paris, 18 juin 1997 : *Portrait de sa fille, Julie Manet à Gorey* 1886, past. (43,5x32) : **FRF 1 580 000** – Londres, 25 juin 1997 : *Mère et enfant cueillant des capucines* 1882, past./pap. gris (55,5x44,5) : **GBP 139 000**.

MORISOT Jean Antoine
xviie siècle. Français.
Sculpteur.
Frère d'Aymon Morisot. Il travailla à l'arsenal de Toulon.

MORISOT-PONTILLON Edma
Née en 1839 à Valenciennes (Nord). Morte en 1921 à Paris. xixe-xxe siècles. Française.
Peintre de portraits, paysages.
Elle est la sœur aînée de Berthe Morisot. Elle fut élève de Joseph Guichard, puis de Corot. Après son mariage avec un officier de marine, elle s'établit définitivement à Cherbourg, cessant alors toute activité artistique. Plusieurs de ses œuvres ont figuré au Salon de Paris, de 1864 à 1868.

MORISSE Bernhard
Né en 1883 à Olde (Westphalie). xxe siècle. Allemand.
Sculpteur.
Il fit ses études à Düsseldorf et à Munich, chez Balthazar Schmitt.

MORISSE Wilhelm
Né le 16 octobre 1870 à Brake-sur-la-Weser. xixe-xxe siècles. Allemand.
Peintre.
Il fut élève de H. Shaper. Ses peintures se trouvent dans les églises de Zwischenahn, Tharau, Sengwarden, Varel et dans la chapelle Sainte-Gertrude d'Oldenbourg, où il vécut et travailla.

MORISSENS Pierre Cornelis
xixe siècle. Actif à Malines de 1821 à 1846. Belge.
Peintre et restaurateur de tableaux.
Professeur de l'Académie en 1821.

MORISSET André. Voir **ANDRÉ-MORISSET**

MORISSET François Henri E.
Né le 6 avril 1870 à Paris. xixe-xxe siècles. Français.
Peintre de portraits, paysages, natures mortes.
Il fut élève de Gustave Moreau. Il séjourna au Canada. Il exposa à Paris, aux Salons des Artistes Français, dont il fut sociétaire à partir de 1893, de la Société Nationale des Beaux-Arts, d'Automne, des Tuileries. Il reçut une médaille de troisième classe en 1893, de bronze en 1900 à l'Exposition universelle de Paris, une bourse de voyage en 1901. Il fut chevalier de la Légion d'honneur.
On lui doit des peintures murales notamment pour l'église Saint-Jacques à Pau et pour l'église Saint-Étienne de Louisbourg au Canada.

H.MORISSET

Musées : Douai – Paris (Mus. du Petit Palais).
Ventes Publiques : Paris, 4-5 déc. 1918 : *La plage* : **FRF 920** – Paris, 28 avr. 1926 : *Intérieur de mosquée* : **FRF 510** – Paris, oct. 1945-juil. 1946 : *Femme se déshabillant* 1907 : **FRF 3 000** – Paris, 30 juin 1950 : *Nu à la jalousie* : **FRF 14 000** – Paris, 30 avr. 1951 : *Plage de Dieppe le matin* : **FRF 5 000** – Londres, 29 juin 1972 : *Le lac au crépuscule* : **GBP 1 100** – Londres, 5 oct. 1979 : *Le duo* 1900, h/t (60,5x49) : **GBP 2 600** – New York, 19 oct. 1984 : *Café de Paris* 1903, h/t (75x99,5) : **USD 15 000** – New York, 15 oct. 1991 : *Près du foyer*, h/t (54x64,8) : **USD 6 050**.

MORISSET Henri Georges
Né au xixe siècle à Ozoir-le-Breuil (Eure-et-Loir). xixe siècle. Français.
Peintre.
Père de François-Henri E. Morisset. Élève de Cabanel. Il exposa au Salon en 1865 et 1879.
Ventes Publiques : Londres, 20 juin 1984 : *La lecture de la lettre*, h/t (54x65) : **GBP 2 800** – New York, 13 fév. 1986 : *Coin de jardin à Jargeauville*, h/t (38,5x46) : **USD 8 000**.

MORISSON Philippe
Né en 1924 à Deauville (Calvados). xxe siècle. Français.
Peintre. Abstrait-géométrique.
Il commença à peindre en 1940. Il vit et travaille à Paris.
Il participa à Paris, au Salon des Surindépendants, en 1947 et 1956. En 1961, il exposa à Paris, en compagnie de Claisse et Demarco, et de nouveau en 1962 avec les mêmes à Copenhague. Toujours, en 1961, il participa à l'exposition collective *Structures* à Paris, et l'année suivante au musée de Leverkusen. Il participa aussi à une exposition de l'université de Houston (Texas), au Ier Salon international des Galeries Pilotes au musée cantonal de Lausanne, en 1992 à l'exposition *De Bonnard à Baselitz – Dix Ans d'enrichissements du cabinet des estampes 1979-1988* à la Bibliothèque nationale à Paris, etc.
Il vint à l'abstraction en 1947. Ses œuvres se rattachent à l'abstraction géométrique.
Bibliogr. : Catalogue : *Ier Salon international des Galeries Pilotes*, Musée cantonal des Beaux-Arts, Lausanne, 1963.
Musées : Paris (BN).
Ventes Publiques : Paris, 15 juin 1988 : *Composition* 1983, h/t (80x80) : **FRF 6 000** – Paris, 20 juin 1988 : *Transit* 1970, acryl./t. (139x146) : **FRF 10 000** – Paris, 19 mars 1993 : *Suite – 1969* 1969, h/pan. (86x98) : **FRF 7 000** – Paris, 17 mars 1994 : *Composition* 1983, acryl./t. (60x60) : **FRF 5 000** – Paris, 28 juin 1994 : *Composition*, acryl./t. (81x100) : **FRF 6 000** – Paris, 5 oct. 1996 : *Composition* 1974, h/t (139x260) : **FRF 21 000**.

MORITA Shiryu
Né en 1912 dans la préfecture de Hyogo. xxe siècle. Japonais.
Peintre.
Il fait partie du mouvement japonais qui conçoit désormais la calligraphie comme appartenant aux arts plastiques proprement dits, plusieurs courants de l'abstraction ayant en effet cherché leurs sources dans la calligraphie extrême-orientale, aux États-Unis, avec Tobey, Franz Kline, Jackson Pollock ; en Europe avec Hans Hartung, Soulages, Mathieu. Il fut membre de l'école Bokuzin-Kai, en 1952. Il dirige les revues *Bokubi* et *Bokuzin* qui ont largement contribué à faire connaître l'art occidental moderne.

Actif depuis 1938, il a exposé en 1949 avec l'Institut de calligraphie Shodo-Geijitsu. Il participe aux expositions importantes de calligraphie japonaise, au Japon, au Museum of Modern Art de New York en 1954, à Paris en 1955, etc.
Dans ses propres œuvres, il procède par extension de larges taches noires.
Bibliogr. : Michel Seuphor : *La Calligraphie japonaise*, Art d'aujourd'hui, Paris, déc. 1954 – Michel Seuphor : *Dict. de la peinture abstraite*, Hazan, Paris, 1957 – in : *Dict. univer. de la peinture*, Le Robert, Paris, 1975.
Ventes Publiques : New York, 24 avr. 1997 : *Sans titre*, encre/pap. (91,4x66,7) : **USD 5 750**.

MORITA Tsunetomo
Né en 1881 dans la préfecture de Saitama. Mort en 1933 à Tokyo. xxe siècle. Japonais.
Peintre de paysages.
Diplômé de l'université des beaux-arts de Tokyo, il est élève de Koyama Shotaro et de Nakamura Fusetu.
Il travailla dans un style occidental et est surtout connu pour ses paysages à l'huile.

MORITZ
xve siècle. Suisse.
Peintre.
Il a peint en 1494, pour l'Hôtel de Ville de Lucerne, une représentation de *la bataille de Murten*.

MORITZ Anna, née **Reyerman**
xixe siècle. Active dans la première moitié du xixe siècle. Hollandaise.
Peintre de fleurs.
Femme du peintre Louis Moritz.

MORITZ C.
xixe siècle. Actif dans la première moitié du xixe siècle. Allemand.
Peintre de fleurs, de figures et de portraits.
Il travailla dans la Manufacture de Fürstenberg, à Brunswick, de 1823 à 1828.

MORITZ Ferdinand
Né au début du xixe siècle à Remscheid. xixe siècle. Allemand.
Portraitiste.
Il fit ses études à Düsseldorf, chez W. von Schadow.

MORITZ Frédéric Guillaume
Né en 1783 à Herborn ou à Saint-Gall. Mort en 1855 à Neuchâtel. xixe siècle. Suisse.
Peintre de paysages, architectures, aquarelliste.
Père de William Moritz, il fut son maître.
Musées : Neuchâtel : Quatre aquarelles.
Ventes Publiques : Zurich, 4 juin 1992 : *Une ferme dans le Simmental avec un jeune couple bavardant près de la fontaine* 1817, cr. et aquar./pap. (36,5x50,5) : **CHF 5 198** – Zurich, 2 juin 1994 : *Une ferme de la région de Berne avec des jeunes paysannes* 1846, aquar./pap. (36,5x50,5) : **GBP 6 900**.

MORITZ Friedrich
Né le 7 juillet 1866 à Saint-Pétersbourg. xixe-xxe siècles. Russe.
Peintre.
Il fit ses études à Saint-Pétersbourg, à Düsseldorf, à Munich, à Paris et en Italie. Il travailla à Saint-Pétersbourg, à Riga, et dès 1906 à Berlin. On cite de lui un tableau d'autel dans l'église de Varol (Estonie) et une fresque dans le château de Klinkh en Mecklenbourg.

MÖRITZ Fritz
Né en 1922 à Düsseldorf (Rhénanie-Westphalie). xxe siècle. Allemand.
Peintre de compositions animées.
Ventes Publiques : Cologne, 18 mars 1989 : *Une battue en hiver*, h/t (50x70) : **DEM 4 400**.

MORITZ Johann Anton
Né le 20 décembre 1745 à Unterleiterbach. xviiie siècle. Allemand.
Sculpteur.
Élève de P. Fries, J. B. Kamm et de Mutschelle à Bamberg. Il exécuta *Saint Otto* et *Saint Sébastien* dans l'église de Renndorf et le maître-autel ainsi qu'un *Mont des Oliviers* dans l'église de Pretzfeld.

MORITZ Johann Georg
xviiie siècle. Allemand.
Sculpteur.
Il exécuta une chaire dans l'église d'Estenfeld et des stalles dans celle de Sonderhofen.

MORITZ Louis
Né le 29 octobre 1773 à La Haye. Mort le 22 novembre 1850 à Amsterdam. xviiie-xixe siècles. Hollandais.
Peintre d'histoire et de portraits et sculpteur sur ivoire.
Élève de Dirck Van der Aa.
Musées : Amsterdam : *Mort d'Antonin le Pieux – Le camp des cosaques en 1813 – Jonas Daniel Meyer – Clemens Van Dennuelstraat – Andries Snock – Hendrick Arend Van den Brink – Johanna Cornelia Ziesenis, née Wattier et Geertruida Grevelink, née Hilverdink* – Leyde : *Godefroy Joannes Schacht – Anne-Marie Van der Meulen*.

MORITZ Marie Elisabeth
Née le 10 novembre 1860 à Lübben. xixe-xxe siècles. Allemande.
Peintre de paysages, natures mortes.
Elle fut élève de René Groenland, de Katharina Klein et de P. Vorgang.

MORITZ Nicolaus Christian
Né au xviie siècle à Slesvig. xviie siècle. Allemand.
Portraitiste.
Il travailla de 1686 à 1732 à Dantzig, Christiania (aujourd'hui Oslo), Londres, Copenhague et Slesvig.

MORITZ Raymond
Né le 8 juillet 1891 à Paris. xxe siècle. Français.
Peintre, illustrateur.
Il a illustré en particulier *La Féerie cinghalaise* de François de Croisset, *Les Silences du colonel Bramble* et *Les Discours du docteur O'Grady* d'André Maurois.
Ventes Publiques : Paris, 6 avr. 1990 : *L'entrée du sultan par Bab Mansour à Meknes*, gche (41x54) : **FRF 22 000**.

MORITZ Robert
Né le 7 août 1874 à Genève. xixe-xxe siècles. Suisse.
Peintre et sculpteur.
Élève de Salmson et de Jacques.

MORITZ William, le Jeune
Né le 25 mai 1816 à Neuchâtel. Mort le 27 février 1860 à Berne. xixe siècle. Suisse.
Peintre de genre, paysages, architectures, peintre à la gouache.
Il fut le fils et l'élève de Frédéric Guillaume Moritz.
Musées : Berne : *Le berceau vide – Le mari au cabaret* – Neuchâtel : *Henri II de Longueville ordonnant la plantation des allées à Colombier* – une gouache.
Ventes Publiques : Berne, 7 mai 1976 : *Paysannes et enfants devant un chalet* 1860, h/cart. mar./t. (31,5x25,5) : **CHF 3 500** – New York, 30 juin 1981 : *Les Joueurs* 1856, h/pan. (35,5x46) : **USD 5 250** – Genève, 1er nov. 1984 : *Vue de Neuchâtel depuis les Saars*, h/t (52x74) : **CHF 8 000** – Paris, 27 mai 1994 : *La coiffure* 1841, h/t (47x37) : **FRF 23 000** – New York, 12 oct. 1994 : *Jeunes Filles près d'un chalet* 1841, h/t (47,6x36,8) : **USD 6 325**.

MORIYAMA HIROYUKI
Né en 1936. xxe siècle. Japonais.
Peintre, technique mixte.
Il fut élève de Ebihara, puis de l'école des beaux-arts de Paris en 1965. Il participe à différents Salons parisiens : d'Automne, de la Société Nationale des Beaux-Arts, ainsi qu'au Salon d'Art contemporain de Bagneux et la Biennale de Mérignac. Il montre ses œuvres dans des expositions personnelles en 1961, 1962, 1984, 1986, 1989 à Tokyo au Japon, en 1975 à Bruxelles.
Ventes Publiques : Paris, 12 mai 1989 : *Composition jaune* 1989, fus. et aquar. (33x51) : **FRF 13 000**.

MORI Yasu
Née en 1922 à Kyoto. xxe siècle. Japonaise.
Graveur. Abstrait.
Depuis 1957, elle participe régulièrement aux Biennales internationales de l'Estampe à Tokyo et aux Salons de l'Association japonaise de Gravure.
Spécialisée tout d'abord de la peinture japonaise traditionnelle, elle se tourne vers la gravure sur bois à partir de 1957. L'année suivante, elle publie, à compte d'auteur, un album de gravures intitulé *Matin*. Elle développe depuis quelques années un style abstrait reposant sur une large utilisation de l'espace.

MORIYA Yukiyoshi
Né en 1945. xxe siècle. Japonais.
Peintre. Tendance conceptuelle.

Il participe à des expositions collectives depuis 1970, parmi lesquelles l'exposition d'Art japonais contemporain à Tokyo en 1971, à l'Exposition internationale des Jeunes Artistes en 1972, dans la même ville, et *L'Art japonais aujourd'hui* en 1974 au Canada. Il fut titulaire en 1971 du prix de la préfecture de Kanagawa.

MORI Yoshitoshi
Né en 1898 à Tokyo. XXe siècle. Japonais.
Graveur.
Diplômé de peinture japonaise de l'école des beaux-arts Kawabata de Kyoto, en 1923, il commence à participer aux activités de l'académie nationale de peinture, et depuis 1949, expose aux salons organisés sous ses auspices. Il devient membre de cette académie.
Il figure aux expositions de l'Association japonaise de gravure ainsi qu'à la Biennale internationale de l'Estampe de Tokyo en 1957 et 1966. Depuis 1960, il organise, tous les ans, une exposition particulière à Tokyo et quelques-unes en Espagne.
Depuis 1953, il pratique un seul style de gravure chargé de réminiscences d'art folklorique.

MORIZET Paul Louis
Né au XIXe siècle à Paris. XIXe siècle. Français.
Peintre de paysages, graveur.
Il figura au Salon des Artistes Français de Paris, obtenant une mention honorable en 1884. Il grava sur bois.
Ventes Publiques : Reims, 21 oct. 1990 : *Bord d'étang avec barque et personnages*, h/t (46x55) : **FRF 9 500**.

MORIZOT Antoine
XVIIe siècle. Actif à Toulouse dans la première moitié du XVIIe siècle. Français.
Sculpteur sur bois.
Il a sculpté en collaboration avec Louis Behorry, le buffet d'orgues et les stalles dans l'église Saint-Étienne de Toulouse.

MORIZOT Berthe, orthographe erronée. Voir **MORISOT**

MORIZOT Henriette
Née au XIXe siècle à Paris. XIXe siècle. Française.
Peintre.
Elle figura au Salon des Artistes Français. Membre de cette société depuis 1888. Mention honorable en 1889 (Exposition Universelle).

MORKEL C. J.
XXe siècle.
Peintre de compositions animées.
Il a montré ses œuvres dans une exposition personnelle à Johannesburg en 1993.
Ces compositions sont inspirées par la bande dessinée et une imagerie « gore » (dans laquelle le sang coule à flot). Son style violent et coloré met en scène des personnages dans des situations humoristiques et souvent cyniques.

MÖRL Joseph. Voir **MOERL**

MORLAITER Gregorio ou **Morleitner**
Né en 1738. Mort en 1784. XVIIIe siècle. Italien.
Sculpteur.
Fils de Joh. Maria M.

MORLAITER Johann Maria ou **Giammaria** ou **Morleitner**
Né en 1699 à Niederdorf (Tyrol). Mort en 1781 à Venise. XVIIIe siècle. Italien.
Sculpteur sur marbre, et sur ivoire.
Il travailla essentiellement à Brescia, Venise et Padoue. Ses bas-reliefs réussissent à produire des effets à la Tiepolo, telle la clôture de la chapelle du Rosaire à San Zanipolo de Venise. Les formes sont fondues les unes dans les autres, les effets d'ombre et de lumière animent les surfaces. Si son art est le plus souvent baroque, dans l'esprit du baroque de l'Allemagne méridionale, il répond parfois à l'esthétique néoclassique. Toutefois, ce sont ses maquettes en terre cuite qui traduisent le plus librement son art.
Bibliogr. : P. Murray, in : *Dictionnaire de l'Art et des Artistes*, Hazan, Paris, 1967.

MORLAITER Michelangelo
Né en 1729 à Venise. Mort en 1806 à Venise. XVIIIe siècle. Italien.
Peintre.
Fils de Joh. Maria M. et élève de Jac. Amigoni. Les églises S. Moïse, S. Bartolomini et S. Angelo Raffaele à Venise possède des peintures ou des fresques de cet artiste.

MORLAIX
XXe siècle. Français.
Sculpteur de statues, nus.
Il est l'auteur d'un *Alain Chartier* pour une place de Bayeux. Il figure à Paris, au Salon d'Automne, où ses œuvres se font remarquer, en particulier un *Nu* en 1945.

MORLAN. Voir **MORLANES**

MORLAND George
Né le 26 juin 1763 à Londres. Mort le 29 octobre 1804 à Londres. XVIIIe siècle. Britannique.
Peintre de genre, portraits, paysages animés, marines.
Fils de Henry Robert Morland, peintre de portraits au pastel, marchand et restaurateur de tableaux, petits-fils de George Henry Morland, peintre de genre, George Morland fut élève de son père et commença à exposer à la Royal Academy dès l'âge de quinze ans. Jusqu'à vingt-et-un ans, George Morland consacra son existence au travail, ne fréquentant que le peintre et graveur Philippe Dawe. En 1784, George Romney lui offrit de le prendre comme aide. Morland refusa, désirant jouir de sa liberté. Le jeune artiste avait du reste produit des œuvres couronnées de succès, notamment : *The angler's repast*, qui fut reproduit par William Ward et que Morland peignit alors qu'il avait dix-sept ans à peine. Morland peignit d'abord des portraits à Margate et en France, à Saint-Omer. Il était, d'ailleurs, de retour à Londres en 1786 et il y épousa la sœur du graveur William Ward. Peu après, celui-ci épousait la sœur de George Morland et cette double alliance cimentait une collaboration qui valut à l'École anglaise un nombre considérable de jolies et intéressantes estampes.
Morland au début de sa carrière fut surtout peintre de l'enfance ; il la peignait suivant la conception anglaise, toute de joliesse, et y fit montre d'un pinceau spirituel et agréable. Doué d'une extrême facilité de travail, il produisit dans ce genre un grand nombre d'ouvrages. Dans les seules années de 1788 et 1789, il ne parut pas moins de cinquante-neuf gravures d'après Morland, manières noires exécutées par les meilleurs artistes et représentant de gracieuses scènes enfantines.
À partir de 1790, Morland élargit son style et produit des sujets plus variés. Si les enfants paraissent encore dans certains de ses tableaux, ils y tiennent rarement le rôle principal comme autrefois. En revanche, les chevaux, les moutons, les porcs, les volailles figurent dans un grand nombre de toiles. C'est aussi vers cette époque (1791) que l'artiste produit sa série de recrues et déserteurs, ses bohémiens, ses pêcheurs, ses scènes d'auberges et de voitures publiques. Morland gagnait beaucoup d'argent, mais il en dépensait davantage et il dut se retirer dans une habitation rustique du Leicestershire. Ce séjour à la campagne eut sur son talent une influence considérable et le goût de Morland pour le paysage s'accentua.
De retour à Londres vers 1792, il subit les conséquences de ses imprudences passées : ses créanciers ayant obtenu contre lui des arrêts de prise de corps, il vécut plusieurs années en se cachant pour éviter l'emprisonnement. De guerre lasse, il alla, en 1799, se réfugier dans un cottage près de Cowes, dans l'île de Wight, qu'un ami avait mis à sa disposition. Il y demeura près d'une année vivant au milieu des matelots, des pêcheurs, et trouvant dans cette fréquentation de nombreux types pour ses tableaux. Son retour à Londres, vers le début de 1800, fut promptement suivi de son incarcération dans la prison pour dettes. Relâché un moment en 1802, il fut emprisonné à nouveau à la suite d'une attaque d'apoplexie qui le rendit incapable d'aucun travail. Sa mort fut suivie à quelques jours d'intervalle par celle de sa femme.
Morland est une figure intéressante dans l'école anglaise, c'est un artiste charmant, et plein de verve. Son œuvre est considérable. D'après des renseignements de famille, durant les huit dernières années de sa vie il produisit près de huit cents tableaux et plus de mille dessins. ■ E. Bénézit
Bibliogr. : George Williamson : *George Morland. His life and works*, 1904 – J. T. Herbert Baily : *A Biographical essay. With a catalogue of the Engraved Pictures of George Morland*, Connaisseur, Numéro Spécial, Otto, Londres, 1906.
Musées : Birmingham : *Porcs* – Bristol : *Intérieur avec moutons* – Budapest : *Porcherie* – Dublin : *Paysage avec figures et bétail* – Édimbourg : Étude – Glasgow : *Contrebandiers au bord de la mer* – *Orage et naufrage* – *Marine* – Une esquisse – Leeds : *Pêcheurs* – Leicester : *Calme au large de l'île de Wight* – Londres (Nat. Gal.) : *Intérieur d'étable* – *Carrière et paysans* – *Porte d'une auberge de*

village – Rabitting – La diseuse de bonne aventure – Londres (Victoria and Albert Mus.) : *Fermier payant son compte à l'aubergiste – Chevaux dans une étable – Pêcheurs – Barques et figures – Jeune fille caressant un pigeon – Johanny allant à la foire – Scène de chasse – Cour de ferme – Cottage, voiture de ferme, chien* – Une esquisse – Londres (Nat. Portrait Gal.) : *L'artiste, jeune* – Un pastel – Londres (coll. Wallace) : *La visite à la pension* – Manchester : Aquarelles – Montréal (coll. Learmont) : *Brasserie de village* – New York : *Town-Country* – Nottingham : *Les naufrageurs – L'artiste dans son atelier – Le sportsman se reposant – Deux chevaux dans la neige – Quatre chevaux dans un paysage – Deux cochons dans la paille – Paysage animé – Femme, enfant et chien allant au village – Deux chevaux, une charrette et des personnages* – Une étude – Une aquarelle – Paris (Mus. du Louvre) : *La halte – Intérieur d'écurie* – Sheffield : *L'auberge de village*.

Ventes Publiques : Paris, 1876 : *Paysage avec campement de bohémiens* : **FRF 11 025** ; *Le Retour du facteur* : **FRF 15 740** – Londres, 1888 : *La Foire aux chevaux* : **FRF 10 765** ; *Pillant le jardin* : **FRF 19 950** – Londres, 1892 : *Les Pillards des côtes* : **FRF 21 000** – Londres, 1895 : *La Maison du laboureur* : **FRF 8 400** ; *Confidences mutuelles* : **FRF 24 700** – Londres, 1898 : *Le Retour du postillon* : **FRF 32 500** – Paris, 1899 : *Scène de ferme* : **FRF 22 300** – Paris, 1899 : *Bohémiens* : **FRF 18 980** ; *Intérieur d'écurie* : **FRF 5 980** – Paris, 6 fév. 1901 : *L'Heure de l'avoine* : **FRF 4 200** – Paris, 16-18 mai 1906 : *Les Patineurs* : **FRF 4 500** – New York, 1er-3 avr. 1908 : *Devant l'auberge* : **USD 1 250** – Londres, 27 nov. 1909 : *Nouvelles de la bataille* : **GBP 16** – Londres, 6 déc. 1909 : *Le Repas des porcs* : **GBP 5** – Londres, 18 déc. 1909 : *L'occasion fait le larron* : **GBP 19** – Londres, 5 mars 1910 : *La Cueillette des fruits* : **GBP 27** – Londres, 9 avr. 1910 : *Paysage boisé* : **GBP 50** – Londres, 6 mai 1910 : *Cour de ferme* : **GBP 378** ; *Campement de bohémiens* : **GBP 89** – Londres, 9 mai 1910 : *Fête champêtre* : **GBP 84** – Londres, 27 mai 1910 : *Crédule Innocence* : **GBP 304** – Londres, 17 juin 1910 : *Cour de ferme* : **GBP 215** – Londres, 24 juin 1910 : *Road-Side Inn* : **GBP 682** – Paris, 14 juin 1921 : *Enfant monté sur un âne* : **FRF 4 900** – Londres, 22 juin 1922 : *Scène de ferme* : **GBP 210** – Londres, 27 avr. 1923 : *Marché aux poissons* : **GBP 94** – Londres, 15 juin 1923 : *Ville et Campagne*, dess. : **GBP 94** ; *Scène de ferme* : **GBP 1 785** ; *Louisa* : **GBP 630** – Londres, 23 mai 1924 : *Camp de bohémiens à la lisière d'une forêt* : **GBP 504** ; *Les courageux habitants de la chaumière* : **GBP 850** ; *Jeunesse, âge des plaisirs* : **GBP 546** – Londres, 21 nov. 1924 : *La chasse au renard* : **GBP 157** – Paris, 14-15 déc. 1925 : *Vue de la baie de Freshwater : île de Wight* : **FRF 1 380** – Londres, 14 mai 1926 : *Scène de ferme* : **GBP 252** – Londres, 4 fév. 1927 : *Les contrebandiers* : **GBP 162** – Londres, 14 juin 1927 : *Le départ* : **GBP 325** – Londres, 13 juil. 1928 : *Allant à la rencontre* ; *La Mort*, les deux : **GBP 1 207** ; *La Barrière de péage* : **GBP 3 570** – Londres, 3 mai 1928 : *Chiens dansant* : **GBP 9 240** – Londres, 19 avr. 1929 : *Gambades de Noël* : **GBP 1 155** – Londres, 8 juil. 1929 : *Intérieur d'une étable* : **GBP 525** – New York, 15 nov. 1929 : *La carrière d'ardoises* : **USD 3 000** – Londres, 13 déc. 1929 : *Le coffre à blé* : **GBP 693** – New York, 30 jan. 1930 : *Entrée de la taverne* : **USD 3 600** – Londres, 21 fév. 1930 : *Extérieur d'une auberge* : **GBP 2 520** – Londres, 28 fév. 1930 : *Matin* : **GBP 6 825** – Paris, 1er déc. 1930 : *Le Repas du soir devant la ferme* : **FRF 4 900** – Londres, 5 déc. 1930 : *L'Ile de Wight* : **GBP 504** – Londres, 10 juil. 1931 : *Cour de ferme* : **GBP 252** – New York, 20 nov. 1931 : *Camp de bohémiens* : **USD 425** – Philadelphie, 22 avr. 1932 : *Moments volés* : **USD 525** – Londres, 9 juin 1932 : *Tempête dans la campagne* : **GBP 500** – Londres, 11 mai 1934 : *Enfants cherchant des nids* : **GBP 2 940** – Londres, 31 mai 1935 : *La porte du cabaret* : **GBP 1 890** ; *L'Étable d'un voiturier* : **GBP 1 470** ; *L'auberge du taureau* : **GBP 1 417** ; *Chasseurs et leurs chiens* : **GBP 819** – Londres, 25 juin 1936 : *Gagner de l'argent facilement* : **GBP 966** – Londres, 27 mai 1938 : *Marchandage pour le poisson* : **GBP 525** – Londres, 12 juil. 1946 : *Le Retour du garçon de poste* : **GBP 4 410** – Paris, 28 mai 1951 : *Berger taillant un bâton* 1791 : **FRF 40 000** – Londres, 20 juil. 1951 : *Les Enfants dénicheurs d'oiseaux* : **GBP 5 670** ; *Les Jeunes Navigateurs* : **GBP 5 250** – Paris, 2 déc. 1954 : *La Porcherie* : **FRF 130 000** – New York, 17 oct. 1956 : *Cutter à la poursuite d'un brigand* : **USD 3 750** – Londres, 15 mai 1957 : *Intérieur d'une écurie* : **GBP 520** – Londres, 6 nov. 1959 : *Paysans, chevaux et charrette sur la route* : **GBP 1 575** – Londres, 23 mars 1960 : *Pêcheurs* : **GBP 1 800** – New York, 29 avr. 1960 : *La porte de l'Hôtel de la Cloche* : **USD 2 000** – New York, 8 avr. 1961 : *Grand-père* : **USD 3 500** ; *Grand-mère* : **USD 3 500** – Londres, 19 avr. 1961 : *Un camp de Gitans* : **GBP 500** – Londres, 2 mai 1962 : *Paysage près de la côte* : **GBP 450** – Londres, 20 nov. 1964 : *Cour de ferme avec paysans, âne et volatiles* : **GNS 550** – Londres, 2 avr. 1965 : *Moissonneurs et jeune paysanne s'abritant de l'orage, sous un arbre* : **GNS 1 000** – Londres, 23 mars 1966 : *Chasseur dans un paysage* : **GBP 3 300** – Londres, 12 mars 1969 : *Les effets de la paresse* : **GBP 800** – Londres, 13 mars 1970 : *L'auberge du Dauphin* : **GNS 1 800** – Londres, 17 mars 1971 : *Chasseur à cheval dans un paysage* : **GBP 4 500** – Londres, 23 juin 1972 : *Paysage venteux* : **GNS 6 500** – Londres, 31 oct. 1973 : *Le départ pour la chasse* : **GBP 6 000** – Londres, 26 mars 1976 : *Voyageurs se reposant au coin du feu* 1792, h/t (38x30,5) : **GBP 800** – Londres, 1er avr. 1976 : *Paysage boisé animé de personnages*, aquar. (28,5x39,5) : **GBP 200** – Londres, 23 juin 1978 : *Intérieur d'étable* 1792, h/t (63x75) : **GBP 3 000** – New York, 5 juin 1979 : *Une hutte dans les bois* 1797, pl. et lav. de coul. (32,5x41) : **USD 2 300** – New York, 16 mars 1979 : *Scène de chasse*, h/t (49,5x65) : **USD 20 000** – New York, 4 juin 1982 : *Scène de chasse*, h/t (39x51) : **USD 35 000** – Londres, 15 juin 1982 : *Le retour des pêcheurs*, cr. et sanguine (35,5x45) : **GBP 650** – Londres, 19 juil. 1983 : *Le Repos des bergers* 1792, cr. et craie rouge (33,6x44,5) : **GBP 750** – Londres, 16 nov. 1983 : *La Traite des esclaves* 1787, h/t (84x121) : **GBP 35 000** – Londres, 21 nov. 1986 : *Truie et ses petits*, h/pan. (30,5x38,1) : **GBP 13 000** – Londres, 24 avr. 1987 : *Scène de bord de mer*, h/t (91,4x135,6) : **GBP 16 000** – Londres, 29 jan. 1988 : *Gitans autour d'un feu un village à l'arrière-plan ; Paysage accidenté avec une tour*, h/pan. chaque, deux pendants (10,2x15,3) : **GBP 1 760** – New York, 3 juin 1988 : *Paysage de rivière avec un pont de pierres*, h/t (45x60,5) : **USD 9 900** – Londres, 15 juil. 1988 : *Les naufrageurs : contrebandiers volant les marchandises d'un bateau fracassé sur les rochers* 1791, h/t (103,2x135,8) : **GBP 35 200** – Berne, 26 oct. 1988 : *Une vache blanche et un porc dans une étable* 1792, h/t (30,5x38) : **CHF 5 000** – New York, 12 jan. 1989 : *Le chasseur de lapins de garenne*, h/t (86,5x111) : **USD 22 000** – Londres, 26 mai 1989 : *Bergers apportant la nourriture aux moutons près d'une grange en hiver*, h/t (51,1x65,7) : **GBP 2 640** – Londres, 14 juil. 1989 : *L'Auberge de la Cloche à Kilburn*, h/t (26x31,6) : **GBP 9 350** – Londres, 15 nov. 1989 : *Deux chiens face à face avec le poil hérissé* 1792, h/t (44x57,5) : **USD 12 650** – Londres, 14 mars 1990 : *Les Habitants d'une chaumière*, h/t (19,5x25) : **GBP 9 680** – New York, 5 avr. 1990 : *Cheval blanc dans une écurie* 1794, h/pan. (20,5x25,5) : **USD 2 200** – Londres, 11 juil. 1990 : *Pêche aux crevettes près de Yarmouth dans l'île de Wight*, h/t (76x126) : **GBP 11 000** – Londres, 12 juil. 1990 : *Le Braconnier*, h/t (90x114) : **GBP 18 700** – Londres, 31 oct. 1990 : *Le berger*, h/t (70,5x90) : **GBP 3 960** – Londres, 1er mars 1991 : *Coupeur de bois avec sa fille et son chien dans un paysage hivernal*, h/t (92,5x72) : **GBP 4 400** – Londres, 1er mars 1991 : *Friend, chien de Terre-Neuve qui sauva Mr. W. Phillips de la noyade en 1789*, h/t (36,2x45) : **GBP 2 750** – Londres, 10 avr. 1991 : *Cochons d'Inde* 1792, h/t (49x61) : **GBP 4 180** – New York, 7 juin 1991 : *Le repas des ouvriers*, h/t (71,1x92,7) : **USD 16 500** – Londres, 10 juil. 1991 : *À l'auberge*, h/pan. (23x29) : **GBP 2 420** – Londres, 15 nov. 1991 : *Voyageurs avec un cheval et un chien approchant de la barque du passeur au bord d'un lac de montagne* 1792, h/t (101x141,5) : **GBP 15 400** – Londres, 8 avr. 1992 : *Naufrage d'un navire de la Compagnie des Indes au large de l'île de Wight*, h/t (89x138) : **GBP 30 800** – Londres, 17 juil. 1992 : *Les ramasseurs de fagots*, h/t (35,8x44,5) : **GBP 4 400** – New York, 14 oct. 1992 : *Naufrage sur la côtes de l'île de Wight*, h/t (69,9x89,5) : **USD 9 900** – New York, 19 mai 1993 : *Paysage d'hiver avec des patineurs sur une mare gelée*, h/t (50,8x66) : **USD 23 000** – Londres, 13 juil. 1994 : *Préparatifs pour la sortie du jour* 1792, h/t (69,5x88,5) : **GBP 18 400** – Londres, 8 nov. 1995 : *L'Histoire de Laetitia*, h/t, ensemble de six peintures (chaque 45x35) : **GBP 128 000** – Londres, 10 juil. 1996 : *Bohémiens autour d'un feu dans une forêt*, h/t (71x89) : **GBP 19 550** – Londres, 5 sep. 1996 : *Anglais dans un paysage boisé*, h/t (47x37) : **GBP 3 680** – New York, 2 oct. 1996 : *Cochons fourrageant dans l'abreuvoir dans une cour de ferme*, h/t (38,1x45,7) : **USD 2 760** – New York, 12 déc. 1996 : *Le Retour du marché* 1798, h/t (116,2x138,4) : **USD 57 500** – Londres, 12 nov. 1997 : *Un colley et un épagneul au repos ; Un bulldog et un colley*, h/t, deux études (chaque 24,5x29,5) : **GBP 6 900** – New York, 26 fév. 1997 : *Un couple se reposant dans une stalle d'âne*, h/t (51,8x67) : **USD 2 300** – Londres, 13 mars 1997 : *Louisa*, h/t, de forme ovale (43,2x36,2) : **GBP 3 500** – Londres, 9 avr. 1997 : *Scène dans une carrière*, h/t, une paire (chaque 29x37) : **GBP 23 000** ; *Bouchonnage du cheval de la malle-poste* 1792, h/pan. (31x39) : **GBP 19 550** – Londres, 29 mai 1997 : *Pêcheurs sur le rivage*, h/t (91x137) : **GBP 16 100**.

MORLAND George Henry
Né au début du XVIIIe siècle. Mort en 1789. XVIIIe siècle. Britannique.
Peintre de genre.
Grand-père de George Morland. Ce fut un habile peintre de genre. Une certaine confusion règne au sujet des œuvres qui lui sont attribuées dans d'excellents ouvrages, comme le dictionnaire de Regdrave et dans le *Bryan's Dictionary*, notamment : *La marchande d'huîtres*, conservée au Musée de Glasgow, que ces ouvrages lui donnent, est, d'après les critiques modernes et l'excellent catalogue du Musée cité plus haut, de son fils Henry-Robert Morland.

MORLAND Henry Robert, dit **le Vieux Morland**
Né vers 1730. Mort le 30 novembre 1797 à Londres. XVIIIe siècle. Britannique.
Peintre de genre, portraits, pastelliste, restaurateur, graveur.
Élève de son père George Henry Morland, il se fit une rapide réputation et acquit, jeune, une brillante situation. Il avait des goûts de luxe que l'on retrouve chez son père et chez son fils George. Malgré sa réussite, malgré une aptitude au travail qui s'affirme par la diversité qu'il donna à son activité, il fut également marchand ; loin de faire fortune, il connut comme son fils George les tracasseries des gens de loi. Il exposa à la Society of Artists, à la Royal Academy, et surtout à la Free Society of Artists, à Londres.
Henry Robert Morland peignait des sujets de genre dans lesquels il savait habilement jouer des effets de lumière comme dans son tableau, la *Marchande d'huîtres*, que grava à la manière noire, son élève P. Dowe, et que conserve aujourd'hui le Musée de Glasgow. Il faisait aussi des portraits à l'huile et surtout au pastel. Parmi ses ouvrages les plus estimés figure une *Servante savonnant du linge*, qui fut acheté, le 4 décembre 1897, par M. Pierpont Morgan pour la somme de 3250 guinées, soit 84500 francs Parmi ses portraits figurent ceux de *George III* et de la *Reine* exposés en 1774, du *Duc d'York*, frère du même souverain, de *Garrick, dans le rôle de Richard III*. Un grand nombre de ses ouvrages furent gravés à la manière noire notamment par P. Dowe et popularisèrent son nom.
Musées : Glasgow : *La marchande d'huîtres* – Londres (Nat. Gal.) : *La lessiveuse* – Même sujet – New York (Metropolitan Mus.) : *Jeune fille construisant un château de cartes*, attr. – Nottingham : *George Morland*.
Ventes Publiques : Londres, 1848 : *Lady Coventry* : **FRF 835** ; *Duchesse d'Hamilton* : **FRF 950** – Londres, 1897 : *Portrait de la duchesse de Coventry, vêtue de bleu et blanc* : **FRF 85 300** – Londres, 29 juin 1923 : *Jeux d'enfants*, past. : **GBP 22** – New York, 20 nov. 1931 : *Portrait de l'artiste par lui-même* : **USD 200** – New York, 16 mars 1934 : *La jolie nonne sans masque* : **USD 850** – Londres, 12 avr. 1935 : *Portrait de George Morland* : **GBP 84** – Londres, 21 juin 1950 : *Portrait de George Morland, fils du peintre* : **GBP 320** – Londres, 15 juil. 1964 : *Portrait de George Morland* : **GBP 1 700** – Londres, 19 juin 1970 : *Portrait of Maria, Countess of Coventry* : **GNS 700** – Londres, 26 mars 1976 : *Jeune femme lisant à la lumière d'une bougie*, h/t (74,2x61,5) : **GBP 5 000** – Londres, 24 nov. 1978 : *La servante à la bougie*, h/t (95,2x76,7) : **GBP 1 200** – Londres, 23 nov 1979 : *Deux enfants à la lumière d'une bougie*, h/t (60,7x51,3) : **GBP 2 400** – Londres, 27 mars 1981 : *Servante à la bougie devant une grappe de raisins*, h/t (74,2x62,2) : **GBP 1 800** – Londres, 16 nov. 1983 : *The letter woman*, h/t (44,5x35,5) : **GBP 1 000** – Londres, 18 avr. 1986 : *Portrait de Caroline, 1st Lady Scarsdale*, h/t, de forme ovale (76,8x63,5) : **GBP 2 200** – Londres, 20 avr. 1990 : *Portrait d'une dame portant un manteau vert avec un col blanc et un chapeau marron*, h/t, de forme ovale (79,4x63,8) : **GBP 5 280** – Londres, 12 juil. 1991 : *Portrait d'une jeune fille tenant une chandelle et vêtue d'une robe brune*, h/t (76,2x63,7) : **GBP 16 500** – New York, 17 oct. 1997 : *Femme faisant la lessive*, h/t (74,3x61,9) : **USD 10 350**.

MORLAND James Smith
Mort en mai 1921. XIXe-XXe siècles. Britannique.
Peintre de genre, figures, paysages.
Il travailla en Afrique du Sud.
Il exposa surtout à Liverpool ; on le cite cependant prenant part quelquefois aux expositions de la Royal Academy à Londres, à partir de 1877.
Musées : Glasgow : *Le Vieux Soldat* – Norwich : *Le Petit Bohémien*, aquar.

MORLAND Mary
XVIIIe siècle. Britannique.
Peintre de genre.
Sœur de George Morland. Elle exposa à Londres de 1785 à 1786.

MORLAND Valère Alphonse, pseudonymes : **Leroy, Valio** et **Kab**
Né en 1846 aux Sables-d'Olonne (Vendée). XIXe siècle. Français.
Paysagiste et caricaturiste.
Il débuta au Salon de 1870.

MORLANES Gil ou **Egidio**, l'Ancien
Né vers 1450. Mort entre le 28 août 1515 et le 27 janvier 1518 à Saragosse (Aragon). XVe-XVIe siècles. Espagnol.
Sculpteur.
Il est le père de Gil Morlanes le Jeune. Il exécuta des autels, des statues et des tombeaux dans les églises de Saragosse, d'Huesca et de Poblet.

MORLANES Gil, le Jeune
Né vers 1491. Mort entre le 12 mars 1547 et le 11 septembre 1550 à Saragosse (Aragon). XVIe siècle. Espagnol.
Sculpteur.
Il est le fils de Gil Morlanes l'Ancien. Il collabora avec le sculpteur Gabriel Joly. Il sculpta des autels et des façades pour les églises de Saragosse et de Jaca.

MORLAY, Mme, née **Transon**
XIXe siècle. Française.
Portraitiste.
De 1827 à 1834, elle figura au Salon de Paris.
Ventes Publiques : Paris, 8 juil. 1949 : *Buste d'enfant* 1830 : **FRF 26 000**.

MORLEITER ou **Morleitner**. Voir **MORLAITER**

MORLETE-RUIZ Juan Patricio
Né en 1715. Mort vers 1780. XVIIIe siècle. Mexicain.
Peintre de scènes religieuses, portraits.
Il est surtout connu pour ses peintures de sujets religieux et ses portraits de personnalités mexicaines.
Musées : Mexico (Mus. Nat. d'Hist.).
Ventes Publiques : New York, 7 oct. 1993 : *Le triomphe d'Alexandre Le Grand*, h/t, d'après Charles Le Brun (82,5x127) : **USD 48 300**.

MORLEY George
XIXe siècle. Britannique.
Peintre de scènes de chasse, portraits, animaux.
Il exposa à Londres de 1832 à 1863, représentant avant tout des chevaux et des chiens.
Ventes Publiques : Paris, 6 juin 1951 : *Deux amazones et leur valet* 1842 : **FRF 10 500** – Londres, 26 juin 1981 : *Mr. Dundas, maître de meute, sur un cheval bai* 1844, h/t (54x68,6) : **GBP 1 100**.

MORLEY Harry
Né le 5 avril 1881 à Leicester. Mort le 18 septembre 1943. XXe siècle. Britannique.
Peintre, graveur.
Il fut élève de l'Académie royale de Londres. Pour ses gravures, il privilégia l'eau forte et le burin.
Musées : Bradford : *Le Marchand ambulant* – Londres (Tate Gal.) : *Apollon et Maryas* 1924.
Ventes Publiques : Londres, 8 juin 1989 : *Bacchanale*, h/t (58,8x58,8) : **GBP 1 045** – Londres, 7 juin 1990 : *La course dans la mer*, h/t (85134,5) : **GBP 11 000** – Londres, 20 sep. 1990 : *Le moulin de Cley* 1937, h/t (51x60,5) : **GBP 715** – Montréal, 23-24 nov. 1993 : *Jeune femme apprivoisant des faunes*, h/t (62,2x50,8) : **CAD 1 500**.

MORLEY Henry
Né le 29 décembre 1869 à Nottingham. Mort en 1937. XIXe-XXe siècles. Britannique.
Peintre d'animaux, paysages.
Il a travaillé à Paris et en Écosse.

H. Morley.

Musées : Munich (Pina.) : *Troupeau au pâturage*.
Ventes Publiques : Perth, 29 août 1995 : *La nourriture des veaux*, h/cart. (30x41) : **GBP 747** – Perth, 26 août 1996 : *Travaux des champs*, h/t (40,5x51) : **GBP 1 495**.

MORLEY Malcolm
Né en 1931 à Londres. XXe siècle. Depuis 1958 actif aux États-Unis. Britannique.

Peintre de compositions animées, artiste de performances, aquarelliste, sculpteur.

Il travaille dès son plus jeune âge sur des navires. Il séjourne ensuite quelque temps en maison de correction, où il commence à peindre. À sa sortie de prison, il devient élève de la Camberwell School of Art and Crafts de Londres, puis du Royal College of Art, de 1954 à 1957. En 1958, il s'installe à New York. Il fait par la suite de nombreux voyages à l'étranger, en Inde, Afrique et aux Caraïbes. Il donne des cours et conférences à l'université de Columbus, à l'école des Arts Visuels de New York et à l'université de l'état de New York. Il vit et travaille à Brookhaven (New York).

Il participe à des expositions collectives : 1956 et 1957 *Young Contemporaries* à Londres ; 1964 *The Photographic Image* au Guggenheim Museum de New York ; 1967 Biennale de São Paulo ; 1969 *Aspects of a New Realism* au musée d'Art contemporain de Houston et *Painting from the Photo* au Riverside Museum de New York ; 1970 *22 Realists* au Whitney Museum of American Art de New York ; 1971 *Radical Realism* au musée d'Art contemporain de Chicago ; 1972 *Sharp Focus Realism* à New York et Documenta de Kassel ; 1985 Biennale de Paris.

Il montre ses œuvres dans des expositions personnelles depuis 1964 : 1980 Wadsworth Atheneum de Hartford ; 1982-1983 Kunsthalle de Bâle, musée Boymans Van Beuningen de Rotterdam et Whitechapel Art Gallery de Londres ; 1983 Corcoran Gallery de Washington, Museum of Contemporary Art de Chicago et Brooklyn Museum de New York ; 1988, 1991 galerie Pace de New York ; 1991 musée Cantini à Marseille et Tate Gallery de Liverpool ; 1993 Centre Georges Pompidou à Paris et musée d'Art moderne de Toulouse ; 1997 galerie Daniel Templon à Paris.

Peintre de paysages à ses débuts, il est, dès 1958, attiré par l'expressionnisme abstrait, et réalise des œuvres généralement monochromes, influencées par son ami Barnett Newman et par Willem De Kooning. Il rompt rapidement avec ce style pour des tableaux figuratifs fidèles à la réalité. Il est aussitôt considéré comme l'un des pionniers de l'hyperréalisme. Il copie avec exactitude des « reproductions » imprimées et diffusées, cartes postales, affiches, dépliants publicitaires, publications militaires ou images peintes célèbres (*Vermeer, Portrait of the artist in his studio* 1968), à l'aide d'une loupe et d'une grille (et non pas d'un épiscope qui permettrait une précision plus grande). Carré après carré, il travaille isolément chaque zone agrandie, celle-ci possédant dès lors une autonomie abstraite. Il se spécialise dans les scènes maritimes, alterne rêve de pacotille, symbolisé par de luxueux transatlantiques, et scène de puissance, incarnée par de monumentaux navires de guerre. Se jouant des clichés qu'il copie, il se plaît à montrer des panoramas, où le bleu du ciel et de la mer chatoient, les drapeaux claquent dans le vent, le soleil illumine le monde.

Cependant, dès cette époque, il se place en marge de l'hyperréalisme, n'en adoptant pas totalement les règles. Contrairement à ses confrères, il utilise le pinceau et non l'aérographe, lequel permet d'obtenir un rendu plus lisse ; il se refuse à camoufler les contraintes de son médium et laisse visibles les accidents de matière, preuve de son métier d'artiste. Il traite le tableau comme une surface bidimensionnelle, conserve la bordure blanche de la carte et le copyright, affirmant par là même son statut de « reproduction de reproduction ». Il prend bien vite du recul et réalise que ce type d'œuvres neutres ne peut que nuire à sa créativité, s'il ne parvient pas à détourner les moyens de l'hyperréalisme pour mieux en rendre les failles. En froissant, déchirant, déformant, maculant les images (*Los Angeles yellow pages* 1971) ou en acceptant ses erreurs de reproductions, Morley se libère des contraintes de ce mouvement qui s'appuie sur la représentation photographique du réel et aborde une nouvelle phase. Il justifie son attitude comme une volonté d'échapper à l'engouement généralisé pour cette école « objective » : « Quand j'ai créé l'hyperréalisme, au bout d'une année j'avais une quarantaine d'imitateurs. Quand je m'en suis aperçu je me suis dit qu'il fallait rompre avec l'hyperréalisme le plus vite possible, que je devais éviter de rester pris là-dedans, dans cette mode dont j'étais l'auteur. Il faut rompre à chaque fois. »

En 1966, dans *Empire Monarch*, Malcom Morley commet une faute de report, décide de la conserver et plus encore de la souligner en indiquant le lieu de l'erreur par une bande noire. En 1970, il va plus loin, barrant « dans un état de flottement de la conscience » sa toile, *Race Track*, d'une croix rouge. Cette œuvre, qui représente un champ de course sud-africain, fait référence au militant noir Malcolm X (par le lieu évoqué, la croix (X) et bien entendu le prénom commun aux deux hommes). Il maltraite les images, jusqu'à transpercer la réinterprétation d'une toile de 1966 avec un poignard (*Disaster* 1972-1974). Acceptant de prendre sans réserve le plaisir de peindre, il adopte la peinture à l'huile qui permet plus de « diversité et (...) est plus dense et plus onctueuse. Modulation, je veux la modulation ». Il étale la peinture épaisse au couteau, la travaille obtenant des effets de relief, exaltant la matière. Il tient compte surtout désormais de ses associations d'idées et lapsus « picturaux ». Il utilise sa vie inconsciente comme vecteur de création, faisant remonter ses souvenirs d'enfance, notamment cette scène traumatique resurgie au cours d'une séance d'analyse, qui sera reprise dans de nombreux travaux, où ses modèles réduits de bateaux furent détruits par une bombe durant les combats aériens sur Londres. À la même époque, il réalise des œuvres en public. Habillé en Pythagore, sur fond musical, il peint *School of Athens*, copie de l'œuvre de Raphaël où il se représente en Diogène et dans laquelle il se trompe, séparant les têtes des philosophes de leur corps.

Dans ses toiles de plus en plus grandes, il se spécialise dans les scènes de guerre, accidents ferroviaires (*Age of catastrophe* 1976), crashs aériens, influencé par les séries *Guerre* et *Catastrophe* de Gasiorowski qu'il a rencontré en 1974. Il utilise comme source d'inspiration des jouets d'enfants, soldats de plomb, maquettes de trains, bateaux, avions, réalisés par ses soins, et, à la manière des anciens, les place dans un décor en carton puis reproduit l'ensemble sur la toile par une mise au carreau : « Je ne veux pas d'une peinture plate, d'une surface à deux dimensions. Or quand vous introduisez un avion dans une toile, elle cesse aussitôt d'être plate. Elle commence à poser des problèmes de profondeur, d'espace, de construction de l'espace. C'est l'essentiel : comment construire un espace à trois dimensions sur une toile qui n'en a que deux... » (id.). Pour une mise à mort de la peinture, il brouille les échelles, mélange les genres et les sources, procède par pastiches (notamment d'un genre qui lui fut cher : l'hyperréalisme), intègre de nombreuses citations (notamment des fragments de ses œuvres antérieures), mêlant histoires universelle et personnelle, introduisant références mythologiques et notations de voyage.

À la fin des années soixante-dix, alors qu'il réside en Floride, il commence à peindre des aquarelles, sur le motif ou nées de son imagination, à partir de photographies ou de son journal : scènes quotidiennes, de plages, paysages, natures mortes, portraits, animaux. Ces œuvres plus sereines, exotiques, deviennent les « modèles » de ses peintures à l'huile. L'aspect léché des toiles antérieures disparaît alors, le modèle de base se soustrayant déjà au réel « objectif », pour des compositions plus libres et colorées. Dans *Oracle* de 1992, il échappe au cadre rigide de la toile avec des peintures-reliefs, intégrant pour la première fois des modèles réduits réels d'avions de la Première Guerre mondiale réalisés sur papier aquarellé, ce développement dans l'espace évoquant l'œuvre de Frank Stella. L'année suivante, avec *Icarus*, il introduit le mouvement, l'hélice de l'avion étant actionnée par un petit moteur. Depuis 1990, poursuivant le thème des machines de guerre, il réalise aussi des sculptures en bronze, qui émergent, sans rupture, de socles très hauts, comme étirés, et évoquent l'œuvre de Medardo Rosso ou celle de Giacometti.

Pionnier d'un mouvement, l'hyperréalisme, qui met en avant des procédés techniques, mécaniques et prône l'anonymat de la facture, Malcolm Morley s'est très vite placé en marge de cette conception de l'art, pour au contraire libérer son inconscient, et « se perdre » dans la peinture. ■ Laurence Lehoux

MM

Bibliogr. : U. Kulterman : *Nouveau réalisme*, New York, 1972 – in : *Dict. univer. de la peinture*, Le Robert, t. V, Paris, 1975 – Sarah McFadden : *Interview – Malcolm Morley*, Art in America, New York, déc. 1982 – in : *L'Art du xxe s*, Larousse, Paris, 1991 – Marc Partouche : *Malcolm Morley*, Art Press, nº 164, Paris, déc. 1991 – in : *Dict. de l'art mod. et contemp.*, Hazan, Paris, 1992 – Catherine Grenier : *Malcolm X Morley*, suivi de *Interview de Malcolm Morley par Robert Storr*, Art Press, nº 180, Paris, mai 1993 – Catalogue de l'exposition : *Malcolm Morley*, coll. *Contemporains – Monographie*, Centre Georges Pompidou, Paris, 1993 – Philippe Dagen : *Malcolm Morley, l'ennemi du style*, Le Monde, Paris, 8-9 août 1993.

Musées : Budapest (Ludwig Mus.) : *Race track* 1970 – Humlebaek (Mus. Louisiana) : *Los Angeles, yellow page* – Londres (Whitechapel Art Gal.) – New York (Metropolitan Mus.) : *Sur le pont* 1966 – Paris (Mus. Nat. d'Art Mod.) : *Cradle of civilization with american woman* 1982 – Paris (BN) : *French legionnaires being eaten by a lion* 1983, eau-forte – Washington D. C. (Hirshhorn Mus. and Sculpture Garden) : *Beach Scene* 1968.

Ventes Publiques : Paris, 12 nov. 1972 : *Kodak 71* : **FRF 50 000** – Paris, 6 avr. 1973 : *Christofo Colombo* 1965 : **FRF 55 000** – Londres, 4 déc. 1974 : *Vermeer dans son atelier* : **GBP 11 000** – Paris, 2 nov. 1975 : *Kodak* 1971 : **FRF 24 000** – Londres, 2 déc. 1980 : *Brigde-Picasso painting* 1971, h/t (123x168) : **GBP 3 200** – New York, 13 mai 1981 : *La Reine américaine de l'Opéra* 1971, acryl./t. (152,5x122) : **USD 25 000** – New York, 5 mai 1982 : *Mr. Domino* 1974, aquar. avec une pièce de domino en plastique et couteau en métal (104,1x74,9) : **USD 1 300** – New York, 10 nov. 1983 : *San Miguel of Allende postcard* 1976, h/t (76,2x53,4) : **USD 9 500** – New York, 7 juin 1984 : *Autoportrait* 1973, cr. et collage (48,8x67,4) : **USD 1 800** – New York, 3 mai 1985 : *Sunset crater* 1981, aquar. (56,5x76,3) : **USD 11 500** – Londres, 26 fév. 1986 : *John Dean sur l'écran de télévision*, aquar. et gche/traits cr./pap. (30x40) : **GBP 6 500** – New York, 4 nov. 1987 : *Landscape with Bullocks* 1981, aquar. (112,5x77,5) : **USD 52 500** – New York, 20 fév. 1988 : *Sans titre (Turc barbu)*, aquar. et fus./pap. (45,7x38,1) : **USD 6 600** – New York, 3 mai 1988 : *Étude pour chameau et chèvres* 1980, aquar./pap. (56x66) : **USD 19 800** – New York, 10 nov. 1988 : *Sans titre* 1983, aquar./pap. (45,1x35,4) : **USD 8 250** – New York, 14 fév. 1989 : *Sans titre*, aquar./pap. (57,2x75,8) : **USD 6 600** – Londres, 23 fév. 1989 : *La plage de Key Biscayne en Floride* 1983, aquar./pap. (38x46) : **GBP 2 750** – New York, 4 mai 1989 : *Machine à tricoter* 1971, h/t (61x61) : **USD 14 300** – New York, 4 oct. 1989 : *Sans titre*, aquar./pap. (39,4x46,3) : **USD 13 200** – New York, 9 nov. 1989 : *Palm Beach*, aquar./pap. (77,5x57) : **USD 27 500** – Paris, 11 oct. 1989 : *Pencil Drawings* 1973, fus./pap. (33x52,5) : **FRF 26 000** – New York, 21 fév. 1990 : *Sans titre (chevaux)*, past. et fus./pap. (55,9x76,3) : **USD 4 950** – New York, 9 mai 1990 : *Sans titre*, aquar./pap. (48,2x61) : **USD 22 000** – New York, 5 oct. 1990 : *Une autre chambre d'amis* 1966, liquitex/t. (55,9x81,3) : **USD 20 900** – New York, 7 nov. 1990 : *America's Queen of Opera* 1971, acryl./t. (152,3x122) : **USD 82 500** – New York, 14 fév. 1991 : *Sans titre*, aquar./pap. (30x45,8) : **USD 6 600** – New York, 15 fév. 1991 : *Mr. Domino* 1974, aquar., h., fus. et collage de dominos et d'un couteau/pap. (104x75) : **USD 8 800** – New York, 30 avr. 1991 : *Out dark spot* 1978, h/t (184,5x250,8) : **USD 231 000** – New York, 13 nov. 1991 : *S. S. France*, h/t avec des objets sur deux pan. et h./alu. (en tout 204,5x153x7,7) : **USD 319 000** – Londres, 26 mars 1992 : *Chevaux et cavaliers*, cr. noir et coul./pap. (56,9x76,7) : **GBP 880** – New York, 6 mai 1992 : *Vermeer, portrait de l'artiste dans son atelier* 1968, acryl./t. (266,7x221) : **USD 627 000** – New York, 6 oct. 1992 : *Sans titre* 1976, aquar./pap. (30,2x40,6) : **USD 3 300** – Paris, 27 oct. 1992 : *Mayor Rosebud's garden*, h/t (61x61) : **FRF 25 000** – New York, 17 nov. 1992 : *Le paquebot « SS Amsterdam » dans la rade de Rotterdam* 1966, acryl./t. (161,3x212,1) : **USD 440 000** – New York, 19 nov. 1992 : *Escorteur HMS* 1964, acryl.et sérig./t. (22,8x35) : **USD 7 700** – New York, 4 mai 1993 : *Onsettant Moie* 1974, h/t (50,8x68,6) : **USD 57 500** – New York, 5 mai 1994 : *Sans titre* 1982, gche/pap. (101,6x112,4) : **USD 54 625** – Paris, 17 oct. 1994 : *Sans titre*, dyptique h/t (12,5x35,5) : **FRF 7 500** – New York, 14 nov. 1995 : *National Open* 1868, acryl./t. (127x152,4) : **USD 173 000** – New York, 5 mai 1996 : *Sans titre* 1985, litho. coul. (75,5x102) : **USD 1 955** – Londres, 27 juin 1996 : *Sans titre, étude pour Albatros*, gche et aquar./pap. (31, 7x4,5) : **GBP 2 875** – Londres, 24 oct. 1996 : *Sans titre*, aquar./pap. (56x75,7) : **GBP 4 485** – New York, 21 nov. 1996 : *Cutting horse* 1967, acryl./t. (97,2x79,4) : **USD 23 000**.

MORLEY Robert

Né en 1857. Mort en 1941. XIXe-XXe siècles. Britannique.

Peintre de genre, animaux, paysages.

Il s'établit à Fransham (Surrey) et exposa à Londres de 1884 à 1919.

Robert Morley
Robert Morley

Ventes Publiques : Londres, 28 sep. 1976 : *Strangers*, h/pan. (24x35) : **GBP 260** – Perth, 26 août 1986 : *Maître de la maison*, h/t (61x51) : **GBP 3 000** – Londres, 13 fév. 1987 : *L'union fait la force*, h/pan. (26,7x38) : **GBP 6 000** – Londres, 2 nov. 1989 : *Compagnons en détresse* 1900, h/t (87x112,4) : **GBP 4 950** – Londres, 9 fév. 1990 : *Les sottises*, h/t (64,5x52) : **GBP 7 700** – Londres, 1er nov. 1990 : *L'invité indésirable* 1896, h/pan. (28x38) : **GBP 3 300** – Londres, 12 nov. 1992 : *Une horde de loups* 1893, h/t (101,5x152,5) : **GBP 1 650** – Londres, 3 mars 1993 : *Pensées à l'absent* 1900, h/t (87x112) : **GBP 5 750** – Londres, 12 mai 1993 : *Une maison irlandaise*, h/t (71x91,5) : **GBP 4 830** – New York, 4 juin 1993 : *Près de la cheminée*, h/t (63,5x78,7) : **USD 17 250** – Londres, 25 mars 1994 : *L'union fait la force !*, h/pan. (26,7x38,1) : **GBP 4 370** – Londres, 4 juin 1997 : *Chat échaudé craint l'eau froide*, h/pan. (19x26) : **GBP 3 680**.

MORLEY T. W.

Né en 1856. Mort en 1919. XIXe-XXe siècles. Britannique.

Peintre.

C'est un artiste peu connu, mais qui est un des meilleurs exemples des changements de style adoptés par plusieurs artistes du début du XXe siècle.

MORLIERE Christophe

Né en 1604 à Orléans. Mort en 1643 à Blois. XVIIe siècle. Français.

Peintre sur émail et orfèvre.

Il travailla pour le duc Gaston d'Orléans.

MORLON Alexandre ou **Pierre Alexandre**

Né le 4 juin 1878 à Mâcon (Saône-et-Loire). XXe siècle. Français.

Sculpteur de monuments, groupes, médailleur.

Il fut élève de Falguière et Mercié.

Il débuta à Paris, au Salon des Artistes Français de 1900, dont il fut hors-concours et membre du jury. Il a reçu une médaille en 1903 et 1906, une bourse de voyages en 1910, une médaille d'or en 1920, une d'honneur en 1906. Il fut chevalier de la Légion d'honneur.

On lui doit les médailles commémoratives de la guerre et la médaille interalliée de la victoire 1914-1918. Il a exécuté les modèles des pièces de monnaie en bronze d'aluminium. Ses sculptures sont d'ordre moins allégorique ; rien n'est autant réaliste que son *Loup de mer* ou son groupe des *Vendangeurs*. Il a sculpté plusieurs monuments aux morts.

Musées : Gand – Paris (Mus. de la Monnaie).

Ventes Publiques : La Varenne-Saint-Hilaire, 16 juin 1990 : *Muse et chevreau*, bronze (H. 51) : **FRF 8 500**.

MORLON Paul Émile Anthony

Né vers 1845 à Sully-sur-Loire (Loiret). XIXe-XXe siècles. Français.

Peintre de scènes de genre, portraits, paysages, marines.

Il exposa à Paris, au Salon des Artistes Français, de 1868 à 1905, dont il fut membre sociétaire à partir de 1883. Il reçut une mention honorable en 1883, une médaille de troisième classe en 1885, une médaille de bronze en 1900 à l'Exposition universelle de Paris.

A. Morlon
A. Morlon

Musées : Digne : *Les Hommes valides de l'hospice militaire prêtent la main aux laveuses*.

Ventes Publiques : Paris, 1887 : *Jeunesse de Henri IV* : **FRF 1 350** – Paris, 13 déc. 1919 : *Une scène du Médecin malgré lui* : **FRF 600** – Paris, 25-26 oct. 1920 : *Le tour de Marne* : **FRF 155** – Paris, 7 fév. 1951 : *Le marché à Fécamp* : **FRF 12 000** – New York, 25 oct. 1984 : *Scène de plage*, h/t (89,9x151,1) : **USD 12 000** – Paris, 4 déc. 1985 : *Elégante en forêt*, h/t (100x73) : **FRF 23 000** – Londres, 19 mars 1986 : *La Promenade en barque ; Un pique-nique au bord de l'eau*, h/t, une paire (29,5x38) : **GBP 9 000** – Paris, 21 nov. 1989 : *La chaumière*, h/pan. (24,5x38) : **FRF 7 500** – Londres, 5 oct. 1990 : *Canotage sur une rivière*, h/t (57,2x87) : **GBP 6 600**.

MORLON Pierre ou **Morton**

Né au XIXe siècle à Guéret (Creuse). XIXe siècle. Français.

Sculpteur.
Élève de Jouffroy et de Falguière. Il exposa au Salon de 1877 à 1881.

MORLOT
XVIIIe siècle. Actif à Dijon et à Lunéville en 1769. Français.
Peintre.
On cite de lui une *Descente de Croix* à Saint-Philibert de Dijon.

MORLOT Alphonse Alexis
Né le 27 septembre 1838 à Isômes (Haute-Marne). Mort le 13 novembre 1918. XIXe-XXe siècles. Français.
Peintre de figures, paysages, natures mortes.
Élève de Corot et de Jean-Jacques Henner, il débuta au Salon de Paris en 1864. Sociétaire des Artistes Français depuis 1883. Il obtint une mention honorable en 1880, une médaille de troisième classe en 1885, une mention honorable et une médaille de bronze à l'Exposition Universelle de 1889.
Ses paysages sont généralement enveloppés d'une chaude lumière.
Bibliogr. : Gérald Schurr, in : *Les Petits Maîtres de la peinture 1820-1920, valeur de demain*, Les Éditions de l'Amateur, t. II, Paris, 1982.
Musées : Chartres : *Sous-bois* – Paris (Mus. du Petit Palais) : *Le soir*.
Ventes Publiques : Paris, 22 fév. 1919 : *Vue prise à Menton* : **FRF 1 900** – Paris, 28 mai 1923 : *Vaches au pâturage* : **FRF 150** – Paris, 22 nov. 1948 : *Paysages*, deux pendants : **FRF 2 000** – Paris, 20 mars 1972 : *Clair de lune*, h/t : **FRF 750** – Fécamp, 30 nov. 1986 : *Nature morte aux fleurs*, h/t (56x47) : **FRF 18 000**.

MORLOT Fanny
Née en 1798. XIXe siècle. Française.
Portraitiste.
Elle fut élève de Regnault et de Mme Jaquotot. Elle travailla à Paris.

MORLOT D'ARCY Arsène, Mme
XIXe siècle. Française.
Peintre.
Elle figura aux Salons de 1847, 1848 et 1849 avec des sujets de genre. Le Musée de Gray conserve de cette artiste : *Sous-bois*.

MORLOTTI Ennio
Né le 21 septembre 1910 à Lecco (Lombardie). Mort en 1992 à Milan. XXe siècle. Italien.
Peintre de nus, paysages, natures mortes.
Il fit ses études à l'académie des beaux-arts de Florence en 1936-1937, et à l'académie Brera de Milan de 1939 à 1941. Après la Seconde Guerre mondiale, il fut avec Vedova et Testori, l'un des rédacteurs du *Manifeste du réalisme* ou *Manifeste de l'autre Guernica* qui fut publié en 1946.
Il participe à de très nombreuses expositions collectives de la jeune peinture italienne, parmi lesquelles : 1948, 1950, 1952, 1954, 1956 Biennale de Venise ; 1955, 1959 Quadriennale de Rome ; 1951, 1953, 1959 Biennale de São Paulo ; 1955, 1959 Documenta de Kassel ; 1958 International Exhibition de Pittsburgh... Il a montré plusieurs expositions personnelles, en Italie, depuis la première, à Milan, en 1943. Il a obtenu de très nombreux prix : 1952 prix Lissone ; 1954-1955 prix de la ville de Milan ; 1956 prix du parlement italien à la XXVIIe Biennale de Venise ; 1957 prix du golfe de La Spezzia ; 1959 prix Morgan's Paint à Rimini et prix de la présidence du conseil des ministres à la Quadriennale de Rome.
Il avait rencontré Picasso, à Paris, en 1937, qui influença la première époque de son œuvre. Après la guerre, il traversa une période réaliste à la coloration romantique. Il évolua ensuite dans le sens de l'informel, sous l'influence de Fautrier alors assez vive en Italie, pour revenir à des œuvres moins abstraites, dans lesquelles on reconnaît le motif, en particulier des paysages de l'Italie.

Morloti

Bibliogr. : Bernard Dorival, sous la direction de : *Peintres contemp.*, Mazenod, Paris, 1964 – in : *Dict. univer. de la peinture*, Le Robert, t. V, Paris, 1975 – Isella Dante : *Ennio Morlotti. Opera incisa*, Repetto & Masucco, Galleria Bottega d'Arte, Acqui Terme, 1990 – in : *L'Art du XXe siècle*, Larousse, Paris, 1991 – in : *Dict. de l'art mod. et contemp.*, Hazan, Paris, 1992.
Musées : Bologne – Rome – Trieste – Turin – Venise.
Ventes Publiques : Milan, 21-22 nov. 1962 : *Paysage* : **ITL 1 050 000** – Milan, 1er déc. 1964 : *Paysage* : **ITL 650 000** – Milan, 7 nov. 1967 : *Composition* : **ITL 2 200 000** – Milan, 4 déc. 1969 : *Fleurs* : **ITL 2 600 000** – Milan, 28 oct. 1971 : *Nature morte* : **ITL 5 000 000** – Milan, 24 oct. 1972 : *Baigneurs* : **ITL 12 500 000** – Milan, 19 déc. 1974 : *Riviera* 1961 : **ITL 15 000 000** – Milan, 6 avr. 1976 : *Végétation* 1963, h/t (135x90) : **ITL 7 500 000** – Milan, 15 nov. 1976 : *Fleurs*, past. (37x42) : **ITL 900 000** – Milan, 7 juin 1977 : *Paysage ligure* 1960, h/t (79,5x86,5 : **ITL 7 000 000** – Milan, 19 déc 1979 : *Végétation*, past. (34x39) : **ITL 900 000** – Milan, 25 nov. 1980 : *Paesaggio sull'Adda* 1957, h/t (56x71) : **ITL 22 000 000** – Milan, 16 juin 1981 : *Végétation* 1957, h/t (60x64) : **ITL 17 000 000** – Milan, 15 nov. 1983 : *Étude de nus* 1954, pl. (34,2x47,5) : **ITL 1 700 000** – Milan, 15 nov. 1983 : *Nu* 1978, past. (39x49) : **ITL 2 000 000** – Milan, 14 déc. 1983 : *Arbres en hiver* 1960, h/t (86x79) : **ITL 19 000 000** – Milan, 14 mai 1985 : *Les tournesols*, cr gras (48x34) : **ITL 1 100 000** – Milan, 12 nov. 1985 : *Fleurs et broussailles* 1954, h/t (55x65,5) : **ITL 26 500 000** – Milan, 28 oct. 1986 : *Végétation* 1955, h/t (69x59) : **ITL 58 000 000** – Milan, 9 avr. 1987 : *Paysage* 1957, h/t (50x60) : **ITL 61 000 000** – Milan, 24 mars 1988 : *Bois d'oliviers* 1966, h/t (66,5x88) : **ITL 38 000 000** – Milan, 14 déc. 1988 : *Paysage* 1959, h/t (40x50) : **ITL 50 000 000** ; *Maïs* 1957, h/t (100x98) : **ITL 155 000 000** – Londres, 25 mai 1989 : *Nu* 1963, h/t (87,5x63,5) : **GBP 15 400** – Rome, 8 juin 1989 : *Végétation* 1966, h/t (100x70) : **ITL 50 000 000** – Milan, 7 nov. 1989 : *Fleurs*, h/t (111x64) : **ITL 155 000 000** – Rome, 28 nov. 1989 : *Végétation*, h/t (35x50) : **ITL 30 000 000** – Milan, 27 mars 1990 : *Rochers*, h/t (60x73) : **ITL 50 000 000** – Rome, 10 avr. 1990 : *Végétation* 1967, h/t (70x90) : **ITL 72 000 000** – Milan, 12 juin 1990 : *Soucis* 1955, h/t (67x50) : **ITL 120 000 000** – Milan, 24 oct. 1990 : *Végétation* 1957, h/t (80x75) : **ITL 145 000 000** – Milan, 26 mars 1991 : *Paysage* 1945, h/t (55x66) : **ITL 58 000 000** – Rome, 9 avr. 1991 : *Nus*, past. gras/pap. (27x35) : **ITL 5 000 000** – Rome, 13 mai 1991 : *Fleurs* 1963, h/t (65x50) : **ITL 56 350 000** – Rome, 9 déc. 1991 : *Tournesols* 1973, encre de Chine/pap. (35x43,5) : **ITL 4 600 000** – Milan, 9 nov. 1992 : *Végétation*, temp. et past. (22x32,5) : **ITL 4 500 000** – Rome, 3 juin 1993 : *Hommes au travail* 1942, temp./pap. (48x68) : **ITL 4 800 000** – Milan, 12 oct. 1993 : *Fleurs* 1963, h/t (38x28) : **ITL 27 025 000** – Milan, 22 nov. 1993 : *Végétation* 1971, h/t (110x100) : **ITL 51 854 000** – Rome, 13 juin 1995 : *Roches* 1964, h/t (64x94) : **ITL 36 800 000** – Milan, 26 oct. 1995 : *La colline d'Imbersago* 1959, h/t (60x72) : **ITL 109 250 000** – Milan, 28 mai 1996 : *Automne* 1959, h/t (65,5x85,5) : **ITL 75 880 000** – Milan, 25 nov. 1996 : *Fleurs* 1965, h/pap./t. (36,5x30,5) : **ITL 18 975 000** – Milan, 10 déc. 1996 : *Figuiers d'Inde*, past./pap. (31x44) : **ITL 5 126 000** – Milan, 11 mars 1997 : *Fleurs* 1958, h/t (100x70) : **ITL 93 200 000**.

MORMANN Anton
Né le 2 novembre 1851 à Sünningshausen. XIXe siècle. Allemand.
Sculpteur.
Père de Julius Mormann. Il sculpta les stations du Chemin de Croix sur le Rochusberg près de Bingen.

MORMANN Julius
Né le 23 juin 1886 à Wiedenbrück. XXe siècle. Allemand.
Sculpteur de compositions religieuses.
Il est le fils du sculpteur Anton Mormann et fut élève de Hubert Netzer. On cite de lui une *Sainte Élisabeth* à Essen et une *Crucifixion* dans le prieuré de Dortmund.

MORMANN Wilhelm
Né le 2 août 1882 à Wiedenbrück. Mort le 15 novembre 1914 près de Dombrovice, au front. XXe siècle. Allemand.
Sculpteur de monuments.
Il est le frère du sculpteur Anton Mormann et comme lui fut élève de Hubert Netzer. On cite de lui la fontaine Saint-Rémy à Viersen et la fontaine de Marstein (Westphalie).

MORMANNO, de son vrai nom : **Giovan Francesco di Palma**
Né vers 1495 à Naples. XVIe siècle. Italien.
Peintre, architecte.
Élève et gendre de Giov. Donadio. Il orna de peintures les orgues de nombreuses églises de Naples. Il était également constructeur d'orgues.

MÖRMER Stellan. Voir **MÖRNER**

MORMILE Gaetano
Né en 1839 à Naples (Campanie). Mort le 22 juillet 1890. XIXe siècle. Italien.

Peintre de sujets religieux, genre, animaux.
Il fut élève de Mancinelli. Il a exposé à Milan et Turin. L'église de S. Francesco a Piedigrotta de Naples possède de lui un tableau d'autel représentant *Saint Laurent de Brindes*.
Ventes Publiques : Londres, 20 juin 1980 : *Le petit musicien des rues, Naples*, h/t (71,1x43,9) : **GBP 850** – Rome, 19 mai 1981 : *Noces villageoises*, h/t (114x181) : **ITL 4 000 000** – Londres, 12 oct. 1984 : *Après le Déluge* 1885, h/t, d'après Filippo Palizzi (160x234) : **GBP 4 800** – Rome, 16 déc. 1987 : *Festa sull'aia* 1885, h/t (107x158) : **ITL 14 000 000** – Amsterdam, 2 mai 1990 : *Un âne, une mule et un poulet près d'un muret*, h/pan. (25x33) : **NLG 8 050** – New York, 15 oct. 1991 : *Ânes au pré*, h/pan. (25,4x33) : **USD 4 620** – New York, 19 jan. 1994 : *La surveillance de la cuisine* 1880, h/pan. (33x25,4) : **USD 1 725** – Rome, 5 déc. 1995 : *Le nid*, h/t (131x81) : **ITL 8 250 000**.

MORMILLE Salvatore
Né en novembre 1839 à Naples. XIXe siècle. Italien.
Peintre de genre.
Élève de l'École des Beaux-Arts de Naples. Il a surtout exposé dans cette ville.

MORMORELLI Liborio ou **Marmorelli**
Né à Florence. Mort en septembre 1794 à Rome. XVIIIe siècle. Italien.
Peintre.
Élève de Vinc. Foggini. Il a peint un *Saint François* pour Sainte-Dorothée de Rome.

MORNARD Louise, Mme, née **Thuillier**
Née en 1829 à Amiens (Somme). XIXe siècle. Française.
Peintre.
Elle étudia avec son père P. Thuillier et S. Cornu. Elle exposa au Salon de Paris en 1847 et y obtint une médaille de troisième classe ; elle continua d'y figurer jusqu'en 1877. Cette artiste excella dans la reproduction des scènes et des types arabes. Le Musée de Toulon conserve d'elle une aquarelle : *Le Cours Lafayette à Toulon* (Salon de 1895).
Ventes Publiques : Rouen, 18 mars 1984 : *Le port de Cherbourg* 1876, h/t (53x76) : **FRF 14 000**.

MORNASI Cesare
Né à Ferrare. XVIIe siècle. Actif vers 1667. Italien.
Peintre.
Il orna plusieurs églises de Ferrare de ses peintures.

MORNASI Orazio
Né au XVIIe siècle à Ferrare. XVIIe siècle. Italien.
Peintre.

MÖRNER Axel Otto de, comte
Né le 11 juillet 1774 à Oby. Mort le 20 octobre 1852 à Eksjö. XVIIIe-XIXe siècles. Suédois.
Peintre de paysages, marines.
Il fit ses études à Vienne chez Füger et Lampi et devint en 1801 membre de l'Académie des Beaux-Arts de Stockholm. Il fut ministre attaché au roi de Suède.
On cite de lui une *Vue du château de Rosersberg*, se trouvant dans une collection publique suédoise.
Ventes Publiques : Stockholm, 19 mai 1992 : *Navigation au large de Stockholm*, h/t (53x72) : **SEK 41 000**.

MÖRNER Karel Gustaf Hyalmar de, comte
Né le 7 mai 1794 à Stockholm. Mort le 15 septembre 1837 à Paris. XIXe siècle. Suédois.
Portraitiste.
Officier de la Garde de Suède. On voit de cet artiste, au Musée d'Amsterdam *Portrait de Nicolas Ier de Russie* ; au Musée de Düren *La Porte de Brandebourg à Nideggen* et au Musée de Stockholm *Paysage animé aux environs de Rome, Charles Gustave devant Prague, Portrait de l'artiste*.

MÖRNER Stellan
Né en 1896. Mort en 1979. XXe siècle. Suédois.
Peintre de compositions animées, peintre de décors de théâtre. Surréaliste.
Il appartint au groupe de Ralmstad qui introduisit, en France, le courant d'idées et l'avant-garde européennes des années vingt-trente. Par la suite, comme les autres membres de ce groupe, il adhéra au surréalisme.

Mörner

Ventes Publiques : Göteborg, 8 nov. 1978 : *Paysage d'été*, h/t (46x61) : **SEK 19 500** – Stockholm, 23 avr. 1980 : *Le Parc*, h/pan. (39,5x31) : **SEK 10 100** – Stockholm, 26 nov. 1981 : *Paysage*, h/t (37,5x45,5) : **SEK 16 500** – Göteborg, 9 nov. 1983 : *Composition* 1941, h/t (64x80) : **SEK 41 500** – Stockholm, 16 mai 1984 : *Composition* 1930, gche (29x19) : **SEK 23 000** – Stockholm, 9 déc. 1986 : *Scène d'un opéra de Mozart*, h/t (21x26) : **SEK 19 500** – Stockholm, 7 déc. 1987 : *Pendule Empire dans un paysage*, temp. (32x24) : **SEK 35 000** – Londres, 23 mars 1988 : *Terrasse à Venise* 1956, h/t (36,5x45) : **GBP 4 180** – Stockholm, 6 juin 1988 : *Salle du trône des rois déchus*, h. (27x35) : **SEK 26 000** – Göteborg, 18 mai 1989 : *Lyssna jag hör jag livet fly – Composition*, h/t (24x30) : **SEK 33 000** – Stockholm, 6 déc. 1989 : *Le porche de Mansken*, h/t (73x60) : **SEK 67 000** – Stockholm, 5-6 déc. 1990 : *Les fiers jumeaux* 1959, h/t (46x55) : **SEK 27 000** – Stockholm, 13 avr. 1992 : *Jeune femme avec deux étoles et un miroir*, h/t (23x32) : **SEK 12 500** – Stockholm, 21 mai 1992 : *Minne en été*, h/pan. (32x40) : **SEK 21 000** – Stockholm, 10-12 mai 1993 : *Le silence parmi les nuages* 1957, h/t/pap. (37x48) : **SEK 8 000** – Stockholm, 30 nov. 1993 : *Souper frugal*, h/pan. (46x55) : **SEK 30 000**.

MORNEWICK Charles Augustus, l'Ancien
XIXe siècle. Actif à Douvres et à Londres. Britannique.
Peintre de paysages, marines.
Il exposa à Londres de 1826 à 1858.
Ventes Publiques : Londres, 29 nov. 1978 : *Bateaux au large de la côte* 1832, h/t (47x84,5) : **GBP 1 300**.

MORNEWICK Charles Augustus, le Jeune
XIXe siècle. Actif à Douvres et à Londres. Britannique.
Peintre de paysages, marines.
Il exposa à Londres de 1836 à 1874.
Ventes Publiques : Londres, 31 mars 1976 : *Engagement naval* 1842, h/t (105,5x157) : **GBP 580**.

MORNY Mathilde de, marquise, pseudonyme : **Yssim**
Née le 26 mai 1863 à Paris. XIXe-XXe siècles. Française.
Sculpteur, peintre.
Elle fut élève du comte Saint-Cène et de Millet de Marcilly.

MORO Antonio. Voir **MOR Antonis**

MORO Bartolommeo
XVIIIe siècle. Actif dans la première moitié du XVIIIe siècle. Italien.
Peintre.
On cite de lui une *Annonciation* dans l'église Sainte-Catherine de Padoue en 1718.

MORO Battista del. Voir **ANGOLO del Moro Battista**

MORO Bernardino del
Né au XVIe siècle à Sienne. XVIe siècle. Italien.
Sculpteur.
On cite de lui des ornements dans la chapelle Saint-Étienne de S. Dominique de Naples.

MORO Eduard de, baron
XIXe siècle. Actif en Carinthie vers 1850. Autrichien.
Peintre de paysages de montagne.
Élève de Franz Steinfeld.

MORO Ferrucio
Né en 1859 à Arona. Mort après 1900. XIXe siècle. Italien.
Peintre.
Il étudia à l'Académie de Lucques avec le professeur Norfini. Il prit part, en 1900, au concours Alinari avec son tableau : *Mater purissima, ora pro nobis*.
Ventes Publiques : Milan, 20 déc. 1977 : *La promenade au bord de l'Arno*, h/pan. (24,5x16) : **ITL 1 300 000** – Londres, 15 fév. 1978 : *La confection des marionnettes*, h/t (70x44) : **GBP 1 600** – Londres, 20 juin 1980 : *Un bon cru*, h/t (42,1x29,1) : **GBP 750**.

MORO Francesco. Voir **MORRO**

MORO Giuseppe del
XVIIIe siècle. Actif à Florence. Italien.
Peintre de vues.
Élève de l'Académie de Florence. Il peignit des fresques dans les églises de Pistoie et d'Empoli.

MORO Jean. Voir **MARIAU**

MORO Lorenzo del
Né en 1677 à Florence. Mort en 1735. XVIIIe siècle. Italien.
Peintre de genre, de figures, de vues et de fresques.
Père de Giuseppe M. Élève de Chiavistelli. Il travailla à Rome. La

Galerie royale de Florence conserve de lui son portrait par lui-même. Il peignit pour plusieurs églises de Florence, Fiesole et Pistoie.

MORO Lucca
Né à Chiari (Piémont) (?). Mort en mai 1498. XVe siècle. Italien.
Sculpteur.
Il sculpta le tombeau du Capitaine Rob. Sanseverino dans la cathédrale de Trente.

MORO Marco Angolo dal. Voir **ANGOLO del Moro Marco**

MORO Philips. Voir **MOR**

MORO Pietro
XIXe siècle. Actif à Venise en 1819. Italien.
Peintre.
Il exécuta des peintures dans des églises, palais, séminaires et hôpitaux de Venise.

MORODER John Baptista
Né à Saint-Ulrich (Tyrol). XXe siècle. Autrichien.
Sculpteur de compositions religieuses.
Il est le fils du peintre et sculpteur Josef Theodor Moroder.
Il sculpta un *Saint François* à Saint-Ulrich et un *Ange gardien protégeant des enfants jouant avec un obus* dans l'église Saint-Jacob.
Peut-être identique à Ludwig Moroder qui aurait sculpté un *Saint Paul* dans une église de Saint-Ulrich.

MORODER Josef Theodor ou **Moroder-Lusenberg**
Né le 28 mai 1846 à Saint-Ulrich (Tyrol). Mort après 1916 ou 1939. XIXe-XXe siècles. Autrichien.
Peintre et sculpteur sur bois.
Il étudia à Munich chez Löfftz, Dietz et Defregger. On cite de lui des scènes de la vie populaire du Tyrol, des sujets religieux, des portraits et des paysages. Le Musée de Chemnitz conserve de lui *Chasseur*.
Ventes Publiques : Vienne, 16 mai 1984 : *Vieille paysanne lisant* 1912, h/pan. (32x40) : **ATS 50 000**.

MORODER Ludwig
Né à Saint-Ulrich (Tyrol). XXe siècle. Autrichien.
Sculpteur.
Élève de Josef Theodor Moroder. Il sculpta un *Saint Paul* et un *Saint François* dans les églises de Saint-Ulrich.

MORODER Rudolf ou **Moroder-Lenert**
Né à Saint-Ulrich (Tyrol). XXe siècle. Autrichien.
Sculpteur.
Il fut élève de l'atelier Franz Tavella. Il sculpta un *Saint Pierre* dans l'église de Saint-Ulrich.

MOROGUES Jacques de. Voir **LE MOYNE Jacques**

MOROLINI Marco Valerio
Né à Forli. XVe siècle. Actif à la fin du XVe siècle. Italien.
Peintre d'histoire.
On croit qu'il fut élève de Melozzo. En tout cas il relève directement de l'école de Bologne. Il a peint de nombreux tableaux à Forli, parmi lesquels une *Madone et des Saints*, daté de 1503.

MOROMASA Furuyama
Né vers 1671. Mort en 1751. XVIIe-XVIIIe siècles. Japonais.
Peintre.
Peut-être fils de Moronobu, il fut le disciple de Moroshige Furuyama, mais travailla surtout dans le style de Masanobu. Il est spécialiste de figures féminines.

MORONDY Jean Baptiste ou **Morondi**
Né à Varollo en Piémont. Mort le 3 novembre 1830 à Grenoble. XIXe siècle. Italien.
Peintre.
Il habitait Grenoble depuis 1784.

MORONE Antonio
Né vers 1474. XVe-XVIe siècles. Italien.
Peintre.
Fils de Domenico Morone.

MORONE Domenico, dit **Pelacane**
Né en 1440 ou 1442 à Vérone. Mort après 1517. XVe-XVIe siècles. Italien.
Peintre d'histoire, compositions religieuses, portraits, fresquiste.
Père d'Antonio et de Francesco Morone, il fut élève de Francesco Benaglio. Vers 1471, il travaillait déjà à Vérone, où, en 1491 et 1493, on le trouve mentionné sur les registres comme un des meilleurs artistes de cette cité.
Ses œuvres sont essentiellement influencées par les Vénitiens, Mantegna, surtout à ses débuts, puis Gentile Bellini et Carpaccio, plutôt dans ses œuvres narratives, comme *La bataille des Gonzague et des Bonacolsi* de 1494. Dès 1496, il travailla en collaboration étroite avec son fils Francesco, avec lequel, entre autres, en 1503, il exécuta des fresques représentant *La Vierge, l'Enfant Jésus et des saints*, au couvent des Bernardins. En 1508, il acheva diverses fresques à l'église Sainte-Marie d'Argano et à la chapelle de Saint-Antoine à San Bernardino. Domenico et Francesco, dans leur atelier, formèrent de nombreux peintres, dont Girolamo dei Libri, Cavazzola, Michele da Verona, Giovanni Caroto.
Bibliogr. : In : *Diction. de la peinture italienne*, coll. Essentiels, Larousse, Paris, 1989.
Musées : Berlin (Staat. Mus.) : *La Vierge à l'Enfant* – Budapest : *Saint François d'Assise* – Florence (Mus. Pitti) : *Portrait d'homme* – *Portrait de femme* – Londres (Nat. Gal.) : *Deux Scènes de tournoi* – Vérone (Mus. mun.) : *Huit Saints*, fresque.
Ventes Publiques : Londres, 14 avr. 1978 : *La mort d'Uriah le Hittite ; Guerriers annonçant à David la mort d'Uriah*, h/pan., la paire (43x48,8) : **GBP 8 000** – Milan, 21 avr. 1986 : *La Vierge et l'Enfant*, temp./pan. (63x56,5) : **ITL 43 000 000**.

MORONE Francesco
Né vers 1536. Mort avant 1625. XVIe-XVIIe siècles. Italien.
Peintre.
Fils de Giuseppe Morone.

MORONE Francesco, ou **Giovanni Francesco di Domenico**
Né en 1470 ou 1471 à Vérone. Mort le 16 mai 1529 à Vérone. XVe-XVIe siècles. Italien.
Peintre d'histoire, compositions religieuses, fresquiste.
Fils, élève et collaborateur de Domenico Morone. Une de ses premières peintures connues de lui est datée de 1498, et se trouve dans la chapelle de la Croix, à San Bernardino. À l'église Sainte-Marie d'Orcagna, il peignit un grand tableau d'autel représentant *La Vierge, Jésus et des saints*, dont une réplique, datée de 1504, figure à la Brera de Milan. En 1515, il collaborait avec Girolamo dei Libri pour l'achèvement d'un tableau à l'église de Marcellise, près de Vérone. Les églises de Vérone possèdent également nombre de ses œuvres.
Comme son père, il s'inspira des Vénitiens, de Mantegna, Carpaccio, puis plus particulièrement d'Antonello de Messine.

FRANCISCVS MORONVS.P.

Musées : Bergame (Acad. Carrara) : *La Vierge, l'Enfant Jésus et plusieurs saints* – *La Vierge et l'Enfant Jésus* – Berlin : *La Vierge et l'Enfant Jésus sur le trône, et autres personnages* – *La Vierge avec l'Enfant tenant un chardonneret* – Londres (Nat. Gal.) : *La Vierge et l'Enfant Jésus* – Milan (Pina. di Brera) : *La Vierge et l'Enfant Jésus entre saint Nicolas et saint Zenon* – Milan (Mus. Poldi Pezzoli) : *Samson et Dalila* – Padoue (Mus. mun.) : *Madone* – Venise : *Madone avec saint Roch* – Vérone (Mus. mun.) : *Sainte Catherine avec donateur* – *Saint Sébastien, saint Paul, saint Antoine et saint Roch* – *Stigmatisation de saint François* – *Saint Barthélémy* – *Madone avec l'Enfant* – *Saint Bernardin de Sienne avec adorateurs et sainte Catherine avec adoratrices* – *Dieu le Père et le Saint Esprit, Madone, le Christ, saint Jean, le lavement des pieds*, polyptyque en six panneaux.

MORONE Gasparo ou **Morone-Mola** ou **Moroni**
Né à Milan. Mort en 1669 à Rome. XVIIe siècle. Italien.
Médailleur.
Neveu, assistant et successeur de Gasparo Mola. Il travailla d'abord à Mantoue, puis dès 1637 à Rome où il grava de 1640 à 1665 des médailles et des monnaies pour le pape.

MORONE Giuseppe
Né vers 1515. Mort en 1556 ou 1557. XVIe siècle. Italien.
Peintre.
Père de Francesco Morone.

MORONI Andrea
XVIe siècle. Italien.
Sculpteur sur bois.
Il a sculpté les stalles de l'église S. Giulia de Brescia.

MORONI Antonello
Né en 1889. XXe siècle. Italien.
Graveur, illustrateur.
Il vécut et travailla à Florence. Il pratiqua la gravure sur bois et l'illustration.

MORONI Antonio
Né à Albino près de Bergame. XVIIe siècle. Italien.
Peintre.
Il a peint des fresques dans les églises de Bondo et d'Albino et une *Assomption* dans la Chiesa di Riformati de Lovere.

MORONI Giovanni Battista
Né vers 1525-1529 à Bondio (près d'Albino). Mort le 5 février 1578 à Bergame. XVIe siècle. Italien.
Peintre d'histoire, compositions religieuses, portraits.
Il fut élève à partir de 1535, croit-on, d'Alessandro Bonvicino dit il Moretto. Il peignit avec talent, mais non sans monotonie, des sujets religieux et l'on cite de lui dans ce genre : *Le Jugement dernier*, dans l'église de Gorlago, près Bergame, et le *Couronnement de la Vierge*, de l'église de la Trinité de cette dernière ville, mais il fut surtout un remarquable peintre de portraits. Moroni jouit de son temps d'une réputation assez considérable pour que Tiziano le considérât comme un maître. Son œuvre est considérable et cependant nombre de ses ouvrages ont été attribués à des artistes plus prisés aujourd'hui. Son premier ouvrage daté porte le millésime de 1553. Que ses figures soient présentées à mi-corps ou en pied, elles sont toujours soutenues par un coloris raffiné et sobre où les gris jouent volontiers avec les blancs. Si l'étude psychologique n'est pas approfondie, elle est remplacée par une expression de retenue qui confère aux portraits de Moroni un caractère mélancolique et poétique, tel *Le tailleur* (Londres).
Bibliogr. : L. Venturi : *La peinture italienne, la Renaissance*, Skira, Genève, 1951 – Mina Gregori : *Giovanni Battista Moroni : tout l'œuvre*, Poligrafiche Bolis, Bergame, 1979.
Musées : Bergame (Acad. Carrara) : *Sept portraits d'hommes – Un prêtre – Une jeune fille – Trois portraits de femmes – Un religieux – Vierge glorieuse et plusieurs saints* – Berlin : *Portraits d'un jeune homme, d'un homme et d'un savant* – Berne : *Le missionnaire Ricci, évêque de Chine – Femme tenant une fleur* – Brescia (Pina. mun.) : *Portrait d'un homme* – Budapest : *Sainte Dorothée – Sainte Catherine – La Vierge, l'Enfant Jésus et le petit saint Jean – Portrait de Contarini* – Chambéry : *Portrait d'un noble patricien de Venise – Portrait de femme* – Chantilly : *Portrait d'un gentilhomme – Portrait de femme* – Cologne : *Portrait d'homme* – Darsmtadt : *Un moine* – Dublin : *Un gentilhomme et ses deux enfants* – Florence : *L'artiste – Trois portraits d'hommes – Gio. Ant. Pantera* – Francfort-sur-le-Main : *Un moine* – Londres (Nat. Gal.) : *Portraits d'un tailleur, d'un homme de loi, d'un noble italien et de sa femme, d'un ecclésiastique italien, d'un noble italien* – Madrid (Mus. du Prado) : *Un capitaine vénitien* – Milan (gal. Ambrosiana) : *Un gentilhomme* – Milan (mus. Brera) : *Un jeune gentilhomme – Antonio de Navagéro – La Vierge, l'Enfant Jésus, sainte Barbe et saint Laurent – Ascension de la Vierge, apôtres et saint Benoît – La Vierge, l'enfant Jésus, sainte Catherine, saint François et le donateur* – Munich : *Une femme avec des fourrures* – Nantes : *Portrait de femme* – New York (Metropolitan Mus.) : *Portrait d'une abbesse* – Paris (Mus. du Louvre) : *Un vieillard* – Rome (gal. Borghèse) : *Portrait d'homme* – Rome (Colonna) : *Portrait* – Saint-Pétersbourg (Mus. de l'Ermitage) : *Portrait d'homme* – Vienne : *Portrait d'homme – Un sculpteur.*
Ventes Publiques : Paris, 1849 : *Portrait d'un guerrier portugais* : **FRF 4 030** – Paris, 1850 : *Un capitaine portugais* : **FRF 2 400** – Paris, 1865 : *Portrait d'homme à barbe* : **FRF 12 000** – Paris, 1868 : *Portrait d'un jeune homme de la famille patricienne Albani de Bergame* : **FRF 2 020** – Paris, 4-6 avr. 1900 : *Seigneur vénitien* : **FRF 1 220** – Paris, 9-11 avr. 1902 : *Vincent Guarinou* : **FRF 2 400** – New York, 14 et 15 jan. 1909 : *Portrait d'homme* : **USD 235** – Londres, 26 fév. 1910 : *Gentilhomme et sa femme agenouillés devant la Vierge* : **GBP 378** – New York, 6 et 7 avr. 1911 : *Portrait de F. G. Giordani* : **USD 625** – Paris, 6 et 7 mai 1920 : *Portrait d'homme*, attr. : **FRF 1 150** – Londres, 2 mars 1923 : *Gentilhomme en costume bleu* : **GBP 945** – Londres, 15 juil. 1927 : *Gentilhomme en jaquette noire* : **GBP 1 470** – Londres, 3 mai 1929 : *Gentilhomme en armure* : **GBP 3 990** – Londres, 28 juin 1929 : *Général Mario Benvenuti* : **GBP 2 205** – New York, 11 déc. 1930 : *Andreas Vesalio* : **USD 600** – Londres, 24 juin 1932 : *Jules César Mariscottus* : **GBP 357** – Londres, 25 fév. 1938 : *Gentilhomme en noir* : **GBP 73** – Londres, 28 nov. 1945 : *Portrait d'un graveur* : **GBP 360** – Londres, 21 juin 1961 : *Portrait d'un gentilhomme* : **GBP 1 900** – New York, 29 nov. 1961 : *Portrait en buste d'un homme barbu* : **USD 8 000** – New York, 1er mai 1963 : *Portrait d'une jeune femme* : **USD 22 000** – Milan, 6 avr. 1965 : *Portrait d'un gentilhomme* : **ITL 6 500 000** – Londres, 1er nov. 1978 : *Portrait d'homme barbu*, h/t (57x45,5) : **GBP 40 000** – Londres, 30 mars 1979 : *Saint Jean l'Évangéliste dans une niche ; Sainte Lucie dans une niche*, deux h/pap. mar./pan. (27,9x15,3) : **GBP 5 000** – Londres, 5 juil. 1985 : *Portrait d'un gentilhomme*, h/t (60,4x52,7) : **GBP 320 000** – Paris, 13 déc. 1995 : *Portrait de Prospero Alessandri*, h/t (105x83,5) : **FRF 5 500 000**.

MORONOBU. Voir **HISHIKAWA MORONOBU**

MORONTUS
XIIIe siècle. Italien.
Sculpteur.

MOROS Manuel
XXe siècle. Français.
Peintre. Abstrait-géométrique.
Il a figuré à Paris, de 1952 à 1954, au Salon des Réalités Nouvelles, avec des compositions abstraites de tendance géométrique, dont certaines rappellent le purisme mondrianesque des œuvres de Ben Nicholson.

MOROS Vicente
Né en 1860 à Saragosse. Mort le 15 février 1881 à Saragosse. XIXe siècle. Espagnol.
Sculpteur.

MOROSHIGE Furuyama, nom familier : **Tarobê**
XVIIe siècle. Actif à Edo (actuelle Tokyo). Japonais.
Peintre.
Disciple de Hishikawa Moronobu (mort vers 1694), il est connu pour ses représentations de figures féminines et fait partie de l'école *ukiyo-e* d'Edo.

MOROSINI Andrea
XVIIIe siècle. Actif à Rome dans la seconde moitié du XVIIIe siècle. Italien.
Sculpteur.
Il a sculpté des bas-reliefs représentant des trophées dans le château de Caserta.

MOROSINI Francesco, dit **il Monte Pulciano**
XVIIe siècle. Actif à Florence vers 1640. Italien.
Peintre d'histoire.
Élève d'Orazio Fidani dont il imita le style. On cite de lui une *Conversion de saint Paul*, dans l'église San Stefano, à Florence.

MOROSINI George
Né à Palerme. Mort le 5 mai 1882 à Dublin. XIXe siècle. Irlandais.
Portraitiste.
Il se fixa à Dublin en 1840.

MOROSINI Giovanni Paolo
XVIIe siècle. Actif à Racconigi en 1680. Italien.
Dessinateur de perspectives.

MOROSOFF Alexandre
Né en 1835. Mort en 1904. XIXe siècle. Russe.
Peintre de genre, scènes typiques, compositions animées, paysages.
On trouve de cet artiste à la Galerie Tretiakov, à Moscou : *Un Haleur ; Repos de faucheurs ; L'émouleur ; La sortie de l'église de Pksow ; L'École de village ; Jour d'été.* Le Musée russe, à Leningrad, conserve de lui : *Soir d'été.*

MOROT Aimé Nicolas
Né le 16 juin 1850 à Nancy (Meurthe-et-Moselle). Mort le 12 août 1913. XIXe-XXe siècles. Français.
Peintre d'histoire, batailles, portraits.
Élève de Cabanel, Thiéry et Sellier, il débuta au Salon de 1873 et obtient le premier prix de Rome la même année. Médaille de troisième classe (1876) ; l'année suivante médaille de deuxième classe ; Salon de 1879 : *Épisode de la bataille des Eaux sextiennes* (Musée de Nancy). Avec le *Bon Samaritain* (1880), il obtint la médaille d'honneur. Salon de 1886 : *Rezonville le 16 août 1870* (ancien Musée du Luxembourg). C'est surtout par cette œuvre, reproduite par la gravure à un grand nombre d'exemplaires, que le nom d'Aimé Morot est populaire. Salon de 1887 : *La Bataille de Reichshoffen*, destinée à la salle d'honneur du 3e cuirassier. Il convient de citer également : *Les Danses françaises à travers les âges*, plafond (à l'Hôtel de Ville de Paris). Morot fit

aussi un grand nombre de portraits parmi lesquels on cite : *Hébert* (ancien Musée du Luxembourg), *Gérôme* (beau-père de l'artiste), *Édouard Detaille*, *Édouard Drumont* ; chevalier de la Légion d'honneur en 1883, officier en 1900, il fut fait commandeur en 1910. Il entra à l'Institut en 1898, remplaçant Gustave Moreau. Il obtint un Grand Prix à l'Exposition Universelle de 1900 et fut nommé, la même année, professeur à l'École des Beaux-Arts.

AIME MOROT
AIME MOROT

Musées : Bar-le-Duc : *Médée* – Nancy : *Les Ambronnes aux Eaux-Sextiennes* – *Martyre de Jésus de Nazareth* – *Retour de la chasse au lion* – Paris : *Rezonville* – *Portrait d'Hébert* – Reims : *Le forgeron* – Versailles : *Bataille de Reichshoffen* – Versailles : *Portrait d'Ernest Hébert*.
Ventes Publiques : Paris, 1890 : *Le Bon Samaritain* : **FRF 2 550** – Paris, 1895 : *Les toréadors* : **FRF 1 505** – Paris, 9 fév. 1923 : *L'odalisque* : **FRF 510** – Paris, 20 juin 1927 : *Reichshoffen, le cuirassier blanc blessé* : **FRF 300** – Paris, 20 juin 1932 : *Le Repos au jardin* : **FRF 2 500** – Paris, 22 fév. 1936 : *La Tentation de saint Antoine* : **FRF 5 800** – Paris, 17 déc. 1964 : *La Tentation de saint Antoine* : **FRF 1 800** ; *Le Bon Samaritain* : **FRF 600** – Paris, 29 oct. 1973 : *Épisode de la campagne d'Égypte* : **FRF 7 000** – New York, 17 avr. 1974 : *Napoléon en Égypte* 1893 : **USD 4 800** – New York, 3 mai 1979 : *El bravo toro* 1884, h/t (152x79) : **USD 16 000** – Paris, 28 mai 1980 : *Le peintre Gérome* 1904, cuivre galvanisé patiné (H. 29) : **FRF 8 000** – Londres, 19 mars 1986 : *Scènes de corrida* 1886, h/t, une paire (55,5x46) : **GBP 2 200** – Paris, 16 déc. 1987 : *Jeune femme à l'ombrelle japonaise*, h/t (54x45) : **FRF 91 000** – Paris, 16 déc. 1987 : *Jeune femme à l'ombrelle japonaise*, h/t (54,5x45) : **FRF 91 000** – New York, 26 oct. 1990 : *Étude d'un gamin marocain*, h/cart. (32,4x21) : **USD 5 225** – New York, 20 fév. 1992 : *Portrait d'une paysanne* 1876, h/t (45,7x35,6) : **USD 3 025** – Paris, 22 sep. 1992 : *La Lutte du taureau et du picador* 1884, h/pan. (47x37,5) : **FRF 14 000** – Paris, 2 avr. 1993 : *La charge de Reichshoffen*, h/t (71x120) : **FRF 14 500** – Paris, 26 jan. 1994 : *J. L. Gérome et son chat* 1904, bronze argenté (H. 29, base 20,3x15,6) : **FRF 32 000** – New York, 15 fév. 1994 : *Chasseur arabe à cheval* 1889, h/t (38,4x46,3) : **USD 11 500** – New York, 1er nov. 1995 : *Portrait assis de l'artiste Jean Léon Gérôme* 1904, bronze (H. 30,5) : **USD 13 800** – Londres, 21 nov. 1996 : *Retraite de Saint-Jean-d'Acre* 1893, h/t (132x251,2) : **GBP 43 300** – Paris, 25 juin 1997 : *Fillette et chaton* 1904, h/t (82x60) : **FRF 71 000** – Londres, 21 nov. 1997 : *Un lion*, h/t (117,2x268,3) : **GBP 26 450**.

MOROT Ernest Victor Paul
Né à Paris. xixe-xxe siècles. Français.
Peintre de genre, paysages.
Il fut élève de Charles Jacque. Il exposa à Paris, au Salon des Artistes Français, de 1880 à 1920.

MOROZ Georgii
Né en 1937 à Dniepropetrovsk. xxe siècle. Russe.
Peintre de compositions à personnages, paysages, natures mortes.
Il fréquenta l'Institut Répine de l'académie des beaux-arts de Leningrad où il fut élève d'Alexandre Romanitchev. Il est membre de l'Association des Peintres de Leningrad.
Musées : Novgorod (Mus. de la ville) – Saint-Pétersbourg (Mus. Russe).
Ventes Publiques : Paris, 15 mai 1991 : *Le château Saint-Ange*, h/t (58x79) : **FRF 5 500** – Paris, 27 jan. 1992 : *Les iris bleus*, h/t (76,5x88,7) : **FRF 11 000** – Paris, 3 juin 1992 : *Le soleil d'hiver*, h/t (64,5x83,5) : **FRF 4 000**.

MOROZOV Piotr
Né en 1935. xxe siècle. Russe.
Peintre de natures mortes.
Il fréquenta l'Institut Répine à l'académie des beaux-arts de Leningrad et fut élève de Boris Ioganssón.
Son style, conservateur, semble hérité de l'académisme du xixe siècle.
Ventes Publiques : Paris, 23 mars 1992 : *Composition sur une nappe de dentelle*, h/t (75x70) : **FRF 12 300**.

MOROZOV Serguei
Né en 1954 à Krasnodar. xxe siècle. Russe.
Peintre de compositions animées. Académique.
De 1971 à 1977, il commença ses études artistiques à l'Université d'État de Kouban dans la section peinture. Il effectua un stage à l'institut Répine de 1977 à 1979. Subissant les contraintes picturales du réalisme-socialisme, il adopta une technique héritée de l'académisme du xixe siècle.
Ventes Publiques : Paris, 13 mars 1992 : *Les bergers*, h/t (53,5x63) : **FRF 5 000** – Paris, 27 mars 1994 : *Dans le pays de Koubane*, h/t (71,5x98,5) : **FRF 5 500** – Paris, 3 oct. 1994 : *Le bivouac près de la rivière*, h/t (46,5x70) : **FRF 4 000** – Paris, 30 jan. 1995 : *Le soir à Saint-Petersbourg*, h/t (34x56) : **FRF 8 500**.

MOROZZI Giacomo Antonio
Mort avant 1539 à Parme. xvie siècle. Italien.
Peintre.
Il peignit en 1506 pour l'Hôtel de Ville de Parme.

MORPHEY Garret ou **Morphy** ou **Murphy**
Mort en janvier 1716 à Dublin. xviiie siècle. Actif de 1680 à 1716. Britannique.
Peintre de portraits.
Musées : Dublin : *Portrait d'Oliver Plunkett*.
Ventes Publiques : Londres, 12 mars 1986 : *Portrait de Lady Cavendish*, h/t (61,5x74) : **GBP 4 200** – Londres, 6 avr. 1993 : *Portrait de Mrs Fortescue assise vêtue d'une robe bleue*, h/t (62,5x74) : **GBP 11 960** – Londres, 2 juin 1995 : *Portrait de James Bryan de Jenkinstown Park dans le comté de Kilkenny dans un paysage avec un chien et un écureuil*, h/pan. (66x53,5) : **GBP 11 500**.

MORREL Jacob. Voir **MARREL**

MORREL Owen
xxe siècle. Américain.
Dessinateur.
Ventes Publiques : New York, 10 mai 1984 : *Sans titre* 1981, collage photo./pap. (147,3x127) : **USD 1 400** – New York, 1er oct. 1985 : *Sans titre* 1981, collage photo./pap (152,3x127) : **USD 750** – New York, 7 mai 1990 : *Pont pilote* 1983, cr. de coul. et graphite/pp.millimètré (42,5x35,5) : **USD 935**.

MORRELL C.M.B.
xixe siècle. Travaillant de 1855 à 1874. Britannique.
Peintre de genre.

MORRELL Imogene Robinson
Né à Attleboro (Massachusetts). Mort en 1908. xixe siècle. Américain.
Peintre de genre, d'histoire et de portraits.
Il fit ses études à Düsseldorf chez Camphausen et à Paris chez Couture.

MORREN Auguste
xixe siècle. Actif à Bruxelles. Belge.
Paysagiste.
Il exposa à Bruxelles de 1830 à 1835.

MORREN Georges
Né le 28 juillet 1868 à Eeckeren. Mort le 21 novembre 1941 à Bruxelles (Brabant). xixe-xxe siècles. Belge.
Peintre de genre, figures, paysages, natures mortes, pastelliste, sculpteur, décorateur. Néo-impressionniste.
Après des études à l'académie des beaux-arts d'Anvers, il séjourne pendant trois ans à Paris, où il fréquente les ateliers de Roll, Carrière et Puvis de Chavannes.
Le palais des Beaux-Arts lui a consacré deux rétrospectives, l'une en 1931, l'autre après sa mort, en 1942.
Vers 1900, il peint à la manière de Seurat, appliquant une stricte technique pointilliste sur des fonds dont les couleurs sont déjà indiquées dans l'ensemble. Il devient ensuite disciple d'Émile Claus et l'un des principaux animateurs du groupe *Vie et Lumière*. Son œuvre est représentative de la tendance intimiste née de l'impressionnisme.
Bibliogr. : In : *Dict. biogr. illustré des artistes en Belgique depuis 1830*, Arto, Bruxelles, 1987.
Musées : Bruxelles (Palais des Beaux-Arts) : *Jeune Femme* – Liège : *La Toilette*.
Ventes Publiques : Bruxelles, 24 fév. 1951 : *Baigneuse au bonnet rouge* 1916 : **BEF 3 200** – Anvers, 17 mars 1964 : *Femme dans la serre* : **BEF 50 000** – Anvers, 5 oct. 1965 : *Nourrice avec enfant dans un parc* : **BEF 65 000** – Paris, 24 juin 1968 : *recto : Daphnis et Chloé* ; *verso : Portrait de femme* : **FRF 3 300** – Anvers, 27 avr. 1971 : *L'heure du thé* : **BEF 24 000** – Paris, 2 déc. 1976 : *Enfant et nourrice* 1892, h/t (79x89) : **FRF 27 000** –

Bruxelles, 19 mars 1980 : *Le bol orange* 1930, h/t (50x60) : **BEF 70 000** – Lokeren, 20 oct. 1984 : *Daphnis et Chloé*, h/t (90x90) : **BEF 360 000** – Lokeren, 22 fév. 1986 : *Nu debout penché vers la droite* 1899, bronze patine brun vert (H. 25) : **BEF 55 000** – Lokeren, 22 fév. 1986 : *La Liseuse*, h/t (54x45,5) : **BEF 400 000** – Lokeren, 16 mai 1987 : *Nu assis* 1917, past. (53x44) : **BEF 100 000** – Lokeren, 5 mars 1988 : *Fermier hollandais dans sa cuisine*, past. (23x31) : **BEF 8 500** – Lokeren, 28 mai 1988 : *Delphiniums* 1917, h/t (80,5x60) : **BEF 280 000** – Paris, 11 avr. 1989 : *Le panier de pommes* 1914, h/t (58x57) : **FRF 170 000** – Londres, 25 oct. 1989 : *Nu au chapeau rouge* 1929, h/t (55x46) : **GBP 5 500** – New York, 15 fév. 1991 : *Vase de fleurs*, h/cart. (53,2x68,5) : **USD 16 500** – Lokeren, 12 mars 1994 : *La citrouille* 1918, h/t (76x57) : **BEF 170 000** – New York, 11 mai 1994 : *Femme dans un potager* 1892, h/t (53x66) : **USD 57 500** – Amsterdam, 31 mai 1994 : *Femme brodant près d'une fenêtre*, h/t (46x61) : **NLG 27 600** – Paris, 19 juin 1996 : *Jardin romain à Cap-Ferrat* 1903, h/t (44x44) : **FRF 90 000**.

MORRES Ede Otto ou **Édouard Otto**

Né en 1884 à Kronstadt. xxe siècle. Hongrois.

Peintre de figures, paysages, décorateur.

Il fit ses études à Budapest, Weimar, Munich, et en Italie. Il peignit l'intérieur du lycée de Kronstadt.

MORRES Hermann

Né en 1885 à Kronstadt. xxe siècle. Hongrois.

Peintre de paysages.

Il peut être rapproché de Ede Otto Morres.

MORRET Jean Baptiste ou **Morette** ou **Morrette**

xviiie-xixe siècles. Actif à Paris de 1790 à 1820. Français.

Graveur et éditeur.

On cite de lui la planche *Le Café des Patriotes*.

MORRICE James Wilson

Né le 10 août 1865 à Montréal. Mort le 23 janvier 1924 à Tunis. xixe-xxe siècles. Actif en France. Canadien.

Peintre de paysages, aquarelliste.

De famille plus qu'aisée, son père David Morrice, d'origine écossaise, était négociant en textile. James William Morrice reçut une excellente et très complète éducation. Tout jeune James commença à dessiner, la sculpture sur bois le passionna également. Il fut envoyé en 1882 à l'université de Toronto, qui n'était encore qu'une petite ville de l'Ontario, pour y faire des études de Droit. Il y prit goût pour la musique, montrant déjà une personnalité artistique excessivement développée pour son jeune âge. Son premier amateur fut sir William Van Horne, financier et président des chemins de fer canadiens, qui, après avoir reçu l'artiste chez lui, comprit que son avenir n'était pas la magistrature. Il décida alors le père de Morrice à le laisser voyager, étudier en Angleterre en 1890 et venir à Paris, dès 1891, où il travailla à l'École des beaux-arts et à l'académie Julian dont il se détacha très rapidement ainsi que de l'influence de Bouguereau. Vers 1895, il se lie avec Harpignies, travaille à Bois-le-Roi. À Paris, il habita rue Saint-Georges, puis le Quartier latin où il rencontra et se lia d'amitié avec Mallarmé, Verlaine, Oscar Wilde, Charles Conders et Sickert. De 1895 à 1905, il effectua régulièrement des voyages au Canada, séjournant régulièrement en France. Il n'acceptait de vendre qu'à des prix importants (100 à 800 dollars) plutôt que de le faire modestement. En 1914, à la mort de ses parents, il perdit tout contact avec Montréal. Il mourut en 1924, miné par l'alcool après avoir vécu les deux dernières années de sa vie dans le Midi de la France. Son tempérament extrêmement doué en fit un des grands artistes de cette époque. En 1889, Morrice soumit une toile pour une des expositions de la Royal Canadian Academy, qui fut refusée. À cette époque, William Scott, le plus important des marchands de tableaux de Montréal, lui expose quelques œuvres. De 1906 à 1908, il participa à divers Salons à Paris, notamment au Salon d'Automne, ainsi qu'à Londres et Montréal. En 1901 à Buffalo, Morrice obtint une médaille d'argent (Plan American Exhibition).

On conserve de ses débuts quelques aquarelles qu'il fit dans les Adirondacks et au lac Champlain, mais il n'y avait encore en lui aucune vraie personnalité. On ignore si Morrice travailla avec William Brymner, qui enseignait au Montréal Art Association, mais il est certain qu'ils se rencontrèrent et que le plus âgé donna quelques conseils à son cadet. Tout prouve que Morrice ne fut jamais compris comme il eût dû l'être dans son pays natal. Ce fut pour lui, au cours des années, de profondes déceptions. En 1905, la critique commence à s'émouvoir et à parler de lui de plus en plus favorablement. Il avait cessé d'être influencé par Whistler, sa personnalité s'affirmait. Eugène Mond écrivit dans la *Gazette des Beaux-Arts* : « Il a la rare qualité de regarder ce qu'il voit en face de lui. » Il travaille durement, faisant alors des compositions d'un intérêt indéniable. Ce furent Paris, Venise, Saint-Malo, où il fit une de ses meilleures toiles : *La Place Chateaubriand*. De 1906 à 1908, il peint beaucoup de vues de Montréal. En 1908 et 1909, très attiré par l'art de Gauguin, il séjourne au Pouldu. À la même époque, il se lie d'amitié avec Matisse, et en 1911 pour mieux connaître le peintre et son œuvre, il le suit à Tanger. Influencé par Matisse, dont il cherchait pourtant à se dégager, il voyage alors à Cuba, la Jamaïque et en Corse, séduit par la lumière ambiante. Cet exil lui permet, en 1920, de se réaliser totalement.

Bibliogr. : In : *Dict. univer. de la peinture*, Le Robert, t. V, Paris, 1975 – in : *Dict. de la peint. anglaise et américaine*, Larousse, coll. Essentiels, Paris, 1991 – William H. Gerdts, D. Scott Atkinson, Carole L. Shelby, Jochen Wierich : *Impressions de toujours – Les peintres américains en France 1865-1915*, Mus. Américain de Giverny, Terra Foundation for the Arts, Evanston, 1992.

Musées : Fredericton (Beaverbrook Art Gal.) : *Foire de campagne* vers 1905 – Giverny (Mus. Américain Terra Foundation for the Arts) : *Le long de la Seine* – Londres (Tate Gal.) : *A house in Santiago* – Lyon (Mus. des Beaux-Arts) : *Paysage d'hiver au Canada* – Montréal (Mus. des Beaux-Arts) : *Quai des Grands-Augustins – La Plage à Saint-Malo – Village street, West Indies – Ice bridge over the St Charles river – Venise, vue sur la lagune* vers 1902-1904 – Montréal (Mus. d'Art Contemp.) : *Study of a nude – Paris Canal* – Moscou (Mus. d'Art Mod. occident.) – Ottawa (Nat. Gal. of Canada) : *Paysage, Trinidad – Jeune Femme vénitienne – Le Ferry, Québec – Quai des Grands-Augustins* vers 1909 – *Plage à Trinidad* vers 1927 – Paris (Mus. d'Art Mod.) : *La Seine, vue du quai des Grands-Augustins* – Pennsylvanie (Mus. of Art) : *La Plage de Paramé* – Québec (Mus. prov.) : *The Beach Tangiers* – Toronto (Art Gal. of Ontario) : *Return from school*.

Ventes Publiques : Paris, 2-4 juin 1920 : *Maisons dominant un port (marée basse)*, aquar. : **FRF 350** – Paris, 9 avr. 1927 : *Le porche de Saint-Marc* : **FRF 1 100** – Londres, 8 juin 1934 : *Le marché à Concarneau* : **GBP 120** – Londres, 9 déc. 1960 : *Notre-Dame de Paris, vue de la rive gauche* : **GBP 441** – Londres, 30 avr. 1969 : *Saint-Malo* : **GBP 5 500** – Londres, 4 avr. 1974 : *Arbres au bord de l'eau* : **GBP 10 500** – Toronto, 17 mai 1976 : *Personnages attablés sur la place Saint-Marc, Venise*, h/pan. (12x15) : **CAD 12 500** – Toronto, 27 oct. 1977 : *Paysage à la ferme* 1888, aquar. (21x30) : **CAD 2 500** – Toronto, 15 mai 1978 : *La communiante*, h/t (83,2x118) : **CAD 98 000** – Toronto, 5 nov 1979 : *Humber river, near Toronto*, h/t (20x25) : **CAD 10 000** – Toronto, 14 mai 1984 : *Le café en plein air*, h/pan. (13,1x16,9) : **CAD 10 000** – New York, 15 mars 1985 : *Venetian scene*, h/t (42x55) : **USD 55 000** – Toronto, 18 nov. 1986 : *Woman with baby carriage*, h/pan. (12,5x17,8) : **CAD 20 000** – Montréal, 25 fév. 1987 : *Port de Bretagne*, h/pan. (12x16) : **CAD 24 000** – Montréal, 17 oct. 1988 : *Café de Tanger la nuit*, h/pan. (12x14) : **CAD 24 000** – New York, 25 mai 1989 : *Le long de la Seine*, h/t cartonnée (27,8x28,5) : **USD 44 000** – Paris, 14 juin 1989 : *Venise, quai animé au crépuscule*, h/t (59x82) : **FRF 1 950 000**.

MORRIEN Johann Hendrik

Né le 8 février 1819 à Rotterdam. xixe siècle. Hollandais.

Paysagiste et portraitiste.

Élève de A. J. Offerman. Le Musée de Bruxelles conserve de lui un dessin.

MORRILL D.

xixe siècle. Actif dans le Connecticut, autour de 1860. Américain.

Peintre de genre.

L'un des très nombreux peintres populaires et instinctifs, plus que naïfs, qui œuvraient dans l'Amérique du milieu du xixe siècle. Il laissa des illustrations de la vie de la campagne américaine de cette époque. L'une de ses œuvres les plus connues, *Le joueur de banjo*, représentant un jeune noir aux longues jambes soulignées par les rayures du pantalon, nous transmet une image des prémices de l'ère du jazz. Il peignit aussi des scènes de ce qu'étaient alors les combats de boxe.

Bibliogr. : Oto Bihalji-Merin : *Les peintres naïfs*, Delpire, Paris, s. d.

MORRIONE Antonio

xviie siècle. Italien.

Peintre.

Il a peint en 1653 dans la cathédrale de Taormina un *Saint Nicolas*.

MORRIS A.
XVIIIe siècle. Actif à Londres de 1788 à 1794. Britannique.
Portraitiste.

MORRIS Adélaïde
Née le 11 janvier 1898 à Brooklyn (New York). XXe siècle. Américaine.
Peintre.
Elle fut élève de l'Art Student's League de New York et fut membre de la Société des Artistes indépendants.

MORRIS Alfred
XIXe siècle. Actif à Londres de 1853 à 1873. Britannique.
Peintre de scènes de chasse et de genre.
Ventes Publiques : Londres, 14 mars 1980 : *Moutons dans un paysage* 1878, h/t (76,2x127) : **GBP 480**.

MORRIS C. B.
XIXe siècle. Actif de 1855 à 1867. Britannique.
Miniaturiste.

MORRIS Carl
Né en 1911 à Yorba Linda (Californie). XXe siècle. Américain.
Peintre.
Il fut élève de l'Art Institute de Chicago, de l'école des Arts appliqués et de l'académie des beaux-arts de Vienne. Il reçut une bourse, qui lui permit de venir étudier à Paris, en 1935-1936. Il vécut et travailla à Portland.
Il participa à de nombreuses expositions collectives, notamment à l'exposition *Jeunes Artistes américains* au Guggenheim Museum de New York en 1954. Il montra ses œuvres dans des expositions personnelles aux États-Unis.
Bibliogr. : *Catalogue du Solomon R. Guggenheim Museum*, New York, 1959.
Musées : New York (Solomon R. Guggenheim Mus.).

MORRIS Catherine Wharton. Voir **WRIGHT**

MORRIS Cedric, Sir
Né en 1889 ou 1895 à Swansea. Mort en 1982. XXe siècle. Britannique.
Peintre d'animaux, paysages, fleurs, illustrateur.
Il se fixa à Londres.

Musées : Londres (Soc. d'Art Contemp.) : *Canards*.
Ventes Publiques : Londres, 5 mars 1980 : *Fleurs du printemps* 1923, h/t (49,60) : **GBP 820** – Londres, 12 juin 1981 : *Iris dans un vase*, h/t (61x50,8) : **GBP 1 200** – Londres, 10 juin 1983 : *Fleurs de printemps* 1928, h/cart. (45,7x54,5) : **GBP 1 150** – Londres, 13 nov. 1985 : *Autoportrait* 1919, h/cart. (38x28) : **GBP 4 500** – Norfolk (Angleterre), 22 oct. 1986 : *Proud lilies*, h/t (73,5x97) : **GBP 7 000** – Londres, 13 mai 1987 : *The Red Hot Pokers*, h/t (91,5x71) : **GBP 3 500** – Londres, 9 juin 1988 : *Maison à flanc de colline*, h/t (55x72,5) : **GBP 1 870** – Londres, 9 juin 1989 : *L'oued de Gabès en Tunisie* 1925, h/t (64,1x69,9) : **GBP 1 320** – Londres, 10 nov. 1989 : *Telmest dans l'Atlas*, h/t (59,7x75) : **GBP 4 180** – Londres, 8 juin 1990 : *Pansy, le chat de l'artiste dans le jardin de Benton End*, h/t (91,5x71) : **GBP 6 380** – Londres, 20 sep. 1990 : *Les oies sauvages*, h/cart. (60x44) : **GBP 3 080** – Londres, 7 mars 1991 : *Fleurs devant une fenêtre* 1943, h/t (63,5x48,5) : **GBP 9 900** – Londres, 7 nov. 1991 : *Caldas* 1950, h/t (75x62) : **GBP 3 080** – Londres, 6 mars 1992 : *Le pont de Newlyn* 1930, h/t (60x74) : **GBP 4 400** – Londres, 14 mai 1992 : *Fleurs blanches* 1934, h/t (68,5x56) : **GBP 4 400** – Londres, 5 juin 1992 : *En descendant de Rhos Hilly* 1928, h/t (56x69) : **GBP 8 250** – Londres, 12 mars 1993 : *Milly Gomersall* 1936, h/t (71x61) : **GBP 20 700**.

MORRIS Charles Greville
Né en 1861 à Lancashire. Mort en 1922. XIXe-XXe siècles. Britannique.
Peintre de paysages.
Il fit ses études à Paris chez Collin et Courtois.

Musées : Manchester.
Ventes Publiques : Londres, 25 mai 1979 : *Paysage boisé animé de personnages*, h/t (24,6x29,8) : **GBP 800**.

MORRIS Desmond
Né en 1928 à Purton (Wiltshire). XXe siècle. Britannique.
Peintre, technique mixte. Tendance surréaliste.
En 1947, il enseigne les beaux-arts au Collège militaire de Childeson. Deux ans plus tard, il reçoit le groupe surréaliste dirigé par Conroy Maddox. En 1964, il rencontre Juan Miro à Londres. En 1967, il est nommé directeur de l'Institut des Arts contemporains de Londres. De 1968 à 1973, il s'installe à Malte.
Il participe à des expositions collectives : 1949 Birmingham ; 1951 Festival de Grande-Bretagne à Bristol et Festival international des arts en Belgique ; 1986-1987 *Contrairwise : Surrealism and Britain 1930-1986* à Swansea, puis Bath, New Castle et Uandidno ; 1988 Foire de l'art de Gand et *L'Avant-Garde en Grande-Bretagne 1910-1960* à Londres. Il montre ses œuvres dans des expositions personnelles : 1948, 1976 Swindon ; 1950, 1974, 1976, 1987, 1989, 1991 Londres ; 1976 Oxford ; 1978 Amsterdam ; 1982 galerie 1900-2000, 1991 galerie Michèle Heyraud, Paris ; 1988 New York.
Auteur célèbre d'ouvrages sur le comportement humain et animal, mais aussi de films surréalistes et de romans, il poursuit parallèlement une activité importante de peintre, avec des œuvres surréalistes. Il crée un espace onirique dans lequel personnages et animaux étranges, êtres aux formes biologiques, errent.
Bibliogr. : M. Remy : *L'Univers surréaliste de Desmond Morris ou l'inorigine des espèces*, Souffles, Paris, 1991.

MORRIS Ebenezer Butler
XIXe siècle. Actif à Londres de 1833 à 1863. Britannique.
Peintre d'histoire, genre, portraits.
Ventes Publiques : New York, 26 mai 1992 : *L'émotion de la jeune épousée* 1852, h/t (36,5x76,2) : **USD 1 210**.

MORRIS Florence
Née le 5 mars 1876 à Nevada (Montana). XXe siècle. Américaine.
Peintre de portraits, paysages.
Elle fut élève de W. E. Rollins. Elle étudia également à Paris et Anvers. Elle fut membre de la Fédération américaine des arts.

MORRIS George Lovett Kingsland
Né en 1905 ou 1906 à New York. Mort en 1975 à Stockbridge (Massachusetts), accidentellement. XXe siècle. Américain.
Peintre. Abstrait-géométrique.
Étudiant à l'université de Yale, il commença d'y peindre dans un esprit académique. Il fut ensuite élève de l'Art Student's League de New York, où il eut pour professeurs Joan Sloan et K. H. Miller. En 1930, il entra en contact avec la peinture moderne, vint travailler dans l'académie de Fernand Léger, et fit la connaissance de Arp, Hélion, Mondrian. En 1933, il entreprit un voyage autour du monde. Ayant participé à la fondation des revues *Partisan Review* à New York et *Plastique* (éditée par Sophie Taeuber-Arp et César Domela) à Paris, il y entreprit dans ses articles de répandre la compréhension de l'art abstrait. Il fut l'instigateur, en 1936, de la création de la très importante association *American Abstract Artists*, qu'il présida jusqu'en 1951. En 1952, il fut chargé, par l'UNESCO, de tournées de conférences en Europe et en Asie Mineure. Il est marié avec le peintre abstrait Suzy Frelinghuysen.
Il a participé à de nombreuses expositions collectives : notamment aux Expositions internationales de l'Institut Carnegie de Pittsburgh, aux Salons des Réalités Nouvelles de Paris de 1947 à 1950, aux manifestations de l'association *American Abstract Artists* au Museum of Modern Art de New York. Il fit la première exposition personnelle de ses œuvres à New York en 1933.
Sa peinture se rattache à un courant désormais classique de l'abstraction ; des motifs abstraits sont organisés avec un souci de dynamisme. Certaines peintures révèlent l'influence de la dernière période de l'œuvre de Delaunay ; d'autres rappellent qu'il fut élève de Fernand Léger ; d'autres recourent à une facture gestuelle, se rapprochant de Hartung ou Henry Goetz. Une série de ses peintures fut basée sur des variations à partir de structures observées sur des sols divers, depuis la terre nue jusqu'à des parquets.
■ Jacques Busse
Bibliogr. : In : *American Abstract Artists*, Museum of Modern Art, New York, 1946 – Ritchie : *Abstract Painting and Sculpture in America*, New York, 1951 – Michel Seuphor, in : *Dict. de la peint. abstr.*, Hazan, Paris, 1957 – Sarane Alexandrian, in : *Dict. univer. de l'art et des artistes*, Hazan, Paris, 1967 – in : *Dict. univer. de la peinture*, Le Robert, t. V, Paris, 1975 – in : *L'Art du XXe s*, Larousse, Paris, 1991.
Musées : Atlanta (Mus. of Art) : *Concretion* 1936.
Ventes Publiques : New York, 19 oct. 1967 : *Nocturne* : **USD 1 700** – New York, 14 mars 1973 : *Wall painting* :

USD 14 000 – New York, 5 déc. 1980 : *Pocahontas* 1932, h/t (63,5x48,3) : **USD 8 000** – New York, 4 juin 1982 : *Indian Composition* vers 1935, aquar. et collage/pap. (36,8x48,3) : **USD 6 750** – New York, 7 déc. 1984 : *Composition N° 9* 1939, h/t (46,4x35,8) : **USD 15 000** – New York, 29 mai 1986 : *Foreboding* 1964, h/t (152,4x135,9) : **USD 10 000** – New York, 25 mai 1989 : *Soleil de printemps*, h/t (106,7x129,5) : **USD 22 000** – New York, 28 sep. 1989 : *Chantier de construction navale* 1944, fresque incrustée de verre et Plexiglas (56x46) : **USD 33 000** – New York, 24 jan. 1990 : *Abstraction*, encre/pap. (54,9x45,1) : **USD 4 620** – New York, 16 mars 1990 : *Descente vers le sud* 1948, gche, cr. et collage (35,5x27) : **USD 9 900** – New York, 23 mai 1990 : *Ombres blanches* 1950, h/t (53,2x43,4) : **USD 9 900** – New York, 24 mai 1990 : *Retention* 1936, h/t (61x50,8) : **USD 39 600** – New York, 26 sep. 1990 : *Cloche de plongée* 1945, h/t (49,5x61) : **USD 27 500** – New York, 15 mai 1991 : *Spirale noire*, h/pap. (36,5x30,2) : **USD 2 530** – New York, 26 sep. 1991 : *Chasseur indiens 1* 1934, h/cart. (40,6x51,1) : **USD 13 200** – New York, 15 avr. 1992 : *Deux réfrigérateurs*, collage et gche/pap. (30,5x45,1) : **USD 2 750** – New York, 23 sep. 1993 : *Giration* 1961, h/t (45,7x38,1) : **USD 4 025** – New York, 15 nov. 1993 : *Torpedo station* 1945, relief peint. à la fresque sur pierre (17,8x26) : **USD 6 900** – New York, 25 mai 1995 : *Orvieto*, h/t (118,1x95,3) : **USD 26 450** – New York, 22 mai 1996 : *Foreboding* 1964, h/t (152,4x136) : **USD 10 350**.

MORRIS Henry

XIXe siècle. Actif à Swansea en 1810. Britannique.

Peintre sur porcelaine.

MORRIS J.

XIXe siècle. Britannique.

Miniaturiste.

Il était actif de 1813 à 1816.

MORRIS J. C.

XIXe siècle. Britannique.

Peintre de genre, paysages.

Il était actif de 1851 à 1861.

MORRIS J. R.

XIXe siècle. Britannique.

Peintre de paysages, aquarelliste.

Il était actif au début du XIXe siècle.

Musées : Londres (Victoria and Albert Mus.) : Une aquarelle.

MORRIS James C.

XIXe siècle. Britannique.

Peintre de paysages animés, animalier.

Il était actif à la fin du XIXe siècle.

Ventes Publiques : Londres, 18 mars 1980 : *Moutons sous un ciel orageux*, h/t (61x110) : **GBP 400** – Perth, 27 août 1990 : *Moutons près d'un loch* 1859, h/t (72x91,5) : **GBP 1 540** – Paris, 29 oct. 1993 : *Les béliers* 1888, h/t (61x92) : **FRF 23 500**.

MORRIS Joan

XXe siècle. Britannique.

Peintre de compositions religieuses.

Elle a participé à Paris, en 1946, à l'exposition de l'Art sacré anglais.

MORRIS John

XIXe siècle. Britannique.

Peintre de paysages animés, scènes de chasse.

Ventes Publiques : Londres, 26 oct 1979 : *Un repos bien gagné*, h/t (125,7x101) : **GBP 800** – New York, 8 juin 1984 : *The day's bag*, h/t (91,4x71,8) : **USD 4 200** – New York, 7 juin 1985 : *The day's bag*, h/t (91,4x71,8) : **USD 4 500** – Glasgow, 5 fév. 1986 : *Chiens de chasse et cheval*, h/t (71x91,5) : **GBP 1 600** – Glasgow, 7 fév. 1989 : *Bovins au pré*, h/t (102x127) : **GBP 825** – Londres, 2 nov. 1989 : *Une vallée dans le Surrey*, h/t (50,8x76,2) : **GBP 2 420** – South Queensferry, 1er mai 1990 : *La garde de la gibecière*, h/t (92x71) : **GBP 3 960** – Glasgow, 5 fév. 1991 : *Berger et son chien gardant les moutons dans le vallon*, h/t (70x90) : **GBP 1 650** – South Queensferry, 23 avr. 1991 : *Moutons près d'un trou d'eau*, h/t (73x127) : **GBP 3 850** – Perth, 31 août 1993 : *Chiens attendant les chasseurs près de la gibecière*, h/t (91,5x72) : **GBP 2 760** – New York, 17 fév. 1994 : *Un cerf attaqué par des chien au bord d'un lac*, h/t (86x145) : **USD 5 750** – Perth, 30 août 1994 : *En attendant les chasseurs*, h/t (71x91,5) : **GBP 8 050** – Perth, 26 août 1996 : *La gibecière*, h/t (71,5x91,5) : **GBP 5 750**.

MORRIS Kyle

Né en 1918 à Des Moines (Iowa). XXe siècle. Américain.

Peintre.

Il fut élève de l'Art Institute de Chicago, de la Northwestern University, de la Cranbrook Academy of Art, dont il obtint plusieurs diplômes, de 1939 à 1947.

Il participe à de nombreuses expositions collectives importantes de la jeune peinture américaine à New York notamment : 1954 *Jeunes Peintres américains* au Guggenheim Museum, 1955 *Avant-Garde 1955*, 1958 *La Nature dans l'abstraction* au Whitney Museum, etc, au cours desquelles il a remporté plusieurs prix. Il montre ses œuvres dans de nombreuses expositions personnelles depuis 1952 à Des Moines, New York, Milan.

Ses œuvres, d'apparence abstraite, semblent souvent fondées à partir de sensations ressenties à partir de spectacles naturels, traduites par de petites touches vivement colorées, portées sur la toile dans une gestuelle instinctive.

Bibliogr. : In : *American Abstract Artists*, Museum of Modern Art, New York, 1946 – Michel Seuphor, in : *Dict. de la peint. abstr.*, Hazan, Paris, 1957 – Bernard Dorival, sous la direction de : *Peintres contemp.*, Mazenod, Paris, 1964.

Musées : Minneapolis (Walker Art Center) – New York (Solomon R. Guggenheim Mus.) : *Blue and black* – New York (Whitney Mus. of American Art) – Toledo – Washington D. C. (Mus. de l'Université).

Ventes Publiques : Milan, 21 déc. 1976 : *White and green flow* 1959, h/t (190x102) : **ITL 850 000** – Londres, 26 juin 1984 : *Red Rises* 1959, h/t (148x160) : **GBP 1 600** – New York, 2 mai 1985 : *Red rises* 1959, h/t (148x160) : **USD 2 800** – Rome, 14 déc. 1992 : *Flot vert et blanc*, h/t (190x100) : **ITL 1 150 000**.

MORRIS Michael

Né en 1942 à Saltdean (Sussex). XXe siècle. Actif depuis 1946 au Canada. Britannique.

Peintre, technique mixte.

Il fit ses études à l'université de Victoria puis, en 1965, obtint le diplôme de l'école d'art de Vancouver. Il poursuivit ses études à la Slade School de Londres, en 1965-1966.

Il a figuré dans une exposition de six artistes canadiens : *Tendances nouvelles*, à Paris, en 1969, avec : *Lettre de Los Angeles – Lettre de Pékin – Lettre de Rome*.

Il peint avec des couleurs acryliques, avec adjonctions de matériaux modernes, Plexiglas, miroirs.

Musées : Vancouver (Art Gal.) : *The problem of nothing* 1966.

MORRIS Paul Winters

Né le 12 novembre 1865 à Du Quoin (États-Unis). Mort le 16 novembre 1916 à New York. XIXe-XXe siècles. Américain.

Sculpteur.

Il fut élève de Saint-Gaudens, de D. C. French, d'Injalbert et de Rolard.

MORRIS Philip Richard

Né le 4 décembre 1833 ou 1er décembre 1836 à Devonport. Mort le 22 avril 1902 à Londres. XIXe siècle. Britannique.

Peintre d'histoire, compositions religieuses, scènes de genre, portraits.

Il fut d'abord élève ingénieur et ses goûts artistiques furent contrariés. Cependant, grâce à l'intervention de Holman Hunt qui lui donna des conseils et de précieux encouragements, il put entrer aux écoles de la Royal Academy où il obtint de nombreux succès ; il bénéficia notamment d'une bourse de voyage. Il débuta comme exposant à la Royal Academy en 1857 et depuis cette date jusqu'à la fin de sa vie prit une part active aux diverses expositions londoniennes. Il fut nommé associé de la Royal Academy en 1878.

Phil Morris

Musées : Blackburn : *Le bon Samaritain* – Leeds : *Les fils des braves* – Liverpool : *Le berger de Jérusalem* – Melbourne (Nat. Gal. of Victoria) : *La Bohémienne* – Sunderland : *La tombe du croisé – Où ils le crucifièrent.*

Ventes Publiques : Londres, 1889 : *Les fils des braves* : **FRF 18 750** – Londres, 1899 : *Les Fils des braves* : **FRF 10 750** – Londres, 13 déc. 1909 : *Andrey* : **GBP 9** – Londres, 4 mars 1911 : *Pêcheur* : **GBP 13** – Londres, 12 avr. 1911 : *Le dimanche du marin* : **GBP 28** – Londres, 27 jan. 1922 : *Les favorites et les femmes* : **GBP 84** – Paris, 22 juin 1950 : *Le vieux pêcheur* : **FRF 3 200** – Londres, 2 avr. 1969 : *Le retour de l'otage* : **GNS 850** – Londres, 21 nov. 1972 : *Cavaliers traversant une rivière* : **GBP 380** – Londres, 14 mai 1976 : *Scène d'Othello*, h/t

(110,5x85) : **GBP 1 200** – Londres, 24 oct. 1978 : *The riven shield (Othello)* 1866, h/t (107x81) : **GBP 2 000** – Londres, 20 mars 1979 : *Fillette et son chien*, h/t (75x49) : **GBP 2 600** – Londres, 10 mai 1985 : *A woodland babe*, h/t (92x72,4) : **GBP 2 500** – Londres, 16 mai 1986 : *Fillette avec son chien*, h/t (76x51) : **GBP 3 000** – New York, 28 oct. 1987 : *Kitty, fille d'Henry F. Swan* 1887, h/t (101,6x66,3) : **USD 7 500** – Londres, 15 juin 1988 : *En habits du dimanche*, h/t (69x50,5) : **GBP 14 300** – New York, 1er mars 1990 : *Sa seigneurie*, h/t (81,9x132,2) : **USD 12 100** – Londres, 21 mars 1990 : *L'aubépine dans la clairière*, h/t (82x138) : **GBP 2 750** – Londres, 4 nov. 1994 : *Terre ! Terre !* 1864, h/t (44,4x53,3) : **GBP 9 200** – Londres, 6 nov. 1996 : *Bonne nuit*, h/t (77x51) : **GBP 2 990**.

MORRIS Robert

Né en 1931 à Kansas City (Kansas). xxe siècle. Américain.

Sculpteur, peintre, auteur de performances, dessinateur, graveur. Conceptuel, minimaliste, postminimaliste.

De 1948 à 1950, il fit des études d'ingénieur et artistiques à l'université de Kansas City, de 1950 à 1952 à la California School of Fine Arts de San Francisco. En 1961, il étudia l'histoire de l'art au Hunter College de New York, où il enseigna par la suite. Il vit et travaille à Gardiner (État de New York).

Il participe à de nombreuses expositions collectives : 1959 Museum of Art de San Francisco ; 1963, 1968 Albright-Knox Art Gallery de Buffalo ; 1964, 1966, 1969, 1975, 1980, 1987 Institute of Contemporary Art de Philadelphie ; 1965, 1966, 1968, 1969, 1970, 1973, 1976, 1978, 1982, 1983, 1984, 1993 Whitney Museum of American Art de New York ; 1966, 1974, 1976, 1977 Art Institute de Chicago ; 1967, 1971 County Museum of Art de Los Angeles ; 1967, 1969, 1970, 1971 Solomon R. Guggenheim de New York ; 1967 Stedelijk Van Abbemuseum d'Eindhoven ; 1968, 1977, 1987 Documenta de Kassel ; 1968, 1969, 1970, 1985 Museum of Modern Art de New York ; 1969 Stedelijk Museum d'Amsterdam ; 1969, 1971, 1974, 1980 Kunsthalle de Düsseldorf ; 1969, 1993 Hayward Gallery de Londres ; 1972, 1975 The Nederlands Rijksmuseum Kröller-Müller d'Otterlo ; 1977, 1984 Hirshorn Museum and Sculpture Garden de Washington ; 1978, 1982, 1985, 1988, 1990 CAPC musée d'Art contemporain de Bordeaux ; 1978 Art Gallery of Ontario de Toronto ; 1980 Galleria nazionale d'Arte moderna de Rome ; 1980, 1989-1990 musée d'Art moderne de la ville de Paris ; 1980, 1993 Biennale de Venise ; 1984 musée d'Art contemporain de Montréal ; 1988 Museum Ludwig de Cologne ; 1990 *Un Choix d'art minimal dans la collection Panza* au musée d'Art moderne de la ville de Paris ; 1991 *La Sculpture contemporaine après 1970* à la fondation Daniel Templon à Fréjus.

Il montre ses œuvres dans de nombreuses expositions personnelles : 1957, 1958 San Francisco ; depuis 1963 très régulièrement à New York, notamment en 1970 au Whitney Museum of Art ; 1964 Düsseldorf ; 1966 Los Angeles ; depuis 1968 régulièrement à Paris, notamment en 1968, 1971, 1973, 1977 à la galerie Ileana Sonnabend et depuis 1982 à la galerie Daniel Templon ; 1968 Stedelijk Van Abbemuseum d'Eindhoven ; 1969, 1990 Corcoran Gallery of Art de Washington ; 1971, 1990, 1993 Tate Gallery à Londres ; 1973 Vancouver ; 1974 Institute of Contemporary Art de Philadelphie et musée d'Art et d'Industrie de Saint-Étienne ; 1977 Louisiana Museum of Modern Art d'Humlebaek et Stedelijk Museum d'Amsterdam ; 1980 Art Institute de Chicago ; 1981 Contemporary Arts Museum de Houston ; 1986 Museum of Contemporary Art de Chicago ; 1991 Museum of Fine Arts de Richmond ; 1994 rétrospective au Guggenheim Museum de New York, reprise en 1995 au centre Georges Pompidou à Paris ; 1996 LAC (Lieu d'Art contemporain) à Sigean (Aude).

Il aborda d'abord la peinture, avec des œuvres marquées par l'expressionnisme-abstrait, et, au milieu des années cinquante, évolue dans des activités multiples : il réalise des courts-métrages, pratique le théâtre improvisé, la danse, des performances et happenings notamment au Living Theater. Il cesse alors de peindre pour se tourner vers la sculpture – la première date de 1961. Le corps tient un rôle déterminant, dans ces premières œuvres sculpturales : ainsi dans *Column* (Colonne) réalisée pour une performance du Living Theater, *Passageway* (Passage) sorte de couloir incurvé qui va en se rétrécissant, *Box for standing* (Boîte où se tenir) caisson en bois dans lequel l'homme peut se tenir debout, *Portals* (Portique), *Box with the sound of its own making* (Boîte avec le bruit de sa propre fabrication) qui présente les souvenirs enregistrés de la sculpture. C'est le corps en effet qui donne la mesure de l'œuvre. Que l'homme passe sous l'arche, qu'il pénètre dans la structure prévue à cet effet, il a sa place dans la sculpture, et, même plus, lui donne son existence. Dans les reliefs gravés en plomb de 1964-1965 inspirés de Marcel Duchamp, Yves Klein et Jasper Johns, où Morris inscrit les empreintes de mains et de pieds, on retrouve de nouveau cette présence physique très forte.

De ces lieux de « passage », Morris conserve la structure formelle, évoluant dans l'esprit de l'art minimal avec la création de « formes unitaires » – ainsi aime-t-il à les appeler – impersonnelles, qui n'existent que par leurs qualités propres. Ce mouvement, dont il devient l'un des chefs de file, nie l'individualité de l'artiste, puisque celui-ci emprunte son langage à des volumes neutres préexistants, et se propose « de concentrer les interventions artistiques sur les meilleurs moyens de rendre perceptibles au spectateur les notions d'espace et de volume, intérieurs ou extérieurs, en proposant à leurs différents systèmes perceptifs des formes (ou couleurs) simples, structures primaires absolument déconnectées de toute référence possible à une réalité autre que leur propre matérialité physique et géométrique » (Jacques Busse). Morris se spécialise dans ces « objets » minimalistes indifférents, cubes, cylindres ou autres volumes géométriques de préférence simples. Il les présente en séries, dans des matériaux industriels : contre-plaqué et fibre de verre peints de couleurs neutres (blancs, gris, noirs) ou miroirs comme *Mirrored Cubes* de 1965 constitué de quatre cubes aux surfaces réfléchissantes, qui renvoient les structures situées en face mais aussi l'image du spectateur, engendrant une sensation d'infini, la profondeur s'évanouissant. Il met en scène le rapport volume-espace qui, selon la position de l'objet (vertical – horizontal – de biais), varie et est intimement lié aux questions de perception, surtout que ces structures primaires massives se présentent comme un obstacle, forçant le spectateur à tourner autour.

À la même époque, il réalise des séries d'esprit conceptuel, privilégiant l'idée à la réalisation. Ainsi dans *Card File* de 1962 répertorie-t-il, à l'aide du langage, les différentes étapes d'élaboration de l'œuvre, dans *Metered Bulb and Location* de 1963 il met en scène une ampoule à côté d'un compteur électrique, lequel comptabilise l'énergie dépensée ou avec *Self-Portrait EEG* de la même année il présente son électroencéphalogramme dont le tracé a atteint la hauteur de son propre corps. À partir de 1967 (après les pièces en corde des années soixante), il utilise le plomb et surtout le feutre, à partir duquel il définit le concept d'*Anti-Form* : « Le rejet des formes durables et d'un ordre préconçu pour les choses est un facteur positif. Cela fait partie du refus de continuer à esthétiser la forme d'une œuvre en concevant cette forme comme une forme prescrite. » Le feutre le rattache aux démarches de l'art pauvre de Beuys, mais surtout lui permet une sculpture molle, venant se répandre sur le sol selon les lois de la gravité et du hasard, puisqu'à chaque montage une nouvelle configuration apparaît. Dans ces masses monochromes qui tombent, « dégoulinent » du plafond ou du mur, il voit des « tripes et des déchets ». Avec cette matière, il se détourne, semble-t-il, de la neutralité, l'austérité, la rigueur des œuvres minimalistes. En 1969, son travail se rapproche du land art : *Steam* enregistre avec un appareil photo les émissions de vapeur en pleine nature, *Pace and progress* reproduit les allers et retours de l'artiste sur un cheval, selon une même ligne droite. À la même époque, ses sculptures évoluent lorsque le parallélépipède posé au sol invite le spectateur à s'asseoir pour écouter une bande sonore de trois heures durant lesquelles des voix humaines se succèdent, lorsque la structure horizontale s'enorgueillit de volutes, évoquant quelque colonne antique ou au contraire vient se réfléchir dans un miroir déformant qui « baroquise » ses formes architecturales. L'apparition d'une dimension décorative s'accompagne d'un début de narration avec l'œuvre *In the real of the Carceral* de 1978. Avec la série des *Cénotaphes* de 1980, le macabre s'impose. Morris propose alors, sur le thème de la Shoah et de l'apocalypse nucléaire, des photographies de charniers et, pour en accentuer l'horreur, les encadre de moulages en résine d'ossements, de crânes, de résidus divers. S'attachant à reproduire des scènes ritualisées, baroques, il prône un art décoratif, surchargé, narratif, sans cesse associé à la mort : « On peut voir dans le mode décoratif la réponse à une angoisse diffuse de la mort. Peut-être allons-nous tous devenir des maîtres du Zen. » Dans le milieu des années quatre-vingt, il réalise des tableaux ou bas-reliefs constitués de divers panneaux rectangulaires fixés sur une grande toile aux couleurs sombres, à la manière expressionniste abstraite, puis revient à des œuvres monumentales avec *The Damneds and the*

Elects (Les Damnés et les Élus) qui évoquent de nouveau l'homme et la mort par le titre et la forme retenue : d'immenses jarres en fibre de verre d'une couleur neutre, aux tons chairs, suspendues au plafond, qui émettent des enregistrements sonores. Parallèlement, durant toute ces années, il réalise des dessins abstraits, appliquant sur la surface blanche du papier, les yeux fermés, ses doigts enduits de fusain, se laissant guider par le seul instinct, par la sensualité de l'instant.
Avec une aisance certaine, Morris a participé aux divers mouvements d'avant-garde des années soixante (art minimal, Anti-Form, land art), pour revenir, dans les années quatre-vingt, à une peinture figurative, d'apparence gratuite, retrouver la sculpture dans les années quatre-vingt-dix avec des moulages. Ce théoricien du minimalisme, ayant atteint le « degré zéro de l'art », analyse lui-même ce revirement comme une nécessité pour l'artiste de s'adapter au « marché orienté par la consommation » et développer un « style (...) à l'intérieur duquel chaque année apporte son lot de variation » (Morris). Loi du marché, certes, mais ne doit-on pas soupçonner une autre motivation derrière cette attitude qui, par le biais du décoratif, dit l'horreur d'une société sans avenir ? ■ Laurence Lehoux

Bibliogr. : David Antin : *Robert Morris*, Art News, New York, avr. 1966 – Donald Judd : *Black, white and gray*, Arts Magazine, New York, 1966 – Robert Morris : *Notes on sculpture*, Artforum, New York, oct. 1966 – Pierre Cabanne, Pierre Restany : *L'Avant-Garde au xxe s.*, André Balland, Paris, 1969 – Robert Morris : *Notes on sculpture, part IV. Beyond Objects*, Artforum, New York, avr. 1969 – Robert Morris : *Notes on sculpture, part IV : beyond object* Artforum, New York, mai 1969 – Catalogue de l'exposition : *Robert Morris*, Whitney Mus. of American Art, New York, 1970 – Robert Goldwater : *Nouv. Dict. de la sculpt. mod.*, Hazan, Paris, 1970 – Catalogue de l'exposition : *IIIe Salon international des galeries pilotes*, musée cantonal, Lausanne, 1970 – Catalogue de l'exposition : *Robert Morris*, Tate Gallery, Londres, 1971 – Grégoire Muller : *The New Avant Garde, Issues of the Seventies*, Londres, 1972 – A. Michelson : *Robert Morris : une esthétique de la transgression*, Art Press, no 5, Paris, juil.-août 1973 – Catalogue de l'exposition : *Robert Morris*, Musée d'Art et d'Industrie, Saint-Étienne, 1974 – Catalogue de l'exposition : *Robert Morris, selected works – 1970-1980*, Musée d'Art contemporain, Houston, 1981 – Catalogue d'exposition : *Robert Morris – Works of the Eighties*, Museum of Contemporary Art, Chicago, Harbor Art Museum, Newport Beach, 1985 – in : *Art minimal*, CAPC, musée d'Art contemporain, Bordeaux, 1985 – Matthew Baigell : *Robert Morris*, Art Press, no 99, Paris, 1986 – Claude Gintz : *Formes unitaires et reliefs multimédia dans l'œuvre de Robert Morris*, Artstudio, no 6, Paris, aut. 1987 – in : *L'Art du xxe s.*, Larousse, Paris, 1991 – in : *Dict. de l'art mod. et contemp.*, Hazan, Paris, 1992 – Paul Hervé Parsy : *Art minimal*, Centre Georges Pompidou, Paris, 1992 – Rosalind Kraus : *Interview – Catalogue de l'exposition : Robert Morris*, Guggenheim Museum, New York, 1994 – *Robert Morris, autour du problème corps/esprit*, Art Press, no 193, Paris, juil.-août 1994 – Catalogue de l'exposition : *Robert Morris*, coll. *Contemporains-Monographie*, Centre Georges Pompidou, Paris, 1995.

Musées : Aix-la-Chapelle (Ludwig Mus.) : *Sans titre* 1978, chêne sculpté – Chicago (Art Inst.) : *Untitled (Stairs)* 1975 – Cologne : *Untitled (Slung Mesh)* 1968 – Dallas – Detroit (Art Inst.) : *Sans Titre* 1963, bois peint., corde – Francfort-sur-le-Main (Mus. für Mod. Kunst) : *Fountain* 1963 – Krefeld (Kaiser Wilhelm Mus.) – Londres (Tate Gal.) : *Untitled (Fiberglass cloud)* 1967 – Minneapolis (Walker Art Center) : *Untitled (Catenary)* 1968 – New York (Mus. of Mod. Art) : *Document* 1963 – *Statement of Esthetic Whithdrawal* 1963 – *Litanies* 1963 – New York (Solomon R. Guggenheim Mus.) : *Untitled (Fiberglass frame)* 1968 – New York (Whitney Mus.) : *Golden Memories* 1963 – Ottawa : *Untitled (Tangle)* 1967 – Paris (Mus. Nat. d'Art Mod.) : *Following three pages : 26 card file* 1962 – *Mirror* 1969 – *Wall hanging (Felt Piece)* 1969-1970 – *Wall hanging (Felt Piece)* 1971-1973 – Paris (FNAC) : *Sans titre no RMLC 115* 1968-1972 – *Sans titre* 1984, past. – Rotterdam (Mus. Boymans-Van-Beuningen) – Saint-Étienne (Mus. d'Art et d'Industrie) : *Felt Piece* 1974 – Seattle (Art Mus.) : *Box with sounds of its own making* – Téhéran (Mus. of Contemp. Art) : *Two Columns* – Toronto : *Wheels* 1963.

Ventes Publiques : New York, 18 oct. 1973 : *Sans titre*, alu. : **USD 15 000** – Milan, 15 juin 1976 : *Sans titre* 1972, alu. (12,5x17,5) : **ITL 350 000** – New York, 18 mai 1979 : *Sans titre* 1970, feutre brun (H. 244) : **USD 6 500** – New York, 12 mai 1981 : *Sans titre* 1970, feutre noir (274,5x183x2,5) : **USD 6 750** – New York, 3 mai 1985 : *Sans titre* 1964, cuir/bois et plâtre (111x65,5x15) : **USD 25 000** – New York, 10 nov. 1986 : *Sans titre (Leave key on hook inside cabinet)* 1963, bronze (33,1x19,1x8,8) : **USD 41 000** – New York, 11 nov. 1986 : *Sans titre* 1964, cr./pap. gris (38,3x47) : **USD 14 000** – New York, 11 nov. 1986 : *Location* 1962-1963, techn. mixte/pan. (51,2x51,2) : **USD 28 000** – New York, 5 mai 1987 : *Observatory* 1971, pl. et encre noire/pap. monté/pan. (106,7x215,3) : **USD 15 000** – New York, 8 oct. 1988 : *Labyrinthe* 1973, encre/pap. (106,7x152,5) : **USD 8 250** – New York, 4 mai 1989 : *Labyrinthe* 1973, encre/pap. (106,7x152,5) : **USD 19 800** – Pékin, 6 mai 1989 : *Blind Time III* 1985, graphite /pap. (76,2x127) : **CNY 54 600** – New York, 9 nov. 1989 : *Sans titre* 1964, pb/bois (53,3x39x2,5) : **USD 44 000** – New York, 23 fév. 1990 : *Emplacements des mains et des orteils*, sculpt. en deux parties pb et plâtre sur bois (chaque partie 10,2x121,9x5,7, totalité du panneau 147,3x121,9x5,7) : **USD 49 500** – New York, 27 fév. 1990 : *Sans titre* 1980, feutre noir (243,8x122) : **USD 63 250** – Paris, 20 jan. 1991 : *Empreinte de l'extrémité d'une poutre sur une page* 1973, graphite/pap. (56x76) : **FRF 20 000** – New York, 1er mai 1991 : *Sans titre*, relief mural de bronze avec de l'acryl. sur pb monté sur pan. (106,5x116,9x17,8) : **USD 34 100** – New York, 3 oct. 1991 : *Drapé de neuf bandes de feutre* 1968 (172,7x182,8x66) : **USD 18 700** – New York, 25-26 fév. 1992 : *Sans titre* 1973, feutre gris découpé (292,1x369,6) : **USD 17 600** – New York, 19 nov. 1992 : *Sans titre* 1983, craies coul./pap./t. dans un cadre de métal vernissé (210x253,4x9,5) : **USD 12 100** – New York, 2 déc. 1993 : *Coffret positif et négatif*, boîte de bois, ficelle, caoutchouc, poignée de laiton et vis (29x53,7x15,5) : **USD 7 475** – New York, 3 mai 1994 : *Sans titre*, cr. et craie grasse noire/pap. (94,6x127) : **USD 1 380** – Paris, 17 oct. 1994 : *Arbres enchevêtrés* 1978, mine de pb/pap. quadrillé (55x73) : **FRF 16 000** – New York, 15 nov. 1995 : *Sans titre* 1979, feutre (243,8x198,2) : **USD 36 800** – Paris, 29 nov. 1996 : *Black Felt* 1980, feutre et rivets de métal (243x122x73) : **FRF 50 000** – New York, 10 nov. 1997 : *Sans titre* 1965, métal poli/masonite, t., ficelle, corde, aiguilles, rouleau de métal, cart., plaque de cuivre, brosse métallique, cable, alu., objets de quincaillerie/deux pan. (182,9x353x8,8) : **USD 43 700** – New York, 8 mai 1997 : *Sans titre* 1976, estropes métalliques et feutrine blanche (198,2x386x38) : **USD 16 100**.

MORRIS Sarah

xxe siècle.

Peintre.

Elle montre ses œuvres dans des expositions personnelles : 1996-1997 galerie Philippe Rizzo à Paris. Elle réalise une peinture limpide à l'aide de laque d'ameublement, travaillée par aplat, empruntant ses sujets au quotidien.

MORRIS Thomas

Né vers 1750. Mort à la fin du xviiie siècle. xviiie siècle. Britannique.

Graveur au burin.

Élève de Woollett. Il travailla pour Boydell. On lui doit surtout des paysages, des sujets d'architecture et de genre.

MORRIS Thomas

xviiie siècle. Actif à la fin du xviiie siècle. Britannique.

Portraitiste.

Il exposa à Londres de 1791 à 1794.

MORRIS Walter J. ou **Rowland J.**

xixe siècle. Actif dans la première moitié du xixe siècle. Britannique.

Sculpteur.

Il travailla à Wedgwood. On cite de lui des figurines en terre cuite représentant les Mois.

MORRIS William

Né le 24 mars 1834 à Walthamstow (Essex). Mort le 3 octobre 1896 à Kelmscott Manor (Oxfordshire). xixe siècle. Britannique.

Peintre, dessinateur, décorateur, poète et architecte. Modern Style. Préraphaélite.

William Morris appartenait à une famille riche et se destina d'abord à la prêtrise. Ce fut dans ce but qu'il fut élève de l'Université d'Oxford en 1852. Il y devint l'intime ami de Burne-Jones, qui s'y trouvait pour les mêmes raisons. La lecture des œuvres de Ruskin le fit renoncer à ses intentions primitives et s'adonner à l'art. Après avoir été élève architecte, il travailla quelque temps la peinture avec Dante Gabriel Rossetti et, en 1858, publia un poème. Quelques années plus tard, il fondait, avec ses amis

Marshall et Faulkner, une maison d'ameublement et de décoration, qui, après des débuts assez difficiles, obtint une renommée considérable dans la société anglaise. Ce succès fut dû, en majeure partie, aux modèles de meubles, papiers peints, tissus d'ameublement, vitraux, créés par William Morris. À la fin de sa vie, il s'occupa de typographie de luxe et n'y obtint pas moins de succès. Il mourut à l'âge de cinquante-trois ans.
William Morris a produit, notamment, de remarquables modèles de tapisseries, dans lesquels Burnes-Jones dessina parfois les figures. Passionné par le Moyen Âge, il y puisa ses thèmes et parfois ses techniques pour la création de livres, comme le *Chaucer* (1896). William Morris occupe une place intéressante dans l'art anglais moderne, par la variété et l'importance de ses travaux, mais son effort se porta surtout vers les arts décoratifs. Son style décoratif floral et sa conception de l'art décoratif ont beaucoup contribué à développer le *Modern Style* en Angleterre. ■ J. B.
Bibliogr. : William Morris : *Contre l'art d'élite*, Hermann, Paris.
Musées : Birmingham : *Anges en adoration.*
Ventes Publiques : Paris, 15 nov. 1950 : *Les bouquinistes* : **FRF 82 000** – New York, 26 mai 1992 : *Jeunes pêcheurs* 1883, h/t (46,2x127) : **USD 1 980**.

MORRIS William Bright
Né en 1834 à Salford. Mort en 1912. XIXe-XXe siècles. Britannique.
Peintre de genre, portraits, paysages.
Membre de l'Institute of Painters in oil colours. Il exposa à la Royal Academy de 1869 à 1900.
Musées : Salford : *Moulin à eau* 1878 – *Tondeur de moutons espagnol.*
Ventes Publiques : Chester, 4 oct. 1985 : *Le galant entretien* 1883, h/t (101,5x77,5) : **GBP 2 000**.

MORRIS William Walker
XIXe siècle. Actif de 1850 à 1867. Britannique.
Peintre de scènes de chasse.
Ventes Publiques : Londres, 1er nov. 1985 : *La fin du jour* 1849, h/t (73,7x125,1) : **GBP 3 800** – Perth, 26 août 1986 : *Le Fils du garde-chasse* 1859, h/t (91,5x71) : **GBP 3 600** – Auchtearder, 1er sep. 1987 : *Scène de chasse*, h/t (76x127) : **GBP 5 500** – Glasgow, 1er fév. 1994 : *La partie de chasse* 1862, h/t (96x134,5) : **GBP 2 990** – Londres, 9 juin 1994 : *Abandonné*, h/t (70x91) : **GBP 2 400** – New York, 26 fév. 1997 : *Après un jour de chasse* 1860, h/t (71,1x91,4) : **USD 8 625**.

MORRISH Sydney S.
XIXe siècle. Britannique.
Peintre de genre et paysagiste.
Il exposa à Londres de 1852 à 1894.
Ventes Publiques : Londres, 18 avr. 1978 : *La fille du pêcheur*, h/pan. (40,5x30,5) : **GBP 850** – Londres, 20 juil 1979 : *Samedi soir dans la chaumière du berger* 1872, h/t (45x60,2) : **GBP 2 000** – Londres, 5 juin 1981 : *Soir de sabbath dans une ferme* 1872, h/t (45,7x60,3) : **GBP 1 900** – Londres, 11 juin 1986 : *The anxious mother* 1860, h/t (76x63,5) : **GBP 1 700**.

MORRISH W. S.
Né en 1844 à Chagford. XIXe siècle. Britannique.
Paysagiste et aquarelliste.

MORRISON C. Voir **MORRISON**

MORRISON David Herron
Né le 15 novembre 1885 à Rawalpindi (Inde). XXe siècle. Américain.
Peintre, graveur.
Il fut élève de Kenneth, de H. Miller et de Geo B. Bridgman. Il se fixa à New York. Outre la peinture, il pratiqua la gravure au burin.

MORRISON James
Né en 1932 à Glasgow. XXe siècle. Actif depuis 1980 au Canada. Britannique.
Peintre de paysages.
Il étudia à la Glasgow School of Art. Dans les années 1980, il partit pour le Canada.
Ses vastes paysages de prairies sont très appréciés.
Ventes Publiques : South Queensferry, 23 avr. 1991 : *Un ciel chargé* 1979, h/cart. (91,5x152,5) : **GBP 3 080** – Édimbourg, 28 avr. 1992 : *Au sommet des collines* 1961, h/cart. : **GBP 770** – Glasgow, 16 avr. 1996 : *Paysage formel II* 1988, h/cart. (27x34) : **GBP 1 725** – Perth, 26 août 1996 : *Le bassin Montrose à marée haute* 1993, techn. mixte (68x148) : **GBP 3 680**.

MORRISON Nina
Morte en 1905. XIXe siècle. Active à Liverpool. Britannique.
Peintre.
Elle pratiqua également les arts décoratifs.

MORRISON R.
XIXe siècle. Britannique.
Peintre de genre, portraitiste et paysagiste.
Il exposa à Londres de 1847 à 1857.

MORRISON Robert E.
Né en 1851 ou 1852 à Peel. Mort en 1923 ou 1925 à Liverpool. XIXe-XXe siècles. Britannique.
Peintre de genre et portraitiste.
Cet artiste qui tient une place distinguée dans l'école de Liverpool prit, depuis 1883, une part très active aux Expositions de la Royal Academy à Londres, particulièrement avec des sujets de genre. Le Musée de Liverpool conserve de lui les portraits de *J. Charingstone* et de *sir James A. Picton.*
Ventes Publiques : Londres, 3 juil 1979 : *Portrait d'Hilda Brunner* 1898, h/t (115x89) : **GBP 700** – Londres, 17 juin 1987 : *Joyce et Monica, filles de E. Shaw* 1905, h/t (132x104) : **GBP 9 500**.

MORRISSON Colin
XVIIIe siècle. Britannique.
Sculpteur.
Il travailla à Rome en 1778.

MORRISSON Fred
D'origine caraïbe. XXe siècle. Actif en Belgique.
Peintre. Abstrait.
Il a exposé en 1991 à Spa. Il pratique une peinture spontanée, matiériste.

MORRISSON Gertrude
Née à Tennessee. XXe siècle. Américaine.
Peintre de portraits, paysages, natures mortes.
Elle fut élève d'Edwin Scott, de Jéonini et de l'école des beaux-arts de Bucarest. Elle travailla en Algérie, dans les Carpathes, en Écosse et en Bretagne.
Elle exposa à Paris, à la Société Nationale des Beaux-Arts et au Salon des Femmes Peintres.

MORRO Francesco
Né le 22 novembre 1759. Mort le 7 janvier 1845. XVIIIe-XIXe siècles. Actif à Gênes. Italien.
Peintre.
Il subit à Rome l'influence de P. Batoni et de A. Banchero. Il peignit plusieurs saints pour les églises de Gênes et celle de Diano Castello.

MORROCCO Alberto
Né en 1917 à Aberdeen (Écosse). XXe siècle. Britannique.
Peintre de compositions animées, figures, natures mortes.
Il fut élève de l'Aberdeen School of Art, de 1932 à 1938. Il vit et travaille à Dundee.
Il participe à de nombreuses expositions de groupe de peinture écossaise et anglaise. Il montre ses œuvres dans des expositions personnelles : 1949 Aberdeen ; 1957, 1962 Edimbourg.
Il peint des scènes familières dans une technique agréable se rapprochant du style des peintres français de la réalité poétique, de Brianchon en particulier.
Bibliogr. : David Phillips : *Alberto Morrocco*, Scots Magazine, Edimbourg, mai 1963.
Musées : Aberdeen (Art Gal. and Industrie Mus.) – Bristol (City Art Gal.) – Dumfries (Gracefield Art Center) – Dundee (City Mus. and Fine Art Gal.) – Édimbourg (Arts Council) – Glasgow (Art Gal. and Mus.) – Perth (Art Gal. and Mus.) – West Riding (County Council).
Ventes Publiques : Glasgow, 7 fév. 1989 : *Nature morte aux fleurs fanées*, h/t (61x51) : **GBP 935** – Perth, 29 août 1989 : *La sieste*, h/cart. (51x58,5) : **GBP 990** – Londres, 8 mars 1990 : *Pêcheurs au repos*, h/cart. (37,5x58,4) : **GBP 4 400** – Londres, 25 jan. 1991 : *Portrait de Lauri Morrocco*, h/t (96,5x77,5) : **GBP 3 520** – South Queensferry, 23 avr. 1991 : *Hommage à Braque*, h/t (76x76) : **GBP 2 970** – Édimbourg, 23 mars 1993 : *Jeux sur la plage* 1949, h/cart. (32x37) : **GBP 2 070** – Perth, 31 août 1993 : *Cactus et pêcheurs* 1975, techn. mixte (73,5x52,5) : **GBP 2 300** – Glasgow, 1er fév. 1994 : *Clown aux pigeons* 1990, h/cart. (43x35,5) : **GBP 4 370** – Glasgow, 16 avr. 1996 : *Dans la boutique du marchand de paniers* 1985, h/t. cartonnée (48x52) : **GBP 1 610** – Perth, 26 août 1996 : *Campo San Stepano à Venise*, h/cart. (41x39,5) : **GBP 3 335**.

MORROW Albert George
Né en 1863 à Comber. XIXe-XXe siècles. Britannique.
Peintre, illustrateur.
Il réalisa de nombreuses affiches.
VENTES PUBLIQUES : PARIS, oct. 1945-juil. 1946 : *Le repos du violoniste*, aquar. gchée : **FRF 1 500**.

MORROW George
Né en 1869 à Belfast. XXe siècle. Actif en Angleterre. Irlandais.
Peintre.
Il se fixa à East Sheen (Surrey). Il est connu pour ses caricatures.

MORROW Julie
Née à New York. XXe siècle. Américaine.
Peintre.
Elle fut élève de Lie, Carlson et de Hawthorne. Elle fut membre de la Ligue américaine des artistes professeurs et de la Fédération américaine des arts.
MUSÉES : NEW YORK (Bibl. Wadleigh).

MORRYS L. Voir **RICHER Maurice Louis**

MÖRS Jakob. Voir **MORES**

MORSA Michel
Né en 1899 à Liège. Mort en 1981 à Liège. XXe siècle. Belge.
Peintre de portraits, intérieurs, paysages, marines, natures mortes, fleurs, graveur.
Il fut élève de l'académie royale des beaux-arts de Liège, où il eut pour professeurs De Witte et Carpentier. Il séjourna par la suite dans le Midi de la France, où il peignit.
De 1924 à 1972, il exposa au Cercle des beaux-arts de Bruxelles. En 1918, il montre pour la première fois ses œuvres dans une exposition personnelle.
En 1939, il réalisa la décoration du pavillon du tourisme à l'exposition internationale de l'Eau à Liège.
BIBLIOGR. : Pierre Somville : Catalogue de l'exposition *Le Cercle royal des beaux-arts de Liège 1892-1992*, Crédit communal, Liège, 1993.
MUSÉES : LIÈGE (Mus. de l'Art wallon) : *Église de Fétinne* 1918.

MORSCHER Johann
Né à Starilog près de Gottschee. Mort à Cleveland. Américain.
Peintre.
Il peignit des fresques dans la cathédrale Saint-Pierre de Cleveland (États-Unis).

MORSE Anna G.
Née à Leominster (Massachusetts). XXe siècle. Américaine.
Peintre, aquarelliste.
Elle fut élève de Jules Lefebvre et de T. Robert-Fleury à Paris puis de l'Art Student's League de New York. Elle fut membre du Pen and Brush Club. Elle obtint une récompense à Philadelphie en 1910 et à New York en 1920.

MORSE Auguste Achille
Né au XIXe siècle à Paris. XIXe siècle. Français.
Graveur au burin.
Élève de Nargeot père. Il débuta au Salon de 1863, médaille en 1867, première classe 1874, argent, 1899 (Exposition Universelle), argent 1900 (Exposition Universelle). Morse a été, par excellence un des graveurs officiels du second Empire et du début de la troisième République. Il a collaboré à la *Gazette des Beaux-Arts* et a gravé pour la chalcographie du Louvre *Le Bénédicité* de Maes. Il a gravé de nombreux portraits de personnages politiques, d'acteurs et d'actrices, notamment *Napoléon III*, d'après Flandrin, *Le comte de Chambord*, *Le général de Charette en zouave pontifical*, *Adelina-Patti*, *Christine Nilsson*, *Krauss*. Il convient de citer encore la *Vierge au donateur*, d'après Memling, *La leçon de musique*, d'après Metzu, *Une collaboration (Molière et Corneille)* d'après Gérôme.

MORSE Edward Lind
Né le 29 mars 1857 à Poughkeepsie (New York). XIXe-XXe siècles. Américain.
Peintre de portraits, paysages.
Il est le fils de Samuel F. B. Morse et fut l'élève de Thumann, de Gussow, de Thedy, de Bouguereau et de Ferrier.
MUSÉES : WASHINGTON D. C. (Mus. Nat.) : *Portrait de son père*.

MORSE Hazen
XIXe siècle. Actif à Boston vers 1824. Américain.
Graveur.

MORSE Henry Dutton
Né en 1826. Mort en 1888. XIXe siècle. Américain.
Peintre d'animaux.
Il était actif à Boston.
VENTES PUBLIQUES : BOLTON, 17 nov. 1983 : *Les Poussins* 1868, h/cart. (24,8x30,5) : **USD 1 600**.

MORSE J.
XVIIIe-XIXe siècles. Britannique.
Portraitiste.
Il était officier. Il exposa à Londres de 1779 à 1804.

MORSE Jean H.
Né le 7 septembre 1876 à Derby (Connecticut). XXe siècle. Américain.
Peintre.
Il fut élève de l'école d'Art de Yale et de Chase. Il fut membre de la Fédération américaine des arts.

MORSE Mary Minns
Née le 30 juin 1859 à Dorchester (États-Unis). XIXe siècle. Américaine.
Peintre de marines et de paysages.
Elle fit ses études à Boston chez Turner ainsi que chez L. Ritter et en Hollande chez G. Hitchcock. Elle travailla à Boston.

MORSE Nathaniel
Né en 1688 près de Boston. Mort le 17 juin 1748 à Boston. XVIIIe siècle. Américain.
Graveur et orfèvre.

MORSE Pauline Hestia
Née à Malborough (Massachusetts). XXe siècle. Américaine.
Peintre.
Elle fut élève de Dante Ricce Rice et Snell. Elle fut membre de la Société des Artistes Indépendants et de la Fédération américaine des arts.

MORSE Samuel Finley Breese
Né le 27 avril 1791 à Charlestown (Mass.). Mort le 2 avril 1872 à New York. XIXe siècle. Américain.
Peintre d'histoire, portraits, paysages, sculpteur.
Père de Edward Lind Morse, il fut élève de Wahs. Allston. Diplômé de Yale en 1811, il s'en alla en Angleterre suivre l'enseignement artistique de la Royal Academy. Ses premières peintures furent des tableaux historiques, dont *Hercule mourant* est un exemple. À son retour aux États-Unis, en 1815, il espérait avoir des commandes plus ambitieuses que des portraits, suivant en cela la même révolte que West ou Copley. Mais la nécessité lui imposa de devenir portraitiste itinérant, allant à Charlestown, Boston, New Haven, New York, Washington. S'opposant à la dictature de l'Académie of Fine Arts de New York, il participa à la fondation de la National Academy of Design, rivale de la première, dont, en 1826, il fut élu premier président, charge qu'il conserva jusqu'en 1845. Mais il inventa la télégraphie, et ses inventions lui rapportant davantage que la peinture, il abandonna complètement celle-ci.
BIBLIOGR. : J. D. Prown et B. Rose : *La peinture américaine*, Skira, Genève, 1969 – William H. Gerdts, D. Scott Atkinson, Carole L. Shelby, Jochen Wierich : *Impressions de toujours – Les peintres américains en France 1865-1915*, Mus. Américain de Giverny, Terra Foundation for the Arts, Evanston, 1992.
MUSÉES : BOSTON : *Mrs Griffiths* – BROOKLYN : *Le général Lafayette* – DETROIT : *Edw. Ewerett* – GIVERNY (Mus. Américain Terra Foundation for the Arts) : *La Galerie du Louvre* 1831-33 – NEW YORK (Metropolitan Mus.) : *De Witt Clinton* – *Henry Clay* – *Eliza Milner Ferguson* – WASHINGTON D. C. (Corcoran Gal.) : *Séance de la Chambre des Représentants à la lueur des bougies* 1822-23 – WORCESTER : *Paysage*.
VENTES PUBLIQUES : NEW YORK, 18 avr. 1934 : *Portrait de femme* : **USD 300** – NEW YORK, 15 jan. 1937 : *James Robinson* : **USD 410** – NEW YORK, 3 mai 1972 : *Portrait of Mrs George Watson* : **USD 2 250** – NEW YORK, 22 mars 1978 : *Portrait de Robert Young Hayne* vers 1817-1821, h/t (76,2x63,5) : **USD 19 000** – LONDRES, 9 déc. 1981 : *Diane à la fontaine* 1813, h/t (76x65) : **GBP 4 800** – NEW YORK, 23 juin 1983 : *Portrait de François 1er* 1834, h/pan. (25,4x20,3) : **USD 2 600** – NEW YORK, 25 sep. 1992 : *Portrait d'un homme en chapeau haut de forme* 1840, h/pan. (13x11,1) : **USD 1 980** – NEW YORK, 14 mars 1996 : *Portrait de femme*, h/pan. (66x50,8) : **USD 8 050** – NEW YORK, 30 oct. 1996 : *John Earnest Poyas* 1818, h/t (62,9x76,2) : **USD 1 995**.

MORSE-RUMMEL Frank
Né le 31 août 1884 à Berlin, de parents anglais. xxe siècle. Britannique.
Peintre de compositions animées, portraits, paysages, graveur.
Fils du pianiste F. Rummel, il eut pour grand-père maternel S. F. B. Morse, l'inventeur du télégraphe, peintre et président de l'académie de dessin de New York. Il fit ses premières études à l'académie royale des beaux-arts de Berlin, il reçut les leçons de Lovis Corinth avant de venir s'inscrire à Paris, à l'académie Julian. Il voyagea ensuite du Pays Basque à la Norvège.
G. Adam écrit qu'il subit tour à tour les influences de Puvis de Chavannes, des Italiens du xve siècle, des primitifs et même des Chinois. Le meilleur de son œuvre est dans de grands panneaux décoratifs comme ses *Pêcheurs de sardines – Arcachon*. Il fit le portraits d'écrivains, musiciens, philosophes et comédiens. Il pratiqua aussi la gravure sur bois.
Musées : Bruxelles (Cab. des Estampes) – Londres (British Mus.).

MORSEO Francesco
xvie siècle. Italien.
Peintre.
Il exécuta en 1504 une peinture dans le Palais épiscopal de Verceil à Milan.

MORSIER Frédéric de
Né le 25 octobre 1861 à Genève. xixe siècle. Suisse.
Aquarelliste et architecte.
Élève de J. L. Pascal.

MORSING Ivar
Né en 1919. xxe siècle. Suédois.
Peintre de compositions animées, figures, paysages, natures mortes.
Ventes Publiques : Stockholm, 6 juin 1988 : *Procession au crépuscule*, h. (47x47) : **SEK 6 000** – Stockholm, 22 mai 1989 : *Composition* 1959, h/pan. (31x39) : **SEK 6 200** – Stockholm, 6 déc. 1989 : *Le nègre à la guitare* 1950, h/t (79x64) : **SEK 16 000** – Stockholm, 14 juin 1990 : *Modèle au chapeau* 1945, h/t (75x55) : **SEK 14 000** – Stockholm, 28 oct. 1991 : *Nature morte avec des objets sur une table*, h/t (55x54) : **SEK 6 500** – Stockholm, 21 mai 1992 : *La ville au crépuscule* 1946, h/t (29x41) : **SEK 4 100**.

MORSTADT Anna
Née le 5 décembre 1874 à Vienne. xixe-xxe siècles. Autrichienne.
Peintre de genre, sujets orientaux, portraits, animaux, paysages. Orientaliste.
Petite-fille de Vinzenz Morstadt, elle fut élève de l'école des beaux-arts de Paris. Elle participa à Paris, au Salon des Artistes Français ; obtint une mention honorable en 1905, une médaille de troisième classe en 1906, de deuxième classe en 1909, puis fut hors-concours. Elle exposa également aux Salons des Peintres orientalistes et des peintres animaliers.
Musées : Agen : *Récolte en Corse* – Alger : *Chevaux à l'abreuvoir* – Bayonne (Mus. Bonnat) : *Monument mauresque au bord de la mer* – *Enfant au bord de la mer* – *Bouvier avec une paire de bœufs* – Cambrai : *Dromadaire avec palanquin* – Paris (Mus. du Luxembourg) : *Vendeur de dattes* – *Arabe avec dromadaire*.
Ventes Publiques : Paris, 22 juin 1992 : *L'arrivée à l'étape de Kairouan*, h/t (52x61) : **FRF 12 000** – Londres, 27 oct. 1993 : *Personnage avec une vache dans une prairie près d'un lac* 1910, h/t (104x80) : **GBP 2 070** – Paris, 9 déc. 1996 : *Le Cavalier* 1920, past. (46x45) : **FRF 15 500**.

MORSTADT Vinzenz
Né en 1807 à Kolin. Mort en 1875 à Prague. xixe siècle. Autrichien.
Peintre de paysages et graveur.
On cite de lui des vues de Prague et de Bohême.

MORT DE MARIE ou **de la Vierge, Maître de la**. Voir **CLÈVE Joos Van**

MORTAIN Gilles
xviiie siècle. Actif à Paris. Français.
Peintre, graveur au burin et éditeur.
Il publia en 1716 une suite de planches exécutées d'après ses propres dessins *Plans, profils et élévations de la ville et du château de Versailles*.

MORTAIN Savinien
xviiie siècle. Actif à Paris. Français.
Peintre, graveur au burin et éditeur.
Il collabora avec son frère Gilles Mortain.

MORTEAU Pierre. Voir **MOTEAU Pierre**

MORTEL Jan ou **Johannes**
Né vers 1650 à Leyde. Mort le 15 octobre 1719 à Leyde. xviie-xviiie siècles. Hollandais.
Peintre de natures mortes, fleurs et fruits.
Il peignit dans la manière de Jan Davidsz de Heem et d'Abraham Mignon.

J. Mortel fec: 1688.

Musées : Leyde – Stockholm.
Ventes Publiques : Paris, 1886 : *Famille hollandaise dans un parc* : **FRF 680** – Paris, 28 mai 1892 : *Fruits et insectes* : **FRF 1 280** – Paris, 14 avr. 1924 : *La Coupe de fraises* : **FRF 3 800** – Paris, 28 juin 1943 : *Fruits et Papillons* 1758 : **FRF 17 500** – Londres, 24 juin 1959 : *Nature morte au petit déjeuner* : **GBP 920** – Londres, 27 juin 1962 : *Fleurs tropicales et Fruits* : **GBP 500** – Versailles, 12 nov. 1967 : *Nature morte aux fruits et papillon* : **FRF 5 500** – Écosse, 29 août 1969 : *Nature morte* : **GBP 1 050** – Copenhague, 27 avr. 1971 : *Nature morte* : **DKK 19 000** – Londres, 11 juil. 1980 : *Nature morte aux fruits sur un entablement dans un paysage*, h/pan. (38,1x48) : **GBP 19 000** – Londres, 8 avr. 1981 : *Nature morte dans une niche* 1680, h/t (48x35) : **GBP 13 000** – Cologne, 25 nov. 1983 : *Nature morte aux fleurs et aux fruits*, h/pan. (76,5x61) : **DEM 85 000** – Cologne, 20 nov. 1986 : *Nature morte dans un paysage* 1690, h/pan. (44x36) : **DEM 130 000** – Monaco, 2 déc. 1989 : *Nature morte aux fleurs et fruits*, h/pan. (56x45,5) : **FRF 610 500** – Paris, 5 avr. 1990 : *Nature morte de prunes, raisin, pêches et noisettes*, h/t : **FRF 90 000** – New York, 15 oct. 1992 : *Importante composition de fruits survolée de papillons et autres insectes devant un rosier grimpant sur le mur d'un manoir* 1708, h/pan. (47x38,4) : **USD 99 000** – Londres, 9 déc. 1992 : *Nature morte d'une gerbe de fleurs*, h/t (54,5x46,4) : **GBP 8 250** – New York, 31 jan. 1997 : *Coupe de fraises, bouteille et rose sur une corniche, cottage et jardin au fond* 1690, h/pan. (44,2x36) : **USD 68 500**.

MORTELE Gheerolf Van den. Voir **MOORTELE**

MORTELÈQUE Ferdinand Henri Joseph
Né en 1774 à Tournai. Mort après 1844. xviiie-xixe siècles. Éc. flamande.
Peintre verrier et sur émail.
Il trouva, en 1835, le moyen de peindre sur des plaques de lave volcanique ; il employa le même procédé pour peindre sur émail et sur verre. Il travailla pour le duc de Berry et pour le roi Charles X. Le Musée de Tournai possède de lui une plaque représentant trois têtes d'anges. Il a peint le vitrail *Christ en Croix* dans l'église Saint-Roch à Paris.

MORTELMANS Alphonse
Né en 1925 à Anvers. xxe siècle. Belge.
Sculpteur.
Il fut élève de l'académie et de l'Institut supérieur d'Anvers.

MORTELMANS Frans ou **Franz**
Né le 1er mai 1865 à Anvers. Mort en 1936. xixe-xxe siècles. Belge.
Peintre de portraits, natures mortes, fleurs, fruits, pastelliste, aquarelliste.
Il est le frère du compositeur Lodewijk Mortelmans. Il fut élève de l'académie des beaux-arts d'Anvers, où il devint professeur. Par la suite, il enseigna à l'académie de Berchem à Anvers, dont il fut nommé directeur.

F. Mortelmans

Bibliogr. : In : *Dict. biogr. illustré des artistes en Belgique depuis 1830*, Arto, Bruxelles, 1987.
Musées : Anvers (Mus. des Beaux-Arts) – Courtrai (Mus. des Beaux-Arts) : *Fruits*.

Ventes Publiques : Anvers, 3-4 juil. 1978 : *Roses blanches*, h/t : **BEF 69 000** – Anvers, 10 mai 1979 : *Roses*, h/t (40x80) : **BEF 50 000** – Anvers, 22 avr. 1980 : *Nu debout*, dess. (59x39) : **BEF 60 000** – Anvers, 4 déc. 1984 : *Fleurs*, h/t (110x95) : **BEF 100 000** – New York, 13 fév. 1985 : *Nature morte au fruits et aux fleurs* 1882, h/t (120,5x96,5) : **USD 6 250** – New York, 22 mai 1986 : *Nature morte aux roses*, h/t (85x105,5) : **USD 17 000** – New York, 24 fév. 1987 : *Natures mortes aux roses jaunes*, h/t (150x100) : **USD 28 000** – Lokeren, 28 mai 1988 : *Nature morte aux anémones*, h/t (55x60) : **BEF 36 000** – New York, 23 fév. 1989 : *Fleurs de pêcher dans un vase Meiping et des porcelaines de Chine sur un plateau*, h/t (80,7x48,2) : **USD 14 300** – New York, 1er mars 1990 : *Roses roses dans un vase*, h/t (50,2x35,5) : **USD 9 900** – Amsterdam, 2 mai 1990 : *Roses sauvages dans un panier sur un entablement*, h/t (55x80) : **NLG 25 300** – Paris, 26 avr. 1991 : *Nature morte au raisin et aux pommes*, h/t (25,7x39) : **FRF 5 500** – Lokeren, 9 oct. 1993 : *Nature morte de fleurs*, h/pan. (26,5x21,5) : **BEF 36 000** – Lokeren, 28 mai 1994 : *Roses*, h/pan. (19x37) : **BEF 40 000** – Londres, 18 nov. 1994 : *La Visite de l'atelier*, h/t (111,5x171,5) : **GBP 24 150** – Londres, 13 juin 1997 : *Roses jaunes dans un vase*, h/t (80,6x50,7) : **GBP 12 075**.

MORTEMART Louis de
xixe siècle. Français.
Peintre de vues.
Il exposa au Salon de Paris en 1831, 1847 et 1848.

MORTEMART DE MARLE Palamede de, comte
Né au xixe siècle à Paris. xixe siècle. Français.
Peintre d'histoire et portraitiste.
Élève de T. A. Johannot. Il exposa au Salon des portraits en 1857, 1869 et 1875. Le Musée de Bagnères conserve de lui : *Tournoi au xve siècle*.

MORTEMART-BOISSE Enguerrand de, baron
Né en 1817 à Paris. xixe siècle. Français.
Peintre de genre et paysagiste.
Élève de A. et T. Johannot. Il figura au Salon de Paris, de 1865 à 1879, avec des paysages et obtint une médaille de troisième classe en 1876.
Musées : Aix : *Poste d'affût aux bartavelles* – Bagnères-de-Bigorre : *La Hire au siège de Jaffa* – Coutances : *Paysage* – Nice : *Le ruisseau de la ferme*.

MORTEN Thomas
Né en 1836 à Uxbridge. Mort le 23 septembre 1866, par suicide. xixe siècle. Britannique.
Peintre de genre et illustrateur.

MORTEN-MÜLLER. Voir **MÜLLER Morten**

MORTENSEN Carl Laurits Nikolaj
Né le 23 février 1861 à Copenhague. xixe-xxe siècles. Danois.
Sculpteur, peintre.
Il figura aux Expositions universelles de Paris, où il reçut une mention honorable en 1900.
Musées : Copenhague : *Buste en porcelaine* – *Coureur, au départ*, bronze – Stockholm : *Avant le concours, adolescent nu* – *Femme*.

MORTENSEN Richard
Né le 23 octobre 1910 à Copenhague. Mort en 1993. xxe siècle. Actif de 1947 à 1962 en France. Danois.
Peintre, dessinateur, décorateur. Abstrait-géométrique.
Il fut élève de l'académie royale des beaux-arts de Copenhague, en 1931-1932. Ayant décidé de continuer à travailler seul, il partit pour Berlin en 1932, et découvrit l'œuvre de Kandinsky, qui l'influença aussitôt. De 1947 à 1962, il vécut à Suresnes avec le sculpteur Jacobsen à la Maison des Artistes Danois, et fut proche des artistes de la galerie Denise René (Herbin, Vasarely). Étant retourné au Danemark, il fut nommé professeur à l'école des beaux-arts de Copenhague en 1965.
Il participe à des expositions collectives, notamment : 1933 Salon d'Automne de Copenhague ; à partir de 1934 exposition du groupe Linien à Copenhague puis par la suite à Groningue ; à partir de 1948 régulièrement au Salon des Réalités Nouvelles à Paris ; 1948 et 1960 Biennale de Venise ; depuis 1949 régulièrement à la galerie Denise René à Paris ; depuis 1950 au Salon de Mai à Paris ; 1951, 1953, 1955 Biennale de Menton ; 1954 exposition des prix Kandinsky à Sarrebruck ; 1955, 1956 musée d'Art moderne de Rio de Janeiro ; 1955 et 1958 Exposition internationale de Pittsburgh ; 1955 et 1959 Documenta de Kassel ; 1956 Stockholm et Helsinki ; 1958 Exposition universelle de Bruxelles ; 1960 Salon de Mai à Paris et Biennale de Venise ; 1973 *Art Danois* aux Galeries Nationales du Grand-Palais à Paris ; etc. Il a montré ses œuvres dans de nombreuses expositions personnelles à Paris, notamment à partir de 1950 régulièrement à la galerie Denise René ; au Danemark, en 1955 au Kunstforeningen de Copenhague et au musée de Randers ; au Stedelijk Museum d'Amsterdam en 1955 ; au musée d'Aarhus en 1958. Un ensemble d'œuvres a été présenté à la galerie Denise René à Paris en 1998. En 1946, il obtint le prix Edvard Munch, en 1951 le prix Kandinsky.
Durant ses études, il fut attiré par le surréalisme. Il pratiqua d'abord une peinture spontanée, à mi-chemin entre l'abstraction et la figuration, puis évolua dans des constructions plus rigoureuses. Ses premières œuvres abstraites étaient déjà composées de surfaces aux contours nettement découpés, alors animées d'une certaine fantaisie populaire, avant de se géométriser radicalement. Il joua alors au Danemark un rôle important dans la diffusion auprès du public de l'art moderne, en tant que fondateur de la revue *Linien*. Après la Seconde Guerre mondiale, on ne le retrouva pas dans le groupe qui avait succédé à Linien : Helhesten, ce nouveau groupe animé par Jorn, jetant les bases préliminaires de ce qui allait devenir le groupe Cobra. Quoi de plus éloigné, en effet, de l'art expérimental, opposé aux esthétiques a priori de Cobra, que l'œuvre, désormais néoplasticiste, de Mortensen. Son abstraction géométrique, d'une parfaite précision d'exécution, se caractérise, par rapport à celle des autres peintres de cette tendance, par la clarté et la simplicité des formes mises en œuvre et de leurs relations dynamiques, et surtout par sa gamme colorée spécialement délicate et vive à la fois. Il réalisa les décors d'un opéra de Stravinsky, pour le théâtre royal de Copenhague. ■ J. B.

Bibliogr. : *Témoignages pour l'art abstrait*, Paris, 1952 – Catalogue de l'exposition : *Mortensen*, Galerie Denise René, Paris, 1956 – Michel Seuphor, in : *Dict. de la peinture abstraite*, Hazan, Paris, 1957 – Henry Waldemar, in : *Peintres contemp.*, Mazenod, Paris, 1964 – Jean Clarence Lambert : *La Peinture abstraite*, in : *Hre gle de la peinture*, t. XXIII, Rencontre, Lausanne, 1966 – Claude Verdier : *Dict. univer. de l'art et des artistes*, Hazan, Paris, 1967 – in : *Les Muses*, Grange Batelière, t. X, Paris, 1973 – in : Catalogue de l'exposition *Art Danois*, Gal. Nat. du Grand-Palais, Paris, 1973 – in : *Dict. univer. de la peinture*, Le Robert, t. V, Paris, 1975 – in : *L'Art du xxe siècle*, Larousse, Paris, 1991 – in : *Dict. de l'art mod. et contemp.*, Hazan, Paris, 1992 – Lydia Harambourg : *L'École de Paris 1945-1965 – Dictionnaire des peintres*, Ides et Calendes, Neuchâtel, 1993.

Musées : Aarhus : *Métamorphose botanique* 1937 – *Opus 9, n° 18* 1950 – Copenhague (Mus. d'État des Beaux-Arts) : *Lettre à une jeune fille* 1936 – *Chardon* 1938 – *Nocturne* 1945 – Esbjerg (Kunstpavilionen) : *Deuxième Lettre posthume à Clara Jensen* 1967-1968 – Humlebaek (Mus. Louisiana) : *Est Ouest* 1956 – *Sud* 1956 – Madrid (Mus. d'Art Mod.) – Odense (Kunstmus.) : *Onze Verticales dans douze espaces* 1963 – Paris (BN) : *Vélizy-brun* 1961 – São Paulo (Mus. d'Art Mod.).

Ventes Publiques : Paris, 2 juin 1964 : *Composition* : **FRF 3 000** – Copenhague, 13 juin 1968 : *Composition* : **DKK 3 400** – Copenhague, 13 mai 1970 : *Composition* : **DKK 15 000** – Copenhague, 26 avr. 1972 : *Composition* : **DKK 4 200** – Copenhague, 28 nov. 1974 : *Composition* : **DKK 26 000** – Copenhague, 25 nov. 1976 : *Présence de l'insolite* 1958, h/t (81x100) : **DKK 40 000** – Copenhague, 8 mars 1977 : *Pontgibaud, composition* 1954, h/t (46x55) : **DKK 18 500** – Londres, 5 avr 1979 : *Relief n° 11* vers 1958/62, h/bois relief (71x100) : **GBP 1 700** – Copenhague, 26 nov. 1981 : *Composition opus 14, n° 3* 1949, h/t (65x81) : **DKK 25 000** – Milan, 12 juin 1984 : *La Seyne* 1951, h/t (75x118) : **ITL 2 900 000** – Copenhague, 27 nov. 1985 : *Composition*, gche (45x57) : **DKK 20 500** – Copenhague, 27 nov. 1986 : *Relief polychrome* 1964, bois peint. (74x84) : **DKK 50 000** – Versailles, 16 nov. 1986 : *Ajaccio* 1959, h/t (101x81) : **FRF 110 000** – Copenhague, 4 mai 1988 : *Composition* 1948, collage et encre (61x47) : **DKK 23 000** – Copenhague, 30 nov. 1988 : *Présence de l'insolite* 1958, h/t (80x100) : **DKK 380 000** – Copenhague, 8 fév. 1989 : *Composition Opus II n° 4* 1943, h/t (91x69) : **DKK 390 000** – Londres, 23 fév. 1989 : *Sans titre* 1958, h/t (65,5x90,5) : **GBP 18 150** – Copenhague, 10 mai 1989 : *Composition* 1935, h/t (125x150) : **DKK 1 310 000** – Copenhague, 20 sep. 1989 : *La nostalgie de l'année de ma naissance 1910* 1956, h/t (56x89) : **DKK 370 000** – Copenhague, 21-22 mars 1990 : *Composition* 1944, h/t (130x110) : **DKK 300 000** – Paris, 8 avr. 1990 : *Composition n° 963* 1959 (45x56) : **FRF 72 000** – Amsterdam, 10 avr. 1990 : *Opus 14 n° 1* 1949, h/t (64,2x94,4) : **NLG 184 000** – Copenhague,

30 mai 1990 : *Gigondas* 1955, h/t (130x97) : **DKK 1 100 000** – Amsterdam, 13 déc. 1990 : *Sans titre*, h/t (55x44) : **NLG 18 400** – Copenhague, 13-14 fév. 1991 : *Composition* 1946, aquar. et encre (31x24) : **DKK 9 000** – Amsterdam, 23 mai 1991 : *Sans titre* 1945, encre/pap. (31,5x24) : **NLG 1 380** – Copenhague, 30 mai 1991 : *Composition* 1941, h/t (48x63) : **DKK 55 000** – Copenhague, 4 déc. 1991 : *Notoni* 1959, h/t (73x92) : **DKK 175 000** ; *Composition opus II n° 6* 1943, h/t (91x69) : **DKK 310 000** – Londres, 26 mars 1992 : *Restonica*, h/t (97x130) : **GBP 8 800** – Copenhague, 1er déc. 1993 : *Composition* 1958, h/t (46x55) : **DKK 65 000** – Copenhague, 2 mars 1994 : *Composition*, h/t (130x97) : **DKK 190 000** – Copenhague, 7 juin 1995 : *Chat* 1947, aquar. et encre (24x18) : **DKK 14 500** – Amsterdam, 6 déc. 1995 : *Cyrnos* 1958, h/t (100x81) : **NLG 40 250** – Copenhague, 15 mars 1997 : *Stimuli* 1981, sérig. coul. : **DKK 6 000** – Copenhague, 22-24 oct. 1997 : *Ton jaune* 1958, gche (50x58) : **DKK 12 000**.

MORTEYROL Bernard
Né en 1942 à Paris. xxe siècle. Français.
Peintre de compositions animées.
Depuis 1970, il participe à des expositions collectives, notamment à Paris aux Salons de la Jeune Peinture de 1970 à 1975, Comparaisons depuis 1976, Grands et Jeunes d'Aujourd'hui en 1977, 1978, d'Automne en 1979, Figuration Critique en 1981, ainsi que dans des groupes de province. Il puise ses inspirations à des sources culturelles et picturales du siècle et de l'actualité.

MÖRTH Carl Peter
Né en 1690. Mort le 10 janvier 1768. xviiie siècle. Suédois.
Peintre d'histoire et portraitiste.
Il fut professeur de dessin à l'Université de Lund. Il peignit beaucoup de tableaux d'autel pour des églises de campagne en Suède du Sud ainsi que des portraits de professeurs de l'Université de Lund.

MÖRTH Michael
Né le 30 mars 1878 à Fürnitz. xxe siècle. Autrichien.
Sculpteur et céramiste.
Élève de Breitner et Strasser à Vienne de 1896 à 1904.

MORTHORST Hans Hinrich
xviiie siècle. Allemand.
Peintre.
Il a peint le plafond de l'église de Barmstedt en 1754.

MORTIAUX Henri
Né le 16 juin 1890 à Saint-Gilles. Mort le 9 avril 1965 à Villers-la-Ville. xxe siècle. Belge.
Graveur.
Il fut élève de Émile Fabry, Guillaume Van Strydonck, de Jean Delville et de Constant Montald à l'académie de Bruxelles, et fut initié à la gravure par Auguste Danse. Il pratiqua l'eau-forte, la pointe sèche et l'aquatinte.
Bibliogr. : In : *Dict. biogr. illustré des artistes en Belgique depuis 1830*, Arto, Bruxelles, 1987.

MORTIER Antoine
Né en 1908 à Saint-Gilles (Bruxelles). xxe siècle. Belge.
Peintre. Figuratif puis abstrait.
Travaillant chez un sculpteur ornemaniste, il fut aussi élève de l'école des beaux-arts de Bruxelles et de l'école de dessin de Saint-Josse-ten-Noode, où il obtint alors le prix de sculpture de la ville.
Il participa en 1944-1945, à Bruxelles, aux expositions du groupe Apport. Figure importante de la jeune peinture belge, il participe à de très nombreuses manifestations collectives internationales, parmi lesquelles : 1951 Salon des Réalités Nouvelles à Paris ; 1952, 1955, 1961 expositions internationales du Carnegie Institute de Pittsburgh ; 1953 *Huit Peintres européens contemporains* à l'Albright Gallery de Buffalo ; 1953, 1961 Biennale de São Paulo ; 1960 Biennale de Venise. Il fit sa première exposition personnelle à Bruxelles en 1946, puis 1948, 1952, 1955, 1960, 1961, 1969. En 1986, les musées royaux des Beaux-Arts de Belgique lui consacre une importante rétrospective.
Il adopta définitivement la peinture à partir de 1940. Comme il est arrivé à de nombreux peintres belges de sa génération, objets des multiples sollicitations venues des divers horizons de l'Europe, Antoine Mortier a suivi une évolution complète. Dans une première époque, à la suite des expressionnistes belges, Brusselmans, de Smet, il peignait des évocations frustes de personnages, de nus, d'animaux tracés de cernes épais dans les violents clairs-obscurs, qui ont pu faire prononcer le nom de Rouault. Dans sa seconde période, il est passé à une forme d'abstraction, non sans revirements épisodiques, toutefois souvent fondée sur un travail d'analyse des formes d'objets concrets. Ayant, de sa période précédente, conservé le graphisme épais, il occupe la surface de la toile par de larges jambages organisés en sortes d'idéogrammes, soit noirs sur fonds clairs, soit clairs sur fonds sombres, ne se rattachant qu'imparfaitement à l'abstraction lyrique d'un Soulages ou d'un Kline. Depuis son travail a évolué dans des œuvres aux motifs plus modulés.

Mortier

Bibliogr. : Bernard Dorival, sous la direction de : *Peintres contemp.*, Mazenod, Paris, 1964 – in : *Dict. univer. de la peinture*, Le Robert, t. V, Paris, 1975 – in : *Dict. biogr. illustré des artistes en Belgique depuis 1830*, Arto, Bruxelles, 1987 – in : *L'Art du xxe siècle*, Larousse, Paris, 1991.
Musées : Anvers – Bruxelles (Mus. roy. des Beaux-arts) : *D'après un nu* 1953 – *Accord* 1961 – Buffalo (Albright-Knox Art Gal.) – Gand – Ixelles – New York (Solomon R. Guggenh. Mus.) : *Variation (Torso)* 1948 – São Paulo.
Ventes Publiques : Lokeren, 31 mars 1979 : *Composition* 1957, dess. (110x72) : **BEF 28 000** – Lokeren, 18 oct. 1980 : *Les concurents*, h/t (80x115) : **BEF 100 000** – Anvers, 23 avr. 1985 : *Nativus* 1960, h/t (161x140) : **BEF 110 000** – Amsterdam, 26 mai 1993 : *Composition* 1960, encre/pap./t. (108x71) : **NLG 5 750** – Amsterdam, 31 mai 1994 : *Composition abstraite* 1954, h/t (164x114) : **NLG 34 500** – Amsterdam, 7 déc. 1994 : *Don Quichotte* 1954, h/t (163x97) : **NLG 21 850** – Amsterdam, 6 déc. 1995 : *Les pélerins* 1952, h/t (46,5x34) : **NLG 7 475**.

MORTIER Antoon
Né le 26 avril 1919 à Gand (Flandre-Orientale). xxe siècle. Actif depuis 1980 en France. Belge.
Peintre. Néo-expressionniste.
Il fut élève de l'Académie des Beaux-Arts de Gand et de l'Institut Saint-Luc à Schaerbeek. Depuis 1980, il s'est établi au Grau-du-Roi en Camargue.
Bibliogr. : In : *Dict. biogr. illustré des artistes en Belgique depuis 1830*, Arto, Bruxelles, 1987.

MORTIER Louis C.
Mort en juin 1918. xxe siècle. Français.
Graveur à l'eau-forte.
Élève de Bracquemond.

MORTIER Robert
Né le 20 juillet 1878 à Nice (Alpes-Maritimes). Mort vers 1940 à Paris. xxe siècle. Français.
Peintre de figures, portraits, paysages, natures mortes.
Il fut élève de T. Robert-Fleury et de Carrière. Il figura chaque année au Salon des Indépendants, à Paris, à partir de 1912. Il organisa de nombreuses expositions particulières de ses œuvres en France, Angleterre, Allemagne, Espagne, Italie, Autriche, Tchécoslovaquie, en Amérique et au Japon. La synthétisation des lignes dans ses figures ou paysages, tout en ne demeurant pas étrangère aux recherches parallèles d'un Matisse après Cézanne, laisse penser aussi aux hautes époques de la Chine.

MORTIER-DESNOYERS Louis Jules
xixe siècle. Français.
Peintre.
Il exposa au Salon de 1844 à 1846.

MORTIMER
xviiie siècle. Actif à Londres en 1780. Britannique.
Peintre de figures et de paysages.

MORTIMER John Hamilton
Né en 1741 à Eastbourne. Mort le 4 février 1779 à Londres. xviiie siècle. Britannique.
Peintre d'histoire, sujets religieux, portraits, graveur, dessinateur.
Il fut élève de Hudson, puis de la Saint Martin's Lane Academy, et enfin de Pine et de sir Joshua Reynold. Il prit place parmi les artistes en vue à la suite d'un concours où son tableau *Saint Paul convertissant les Bretons*, obtint le premier prix. Ses tableaux : *Le roi Jean donne sa charte*, et la *Bataille d'Azincourt* n'obtinrent pas moins de succès. Il fut élu associé de la Royal Academy de Londres en 1778, sur le désir exprès du roi.

Mortimer grava un certain nombre d'estampes, d'après ses dessins et d'après des compositions de Guercino, Salvator Rosa, G. de Lairesse et autres maîtres. À partir de 1770, il exécuta des dessins et gravures sur des thèmes de brigandages, scènes d'horreur, sujets bibliques et mythologiques peu connus, annonçant le romantisme. Ainsi, la *Mort sur un cheval* (1775), eau-forte qui inspira un poème à Baudelaire. Il fit deux séries de peintures moralisantes : *Les progrès du vice* (1774), et *Les progrès de la vertu* (1775).

Bibliogr. : Catalogue de l'exposition : *La peinture romantique anglaise et les préraphaélites*, Paris, 1972.
Musées : Londres (British Mus.) : quarante et un dessins et un album contenant trente-sept planches – Londres (Victoria and Albert Mus.) : *Hercule et l'hydre* – aquarelles et dessins – Londres (Nat. Portrait Gal.) : *L'artiste* – Nottingham : *Le bain de Musidore* – Salford : *L'incantation*.
Ventes Publiques : Londres, 1787 : *Portrait d'Édouard le confesseur* : **FRF 5 250** – Londres, 1897 : *La lutte entre Broughton et Stevenson* : **FRF 1 200** – Londres, 20 nov. 1925 : *Sir Edward Blackett de Newcastle* : **GBP 273** – Londres, 18 nov. 1927 : *Gentilhomme, sa femme et son fils* : **GBP 367** – New York, 20 nov. 1931 : *Henry Reade Revell, sa femme et son fils* : **USD 3 300** – Londres, 15 juil. 1959 : *Portrait du Sergeant at Arms Beaufoy et de John Clementson* : **GBP 3 300** – Londres, 24 fév. 1960 : *Scène d'atelier* : **GBP 620** – Londres, 24 nov. 1965 : *Le combat de Jack Broughton et Georges Stevenson* : **GBP 320** – New York, 25 sep. 1968 : *Portrait of Captain Herbert Taylor* : **USD 1 750** – Londres, 20 juin 1969 : *Autoportrait* : **GNS 1 200** – Londres, 18 juin 1971 : *Autoportrait* : **GBP 650** – Londres, 6 avr. 1973 : *Soldats autour d'un puits* : **GNS 650** – Los Angeles, 25 juin 1976 : *Étude de la famille Drake*, pl. et lav. (18x23,5) : **USD 1 100** – Londres, 22 nov 1979 : *Danse villageoise*, pl. (35,5x41) : **GBP 400** – Londres, 14 mars 1984 : *The West Gate of Pevensy Castle, Sussex*, h/t (70x90) : **GBP 4 500** – Londres, 21 nov. 1985 : *Le philosophe*, pl. (28x22) : **GBP 1 500** – Londres, 8 juil. 1986 : *War instigated by the Demon of Discord*, cr., craie rouge, pl. et lav. reh. de blanc, de forme ovale (25x22) : **GBP 650** – New York, 4 juin 1987 : *La Leçon de géographie*, h/t (90x70) : **USD 11 000** – Londres, 7 avr. 1993 : *La rencontre de Vortigerne et Rowena*, h/t (48,3x63,5) : **GBP 45 500** – Londres, 13 juil. 1993 : *Dom Quichotte chassé par les galériens à coups de pierres*, encre et lav. (23,1x20,9) : **GBP 2 185** – Londres, 3 avr. 1996 : *Préparatifs pour une exécution* 1774, h/t, de la série Les progrès du vice (75x62) : **GBP 4 140**.

MORTIMER-GRONOW Alexis Tudor
xixe-xxe siècles. Français.
Peintre de nus, portraits, paysages, natures mortes, fleurs.
Il exposa à Paris, au Salon des Indépendants, à partir de 1906.
Ventes Publiques : Paris, 5 mai 1949 : *Paysage fluvial* 1893 : **FRF 950** – Paris, 16 fév. 1950 : *Paysage hollandais sous la neige* : **FRF 4 800**.

MORTIN I. de
xviie siècle. Actif à Paris. Français.
Dessinateur d'ornements.

MORTLOCK Ethel
Née à Cambridge. xixe siècle. Britannique.
Peintre de portraits.
Elle exposa à la Royal Academy et à Grosvenor Gallery, à Londres, de 1878 à 1893.
Musées : Nottingham : *Portrait de Robert Lowe, vicomte Sherbrooke*.
Ventes Publiques : Londres, 14 avr. 1976 : *Portrait de Muzaffar Ud-Din Shah* 1900, h/t (142x120) : **GBP 6 400**.

MORTO da Feltre Pietro ou **Luzzi** ou **Luzio**, dit **lo Zarato** ou **Zarotto**
Né vers 1467 à Feltre. Mort en 1512 près de Zara, dans un combat. xve-xvie siècles. Italien.
Peintre d'histoire.
Il était fils d'un médecin qui s'étant établi à Zara valut à cet artiste le surnom de Zarato. On le cite comme élève et comme rival de Giorgione. On sait qu'il était à Rome en 1495, à Florence en 1506 et à Venise en 1508. Il peignit à Feltre, exécutant des fresques au Musée Municipal. D'après Crowe et Cavalcaselle, on voit de ses fresques à la Casa Bartoldini, au Palazzo Crico. On cite encore : *La Transfiguration* (à l'église des Ognissanti), plusieurs peintures à San Georgio, un tableau d'autel à S. Stefano, un tableau d'autel à l'église de Caupo, près de Feltre, à la Galerie de Berlin une *Madone*, et à l'église de Villabruna *La Vierge et l'Enfant Jésus*. Le Musée de Feltre possède de lui *Madone avec deux saints*.

MORTOLA Mariangelo. Voir l'article **MULCIANO Domenico**

MORTON Alastair
Né en 1910. Mort en 1963. xxe siècle. Britannique.
Peintre, peintre à la gouache, technique mixte. Abstrait-géométrique.
Industriel dans le textile, il crée des motifs pour tissu et des objets de design, collaborant notamment aux activités de Barbara Hepworth et de Ben Nicholson, avant de créer sa propre firme *Unit Prints*. Parallèlement, il peint des œuvres dans l'esprit du néoplasticisme.
Bibliogr. : In : *L'Art du xxe s*, Larousse, Paris, 1991.
Ventes Publiques : Londres, 23 mai 1984 : *Opus 9 red and blue stripes* 1937, h/t (40,5x52) : **GBP 1 300** – Londres, 24 avr. 1985 : *Version 2* 1940, cr. de coul. et lav. (35,5x51) : **GBP 800** – Londres, 13 juin 1986 : *Composition abstraite* 1941, gche et cr. (35,5x50,8) : **GBP 1 400** – Londres, 9 juin 1989 : *Leonora n° 1 – inclusion d'un cercle et de blanc* 1941 (38,8x48,7) : **GBP 9 530** – Londres, 10 nov. 1989 : *Composition abstraite*, gche (36,2x50,8) : **GBP 2 750** – Londres, 25 mai 1994 : *Sans titrte* 1941, gche, craie grasse et craie (25,5x35,5) : **GBP 1 265**.

MORTON Andrew
Né en 1802 à Newcastle-on-Tyne. Mort le 1er août 1845 à Londres. xixe siècle. Britannique.
Peintre de genre, portraits.
Élève de la Royal Academy, il y obtint une récompense en 1821. Il a exposé de 1821 à 1845 à la Royal Academy, à la British Institution et à Suffolk Street, à Londres. Il fut très protégé par les parents de Guillaume IV, duquel il a laissé un portrait qui figure à Greenwich.
Musées : Londres (Nat. Portr. Gal.) : *Sir H. Sheedy Keating* – Londres (Tate Gal.) : *Portrait de sir James Cockburn, 7e baronnet* – *Portrait de Marianne Devereux, lady Cockburn* – *Portrait de Marianne Augusta, lady Hamilton* – Londres (coll. Wallace) : *Wellington et son secrétaire, le colonel Curwood*.
Ventes Publiques : Paris, 6 déc. 1946 : *Portrait d'un Oriental* : **FRF 12 000** – Paris, 12 juin 1988 : *Le Rabbin Nathan*, h/t (127x101) : **FRF 12 000** – Paris, 27 mars 1994 : *Le Rabbin Nathan*, h/t (127x101) : **FRF 28 000**.

MORTON Christina
Née à Dardanelle (Arkansas). xxe siècle. Américaine.
Peintre de paysages.
Elle fut membre de la Fédération américaine des arts. Elle peignit des paysages de la Martinique.
Musées : New York (Mus. histo.).

MORTON Edwards. Voir **EDWARDS-MARTON** ou **MORTON**

MORTON George
xixe-xxe siècles. Britannique.
Peintre de genre.
Il exposa à Londres de 1884 à 1904.
Ventes Publiques : Londres, 18 mars 1980 : *L'Écho*, h/t (86x103) : **GBP 1 700** – Londres, 24 mars 1981 : *L'Écho*, h/t (86x103) : **GBP 3 200** – Londres, 3 oct. 1984 : *Portrait de la fille de l'artiste*, h/t (101,5x68,5) : **GBP 1 800** – Londres, 26 sep. 1990 : *Nydia*, aquar. (19,5x13,5) : **GBP 880** – Montréal, 4 juin 1991 : *Service religieux pour les Vétérans* 1884, h/t (26,6x21) : **CAD 3 600**.

MORTON Henry
xixe siècle. Actif dans la première moitié du xixe siècle. Britannique.
Peintre de genre et de fleurs, paysagiste et graveur au burin.
Il exposa à Londres de 1807 à 1825.

MORTON J., l'Ancien
xviiie-xixe siècles. Britannique.
Peintre de paysages, de vues et de fleurs.
Il exposa à Londres de 1791 à 1807.

MORTON J., le Jeune
xixe siècle. Actif dans la première moitié du xixe siècle. Britannique.
Peintre de portraits et d'architectures.
Il exposa à Londres de 1808 à 1817.

MORTON Joséphine Ames
Née le 12 mars 1854 à Boston. XIXe siècle. Américaine.
Peintre.
Élève d'Eakin, puis à Paris de Laurens et de Constant. Elle travailla à Williamstown.

MORTON Pierre. Voir **MORLON**

MORTON Thomas Corsan
Né en 1859 ou 1869 à Glasgow. Mort en 1928. XIXe-XXe siècles. Britannique.
Peintre de portraits, paysages, natures mortes.
Il fut élève de Boulanger, J. Lefebvre et de Alphonse Legros.
Musées : Saint Louis.
Ventes Publiques : Auchterarder (Écosse), 28 août 1979 : *Navies*, h/t (92x89) : **GBP 460** – Édimbourg, 30 août 1988 : *Paysage avec une charrette à cheval*, h/t (46x61) : **GBP 1 045** – Glasgow, 7 fév. 1989 : *Après-midi dans le parc*, h/cart. (40,5x51) : **GBP 1 760**.

MORTON William
XIXe siècle. Actif à Manchester. Britannique.
Peintre et aquarelliste.
Cet artiste exposa pour la première fois à Londres en 1869. On voit de lui au Musée de Manchester, une aquarelle (1889), et à celui de Cape Town, un portrait.

MORTON-COLVILE Harry Claud Rudolph
Né le 5 janvier 1905 à Lausanne, d'origine anglaise. Mort le 11 août 1992 à Aix-en-Provence (Bouches-du-Rhône). XXe siècle. Actif en France. Britannique.
Peintre de paysages, portraits, compositions à personnages, nus, natures mortes, aquarelliste. Postimpressionniste.
D'origine anglaise, il a repris cette nationalité à l'âge de quarante-deux ans (1947). Il fut élève d'André Lhote, à Paris, de 1925 à 1930. Il a participé à des expositions collectives, d'entre lesquelles : 1940 à la Royal Academy de Londres, 1953 et 1973 Salon d'Automne à Paris, 1956 Musée de l'Athénée à Genève, 1961 XVe Festival d'Avignon, 1963 *Les peintres du Vieux Port* au Musée Cantini de Marseille, 1969 *Biennale des peintres de la Provence* au Musée Granet d'Aix-en-Provence. Il a surtout montré ses œuvres dans des expositions personnelles, dont : 1945, 1956, 1990 Londres, 1957 New York, 1958 Marseille, 1961, 1962, 1963, 1965, 1966, 1968, 1969 Aix-en-Provence.
Son œuvre consiste surtout en peintures à l'huile et aquarelles, dont certaines sur papier de soie, ainsi que de nombreux dessins, mais comporte aussi quelques gravures, deux mosaïques, deux médaillons. Il a surtout peint des paysages méditerranéens, de Provence, Espagne, Italie, Afrique du Nord, et des paysages d'Angleterre, d'Irlande et de Nouvelle-Zélande. Il a également peint des autoportraits, des portraits de femmes, des portraits de ses amis, dont les peintres Jean Lombard, François Denoyers, l'architecte Félix Aublet, des nus situés en général dans des paysages de jardins ou dans des intérieurs ombrés, et des natures mortes de fleurs, fruits et légumes de Provence.
La technique est aisée quels que soient les thèmes, la gamme colorée est claire, vive et étendue. Si, à son sujet, les influences de Cézanne ou de Matisse sont évoquées souvent à juste titre, c'est celle de Bonnard qui est dominante et qui, d'ailleurs, est celle qui caractérise les œuvres les plus accomplies, les plus heureuses, en particulier les dormeuses alanguies dans les jardins épanouis sous le soleil de l'été ou réfugiées dans la fraîcheur des demeures encloses. ■ J. B.
Musées : Aix-en-Provence (Mus. Granet) – Alger – Genève (Mus. de l'Athénée) – Norwich.

MORTROUX Alfred
Né en 1886 à Binche (Hainaut). XXe siècle. Belge.
Peintre de figures, portraits, graveur.
Il fut élève des académies des beaux-arts de Mons et Bruxelles. Il pratiqua l'eau-forte et la lithographie.

MORTTEL Floris Van der. Voir **MÜRTEL**

MORUZZI Louis
Né en 1917 à Paris. XXe siècle. Français.
Peintre de figures, fleurs.
Il vit et travaille à Paris. Il participe à de nombreux Salons parisiens : des Artistes Français, de la Société Nationale des Beaux-Arts, des Indépendants, manifestations dont il est membre sociétaire, ainsi qu'aux Salons Comparaisons et de la Marine en tant qu'invité. Il participe très régulièrement au groupe *Atelier 75*, dont il est président depuis environ 1977. Il montre ses œuvres dans des expositions personnelles en France et à l'étranger. Il a reçu de nombreux prix et distinctions et est chevalier de l'ordre national du Mérite, et de l'ordre des Arts et des Lettres.
Il propose une vision poétisée du monde qui l'entoure. Il synthétise l'atmosphère d'un paysage, l'harmonie d'un bouquet de fleurs, le pittoresque d'une scène, par une composition abstractisante, qui met en scène des contrastes de couleurs traitées en aplats.

MORVAN Georges Frederic
Né le 16 juillet 1885 à La Rochelle (Charente-Maritime). XXe siècle. Français.
Peintre de portraits, paysages, natures mortes.
Il vécut et travailla à Vanves. Il exposa à Paris, aux Salons des Indépendants à partir de 1913, des Artistes Français et de la Société Nationale des Beaux-Arts.

MORVAN Hervé
Né en 1917 à Plougastel-Daoulas (Finistère). Mort le 1er avril 1980 à Paris. XXe siècle. Français.
Peintre, décorateur.
Il fut élève, pendant quatre ans à Paris, de l'École des Arts Appliqués à l'Industrie. Il commença sa carrière comme architecte de décors de cinéma. Après la guerre, il travailla surtout pour les affiches de cinéma, puis pour diverses sociétés industrielles, marques d'essence, etc., en tant que concepteur de campagnes publicitaires.
Il a participé à des expositions à Paris : 1946 cinémathèque nationale, 1964 Salon des Artistes décorateurs, 1972 Bibliothèque nationale, 1972 Hôtel de la Monnaie, 1980 Salon des Indépendants, et à l'étranger : Vienne, Munich, Bratislava, Berlin, Londres, Biennale de Venise. Il a montré ses œuvres dans des expositions personnelles, à Paris aux Salons de l'Imagerie et au musée des Arts décoratifs, ainsi qu'en 1978 à la Bibliothèque nationale et en 1979 au musée de Brest. Le musée de Dieppe a organisé une rétrospective en 1981. Il a reçu en 1960-1961 le prix Martini et le Grand Prix de la publicité.
Il fut surtout reconnu pour son œuvre d'affichiste : *Perrier ; Thé Éléphant ; Galettes Saint-Michel ; Biscuits L'Alsacienne ; Machines à laver et réfrigérateurs Brandt, Air France* ; etc.
Bibliogr. : Catalogue de l'exposition : *Bouquet d'affiches – Hervé Morvan*, Bibliothèque nationale, Paris, 1978 – Catalogue de l'exposition : *Hervé Morvan*, Château-musée, Dieppe, 1981.
Musées : Paris (BN) – Paris (Mus. des Arts déco.) – Paris (Mus. de l'Affiche) – Varsovie (Mus. de l'Affiche).

MORVAN Jean-Jacques
Né le 7 janvier 1928 à Morlaix (Finistère). XXe siècle. Français.
Peintre de figures, paysages, natures mortes, graveur, peintre de cartons de tapisserie, compositions murales, sculpteur, dessinateur, illustrateur.
Il suit sa scolarité à Paris, où, en 1945, il entre à l'école des arts décoratifs. Parallèlement, il fait des débuts d'acteur et pratique divers métiers alimentaires. Il voyage alors régulièrement dans les pays méditerranéens et en Bretagne. En 1963, il séjourne en URSS et aux États-Unis, en 1965 découvre les îles grecques, en 1966 voyage au Maroc et en Jordanie, l'année suivante il fait son premier des nombreux séjours au Canada.
Il expose pour la première fois, en 1947, au Salon des Moins de Trente Ans, puis : de 1955 à 1958 *École de Paris* à la galerie Charpentier à Paris ; 1957, 1962 Biennale de Menton ; 1957, 1959, 1961, 1963 Biennale de Paris ; 1967 pavillon français à l'Exposition internationale de Montréal, etc. Sa première exposition personnelle a lieu en 1951 à Paris, elle sera suivie de nombreuses autres : 1963 *L'Eau et le Feu* dédiée à Bachelard à Paris, puis régulièrement dans de nombreuses villes de France ; 1958, 1960, 1963 Genève ; 1959 Oran et Alger ; 1962 New York ; 1965 Zurich ; 1966 Caracas, Sierre (Suisse), dans différentes villes de Suède ; 1969 musée des beaux-arts de Mexico et musée du Québec... Il a obtenu divers prix.
Un voyage en Corse, en 1954, transforme sa palette. De 1961 à 1963, ses œuvres sont consacrées à trois thèmes principaux : les vagues, le feu, le couple. Aux paysages de ses débuts, peints d'aplats de couleurs vives étalées au couteau, puis souvent retravaillées par grattage, d'une figuration directe, a succédé une appréhension moins immédiate du réel, frôlant parfois le paysagisme abstrait de la dernière période de De Staël. Les vastes espaces horizontaux découverts au Canada vont à partir du

milieu des années soixante jouer un rôle important dans son œuvre. Il a réalisé de nombreuses tapisseries, une peinture murale *Les Sports* pour le centre pré-olympique de Font-Romeu en 1966-1967, une autre le *Soleil des eaux* pour le pavillon français de Montréal en 1967, deux laves émaillées *Fonds marin* pour le centre de recherches sous-marines à Toulon en 1969. Dans les années 1970 il créa une série intitulée *Vieux murs*. Il a illustré de nombreux ouvrages, notamment les *Poésies complètes* de Rimbaud, ainsi que les textes dont il est l'auteur.

Bibliogr. : Agnès Humbert : *J. J. Morvan*, Kistler, Genève, 1961 – André Parinaud, in : *Dict. des artistes contemp.*, Libraires Associés, Paris, 1964 – Catalogue de l'exposition : *Morvan*, musée du Québec, 1969 – in : *Dict. univer. de la peinture*, Le Robert, t. V, Paris, 1975 – Lydia Harambourg : *L'École de Paris 1945-1965 – Dictionnaire des peintres*, Ides et Calendes, Neuchâtel, 1993.

Musées : Brest – Djakarta (Mus. des Beaux-Arts) – Le Havre (Maison de la culture) – Marseille (Mus. Cantini) – Morlaix : *Côte corse* 1957 – Paris (Mus. Nat. d'Art Mod.) – Paris (BN) : *Marée basse* 1978 – Pau – Saint-Étienne (Mus. d'Art et d'Industrie) – Sète – Strasbourg – Tours.

Ventes Publiques : Versailles, 23 mai 1962 : *Nature morte au pichet* : **FRF 2 050** – Versailles, 8 mars 1964 : *Les toits* : **FRF 2 500** – Genève, 16 nov. 1968 : *Orage sur la Escala* : **CHF 3 000** – Genève, 3 juil. 1971 : *L'orage à la Escala* : **CHF 3 000** – Genève, 8 déc. 1973 : *Galets et écume* : **CHF 2 300** – Zurich, 30 mai 1979 : *Orage sur l'Escala* 1964, h/t (60x73) : **CHF 4 000** – Paris, 21 nov. 1989 : *La plage d'Ampurias*, h/t (65x81) : **FRF 33 000** – Versailles, 21 jan. 1990 : *Les Volets verts, Italie* 1960, h/t (27x22) : **FRF 5 200** – Paris, 11 mars 1990 : *Vieux mur à la tête aux cheveux pointus*, h. et collage (100x72) : **FRF 30 000** – La Varenne-Saint-Hilaire, 20 mai 1990 : *Vue de Calvi* 1957, h/t (81x100) : **FRF 14 600** – Paris, 21 nov. 1990 : *Toits de Saint-Germain-des-Prés* 1958, h/t (73x92) : **FRF 12 500** – Paris, 29 mai 1991 : *Branches de pommier du Japon* 1961, h/t (55x33,5) : **FRF 3 500** – Paris, 13 avr. 1992 : *Ciel et terre* 1963, h/t (50x150) : **FRF 6 000**.

MORVANCHET Marie Claudine Félicie. Voir **GUÉNOT**

MORVAY
XIXe siècle. Hongrois.
Peintre de portraits.
Il était actif à Rome en 1845.

MORVAY Julius
Né le 20 juillet 1869 à Vienne. XIXe-XXe siècles. Autrichien.
Peintre de genre, animalier.
Il fut élève de l'académie des beaux-arts de Vienne. Il vécut et travailla à Berlin.

MORVILLER Joseph
Né vers 1800. Mort en 1870. XIXe siècle. Américain.
Peintre de paysages animés, paysages typiques.
Ventes Publiques : New York, 28 jan. 1977 : *Paysage du Massachusetts en hiver* 1864, h/t (40,5x66) : **USD 3 250** – Bolton, 29 fév. 1984 : *Idylle d'été* 1861, h/t (40,5x60,5) : **USD 1 500** – New York, 25 mai 1989 : *L'Hiver à Malden dans le Massachusetts* 1864, h/t (40,6x66) : **USD 8 800** – New York, 31 mars 1993 : *Paysage d'hiver* 1864, h/t (35,6x55,9) : **USD 2 760** – New York, 26 mai 1993 : *Patinage sur une mare* 1866, h/t (35,5x51) : **USD 8 050** – New York, 1er déc. 1994 : *Journée d'hiver* 1862, h/t (92,7x163,2) : **USD 43 700** – New York, 28 sep. 1995 : *Le Guetteur* 1850, h/t (45,7x61,6) : **USD 2 185** – New York, 4 déc. 1996 : *Jour d'hiver* 1862, h/t (91,4x163,2) : **USD 34 500** – New York, 23 avr. 1997 : *Le Guetteur* 1850, h/t (45,8x61) : **USD 4 830**.

MORY Ferdinand
Né en 1701. Mort le 17 février 1748 à Vienne. XVIIIe siècle. Autrichien.
Peintre d'histoire.

MORYCE-LIPSZYC. Voir **LIPSI Morice**

MORZENTI Natale
Né en 1884 à Martinengo (Bergame). Mort en 1947. XXe siècle. Italien.
Peintre de figures, portraits.
Il fut élève de l'académie des beaux-arts de Carrare. Il exposa à Milan en 1926.
On cite de cet artiste : *Les Deux Orphelines – Le Nouveau-Né – Le Baiser de maman – Le Souvenir de l'aïeul* et dans la manière sèche et rude de ce peintre un *Autoportrait* figurant un buveur de vin.

Ventes Publiques : Milan, 12 déc. 1985 : *Conversazione*, h/t (71x126) : **ITL 6 500 000**.

MORZER
XVIIIe siècle. Autrichien.
Peintre.
Il a peint des tableaux d'église à Asten et à Gaspoldshofen.

MORZETTI Giovanni
XVIIe siècle. Actif à Naples vers 1650. Italien.
Sculpteur.
Il exécuta, en collaboration avec Matteo Pelliccia le maître-autel de S. Domenico Maggiore.

MOSANG Andreas
XVIIIe siècle. Allemand.
Sculpteur sur bois.
Membre de l'ordre des Carmes. Il collabora en 1727 au maître-autel de Saint-Nicolas de Kreuznach.

MOSBACH Hans Georg
XVIIe siècle. Allemand.
Dessinateur.
Il publia en 1626 six planches représentant des ornements en forme de bouquets.

MOSBACH Paul
XVe siècle. Suisse.
Peintre.
Il a exécuté en 1476 une peinture pour Saint-Théodore de Bâle.

MOSBACHER Aloïs
Né en 1954 à Stralleg. XXe siècle. Autrichien.
Peintre, dessinateur.
Il vit et travaille à Vienne. Il participe à de nombreuses expositions et montre ses œuvres dans des expositions personnelles depuis 1979 en Autriche, aux États-Unis, en France, hollande, Italie, Allemagne et Suisse.
Il réalise des peintures au climat onirique et des dessins nés de l'inconscient.

MOSBRUGGER Friedrich, Josef et **Wendelin**. Voir **MOOSBRUGGER**

MOSCA
XIXe siècle. Français.
Peintre.
En 1833 et 1834, il exposa au Salon de Paris des dessins au crayon.

MOSCA Andrea
XVIe siècle. Italien.
Sculpteur, architecte et orfèvre.
Fils de Giovanni Maria Mosca et élève de Joh. Zimmermann. Il travailla à Cracovie de 1545 à 1575.

MOSCA Cesare
XVe-XVIe siècles. Actif à Ancône. Italien.
Peintre.
Père de Silvio Mosca.

MOSCA Ferdinando ou **Bernardino**
XVIIIe siècle. Italien.
Sculpteur sur bois.
Il exécuta des buffets d'orgues, des stalles et des plafonds dans les églises d'Aquila, Scanno et Sulmone.

MOSCA Francesco, dit **Moschini**
Mort le 28 septembre 1578 à Pise. XVIe siècle. Italien.
Sculpteur et architecte.
Fils, élève et assistant de Simone Mosca et père de Simone Moschini. Il fut au service de Cosimo Ier de Florence et plus tard, il séjourna à la cour des Farnèse. Il exécuta des statues dans les cathédrales d'Orvieto et de Pise. Le Musée National de Florence conserve de lui *Diane et Actéon*, bas-relief en marbre.

MOSCA Francesco
Né à Lendinara. XVIIe siècle. Italien.
Peintre.
Il travailla à Mantoue et imita Domenichino. Il peignit des tableaux représentant des saints pour les églises de Lendinara et de Rovigo. Le Musée de Mantoue conserve de lui *Jésus tombe sous le poids de la croix*.

MOSCA Francesco di Simone, dit **delle Pecore**
Né en 1476. Mort en 1504. XVe siècle. Italien.
Sculpteur.
Père de Simone Mosca.

MOSCA Giacomo
Né à Casalmaggiore. XVIIIe-XIXe siècles. Italien.
Peintre d'ornements et d'architectures.
Élève de Fr. Chiozzi et de P. Pozzo. Il travailla à Rome et à Crémone. Il vivait encore en 1827.

MOSCA Giovanni Maria, dit **Giovanni Maria** ou **Zuan Maria da Padova** ou **Padovano**
XVIe siècle. Italien.
Sculpteur, architecte et médailleur.
De 1515 à 1530, il travailla à Padoue et à Venise, mais s'établit par la suite à la cour des rois de Pologne où il exécuta des médailles du roi Sigismond Ier, de la reine et de leurs enfants. Il sculpta en collaboration avec son fils Andrea Mosca des monuments funéraires pour les rois de Pologne à Cracovie.

MOSCA Lorenzo
Mort le 7 février 1789. XVIIIe siècle. Actif à Naples. Italien.
Sculpteur.
Le Musée National de Munich et le Musée Municipal de Naples possèdent des figurines de pâtres pour des crèches exécutées par cet artiste.

MOSCA Silvio
Mort en septembre 1568. XVIe siècle. Actif à Ancône. Italien.
Peintre.
Fils de Cesar Mosca.

MOSCA Simone, dit **Moschini**
Né en 1492 à San Martino à Terenzano. Mort en avril 1553 à Orvieto. XVIe siècle. Italien.
Sculpteur d'ornements.
Fils de Francesco Mosca. dit delle Pecore et père du sculpteur Francesco Mosca. Il sculpta des autels dans la cathédrale d'Orvieto et des bas-reliefs dans celle de Lorette.

MOSCA Vincenzo
XIXe siècle. Italien.
Sculpteur.
Il sculpta à S. Domenico de Palerme le tombeau de D. Maria Felice Naselli.

MOSCATELLI Yvan
Né le 15 février 1944 dans le Valsesia. XXe siècle. Actif depuis 1959 en Suisse. Italien.
Peintre, peintre de cartons de vitraux, sculpteur d'intégrations architecturales, dessinateur, pastelliste, graveur. Abstrait.
Il passa son enfance à Borgosesia (Piémont). Il commença une formation de boulanger-pâtissier, s'initiant à la même période au dessin. De 1961 à 1964, il étudie à l'école des Arts et Métiers de La Chaux-de-Fonds. En 1983, il voyage au Mexique, en 1988 séjourne plusieurs mois en Andalousie, où il travaille par la suite régulièrement. Il vit près de Neuchâtel.
Il participe à des expositions collectives en Suisse et à l'étranger. Il montre ses œuvres dans des expositions personnelles : 1968, 1970, 1971, 1987, 1989 à Neuchâtel ; depuis 1973 à La Chaux-de-Fonds notamment en 1982 au musée des Beaux-Arts ; 1974, 1986 Paris ; 1979 museu de Arte de São Paulo ; 1980 musée cantonal des Beaux-Arts de Lausanne ; 1988, 1989 Fribourg ; 1989 Berne ; 1991 Genève. Il a reçu divers prix : 1970 prix du consulat de Neuchâtel, 1976 prix de gravure de la LIVe Biennale du musée des Beaux-Arts de La Chaux-de-Fonds, 1984 premier prix du concours national pour la création des vitraux de l'église Saint-Maurice à Morat.
Figuratif à ses débuts, il emprunte bientôt exclusivement à la géométrie, aux lignes et obliques, aux plages de couleurs unies (en particulier le bleu), la structuration de son œuvre. Au sein du même espace, frontal, il alterne facture gestuelle et surface lisse dynamique, et travaille sur les effets de rupture. Évoquant le réel, un lieu, un moment, à la fin des années quatre-vingt, il privilégie les séries dans des formats plus petits qui rendent compte de ses émotions, notamment *Sud* réalisé alors qu'il s'était astreint à un jeûne de trois semaines. Il poursuit les mêmes recherches avec la sculpture, la gravure, le dessin et surtout la technique du vitrail, qui l'oblige à simplifier la composition, tributaire de l'armature de plomb, en mettant l'accent sur la dynamique des formes et des couleurs. Il a réalisé les vitraux de la chapelle de La Perlaz à Saint-Aubin, de l'église catholique de Morat, des chapelles du centre funéraire de La Chaux-de-Fonds et de Neuchâtel.
BIBLIOGR. : Sylvio Acatos : *Yvan Moscatelli – Juste sous la géométrie, l'univers*, Vie Art Cité, Lausanne, 1990.
MUSÉES : CURITIBA (Mus. de Arte contemp do Parana) – GENÈVE (Cab. des Estampes) – LA-CHAUX-DE-FONDS (Mus. des Beaux-Arts) – LAUSANNE (Mus. canton. des Beaux-Arts) – LE LOCLE (Mus. des Beaux-Arts) – NEUCHÂTEL (Mus. d'Art et d'Hist.) – ROMONT (Mus. du vitrail) – SÃO PAULO (Mus. de São Paulo) : *Nuit métallique* 1978.

MOSCATIELLO Carlo
Né vers 1665 à Naples. Mort en 1739. XVIIe-XVIIIe siècles. Italien.
Peintre d'architectures.
Il exécuta en collaboration avec L. Giordano les fresques *Expulsion des marchands du temple* dans l'église dei Gerolamini de Naples.

MOSCETTI Carlo
XIXe siècle. Actif à Rome de 1870 à 1885. Italien.
Médailleur.

MOSCH C. F.
XIXe siècle. Actif à Liegnitz vers 1830. Allemand.
Paysagiste amateur.

MOSCHCOWITZ Paul
Né le 4 mars 1876 à Giralt. XXe siècle. Depuis environ 1900 actif aux États-Unis. Hongrois.
Peintre de portraits, compositions murales.
Il fut élève de l'Art Student's League de New York et de l'Académie Julian à Paris. Il s'établit à New York. Il reçut une médaille d'argent à Saint Louis en 1904.

MOSCHELES Felix Stone
Né en 1833 à Londres. Mort le 25 (?) décembre 1917 à Tunbridge Wells. XIXe-XXe siècles. Britannique.
Peintre de genre, portraits.
Il fut élève de Van Lerius.
MUSÉES : LONDRES (Nat. Portrait Gal.) : *Portrait de Hodgson Pratt.*
VENTES PUBLIQUES : VERSAILLES, 5 mars 1989 : *Fillette au collier d'ambre* 1898, h/t (48x41) : **FRF 4 000**.

MOSCHENI Antonio
Né au XIXe siècle à Stezzano. XIXe siècle. Italien.
Peintre de genre et portraitiste.
Il exposa de 1883 à 1884.

MOSCHER I. Van ou **Mosker**
XVIIe siècle. Actif de 1635 à 1655. Hollandais.
Paysagiste.
Il travailla probablement à Haarlem. Il ne doit pas être identifié à Jacob de Mosscher. Son chef-d'œuvre est la peinture *Chemin campagnard derrière les dunes*. Le Musée de Kassel conserve un de ses paysages.

MOSCHEROSCH Innocenz
Né en 1697 à Vienne. Mort le 9 octobre 1772. XVIIIe siècle. Autrichien.
Peintre de sujets religieux, graveur au burin.
Membre de l'ordre des Franciscains. Il a peint le tableau d'autel *Stigmatisation de saint François* dans l'église des Frères Mineurs de Vienne.

MOSCHET Pierre
XVe siècle. Actif à Genève vers 1460. Suisse.
Sculpteur.
Il a sculpté les stalles à Saint-Jean-de-Maurienne.

MOSCHI Mario
XIXe-XXe siècles. Italien.
Graveur, médailleur.
MUSÉES : FLORENCE (Gal. d'Art Mod.) : deux médailles.

MOSCHINI Francesco et **Simone**. Voir **MOSCA**

MOSCHINI Gérard
Né en 1946 à Nîmes (Gard). XXe siècle. Français.
Peintre, graveur.
Il vit et travaille à Nîmes.
Il a participé en 1992 à l'exposition *De Bonnard à Baselitz – Dix Ans d'enrichissements du cabinet des estampes 1979-1988* à la Bibliothèque nationale à Paris.
MUSÉES : PARIS (BN) : *La Chasse* 1987.

MOSCHINI Lanobio, don
XVIe siècle. Italien.
Copiste et enlumineur.
Cet artiste, qui fut le calligraphe le plus habile de Florence, fut employé aux travaux importants exécutés pour le roi de Hongrie

et pour l'œuvre de la cathédrale. Les archives de cette dernière corporation contiennent de nombreux renseignements sur cet artiste. La Bibliothèque Laurentienne de Florence possède un *Epistolarium* richement enluminé.

MOSCHINI Roberto
Né en 1937 à Fabriano (Marches). xxe siècle. Italien.
Sculpteur de figures, peintre, graveur, dessinateur.
Il enseigne à l'Institut des Arts d'Urbino, Spoleto et Bologne. Il participe à des expositions collectives régulièrement en Italie, notamment à la Biennale de Venise et à l'étranger : 1957 Ljubljana, 1958 Dublin, 1969 Washington, 1978 Berlin, 1985 São Paulo, 1989 Stockholm, 1990 Rouen et Aix-en-Provence, 1992 Melbourne. Il montre ses œuvres dans des expositions personnelles en France et Italie.
Il privilégie, dans sa sculpture, les figures féminines, sveltes, aux formes gracieuses, généralement en bronze. Dans ses peintures surgissent des fonds aux couleurs diluées quelque personnage ou paysage, entre réel et mirage.

MOSCHINI Simone
Né vers 1560 à Orvieto (Carrare). Mort le 20 juin 1610 à Parme. xvie-xviie siècles. Italien.
Sculpteur et architecte.
Fils de Francesco Mosca dit Moschini. A partir de 1578 au service du duc de Parme. On cite de lui quatre statues pour la Fontana di Castello à Parme et le monument de Marguerite d'Autriche à S. Sisto de Plaisance.

MOSCHINO ou **Moschini**. Voir aussi **MOSCA**

MOSCHINO Giuseppe
xviiie siècle. Travaillant probablement au xviiie siècle. Espagnol.
Sculpteur sur ivoire.
Il a sculpté un calvaire dans le Palais Portugalete de Madrid.

MOSCHION
iie siècle avant J.-C. Actif à la fin de l'époque hellénistique ou de l'époque romaine. Antiquité grecque.
Sculpteur.
Fils d'Adamas d'Athènes. Il exécuta en collaboration avec ses frères Adamas et Diomysodoros une *Iris* à Délos.

MOSCHKOFF Ilarion W.
Né en 1778. Mort le 14 août 1845. xixe siècle. Russe.
Peintre de vues.
Élève de l'Académie de Saint-Pétersbourg.

MOSCHKOFF Wladimir I.
Né le 16 juillet 1792. Mort en 1839. xixe siècle. Russe.
Peintre de batailles.
Élève de l'Académie de Saint-Pétersbourg. On cite de lui *La bataille de Leipzig*.

MOSCHNER Franz
xviiie siècle. Actif à Grulich de 1751 à 1781. Autrichien.
Peintre.
Il exécuta des peintures religieuses et des fresques dans plusieurs églises de Moravie.

MOSCHOS Elias
xviie siècle. Grec.
Peintre.
Il travailla en Crète jusqu'en 1645 et a exécuté des peintures dans la cathédrale grecque de Zante. Le Musée National d'Athènes possède des peintures de lui ou d'un membre de sa famille.

MOSCOSO Luis
xxe siècle. Équatorien.
Peintre de compositions animées.
On cite de cet artiste : *Musiciens et Cuicocha*.

MOSCOTTO Giovanni
xixe siècle. Actif à Trieste vers 1850. Autrichien.
Sculpteur.
Le Musée Revoltella, à Trieste, conserve de lui le *Portrait de Marie-Thérèse*. A l'Hôtel de Ville de Trieste se trouvent huit bas-reliefs allégoriques exécutés par cet artiste.

MOSCOVICI Ariel
Né le 23 juin 1956 à Bucarest. xxe siècle. Actif depuis 1974 en France. Roumain.
Sculpteur, peintre, graveur, illustrateur. Tendance abstraite.
De 1967 à 1970 il fut élève de l'atelier de sculpture du musée Héléna Rubinstein à Tel-Aviv, et sortit diplômé de l'école des beaux-arts de Paris en 1979. Il vit et travaille à Évry.
Il participe à de nombreuses expositions collectives, à Paris : Salons des Réalités Nouvelles, de la Jeune Sculpture, Grands et Jeunes d'Aujourd'hui, ainsi que : Salon de Montrouge, Foire internationale d'Art contemporain de Bâle, Salon international d'Art européen de Karlsruhe. Il montre ses œuvres dans des expositions personnelles : 1978 New York, 1981 Centre culturel Pablo-Neruda à Corbeil, 1985 Paris et Maison de la culture de Courbevoie. Il a réalisé un relief pour le groupe scolaire Les Aunettes à Évry.
Dans ses sculptures, il s'intéresse aux ruptures que crée la rencontre des surfaces non dégrossies et celles lisses, polies, faisant alterner, au sein d'une même œuvre, une forme en creux, une surface plate et une forme en saillie.
Bibliogr. : Ionel Jianou et divers : *Les Artistes roumains en Occident*, American Romanian Academy of Arts and Sciences, Los Angeles, 1986.
Musées : Paris (BN) : *Esquisse pour sculpture I* 1977.

MOSCOVITZ Pascal
xxe siècle. Français.
Peintre de paysages. Expressionniste.
En 1995 à Paris, le Salon-galerie *Le Petit Merlan* a montré un ensemble de ses peintures.

MOSÉ Albert
Né en 1835 à Varasdin. xixe siècle. Autrichien.
Peintre de genre et portraitiste.
Élève de Blaas et de J. N. Geiger.

MOSE Carl C.
Né le 17 février 1907 à Copenhague. xxe siècle. Danois.
Sculpteur de bustes.
Il fut élève de Lorado Taft, Albin Polasek et Leo Lentelli. Il fut membre de la Fédération américaine des arts. Il sculpta des bustes et des bas-reliefs.

MOSEBACH Rudolf ou **Karl Rudolf**
Né le 23 octobre 1860 à Zwickau (Saxe). xixe-xxe siècles. Allemand.
Sculpteur de compositions religieuses.
Il fut élève de von Schilling et de Hähnel. L'église Notre-Dame de Zwickau possède des sculptures de cet artiste.

MOSÉE Karl
Né le 2 septembre 1860 à Vienne. xixe-xxe siècles. Autrichien.
Peintre, illustrateur.
Il fut élève de Griepenkerl, d'Eisenmenger et de Wurzinger.

MOSEK Richard
Né en 1961. xxe siècle. Britannique.
Peintre.
Ventes Publiques : Stockholm, 14 juin 1990 : *Palette*, h/t (106x121) : **SEK 4 200**.

MOSELAGE Fritz
Né le 20 juin 1881 à Düsseldorf (Rhénanie-Westphalie). xxe siècle. Allemand.
Sculpteur.
Il fut élève de Clémens Buscher et d'Ign. Wagner.

MOSELAGEN Jean. Voir **MOESELAGEN Jean A.**

MOSELEY Henry
xixe siècle. Actif à Londres de 1842 à 1866. Britannique.
Portraitiste.
Mari de Maria A. Chalon. Il exposa à Londres, de 1842 à 1866, à la Royal Academy, à Suffolk Street et à la British Institution. On cite de lui le *Portrait de sir Herb Benj. Edwardes* conservé à la National Gallery, à Londres.

MOSELEY R. S.
Né en 1862. Mort en 1912. xixe-xxe siècles. Actif à Londres. Britannique.
Peintre de genre, animaux.
Il exposa de 1863 à 1880.
Ventes Publiques : Londres, 14 fév. 1990 : *Sandringham Count : un Saint-Bernard* 1893, h/t (60,9x45,8) : **GBP 4 180** – Londres, 14 juil. 1993 : *Palomi, le poney favori de Catherine, Comtesse Beauchamp dans la prairie*, h/t (70,5x91,5) : **GBP 977** – Perth, 31 août 1993 : *Le chien Sandringham Count* 1893, h/t (61,5x46) : **GBP 3 450** – New York, 3 juin 1994 : *Un chien de meute* 1912, h/pan. (32,4x20,3) : **USD 1 437**.

MOSENGEL Adolf ou **Konrad Heinrich Adolf**
Né le 1er janvier 1837 à Hambourg. Mort le 12 juin 1885 à Hambourg. xixe siècle. Allemand.

Peintre de paysages, lithographe.
Il fut élève de l'Académie de Düsseldorf. Il travailla ensuite à Paris, puis avec Calame à Genève. Il revint se fixer à Hambourg.
Musées : Altona – Hambourg – Rostock (Mus. mun.) : *Torrent dans la vallée de Hassli.*
Ventes Publiques : Cologne, 11 mai 1977 : *Bords de la Moselle,* h/t (52,5x78) : **DEM 4 000** – Stockholm, 29 mai 1991 : *Paysage alpestre avec un lac au clair de lune,* h/t (43x68) : **SEK 11 500.**

MOSER
Né à Bischofstein. xixe siècle. Allemand.
Peintre.
Il a peint en 1804-05 des parties du déambulatoire de l'église de Heilige-Linde.

MOSER Alexandre. Voir **PADINA Alex**

MOSER Amy
Née le 23 mai 1873 à Boston. xixe-xxe siècles. Active en Suisse. Britannique.
Peintre de portraits, paysages, architectures.
Elle s'établit à Zollikon près de Zurich.
Musées : Berne (Mus. d'Art).

MOSER Anna Maria
Née en 1756 à Schwaz. Morte en 1838. xviiie-xixe siècles. Autrichienne.
Peintre de portraits et de sujets religieux.
Fille de Franz Anton Moser. On cite d'elle plusieurs exemplaires du portrait d'*Andreas Hofer.* Le Musée Ferdinandeum d'Innsbruck conserve d'elle les portraits de *l'artiste par elle-même,* de *Joh. Lechner,* d'*Anton Wintersteller* et de *Franz L. Knapp.*

MOSER Charles
Né en 1953. xxe siècle. Suisse.
Dessinateur.
Musées : Aarau (Aargauer Kunsthaus) : *Sans titre* 1973.

MOSER Emil
Né le 16 mai 1826 à Ratschitz. Mort le 28 décembre 1916 à Graz. xixe-xxe siècles. Autrichien.
Miniaturiste.
Élève de l'Académie de Prague et de Vienne. Il peignit surtout des miniatures sur parchemin d'un caractère moyenâgeux. Le Musée de Brünn conserve de lui une aquarelle *(Portrait de François Ier)* et deux cartons *(La mort de Czestmir* et *Albert IV de Habsbourg dans la crypte de ses ancêtres à Muri).*

MOSER Ernst Christian
Né en 1815 à Graz. Mort le 30 avril 1867 à Graz. xixe siècle. Allemand.
Portraitiste et peintre de genre et d'histoire.
Élève de l'Académie de Vienne. En 1840, il fut nommé professeur à l'Académie de Graz.
Musées : Graz : *Ottokar VI, duc de Styrie – Saint Antoine à genoux – Portrait de Barbara Vischer – La mère de l'artiste* – Vienne : *Une fillette faisant la charité à une pauvre famille dans une mansarde.*
Ventes Publiques : New York, 12 mai 1978 : *La pièce compromettante* 1853, h/pan. (63x49,5) : **USD 4 250** – Vienne, 22 mai 1982 : *Famille de paysans admirant un bijou* 1845, h/t (44,2x54,8) : **ATS 700 000.**

MOSER Franz
Né en 1747 à Achdorf (près de Landshut). xviiie siècle. Allemand.
Sculpteur.
Il s'établit à Deggendorf à partir de 1788.

MOSER Franz Anton
Né à Krumau. Mort le 18 janvier 1727 à Prague. xviie-xviiie siècles. Actif vers 1682. Autrichien.
Peintre.

MOSER Franz Anton
xviiie siècle. Actif à Schwaz (Tyrol). Autrichien.
Peintre.
Père d'Anna Maria Moser Il a peint une *Sainte Cécile* pour l'église de Schwaz et un tableau d'autel pour l'église de Wiesing.

MOSER Georg Michael
Né le 17 janvier 1706 à Schaffhouse. Mort le 24 janvier 1783 à Londres. xviiie siècle. Britannique.
Portraitiste, orfèvre, médailleur et émailleur.
Père de Mary Moser Après avoir étudié à Genève, il vint très jeune en Angleterre pour y exercer le métier de ciseleur. Il se consacra bientôt avec succès à la peinture et fut un portraitiste de talent. On cite notamment de lui les portraits des deux fils aînés du roi George III. Ce fut un des fondateurs de la Royal Academy en 1768 ; il y fut professeur de dessin d'après l'antique. Il fut directeur de la Saint Martin Lane Academy et membre de la Société des Artistes.

MOSER Hans ou par erreur **Michael**
xvie siècle. Allemand.
Peintre.
Il était actif à Augsbourg. Il peignit des feuilles d'informations illustrées ; que conserve le Musée Germanique de Nuremberg, représentant *Rupture de digue à Anvers ; Tremblement de terre et tempête à Ferrare ; Meurtre à Deiningen, Phénomène céleste entre Eisleben et Mansfeld ; Parhélie sur Cologne, Apparitions de parasélènes au-dessus de Nuremberg.*
Musées : Nuremberg (Mus. Germanique).

MOSER Hermann
Né le 2 septembre 1835 à Vienne. xixe siècle. Autrichien.
Peintre de genre, portraitiste et caricaturiste.
Élève de Rahl.

MOSER James Henry
Né le 1er janvier 1854 à Whitby (Canada). Mort le 10 novembre 1913 à Washington. xixe-xxe siècles. Américain.
Paysagiste.
Élève de John H. Witt et de Ch. H. Davis. Professeur à la Corcoran School of Art. La Corcoran Gallery et le Musée National de Washington conservent des peintures de cet artiste.
Ventes Publiques : Copenhague, 20 mars 1986 : *Portrait de femme,* h/t (74x64) : **DKK 20 000.**

MOSER Josef
Né en 1783 à Wolfach (Forêt-Noire). xixe siècle. Allemand.
Peintre de portraits.
Il fut élève de l'Académie de Munich.

MOSER Josef
xxe siècle. Autrichien.
Sculpteur de compositions religieuses, statues, bustes.
Il décora des églises de Merano, où il vécut et travailla, de statues et d'un crucifix. On cite de lui des bustes de maires de Merano *Josef Haller* et *J. V. Pircher.*

MOSER Joseph
Né en juin 1748 à Londres. Mort le 22 mai 1819 à Londres. xviiie-xixe siècles. Britannique.
Peintre sur émail et écrivain.
Neveu de George Michael Moser. Il exposa à la Royal Academy de 1774 à 1787.

MOSER Jost
Mort le 14 décembre 1577 à Lucerne. xvie siècle. Suisse.
Peintre et peintre verrier.

MOSER Julius
Né en 1808 à Königsberg. xixe siècle. Allemand.
Peintre d'histoire et de genre.
En 1831, il fut élève de W. Hensel à Berlin. En 1836, il fut envoyé à Rome où il travailla plusieurs années. Il exposa à Berlin à partir de 1832.
Ventes Publiques : New York, 22 jan. 1982 : *Vue de Taormina* 1852, h/t (86,5x145) : **USD 1 500.**

MOSER Karl
Né le 10 août 1860 à Baden. xixe-xxe siècles. Suisse.
Aquarelliste.
Il fit ses études à Zurich et Paris, et se spécialisa notamment dans l'architecture.

MOSER Karl, l'Ancien
Né en 1819 à Bozen. Mort le 17 janvier 1882 à Bozen. xixe siècle. Autrichien.
Peintre de paysages, fleurs, aquarelliste.
Il est le père de Karl Moser le Jeune. Il peignit plus de deux cents aquarelles représentant des paysages des Dolomites et des fleurs des Alpes.
Ventes Publiques : Vienne, 9 oct. 1985 : *Auf der Seiseralm* 1874, h/pan. (36x49) : **ATS 38 000.**

MOSER Karl, le Jeune
Né le 27 janvier 1873 à Bozen. Mort en 1939 à Bozen. xixe-xxe siècles. Autrichien.
Peintre de compositions animées, animaux, paysages, graveur.

Il fut élève de l'académie des beaux-arts de Munich. Il subit l'influence des impressionnistes français et devint l'un des plus importants graveurs sur bois de cette époque. On cite de lui soixante-deux planches de gravures sur bois polychromes représentant des paysages, des animaux, des types populaires de la Bretagne, de la côte adriatique et du Tyrol.

Musées : Rome (Mus. d'Art Mod.) : *Marchande de poulets.*
Ventes Publiques : Munich, 30 nov 1979 : *Deux jeunes Bretonnes sur la plage*, h/pan. (46x55) : **DEM 4 500** – Heidelberg, 11 avr. 1992 : *Les Dolomites dans le sud tyrolien* 1925, bois gravé en coul. (17,5x44,5) : **DEM 2 400** – Munich, 1er-2 déc. 1992 : *Paysans sur un chemin dans un paysage montagneux* 1928, bois gravé colorié (28,5x42,5) : **DEM 7 820.**

MOSER Karl Adalbert Julius
Né le 14 juillet 1832 à Berlin. Mort en janvier 1916 à Berlin. XIXe-XXe siècles. Allemand.
Sculpteur.
Élève de l'Académie de Berlin, d'Aug. Fischer et de Drake. Le Musée de Berlin conserve de lui : *L'amour désarmé* et *L'Art technique.* Il a sculpté les statues de *Frédéric-Guillaume Ier et de Frédéric-Guillaume III*, des maréchaux *v. Seydlitz et Schwerin* et du poète *Chamisso*, à Berlin.

MOSER Koloman ou **Kolo**
Né le 30 mars 1868 ou 1869 à Vienne. Mort le 18 octobre 1918 à Vienne. XIXe-XXe siècles. Autrichien.
Peintre de compositions animées, figures, illustrateur, dessinateur, décorateur.
Il fut élève à Vienne de Franz Rumpler, Christian Griepenkerl et Franz von Matsch à l'académie des beaux-arts, puis de l'école des arts appliqués, où il enseignera à partir de 1899. Très lié avec les architectes J. Hoffmann et Joseph Maria Olbrich, il appartint au Siebener Club. Il fut l'un des fondateurs en 1937 de la Sécession de Vienne, pour qui il composa des affiches d'expositions, et des Ateliers viennois.
Une rétrospective de son œuvre a été présentée en 1979 au musée des Arts décoratifs de Vienne.
Il fut peut-être l'artiste qui réussit le mieux la synthèse entre les beaux-arts et les arts appliqués. Il fut peintre, illustrateur, créateur de meubles, miroirs, bijoux, timbres et affiches. On cite de lui de nombreuses illustrations et maquettes pour des timbres-poste, des affiches, des cartes postales, des ex-libris et des fresques dans des églises viennoises. En 1903, il fut chargé de l'aménagement de l'exposition Beethoven au palais de la Sécession. L'année suivante, l'architecte Otto Wagner lui commanda des vitraux pour l'église Saint-Léonard de Steinhof pour des raisons religieuses et personnelles, on ne lui permit pas de mener à bien ce travail, mais son successeur Remigins Geyling s'en inspira fortement. Sa peinture subit l'influence de l'impressionnisme et de Hodler.
Bibliogr. : In : *Dict. des illustrateurs 1800-1914*, Ides et Calendes, Neuchâtel, 1989 – in : *L'Art du xxe s*, Larousse, Paris, 1991 – in : *Dict. mod. et contemp.*, Hazan, Paris, 1992.
Musées : Paris (BN) : *Ver Sacrum V Jahr 1902* – Vienne (Mus. d'Art Mod.) : *Trois Femmes – Petit Arbre en fleurs.*
Ventes Publiques : Vienne, 13 sep. 1967 : *Vue d'un parc* : **ATS 12 000** – Vienne, 22 sep. 1971 : *Montagnes* : **ATS 15 000** – Vienne, 5 déc. 1973 : *Paysage alpestre* : **ATS 40 000** – Vienne, 12 mars 1974 : *Le filtre d'amour* : **ATS 18 000** – Vienne, 17 sep. 1976 : *Portrait de jeune fille*, h/t mar./pan. (37x25) : **ATS 28 000** – Vienne, 17 juin 1977 : *Tête de jeune fille, de profil à gauche*, h/t (50,5x37,5) : **ATS 110 000** – Vienne, 22 juin 1979 : *Soir d'été* 1902, h/cart. (38x52,5) : **ATS 55 000** – Vienne, 18 mars 1981 : *Paysage aux arbres*, cr. coul. et craie (26x36) : **ATS 10 000** – Vienne, 16 mars 1982 : *Le filtre d'amour*, h/t (210x195) : **ATS 350 000** – Vienne, 15 nov. 1983 : *Étude pour un vitrail* vers 1905, gche, or et aquar./pap. brun (112,5x63) : **ATS 90 000** – Vienne, 22 mars 1983 : *Bataille de Titans*, h/t (135x215) : **ATS 350 000** – Vienne, 19 nov. 1984 : *Couple d'amoureux*, mine de pb et cr. vert (25x40) : **ATS 80 000** – Vienne, 18 juin 1985 : *Projet de vitrail*, cr./pap. Japon mince (42x30,5) : **ATS 35 000** – Vienne, 18 juin 1985 : *Jour de pluie* 1914, h/t (75x62,5) : **ATS 380 000** – Londres, 8 oct. 1986 : *Profil de jeune fille*, fus. et or/cart. (35x35) : **GBP 6 000** – Londres, 2 déc. 1986 : *Printemps* vers 1896, h/t (235x67) : **GBP 240 000** – New York, 14 mai 1987 : *Ver Sacrum, V Jahr, XII. Austellung* 1902, litho. en coul. (89x30,1) : **USD 10 000** – Londres, 10 fév. 1988 : *Cep de vigne avec des oiseaux* 1906, aquar. et gche, projet pour la frise du maître-autel de l'église du Steinhof à Vienne (112,5x54) : **GBP 60 500** ; *Projets de motifs de céramiques*, cr. encre et gche, deux dess. (42x33,5 et 40x25) : **GBP 2 310** ; *Portrait de la belle-mère de l'artiste*, h/t (48x48) : **GBP 44 000** – Londres, 4 déc. 1990 : *Coucher de soleil*, h/cart. (35,2x25,7) : **GBP 13 200** ; *Marronnier en fleurs dans un jardin*, h/t (100x100) : **GBP 77 000** – Londres, 20 mai 1993 : *Deux peintres dans un atelier*, lav. brun et cr./pap./pap. (33x23,7) : **GBP 3 220** – Londres, 23 sep. 1993 : *La fille papillon*, encre et gche blanche/pap. assemblé sur cart. (44x40,5) : **GBP 41 100.**

MOSER Lorenz
Né à Stadtamhof. XVIIIe-XIXe siècles. Allemand.
Graveur au burin et ciseleur.
Il travailla à Cologne de 1784 à 1813.

MOSER Lucas
Né au début du XVe siècle à Weilderstadt. XVe siècle. Allemand.
Peintre d'histoire.
Il est connu à travers une seule œuvre : le *Retable de sainte Madeleine*, peint en 1431 pour l'église de Tiefenbronn. Il était pourtant déjà mentionné en 1402 à Ulm, où il demeura jusqu'en 1434. Certains lui attribuent les vitraux de la cathédrale d'Ulm. *Le Retable de sainte Madeleine* est en fait une armoire destinée à enfermer une statue ; il représente quatre scènes de la vie de Marie-Madeleine, dont le *Repas chez Simon ; Marie-Madeleine, Marthe, Lazare et les évêques Maximin et Cedon.* Ce doit être une œuvre de maturité qui coïncide avec les recherches des Flamands, plus qu'elle ne s'inspire des peintres flamands. C'est peut-être l'œuvre d'une personne âgée, désabusée qui voit avec peine d'autres jeunes artistes attirer l'attention à son détriment, ce qui pourrait expliquer l'inscription portée sur ce retable : « Crie, mon art, crie et lamente-toi, car aujourd'hui personne ne se réclame plus de toi, hélas ». Pourtant cette composition semble plutôt en avance sur son temps, quant à la notation des volumes, au pittoresque des paysages montagneux et marins, et au réalisme des natures mortes.
Bibliogr. : J. Lassaigne et G. C. Argan : *Le XVe siècle, de Van Eyck à Botticelli*, Skira, Paris, 1955.

MOSER Martin
Né après 1500 à Zurich peu. Mort vers 1570 à Lucerne. XVIe siècle. Suisse.
Peintre et verrier.
Élève de Hans Leu. On cite de lui cinq grandes lunettes représentant des sujets bibliques à l'Hôtel de Ville de Lucerne.

MOSER Martin
XVIIe siècle. Allemand.
Peintre.
Il a peint cinq tableaux du château de Munich qui furent détruits pendant une reconstruction.

MOSER Martin
XVIIIe siècle. Autrichien.
Peintre.
Il a peint l'*Histoire de Samson* pour l'abbatiale de Melk en 1713.

MOSER Mary, plus tard Mrs **Lloyd**
Née le 27 octobre 1744 à Londres. Morte le 2 mai 1819. XVIIIe-XIXe siècles. Britannique.
Peintre d'histoire, natures mortes, fleurs et fruits, aquarelliste.
Fille unique de Geroges Michael Moser. Elle exposa d'abord à la Société des Arts en 1758 et 1759 ; puis de 1760 à 1792 à la Royal Academy dont elle fut élue membre dès la fondation de cette association, elle y était avec Angelica Kauffmann la seule femme invitée. Elle fut chargée de diverses décorations dans des palais royaux. En 1758, elle épousa le Captain Hugh Lloyd et à la suite de son mariage ne fit plus de la peinture qu'en amateur.
Aujourd'hui oubliée, elle fut un peintre de natures mortes apprécié de son époque. Bien qu'excellant dans la peinture de fleurs elle s'essaya également dans des sujets classiques et historiques.
Musées : Londres (Victoria and Albert Mus.) : quatre tableaux de fleurs et diverses aquarelles – Londres (British Mus.) : aquarelles.
Ventes Publiques : Londres, 1er juin 1927 : *Fleurs dans un vase* :

GBP 37 – Londres, 9 déc. 1927 : *Vase de fleurs et plat de fruits* : **GBP 71** – Londres, 21 nov. 1945 : *Fleurs dans un panier* : **GBP 72** – Los Angeles, 25 juin 1976 : *Nature morte aux fleurs* 1769, aquar. (64,7x49,5) : **USD 1 400** – Londres, 15 juil. 1987 : *Natures mortes aux fleurs*, h/t, une paire (60x50) : **GBP 5 600** – Londres, 13 nov. 1996 : *Nature morte de fleurs*, h/t, une paire (chaque 53,5x36) : **GBP 17 250**.

MOSER Michael
Né le 26 septembre 1698 à Selberting (près de Traunstein). Mort en 1751 à Dresde. xviiie siècle. Allemand.
Sculpteur.
Cousin et élève de Balthasar Permoser. Il séjourna en Hollande vers 1732, puis s'établit à Dresde.

MOSER Michael. Voir aussi **MOSER Hans**

MOSER Nikolaus
Né le 6 avril 1956 à Spittal-an-der-Drau. xxe siècle. Autrichien.
Peintre. Abstrait.
Il participe à des expositions collectives régulièrement à Vienne, ainsi que : 1986 Palma de Majorque, 1988 Graz, 1991 Braunschweig, 1992 Salon Découvertes à Paris. Il montre ses œuvres dans des expositions personnelles en Allemagne et en Autriche.

MOSER Oswald
Né en 1874 à Londres. Mort en 1953. xixe-xxe siècles. Britannique.
Peintre de genre, dessinateur.
Il exposa à Paris, au Salon des Artistes Français, reçut une mention honorable en 1907.
Ventes Publiques : Londres, 27 juin 1927 : *L'Adoration des mages*, dess. : **GBP 14** – Londres, 20 juil 1979 : *Sainte Élisabeth de Hongrie et le mendiant*, h/t (62,2x92,7) : **GBP 750** – Londres, 30 mai 1985 : *In the rose garden*, aquar. (62x46) : **GBP 1 200**.

MOSER Otto
xixe siècle. Actif à Insterburg. Allemand.
Portraitiste.
Élève de J. S. Otto. Il exposa à Berlin en 1844.

MOSER Paul
xviie siècle. Actif à Wunsiedel. Allemand.
Sculpteur.
Il a sculpté probablement la chaire et l'autel de l'église de Saint-Quirin et les fonts baptismaux de Pegnitz.

MOSER R. R.
Né le 31 octobre 1834 à Augsbourg (Bavière). xixe siècle. Allemand.
Dessinateur, peintre de portraits et de paysages.
Élève de K. Glocker, de J. E. Gaisser et de F. Dahmen.

MOSER Richard
Né le 2 octobre 1874 à Vienne. Mort après 1917. xixe-xxe siècles. Autrichien.
Peintre de paysages, architectures, aquarelliste, peintre à la gouache, technique mixte.
Musées : Vienne (Mus. muni.) : *Vues de Vienne*, vingt-quatre aquar.
Ventes Publiques : Vienne, 13 mars 1979 : *Heiligenkreuzerhof* 1909, aquar. (25x18) : **ATS 25 000** – New York, 1er mars 1984 : *Scène de marché, Vienne* 1914, aquar. et cr. (43,2x84,5) : **USD 5 500** – Vienne, 27 juin 1986 : *Vienne, palais Lobkowitz* 1911, aquar. (24x32) : **ATS 35 000** – Vienne, 15 oct. 1987 : *Au-dessus de St. Veit*, aquar. (25x20) : **ATS 35 000** – New York, 15 oct. 1991 : *Village au bord d'un ruisseau* 1915, aquar. et gche/pap. (25,3x33) : **USD 2 420** – Munich, 22 juin 1993 : *Le couvent de Neuburger-Hof à Vienne* 1912, aquar. et gche/pap. (32,5x21) : **GBP 3 680** – Munich, 7 déc. 1993 : *Salon et chambre à coucher de la résidence du Bourgmestre Joseph Strobach* 1906, une paire aq./pp (chaque 26, 5x32,5) : **DEM 6 325**.

MOSER Rudolf
Né en 1914 à Zurich. Mort en 1972 à Hinterkapden/Berne. xxe siècle. Suisse.
Peintre de décors de théâtre.
Il étudia à Zurich et Munich. Il fut aussi réalisateur de films.

MOSER Wilfrid ou **Wilfried**
Né le 10 juin 1914 à Zurich. Mort le 19 décembre 1997 à Zurich. xxe siècle. Depuis 1945 actif en France. Suisse.
Peintre, peintre de collages, sculpteur, pastelliste.
De 1935 à 1939, il se forma seul au cours de voyages en Espagne, en Afrique du Nord, et surtout au Maroc. Ensuite, il voyagea en Italie, recevant de fortes impressions du paysage de Sienne et de Carrare. Il travailla également dans les académies de Fernand Léger et d'André Lhote à Paris.
Il commença à exposer à partir de 1952, participant régulièrement, à Paris, aux Salons des Réalités Nouvelles et de Mai ; d'Automne en 1961, 1962 et 1967, ainsi qu'à de nombreuses manifestations internationales : 1951 *Six Jeunes Peintres de Paris* à Stockholm et *Dix Artistes de Paris* au Kunsthaus de Zurich ; 1952 avec Nallard à Paris ; 1954 Institute of Contemporary Art de Londres ; 1956 *Dix Peintres zurichois* à la Kunsthalle de Bâle ; 1958 Biennale de Venise ; 1959 exposition Alechinsky, Messagier, Moser, Tapiès à la Kunsthalle de Berne ; 1959, 1963 Biennale de São Paulo ; 1963 Ier Salon international des Galeries Pilotes au musée cantonal de Lausanne ; 1968 Kunstmuseum de Lucerne ; 1979, 1983, 1987 Foire internationale de Bâle ; 1985 Salon de Mai à Paris. Depuis 1952, il montre régulièrement ses œuvres dans des expositions personnelles à la galerie Jeanne Bucher à Paris. Une rétrospective de son œuvre a été présentée en 1970 au Kunsthaus de Zurich. En 1985, il fut fait Chevalier des Arts et des Lettres et, en 1989, reçut le prix de peinture de la ville de Zurich. En 1998 à Paris, la galerie Jeanne Bucher a présenté ses dernières peintures *Le pont Alexandre III, œuvres ultimes 1994-1997*.
Il trouva beaucoup d'enseignement dans les rapports de tons des Utrillo de la période blanche, où il retrouvait l'écho des émotions plastiques qu'il avait ressenties au Maroc et en Italie. Abstrait depuis quarante-cinq, ses œuvres sont restées fidèles à la ligne qu'il s'était fixée d'emblée, sauf quelques incursions dans l'expérimentation de matériaux étrangers, notamment de planches de palissades, intégrés à la toile peinte. Il a réalisé plusieurs monuments pour des collèges en Moselle. Dans une gamme colorée plus stridente que les harmonies de bruns mises en œuvre par Nallard, il se rattache au même courant de l'abstraction, assez spécifiquement français, qui se fonde sur l'observation des phénomènes naturels, paysages ou objets. On a écrit que justement dans ses peintures « la chair des pierres et celle des bœufs écorchés trouvent leur unité de lumière ». Il a réalisé en 1992 le cycle : *La Chute des idoles*. Au début des années soixante-dix, il revient à une peinture figurative, les modèles de ses tableaux abstraits – la nature – devenant identifiables, bien qu'ils soient sans modèle réel.

MOSER

Bibliogr. : Félix Baumann : *Moser* Zurich, 1979 – Michel Seuphor : *Dict. de la peinture abstr.*, Hazan, Paris, 1957 – G. P., in : *Peintres contemp.*, Mazenod, Paris, 1964 – in : *Dict. univer. de la peinture*, Le Robert, Paris, 1975 – in : *Dict. de l'art mod. et contemp.*, Hazan, Paris, 1992 – Lydia Harambourg : *L'École de Paris 1945-1965 – Dictionnaire des peintres*, Ides et Calendes, Neuchâtel, 1993.
Musées : Aarau (Aargauer Kunsthaus) : *Assemblage-peinture (Métro)* 1965-1967 – *Kleine Skulptur* vers 1970 – Bâle – Grenoble – Lausanne – Locarno – Lucerne – Paris – Zurich (Kunsthaus).
Ventes Publiques : Zurich, 23 nov. 1978 : *Les anonymes* 1967, past. (52,5x67,5) : **CHF 2 600** – Zurich, 15 nov. 1986 : *La Ville entière* 1951, h. et collage/isor. (65,5x79) : **CHF 7 500** – Lucerne, 24 nov. 1990 : *Sans titre*, sculpt. de polyester vernie de rouge (H. 46, L. 26) : **CHF 15 000** – Lucerne, 25 mai 1991 : *Composition*, h. et collage/t. (55x38) : **CHF 4 000** – Zurich, 16 oct. 1991 : *Composition* 1952, h/cart. (21x47) : **CHF 2 400** – Zurich, 29 avr. 1992 : *Composition 742*, h/t (55,5x38,6) : **CHF 2 600** – Zurich, 4 juin 1992 : *Métro* 1963, h/t (106x182) : **CHF 16 950** ; *Motocross*, collage et h/toile de jute (130x162) : **CHF 21 470** – Zurich, 9 juin 1993 : *Composition* 1955, h/t (73x92) : **CHF 8 050** – Lucerne, 4 juin 1994 : *Métro* 1963, h/t (195x270) : **CHF 30 000** – Zurich, 12 juin 1995 : *Le Voyage du Pequot* 1960, h/t (114x146) : **CHF 16 100** – Paris, 15 déc. 1995 : *Sans titre*, h/t (96x130) : **FRF 33 000** – Lucerne, 8 juin 1996 : *Sans titre*, h/t grossière (97x130) : **CHF 14 000** – Berne, 20-21 juin 1996 : *Charcuterie* vers 1967, craie coul. (21x26) : **CHF 2 500** – Lucerne, 23 nov. 1996 : *Montagne noire* 1984, h/pap./bois (96,5x120) : **CHF 8 200**.

MOSER Wolfgang
Né au début du xviie siècle à Gsiess (Tyrol). xviie siècle. Autrichien.
Sculpteur sur bois.

Le Musée du Ferdinandeum d'Innsbruck conserve de lui un crucifix orné de nombreuses figures et d'ornements.

MOSES, dit **Formstecher**
Né en 1760 à Gehaus (près de Stadtlengsfeld). Mort en 1836 à Offenbach. XVIIIe-XIXe siècles. Allemand.
Illustrateur et miniaturiste.
Il exécuta les gravures sur bois pour *Le boîteux d'Offenbach*, dès 1801.

MOSES Anna Mary Robertson. Voir **GRANDMA MOSES**

MOSES Henry
Né vers 1782 à Londres. Mort le 28 février 1870 à Cowley. XIXe siècle. Britannique.
Graveur au burin et dessinateur.
Cet artiste fut un des maîtres graveurs de l'école anglaise du début du XIXe siècle. Son art consciencieux rend ses travaux très estimables. Il fut pendant de longues années attaché au British Museum. Il a gravé de nombreuses antiquités, vases anciens, statues, etc. En 1828, il publia : *Selection of Ornemental, Sculptures from the Museum of the Louvre*. On lui doit aussi des marines.
Ventes Publiques : Londres, 17 nov. 1983 : *Marines*, pl. sur traits cr., carnet de cinquante-neuf dess. (14,5x23) : **GBP 3 000**.

MOSES M.
XVIIIe siècle. Actif à Portsmouth de 1750 à 1760. Britannique.
Graveur.

MOSES Michael, appellation erronée. Voir **MOSER Michael**

MOSES Paul ou **Moises**
Né vers 1630 à Lehrberg. Mort vers 1700. XVIIe siècle. Allemand.
Sculpteur.
Élève de Joh. Böhme à Schneeberg. Il travailla à Hambourg et à Wunsiedel.

MOSES Thomas G.
Né en 1856 à Liverpool. Mort en 1934. XIXe-XXe siècles. Britannique.
Peintre de compositions animées, scènes typiques, paysages.
Il fut élève de l'Art Institute de Chicago et de R. M. Shurtleff. Il s'établit à Chicago.
Il représenta souvent des scènes écossaises.
Ventes Publiques : Los Angeles-San Francisco, 12 juil. 1990 : *Arbres au sommet d'une colline* 1910, h/t (51x61) : **USD 1 760**.

MOSEWIUS Emilie
Née à Breslau. Morte en 1893 à Berlin. XIXe siècle. Allemande.
Peintre de portraits.
Élève de A. Siegert. Le Musée de Breslau conserve d'elle un *Portrait de son père*, professeur de chant à la cour.

MOSHAGE Heinrich
Né le 12 novembre 1896 à Osnabrück (Basse-Saxe). XXe siècle. Allemand.
Sculpteur, médailleur.
Il fut élève de l'école de sculpture sur bois de Warmbrünn et de l'académie des beaux-arts de Munich.
Musées : Dresde – Munich – Münster (Mus. provinc.) : portraits et sculptures sur bois.

MOSHE Ninio
Né en 1953. XXe siècle. Israélien.
Artiste, auteur d'installations, vidéaste.
Il a montré son travail en 1996 au FRAC (Fonds Régional d'Art contemp.) Languedoc-Roussillon à Montpellier.
Il travaille à partir de photographies, d'instruments technologiques, comme des caméras de surveillance, et réalise des vidéos, développant une œuvre originale, pleine de poésie.
Bibliogr. : Clarisse Hahn : *Moshe Ninio*, Art Press, n° 217, Paris, oct. 1996.

MO SHIH-LUNG. Voir **MO SHILONG**

MO SHILONG ou **Mo Che-Long** ou **Mo Shih-Lung**, surnoms : **Yunqing** et plus tard **Tinghan,** noms de pinceau : **Qiushui, Zhenyi Daoren,** etc.
Originaire de Huating, province du Jiangsu. XVIe-XVIIe siècles. Actif vers 1567-1600. Chinois.
Peintre.
Fils d'un notable influent de Huating, Mo Ruzhong, Mo Shilong est connu comme poète, calligraphe, peintre de paysages et surtout critique d'art auteur du *Huashuo*, Propos sur la Peinture. Personnalité de penseur génial, d'esthète et de peintre, il occupe le centre d'une petite coterie d'esprits élégants et, bien que comblé de tous les dons, ne se préoccupe guère de faire carrière, par négligence ou détachement. La mort le surprend d'ailleurs avant qu'il ait la possibilité d'édifier une œuvre propre à assurer sa survie auprès de la postérité. Celle-ci ne retiendra de lui qu'un nom, tandis que la gloire normalement promise à ses talents échouera au peintre Dong Qichang (1555-1636). Il semble en effet certain que la plus grande part de théories esthétiques infiniment réputées et influentes de Dong ne sont que la simple reprise des idées de Mo, puisque aussi bien, c'est chez le père de celui-ci, et donc à son contact, que Dong reçoit le meilleur de son éducation littéraire et artistique. Sans réduire Dong Qichang aux dimensions d'un plagiaire chanceux, il convient néanmoins, par souci d'honnêteté historique, de restituer à Mo ce qui lui revient dans l'œuvre d'un autre homme, lequel aura, par contre, le génie d'orchestrer ses idées neuves et de leur insuffler une capacité de longue survie. Les quelques paysages qui subsistent de Mo Shilong sont très marqués par le style de Huang Gongwang (1269-1354).
Musées : Paris (Mus. Guimet) : *Paysage*, encre sur fond or, éventail signé – Princeton (University) : *Hautes montagnes et ruisseaux sinueux* signé et daté 1567 – Shanghai : *Ruisseau dans un ravin*, coul. sur pap., rouleau en longueur – Taipei (Nat. Palace Mus.) : *Chaumière sur les Collines de l'Est*, signé et accompagné d'un poème.

MOSIN Michiel. Voir **MOZYN**

MOSKOVITCHENKO Konstantin
Né en 1928. XXe siècle. Russe.
Peintre de natures mortes.
Il fut élève de l'école des beaux-arts de Vitebsk, puis de l'Institut Répine de Saint-Pétersbourg. Il devint membre de l'Union des Artistes d'URSS.
Ventes Publiques : Paris, 5 oct. 1992 : *Nature morte aux fleurs et aux pommes*, h/t (65x86) : **FRF 4 900**.

MOSKOVTCHENKO Michel
Né le 6 janvier 1935 à Tarare (Rhône). XXe siècle. Français.
Peintre, graveur.
Il vit et travaille à Gordes.
Il a participé à quelques expositions collectives, dont la Biennale de Paris en 1965 et 1967. D'origine lyonnaise, c'est à Lyon qu'il a fait la plupart de ses expositions personnelles à partir de 1961. Il a également exposé à Paris, en 1970, 1972 et 1974. Il a reçu le prix de gravure de la ville de Toulon en 1973.
Paysagiste, il est surtout sensible à l'aridité de la Provence et des montagnes du Lubéron. Décrivant les roches nues, il nous plonge dans un univers proche du fantastique, parfois oppressant.
Musées : Lyon – Paris (BN) : *Les Carrières de Lacoste* 1978, eau-forte – Saint-Étienne (Mus. d'Art et d'Industrie).

MOSKOWITZ Ira
Né le 15 mars 1912 à Turka. XXe siècle. Actif depuis 1927 aux États-Unis. Polonais.
Peintre.
Il a passé son enfance à Prague, puis aux États-Unis, où il s'inscrivit à l'Art Student's League de New York puis dans l'atelier de Wickey qui fut son seul professeur. Il a vécu en France en 1935, en Israël en 1938, puis est retourné aux États-Unis. Il est parti ensuite trois ans en Israël, à partir de 1968, au kibboutz Kiryat Anavira. Il a montré ses œuvres dans une exposition personnelle au musée d'Haïfa en 1969.
Il est resté imperméable à l'influence de ses contemporains et ses maîtres furent Mantegna, Rembrandt et Brueghel. En 1940, il a peint les Indiens du Sud-Ouest des États-Unis.

MOSKOWITZ Robert
Né en 1935 à New York. XXe siècle. Américain.
Peintre de paysages urbains, natures mortes, intérieurs.
Il fut élève du Pratt Institute à New York, à la suite de quoi il travailla, de 1954 à 1959, comme dessinateur technique.
Il participe à de nombreuses expositions collectives, parmi lesquelles : 1961 *Art of assemblage* au Museum of Modern Art de New York ; 1962 *The New Realists* à New York et musée de Dallas ; 1963 Ier Salon international des Galeries Pilotes au musée cantonal de Lausanne ; 1978 *New Image Painting*, Whitney

Museum of American Art, New York... Il montra ses œuvres pour la première fois dans une exposition personnelle en 1962 à New York, à la galerie Léo Castelli.
Après une brève période abstraite, il revient à une figuration d'une grande simplicité, mettant en scène de grandes plages de couleurs monochromes, sur lesquelles prennent place des figures ou objets.
Bibliogr. : Catalogue : *Ier Salon international des Galeries Pilotes*, Musée cantonal, Lausanne, 1963 – in : *L'Art du xxe siècle*, Larousse, Paris, 1991.
Musées : New York (Whitney Mus.) : *The Swimmer* 1977.
Ventes Publiques : New York, 2 mai 1985 : *Sans titre* 1970, acryl./t. (228,5x190,3) : **USD 4 000** – New York, 6 mai 1986 : *Sans titre* 1961, h. et collage/t. (90,2x89) : **USD 8 750** – New York, 27 fév. 1990 : *Sans titre* 1961, h. et collage/t. (108x108) : **USD 22 000** – New York, 8 mai 1990 : *Sans titre* 1967, acryl./t. (46x41) : **USD 47 300** – New York, 1er mai 1991 : *Sourire (dans la position du lotus)* 1973, acryl., latex et graphite/t. (228,6x190,5) : **USD 44 000** – New York, 13 nov. 1991 : *Sans titre (fer plat)* 1980, craies de coul. et graphite/pap. (36,6x19,7) : **USD 3 850** – New York, 9 mai 1992 : *Sans titre* 1962, graphite/pap. (45,7x61) : **USD 2 200** – New York, 18 nov. 1992 : *Sans titre* 1962, collage et alu. peint/t (137,2x101,6) : **USD 22 000** – New York, 23-25 fév. 1993 : *Sans titre* 1962, h. et collage/t. (129,5x101,6) : **USD 8 625** – New York, 21 nov. 1996 : *Sans titre* 1970, acryl./t. (228,6x190,5) : **USD 6 900**.

MOSKVIN Jakoff
Né le 21 octobre 1761. xviiie siècle. Russe.
Sculpteur.
Élève de l'Académie de Saint-Pétersbourg. Il séjourna à Paris en 1778.

MÖSL Jakob ou **Möszl**
Né vers 1706 à Seekirchen. Mort le 30 octobre 1787 à Salzbourg. xviiie siècle. Autrichien.
Sculpteur.
Il fut compagnon chez Draxl. Il sculpta de nombreux autels, des tombeaux et des portails pour des églises d'Autriche et de l'Allemagne du Sud.

MÖSL Josef
Né le 13 janvier 1821 à Köstendorf. Mort le 9 novembre 1851 Köstendorf. xixe siècle. Autrichien.
Peintre.
Il fit ses études à Munich. Il exécuta sous la direction de Schraudolph des fresques dans la cathédrale de Spire. Le Musée de Salzbourg conserve de lui *Homme à la cuirasse*.

MÖSL Margareta
Morte en 1780. xviiie siècle. Active à Vulpmes (Tyrol). Autrichienne.
Peintre.
Elle fut peintre amateur et copiste.

MOSLER Clemens
Né en 1860 à Munster (Rhénanie-Westphalie). xixe-xxe siècles. Allemand.
Peintre d'histoire.
Fils et élève de Dominik Mosler, il a peint des tableaux d'autel dans les églises de Coesfeld, de Dülken et de Schöppingen.

MOSLER Dominik
Né le 29 novembre 1822 à Düsseldorf. Mort le 13 novembre 1880 à Münster. xixe siècle. Allemand.
Peintre d'histoire.
Fils et élève de Karl Mosler et élève de l'École des Beaux-Arts de Francfort-sur-le-Main. Il exposa à partir de 1845. Il décora de ses peintures les églises de Münster, d'Eller et d'Oberreifenberg et la chapelle de Hofheim.

MOSLER Gustave Henry
Né le 16 juin 1875 à Munich (Bavière). Mort le 17 août 1906 à Margaretville (États-Unis). xxe siècle. Actif aux États-Unis. Allemand.
Peintre.
Il est le fils de Henry Mosler, dont il fut élève. Il vécut longtemps en Europe et en Égypte.
Musées : New York (Mus. de Brooklyn) – Tolèdo.
Ventes Publiques : New York, 20-21 avr. 1976 : *Le conte de grand-mère* 1894, h/t (127x162) : **USD 2 500** – New York, 28 sep. 1989 : *Femme avec un chapeau* 1892, h/t (33x24) : **USD 4 180** – New York, 14 fév. 1990 : *Fillette cueillant des fleurs dans une prairie*, h/t (65,5x51) : **GBP 22 000**.

MOSLER Heinrich
Né en 1836. Mort le 27 novembre 1892 à Düsseldorf. xixe siècle. Allemand.
Peintre et écrivain d'art.
Fils de Karl Mosler. En 1880, professeur à l'Académie de Leipzig.

MOSLER Henri
Né au xixe siècle aux États-Unis. xixe siècle. Américain.
Peintre.
Il figura au Salon des Artistes Français à Paris ; médaille de troisième classe en 1901.

MOSLER Henry
Né le 6 juin 1841 à New York. Mort le 21 avril 1920 à New York. xixe-xxe siècles. Actif aux États-Unis. Allemand.
Peintre d'histoire, genre, portraits.
Après avoir étudié quelque temps à Düsseldorf, il fut à Paris, élève de Hébert et de l'école des beaux-arts, puis de Piloty et de la Royal Academy de Londres.
Il débuta à Paris au Salon des Artistes Français de 1878, reçut une mention honorable en 1879, une médaille de troisième classe en 1888, une d'argent à l'Exposition universelle de 1889. Il fut fait chevalier de la Légion d'honneur en 1892.
Musées : Cincinnati : *Retour des pêcheurs de crabes* – *Tête d'un moine* – New York (Metropolitan Mus.) : *Noces en Bretagne* – Paris (ancien Mus. du Luxembourg) : *Le Retour* – Sydney : *Le Matin de la noce* – Toledo : *The Bisharin Minstrel*.
Ventes Publiques : New York, 21-22 jan. 1909 : *Printemps* : **USD 155** – Paris, 28 jan. 1924 : *Femme assise et travaillant à l'intérieur d'une boutique* : **FRF 255** – Londres, 18 fév. 1970 : *Mariage champêtre* : **GBP 1 000** – New York, 2 févr 1979 : *Dawn of our flag* 1907, h/t (127x91,4) : **USD 3 500** – New York, 23 sep. 1981 : *Avec Grand-papa dans le jardin* 1918, h/t (55,9x63,5) : **USD 7 000** – Londres, 8 juin 1983 : *The Spirit of the rainbow* 1918, h/t (117,5x170) : **GBP 4 600** – New York, 25 juin 1986 : *Les Derniers Sacrements*, h/t (160x116) : **USD 5 500** – New York, 12 sep. 1994 : *L'heure de la traite*, h/t (116,8x161,3) : **USD 9 775** – New York, 20 mars 1996 : *Souvenir de la visite de New York* 1911, h/t (35,6x27,9) : **USD 2 760**.

MOSLER Ignaz ou **Christian Ignaz** ou **Mossel**
xviiie siècle. Allemand.
Peintre.
Élève de M. L. L. Willmann. On lui attribue dans la cathédrale de Glogau huit peintures représentant des épisodes de la vie du Christ.

MOSLER Karl Joseph Ignaz
Né en 1788 à Coblence. Mort le 28 février 1860 à Düsseldorf. xixe siècle. Allemand.
Peintre d'histoire.
Père de Dominik et de Heinrich Mosler. Il travailla d'abord à Cologne, puis à Munich où il fut élève de Peter von Langer. En 1825, il fut nommé directeur intérimaire de l'Académie de Munich.

MOSLER-PALLENBERG Heinrich
Né le 2 août 1863 à Cologne. Mort le 30 juin 1893 à Vienne. xixe siècle. Allemand.
Portraitiste, peintre d'histoire et de genre.
Élève de Gebhardt et de W. Sohn à Düsseldorf. Il travailla à Leipzig, Cologne et visita l'Espagne. Les Musées de Cologne conservent de lui : *Autoportrait*, *Résignation*, *Espagnole*.

MOSLEY Charles
Né vers 1720. Mort vers 1770. xviiie siècle. Britannique.
Caricaturiste et graveur à l'eau-forte et au burin.
Il grava des portraits, et des sujets de genre. Il collabora avec Hogarth et en 1745 fit un certain nombre de caricatures politiques d'après ses propres dessins.

MOSMAIR Georg
xviiie siècle. Actif au Tyrol. Autrichien.
Sculpteur.
L'église de Tisens conserve de lui un *Christ*.

MOSMAN Gulliver
xviiie siècle. Allemand.
Peintre.
On cite de lui à Berlin *Portrait d'une dame* daté de 1742.

MOSMANN Jean ou **Mosman**
Né en 1760. xviiie siècle. Français.
Sculpteur.
Il est dit « de Tivole en Allemagne ». Il exposa au Salon de Paris, en 1793, cinq esquisses en terre cuite.

MOSMANN Nikolaus
Né en 1727 à Haroué. Mort le 12 août 1787 à Rome. XVIIIe siècle. Allemand.
Dessinateur et graveur au burin.
Il s'établit à Rome en 1757, d'abord comme garde du pape. Il collabora aux gravures de *Monuments antiques* de Winckelmann. Le Musée Britannique de Londres possède de lui deux cent cinquante dessins des maîtres italiens.

MOSNEL J.
XIXe-XXe siècles. Français.
Peintre de paysages.
Ventes Publiques : Paris, 9 oct. 1950 : *La Seine à Rouen* 1904 : **FRF 300.**

MOSNER Ricardo
Né en 1948 à Buenos Aires. XXe siècle. Actif en France. Argentin.
Peintre de compositions animées, technique mixte, dessinateur, illustrateur, sculpteur, créateur d'installations, décorateur. Nouvelles Figurations.
Il vit et travaille à Paris. Il participe à de nombreuses expositions collectives à Paris : 1982 *L'Amérique latine à Paris* aux galeries nationales du Grand Palais ; 1983, 1984 musée d'Art moderne de la Ville ; 1985 *Murs peints* au centre Georges Pompidou ; 1985 Biennale ; 1986 musée des Arts décoratifs ; ainsi que : 1975 Stedelijk Museum d'Amsterdam ; 1983, 1984, 1985 Salon de Montrouge. Il montre ses œuvres dans des expositions personnelles régulièrement à Paris et : 1983 Maison de la culture de Nantes, 1984 Toulouse...
Il mêle acrylique et pastel ou travaille à la gouache, réalisant des œuvres figuratives graphiques, vivement colorées, à la facture libre et bâclée. Il aborde avec désinvolture les thèmes de la fête et de la vie nocturne. Parallèlement, il réalise des livres d'artistes, des collages, des sculptures et les décors de divers spectacles.
Bibliogr. : Catalogue : *Nouvelle Biennale de Paris*, Electa Moniteur, Paris, 1985 – Philippe Carteron : *Couleur tango – Mosner*, Le Nouvel Observateur, Paris, déc. 1987 – Damian Bayon, Roberto Pontual, in : *La Peinture de l'Amérique latine au XXe siècle*, Mengès, Paris, 1990.
Ventes Publiques : Paris, 13 avr. 1988 : *Carnaval gras*, acryl. et techn. mixte (116x89) : **FRF 13 000** – Paris, 21 juin 1990 : *Projet du supplément littéraire Libération* 1989, gche/cart. (23x16) : **FRF 3 500** – Paris, 14 oct. 1991 : *Gulliver Gulp*, techn. mixte/pap. (50x65) : **FRF 9 000** – Paris, 18 déc. 1992 : *Homme debout* 1987, acryl./pap. (29x20,5) : **FRF 4 000.**

MOSNIER, peut-être **Jean Jacques Crépin**
Né en 1752 à Soissons. Mort le 10 avril 1791 à Soissons. XVIIIe siècle. Français.
Peintre.
Le Musée de Soissons conserve une gouache, *Chef-d'œuvre*, au bas de laquelle on lit : *Ornement fait par M. Mosnier pour sa réception dans la corporation des peintres, à Soissons, avant 1793.*

MOSNIER. Voir aussi **MONIER**

MOSNIER Jacques ou **Monier**
Né à Blois. Mort après le 16 février 1681 probablement à Tours. XVIIe siècle. Français.
Peintre.
Fils de Jean M. et élève de l'Académie de France à Rome en 1673.

MOSNIER Jean ou **Monnier** ou **Monier** ou **Monsnier**
Né en 1600 à Blois. Mort vers 1656 à Blois. XVIIe siècle. Français.
Peintre et verrier.
Père de Jacques, Michel et Pierre Mosnier Fils et petit-fils de peintres verriers. Il reçut de son père ses premières leçons. Protégé par la reine Marie de Médicis, il put, grâce à une pension qu'elle lui fit, aller en Italie vers 1616. Il y passa huit ans, trois ans à Florence et cinq ans à Rome. Il se lia avec Poussin. En 1625, il revint en France, fit des vitraux pour quelques églises de Paris, et exécuta quatorze tableaux pour le palais du Luxembourg, par ordre de la reine mère. Cependant, ayant eu des désagréments au sujet de ces ouvrages, il se retira d'abord à Chartres, où il peignit pour l'évêque Léonor d'Étampes, puis dans sa ville natale qu'il ne quitta plus et où il exécuta de nombreux travaux. On le cite exécutant des peintures, à Chinon, à Saumur, à Tours, à Nogent-le-Rotrou, dans les châteaux de Valençay et de Cheverny et dans les églises de Bois. Il serait intéressant de rechercher ce que sont devenues les œuvres de ce peintre, y compris celles exécutées pour le Luxembourg. Le Musée du Louvre conserve de lui *La magnificence royale*, et celui de Bois, *Allégorie* et *La Vierge au coussin vert.*

Mosnier.

MOSNIER Jean Laurent
Né en 1743 ou 1744 à Paris. Mort le 10 avril 1808 à Saint-Pétersbourg. XVIIIe siècle. Français.
Peintre de portraits, miniatures.
Agréé à l'Académie de Paris le 29 juillet 1786, il devint académicien le 31 mai 1788. Il figura au Salon de Paris en 1787 et en 1789. Lors de la Révolution, il émigra à Londres et y obtint du succès. On le trouve exposant à la Royal Academy, de 1791 à 1796, pas moins de trente-deux portraits. En 1802, il se fixa à Saint-Pétersbourg et y devint peintre de la cour.
Musées : Chartres : *Le sculpteur Bridan* – Moscou (Mus. des Beaux-Arts) : *Esquisse pour un portrait d'Alexandre Ier* – *La princesse Tatiana Joussoupoff* – *Femme avec enfant* – Paris (Mus. du Louvre) : Cinq portraits en miniature – Saint-Pétersbourg (Acad.) : *Le comte Muravioff* – Saint-Pétersbourg (Mus. de l'Ermitage) : *L'artiste avec ses filles* – *Le comte Alex. Stroganoff* – *La princesse Tatiana Joussoupoff* – *La comtesse Muravioff et ses enfants* – *Alexandre Ier* – *La tsarine Élisabeth* – *Le comte Paul Stroganoff* – Versailles : *Portrait du peintre Lagrenée.*
Ventes Publiques : Paris, 1880 : *Portrait de femme*, sur une boîte : **FRF 2 900** – Paris, 1891 : *Portrait de femme* : **FRF 4 500** – Paris, 1898 : *Portrait de femme*, miniature : **FRF 1 300** – Paris, 8 avr. 1919 : *Portrait de femme*, miniature : **FRF 1 600** – Londres, 25 juil. 1930 : *W. Petty ; lord Sherburne, premier marquis de Landsdowne* : **GBP 273** – New York, 18 avr. 1934 : *William Petty* : **USD 1 700** – Paris, 5 déc. 1936 : *Portrait de femme* : **FRF 2 700** – Paris, 24 mars 1939 : *Homme, époque Louis XVI*, miniature : **FRF 700** – Paris, 18 déc. 1942 : *Portrait de jeune femme accoudée à une balustrade* 1797 : **FRF 10 000** – Paris, 28 avr. 1947 : *Portrait de jeune femme en corsage blanc* 1780 : **FRF 152 000** – Paris, 17 déc. 1949 : *Portrait d'un artiste* : **FRF 1 050 000** – Paris, 19 déc. 1949 : *Femme en robe mauve*, miniat., Attr. : **FRF 22 000** – Paris, 17 mai 1950 : *Portrait d'homme coiffé d'une perruque* 1787, miniature : **FRF 17 000** – Londres, 24 nov. 1972 : *Portrait de Lady Callender avec son fils* : **GNS 4 800** – Londres, 3 mai 1974 : *Portrait de la grande-duchesse Maria Paulowna* 1803 : **GNS 2 800** – New York, 20 jan. 1983 : *Portrait de Sir John Errington* 1791, h/t (114x86,5) : **USD 6 500** – New York, 17 jan. 1985 : *Portrait de jeune fille à son clavecin*, h/t (121,5x97) : **USD 30 000** – Londres, 11 juil. 1990 : *Portrait de Mrs John Drummond, née Beauclerk, assise de trois quarts portant une robe verte et un bonnet blanc* 1792, h/t (114,5x89) : **GBP 6 600** – Londres, 9 déc. 1994 : *Double portrait de Moritz Christian Johann, Graf von Fries en habit bleu sombre et culotte et gilet chamois, tenant un chapeau, des gants et une canne avec sa femme Maria Theresia Josepha, Princesse de Hohenlohe-Waldenburg-Schillingsfurst en robe noire et châle indien jaune sous un portique* 1801, h/t (251,5x176,2) : **GBP 111 500** – New York, 12 jan. 1996 : *Portrait d'une petite fille vêtue d'une robe ivoire à ceinture bleue assise sur une marche d'escalier près d'un vase de fleurs*, h/t (76,2x63,8) : **USD 13 800** – New York, 3 oct. 1996 : *Portrait de Sir John Errington* 1791, h/t (113x87) : **USD 8 625** – Londres, 3 déc. 1997 : *Portrait en buste d'une dame, peut-être Lady Boyd, portant une robe rouge et un châle blanc*, h/t (66x54,9) : **GBP 26 450.**

MOSNIER Michel ou **Monnier** ou **Monier**
Mort le 24 décembre 1686 à Paris. XVIIe siècle. Français.
Sculpteur.
Fils de Jean Mosnier. On voit de lui dans le parc de Versailles : *Le gladiateur mourant*, statue de marbre, d'après l'antique.

MOSNIER Pierre ou **Meunier** ou **Monsnier** ou **Monier** ou **Monnier**
Né le 17 mars 1641 à Blois. Mort le 29 décembre 1703 à Paris. XVIIe siècle. Français.
Peintre d'histoire et écrivain d'art.
Second fils de Jean Mosnier dont il fut d'abord l'élève. Celui-ci l'envoya fort jeune poursuivre ses études dans l'atelier de Sébastien Bourdon. Pierre Mosnier aida son maître dans la décoration de la Galerie de l'Hôtel de Bretonvilliers, en 1664. Jean Mosnier était déjà un peintre habile et la même année il obtenait au concours de l'Académie le premier prix de peinture sur le sujet : *La Conquête de la Toison d'Or.* Il fut un des élèves emmenés à

Rome par Charles Errard pour étudier dans la Nouvelle Académie que Colbert venait de fonder dans cette ville. Mosnier étudia surtout les œuvres de Raphaël et des Carracci. Le 6 octobre 1674, étant de retour à Paris, il fut reçu académicien. Adjoint à professeur en 1676, il fut professeur en 1686. Il ne prit part qu'à une Exposition en 1699. Il exécuta pour l'église Saint-Sulpice : *La Vierge adorée par les anges*.
Ventes Publiques : Paris, 17 avr. 1920 : *Un marché à Rome devant les thermes de Dioclétien* : **FRF 500**.

MOSNY H.
XIXe siècle. Français.
Peintre de paysages, marines.
Ventes Publiques : Paris, 18 juin 1943 : *Marine* 1875 : **FRF 900** – Amsterdam, 24 sep. 1992 : *Paysage montagneux avec un pêcheur et une lavandière au bord d'un torrent* 1884, h/t (65x54) : **NLG 2 530**.

MOSONYI-PFEIFFER Hellmann
Né en 1863 à Masany. Mort le 8 novembre 1905 à Budapest. XIXe-XXe siècles. Hongrois.
Illustrateur, dessinateur.
Il fit ses études à Vienne et en Italie. Il exécuta des affiches et des frontispices de livres.

MOSQUERA-GOMEZ Luis
Né le 7 mars 1899 à La Corogne (Galice). Mort le 11 août 1987 à Madrid (Castille). XXe siècle. Espagnol.
Peintre de figures, nus, portraits, paysages, natures mortes.
Dès l'âge de huit ans, il étudia la peinture et le dessin avec D. Roman Navarro. Il fit ensuite des études universitaires scientifiques, sans toutefois renoncer à la peinture. De 1927 à 1930, il décida de s'installer à Paris, étudiant à l'académie de la Grande Chaumière et visitant les principaux musées d'Europe. Il enseigna par la suite à l'école des beaux-arts San Fernando de Madrid.
Il participa, à Madrid, au Salon d'Automne et au Cercle des beaux-arts, dont il fut membre sociétaire. Il figura aux expositions officielles d'Art espagnol à Venise, Berlin, Le Caire, Rio de Janeiro, Buenos Aires. Il reçut de nombreux prix, notamment une troisième médaille à l'Exposition nationale des beaux-arts à Madrid.
Il se spécialisa dans les portraits en buste de personnalités (Maria Casarès, Camilo José Cela...) sur fond neutre ou paysages, dans une lumière diffuse. Ces œuvres, académiques, diffèrent de ses paysages et natures mortes, de petit format, à la facture plus libre.
Bibliogr. : In : *Cien Anos de pintura en Espana y Portugal, 1830-1930*, Antiqvaria, t. VI, Barcelone, 1991.
Musées : La Corogne (Mus. provin.).
Ventes Publiques : Madrid, 26 fév. 1980 : *Nature morte*, h/pan. (21x29) : **ESP 110 000**.

MOSQUERA Y VIDAL Ramon
Né en 1835 à Madrid. XIXe siècle. Espagnol.
Peintre de figures et de portraits.
Élève de C. Mugica et de B. Soriano Murillo.

MOSS Ella A.
Née en 1844 à La Nouvelle-Orléans. XIXe siècle. Américaine.
Peintre de genre et portraitiste.
Élève de Sohn à Düsseldorf. Elle s'établit à New York en 1877.

MOSS Frank
Né en 1838 à Philadelphie. XIXe siècle. Américain.
Peintre de genre.
Élève de L. Bonnat. Il se fixa à New York.
Ventes Publiques : Nice, 18 juin 1980 : *Le joueur de luth assis sur un coffre*, h/t (36x28) : **FRF 7 000**.

MOSS Marlow, pseudonyme de **Jewell Marjorie**
Née en 1890 à Richmond (Surrey). Morte en 1958 à Penzance (Cornouailles). XXe siècle. Active de 1927 à 1940 en France. Britannique.
Peintre, sculpteur. Abstrait-néoconstructivisme.
Elle est élève de la Slade School de Londres, jusqu'en 1919, et étudie alors la philosophie, l'histoire de l'art, la littérature, les mathématiques. En 1926, elle commence à peindre. L'année suivante, elle s'installe à Paris. En 1929, elle rencontre Mondrian qu'elle fréquente dès lors régulièrement, et devient élève de Léger et d'Ozenfant. Elle participe au mouvement Abstraction-Création.
Elle participa aux expositions du groupe *Abstraction-Création*, notamment à celle organisée après sa mort au musée d'Art moderne de la ville de Paris en 1978 et présentée au Westfälisches Landesmuseum de Münster ; après 1940 au Salon des Réalités Nouvelles à Paris ; aux manifestations du groupe *Espace* à Londres. Elle exposa aussi de 1953 à 1958 à la Hanover Gallery de Londres, en 1962 au Stedelijk Museum d'Amsterdam, en 1972 au Townhall de Middleburg, en 1973 à la galerie Gimpel Hanover de Zurich. Elle eut sa première exposition personnelle en 1928 à Paris.
Elle devint, vers 1925, peut-être le premier, en tout cas le plus strict disciple des préceptes du néoconstructivisme de Mondrian. Elle intègre dans ses œuvres rigoureuses, un cordon, parfois coloré. Élément de composition, il participe pleinement de la configuration géométrique de l'ensemble. Ses sculptures possèdent une claire logique formelle qui rappelle parfois les réalisations dans ce domaine de Max Bill.
Bibliogr. : Michel Seuphor, in : *Dict. de la peint. abstraite*, Hazan, Paris, 1957 – in : *L'Art du XXe siècle*, Larousse, Paris, 1991.
Musées : Amsterdam (Stedel. Mus.) – Grenoble (Mus. de peinture) – Londres (Tate Gal.).
Ventes Publiques : Amsterdam, 10 avr. 1989 : *Blanc, rouge et noir* 1950, h/t (91x61) : **NLG 41 400** – Paris, 5 déc. 1990 : *Visage abstrait*, h/bois (45x37) : **FRF 15 000** – Amsterdam, 10 déc. 1992 : *Composition en bleu, jaune et noir*, h/t (61x76) : **NLG 13 800** – Paris, 26 mai 1993 : *Composition* 1935, techn. mixte (31x44) : **FRF 3 500** – Amsterdam, 5 juin 1996 : *Composition jaune, bleue, noire, rouge et blanche* 1957, h/t (92x46) : **NLG 23 000**.

MOSS William
XVIIIe siècle. Britannique.
Peintre de paysages, architectures, graveur.
Il fut un des premiers élèves de la Royal Academy et obtint à ses écoles une médaille d'or en 1778. De 1775 à 1782, il exposa à la Royal Academy des vues d'architectures.

MOSS William G.
XIXe siècle. Actif à Londres de 1814 à 1827. Britannique.
Peintre de genre, paysages, architectures.
Ventes Publiques : Londres, 13 avr. 1994 : *Le sauvetage à Hastings en 1814*, h/t (64,5x89,5) : **GBP 5 175**.

MOSSA Alexis
Né en 1844 à Santa-Fé-de-Bogota, de parents français. Mort en 1926 à Nice (Alpes-Maritimes). XIXe-XXe siècles. Français.
Peintre de sujets religieux, scènes de genre, figures, paysages, aquarelliste.
Il est le père de Gustave Adolphe Mossa. Il quitta la Colombie à l'âge de six ans. Il fut élève de François Édouard Picot et d'Alexandre Cabanel à l'École des Beaux-Arts de Paris. Il fut professeur à l'École des Arts Décoratifs de Nice et conservateur du musée de Nice. Il exposa, à Paris, à partir de 1866, au Salon, puis Salon des Artistes Français. Il réalisa de nombreuses aquarelles de petits formats.
Musées : Nice (Mus. Chéret) : *Une Bonne Lame – La Foi gardant le corps de Jésus – Le Génie de la revanche poursuivant l'invasion – Nos Alpins – Groupe de femmes*.
Ventes Publiques : Londres, 25 juin 1981 : *Carnaval de Nice*, cr. et reh. de gche (54x80) : **GBP 450** – Versailles, 5 déc. 1982 : *La reine Victoria assistant à une revue militaire* 1898, aquar. (42,5x57,5) : **FRF 18 500** – Monaco, 3 déc. 1989 : *Le char de la Lyre au Carnaval de Nice* 1892, h/t (77,5x253) : **FRF 35 520** – Paris, 31 jan. 1990 : *Sous-bois*, aquar. (21,5x15,5) : **FRF 3 800**.

MOSSA Gustave Adolphe
Né le 28 janvier 1883 à Nice (Alpes-Maritimes). Mort le 26 mai 1971 à Nice. XXe siècle. Français.
Peintre de figures, paysages, natures mortes, aquarelliste, technique mixte, dessinateur, illustrateur. Tendance symboliste.
Fils d'Alexis Mossa, il pratiqua l'aquarelle en amateur. Il fut longtemps conservateur du musée Jules Chéret. Il a exposé à Nice, Paris, Buenos Aires.
Il a illustré les classiques. Il composa également des visions fantastiques, aux couleurs posées en aplats, dans un style qui évoque ceux de Beardsley et de Burne-Jones.

GUSTAVADOLF MOSSA.

Bibliogr. : Jean Roger Soubiran – *Gustav Adolph Mossa*, ed.

Edirivìera et Alligator, Nice, 1985 – Gérald Schurr, in : *Les Petits Maîtres de la peinture 1820-1920, valeur de demain*, Les Éditions de l'Amateur, t. II, Paris, 1976.

Ventes Publiques : Paris, 24 mai 1944 : *Coquelle, Eusebius et Florestan* 1913 et 1912, deux aquar. : **FRF 500** – Paris, 17 déc. 1971 : *La rose et le scarabée ; le coq et la perle* 1914, deux aquar. (50x30) : **FRF 1 300** – Paris, jan. 1972 : *Composition*, h/t : **FRF 3 300** – Paris, 9 déc. 1976 : *Le couteau* 1907, aquar. et encre de Chine/Japon (24,5x16) : **FRF 820** – Paris, 28 fév. 1977 : *Élégante et Jockey* 1906, h/t (73,5x61) : **FRF 17 000** – Monte-Carlo, 24 sep. 1978 : *Madame Butterfly* 1902, past. (59,5x40) : **FRF 10 000** – Paris, 15 juin 1979 : *La Ronde des elfes* 1913, aquar., mine de pb, encre et reh. d'or (24x43,5 ; 33x51) : **FRF 29 000** – Versailles, 2 juin 1982 : *Élégante et jockey* 1906, h/t (73x60) : **FRF 28 000** – Londres, 27 mars 1984 : *La jeune religieuse* 1913, aquar. (44x26) : **GBP 5 500** – Paris, 28 mars 1985 : *Suzanne et les vieillards* 1906, aquar., forme triptyque (39x57) : **FRF 210 000** – Paris, 8 avr. 1986 : *Jérusalem* 1907, aquar. (47x29) : **FRF 300 000** – Paris, 10 déc. 1987 : *Saint Nicolas* 1914, gche et aquar. (30x19,5) : **FRF 30 000** – Versailles, 15 mai 1988 : *Personnage de qualité ou illustration pour les contes de Perrault* 1914, aquar. (29,5x19) : **FRF 27 000** – Paris, 24 nov. 1988 : *Judith* 1906, h/t (72x60) : **FRF 490 000** – Monaco, 2 déc. 1988 : *Le Grand Canal à Venise* 1910, aquar. (31,5x48,5) : **FRF 19 980** – Paris, 16 déc. 1988 : *Sous-bois* 1913, aquar. et encre de Chine (14x17) : **FRF 3 000** – Paris, 11 avr. 1989 : *Le témoin*, aquar. (15,5x13,5) : **FRF 37 000** – Paris, 8 avr. 1989 : *Allons jeune homme, allons marche* 1906, aquar., mine de plomb encre et gche (46,5x28) : **FRF 380 000** – La Varenne-Saint-Hilaire, 3 déc. 1989 : *Léda et le cygne*, aquar. (46x78) : **FRF 252 000** – Paris, 1er juin 1990 : *Hamlet*, aquar. (47x29) : **FRF 190 000** – Versailles, 25 nov. 1990 : *Fallicus forsan nicensis certo*, aquar. (10x14) : **FRF 4 800** – Douai, 24 mars 1991 : *Autoportrait avec personnages désignés*, encre et aquar. (18x10) : **FRF 12 000** – Paris, 16 juin 1991 : *L'Araignée* 1904, h/t (81,5x65) : **FRF 250 000** – New York, 26 mai 1994 : *Le baiser d'Hélène*, h. et perles/t. (92,1x73) : **USD 34 500** – Londres, 16 nov. 1994 : *La blonde aux poissons* 1904, h/t (48x99) : **GBP 13 800** – Paris, 4 déc. 1995 : *Jeune femme*, h/t (125x60) : **FRF 52 000** – Londres, 12 juin 1996 : *La Fin de Danaë* 1906, pl., encre et aquar. (68,5x47) : **GBP 11 500** – New York, 18-19 juil. 1996 : *Madame Carnaval lancée sur son cheval* 1908, aquar. et gche/pap. (47,6x62,9) : **USD 5 750** – Paris, 22 nov. 1996 : *Allégorie*, aquar. gchée (17,5x12,5) : **FRF 3 000**.

MOSSATTI. Voir **MOSSOTTI**

MOSSBRUCKER Michael

Né le 28 août 1764 à Peggau. Mort le 20 février 1808 à Vienne. xviiie siècle. Autrichien.

Peintre.

MOSSCHER Jacob de

xvie-xviie siècles. Actif entre 1635 et 1655. Hollandais.

Peintre de paysages animés, paysages.

Élève de Carel Van Mander I ; il était en 1593 dans la gilde de Haarlem ; on ne sait s'il est le même qu'un peintre du même nom qui était à Delft en 1613 et à Haarlem en 1650. Un peintre Jacob Franz Musscher ou Muskel fut enterré à Delft le 29 mars 1623. Il fut aussi poète.

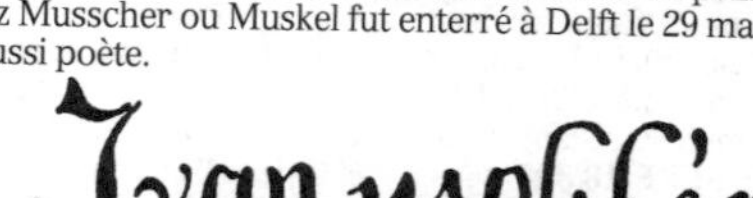

Musées : Copenhague : *Paysage* – Munich : *Chemin dans un pays plat* – Nuremberg : *Paysage*.

Ventes Publiques : Londres, 7 déc. 1933 : *Paysan conduisant une vache* : **GBP 52** – Londres, 21 mars 1973 : *Paysage* : **GBP 8 600** – Londres, 12 déc. 1984 : *Paysage avec une ferme derrière des arbres*, h/pan. (47,5x63,5) : **GBP 13 000** – Londres, 22 mai 1985 : *Paysage à la ferme*, h/pan. (41,5x55,5) : **GBP 4 200** – Londres, 13 déc. 1991 : *Paysage boisé avec un pêcheur, un cavalier sur un pont et un paysan et son bétail et un hameau au fond*, h/pan. (86x120) : **GBP 110 000** – Amsterdam, 16 nov. 1993 : *Couple de paysans assis sous les arbres au bord d'une mare*, h/pan. (47,5x65) : **NLG 207 000**.

MOSSDORF Gustav. Voir **MOOSDORF**

MOSSDORF Karl

Né le 7 juillet 1823 à Altenburg. Mort le 2 janvier 1891 à Altenburg. xixe siècle. Allemand.

Peintre d'histoire.

Élève et assistant de M. von Schwind, de 1854 à 1856. On lui doit les fresques de l'église de Reichenfall et la décoration de l'Opéra de Vienne. Il fut conservateur du Musée d'Altenburg. Il a exposé à Dresde et Munich. Le Musée National de Munich conserve de lui deux fresques représentant des sujets empruntés à l'histoire de la Bavière.

MOSSE Paul

Né en 1946 à Bennettsbridge (Comté de Kilkenny). xxe siècle. Irlandais.

Peintre. Abstrait-géométrique.

Il fut élève du College of Art de Berkshire, à la Chelsea School of Art de Londres, et à la British School de Rome.

Il participe à des expositions collectives en Irlande et en Europe, notamment en 1973 *Art irlandais actuel* au musée d'Art moderne de la Ville de Paris. En 1971, il a reçu le prix Caroll réservé aux artistes de moins de quarante ans à l'exposition irlandaise d'Art vivant, et une bourse pour l'Italie.

Il travaille à partir de formes géométriques déclinant diverses couleurs à l'acrylique.

Bibliogr. : Catalogue de l'exposition : *Art irlandais*, musée d'Art moderne de la Ville, Paris, 1973.

MOSSEL Ignaz. Voir **MOSLER**

MOSSEL Julius

Né le 10 octobre 1871 à Fürth (Bavière). xixe-xxe siècles. Allemand.

Peintre, graveur, décorateur.

Il fut élève de l'académie des beaux-arts de Nuremberg et de Munich. Il exécuta des peintures décoratives dans les théâtres de Kissingen, de Munich, de Charlottenbourg, de Chemitz, et de Weimar ainsi que dans plusieurs hôtels de ville et musées d'Allemagne.

MOSSELLO Placido

xixe siècle. Italien.

Peintre de figures, décorateur.

Il fut actif à Turin de 1880 à 1887.

MOSSELMANN Guillaume

xve siècle. Actif à Rouen. Français.

Peintre.

Fils de Paul Mosselmann.

MOSSELMANN Paul

Né à Ypres. Mort en 1467 à Rouen. xve siècle. Éc. flamande.

Sculpteur.

Père de Guillaume Mosselmann. Il travailla à Bourges et à Rouen où il exécuta quarante-huit statues d'anges et d'apôtres pour les stalles de la cathédrale ainsi qu'un *Crucifix* et *une Madone*.

MOSSER Thomas

xve siècle. Actif à Meran à la fin du xve siècle. Autrichien.

Peintre.

Il a exécuté dans l'église de Meran une peinture représentant *Forêt, gibier et deux pèlerins adorant un crucifix*.

MOSSES Alexandre

Né en 1793 à Liverpool. Mort le 14 juillet 1837 à Liverpool. xixe siècle. Britannique.

Peintre de genre, d'histoire, paysagiste et portraitiste.

On croit qu'il fut élève de l'Académie de Liverpool, fondée en 1810, et dès la deuxième exposition de cet institut, Mosses y envoyait une *Vue du prieuré de Birkenhead*. Il continua à exposer des dessins d'architectures et des sujets de genre. En 1827, il était professeur de dessin à cette académie, mais il s'était créé une place distinguée comme peintre de portraits. Il produisit aussi des sujets religieux et des tableaux de genre, mais, avec moins de succès. Alexander Mosses fut par excellence un peintre provincial et tout son effort se concentra dans sa ville natale. Il tient d'ailleurs dans l'École de Liverpool une place considérable. Il n'exposa qu'une fois à Londres, à la Royal Academy en 1820.

Musées : Liverpool : *Petit portrait* – *L'aveugle Howard et ses petits-enfants* – *William Ewart esq.*

MOSSET Olivier

Né en 1944 à Berne. xxe siècle. Actif en France, depuis 1977 actif aux États-Unis. Suisse.

Peintre. Abstrait. Groupe B.M.P.T.

Durant sa formation artistique, il a tour à tour assisté Tinguely puis Spoerri dans leur travaux. En 1966, il se fixe à Paris, pour un an. L'année suivante, il fait un bref séjour à New York et y ren-

contre Warhol qu'il admire beaucoup et découvre l'œuvre de Ryman lors d'une exposition. Depuis 1978, il réside à New York.
Il participe à des expositions collectives : 1966 Salons Comparaisons et Grands et Jeunes d'Aujourd'hui à Paris ; 1967 Salon de la Jeune Peinture à Paris ; 1967, 1977 Biennale de Paris ; 1968 Biennale de Lugano ; 1978, 1979 musée d'Art moderne de la ville de Paris ; 1980 galerie nationale d'Art moderne de Belem (Lisbonne) ; 1982 musée d'Art de Toulon ; 1983 musée d'Art et d'Industrie de Saint-Étienne ; 1984 Williams College Museum of Art de Williamstown ; 1985 New Museum of Contemporary Art de New York ; 1985, 1987, 1989 musée des Beaux-Arts de La-Chaux-de-Fonds ; 1986 Villa Arson à Nice ; 1987 Centre d'art contemporain de Nevers et Kunstmuseum de Lucerne ; 1988 musée Fredericianum de Kassel, musée d'Art moderne de Séoul et Biennale de Sydney ; 1989 Louisiana Museum of Art de Humlebaek.
Il montre ses œuvres dans des expositions personnelles depuis 1968 : 1974, 1976 galerie Daniel Templon et depuis 1986 régulièrement à la galerie Gilbert Brownstone à Paris ; 1974, 1977, 1986, 1989 Milan ; 1975 palais des Beaux-Arts de Bruxelles ; depuis 1976 régulièrement à Genève, notamment en 1986 Centre d'art contemporain de Genève ; 1979, 1980, 1982, 1986, 1988, 1989 New York ; 1981 Anvers ; 1983 Cologne ; 1985 musée Sainte-Croix de Poitiers, Centre d'art contemporain de Châteauroux et musée des Beaux-Arts de La Chaux-de-Fonds ; 1986 Aargauer Kunsthaus de Aarau, musée Saint-Pierre d'Art contemporain de Lyon, Villa Arson à Nice ; 1993 CCC (Centre de création contemporaine) de Tours ; 1994 Bruxelles ; 1995, galerie de l'École des Beaux-Arts de Quimper ; 1997 Paris, galerie Brownstone.
Il appartint au groupe B.M.P.T. (Buren-Mosset-Parmentier-Toroni) qui présenta à la Biennale de Paris de 1967 des toiles de grands formats ne (re)présentant rien que de très objectif : des rayures verticales pour Buren, horizontales pour Parmentier, des traces régulièrement répétées d'un même pinceau pour Toroni, une couronne circulaire noire de 7,8 centimètres de diamètre extérieur et de 4,5 de diamètre intérieur pour Mosset sur une toile de 100 sur 100 centimètres. Auparavant, il avait peint deux A, la lettre en majuscule s'inscrivant sur un fond coloré uni. Remettant radicalement la peinture en question, et par une attitude théorique intransigeante et par une pratique, répétition d'une toile toujours identique à elle-même, le groupe B.M.P.T. provoque vite, outre un petit scandale, une remise en question généralisée dans les milieux jeunes de la peinture, remise en question que les événements de mai 68 ne feront que confirmer. Le groupe se dissout néanmoins rapidement, Parmentier cesse de peindre, et les autres poursuivent leur activité en solitaire. Radical, certes, le travail de Mosset peut néanmoins lui-même être remis en cause : une forme véritablement neutre existe-elle et répéter toujours la même forme n'est-ce pas aussi signer la forme ? Fidèle pendant quelque temps, de 1966 à 1974, soit environ deux cents œuvres, il réalisa ensuite des tableaux composés de rayures régulièrement réparties, s'intéressant aux rapports chromatiques. Provocation vis-à-vis de Buren ou prise de conscience qu'une forme cessait d'être neutre quand elle pouvait être attribuée. De 1977 à 1985, il aborde le monochrome, choisissant des formats rectangulaires (verticalement ou horizontalement) ou carrés. Il intègre ensuite des rectangles dans un immense aplat de couleur, revenant à une peinture géométrique et donnant des titres à ses œuvres (ce qu'il ne faisait pas avant), et en vient dans les années quatre-vingt-dix à découper les formats, s'inscrivant alors dans la tradition d'un Stella.
De par sa nature le travail de Mosset n'échappe pas à certaines ambiguïtés, dont l'une qui n'est pas la moindre, est d'utiliser un circuit de diffusion que par ailleurs il récuse. Pourtant l'importance du groupe B.M.P.T. est d'ores et déjà reconnue, alors que rétrospectivement on peut opérer des rapprochements avec tout ce qui est issu du minimal art aux États-Unis et avec Supports/Surfaces en France.
Bibliogr. : Catalogue de l'exposition : *Olivier Mosset*, musée Sainte-Croix, Poitiers, 1985 – Edmond Charriere, Bernhard Bürgi, Robert Nickas : *Olivier Mosset*, Lars Müller, Baden, 1990 – in : *L'Art du XXe siècle*, Larousse, Paris, 1991 – in : *Dict. de l'art mod. et contemp.*, Hazan, Paris, 1992.
Musées : Amiens (FRAC) : *Peinture* 1974 – Grenoble (Mus. de peinture) : *GI's Mission* 1986 – Lucerne (Kunstmus.) : *Sans titre* 1982 – Saint-Étienne (Mus. d'Art et d'Industrie) : *Sans titre* 1970.
Ventes Publiques : Paris, 28 juin 1976 : *Composition minimale*, acryl./t. (100x100) : **FRF 1 050** – Paris, 17 juin 1988 : *Sans titre*, mine de pb/pap. (50,5x50,5) : **FRF 2 500** – Paris, 28 oct. 1988 : *Cercle noir* 1969, h/t (100x100) : **FRF 40 000** – Paris, 6 mars 1989 : *Sans titre* 1974, peint./isor., 100 ex. (100x100) : **FRF 10 100** – Douai, 2 juil. 1989 : *Cercle noir sur fond blanc*, h/t (100x100) : **FRF 36 000** – Paris, 13 déc. 1989 : *Bandes* 1974, h/t (200x210) : **FRF 50 000** – Paris, 18 juin 1990 : *Peinture* 1966-1974, acryl./t. (100x100) : **FRF 65 000** – Paris, 26 oct. 1990 : *Sans titre* 1974, acryl./t. (100x100) : **FRF 49 000** – Paris, 20 jan. 1991 : *Rond*, acryl./t. (100x100) : **FRF 30 000** – Paris, 20 nov. 1991 : *Cercle noir sur fond blanc*, h/t (120x120) : **FRF 26 000** – Paris, 5 déc. 1991 : *Composition* 1977, acryl./t., diptyque (chaque panneau 140x140) : **FRF 60 000** – New York, 27 fév. 1992 : *Un peu plus tard dans la journée* 1986, acryl./t. (122,2x61) : **USD 3 300** – Paris, 28 sep. 1992 : *Peinture*, acryl./t. (100x100) : **FRF 18 000** – New York, 17 nov. 1992 : *Sans titre* 1986, acryl./t. (61x62,2) : **USD 1 760** – Paris, 24 juin 1994 : *Monochrome rouge* 1978, acryl./t. (140x300) : **FRF 28 000** – Paris, 27 jan. 1996 : *Sans titre*, acryl./t. (100x100) : **FRF 20 000** – Paris, 1er juil. 1996 : *Bandes verticales blanches et grises* 1973, acryl./t. (200x210,5) : **FRF 20 000** – Paris, 16 mars 1997 : *Sans titre*, h/t (100x100) : **FRF 20 000**.

MOSSETAZ Stephanus
Né au XVe siècle probablement à Bourg-Saint-Maurice. XVe siècle. Français.
Mosaïste.
Il exécuta un parquet en mosaïque dans la cathédrale d'Aoste représentant les *Mois de l'année*.

MOSSETTI Giovanni Pablo
XVIe siècle. Italien.
Peintre d'histoire et de portraits.
Cité comme élève de Daniele da Volterra.

PMossetti.

MOSSIS Vincenzo Valerio
XVIe siècle. Italien.
Peintre.
Il a peint en 1551 une *Madone triomphante* dans l'église Saint-François de Montone.

MÖSSLE Johann Georg ou **Möszle**
Né à Legau. Mort en 1794 à Naumarkt (Salzbourg). XVIIIe siècle. Autrichien.
Peintre.
Il peignit divers tableaux d'autel dans les églises de la province de Salzbourg.

MOSSLEUTHNER Rupert
Né à Salzbourg. Mort le 13 avril 1742 à Budapest. XVIIIe siècle. Autrichien.
Sculpteur.
Il s'établit à Budapest en 1701 et exécuta des travaux à la fontaine de la place de l'Hôtel de Ville à Ofen.

MOSSMAN David
Né en 1825 à Newcastle. Mort en 1901. XIXe siècle. Britannique.
Miniaturiste.
Le Musée Laining à Newcastle conserve de lui un *Portrait de l'architecte Richard Grainger*.

MOSSMAN George
Né en 1823 à Edimbourg. Mort en 1863 à Glasgow. XIXe siècle. Britannique.
Sculpteur.
Frère de John M. et élève de son père William Mossman., de Behne et de Foley.

MOSSMAN John
Né en 1817 à Londres. Mort le 22 septembre 1890 à Glasgow. XIXe siècle. Britannique.
Sculpteur.
Frère de George et père de William Mossman le Jeune. Il a sculpté pour la ville de Glasgow les bustes de *Sir Robert Peel*, de *Thomas Campbell*, du *docteur Livingstone* et du *docteur Norman MacLeod*. Le Musée de Glasgow possède de lui deux bustes en marbre.
Ventes Publiques : New York, 14 déc. 1982 : *Sir Michael Robert Shaw Stewart* 1879, marbre blanc (H. 76,2) : **USD 1 500**.

MOSSMAN William, l'Ancien
Mort en avril 1884. XIXe siècle. Britannique.

Sculpteur.
Il est le père de John Mossman. Il travailla à Londres.

MOSSMAN William le Jeune ou **Mossmann**
Né en 1843. Mort en 1877. XIXe siècle. Britannique.
Sculpteur.
Il est le fils de John Mossman.
Musées : Glasgow : *Buste de Shakespeare.*

MOSSMER. Voir **MOESSMER**

MOSSO Francesco
Né en 1849 à Turin. Mort en 1877. XIXe siècle. Italien.
Peintre de genre et écrivain.

MOSSOLOFF Nikolaï S. ou **Massaloff**
Né en 1847. Mort le 29 juillet 1914 à Moscou. XIXe-XXe siècles. Russe.
Aquafortiste.
Élève de F. Jordan à Saint-Pétersbourg, de L. Friedrich à Dresde, de W. Unger à Vienne et de L. Flameng à Paris. On cite de lui les planches *Les chefs-d'œuvre de l'Ermitage* et dix eaux-fortes, d'après Rembrandt. Figura au Salon de Paris, où il obtint une médaille en 1873.

MOSSON Georges
Né le 2 février 1851 à Aix-en-Provence (Bouches-du-Rhône). XIXe siècle. Actif à Berlin. Allemand.
Peintre de portraits, paysages, natures mortes, fleurs, pastelliste, dessinateur.
Il a exposé à Berlin à partir de 1884.

George Mosson

Musées : Berlin (Gal. Nat.) : *La mère de l'artiste* – Chemnitz (Mus. mun.) : *Un café en 1889.*
Ventes Publiques : New York, 3 mai 1989 : *Vase de roses*, past. et fus./pap. (29,2x22,8) : **USD 35 520** – New York, 24 fév. 1995 : *Nature morte florale* 1923, h/t (40,6x34,3) : **USD 2 875**.

MOSSOP William
Né en 1751 à Dublin. Mort le 28 janvier 1805 à Dublin. XVIIIe siècle. Irlandais.
Médailleur.
Élève de James Stone. Il grava les médailles des prix de l'Académie Irlandaise. Le Musée de Dublin conserve de lui deux modèles en cire.

MOSSOP William Stephen
Mort le 11 août 1827 à Dublin. XVIIIe-XIXe siècles. Actif à Dublin en 1788. Irlandais.
Peintre.
Fils de William Mossop et élève de Fr. West.

MOSSOTTI Aureliano
Né vers 1795 à Novara. XIXe siècle. Italien.
Portraitiste.
Élève de l'Académie de Florence.

MOSSUTI Enrico
Né le 23 décembre 1849 à Naples. XIXe siècle. Italien.
Sculpteur.
Élève d'Angelini et de Solari.

MOST August Ludwig ou **Ludwig August**
Né le 10 mars 1807 à Stettin. Mort le 27 mai 1883 à Stettin. XIXe siècle. Allemand.
Peintre de genre et portraitiste.
En 1825, il fut élève de Langerich à Berlin, puis revint se fixer à Stettin. Il a exposé à partir de 1828, à Berlin, Dresde, Magdebourg.
Musées : Gdansk, ancien. Dantzig : *L'annonceur des noces* – Riga : *Marchande de poissons* – Stettin (Mus. mun.) : *Baptême dans un village poméranien – Le château de Stettin – Portraits de Mme Woltermann et de la princesse Elisabeth de Brunswick.*
Ventes Publiques : Francfort-sur-le-Main, 8 avr. 1978 : *Le baptême à l'église* 1866, h/t (55x74) : **DEM 3 600**.

MOST Hans Jakob ou **Must**
Né vers 1600. Mort en 1629. XVIIe siècle. Actif à Zurich. Suisse.
Peintre verrier.

MOSTA-HEIRT Côme, pseudonyme de **Lanfant Jean Côme**
Né le 28 juillet 1946 au Havre (Seine-Maritime). XXe siècle. Français.
Sculpteur d'assemblages, technique mixte. Abstrait.
Il a fait plusieurs voyages d'étude à New York, de 1969 et 1989, rencontrant et travaillant notamment avec les sculpteurs J. Higstein, Keith Sonnier, Robert Grosvenor, Richard Serra. Il vit et travaille à Paris et Étretat.
Il participe, depuis 1970, à de nombreuses expositions collectives, d'entre lesquelles : 1970 Maison de la Culture de Grenoble ; 1977-78 *Travaux/Paris 77* à l'ARC (Art, Recherche, Confrontation) du Musée d'Art Moderne de la Ville de Paris ; 1981 *Nature du Dessin*, Musée National d'Art Moderne, Centre Beaubourg Paris ; 1982 American Center à Paris ; 1983 *France/ Sculpture* à la FIAC (Foire Internationale d'Art Contemporain) Paris ; 1983-84 *À Pierre et Marie* Paris ; 1985 à la chapelle de la Salpêtrière ; 1987 Galerie de France, Paris ; 1988 Biennale de Venise ; 1994 Museum Van Hedendaagse Kunst, Gand ; etc.
Il montre des ensembles de ses sculptures dans des expositions personnelles, dont : 1974, 1977, 1981, 1983, galerie Éric Fabre, Paris ; 1979 C Space, New York ; 1979 Modern Art Galerie, Vienne ; 1981 galerie M. Szwajcer, Anvers ; 1985 Musée des Beaux-Arts, Calais ; 1987 Musée des Beaux-Arts, Le Havre ; 1992 Centre d'Art Contemporain *La Base*, Levallois-Perret ; 1993 Centre d'Art Contemporain, Kerguehennec ; 1994 galerie Art'o, Aubervilliers, Centre d'Art Contemporain, Vassivière ; 1996 Villeurbanne, galerie Georges Verney-Carron ;...
Après une première période de sculptures abstraites dans la tradition arpienne, brancusienne, ensuite et jusqu'à la fin des années quatre-vingt, la plupart des sculptures de Mosta-Heirt sont furieusement taillées, attaquées à la hache, agressées à partir de considérables blocs de bois. Cette première phase du travail, accompli comme un rituel sauvage, étant terminée, il passe à la seconde, qui consiste à panser les plaies infligées au bloc de bois, dont il oppose parfois la rugosité au poli d'un élément de bronze, en le recouvrant entièrement, en partie d'éléments hétérogènes prélevés du contexte de proximité, et surtout de bariolages assimilant aussitôt ses troncs équarris aux poteaux de couleurs où les peaux-rouges criards de Rimbaud, les ayant pris pour cibles, avaient cloué nus ses hâleurs. Il travaille le bois le plus fréquemment, beaucoup plus rarement le verre, le bronze ou le plomb. En ce qui concerne son intervention sur le matériau, il dit lui-même joliment qu'il le « marque » plus qu'il ne le sculpte, précisant que l'ensemble de ces actions, pour lui, n'est pas de type formaliste, mais conceptuel. Ce marquage consiste, en deux temps successifs, d'abord à attaquer le matériau, à l'agresser avec scie, hache, gouge, ensuite à le polychromer.
Dans la période suivante, depuis 1991 ayant ajouté l'Altuglas aux matériaux qu'il travaille, l'art de Mosta-Heirt a quelque peu évolué, revenu à une sculpture de formes pleines, retrouvant la calme rigueur à laquelle il tendait dans ses premières œuvres. Il oppose l'Altuglas, qu'il a justement choisi pour sa gravité transparente, aux pièces de bois, auxquelles il l'associe par assemblage, opaques par nature et par camouflage, comme il peut à l'inverse opposer à leur opacité mate le bronze pour l'éclat de son opacité spéculaire. Dans ce nouveau travail, des volumes sont posés dans l'espace en regard d'une plaque d'Altuglas transparent. Les morceaux de bois taillés sont polis et peints de plusieurs couches d'ocre, de rouge et bleu tirant vers le sombre : *Pièces d'ombre* de 1991-92. En outre, il a introduit des formes manufacturées, dont il a minutieusement occulté la fonction utilitaire, juxtaposées avec d'autres formes sculptées, introduisant par là même un au-delà fantasmatique, en rupture avec le statut de l'objet : *Ellestaunord* de 1994, montrée à Kerguéhennec et galerie Verney-Carron ; *Sitroncrich* de 1994, montrée à Vassivière et au Musée de Gand. Cette nouvelle proposition-présentation annonce l'originalité de l'œuvre à venir. Parallèlement dans cette période, Mosta-Heirt réalise des films-vidéo, qu'il considère comme des gravures d'un genre nouveau : *Gravêtre* de 1995 ; *J'enrobe les mains* de 1997.
Si le propos premier de Mosta-Heirt est « la peinture appliquée au volume », il est intimement associé à celui de l'assemblage de matériaux hétérogènes, principe d'assemblage qu'il précise ne jamais être complètement « intégration d'un matérau et d'un autre, mais corrélation analytique ». Il convient de relever que ce « jamais complètement » dénote qu'il y a bien intégration quand même, d'où l'on peut induire que son acte de sculpteur, s'il est de type conceptuel, est peut-être aussi de type formaliste, ce que confirme le regard interrogatif qu'on porte sur ses sculptures accomplies dont la présence s'impose, et qui n'a rien de

commun avec le regard indifférent que requièrent les œuvres minimalistes. L'art et la manière de Mosta-Heirt sont fondés sur une dialectique de l'opposition, une opposition généralisée à tous les temps de la réflexion et de son accomplissement : opposition de la peinture à la sculpture, du métal au végétal, du brillant au mat, du transparent à l'opaque, du concept au formel, du raffiné au sauvage. ■ Jacques Busse

Bibliogr. : Catalogue de l'exposition : *Côme Mosta-Heirt – Jean-Luc Vilmouth*, Maison des Jeunes et de la Culture, Conflans-Sainte-Honorine, 1983 – Musée des Beaux-Arts Catalogue de l'exposition : *Côme Mosta-Heirt*, Musée des Beaux-Arts et de la Dentelle, Calais, 1985 – Catalogue de l'exposition : *Côme Mosta-Heirt*, Musée des Beaux-Arts, Le Havre, 1987 – Côme Mosta-Heirt : *Le poids de la transparence*, in : Catalogue de l'exposition *Côme Mosta-Heirt*, galerie Art'o, Aubervilliers, 1994 – C. Francblin : *Côme Mosta-Heirt*, Centre d'art contemporain de Vassivère, 1994 – Marcel-André Stalter : Catalogue de l'exposition *Côme Mosta-Heirt*, galerie Georges Verney-Carron, Villeurbanne, 1996.

Musées : Calais (Mus. des Beaux-Arts) : *New Form in New York 3* 1985 – Cincinnati (Art Mus.) : *Sans titre* 1983 – Lille (FRAC) : *PARIS (Fonds Nat. d'Art Contemp.) : Angle/couleurs* 1975-1976 – *Sans titre* 1976, graphite et past. – *Le Lit rouge* 1982, cr. – *Étrave* 1985, fus. et past. – *Sans titre* 1993, past. – *Sans titre* 1995, past. – *Sans titre* 1995, past. – Paris (Mus. Nat. d'Art Mod.) : *Viking* 1982 – Paris (Mus. d'Art Mod. de la Ville) : *Sans titre* 1983.

MOSTAERT. Voir **ISENBRANT Adriaen**

MOSTAERT Frans

Né vers 1534 à Hulst (Flandre). Mort vers 1560 à Hulst. XVIe siècle. Flamand.

Peintre de compositions religieuses, paysages.

Fils d'un peintre en bâtiment qui l'amena jeune à Anvers, il est le frère jumeau de Gillis Mostaert. Il fut maître à Anvers en 1554. Il a été probablement élève de Hary Met de Bles ; Karl Van Mander le dit proche parent de Jan Mostaert. Il eut pour élève Adriaen Robbens et Jan Soens en 1554. Sa carrière ne fut pas longue puisqu'il mourut vers l'âge de vingt-six ans.

Il est difficile de distinguer son œuvre de celle de son frère, d'autant qu'ils ont parfois collaboré ensemble, l'un faisant les paysages et l'autre, les personnages. L'Hôtel de Ville d'Anvers conserve de lui : *Le vieil Hôtel de Ville d'Anvers*.

Bibliogr. : In : *Diction. de la peinture flamande et hollandaise*, coll. Essentiels, Larousse, Paris, 1989.

Musées : Vienne (Mus. des Beaux-Arts) : *Un port au clair de lune – Paysage avec Agar et l'ange*.

MOSTAERT Gillis, l'Ancien, dit **Aegidius Sinapius**

Né vers 1534 à Hulst. Mort le 28 décembre 1598 à Anvers. XVIe siècle. Flamand.

Peintre d'histoire, compositions religieuses, sujets mythologiques, scènes de genre, paysages.

Fils d'un peintre en bâtiment qui l'amena jeune à Anvers et, d'après Karl Van Mander, proche parent de Jan Mostaert. Il fut élève de Frans Floris et de Jan Mandyn en 1550 et reçu maître à Anvers en même temps que son frère jumeau Frans Mostaert en 1554. Il épousa, en 1564, Margaretha Baes et en eut dix enfants. Ses œuvres authentiques sont rares et certaines figurant à son nom dans les musées ne lui sont qu'attribuées, d'autres, comme les deux tableaux de Vienne exécutés en 1595 pour l'archiduc Ernest sont, d'après le Dr von Wurzbach, sous le nom de son frère. Il peignit essentiellement des vues panoramiques de villages, foires, fêtes, marchés ; mais aussi des scènes de genre et historiques. Il aimait les effets de neige, de nuit, de lumières dues à des incendies. Son art se situe dans la suite de Van Amstel et annonce Gillis Conixloo, qui fut d'ailleurs son élève.

G·MOSTAR·T · 1573 1582

Musées : Amsterdam (Mus. Nat.) : *La voiture à foin* – Anvers : *Le vieil Hôtel de Ville avec Ecce Homo* – Brême : *Foire* – Bruxelles : *La fuite de Loth – Foire à Laeken – Destruction de Sodome* – Budapest : *Intérieur rustique* – Copenhague : *Le Christ en croix* – Cremone (Mus. mun.) : *La danse sur les œufs* – Dresde : *Le Christ portant la croix* – Kiev : *Crucifixion* – Münster : *Tentation de saint Antoine* – Naples : *Foire rustique* – Paris (Mus. du Louvre) : *Étude pour la Foire rustique à Brême*, dess. – Stockholm : *La fuite en Égypte* – Vienne : *Campagne d'hiver – Moïse à la source – Paysage avec village*.

Ventes Publiques : Londres, 26 juil. 1935 : *La Vierge et l'Enfant et deux saints* : **GBP 299** – Londres, 24 juil. 1936 : *Sainte Élisabeth saluant la Vierge* : **GBP 241** – Paris, 24 juin 1946 : *Le Calvaire (scène avec cavaliers et nombreux personnages)* : **FRF 70 000** – Paris, 24 mars 1953 : *Paysage côtier* : **FRF 300 000** – Versailles, 7 juin 1966 : *L'incendie de Sodome* : **FRF 10 000** – Londres, 25 mars 1977 : *Fête villageoise*, h/pan. (42x58,5) : **GBP 38 000** – Amsterdam, 15 mai 1979 : *La fuite en Égypte dans un paysage de neige animé de nombreux personnages*, h/t (123x145) : **NLG 100 000** – Londres, 13 déc. 1985 : *Vue de Hoboken près d'Anvers avec villageois festoyant* 1583, h/t (82x111) : **GBP 80 000** – Londres, 22 avr. 1988 : *Les Juifs fuient l'Égypte poursuivis par l'armée du Pharaon – Moïse et les tables de la Loi* (199x233,7) : **GBP 22 000** – Londres, 8 déc. 1989 : *Soldats attaquant des paysans dans un paysage*, h/pan. (diam. 31) : **GBP 15 400** – Paris, 9 avr. 1990 : *Paysage avec le sacrifice d'Abraham*, h/pan. de chêne (diam. 23) : **FRF 65 000** – New York, 15 oct. 1992 : *David libérant Ahinoam et Abigaïl des Amalekites avec la cité de Ziklag brûlant à distance*, h/pan. (137,2x204,5) : **USD 22 000** – Paris, 7 mars 1994 : *L'Adoration des bergers entourée d'un encadrement peint avec six médaillons représentant les quatre évangélistes, l'Annonciation et la Visitation*, h/pan. (58,5x52) : **FRF 115 000** – Londres, 6 juil. 1994 : *La foire annuelle dans les faubourgs d'une cité*, h/pan. (41,3x68,6) : **GBP 122 500** – New York, 24 avr. 1995 : *La sibylle de Cumes faisant une offrande à Cerbere*, h/pan. (14,3x14,9) : **USD 8 050** – Amsterdam, 10 nov. 1997 : *L'Adoration des Bergers*, h/pan. (36,1x50) : **NLG 32 289**.

MOSTAERT Gillis, le Jeune

Né le 3 juin 1588 à Anvers. XVIIe siècle. Éc. flamande.

Peintre.

Fils de Gillis Mostaert l'Ancien. Il fut maître à Anvers en 1612.

MOSTAERT Jacob

XVIe siècle. Actif à Haarlem en 1515. Hollandais.

Peintre.

MOSTAERT Jan ou **Mostert**, appelé aussi **Joannes Sinapius**

Né vers 1475 à Haarlem. Mort vers 1555 à Haarlem. XVIe siècle. Hollandais.

Peintre d'histoire, sujets religieux, portraits, paysages.

D'après un document de 1500 assez peu clair, il semble résulter qu'il y a eu deux peintres de ce nom, le père et le fils, mais le père est inconnu. Jan Jansz Mostaert fut élève du peintre Jacob à Haarlem et, peut-être, de Gérard de Saint-Jean dont il subit l'influence. Il fut peintre de la cour de l'archiduchesse Marguerite, sœur de Philippe Ier d'Espagne ; il dut avoir ce titre avant 1504, car il fit le portrait du mari de l'archiduchesse, Philibert II de Savoie, mort en 1504 ; pendant dix-huit ans il accompagna la statthalterin dans ses déplacements et vécut dans son intimité. Il est probable qu'avant 1507, il alla en Italie ; dans un document de 1516, Marguerite elle-même parle de « nostre aimé maître Jehan de Bruxelles » ou Jean de Rome ; ceci peut se rapporter à Jan Mostaert ou Jan Mabuse. Jan Mostaert dut revenir à Haarlem et y mourir dans un âge avancé. Il eut pour élèves Ryckaert Aertszone vers 1500 et Albert Simonsz vers 1540.

Les œuvres de Jan Mostaert sont difficiles à distinguer, car Waagen lui attribua tous les tableaux du XVIe siècle dont il ne connaissait pas l'origine ; c'est une réunion d'œuvres disparates que l'on connaît aujourd'hui sous le nom du « Pseudo Mostaert de Waagen » et dont beaucoup peuvent être attribuées sans invraisemblance au peintre Adriaen Isenbrant. Un grand nombre de ses ouvrages périrent dans un grand incendie à Haarlem en 1576. Cependant on lui donne un retable consacré à la *Glorification de la Vierge* et à la *Vie de Saint Bavon*, qu'il a peint en 1500, pour la cathédrale de Haarlem. En 1549, il peignit un autre retable pour l'église de Hoorn. On lui attribue encore le carton d'une tapisserie, à Bruxelles, à moins que cette tapisserie ne soit de Jan de Bruxelles (voir l'article), ce Jan de Bruxelles était d'ailleurs parfois identifié à Jan Mostaert, ou parfois à Jan Gossaert Mabuse. Mossaert fit des tableaux religieux, tel l'*Ecce Homo* de Saint-Louis, des tableaux plus exceptionnels comme le *Paysage des Indes Occidentales*, mais il fit surtout des portraits qui, par eux-mêmes, sont assez froids mais sont étonnants par leur arrière-plan. Le *Portrait d'homme à la Sibylle de Tibur* présente précisément, en arrière-plan, la vision de l'empereur Auguste, auquel la Sibylle de Tibur fait découvrir la Vierge. La scène se déroule dans un décor harmonieux fait d'architectures

hollandaises agrémentées de décors empruntés à la Renaissance italienne, et d'un paysage qui rappelle l'art de Patienir. L'ensemble est baigné d'une lumière vibrante qui met en évidence tous les détails les plus minuscules avec une objectivité méthodique. Jan Mostaert ne semble pas appartenir au XVIe siècle qui voit partout fleurir le maniérisme, il prolonge plutôt la tradition de Haarlem et est encore considéré comme un primitif.
Bibliogr. : J. Leymarie : *La peinture hollandaise*, Skira, Genève, 1956.
Musées : Amsterdam : *Adoration des Mages* – Triptyque – Berlin : *Vierge et Enfant Jésus* – Bonn : *Le Jugement dernier* – Bruxelles : *Portrait d'homme à la Sibylle de Tibur* – Cologne (Mus. Wallraf Richartz) : *Repos de la Sainte Famille* – Copenhague : *Portrait d'homme* – Dijon : *Tête de saint Jean avec anges* – Haarlem : *Paysage des Indes occidentales* – Liverpool (Walker Art Gal.) : *Portrait d'homme* – Londres (Nat. Gal.) : *La Vierge et l'Enfant – Jésus dans un jardin* – Milan (gal. Ambrosiana) : *Portrait de femme* – Moscou (Mus. des Beaux-Arts) : *Ecce Homo* – Munich : *Repos pendant la fuite en Égypte – Adoration des Mages – Présentation de Jésus au temple* – Paris (Mus. du Louvre) : *Portrait de Joh. Van Wassenaer* – Rome (Gal. Doria-Pamphily) : *Femme lisant* – Saint Louis (City Art Mus.) : *Ecce Homo* – Vienne : *Portrait d'homme*.
Ventes Publiques : Paris, 1881 : *Portrait de Marguerite d'Autriche gouvernante des Pays-Bas* : **FRF 4 000** – Paris, 1890 : *Portrait de femme* : **FRF 3 000** – Paris, 1897 : *Portrait d'une princesse* : **FRF 1 400** – Londres, 10 fév. 1910 : *Saint François entre deux saints* : **GBP 147** – Londres, 25 et 26 mai 1911 : *La Madeleine lisant* : **GBP 441** ; *Vierge et Enfant Jésus* : **GBP 273** – Paris, 14 nov. 1924 : *Portrait présumé de Marguerite d'Autriche gouvernante des Pays-Bas*, attr. : **FRF 1 800** – Londres, 27 mai 1927 : *Le Christ à la couronne d'épines* : **GNS 650** – Londres, 24 juin 1938 : *Femme en robe marron* : **GBP 1 837** – New York, 15 nov. 1961 : *Portrait d'un homme* : **USD 11 000** ; *Portrait d'une dame* : **USD 11 000** – Londres, 28 mai 1965 : *Le chemin de Croix* : **GNS 5 800** – Vienne, 14 mars 1967 : *Le miracle de saint Hubert* : **ATS 300 000** – Amsterdam, 9 juin 1977 : *Portrait d'un gentilhomme* 1506, h/pan. coins haut concaves (28x23,5) : **NLG 52 000** – Londres, 21 avr. 1989 : *La conversion de saint Hubert*, h/t (117,8x147,5) : **GBP 99 000**.

MOSTAERT Michel ou **Mottart**
XVIIe siècle. Éc. flamande.
Sculpteur.
On cite de lui deux statuettes en ivoire représentant la Madone.

MOSTAERT Nicolas, dit **Niccolo Pippi** ou **Pipa** ou **Nicolas d'Arras,** ou **Niccolo Fiammingo**
Né à Arras. Mort entre 1601 et le 1er octobre 1604 à Rome. XVIe siècle. Italien.
Sculpteur de sujets religieux, statues, bas-reliefs.
Père du sculpteur Carlo Pippi, il exécuta de nombreuses statues, bas-reliefs et tombeaux dans les églises de Rome.

MOSTARS Gillis
Né en 1751. Mort en 1812. XVIIIe-XIXe siècles. Norvégien.
Peintre.
Le Musée de Stockholm conserve de lui un *Paysage avec la Sainte Famille* et une *Vue de ville*.

MÖSTEL Matthäus
XVIIe siècle. Actif dans la première moitié du XVIIe siècle. Allemand.
Dessinateur.
On cite de lui un feuillet illustré de sa main dans un album.

MOSTEL Tobias
Né en 1948 à New York. XXe siècle. Américain.
Peintre de compositions animées, portraits, paysages urbains, aquarelliste, sculpteur, céramiste, dessinateur.
De 1966 à 1969, il fut élève à New York de la Rhode Island School of Design, de 1970 à 1971 de la School of Visual Arts, puis du peintre Mike Loew.
Il montre ses œuvres dans des expositions personnelles régulièrement aux États-Unis.
Il fut influencé à ses débuts par le peintre Michael Loew, avec des œuvres abstractisantes de petits formats. Il a évolué dans des grands formats, par séries ou cycles. Il travaille les figures (ébauches de corps) ou statues, qui évoluent dans un cadre vivement coloré, par aplats et introduit fréquemment l'arabesque comme élément décoratif de ses compositions, qui ignorent le vide et le blanc.

MOSTICKER-LAVERGNE Hélène
Née au XIXe siècle à Vienne. XIXe siècle. Française.
Peintre.
Elle figura au Salon des Artistes Français ; médaille de troisième classe en 1902.

MOSTING Hermann
XVIIe siècle. Actif à Lunebourg. Allemand.
Graveur au burin.
On cite de lui deux planches représentant des sujets religieux.

MÖSTL Alois
Né le 24 mai 1843 à Graz. XIXe siècle. Autrichien.
Peintre d'histoire, portraits, paysages.
Il fit ses études aux académies de Graz et de Vienne. Il a exécuté une Madone dans l'église d'Ardning près d'Admont.

MOSTO Anton Wenzel
Né au début du XVIIIe siècle à Prague. XVIIIe siècle. Autrichien.
Sculpteur.
Fils d'Ottavio Mosto. Il se maria à Salzbourg en 1734.

MOSTO Ottavio
XVIIe siècle. Actif à Padoue dans la seconde moitié du XVIIe siècle. Italien.
Sculpteur et stucateur.
Il travailla à Salzbourg et à Prague. Il a sculpté les statues des *Quatre Saisons* et des *Quatre Éléments* dans le jardin du château de Mirabell de Salzbourg.

MOSTYN Thomas E., dit **Tom**
Né en 1864 à Liverpool. Mort le 22 août 1930. XIXe-XXe siècles. Britannique.
Peintre de figures, portraits, paysages.
Il fut élève de Hubert von Herkomer. À Paris, il figura au Salon des Artistes Français, obtint une médaille de troisième classe en 1902.

TOM E MOSTYN

Musées : Bristol : *Lisière de forêt* – Liverpool – Rochdale.
Ventes Publiques : Londres, 7 juil. 1922 : *The never never land* : **GBP 183** – Londres, 17 mai 1923 : *Jardin ornemental* : **GBP 60** – Paris, 13 oct. 1943 : *Paysage* : **FRF 1 300** – Londres, 22 mai 1973 : *Deux jeunes filles dans un jardin* : **GBP 220** – Londres, 11 juin 1976 : *The young plantation*, h/t (49,5x67,5) : **GBP 220** – Londres, 20 mars 1979 : *L'Enfant*, h/t (183x236) : **GBP 3 000** – Londres, 18 juil. 1984 : *Vanité* 1903-1904, h/t (173x127) : **GBP 7 200** – Londres, 12 juin 1987 : *Bideford, Devon*, h/t (56x76,2) : **GBP 5 500** – Londres, 3-4 mars 1988 : *Trois baigneuses au bord d'une rivière des Highlands*, h/t (75x100) : **GBP 4 180** – Londres, 29 juil. 1988 : *Jardin d'été le soir*, h/t (70x90) : **GBP 2 860** – Londres, 2 mars 1989 : *Un étang en forêt*, h/t (50,6x95,6) : **GBP 2 530** – Londres, 12 mai 1989 : *Allée de jardin*, h/t (75,7x50) : **GBP 2 420** – Londres, 8 mars 1990 : *Jardin près de la mer*, h/t (49,4x67,4) : **GBP 3 740** – Londres, 7 juin 1990 : « *Berry Head* » *et Brixham*, h/t (54x74,5) : **GBP 4 950** – Londres, 2 mai 1991 : *Sur la terrasse d'un jardin*, h/t (69x82) : **GBP 605** – Londres, 18 déc. 1991 : *Le Jardin*, h/t (62x75) : **GBP 440** – New York, 20 fév. 1992 : *Le Bout du monde*, h/t (176,2x235) : **USD 8 250** – Paris, 12 mars 1997 : *Jardins à Devon*, h/t (102x128) : **FRF 80 000**.

MOSWITZER Gerhard
Né en 1940 à Lankowitz. XXe siècle. Autrichien.
Sculpteur.
Il étudia d'abord la peinture, de 1955 à 1959, puis la sculpture à l'école des arts appliqués de Graz, de 1959 à 1961.
Il travailla d'abord le bois et la pierre ; puis des combinaisons de bois et de fer, avant d'adopter définitivement le fer seul. D'objets de petites dimensions, réalisés dans ses débuts avec une précision artisanale, il est passé à des sculptures monumentales et architecturales parfois habitables et à plusieurs étages, telle *La Colonne en fer*, érigée en 1964, pour l'Institut culturel autrichien à Varsovie.

MOSYN Michiel. Voir **MOZYN**

MÖSZL Jakob. Voir **MÖSL**

MÖSZLE Johann Georg. Voir **MÖSSLE**

MOSZOWSKI Wladimir
Né en 1949 à Genk (Limbourg). XXe siècle. Belge.

Peintre, dessinateur, peintre de collages, pastelliste. Tendance fantastique.
Il fut élève de l'académie des beaux-arts d'Anvers, puis il enseigna aux académies de Nylen et Mortsel.
Fasciné par l'univers et ses mystères, il décrit un monde symbolique, ésotérique.
Bibliogr. : In : *Dict. biogr. illustré des artistes en Belgique depuis 1830*, Arto, Bruxelles, 1987.

MOTA Antonio Augusto da Costa
Né le 12 février 1862 à Coimbra. Mort le 26 mars 1930. XIXe-XXe siècles. Portugais.
Sculpteur de monuments.
Il fut élève de Simoens d'Almeida et de V. Bastos. C'est sans doute lui qui a exposé sous le nom de Antonio da Costa, des bustes au Salon de la Société Nationale des Beaux-Arts de Paris, de 1922 à 1926. Il a sculpté à Lisbonne le monument d'Alfonso de Albuquerque.
Musées : Coimbra – Lisbonne.

MOTA Guillermo de la ou **la Mota**. Voir **GUILLERMO**

MOTA Raffaello. Voir **MOTTA Raphaël**

MOTAIS François ou **Motaire**
XVIIIe siècle. Actif à Nantes entre 1722 et 1751. Français.
Sculpteur.
Il exécuta les sculptures de l'autel Saint-Sébastien en la paroisse de Saint-Germain de Vritz.

MOTE Alden
Né en 1840 à West Milton (Ohio). Mort le 13 janvier 1917. XIXe-XXe siècles. Américain.
Portraitiste et paysagiste.
Il travailla dès 1880 à Richmond. On cite de lui, entre autres, des portraits d'Indiens.

MOTE George William
Né vers 1832. Mort le 6 janvier 1909 à Ewhurst. XIXe siècle. Britannique.
Peintre de figures, paysages.
Ventes Publiques : Londres, 18 mars 1964 : *Paysage vu d'une fenêtre* : **GBP 1 700** – Londres, 14 avr. 1967 : *Enfants jouant dans une prairie* : **GNS 400** – Londres, 18 juin 1969 : *Paysage* : **GBP 700** – Londres, 15 déc. 1972 : *Scène de moisson* : **GNS 850** – Londres, 20 nov. 1973 : *Mrs S. J. Thompson at Box Hill, Surrey* : **GBP 2 200** – Londres, 9 juil. 1974 : *Paysage du Surrey* 1872 : **GBP 1 600** – Londres, 29 juin 1976 : *Les casseurs de pierres* 1868, h/t (37x51) : **GBP 1 200** – Londres, 8 mars 1977 : *Coney Hurst Hill, Surrey* 1880, h/t (60x90) : **GBP 750** – Londres, 3 juil 1979 : *Troupeau au pâturage* 1872, h/t (60x92) : **GBP 2 000** – Londres, 7 oct. 1983 : *La Chasse aux perdrix*, h/t (71,1x91,5) : **GBP 9 000** – Londres, 11 mars 1986 : *Paysage du Surrey* 1883, h/t (61x91,5) : **GBP 2 000** – Londres, 15 juin 1988 : *Paysage d'été* 1873, h/t (61x91,5) : **GBP 1 650** – Londres, 23 sep. 1988 : *En surveillant le troupeau* 1883, h/t (61x91,5) : **GBP 2 530** – Londres, 9 fév. 1990 : *Vaches au pâturage*, h/t (50,8x76,8) : **GBP 2 750** – Londres, 15 juin 1990 : *Moutons dans un paysage d'été* 1867, h/t (40,6x51) : **GBP 2 200** – Londres, 1er nov. 1990 : *Enfants et bétail dans une prairie en été* 1880, h/t (61x91,5) : **GBP 2 420** – Londres, 5 juin 1991 : *La traversée du gué en sautant de pierre en pierre* 1871, h/t (61x91) : **GBP 3 300** – Londres, 12 juin 1992 : *Pêcheurs sur un quai avec le château de Chatham au fond* 1858, h/t (102x127) : **GBP 4 950** – Londres, 12 mai 1993 : *Guildford*, h/t (61x91) : **GBP 1 552** – Montréal, 21 juin 1994 : *Le rocher de Surrey* 1896, h/t (66x101,5) : **CAD 2 300** – Londres, 2 nov. 1994 : *Promenade à la campagne* 1896, h/t (66,5x103) : **GBP 1 495** – Londres, 12 mars 1997 : *Les Passeurs* 1865, h/t (63x76) : **GBP 5 750**.

MOTE W. H.
XIXe siècle. Actif vers 1850. Britannique.
Graveur sur acier.

MOTEAU Pierre
XVe siècle. Français.
Sculpteur et architecte.
Il construisit et décora en 1490 la Tour de l'horloge à Évreux. Peut-être identique à Pierre Morteau, sculpteur à Romorantin en 1454.

MOTELAY Louis
XVIIIe siècle. Actif à Paris en 1745. Français.
Sculpteur.

MOTELET ou **Motelay, Mothelay**
XVIIIe siècle. Français.
Miniaturiste.
Il exposa au Salon de Paris en 1795 : *Une boudeuse* et un cadre de miniatures.
Ventes Publiques : Paris, 8 avr. 1919 : *Portrait de femme*, miniature : **FRF 5 000** – Paris, 24 mars 1947 : *Portrait de Pauline Bonaparte princesse Borghèse*, miniature : **FRF 32 000**.

MOTELEY Jules Georges
Né le 14 juillet 1865 à Caen (Calvados). Mort en mai 1923 au Vésinet (Yvelines). XIXe-XXe siècles. Français.
Peintre de genre, paysages.
Il fut élève de Jules Lefebvre, de Gabriel Guay et d'Antoine Guillemet. Il participa à Paris, au Salon des Artistes Français de 1889 à 1923, dont il fut membre sociétaire hors-concours et membre du jury ; il reçut une mention honorable en 1892, une médaille de troisième classe en 1894, une mention honorable en 1900 à l'Exposition universelle de Paris, le prix de Raigecourt Goyon en 1901, une médaille de deuxième classe en 1902.
Musées : Bayeux : *Église de Clécy* – Caen : *Deux Paysages* – Dijon : *Matinée d'automne à Clécy* – Rouen : *Prairie dans la vallée de Clécy*.
Ventes Publiques : Paris, 22 avr. 1926 : *Église de Gobourg* : **FRF 400** ; *Le Calme de l'Orne à Clécy* : **FRF 1 500** – Paris, 2 avr. 1943 : *Pays breton, bord de la mer* : **FRF 500** – Paris, 18 oct. 1946 : *Paysage d'hiver* : **FRF 1 150** – Paris, 12 fév. 1951 : *La Seine à Bougival* : **FRF 5 000** – Paris, 13 oct. 1977 : *Chaumières bretonnes* 1906 (55x73) : **FRF 2 200** – Versailles, 14 mars 1982 : *Le moulin du Vey à Clecy* 1899, h/t (65,5x92) : **FRF 11 000** – Versailles, 5 mars 1989 : *Les deux enfants près du village*, h/t (50x64) : **FRF 10 500**.

MOTELLI Gaetano
Né en 1805 à Milan (Lombardie). Mort le 28 juin 1858 à Milan probablement. XIXe siècle. Italien.
Sculpteur.
Musées : Trieste (Mus. Revoltella) : *Feuille d'acanthe et enfants*.
Ventes Publiques : Paris, 31 mars 1980 : *Iris*, marbre (183x58x84) : **FRF 70 000** – Paris, 16 déc. 1988 : *Iris*, marbre blanc (H. 181,5) : **FRF 115 000**.

MOTET Gilles
XVIe siècle. Français.
Sculpteur sur bois.
Il a sculpté les stalles de Sainte-Madeleine de Troyes en 1569.

MOTEY
XVIIIe siècle. Français.
Graveur au burin.

MOTHERWELL Robert Burns
Né le 24 janvier 1915 à Aberdeen (Columbia), d'un père d'origine écossaise et d'une mère d'origine irlandaise. Mort le 16 juillet 1991 à Provincetown (Massachusetts). XXe siècle. Américain.
Peintre, peintre de collages, graveur, dessinateur, illustrateur. Expressionniste-abstrait.
Sa famille s'installa en Californie alors qu'il était âgé de trois ans. Boursier de l'Otis Art Institute de Los Angeles, en 1926 et 1927, il poursuivit ensuite ses études de philosophie à l'université de Stanford, d'où il sortit licencié en 1936. À la même époque, il prépara une thèse sur le *Journal* de Delacroix. En 1937 et 1938, il fit des études de philosophie, à Harvard, qu'il continua à l'université de Grenoble, durant son séjour en France de 1938 à 1939, où il traduisit le livre de Paul Signac *D'Eugène Delacroix au néo-impressionnisme*, et enfin, pendant la Seconde Guerre mondiale à la section des Beaux-Arts et Archéologie de l'université Colombia de New York, où il put approcher et connaître les surréalistes et les artistes européens qui y avaient trouvé refuge. Il publia alors dans *VVV* la revue qu'André Breton fonda à New York et s'initia avec Pollock, Baziotes et Lee Krasner, à la création de poèmes automatiques. Il avait également alors fait de nombreux et lointains voyages, outre ceux mentionnés, en Colombie britannique, Angleterre et un long séjour avec Matta, au Mexique. Ses abondantes études avaient été, même dans le domaine artistique, surtout intellectuelles et il se forma à peu près seul à la pratique de la peinture ; dans la suite il se fit initier à la gravure dans l'atelier 17 de Hayter, en 1945, à New York. Ses capacités intellectuelles caractérisent sa position dans l'école de New York ; dès 1944, il dirigea, avec Harold Rosenberg, les publications *Documents of Modern Art*, puis, en 1952, le premier numéro de *Modern Artists in America*. Au milieu des années cinquante, il créa, avec Rothko et Baziotes, une école d'art, appelée

Subjects of the artist en 1948, d'où sortit le célèbre « Club » qui constitue l'un des points de départ de l'école de New York, très éloignée des démarches surréalistes et complètement orientée vers l'exploration des ressources de l'abstraction lyrique. En 1951, encore, il fut nommé professeur au Hunter College de New York. En 1953, il se maria avec le peintre Helen Frankenthaler, puis par la suite se remaria avec une Mexicaine, Renata Ponsold. Il réalisa au cours de sa carrière de peintre de nombreuses conférences sur l'art, notamment au Museum of Modern Art de New York en 1951, 1970, à l'Art Institute de Chicago en 1968, à l'université de Munich en 1982.

Il participe à des expositions collectives : 1942 *First Papers of Surrealism* à la galerie Whitelaw-Reid Mansion de New York ; 1945, 1955, 1964, 1974, 1975 Whitney Museum of American Art de New York ; 1946, 1951, 1958, 1961, 1962, 1965, 1968, 1969, 1971 Museum of Modern Art de New York ; 1947 premier Salon des Réalités Nouvelles à Paris ; 1952 Carnegie Institute de Pittsburgh ; 1953, 1963 Biennale de São Paulo ; 1954, 1961, 1964, 1976 Solomon R. Guggenheim de New York ; 1955 *Cinquante ans d'art aux États-Unis* au musée d'Art moderne de la ville de Paris ; 1958 Foire internationale de Bruxelles ; 1959 Documenta de Kassel ; 1964 Tate Gallery de Londres ; 1968 Biennale de Venise ; 1970 Fondation Maeght de Saint-Paul-de-Vence ; 1973, 1978, 1981 National Gallery of Art de Washington ; 1974 musée Galliera de Paris ; 1977 musée national d'Art moderne de Paris ; 1984 Walker Art Center de Minneapolis ; 1986 The Brooklyn Museum of Art à New York.

Il montre ses œuvres dans des expositions personnelles : 1946 Fine Arts Club de Chicago ; 1951, 1968 Whitney Museum of American Art de New York ; 1959 Bennington College ; 1961 Museu de Arte moderna de São Paulo ; 1962 Art Museum de Pasadena ; 1963 Museum of Art du Smith College à Northampton ; 1964 Solomon R. Guggenheim de New York ; 1965, 1969, 1987 Museum of Modern Art de New York ; 1967, 1968, 1980 Museum of Modern Art de San Francisco ; 1971 Kunstverein de Fribourg ; 1972 Metropolitan Museum de New York ; 1972, 1985 Walker Art Center de Minneapolis ; 1973 Art Museum de Princeton ; 1974, 1983, 1986 Albright-Knox Art Gallery de Buffalo ; 1975 musée d'Art moderne de Mexico ; 1976 Städtische Kunsthalle de Düsseldorf ; 1977 musée d'Art moderne de la ville de Paris ; 1978 Royal Academy de Londres ; 1980 Fondation Juan March à Madrid ; 1983 musée national bavarois d'Art moderne de Munich ; 1989 Pavillon d'art contemporain de Milan. En 1985, il est élu à l'American Academy of Arts and Science de Cambridge, en 1986 il reçut la médaille d'or des beaux-arts de Madrid, en 1987 la Wallace Award de l'American Scottish Foundation de New York, en 1988 il fut fait chevalier des Arts et des Lettres (France).

Pour lui, à ses débuts, le surréalisme représentait l'exploration extrême des possibilités de liberté de l'esprit humain et de ses facultés créatrices, tout spécialement par le moyen de l'écriture automatique, qui joua un rôle considérable dans le renouveau de l'école américaine des années de l'après-guerre. Cependant, dans ses œuvres propres, l'influence surréaliste ne fut jamais qu'une influence méthodologique, sans qu'on puisse y discerner d'autres caractères spécifiquement surréalistes, comme en témoignent des œuvres de 1949, comme *The Voyage* ou *Grenade*, déjà très caractéristiques de son appartenance à l'abstraction lyrique, mais comme en témoignait déjà, en 1943, son *Pancho Villa mort et vivant*, dont invention formelle et titre sont sans doute dus à des mécanismes automatiques, dont la mise en forme est purement plastique. En 1964, il déclare d'ailleurs : « Je n'ai jamais été un peintre surréaliste car je n'acceptais pas la signification qu'il donnait de l'image. » Jusqu'en 1950 environ, ses propres œuvres manifestent sa propre tension entre deux sollicitations qu'il tente de concilier : l'automatisme de l'impulsion créatrice, qui lui vient en effet, tout au moins dans sa méthodologie, des surréalistes et de Kurt Schwitters, en particulier, et qui tiendra un rôle important dans cette période de l'école de New York, et une préférence toute culturelle pour l'œuvre de Matisse qu'il a toujours considéré comme le peintre le plus important du XXe siècle ; d'où ses grands idéogrammes graphiques, larges traînées de noir directement dictées par sa subjectivité profonde, qui tendent à se résoudre en élégantes arabesques pleines, en accord avec des fonds rappelant les papiers de couleurs découpés des dernières années de Matisse. Ces deux sources divergentes, mais se retrouvant techniquement dans le découpage et l'assemblage, furent certainement à l'origine de la pratique constante du collage chez Motherwell. En 1951, il eut l'occasion d'exécuter une décoration murale pour une synagogue de Millburn (New Jersey). Vers 1954 environ, son style propre se définit avec assurance dans la très importante série des *Élégies pour la République espagnole* qui comprend plus de quatre-vingt peintures, réalisées de 1949 à 1989. À part de rares interventions d'un ocre jaune, d'un outremer ou d'un rouge (les deux couleurs à part le noir et le blanc qu'il a le plus utilisées), la palette y est réduite au seul noir, se développant sur le fond blanc en silhouettes totémiques, des ovales et des barres que l'on pourrait considérer comme directement graphiques, comme chez Kline ou Soulages, si elles ne s'apparentaient encore à l'élégance d'arabesques de découpages matisséens. Avec la série des *Je t'aime*, il fait « un geste de colère » face à la tendance croissante vers la décoration de surface dans le développement de la peinture américaine avant-gardiste (...), et un manifeste pour retourner vers ce que les anciens Chinois appelaient l'« esprit de pinceau » (Motherwell). Après 1960, comme dans le *Voyage, dix ans après* de 1961, l'économie des moyens, formes et couleurs mis en œuvre, s'accentue encore dans de grands formats à l'intérieur desquels le signe graphique monumental définit rythmiquement l'espace, tirant parfois parti des accidents de la matière du support ou des hasards de la brosse : « Je commence à peindre sur le sol. La peinture, quand je peins à la verticale, goutte trop. On contrôle mieux la toile quand on peint à l'horizontale, et en même temps on a une vue moins restreinte. Je peux tourner autour, par exemple. Je m'acharne sur la surface plane et, miraculeusement, l'espace tridimensionnel, prend une existence pour lui-même. Je finis par terminer le tableau à la verticale, debout » (id.). Parallèlement à ces grands formats, il réalise des œuvres plus petites, comme la série *Beside the sea*, où il utilise la technique du coup de fouet et de l'éclaboussure pour rendre le jaillissement des embruns, la naissance puis la disparition de la vague. À la fin des années soixante, il s'attache au motif de l'ouverture (de la porte ou de la fenêtre) découvert alors qu'il observait dans son atelier une petite toile posée contre une plus grande. Il décline cette « trouvaille », dessinant le contour de ce petit format en haut ou en bas de la toile, sur un vaste champ monochrome. Outre ses peintures, il a réalisé de très nombreux collages, dans lesquels il inclut partitions musicales, enveloppes timbrées, étiquettes de Gauloises ou de Players ou autres éléments de sa vie intime : « Ma peinture tend en général vers une certaine forme de simplification. Au contraire, le collage est une façon de travailler avec du matériel autobiographique, ce dont on a envie parfois. J'éprouve plus de joie à faire des collages, moins d'austérité qu'ailleurs. Une façon de jouer. » (id.) Il a également illustré de nombreux ouvrages, notamment : *L'Amour vénitien* de Marcelin Pleynet (une gravure) paru en 1984, *Ulysse* de James Joyce (quarante gravures originales) paru en 1988, trois poèmes d'Octavio Paz (vingt-six lithographies originales) paru en 1987.

C'est à tort que l'on a voulu voir en lui le champion de l'ostracisme américain envers la peinture française. Même s'il a conservé un souvenir affligé de l'enseignement de Souverbie, lorsqu'il essaya de fréquenter l'école des Beaux-Arts de Paris pendant son séjour parisien ; même s'il n'a toujours pas compris ce que les expositions officielles véhiculèrent de peinture très conventionnelle pour représenter l'école de Paris aux États-Unis dans les années de l'après-guerre, Motherwell, au contraire, reste l'un des peintres américains les plus attachés à la notion d'héritage culturel universel, sans aucune exclusive, et c'est plutôt justement l'exclusive manifestée par l'école de Paris, entre les deux guerres, envers les grandes mutations des langages artistiques qui venaient de Russie, d'Allemagne ou de Hollande, qu'il lui reproche, lui qui a écrit : « Il importe de savoir que l'art ne saurait être national : que d'être seulement un artiste américain ou un artiste français, c'est n'être rien du tout. Ne pas pouvoir vaincre son premier environnement, c'est être sûr de ne jamais atteindre l'humain. »

■ Laurence Lehoux, Jacques Busse

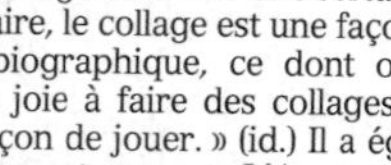

Bibliogr. : *Fourteen Americans*, New York, 1946 – Ritchie : *Abstract Painting and Sculpture in America*, Museum of Modern Art, New York, 1951 – *What abstract art means to me*, Museum of Modern Art, New York, 1951 – Hess : *Abstract Painting*, New York, 1951 – Catalogue de l'exposition : *Cinquante ans d'art aux États-Unis*, musée national d'Art moderne de la Ville, Paris, 1955

– Michel Seuphor : *Dict. de la peint. abstraite*, Hazan, Paris, 1957 – Daniel Robbins, in : *Peintres contemp.*, Mazenod, Paris, 1964 – Raoul Jean Moulin, in : *Dict. univers. de l'art et des artistes*, Hazan, Paris, 1967 – Michel Ragon : *Vingt-Cinq Ans d'art vivant*, Casterman, Paris, 1969 – in : *Modern American Painting*, Time Life, Alexandria, 1970 – in : *Les Muses*, Grange Batelière, Paris, 1973 – in : *Dict. univer. de la peinture*, Le Robert, t. V, Paris, 1975 – Stephanie Terenzio, Dorothy C. Belknap : *Catalogue raisonné. The painter and the printer*, The American Federation for Arts, New York, 1980 – Catalogue de l'exposition : *Robert Motherwell, etchings, lithographs, livres illustrés 1986-1989*, Waddington Graphics, Londres 1989 – in : *L'Art du xxe s.*, Larousse, Paris, 1991 – Marcelin Pleynet : *Robert Motherwell*, Daniel Papierski, Paris, 1989 – Geneviève Breerette : *La Mort de Motherwell*, Le Monde, Paris, 17 juil. 1991 – in : *Dict. de l'art mod. et contemp.*, Hazan, Paris, 1992 – D. Rosand : *Robert Motherwell, travaux sur papier : dessins, gravures, collages*, Abrams, New York, 1997.

Musées : Baltimore (Mus. of Art) : *Africa* 1965 – Buffalo (Albright Knox Art Gal.) : *Élégie pour la République espagnole n° 34* 1953-1954 – Cambridge (Fogg Art Mus.) : *The Elegy* 1948 – Cleveland (Mus. of Art) : *Élégie pour la République espagnole n° 55* 1955-1960 – Munich (Staatsgal. für Mod. Kunst) : *Stephen's Gate* 1981 – New Haven (Yale University Art Gal.) : *Le Résistance* 1948 – New York (Mus. of Mod. Art) : *Élégie pour la République espagnole n° 1* 1948 – *The Little Spanish Prison* 1941-1944 – New York (Metrop. Mus. of Art) : *La Danse n° 2* 1952 – *Élégie pour la République espagnole n° 70* 1961 – New York (Whitney Mus.) : *NRF Collage n° 1* 1959 – *NRF Collage n° 2* 1960 – San Francisco (Mus. of Art) : *Open n° 11 (in raw sienna with gray)* 1968 – Vienne (Mus. Mod. Kunst) : *The Spanish Death* – Washington D. C. (Smithsonian Inst.) : *Monster* 1959 – Washington D. C. (Nat. Gal. of Art) : *Reconciliation Elegy* 1978.

Ventes Publiques : New York, 11 nov. 1959 : *En noir et gris*, h/cart. : **USD 800** – New York, 16 mars 1960 : *Ulysse* : **USD 1 000** – New York, 9 oct. 1963 : *Bull n° 2* : **USD 1 000** – New York, 14 avr. 1965 : *Journal d'un peintre* : **USD 11 000** – New York, 12 avr. 1967 : *Le Soleil*, peint. et collage : **USD 2 400** – New York, 16 oct. 1972 : *Élégie pour la République espagnole* : **USD 35 000** – New York, 1er mai 1974 : *Après-midi à Barcelone* 1958 : **USD 32 000** – New York, 21 oct. 1976 : *Open* 1969, acryl. et fus./t. (155x223,5) : **USD 15 000** – Berne, 9 juin 1977 : *Le Cauchemar* 1958, h/pap. et traces de cr. (55,5x75,5) : **CHF 17 500** – New York, 31 mars 1978 : *The Black Douglas stone* 1971, litho. coul. (122x81,3) : **USD 1 300** – New York, 19 oct 1979 : *Tobacco Roth-handle* 1974/75, litho. et sérig. coul. (102,9x76,5) : **USD 1 800** – New York, 17 mai 1979 : *Gauloises* 1970, aquar. et collage (30x22,3) : **USD 3 750** – New York, 18 mai 1979 : *Open, Scarlet with blue line* 1971, acryl./t. (136x272,5) : **USD 30 000** – New York, 13 nov. 1980 : *Suite lyrique* 1965, encre coul. (28x23) : **USD 6 500** – New York, 12 mai 1981 : *Été en Italie n° 10* 1963, h/t (245x183,5) : **USD 150 000** – New York, 9 nov. 1983 : *Wall painting n° IV* 1954, h/t (137,1x182,9) : **USD 210 000** – New York, 3 mai 1984 : *Saint Michael*, litho. et sérig coul. avec monotype en gris (159,5x64,3) : **USD 3 500** – New York, 2 nov. 1984 : *Sans titre* 1959, gche, collage pap. et encre de Chine/cart. (36x28,5) : **USD 10 000** – New York, 1er nov. 1984 : *Spontaneity with blue stripe* 1966, encre et acryl./pap. (78x57) : **USD 29 000** – New York, 18 avr. 1985 : *Samurai* 1971, litho./Japon (186x94) : **USD 4 800** – New York, 2 mai 1985 : *Une étrange musique* 1981, acryl. et h/t (223,5x304,8) : **USD 130 000** – New York, 10 nov. 1986 : *Ancestral presence* 1976, acryl./t. (183x274,4) : **USD 240 000** – New York, 14 nov. 1987 : *Bastos* 1974-1975, litho. en coul. (158,7x101,5) : **USD 14 000** – New York, 5 mai 1987 : *Prison espagnole, fenêtre* 1944, h/t (132,7x107) : **USD 165 000** – New York, 8 oct. 1988 : *Le Postulat d'Euclide* 1975, acryl./t. (45,7x35) : **USD 52 250** – Londres, 20 oct. 1988 : *Sans titre* 1945, encre et aquar. (13x17,5) : **GBP 3 080** – Londres, 3 mai 1989 : *Près de la mer avec une vague de sable* 1968, acryl. et gche/pap. (77,5x56) : **USD 121 000** ; *Élégie à la République espagnole 134* 1974, acryl./t. (244,2x305,5) : **USD 880 000** – Londres, 8 nov. 1989 : *Élégie à la République espagnole n° 125* 1972, h/t (218,5x304,8) : **USD 1 100 000** – Londres, 7 mai 1990 : *Sans titre*, h/t (182,5x114,3) : **USD 198 000** – New York, 6 nov. 1990 : *Sans titre* 1968, acryl./pap. (77,5x55,9) : **USD 6 820** – New York, 7 nov. 1990 : *Peinture murale n° III*, h/t (137,1x183) : **USD 770 000** – New York, 30 avr. 1991 : *Elégie pour une République espagnole n° 125* 1972, h/t (218,5x304,8) : **USD 473 000** – Zurich, 16 oct. 1991 : *Composition*, litho. (97x75,5) : **CHF 2 800** – New York, 12 nov. 1991 : *Élégie espagnole n° 17* 1953, h/rés. synth. (22,8x30,5) : **USD 60 500** – New York, 13 nov. 1991 : *Deux figures* 1958, h/t (137,2x182,8) : **USD 330 000** – Paris, 11 mars 1992 : *Sans titre* 1959, h/t (22,8x30,5) : **FRF 72 000** – Paris, 7 mai 1992 : *La porte sicilienne* 1972, h/t (182,9x182,9) : **USD 66 000** – New York, 6 oct. 1992 : *Sans titre*, acryl. et encre/pap. (55,9x43,2) : **USD 23 100** – New York, 18 nov. 1992 : *Marée haute* 1976, h/t (198,1x76,1) : **USD 71 500** – Lokeren, 20 mars 1993 : *Composition*, litho. coul. (58x50) : **BEF 65 000** – Londres, 25 mars 1993 : *Guardian 3* 1966, collage de journaux et acryl./cart. (55,9x35,6) : **GBP 27 600** – New York, 4 mai 1993 : *Palette noire* 1975, h. et collage de pap./t./cart. (183x61) : **USD 81 700** – New York, 9 nov. 1993 : *Élégie pour la République espagnole n° 159* 1979, h/t (111,8x182,2) : **USD 387 500** – New York, 2 mai 1995 : *Une vue n° 1* 1958, h/t (205,7x264,2) : **USD 178 500** – New York, 5 mai 1996 : *La Rougeur du rouge*, litho. et sérig. coul. (61x40,7) : **USD 10 350** – Londres, 24 oct. 1996 : *Sans titre* 1974, collage pap. brun et acryl./cart. (183x91,5) : **GBP 41 100** – New York, 20 nov. 1996 : *Deux Figures avec rayure bleue* 1960, h/t (213,6x277,2) : **USD 156 500** – New York, 20 nov. 1996 : *Open n° 47* 1968, fus. et h/t (63,5x76,2) : **USD 31 050** – New York, 7 mai 1997 : *Sans titre* 1944, encre et aquar./pap. (40x51,4) : **USD 25 300** – New York, 18-19 nov. 1997 : *Élégie pour la République espagnole CIII* 1965, h/t (175,2x233,6) : **USD 530 500**.

MOTICZKA Franz
xixe siècle. Actif à Prague de 1800 à 1808. Autrichien.
Graveur de vues.

MOTIMAX, pseudonyme de **Mandelbaum Max**
Né en 1938 à Paris. xxe siècle. Français.
Peintre, sculpteur, graveur.

Il vit et travaille à Paris.

Il a participé en 1992 à l'exposition *De Bonnard à Baselitz – Dix Ans d'enrichissements du cabinet des estampes 1979-1988* à la Bibliothèque nationale à Paris.

Musées : Paris (BN) : *Naissance* 1976, empreinte en coul.

MOTIS. Voir **MOTTI**

MOTIZUKI Guiokusen
xixe siècle. Actif à Tokyo. Japonais.
Peintre sur soie.

Il participa aux Expositions de Paris. Mention honorable en 1900 (Exposition Universelle).

MOTIZUKI Kimpo
xixe siècle. Actif à Tokyo. Japonais.
Peintre sur soie.

Il figura aux Expositions de Paris ; mention honorable en 1900 (Exposition Universelle).

MOTLEIUS
xviiie siècle. Britannique.
Sculpteur sur ivoire.

Il a sculpté le portrait en médaillon du roi *Henri VII d'Angleterre* et de la reine *Élisabeth*.

MOTOHARU, nom familier : **Sutezô,** surnom : **Hayashi,** nom de pinceau : **Kôsai**
Né en 1858, originaire d'Osaka. Mort en 1903. xixe siècle. Japonais.
Peintre.

Il n'aurait été actif comme peintre qu'entre les années 1880 et 1890.

MOTOMURA Tadashi
Né en 1938 à Kumamoto. xxe siècle. Actif depuis 1973 en France. Japonais.
Peintre.

Il vit et travaille à Levallois. Il a participé en 1992 à l'exposition *De Bonnard à Baselitz – Dix Ans d'enrichissements du cabinet des estampes 1979-1988* à la Bibliothèque nationale à Paris.

Musées : Paris (BN) : *Vase d'oeillets* 1978.

MOTONAGA SADAMASA
Né en 1922 à Ueno (préfecture de Mie). xxe siècle. Japonais.
Peintre, auteur de performances. Abstrait-lyrique. Groupe Gutaï.

Après avoir étudié avec Mankichi Hamabe de 1946 à 1952, il devient, en 1955, disciple de Jiro Yashihara et membre de l'association d'art Gutaï, créé en 1954 par Yoshihara, dans le but d'ouvrir l'art japonais à toutes les formes d'expression possibles, à tous les matériaux, toutes les attitudes, aussi bien dans des manifestations en plein air que dans des lieux institutionnels et des galeries d'art. La venue à Tokyo et l'influence du critique Michel Tapié contribua au rayonnement du groupe en Europe et aux

États-Unis ; toutefois il en tempéra les excès démonstratifs et en orienta l'activité sur la peinture abstraite, dont il était alors un des principaux défenseurs.
Motonaga participe à de nombreuses expositions collectives depuis 1955, notamment : à partir de 1955 expositions du groupe Gutaï dans le Kansaï et à Tokyo ; 1959 et 1961 les XIe et XIIe Prix Lissone à Lissone en Italie ; 1961 *Exposition expérimentale d'art contemporain*, au musée national d'Art moderne de Tokyo ; 1965 Biennale de Tokyo et Exposition de peinture japonaise moderne à la galerie municipale de Zurich ; 1965-1966 *Peintures et Sculptures japonaises modernes* au musée d'Art moderne de New York ; 1988 *L'Art moderne à Marseille : La Collection du Musée Cantini* au musée Cantini à Marseille... Il montre ses œuvres dans de nombreuses expositions personnelles tant à Tokyo à partir de 1961, qu'à New York. Il est titulaire de nombreux prix.
Il réalisa des œuvres en public, privilégiant le geste physique. Son attitude évoque l'action painting, en particulier dans sa pratique du *dripping*. Ensuite, dans des peintures sur matériaux traditionnels, il a conservé une certaine gestualité graphique et lyrique, désormais alliée à un travail sensuel de la matière pigmentaire. ■ L. L., J. B.
Bibliogr. : Michel Tapié, in : *Continuité et avant-garde au Japon*, Turin, 1961 – in : *Dict. univer. de la peinture*, Le Robert, t. V, Paris, 1975 – in : Catalogue de l'exposition *L'Art mod. à Marseille : La Collection du musée Cantini*, Mus. Cantini, Marseille, 1988.
Musées : Marseille (Mus. Cantini) : *Peinture* 1961.

MOTONOBU. Voir **KANO MOTONOBU**

MOTSCHON. Voir **LYN Giovanni**

MOTT-SMITH May, Mme **Small**
Née le 17 mars 1879 à Honolulu. xxe siècle. Américaine.
Peintre, sculpteur.
Elle fut élève de l'académie Colarossi à Paris. Elle exposa au Salon des Artistes Indépendants, dont elle fut membre sociétaire.

MOTTA Charles
Né en 1731 à Motiers. Mort en 1799 à Motiers. xviiie siècle. Suisse.
Graveur et médailleur.
Il grava de 1789 à 1799, des effigies pour la Monnaie de Neuchâtel.

MOTTA Denis
Né en 1821 à Quargnento (Piémont). Mort le 30 janvier 1889 à Quargnento. xixe siècle. Italien.
Peintre de paysages.

MOTTA Francesco
Mort avant 1539. xvie siècle. Actif à Milan. Italien.
Peintre.
Il travailla à Verceil.

MOTTA Francesco
Né le 10 août 1784 à Viadana. xixe siècle. Italien.
Peintre d'ornements.
Fils de Giovanni Motta, et frère de Giulio avec qui il décora de peintures le théâtre de Pontevico. Il fut professeur de dessin à Codogno et à Crémone.

MOTTA Giovanni
Né le 20 juillet 1753 à Bozzolo. Mort le 19 avril 1817 à Crémone. xviiie-xixe siècles. Italien.
Peintre de vues et d'ornements.
Fils et élève du peintre Franc. Majocchi dit Motta, frère de Giuliano et père de Francesco et de Giulio Motta. Il travailla à Mantoue, à Viadana et à Crémone où il exécuta plusieurs œuvres dans la cathédrale.

MOTTA Giuliano
Né le 14 octobre 1761 à Bozzolo. xviiie siècle. Italien.
Peintre d'ornements.
Frère de Giovanni Motta.

MOTTA Giulio
Né le 26 mai 1787 à Crémone. xixe siècle. Italien.
Peintre de figures et d'ornements.
Fils de Giovanni Motta. Il s'établit à Brescia en 1822. Il peignit des fresques et des tableaux d'autels dans les églises de Crémone et un *Ange gardien* dans l'église S. Barnabé, de Brescia.

MOTTA Jacobino
Mort en 1505. xve siècle. Actif à Milan. Italien.
Peintre à la gouache.

MOTTA Pietro della. Voir **LA MOTTE Pierre de**

MOTTA Raphaël, dit **Rafaellino de Reggio**
Né vers 1550 à Codemondo près Reggio. Mort en mai 1578 à Rome. xvie siècle. Italien.
Peintre de compositions religieuses, architectures, fresquiste, dessinateur.
Il fut élève de Lelio Orsi et de F. Zuccari. Il peignit surtout à fresque. On cite de lui des œuvres dans la Salle Ducale et dans les loges de Grégoire XIII au Vatican.

RAPHAEL, REG.

Musées : Rome (Gal. Borghèse) : *Tobie*, attr.
Ventes Publiques : Paris, 12 mai 1919 : *L'Assomption de la Vierge*, pl., lavé de sépia : **FRF 130** – Paris, 22 déc. 1923 : *L'Assomption de la Vierge*, pl. et lav. de sépia : **FRF 300** – New York, 9 jan. 1981 : *La Circoncision*, h/pan., haut arrondi (67,3x42) : **USD 11 000** – Milan, 4 déc. 1986 : *Mise au Tombeau*, pl. et lav. reh. de blanc/pap. bleu (39,6x26) : **ITL 2 400 000** – New York, 11 jan. 1990 : *Dieu le Père avec les anges dans une auréole*, lav. et encre avec reh. de blanc/pap. bleu (25,3x40,8) : **USD 63 250** – Londres, 2 juil. 1990 : *Projet d'une petite chapelle avec un autel*, encre et lav. sur craie noire (26,1x14,7) : **GBP 4 400**.

MOTTA E SILVA Djanira de
Née en 1914. Morte en 1979. xxe siècle. Brésilienne.
Peintre de compositions animées, paysages. Tendance naïf.
D'origine rurale, elle s'installa à São Paulo, où elle fréquenta les artistes Marcier, Vieira da Silva, Szenes, Scliar, Dacosta, Leskoschek et le critique Ruben Navarra.
Elle mêle références urbaines et campagnardes, dans des œuvres simples.
Bibliogr. : Damian Bayon, Roberto Pontual, in : *La Peinture de l'Amérique latine au xxe siècle*, Mengès, Paris, 1990.
Ventes Publiques : São Paulo, 24 oct. 1980 : *Sao José de Botas* 1973, h/t (73x50) : **BRL 380 000** – Paris, 23 juin 1981 : *Figures et Maisons* 1941, h/t (32,3x47,2) : **BRL 225 000**.

MOTTARD VAN MARCKE Léonie
Née en 1862 à Liège. Morte en 1936 à Liège. xxe siècle. Belge.
Peintre de natures mortes, fleurs, aquarelliste.
Elle est la fille du peintre Édouard Van Marcke, qui lui enseigna son art.
Elle exposa au Cercle des beaux-arts de Bruxelles, de 1893 à 1927.
Bibliogr. : In : *Dict. biogr. illustré des artistes en Belgique depuis 1830*, Arto, Bruxelles, 1987 – Pierre Somville : Catalogue de l'exposition *Le Cercle royal des beaux-arts de Liège 1892-1992*, Crédit communal, Liège, s.d., 1993.
Musées : Liège (Mus. de la Vie wallonne) : *Rhododendron dit Laurier-rose*, aquar.

MOTTART Michel. Voir **MOSTAERT**

MOTTE. Voir aussi **DELAMOTTE**, **DELMOTTE** et **LA MOTTE**

MOTTE Charles, Étienne Pierre
Né en 1785. Mort en 1836. xixe siècle. Actif à Paris. Français.
Lithographe, dessinateur, aquafortiste et éditeur.
Il figura au Salon de Paris de 1827 à 1831.

MOTTE Émile
Né en 1860 à Mons. Mort en 1931 à Schaerbeek (Bruxelles). xixe-xxe siècles. Belge.
Peintre de sujets allégoriques, figures, portraits, paysages.
Il étudia chez Hennebicq, Antoine Bourlard, et à Paris, chez Jean-Paul Laurens. Il dirigea l'académie des beaux-arts de Mons, puis celle d'Anvers. Il fut écrivain d'art.
Il participa à Paris, au Salon des Artistes Français, et à partir de 1896, aux manifestations de l'Art Idéaliste.
Bibliogr. : In : *Dict. biogr. illustré des artistes en Belgique depuis 1830*, Arto, Bruxelles, 1987.
Musées : Bruxelles : *Portrait de jeune fille* – Mons : *Les Vierges folles* – Paris (ancien Mus. du Luxembourg) : *Étude autopsychique*.
Ventes Publiques : Bruxelles, 27 mars 1990 : *L'enfant aux papillons*, h/t (52x42) : **BEF 150 000**.

MOTTE Henri Paul
Né le 13 décembre 1846 à Paris. Mort le 1er avril 1922 à Paris. xixe-xxe siècles. Français.

Peintre d'histoire, paysages, illustrateur.
Il fut élève de Gérome. Il participa à Paris, au Salon des Artistes Français à partir de 1874. Il reçut une médaille de bronze en 1900, à l'Exposition universelle, à Paris. Il fut fait chevalier de la Légion d'honneur en 1892.
Musées : Alger : *Baal Moloch dévorant les prisonniers de guerre* – Auxerre : *César s'ennuie* – Bagnols-sur-Cèze : *Passage du Rhône par Hannibal* – Le Puy-en-Velay : *Vercingétorix se rendant à César* – La Rochelle : *Richelieu sur la digue de La Rochelle*.
Ventes Publiques : Paris, 16 déc. 1994 : *La belle alliance*, h/t (61x92) : **FRF 12 500**.

MOTTE Hues de La ou **Hugues, Huson**. Voir **LA MOTTE**

MOTTE Pierre de La. Voir **LA MOTTE**

MOTTE René
Né en 1910 à Bressoux (Liège). Mort en 1945 à Sachsenhausen. XXe siècle. Belge.
Peintre. Expressionniste.
Il fut élève de l'académie des beaux-arts de Liège.
Bibliogr. : In : *Dict. biogr. illustré des artistes en Belgique depuis 1830*, Arto, Bruxelles, 1987.

MOTTE William de La. Voir **DELAMOTTE**

MOTTET Claudius
XIXe siècle. Français.
Peintre de genre.
Il exposa au Salon de Paris en 1839, 1841 et 1844.

MOTTET Daniel
Né en 1754 à Murten. Mort le 20 août 1822 à Berne. XVIIIe-XIXe siècles. Suisse.
Peintre de portraits, peintre de miniatures.

MOTTET Jeanie, Mrs **Henry Mottet**, née **Gallup**
Née en 1864 à Providence. XIXe-XXe siècles. Américaine.
Peintre de genre, animaux.
Elle fut élève de Chase, Richard E. Miller, et de E. Ambrose Webster. Elle travailla à New York. Elle fut membre de la Fédération américaine des arts.
Musées : Boston – Paris (ancien Mus. du Luxembourg).

MOTTET Yvonne
Née en 1906 à Lyon (Rhône). Morte en septembre 1968 à Paris. XXe siècle. Française.
Peintre de compositions animées, paysages, natures mortes.
Elle se forma seule à la peinture. Elle fut l'épouse du peintre Bernard Lorjou. Elle participa aux expositions et autres manifestations découlant de la fondation du groupe *L'Homme témoin* qui préconisait le retour au réalisme expressif. Elle figura régulièrement à Paris, aux Salons des Indépendants, des Tuileries et d'Automne. De 1957 à 1968, elle participa à toutes les expositions organisées par Lorjou. Elle montra ses œuvres dans des expositions personnelles à partir de 1947 régulièrement à Paris, ainsi que : 1954 musée d'Art moderne de Kamakura (Japon) ; 1955, 1956 Londres ; 1957, 1960 New York. En 1968, une exposition posthume de son œuvre fut montrée au musée d'Orléans. En 1953, elle reçut le Prix de la critique. En 1958, elle réalisa un rideau pour le théâtre des Champs-Élysées.
Ses œuvres faisaient montre de qualités de délicatesse à l'intérieur d'une figuration postcubiste linéaire. Elle privilégia les sujets quotidien, déployant une gamme de tons chauds.

Bibliogr. : Bernard Dorival, in : *Peintres contemp.*, Mazenod, Paris, 1964 – Lydia Harambourg : *L'École de Paris 1945-1965 – Dictionnaire des peintres*, Ides et Calendes, Neuchâtel, 1993.
Ventes Publiques : Versailles, 27 mars 1977 : *Nature morte aux fleurs et au compotier de fruits*, h/t (64,5x81) : **FRF 4 100** – Paris, 26 jan. 1990 : *Tête d'arlequin, fond vert* 1956, h/t (33x41) : **FRF 16 000** – New York, 10 oct. 1990 : *Nature morte de fleurs près d'un pichet*, h/t (45,5x64,8) : **USD 2 090** – Paris, 21 nov. 1990 : *Bouquet au vase blanc*, h/t (81x65) : **FRF 21 000** – New York, 13 fév. 1991 : *Vase de fleurs ; Nature morte*, h/t, une paire (72,4x54 et 54,6x64,8) : **USD 1 320** – Paris, 20 mai 1992 : *Bouquet de fleurs*, h/t (48x38) : **FRF 4 500** – Paris, 10 avr. 1996 : *La plante multicolore*, h/t (81x60) : **FRF 13 000** – Paris, 19 juin 1996 : *Corbeille de fruits*, h/t (54,5x46) : **FRF 6 600** – Paris, 23 juin 1997 : *Nature morte au panier*, h/t (100,5x81) : **FRF 13 000**.

MOTTETTO. Voir **MATTETTO Domenico**

MOTTEZ Henri Paul
Né vers 1855 à Londres, de parents français. XIXe siècle. Français.
Portraitiste.
Fils et élève de Victor Louis Mottez et de Jules Lefebvre. Sociétaire des Artistes Français depuis 1899, il figura au Salon de ce groupement ; médaille de troisième classe en 1892, mention honorable en 1900 (Exposition Universelle). Il s'établit à Saint-Raphaël (Var).
Ventes Publiques : Paris, 20 jan. 1947 : *Jeune fille aux papillons* 1908, past. : **FRF 480** – New York, 24 avr. 1984 : *L'atelier de l'artiste*, h/t (94x99) : **USD 2 800**.

MOTTEZ Victor Louis
Né le 13 février 1809 à Lille (Nord). Mort le 7 juin 1897 à Bièvres (Essonne). XIXe siècle. Français.
Peintre d'histoire, compositions religieuses, compositions mythologiques, portraits, compositions murales.
Entré à l'École des Beaux-Arts de Paris en 1829, il fut élève d'Ingres puis de François Picot. Il débuta au Salon de Paris en 1833, obtenant des médailles en 1838 et 1845. Chevalier de la Légion d'honneur en 1846.
Très marqué par l'art d'Ingres, il réalisa surtout des décorations murales, notamment à Paris, pour la chapelle Saint-François de Sales, la chapelle Sainte-Anne et Sainte-Marie, à l'église Saint-Séverin, et pour la chapelle Saint-Martin, à l'église Saint-Sulpice. On lui doit *Les quatre évangélistes – Le reniement de saint Pierre – Jésus au jardin des oliviers*, pour l'église Sainte-Catherine à Lille. Il est aussi l'auteur de fresques pour le pavillon de Marsan au Louvre. Il sait généralement mêler un certain intimisme familier au style historique. Ses portraits sont présentés selon des compositions qui sont redevables de l'art d'Ingres, tout en ayant un caractère mélancolique et romantique.

Bibliogr. : Gérald Schurr, in : *Les Petits Maîtres de la peinture 1820-1920, valeur de demain*, Les Éditions de l'Amateur, t. VII, Paris, 1989.
Musées : Chantilly (Mus. Condé) : *Zeuxis choisissant un modèle pour Hélène – Le duc d'Aumale* – Dijon : *Phryné et les juges* – Lille : *Melitus – Résurrection – Portrait de l'architecte Benvignat* – Quarante-quatre cartons et esquisses – Nantes : *Ulysse et les Sirènes* – Paris (Mus. du Louvre) : *Portrait de Mme Mottez* – Fresques du pavillon de Marsan.
Ventes Publiques : Paris, 18 nov. 1949 : *Portrait de son fils* : **FRF 1 150** – New York, 25 oct. 1989 : *L'atelier de l'artiste*, h/t (95,3x123,8) : **USD 11 000** – Paris, 4 mai 1994 : *Alcibiade* 1884, h/t (115,5x152,5) : **FRF 74 000** – Paris, 8 déc. 1996 : *Italienne et son enfant* 1862, h/t (99x81) : **FRF 15 000**.

MOTTI Agostino
Né vers 1450 ou 1453. XVe siècle. Italien.
Peintre.
Il a peint deux fresques au plafond de la Chartreuse de Pavie.

MOTTI Cristoforo de ou **de'** ou **Mottis, de'Motti**
XVe-XVIe siècles. Italien.
Peintre à fresque et sur verre.
Il travaillait à Gênes, pour la cathédrale de Milan et la chartreuse de Pavie, entre 1468 et 1514. Il fut l'aide d'Ambrogio da Vigevano.

MOTTI Jacopo dei
Mort en 1505 à Milan. XVe siècle. Italien.
Peintre.
Il peignit à l'huile, à fresque et sur verre. Entre 1485 et 1490, il exécuta plusieurs vitraux dans la chartreuse de Pavie et décora, pendant les années suivantes, plusieurs de ses chapelles.

MOTTOLA Antonio
XVIIe-XVIIIe siècles. Actif à Naples à la fin du XVIIe et dans la première moitié du XVIIIe siècle. Italien.
Sculpteur et architecte.
Il sculpta, entre autres, des statues à Bénévent.

MOTTONI Michel Angelo
XVIIIe siècle. Actif à Varsovie en 1705. Italien.
Peintre.

MOTTRAM Charles
Né en 1807. Mort le 30 août 1876. XIXe siècle. Britannique.
Graveur.
Il exposa à la Royal Academy de 1861 à 1876. Il se fit la réputation d'un habile artiste, par ses intéressantes reproductions de Rosa Bonheur, Holman Hunt et surtout Lanseer.

MOTTRAM Charles Sim
XIXe-XXe siècles. Britannique.
Peintre de marines, aquarelliste.
Actif de 1876 à 1906, il fut membre de la Society of British Artists.
Il exposa à la Royal Academy et surtout à Suffolk Street à partir de 1876. Il reçut une médaille de bronze en 1889 à l'Exposition universelle de Paris.
Ventes Publiques : Londres, 1er nov. 1990 : *Départ avec la marée* 1888, aquar. (82,7x58,7) : **GBP 440** – Londres, 12 mai 1993 : *L'entrée du port de St Ives en Cornouailles* 1914, aquar. avec reh. de blanc (29,5x23,5) : **GBP 517**.

MOTTU Friedrich August
Né vers 1786 à Offenbach. Mort en 1828 à Cologne. XIXe siècle. Allemand.
Lithographe.
Il fonda avec Anton Wünsch un atelier de lithographe à Cologne en 1817.

MOTTU Henri ou **Luc H.**
Né le 26 mai 1815 à Genève. Mort le 17 décembre 1859 à Genève. XIXe siècle. Suisse.
Peintre de paysages, paysages d'eau, paysages de montagne, peintre à la gouache, graveur, dessinateur.
Il fut l'élève de François Diday.
Musées : Saint-Pétersbourg (Mus. de l'Ermitage) : cinq peintures.
Ventes Publiques : Munich, 25 nov. 1976 : *Paysage alpestre* vers 1840, gche (16,5x22) : **DEM 1 500** – Lucerne, 2 juin 1981 : *Le Lac de Genève aux environs du château de Chillon*, h/cart. (36,5x51,5) : **CHF 7 000** – Zurich, 5 juin 1996 : *Paysages de lacs et de montagnes en Suisse*, gche/pap., neuf dessins (chaque 16,5x21,5) : **CHF 6 325**.

MOTTU Hermann Joseph
Né vers 1818. Mort le 20 avril 1842. XIXe siècle. Allemand.
Lithographe.
Fils de Friedrich August Mottu.

MOTU Christophe. Voir **MOLU**

MOTWASS Joh. Bapt. ou **Matwas** ou **Motbas** ou **Mottwass**
XVIIIe siècle. Actif à Ljubljana en 1706. Autrichien.
Peintre.
Il a peint les portraits de Jakob et de Catherine Schelle E. v. Schellenberg dans le couvent des Franciscains à Kamnik en Slovénie.

MOTWASS Michael
Né en 1737 (?) à Ljubljana. XVIIIe siècle. Autrichien.
Peintre.
Il a peint les plafonds de l'église Saint-Pierre et du théâtre Municipal à Ljubljana.

MOTZ Daniel
Né le 25 février 1954 à Arad. XXe siècle. Actif aux États-Unis. Roumain.
Peintre, auteur d'assemblages. Polymorphe.
De 1969 à 1973, il fut élève à Arad, de l'école d'art, puis, de 1976 à 1978, de l'école de la photographie et du cinéma, qu'il pratique aussi de manière professionnelle. Il vit et travaille en Californie.
Il participe à de nombreuses expositions collectives : en Roumanie, aux États-Unis, en France, Belgique, Yougoslavie, Brésil. Il montre ses œuvres dans des expositions personnelles : 1977 Arad ; 1981, 1985, 1986 Paris ; 1981, 1983 Los Angeles ; 1985 Munich. Il a obtenu divers prix et distinctions.
Il oscille entre l'abstraction et la figuration. Travaillant par série, il décline des thèmes, comme les *Nus*, les *Bicyclettes* ou des techniques. Il construit, par exemple, à partir de ses photographies, une image abstraite à jets d'acrylique de couleurs vives ou détourne des objets quotidiens (papier peint, bois, images) et leur fait perdre toute référence à la réalité dans des assemblages abstraits.
Il intervient également plastiquement sur sa production cinématographique, peignant des films superposés.
Bibliogr. : Ionel Jianou et divers : *Les Artistes roumains en Occident*, American Romanian Academy of Arts and Sciences, Los Angeles, 1986.

MOTZ L. von
XIXe siècle. Actif au Schleswig-Holstein vers 1830. Allemand.
Dessinateur de portraits et de paysages, lithographe.

MOTZER August Ferdinand
Né le 13 mars 1844 à Presbourg. XIXe siècle. Autrichien.
Peintre.
Il travailla à Vienne comme amateur. Il fut spécialiste pour sujets de marqueterie dans l'église votive de Vienne et au château d'Ambras.

MOTZER Josef ou **Joszef**
XVIIIe siècle. Hongrois.
Sculpteur sur bois.
Il a sculpté les bas-reliefs de la chaire de l'église des Frères Mineurs et ceux de la chapelle au lycée d'Erlau dans les années 1780.

MOTZET Joseph
Né en 1826 à Gessertshausen. XIXe siècle. Allemand.
Peintre, dessinateur.
Il fut professeur de dessin à Munich.

MÖTZINGER Valentin. Voir **METZINGER**

MOU I. Voir **MU YI**

MOUALLA Fikret
Né en 1903 ou 1905 à Istanbul. Mort en 1968 à Mane (Basses-Alpes), à l'hospice de vieillards. XXe siècle. Actif en France. Turc.
Peintre de compositions animées, scènes typiques, nus, natures mortes, peintre à la gouache.
Arrivé à Paris, après un bref séjour en Allemagne, vers 1926, il s'y fixa définitivement, menant une existence de bohème assez agitée. Pour des raisons de rapidité d'exécution et d'économie du matériau, il peignit surtout à la gouache. Dans la lointaine suite de Toulouse-Lautrec, il peignit des nus, des scènes de maisons closes, de la rue, de la vie des cafés, quelques natures mortes aussi. Contrairement au dessin incisif, frôlant la caricature, sa gamme colorée trahit une nostalgie de tendresse. Rouges, roses et orange se posent sur les choses avec quelque chose de la chaude indulgence d'un Bonnard.

F. M.

Fikret
MOUALLA 58

Ventes Publiques : Genève, 28 juin 1969 : *Le Bouquet du 14-Juillet*, gche : **CHF 2 800** – Paris, 1er déc. 1970 : *Concert en plein air* : **FRF 5 000** – Versailles, 3 juin 1973 : *La Rue*, gche : **FRF 5 300** – Versailles, 29 fév. 1976 : *Femmes au café* 1956, gche (49,5x64) : **FRF 3 500** – Paris, 19 mai 1976 : *Au café* 1944, h/t (45x27) : **FRF 1 800** – Paris, 25 juin 1980 : *La Place du Tertre* 1948, h/t (46x55) : **FRF 10 500** – Versailles, 13 déc. 1987 : *Fille au canapé rouge* 1949, gche et h/pap. (41x33) : **FRF 10 000** – Enghien-les-Bains, 21 juin 1987 : *Au comptoir* 1955, gche/pap. mar./t. (49x63) : **FRF 12 000** – Versailles, 21 fév. 1988 : *Femme assise aux bas rouges* 1951, gche (34x24,5) : **FRF 8 600** – Versailles, 15 mai 1988 : *Le Pianiste de bar* 1952, gche (20x34) : **FRF 6 800** – Paris, 22 nov. 1988 : *Au bar*, gche (23x30,5) : **FRF 9 500** – Paris, 14 déc. 1988 : *Le Bar*, gche (21x30,5) : **FRF 6 800** – Paris, 20 fév. 1989 : *Porte Saint-Denis* ; *Nature morte à la chaise* 1942 ; *Trois Bustes de femmes*, deux aquar. et un dess., lot d'œuvres (27x41,5 ; 33,8x22,5 ; 9x14) : **FRF 7 000** – Paris, 3 mars 1989 : *Personnages* 1961, gche/pap. mar./t. (53x64) : **FRF 10 000** – Paris, 13 déc. 1989 : *Nature morte au Chianti et aux fruits* 1952, h/t (46x62) : **FRF 53 000** – Paris, 14 fév. 1990 : *Jeune Femme assoupie* 1952, aquar. reh. (19x25) : **FRF 11 000** – Calais, 4 mars 1990 : *Nature morte aux fruits et aux bouteilles* 1960, gche (35x56) : **FRF 40 000** – Paris, 27 avr. 1990 : *Fruits et Légumes* 1952, h/t (38x46) : **FRF 39 000** – Paris, 6 oct. 1990 : *Le Bar* 1960, gche (52,5x64) : **FRF 50 000** – Calais, 10 mars 1991 : *Nature morte à la bouteille* 1953, h/t (24x19) : **FRF 23 000** – Calais, 5 juil. 1992 : *Scène de marché* 1955, gche (48x63) : **FRF 32 000** – New York, 9 mai 1994 : *Au marché* 1961, gche/pap. (54,3x65,2) : **USD 3 220** – Paris, 15 juin 1994 : *Nature morte*, aquar. gchée (20x25,5) :

FRF 4 400 – PARIS, 21 nov. 1995 : *Promenade en famille*, gche (32x54) : **FRF 43 000** – PARIS, 7 juin 1996 : *Le Bar* 1953, h/t (32,5x41) : **FRF 28 000** – CALAIS, 7 juil. 1996 : *Nature morte à la théière* 1962, gche (23x18) : **FRF 6 000** – PARIS, 28 oct. 1996 : *Pot de fleurs*, h/t/pan. (53,5x40,5) : **FRF 11 000** – LONDRES, 11 oct. 1996 : *Homme au bar* 1954, gche (17,5x23) : **GBP 1 610** – PARIS, 25 mai 1997 : *Le Compotier de fruits* 1954, gche et encre de Chine/pap. (14,5x17) : **FRF 4 000** – PARIS, 24 oct. 1997 : *Trois danseuses*, gche (23x30) : **FRF 7 200** – LONDRES, 17 oct. 1997 : *Harmonie en vert et orange : portrait d'une femme portant un chapeau*, h/t (50x24) : **GBP 14 375** ; *L'Orchestre* ; *Le Bal*, aquar. avec gche, une paire (chaque 53x64) : **GBP 16 100**.

MOUANGA-N'KODIA Bernard
Né en 1944 à Brazzaville. XXe siècle. Congolais.
Sculpteur de compositions animées, monuments.
Il fut élève de Louis Arnaud, François Boucher et Jacques Choquin à l'école d'art et d'architecture de Marseille.
Il a réalisé le monument de l'Ancienne Monnaie congolaise à Brazzaville ainsi qu'un mémorial suite au crash du DC 10 d'UTA survenu dans le désert de Ténéré en 1989. Ses œuvres en bois (généralement ébène ou teck), spontanées, relatent la vie quotidienne de son pays, dans des compositions réalistes : *Les Deux Sœurs – La Petite Famille africaine – Mère à l'enfant.*

MOUARD Eugène
Né au XIXe siècle à Paris. XIXe siècle. Français.
Graveur sur bois.
Élève de Henri Brown. Il figura au Salon de 1859 à 1869.

MOUARD Louis Bernard
XIXe siècle. Français.
Sculpteur.
Il figura au Salon de Paris de 1850 à 1853.

MOUAT-DAGOUSSIA. Voir **DAGOUSSIA-MOUAT**

MOUAT LOUDAN William
Né en 1868 à Londres. Mort en 1925. XIXe-XXe siècles. Britannique.
Peintre d'histoire, de genre, portraits.
Il fut élève de l'École des Beaux-Arts de la Royal Academy. En 1883, il obtint une médaille d'or et une bourse de voyage, qui lui permit de poursuivre sa formation à Paris.
MUSÉES : LEEDS : *Le Sofa rouge* – LIVERPOOL : *Scène d'Omar Khayan.*
VENTES PUBLIQUES : COLOGNE, 23 mars 1990 : *Portrait de jeune femme* 1890, h/pan. (18,5x14) : **DEM 1 000**.

MOUCHA Miloslova
Né en 1942 à Litvinov. XXe siècle. Actif depuis 1969 en France. Tchécoslovaque.
Peintre, sculpteur, graveur, dessinateur. Abstrait.
Il enseigne à l'école des beaux-arts de Besançon, où il vit depuis 1969.
Il participe à des expositions collectives : 1973 Grasse et Kunsthalle de Södertalje (Suède) ; 1974 *Aspects de l'art actuel en Europe de l'Est 1965-1973* à l'ICC d'Anvers et Rencontre internationale d'art actuel à Porto ; 1975 Marseille, Biennale de Paris et musée d'Art moderne de la Ville de Paris ; 1978 Kunstverein de Gelsenkirchen ; 1980 et 1987 Centre Georges Pompidou à Paris ; 1989 Centre culturel de Delphes. Il montre ses œuvres dans des expositions personnelles : 1975, 1977, 1978 Paris ; 1976, 1977 Florence ; 1980 musée des Beaux-Arts de Besançon ; 1985 Nîmes ; 1986 Foire d'art contemporain de Bâle et Centre d'art contemporain de Montbéliard ; 1987 Fribourg-en-Brisgau ; 1989 CREDAC – Centre d'Art contemporain d'Ivry-sur-Seine et musée de Bâle.
Dans les années soixante-dix, il réalisait des *Zones immatérielles*, peintures de grands formats, dans lesquelles il insérait parfois des éléments hétérogènes, comme du plomb ou du verre. Depuis, il poursuit ses recherches dans des toiles abstraites, influencées par Malevitch. Sur des fonds blancs aux multiples nuances (qui révèlent les couches – des bleus, verts – appliquées préalablement) flottent, selon une organisation précise, des formes géométriques, courbe, arc, équerre (repris dans le titre de plusieurs séries), cercle, plan, aux couleurs vives (vert, orange, jaune, rouge). L'énergie circule entre les divers éléments, justifiant chaque forme. La composition rigoureuse, réfléchie, se trouve souvent régie par un principe de cloisonnement, notamment dans le cycle de *Saint Jean*, où la croix de Saint-André (représentée au XIIe et XIIIe s. par un T) placée au centre a la charge de structurer la toile, divisant la surface en zones distinctes. Il exécute aussi de nombreux dessins au fusain.
BIBLIOGR. : *Catalogue de la IXe Biennale de Paris*, Ida Books, Paris, 1975 – Pierre Restany : *Moucha entre la présence et l'absence*, galerie Lane, Paris, 1977 – Olivier Kaeppelin : *Le Passage intérieur*, musée de Dôle, CREDAC, Ivry-sur-Seine, Galerie Lamaignière, Saint-Germain, Paris, 1989.
MUSÉES : BESANÇON (Mus. des Beaux-Arts) – PARIS (Mus. Nat. d'Art Mod.) – PARIS (Mus. d'Art Mod. de la ville) – PARIS (FNAC) : *Tableau n° 7 du Grand Cycle (selon saint Jean)* 1988 – PARIS (BN) : *Cycle de Saint Georges* 1988, eau-forte et aquat.

MOUCHARD
XIXe siècle. Actif à Angoulême vers 1820. Français.
Peintre sur porcelaine et céramiste.

MOUCHEL
XIXe siècle. Français.
Peintre.
Le Musée de Cherbourg conserve de cet artiste : *Poissonnerie dans la grande rue de Cherbourg* (1850).

MOUCHEL Marie Berthe
Née au XIXe siècle à Paris. XIXe siècle. Française.
Peintre.
Sociétaire des Artistes Français depuis 1888. Elle figura au Salon de ce groupement ; mention honorable en 1892.

MOUCHERON Balthazar de
Né vers 1587. XVIIe siècle. Actif à Arnemuyden. Hollandais.
Peintre.
Père de Frédéric de Moucheron. Il était à Amsterdam en 1619. Le Musée de Bruxelles possède de lui un dessin à la plume *(Parc et fond d'architectures).*

MOUCHERON Eugène Louis Vicente de
Né au château de Maison Maugis (Orne). Mort en 1903. XIXe siècle. Français.
Sculpteur.
Élève de Frémiet. Il exposa au Salon de 1870 à 1890.

MOUCHERON Frédéric de, dit **den Ouden Moucheron**
Né en 1633 à Emden. Enterré à Amsterdam le 5 janvier 1686. XVIIe siècle. Éc. flamande.
Peintre de paysages.
Fils de Balthazar de Moucheron, élève de Jan Asselyn à Amsterdam, il alla à Paris en 1655 et y resta trois ans. Il fit un séjour à Anvers et revint à Amsterdam, où il épousa en 1659, Maria Jouderville, fille du peintre Isaac Jouderville. Il se rendit à Rotterdam en 1671 et ne quitta plus Amsterdam. Il peignit des paysages dans les tableaux de Nic. Berchem, Ad. Van der Velde, Jan Lingelbach, Theodor Helmbreker.
La signature d'un tableau de Dresde – *F. Moucheron 1713* – a fait parfois croire à l'existence d'un second peintre du nom de Frédéric, mais aucun des onze enfants de Moucheron ne porta ce nom ; il s'agit d'Isaac Moucheron dont le monogramme est peu différent.

M. F. Moucheron f

MUSÉES : AIX : *Paysage* – AMIENS : *Chasse au cerf* – AMSTERDAM : *Trois paysages italiens* – AUCH : *Deux paysages* – BERNAY : *Paysage* – BÉZIERS : *Rue de village* – BONN : *Villas romaines* – BORDEAUX : *Deux paysages* – BRÊME : *Paysage* – BRUNSWICK : *Paysages montagneux* – BRUXELLES : *Chasse au cerf – Paysage* – BUDAPEST : *Paysage* – CAEN : *Paysages* – COPENHAGUE : *Deux paysages montagneux – Paysage italien* – DRESDE : *Six paysages* – DUBLIN : *Paysage italien avec Mulets* – ÉDIMBOURG : *Paysage animé* – ÉPINAL : *Passe entre des rochers* – LA FÈRE : *Paysage* – FLORENCE : *Paysage* – FRANCFORT-SUR-LE-MAIN : *Le gué – Une vallée* – GENÈVE (Mus. Rath) : *Jardin en terrasse* – GLASGOW : *Paysage italien – Partie de chasse* – HAMBOURG : *Deux paysages* – HANOVRE : *Chasse au cerf*, avec Van de Velde – *Paysage* – LA HAYE : *Paysage italien – L'embuscade* – KASSEL : *Trois paysages italiens*, dans l'un, les figures sont de Lingelbach – dans un autre, elles sont d'Adr. Van de Velde – LEIPZIG : *Montagnes et chute d'eau – Chemin creux* – LILLE : *Entrée d'un château*, avec Van de Velde – LONDRES (Nat. Gal.) : *Scène de jardin – Paysage avec ruines et personnages* – MAYENCE : *Paysage* – MUNICH : *Paysage animé* – NARBONNE : *Paysage* – ORLÉANS : *Entrée d'une forêt* – PARIS (Mus. du Louvre) : *Départ pour la chasse* – RENNES : *Vue de forêt* – ROTTERDAM : *Paysage montagneux* – ROUEN : *Paysage* – SAINT-PÉTERSBOURG (Mus.

de l'Ermitage) : *Paysage montueux – Trois sites italiens – Poursuite – Intérieur de bois – Paysage* – SCHWERIN : *Chasse à courre, forêt de Versaille – Trois paysages montagneux italiens* – STOCKHOLM : *Paysage avec fleuve* – STRASBOURG : *Sous-bois – Perspective romaine* – TOURS : *Torrent* – VALENCIENNES – VIENNE (Mus. Impérial et coll. Czernin et Liechtenstein) – WEIMAR – YPRES : paysages.
VENTES PUBLIQUES : PARIS, 1777 : *Intérieur de parc*, dix-huit figures par Van de Velde : **FRF 3 400** – PARIS, 1817 : *Paysage* : **FRF 5 050** – LONDRES, 1864 : *Paysage avec dames et cavaliers*, figures par Van de Velde : **FRF 5 380** – PARIS, 1875 : *Intérieur de parc*, figures de Van de Velde : **FRF 8 100** – PARIS, 27 mars 1877 : *Intérieur de parc* : **FRF 6 000** – PARIS, 1890 : *Seigneur dans un parc* : **FRF 7 100** – PARIS, 1891 : *Paysage accidenté* : **FRF 1 050** – PARIS, 1898 : *Paysage avec cours d'eau et figures* : **FRF 830** – LONDRES, 5 fév. 1910 : *Paysage boisé* : **GBP 14** – NEW YORK, 22-24 mars 1911 : *Paysage avec cavalier* : **USD 89** – LONDRES, 5 mai 1911 : *Chasse au cerf* : **GBP 15** – LONDRES, 6 juil. 1923 : *Le Fort* : **GBP 420** – PARIS, 31 mars et 1er avr. 1924 : *Rivière au milieu d'un paysage montagneux*, aquar. : **FRF 800** ; *Panneau décoratif*, encre de Chine : **FRF 320** – PARIS, 27-28 mai 1926 : *Paysage d'Italie* : **FRF 11 600** – PARIS, 21-22 mars 1927 : *Paysage au bord d'une rivière traversée par un troupeau de bœufs*, lav. de sépia reh., en collaboration avec Nicolas Berghem : **FRF 10 000** – PARIS, 2 déc. 1927 : *L'entretien au bord de l'étang* : **FRF 2 850** – LONDRES, 15 fév. 1928 : *Paysage de pâturage* : **GBP 63** – LONDRES, 27 nov. 1929 : *Scène d'un parc du Sud* : **GBP 92** – NEW YORK, 29 avr. 1932 : *Troupeau de vaches et leur gardien* : **USD 40** – PARIS, 14 avr. 1937 : *Le Chemin de la vallée* : **FRF 780** – PARIS, 25 juin 1943 : *Les Bergers* : **FRF 5 500** – PARIS, 28 oct. 1949 : *La danse devant le palais en ruine*, dess. aquarellé : **FRF 4 200** – PARIS, 15 déc. 1949 : *Le passage du gué* : **FRF 25 000** – PARIS, 19 juin 1950 : *Paysage montagneux* : **FRF 7 500** – PARIS, 7 déc. 1950 : *La cascade* : **FRF 83 000** – PARIS, 15 déc. 1950 : *Paysage panoramique au crépuscule* : **FRF 21 000** – PARIS, 7 mars 1951 : *Paysage au soleil couchant* : **FRF 11 500** – LONDRES, 9 déc. 1959 : *Paysage classique* : **GBP 450** – LONDRES, 23 mars 1960 : *Paysage italien* : **GBP 1 600** – LONDRES, 29 nov. 1963 : *Paysage boisé animé d'une partie de chasse* : **GNS 550** – LONDRES, 19 mars 1965 : *Paysages boisés animés de personnages*, deux pendants : **GNS 750** – COLOGNE, 3 mars 1967 : *Paysage fluvial animé* : **DEM 4 500** – LONDRES, 25 nov. 1970 : *Chasseurs dans un paysage boisé* : **GBP 2 400** – HAMBOURG, 8 juin 1972 : *Paysage à la cascade* : **DEM 13 000** – LONDRES, 15 déc. 1978 : *Paysage boisé animé de personnages*, h/t (48,2x54,6) : **GBP 3 800** – PARIS, 24 oct 1979 : *Grand paysage*, h/t (87x110) : **FRF 17 000** – LONDRES, 9 juil. 1982 : *Voyageurs dans un paysage fluvial boisé*, h/t (64,7x73,1) : **GBP 5 000** – LONDRES, 9 mars 1983 : *Scène de chasse à courre*, h/t (98,5x137) : **GBP 9 500** – LONDRES, 13 déc. 1985 : *Paysage boisé d'Italie*, h/t (58,5x66,6) : **GBP 8 500** – LONDRES, 9 avr. 1986 : *Voyageurs dans un paysage fluvial boisé*, h/t (60x82,5) : **GBP 13 000** – LONDRES, 10 juil. 1987 : *Paysage d'Italie avec paysans et troupeau traversant un pont de bois*, h/t (91x106) : **GBP 26 000** – STOCKHOLM, 29 avr. 1988 : *Paysage italien avec un pont enjambant un ravin avec personnages et bétail* : **SEK 43 000** – MILAN, 10 juin 1988 : *Cavaliers dans un paysage*, h/t (49x74) : **ITL 9 000 000** – PARIS, 17 mars 1989 : *Paysage italien animé de paysans*, h/t (120x155) : **FRF 75 000** – AMSTERDAM, 20 juin 1989 : *Cavalier sur un sentier longeant un torrent dans un paysage italien boisé* 1653, h/t (105,7x82,5) : **NLG 27 600** – AMSTERDAM, 22 nov. 1989 : *Paysage italien avec du bétail sur un sentier*, h/cuivre (36x43) : **NLG 14 950** – PARIS, 25 avr. 1990 : *Scène de chasse à courre en forêt*, h/t (71x89) : **FRF 55 000** – LONDRES, 18 mai 1990 : *Paysage italien avec un cavalier dans un bois*, h/t (37,5x46,7) : **GBP 2 200** – LONDRES, 2 juil. 1990 : *Vaste paysage*, encre et lav. sur craie noire (27,1x36,9) : **GBP 2 310** – NEW YORK, 11 oct. 1990 : *Paysage montagneux animé avec des animaux sur un sentier*, h/t (53x45,5) : **USD 9 350** – LONDRES, 31 oct. 1990 : *Chasse au cerf dans un paysage*, h/t (78x107) : **GBP 4 400** – LONDRES, 14 déc. 1990 : *Paysage italien avec un pont fortifié en ruines sur une rivière*, h/t (35,7x33,5) : **GBP 9 900** – ROME, 19 nov. 1991 : *Paysage avec l'attaque d'une voiture de voyageurs*, h/t (77x109) : **ITL 24 000 000** – AMSTERDAM, 25 nov. 1992 : *Paysage fluvial et montagneux avec une maison et son jardin clos de murs au premier plan*, mine de pb, lav. gris et encre brune (138x246) : **NLG 1 725** – PARIS, 9 déc. 1992 : *Scène pastorale dans la campagne romaine*, h/t (84x98) : **FRF 55 000** – LONDRES, 11 déc. 1992 : *Chasse au cerf à la lisière d'un bois*, h/t (155x205,5) : **GBP 13 200** – AMSTERDAM, 6 mai 1993 : *Paysage italien avec des chasseurs près d'un torrent et des bergers*, h/t (55,8x72,8) : **NLG 20 700** – LONDRES, 9 déc. 1994 : *Paysage italien boisé avec une paysanne faisant passer un pont à son âne chargé et une vallée à l'arrière-plan*, h/t (102,2x124,7) : **GBP 10 350** – LONDRES, 5 avr. 1995 : *Paysage boisé avec des cavaliers*, h/t (92x114) : **GBP 17 250** – PARIS, 24 mai 1996 : *Cavaliers rentrant au village*, h/t (68,5x91) : **FRF 66 000** – AMSTERDAM, 12 nov. 1996 : *Rivière avec un pont conduisant à une ville*, cr., encre brune et lav. gris (16x34,2) : **NLG 1 180** – AMSTERDAM, 7 mai 1997 : *Voyageurs sur une colline dans un paysage italien*, h/pan. (38,2x29,2) : **NLG 9 225** – AMSTERDAM, 10 nov. 1997 : *Voyageurs sur un chemin sabloneux dans un col de montagne avec dans le lointain une vallée au coucher du soleil*, h/t (73,8x65,8) : **NLG 20 757** – PARIS, 20 juin 1997 : *Paysage italianisant avec des voyageurs près d'une rivière*, t. mar./pan. (32x40) : **FRF 42 000**.

MOUCHERON Isaac de, dit **l'Ordonnance**
Né en 1667 à Amsterdam. Mort le 20 juillet 1744 à Amsterdam. XVIIe-XVIIIe siècles. Hollandais.
Peintre de paysages, aquafortiste et dessinateur.
Élève de son père Frédéric de Moucheron. Il alla en Italie en 1694 et revint de Rome en 1697.
Il peignit des paysages dans les tableaux de Jakob de Wit, N. Verkolje. Sa manière large et facile, qui rappelle celle du Guaspre, le fit employer fréquemment pour la décoration des habitations seigneuriales. Il signait souvent ses œuvres *M. f.* Comme graveur, il a produit notamment deux séries de quatre vues de jardins, dix-neuf vues de Heemstede, et dix paysages, d'après Gaspard Poussin.

I.d. Moucheron fecit. 1725

MUSÉES : AIX-LA-CHAPELLE : *Paysage avec ruines* – AMSTERDAM : *Vue de Tivoli – Parc avec étang et fontaine* – CHARTRES : *Paysage* – COPENHAGUE : *Port méridional* – DRESDE : *Parc d'un château*, incertain – DUBLIN : *Paysage avec brebis et berger* – FLORENCE : *Paysage avec grands arbres* – GRAZ : *Paysage avec moutons* – LEYDE : *Paysage avec château au bord d'un étang* – MONTPELLIER : *Paysage d'Italie* – MOSCOU (Roumianzeff) : *L'attaque des maraudeurs – Deux paysages – Vallée avec troupeau* – OSLO : *Site forestier avec scène de brigandage – Paysage avec église* – LE PUY-EN-VELAY : *Paysage* – SAINT-ÉTIENNE : *Paysage italien* – SCHWERIN : *Trois paysages italiens – Deux pans romains*.
VENTES PUBLIQUES : PARIS, 1888 : *Paysage accidenté* : **FRF 1 562** – PARIS, 8 mai 1891 : *La pièce d'eau* : **FRF 1 200** – LONDRES, 1893 : *Paysage italien* : **FRF 8 920** – PARIS, 10-11 et 12 mai 1900 : *Paysage d'Italie* : **FRF 850** ; *Paysage avec monuments et figures* : **FRF 430** – PARIS, 21 avr. 1910 : *Paysage d'Italie* : **FRF 1 220** – PARIS, 24 jan. 1923 : *Paysage d'Italie* : **FRF 920** – PARIS, 4 juin 1923 : *Vue d'un parc avec terrasses, bassins et figures*, pl. et aquar. : **FRF 2 550** – PARIS, 17 nov. 1924 : *Monuments antiques dans un paysage* ; *Monuments antiques dans un paysage*, pl. et aquar., les deux : **FRF 1 500** – LONDRES, 13 fév. 1925 : *Jardin d'un château*, dess. : **GBP 31** – PARIS, 7-9 juin 1926 : *Personnages dans un paysage boisé* : **FRF 1 000** – PARIS, 28 nov. 1927 : *Palais dans un parc*, aquar. : **FRF 12 020** – NEW YORK, 18 avr. 1934 : *Paysage* : **USD 325** – PARIS, 17 déc. 1935 : *L'oranger déplacé*, aquar. : **FRF 2 300** – PARIS, 15 avr. 1944 : *Cavalière et paysan*, attr. : **FRF 8 000** – PARIS, oct. 1945-juil. 1946 : *Paysage animé de personnages*, lav. de bistre : **FRF 850** – PARIS, 8 déc. 1948 : *Paysages*, dess. à la pierre noire, deux pendants : **FRF 17 000** – PARIS, 20 déc. 1948 : *Cavaliers et Troupeau*, attr. : **FRF 11 000** – PARIS, 22 déc. 1948 : *Bergères et leur troupeau au pied d'un grand vase de pierre à l'orée d'un bois* : **FRF 82 000** – PARIS, 13 juin 1949 : *Les jardins de Tivoli*, attr. : **FRF 34 000** – PARIS, 24 mai 1950 : *Paysage animé : le troupeau devant la cascade* : **FRF 25 500** – LONDRES, 27 avr. 1960 : *Paysage boisé étendu* : **GBP 300** – LONDRES, 24 juin 1964 : *Paysage suisse* : **GBP 950** – MILAN, 24 nov. 1965 : *Brigands dans un paysage* : **ITL 1 100 000** – LONDRES, 25 mars 1969 : *Vue d'un parc*, aquar. : **GNS 900** – LONDRES, 23 mars 1971 : *Capriccio*, aquar. : **GBP 550** – LONDRES, 4 juil. 1978 : *Vue d'un parc animé de personnages au bord d'un lac* 1743, aquar. et pl. (23,2x34,2) : **GBP 4 200** – MONTE-CARLO, 11 févr 1979 : *Figures offrant un sacrifice dans des ruines antiques*, pl., encre brune et aquar. (24x14,4) : **FRF 5 000** – AMSTERDAM, 18 nov. 1980 : *Personnages dans un parc*, aquar. et pl. (17,5x19) : **NLG 2 000** – PARIS, 17 juin 1980 : *Paysage fluvial avec villageois et bergers*, h/bois (45,5x61,5) : **FRF 16 000** – LONDRES, 9 avr. 1981 : *Parc animé de personnages* 1743, aquar. et pl. (22,2x32,6) : **GBP 3 400** – LONDRES, 29 nov. 1983 : *Vue d'un parc avec une fontaine et un temple*, pierre noire, pl. et lav./pap. bis (18x24,8) : **GBP 1 800** –

New York, 7 juin 1984 : *Paysage boisé animé de personnages*, h/t (99x134,5) : **USD 14 000** – Monte-Carlo, 21 juin 1986 : *Paysages animés de personnages*, h/t, une paire (244x155,5 et 244x154) : **FRF 350 000** – Paris, 4 mars 1988 : *Paysage animé avec un palais sur une colline et en contrebas une fontaine, deux chapelles et les ruines d'un temple*, pinceau et lav. d'encre de Chine (14,5x21,8) : **FRF 3 500** – New York, 21 oct. 1988 : *Banquet avec des personnages élégants servis par des paysans dans des ruines*, h/t (109,5x150,5) : **USD 24 200** – Paris, 4 mars 1988 : *Paysage animé avec un palais sur une colline et en contrebas une fontaine, deux chapelles et les ruines d'un temple*, pinceau et lav. d'encre de Chine (14,5x21,8) : **FRF 3 500** – New York, 11 jan. 1989 : *Capriccio classique avec des personnages se reposant près d'une tombe, un château à l'arrière-plan*, encre et aquar. (20, 2x15,1) : **USD 4 400** – Londres, 2 juil. 1990 : *Paysage classique animé*, encre sur craie noire (31,3x44,2) : **GBP 3 740** – Londres, 2 juil. 1991 : *Paysage classique avec des nymphes et des bergers parmi des ruines*, craies rouge et noire et lav. brun (23,7x33,6) : **GBP 10 450** – Amsterdam, 25 nov. 1991 : *Terrasse d'une villa avec un pêcheur à la ligne au bord d'un bassin sur lequel une élégante société se promène en gondole* 1739, encre et lav. (18,6x28) : **NLG 8 050** – Heidelberg, 11 avr. 1992 : *Personnages dans un paysage toscan*, dess. à la craie et lav. (19,1x16) : **DEM 1 600** – Heidelberg, 11 avr. 1992 : *Personnages dans un paysage toscan*, dess. à la craie et lav. (19,1x16) : **DEM 1 600** – Amsterdam, 17 nov. 1993 : *Berger abritant son troupeau dans des ruines pendant un orage*, encre et lav. (15,2x22,5) : **NLG 9 200** – Paris, 11 mars 1994 : *Paysage antique*, encre de Chine (20x28,7) : **FRF 8 000** – Amsterdam, 15 nov. 1994 : *Famille prenant du repos dans un paysage arcadien*, gche (20,5x16,4) : **NLG 15 525** – Paris, 28 oct. 1994 : *Personnages dans le jardin d'un palais*, encre et lav. (24,5x33) : **FRF 35 000** – Londres, 5 juil. 1996 : *Paysage fluvial boisé avec d'élégants personnages et des chiens sur un sentier*, h/t (38,8x48) : **GBP 12 500** – Londres, 16 avr. 1997 : *Personnages dans un paysage classique boisé, avec un lac et des montagnes dans le lointain* 1732, h/t (51x67,6) : **GBP 13 800** – Amsterdam, 11 nov. 1997 : *Capriccio d'un jardin avec deux personnages et un chien près d'un bassin* 1743, pl., encre brune et aquar./craie noire (22,6x33) : **NLG 23 600** – Paris, 21 nov. 1997 : *Caprice d'une vue portuaire*, aquar., pl. et encre brune (18x25,5) : **FRF 36 000**.

MOUCHET François Nicolas

Né le 10 février 1750 à Gray. Mort le 10 février 1814 à Gray. xviiie-xixe siècles. Français.

Peintre de genre, portraitiste et miniaturiste.

Élève de Greuze. Il remporta le premier grand prix de Rome en 1776. Fondateur de l'École de dessin de sa ville natale (1794). Il avait fait partie de la municipalité de Paris, au moment de la Révolution ; il fut ensuite nommé juge de paix. Envoyé en Belgique (1792) pour désigner les objets d'art qui devaient enrichir nos collections nationales. Il figura au Salon de 1791 à 1799. Le Musée de Gray possède de lui *Le sauvetage* et celui du Louvre, à Paris, *Le portrait de l'artiste par lui-même*.

Mouchet.

Ventes Publiques : Paris, 1883 : *La Méprise*, dess. au lav. d'aquar. : **FRF 290** – Paris, 10 mai 1898 : *La mort d'Adonis* : **FRF 455** – Paris, 8 juil. 1942 : *Vénus et Adonis* 1788 : **FRF 19 000**.

MOUCHET Philippe

xviie siècle. Actif à Besançon en 1679. Français.

Peintre.

MOUCHETTE Berthe, Mme

Née au xixe siècle à Forcalquier (Basses-Alpes). xixe siècle. Française.

Peintre.

Élève de Mme Schneider. Elle exposa, au Salon de Paris, des portraits en 1878, 1879 et 1881.

MOU-CH'I. Voir **MUQI**

MOUCHON Georges Auguste

Né à Paris. xxe siècle. Français.

Peintre de natures mortes.

Il exposa à Paris, au Salon de la Société Nationale des Beaux-Arts, en 1910.

MOUCHON Louis Eugène

Né le 30 août 1843 à Paris. Mort le 3 mars 1914 à Montrouge (Hauts-de-Seine). xixe-xxe siècles. Français.

Sculpteur et graveur de médailles.

Élève de son père. Il débuta au Salon de 1876. Sociétaire des Artistes Français depuis 1888 ; médaille de troisième classe en 1888, de deuxième classe en 1894 ; chevalier de la Légion d'honneur, en 1895 ; médaille d'argent en 1900 (Exposition Universelle).

MOUCHOT Louis Claude

Né le 25 août 1830 à Paris. Mort en mai 1891. xixe siècle. Français.

Peintre de scènes de genre, sujets typiques, paysages. Orientaliste.

Il étudia à l'École des Beaux-Arts de Paris, à partir de 1847, dans les ateliers de Michel Drolling et de Jean-Hilaire Belloc. Il exposa au Salon de Paris, de 1859 à 1879, obtenant des médailles en 1865, 1867 et 1868. Il fut fait chevalier de la Légion d'honneur en 1872.

Musées : Amiens (Mus. de Picardie) : *Île de Rhoda (vieux Caire)* – Bayeux : *Une rue au Caire* – Reims (Mus. des Beaux-Arts) : *Île de Philae – Pont à Venise* – Rennes : *Le bazar des tapis au Caire* – La Rochelle : *La prière du soir*.

Ventes Publiques : Paris, 1873 : *Le départ* : **FRF 7 100** – Paris, 1881 : *Un montreur de singe au Caire* : **FRF 4 000** – Paris, 26 fév. 1926 : *Barques dans le port (Venise)* : **FRF 480** – Paris, 8-9 mai 1941 : *Le Grand Canal et la Piazetta à Venise* : **FRF 900** – New York, 14 mai 1976 : *Procession sur la Piazzetta* 1872, h/t (121x180,5) : **USD 1 300** – Paris, 13 juin 1980 : *Dans les rues du Caire*, h/pan. (60x48) : **FRF 4 000** – New York, 22 mai 1985 : *Arabes sortant de la mosquée* 1867, h/t (123,2x92) : **USD 15 000** – New York, 28 oct. 1987 : *Scène de marché dans une ville d'Afrique du Nord* 1870, h/t (55,8x45,7) : **USD 8 500** – Lokeren, 8 oct. 1994 : *Barques dans le port de Venise*, h/pan. (26,5x35) : **BEF 38 000** – New York, 19 jan. 1995 : *Moine assis en train de lire*, h/cart. (36,2x26,4) : **USD 1 725** – Paris, 12 juin 1995 : *Mosquée au Caire*, h/pan. (59x48) : **FRF 35 000** – New York, 20 juil. 1995 : *Le nouveau tableau*, h/pan. (34,9x26,7) : **USD 920**.

MOUCHOT Louis Hippolyte

Né le 12 novembre 1846 à Poligny (Jura). Mort le 2 janvier 1893 à Paris. xixe siècle. Français.

Peintre de genre, de figures, de portraits, et graveur au burin.

Il travailla avec Cabanel, Ballandrin et Yvon et exposa des portraits au Salon de Paris en 1869 et 1870 ; médaillé en 1865, 1867, 1868, Chevalier de la Légion d'honneur en 1872. A partir de 1874, il signa ses œuvres *Ludovic Mouchot*. Ses peintures se trouvent dans les Musées de Poligny et de Rochefort *(Un bien mauvais début)*.

Ventes Publiques : Paris, 10 nov. 1920 : *Une exécution en place de Grève* : **FRF 145**.

MOUCHOUX Daphné

Née en 1947 à Saïgon. xxe siècle. Française.

Dessinateur de figures.

Elle fit ses études en Californie et à l'école des arts décoratifs de Paris.

Avec une technique pointilliste à l'encre, elle exécute des dessins réalistes, souvent des figures de bébés, qui provoquent un certain malaise.

MOUCHY Émile Édouard

Né le 1er décembre 1802 à Paris. Mort vers 1870 à Paris. xixe siècle. Français.

Peintre de genre et portraitiste.

Il entra à l'École des Beaux-Arts le 15 mars 1816. Fut l'élève de P. Guérin. Il figura au Salon de 1822 à 1853 : médaille de deuxième classe en 1854. le Musée de Toulon conserve de lui : *Les forgerons*.

MOUCHY Louis Philippe

Né le 31 mars 1734 à Paris. Mort le 10 décembre 1801 à Paris. xviiie siècle. Français.

Sculpteur.

Neveu et élève de Pigalle ; il fut agréé à l'Académie le 27 septembre 1766 et académicien le 25 juin 1768. Après avoir été adjoint, il devint professeur le 28 octobre 1784. Il figura au Salon de 1765 à 1789. On lui doit la statue du *maréchal de Luxembourg*, pour l'École militaire, aujourd'hui au Musée de Versailles, le buste de *Voltaire*, la statue de *Sully* (au palais de l'Institut) et le buste en marbre du même personnage, à Versailles. Le Musée du Louvre possède de cet artiste une statue en marbre *(Un berger)* et le *maréchal de Saxe*.

Ventes Publiques : Paris, 8 déc. 1966 : *Le maréchal de Luxem-*

bourg, plâtre : **FRF 5 500** – Paris, 13 déc. 1980 : *Monsieur Sorbet en magistrat* 1782, marbre blanc, buste : **FRF 15 500**.

MOUCHY Martin de. Voir **MONCHY**

MOUCHY Th. L.
XIXe siècle. Français.
Peintre.
Il exposa des portraits au Salon de Paris en 1849 et 1850.

MOUCLIER Marc Marie Georges
Né le 19 janvier 1866 à Aigre (Charente). Mort le 22 février 1948 à Paris. XIXe-XXe siècles. Français.
Peintre de paysages, portraits, décorateur, graveur. Postimpressionniste.
Après ses études au lycée d'Angoulême, il fut élève de l'école des beaux-arts de Paris, de Gustave Boulanger, Jules Lefebvre, Luc-Olivier Merson et de l'académie Julian à partir de 1885 jusqu'en 1892. Il fut lié, du temps de la *Revue blanche*, avec Bonnard, K. X. Roussel, Maurice Denis et surtout Vuillard, avec qui il entretint une importante correspondance qui lui rendait volontiers hommage et qui peignit son portrait. Après la fin de la *Revue blanche* en 1903, Mouclier vécut très isolé, sans exposer, se retira en Charente, puis à Viroflay et Ville-d'Avray.
Il exposa aux Salons des Artistes Français de 1889 *Le Jardin de l'école des beaux-arts* (avec bicorne et épée), des Indépendants de 1903 à 1905. Il participa à la XIe Exposition des peintres impressionnistes et symbolistes chez Le Barc de Boutteville. Il montra deux expositions d'ensemble de son œuvre, en 1937 et 1938.
Il se rattache à l'impressionnisme par son culte de la lumière.
Bibliogr. : Zeiger-Viallet : *Voici cent ans naissait Marc Mouclier*, chez l'auteur, Paris, 1967.
Musées : Paris (BN) : *Bibliothèque de la critique* vers 1895, grav. sur bois.

MOUDRUX, Mlle
XIXe siècle. Française.
Peintre de paysages.
Elle figura au Salon de Paris, en 1833 et 1834, avec des vues.

MOUELLER
Né vers 1760 à Varsovie. Mort vers 1805 à Varsovie. XVIIIe siècle. Polonais.
Paysagiste, peintre de genre.
Pendant le règne du roi Stanislas-Auguste, il fut professeur de dessin à l'École militaire.

MOUFFE Michel
Né en 1957. XXe siècle. Belge.
Peintre. Abstrait.
Il vit et travaille à Bruxelles. Il participe à des expositions collectives : 1984 performance *Ma clé est belle* au musée d'Art moderne de Bruxelles ; 1987 Maison de la culture de Namur et Centre d'art contemporain de Bruxelles ; 1987, 1988, 1989 Foire d'art de Bâle ; 1987, 1989 galerie Brachot à Paris ; 1989 palais des Beaux-Arts de Bruxelles et galerie Brachot à Madrid. Il montre ses œuvres dans des expositions personnelles : 1983 Anvers ; 1984, 1985, 1988, 1992 Bruxelles ; 1986 Maison de la culture de Namur ; 1988 Woluwé et Cologne ; 1989 galerie Isy Brachot à Paris.
Sur des formats carrés ou rectangulaires, il applique une couleur de manière uniforme. Une ligne de la même teinte, horizontale ou verticale, vient parfois rythmer la surface de la toile. Pour obtenir une surface convexe, qui transporte la peinture dans la troisième dimension, il tend au maximum les traverses métalliques du châssis.

MOUFFLART Jacques
XVIIe siècle. Français.
Peintre d'histoire et paysagiste.
Il travailla en 1619, aux préparatifs pour l'entrée de la reine mère à Angers.

MOUGENOT Pierre Nicolas
Né en 1740 à Ochey. Mort en 1814 à Nancy. XVIIIe-XIXe siècles. Français.
Peintre d'histoire.
Le Musée de Nancy conserve de lui : *Le massacre des Innocents* et trois gouaches.

MOUGEOT Jean Joseph
Né en 1780 à Paris. XIXe siècle. Français.
Graveur au burin, graveur sur pierre.
Élève de P. Fr. Laurent, de Morel et de Jouffroy, il fut aussi connu en tant que tailleur de gemmes.

MOUGIN Bernard
Né le 20 mai 1918 à Nancy (Meurthe-et-Moselle). XXe siècle. Français.
Sculpteur de monuments, figures, animalier, intégrations architecturales, dessinateur.
Il est le fils d'un céramiste de l'école de Nancy (Joseph Mougin). Il fut élève de l'École des Beaux-Arts de Paris, reçut en 1946 le second premier Prix de Rome de sculpture, puis fut pensionnaire de la Casa Velasquez à Madrid. Il fut professeur de la Ville de Paris, de l'École Nationale des Arts et Métiers, de l'Académie Julian.
Il participe aux différents Salons parisiens : Comparaisons dont il est président, d'Automne, de la Société Nationale des Beaux-Arts, de la Jeune Sculpture, des Formes Humaines, à la Biennale de Paris ainsi que : Salon de Montrouge, Biennales d'Anvers et Carrare, en Allemagne, au Japon, en Amérique du Sud... Il montre ses œuvres dans des expositions personnelles, depuis 1967 régulièrement à Paris. Il a réalisé de nombreuses commandes publiques, notamment pour la Faculté de Médecine de Nancy, l'Institut National de la Botanique de Strasbourg, divers lycées et groupes scolaires, ainsi qu'un chemin de croix, des monuments aux morts, des statues religieuses.
Il a réalisé quelques œuvres abstraites pour des monuments, mais a toujours privilégié ses recherches sur le corps humain aux poses multiples, se référant à la statuaire de la Grèce antique. Plâtre, pierre ou bronze, il opte pour la ronde-bosse, dans des compositions classiques, équilibrées et gracieuses.
Bibliogr. : Robert Lapoujade : *Bernard Mougin, une vie – une œuvre*, Mira Impression, coll. *Au Fil de l'Art*, Libourne, 1990.

MOUGIN Eugène Marcel
Né en 1895 à Paris. Mort en 1981. XXe siècle. Français.
Peintre de paysages. Postimpressionniste.
Il s'initia à la peinture pendant sa captivité lors de la guerre 1914-1918. Il exposait dans diverses manifestations collectives, notamment à Paris aux Salons des Artistes Français et des Indépendants. Il a peint des paysages de nombreuses contrées, et tout particulièrement dans le vieux Paris et dans les Deux-Sèvres et la Vendée. Hors Paris, il aimait peindre sous-bois, vieilles fermes, plans d'eau, etc.

MOUGIN Martine
Née en 1945 à Agen (Lot-et-Garonne). XXe siècle. Française.
Peintre, graveur.
Elle vit et travaille à Paris.
Elle a participé en 1992 à l'exposition *De Bonnard à Baselitz – Dix Ans d'enrichissements du cabinet des estampes 1979-1988* à la Bibliothèque nationale à Paris.
Musées : Paris (BN) : *Reliefs et herbages* 1980, eau-forte et aquat.

MOUILLARD Alfred François
Né au XIXe siècle à Paris. XIXe siècle. Français.
Peintre d'histoire.
Élève de F. Dubois et de H. Vernet. Il figura au Salon, avec des sujets d'histoire de 1861 à 1868.

MOUILLARD Lucien
Né à Paris. XIXe-XXe siècles. Français.
Peintre de genre, d'histoire.
Il fut élève de Pils et de L. Coignet. Il exposa à Paris, au Salon des Artistes Français, de 1870 à 1904.
Musées : Chartres : *Chef arabe*.
Ventes Publiques : Paris, 25 oct. 1919 : *Vente de captives par les corsaires barbaresques en 1800* : **FRF 700** ; *Une fête au café maure à Biskra* : **FRF 200** ; *Le hamman du Bardo, Tunisie* : **FRF 240**.

MOUILLÉ Thierry
Né en 1962 à Poitiers (Vienne). XXe siècle. Français.
Sculpteur, créateur d'installations.
Il participe à des expositions collectives : 1987 Bordeaux et Toulouse, 1988 Artigues, 1989 musée des Beaux-Arts d'Anvers, 1992 *Ateliers* à l'ARC au musée d'Art moderne de la Ville de Paris, 1993 Poitiers, 1994 *Œuvres récentes dans la collection du FRAC Rhône-Alpes* à la Maison du peuple de Vénissieux. Il montre ses œuvres dans des expositions personnelles : 1984 Loudun, 1986 Poitiers, 1990 Centre d'art contemporain Passages à Troyes, 1992 galerie Claudine Papillon à Paris, 1994 université de Poitiers, 1995 Centre d'art contemporain de Quimper, 1995 galerie Claudine Papillon ; 1996, Villa Arson, Nice.
Il fait appel aux divers sens (vue, ouïe, odorat) du spectateur, empruntant au quotidien les éléments de ses installations,

notamment des miroirs, qui instaurent la figure du double et de l'inversion. *Le Chant ABCDEFGHIJKLMNOPQRSTUVWXYZ, ;. ? ! 1234567890 +-x*, 1993-1995 présentée à la galerie Claudine Papillon est une installation ambitieuse dans son propos : suggérer la totalité du monde. Elle se présente comme une pièce dont les murs sont construits de portes closes, sauf une, par laquelle on entre. Chacune des portes est marquée d'un signe linguitistique, lui est adjointe une corde de piano tendue dont les vibrations provoquent un écho, sorte de « chant » sonore à portée universelle.

Bibliogr. : Ami Barak : *Thierry Mouillé*, in : Art Press, n° 174, Paris, nov. 1992.

Musées : Angoulême (FRAC Poitou-Charente) : *La Chute* 1992, assemblage – *Projet d'édition d'une enveloppe à fenêtre originale* 1994 – Marseille (FRAC Alpes-Côtes d'Azur) : *La Clairière* 1992, sculpt.

MOUILLERAUX Nathalie

Née au xixe siècle à Pont-Audemer (Eure). xixe siècle. Française.

Peintre.

Elle figura au Salon de Paris, en 1870 et 1872, avec des aquarelles représentant des marines.

MOUILLERON Adolphe

Né le 20 décembre 1820 à Paris. Mort le 24 février 1881 à Paris. xixe siècle. Français.

Peintre de scènes de genre, paysages, natures mortes, graveur.

Il débuta au Salon de Paris en 1846, obtenant une médaille de troisième classe en 1846, une deuxième médaille en 1849, première médaille en 1852 et 1855. Il fut décoré de la Légion d'honneur en 1852.

Bien que connu surtout comme lithographe, Mouilleron fut peintre de paysages, natures mortes, scènes de jeux d'enfants. Sa conception lithographique explique ses qualités picturales : excellent dessinateur, c'est surtout un coloriste. Il se rapproche de Célestin Nanteuil et d'Henri Baron. Il a laissé une œuvre considérable de graveur, ayant publié chez Bertaut plusieurs reproductions d'œuvres, notamment de Delacroix, Decamps, Chasseriau, Bonington, Diaz, Jules Dupré. Citons parmi ses meilleurs ouvrages : *La Ronde de nuit*, d'après Rembrandt ; *Le Bourgmestre – Six dans l'atelier de Rembrandt*, d'après Leys ; *Derniers moments de Léonard de Vinci*, d'après Gigoux.

Bibliogr. : Gérald Schurr, in : *Les Petits Maîtres de la peinture 1820-1920, valeur de demain*, Les Éditions de l'Amateur, t. II, Paris, 1982.

Musées : Amsterdam : *Deux Natures mortes – Nature morte aux fruits – Effet de soir*, esquisse.

MOUILLET Marie Christine

Née à Courrendlin (Berne). Morte le 3 avril 1885 à Courrendlin. xixe siècle. Suisse.

Paysagiste.

Belle-sœur, élève et assistante de J. H. Juillerat.

MOUILLION Alfred. Voir **MOUILLON**

MOUILLON Alfred ou **Mouillion** ou **Moullion**

Né en 1832 à Paris. Mort le 14 juin 1886 à Paris. xixe siècle. Français.

Peintre de paysages et de figures.

Élève de Delestre et de Leroy de Bonneville. Cet artiste délicat exposa au Salon de 1864 à 1886. Il obtint une médaille de troisième classe en 1880.

Musées : Bourges : *Pommiers en mai* – Cambrai : *A l'aube – Le pêcheur* – Mulhouse : *Paysage* – Pontoise : *Paysage – Le petit chemin à Saint-Enogat* – Reims : *La Marne, un coup de vent* – Rochefort : *Grande marée – Un chemin breton* – Saint-Omer : *La baie, matinée d'octobre en Bretagne*.

Ventes Publiques : Paris, 1875 : *Les blés* : **FRF 900** – Paris, 1889 : *Le moissoneur* : **FRF 300** – Paris, 4 mai 1928 : *Panorama de Paris* : **FRF 165** – Paris, 26 oct. 1944 : *Paysage* : **FRF 3 000**.

MOUILLOT Marcel

Né le 14 octobre 1889 à Paris. xxe siècle. Français.

Peintre de paysages, marines, natures mortes.

Sa carrière de capitaine au long cours contrarié, il voyagea fréquemment s'adonnant à la peinture.

Il participa, à Paris, aux Salons des Indépendants de 1913 à 1933, et d'Automne, dont il fut membre sociétaire, aux Salons des Tuileries et de la Société Nationale des Beaux-Arts. Il montra ses œuvres dans des expositions personnelles, à Paris, Prague et New York.

Il opta pour une composition et une palette d'une grande simplicité, mettant l'accent sur les différents volumes et leurs rapports, dans un style proche des premiers cubistes. Il peignit de nombreuses scènes des tropiques.

Musées : Paris (Mus. d'Art Mod.) : *Le Port*.

Ventes Publiques : Paris, 18 nov. 1925 : *Marine* : **FRF 500** – Paris, 23 fév. 1945 : *Cargo à quai* : **FRF 2 000** – Versailles, 11 juil. 1977 : *Bateau au port*, h/t (73x92) : **FRF 1 200** – Paris, 18 déc. 1989 : *L'escalier* vers 1920, h/t (54,5x65) : **FRF 19 000** – Paris, 15 mars 1993 : *Les voiliers*, h/t (60x73) : **FRF 21 000** – Paris, 19 juin 1996 : *Ville imaginaire*, h/t (66x55) : **FRF 225 000**.

MOUKHAMEDZIANOV

Né en 1930 à Kouvandik dans la région d'Orenbourg. xxe siècle. Russe.

Peintre de paysages animés.

Il fut élève de l'École d'Art de Laroslavl et obtint son diplôme en 1956. Il fut membre de l'Union des Peintres d'URSS à partir de 1965. Il vit et travaille à Orenbourg.

Il réalise des œuvres simples, qui évoquent la vie quotidienne et rurale. Il ne privilégie pas les détails, s'attachant à rendre plutôt une atmosphère.

MOUKHINA Vera Ignatievna ou **Mukhina** ou **Muchina**

Née le 19 juin 1889 à Riga. Morte en 1953 à Moscou. xxe siècle. Russe.

Sculpteur de figures, portraits. Réaliste-socialiste.

De 1909 à 1911, elle étudia dans les ateliers de K. Youon, puis d'Ilya Machkov. En 1912, elle vint à Paris et fréquenta les académies Colarossi, de la Grande Chaumière où elle eut pour professeur Bourdelle, et l'école des beaux-arts. En 1914, elle séjourna en Italie. De 1926 à 1930, elle enseigna à l'Institut supérieur des Arts techniques de Moscou. Elle fut membre actif de l'académie des arts d'URSS.

Elle a participé à de nombreuses manifestations collectives : 1920 expositions organisées par l'Artel Monopolite, l'Association des 4 arts, l'Association des Sculpteurs russes ; 1921 exposition organisée par Le Monde de l'Art ; 1928 Biennale de Venise. Elle reçut cinq prix Staline, de 1941 à 1952 et fut lauréate du XXe anniversaire de la Révolution d'Octobre.

Elle exécuta la décoration du théâtre Karmeny à Moscou. Elle a sculpté de nombreux portraits en buste, et des compositions, à destination monumentale, d'où l'influence de son maître français n'est pas absente. Fidèle au réalisme socialiste dans des œuvres néanmoins originales, elle veut matérialiser la marche et l'élan de la société soviétique vers l'avenir. Ses formes monumentales finissent par être théâtrales à force de réalisme. En France, elle est surtout connue pour avoir conçu le groupe monumental : *L'Ouvrier et la Kolkhozienne* qui couronnait la pavillon de l'U.R.S.S. à l'Exposition internationale de Paris en 1937, faisant exactement face au pavillon tout aussi ambitieux, et d'une semblable conception traditionnelle et écrasante, de l'Allemagne hitlérienne, que complétaient les sculptures d'Arno Brecker.

Bibliogr. : In : *L'Art russe des Scythes à nos jours*, Galeries nationales du Grand Palais, Paris, 1967 – in : *Les Muses*, t. X, Grange Batelière, Paris, 1973 – in : catalogue de l'exposition *Paris-Moscou*, Centre Georges Pompidou, Paris, 1979 – in : *Dict. de l'art mod et contemp.*, Hazan, Paris, 1992.

Musées : Moscou (Gal. Tretiakov) : *Le Vent* 1926-1927 – *Moisson* 1939 – *Portrait du chirurgien N. Burdenko* 1943 – Saint-Pétersbourg (Mus. Russe) : *L'Ouvrier et la Kolkhosienne* 1936.

MOU-K'I. Voir **MUQI**

MOULA Madjid

xxe siècle. Algérien.

Sculpteur de figures.

Il a été élève, de 1976 à 1977, de l'école des beaux-arts d'Alger, de l'académie des arts de Moscou en 1984, de l'école des beaux-arts de Paris en 1990.

Il participe à des expositions collectives, dont : 1984-1990 Centre culturel à Alger ; 1990-1993 galerie Bernanos à Paris, Atelier Portes ouvertes à Paris, etc. ; 1994 Centre culturel algérien à Paris.

MOULÉ Claude

Né en 1689 à Nantes. Mort le 4 septembre 1746 à Nantes. xviiie siècle. Français.

Sculpteur.

MOULÉ Jean Marie

Né vers 1739 à Nantes. xviiie siècle. Français.

Sculpteur.
Fils et élève de Claude Moulé. Il travaillait encore à Nantes en 1786.

MOULENE Jean-Luc
Né en 1955 à Reims (Marne). xxe siècle. Belge.
Peintre, créateur d'installations.
Il participe à des expositions collectives : 1997 *Connexions implicites* à l'école des beaux-arts de Paris. Il montre ses œuvres dans des expositions personnelles : 1994 Kunsthalle Lophem de Bruges ; 1997 Musée d'art moderne de la ville de Paris.
Il travaille à partir de la publicité et de ses modes d'expression : logo, marque, conditionnement, mais aussi de références artistiques par les genres utilisés (nu, portrait, nature morte, paysage). Ses sérigraphies, affiches imposantes, posent les questions de la modalité de production, de distribution et de consommation de l'œuvre d'art.
Musées : Dijon (FRAC) : *Produits : munitions, 18 février 1991*, sérig. – Marseille (FRAC Alpes-Côtes d'Azur) – Paris (FNAC) : *Sans titre, pont d'Iéna* 1994, cibachr. – *Sans titre, Ibis Poph* 1994, cibachr. – *Sans titre, gare de Lyon* 1994, cibachr. – Reims (FRAC Champagne-Ardenne).

MOULET Pilon
xvie siècle. Français.
Sculpteur.
Il exécuta le jubé de l'église Saint-Martin de Clamecy.

MOULIGNAT François
Né en 1948. xxe siècle. Français.
Peintre, peintre à la gouache, dessinateur, technique mixte. Abstrait.
Après une thèse de doctorat en histoire de l'art, il suivit les cours de l'école des Beaux-Arts du Havre. Il enseigna avant de se consacrer à la peinture, en 1988.
Il participe à des expositions collectives : 1991, 1993 galerie C. Samuel à Paris ; 1992 Salon de Montrouge et Villa Arson à Nice ; 1994 Foire de Bâle. Il montre ses œuvres dans des expositions personnelles : 1991 Centre culturel français d'Alexandrie ; 1991 et 1993 galerie Claude Samuel à Paris ; 1992 galerie municipale Édouard Manet de Gennevilliers ; 1993 nouvelle galerie de l'école des beaux-arts de Rouen ; 1994 galerie de l'école nationale supérieure de Cergy-Pontoise ; 1995 CREDAC Centre d'art d'Ivry-sur-Seine ; 1996 galerie Claude Samuel à Paris.
Il réalise des œuvres au langage plastique minimal, optant pour un châssis tridimensionnel sur lequel la toile est fortement tendue, pour obtenir des effets de relief. Il procède par la superposition de couleurs primaires qu'il recouvre pour finir intégralement de blanc. Il intègre parfois ses pièces dans des caissons de plâtre, conférant ainsi à son œuvre une configuration architecturale. Dans ses dessins, qui sont souvent une étape avant ses peintures, il intègre la couleur et des éléments figuratifs.
Bibliogr. : Catalogue de l'exposition : *François Moulignat*, CREDAC Centre d'art, Ivry-sur-Seine, 1995 – Cyril Jarton : *François Moulignat*, Art Press, n° 211, Paris, mars 1996.

MOULIGNON Henri Antoine Léopold de
Né le 17 janvier 1821 à Pontoise (Val-d'Oise). Mort en août 1897 à Paris. xixe siècle. Français.
Peintre de genre et portraitiste.
Élève de P. Delaroche et de Picot. Il vécut longtemps en Italie. Il emprunta un grand nombre des sujets de ses tableaux au monde arabe. Il figura au Salon de Paris de 1847 à 1868 avec des portraits et des sujets de genre. Il a produit également des peintures décoratives.

Léopold de Moulignon

Musées : Bar-le-Duc : *Jeune Grecque jouant avec une levrette* – Douai : *La charité* – Marseille : *Intérieur d'un café d'Afrique* – Rochefort : *Mendiante arabe.*
Ventes Publiques : Paris, 1883 : *Jeune femme et enfant*, dess. : **FRF 100**.

MOULIJN Simon ou **Moulyn**
Né le 20 juillet 1886 à Rotterdam. Mort en 1948. xixe-xxe siècles. Hollandais.
Peintre de paysages, graveur, lithographe.
Il gravait à l'eau-forte.
Ventes Publiques : Amsterdam, 12 déc. 1990 : *Vénus accroupie à Versailles* 1929, h/t (40x32) : **NLG 1 150** – Amsterdam, 12 déc. 1990 : *Parc à l'italienne à Tivoli* 1912, h/t (33x33) : **NLG 1 955**.

MOULIN
xviiie siècle. Éc. flamande.
Sculpteur.
Il était actif à Ecaussines. Il exécuta en 1776, deux anges pour l'autel de l'abbaye de Nizelles.

MOULIN Bertrand. Voir **BERTRAND-MOULIN**

MOULIN Charles Lucien
Né au xixe siècle à Paris. xixe siècle. Français.
Peintre de figures, dessinateur.
Il fut élève de Bouguereau, de Merson et de Ferrier. Il figura au Salon des Artistes Français de Paris ; obtenant une mention honorable en 1896, le Prix de Rome en 1896 ; une médaille de deuxième classe en 1900.
Ventes Publiques : Paris, 12 juin 1925 : *Enfant et nymphe*, dess. : **FRF 310** – New York, 28 mai 1992 : *Baigneuse à la tresse*, h/t (172,1x71,1) : **USD 8 800** – Paris, 18 nov. 1994 : *Joueurs d'accordéon* 1895, h/t (121x98) : **FRF 15 000**.

MOULIN Eugène Émile
Né le 9 mars 1880 à Châlons-sur-Marne (Marne). Mort en octobre 1914 à Beauvraignes (Somme). xxe siècle. Français.
Sculpteur.
Il fut élève de Falguière, Mercié et Hector Lemaire. Il participa à Paris, au Salon des Artistes Français à partir de 1904 ; reçut une mention honorable en 1905, une médaille de troisième classe en 1906, une médaille de deuxième classe en 1912.
Musées : Châlons-sur-Marne – Paris.

MOULIN Hippolyte Alexandre Julien
Né le 12 juin 1832 à Paris. Mort en juin 1884 à Charenton (Val-de-Marne). xixe siècle. Français.
Sculpteur.
Il entra à l'École des Beaux-Arts le 6 avril 1855. Il figura au Salon de 1857 à 1878 (Exposition Universelle). On lui doit : *Le docteur J. L. Borel*, buste en bronze (à l'hôpital de Neuchâtel), *Henry Monnier*, buste en marbre, (au Ministère des Beaux-Arts), ainsi que *Un secret d'en haut*, groupe en marbre.
Musées : Béziers : *Enlèvement de Ganymède* – Le Havre : *Cimon en prison, allaité par sa fille* – Paris (ancien Mus. du Luxembourg) : *Une trouvaille à Pompéi* – Quimper : *A vingt ans* – Toul : *Buste du docteur Béhier* – *L'homme piqué au talon.*

MOULIN Jean
Né le 20 juin 1899 à Béziers (Hérault). Mort le 8 juillet 1943 à Metz (Moselle), torturé. xxe siècle. Français.
Dessinateur, graveur.
Artiste, il fut aussi fonctionnaire administratif et amateur d'art. Célèbre par son courage et sa fin héroïque pendant l'occupation allemande, Jean Moulin, ayant été destitué comme préfet, fut le premier président du Conseil national de la résistance fondé en 1942.
Le musée Goya de Castres lui a consacré une exposition en 1963. Il a illustré d'eaux-fortes *Armor* de Tristan Corbière (Paris, Helleu, 1935) et, sous le pseudonyme de Romanin, il avait donné, avant la guerre, de nombreux dessins à des journaux.
Musées : Quimper (Mus. des Beaux-Arts) : *La Rapsode foraine* vers 1930-1933.
Ventes Publiques : Paris, 27 juin 1990 : *Tête*, h/t (65x84) : **FRF 8 000** – Paris, 1er mars 1991 : *Visage*, h. et laque/pan. (107x70) : **FRF 14 000**.

MOULIN Joseph Benoît
Né le 26 février 1867 à Sète (Hérault). xixe-xxe siècles. Français.
Peintre de genre.
Il fut élève de l'école des beaux-arts de Paris.
Il réalisa *Naissance de Vénus*, copie d'après Alex et *Le Mot d'ordre* d'après Adolphe Leleux.
Musées : Sète : *Naissance de Vénus* – *Le Mot d'ordre.*

MOULIN Louis
xviiie siècle. Français.
Peintre.
Membre de l'Académie Saint-Luc à Paris ; il exposa dans cette société, en 1751 *Une matinée* et *Une soirée*, et, en 1753, *Paysage avec rochers et une chute d'eau.*
Ventes Publiques : Paris, 26 jan. 1929 : *Dezenzano, sur le lac de Garde* ; *Valeggio, sur le Mincio*, deux aquar. : **FRF 620**.

MOULIN Sainte Marie Ludovic Hardouin Hippolyte
Né à Paris. xixe siècle. Français.

Lithographe.
Il figura au Salon de 1848 à 1879 avec des chromolithographies.

MOULIN Vladimir
Né en 1921 à Paris. Mort en avril 1995. XXe siècle. Français.
Peintre. Abstrait, puis figuratif.
En 1939-40, il travailla dans l'atelier de Conrad Kickert et fut élève de l'École des Beaux-Arts du Havre. Ensuite, à Paris, il fréquenta l'atelier-école de l'affichiste Paul Colin. En 1947-48, il séjourna au Brésil. De 1949 à 1957, il s'intégra au milieu des artistes de Saint-Germain-des-Prés et connut, entre autres, Louis Nallard, Maria Manton, Xavier Longobardi, Oscar Gauthier, Alexandre Istrati et Natalia Dumitresco.
Il a participé à de nombreuses expositions collectives, notamment : depuis 1956 à Paris, Salon des Réalités Nouvelles ; 1966 Paris, Salon Comparaisons ; et Genève, groupe avec O. Gauthier et X. Longobardi, musée de l'Athénée ; etc. Il a montré des ensembles de ses œuvres dans des expositions personnelles, à Paris : en 1952, galerie Weiller ; 1960, galerie du Haut Pavé ; 1965, 1968, 1971, *Galerie 9* ; 1976, galerie Jacques Massol.
Dans ses débuts, il fut influencé par le surréalisme, surtout par Max Ernst, et par l'expressionnisme allemand de la Brücke. Dès sa première exposition de 1952, il avait abordé l'abstraction, qu'il poursuivit jusqu'en 1970, avec, comme l'écrivait Geneviève Bréerette : « une peinture claire, éthérée, informelle, toute de transparences et de modulations délicates ». Voulant ignorer l'artificielle dichotomie figuration-abstraction, à partir de 1970 il est revenu, avec naturel et simplicité, à la figure humaine : des femmes et des enfants dans leur intérieur quotidien, tout en préservant le même climat d'intimité, poétique et rêveur.

MOULIN-VIGAN Chantal
Née en 1926 à Agonges (Allier). XXe siècle. Française.
Peintre, graveur.
Elle vit et travaille à Paris.
Elle a participé en 1992 à l'exposition *De Bonnard à Baselitz – Dix Ans d'enrichissements du cabinet des estampes 1979-1988* à la Bibliothèque nationale à Paris.
Musées : Paris (BN) : *Le Bassin du Luxembourg* 1974, eau-forte.

MOULINET Antoine Édouard Joseph
Né le 25 février 1833 à Olouzac (Hérault). Mort le 22 novembre 1891 à Chartres (Eure-et-Loir). XIXe siècle. Français.
Peintre de genre, natures mortes.
Il était instituteur. Son goût marqué pour la peinture lui fit obtenir, en 1858, une subvention du département d'Eure-et-Loir et il vint à Paris travailler dans l'atelier de Gleyre à l'École des Beaux-Arts, puis avec Giraud. Il exposa pour la première fois au Salon de 1859 et peignit surtout des scènes enfantines et des natures mortes et continua à prendre part aux Expositions jusqu'en 1881. Il fut professeur de dessin au lycée de Chartres.

Ed. Moulinet
Ed Moulinet

Musées : Chartres : *La petite amie – Champignons – Les politiques du village.*
Ventes Publiques : La Haye, 1889 : *Jeune fille malade* : **FRF 3 400** – Londres, 15 mars 1974 : *Le concert* : **GNS 2 900** – Vienne, 13 juin 1978 : *Le chien savant*, h/t (73x100) : **ATS 110 000** – Zurich, 10 nov. 1982 : *La prière avant le dîner* 1867, h/pan. (33,5x25) : **CHF 5 000** – Zurich, 25 mai 1984 : *Les artistes dans la cour de l'école*, h/t (65,5x81,5) : **CHF 20 000** – Paris, 24 mai 1991 : *Nature morte aux écrevisses*, h/t (57x80) : **FRF 42 000** – Paris, 5 juil. 1991 : *Le chaudron*, h/t (73x94) : **FRF 6 200** – New York, 19 jan. 1995 : *Le repas* 1865, h/t (22,9x17,8) : **USD 1 380**.

MOULINET Eugène Alfred
Né au XIXe siècle à Paris. XIXe siècle. Français.
Sculpteur.
Élève de l'École impériale de dessin, il figura au Salon de 1870 à 1877, avec des groupes et un bas-relief.

MOULINIER Jacques
Né le 14 novembre 1753 à Montpellier. Mort le 19 février 1828 à Montpellier. XVIIIe-XIXe siècles. Français.
Peintre de paysages et d'architectures.
Élève de Clérisseau, de D. J. Van der Burch et de Hue ; il figura au Salon de Paris avec des paysages de 1793 à 1812. Le Musée de Montpellier possède de lui *Site aux environs de Bédarieux*, ainsi qu'un autre paysage.
Ventes Publiques : Paris, 1951 : *Vue de Châlons-sur-Marne* : **FRF 2 100**.

MOULINNEUF
XVIIIe siècle. Français.
Peintre d'histoire.
Il fut, en 1763, professeur de dessin à l'Académie de Marseille.

MOULINNEUF Gabriel
Né en 1749 à la Ferté-Bernard (Sarthe). Mort en 1817 au Mans (Sarthe). XVIIIe-XIXe siècles. Français.
Peintre.
Professeur de dessin à la Ferté-Bernard. Le Musée du Mans possède de lui son propre portrait.

MOULINS, des. Voir **DESMOULINS**

MOULINS, Maître de. Voir **MAÎTRES ANONYMES**

MOULIS Alexandre
Né en 1889 à Montauban (Tarn-et-Garonne). Mort en 1973 à Toulouse (Haute-Garonne). XXe siècle. Français.
Peintre de paysages urbains, aquarelliste, dessinateur.
Ingénieur-dessinateur aux Chemins de fer, il dessinait et peignait presque quotidiennement. Muté à Toulouse en 1925, il s'y fixa et y prit sa retraite en 1948. Il participait aux Salons locaux et exposa à titre personnel dans une galerie toulousaine en 1965. Il pratiquait une technique de notations rapides, saisissant des aspects pittoresques de Toulouse, dont certains bâtiments aujourd'hui disparus : le marché Victor-Hugo.
Musées : Toulouse (Mus. Paul-Dupuy) – Toulouse (Mus. Saint-Raymond).

MOULIVE Jean Pierre
XIXe siècle. Actif à Paris. Français.
Sculpteur.
Il obtint le deuxième grand Prix de Rome en 1838. Le Musée de Toulouse conserve de lui le buste en marbre de *Griffoul-Dorval*.

MOULLADE Georges
Né en 1893. Mort en 1968. XXe siècle. Français.
Peintre de paysages et de paysages urbains, aquarelliste. Postimpressionniste.
Il vivait à Saint-Étienne (Loire). Il n'a jamais voulu peindre en professionnel, mais seulement pour son seul plaisir. Les peintures et aquarelles s'entassaient dans des réserves. Pour connaître l'ensemble de son œuvre, il aura fallu la vente de son atelier après sa mort. Il ne s'intéressa non plus aux courants contemporains, ses admirations allaient à Ruysdael et à Jean-François Millet.
Il a peint les rues pittoresques du Vieux-Nice, il a aussi parcouru la Bretagne, mais il fut surtout le peintre des berges de la Loire, des monts du Forez et de la ville de Saint-Etienne sous tous les angles. Il se voulait le peintre de la nature ou des villes telles qu'elles sont, telles qu'il les voyait, car il peignait sur le motif, plantant son chevalet portatif là où le site lui plaisait. Pourtant il aimait conférer à tout ce qu'il peignait la lumière dorée d'un ensoleillement à peu près généralisé.
Bibliogr. : Catalogue de la vente *Georges Moullade*, Nouveau Drouot, Paris, 27 fév. 1989.
Ventes Publiques : Paris, 27 fév 1989 : *Le chemin fleuri*, h/pan. (55x46) : **FRF 10 000** ; *Les chaumières à Couteaux*, h/pan. (55x46) : **FRF 12 000** ; *L'étang de Bouthéon*, h/pan. (73x54) : **FRF 7 000** ; *Village de Saint-Tropez en 1936*, h/pan. (55x46) : **FRF 16 000** – Paris, 8 oct. 1990 : *La Côte d'Azur*, h/pan. (41x33) : **FRF 5 000** ; *Cap-Martin*, h/cart. (76x50) : **FRF 10 500** ; *Enfant gardant des chèvres*, h/cart. (55x46) : **FRF 9 000** ; *Autoportrait*, h/pan. (51x38) : **FRF 17 000**.

MOULLANDRIN Martin
Mort avant 1696. XVIIe siècle. Actif à Rouen. Français.
Sculpteur et peintre.

MOULLÉ Albert ou **Eugène Albert**
Né le 29 mai 1861 à Paris. XIXe-XXe siècles. Français.
Peintre de paysages.
Il fut élève de Roli, Humbert et Gervex. Il participa à Paris, au Salon de la Société Nationale des Beaux-Arts, dont il fut membre sociétaire.
Ventes Publiques : Paris, 19 mai 1947 : *Maison de province* : **FRF 420** ; *Route de village* : **FRF 1 050**.

MOULLE Amédée
Né au XIXe siècle à Paris. XIXe siècle. Français.
Graveur.
Il figura au Salon de 1878.

MOULLET Paul
Né le 27 décembre 1878 à Lyon (Rhône). XXe siècle. Actif en Suisse. Français.
Sculpteur.
Il fut élève de Charles Dufresne et de Barrias. Il travailla à Fribourg (Suisse) et à Genève.

MOULLIN C.
XIXe-XXe siècles. Français.
Peintre, aquarelliste.
Peut-être identique à Louis Moullin.
Ventes Publiques : Paris, 4 juin 1951 : *Bords de mer*, deux aquar. : **FRF 6 000**.

MOULLIN Louis
Né le 15 août 1817 à Nogent-le-Rotrou (Eure-et-Loir). Mort en 1876. XIXe siècle. Français.
Peintre de figures, architectures, paysages, illustrateur.
Élève d'Hippolyte Lebas et de Jules Coignet à l'École des Beaux-Arts de Paris, il exposa au Salon de Paris de 1839 à 1875.
Il est surtout connu pour les soixante aquarelles qu'il réalisa pour Mgr d'Épaulard sur les quartiers anciens du Mans. En tant qu'illustrateur, il collabora à *L'Illustration* et au *Monde illustré*, parcourant la France, suivant Napoléon III en Algérie, dans sa campagne d'Italie, relatant le conflit franco-germanique, etc.
Bibliogr. : Gérald Schurr, in : *Les Petits Maîtres de la peinture 1820-1920, valeur de demain*, Les Éditions de l'Amateur, t. VII, Paris, 1989.
Musées : Le Mans : *Le vieux Mans – Portrait du général Denisot* – Trouville : *La plage de Deauville* vers 1865.
Ventes Publiques : Paris, 30 nov. 1927 : *Le dimanche sur la nouvelle place Saint-Pierre à Montmartre*, dess. : **FRF 300** – Paris, 13 mars 1939 : *La plage de Biarritz* : **FRF 650** – Le Touquet, 10 nov. 1991 : *Inauguration par Napoléon III des travaux de construction de la terrasse de Chaillot*, h/t : **FRF 80 000** – Paris, 3 avr. 1992 : *La place du Mollard à Genève*, aquar. avec reh. de blanc (22x28) : **FRF 5 000**.

MOULT Jacques
XVIe siècle. Actif à Nancy de 1509 à 1516. Français.
Peintre et sculpteur.
Il était pensionné par le duc de Lorraine René II.

MOULTANOUSKI
Né au XIXe siècle en Russie. XIXe siècle. Russe.
Graveur.
Il figura aux Expositions de Paris ; médaille d'argent en 1889 (Exposition Universelle).

MOULTHROP Reuben ou **Ruben**
Né en 1763. Mort en 1814 à East Haven (Connecticut). XVIIIe-XIXe siècles. Américain.
Portraitiste.
Au cours de ses voyages à travers les États-Unis, il montrait les figures de cire qu'il avait lui-même faites. Ses portraits sont de divers styles, comme s'il avait essayé de copier plusieurs autres peintres.

MOULTON Sue, Mrs **Buckingham**
Née le 20 janvier 1873 à Hartford (Connecticut). XIXe-XXe siècles. Américaine.
Peintre de miniatures.
Elle fut élève de Moser, Andrews et Frisbie. Elle fut membre de la Fédération américaine des arts.

MOULY François Jean Joseph
Né le 22 septembre 1846 à Clermont-Ferrand (Puy-de-Dôme). Mort le 25 octobre 1886 près de Bordeaux (Gironde), par suicide. XIXe siècle. Français.
Sculpteur.
Élève de Jouffroy. Il débuta au Salon avec des bustes et des médaillons en 1876. Le Musée de Clermont-Ferrand conserve de lui *Jeune Faune* (statue en bronze) et le Musée Lecoq, à Clermont-Ferrand, le buste en marbre d'*Henri Lecoq*.

MOULY Gaston
Né en 1922 à Goujounac (Lot). Mort en 1997 à Lherm (Lot). XXe siècle. Français.
Sculpteur, peintre. Art brut, naïf, populiste.
Ancien chef d'entreprise de maçonnerie, il consacra sa retraite à une activité artistique prolifique et inspirée. Il exposa à partir de 1987 dans divers festivals, salons et galeries.
Son œuvre peut être rattachée à l'art naïf, bien qu'elle soit parfois très distante de la réalité visuelle, ou à l'art brut, bien que l'artiste confesse une certaine fascination à l'égard de la culture « savante ».
Bibliogr. : In : catalogue *Le pluriel des singuliers*, Espace 13, Galerie d'Art du Conseil Général des Bouches-du-Rhône, Actes Sud, 1998.

MOULY Marcel
Né le 6 février 1918 à Paris. XXe siècle. Français.
Peintre de compositions animées, intérieurs, peintre de cartons de tapisseries, mosaïques, peintre à la gouache, céramiste.
Mouly est d'origine modeste, son père était forgeron. Après ses études primaires, il fréquenta les cours du soir de dessin et commença la peinture en 1935. Il travaille à la Ruche, cet extraordinaire édifice transplanté de quelque exposition internationale des années 1880, où il figurait le « Pavillon des machines » et où travaillèrent bien des artistes en peine de toits. En 1951, il effectue son premier voyage à l'étranger, en Scandinavie, au Maroc, en Espagne, Italie.
Il participe à Paris aux Salons d'Automne à partir de 1943, des Indépendants, de Mai de 1946 à 1962, des Moins de Trente Ans en 1947-1948, Comparaison, du dessin et de la Peinture à l'eau, des Réalités Nouvelles en 1957, à la Biennale, ainsi qu'à l'étranger : Florence (1948) ; Biennale de Turin et Exposition internationale de Tokyo (1953) ; Göteborg et Malmö (1954). En 1945, il prit part aux manifestations de l'école de Boulogne, avec Léger, Pignon, Burtin. Il montre ses œuvres dans des expositions personnelles depuis 1949 en France, et à l'étranger. En 1957, il reçut une bourse au prix national de l'ordre des Arts et Lettres, en 1973 le premier prix de lithographie. L'État lui a commandé en 1953 un carton de tapisserie pour Aubusson *Le Jazz rouge*.
Un des jeunes peintres de l'école de Paris, il confère à ses scènes, une atmosphère particulière, en appliquant la couleur, à la manière de filtres aux tons intenses (cyan, jaune, magenta et leurs dérivés). Parti de pures arabesques inspirées de l'œuvre de Matisse, il reçut l'influence de Pignon, et recompose la réalité selon des règles toutes postcubistes, avec un sens décoratif très sûr. De ses séjours au Maroc, il rapporta de nombreuses scènes de paysages, souks, Médina.

Bibliogr. : E. Livengood : *Mouly*, Cahiers d'art, Pierre Cailler, Genève, 1958 – Bernard Dorival, sous la direction de : *Peintres contemp.*, Mazenod, Paris, 1964 – Lydia Harambourg : *L'École de Paris 1945-1965 – Dictionnaire des peintres*, Ides et Calendes, Neuchâtel, 1993.
Musées : Beauvais – Genève – Göteborg – Helsinki – Imatra (Mus. d'Art Mod. de la ville) : *Femme à la lampe* – Nice – Paris (Mus. Nat. d'Art Mod.) – Paris (Mus. d'Art Mod. de la Ville) – Paris (BN) : *Voilier IV* vers 1980 – Rodez.
Ventes Publiques : Paris, 10 déc. 1976 : *L'Orchestre* 1955, gche (48x63) : **FRF 550** – Caudry, 28 sep. 1980 : *Temps gris*, h/t (56x75) : **FRF 5 000** – Paris, 16 déc. 1987 : *La Jupe verte*, h/t (101x80) : **FRF 6 800** – Paris, 20 mars 1988 : *La Cafetière grise*, h/t (65x50) : **FRF 5 500** – Paris, 3 mars 1989 : *Maternité aux fleurs* 1965, h/t (27x16) : **FRF 3 600** – Versailles, 29 oct. 1989 : *Les Deux Grecques* 1976, h/t (27x35) : **FRF 5 500** – Versailles, 10 déc. 1989 : *Le Mât rouge* 1969, h/t (85x100) : **FRF 16 500** – Paris, 25 juin 1990 : *L'Intérieur des Cyclades* 1975, h/t : **FRF 24 500** – Paris, 20 mai 1992 : *Crétoise* 1980, h/t (73x54) : **FRF 10 500** – Paris, 4 déc. 1992 : *Bateaux sur la plage* 1956, h/t (67x72) : **FRF 15 500** – Paris, 3 fév. 1996 : *Ismalia à Kandy*, acryl./pap. (55,5x75) : **FRF 4 100** – Calais, 23 mars 1997 : *Paysage et rivage de Grèce* 1976, h/t (27x35) : **FRF 7 200**.

MOULYN Simon. Voir **MOULIJN**

MOUNCEY William
Né en 1852 à Kirkcudbright. Mort en 1901 à Kirkcudbright. XIXe siècle. Britannique.
Peintre de paysages.
Il était le beau-frère d'E. A. Hornel.
Ventes Publiques : Perth, 11 avr. 1978 : *Paysage boisé*, h/t (70x90) : **GBP 700** – Édimbourg, 30 nov. 1982 : *The lower Thames*,

h/t (86,5x109,5) : **GBP 1 600** – Perth, 29 août 1989 : *Dans les bois*, h/t (58x68) : **GBP 4 620** – South Queensferry, 1er mai 1990 : *Paysage boisé*, h/t (48x57) : **GBP 605** – Édimbourg, 28 avr. 1992 : *Tongland dans le Kirkcudbrightshire*, h/t (40,5x51) : **GBP 880** – Édimbourg, 23 mars 1993 : *Chemin forestier*, h/t (51x61) : **GBP 1 150** – Perth, 29 août 1995 : *Dans la prairie*, h/cart. (58x28,5) : **GBP 690** – Glasgow, 16 avr. 1996 : *Automne doré à Galloway*, h/t (100,5x126,5) : **GBP 7 935**.

MOUNEYRAC Victor
Né à Boussac (Creuse). XIXe-XXe siècles. Français.
Peintre de paysages.
Il fut élève de Pils. Il débuta, à Paris, au Salon.

MOUNIER Jacques. Voir **MONNIER Jacques**

MOUNIER Jean. Voir **MUNIER**

MOUNIER Pierre
XXe siècle. Français.
Peintre. Abstrait.
Il expose personnellement ses œuvres, en 1994, 1997, à la galerie Clivages à Paris.

MOUNIER Thérèse. Voir **AUBAIN-MOUNIER**

MOUNT Shepard Alonzo
Né en 1804 à Setauket. Mort en 1868. XIXe siècle. Américain.
Peintre de portraits, paysages, natures mortes.
Il est le frère de William Sydney Mount. Il fut membre de la National Academy de New York en 1842. Cette association conserve de lui son propre portrait et celui de l'*Amiral Bailey*.
Ventes Publiques : New York, 21 mai 1970 : *Paysage fluvial* : **USD 4 500** – New York, 30 jan. 1980 : *Portrait of Charles Hewlett Jones* 1855, h/t (86,3x68,6) : **USD 2 400** – New York, 8 déc. 1983 : *Home of the Mounts*, h/t (30,5x40,6) : **USD 15 000** – New York, 30 mai 1985 : *Paysage* 1864, h/t (56x76,2) : **USD 5 000** – New York, 5 déc. 1991 : *Ferme familiale* 1852, h/pan. (24,1x38,1) : **USD 8 800**.

MOUNT William Sydney
Né le 26 novembre 1807 à Setauket. Mort le 19 novembre 1868 à New York. XIXe siècle. Américain.
Peintre de genre, portraits, paysages, natures mortes.
Frère de Shepard Alonzo Mount. En 1826, il entre à la National Academy of Design, qui venait d'être créée. Il étudie avec attention la peinture hollandaise du XVIIe siècle, en particulier Jan Steen. Il n'a jamais voulu aller en Europe, trop attaché à la terre américaine.
Il travaille lentement, s'appliquant à rendre les détails avec minutie, ceci explique le petit nombre de tableaux qui reste de lui. Toutefois, ses tableaux étaient reproduits par des gravures et lithographies qui les ont fait connaître du public. D'ailleurs sa plus grande ambition est de plaire au grand public et non à quelques initiés. C'est la raison pour laquelle il peint des morceaux de la vie courante. Il aime les sujets simples, peints dans le but d'être ressemblants, tel le *Triomphe du peintre* (1838), ou la *Pêche à l'anguille au harpon, à Setauket*. Malgré le but poursuivi, il produit une peinture non dénuée de qualité comme le prouvent les tonalités chaudes et la sobriété du décor du *Triomphe du peintre*. Son art est à l'origine du réalisme américain qui sera illustré, d'une manière plus originale, par E. Johnson, Homer, Eakins.
Bibliogr. : J. D. Prown et B. Rose : *La peinture américaine*, Skira, Genève, 1969.
Musées : Brooklyn – New York (Metropolitan Mus.) – Philadelphie.
Ventes Publiques : New York, 26 jan. 1974 : *Paysage* : **USD 2 000** – New York, 21 juin 1979 : *Child's first ramble* 1864, h/cart. (21,5x15,8) : **USD 17 000** – New York, 22 juin 1984 : *Paysage* 1846, cr. (16,5x23,5) : **USD 1 300** – New York, 20 juin 1985 : *A gentleman and a lady*, h/t, une paire (76,2x63,5) : **USD 8 250** – New York, 1er déc. 1988 : *Les jeunes cueilleuses de myrtilles* 1840, h/pan. (40,6x35,5) : **USD 286 000** – New York, 24 mai 1989 : *Bouquet de printemps* 1857, h/pap. (20,3x17,8) : **USD 33 000** – New York, 30 nov. 1989 : *La résidence de l'Honorable William H. Ludlow* 1859, h/pan. (22,9x30,5) : **USD 71 500** – New York, 9 jan. 1991 : *Henry Smith Mount sur son lit de mort* 1841, encre et aquar./pap. (19x19,7) : **USD 16 500** – New York, 11 mars 1993 : *Jeune paysanne cassant des noix* 1856, h/cart. (23x35,7) : **USD 33 350**.

MOUNTAIN Gerard ou **George** ou **Gerrit** ou **Mountin**. Voir **MUNTINCK**

MOUNTAINE Richard
XVIIIe siècle. Actif à Portsmouth et à Winchester de 1750 à 1760. Britannique.
Graveur d'ex-libris.

MOUNTFORD Arnold
Né en 1873 à Eggbaston (Angleterre). XIXe-XXe siècles. Américain.
Peintre.
Il travailla à New York.
Ventes Publiques : Londres, 29 mars 1984 : *Trois jeunes femmes dans un intérieur* 1911, h/t (167,5x259) : **GBP 8 200** – Londres, 13 mars 1997 : *La Coquette* 1904, h/t (71,4x91,8) : **GBP 4 000**.

MOUR Jean Baptiste Van ou **Moor**. Voir **VANMOUR**

MOURA. Voir **MOIRA**

MOURA Leonel
Né en 1948. XXe siècle. Portugais.
Peintre, technique mixte, auteur d'installations.
Il fit des études d'histoire de l'art à l'université de Lisbonne, puis étudia à l'académie des beaux-arts de Rotterdam. Il vit et travaille à Lisbonne.
Il participe à des expositions collectives : 1992 Frac (Fonds régional d'Art contemporain) des Pays de la Loire au musée des beaux-arts de Nantes et European Arts Festival d'Edimbourg ; 1993 Lisbonne ; 1994 Fondation Miro à Majorque, Rotterdam, Porto. Il a montré ses œuvres dans des expositions personnelles : 1992, 1993, 1994 Lisbonne ; 1992 Madrid ; 1992 Edimbourg ; 1993 Paris, Rotterdam ; 1994 Porto ; 1995 au Nouveau Musée de Villeurbanne. Il a été sélectionné pour plusiers projets : pour le métro de Lisbonne en 1993, pour le square Rio de Mouro à Sintra, pour une sculpture publique à Beja.
Il travaille par séries à partir d'images (photographies ou sérigraphies) et de textes. Il puise ses sources dans le fonds commun des écrivains (Tzara, Kafka, Artaud, Joyce, Brecht...), philosophes (Hegel, Leibniz, Aristote, Marx...), peintres (Buren, Smithson, Judd...) et architectures (New York, Chicago, Rome, Paris...) et les met en scène dans des cadres ou des installations plus complexes qui associent.
Bibliogr. : Lionel Moura : *Impossibilité/Impossibilidade*, Le Nouveau Musée/Institut d'Art contemporain, Villeurbanne, 1995.

MOURAD Mohamed
XIXe siècle. Français.
Peintre.
Il exposa des natures mortes au Salon de Paris, de 1837 à 1839.

MOURANI Philippe
Né le 6 février 1875 à Beyrouth (Liban, à l'époque dans l'Empire ottoman). Mort le 23 juillet 1970 à Paris. XIXe-XXe siècles. Actif aussi en France. Libanais.
Peintre de compositions à personnages, paysages, portraits, décorations murales, dessinateur, illustrateur. Orientaliste.
Il fit ses études à Beyrouth, puis pendant cinq ans à Rome, enfin il fut élève de Jean-Paul Laurens et de l'Ecole des Beaux-Arts de Paris. En 1895, le jeune architecte, Émile Bertone, alors pensionnaire de la Villa Médicis à Rome, devant faire comme dernier envoi le choix d'un travail en vue de la restauration d'un site archéologique, eut la possibilité d'entreprendre les fouilles de la Palmyre antique ; il s'assura la collaboration du jeune peintre Mourani qui l'assista de sa présence active et de son talent de dessinateur pendant toute l'expédition. Il se fixa à Paris en 1901, faisant des séjours en Italie, au Caire, en Suisse. Il revint à Beyrouth en 1932, où il s'occupa du développement de l'artisanat libanais et prépara le Salon Phénicien qui devait figurer à l'Exposition Internationale de Paris en 1937. Il revint en France en 1941, séjourna à Alger et s'installa définitivement à Paris en 1946. Il a participé à des expositions collectives, parmi lesquelles : Salon des Artistes Français de 1910 à 1952, Salon des Orientalistes de 1910 à 1914, l'Exposition Coloniale de Paris en 1931, l'Exposition Internationale de Paris en 1937, en 1989 *Liban – Le Regard des peintres – 200 ans de peinture libanaise*, à l'Institut du monde arabe de Paris, etc. Il a montré ses œuvres en expositions personnelles : à Paris en 1914, 1927, 1930, ainsi qu'à Zurich 1917, 1918, Beyrouth 1932, 1935, 1938, 1940, Alger 1946. Il a reçu diverses distinctions tant en France qu'au Liban, notamment, à la suite de l'expédition de Palmyre, il fut fait, en 1903, officier d'Académie.
Dans ses activités annexes, il a dessiné plus d'une dizaine de

timbres-postes pour le Liban, dont : *Le Cèdre – Président Émile Eddé – Ruines de Baalbeck – Ain Zehalta – Paris 1937* pour l'Exposition Internationale, plusieurs *Paysages libanais*, etc, dont trois ont été primés à New York. Il a illustré divers ouvrages littéraires, d'entre lesquels : *Yamilé sous les cèdres* d'Henri Bordeaux en 1923, *La caravane sans chameau* de Roland Dorgelès en 1927. Homme de culture, il a étudié la possibilité d'un alphabet arabo-latin et de nouveaux caractères arabes pour l'imprimerie et la machine à écrire. Peintre, il a réalisé plusieurs décorations murales : 1932 *Départ du tapis sacré pour la Mecque*, 1940 *Proclamation de l'Indépendance du Grand Liban* dans le Salon de l'Ambassade de France à Beyrouth, etc. Son œuvre de peintre de chevalet est presque exclusivement consacré à l'Orient, comme en témoignent quelques titres de ses envois au Salon des Artistes Français de Paris ou autres peintures : *La romance du désert – Cour de la mosquée à Damas – Teinturerie bleue au Caire – Liban, le cèdre de Dieu – Cèdre à la patte de Lion – Femmes au bain dans une cour à Damas*, etc. En 1993, *Arabies*, le Mensuel du Monde Arabe et de la Francophonie, pour sa carte de vœux de fin d'année, a reproduit la peinture de 1920 de Philippe Mourani : *Cèdre du Liban*. Techniquement on peut dire sa peinture traditionnelle, forte et exprimant souvent un sentiment poétique. ■ J. B.

Bibliogr. : In : *La Revue des deux mondes*, Paris, 15 juil. 1897 – in : Catalogue de l'exposition *Liban – Le regard des peintres, 200 ans de peinture libanaise*, Institut du monde Arabe, Paris, 1989 – Henriette Abboudi : *Philippe Mourani : un orientaliste d'Orient*, in : *Arabies*, Paris, déc. 1992.

Musées : Beyrouth (Mus. Sursock) : *Portrait du fondateur Nicolas Sursock* – Damas (Mus. Nat.) : *Départ du Tapis Sacré pour la Mecque*.

Ventes Publiques : Paris, 17 nov. 1997 : *Baalbeck* 1931-1936, h/t (50x65) : **FRF 30 000**.

MOURAUD Christine, dite **Tania**

Née en 1942 à Paris. xxe siècle. Active en Allemagne entre 1960 et 1965. Française.

Peintre, créatrice d'installations et d'environnements. Conceptuel, puis tendance abstraite.

Autodidacte. Elle a vécu en Angleterre de 1957 à 1960, puis en Allemagne jusqu'en 1965, ensuite à Paris.

Elle participe à des expositions collectives, dont : 1970, *Art Concept from Europe* en 1970, New York ; 1971, 7e Biennale de Paris ; 1972, *72/72. Douze ans d'art contemporain*, Grand Palais section « Action », Paris ; *Focus*, ARC 2, Musée d'Art Moderne de la Ville, Paris ; 1976, Biennale de Venise ; 1976, *Identité/identification*, CAPC, Bordeaux ; 1977, *Art Space n° 5*, PS1, New York ; 1988, Salon de la Jeune Sculpture, Paris. Elle montre ses œuvres dans des expositions personnelles : 1966, 1970, Paris ; 1973, Musée d'Art moderne de la Ville de Paris ; 1981, Studio 666, Paris ; 1983, *Vitrines*, Maison du Temps libre, Torny ; 1983, *Ah Paris*, galerie Samia Souma, Paris ; 1989, Centre d'Art Contemporain Pablo-Neruda, Corbeil-Essonnes ; 1996, Le Quartier-Centre d'art contemporain, Quimper.

Elle a débuté sa pratique artistique par une approche sociologique et linguistique des événements artistiques, approche qui, dès lors, ne l'a pas totalement quittée. En 1970, elle concevait des œuvres sonores (*Environnement audio-perceptif*, 1970) et des *Chambres d'initiation* (*Initiation Room n° 2*, 1971) sortes d'objets habitables, espaces vides, uniformément blancs, aux escaliers majestueux entourant une aire de repos. Si ses environnements avaient pour but une connaissance de soi, connaissance pour la méditation, son exposition du Musée d'Art Moderne de la Ville de Paris en 1973 tendait vers une connaissance de l'objet, juxtaposant définitions et images recouvertes par ces définitions. Elle réalise par la suite d'autres environnements du même style, fortement influencés par la mystique orientale (elle partage sa vie entre Paris et l'Inde). C'est dans un tel univers de blancheur soulignée de néon qu'elle présente en 1971 à Turin des concerts de la Monte Young et du Pandit Pran Nath. Elle a ensuite utilisé des photographies accompagnées de textes et des installations purement textuelles, comme celle, sur des panneaux d'affichage, de la conjonction négative « NI ». Plus récente, la série *Black Power* (1988) se présente apparemment comme une suite de tableaux abstraits avec des réserves de blanc, dont la signification ne relève pas d'éléments spécifiques à la peinture mais doit être perçue et comprise en rapport avec l'écriture de lettres et signes décodées dans la forme : Ici, Ou, Ceci. Art de réflexion, l'œuvre pour Tania Mouraud « n'est pas tellement ce qu'on voit mais l'expérience qu'on peut en avoir ».

Bibliogr. : T. Mouraud : *Focus or the Fonction of art*, catalogue ARC, Musée d'Art moderne de la Ville de Paris, 1973 – A. Dallier : *Les Voyages de Tania Mouraud*, in : *Opus international* n° 56, Paris, 1976 – in : *Europe 80*, catalogue de l'exposition, Espace lyonnais d'art contemporain, Lyon, 1980 – L. Malle, J. Sans : *Tania Mouraud*, catalogue de l'exposition, Centre d'Art Contemporain, Pablo-Neruda, Corbeil-Essonnes, 1989 – Anne Tronche, in : *Fonds National d'Art Contemporain – Acquisitions*, Paris – in : *Dictionnaire de l'art moderne et contemporain*, Hazan, Paris, 1992.

Musées : Châteaugiron (FRAC Bretagne) : *Décoration (Treize à la douzaine)* 1993-1994 – Marseille (FRAC Alpes-Côtes d'Azur) : *Sans Titre* 1993 – Paris (FNAC) : *Black power – Ni ceci ni cela* 1986.

MOURE Francisco

Né au début de 1577. Mort le 15 septembre 1636. xviie siècle. Actif à Orense. Espagnol.

Sculpteur et architecte.

Fils d'un Italien établi à Saint-Jacques de Compostelle et élève de Al. Martinez. Il sculpta de nombreux autels, des statues et des stalles dans les églises d'Orense Nocedo, Valeije et Lugo.

MOUREN Henri Laurent

Né en 1844 à Marseille (Bouches-du-Rhône). Mort en 1926. xixe-xxe siècles. Français.

Peintre de paysages, aquarelliste.

Il fut élève de Harpignies. Sociétaire des Artistes Français de Paris depuis 1893, il figura au Salon de ce groupement de 1893 à 1922 ; obtenant une mention honorable en 1895, une médaille de troisième classe en 1899, une mention honorable en 1900 (pour l'Exposition Universelle).

Musées : Marseille : deux aquarelles.

Ventes Publiques : Paris, 29 et 30 déc. 1924 : *La Jetée de Trouville*, aquar. : **FRF 100** ; *Bords de la Seine au Louvre*, aquar. : **FRF 100** ; *Bords de rivière*, aquar. : **FRF 105** – Paris, 29 juin 1988 : *Le village*, aquar. (17x26) : **FRF 4 100** – Aubagne, 10 oct. 1993 : *La Loire près de Briare*, h/t (27x41) : **FRF 7 300** – Paris, 21 mars 1994 : *Paris, le pont Sully à l'estacade*, aquar. (13,5x19) : **FRF 4 200**.

MOURES Christiane

xxe siècle. Française.

Peintre, peintre de collages, dessinateur, sculpteur, peintre de décors de théâtre.

Elle a été élève de l'École des Arts décoratifs de Nice, et de l'École des Beaux-Arts de Rennes. Elle a complété sa formation à l'École d'art dramatique de Strasbourg en scénographie et costumes.

Elle a participé à des décors pour différents spectacles sous la direction de Peter Brook, Roger Planchon, Éric Rohmer...

MOURET, famille d'artistes

xviie-xviiie siècles. Actifs à Tulle. Français.

Sculpteurs sur bois, ébénistes.

MOURET Achille Ernest

Né au xixe siècle à Paris. xixe siècle. Français.

Peintre de portraits, paysages, natures mortes.

Il exposa au Salon de Paris, puis au Salon des Artistes Français, de 1844 à 1888.

Ventes Publiques : Paris, 19 mars 1976 : *Le collectionneur* 1884, h/pan. (41x32) : **FRF 4 000**.

MOURET Jean François

Né en 1777. Mort en 1820 à Charenton (Val-de-Marne). xixe siècle. Français.

Sculpteur d'ornements.

MOURETTE Jean

xvie siècle. Actif à Abbeville. Français.

Sculpteur sur bois.

MOURGUE A.

xixe-xxe siècles. Français.

Peintre.

Cité dans les annuaires de ventes publiques.

Ventes Publiques : Paris, 24 mai 1944 : *L'Abreuvoir gelé* : **FRF 3 800**.

MOURGUES François

Né le 21 septembre 1884 à Marseille (Bouches-du-Rhône). xxe siècle. Français.

Sculpteur.

Il fut élève de Coutan. Il exposait, à Paris, au Salon des Artistes

Français, dont il est devint sociétaire, à partir de 1913. Il obtint une médaille en 1920 et une autre en 1926.

MOURICAULT
XVIIIe siècle. Français.
Peintre d'histoire.
Élève de l'Académie de Paris en 1768. En 1795, il exposa au Salon.

MOURIER Louis
XVIe siècle. Français.
Sculpteur.
En 1504, il fut chargé de l'exécution d'un sépulcre colossal comportant 16 statues pour l'église de Jarzé en Anjou. Cette œuvre dont les écrits du temps font un pompeux éloge a aujourd'hui disparue complètement.

MOURIER Pierre
Né en 1890 à Paris. Mort le 31 mars 1918 au Mesnil-Saint-Georges (Somme), pour la France. XXe siècle. Français.
Sculpteur, dessinateur.
Il a exposé, en 1910, à Paris, au Salon des Indépendants et à la Société Nationale des Beaux-Arts.
Ventes Publiques : Paris, 3 déc. 1992 : *Frise de personnages rouges*, plat en céramique à fond doré (diam. 29) : **FRF 5 000**.

MOURIER-PETERSEN Christian Vilhelm
Né le 26 novembre 1858 à Holbaekgaard. XIXe siècle. Danois.
Peintre.
Élève de l'Académie de Copenhague. Il séjourna trois ans en France et en Hollande.

MOURLAN Pierre Joseph Alexandre
Né le 24 février 1789 à Paris. Mort en avril 1860. XIXe siècle. Français.
Peintre de portraits en miniatures et lithographe.
Élève de Saint. Il figura au Salon de 1819, 1841, et obtint une médaille en 1819.

MOURLOT Alphonse Jean Baptiste
XIXe siècle. Français.
Peintre de paysages.
En 1848, 1849 et 1850, il exposa au Salon de Paris, des paysages et des vues de forêts.

MOURNAUD Eugène
Né le 2 mars 1903 à Paris. Mort le 15 janvier 1970 à Paris. XXe siècle. Français.
Peintre de figures, nus, portraits, paysages, marines, natures mortes, peintre de décors de théâtre.
Il a étudié à l'Académie de la Grande Chaumière à Paris et se spécialisa dans les métiers d'art, en particulier dans la broderie. Il collabora à des réalisations d'art avec René Piot, Maurice Denis et Bertin. Il étudia la peinture auprès de Fernand Renault. Il devint en 1929 professeur de dessin de la Ville de Paris, poste qu'il occupa jusqu'en 1966. Il fut fait prisonnier pendant la guerre et reprit ses activités en 1942.
Il a participé à partir de 1926, à Paris, au Salon des Indépendants à Paris et au Salon d'Automne, en 1936 il devint membre de la Société des Artistes Français. Il a montré ses œuvres dans quelques expositions en province : Reims, Nancy, Roanne. Il a participé à la décoration de la Salle des fêtes de l'Hôtel de ville de Givet dans les Ardennes, puis avec Yves Brayer à la décoration celle de l'Hôtel de ville de Saint-Maur.
Il peignait en touches larges, volontaires, en « serrant » les formes.

MOURON Adolphe Jean Marie. Voir **CASSANDRE**

MOUROT Jean François Michel
Né le 11 octobre 1803 à Metz. Mort le 27 juin 1847 à Utrecht. XIXe siècle. Hollandais.
Peintre de portraits, dessinateur, lithographe.
Élève de C.-J.-L. Portman, il fonda une maison de lithogravure à Bois-le-Duc, puis vint comme dessinateur à La Haye, à Amsterdam et à Utrecht. Il épousa, en 1844, à Utrecht A. Van den Weyer. Le Musée d'Utrecht conserve de lui : *Christ Kramm*.

MOUS Joseph
Né en 1896 à Anvers. Mort en 1968. XXe siècle. Belge.
Peintre de marines, sculpteur.
Il fut élève de l'Académie des Beaux-Arts et de l'Institut supérieur d'Anvers sous la direction de R. Baseleer. Il devint professeur à l'Académie des Beaux-Arts de Turnhout. Il obtint le prix de Rome en 1922.
Bibliogr. : In : *Dictionnaire biographique illustré des artistes en Belgique depuis 1830*, Arto, Bruxelles, 1987.
Musées : Anvers.

MOUSON Robert de ou **Mouzon**
XVIe siècle. Actif à Darney dans la seconde moitié du XVIe siècle. Français.
Peintre verrier.

MOUSRY Edmond
Né au XIXe siècle à Valenciennes. XIXe siècle. Français.
Sculpteur.
Élève de Jouffroy et de Lemaire. Il figura au Salon de Paris, avec des Bustes en plâtre, de 1864 à 1869.

MOUSSA Mahmoud
Né en 1913 à Alexandrie. XXe siècle. Égyptien.
Sculpteur animalier.
Il n'a pas suivi une École particulière.
Il a participé à des expositions collectives, notamment à *Visages de l'art contemporain égyptien* au Musée Galliera de Paris en 1971 où il présentait *Canard* et *Le Faucon*.
Bibliogr. : In : Catalogue de l'exposition *Visages de l'art contemporain égyptien*, Mus. Galliera, Paris, 1971.
Musées : Alexandrie (Mus. des Beaux-Arts) – Caire (Mus. d'Art Mod.).

MOUSSALI Ulysse
Né en 1899 au Caire (Égypte). XXe siècle. Français.
Peintre de portraits, paysages, natures mortes.
Esprit cultivé, on connaît de lui de nombreuses études d'érudition sur le XVIIe siècle. Il expose depuis 1928, à Paris, au Salon des Indépendants et fut invité à exposer à celui des Tuileries.
Parmi ses œuvres : *Femme à la mandoline* ; *Nu de rousse devant un miroir* ; *Nature morte au grand livre*.

MOUSSATOV Victor Elpidiforovitch. Voir **BORISSOV-MOUSSATOV**

MOUSSAWIR Choukri
Né en 1865 au Liban. Mort en 1935. XIXe-XXe siècles. Actif aux États-Unis. Libanais.
Peintre de figures. Orientaliste.
On connaît peu la vie de cet artiste qui fut le fils d'un célèbre artisan, Isha'al Khalili (1812-1892), décorateur de plusieurs églises grecques orthodoxes dans le sud du Liban. Choukri Moussawir partit à quarante-cinq ans pour les États-Unis où il peignit des sujets orientaux et connut le succès. Il a séjourné en France, en témoignent ses peintures représentant les jardins du Luxembourg et les bords de la Marne.
Il figura à l'exposition *Liban – Le Regard des peintres – 200 ans de peinture libanaise*, à l'Institut du monde arabe de Paris en 1989, où il fut représenté par une de ses peintures : *L'Archevêque Gerassimos Messarra* (1907).
Bibliogr. : In : Catalogue de l'exposition *Liban – Le regard des peintres, 200 ans de peinture libanaise*, Institut du monde Arabe, Paris, 1989.

MOUSSEAU Jean-Paul
Né en 1927 à Montréal. XXe siècle. Canadien.
Sculpteur, peintre, illustrateur, peintre de décors de théâtre, décorateur. Groupe des Automatistes.
Il a d'abord été élève du Frère Jérôme au Collège Notre-Dame, puis entra à l'atelier de Borduas de 1944 à 1950. Benjamin du groupe des *Automatistes*, favori de Borduas, il se lance très jeune, dès quinze ans, dans la « mêlée artistique ».
Il produit d'abord des œuvres au lyrisme fougueux. S'intéressant à tout, il réalise déjà des décors de théâtre, des tissus d'ameublement, des affiches, des publicités, et cela dès avant 1950. Au cours d'un voyage en Europe comme représentant de la jeune peinture canadienne, il expose à Prague en 1947. En 1948, il signe le manifeste de Borduas *Refus global* et participe à toutes les manifestations des *Automatistes*. D'esprit inventif, sa peinture subira de multiples modifications, jusqu'aux tableaux pivotants de 1963-1964. Comme sculpteur, il a utilisé le plastique armé et les fibres de verre pour réaliser des œuvres translucides et souvent lumineuses, sortes de colonnes éclairées de l'intérieur et dont la forme évoquait des troncs d'arbres. Travaillant souvent à l'échelle d'environnements, il a construit au siège de l'Hydro-Québec, à Montréal, une immense fresque, éclairée par toute une batterie de néons programmés. Obligé pour raison de santé d'interrompre cette production d'objets en plastique, il a cessé de peindre et s'est tourné vers l'aménagement intérieur et

la décoration. Inventeur de procédés, c'est vraisemblablement à lui qu'on doit attribuer la mise au point de « l'aluchromie », peinture sur aluminium. Personnage pittoresque qui déclarait qu'il voulait créer « des lieux où l'homme sera vraiment lui-même », il a, en dehors même de son « œuvre », ouvert son atelier à tout ce que Montréal comptait de marginaux.
Bibliogr. : In : *Dictionnaire universel de la peinture*, Le Robert, Paris, 1975.
Musées : Montréal (Mus. d'art Contemp.) : *Composition lumineuse* 1961, fibre de verre, néons et réosthat sur bois – *Tellu modulation contraire* 1963, past. – *Tellu modulation hydro* 1962, past. – *Bataille moyenageuse* 1948, gche – *Tableau circulaire n° 26* 1964, acryl. – *Modulation espace bleu* 1963, acryl. – *Crucifixion* 1954, gche – *sans titre*, fus. – Ottawa (Gal. Nat. du Canada) : *Indien Nord-Amérique* 1955.

MOUSSEAU Michel
Né le 27 juillet 1934 à Coutures (Maine-et-Loire). xxe siècle. Français.
Peintre de compositions animées, intérieurs, dessinateur, décorateur. Tendance abstraite.
Il s'est formé seul à la peinture. Jusqu'en 1973, il participe rarement à des expositions collectives, puis 1973, 1974, 1979, 1982, 1989, 1995, 1996, 1997 Salon de Mai, Paris ; 1974, 1982, 1991, 1992, 1993, 1994, 1995, 1996 Salon des Réalités Nouvelles, Paris ; 1981, 1982, 1983, galerie Brigitte Schehadé, Paris. Il figure également à de nombreuses expositions collectives ayant pour thème la poésie, les revues de poésie, le théâtre.
Il montre ses œuvres dans des expositions personnelles, dont : 1957, galerie Malaval, Lyon ; 1959, 1962, galerie Motte, Paris ; 1963, galerie Motte, Genève ; 1964, The Poeter Gallery, Messilla, Nouveau-Mexique ; 1965, 1966, 1968, 1969, 1971, galerie La Cave, Paris ; 1970, galerie Motte, Genève ; 1985, 1988, galerie Brigitte Schehadé, Paris ; 1993, « La Galerie » Franca et Pierre Belfond, Paris ; 1994, *Le temps de peindre*, Abbaye aux Dames de Caen ; 1995, Maison des Arts de Laon ; 1998 Paris, galerie J. & J. Donguy.
Parallèlement à son travail de peinture, Michel Mousseau va de plus en plus s'intéresser à l'art graphique : illustration d'ouvrages et livres d'artiste (*Sauvage* d'Eugène Guillevic ; *Mon Palais* de Pierre Albert-Birot ; *De la fin du vol des oiseaux* de Hughes Labrusse ; *Noces* de Luis Mizon ; ainsi que, en 1986, *Un Calicot* et, en 1989, *Peindre*, dont il a lui-même écrit les textes), recueils de poèmes, revues, réalisation de couvertures, d'affiches (dont toutes celles du *Marché de la Poésie*, Paris) et de médailles (*Le Mal court* pour et de Jacques Audiberti, *Monsieur Bob'le* pour et de Georges Schehadé, Hôtel de la Monnaie, Paris). Il intervient également dans la décoration de théâtre (*Moi, moi, moi* de Henri Mitton, théâtre du Lucernaire, Paris, 1987 ; *Le Rebelle*, de Jean-Michel Guenassia, théâtre Tristan Bernard, Paris, 1988 ; *Lettre morte* de Robert Pinget, théâtre de Lenche, 1990 ; *Le Diable* de Marina Tsvetaeva, théâtre de Vanves et Centre Georges Pompidou, Paris, 1992).
Peintre de figures dans des intérieurs, de paysages, de natures mortes jusqu'en 1970, il procédait par aplats violemment colorés, contenus par un dessin tenant sa fermeté du postcubisme. Ensuite, au contact de la vie animée des plages normandes, dessin et touches colorées se sont assouplis dans un système de notations nerveuses. À partir des années quatre-vingt, il va structurer des intérieurs en un réseau de tracés ménageant à certains endroits des évocations figuratives et à d'autres des réserves de gris ou de blanc. Peu à peu les teintes plates vont devenir premières et s'échelonner en masses verticales, ceinturées par des tracés, jusqu'à recouvrir quasiment toute la surface de la toile. D'esprit abstrait, ces compositions jouent sur des alliances de couleurs aux tonalités contrastées. ■ C. D., J. B.
Bibliogr. : *Michel Mousseau*, catalogue de l'exposition, Paris, 1971 – Hughes Labrusse : *Michel Mousseau, le temps de peindre*, J.-M. Place, Paris, 1993 – Madeleine Renouard : *Instants de Michel Mousseau*, dialogue avec M. M., in : Catalogue de l'exposition *Michel Mousseau, le temps de peindre*, Abbaye aux Dames, Caen, 1994 – Bernard Noël : *Roman d'un regard. L'Atelier de Michel Mousseau*, J.-M. Place, Paris, 1995.
Ventes Publiques : Genève, 24 nov. 1987 : *Nu au fauteuil bleu*, h/t (100x81) : **CHF 7 500**.

MOUSSET Charles
xviie siècle. Français.
Peintre, architecte.
Il travailla, comme peintre, à la cathédrale de Nantes entre 1624 et 1638.

MOUSSET Eugène
Né en 1877 à Esch-sur-Alzette. Mort en 1941 à Esch-sur-Alzette. xxe siècle. Luxembourgeois.
Peintre de paysages. Tendance impressionniste.
Il fut élève de Michel Engels à l'Athénée à Luxembourg. Il fit ses études aux Académies des Beaux-Arts de Karlsruhe, Munich, Anvers et Paris. Il devint professeur de dessin à l'École industrielle et commerciale d'Esch-sur-Alzette.
Bibliogr. : In : Catalogue de l'exposition *150 Ans d'Art Luxembourgeois*, Mus. Nat. d'Histoire et d'Art, Luxembourg, 1989.
Musées : Luxembourg (Mus. Nat. d'Hist. et d'Art) : *Soir d'hiver* 1910.

MOUSSET Jean
Né en 1826 à Poitiers. xixe siècle. Français.
Sculpteur.
Élève de l'École des Beaux-Arts de Poitiers.

MOUSSET Pierre Joseph
Né à Paris. Mort le 30 mai 1894 à Paris. xixe siècle. Français.
Peintre de genre et de fleurs.
Élève de Villar. Il débuta au Salon en 1880.
Ventes Publiques : Paris, 21 juin 1951 : *Nu* : **FRF 7 000**.

MOUSSON I. Tivadar ou **Theodor**
Né le 5 décembre 1887 à Högyész. xxe siècle. Hongrois.
Paysagiste et peintre de genre.
Il fit ses études à Budapest et se fixa à Nagymihaly.

MOUSSY de
xviie siècle. Actif à Versailles en 1685. Français.
Sculpteur.

MOUSTAPHA Ahmed
Né en 1943 à Alexandrie. xxe siècle. Égyptien.
Peintre. Figuration narrative.
Il a étudié à l'École des Beaux-Arts d'Alexandrie en 1966-1967. Il participe à des expositions collectives en Égypte et à l'étranger, notamment à *Visages de l'art contemporain égyptien* au Musée Galliera de Paris en 1971, où il présentait *Avant la fin du monde*. Il a obtenu le Second prix de peinture à la huitième Biennale d'Alexandrie.
Bibliogr. : In : Catalogue de l'exposition *Visages de l'art contemporain égyptien*, Mus. Galliera, Paris, 1971.
Musées : Alexandrie (Mus. des Beaux-Arts).

MOUSTAPHA Ramzi
Né en 1926 à Dabahleia. xxe siècle. Égyptien.
Peintre. Abstrait.
Il a étudié à la Faculté des Arts appliqués du Caire. Il a étudié la céramique à l'Institut de Faenza en Italie et à la Royal Academy à Londres. Il a poursuivi sa formation artistique à l'Université de Moscou et à l'Université de l'Iowa aux États-Unis.
Il participe à des expositions collectives en Égypte et à l'étranger, notamment à *Visages de l'art contemporain égyptien* au Musée Galliera de Paris en 1971. Il montre également ses œuvres dans des expositions particulières au Caire.
Sa peinture figure des constructions en damiers faisant ressortir ombres et lumières des carreaux.
Bibliogr. : In : Catalogue de l'exposition *Visages de l'art contemporain égyptien*, Mus. Galliera, Paris, 1971.
Musées : Caire (Mus. d'Art Mod.).

MOUSYN Michiel. Voir **MOZYN**

MOU TA-CHEOU. Voir **MU DASHOU**

MOUTASHAR Mehdi
Né en 1943 à Hilla. xxe siècle. Actif depuis 1974 en France. Irakien.
Peintre, créateur d'installations, technique mixte. Abstrait.
Il a étudié à Bagdad puis à Paris.
Sa peinture décline une recherche géométrique à partir du carré. Il réalise également, à partir de cette figure, des installations utilisant des briques et du bois, des papiers découpés, et des dessins.
Bibliogr. : *Moutashar*, catalogue de l'exposition, Tours narbonnaises, Carcassonne, 1989 – in : *Dictionnaire de l'art moderne et contemporain*, Hazan, Paris, 1992.

MOUTAUD
xviiie siècle. Français.
Peintre.
Il a peint un *Saint Clarus* dans l'église Saint-Vénérand de Laval en 1731.

MOUTCHELLE. Voir **MUTSCHELE**

MOUTERDE, famille d'artistes
XVIIIe-XIXe siècles. Actifs à Lyon. Français.
Médailleurs, graveurs, doreurs.

MOUTET Paul
Né au Mans (Sarthe). XIXe siècle. Français.
Peintre de genre et portraitiste.
Élève de Levasseur. Il exposa au Salon de 1879 à 1893.

MOUTET-CHOLÉ Célestine
Née au XIXe siècle à Lunéville (Meurthe-et-Moselle). XIXe-XXe siècles. Française.
Peintre de portraits et graveur.
Élève de Bléry et de Gaucherel. Elle exposa au Salon de Paris de 1874 à 1909 des portraits en miniature. Le Musée de Draguignan conserve une aquarelle de cette artiste.

MOUTIER Ferdinand
Né vers 1855 à Rouen (Seine-Maritime). XIXe siècle. Français.
Peintre de scènes de genre, paysages, paysages d'eau, aquarelliste, sculpteur.
Il fut élève de Jules Dupré et de Paul Lecomte. Il mena de front une œuvre de peintre et de sculpteur. Il exposa au Salon de Paris, en 1867, 1869 et 1870.
Il peignit, à l'huile ou à l'aquarelle, de nombreuses vues de Trouville : la ville, la plage et le port. En tant que sculpteur il orienta surtout ses recherches sur le mouvement du cheval.
Bibliogr. : Gérald Schurr, in : *Les Petits Maîtres de la peinture 1820-1920, valeur de demain*, Les Éditions de l'Amateur, t. III, Paris, 1976.
Musées : Trouville.
Ventes Publiques : Paris, 20 fév. 1950 : *Bord de Seine en banlieue* 1894 : **FRF 1 500** – Honfleur, 13 juil. 1980 : *La Touque à Trouville-Deauville* 1881, h/t (36x55) : **FRF 6 600**.

MOUTIER Gaudolphe Jean Émile Francis
XIXe siècle. Français.
Peintre de paysages et d'architectures.
De 1824 à 1848, il exposa au Salon de Paris des vues de pays et de villes.
Ventes Publiques : Paris, 25 mai 1932 : *Breton* : **FRF 260**.

MOUTIER H.
XVIIIe siècle. Actif en 1760. Français.
Miniaturiste.
Le Musée National de Munich possède une œuvre de cet artiste.

MOUTON Antoine ou **Moutoni**
Né en 1765 à Lyon. XVIIIe siècle. Français.
Sculpteur.
Il figura au Salon de 1810 à 1817. Le Musée de Versailles conserve de cet artiste la statue de *Bayard*. Il a sculpté un carabinier sur l'Arc-de-Triomphe du Carousel et des bas-reliefs pour la colonne Vendôme à Paris.

MOUTON Georges L.
Né à Rennes (Ille-et-Vilaine). XIXe-XXe siècles. Français.
Peintre de genre, portraits. Orientaliste.
Il exposa, à Paris, au Salon des Artistes Français, de 1893 à 1920, principalement des portraits d'enfants, de même qu'à la Société nationale des Beaux-Arts.

G Mouton

Ventes Publiques : Paris, 9 déc. 1988 : *Petite fille au chapeau*, h/t (60x50) : **FRF 5 500** – Paris, 22 mars 1994 : *Dans l'attente du rassemblement*, h/pan. (20x27) : **FRF 12 000** – Paris, 13 mars 1995 : *Les dernières instructions avant le départ* ; *Le départ au marché*, h/pan., une paire (chaque 33x24) : **FRF 18 000** – Paris, 18-19 mars 1996 : *Le déplacement du clan* ; *Trois caïds à cheval*, h/t, une paire (38x55) : **FRF 25 000**.

MOUTON Marguerite ou **Feugère-Mouton**. Voir **FEUGÈRE**

MOUTON Maurice
Né à Etuz (Haute-Saône). Mort vers 1812 à Besançon. XIXe siècle. Français.
Peintre de genre, portraitiste et pastelliste.
Élève de l'École de peinture de Besançon en 1783.

MOUTON Michel
Né à Mons. XVIIe siècle. Français.
Graveur au burin et orfèvre.
Il travailla à Lyon vers 1670. On cite de lui *Livre de dessins pour toute sorte d'ouvrage d'orfèvrerie*.

MOUTON Nicolas
XVIIIe siècle. Actif à Besançon en 1786. Français.
Sculpteur.

MOUTON Pierre Martin Désiré Eugène
Né au XIXe siècle à Marseille. XIXe siècle. Français.
Sculpteur et peintre.
Il débuta au Salon de Paris en 1874.

MOUTON Victor
Né en 1828 à Paris. XIXe siècle. Français.
Peintre de chevaux.
Il exposa au Salon de 1864 à 1880.

MOUTONI Antoine. Voir **MOUTON**

MOUTOUH Marcel
Né le 13 septembre 1930 à Nam-Dinh (Vietnam), De père français et de mère vietnamienne. XXe siècle. Français.
Peintre, peintre de compositions murales, scènes typiques, sculpteur.
Il est élevé au Viêt-nam. Pendant la guerre, il se réfugie au Cambodge puis au Laos. Autodidacte en matière artistique. De 1950 à 1953, il est affecté au service social de l'armée française en Indochine. Il a d'abord vécu une vingtaine d'années aux Nouvelles-Hébrides, puis s'est établi à Nouméa en Nouvelle-Calédonie.
Il participe à des expositions collectives : 1954, 1956, Salon des peintres amateurs d'Outre-mer, Paris ; 1956, Marseille, 1961, Honiara (Îles Solomons) ; 1963, Santo (Vanuatu) ; 1964, Salon des Indépendants, Port-Villa (Vanuatu) ; 1972, Suva (Îles Fidji) ; 1973, Premier Salon d'octobre, Nouméa (Nouvelle-Calédonie) ; 1974, Troisième Salon de Mai, Nouméa. Il montre ses œuvres dans des expositions personnelles : 1958, Sansto (Vanuatu) ; 1970, Manille (Philippines) ; 1970, Matsuya Ginza Gallery, Tokyo ; 1971, Sydney ; 1973, 1987, Nouméa (Nouvelle-Calédonie). Il a obtenu des distinctions dans des salons régionaux en France.
La peinture et la sculpture de Marcel Moutouh sont une évocation stylisée de la culture traditionnelle des civilisations du Pacifique, notamment mélanésienne : masques, danses, scènes typiques et objets traditionnels.

MOUTRIEUX Pierre
Né le 11 janvier 1824 à Mons. XIXe siècle. Belge.
Dessinateur de portraits.

MOUTTE Jean Joseph Marie Alphonse
Né le 4 mars 1840 à Marseille (Bouches-du-Rhône). Mort le 20 avril 1913 à Marseille. XIXe-XXe siècles. Français.
Peintre de scènes de genre, portraits, paysages, paysages d'eau, animaux, aquarelliste, dessinateur.
Il fut élève d'Émile Loubon à Marseille, puis d'Ernest Meissonnier. Il exposa, à Paris, à partir de 1869, au Salon, puis Salon des Artistes Français, dont il devint sociétaire en 1883. Il obtint diverses récompenses et distinctions : une médaille de troisième classe en 1881, une de deuxième classe en 1882, une médaille d'argent en 1889, une médaille de bronze en 1900, pour les Expositions Universelles. Il fut promu chevalier de la Légion d'honneur en 1893. Il fut directeur de l'École des Beaux-Arts de Marseille.

Alph^se^ Moutte

Musées : Aix-en-Provence (Mus. Granet) : *Entrée du port de Marseille* – Avignon (Mus. Calvet) : *Le retour du pêcheur* – Béziers : *La chevrière* – Digne : *À l'aurore* – *Temps gris* – *Les bords de la Marolarie* – Draguignan : *Tête de vieillard* – Marseille – Montpellier (Mus. Fabre) : *Pêcheurs catalans aux environs de Marseille* – Nantes (Mus. des Beaux-Arts) : *Chanson du fouet* – Nîmes.
Ventes Publiques : Paris, 8 mai 1900 : *La partie de boules aux Lecques de Saint-Cyr (Provence)* : **FRF 1 200** ; *La Seine à Poissy* : **FRF 170** – Marseille, 18 déc. 1948 : *Cheval à l'écurie*, aquar. : **FRF 4 000** ; *Tête d'homme*, pl. : **FRF 650**.

MOUTURIER Pierre Antoine Le. Voir **LE MOITURIER**

MOUVANT Henri
Né le 29 août 1926 à Lyon (Rhône). XXe siècle. Français.

Peintre, peintre de collages, peintre de décors de théâtre, illustrateur. Abstrait.

Issu d'une famille de dessinateurs et de peintres, à quatorze ans, il s'initie à la sérigraphie dans une entreprise appartenant à ses parents. Il fonde en 1969 à Lyon le « Grenier Royal », lieu pour les expositions et les rencontres.

Il participe à des expositions collectives, notamment au Salon de Lyon, dont il deviendra secrétaire de 1966 à 1972, puis, entre autres : 1956, Salon Confrontation, Lyon ; 1965, Museu de Arte, São Paulo ; 1969, *Groupe Paris-Lyon*, Musée d'Art Moderne de la Ville de Paris ; 1971, Peintres lyonnais du XIXe siècle à nos jours, Venissieux ; 1972, Musée de Toulon ; 1981, 1985, Salon d'Automne, Lyon ; 1982, *20 ans de l'Œil Écoute*, Espace lyonnais d'art contemporain, Lyon ; 1985, Musée Hebert, La Tronche. Il montre ses œuvres dans des expositions personnelles, parmi lesquelles : 1961, galerie de Bourgogne ; 1968, 1972, Maison de la culture, Orléans ; 1970, Maison de la culture, Saint-Étienne ; 1972, Château-musée, Annecy ; 1973, 1977, galerie L'Œil Écoute, Lyon ; 1981, Centre d'Action culturelle, avec Lovato, Mâcon ; 1984, galerie Galise Petersen, Thonon-les-Bains. Il obtint en 1961 le premier prix « Signatures » à Cannes. Il a illustré plusieurs œuvres de poètes : Verdonnet, Dugelay, Mic Bernard Gilles. Il a réalisé des décors de théâtre, notamment pour la pièce *Romeo et Juliette* au Théâtre de l'Odéon à Paris mise en scène par Marcel Maréchal, les décors et les costumes des *Musiciens* en 1971 au Centre national dramatique pour la jeunesse, ceux de *La Nuit des assassins* de José Triana au théâtre de Poche de Lyon en 1975.

Sa peinture est d'abord figurative, mais il aborde l'abstraction dans les années soixante en découvrant les œuvres de la dernière période de Turner et l'abstraction de Rothko. En 1970, il commence à utiliser le papier déchiré. « Un fond et des formes se déployant à partir du néant et portant en eux leur propre nécessité » pourrait qualifier la démarche de Henri Mouvant pour qui la peinture est avant tout picturalité.

Bibliogr. : Gérald Allain et Mic Bernard Gilles : *Déchirure du temps*, court métrage, 20 minutes.

Musées : Annecey (Mus. du Château) – Lyon (Mus. Saint-Pierre).

MOUWE Henri

XVIe siècle. Actif à Louvain de 1525 à 1528. Éc. flamande.

Sculpteur sur bois.

Mentionné comme auteur d'un grand calvaire, au cloître des Célestins, à Heverlé, près Louvain.

MOUWE Jean

XVe siècle. Actif à Louvain. Éc. flamande.

Sculpteur sur bois.

On cite de lui douze bas-reliefs pour l'annexe de l'Hôtel de Ville de Louvain.

MOUZYN Michiel. Voir **MOZYN**

MOVET A.

XIXe siècle. Français.

Peintre de genre.

Le Musée de Reims conserve de lui : *Satyre et Bacchante*.

MOWAT H. J.

XXe siècle. Américain.

Peintre, illustrateur.

Il fut membre du Salmagundi Club (New York).

MOWBRAY Henry Siddons

Né le 5 août 1858 à Alexandrie, de parents anglais. Mort en 1928. XIXe-XXe siècles. Américain.

Peintre de genre, figures.

Il fit ses études à Paris avec J. L. Gérome et L. Bonnat, puis s'installa aux États-Unis. Il décora de ses peintures des librairies, clubs et églises à New York et Washington.

Musées : Buffalo (Mus. des Beaux-Arts) : *Dame en noir* – Washington D. C. (Mus. Nat.) : *Heures de loisir*.

Ventes Publiques : New York, 27 oct. 1977 : *Lady in black* vers 1896, h/t (25,4x20,3) : **USD 3 000** – New York, 20 avr 1979 : *« Iridescence »*, h/t (40,6x56,5) : **USD 18 000** – Detroit, 21 nov. 1982 : *Deux femmes brunes assises*, h/t (35,5x45,7) : **USD 44 000** – New York, 29 mai 1987 : *Fleur de Luce*, h/t (55,8x18,4) : **USD 30 000** – New York, 1er déc. 1989 : *« Iridescence »*, h/t (40,6x55,8) : **USD 77 000** – New York, 10 mars 1993 : *Le mythe de Proserpine*, h. et peint. or/t., projet de plafond (61,6x121,9) : **USD 11 500** – New York, 9 mars 1996 : *Repos – la partie d'échecs*, h/t (30,3x35,2) : **USD 43 700**.

MOWBRAY-CLARKE John Frederick

Né le 4 août 1869 à la Jamaïque. XIXe-XXe siècles. Américain.

Sculpteur.

Il fut élève de l'École Lambeth à Londres. Il travailla à New York.

Musées : New York (Metropolitan Mus.).

MOWSON J.

XVIIIe-XIXe siècles. Actif de 1797 à 1808. Britannique.

Peintre d'histoire.

MOY

XVIIe-XVIIIe siècles. Actif de 1690 à 1740. Hollandais.

Paysagiste.

Il travailla en Angleterre et en Irlande.

MOY Josephus

XVIIIe siècle. Allemand.

Peintre.

Il a exécuté une *Nativité* sur le plafond du chœur de l'église de Mögling en Bavière.

MOY Maurice

Né le 5 juillet 1883 à Rennes (Ille-et-Villaine). XXe siècle. Français.

Peintre.

Il a exposé, à Paris, aux Salons des Artistes Français, dont il fut sociétaire, et des Indépendants, à partir de 1922.

MOY Michel

Né le 23 janvier 1932 à Luçon (Vendée). XXe siècle. Français.

Peintre. Tendance abstrait-lyrique.

Universitaire en lettres, réalisateur de films (*L'Homme au labyrinthe* et *Charles Estienne à l'horizon du vent*), homme de radio, il a publié quelques textes poétiques, notamment *Le Nouveau Paysage* en 1981 avec Kenneth White.

Il participe à des expositions de groupe, dont : 1953, 1959, 1964, Salon des Surindépendants, Paris ; 1964, Salon des Indépendants, Paris ; 1965, Salon de la Jeune Peinture, Paris ; 1966, 1972, Salon des Grands et Jeunes d'Aujourd'hui, Paris ; 1979, *Le Tondo de Monet à nos jours*, Musée des Sables d'Olonne ; 1990, *New Art, from the Mediterranean and Japan*, Toyama, Musée. Il montre ses œuvres dans des expositions personnelles, parmi lesquelles : 1957, Letchworth Museum ; 1960, *Sketches from the two cities*, Édimbourg ; 1963, Institut français, Londres ; 1968, galerie 9, Paris ; 1971, *Japon et toiles écrues*, Musée des Sables d'Olonne et Musée de la Rochelle ; 1971, galerie Argos, Nantes ; 1971, *Hommage à Rabelais*, Abbaye de Maillezais ; 1972, Musée de Pau et Centre culturel de Toulouse ; 1977, *Carnets photographiques d'un peintre abstrait*, Musée des Arts Décoratifs, Nantes ; 1982, *Tondi et Sinopiae*, La Rochelle ; 1985, *Grandes Océanes*, Maison de la culture, La Rochelle ; 1989, *Toiles à l'ocre*, Port Saint-Louis ; 1991, *L'Atelier du Gard*, Musée de Beaucaire ; 1991, *Période de Séguret*, Grignan ; 1991, *Période gionienne*, Barbentane ; 1992, *Itinéraire baroque*, Musée de l'outil et de la pensée ouvrière, Troyes ; 1993, *Retour à la figure*, Institut français, Tessalonique. Il a obtenu le prix Fénéon en 1967.

Il eut d'abord une période figurative, inspirée par le paysage de Haute-Provence. Depuis 1964, la peinture de Michel Moy relève d'une abstraction qu'on pourrait, par commodité, qualifier de lyrique ou d'informelle, bien que encore rattachée aux paysages successivement du Gard, puis de l'océan de son enfance. Elle est tout à la fois sobre, peinte avec des terres d'ocre, vivante en général sur de grands formats, et sensuelle, se fondant sur une phénoménologie de la vision. Il travaille par séries : *Période gionienne*, 1955-1967 ; *Japons et toiles écrues*, 1967-1970 ; *Hommage à Rabelais ou le dégel des signes* ; *Tondi et sinopiae*, 1970-1980 ; *Les Yeuses* ; *Grandes et petites océanes*, 1980-1987 ; puis, lors d'un séjour à Thessalonique, retour à la figure avec *Noli me tangere : Marie-Madeleine et autres méduses*, 1993. Ainsi que l'écrit Kenneth White : « Michel Moy est tout entier dans ce qui l'inspire, dans ce qu'il respire. C'est le peintre de la présence absolue. »

Bibliogr. : Jean Lescure : *Japons et toiles écrues*, texte de présentation pour le Musée des Sables d'Olonne, 1971 – Jean Lescure : *Carnets photographiques d'un peintre abstrait*, texte de présentation pour le Musée des Arts Décoratifs, Nantes, 1977 – Philippe Comte, in : *Opus International* n° 85, août 1985, Paris – Kenneth White : *Une peinture océanique*, Catalogue de l'exposition, Maison de la culture, La Rochelle, 1985 – Michel Ragon, in : *L'Art Abstrait*, tome 5, Maeght, Paris, 1988 – Kenneth White : *Une peinture du présent absolu*, catalogue de l'exposition, La Rochelle, 1987.

Musées : Letchworth – Paris (FNAC) – Pau (Mus. des Beaux-Arts) – Les Sables-d'Olonne (Mus. de l'Abbaye Sainte-Croix) – Toyama – Villeneuve-d'Ascq.

MOYA
xvie siècle. Espagnol.
Sculpteur.
Il sculpta de 1526 à 1529 un modèle perdu du maître-autel exécuté par Jorge Fernandez à la cathédrale de Séville.

MOYA Francisco
xviiie siècle. Espagnol.
Sculpteur.
Il a sculpté le tabernacle du maître-autel de la cathédrale de Teruel. On lui attribue les autels de l'église des Jésuites de cette ville.

MOYA Francisco
xviiie siècle. Espagnol.
Sculpteur.
Il soumit en 1735 à l'Académie S. Fernando de Madrid un bas-relief *(Le massacre des Innocents)*. Probablement identique au précédent.

MOYA Frédéric ou **Federico**. Voir **MOIA Frederico**

MOYA Nicolas de
xviiie siècle. Espagnol.
Sculpteur.
Il exécuta des autels latéraux dans la cathédrale de Grenade.

MOYA Pedro de
Né en 1610 à Grenade. Mort en 1674 ou 1666 à Grenade. xviie siècle. Espagnol.
Peintre d'histoire, portraits.
Il fut élève de J. del Castillo, ayant pour condisciples Alonzo Cano et Murillo. Il se fit soldat et partit pour les Flandres afin de voir les œuvres de Rubens et de Van Dyck. Les œuvres de ce dernier maître l'enthousiasmèrent au point qu'il partit pour Londres afin de l'y rencontrer. Il devint l'élève de l'illustre maître, mais la mort de Van Dyck six mois après priva le jeune Espagnol de ses précieuses leçons. De retour en Espagne, Moya retrouva son ami Murillo qui, frappé de ses progrès, profita de ses conseils. Moya, dans la suite, se fixa à Grenade, où il peignit plusieurs tableaux pour les églises de la ville, notamment une *Conception*, dans l'église de Nuestra Senora de Gracia ; à la cathédrale, *La Vierge et l'Enfant Jésus* et *un évêque* ; au couvent de la Trinité, *La légende de saint Jean de Mata* ; à San Agostino, *Saint Alyprus adorant la Vierge*. On lui avait attribué six tableaux de l'*Histoire de Joseph* (Prado), maintenant restitués à Antonio del Castillo.
Musées : Aix-la-Chapelle : *Saint Sébastien* – Béziers : *Saint François d'Assise* – Bordeaux : *Portrait d'un peintre* – Grenade : *La Vierge et l'Enfant couronnant sainte Madeleine de Pazzi* – Munich : *Jeune bohémienne disant la bonne aventure à un cavalier – Cavalier et dame jouant aux cartes* – Saint-Pétersbourg (Mus. de l'Ermitage) : *La Vierge* – Tours : *L'ex-voto*.
Ventes Publiques : Paris, 1843 : *Sainte Famille* : **FRF 460** ; *Ecce homo* : **FRF 245** – Paris, 1879 : *Christ en croix* : **FRF 600** – Paris, 1881 : *La Vierge et l'Enfant Jésus* : **FRF 525** – Paris, 26 et 27 mars 1920 : *Le pillage du couvent* : **FRF 3 000** – Londres, 27 avr. 1934 : *Un joaillier hollandais, Buchardt* : **GBP 21** – Londres, 12 juil. 1946 : *Portrait de femme* : **GBP 525**.

MOYA DEL PINO José
Né le 3 mars 1891 à Priego (Cordoue). xxe siècle. Vers 1930 actif aussi en Amérique. Espagnol.
Peintre de figures, portraits, illustrateur, dessinateur.
Il fut élève de l'École spéciale de peinture de Madrid puis de l'École des Beaux-Arts de Kensington à Londres. En 1912, il poursuivit, grâce à une bourse, ses études en France, Allemagne et Angleterre. Il fut membre de l'Art Association de San Francisco (Californie),
Il participa à l'Exposition nationale de Madrid en 1910 avec un portrait. Il obtint une médaille d'argent pour le paysage à Grenade en 1910, une médaille de bronze à Madrid en 1912, un premier prix à l'Exposition de Sacramento en 1933, un troisième prix à l'Exposition d'Oakland en 1933 et le premier prix en 1937. Il fut professeur à l'École des Beaux-Arts de Californie. Il devint professeur de dessin à l'École spéciale de peinture de Madrid.
Portraitiste des grands personnages, tels le roi Alphonse XIII ou le duc d'Albe, il est aussi l'auteur d'illustrations pour des œuvres d'écrivains espagnols.
Bibliogr. : In : *Cien anos de pintura en Espana y Portugal, 1830-1930* t. VI, Antiqvaria, Madrid, 1991.

MOYA Y CALVO Victor
Né le 12 décembre 1884 à Barcelone (Catalogne). Mort le 21 juillet 1972. xxe siècle. Espagnol.
Peintre de figures, portraits, illustrateur.
Il fut élève à l'École d'art San Carlos à Valence puis sous la direction de José Mongrell. En 1912, il obtint une bourse pour aller étudier à Rome. En 1914, il retourna à Valence, séjourna à Paris, puis de nouveau repartit pour Valence en 1916. Il collabora en tant qu'illustrateur à la publication *El Cuento del Dumenche*.
Il a obtenu les deux premières médailles, portrait et le paysage, à l'Exposition régionale de Valence en 1909. Il participa à plusieurs autres expositions collectives, principalement à Valence. Il montra ses œuvres dans une exposition personnelle en 1919 à la galerie Layetanas à Valence. En 1944, il est l'invité d'honneur du Salon d'Automne de Madrid.
Miniaturiste confirmé, dans la descendance du peintre Sorolla, Moya y Calvo se spécialisa dans le portrait peint de manière traditionnelle relevant en cela de la peinture catalane néoclassique des années quarante.
Bibliogr. : In : *Cien anos de pintura en Espana y Portugal, 1830-1930* t. VI, Antiqvaria, Madrid, 1991.
Musées : Barcelone – Valence (Mus. des Beaux-Arts) : *Portrait de ma mère* 1937.
Ventes Publiques : Londres, 23 nov. 1988 : *Amoureuse* 1939, h/t (90x75) : **GBP 1 100** – Londres, 17 fév. 1989 : *Beautés espagnoles* 1955, h/t (86x66) : **GBP 4 400** – Londres, 14 fév. 1990 : *La lettre d'amour* 1928, h/t (80x90) : **GBP 6 600**.

MOYAERT Nicolaes Cornelisz. Voir **MOEYART Nicolaes Cornelisz**

MOYANO Antonio Valeriano
Mort le 15 mai 1772 à Cadix. xviiie siècle. Espagnol.
Sculpteur.
Il fit ses études à Madrid et y devint professeur à l'Académie S. Fernando. Ses œuvres se trouvent à Cadix et à Grenade.

MOYANO Louis
Né en 1907 à Liège. xxe siècle. Belge.
Peintre, graveur. Surréaliste.
Il a été élève à l'Académie des Beaux-Arts de Liège. Il a pris pour sujet de prédilection le corps féminin.
Bibliogr. : In : *Dictionnaire biographique illustré des artistes en Belgique depuis 1830*, Arto, Bruxelles, 1987.
Musées : Bruxelles (Cab. des Estampes) – Liège (Cab. des Estampes) – Liège – Paris.

MOYAUX Constant
Né le 15 juin 1835 à Anzin (Nord). Mort le 11 octobre 1911 à Paris. xixe-xxe siècles. Français.
Architecte et aquarelliste.
Prix de Rome en 1861, officier de la Légion d'honneur, membre de l'Institut. Le Musée de Valenciennes conserve trois aquarelles de lui.
Ventes Publiques : Paris, 6 juil. 1951 : *La Roubelle à Valenciennes*, aquar. : **FRF 2 400**.

MOYE Paul
Né le 24 août 1877. Mort le 2 septembre 1926. xxe siècle. Allemand.
Sculpteur.
Il fut élève de Robert Diez.
Musées : Dresde (Albertinum Mus.) : *Lanceur de pierres* – Dresde (min. de l'Intérieur) : *Après le péché*.

MOYENNEVILLE Jérôme de
Né au xve siècle à Hesdin. xve siècle. Français.
Sculpteur, ciseleur et architecte.
Il travailla à Valenciennes en 1475.

MOYER P.
xviie siècle. Actif en 1631. Allemand.
Dessinateur.

MOYLE Francesco da ou **Moile** ou **Moyllus** ou **Movule de' Boccalari** ou **de Bochalariis**
Mort avant 1457. xve siècle. Actif à Parme. Italien.
Enlumineur.
Il enlumina en 1447 un missel pour le chanoine Oddi.

MOYLE Francino da ou **Moile** ou **Moyllus** ou **Moyule de'Boccalari** ou **de Bochalariis**
Mort avant 1525. xvie siècle. Actif à Parme. Italien.
Enlumineur.
Il enlumina dans le psautier de l'église Saint-Jean l'Évangéliste de Parme deux initiales avec un fond de paysages.

MOYNAN Richard Thomas
Né le 27 avril 1856 à Dublin. Mort le 10 avril 1906 à Dublin. xixe siècle. Irlandais.

Peintre de genre, portraits, aquarelliste.
Il fit ses études à Dublin, à Anvers chez Verlat et à Paris chez Collin, Courtois, Robert-Fleury et Bouguereau.
Ventes Publiques : Slane Castle (Irlande), 25 juin 1979 : *The fishergirl* 1895, h/t (101,5x61,5) : **GBP 1 400** – Londres, 15 mars 1985 : *An invitation to go haymaking* 1899, h/t (50,8x76,2) : **GBP 20 000** – Londres, 11 nov. 1987 : *Killiney strand* 1894, h/t (51x75) : **GBP 15 000** – Dublin, 24 oct. 1988 : *Trop fatigué* 1898, h/t (61x101,6) : **IEP 12 100** – Belfast, 30 mai 1990 : *Portrait de jeune fille*, aquar. (17,8x12,7) : **GBP 462** – Londres, 3 juin 1992 : *La petite marchande de fleurs* 1895, h/t (101x61) : **GBP 4 950** – Londres, 3 nov. 1993 : *Le dernier homme du 24e Régiment, Isandula (1879)* 1883, h/t (127x101,5) : **GBP 25 300** – Londres, 9 mai 1996 : *Le retour des soldats* 1883, h/t (61x45,7) : **GBP 6 900**.

MOYNARD Roland. Voir **MOENAERT**

MOYNEAU
XVIIIe siècle. Actif à Paris. Français.
Sculpteur.
Il a été assistant de J.-B. Lemoyne pour l'exécution du monument commémoratif de Louis XV à Rennes.

MOYNEAU Charles
Mort le 14 décembre 1659. XVIIe siècle. Actif à Nantes. Français.
Peintre.

MOYNET Jean-Pierre
Né en avril 1819 à Paris. Mort en 1876 à Paris. XIXe siècle. Français.
Peintre de scènes de genre, architectures, paysages, décorateur, lithographe.
Il fut élève de Léon Cogniet et de Julien Gué. En 1858, il accompagna Alexandre Dumas père en Russie. Il figura au Salon de Paris, de 1848 à 1874.
Il ramena de son séjour en Russie des dessins pleins de vie et de pittoresque qui furent reproduits pour la première fois dans *Voyage en Russie* d'A. Dumas (édition critique établie par Jacques Suffel, Paris, 1960). Il peignit aussi des vues prises en Asie. Il travailla beaucoup pour le théâtre et brossa de nombreux décors pour l'Opéra-Comique, ainsi que pour l'éphémère Théâtre Historique, fondé par A. Dumas.
Ventes Publiques : Paris, 24 nov. 1975 : *L'Évasion du harem*, h/t (98x131) : **FRF 7 500**.

MOYNIER Auguste
Né vers 1815. Mort à Gênes (Ligurie). XIXe siècle. Français.
Peintre d'histoire, portraits, paysages.
Il fut élève de Delacroix, puis de Léon Cogniet. Il exposa au Salon de Paris, de 1839 à 1845.
Ventes Publiques : Paris, 30 jan. 1970 : *Vue de Meudon* 1884, h/cart. (33x59) : **FRF 550**.

MOYNIER Auguste Louis Denis
Né en 1820 à Paris. Mort en 1891. XIXe siècle. Français.
Peintre de paysages, paysages d'eau.
Il fut élève de Théodule Ribot et d'Ulysse Butin. Il exposa au Salon de Paris.
Il peignit de nombreuses vues des côtes de la Normandie et des bords de l'Oise.
Musées : Pontoise.
Ventes Publiques : Berne, 12 mai 1990 : *Paysage avec un lac près d'une cité*, h/t (22x35) : **CHF 2 000**.

MOYNIHAN Frederick
Né vers 1843 à l'île de Guernesey. Mort le 9 janvier 1910 à New York. XIXe-XXe siècles. Américain.
Sculpteur.
Il sculpta sur le Monument de l'État de Georgie dans le parc de Chickamauga la statue d'un fantassin de l'armée des Confédérés.

MOYNIHAN Rodrigo
Né en 1910 à Ténériffe (îles Canaries). XXe siècle. Actif depuis 1918 en Angleterre et en France. Espagnol.
Peintre.
Il fit ses études à Rome et à la Slade School de Londres. Il s'est fixé en France, en 1956. Il devint professeur au Royal College of Art et membre de l'Académie Royale.
Il a montré ses œuvres dans des expositions personnelles, notamment à Londres.
Vers 1930, il frôla l'abstraction informelle. Il poursuivit ensuite une carrière de portraitiste traditionnel, puis, en France, revint d'une façon plus déterminée à l'abstraction informelle.
Bibliogr. : B. Dorival, sous la direction de... : *Peintres contemporains*, Mazenod, Paris, 1964.
Musées : Londres (Tate Gal.).
Ventes Publiques : Londres, 24 juil. 1985 : *Autoportrait*, h/t (35,5x28) : **GBP 3 500** – Londres, 9 nov. 1990 : *Peinture horizontale*, h/t (41x51) : **GBP 3 520** – Londres, 26 oct. 1994 : *Flânerie* 1947, h/t (46x61) : **GBP 1 955** – Londres, 25 oct. 1995 : *Nature morte à la fleur en pot*, h/t (55,2x70,5) : **GBP 2 530**.

MOYREAU Jean
Né le 16 janvier 1690 à Orléans. Mort le 26 octobre 1762 à Paris. XVIIIe siècle. Français.
Graveur au burin.
Élève de Bon, de Boullogne. Il grava des sujets religieux, des paysages et des sujets de genre, d'après Watteau, Phil. Wouwerman, etc. Le 29 décembre 1736, il fut reçu académicien. Il figura au Salon de 1737 à 1761.

MOYS Antoine ou **Moise**
Né au XVIe siècle à Anvers. XVIe siècle. Éc. flamande.
Sculpteur sur bois.
Il travailla en Italie et exécuta des sculptures dans la cathédrale d'Ascoli Piceno. La Pinacothèque de cette ville conserve de lui un écrin avec figurines.

MOYSE Edouard
Né le 12 novembre 1827 à Nancy (Meurthe-et-Moselle). XIXe siècle. Français.
Peintre de genre et portraitiste.
Élève de Drolling. Il débuta au Salon de Paris de 1850 avec des portraits et des sujets de genre, israélites pour la plupart ; médaille de deuxième classe en 1882.
Musées : Louviers : *Hérétiques devant le tribunal de l'Inquisition établi à Séville en 1481* – Nancy : *La leçon de Talmud* – Nantes : *Le joueur de billes* – Toul : *Un point de jurisprudence – Tête de moine*.
Ventes Publiques : Paris, 27 nov. 1923 : *Portrait d'homme assis*, cr. : **FRF 505** – Paris, 23 et 24 mai 1927 : *Conversation entre rabbins* : **FRF 300**.

MOYSENC Louis
XVIe siècle. Actif à Grenoble. Français.
Peintre.
Cité en 1527.

MOYSES. Voir **MOSES**

MOYSIS Costanzo de ou **Moises** ou **Moisis**
XVe siècle. Actif à Venise dans la seconde moitié du XVe siècle. Italien.
Peintre.
Il travailla à Naples de 1483 à 1492, en partie comme assistant de Quartararo et de Carluccio da Padova. Peut-être identique à Costanzo Lombardo. On lui attribue au Musée de Naples, *Madone avec saint Pierre et saint Paul*.

MOYSSES. Voir **MOSES**

MOZANI Giuliano ou **Moggiani**
Né à Carrare. Mort en 1734 à Parme. XVIIIe siècle. Italien.
Architecte et sculpteur.
Il était au service de la famille Farnèse et exécuta le maître-autel à San Vitale de Parme ainsi que plusieurs autres autels, statues et bustes à Parme et à Plaisance.

MOZART Anton
Né en 1573. Mort le 13 mai 1625. XVIe-XVIIe siècles. Allemand.
Miniaturiste, peintre de paysages et de figures.
En 1612, il exécuta une miniature de l'*Adoration des Mages*, ainsi qu'une autre de la *Multiplication des pains*, pour l'album de Philippe II, duc de Stettin, et de Poméranie. Les Musées d'Augsbourg, de Bâle, de Berlin et de Stuttgart possèdent des miniatures et des portraits de cet artiste.

Ventes Publiques : Paris, 21 et 22 fév. 1919 : *Sujet allégorique*, encre de Chine et sépia : **FRF 95** – Londres, 27 nov. 1970 : *Paysage fantastique* : **GNS 2 800** – Monte-Carlo, 26 juin 1983 : *Scènes mythologiques dans des ruines romaines*, h/cuivre, deux pendants (27x36) : **FRF 60 000** – Londres, 9 avr. 1986 : *Peinture anthropométrique : paysage fantastique en forme de tête d'homme*, h/pan. (21,5x30,5) : **GBP 7 200**.

MOZART Franz
XVIIe-XVIIIe siècles. Allemand.
Sculpteur sur bois.
Il a exécuté les sculptures du maître-autel et des stalles de l'église de Straubing et le maître-autel de l'église de Deggendorf.

MOZART Johann Nepomuk
XVIIIe siècle. Actif à Augsbourg à la fin du XVIIIe siècle. Allemand.
Peintre de compositions murales.
Élève de Jos. Huber. Il exécuta les peintures sur la façade de la maison Kirchgasse A 150 à Augsbourg.

MOZERT N.
XVIIIe siècle. Allemand.
Peintre.
Il a peint le tableau d'autel à Schwabhausen (Bavière).

MOZET Joseph
Né en 1826 à Gessertshausen. Mort le 28 décembre 1891 à Ambach. XIXe siècle. Allemand.
Peintre de genre.
Professeur et conservateur à l'École des Hautes-Études de Munich. Il a exposé à partir de 1854 à Munich.

MOZETTO Girolamo. Voir **MOCETTO**

MOZIER Joseph
Né en 1812 à Burlington (États-Unis). Mort le 13 mai 1870 ou 1876. XIXe-XXe siècles. Américain.
Sculpteur.
Il s'établit à Rome en 1848.
MUSÉES : PHILADELPHIE (Mus. des Beaux-Arts) : *L'Enfant Prodigue* – WASHINGTON D. C. (Mus. Nat.) : *Le Penseur.*
VENTES PUBLIQUES : NEW YORK, 17 oct. 1980 : *The White Lady of Avenel* 1869, marbre blanc (H. 129,5) : **USD 6 000** – NEW YORK, 3 juin 1983 : *Allégorie* 1850, marbre blanc (H. 57,2) : **USD 1 300** – NEW YORK, 14 nov. 1991 : *Buste de femme* 1847, marbre blanc (H. 75) : **USD 2 420** – NEW YORK, 23 mai 1996 : *Fillette cueillant une fleur* 1865, marbre (H. 77,5) : **USD 51 750** – NEW YORK, 4 déc. 1996 : *Les Pleurs de Wish-Ton-Wish* 1865, marbre (H. 132) : **USD 32 200** – NEW YORK, 6 juin 1997 : *La Dame blanche de Avenel* 1866, marbre (H. 139,7) : **USD 31 050.**

MOZIN
Né à Neuchâtel. XIXe siècle. Suisse.
Paysagiste.
Il peignit surtout des aquarelles.

MOZIN Charles Louis
Né en 1806 à Paris. Mort le 7 novembre 1862 à Trouville (Calvados). XIXe siècle. Français.
Peintre d'histoire, paysages, marines, graveur, lithographe.
Élève de Xavier Leprince, il figura au Salon de Paris de 1824 à 1861, obtenant une médaille de deuxième classe en 1831 et une médaille de première classe en 1837.
La Ville de Trouville a organisé, en 1963, une exposition consacrée au thème : *Charles Mozin, Paul Huet et les peintres découvreurs de Trouville.*
Il se spécialisa dans les marines et sut traduire l'atmosphère du littoral normand. Ses œuvres se rattachent généralement au XVIIIe siècle dont il s'inspire avec une verve candide et un penchant pour l'anecdote ; il lui arrive aussi d'annoncer Boudin et le préimpressionnisme. Plus que tout autre, il contribua à la découverte de Trouville dont il fit son pays d'adoption et qu'il fit connaître par ses toiles. Coloriste parfois malhabile, Mozin fut un dessinateur sans faiblesse, ce qui l'orienta vers la lithographie : il consacra à Trouville et à ses environs une centaine de gravures. En plus de cette illustration de la plage normande, il commença une série de tableaux sur les ports de France ; sa santé fragile, puis sa mort prématurée ne lui permirent pas de mener à bien cette entreprise dont seules quelques pièces furent exécutées.

C. Mozin
C. Mozin

BIBLIOGR. : Jean Chenneboist et Henri Hamel : *Trouville et Deauville vus par Charles Mozin, album iconographique*, 1962.
MUSÉES : AMIENS : *Naufrage de la « Reliance »* – CALAIS : *Marine* – COURTRAI : *Marine* – LE HAVRE : *Louis XVI se rendant à Cherbourg – Le port de Honfleur* – PARIS (Mus. Carnavalet) : *Le quai Saint-Paul* – ROUEN : *Sortie du port de Honfleur – Entrée du port de Trouville – Vue générale du port de Rouen* – TOULOUSE : *Marine* – TROUVILLE : *La plage de Trouville par grande marée* – VERSAILLES : *Combat d'Aldenboven – Combat de Moueroen – Prise de l'île Bommel – La cavalerie française prend la flotte batave arrêtée par les glaces dans les eaux du Texel* – VERSAILLES (Trianon) : *Bassin de Sainte-Catherine à Bruxelles.*
VENTES PUBLIQUES : PARIS, 21 déc. 1927 : *La place de l'Hôtel de Ville à Arras*, cr. noir : **FRF 140** – PARIS, 27 mars 1942 : *Patinage en Hollande* : **FRF 2 400** – PARIS, 2 déc. 1946 : *Vue d'un port animé de pêcheurs*, aquar. : **FRF 3 200** – PARIS, 6 juil. 1951 : *L'arrivée de la reine d'Angleterre, port de Boulogne (18 août 1855)* : **FRF 26 000** – PARIS, 7 juin 1955 : *Le pont rouge*, aquar. : **FRF 45 000** – HONFLEUR, 2 nov. 1969 : *En bordure de La Touques* : **FRF 3 700** – VERSAILLES, 17 juin 1973 : *Arrivée des pêcheurs à Trouville – Départ pour la pêche*, deux h/t : **FRF 8 000** – LONDRES, 11 fév. 1976 : *Scène de canal*, h/pan. (36x46,5) : **GBP 720** – VERSAILLES, 14 oct 1979 : *Les Voiliers en haute mer*, h/t (36x52) : **FRF 13 000** – PARIS, 18 mars 1981 : *Le Port à marée basse* vers 1848, h/t (70x100) : **FRF 38 000** – PARIS, 24 oct. 1984 : *Vue du port*, h/pan. (25,5x36) : **FRF 13 100** – PARIS, 15 fév. 1985 : *Paysage de Hollande : les petits pêcheurs à la mare*, h/t (43x65) : **FRF 32 000** – PARIS, 12 juin 1988 : *L'attente du retour* 1844, h/t (68x101) : **FRF 80 000** – REIMS, 11 juin 1989 : *Bateaux marchands à l'entrée de l'estuaire*, h/t (55x73) : **FRF 39 000** – VERSAILLES, 18 mars 1990 : *L'assaut* 1850, h/cart. (27x40,5) : **FRF 27 000** – PARIS, 18 mai 1990 : *Voiliers dans un port*, h/cart. (41x32,5) : **FRF 31 000** – MONACO, 16 juin 1990 : *Plage normande*, h/t (27x20,5) : **FRF 16 650** – PARIS, 6 déc. 1990 : *Brick échoué vu par l'avant babord*, cr. noir (26x37) : **FRF 6 000** – CALAIS, 9 déc. 1990 : *Plage animée à marée basse*, h/t (25x36) : **FRF 21 000** – PARIS, 14 juin 1991 : *Le débarcadère*, h/pan. (26x36) : **FRF 38 000** – PARIS, 29 avr. 1994 : *Bateau échoué devant les falaises*, h/t (100x81) : **FRF 40 000.**

MÖZINGER Valentin. Voir **METZINGER**

MOZYN Michiel ou **Mouzyn** ou **Mosyn** ou **Mousyn** ou **Myzyn**
Né vers 1630 à Amsterdam. XVIIe siècle. Hollandais.
Peintre et graveur au burin.
Il grava des sujets de genre, des sujets allégoriques et mythologiques ainsi que des portraits, d'après P. Poelenburg, A. Bakker, Holstein I. Van de Velde, Lievens, etc.

MOZZANEGA Agostino da
XVIe siècle. Italien.
Peintre.
Il travailla en 1527 sous la direction de Giulio Romano dans le Palais del Te à Mantoue.

MOZZETTI Francesco
XVIIe siècle. Italien.
Sculpteur.
Il a sculpté dans la cathédrale de Naples le tombeau du cardinal Ascanio Filomarino, des autels et des tombeaux dans d'autres églises de Naples.

MOZZETTI Giovanni
Né en 1598 à Massa Carrara. XVIIe siècle. Italien.
Sculpteur.
Il s'établit à Naples en 1624. Il sculpta des décorations des bas-reliefs, des autels des tabernacles et des balustrades dans de nombreuses églises de Naples.

MOZZETTI Giuseppe
XVIIe siècle. Italien.
Sculpteur.
Fils de Pietro Mozzetti. Il fut en 1680 maître de la corporation des sculpteurs. Il a sculpté en collaboration avec son père le maître-autel dans l'église Carmine Magg. et la balustrade de l'église de l'Assomption d'Aversa.

MOZZETTI Pietro
XVIIe siècle. Italien.
Sculpteur.
Père de Giuseppe Mozzetti. Il sculpta en collaboration avec son fils Giuseppe le maître-autel dans l'église de Carmine Magg. à Naples.

MOZZETTO Girolamo. Voir **MOCETTO**

MOZZI Stefano Mozzi Scolari. Voir **SCOLARI**

MOZZICONACCI Ange

Né le 22 juin 1939 à Ajaccio (Corse). XXe siècle. Français.

Peintre de paysages urbains. Hyperréaliste.

Il s'est formé auprès de Bernard Buffet. Il participe à des expositions collectives, principalement à Paris : Salon d'Automne, Salon des Indépendants, Salon des Artistes Français dont il est sociétaire, Salon de la Société Nationale des Beaux-Arts, Salon Comparaisons (avec le groupe hyperréaliste). Il montre ses œuvres dans des expositions particulières, parmi lesquelles : 1978, galerie Laurens, Paris ; 1983, 1984, 1986, 1987, galerie Présence, Bruxelles ; 1984, La Galerie, Londres ; 1993, galerie Arpé. Il a obtenu une médaille d'argent au Salon des Artistes Français en 1981 et un prix au Salon international d'art contemporain de Monte-Carlo.

Il peint les vues de Paris et de Venise, en particulier leurs vieux quartiers typiques.

MOZZILLO Angelo

XVIIIe-XIXe siècles. Actif à Naples de 1777 à 1805. Italien.

Peintre.

Élève de Giuseppe Bonito. Il décora de ses peintures de nombreuses églises de Naples et de ses environs.

MOZZINA Pietro

XVIIe siècle. Actif en 1670. Italien.

Peintre.

Élève de L. Scaramuccia.

MOZZO d'Anvers. Voir **LECKERBETIEN Vincenz**

MRAZ Franjo

Né en 1910 à Hlebine (Croatie). XXe siècle. Yougoslave-Croate.

Peintre. Naïf.

D'une famille de petits paysans, il travaillait aux champs, dès l'âge de treize ans, dessinant les animaux et les hommes de son entourage. Hlebine n'étant pas un village comme les autres, en 1930, il fut remarqué par le peintre Krsto Hegedusie, qui le présenta au célèbre peintre naïf, fondateur de l'école de Hlebine, Ivan Generalic, et tous deux l'introduisirent, en 1931, dans le groupe *Terre*. Il décida ensuite de quitter l'école des peintres-paysans de Hlebine, étudia à l'École des Beaux-Arts et se fixa à Belgrade, pour y vivre en peintre professionnel. En 1935-1936, il put montrer ses peintures à Zagreb.

Les peintures de cette époque, souvent des fixés sous verre, font montre d'un don d'observation vif et charmant, traduit dans une palette délicate et douce. Installé en peintre professionnel, ayant acquis du savoir-faire, il perdit la fraîcheur de son époque naïve.

BIBLIOGR. : Oto Bihalji-Merin : *Les Peintres naïfs*, Delpire, Paris, s. d.

MRKOS Wenzel

XVIIIe-XIXe siècles. Actif en Bohême de 1790 à 1802. Tchécoslovaque.

Dessinateur de vues.

MRKVICKA Jan V. ou **Mrkvitchka**

Né le 24 avril 1856 à Vidin. XIXe-XXe siècles. Bulgare.

Peintre de genre et d'histoire et portraitiste.

Élève de Lhota à Prague et de Seitz à Munich. Il fut directeur de l'École des Beaux-Arts de Sofia en 1906. Le Musée National de Sofia conserve de lui *Camp de bohémiens*. Bien que d'origine tchèque on peut le considérer comme le peintre national de la Bulgarie. S'essaya dans presque tous les genres. Peignit avec prédilection les scènes de la vie populaire.

VENTES PUBLIQUES : PARIS, 18-21 déc. 1918 : *Moujik* : **FRF 50**.

MRNIAK Josef ou **Mrnak**

Né en 1795 à Prague. XIXe siècle. Tchécoslovaque.

Peintre d'histoire.

Élève de Jos. Bergler.

MROCZKOVSKY Alexandre

Né le 25 novembre 1850 à Cracovie. XIXe siècle. Polonais.

Peintre.

Il fit ses études à Cracovie avec Szynalevsky, Dembovsky et Lonszczkievitch. En 1873, il travailla avec Alexandre Wagner et Otto Seitz à Munich. En 1877, il se rendit à Cracovie et durant trois ans, il travailla à l'École de composition de Mateiko. Le Musée de Cracovie conserve de lui : *Un paysage* et *Intérieur d'église*.

MROZEWSKI Stefan

XXe siècle. Polonais.

Peintre, graveur, illustrateur.

Il travailla en Pologne. Il illustra, en 1929, *Le Roi au masque d'or* de M. Schwob.

MRZYGLOD Lukas

Né le 17 juillet 1884 à Gr. Patschin. XXe siècle. Polonais.

Peintre d'histoire, paysages, compositions murales.

Il fut élève de Jul. Waldowski et d'Ed. Kaempffer. Il se fit franciscain. Il décora de ses peintures les couvents des françiscains de Neisse et de Carlovitz.

MUAULT

XVIIIe siècle. Actif dans la seconde moitié du XVIIIe siècle. Français.

Peintre de fleurs et miniaturiste.

MUBIN Orhon

Né en 1924 à Istanbul. XXe siècle. Actif depuis 1948 en France. Turc.

Peintre.

Diplômé en sciences politiques de l'Université d'Ankara, il vint à Paris en 1948, pour poursuivre ses études, obtenant un diplôme d'études supérieures en sciences économiques en 1949. Dès cette année 1949, il avait suivi les cours de dessin de l'Académie de la Grande Chaumière à Paris.

En 1950, il participa pour la première fois à une exposition de groupe à la Cité universitaire. Depuis, il a figuré dans de nombreuses expositions collectives, notamment, à Paris, aux Salons des Réalités Nouvelles de 1953 à 1956, de Mai, Comparaisons, à Saint-Paul-de-Vence, Bruxelles, Rome, New York, etc.

Après avoir adhéré avec rigueur à l'esthétique de l'abstraction géométrique, il se trouva mieux dans les jeux subtils de la lumière et de la matière, caractéristiques du courant de l'abstraction informelle en ce qu'il garde un lien avec les séries de la dernière période de l'œuvre de Monet.

BIBLIOGR. : Bernard Dorival, sous la direction de... : *Peintres contemporains*, Mazenod, Paris, 1964.

MUSÉES : PARIS (Mus. d'Art Mod.).

MUCCHI Gabriele

Né le 25 juin 1899 à Turin (Piémont). XXe siècle. Italien.

Peintre.

Il étudia à Milan où il organisa des expositions de ses œuvres, ainsi qu'à Paris, Rome, Venise, Genève, Bâle et Berne. Il collabora à *Die Neue Revue*, en tant qu'illustrateur.

MUSÉES : MILAN (Casa Lucca) : quelques peintures.

VENTES PUBLIQUES : MILAN, 26 mai 1987 : *Nu couché* 1985, aquar. (33,5x42,7) : **ITL 2 200 000** – MILAN, 22 juin 1993 : *Nature morte aux fleurs*, h/t (48x58) : **ITL 4 000 000** – MILAN, 14 déc. 1993 : *Femmes racommodant une voile* 1950, temp./cart. (50x60) : **ITL 5 060 000**.

MUCCHI-VIGNOLI Anton Maria

Né en 1871 à Fontanellata. XXe siècle. Italien.

Peintre.

Cet artiste de talent étudia à l'Académie des Beaux-Arts de Turin. Puis il se rendit à Bergame où il travailla avec le professeur Tallone. Il débuta à Turin avec des portraits, qui le classèrent parmi les peintres justement appréciés. En 1900, il prit part au concours Alinari avec son tableau : *Mother and child*.

MUCCHIATI Alberto

Né en 1744 à Ficarolo. Mort en 1828. XVIIIe-XIXe siècles. Italien.

Peintre.

Élève de G. A. Ghedini. Il travailla à Ferrare pour les églises Saint-Grégoire, Saint-Julien et la Chiesa di' Sacchi.

MUCCI Gioan Francesco ou **Muccio**

Né en 1620 à Cento près de Bologne. Mort en 1665. XVIIe siècle. Italien.

Peintre et graveur au burin.

Élève et neveu de Guercino. Il grava des sujets religieux et le portrait de Francesco d'Este.

MUCCI Maffeo

XVIIIe siècle. Italien.

Peintre.

Il a peint l'allégorie *La Force couronne la Douceur* dans la villa Torlonia à Frascati.

MUCCI Zaccaria ou **Muzzi** ou **Muzzio**

XVIIe siècle. Actif à Ferrare en 1650. Italien.

Peintre.

Élève de Guercino.

MUCCIANTI Palmerino

Né en 1602 à Gubbio. Mort en 1679. XVIIe siècle. Italien.

Sculpteur.
Il sculpta, en collaboration avec son élève Biagio Vantaggi, toutes les statues de l'église S. Maria del Prato de Gubbio.

MUCCIO. Voir aussi **JACOMUCCIO di Guarneri**

MUCCIO Gioan Francesco. Voir **MUCCI**

MUCCIOLI Bartolommeo et **Benedetto**
xve siècle. Italiens.
Peintres.
Ces deux artistes étaient père et fils. On croit qu'ils étaient originaires de Ferrare. On ne les connaît que par leur signature figurant sur un tableau à l'église Saint-Dominique à Urbino de 1492.
Ventes Publiques : Paris, 3 mai 1934 : *Le Christ en croix*, attr. à Benedetto : **FRF 5 800**.

MUCCIOLI Carlo
Né en 1857 à Rome. xixe siècle. Italien.
Peintre de genre et de figures, portraitiste et mosaïste.
Élève de Franc. Grandi. Il exécuta à Saint-Pierre de Rome un grand tableau d'autel en mosaïque *Le Christ apparaît à sainte Marguerite Alacoque*.

MUCH Enoch
xviie siècle. Hollandais.
Peintre.

MUCHA Alphons ou **Alphonse** ou **Alfonso Maria**
Né le 24 août 1860 à Ivancice (sud de la Moravie). Mort le 14 juillet 1939 à Prague. xixe-xxe siècles. Actif en France. Tchécoslovaque.
Peintre d'histoire, dessinateur, pastelliste, illustrateur, lithographe, affichiste. Art nouveau.
Il présenta le concours d'entrée de l'École des Beaux-Arts de Prague, mais n'y fut pas admis. Il se rendit ensuite à Vienne où il travailla comme assistant dans une maison qui fournissait des décors de théâtre sous la direction de Kautsky et de Burckhardt. À Vienne, il suivit un cours de peinture. En 1882, il quitta Vienne et partit travailler à la décoration du château d'Emmahof à Mikulov pour le comte Karl Khuen-Belassi. Ce dernier l'envoya étudier à l'Académie des Beaux-Arts de Munich où séjournaient de nombreux élèves d'Europe centrale. Il y resta de 1884 à 1887. Attiré comme tant d'autres par Paris, il s'y rendit, et travailla au début à l'Académie Julian et ensuite à l'Académie Colarossi. Il fut élève de J.-P. Laurens, Boulanger et Lefevbre. Son protecteur, le comte Khuen-Belassi se suicida en 1887. Afin de pouvoir vivre, il commença par réaliser des illustrations pour des revues. Mucha s'établit définitivement à Paris en 1890. Il avait l'ambition de devenir peintre d'histoire. Il rencontra Sarah Bernhardt en 1894, et, la même année, la première affiche qu'il exécuta pour elle le rendit célèbre : il s'agissait de *Gismonda* de Victorien Sardou jouée au Théâtre de la Renaissance. Mucha signa un contrat de six ans avec elle pour la création d'affiches, mais aussi de décors et de costumes. Entre 1904 et 1910, il travaillait et enseignait alternativement à Paris et aux États-Unis à l'Art Institute de Chicago où il fut invité pour la première fois en 1904. Il retourna définitivement en Tchécoslovaquie en 1910. Il est arrêté puis relâché par la Gestapo lors de l'invasion de la Tchécoslovaquie en 1939.
Il a obtenu une mention honorable en 1894 et une médaille d'argent pour la décoration du Pavillon de la Bosnie dans le cadre de l'Exposition universelle à Paris en 1900. Il montra ses œuvres dans une première exposition personnelle, préfacée par Sarah Bernhardt, en 1897, à Paris, à la galerie La Bidinière. En 1921, il montra ses compositions d'histoire au Brooklyn Museum de New York et à Chicago. Il exposa pour la dernière fois de son vivant en 1936 à Paris au Musée du Jeu de Paume avec Frantisek Kupka. L'ensemble de son œuvre a été présenté à la Bibliothèque Forney à Paris en 1966. Une rétrospective de ses œuvres a été organisée en 1980 au Grand Palais à Paris, exposition qui, ensuite, fut montrée à Darmstadt et à Prague. En 1995, la Fondation Mona Bismark, à Paris, a rassemblé un intéressant choix de ses œuvres ; en 1997, Hôtel de Ville, Bruxelles. Chevalier de la Légion d'honneur en 1901.
Il a collaboré à divers journaux illustrés, notamment au *Petit parisien illustré* édité par Henri Bourrelier ; *La Vie populaire* ; *Le Monde moderne* ; *La Plume* ; *Le Courrier français* ; *La revue Mame* ; *La Vie moderne* ; *Paris illustré*, etc. Il a illustré plusieurs ouvrages, dont : *Poésies du foyer et de l'école* (1893), de E. Manuel ; *Le Pater*, et *Roma*, de P. Vérola ; *Ilsée, princesse de Tripoli* (1897), de Robert de Flers qui constitue un chef-d'œuvre du livre illustré alors en plein renouveau ; *Les Chansons éternelles* (1898), P. Redonnel ; *Rama* (1898), de P. Vérola ; *La Vallée des Colibris* (1896) ; *Le Grand Ferré*, de N. Gaulois ; *Jamais content*, de Gerald-Montmeril ; *Clio* (1900) d'A. France ; Il a également illustré des recueils de documents décoratifs, dont *Documents décoratifs* (1902) et *Figures décoratives* (1905) qui présentent une série de dessins originaux donnant des modèles de meubles, de vaisselle, d'argenterie, de luminaires et de bijoux.
C'est surtout par ses affiches que Mucha se rendit fameux. Ses compositions à la fois délicates et laborieuses s'étalaient alors, sinon sur tous les murs de Paris, du moins sur toutes les colonnes réservées à l'annonce des spectacles. Parmi ses réalisations où figurait Sarah Bernhardt, outre *Gismonda* : *La Princesse lointaine* d'Edmond Rostand, *Symphonie en blanc majeur* ; *Lorenzaccio* d'Alfred de Musset où le noir domine ; *La Dame aux camélias* ; *Médée* ; *La Tosca*. Pour elle encore, il créa des bijoux et des robes. Décorateur avant tout, il conçu des vitrines étranges et raffinées pour les commerces de luxe, comme celles pour le bijoutier Fouquet rue Royale à Paris. Il lui dessina aussi de nombreux bijoux, dont le célèbre *Bracelet-serpent* pour Sarah Bernhardt. D'entre ses nombreuses affiches célèbres : le *Salon des Cent* (1896), où il poussa à l'extrême son goût pour la ligne lovée et l'arabesque florale, l'affiche du *Papier à cigarettes Job* (1897), la *Liqueur Bénédictine* (1898), *Nestlé's Food for Infants* (1898), *Champagne Möet et Chandon* (1899). Aux États-Unis, il peignit les décors du German Theater de New York (1908) et réalisa les affiches de spectacles de Leslie Carter et de Maude Adams (*Jeanne d'Arc*, 1909). Le nom de Mucha doit être également associé au nouvel État tchécolovaque après la Première Guerre mondiale : il créa les armoiries d'État, les premiers timbres-poste et les premiers billets de banque.
Alphons Mucha a certainement exercé une forte influence, de la meilleure et de la pire. Il a joué un rôle important dans la constitution du *Modern Style* ou Art nouveau, dont il a été un des meilleurs représentants avec le style dit « nouille » ou « vermicelle » qui se caractérise par l'allongement de la figure féminine à la chevelure envahissante et aux sinuosités stylisées. La destinée artistique de Mucha aura été celle de plusieurs dont les exemples eurent plus de portée immédiate que ceux de leur propre maître. C'est pour dire que sans Grasset il n'y aurait sans doute pas eu Mucha. À Prague il reprit, à partir de 1910, sa première manière académique, bien que marquée par la déliquescence d'époque, dans des portraits et des peintures d'histoire, dont le cycle de vingt compositions monumentales, consacrées à *L'Épopée slave*, dont la première de la série s'intitule *Les Slaves dans leur site préhistorique*. Les premières esquisses virent le jour en 1911 et le cycle fut achevé en 1928.

Mucha

Mucha

Bibliogr. : In : *Dictionnaire universel de la peinture*, Le Robert, Paris, 1975 – Ann Bridges, Marina Henderson & Anna Dvorak : *Mucha. L'Œuvre graphique complète*, Academy Editions, Paris, 1980 – Jack Rennert & Alain Weill : *Alphonse Mucha. The Complete Posters and Panels*, Hjert & Hjert, Uppsala / Henry Veyrier, Paris, G. K. Hall & Co., Boston, 1984 – in : *Dictionnaire des illustrateurs*, Ides et Callendes, Neuchâtel, 1989 – in : *L'Art du xxe s.*, Larousse, Paris, 1991.
Musées : Ivancice – Moravsky Krumlov (Château de) – Paris (Mus. d'Orsay) : une partie de la frise supérieure et une partie de la frise florale provenant du pavillon de la Bosnie-Herzégovine 1900.
Ventes Publiques : Paris, 11 fév. 1954 : *Portrait de jeune femme au chien* : **FRF 3 000** – New York, 18 déc. 1968 : *Femme assise*, gche et aquar. sur soie : **USD 2 000** – Londres, 9 mars 1970 : *Tête de jeune femme aux paupières baissées*, bronze argenté : **GBP 7 500** – Paris, 18 fév. 1972 : *Illustrations originales pour le Pater*, aquar. et dess. : **FRF 21 500** – Genève, 18 nov. 1974 : *Portrait de jeune fille* 1912 : **CHF 28 000** – Munich, 29 avr. 1976 : *La paralysée*, gche (40x84) : **DEM 9 200** – Munich, 30 nov. 1976 :

Job, litho. (140x91,5) : **DEM 3 800** – New York, 13 mai 1977 : *Jeune fille en costume de Moravie tenant un miroir* 1920, h/t (56x54) : **USD 11 500** – Vienne, 22 sep. 1978 : *La Rose*, litho. en coul. entoilée (102x40,5) : **ATS 18 000** – Paris, 26 févr 1979 : *Sarah Bernhardt, La Dame aux Camélias*, affiche (litho. en coul. entoilée) : **FRF 19 000** – Enghien-les-Bains, 28 oct 1979 : *La forge*, encre de Chine et aquar. (34x51) : **FRF 28 000** – Munich, 31 mai 1979 : *Slavia* vers 1905, h/cart. (30x22) : **DEM 3 300** – Londres, 19 juin 1980 : *Fillette aux fleurs* 1929, past. et cr. reh. de blanc et gche/pap. gris, haut arrondi (43x29) : **GBP 3 000** – New York, 28 mai 1981 : *Hommage au héros de Bohême* 1929, h/t (126x101,5) : **USD 18 000** – Paris, 9 nov. 1981 : *Le chevalier Malheur m'a percé de sa lance* 1896, past. (200x100) : **FRF 200 000** – New York, 13 mars 1982 : *êverie* 1896, litho. en coul. entoilée (64,2x47,6) : **USD 4 500** – New York, 3 mai 1983 : *Monaco Monte-Carlo* 1897, litho. coul. entoilée, affiche (104,4x70,6) : **USD 3 500** – New York, 23 fév. 1983 : *Deux jeunes filles lisant*, cr. et lav. reh. de blanc (44,5x31,7) : **USD 3 800** – New York, 24 fév. 1983 : *Portrait de Madame Mucha* 1903, aquar. reh. de gche/t. (53,5x36) : **USD 55 000** – Londres, 28 nov. 1985 : *La mort de l'ours*, aquar. et pl. (29x21,5) : **GBP 2 200** – Londres, 19 mars 1986 : *Vltava* 1918, h/t (88x69) : **GBP 7 000** – Londres, 15 avr. 1987 : *Bière de la Meuse*, gche/pap. (64x49,5) : **GBP 24 000** – Paris, 20 juin 1988 : *Les quatre saisons* 1898, impression sur soie (58,5x38) : **FRF 95 000** – Paris, 5 juil. 1988 : *Le Printemps – L'Automne*, litho. coul./soie, ensemble : **FRF 23 100** – Paris, 14 oct. 1988 : *La Samaritaine (Sarah Bernhardt au Théâtre de la Renaissance)* 1897 (175x57,5) : **FRF 30 000** – Paris, 26 oct. 1988 : *Les saisons* 1900, litho. en coul. (68x31) : **FRF 160 000** – Paris, 7 nov. 1988 : *Bénédictine* 1898, affiche lithographique : **FRF 15 000** – Paris, 16 déc. 1988 : *L'été*, affiche lithographique en coul. (73x32) : **FRF 7 500** – Paris, 30 jan. 1989 : *Les quatre saisons*, litho. en coul. (61x36,6) : **FRF 12 000** – New York, 24 oct. 1989 : *Portrait de Milada Czerny* 1906, h/t (127x91,4) : **USD 77 000** – New York, 28 fév. 1990 : *La Madone des lis* 1904, h/t (74,6x55,9) : **USD 115 500** – Amsterdam, 2 mai 1990 : *Détresse*, past. avec reh. de blanc/pap./cart. (32x38,5) : **NLG 23 000** – Paris, 10 juin 1990 : *Salon des Cent, XXe Exposition* 1896, litho. : **FRF 82 000** – Londres, 28 nov. 1990 : *La danseuse*, aquar. et cr. (24x30) : **GBP 5 500** – Aurillac, 24 fév. 1991 : *Brunette et blonde*, impression en coul. et or (50x44) : **FRF 92 000** – Londres, 18 mars 1992 : *Portrait de Jarmila – la sœur de l'artiste avec des lis* 1930, cr. et aquar. avec reh. de gche blanche (46x36) : **GBP 7 700** – New York, 28 mai 1992 : *Maternité*, cr. bleu/pap. (71,1x59,7) : **USD 3 300** – Londres, 17 nov. 1993 : *Portrait de la fille de l'artiste, Jaroslava Mucha*, h/t (99,5x70) : **GBP 34 500** – Paris, 20 mai 1994 : *Primevère*, affiche litho. en coul. (76,5x31) : **FRF 16 000** – Paris, 27 juin 1994 : *Allégorie de la Musique ou Femme à la cythare* 1898, encre et aquar./bristol (51x29) : **FRF 104 000** – New York, 12 oct. 1994 : *Noël en Amérique*, h/t (81,3x76,8) : **USD 63 000** – Lokeren, 10 déc. 1994 : *La dame aux camélias*, affiche litho./t. (207,3x76,2) : **BEF 300 000** – Neuilly, 18 jan. 1995 : *Têtes byzantines : Blonde et Brunette*, pan. décoratifs, une paire (chaque 60x44) : **FRF 64 000** – Londres, 21 nov. 1996 : *Jeune Homme assis dans un fauteuil, étude de pieds* 1892, past./Bristol (27,5x23,8) : **GBP 12 650** – New York, 10 oct. 1996 : *Le crâne* 1929, past. et encre/pap. (17x13) : **USD 6 325**.

MUCHA Reinhard

Né en 1950 à Düsseldorf (Rhénanie-Westphalie). XXe siècle. Allemand.

Sculpteur.

Il figure à des expositions collectives, parmi lesquelles : 1985, Nouvelle Biennale de Paris ; 1991, *La Sculpture contemporaine après 1970*, Fondation Daniel Templon Musée Temporaire, Fréjus ; 1991, *Dispositif/Sculpture*, Arc, Musée d'Art moderne de la Ville de Paris. Il montre ses œuvres dans des expositions personnelles, dont : 1982, *Wartesaal*, galerie Max Hetzler, Stuttgart ; 1983, *Feuer und Leben*, Kabinett für aktuelle Kunst, Bremerhaven ; 1983, *Alleingang*, galerie Max Hetzler, Cologne ; 1985, *Das Figur-Grund Problem in der Architektur des Barock, für dich allein bleibt nur das Grab* (Le Problème de la figure et du fond dans l'architecture baroque), Kunstverein, Stuttgart ; 1986, *Mucha / Zorio*, Galeries contemporaines, Musée National d'Art Moderne, Paris, puis présentée à Berne et Bâle ; 1993, galerie Philip Nelson, Paris ; 1997, Anthony d'Offay Gallery, Londres.

L'œuvre de Mucha s'organise autour de certaines pièces principales : *Wartesaal* (Salle d'attente), 1982 ; *Der Bau* (Le Tunnel), 1985 ; *Figur/Barock*, 1985 ; *Wasserstandsmeldung* (Niveau d'eau), 1986. Ces sculptures se présentent en général sous forme d'empilements, d'assemblages constructifs d'objets (meubles, échelle, tubes fluorescents) ou de matériaux comme le verre, le bois, le métal et le feutre. Son esthétique possède un premier sens plastique, sculptural : c'est ainsi que, par exemple, *Eller Bahnhof* est une caisse de bois creuse, en forme de parallélépipède, peinte en gris. Un des coins est surélevé par un trépied. Cette brisure déséquilibrante complexifie la vue de l'ensemble. Cependant, l'esthétique de Mucha se situe également dans la descendance de Duchamp, à la frontière encombrée de l'art et du non-art. Il en explore à nouveau les limites, voulant à la fois construire, et dépasser la notion habituelle d'objet. L'art de Mucha se veut réflexion ludique à partir d'associations. Il opère par « déplacement » : c'est-à-dire qu'il met en situation d'étrangeté des objets, dont la fonction désormais, sans autre finalité qu'esthétique que d'avoir été choisie et présentée, est ainsi mieux éprouvée par le spectateur qui, par évocations, s'inscrit dans une actualité imaginaire : gares, magasins d'usines, fêtes foraines. *Le Problème de la figure et du fond dans l'architecture baroque* (1985), illustre ce mode de création. Cette œuvre se présente comme une tour à deux niveaux, composée de deux rangées de tables de bureau empilées en formant un cercle. Des échelles et des néons s'arriment à la « ronde-bosse », soulignent le caractère circulaire, et en élévation, de la sculpture. D'autre part, Mucha réalise de nombreuses œuvres *in situ* dans des musées en utilisant le mobilier disponible de ces lieux : socles, vitrines, chariots, échelles. Outre le fait qu'il s'agit là d'une référence à la pratique ordinaire du musée comme partie prenante de la présentation des œuvres d'art et donc de leur légitimation, c'est également une manière de situer une problématique importante pour l'arstiste qui est celle de l'œuvre et de son lieu d'exposition. L'œuvre, pour Mucha n'est pas nomade ou en transit, bien que nombre des titres de ses œuvres se réfèrent à des noms de villes ou de gare, elle répond à des impératifs précis déterminés par une situation particulière. ■ C. D.

Bibliogr. : *Reinhard Mucha*, catalogue de l'exposition, Württembergischen Kunstverein, Stuttgart, 1985 – *Mucha*, catalogue de l'exposition, Galeries contemporaines, Musée National d'Art Moderne, Paris, 1986 – in : *L'Art du XXe s.*, Larousse, Paris, 1991 – in : *Dictionnaire de l'art moderne et contemporain*, Hazan, Paris, 1992 – in : *Dictionnaire de la sculpture*, Larousse, Paris, 1992.

Musées : Düsseldorf (Kunsthalle) : *Eller Bahnhof* 1983 – Paris (Mus. Nat. d'Art Mod.) : *Le Problème de la figure et du fond dans l'architecture baroque* 1985.

Ventes Publiques : New York, 8 mai 1996 : *BBK edition* 1990, litho. photo. encadrée par l'artiste, diptyque (114,9x172,8) : **USD 17 250** – Londres, 27 juin 1997 : *Norden* 1991, bois, alu., verre et feutre (111,1x222,9x25,4) : **GBP 34 500**.

MUCHA Willy

Né en 1905 à Varsovie. Mort le 1er janvier 1995. XXe siècle. Actif en France. Roumain.

Peintre de paysages.

Il effectua des séjours en Espagne et dans le sud-ouest de la France. Après une jeunesse errante, il s'installa dans le Paris de l'avant-guerre. Il se lia d'amitié avec nombres d'artistes, écrivains et savants.

Il exposa dans divers Salons parisiens dont les Salons des Indépendants et de Mai. Une exposition *Hommage à Willy Mucha* fut présentée en 1990 à Issy-les-Moulineaux au Chemin des Vignes.

Son art dépouillé mais sensible le fit remarquer de bonne heure. Il évolua dans le sens de l'abstraction. Le site et la lumière de Collioure sont au cœur de son œuvre.

Musées : Paris (Mus. d'Art Mod.).

Ventes Publiques : Paris, 20 juin 1947 : *Le Nain du cirque* : **FRF 19 000** – Monte-Carlo, 15 avr. 1978 : *Emmanuelle Riva*, bronze (H. 74) : **FRF 14 000** – Paris, 23 juin 1988 : *Port-Vendres*, h/t (65x81) : **FRF 2 000** – Paris, 27 jan. 1992 : *Séchage des voiles à Collioure* 1945, h/t (65x81) : **FRF 4 800** – Paris, 24 mars 1996 : *Collioure* 1950, h/t (65x81) : **FRF 9 000** – Paris, 24 nov. 1996 : *Les Remparts de Collioure*, gche et fus./pap. (27x37,5) : **FRF 5 000**.

MUCHE Georg

Né le 8 mai 1895 à Querfurth/Sachsen (Prusse). Mort en 1987 à Lindau (sur le lac de Constance, Bavière). XXe siècle. Allemand.

Peintre, peintre de compositions murales, dessinateur, décorateur, architecte. Tendance abstraite.

De 1913 à 1915, il fit des études de peinture à Munich et Berlin. Il résida de 1933 à 1938 à Berlin où il apprit les techniques de la fresque et rencontra Walden. À partir de 1960, il s'établit à Lin-

dau. En 1924, il fit un voyage aux États-Unis, en rapporta des projets de gratte-ciel. En 1926 il réalisa une maison expérimentale et une maison d'acier préfabriquée. Il eut une carrière bien remplie en matière d'enseignement : de 1916 à 1919 il fut professeur à l'École d'art du *Sturm*, en 1920 il fut nommé « maître des formes » dans l'atelier de tissage au Bauhaus de Weimar, de 1927 à 1931 il enseigna à l'école de J. Itten à Berlin, de 1931 à 1933 il fut professeur de tissage à l'Académie de Breslau, de 1933 à 1938 à l'école de Hugo Häring à Berlin, de 1939 à 1959 à l'École d'art textile de Krefeld. En 1963, il fut l'invité d'honneur de la Villa Massimo à Rome.
De 1916 à 1917, il participa régulièrement aux expositions du groupe *Sturm* de Berlin, exposant avec Klee et Ernst. En 1917, il participa aussi aux expositions de la Galerie Dada, sans participer à proprement parler au mouvement. En 1923, il dirigea la première exposition du Bauhaus *Art et Technique : une nouvelle unité*. C'est lui qui construisit et aménagea la maison *Am Horn*. Sa peinture se développa d'abord à partir du postcubisme. Il peignait des formes géométriques très variées mais dans un espace encore traditionnel. Il s'engagea ensuite dans une voie à la fois abstraite par la fragmentation des plans et l'utilisation conjointe d'une gamme chromatique appuyée tout en indiquant dans l'espace de ses compositions des rappels figuratifs. Cette dualité d'expression se retrouvera plus tard dans ses peintures qui, pour certaines, auront l'apparence abstraite, tandis que d'autres demeureront figuratives (*Intérieur espagnol. Fenêtre sans vitres et sans lumière*, 1963). Il a surtout, en peinture, travaillé à partir de superpositions de couleurs et du rendu des transparences floues.
Bibliogr. : *Muche*, catalogue de l'exposition, Städt. Gal., Munich, 1965 – *Bauhaus*, catalogue de l'exposition, Mus. National d'Art Moderne, Paris, 1969 – Peter H. Schiller : *Georg Muche. Das Druckgraphische Werk*, Darmstadt, 1970 – in : *Dictionnaire universel de la peinture*, Le Robert, Paris, 1975 – *G. Muche. Das Künstlerische Werk 1912-1927*, catalogue de l'exposition, Berlin, 1980 – in : *L'Art du xxe s.*, Larousse, Paris, 1991 – in : *Dictionnaire de l'art moderne et contemporain*, Hazan, Paris, 1992.
Musées : Darmstadt (Bauhaus-Archiv) : *Deux Sceaux* 1923 – Erfurt : *Tableau abstrait*.
Ventes Publiques : Londres, 20 mars 1979 : *Composition II* 1921, h/t (60,5x45,5) : **DEM 1 200** – Hambourg, 6 juin 1980 : *Composition* 1916, pl. (21,4x16,3) : **DEM 5 200** – Cologne, 5 déc. 1981 : *Jeux de plume* 1917, pl. (18,2x22,4) : **DEM 5 000** – Munich, 31 mai 1983 : *Masque* 1916, pl. (17,7x13,3) : **DEM 2 000** – Berne, 21 juin 1984 : *Composition* 1917-1919, h/t (31,5x24,3) : **CHF 6 000** – Hambourg, 8 juin 1985 : *Nature morte aux fruits* 1932, h/t (73x63) : **DEM 20 000** – Berne, 19 juin 1987 : *Composition* 1920, aquar. (15,2x11,2) : **CHF 4 000** – Heidelberg, 15 oct. 1994 : *Nature morte* 1923, litho. en coul. (20x20,6) : **DEM 6 600**.

MUCHETTI Alessio
xviiie siècle. Actif à Rome. Italien.
Graveur au burin.
Il grava pour le Museo Pio-Clementino de E. Q. Visconti.

MU-CH'I. Voir **MUQI**

MUCHINA Vera Ignatievna. Voir **MOUKHINA Vera Ignatievna**

MUCHÛAN. Voir **HARITSU Ogawa**

MUCK Josef
xviiie siècle. Autrichien.
Sculpteur.
Il a sculpté en 1755 le maître-autel de l'église Saint-Adalbert à Krumau (Bohême).

MÜCK Rosa, plus tard Mme **Horky**
Née en 1761 à Eisenberg-sur-la-Morave. Morte après 1797. xviiie siècle. Autrichienne.
Peintre de fleurs et portraitiste.

MÜCKE J. Ferenc ou **Franz**
Né en 1819 à Nagyatad. Mort en 1883 à Pécs. xixe siècle. Hongrois.
Peintre de genre, figures, portraits.
Il fit ses études à Vienne.
Ventes Publiques : Londres, 14 fév. 1990 : *Enfants nourrissant des oisillons dans un nid* 1850, h/t (88x72) : **GBP 4 620**.

MÜCKE Karl Anton Heinrich
Né le 9 avril 1806 à Breslau. Mort le 16 janvier 1891 à Düsseldorf. xixe siècle. Allemand.
Peintre d'histoire, portraitiste et graveur à l'eau-forte.
Élève de Schadow à l'Académie de Berlin. Il visita l'Italie, l'Angleterre, la Suisse. Nommé professeur à l'Académie de Düsseldorf en 1848. Il grava des sujets religieux.
Musées : Berlin (Mus. Nat.) : *Catherine d'Alexandrie portée par des anges – Sainte Élisabeth faisant l'aumône – Portrait de Thorwaldsen*, dess. – Breslau, nom all. de Wroclaw : *Narcisse* – Brunn : *Dante lit la Divine Comédie* – Chemnitz : *En prison* – Düsseldorf : *L'architecte Lacomblet*.

MÜCKE Karl Emil
Né le 13 mars 1847 à Düsseldorf (Rhénanie-Westphalie). Mort le 27 mai 1923 à Düsseldorf. xixe-xxe siècles. Allemand.
Peintre de genre.
Il fut le fils et l'élève de Henrich Mücke. Il travailla également sous la direction de W. Sohn. Il a exposé à partir de 1872 à Düsseldorf, Munich et Berlin.

Musées : Düsseldorf : *Flatteries*.
Ventes Publiques : Cologne, 9 juin 1971 : *Couple au bord de la mer* : **DEM 8 000** – Cologne, 12 nov. 1976 : *Joie maternelle*, h/pan. (50x39,5) : **DEM 4 000** – New York, 13 oct. 1978 : *Joie maternelle* 1878, h/t (60x52) : **USD 2 800** – New York, 28 mai 1981 : *Le Nouveau-né*, h/t (71x54,5) : **USD 8 500** – Cologne, 30 mars 1984 : *Enfant jouant sur la plage* 1879, h/t (38,5x51) : **DEM 4 500** – Cologne, 20 mai 1985 : *Joie maternelle* 1918, h/pan. (33x42) : **DEM 5 000** – San Francisco, 27 fév. 1986 : *Mère surveillant son enfant*, h/cart. (14x11) : **USD 2 500**.

MUCKLEY Louis Fairfax
Né le 26 juillet 1862 à Stourbridge. Mort le 18 mars 1926 à Stratford-sur-Avon. xixe-xxe siècles. Britannique.
Peintre de genre, graveur, dessinateur, illustrateur.
Fils d'un verrier sûrement lié à William Jabez Muckley, lui-même verrier, mais aussi peintre reconnu de fleurs et scènes de genre et qui professa dans différentes écoles d'art. Louis Fairfax Muckley commença ses études vers 19 ans, et les poursuivit pendant une période de 6 à 7 ans. Il a été élève à la Manchester School of Art ; il semble que ce soit pendant cette période que Burne-Jones visitant son école, le remarqua. Il vécut à Stourbridge (1890), Chelsea (1901) et Stratford-sur-Avon. Il fut membre associé de la Birmingham Guild of Handicraft. Il montra ses œuvres à Londres, à la Grosvenor Gallery et à la Royal Academy.
Il illustra *Fringilla* de R.D. Blackmore en 1895 et *The Faerie Queene* de E. Spencer en 1897. Il collabora en tant qu'illustrateur à *The Graphic* ; *Illustrated London News* ; *Cassell's Family Magazine*. Réalisant beaucoup d'œuvres décoratives, ses peintures sont rares. Ses sources picturales le rattachent à William Morris et Burne-Jones.
Bibliogr. : In : *Dictionnaire des illustrateurs*, Ides et Callendes, Neuchâtel, 1989 – in : Catalogue Christie's, Londres, 10 mars 1995.
Ventes Publiques : Londres, 18 mars 1983 : *Automne*, h/t (204,5x82) : **GBP 9 000** – Londres, 5 mars 1993 : *Le portrait* 1888, cr. et aquar. (51,5x37,8) : **GBP 2 530** – Londres, 10 mars 1995 : *Automne*, h/t (206,4x82,6) : **GBP 14 950** – Londres, 7 nov. 1997 : *Une jeune fille sainte*, h/t (88x61,5) : **GBP 29 900**.

MUCKLEY William Jabez
Né en 1829 à Audnam, Worcestershire. Mort en 1905. xixe siècle. Actif à Audnam en 1837. Britannique.
Peintre de genre, natures mortes, fleurs et fruits, aquarelliste.
Il fit ses études à Birmingham, Londres et à Paris chez Cogniet.
Musées : Londres (Victoria and Albert Mus.) : *Muscats – Raisins et feuilles de vignes*.
Ventes Publiques : Londres, 24 oct. 1980 : *Well, what does that spell ?* 1860, h/t, haut arrondi (48,2x32,4) : **GBP 1 000** – Londres, 13 déc. 1984 : *Nature morte aux grappes de raisin* 1864, h/t (41x50) : **GBP 1 700** – Londres, 16 oct. 1986 : *Playtime* 1876, aquar. reh. de gche (37x25,5) : **GBP 2 300** – Londres, 25 jan. 1988 : *Dans le clocher*, aquar. (35,5x30,5) : **GBP 1 980** – New York, 23 fév. 1989 : *Adolescence* 1874, aquar. et gche (32,5x25,8) : **USD 4 950** – New York, 29 oct. 1992 : *L'oranger* 1880, h/t (61x40,6) : **USD 3 025** – New York, 13 oct. 1993 : *Une fois encore de retour*, h/t (69,9x53,7) : **USD 12 650** – Londres, 8 nov. 1996 : *Clématites* 1880, h/t (90,2x34,6) : **GBP 31 000**.

MUCX Jacques. Voir **MOENS**

MU DASHOU ou **Mou Ta-Cheou** ou **Mu Ta-Shou**, surnom : **Liuzhou,** nom de pinceau : **Xiaopu**
Originaire de Shimen, province du Zhejiang. XIXe siècle. Actif vers 1800. Chinois.
Peintre.
Peintre de fleurs et de portraits, dont on connaît une œuvre signée et faite d'après Wang Wu (1632-1690), *Bananier et chrysanthèmes près d'un rocher.*

MUDIE James
XIXe siècle. Actif au début du XIXe siècle. Britannique.
Médailleur.
Il travailla à Birmingham et à Londres.

MUDO el. Voir **FERNANDEZ de Navarrete Juan**

MUDO el. Voir **LOPEZ Jaime**

MUDO Pedro el. Voir **PEDRO el Mudo,** ainsi qu'aux autres prénoms et noms qui précèdent

MUDROCH Jan
Né le 28 mars 1909. Mort le 4 février 1968 à Bratislava. XXe siècle. Tchécoslovaque.
Peintre. Tendance expressionniste.
Il a commencé ses études artistiques à Bratislava en 1930, puis fut élève de Hofbauer à Prague jusqu'en 1933, après quoi il fréquenta l'Académie des Beaux-Arts de la Ville.
À l'étranger, il figure dans les manifestations collectives de la peinture tchécoslovaque contemporaine. Il expose, depuis 1937, dans les principales villes de Tchécoslovaquie.
Sa peinture se rattache au courant expressionniste, traditionnellement fort en Europe centrale, mais plus dans la suite du sentiment dramatique d'un Daumier, traduit par le clair-obscur, que des expressionnistes allemands de 1910.
Bibliogr. : *50 ans de peinture tchécoslovaque 1918-1968,* catalogue de l'exposition, Musée tchécoslovaque, 1968.

MUE Maurice August del
Né le 24 novembre 1875 à Paris. XXe siècle. Actif aux États-Unis. Français.
Peintre, dessinateur et décorateur.
Membre de la San Francisco Art Association, il travaille à Marin (Californie). Il obtint une médaille d'argent à l'Exposition de San Francisco en 1915, une mention honorable à la Sacramento State Fair en 1934.
Il a réalisé des décorations murales pour des écoles et un aérodrome.
Musées : San Francisco (Mus. d'Art comparé).

MUEHL Otto
Né en 1925 à Grodnau. XXe siècle. Autrichien.
Peintre, dessinateur, auteur d'actions, performances. Groupe des Actionnistes Viennois.
Il a été étudiant en peinture à l'Académie des Beaux-Arts de Vienne entre 1952 et 1957. Il enseigna le dessin dans un centre de thérapie. En 1961, il fait la rencontre de l'« actionniste » Günter Brus. En 1966, il fonde avec ce dernier l'Institut pour l'Art Direct à Vienne.
Otto Muehl a participé à de nombreuses expositions collectives, dont : 1961, Sécession de Vienne ; 1970, *Festival international underground,* Londres ; 1970, *Happening et Fluxus,* Musée de Cologne où le happening qu'il y a montré eut maille à partir avec l'administration ; 1972, Documenta V, Kassel ; 1986, Kunsthandel, Vienne ; 1988-89, rétrospective sur l'Actionnisme viennois, Kassel (Museum Fridericianum) et Vienne (Österreichisches Museum für Angewandte Kunst) ; 1996, *L'art au corps. Le corps exposé de Man Ray à nos jours,* Musée d'art contemporain, Marseille. Ses « expositions personnelles » ont souvent pris la forme d'actions. Une rétrospective de son œuvre fut organisée en France pour la première fois en 1995 par la galerie Sollertis à Toulouse.
Il est d'abord peintre et évolue rapidement, sous l'influence de Günter Brus, vers un expressionnisme-abstrait où la surface de la toile est sévèrement agressée par des matières diverses, parfois à l'aide de bouts métalliques. Ces reliefs se libéreront en sculptures : les *Bric-à-brac.* À partir de 1963, avec les « actionnistes » viennois Günter Brus, Herman Nitsch et R. Schwarzkogler, il réalise des actions. Il participe, depuis cette époque, aux divers mouvements s'exprimant par des comportements, happenings ou actions, où le corps est appelé à jouer le rôle d'un médium esthétique. Ces *Material-aktionen* (actions matérielles) comme il les qualifie, se veulent essentiellement libératoires des entraves de l'autorité morale mêlant, dans un ludisme détonnant, pulsions morbides et sexuelles. Certaines sont photographiées (*Transformation en marais d'un corps féminin,* 1963) ou filmées (*Maman et Papa,* 1965). En 1968, avec Günter Brus, il réalise une action, désormais célèbre, au cours de laquelle les pulsions masochistes sont libérées dans une sorte de catharsis associée à des jeux scatologiques et des profanations idéologiques. Otto Muehl écope d'une condamnation d'un mois de prison, Günter Brus de six ce qui l'oblige à fuir en Allemagne. Définissant le propos de Muehl, François Pluchart en écrit : « Otto Muehl manipule des lambeaux de réalité pour atteindre à une communication qui n'est pas sans rapport avec les frustrations et soumissions quotidiennes. » Mal acceptées par la société autrichienne, ces actions-provocations prennent rapidement une tournure politique et sont l'objet de fréquentes attaques par les pouvoirs conservateurs. Il est légitime d'ajouter en tant que source de cette révolte complexe contre les autorités morales et politiques autrichiennes la dimension refoulée du passé collectif nazi. Otto Muehl expérimente, de 1973 à 1993, de nouvelles actions s'inscrivant dans ce qu'il nomme le « postactionnisme ». Ce dernier se matérialise, au début des années soixante-dix, par la création, à Golo (Burgenland), d'une communauté : la communauté de Friedrichshof ou *Aktions Analytischen Kommune.* Elle finit par réunir, dans les années quatre-vingt, plusieurs centaines de personnes réparties dans plusieurs villes. Les principes régissant cette nouvelle forme de vie associative s'appuient sur une complémentarité théorique et pratique, originale, des écrits de Fourier, Freud et Reich. Ils correspondent à une volonté de dépasser les névroses que toute vie collective, bâtie sur la répartition du pouvoir liée à la propriété privée, produit en engendrant des comportements pathologiques pour ses membres. Il s'agit pour cela de sublimer les forces refoulées de l'inconscient et revendiquer la part toujours plus enfouie des forces de vie de l'individu. Le sexe devient un des principaux instruments de libération mentale (pas de couple, la sexualité est libre, pas d'enfant en propre, les géniteurs sont inconnus et sont tous pères). L'art, expression généraliste et fédératrice, se confond alors avec l'existence qui s'esthétise. Après quelques années de succès, la communauté traverse une crise, Otto Muehl est condamné par les tribunaux. Depuis quelques années, l'artiste exécute des dessins souvent à la craie grasse. Ses réalisations graphiques procèdent des mêmes sources psychiques, notamment sexuelles, que celles qui ont accompagné ses actions – il s'agit toujours en l'espèce de contrecarrer tout déterminisme psychosocial aliénant – mais en y incluant désormais des références à l'histoire de l'art. Figuratifs, ses dessins montrent, sans retenue, une vie crue, continuellement hantée par des mythologies personnelles, en l'occurrence le monde féminin, que vient renforcer l'impact de l'incarcération. ■ Christophe Dorny
Bibliogr. : In : *L'Art du XXe s.,* Larousse, Paris, 1991 – in : *Dictionnaire de l'art moderne et contemporain,* Hazan, Paris, 1992 – Michel Onfray : *Otto Muehl Dionysos incarcéré,* in : *Art Press,* n° 204, Paris, juil. août 1995.
Ventes Publiques : Francfort-sur-le-Main, 14 juin 1994 : *Sans titre* 1994, acryl./pap. (86x61) : **FRF 5 000.**

MUEL Philippe
Né le 12 avril 1926 à Paris. XXe siècle. Français.
Sculpteur.
Il s'est occupé très vite de l'utilisation possible des matières plastiques en sculpture. Vers 1960, il travaillait en relation avec Piotr Kowalski qui a lui aussi usé des plastiques. Il a ensuite orienté son travail en vue d'une intégration de l'œuvre au domaine construit.

MUELEN Steven Van der. Voir **MEULEN**

MUELENERE Govaert de
XVe siècle. Éc. flamande.
Peintre.
Il travaillait verss 1460 en collaboration avec Jacob Doret à Tournai.

MUELICH. Voir **MÜLICH**

MUELLER Alexander
Né le 29 février 1872 à Milwaukee. XIXe-XXe siècles. Américain.
Paysagiste.
Élève de Richard Lorenz à Milwaukee, de Max Thedy à Weimar et de C. von Marr à Munich. Directeur de l'École des Beaux-Arts de Milwaukee.

Ventes Publiques : New York, 29 mai 1987 : *Souvenir de Pâques* 1898, h/t (66x44,5) : **USD 7 500.**

MUELLER George

Né en 1929 à Newark (New Jersey). xxe siècle. Américain.

Peintre. Abstrait.

Il fut élève de l'École d'Art et d'Arts appliqués de Newark, de 1943 à 1946 ; de la Cooper Union Art Scool en 1949-1950. En 1956, il obtint une bourse Guggenheim.

Il participe à des expositions collectives, parmi lesquelles : Carnegie International, Pittsburgh, 1955 ; Biennale de Venise, 1956 ; etc. Il montre ses œuvres dans des expositions personnelles à partir de 1951.

Ses peintures abstraites, d'un équilibre majestueux des surfaces, sont surtout caractérisées par le travail technique, en glacis transparents, en pâtes nourries, en grattages, de noirs et de gris sombres.

Bibliogr. : In : *Catalogue du Musée Solomon R. Guggenheim*, New York, 1959.

MUELLER Otto

Né le 16 octobre 1874 à Liebau (Silésie). Mort le 24 septembre 1930 à Breslau. xxe siècle. Allemand.

Peintre de figures, nus, compositions à personnages, lithographe. Expressionniste. Groupe Die Brücke.

Sa mère fut élevée dans la famille des écrivains Carl et Gerhart Hauptmann. Elle était une Tzigane, ce qui aura des répercussions sur l'ensemble de son œuvre. De 1890 à 1894, il apprit la lithographie à Görlitz. De 1894 à 1896 il étudia à l'Académie des Beaux-Arts de Dresde, puis, à Munich, dans l'atelier de Franz von Stuck. De 1899 à 1908, il résida alternativement en Suisse, en Italie, fit des séjours à Munich, Dresde et Liebau poursuivant seul sa formation. Il s'établit finalement à Berlin en 1908, où il rencontra le sculpteur Wilhelm Lehmbruck, puis Heckel. Exclu de la Sécession en 1910, il adhéra au groupe de la *Brücke*, où il rejoignit Kirchner, Heckel, Schmidt-Rottluf. Il passa l'été 1911 avec Kirschner à Uniczek près de Prague, céda son atelier à Heckel, puis s'installa cette même année à Berlin. En 1912, il voyagea à travers la Bohême avec Heckel. Quand le groupe de la *Brücke* fut dissous, en 1913, il resta lié avec Kirchner. Engagé volontaire durant la Première Guerre mondiale, il fut blessé en 1916 au poumon. Après la guerre, il devint membre du *Arbeitsrat für Kunst* (Conseil ouvrier des Arts) puis rejoignit les membres du *Novembergruppe*. En 1919, il fut nommé professeur à l'Académie des Beaux-Arts de Breslau, poste qu'il occupa jusqu'à sa mort. Il passa souvent ses étés avec Heckel, près de Flensburg. Entre 1920 et 1923, il effectua souvent des voyages en Bulgarie, Roumanie et Hongrie à la recherche de ses origines tziganes. En 1933 trois cent cinquante-sept œuvres furent confisquées par les Nazis, dont plusieurs figurèrent dans les expositions d'« art dégéré » en 1937.

Il a été, en tant que membre de la *Brücke*, invité à la deuxième exposition du *Blaue Reiter*, à Munich, en 1912 et, à Cologne, au Sonderbund. Il est de toutes les grandes expositions retraçant l'expressionnisme allemand, dont *Figure du moderne 1905-1914 – L'Expressionnisme en Allemagne*, organisée à Paris, en 1993 au Musée d'Art Moderne de la Ville de Paris. Il a montré ses œuvres, de son vivant, dans des expositions personnelles : 1910, Dresde, galerie Arnold ; 1910, Berlin, galerie Maximilian Macht ; 1912, Chemnitz, Kunsthütte ; 1919, Berlin, galerie Paul Cassirer. Les expositions et rétrospectives posthumes : 1931, Wroclaw (Breslau), Schlesisches Museum ; 1933, Berlin, Nationalgalerie ; 1950, Dortmund, Museum am Ostwall ; 1956-1957, Hagen, Karl-Ernst-Osthaus-Museum ; 1960, Hanovre, Kunstverein ; 1971, Mühlheim, Sädtisches Museum ; 1988, Munich, Art Forum Thomas.

Dans sa première époque, Otto Mueller situait des jeunes filles nues, parfois des animaux en liberté, dans des paysages d'Eden. Ces œuvres, parmi lesquelles, *Le Jugement de Pâris* (1910-1911), *Trois baigneurs dans un étang* (vers 1912) ou *Baigneurs* (1912), d'esprit symboliste, exprimaient la nostalgie de la pureté originelle. Ses jeunes filles, au corps élancé délimité par des contours affirmés, au visage triangulaire de chats, matérialisent un rêve d'innocence perdue. Heckel et Kirchner, en écho à leurs propres préoccupations, trouvèrent dans la peinture de Mueller une des expressions possibles de l'union entre l'homme et la nature (état d'esprit qui explique aussi la non datation de la majeure partie de ses tableaux). Ils l'invitèrent à adhérer au groupe *Die Brücke*. Otto Mueller ne prit donc aucune part à l'exploration des voies de l'abstraction qui caractérise le rôle du *Blaue Reiter*. Il n'adopta pas non plus totalement les directives générales de la *Brücke*, dont, en dépit d'un évident éclectisme, on peut retenir qu'elle regroupa essentiellement les protagonistes de l'expressionnisme allemand. Si, comme eux, il retint l'apport de Gauguin et, à travers celui-ci, des artistes de l'Extrême-Orient, il n'en eut jamais cette violence de la couleur qu'ils tenaient plus ou moins de Van Gogh. Peignant sur la toile de jute grossière, avec des couleurs à la colle, il utilisa toujours une gamme de tons mats, à l'éclat du pastel, qui correspondait aux sentiments profonds que son œuvre voulait exprimer. « Le principal objectif de mes efforts est d'exprimer mon expérience du paysage et des êtres humains avec la plus grande simplicité possible ; mon modèle, en termes également purement techniques, était et est encore l'art des Égyptiens », souligna-t-il lors de son exposition personnelle à la galerie Paul Cassirer à Berlin en 1919. Son œuvre s'insère donc mal dans la perspective qui orienta durablement l'art de l'Europe centrale, dans ce que Wilhelm Worringer, dans ses deux études capitales : *Abstraction et Intuition* de 1908, et *Problèmes formels du Gothique*, de 1912, qualifia de « transcendantalisme du monde gothique d'expression », se traduisant par une « impulsion vers l'auto-aliénation », menant finalement à « l'abstraction pure comme seule possibilité de repos au sein de la confusion et de l'obscurité du monde-image ». À partir de 1919, Otto Mueller poursuivit son rêve édénique à travers la liberté d'existence des Tziganes, dont il descendait, qu'il alla étudier au cours de ses nombreux séjours dans les Balkans. Désormais son œuvre leur fut entièrement consacrée. Avec leur teint bistré, olivâtre, leurs costumes traditionnels, ils peuplèrent ses peintures, sans que ni le style, ni l'expression en fussent sensiblement changés. Le cataclysme du conflit mondial, qu'il venait de traverser, avait encore renforcé son refus de la société moderne et son aspiration à l'état d'origine. À ses yeux, la « tribu prophétique » avait su préserver l'innocence primitive du paradis perdu, en se tenant délibérément en dehors de la civilisation moderne. Son rêve d'innocence et de bonheur l'avait fait adhérer pleinement, dans les années qui suivirent le retour à la paix, aux objectifs du *Novembergruppe*, où se retrouvaient des peintres, des sculpteurs, des dadaïstes allemands, des architectes, parmi lesquels Gropius, des compositeurs, avec Hindemith, Alban Berg, et qui ambitionnaient de prendre en charge les problèmes urgents de la reconstruction matérielle du monde anéanti et de la restauration d'un idéal.

■ Jacques Busse, C. D.

Otto Mueller
O. M.

Bibliogr. : E. Waldmann : *La Peinture allemande contemporaine*, Paris, 1930 – E. Troeger : *Otto Mueller*, Freiburg, 1949 – Jacques Lassaigne : *Histoire de la peinture moderne*, Skira, Genève, 1950 – *Die Brücke*, introduction de V. H. M. Feldafing, Bucheim Verlag, 1954 – Herbert Read : *Histoire de la peinture moderne*, Somogy, Paris, 1960 – Eudard Hüttinger : *Deutscher Expressionismus*, Kunsthaus, Zurich, 1961 – Lothar Buchheim : *Otto Mueller. Leben und Werk*, Feldafing, 1963 – Michel Ragon : *L'Expressionnisme*, in : *Histoire générale de la peinture*, t. XVII, Rencontre, Lausanne, 1966 – in : *Le Fauvisme français et les débuts de l'Expressionnisme*, catalogue de l'exposition du Musée National d'Art Moderne, Réunion des Musées Nationaux, Paris, 1966 – Florian Karsch : *Otto Mueller. Das graphische Gesamtwerk, Holzschnitte, Radierungen, Lithographien, Farblithographien*, Galerie Nierendorf, Berlin, 1974 – Horst Jähner : *Otto Mueller*, Dresde, VEB-Verlag der Kunst, 1974 – in : *Les Muses*, t. X, Grange Batelière, Paris, 1973 – Florian Karsch : *Otto Mueller. Das graphische Gesamtwerk*, Berlin, galerie Nierendorf, 1975 – in : *Dictionnaire universel de la peinture*, Le Robert, Paris, 1975 – in : *L'Art au xxe s.*, Larousse, Paris, 1991 – in : *Dictionnaire de l'art moderne et contemporain*, Hazan, Paris, 1992 – in : Catalogue de l'exposition *Figure du Moderne 1905-1914 – L'Expressionnisme en Allemagne*, Mus. d'Art Mod. de la Ville, Paris, 1993, remarquable documentation.

Musées : Aarau (Aarganer Kunsthaus) : *Paysage de forêt avec un nu* – Amsterdam (Stedelijk Mus.) : *Deux garçons et deux filles* vers 1918 – Berlin (Nationalgalerie) : *Le Jugement de Pâris* 1910-1911 – *Jeune fille* 1912 – Breslau, nom all. de Wroclaw – Cologne (Wallraf-Richartz Mus.) : *Deux sœurs* 1919 – *Maisons de Gitans* *et chèvres* vers 1925 – *Tziganes aux chats* 1927 – Detroit (Inst. of Art) : *La Tente* vers 1925 – Dortmund (Mus. am Ostwall) : *Trois baigneurs dans un étang* vers 1912 – Duren (Leopold-Hoesch Mus.) : *Couple de Gitans* vers 1920 – Düsseldorf (Kunstsammlung Nordrhein-Westfalen) : *Nu debout sous les arbres* 1915 – Erfuhrt – Essen (Folkwang Mus.) : *Baigneuses* vers 1914 – *Baigneuse* 1912 – *Famille polonaise* 1919 – *Famille de bohémiens* – *La Madone tzigane* – Francfort-sur-le-Main (Städel. Inst.) : *Adam et Ève* – Halle – Hambourg (Kunsthalle) : *Nus dans les dunes* vers 1919 – Mannheim (Kunsthalle) : *Deux femmes nues* vers 1929 – Munich (Pina.) : *Autoportrait* 1921 – *Deux filles* vers 1925 – Munich (Neue Staatsgalerie) : *Autoportrait* 1927 – *Deux femmes dans la verdure* vers 1925 – Münster : *Bac dans la forêt* 1905 – Sarrebruck (Saarland Mus.) : *Tzigane aux tournesols* – *Trois baigneuses au lac* vers 1920 – *Tziganes aux tournesols* – Stettin – Stuttgart (Staatsgalerie) : *Deux nus dans les roseaux* 1924 – Ulm (Mus. mun.) : *Couple à la table* 1922.

Ventes Publiques : New York, 11 avr. 1946 : *Liebespaar* : **USD 250** – Stuttgart, 22 jan. 1958 : *Deux jeunes filles se baignant dans un étang entouré d'arbres* : **DEM 10 000** – Cologne, 3 déc. 1960 : *Gitane à demi allongée dans un paysage*, encre de Chine : **DEM 14 000** – Munich, 6 et 8 nov. 1963 : *Jeune fille nue au bord de l'eau*, aquar. : **DEM 5 500** – Hambourg, 5 juin 1970 : *Baigneuses* : **DEM 62 000** – Cologne, 25 nov. 1972 : *Baigneuses* : **DEM 115 000** – Genève, 14 juin 1974 : *Couple de gitans* 1918-1919 : **CHF 220 000** – Cologne, 21 mai 1976 : *Deux baigneuses*, craies de coul. (49x34) : **DEM 36 000** – Hambourg, 4 juin 1976 : *Nu se lavant*, aquar. et pl. (55,7x31,4) : **DEM 12 000** – Munich, 30 nov. 1976 : *Baigneuses*, litho. (32,7x27) : **DEM 8 000** – Munich, 25 nov. 1977 : *Deux jeunes filles dans les dunes* 1921/2, litho. : **DEM 12 000** – Hambourg, 4 juin 1977 : *L'herbe* vers 1924, craies de coul. et aquar. (52x68,5) : **DEM 19 000** – Hambourg, 4 juin 1977 : *Arbres au bord de l'eau* vers 1915, gche (117,5x88) : **DEM 48 000** – Munich, 23 mai 1978 : *Paysage boisé à l'étang*, craies de coul. et aquar. (50,3x70) : **DEM 46 000** – Hambourg, 3 juin 1978 : *Jeune fille nue, debout, sous les arbres* 1912, peint. à la détrempe (110x77,5) : **DEM 290 000** – Munich, 30 nov 1979 : *Moïse sauvé des eaux* vers 1920, litho. en coul. : **DEM 18 000** – Munich, 29 mai 1979 : *Nu debout*, aquar. et craies de coul. (68,5x52,5) : **DEM 80 000** – Munich, 29 mai 1979 : *Baigneuses (recto)* ; *Deux nus (verso)* avant 1917, peint. à la détrempe (121x95) : **DEM 190 000** – Munich, 2 déc. 1980 : *Portrait de Maschka Mueller*, craies de coul. aquarellé (50x34) : **DEM 68 000** – Cologne, 30 mai 1981 : *Deux nus couchés*, craie de coul. et temp. (45,2x56,7) : **DEM 40 000** – New York, 18 mai 1981 : *Baigneuses* vers 1917, gche/t. d'emballage (120,6x95,2) : **USD 140 000** – Hambourg, 12 juin 1982 : *Deux garçons et quatre jeunes filles* 1916, litho. aquarellée : **DEM 32 000** – Hambourg, 10 juin 1983 : *Autoportrait avec Maschka* 1922-1925, litho. en coul. : **DEM 48 000** – Londres, 22 mars 1983 : *Nu assis au bord de l'eau*, aquar., craies noire et coul. (51x67,5) : **GBP 22 000** – Hambourg, 9 juin 1984 : *Sitzender Mädchenakt im Gras*, craie de coul. (34,1x50,4) : **DEM 185 000** – Munich, 29 mai 1984 : *Deux baigneuses*, peint. à la colle/t. d'emballage (90,5x110) : **DEM 340 000** – Cologne, 5 juin 1985 : *Deux fillettes dans les dunes, Sylt* 1920-1924, litho. noir et jaune/simili Japon (43x53,5) : **DEM 54 000** – Berlin, 7 déc. 1985 : *La danseuse (Maschka)* 1907-1908, h/t (90,3x68,5) : **DEM 105 000** – Berne, 19 juin 1986 : *Nu couché* vers 1914, craies de coul. (45x57,5) : **CHF 13 500** – Zurich, 13 juin 1986 : *Jeune fille accroupie dans une forêt*, aquar. et craies de coul. (68,5x52,5) : **CHF 225 000** – Londres, 30 juin 1987 : *Fünf gelbe Akte am Wasser* 1921, litho. en coul. (33,3x43,7) : **GBP 20 000** – Londres, 1er déc. 1987 : *Cinq nus de jeunes filles* vers 1919, temp./t. d'emballage (118x94) : **GBP 200 000** – Munich, 8 juin 1988 : *Portrait de Maschka*, cr. de coul. et encre (70x50,5) : **DEM 49 500** – Munich, 26 oct. 1988 : *Deux nus féminins allongés dans l'herbe près d'un lac* 1925, aquar. et craie (68,4x53,2) : **DEM 231 000** – New York, 6 oct. 1988 : *Nu féminin debout*, fus./pap. (56,8x45,4) : **USD 7 150** – Londres, 3 avr. 1989 : *Jeunes femmes nues assises au bord de l'eau*, collage/pap. d'emballage (77x106) : **GBP 396 000** – Heidelberg, 12 oct. 1991 : *Deux figures dans le sous-bois* 1916, litho. (26,3x20,6) : **DEM 1 000** – Heidelberg, 11 avr. 1992 : *Jeune fille assise parmi les roseaux* 1912, bois gravé (27,9x37,5) : **DEM 7 300** – New York, 12 nov. 1992 : *Femme allongée*, craies grasses et encre/pap. (35,6x50,2) : **USD 88 000** – Berlin, 27 nov. 1992 : *Jeune gitane debout portant un enfant dans ses bras*, encre et aquar. sur cr. avec reh. de blanc/vélin (66,5x49,5) : **DEM 316 400** – Munich, 1er-2 déc. 1992 : *Vierge tzigane*, litho. (69x51,5) : **DEM 34 500** – Londres, 20 mai 1993 : *Trois baigneuses et une jeune fille assise près d'un lac dans un bois* 1918, litho. aquarellée (33x27) : **GBP 13 800** – New York, 8 nov. 1994 : *Nu allongé*, craie noire/pap. teinté (34,3x45) : **USD 5 175** – Londres, 11 oct. 1995 : *Autoportrait avec un modèle et un masque*, litho./pap. gris (38,7x29,2) : **GBP 7 475** – Berne, 21 juin 1996 : *Nu féminin debout devant une mare* vers 1922, craies de coul. et aquar. (68,3x52,4) : **CHF 140 000** – Londres, 9 oct. 1996 : *Deux fillettes dans la forêt*, aquar. et past./pap. (50,8x66) : **GBP 67 500** – Londres, 3 déc. 1996 : *Nu assis dans l'herbe* 1925, temp. (104,5x75) : **GBP 331 500** – Heidelberg, 11-12 avr. 1997 : *Trois jeunes filles de profil* 1921, litho. (28,6x38,9) : **DEM 7 500** ; *Deux jeunes filles assises* 1921-1922, litho. (28,5x39) : **DEM 19 000** – Londres, 10 déc. 1997 : *Nu féminin assis, vu de dos, dans les bois* 1925, aquar., fus. et past. gras/pap. (50x35) : **GBP 51 000**.

MUELLER-KRAUS

xxe siècle. Français.

Peintre.

A figuré, de 1952 à 1954, au Salon des Réalités Nouvelles, avec des compositions décoratives, à tendance abstraite.

MUELTSCHERE Hans. Voir **MULTSCHER**

MUENCKE Eduard

Né le 2 octobre 1875 à Berlin. xxe siècle. Allemand.

Peintre de portraits, paysages, graveur.

Il fut élève de Zügel. On cite de lui une série de planches : *Faust, Ire partie* et *Danse macabre*.

MUENDEL George F.

Né en 1871 à West Hoboken (New Jersey). xxe siècle. Américain.

Peintre.

Il fut élève de l'Art Student's League de New York. Il fut membre de la Fédération américaine des arts.

Ventes Publiques : New York, 18 déc. 1991 : *Vue de Pailsades depuis le haut de Manhattan* 1898, h/t (61x45,7) : **USD 2 420**.

MUENIER Jules Alexis

Né le 29 novembre 1863 à Vesoul (Haute-Saône), selon Ed. Joseph le 29 novembre 1869 à Lyon (Rhône). Mort en 1942. xixe-xxe siècles. Français.

Peintre de genre, paysages, graveur.

Élève de Gérome. Il expose depuis 1887, à Paris, au Salon des Artistes Français dont il est sociétaire et hors concours. Chevalier de la Légion d'honneur en 1895, médaille d'or en 1900 dans le cadre de l'Exposition universelle. Il fut nommé membre de l'Institut en 1921. Il fait parfois vibrer des couleurs vives, notamment lorsqu'il traite des sujets orientalistes, se rapprochant alors de l'art de Guillaumin.

J-A-MUENIER.

Bibliogr. : Gérald Schurr, in : *Les Petits Maîtres de la peinture 1820-1920, valeur de demain*, Les Éditions de l'Amateur, t. II, Paris, 1982.

Musées : Mulhouse : *Les Orphelins* – *Baigneuses* – Une aquarelle à l'œuf – Paris (Mus. d'Art Mod.) : *Retour des champs* – Vesoul : *Petite fille* – *La leçon de clavecin*.

Ventes Publiques : Paris, 1893 : *Idylle au village* : **FRF 550** – Paris, 11 juin 1900 : *Pêcheurs aux bords du quai* : **FRF 1 350** – Paris, 6 juin 1921 : *La Rencontre de Marie* : **FRF 800** – Paris, 24 avr. 1942 : *Le Repas du cantonnier* : **FRF 2 320** – Paris, 21 fév. 1944 : *Paysage* : **FRF 1 550** – Paris, 2 déc. 1946 : *Femmes d'Alger sur les terrasses* 1889 : **FRF 3 800** – Paris, 30 avr. 1951 : *Bord de rivière* : **FRF 9 000** – New York, 14 mai 1976 : *Jeune homme faisant boire son cheval* 1891, h/t (155x155) : **USD 1 500** – Paris, 8 déc. 1978 : *Le coup de foudre à la campagne*, h/t (38x47) : **FRF 5 200** – New York, 1er mars 1984 : *Le Repos aux champs*, h/t (90,8x121,3) : **USD 11 000** – Honfleur, 1er jan. 1987 : *Aux beaux jours* 1889, h/t (165x155) : **FRF 150 000** – New York, 24 oct. 1989 : *La pause d'après-midi* 1909, h/t (48,9x61,6) : **USD 7 700** – Londres, 28 oct. 1992 : *Reflets d'eau*, h/t (114x79) : **GBP 2 035** – Londres, 18 juin 1993 : *Jeune paysan sur son cheval se désaltérant dans la mare* 1891, h/t (156x156) : **GBP 23 000** – New York, 15 fév. 1994 : *Fillette composant un bouquet de printemps dans un vase* 1909, h/cart. (60,6x38,1) : **USD 12 075** – Paris, 29 avr. 1994 : *Le retour des champs*, fus. (58x43) : **FRF 4 000** – Paris, 24 mars 1995 : *Un pont sur la rivière* 1899, h/t (65x81) : **FRF 15 000** – New York, 2 avr. 1996 : *Les pêcheurs*, h/t, une paire (chaque 64,8x54) : **USD 13 800**.

MUESCH Leo
Né le 26 février 1846 à Düsseldorf. Mort le 6 janvier 1911 à Düsseldorf. XIXe-XXe siècles. Allemand.
Sculpteur.
Élève de Bayerle, de C. Mohr et de A. Wittig.

MUESMANN Carl Joseph ou **Mussmann**
Né le 29 avril 1814 à Munster. Mort le 7 mars 1868 à Hambourg. XIXe siècle. Allemand.
Lithographe.
Élève de Chr. Espagne à Munster ; il continua ses études à Berlin et à Hambourg. On cite de lui les planches *Heligoland* et *Dessenich le jeune*.

MUET Jean le. Voir **JEAN le Muet**

MUFFAT Adrien. Voir **JOLY**

MUFFERT Josef
Né en 1806. Mort le 23 septembre 1838 à Vienne. XIXe siècle. Actif à Vienne. Autrichien.
Portraitiste.

MUGANO ou **Mugiano**
XVIIe siècle. Actif en Sardaigne au milieu du XVIIe siècle. Italien.
Peintre.
Il a peint une *Madone* et une *Décollation de saint Jean* dans l'église d'Orosei.

MUGARRIETA Diego de ou **Mugarietta**
Né le 14 mars 1719 à Urpieta. XVIIIe siècle. Espagnol.
Peintre.
Il peignit des peintures d'inspiration religieuse pour les églises de Hernani et d'Aranzazu.

MUGELLO Benedetto da, fra. Voir **BENEDETTO da Fiesole**

MUGESAI. Voir **KUSUMI MORIKAGE**

MÜGGE Philipp
Né vers 1770. XVIIIe-XIXe siècles. Actif à Berlin. Allemand.
Peintre d'histoire et paysagiste.
Il exposa à Berlin de 1789 à 1810 et en 1826.

MUGGIANI Pietro
XVIIIe siècle. Actif à Plaisance dans la seconde moitié du XVIIIe siècle. Italien.
Sculpteur.
Il fit ses études à Bologne et mourut à l'âge de vingt-sept ans.

MUGGLY Karl
Né le 25 janvier 1884 à Munich (Bavière). XXe siècle. Allemand.
Peintre verrier.
Professeur à l'École des Arts Décoratifs de Bielefeld.

MUGIANO Lorenzo da. Voir **LORENZO da Mugiano**

MUGICA Y ERRASTI Nicolas
Né le 6 décembre 1887 à Guipuzcoa (Pays Basque). Mort le 1er mars 1948 à San Sebastian. XXe siècle. Espagnol.
Peintre de paysages.
Il fut élève du peintre Alejandrino Irureta. Il voyagea au Chili en 1933.
Il participa aux Expositions nationales des Beaux-Arts, à Madrid, entre 1926 et 1932. Il exposa également en Amérique latine.
Bibliogr. : In : *Cien anos de pintura en Espana y Portugal, 1830-1930* t. VI, Antiqvaria, Madrid, 1991.

MUGICA Y PEREZ Carlos
Né en 1821 à Villanueva de Cameros. XIXe siècle. Espagnol.
Peintre de figures et de portraits et illustrateur.
Élève de I. Borghini, il fut, à Madrid, professeur de dessin des princes royaux. On cite de lui des fresques dans l'hôtel de ville de Madrid.

MUGINI Bartolommeo
XVIIe siècle. Actif à Lugano à la fin du XVIIe siècle. Italien.
Sculpteur.
Il a sculpté dans l'église Saint-Antoine de Padoue un tombeau avec trois bustes de la famille de Caimo.

MUGNAI Gaspare
Né en 1788 à Naples. XIXe siècle. Italien.
Peintre.
Il peignit des fresques dans le palais de Caserta et dans les théâtres de Naples.

MUGNAINO. Voir **MARINELLI Giovanni Antonio**

MUGNIER Jules
XIXe siècle. Français.
Peintre de marines et de paysages.
De 1834 à 1846, il figura au Salon de Paris avec des marines : *La rade de Palerme ; Paris vu du Pont du Carrousel ; Vues de port de Naples, de Brest et de Granville*.
Ventes Publiques : Paris, 8 nov. 1918 : *Barques de pêche au large, temps d'orage* : **FRF 50**.

MUGNIER-SERAND René
Né le 13 octobre 1873. Mort le 16 février 1931 à Clamart (Hauts-de-Seine). XXe siècle. Français.
Peintre de paysages, natures mortes.
Il exposait, à Paris, au Salon des Indépendants.

MUGNOZ ou **Mugnos**. Voir **MUNOZ**

MUGOT Hélène
Née le 8 juillet 1953. XXe siècle. Française.
Peintre, technique mixte, créateur d'installations, photographe, sculpteur. Tendance conceptuelle.
Entre 1972 et 1977, elle est étudiante en lettres, en histoire de l'art à la Sorbonne, et en arts plastiques à l'École des Beaux-Arts de Paris. Entre 1977 et 1979, elle est pensionnaire à l'Académie de France à Rome. Elle obtient en 1985 une bourse d'aide individuelle à la création du Fiacre, en 1986 une bourse de séjour et de recherche aux États-Unis de la Fondation Fulbright, en 1987 elle est artiste-en-résidence au Museum of Holography de New York, en 1989 elle obtient une bourse de recherche / Nouvelles technologies du Centre national des arts plastiques, en 1990 une bourse de séjour et de recherche (du Fiacre) au Californian Institute of the Arts.
Elle participe à des expositions collectives, parmi lesquelles : 1976, 1977, 1978, galerie La Dérive, Paris ; 1977, 1982, Musée des Beaux-Arts, Rouen ; 1978, 1982, Salon de Montrouge ; 1978, Salon de Mai, Paris ; 1982, XIIe Biennale des Jeunes de Paris ; 1983, *Propositions-Installations*, Centre culturel, Corbeil-Essonnes ; 1983, *Intempéries*, American Center, Paris ; 1985, *9 artistes en Champagne-Ardenne*, Musée de Charleville-Mézières ; 1987, Salon de la Jeune Sculpture, Paris ; 1988, *Rome – Rodez*, Musée des Beaux-Arts, Rodez ; 1988, *5 sculpteurs de la lumière*, Musée des Arts Décoratifs, Paris ; 1989, *En villégiature*, Centre d'art contemporain de Vassivière en Limousin ; 1991, Centre photographique d'Île-de-France, Pontault-Combault.
Elle montre ses œuvres dans des expositions personnelles, dont : 1975, Maison des Beaux-Arts, Paris ; 1977, galerie La Dérive, Paris ; 1979, Villa Medicis, Rome ; 1981, galerie « Au fond de la cour », Paris ; 1983, Centre d'Art Contemporain, Passages, Troyes ; 1988, *Astres et désastres*, Stadtgalerie, Sarrebrück ; 1989, Centre d'art L'Imagerie, Lannion ; 1991, galerie Aline Vidal, Paris ; 1991, Cadran Solaire, Troyes ; 1992, Centre d'art contemporain, Corbeil-Essonnes ; 1995, Centre d'arts plastiques, Saint-Fons.
Les œuvres réalisées par Hélène Mugot illustrent une quête duelle. Celle, d'une part, de la forme entière, complète, mais intégrant son contraire « ...pour dire le Tout », qu'elle a d'abord cherché à rendre par le noir de la calcination (*Les Chambres noires*), et, d'autre part, une inspiration soudaine née de la découverte de la lumière au travers des couleurs qui semble être devenue le pivot de ses recherches. Partant du constat que la lumière née de la couleur est aussi cette autre couleur-lumière que la substance n'a pas absorbée, « pour approcher ce Réel, il fallait compléter le monde et peindre à l'envers. » Tout son travail est désormais déterminé par une volonté d'atteindre cette lumière en tant que manifestation et non pas représentation. Hélène Mugot a ainsi réalisé des installations qui tentent de la saisir par un jeu de prismes dans son intégrité : *Épiphanie* (1982), *La Vue* (1987). Lors de son exposition, en 1988, à la Stadtgalerie, elle a créé plusieurs œuvres, principalement à l'aide de cibrachromes, en piégeant la lumière par des phénomènes chromatiques. L'œuvre d'art restant dans ce cas une des conditions de permanence de la lumière. Ce désir d'approcher la lumière sans l'étreindre pose également le problème du rapport du « peintre » à son sujet : *Noli me tangere !* (1989) : ou comment passer outre la frustration de ne pouvoir l'associer au corps d'une manière plus intime.
■ C. D.
Bibliogr. : H. Mugot, P. Kresp : *Hélène Mugot : Astres et désastres*, Stadtgalerie, Sarrebruck, 1988 – Hélène Mugot, Chantal Cusin-Berche, Jean-Luc Olivié : *Hélène Mugnot – Opera Incita Fracta Infinita*, catalogue de l'exposition, Galerie Aline

Vidal, Paris, 1991 / Cadran Solaire, Troyes, 1991 / Centre d'art contemporain, Corbeil-Essonnes, 1992.
Musées : New York (Mus. of Holography) – Paris (FNAC) – Paris (Mus. Nat. d'Art Mod.) – Sélestat (FRAC Alsace) : *La Vue* 1987.

MUGUET Félix. Voir **PÉRÈSE Léon**

MUGUET Georges
Né le 3 juillet 1903 à Moissy-Cramayel (Seine-et-Marne). Mort le 17 février 1988. xxe siècle. Français.
Sculpteur.
Il a été élève d'Antoine Bourdelle.
Il expose, à Paris, aux Salons des Indépendants et des Tuileries. Il est président honoraire de la Société des artistes français. Il fut lauréat de la Fondation américaine pour la Pensée et l'Art français ayant reçu le prix Blumenthal en 1938. Chevalier de la Légion d'honneur et de l'Ordre des arts et lettres. Médaille de Vermeil de la Ville de Paris. Grand Prix national des Beaux-Arts de la Ville de Paris en 1959.
Sa sculpture est de tendance classique. Il a réalisé de nombreuses commandes officielles depuis 1931.
Bibliogr. : Film sur la vie et l'œuvre du sculpteur Muguet, O.R.T.F., 1965.

MUHAMMAD ibn al-ZAYN
xiiie-xive siècles. Actif à la fin du xiiie siècle et au début du xive siècle.
Ciseleur.
Il est connu pour avoir ciselé le célèbre *Baptistère de saint Louis* (Louvre), daté entre 1290 et 1310. Cette œuvre exceptionnelle est une cuve en étain incrusté d'or et d'argent. L'artiste a détaillé avec autant de précisions les physionomies que les costumes. Il n'a laissé aucun vide, ornant le fond de motifs végétaux décoratifs.

MUHAMMAD NADIR SAMARQANDI
Éc. hindoue.
Peintre.
Il appartenait à l'École Shah Jahan et peignit surtout des portraits.

MUHAMMAD SHARIF
Éc. hindoue.
Peintre.
Il peignit surtout des sujets religieux, plus tard des combats. On cite de lui *Taureau luttant avec un tigre*.

MUHAMMADI
xvie siècle. Actif à la fin du xvie siècle. Éc. persane.
Peintre.
On ne connaît rien de sa vie. Il représenta des scènes de genre et des portraits, mais fit peu d'illustrations de manuscrits. Il a un trait assuré, et est parmi les premiers à rechercher un véritable réalisme, non seulement à travers des portraits vivants, mais aussi à travers des représentations plus proches de la réalité quotidienne. Il est sans doute à l'origine du mouvement réaliste qui caractérisera l'art persan au xviie siècle.
Bibliogr. : O. Grabar, in : *Dictionnaire de l'Art et des Artistes*, Hazan, Paris, 1967.

MÜHE Heinrich August Theodor
Né en 1794 à Brunswick. Mort en février 1845 à Riga. xixe siècle. Allemand.
Peintre et lithographe.

MUHEIM Johann Anton
Né à Altdorf (Canton d'Uri). xixe siècle. Actif dans la première moitié du xixe siècle. Suisse.
Dessinateur amateur.
Il exposa au Salon de Zurich une *Vue de Altdorf* en 1805.

MUHEIM Jost
Né le 15 septembre 1837 à Altdorf (Canton d'Uri). Mort le 31 janvier 1919. xixe-xxe siècles. Suisse.
Peintre de genre et paysagiste.
Fils et élève de son père Jost Anton M. ; il continua ses études à Karlsruhe, et à Düsseldorf. Il s'établit à Lucerne. Le Musée de Lucerne possède des peintures de cet artiste.
Ventes Publiques : Londres, 23 mai 1985 : *Paysage alpestre*, h/t (76x100) : **CHF 5 000**.

MUHEIM Jost Anton
Né le 12 mars 1808 à Altdorf. Mort le 21 avril 1880. xixe siècle. Suisse.
Paysagiste, dessinateur et aquafortiste.
Père de Jost M. Le Canton d'Uri possède trois peintures de cet artiste.

MUHITS Sandor ou **Alexandre**
Né le 9 mars 1882 à Peterd. xxe siècle. Hongrois.
Peintre, peintre de cartons de tapisseries, graveur.
Il fit ses études à Budapest, où il travailla par la suite. Il exécuta des intérieurs d'églises et des vitraux.

MÜHL Johann Reinhold
Né en 1631 ou 1632 à Nuremberg. xviie siècle. Allemand.
Aquafortiste et orfèvre.
Fils de Reinhold M. On cite de lui un *Autoportrait* et les portraits des quatre femmes de son père en *Foi, Amour, Espérance* et *Patience*.

MÜHL Reinhold
Né en 1581 à Dithmarschen. Mort en 1634 à Nuremberg. xviie siècle. Allemand.
Aquafortiste et orfèvre.
Père de Johann Reinhold M. On cite de lui le portrait de *Melchior Krapff*.

MÜHL Roger
Né en 1929 à Strasbourg (Bas-Rhin). xxe siècle. Français.
Peintre de paysages, aquarelliste. Tendance néo-impressionniste.
Il a été élève à l'École des Arts Décoratifs de Strasbourg de 1947 à 1950, avec Lehmann.
Il participe à des expositions de groupe à Paris, Mulhouse, Strasbourg, Tokyo, Kyoto, Osaka. Il montre ses œuvres dans des expositions particulières, dont celles à Paris, New York, Londres, Cologne, Stuttgart, Milan, Dallas, Stockholm, ainsi qu'au Musée de l'Athénée à Genève, notamment en 1998 à la galerie de la Bouquinerie de l'Institut à Paris. Il a peint une fresque pour le Ministère de l'Education nationale à Mulhouse en 1953, une laque en polyester aux Archives de la Ville de Colmar en 1960, des vitraux pour l'église de Illhaeusern, et également pour l'école d'Ittenheim, une école de Rennes, le temple d'Ostheim, la mairie de Mittelwhir.
Influencé par Nicolas de Staël, ses premières œuvres subissaient ses origines alsaciennes, dans l'emploi des teintes comme le blanc et le gris. Après s'être installé à Grasse dans le Midi de la France, ses toiles, souvent travaillées en pâte épaisse, sont devenues plus colorées. Il peint des paysages de Provence aux formes torturées, convulsées et vallonnées, où la lumière a une très grande part.
Musées : Paris (Mus. d'Art Mod. de la Ville) – Strasbourg.
Ventes Publiques : Genève, 30 juin 1973 : *Paysage de neige* : **CHF 3 600** – Paris, 27 nov. 1974 : *Village dans la montagne* : **FRF 13 000** – Versailles, 27 juin 1976 : *Le pont*, h/t (81x60) : **FRF 4 000** – Versailles, 8 oct. 1978 : *Les Péniches sur le Rhin*, h/t (59,5x80,5) : **FRF 4 600** – Versailles, 10 juin 1979 : *Le Bouquet jaune*, h/t (81x65) : **FRF 5 000** – Versailles, 22 mars 1981 : *La Nappe blanche*, h/t (60x73) : **FRF 10 200** – Paris, 19 mars 1983 : *Les Moissons*, h/t (50x76) : **FRF 17 000** – Versailles, 18 juin 1986 : *Jardin méditerranéen*, h/t (150x200) : **FRF 45 500** – Paris, 10 déc. 1987 : *Paysage varois* vers 1975, h/t (59,5x63,5) : **FRF 13 000** – Paris, 22 juin 1987 : *Jardin méditerranéen*, h/t (146x200) : **FRF 55 000** – Versailles, 25 sep. 1988 : *Campagne blanche*, gche (37x41) : **FRF 3 600** – Paris, 13 avr. 1989 : *Arbres en fleurs* (80x85) : **FRF 27 000** – New York, 21 fév. 1990 : *Montagne jaune*, h/t (160,2x150) : **USD 6 600** – Paris, 4 juil. 1990 : *Paysage*, h/t (41x33) : **FRF 10 500** – Paris, 6 oct. 1990 : *Nature morte à la bouteille*, h/t (100x81) : **FRF 60 000** – Le Touquet, 11 nov. 1990 : *Les moissons*, h/t (54x65) : **FRF 23 000** – Paris, 7 déc. 1990 : *Paysage de neige*, h/t (38x46) : **FRF 14 000** – Calais, 9 déc. 1990 : *Vase de fleurs jaunes*, h/t (81x65) : **FRF 25 000** – Calais, 10 mars 1991 : *Cyprès en Provence*, h/t (80x85) : **FRF 35 000** – Paris, 18 avr. 1991 : *Port de Cannes*, h/t (152x160) : **FRF 38 000** – Paris, 4 déc. 1991 : *Le petit nu*, acryl./t. (32x30) : **FRF 6 500** – New York, 12 juin 1992 : *La Méditerranée le soir*, h/t (129,5x120,7) : **USD 3 575** – Paris, 6 nov. 1992 : *Parc en été*, h/t (32x30) : **FRF 7 000** – Le Touquet, 30 mai 1993 : *La table dressée*, h/t (50x100) : **FRF 40 000** – New York, 2 nov. 1993 : *Arlequin*, h/t (33x24) : **USD 633** – Amsterdam, 8 déc. 1993 : *Nature morte à la carafe*, h/t (81x100) : **NLG 4 830** – New York, 9 juin 1994 : *Le jardin à Grasse* 1984, h/t (149,9x200,7) : **USD 8 912** – Paris, 13 juin 1994 : *Nature morte*, h/t (50x65) : **FRF 20 000** – New York, 30 avr. 1996 : *Nature morte*, h/t (81,3x100) : **USD 2 760** – New York, 12 nov. 1996 : *Village*, h/t (99,8x109,3) : **USD 6 325** – Paris, 24 nov. 1996 : *Village sous la neige* 1960-1965, h/t (60x81) : **FRF 11 000** –

NEW YORK, 10 oct. 1996 : *L'Arc-en-ciel* 1984, h/t (129,5x161,9) : **USD 4 025** – PARIS, 25 juin 1997 : *Bouteille et table*, h/t (81x100) : **FRF 30 000**.

MÜHLBACHER Joseph
Né le 4 mars 1868 à Saint-Margarethen (Lungau). XIXe-XXe siècles. Autrichien.
Sculpteur, peintre.
Il fut élève de l'Académie de Vienne. Il sculpta plusieurs statues de saints pour des églises d'Autriche, des monuments aux Morts et des fontaines.

MÜHLBAUER Ludwig
Né le 7 janvier 1875 à Munich (Bavière). XXe siècle. Allemand.
Sculpteur, architecte.
Il fut élève de l'Académie de Munich.

MÜHLBECK Josef ou **Joseph**
Né le 4 août 1878 à Simbach-sur-l'Inn. XXe siècle. Allemand.
Peintre de paysages.
Il fut élève de l'Académie de Munich.
VENTES PUBLIQUES : COLOGNE, 15 juin 1989 : *Paysage avec une mare*, h/t (70x100) : **DEM 2 700**.

MÜHLBECK Karoly ou **Karl**
Né le 2 avril 1869 à Nagysurany. XIXe-XXe siècles. Hongrois.
Peintre, illustrateur.

MÜHLBERG Georg
Né le 5 février 1863 à Nuremberg (Bavière). Mort le 1er janvier 1925 à Munich (Bavière). XIXe-XXe siècles. Allemand.
Peintre de genre, illustrateur.
Il fut élève de Löfftz.

MÜHLBERG Heinrich Ernst
XVIIIe siècle. Actif dans la seconde moitié du XVIIIe siècle. Allemand.
Peintre sur porcelaine.
Il fonda une manufacture de porcelaine à Eisenberg où il travailla comme fabricant et peintre sur porcelaine.

MÜHLBERG Johann Anton
XIXe siècle. Actif à Friedrichstannecke en 1809. Allemand.
Peintre sur porcelaine.

MÜHLBRECHT Fritz
Né le 6 juin 1880 à Berlin. XXe siècle. Allemand.
Peintre de paysages, figures, intérieurs, graveur.
Il s'établit à Steinebach sur le Lac de Woerth. Il fut élève de L. Herterich et de F. v. Stuck. Il gravait à l'eau-forte.

MÜHLDER Jürian
Né vers 1686. XVIIIe siècle. Allemand.
Peintre.
Il habita à Amsterdam en décembre 1722.

MÜHLDORFER. Voir aussi **MILDORFER**

MÜHLDÖRFER Josef
Né le 10 avril 1800 à Meersburg. Mort le 9 avril 1863 à Mannheim. XIXe siècle. Allemand.
Peintre de décors de théâtre et metteur en scène.
Élève de Dom. Quaglio et de Hungermüller. Il s'établit à Mannheim en 1832.

MUHLE Anton Gynther
XVIIIe siècle. Actif en 1728. Danois.
Peintre.
A. Reinhardt grava, d'après la peinture de Muhle, le portrait du prévôt Andr. Brunn de Bergen.

MUHLE Carl Adolf
Né le 5 avril 1786 à Copenhague. Mort le 29 mars 1855 à Valby. XIXe siècle. Danois.
Médailleur amateur.
Père de Mogens Thorvald Mule.

MUHLEN Marianne von
Née le 19 février 1874 à Svinemünde. XIXe-XXe siècles. Active à Dresde. Allemande.
Peintre.

MUHLENBECK Georges Émile
Né le 25 mai 1862 à Rigny-le-Ferron (Aube). XIXe-XXe siècles. Français.
Sculpteur.
Il fut élève de Falguière et Aimé Millet.
Il figura, à Paris, au Salon des artistes Français dont il fut sociétaire de 1884 à 1910. Il obtint une mention honorable en 1891, une médaille de troisième classe en 1898, une médaille de bronze en 1900 dans le cadre de l'Exposition Universelle (Paris).

MÜHLENBRUCH Johann Ernst ou **Johann**
Né à Trutzlatz près de Naugard. XIXe siècle. Allemand.
Peintre d'histoire et décorateur.
Élève de Lindenschmidt. En 1886, il fut chargé de la décoration de l'Hôtel de Ville de Berlin ; il a également exécuté des peintures décoratives pour l'église de la Trinité de Berlin.

MÜHLENEN Max von
Né en 1903 à Berne. Mort en 1971 à Berne. XXe siècle. Suisse.
Peintre de paysages, fresquiste.
Après ses études secondaires, il fut élève de l'École des Arts et Métiers de Berne, en 1923-1924. Il travailla ensuite à Zurich, puis à Paris, où il fréquenta l'atelier d'André Lhote et l'Académie Julian. Il revint à Berne en 1938, où il fonda une école en 1940 qui eut une influence importante sur de nombreux jeunes peintres suisses. Il a réalisé des décorations murales à l'Université de Berne, à l'Hôpital de Tiefenau, des vitraux à l'église de Gümligen et au cimetière de Bremgarten à Berne.
Surtout paysagiste à ses débuts, il peignit à Épinay-sur-Seine, et, de 1926 à 1938, dans le Midi de la France, notamment à Arles et à Sanary. Toutefois, à partir de 1930, il avait abandonné le paysage et, en 1931, avec Tonio Ciolina, Albert Lindegger et Hans Seiler, a fondé le groupe *Der Schritt weiter* (Le Pas en avant). Depuis 1930, il avait progressivement abordé l'abstraction, dans une facture monochrome. En 1939, en Suisse, il avait rencontré Louis Moillet, qui avait été le compagnon de Klee et Franz Marc, dans leur voyage en Tunisie, et fut fortement influencé par sa personnalité et son œuvre.
BIBLIOGR. : B. Dorival, sous la direction de... : *Peintres contemporains*, Mazenod, Paris, 1964.
MUSÉES : AARAU (Aargauer Kunsthaus) : *Spaziergang im Park* 1952.
VENTES PUBLIQUES : BERNE, 3 mai 1979 : *Paysage de Berne* 1925, h/t (54x73) : **VHF 2 200** – BERNE, 6 mai 1983 : *Vue de Vechigen, dans le canton de Berne*, h/t (71x81) : **CHF 3 500** – LUCERNE, 4 juin 1994 : *Lucerne*, h/t (94x111) : **CHF 30 000**.

MUHLETHALER Jean
Sculpteur, dessinateur.
Il figura à l'exposition *Dessins de sculpteurs de Rodin à nos jours* au Musée des Beaux-Arts Château des Rohan à Strasbourg en 1966.

MUHLFELD J. Molitor de. Voir **MOLITOR von Muhlfeld**

MÜHLHAHN Adolf
Né le 21 novembre 1886 à Hanovre (Basse-Saxe). XXe siècle. Allemand.
Peintre de marines, graveur.
Il fut élève de O. Hammel. Il se fixa à Hambourg.

MÜHLHAUSSER Jakob
XVIIIe siècle. Allemand.
Peintre.
On cite de lui une peinture sur verre représentant une *Vue du Jardin anglais du château de Moos en Bavière*.

MÜHLHOLZER Jakob. Voir **MÜLHOLZER**

MÜHLIG Albert Ernst
Né en 1862 à Dresde (Saxe). XIXe-XXe siècles. Allemand.
Peintre de paysages, animalier.
Fils de Bernhard M. Élève de V. P. Mohn et de Fr. L. Pohle. Il a exposé à partir de 1882, à Dresde.

MÜHLIG Bernhard
Né le 10 janvier 1829 à Eibenstock. Mort le 6 septembre 1910 à Dresde. XIXe-XXe siècles. Allemand.
Peintre de genre, paysages, animaux.
Père d'Albert Ernst M. Fixé à Dresde, il a exposé dans cette ville à partir de 1852.
VENTES PUBLIQUES : COLOGNE, 20 oct. 1967 : *Paysans dans un sous-bois* : **DEM 3 500** – COLOGNE, 24 nov. 1971 : *Paysage boisé* : **DEM 2 000** – DÜSSELDORF, 13 nov. 1973 : *Paysage boisé avec une cabane* : **DEM 13 000** – MUNICH, 29 nov 1979 : *Paysage alpestre* vers 1860, h/t (58,5x76) : **DEM 4 500** – VIENNE, 15 sep. 1982 : *Scène de chasse*, gche (14x21) : **ATS 20 000** – LONDRES, 28 nov. 1984 : *Chasseur dans un paysage d'hiver*, h/t (15,5x25,5) : **GBP 3 400** – MUNICH, 8 mai 1985 : *Paysage alpestre*, h/t (33x40) : **DEM 8 500** – COLOGNE, 23 mars 1990 : *Cerf dans une clairière*, h/t (40,5x60) : **DEM 2 000** – PARIS, 14 juin 1991 : *Le chasseur* ; *Jeune fille au chien*, h/t, une paire (37x30) : **FRF 25 000**.

MÜHLIG Hugo

Né le 9 novembre 1854 à Dresde (Saxe). Mort le 16 février 1929 à Düsseldorf (Rhénanie-Westphalie). XIXe-XXe siècles. Allemand.

Peintre de paysages, genre.

Il fut élève de P. Mohn à l'Académie de Dresde. Il travailla dans cette ville, puis à Düsseldorf.

Il a obtenu des médailles à Berlin en 1891 et 1892, et à Londres en 1890 et 1892. Il a obtenu une médaille de bronze à Paris en 1900 dans le cadre de l'Exposition universelle.

Il subit l'influence de L. Richter.

Musées : Aix-la-Chapelle : *Après-midi d'hiver* – Düsseldorf : *Récolte des pommes de terre – Givre.*

Ventes Publiques : Londres, 28 mai 1925 : *Bergers* : **GBP 75** – Cologne, 22 mai 1951 : *Pâturage* : **DEM 1 500** – Cologne, 30 nov. 1968 : *Scène de chasse* : **DEM 20 000** – Cologne, 26 nov. 1970 : *Chasseurs dans un passage enneigé* : **DEM 15 000** – Cologne, 24 mars 1972 : *Scène de marché* : **DEM 22 000** – Cologne, 18 oct. 1974 : *Scène de ferme* : **DEM 18 000** – Cologne, 26 mars 1976 : *La récolte des pommes de terre* 1911, aquar. et temp. (25,5x38,5) : **DEM 9 000** – Cologne, 14 juin 1976 : *Le repos des chasseurs,* h/t (60x74) : **DEM 32 000** – Düsseldorf, 29 juin 1977 : *Le potager en été,* h/pan. (42x62) : **DEM 26 000** – Los Angeles, 6 nov. 1978 : *Chasseurs dans un paysage de neige* 1902, h/cart. entoilé (38x30,2) : **USD 12 500** – Cologne, 19 oct 1979 : *Chasseurs dans un paysage,* h/t (40x60) : **DEM 38 000** – New York, 1er avr. 1981 : *Le Retour des chasseurs,* h/t (76,2x118,1) : **USD 30 000** – Cologne, 25 nov. 1983 : *Après la chasse,* h/pan. (40,5x34) : **DEM 45 000** – Munich, 5 déc. 1985 : *Scène de moisson,* h/t (49x71) : **DEM 24 000** – Cologne, 20 nov. 1986 : *Le Départ pour le concert,* h/t (73,5x62,5) : **DEM 80 000** – Cologne, 25 juin 1987 : *Enfants au bord d'un ruisseau,* aquar. et gche/traits de cr. (14x22) : **DEM 6 000** – Cologne, 15 oct. 1988 : *Berger et moutons dans une prairie ensoleillée à l'arrière saison,* gche (27,5x38) : **DEM 6 500** – Cologne, 18 mars 1989 : *Journée d'été au bord du Rhin,* h/t (43x72) : **DEM 45 000** – Londres, 11 mai 1990 : *Dans la prairie (recto) ; Un chat noir (verso),* h/cart. (37x61) : **GBP 3 080** – Amsterdam, 24 avr. 1991 : *La moisson,* h/pan. (21,5x31,5) : **NLG 19 550** – Cologne, 28 juin 1991 : *Scène campagnarde avec un paysan longeant un étang et une vache à l'arrière-plan,* h/cart. (22x19) : **DEM 5 500** – Munich, 25 juin 1992 : *Dans la région de Michelsberg,* h/t (42,5x55) : **DEM 30 510** – Londres, 2 oct. 1992 : *Une visite dans les terres,* h/pan. (27,5x20) : **GBP 10 780** – New York, 29 oct. 1992 : *Cour de ferme,* h/pan. (27,3x21) : **USD 11 000** – New York, 27 mai 1993 : *Surveillance du troupeau,* h/pan. (23,5x36,2) : **USD 32 200** – Munich, 22 juin 1993 : *La récolte des pommes de terre,* h/t (55x90) : **DEM 62 100** – Amsterdam, 19 oct. 1993 : *La récolte des pommes de terre,* h/t/cart. (20x26,5) : **NLG 32 200** – Munich, 7 déc. 1993 : *Le gardeur d'oies,* h/pan. (35x26,5) : **DEM 32 200.**

MÜHLIG Meno

Né le 8 avril 1823 ou 1825 à Eibenstock. Mort le 8 juin 1873 à Dresde. XIXe siècle. Allemand.

Peintre de genre, paysages.

Père de Hugo et frère de Bernhard, il fut élève de J. Hubner et de l'Académie de Dresde. Il a exposé à Berlin et Dresde à partir de 1844.

Musées : Dresde : *Pèlerinage dans la neige* – Graz : *Le bijoutier.*

Ventes Publiques : Paris, 21-23 nov. 1927 : *L'attelage de chiens dans la neige* : **FRF 650** ; *La halte* : **FRF 330** – Cologne, 23 mars 1973 : *La leçon de flûte* : **DEM 4 000** – Munich, 29 mai 1976 : *L'artisan,* h/t (44x34) : **DEM 2 400** – Cologne, 16 juin 1977 : *Le voleur,* h/t (78x61) : **DEM 3 000** – Cologne, 30 mars 1979 : *Après la chasse,* h/t (34x39) : **DEM 6 500** – Lindau (B.), 6 mai 1981 : *Grand-père et petit-fils,* h/t (42x40) : **DEM 20 000** – Cologne, 20 mai 1985 : *Chez grand-père,* h/t (40,5x34,5) : **DEM 6 000** – Berne, 2 mai 1986 : *Le Vieux Cordonnier,* h/t (27x22) : **CHF 5 000** – Paris, 24 nov. 1993 : *La halte des chasseurs,* h/t (63x52) : **FRF 13 500.**

MÜHLMANN Joseph

Né en 1805 à Sand in Taufers (Tyrol). Mort le 3 novembre 1865 à Innsbruck. XIXe siècle. Allemand.

Peintre d'histoire.

Il a travaillé à Innsbruck de 1836 à 1860. Le Musée Ferdinandeum d'Innsbruck conserve de lui une *Sainte Élisabeth.*

MUHLSTEIN Cécile

Née en 1936 à Paris. XXe siècle. Française.

Peintre de compositions à personnages, dessinateur.

Elle vit et travaille à Paris.

De père polonais, elle passa son enfance aux États-Unis. Revenue à Paris, elle fut élève, en peinture, de l'École des Arts Décoratifs.

Elle participe à des expositions de groupe, parmi lesquelles : 1966, Salon de Mai, Paris ; 1966, 2e Salon international des Galeries Pilotes au Musée Cantonal de Lausanne ; 1968, Biennale de Menton ; 1968, Salon Grands et Jeunes d'Aujourd'hui, Paris ; 1969, *L'Œil écoute* au Festival d'Avignon ; etc. Elle montre ses œuvres dans des expositions personnelles à Paris en 1966, 1970, etc. Elle obtint le Prix Lefranc, en 1960.

Sa technique s'apparente à celle du collage. Sur des fonds préparés par tachage et « dripping », décors oniriques et fantastiques d'une singulière comédie, sont articulés des foisonnements d'éléments découpés, parfois repeints, parfois prélevés bruts des parutions relatant les mille aspects du monde contemporain, qui recomposent une vision particulièrement aigüe, et comme scrutée au microscope, de la réalité humaine et de ses agitations souterraines, d'où le ressort de l'érotisme n'est pas négligé. Par la suite elle a réalisé des dessins représentant à la manière de sculptures en pierre des bustes humains aux yeux clos, des têtes d'animaux dont les membres sont brisés, le tout parcouru par des drapés de linges tenus par des cordes torsadées.

Bibliogr. : *Cécile Muhlstein,* catalogue de l'exposition, gal. Gervis, Paris, 1970.

MUHLSTOCK Louis

Né en 1904 à Narajow (Pologne). XXe siècle. Actif au Canada. Polonais.

Peintre de figures, compositions à personnages, paysages, paysages urbains. Réaliste, puis non-figuratif.

Sa famille émigra au Canada en 1911. Il a effectué un séjour en France entre 1928 et 1931.

Dès ses débuts, il s'affirme comme un représentant d'un réalisme social humaniste. Il peint des malades dans les hôpitaux, des chômeurs et des vues de quartiers déshérités. Durant la Seconde Guerre mondiale, il représente des ouvriers des chantiers maritimes. Depuis les années cinquante, il a opté pour la non-figuration.

Bibliogr. : C. Hill : *Louis Muhlstock. A Survey of Forty-five Years,* Art Gallery of Windsor, Windsor, 1976 – in : *Dictionnaire de l'art moderne et contemporain,* Hazan, Paris, 1992.

Musées : Toronto (Gal. d'Art Mod.) : *Printemps sur le Mont-Royal.*

Ventes Publiques : Toronto, 27 mai 1980 : *Paysage à la rivière,* h/t (65x75) : **CAD 1 200** – Toronto, 14 mai 1984 : *Nu couché* 1960, craie de coul. et pl. (100x63,8) : **CAD 1 300** – Toronto, 3 juin 1986 : *Nu assis* 1963, techn. mixte (97,8x62,2) : **CAD 2 300** – Montréal, 25 mai 1988 : *Nu,* past. (51x41) : **CAD 1 300** – Montréal, 23-24 nov. 1993 : *Tournesols,* h/t (71,1x91,3) : **CAD 900** ; *Nu allongé,* cr. de coul. (61x101,5) : **CAD 1 100.**

MÜHLTHALER Hélène

Née au XIXe siècle à Munich. XIXe siècle. Allemande.

Portraitiste et pastelliste.

Élève de E. Grützner. Elle a travaillé à Munich et exposé dans cette ville à partir de 1879, ainsi qu'à Berlin.

MÜHLWENZEL Franz

Né le 26 décembre 1793 à Eger. Mort le 25 ou 27 mars 1858 à Prague. XIXe siècle. Autrichien.

Peintre.

MÜHM. Voir **MIHM**

MUHR Josef

Né en 1873 à Fulnek. Mort en 1912 à Fulnek. XIXe-XXe siècles. Autrichien.

Sculpteur.

Il fondit la statue en bronze d'*Édouard VII* et sculpta un *Christ* au cimetière de Wigstadl.

MUHR Julius

Né le 21 juin 1819 à Pless. Mort le 9 février 1865 à Munich. XIXe siècle. Allemand.

Peintre d'histoire, de genre, portraitiste et paysagiste.

Élève de l'Académie de Berlin, puis, en 1838, de Cornelius à Munich. En 1847, il travailla ensuite avec M. Echter. En 1852, il partit pour Rome, revint en 1858 à Berlin et l'année suivante se fixa à Munich. Il a exposé, à partir de 1856, à Berlin, Munich et Dresde. Les Musées de Winterthur et de Zurich possèdent des peintures de cet artiste.

Ventes Publiques : Heidelberg, 21 oct. 1977 : *La rue à l'escalier,*

Italie, h/t (58x47) : **DEM 7 800** – BRÊME, 20 oct 1979 : *Mère et enfant dans un paysage*, h/t (31x40,5) : **DEM 3 500**.

MUHRMAN Henry
Né le 21 janvier 1854 à Cincinnati. Mort le 30 octobre 1916 à Meissen. XIXe-XXe siècles. Actif à Londres. Américain.
Peintre de genre, de figures et de paysages.
A parcouru la France, l'Angleterre, l'Allemagne. Les Musées de Belfast, de Cincinnati, de Dublin, de Glasgow et la Pinacothèque de Munich conservent des peintures de lui.
VENTES PUBLIQUES : LONDRES, 2 juil. 1926 : *Vacances des banques*, past. : **GBP 21** – SAN FRANCISCO, 19 mars 1981 : *Voiliers en mer* 1907, h/t (61x100) : **USD 2 500** – ZURICH, 26 jan. 1983 : *Les Patineurs*, h/t (43x61) : **CHF 4 000**.

MUHRMANN Ludwig
Né le 15 septembre 1886 à Iserlohn. XXe siècle. Allemand.
Peintre.
Il fut élève de R. Sterl et de K. Bantzer. Il subit l'influence de K. Schuch.
MUSÉES : CHARLOTTENBOURG (Mus. mun.) : *Nature morte* – CHEMNITZ (Mus. Albert) : *Ouvrier* – DRESDE : *Fleurs*.
VENTES PUBLIQUES : COLOGNE, 29 juin 1990 : *Vue de Ludwigsbrücke à Dresde*, h/pap. (43x59) : **DEM 1 500**.

MUHT Sebastian
XVIIIe siècle. Actif à Leipzig. Allemand.
Peintre.

MU I. Voir **MU YI**

MUIDEBLE Gabriel
Né au XVIIe siècle à Paris. XVIIe siècle. Français.
Sculpteur.
Il travailla dans le château de Vizille en 1655.

MUIEVRE Jean
XIVe siècle. Actif à Paris. Français.
Miniaturiste.
Il travailla pour Jean, duc de Berry, en 1386.

MUILLER. Voir **MÜLLENER Johann Karl**

MUIRHEAD Charles
XIXe-XXe siècles. Actif à Liverpool. Britannique.
Peintre.
Il exposa à Londres de 1886 à 1904.

MUIRHEAD David Thomson ou **David Thomas**
Né en 1867 à Édimbourg. Mort en 1930. XIXe-XXe siècles. Britannique.
Peintre de figures, paysages.
Il fut élève de la Royal Scottish Academy et de l'École Westminster à Londres.
MUSÉES : LONDRES (Tate Gal.) – OTTAWA (Mus. Nat.).
VENTES PUBLIQUES : LONDRES, 30 mai 1924 : *Chelsea Reach*, dess. : **GBP 33** – LONDRES, 17 déc. 1930 : *Rochester*, dess. : **GBP 17** – GLASGOW, 5 fév. 1986 : *The lost piece of silver* 1902, h/t (91,5x106,5) : **GBP 2 200** – LONDRES, 12 mai 1989 : *Chemin forestier en été*, h/t (30x35) : **GBP 1 870** – GLASGOW, 1er fév. 1994 : *Jeune femme admirant son portrait* 1911, h/t (77x64) : **GBP 1 725**.

MUIRHEAD John
Né en 1863 à Édimbourg. Mort le 21 novembre 1927. XIXe-XXe siècles. Britannique.
Peintre de paysages, illustrateur.
VENTES PUBLIQUES : LONDRES, 26 nov. 1926 : *Haughton-Cum-Wyton*, dess. : **GBP 10** – PERTH, 30 août 1994 : *Au port*, aquar. (44x82,5) : **GBP 1 035** – GLASGOW, 11 déc. 1996 : *Bétail près d'une rivière*, h/pan. toilé (31x45) : **GBP 460** – GLASGOW, 11 déc. 1996 : *Bétail s'abreuvant*, h/t (40,5x33) : **GBP 1 150**.

MUIZON Charles de
XIXe siècle. Actif à Reims. Français.
Paysagiste.
Élève de Japy, Humbert, Gervex. Il exposa de 1882 à 1888. Le Musée de Reims conserve de lui : *Marais de Virly*.

MUIZULIS Ivars
Né en 1935. XXe siècle. Russe-Letton.
Peintre de figures, compositions à personnages.
Il fréquenta l'Académie des Beaux-Arts de Lettonie jusqu'en 1960. Membre de l'Union des Artistes.
Il participe à des expositions dès 1965.
Sa peinture mêle des figurations de diverses tendances.
MUSÉES : RIGA (Fonds des Beaux-Arts).
VENTES PUBLIQUES : PARIS, 11 juil. 1990 : *Léda* 1989, h/t (97x100) : **FRF 5 200**.

MUKAI Rypkichi
Né en 1918 à Kyoto. XXe siècle. Japonais.
Sculpteur.
Après avoir obtenu son diplôme de l'Université des Beaux-Arts de Tokyo en 1941, il devient membre du groupe *Kodo*, l'un des mouvements importants de l'art japonais contemporain. Il participe à ses activités depuis 1948. Il fait un séjour d'études à Paris en 1954-1955 et en 1958 effectue un grand voyage en Europe et aux États-Unis.
En 1957 et 1959, il figure à la Biennale de São Paulo, et, en 1962, à la Biennale de Venise. On le retrouve également à l'exposition *Tendances de la peinture et de la sculpture japonaise contemporaine* au Musée National d'Art Moderne de Kyoto en 1964, à la Biennale de Tokyo, à partir de 1961, à l'exposition *Chefs-d'Œuvre de l'art japonais contemporain* au Musée d'Art Moderne de Tokyo pour les Jeux olympiques en 1964.
Son œuvre sculptée, abstraite, est couronnée par de nombreux prix, parmi lesquels le prix de sculpture Kotaro Takamura, le prix de la Biennale de Tokyo en 1961 et le prix du Musée d'Art Moderne de Kamakura.
On lui doit un vaste panneau sculpté pour le grand hall du Bunka Kaikan (Maison de la Culture) de Tokyo exécuté en 1951 et le Monument du Parc de la ville d'Ube en 1963.
MUSÉES : KAMAKURA – SÃO PAULO – TOKYO.

MUKAI Shikii
Né en 1939 à Kobe (préfecture du Hyogo). XXe siècle. Japonais.
Peintre. Abstrait.
Pendant ses études à l'École des Beaux-Arts d'Osaka, il devient membre de l'Association d'Art Gutai, à Osaka, en 1959.
Il participe à de nombreuses manifestations de groupe, parmi lesquelles : la XII Premio Lissone de Lissone en Italie, *Tendances de la sculpture et de la peinture japonaise contemporaine* au Musée National d'Art Moderne de Kyoto en 1964. Il a montré plusieurs expositions particulières de ses œuvres.
MUSÉES : NAGAOKA (Mus. d'Art Contemp.) – NEW YORK (Mus. d'Art Mod.) – TURIN (Centre de recherche esthétique).

MUKAROWSKY Josef
Né en 1851 à Mayence. XIXe siècle. Autrichien.
Peintre et illustrateur.
Élève de l'Académie de Prague chez Trenkwald. Il travailla à Munich.

MUKHERJEE Benode Behari ou **Mukherji**
Né en 1904 à Dacca. XXe siècle. Indien.
Peintre de paysages, graveur.
Il fit ses études à Saint-Ketan, sous la direction de Nandalal Bose.
Il a effectué un voyage d'étude au Japon en 1936.
Il a figuré, en 1946, à l'Exposition ouverte à Paris au Musée d'Art Moderne, par l'Organisation des Nations Unies. Il y présentait : *Arbres en fleurs*.
Il allie à une technique traditionnelle éprouvée, la connaissance des mutations des langages plastiques contemporains. Il a exercé une influence importante sur les jeunes artistes indiens.
BIBLIOGR. : B. Dorival, sous la direction de... : *Peintres contemporains*, Mazenod, Paris, 1964.
MUSÉES : NEW DEHLI (Gal. Nat. d'Art Mod.).

MUKHERJEE Sailoz
Né vers 1907 aux Indes. Mort en 1960. XXe siècle. Indien.
Peintre de genre, paysages, paysages animés.
Il a figuré, à Paris, en 1946 à l'Exposition ouverte à Paris au Musée d'Art Moderne par l'Organisation des Nations Unies. Il y présentait une composition *Ainsi les ai-je vus*.
Il a été l'un des premiers artistes indiens à avoir cherché à concilier certains acquis picturaux occidentaux, notamment l'impressionnisme et le fauvisme, et la tradition artistique de son pays et particulièrement celle de la peinture populaire du Bengale.
BIBLIOGR. : M. Kaul : *Trends in Indian Paintings*, New Dehli, 1961 – in : *Dictionnaire de l'art moderne et contemporain*, Hazan, Paris, 1992.

MUKHERJEE Sashil
Né aux Indes. XXe siècle. Indien.
Peintre de genre.
Il a figuré, à Paris, en 1946 à l'Exposition ouverte à Paris au Musée d'Art Moderne par l'Organisation des Nations Unies. Il y présentait *Le Voleur*.

MUKHINA Vera. Voir **MOUKHINA Véra Ignatievna**

MUKHLIS
XVIe siècle. Éc. hindoue.

Peintre.
Il appartenait à l'École Akbar et enlumina en partie les manuscrits Razm-Namah, Babur-Namah, Akbar-Namah et Darab-Namah.

MUKUND
XVIe siècle. Actif dans la seconde moitié du XVIe siècle. Éc. hindoue.
Enlumineur.
Il travailla à la cour de l'empereur Akbar. Il collabora à l'Akbar-Namah. Dans le Razm-Namah, on cite de lui *Torture des condamnés dans l'enfer.*

MULA Dolores
XXe siècle. Espagnole.
Peintre, peintre de décors de théâtre. Tendance abstraite.
Elle participe à des expositions collectives et montre ses œuvres dans des expositions personnelles en Espagne principalement à la Galeria 11 à Alicante.
Elle a réalisé les décors et les costumes de la pièce de Federico Garcia Lorca : *Yerma.*
Bibliogr. : In : *Catalogo nacional de arte contemporaneo – 1990-1991,* Iberico 2 mil, Barcelone, 1990.

MULARD François Henri
Né en 1769 à Paris. Mort en 1850 à Paris. XVIIIe-XIXe siècles. Français.
Peintre d'histoire, portraits.
Élève de David, il eut le deuxième grand prix de Rome en 1782. Il figura au Salon de Paris de 1808 à 1817. Il devint inspecteur des travaux de dessin aux Gobelins.
Peintre de sujets historiques, on connaît de lui deux portraits dont celui de *Mlle d'Herbez de Saint-Aubin en bergère suisse,* actuellement au musée de Versailles. Sa manière sculpturale et ample de peindre les masses fait penser à l'art de Carpaccio, tandis que la préciosité des détails dans de vastes compositions rappelle l'œuvre de Gros.
Bibliogr. : Gérald Schurr, in : *Les Petits Maîtres de la peinture 1820-1920, valeur de demain,* Les Éditions de l'Amateur, t. II, Paris, 1982.
Musées : Versailles : *Mort du général Causse à Dego – Napoléon recevant à Finkenstein l'ambassadeur de Perse* 1810 – *Le général Bonaparte donnant un sabre au chef militaire d'Alexandrie – Mlle d'Herbez de Saint-Aubin en bergère suisse.*
Ventes Publiques : New York, 17 jan. 1992 : *Portrait d'une dame élégante,* h/t (99,1x80,6) : **USD 165 000.**

MULARD Henriette Clémentine
Née au XIXe siècle à Paris. XIXe siècle. Française.
Peintre.
Fille et élève de François Henri Mulard. Elle figura au Salon avec des portraits et des sujets religieux de 1840 à 1845 ; médaille de troisième classe en 1840.

MULCAHY Jeremiah Hodges
Né à Limerick. Mort le 25 décembre 1889 à Dublin. XIXe siècle. Irlandais.
Peintre de paysages.
Il fut de 1842 à 1862, directeur d'une École de peinture à Limerick et s'établit à Dublin en 1862.
Ventes Publiques : Celbridge (Irlande), 29 mai 1980 : *Paysage boisé à la rivière* 1889, h/t (97,6x83,3) : **GBP 3 200** – Londres, 30 jan. 1987 : *Pêche sur la Shannon* 1849, h/t (43,2x66) : **GBP 4 500** – Londres, 14 nov. 1990 : *Perspective de Ballynagarde House et du parc à Nallyneety dans le comté de Limerick* 1852, h/t (70x109) : **GBP 9 900** – Londres, 16 mai 1996 : *Paysage montagneux* 1865, h/cart. (68,5x106,5) : **GBP 6 900.**

MULCIANO Domenico
XVIIe siècle. Actif à Gênes en 1680. Italien.
Sculpteur.
Il collabora avec Mariangelo Mortola et Carlo Solara à la décoration de la Chapelle Gentile de l'église de l'Annonciation de Gênes.

MULDER C., née **Venkeles**
XIXe siècle. Active à Anvers au début du XIXe siècle. Belge.
Peintre de portraits.

MULDER David
Né vers 1746 à Utrecht. Mort en 1826 à Utrecht. XVIIIe-XIXe siècles. Hollandais.
Sculpteur sur bois, sculpteur de compositions religieuses.
Élève de Falconnet et de H. Van der Vall. Il fut directeur du collège d'Utrecht, en 1778, et devint plus tard marin.

MULDER Jan
Né en 1897 à Gand (Flandre-Orientale). Mort en 1962. XXe siècle. Belge.
Peintre, graveur. Tendance symboliste.
Il fut élève de l'Académie des Beaux-Arts de Gand sous la direction de G. Minne et V. Stuyvaert.
Il gravait sur bois.
Bibliogr. : In : *Dictionnaire biographique illustré des artistes en Belgique depuis 1830,* Arto, Bruxelles, 1987.
Ventes Publiques : Anvers, 22 avr. 1980 : *Nu,* h/t (67x60) : **BEF 30 000.**

MULDER Joseph
Né en 1659 ou 1660 à Amsterdam. Mort après 1710 ou 1735. XVIIe-XVIIIe siècles. Hollandais.
Graveur au burin et dessinateur.
Élève d'Hendrick Bogaert. Il se maria à Amsterdam en 1689. Il grava des portraits et des sujets de genre et illustra des ouvrages d'histoire et de géographie.

JM. fecit

MULDER Lodewijk
Né le 9 avril 1822. Mort en 1908. XIXe siècle. Hollandais.
Peintre de natures mortes et écrivain.
Il travailla à Drenthe et en Italie. Le Musée Oudheden de Groningue conserve de lui une aquarelle.

MULDER Pieter Jacobus
Né le 3 juin 1836 à Leyde. XIXe siècle. Hollandais.
Lithographe et dessinateur.
Élève de M. T. Hooiberg.

MULDERS Marc
Né en 1958 à Tilburg. XXe siècle. Hollandais.
Peintre de natures mortes, fleurs.
Il participe à des expositions collectives, dont : 1993, *Jeunes artistes hollandais et flamands,* Biennale de Venise, Scuola San Pascale, Venise.
Il montre ses œuvres dans des expositions personnelles, parmi lesquelles : 1991, Musée Stedelijk, Amsterdam ; 1993, Musée Stedelijk Van Abbe, Eindhoven ; 1996, galerie Barbara Farber, Amsterdam ; 1997, galerie Daniel Templon.
Il peint des tableaux de fleurs ou de gibier abattu. S'il partage les sujets des peintres du XVIIe siècle, il les traite de manière expressionniste, laissant visible le geste et la matière dans un esprit qui s'apparente de l'« action painting ». L'image, elle, prend corps à distance du tableau.

MÜLDORFER. Voir **MILDORFER**

MULE Mogens Thorvald
Né le 21 mars 1823 à Copenhague. Mort le 6 décembre 1877 à Copenhague. XIXe siècle. Danois.
Sculpteur.
Fils de C. Ad. Muhle et élève de H. v. Bissen et de l'Académie de Copenhague. Il travailla à la Manufacture de porcelaine royale et fonda en 1872 une manufacture privée.

MULEN Pablo
XVIIe siècle. Actif à Madrid. Espagnol.
Peintre.
Il termina en 1616 la peinture *Échange des princesses Anna d'Espagne et Élisabeth de France au bord de la Bidassoa le 9 novembre 1615.*

MULER ou **Mulner**
XIVe siècle. Actif à Barcelone. Espagnol.
Sculpteur.
Il travailla à Barcelone de 1363 à 1388 et exécuta des sculptures dans la cathédrale de cette ville.

MULET-CLAVER Vicente
Né en 1895 ou 1897 à Albalat de la Ribera. Mort en 1945. XXe siècle. Espagnol.
Peintre de paysages.
Il fit ses études à l'Académie des Beaux-Arts de Valence.
Ventes Publiques : Londres, 21 nov. 1996 : *Portrait de jeune garçon avec coq et canard* 1941, h/t (55,2x50,5) : **GBP 11 500.**

MULHAUPT Frederick John
Né le 28 mars 1871 à Rockport (Montana). Mort en 1938. XXe siècle. Américain.

Peintre de paysages.
Il fit ses études à l'Académie de Kansas et à Paris. Il a vécu et travaillé à Gloucester (Massachusetts).
Il obtint deux prix du Salmagundi Club, dont il fit partie en 1921, et une médaille de bronze en 1925 à Philadelphie. Il fut membre de l'Association artistique américaine de Paris.
Musées : Indianapolis (John Herron Art Inst.).
Ventes Publiques : New York, 18 nov. 1976 : *Bateaux au port*, h/t (127x152,4) : **USD 2 000** – New York, 3 oct. 1984 : *Clam fishermen of Prince Edward Island Canada*, h/cart. (27,3x33) : **USD 1 500** – New York, 6 déc. 1985 : *Le port sous la neige*, h/t (71,1x84,2) : **USD 15 000** – New York, 14 mars 1986 : *Sea fishermen*, h/t (63,7x76,9) : **USD 13 000** – New York, 3 déc. 1987 : *Paysage de forêt au printemps*, h/t (63,6x76,8) : **USD 19 000** – Los Angeles, 9 juin 1988 : *Paysage d'automne*, h/t (24x30,5) : **USD 1 100** – New York, 24 juin 1988 : *Audierne en Bretagne (France)*, h/cart. (25,7x33,8) : **USD 1 210** – New York, 25 mai 1989 : *Reflets d'automne*, h/t (77x63,5) : **USD 14 300** – New York, 28 sep. 1989 : *Arbres en automne*, h/t (46x61) : **USD 6 600** – New York, 30 nov. 1989 : *Journée sans vent*, h/t (127,5x151,8) : **USD 26 400** – New York, 15 mai 1991 : *Le port de Gloucester l'hiver*, h/t/cart. (30,5x40,6) : **USD 9 350** – New York, 9 sep. 1993 : *Vue depuis la place de la cité*, h/t (45,7x61) : **USD 1 380** – New York, 17 mars 1994 : *Le bateau à sel de Cadiw dans le port de Gloucester*, h/t (127x152,4) : **USD 35 650** – New York, 14 mars 1996 : *Heure matinale* 1911, h/t (88,9x71,1) : **USD 10 350** – New York, 26 sep. 1996 : *Le Port de St Ives*, h/pan. (20,3x25,4) : **USD 5 750** – New York, 5 juin 1997 : *Guinea Wharf, Gloucester, Massachussetts*, h/t (45,7x61) : **USD 40 250**.

MÜLHAUSER Aimé Louis
XIXe siècle. Actif au début du XIXe siècle. Suisse.
Peintre.
Il fut professeur de dessin à Aubonne et à Morges.

MÜLHAUSER Jean Pierre
Né le 29 mai 1779 à Genève. Mort le 26 mai 1839 à Monnetier (Haute-savoie). XIXe siècle. Suisse.
Peintre, dessinateur et peintre sur porcelaine.
Fils du fabricant de porcelaine Jean Adam M. Il fit ses études à Nyon et fut directeur de la manufacture « Le Manège » à Genève.

MÜLHDORF, Maître de. Voir **MAÎTRES ANONYMES**

MÜLHOLZER Jakob
Né à Windsheim. XVe siècle. Actif dans la seconde moitié du XVe siècle. Allemand.
Sculpteur.
Il exécuta des peintures dans l'église de Creglingen vers 1460.

MÜLICH Hans ou **Mielich** ou **Müelich**
Né en 1515 à Munich. Mort le 10 mars 1573 à Munich. XVIe siècle. Allemand.
Peintre d'histoire et de portraits, dessinateur et miniaturiste.
Sa famille était originaire d'Augsbourg. On le cite en 1546 faisant partie de la gilde de Munich, mais il est probable qu'il y figurait avant cette date, la galerie de Munich conservant un portrait de lui daté de 1540. Il fut peintre de la cour du duc Albert V de Bavière. Il paraît à peu près certain qu'il visita l'Italie ; dans tous les cas on cite de lui une copie réduite du *Jugement dernier* de Michel-Ange à la Frauenkirche de Munich. Il peignit aussi un tableau d'autel à la Frauenkirche d'Ingolstadt, représentant des scènes de la vie de Jésus et de la Vierge, mais c'est surtout comme miniaturiste que notre artiste nous paraît mériter une mention spéciale. La bibliothèque royale de Munich conserve de lui deux importants manuscrits, contenant les *Psaumes de la pénitence* avec la musique d'Orlando di Lasso et les motets de Ciprian de Rose, comprenant quatre-vingt-trois miniatures. Il fit aussi deux livres de prières pour la duchesse Marie, datés de 1547, un troisième en 1560 et un quatrième en 1564 et reçut 1000 florins pour ce dernier, ce qui implique un ouvrage important. Il faut encore noter le *Trésor d'Albert V* à la Bibliothèque de Munich, contenant la reproduction des joyaux de ce prince. Mülich produisit aussi de nombreux modèles pour les orfèvres et autres ouvriers d'art.

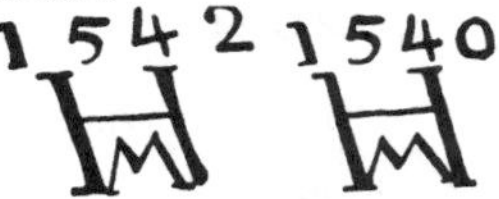

Musées : Dessau : *Portrait d'une dame* – Munich : *Portraits d'André Ligsalz et de sa femme* – Paris (Mus. Marmottan) : *Descente de Croix* – Vienne : *Portraits du duc Albert, de la duchesse Anne de Bavière, et d'un inconnu.*
Ventes Publiques : Londres, 30 juin 1961 : *Portrait d'un homme* : **GBP 630** – Londres, 24 mars 1965 : *Portrait d'un gentilhomme* : **GBP 800** – Londres, 18 avr. 1980 : *Portrait d'un gentilhomme barbu*, h/pan. (64,2x47,8) : **GBP 75 000**.

MÜLICH Hector
Né vers 1415. Mort vers 1490. XVe siècle. Actif à Augsbourg. Allemand.
Miniaturiste.
Il rédigea une chronique de sa ville natale qu'il décora de peintures, ainsi que le roman d'Alexandre de Harltieb.

MÜLICH Wolfgang
XVIe siècle. Actif à Munich. Allemand.
Peintre de portraits.
On lui attribue un *Portrait d'un bourgeois de Munich avec chien*, conservé au Musée National Bavarois de Munich. Sans doute identique à Hans Mülich.
Ventes Publiques : Londres, 26 juin 1964 : *Portrait d'une jeune femme* : **GNS 11 000**.

MULICHINI Matteo
XVIIe siècle. Actif à Bologne vers 1670. Italien.
Peintre.
Il a exécuté des peintures dans les églises S. Biagio à Bologne et dans celle de Bagni della Porretta.

MULIER Pieter, l'Ancien ou **Molier**
Né en 1615 à Haarlem. Enterré à Haarlem le 22 avril 1670. XVIIe siècle. Hollandais.
Peintre de marines.
En 1640 il était dans la gilde de Haarlem ; il eut pour élèves Frederick Cornelisz et Christian de Hulst en 1640 ; il est probablement le père de Pieter Mulier ou Molyn dit Tempesta.

Musées : Cologne : *Scène de rivage* – Dresde : *Bord de mer* – Prague (Nostitz) : *Phare sur une mer tourmentée* – Saint-Pétersbourg (Mus. de l'Ermitage) : *Bateaux sur une mer agitée.*
Ventes Publiques : Vienne, 17 sep. 1963 : *Barques de pêche* : **ATS 32 000** – Londres, 15 nov. 1968 : *Voiliers par gros temps* : **GNS 400** – Monte-Carlo, 22 fév. 1986 : *Marine de tempête*, pan. (41x66) : **FRF 60 000** – Paris, 21 déc. 1987 : *Marine, bateaux par mer agitée*, h/pan. (31x35) : **FRF 35 000** – Amsterdam, 12 juin 1990 : *Paysage côtier avec des marins essayant d'accoster dans la brise et un pêcheur sur la grève*, h/pan. (51,7x85,8) : **NLG 23 000** – Amsterdam, 13 nov. 1990 : *Voilier hollandais par forte brise avec un trois-mâts au fond*, h/pan. (28,5x49) : **NLG 9 200** – New York, 11 avr. 1991 : *Navigation par mer houleuse*, h/pan. (39,5x61) : **USD 12 650** – Londres, 9 juil. 1993 : *Bâtiments pris dans la tempête au large de côtes rocheuses*, h/pan. (33,5x40,5) : **GBP 2 070** – Paris, 30 juin 1993 : *Voiliers et barques de pêche sur une mer houleuse*, h/pan. (40x60,7) : **FRF 68 000** – Amsterdam, 10 mai 1994 : *Bateau s'abîmant sur une côte rocheuse*, h/pan. (35x43,5) : **NLG 9 200** – New York, 12 jan. 1995 : *Un canot et des voiliers hollandais sur la mer mauvaise*, h/pan. (48,9x74,9) : **USD 36 800** – Amsterdam, 7 mai 1996 : *Pêcheurs relevant leurs filets et d'autres bateaux navigant par mer calme*, h/pan. (51,9x96,5) : **NLG 14 950** – Amsterdam, 11 nov. 1997 : *Barque sur une mer agitée*, h/pan. (48,5x63,5) : **NLG 70 800**.

MULIER Pieter, le Jeune ou **Pietro Muller** ou **Pieter de Mulieribus** ou par erreur **Pieter Molyn le Jeune**, dit **Cavaliere Tempesta**
Né vers 1637 à Haarlem. Mort le 29 juin 1701 à Milan. XVIIe siècle. Hollandais.
Peintre de sujets religieux, scènes de chasse, paysages, marines.
On croit qu'il était fils de Pieter Mulier l'Ancien, dont il aurait été élève. Mais il imita Frans Snyders dans de remarquables tableaux de sujets de chasse. Il peignit aussi des marines, des scènes de tempêtes qui, plus tard, lui valurent son surnom de Tempesta. Il voyagea dans les Pays-Bas, vers 1667, fit à Anvers la connaissance d'une carmélite et partit à Rome dans l'intention d'embrasser la religion catholique. À Rome, son succès fut considérable et l'obligea à prendre des aides. Il épousa la sœur de l'un d'eux, mais ne tarda pas à vouloir se débarrasser d'elle. Il alla à Venise, puis à Gênes où, devenu amoureux à nouveau, il n'hésita pas à tuer sa femme pour épouser sa maîtresse.

Condamné à mort, il obtint, grâce à de hautes influences, la commutation de la peine en cinq ans de prison. Houbraken raconte qu'il y resta seize ans et ne fut délivré qu'en 1684, quand les Français assiégèrent Gênes. Il alla à Plaisance, ayant pris le nom de Muller ; selon d'autres auteurs, il alla à Milan, mena une vie dissolue et y mourut de la fièvre. Son protecteur était le duc de Bracciano.

P. f.

Musées : Abbeville : *Moissonneurs* – Amiens : *Grande tempête* – Bergame (Carrara) : *Paysage* – Bordeaux : *Paysage* – Breslau, nom all. de Wroclaw : *Côte rocheuse* – *Tempête* – Brunswick : *Pillage d'une ville* – *Un camp* – Budapest : *Ruines au bord d'un fleuve* – *Deux paysages* – Dresde : *Paysage pluvieux* – *Chute d'eau* – *Orage* – *Paysage avec saint Jean Baptiste* – *Marine* – Florence : *L'artiste* – Gênes : *Fête champêtre* – *Marine* – Genève (Ariana) : *Naufrage* – Hanovre : *Enlèvement de Proserpine* – Karlsruhe : *Paysage italien près de Civita Castellana* – Kassel : *Le sacrifice d'action de grâces de Noé* – Mayence : *Deux tempêtes* – Milan (Ambrosiana) : *Bois et personnages* – Milan (Brera) : *Paysage animé* – *La lavandière* – *Vallée* – Nancy : *Gros temps* – Nantes : *Naufrages* – *Marine* – Prague : *À l'abreuvoir* – Rome (Doria Pamphily) : *Bourrasque* – Sens : *Écueil et clair de lune près d'un volcan* – Stuttgart : *Paysage d'hiver* – *Orage* – Venise : *Jésus au Jardin des Oliviers* – Vienne : *Troupeau avec bergère* – *Troupeau, pâtre et bergère* – Vienne (Czernin) : *Paysage animé* – Vienne (Liechtenstein) : *Destruction de Sodome et de Gomorrhe* – Weimar : *Chien chassant un canard sauvage* – *Faucon fonçant sur un oiseau aquatique*.

Ventes Publiques : Londres, 22 juil. 1924 : *Lisière d'un bois* : **GBP 44** – Londres, 8 juin 1927 : *Caravane attaquée par les brigands* : **GBP 89** – Londres, 14 déc. 1928 : *Scène de rivière* : **GBP 252** – Bruxelles, 4 avr. 1938 : *Paysage avec personnages* : **BEF 11 500** – Paris, 15 juin 1949 : *Chaumière dans la campagne*, attr. : **FRF 66 000** – Milan, 28 fév. 1951 : *Troupeau au bord d'une rivière* : **ITL 120 000** – Milan, 16 mai 1962 : *Paesaggio con pastori* : **ITL 1 150 000** – Vienne, 18 mai 1965 : *Nymphes et faunes dans un paysage* : **ATS 50 000** – Vienne, 17 juin 1969 : *Après l'orage* : **ATS 28 000** – Milan, 1er déc. 1970 : *Paysage animé de personnages* : **ITL 2 000 000** – Milan, 6 juin 1973 : *Voyageurs dans un paysage, au clair de lune* : **ITL 3 700 000** – Amsterdam, 7 mai 1974 : *Marine* : **NLG 24 000** – Londres, 12 juil. 1978 : *Scène de bord de mer*, h/pan. (51,5x64,5) : **GBP 8 000** – Versailles, 11 juin 1980 : *La bourrasque*, h/t (83x124) : **FRF 38 000** – Londres, 25 mars 1982 : *Un torrent entre des rochers*, pl. et lav./trait de craie noire reh. de blanc/pap. gris (19,4x23,6) : **GBP 2 200** – Monte-Carlo, 13 juin 1982 : *Orphée et Eurydice dans un paysage au soleil couchant*, h/t (11x153) : **FRF 135 000** – Milan, 27 nov. 1984 : *Maison dans un paysage boisé*, pl. et lav. reh. de blanc (32x44,4) : **ITL 6 000 000** – Londres, 12 déc. 1984 : *Scène de lac au clair de lune*, h/t (127x167) : **GBP 10 000** – Paris, 24 juin 1985 : *Le coup de vent*, h/bois (37x52) : **FRF 26 000** – Rome, 23 fév. 1988 : *Le retour du troupeau dans un paysage vallonné*, h/t (81x123) : **ITL 40 000 000** – Paris, 30 jan. 1989 : *La légende de saint Hubert*, h/cart. (45x58,5) : **FRF 66 000** – New York, 7 avr. 1989 : *Paysage avec des personnages gardant du bétail et des fortifications au fond*, h/t (89x122) : **USD 27 500** – Monaco, 2 déc. 1989 : *Bord de mer*, h/t (71,5x60,5) : **FRF 116 550** – Paris, 22 juin 1990 : *Un chantier naval en Méditerranée*, h/t (62x84) : **FRF 230 000** – Londres, 20 juil. 1990 : *Paysage arcadien avec Pan et Syrince*, h/t (38x53,5) : **GBP 13 200** – Monaco, 7 déc. 1990 : *Bord de mer au clair de lune* 1701, h/t (123x163) : **FRF 355 200** – New York, 11 jan. 1991 : *Paysage montagneux avec Orphée et Eurydice*, h/t (113x155,5) : **USD 71 500** – Londres, 17 avr. 1991 : *Paysage sous l'orage*, h/t (81x103,5) : **GBP 6 600** – Monaco, 21 juin 1991 : *Paysans dans un paysage*, h/t (71x92) : **FRF 288 600** – Monaco, 18-19 juin 1992 : *Paysage fluvial*, h/t (145x122,5) : **FRF 144 300** – Monaco, 19 juin 1994 : *Marine*, h/t (181x255) : **FRF 222 000** – New York, 11 jan. 1995 : *Bergers se reposant au bord d'une rivière au clair de lune*, h/t, de forme ovale (99,7x133,3) : **USD 32 200** – Amsterdam, 14 nov. 1995 : *Chèvres dans un paysage italien avec une ferme à l'arrière-plan*, h/t (120x171) : **NLG 27 140** – Rome, 14 nov. 1995 : *Animaux et gardienne de troupeau*, h/t (75x49) : **ITL 4 025 000**.

MULINARETTO. Voir **PIANE Giovanni Maria dalle**

MULINARI Antonio. Voir **MOLINARI**

MULINARI Giovanni Antonio ou **Antonino**. Voir **MOLINERI**

MULINARI Mebele de
Né à Milan. XIVe-XVe siècles. Italien.
Peintre.
Élève de Agnolo Gaddi à Florence. En 1866, il devint directeur de l'Académie de Milan.

MULINARI Stefano
Né vers 1741 à Florence. Mort vers 1790. XVIIIe siècle. Italien.
Dessinateur et graveur.
Cet artiste, élève de Scacciati, se fit une réputation en reproduisant par la gravure les dessins des grands peintres italiens, travail qu'il avait commencé avec son maître. Une première série de cent pièces fut publiée comprenant quarante et une planches exécutées du vivant de Scacciati : les cinquante-neuf autres furent gravées par Mulinari. Une nouvelle série de cinquante planches réunies sous le titre de *Istoria pratica dell' Incommuciamento e Progressi della Pittura* comprenant des reproductions de dessins de Cimabue à Pietro Perugino parut en 1775. Continuant son œuvre, Mulinari donnait en 1780 la suite logique de son œuvre sous le titre : *Saggio delle cinque Scuole di Pittura Italiana*, reproduisant des dessins de Leonardo da Vinci, Michel-Angelo, Raphaël, Giulio Romano, Polidoro da Caravaggio, Parmigiannio, Daniele da Volterra, Primaticcio, Barocci, Guercino et autres. Mulinari eut du reste, de nombreux imitateurs.

MULINEN Éléonore de
XXe siècle. Suisse.
Sculpteur.

MULINIER
XIXe siècle. Français.
Miniaturiste.
Ventes Publiques : Paris, 18 avr. 1921 : *Portrait d'homme en habit à revers de velours*, miniature : **FRF 520**.

MULKERS Urbain
Né en 1945 à Schulen. XXe siècle. Belge.
Peintre, dessinateur.
Il fut élève de l'Institut provincial supérieur d'architecture et des arts appliqués de Hasselt.
Bibliogr. : In : *Dictionnaire biographique illustré des artistes en Belgique depuis 1830*, Arto, Bruxelles, 1987.

MULLACK J. F.
Peintre.
Il est connu par une œuvre passée en vente publique.
Ventes Publiques : Londres, 12 avr. 1929 : *Pêcheur et ses deux enfants devant sa maison* : **GBP 33**.

MÜLLDORFER. Voir **MILDORFER**

MULLE Reichard
XVIIe siècle. Actif à Landsberg (Styrie). Autrichien.
Peintre.
Il travailla en 1661 pour la province de Styrie.

MULLEM Gelein Van ou **Mulhem**
Né en 1542 à Oudenaarde. Mort avant le 7 avril 1611. XVIe-XVIIe siècles. Éc. flamande.
Peintre.
Il travailla à Anvers et, dès 1586 à Frankenthal.

MÜLLEN Israel von den. Voir **MILLA**

MULLEN Richard
Né en 1849. Mort en 1915 à Brooklyn (New York). XIXe-XXe siècles. Américain.
Graveur sur bois, illustrateur.

MÜLLENER Johann Karl ou **Melluner** ou **Müller**, dit **Muiller**
Né en 1768 à Gessenay. Mort le 23 mai 1832 à Pitigliano. XVIIIe-XIXe siècles. Suisse.
Paysagiste.
Il travailla seul, puis vint en Italie où il étudia quelque temps avec Angiolini à Perrarezza. Après quoi il se fixa à Florence.
Ventes Publiques : Londres, 8 avr. 1986 : *Berger et troupeau au bord du lac de Genève* 1787, craie noire, pl. et encre noire et aquar. (30,9x47,2) : **GBP 2 400**.

MÜLLER. Voir aussi **MILLER**

MÜLLER
Né au début du XVIIIe siècle à Hermannstadt (Sibiu, Roumanie). XVIIIe siècle. Allemand.
Peintre de genre, figures.
Élève d'A. Pasme à Berlin et professeur de Chr. B. Rode.

Musées : Sibiu (Mus. Bruckenthal) : *Dame avec colombe – Réunion dansante.*

MÜLLER, Mlle
xixe siècle. Active à Paris. Française.
Peintre de genre.
Elle figura au Salon de 1808 à 1822.

MÜLLER Achille
Né à Munich. xvie-xviie siècles. Allemand.
Peintre sur verre.
De 1580 à 1615, il travailla pour le roi de Pologne et l'électeur de Bavière. On cite de lui six vitraux dans l'église de Haunsheim.

MÜLLER Adalbert
Né en 1820. Mort en 1881. xixe siècle. Actif à Berlin. Allemand.
Peintre, graveur, dessinateur.
Élève de l'Académie de Berlin. Il exposa de 1844 à 1862. Il illustra des livres et des revues.

MÜLLER Adam August
Né le 16 août 1811 à Copenhague. Mort le 15 mars 1844 à Copenhague. xixe siècle. Danois.
Peintre d'histoire, compositions religieuses, sujets de genre, portraits, graveur.
D'abord élève de Erkerberg, il continua ses études à l'Académie de Copenhague. En 1839, il partit pour l'Italie et y demeura deux ans. Il peignit l'histoire, les sujets bibliques, les portraits. On voit de lui à l'église du Saint-Esprit, *Luther à la diète de Worms.* Il a gravé des planches sur des sujets de même genre.
Musées : Copenhague (Mus. Thorwaldsen) : *Le Christ et les quatre évangélistes* – Frederiksborg : deux portraits.
Ventes Publiques : Londres, 5 mai 1989 : *La mort d'un chasseur* 1832, h/t (93x143,5) : **GBP 1 540** – Paris, 27 nov. 1989 : *Saint Sébastien* 1832 (93x143) : **FRF 48 000** – Copenhague, 1er mai 1991 : *Portrait de Fritz Constantin Brun tenant une longue vue*, h/t (36x27) : **DKK 19 000** – Copenhague, 6 mai 1992 : *Les bulles de savon*, h/t (26x20) : **DKK 10 200.**

MÜLLER Adolf
Né au début du xixe siècle à Szolnok. xixe siècle. Hongrois.
Peintre de genre.
Il fut officier et subit l'influence de Pettenkofen. Il peignit des scènes de marché et des bohémiens.
Musées : Budapest (Mus. des Beaux-Arts).

MÜLLER Adolf
Né le 21 mai 1853 à Munich. xixe siècle. Allemand.
Peintre de genre.
Il fut élève de l'Académie de Munich chez W. Diez. Il a exposé dans cette ville à partir de 1889.
Ventes Publiques : New York, 9 déc. 1982 : *Jour de lessive*, h/pan. (49x38) : **USD 2 100** – Berne, 26 oct. 1988 : *Le joyeux buveur*, h/cart. (25,2x13) : **CHF 1 000.**

MÜLLER Agosta ou **Auguste**
Née en 1890 à Budapest. xxe siècle. Hongroise.
Peintre de portraits.
Elle fit ses études à Budapest et Berlin.

MÜLLER Aiga
Née en 1945. xxe siècle. Allemande.
Peintre.
Elle travailla et vécut à Fribourg.
Elle a figuré dans des expositions de groupe à Fribourg, Karlsruhe, Braunschweig, Wilhelmshafen, Stuttgart, Bonn, et à l'exposition *100 artistes dans la ville* à Montpellier en 1970.
Son œuvre se rattache au courant européen du pop art, avec des compositions narratives, aux silhouettes très découpées et vivement colorées.

MÜLLER Albert
Né le 16 mars 1884 à Schwandorf (Bade). xxe siècle. Allemand.
Peintre, graveur.
Il vécut et travailla à Stuttgart.
Il fut élève de l'Académie des Beaux-Arts de Stuttgart et de Munich. Il fut membre du *Groupe Novembre.*
Musées : Stuttgart (coll. graphique).

MÜLLER Albert
Né en 1897 à Bâle. Mort le 14 décembre 1926 à Orbino près de Mendrisio (Tessin). xxe siècle. Suisse.
Peintre de nus, paysages, natures mortes, sculpteur, graveur, dessinateur.
D'abord peintre verrier, puis élève de Cuno Amiet et de E. L. Kirchner.

Albert Mueller

Musées : Aarau (Aargauer Kunsthaus) : *Grüner Akt liegend* 1925 – Bâle.
Ventes Publiques : Berne, 14 juin 1974 : *Nature morte* 1925 : **CHF 11 000** – Berne, 10 juin 1976 : *Paysage du Tessin*, grav./bois (40,8x40,5) : **CHF 3 200** – Zurich, 28 mai 1976 : *Scène de moisson* 1925, h/t (121x80) : **CHF 18 000** – Berne, 9 juin 1977 : *Paysage boisé* 1925, h/t (100,5x70,5) : **CHF 10 500** – Berne, 10 juin 1978 : *Portrait d'Ernst Ludwig Kirchner* 1926, pointe-sèche (31,1x25) : **CHF 3 900** – Berne, 22 juin 1979 : *Paysage boisé à Davos* 1925, encre de Chine/trait de cr. (35,2x50) : **CHF 1 600** – Berne, 19 juin 1980 : *Tête* 1925, bois peint (H. 51) : **CHF 17 500** – Berne, 25 juin 1981 : *Paysage de Davos* vers 1925, h/t (89x110) : **CHF 16 500** – Berne, 17 juin 1987 : *Paysage du Tessin* 1924, h/t (80x120,5) : **CHF 52 000** – Zurich, 29 avr. 1992 : *Nu*, encre (35x35,5) : **CHF 1 600** – Zurich, 13 oct. 1993 : *Figure debout*, encre et sanguine (49,5x33,5) : **CHF 3 600** – Lucerne, 26 nov. 1994 : *Paysage*, fus./cart. (32x46) : **CHF 1 600** – Zurich, 7 avr. 1995 : *Deux enfants*, craies de coul. (54x47) : **CHF 3 800** – Berne, 21 juin 1996 : *Jeune fille assise à table (recto) ; Paysage (verso)* 1925, h/t (108x98) : **CHF 92 000** – Zurich, 10 déc. 1996 : *Sieste en plein-air* 1921, h/t, étude (50x45) : **CHF 11 500** – Zurich, 14 avr. 1997 : *Paysage du Tessin* 1924-1925, h/t (74,5x110,5) : **CHF 57 500.**

MÜLLER Alexander
Né dans la seconde moitié du xvie siècle à Constance. xvie siècle. Allemand.
Peintre.
Il exécuta à Würzburg des travaux de peinture à l'Université, l'Hôtel de Ville, l'Hôpital Saint-Jules et l'église Saint-Burkard.

MÜLLER Alfred ou **Alfredo**
Né en 1869 à Livourne (Toscane). Mort en 1940. xixe-xxe siècles. Italien.
Peintre, graveur.
Il travailla à Paris et en Italie, où il figura aux expositions de Florence de 1890 à 1895, puis de 1914 à 1919, de même qu'au Salon de Paris de 1895 à 1914, notamment en 1900 dans le contexte de l'Exposition universelle de Paris.
Ventes Publiques : Paris, 24 fév. 1934 : *Nature morte* : **FRF 55** – Paris, 27 nov. 1946 : *Le Vieux Mendiant* : **FRF 1 210** ; *Pommes et casserole* : **FRF 1 050** – Los Angeles, 5 fév. 1980 : *Les cygnes*, litho. en coul. (53x153,1) : **USD 1 100** – Los Angeles, 2 fév. 1982 : *Cygnes*, litho. en coul. (55,5x160) : **USD 2 100** – Reims, 5 mars 1989 : *Femme nue au turban et au bocal de poissons rouges*, h/t (170x110) : **FRF 27 500** – Paris, 29 nov. 1991 : *Verlaine au café*, litho. en coul. : **FRF 7 500.**

MÜLLER Alfred
Né le 29 septembre 1882 à Paris. xxe siècle. Français.
Sculpteur.
Il fut élève de Burdif.
Il exposa, à Paris, au Salon des Artistes français à partir de 1903, dont il fut par la suite sociétaire, où il obtint des médailles en 1924 et 1926.

MÜLLER Alois
Né le 15 décembre 1861 à Prague. xixe-xxe siècles. Allemand.
Peintre, décorateur.
Il fut élève de R. Saitz. Il vécut et travailla à Munich.
Il exécuta les peintures murales et celles du plafond de l'église d'Oberstdorf, ainsi que celles de l'église Sainte-Anne de Munich.

MÜLLER Amalie ou **Caroline Amalie**
Née le 25 mars 1843 à Copenhague. xixe siècle. Danoise.
Peintre de paysages.
Élève de V. Kyhn.

MÜLLER Anders Emmanuel
Né en 1761 à Stockholm. Mort en 1829 à Stockholm. xviiie-xixe siècles. Suédois.
Peintre de fruits et miniaturiste.
Il subit l'influence de Sparrgren et fut membre de l'Académie en 1894.
Musées : Gothenbourg : *Portrait de l'artiste et portrait de sa femme* – Stockholm (Mus. Nat.) : *Petit déjeuner.*

MÜLLER Andreas, pseudonyme : **Komponiermüller**
Né le 23 juillet 1831 à Stephans-Rettemberg. Mort le 7 décembre 1901 à Munich. xixe siècle. Allemand.

Peintre d'histoire, graveur, dessinateur.
Élève à Munich de Kaulbach et Schwind. En 1856, il alla en Italie, puis revint à Munich. Il fut nommé professeur à l'Académie de Munich et en devint membre en 1893. Il a exposé à Munich à partir de 1858. Il exposa à Paris (E. U.) en 1867. Le Musée Maximilianeum de Munich conserve de lui *Entrée de Mahomet à la Mecque* et *Destruction de la Kaaba*.

MÜLLER Andreas
XVIIe siècle. Actif au début du XVIIe siècle. Allemand.
Sculpteur sur bois.
Il sculpta en 1609 les stalles de l'abbatiale d'Isny.

MÜLLER Andreas
Né en 1641 à Kulmbach. Mort le 2 mars 1674 à Bayreuth. XVIIe siècle. Allemand.
Sculpteur.
Il fut élève de H. G. Schlehendorn. Il sculpta les fonts baptismaux de Muggendorf en 1667.

MÜLLER Andreas
Né au XVIIIe siècle à Imst (Tyrol). XVIIIe siècle. Autrichien.
Peintre.
Il exécuta en collaboration avec Joh. Wörle les peintures du plafond et trois tableaux d'autel dans l'église de Galtür.

MÜLLER Andréas Johann Jacob
Né le 19 février 1811 à Cassel. Mort le 29 mars 1890 à Düsseldorf. XIXe siècle. Allemand.
Peintre d'histoire, fresquiste, graveur, décorateur.
Élève de Cornelius et Jul. Schnorr à Munich, et de C. Sohn et W. Schadow à Düsseldorf. Il a peint des fresques remarquables pour l'église Saint-Apollinaire de Remagen et des décorations au château de Sigmaringen. Il fut nommé professeur et conservateur à l'Académie des Beaux-Arts de Düsseldorf. Il fut membre des Académies de Vienne, Amsterdam et Lisbonne. Il a exposé à Berlin, Düsseldorf, Darmstadt à partir de 1836 et a obtenu une médaille d'or à Berlin.

MÜLLER Anton, l'Ancien. Voir **MÖLLER**

MÜLLER Anton
Né au XVIIIe siècle à Copenhague. XVIIIe siècle. Danois.
Peintre de sujets allégoriques, copiste.
Il fut élève de Boucher à Paris. Il se convertit à Rome au catholicisme et mourut dans cette ville très âgé.
Musées : Copenhague : *L'Amour désarmé*, copie d'après Boucher.

MÜLLER Anton
Né le 29 juin 1853 à Vienne. Mort le 19 octobre 1897 à Vienne. XIXe siècle. Autrichien.
Peintre de scènes de genre, portraits, natures mortes, aquarelliste.
Il fut élève d'Eisenmenger à l'Académie de Vienne. Il a obtenu une médaille d'or à Berlin en 1886.

Anton Müller.

Musées : Leipzig : *Vigneron et marchand de vin* – Vienne : *L'artiste* – Une aquarelle.
Ventes Publiques : Berne, 12 mai 1984 : *Le violoniste*, h/t (32x26) : **CHF 24 000** – Vienne, 11 déc. 1985 : *Das Quartett*, h/pan. (64x50) : **ATS 700 000** – Londres, 15 mars 1996 : *Jour de paie* 1887, h/pan. (45,7x53,4) : **GBP 8 625**.

MÜLLER August
XIXe siècle. Actif à Berlin. Allemand.
Graveur sur bois.
Il fut élève et assistant de F. W. Gubitz.

MÜLLER August
Né le 13 juin 1836 à Rottweil. Mort le 19 mai 1885 à Munich. XIXe siècle. Allemand.
Peintre de genre.
Il fut élève de H. Rustige à l'École des Beaux-Arts de Stuttgart. En 1865, il se fixa à Munich et a exposé à partir de 1867 à Munich, Dresde, Hanovre.
Ventes Publiques : Los Angeles, 9 avr. 1973 : *Vieillard et bébé* : **USD 2 950** – Berne, 22 oct. 1976 : *La leçon de lecture* 1867, h/t (54x44) : **CHF 8 000** – Munich, 23 nov. 1978 : *Jeune paysanne tricotant*, h/t (41x31,5) : **DEM 6 200** – New York, 26 janv 1979 : *Les jeunes amoureux*, h/t (93x75) : **USD 5 500** – New York, 1er avr. 1981 : *Jeune paysanne à son petit déjeuner* 1858, h/t (36,5x28,3) : **USD 2 200** – New York, 24 mai 1984 : *Les deux sœurs*, h/t (93,5x78,5) : **USD 4 900** – Cologne, 21 nov. 1985 : *Le colporteur*, h/t (93x78,5) : **DEM 19 000** – Munich, 21 juin 1994 : *La leçon d'écriture*, h/t (66x52) : **DEM 20 700**.

MÜLLER Augustin
Né le 19 juin 1864 à Warth. XXe siècle. Suisse.
Peintre d'églises.
Il fut élève de l'Académie des Beaux-Arts de Munich.

MÜLLER B. ou **Miller**
XVIIIe siècle. Allemand.
Peintre.
On cite de lui *Mort de saint Joseph* et *Mort de saint François-Xavier* dans l'hospice de Gebrazhofen.

MULLER B. W. C.
XIXe siècle. Actif à Nuremberg au début du XIXe siècle. Allemand.
Graveur, dessinateur.
Il grava des paysages.

MÜLLER Balthazar, appellation erronée. Voir **PFLAUM Balthasar**

MÜLLER Balthazar
Né en 1748. Mort le 21 décembre 1786 à Vienne. XVIIIe siècle. Actif à Vienne. Autrichien.
Sculpteur.

MÜLLER Barent Janszoon
XVIIe siècle. Actif à Hoorn. Hollandais.
Peintre.
Élève de Jan Ravesteyn, à La Haye en 1623. Il était à Amsterdam en 1637.

MÜLLER Bartholomä ou **Bartli**
Mort le 11 février 1656 à Zug. XVIIe siècle. Suisse.
Peintre verrier.
On lui attribue des vitraux, conservés au Musée historique de Zug.

MÜLLER Bernhardt
Né le 30 juillet 1880 à Essen (Rhénanie-Westphalie). XXe siècle. Allemand.
Peintre.
Il vécut et travailla à Dresde. Il peignit des fresques dans plusieurs églises de Saxe.
Ventes Publiques : Londres, 21 fév. 1989 : *Près des cueilleurs de pommes*, h/pan. (125,4x86,4) : **GBP 1 100**.

MÜLLER Bertha
Née le 28 octobre 1848 à Vienne. XIXe siècle. Autrichienne.
Peintre de portraits.
Élève et sœur de Leopold Karl M.

MULLER Bruno
Né en 1929. XXe siècle. Suisse.
Peintre. Tendance expressionniste-abstrait.
Il montre ses œuvres dans des expositions personnelles et participe à des expositions collectives en Suisse et en France. Il est représenté à l'exposition d'artistes suisses, au Musée du Grand Palais, à Paris, en 1972.
Il pratique un expressionnisme, devenu progressivement expressionniste abstrait, dont les grandes formes sommaires, violemment colorées, rappellent, non le contenu, mais le vocabulaire plastique d'un Pouget ou d'un Cristoforou.
Bibliogr. : *31 artistes suisses*, catalogue de l'exposition, Galeries du Grand Palais, Paris, 1972.
Musées : Aarau (Aargauer Kunsthaus) : *Articulation II* 1962 – *Situations* 1964 – *Figures* 1970.

MULLER C.
Né en 1855 à Chemnitz (Saxe). XIXe-XXe siècles. Allemand.
Peintre.
Il vécut et travailla à Bonn.
Musées : Berne : *Paysage norvégien* 1879.

MULLER C. H.
XVIIIe siècle. Travaillant probablement au XVIIIe siècle. Allemand.
Graveur au burin.
On cite de lui les planches : *Clément-Auguste de Bavière, Philippe-Charles d'Eltz, J. G. comte de Königsfeld.*

MULLER C. B.
Né en 1941 à Zuid Beijerland. XXe siècle. Hollandais.
Peintre de compositions à personnages, figures, animalier, natures mortes. Réaliste-fantastique.
Bibliogr. : In : Catalogue de l'exposition *Une patience d'ange*, gal. Lieve Hemel, Amsterdam, 1995.

MÜLLER Carl. Voir aussi **MÜLLER Karl**

MÜLLER Carl
XVIIIe siècle. Actif à Prague dans la première moitié du XVIIIe siècle. Autrichien.
Graveur.
Il grava au burin des sujets religieux.

MÜLLER Carl
Né le 5 octobre 1862 à Vienne. XIXe-XXe siècles. Autrichien.
Peintre, dessinateur de vues.
Il fut élève de J. M. Trenkwald et de E. v. Lichtenfels.

MULLER Carl Christian
Né en 1689 ou 1690. Mort en 1712. XVIIIe siècle. Actif à Copenhague. Danois.
Miniaturiste.
Fils de Christian Müller (mort en 1691). Il travailla pour la cour de Copenhague.

MÜLLER Carl Friedrich Moritz, dit **Feuermüller**. Voir **MÜLLER Moritz Karl Friedrich**

MÜLLER Carl Wilhelm
Né le 28 novembre 1839 à Dresde. Mort le 24 avril 1904 à Dresde. XIXe siècle. Allemand.
Peintre de paysages.
Élève de l'Académie de Dresde, puis de L. Richter. Il fit des voyages d'étude dans les Alpes et l'Italie. Il a exposé à Munich, Dresde et Düsseldorf. Le Musée de Dresde conserve de lui : *Campagne romaine la nuit* et *Paysage allemand*.

MÜLLER Carlo
Né au début du XIXe siècle probablement à Hanovre. XIXe siècle. Allemand.
Peintre de paysages.
On cite de lui quatre peintures représentant des paysages des environs de Rome.

MÜLLER Caroline
Née le 18 février 1859 à Nidau. XIXe-XXe siècles. Suissesse.
Peintre de portraits, paysages.
Elle fut élève de P. Volmar à Berne, puis de J. Lefebvre et de B. Constant à Paris.
Musées : Berne : *Chalets dans les hautes Alpes bernoises*.

MÜLLER Caspar
XIXe siècle. Actif à Berlin. Allemand.
Sculpteur.
Il exposa au Salon de Berlin de 1830 à 1848.

MÜLLER Charles
Né au XIXe siècle à Stuttgart. XIXe siècle. Français.
Peintre de genre.
Élève de l'École des Beaux-Arts et de Ingres. Il se fixa à Paris. De 1835 à 1865, il figura au Salon.
Ventes Publiques : New York, 25 jan. 1980 : *La salle de bal*, h/t (41x67) : **USD 6 500**.

MULLER Charles Arthur
Né le 21 novembre 1868 à Flavigny-sur-Orge (Meurthe-et-Moselle). XIXe-XXe siècles. Français.
Sculpteur.
Il fut élève d'Hector Lemaire.
Il figura, à Paris, au Salon des Artistes Français, dont il fut membre à partir de 1898. Il obtint une mention honorable en 1902 et une médaille de troisième classe en 1907. Le *Buste de jeune fille* conservé par le Musée d'Arras fut exposé au Salon des Artistes Français de 1902.
Musées : Arras : *Buste de jeune femme*.

MULLER Charles François
Né en 1789 à Paris. Mort le 9 janvier 1855 à Paris. XIXe siècle. Français.
Peintre d'histoire, de miniatures.
Élève de David. Il figura au Salon de 1817 à 1850 et obtint une médaille de troisième classe en 1837. Le Musée de Versailles conserve de lui *Portrait de E. de Girardin*.

MULLER Charles Louis
Né en 1902. XXe siècle. Français.
Peintre de sujets typiques. Orientaliste.
Ventes Publiques : Paris, 1er fév. 1950 : *Étude d'Arabe* : **FRF 3 000** – New York, 16 juil. 1992 : *Femme arabe avec un perroquet blanc*, h/t (96,5x71,1) : **USD 3 850** – Paris, 27 mai 1993 : *Chat blanc couché*, h/t (44x62,5) : **FRF 16 000**.

MULLER Charles Louis Lucien
Né le 22 décembre 1815 à Paris. Mort le 10 janvier 1892 à Paris. XIXe siècle. Français.
Peintre d'histoire, scènes de genre, portraits, pastelliste, dessinateur.
Il étudia à l'École des Beaux-Arts de Paris, à partir de 1831, dans les ateliers du baron Gros et de Léon Cogniet. Il exposa régulièrement au Salon de Paris, à partir de 1834. Il obtint divers honneurs et récompenses, dont : une médaille de troisième classe en 1838, une de deuxième classe en 1846, une de première classe en 1848 et 1855. Il fut fait chevalier de la Légion d'honneur en 1849, promu officier en 1850, nommé membre de l'Institut de France en 1864. Il fut également directeur de la Manufacture des Gobelins.
La peinture de Charles Muller fut accepté tout de suite par le grand public : il ne froissait aucune tradition, suivant honnêtement la voie tracée par ses maîtres. Il donna la mesure de sa valeur dans son tableau exposé au Salon de 1850 : *L'appel des dernières victimes de la Terreur*. Il reçut la commande de plafonds au Louvre, il y réalisa notamment quatre compositions représentant quatre époques de l'art en France, sous Saint-Louis, sous François Ier, sous Louis XIV, sous Napoléon Ier ; huit figures symboliques ; et *La Gloire distribuant ses palmes et ses couronnes* à la Coupole de l'escalier Mollien.

C.L.MÜLLER.

Musées : Ajaccio : *Lady Macbeth* – Amiens (Mus. de Picardie) : *Lady Macbeth* – Carcassonne : *André Chénier à la Conciergerie* – Le Havre : *Jeune fille à la chèvre* – Lille : *La folie d'Haydée* – *Le jeu* – *Nous voulons Barrabas* – Londres (Wallace coll.) : *Orientale à sa toilette* – Lyon (Mus. des Beaux-Arts) : *Proscription des jeunes irlandaises catholiques* – *La mère de Napoléon* – Mulhouse : *La beauté* – Paris (Palais des Beaux-Arts) : *L'affranchissement des communes* – Versailles : *L'Appel des condamnés de la Terreur* – *Séance d'ouverture de la Session du Sénat* – *L'appel des dernières victimes de la Terreur*.
Ventes Publiques : Paris, 1857 : *Le tonnelier de Nuremberg* : **FRF 2 000** – Paris, 15 mars 1926 : *Buste de jeune femme* : **FRF 5 000** ; *Le carnaval à Venise* : **FRF 1 275** – Paris, 13 oct. 1943 : *Enfants et raisins* : **FRF 5 000** – Paris, 20 jan. 1947 : *Jeune femme en noir*, aquar. gchée : **FRF 2 500** – Paris, 7 juin 1955 : *Le joueur de guitare assis sur un lion vénitien* : **FRF 23 000** – New York, 25 avr. 1968 : *Le mariage de Pauline Bonaparte* : **USD 900** – Düsseldorf, 20 juin 1973 : *Fête dans un parc* : **DEM 29 000** – New York, 15 oct. 1976 : *Portrait de jeune femme*, h/t, de forme ovale (60x47) : **USD 1 100** – Londres, 9 mai 1979 : *La dernière touche*, h/t (97,5x74) : **GBP 1 700** – Vienne, 20 avr. 1983 : *Couple de paysans*, h/t (73x59) : **ATS 30 000** – New York, 24 fév. 1987 : *La Fierté des parents*, h/t (125,7x98,4) : **USD 13 000** – Paris, 27 nov. 1989 : *L'Appel des dernières victimes de la Terreur*, h/t (71x132) : **FRF 136 000** – Paris, 13 juin 1990 : *Clovis ou la guerre*, cr., reh. de blanc et de coul./pap. bleu gris mise au carreau (89x159) : **FRF 50 000** – New York, 24 oct. 1990 : *Jeune femme devant le portail de l'église*, h/t (108x76,8) : **USD 5 500** – Paris, 19 nov. 1990 : *Portrait de jeune fille au chapeau*, fus. et craie/pap. (58x45) : **FRF 6 000** – Paris, 24 mai 1991 : *L'étude*, *Le goût*, h/t, une paire (chaque 90x51) : **FRF 75 000** – Monaco, 21 juin 1991 : *Jeune paysanne effeuillant une marguerite à côté d'un jeune militaire*, h/t (146x116) : **FRF 55 500** – New York, 20 fév. 1992 : *Aux bains de mer*, h/t (106x75,6) : **USD 9 900** – Londres, 17 juin 1992 : *Jeune soubrette écoutant à la porte du salon*, h/t (98x72) : **GBP 3 300** – Paris, 15 déc. 1994 : *Portrait présumé de la comédienne Rachel*, h/t (130x92) : **FRF 25 000** – Paris, 29 jan. 1996 : *Ophélie*, past. (82x65) : **FRF 5 500** – Amsterdam, 22 avr. 1997 : *Dame languissante sur un sofa*, h/t (97x79) : **NLG 42 480**.

MULLER Charles ou **Carl**
XIXe siècle.
Sculpteur.
Cet artiste exposa au Salon de Paris en 1848 et 1849.
Musées : Bradford : *La Malédiction du Ménestrel*.
Ventes Publiques : Londres, 18 juil. 1977 : *Danseuse*, bronze et

ivoire (H. 46) : **GBP 650** – BRUXELLES, 15 oct. 1984 : *Liberté*, marbre et ivoire (H. 28,6) : **BEF 100 000**.

MULLER Christian
Mort en 1691 à Copenhague. XVIIe siècle. Danois.
Peintre.
Père de Carl Christian M. et peintre à la cour.

MÜLLER Christian
XVIIe siècle. Actif à Slesvig. Allemand.
Peintre de portraits.
Il a peint un tableau d'autel dans l'église de Slesvig.

MÜLLER Christian
XIXe siècle. Actif à Berlin de 1810 à 1812. Allemand.
Peintre d'animaux.

MULLER Christian Andreas
Né le 20 juin 1783 à Copenhague. Mort le 19 juillet 1877 à Copenhague. XIXe siècle. Danois.
Médailleur.

MÜLLER Christian Benjamin
Né en 1690 à Dresde. Mort le 20 mars 1758 à Görlitz. XVIIIe siècle. Allemand.
Peintre de portraits, graveur, dessinateur.
Élève de S. Botschild et de J. Kupetzki. Il grava des paysages. Le Cabinet d'estampes de Varsovie possède plus de cent vingt dessins de cet artiste.

MÜLLER Christian David
Né vers 1718 ou 1723 à Dresde. Mort le 16 mars 1797 à Dresde. XVIIIe siècle. Allemand.
Peintre de portraits.
Il fit ses études avec le professeur Haide, ensuite avec Silvestre. Il fut connu comme portraitiste et il fit quelquefois les portraits de la famille royale et plus de deux cents portraits de nobles polonais. Il fut nommé peintre de la cour royale saxo-polonaise.

MÜLLER Christian Ferdinand
Mort en 1800. XVIIIe siècle. Actif à Leipzig. Allemand.
Graveur au burin.
Il grava des paysages et surtout des vues de jardins.

MULLER Christian Friedrich
Né le 28 février 1744 à Copenhague. Mort le 1er mars 1814. XVIIIe-XIXe siècles. Danois.
Graveur au burin et dessinateur.
Il grava les planches pour les ouvrages zoologiques de son frère Otto Frederick M.

MÜLLER Christian Friedrich
Né en 1782 à Stuttggart. Mort le 3 mai 1816. XIXe siècle. Allemand.
Graveur au burin.
Élève de son frère Joh. Gotthard. Il grava des sujets religieux, des portraits et des sujets de genre.

MÜLLER Christian Léopold
Né vers 1800. Mort le 8 juin 1852 à Berlin. XIXe siècle. Allemand.
Peintre d'animaux, dessinateur.
Il fit surtout des études d'animaux d'après nature.

MÜLLER Christian Philipp
Né en 1957 à Bienne (Berne). XXe siècle. Actif aux États-Unis. Suisse.
Artiste, créateur d'installations.
Il a été étudiant en art à Düsseldorf.
Il participe à des expositions collectives, parmi lesquelles : 1989, PS1, Long Island ; 1989, *Confort Moderne*, Poitiers ; 1990, *The Message as Medium*, Museum in Progress, Vienne ; 1992, Centro de Arte Santa Monica, Barcelone ; 1992, *Qui, quoi, où ? – Un regard sur l'art en Allemagne en 1992*, Musée d'Art Moderne, Paris. Il montre ses œuvres dans des expositions personnelles, dont : 1984, *Siehe da, ein mögliches Leben hat sich eingerichtet*, Düsseldorf et Zurich ; 1989, *Porte-bonheur*, Maison de la culture et de la communication, Saint-Étienne ; 1990, *Köln-Düsseldorf*, galerie Christian Nagel, Cologne ; 1991, *Valeurs Fixes*, Palais des Beaux-Arts, Bruxelles ; 1992, *Vergessene Zukunft / Forgotten Future*, Kunstverein, Munich ; 1992, American Fine Arts, New York.
Son œuvre procède d'une réflexion socio-politique et artistique sur la présentation et la réception des œuvres d'art dans les différents lieux institutionnels. *Valeurs fixes* fut le titre de son exposition au Palais des Beaux-Arts de Bruxelles, lieu, à partir duquel, il ironisa sur la valeur ajoutée que prend un quelconque objet dans le musée.
BIBLIOGR. : Catalogue de l'exposition : *Parcours européen III Allemagne – Qui, quoi, où ?*, Musée d'Art moderne de la Ville, Paris, 1993.

MÜLLER Christoph
XVIIe siècle. Actif à Imst. Autrichien.
Peintre de sujets religieux.
Le Musée d'Imst (Tyrol) conserve de lui un *Ecce Homo*.

MÜLLER Christoph
XIXe siècle. Actif à Nuremberg dans la première moitié du XIXe siècle. Allemand.
Peintre de genre, portraits.
Élève de l'École d'Art de Nuremberg. La Galerie franconienne de Nuremberg, conserve de lui trois portraits *Le Roi Max Ier, Le Maire Jörgel* et *Vieux Paysan*.

MÜLLER Constantin
Né au XIXe siècle à Darmstadt. XIXe siècle. Allemand.
Graveur au burin.
Il grava des sujets de genre et des sujets religieux.

MÜLLER Constantin
Né en 1815 à Cassel. Mort en 1849. XIXe siècle. Actif à Düsseldorf. Allemand.
Graveur au burin et aquafortiste.
Frère d'Andreas et de Karl M. Élève de Jos. v. Keller. Il grava d'après les Nazaréens de Düsseldorf.

MÜLLER Constantin
Né en 1825 à Süchtein. Mort en 1875 ou 1876. XIXe siècle. Allemand.
Peintre de portraits.
Il fit ses études à Amsterdam, et travailla à Krefeld, Wiesbaden, à Paris et à Cologne.

MÜLLER Daniel
Né à la fin du XVIe siècle à Fribourg (Saxe). XVIe-XVIIe siècles. Allemand.
Sculpteur.
Il travailla à Luxembourg et sculpta le buffet d'orgues de l'église des jésuites de cette ville.

MÜLLER Daniel
XVIIIe siècle. Actif à Vienne de 1732 à 1734. Autrichien.
Peintre.
Élève de l'Académie de Vienne.

MÜLLER David
Né en 1574 à Berlin. Mort après 1639. XVIe-XVIIe siècles. Allemand.
Sculpteur.
Il exécuta en 1611 quatre statues de saints à la Chartreuse de S. Stefano del Bosco (Calabre).

MÜLLER David
Né à la fin du XVIIe siècle à Aschersleben. XVIIe-XVIIIe siècles. Allemand.
Portraitiste.
Il travailla à Berlin en 1708, puis à Cassel et à Dresde.

MÜLLER Dominikus
Né au XVIIIe siècle à Fürth. XVIIIe siècle. Allemand.
Sculpteur.
Il exécuta en 1767-69 un tabernacle pour l'abbé Anselme Desing à Ensdorf.

MULLER Dorette
Née le 10 juillet 1884 à Strasbourg (Bas-Rhin). XXe siècle. Française.
Peintre de portraits, paysages, natures mortes, dessinateur.
Elle fut élève de E. Schneider et de Jos. Sattler.

MULLER Edgard. Voir **MULLER D'ESCARS Yves Edgard**

MULLER Edouard
Né au XIXe siècle à Mulhouse. XIXe siècle. Français.
Peintre.
Il exposa au Salon de Paris, en 1861, *Groupes de fleurs et de plantes* (actuellement au Musée de Lyon), en 1865, *Avant la moisson* et, en 1866, *Fruits*.

MULLER Édouard, dit **Rosenmuller**
Né le 23 mars 1823 à Glarus. Mort le 29 décembre 1876 à Nogent-sur-Marne (Val-de-Marne). XIXe siècle. Français.

Peintre de fleurs, dessinateur de cartons de tapisseries.
Il se fixa à Paris en 1845. Il réalisa également des cartons de dessins pour des étoffes. Le Musée de Lyon conserve de lui *Fleurs*, et le Musée des Arts Décoratifs de Paris *Tapisserie*.

MÜLLER Eduard Christian
Né en 1798. Mort le 1er mai 1819 à Zurich, par suicide. XIXe siècle. Allemand.
Peintre.
Fils de Johann Gotthard M.

MÜLLER Eduard Joseph
Né le 17 mars 1851 à Ellenhausen. XIXe siècle. Allemand.
Peintre de paysages.
Élève de l'Académie de Düsseldorf. Il fit des voyages d'études au Danemark et en Norvège. Il a exposé à Berlin, Munich, Magdebourg, Dresde.
Musées : Francfort-sur-le-Main (Inst. Staedel).
Ventes Publiques : Londres, 28 oct. 1992 : *Dans la cour de ferme*, h/t (44x34) : **GBP 550**.

MÜLLER Elias
XVIIIe siècle. Actif à Prague de 1707 à 1751. Autrichien.
Graveur au burin.
Il grava des sujets religieux et des vues.

MULLER Elias de
XVIIe siècle. Hollandais.
Sculpteur.
Il a sculpté dix-sept blasons de la balustrade de la Tour Neuve au Kampen en 1661.

MÜLLER Emil
XIXe siècle. Actif à Munich dans la première moitié du XIXe siècle. Allemand.
Peintre de portraits, miniatures.

MÜLLER Emil
XIXe siècle. Actif à Meiningen. Allemand.
Peintre de genre.

MÜLLER Emil
Né le 7 mars 1863 à Breslau (Wrocklaw en Pologne). XIXe-XXe siècles. Allemand.
Peintre de figures, portraits.
Il fut élève des Académies des Beaux-Arts de Breslau, Berlin et Düsseldorf.
Musées : Montréal (Mus. d'art Contemp.) : *Sans titre* 1964, litho.

MÜLLER Emma von
Née en 1859 à Innsbruck. Morte en 1925. XIXe-XXe siècles. Autrichienne.
Peintre de genre, portraits.
Elle a exposé à partir de 1887 à Vienne et à Munich.
Musées : Mayence : *Paysanne de Dachau* 1882, signé E. Müller.
Ventes Publiques : Londres, 20 fév. 1976 : *Une visite agréable*, h/t (54,5x46,5) : **GBP 420** – Berne, 3 mai 1979 : *Jeune fille lisant*, h/t (47x36) : **CHF 5 300** – Munich, 4 juin 1981 : *Autoportrait*, h/t mar./pan. (32x24) : **DEM 4 400** – New York, 24 oct. 1984 : *Paysanne au chapeau vert*, h/cart. entoilé (30,5x22,8) : **USD 1 200** – New York, 24 mai 1988 : *La lettre*, h/t (49,5x56,5) : **USD 8 250**.

MÜLLER Erich
XXe siècle. Suisse.
Sculpteur.
Il vécut et travailla à Berne.

MÜLLER Erich Martin
Né le 26 avril 1888 à Berlin. Mort en 1972 à Berlin. XXe siècle. Allemand.
Peintre de paysages, natures mortes.
Ventes Publiques : Munich, 25 nov. 1977 : *Unter den Linden en hiver* vers 1920, h/t mar./isor. (34x39) : **DEM 3 200** – Munich, 6 déc. 1994 : *Vue de Chiemsee*, h/t (57x77) : **DEM 6 900**.

MÜLLER Ernst
Né en 1823 à Göttingen. Mort le 20 avril 1875 à Düsseldorf. XIXe siècle. Allemand.
Sculpteur.
Élève de W. Henschel. Il travailla à Rome, à Munich, à Paris, à Bruxelles, à Bonn, à Cologne et à Düsseldorf.

Ventes Publiques : New York, 12 oct 1979 : *Enfants nourrissant des lapins*, h/t (61x46) : **USD 14 000**.

MÜLLER Ernst Emmanuel
Né le 21 février 1844 à Stuttgart. Mort en 1915. XIXe-XXe siècles. Allemand.
Peintre de genre.
Il fut élève de Löfftz et Lindenschmidt à l'Académie de Munich. Il a exposé à Munich et Magdebourg.
Ventes Publiques : Londres, 29 oct. 1976 : *Le joyeux violoniste*, h/t (38x32) : **GBP 800** – Munich, 27 nov. 1980 : *Deux petits paysans avec un lapin dans une cuisine*, h/t (61x45,5) : **DEM 30 000** – Munich, 27 juin 1984 : *Le veilleur de nuit endormi*, h/t (63x49) : **DEM 5 000**.

MULLER Eugène Robert
XIXe siècle. Français.
Peintre de portraits.
Il figura au Salon de Paris de 1811 à 1850.
Musées : Pontoise : *Portrait de femme, second empire*.
Ventes Publiques : Londres, 4 oct. 1989 : *Portrait d'un enfant avec un oiseau posé sur sa main* 1852, h/t (80,5x65) : **GBP 3 080** – Londres, 28 oct. 1992 : *Jeune fille avec un chat sur ses épaules et un oiseau dans une cage*, h/t (34x28) : **GBP 880**.

MÜLLER F. J.
XVIIIe siècle. Actif à la fin du XVIIIe siècle. Autrichien.
Peintre.
Il a peint un *Portrait d'homme* dans le château de Harmannsdorf (Basse-Autriche).

MÜLLER Felix Conrad. Voir **FELIXMÜLLER Conrad**

MÜLLER Ferdinand
Né en 1815 à Meiningen. Mort le 6 septembre 1881. XIXe siècle. Allemand.
Sculpteur.
Élève de Schwanthaler à Munich. Il sculpta des statues et des bustes pour diverses villes de Bavière.

MÜLLER Ferdinand
Né le 5 janvier 1833 à Halle. XIXe siècle. Allemand.
Paysagiste.
Il se fixa comme amateur à Crefeld.

MÜLLER Ferdinand Wilhelm
Né à Zduny. XVIIIe-XIXe siècles. Actif dans la seconde moitié du XVIIIe siècle. Allemand.
Portraitiste et pastelliste.
Il travailla à Breslau de 1788 à 1817.

MULLER François Aloys
Né en 1774 à Fribourg. XVIIIe-XIXe siècles. Suisse.
Peintre et graveur au burin.
Fils de Rodolphe M. Il se fixa à Berne en 1811. Le Musée historique de Berne conserve de lui quatre peintures représentant des *Combats entre Français et Bernois*, et le Musée de Fribourg (Suisse) *La place de l'Hôtel de Ville à Fribourg*.

MÜLLER Françoise
Née le 15 mars 1949 à Strasbourg (Bas-Rhin). XXe siècle. Active aussi au Liban. Française.
Dessinateur, graveur. Figuration-fantastique.
Elle a été élève de l'École des Arts Décoratifs de Strasbourg entre 1968 et 1971. De 1971 à 1973, elle a collaboré en tant qu'illustrateur au journal *La Maison française* à Paris. De 1973 à 1974, elle a été professeur de gravure à l'« Académie d'art de Haute-Provence » à Banon.
Elle participe à des expositions collectives, dont : 1968, Salon de la jeune peinture, Strasbourg ; 1976, 1977, Salon international d'art de Bâle ; 1984, Biennale internationale de la gravure de Norvège. Elle montre ses œuvres dans des expositions personnelles, dont : 1974, Musée d'Art Moderne de Strasbourg ; 1976, galerie Nicole Fourier, Lyon ; 1977, galerie Aktuaryus, Strasbourg ; 1979, galerie d'art Bekhazi, Beyrouth ; 1982, galerie Damo, Beyrouth. Elle a illustré plusieurs ouvrages, notamment : *Climats* d'A. Maurois ; *Qui j'ose aimer* d'Hervé Bazin ; *Boy* de Christine de Rivoire ; *La Terrasse des Bernardini* de Suzanne Prou ; *La Maison des Atlantes*, d'Angelo Rinaldi ; *Histoire d'O* de Pauline Réage ; *Les Ragionamenti* de l'Arétin ; *La Voix humaine* de Cocteau et toute l'œuvre d'Henri Troyat.
Ses dessins et gravures figurent un monde fantastique dans lequel les muses peuplent des songes où l'humour côtoie l'allégorie. La gravure et ses encres de Chine aquarellées rendent parfaitement son souci de travailler la facture de ses œuvres à partir du trait.

MÜLLER Franz
Né en 1695 à Saaz. Mort le 29 mars 1753 à Prague. XVIIIe siècle. Autrichien.

Peintre de sujets religieux.
Il fut élève de Wenzel Reiner. Il s'établit à Prague dès 1736. On lui doit un tableau d'autel dans l'église de Beraun.

MÜLLER Franz
Né le 2 février 1810 à Wil (canton de Saint-Gall). Mort le 24 juillet 1887 à Wil. XIXe siècle. Suisse.
Peintre d'intérieurs d'églises, graveur, dessinateur.
Il grava au burin.

MÜLLER Franz
Né le 26 avril 1844 à Düsseldorf. Mort en septembre 1929 à Düsseldorf. XIXe-XXe siècles. Allemand.
Peintre d'histoire, sujets religieux, portraits.
Fils du peintre d'histoire Andreas Muller, il fut élève de Benderman et Deger à l'Académie de Düsseldorf. Il travailla en 1871-72 à Anvers. Il a exposé à Düsseldorf et Brême. On lui doit de nombreux tableaux d'autel dans les églises de Rhénanie.
VENTES PUBLIQUES : SAN FRANCISCO, 21 juin 1984 : *L'arrivée du printemps*, h/t (91,5x142) : **USD 1 600** – NEW YORK, 29 oct. 1986 : *Une procession*, h/t (92,7x142,2) : **USD 8 000** – NEW YORK, 22 mai 1991 : *Procession du mois de mai*, h/t (92,7x142,2) : **USD 22 000.**

MÜLLER Franz Georg Joseph
XVIIIe siècle. Actif à Augsbourg. Allemand.
Sculpteur sur bois et orfèvre.

MÜLLER Franz Heinrich
XIXe siècle. Actif à Weimar dans la première moitié du XIXe siècle. Allemand.
Peintre et lithographe.
Il fut, en 1814, élève de l'Académie de Munich.

MÜLLER Franz Hubert
Né le 27 juillet 1784 à Bonn. Mort le 5 avril 1835 à Darmstadt. XIXe siècle. Allemand.
Peintre, graveur et écrivain d'art.
Père d'Andreas M. Il abandonna le droit pour les Beaux-Arts. Il travailla successivement à Francfort, Eisenach, Cassel, puis, en 1807, devint peintre du prince de Waldeck. Il visita ensuite Hambourg, Moscou, Saint-Pétersbourg. En 1817, il fut nommé inspecteur du Musée de Darmstadt. Il a fait un ouvrage d'art sur l'église Sainte-Catherine d'Oppenheim.

MÜLLER Franz Joseph
Né en 1658 à Zug. Mort en 1713 à Zug. XVIIe-XVIIIe siècles. Suisse.
Peintre verrier.
Le Musée National de Zurich et le Musée de Zug conservent des peintures de cet artiste.

MÜLLER Franz Joseph
Né à Arnach près de Wolfegg. Mort vers 1811. XIXe siècle. Allemand.
Peintre.
Il travailla pour l'église d'Ellwangen et dans l'abbaye de Zeil près de Reichenhofen. Il a peint le portrait du prévôt *Knaushard* en 1786.

MÜLLER Franz Xaver
XVIIe siècle. Actif à Markdorf. Allemand.
Peintre.
Il a peint le plafond de l'église de Berg près de Ravensbourg.

MÜLLER Franz Xaver
Né le 20 mars 1756 à Kukusbad (Bohême). Mort le 4 mai 1837 à Vienne. XVIIIe-XIXe siècles. Autrichien.
Graveur au burin.

MÜLLER Franz Xaver ou **Miller**
Né le 26 novembre 1773 à Gmünd. Mort le 20 mai 1841 à Stuttgart. XVIIIe-XIXe siècles. Allemand.
Peintre.
Membre de l'ordre des Bénédictins, en religion Odo. Il fut peintre de la cour de Wurtemberg. Le cabinet d'estampes de Stuttgart possède de lui huit dessins.

MÜLLER Franz Xaver
Né le 20 juin 1791 à Biberach. Mort le 20 juin 1869 à Biberach. XIXe siècle. Allemand.
Peintre de paysages et de portraits.
Élève de J. B. Pflug à Biberach et de J. B. Seele à Stuttgart. Il voyagea à Rome et passa un certain temps à Ulm. Le Musée de Biberach possède de lui *Portrait de von Schaich*.

MÜLLER Frederic
Né en 1919. Mort en 1981. XXe siècle. Suisse.
Sculpteur, peintre.
BIBLIOGR. : Sylvio Acatos : *Frédéric Müller. Catalogue raisonné. Sculptures, peintures, dessins*, Éditions Victor Attinger, Neuchâtel, 1991.
MUSÉES : AARAU (Aargauer Kunsthaus) : *Volupté* 1962 – LAUSANNE (Mus. canton. des Beaux-Arts) : *Personnage appuyé* 1962 – *Empreinte* 1966.

MÜLLER Frédéric Charles
Né en 1789. Mort en 1837. XIXe siècle. Actif à Strasbourg. Français.
Médailleur.

MÜLLER Friedrich, dit **Maler Müller**
Né le 13 janvier 1749 à Creuznach. Mort le 23 avril 1825 à Rome. XVIIIe-XIXe siècles. Allemand.
Peintre, graveur, dessinateur.
Il fit ses études artistiques à Mannheim. En 1778, il vint à Rome où il étudia les œuvres de Michel-Ange. Il a gravé à l'eau-forte des sujets religieux. Il fut également poète.
MUSÉES : BERLIN – DRESDE – FRANCFORT-SUR-LE-MAIN – HEIDELBERG – IXELLES – MUNICH – SPIRE – VIENNE – WEIMAR.
VENTES PUBLIQUES : MUNICH, 26-27 nov. 1991 : *Assemblée des dieux avec Pallas Athénée sur son trône au centre*, craie, encre brune et lav. (31x47) : **DEM 1 725.**

MÜLLER Friedrich
Né en 1795 ou 1796 à Iéna. Mort en 1834 à Cobourg. XIXe siècle. Allemand.
Peintre de genre, portraits, peintre sur porcelaine.
MUSÉES : WEIMAR : *Fortunata (portrait d'une Italienne).*

MÜLLER Friedrich August
Né le 13 mai 1824 à Zeitz. Mort le 2 novembre 1878. XIXe siècle. Actif à Messen. Allemand.
Peintre.
Élève de son oncle Karl August M. et de l'Académie de Dresde. Il travailla dès 1847 à la Manufacture de porcelaine de Meissen.

MÜLLER Friedrich Burghard, dit **der Rote Müller**
Né en 1811 à Cassel. Mort le 30 mai 1859 à Munich. XIXe siècle. Allemand.
Paysagiste et aquafortiste.
Fils et élève de Friedrich-Wilhelm Müller. Il travaillait en 1838 à l'Académie de Munich. Il demeura ensuite plusieurs années en Italie. Il fut professeur à l'Académie de Cassel.

MÜLLER Friedrich Dominicus Nic.
XIXe siècle. Actif à Berlin. Allemand.
Sculpteur.

MÜLLER Friedrich ou **Heinrich Friedrich**
XIXe siècle. Allemand.
Peintre et graveur.
Il travailla de 1836 à 1844 chez F. W. Gubitz, éditeur.

MÜLLER Friedrich ou **Karl Friedrich**
Né le 18 octobre 1837 à Raschau près de Schwarzenberg. Mort le 31 octobre 1871 à Dresde. XIXe siècle. Allemand.
Graveur sur bois.
Élève d'A. Gaber à Dresde. Il grava d'après Ludwig Richter.

MÜLLER Friedrich Théodor
Né le 16 juillet 1797 à Steinlah. Mort à Dresde. XIXe siècle. Allemand.
Graveur.
Frère de Moritz M. dit Steinla.

MÜLLER Friedrich Wilhelm
XVIIIe siècle. Actif à Dresde. Allemand.
Sculpteur.
Il exécuta en collaboration avec J. S. Wolf les sculptures de la chaire de l'église Sainte-Croix.

MÜLLER Friedrich Wilhelm
Né le 14 octobre 1801 à Kirchditmold. Mort le 8 février 1889 à Kirchditmold. XIXe siècle. Allemand.
Peintre d'histoire et paysagiste.
Il fit ses études artistiques à Rome et fut professeur à l'Académie de Cassel. Le Musée de Cassel conserve de lui un *Paysage italien*, et celui de Hanovre, *Portrait du comte Rudolf de Habsbourg*.

MÜLLER Fritz
Né en 1814 à Blumenthal. XIXe siècle. Allemand.
Peintre de portraits, paysages, marines.
Il était officier. Il émigra en 1854 en Amérique où on perd sa trace.

Musées : Brême (Mus. historique) : peintures de bateaux et paysages.
Ventes Publiques : Paris, 25 nov. 1987 : *Jeunes filles de Bou Saada*, h/t (80x110) : **FRF 6 800** – New York, 14 oct. 1993 : *Village arabe en bordure du désert*, h/t (45,8x33,6) : **USD 690**.

MÜLLER Fritz
Né le 9 janvier 1879 à Mayence (Rhénanie-Palatinat). xxe siècle. Allemand.
Peintre, graveur.
Il fut élève de l'Académie des Beaux-Arts de Munich.

MULLER G.
xixe siècle. Actif en 1809. Allemand.
Lithographe.
On cite de lui deux planches : *Napoléon blessé près de Ratisbonne* et *Découverte du cadavre de Poniatowski*.

MÜLLER Gabriel, appelé aussi **Kupetzky-Müller**
Né le 28 décembre 1688 à Ansbach. Mort à Nuremberg. xviiie siècle. Allemand.
Peintre.
Élève et assistant de Kupetzky à Vienne et à Nuremberg.

MÜLLER Gabriel
xviiie siècle. Actif en 1735. Autrichien.
Graveur au burin.
On cite de lui une *Vue de la Chartreuse de Mauerbach près de Vienne*.

MÜLLER Gallus
xviie siècle. Actif à Möhringen. Allemand.
Peintre verrier.
Il a peint pour le conseil d'Ueberlingen, en 1609, cinq vitraux représentant des scènes de la guerre des paysans.

MULLER Georg ou **Gregor** ou **Miller**
xviie siècle. Actif à Stuttgart de 1605 à 1624. Allemand.
Sculpteur.
Il a sculpté le tabernacle de l'église de Weilderstadt et la *Fontaine de Neptune* au marché de Tubingen.

MÜLLER Georg
Mort en 1684 à Zurich. xviie siècle. Suisse.
Peintre et graveur.
Élève de Conrad Meyer. On cite de lui des paysages avec animaux.

MÜLLER Georg ou **Johann Georg** ou **Muller**
Né le 26 juillet 1797 à Schaffhouse. Mort le 13 février 1867 à Barcelone. xixe siècle. Suisse.
Peintre verrier.
Frère de Johann Jakob M. avec lequel il dirigea un atelier de peinture. Il émigra plus tard en Espagne. Il y exécuta les vitraux de la Capilla Real de Barcelone.

MÜLLER Georg
xixe siècle. Actif à Hambourg en 1850. Allemand.
Lithographe.
Il a gravé un *Portrait de J. Fr. Dankert*, d'après Herm. Kauffmann l'Ancien, et *La taverne de l'Hôtel de Ville de Hambourg*, d'après F. Meyer.

MÜLLER Georg
Né le 23 février 1880 à Munich (Bavière). Mort en 1952. xxe siècle. Allemand.
Sculpteur.
Il fut élève de v. Mauch à Chicago et de W. v. Ruemann et de E. Kurz à Munich. Il fut membre de la Sécession de Munich.
Musées : Munich (Glyptothèque) : *Silène – Buste d'enfant – Tête d'athlète* – Schleissheim : *Statue de femme*.
Ventes Publiques : Munich, 26 nov. 1981 : *Ève* 1918, bronze (93x27,5x28,5) : **DEM 2 000**.

MÜLLER Georg Albert
Né en 1803 à Berlin. Mort en 1864. xixe siècle. Allemand.
Peintre de décorations.
Il travailla au théâtre de Stockholm de 1838 à 1852 et fut en 1845 membre de l'Académie de cette ville.

MÜLLER Georg Friedrich
Né vers 1708. Mort en février 1792 à Dresde. xviiie siècle. Allemand.
Peintre.

MÜLLER Georg Friedrich
Né en 1816 à Nuremberg. xixe siècle. Allemand.
Peintre.
Élève de l'Académie de Munich.

MÜLLER Georg Wilhelm
Né le 14 juin 1807 à Halle. Mort le 18 septembre 1868 à Weimar. xixe siècle. Allemand.
Graveur au burin.
Élève d'Ermer. Il grava quarante-deux dessins d'après Carstens.

MÜLLER George. Voir **MUELLER**

MULLER Georges
Né le 5 janvier 1895. Mort le 20 janvier 1977 à Belfort. xxe siècle. Français.
Peintre de paysages. Postimpressionniste.
Il a été élève à l'École des Beaux-Arts de Paris.
Il participe à divers Salons et Sociétés : 1937, Salon des Artistes Indépendants, Paris, dont il est devenu sociétaire ; 1946, Salon d'Hiver, Paris ; 1946, 1947, 1955, Salon de la Société Nationale des Beaux-Arts ; 1963, Salon des Artistes Français, Paris, où il obtient une médaille d'argent.
Il a réalisé de nombreuses vues de bords de rivières.
Musées : Belfort.
Ventes Publiques : La Varenne-Saint-Hilaire, 29 mai 1988 : *Péniches sur le canal*, h/t (46x55) : **FRF 5 000**.

MULLER Gérard
Né le 20 janvier 1861 à Amsterdam. Mort en 1923. xixe-xxe siècles. Hollandais.
Peintre de portraits, paysages.
Il fut élève de l'Académie des Beaux-Arts d'Amsterdam et d'Anvers. Il travailla à Bruxelles, Paris, Alger, en Espagne et en Italie.
Ventes Publiques : New York, 29 oct. 1987 : *Le Livre d'images* 1890, h/t (92,7x125,1) : **USD 5 000**.

MÜLLER Gerrit
Mort en 1826 à Amsterdam. xixe siècle. Hollandais.
Peintre de portraits, paysages.
Ventes Publiques : Amsterdam, 28 fév. 1989 : *Jeune femme assise sur une banquette dans un intérieur bourgeois*, h/t (63x83) : **NLG 1 725**.

MÜLLER Giovanni
Né le 25 avril 1890 à Krinau. xxe siècle. Suisse.
Peintre et graveur sur bois.
Élève de l'Académie de Munich.

MÜLLER Gottfried
xviiie siècle. Actif à Meissen. Allemand.
Sculpteur.
Il travailla dans la Manufacture de porcelaine de Meissen.

MÜLLER Gottfried
xviiie siècle. Actif à Dresde à la fin du xviiie siècle. Allemand.
Peintre d'églises.

MÜLLER Gottlieb
Né en 1827 à Olten. Mort en 1884 à Higbee (U.S.A.). xixe siècle. Suisse.
Peintre de portraits.
Il fut élève de G. Taverna à Soleure et de P. Cornelius à Munich. Il se fixa dès 1862 en Amérique.
Musées : Olten : *Portrait de l'artiste* – Soleure.

MÜLLER Gottlieb
Né le 6 juin 1883 à Brugg. Mort le 2 août 1929 à Brugg. xxe siècle. Suisse.
Peintre de paysages, dessinateur, graveur.
Il fut d'abord lithographe à Zurich, Ulm, Paris et en Belgique. Il fut par la suite élève d'Em. Anner à Brugg. Il gravait à l'eau-forte.
Musées : Aarau (Aargauer Kunsthaus) : *Bauernhaus* 1914 – *Aaretal* 1917 – *Bergbach* – *Bei Schinznach*.

MÜLLER Gottlieb Friedrich
xviiie siècle. Actif à Torgau. Allemand.
Sculpteur.
Il exécuta en 1753 les fonts baptismaux de l'église de Krossen.

MÜLLER Gottlieb Friedrich Ehrenreich
Né en 1776 à Leipzig. Mort le 3 janvier 1858 probablement à Vienne. xixe siècle. Autrichien.
Graveur au burin.
Il grava des illustrations d'ouvrages scientifiques.

MÜLLER Grégoire
Né en 1947 à Morges (Vaud). xxe siècle. Actif aux États-Unis. Suisse.

Peintre. Abstrait.

Il a fait des études à l'académie de la Grande Chaumière à Paris en 1964, puis a travaillé avec Robert Müller, son père, à Paris et chez Hidi Hesse à Zurich. Abandonnant la peinture, il devient critique d'art et va vivre à New York. En 1972, il recommence à peindre.

Il a été invité à la Biennale de Paris en 1975. Il fait sa première exposition particulière en 1975 à Paris.

Sans être monochromes, les grandes surfaces de Müller évoquent des textures âpres, rudes, et pourtant somptueuses de plénitude.

Bibliogr. : In : *9e Biennale de Paris*, catalogue de l'exposition, Idea Books, Paris, 1975.

Ventes Publiques : Londres, 1er déc. 1994 : *Forêt en train de mourir* 1992, h/t en trois parties (en tout 348x232,5) : **GBP 3 450**.

MÜLLER Gregor ou **Miller**

Né au début du XVIIe siècle à Mährisch-Trübau. XVIIe siècle. Autrichien.

Peintre.

Il exécuta le maître-autel et un autre autel dans l'église de Mährisch-Trübau (Moravie).

MÜLLER Gustav Adolph

Né en 1694 à Augsbourg. Mort le 25 janvier 1767 à Vienne. XVIIIe siècle. Allemand.

Dessinateur et graveur à l'eau-forte, au burin et à la manière noire.

Il grava des sujets religieux et des portraits.

MÜLLER Gustav Adolph

Né le 30 novembre 1838 à Stuttgart. XIXe siècle. Allemand.

Graveur sur bois.

Élève d'A. Mauch. Il grava d'après A. L. Richter.

MÜLLER Gustav Otto

Né le 6 septembre 1827 à Dresde. Mort le 21 février 1922. XIXe-XXe siècles. Allemand.

Peintre de batailles.

Il a exposé à Dresde à partir de 1853. Élève de l'Académie de Dresde. Le Musée Municipal de Dresde et le Musée des Postes à Berlin, possèdent des peintures de cet artiste.

MULLER Hans

XVe siècle. Allemand.

Sculpteur.

Il exécuta de 1455 à 1468 une partie des statues décorant les arcades du vieil Hôtel de Ville de Brunswick.

MÜLLER Hans. Voir aussi **MILLER, MÖLLER** et **MOLLER**

MÜLLER Hans

XVe siècle. Actif à Würzburg à la fin du XVe siècle. Allemand.

Miniaturiste.

Membre de l'ordre des Dominicains.

MÜLLER Hans

Mort le 1er novembre 1674 à Slesvig. XVIIe siècle. Allemand.

Peintre.

Père de Christian Muller, portraitiste.

MÜLLER Hans

Né le 10 janvier 1873 à Vienne. XXe siècle. Autrichien.

Sculpteur.

Il fut élève de Kühne et de Hellmer.

Musées : Bucarest (Mus. Simu) : *Porteuse d'eau – Le Semeur.*

Ventes Publiques : Perth, 29 août 1995 : *Un lad étrillant un cheval*, bronze (32x41) : **GBP 2 185**.

MÜLLER Hans Alexander

Né le 12 mars 1888 à Nordhausen (Thuringe). XXe siècle. Allemand.

Graveur.

Il fut élève de l'Académie des Beaux-Arts de Leipzig. Il y devint par la suite professeur.

Il grava, surtout sur bois, des illustrations d'œuvres classiques et romantiques.

MÜLLER Hans Georg ou **Jürg**

Né le 5 juillet 1601 à Francfort-sur-le-Main. Mort le 25 juin 1642 à Francfort-sur-le-Main. XVIIe siècle. Allemand.

Peintre de compositions murales.

Il s'est principalement distingué dans la peinture de façades de bâtiments.

Musées : Francfort-sur-le-Main (Mus. Historique) : *Histoire du Roi Jephta.*

MÜLLER Hans Georg ou **Jürgen**

Mort en 1713 à Stockholm. XVIIIe siècle. Allemand.

Peintre.

Il fut au service de la reine Hedwig Eleonora. Il exécuta des portraits et des peintures murales dans des églises et dans des châteaux de Stockholm.

MÜLLER Hans Walter

Né en 1935. XXe siècle. Allemand.

Sculpteur, architecte.

Il participe aux expositions internationales d'art cinétique.

Il eut des activités extrêmement diversifiées, entre autres : mime, prestidigitateur, musicien, qui l'ont incité à la création de spectacles totaux. Il a conçu un appareil de projection qu'il appelle *Genèse*, utilisant des plaques préparées, par peinture ou collage, animées de mouvements programmés, dont les effets de transparence et de mouvement sont projetés sur les parois de l'environnement du spectacle, dont le tourbillon coloré est accompagné de musique. Les signes graphiques de base qu'il met en œuvre, ont parfois la gaieté du langage plastique de Miro.

Bibliogr. : Frank Popper : *Naissance de l'art cinétique*, Gauthier-Villars, Paris, 1967.

MÜLLER Harald F.

XXe siècle.

Sculpteur, photographe.

Il participe à des expositions collectives, dont : 1990, *Le Désenchantement du Monde*, Villa Arson, Nice ; 1991, galerie Air de Paris, Paris. Il montre ses œuvres dans des expositions personnelles, dont : 1992, Villa Arson, Nice.

Il expose en général photographies et sculptures, mais de façon distincte. Pour l'exposition à la Villa Arson de Nice, il a associé ces deux types d'expression. Ses photographies sont des reproductions agrandies de clichés des publications techniques d'entreprises et ses sculptures des variations sur le parallélépipède.

MÜLLER Heinrich

XVIIe siècle. Actif à Augsbourg. Allemand.

Peintre d'histoire, graveur.

Il s'est spécialisé dans la peinture d'actualités. Le Musée Britannique et le Cabinet d'estampes de Gotha conservent de lui des feuilles d'informations représentant notamment, *La Prise de Pilsen en 1621*.

MÜLLER Heinrich

XVIIe-XVIIIe siècles. Allemand.

Sculpteur.

Il a sculpté dans l'attique de l'Hôtel de Ville de Magdebourg une statue de femme.

MÜLLER Heinrich

Né vers 1788. Mort le 26 octobre 1851. XIXe siècle. Actif à Berlin. Allemand.

Peintre verrier.

Il exécuta les vitraux dans la grande salle de Marienbourg et dans l'église de Werder à Berlin.

MÜLLER Heinrich

XIXe siècle. Actif à Weimar dans la première moitié du XIXe siècle. Allemand.

Portraitiste, graveur au burin et lithographe.

Élève de son père Christian M. et de l'Académie de Munich. On cite de lui *Galerie d'écrivains célèbres* et *Les antiques du Musée grand-ducal de Weimar.*

MÜLLER Heinrich

Né à Eisenach. XIXe siècle. Allemand.

Peintre de portraits et dessinateur.

Il a travaillé en Italie et à Weimar. Le Musée National de Berlin conserve de lui un *Portrait de Goethe* (dessin) et les Musées de Hanovre et de Dresde d'autres œuvres de cet artiste.

MÜLLER Heinrich

Né le 15 mai 1810 à Flurlingen (canton de Zurich). Mort le 19 mai 1841. XIXe siècle. Suisse.

Peintre à la gouache.

Élève de J. H. Neukomm.

MÜLLER Heinrich

Né en 1814 à Degerweiler (canton de Thurgovie). XIXe siècle. Suisse.

Paysagiste.

Élève de l'Académie de Munich en 1837.

MÜLLER Heinrich

Né le 29 juin 1885 à Bâle. Mort en 1960 à Bâle. XXe siècle. Suisse.

Peintre, graveur.
Il fit ses études à Munich, à Paris et à Berlin et entreprit des voyages en Grèce et en Italie.
Musées : Bâle – Winterthur – Zurich.
Ventes Publiques : Zurich, 8 nov. 1980 : *Nature morte aux tulipes* 1939, h/t (66,5x43,5) : **CHF 2 600** – Zurich, 24 nov. 1993 : *Le pont Wettstein à Bâle* 1933, h/t (38x45,5) : **CHF 3 450** – Zurich, 2 juin 1994 : *Fleurs de lotus* 1930, h/t (69x54) : **CHF 3 450** – Zurich, 8 déc. 1994 : *Bégonia dans un pot*, h/pan. (35x27) : **CHF 1 725**.

MULLER Heinrich
Né en 1903 à Zurich. Mort en 1978. XXe siècle. Suisse.
Peintre.
Membre de la Société suisse des peintres et sculpteurs.
Il pratique la tempera.
Musées : Aarau (Aargauer Kunsthaus) : *Siesta* 1953 – *Spanischer Stuhl mit Mohn* 1976.
Ventes Publiques : Zurich, 19 oct. 1983 : *La Lampe verte*, h/t (40x60) : **CHF 5 000**.

MÜLLER Heinrich Anton
Né en 1865 à Versailles. Mort en 1930 à Berne. XXe siècle. Suisse.
Sculpteur, peintre. Art-brut.
Il était ouvrier agricole en Suisse. Il fut tellement troublé par le vol de son brevet d'invention pour une machine à tailler la vigne, qu'il fut interné, à partir de 1906, jusqu'à sa mort, à l'hôpital psychiatrique de Münsingen, près de Berne.
Il a figuré à l'exposition itinérante (Venise, Paris...) *Les Machines célibataires* organisée en 1975 par H. Szeemann.
Il a fabriqué, entre 1914 et 1924, des machines non fonctionnelles à l'aide de tiges de fer et de ses propres excréments. Il peignit ensuite des tableaux de personnages et d'animaux qu'il signait « Dieu » et dédiés à la « Vierge divine ». Il s'est plu également pendant des heures à regarder au travers d'une sorte de télescope une figuration du sexe féminin composée d'un assemblage d'éléments divers.
Bibliogr. : In : *Dictionnaire de l'art moderne et contemporain*, Hazan, Paris, 1992 – Françoise Monnin : *Tableaux choisis. L'art brut*, Editions Scala, Paris, 1997.

MÜLLER Heinrich Eduard
Né le 6 septembre 1823 à Poltawa. Mort le 16 octobre 1853 à Dresde. XIXe siècle. Allemand.
Paysagiste.
Il a travaillé dans l'Amérique du Nord et à Dresde. Il a exposé à Dresde et Leipzig. Le Musée de Dresde conserve de lui : *Le lac Michigan* et *Château près de Zwickau*.
Ventes Publiques : New York, 31 mai 1984 : *Campement indien dans la forêt* 1853, h/t (84x104) : **USD 23 000**.

MÜLLER Heinrich Ludwig
Né en 1804 à Hambourg. Mort le 4 octobre 1837 à Wunstorf. XIXe siècle. Allemand.
Peintre.
Il s'établit à Munich en 1828.

MULLER Heinz
Né le 20 juillet 1872 à Munster (Rhénanie-Westphalie). XXe siècle. Allemand.
Sculpteur.
Il fut élève de l'Académie des Beaux-Arts de Düsseldorf chez K. Janssen. Il vécut et travailla à Düsseldorf.
Musées : Düsseldorf (Mus. mun.) : *Jeune femme* – Munster : *Voyageuse* – Stuttgart : *Semeur*.
Ventes Publiques : Zurich, 3 nov 1979 : *La femme du pêcheur*, bronze (H. 46,5) : **CHF 1 900**.

MÜLLER Hendrick Léonard
Né le 27 mai 1806 à Amsterdam. Mort après 1840. XIXe siècle. Hollandais.
Peintre amateur.
Élève de A. G. Van Schoone et de J. W. Pieneman.

MÜLLER Henri Charles
Né le 2 juillet 1784 à Strasbourg. Mort le 21 octobre 1846 à Paris. XIXe siècle. Français.
Peintre et graveur au burin.
Élève de Guérin et de David. Il figura au Salon de 1817 à 1842 ; il eut le deuxième grand prix de gravure en 1812 et il obtint une médaille de deuxième classe en 1822 et une médaille de première classe en 1834. Chevalier de la Légion d'honneur en 1837.

MÜLLER Herman Jansz von, ou **Harmen**
Né vers 1540 à Amsterdam. Mort en 1617 à Amsterdam. XVIe-XVIIe siècles. Hollandais.
Graveur de compositions religieuses.
Fils de Jan Ewoutszoon Müller et père de Jan Harmansz Müller, il dut vivre longtemps à Anvers. Il travailla avec Cornelis de Cort, dont on croit qu'il fut élève.
Son œuvre est considérable et comprend notamment des planches représentant des figures de la Bible, d'après Jan Van der Straet, Martin de Vos, et d'autres maîtres.

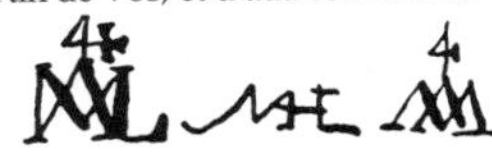

MÜLLER Hermann
Né au début du XIXe siècle à Seefeld (Tyrol). XIXe siècle. Autrichien.
Sculpteur.
Il travailla à Munich en 1839. Le Musée Ferdinandeum d'Innsbruck possède de lui un bas-relief *(Jésus et la Samaritaine)*.

MÜLLER Hermann
XIXe siècle. Actif à Berlin. Allemand.
Graveur sur bois.
Élève d'E. Kretzschmar. Il grava des illustrations pour les *Œuvres de Frédéric le Grand*, d'après Menzel.

MÜLLER Hermann
Né le 7 mai 1841 à Darmstadt. XIXe siècle. Allemand.
Dessinateur architecte et aquarelliste.
Élève de Lucas et de l'Académie de Berlin. On cite de lui plusieurs suites de dessins, entre autres un *Carnet d'esquisses*.
Ventes Publiques : Londres, 27 oct. 1993 : *Personnages dans un paysage hivernal* 1891, h/t (52x72,5) : **GBP 1 265**.

MÜLLER Hermann
Né le 5 octobre 1887 à Harbourg. XXe siècle. Allemand.
Peintre.
Il fut élève de E. Schaper et d'A. Siebelist à Hambourg et de H. Knirr à Munich.

MÜLLER Hermann Martin Christoffer
Né le 3 août 1808 à Hambourg. Mort le 8 mai 1837 à Munich. XIXe siècle. Allemand.
Peintre d'histoire.
Il travailla d'abord avec Siegfried Bendixen, puis alla poursuivre ses études à l'Académie de Munich. Il a surtout pris comme sujet de ses tableaux des scènes empruntées à la légende des Nibelungen.

MÜLLER Ignaz
Né en 1754. Mort le 23 octobre 1802. XVIIIe siècle. Actif à Vienne. Autrichien.
Portraitiste.

MÜLLER J.
XVIIIe siècle. Actif à Wolfenbüttel. Allemand.
Peintre.
Le Musée de Brunswick conserve de lui une aquarelle *(Glorification du duc Ferdinand)*.

MÜLLER J. Heinrich. Voir l'article **EBERT Chr.**

MÜLLER Jacob
XVIIe siècle. Actif à Radeberg. Allemand.
Sculpteur sur bois.
Il a sculpté la chaire de l'église de Wallroda.

MÜLLER Jacob
XVIIe siècle. Actif à Prague dans la seconde moitié du XVIIe siècle. Autrichien.
Graveur au burin.
Il grava des sujets religieux.

MÜLLER Jacob Gabriel ou **Miller** ou **Molinari** ou **Molinario** ou **Mollinario** ou **Mollinarolo**
Né vers 1721 à Vienne. Mort le 1er mai 1780 à Vienne. XVIIIe siècle. Autrichien.
Sculpteur.
Élève de Matth. Donner à l'Académie de Vienne où il devint professeur. Représentant remarquable de l'École Donner. Il sculpta le maître-autel dans l'église de Wiener-Neustadt et deux panneaux d'autel dans la cathédrale de Raab.

MÜLLER Jacob ou **Jakob**
Né vers 1670. Mort en 1703. XVIIe siècle. Actif à Augsbourg. Allemand.

Graveur au burin.
Il grava des paysages dans le genre de Perelle.

MULLER Jacques
Né à Emden. Mort en 1673 à Utrecht. XVIIe siècle. Hollandais.
Peintre de sujets allégoriques, batailles.
Il fut peut-être élève de Cuylenburg. Il épousa, en 1655, à Utrecht, Elisabeth Doorn ; il travailla dans cette même ville, devenant un suiveur de Jan Baptist Weenix.
Il s'est spécialisé dans les combats de cavalerie.

J. Muller.f

MUSÉES : AMSTERDAM : *Combat de cavalerie entre cavaliers impériaux et Turcs* – INNSBRUCK : *Nymphes se baignant dans une grotte*, deux tableaux – NANCY : *La ruine.*
VENTES PUBLIQUES : LONDRES, 6 déc. 1995 : *Personnages orientaux parmi des ruines romaines*, h/t (125x163) : **GBP 8 050.**

MULLER Jacques
Né en 1930 à Etterbeck (Bruxelles). XXe siècle. Belge.
Peintre de paysages, paysages urbains, graveur. Tendance expressionniste.
Il a été élève à l'Académie des Beaux-Arts de Bruxelles. Il continua sa formation à l'Académie de la Grande Chaumière à Paris et dans l'atelier de Kokoschka à Salzbourg. Il enseigna à l'Académie des Beaux-Arts d'Etterbeek.
Une rétrospective de son travail a été présentée à New York à l'International Art Gallery en 1992.
Il manie un style dépouillé, laissant libre de grandes parties de la toile, mais nerveux. Il s'exprime par le trait tout en faisant se bousculer les couleurs. New York est une source d'inspiration fréquente dans l'œuvre de Jacques Muller.
BIBLIOGR. : J. Pigeon : *Jacques Muller*, Bruxelles, 1979 – in : *Dictionnaire biographique illustré des artistes en Belgique depuis 1830*, Arto, Bruxelles, 1987.
VENTES PUBLIQUES : ROME, 10 mai 1988 : *Nymphe dans une grotte*, h/pan. (47x60,5) : **ITL 7 000 000.**

MULLER Jakob. Voir aussi **NAUMANN Jakob**

MÜLLER Jakob
Mort en 1611. XVIIe siècle. Actif à Heilbronn. Allemand.
Sculpteur sur pierre et sur bois.
Élève d'A. Wagner. Il sculpta plusieurs fontaines à Heilbronn et des tombeaux à Bönnigheim. Le Musée de Heilbronn conserve de lui *Monument de Chr. Rollwag.*

MÜLLER Jakob ou **Miller**
Né à Vienne. XVIIe siècle. Autrichien.
Peintre de compositions religieuses, batailles, portraits.
Il a peint en 1660 six tableaux représentant des épisodes de la *Vie de saint Bernard* dans le réfectoire du monastère de Heiligenkreuz près de Vienne. On le connaît surtout pour ses scènes de batailles dans la manière des peintres d'Utrecht Dirck et Martin Stoop.
VENTES PUBLIQUES : LONDRES, 13 déc. 1996 : *Portrait de groupe de quatre enfants avec un chien dans un paysage* 1657, h/t (127,7x168,9) : **GBP 21 850.**

MÜLLER Jakob
Né en 1811 à Nuremberg. XIXe siècle. Allemand.
Peintre.
Élève de l'Académie de Munich.

MÜLLER Jakob Benjamin
Né en 1719 à Dresde. Mort à Riga. XVIIIe siècle. Allemand.
Peintre de théâtres.
Élève de J. B. Grone. Il travailla à Saint-Pétersbourg et à Riga.

MÜLLER Jakob Joseph
Né le 30 juin 1729 à Wil (Saint-Gall). Mort le 11 ou 14 août 1801 à Wil. XVIIIe siècle. Suisse.
Peintre.
Élève de Giaquinto à Rome et de l'Académie de Madrid où il travailla jusqu'en 1760. Il a peint des fresques dans les églises de Dreibrunnen, de Hemberg, de Mörschwil et de Muhlrüti.

MULLER Jam Peter
Né en 1783. Mort en 1854. XIXe siècle. Danois.
Peintre de paysages.
On ne dit pas qui fut son maître, mais il acquit une brillante réputation de paysagiste en reproduisant des sites pittoresques du Danemark, de la Norvège et de la Suède. La Galerie Royale de Copenhague conserve deux œuvres de lui.

MULLER Jan
Né en 1922 à Hambourg. Mort en 1958 à Provincetown. XXe siècle. Actif depuis 1941 aux États-Unis. Allemand.
Peintre.
Il quitta l'Allemagne en 1933 avec sa famille qui se fixa tout d'abord en Tchécoslovaquie. Il fut ensuite interné, pendant la guerre, dans un camp de réfugiés du Midi de la France. Il put gagner New York en 1941. Il ne commença à peindre qu'en 1945, suivant les cours de l'Art Student's League, puis, de 1945 à 1950, ceux de la célèbre école de Hans Hofmann, qui forma un grand nombre des peintres américains des jeunes générations.
Il participa à des expositions collectives : 1953, Chicago Art Institute ; 1956, Stable Annual ; 1958, Carnegie International de Pittsburgh. Après sa mort en 1960 : *Nouvelle Image de l'Homme*, Museum of Modern Art, New York. Il fut l'un des fondateurs de la Hansa Gallery, où il fit plusieurs expositions personnelles de ses œuvres : 1954, 1955, 1956, 1957, 1958. Il exposa également à Provincetown en 1955, 1956. Parmi les expositions posthumes : 1959, Hansa Gallery ; 1960, Université de Minnesota ; 1962, Guggenheim Museum.
Son art est resté très marqué par la tradition expressionniste germanique. Il a surtout peint des nus d'une expression violente, dans une gamme colorée exacerbée.
BIBLIOGR. : B. Dorival, sous la direction de... : *Peintres contemporains*, Mazenod, Paris, 1964.
MUSÉES : NEWARK – NEW YORK (Mus. of Mod. Art) – NEW YORK (Solomon R. Guggenheim Mus.).
VENTES PUBLIQUES : NEW YORK, 11 mai 1983 : *Sans titre* vers 1955, craies de coul. (26x32,5) : **USD 1 400** – NEW YORK, 17 nov. 1992 : *Sans titre*, fus. et gche/pap. (63,5x48,2) : **USD 2 200** – NEW YORK, 29 juin 1995 : *Saint Georges et le dragon* ; *Nu dans un paysage*, h/pan. (14x27,9 et 25,4x20,3) : **USD 1 150.**

MÜLLER Jan Ewoutszoon
Né à Emerik. Mort en 1564 à Amsterdam. XVIe siècle. Actif à Amsterdam. Hollandais.
Graveur au burin.
Père de Harmen Janszoon Müller. Il publia trois ouvrages sur les monnaies, et fut également libraire.

MÜLLER Jan Harmansz ou **Joannes, Harmensz**
Baptisé le 1er juillet 1571 à Amsterdam. Mort en 1628, enterré le 18 avril 1628. XVIIe siècle. Hollandais.
Graveur, dessinateur de sujets mythologiques, scènes de genre, portraits.
Fils du tailleur d'images Harman Jansz Müller, et probablement élève d'Hendrick Goltzius, il dut aller en Italie vers 1595 et y prit peut-être le surnom de Grunvink. Son œuvre est important et montre l'influence de son maître et de Bartholomeus Spranger. Il fit, d'ailleurs, plusieurs gravures d'après les œuvres de Spranger.

I·M·S Hf.

BIBLIOGR. : In : *Diction. de la peinture flamande et hollandaise*, coll. Essentiels, Larousse, Paris, 1989.
MUSÉES : AMSTERDAM (Cab. d'estampes) : *Minerve* – *Portrait d'homme* – *Enfant aux bulles de savon* – BRUXELLES – HAARLEM (Mus. Teyler) – PARIS (Mus. du Louvre) – VIENNE (Albertina).
VENTES PUBLIQUES : PARIS, 8 déc. 1933 : *Psyché regardant l'Amour endormi*, pl. : **FRF 220** – LONDRES, 8 déc. 1976 : *Bacchus et Cérès*, pl. (47,4x34,7) : **GBP 800** – LONDRES, 27 avr. 1977 : *Hercule tuant l'Hydre*, grav./cuivre, d'après Adrian de Vries (50,9x36,5) : **GBP 720** – LONDRES, 21 avr. 1983 : *Chilon, philosophe de Sparte*, grav./cuivre (47,4x36) : **GBP 600** – LONDRES, 27 juin 1985 : *Arion chevauchant le dauphin*, grav./cuivre (35,3x35,8) : **GBP 3 100** – NEW YORK, 11 jan. 1994 : *Psyché endormie sur un lit*, sanguine et encre (22,9x31,9) : **USD 12 650.**

MÜLLER Janos ou **Johann**
XIXe siècle. Actif au début du XIXe siècle. Hongrois.
Peintre.
Il travailla à Leutschau. On cite de lui des peintures à la gouache et des paysages au clair de lune.

MÜLLER Janos ou **Johann**
XIXe siècle. Actif à Budapest de 1827 à 1845. Hongrois.
Peintre de figures et de portraits.
On cite de lui des portraits en miniature ainsi que *L'Incantation de Faust* et *Noce paysanne.*

MULLER Jean Conrad
Né au début du XVIIIe siècle à Strasbourg. XVIIIe siècle. Français.

Graveur sur pierre, médailleur.
Il travailla à Paris en 1752 et fut aussi connu comme tailleur de gemmes.

MULLER Jean Gauthier
XVIIIe siècle. Français.
Graveur.
Il exposa au Salon de Paris en 1777.

MÜLLER Jeronymus
XVIe siècle. Actif à Würzburg. Allemand.
Sculpteur sur bois.
Élève de T. Riemenschneider.

MÜLLER Joachim
Né à Heiterwang (Tyrol). XIXe siècle. Actif au Tyrol. Autrichien.
Sculpteur.
Il fit ses études à l'Académie de Munich et se fixa à Innsbruck en 1865. Il sculpta des statues de saints et des autels dans plusieurs églises du Tyrol.

MÜLLER Johann
Né le 10 juillet 1752 à Nordlingen. Mort le 4 novembre 1824 à Nordlingen. XVIIIe-XIXe siècles. Allemand.
Peintre de paysages et graveur à l'eau-forte et sur bois.
Élève de A. Schroligländer, de J. M. Frey, de C. A. Grobmann et de Mettenleiter. Il a gravé des portraits, des scènes de genre et des sujets d'histoire.

MÜLLER Johann
Né le 29 août 1824 à Schurz. XIXe siècle. Actif à Vienne. Autrichien.
Sculpteur.
Élève de l'Académie de Vienne. Il sculpta des ornements à l'Opéra, le Burgtheater, les Musées Impériaux et le château impérial, à Vienne.

MÜLLER Johann Adam ou par erreur **Joseph Adam** ou **Miller**
Né à Erding en Bavière. Mort en 1738 à Munich. XVIIIe siècle. Allemand.
Peintre de sujets religieux, fresquiste, graveur, dessinateur.
Élève d'Asam. Il peignit des fresques et des tableaux d'autel dans plusieurs églises de Bavière.

MÜLLER Johann B.
Né en mars 1848 à Bamberg. XIXe siècle. Actif à Munich. Allemand.
Peintre sur porcelaine.
La Pinacothèque de Munich possède des œuvres de cet artiste.

MULLER Johann Balthasar
Né en 1681 à Erbisleben. Mort le 12 septembre 1758 à Freiberg (Saxe). XVIIIe siècle. Allemand.
Peintre de portraits.
L'Hôtel de Ville de Freiberg conserve de lui les portraits de l'électeur *Joh. Georg IV* et du roi *Auguste II de Pologne*.

MÜLLER Johann Baptiste
Né en 1809 à Geretsried. Mort le 27 juin 1869 à Munich. XIXe siècle. Allemand.
Peintre d'histoire, peintre verrier.
Élève de Conrad Eberhard et de H. Hess à l'Académie de Munich. Il devint par la suite le collaborateur de ce dernier et l'aida dans la décoration de la Basilique. En 1837, il travailla au Laurentiusberg, à Prague, en collaboration avec Führich. On le signale de 1842 à 1849 exécutant des vitraux. Les œuvres de Johann-Baptiste Müller ont été popularisées par de nombreuses reproductions lithographiques et chromolithographiques. Il a encore travaillé dans les églises d'Obertingen, d'Erkheim, de Scheideck, etc.

MÜLLER Johann Bartholomäus ou **Miller**
XVIIe siècle. Actif à Ulm en 1671. Allemand.
Graveur au burin.

MÜLLER Johann Benjamin
Né en 1719. Mort avant 1789. XVIIIe siècle. Actif à Dresde. Allemand.
Peintre de décorations murales, décorateur de théâtre.
Élève de J. G. Grane. Il fut le dernier représentant de la peinture baroque en Saxe. Il décora de ses peintures des églises et des châteaux à Dresde.

MÜLLER Johann Christian
XVIIIe siècle. Actif à Gera de 1730 à 1750. Allemand.
Dessinateur.

MULLER Johann Christian Ernst
Né le 16 mai 1766 à Troistedt (Grand-Duché de Weimar). Mort le 29 octobre 1824 à Weimar. XVIIIe-XIXe siècles. Allemand.
Peintre d'histoire, portraits, graveur, dessinateur, illustrateur.
Élève de Lips, à Zurich. Professeur en 1820 à l'école de dessin de Weimar. Il a gravé des portraits, notamment ceux de *Bonaparte Ier Consul*, d'*Alexandre Ier de Russie*, du *Grand duc de Weimar*, et illustra les tragédies de Schiller.

MÜLLER Johann Christian Gotthelf
Né le 22 ou 26 septembre 1782 à Dresde. Mort le 16 mars 1850 à Zittau. XIXe siècle. Allemand.
Graveur, dessinateur.
Il fit ses études à l'Académie de Dresde. Le Musée Municipal de Zittau conserve de nombreux dessins et gravures de cet artiste.

MÜLLER Johann Christoph
XVIIe siècle. Actif à Stuttgart de 1670 à 1695. Allemand.
Peintre de portraits sur médailles.
On cite de lui des portraits sur médailles des princes de Wurtemberg.

MÜLLER Johann Eduard
Né le 9 août 1828 à Hildburghausen. Mort le 29 décembre 1895 à Rome. XIXe siècle. Allemand.
Sculpteur.
Après avoir été marmiton à la cour ducale de Cobourg, il fréquenta l'Académie d'Anvers en 1850. En 1854, il se rendit à Rome et y fut nommé professeur à l'Académie de Saint-Luc. Le Musée de Berlin conserve de lui : *Prométhée et les Océanides*, celui de Berne *Buste du peintre F. Simon*, et celui de Gotha *Enfant au réveil*.

MÜLLER Johann Friedrich Wilhelm von
Né le 11 décembre 1782 à Stuttgart. Mort le 3 mai 1816 à Sonnenstein (près de Pirna). XIXe siècle. Allemand.
Graveur, dessinateur.
Fils et élève de Johann Gotthard von Muller. Il vint à Paris en 1802 poursuivre ses études. En 1805, il grava le portrait du prince de Wurtemberg. En 1809, il se rendit en Italie. À son retour à Stuttgart, il fut nommé graveur de la cour et, en 1814, professeur de gravure à Dresde. C'est vers cette époque que lui fut commandée la gravure de la *Madona di san Sisto* de Raphaël, à la galerie de Dresde, œuvre à laquelle il consacra le reste de sa trop courte carrière. La planche terminée ayant été envoyée à Paris pour le tirage, l'artiste mourut avant la réception des premières œuvres. L'œuvre de Johann Friedrich Müller ne comprend que dix-huit pièces.

MÜLLER Johann Georg
XVIIe siècle. Actif à Mersebourg en 1661. Allemand.
Peintre.

MÜLLER Johann Georg
XVIIIe siècle. Actif au début du XVIIIe siècle. Allemand.
Peintre.
On cite de lui quatre peintures dans l'église de Scherbda en Thuringe.

MÜLLER Johann Georg
Né le 9 juillet 1742 à Beromünster. Mort le 29 février 1816. XVIIIe-XIXe siècles. Suisse.
Sculpteur sur bois.

MÜLLER Johann Georg
Mort en 1789 à Berlin. XVIIIe siècle. Allemand.
Sculpteur et modeleur.
Il travailla de 1765 à 1789 à la Manufacture de porcelaine de Berlin. Le Musée du Château de Berlin possède plusieurs statuettes de cet artiste.

MÜLLER Johann Georg
Né en 1771 à Bergen. Mort en 1822 à Bergen. XVIIIe-XIXe siècles. Norvégien.
Peintre d'histoire, scènes de genre, portraits.
Élève de l'Académie de Copenhague. Il peignit des portraits, des sujets historiques et de genre. Le Musée de Bergen possède de lui *Scène tirée de « Paul et Virginie »*.

MÜLLER Johann Gotthard von
Né le 4 mai 1747 à Bernhausen. Mort le 14 mars 1830 à Stuttgart. XVIIIe-XIXe siècles. Allemand.

Peintre, graveur, dessinateur.
Protégé par le duc Charles-Eugène de Wurtemberg, il vint à Paris en 1770 et y fut élève de Wille. L'éminent graveur donne sur son élève de nombreux renseignements. Müller en arrivant à Paris n'avait jamais manié un burin et, dès 1772, il exécutait d'après un tableau de Wille fils : *La Petite joueuse de guitare*, une planche dédiée à l'ambassadeur de Wurtemberg. Muller grava également le *Portrait de Wille* par Greuze. Le 30 mars 1776, il fut reçu membre de l'Académie Royale de Paris. Il quitta la capitale française le 29 octobre de la même année. Chargé par le prince de Wurtemberg de fonder une Académie à Stuttgart, il y fut professeur de 1776 à 1794, avec une pension de 1 000 florins, nous dit Wille, et plus tard directeur. Müller était considéré comme un des meilleurs élèves de Wille et en avril 1785, il était appelé à Paris, par M. d'Angiviller pour graver le portrait de Louis XVI de Duplessis. Il en fit le dessin et celui-ci terminé, il quitta Paris, le 2 septembre 1785, regagnant Stuttgart par les Flandres, la Hollande et Düsseldorf. En 1804, il grava pour le Musée Français *La Madonna della Seggiola*, de Raphaël. Il fut membre des Académies de Berlin, de Copenhague, de Munich et de Vienne. Ses œuvres d'une exécution un peu froide et métallique, sont cependant fort intéressantes.

MÜLLER Johann Gottlob
Né le 14 décembre 1724 à Leipzig. Mort le 17 août 1765. XVIIIe siècle. Allemand.
Sculpteur.
Élève du sculpteur Valentin Schwarzenberger à Leipzig. Il travailla à la porte Saint-Pierre à Leipzig en 1756.

MÜLLER Johann Heinrich
XVIIIe siècle. Actif à Prague de 1717 à 1725. Autrichien.
Peintre.
Il a peint un tableau d'autel pour le couvent des cisterciennes de Frauenthal en Bohême, en 1725.

MÜLLER Johann Heinrich
Né le 4 avril 1822 à Feuerthalen (canton de Zurich). Mort le 29 novembre 1903 à Berne. XIXe siècle. Suisse.
Peintre verrier.
Élève de son oncle Johann Jakob M. Il travailla à Philadelphie de 1853 à 1857.

MÜLLER Johann Heinrich Elias
Né en 1757. Mort le 6 mars 1820. XVIIIe-XIXe siècles. Actif à Leipzig. Allemand.
Graveur au burin.
Il grava des « pièces historiques ».

MÜLLER Johann Jacob, dit **Müller de Riga**
Né le 7 mars 1765 à Riga. Mort le 21 septembre 1832 à Stuttgart. XVIIIe-XIXe siècles. Allemand.
Peintre de paysages, graveur à l'eau-forte.
D'abord ecclésiastique, il étudia la peinture à Dresde avec J. Chr. Klengel, en Suisse, à Stuttgart ; en 1802, une bourse du tsar Alexandre Ier lui permit d'aller travailler à Rome, où il subit l'influence de Claude Lorrain. De retour à Stuttgart, il fut nommé peintre de la cour, puis professeur à l'École des Beaux-Arts. En 1818 il partit de nouveau pour l'Italie.
Musées : Heidelberg : *Vue de Heidelberg* – Marbach (Mus. Schiller) : *Liechtenstein* – Stuttgart (Gal. de peintures) : *Deux paysages italiens* – Stuttgart (Mus. du château) : *Le château de Wurtemberg – Belvédère.*
Ventes Publiques : Munich, 22 juin 1993 : *Vue de Naples*, h/t/bois (47,5x64,5) : **DEM 8 050** – Copenhague, 8 fév. 1995 : *Le château d'Heidelberg*, h/t (45x65) : **DKK 10 000**.

MÜLLER Johann Jakob. Voir aussi **MÖLLER Johann Jakob**

MÜLLER Johann Jakob
Né en 1660. Mort en 1712. XVIIe-XVIIIe siècles. Actif à Zofingen. Suisse.
Peintre verrier.
Il peignit des vitraux dans l'église de Brittnau. Les Musées de Zofingen et de Zurich possèdent des vitraux de cet artiste.

MÜLLER Johann Jakob
Né le 23 juin 1743 à Hanau (Hesse). Mort après 1790. XVIIIe siècle. Allemand.
Dessinateur et graveur au burin.
Il illustra des œuvres scientifiques, et grava des perspectives et des plans.

MÜLLER Johann Jakob
Né en 1755 à Waldkirch (canton de Saint-Gall). Mort en 1817 à Munich. XVIIIe-XIXe siècles. Suisse.
Dessinateur de portraits.
Père de Pankraz M. On cite de lui des dessins à la pointe d'argent et des sanguines.

MÜLLER Johann Jakob
XVIIIe siècle. Actif à Riga à la fin du XVIIIe siècle. Allemand.
Peintre de portraits et de miniatures.

MÜLLER Johann Jakob
Né le 31 mars 1803. Mort le 26 novembre 1867. XIXe siècle. Suisse.
Peintre verrier.
Frère de Georg ou Johann Georg M.

MÜLLER Johann Julius
XVIIIe siècle. Actif à Riga au début du XVIIIe siècle. Allemand.
Portraitiste.
Il a peint pour l'Hôtel de Ville de Riga un *Portrait de Charles XII de Suède*, ainsi que des portraits de *Pierre le Grand* et de *Catherine Ire*.

MÜLLER Johann Konrad
Né le 24 février 1728. Mort le 8 août 1785. XVIIIe siècle. Actif à Schaffhouse. Suisse.
Graveur au burin.
Il grava des portraits.

MÜLLER Johann Lorenz
Né le 15 septembre 1601 à Francfort-sur-le-Main. Mort le 25 octobre 1667 à Francfort-sur-le-Main. XVIIe siècle. Allemand.
Peintre d'histoire et de blasons.
Fils de Peter M. Élève de Daniel Meyer. Le Musée Historique de Francfort conserve de lui *Entrée de Gustave Adolphe à Francfort.*

MÜLLER Johann Marius Hartmann
Né le 8 décembre 1863 à Ullensaker. XIXe siècle. Norvégien.
Peintre de paysages.
Élève de Krogh et de Werenskiold. Le Musée de Bergen possède des peintures de cet artiste.

MÜLLER Johann Nikolaus ou **Miller**
XVIIIe siècle. Allemand.
Peintre.
Il a peint un *Christ en Croix* à l'Hôpital d'Erding.

MÜLLER Johann P.
XVIIIe siècle. Actif à Prague. Autrichien.
Graveur au burin.
Il grava d'après Screta.

MÜLLER Johann Peter. Voir **MOLITOR J. P.**

MÜLLER Johann Rudolph
Né le 17 janvier 1833 à Altstetten près de Zurich. Mort le 16 décembre 1892. XIXe siècle. Suisse.
Graveur sur bois.
Élève d'E. Kretzschmar à Leipzig et collaborateur d'A. Gaber.

MÜLLER Johann Sebastien ou **John** ou **Miller**, pseudonyme : **l'Espérance**
Né en 1715 à Nuremberg. Mort après 1785 à Londres. XVIIIe siècle. Allemand.
Peintre, dessinateur et graveur au burin.
Élève de Weigel et de Tyroff, il travailla principalement en Angleterre où il vint en 1744. En 1760, il travailla pour Boydell. Il grava des paysages, d'après Claude Lorrain, Van der Neer, Paunié, des sujets religieux d'après Murillo, Barrocci, Le Sueur. On lui doit aussi les planches pour l'édition de Milton de Newton d'après des dessins de Hayman.

MÜLLER Johann Sigmund
Mort en 1694. XVIIe siècle. Actif à Augsbourg. Allemand.
Peintre d'histoire, d'architectures, de paysages et de portraits.
Élève de J. v. Sandrart. Il fit des voyages en Italie.

MÜLLER Johannes
Né vers 1598 à Thurnau. Mort le 10 juillet 1624. XVIIe siècle. Allemand.
Peintre de portraits.

MÜLLER Johannes
XVIIe siècle. Actif à Gottorf de 1642 à 1661. Allemand.
Peintre de genre, portraits.
Ventes Publiques : Zurich, 9 juin 1993 : *Transhumance*, h/pap./cart. (28,5x45) : **CHF 37 950**.

MÜLLER Johannes
XVIIIe siècle. Allemand.

Peintre de sujets religieux.
Il a peint *La multiplication des poissons et des pains* dans l'église d'Ulm (Bade).

MÜLLER Johannes
XVIIIe siècle. Actif à Saarbruck. Allemand.
Peintre.
Il a exécuté des peintures dans la salle de Biebrich à Saarbruck en 1749.

MÜLLER Johannes
Né en 1806 à Stein. Mort en 1897 à Stein. XIXe siècle. Suisse.
Peintre de paysages animés, paysages.
VENTES PUBLIQUES : ZURICH, 5 juin 1996 : *Senntumbild* 1893, h/cart. (34,5x49) : **CHF 36 800** – ZURICH, 10 déc. 1996 : *Eimerbödeli Ulrich Etter* 1841, h/bois, dessous de verre (diam. 24) : **CHF 18 400**.

MÜLLER Johannes
Né à Pfaffendorf. XIXe siècle. Allemand.
Peintre de genre.
De 1867 à 1871 il travailla à l'Académie de Düsseldorf.

MÜLLER Johannes
Né le 1er décembre 1857 à Glarus. XIXe siècle. Suisse.
Peintre de paysages.

MÜLLER Johannes
Né le 6 août 1879 à Nuremberg (Bavière). XXe siècle. Allemand.
Sculpteur.
Il fut élève de W. Rümmann.

MÜLLER Jörg
Né à Lachen. XVIIe siècle. Actif au début du XVIIe siècle. Suisse.
Peintre.
Il collabora aux peintures de la vieille église du couvent d'Einsiedeln.

MÜLLER Josef
XVIIIe siècle. Actif à Salzbourg. Autrichien.
Peintre de sujets religieux, doreur.
Il exécuta cinq peintures pour la grotte aux truites du château de Hellbrunn et une *Madone* à l'église de Maxglan près de Salzbourg.

MÜLLER Josef
Né le 8 mars 1860 à Landeck. XIXe-XXe siècles. Allemand.
Peintre de portraits.
Il fut élève des Académies des Beaux-Arts de Breslau et de Berlin.

MÜLLER Josef
Né le 19 mars 1874 à Lempertheim. XXe siècle. Allemand.
Peintre.
Il fut élève d'A. Beyer et de Melchior Kern. Il a peint un Saint-Michel dans la chapelle de Niederramstedt.

MÜLLER Josef Cassian ou **Miller**
Né le 20 mai 1809 à Pettneu (Tyrol). Mort le 1er février 1882 à Innsbruck. XIXe siècle. Autrichien.
Sculpteur.
Élève de F. X. Renn. Il a sculpté des statues et un calvaire dans l'église Mariahilf de Munich. Il a exécuté les statues de marbre de *Saint Pierre* et de *Saint Paul* à l'église de Bruneck, le tombeau de *Riccabona* à Innsbruck et le *Sauveur portant sa croix* au cimetière de Schwaz.
MUSÉES : INNSBRUCK (Mus. Ferdinandeum) : *Pietà*.

MÜLLER Joseph
Né à Langenau (Bohême). XVIIIe-XIXe siècles. Autrichien.
Peintre, dessinateur.
Élève de Bergler à Prague de 1802 à 1804.

MÜLLER Joseph
XIXe siècle. Actif à Vienne en 1822. Autrichien.
Peintre d'histoire, portraits.

MÜLLER Joseph Adam, appellation erronée. Voir **MÜLLER Johann Adam**

MÜLLER Joseph Adolph
Né en 1839 à Obergünzburg. XIXe siècle. Allemand.
Sculpteur d'autels et architecte.
Élève de Sickinger et de Zibland à Munich.

MULLER Josette
Née le 6 avril 1925 à Montoire-sur-le-Loir (Loir-et-Cher). XXe siècle. Française.
Peintre de paysages, animalier.
Elle a été élève à l'Académie de la Grande Chaumière à Paris. Elle est membre depuis 1956 de l'Association des Artistes indépendants d'Alsace. De 1955 à 1958, elle a enseigné le dessin au collège technique de Haguenau. Dans cette ville, elle a réalisé, en 1968, une décoration pour la clinique Saint-François. En 1955, elle a réalisé une autre décoration murale pour une école maternelle à Sarre-Union. En 1970, elle quitte l'Alsace pour la Provence et s'installe à Aubagne.
Elle participe à des expositions collectives : Salon des Femmes Peintres et Sculpteurs, Nancy ; Salon Grands et Jeunes d'Aujourd'hui, Paris ; Salon de Mai, Paris ; 1982, *Young artists from France and New York*, Coliseum de New York. Elle montre ses œuvres dans des expositions personnelles : Ancienne Maison d'art alsacienne à Strasbourg ; Maison de la culture à Aubagne ; galerie d'art Orly Sud, Aéroport de Paris.
Elle figure très souvent le monde des insectes auquel elle associe nombre de désirs et de comportements humains, tel l'instinct de survie. Elle utilise des couleurs pures et chaudes.

MULLER Juana
Née en 1911 à Santiago-du-Chili, de parents allemands. Morte en 1952. XXe siècle. Active depuis 1937 en France. Allemande.
Sculpteur. Abstrait.
Elle a d'abord été élève de l'École des Beaux-Arts de Santiago. Elle effectua ensuite des voyages en France, Allemagne, Italie et Grèce. Elle se fixa, en 1937, à Paris, où elle travailla dans l'atelier de Zadkine, à l'Académie de la Grande Chaumière. Elle épousa le peintre Jean Le Moal.
Après la Seconde Guerre mondiale, elle figura à plusieurs reprises au Salon de Mai, et, en 1949, au Salon de la Jeune Sculpture. Elle montra ses œuvres dans des expositions personnelles, notamment à Paris en 1949. À la suite de sa mort, le Salon de la Jeune Sculpture organisa une rétrospective de son œuvre en 1952. Le Musée de Meudon a présenté une importante rétrospective de son œuvre en 1983.
Ayant fait la connaissance de Brancusi, elle évolua vers une sculpture réduite aux volumes essentiels, la figuration subsistant mais limitée au symbole : *Terre*, 1949 ; *Oiseau*, 1950. Sa mort prématurée l'empêcha de terminer la décoration de l'église de Bacarat aux côtés de Stahly et Étienne-Martin.
BIBLIOGR. : Denys Chevalier, in : *Dictionnaire de la sculpture moderne*, Hazan, Paris, 1960 – in : *L'Art au XXe s.*, Larousse, Paris, 1991 – in : *Dictionnaire de la sculpture*, Larousse, Paris, 1992.
MUSÉES : PARIS (Mus. Nat. d'Art Mod.) – SANTIAGO DU CHILI.

MÜLLER Karl
Né en 1797 à Dantzig. XIXe siècle. Allemand.
Peintre.
Élève, à l'Académie de Dresde, de Matthäi. Il séjourna à Rome de 1822 à 1825.

MÜLLER Karl
XIXe siècle. Actif dans la première moitié du XIXe siècle. Autrichien.
Lithographe.
Élève de Senefelder. Il grava des almanachs, des modèles d'uniformes et des livres pour l'enseignement du dessin.

MÜLLER Karl
Mort en 1831 à Stockholm. XIXe siècle. Allemand.
Lithographe.
Il grava des illustrations, des architectures et des vues.

MÜLLER Karl
Né le 29 octobre 1818 à Darmstadt. Mort le 15 août 1893 à Neuenahr. XIXe siècle. Allemand.
Peintre d'histoire et de sujets religieux.
Élève de Schadow à Düsseldorf. Il travailla en Italie de 1834 à 1843, puis revenu en Allemagne, collabora avec son frère Andreas à l'exécution des fresques de Saint Apollinaris à Remagen. Le Musée de Düsseldorf conserve de lui une *Annonciation* et le Musée du Rudolphinum, à Prague, *Madone devant la grotte*.
VENTES PUBLIQUES : NEW YORK, 22-23 juil. 1993 : *Pêcheur allumant sa pipe*, h/t (69,9x100,6) : **USD 1 380**.

MÜLLER Karl
Né le 27 septembre 1850 à Pless. XIXe siècle. Actif à Vienne. Autrichien.
Peintre d'histoire.

MULLER Karl
Né le 19 janvier 1865 à Hambourg. XIXe-XXe siècles. Allemand.

Peintre de portraits, illustrateur.
Il fit ses études à Dresde et à Berlin. Parmi ses illustrations : *Vie de soldat* et *Images de manoeuvres.*

MÜLLER Karl August
Né le 17 février 1807 à Meissen (Saxe-Anhalt). Mort le 14 juin 1879 à Meissen. XIXe siècle. Allemand.
Peintre sur porcelaine.
Élève de l'Académie de Dresde et peintre de la Manufacture de porcelaine de Meissen.

MÜLLER Karl August Anton
Né le 26 mars 1813 à Meissen (Saxe-Anhalt). Mort le 30 décembre 1885 à Freiberg. XIXe siècle. Allemand.
Peintre et dessinateur.
Élève de A. L. Richter.

MÜLLER Karl Friedrich
Né en 1812 à Berlin. XIXe siècle. Allemand.
Sculpteur.
Élève de Wichmann et de Rauch, puis de l'Académie de Munich et de Paris.

MÜLLER Karl Friedrich Johann von
Né le 2 octobre 1813 à Stuttgart. Mort le 27 avril 1881 à Francfort. XIXe siècle. Allemand.
Peintre de genre et d'histoire et portraitiste.
Il reçut tout d'abord les leçons de son grand-père Johann-Gott. Müller, de Dannecker et de Dietrich, à Stuttgart ; puis il fut l'élève de Cornelius à Munich, et d'Ingres à Paris. Il passa plusieurs années à Rome, à Francfort, à Paris, et retourna à Francfort en 1867. Le Musée de Stuttgart conserve de lui : *Roméo* et *Juliette mourant* et *Le jugement de Pâris.*

MÜLLER Karl Hubert Maria
Né le 15 août 1844 à Remagen. XIXe siècle. Allemand.
Sculpteur.
Fils d'Andreas M. et élève d'A. Wittig à Düsseldorf. Il continua ses études à Munich. Le Musée de l'Académie de Düsseldorf conserve de lui *Expulsion du Paradis.*

MÜLLER Karl Kurt
Né le 19 août 1876 à Wolkenstein (Saxe). XXe siècle. Allemand.
Peintre, graveur.
Il fut élève de l'Académie des Beaux-Arts de Dresde et de Strehmel. Il s'établit à Dresde.

MÜLLER Karl Leonidas
Né en 1805 probablement à Meissen. XIXe siècle. Allemand.
Portraitiste.
Élève de l'Académie de Dresde, de Munich et de Vienne. Il s'établit à Dresde.

MÜLLER Karl Leopold. Voir **MÜLLER Leopold Karl**

MÜLLER Konrad ou **Miller**
XVIe siècle. Actif à Ulm en 1526. Allemand.
Peintre.

MÜLLER Kosmas ou **Miller**
XVIIe siècle. Actif à Krsko (Slovénie). Autrichien.
Sculpteur.
Il travailla à l'exécution du portail central de la cathédrale de Zagreb.

MÜLLER Leopold
Né en 1750. Mort le 24 octobre 1826. XVIIIe-XIXe siècles. Actif à Vienne. Autrichien.
Graveur au burin.

MÜLLER Léopold Karl
Né le 9 décembre 1834 à Dresde. Mort le 4 août 1892 à Weidlingen (près de Vienne). XIXe siècle. Autrichien.
Peintre de genre, scènes typiques, portraits, paysages, dessinateur. Orientaliste.
Très jeune il travailla à Vienne dans l'atelier de son père qui était lithographe, puis fut élève de K. Blaas. Il devint directeur de l'Académie des Beaux-Arts de Vienne. C'est au cours de l'hiver 1873-1874 qu'il fit le premier de ses neuf séjours en Égypte dans les pays balkaniques et en Turquie, il se consacra alors à la peinture des scènes de mœurs orientales. Il fut directeur de l'Académie des Beaux-Arts de Vienne. Il a exposé à Vienne, à Berlin, et à Dresde.
On lui doit une toile de grandes dimensions, *Marché au Caire,* ainsi que des portraits sensibles d'Égyptiennes. Il se plut aussi à rendre avec talent les scènes de la vie viennoise. Son dessin ne manque ni d'élégance, ni de correction. C'était un excellent coloriste et ses effets de lumière sont fort appréciés.
MUSÉES : BALTIMORE (Walters Art Gal.) : *Portrait d'Égyptienne,* deux toiles – GRAZ : *La caravane* – Études – MUNICH : Étude – VIENNE (Österreichische Gal.) : *Marché au Caire* 1878 – *Néfusa,* tête d'étude – *La dernière fatigue du jour – La petite mère de famille.*
VENTES PUBLIQUES : LONDRES, 11 nov. 1921 : *Une halte dans le désert* : **GBP 65** – LONDRES, 30 juil. 1936 : *Admirateurs d'une almée* : **GBP 69** – PARIS, 21 nov. 1949 : *Élégante en crinoline* 1850 : **FRF 15 000** – LONDRES, 18 juin 1980 : *Portrait d'une Nubienne,* h/pan. (26,5x14) : **GBP 1 100** – VIENNE, 17 mars 1981 : *Portrait d'un Bédouin,* h/t (120x73,5) : **ATS 60 000** – VIENNE, 16 fév. 1982 : *Une rue d'une ville d'Afrique du Nord,* aquar. (16,5x25) : **ATS 28 000** – LONDRES, 29 nov. 1984 : *Le rassemblement des pèlerins arabes,* pl. (15,5x32) : **GBP 1 500** – NEW YORK, 22 mai 1985 : *Scène de marché au Caire* vers 1878, h/cart. (97,2x65,5) : **USD 20 000** – NEW YORK, 27 fév. 1986 : *Une halte dans le désert* 1880, h/t (73,6x119,4) : **USD 55 000** – ROME, 20 mai 1987 : *Jeune juive,* h/t (69x50) : **ITL 15 000 000** – LONDRES, 21 nov. 1989 : *Halte dans le désert près de Gizeh* 1874, h/t (113x210) : **GBP 52 800** – PARIS, 8 déc. 1989 : *Portrait d'un Égyptien,* h/pan. (48,5x37,7) : **FRF 10 000** – LONDRES, 19 juin 1991 : *Mendiant dans une rue de village arabe,* h/t (81x60) : **GBP 2 200** – COPENHAGUE, 6 mai 1992 : *Une ville d'Afrique du Nord,* h/t (16x26) : **DKK 3 200** – NEW YORK, 27 mai 1993 : *Le mendiant aveugle* 1879, h/t (70,1x120,3) : **USD 51 750** – LONDRES, 18 juin 1993 : *Campement arabe* 1880, h/t (74,4x122) : **GBP 51 000** – PARIS, 9 déc. 1996 : *Portrait d'Égyptienne,* h/t (35,5x22,5) : **FRF 24 000.**

MÜLLER Léopold Ludwig
XIXe siècle. Actif à Berlin. Allemand.
Peintre et aquafortiste amateur.
Il exposa de 1791 à 1828 au Salon avec des paysages et des vues d'architectures.

MÜLLER Léopold Philipp
XIXe siècle. Allemand.
Paysagiste amateur.
Il exposa à Berlin de 1810 à 1816.

MÜLLER Liberat
Né en 1838 à Munich. XIXe siècle. Allemand.
Paysagiste.
Le Musée Municipal de Munich possède des dessins de cet artiste.

MÜLLER Lorenz Friedrich
Né le 9 mars 1715 à Giessen. Mort le 20 mars 1796 à Giessen. XVIIIe siècle. Allemand.
Graveur à l'eau-forte et sur cuivre et architecte.
Il fit ses études à Strasbourg, à Paris et en Hollande.

MULLER Louis
XXe siècle. Français.
Sculpteur-céramiste.
Il a travaillé à Nancy. D'abord verrier, il pratique l'art du potier, jouant heureusement des émaux et des vernis. Il a aussi réalisé des figures, notamment : *Les Évangélistes.*

MULLER Louis Charles
Né le 22 février 1902 à Vénissieux (Rhône). XXe siècle. Français.
Graveur en médailles.
Il fut élève de Patey, Bouchard et Dropsy. Il a obtenu le Second grand prix de Rome en 1929, le premier en 1932.

MULLER Louis Jean
Né le 1er décembre 1864 à Paris. XIXe-XXe siècles. Français.
Graveur.
Il fut élève de Boilvin et Lalauze.
Il figura, à Paris, au Salon des artistes français, dont il fut membre à partir de 1899. Il obtint une mention honorable en 1887, une médaille de troisième classe en 1889, une mention honorable en 1889 dans le cadre de l'Exposition universelle (Paris), une médaille de deuxième classe en 1899, une médaille d'argent en 1900 dans le cadre de l'Exposition universelle (Paris), et une médaille d'honneur en 1905.
Il grava, entre autres, les illustrations pour l'édition nationale des œuvres de Victor Hugo, publiée chez Hachette.

MÜLLER Louise, plus tard Mme **Schröder**
XIXe siècle. Active à Berlin. Allemande.
Peintre de fleurs.
Professeur à l'Académie de Berlin. Elle y exposa de 1830 à 1842.

MÜLLER Lucas
Né en 1684 à Breslau. Mort en 1766 à Breslau. XVIIIe siècle. Allemand.
Peintre et graveur au burin.

MÜLLER Ludwig
XVIIIe siècle. Allemand.
Peintre.
Il exécuta les peintures qui ornent le jubé de l'église de Grundhof (Slesvig).

MÜLLER Ludwig
XVIIIe siècle. Actif à Itzehoe en 1779. Allemand.
Peintre.

MÜLLER Ludwig
Né en 1809 à Amorbach. XIXe siècle. Allemand.
Peintre de genre et d'histoire et portraitiste.
Élève de l'Académie de Munich. Il a peint un tableau d'autel dans l'église de Beuchen.

MÜLLER Marcus
Né en Bohême. Mort le 17 février 1738 à Prague. XVIIIe siècle. Autrichien.
Graveur au burin.
Il grava des sujets religieux dans la manière d'Anton Birkhart.

MÜLLER Marcus ou **Miller**
XVIIIe siècle. Autrichien.
Peintre et doreur.
Il travailla dans l'abbaye de Saint-Florian de 1712 à 1743. Il peignit des portraits de prélats, des vues de l'abbaye et d'autres églises et exécuta des décorations.

MULLER Marie
Née au XIXe siècle à Paris. XIXe siècle. Française.
Peintre.
Elle débuta au Salon de 1880 avec des portraits en miniatures et un éventail.

MÜLLER Marie
Née le 10 juillet 1847 à Vienne. XIXe siècle. Autrichienne.
Portraitiste.
Elle était sœur du peintre orientaliste Léopold Karl Müller. Elle a exposé à Vienne et à Berlin. L'Hôtel de Ville de Vienne conserve d'elle les portraits du *Dr. v. Mauthner* et de la poétesse *Betty Paoli.*

MÜLLER Martin
Né le 6 février 1786 à Bettenhausen près de Kassel. Mort le 28 octobre 1857. XIXe siècle. Allemand.
Graveur.

MÜLLER Martin
Né le 29 avril 1885 à Cologne (Rhénanie-Westphalie). XXe siècle. Allemand.
Sculpteur.
Il fut élève de W. Schwarburg et de L. Manzel. Il voyagea en Amérique et en Italie. Il vécut et travailla à Berlin.
Musées : Berlin (L'ancien Mus.) : *Chodowiecki – K. Ansorge.*

MÜLLER Matheus
XVIIe siècle. Actif à Salzbourg. Autrichien.
Peintre.
Il exécuta des peintures dans l'église d'Eugendorf.

MÜLLER Mathias
XVIIIe siècle. Autrichien.
Sculpteur.
Il a sculpté en 1738 un *Saint Jacques* pour l'église Saint-Jacques-am-Thurn près de Hallein.

MÜLLER Mathis ou **Miller**
XVIe siècle. Actif à Lindau au début du XVIe siècle. Allemand.
Peintre.
Il exécuta les peintures sur le retable de Brione se trouvant aujourd'hui au Musée National de Zurich. Il a aussi peint les fresques de l'église Saint-Pierre, à Lindau.

MÜLLER Matthias
XVIIIe siècle. Actif à Potsdam de 1745 à 1774. Allemand.
Sculpteur d'ornements.
Il exécuta de nombreuses sculptures dans les châteaux de Frédéric II à Potsdam, surtout à Sans-Souci.

MÜLLER Max
Né le 12 avril 1871 à Donaueschingen. XXe siècle. Allemand.
Peintre.
Il fit ses études à l'Académie des Beaux-Arts de Carlsruhe et de Munich, chez Gysis et Diez.

MÜLLER Maximilian Oskar
Né le 29 mai 1839 à Grossenhain (Saxe). XIXe siècle. Allemand.
Graveur sur bois.
Élève de Gaber et de H. Bürkner à Dresde. Il grava d'après L. Richter.

MÜLLER Mélanie, dite **Méla**
Née en 1887 à Budapest. XXe siècle. Hongroise.
Peintre de portraits.
Elle fit ses études à Budapest, à Munich et à Berlin.
Elle a peint les portraits d'*Ernst Haeckel*, de *Frieda Hampel* et de *Julius Stettenheim.*

MÜLLER Melchior
XVIIe siècle. Actif à Zug en 1634. Suisse.
Peintre verrier.
Le Musée de Zug possède de lui quatre vitraux datés de 1634.

MÜLLER Melchior ou **Miller**
Né à Augsbourg. XVIIe siècle. Actif au début du XVIIe siècle. Autrichien.
Peintre.
Il peignit des tableaux d'autel dans les églises de Baselga (Tyrol).

MÜLLER Michael, famille d'artistes
XVIe-XVIIe siècles. Actifs à Zug. Suisses.
Peintres verriers.
On cite quatre peintres de ce nom. Le Musée National de Zurich et le Musée Historique de Zug conservent des œuvres de ces artistes.

MÜLLER Michael
XVIe siècle. Actif en Hesse. Allemand.
Peintre.
Élève de Lucas Cranach et peintre de la cour du landgrave de Hesse. Le Musée Municipal de Cassel conserve de lui un portrait de *Philippe le Généreux.*

MÜLLER Michael ou **Miller**
XVIIe siècle. Actif à Wettenhausen au début du XVIIe siècle. Allemand.
Peintre et dessinateur.
Élève de Wolfgang Müller à Lauingen. Il s'établit à Munich. La Bibliothèque Municipale de Breslau conserve des dessins de cet artiste.

MÜLLER Moritz. Voir **STEINLA Moritz**

MÜLLER Moritz, dit **Kindermüller**
Né le 12 juin 1825 à Diethenburg en Saxe. Mort le 30 septembre 1894 à Blasewitz. XIXe siècle. Allemand.
Peintre de portraits.
De 1843 à 1846, il fut élève de l'Académie de Dresde, puis en 1847 de J. Bernhardt à Munich. En 1868, il fut reçu membre de l'Académie de Dresde. Il a exposé à Hanovre, Dresde, Munich.
Musées : Dresde : *Enfant lisant.*

MÜLLER Moritz
Né le 8 avril 1841 à Munich. Mort le 31 mars 1899 à Munich. XIXe siècle. Allemand.
Peintre de scènes de chasse, animaux.
Fils de Carl Friedrich Moritz Müller, il fut élève de son père et de Kaulbach. Il a travaillé à Munich et exposé dans cette ville, à Dresde, Hanovre, et Berlin à partir de 1876.
Ventes Publiques : New York, 15 oct. 1976 : *Renards chassant des canards sauvages* 1875, h/t (29x36) : **USD 1 300** – New York, 12 mai 1978 : *La famille du cerf* 1877, h/t mar./isor. (28,5x36) : **USD 2 600** – New York, 26 janv 1979 : *Cerf, biches et canards au bord d'un lac* 1875, h/t (54,5x71) : **USD 4 000** – Cologne, 28 oct. 1983 : *Scène de chasse*, h/t (53x43) : **DEM 4 000** – Cologne, 18 mars 1989 : *Renard chassant un canard* 1869, h/t (49x61) : **DEM 2 800** – New York, 24 mai 1989 : *Cerf, biche et daims dans un paysage montagneux*, h/t (55,3x76,2) : **USD 8 800** – New York, 7 juin 1991 : *Chasse aux canards ; Chasse aux faisans* 1891, h/pan., une paire (31,8x46) : **USD 6 050** – Cologne, 28 juin 1991 : *Famille de cerfs dans un paysage montagneux*, h/t (44,5x38,5) : **DEM 4 000** – Tel-Aviv, 6 jan. 1992 : *Munich* 1923, h/cart. (68x100,5) : **USD 1 430.**

MÜLLER Moritz Karl Friedrich ou **Carl Friedrich Moritz**, dit **Feuermuller**
Né le 6 mai 1807 à Dresde. Mort le 8 novembre 1865 à Munich. XIXe siècle. Allemand.

Peintre de genre.
Élève de Mathäi à l'Académie de Dresde en 1821. En 1829, il se fixa à Munich. En 1868, il devint membre de l'Académie de Dresde. Il a exposé à Dresde, Hambourg, Darmstadt et Munich.
Musées : Leipzig : *La prière du soir* – Mayence : *Tyrolien au foyer* – Munich : *Scène de la guerre au Tyrol – Mariage de paysans dans les montagnes bavaroises.*
Ventes Publiques : Paris, 22 mai 1951 : *Entrée nocturne de Charles Quint dans une ville* 1847 : **FRF 42 000** – New York, 25 jan. 1980 : *Le galant entretien* 1849, h/pan. (36x29) : **USD 11 000** – New York, 11 fév. 1981 : *Le Petit Joueur de cithare* 1848, h/t, haut arrondi (39x34) : **USD 8 000** – New York, 23 fév. 1989 : *La lettre* 1838, h/pan. (40x33) : **USD 10 450** – Cologne, 18 mars 1989 : *Arrivée à l'église pour la messe de minuit* 1849, h/t (57,5x49) : **DEM 10 000**.

MÜLLER Morten
Né le 29 février 1828 à Holmestrand. Mort le 10 février 1911 à Düsseldorf. XIXe-XXe siècles. Norvégien.
Peintre de paysages.
Il vint à Düsseldorf à l'âge de dix-neuf ans pour y devenir élève de Schirmet et de Gude. Mais, dès l'année suivante, il retourna en Norvège avec les autres artistes norvégiens. En 1851, il revint à Düsseldorf, où il se fixa jusqu'en 1866, et partit alors pour Oslo, où il prit avec Berzolien, après la mort d'Eckersberg, la direction de l'École de peinture. Il y renonça, pour revenir à Düsseldorf en 1873. Il avait une prédilection marquée pour les forêts de sapins.

Morten Müller 55

Morten Müller

Musées : Hambourg : *Sapinière norvégienne* – Oslo : *Environs du fjord de Oslo – Embouchure du fjord de Hardanger* – Stockholm : *Le rivage de Voss – Vue étendue avec coucher de soleil sur les montagnes.*
Ventes Publiques : Munich, 25 nov. 1976 : *Vue d'un fjord* 1866, h/t (58x77,5) : **DEM 6 000** – Stockholm, 27 avr. 1983 : *Bord de mer* 1879, h/t (54x79) : **SEK 40 000** – Stockholm, 10 avr. 1985 : *Paysage champêtre*, h/t (75x105) : **SEK 67 000** – Copenhague, 12 nov. 1986 : *Voilier au large de la côte* 1870, h/t (45x65) : **DKK 34 000** – New York, 24 nov. 1987 : *Bateaux de pêche dans un fjord* 1889, h/t (65x99) : **USD 8 500** – Londres, 24 mars 1988 : *Paysage de montagnes avec bateaux sur une rivière*, h/t (38,5x56) : **GBP 2 420** – Londres, 29 mars 1990 : *Paysage de fjord* 1886, h/t (61,5x94) : **GBP 5 500** – Stockholm, 14 nov. 1990 : *Lac en forêt*, h/t (80x130) : **SEK 56 000** – Copenhague, 1er mai 1991 : *Fjord nordique* 1870, h/t (83x130) : **DKK 80 000** – Londres, 19 juin 1992 : *Au bord du lac*, h/t (83,8x127) : **GBP 5 720**.

MÜLLER Nicolas
Né le 29 février 1776. XIXe siècle. Actif à Fribourg (Suisse). Suisse.
Peintre de genre et portraitiste.
Fils de Rodolphe M. Le Musée Cantonal de Fribourg possède de lui deux peintures représentant des scènes de l'histoire de Fribourg.

MÜLLER Niklaus
XVIIe siècle. Actif à Lucerne à la fin du XVIIe siècle. Suisse.
Sculpteur sur bois et doreur.
Il a sculpté de 1692 à 1693 les nouveaux autels dans l'église abbatiale de Beromünster.

MÜLLER Nikolaus
Né le 14 mai 1770 à Mayence. Mort le 14 juin 1851 à Mayence. XVIIIe-XIXe siècles. Allemand.
Peintre et écrivain.
Il fit ses études à Paris. On cite de lui *Blücher et Wellington à la Belle-Alliance.*

MULLER O. Voir **MULLER Wouter**

MÜLLER Odo. Voir **MÜLLER Franz Xaver**

MULLER Olga, Mrs **Popoff**
Née le 1er décembre 1883 à New York. XXe siècle. Américaine.
Sculpteur.
Elle étudia en Russie, à Munich et à Paris. Elle obtint, à Paris, une médaille d'honneur dans une exposition de travaux de femmes.

MÜLLER Oswald
XVIe siècle. Actif à Zug. Suisse.
Peintre.
Il décora de ses peintures les voûtes de la nef et du chœur de l'église Saint-Oswald.

MULLER Otto. Voir **MUELLER**

MÜLLER P. G.
Né en Russie. XVIIIe siècle. Actif dans la seconde moitié du XVIIIe siècle. Allemand.
Paysagiste.
Il s'établit à Berlin en 1791 et séjourna à Rome de 1796 à 1798.

MÜLLER Pankraz
XIXe siècle. Actif à Waldkirch (Canton de Saint-Gall) en 1802. Suisse.
Peintre d'histoire et portraitiste.
Élève de l'Académie de Munich.

MULLER Paul. Voir aussi **MULLER Peter Paul**

MÜLLER Paul
Né le 12 mars 1843 à Mergelstetten. Mort le 24 avril 1906 à Stuttgart. XIXe siècle. Allemand.
Sculpteur.
Il fut élève de Th. v. Wagner et de J. Schilling. Il sculpta des statues érigées sur des places publiques de Stuttgart.
Musées : Stuttgart : *Oreste poursuivi par les Furies – Le bouclier d'Achille.*

MÜLLER Paul
Né en 1892. Mort en 1979. XXe siècle. Suisse.
Peintre.
Musées : Aarau (Aargauer Kunsthaus) : *Étude de portrait* 1972, d'après Rembrandt.

MÜLLER Paul Jakob. Voir **PAOLO**

MÜLLER Paul Lothar. Voir **LOTHAR**

MÜLLER Peter
Né le 17 septembre 1573 à Francfort-sur-le-Main. Mort le 4 décembre 1635 à Francfort-sur-le-Main. XVIe-XVIIe siècles. Allemand.
Peintre de compositions murales.
Élève de Mathias Schweitzer à Francfort et de Johann Lorenz M. Il s'est principalement distingué dans la peinture de façades de bâtiments.

MÜLLER Peter Paul
Mort en 1642. XVIIe siècle. Actif à Zug. Suisse.
Peintre verrier.
Il a peint des vitraux pour le couvent de Wettingen de 1623 à 1636.

MÜLLER Peter Paul
Né le 1er février 1853 à Berlin. Mort en 1915. XIXe siècle. Allemand.
Peintre de paysages.
Il fut élève de l'École des Beaux-Arts de Weimar et de l'Académie de Munich. Il débuta à Berlin en 1879. Il a obtenu une médaille d'or à Munich en 1888, une mention honorable à Berlin en 1891 et une troisième médaille à Paris en 1889 (pour l'Exposition Universelle).

Peter Paul Müller

Musées : Bristol : *Dans le Sahara* – Munich : *Au pâturage* – Weimar : *Automne.*
Ventes Publiques : Londres, 20 juin 1984 : *La ramasseuse de fagots* 1890, h/t (132x200,5) : **GBP 2 500** – Vienne, 10 déc. 1985 : *Paysage d'été*, h/t (100x80) : **ATS 50 000** – Cologne, 20 oct. 1989 : *Paysage d'automne*, h/cart. (31x48,5) : **DEM 2 000** – Heidelberg, 11 avr. 1992 : *Le pivert* 1919, h/cart. (20x22) : **DEM 1 150** – Munich, 22 juin 1993 : *Ruisseau au printemps* 1885, h/t (34x60) : **DEM 5 750**.

MULLER Philipp
Né le 13 septembre 1869 à Dalsheim. Mort le 31 janvier 1918. XIXe-XXe siècles. Allemand.

Peintre de portraits.
Il fit ses études à Carlsruhe chez L. Ritter et à Munich chez P. Höcker.

MÜLLER Philipp Heinrich ou **Miller**
Né le 2 octobre 1654 à Augsbourg. Mort le 17 janvier 1719 à Augsbourg. XVIIe-XVIIIe siècles. Allemand.
Médailleur.
Un des médailleurs les plus actifs du baroque tardif en Allemagne. On cite de lui plus de quatre cents médailles représentant des personnalités laïques et ecclésiastiques ainsi que des vues de villes, et une série de cent deux médailles représentant des papes. Ne pas confondre avec un peintre anglais du XIXe siècle Philipp H. Miller.

MÜLLER R. ou **Miler**
XVIIIe siècle. Actif dans la première moitié du XVIIIe siècle. Allemand.
Peintre.
Il a peint un *Saint Erhard* dans la chapelle Saint-Erhard de Geisingen.

MÜLLER R.
XVIIIe siècle. Actif à Londres à la fin du XVIIIe siècle. Britannique.
Portraitiste.
Il exposa à la Royal Academy de 1789 à 1800.

MÜLLER Richard
Né le 28 juillet 1874 à Tschirmitz (près de Carlsbad). Mort en 1954 à Dresde, ou selon d'autres sources le 18 novembre 1930. XXe siècle. Autrichien.
Peintre de genre, graveur.
Il fut élève de l'Académie des Beaux-Arts de Dresde, dont il devint plus tard professeur.
Il figura aux Expositions de Paris. Il obtint une médaille d'or en 1900 dans le cadre de l'Exposition universelle (Paris).
Bibliogr. : Franz Hermann Meissner : *Das Werk von Richard Müller*, Adrian Lukas Müller, Dresde, 1921.
Musées : Berlin – Carlsruhe – Dresde : *Mes chiens – Sœur de la Miséricorde* – Kaliningrad, ancien. Königsberg – Leipzig – Prague.
Ventes Publiques : Cologne, 26 mars 1976 : *La partie de cartes*, h/t (53x42) : **DEM 3 000** – Cologne, 6 mai 1978 : *Deux lapins* 1924, h/t (66,5x100) : **DEM 8 000** – Hambourg, 9 juin 1979 : *Paysage de Bohême* 1943, h/t (38x60,5) : **DEM 2 500** – Munich, 31 mai 1983 : *Jungfrau und Faultier* 1921, h/t (128,5x78,5) : **DEM 27 000** – Munich, 29 mai 1984 : *Chat affamé* 1905, fus. (36x44,5) : **DEM 3 600** – Londres, 1er déc. 1989 : *Le modèle* 1925, h/t (124,5x70) : **GBP 6 600** – Munich, 26 mai 1992 : *Interpellation I* 1917, cr. et craie noire (31x30) : **DEM 5 980** – Londres, 27 oct. 1993 : *Un rêve*, h/pan. (38x52) : **GBP 1 725.**

MÜLLER Richard
Né en 1967 à Schaffhausen. XXe siècle. Actif en France. Suisse.
Peintre, dessinateur.
Diplômé de l'École des Beaux-Arts de Paris, il vit et travaille à Paris. Il montre ses œuvres à la galerie La Ferronnerie à Paris. Il explore le domaine du cliché, qu'il soit visuel ou verbal, aussi bien à l'aide de la photographie que du dessin ou de la peinture.

MÜLLER Robert
Né en 1814 à Heidelberg. XIXe siècle. Allemand.
Peintre.
Élève de l'Académie de Munich.

MÜLLER Robert
Né en 1815 à Göttingen. Mort en 1854 à Göttingen. XIXe siècle. Allemand.
Peintre d'histoire.
Il a débuté en 1844 à Berlin, dont les Musées conservent quelques peintures de sa main ayant surtout pour sujets des scènes de la légende germanique.

MÜLLER Robert, dit **Warthmüller**
Né le 16 janvier 1859 à Landsberg. Mort le 25 juin 1895 à Berlin. XIXe siècle. Allemand.
Peintre de genre, paysagiste et portraitiste.
Il fit ses études à l'Académie de Berlin chez Knille, à Cassel chez Kolitz et à Paris chez Lefebvre. La Galerie Nationale de Berlin conserve de lui *Frédéric II devant le corps de Schwerin*.

MÜLLER Robert
Né en 1920 à Zurich. XXe siècle. Actif depuis 1950 en France. Suisse.
Sculpteur, dessinateur, graveur.
Il fut élève d'Otto-Charles Bänninger à Zurich, pour la taille de pierre, et de Germaine Richier pour le modelage de 1939 à 1944. Il poursuivit seul sa formation, à Morges, sur le Lac Léman, de 1941 à 1947, puis, jusqu'en 1950, à Gênes et à Rome.
Il participa assez tôt à la vie artistique parisienne, exposant au Salon de Mai, à partir de 1953, etc. ; autres expositions collectives : *Hommage à Gonzalez*, Kunsthalle, 1955 ; Biennale de Venise, 1956 ; Biennale de São Paulo, 1957 ; Biennale de Paris, 1957. Il commença la série de ses expositions personnelles en 1954 à la galerie Graven, puis : Documenta de Kassel, Kunsthalle de Bâle, 1959 ; Kunsthalle de Berne, Palais des Beaux-Arts de Bruxelles, Stedelijk Museum d'Amsterdam, 1965 ; Quadriennale de Bienne, 1966 ; Kunstmuseum, Bâle, 1968. Il obtint le prix de sculpture à la Biennale de São Paulo en 1957, le prix Jean Arp à la Quadriennale de Bienne en 1966.
De 1950 datent ses premiers essais de sculpture non figurative et d'assemblage d'objets trouvés sur les plages. Il utilisait alors surtout le procédé de la fonte en cire perdue. Arrivé en France, en 1950, il utilisa le plâtre dans des sculptures d'une non figuration cependant symbolique, telle cette forme d'éponge placée dans le creux d'une forme en coquille, emblème de la féminité que l'on rencontrera encore dans ses œuvres ultérieures. Il commença d'utiliser le fer forgé et soudé, à partir de 1951, dans un *Nu*, où l'on reconnaît l'influence de Germaine Richier. Il trouva, dans ce procédé nouveau pour lui, où Julio Gonzalez avait précédé les Kemmeny, Robert Jacobsen, César, son propre vocabulaire et son propre langage à partir de 1953. La nature même du procédé le conduisit à l'édification d'un bestiaire fabuleux, où les animaux à carapace, vrais ou bien plus souvent créés de « toutes pièces », dominent, de l'insecte monstrueux à toute la gent crustacée et aux mastodontes à l'aspect de rhinocéros, ne demandant qu'à se donner des airs d'engins de combat, dont on ne saurait dire s'ils sont moyenâgeux ou motorisés : *L'Amazone* ; *La Langouste*. Pour construire ces monstres à carapaces arrondies et à piques acérées, s'il utilise des éléments préfabriqués, récupérés chez les démolisseurs de voitures et autres engins, il les unifie en les retravaillant ensemble, les remodelant au feu et leur donnant une patine noire uniforme. Son choix de matériaux de rebut est commodité, non propos délibéré à intention surréaliste. Robert Müller est un baroque, non un surréaliste. Il n'utilise pas ces matériaux de récupération dans une perspective de ready-made, mais au contraire en tant que matériau de base. *Le Nœud*, de 1956, œuvre importante dans son évolution, y introduit cette imbrication des formes les unes dans les autres, qui deviendra l'une des constantes. Ces imbrications de formes se développent horizontalement dans *Larve* et *Saba*, de 1958. Dans *Le Bûcher*, de 1959, l'enchevêtrement de tiges de fer d'armature pour béton, mêle leur dessin linéaire à des masses volumétriques. Une autre famille d'œuvres a le caractère de stèles, dont l'élévation agressive, hérissée de pointes, tient de la plante et de l'insecte : *La Broche* de 1956, *Ex-voto* de 1957, ainsi que *Stèle pour un ermite*. Il a eu l'occasion de réaliser des sculptures monumentales : une *Fontaine*, pour l'école de Kugeliloo de Zurich, 1954 ; une autre *Fontaine*, pour le Centre Vittel de Paris, 1956, qui comportent toutes deux quelques éléments mobiles, mis en action par les jets d'eau. Après 1965, une évolution importante s'est produite dans sa technique, entraînant du même coup une évolution esthétique. Abandonnant les matériaux de récupération, il revint à la fonte traditionnelle, effectuant parfois les tirages de la même œuvre dans des métaux différents. Les œuvres de cette nouvelle période sont presque toujours constituées d'éléments multiples qui s'emboîtent les uns dans les autres, procédé qui exige évidemment une grande précision de l'usinage. Si, dans le procédé, on peut reconnaître l'influence de Berrocal, la présence plastique des œuvres de Robert Müller est d'une autre essence. Plus abstraites que chez Berrocal, ses œuvres du milieu des années soixante-dix continuent de développer le double symbole de la spirale et de pénétration, soit que, dans le cas de la spirale, par des degrés monumentaux on soit entraîné jusqu'au cœur de la construction, également nœud de l'articulation des différents éléments ; soit, dans le cas de la pénétration, de la masse surgissent des formes qui, dans l'espace circonscrit, à la fois s'attirent et se repoussent, assemblées mais dissociables. ■ Jacques Busse
Bibliogr. : René de Solier : préface de l'exposition *Robert Müller*, galerie de France, Paris, 1960 – Sarane Alexandrian, in : *Dictionnaire universel de l'art et des artistes*, Hazan, Paris, 1967 – Michel Ragon : *Vingt-cinq ans d'art vivant*, Casterman, Paris,

1969 – Carola Giedion-Welcker, in : *Nouveau dictionnaire de la sculpture moderne,* Hazan, Paris, 1970 – Pierres Descargues : *Robert Müller,* La Connaissance, Bruxelles, 1971 – Rainer Michael Masson : *Robert Müller. L'Œuvre gravé 1934-1982,* Cabinet des Estampes, Musée d'Art et d'Histoire, Genève, 1982 – in : *Dictionnaire de l'art moderne et contemporain,* Hazan, Paris, 1992.
Musées : Aarau (Aargauer Kunsthaus) : *Sans titre* 1967-70 – New York (Mus. of Mod. Art) : *Ex-Voto* 1957 – São Paulo : *La Broche* 1956 – Zurich (Kunsthaus) : *La Langouste* 1955.
Ventes Publiques : Paris, 15 fév. 1990 : *La niche* 1967-1970, marbre blanc (68x32x23) : **FRF 50 000** – Amsterdam, 26 mai 1993 : *Composition abstraite,* sculpt. de fer (H. 30) : **NLG 18 400.**

MULLER Robert Antoine
XIXe siècle. Actif à Londres. Britannique.
Peintre de portraits.
Il travailla à Londres de 1872 à 1881. Le County Hall d'Oxford possède de lui *Portrait de H. Hamersley.*
Ventes Publiques : Amsterdam, 9 nov. 1993 : *Le menuet,* h/pan. (255x17) : **NLG 4 830.**

MULLER Rodolphe, ou **Jean Rodolphe**
Né vers 1741. Mort après 1811. XVIIIe-XIXe siècles. Suisse.
Sculpteur.
Il était actif à Fribourg.

MÜLLER Rosa
XIXe siècle. Active à Mayence. Allemande.
Peintre de portraits, paysages.
Elle exposa à Mayence de 1845 à 1860.
Ventes Publiques : Londres, 27 sep. 1989 : *Sur la rivière Lledr en Galles du Nord,* h/t (42x76) : **GBP 6 380.**

MÜLLER Rudolf
Né le 28 décembre 1816 à Reichenberg. Mort le 6 mars 1904 à Reichenberg. XIXe siècle. Autrichien.
Peintre de compositions religieuses, portraits, paysages, aquarelliste.
Élève de Franz Kadlek à Prague en 1831. De 1834 à 1838, il travailla à Vienne. Il a surtout exposé dans cette ville.
Il fit plusieurs fois le portrait de l'empereur François-Joseph et peignit de nombreux tableaux d'autel dans diverses églises d'Autriche. Il était également écrivain d'art.
Ventes Publiques : Londres, 16 mai 1978 : *Vue de Segesta* 1866, aquar. et reh. de blanc (64x96) : **GBP 1 400** – Berne, 8 mai 1982 : *Paysage d'Orient* 1855, aquar. (44x60) : **CHF 3 000** – Édimbourg, 9 juin 1994 : *Vue de Constantinople avec la Corne d'Or au-delà du Bosphore,* aquar. (67,3x96) : **GBP 5 750.**

MÜLLER Rudolph
Né le 24 juin 1802 à Bâle. Mort le 2 février 1885 à Rome. XIXe siècle. Suisse.
Peintre-aquarelliste de paysages, architectures.
Il travailla en Suisse, à Paris, à Naples, en Grèce et à Rome.
Musées : Bâle (Mus. mun.) – Zurich (Kunsthaus).
Ventes Publiques : Zurich, 12 nov. 1976 : *Le Colisée, Rome* 1833, aquar. (55x78,5) : **CHF 3 000** – Londres, 17 juil 1979 : *Vue de Naples,* aquar. (21,9x31) : **GBP 800** – Londres, 24 nov. 1983 : *Vue de l'Acropole* 1848, aquar. et cr. (52,6x74,2) : **GBP 1 200** – Rome, 29 mai 1990 : *Le lac de Nemi* 1867, aquar. (62,5x84,5) : **ITL 5 750 000** – Zurich, 24 juin 1993 : *Allée bordée d'arbres,* aquar. (42x59,7) : **CHF 1 800** – Londres, 17 avr. 1996 : *Ruines au bord de la mer* 1866, aquar. (62x95) : **GBP 1 955.**

MÜLLER Rudolph Gustav
Né en 1858 à Wiesbaden. Mort le 22 juillet 1888 à Munich. XIXe siècle. Allemand.
Peintre de genre, paysages. Orientaliste.
Il fut élève de Strähuber, de Gabl, d'Alex. Wagner et de Seitz. Il fit des voyages au Caucase, en Algérie et en Tunisie.
Musées : Zurich (Kunsthaus) : *Bazar à Bakou.*
Ventes Publiques : Londres, 11 déc. 1925 : *La bénédiction du Sheik* : **GBP 44** – New York, 28 mai 1981 : *Le portail d'un palais arabe* 1888, h/pan. (38,5x26,5) : **USD 11 000** – Londres, 28 nov. 1984 : *La porte de la ville* 1885, h/t (39,5x31,5) : **GBP 7 000** – Londres, 1er oct. 1993 : *Sous les murailles de la ville* 1888, h/pan. (22,8x17,8) : **GBP 3 680.**

MULLER Salomon
XVIIe siècle. Actif vers 1610. Hollandais.
Peintre et graveur.
On croit qu'il appartenait à la famille de Jan et Hermann Muller. Il serait donc probablement né à Amsterdam. Son style rappelle celui des Wierix. On connaît de lui une série de petites planches de sujets sacrés qu'il paraît avoir gravées d'après ses propres compositions.

MÜLLER Sébastian
XVIIe siècle. Allemand.
Sculpteur sur bois.
Il fut frère au couvent de Marienrode où il a sculpté de 1686 à 1689 le maître-autel.

MÜLLER Sigmund
XVIIIe siècle. Actif à Augsbourg au début du XVIIIe siècle. Allemand.
Peintre.
Il a peint en 1705 vingt-quatre scènes de la *Légende de saint Augustin* dans l'ancien couvent de Wittingau en Bohême.

MÜLLER Silvester
XVIe siècle. Actif à Bozen au début du XVIe siècle. Autrichien.
Peintre.
Il a peint le retable de la Confrérie des barbiers dans l'église de Bozen.

MÜLLER Théodore
Né en 1819 à Strasbourg (Haut-Rhin). Mort en 1879 à Paris. XIXe siècle. Français.
Lithographe et graveur.
Il grava des panoramas et des vues. Le Cabinet d'estampes de Strasbourg possède des dessins de lui.

MÜLLER Tobias
Mort le 5 novembre 1629. XVIIe siècle. Actif à Zug. Suisse.
Peintre verrier.

MÜLLER Tobias ou **Miller**
XVIIIe siècle. Actif à Nuremberg. Allemand.
Graveur d'architectures.
Frère de Johann Sebastian M. Il exposa à Londres où il s'établit, de 1765 à 1790.

MÜLLER Ulrich
Né le 29 mars 1795 à Flurlingen. Mort le 18 juillet 1848. XIXe siècle. Suisse.
Peintre à la gouache.
Élève de Heinrich Bleuler.
Ventes Publiques : Paris, 12 jan. 1949 : *Cascade de Ferni,* aquar. : **FRF 280.**

MÜLLER Valéry
Né en 1858. Mort en 1916. XIXe-XXe siècles. Français.
Peintre de paysages.
Élève à l'École des Beaux-Arts de Rouen, il poursuivit ses études à Paris, sous la direction de Luc-Olivier Merson.
Il exposa, pour la première fois en 1904, chez Legrip, célèbre marchand de couleurs à Rouen.
Sous l'influence de Robert Pinchon et de Joseph Delattre, il s'attache à rendre la luminosité des ciels normands, laissant souvent ses arrière-plans à l'état d'ébauche, pour n'indiquer que les points principaux de ses compositions.
Bibliogr. : Gérald Schurr, in : *Les Petits Maîtres de la peinture 1820-1920, valeur de demain,* Les Éditions de l'Amateur, t. IV, Paris, 1979.

MÜLLER Victor
Mort en 1835 à Soleure. XIXe siècle. Suisse.
Sculpteur.
Élève d'U. P. Eggenschwiler. Il travailla à Paris pendant vingt-quatre ans et collabora à la Madeleine de Paris, ainsi qu'à la décoration de la cathédrale de Reims pour le sacre de Charles X.

MÜLLER Victor
Né le 29 mars 1829 à Francfort-sur-le-Main (Hesse). Mort le 21 décembre 1871 à Munich. XIXe siècle. Allemand.
Peintre d'histoire, scènes de genre.
Il fut élève à l'Institut Städel à Francfort entre 1845 et 1848, puis à l'Académie d'Anvers en 1849 et enfin chez Thomas Couture à Paris, où il séjourna jusqu'en 1858. Il fit de nombreux voyages en France, Angleterre, Hollande, Belgique. En 1860, il retourna en Allemagne et se fixa à Munich à partir de 1865.
De son séjour parisien, il retient surtout la leçon de Courbet, particulièrement sensible à travers son *Portrait du peintre Otto Franz Scholderer* 1858. Peu à peu son art prend une tournure de plus en plus romantique, surtout lorsqu'il s'installe à Munich, où il est proche des artistes du Cercle de Leibl et notamment du peintre Arnold Böcklin.

Bibliogr. : Gérald Schurr, in : *Les Petits Maîtres de la peinture 1820-1920, valeur de demain*, Les Éditions de l'Amateur, t. II, Paris, 1982.

Musées : Berlin : *Tempête de neige et les sept nains – Salomé portant la tête de saint Jean* – Francfort-sur-le-Main (Städtische Mus.) : *Hamlet au tombeau d'Ophélie – Le chevalier Harmut à Bâle – Scène des « Misérables » – Blanche-Neige et les sept nains – Jeune fille – Ophélie – Portrait du peintre Otto Scholderer* – Munich : *Roméo et Juliette*.

Ventes Publiques : New York, 27 fév. 1986 : *Diane chasseresse*, h/t (75x198,5) : **USD 6 500** – New York, 15 fév. 1994 : *Bacchanale*, h/t (120x151,8) : **USD 6 325**.

MÜLLER Victor

Né le 26 avril 1871 à Galanta (près de Presbourg). xxe siècle. Autrichien.

Peintre d'histoire.

Il fut élève de l'Académie des Beaux-Arts de Vienne chez J. V. Berger et Einenmenger. Il vécut et travailla à Vienne.

MÜLLER Wilhelm

Né en 1815. xixe siècle. Actif à Strasbourg. Français.

Peintre.

Élève de l'Académie de Munich de 1839 à 1841.

MÜLLER Wilhelm Andreas

Né en 1733 à Brunswick. Mort le 24 février 1816 à Copenhague. xviiie-xixe siècles. Allemand.

Miniaturiste et graveur au burin.

Élève de son oncle I. W. Busch et de l'Académie de Copenhague. Le Musée Hohenzollern à Berlin conserve de lui le portrait en miniature de la reine *Juliane Marie*.

MÜLLER Wilhelmus Gerardus

Né le 9 juillet 1859 à La Haye. xixe-xxe siècles. Hollandais.

Peintre.

Il fut élève de l'Académie des Beaux-Arts de La Haye.

MÜLLER William

Né le 14 juin 1881 à Berne. Mort le 14 novembre 1918 à Genève. xxe siècle. Suisse.

Peintre de genre.

Il fut élève de l'École des Beaux-Arts de Genève. Il se fixa dans cette ville et exposa à Paris aux Salons de la Société Nationale des Beaux-Arts, des Indépendants et d'Automne.

Musées : Genève.

Ventes Publiques : Berne, 2 mai 1986 : *Vénus sortant de l'eau* 1910, h/t (147x100) : **CHF 5 500** – Berne, 26 oct. 1988 : *Paysage montagneux du Valais* 1910, h/t (61x46) : **CHF 1 500**.

MULLER William James

Né en 1812 à Bristol. Mort le 8 septembre 1845 à Bristol. xixe siècle. Britannique.

Peintre de genre, figures, paysages, aquarelliste, dessinateur.

Son père, un Allemand, conservateur du Musée de Bristol, développa chez lui le goût de la peinture. Il fut d'abord élève de G.-B. Pyne et débuta à la Royal Academy en 1833. Un voyage en Allemagne, en Suisse et en Italie, suivi en 1838, d'une excursion en Grèce et en Égypte, élargit considérablement sa manière. En 1839, il était établi à Londres et y était fort apprécié par les amateurs. En 1841, il s'adjoignit à l'expédition de Lycie et en rapporta de nombreux croquis et esquisses. Sa santé délicate était fort ébranlée ; il quitta Londres en 1845 pour le climat plus clément de Bristol, mais il ne recouvra pas la santé. Ses œuvres sont fort recherchées. Le Musée de Bristol conserve les œuvres de l'artiste provenant de la collection de sir John Wiston : vingt-deux ouvrages y compris son dernier tableau.

Musées : Béziers : *Paysage* – Birmingham : *Prière dans le désert – Bergers arabes – Scènes de rue au Caire – Environs de Tivoli – Venise, Ca d'oro – Ariccia – Château Saint-Ange, Église Saint-Pierre, Pont Saint-Ange, le Vatican et le Tibre – Venise – Château d'Andernach sur le Rhin – Château de Heidelberg – Étude de bœufs – Lac de Wallenstadt – Bateaux de pêche vénitiens – Vue de Tivoli à vol d'oiseau – Castellamare* – Bristol : *Combeglen, près de Bristol – Heidelberg – Scène d'hiver – Scène d'Orient – Une rue à Smyrne – Coucher de soleil orageux – Glen Lyre Lynmouth – Avignon – Le bazar des tapis au Caire* – Trois études et une aquarelle – Cardiff : Une aquarelle – Glasgow : *Écrivain public en Orient – Chercheurs de trésors* – Hambourg : *Le torrent dans la montagne – Le Caire* – Leeds : *Intérieur de cottage* – Leicester : *Paysage boisé – Marché d'esclaves* – Liverpool : Une esquisse – Londres (Victoria and Albert) : *Paysage avec cavalier – Bords de la mer et moulin à vent – Paysage italien* – seize aquarelles – Londres (Tate Gal.) : *Paysage, au loin le mont Massicytus – Scène de rivière – Une rue au Caire – Dragage de rivière – Château de Carnarvon* – Manchester : Cinq aquarelles – Montréal (coll. Learmont) : *Route de campagne* – Preston : Deux paysages – *Piège à saumons* – Une aquarelle – Sheffield : *Scène au Maroc – Scène à Alger – Oriental et jeune fille* – Cinq paysages.

Ventes Publiques : Paris, 1859 : *Vue d'Athènes* : **FRF 13 520** – Londres, 1872 : *La baie de Naples* : **FRF 55 650** ; *Les joueurs d'échecs* : **FRF 98 750** – Londres, 1891 : *Île de Rhodes* : **FRF 86 650** ; *Joueurs d'échecs au Caire* : **FRF 101 760** – Londres, 29-31 mai 1898 : *Un campement dans le désert* : **FRF 42 000** – Londres, 6 mai 1899 : *Le marché aux esclaves au Caire* : **FRF 34 125** ; *Gillingham sur la Medway* : **FRF 39 375** – New York, 12-14 avr. 1909 : *Enfants dans un champ de blé* : **USD 450** – Londres, 6 déc. 1909 : *Paysage de Grèce* : **GBP 23** – Londres, 12 fév. 1910 : *Paysage d'hiver* 1839 : **GBP 27** – Londres, 5 mars 1910 : *Le Rialto Venise* 1836 : **GBP 71** – Londres, 23 avr. 1910 : *Gillingham Church* 1841 : **GBP 383** – Londres, 6 mai 1910 : *Harlech castle* 1845 : **GBP 54** ; *Tivoli* 1835 : **GBP 105** ; *Palais des doges, Venise* 1836 : **GBP 102** – Londres, 7 juil. 1922 : *Les dénicheurs d'oiseaux* : **GBP 102** – Londres, 23 mai 1924 : *Église de Gillingham* : **GBP 189** – Londres, 15 mai 1925 : *Pic du Midi* : **GBP 86** – Londres, 30 avr. 1926 : *Gillingham sur la Medway* : **GBP 220** – Londres, 24 juil. 1931 : *Les joueurs d'échecs* : **GBP 78** – New York, 23 nov. 1934 : *Jeunes pêcheurs* : **USD 700** – Londres, 5 avr. 1935 : *Fenaison près de Gillingham* : **GBP 78** – Londres, 16 oct. 1968 : *Le Grand Canal, Venise* : **GBP 9 200** – Londres, 11 juil. 1969 : *Le Grand Canal, Venise* : **GNS 4 500** – Écosse, 28 août 1970 : *Paysage d'hiver* : **GBP 4 200** – Londres, 19 juil. 1972 : *Paysage d'hiver avec enfants sur un traîneau* : **GBP 1 600** – Londres, 5 juin 1973 : *Personnage dans un paysage boisé*, aquar. : **GNS 900** – Londres, 28 nov. 1973 : *L'Ariccia* : **GBP 3 800** – Londres, 26 avr. 1974 : *Le port de Rhodes* 1845 : **GNS 2 800** – Londres, 2 mars 1976 : *Chapel Pill, Ham Green* 1844, aquar. (33,3x50,5) : **GBP 600** – Londres, 19 nov. 1976 : *Paysage d'hiver* 1838, h/t (52x72,4) : **GBP 2 000** – Londres, 28 jan. 1977 : *Le temple d'Osiris à Philae*, h/t (74x132) : **GBP 5 800** – Londres, 13 déc 1979 : *Paysage de Sabengo, Italie*, aquar. (22,3x34,5) : **GBP 1 650** – Londres, 29 fév. 1980 : *Une procession sur la place Saint-Marc à Venise* 1842, h/t (34,5x80) : **GBP 5 500** – Londres, 29 avr. 1982 : *Vue du Caire* 1843, h/t (71,5x106) : **GBP 7 000** – Londres, 15 nov. 1983 : *Vue d'Athènes* 1839, cr. et aquar. reh. de blanc (33,3x50,5) : **GBP 1 100** – Londres, 18 mars 1983 : *Marchands arabes sur les quais à Alexandrette* 1843, h/t (72x58,5) : **GBP 5 500** – Londres, 10 juil. 1984 : *Vue de Venise* 1839, aquar. et cr. avec touche de reh. de blanc (31,5x53,2) : **GBP 5 000** – Londres, 9 juil. 1985 : *Isola Bella, Lac Majeur*, aquar. et cr. (32,5x56,3) : **GBP 1 900** – Londres, 9 juil. 1986 : *Paysages aux chaumières* l'une de 1834, h/pan., une paire (17x27) : **GBP 4 500** – Londres, 24 mars 1987 : *Pacha turc en costume de cérémonie*, aquar. et cr., étude (43,5x20,5) : **GBP 4 000** – Londres, 25 jan. 1988 : *Paysage du Proche Orient avec deux voyageurs se reposant au bord d'une piste*, aquar. (17x27) : **GBP 2 310** – Londres, 12 juil. 1989 : *Barque à rames traversant la rivière* 1840, h/t (21,5x41) : **GBP 4 620** – Londres, 17 nov. 1989 : *Le village natal de l'artiste près de Gillingham* 1845, h/t (106,8x91,5) : **GBP 7 150** – Londres, 9 fév. 1990 : *Journée ensoleillée près de Bristol*, h/t (16,5x24,2) : **GBP 1 540** – New York, 24 oct. 1990 : *Au bord du ruisseau à Whitchurch dans l'Essex* 1844, h/t (80x128,9) : **USD 6 600** – Londres, 30 jan. 1991 : *Une galloise et son âne sur une route de montagne* 1834, aquar. et gche (46,5x59,5) : **GBP 660** – Londres, 12 avr. 1991 : *Vaste paysage hivernal avec des voyageurs traversant un pont près d'une maison* 1838, h/t (66x95) : **GBP 8 250** – Londres, 6 avr. 1993 : *Cabane de montagne en Galles du nord* 1843, h/t (107x16) : **GBP 8 625** – Londres, 13 juil. 1994 : *Florence depuis San Miniato*, h/t (87x133,5) : **GBP 23 000** – Londres, 10 juil. 1996 : *Les cascades de Tivoli* 1837, h/t (168x119,5) : **GBP 18 400**.

MÜLLER Wolfgang, dit **Wolfgangmüller**

Né le 7 mai 1877 à Dresde (Saxe). xxe siècle. Allemand.

Peintre.

Il fut élève d'O. Gussmann et d'E. Bracht.

Musées : Bautzen – Dresde.

Ventes Publiques : Los Angeles, 12 mars 1979 : *Bord de rivière enneigé* 1905, h/t (200x133) : **USD 1 200**.

MULLER Wout

Né en 1946 à Hilversum. xxe siècle. Hollandais.

Peintre de figures, nus. Expressionniste.

Dans une manière relativement académique, dans des accords colorés agréables et chaleureux, il juxtapose des éléments décoratifs (souvent des reproductions d'œuvres peintes) possiblement symboliques et des femmes nues cumulant quelque monstruosité et érotisme d'accessoires.

Bibliogr. : In : Catalogue de l'expos. *Une patience d'ange*, gal. Lieve Hemel, Amsterdam, 1995.

Ventes Publiques : Amsterdam, 8 déc. 1993 : *Danse sous la lune* 1992, h/pan. (47x49) : **NLG 10 350** – Amsterdam, 31 mai 1994 : *Nu dans un jardin* 1994, h/pan. (61,5x69) : **NLG 11 500**.

MULLER Wouter ou **O.**

XVIIe siècle. Actif à Amsterdam de 1653 à 1688. Hollandais.

Médailleur.

MÜLLER Zebedäus ou **Miller**

XVIIe siècle. Actif dans la première moitié du XVIIe siècle. Allemand.

Peintre.

Il décora l'Hôtel de Ville d'Oberehnheim de fresques représentant *Le Jugement Dernier* et *Moïse avec les tables de la Loi*.

MULLER d'ESCARS Yves Edgard

Né le 22 décembre 1876 à Vitry-le-François (Marne). Mort le 9 octobre 1958. XXe siècle. Français.

Peintre de portraits, nus, paysages, fleurs, pastelliste.

Il fut élève de Benjamin-Constant, Bouguereau, Henner, J. Lefebvre et T. Robert-Fleury.

Il exposait, à Paris, au Salon des Artistes Français. Il a obtenu le Grand Prix de Rome en 1903, plus de vingt médailles d'or, il fut lauréat de l'Institut. Titulaire de la Légion d'honneur, de la Médaille militaire et de la Croix de Guerre.

Ventes Publiques : Paris, 12 avr. 1943 : *Deux fillettes* 1907, past. : **FRF 110** – Paris, 3 mars 1947 : *Sous-bois* : **FRF 400**.

MÜLLER vom SIEL Georg Bernhard

Né le 13 juin 1865 ou 1895 à Grossen-Siel. Mort en 1977. XXe siècle. Allemand.

Peintre de paysages, graveur.

Il fut élève des Académies des Beaux-Arts de Munich, d'Anvers, de Paris et Berlin. Il vivait et travaillait à Dötlingen.

Il gravait à l'eau-forte.

Müller vom Siel

MÜLLER-ALLOS Hermann

Né le 3 avril 1863 à Donauwörth. XIXe-XXe siècles. Allemand.

Peintre.

Il fut élève de Hackl, Raupp, et Gysis à l'Académie des Beaux-Arts de Munich. Il vécut et travailla à Nuremberg.

MÜLLER-BAUMGARTEN Carl

Né le 10 septembre 1879 à Leipzig (Saxe). XXe siècle. Allemand.

Peintre, graveur.

Il fut élève de Marr, de Löfftz et de Jank.

Ventes Publiques : Vienne, 17 mars 1981 : *Un lac du Salzkammergut*, h/t (60x80) : **ATS 40 000**.

MÜLLER-BERNBURG Ernst

Né le 16 février 1874 à Bernburg. XXe siècle. Allemand.

Peintre, graveur.

Il fut élève de l'Académie des Beaux-Arts de Leipzig.

Parmi ses œuvres : une série de planches : *La Vallée de l'Isar* ; *La Montagne des Géants* ; *Dans les montagnes de Bavière*.

MULLER-BRAUNSCHWEIG Ernst

Né le 23 janvier 1860 à Oelper. XIXe-XXe siècles. Allemand.

Sculpteur de bustes, figures, sujets allégoriques.

Il fut marchand avant de faire de la sculpture. On ne lui connaît pas de maître.

Musées : Brême : *Dans la tempête* – Brunswick : *Buste de Wilhelm Raabe* – Magdebourg : *La Foi* – *Buste de Wilhelm Raabe*.

MÜLLER-BRESLAU Georg

Né le 5 septembre 1856 à Breslau. Mort le 20 octobre 1911 à Schmiedeberg (Silésie). XIXe-XXe siècles. Allemand.

Paysagiste, peintre de figures et lithographe.

Élève d'Adolf Dressler, puis de K. Gussow à l'Académie de Berlin ; mais il retourna vers son premier professeur. Il travailla à Berlin, Munich, Dresde.

Musées : Breslau, nom all. de Wroclaw : *Paysage d'hiver* – Deux paysages – *Le Christ au désert* – Dresde : *Automne dans les hautes montagnes*.

MÜLLER-BRIEGHEL Wilhelm

Né le 10 avril 1860. XIXe-XXe siècles. Allemand.

Peintre de marines.

Il vécut et travailla à Berlin.

MULLER-BRITTNAU Willy

Né en 1938 à Winterthur (Zurich). XXe siècle. Suisse.

Peintre, sérigraphe. Abstrait-géométrique.

Il vit et travaille à Zofingen.

En 1954-1955, il fréquenta l'École des Arts Appliqués de Zurich. Il participe depuis 1961 à de nombreuses expositions de groupe, notamment : Neuvième Biennale de Tokyo, 1967 ; *Jeunes artistes suisses*, Stedelijk Museum d'Amsterdam, et Salon de Mai de Paris, 1969 ; etc. Il montre ses œuvres dans de nombreuses expositions personnelles : 1965, Zofingen, Bâle, Zurich ; 1966, Stuttgart, Rome, Milan ; 1967, Zurich, Lucerne ; 1968, Bâle, Berne, Zurich, Hambourg, Karlsruhe ; 1969, Zurich, Aarau, Berne, Zofingen, Kassel, Saint-Gall, Cologne ; 1970, Milan, Gênes, Coblence, Zurich, Bâle ; etc.

La sérigraphie est le procédé approprié à ses recherches sur les interactions de couleurs en aplats. Ses œuvres se rattachent à la plus stricte abstraction géométrique. Quand il se consacre aux infinies variations fondées sur le carré, il rappelle le travail de Josef Albers. Il étudie les effets des contrastes simultanés, ou, au contraire, des phénomènes de diffusion et de mélanges optiques, son œuvre est directement issue de l'esprit du Bauhaus, qui a marqué, par sa rigueur, une part importante de l'art suisse contemporain.

Bibliogr. : *Catalogue de sérigraphies de Müller-Britnau*, Gal. d'Art Moderne, Bâle, 1970.

Musées : Aarau (Aargauer Kunsthaus) : *Herbst* 1957 – *Composition* 1970 – *Sans titre* 1975 – Bâle (Kunstmuseum) – Bâle (Progressives Mus.) – Hambourg (Kunsthalle) – Saint-Gall (Kunsmus.) – Zurich (Kunsthaus).

Ventes Publiques : Zurich, 23 nov. 1978 : *53/67* 1967, h/t (141,5x141,5) : **CHF 3 400** – Zurich, 21 avr. 1993 : *Composition* 1965, acryl./t. (80x100) : **CHF 3 000** – Lucerne, 4 juin 1994 : *Sans titre* 1969, acryl./t. (80x80) : **CHF 4 000**.

MÜLLER-BROCKMANN Josef

Né en 1914 à Rapperswill. XXe siècle. Suisse.

Affichiste.

Il a été élève de la Kunstgewerbeschule de Zurich. Il a fondé, en 1956, avec Richard Lohse, Hans Neuburg et Carlo Vivarelli la revue *Neue Grafik* publiée à Olten et qui fut consacrée jusqu'à sa disparition en 1965 à l'histoire de la typographie moderne. Cette revue sera au carrefour des tendances néo-constructivistes en matière de graphisme. Josef Müller-Brockmann a publié, avec Schizuko Yoshikawa, un ouvrage de référence en matières de typographie et d'affiche : *Histoire de l'affiche* (1971).

Dans les années cinquante, il va réaliser des affiches mêlant photomontage et photographie. Il est proche des préoccupations de l'art concret bien représenté à Zurich : *Moins de bruit* (1960) ; la série qu'il réalise pour la Tonhalle de Zurich (à partir de 1951) et le programme musical *Musica Viva* à partir de 1956.

Bibliogr. : In : *L'Art au XXe s.*, Larousse, Paris, 1991.

MULLER-CASSEL Adolf Leonhard

Né le 2 août 1864 à Cassel (Hesse). Mort en 1943. XIXe-XXe siècles. Allemand.

Peintre de paysages.

Il fut élève des Académies des Beaux-Arts de Cassel et de Düsseldorf.

Il débuta à Berlin en 1887. Il a également exposé à Munich, Dresde et Anvers.

Ventes Publiques : Berlin, 15 avr. 1977 : *Vue de Rotterdam*, h/t (74x103) : **DEM 7 000**.

MULLER-COBOURG Karl Gottfried

Né le 9 septembre 1858 à Cobourg. Mort le 27 janvier 1909 à Merau. XIXe siècle. Allemand.

Paysagiste et peintre d'architectures.

Élève de l'Académie de Karlsruhe. Il visita l'Espagne et l'Italie, puis revint se fixer en Allemagne. Il débuta à Berlin en 1886.

MÜLLER-CORNELIUS Ludwig

Né en 1864. Mort en 1943 ou 1946 à Munich. XIXe-XXe siècles. Allemand.

Peintre de paysages, paysages animés, compositions à personnages.

L Müller Cornelius

Ventes Publiques : Munich, 21 sep. 1978 : *Scène de moisson*, h/pan. (9x12) : **DEM 5 500** – Hanovre, 29 sept 1979 : *Paysage de Bavière*, h/pan. (13,3x18,8) : **DEM 5 000** – Londres, 16 mars 1983 : *Scène de moisson*, h/pan. (11x16) : **GBP 1 600** – Munich, 14 mars 1985 : *Diligence devant une ferme bavaroise*, h/pan. (14x23) : **DEM 5 500** – Cologne, 18 mars 1989 : *Paysage alpin en été*, h/pan. (9x12,5) : **DEM 4 000** – Heidelberg, 5-13 avr. 1994 : *Une rue de Mittenwald ; Promenade en calèche*, h/pan., une paire (12x16 et 11x16,5) : **DEM 6 000**.

MÜLLER-DACHAU Hans
Né le 21 janvier 1877. Mort en 1924. xxe siècle. Allemand.
Peintre de portraits, figures, paysages.
Il fut élève de l'Académie des Beaux-Arts de Berlin et de Munich. Il séjourna trois années à Paris. À partir de 1911, il fut professeur à l'Académie de Carlsruhe.
Ventes Publiques : Munich, 18 mai 1988 : *Sur la plage de Sylt*, h/t (79x118,5) : **DEM 16 500**.

MÜLLER-ERFURT Hermann
Né le 9 novembre 1882 à Erfurt (Thuringe). xxe siècle. Allemand.
Sculpteur.
Il fut élève de l'Académie des Beaux-Arts de Munich chez Kurz et Hildebrandt. Il vécut et travailla à Berlin.

MÜLLER-GERHARDT Johann Rudolph
Né le 28 avril 1873 à Chemnitz (Saxe). xxe siècle. Allemand.
Peintre de paysages, animalier.
Il fut élève de E. Bracht.
Musées : Zwickau.

MÜLLER-GOSSEN Franz Johann
Né en 1871 à Mönchengladbach (Rhénanie-Westphalie). Mort le 16 mars 1946. xxe siècle. Actif depuis 1938 en Suisse. Allemand.
Peintre de marines.
Il fut élève de l'Académie des Beaux-Arts de Düsseldorf. Il se fixa à Mönchengladbach.
Ventes Publiques : Cologne, 21 mars 1980 : *Manoeuvres navales* 1909, h/t (125x162) : **DEM 7 500** – Cologne, 30 mars 1984 : *Marine*, h/t (80x120) : **DEM 4 500** – Cologne, 23 mars 1990 : *Marine*, h/t (70x80,5) : **DEM 2 600**.

MÜLLER-GRAFE Ernst
Né le 21 juillet 1879 à Nobitz près de Allenbourg. xxe siècle. Allemand.
Peintre, graveur.
Il fut élève de l'Académie des Beaux-Arts de Dresde.
Musées : Chemnitz – Dresde – Essen – Kaiserlautern – Leipzig – Wuppertal.

MULLER-HEYDENREICH Martha
xixe siècle. Active à Dresde. Allemande.
Peintre de fleurs et de natures mortes.
Elle débuta à Dresde en 1882.

MULLER-HOFMANN Wilhelm
Né le 4 avril 1885 à Brünn. xxe siècle. Autrichien.
Peintre, graveur.
Il fut élève de l'Académie des Beaux-Arts de Munich. Il fut professeur à l'École des Arts appliqués de Vienne.
Il peignit, à Vienne, la salle principale du Palais de justice.

MÜLLER-HOLSTEIN Alfred
Né le 27 février 1888 à Leipzig (Saxe). xxe siècle. Allemand.
Peintre, graveur.
Il fut élève de l'Académie de Leipzig et de celle de Dresde.
Il décora de ses peintures l'Hôtel de Ville de Döbbeln et l'Académie de Leipzig.

MÜLLER-HUFSCHMIED Willi ou **Muller-Hufschmidt**
Né le 8 novembre 1890 à Karlsruhe. Mort en 1971. xxe siècle. Allemand.
Peintre.
Musées : Mannheim (Kunsthalle Mus.) : *Autoportrait*.
Ventes Publiques : Hambourg, 4 juin 1976 : *Composition en rouge*, gche (84,8x66,6) : **DEM 2 200** – Heidelberg, 18 oct. 1980 : *Nature morte aux fleurs* 1929, h/cart. (71x85,5) : **DEM 4 600** – Heidelberg, 11 avr. 1981 : *Nature morte*, h/cart. (80x102) : **DEM 6 500**.

MÜLLER-KAEMPFF Paul
Né le 16 octobre 1861 à Oldenburg (Basse-Saxe). Mort en 1941 à Berlin. xixe-xxe siècles. Allemand.
Peintre de paysages.
Il fut élève de l'Académie de Düsseldorf, de Carlsruhe et de Berlin. Il débuta à Magdebourg. Il vécut et travailla à Berlin.
Musées : Hambourg (Kunsthalle) : *Forêt en automne* – Kiel : *Cimetière marin* – Oldenbourg : *Powerdörp* – Rostock : *Soirée d'hiver*.
Ventes Publiques : Copenhague, 1er mai 1991 : *Scène de moisson*, h/t (79x123) : **DKK 4 500** – Cologne, 28 juin 1991 : *Maisons de pêcheurs à Ahrenskoop sur la mer Baltique*, h/t (51x78) : **DEM 3 500**.

MULLER-KOBURG Gustav Adolf
Né le 9 août 1828 à Hildburghausen. Mort le 2 juin 1901 à Rome. xixe siècle. Allemand.
Peintre de genre, portraits.
Il est le frère d'Edouard M. Il fut élève de l'Académie de Munich, puis de Wappers à l'Académie d'Anvers et enfin de Gleyre à Paris. Il travailla à Vienne, puis à Rome, où en 1860, il fut nommé professeur à l'Académie de Saint-Luc.
Musées : Gotha.
Ventes Publiques : Rome, 4 déc. 1990 : *Jeune femme turque*, h/t (86x62,5) : **ITL 7 500 000**.

MÜLLER-KREFELD Adolf ou **Müller-Crefeld**
Né le 7 avril 1863 à Berlin. xixe-xxe siècles. Allemand.
Sculpteur.
Il fut élève de l'Académie des Beaux-Arts d'Anvers de 1879 à 1882.
Ventes Publiques : Detroit, 22 mars 1981 : *Diane chasseresse*, bronze doré (H. 81,3) : **USD 2 000**.

MÜLLER-KURZWELLY Konrad Alexander
Né le 29 juillet 1855 à Chemnitz. Mort le 4 juillet 1914 à Berlin. xixe-xxe siècles. Allemand.
Peintre de paysages.
Élève de Gude. Il voyagea dans l'Allemagne du Nord et les pays scandinaves. Il a obtenu une médaille d'or à Mulhouse en 1888.
Le Musée de Königsberg conserve de lui : *Vieux moulin en Poméranie*.
Ventes Publiques : Paris, oct. 1945-juil. 1946 : *Sous-bois* : **FRF 10 000** – Cologne, 30 mars 1979 : *Soir d'automne*, h/t (101x71) : **DEM 3 700**.

MÜLLER-LANDAU Rolf
Né en 1903 à Kayingchow. Mort en 1956 à Bad Bergzabern. xxe siècle. Allemand.
Peintre de genre, intérieurs, paysages, peintre de monotypes, aquarelliste, graveur, lithographe.
Ventes Publiques : Heidelberg, 12 oct. 1991 : *Vieille femme lisant près d'une fenêtre* 1931, aquar. (46,3x29,2) : **DEM 2 900** – Heidelberg, 3 avr. 1993 : *Joueur de cartes*, litho. (44x29) : **DEM 1 600** – Heidelberg, 5-13 avr. 1994 : *Le glouton*, grav. en coul. (46x53,9) : **DEM 2 900** – Heidelberg, 15 oct. 1994 : *Diagonales de poissons*, monotypie en coul. (46,5x56) : **DEM 3 700** – Heidelberg, 8 avr. 1995 : *Cap au clair de lune*, monotype en coul. (44x54,7) : **DEM 3 200**.

MÜLLER-LANDECK Fritz
Né le 27 février 1865 à Pinnow. Mort en 1942. xixe-xxe siècles. Allemand.
Peintre de paysages.
Il fut élève de l'Académie des Beaux-Arts de Berlin. Il vécut et travailla à Berlin.
Musées : Munich (Mus. mun.) : six aquarelles.
Ventes Publiques : Vienne, 17 nov. 1981 : *Soleil d'hiver*, h/t (60x88) : **ATS 45 000**.

MÜLLER-LIBENTAL Moritz Otto
Né le 30 septembre 1876 à Mittweida. xxe siècle. Allemand.
Sculpteur.
Il fut élève de l'Académie des Beaux-Arts de Dresde et de celle de Munich. Il vécut et travailla à Munich.
Musées : Berlin (Gal. Nat.) : *Chat angora*, granit – Magdebourg : *Lapin – Judith* – Weimar : *Chat angora*, porphyre.

MÜLLER-LINGKE Albert
Né le 29 février 1844 à Altenburg. xixe siècle. Allemand.
Peintre de genre, illustrateur.
Il travailla à Leipzig, puis à Munich où il fut élève de Defregger.
Musées : Altenburg – Leipzig : *Veille de fête chez les charpentiers*.
Ventes Publiques : Londres, 29 sep. 1976 : *Le chasseur et son chien dans un intérieur*, h/t (47x37) : **GBP 850** – Lindau (B.), 7 mai 1980 : *Chevaux à l'abreuvoir*, h/pan. (28x38,5) : **DEM 4 700** –

DETROIT, 19 sep. 1982 : *Homme et enfants autour d'un feu de camp dans un paysage alpestre*, h/t (71x54,5) : **USD 2 800** – NEW YORK, 13 déc. 1985 : *Les joies de grand-père* 1888, h/t (76,2x61) : **USD 3 500** – MUNICH, 5 nov. 1986 : *Scène de taverne* 1895, h/t (47x60,5) : **DEM 9 000** – COLOGNE, 29 juin 1990 : *L'hiver en haute montagne*, h/t (78x97) : **DEM 2 800** – MUNICH, 25 juin 1992 : *Le contrat de mariage*, h/t (84,5x114) : **DEM 15 820**.

MÜLLER-LINOW Bruno
Né en 1909 à Pasewalk (Poméranie). XXe siècle. Allemand.
Peintre, aquarelliste.
Il vécut à Darmstadt.
VENTES PUBLIQUES : HEIDELBERG, 12 oct. 1991 : *Pommiers* 1978, aquar. (31x41) : **DEM 1 900**.

MÜLLER-MAINZ Lorenz
Né le 18 février 1868 à Mayence. XIXe siècle. Actif à Munich. Allemand.
Peintre et aquafortiste.
Élève de Lœfftz et de l'Académie Colarossi à Paris.

MÜLLER-MASSDORF Julius
Né le 17 décembre 1863 à Düsseldorf (Rhénanie-Westphalie). XXe siècle. Allemand.
Peintre d'histoire, genre.
Il fut élève de A. Müller, Jannssen, et de E. von Gelehardt à Düsseldorf, puis de Defregger à Munich.
MUSÉES : MAYENCE : *Un conte gai.*
VENTES PUBLIQUES : COLOGNE, 20 oct. 1989 : *Couple de Hollandais dans sa cuisine*, h/t (54x44) : **DEM 1 000**.

MÜLLER-MOHR Hugo
Né le 10 février 1863 à Leipzig (Saxe). XIXe-XXe siècles. Allemand.
Peintre.
Il fut élève de l'Académie des Beaux-Arts de Leipzig et de celle de Weimar chez Hagen.

MÜLLER-MÜNSTER Franz
Né le 13 novembre 1867 à Münster (Rhénanie-Westphalie). XIXe-XXe siècles. Allemand.
Peintre d'histoire, genre, graveur, illustrateur.
Il fut élève de l'Académie des Beaux-Arts de Berlin.
Il a peint un tableau d'autel dans l'église Saint-Marc de Steglitz, ainsi que des illustrations pour des livres de contes et des ex-libris.

MÜLLER-OERLINGSHAUSEN Berthold
Né le 10 février 1893 à Oerlingshausen. XXe siècle. Allemand.
Sculpteur de figures, compositions religieuses, peintre.
Il a été élève de l'École des Arts Décoratifs de Bielefeld et de Perathoner à Berlin.
Parmi ses œuvres : des sculptures dans l'église de Hagen (Westphalie) et de Küppersterg près de Cologne.
VENTES PUBLIQUES : MUNICH, 6 et 8 nov. 1963 : *Le Couple*, bronze : **DEM 1 800** – MUNICH, 23 mai 1969 : *L'Attente*, bronze : **DEM 5 200** – HAMBOURG, 16 juin 1973 : *Couple d'amoureux*, bronze patiné : **DEM 2 200**.

MÜLLER-POHLE Andreas
XXe siècle.
Artiste, vidéaste.
Il a montré ses œuvres dans une double exposition personnelle en 1997 à Paris, galeries Condé et Mantoux-Gignac.
Il réalise des photogrammes dans la tradition de Man Ray et Moholy-Nagy, réalisés à partir de photographies ratées, découpées, puis recyclées.

MÜLLER-SALEM Julius
Né le 9 février 1865 à Salem. XXe siècle. Allemand.
Peintre, décorateur.
Il fut élève de Schmid-Reutte à Munich. Il travailla à Pforzheim.

MÜLLER-SAMERBERG Karl Hermann
Né le 19 novembre 1869 à Adorf (Saxe). XIXe-XXe siècles. Allemand.
Peintre de paysages, illustrateur.
Il a été élève de Höcker, de Herterich et de Defregger.
MUSÉES : CONSTANCES – MUNICH – ROSENHEIM.
VENTES PUBLIQUES : MUNICH, 8 mai 1985 : *Rue de village*, gche et fus. (67x63) : **DEM 3 000**.

MÜLLER-SCHEESSEL Ernst
Né le 24 avril 1863 à Scheessel. Mort en 1936 à Brême. XIXe-XXe siècles. Allemand.
Peintre de paysages, natures mortes, décorateur.
Il fit ses études à Berlin et Munich, et devint professeur à l'École des Arts Décoratifs de Brême.
VENTES PUBLIQUES : BRÊME, 20 oct 1979 : *La place du Marché de Brême* 1920, h/t (90x64) : **DEM 2 800** – COLOGNE, 15 juin 1989 : *Champ de blé en été*, h/t (43,5x56,5) : **DEM 1 500**.

MÜLLER-SCHÖNEFELD Ernst Wilhelm
Né le 20 février 1867 à Seipzig-Schönefeld. XIXe-XXe siècles. Allemand.
Peintre d'histoire, paysages, genre, lithographe.
Il fut élève de Hugo Vogel et d'Anton von Werner à l'Académie des Beaux-Arts de Berlin.
MUSÉES : LEIPZIG : *Adam et Ève.*

MÜLLER-SCHÖNHAUSEN A.
Né le 26 juin 1838 à Schönhausen. XIXe siècle. Allemand.
Peintre de genre.
Il fut élève de l'Académie de Berlin. Il a débuté à Berlin en 1870.
VENTES PUBLIQUES : MUNICH, 29 mai 1976 : *La petite fleuriste*, h/t (57x42) : **DEM 3 000**.

MULLER-STRELAR Hans
Né le 18 janvier 1867 à Stralsund (Mecklembourg-Poméranie). XIXe-XXe siècles. Allemand.
Peintre de portraits, paysages.
Il fut élève de l'Académie des Beaux-Arts de Berlin. Il a débuté à Berlin en 1870.

MÜLLER-TRENCKHOFF Carl
Né le 23 juillet 1873 à Münster (Rhénanie-Westphalie). XXe siècle. Allemand.
Peintre de paysages.
Il vécut et travailla à Mayence.
MUSÉES : MAYENCE (Gal. mun.) – MÜNSTER (Mus. prov.).

MÜLLER-URY Adolf Felix
Né le 28 février 1862 à Airolo (Tessin). XIXe-XXe siècles. Depuis 1887 actif aux États-Unis. Suisse.
Peintre.
Il fut élève de Deschwanden à Stans, de Straehuber, de Gabl et Benczur à Munich, de R. Seitz à Rome et de Cabanel à Paris.
MUSÉES : WASHINGTON D. C. (Université catholique) : *Portrait du cardinal Mercier.*

MÜLLER-VALENTIN Gustave
Né le 16 février 1894 à Strasbourg (Bas-Rhin). XXe siècle. Français.
Peintre de paysages, intérieurs.
Il fut élève de l'École des Arts Décoratifs de Strasbourg et de l'Académie Julian à Paris.
MUSÉES : STRASBOURG.

MÜLLER-VOLXHEIM Johannes
Né le 5 avril 1870 à Volxheim. XXe siècle. Allemand.
Peintre.
Il vécut et travailla à Düsseldorf.

MÜLLER-WEGMANN Johann
Né le 11 février 1810 à Zurich. Mort le 26 septembre 1893 à Stein-sur-le-Rhin. XIXe siècle. Suisse.
Dessinateur de perspectives.

MÜLLER-WERLAU Peter Paul
Né en 1864 près de Saint-Goar. XIXe-XXe siècles. Allemand.
Peintre de paysages.
Il se fixa à Bonn.

MÜLLER-WISCHIN Anton
Né le 30 août 1865 à Weissenhorn (Ulm). Mort en 1949 à Marquartstein. XIXe-XXe siècles. Allemand.
Peintre de portraits, paysages, natures mortes.

MULLER
WISCHIN

MUSÉES : MUNICH (Gal.) : *Forêt.*
VENTES PUBLIQUES : MUNICH, 21 juin 1994 : *Nature morte de roses* 1919, h/t (102,5x86) : **DEM 17 250**.

MULLER-ZSCHOPPACH Ernst
Né le 27 avril 1846. XIXe siècle. Allemand.
Peintre.
Élève de l'Académie de Dresde et de Weimar. Le Musée de Weimar conserve un dessin de cet artiste.